Dieter Hamblock
Dieter Wessels

Großwörterbuch Wirtschaftsenglisch

Englisch/Deutsch

Dieter Hamblock
Dieter Wessels

Großwörterbuch Wirtschaftsenglisch

Englisch/Deutsch

Herausgegeben von
Dieter Hamblock

5., aktualisierte
und erweiterte Auflage

Cornelsen

Die Deutsche Bibliothek – CIP-Einheitsaufnahme
Ein Titeldatensatz für diese Publikation ist
bei Der Deutschen Bibliothek erhältlich.

Verlagsredaktion: Erich Schmidt-Dransfeld
Technische Umsetzung: Text & Form, Düsseldorf

 http://www.cornelsen.de

5. Auflage ✔   Druck 5 4 3 2   Jahr 03 02 01 2000

© 1999 Cornelsen Verlag, Berlin
Das Werk und seine Teile sind urheberrechtlich geschützt.
Jede Verwertung in anderen als den gesetzlich zugelassenen Fällen
bedarf deshalb der vorherigen schriftlichen Einwilligung des Verlages.

Druck: CS-Druck Cornelsen Stürtz, Berlin

ISBN 3-464-49452-7

Bestellnummer 494527

 gedruckt auf säurefreiem Papier, umweltschonend hergestellt aus chlorfrei gebleichten Faserstoffen

Unserem akademischen Lehrer Ulrich Suerbaum

Preface

This full-size dictionary for everyday reference purposes in commerce and industry is the result of many years of lexicographical work. It contains approx. 175,000 source-language entries plus an even greater number of target-language solutions, both covering a wide range of subjects, for which a vast number of texts has been analyzed. The kinds of texts surveyed – both German and English – include oral utterances, business letters, newspapers and periodicals, monographs and encyclopaedias, special articles, forms and, by no means least, the small print of stock exchange prospectuses, balance sheets, articles of association, contracts of sale and hire, insurance policies etc.
Electronic data processing made it possible for numerous neologisms to be incorporated as late as a few weeks prior to publication, thus keeping up with the rapid increase in specific terminology. On the other hand, our evaluation of specific texts yielded a comparatively high proportion of certain general lexemes and collocations, especially colloquialisms and figurative phrases. It would greatly impair the practical use of a full-size dictionary if such general components of specific language were simply dispensed with. As a rule, users will find recourse to a dictionary particularly rewarding if they are offered more than isolated lexical items. This is why, in analyzing authentic texts, the authors have taken both contextual and cotextual features into account. In so doing, they have tried to identify authentic collocations of the kind occurring time and again in specific texts, rather than record unusual idiomatic phrases. Such instances of lexical solidarity, e.g. between noun and adjective or noun and verb, are to enable the user of this dictionary to better understand foreign-language texts and to achieve a high degree of authenticity in the production of target-language texts.
Specific texts are characterized by a high degree of semantic identity between source-language and target-language lexemes. Isomorphic features of this type naturally occur most frequently in the fields of science and technology. They tend to decrease as institutional divergences between the respective segments of reality to be expressed by means of language become significant. In the core area of this dictionary – the language of industry and commerce – such differences will be found also to manifest themselves notably in divergences between British and American English. The authors have endeavoured to highlight such discrepancies in each case, knowing full well that many Americanisms are increasingly used in British commercial parlance. Analogous orthographical developments have largely been incorporated in this dictionary.
Loan-words, especially those of French and Latin origin, have only been labelled as such if they are unchanged and still regarded as linguistic borrowings. On the other hand, designations of goods which are, at the same time, established trademarks have been incorporated without reference to their origin.
The authors have refrained from incorporating all current names of countries in the lexicographical corpus proper. Instead, the user will find an updated table of names of countries, the relevant adjectives and currencies in the appendix. The latter also contains a list of all important German, British and American weights and measures.
The authors wish to thank all friends, colleagues and contributors for their assistance. For valuable suggestions we are indebted to Mr. Michael Creighton, Herr Friedrich-Wilhelm Kind, Herr Dipl.-Hdl. Helmut Schulz, Herr Winfried and Frau Ulla Wessels, Herr Harald Hein, Herr Marco Raspe, Frau Regine Jannack, Mr. Mark Adamson, Herr Andreas Schlieper, our colleagues Dr. Herbert Geisen and John Poziemski as well as to members of our department's extramural courses and to students of the Ruhr-Universität Bochum.

At the publishers, it was Herr Melzer who, many years ago, first suggested that we compile this dictionary. We are equally indebted to Herr Schmidt-Dransfeld, who not only monitored the growing project with great patience, but also enabled us to employ a computer-aided compositing programme. In this context, we wish to extend our thanks, above all, to Frau Rita Köhler for translating the above programme into a lexicographically adequate shape, as well as to Frau Barbara Hoffmann, Frau Susanne Knorth, Frau Sabine Schütte and Frau Heike Wilpert for keying-in and correcting the text and Frau Elke Linnepe for her assistance with the proofreading. We also wish to thank Frau Andrea Lohmann, Herr Ludger Pfeil and Frau Doerthe Wagelaar for subediting the cards on which all entries were first recorded. Finally, we are greatly indebted to Prof. Dr. Koch and Prof. Dr. Suerbaum for their assistance, which encouraged us to complete this major project.

Dr. Dieter Hamblock
Dr. Dieter Wessels

Preface to the fifth revised edition

A multitude of terms and phrases has emerged in the wake of increasing globalization in the last ten years since this major dictionary was first published. It became therefore necessary to systematically revise this dictionary, which was up to date at the time. The result is a dictionary which is not only more comprehensive, although more compact, but also more user-focused. The lexical solutions offered are now semantically differentiated both by a new numerical hierarchy and by numerous new contextual references. New terms and phrases have been incorporated in all the lexical fields covered so far. However, the user will find that the thematic areas which have become increasingly important in recent years have been given broad coverage. On the face of it, this is manifested in the new symbols, especially those concerning the environment (atom, forestry, gas and oil production, water). There have also been considerable additions in the fields of business administration, communications technology, logistics, marketing and law.
A new feature of both volumes are the lists of abbreviations, with the number of English abbreviations exceeding the number of German items to reflect commercial practice. The table of countries and currencies takes account of the political changes that have taken place.
The authors would like to thank all those who have supported our work with suggestions, comments and source material as well as those who were actively involved in the revision of this dictionary, especially Cordula Berger, Heike Dittrich, Kirsten Fenner, Barbara Hamblock, Sandra Redicker, Andreas und Stephan Wessels. We are especially indebted to Marc Neumeyer for his comprehensive support in converting the lexical material into the appropriate EDP format as well as to Saskia Koltermann and Kornelia Kramer for keying in the new items as well as for the numerous corrections of and additions to the German-English and, respectively, the English-German volume.

Bochum, September 1999

Dieter Hamblock
Dieter Wessels

Vorwort

Dieses Großwörterbuch für die tägliche Praxis in Wirtschaft und Handel ist das Ergebnis langjähriger lexikographischer Arbeit. Seine ca. 175.000 ausgangssprachlichen Einträge sowie die deutlich größere Anzahl zielsprachlicher Lösungen sind einem breiten Spektrum fachsprachlicher Texte entnommen worden. Die für beide Sprachen ausgewerteten Textsorten umfassen mündliche Äußerungen, Geschäftsbriefe, Zeitungen und Zeitschriften, Monographien und Enzyklopädien, Fachbeiträge, Formulare und nicht zuletzt Kleingedrucktes aus Börsenprospekten, Bilanzen, Firmensatzungen, Kauf- und Mietverträgen, Versicherungspolicen usw.

Mit Hilfe der elektronischen Datenverarbeitung war es möglich, noch wenige Wochen vor dem Erscheinungsdatum zahlreiche Neologismen aufzunehmen und damit dem rapiden Wachstum des Fachwortschatzes Rechnung zu tragen. Andererseits ergab die Auswertung fachsprachlicher Texte einen relativ hohen Anteil bestimmter allgemeinsprachlicher Lexeme und Verbindungen, insbesondere solcher aus dem Bereich der Umgangssprache sowie bildhafte Wendungen. Es würde den Gebrauchswert eines Großwörterbuchs deutlich schmälern, wollte man auf diese im Umfeld der Fachsprache angesiedelten allgemeinsprachlichen Elemente verzichten.

Für den Benutzer wird ein Wörterbuch erst dann interessant, wenn es ihm mehr als lexematische Einzellösungen bietet. So haben die Autoren bei der Erfassung authentischer Äußerungen auch kontextuelle Merkmale berücksichtigt. Dabei ging es ihnen weniger um ausgefallene idiomatische Wendungen als vielmehr um authentische Kollokationen, wie sie in fachsprachlichen Texten immer wieder vorkommen. Diese lexikalischen Solidaritäten von Nomen und Adjektiv oder Nomen und Verb sollen den Benutzer in die Lage versetzen, fremdsprachliche Texte besser zu erfassen bzw. bei der Produktion solcher Texte ein hohes Niveau an Authentizität zu erreichen.

Fachsprachen sind durch eine weitgehende semantische Kongruenz zwischen ausgangs- und zielsprachlichen Lexemen gekennzeichnet. Diese Isomorphie gilt vornehmlich für den naturwissenschaftlich-technischen Bereich, nimmt jedoch in dem Maße ab, in dem institutionelle Unterschiede der sprachlich abzubildenden Realität an Bedeutung gewinnen. Für den Kernbereich dieses Wörterbuchs – die Wirtschaftssprache – manifestieren sich derartige Unterschiede zudem in der Divergenz zwischen britischem und amerikanischem Englisch. Die Verfasser haben sich bemüht, diese Unterschiede jeweils kenntlich zu machen, wohl wissend, dass viele Amerikanismen zunehmend auch in der britischen Wirtschaftssprache anzutreffen sind. Analoge Tendenzen in der Orthografie sind in diesem Wörterbuch bereits berücksichtigt worden.

Lehnwörter, insbesondere solche französischer und lateinischer Herkunft, sind nur dann als solche gekennzeichnet, wenn sie noch die Ursprungsform aufweisen und in der Regel als Fremdwörter empfunden werden. Bei geläufigen Warenbezeichnungen, die gleichzeitig Markenzeichen sind, haben die Verfasser dagegen von einer Herkunftsangabe abgesehen.

Von einer Berücksichtigung aller heute geläufigen Ländernamen innerhalb des eigentlichen Wörterbuchkorpus haben die Verfasser bewusst Abstand genommen. Statt dessen findet der Benutzer im Anhang eine auf den neuesten Stand gebrachte Übersicht über Ländernamen einschließlich der dazugehörigen Adjektive sowie der jeweiligen Währung. Desgleichen weist der Anhang eine tabellarische Übersicht aller wichtigen deutschen, britischen und amerikanischen Maße und Gewichte auf.

Die Verfasser möchten an dieser Stelle allen Freunden, Kollegen und Mitarbeitern danken, die zum Gelingen dieses Projekts beigetragen haben. Wertvolle Anregungen verdanken wir vor allem Mr. Michael Creighton, Herrn Friedrich-Wilhelm Kind, Herrn Dipl.-Hdl. Helmut Schulz, Herrn Winfried und Frau Ulla Wessels, Herrn Harald Hein, Herrn Marco Raspe, Frau Regine Jannack, Mr. Mark Adamson, Herrn Andreas Schlieper, unseren Kollegen Dr. Herbert Geisen und John Poziemski sowie Teilnehmern der Wirtschaftsanglistikkurse und Studenten der Ruhr-Universität Bochum.

Innerhalb des Verlags wurde dieses Wörterbuch seinerzeit von Herrn Melzer angeregt, dem wir ebenso zu Dank verpflichtet sind wie Herrn Schmidt-Dransfeld, der dieses immer umfangreicher werdende Projekt nicht nur mit Geduld begleitete, sondern auch die rechnergestützte Satzaufnahme initiierte. In diesem Zusammenhang gilt unser besonderer Dank Frau Rita Köhler für die Umsetzung des vorgegebenen Programms in eine lexikografisch adäquate Form sowie Frau Barbara Hoffmann, Frau Susanne Knorth, Frau Sabine Schütte und Frau Heike Wilpert für die weitere Textaufnahme und Korrektur sowie Frau Elke Linnepe für ihre Mitarbeit bei der Fahnenkorrektur. Bei der Aufbereitung der zunächst auf Karten festgehaltenen Stichwörter und Lösungen leisteten Frau Andrea Lohmann, Herr Ludger Pfeil und Frau Doerthe Wagelaar wertvolle Dienste. Schließlich möchten wir nicht versäumen, Herrn Prof. Dr. Koch und Herrn Prof. Dr. Suerbaum für Hilfestellungen zu danken, die uns ermutigten, dieses Großprojekt zum Abschluss zu bringen.

Dr. Dieter Hamblock
Dr. Dieter Wessels

Vorwort zur fünften überarbeiteten Auflage

In einer Welt der zunehmenden Globalisierung hat sich in den zehn Jahren seit Erscheinen dieses Großwörterbuches eine Vielzahl neuer Begriffe und Wendungen herausgebildet. So war es unumgänglich, dieses seinerzeit hoch aktuelle Nachschlagewerk von Grund auf zu überarbeiten. Das Ergebnis ist nicht nur ein umfangreicheres – wenngleich kompakteres – Wörterbuch, sondern auch ein benutzerfreundlicheres Hilfsmittel. Die semantische Differenzierung der angebotenen Lösungen zeichnet sich nunmehr durch eine numerische Hierarchisierung sowie durch zahlreiche neue Kontextangaben aus. Neue Begriffe und Wendungen sind in alle bislang abgedeckten Teilbereiche eingeflossen. Der Benutzer wird auch feststellen, dass die thematischen Felder, die in den letzten Jahren eine besondere Bedeutung erlangt haben, umfassend berücksichtigt worden sind. Vordergründig manifestiert sich dies in den neu eingeführten Symbolen, vor allem jenen aus dem Umweltbereich (Atom, Forstwirtschaft, Gas- und Ölförderung, Wasser). Erhebliche Zuwächse sind außerdem in den Bereichen Betriebswirtschaft, Kommunikationstechnologie, Logistik, Marketing und Recht zu verzeichnen.

Ein Novum sind die in beiden Bänden aufgeführten Abkürzungsverzeichnisse, wobei die Liste der englischen Abkürzungen der Praxis entsprechend die deutsche Liste an Umfang übersteigt. Die Verfasser möchten an dieser Stelle all denen danken, die mit Anregungen, Kommentaren und Quellenmaterial unsere Arbeit unterstützt haben, sowie jenen, die bei der Neuauflage dieses Großwörterbuchs mitgearbeitet haben, insbesondere Cordula Berger, Heike Dittrich, Kirsten Fenner, Barbara Hamblock, Sandra Redicker, Andreas und Stephan Wessels. Unser besonderer Dank gilt Marc Neumeyer für seine umfassende Hilfestellung bei der elektronischen Umsetzung des Materials sowie Saskia Koltermann und Kornelia Kramer für die professionelle Aufnahme der neuen Einträge und auch der vielen Korrekturen und Ergänzungen des deutsch-englischen bzw. englisch-deutschen Bandes.

Bochum, im September 1999

Dieter Hamblock
Dieter Wessels

Notes for the user

Arrangement
The entries are arranged in strict alphabetical order using the following hierarchy: noun, verb, adjective, adverb, preposition, conjunction.
Entries are subdivided in the following manner:
1. noun: **Bank** *f*
2. preposition + noun: **auf der Bank**
3. noun + prepositional phrase: **Bank der Länder**
4. phrases: **durch eine Bank gesichert**
5. collocation noun + verb: **zur Bank gehen**
6. collocation adjective + noun: **ausstellende Bank**
7. Compounds: **Bankadresse**.

Headword
Upon first entry each word is defined according to grammatical categories, i.e. parts of speech (adjective, adverb, preposition, conjunction) or gender (noun) or verb class (transitive, intransitive, reflexive, prepositional). Subsequently the headword is abbreviated by its first letter (ausstellende B.). In the case of compounds the headword is separated by a vertical bar (Bank|adresse).

Differences in meaning
The entries in the target language are arranged by meaning and may be separated by a semicolon. The field of application is marked by a symbol (cf. list below) or by an indication in brackets in italics.

Symbols
A word or group of words is replaced by a tilde (~). The arrow (→) refers to a headword with identical entries in the target language; these are only listed once.
The first entry of a paragraph of compounds sometimes ends with a hyphen to indicate an incomplete German entry which in English is often rendered by an adjective. Round brackets ( ) with explanations in italics refer to the field of application or – together with the appropriate abbreviation – to the level of style of either the entry word or its Enlish equivalent. Square brackets [ ] with an abbreviation for a country indicate the origin of a word (exceptions: (lat./frz.)).
The slash (/) is used to group together entries of a similar structure and meaning or fields of application.

Spelling and syllabification
The spelling and syllabification of Collins Dictionary of the English Language has been used throughout. In a few instances the American spelling is also given.

Erläuterungen für den Benutzer

Anordnung
Die Stichwörter sind streng nach dem Alphabet angeordnet. Dabei gilt das Hierarchieprinzip Nomen, Verb, Adjektiv, Adverb, Präposition, Konjunktion.
Für das Stichwort gilt folgende Anordnung:
1. Nomen: **Bank** *f*
2. Präposition + Nomen: **auf der Bank**
3. Nomen + präpositionale Verbindungen: **Bank der Länder**
4. Wendungen: **durch eine Bank gesichert**
5. Kollokation Nomen + Verb: **zur Bank gehen**
6. Kollokation Adjektiv + Nomen: **ausstellende Bank**
7. Komposita: **Bankadresse**.

Stichwort
Jedes Stichwort ist beim Ersteintrag grammatisch definiert nach Wortart (Adjektiv, Adverb, Präposition, Konjunktion) bzw. Genus (Nomen) bzw. nach den Kategorien transitiv, intransitiv, reflexiv, präpositional (Verb). Das Stichwort wird im Weiteren durch den Anfangsbuchstaben abgekürzt (ausstellende B.). Bei Komposita wird der Stichwortbestandteil durch einen senkrechten Strich angezeigt (Bank|adresse).

Bedeutungsunterschiede
Die Lösungen in der Zielsprache sind nach Bedeutung geordnet und in diesem Fall durch Semikolon getrennt. Vielfach erfolgt eine Zuordnung des Verwendungsbereichs durch ein Symbol (vgl. nachfolgende Aufstellung) oder durch einen Verweis in Kursivschrift in runder Klammer.

Zeichen
Die Tilde (~) vertritt ein Wort oder eine Wortgruppe. Das Verweiszeichen (→) verweist auf ein Stichwort mit denselben zielsprachlichen Lösungen, die nur an einer Stelle aufgenommen sind. Der Bindestrich (-) beim Ersteintrag einer Kompositagruppe beschließt einen in der deutschen Sprache unvollständigen Eintrag, dem im Englischen in der Regel adjektivische Lösungen entsprechen. Runde Klammern ( ) mit Text in Kursivschrift kennzeichnen den Verwendungsbereich einer Lösung und auch – mit entsprechenden Abkürzungen – die Sprachebene des Stichworts oder der Lösung. Eckige Klammern [ ] mit einer Länderabkürzung geben die Herkunft eines Worts an (Ausnahmen: (lat./frz.)). Der Schrägstrich (/) dient der Zusammenfassung von Lösungsalternativen und auch zur Aufzählung mehrerer Verwendungsbereiche von Stichwörtern oder deren Lösungen.

Orthografie und Trennungen
Für die Orthografie und Trennung der englischen Einträge war die Schreibweise in Collins Dictionary of the English Language maßgebend. In wenigen ausgewählten Fällen wurde neben der britischen auch die amerikanische Schreibweise angeführt.

List of symbols/Verzeichnis der Symbole

🚜	agriculture/Landwirtschaft
🏛	architecture/Baukunst
🚗	automobile engineering/Kraftfahrzeugwesen
✈	aviation/Flugwesen
⚘	biology/Biologie
⚗	chemistry/Chemie
⊖	customs/Zoll
🖥	EDP/EDV
⚡	electrical engineering/Elektrotechnik
🌳	forestry/Forstwirtschaft
⚙	handicraft; engineering/Handwerk; Technik
🏭	industry/Industrie
[§]	law/Rechtswissenschaft
π	mathematics/Mathematik
☤	medicine/Medizin
▱	metallurgy/Hüttenwesen
☁	meteorology/Meteorologie
🪖	military term/militärisch
⛏	mining/Bergbau
⚓	nautical term/Schifffahrt
🔊	noise/Lärm
⚛	nuclear technology/Nukleartechnik
🛢	oil; gas/Öl; Gas
✉	postal affairs/Postwesen
📖	printing/Druck
🚂	railway/Eisenbahn
▦	statistics/Statistik
☎	telecommunications/Telekommunikation
🎭	theatre/Theater
TM	trademark/Warenzeichen
💧	water industry/Wasserwirtschaft

List of abbreviations/Verzeichnis der Abkürzungen

A	Austria/Österreich
adj	adjective/Adjektiv
adv	adverb/Adverb
abbr.	abbreviation/Abkürzung
AG	stock corporation/Aktiengesellschaft
AUS	Australia/Australien
BWL	business administration/Betriebswirtschaftslehre
CAN	Canada/Kanada
CH	Switzerland/Schweiz
conj	conjunction/Konjunktion
coll	colloquial/umgangssprachlich
D	Germany/Deutschland
DDR	German Democratic Republic/Deutsche Demokratische Republik
d.h.	that is/das heißt
e.g.	for example/zum Beispiel
E	Spain/Spanien
etc.	and others/usw.
etw.	something/etwas
EU	European Union/Europäische Union
EWS	European Monetary System/Europäisches Währungssystem
f	feminine/Femininum
fig	figuratively/bildlich
frz.	French/französisch
GB	Great Britain/Großbritannien
GmbH	private limited company/Gesellschaft mit beschränkter Haftung
HV	general meeting/Hauptversammlung
I	Italy/Italien
i.e.	that is/das heißt
interj	interjection/Ausruf
IRL	Eire/Irland
IWF	International Monetary Fund/Internationaler Währungsfonds
jdm	someone/jemandem
jdn	someone/jemanden
jds	someone's/jemandes
lat.	Latin/lateinisch
Lit.	literature/Literatur
m	masculine/Maskulinum
Mus.	music/Musik
n	noun/Nomen
NL	Netherlands/Niederlande
nt	neuter/Neutrum
obs.	obsolete/veraltet
OHG	general partnership/Offene Handelsgesellschaft
o.s.	oneself/sich
OR	Operations Research

Verzeichnis der Abkürzungen / List of abbreviations

Pat.	patent/Patent
pej.	pejorative/pejorativ
pl	plural/Plural
prep	preposition/Präposition
prov.	proverb/Sprichwort
Scot.	Scotland/Schottland
sl	slang
so.	someone/jemand
sth.	something/etwas
UdSSR	Union of the Socialist Soviet Republics/Union der sozialistischen Sowjetrepubliken
UN	United Nations/Vereinte Nationen
US	United States/Vereinigte Staaten
v/i	intransitive verb/intransitives Verb
v/prep	prepositional verb/präpositionales Verb
v/refl	reflexive verb/reflexives Verb
v/t	transitive verb/transitives Verb
Vers.	insurance/Versicherungswesen
VWL	economics/Volkswirtschaftslehre
z.B.	for instance/zum Beispiel

A

A 1 (first class) 1. *(Schiffsklassifizierung/Lloyd's)* prima, erstklassig, höchste Klasse; 2. erste/höchste Qualität
abacus *n* Rechenbrett *nt*, R.tafel *f*
abandon *n* Aufgabe *f*; *v/t* 1. auf-, preisgeben, verlassen; 2. fallen lassen, verzichten auf; 3. *(Hoffnung)* begraben; 4. ⚓ einstellen, außer Betrieb nehmen; 5. *(Vers.)* abandonnieren; 6. [§] *(Klage)* zurückziehen; 7. ausbuchen; 8. *(Option)* nicht ausüben; **a. so.** jdn seinem Schicksal überlassen
abandoned *adj* 1. herrenlos; 2. ⚓ eingestellt
abandonee *n* *(Vers.)* Empfänger(in) *m/f* (von abandonnierten Gegenständen)
abandoner *n* *(Vers.)* Abandonist *m*
abandonment *n* 1. Auf-, Preisgabe *f*; 2. Entäußerung *f*, Abtretung *f*, Verzicht *m*, Überlassung *f*; 3. ⚓ Stilllegung *f*, Außerbetriebsetzung *f*, Verschrottung *f*; 4. [§] Einstellung *f*; 5. Optionsaufgabe *f*; 6. ⊖ Abandonnierung *f*; 7. *(Vers.)* Abandon *m*; 8. ⚓ Aufgabe *f*, Aussetzen *nt*
abandonment of an action Rücknahme einer Klage; **~ an appeal** Rücknahme der Berufung/des Rechtsmittels; **~ an easement** Verzicht auf eine Grunddienstbarkeit; **~ nuclear energy** Ausstieg aus der Kernkraft; **~ money** Prämienaufgabe *f*; **~ ownership** Eigentumsaufgabe *f*; **~ a patent** Patentverzicht *m*; **~ production** Einstellung der Produktion, Aufgabe der Fertigung; **~ a right** Aufgabe eines Rechts; **~ security** Verzicht auf Sicherheit; **~ a ship/vessel** Aufgeben/Verlassen eines Schiffes; **~ a (legal) title** Verzicht auf einen Rechtsanspruch, Eigentumsverzicht *m*
abandonment acknowledgment Abandonrevers *m*; **a. clause** Abandon-, Verzichtklausel *f*; **a. cost(s)** Stilllegungs-, Schließungskosten *pl*; **a. phase** Niedergangsphase *f*; **a. stage** End-, Auslaufphase *f*
abate *v/ti* 1. herabsetzen, ermäßigen, erlassen, verbilligen, (ver)mindern, reduzieren; 2. abnehmen, abflauen, nachlassen, sich mindern, verebben; 3. *(Preis)* fallen; 4. *(Ärgernis)* abstellen
abatement *n* 1. Abflauen *nt*, Abklingen *nt*, Abnahme *f*, Nachlassen *nt*, Verminderung *f*, Rückgang *m*, Milderung *f*, Linderung *f*; 2. Abschlag *m*, Ermäßigung *f*, Rabatt *m*, Herabsetzung *f*, Nachlass *m*, Verbilligung *f*; 3. *(Ärgernis)* Behebung *f*; **without a.** ohne Rabatt/Nachlass
abatement of an action Einstellung des Verfahrens, Prozesseinstellung *f*; **~ customs duty** Zollermäßigung *f*; **~ debts** (teilweiser) Schuld(en)erlass; **~ fees** Gebührenermäßigung *f*; **~ income tax** Einkommensteuererlass *m*; **~ a legacy** Kürzung eines Vermächtnisses; **~ a nuisance** Beseitigung einer Störung, Abstellung eines Ärgernisses/Übelstandes; **~ penalty** Strafermäßigung *f*; **~ purchase money** Kaufpreisherabsetzung *f*, K.minderung *f*; **~ rent** Mietsenkung *f*, Pachtzinsnachlass *m*

basic abatement *[US]* *(Steuer)* (Grund)Freibetrag *m*, Pauschalfreibetrag *m*
abatement cost(s) *(Umwelt)* Emissionsminderungskosten *pl*; **a. clause** Herabsetzungsklausel *f*
abattoir *n* *[GB]* *(frz.)* Schlachthof *m*, S.haus *nt*
abbre|viate *v/t* kürzen, verkürzen, abkürzen; **a. viated** *adj* (ab)gekürzt, gerafft; **a.viation** *n* Kurzzeichen *nt*, Abkürzung *f*, Kürzel *nt*
ABC (inventory) analysis (and classification) ABC-Analyse *f*; **ABC countries (Argentina, Brazil, Chile)** ABC-Staaten; **ABC (advanced booking charter) tariff** ✈ Vorausbuchungstarif für Charterflüge
abdo|men *n* ⚕ Bauch *m*; **a.minal** *adj* Bauch-
abduct *v/t* *(Menschen)* verschleppen, entführen; **a.ion** *n* Menschenraub *m*, Entführung *f*, Verschleppung *f*; **~ of a child** Kindesentführung *f*; **a.or** *n* Entführer(in) *m/f*
aberrant *adj* abweichend
aberration *n* Abweichung *f*, Fehlentwicklung *f*; **longitudinal a.** Längsabweichung *f*; **mental a.** geistige Verwirrung; **statistical a.** statistische Abweichung
abet *v/t* [§] anstiften, Vorschub leisten, ermutigen, begünstigen, unterstützen; **a.ment** *n* Beihilfe *f*, Vorschub *m*, Begünstigung *f*
abetter; abettor *n* [§] Anstifter(in) *m/f*, Helfershelfer(in) *m/f*, Begünstiger(in) *m/f*
abeyance *n* 1. [§] Anwartschaft *f*; 2. Schwebezustand *m*; **in a.** 1. in der Schwebe, schwebend, unentschieden; 2. [§] *(Besitz)* herrenlos; **to be in a.** ruhen, in der Schwebe sein, schweben; **a.** [§] left in a. in der Schwebe bleiben; **to fall into a.** zeitweilig außer Kraft treten, nicht mehr wirksam sein; **to hold/keep in a.** in der Schwebe/unentschieden/offen lassen
abidance *n* [§] Einhaltung *f*, Befolgung *f*
abide by *v/i* [§] befolgen, sich halten an
ability *n* 1. Können *nt*, Vermögen *nt*, (Leistungs)Fähigkeit *f*, Eignung *f*, Befähigung *f*; 2. [§] (Rechts)Fähigkeit *f*
ability to act Handlungsfähigkeit *f*; **~ compete** Wettbewerbs-, Konkurrenzfähigkeit *f*; **~ contract** Vertragsfähigkeit *f*; **~ follow the hearing** Verhandlungsfähigkeit *f*; **~ inherit** Erbfähigkeit *f*; **~ invest** Investitionsfähigkeit *f*; **~ make a will** Testierfähigkeit *f*; **~ pay** Zahlungsfähigkeit *f*, (finanzielle) Leistungsfähigkeit, Solvenz *f*, Liquidität *f*; **to guarantee so.'s ~ pay** für jdn bürgen; **~ perform** Leistungsvermögen *nt*; **~ save** Sparfähigkeit *f*; **~ stand trial** Verhandlungsfähigkeit *f*; **~ supply** Lieferfähigkeit *f*; **~ take legal action** (aktive) Prozessfähigkeit *f*; **~ withstand crises** Krisenfestigkeit *f*; **~ work** Erwerbsfähigkeit *f*
to the utmost of my abilities mit allen meinen Kräften; **to try to the best of one's ability** sich redlich bemühen
competitive ability Konkurrenzfähigkeit *f*; **to restore one's ~.** Wettbewerbsfähigkeit wiederherstellen; **debt-paying a.** *(Schulden)* Zahlungsfähigkeit *f*; **demonstrated a.** nachgewiesene Fähigkeit; **entrepreneurial a.** unternehmerisches Können; **executive a.** Führungsqualität *f*, F.eigenschaft *f*, Managementeigenschaften *pl*, Eignung für eine Führungsposition; **fund-raising a.** *(Geld)* Aufbringungsfähigkeit *f*; **innovative**

a. Innovationsfähigkeit *f*; **load-carrying a.** Nutzlast *f*; **managerial abilities** Führungsqualitäten; **mental a.** Intelligenz *f*; **~ test** Intelligenztest *m*; **of outstanding a.** hervorragend begabt
ability range Leistungsspektrum *nt*
ablaze *adj* lodernd, in Flammen, lichterloh; **to be a.** lodern, in Flammen stehen, lichterloh brennen
able *adj* fähig, befähigt, imstande, begabt; **to be a.** können, imstande sein, vermögen; **a. to exist** existenzfähig; **~ work** erwerbs-, arbeitsfähig
able-bodied *adj* arbeitsfähig, diensttauglich
abnormal *adj* abartig, abnormal, außergewöhnlich, anomal, unnormal, aus dem Rahmen fallend; **mentally a.** [§] unzurechnungsfähig; **to certify so. as being ~ a.** jdn für unzurechnungsfähig erklären
abnormality *n* Abnormalität *f*, Regelwidrigkeit *f*, Anomalität *f*, Abweichung *f*; **mental a.** [§] Unzurechnungsfähigkeit *f*
aboard *prep/adv* ⚓/✈ an Bord
abode *n* 1. Aufenthalt(sort) *m*, Bleibe *f*, Wohnsitz *m*, W.ort *m*, Wohnung *f*; 2. *(Firma)* Sitz *m*; **fixed a.** ständiger/fester/dauernder Aufenthalt(sort), fester Wohnsitz; **of no/without ~ a.** [§] ohne festen Wohnsitz/Aufenthaltsort; **habitual a.** gewöhnlicher Aufenthalt(sort); **permanent a.** fester Wohnsitz, ständiger (Wohn)-Sitz/Wohnort
abolish *v/t* abschaffen, beseitigen, aufheben; **a.ment** *n* Abschaffung *f*
abolition *n* Beseitigung *f*, Abschaffung *f*, Aufhebung *f*; **a. of customs duties; ~ tariffs** Beseitigung der Zölle, Aufhebung von Zöllen; **~ jobs** Vernichtung von Arbeitsplätzen; **~ resale price maintenance** Aufhebung der Preisbindung; **~ restrictions** Aufhebung von Beschränkungen
aborigine *n* Ureinwohner *m*; **a.s** Urbevölkerung *f*
abort *v/ti* 1. scheitern (lassen); 2. ⚕ abtreiben
abortion *n* ⚕ Abtreibung *f*, Schwangerschaftsabbruch *m*, Tötung der Leibesfrucht; **causing an a.** Abtreibung *f*; **to perform an a.** Abtreibung vornehmen; **induced a.** künstlicher Schwangerschaftsabbruch; **self-induced a.** Abtreibung der eigenen Leibesfrucht; **A. Act** *[GB]* Schwangerschaftsabbruchgesetz *nt*; **a. clinic** Abtreibungsklinik *f*; **a. operation** Abtreibungseingriff *m*
abortive *adj* erfolglos, misslungen, gescheitert, fehlgeschlagen, vergeblich, verfehlt, frucht-, gegenstands-, ergebnislos; **to be a.** scheitern, fehlschlagen; **to prove a.** sich als Fehlschlag erweisen
abound *v/i* im Überfluss/reichlich/in großer Zahl vorhanden sein, Überfluss haben an; **a.ing** *adj* reichlich vorhanden
about *adv* ungefähr, zirka, fast; *prep* um; **it is a.** es handelt sich um
about|-face; a.-turn *n* Kehrtwende *f*, K.wendung *f*, Wendung um 180 Grad, Schwenk(ung) *m/f*, Umschwung *m*
above *prep* über, oberhalb; *adv* 1. darüber hinaus, mehr als; 2. oben, obig, oben angeführt/erwähnt; **over and a.** zusätzlich zu; **to be a. so.** zu hoch für jdn sein, über jds Niveau sein, über jdm stehen

above|-average *adj* überdurchschnittlich, über dem Durchschnitt; **a. board** *adj (fig)* 1. korrekt, legal; 2. offen, ehrlich; **a.-mentioned (a/m)** *adj* oben aufgeführt/erwähnt, vorgenannt, vorerwähnt; **a.-named** *adj* vor-, obengenannt; **a.-said** *adj* obengesagt, obengenannt
abrasion *n* 1. ✪ Abrieb *m*; 2. *(Münze)* Verschleiß *m*
abrasive *n* ✪ Schleifmittel *nt*; *adj (Person)* aggressiv, rauh; **a.s industry** Schleifmittelindustrie *f*; **a. paper** Schmirgelpapier *nt*
abreast *adv* auf der Höhe, auf dem Laufenden, nebeneinander, Seite an Seite; **to keep a. of** mithalten, auf dem Laufenden bleiben/sein, Schritt halten mit; **to pull a. of** vorbeiziehen an
abridge *v/t* 1. *(Text)* (ver-/ab)kürzen, zusammenziehen; 2. [§] einschränken; **a.d** *adj (Text)* in (ab)gekürzter Form, (ab)gekürzt, auszugsweise
abridgment *n* *(Text)* (Ab)Kürzung *f*, Auszug *m*; **a. of specification** Kurzfassung der Patentschrift; **~ time** Fristverkürzung *f*
abroad *adv* im/ins Ausland, außer Landes; **from a.** aus dem Ausland; **to be a.** außer Landes sein; **to go a.** ins Ausland/außer Landes gehen
abrogate *v/t* [§] aufheben, für ungültig erklären, abschaffen, beseitigen, außer Kraft setzen
abrogation *n* [§] Aufhebung *f*, Außerkraftsetzung *f*, Abschaffung *f*, Beseitigung *f*, Widerruf(ung) *m/f*; **a. of a law/statute** Aufhebung eines Gesetzes
abrupt *adj* abrupt, schroff, stoß-, schockartig
abscissa *n* π Abszisse *f*, x-Achse *f*
abscond *v/i* [§] flüchten, sich absetzen, fliehen, sich heimlich entfernen, flüchtig werden, sich (der Festnahme durch Flucht) entziehen; **to have a.ed** *adj* flüchtig sein; **a.er** *n* flüchtiger Schuldner; **a.ing after an accident** *n* Fahrer-, Unfallflucht *f*; **~ without paying for one's meal** Zechprellerei *f*
absence *n* 1. Abwesenheit *f*, Fehlen *nt*, Aus-, Fernbleiben *nt*, Nichtanwesenheit *f*, N.erscheinen *nt*; 2. Nichtvorhandensein *nt*, Ausfall *m*; **in the a. of** in Abwesenheit/Ermangelung von, mangels; **~ of any express agreement** mangels ausdrücklicher Vereinbarung; **~ thereof** andernfalls
absence of authority [§] mangelnde Vollmacht, Mangel der Vertretungsbefugnis; **~ bias** Unbefangenheit *f*; **a. on business** Abwesenheit aus geschäftlichen Gründen; **a. of consideration** [§] mangelnde Gegenleistung, Fehlen der Gegenleistung; **a. from duty** Dienstabwesenheit *f*; **a. without valid excuse** unentschuldigtes Ausbleiben/Fehlen/Fernbleiben; **a. due to illness** Fehlen wegen Krankheit, krankheitsbedingtes Fehlen; **a. over leave** Urlaubsüberschreitung *f*; **a. without leave** unentschuldigtes Fehlen/Fernbleiben; **a. of notice** Unkenntnis *f*; **in the ~ proof to the contrary** [§] bis zum Beweis des Gegenteils, in Ermangelung eines Gegenbeweises; **in the ~ any provision to the contrary** [§] soweit nicht ausdrücklich etw. anderes bestimmt ist, wenn nichts Gegenteiliges vereinbart ist; **~ quorum** Beschlussunfähigkeit *f*; **~ formal requirements** Formfreiheit *f*, F.losigkeit *f*; **a. beyond the high seas** *[GB]* [§]

Abwesenheit vom Vereinigten Königreich; **a. of valid subject matter** Fehlen der Geschäftsgrundlage; **a. from trial** [§] Abwesenheit in der Hauptverhandlung **to be conspicuous by one's absence** durch Abwesenheit glänzen *(coll)* **authorized absence** entschuldigtes Fernbleiben; **chronic a.** Dauerabwesenheit *f*; **paid a.** bezahlter Arbeitsausfall; **unauthorized a.** unentschuldigtes Fehlen

absence allowance Abwesenheitsgeld *nt*; **a. level** Abwesenheitsquote *f*, A.rate *f*, Fehlquote *f*, F.rate *f*; **a. rate** Fehlzeitenquote *f*; **a. time** Abwesenheitszeit *f*

absent *adj* abwesend, nicht erschienen; **to be a.** fehlen, weg-, ausbleiben

absentee *n* Abwesende(r) *f/m*; **a. landlord** nicht ortsansässiger Grund-/Hausbesitzer; **a.'s representative** Abwesenheitsvertreter *m*

absenteeism *n* (häufiges/chronisches) Nichterscheinen am Arbeitsplatz, Blaumachen *nt (coll)*, unentschuldigtes Fehlen/Fernbleiben, Bummelantentum *nt*; **a. rate** Abwesenheitsrate *f*; **a. report** Personalfehlzeitenmeldung *f*

in absentia *n (lat.)* [§] in Abwesenheit, in absentia

absent-minded *adj* geistesabwesend, zerstreut, geistig abwesend; **to be a.-m.** nicht bei der Sache sein, seine Gedanken nicht beisammen haben; **a.-m.ness** *n* Geistesabwesenheit *f*, Zerstreutheit *f*

absolute *adj* absolut, unbedingt, unabdingbar, unabänderlich, unbeschränkt, unumschränkt; **to make a.** Rechtskraft verleihen; **a.ness** *n* Unabdingbarkeit *f*

ab|solve *v/t (Haftung)* befreien; **a.solvitor** *n* [§] *[Scot.]* Freispruch *m*

absorb *v/t* 1. auffangen, ab-, resorbieren, aufsaugen, verkraften, abschöpfen; 2. *(Gesellschaft)* integrieren; 3. *(Dividende)* übernehmen, anteilmäßig verrechnen; **a. into** umwandeln

absorb|ed *adj* 1. absorbiert, aufgesaugt; 2. *(Psychologie)* versunken, vertieft, ganz in Anspruch genommen; **a.ency** *n* Saugfähigkeit *f*; **a.ent** *adj* saugfähig; **low a.er** *n* Land mit niedrigem Importpotenzial; **a.ing capacity** *n* Aufnahmefähigkeit *f*; **~ principle** Absorptionsprinzip *nt*

absorption *n* 1. Absorption *f*, Aufnahme *f*, Abschöpfung *f*, Auffangen *nt*; 2. Sättigungspunkt *m*; 3. *(Waren)* Abnahme *f*; 4. *(Gesellschaft)* Eingliederung *f*, Integration *f*; 5. Inlandsausgaben für Güter und Leistungen

absorption of charges Gebührenübernahme *f*; **~ funds** Finanzmittelbindung *f*, L.entzug *m*; **~ liquidity** Liquiditätsabschöpfung *f*, L.entzug *m*; **~ surplus liquidity** Bindung überschüssiger Liquidität; **~ losses** Verlustübernahme *f*; **~ money** Geldabschöpfung *f*; **~ purchasing power** Kaufkraftabschöpfung *f*

absorption account Wertberichtigungs-, Sammelkonto *nt*; **a. approach** Absorptionstheorie *f*

absorption costing (starre) Vollkosten-, Durchschnittskostenrechnung, Kostenaufteilungsverfahren *nt*; **full a. c.** Vollkostenrechnung *f*; **modified a. c.** flexible Vollkostenrechnung; **normal a. c.** Normalkostenrechnung auf Vollkostenbasis; **standard a. c.** Standardkostenrechnung auf Vollkostenbasis

absorption loan Abschöpfungsanleihe *f*; **a. point** Sättigungspunkt *m*, S.grenze *f*; **a. value** berichtigter Wert

abstain *v/i* sich (der Stimme/Stimmabgabe) enthalten; **a. from sth.** etw. unterlassen

abstemious *adj* enthaltsam; **a.ness** *n* Enthaltsamkeit *f*

abstention *n* (Stimm-/Wahl)Enthaltung *f*; **a.s** Zahl der (Stimm)Enthaltungen

abstinence *n* Enthaltsamkeit *f*; **a. from taking in funds** Nichthereinnahme von Geldern; **a. theory** *(Zins)* Abstinenztheorie *f*; **~ of interest** Wertetheorie des Zinses

abstract *n* 1. Zusammenfassung *f*, Auszug *m*, Übersicht *f*, Kurzfassung *f*, K.darstellung *f*; 2. [§] Grundbuch-, Katasterauszug *m*

abstract of account Konto-, Rechnungsauszug *m*; **equated ~ account** Staffelauszug *m*; **~ balance; ~ a balance sheet** Bilanzauszug *m*, Vermögensübersicht *f*; **a. from the land register** Grundbuch-, Katasterauszug *m*; **a. of the minutes** Auszug aus dem Sitzungsprotokoll; **~ records** Aktenauszug *m*; **a. from the register** Registerauszug *m*; **annual a. of statistics** statistisches Jahrbuch; **a. of title** Grundbuch-, Katasterauszug *m*, Auszug aus dem Grundbuch, Zusammenfassung der Grundeigentumsrechte

statistical abstract *[US]* statistisches Jahrbuch

abstract *v/t* 1. absondern, abziehen, abstrahieren; 2. Auszug machen von; 3. entwenden, unterschlagen, beiseite schaffen; 4. ⚡ abzapfen; *adj* abstrakt, theoretisch

abstraction *n* 1. widerrechtliche Entnahme *f*, Entwendung *f*, Beiseiteschaffen *nt*, Unterschlagung *f*, Untreue *f*; 2. Abstraktion *f*; **a. of electricity** Abzapfen von Strom; **~ money** Unterschlagung von Geldern

absurd *adj* absurd, unsinnig; **a.ity** *n* Widersinnigkeit *f*, Absurdität *f*, Lächerlichkeit *f*

abstruse *adj* abstrus

abundance *n* Überfluss *m*, Fülle *f*; **in a.** in Hülle und Fülle; **a. of fish** Fischreichtum *m*; **~ forests** Waldreichtum *m*; **~ money** Geldfülle *f*

abundant *adj* (reichlich) vorhanden, reichhaltig, üppig

abuse *n* 1. Missbrauch *m*, missbräuchliche Ausnutzung; 2. Beschimpfung *f*, Schmähung *f*

abuse of authority Überschreitung der Amtsgewalt, Amts-, Befehls-, Autoritätsmissbrauch *m*; **~ confidence** Vertrauensbruch *m*, Missbrauch des Vertrauens; **~ credit** Kreditmissbrauch *m*; **~ discretion** Missbrauch der Ermessensfreiheit, Ermessensüberschreitung *f*, E.süberschreitung *f*; **~ distress** Missbrauch der Vollstreckungsmöglichkeiten, Pfandmissbrauch *m*, widerrechtliche Benutzung einer gepfändeten Sache; **~ primary energy** Primärenergiemissbrauch *m*; **~ a flag** Flaggenmissbrauch *m*; **~ law** Rechtsmissbrauch *m*; **~ license plates** *[US]* **/numberplates** *[GB]* ♣ Kennzeichenmissbrauch *m*; **~ market power** Missbrauch von Marktmacht, missbräuchliche Ausnutzung der Marktmacht; **~ monopoly** Missbrauch eines Monopols; **~ a patent (privilege)** Patentmissbrauch *m*, missbräuchliche Patentbenutzung, Missbrauch eines Patents; **~ power** Macht-, Vollmachtsmissbrauch *m*; **~ process in court** Missbrauch verfahrensrechtlicher Möglichkeiten; **~ rate scales** Tarifmissbrauch *m*; **~ registration**

abuse of a fiduciary relationship

plates ⇨ Kennzeichenmissbrauch *m*; ~ **a fiduciary relationship** Vertrauensbruch *m*, Missbrauch eines Vertrauensverhältnisses; ~ **rights** Rechtsmissbrauch *m*; ~ **a dispositive right** [§] Gestaltungsmissbrauch *m*; ~ **voting rights** Stimmrechtsmissbrauch *m*; ~ **title** Rechtsmissbrauch *m* **to curb abuse** Missbrauch eindämmen; **to remedy an a.** Missbrauch abstellen
crying/glaring/gross abuse grober/skandalöser Missbrauch; **sexual a.** [§] sexuelle Misshandlung
abuse *v/t* 1. missbrauchen, Schindluder treiben mit *(coll)*; 2. schmähen, beschimpfen;
abuse proceedings *(Kartellamt)* Missbrauchsverfahren *nt*
abusive *adj* 1. *(Sprache)* unflätig, ausfällig; 2. missbräuchlich
abut *v/t* *(Grundstück)* anliegen, angrenzen; **a.ter** *n* Anlieger *m*, Grundstücksnachbar *m*; **a.ting** *adj* anliegend
abyss *n* Abgrund *m*, Schlund *m*; **a.al** *adj* Tiefsee-
AC (alternating current) *n* ⚡ Wechselstrom *m*; **to operate on AC** mit Wechselstrom betrieben werden, ~ laufen
academe; academia *n* (Bereich der) Wissenschaft *f*, Wissenschaftlerkreise *pl*
academic *n* Akademiker(in) *m/f*, Wissenschaftler(in) *m/f*; *adj* 1. akademisch, wissenschaftlich; 2. allgemeinbildend; 3. praxisfremd; **legal a.** Rechtswissenschaftler *m;* **up-and-coming/young a.s** wissenschaftlicher Nachwuchs
academy *n* Lehranstalt *f*, Akademie *f*, Hochschule *f*; **a. of arts** Kunstakademie *f*, K.hochschule *f*; ~ **engineering** Ingenieurschule *f*; **commercial a.** Handelshochschule *f*; **military a.** Militärakademie *f*; **naval a.** Marine-, Kriegsakademie *f*
accede (to sth.) *v/i* 1. zustimmen, einwilligen, beipflichten, eingehen auf; 2. *(Vertrag)* beitreten
accelerate *v/ti* 1. (sich) beschleunigen, forcieren, Geschwindigkeit erhöhen/steigern, Gas geben; 2. *(Termin)* vorverlegen; 3. *(Bank)* vorzeitig fällig stellen; **a. again** durchstarten
accelerating effect *n* Beschleunigungseffekt *m*
acceleration *n* 1. Beschleunigung *f*, Geschwindigkeitszunahme *f*, Anzugsvermögen *nt*; 2. Verschärfung *f*; 3. *(Termin)* Vorverlegung *f*; 4. *(Bank)* vorzeitige Fälligstellung
acceleration in demand Nachfragebelebung *f*; **a. of growth** Wachstumsbeschleunigung *f*; ~ **inflation** Inflationsbeschleunigung *f*; ~ **losses** Verlustzunahme *f*, V.anstieg *m*, Verschlechterung der Gewinnsituation; ~ **maturity** frühzeitige Fälligstellung, vorzeitiger Eintritt der Fälligkeit; **a. in prices** beschleunigter Preisauftrieb
acceleration clause Fälligkeitsklausel *f*, Klausel über die sofortige Fälligkeit; **a. factor** Zeitraffungs-, Beschleunigungsfaktor *m*; **a. note** Schuldschein mit dem Recht vorzeitiger Rückzahlung; **a. premium** Leistungsprämie *f*; **a. principle** Akzelerationsprinzip *nt*; **a. time** Beschleunigungszeit *f*
accelerator *n* 1. Terminjäger *m*; 2. *[GB]* ⇨ Gaspedal

nt; 3. *(VWL)* Akzelerator *m*; **to step on the a.** (Voll)Gas geben
accent *n* 1. Tonfall *m*, Akzent *m*; 2. *(fig)* Schwergewicht *nt*; **floating a.** 🕮 fliegender Akzent
accentuation *n* Verschärfung *f*; **a. of competition** Verschärfung des Wettbewerbs
accept *v/t* 1. annehmen, akzeptieren, *(Auftrag)* hereinnehmen; 2. auf-, entgegen-, übernehmen; 3. anerkennen, einsehen, akzeptieren, zulassen, sich abfinden mit, in Kauf nehmen; 4. *(Wechsel)* mit Akzept versehen; 5. *(Ware)* abnehmen; 6. *(Einladung)* annehmen, zusagen; **a. in blank** blanko akzeptieren; **a. overwhelmingly** mit großer Mehrheit annehmen; **entitled to a.** annahmeberechtigt
acceptability *n* 1. Annehmbarkeit *f*, Zulässigkeit *f*, Tragbarkeit *f*; 2. Brauchbarkeit *f*, Eignung *f*, 3. Beleihbarkeit *f*; **a. as collateral** Lombardfähigkeit *f*; **a. policy** *(Notenbank)* Quotenpolitik *f*
acceptable *adj* 1. akzeptabel, tragbar, annehmbar; 2. brauchbar, passabel; 3. beleihbar, lombardfähig; **mutually a.** beiderseitig annehmbar/akzeptabel, für beide Seiten annehmbar
acceptance *n* 1. Annahme(erklärung) *f*, Lieferannahme *f*, Entgegennahme *f*; 2. Anklang *m*, Einwilligung *f*, Zustimmung *f*, Akzeptanz *f*, Aufnahme *f*; 3. Sichabfinden *nt*, Hinnahme *f*, Inkaufnahme *f*; 4. *(Angebot)* Zuschlag *m*, Annahme-/Zustimmungserklärung *f* (der Aktionäre); 5. (Wechsel)Akzept *nt*, A.leistung *f*, A.vermerk *m*; 6. ✪/🏦 Abnahme *f*; **against a.** gegen Annahme; **in default/for lack of/for want of a.** mangels Akzept/Annahme; **on a.** bei Annahme/Entgegennahme; **pending his a.** solange bis er angenommen hat; **upon a.** nach Annahme
acceptance by another bank fremdes Bankakzept; **a. of a bid** *(Submission)* Zuschlag *m*, Auftragsvergabe *f*
acceptance of a bill Wechselannahme *f*, W.akzept *nt*, W.hereinnahme *f*, Annahme eines Wechsels; **to procure ~ b.** Wechsel mit Sichtvermerk versehen lassen; **to refuse ~ b.** Annahme eines Wechsels verweigern; **unqualified ~ b.** unbedingte Annahme eines Wechsels
acceptance in blank Blankoakzept *nt*; **a. of claims** Anerkennung/Gewährung von Ansprüchen; **a. for collection** Inkassoakzept *nt*; **a. of a consignment** Frachtabnahme *f*, F.annahme *f*; ~ **construction work** Bauabnahme *f*; ~ **a contract** Vertragsannahme *f*; **a. for customers** Akzept für Kunden; **a. of a debt** Schuldanerkenntnis *f*; ~ **deposits** Depositengeschäft *nt*; ~ **a gift** Schenkungsannahme *f*; ~ **goods** Warenannahme *f*; ~ **a guarantee** Garantieübernahme *f*; **a. for honour; a. by intervention** *(Wechsel)* Ehrenakzept *nt*, E.annahme *f*, Wechselintervention *f*, Interventionsannahme *f*, I.akzept *nt*; **a. of an inheritance** Erbschaftsannahme *f*; ~ **the legality of a will** Anerkennung eines Testaments; **a. in the marketplace** Marktakzeptanz *f*; **a. of a mortgage** Hypothekenübernahme *f*; **a. in case of need** Notakzept *nt*; **a. of an offer** Annahme eines Angebots, Eingehen auf ein Angebot; ~ **an order** Auftrags-, Bestell(ungs)annahme *f*; **a. as part payment** Inzahlungnahme *f*; ~ **performance** Erfüllungsannah-

me *f*; **a. by performance** Realakzept *nt*; **a. on account of performance** Annahme erfüllungshalber; **a. in lieu of performance** Annahme an Erfüllungs statt; **a. of the proposal** Annahme des (Versicherungs)Antrags; **a. upon/supra protest** *(Wechsel)* Interventions-, Ehrenakzept *nt*, E.annahme *f*, Annahme unter Protest; **a. under rebate** vor Fälligkeit bezahltes Akzept; **a. without reservation** vorbehaltlose Annahme; **a. of a risk** Gefahren-, Risikoübernahme *f*; ~ **service** [§] Annahme der Zustellung; ~ **shipment** Frachtabnahme *f*; ~ **a tender** Zuschlag *m*, Auftragsvergabe *f*; **general a. in trade** Verkehrsgeltung *f*; **a. for trading** Zulassung zum Handel
available for acceptance for ... days *(Wechsel)* ... Tage gültig; **fit for a.** lieferfähig; **ready for a.** abnahmefähig; **returned for want of a.** mangels Annahme/Akzept zurück
to be capable of acceptance angenommen werden können; **to decline a.** Annahme verweigern; **to find a.** *(Waren)* Anklang finden; **to gain/win a.** Anerkennung/Annahme finden; **to present for a.** zur Annahme vorlegen, Akzept einholen; **to provide for a.** Akzept decken; ~ **with a.** mit Akzept versehen; **to refuse a.** Annahme verweigern; **to win (universal) a.** (allgemein) anerkannt werden
absolute acceptance *(Wechsel)* unbedingtes Akzept; **anticipated a.** vor Fälligkeit bezahltes Akzept; **approved a.** formelles Akzept; **blank a.** Blankowechsel *m*, B.akzept *nt*, B.annahme *f*, ungedecktes Akzept; **clean a.** reines/allgemeines/unbeschränktes/bedingungsloses/vorbehaltloses Akzept; **collateral a.** Aval-, Notakzept *nt*, Ehrenannahme *f*; **commercial a.** Handelsakzept *nt*; **conditional a.** 1. bedingtes Akzept; 2. beschränkte/bedingte Annahme; **cross a.** Wechselreiterei *f*; **delayed a.** prolongiertes Akzept; ~ **penalty** Report *m*, Kursaufschlag für Prolongation; **documentary a.** Dokumentenwechsel *m*; ~ **transaction(s)** Remboursgeschäft *nt*; **domiciled a.** domiziliertes Akzept *nt*, Domizilakzept *nt*; **favourable a.** *(Produkt)* günstige Aufnahme; **final a.** ✿/⌂ Schlussabnahme *f*; **financial a.** Kreditakzept *nt*; **foreign a.** Auslandsakzept *nt*; **general a.** 1. reines/uneingeschränktes Akzept; 2. bedingungslose/uneingeschränkte und unbedingte Annahme; **guaranteed a.** Avalakzept *nt*; **implicit/implied a.** stillschweigende Anerkennung/Annahme, Annahmevermutung *f*; **industrial a.** Industrieakzept *nt*; **late a.** verspätete Annahme; **local a.** Platzakzept *nt*; **obligatory a.** unweigerliche Annahme; **outright a.** vorbehaltlose Annahme; **partial a.** 1. Teilakzept *nt*, 2. teilweise Annahme; **prime a.s** Primadiskonten; **qualifying as prime a.** primadiskontfähig; ~ **a. market** Privatdiskontmarkt *m*; **eligible/qualifying for the** ~ **a. market** privatdiskontfähig; **qualified a.** 1. qualifiziertes/eingeschränktes/bedingtes Akzept; 2. vorbehaltliche/eingeschränkte Annahme, Annahme mit Einschränkungen, ~ unter Vorbehalt; **rebated a.** vor Fälligkeit bezahltes Akzept; **refused a.** Annahmeverweigerung *f*; **special a.** eingeschränktes Akzept; **tacit a.** stillschweigende Annahme/Hinnah-me; **telegraphic a.** Drahtakzept *nt*, **unconditional a.** 1. unbedingtes/uneingeschränktes/bedingungsloses Akzept; 2. unbedingte/uneingeschränkte/bedingungslose Annahme; **uncovered a.** Blankoakzept *nt*; **unqualified a.** uneingeschränkte Annahme; ~ **and unconditional a.** uneingeschränkte und unbedingte Annahme
acceptance account Akzeptkonto *nt*; **a. bank** Akzeptbank *f*; **a. bill** Akzept *nt*, Dokumententratte *f*, D.wechsel *m*; **a. boundary** ⌂ Annahmegrenze *f*; **a. certificate** ✿/⌂ Abnahmetest *m*, A.zeugnis *nt*; **a. charge** Akzeptgebühr *f*; **a. check** ✿/⌂ Abnahmekontrolle *f*; **a. commission** Akzeptprovision *f*; **a. commitments** Wechselverbindlichkeiten, Akzeptumlauf *m*; **a. corporation** Akzeptbank *f*, Teilzahlungs-, Kreditinstitut *nt*
acceptance credit 1. Akzept-, Rembours-, Tratten-, Wechselkredit *m*; 2. Dokumentenakkreditiv *nt*; **commercial a. c.** Warenbonuskredit *m*; **documentary a. c.** 1. Akzept-, Rembours-, Trassierungskredit *m*, (Wechsel)Rembours *m*; 2. Nachsichtakkreditiv *nt*, dokumentärer Akzeptkredit; **a. c. line** Rembourslinie *f*
acceptance creditor Akzeptgläubiger(in) *m/f*; **a. debtor** Akzeptschuldner(in) *m/f*; **a. declaration** Abfindungserklärung *f*; **a. diary** Verfallbuch für Akzepte; **a. dues** Wechselverbindlichkeiten; **a. form** Annahmeformular *nt*; **a. house** Akzept-, Diskont-, Handels-, Wechselbank *f*, Akzepthaus *nt*; **a. inspection** ✿/⌂ Abnahmeprüfung *f*; **a. inspector** Abnahmebeamter *m*; **a. ledger** Obligo-, Akzeptbuch *nt*, Obligoverzeichnis *nt*; **a. liability** Wechselobligo *nt*, Akzeptverbindlichkeit *f*, Verbindlichkeit aus Akzeptkrediten; **a. line** 1. Akzept(kredit)linie *f*, A.rahmen *m*, A.höchstkredit *m*, Höchstbetrag eines Akzeptkredits, Kredit-, Akzeptlimit *nt*; 2. ⌂ Annahmelinie *f*; **a. maturity tickler** Wechsel(verfall)buch *nt*, W.kopierbuch *nt*, W.logierbuch *nt*; **a. note** Annahmebestätigung *f*; **a. number** 1. Annahmezahl *f*; 2. ⌂ Gutzahl *f*; **a. order** Annahmeanordnung *f*; **a.s outstanding** Akzepte im Umlauf, eigene Akzepte; **a. region** ⌂ Gut-, Annahmebereich *m*; **a. register** Obligobuch *nt*; **a. report** ✿/⌂ Abnahme-, Prüf(ungs)bericht *nt*; **a. sampling** ⌂ Qualitätskontrolle *f*; **a. specifications/standards** Abnahme-, Prüfungsvorschriften; **a. test** 1. ✿ Gebrauchsabnahme, technische Abnahme; 2. Markt(aufnahme)test *m*; 3. ⌂ Funktionsprüfung *f*; **a. tolerance** Abnahmetoleranz *f*; **a. trials** 1. ✿ Probelauf *m*; 2. ⚓ Probefahrt *f*
acceptation *n* (günstige) Aufnahme
accepted *adj* 1. anerkannt, üblich, an-, aufgenommen, als gültig anerkannt; 2. *(Wechsel)* akzeptiert, mit Akzept versehen; **generally a.** allgemein anerkannt, allgemein gültig
acceptilation *n* Erlass einer geringfügigen Schuld
accepting commission *n* Akzeptprovision *f*; **a. company** Rückversicherer *m*; **a. house** Akzeptbank *f*, A.haus *nt*
acception region *n* ⌂ Annahme-, Akzeptanzbereich *m*
acceptor *n* *(Wechsel)* Akzeptant *m*, Abnehmender *m*, Wechsel(an)nehmer *m*; **a. of a bill** Wechselakzeptant *m*; **a. for honour; a. supra protest** Ehrenakzeptant *m*, Honorant *m*; **collateral a.** Wechselbürge *m*

accept region ▦ Annahme-, Akzeptanzbereich *m*
access *n* 1. Zugang *m*, Einlass *m*, Zutritt *m*; 2. ▯ Zugriff *m*
access to books and accounts Bucheinsicht *f*; **~ the capital market** Zugang zum Kapitalmarkt; **personal ~ children** *(Geschiedene)* persönlicher Verkehr mit Kindern; **~ courts of law/justice** 1. Rechtsweg *m*; 2. Zugang zu den Gerichten; **~ employment** Zugang zur Beschäftigung, ~ zum Arbeitsmarkt; **to deny ~ employment** Zugang zum Arbeitsmarkt verweigern; **~ a market** Marktzugang *m*; **~ financial markets** Zugang zu Finanzmärkten; **~ records** Akteneinsicht *f*
no access Kein Zutritt!, Zutrittsverbot *nt*, Zutritt verboten
to deny access Eintritt verwehren, Zugang verweigern; **to gain a. (to)** Zutritt erhalten (zu), sich ~ verschaffen; **to give a.** Zugang/Zutritt gewähren; **to have a. to the books** Zugang zu den Büchern haben; **~ a. to the files** Akteneinsicht haben; **~ free a.** freien Zutritt haben; **to provide a. to sth.** etw. zugänglich machen; **to refuse a. (to)** Zugang/Zutritt/Einlass verwehren
concurrent access ▯ gleichzeitiger Zugriff; **direct a.** direkter/wahlfreier Zugriff, Direktzugriff *m*; **to have ~ a.** an der Quelle sitzen *(fig)*; **~ a. memory** Direktzugriffsspeicher *m*; **~ method** ▯ Direktzugriff *m*; **free-trade a.** unbeschränkter (Markt)Zugang; **immediate/instant a.** unmittelbarer Zugriff, Sofortzugriff *m*; **instant a. account** kündigungsfreies Konto; **parallel a.** Parallelzugriff *m*; **preferential/privileged a.** bevorrechtigter Zugang/Zutritt *m*; **random a.** ▯ direkter/wahlfreier Zugang/Zutritt, Direktzugriff *m*; **~ memory (RAM)** Direktzugriffs-/Schreib-/Lesespeicher *m*; **reasonable a.** [§] *(Kinder)* angemessene Besuchsregelung; **restricted a.** Zugangsbeschränkung *f*
access *v/t* 1. Zugang/Zutritt haben; 2. ▯ zugreifen auf
access authorization Zugriffsberechtigung *f*; **a. charge** Eintritt(sgeld) *m/nt*
accessibility *n* Zugänglichkeit *f*, Erreichbarkeit *f*
accessible *adj* zugänglich, erreichbar, verkehrsgünstig; **easily a.** in günstiger Verkehrslage
accession *n* 1. [§] Beitritt *m*, Akzession *f*, Zugang *m*, Eintritt *m*; 2. (Vermögens)Zuwachs *m*, Eigentumserwerb durch Anwachsung, Neuanschaffung *f*; 3. (Wieder)Einstellung *f*; **a. to** Beitritt zu, Eintritt in; **~ the EU** Aufnahme in die EU; **~ an estate** Erbschaftsantritt *m*; **a. of property** Vermögenszuwachs *m*, V.anfall *m*; **a. to a treaty** *(Völkerrecht)* Vertragsbeitritt *m*
accession book Zugangsliste *f*; **a. clause** Beitrittsklausel *f*; **a. compensatory amount** *(EU)* Beitrittsausgleichsbetrag *m*; **a. date** Beitrittsdatum *nt*; **a. negotiations** Beitrittsverhandlungen *pl*; **a. rate** Einstellungsquote *f*; **a.s tax** kumulative Erbschafts- und Schenkungssteuer
accessoriness *n* [§] Akzessorietät *f*
access line ⇌ Einfahrgleis *nt*; **a. matrix** ▯ Zugriffs-, Berechtigungs-, Sicherheitsmatrix *f*; **a. method** Zugriffsmethode *f*; **a. mode** Zugriffsart *f*; **a. path** Zufahrtsweg *m*; **a. privilege** Zugriffsrecht *nt*; **a. protection** Zugriffsschutz *m*; **a. restriction** Zugriffsbe-

schränkung *f*; **a. road** Zubringer(straße) *m/f*, Zufahrts-, Anlieger-, Stich-, Erschließungsstraße *f*; **a. route** Anfahrtweg *m*; **a. station** Zugriffsstation *f*; **a. time** Zugriffsgeschwindigkeit *f*, Z.zeit *f*
accessory *n* 1. [§] Beihelfer(in) *m/f*, Komplize *m*, Komplizin *f*, Gehilfe *m*, Gehilfin *f*, Mitwisser(in) *m/f*, Mittäter(in) *m/f*, Helfershelfer(in) *m/f*, Tatbeteiligte(r) *f/m*, Mitschuldige(r) *f/m*; 2. Anhang *m*, Zuwachs *m*, Anfügung *f*; 3. Zubehörteil *m*; **accessories** 1. Zubehör(teile) *nt/pl*, Hilfsmittel *pl*, Beiwerk *nt*; 2. Nebensache *f*
accessory after the fact [§] Hehler(in) *m/f*, Begünstiger(in) *m/f*; **to act as ~ fact** begünstigen; **to be an ~ fact** sich der Begünstigung schuldig machen; **acting as an ~ fact** Begünstigung *f*; **a. before the fact** Anstifter(in) *m/f*; **to be an ~ fact** sich der Beihilfe schuldig machen; **accessories to realty fixtures and fittings** *[US]* Grundstückszubehör *nt*
accessory *adj* 1. untergeordnet, nebensächlich, akzessorisch, hinzugefügt, hinzukommend; 2. [§] mitschuldig
accident *n* 1. Unfall(sache) *m/f*; 2. ⚓ Havarie *f*; 3. Zufall *m*; **by a.** zufällig, aus Versehen; **in case of an a.** im Falle eines Unfalls; **a. involving hazardous goods** Gefahrgutunfall *m*; **a. on the job; a. at work** Arbeits-, Betriebsunfall *m*; **a. to third parties** mittelbarer Unfall; **a. at sea** Seeunfall *m*; **barring a.(s)** Unfall ausgenommen; **person involved in an a.** Unfallbeteiligte(r) *f/m*; **insured against a.s** unfallversichert
to be killed in an accident tödlich verunglücken, bei einem Unfall den Tod finden; **to cause an a.** Unfall herbeiführen/verursachen; **to have an a.** verunglücken, Unfall haben; **to prevent an a.** Unfall verhüten; **to report an a.** Unfallmeldung erstatten, Unfall melden
fatal accident tödlicher Unfall, Unfall mit tödlichem Ausgang, ~ Todesfolge
industrial accident Arbeits-, Betriebs-, Dienst-, Werksunfall *m*, betrieblicher Unfall, Unfall innerhalb der Arbeitszeit; **~ benefit** betriebliche Unfallentschädigung; **~ insurance** gewerbliche Unfallversicherung, Betriebsunfallversicherung *f*; **~ reserve** (Zu)Rückstellung für Betriebsunfälle
inevitable accident [§] unabwendbares Ereignis, Unfall, der durch normale Vorsichtsmaßnahmen nicht zu verhindern war; **lost-time a.** Unfall mit Arbeitsausfall; **minor a.** leichter/unbedeutender Unfall; **non-compensable a.** nicht zum Schaden(s)ersatz verpflichtender Unfall; **non-occupational a.** Unfall außerhalb der Arbeitszeit, Nichtberufsunfall *m*, außerberuflicher Unfall; **occupational a.** Arbeits-, Betriebs-, Berufsunfall *m*, dienstlicher Unfall; **~ insurance** Berufsunfallversicherung *f*; **off-the-job a.** Unfall außerhalb des Arbeitsplatzes, ~ der Arbeitszeit; **personal a.** Einzelunfall *m*; **~ insurance** (private) Unfall-, Einzelunfallversicherung *f*; **serious a.** schwerer Unfall; **terrible a.** schrecklicher Unfall; **unavoidable a.** unvermeidlicher Unfall
accidental *adj* unbeabsichtigt, zufällig
accident analysis Unfallanalyse *f*, U.ursachenforschung *f*; **a. benefit** Unfallentschädigung *f*, Unfall-,

Schadensrente *f*, Unfallversicherungsleistung *f*, U.ausgleich *m*, U.beihilfe *f*; **a. black spot** ⇔ Unfall(gefahren)schwerpunkt *m*; **a. book** ⇔ Unfallverzeichnis *nt*; **a. claim** *(Vers.)* Unfallschaden *m*; **a. control** Unfallverhütung *f*; **a. costs** Unfallkosten; **personal a. cover(age)** Insassenunfallschutz *m*, I.versicherung *f*; **a. date** Unfalldatum *nt*; **a. figures** Unfallbilanz *f*; **a.-free** *adj* unfallfrei; **a. frequency (rate)** Unfallziffer *f*, U.häufigkeit *f*; **a. hazard** Unfallrisiko *nt*
accident insurance *n* Unfallversicherung *f*, U.schutz *m*; **collective a. i.** Kollektivunfallversicherung *f*; **compulsory/statutory a. i.** Unfallpflichtversicherung *f*; **supplementary a. i.** Unfallzusatzversicherung *f*; **third-party a. i.** ⇔ Unfallhaftpflichtversicherung *f*
accident liability Unfallhaftung *f*, U.haftpflicht *f*; **a. manager** Leiter der Unfall(versicherungs)abteilung; **a. notification** Unfallmeldung *f*; **a. policy** Unfall(versicherungs)police *f*; **a. prevention** Unfallverhütung *f*, U.vermeidung *f*, Unfall-, Gefahrenschutz *m*; **a.-prone** *adj* unfallträchtig, u.gefährdet, gefahrgeneigt; **a.-proof** *adj* unfallsicher; **a. rate** Unfall(häufigkeits)ziffer *f*, U.quote *f*, U.rate *f*; **a. record** (individuelle/persönliche) Unfallstatistik *f*; **a. report** Unfallprotokoll *nt*, U.meldung *f*, U.bericht *m*; **a. risk** Unfallrisiko *nt*, U.gefahr *f*; **a. severity rate** durchschnittliche Schwere von Unfällen; **a. statistics** Unfallstatistik *f*, U.bilanz *f*; **a. victim** Unfallopfer *nt*
acclaim *n* Zustimmung *f*, Beifall *m*; **to win critical a.** Beifall der Kritik(er) finden
acclaim *v/t* begrüßen, feiern
acclamation *n* Zuruf *m*
acclima|tization *n* Akklimatisierung *f*; **to become a.-tized** *adj* sich akklimatisieren
accolade *n* Auszeichnung *f*, Lob *nt*
accommodate *v/t* 1. entgegenkommen, gefällig sein, aushelfen; 2. unterbringen, Platz/Raum bieten, beherbergen, logieren; 3. berücksichtigen, versorgen, unter einen Hut bringen *(fig)*; **a. so.** 1. etw. für jdn tun; 2. jdn unterbringen; 3. jdm einen Kredit gewähren
accommodated *adj* untergebracht
accommodating *adj* entgegenkommend, gefällig, kulant; **a. arrangement** Kulanzgewährung *f*, K.regelung *f*; **by an a. arrangement** auf dem Kulanzwege; **a. item** *(Bilanz)* Restposten *m*
accommodation *n* 1. Unterkunft(smöglichkeit) *f*, Unterbringung *f*, Wohngelegenheit *f*, Beherbergung *f*, Bleibe *f*, Quartier *nt*; 2. Platzangebot *nt*, Raum *m*; 3. Entgegenkommen *nt*, Gefallen *m*, Gefälligkeit *f*, Hilfsbereitschaft *f*; 4. *(Geld)* Kredit *m*, Darlehen *nt*; **for a. only** aus reiner Gefälligkeit; **a. wanted** *(Anzeige)* Wohnungsgesuche *pl*
to arrange for accommodation Quartier beschaffen; **to find a.** unterkommen; **to look for a.** Wohnung suchen; **to provide a.** Wohnraum zur Verfügung stellen/nachweisen, Wohnung/Wohnraum beschaffen; **to reach an a.** Übereinkommen erzielen
alternative accommodation anderweitige Unterbringung, Ersatzwohnraum *m*, E.unterbringung *f*, E.unterkunft *f*; **free a.** kostenlose Unterbringung; **furnished a.** möblierte Wohnung(en)/Unterkunft; **to live in ~ a.** möbliert wohnen; **makeshift a.** Behelfsunterkunft *f*; **married a.** Unterkunft/Unterbringung für Verheiratete; **overnight a.** Übernachtungsmöglichkeit(en) *f/pl*; **private a.** private Unterbringung, Privatquartier *nt*; **rented a.** vermieteter Wohnraum; **to live in ~ a.** zur Miete wohnen; **residential a.** Wohnraum *m*, Wohnungen *pl*, Wohnungsbestand *m*; **self-catering a.** Unterkunft mit Selbstverpflegung; **serviced a.** Unterkunft mit Gemeinschaftseinrichtungen; **sheltered a.** beschütztes Wohnen, Seniorenwohnungen *pl*; **single-room a.** Unterbringung in Einzelzimmern; **temporary a.** Behelfsunterkunft *f*
accommodation acceptance Gefälligkeitsakzept *nt*; **a. acceptor** Gefälligkeitsakzeptant *m*; **a. address** 1. Gefälligkeits-, Kontaktadresse *f*; 2. *(Wechsel)* Hilfsadresse *f*; 3. Briefkastenadresse *f*; **a. agreement** Gefälligkeitsvertrag *m*; **a. allowance** Trennungsentschädigung *f*; **daily and overnight a. allowance** Tages- und Übernachtungsgeld *nt*; **a. berth** ⚓ (Reederei)Liegeplatz *m*; **a. bill** Gefälligkeits-, Finanz-, Keller-, Freundschaftswechsel *m*, Gefälligkeitsakzept *nt*, fiktiver Wechsel; **~ of lading** Gefälligkeitskonnossement *nt*; **a. broker** Wohnungsmakler *m*; **a. bureau** *nt* Wohnungsamt *nt*, W.vermittlung *f*; **a. contract** Gefälligkeitsvertrag *m*; **a. costs** Unterbringungs-, Wohnungskosten; **incidental a. costs** (Wohnungs)Nebenkosten; **a. credit** Gefälligkeitsdarlehen *nt*, Überbrückungskredit *m*; **a. draft** Gefälligkeitstratte *f*, G.wechsel *m*; **a. endorsement** Gefälligkeitsindossament *nt*, G.giro *nt*, Indossament aus Gefälligkeit; **~ loan** 1. Überbrückungskredit *m*; 2. Kredit durch Wechselbürgschaft; **a. endorser** Gefälligkeitsgirant *m*, Girant aus Gefälligkeit; **a. ladder** ⚓ Fallreep *nt*, Schiffsleiter *f*; **a. land** verkehrsgünstig/marktgünstig gelegenes Land, Land mit Fühlungsvorteil; **a. line** *(Vers.)* Gefälligkeitsdeckung *f*; **a. loan** Überbrückungskredit *m*, Gefälligkeitsdarlehen *nt*; **a. maker** Gefälligkeitsaussteller *m*, Aussteller eines Gefälligkeitsakzepts; **a. note** Gefälligkeits-, Finanz-, Keller-, Freundschaftswechsel *m*, gefälligkeitshalber ausgestellter eigener/fiktiver Wechsel; **a. office** Wohnungsvermittlung *f*, W.amt *nt*, Quartierbeschaffungsstelle *f*; **a. paper** Gefälligkeitspapier *nt*; **a. party** Gefälligkeitsaussteller *m*, G.zeichner *m*; **a. purchase** Vorzugskauf *m*; **a. registry** Wohnungsnachweis *m*; **a. rent** Lagemiete *f*; **a. rig** *(Meerestechnik)* Versorgungsplattform *f*; **a. road** Stich-, Privatstraße *f*; **a. service** Zimmervermittlung *f*, Z.nachweis *m*; **a. tax** *[US]* Beherbergungssteuer *f*; **a. unit** Wohneinheit *f*; **a. works** ⇔ Bahnanlagen zum Schutz der Gleisanlieger
accommodative *adj* entgegenkommend
accompanied *adj* begleitet; **to be a. by** Hand in Hand gehen mit, einhergehen mit
accompaniment *n* Begleiterscheinung *f*
accompany *v/t* 1. begleiten, mitgehen; 2. einhergehen mit, gehören zu
accomplice *n* [§] Komplize *m*, Komplizin *f*, Helfershelfer(in) *m/f*, Erfüllungsgehilfe *m*, Mittäter(in) *m/f*, Tatbeteiligte(r) *f/m*, Mitschuldige(r) *f/m*, Mitbeteiligte(r)

accomplish 8

f/m, Spießgeselle *m (coll)*, Teilnehmer(in) *m/f* (an einer strafbaren Handlung)
accomplish *v/t* vollenden, vollbringen, ausrichten, erreichen, bewerkstelligen, leisten, schaffen, zu Stande bringen; **to be hard to a.** schwer zu bewerkstelligen sein
accomplished *adj* perfekt, vollkommen, vollendet
accomplishment *n* 1. Leistung *f*, Vollendung *f*, Bewältigung *f*, Bewerkstelligung *f*; 2. Fertigkeit *f*; **a. of goals** Zielrealisierung *f*
accord *n* 1. Abrede *f*, Absprache *f*, Ab-, Übereinstimmung *f*, Übereinkunft *f*, Vereinbarung *f*, Übereinkommen *nt*; 2. *(Völkerrecht)* Vereinbarung *f*; **by common a.** in gegenseitigem Einvernehmen; **of one's own a.** freiwillig, von selbst, aus freien Stücken, aus freiem Willen, unaufgefordert, aus eigenem Antrieb; **with one a.** einstimmig, einmütig; **a. and satisfaction** [§] vergleichsweise Erfüllung, Hingabe erfüllungshalber, Abfindung *f*; **to satisfy an a.** Vergleich durchführen; **economic a.** Wirtschaftsabkommen *nt*; **final a.** Schlussvereinbarung *f*; **interim a.** Zwischenvereinbarung *f*, vorläufige Übereinkunft
accord *v/ti* 1. zugestehen, einräumen, anerkennen, zuerkennen, zugeben; 2. gewähren, zubilligen; 3. übereinkommen, sich verständigen; **a. with** übereinstimmen mit
accordance *n* 1. Zuerkennung *f*; 2. Übereinstimmung *f*; 3. Einverständnis *nt*; **in a. with** in Übereinstimmung mit, nach Maßgabe von, gemäß, im Einklang mit; **a. of the date of filing** Zuerkennung des Anmeldeantrags
according to *prep* gemäß, zufolge, nach, ausweislich
accordingly *adv* entsprechend, folglich, demgemäß
account (a/c, A/C) *n* 1. Konto *nt*, K.bestätigung *f*; 2. Rechnung *f*, Faktura *f*, Nota *f*, Liquidation *f*; 3. Abrechnung(speriode) *f*; 4. Bericht *m*, Reportage *f*, Wiedergabe *f*; 5. (Werbe)Etat *m*, Kundenetat *m*, Werbeauftrag *m*; 6. Rechenschaft(sbericht) *f/m*, Rechnungslegung *f*, Verantwortung *f*; 7. *(Vers.)* Versicherungssparte *f*; **a.s** 1. Konten, Abrechnungen, Geschäftsbücher, Buchhaltung(sunterlagen) *f/pl*, Aufstellungen; 2. Bilanzen, Rechnungs-, Jahresabschluss *m*, Rechenwerk *nt*
in accordance with the account|s rechnungsmäßig; **after a.** neue Rechnung; **as per a. (rendered)** laut Aufstellung, ~ (aufgestellter) Rechnung; **for the a.** *(Börse)* Abrechung beim nächsten Liquidationstermin/L.tag; ~ **of** à Konto, für Rechnung von; **in a. with** in Rechnung mit; **on a.** auf Rechnung, à Konto, als Teilzahlung, auf Abschlag, gegen Kredit, abschläglich; ~ **of** auf Grund von, wegen; **to the a. of** zu Lasten von; **a. of (a/o)** Rechnung über/von
account in arrears Rechnungsrückstand *m*, im Rückstand befindliche Rechnung; **a. of charges** 1. Kostenrechnung *f*, K.konto *nt*; 2. Spesen-, Unkostenkonto *nt*; 3. Gebührenaufstellung *f*; ~ **conveyance** Speditionskonto *nt*; **a.s with creditors** Gläubigerkonten; ~ **customers** Kundenkonten; **a. of disbursements** Auslagennota *f*; ~ **exchange** Wechselkonto *nt*; ~ **expenditures** Aufwandsrechnung *f*; ~ **expenses** Spesen-, Unkostenkonto *nt*; ~ **a journey** Reisebericht *m*; **a. subject to notice** Kündigungskonto *nt*; **a. of payee** für Rechnung des Remittenten; **a. used for payment** Zahlungskonto *nt*; **a. of receipts and expenditures** Aufwands- und Ertragsrechnung *f*; ~ **redraft** Rückwechselkonto *nt*, Rückrechnung eines Wechsels; ~ **re-exchange** Rikambionote *f*; ~ **sales** Rechnungslegung *f*, Verkaufsrechnung *f*; ~ **settlement** (Ab)Schlussrechnung *f*; **a.s of telephone charges and rentals** Telefon- und Fernsprechrechnung *f*; **on/for a. of third party** auf/für fremde Rechnung
auditing accounts Rechnungsprüfung *f*; **a. being taken of** unter Berücksichtigung von; **a. debited** belastetes Konto; **balanced in a.** in Gegenrechnung saldiert; **brought forward to new a.** Übertrag auf neue Rechnung; **making up the a.s** Rechnungsabschluss *m*; **opening an a.; setting up an a.** Kontoeröffnung *f*; **presenting a.s** Rechnungslegung *f*; **received on a.** als Akontozahlung erhalten, in Gegenrechnung empfangen; **not taken into a.** unberücksichtigt; **taking into a.** unter Berücksichtigung von; **wangling a.s** *(coll)* Kontenschiebung *f (coll)*
for another's account für fremde Rechnung; **for (one's) own a.** auf/für eigene Rechnung; **on ... own a.** 1. auf Eigenrechnung/eigene Rechnung; 2. auf eigene Faust, in eigener Regie; **for/on a. and risk (of)** auf Rechnung/Kosten und Gefahr (von); **for your own a. and risk** auf Ihre Rechnung und Gefahr; **on no a.** keinesfalls, um keinen Preis, unter keinen Umständen; **for a. of whom it may concern** für Rechnung wen es angeht; **a. payee only** nur für Rechnung des Schecknehmers; **required to keep a.s** buchführungspflichtig
to act on one's own account im eigenen Namen handeln; **to adjust a.s** Konten abstimmen/glattstellen/bereinigen/in Ordnung bringen; **to age a.s** Konten nach Fälligkeit gliedern; **to agree a.s** Konten/Bücher abstimmen; **to allocate to an a.** kontieren; **to appear in the a.** auf der Rechnung stehen; **to apply to an a.** auf einem Konto verbuchen; **to approve an a.** Richtigkeit einer Rechnung anerkennen, Konto entlasten; **to attach an a.** Guthaben/Konto pfänden; **to audit the a.** Rechnung prüfen; ~ **a.s** Rechnungsführung/Bücher/Konten überprüfen, ~ revidieren, Bilanzprüfung durchführen; ~ **the public a.s** Rechnungslegung der öffentlichen Hände prüfen; **to balance an a.** Konto ausgleichen/saldieren/abschließen, Rechnung saldieren/ausgleichen; **to block an a.** Konto sperren/blockieren, Guthaben sperren, Kontosperre anordnen; **to break down an a.** Konto aufgliedern; **to bring a.s up to date** Konten auf den neuesten Stand bringen
to buy on account auf Rechnung kaufen; ~ **firm a.** auf feste Rechnung kaufen; ~ **future a.** auf zukünftige Rechnung kaufen; ~ **monthly a.** auf monatliche Rechnung kaufen; ~ **for third a.** auf fremde Rechnung kaufen
to call over accounts Konten ablesen; ~ **to a.** zur Rechenschaft ziehen, zur Rede stellen, Rechenschaft fordern; ~ **up an a.** Konto kündigen
to carry to account in Rechnung stellen, aufs Konto setzen; ~ **(forward) to (a) new a.** für neue Rechnung erkennen, auf neue Rechnung vortragen/übertragen; ~ **an**

amount to a person's a. einem Konto einen Beitrag gutschreiben
to cast accounts abrechnen, Saldo ziehen
to charge sth. to/against an account; ~ **an a. with sth.** Konto mit etw. belasten; ~ **to so.'s a.** etw. auf jds Rechnung setzen; **to be charged to so.'s a.** auf jds Rechnung gehen; **to charge an a. with an item** Posten aktivieren
to classify an account Konto beschriften; **to clear an a.** Konto bereinigen/abschließen/begleichen, Rechnung bezahlen; **to close an a.** Konto auflösen/löschen/schließen/aufheben; ~ **and rule an a.** Konto abschließen; **to collect an a.** Betrag einziehen, Rechnungsbetrag kassieren; ~ **an a. by means of a draft** Forderung durch einen Wechsel einziehen; ~ **outstanding a.s** Außenstände einziehen; **to cook the a.s** *(coll)* Abrechnungen/Konten fäschen, ~ frisieren *(coll)*
to credit an account Konto (an)erkennen; ~ **with** einem Konto gutschreiben, Konto kreditieren mit; ~ **with an amount** Betrag einem Konto gutschreiben; ~ **with an item** Posten passivieren
to deal on one's own account Insichgeschäft abschließen; **to debit an a.** Konto belasten/debitieren, Rechnung belasten; **to debit sth. to an a.** Konto mit etw. belasten; **to discharge an a.** Konto entlasten/ausgleichen; **to dissect a.s** Konten aufgliedern; **to doctor a.s** Konten manipulieren, Abrechnungen/Geschäftsbücher frisieren *(coll)*; **to dot a.s** Rechnungsposten nachprüfen
to draw on an account vom Konto abheben; ~ **up an a.** Rechnung ausstellen
to enter into an account auf ein Konto verbuchen; **to examine an a.** Konto prüfen; **to falsify the a.s** Bücher fälschen; **to flag an a.** Konto stilllegen; **to freeze an a.** Konto/Guthaben sperren; **to garnish an a.** Konto/Guthaben pfänden
to give account of Rechenschaft ablegen über, Bericht erstatten über; ~ **a detailed a.** in allen Einzelheiten schildern, ausführlich berichten; ~ **good a. of o.s.** sich tapfer schlagen
to go through the accounts Konten/Rechnungen durchgehen, ~ durchsehen; **to guarantee a.s** Delkredere übernehmen; **to have an a. with a bank** Konto bei einer Bank führen; **to hold an a. (with)** Konto haben/unterhalten (bei); ~ **on a.** *(Wertpapiere)* verwalten; **to hold so. to a.** jdn. zur Rechenschaft ziehen; **to include in the a.** mit einrechnen; **to itemize an a.** Rechnung spezifizieren, die einzelnen Rechnungsposten angeben; **to juggle a.s** Konten/Abrechnungen frisieren *(coll)*
to keep an account Konto führen/unterhalten, Buch führen; ~ **an a. of expenses** über Ausgaben Buch führen; ~ **a.s** Buch/Rechnung/Konten führen; ~ **commercial a.s** kaufmännisch buchen
to leave out of account außer Betracht/unberücksichtigt lassen; **to maintain an a.** Konto haben; **to make out/up an a.** Rechnung ausschreiben/ausstellen, Konto aufstellen; ~ **out a contra a.** Gegenrechnung aufmachen; ~ **up the a.s** 1. Bilanz ziehen, (Jahres)Abschluss machen; 2. Konto ausgleichen; ~ **a.s square** Konten ausgleichen; **to manage an a.** Konto führen/verwalten; **to nurse an a.** (faules) Konto sanieren; **to open an a.** Konto eröffnen/einrichten/anlegen; ~ **in so.'s favour** Konto zu jds Gunsten eröffnen; **to operate on one's own a.** auf eigene Rechnung betreiben; **to order on a.** auf Rechnung bestellen; **to overdraw an a.** Konto überziehen; **to pass an a.** Rechnung anerkennen, ~ in Ordnung befinden; ~ **finally to a.** endgültig verrechnen; **to pay into an a.** auf ein Konto einzahlen; ~ **on a.** Anzahlung leisten, anzahlen
to place to account in Ansatz/Rechnung bringen, in Rechnung stellen, berechnen; ~ **an a. with an attorney for collection** einem Anwalt eine Forderung zum Einzug übergeben; ~ **an a. in funds** Konto alimentieren/dotieren/regulieren
to pitch an account (Werbe)Etat gewinnen; **to pool a.s** Konten zusammenlegen; **to post a.s** Konten auf den neuesten Stand bringen; **to purchase on a.** auf Rechnung kaufen; ~ **on firm a.** auf feste Rechnung kaufen
to put an account right Rechnung in Ordnung bringen; ~ **to a.** in Rechnung stellen, berechnen; ~ **to good a.** verwerten
to qualify accounts Bilanz mit eingeschränktem Testat versehen; **to readjust a.s** Konten wieder in Ordnung bringen; **to reconcile a.s** Konten abstimmen; **to release an a.** Konto freigeben; **to remind so. of an overdue a.** jdn an eine überfällige Zahlung erinnern; **to render (an) a.** 1. Bericht erstatten; 2. (Ab)Rechnung (ab-/vor)legen/erteilen; 3. Zeugnis/Rechenschaft ablegen; ~ **for sth.** etw. abrechnen; **to rule off an a.** Konto abschließen
to sell for one's own account für eigene Rechnung verkaufen; ~ **on a.** auf Rechnung verkaufen
to set up an account Konto einrichten/eröffnen
to settle an account 1. Konto glattstellen/begleichen/ausgleichen/bereinigen; 2. Rechnung liquidieren/bezahlen/(ab)schließen; ~ **a.s** (Konten) abrechnen, Verbindlichkeiten ordnen
to square an account Konto glattstellen; ~ **a.s** 1. Konten abrechnen/abstimmen; 2. *(fig)* Revanche nehmen; **to state an a.** Rechnung spezifizieren; **to stop an a.** Kundenbelieferung einstellen; **to straighten a.s** Rechnungen bezahlen; **to switch an a.** (Werbe)Agentur wechseln, Werbeetat einer anderen (Werbe)Agentur übertragen
to take account of; ~ **into a.** 1. berücksichtigen, in die Rechnung/Kalkulation einbeziehen, in Betracht ziehen, an-, einrechnen, Rechnung tragen, in ~ stellen, einkalkulieren; 2. zur Berücksichtigung von; **to be taken into a.** zur Rechnung gelangen; **to take on future a.** auf zukünftige Rechnung kaufen
to transfer to another account auf ein anderes Konto überschreiben/übertragen
to turn to account 1. gut ausnutzen, Gebrauch machen von, Vorteil ziehen aus; 2. *(Geld)* gut anlegen; ~ **an a. over to a collection agency** Forderung an ein Inkassobüro übergeben; ~ **everything to a.** aus allem etw. machen; ~ **to good a.** gewinnbringend nutzen, nutzbar machen, nutzbringend verwenden

to unfreeze an account Konto auftauen; **to verify an a.** Konto/Rechnung (über)prüfen, Richtigbefund erteilen; **to wangle a.s** *(coll)* Konten frisieren *(coll)*/fälschen; **to win so.'s a.** *(Werbung)* jdn als Kunden gewinnen; **to work on one's own a.** auf eigene Rechnung arbeiten
account(s) agreed upon (festgestellter) Rechnungsabschluss; **a. carried forward** Saldovortrag *m*, Vortragssaldo *m*, Vortrag auf neue Rechnung; **a. closed** Konto abgeschlossen; **a. credited** erkanntes Konto; **a. current** Kontokorrent(auszug) *nt/m*, Kontoauszug *m*, laufende Rechnung; **a.s paid in advance** transitorische Aktiva; **a.s received in advance** transitorische Passiva; **a. rendered** 1. vorgelegte/ausgestellte Rechnung, voriger Saldo; 2. Rechenschaftsbericht *m*; **(as) per a. rendered** laut eingeschickter/vorgelegter Rechnung, ~ Abrechnung; **a. settled** bezahlte Rechnung
active account umsatzstarkes/bewegtes Konto, Umsatzkonto *nt*, Konto mit laufenden Umsätzen; **additional a.** Zusatzrechnung *f*; **adjunct a.** Unter-, Hilfskonto *nt*; **price level- adjusted a.s** indizierte Jahresabschlussrechnung; **advance a.** offener Buchkredit, Vorschusskonto *nt*; **all-in a.** *(Vers.)* Vollkaskosparte *f*; **analytical a.** betriebswirtschaftliche Rechnung
annual accounts Jahres(ab)rechnung *f*, J.abschluss *m*, J.schlussrechnung *f*; **to approve the ~ a.** Rechnungsabschluss feststellen/testieren; **to draw up the ~ a.** Jahresabschluss aufstellen; **to submit the ~ a.** Jahresabschluss vorlegen; **consolidated ~ a.** konsolidierter Jahresabschluss, konsolidierte Jahresabschlussrechnung; **global ~ a.** Weltabschluss *m*, W.(konzern)bilanz *f*
assigned account abgetretenes/zediertes Konto, Garantiekonto *nt*; **attached a.** *[US]* blockiertes Konto; **audited a.s** Revisionsbericht *m*, geprüfter/testierter (Jahres)Abschluss; **auxiliary a.** Unterkonto *nt*; **balanced a.** ausgeglichenes Konto; **balancing a.** *(Bilanz)* Abschlussrechnung *f*; **blocked a.** blockiertes/gesperrtes/eingefrorenes Konto, Sperrkonto *nt*; **brief a.** kurze (Sach)Darstellung; **broken a.** umsatzloses/unbewegtes/totes Konto; **budgetary a.** Haushaltskonto *nt*; **charged a.** belastetes Konto; **cleared a.s** bezahlte Rechnungen; **closed a.** abgeschlossenes/ausgeglichenes Konto; **~ a.s** *(Haushalt)* Abschlussergebnis *nt*; **closed-end a.** *(Abschreibung)* geschlossener Bestand, Sammelabschreibung vom geschlossenen Bestand; **collective a.** Sammelkonto *nt*; **commercial a.** Geschäftskonto *nt*; **compensating a.** Verrechnungs-, Ausgleichskonto *nt*; **complementary a.** Zusatzrechnung *f*
consolidated accounts konsolidierte Bilanz, Jahresabschlussrechnung *f*, Konzernbilanz *f*, K.abschluss *m*, Organrechnung *f*; **part-group ~ a.s** Teilkonzernbilanz *f*; **world-wide ~ a.s** Weltabschluss *m*, W.bilanz *f*
contingent account Reservekonto *nt*, R.fonds für unvorhergesehene Verluste, Rücklagenkonto *nt*; **continuing a.** Kontokorrentkonto *nt*; **contra/counter a.** Gegen-, Wertberichtigungskonto *nt*; **control a.** (Hauptbuch)Sammel-, Kontrollkonto *nt*; **master ~ a.** Hauptkontrollkonto *nt*; **cooked a.s** *(coll)* geschminkte/frisierte Abrechnungen *(coll)*; **corporate a.** Firmen-, Geschätskonto *nt*
current account 1. laufendes/offenes Konto, Kontokorrent-, Girokonto *nt*, Konto in laufender Rechnung, Bilanz der laufenden Posten; 2. offene/laufende Rechnung; 3. *(VWL)* Leistungsbilanz *f*, Leistungssektor *m*; 4. *(Gemeinde)* Verwaltungshaushalt *m*; **c. a.s** Sichteinlagen, laufende Konten; **c. a. with a bank** Bankkontokorrent *nt*; **external c. a.** Leistungsbilanz *f*, Bilanz in laufender Rechnung, Außenhandelskonto *nt*; **interest-bearing c. a.** *[GB]* laufendes Konto mit Zinsertrag, verzinsliches Girokonto
current account advance Kontokorrentkredit *m*, offener Kredit; **~ balance** 1. *(VWL)* Leistungsbilanz(saldo) *f/m*; 2. Kontokorrent-, Scheckguthaben *nt*; **~ balance surplus** Leistungsbilanzüberschuss *m*, Überschuss in der Leistungsbilanz; **~ banking** Kontokorrentgeschäft *nt*; **~ banking facility** Kontokorrent-, Giroeinrichtung *f*; **~ convertibility** Konvertierbarkeit im Rahmen der Leistungsbilanz, kommerzielle Konvertibilität; **~ credit** Kontokorrentkredit *m*, offener Kredit; **~ creditors** Kreditoren in laufender Rechnung; **~ customer** Giro-, Scheck-, Kontokorrentkunde *m*; **~ deficit** Leistungsbilanzdefizit *nt*, Defizit in der Leistungsbilanz, negative Leistungs-/Handelsbilanz; **~ deposit** Sichteinlage *f*; **~ equilibrium** Leistungsbilanzausgleich *m*, L.gleichgewicht *nt*; **~ ledger** Kontokorrentbuch *nt*; **~ liability** Kontokorrentverbindlichkeit *f*; **~ overdraft** Kontokorrentkredit *m*, K.überziehung *f*; **~ rates** Kontokorrentzinsen; **~ receipts** Einnahmen in laufender Rechnung; **~ receivables** Kontokorrentforderungen; **~ reservation** Kontokorrentvorbehalt *m*; **~ surplus** Leistungsbilanz-, Zahlungsbilanz-, Handelsbilanzüberschuss *m*, positive Leistungsbilanz; **~ terms of trade index** Terms of Trade-Index unter Einbeziehung der Dienstleistungsbilanz; **~ transaction** Kontokorrentgeschäft *nt*; **~ transactions** Kontokorrentverkehr *m*
custodial account Treuhandkonto *nt*; **dead a.** umsatzloses/unbewegtes/totes Konto; **deferred a.s** Konten zwecks späterer Gutschrift; **definite/definitive a.** Schlussrechnung *f*; **delinquent a.** überfällige Forderung, unbezahlte Rechnung; **to write off ~ a.** Forderungen abschreiben; **detailed a.** genauer Bericht; **disclosed a.s** veröffentlichter Abschluss; **discretionary a.** Kundenkonto mit vereinbarter Dispositionsfreiheit für den Makler; **doctored a.** *(coll)* frisierte Rechnung *(coll)*, **~ a.s** frisierte/geschminkte Abrechnungen *(coll)*, ~ Bilanz *(coll)*, frisierter Jahresabschluss *(coll)*; **documentary a.** Dokumentationsrechnung *f*; **domestic a.** *(Vers.)* Haushaltsversicherungsbereich *m*; **to underwrite a profitable ~ a.** Hausratsversicherungsgeschäft gewinnbringend betreiben; **dormant a.** umsatzloses/ruhendes/totes/unbewegtes Konto; **doubtful a.s** uneinbringliche/dubiose/zweifelhafte/obskure Forderungen, Dubiose, zweifelhafte Konten, Forderungsabschreibung *f*; **dummy a.** Dummykonto *nt*; **duplicate a.** doppeltes Konto; **earmarked a.** zweckbestimmtes Konto; **environmental a.s** Umweltbilanz *f*; **equated a.s** Staffelrechnung *f*; **expense-matching a.** Auf-

wandsausgleichskonto *nt*; **external a.** 1. Ausländer-, Auslandskonto *nt*, ausländisches Konto; 2. Außenwirtschafts-, Zahlungsbilanz *f*; ~ **a.s** 1. Zahlungsbilanz *f*; 2. Auslandsguthaben *nt*; **factual a.** Tatsachenbericht *m*; **fictitious a.** Pseudo-, Schein-, Deckkonto *nt*, fiktives Konto; **fiduciary a.** Treuhandkonto *nt*; **fifty-fifty a.** Metarechnung *f*; **final a.(s)** Schluss-, Endabrechnung *f*, Abschlusskonto *nt*, A.rechnung *f*
financial account Finanzkonto *nt*; ~ **a.s** Abschluss *m*, Bücher der Finanzbuchhaltung; **consolidated ~ a.s** Konzernabschluss *m*
fixed-asset account Konto der Anlagewerte; **fixed-rate a.** Festzinskonto *nt*; **foreign a.** Auslandskonto *nt*; **on former a.** auf alte Rechnung; **forward a.** Terminkonto *nt*; **frozen a.** Sperrkonto *nt*, gesperrtes/eingefrorenes/blockiertes Konto; **general a.** 1. Sach-, Haupt(buch)konto *nt*, allgemeines Konto, General-, Stammkonto *nt*; 2. Hauptrechnung *f*; ~ **a.s** Finanzbuchhaltung *f*, Bücher der Geschäftsbuchhaltung; **grand a.** Hauptrechnung *f*; **half-yearly a.s** Halbjahresabschluss *m*; **impersonal a.** Sach-, Bestandskonto *nt*, totes/sachliches Konto; **inactive/inoperative a.** unbewegtes/umsatzloses/totes Konto, Konto ohne Bewegung; **individual a.s** *(Konzern)* Einzelabschlüsse; **institutional a.s** Konten von Kapitalsammelstellen; **intercompany a.s** Organkonten, Konten von Organgesellschaften, interne Konten; **interest-bearing a.** zinstragendes/verzinsliches Konto; **interim a.** Durchlaufkonto *nt*, provisorisches Konto; ~ **a.s** Zwischenabschluss *m*, Z.konto *nt*, Z.bericht *m*; **intermediate a.** Zwischenabrechnung *f*; **internal a.** Inlandskonto *nt*; **invisible a.** Dienstleistungsbilanz *f*; **irrecoverable a.s** uneinbringliche Forderungen; **itemized a.** detaillierte/spezifizierte Rechnung
joint account 1. gemeinsames Konto, Gemeinschafts-, Meta-, Oderkonto *nt*; 2. Beteiligungs-, Konsortial-, Partizipationskonto *nt*; 3. gemeinsame Rechnung, Partizipationsrechnung *f*; **for ~ a.** auf/für gemeinsame Rechnung; **on ~ a.** à meta; ~ **a. money** Konsortialgeldbeträge
last account Schlussrechnung *f*; **liquidated a.** der Höhe nach feststehender Kontensaldo; **local a.** ortsansässiger Kunde; **loose-leaf a.** Loseblattkonto *nt*
main account Hauptrechnung *f*, Haupt-, Stammkonto *nt*; ~ **(with) subac(counts) forbidden** Hauptkonto ohne Unterkonten; ~ **(with) subac(counts) permitted** Hauptkonto mit Unterkonten
major account *(Werbung)* Großkunde *m*; **managed a.** Treuhandkonto *nt*; **marginal a.** 1. Einschusskonto *nt*; 2. schlechte Adresse; **mid-month a.** Medioabrechnung *f*, M.arrangement *nt*; **mixed a.** gemischtes Konto; ~ **a.s** gemischte Konten, Misch-, Bestands-, Erfolgskonten; **monthly a.** 1. Monatskonto *nt*; 2. M.(ab)rechnung *f*, monatliche Rechnung; **multiple a.s** Mehrfachkonten; **mutual a.** Gegenseitigkeitskonto *nt*; ~ **a.s** Kontokorrentverhältnis *nt*
national accounts volkswirtschaftliche (Gesamt)Rechnung/G.bilanz *f*, gesamtwirtschaftliche Rechnung, nationale Buchführung

on new account auf neue Rechnung; **nominal a.** Sach-, Aufwands- und Ertragskonto *nt*, totes Konto, Erfolgskonto *nt*, Einnahmen- und Ausgabenkonto *nt*; **non-borrowing a.** kreditorisch geführtes Konto; **non-interest-bearing a.** unverzinsliches Konto; **non-resident a.** Ausländerkonto *nt*; **nostro a.** Nostrokonto *nt*
NOW (negotiable order of withdrawal) account *[US]* Sichtkonto *nt*; ~ **a.s** Sichteinlagen
numbered account Nummernkonto *nt*
open account 1. offene/offenstehende/laufende Rechnung; 2. offenes/laufendes Konto, Kontokorrentkonto *nt*, Konto in laufender Rechnung; 3. *[US]* ungenutzte/unausgeübte Kreditlinie; 4. *(Kredit)* offenes (Zahlungs)Ziel; ~ **agreement** Kontokorrentvertrag *m*; **on an ~ basis** mit offenem Zahlungsziel; ~ **credit** Kredit in laufender Rechnung, Buchkredit *m*; **to grant an ~ credit** Ziel einräumen/gewähren; ~ **financing** offener Buchkredit; ~ **policy** Warenkreditversicherung *f*; ~ **terms** Kontokorrentbedingungen, offener Kredit, offenes (Zahlungs)Ziel, Bedingungen für laufende Rechnungen, Zielgewährung *f*, Lieferantenkreditklausel *f*
open-end account *(Abschreibung)* offener Bestand; **open-item a.** Konto in Offener-Posten-Form; **ordinary a.** normales Sparkonto; **our a.** Nostroguthaben *nt*, N.konto *nt*; **outstanding a.** offene/offenstehende/unbezahlte Rechnung, Buchforderung *f*; ~ **a.s** (Buch)Forderungen, Außenstände, offenstehende Rechnungen; **over and short a.** 1. Differenzkonto *nt*, Konto zur vorläufigen Verbuchung unklarer Posten; 2. Kassenbestandsdifferenz *f*; **overall a.** Gesamtrechnung *f*; ~ **a.s** nationale Buchführung, volkswirtschaftliche Gesamtrechnung; **overdrawn a.** überzogenes Konto; **overdue a.** überfällige Rechnung/Forderung; ~ **a.s** Außenstände; **overextended a.** ungenügend/nicht genügend gedecktes Konto; **partial a.** Teilabrechnung *f*; **past-due a.** überfällige Rechnung/Forderung, längst fällige Rechnung; **permanent a.s** Bestandskonten; **personal a.** Privat-, Personen-, Einzelkonto *nt*, laufendes/lebendes/persönliches Konto; **petty a.** Winzigkonto *nt*; **postal a.** Postscheck-, Postsparkonto *nt*; **preliminary a.** Vorkonto *nt*; **principal a.** Hauptrechnung *f*; **private a.** Geheim-, Privat-, Einzelkonto *nt*, persönliches Konto; **pro-forma a.** fiktives/fingiertes Konto; **proper a.s** ordnungsgemäße Buchführung; **proprietary a.** (Eigen)Kapitalkonto *nt*; **negative ~ a.** negatives Kapitalkonto; **provisional a.** vorläufiges Konto
public account Staatskonto *nt*, Konto für staatliche Gelder; ~ **a.s** Staatshaushalt *m*, öffentliches Rechnungswesen, öffentlicher Haushalt/Rechenschaftsbericht, fiskalische Konten
published accounts veröffentlichter (Jahres)Abschluss; **quarterly a.s** Quartals(ab)rechnung *f*, Q.abschluss *m*, vierteljährlicher Rechnungsabschluss; **real a.** Sach(wert)-, Bilanz-, Bestandskonto *nt*; **registered a.** Ausländerkonto *nt*; **residuary a.** Rechnungslegung über den Nachlass; **rest-of-the-world a.** Auslandskonto *nt*; **revolving a.** 1. laufende Rechnung, 2. revolvierendes Konto; **running a.** 1. laufende/offene Rechnung; 2. offenes/laufendes Konto, Kontokorrent-, An-

schreibekonto *nt*, Konto in laufender Rechnung; ~ **mortgage** Höchstbetragshypothek *f*; **second a.** Zweitkonto *nt*; **secondary a.** Nebenbuchkonto *nt*; **secret a.** Geheimkonto *nt*; **consolidated sectoral a.s** zusammengefügte Sektorenkonten; **secured a.** abgesichertes Konto; **segregated a.** Sonderkonto *nt*; **semi-annual a.** halbjährlicher Kontoauszug, Halbjahresabschluss *m*; **separate a.** Sonder-, Separat-, Spezialkonto *nt*; **sequestered a.** beschlagnahmtes Konto, Konto unter Zwangsverwaltung; **settled a.** 1. abgerechnetes Konto; 2. beglichene/regulierte Rechnung; **short a.** 1. Summe der Leerverkäufe; 2. *(Börse)* Baisseposition *f*, B.engagement *nt*, Konto eines Baissespekulanten; 3. deckungslos verkaufte Waren; **single-column a.** Staffelrechnung *f*; **single-use a.** Einmalkonto *nt*; **six-months' a.** Halbjahresrechnung *f*; **small a.** Kleinkonto *nt*; **sole a.** 1. alleinige Rechnung; 2. Einzel-, Individualkonto *nt*; **special a.** Sonder-, Spezialkonto *nt*; **standard a.** Einheitskonto *nt*; **stated a.s** bestätigter Abschluss; **straight a.s** sorgfältig geführte Konten; **subsidiary a.** Neben-, Hilfskonto *nt*; **summary a.** Sammel-, Übersichtskonto *nt*; **supplementary a.** Zusatzrechnung *f*; **surplus a.** 1. Gewinn(überschuss)konto *nt*, Überschusskonto *nt*; 2. *[US]* Gewinnrechnung *f*; **suspended a.** transitorisches/vorläufiges Konto; **T account** Konto in T-Form, T-Konto *nt*; **temporary a.** Erfolgskonto *nt*; **terminal a.** Grenzkonto *nt*; **terse a.** knappe Darstellung

third account 1. fremde Rechnung; 2. Konto gegenüber Dritten; **for/on ~ a.** für/auf fremde Rechnung; **third-party a.** Treuhand-, Ander-, Fremdkonto *nt*; **for ~ a.** für fremde Rechnung

transitory account Interimskonto *nt*; **ultra-small a.** 1. Winzigkonto *nt*; 2. Bagatellrechnung *f*; **unaudited a.s** ungeprüfte/vom Wirtschaftsprüfer nicht geprüfte Bilanz; **unblocked a.** Freikonto *nt*; **uncollectable a.** nichtbeitreibbare Rechnung, uneinbringliche Forderung; **unified a.** Einheitskonto *nt*; **unlimited a.** Konto ohne Kreditlimit; **unsecured a.** ungesichertes/ungedecktes Konto; **unsettled a.** offenstehendes Konto; **winding-up a.s** Liquidationsbilanz *f*; **withheld a.s** Rückstellungen; **working a.** umsatzreiches Konto; **yearly a.** Jahreskonto *nt*

account for *v/i* 1. ausmachen, betragen, sich belaufen auf; 2. (Ab)Rechnung vorlegen, Rechnung ablegen über; 3. Rechenschaft ablegen, Rede und Antwort stehen, verantworten; 4. (sich) etwas zuschreiben; 5. erklären

accountability *n* 1. Verantwortlichkeit *f*, Haftung *f*, Haftpflicht *nt*, finanzielle Verantwortung; 2. Rechenschafts-, Nachweis-, Rechnungslegungspflicht *f*; 3. [§] Zurechnungsfähigkeit *f*, Strafmündigkeit *f*, Zurechenbarkeit *f*; **a. of the vicarious agent** [§] Haftung des Erfüllungsgehilfen; **financial a.** Finanzverantwortung *f*; **incorporated a.** *(BWL)* Gesamtkollegialität *f*; **public a.** Rechenschaftspflicht der öffentlichen Hände

accountable *adj* 1. verantwortlich, haftbar, haftpflichtig; 2. rechenschafts-, nachweis-, rechnungs-, buchungspflichtig; 3. [§] zurechnungsfähig, strafmündig;

to be a. Rechenschaft schuldig sein, ~ ablegen müssen; **to make so. a.** jdn zur Verantwortung ziehen

account analysis Kostenanalyse *f*, K.untersuchung *f*

accountancy *n* 1. Rechnungswesen *nt*, R.führung *f*, (Bilanz)Buchhaltung *f*, Buchhaltungswesen *nt*, B.- und Bilanzwesen *nt*; 2. Konto-, Kontenführung *f*; 3. Theorie des Rechnungswesens; **creative a.** kreative Buchführung, ausgefuchste Bilanzierung, beschönigende Rechnungslegung

accountancy adjustment Buchkorrektur *f*; **a. firm** Wirtschaftsprüfungsgesellschaft *f*; **a. office** Buchungsstelle *f*; **a. profession** Wirtschaftsprüferberuf *m*; **a. rule** Bilanzierungsregel *f*; **a. service** Buchprüfungsdienst *m*

accountant *n* 1. Buchhalter *m*, B.führer *m*; 2. Bilanzbuchhalter *m*, B.prüfer *m*, Wirtschafts-, Buchprüfer *m*, Revisor *m*; 3. Rechnungsführer *m*, R.beamter *m*; 4. Fachmann des Rechnungswesens; 5. Steuerberater *m*; **a. in charge** Revisionsleiter *m*, verantwortlicher Außenprüfer

certified accountant Bilanz-, Wirtschaftsprüfer *m*; **chartered a.** *[GB]* (beeideter) Wirtschaftsprüfer, (geprüfter) Bücherrevisor, öffentlich zugelassener Revisor, Bilanzprüfer *m*, B.buchhalter *m*, Rechnungsprüfer *m*; **chief a.** erster Buchhalter, Haupt-, Chef-, Oberbuchhalter *m*, O.revisor *m*, Leiter des Rechnungswesens, ~ der Buchhaltung, Buchhaltungsleiter *m*, B.chef *m*, Rechnungsführer *m*; **financial a.** Finanzbuchhalter *m*; **general a.** Buchsachverständiger *m*; **internal a.** betrieblicher Rechnungsprüfer; **junior a.** Prüfungsgehilfe *m*; **operational a.** Betriebsabrechner *m*; **private a.** Wirtschaftsprüfer *m*

public accountant 1. Bücherrevisor *m*; 2. *(freiberuflich)* Buchhaltungsfachmann *m*, Rechnungs-, Wirtschaftsprüfer *m*; 3. *[US]* öffentlicher Bücherrevisor; **certified ~ a.** *[US]* geprüfter/beeideter Bücherrevisor, vereidigter/öffentlich bestellter/zugelassener Wirtschaftsprüfer; **licensed ~ a.** vereidigter Rechnungsprüfer

senior accountant Oberbuchhalter *m*, leitender Buchhalter, Haupt-, Oberrevisor *m*, Hauptprüfer *m*

accountant's certificate Prüf(ungs)bescheinigung *f*, P.protokoll *nt*, P.vermerk *nt*, Testat *nt*; **~ fee** Wirtschaftsprüfergebühr *f*; **a. general** Hauptbuchhalter *m*, H.rechnungsführer *m*, Prokurist *m*; **a.'s report** Prüfungs-, Revisionsbericht *m*, R.vermerk *m*, Bestätigungsvermerk *m*, Testat *nt*; **~ return(s)** rechnerische Rendite

accountantship *n* Buchhalterstelle *f*, Amt eines Rechnungsführers, Stelle als Buchhalter

account balance Kontoguthaben *nt*, K.stand *m*, (K.)Saldo *m*; **~ of payments** statistische Zahlungsbilanz; **a. billing** Werbekostenabrechnung *f*, Abrechnung der Werbeagentur

account(s) book Rechnungs-, Konto-, Kontra-, Handelsbuch *nt*; **a. books** Geschäftsbücher; **a.s opened and closed book** *[US]* Kontenverzeichnis *nt*

accounts business Kontengeschäft *nt*; **own a. business** Nostro-, Propregeschäft *nt*; **a. card** Konten-, Kontokarte *f*; **a. classification** 1. Konten(auf)gliederung *f*; 2.

(Werbung) Kundeneinstufung *f*; **a. cleanup** Kontenpflege *f*; **a.s clerk** Buchhalter *m*, Angestellter in der Buchhaltung, ~ für das Rechnungswesen, Buchhaltungskraft *f*; **a. close** Kontoschließung *f*; **a. closing day** Buchungsschnitt *m*; **a.s code** Kontenplan *m*
account collection Rechnungseinzug *m*; **a. c. instrument** Rechnungseinzugspapier *nt*; **a. c. procedure** Rechnungseinzugsverfahren *nt*
account column Kontenspalte *f*; **a.s committee** Rechnungsausschuss *m*; **Public A.s Committee** *[GB]* Rechnungsprüfungsausschuss *m*; **a. control** Kontenkontrolle *f*; **a. costing** Konto-, Kontenkalkulation *f*; **a. credit** Anschreibekredit *m*; **a. current creditors** Kreditoren in laufender Rechnung; **a. customer** Kreditkunde *m*; **a. day** 1. Abrechnungstag *m*; 2. *(Börse)* Zahl(ungs)tag *m*, Liquidationstermin *m*, Erfüllungs-, Lieferungs-, Stichtag *m*; **a.s department** Buchhaltung(sabteilung) *f*, Rechnungsstelle *f*, R.abteilung *f*; **a. deposit** Kontoeinlage *f*; **a. deposits** Kontenguthaben *nt*; **a. designation** Kontenbezeichnung *f*; **a. development** Kundenakquisition *f*; **a. distribution** Kontierung von Belegen
accounted for *adj* 1. angerechnet; 2. *(Dokument)* ausgewiesen
account executive 1. Kundenbetreuer(in) *m/f*, K.berater(in) *m/f*, K.sachbearbeiter(in) *m/f*; 2. Kontakter *m*; 3. Sachbearbeiter(in) eines Werbeetats; 4. Kontoführer(in) *m/f*; **a. fee** Konto(führungs)gebühr *f*; **a. files** Kontounterlagen; **a. form** *(Bilanz)* Kontenform *f*, K.blatt *nt*, Kontoform *f*; **a. group** Kontengruppe *f*; **a. heading** Kontobezeichnung *f*; **a. holder** Kontoinhaber(in) *m/f*, K.besitzer(in) *m/f*; **a. information** Abrechnungsdaten *pl*
accounting *n* 1. Rechnungswesen *nt*, Buchhaltungs- und Bilanzwesen *nt*; 2. Rechnungslegung *f*; 3. Buchhaltung *f*, B.führung *f*, Abrechnung *f*, Kontoführung *f*; 4. Wirtschaftsprüfung *f*
accounting on an accrual basis periodengerechte Buchführung, Aufwands- und Ertragsrechnung *f*; **a. and billing** Buchführung und Fakturierung; **a. on a cash basis** Buchführung, die nur die Bewegung der Barmittel festhält; **a. by functions** Abteilungserfolgsrechnung *f*, entscheidungsorientierte Kostenrechnung; **a. for spoiled goods** Ausschusskostenverrechnung *f*; **a. by definite periods** Periodenrechnung *f*; ~ **value** wertmäßige Rechnungslegung
adequate and orderly accounting ordnungsmäßige Buchführung; **administrative a.** Finanz-, Geschäftsbuchhaltung *f*; **agricultural a.** landwirtschaftliche Buchführung; **basic a.** Grundkontierung *f*; **bookless a.** Belegbuchhaltung *f*; **budgetary a.** 1. Haushaltsrechnungswesen *nt*, H.buchführung *f*, H.planung *f*; 2. Planungs-, Vorschaurechnung *f*, Finanzplanung *f*, Budgetbuchführung *f*; **cameralistic a.** kameralistische Buchführung; **cash-based a.** Einnahmen- und Ausgabenrechnung *f*; **commercial a.** kaufmännische Buchführung/Buchhaltung, kaufmännisches Rechnungswesen; **computer-aided a.** EDV-gestützte Buchhaltung; **continuously contemporary a.** Rechnungslegung mit fortlaufender Bewertung; **conversational a.** Dialogbuchhaltung *f*; **corporate a.** Rechnungswesen des Gesamtunternehmens; **cost-benefit a.** Kosten-Nutzenrechnung *f*; **creative a.** kreative Buchführung, Bilanzakrobatik *f*, B.kosmetik *f*, B.verschleierung *f*, ausgefuchste Bilanzierung, beschönigende Rechnungslegung; **dynamic a.** dynamische Bilanz; **earning-unit a.** Ertragsstellenrechnung *f*; **(aggregate) economic a.** volkswirtschaftliches Rechnungswesen; **electronic a.** elektronische Buchführung; **environmental a.** Umweltrechnungslegung *f*; **fiduciary a.** treuhänderische Buchführung/Kontenverwaltung; **final a.** *(Projekt)* Endabrechnung *f*; **financial a.** Finanzbuchhaltung *f*, Geschäftsbuchführung *f*, Rechnungswesen *nt*, pagatorische Buchhaltung; ~ **department** Finanzbuchhaltung *f*; **fixed-asset a.** Anlagenbuchhaltung *f*; **fraudulent a.** Bilanzdelikt *nt*; **functional a.** funktionale/entscheidungsorientierte Kostenrechnung, Grenzplankosten-, Entscheidungsrechnung *f*; **general a.** Haupt-, Finanzbuchhaltung *f*; ~ **department** Haupt-, Finanzbuchhaltung *f*; **governmental a.** Staatsrechnungswesen, staatliches Rechnungswesen *nt*; ~ **and institutional a.** kameralistische Buchführung; **industrial a.** Betriebsbuchhaltung *f*, industrielles Rechnungswesen; **internal a.** Betriebsabrechnung *f*, internes/betriebliches Rechnungswesen; **ledgerless a.** Belegbuchhaltung *f*, kontenlose Buchführung; **loose-leaf a.** Loseblattbuchführung *f*; **macroeconomic/national/overall a.** volkswirtschaftliches Rechnungswesen, volkswirtschaftliche Gesamtrechnung, nationale Buchführung, Nationalbuchführung *f*; **managerial a.** Firmen-, Betriebsrechnungswesen *nt*, internes Rechnungswesen; **municipal a.** städtisches Rechnungswesen; **open-item a.** Offene-Posten-Buchhaltung *f*, kontenlose Buchhaltung; **operational a.** Betriebsbuchführung *f*, B.buchhaltung *f*, B.abrechnung *f*, B.kalkulation *f*; **overall a.** nationale Buchführung, volkswirtschaftliche Gesamtrechnung; **periodic a.** Periodenrechnung *f*; **personal a.** Privatbuchhaltung *f*; **present-value a.** Rechnungslegung mit Bewertung zum Zeitwert; **proper a.** ordnungsgemäße Bilanzierung; **public a.** öffentliches Rechnungs-/Prüfungswesen, öffentliche Wirtschaftsprüfung; **random a.** stichprobenhafte Revision, Random-Buchführung *f*; **social a.** Sozialbilanz *f*, gesellschaftsbezogene Berichterstattung; **corporate** ~ **/socioeconomic a.** (betriebliche) Sozialbilanz, gesellschaftsbezogene Rechnungslegung; **subsidiary a.** Nebenbuchhaltung *f*; **total-life a.** Totalrechnung *f*; **undisclosed a.** Geheimbuchführung *f*; **unified a.** Gesamtbuchhaltung *f*
accounting *adj* 1. buchhaltungstechnisch, buchhalterisch; 2. bilanztechnisch, Verrechnungs-, Abrechnungs-
accounting agency Buch(ungs)stelle *f*; **subordinated** ~ **agency** Unterkasse *f*; **a. axioms** Bilanzierungsgrundsätze, B.richtlinien; **a. balance** Saldo *m*; ~ **of payments** *(VWL)* statistische Zahlungsbilanz, Zahlungsbilanz ex post *(lat.)*, ~ im buchhalterischen Sinne; **a. books** kaufmännische Bücher; **a. centre** zentrale Abrechnungsstelle, Buchungsstelle *f*, B.zentrum *nt*; ~

accounting bookkeeping 14

bookkeeping Fernbuchführung *f*; **a. charge** 1. Rechnungsgebühr *f*; 2. außerordentlicher Verlust; **a. computer** Abrechnungscomputer *m*; **a. connection** Kontoverbindung *f*; **a. control** Rechnungsprüfung *f*, Revision *f*, Kontrolle der Rechnungslegung; ~ **budget** Kontrollbudget *nt*; **a. conventions** Buchhaltungs-, Bilanzrichtlinien; **a. cost(s)** Buchhaltungsaufwand *m*; **a. cycle** Buchungszyklus *m*, B.periode *f*; **a. date** Bilanzstichtag *m*, Bilanzierungstag *m*, Abrechnungstermin *m*, Tagesdatum der Buchhaltung; **a. deadline** Buchungsschnitt *m*; **a. debt** Buchschuld *f*; **a. deficiencies** Buchführungsmängel; **a. deficit** Rechnungsdefizit *nt*
accounting department Buchhaltung(sabteilung) *f*, B.führung(sabteilung) *f*, Rechnungsstelle *f*, Abteilung Rechnungswesen, Bilanzabteilung *f*; **auxiliary/subsidiary a. d.** Nebenbuchhaltung *f*
accounting depreciation buchhalterische Abschreibung; **a. detail card** Umsatzkarte *f*; **a. documents** Buchungsunterlagen; **net a. enterprise** Nettobetrieb *m*; **a. entity** 1. buchführendes/selbstständig bilanzierendes Unternehmen; 2. buchhalterisch selbstständige Wirtschaftseinheit; 3. Anlagenkonto *nt*; **a. entry at the close of year** Jahresabschlussbuchung *f*; **(financial) a. equation** Bilanzgleichung *f*, buchhalterischer Finanzausgleich; **a. event** Buchungsvorfall *m*; **a. evidence** Nachweis ordnungsgemäßer Buchführung, Rechnungsnachweis *m*; **a. exchange on the assets side** Aktivtausch *m*; ~ **liabilities side** Passivtausch *m*; **a. experience** Erfahrung in der Buchhaltung; **a. expert** Bilanzexperte *m*, Rechnungs-, Buchsachverständiger *m*; **a. fee** Rechnungsgebühr *f*; **a. firm** 1. Wirtschaftsprüfungsfirma *f*; 2. Steuerberatungsfirma *f*; **a. form** Kontenblatt *nt*; **a. fraud** Bilanzdelikt *nt*, B.betrug *m*; **a. functions** Abrechnungsfunktionen; **a. guidelines** Bilanzierungs-, Buchführungsrichtlinien; **a. heading** Verbuchungstitel *m*; **a. identity** Bilanzgleichung *f*; **a. income** Bilanzgewinn *m*, bilanzieller Gewinn; **a. information** buchmäßige Informationen, Buchführungs-, Buchhaltungsangaben *pl*, B.daten *pl*; **a. legislation** Bilanzierungsgesetzgebung *f*; **a. loss** buchmäßiger/rechnerischer Verlust, Buchverlust *m*; ~ **on reorganization** buchtechnischer Umwandlungsverlust; **a. machine** Buchungs-, Tabellier-, Abrechnungsmaschine *f*; **a. manual** Handbuch des Rechnungswesens, ~ für Betriebsprüfer, Bilanzierungs-, Buchhaltungshandbuch *nt*, Leitfaden für das Rechnungswesen; **a. matters** Rechnungslegung *f*, Fragen/Angelegenheiten der Rechnungslegung; **a. measurement standard** Bewertungsmaßstab *m*; **a. method** Bilanzierungsweise *f*, Rentabilitätsvergleichsrechnung *f*, Abrechnungsmodus *m*, buchungstechnische Methode, Buchführungsmethode *f*, B.technik *f*, Buchhaltungstechnik *f*; **a. month** Buchungsmonat *m*; **a. objective** Rechnungs-, Bilanzierungsziel *nt*, B.zweck *m*; **a. office** Rechnungsstelle *f*; **a. officer** Rechnungsführer *m*; **a. operation** Rechnungsvorgang *m*; **a. par value** (Aktie) rechnerischer Wert
accounting period Rechnungs-, Bilanz(ierungs)periode *f*, Buchungs-, (Ab)Rechnungs-, Abschlusszeit-

raum *m*, Wirtschaftsjahr *nt*, Rechnungsabschnitt *m*; **in an a. p. innerperiodisch**; **unrelated to the a. p.** periodenfremd; **annual a. p.** Geschäftsjahr *nt*; **coterminous a. p.s** kongruente Abrechnungszeiträume, gleichlaufende Bilanzierungsperioden
accounting plan Rechnungsplan *nt*, Bilanzgliederung *f*; **central a. point** zentrale Abrechnungsstelle
accounting policy Bilanz(ierungs)politik *f*, B.methode *f*, Grundsätze ordnungsmäßiger Buchführung; **a. policies** Grundsätze/Prinzipien der Rechnungslegung; **a. p. for financial and tax purposes** handels- und steuerrechtliche Rechnungspolitik
accounting position 1. Buchungs-, Kontenstand *m*; 2. Verbuchungsstelle *f*
accounting practice(s) 1. Praxis des Rechnungswesens, Rechnungslegungs-, Buchhaltungspraxis *f*, Bilanzierungsgepflogenheiten; 2. Abwicklung der Buchhaltung; 3. Buchprüfertätigkeit *f*, **a. p.s** Bilanzierungsmethode *f*, Buchhaltungsgepflogenheiten; **sound a. p.s** ordnungsmäßige Buchführung; **standard a. p.s** Grundsätze ordnungsmäßiger Buchführung
accounting practitioner Bilanzexperte *m*; **a. price** Schattenpreis *m*
accounting principles 1. Buchhaltungs-, Buchführungsgrundsätze, B.richtlinien; 2. *(Revision)* Prüfungs-, Bilanzierungsgrundsätze, Bilanz(ierungs)richtlinien, Rechnungslegung *f*; ~ **and standards of companies** Grundsätze und Richtlinien für das Rechnungswesen von Unternehmungen; **generally accepted a. p. (GAAP)** Grundsätze ordnungsmäßiger Buchführung und Bilanzierung, Abschlussvorschriften; **good/sound a. p.** Grundsätze ordnungsgemäßer Buchführung und Bilanzierung; **tax-based a. p.** steuerliche Bilanzrichtlinien
accounting problem Buchungsproblem *nt*; **a. procedure** Buchprüfungs-, Buchführungsverfahren *nt*, Buchhaltungssystem *nt*, Abrechnungsgebaren *nt*, Verfahren der Rechnungslegung; **gross a. procedure** Bruttoverbuchung *f*; **a. process** Buchungsverfahren *nt*, B.vorgang *m*; **a. profit** Buchgewinn *m*, buchmäßiger/rechnerischer Gewinn, Periodengewinn *m*; **a. provisions** Rechnungslegungsvorschriften; ~ **for depreciation** bilanzielle Abschreibung; **for a. purposes/reasons** rechnungsmäßig, buchhaltungs-, verrechnungstechnisch, aus bilanztechnischen Gründen, saldenmechanisch, zu Buchführungszwecken; **a. rate of return** Gewinnvergleichsrechnung *f*; **a. ratios** finanzwirtschaftliche Kennzahlen, Bilanzkennzahlen; **a. recognition** Verbuchung *f*; **a. record** Buchungsunterlage *f*, Rechnungsbeleg *m*; **a. records** Buchführungsbelege, B.unterlagen, Rechnungs-, Buchhaltungsaufzeichnungen, Buchungsunterlagen, B.belege, (Geschäfts)Bücher, buchtechnische Unterlagen; **a. regulations** bilanzrechtliche Vorschriften; **a. requirements** Bilanzierungserfordernisse; **statutory a. requirements** Rechnungslegungsvorschriften; **a. result** Rechnungsergebnis *nt*; **a. rule** Bilanzierungsbestimmung *f*, Buchhaltungs-, Buchungs-, Rechnungslegungsregel *f*; **a. rules** Buchführungsrichtlinien, Bilanzierungsregeln,

B.vorschriften, Rechnungs(legungs)grundsätze; **a. service** Buchführungsdienst *m*; **a. sheet** Kontierungsbogen *m*
accounting standards Bilanzierungsrichtlinien, B.regeln, B.maßstäbe, Bewertungsmaßstäbe, Rechnungslegungsgrundsätze; **in accordance with the applicable a. s.** nach/gemäß den geltenden Bilanzierungsregeln; **commercial a. s.** handelsrechtliche Buchführungsvorschriften; **financial a. s.** Grundsätze ordnungsgemäßer Buchführung; **international a. s. (IAS)** international anerkannte Grundsätze ordnungsgemäßer Buchführung; **statutory a. s.** gesetzliche Rechnungslegungsnormen
accounting statement Rechnungsaufstellung *f*, Buchungsausweis *m*; **annual a. statement** Kontenabschluss *m*; **a. stationery** Kontierungsbögen *pl*; **a. status** Status *m*; **a. summary** Bilanzauszug *m*; **a. surplus** Rechnungsüberschuss *m*
accounting system Buchhaltungs-, Buchführungssystem *nt*, B.verfahren *nt*, Rechnungswesen *nt*, Kostenrechnungssystem *nt*; **clerical a. s.** Bürobuchhaltung(ssystem) *f/nt*; **dual a. s.** Zweikreissystem *nt*, dualistisches System; **industrial a. s.** Industriekontenrahmen *m*; **on-line a. s.** ▫ Direktbuchungssystem *nt*
accounting technique Bilanzierungstechnik *f*
accounting theory Buchhaltungs-, Bilanz-, Rechnungstheorie *f*; **in terms a. t.** bilanztheoretisch; **dynamic a. t.** dynamische Bilanztheorie; **organic a. t.** organische Bilanztheorie; **pagatoric a. t.** pagatorische Bilanztheorie; **static a. t.** statische Bilanztheorie
accounting title Verbuchungsstelle *f*; **a. transaction** interner Buchungsfall, Buchhaltungsvorgang *m*; **a. treatment** buchhalterische Behandlung
accounting unit 1. Rechnungseinheit (RE) *f*; 2. buchhalterisch selbstständige Wirtschaftseinheit; **central a. u.** zentrale Abrechnungsstelle, vorgeordnete Buchhaltung; **contributory a. u.** Nebenbuchhaltung *f*; **corresponding a. u.** korrespondierende Buchhaltung; **transferring a. u.** abgebende Buchhaltung
accounting valuation Bewertung zu Herstellungs- oder Anschaffungskosten; **a. value** Buch(ungs)wert *m*; **a. voucher** Buchungs-, Buchhaltungsbeleg *m*; **a. year** 1. Geschäfts-, (Ab)Rechnungs-, Wirtschaftsjahr *nt*; 2. *(Bilanz)* Abschlusszeitraum *m*, Abrechnungsperiode *f*, Buchführungs-, Bilanzjahr *nt*; **fiscal a. year** Steuerjahr *nt*
account|-keeping *n* Kontoführung *f*; *adj* konto-, kontenführend; **a. ledger** Kontobuch *nt*; **~ sheet** Kontoblatt *nt*; **a. list** Kontenliste *f*; **a. maintenance charge/fee** Kontoführungsgebühr *f*; **a. management** 1. Kontoführung *f*; 2. *(Werbung)* Großkundenbetreuung *f*, Kundenmanagement *nt*; **~ charge/fee** Kontoführungsgebühr *f*; **a. manager** 1. Konten-, Kontoführer *m*, K.sachbearbeiter *m*; 2. Kundenbetreuer *m*, K.sachbearbeiter *m*, K.kontakter *m*; **general ~ manager** *(Bank)* Hauptbetreuer *m*; **a.s manager** Leiter der Rechnungsstelle; **a. mandate** Kontovollmacht *f*, K.auftrag *m*; **a. manipulation** Kontenschiebung *f*; **a. master record** Kontenstammsatz *m*; **a. move(ment)** Konto-, Kontenbewegung *f*; **a. number** 1. Kontonummer *f*; 2. Kennnummer *f*; 3. Kundennummer *f*; **subsidiary a. number** Unterkontonummer *f*; **a.s office** Rechnungs-, Zahlstelle *f*; **a. officer** 1. Kontenführer *m*, Kontosachbearbeiter *m*; 2. Depotverwalter *m*, Anlageberater *m*; **a. opening** Kontoeröffnung *f*; **~ form** Kontoeröffnungsantrag *m*; **a. order** Kontoauftrag *m*
accounts payable (for supplies/goods and services) 1. Verbindlichkeiten (aus Lieferungen und Leistungen), Kreditoren, Warenverbindlichkeiten, buchmäßige Schulden, Buchschulden; 2. Kreditoren, Gläubiger, ausstehende/fällige Rechnungen; 2. *(Bilanz)* Passiva, Passivschulden, P.masse *f*; 3. Verpflichtungen, Schuldenlast *f*; **~ to banks** Bankkreditoren; **~ to affiliated companies** Verbindlichkeiten gegenüber verbundenen Unternehmen; **~ and accounts receivable** Kreditoren und Debitoren; **~ accountant** Kreditoren-, Lieferantenbuchhalter *m*, Leiter der Lieferantenbuchhaltung; **~ accounting** Lieferantenbuchhaltung *f*; **~ clerk** Hilfs-, Kreditorenbuchhalter *m*; **~ department** Kreditorenbuchhaltung *f*; **~ entry** Kreditorenbuchung *f*; **~ financing** Kreditorenfinanzierung *f*; **~ ledger** Kreditoren-, Lieferantenbuch *nt*
account payee Gutschrift auf Konto des Zahlungsempfängers; **~ only** *(Scheck)* nur zur Verrechnung; **a. period** *(Börse)* Abrechnungs-, Handelsperiode *f*, Liquidationszeitraum *m*; **whole a. policy** Warenkreditversicherung *f*; **a. planner** Werbeplaner *m*; **a. price** Ultimopreis *m*; **a. purchase(s) (A/P)** Einkaufsabrechnung *f*, Abrechnungen des Einkaufskommissionärs
accounts receivable *(Bilanz)* 1. Debitoren, Guthaben *nt/pl*, Waren-, Liefer-, Buchforderungen; 2. Debitoren aus Schuldscheinen, Wechseln und Akzepten, ~ aus Warenlieferungen, Aktivforderungen, ausstehende Forderungen/Rechnungen, Debitorenbestand *m*, D.guthaben *nt*, D.konto *nt*; 3. debitorische Konten, **~ from banks** Bankendebitoren; **~ from officers, directors and shareholders** *[GB]* /**stockholders** *[US]* Forderungen gegenüber leitenden Angestellten und Aktionären; **~ for sales and services** Forderungen aus Lieferungen und Leistungen; **to collect/recover a. r.** Forderungen beitreiben; **delinquent a. r.** überfällige Forderungen; **other a. r.** sonstige Forderungen; **pledged a. r.** abgetretene Kundenforderungen
accounts receivable account Debitorenkonto *nt*; **~ accountant/clerk** Debitoren-, Kundenbuchhalter *m*; **~ accounting** Debitorenbuchhaltung *f*; **~ clearing transactions** Treugiroverkehr *m*; **~ department** Kunden-, Debitorenbuchhaltung *f*; **~ discounted** abgetretene Forderungen; **~ entry** Debitorenbuchung *f*; **~ financing** Finanzierung durch Abtretung der Debitoren, ~ durch Verkauf offener Buchforderungen, ~ mittels Forderungsabtretung, ~ von Warenforderungen; **~ insurance** Warendelkredere-, Debitorenversicherung *f*; **~ journal** Debitorenbewegungsdatei *f*; **~ ledger** Debitorenkartei *f*, Rechnungs-, Kontokorrent(buch) *nt*; **~ loan** Debitorenkredit *m*; **~ records** Aufzeichnungen der Debitorenbuchhaltung, ~ Kundenbuchhaltung; **~ risk** Vertriebs-, Debitorenwagnis *nt*; **~ statement** De-

bitorenaufstellung f, D.(konto)auszug m; ~ **trade** Forderungen aus Warenlieferungen und Leistungen; ~ **transactions ledger** Debitorenbuch nt, D.journal nt; ~ **turnover ratio** Umschlagskennzahl der Debitoren
account reconciliation Konto-, Kontenabstimmung f; **a. representative** *[US]* Verkäufer m; **a. sales** 1. Verkaufsabrechnung f; 2. *(Kommissionär)* Zwischen-, Schlussabrechnung f, Abrechnung des Verkaufskommissionärs; **a. saving** Buch-, Kontensparen nt; **a.(s) sequence** Kontenfolge f; **a. sheet** Kontenblatt nt; **a.s specification** Kontenaufteilung f; **a.s staff** Buchhalter pl; **a. stated** *[US]* Kontokorrentbestätigung f; **a. supervisor** 1. *(Werbung)* Kontakter m; 2. Kontenbearbeiter m; **a. system** Kontenrahmen m; **a. terms** *(Konto)* Geschäftsbedingungen; **a. title** Kontobezeichnung f, K.name f, Kontenbezeichnung f, Kopfüberschrift f; **a. transaction** 1. Konto-, Kontenbewegung f; 2. Geschäft mit aufgeschobener Erfüllung; **a. transfer** Kontoübertrag m; **a. turnover** Kontoumsatz m
accouterment *[US]*; **accoutrement** *[GB]* n Ausstattung f
accredit v/t 1. akkreditieren, bestätigen, beglaubigen; 2. gutschreiben; **a. sth. to so.** jdm etw. zuschreiben
accred|itation n *(Diplomat)* Akkreditierung f; **a.ited** adj akkreditiert, beglaubigt, anerkannt, amtlich zugelassen; **a.itee** n 1. Akkreditierter m; 2. Akkreditivinhaber m
dos-à-dos accreditif n *(frz.) [US]* Geldakkreditiv nt
accretion n Wertzuwachs m, W.anfall m, W.steigerung f, (Kapital-/Vermögens)Zuwachs m; **a. to fixed assets** Anlagenzugang m; **a. of discount** Rabattstaffelung f; ~ **territory** Landzuwachs m
accrual n 1. Zugang m, Zufluss m, Anwachsen nt, Hinzukommen nt; 2. *(Kosten)* Anfall m, Auflaufen nt; 3. *(Zinsen)* Ertrag m, Ansammlung f, Zugewinn m, Entstehung f; 4. *(Bilanz)* Rechnungsabgrenzungsposten m, Rückstellung f, Entstehen von Forderungen und Verbindlichkeiten; **a.s** *(Bilanz)* Anpassungs-, Rückstellungsposten m/pl, antizipative Posten, Antizipativa, entstandene (aber noch nicht fällige) Verbindlichkeiten, (Soll)Abgrenzungsposten, anfallende/aufgelaufene Beträge, aktive Rechnungsabgrenzung
accrual of capital Kapitalzufuhr f; ~ **an actionable/substantive claim** [§] Entstehung eines Klageanspruchs; ~ **costs** Auflaufen von Kosten; ~ **foreign currency**; ~ **foreign exchange** Devisenzugang m, D.fluss m, Zugang an Devisen; **a.s and deferrals** *(Bilanz)* Rechnungsabgrenzung(sposten) f/pl, Posten der Rechnungsabgrenzung, Abgrenzung f; **a. of dividends** Dividendenanfall m; ~ **funds** Mittelaufkommen nt; **a.s and deferred income** passive Rechnungsabgrenzungsposten; **a. of an inheritance** Erb(schaftsan)fall m; ~ **interest** Auflaufen von Zinsen; ~ **savings** Sparzugang m
additional accrual Mehraufkommen nt; **monthly a.s** Ultimofälligkeiten; **new a.** Neuzugang m
accrual accounting *(Bilanz)* Periodenrechnung f, Abgrenzung f, Fälligkeitsbuchführung f, Sollsystem der Rechnungslegung; **a. basis** Fälligkeitsbasis f; **on an a. basis** periodengerecht; **a. basis of accounting** periodengerechte Aufwands- und Ertragsrechnung, Prinzip der Periodenabgrenzung, Gewinnermittlung durch Vermögensabrechnung; **a. date/day** Fälligkeitstermin m, F.tag m, Verfalltag m; **a. method** Gewinnermittlung durch Betriebsvermögensvergleich; **a. principle** Grundsatz der periodengerechten Erfolgsermittlung; **a.s receivable** entstandene Forderungen, Debitoren
accrue v/i 1. *(Bilanz)* anfallen, zufließen; 2. *(Zinsen)* auflaufen, anwachsen, entstehen, zur Entstehung gelangen; **a. to so.** jdm zufallen
accrued adj 1. *(Zinsen)* entstanden, aufgelaufen, angesammelt; 2. *(Bilanz)* antizipativ, rückgestellt, abgegrenzt
accruing adj anfallend, entstehend
accumulate v/ti 1. (an)sammeln, auf-, anhäufen, (ak)kumulieren, scheffeln *(coll)*, aufzinsen; 2. zunehmen, auflaufen, sich summieren, zusammenkommen, sich stauen
accumulation n 1. An-, Aufhäufung f, Ansammlung f, Auflaufen nt, (Ak)Kumulation f; 2. Kapitalbildung f, K.ansammlung f, Thesaurierung f, Aufzinsung f, Kumulierung f, Summierung f, Zuwachs m
(total) accumulation of an annuity Endwert einer Annuität, Rentenendwert f; **a. of capital** Kapitalanhäufung f, Kapital-, Vermögens-, Substanzbildung f; ~ **crime** Verbrechenshäufung f; ~ **dividends** Dividendenansammlung f; ~ **funds** Mittelansammlung f, M.aufkommen nt; ~ **offices** Ämterhäufung f; ~ **profits** Gewinnansammlung f, G.thesaurierung f; ~ **property** Vermögensansammlung f; ~ **reserves** Reserve-, Spareinlagenbildung f; ~ **risks** Risikohäufung f; ~ **savings** Sparkapital-, S.einlagenbildung f
excessive accumulation unzulässige Thesaurierung; **net a.** Überschussguthaben nt; **primary a.** ursprüngliche Akkumulation; **surplus a.** Überschuss-, Gewinnansammlung f, G.thesaurierung f
accumulation account Anlagekonto nt; **a. factor** Akkumulations-, Aufzinsungsfaktor m; **a. fund** Thesaurierungsfonds m; **a. period** Zinseszinsperiode f, Thesaurierungszeitraum m; **(contractual) a. plan** Spar-, Anlageplan m; **a. rate/ratio** Akkumulationsquote f; ~ **savings** Sparkapitalbildung f, S.entwicklung f; **a. schedule** Kapitalansammlungsplan m, K.bildungsplan m; **a. and maintenance settlement** Kumulations- und Unterhaltsvereinbarung f; **a. unit** 1. Kapitalansammlungsschein m; 2. Thesaurierungsfonds m
accumulative adj sich anhäufend/summierend, akkumulierend, thesaurierbar
accumulator n Akkumulator m
accuracy n 1. Richtigkeit f, (Treff)Genauigkeit f; 2. Sorgfalt f, Korrektheit f; **a. of balance sheet figures** Bilanzwahrheit f; **to warrant a. and completeness** für Genauigkeit und Vollständigkeit bürgen/garantieren; **substantive a.** sachliche Richtigkeit
accuracy check Genauigkeitsprüfung f; **a. control** ▣ Richtigkeitsprüfung f; **a. rating** Genauigkeitsfestlegung f; **a. table** Fehlertabelle f
accurate adj 1. genau, richtig, zutreffend; 2. sorgfältig, akkurat; **most a.** ▣ trennscharf

accusation *n* Beschuldigung *f*, Anschuldigung *f*, Bezichtigung *f*; **to reject a.s** Anschuldigungen zurückweisen; **to retract an a.** Anschuldigung zurücknehmen; **false a.** falsche Beschuldigung/Anschuldigung, Falschanschuldigung *f*; **malicious a.** vorsätzlich falsche Anschuldigung
accusatorial *adj* §̄ Anklage-
accuse *v/t* beschuldigen, bezichtigen, anschuldigen; **a. so. of sth.** jdm etw. vorwerfen; ~ **wrongly** jdn zu Unrecht beschuldigen
the accused *n* §̄ der/die Angeklagte; **to give the a. the benefit of the doubt** im Zweifel zu Gunsten des Angeklagten entscheiden, in dubio pro reo *(lat.)*; **to stand a.** unter Anklage stehen
accustom *v/t* gewöhnen; **to be a.ed** *adj* gewöhnt sein; **to get a.ed** sich gewöhnen/einleben
acerbic *adj* bitter
acetic *adj* ✍ essigsauer
ache *n* Schmerz *m*; *v/i* schmerzen
achievable *adj* erreichbar, erzielbar
achieve *v/t* 1. erzielen, fertig/zu Stande/zu Wege bringen, vollbringen, leisten, erreichen; 2. *(Verhandlung)* herausschlagen
achievement *n* 1. Leistung *f*, Errungenschaft *f*, Werk *nt*, 2. Vollendung *f*, Erzielung *f*; 3. *(Soll)* Erfüllung *f*; **a. of objectives** Zielrealisierung *f*, Z.erreichung *f*; ~ **quotas** Planerfüllung *f*; ~ **economic self-sufficiency** wirtschaftliche Verselbstständigung; ~ **uniformity** Vereinheitlichung *f*
brilliant achievement Glanzleistung *f*; **cultural a.** Kulturleistung *f*; **entrepreneurial a.** unternehmerische Leistung; **great a.** Großtat *f*; **intellectual a.** geistige Errungenschaft; **literary a.** schriftstellerische Leistung; **no mean a.** bedeutende Leistung; **outstanding a.** hervorragende/überragende Leistung; **pioneering a.** Pionier-, Vorleistung *f*; **professional a.** fachliche Leistung; **social a.** soziale Errungenschaft; **technological a.** technische Errungenschaft
achievement-orient(at)ed *adj* erfolgs-, leistungsorientiert; **a. potential** Leistungsfähigkeit *f*; **a. principle** Leistungsgrundsatz *m*; **a. quotient** Leistungsquotient *m*; **a. test** Leistungsprüfung *f*, L.test *m*
achiever *n* Erfolgsmensch *m*, Leistungsträger *m*, Macher *m (coll)*; **high a.** Spitzenkraft *f*
Achilles' heel *n* wunder Punkt, Schwachpunkt *m*, Achillesferse *f*
acid *n* ✍ Säure *f*; **acetic a.** Essigsäure *f*; **butyric a.** Buttersäure *f*; **carbonic a.** Kohlensäure *f*; **hydrochloric a.** Salzsäure *f*; **nitric a.** Salpetersäure *f*, Scheidewasser *nt*; **silicic a.** Kieselsäure *f*; **prussic a.** Blausäure *f*; **sulphuric a.** Schwefelsäure *f*; **uric a.** Harnsäure *f*
acid content *n* ✍ Säuregehalt *m*; **a.-free** *adj* säurefrei
acid|ic *adj* ✍ sauer, säurehaltig; **a.ification** Säurebildung *f*; **a.ity** *n* Säuregehalt *m*
acid|-resistant *adj* ✍ säurebeständig, s.fest; **a.-soluble** *adj* säurelöslich
acid test *n* 1. *(fig) (Bilanz)* Verhältnis der liquiden Aktiva zu den laufenden Verbindlichkeiten, Liquiditätsprüfung *f*; 2. Prüfstein *m*, Nagel-, Feuerprobe *f*; 3. ✍ Lackmustest *m*; **to put sth. to the a. t.** etw. auf Herz und Nieren prüfen *(fig)*; **a. t. ratio** Liquidität ersten Grades, L.sgrad *m*, L.sverhältnis *nt*, Ermittlung des Verhältnisses der Barmittel und Forderungen zu den kurzfristigen Verbindlichkeiten
acknowledge *v/t* 1. anerkennen, bestätigen, quittieren; 2. ein-, zugestehen, einräumen; 3. beurkunden, beglaubigen, bescheinigen; 4. würdigen; 5. *(Brief)* dankend bestätigen; **a.d** *adj* 1. anerkannt, 2. zu-, eingestanden
acknowledgment *n* 1. Bestätigung *f*, Anerkennung *f*; 2. Quittierung *f*, Bescheinigung *f*, notarielle Beglaubigung; 3. Zugeständnis *nt*; 4. Dank *m*; **a.s** *(Buch)* Danksagung *f*; **in a.** in Bestätigung
acknowledgment of a debt Schuldanerkenntnis *f*; ~ **indebtedness** Schuldanerkenntnis *nt*; ~ **non-indebtedness** negatives Schuldanerkenntnis; ~ **an order** Auftragsbestätigung *f*, (Bestätigung der) Bestell(ungs)annahme *f*; ~ **paternity** Anerkennung der Vaterschaft, Vaterschaftsanerkenntnis *f*; ~ **payment** Zahlungsbestätigung *f*; ~ **receipt** Quittung *f*, Empfangsbestätigung *f*, E.bescheinigung *f*, Annahme-, Zahlungsbestätigung *f*, Eingangsanzeige *f*, E.bestätigung *f*; **a. in writing** schriftliche Bestätigung
written acknowledgment schriftliche Bestätigung
acknowledgment slip *n* Kontrollmarke *f*
AC-operated *adj* ⚡ mit Wechselstrom betrieben
acoustics *n* Akustik *f*
ACP countries *n* AKP-Länder (Afrika, Karibik, Pazifik)
A/C payee only *(Scheck)* nur zur Verrechnung
acquaint *v/t* bekanntmachen; **a. o.s. with** sich vertraut machen mit; **a. so. with sth.** jdn mit etw. vertraut machen, ~ von etw. unterrichten
acquaintance *n* 1. Bekanntschaft *f*, Kenntnis *f*; 2. Bekannte(r) *f/m*; **to have a nodding a. with so.** mit jdm auf Grußfuß stehen; **to make so.'s a.** jds Bekanntschaft machen; **casual a.** flüchtige Bekanntschaft; **on close a.** bei näherer Bekanntschaft; **first-hand a.** unmittelbare Bekanntschaft; **nodding a.** oberflächliche Bekanntschaft
acquainted *adj* (miteinander) bekannt; **to be a. with sth.** etw. kennen; **to become a. (with)** kennenlernen, Bekanntschaft schließen/machen
acquiesce *v/i* 1. stillschweigend billigen/dulden/nachgeben, einwilligen, ruhig hinnehmen; 2. sich schicken/fügen; **a. in sth.** einer Sache stillschweigend zustimmen, etw. stillschweigend dulden
acquiescence *n* stillschweigende Hinnahme/Billigung/Einwilligung, stillschweigendes Einverständnis, Inkaufnahme *f*, Duldung *f* (einer Rechtsverletzung)
acquiescent *adj* fügsam
acquire *v/t* 1. erwerben, erstehen, an-, beschaffen, (auf-/zu)kaufen, sich aneignen; 2. 🖳 erfassen; **entitled to a.** erwerbsberechtigt; **a. lawfully** rechtmäßig erwerben
recently acquired *adj* kürzlich erworben
acquiree *n* übernommenes Unternehmen
acquirement *n* erworbene Fähigkeit, Kenntnisse *pl*
acquirer; acquiror *n* Erwerber(in) *m/f*; **a. by way of gratuitous conveyance** unentgeltlicher Erwerber; **a. in bad faith** bösgläubiger Erwerber; **subsequent a.** Nacherwerber *m*

acquisition *n* 1. Erwerb(ung) *m/f*, Erstehung *f*, Beschaffung *f*, Aufkauf *m*, Aneignung *f*; 2. (Firmen)Zukauf *m*, Beteiligungserwerb *m*; 3. *(Kunden)* Akquisition *f*, Akquise *f (coll)*; 4. *(Bücher)* Akzession *f*; 5. ▢ Erfassung *f*, Übernahme *f*; 6. *(Vers.)* Absatz *m*
acquisition of fixed assets Anlagenerwerb *m*, A.kauf *m*; **~ personal assets** Vermögensbildung *f*; **a. from a bankrupt's estate** Erwerb aus der Konkursmasse; **a. of a business (enterprise)/company/firm** Firmenerwerb *m*, F.aufkauf *m*; **~ real estate** Grundstückserwerb *m*, G.kauf *m*, G.beschaffung *f*; **a. in good faith** gutgläubiger Erwerb, Gutglaubenserwerb *m*; **a. inter vivos** *(lat.)* [§] Erwerb unter Lebenden; **a. of an interest** Erwerb einer Beteiligung, Beteiligungserwerb *m*; **a. in kind** Sachübernahme *f*; **a. of land** Grunderwerb *m*, Grundstückskauf *m*, Grundstücks-, Landbeschaffung *f*; **~ by prescription** [§] Ersitzung *f* (von Grund und Boden); **a. mortis causa** *(lat.)* [§] Erwerb von Todes wegen; **a. of participations** Beteiligungserwerb *m*; **~ property** Grundstücks-, Eigentums-, Vermögenserwerb *m*; **~ a right** Rechtserwerb *m*; **~ securities** *(Börse)* Anschaffungsgeschäft *nt*; **~ shares** *[GB]* **/stocks** *[US]* Aktienerwerb *m*, A.kauf *m*; **~ own shares/stocks** Erwerb eigener Aktien; **a. by squatting** Ersitzung *f*; **~ second taker** Zweiterwerb *m*; **a. of territory** Gebietserwerb *m*; **a. subject to a time limitation** *(Steuer)* befristetes Anschaffungsgeschäft: **a. of title** [§] Eigentums-, Rechtserwerb *m*; **primary ~ title** originärer Eigentumserwerb **bona fide** *(lat.)* **acquisition** Gutglaubenserwerb *m*, gutgläubiger Erwerb; **compulsory a.** Zwangserwerb *m*; **conditional a.** bedingtes Anschaffungsgeschäft; **corporate a.** Aufkauf von Gesellschaften, Firmenaufkauf *m*; **derivative a.** derivativer/abgeleiteter Erwerb; **first/original a.** Ersterwerb *m*; **foreign a.** Beteiligungserwerb im Ausland; **gratuitous a.** unentgeltlicher Erwerb; **multiple a.** mehrfacher Erwerb; **new/recent a.** Neuanschaffung *f*, N.erwerbung *f*; **postformation a.** Nachgründung *f*; **subsequent a.** 1. Dritterwerb *m*; 2. *(Wertpapiere)* nachhängiger Erwerb
acquisition agreement Übernahme-, Unternehmenskaufvertrag *m*; **a. commission** *(Vers.)* Abschlussprovision *f*
acquisition cost(s) 1. Anschaffungskosten *pl*, A.wert *m*, Einkaufswert *m*, Erwerbs-, Ankaufskosten *pl*, A.spesen *pl*, Einstandswert *m*, E.kosten *pl*; 2. *(Vers.)* Abschluss-, Akquisitionskosten *pl*; **a. or construction c.(s)** *(Bilanz)* Anschaffungs- oder Herstellungskosten *pl*; **incidental a. c.(s)** Anschaffungsnebenkosten *pl*; **total a. c.(s)** Einstandskosten *pl*; **a. c. ratio** Abschlusskostensatz *m*
acquisition criterion Übernahmekriterium *nt*; **a. deal** Anschaffungsgeschäft *nt*; **a. excess** Differenz zwischen Kaufpreis und Buchwert, Überschuss des Kaufpreises über den Buchwert; **a. fee** Abschlussgebühr *f*; **a. policy** Beteiligungspolitik *f*; **a. potential** akquisitorisches Potenzial; **a. review** Übernahmeprüfung *f*; **a. strategy** Übernahmestrategie *f*; **a. lead time plus safety margin** Solleindeckungszeit *f*; **a. value** Anschaffungs-, Erwerbs-, Beschaffungswert *m*

acquisitive *adj* 1. erwerbsorientiert, auf Erwerb gerichtet, erwerbstüchtig; 2. hab-, gewinnsüchtig; **a.ness** *n* Erwerbstrieb *m*, Gewinnsucht *f*
acquisitor *n* Erwerber(in) *m/f*
acquit *v/t* 1. [§] freisprechen, entlasten, auf Freispruch erkennen; 2. *(Schulden)* abtragen, bezahlen; **a. o.s. well** sich tapfer schlagen
acquittal *n* 1. [§] Freispruch *m*; 2. (Schulden)Erlass *m*; **a. on all charges** Freispruch von allen Anklagepunkten; **a. in law** Freispruch aus Rechtsgründen; **to obtain an a.** Freispruch erwirken; **to pass an honorary a.** mangels Tatverdachts freisprechen; **honourable a.** Freispruch wegen erwiesener Unschuld; **a. contract** Erlassvertrag *m*
acquittance *n* 1. Tilgung *f*, Abtragung *f*, Bezahlung *f*; Begleichung *f*; 2. Schuldenerlass *m*, Entlastung *f*; 3. Bescheinigung über Schuldbefreiung, Quittung *f*
acquitted *adj* freigesprochen
(Dutch) acre (= 4046.8 m²) *n* *(Flächenmaß)* Morgen *m*
acreage *n* 1. ▶o Boden-, Anbau-, Betriebsfläche *f*; 2. Flächeninhalt *m*, Umfang *m*; **to reduce a.** Anbaufläche verkleinern; **seeded a.** bestellte Fläche; **surplus a.** überschüssige Anbaufläche; **a. reduction program(me)** Flächenstilllegung(sprogramm) *f/nt*, landwirtschaftliches Stilllegungsprogramm; **a. restriction(s)** Anbaubeschränkung *f*
acri|d *adj* *(Geruch)* stechend; **a.monious** *adj* scharf, bitter, erbittert; **a.mony** *n* Bitterkeit *f*, Bissigkeit *f*
acronym *n* Kürzel *nt*, Abbreviatur *f*
across *adv* quer; **a.-the-board** *adj* pauschal, allgemein, linear
act *n* 1. [§] Tat *f*, (Rechts)Akt *m*, Handlung *f*; 2. Gesetz *nt*; 3. Dokument *nt*, Urkunde *f*, Schriftstück *nt*; **in the (very) a.** [§] in flagranti *(lat.)*, auf frischer Tat; **for the purposes of the a.** im Sinne dieses Gesetzes
act of accession [§] *(Völkerrecht)* Beitrittsakte *f*; **~ administration** Verwaltungsakt *m*; **~ assent** Zustimmungsgesetz *nt*; **~ assignment** Abtretungserklärung *f*; **~ attainder** *[GB]* Bestrafung durch Parlamentsgesetz; **~ bankruptcy** Konkurshandlung *f*, K.vergehen *nt*; **to commit an ~ bankruptcy** Konkursvergehen begehen; **~ clemency** Gnadenakt *m*; **a. requiring communication** empfangsbedürftige Willenserklärung; **~ to an authority** amtsempfangsbedürftige Willenserklärung; **a. of competition** Wettbewerbshandlung *f*; **~ courtesy** Gefälligkeitshandlung *f*; **~ deception** Täuschungshandlung *f*; **a. and deed** Willenserklärung *f*; **a. of desperation** Verzweiflungstat *f*; **~ discretion** Ermessensakt *m*; **~ establishment/foundation** Gründungs-, Organisationsakt *m*; **~ faith** Autodafé *m*, auf Glauben beruhende/wohlüberlegte Tat; **a. on foodstuffs and goods in daily use** Lebensmittel- und Bedarfsgegenständegesetz *nt*; **a.s and forbearances** Handlungen und Unterlassungen; **A. of God** *(Vers.)* höhere Gewalt, unabwendbares Ereignis, Elementar-, Naturereignis *nt*, unabwendbarer Zufall; **a. of grace** Gnadenerlass *m*, G.akt *m*, Amnestie *f*; **~ honour** (Urkunde über) Ehreneintritt, Intervention *f*; **~ indecency** Sittlichkeitsvergehen *nt*, Verstoß gegen die Sittlichkeit; **~ indemnity**

Indemnitätsbeschluss *m*; ~ **insolvency** Konkursgrund *m*, K.handlung *f*; **a. in/under the law** Rechtsgeschäft *nt*; **a. of law** [§] Rechtsakt *m*, rechtsgestaltender Gesetzesakt; **by ~ law** kraft Gesetzes, ipso jure *(lat.)*; **~ legislature** Gesetzgebungsakt *m*; **~ legitimation** Ehelichkeitserklärung *f*; **final a.s of liquidation** Vollbeendigung einer Gesellschaft; **legal a.s of the management** Rechtsgeschäfte des Vorstands; **to approve/legalize/ratify the a.s of management** *(HV)* Entlastung erteilen; **a. of mercy** Gnadenakt *m*; **~ nature** *[US]* höhere Gewalt; **~ negligence** fahrlässige Handlung, Fahrlässigkeitsdelikt *nt*; **~ gross negligence** grobfahrlässige Handlung; **a.s and omissions** Handlungen und Unterlassungen; **a. of omission** Unterlassung(sdelikt) *f*/*nt*; **~ pardon** Gnadenerweis *m*, G.beweis *m*; **A. of Parliament** *[GB]* Parlamentsbeschluss *m*, P.akte *f*, Gesetz *nt*; **a. of (the) party** Rechtsgeschäft *nt*, Parteihandlung *f*; **by ~ party** rechtsgeschäftlich; **legal ~ the party** rechtsgeschäftliche Willenserklärung; **~ pledge** Pfandvertrag *m*; **~ protest** Protest *m*, P.urkunde *f*, P.erhebung *f*; **subsequent a. not subject to separate punishment** straflose Nachtat; **a. of retaliation** Repressalie *f*; **~ revenge** Racheakt *m*; **~ sabotage** Sabotageakt *m*; **~ sale** Kaufvertrag *m*; **~ state** hoheitliche Handlung/Maßnahme, Hoheitshandlung *f*, staatlicher H.akt *m*, Staats(hoheits)akt *m*; **~ a sovereign state** Souveränitätsakt *m*; **~ terrorism** Terrorakt *m*; **a. subject to time limit** befristetes Rechtsgeschäft; **a. of transfer** Abtretungserklärung *f*; **~ of prior use** Vorbenutzungshandlung *f*; **~ vengeance** Racheakt *m*; **~ violence** Gewaltakt *m*, G.tätigkeit *f*, G.tat *f*, G.verbrechen *nt*; **~ war** kriegerische Handlung, Kriegshandlung *f*; **~ will** Willensakt *m* **to amend an act** Gesetzesänderung vornehmen; **to be in on the a.** *(coll)* dabei sein; **~ privy to an a.** an einer Handlung teilnehmen; **to cash in on an a.** aus einer Sache Kapital schlagen; **to catch so. in the a.** jdn auf frischer Tat/in flagranti *(lat.)* ertappen; **to get in on the a.** *(coll)* mitmischen *(coll)*, einsteigen; **~ one's a. together** 1. sich zusammenraufen; 2. mit sich selbst ins Reine kommen; **to pass an a.** Gesetz verabschieden, ~ ergehen lassen; **to repeal an a.** Gesetz aufheben
administrative act Verwaltungsakt *m*, V.handlung *f*; **amending a.** Abänderungsgesetz *nt*, (Gesetzes)Novelle *f*; **anti-terrorist a.** Terrorismusgesetz *nt*; **antitrust a.** Gesetz gegen Wettbewerbsbeschränkungen; **arbitrary a.** Willkürakt *m*, W.handlung *f*; **authorized a.** genehmigtes Rechtsgeschäft; **blanket a.** Blankettgesetz *nt*; **concealed a.** verheimlichte Handlung; **continued a.** fortgesetzte Handlung; **criminal a.** Straftat *f*, Verbrechen *nt*; **approving ~ a.s** Billigung von Straftaten; **culpable a.** schuldhafte Handlung; **deceptive a.** Täuschungshandlung *f*; **discretionary a.** Ermessenshandlung *f*; **dispositive a.** rechtsgestaltende Erklärung; **final a.** Schlussakte *f*; **administrative fiscal a.** Steuerverwaltungsakt *m*; **fraudulent a.** Betrugshandlung *f*, betrügerische Handlung; **harmful/injurious a.** schädigende Handlung; **hostile a.** feindlicher Akt, feindselige Handlung/Maßnahme; **illegal a.** Rechtswidrigkeit *f*, rechtswidrige Handlung; **immoral a.** unsittliche Handlung; **injurious a.** Verletzungshandlung *f*; **intervening a.** den Kausalzusammenhang unterbrechende Handlung; **introductory a.** Einführungsgesetz *nt*; **judicial a.** richterliche Handlung; **administrative ~ a.** Justizverwaltungsakt *m*
juristic act juristische Handlung, Rechtsgeschäft *nt*; **abstract ~ a.** abstraktes Rechtsgeschäft; **unilateral ~ a.** einseitiges Rechtsgeschäft
lawful/legal act Rechtsgeschäft *nt*, R.handlung *f*, juristische Handlung; **void ~ a.** nichtiges Rechtsgeschäft
legislative act Gesetzgebungsakt *m*, Gesetzesbeschluss *m*; **lewd a.(s)** Unzucht *f*; **malicious a.** vorsätzlich böswillige Handlung; **market-regulating a.** Marktordnungsgesetz *nt*; **negligent a.** fahrlässige Handlung, **non-punishable a.** Nichtstraftat *f*; **notarial a.** Notariatshandlung *f*, N.akt *m*, notarielle Urkunde; **official a.** Amts-, Dienstandlung *f*; **one and the same a.** ein und dieselbe Tat; **onerous a.s** Auflagen; **overt a.** objektiver Tatbestand, offenkundige Handlung/Tat; **parliamentary a.** Parlamentsbeschluss *m*; **penal a.** 1. strafbare Handlung; 2. Strafrechtsgesetz *nt*; **physical a.** Realakt *m*; **preliminary a.** ⚓ Kollisions-, Tatbestandsurkunde *f*; **preparatory a.** vorbereitende Handlung, Vorbereitungshandlung *f*; **private a.** Rechtsgeschäft *nt*; **proximate a.** unmittelbares Ansetzen; **punishable a.** Straftat *f*, strafbare Handlung; **regulatory a.** Durchführungsgesetz *nt*; **repealing a.** aufhebendes Gesetz; **sham a.** Scheinhandlung *f*; **legally significant a.** Rechtshandlung *f*; **sovereign a.** (Staats)Hoheitsakt *m*, H.handlung *f*; **by ~ a.** von hoher Hand; **special a.** Sondergesetz *nt*; **subsequent a.** Nachtat *f*; **substitute a.** Ersatzhandlung *f*; **successive a.** fortgesetzte Handlung; **supplemental/supplementing a.** Zusatz-, Ergänzungsgesetz *nt*; **tortious a.** Straftat *f*, Delikt *nt*, unerlaubte Handlung; **justifying ~ a.** Rechtfertigung einer unerlaubten Handlung; **treasonable a.** verräterische Handlung; **unauthorized a.** eigenmächtiges Handeln; **unfriendly a.** unfreundlicher Akt, unfreundliche Handlung; **unilateral a.** einseitiges Rechtsgeschäft
unlawful act unzulässiges Rechtsgeschäft, gesetzwidrige/ungesetzliche/rechtswidrige/unerlaubte Handlung, gesetzwidriges Vorgehen
unrepeated act einmalige Tat; **voidable a.** anfechtbares Rechtsgeschäft; **voluntary/wilful a.** vorsätzliche Handlung, **wrongful a.** rechtswidrige/unrechtmäßige Handlung
act *v/i* 1. handeln, tätig werden/sein, agieren, verfahren; 2. ♠ auftreten, spielen, mimen; 3. dienen, wirken; 4. amtieren, fungieren; **a. as** fungieren als, Amt des ... übernehmen; **a. by** verfahren nach; **a. for** (rechtsgeschäftlich) vertreten; **a. (up)on** sich richten nach
act on behalf of another in fremdem Namen handeln; **~ one's own behalf** im eigenen Namen handeln; **~ behalf of so.** im Auftrag von jdm handeln, Geschäft ausführen auf Rechnung von; **a. as one may see fit** nach Belieben/Gutdünken handeln; **a. for whom it may concern** handeln für den es angeht
incompetent/unable to act handlungsunfähig
act bona fide *(lat.)* gutgläubig handeln; **a. carelessly**

act cautiously

fahrlässig handeln; **a. cautiously; a. with caution** 1. *(Börse)* vorsichtig disponieren; 2. umsichtig handeln; **a. conjointly** gemeinsam handeln; **a. correctly** vorschriftsmäßig handeln; **a. deliberately** vorsätzlich handeln; **a. improperly** sich ordnungswidrig verhalten; **a. innocently** gutgläubig und redlich handeln; **a. lawfully** rechtmäßig handeln; **a. mala fide** *(lat.)* bösgläubig handeln; **a. negligently** fahrlässig handeln; **a. resolutely** entschlossen handeln; **a. wilfully and knowingly** vorsätzlich handeln
acting *adj* 1. geschäftsführend, amtierend, verantwortlich; 2. stellvertretend; 3. tätig; **incapable of a.** handlungsunfähig; **continually a.** in fortgesetzter Handlung; **a. negligently** fahrlässiges Handeln; **a. ultra vires** *(lat.)* [§] Vollmachts-, Kompetenz-, Zuständigkeitsüberschreitung *f*
acting career *n* ⚐ Schauspielkarriere *f*; **a. partner** geschäftsführender Teilhaber/Partner
action *n* 1. Handlung(sweise) *f*, Handeln *nt*, Tätigkeit *f*; 2. Tat *f*; 3. Aktion *f*, Einsatz *m*; 4. [§] Prozess *m*, Verfahren *nt*, Klage *f*, Streitfall *m*, Rechtsstreit *m*; 5. *(Börse)* Bewegung *f*, Entwicklung *f*; 6. ⚔ Gefecht *nt*, Kampf(handlung) *m/f*; **by way of a.** [§] auf dem Klageweg; **for further a.** zur weiteren Veranlassung; **in a.** ⚙ eingeschaltet, in Betrieb; **out of a.** außer Betrieb/Gefecht; **pending a.** während Rechtshängigkeit, für die Dauer des Prozesses/Verfahrens
action in abatement [§] Klage wegen Kürzung des Pflichtteils; **a. for an/of account; a. for accounting** Rechnungsklage *f*, Klage auf Rechnungslegung; **~ annulment/avoidance** Anfechtungsklage *f*; **legal a. by an association** Verbandsklage *f*; **a. of assumpsit** *(lat.)* Erfüllungsklage *f*; **a. by a third-party beneficiary** Klage des Drittbegünstigten; **a. on a bill of exchange** Wechselklage *f*; **a. of one public body against another** Organklage *f*; **a. for breach of contract** Klage auf Vertragserfüllung; **~ warranty** Klage wegen Gewährleistungsbruch; **a. for cancellation** Nichtigkeitsklage *f*; **~ cancellation of contract** Klage auf Wand(e)lung, ~ Aufhebung des Vertrages; **~ a change of legal relationships** Gestaltungsklage *f*; **a. ex contractu** *(lat.)* schuldrechtliche Klage; **a. for part of the clause** Teilklage *f*; **legal a. to enforce a claim** gerichtliche Geltendmachung eines Anspruchs; **a. (based) on contract; a. ex contractu** *(lat.)* Klage aus (schuldrechtlichem) Vertrag, Vertragsklage *f*; **a. for copyright** Urheberrechtsklage *f*; **a. on cost(s)** kostensenkende Maßnahme(n); **a. for damages** Schaden(s)ersatzklage *f*, S.ersatzprozess *m*, Entschädigungsklage *f*, E.antrag *m*, Klage auf Schaden(s)ersatz; **~ damages or specific performance** Leistungsklage *f*; **~ damages due to non-performance** Schaden(s)ersatzklage wegen Nichterfüllung; **~ in deceit** Betrugsverfahren *nt*; **~ for defamation** Rufschädigungsklage *f*; **a. on the deficit** Bekämpfung des (Haushalts)Defizits; **a. ex delicto** *(lat.)* Klage aus unerlaubter Handlung; **a. for detinue** Klage auf Herausgabe (von Eigentum); **~ wrongful dismissal** Klage auf Feststellung der Unwirksamkeit einer Kündigung; **~ dissolution (of contract)** Auflö-

sungsklage *f*, Wand(e)lungsklage *f*; **~ ejectment** Räumungsklage *f*, Klage auf Räumung; **a. opposing judicial enforcement** Vollstreckungsabwehrklage *f*, V.gegenklage *f*; **a. on the grounds of enrichment; a. for unjust enrichment; a. to remedy unjustified enrichment** Bereicherungsklage *f*, Klage aus ungerechtfertigter Bereicherung; **a. concerning real estate; a. founded on real estate rights** Immobiliar-, Grundstücksklage *f*; **a. for eviction** Räumungsklage *f*; **a. against execution** (Dritt)Widerspruchsklage *f*; **a. for expropriation of real estate** Klage auf Herausgabe eines Grundstücks; **~ forfeiture of a patent** Patentlöschungsklage *f*, Klage auf Aufhebung eines Patents; **a. on the grounds of negotiorum gestio** *(lat.)* Klage aus Geschäftsführung ohne Auftrag; **a. for an injunction** Unterlassungsklage *f*, negatorische Klage; **~ indemnity** Revalidierungsklage *f*; **a. implying (legal) intent(ion)** konkludente Handlung; **a. to repel unlawful interference** Abwehrklage *f*; **a. for a declaratory judgment** Feststellungsklage *f*; **a. at/in law** Klagesache *f*, gerichtliche Klage; **a. based on liability; a. to establish liability** Haftungsklage *f*; **(legal) a. for a public liability claim** Amtshaftungsklage *f*; **a. for libel** Verleumdungsklage *f*; **a. for maintenance** Unterhaltsklage *f*; **~ modification of rights** Rechtsänderungs-, Gestaltungsklage *f*; **legal a. against a neighbour** Nachbarklage *f*; **a. of third-party opposition** Interventionsklage *f*; **a. based on ownership** Klage aus Eigentum; **a. for transfer of ownership** Klage auf Eigentumsverschaffung; **~ partition** Teilungsklage *f*, T.verfahren *nt*; **a. by a party against itself** Insichprozess *m*; **a. for payment** Klage auf Zahlung; **a. to enforce performance** petitorischer Rechtsstreit; **a. for contractual/specific performance; a. to claim specific performance of a contract** Klage auf Vertragserfüllung, Leistungs-, Herstellungsklage *f*; **a. for possession; a. to recover possession** Räumungsklage *f*, Klage auf Besitzeinräumung, Herausgabeklage *f*; **a. for a price reduction** Preisminderungsklage *f*; **a. in ordinary proceedings** Klage im ordentlichen Verfahren; **a. for recourse** Regressklage *f*; **~ recovery of land** Grundstücksräumungsklage *f*; **~ recovery of money** Zahlungsklage *f*; **~ recovery of property; a. to recover property** Revindikation *f*, Vindikationsklage *f*; **a. for reduction of the purchase price** Minderungsklage *f*; **a. in rem** *(lat.)* dingliche Klage; **a. of/in replevin** Mobiliar-, Pfand-, Interventionsklage *f*, Erinnerung gegen Pfändungsbeschluss, Klage auf Rückgabe gepfändeter Sachen, ~ Wiedereinräumung des Besitzes, Herausgabeklage wegen widerrechtlicher Besitzentziehung; **a. for rescission** Aufhebungsklage *f*; **~ restitution** Klage auf Herausgabe; **~ restraint** Unterlassungsklage *f*; **~ preferential satisfaction** Vorzugsklage *f*; **a. concerning civil status** Personenstandsklage *f*; **a. to change legal status** Rechtsgestaltungsklage *f*; **a. for support** *[US]* Unterhaltsklage *f*; **a. to gain title** Klage auf Eigentumsverschaffung; **a. in tort** Klage aus unerlaubter Handlung; **a. for trespass** Eigentums-, Besitzstörungsklage *f*, Klage wegen Besitzstörung; **a. in**

trover Klage auf Herausgabe eines rechtswidrig angeeigneten Gegenstandes; **a. for use and occupation** Klage auf Nutzungsentschädigung; **a. under a warranty** Gewährleistungsklage *f*
bringing/entering/instituting an action [§] Klageerhebung *f*, K.anstrengung *f*; **impeding an a.** prozesshindernd; **incapable of a.** aktionsunfähig
action that does not lie [§] unzulässige Klage, Unzulässigkeit der Klage; **no a. will lie; the a. does/will not lie** die Klage ist unzulässig, Klage ist nicht gegeben
to allow (legal) action [§] Rechtsweg zulassen; **to base an a. upon** Klage begründen auf; **to bring (in) an a.** Prozess/Klage anstrengen, (ver)klagen, Klage erheben/einreichen/anhängig machen, vor Gericht bringen, Verfahren anhängig machen; **~ an a. of detinue** auf Herausgabe klagen; **~ an a. for injunction** auf Erlass einer einstweiligen Verfügung klagen; **~ an a. for rescission** auf Vertragsaufhebung klagen; **~ an a. for tort** aus unerlaubter Handlung klagen; **~ a civil a. against so.** jdn vor einem Zivilgericht verklagen; **to carry a.s** Maßnahmen durchführen; **to consolidate a.s** Klagen miteinander verbinden, ~ zusammenfassen; **to contest an a.** Prozess/Klage anfechten; **to cross an a.** widerklagen, Gegenklage erheben; **to declare an a. admissible** Zulässigkeit einer Klage feststellen; **to defend an a.** sich auf eine Klage einlassen; **to direct separate a.s** Abtrennung eines Verfahrens anordnen; **to dismiss an a.** Klage abweisen; **~ with costs** Klage kostenpflichtig abweisen; **to drop an a.** Klage zurücknehmen/nicht weiter betreiben; **to enter/file an a.** Klage anstrengen/einreichen; **to found an a.** Klage begründen; **to frame an a.** Klage vorbereiten; **to initiate a.s** Maßnahmen einleiten; **to institute an a.** Prozess einleiten/abhängig machen, klagen; **to join an a.** einem Prozess/Rechtsstreit beitreten; **to protract an a.** Prozess verschleppen; **to put in a.** in Gang/Betrieb setzen; **~ out of a.** außer Betrieb/Gefecht setzen; **to refrain from taking a.** 1. Klage unterlassen; 2. nichts unternehmen; **to reinstate an a.** Verfahren wiederaufnehmen; **to relinquish an a.** Klage zurücknehmen; **to settle an a.** Verfahren durch Vergleich beilegen/abschließen; **to stay an a.** Verfahren aussetzen/einstellen; **to substantiate an a.** Klage substantiieren; **to suit one's a.s to one's words** den Worten Taten folgen lassen; **to suspend a.** Maßnahmen einstellen; **to sustain an a.** einer Klage stattgeben; **to swing into a.** *(coll)* in Aktion treten

to take action 1. tätig werden, Maßnahmen treffen/ergreifen, Schritte unternehmen, einschreiten, tätig werden; 2. [§] Gerichtsverfahren einleiten; **~ no a.** nichts unternehmen; **~ immediate a.** sofort reagieren/handeln; **~ prompt a.** schnell handeln
to trigger an a. Prozess auslösen; **to try an a.** Fall verhandeln; **to withdraw an a.** Klage fallen lassen/zurücknehmen
administrative action 1. Verwaltungsakt *m*, V.maßnahme *f*, verwaltungstechnische Maßnahme; 2. Maßnahmen/Entscheidungen der Unternehmensleitung; **contested ~ a.** angefochtener Verwaltungsakt; **admissible a.** zulässige Klage; **affirmative a.** *[US]* positive Diskriminierung; **all-out a.** Totalstreik *m*; **alternate/alternative a.** Handlungsalternative *f*; **antidumping a.** Maßnahmen gegen Dumping; **antitrust a.** Kartellklage *f*; **appropriate a.** geeignete Schritte; **for ~ a.** zur weiteren Veranlassung; **arbitrary a.** Willkürakt *m*, Zwangseingriff *m*; **civil a.** Privatklage *f*, Zivilprozess *m*, bürgerlicher Rechtsstreit, zivilrechtliche Klage, bürgerliche Rechtsstreitigkeit; **coercive a.** Zwangshandlung *f*; **collective a.** Gruppenklage *f*; **collusive a.** abgekartetes Vorgehen; **common a.** gemeinsames Handeln; **concerted a.** konzertierte Aktion, abgestimmte Maßnahme/Verhaltensweise, gemeinschaftliches/solidarisches Handeln, gemeinschaftliche Unternehmung, gemeinsame Maßnahme, solidarisches/gemeinsames/vereinbartes/einverständliches Vorgehen, (aufeinander) abgestimmtes Verhalten, Parallelverhalten *nt*; **corporate a.** Klage einer Aktiengesellschaft; **corrective a.** Abhilfe(maßnahme) *f/pl*, Korrektur(maßnahme) *f*; **to take ~ a.** Missstand abstellen; **criminal a.** Straf-, Kriminalprozess *m*, öffentliche Anklage; **decisive a.** drastische/einschneidende Maßnahme; **declaratory a.** Feststellungsklage *f*, Klage auf Anerkennung einer Forderung, ~ Feststellung des Bestehens eines Rechts; **derivative a.** 1. Nebenklage *f*; 2. Klage des Aktionärs für sich und alle anderen Aktionäre; 3. Prozessstandschaftsklage *f*; **direct a.** direkte Aktion; **disciplinary a.** Disziplinarmaßnahme *f*, D.verfahren *nt*, Disziplinierung *f*; **to take ~ against so.** jdn disziplinarisch belangen, gegen jdn disziplinarisch vorgehen, ~ Disziplinarmaßnahmen ergreifen/treffen; **discriminatory a.** diskriminierende Handlungsweise; **disruptive a.** Störaktion *f*, (unplanmäßige) Arbeitsunterbrechung; **drastic a.** Durchgriff *m*; **droitural a.** Grundstücksherausgabeklage *f*; **entrepreneurial a.** Unternehmerdisposition *f*; **evasive a.** Ausweichmanöver *nt*; **fictitious a.** Scheinprozess *m*; **governmental a.** staatliche Maßnahmen; **improper a.** unzulässige Handlung; **incidental a.** Nebenklage *f*; **inadmissible a.** unzulässige Klage; **industrial a.** Ausstand *m*, Arbeitskampf(maßnahme) *m/f*, gewerkschaftliche Kampfmaßnahmen; **to take ~ a.** in den Ausstand treten; **innocent a.** schuldloses Handeln; **instant a.** Sofortaktion *f*; **joint a.** 1. gemeinsames Vorgehen, Gemeinschaftsaktion *f*; 2. Gemeinschaftsklage *f*

legal action Rechtshandlung *f*, R.weg *m*, gerichtliche Schritte, Prozess *m*, Klage *f*; **to take ~ a.** gerichtlich vorgehen/belangen, vor Gericht gehen, Klage-/Rechtsweg beschreiten, gerichtliche Schritte unternehmen, Gericht anrufen, klagen, zum Kadi gehen *(coll)*; **to threaten to take ~ a.** mit einem Prozess drohen; **by taking ~ a.** auf dem Klagewege; **to take intra-company ~ a.** Organklage *f*
matrimonial action Klage in Ehesachen; **militant a.** Kampfaktion *f*; **misguided a.** Fehldisposition *f*; **mixed a.** schuldrechtliche und dingliche Klage; **naval a.** Seegefecht *nt*; **official a.** hoheitlicher Eingriff; **offsetting a.** Verrechnungsgeschäft *nt*; **ordinary a.** ordentliche Klage; **pending a.** schwebendes Verfahren, anhän-

personal **action** 22

gige Klage, schwebender/unerledigter Prozess; **personal a.** Forderungsklage *f*, schuldrechtliche/obligatorische Klage; **petitory a.** petitorische Klage; **planned a.** planvolles/planmäßiges Handeln; **possessory a.** Besitz-, Herausgabeklage *f*, Klage aus Besitz, possessorische Klage; **preparatory a.** Vorbereitungshandlung *f*; **preventive a.** vorbeugende Maßnahme; **prohibitory a.** Unterlassungsklage *f*, Klage auf Unterlassung; **public a.** öffentliche Maßnahme; **radical a.** einschneidende Maßnahme; **real a.** dingliche Klage, Immobiliarklage *f*; **reargard a.** hinhaltender Widerstand
redhibitory action Minderungs-, Gewährleistungs-, Wand(e)lungsklage *f*, W.verfahren *nt*, Klage auf Wand(e)lung, ~ wegen Gewährleistungsbruchs; auf Wand(e)lung klagen; auf Minderung des Kaufpreises klagen; **to institute ~ a. upon a complaint** einer Beschwerde abhelfen; **remedial a.** 1. erforderliche Schritte, Abhilfe *f*; 2. Schaden(s)ersatzklage *f*; **representative a.** Verbandsklage *f*, Prozessstandschaft *f*; **rescissory a.** Anfechtungs-, Rücktrittsklage *f*; **retaliatory a.** Vergeltungs-, Gegenmaßnahme(n) *f/pl*; **to take ~ a.** Vergeltungsmaßnahmen ergreifen; **revocatory a.** Nichtigkeitsklage *f*, Klage auf Aufhebung eines Vertrags; **selective a.** Schwerpunktaktionen *pl*; **separate a.** selbstständige Klage; **several a.s** getrennte Klagen; **successive a.** Folgeprozess *m*; **supervisory a.** Aufsichtsmaßnahmen *pl*; **transitory a.** überall zulässige Klage; **unauthorized a.** eigenmächtiges Vorgehen; **violent a.** Gewaltaktion *f*; **well-founded a.** begründete Klage
actionability *n* [§] Klagbarkeit *f*, Justiziabilität *f*
actionable *adj* [§] (gerichtlich) verfolgbar/belangbar, justiziabel, verhandelbar, (ein)klagbar, gerichts-, prozessfähig; **not a.** uneinklagbar; **a. per se** *(lat.)* selbstständig einklagbar
action alternative Handlungsalternative *f*; **a. bar** ▫ Aktionszeile *f*; **a. chart** Funktionsdiagramm *nt*; **a. committee** Krisenstab *m*; **a. flexibility** Anpassungs-, Verhaltensflexibilität *f*; **a. group** Aktionsgemeinschaft *f*, Bürger-, Elterninitiative *f*; **civic. a. group** Bürgerinitiative *f*, B.organisation *f*; **a. lag** Entscheidungsverzögerung *f*, handlungsbedingte Verzögerung; **a. maze** programmiertes Entscheidungsspiel; **a. parameter** Aktionsparameter *m*; **a. planning** 1. Maßnahmeplanung *f*; 2. Planung von Absatzförderungsmaßnahmen; **a. program(me)** Handlungsprogramm *nt*; **a. research** Aktionsforschung *f*, anwendungsbezogene Forschung; **a. team** Aktionsgruppe *f*; **a. unit** Aktionseinheit *f*; **a. variable** Aktionsvariable *f*
activate *v/t* aktivieren, in Betrieb nehmen, in Kraft setzen, starten, betätigen
activation *n* Inkraftsetzung *f*, Inbetriebnahme *f*, Aktivierung *f*, Betätigung *f*; **a. research** Aktivierungsforschung *f*, Kaufanalyse *f*, Erfolgsmessung *f*
active *adj* 1. aktiv, tätig, lebhaft, rege, emsig, rührig, tatkräftig, betriebsam; 2. (geschäfts)tüchtig, 3. umsatzstark; 4. im aktiven Dienst (stehend); 5. *(Wertpapiere)* zinstragend; **to be a.** *(Aktien)* lebhaft gehandelt werden; **a. and strong** lebhaft und fest

activist *n* Aktivist(in) */m/f*
activity *n* 1. Tätigkeit *f*, Betätigung *f*, Geschäftigkeit *f*, Tun *nt*, Betriebsamkeit *f*, Aktivität *f*, Beschäftigung *f*; 2. *(Börse)* Umsatz *m*; **activities** Tätigkeitsbereich *m*
activity of accounts *[US]* Kontenbewegung *f*; **a. as a public authority** Tätigkeit im Rahmen der öffentlichen Gewalt; **activities of the chamber of commerce** Kammerarbeit *f*
to be humming with activity Hochbetrieb haben, brummen *(coll)*; **to curtail an a.** Tätigkeit einschränken; **to discontinue an a.** Tätigkeit einstellen
ancillary activity Nebentätigkeit *f*, ergänzende Tätigkeit; **basic a.** Grundaktivität *f*; **cardiac a.** ♥ Herztätigkeit *f*; **commercial a.** gewerbliche/geschäftliche/kaufmännische Tätigkeit, Handelstätigkeit *f*; **corporate a.** Unternehmensaktivitäten *pl*; **creative a.** schöpferische Tätigkeit; **critical a.** kritische Aktivität; **current activities** laufendes Geschäft; **day-to-day acctivities** Tagesgeschäft *nt*; **domestic a.** Binnenkonjunktur *f*; **downstream a.** ▫ nachgeschaltete Tätigkeit
economic activity 1. Konjunktur(lage) *f*, K.klima *nt*, K.geschehen *nt*; 2. Wirtschaftsleben *nt*, W.tätigkeit *f*, wirtschaftliches Leben, wirtschaftliche Tätigkeit, Geschäftstätigkeit *f*; **~ in an industry** Branchenkonjunktur *f*; **curbing the ~ a.** Konjunkturdrosselung *f*; **aggregate ~ a.** gesamtwirtschaftliche Tätigkeit; **declining ~ a.** rückläufige/nachlassende Konjunktur, Konjunkturflaute *f*; **domestic ~ a.** Binnen-, Inlandskonjunktur *f*; **gainful ~ a.** Erwerbstätigkeit *f*, Gewerbe *nt*; **high ~ a.** Hochkonjunktur *f*; **increasing ~ a.** Konjunkturbelebung *f*, K.frühling *m*, anziehende Konjunktur; **international ~ a.** Weltkonjunktur *f*, W.wirtschaft *f*; **planned ~ a.** wirtschaftlicher Geschäftsbetrieb; **slackening ~ a.** nachlassende Konjunktur, Konjunkturflaute *f*; **total ~ a.** (Gesamt)Wirtschaftsvolumen *nt*; **~ a. rate** Umfang der Wirtschaftstätigkeit; **~ a. stimulant** Konjunkturstimulus *m*
entrepreneurial activity Unternehmertätigkeit *f*; **extraneous activities** Randtätigkeiten *f*; **fiduciary a.** treuhänderische Tätigkeit; **gainful a.** Erwerbstätigkeit *f*, E.leben *nt*; **subsidiary ~ a.** Nebenerwerbstätigkeit *f*; **harmful a.** (Umwelt)Belastung *f*; **income-seeking a.** erwerbsorientierte Tätigkeit; **industrial a.** 1. Konjunktur *f*; 2. gewerbliche Tätigkeit; **in-house activities** betriebliches Geschehen; **intermediary a.** (Ver)Mittlertätigkeit *f*; **literary a.** literarische Tätigkeit; **low a.** 1. *(Börse)* Lustlosigkeit *f*; 2. schwache Konjunktur; **low-margin activities** margenknappes Geschäft; **main a.** Haupttätigkeit *f*; **make-ready activities** ▫ vorbereitende Arbeiten; **mental a.** Geistestätigkeit *f*, geistige Tätigkeit; **non-banking a.** bankfremde Tätigkeit; **non-core a.** nicht zum Kerngeschäft gehörende Tätigkeit; **non-industrial activities** nichtgewerbliche Wirtschaftszweige; **non-operational activities** außerbetriebliche Aufgaben; **normal a.** Normalbeschäftigung *f*, N.auslastung *f*; **~ activities** normale Geschäftstätigkeit; **out-of-school activities** außerschulische Veranstaltungen; **outside a.** außerberufliche Tätigkeit/Beschäftigung; **paramount a.** *(Steuer)* überwiegende

Tätigkeit; **peripheral activities** Rand-, Nebenaktivitäten; **pre-trading a.** vorbörslicher Handel; **in ~ a.** vorbörslich; **previous a.** bisherige Tätigkeit; **political a.** politische Betätigung; **private-sector a.** privatwirtschaftliche Tätigkeit; **productive a.** werbende/gewinnbringende Tätigkeit; **professional a.** Berufstätigkeit *f*; **promotional a.** Werbetätigkeit *f*; **recreational a.** Freizeitbeschäftigung *f*, F.gestaltung *f*; **social a.** soziales Leben; **standard a.** Normalbeschäftigung *f*; **subversive a.** umstürzlerische/subversive/staatsfeindliche Tätigkeit, staatsfeindliche Bestrebung; **~ activities** staatsfeindliche Umtriebe; **supervisory a.** Überwachungstätigkeit *f*; **sustainable a.** *(Umwelt)* Nachhaltigkeit *f*; **taxable a.** steuerbare Umsätze; **total a.** Gesamtbeschäftigung *f*; **upstream a./activities** vorgeschaltete Tätigkeit(en)/Aktivität(en)
activity account Aufwands- und Ertragskonto eines Bereichs; **a. accounting** Abteilungserfolgs-, Grenzplankostenrechnung *f*, Rechnungswesen zur Kontrolle der Wirtschaftlichkeit der einzelnen Verantwortungs- und Funktionsbereiche, Erfassen und Abrechnen von Kosten und Leistungen zur Wirtschaftlichkeitskontrolle; **a. analysis** Aktivitäts-, Prozessanalyse *f*; **a.-authority structure** Handlungs-Autoritätsstruktur *f*; **a. base** Planbeschäftigung *f*; **a. charge** *[US]* Kontoführungs-, Einzahlungsgebühr *f*, Bankgebühren *pl*, B.spesen *pl*; **(multiple) a. chart** Arbeitsplanungsbogen *m*; **a. cost(s)** *[US]* Kontoführungskosten *pl*; **a. count** Bewegungszählung *f*; **a. data** Arbeitsplandaten *pl*; **a. file** Bewegungsdatei *f*; **a. head** Abteilungsleiter *m*; **a. holiday** Aktivurlaub *m*; **a. level** Beschäftigungsgrad *m*, B.niveau *nt*; **optimum a. level** Bestbeschäftigung *f*; **a. organization** Verrichtungsgliederung *f*; **a. rate** Erwerbsquote *f*; **a. rating** Einstufung der Tätigkeit; **a. ratio** 1. Aktivitätskennzahl *f*, Bewegungshäufigkeit *f*; 2. Zugriffsverhältnis *nt*; **a.-related** *adj* beschäftigungsabhängig; **a. report** Tätigkeitsbericht *m*; **a. sampling** Multimomentverfahren *nt*; **rated a. sampling** Multimomentaufnahme *f*; **a. sequence** Verrichtungsfolge *f*; **a.-supporting** *adj* konjunkturtragend; **a. target** Beschäftigungsziel *nt*; **a. time** Tätigkeitszeit *f*; **a. variance** Beschäftigungsabweichung *f*
actor *n* 1. Darsteller *m*, Schauspieler *m*, Mime *m*; 2. Beteiligte(r) *f/m*; **leading a.** Hauptdarsteller *m*; **sole a. doctrine** [§] Haftung für Fahrlässigkeit des Erfüllungsgehilfen
actress *n* Darstellerin *f*, Schauspielerin *f*; **leading a.** Hauptdarstellerin *f*
actual *n* Ist *nt*; **a.s** 1. wirkliche Einnahmen; 2. sofort verfügbare/lieferbare Ware; *adj* wirklich, tatsächlich, eigentlich, real, faktisch, konkret, effektiv, objektiv; **a. versus estimated** Soll-Ist-Vergleich *m*; **a.ity** *n* Realität *f*, Wirklichkeit *f*; **a.ly** *adv* tatsächlich
actuarial *adj* versicherungsmathematisch, v.statistisch, v.technisch
actuary *n* 1. Versicherungsfachmann *m*, V.mathematiker *m*, V.statistiker *m*, V.kalkulator *m*; 2. Mathematiker für Anlagenrechnung; 3. Urkundsbeamter *m*, Aktuar *m*; **consulting a.** technischer Versicherungsanwalt

actuaries index *(Börse)* Index des Verbandes der Versicherungsmathematiker
actuate *v/t* 1. betätigen; 2. veranlassen, auslösen
actuation *n* 1. Betätigung *f*, Bedienung *f*; 2. Auslösung *f*, Ingangsetzung *f*
actus reus *(lat.)* [§] Tatbestandshandlung *f*, objektiver Tatbestand, (rechtswidrige) Tatbestandsverwirklichung
acuity *n* Scharfsinn *m*
acumen *n* Scharfsinn *m*; **commercial/financial a.** Geschäftssinn *m*
acute *adj* akut, scharf, heftig
ad *n* (Zeitungs-/Werbe)Anzeige *f*, Inserat *nt*, Annonce *f*; **classified/small a.** Kleinanzeige *f*
adage *n* Sprichwort *nt*, Spruch *m*
adamant *adj* unnachgiebig, unerbittlich, fest, beharrlich, hartnäckig, starr; **to remain a.** auf seinem Standpunkt beharren
adapt *v/ti* 1. anpassen, angleichen, bereinigen, adaptieren, abwandeln; 2. sich anpassen/einfügen; **a. from** *(Text)* bearbeiten nach; **a. to** einstellen (auf); **a. o.s. to** sich einstellen/umstellen auf
adapt|ability *n* Anpassungsfähigkeit *f*, A.vermögen *nt*; **a.able** *adj* anpassungs-, wandlungsfähig
adaptation *n* 1. Angleichung *f*, Anpassung *f*, Abwandlung *f*; 2. *(Text)* Bearbeitung *f*; **a. of production** Produktionsanpassung *f*, Anpassung der Produktion; **cinematographic ~ a work** Verfilmung eines Werkes; **a. benefit/grant** Anpassungs(bei)hilfe *f*, A.geld *nt*; **a. inflation** Anpassungsinflation *f*; **a. plan** Anpassungsplan *m*; **a. requirement** Anpassungszwang *m*; **a. subsidy** Anpassungssubvention *f*, A.(bei)hilfe *f*
adapted *adj* 1. angepasst; 2. *(Text)* leicht verändert, bearbeitet
adapter *n* 1. Adapter *m*, Zusatzgerät *nt*; 2. Anpassungsglied *nt*
adaption *n* → adaptation
adaptor *n* → adapter
add *v/t* 1. addieren, hinzufügen, hinzurechnen, hinzusetzen, hinzuzählen, (da)zuschlagen; 2. nachtragen, nachschießen; 3. beipacken, beifügen, beimengen, beimischen; **a. on** anbauen; 2. hinzufügen, dazurechnen; **a. to** ergänzen, anreichern; **a. up** 1. sich rechnen/summieren; 2. zusammenzählen, z.rechnen, aufaddieren, aufsummieren; **~ to** ausmachen, betragen, sich belaufen auf; **not a. up** 1. *(Kasse)* nicht stimmen; 2. sich nicht rechnen
add carry *n* Additionsübertrag *m*
added *adj* zusätzlich, zuzüglich; **to be a.** hinzukommen; **a. together** insgesamt
addenda *n* *(lat.)* *(Text)* Ergänzungen *pl*
addendum *n* *(lat.)* *(Text)* Zusatz *m*, Nachtrag *m*, Anhang *m*; **a. to a policy** Zusatz zu/Ergänzung einer Police
adder *n* Addiermaschine *f*, A.einrichtung *f*, Addierer *m*
addict *n* Süchtige(r) *f/m*; **a.ed** *adj* süchtig, abhängig; **a.ion** Sucht *f*, Abhängigkeit *f*, Süchtigkeit *f*, Hang *m*
adding counter *n* Addierwerk *nt*
adding machine Addier-, Additionsmaschine *f*; **elec-**

tric a. m. elektrische Addiermaschine; **full-keyboard a. m.** Addiermaschine mit Volltastatur; **hand-operated a. m.** handbetriebene Addiermaschine; **ten-key a. m.** Addiermaschine mit Kleintastenfeld; **a. m. approach** Haushaltsanforderung wie im Vorjahr plus Zuschlag

addition *n* 1. Addition *f*, Hinzu-, Zusammenrechnung *f*; 2. Zusatz *m*, Hinzufügung *f*, Nachgang *m*, Ergänzung *f*, Beifügung *f*, Anhängsel *nt*; 3. *(Bilanz)* Zuschreibung *f*, Zugang *m* (beim Anlagevermögen); 4. (Gehalts)Aufbesserung *f*; **a.s** *(Lager)* Zugänge; **in a.** außerdem, ferner, zusätzlich, obendrein; **~ to** außer, neben, zuzüglich

addition to fixed assets *(Bilanz)* Zuschreibung zu Gegenständen des Anlagevermögens, Sachanlagenzugang *m*; **company-manufactured ~ assets** aktivierte Eigenleistungen; **treatable as ~ fixed assets** aktivierungsfähig; **~ capacity** Kapazitätserweiterung *f*; **a.s to capital account** Anlagenzugänge; **plus a.s at cost** plus Zugänge zu Einstandspreisen; **a. to the family** Familienzuwachs *m*; **a.s and improvements** Wertveränderungen; **a. in respect of members' uncalled liability** *(Eigenkapital)* Haftsummenzuschlag *m*; **a.s to plant and equipment** Anlagenzugänge, A.erweiterung *f*; **other company-produced ~ plant and equipment** andere aktivierte Eigenleistungen; **~ property, plant and equipment** Zugänge im Sachanlagevermögen; **~ stocks** Lageraufstockung *f*, L.zugänge; **a. to surplus** Zuführung zu den offenen Rücklagen; **a.s to the workforce** Personalzugang *m*; **~ net worth** Substanzanreicherung *f*

to check the addition nachaddieren; **to claim/demand in a.** nachfordern

additional *adj* ergänzend, zusätzlich, weiter, hinzugefügt, hinzukommend, zuzüglich, Zusatz-

addition record Zusatzdatensatz *m*

addi|tive *n* ⇨ Zusatz(stoff) *m*; **a.tivity** *n* Addierbarkeit *f*

address *n* 1. Adresse *f*, Anschrift *f*, Briefaufschrift *f*, Ortsangabe *f*, Wohnungsanschrift *f*; 2. Ansprache *f*, Anrede *f*, Festrede *f*, F.vortrag *m*; **a. by counsel** [§] Plädoyer *nt*; **a. in case of need** Notadresse *f*; **a. and rejoinder** [§] Rede und Gegenrede; **a. for service** [§] Zustellungswohnsitz *m*, Zustelladresse *f*; **~ shipment** Versandanschrift *f*; **no longer at this a.**; **a. unknown** ⊠ unbekannt verzogen; **to change a.** Wohnung wechseln

absolute address absolute Adresse; **alternative a.** Nebenadresse *f*; **base a.** 🖳 Basis-, Grundadresse *f*; **ceremonial a.** Festansprache *f*, **closing a.** [§] Schlussplädoyer *nt*; **correct a.** richtige Adresse; **effective a.** 🖳 effektive Adresse; **electoral a.** Wahlrede *f*; **embossed a.** erhaben eingedruckte Adresse; **final a.** Schlussansprache *f*, S.vortrag *m*; **fixed a.** ständiger/fester Wohnsitz, ständige Adresse; **of no/without ~ a.** ohne festen Wohnsitz/Aufenthaltsort, ~ feste Unterkunft; **full a.** genaue Adresse; **inaugural a.** 1. Eröffnungsansprache *f*, E.rede *f*, E.vortrag *m*; 2. Antrittsrede *f*, **inside a.** Anschrift des Empfängers (auf Briefbogen); **insufficient a.** mangelhafte Beschriftung; **linking a.** 🖳 Anschlussadresse *f*; **memorial a.** Gedenkrede *f*; **permanent a.** fester Wohnsitz, ständige Adresse; **postal a.** Postanschrift *f*, P.adresse *f*; **presidential a.** Ansprache des Vorsitzenden/Präsidenten; **private a.** Privatanschrift *f*, P.adresse *f*; **proper a.** richtige Adresse; **telegraphic a.** Telegrammadresse *f*, Depeschenanschrift *f*; **wrong a.** falsche Adresse

address *v/t* 1. Ansprache halten (an), anreden, titulieren; 2. *(Brief)* senden; 3. *(Umschlag)* adressieren; **a. to *(Brief)*** richten an

address book Adressbuch *nt*; **a. bus** 🖳 Adressbus *m*; **a. card** Adresskarte *f*; **a. commission** Provision des Befrachters; **a. decoder** 🖳 Adressendecoder *m*

incorrectly addressed *adj* unrichtig/falsch adressiert

addressee *n* 1. Adressat(in) *m/f*, Empfänger(in) *m/f*; 2. [§] Erklärungsempfänger(in) *m/f*; **a.s** Empfängerkreis *m*; **a. of an avoidance** [§] Anfechtungsgegner *m*; **~ the balance sheet** Bilanzadressat *m*

addresser *n* 1. Adressiermaschine (Adrema) *f*; 2. Adressant *m*

address field Adressenfeld *nt*; **a. file** Adressdatei *f*, Adressenkartei *f*; **a. filing system** 🖳 Adressenverwaltung *f*

addressing *n* Adressierung *f*; **absolute a.** 🖳 absolute Adressierung; **direct a.** direkte Adressierung

addressing machine Adressiermaschine (Adrema) *f*; **a. mode** 🖳 Adressierverfahren *nt*; **a. modes** Adressierungsarten *pl*; **a. modification** Adressierungsmodifikation *f*; **a. requirements** Adressierungsvorschrift *f*; **a. technique** Adressierverfahren *nt*

(gummed/stick-on) address label Adressenaufkleber *m*; **multiple a. message** Mehrfachadressierung *f*; **single a. message** Einfachadresse *f*

addressograph *n* Adressiermaschine (Adrema) *f*

address part 1. Adressenteil *m*; 2. 🖳 Adressteil *m*; **a. printing** Adressenschreibung *f*; **a. register** Adressregister *nt*, Adressenverzeichnis *nt*; **a. space** 🖳 Adressraum *m*; **a. system** Adressensystem *nt*; **public a. system** Lautsprecheranlage *f*; **a. tape** Adressdatei *f*; **a. translation** Adressenübersetzung *f*

adduce *v/t* [§] *(Beweis)* beibringen, anführen; **a. subsequently** nachschieben

ademption [§] *(Erbschaft)* Widerruf *m*, Legatsentziehung *f*, Ungültigkeitserklärung eines Vermächtnisses, Ablösung einer Vermächtnisanwartschaft unter Lebenden; **a. of legacy** Wegfall des Vermächtnisses

adept *n* Adept(in) *m/f*, Eingeweihte(r) *f/m*

adequacy *n* 1. Angemessenheit *f*; 2. Gebrauchstauglichkeit *f*

adequate *adj* angemessen, hinlänglich, hinreichend, ausreichend, genügend, voll-, gleichwertig, auskömmlich, adäquat; **to be a.** ausreichen

adhere to *v/i* bleiben bei, festhalten an, befolgen; **a. strictly to sth.** etw. streng einhalten, sich streng an etw. halten

adherence *n* 1. Befolgung *f*, Einhaltung *f*, Befolgen *nt*, Festhalten *nt*; 2. Zugehörigkeit *f* (zu), Assoziation *f*, Adhärenz *f*; **a. to a contract** Einhaltung eines Vertrages; **strict a.** genaue/strikte Befolgung, ~ Einhaltung

adherent *n* Anhänger(in) *m/f*; **a.s** Gefolgschaft *f*

adhesion *n* 1. [§] *(Vertrag)* Beitritt *m*, Einwilligung *f*; 2. Klebefähigkeit *f*, K.kraft *f*, Haftung *f*; **a. contract** Knebel(ungs)vertrag *m*, diktierter Vertrag, Adhäsionsvertrag *m*
adhesive *n* 1. Kleber *m*, Klebstoff *m*, Klebe-, Bindemittel *nt*; 2. gummierte Briefmarke; 3. *[US]* $ Heftpflaster *nt*; *adj* klebend, Klebe-, Haft-, h.fähig, (an-/selbst)haftend, gummiert; **a.ness** *n* Haftvermögen *nt*
ad-hoc *adj (lat.)* situativ, fallweise, Sofort-
adhocracy *n   (coll)* flexible Organisation ohne Hierarchie
ad infinitum *(lat.)* unbeschränkt, unbegrenzt; **a. interim** *(lat.)* in der Zwischenzeit
adjacent *adj (Grundstück)* benachbart, (unmittelbar) angrenzend, anliegend, Nachbar-, nachbarlich; **to be a. to** angrenzen an
adjoin *v/t (Grundstück)* angrenzen, aneinandergrenzen, grenzen an; **a.ing** *adj* angrenzend, aneinandergrenzend, anliegend, benachbart, nachbarlich, nebeneinanderliegend
adjourn *v/ti* 1. (sich) vertagen, aufschieben; 2. *[US]* Sitzung beenden/beschließen; 3. [§] sistieren; **a. indefinitely/sine die** *(lat.)*(sich) auf unbestimmte Zeit vertagen
adjournable *adj* aufschiebbar, hinausschiebbar
adjourned *adj* vertagt
adjournment *n* 1. Aufschub *m*, Vertagung *f*, Aufschiebung *f*, Terminverlegung *f*, T.verschiebung *f*; 2. Unterbrechung *f*; 3. [§] Sistierung *f*; **a. of a hearing** [§] Aussetzung eines (Anhörungs)Termins; ~ **a meeting** Unterbrechung einer Sitzung, Sitzungsunterbrechung *f*; **a. sine die** *(lat.)* [§] Vertagung auf unbestimmte Zeit; **to move a.** Vertagung beantragen; **a. day** *(Gericht)* neuer Termin; **a. motion** Vertagungsantrag *m*; **a. ruling** Vertagungsbeschluss *m*
adjudge *v/t* [§] 1. zuerkennen, zusprechen, adjudizieren; 2. befinden, erachten
adjudicate *v/ti* [§] 1. durch gerichtliche Entscheidung zusprechen, zuerkennen; 2. (gerichtlich) entscheiden, Recht sprechen, für Recht erkennen, adjudizieren, Urteil fällen über; 3. als Schiedsrichter fungieren; 4. Zuschlag erteilen
adjudication *n*   [§] 1. gerichtliche/richterliche Entscheidung, Urteil *nt*, Rechtsprechung *f*; 2. Zuerkennung *f*, Adjudikation *f*; 3. *[Scot.]* Nachlasspfändung *f*; 4. Zuschlagserteilung *f*
adjudication in bankruptcy/insolvency Konkurserklärung *f*, K.verhängung *f*, K.eröffnung *f*, Bankrotterklärung *f*, Eröffnungsbeschluss *m*; ~ **implement** Klage auf Eigentumsverschaffung; **binding a.** bindendes Schiedsgerichtsverfahren
adjudication officer   *[GB] (Sozialhilfe)* Entscheidungsinstanz *f*; **a. order** [§] 1. gerichtliche Anordnung/Verfügung, Anordnung/Verfügung des Gerichts; 2. Konkurserklärungs-, K.eröffnungsbeschluss *m*; **a. proceedings** Zuerkennungsverfahren *nt*
adjudicative *adj* richterlich
adjudicator *n* Schieds-, Preisrichter *m*, Gutachter *m*, Juror *m*
adjunct *n* 1. Zusatz *m*, Anhang *m*, Beigabe *f*, Anhängsel *nt*, Ergänzung *f*; 2. (Amts)Gehilfe *m*, Beigeordneter *m*; **a. to** *adj* verbunden mit, beigeordnet
adjuration *n* eidliche Versicherung
adjust *v/t* 1. angleichen, anpassen, ausrichten, ändern; 2. ○ um-, ein-, nach-, verstellen, regulieren, justieren; 3. ▦ bereinigen, egalisieren, fortschreiben, korrigieren; 4. Streitigkeiten beilegen; 5. *(Vers.)* Schaden abwickeln/regulieren; 6. *(Bilanz)* abgrenzen; 7. *(Grenze)* arrondieren; **a. to** abstimmen auf, angleichen an; **a. itself automatically** sich selbstständig regeln; **a. downwards** nach unten korrigieren; **a. upwards** nach oben korrigieren
adjustability *n* 1. Veränderlichkeit *f*, Flexibilität *f*, Anpassungsfähigkeit *f*; 2. ○ Regulierbarkeit *f*, Verstellbarkeit *f*
adjustable *adj* 1. nachstellbar, verstellbar, einstellbar, regulierbar, ausgleichbar, beweglich, flexibel; 2. *(Zins)* variabel
adjusted *adj* bereinigt, angepasst, reguliert, berichtigt; **individually a.** einzelwertberichtigt; **seasonally a.** saisonbereinigt, saisonal bereinigt, jahreszeitlich angepasst; **statistically a.** statistisch bereinigt
adjuster *n*   *(Vers.)* Schadensregulierer *m*; 2. Schadens(sach)bearbeiter *m*, S.sachverständiger *m*
adjustment *n*   1. Anpassung *f*, Angleichung *f*, Ausgleich(ung) *m/f*; 2. Berichtigung *f*, Änderung *f*, Richtigstellung *f*; 3. ▦ Bereinigung *f*; 4. ○ Regelung *f*, Ein-, Nach-, Verstellung *f*, Justierung *f*; 5. Kontenabstimmung *f*, Abwicklung *f*, Berichtigungs-, Abschlussbuchung *f*, Anteilberechnung *f*; 6. *(Vers.)* Schadensregulierung *f*, S.festsetzung *f*
adjustment of an account   Kontobereinigung *f*, K.regulierung *f*, K.glattstellung *f*, K.berichtigung *f*; **fiscal a. between authorities** horizontaler Finanzausgleich; **a. of average** *(Havarie)* Dispachierung *f*, Dispache *f (frz.)*, Regulierung *f*, Adjustierung *f*, Seeschadensberechnung *f*; ~ **average losses** Abwicklung von Havarieschäden; ~ **capacity** Kapazitätsangleichung *f*; **downward ~ capacity** Kapazitätsbereinigung *f*; ~ **capital** Kapitalberichtigung *f*; ~ **capital stock** Berichtigung des Aktienkapitals; **a. for cash discount and lowest value** Abwertung wegen Skonti und Niederstwert; **a. of a claim** Schadensfestsetzung *f*, S.regulierung *f*, S.abrechnung *f*; ~ **conditions** Bedingungsanpassung *f*; **a. from consolidation** Ausgleich aus der Konsolidierung; **a. of damages** Schadensregulierung *f*; **a. for depreciation** Wertberichtigung *f*, Abschreibungskorrektur *f*; **a. of interest** Zinsausgleich *m*; ~ **rates** Zinskorrektur *f*; **a. for special inventory risks** Abwertung wegen Sonderlager; **a. to a new job** Einarbeitung *f*; **a. of the money supply** Geldmengenanpassung *f*; **a. for price risk** Abwertung wegen Preisrisiko; **a. of profits** Gewinnbereinigung *f*; ~ **provisions** Auflösung von Rückstellungen; ~ **rates** Kursangleichung *f*; **a. to avoid fractional share entitlement(s)** Spitzenausgleich *m*; **a. of sickness benefit(s)** Anpassung des Krankengeldes; ~ **the sum insured** Anpassung der Versicherungssumme; ~ **tariffs** ⊖ Tarifanpassung *f*; ~ **tariff rates** Angleichung der Zollsätze; ~ **the terms** 1. Bedin-

adjustment to going-concern value

gungsanpassung *f*; 2. *(Hypothek)* Konditionsanpassung *f*; **a. to going-concern value** Teilwertberichtigung *f*; **a. of real-estate value** Fortschreibung des Grundstückwerts; **~ volumes** *(Handel)* Volumenreaktion *f*; **~ wages** Lohnangleichung *f*, L.anpassung *f*, Anpassung/Angleichung der Löhne; **a. for wear and tear** Wertberichtigung für Abnutzung **to allow for adjustment** für Berichtigung Vorsorge treffen; **to effect the a.** Anpassung verwirklichen; **to make up the a.** Dispache aufmachen/aufstellen, Rechnung über große Havarie aufmachen **amicable adjustment** gütliche Beilegung; **compensatory a.** Ausgleichs-, Kompensationsregelung *f*; **conjectural a.** konjekturale Anpassung; **cyclical a.** Konjunkturanpassung *f*; **distributional a.** Verteilungsanpassung *f*; **downward a.** Kurskorrektur nach unten, Minuskorrektur *f*; **economic a.** Wirtschaftsanpassung *f*, wirtschaftliche/konjunkturelle Anpassung; **end-of-month/end-of-year a.** Ultimoausgleich *m*, Rechnungsabgrenzung zum Monatsende; **~** Jahresende; **external a.** außenwirtschaftliche Anpassung; **fine a.** Feinabstimmung *f*, F.einstellung *f*, F.regulierung *f*; **interlevel fiscal a.** vertikaler Finanzausgleich; **general a.** Generalbereinigung *f*; **individual a.** Einzelwertberichtigung *f*, individuelle Absetzung; **initial a.** Nulleinstellung *f*; **lagged a.** verzögerte Anpassung; **one-off a.** einmalige Berichtigung; **overall a.** Global-, Pauschalwertberichtigung *f*; **prior-period a.** Berichtigung des Vorjahresergebnisses; **retroactive a.** rückwirkende Berichtigung; **rolling a.** *[US]* Konjunktur-, Geschäftsrückgang *m* (in einzelnen Wirtschaftszweigen); **seasonal a.** Saisonausgleich *m*, S.bereinigung *m*, jahreszeitliche Anpassung, Konjunkturausgleich *m*, Ausschaltung saisonaler Einflüsse, Ausschalten von Sonderbewegungen; **structural a.** strukturelle Bereinigung/Anpassung; **territorial a.** Gebietsbereinigung *f*; **upward a.** Kurskorrektur nach oben, Pluskorrektur *f*, Anhebung *f* **adjustment account** Berichtigungskonto *nt*; **a. aid/assistance** Anpassungsbeihilfe *f*, A.geld *nt*; **a. bond** Gewinnschuldverschreibung *f*; **a. bonds** nur bei Gewinnertrag zahlbare Obligationen; **a. bureau** gewerblicher Schadensregulierer; **a. charges** Dispachekosten *f*; **a. clause** Preis-, Wertanpassungsklausel *f*; **a. column** Spalte "Umbuchungen" in der Abschlusstabelle; **a. department** *(Vers.)* Schadensbüro *nt*; **a. entry** Berichtigungseintragung *f*, B.buchung *f*; **a. incentive** Anpassungsanreiz *m*; **~ bond** *[US]* Schuldverschreibung mit Zinsen auf Einkommensbasis, **~** ertragsabhängiger Zinszahlung; **a. inflation** Anpassungsinflation *f*; **a. item** Berichtigungs-, Bilanzausgleichs-, Rektifikationsposten *m*; **a. letter** Antwort auf eine Beschwerde; **a. loan** Anpassungsdarlehen *nt*; **a. mortgage** Hypothek zur Sicherung von Inhaberschuldverschreibungen; **a. office** *(Vers.)* Schadensbüro *nt*; **a. policy** Strukturpolitik *f*; **a. pressure** Anpassungsdruck *m*; **a. process** Anpassungsprozess *m*, A.vorgang *m*; **a. rate of wages** Gleichgewichtslohnsatz *m*; **a. register** Nachtragsliste *f*
ad libitum *(lat.)* nach Belieben

ad|man *n* *(coll)* Werbefachmann *m*, W.agent *m*; **a.men** Werbefachleute; **a.mass** *n* (leicht beeinflussbares) Publikum
admeasure *v/t* *(Anleihe)* zumessen; **a.ment** *n* Zumessung *f* (von Anteilen); **~ of dower** Bemessung des Wittums; **~ of a legacy** Legatsaussetzung *f*
administer *v/t* 1. bewirtschaften, handhaben, verwalten, anwenden, regulieren; 2. *(Recht)* sprechen; 3. *(Preise)* reglementieren; 4. ⚕ verabreichen; **easy to a.** einfach in der Anwendung, **~** anzuwenden
administrate *v/t* verwalten
administration *n* 1. Verwaltung *f*, Leitung *f*, Führung *f*, Direktion *f*; 2. Behörde *f*; 3. *[US]* Regierung *f*; 4. Regie *f*, Bewirtschaftung *f*, Reglementierung *f*; 5. Unternehmensführung *f*, U.leitung *f*; 6. [§] Nachlassverwaltung *f*; 7. *(Test)* Durchführung *f*; **in charge of a.** mit der Geschäftsführung beauftragt (m. d. G. b.)
adminstration of safe custody accounts; ~ custodianship accounts Depotverwaltung *f*; **a. as agents** Auftragsverwaltung *f*; **a. of appropriations** Verwaltung der Mittel; **~ assets** Vermögensverwaltung *f*; **~ a bankrupt's estate** Masseverwaltung *f*, Konkursabwicklung *f*, K.verwaltung *f*; **a. by commission** Auftragsverwaltung *f*; **a. of the economy** Wirtschaftsverwaltung *f*; **~ an estate/inheritance** Nachlassverwaltung *f*, N.pflegschaft *f*, Verwaltung eines Nachlasses, Vermögens-, Erbschaftsverwaltung *f*; **~ an insolvent estate** Nachlasskonkurs *m*; **~ an inheritance** Nachlassverwaltung *f*, Verwaltung eines Nachlasses; **~ inventory** Lagerwirtschaft *f*; **~ justice** Rechtsprechung *f*, R.wesen *nt*, R.pflege *f*, Justizverwaltung *f*, J.pflege *f*, J.wesen *nt*, Ausübung der Gerichtsbarkeit; **~ (the) law** Rechtspflege *f*, R.anwendung *f*; **~ an oath** Vereidigung *f*, Beeidigung *f*, Eidesabnahme *f*; **~ office** Amtsführung *f*; **~ property** Vermögensverwaltung *f*; **~ taxes** Steuererhebung *f*; **~ a will** Testamentsvollstreckung *f*; **~ wills** Testamentsverwaltung *f*
to commit into administration [§] Nachlassverwaltung anordnen, in **~** geben
central administration Hauptverwaltung *f*; **civil a.** Zivilverwaltung *f*; **colonial a.** Kolonialverwaltung *f*; **combined a.** Verwaltungsunion *f*; **decentralized a.** Selbstverwaltung *f*; **federal a.** 1. Bundesverwaltung *f*, bundeseigene Verwaltung; 2. Bundesanstalt *f*; **fiduciary a.** Treuhandverwaltung *f*; **financial a.** Finanzverwaltung *f*, Fiskus *m*, Steuerverwaltung *f*; **forced a.** Zwangsverwaltung *f*; **governmental a.** Staatsverwaltung *f*; **industrial a.** Betriebswirtschaft *f*; **interim a.** Übergangsverwaltung *f*; **internal a.** Innenverwaltung *f*; **joint a.** Verwaltungsgemeinschaft *f*; **judicial a.** gerichtliche Verwaltung; **local a.** kommunale/örtliche Verwaltung, Gemeinde-, Kommunal-, Ortsverwaltung *f*; **municipal a.** Kommunal-, Stadtverwaltung *f*, städtische Verwaltung; **postal a.** Post *f*; **public a.** öffentliche Verwaltung, Staats-, Hoheitsverwaltung *f*; **regional a.** Bezirksregierung *f*, B.verwaltung *f*; **summary a.** Nachlassverwaltung *f*, Verwaltung von Bagatellnachlässen
administration bond Sicherheitsleistung durch den Testamentsvollstrecker/Nachlassverwalter; **a. charge**

Verwaltungsgebühr *f*; **a. and coordination department** Organisationsabteilung *f*; **a. expenditure budget** Verwaltungshaushalt *m*; **a. expenses** allgemeine Kosten, Sachausgaben; **a. order** [§] 1. Verwaltungsurteil *nt*; 2. *(Konkurs)* Verteilungsanordnung *f*, Konkurseröffnungsbeschluss *m*; **a. overhead(s)** Verwaltungsgemeinkosten *pl*; **a. procedure** Konkurseröffnungsverfahren *nt*; **a. suit** [§] Verfahren in Nachlassangelegenheiten
administrative *adj* 1. Verwaltungs-, administrativ, verwaltungsmäßig, v.technisch; 2. behördlich
administrator *n* 1. Verwalter *m*, Geschäftsführer *m*, Sachwalter *m*, Verwaltungsfachmann *m*; 2. Nachlasspfleger *m*, N.verwalter *m*, Testamentsvollstrecker *m*; 3. Vergleichs-, Konkursverwalter *m*, Kurator *m*, Sequestor *m*; **a. of a bankrupt's estate** Konkurs-, Masseverwalter *m*; **a. in composition proceedings** Vergleichsverwalter *m*; **a. of an estate** Nachlasspfleger *m*; **~ a bankrupt's movable property** *(Konkurs)* Mobiliarverwalter *m*
court-appointed administrator gerichtlich bestellter Konkursverwalter, ~ Testamentsvollstrecker; **ex officio** *(lat.)* **a.** von Amts wegen eingesetzter Verwalter; **fiduciary a.** treuhänderischer Verwalter; **provisional a.** Nachlasspfleger *m*; **temporary a.** Amtsverweser *m*
administrator's bond Kaution des Nachlassverwalters
administratorship *n* Verwalteramt *nt*
administratrix *n* Nachlass-, Erbschaftsverwalterin *f*, Testamentsvollstreckerin *f*
Admiralty *n* *[GB]* Marineamt *nt*; **a. case** [§] Seerechtssache *f*; **a. court** Seegericht *nt*
admissibility *n* Zulässigkeit *f*, Statthaftigkeit *f*; **a. for legal action** Klagbarkeit *f*; **a. of appeal** Zulässigkeit des Rechtsmittels; **~ evidence** Zulässigkeit eines Beweisantrags
admissible *adj* 1. statthaft, zulässig; 2. *(Steuer)* berücksichtigungs-, anerkennungsfähig
admission *n* 1. Zugang *m*, Zutritt *m*, Einlass *m*; 2. Aufnahme *f*, Zulassung *f*; 3. Eintritt(sgeld) *m/nt*, E.serlaubnis *f*; 4. (Ein)Geständnis *nt*, Bekenntnis *nt*; 5. [§] Einlassung *f*; 6. *(Krankenhaus)* Einlieferung *f*, Einweisung *f*; 7. *(Börse)* Zulassung(serteilung) *f*; **eligible for a.** zulassungsfähig; **on his own a.** nach eigenem Eingeständnis
admission as an attorney Zulassung als Rechtsanwalt, Anwaltszulassung *f*; **a. of bail** Kautionsgewährung *f*; **a. to the bar** Zulassung als Rechtsanwalt, ~ zur Anwaltschaft, Anwaltszulassung *f*; **~ an examination** Prüfungszulassung *f*; **a. of guilt** Schuldbekenntnis *nt*, S.geständnis *nt*; **a. to a hostel for the homeless** Obdachloseneinweisung *f*; **~ practise as a lawyer** Zulassung als Rechtsanwalt, Anwaltszulassung *f*; **~ official listing** Börsenzulassung *f*; **a. of a member** Aufnahme eines Mitglieds; **~ a partner** Aufnahme eines Gesellschafters/Teilhabers, Gesellschafteraufnahme *f*; **temporary a. for inward processing** ⊖ vorübergehende Einfuhr zur aktiven Veredlung; **a. of securities (to the stock exchange)** Börsenzulassung *f*, Zulassung zur Notierung, ~ von Effekten/Wertpapieren (zum Börsenhan-

del); **a. as a solicitor** Zulassung als Rechtsanwalt, Anwaltszulassung *f*
admission free Eintritt frei, freier Eintritt
to apply for admission Aufnahme beantragen, um ~ nachsuchen; **to gain a.** sich Einlass/Zutritt verschaffen, Eintritt erlangen; **to grant so. a.** jdm Einlass/Zutritt/Aufnahme gewähren; **to refuse a.** Zutritt/Aufnahme verweigern; **to secure a.** (sich) Zugang/Zutritt verschaffen; **to seek a.** Zulassung beantragen, um ~ nachsuchen
obligatory admission Zulassungspflicht *f*; **partial a.** Teilgeständnis *nt*; **temporary a.** ⊖ vorübergehende (zollfreie) Einfuhr, Zollvermerkverfahren *nt*
admission card Einlasskarte *f*; **a. charge** Eintritt(sgebühr) *m/f*; **a. fee** Aufnahmegebühr *f*, Eintrittspreis *m*, E.geld *nt*, E.gebühr *f*, Zulassungsgebühr *f*; **a.s officer** 1. Zulassungsbeamter *m*; 2. *(Universität)* Leiter(in) der Immatrikulationsstelle; **a.(s) quota** Zulassungsquote *f*; **a. requirements** Zulassungsvoraussetzungen; **a. tax** *[US]* Vergnügungssteuer *f*; **a. ticket** Eintritts-, Einlass-, Teilnehmerkarte *f*, Zulassungsschein *m*
admissive *adj* zulässig, statthaft
admit *v/t* 1. (zu)gestehen, anerkennen, zugeben, bekennen, eingestehen, einräumen; 2. zulassen, aufnehmen, ein-, vorlassen; 3. *(Krankenhaus)* aufnehmen, einweisen, einliefern; **a. to** aufnehmen in; **a. freely** offen zugeben
admittance *n* Zugang *m*, Zutritt *m*, Eintritt *m*, Einlass *m*; **no a.** kein Eintritt/Zutritt, Zutritt verboten, Zutrittsverbot *nt*; **a. to the market** Marktzulassung *f*
to deny admittance Zutritt verwehren; **to gain a.** Einlass finden, sich ~/Zutritt verschaffen; **to refuse a.** Zutritt verweigern; **to sue for a.** [§] seine Ansprüche auf die Konkursmasse anmelden
admitted *adj* 1. zugelassen; 2. ein-, zugestanden, zugegeben; 3. anerkannt; **a.ly** *adv* 1. zugegebenermaßen; 2. anerkanntermaßen
admix *v/t* beimengen, beimischen; **a.ture** *n* Beimengung *f*, Beimischung *f*
admonish *v/t* ermahnen
ado *n* Getue *nt*; **without further/more a.** kurzerhand, ohne weiteres, ~ weitere Umstände; mir nichts dir nichts *(coll)*; **~ much a.** sang- und klanglos; **much a. about nothing** viel Lärm um nichts
adoles|cence *n* Jugendalter *nt*; **a.scent** *n* jugendliche Person, Jugendliche(r) *f/m*, Heranwachsende(r) *f/m*, Halbwüchsige(r) *f/m*; *adj* halbwüchsig, jugendlich, heranwachsend
adopt *v/t* 1. an-, übernehmen, einführen; 2. [§] adoptieren; 3. *(Abschluss)* feststellen; 4. *(Gesetz)* verabschieden; **a. finally** endgültig feststellen; **a. as one's own** sich zueigen machen; **a. unanimously** einstimmig annehmen; **to deem a.ed** *adj* feststellen
adopter Werbeerfüller *m*, Käufer *m*; **early a.** *(Kunde)* Einzelakzeptant *m*
adoption *n* 1. Adoption *f*, Annahme an Kindes statt, Kindesannahme *f*; 2. Einführung *f*, An-, Übernahme *f*; 3. *(Gesetz)* Verabschiedung *f*; 4. *(Abschluss)* Feststellung *f*
adoption of the annual accounts Feststellung des Jahresabschlusses; **~ the balance sheet** Genehmigung der

adoption of the budget Bilanz; ~ **the budget** Feststellung des Haushalts; ~ **the annual report** Genehmigung des Jahresberichts; ~ **a resolution** Annahme eines Antrags, Beschlussfassung *f*; ~ **an interventionist stance** Einnahme einer interventionistischen Haltung **to recommend for adoption** zur Annahme empfehlen **anonymous adoption** Inkognitoadoption *f*; **fictitious a.** Scheinadoption *f*; **a. notice** *(Spediteur)* Nachfolgeverpflichtungserklärung *f*; **a. order** [§] Adoptionsbeschluss *m*
adoptive *adj* Adoptiv-
adorn *v/t* (ver)zieren, schmücken; **a.ment** *n* Zierde *f*
adrift *adv* 1. ⚓ treibend; 2. hilf-, führerlos; **to come a.** außer Kontrolle geraten
adroit *adj* gewandt, geschickt; **a.ness** *n* Gewandtheit *f*, Geschicklichkeit *f*
ad-speak *n* Werbesprache *f*, W.jargon *m*
adspend *n* Werbeausgaben *pl*, **a. growth** Zuwachs bei den Werbeausgaben
adult *n* Erwachsene(r) *f/m*, Volljährige(r) *f/m*, Mündige(r) *f/m*; *adj* erwachsen, volljährig, mündig
adult age Erwachsenenalter *nt*; **a. education** 1. Erwachsenen-, Volksbildung *f*; 2. Volkshochschulwesen *nt*; ~ **institute** Volkshochschule *f*, Erwachsenenbildungsstätte *f*
adulter|ant *n* Verfälschungsmittel *nt*; **a.ate** *v/t* 1. *(Getränk)* panschen, verschneiden; 2. *(Lebensmittel)* verfälschen
adulteration *n* 1. *(Getränk)* Verschneidung *f*, Verschnitt *m*; 2. *(Lebensmittel)* Verfälschung *f*; **a. of food** Verfälschung von Nahrungsmitteln; **warranted free from a.** Reinheit garantiert, garantiert rein
adulter|er *n* Ehebrecher *m*; **a.ess** *n* Ehebrecherin *f*; **a.ous** *adj* ehebrecherisch
adultery *n* Ehebruch *m*; **to commit a.** Ehe brechen, Ehebruch begehen
adult vocational training berufliche Erwachsenenbildung; **a. unemployment** Arbeitslosigkeit unter Erwachsenen
adumbrate *v/t* umreißen, skizzieren, ankündigen
ad valorem (ad val.) *adj* *(lat.)* ⊖ dem Wert entsprechend, nach Wert, im Wert von, dem Werte nach
advance *n* 1. Fortschritt *m*, Verbesserung *f*; 2. Vorstoß *m*, Vordringen *nt*; 3. (Kurs-/Preis)Steigerung *f*, Kursgewinn *m*, Befestigung *f*, Anziehen *nt*, Anstieg *m*, Aufwärtsbewegung *f*; 4. Vorschuss *m*, Kredit *m*, Darlehen *nt*, Vorauszahlung *f*, Bevorschussung *f*, Handgeld *nt*, Ausleihung *f*; 5. Auszahlung *f*; 6. Vorsprung *m*; 7. Beförderung *f*; 8. ⚔ Vormarsch *m;* **a.s** Annäherungsversuch *m*; **in a.** vorab, im voraus, antizipando *(lat.)*, pränumerando *(lat.)*, vorschüssig; ~ **of** vor; **well ~ of** lange vor
advance on current account Kontokorrentkredit *m*, offener Kredit; ~ **costs** Kostenvorschuss *m*; **a.s to customers** 1. an Kunden ausgeliehene Gelder; 2. *(Bilanz)* Kundendebitoren; **a. received from a customer** erhaltene Anzahlung; **a. against documents** Dokumentenvorschuss *m*; **a. of the dollar** Dollaranstieg *m*; **a. on goods** Warenvorschuss *m*, W.bevorschussung *f*; ~ **an inheritance** Erbvoraus *m*; ~ **commission** Provisionsvorschuss *m*; **a. against merchandise/products** Warenlombard *m*, W.vorschuss *m*, W.bevorschussung *f*, Vorschuss auf Waren; **a. in real output** reales Wachstum; **a.s and overdrafts** Debitorengeschäft *nt*; **a. of prices/rates** Preis-, Kursverbesserung *f*; **a. on receivables** Zessionskredit *m*; ~ **royalties** Honorarvorschuss *m*; ~ **salary** Gehaltsvorschuss *m*; **a. in sales** Absatz-, Umsatzsteigerung *f*; **a.(s) against/on securities** Effektenbeleihung *f*, E.lombard *m*, E.kredit *m*, Lombardforderungen *pl*, L.kredit(e) *m/pl*, Vorschüsse auf Wertpapiere; ~ **shipping documents** Bevorschussung von Verschiffungsdokumenten; **a.s to subsidiaries** Darlehen an Tochtergesellschaften; ~ **suppliers** geleistete Anzahlungen; **a. on wages** Lohnabschlag *m*
payable in advance im Voraus zahlbar, pränumerando *(lat.)*, antizipando *(lat.)*; **planned well in a.** von langer Hand vorbereitet; **repayable in a.** vorzeitig tilgbar
advances led declines *(Börse)* Kursanstiege überwogen
to book in advance vor(aus)bestellen; **to buy in a.** vorkaufen; **to check the a.** Vormarsch stoppen; **to experience an a.** Kurssteigerung erfahren; **to grant an a.** bevorschussen, Vorschuss bewilligen; **to make an a.** bevorschussen; **to order in a.** vorausbestellen; **to pay in a.** im Voraus/vor Fälligkeit/pränumerando *(lat.)* bezahlen, Vorkasse leisten; **to procure an a.** Kredit beschaffen; **to secure an a.** Kursverbesserung verbuchen; **to send in a.** vorausschicken; **to stage an a.** *(Börsenkurs)* ansteigen; **to stem the a.** Vormarsch stoppen
blank advance Blankokredit *m*, B.vorschuss *m*; **broad a.** *(Kurse)* Anstieg auf breiter Front; **collateral a.** Lombardvorschuss *m*, Effektenlombard *m*; **day-to-day a.s** kurzfristige Bankvorschüsse; **financial a.s** Lohn- und Gehaltsverbesserungen; **maximum a.** Beleihungshöchstsatz *m*, Höchstdarlehen *nt*; **progressive a.** ständiger Fortschritt; **repayable and interest-free a.** rückzahlbarer und unverzinslicher Vorschuss; **secured a.** Lombardvorschuss *m*, gedecktes Darlehen; **sharp a.** plötzlicher Anstieg; **special a.** Sondervorschuss *m*; **technological a.** technischer Fortschritt; **unsecured a.** Blankovorschuss *m*
advance *v/ti* 1. vorwärtskommen, Fortschritte machen, vorrücken, vorstoßen, vordringen; 2. *(Börse)* ansteigen, Kursgewinne verzeichnen, anziehen, in die Höhe gehen; 3. *(Geld)* vorstrecken, vorschießen, vorlegen, auslegen, bevorschussen, Vorschuss geben/leisten; 4. *(Termin)* vorverlegen; 5. vorbringen, vorschlagen, geltend machen; 6. befördern; **a. sharply/strongly** rasch/kräftig anziehen
advance *adj* vorab-
advanced *adj* fortgeschritten, vorgerückt; **sufficiently a.** genügend weit fortgeschritten
advancement *n* 1. Fortschritt *m*, Aufstieg *m*, Aufrücken *nt*, Fort-, Weiterkommen *nt*; 2. Förderung *f*; 3. *(Börse)* Kursgewinn *m*, K.anstieg *m*; 4. *(Geld)* Vorschuss *m*, Kredit *m*, Darlehen *nt*, Bevorschussung *f*; 5. Beförderung *f*; 6. *(Erbrecht)* Voraus(empfang) *m*
advancement of crafts Gewerbeförderung *f*; ~ **ranking due to repayment of prior mortgage** Nachrücken einer Hypothek

automatic advancement automatische Lohn-/Gehaltssteigerung; **material a.** materielle Besserstellung; **occupational/professional a.** berufliches Fortkommen; **social a.** sozialer Aufstieg
advancement and decline method Fortschritts-, Rückschrittsmethode *f*; **a. opportunities** *(Beruf)* Aufstiegsmöglichkeiten
advancer *n (Börse)* Gewinner *m*
advancing *adj* zunehmend, (an)steigend
advantage *n* Vorteil *m*, Nutzen *m*, Gewinn *m*, Vorzug *m*, Plus(punkt) *nt/m*, Aktivposten *m*; **to a.** vorteilhaft, mit Gewinn
competitive advantage due to favourable currency parities wechselkursbedingter Wettbewerbsvorteil; **a.s and disadvantages** Vor- und Nachteile; **a. of incumbency** Amtsbonus *m*; **a. in productivity** Produktivitätsvorsprung *m*, P.vorteil *m*; **~ terms of purchasing power** Kaufkraftvorteil *m*; **a. of site** Standortvorteil *m*; **to be of advantage** nutzen; **to derive a. from** Nutzen ziehen aus; **to find it to one's a.** es vorteilhaft finden; **to have the a. of numbers** zahlenmäßig überlegen sein; **to obtain an a.** sich einen Vorteil verschaffen; **to offer a.s** Vorteile bieten; **to sell to good a.** vorteilhaft verkaufen
to take advantage of so. jdn ausnutzen; **~ a. of sth.** sich etw. zunutze machen, jds Gutgläubigkeit ausnutzen; **~ full a. of sth.** etw. ausnutzen; etw. gründlich/voll ausnutzen; **to turn to good a.** nützlich/vorteilhaft verwenden; **~ out to so.'s a.** jdm zum Vorteil gereichen
absolute advantage absoluter Kostenvorteil; **commercial a.** wirtschaftlicher Vorteil; **comparative a.** komparativer Vorteil; **competitive a.** Wettbewerbsvorteil *m*, W.vorsprung *m*; **first-mover a.** Vorteil, der Erste am Markt zu sein; **fiscal a.** Steuervorteil *m*; **improper a.** ungerechtfertigter Vorteil; **to take ~ a. of sth.** etw. in sittenwidriger Weise ausnutzen; **locational a.** Standort-, Fühlungsvorteil *m*; **lost a.** indirekter Schaden; **monetary a.** Währungsvorteil *m*; **mutual a.** gemeinsamer Nutzen; **of ~ a.** von gemeinsamem Nutzen; **pecuniary a.** geldwerter/materieller Vorteil, geldwerter Nutzen, Vermögensvorteil *m*; **to gain a ~ a.** Vermögensvorteil erlangen; **to obtain a ~ a. by deception** Vermögensvorteil durch Täuschung erlangen; **structural a.** Strukturvorteil *m*; **synergistic a.** Synergievorteil *m*; **undue a.** unangemessener Vorteil; **to take ~ a. of sth.** etw. in sittenwidriger Weise ausnutzen; **unfair a.** unrechtmäßig erlangter Vorteil; **taking ~ a.** Übervorteilung *f*
advantageous *adj* günstig, vorteilhaft, nutz-, gewinnbringend
advantage rule Günstigkeitsprinzip *nt*
adventure *n* 1. Abenteuer *nt*; Risiko *nt*; 2. Risiko-, Spekulationsgeschäft *nt*; 3. spekulatives Warengeschäft; 4. Wertpapieremission durch ein Konsortium; **common a.** Schicksalsgemeinschaft *f*; **gross a.** ⚓ Bodmerei *f*; **joint a.** Gemeinschaftsunternehmen *nt*, Beteiligungsgesellschaft *f*
adventure game 🖥 Abenteuerspiel *m*; **a. holiday** Abenteuerurlaub *m*; **a. playground** Abenteuerspielplatz *m*; **a. tourism** Erlebnistourismus *m*

adventurer *n* Glücksritter *m*; **commercial a.** Spekulant *m*
adventurous *adj* abenteuerlich
adversarial *adj* auf Gegnerschaft/Gegensätzen beruhend, kontradiktorisch, Konflikt-
adversary *n* 1. Gegner(in) *m/f*, Kontrahent(in)*m/f*, Widersacher(in) *m/f*, Opponent(in) *m/f*; 2. [§] Prozessgegner(in) *m/f*, Gegenpartei *f*
adverse *adj* 1. nachteilig, widrig, ungünstig; 2. *(Bilanz)* defizitär, negativ, passiv; 3. ablehnend; 4. gegnerisch, entgegenstehend; **a. to** zu Ungunsten von, zuwider
adversity *n* Ungemach *nt*, Ungunst *f*
advert *n* (Werbe-/Zeitungs)Anzeige *f*, Inserat *nt*, Annonce *f*
advertise *v/t* 1. annoncieren, werben für, Werbung betreiben, (etw.) bewerben, inserieren, publik/Werbung/Reklame machen; 2. öffentlich bekanntmachen, ankündigen; 3. *(Stelle)* ausschreiben
advertised *adj* 1. angekündigt, angegeben; 2. *(Stelle)* ausgeschrieben; 3. annonciert, beworben; **highly a.** *(Produkt)* werbeintensiv
advertisement (ad, advert) *n* 1. Anzeige *f*, Inserat *nt*, Annonce *f*, Geschäfts-, Reklame-, Werbeanzeige *f*; 2. *(Stelle)* Ausschreibung *f*; **a. of a vacancy** Stellenausschreibung *f*
to answer an advertisemant sich auf ein Inserat hin melden; **to insert an a.** Inserat/Anzeige aufgeben; **to place an a.** Anzeige unterbringen/plazieren/disponieren; **to run an a.** aufnehmen/bringen/abdrucken; **to take out an a.** Anzeige aufgeben, inserieren
big advertisement Großinserat *nt*; **blind a.** Kennziffern-, Blindanzeige *f*; **boxed a.** umrandete Anzeige; **box-number a.** Chiffreanzeige *f*; **classified a.** Kleinanzeige *f*; **composite a.** Kollektiv-, Sammelanzeige *f*; **follow-on a.** Fortsetzungsanzeige *f*; **full-page a.** ganzseitige Anzeige/Reklame/Werbung, ganzseitiges Inserat; **illustrated a.** Bildanzeige *f*; **joint a.** Gemeinschaftswerbung *f*; **keyed a.** Chiffre-, Ziffernanzeige *f*, chiffrierte Anzeige, Anzeige unter Chiffre; **one-off a.** einmalige Anzeige; **personal a.** Familienanzeige *f*; **serial a.** Serienanzeige *f*; **textual a.** Textteilanzeige *f*
advertisement columns Anzeigenteil *m*, A.spalten, Inseratteil *m*; **a. hoarding** Plakatwand *f*; **a. office** Inserat-, Anzeigenannahme(stelle) *f*; **a. rating** Wirksamkeitskontrolle von Anzeigen; **a. section** *(Zeitung)* Anzeigenteil *m*
advertiser *n* 1. Werber *m*, Inserent *m*, Werbetreibender *m*, Inseratauftgeber *m*; 2. *(Stelle)* Ausschreiber *m*; 3. Anzeiger *m*, Anzeigenblatt *nt*; 4. Werbeagentur *f*; **local a.** Lokalanzeiger *m*; **regular a.** Dauerinserent *m*
advertising *n* 1. Werbung *f*, Reklame *f*, Werbewesen *nt*; 2. *(Stelle)* Ausschreibung *f*; **in a.** im Werbefach; **a. in railway stations** Bahnhofswerbung *f*
to cut advertising Werbung einschränken
accessory advertising Rand-, Ergänzungswerbung *f*, begleitende Werbeaktion, unterstützende/flankierende Werbung; **aerial a.** Himmelsreklame *f*; **appealing a.** ansprechende Werbung; **camouflaged a.** Tarn-, Schleich-, Schmuggelwerbung *f*; **classified a.** Kleinan-

zeigenwerbung f; **clean a.** einwandfreie Reklame/Werbung; **collective/combined/cooperative a.** Gemeinschafts-, Verbund-, Kollektiv-, Sammelwerbung f; **comparative a.** vergleichende Werbung, Komparativreklame f; **competitive a.** Konkurrenz-, Produktwerbung f, konkurrierende Einzelwerbung; **corporate a.** 1. Firmenwerbung f; 2. Gemeinschaftswerbung f; **correcting a.** berichtigende Werbung; **counter-offensive a.** Abwehrwerbung f; **deceptive a.** betrügerische/irreführende/täuschende Werbung; **direct a.** Direkt-, Einzel-, Konsumentenwerbung f, direkte Werbung, Werbung beim Konsumenten; **unmailed ~ a.** Wurfsendung f, Werbung ohne postalischen Werbemittelversand; **direct-consumer a.** Konsumentenwerbung f; **direct-mail a.** (Post)Wurfsendung f, Werbung durch Postversand, Direktwerbung durch die Post, ~ Drucksachen; **disparaging a.** herabsetzende/diskreditierende Werbung; **educational a.** Aufklärungs-, Bildungswerbung f, belehrende Werbung; **exclusive a.** Alleinwerbung f; **facetious a.** scherzhafte Reklame; **false a.** irreführende Werbung; **follow-up a.** Nachfass-, Erinnerungswerbung f, anknüpfende/nachfassende Werbung; **generic a.** allgemeine Produktwerbung; **honest a.** lautere Werbung; **illicit a.** unerlaubte Werbung; **illuminated a.** Leuchtreklame f; **individual a.** Einzel-, Eigenwerbung f; **industrial a.** Investitionsgüter-, Industriewerbung f, Werbung für Industrieerzeugnisse; **informative a.** Informations-, Aufklärungswerbung f; **initial a.** Einführungswerbung f; **institutional a.** Prestige-, Vertrauens-, Firmen-, Repräsentations-, Produktionsgruppen-, Gemeinschafts-, Branchenwerbung f; **in-store a.** Ladenwerbung f; **joint a.** Gemeinschafts-, Sammel-, Verbundwerbung f; **keyed a.** Chiffre-, Kennzifferwerbung f, Werbung mit Kennziffern; **knocking a.** herabsetzende Werbung; **large-scale a.** Massenwerbung f; **massive a.** massive Werbung; **misleading a.** irreführende/täuschende Werbung, ~ Reklame, Falschwerbung f; **modular a.** Modulwerbung f; **narrow-casting a.** [US] gezielte (Fernseh)Werbung; **national/nationwide a.** überregionale Werbung/Reklame, landesweite Werbung; **non-selective a.** Streuwerbung f, ungezielte Werbung; **open a.** offene Werbung; **outdoor a.** Außen-, Plakatwerbung f, Werbung im Freien, Straßenreklame f; **permanent a.** Dauerwerbung f, D.inserierung f; **personal a.** persönliche Werbung; **persuasive a.** Überzeugungswerbung f; **pictorial a.** Bildwerbung f; **pioneering a.** Initialwerbung f; **point-of-purchase/point-of-sale a.** Werbung am Kauf-/Verkaufsort, ~ im Einzelhandelsgeschäft; **postal a.** Postwerbung f, P.reklame f; **predatory a.** aggressive Werbung; **professional a.** Werbung in Berufskreisen; **puff(ing) a.** übertreibende/marktschreierische/reißerische Werbung, Superlativwerbung f, marktschreierische Reklame; **pulsating a.** pulsierende Werbung f; **regular a.** Dauerwerbung f; D.inserierung f; **seasonal a.** jahreszeitlich begrenzte Werbung, Saisonwerbung f; **selective a.** gezielte Werbung; **subliminal a.** unterschwellige Werbung, Schleichwerbung f; **suggestive a.** Suggestivwerbung f; **targeted a.** gezielte (Anzeigen)Werbung; **tie-in a.** Kombinationswerbung f; **unfair a.** sittenwidrige/unlautere Werbung; **word-of-mouth a.** Mundwerbung f, M.propaganda f
advertising adj werbewirtschaftlich, werblich, Werbe-
advertising account 1. Kundenetat m; 2. Etatkunde m; **a. activity** Werbetätigkeit f, W.arbeit f, Reklametätigkeit f; **a. aeroplane** Werbeflugzeug nt; **a. agency** 1. Werbe-, Reklameagentur f, R.büro nt, R.unternehmen nt, Werbeberatung f, W.stelle f, W.mittler m, W.unternehmer m; 2. Anzeigenannahme(stelle) f, A.agentur f, A.expedition f, Inseratenbüro nt, Annoncenexpedition f; **to retain an a. agency** Werbeagentur beschäftigen/beauftragen; **a. agent** 1. Werbespezialist m, Werbungsmittler m, W.akquisiteur m; 2. Annoncenagent m, A.akquisiteur m, Anzeigenakquisiteur m, A.vertreter m; **a. allowance** Preisnachlass wegen Übernahme der Werbung durch den Händler, Werbe-, Reklamenachlass m, Werberabatt m, W.zuschuss m; **a. analysis** Werbeanalyse f; **a. angle** Werbestandpunkt m, werbemäßiges Vorgehen; **a. announcement** Werbedurchsage f; **a. appeal** Werbewirkung f, W.kraft f, W.appell m; **a. approach** Werbeansprache f; **a. appropriation** genehmigter Reklamefonds/Werbeetat, genehmigte Werbemittel, Werbefonds m; **a. area** Werbegebiet nt; **a. artist** Werbe-, Reklamezeichner m; **a. association** Werbe(fach)verband m, W.gemeinschaft f; **a. ban** Werbe-, Reklameverbot nt; **a. block** Klischeeanzeige f; **a. booklet** Werbeinformationen pl; **a. break** (Fernsehen/Radio) Werbeblock m; **a. brochure** Reklamebroschüre f, Werbeinformation(en) f/pl, W.broschüre f; **a. budget** Werbeetat m, W.budget nt, W.fonds m; **a. budgeting** Planung des Werbeetats; **a. business** Werbebranche f, Anzeigengeschäft nt
advertising campaign Werbefeldzug m, W.kampagne f, W.aktion f, Anzeigenkampagne f, Reklamefeldzug m; **to launch an a. c.** Werbeaktion/W.kampagne/W.feldzug starten; **to handle an a. c.** Werbekampagne durchführen
advertising cartel Werbekartell nt; **a. character** Werbefigur f; **a. charges** Anzeigengebühren; **false/misleading a. claim** unwahre Werbeangabe; **a. clerk** Werbekaufmann m, W.kauffrau f; **a. columns** (Zeitung) Werbe-, Reklame-, Annoncenteil m; **a. company** Werbegesellschaft f; **a. competition** Werbewettbewerb m; **a. concept** Werbekonzeption f; **a. consultant/counsellor** Werbeberater m; **a. contract** Werbe-, Insertionsvertrag m; **a. contractor** Werbefirma f; **a. control** Werbeerfolgskontrolle f; **a. copy** Werbevorlage f, W.text m, Reklametext m; **a. cost(s)** Werbe-, Reklamekosten pl, Insertionsgebühren pl, I.kosten pl; **a. and public relations cost(s)** Kosten der Werbemaßnahmen; **a. department** Werbe-, Anzeigenabteilung f; **a. design** Werbeentwurf m; **a. device** Werbemittel nt; **a. directory** Werbeadressbuch nt; **a. display** (Schaufenster) Werbe- Reklameauslage f; **a. drive** Werbemaßnahmen pl, W.feldzug m; **a. effect(iveness)** Werbewirkung f, W.effekt m, W.erfolg m, W.wirksamkeit f; **~ survey** Werbewirksamkeitsanalyse f, W.untersuchung f; **a. effort** Werbeanstrengung f, W.maßnahme f;

a. expenditure/expenses Werbeaufwand *m*, W.(un)kosten *pl*, W.aufwendungen *pl*, Werbeausgaben *pl*, Reklame(un)kosten *pl*; **a. experience** Werbeerfahrung *f*; **a. expert** Anzeigen-, Werbefachmann *m*; **a. film** Werbe-, Reklamefilm *m*; **a. firm** Werbefirma *f*; **a. folder** Werbeprospekt *m*; **a. function** Werbefunktion *f*; **a. gift** Werbegeschenk(artikel) *nt/m*; **a. gimmick** Werbetrick *m*, W.gag *m*, Reklametrick *m*; **a. headline** Reklame-, Werbeüberschrift *f*; **a. idea** Werbeidee *f*; **a. income** Werbeeinnahmen *pl*; **a. industry** Werbeindustrie *f*, W.branche *f*, W.wirtschaft *f*; **a. insert** Anzeigenbeilage *f*; **a. investments** Werbeinvestitionen; **a. jingle** Werbesprüche *pl*; **a. journal** Werbefachzeitschrift *f*; **a. law** Werberecht *nt*; **a. leaflet** Werbebroschüre *f*; **a. letter** Werbesendung *f*, W.brief *m*, Reklamesendung *f*, R.brief *m*; **a. lights** Reklame-, Werbebeleuchtung *f*; **a. literature** Werbeliteratur *f*, W.material *nt*; **a. man** Werbefachmann *m*; **a. manager** Werbeleiter *m*, Leiter der Werbeabteilung; **a. market** Werbemarkt *m*; **a. material** Werbe-, Reklamematerial *nt*; **a. matter** ⊠ Werbe-, Reklamedrucksache *f*; **a. medium (media** *pl***)** Werbemittel *nt*, W.träger *m*, W.instrument *nt*, W.medium *nt*, Organ der Werbung, Reklame-, Anzeigenträger *m*, Werbungsmittel *nt*, W.träger *m*; **a. message** Botschaft *f*, Werbemitteilung *f*; **a. order** Werbe-, Anzeigenauftrag *m*; **a. outlays** Werbeausgaben *pl*; **a. page** Werbeseite *f*; **a. paper** Annoncenblatt *nt*; **a. performance** Werbefunktion *f*, W.leistung *f*; **a. pillar** Litfass-, Plakatsäule *f*; **a. policy** Werbepolitik *f*; **a. poster** Reklame-, Werbeplakat *nt*; **a. practices** Werbepraktiken; **a. presentation** Werbeplanvorlage *f*; **a. price** Werbe-, Einführungspreis *m*; **a. profession** Werbeberuf *m*; **a. program(me)** Werbeprogramm *nt*; **a. prospectus** Werbeinformationen *pl*; **a. publication** Werbezeitschrift *f*; **a. purpose** Werbezweck *m*, W.ziel *nt*
advertising rate Anzeigenpreis *m*, A.tarif *m*, Werbe-, Annoncentarif *m*, A.gebühr *f*, Inseratkosten, Einschaltpreis für Werbespots; **a. r.s** Werbesätze, W.gebühren, Anzeigenkosten; **a. r. list** Anzeigenpreisliste *f*
repeat advertising rebate Malrabatt *m*; **a. regulations** Werbebestimmungen; **a. research** Werbeforschung *f*; **a. restriction** Werbebeschränkung *f*; **a. result** Werbeerfolg *m*; **a. revenue(s)** Werbeeinkünfte *pl*, W.einnahmen *pl*; **a. salesman** Werbe-, Anzeigenvertreter *m*; **a. sample** Werbemuster *nt*; **a. scheme** Werbeplan *m*; **a. sector** Werbesektor *m*; **a. service** Werbedienst *m*; **a. share** Werbeanteil *m*; **a. shot** Postwurf *m*, Hauswurfsendung *f*; **a. sign** Werbe-, Reklameschild *nt*; **a. sketch** Werbesketch *m*; **a. slogan** Werbespruch *m*, W.slogan *m*, W.motto *nt*, W.schlagwort *nt*; **a. space** Werbe-, Reklamefläche *f*, Anzeigenteil *m*, A.raum *m*; **a. specialist** Anzeigen-, Werbefachmann *m*; **a. spending** Werbeausgaben *pl*; **a. spot** *(Fernsehen/Radio)* Werbedurchsage *f*, W.sendung *f*, W.spot *m*, W.kurzfilm *m*; **a. standards** Werbegrundsätze, W.ethik *f*; **a. strategy** Werbestrategie *f*; **a. stunt** Werbetrick *m*, W.masche *f*, W.gag *m*, Reklametrick *m*, R.masche *f*; **a. success** Werbeerfolg *m*; **a. supplement** Anzeigen-, Reklame-, Werbebeilage *f*; **a. support** werbemäßige Unterstützung, Werbeunterstützung *f*, Unterstützung durch Werbung; **a. tax** Reklame-, Werbesteuer *f*; **a. technique** Werbe-, Reklametechnik *f*; **a. time** Werbezeit *f*, Sendezeit für Werbung; **a. type** Werbe-, Reklameschrift *f*; **a. vehicle** Werbeträger *m*; **a. volume** Anzeigenumfang *m*

advice *n* 1. Rat(schlag) *m*, R.schläge *pl*, Vorschlag *m*, Anraten *nt*, Beratung *f*; 2. Benachrichtigung *f*, Nachricht *f*, Mitteilung *f*, Anzeige *f*, Avis *m/nt (frz.)*, Bericht *m*; 3. *(Ware)* Ankündigung *f*, Avisierung *f*, Meldung *f*; **as per a.** laut Aufgabe/Bericht/Anweisung/Anzeige/Avis, aufgabegemäß; **no a.** *(Wechsel)* mangels Bericht; **for want of a.** mangels Avis/Benachrichtigung/Bericht; **without a.** ohne Bericht
advice of cancellation Rücktrittserklärung *f*; **a. concerning additional charges** Nachforderungsbescheid *m*; **a. of collection** Inkasso-, Einziehungsanzeige *f*, E.benachrichtigung *f*; **a. in due course** Aufgabe folgt; **a. of credit** Gutschriftanzeige *f*; **~ damage** Schadensmitteilung *f*, S.anzeige *f*, S.meldung *f*; **~ deal** *(Wertpapiergeschäft)* Ausführungsanzeige *f*; **~ debit** Lastschriftanzeige *f*; **~ delivery** Lieferanzeige *f*, Rück-, Aufgabeschein *m*, Ablieferungsanzeige *f*; **~ dishonour** *(Wechsel)* Protestanzeige *f*; **~ despatch/dispatch** Versand-, Verschiffungsanzeige *f*; **~ draft** Trattenavis *m/nt*; **~ evidence** [§] Ankündigung von weiteren Beweisanträgen; **~ execution (slip)** Ausführungsanzeige *f*; **~ goods** Warenavis *m/nt*; **~ negotiation** Negoziierungsanzeige *f*, Begebungsproviso *nt*; **~ non-delivery** Unzustellbarkeitsmeldung *f*; **~ non-payment** Mitteilung über nicht erfolgte Zahlung; **~ payment** Zahlungsanzeige *f*, Bezahltmeldung *f*; **~ to purchase** Negoziierungskredit *m*; **a. of receipt** Empfangsschreiben *nt*; **~ form** Rückschein *m*; **a. on applicable remedies** [§] Rechtsbehelfsbelehrung *f*; **a. of shipment** Versandbenachrichtigung *f*, V.anzeige *f*, V.avis *m/nt*, V.mitteilung *f*, Verschiffungsanzeige *f*; **~ transfer** Umbuchungsmitteilung *f*
to be open to advice über etw. mit sich reden lassen; **to give a.** Rat erteilen, beraten; **to listen to a.** auf Rat hören; **to seek a.** Rat einholen, um – fragen/bitten/angehen, sich beraten lassen, konsultieren; **~ so.'s a.** jdn zu Rate ziehen; **to take legal a.** sich juristisch/anwaltlich beraten lassen, Rechtsanwalt zu Rate ziehen, juristischen Rat einholen; **to throw a. to the winds** *(fig)* Rat in den Wind schlagen *(fig)*
commercial advice Handelsbericht *m*; **corporate a.** Firmenberatung *f*; **financial a.** Finanzberatung *f*, Beratung in Finanz-/Geldangelegenheiten, finanzielle Beratung; **gratuitous a.** kostenloser Rat; **independent a.** neutrale juristische Beratung; **legal a.** Rechtsberatung *f*, R.auskunft *f*, juristische Beratung, juristischer Rat; **~ a. centre** Rechtsberatungsstelle *f*; **medical a.** ärztliche Beratung, ärztlicher Rat; **objective a.** sachlicher Rat; **preliminary a.** Voravis *m/nt*; **professional a.** professionelle Beratung; **promotional a.** Werbeberatung *f*; **rectifying a.** Berichtigungsschreiben *nt*; **sound a.** vernünftige/brauchbare Ratschläge; **summary a.** Sammelavis *m/nt*; **technical a.** Fachberatung *f*; **worthwhile a.**

written **advice**

nützlicher Ratschlag; **written a.** schriftliche Mitteilung/Benachrichtigung, schriftlicher Bescheid
advice duration and charge call ✆ Gespräch mit Gebührenansage; **a. note** Avis *m/nt*, Ausführungsanzeige *f*, Benachrichtigung(sschreiben) *f/nt*, Versand-, Verschiffungs-, Buchungs-, Lieferanzeige *f*, Begleitblatt *nt*; **a. slip** Aviszettel *m*
advisability *n* Zweckmäßigkeit *f*, Ratsamkeit *f*
advisable *adj* ratsam, angebracht, empfehlenswert, tunlich, dienlich, zweckmäßig, geboten; **not to think sth. a.** etw. nicht für dienlich halten
advise *v/t* 1. empfehlen, Rat erteilen, (an)raten; 2. avisieren, informieren, anzeigen, benachrichtigen, verständigen, mitteilen; **a. against** abraten; **a. so. of sth.** jdn von etw. benachrichtigen, ~ in Kenntnis setzen, jdm von etw. Mitteilung machen; **a. and assist** mit Rat und Tat beistehen
as advised *adj* laut Bericht
adviser; advisor *n* Berater(in) *m/f*, Ratgeber(in) *m/f*, Beistand *m*, Referent(in) *m/f*; **a. on energy** Energieberater *m*
agricultural adviser Landwirtschaftsberater *m*; **economic a.** Konjunktur-, Wirtschaftsberater *m*, wirtschaftlicher Berater; **financial a.** Finanzberater *m*; **legal a.** 1. Rechtsberater *m*, R.beistand *m*, juristischer Beirat/Berater; 2. *(Gesellschaft)* Syndikus *m*, Justiziar *m*, Rechtskonsulent *m*; **chief ~ a.** Chefsyndikus *m*; **permanent ~ a.** Justiziar *m*; **permanently employed ~ a.** Syndikus *m*; **scientific a.** wissenschaftlicher Berater; **special a.** Sonderberater *m*; **technical a.** Fachberater *m*, technischer Berater; **vocational a.** Berufsberater *m*
advisory *adj* beratend, gutachtlich; **A., Conciliation and Arbitration Service (ACAS)** *[GB]* Beratungs-, Schlichtungs- und Schiedsstelle *f*, Schiedsgericht für arbeitsrechtliche Auseinandersetzungen
advocacy *n* 1. Anwaltstätigkeit *f*, A.schaft *f*; 2. Befürwortung *f*, Eintreten *nt*; **a. advertising** Werbung durch Fürsprecher
advocate *n* 1. Advokat(in) *m/f*, Anwalt *m*, Anwältin *f*, Rechtsanwalt *m*, R.anwältin *f*; 2. *[Scot.]* Anwalt beim Geschworenengericht; 3. Fürsprecher(in) *m/f*, Befürworter(in) *m/f*, Vertreter(in) *m/f*, Verfechter(in) *m/f*, Wortführer(in) *m/f*, Exponent(in) *m/f*; **a. of budget cuts** Sparapostel *m (coll)*; **~ a planned economy** Planwirtschaftler *m*
advocate *v/t* befürworten, sich aussprechen für, verfechten
advocate general Generalanwalt *m*
aegis *n* Schirmherrschaft *f*; **under the a. of** unter Leitung von
aer|ate *v/t* belüften, Luft zuführen; **a.ation** *n* Belüftung *f*, Luftzufuhr *f*
aerial *n* Antenne *f*; **communal a.** Gemeinschaftsantenne(nanlage) *f*; **directional a.** Richtantenne *f*
aero|drome *n* ✈ Flughafen *m*, F.platz *m*, F.feld *nt*; **a. engine** Flug(zeug)motor *m*, Triebwerk *nt*; **a.gram(me)** *n* ✉ Luftpostleichtbrief *m*, Aerogramm *nt*, Mikrobrief *m*; **a.nautical** *adj* flugtechnisch; **a.nautics** *n* Flugtechnik *f*, Luftschifffahrt *f*; **civil ~ board** Flugsicherheitsbehörde *f*; **a.plane** *n [GB]* Flugzeug *nt*; **a.sol (can)** *n* Spray-, Sprühdose *f*
aerospace *adj* Luft- und Raumfahrt-; **a. company** Flugzeugbauer *m*, Luft- und Raumfahrtunternehmen *nt*; **a. engineer** Luft- und Raumfahrtingenieur *m*; **a. group** Luft- und Raumfahrtkonzern *m*; **a. industry** Luft- und Raumfahrtindustrie *f*; **a. project** Luft- und Raumfahrtprojekt *nt*; **a. research** Luft- und Raumfahrtforschung *f*
aerotow flight *n* Schleppflug *m*
affa|bility *n* Umgänglichkeit *f*; **a.ble** *adj* leutselig, umgänglich
affair *n* 1. Affäre *f*, Fall *m*, Sache *f*, Angelegenheit *f*; 2. Affäre *f*, Verhältnis *nt*; **a.s** Geschäftslage *f*; **~ of state** Staatsangelegenheiten
to conduct one's affairs seine Angelegenheiten erledigen; **to meddle in so.'s a.** sich in jds Angelegenheiten mischen; **~ in other people's a.** sich in fremde Sachen einmischen; **to poke one's nose into other people's a.**; **to pry into so.'s a.** seine Nase in anderer Leute Angelegenheiten stecken, ~ in die Angelegenheiten anderer stecken; **to settle an affair** Angelegenheit regeln; **~ one's a.** seine Angelegenheiten in Ordnung bringen, seine Verhältnisse ordnen; **to straighten one's a.** seine Geschäfte abwickeln; **to wind up one's a.** seine Angelegenheiten abwickeln, Geschäftstätigkeit aufgeben, sich aus dem Geschäft zurückziehen
corporate affairs *(Bank)* Firmengeschäft *nt*; **current a.** laufende Geschäfte/Angelegenheiten, Tagesereignisse, T.politik *f*, Zeitgeschehen *nt*; **domestic a.** Inneres *nt*, innere Angelegenheiten; **economic a.** Wirtschaftsgeschehen *nt*; **financial a.** Finanzangelegenheiten, F.geschehen *nt*, F.wesen *nt*, Geldgeschäfte, G.angelegenheiten, finanzielle Angelegenheiten; **to put one's ~ a. in order** seine Finanzen regeln/ordnen; **foreign a.** auswärtige Angelegenheiten, Außenpolitik *f*; **internal/national a.** innere Angelegenheiten, Innenpolitik *f*; **international a.** Außenpolitik *f*; **legal a.** Rechtsleben *nt*; **maritime a.** Schifffahrtsangelegenheiten, Seewesen *nt*; **mercantile a.** Handelssachen; **private a.** Privatangelegenheiten, persönliche Angelegenheiten; **public a.** öffentliches Leben
affect *v/t* 1. beeinflussen, betreffen, einwirken, tangieren, berühren, sich auswirken auf; 2. beeinträchtigen, in Mitleidenschaft ziehen; 3. vorgeben, vortäuschen; **a. adversely** beeinträchtigen, negativ/nachteilig/ungünstig beeinflussen, benachteiligen, belasten, in Mitleidenschaft ziehen
affected *adj* betroffen; **those a.** die Betroffenen; **to be a.** betroffen werden; **adversely a.** nachteilig betroffen, in Mitleidenschaft gezogen; **(the) worst a. are ...** am ärgsten trifft es ...
affiant *n [US]* Eidesleistende(r) *f/m*
affidavit *n* [§] beeidete Erklärung/Versicherung, Affidavit *nt*, eidliche/beeidete/beschworene Aussage, eidliche Versicherung; **in lieu of an a.** an Eides statt, eidesstattlich; **a. of means** Offenbarungseid *m*; **to swear an ~ means** Offenbarungseid leisten; **~ service** Zustellungsurkunde *f*; **~ verification** eidesstattliche Erklärung über Urkundenechtheit; **to execute an a.** an Ei-

des Statt erklären; **to swear/take an a.** beeidete Aussage/Erklärung abgeben, eidlich erklären; **sworn a.** (schriftliche) eidliche Versicherung
affiliate *n* Verbundunternehmen *nt*, Konzerngesellschaft *f*, K.unternehmen *nt*, Zweig-, Schwestergesellschaft *f*, Filiale *f*, Beteiligungsfirma *f*; **a.s** Konzernfirmen
affiliate *v/t* als Mitglied angliedern, aufnehmen; **a.d** *adj* angeschlossen, ein-, angegliedert, zugehörig
affiliation *n* 1. Anschluss *m*, Ein-, Angliederung *f*, Vereinigung *f*, Verbindung *f*, Verschmelzung *f*; 2. Mitgliedschaft *f*, Zugehörigkeit *f*, Organschaft *f*; 3. [§] Vaterschaftsermittlung *f*, V.feststellung *f*, V.nachweis *m*; **a. to a group** Konzernzugehörigkeit *f*; **corporate a.** Unternehmenszugehörigkeit *f*, U.verflechtung *f*; **industrial a.** Industrieverbindungen *pl*; **religious a.** religiöses Bekenntnis
affiliation agreement Unternehmensvertrag *m*; **a. case** [§] Unterhaltssache *f*; **a. fee** Mitgliedsbeitrag *m*; **a. motive** Anschlussmotiv *nt*; **a. order** [§] Vaterschafts-, Unterhaltsurteil *nt*, U.verfügung *f*, Verurteilung zur Leistung des Regelunterhalts, Urteil im Vaterschaftsprozess, Alimentenbeschluss *m*; **a. payment** Regelunterhaltszahlung *f*, Alimente *pl*; **a. privilege** Schachtelprivileg *nt*; **a. proceedings** [§] Vaterschaftsklage *f*, V.prozess *m*, Alimentenprozess *m*, Unterhaltsklage *f*, U.verfahren *nt*, U.prozess *m*
affinity *n* Verwandtschaft *f*; **elective a.** Wahlverwandtschaft *f*
affirm *v/t* 1. bestätigen, versichern, beteuern, bekräftigen, bejahen; 2. *[US]* [§] an Eides statt/eidesstattlich versichern; **a.ant** *n* Aussteller einer eidesstattlichen Versicherung
affirmation *n* Bestätigung *f*, Bekräftigung *f*, Beteuerung *f*; **a. of a contract** Vertragsbestätigung *f*; **~ fact** Zusicherung in tatsächlicher Hinsicht; **a. in lieu of oath** eidesstattliche Versicherung, Versicherung an Eides statt; **to administer an a.** eidesstattliche Erklärung abnehmen
affirmative *adj* bestätigend, zustimmend, zusagend, bejahend; **to answer in the a.** mit Ja/positiv antworten, zusagen
affix *v/t* befestigen, anbringen, anheften, anfügen, beifügen, ankleben, anhängen; **a.ing of a seal** *n* Siegelung *f*
afflict *v/t* heimsuchen, plagen; **to be a.ed with** kranken an
affluence *n* Wohlstand *m*, Reichtum *m*, Überfluss *m*, Fülle *f*; **to live in a.** im Überfluss leben
affluent *adj* wohlhabend, reich, begütert, Überfluss -
afflux *n* Zufluss *m*
afford *v/t* 1. es sich leisten (können); 2. gewähren, bieten; **ill a. sth.** sich etw. kaum/schlecht leisten können
affordability *n* Erschwinglichkeit *f*
affordable *adj* erschwinglich, bezahlbar, (finanziell) tragbar; **to be a.** im Rahmen der finanziellen Möglichkeiten liegen
afforest *v/t* aufforsten, bewalden; **a.ation** *n* (Wieder)Aufforstung *f*, Bewaldung *f*
affreight *v/t* ver-, befrachten, chartern; **a.ment** *n* Schiffsfrachtvertrag *m*, Befrachtung(svertrag) *f/m*, Raumcharter *m*, Seefrachtgeschäft *nt*
aforementioned *adj* vorerwähnt
afloat (aflt.) *adj* 1. ⚓ *(Ladung)* an Bord, schwimmend; 2. *(Schiff)* flott; 3. *(Geldmittel)* flüssig, liquide; **to keep a.** 1. sich über Wasser halten; 2. (etw/jdn) am Leben erhalten; **to remain a.** (sich) über Wasser halten
afloats *pl* Transitgüter, schwimmende Ware
afore|going *adj* obig, vorangehend; **a.mentioned; a.named; a.said** obenerwähnt, obengenannt, vorerwähnt, vorgenannt, besagt, vorstehend
to run afoul of *adv (Gesetz)* in Konflikt geraten/zusammenstoßen mit
after|care *n* ⚕ Nachbehandlung *f*, nachträgliche Betreuung; **a.crop** *n* 🌾 Nachernte *f*; **a.-effect** *n* Folgeerscheinung *f*, Nachwirkung *f*; **a.-hours** *adj* nachbörslich, Nachbörsen-
aftermath *n* Folge *f*, Nachspiel *nt*, N.wehen *pl (fig)*, Auswirkungen *pl*; **in the a. of** im Gefolge von; **a. of (the) war** Kriegsauswirkungen *pl*, K.einwirkungen *pl*, K.folgen *pl*
afternoon *n* Nachmittag *m*; **a. off** freier Nachmittag
afternoon break Kaffeepause *f*; **a. kerb** *[GB]* /**curb** *[US]* **market** *(Börse)* Nachmittagsbörse *f*, Mittagsfreiverkehr *m*; **a. ring** Ring der Mittagsbörse, Nachmittagsring *m*
after|-season *n* Nachsaison *f*; **a.taste** *n* Nachgeschmack *m*; **a.-tax** *adj* nach Steuer, versteuert, Nachsteuer-; **a.thought** *n* nachträgliche Idee
against *prep* gegen; *adv* dagegen, gegenüber; **as a.** gegenüber, verglichen mit, im Vergleich zu
age *n* 1. Alter *nt*; 2. Lebensdauer *f*; 3. bisherige Nutzungsdauer; 4. Zeitalter *nt*; **by a.** altersspezifisch; **of a.** groß-, volljährig, mündig, majorenn; **not of a.** unmündig; **under a.** minderjährig
age of consent/discretion [§] 1. Volljährigkeit *f*, Verfügungs-, Mündigkeitsalter *nt*, entscheidungsfähiges/ verständiges Alter; 2. *(Strafrecht)* Strafmündigkeit(salter) *f/nt*; **~ death** Sterbealter *nt*; **a. at entry** Eintritts-, Beitrittsalter *nt*; **~ expiry** End-, Abgangsalter *nt*; **a. of industry** Industriezeitalter *nt*; **~ inflation** inflationäre Zeit; **a. below criminal responsibility** Strafunmündigkeit *f*; **a. of (criminal) responsibility** Strafmündigkeit(salter) *f/nt*; **below the ~ criminal responsibility** strafunmündig; **~ majority** Volljährigkeit *f*; **~ retirement** Rentenalter *m*, Pensionsgrenze *f*; **~ technology** technisches Zeitalter; **a. at withdrawal** (Vers.) Austrittsalter *nt*
for reasons of age aus Altersgründen; **at/of the same a.** gleichaltrig; **upon attaining the a. of ...** bei/mit Vollendung des ... Lebensjahres; **declaring a person to be of a.** Mündigkeitserklärung *f*; **a. admitted** (Vers.) anerkanntes Alter; **a. immaterial** Alter unwesentlich, ~ spielt keine Rolle
to come of age mündig/volljährig/großjährig werden, Strafmündigkeit/Volljährigkeit erreichen; **to declare so. to be of a.** jdn für volljährig/mündig erklären; **to take a.s** *(coll)* schrecklich lange dauern, ewig und drei Tage dauern *(coll)*

atomic age Atomzeitalter *nt*; **average a.** Altersdurchschnitt *m*, Durchschnittsalter *nt*; **awkward a.** schwieriges Alter, Flegeljahre *pl*; **educational a.** Erziehungsalter *nt*; **employable a.** erwerbsfähiges Alter; **of ~ a.** im erwerbsfähigen Alter; **final a.** *(Vers.)* Schlussalter *nt*; **full a.** vollendetes Alter, Großjährigkeit *f*; **great a.** hohes Alter; **to live to a ~ a.** hohes Alter erreichen; **industrial a.** Industriezeitalter *nt*; **lawful/legal a.** Volljährigkeit *f*, gesetzliches (Mindest)Alter; **marriageable a.** Ehemündigkeit *f*, Heiratsalter *nt*, H.fähigkeit *f*; **of ~ a.** ehemündig; **maximum a.** Höchstalter *nt*; **military a.** wehrpflichtiges Alter; **minimum a.** Mindestalter *nt*; **nuclear a.** Atomzeitalter *nt*
old age (Greisen)Alter *nt*; **to die of o. a.** an Altersschwäche sterben; **to save up for one's o. a.** für sein Alter sparen
old age allowance/exemption *(Steuer)* Altersfreibetrag *m*; **~ assets** Altguthaben *nt*; **~ benefit** Altershilfe *f*; **~ benefits and support** Aufwendungen für Altersversorgung und Unterstützung; **~ insurance** Alters-, Rentenversicherung *f*; **federal ~ and survivors' insurance** *[US]* bundesstaatliche Alters- und Hinterbliebenenversicherung; **~ pension** Altersrente *f*, A.versorgung *f*, (Alters)Ruhegeld *nt*; **~ pension fund** Renten-, Altersversicherung *f*; **~ provision** Altersvorsorge *f*; **~ relief/welfare (service)** Altersfürsorge *f*
pensionable age Renten-, Pensionsalter *nt*, P.grenze *f*; pensionsfähiges Alter, Pensionsdienst-, Rentenzugangs-, Versorgungsdienst-, Ruhestands-, Ruhegehalts-, Ruhegeldalter *nt*; **minimum ~ a.** Mindestrentenalter *nt*
prime age bestes Alter; **probable a.** *(Anzeige)* erwünschtes Alter; **qualifying a.** 1. Berechtigungsalter *nt*; 2. *(Vers.)* Erlebensfallalter *nt*; **reproductive a.** fortpflanzungsfähiges Alter; **responsible a.** geschäftsfähiges Alter; **of criminally ~ a.** § strafmündig
retiring age pensionsfähiges/rentenfähiges/ruhegehaltsfähiges Alter, Pensionsalter *nt*; **flexible ~ a.** flexible Altersgrenze; **minimum ~ a.** Mindestrentenalter *nt*
ripe age reifes Alter; **school-leaving a.** (Schul)Entlassungs-, (Schul)Abgangsalter *nt*; **statutory a.** vorgeschriebenes Alter; **of working a.** im erwerbsfähigen Alter
age *v/ti* 1. altern; 2. *(Erzeugnis)* reifen lassen
age addition Alterszulage *f*, A.zuschlag *m*; **a. allowance** *[GB]* Steuerfreibetrag für Rentner, Altersfreibetrag *m*; **a. analysis** *(Vers.)* Fälligkeitsanalyse *f*; **a. bracket** Altersklasse *f*, A.gruppe *f*; **a. cohort** 1. Altersgruppe *f*, A.klasse *f*, (Alters)Jahrgang *m*; 2. ▩ Kohorte *f*
aged *adj* alt, im Alter von
age data Altersangaben; **a. difference** Altersunterschied *m*; **a. distribution** Altersgliederung *f*, A.aufbau *m*, A.(klassen)verteilung *f*; **a. exemption limit** Altersfreibetragsgrenze *f*; **a. group** Altersgruppe *f*, A.stufe *f*, A.klasse *f*, (Alters)Jahrgang *m*; **a. grouping** Altersklasseneinstufung *f*, A.einteilung *f*, Ein-/Verteilung nach Altersgruppen
ag(e)ing *n* 1. Altern *nt*; 2. *(Bevölkerung)* Überalterung *f*

age limit Altersgrenze *f*, A.beschränkung *f*; **on reaching the a. limit** bei Erreichen der Altersgrenze; **a. limit for gainful employment** Erwerbsaltersgrenze *f*
age mix Altersstruktur *f*
agency *n* 1. Agentur *f*, Vertretung(sverhältnis) *f*/*nt*; 2. Zweig-, Geschäftsstelle *f*, Filiale *f*, Agentur *f*, Repräsentanz *f*; 3. Dienststelle *f*, Behörde *f*; 4. Auftragsverhältnis *nt*, Vermittlungsgeschäft *nt*, Stellvertretung *f*; 5. Organ *nt*, Institut *nt*; 6. Depositenkasse *f*; **through the a. of** durch Vermittlung von, mit Hilfe von
agency by act of the parties gewillkürte Vertretungsmacht; **spontaneous a. without authority** Geschäftsführung ohne Auftrag; **a. of the company** Vertretung der Gesellschaft; **a. by estoppel** § (Rechts)Schein-, Duldungsvollmacht *f*; **a. of necessity** 1. § Geschäftsführung ohne Auftrag; 2. *(Ehefrau)* Schlüsselgewalt *f*; **a. by operation of law** gesetzliche Vertretungsmacht; **central a. for the prevention of unfair competition** Zentrale zur Bekämpfung unlauteren Wettbewerbs; **~ the protection of industrial property** Zentralbehörde für gewerblichen Rechtsschutz; **~ effecting service** Zustellungsorgan *nt*; **to confer an agency upon so.; to entrust so. with an a.** 1. jdn zu seinem gesetzlichen Vertreter ernennen; 2. jdm eine Vertretung übertragen; **to establish an a.** Vertretung einrichten; **to resign an a.** Vertretung niederlegen; **to take up an a.** Vertretung übernehmen
active agency aktive Vertretung; **actual a.** wirkliche Stellvertretung; **administrative a.** Behörde *f*, Verwaltungsstelle *f*; **authorizing a.** Bewilligungsstelle *f*; **beer-selling a.** Bierverlag *m*; **capital-collecting/capital-raising a.** Kapitalsammelstelle *f*; **capital-transmitting a.** Institution der Kapitalvermittlung; **central a.** 1. Zentralstelle *f*; 2. Preismeldestelle *f*; **~ buying and selling a.** Warenzentrale *f*; **channelling a.** Durchgangsstelle *f*; **collecting a.** Einzugsstelle *f*; **commercial a.** 1. (Handels)Auskunftei *f*, 2. Handelsagentur *f*, H.vertretung *f*, gewerbsmäßige Vermittlung; **consulting a.** Beratungsstelle *f*, B.agentur *f*; **desposit-taking a.** Kapitalsammelstelle *f*; **disclosed a.** offene Stellvertretung; **partially ~ a.** halboffene Stellvertretung; **supreme employing a.** oberste Beschäftigungsbehörde; **exclusive a.** Generalagentur *f*, G.repräsentanz *f*, General-, Alleinvertretung *f*, Vertretungsmonopol *nt*, ausschließliche Vertretung; **~ distribution** Vertrieb durch Alleinvertretung; **federal a.** Bundes(dienst)stelle *f*, B.amt *nt*, B.behörde *f*, B.verwaltung *f*; **fiscal a.** Steuerbehörde *f*; **general a.** Generalagentur *f*, G.vertretung *f*, Bezirksdirektion *f*, Hauptagentur *f*; **implementing a.** ausführende Dienststelle; **implied a.** stillschweigend angenommene Vertretungsmacht; **indirect a.** mittelbare Stellvertretung; **intergovernmental a.** zwischenstaatliche Einrichtung; **issuing a.** Ausgabestelle *f*; **liquidating a.** Abwicklungsstelle *f*; **literary a.** Verlagsagentur *f*; **loan-employment a.** Leiharbeiterfirma *f*; **matrimonial a.** Eheanbahnungsinstitut *nt*, Heiratsvermittlung *f*; **mediating a.** Vermittlungsstelle *f*; **mercantile a.** 1. Handlungsvollmacht *f*; 2. Handelsvertretung *f*; 3. (Handels)Auskunftei *f*, Kreditauskunftei *f*; **of-**

ficial a. öffentliche/amtliche Stelle; ostensible a. Scheinvollmacht *f*, S.vertretung *f*; overseas a. Überseevertretung *f*; passive a. passive Vertretung; postal a. Postagentur *f*; price-supporting a. kursstützende Stelle; public a. staatliche Agentur; quasi-governmental a. halbstaatliche Stelle/Organisation; regulatory a. Kontrollbehörde *f*, K.organ *nt*, Aufsichtsbehörde *f*, Durchführungsstelle *f*; sole a. Generalvertretung(srecht) *f/nt*, G.repräsentanz *f*, Alleinvertrieb *m*, A.vertreter *m*, Allein-, Einzelvertretung *f*; ~ contract Ausschließlichkeitsvertrag *m*; special a. 1. Einzel-, Sondervertretung *f*, S.stelle *f*; 2. Spezialvollmacht *f*; 3. (UN) Sonder-, Fachorganisation *f*; sponsoring a. Träger(in) *m/f*; statutory a. [§] gesetzliche Vertretung(smacht); subordinate/subsidiary a. nachgeordnete/untergeordnete (Dienst)Stelle; supervisory a. Aufsichtsbehörde *f*; theatrical a. Theateragentur *f*; unauthorized a. Vertretung ohne Vertretungsmacht/Vollmacht; undisclosed a. versteckte Stellvertretung; universal a. Generalvertretung *f*, G.agentur *f*, G.vollmacht *f*

agency account Treuhand-, Filialkonto *nt*; **a. agreement** Agentur-, (Handels)Vertreter-, Geschäftsbesorgungsvertrag *m*; **a. appointment** Bestellung eines Vertreters; **exclusive a. arrangement** Ausschließlichkeitsvertretung *f*; **on an a. basis** auf Agentur-/Vertreterbasis, kommissionsweise; **a. budget** Agenturetat *m*; **a. business** Agenturgeschäft *nt*, Kommissions-, Faktoreihandel *m*; **a. collection** mittelbares Inkasso; **a. commission** Mittel-, Agenturvergütung *f*; **a. contract** 1. Auftragsverhältnis *nt*; 2. Vertretervertrag *m*; **a. costs** Vertreterkosten; **a. distribution** Agentur-, Vertretervertrieb *m*; **a. draft** Inkassotratte *f*; **a. expenses** Vertreterkosten; **a. fee** Agenturvergütung *f*, Vertreterprovision *f*, V.gebühr *f*; **a. fund** verwaltetes Vermögen; **a. goods** Agenturwaren; **a. house** Handelsvertretung *f*, H.haus *nt*; **a. importation** Einfuhr durch Agentur; **a. labour** Leiharbeitskräfte *pl*; **a. law** Recht der (Handels)Vertretung; **a. manager** Außendienstleiter *m*; **a. network** Vertreternetz *nt*; **a. nurse** durch Agentur vermittelte (Aushilfs)Krankenschwester; **a. report** Kreditauskunft(bericht) *f/m*, Auskunft der Auskunftei; **a. service(s)** Agenturtätigkeit *f*, Dienstleistungsgeschäfte *pl*, Dienstleistungen einer Agentur; **a. shop** *[US]* gewerkschaftspflichtiger/gewerkschaftsgebundener Betrieb (mit Möglichkeit der Beitragszahlung an karitative Organisation); ~ **agreement** *(Sozialleistungen)* Agenturvereinbarung *f*; **a. superintendent** *(Vers.)* Bezirksdirektor *m*; **a. system** *m [US]* Mehrfachvertretungssystem *nt*; **a. work** Vertretertätigkeit *f*; **a. worker** Leih-, Zeitarbeiter(in) *m/f*

agenda *n (lat.)* Tagesordnung *f*, Programm *nt*, Sitzungs-, Arbeits-, Besprechungsprogramm *nt*, Traktande *f*, Geschäftsliste *f [CH]*; **to adopt the a.** die Tagesordnung annehmen; **to be on the a.** auf der Tagesordnung stehen; **to draw up the a.** Tagesordnung aufstellen; **to fix the a.** Tagesordnung festlegen; **to include in the a.**; **to place/put on the a.** in die Tagesordnung aufnehmen, auf die Tagesordnung setzen; **to prepare the a.** Tagesordnung vorbereiten; **to remove from the a.**; **to strike off the a.** von der Tagesordunung absetzen; **provisional a.** vorläufige Tagesordnung; **a. paper** Traktandenliste *f*

agent *n* 1. Vertreter(in) *m/f*, Agent(in) *m/f*, Beauftragte(r) *f/m*, Bevollmächtigte(r) *f/m*, Mandatar *m*, Vollmachtsnehmer(in) *m/f*, V.inhaber(in) *m/f*; 2. Stellvertreter(in) *m/f*, Repräsentant(in) *m/f*; 3. Makler *m*, Handlungsreisender *m*, Handelsvertreter *m*; 4. Kommissionär *m*, Zwischenhändler *m*; 5. Eigenhändler *m*; 6. Effektenkommissionär *m*; 7. Versicherungsvertreter *m*; 8. Träger *m*, ausführendes Organ; **as a.(s) only** in fremdem Namen

(commercial) agent with authority to sign Abschlussvertreter *m*; **a. of a corporation** Gesellschaftsorgan *nt*; **a. by estoppel** [§] Scheinvertreter *m*; **a. without mandate/of necessity** Geschäftsführer ohne Auftrag; **a. and patient** [§] Insichgeschäft *nt*; **a. of production** Produktionsfaktor *m*; ~ **an independent status** unabhängiger Vertreter *m*; **a. in tax matters** Steuerbevollmächtigter *m*

to act as agent (for); ~ **as so.'s a.** in fremdem Namen handeln, in Vertretung für jdn handeln, als Bevollmächtigter auftreten, als Vertreter fungieren/handeln, Vertreter/Bevollmächtigter sein; ~ **through an a.** [§] in mittelbarer Täterschaft handeln; ~ **through primary a.s** durch Organe handeln; **to appoint an a.** Vertreter bestellen/ernennen; ~ **so. one's a.** jdn zu seinem Vertreter ernennen, jdm eine Vertretung übertragen, jdn zur Vertretung bevollmächtigen; **to be an a. for** *(Firma/Ware)* vertreten; **to retain an a.** Vertreter beschäftigen

accepting agent Akzeptleistungsstelle *f*; **accredited a.** zugelassener Agent/Vertreter, bevollmächtigter Vertreter; **appointed a.** bestellter Vertreter; **authorized a.** Vertretungsberechtigter *m*, Handlungsbevollmächtigter *m*, bevollmächtigter Vertreter, bevollmächtigte Person; **captive a.** *(Vers.)* firmeneigene Vermittlungsgesellschaft; **clearing a.** Abrechner *m*; **commercial a.** Handelsvertreter *m*, H.bevollmächtiger *m*, H.vermittler *m*, H.agent *m*; **confidential a.** V-Mann *m*, Sonderbeauftragter in geheimer Mission; **consular a.** konsularischer Vertreter, Konsularagent *m*, K.vertreter *m*; **corporate a.** 1. *[US]* Firmenvertreter *m*; 2. Organ der Gesellschaft; **dependent a.(s)** unternehmensgebundene Verkäufer und Vertreter, abhängiger Vertreter; **depositing a.** Hinterlegungsstelle *f*; **diplomatic a.** diplomatischer Vertreter; **distributing a.** 1. Großhandelsvertreter *m*; 2. ⊖ Auslieferungsagent *m*; **sole ~ a.** Alleinvertreter *m*, A.vertrieb *m*; **exclusive a.** Alleinvertreter *m*; **chief ~ a.** Hauptkommissionär *m*; **federal a.** *[US]* Vertreter des Staates

fiscal agent Zahlagent *m*, Z.stelle *f*; **to appoint as f. a.** als Zahlagent bestimmen; **to resign as f. a.** als Zahlagent zurücktreten; **auxiliary f. a.** Para-, Neben-, Hilfsfiskus *m*, parafiskalisches Gebilde, intermediäre Finanzgewalt

fixing agent ◊ Fixiermittel *nt*; **flavour-enhancing a.** Geschmacksverstärker *m*; **fly-by-night a.** *(coll)* unseriöser Vertreter; **foreign a.** ausländischer Vertreter,

forwarding **agent** 36

Auslandsbevollmächtigter *m*; **forwarding a.** Spediteur *m*, Speditionsvertreter *m*; **freelance a.** selbstständiger Vertreter; **full-time a.** hauptberuflicher Vertreter; **general a.** 1. Generalagent *m*, G.vertreter *m*; 2. *(Vers.)* Bezirksdirektor *m*, Hauptvertreter *m*, Handlungsbevollmächtigter *m*; **gratuitous a.** unentgeltlicher Vertreter; **independent a.** selbstständiger Handelsvertreter; ~ **a.s** selbstständige Mehrfachvertreter; **innocent a.** [§] schuldloses Werkzeug; **intermediary a.** Vermittler *m*, Vertrauensmann *m*, Zwischenkommissionär *m*; **literary a.** Verlagsagent *m*; **local a.** örtlicher/lokaler Vertreter, ~ Repräsentant, Platzvertreter *m*, P.agent *m*; **high managerial a.s** Organe einer Gesellschaft; **mediating a.** Vermittler *m*, Vermittlungsagent *m*, V.vertreter *m*; **mercantile a.** Handelsvertreter *m*, H.agent *m*, Kommissionär *m*; **multiple-firm a.** Mehrfirmenvertreter *m*; **negotiating a.** Vermittlungsvertreter *m*; **occasional a.** Gelegenheitsagent *m*; **one-firm a.** Einfirmenvertreter *m*; **ostensible a.** [§] Scheinvertreter *m*; **overseas a.** Auslandsvertreter *m*; **part-time a.** nebenberuflicher Vertreter; **paying a.** Zahl-, Anzahlungs-, Einlösungs-, Remboursstelle *f*; **private a.** persönlicher Vertreter; **productive a.** Produktionsfaktor *m*; **public a.** Staatsbeauftragter *m*; **putrefactive a.** ○ Fäulniserreger *m*; **resident a.** ortsansässige(r) Vertreter/Vertretung, Orts-, Inlandsvertreter *m*; **secret a.** Geheimagent *m*; **self-contracting a.** selbstkontrahierender Stellvertreter; **separating a.** ○ Scheidemittel *nt*; **sole a.** Allein-, Bezirksvertreter *m*, alleiniger Vertreter; **special a.** 1. Sonderbevollmächtigter *m*, Handelsvertreter für bestimmte Waren; 2. *(Vers.)* Bezirksvertreter *m*; 3. [§] Vertreter für ein Rechtsgeschäft; **statutory a.** gesetzlicher Vertreter; **theatrical a.** Theateragent *m*; **unauthorized a.** Vertreter ohne Vollmacht; **undercover a.** verdeckter Ermittler, Spitzel *m*; **underwriting a.** Versicherungsagent *m*, V.vertreter *m*, V.bevollmächtigter *m*; **universal a.** Generalvertreter *m*, G.agent *m*, G.bevollmächtigter *m*; **vicarious a.** [§] Erfüllungs-, Verrichtungsgehilfe *m*
agent|'s authority Vertretungsbefugnis *f*; ~ **to collect payments** Inkassovollmacht des Vertreters; **a. bank** übermittelnde/vermittelnde/kreditabwickelnde/konsortialführende Bank; **a. board** 🏛 Bauschild; **a.'s commission** Vertreter-, Agentenprovision *f*; ~ **expenses** Vertreterkosten; **a. lawyer** Korrespondenzanwalt *f*; **a.'s lien** Pfand(recht) des Stellvertreters; **a. middleman** Handelsmakler *m*, H.mittler *m*; **a. principal** Hauptverpflichteter *m*; **a. provocateur** *(frz.)* [§] Lockspitzel *m*; **a.'s report** Vertreterbericht *m*; ~ **territory** Verkaufsgebiet des Vertreters, Vertreterbezirk *m*; ~ **tort** [§] unerlaubte Handlung des Stellvertreters; ~ **implementing transaction** Ausführungsgeschäft *nt*; **a.s' war** Stellvertreterkrieg *m*
age|-old *adj* uralt; **a. pattern** Altersaufbau *m*; **a. profile** Altersprofil *nt*; **a. pyramid** Bevölkerungs-, Alterspyramide *f*; **a. qualification** Altersgrenze *f*; **a. range** Altersbereich *m*; **a. relief** *(Steuer)* Versorgungs-, Altersfreibetrag *m*; **a. requirements** Alterserfordernisse, A.voraussetzungen; **a. restrictions** Altersbedingungen, A.beschränkungen; **a. schedule** *(Vers.)* Alterstabelle *f*; **a. span** Altersbereich *m*; **a.-specific** *adj* altersspezifisch; **a. structure** Altersgliederung *f*, A.struktur *f*, A.aufbau *m*, A.pyramide *f*; ~ **of the population** Bevölkerungspyramide *f*, Altersstruktur *f*
agglomeration *n* Ballungsgebiet *nt*, B.zentrum *nt*, Verdichtungsraum *m*, V.gebiet *nt*; **industrial a.** industrieller Ballungs-/Verdichtungsraum, industrielles Verdichtungsgebiet
aggravate *v/t* 1. [§] erschweren; 2. verschlimmern, verschlechtern, verschärfen; **a.d** *adj* [§] schwer
aggravating *adj* [§] strafverschärfend, (s.)erschwerend
aggravation *n* 1. [§] erschwerender Umstand; 2. Verschärfung *f*, Verschlimmerung *f*, Erschwerung *f*, Zuspitzung *f*; 3. Ärger *m*, Verärgerung *f*; **a. of penalty** Strafverschärfung *f*; **in** ~ **penalty** strafverschärfend; ~ **sentence** Strafverschärfung *f*; ~ **the situation** Verschärfung der Lage
aggregate *n* 1. Aggregat *nt*, Gesamtheit *f*, Ansammlung *f*, Anhäufung *f*, volkswirtschaftliche Gesamtgröße; 2. Schüttgut *nt*; **in (the) a.** insgesamt, zusammen; **on a.** zusammengenommen; **a. of** Summe aus; ~ **rights** Rechtsgesamtheit *f*; ~ **things** Sachgesamtheit *f*
economic aggregate|s makroökonomische/gesamtwirtschaftliche Größen, Makrogrößen; **gross a.** Bruttoaggregat *nt*; **monetary a.** Geldmenge *f*, Gesamtgeldbestand *m*, monetäre Gesamtgröße, monetäres Aggregat, Geldaggregat *nt*
aggregate *v/ti* 1. sich insgesamt belaufen auf, im Ganzen betragen; 2. anhäufen, vereinigen mit, zusammenfassen; *adj* 1. gesamt, Gesamt-, vereinigt, angehäuft, gesammelt; 2. gesamtwirtschaftlich, volkswirtschaftlich
aggregation *n* 1. Zusammenrechnung *f*, Ansammlung *f*, Anhäufung *f*; 2. *(VWL)* Ermittlung gesamtwirtschaftlicher Größen, Aggregation *f*; 3. *(Nachlass)* Zusammenveranlagung *f*; **a. of insurance periods** Zusammenstellung der Versicherungszeiten
aggregative *adj* aggregiert
aggression *n* Aggression *f*
aggressive *adj* aggressiv, angreifend, offensiv; **a.ness** *n* Aggressivität *f*, Angriffslust *f*
aggressor *n* Aggressor *m*, Angreifer *m*
aggrieved *adj* [§] geschädigt, beschwert, seines Rechts beraubt; **to feel a.** sich benachteiligt fühlen
aghast *adj* entsetzt
agile *adj* flink
agility *n* Fixigkeit *f*, Behendigkeit *f*
aging *n* Altersgliederung *f*; **a. schedule** Fälligkeitsliste *f*, F.tabelle *f*, Terminliste *f*
agio *n* Agio *nt*, Aufgeld *nt*; **a. account** Aufgeldkonto *nt*
agiotage *n* 1. Wechselgeschäft *nt*; 2. Effektenspekulation *f*, Börsenspiel *nt*, Agiotage *f*
agio theory of interest Abstinenztheorie des Zinses
agistment *n* [§] Weiderecht *nt*
agitate *v/ti* agitieren, aufhetzen; **a.d** *adj* erregt
agitation *n* 1. Agitation *f*, Hetze *f*; 2. Erregung *f*
agitator *n* Agitator *m*, Hetzer *m*
agnate *adj* väterlicherseits verwandt

agonize (over sth.) *v/i* sich quälen, sich den Kopf zerbrechen *(fig)*
agony *n* (Todes)Qual *f*, T.kampf *m*, Agonie *f*; **a. column** *(Zeitung)* Kummerkasten *m*
agrarian *adj* land-, agrarwirtschaftlich, agrarisch, Agrar-
agree *v/ti* 1. vereinbaren, übereinkommen, sich verständigen/absprechen, kontrahieren, aus-, abmachen; 2. einwilligen, zustimmen, einverstanden sein, sich einverstanden erklären; 3. übereinstimmen, deckungsgleich sein; **a. on** sich einig werden; **a. to** annehmen; **a. upon** verabreden; **a. with** übereinstimmen mit, jds Ansicht beipflichten; **a. to do** sich bereit erklären, zu tun; **a. completely** hundertprozentig übereinstimmen; **a. informally** Abrede treffen
agreeable *adj* angenehm; **a. to both** für beide Parteien annehmbar
agreed *adj* vereinbart, anerkannt, ausgemacht, einig, einverstanden; **as a.** laut Übereinkunft/Vereinbarung/Übereinkommen, vereinbarungs-, bestimmungsgemäß; **it is a.** es wird vereinbart; **a. upon** ausbedungen; **as may be a.** je nach Vereinbarung; **unless otherwise a.** falls/soweit nicht anderweitig vereinbart, mangels anderweitiger Vereinbarung; **collectively a.** (tarif)vertraglich; **contractually a.** vertraglich vereinbart; **definitely a.** fest abgemacht/vereinbart
agreement *n* 1. (vertragliche) Abmachung, Vertrag *m*, Abkommen *nt*, Absprache *f*, Abrede *f*, Vereinbarung *f*, Übereinkunft *f*; 2. Vertragswerk *nt*, Pakt *m*; 3. Einigkeit *f*, Übereinstimmung *f*, Einvernehmen *nt*, Verständigung *f*; 4. Einwilligung *f*, Genehmigung *f*, Zustimmung *f*, Einverständnis *nt*; **not in accordance with the a.** abredewidrig; **according to the a.** gemäß/laut Absprache; **as per a.** vertragsgemäß, laut Vertrag; **by a.** einvernehmlich, vertraglich; **failing a.** mangels Übereinkunft/Vereinbarung; **in a. with** konform/in Übereinstimmung mit; **in default of a.** mangels Übereinkunft; **stipulated in the a.** vertragsgemäß; **under an a.** im Rahmen eines Abkommens
agreement to go to arbitration Schiedsvertrag *m*; **a. providing for mutual judicial assistance** Rechtshilfeabkommen *nt*; **a. between interlocking companies** Organ(schafts)vertrag *m*; **a. for compensation** Entschädigungsvereinbarung *f*; **a. restricting competition** Wettbewerbsvereinbarung *f*, W.abrede *f*; **a. on conditions** Konditionsvereinbarung *f*; ~ **consolidation** Fusionsvertrag *m*; **a. contra bonos mores** *(lat.)* Vertrag gegen die guten Sitten, sittenwidriger Vertrag; **a. to terminate a contract** Aufhebungsvertrag *m*; ~ **the contrary** gegenteilige Abmachung; **a. on economic cooperation** Abkommen über wirtschaftliche Zusammenarbeit; ~ **debts** Schuldenabkommen *nt*; **a. to revoke a debt** Aufhebungsvertrag *m*; **a. and delivery** Einigung und Übergabe; **a. between enterprises** Unternehmensvertrag *m*; **a. for the exchange of technological know-how** Technologievertrag *m*; **international a. on the execution of foreign arbitration awards** internationales Abkommen zur Vollstreckung ausländischer Schiedssprüche; **a. at factory/plant level** Vertrag/Tarifabschluss auf Werksebene; **a. under hand only** lediglich schriftlicher Vertrag; **a. on hours** Arbeitszeitabkommen *nt*; **a. of interests** Interessenabstimmung *f*; **a. as to jurisdiction** Zuständigkeitsvereinbarung *f*; **mutual ~ jurisdiction** Prorogation *f*; **a. by the parties** Parteienvereinbarung *f*; **a. binding upon the parties** bindende Abmachung; **a. in favour of a third party** Vertrag zu Gunsten Dritter; **a. on all points** Einvernehmen in allen Punkten; **a. in principle** Grundsatzvertrag *m*, grundsätzliche Einigung, grundlegende Vereinbarung; **a. to transfer part of the profits** Teilgewinnabführungsvertrag *m*; **a. of reciprocity** Gegenseitigkeitsvereinbarung *f*; **a. in rem** *(lat.)* dinglicher Vertrag; **a. concerning remuneration for services** Entgelttarifvertrag *m*; **a. to repurchase** Rückkaufvertrag *m*; **a. on rest periods** Pausenregelung *f*; **a. in restraint of trade** Wettbewerbsabkommen *nt*, W.abrede *f*; **a. for sale** Verkaufsvertrag *m*; **a. of sale and purchase** *[GB]* Grundstückskaufvertrag *m*; **a. on sales conditions** Konditionenvereinbarung *f*; ~ **the surrender of the use and benefit of sth.** Nutzungsüberlassungsvertrag *m*; ~ **targets** Zielvereinbarung *f*; **a. effecting international trade policy** internationale handelspolitische Vereinbarung; **a. on transfer of possession** Überlassungsvertrag *m*; **a. among underwriters** Emissionskonsortialvertrag *m*; **a. in writing** schriftliche Vereinbarung, schriftlicher Vertrag
agreement to arbitrate Schiedsgerichtsvereinbarung *f*; ~ **reimburse** Rembourszusage *f*; ~ **sell** Kaufvertrag *m*; ~ **take** Abnahmevereinbarung *f*, A.zusage *f*
agreement|s must be observed [§] pacta sunt servanda *(lat.)*; **disposed of by a.** gütlich geregelt; **failing an a. to the contrary** falls nicht anders bestimmt; **laid down in the a.s** vertragsmäßig
to abide by an agreement sich an eine Vereinbarung/einen Vertrag halten; **to abrogate an a.** Vereinbarung aufheben; **to accede to an a.** einem Abkommen beitreten; **to act under an a.** gemäß Übereinkommen vorgehen; **to affirm an a.** Vertrag bestätigen; **to arrive at an a.** zu einer Einigung gelangen; **to be in a. (with)** übereinstimmen, einig sein, (etw.) zustimmen, konform gehen (mit); ~ **covered by an a.** unter einen Vertrag fallen; **to break/breach an a.** Vertrag brechen, Abmachung verletzen, Vereinbarung nicht einhalten, vertragsbrüchig werden; **to come to an a.** sich einigen, Abkommen treffen, zu einem Abschluss/einer Vereinbarung kommen, handelseinig werden; **to conclude an a.** kontrahieren, Vereinbarung treffen, Abkommen (ab)schließen, Vertrag schließen; **to confirm an a.** Vereinbarung/Vertrag bestätigen; **to consent to join an a.** sich auf ein Abkommen einlassen; **to eliminate by a.** abbedingen; **to enter into an a.** Vereinbarung/Vertrag eingehen, ~ abschließen; **to find o.s. in a. with** mit jdm übereinstimmen; **to honour an a.** Vertrag einhalten; **to initial an a.** Vertrag paraphieren; **to negotiate an a.** Übereinkommen abschließen; **to pull out of an a.** Vertrag aufkündigen; **to reach (an) a.** übereinkommen, Einigung/Vereinbarung/Einvernehmen/Übereinkommen/Abkommen/Übereinstimmung erzielen, Übereinkommen treffen, zu einer Übereinkunft gelan-

gen, zum Abschluss bringen, sich zusammenraufen *(coll)*; **to renege on an a.** Vereinbarung brechen; **to secure a.** Zustimmung einholen; **to sign an a.** Vertrag schließen; **to terminate an a.** Vertrag (auf)kündigen; **to violate an a.** Vertrag brechen, vertragsbrüchig werden **abstract agreement** abstrakter Vertrag; **additional a.** Zusatzvereinbarung *f*, Nebenabrede *f*; **administrative a.** Verwaltungsvereinbarung *f*, V.abkommen *nt*; **amicable a.** gütliche Einigung; **by ~ a.** im Wege gütlicher Verhandlung, auf gütlichem Wege; **ancillary a.** Nebenabrede *f*; **approved a.** genehmigte Absprache; **basic a.** 1. Grundsatzabkommen *nt*, Rahmenvereinbarung *f*; 2. Rahmen-, Manteltarifvertrag *m*; **bilateral a.** zweiseitiger Vertrag, zweiseitiges Abkommen; **binding a.** bindende Abmachung/Vereinbarung, bindender Vertrag, unwiderrufliche/verbindliche Vereinbarung, unwiderrufliches Abkommen; **cartel-like a.** kartellähnliche Vereinbarung; **collateral a.** 1. Nebenabrede *f*, N.absprache *f*; 2. *(Kredit)* Sicherheitsvereinbarung *f*
collective agreement Tarifvertrag *m*, T.abkommen *nt*, tarifvertragliche Vereinbarung, Gesamtvereinbarung *f*, Gesamttarif-, Gesamtarbeitsvertrag *m*, Kollektivabkommen *nt*, Manteltarifbestimmungen *pl*, Lohn- und Gehaltstarifabkommen *nt*; **bound by ~ a.** tarifgebunden; **industry-wide ~ a.** Manteltarifvertrag *m*; **~ a. provision** Tarifvertragsbestimmung *f*
collusive agreement geheime Absprache; **commercial a.** Handelsabkommen; **proposed ~ a.** Entwurf eines Handelsabkommens; **competition-restricting a.** wettbewerbsbeschränkende Abrede, Preiskartell *nt*; **complementary a.** Ergänzungsvertrag *m*; **conditional a.** bedingte Genehmigung, bedingter Vertrag; **continuing a.** 1. Dauervertrag *m*, laufendes Abkommen; 2. Kreditvertrag mit gleichbleibenden Sicherheiten; **contractual a.** vertragliche/schuldrechtliche Vereinbarung, Vertragsregelung *f*; **conventional a.** vertragliches Abkommen; **cultural a.** Kulturabkommen *nt*; **de facto** *(lat.)* **a.** faktischer Vertrag; **diplomatic a.** diplomatisches Abkommen; **economic a.** Wirtschaftsabkommen *nt*; **exclusive a.** Ausschließlichkeitsabkommen *nt*; **existing a.** bestehende Vereinbarung, Altvertrag *m*; **express a.** ausdrückliche Abmachung/ Vereinbarung, abgeschlossener Vertrag; **financial a.** Finanzabkommen *nt*; **follow-up a.** Anschlussvertrag *m*; **general a.** 1. allgemeine Übereinstimmung; 2. Rahmenvertrag *m*, Global-, Generalabkommen *nt*; **hold-harmless a.** Haftungsübernahmevertrag *m*; **inchoate a.** Vertrag im Stadium der Unterzeichnung; **individual a.** Einzelabmachung *f*, E.vertrag *m*; **industrial a.** 1. Tarifvertrag *m*; 2. Arbeitsvereinbarung *f*; **industry-wide a.** Mantel(tarif)vertrag *m*, Vertrag für einen ganzen Industriezweig; **interdepartmental a.** Verwaltungsvereinbarung *f*, Ressortabkommen *nt*; **informal a.** formlose Vereinbarung, formloser Vertrag; **intercompany a.** (konzern)interne Vereinbarung, Unternehmensvertrag *m*; **intergovernmental a.** Regierungsabkommen *nt*, zwischenstaatliches Abkommen; **interim a.** Zwischenabkommen *nt*; **international a.** internationales Abkommen; **interparty a.** Vereinbarung zwischen den Parteien; **provisionally invalid a.** schwebend unwirksamer Vertrag; **monetary a.** Finanz-, Währungs-, Zahlungsabkommen *nt*; **multi-fibre a.** internationales Faserabkommen; **multilateral a.** mehrseitiger Vertrag, mehrseitiges Abkommen; **mutual a.** gegenseitige Vereinbarung, Abkommen auf Gegenseitigkeit; **by ~ a.** einvernehmlich, in gegenseitigem/beiderseitigem Einvernehmen, ~ Einverständnis, durch beiderseitiges Abkommen; **~ procedure** Verständigungsverfahren *nt*; **naval a.** ⚓ Flottenabkommen *nt*, F.vertrag *m*; **non-preferential a.** nicht präferenzielles Abkommen; **non-profit a.** Gewinnausschließungsvertrag *m*; **non-proliferation a.** Atomsperrvertrag *m*; **no-strike a.** Streikverzichtsabkommen *nt*; **non-waiver a.** Vereinbarung über den Vorbehalt aller Rechte; **obligatory a.** bindende Abmachung, obligatorischer Vertrag; **offsetting a.** Kompensationsabkommen *nt*; **oppressive a.** Knebelungsvertrag *m*; **oral a.** mündliche Vereinbarung/Abmachung, mündlicher Vertrag/Konsens; **original a.** ursprüngliche Vereinbarung, Urschrift der Vereinbarung; **outline a.** Rahmenabkommen *nt*, Vertragsentwurf *m*; **out-of-court a.** außergerichtliche Abmachung; **overall a.** Rahmen-, Gesamtvertrag *m*; **parol a.** mündliche Abmachung, formloser Vertrag; **partial a.** Teilabkommen *nt*, T.vereinbarung *f*, teilweise Übereinstimmung; **performance-sharing a.** Leistungsbeteiligung *f*; **possessory a.** Besitzinstitut *nt*; **postal a.** Postabkommen *nt*; **preferential a.** Präferenzabkommen *nt*, Meistbegünstigungsregelung *f*; **pre-formation a.** Vorgründungsvertrag *m*; **preliminary a.** vorläufiger Vertrag, Vorvereinbarung *f*; **price-fixing a.** Preiskartell *nt*; **price-reporting a.** Informationsabsprache *f*; **principal a.** Hauptabkommen *nt*; **private a.** 1. Privatabkommen *nt*, P.abmachung *f*; 2. außergerichtliche Abmachung; **profit-exclusion a.** Gewinnausschließungsvertrag *m*; **pro-forma** *(lat.)* **a.** Formvertrag *m*; **provisional a.** Zwischenvertrag *m*; **qualifying a.** *[GB]* Lombardschein *m*; **real a.** dinglicher Vertrag; **reciprocal a.** zweiseitige verpflichtender Vertrag, Austausch-, Reziprozitätsvertrag *m*, Abkommen/Vereinbarung auf Gegenseitigkeit, Gegenseitigkeitsabkommen *nt*; **restrictive a.** wettbewerbsbeschränkende Vereinbarung, Kartellabsprache *f*; **secret a.** Geheimabkommen *nt*; **separate a.** Sonderabmachung *f*, Einzelabkommen *nt*; **short-form a.** Kurzfassung eines Vertrags; **special a.** Sondervereinbarung *f*, S.abkommen *nt*; **failing ~ a.** in Ermangelung einer besonderen Vereinbarung; **standard a.** Form-, Einheitsvertrag *m*; **standing a.** laufendes Abkommen; **stopgap a.** vorläufiges Abkommen, vorläufige Übereinkunft; **subsequent a.** nachträgliche Vereinbarung; **subsidiary a.** Nebenabkommen *nt*, N.abrede *f*; **in substantial a.** im Wesentlichen übereinstimmend; **supplementary a.** Zusatzabkommen *nt*, Adhäsionsvertrag *m*; **tacit a.** stille/stillschweigende Übereinkunft, ~ Vereinbarung, stilles Einverständnis/Übereinkommen; **temporary a.** 1. Interimsabkommen *nt*; 2. befristete Genehmigung; **tentative a.** Vor-, Probevertrag *m*, vorläufiges Abkommen; **tying a.** Kne-

belungsvertrag *m*; **unanimous a.** Einmütigkeit *f*; **valid a.** gültiges/laufendes Abkommen; **verbal a.** mündliche Vereinbarung/Abrede/Absprache, mündlicher Vertrag; **void a.** ungültige Vereinbarung; **voluntary a.** freiwilliges Abkommen, freiwillige Vereinbarung; **written a.** schriftlicher Vertrag, schriftliche Vereinbarung/Abmachung
agreement account Abkommenskonto *nt*; **a. country** Abkommens-, Verrechnungsland *nt*; **a. currency** Verrechnungswährung *f*; **a. corporation** *[US]* (mit Billigung der Federal Reserve) im Ausland tätige US-Bank; **a. year** Vertragsjahr *nt*
agribusiness *n* *[US]* Landwirtschaft *f*, Agrargeschäft *nt*, A.industrie *f*
agricultural *adj* land-, agrarwirtschaftlich, Agrar-, Landwirtschafts-, agrarisch, bäuerlich; **a. and silvicultural** land- und forstwirtschaftlich
agriculture *n* 1. Landwirtschaft *f*, Agrarsektor *m*; 2. Acker-, Feld-, Landbau *m*; **a. and forestry** Land- und Forstwirtschaft *f*, Bodenkultur *f*; **one-crop a.** Monokultur *f*; **a. expert** Agrarexperte *m*
agriculturist *n* Diplomlandwirt *m*
agri|-exports *pl* Agrarexporte; **a.-imports** *pl* Agrarimporte; **a.-product** *n* *[US]* landwirtschaftliches Produkt/Erzeugnis
agro|chemical *adj* Agrochemie-; **a.-industry** *n* Agrarwirtschaft *f*, A.industrie *f*, Agroindustrie *f*; **a.-management** *n* Agrarmanagement *nt*
agrology *n* Bodenkunde *f*
agro|nomical *adj* landwirtschaftlich, agronomisch; **a.nomics** *n* Agrarwissenschaft *f*, Agronomie *f*; **a.nomist** *n* Agronom *m*, Agrarwissenschaftler *m*; **a.nomy** *n* Ackerbaukunde *f*, Agronomie *f*
aground *adj* ⚓ gestrandet, auf Grund gelaufen; **to run a.** auf Grund geraten, ~/Sand laufen, stranden
ahead *adv* 1. vorn, voran, an der Spitze, vorwärts, weiter vor; 2. *(Börse)* höher; **to be a. of others** Vorsprung vor anderen haben; **to get a.** Karriere machen, vorwärtskommen; ~ **of so.** jdn überholen/überflügeln; **to go a. with sth.** etw.angehen/vorantreiben; **to keep a.** vorn bleiben; **to run a. of so.** jdm voraus sein
aid *n* 1. (Mit)Hilfe *f*, Unterstützung *f*, Förderung *f*; 2. [§] Vorschub *m*, Beihilfe *f*; 3. Hilfsmittel *nt*; **in a. of** für/zur Unterstützung von; **with the a. of** unter Benutzung von
aid to needy families *[US]* Familienbeihilfe *f*; ~ **farmers** Agrarsubventionen *pl*; **a. in kind** Sach(bei)hilfe *f*; **a. to expectant mothers** Schwangerengeld *nt*, Schwangerschaftsbeihilfe *f*; **a. towards the payment of interest** Zinsvergütung *f*, Z.zuschuss *m*; **a. granted by the state** staatliche Beihilfe
to grant aid Subvention(en) bewilligen
administrative aid Amtshilfe *f*; **agricultural a.** Agrarsubvention(en) *f/pl*; **budgetary a.** Haushaltszuschuss *m*; **direct a.** Direktsubvention(en) *f/pl*; **economic a.** Wirtschaftshilfe *f*, wirtschaftliche Unterstützung; **educational a.** Lernhilfe *f*; **federal a.** Bundeshilfe *f*, B.unterstützung *f*, B.zuschuss *m*; **financial a.** finanzielle Hilfe, Kapital-, Krediftilfe *f*, materielle Unterstützung; **anticipatory ~ a.** Vorfinanzierungshilfe *f*

first aid 1. ⚕ erste Hilfe; 2. Nothilfe *f*; **to give f. a.** erste Hilfe leisten; **f. a. bag/kit** Sanitätstasche *f*, Notausrüstung *f*; ~ **box** Verbandskasten *m*; ~ **dressing** Schnellverband *m*; ~ **equipment** Unfallausrüstung *f*; ~ **station** Rettungsstation *f*, Sanitätswache *f*
flat-rate aid Pauschalbeihilfe *f*; **foreign a.** Entwicklungs-, Auslandshilfe *f*; ~ **budget** Entwicklungshilfehaushalt *m*, E.etat *m*; ~ **commitment** Entwicklungshilfezusage *f*; **initial a.** Starthilfe *f*
legal aid *[GB]* [§] (kostenlose) Rechtshilfe, Armenrecht *nt*, Prozess(kosten)hilfe *f*, unentgeltlicher Rechtsbeistand; **to apply for l. a.** Armenrecht beantragen; **free l. a.** Armenrecht *nt*, unentgeltlicher Rechtsbeistand, kostenlose Rechtshilfe; **l. a. entitlement** (Anspruch auf) Armenrecht; ~ **office** Rechtsberatungsstelle *f*
life-giving aid lebensnotwendige Hilfe; **mechanical a.s** techische Hilfsmittel; **military a.** Militärhilfe *f*; **mutual a.** Gemeinschafts-, Selbsthilfe *f*, gegenseitige Hilfe; ~ **society** Hilfsverein auf Gegenseitigkeit; **national a.** innerstaatliche Beihilfe; **navigational a.** Navigationshilfe *f*; **normal a.** Regelförderung *f*; **overseas a.** Entwicklungs-, Überseehilfe *f*; **pecuniary a.** Geld-, Finanzhilfe *f*, geldliche Unterstützung, finanzielle Beihilfe, Geldspritze *f* *(coll)*; **promotional a.** verkaufsfördernde Mittel; **public a.** *[US]* Sozialhilfe *f*; **regional a.** Regional(bei)hilfe *f*, Mittel für die Regionalförderung; **soft a.** niedrig verzinsliches Entwicklungshilfedarlehen; **structural a.** Strukturhilfe *f*; **technical a.** technische Hilfe/Hilfsleistungen; **tied a.** gebundene Entwicklungshilfe, Entwicklungshilfe mit Lieferbindung; **visual a.** optisches Hilfsmittel; ~ **a.s** Anschauungs-, Bildmaterial *nt*
aid *v/t* helfen, unterstützen, Hilfe bringen/leisten; **a. and abet** [§] Vorschub/Beihilfe leisten
aid budget Entwicklungshilfeetat *m*; **a. center** *[US]* **/centre** *[GB]* Hilfsstelle *f*; **a. commitment** Hilfszusage *f*; **a. consortium** Hilfskonsortium *nt*
aide *n* *(frz.)* 1. Mitarbeiter(in) *m/f*, Hilfskraft *f*; 2. *(Politik)* Berater(in) *m/f*, Referent(in) *m/f*
aider and abettor *n* [§] Gehilfe *m* (und Anstifter), Tatgehilfe *m*, Helfershelfer *m*
aid fund Unterstützungs-, Hilfsfonds *m*, Unterstützungskasse *f*
aiding and abetting *n* [§] Beihilfe *f*, (Fremd)Begünstigung *f*, Mittäterschaft *f*, Vorschubleistung *f*; ~ **an escape** Fluchthilfe *f*; ~ **an infringement** Beihilfe zur Patentverletzung
aid loan Entwicklungshilfekredit *m*; **a. official** Entwicklungshelfer(in) *m/f*; **a. program(me)** Hilfs-, Förderungs-, Unterstützungsprogramm *nt*; **a. project** Hilfsprojekt *nt*; **a. scheme** Förderungsmaßnahmen *pl*
Aiken code *n* 🖳 Aikencode *m*
ailing *adj* kränkelnd, marode, angeschlagen, krankend, kränklich, flügellahm *(fig)*; **to be a.** kränkeln
ailment *n* ⚕ Unpässlichkeit *f*, Leiden *nt*; **minor a.** leichte Beschwerde, Wehwehchen *nt* *(coll)*; **physical a.** körperliches Gebrechen/Leiden; **respiratory a.s** Atembeschwerden
aim *n* Ziel(setzung) *nt/f*, Zweck *m*, Absicht *f*; **a. of the**

exercise *(coll)* Sinn der Übung *(coll);* **a.s of public policy** staatspolitische Zwecke; **to pursue an a.** Ziel verfolgen; **final a.** Endziel *nt,* E.zweck *m;* **prime/principal a.** oberstes Ziel, Hauptzweck *m;* **professed/stated a.** erklärtes/ausdrückliches Ziel
aim (at) *v/ti* 1. (ab)zielen auf, beabsichtigen, bezwecken, richten/hinzielen/abstellen/hinsteuern (auf); 2. *(Werbung)* sich wenden (an); **a. for** anpeilen, anstreben; **a. high** hoch hinauswollen, sich ein hohes Ziel setzen
aimed-at *adj* angestrebt, bedacht auf
aimless *adj* ziellos
air *n* Luft *f;* **by a.** auf dem Luftweg, per Luftfracht/Flugzeug; **on the a.** durch Rundfunk, im Radio; **a. of confidence** selbstsicheres Auftreten; **pervious to a.** luftdurchlässig; **keeping the a. clean** Reinhaltung der Luft **to be in the air** *(fig)* in der Luft liegen/hängen *(fig);* **~ off the a.** *(Radiosender)* nicht senden; **~ on the a.** 1. senden; 2. über den Rundfunk sprechen; **~ up in the a.** in der Luft hängen *(fig),* offen sein; **~ transportable by a.** ✈ als Luftfracht transportiert werden können; **to conjure sth. up out of thin a.** *(fig)* sich etw. aus den Rippen schneiden *(fig);* **to go by a.** fliegen, mit dem Flugzeug reisen; auf dem Luftweg transportiert werden; **to give o.s. a.s** sich aufspielen, sich wichtig machen; **to go off the a.** Sendung beenden; **~ on the a.** Sendung beginnen, im Radio sprechen; **to pollute the a.** Luft verpesten; **to produce a lot of hot a.** *(fig)* leeres Stroh dreschen *(fig);* **to send/ship by a.** mit dem Flugzeug befördern, als Luftfracht versenden; **to stay on the a.** *(Radiosender)* weiterhin senden; **to talk a lot of hot a.** *(coll)* schön daher reden *(coll);* **to transport by a.** auf dem Luftweg befördern, per Luft transportieren; **to travel by a.** fliegen, per Flugzeug reisen; **to vanish into thin a.** *(fig)* spurlos verschwinden, sich verflüssigen, sich in Nichts/Rauch/Luft *(fig)* auflösen, auf Nimmerwiedersehen verschwinden, wie eine Seifenblase platzen
clean air saubere Luft; **compressed a.** Druck-, Pressluft *f;* **foul a.** schlechte Luft; **fresh a.** Frischluft *f;* **hot a.** 1. Heißluft *f;* 2. *(coll)* blauer Dunst *(coll);* **~ heating** Luftheizung *f;* **polluted a.** verpestete Luft; **rarified a.** dünne Luft; **stale a.** verbrauchte Luft, Mief *m (coll)*
air *v/t* 1. an die Öffentlichkeit bringen, öffentlich besprechen; 2. ✿ (ent)lüften, ventilieren, durchlüften, belüften
air budget Luftwaffenhaushalt *m;* **a. accident** Flugunfall *m;* **~ compensation** Flugunfallentschädigung *f;* **a. base** ✈ Luft-, Flugstützpunkt *m;* **a. bed** Luftmatratze *f;* **a.bill** *n [US]* Luftfrachtbrief *m;* **a. booking** Flugkartenbestellung *f,* Buchung eines Fluges; **a.borne** *adj* 1. in der Luft, aufgestiegen; 2. ✈ Luftlande-; **a. brake** 🚗/🚂 Druckluftbremse *f;* **a. brick** 🧱 Luftziegel *m;* **a. bridge** ✈ 1. Flugsteig *m;* 2. Luftbrücke *f;* **a. broker** Luftfrachtagent *m;* **a. bubble** Luftblase *f*
air cargo Luftfracht *f,* Güterflugverkehr *m;* **~ carrier** Luftfrachtspediteur *m,* L.gesellschaft *f;* **~ handling** Luftfrachtumschlag *m;* **~ industry** Lufttransportgewerbe *nt;* **~ insurance** Luftfrachtversicherung *f;* **~ office**

Luftfrachtbüro *nt;* **~ rate(s)** Luftfrachttarif *m;* **~ shipment** Luftfrachtsendung *f*
air carriage Luftbeförderung *f,* L.fracht *f,* L.transport *m;* **a. carrier** Luftfrachtgesellschaft *f,* L.frachtführer *m,* L.verkehrsgesellschaft *f,* L.(transport)spediteur *m,* L.transportgesellschaft *f;* **~ licence/permit** Luftverkehrsgenehmigung *f,* Fluglizenz *f;* **a. catastrophe** Flug(zeug)unglück *nt;* **a. chamber** Luftkammer *f;* **a. charter** Luftcharter *m;* Charterflüge *pl,* C.flugreisen *pl;* **~ business** Luftfrachtgeschäft *nt;* **~ party** Luftfrachtvertrag *m;* **a. circulation** Luftzirkulation *f;* **a. cleaning** Luftreinigung *f;* **a. coach** *[US]* 1. Flugzeug für die Touristenklasse; 2. *(Tarif)* Touristenklasse *f;* **a. commerce** Lufthandelsverkehr *m*
air-condition *v/t* klimatisieren, mit einer Klimaanlage ausstatten; **a.-c.ed** *adj* mit Klimaanlage, klimatisiert; **fully a.-c.ed** voll klimatisiert; **a. c.er** Klimagerät *nt;* **a. c.ing** Klimatisierung *f,* Klimaanlage *f,* K.technik *f;* **~ plant/unit** Luftreinigungsanlage *f*
air connection Flugverbindung *f,* Luft(verkehrs)verbindung *f;* **a. consignment note** Luftfrachtbrief *m,* L.frachtbegleitschein *m;* **a. container** Flugzeugbehälter *m,* F.container *m;* **a.-cooled** *adj* luftgekühlt; **a. cooling** Luftkühlung *f;* **a. corridor** Flugschneise *f,* F.straße *f,* festgelegte Fluglinie/F.route, Flug-, Luftkorridor *m,* L.schneise *f;* **a. courier** Luftkurier *m;* **~ industry** Luftkurierdienst *m;* **a. cover** Luftsicherung *f*
aircraft *n* ✈ Flugzeug(e) *nt/pl,* F.gerät *nt,* Luftfahrzeug(e) *nt/pl;* **a.s** *(Börse)* Flugzeugwerte, F.aktien, F.titel; **free on a. (f.o.a.)** frei an Bord (des Flugzeugs); **to board an a.** in ein Flugzeug einsteigen, an Bord gehen
civil/commercial aircraft Verkehrsflugzeug *nt;* **high-altitude a.** Höhenflugzeug *nt;* **high-wing a.** Hochdecker *m;* **long-haul/long-range a.** Langstreckenflugzeug *nt;* **low-flying a.** Tieflieger *m;* **low-wing a.** Tiefdecker *m;* **medium-haul/medium-range a.** Mittelstreckenflugzeug *nt;* **microlight a.** Ultraleichtflugzeug *nt;* **short-haul/short-range a.** Kurzstreckenflugzeug *nt;* **wide-bodied a.** Groß(raum)flugzeug *nt*
aircraft capacity Flugzeugkapazität *f;* **a. carrier** ⚓ Flugzeugträger *m;* **a. company** Flugzeugfirma *f;* **a. construction** Flugzeugbau *m;* **a. contract** Flugzeugauftrag *m;* **a. designer** Flugzeugkonstrukteur *m;* **a. distress signal** Fliegernotsignal *nt;* **a. engine** Flugzeugmotor *m,* Triebwerk *nt;* **a. engineer** Flugtechniker *m;* **a. enginerring** Flugtechnik *f;* **a. factory** Flugzeugfabrik *f;* **a. fleet** Flugzeugpark *m;* **a. hull** Flugzeugrumpf *m;* **~ insurance** Luft-, Flugzeugkaskoversicherung *f;* **a. industry** Flugzeug-, Luftfahrtindustrie *f;* **a. liability insurance** Lufthaftpflichtversicherung *f;* **a. maintenance** Flugzeugwartung *f;* **a.-making industry** Flugzeugindustrie *f;* **a. manufacture/manufacturing** Flugzeugherstellung *f,* F.bau *m,* F.produktion *f;* **a. manufacturer** Flugzeugbauer *m,* F.hersteller *m;* **a. market** Flugzeugmarkt *m;* **a. mechanic** Flugzeugmechaniker *m,* F.monteur *m,* F.wart *m,* F.techniker *m;* **a. mortgage (loan)** Luftfahrzeughypothek *f;* **a. movement** Flug(zeug)bewegung *f;* **a. noise** Fluglärm *m,* F.geräusch *nt;* **a. production** Flugzeugproduktion *f,*

F.herstellung *f*; **a. radio (equipment)** Bordfunk *m*; **a. register** Luftfahrzeugregister *nt*; **a. repair** Flugzeugreparatur *f*; **a. stores** Bordproviant *m*
air crash Flugzeugabsturz *m*, F.katastrophe *f*, F.unfall *m*; **a. crew** fliegendes Personal *nt*, Flugzeugbesatzung *f*; **~ requirements** Bordpersonalbedarf *m*; **a. current** Luftströmung *f*; **a. cushion** Luftkissen *nt*; **~ vehicle** Luftkissenfahrzeug *nt*; **a. defence** ⚔ Luftverteidigung *f*; **a. disaster** Flugzeugkatastrophe *f*; **a. displacement** Luftverdrängung *f*; **a. display** Flugvorführung *f*, Schauflug *m*; **a. distance** Flugentfernung *f*; **a.-dried** *adj* luftgetrocknet; **a.drome** *n* [US] Flugplatz *m*, Aerodrom *m/nt*; **a. duct** Luftloch *nt*, L.kanal *m*; **a. engineer** Flugingenieur *m*
air express [US] Lufteilgut *nt*, L.expressfracht *nt*; **~ cargo** Lufteilgut *nt*, L.expressgut *nt*; **~ rate** Luftexpressfracht *f*, L.tarif *m*
air fare(s) Flugpreis *m*, F.kosten *f*; **regular/scheduled a. fare** Linienflug-, Normaltarif *m*; **a. fee** ✉ Luftpostzuschlag *m*; **a.field** *n* Verkehrslandeplatz *m*, Flugfeld *nt*, (Feld)Flugplatz *m*; **a. filter** Luftfilter *m*; **a. flap** Luftklappe *f*; **a. fleet** Luftflotte *f*; **a. flow** Luftstrom *m*; **a. force** ⚔ Luftwaffe *f*
air freight Luft(verkehrs)fracht *f*; **a.freight** *v/t* per Luftfracht versenden; **a. freight bill** Luftfrachtbrief *m*; **~ charges** Luftfrachtkosten
airfreighter *n* 1. Luftfrachtunternehmen *nt*, L.frachter *m*; 2. Frachtflugzeug *nt*
air freight forwarder Luftfrachtführer *m*; **~ forwarding** Luftfrachtspedition *f*, L.geschäft *nt*; **~ service** Frachtflugverkehr *m*, Luftfrachtdienst *m*, L.verkehr *m*; **~ space** Luftfrachtraum *m*; **~ transport(ation)** Luftfrachtbeförderung *f*
air (pressure) ga(u)ge ✪ Druckluftmesser *m*; **a.graph** *n* ✉ Mikrobrief *m*; **a.-ground** *adj* ⚔ Luft-Boden-; **a. gun** Luftgewehr *nt*; **a. hostess** Stewardess *f*, Flugbegleiterin *f*
airing *n* Be-, Entlüftung *f*; **to give sth. an a.** *(fig)* etw. ventilieren *(fig)*
air lane ✈ Luftverkehrsstraße *f*, Flugroute *f*; **a. law** Luftrecht *nt*; **international a. law** internationales Luftrecht; **a.letter** *n* ✉ Luftpostbrief *m*, (Luftpost)Leichtbrief *m*; **a.lift** *n* Luftbrücke *f*
airline *n* Flug-, Luftverkehrsgesellschaft *f*, L.unternehmen *nt*, Luft-, Flug-, Luftverkehrslinie *f*; **nonscheduled a.** nicht fahrplanmäßige verkehrende Fluggesellschaft; **scheduled a.** fahrplanmäßig verkehrende Fluggesellschaft; **state-owned a.** staatliche Fluggesellschaft
airline carrier company Lufttransport-, Luftfahrtgesellschaft *f*; **a. customer** Fluggast *m*; **a. industry** Luftfahrtsektor *m*; **a. network** Flug-, Luftverkehrsnetz *nt*; **a. operations** Flugbetrieb *m*; **a. operator** Luftfahrtunternehmen *nt*
airliner *n* Verkehrs-, Passagier-, Linienflugzeug *nt*, L.maschine *f*; **civil a.** Verkehrsflugzeug *nt*; **commercial a.** im Linienverkehr eingesetztes Flugzeug; **long-range/long-haul a.** Langstrecken-, Fernverkehrsflugzeug *nt*; **medium-range/medium-haul a.** Mittelstreckenflugzeug *nt*; **short-range/short-haul a.** Kurzstreckenflugzeug *nt*; **supersonic a.** Überschall(verkehrs)flugzeug *nt*
airline rate(s) Luftverkehrstarif *m*; **a. service** Flugdienst *m*; **a. ticket** Flugschein *m*, F.karte *f*; **~ center** [US] /**centre** [GB] Flugscheinverkaufsstelle *f*; **a. traffic** Fluglinienverkehr *m*
air link Flug-, Luftverkehrsverbindung *f*; **a. lock** ✪ Luft-, Druckschleuse *f*
air mail ✉ Luft-, Flugpost *f*; **by/via a. m.** per/mit Luftpost; **by express a. m.** per Luftpost Eilboten; **to send a. m.** mit Luftpost senden, auf dem Luftweg befördern
airmail *v/t* per/mit Luftfracht versenden
air mail consignment ✉ Luftpostsendung *f*; **~ edition** (Zeitung) Luftpostausgabe *f*; **~ envelope** Luftpostumschlag *m*; **~ label** Luftpostaufkleber *m*; **~ letter** Luftpostbrief *m*; **~ network** Luftpostnetz *nt*; **~ parcel** Luftpostpaket *nt*, L.service *m*, L.dienst *m*; **~ printed matter** Luftpostdrucksache *f*; **~ rate** Luftpostgebühr *f*, L.porto *nt*, L.tarif *m*; **~ receipt** Luftposteinlieferungsschein *m*; **~ service** Luftpostverkehr *m*, L.dienst *m*; **~ stamp** Luftpost(brief)marke *f*; **~ sticker** Luftpostaufkleber *m*; **~ transfer** Luftpostüberweisung *f*
air|man *n* Flieger *m*; **a. market** Luftverkehrsmarkt *m*; **a. mechanic** ✈ Bordmechaniker *m*; **a. mile** Luftmeile *f*; **A. Ministry** [GB] Luftfahrtministerium *nt*; **a.-miss** *n* Beinahezusammenstoß *m*; **a. moisture** Luftfeuchtigkeit *f*; **a. navigation** Flugnavigation *f*; **a. network** Flug-, Streckennetz *nt*; **a. nozzle** Luftdüse *f*; **a. parcel post** ✉ Luftpaketpost *f*
air passenger Fluggast *m*, F.reisende(r) *f/m*, F.(zeug)passagier *m*; **~ insurance** Fluggastversicherung *f*; **~ kilometre** Fluggastkilometer *m*; **~ mile** Fluggastmeile *f*
air photo Luftbild *nt*; **a. pistol** Luftpistole *f*; **a.plane** *n* [US] Flugzeug *nt*; **a. pocket** Luftloch *nt*, Fallbö *f*; **a. pollutant** Luftschadstoff *m*; **a. pollution** Luftverschmutzung *f*, L.verunreinigung *f*, L.verpestung *f*; **~ abatement/control** Luftreinhaltung *f*
airport Flughafen *m*, F.platz *m*; **free ... a.** frei (Ab)Flughafen; **a. of departure** Ab(gangs)flughafen *m*; **~ destination** Bestimmungsflughafen *m*; **~ dispatch** Verladeflughafen *m*; **~ entry** ⊖ Zollflughafen *m*; **commercial a.** Verkehrs-, Zivilflughafen *m*
domestic airport Binnenflughafen *m*; **major a.** Großflughafen *m*; **marine a.** Wasserflughafen *m*; **regional a.** Regionalflughafen *m*
airport access road; a. feeder Flughafenzubringer (straße) *m/f*; **a. bus** Flughafen(zubringer)bus *m*; **a. construction** Flughafenbau *m*; **a. customs office** Flughafenzollstelle *f*; **a. development/expansion** Flughafenausbau *m*; **a. fire-fighting service** Flughafenfeuerwehr *f*; **a. hotel** Flughafenhotel *nt*; **a. lights** Flughafenbefeuerung *f*; **a. police** Flughafenpolizei *f*; **a. premises** Flughafengelände *nt*; **a. proximity** Flughafennähe *f*; **a. restaurant** Flughafenrestaurant *nt*; **a. security check** Fluggastkontrolle *f*; **a. service charge; a. tax** Flughafengebühr *f*, F.steuer *f*; **a. terminal** (Flughafen)Abfertigungsgebäude *nt*

air poster towing Reklameschlepp *m*; **a. pre-heating** Luftvorheizung *f*; **a. pressure** Luftdruck *m*; ~ **ga(u)ge** ✪ Manometer *nt*, Luftdruckmesser *m*; **a.proof** *adj* luftdicht; **a. pump** Luftpumpe *f*; **a. purification** Luftreinigung *f*; **a. purifier** Luftreiniger *m*; **a. radio** Flugfunk *m*
air raid ⚔ Luftangriff *m*; ~ **alarm** Luftschutzalarm *m*; ~ **protection** Luftschutz *m*; ~ **shelter** Luftschutzbunker *m*, L.keller *m*; ~ **warning** Flugalarm *m*
air receipt Lufttransportbescheinigung *f*; **a. replacement** Luftaustausch *m*; **a. rescue service** Luftrettungsdienst *m*; **a. resistance** Luftwiderstand *m*; **a. risk insurance** Luftversicherung *f*; **a. route** Flugstrecke *f*, F.linie *f*, F.verbindung *f*, Luftstraße *f*, L.(verkehrs)strecke *f*, L.(verkehrs)weg *m*, Flugverkehrslinie *f*; ~ **application** Fluglinienantrag *m*; **a. safety** Flugsicherheit *f*, Sicherheit des Luftraums; **a.screw** *n* Luftschraube *f*, (Flugzeug)Propeller *m*; **a.-sea rescue service** Seenotrettungsdienst *m*; **a.-seasoned** *adj* lufttrocken, luftgetrocknet
air service Luftverkehrs-, Flugdienst *m*; **domestic a. s.** Binnenluftverkehr *m*; **regular/scheduled a. s.** Linienflugdienst *m*, planmäßiger Luftverkehr
air shaft 1. ⚒ Lichtschacht *m*; 2. ☇ Wetterschacht *m*; **a.ship** *n* Luftschiff *nt*; **a. shipment** Luftfrachtsendung *f*; **a. show** Flug-, Luftfahrtschau *f*; **a. shuttle** Luftpendeldienst *m*; **a.sick** *adj* luftkrank; **a. sickness** Flug-, Luftkrankheit *f*; **a. sovereignty** Lufthoheit *f*; **a.space** *n* Luftraum *m*, L.gebiet *nt*; **prohibited a.space** Luftsperrgebiet *nt*; **a. speed** Fluggeschwindigkeit *f*; **a. staff** fliegendes Personal, Flugpersonal *nt*; **a.strip** *n* Flugfeld *nt*, Start- und Landebahn *f*, Behelfsflugplatz *m*; **a. supply** Luftzufuhr *f*; **a. surcharge** ✉ Luftpostzuschlag *m*; **a. taxi** Flug-, Lufttaxi *nt*; **a. tee** Landekreuz *nt*; **a. temperature** Lufttemperatur *f*; **a. terminal** Flughafen(abfertigungs)gebäude *nt*, Terminal *m*, Fluggastabfertigungsgebäude *nt* (in der Innenstadt); **a. ticket** Flugkarte *f*, F.schein *m*; **a.tight** *adj* 1. luftdicht; 2. *(Beweis)* lückenlos, hieb- und stichfest; **a. time** Sendezeit *f*
air tour Flugreise *f*; **a. tourism** Flugtourismus *m*, F.reiseverkehr *m*; **a. tourist** Flugtourist *m*; **a. tour operator** Flugreiseveranstalter *m*
air traffic Luft-, Flugverkehr *m*, F.betrieb *m*; **domestic a. t.** Binnenluftverkehr *m*; **a. t. control** Flugsicherung *f*, F.leitung *f*, F.überwachung *f*, Luftverkehrskontrolle *f*, L.(raum)überwachung *f*, L.aufsicht *f*; ~ **control center** *[US]* /**centre** *[GB]* Flug-, Luftsicherungszentrale *f*; ~ **controller** Fluglotse *m*; ~ **control service** Flugsicherheits-, Flugsicherungsdienst *m*; ~ **control staff** Flugsicherungspersonal *nt*; ~ **regulations** Flugverkehrsvorschriften *pl*, F.bestimmungen *pl*, Luftverkehrsvorschriften *pl*, L.bestimmungen *pl*; ~ **volume** Luftverkehrsaufkommen *nt*
air transport Lufttransport *m*, L.verkehr *m*, Beförderung/Transport auf dem Luftweg, ~ in der Luft, ~ per Flugzeug; **civil a. t.** Zivilluftfahrt *f*; **a. t. agreement** Luftverkehrsabkommen *nt*; ~ **company** Luftverkehrsunternehmen *nt*, L.verkehrsgesellschaft *f*; ~ **industry** Luftverkehrssektor *m*; ~ **insurance** Lufttransportversicherung *f*; ~ **waybill** Flugzeug-, Luft(transport)frachtbrief *m*

air trap ⚒ Windfang *m*
air travel Flugreisen *f*, F.touristik *f*, F.tourismus *m*, Flugreiseverkehr *m*; ~ **accident** Flug(zeug)unfall *m*; ~ **agency** Flugreisebüro *nt*; ~ **insurance** Flugunfallversicherung *f*
air traveller Flugreisende(r) *f/m*; **a. tube/vent** Luftschlauch *m*; **a. war** Luftkrieg *m*; **a. wave** Radiowelle *f*
airway *n* Luft-, Flugstraße *f*, Luftverkehrslinie *f*, L.route *f*, L.verkehrsweg *m*; **a.s** Luftverkehrs-, Fluggesellschaft *f*
air waybill Flugzeug-, Luft(transport)frachtbrief *m*
air well ⚒ Lichthof *m*
airworthiness *n* Flugtauglichkeit *f*, Flug-, Lufttüchtigkeit *f*, L.tauglichkeit *f*; **a. certificate** Flugtauglichkeitsbescheinigung *f*
airworthy *adj* flugtauglich, f.tüchtig, lufttauglich, l.tüchtig
airy *adj* luftig; **a.-fairy** *adj (coll)* versponnen, larifari *(coll)*
aisle *n* (Mittel)Gang *m*, Korridor *m*
akin to *adj* ähnlich
alarm *n* 1. Warnung *f*, Besorgnis *f*, Beunruhigung *f*; 2. Alarm-, Warnanlage *f*; 3. ✪ Läutewerk *nt*; **to raise the a.** Alarm schlagen; **to ring the a.** Sturm läuten; **audible a.** akustisches Signal/Zeichen; **environmental a.** Umweltalarm *m*; **false a.** blinder Alarm, Fehlalarm *m*
alarm *v/t* alarmieren, beunruhigen
alarm bell Alarmglocke *f*; **a. call** Weckruf *m*; ~ **service** Weckdienst *m*
alarmed *adj* beunruhigt
alarming *adj* besorgniserregend, beunruhigend, bedenklich, erschreckend
alarm post Sammelplatz *m*, S.posten *m*; **a. signal** Alarmsignal *nt*, A.zeichen *nt*; **a. system** Warn-, Alarm-, Gefahrenmeldeanlage *f*
albeit *conj* obgleich, wenn auch
alcohol *n* Alkohol *m*; **addicted to a.** alkoholsüchtig; **industrial a.** Industriealkohol *m*; **pure a.** hundertprozentiger Alkohol
alcohol abuse Alkoholmissbrauch *m*; **a. consumption** Alkoholgenuss *m*; **a. content** Alkoholgehalt *m*; **a. duty** Alkoholsteuer *f*
alcoholic *n* Alkoholiker(in) *m/f*, (Gewohnheits)Trinker(in) *m/f*, Trunksüchtige(r) *f/m*; *adj* alkoholisch, alkoholhaltig
alcoholism *n* Alkoholismus *m*, Trunksucht *f*; **chronic a.** Trunksucht *f*
alcotest *n* ⚕ Alkoholtest *m*
alderman *n* Stadtratsmitglied *nt*
aleatory *adj* aleatorisch, riskant
alert *n* Alarm(bereitschaft) *m/f*, Warnsignal *nt*; **to be on the a.** wachsam sein; **red. a.** Großalarm *m*
alert *v/t* alarmieren, in Alarmbereitschaft versetzen; *adj* geistig rege, wachsam
alertness *n* Aufmerksamkeit *f*, Wachsamkeit *f*; **mental a.** geistige Frische
alert phase Alarm-, Bereitschaftsstufe *f*
algae *pl* Algen; **a. bloom** Algenpest *f*
algebra *n* Algebra *f*; **a.ical** *adj* algebraisch, rechnerisch

algol *n* 🕮 Algol *nt*
algorithm *n* Algorithmus *m*; **according to special a.s** nach speziellen Algorithmen
alias *n* angenommener Name, Deckname *m*; **a. writ** [§] Zweitausfertigung eines Vollstreckungsurteils
alibi *n* Alibi *nt*; **to establish one's a.** sein Alibi nachweisen; **to produce/provide an a.** Alibi beibringen; **fabricated a.** konstruiertes Alibi; **perfect a.** einwandfreies Alibi
alien *n* Ausländer(in) *m/f*, Fremde(r) *f/m*; *adj* 1. fremd-, ausländisch; 2. system-, wesensfremd; **undesired a.** unerwünschte Person, unerwünschter Ausländer
alienability *n* Übertragbarkeit *f*, Veräußerlichkeit *f*, Abtretbarkeit *f*
alienable *adj* veräußerlich, übertragbar, abtretbar, zessionsfähig
alienage *n* [US] fremde Staatsbürgerschaft, Ausländerstatus *m*
alienate *v/t* 1. entfremden, verstimmen, verprellen, vor den Kopf stoßen; 2. zweckentfremden, ent-, veräußern; 3. *(Kapital)* abziehen; 4. *(Kunden)* abwerben, abspenstig machen *(coll)*; 5. [§] übereignen, rechtsgeschäftlich übertragen
alienation *n* 1. Entfremdung *f*; 2. Ver-, Entäußerung *f*, Zweckentfremdung *f*; 3. Abwerbung *f*; 4. [§] Übertragung *f*; **a. of capital** Kapitalabzug *m*; **~ an estate** Grundstücksüberschreibung *f*; **a. in mortmain** [§] Veräußerung an die tote Hand; **compulsory a.** Zwangsübertragung *f*, Z.veräußerung *f*; **fraudulent a.** [§] Vermögenshinterziehung *f*, Konkursdelikt *nt*, Vollstreckungsvereitelung *f*; **shop-floor a.** Entfremdung am Arbeitsplatz
alienator *n* [§] Veräußerer *m*
alien|s branch Fremdenpolizei *f*; **a.s department** Ausländeramt *nt*, Fremdenpolizei *f*; **a.s deportation proceedings** Abschiebungsverfahren *nt*
alienee *n* [§] Erwerber(in) *m/f*
aliens law Ausländergesetz *nt*, Fremdenrecht *nt*; **a. office** Ausländeramt *nt*
alienor *n* [§] Veräußerer *m*
aliens passport Fremdenpass *m*
alight *v/i* *(Bus/Bahn)* aussteigen
alight *adj* in Flammen; **to set a.** anzünden, entfachen, entflammen
align (with) *v/t* 1. anpassen, angleichen, harmonisieren, in Einklang bringen (mit); 2. ✿ ausrichten, justieren; 3. 🏛 ausfluchten; 4. 🗎 abgleichen
alignment *n* 1. Anpassung *f*, Harmonisierung *f*, Angleichung *f*, 2. *(Verordnungen)* Annäherung *f*; 3. ✿ Ausrichtung *f*, Justierung *f*; 4. 🏛 Ausfluchtung *f*, Fluchtlinie *f*; 5. 🗎 Abgleich *m*; **a. on price lists** Angleichung an die Preisstaffel; **a. of tariff rates** Angleichung von Zollsätzen; **progressive a.** schrittweise Annäherung; **a. chart** π Nomogramm *nt*, Fluchtlinientafel *f*; **a. policy** Bündnispolitik *f*
aliment *n* [Scot.] Alimente *pl (coll)*, Unterhalt *m*; *v/t* Unterhalt zahlen
alimentary *adj* zum Unterhalt dienend
alimentation of an account *n* Dotierung eines Kontos

alimony *n* [§] Alimente *pl*, Unterhalt *m*, Alimentation *f*, Unterhaltsbetrag *m*, U.leistung *f*; **a. in gross** *(Unterhalt)* Pauschalabfindung *f*
to award alimony Unterhalt zuerkennen; **to claim a.** Unterhaltsanspruch geltend machen; **to pay a.** Unterhalt zahlen/gewähren; **liable ~ a.** unterhaltspflichtig
permanent alimony 1. lebenslängliche Unterhaltsrente; 2. *(Alimente)* laufender Unterhalt; **temporary a.** provisorischer/vorläufiger Unterhalt
alimony payment Unterhaltszahlung *f*; **a. pendente lite** *(lat.)* [§] provisorischer/vorläufiger Unterhalt
alive *adj* 1. lebendig; 2. rege, wachsam; **a. to** aufgeschlossen für; **a. and kicking** *(coll)* gesund/frisch und munter; **to be a.** leben; **~ to sth.** sich einer Sache bewusst sein; **~ buried a.** lebendig begraben werden; **to stay a.** am Leben bleiben
all *adj* alle(s), ganz, vollständig, sämtlich; **above a.** vor allem; **after a.** schließlich; **ex a.** *(Wertpapier)* ausschließlich aller Rechte
all in all insgesamt, alles zusammengenommen; **a. or part of** ganz oder teilweise; **a. of a sudden** ganz plötzlich; **not quite a. there** *(coll)* nicht ganz normal; **a.'s well that ends well** *(prov.)* Ende gut, alles gut *(prov.)*; **to give one's a.** sein Letztes geben, sich alle erdenkliche Mühe geben
allay *v/t* 1. beschwichtigen; 2. *(Angst)* zerstreuen
all-or-nothing clause *n* *(Submission)* Alles-oder-Nichts-Klausel *f*; **a.-clear** *n* ☛ Entwarnung *f*; **to give/sound the a.-clear** entwarnen, Entwarnung geben; **a.-day** *adj* ganztägig
allegation *n* 1. Be-, Anschuldigung *f*, (Tatsachen)Behauptung *f*; 2. [§] Partei-, Prozessbehauptung *f*, Vorbringen *nt*, Tatsachenverdrehung *f*; **a. of fact** Tatsachen-, Klagebehauptung *f*, tatsächliches Vorbringen; **~ faculties** *(Unterhalt)* behauptete Leistungsfähigkeit; **a.s relevant to the issue** rechtserhebliche Behauptungen; **a. of obviousness** *(Pat.)* Einspruch der mangelnden Erfindungshöhe
to deny an allegation Behauptung bestreiten; **to fabricate a.s** Anschuldigungen aus der Luft greifen; **to rebut/refuse/reject an a.** Behauptung/Beschuldigung zurückweisen; **to retract an a.** Behauptung widerrufen
alternative/disjunctive allegation|s [§] Alternativvorbringen *nt*; **precautionary ~ a.** Hilfsvorbringen *nt*; **chief a.** Hauptvorbringen *nt*; **false a.** fälschliche Beschuldigung; **material a.** tatsächliches Vorbringen, wesentliche Prozessbehauptung; **primary and secondary a.** Haupt- und Hilfsvorbringen *nt*; **relevant a.** entscheidungserhebliches Vorbringen; **verifiable a.** nachprüfbare Angaben
allege *v/t* 1. angeben, vorgeben, Behauptung aufstellen; 2. [§] behaupten, aussagen, vorbringen
alleged *adj* angeblich, vorgeblich, vermeintlich
allegiance *n* Treue *f*, Loyalität *f*, Treuepflicht *f*; **a. to the federal government** Bundestreue *f*; **~ a state** Staatstreue *f*; **to owe a.** Gehorsam schulden; **to swap a.s** *(Politik)* ins andere Lager wechseln
all-embracing *adj* allumfassend, alles umfassend
alleviate *v/t* erleichtern, (ab)mildern, verringern, lindern

alleviation *n* Erleichterung *f*, Milderung *f*, Abschwächung *f*, Linderung *f*; **a. of tension** Entspannung *f*
alley(way) *n* Gasse *f*; **back a.** Seitengasse *f*; **blind a.** Sackgasse *f*; **to finish up in a ~ a.** sich in eine Sackgasse manövrieren; **~ - a. job** Beruf ohne Aufstiegsmöglichkeiten
alliance *n* 1. Allianz *f*, Bund *m*, Ehe *f (fig)*, Bündnis *nt*, Bundesgenossenschaft *f*; 2. Kartell *nt*; **to form an a.** Bündnis schließen; **defensive a.** Schutzbündnis *nt*, Sicherheitsabkommen *nt*, Schutz- und Trutzbündnis *nt*; **economic a.** Wirtschaftsbündnis *nt*; **joint a.** [§] Gesellschaft bürgerlichen Rechts (GbR); **secret a.** Geheimbündnis *nt*; **strategic a.** strategische/Allianz Zusammenarbeit; **a. policy** Bündnispolitik *f*
allied *adj* verbündet, verwandt
all|-important *adj* äußerst wichtig; **a.-in; a.-inclusive** *adj* alles inbegriffen, gesamt, global, Pauschal-, pauschal, allumfassend; **a.-insurance** *n* Pauschalversicherung *f*
allision *n* ⚓ seitliche Schiffskollision *f*
allocat|ability *n* Zurechenbarkeit *f*; **a.able** *adj* zurechenbar, zuteilbar, aufteilbar
allocate *v/t* 1. zuteilen, zuweisen, auf-, verteilen, 2. rationieren, quotieren, kontingentieren; 3. umlegen, zuordnen, bewirtschaften, 4. zuschlagen, dotieren, zur Verfügung stellen, (zu)rückstellen; 5. verrechnen, bemessen; **a. to** *(Kosten)* umlegen auf, verrechnen auf, zumessen
allocated *adj* verteilt
allocation *n* 1. Zuteilung *f*, An-, Zuweisung *f*, Zuordnung *f*, Zurechnung *f*, Aufteilung *f*, Umlage *f*; 2. *(Auftrag)* Vergabe *f*; 3. Kontingent *nt*, Quote *f*, 4. Bereitstellung *f*; 5. anteilmäßige Festsetzung, Bemessung *f*; 6. Verrechnung *f*, Dotation *f*, Zumessung *f*; 7. *(Bebauungsplan)* Ausweisung *f*; 8. *(Effekten)* Repartierung *f*; 9. *(Einzelhandel)* Limit *nt*
allocation of accounts; a. to an account Kontendotierung *f*, Kontierung *f*; **a. of blame** Schuldzuweisung *f*; **~ budget funds** Bereitstellung von Haushaltsmitteln; **~ contracts** Auftragslenkung *f*; **~ cost(s)** Kostenumlage *f*, K.verrechnung *f*, Verteilung der Kosten, Kostenaufteilung *f*; **systematic periodic ~ cost(s)** Verteilung der Anschaffungs- und Herstellungskosten; **~ indirect cost(s)** Umlage/Umlegung von Gemeinkosten; **~ credits** Kreditbereitstellung *f*, Bereitstellung von Krediten; **~ currency** Devisenzuteilung *f*; **~ customers** Zuteilung von Kundschaft; **~ duties** Aufgaben-, Geschäftsverteilung *f*; **~ earnings** Erfolgszurechnung *f*; **~ foreign exchange** Devisenzuteilung *f*; **~ expenditure** Ausgabenzuweisung *f*; **~ expense not related to the operational purpose** sachliche Abgrenzung; **~ expense unrelated to the accounting period** zeitliche Abgrenzung; **~ export quotas** Exportkontingentierung *f*; **~ funds** Finanzierung *f*, Mittelbereitstellung *f*, M.verteilung *f*, M.bewilligung *f*, Liquiditätsausstattung *f*, Kapital-, Geldbewilligung *f*, Zuweisung/Zuteilung/Vergabe von Mitteln; **a. to special items including reserve portions** Einstellung in Sonderposten mit Rücklagenanteil; **a. of jurisdiction** Kompetenzzuweisung *f*; **~ labour/manpower** Arbeitskräfteverteilung *f*, A.einsatz *m*, Arbeitsaufteilung *f*, Zuweisung/Verteilung von Arbeitskräften; **~ labour cost(s)** Lohnkostenverteilung *f*; **a. to liquidation of reserves** Rücklagenbewegung *f*; **a. of market territories** Marktaufteilung *f*; **~ money** Zuweisung von Geldmitteln; **~ overheads** Gemeinkostenaufteilung *f*, Verteilung der Geschäftsunkosten; **a. from premiums** Einstellung des Aufgeldes aus Kapitalerhöhungen; **~ profits** Zuwendung aus Reingewinn; **a. of profits** Gewinnzurechnung *f*; **~ quotas** Verteilung von Kontingenten
allocation to reserves Zuweisung an die Reserven/Rücklagen, Einstellung in die Rücklagen, Dotierung der Reserven/Rücklagen, Reservestellung *f*, Zuführung zu den Rücklagen, Rücklagendotierung *f*, Reservezuweisung *f*; **~ reserves for annuity** Rentendeckungsrücklagen *pl*; **~ declared reserves** Einstellung in die offenen Rücklagen; **~ special reserves** Einstellung in Sonderposten mit Rücklagenanteil
allocation of resources Mittelverwendung *f*, Faktor-, Ressourcenallokation *f*, Verwendung von Mitteln; **inefficient ~ resources** Verfehlung des Allokationsoptimums; **optimum ~ resources** optimale Nutzung der Produktionsfaktoren
allocation of responsibilities Aufgaben-, Zuständigkeitsverteilung *f*; **~ revenue(s) and expenses to the applicable accounting period** Periodenabgrenzung(en) *f/pl*; **~ rights and duties** Kompetenzverteilung *f*; **~ samples** Stichprobenaufteilung *f*; **~ seats** Sitzverteilung *f*; **~ securities** Stückezuteilung *f*
allocation of shares *[GB]* **/stocks** *[US]* Aktienzuteilung *f*, Zuteilung von Aktien; **~ shares in a quota** Aufteilung eines Kontingents; **~ new shares** Bezug neuer Aktien
allocation of storage 🖳 Speicherplatzzuordnung *f*; **a. from the annual surplus** Einstellung aus dem Jahresüberschuss; **a. of tasks** Aufgabenverteilung *f*; **~ the tax base** Zerlegung des Steuermessbetrages; **a. by tender** Vergabe im Submissionswege; **a. of variances** Abweichungsverteilung *f*; **~ work** Arbeitsaufteilung *f*, A.zuteilung *f*; **~ available work** Aufteilung der verfügbaren Arbeit
annual allocation jährliche Bereitstellung; **financial a.** Mittelzuweisung *f*; **fixed-cost a.** Fixkostenumlage *f*; **initial a.** 1. Mindestausstattung *f*, originäre Ausstattung; 2. *(Kredit)* Erstausstattung *f*; **judicial a.** gerichtliche Zuweisung; **lump-sum a.** Pauschalzuteilung *f*, P.zuweisung *f*, P.zuwendung *f*; **once-for-all a.** einmalige Ausstattung; **preliminary a.** vorläufige Bereitstellung; **special a.** Sonderzuteilung *f*, S.zuweisung *f*
allocation account Bereitstellungs-, Verrechnungskonto *nt*; **a. base** Zuschlagsbasis *f*, Zuschlags-, Verrechnungsgrundlage *f*; **a. committee** Bewilligungs-, Zuteilungsausschuss *m*; **a. conflict** Verteilungskonflikt *m*; **a. expectancy** Zuteilungsanwartschaft *f*; **(basic) a. formula** Zuteilungs-, Verteilungs-, Umlageschlüssel *m*, Zuweisungsformel *f*; **a. fund** Zuteilungsfonds *m*, Z.masse *f*
allocation method Zuordnungsmethode *f*, Umlagever-

fahren *nt*; **direct a. m.** direktes Umlageverfahren; **reciprocal a. m.** Verfahren zur Verrechnung von innerbetrieblichen Leistungen bei gegenseitigem Leistungsaustausch; **step-down a. m.** stufenweises Umlageverfahren
allocation problem Zuordnungsproblem *nt*; **a. quota** Zuteilungsquote *f*; **a. ratio** Aufteilungsverhältnis *nt*; **a. scheme** Zuteilungs-, Aufteilungsplan *m*; **a. system** Zuteilungs-, Bewirtschaftungssystem *nt*
allocative *adj* Zuweisungs-
allocatur *(lat.)* **of cost(s)** *n* [§] Kostenfestsetzungsbescheid *m*, K.beschluss *m*
allo|dial *adj* [§] zinsfrei, erbeigen; **a.dium** *n* Erbgut *nt*, Allod *nt*
allonge *n* *(frz.)* 1. Allonge *f*, Anhang *m*, 2. *(Wechsel)* Verlängerungsstück *nt*, V.zettel *m*
allot *v/t* 1. ver-, zuteilen, aufteilen, 2. bewilligen, zuerkennen, zuweisen, zumessen, vergeben; 3. rationieren, quotieren, 4. durch Los ziehen; **a. in full** voll zuteilen
allotment *n* 1. Zuteilung *f*, Zuordnung *f*, Zuweisung *f*, Verteilung *f*, Zumessung *f*, 2. (Aktien)Repartierung *f*, Lieferung *f*, Zuschlag *m*, Bezugsberechtigung *f*; 3. Parzelle *f*, kleines Grundstück, Schrebergarten *m*
allotment of securities Wertpapierzuteilung *f*; **~ shares** *[GB]* **/stocks** *[US]* Aktienzuteilung *f*; **limited a.** beschränkte Zuteilung; **partial a.** Teilzuteilung *f*
allotment certificate 1. Bezugsrechtszuteilung *f*, B.bescheinigung *f*; 2. Zuteilungsanzeige *f*, Z.schein *m*; **a. day** Bezugstag *m*; **a. gardens** Schrebergarten-, Laubenkolonie *f*; **a. holder** Klein-, Schrebergärtner *m*; **a. letter** Mitteilung über Aktienzuteilung, Bezugsrechtsmitteilung *f*, Zuteilungsschein *m*, Z.anzeige *f*, Z.brief *m*, Z.benachrichtigung *f*, Z.mitteilung *f*; **renounceable a. letter** unverbindliche Zuteilung; **a. money** Zuteilungsbetrag *m*; **a. note** ⚓ Heuerabtretungsschein *m*; **a. price/rate** Zuteilungskurs *m*, Z.preis *m*; **a. right** Zuteilungsrecht *nt*; **a. sheet** Aktienzeichnungsliste *f*; **a. system** Zuteilungsverfahren *nt*; **a. yield** Bezugsrechtserlös *m*
allotted *adj* zugeteilt; **a. to** bestimmt für
allottee *n* Abtretungsbegünstigte(r) *f/m*, Bezugsberechtigte(r) *f/m*, Zuteilungsempfänger(in) *m*, Zeichner(in) *m/f*
all-out *adj* total, uneingeschränkt
allow *v/t* 1. erlauben, genehmigen, gestatten, zulassen; 2. gewähren, zubilligen, zugestehen, einräumen, stattgeben; 3. ermöglichen, bieten; 4. anerkennen, anrechnen; 5. zuerkennen, vergüten; **a. for** berücksichtigen, in Betracht ziehen, in Rechnung stellen, in Anschlag bringen, einplanen, einrechnen, Rechnung tragen, einkalkulieren; **a. so. in** jdm Aufnahme gewähren; **a. for** berücksichtigen, **a. in full** voll vergüten; **not to a. matters to rest there** die Angelegenheit(en) nicht auf sich beruhen lassen; **a. so. to speak** jdm das Wort erteilen
allowability *n* Anrechenbarkeit *f*, Anrechnungsmöglichkeit *f*
allowable *adj* 1. erlaubt, zulässig, statthaft; 2. (steuerlich) abzugsfähig, abziehbar, berücksichtigungs-, anrechnungsfähig, absetzbar, anrechenbar
allowance *n* 1. Beihilfe *f*, Zuschuss *m*, Zulage *f*, Bonifikation *f*; 2. Portion *f*, Kostgeld *nt*; 3. Taschengeld *nt*; 4. (Orts)Zuschlag *m*, Zuteilung *f*, Ration *f*, Deputat *nt*, Besoldungszulage *f*, 5. Vergütung *f*, Entschädigung *f*; 6. Gewährung *f*, Ermäßigung *f*, Nachlass *m*; 7. Rückvergütung *f*; 8. Bewilligung *f*; 9. (Steuer)Freibetrag *m*, Absetzung *f*, Abzug *m*, Anrechnung *f*; 10. ⊖ zollfreie Menge; 11. Abschreibungsquote *f*, Wertberichtigungsposten *m*; 12. ✿ Abweichung *f*; 13. *(REFA)* Verteilzeit *f*; **after a. for** nach Abzug von
allowance for bad and doubtful accounts Abschreibung auf Forderungen; **~ doubtful accounts** Wertberichtigungen auf zweifelhafte Forderungen, Delkrederewertberichtigungen *f*; **general ~ doubtful accounts** Pauschalwertberichtigungen zu Forderungen; **~ board** Verpflegungsgelder *pl*; **~ extraordinary financial burdens** Freibetrag für außergewöhnliche Belastungen; **~ children** 1. Kinderzulage *f*; 2. Kinderfreibetrag *m*; **a. of a claim** Anerkennung einer Forderung; **~ cost** Kostenanerkenntnis *f*; **a. for bad/doubtful debts** Dubiosenrückstellung *f*, Rückstellung für Dubiose, Wertberichtigung für zweifelhafte Forderungen; **~ dependants/dependents** 1. *(Steuer)* Familienabzug *m*, Steuernachlass für unterhaltsberechtigte Angehörige; 2. Familienunterstützung *f*, F.beihilfe *f*; **~ depletion** Wertberichtigung auf Substanzverringerung; **~ depreciation** Wertberichtigung auf das Anlagevermögen, Abschreibung für Abnutzung (AfA), Abschreibungsrücklage *f*, A.rücklage *f*, A.reserve *f*, A.fonds *m*, Entwertungsrücklage *f*; **a. of a discount** Nachlass-, Skontogewährung *f*, Diskonteinräumung *f*; **a. for special exenditure** Aufwandsentschädigung *f*; **lump-sum ~ expenditure** pauschalierte Sonderausgabe; **a. per head** Kopfgeld *nt*; **a. against other income** sonst gewährte Steuerfreibeträge; **a. for interest(s)** Zinsvergütung *f*; **a. in kind** 1. Sachleistung *f*, S.zuwendung *f*, Nebenleistung in Sachform, Naturalerfüllung *f*; 2. ⚖/📦 Deputat *nt*; **a. for losses on investments** Wertberichtigungen auf Beteiligungen; **~ possible loan losses** Wertberichtigung auf Forderungen aus Krediten; **a. in money** Geldzuweisung *f*; **a. for the served part of another sentence** Strafanrechnung *f*; **~ patient's dependants/dependents** Hausgeld *nt*; **a. per person** Kopfgeld *nt*; **a. for readjustments** Vorsorge für Berichtigungen; **daily a. during sickness** Krankengeldtagesatz *m*; **a. against tax** steuerliche Absetzung; **blanket a. for travelling** Reisekostenpauschbetrag *m*; **a. for wear and tear** *(Steuer)* Absetzung für Abnutzung (AfA)
to claim an allowance Steuerfreibetrag in Anspruch nehmen; **to exceed one's a.** seinen Etat überschreiten; **to grant an a.** Zuschuss bewilligen/gewähren; **to make an a.** Rabatt/Nachlass gewähren; **~ a. for** berücksichtigen, zugute halten, in Anschlag bringen; **~ a. for so.** mit jdm Nachsicht haben; **~ due a. for** eskomptieren; **~ a. for losses** Verluste berücksichtigen, der Rückstellung für Verluste zuführen; **~ a. for the pre-trial confinement** Untersuchungshaft anrechnen; **to split an a.** Steuerfreibetrag aufteilen/splitten
accelerated allowance beschleunigte Abschreibung,

Kurzabschreibung *f*; **annual a.** Jahresabschreibung *f*, J.freibetrag *m*, Abschreibung für Anlagegüter; **basic a.** *(Steuer)* Grundbetrag *m*; **blanket a.** Pauschbetrag *m*, Vorsorgepauschale *f*; ~ **for special expenses** Sonderausgabenpauschbetrag *m*; **compassionate a.** Witwen- und Waisengeld *nt*; **constructive a.** Bewilligung kraft gesetzlicher Auslegung; **daily a.** Tage(s)geld *nt*, Tagesspesen *pl*; **per diem** *(lat.)* **a.** Tage(s)geld *nt*, tägliche Vergütung; **differential a.** Qualifikationszulage *f*; **discretionary a.** frei disponierbarer/verfügbarer Betrag; **duty-free a.** ⊖ Zollfreibetrag *m*, Z.menge *f*, Z.kontingent *nt*, Freigrenze *f*, F.menge *f*; **executive a.** Vergütung für leitende Angestellte; **fixed/flat-rate a.** Fixum *nt*, Pauschalbeitrag *m*; **functional a.** Funktionszulage *f*; **general a.** Tariffreibetrag *m*; **individual a.** individuelle Wertberichtigung *f*; **initial a.** *(Steuer)* erhöhte Sonderabschreibung, Einmal-, Sofortabschreibung *f*, Sonderabschreibung für Neuanschaffungen; **local a.** Ortszuschlag *m*; **lubricating a.** ✪ Schmierzuschlag *m*; **married a.** Steuerfreibetrag für Verheiratete; **maximum a.** Höchstfreibetrag *m*; **minimum a.** Mindestfreibetrag *m*; **monthly a.** Monatswechsel *m*; **non-recurring a.** einmalige Zuwendung; **overnight a.** Übernachtungsgeld *nt*; **overseas a.** Auslandszulage *f*; **personal a.** *(Steuer)* abzugsfähiger Betrag, Grundfreibetrag *m*, persönlicher Freibetrag, Freibetrag für Ehegatten und Kinder, Familienabzug *m*, Arbeitnehmer-, Einkommensteuerfreibetrag *m*, E.grenze *f*; **pre-tax a.** Vorsteuerabzug *m*; **professional a.** *(Freiberufler)* Werbungsaufwand *m*, W.kosten *pl*; **quarterly a.** Quartalgeld *nt*; **residential a.** Ortszulage *f*; **scant a.** knappe Zuteilung; **seasonal a.** Frühbezugsrabatt *m*; **secretarial a.** Schreib(bei)hilfe *f*, Sekretariatszuschlag *m*; **short-time a.** Kurzarbeitergeld *nt*; **social a.** Aufwandsentschädigung *f*; **special a.** 1. Sonderzuwendung *f*, Extravergütung *f*, Funktionszulage *f*; 2. *(Steuer)* Sonderausgabe *f*, S.freibetrag *f*, S.abschlag *m*, S.wertberichtigung *f*; 3. Aktionsrabatt *m*; **standard a.** Pauschale *f*; **stipendiary a.** Gehalt *nt*, Bezüge *pl*; **supplementary a.** ergänzende Beihilfe, Nachbewilligung *f*, zusätzliche Vergütung; **tax-free a.** (Steuer)Freibetrag *m*; **basic ~ a.** Grundfreibetrag *m*; **weekly a.** Wochengeld *nt*, wöchentliche Zuwendung; **weighted a.** Ortszuschlag *m*
allowance entitlement Anspruch auf Freibeträge; **a.s factor** Zeitzuschlagsfaktor *m*
allowed *adj* erlaubt, zulässig, statthaft; **not a.** unzulässig
allowing for unter Berücksichtigung; **after a. for** nach Berücksichtigung von
alloy *n* ⌁ Legierung *f*; **super a.** hochwertige Legierung; **white a.** Weißmetall *nt*
alloy *v/i* Metalle legieren, versetzen
all|-party *adj* Allparteien-; **a.-powerful** *adj* allmächtig; **a.-purpose** *adj* Allzweck-, multifunktional, universell; **a.-round** *adj* vielseitig; **a.-steel** *adj* Ganzstahl-; **a.-time** *adj* beispiellos, noch nie dagewesen, historisch, absolut, Allzeit-, Rekord-; **a. told** *(coll)* insgesamt
al|lude to *v/i* anspielen auf; **a.lusion** *f* Anspielung *f*, versteckter Hinweis
all-weather *adj* Allwetter-

ally *n* Verbündete(r) *f/m*, Bundesgenosse *m*, B.genossin *f*
alms *pl* Almosen *nt*, milde Gabe; **to live on a.** von Almosen/Spenden leben; **a. dish** Opferteller *m*
alone *adj* allein; **let a.** geschweige denn, ganz zu schweigen von, schon gar nicht; **quite a.** allein auf weiter Flur *(coll)*; **to go it a.** etw. im Alleingang tun; **to stand a.** allein dastehen
along *adv* entlang; **all a.** (the line) auf der ganzen Linie; **to go a. with** mitziehen
along|shore *adv* längs der Küste; **a.side** *prep* neben; *adv* ⚓ längs(seits)
to keep/remain aloof *adv* sich abseits halten, auf Distanz halten, sich nicht einmischen
alphabet *n* Alphabet *nt*; **manual a.** Fingeralphabet *nt*; **telegraph(ic) a.** Telegrafenalphabet *nt*; **a.ical** *adj* alphabetisch
alpha|meric *adj* 🖳 alphamerisch; **a.numeric** *adj* alphanumerisch
to be an also-ran *n* *(fig)* ferner liefen *(fig)*
alter *v/t* (ver)ändern, umändern, abändern, umgestalten; **a.able** *adj* abänderlich, änderungsfähig, abänderbar
alteration *n* (Ver-/Um)Änderung *f*, Umarbeitung *f*, Umgestaltung *f*; **a.s** Umbau *m*; **subject to a.** 1. Änderungen vorbehalten, vorbehaltlich Änderungen; 2. *(Angebot)* freibleibend
alteration of the articles of association Satzungsänderung *f*, Veränderung der Satzung; **~ a balance sheet** Bilanzänderung *f*; **~ checks** [US] /**cheques** [GB] Scheckbetrug *m*; **~ a contract** Vertragsänderung *f*; **unauthorized ~ documents** unbefugte Änderung von Urkunden; **~ a law** Gesetzesänderung *f*; **~ rights** Rechtsänderung *f*; **fraudulent ~ civil status** Personenstandsänderung *f*; **~ a will** Testamentsänderung *f*
to make alterations (Ab)änderungen vornehmen
colourable alteration scheinbare Patentabänderung zu Umgehungszwecken, Patentumgehung *f*; **material a.** *(Dokument)* wesentliche Veränderung; **prohibited a.** Änderungsverbot *nt*; **structural a.** Strukturveränderung *f*
alternate *n* [US] Vertreter(in) *m/f*; *v/i* alternieren, wechseln, sich abwechseln; *adj* abwechselnd, wechselseitig
alternation *n* Wechselfolge *f*, Wechsel *m*, Abwechslung *f*
alternative *n* Alternative *f*, Ausweich-, Wahlmöglichkeit *f*; **to have no a.** keine andere Wahl haben
alternative *adj* alternativ, wahl-, wechselweise, Ersatz-; **a.ly** *adv* 1. im anderen Falle, ersatz-, wahlweise, 2. [§] hilfsweise
alternator *n* ⚡ Lichtmaschine *f*
alter operation 🖳 Eingabeoperation *f*
alti|graph *n* Höhenschreiber *m*; **a.meter** *n* Höhenmesser *m*; **a.tude** *n* Höhe *f*
altogether *adv* insgesamt, vollständig, völlig
altru|ism *n* Uneigennützigkeit *f*, Altruismus *m*; **a.istic** *adj* altruistisch, uneigennützig
aluminium [GB] /**aluminum** *n* [US] Aluminium *nt*; **primary a.** Rohaluminium *nt*; **a. industry** Aluminiumindustrie *f*; **a. processing** Aluminiumweiterverarbeitung *f*; **a. smelter** Aluminiumhütte *f*

alumnus *n* *(lat.)* ehemaliger Student
a.m. (ante meridiem) *(lat.)* Zeit von null Uhr bis Mittag
amalgam *n* Amalgam *nt*, Mischung *f*, Gemenge *nt*, enge Verbindung; **to forge an a.** Fusion herbeiführen
amalgamate *v/ti* (sich) vereinigen, verschmelzen, (sich) zusammenlegen, z.fassen, z.schließen, fusionieren, amalgamieren; **a.d** *adj* vereinigt, zusammengeschlossen
amalgamation *n* Verbindung *f*, Vereinigung *f*, Verschmelzung *f*, Zusammenschluss *m*, Z.legung *f*, Fusion *f*; **a. of production facilities** Zusammenlegung von Betriebsstätten; **a. tax** Fusionssteuer *f*
amanuensis *n* *(lat.)* Transkribent *m*, Stenograf *m*
amass *v/t* anhäufen; **a.ing of capital** *n* Kapitalansammlung *f*
amateur *n* Amateur *m*, Laie *m*, Nichtfachmann *m*, Dilettant *m*; **a.ish** *adj* stümperhaft, unfachmännisch, dilettantisch
amaurosis *n* ⚕ schwarzer Star
amaze *v/t* erstaunen, verblüffen, in Erstaunen versetzen; **to be a.d** *adj* staunen
amazement *n* (Er)Staunen *nt*, Verwunderung *f*; **to gape in a.** Mund und Nase aufsperren *(coll)*
amazing *adj* verblüffend, erstaunlich, verwunderlich
ambassador *n* Botschafter *m*, Gesandter *m*
amber *n* Bernstein *m*; *adj* 1. bernsteinfarben; 2. 🚦 *(Verkehrsampel)* gelb
ambiguity *n* Mehr-, Zweideutigkeit *f*, Doppelsinn *m*, Unklarheit *f*; **latent a.** versteckte Mehrdeutigkeit; **patent a.** offenkundige Mehrdeutigkeit
ambiguous *adj* mehr-, zweideutig, unklar, doppelsinnig, d.deutig, missverständlich
ambit *n* Zuständigkeitsgrenze *f*, Z.bereich *m*, Geltungsbereich *m*
ambition *n* Ehrgeiz *m*, Streben *nt*; **unbound/unbridled a.** hemmungsloser/schrankenloser Ehrgeiz
ambitious *adj* 1. ehrgeizig, strebsam, aufstrebend; 2. *(Ziel)* hochfliegend, weitgestreckt
ambivalent *adj* zwiespältig, gespalten, doppelgesichtig
ambulance *n* ⚕ Krankenwagen *m*, Rettungsfahrzeug *nt*, R.wagen *m*; **a. man** Sanitäter *m*; **a. service** Krankentransport-, Rettungsdienst *m*; **a. station** *n* Sanitätswache *f*; **a. vehicle** Krankenwagen *m*, Rettungswagen *m*, R.fahrzeug *nt*
amelioration *n* 1. 🌾 (Ver)Besserung *f*, Melioration *f*; 2. Preissteigerung *f*; **a. works** Meliorationsarbeiten
amen|ability *n* Zugänglichkeit *f*; **a.able** *adj* zugänglich, ansprechbar
amend *v/t* 1. berichtigen, ergänzend (ab)ändern, Abänderungen vornehmen, reformieren, ergänzen; 2. *(Gesetz)* ergänzen, novellieren
amends *pl* Wiedergutmachung *f*, Satisfaktion *f*; **to make a. for sth.** etw. wieder gutmachen
amendable *adj* 1. behebbar; 2. *(Gesetz)* ergänzungsfähig
amende *n* *(frz.)* Geldstrafe *f*
amended *adj* abgeändert, revidiert; **as a.** in der Fassung von, mit späteren Änderungen
amende-honorable *n* *(frz.)* Ehrenerklärung *f*

amendment *n* 1. (Ab)Änderung *f*; 2. Verbesserung *f*, Berichtigung *f*, 3. Zusatz *m*, Ergänzungsvorschlag *m*; 4. *(Gesetz)* Novelle *f*, Ergänzung *f*, Ergänzungs-, Nachtragsgesetz *nt*, Gesetzesänderung *f*, G.novelle *f*, Novellierung *f*; 5. Zusatzerklärung *f*; **a.s** §̄ Klagebeilage *f*
amendment of action §̄ Klage(ab)änderung *f*; **~ charter** Satzungsänderung *f*; **~ a claim** Anspruchsänderung *f*; **~ the court by its own motion** Berichtigung von Amts wegen; **~ a judgment** §̄ Urteilsabänderung *f*, U.ergänzung *f*; **~ a law** Änderung eines Gesetzes, Gesetzesänderung *f*; **~ the law relating to joint-stock companies** Aktienrechtsreform *f*; **~ antitrust legislation** Kartellrechtsnovelle *f*; **~ a patent** Verbesserung eines Patents; **~ pleadings** §̄ Klageänderung *f*; **~ a policy** *(Vers.)* Zusatz zu einer Police, Ergänzung einer Police; **~ a provision** Änderung einer Vorschrift; **~ the statutes** Satzungsänderung *f*; **~ the stock laws** Aktienrechtsreform *f*; **~ terms** Änderung der Bedingungen
to adopt amendment|s *(Parlament)* Abänderungen annehmen; **to make an a.** Änderung vornehmen, Zusatz machen, Verbesserungsantrag vorbringen; **to move/propose/table an a.** (Ab)Änderung beantragen, Änderungsantrag einbringen
constitutional amendment Verfassungsänderung *f*; **narrowing a.** einschränkende Änderung
amendment act Gesetzesnovelle *f*, Änderungs-, Anpassungsgesetz *nt*; **a. bill** Gesetzabänderungsvorlage *f*
amenity *n* 1. Annehmlichkeit *f*; 2. Freizeitanlage *f*; **basic/standard a.** 🏠 Grundausstattung *f*; **civic/public a. site** Mülldeponie *f*, Entsorgungspark *m*; **public amenities** öffentliche Anlagen/Einrichtungen; **~ a. function** Wohlfahrtsfunktion *f*
amerce *v/t* Geldbuße auferlegen
American Bankers Association amerikanischer Bankenverband; **A. Depository Receipt (ADR)** *[US]* Hinterlegungsurkunde (für europäische und japanische Aktien) amerikanischer Banken; **A. Experience Tables** *[US]* amtliche Sterblichkeitstafeln; **A. Federation of Labor/Congress of Industrial Organizations (AFL/CIO)** Dachverband der amerikanischen Gewerkschaften, amerikanischer Gewerkschaftsbund; **A. Institute Clauses** *(Seevers.)* Ausschluss der Ausgleichspflicht von Mitversicherten; **A. Selling Price System** amerikanisches Herstellungspreisverfahren; **A. Standards Association (ASA)** amerikanisches Normenbüro, amerikanischer Normenverband; **~ of Transports and Materials (ASTM)** amerikanische Normen für Transport und Werkstoffe
Amex (American Stock Exchange) *n* amerikanische Aktienbörse
amic|able *adj* einvernehmlich, gütlich, außergerichtlich; **a.ably** *adv* auf gütlichem Wege, gütlich, schiedlich-friedlich
amicus (curiae) *n* *(lat.)* §̄ sachverständiger Berater des Gerichts über Spezialfragen oder fremdes Recht
amidship(s) *adv* ⚓ mittschiffs
amiss *adv* verkehrt, nicht in Ordnung, verfehlt; **to be a.** nicht in Ordnung sein, nicht stimmen; **to take a.** übel/krumm *(coll)* nehmen

(liquid) ammoni|a *n* ◊ Salmiakgeist *m*; **a.um chloride** *n* Salmiak *m*
ammunition *n* Munition *f*; **live a.** scharfe Munition; **a. dump** Munitionsdepot *nt*; **a. factory** Munitionsfabrik *f*
amnesia *n* Erinnerungsverlust *m*; **partial a.** Gedächtnis-, Erinnerungslücke *f*
amnesty *n* Amnestie *f*, (allgemeiner) Straferlass, (allgemeine) Begnadigung; **to grant an a.** Amnestie gewähren; **general a.** Generalamnestie *f*; **a. act** Amnestiegesetz *nt*
amok *n* Amok *m*; **to run a.** Amok laufen
among others *prep* unter anderem (u. a.)
amortizable *adj (coll)* amortisierbar, abschreibbar, tilgbar
amortization *n* 1. *(Steuer)* Absetzung für Abnutzung (AfA); 2. Amortisierung *f*, Amortisation *f*, 3. *(immaterielle Anlagen)* Abschreibung *f*; 4. (Schulden)Tilgung *f*, periodische Rückzahlung von Schulden; 5. [§] Veräußerung von Grundstücken; **free of a.** tilgungsfrei
amortization of accruals and deferrals *(Bilanz)* Auflösung von Rechnungsabgrenzungsposten; **~ debts** periodische Rückzahlung von Schulden; **~ goodwill** Abschreibung auf den Geschäftswert; **~ interest** Zinskapitalisierung *f*; **~ a loan** 1. Kreditrückfluss m, Darlehensrückzahlung *f*, D.tilgung *f*; 2. Anleihetilgung *f*; **a. by lot** Tilgung durch Ziehungen
accumulated amortization Wertberichtigung auf immaterielle Vermögenswerte; **full a.** Vollamortisation *f*; **partial a.** Teilamortisation *f*
amortization allowance *(Steuer)* Abschreibungsfreibetrag *m*; **a. charges** Abschreibungslasten; **full a. contract** Vollamortisierungsvertrag *m*; **a. fund** Tilgungs-, Einlösungsfonds *m*, Rücklagen zur Abschreibung langfristiger Anlagegüter, Tilgungsstock *m*; **a. instalment** Amortisierungsquote *f*; **a. loan** Amortisationsanleihe *f*, A.hypothek *f*, Tilgungsanleihe *f*, T.schuld *f*, T.kredit *m*; **a. mortgage** Tilgungs-, Amortisationshypothek *f*; **a. payment** Tilgung(sleistung) *f*, Amortisationszahlung *f*; **a. payments** Tilgungsdienst *m*; **a. rate** Tilgungsrate *f*, T.satz *m*; **a. reserve** Rückstellungen für Abschreibung, ~ zur Erneuerung langfristiger Anlagegüter; **a. schedule** 1. Tilgungs-, Amortisationsplan *m*; 2. Tilgungsprogression *f*; **a. term** Tilgungsfrist *f*
amortize *v/t* 1. amortisieren, abschreiben, 2. tilgen, abzahlen
amotion *n* 1. Abberufung *f*, Amtsenthebung *f*, 2. Entsetzung *f*, Besitzentziehung *f*
amount *n* 1. Betrag *m*, Menge *f*, Summe *f*, Bestand *m*, Höhe *f*; 2. *(Darlehen)* Valuta *f*; 3. *(Konto)* Stand *m*; **any a.** beliebiger Betrag; **in one a.** *(Geld)* auf einmal; **to the a. of** im Betrag/Wert von
amount of annuity Rentenendwert *m*, R.betrag *m*; **accumulated ~ annuity** Rentenendwert *m*; **a. in arrear(s)** rückständiger Betrag; **a. of assets** Vermögenshöhe *f*, V.betrag *m*; **a. at beginning of period** Anfangsbestand *m*, Ausgangsstand *m*; **a. of a bill** 1. Rechnungsbetrag *m*; 2. Wechselsumme *f*; **~ capital** Höhe des Kapitals, Kapitalhöhe *f*, K.betrag *m*; **~ capital employed** investiertes Kapital, Kapitalanlagevolumen *nt*; **~ fiscal charges** Abgabenhöhe *f*; **a. in cash** Bar(geld)betrag *m*, B.bestand *m*, B.vorrat *m*; **a. of the check** *[US]* /**cheque** *[GB]* Scheckbetrag *m*; **~ claim** Schadenssumme *f*; **a. for collection** Inkassobetrag *m*; **a. of compensation** Abfindungs-, Entschädigungssumme *f*; **~ the fixed component** fester Teilbetrag; **~ consideration** Vergütungs-, Entschädigungsbetrag *m*; **a. in controversy** Streitwert *m*, Höhe des Streitwerts; **a. of cover(age)** *(Vers.)* Deckungsbetrag *m*, D.summe *f*; **residual ~ a credit** Kreditrestbetrag *m*; **~ the damage** Schadenshöhe *f*, Höhe des Schadens; **~ damages** Schaden(s)ersatzsumme *f*, S.betrag *m*; **a. per day** Tagesrate *f*, T.satz *m*; **a. of debt** Schuldsumme *f*; **~ depreciation earned** verdiente Abschreibungen; **a. in dispute** [§] Streitwert *m*, Wert des Streitgegenstandes; **a. required for distribution** Ausschüttungserfordernis *nt*; **a. of duty** ⊖ Zollbetrag *m*; **a. in excess** Überschussbetrag *m*, Ü.menge *f*; **total a. of expenditure** Gesamtbetrag der Ausgaben; **a. of expenses** (Un)Kostenbetrag *m*; **a. in figures** Betrag in Zahlen; **a. per head** Pro-Kopf-Betrag *m*; **a. of income** Einkommensbetrag *m*; **~ indebtedness** Schuld(en)höhe *f*; **~ inspection** Prüfumfang *m*; **average ~ inspection** mittlerer Prüfumfang; **~ interest** Zinshöhe *f*, Z.betrag *m*; **~ inventory carried** Bestandshöhe *f*; **~ invoice** Rechnungsbetrag *m*; **a. at issue** strittiger Betrag; **a. in litigation** [§] Streitwert *m*, S.summe *f*; **nominal a. of the loan** Darlehensnennbetrag *m*; **a. of loss** Schadenssumme *f*, S.höhe *f*; **~ loss to be paid** Taxe *f*; **~ money** Geldsumme *f*, G.betrag *m*; **~ ready money** Barmittel *pl*; **~ note** Wechselsumme *f*; **~ pension** Rentenbetrag *m*; **less a. in portfolio** abzüglich Bestand; **a. in pounds** Pfundbetrag *m*; **a. of the premium** Prämienbetrag *m*, P.höhe *f*; **~ profit brought forward** Gewinnvortrag *m*; **~ for redemption** Ablösesumme *f*, Tilgungsbetrag *m*; **~ reduction** Kürzungs-, Rückführungsbetrag *m*; **~ rent** Mietbetrag *m*; **a. at risk** Risikosumme *f*; **(net) a. of risk** *(Lebensvers.)* Risikobetrag *m*; **targeted a. of savings** Bausparsumme *f*; **a. of stock** Kapitalanteil *m*; **~ tax payable** Steuerschuld *f*; **~ timber** Holzbestand *m*; **total ~ value added tax** Mehrwertsteuergesamtbelastung *m*, A.satz *m*; **~ available for withdrawal** entnahmefähiger Betrag; **a. of withholding tax** Steuerabzugsbetrag *m*; **~ work** Arbeitsaufwand *m*; **taxable ~ previous years** nachzuversteuernder Betrag
amount for which applications are invited *(Einfuhrkontingentierung)* Ausschreibungsbetrag *m*, A.satz *m*
amount permitted by the budget haushaltsmäßig genehmigter Betrag; **a. agreed upon** ausgemachter/vereinbarter Betrag; **a. allowed** abzugsfähiger Betrag; **a. available** verfügbarer Betrag; **a. borrowed** Darlehenssumme *f*, D.betrag *m*; **a. brought/carried forward** Vortrag *m*, (Rechnungs)übertrag *m*, vorgetragener Posten; **a. called (in)** Abruf *m*, eingeforderter Betrag; **a. to be collected** Nachnahmebetrag *m*; **charged with the ~ on delivery** mit Nachnahme belastet; **a. of the check** *[US]* /**cheque** *[GB]* Scheckbetrag *m*; **a. covered** *(Vers.)* Deckungssumme *f*, D.betrag *m*; **a. credited** 1. Kreditsumme *f*; 2. gutgeschriebener/ausmachender Betrag; **a. debited** abgebuchter/belasteter Betrag; **a.**

deposited eingezahlte/hinterlegte Summe; **a. discounted** Abzinsungsbetrag *m*; **a. distributed** Ausschüttungsbetrag *m*; **a. due** fällige Summe, fälliger Betrag; **~ at maturity** Fälligkeitsbetrag *m*; **current a.s due from parents and subsidiaries** kurzfristige Forderungen gegenüber Konzerngesellschaften; **maximal a. eligible** Begünstigungsrahmen *m*; **a. guaranteed** Garantie-, Haftungssumme *f*, Garantiebetrag *m*, G.höhe *f*
amount insured Versicherungssumme *f*, V.betrag *m*; **~ for damage to property** Sachschaden(s)deckungssumme *f*; **maximum a. i.** Versicherungsgrenze *f*; **minimum a. i.** Mindestdeckungssumme *f*
amount invested investiertes Kapital, Investitionsbetrag *m*, (Kapital)Anlagebetrag *m*, angelegter Betrag, Beteiligungsbetrag *m*; **a. to be invested** (vorgesehener) Anlagebetrag; **a. of the investment** Investitionsbetrag *m*, Höhe der Einlage; **a. invoiced** Rechnungssumme *f*, R.betrag *m*; **a. involved** [§] Streitwert *m*; **a. left** Belassung *f*, Restbetrag *m*; **a. minted** *(Münzen)* Auflagenhöhe *f*; **a. outstanding** offener/ausstehender Betrag; **principal a. outstanding** ausstehender Kapitalbetrag; **a. overdrawn** Überziehungsbetrag *m*; **a. overdue** überfälliger Betrag *m*; **a. overspent** Ausgabenüberschuss *m*; **a. owed/owing** ausstehender/offener/geschuldeter Betrag, Schuldbetrag *m*, geschuldete Summe; **~ to credit institutions** Verbindlichkeiten gegenüber Kreditinstituten
amount paid Auszahlung *f*; **~ in** eingezahlter Betrag; **~ out** Auszahlungsbetrag *m*, A.wert *m*; **~ out to the borrower of a mortgage** Hypothekenauszahlung *f*; **~ up** Einzahlungsquote *f*
amount payable auszuzahlender Betrag, Auszahlungsbetrag *m*, A.summe *f*; **a. provided by the budget** haushaltsmäßig genehmigter Betrag, Haushaltszuweisung *f*; **a. received** 1. *(Quittung)* Betrag erhalten; 2. zugeflossener Betrag; **a. refunded** *(Vers.)* Rückgewähr-, Erstattungsbetrag *m*; **a. reinvested** Wiederanlagebetrag *m*; **a. remitted** überwiesener Betrag, Überweisung *f*; **a. repayable** Rückzahlungsbetrag *m*, R.summe *f*; **a. retained** einbehaltene Summe; **a. saved** Sparbetrag *m*, S.menge *f*, Ansparleistung *f*; **a. to be saved** Sparziel *nt*; **a. stated** ausgewiesener Betrag, Wertansatz *m*; **~ in the balance sheet** Bilanzansatz *m*; **a. subscribed** Zeichnungssumme *f*, Z.betrag *m*, gezeichneter Betrag, Subskriptionssumme *f*, Übernahmebetrag *m*; **a. sued for** eingeklagter Betrag; **a. withdrawn** abgehobener Betrag; **a. withheld** einbehaltener Betrag; **a. written back** *(Rückstellungen)* Auflösungsbetrag *m*; **a.s written off** aktive Abschreibungen
to advance an amount Betrag vorlegen/vorschießen; **to allocate a.s** Beträge bereitstellen; **to bring/carry forward an a.** Summe/Betrag vortragen; **to carry/credit/pass/place an a. to so.'s account** Betrag einem Konto gutschreiben; **to debit an a.** Betrag abbuchen; **to deposit an a.** Betrag einzahlen/hinterlegen; **to draw the exact a.** per netto Appoint ziehen; **to earmark an a.** Betrag bereitstellen; **to enter/place an a. to so.'s credit** jdm einen Betrag gutschreiben, ~ gutbringen; **to insure for a larger a.** nachversichern; **to pass an a. to an account** Betrag einem Konto gutschreiben; **to recover an a. from so.** sich für einen Betrag an jdm schadlos halten; **to reduce by sth. successive a.s** etw. in Raten verringern; **to remit an a.** Betrag überweisen; **to set aside an a.** Betrag abzweigen; **to take up a.s of foreign currency** Devisen aufnehmen; **to withdraw an a.** Betrag abheben
accruing amount|s anfallende Beträge; **actual a.** Ist-, Effektivbestand *m*, E.betrag *m*, ausmachender Betrag; **additional a.** Zusatz-, Mehrbetrag *m*; **adjusting a.** Ausgleichsbetrag *m*; **contractually agreed a.** *(Vers.)* Vertrags-, Abschlusssumme *f*; **aggregate a.** Gesamtbetrag *m*; **up to the ~ of** bis zum Höchstbetrag von; **annual a.** Jahresbetrag *m*; **average a.** Durchschnittsbetrag *m*; **basic a.** 1. Grund-, Sockelbetrag *m*; 2. Bezugsgröße *f*, Messbetrag *m*; **maximum ~ a.** Grundhöchstbetrag *m*; **blocked a.** Sperrbetrag *m*; **broken a.** krummer Betrag; **budgeted a.** eingeplanter Betrag; **call-off a.** Abrufmenge *f*; **clear a.** Netto-, Reinbetrag *m*; **comparative a.** Vergleichssumme *f*; **compensatory a.** Ausgleichsbetrag *m*; **basic ~ a.** Grund-, Basisausgleichsbetrag *m*; **monetary ~ a.** 1. Ausgleichszahlung *f*, (Finanz)Ausgleichsbetrag *m*; 2. *(EU)* Währungsausgleichsbetrag *m*, Grenzausgleich(szahlung) *m*/*f*; **considerable a.** namhafter Betrag; **correcting a.** *(Steuer)* Berichtigungsbetrag *m*; **corrective a.** *(EU)* Berichtigungsbetrag *m*; **credited a.** gutgeschriebener Betrag; **fixed daily a.** Tagespauschale *f*; **deductible a.** Abzugsbetrag *m*, A.franchise *f*, Dekortfranchise *f*; **maximum ~ a.** steuerlicher Höchstbetrag; **delinquent a.** (über)fälliger Betrag; **deposited a.** eingezahlter/hinterlegter Betrag; **depreciable a.** Abschreibungsbetrag *m*; **diminutive a.** Zwergbetrag *m*; **duty-free a.** ⊖ zollfreie Menge; **estimated a.** Schätzbetrag *m*; **exact a.** genauer Betrag; **excess a.** überzahlter Betrag; **excessive a.** Überdosis *f*; **a fair a.** ziemlich viel; **final a.** Endsumme *f*, End-, Schlussbetrag *m*; **four-figure a.** vierstelliger Betrag; **fractional a.** Teil-, Spitzenbetrag *m*; **frozen a.** Sperrbetrag *m*; **full a.** ganzer/voller Betrag, Gesamtbetrag *m*; **gross a.** Bruttobetrag *m*; **income-tax-free a.** lohnsteuerfreier Betrag; **indicated a.** angegebener Betrag; **initial a.** Anlauf-, Ausgangsbetrag *m*; **invoiced a.** Rechnungs-, Fakturenbetrag *m*, Rechnungssumme *f*; **maximum a.** Höchst-, Spitzenbetrag *m*; **minimum a.** Minimal-, Mindestbetrag *m*; **missing a.** Fehlbetrag *m*, fehlender Betrag; **net a.** Netto-, Reinbetrag *m*; **total ~ a.** Gesamtsaldo *m*; **nominal a.** Nenn-, Nominal-, Anerkennungsbetrag *m*; **odd a.** krummer Betrag; **outstanding a.** offenstehender Betrag; **paid-up a.** eingezahlter Betrag; **partial a.** Teilbetrag *m*; **per-capita** *(lat.)* **a.** Pro-Kopf-Betrag *m*, Kopfquote *f*; **precise a.** genauer/passender Betrag; **prepaid a.** vorausgezahlter Betrag; **principal a.** Kapitalbetrag *m*, Nennwert *m*; **aggregated ~ a.** Gesamtkapitalbetrag *m*; **prorated a.** anteiliger Betrag; **real a.** Istbestand *m*, I.betrag *m*; **remaining/residual a.** Restbetrag *m*, R.bestand *m*, Saldo *m*, restlicher Betrag, restliche Summe; **resultant a.** sich ergebender Betrag;

round a. *[GB] (Aktienpaket)* (Mindest)Schluss *m*; **short a.** Minderbetrag *m*; **small a.** kleiner Betrag, geringes Quantum; **specific a.** bestimmter Betrag; **standard a.** Pauschalbetrag *m*; **substantial a.** erheblicher Betrag; **taxable a.** Steuerbemessungsgrundlage *f*, steuerpflichtiger Betrag; **tax-exempt/tax-free a.** Steuerfreibetrag *m*, steuerfreier Betrag, Freigrenze *f*; **total a.** Gesamtsumme *f*, G.betrag *m*, Total-, End-, Hauptbetrag *m*, Volumen *nt*; **trifling a.** Bagatellsumme *f*; **ultrasmall a.** Kleinstbetrag *m*; **vast a.** Unsumme *f*; **yearly a.** Jahresbetrag *m*
amount to *v/i* 1. betragen, sich ergeben, sich belaufen auf, ausmachen; 2. hinauslaufen auf, gleichbedeutend sein mit, gleichkommen
amount column Betragsspalte *f*; **a. field** Betragsfeld *nt*
amounting to *adj* im Betrag von, in Höhe von
am|perage *n* ⚡ Stromstärke *f*; **a.pere** *n* Ampere *nt*
ampersand *n* Und-Zeichen *nt* (&)
amphibious *adj* Amphibien-
ample *adj* groß, reichlich, hinreichend, reichhaltig, umfassend, genügend, umfangreich
ampliation *n* Vertagung einer Entscheidung
ampli|fication *n* Verstärkung *f*; **a.fier** *n* Verstärker *m*, Lautsprecher *m*
amplitude *n* Umfang *m*; **a. of phasing** Phasenlänge *f*
ampu|tate *v/t* ⚕ amputieren; **a.tation** *n* Amputation *f*
amuck *adv* Amok *m*; **to run a.** Amok laufen
amuse *v/t* erheitern, belustigen; **a. o.s.** sich vergnügen
amusement *n* Vergnügen *m*, Belustigung *f*, Erheiterung *f*; **a. arcade** Spielhalle *f*; **a. business** Vergnügungsbetrieb *m*; **a. industry** Vergnügungsindustrie *f*; **a. park** Freizeit-, Vergnügungspark *m*, V.gelände *nt*, Rummelplatz *m*; **a. shares** *[GB]* /**stocks** *[US] (Börse)* Vergnügungswerte, V.aktien, V.titel; **a. tax** Vergnügungssteuer *f*
amusing *adj* unterhaltsam
anae|mia *n* ⚕ Blutarmut *f*; **a.mic** *adj* blutarm
anaesthetic *n* ⚕ Narkose *f*, Betäubungsmittel *nt*; **to give a local a.** örtlich betäuben
anaesthetize *v/t* ⚕ betäuben
analog(ue) computer 🖳 Analogrechner *m*
analogous *adj* analog, sinngemäß
analogy *n* Analogie *f*; **by a.** analog; **to apply by a.** *(Bestimmung)* sinngemäß anwendbar sein, ~ gelten; **false a.** schiefer Vergleich; **a. process** Analogieverfahren *nt*
differential analyser *n* 🖳 Differenzialrechner
analyze *v/t* analysieren, untersuchen, auswerten
analysis *n* Analyse *f*, Untersuchung *f*, Auswertung *f*
analysis of advertising media Werbemittelanalyse *f*; ~ **the balance sheet** Bilanzanalyse *f*; ~ **choice** Wahlhandlungstheorie *f*, Theorie der Wahlakte; ~ **local conditions** Platzanalyse *f*; ~ **cost divergence** Abweichungsanalyse *f*; ~ **expenses** Kostenanalyse *f*; ~ **fluctuation**; ~ **labour turnover** Fluktuationsanalyse *f*; ~ **goods** Warenuntersuchung *f*; ~ **material(s) flow** Materialflussanalyse *f*; ~ **money flow** Geldstromanalyse *f*; ~ **(customers') needs and requirements** Anforderungsanalyse *f*; ~ **educational requirements** Bildungsbedarfsanalyse *f*; ~ **physical resources** Sachmittelanalyse *f*; ~ **results** Erfolgsanalyse *f*; ~ **cyclical/economic trends** Konjunkturanalyse *f*; ~ **variance** Varianzanalyse *f*
break-even analysis Deckungsrechnung *f*; **causal a.** Kausalanalyse *f*; **comparative a.** Betriebsvergleich *m*; **composite a.** Gesamtanalyse *f*; **continuous a.** Ratenanalyse *f*; **correlational a.** Korrelationsanalyse *f*; **discriminatory a.** ▦ Trennanalyse *f*; **dynamic a.** dynamische Analyse; **economic a.** 1. ökonomische Analyse; 2. Wirtschaftlichkeitsstudie *f*, W.analyse *f*; **dynamic ~ a.** dynamische Wirtschaftstheorie; **ex ante** *(lat.)* **a.** ex ante-Analyse *f*; **(comparative) external a.** Betriebsvergleich *m*, zwischenbetrieblicher Vergleich; **in the final/last a.** letzten Endes, im Grunde; **financial a.** Finanzanalyse *f*; **fiscal a.** steuertechnische Analyse; **functional a.** Aufgabenanalyse *f*; **fundamental a.** Fundamentalanalyse *f*; **general a.** Totalanalyse *f*; **graphological a.** (Hand)Schriftgutachten *nt*; **gravimetric a.** ⚗ Gewichtsanalyse *f*; **in-depth a.** gründliche Analyse, Tiefenanalyse *f*; **macroeconomic a.** volkswirtschaftliche Gesamtanalyse; **marginal a.** Marginalanalyse *f*, Grenz(wert)analyse *f*; **multi-period a.** Mehrperiodenanalyse *f*; **occupational a.** Berufsanalyse *f*; **operational a.** Betriebsanalyse *f*, Operations Research (OR); **organizational a.** Organisationsanalyse *f*; **overall a.** Globalanalyse *f*; **partial a.** Teilanalyse *f*; **personal a.** Persönlichkeitsanalyse *f*; **pre-investment a.** Investitionsrechnung *f*; **qualitative a.** qualitative Untersuchung; **quantitative a.** quantitative Analyse, Mengenanalyse *f*; **regional a.** Regionalanalyse *f*; **sequential a.** Sequenz-, Folgeprüfung *f*, Sequenz(fol-ge)analyse *f*, Folgetestverfahren *nt*; **short-period a.** Kurzperiodenanalyse *f*; **short-run a.** kurzfristige Analyse; **situational a.** Situationsanalyse *f*; **static a.** Statikanalyse *f*; **structural a.** Strukturanalyse *f*; **summary a.** zusammenfassende Darstellung; **surplus a.** Gewinnanalyse *f*; **task-orient(at)ed a.** Objektanalyse *f*; **technical a.** technische (Aktien)Analyse; **total a.** Totalanalyse *f*
analysis book *(Buchführung)* Hauptbuch *nt*; **a. column** Hauptbuchspalte *f*; **a. department** Analysen-, Finanzstudienabteilung *f*, Abteilung für Finanzstudien; **a. model** Analysemodell *nt*; **a. sheet** Bilanzzergliederungsbogen *m*, Aufgliederung einer Bilanz, Bilanz(zer)gliederung *f*
analyst *n* Analytiker *m*, Analyst *m*; **financial a.** Finanzanalyst *m*; **public a.** Gerichtschemiker(in) *m/f*
analytic(al) *adj* analytisch
anar|chism *n* Anarchismus *m*; **a.chist** *n* Anarchist(in) *m/f*; *adj* anarchistisch, staatsfeindlich; **a.chy** *n* Anarchie *f*, Gesetzlosigkeit *f*, gesetzloser Zustand
ancestor *n* Vorfahre *m*, Antezedent *m*; **a.s** Vorväter; **linear a.** Vorfahre in gerader Linie
ances|tral *adj* angestammt; **a.try** *n* Herkunft *f*, Abkunft *f*, Vorfahren *pl*, Ahnen *pl*
anchor *n* ⚓ Anker *m*; **to cast/drop a.** Anker werfen, vor ~ gehen, ankern; **to drag a.** vor Anker treiben; **to lie/ride at a.** vor Anker liegen; **to weigh a.** Anker lichten/heben, auslaufen
anchor *v/ti* 1. ankern, vor Anker liegen/gehen; 2. verankern

anchorage *n* 1. ⚓ Ankerplatz *m*, A.grund *m*, Anlegestelle *f*; 2. Anlege-, Hafen-, Ankergebühr(en) *f/pl*; **a. dues** Anlege-, Hafen-, Ankergebühr(en) *f/pl*
anchor buoy ⚓ Ankerboje *f*; **a. cable/chain** Ankerkette *f*; **a. currency** *(EWS)* Ankerwährung *f*; **a.man** *n (Fernsehen)* Moderator *m*; **a. rope** Ankertau *nt*
ancillary (to) *adj* zusätzlich, untergeordnet, ergänzend, Neben-, Zusatz-
AND gate *n* 🖳 UND-Verküpfung *f*
anemometer *n* Winddruckmesser *m*
anger *n* Ärger *m*, Verärgerung *f*, Zorn *m*; **white with a.** blass vor Zorn; **to vent one's a.** seine Wut auslassen/kühlen, seiner Wut Luft machen; **public a.** öffentliche Entrüstung
anger *v/t* (ver)ärgern
angle *n* 1. Blickwinkel *m*, Gesichts-, Standpunkt *m*; 2. π Winkel *m*; **to look at sth. from every a.** etw. hin und her überlegen; **blind a.** toter Winkel; **wide a.** Weitwinkel *m*
angler *n* Angler *m*
anglo|phile *n* Englandfreund *m*; *adj* englandfreundlich; **a.phobe** *n* Englandfeind *m*; *adj* englandfeindlich
angry *adj* ärgerlich, verärgert, zornig
anguish *n* Qual *f*, Pein *f*; **mental a.** seelisches Leid, seelischer Schmerz
angular *adj* winkelig, Winkel-
anim|adversion *n* kritische Äußerung, Tadel *m*, Rüge *f*; **a.advert** *v/i* Rüge aussprechen
animal *n* Tier *nt*; **a.s for slaughter** Schlachtvieh *nt*; **to keep an a.** Tier halten
domestic animal Haustier *nt*; **draught a.** Zugtier *nt*; **live a.s** lebende Tiere
animal *adj* tierisch, Tier-
animal breeds and plant varieties (Tier- und Pflanzen)Züchtungen; **a. breeding** Tier-, Viehzucht *f*; **a. experiment** Tierversuch *m*; **a. fat** tierisches Fett; **a. feed(stuff)s** 🐾 Tierfutter(mittel) *nt/pl*, Futter *nt*; **a. home** Tierheim *nt*, T.asyl *nt*; **a. husbandry** Viehhaltung *f*; **a. keeper** (Zoo)Wärter *m*; **a. kingdom** Tierreich *nt*; **a. protection act** Tierschutzgesetz *nt*; **a. stocking rate** 🐾 (Tier)Besatz *m*; **a. transport** Tier-, Viehtransport *m*; **a. world** Tierwelt *f*
animate *v/t* animieren, beleben; **a.d** *adj* angeregt
suspended animation *n* Scheintod *m*; **a. program(me)** Animationsprogramm *nt*
ankle *n* 💲 (Fuß)Knöchel *m*, Fußgelenk *nt*
annealing furnace ⚗ Glühofen *m*; **continuous a. line** Durchlaufglühe *f*
annexation *n* Annexion *f*, Einverleibung *f*
annex *[US]*; **annexe** *[GB] n* 1. 🏠 Anbau *m*, Nebengebäude *nt*, Annex *m*, (Gebäude)Flügel *m*, (Hotel)Dependence *f (frz.)*; 2. § *(Vertrag)* Anhang *m*, Anlage *f*; **to set out in an a.** als Anhang beifügen; *v/t* 1. annektieren, sich einverleiben; 2. § beifügen, anhängen
annexed *adj* *(Vertrag)* beigefügt, anhängend
annexure *n* Annexion *f*; **a. to a claim** § Klagebeilage *f*
annihi|late *v/t* vernichten; **a.lation** *n* Vernichtung *f*
anniversary *n* Jahrestag *m*, (Dienst)Jubiläum *nt*, Gedenktag *m*; **to celebrate an a.** Jubiläum begehen
anniversary bonus Jubiläumsgabe *f*; **a. celebration(s)** 1. Jubiläumsfeier *f*, J.veranstaltung *f*; 2. Stiftungsfeier *f*; **a. date** *(Vers.)* Datum der Ausstellung einer Police; **a. gift** Jubiläumszuwendung *f*; **a. issue** Jubiläumsheft *nt*, J.nummer *f*; **a. present** Jubiläumsgeschenk *nt*; **a. year** Jubiläumsjahr *nt*
annotate *v/t* mit Anmerkungen/Erläuterungen versehen, anmerken
annotation *n* Vermerk *m*, (Text)Anmerkung *f*, Kommentierung *f*, Glosse *f*; **a. column** Vermerkspalte *f*
annotator *n* Kommentator *m*
announce *v/t* 1. ankündigen, bekanntmachen, bekanntgeben, mitteilen; 2. *(Radio)* durchsagen, durchgeben; **a. publicly** offiziell ankündigen
announcement *n* 1. Bekanntmachung *f*, B.gabe *f*, An-, Verkündigung *f*; 2. *(Radio)* Durchsage *f*, Meldung *f*, Ansage *f*; **public a. of an adjudication in bankruptcy** öffentliche Bekanntmachung einer Konkurseröffnung; **a. of a rights issue** Bezugsrechtsankündigung *f*; **~ sale** Verkaufsanzeige *f*
indicative announcement Hinweisbekanntmachung *f*; **obligatory a.** Pflichtbekanntmachung *f*, P.mitteilung *f*; **official a.** amtliche Bekanntmachung/Mitteilung/Verlautbarung; **public a.** öffentliche Ankündigung/Mitteilung/Bekanntmachung, Mitteilung an die Öffentlichkeit; **by ~ a.** im Wege öffentlicher Bekanntmachung; **special a.** Sondermeldung *f*
announcer *n* Ansager *m*, (Rundfunk)Sprecher *m*, Conférencier *m (frz.)*
annoy *v/t* (ver)ärgern, irritieren
annoyance *n* Belästigung *f*, Ärger(nis) *m/nt*, Verdruss *m*, Unmut *m*, Missvergnügen *nt*, Verstimmung *f*, Verärgerung *f*; **to cause a.** Ärgernis erregen
annoyed *adj* verärgert, ungehalten, verstimmt, erbost, böse; **to become a.** sich ärgern
annoying *adj* ärgerlich, lästig; **most a.** höchst ärgerlich
annual *n* Jahrbuch *nt*; *adj* jährlich, Jahres-
annualization *n* Umrechnung aufs Jahr
annualize *v/t* 1. auf das (ganze) Jahr umrechnen, auf Jahresraten/J.basis umrechnen; 2. steuerlichen Jahresausgleich durchführen; 3. den/im Jahresdurchschnitt berechnen, zum Jahresmittelkurs umrechnen; **a.d** *adj* auf Jahresbasis umgerechnet, auf das Jahr umgerechnet
annuitant *n* Rentner(in) *m/f*, Rentenempfänger(in) *m/f*, R.bezieher(in) *m/f*, Empfänger(in) einer Jahresrente, ~ Leibrente, Rentenanspruchsberechtigte(r) *f/m*, Leibrentenempfänger(in) *m/f*
annuitization *n* Verrentung *f*
annuity *n* 1. (Versorgungs)Rente *f*, Leib-, Geldrente *f*, Jahresrente *f*; 2. Jahreszins *m*, J.zahlung *f*, 3. (festes) Jahreseinkommen, jährliches Einkommen; 4. Staatspapier *nt*, Annuität *f*, Jahresanleihe *f*; 5. Jahresgebühr *f*;
annuities 1. Jahreszinsen, 2. Unterhaltsbezüge und Renten; 3. Renten-, Staatspapiere; **~ and permanent burdens** Renten und dauernde Lasten; **~ on joint lives** Renten auf verbundene Leben; **a. for life** Leibrente *f*
to buy an annuity Rentenversicherung abschließen; **to capitalize an a.** Rente kapitalisieren; **to grant/pay an a.** Rente gewähren; **to redeem an a.** Rente ablösen; **to settle an a. on so.** für jdn eine Rente aussetzen

capitalized annuity Kapitalrente *f*; **clear a.** steuerfreie Rente; **company-paid a.** Betriebs-, Firmen-, Werksrente *f*; **complete a.** Rente mit vollem Beitrag nach dem Todesjahr; **consolidated annuities (consols)** *[GB]* fundierte/konsolidierte Staatsanleihen, Konsols; **contingent a.** Leibrente *f*, Rente/Annuität mit unbestimmter Laufzeit, bedingte Rente; **convertible a.** umwandlungsfähige Rente; **decreasing a.** fallende Annuität; **deferred a.** Anwartschaftsrente *f*, aufgeschobene/hinausgeschobene Annuität; **fixed-term a.** feste Annuität; **guaranteed a.** Leibrentenzusicherung *f*; **immediate a.** sofort beginnende/fällige Rente, Sofortrente *f*; **joint and survivor a.** Rente an Ehegatten und Überlebende, gemeinsame Überlebensrente; **intercepted a.** aufgeschobene Rente; **irredeemable a.** unablösbare Rente; **joint a.** Gemeinschaftsrente *f*; **joint-life a.** verbundene Rente; **non-apportionable a.** Leibrente ohne Zahlung im Todesfall; **non-continuous a.** unterbrochene Rente; **non-taxable a.** steuerfreie Rente; **ordinary a.** nachschüssige Rente, Postnumerandorente *f*; **participating a.** Rente mit Gewinnbeteiligung; **perpetual a.** lebenslängliche/ewige Rente, Lebens-, Dauer-, Leibrente *f*; **redeemable a.** Ablösungs-, Tilgungsrente *f*, kündbare/ablösbare Rente; **revalorized a.** aufgewertete Rente; **reversionary a.** Anwartschafts-, Heimfallrente *f*, Rente auf den Überlebensfall, (einseitige) Überlebensrente; **shared a.** Teilhaberrente *f*; **supplemental a.** Zusatzrente *f*; **temporary a.** Zeitrente *f*; **termed a.** zeitlich befristete/zeitliche Rente; **terminable a.** kündbare/abgekürzte Rente, Zeitrente *f*, Rente auf bestimmte Zeit; **total a.** Gesamtannuität *f*; **variable a.** Rente mit variablen Zahlungen, veränderliche Rente

annuity agreement Rentenvertrag *m*; **a. assistance** Annuitätenhilfe *f*; **~ loan** Annuitätshilfedarlehen *nt*; **a. assurance** *[GB]* (Leib)Rentenversicherung *f*; **a. bank** Rentenbank *f*; **a. bond** *[US]* Rententitel *m*, R.schuldverschreibung *f*, Schuldverschreibung ohne Tilgungsverpflichtung, Rentenbrief *m*, R.anleihe *f*; **a. business** Rentengeschäft *nt*; **a. certificate** Rentenschein *m*; **a. charge** Rentenlast(quote) *f*, R.schuld *f*; **~ claim** Rentenschuldforderung *f*; **a. computation** Rentenberechnung *f*; **a. contract** Rentenversicherung *f*, R.vertrag *m*; **a. cost** Rentenaufwand *m*; **a. coupon** Rentenschein *m*; **a. department** Rentenabteilung *f*; **a. depreciation method** Abschreibung unter Berücksichtigung von Zinseszinsen; **a. due** vorschüssige Rente, Pränumerandorente *f*; **a. fund** Rentenfonds *m*; **a. holder** (Leib)Rentenbezieher(in) *m*/*f*; **a. factor** Annuitätenfaktor *m*

annuity insurance *[US]* (Leib)Rentenversicherung *f*; **deferred a. i.** abgekürzte Lebensversicherung; **a. i. contract** Leibrentenversicherungsvertrag *m*; **a. life i.** Rentenkapitalversicherung *f*

annuity loan Annuitätendarlehen *nt*, A.anleihe *f*; **a. method** Annuitätenmethode *f*; **a. mortgage** Hypothek auf Rentenversicherungsbasis; **a. option** Rentenwahlrecht *nt*, R.option *f*; **a. payment** Rentenrate *f*, R.zahlung *f*, R.leistung *f*; **a. policy** Leibrentenversicherungspolice *f*, Rentenpolice *f*; **a. portfolio** Rentenbestand *m*; **a. rate** Rentenhöhe *f*; **a. rental** Tilgungsrate *f*; **a. re-payment** Rentenrückzahlung *f*; **a. series** Rentenreihe *f*, R.folge *f*; **a. settlement** Rentenbestellung *f*; **a. value** Rentenbarwert *m*, R.rückkaufswert *m*

annul *v/t* annullieren, aufheben, auflösen, für (null und) nichtig erkären, rechtsunwirksam/ungültig machen, außer Kraft setzen

annul|lability *n* Anfechtbarkeit *f*, Kündbarkeit *f*; **a.lable** *adj* annullierbar, anfechtbar, aufhebbar, kündbar; **a.led** *adj* angefochten; **a.ling** *adj* Ungültigkeits-; **~ clause** Nichtigkeits-, Ungültigkeitsklausel *f*

annulment *n* Annullierung *f*, Aufhebung *f*, Unwirksamkeits-, Ungültigkeitserklärung *f*, Kassation *f*, Kraftlos-, Nichtig(keits)erklärung *f*; **a. of contract** Vertragsaufhebung *f*; **~ marriage** Ehenichtigkeitserklärung *f*, E.aufhebung *f*, E.auflösung *f*, Aufhebung einer Ehe

per annum (p. a.) *(lat.)* per/pro Jahr, jährlich

anomalous *adj* anomal, regelwidrig, ungewöhnlich

anomaly *n* Anomalie *f*, Unregelmäßigkeit *f*, Normabweichung *f*, Abnormalität *f*, Ungereimtheit *f*, Unstimmigkeit *f*; **a. switching** Portfeuille-/Depotumschichtung *f* (bei starken Kursschwankungen)

anomy *n* Anomie *f*

anonym|ity *n* Anonymität *f*; **a.ous** *adj* anonym, namenlos, ohne Namen, ungenannt

anorex|ia *n* ⚕ Magersucht *f*; **a.ic** *n* Magersüchtige(r) *f*/*m*; *adj* magersüchtig

ansafone; ansaphone™ *n* (automatischer) Telefon-/Anrufbeantworter

answer *n* 1. Antwort *f*, Beantwortung *f*, Entgegnung *f*, Replik *f*, Erwiderung *f*; 2. Rückschreiben *nt*, Bescheid *m*; 3. Reaktion *f*; 4. [§] Klagebeantwortung *f*, Einlassung *f*, Gegenschrift *f*, Klageerwiderung *f*; **in a. to** in Beantwortung

in answer to your advertisement in Beantwortung Ihrer Anzeige; **a. in the affirmative** zustimmende Antwort; **a. of the defendant** [§] Erwiderung der/des Beklagten; **~ a letter** Briefbeantwortung *f*; **~ letters rogatory** [§] Beantwortung eines Rechtshilfeersuchens; **a. to a problem** Lösung eines Problems; **a. prepaid** *(Telegramm)* Antwort bezahlt

to give an evasive answer ausweichend antworten; **to have an a. for everything** nicht auf den Mund gefallen sein *(coll)*; **to press for an a.** auf Antwort drängen; **not to take no for an a.** sich nicht abweisen lassen

affirmative answer Bejahung *f*; **curt a.** kurze Antwort; **definite a.** Endbescheid *m*; **guarded a.** vorsichtige Antwort; **immediate a.** prompte Antwort; **irrelevant a.** [§] unschlüssige Klageerwiderung; **non-committal a.** unverbindliche Antwort; **prompt a.** umgehende Antwort; **telegraphic a.** Drahtantwort *f*; **written a.** schriftliche Antwort/Beantwortung

answer *v/ti* 1. (be)antworten, erwidern, entgegnen; 2. entsprechen; 3. verantworten; **a. back** widersprechen; **a. for so./sth.** für jdn/etw. verantwortlich sein, ~ bürgen/einstehen, ~ gutstehen/haften; **a. to so. for sth.** jdm für etw. Rechenschaft schuldig sein; **a. in the affirmative** bejahen; **a. curtly** kurz angebunden antworten; **a. yes or no** mit ja oder nein antworten

answerability *n* Verantwortlichkeit *f*; **a. as the proper party** [§] Passivlegitimation *f*
answerable *adj* verantwortlich, haftbar; **to be a. for sth.** für etw. geradestehen; ~ **to so.** jdm unterstellt sein
answer|-back *n* Kennung des Fernschreibpartners, Kennungs-, Namensgeber *m*; **a.-code** *n* 🖳 Kennung *f*
answering machine *n* ✆ (automatischer) Telefon-/Anrufbeantworter
answer sheet Auswertungsformular *nt*; **a. tone** Antwortton *m*
antago|nism *n* Gegnerschaft *f*; **a.nist** *n* Gegenspieler(in) *m/f*; **a.nize** *v/t* entfremden, verärgern, zum Gegner/Feind machen
ante|cede *v/t* vorhergehen, Vorrang haben, (einer Sache) vorausgehen; **a.cedence; a.cedency** *n* Vorrang *m*, Vortritt *m*; **a.cedent** *adj* vorher-, vorangehend, vorrangig; **a.cedents** *pl* [§] Vorgeschichte *f*
ante|date *v/t* 1. zurück-, nachdatieren; 2. *(Termin)* vorverlegen, vorziehen, vor(aus)datieren; 3. vorausgehen; **a.|dating** *n* Voraus-, Nachdatierung *f*
antediluvian *adj* vorsintflutlich
ante|natal *adj* ♀ vor der Geburt; **a.nati** *pl (lat.)* [§] voreheliche Kinder des Ehegatten; **a.natus** *adj (lat.)* vorehelich geboren
antenuptial *adj* vorehelich, vor der Heirat
anteroom *n* Vorzimmer *nt*
national anthem *n* Nationalhymne *f*
anthology *n* Anthologie *f*, Sammlung *f*, Sammelband *m*
anthra|cite *n* ♦ Anthrazit(kohle) *m/f*; **a.cosis** *n* ⚕ Kohlenstaublunge *f*
anti|- Gegen-; **a.-aliasing** *n* 🖳 Antialiasing *nt*; **a.biotic** *n* ⚕ Antibiotikum *nt*; **a.-business** *adj* unternehmens-, wirtschaftsfeindlich; **a.capitalism** *n* Antikapitalismus *m*; **a.capitalist** *adj* antikapitalistisch; **a.chresis** *n* [§] Nutzpfandrecht *nt*, Nutzungspfand(recht) *nt*
anticipate *v/t* 1. voraussehen, erwarten, erhoffen; 2. vorwegnehmen, antizipieren, zuvorkommen, vorgreifen; 3. im voraus bezahlen; 4. *(Börse)* eskomptieren
anticipation *n* 1. Erwartung *f*, Voraussicht *f*; 2. Vorgriff *m*, Zuvorkommen *nt*, Vorwegnahme *f*; 3. Voraus-, Abschlag(s)zahlung *f*; 4. Vorausdatierung *f*; 5. [§] Patenteinwand *m*; **in a. (of)** in Erwartung, im voraus, im Vorgriff (auf), vorgriffsweise; **a. of an invention** neuheitsschädliche Vorwegnahme (einer Erfindung)
anticipation|s data Plan-, Planungsdaten; **a. discount** *[US]* Nachlass für vorfristige Zahlung; **a. inventories** Antizipationsläger; **a. rate** zusätzliches Skonto bei vorzeitiger Zahlung; **a. rebate** Vorauszahlungsrabatt *m*; **a. survey** Konjunkturbefragung *f*; **a. term** Erwartungswert *m*, ex ante-Größe *f*; **a. warrant** kurzfristiger Schatzwechsel
antici|pative *adj* antizipativ; **a.patory** *adj* 1. vorwegnehmend, vorgreifend; 2. [§] *(Pat.)* neuheitsschädlich
anti|cline *n* ♦ Sattel *m*; **a.clockwise** *adj/adv* gegen den Uhrzeigersinn; **a.-commercial** *adj* wirtschaftsfeindlich; **a.-communist** *n* Gegner des Kommunismus; *adj* antikommunistisch; **a.-competitive** *adj* wettbewerbsbeschränkend, w.feindlich, w.widrig; **a.-constitutional** *adj* verfassungswidrig, verfassungsfeindlich;

a.-consumer *adj* verbraucherfeindlich; **a.-cyclical** *adj* antizyklisch; **a.cyclone** *n* ☁ Hoch(druckgebiet) *nt*; **a.dote** *n* ⚕ Gegenmittel *nt*, G.gift *nt*; **a.-dumping** *n* Antidumping *nt*; **a.-education** *adj* bildungsfeindlich; **a.-employee** *adj* arbeitnehmerfeindlich; **a.-employer** *adj* arbeitgeberfeindlich; **a.freeze** *n* ❄ Frost-, Gefrierschutz(mittel) *m/nt*; **a.-government** *adj* regierungsfeindlich; **a.-immigration** *adj* einwanderungsfeindlich; **a.-inflationary** *adj* antiinflationär, inflationsfeindlich, Antiinflations-; **a.-integrationist** *n* Gegner des vereinten Europa; **a.knock** *adj* ⛽ (Treibstoff) klopffrei; **a.-marketeer** *n (EU)* Beitrittsgegner *m*; **a.macassar** *n* (Möbel)Schoner *m*, Schonbezug *m*; **a.mode** *n* 🖳 seltenster Wert; **a.-monopolistic** *adj* monopolfeindlich; **a.nomy** *n* [§] Gesetzwiderspruch *m*, Widerspruch zweier Gesetze, Antinomie *f*; **a.-nuclear** anti-Atom(kraft), antinuklear; **a.pathy** *n* Antipathie *f*; ~ **to advertising** Abneigung gegen Werbung; **a.-pollution** *adj* umweltfreundlich, u.schützend, u.schonend; **a.-progressive** *adj* fortschrittsfeindlich; **a.-progressiveness** *n* Fortschrittsfeindlichkeit *f*
anti|quarian *adj* antiquarisch; **a.quated** *adj* veraltet, altmodisch, antiquiert, überlebt
antique|s *pl* Antiquitäten; **a. dealer** Antiquitätenhändler *m*; **a. market** Antiquitätenmarkt *m*; **a. shop** Antiquitätenladen *m*, A.geschäft *nt*; **a. trade** Antiquitätenhandel *m*
anti|-recession package *adj* Konjunkturprogramm *nt*, Maßnahmen zur Rezessionsbekämpfung; **a.-reform** *adj* reformfeindlich; **a.-selection** *n (Vers.)* Gegenauslese *f*, Antiselektion *f*; **a.social** *adj* unsozial, gesellschafts-, gemeinschaftsfeindlich, g.schädigend; **a.thesis** *n* Gegenpol *m*; **a.trust** *adj* 1. Antitrust-, kartellfeindlich; 2. kartellrechtlich; **A.trust Division** *n [US]* Kartellamt *nt*, K.behörde *f*, K.ausschuss *m*, K.abteilung *f*; **a.-union** *adj* gewerkschaftsfeindlich; **a.-unionist** *n* Gewerkschaftsgegner *m*; **a.-working class** *adj* arbeiterfeindlich
anxiety *n* 1. Besorgnis *f*, Sorge *f*; 2. Ängstlichkeit *f*, Angst *f*; **lingering a.** anhaltende Besorgnis
anxious *adj* besorgt, bestrebt, bemüht, erpicht/bedacht auf
any *adj* etwaig, jedwede(r,s), beliebig; **a.thing but** *pron* alles andere als
aorta *n* ⚕ Hauptschlagader *f*
a/o (and/or) *conj* und/oder
apart *adv* auseinander; **a. from** abgesehen von
apartment *n* (Etagen)Wohnung *f*, Appartement *nt*; **to finance an a.** Wohnung finanzieren; **to move into an a.** Wohnung beziehen; **to rent an a.** Wohnung mieten
factory-owned apartment Werkswohnung *f*; **first-floor a.** *[US]* Parterrewohnung *f*; **furnished a.** möblierte Wohnung; **one-room a.** Kleinstwohnung *f*; **private a.** Privatwohnung *f*; **small a.** Kleinwohnung *f*; **subsidized a.** Sozialwohnung *f*; **vacant a.** leerstehende Wohnung
apartment block Wohnblock *f*; **a. building** Mietshaus *nt*, Wohnanlage *f*; **a. house** *[US]* Mehrfamilienhaus *nt*, Wohnblock *m*, Mietshaus *nt*

apa|thetic *adj* apathisch, stumpfsinnig; **a.thy** *n* Apathie *f*, Stumpfsinn *m*; **electoral a.thy** Wahlmüdigkeit *f*
aperiodic *adj* aperiodisch, unregelmäßig
aperture *n* 1. (Mauer)Öffnung *f*, Spalte *f*, Schlitz *m*; 2. *(Foto)* Blende *f*; **a. card** ▭ Filmlochkarte *f*
apex *n* Höhepunkt *m*, Spitze *f*, Kulminations-, Scheitelpunkt *m*; **APEX (advanced purchasing excursion) tariff** ✈ Vorausbuchungstarif *m*
api|arist *n* Imker *m*; **a.culture** *n* Bienenzucht *f*, Imkerei *f*
apiece *adv* je, pro Kopf/Person, pro/per Stück
aplenty *adv* in Hülle und Fülle, reichlich
apogee *n* Höhepunkt *m*
apologize *v/i* sich entschuldigen, um Entschuldigung/Verzeihung bitten, Abbitte leisten
apology *n* Entschuldigung *f*, Abbitte *f*, Rechtfertigung *f*, Verteidigungsrede *f*; **please accept our apologies** wir bitten um Entschuldigung; **to make an a. to so.** sich bei jdm entschuldigen; **to offer one's apologies** sich entschuldigen
apparatus *n* Apparat *m*, Gerät *nt*, Maschine *f*; **a. engineering** Instrumentenbau *m*
apparel *n* Bekleidung *f*; **a. and tackle** ⚓ Takelage *f*; **a. industry/manufacturers** Konfektions-, Bekleidungsindustrie *f*, B.gewerbe *nt*; **a. production** Herstellung von Konfektionsware/Bekleidung
apparent *adj* offenbar, offenkundig, anscheinend, augenscheinlich, ersichtlich; **to become a.** sich klar abzeichnen; **a.ly** *adv* anscheinend, scheinbar
appeal *n* 1. Appell *m*, Aufruf *m*, Gesuch *nt*; 2. Anziehungs-, Zug-, Wirkungskraft *f*, Anklang *m*; 3. [§] Einspruch *m*, Revision *f*, Berufung(sklage) *f*, Rechtsbehelf *m*; **on a.** in der Berufungsinstanz; **pending a.** noch nicht rechtskräftig; **subject to a.** anfechtbar, beschwerdefähig; **without a.** Rechtsmittel ausgeschlossen
appeal against an administrative act Beschwerde *f*; **a. in civil cases** Berufung in Zivilsachen; **a. against a court order** Revisionsbeschwerde *f*, Rechtsmitteleinlegung *f*; **a. to customers** Anziehungskraft auf Kunden; **a. against denial of leave to a.** Nichtzulassungsbeschwerde *f*; **a. for funds** Spendenaufruf *m*, S.appell *m*; **a. for help** Hilferuf *m*; **a. to the Human Rights Commission** Menschenrechtsbeschwerde *f*; **a. on a constitutional issue** Verfassungsbeschwerde *f*; **a. at law** Revision *f*; **a. for peace** Friedensappell *m*; **a. on a point of law** (Verfahrens)Revision *f*, Rechtsbeschwerde *f*; **a. against a sentence** Berufung gegen das Strafmaß; **~ a warrant of arrest** Haftbeschwerde *f*
no appeal shall lie [§] ein Rechtsmittel ist nicht gegeben; **entering/filing/lodging an a.** Beschwerde-, Rechtsmitteleinlegung *f*
to allow an appeal [§] Berufung/Beschwerde/Revision zulassen, der ~ stattgeben, der Beschwerde abhelfen; **to be subject to a.** der Beschwerde/einem Rechtsmittel unterliegen; **to bring an a.** Rechtsmittel einlegen; **to disallow the a.** Berufung nicht zulassen, ~ (als unzulässig) verwerfen; **to dismiss an a.** Berufung/Revision/Beschwerde verwerfen, ~ zurückweisen; **~ because it is unfounded** Berufung als unbegründet zurückweisen; **to enter/file/institute an a.** Berufung/Rechtsmittel/Revision einlegen; **to give notice of a.** Berufung einlegen; **to go to a.** in die Berufung/Revision(sinstanz) gehen; **to launch an a.** zu etw. aufrufen; **to lodge an a.** Berufung/Revision einlegen, Einspruch erheben, in die Revision(sinstanz) gehen, Rechtsmittel einlegen; **to make an a.** appellieren an; **to refuse an a.** Beschwerde verwerfen/abweisen; **to subscribe to an a.** sich an einer Spendenaktion beteiligen; **to uphold an a.** einer Berufung/Revision stattgeben; **to withdraw an a.** Beschwerde zurückziehen, Rechtsmittel zurücknehmen
administrative appeal [§] förmliche Beschwerde, außergerichtlicher Rechtsbehelf; **~s tribunal** Oberverwaltungsgericht; **criminal a.** Berufung in Strafsachen; **electoral a.** Wahlchancen *pl*; **immediate a.** sofortige Beschwerde; **leapfrog a.** Sprungrevision *f*; **with public a.** publikumswirksam; **unsuccessful a.** erfolglose Berufung; **urgent a.** dringender Appell
appeal (to s.o.) *v/ti* 1. appellieren, sich (an jdn) wenden, (jdn) ansprechen; 2. (bei jdm) Anklang finden, (jdm) gefallen, (jdm) zusagen; 3. [§] Einspruch erheben/einlegen, Beschwerde/Berufung/Revision/Rechtsmittel einlegen, rekurrieren, anfechten; **a. to** Aufruf richten an
appealability *n* [§] Rechtsmittelfähigkeit *f*
appealable *adj* [§] beschwerde-, appellations-, revisions-, rechtsmittel-, berufungsfähig, durch Rechtsmittel anfechtbar, revisibel; **not a.** nicht anfechtbar
appeal bond Sicherheitsleistung *f*; **a. brief** Revisionsschrift *f*; **a. case** Beschwerdefall *m*; **a. committee** Beschwerdeausschuss *m*; **a. court** Berufungsgericht *nt*; **~ counsel** Revisionsanwalt *m*; **~ judge** Richter am Berufungsgericht; **a. hearing** Einspruchsverfahren *nt*, Revision *f*
appealing *adj* ansprechend, reizend
appeal judge [§] Richter am Berufungsgericht; **a. machinery** Einspruchsprozedur *f*, E.verfahren *nt*; **a. notice period** Beschwerdefrist *f*; **a. procedure** Revisions-, Rechtsmittel-, Berufungs-, Einspruchs-, Anrufungs-, Beschwerdeverfahren *nt*; **a.s tribunal** Berufungsgericht *nt*, B.ausschuss *m*, B.kammer *f*
appear *v/i* (er)scheinen, sich einstellen, figurieren, sich abzeichnen, zum Vorschein kommen, sich einfinden; **a. for so.** [§] jdn vor Gericht vertreten; **as a.s from** ausweislich; **it would a.** es sieht ganz so aus; **to fail to a.** Termin versäumen, nicht zum ~ erscheinen, ausbleiben; **a. anonymously** *(Buch)* ohne Namen erscheinen
appearance *n* 1. Erscheinung(sbild) *f*/*nt*, Aussehen *nt*, (An)Schein *m*; 2. Auftreten *nt*, Aufmachung *f*, Auftritt *m*, Erscheinen *nt*; 3. [§] (Klage)Einlassung *f*; **to all a.s** dem Augenschein nach, allem Anschein nach; **for the sake of a.s** um der Optik willen; **a. in court** Erscheinen vor Gericht
to enter an appearance [§] sich (in einem Prozess) einlassen; **to judge by a.s** dem Anschein nach zu schließen; **to keep up a.s** den (An)Schein wahren; **to make a first a.** debütieren; **to order an a.** ordnungsgemäß laden; **to put in an a.** sich blicken lassen, erscheinen

attractive appearance ansprechendes Äußeres; **conditional a.** bedingte Einlassung; **distinguished a.** repräsentative Erscheinung; **general a.** 1. Erscheinungsbild *nt*; 2. vorbehaltlose Einlassung; **outer a.** äußere Aufmachung; **outside/outward/physical a.** äußeres Erscheinen/Erscheinungsbild, äußere Erscheinung; **personal a.** persönliches Erscheinen
appearer *n* [§] Erschienene(r) *f/m*
appease *v/t* beschwichtigen, abwiegeln, besänftigen
appeasement *n* Beschwichtigung *f*, Besänftigung *f*; **a. policy** Beschwichtigungspolitik *f*
appeaser *n* Abwiegler *m*
appellability *n* [§] Berufungsfähigkeit *f*
appellant *n* [§] Berufungs-, Revisionskläger *m*, Berufungs-, Beschwerdeführer *m*, beschwerdeführende Partei, Appellant *m*; **a.'s brief to support the appeal** Rechtsmittelbegründung *f*
appellate *adj* [§] rechtsmittel-, appellations-, berufungsfähig, durch Rechtsmittel anfechtbar
appellee *n* [§] Beschwerde-, Berufungsgegner(in) *m/f*, Berufungs-, Revisionsbeklagte(r) *f/m*
appellor *n* [§] Berufungs-, Revisionskläger(in) *m/f*
append *v/t* anfügen; **a.age** *n* Annex *m*, Anfügung *f*, Anhängsel *nt*; **a.ant** *n* zustehendes Recht; *adj* zugehörig
appendicitis *n* ✚ Blinddarmentzündung *f*
appendix *n* 1. (Urkunden)Anhang *m*, Zusatz *m*; 2. ✚ Blinddarm *m*
appertain (to) *v/i* gehören zu, betreffen; **a.ing** *adj* dazugehörig
appetite *n* Appetit *m*, Begierde *f*; **to whet so.'s a.** jds Appetit anregen
appetizing *adj* appetitlich
applaud *v/t* applaudieren, klatschen, gutheißen, Beifall spenden/zollen, mit ~ aufnehmen
applause *n* Applaus *m*, Beifall *m*; **roaring/thundering a.** stürmischer/rauschender Beifall
to upset the apple cart *n* (*fig*) alle Pläne über den Haufen werfen; **in a. pie order** (*coll*) pikobello (*coll*)
appliance *n* Apparat *m*, Gerät *nt*, Vorrichtung *f*, Mittel *nt*; **domestic a.** Haushaltsgerät *nt*, H.artikel *m*; **~ a.s industry** Haushaltsgeräteindustrie *f*; **electrical a.** Elektrogerät *nt*, elektrisches Haushaltsgerät; **~ a.s** elektrische Geräte, Elektrowaren, E.artikel; elektrotechnische Gebrauchsgüter; **domestic ~ a.s** elektrische Haushaltsgeräte, weiße Ware
applicability *n* Anwendbarkeit *f*, Eignung *f*, Verwertbarkeit *f*; **commercial a.** wirtschaftliche Verwertbarkeit; **industrial a.** gewerbliche Verwertbarkeit
applicable *adj* 1. anwendbar, verwertbar, geeignet; 2. zutreffend, anzuwendend; 3. [§] geltend; **if a.** gegebenenfalls (ggf.); **to be a.** gelten, Anwendung finden; **no longer a.** hinfällig; **directly a.** unmittelbar anwendbar; **not a.** (*Formular*) entfällt, nicht zutreffend
applicant *n* 1. Antragsteller(in) *m/f*; 2. (Stellen)Bewerber(in) *m/f*, Arbeitsuchende(r) *f/m*; 3. (Patent)Anmelder *m*, P.sucher *m*; 4. Anwärter(in) *m/f*; 5. (Effekten)Zeichner *m*; 6. [§] antragstellende Partei, Gesuchsteller(in) *m/f*
applicant for a letter of credit Akkreditivauftraggeber *m*; **~ a licence** Lizenzantragsteller *m*; **~ a patent** Patentsucher *m*, P.bewerber *m*; **a. for a position** Stellenbewerber *m*; **~ shares** [GB] **/stocks** [US] Aktienzeichner *m*
commercial applicant gewerblicher Antragsteller; **first a.** (*Pat.*) Erstanmelder *m*; **individual/single a.** Einzel-, Privatanmelder *m*; **joint a.** Mitanmelder *m*; **~ a.s** gemeinsame Anmelder; **prior a.** Voranmelder *m*; **subsequent a.** Nachanmelder *m*
applicant country antragstellendes Land; **a. state** ersuchender Staat
application *n* 1. Antrag *m*, Gesuch *nt*, Beantragung *f*, Ersuchen *nt*; 2. (Patent)Anmeldung *f*; 3. [§] Rechtsbegehren *nt*, Klageschrift *f*; 4. Antragsformular *nt*; 5. (Stellen)Bewerbung *f*, S.gesuch *nt*, Bewerbungsformular *nt*; 6. Versicherungsantrag *m*; 7. Aktienzeichnung *f*; 8. (Nutz)Anwendung *f*, Nutzungsmöglichkeit *f*, Verwertung *f*, Verwendung *f*, Einsatzzweck *m*, E.möglichkeit *f*, Zweckbestimmung *f*; 9. 💻 Anwendungsprogramm *nt*; **on a.** auf Antrag
application for accession Antrag auf Beitritt, Beitrittsgesuch *nt*; **~ an account** Kontoeröffnungsantrag *m*; **~ admission** Aufnahmeantrag *m*, Zulassungsgesuch *nt*, Z.antrag *m*; **~ allotment of shares** Antrag auf Zuteilung von Aktien; **~ asylum** Asylgesuch *nt*; **~ bankruptcy proceedings** Antrag auf Konkurseröffnung, ~ Eröffnung des Konkursverfahrens; **~ a building permit** Bauantrag *m*; **~ a charter** Antrag auf Erteilung einer Konzession; **a. to conclude a contract** Antrag auf Abschluss eines Vertrages; **a. for court protection from creditors** Vergleichsantrag *m*; **~ default summons based on a bill of exchange** Wechselmahnantrag *m*; **~ discharge** (*Konkurs*) Rehabilitierungsantrag *m*; **~ entry** Beitrittsantrag *m*; **~ entry in the register** Eintragungsantrag *m*; **~ exemption** Freistellungsantrag *m*; **~ export** Ausfuhrantrag *m*; **~ extension of time** Antrag auf Fristverlängerung; **~ extradition** [§] Auslieferungsersuchen *nt*; **a. of force** Gewaltanwendung *f*, Anwendung von Gewalt; **~ funds** Kapital-, Mittelverwendung *f*, Verwendungszweck/Zweckbestimmung von Geldmitteln, Herkunfts- und Verwendungsrechnung *f*; **a. for a guarantee** Bürgschaftsantrag *m*; **a. in the home country** (*Pat.*) Inlandsanmeldung *f*; **a. for an import licence/permit** Antrag auf Erteilung einer Einfuhrgenehmigung, Importantrag *m*; **a. of income** (*Bilanz*) Einkommensverwendung *f*; **a. for information** Ersuchen um Auskunft; **~ insurance** Versicherungsantrag *m*; **~ a job** Stellenbewerbung *f*; **a. to join** Beitritts-, Aufnahmeantrag *m*; **a. of the law** Rechts-, Gesetzesanwendung *f*; **a. for leave** Urlaubsgesuch *nt*, U.antrag *m*; **~ a licence** Genehmigungs-, Lizenzantrag *m*; **~ listing** Börseneinführungsantrag *m*, Antrag auf Börsenzulassung/B.einführung *f*; **~ a loan** Kredit-, Darlehensantrag *m*, Antrag auf ein Darlehen/einen Kredit, ~ Gewährung eines Darlehens/Kredits; **~ membership** Aufnahmeantrag *m*, A.gesuch *nt*, Beitrittsantrag *m*, B.gesuch *nt*; **~ a mortgage** Hypothekenantrag *m*; **a. in opposition** (*Pat.*) Anmeldung im Einspruch(sverfahren); **a. for further and better particulars** (*Pat.*) Rüge der man-

application for a patent

gelnden Substantiierung; ~ **a patent** Patentanmeldung *f*, Anmeldung eines Patents; **interfering ~ a patent** gleichzeitig anhängige Patentanmeldung; ~ **payment** Zahlungsaufforderung *f*, Z.ersuchen *nt*, Z.erinnerung *f*; ~ **a pension** Rentenantrag; ~ **a permit** Genehmigungsantrag *m*; ~ **planning permission** Antrag auf Erteilung einer Baugenehmigung; ~ **a position** Bewerbung *f*, Stellen-, Stellungsgesuch *nt*; **a. of proceeds** Verwendung des Ertrags/Erlöses/Gegenwerts; ~ **net proceeds** Reinertragsverwendung *f*; **a. to stay proceedings** [§] Antrag auf Einstellung des Verfahrens; **a. for a quotation** *[GB]* Antrag auf Börsenzulassung; **a. of rates** Tarifanwendung *f*; **a. for refinancing** Refinanzierungsantrag *m*; ~ **registration** Anmeldung *f*, Eintragungs-, Zulassungsantrag *m*; ~ **registration in the commercial register** Anmeldung zum Handelsregister; ~ **relief** Unterstützungsgesuch *nt*; ~ **relief in an appeal** [§] Beschwerdeantrag *m*; ~ **substantive relief** [§] Klageantrag *m*; ~ **a respite** Stundungsgesuch *nt*; ~ **restoration** Wiedereinsetzungsantrag *m*; ~ **revocation** *[GB] (Pat.)* Nichtigkeits-, Löschungsantrag *m*; **a. of a rule** Regelanwendung *f*; ~ **the rules of competition** Anwendung der Wettbewerbsvorschriften; **a. for shares** *[GB]* /**stocks** *[US]* Antrag auf Aktienzuteilung/A.zeichnung; ~ **space** Antrag auf Zuteilung von Ausstellungsfläche; ~ **subscription** Bezugserklärung *f*; ~ **summons in chambers** [§] Antrag auf Entscheidung ohne mündliche Verhandlung; **a. of tariff classification** ⊖ Anwendung einer Tarifizierung; **a. for a transfer** Versetzungsgesuch *nt*; ~ **a trial date** [§] Antrag auf Anberaumung eines Termins; ~ **utility models** Gebrauchsmusteranmeldung *f*; ~ **wardship** [§] Vormundschaftsantrag *m*
filing an application Antragstellung *f*; **geared to practical a.** anwendungsorientiert; **a.s outstanding** unbearbeitete Anträge/Anmeldungen, Antragsbestand *m*; **payable on a.** bei Antragstellung/Anmeldung zahlbar; **a.s received** vorliegende Anmeldungen
to allow an application Antrag genehmigen; **to back so.'s a.** jds Bewerbung unterstützen; **to be of general a.** allgemein verbindlich sein; **to cancel one's a.** seine Anmeldung zurückziehen; **to decline an a.** Antrag ablehnen; **to file an a.** 1. beantragen, Antrag einreichen/stellen; 2. Anmeldung einreichen; ~ **for a patent** Patent anmelden; ~ **for a writ of execution** Vollstreckungsbescheid beantragen; **to find many a.s** vielfache Verwendung finden; ~ **a new a. for sth.** etw. einer neuen Nutzung zuführen; **to grant an a.** einem Antrag stattgeben, Gesuch bewilligen; **to handle an a.** Antrag/Gesuch bearbeiten; **to have general a.** allgemeine Geltung haben; **to interfere with an a.** einer Anmeldung entgegenstehen; **to invite a.s for** ausschreiben; ~ **a vacancy** Stelle ausschreiben; **to make an a.** Antrag stellen; ~ **a. for receivership** *[GB]* Einleitung eines Konkursverfahrens beantragen; **to overrule an a.** [§] Antrag/Gesuch ablehnen; **to prosecute an a.** Anmeldung weiterverfolgen; **to refuse/reject an a.** Antrag ablehnen; **to send an a. to** Bewerbung/Antrag richten an; **to turn down an a.** 1. Bewerbung abwei-

sen/ablehnen; 2. Antrag abweisen; **to withdraw an a.** Anmeldung zurückziehen
additional application Zusatzanmeldung *f*; **basic a.** *(Pat.)* Stamm-, Hauptanmeldung *f*; **chief a.** Nutzungsschwerpunkt *m*; **collective/composite a.** Sammelantrag *m*; **commercial a.** wirtschaftliche Verwendung; **copending a.** *(Pat.)* gleichzeitig schwebende Anmeldung; **cross a.** [§] Gegenantrag *m*; **divisional a.** *(Pat.)* Teilanmeldung *f*; **ex parte** *(lat.)* **a.** [§] Parteiantrag *m*; **for external a.** ⚕ zum äußeren Gebrauch; **industrial a.** gewerbliche Verwertbarkeit/Anwendbarkeit/Verwertung/Nutzung; **susceptible of ~ a.** gewerblich anwendbar/nutzbar; **informal a.** formloser Antrag; **interfering a.** *(Pat.)* entgegenstehende Anmeldung; **interlocutory a.** [§] Verfahrensantrag *m*; **main a.** *(Pat.)* Hauptanmeldung *f*; **original a.** Erstanmeldung *f*; **originating a.** Erstantrag *m*; **partial a.** Teilanmeldung *f*; **pending a.** *(Pat.)* schwebende/anhängige Anmeldung; **possible a.s** Nutzungspotenzial *nt*, Einsatz-, Anwendungsmöglichkeiten; **practical a.** praktische Anwendung, Nutzanwendung *f*, Praxisbezug *m*; **previous/prior a.** *(Pat.)* Voranmeldung *f*, ältere/frühere/vorausgehende Anmeldung; **regular a.** vorschriftsmäßige Anmeldung; **retroactive a.** rückwirkende Anwendung; **selective a.** gezielte Anwendung/Nutzung; **speculative a.** theoretische Anwendungsmöglichkeit; **strict a.** strenge Anwendung; **subsequent/supplementary a.** 1. *(Pat.)* Nachanmeldung *f*, spätere/jüngere Anmeldung; 2. Zusatzantrag *m*; **territorial a.** räumliche Anwendung, räumlicher Geltungsbereich, Anwendungsbereich *m*; **unsolicited a.** Blind-, Initialbewerbung *f*; **written a.** schriftlicher Antrag
application analysis Anwendungsanalyse *f*; **a. blank** Anmelde-, Antragsformular *nt*, Zeichnungsschein *m*; **a. cartel** Anmeldekartell *nt*; **a. concept** Anwendungskonzeption *f*; **a. date** 1. Anmeldetermin *m*, A.tag *m*, 2. Datum der Antragstellung; 3. Bewerbungstermin *m*; **a. development** 🖥 Anwendungsentwicklung *f*; ~ **productivity** Leistungsfähigkeit/Wirtschaftlichkeit der Anwendungsentwicklung; **a. documents** Bewerbungs-, Anmeldeunterlagen; **a.s engineer** Anwendungstechniker *m*; **a.s engineering** Anwendungstechnik *f*; **a. fee** Anmelde-, Antragsgebühr *f*; **a. file/papers** Bewerbungsunterlagen *pl*; **a.-focused** *adj* anwendungsorientiert; **a. form** 1. Anmelde-, Antragsformular *nt*; 2. Zeichnungsschein *m*, Z.formular *nt*; 3. Personalfragebogen *m*, Bewerbungsformular *nt*, B.bogen *m*; **a. format** *(Pat.)* Form der Anmeldung; **a. know-how** Anwendungstechnik *f*; **a. management** *(Maschine)* Anwendungssteuerung *f*, A.kontrolle *f*, A.überwachung *f*; **a. layer** 🖥 Anwendungsschicht *f*; **a. list** Zeichnungsliste *f*; **a. money** *(Aktienzeichnung)* Hinterlegungs-, Zeichnungsbetrag *m*; **a. orient(at)ed** *adj* anwendungsorientiert; **a. pattern** Nutzungsstruktur *f*; **a. package** 🖥 Anwendungspaket *nt*; **a. period** 1. Antrags-, Anmeldefrist *f*; 2. Bewerbungsfrist *f*; **a.s planning** Einsatzplanung *f*; **a. procedure** 1. Antrags-, Anmeldeverfahren *nt*; 2. Bewerbungsverfahren *nt*; **a. program(me)** Benutzerprogramm *nt*; **a. programmer** 🖥

Organisationsprogrammierer *m*; **a. requirements** Anmeldevorschriften; **a. sharing** 💻 simultaner Ablauf mehrerer Programme; **a.s software** Anwendersoftware *f*; **a.s system** Anwendungssystem *nt*
applied *adj* angewandt, anwendungsbezogen
apply *v/ti* 1. anwenden, zur Anwendung bringen, praktisch verwerten, gebrauchen; 2. gelten, gültig sein, Gültigkeit haben, zutreffen; 3. beantragen, Antrag stellen; 4. sich bewerben; 5. *(Pat.)* anmelden; **a. for** 1. sich bewerben um; 2. beantragen, nachsuchen um; ~ **sth.** um etw. einkommen; **a. to** 1. sich wenden an; 2. sich bewerben bei; 3. gelten für; **a. to so. for sth.** jdn um etw. angehen; **a. concurrently** 1. nebeneinander anwenden; 2. gleichzeitig gelten; **a. mutatis mutandis** *(lat.)* entsprechend/sinngemäß gelten; **to continue to a.** weiter gelten
appoint *n* Nachschusssumme *f*, Saldo-, Abschlusswechsel *m*; **to draw per a.** per Saldo trassieren
appoint *v/t* 1. berufen, ernennen, bestellen, anstellen, einstellen; 2. verabreden, bestimmen, festlegen, festsetzen, vorschreiben, anordnen
appointed *adj* 1. bestellt, bestimmt; 2. ernannt, festgelegt; 3. *(Raum)* ausgestattet; **a. to act for so.** zu jds Vertretung berufen; **duly a.** ordnungsgemäß bestellt; **newly a.** neu ernannt; **officially a.** amtlich bestellt; **permanently a.** fest angestellt; **publicly a.** öffentlich bestellt
appointee *n* 1. Beauftragte(r) *f/m*; 2. Berufene(r) *f/m*; 3. Vollmachtsausübende(r) *f/m*
appointer *n* Vollmachtgeber(in) *f/m*
appointment *n* 1. Verabredung *f*, Termin *m*, Vereinbarung *f*; 2. Ernennung *f*, Berufung *f*, Stellenbesetzung *f*, Nominierung *f*; **a.s** Ausstattung *f*; **by a.** nach/auf Verabredung, mit Voranmeldung, nach Vereinbarung
appointment of auditors Ernennung/Bestellung von Rechnungsprüfern, ~ Revisoren, ~ Wirtschaftsprüfern; ~ **beneficiary** *(Vers.)* Bezugsberechtigung *f*, B.bescheinigung *f*; **irrevocable ~ beneficiary** unwiderrufliche Bezugsberechtigung/B.bescheinigung; **revocable ~ beneficiary** *(Vers.)* widerrufliche Bezugsberechtigung/B.bescheinigung; **a. to the board** Vorstandsbestellung *f*, Ernennung zum Mitglied des Vorstands; **a. of court judges** Gerichtsbesetzung *f*; ~ **a date** Terminfestsetzung *f*, Fristsetzung *f*; ~ **a defence council** Bestellung eines Verteidigers; ~ **a managing director** Bestellung eines Geschäftsführers/Vorstandsmitglieds; ~ **an executor** Einsetzung eines Testamentsvollstreckers; ~ **a guardian** Vormundsbestellung *f*; ~ **an heir** Erbeinsetzung *f*, Einsetzung eines Erben; **a. for life** Ernennung/Berufung auf Lebenszeit; **a. of the manager** Bestellung des Geschäftsführers; ~ **a proxy** Bestellung eines Bevollmächtigten; ~ **a receiver** Bestellung eines Konkursverwalters; ~ **a civil servant**; **a. as civil servant** Berufung in das Beamtenverhältnis; **a. of a trustee** Berufung eines Treuhänders; **a. by will** testamentarische Einsetzung
to arrange an appointment Termin vereinbaren/ausmachen; **to ask for an a.** um einen Termin bitten; **to break an a.** Verabredung/Termin nicht einhalten; **to cancel an a.** Termin absagen; **to confirm an a.** Ernennung/Termin bestätigen; **to fix an a.** Termin vereinbaren, Verabredung treffen; **to have an a.** Verabredung haben; **to hold an a.** Stelle innehaben; **to keep an a.** Termin wahrnehmen, Verabredung einhalten; **to make an a.** verabreden, Termin ausmachen; **to miss an a.** Verabredung/Termin versäumen; **to revoke an a.** Ernennung widerrufen; **to take up an a.** Stelle antreten
first appointment Eingangsamt *nt*; **honorary a.** Ehrenamt *nt*; **interior a.s** ⇔ Innenausstattung *f*; **lifetime a.** Ernennung auf Lebenszeit; **managerial a.** Besetzung einer Führungsposition, Berufung in eine leitende Stelle; **new a.** Neueinstellung *f*; **permanent a.** Festanstellung *f*, unkündbare Stellung, feste Anstellung, Dauerstellung *f*; **probationary a.** Einstellung/Ernennung auf Probe; **public a.** öffentliches Amt; **senior a.** Einstellung eines leitenden Angestellten; **temporary a.** Ernennung auf Zeit
appointments board Berufungskommission *f*; **a. book/diary** Terminkalender *m*; **a. bureau** Stellenvermittlung *f*; **a. card** 1. Terminplaner *m*, T.zettel *m*; 2. 💲 Terminkarte *f*; **a. committee** Berufungskommission *f*, Berufungs-, Ernennungsausschuss *m*; **judicial a. committee** Richterwahlausschuss *m*; **a. procedure** Berufungs-, Ernennungsverfahren *nt*; **a. system** Bestellpraxis *f*; **a. vacant** Stellenangebote
apportion (among) *v/t (Kosten)* umlegen (auf); **a.able** *adj* zuteilbar, aufteilbar; **to be a.able to** entfallen auf; **a.ed** *adj* verteilt
apportionment *n* 1. Zu-, Ver-, Aufteilung *f*, Aufschlüsselung *f*, Abgrenzung *f*, Zurechnung *f*, Zumessung *f*; 2. Mittelzuweisung *f*, Verrechnung *f*, Repartierung *f*; **a. of assets and liabilities** Vermögensauseinandersetzung *f*, vermögensrechtliche Auseinandersetzung; ~ **blame** Schuldzuweisung *f*; ~ **financial contributions** Aufbringung von Geld-/Finanzbeiträgen; ~ **cost(s)** Kostenumlage *f*, K.verteilung *f*, Unkostenumlegung *f*, Umlegung/Verteilung der Kosten; ~ **indirect cost(s)** Gemeinkostenumlage *f*; ~ **fees** Gebührenabgrenzung *f*; ~ **funds** Mittelzuweisung *f*; ~ **revenues/taxes** Steuerverteilung *f*; **a. formula** Verteilungs-, Umlage-, Umlegungsschlüssel *m*
appraisable *adj* abschätzbar, taxierbar, bewertbar
appraisal *n* 1. (Ab)Schätzung *f*, Begutachtung *f*, Taxierung *f*, Einschätzung *f*, (Wert)Ermittlung *f*, Auswertung *f*, Bewertung *f*, Bemessung *f*; 2. Beurteilung *f*, Gutachten *nt*, 3. Würdigung *f*; **a. of aptitude** Eignungsbewertung *f*; ~ **damage** Schadensbegutachtung *f*, S.(ab)schätzung *f*; **a. by results** ergebnisbezogene/ergebnisorientierte Leistungsbewertung; **a. of results** Leistungsbewertung *f*; **a. by subordinates** Vorgesetztenbeurteilung *f*; **a. for taxation purposes** Taxierung zu Steuerzwecken
corporate appraisal *(Unternehmen)* Bestandsaufnahme *f*; **critical a.** kritische Würdigung; **fair a.** gerechte Beurteilung; **official a.** amtliche Einschätzung; **provisional a.** Zwischenbilanz *f*; **two-thirds a.** *(Vers.)* Zweidrittelwert *m*
appraisal activity Bewertungstätigkeit *f*; **a. clause** Schätzklausel *f*; **a. committee** Bewertungs-, Schät-

zungskommission *f*, S.ausschuss *m*; **a. company** Schätzfirma *f*; **a. cost(s)** Schätzungskosten *pl*; **a. drilling** 🖊 Probebohrung *f*; **a. error** Beurteilungsfehler *m*; **a. factor** Beurteilungskriterium *nt*, Bewertungsmerkmal *nt*; **a. fee** Schätz-, Bewertungsgebühr *f*, Taxe *f*; **a. interview** *(Personal)* Beurteilungsgespräch *nt*; **a. procedure** Beurteilungs-, Prüfungsverfahren *nt*; **a. report** Bewertungsgutachten *nt*, Beurteilung *f*, Schätzung(sbericht) *f/m*; **a. scale** Bewertungsmaßstab *m*; **s. sheet** Beurteilungsblatt *nt*, B.bogen *m*; **a. surplus** Bewertungsüberschuss *m*, Rücklage aus dem durch Schätzung entstandenen Mehrwert; **a. system** Beurteilungssystem *nt*; **a. value** Schätzwert *m*, Taxpreis *m*; **a. well** 🖊 Probebohrung *f*; **to drill an a. well** Probebohrung niederbringen; **a. work** Gutachtertätigkeit *f*
appraise *v/t* 1. (ab)schätzen, auswerten, (be)werten, beurteilen, begutachten, einschätzen; 2. veranschlagen, Wert bestimmen, taxieren, valutieren, Bewertung vornehmen; **a. so. (of)** jdn benachrichtigen, jdn in Kenntnis setzen
appraisement *n* 1. Abschätzung *f*, (Zoll)Bewertung *f*, Taxierung *f*, Wertermittlung *f*, W.bestimmung *f*; 2. Schätzwert *m*, Schätzungsbetrag *m*
appraiser *n* 1. Gutachter *m*, (Ab)Schätzer *m*, Taxator *m*, Taxierer *m*; 2. *[US]* Auktionator *m*; 3. (Versicherungs)Sachverständiger *m*, Schadenssachverständiger *m*, S.regulierer *m*; **sworn a.** beeidigter Sachverständiger
appraising officer ⊖ Schätzer *m*
appreciable *adj* spürbar, merklich, deutlich, nennenswert
appreciate *v/ti* 1. einsehen, verstehen, (zu) schätzen/würdigen wissen, Verständnis haben für, 2. dankbar sein, anerkennen; 3. aufwerten, Preis/Kurs/Wert erhöhen; 4. im Wert steigen
appreciation *n* 1. Würdigung *f*, Anerkennung *f*, Verständnis *nt*; 2. Wert-, Einschätzung *f*; 3. Wertzuwachs *m*, W.steigerung *f*, W.erhöhung *f*, W.verbesserung *f*, Zuwachs *m*, Kurs-, Preissteigerung *f*, Kurs-, Preisanstieg *m*; 4. *(Grundstück)* Aufwertung *f*, Wertzuschreibung *f*; 5. Beurteilung *f*; **in a. of** in Würdigung
appreciation of assets 1. Aufwertung von Anlagen, Anlagenwertzuwachs *m*, 2. Kapitalanlagenbewertung *f*; **~ fixed assets** Höherbewertung von Anlagegütern; **~ real estate** Wertzuwachs eines Grundstücks/einer Immobilie; **~ principal** Kapitalzuwachs *m*; **~ stocks** Höherbewertung von Lagerbeständen; **~ value** 1. Zuschreibung *f*; 2. Wertzuwachs *m*
not to expect any appreciation keinen Dank erwarten; **to express a.** Dank zum Ausdruck bringen; **to show an a.** im Wert gestiegen sein
expected appreciation Wertsteigerungserwartung *f*; **net a.** Nettowertzuwachs *m*; **realized a.** realisierte Wertsteigerung
appreciation surplus Bewertungsüberschuss *m*, B.gewinn *m*; **a. value** Wertsteigerung *f*
appreciative *adj* anerkennend, verständnisvoll, würdigend, dankbar; **to be a.** zu schätzen wissen
appreciator *n* Schätzer *m*, Taxator *m*
apprehend *v/t* verhaften, festnehmen, gefangen nehmen, ergreifen

apprehension *n* 1. Besorgnis *f*, Sorge *f*, Befürchtung *f*; 2. Festnahme *f*, Verhaftung *f*, Gefangennahme *f*, Ergreifung *f*, Sistierung *f*; **a. in the very act** Festnahme auf frischer Tat; **a. of partiality** [§] Besorgnis der Befangenheit; **provisional a.** vorläufige Festnahme
apprehensive *adj* besorgt
apprentice *n* Lehrling *m*, Auszubildende(r) *f/m*, Azubi *m (coll)*, Lehrjunge *m*, L.bursche *m*, L.mädchen *nt*, Stift *m (coll)*
to bind an apprentice Lehr(lings)vertrag abschließen; **to release an a.** Lehrling freisprechen; **to take on an a.** Lehrling annehmen/einstellen; **to turn over an a.** Lehrling abtreten
bound apprentice vertraglich verpflichteter Lehrling; **clerical a.** Bürolehrling *m*; **commercial a.** kaufmännischer Lehrling/Auszubildender, Handels-, Handlungslehrling *m*; **female a.** Lehrmädchen *nt*; **industrial a.** gewerblicher Lehrling; **male a.** Lehrjunge *m*; **outdoor a.** nicht beim Lehrherren wohnender Lehrling
apprentice o.s. *v/refl* sich als Lehrling verdingen
apprenticeable *adj* erlernbar, Lehr-, Ausbildungs-
apprenticed *adj* im Lehr(lings)verhältnis; **to be a. to so.** bei jdm in die Lehre gehen, ~ in der Lehre sein, die Lehre ~ machen
apprentice|'s employer 1. Lehrherr *m*; 2. Ausbildungsbetrieb *m*; **a.'s pay** Lehrlings-, Ausbildungsvergütung *f*
apprenticeship *n* 1. Lehre *f*, Ausbildungs-, Lehrverhältnis *nt*; 2. Lehrzeit *f*, L.jahre *pl*; 3. Lehrstelle *f*. Ausbildungsplatz *m*; **to be through one's a.** seine Lehre/Lehrzeit beendet haben, ausgelernt haben; **to serve an a.** in die Lehre gehen, seine Lehre/Lehrzeit/Ausbildung absolvieren, Lehre machen
available apprenticeship|s Lehrstellen-, Ausbildungsplatzangebot *nt*; **commercial a.** kaufmännische Lehre/Ausbildung; **industrial a.** gewerbliche Lehre/Ausbildung; **in-plant a.** innerbetriebliche Ausbildung
apprenticeship certificate Lehrbrief *m*, L.abschlusszeugnis *nt*, L.lingszeugnis *nt*; **a. contract** Lehr(lings)vertrag *m*; **a. pay/wage** Ausbildungs-, Lehrlingsvergütung *f*, L.lohn *m*; **a. period** Lehr(lings)-/Ausbildungszeit *f*; **a. place** Lehrstelle *f*, Ausbildungsplatz *m*; **a. training** (Lehrlings)Ausbildung *f*; **a. years** Lehrjahre
apprentice system Lehrlingswesen *nt*; **a. teacher** (Lehrlings)Ausbilder *m*; **a. training** (Lehrlings)Ausbildung *f*; **a.s' training shop** Lehr-, Übungswerkstatt *f*; **a. wage** Lehrlingslohn *m*, L.vergütung *f*, Ausbildungsvergütung *f*
approach *n* 1. Annäherung *f*, Vorgehen(sweise) *nt/f*, Methode *f*, Ansatz *m*, Verfahren *nt*; 2. Haltung *f*, Auffassung *f*, Stellungnahme *f*, Einstellung *f*, Betrachtungsweise *f*; 3. ✈ Anflug *m*; 4. 🚗 Anfahrt(sweg) *f/m*; **a.es** ⚓ Zufahrt *f*; **a. to (solving) a problem** Lösungsansatz *m*; **a. to a subject** Behandlung eines Themas
bottom-up approach progressives Verfahren; **case-by-case a.** Fallmethode *f*; **commercial a.** wirtschaftliche Betrachtungsweise; **concerted a.** abgestimmtes Vorgehen; **fresh a.** unkonventionelle Einstellung; **heuristic a.** heuristischer Ansatz; **macroeconomic a.**

gesamtwirtschaftliche Betrachtungsweise; **resolute a.** entschiedene Haltung; **to use the right a.** richtigen Weg einschlagen, richtige Methode anwenden; **scientific a.** wissenschaftlicher Ansatz; **top-down a.** regressives Verfahren

approach *v/ti* 1. (her)angehen; 2. sich nähern, nahen, nahekommen; 3. ✈ anfliegen; **a. so.** jdn ansprechen, sich an jdn wenden, an jdn herantreten

approach|ability *n* Zugänglichkeit *f*; **a.able** *adj* ansprechbar, zugänglich, erreichbar

approach beacon ✈ Landungsbake *f*; **a. road** Zufahrtsstraße *f*, Zubringer *m*

approbate and reprobate *v/t* § teils zugeben, teils bestreiten

approbation *n* Zustimmung *f*, Beifall *m*

appropri|ability *n* Verwendbarkeit *f*, Anwendbarkeit *f*; **a.able (to)** *adj* verwendbar (für), anwendbar (auf)

appropriate *v/t* 1. sich aneignen, beschlagnahmen, mit Beschlag belegen, Besitz ergreifen; 2. *(Geldmittel)* bereitstellen, bewilligen, zuteilen, zuweisen; **a. sth. unlawfully** sich etw. widerrechtlich aneignen

appropriate *adj* 1. angemessen, passend, angebracht, maßgeblich, geboten, zweckmäßig, z.dienlich, sachgemäß, (sach)dienlich, zweckentsprechend, geeignet; 2. *(Vers.)* risikogerecht; **if a.** gegebenenfalls; **a.d** *(Geld)* zweckgebunden; **a.ness** *n* Opportunität *f*

appropriation *n* 1. Inbesitznahme *f*, (Eigentums)Konkretisierung *f*, Aneignung *f*; 2. *(Geldmittel)* Bereitstellung *f*, Zuweisung *f*, Zuteilung *f*, Bewilligung *f*, Zuführung *f*, Zuwendung *f*, (Haushalts-/Etat)Ansatz *m*, Verwendung *f*, Investitionsgenehmigung *f*, Zweckbindung *f*; 3. *(Bilanz)* Einstellung *f*, Rücklage *f*, Gewinnverteilung *f*; 4. Darlehen *nt*, Kreditsumme *f*; **a.s** Haushaltsmittel *pl*, bewilligte/zugewiesene Mittel

appropriation of assets Zuordnung der Vermögenswerte; ~ **budget funds** Bereitstellung von Haushaltsmitteln; ~ **of earnings** Gewinnverwendung *f*, buchmäßige Gewinnverteilung; **proposed ~ earnings** Gewinnverwendungsvorschlag *m*; ~ **funds** Mittelzuweisung *f*, Kapitalbewilligung *f*, Bewilligung von Geldmitteln, Bereitstellung von Geldbeträgen, Geldbereitstellung *f*, G.bewilligung *f*, Zuweisung von Mitteln; ~ **unascertained goods** Konkretisierung der Gattungsschuld; ~ **net income** Ergebnis-, Gewinnverwendung *f*, Verwendung des Reingewinns; ~ **land** Bereitstellung von Grundstücken; ~ **payments** Zweckbestimmung von Zahlungen; ~ **profit(s)** Gewinn-, Erfolgs-, Ergebnis-, verwendung *f*; ~ **the profit for the year** Verwendung des Jahresgewinns; **a. to reserves** Zuführung zu den Reserven, Dotierung der Reserven; **profit-reducing ~ reserves** gewinnmindernde Rücklagenbildung; **a. of the surplus** Bildung von Rücklagen

to apply for an appropriation Haushaltsmittel beantragen/anfordern; **to approve/grant an a.** Haushaltsmittel bewilligen, Bereitstellung von Haushaltsmitteln bewilligen; **to cut/reduce an a.** bereitgestellte Haushaltsmittel kürzen; **to make a.s** zuführen; **to transfer a.s** Mittel übertragen; **to vote the a.** Haushaltsvoranschlag bewilligen

advance appropriation Vorwegbewilligung *f*; **budgetary a.** Ausgabenbewilligung *f*, vom Parlament bewilligte Mittel, bewilligte Etat-/Haushaltsmittel, Mittelzuweisung *f*; **contractual a.s** satzungsmäßige Gewinnrücklagen; **dishonest/fraudulent a.** Unterschlagung *f*; **fresh/new a.** Neubewilligung *f*; **itemized/segregated a.** Einzelzuwendung *f*, E.zuweisung *f*; **legal a.** Gewinnverwendungsbeschränkung *f*; **statutory a.s** satzungsmäßige Rücklagen; **supplementary a.** Nach(trags)bewilligung *f*, nachträgliche Bewilligung, Ergänzungszuweisung *f*; **surplus a.** Rücklagenbildung *f*, R.zuführung *f*; **unallotted a.s** unverwendete Mittel; **unspent a.s** nicht ausgegebene (Kapital)Mittel

appropriation account Bereitstellungskonto *nt*, B.fonds *m*, Rückstellungskonto *nt*, Verwendungsrechnung *f*; **a.(s) bill** Haushaltsgesetzentwurf *m*, Bewilligungsvorlage *f*; **a.s commission** Bereitstellungsprovision *f*; **a. committee** Bewilligungs-, Haushaltsausschuss *m*; **a. funds** Dispositions-, Bereitstellungsfonds *m*; **a. ordnance** *[US]* Haushaltsverordnung *f*; **a. period** Bewilligungszeitraum *m*; **a. privilege** Bewilligungsrecht *nt*; **a. section** *(Bilanz)* Aufgliederung des Reingewinns

approvable *adj* genehmigungsfähig

approval *n* 1. Zustimmung *f*, Billigung *f*, Genehmigung *f*, Einverständnis *nt*, Anerkennung *f*, Einwilligung *f*, Befürwortung *f*, Plazet *nt*; 2. Richtig-, Gutbefund *m*, Prüf(ungs)vermerk *m*; 3. *(Vorstand)* Entlastung(serteilung) *f*; **on a.** zur Ansicht, auf/zur Probe, zum Probieren, probe-, versuchsweise; **subject to a.** zulassungs-, genehmigungs-, bewilligungs-, konsens-, zustimmungspflichtig, genehmigungsbedürftig, vorbehaltlich der Genehmigung; **not ~ a.** genehmigungsfrei

approval of an account Kontoanerkennung *f*; ~ **the acts of the supervisory board** Entlastung des Aufsichtsrats; ~ **the acts of the directors** Entlastung des Vorstands; ~ **the supervisory authority** rechtsaufsichtliche Genehmigung; ~ **the balance sheet** Bilanzgenehmigung *f*, Genehmigung der Bilanz; ~ **building plans** Baugenehmigung *f*; ~ **the loan** Kreditbewilligung *f*, Bewilligung des Kredits; ~ **the minutes** Genehmigung des Protokolls; ~ **the purchase price** Kaufpreisgenehmigung *f*; ~ **the annual financial statements** Feststellung des Jahresabschlusses

to be subject to approval der Genehmigung unterliegen; **to express one's a.** sich einverstanden erklären; **to meet with a.** auf Zustimmung stoßen, Beifall/Billigung/Zustimmung finden; **to nod a.** zustimmend/beifällig nicken; **to require a.** genehmigungspflichtig/zustimmungsbedürftig sein, der Genehmigung/Zustimmung bedürfen; **to refuse a.** nicht genehmigen, Zustimmung verweigern; **to seek a.** Genehmigung einholen; **to send on a.** zur Ansicht senden; **to submit for a.** zur Genehmigung vorlegen; **to win a.** Zustimmung gewinnen, genehmigt werden

conditional approval bedingte Zustimmung, Zustimmung mit Auflagen, vorbehaltliche Genehmigung; **final a.** endgültige Zustimmung/Genehmigung; **formal a.** Entlastung *f*; **official a.** amtliche Genehmigung; **par-**

prior **approval**

liamentary a. Billigung durch das Parlament; **prior a.** vorherige Genehmigung/Zustimmung; **qualified a.** bedingte Zustimmung; **regulatory a.** Genehmigung durch die Aufsichtsbehörde; **subsequent a.** nachträgliche Genehmigung; **tacit a.** stillschweigende Genehmigung/Bewilligung/Zustimmung; **unanimous a.** ungeteilte/einhellige Zustimmung; **unqualified a.** uneingeschränkte/unbedingte Zustimmung
approval limit Bewilligungsgrenze *f*; **a. power** Bewilligungsvollmacht *f*; **a. plate** ◊ Zulassungsschild *nt*, Z.tafel *f*; **a. procedure** Genehmigungs-, Bewilligungs-, Prüf-, Zulassungsverfahren *nt*; **a. rating** positive Beurteilung; **a. sale** Kauf auf Probe; **a. signature** genehmigte Unterschrift
approve (of sth.) *v/t* 1. genehmigen, billigen, befürworten, gutheißen, zustimmen, zulassen; 2. bewilligen; 3. überprüfen; 4. *(Versammlung)* beschließen
approved *adj* 1. genehmigt, gebilligt, zugelassen; 2. anerkannt; 3. bewährt, erprobt; **to stand a.** ratifiziert sein
approximate *v/t* 1. annähern, näherkommen; 2. π nähern, fast erreichen, in etwa entsprechen; *adj* ungefähr, annähernd, angenähert, Annäherungs-; **a.ly (approx.)** *adv* annähernd, etwa, zirka, fast, ungefähr
approximation *n* 1. Annäherung *f*, Angleichung *f*, 2. π Näherung *f*, Annäherungswert *m*, annähernde Berechnung, Schätzung *f*; **a. of laws** Rechtsangleichung *f*; **~ prices** Angleichung der Preise; **a. error** π Näherungsfehler *m*; **a. method** Näherungsverfahren *nt*
approximative *adj* annähernd
appurte|nance *n* 1. [§] Grundstücksbestandteil *m*; 2. Anhängsel *nt*, Zubehör *nt*, Zusatz *m*, Beigabe *f*; **a.nances** 1. Realrechte; 2. Zubehör *nt*, Gerätschaften; **a.nant (to)** *adj* (da)zugehörig, gehörig zu
apron *n* 1. Schürze *f*; 2. ✈ Vorfeld *nt*; 3. Talon *m (frz.)*, Abschnitt *m*, Erneuerungsschein *m*, Allonge *f (frz.)*
apt *adj* 1. passend, treffend; 2. geneigt, talentiert
aptitude *n* Eignung *f*, Befähigung *f*, Begabung *f*, Fähigkeit *f*; **a. for standardization** Normungswürdigkeit *f*; **~ work** Arbeitseignung *f*; **occupational/vocational a.** berufliche Eignung, Berufseignung *f*; **special a.** besondere Eignung, Eignungsschwerpunkt *m*; **a. check/test** Eignungsuntersuchung *f*, E.prüfung *f*, E.test *m*, Befähigungsprüfung *f*
aqua|culture *n* Fischzucht *f*; **a.tic** *adj* Wasser-
arable *adj* ✍ anbau-, bebauungsfähig, urbar, kultivierbar
Arab Monetary Fund (AMF) Arabischer Währungsfonds
arbiter *n* 1. Schiedsrichter *m*, S.mann *m*, S.gutachter *m*, Schlichter *m*, Vermittler *m*; 2. [§] Instanz *f*; 3. 💻 Busverwalter; **final a.** letzte Schiedsinstanz
arbitrable *adj* schiedsgerichtsfähig
arbitrage *n* 1. Schlichtung *f*, Schiedsverfahren *nt*, schiedsrichterliche Entscheidung; 2. Arbitrage *f (frz.)*; **a. in bullion/gold** Goldarbitrage *f*; **a. of price** Preisarbitrage *f*; **a. in space** Raumarbitrage; **~ securities** Effekten-, Wertpapierarbitrage *f*
covered arbitrage kursgesicherte Zinsarbitrage; **direct/simple a.** direkte/einfache Arbitrage; **forward a.**

Termin-, Zinsarbitrage *f*; **indirect/multiple-point/triangular a.** indirekte Devisenarbitrage, Mehrfacharbitrage *f*; **offsetting a.** ausgleichende Arbitrage; **outward a.** Auslandsarbitrage *f*; **uncovered a.** spekulative Zinsarbitrage
arbitrage *v/t* 1. schlichten, durch Schiedsspruch entscheiden; 2. *(Börse)* arbitrieren
arbitrage activity Arbitragegeschäft *nt*; **international a. activity** internationale Arbitrage; **a. award** Schiedsspruch *m*; **a. borrowing** Kredit für Arbitragegeschäfte; **a. business** Arbitragegeschäft *nt*; **a. calculation** Arbitragerechnung *f*; **a. clause** Arbitrageklausel *f*; **a. dealer** Arbitragehändler *m*; **a. dealings** Arbitragegeschäfte; **eligible for a. dealings** arbitragefähig; **a. margin** (internationales) Zinsgefälle *nt*; **a. profit** Kursschnitt *m*
arbitrage(u)r; arbitragist *n* Arbitrageur *m (frz.)*, Arbitragist *m*, Arbitragehändler *m*
arbitrage revenue(s) Einnahmen aus Arbitragegeschäften; **a. selling** Arbitrageverkäufe *pl*; **a. stocks** Arbitragewerte; **a. support points** Arbitrageinterventionspunkte; **a. transaction** Arbitragegeschäft *nt*
arbi|tral *adj* schiedsrichterlich, s.gerichtlich; **a.trament** *n* schiedsgerichtlicher Entscheid, schiedsrichterliche Entscheidung
arbi|trariness *n* Willkürlichkeit *f*; **a.trary** *adj* willkürlich, eigenmächtig, eigenwillig
arbitrate *v/t* 1. durch Schiedsspruch beilegen, schlichten, (schiedsrichterlich) entscheiden, als Schiedsrichter fungieren; 2. *(Börse)* durch Kursvergleich feststellen
arbitration *n* 1. Schlichtung *f*, Schlichtungs-, Schieds(gerichts)verfahren *nt*; 2. Schiedsgerichtsbarkeit *f*, Schiedsspruch *m*, schiedsrichterliche Entscheidung; **by a.** schiedlich, schiedsgerichtlich, auf dem Schiedswege; **a. of exchange** Devisen-, Wechselarbitrage *f*, Wechselkursvergleich *m*, W.arbitrage *f*
to go to arbitration; to have recourse to a.; to refer/take to a. Schiedsgericht anrufen, vor eine Schlichtungskommission gehen/bringen, zur Schlichtung überweisen, schiedsrichterliche Entscheidung einholen; **to settle by a.** schiedsgerichtlich/schiedsrichterlich beilegen, durch ein Schiedsgericht regeln, durch Schiedsspruch schlichten/beilegen; **to submit to a.** sich einem Schiedsspruch/schiedsrichterlichen Verfahren unterwerfen
commercial arbitration Handelsschiedsgerichtsbarkeit *f*, Kaufmannsgericht *nt*; **compound a.** zusammengesetzte Arbitrage, Mehrfacharbitrage *f*; **compulsory/mandatory a.** Zwangsschlichtung *f*, Schiedsgerichtszwang *m*; **direct a.** Einfacharbitrage *f*, direkte Arbitrage; **indirect a.** indirekte Arbitrage; **industrial a.** Arbeitsschiedsgericht *nt*, Schlichtung in/von Arbeitsstreitigkeiten; **international a.** internationale Schiedsgerichtsbarkeit *f*; **judicial a.** gerichtlicher Schiedsspruch
arbitration agreement Schiedsvertrag *m*, S.abkommen *nt*, Schlichtungsabkommen *f*, S.vertrag *m*, Schiedsgerichtsabkommen *nt*, S.vertrag *m*
arbitrational *adj* schiedsgerichtlich, schiedsrichterlich
arbitration arrangement Schlichtungsvereinbarung *f*;

a. award Schiedsspruch *m*, S.urteil *nt*, Schlichtungsvereinbarung *f*, schiedsgerichtlicher Entscheid, schiedsgerichtliche Entscheidung, Ausspruch im Schiedsverfahren; **a. board** *(Schlichtung)* Einigungsstelle *f*, E.amt *nt*, Schieds-, Schlichtungsstelle *f*, S.kommission *f*, S.amt *nt*, Schiedsamt, S.ausschuss *m*; **mixed a. board** gemischtes Schiedsgericht; **a. bond** [§] Kompromissakte *f*; **a. charges** Schiedsgerichtsgebühren; **a. clause** 1. Schlichtungs-, Arbitrageklausel *f*, Klausel hinsichtlich der Schiedsgerichtsbarkeit, Schiedsbestimmung *f*, S.abrede *f*; 2. **contractual a. clause** vertraglich vereinbarte Schiedsgerichtsklausel; **a. code** Schiedsgerichtsordnung *f*; **a. committee** Vermittlungs-, Schlichtungs-, Schiedsausschuss *m*, S.kommission *f*, Schlichtungskommission; **a. and mediation committee** Schieds- und Vermittlungsausschuss *m*; **Central A. Committee (CAC)** *[GB]* ständiger Schlichtungsausschuss; **a. cost(s)** Schiedsgerichtskosten *pl*; **a. court** Schiedsgericht *nt*; **a. fee** Schiedsgebühr *f*; **a. law** Schiedsrecht *nt*; **a. matters** Schiedssachen; **a. panel** Schiedsausschuss *m*, S.gremium *nt*; **a. procedure/proceedings** Schieds(gerichts)-, Schlichtungsverfahren *nt*, S.verhandlungen *pl*, schiedsgerichtliches/schiedsrichterliches Verfahren; **a. provisions** Schlichtungs-, Schiedsgerichtsbestimmungen; **a. result** Schlichtungsergebnis *nt*; **a. rules** Schiedsordnung *f*, Richtlinien zur Abwicklung von Schiedssachen, Schlichtungsordnung *f*; **a. ruling** Schlichtungs-, Schiedsgerichtsentscheidung *f*; **a. scheme** Schiedsverfahren *nt*; **a. service** Schiedstätigkeit *f*; **a. statute(s)** Schiedsordnung *f*; **a. system** Schiedswesen *nt*; **a. tribunal** Schieds(gerichts)hof *m*, S.instanz *f*, Einigungsamt *nt*; **~ on a parity basis** paritätisches Schiedsgericht
arbitrator *n* Schiedsmann *m*, Schlichter *m*, Schiedsrichter *m*, S.gutachter *m*, Vermittler *m*, Unparteiischer *m*; **to appoint an a.** Schiedsrichter einsetzen/ernennen; **to nominate an a.** Schiedsrichter vorschlagen; **to refer sth. to an a.** etw. an einen Schiedsrichter verweisen; **friendly a.** Schlichter *m*; **maritime a.** Schiedsrichter in Schifffahrtsangelegenheiten; **third a.** Schiedsobmann *m*
arbitrator|'s award Schiedsspruch *m*, S.gutachten *nt*; **a.ship** *n* Schiedsrichteramt *nt*
arbor *[US]*; **arbour** *[GB]* *n* (Garten)Laube *f*
arc (of light) *n* ⚡ Lichtbogen *m*
arcade *n* Arkade *f*, Passage *f*; **a. game** 🖥 Videospiel *nt*
arcane *adj* geheim
arc elasticy Bogenelastizität *f*; **a. flow** Kantenfluss *m*
arch *adj* Erz-; **a.-enemy** *n* Erzfeind *m*
architect *n* Architekt *m*; **a. directing construction** bauleitender Architekt; **naval a.** ⚓ Schiffbauingenieur *m*; **final a.'s certificate** 🏛 Schluss-, Gebäudeabnahme *f*, Bauabnahmeschein *m*; **a.'s drawing/plan** Bauplan *m*; **a.'s office** Architektenbüro *nt*
architectural *adj* architektonisch, bautechnisch
architecture *n* 1. Architektur *f*, Baustil *m*, B.art *f*; 2. Konstruktion *f*; 3. 🖥 Architektur *f*; **naval a.** ⚓ Schiff(s)bau *m*; **organic a.** Baubiologie *f*
archive(s) *n* Archiv *nt*; **to put in the a.** archivieren;

local a. Stadtarchiv *nt*; **photographic a.** Bildarchiv *nt*
archivist *n* Archivar(in) *m/f*
arch|-monetarist *n* Erzmonetarist *m*; **a.-rogue; a.-swindler** *n* Erzgauner *m*
arc light *n* ⚡ Bogenlampe *f*
arctic *nt* Arktis *f*; *adj* arktisch
arduous *adj* mühselig, mühsam, beschwerlich
area *n* 1. Fläche *f*; 2. (Teil)Gebiet *nt*, Bezirk *m*, Zone *f*, Gegend *f*, Areal *nt*, Revier *nt*, Umkreis *m*, Gelände *nt*; 3. *(fig)* Bereich *m*, Sparte *f*; 4. ⚖ Amtsbereich *m*; **a.-** *adj* bereichsintern
area of accountability Verantwortungsbereich *m*; **~ activity** Funktionsbereich *m*; **a. covered by the agreement** Geltungs-, Abkommensbereich *m*; **a. of application** Anwendungsbereich *m*; **~ authority/jurisdiction** Kompetenzbereich *m*, Befugnisse *pl*, Zuständigkeitsgebiet *nt*; **a. outside local authority/jurisdiction** gemeindefreies Grundstück; **a. of outstanding natural beauty** *[GB]* Landschaftsschutzgebiet *nt*; **~ competence** Amtsbereich *m*; **~ industrial concentration** Industrieschwerpunkt *m*, Ballungsgebiet *nt*; **~ consumption** Verbrauchsgebiet *nt*; **a. under cultivation** 🌾 Anbaufläche *f*, A.gebiet *nt*, bebaute Fläche, landwirtschaftliche Nutzfläche; **a. of employment** Beschäftigungsbereich *m*, B.zweig *m*; **a. covered by the franchise** Konzessionsgebiet *nt*; **a. of land** Bodenfläche *f*; **a. covered by the licence** Lizenz-, Konzessionsgebiet *nt*; **a. of operation** Betriebs-, Geschäfts-, Arbeitsbereich *m*; **profitable ~ operation** erfolgreicher Tätigkeitsbereich/Betriebsbereich; **~ production** Produktionssparte *f*; **~ responsibility** Verantwortungs-, Zuständigkeits-, Geschäfts-, Aufgabenbereich *m*, A.gebiet *nt*; **~ speciality** Sachgebiet *nt*; **~ study** Gegenstandsbereich *m*, Studienschwerpunkt *m*; **~ tension** Spannungsfeld *nt*, S.gebiet *nt*; **~ a triangle** π Inhalt eines Dreiecks; **~ validity** Geltungsbereich *m*; **~ weakness** Schwachstelle *f*
covering a wide area großflächig; **a. concerned** Bezugsraum *m*; **a. covered** Arbeitsgebiet *nt*; **a. served** ⚓ Fahrtgebiet; **a. sown** 🌾 Aussaatfläche *f*
to delineate an area Gebiet abstecken; **to seal off an a.** Gebiet abriegeln
adjoining area angrenzendes Gebiet; **assisted a.** Förder(ungs)gebiet *nt*; **bad-weather a.** Schlechtwetterzone *f*, Wetterecke *f*; **bonded a.** ⊖ Zollfreizone *f*; **built-up a.** geschlossene Ortschaft, bebautes Gebiet/Grundstück, Ortsgebiet *nt*, O.kern *nt*; **coastal a.** Küste *f*, K.ngebiet *nt*; **congested a.** Ballungsgebiet *nt*, B.raum *m*; **consolidated a.** 🌾 zusammengelegte Fläche; **common a.** 🖥 gemeinsamer Bereich; **cultivated a.** 🌾 Anbaugebiet *nt*, Anbau-, Kulturfläche *f*; **deprived a.** Notstandsgebiet *nt*; **developing a.** *[US]* strukturschwaches Gebiet; **distressed a.** Notstandsgebiet *nt*, Gebiet mit hoher Arbeitslosigkeit; **economic a.** Wirtschaftsgebiet *nt*, W.raum *m*; **of equal a.** π inhalts-, flächengleich; **extended a. (service)** ⚖ erweiterter Amtsbereich; **farmed a.** 🌾 landwirtschaftliche Betriebsfläche; **flooded a.** Überschwemmungsgebiet *nt*; **functional a.** Funktionsbereich *m*; **gray/grey a.** Grau-

area of occupation

zone *f*; ~ **occupation** Arbeitsbereich zwischen Arbeitern und Angestellten; **green a.** Grünfläche *f*; **high-amenity a.** Gegend mit hohem Freizeitwert; **industrial a.** Industriegebiet *nt*, I.bezirk *m*, I.gegend *f*, I.gelände *nt*, Gewerbegebiet *nt*, G.fläche *f*; **inland a.** Hinterland *nt*; **investigated a.** Erhebungsgebiet *nt*; **leased a.** Pachtgebiet *nt*; **local a.** ⌖ Ortsbereich *m*; ~ **network** Ortsnetz *nt*; **marginal a.** Grenzbereich *m*; **metropolitan a.** Großstadtbereich *m*; **monetary a.** Währungsbereich *m*, W.gebiet *nt*; **no-go a.** *[GB] (coll)* Sperrgebiet *nt*, S.bereich *m*, S.bezirk *m*; **non-smoking a.** Nichtraucherzone *f*; **open a.** Freigelände *nt*; **operational a.** Einsatzgebiet *nt*; **outlying a.** entlegenes Gebiet; **overcrowded a.** übervölkertes Gebiet; **owned a.** Eigentumsfläche *f*; **partial a.** Teilfläche *f*; **densely populated a.** dicht besiedeltes Gebiet, ~ besiedelte Gegend; **sparsely populated a.** dünn besiedeltes Gebiet, ~ besiedelte Gegend; **postal a.** ⌖ Zustellbezirk *m*; **preferential a.** ⊖ Präferenzgebiet *nt*; **prime a.** 1. bevorzugte Lage, Spitzenlage *f*; 2. Hauptbereich *m*; **printed a.** ⌖ Satzspiegel *m*; **prohibited a.** Sperrbezirk *m*, S.gebiet *nt*, S.zone *f*; **problematic a.** Problembereich *m*; **protected a.** Schutzgebiet *nt*, S.bereich *m*; **rehabilitated a.** saniertes Baugebiet, sanierte Fläche; **residential a.** Wohngegend *f*, W.gebiet *nt*, W.lage *f*, W.viertel *nt*; ~ **planning** Wohngebietsplanung *f*; **restricted a.** Sperrgebiet *nt*, S.bezirk *m*, Schutzbereich *m*; **rundown a.** Schmuddelgegend *f*; **rural a.** ländliches Gebiet; **sensitive a.** Sicherheitsbereich *m*, S.zone *f*, Sperrzone *f*; **environmentally ~ a. (E.S.A.)** *[GB]* Landschaftsschutzgebiet *nt*; **settled a.** Siedlungsgebiet *nt*; **special a.** Notstandsgebiet *nt*; **sticky a.** *(coll)* Problembereich *m*; **superficial a.** Fläche *f*; **surrounding a.** Umland *nt*; **total a.** Gesamtfläche *f*; **tough a.** üble Gegend; **transient a.** Übergangsbereich *m*; **underdeveloped a.** unterentwickeltes Gebiet; **uninhabited a.** unbewohntes Gebiet; **unlegislated a.** rechtsfreier Raum, Rechtsvakuum *nt*; **unregulated a.** nicht der staatlichen Aufsicht unterliegender Bereich; **upgraded a.** saniertes Baugebiet, sanierte Fläche; **urban a.** 1. Großstadtgebiet *nt*; 2. geschlossene Ortschaft; **congested ~ a.** Ballungsgebiet *nt*; **useful a.** Nutzfläche *f*

area agreement Bereichsabkommen *nt*; **a. authority/board** Regional-, Bezirksbehörde *f*; **a. boundary/limit** Bezirks-, Bereichsgrenze *f*; **a. code** ⌖ Vorwahl(nummer) *f*, Ortskennzahl *f*; **a. composition** ⌖ Mengensatz *m*; **a. controller** Bereichscontroller *m*, Bezirksinspektor *m*; **a. definition** Bereichsdefinition *f*; **a. development** Regionalförderung *f*; **a. diagram** Flächendiagramm *nt*; **a. management** Bezirks-, Bereichsleitung *f*; **a. manager** Bezirks-, Gebiets-, Bereichsleiter *m*, Gebietsdirektor *m*, Bezirksinspektor *m*; **a. market** Gebietsmarkt *m*; **a. needs** regionaler Bedarf; **a. office** Bezirksbüro *nt*, B.vertretung *f*; **a. planning policy** Raumordnungspolitik *f*; **a. redevelopment** Flächensanierung *f*; **a. representative** Gebietsvertreter *m*; **a. sample** Flächenstichprobe *f*; **a. sampling** Flächenstichprobenverfahren *nt*; **a.-specific** *adj* bereichs-, regionalspezifisch; **a. station** ⌖ Leitbahnhof *m*; **a.**

study Regionalanalyse *f*; **a.-wide** *adj* flächendeckend

arena *n* Kampfbahn *f*, K.platz *m*, Schauplatz *m*, Arena *f*; **to enter the a.** *(fig)* in den Ring steigen *(fig)*

argentiferous *adj* ♃ silberhaltig

argue *v/t* 1. behaupten, argumentieren; 2. streiten, diskutieren; **a. against sth.** sich gegen etw. aussprechen; **it could be a.d** man könnte einwenden

argument *n* 1. Meinung *f*, Theorie *f*, Argument *nt*, Ausführungen *pl*, Einwand *m*; 2. Auseinandersetzung *f*, Wortstreit *m*; 3. ⌖ Parameter *m*; **by a.** argumentativ; **a. of council** [§] Plädoyer *nt*; **a. in summation** Schlussplädoyer *nt*; **a.s put forward** Begründung *f*; **to be open to a.** 1. mit sich reden lassen; 2. strittig sein; **to clinch an a.** zwingende Gründe anführen; **to ignore an a.** sich einem Argument verschließen

circular argument Zirkelschluss *m*; **clinching a.** entscheidender Beweis; **cogent a.** schlüssige/vertretbare Begründung; **concrete/pertinent a.** sachliches Argument; **dummy a.** Scheinargument *nt*; **factual a.** Ausführungen zum Sachverhalt; **fierce a.** erregte Auseinandersetzung; **fresh a.** [§] neues Vorbringen; **insubstantial a.** [§] nichtiger Einwand; **legal a.** rechtliche Begründung, Rechtsargument *nt*, R.ausführungen *pl*; ~ **a.s** rechtliche Ausführungen; **material a.** Sachargument *nt*; **oral a.s** mündliche Rechtsausführungen; **rational a.** Vernunftgrund *m*; **solid a.** handfestes Argument; **spurious a.** Scheinargument *nt*; **superfluous a.s** überflüssiges Vorbringen; **telling a.** durchschlagendes Argument; **tenable a.** vertretbare Begründung; **valid a.** stichhaltiges Argument, vertretbare Begründung

argumentation *n* Begründung *f*; **specious a.** Scheinargument *nt*

arid *adj* trocken, regen-, wasserarm, dürr; **a.ity** *n* Trockenheit *f*, Wasserarmut *f*, Dürre *f*

ARIEL (Automated Real Time Investment Exchange Limited) *[GB]* Bildschirmsystem zum Wertpapiererwerb außerhalb der Londoner Börse

arise (from) *v/i* 1. sich ergeben, entstehen, erwachsen, hervorgehen (aus), herrühren, aufkommen, auftreten, die Folge sein (von), stammen (von), eintreten; 2. *(Frage)* sich erheben/stellen

aristo|cracy *n* Aristokratie *f*, (Hoch)Adel *m*; **landed a.cracy** Großgrundbesitzer *pl*; **a.crat** *n* Aristokrat(in) *m/f*, Adelige(r) *f/m*; **a.cratic** *adj* aristokratisch

arithmetic *n* Rechenkunst *f*, Arithmetik *f*, Rechnen *nt*; **commercial a.** kaufmännisches Rechnen; **fiscal a.** Finanz-, Steuerarithmetik *f*; **fractional a.** Bruchrechnung *f*; **mental a.** Kopfrechnen *nt*; **to do ~ a.** kopfrechnen

arithmetical *adj* rechnerisch, arithmetisch, kalkulatorisch; **a.ally** *adv* rein rechnerisch

Arithmetic Logic Unit (ALU) *n* ⌖ Rechenwerk

arm *n* 1. Arm *m*; 2. *(fig)* Zweig *m*; 3. Bereich *m*, Geschäfts-, Unternehmenszweig *m*, *(Firma)* Sparte *f*, Tochtergesellschaft *f*; 4. Macht *f*, Stärke *f*, Kraft *f*, Hebel *m*; **a. of the law** *(fig)* Arm *(fig)*/Hüter des Gesetzes; **~ a river** Flussarm *m*; **with one's a.s folded** mit verschränkten Armen; **to lean on so.'s a.** sich auf jds Arm stützen; **to twist so.'s a.** *(fig)* Druck auf jdn ausüben; **to**

welcome so. with open a.s jdn mit offenen Armen empfangen
arm *v/t* bewaffnen, rüsten
armament *n* ⚔ Bewaffnung *f*, Rüstung *f*; **a.s** Rüstungsgüter; **a.(s) industry** Rüstungsindustrie *f*; **a.s manufacturer** Rüstungsfirma *f*, R.unternehmen *nt*; **a. order** Rüstungsauftrag *m*; **a. program(me)** Rüstungsprogramm *nt*; **a. worker** Rüstungsarbeiter(in) *m/f*
armchair *n* Sessel *m*; **a. decision** Entscheidung am grünen Tisch; **a. shopping** Teleeinkauf *m*; **a. socialism** Kathedersozialismus *m*
armed *adj* bewaffnet
armistice *n* ⚔ Waffenstillstand *m*
armor *[US]*; **armour** *[GB]* *n* Panzer *m*, Rüstung *f*; **a. plating** Panzerung *f*; **a.y** *n* Arsenal *nt*, Waffenkammer *f*
arms *pl* ⚔ Waffen, Rüstungsgüter; **to bear/carry a.** Waffen tragen/mit sich führen; **to be up in a.** *(fig)* aufgebracht/empört sein; **~ against sth.** gegen etw. Sturm laufen; **to have the whole house up in a.** das ganze Haus rebellisch machen; **small a.** Handfeuerwaffen
arms deal ⚔ Rüstungsgeschäft *nt*; **a. dealer** Waffenhändler *m*; **a. delivery** Waffenlieferung *f*; **a. embargo** Waffenembargo *nt*; **a. expenditure** Rüstungsausgaben *pl*; **a. export(s)** Waffenexport *m*, W.ausfuhr *f*; **a. factory** Rüstungsbetrieb *m*, R.fabrik *f*; **a. industry** Rüstungsindustrie *f*, R.wirtschaft *f*
at arm's length auf Armeslänge; **to keep so. at a. l.** jdn auf Distanz halten; **a. l. bargaining** Verhandlungen unabhängiger Partner; **~ sale** *(Verhältnis zwischen Mutter- und Tochtergesellschaft)* selbstständiger Verkauf an Dritte; **~ transaction** Geschäft auf der Basis von Marktpreisen
arms limitation ⚔ Rüstungsbegrenzung *f*; **a. maker/manufacturer** Waffenfabrikant *m*, W.hersteller *m*, Rüstungsfirma *f*, R.unternehmen *nt*; **a. production** Rüstungsproduktion *f*; **a. race** Rüstungswettlauf *m*, Wettrüsten *nt*; **a. reduction** Rüstungsverminderung *f*; **a. sales** Rüstungsverkäufe *pl*; **a. smuggling** Waffenschmuggel *m*; **a. trade** Waffenhandel *m*; **a. trafficking** (illegaler) Waffenhandel; **a. transaction** Waffengeschäft *nt*
army *n* ⚔ Heer *nt*, Landstreitkräfte *pl*; **to levy an a.** Truppen ausheben; **regular a.** stehendes Heer; **territorial a.** Landwehr *f*
army contract Heeresauftrag *m*; **a. contractor/supplier** Heereslieferant *m*; **a. requirements** Heeresbedarf *m*
aroma *n* Aroma *nt*
arouse *v/t* 1. hervorrufen; 2. *(Interesse)* erregen
arraign *v/t* [§] vor Gericht stellen, anklagen, Anklage erheben; **a.ment** *n* Anklage *f*
arrange *v/ti* 1. vereinbaren, verabreden, abmachen, sich verständigen; 2. *(Kredit)* vermitteln, bereitstellen, disponieren; 3. erledigen, regeln, arrangieren, Vorkehrungen treffen, dafür sorgen; 4. (aus)gestalten, aus-, herrichten, ordnen; **a. for sth. to be done** etw. veranlassen; **a. alphabetically** alphabetisch ordnen; **a. cleverly** geschickt disponieren
arranged *adj* geregelt, unter Dach und Fach *(coll)*; **as a.** programm-, verabredungsgemäß, wie verabredet
arrangement *n* 1. Vereinbarung *f*, Übereinkunft *f*, Verabredung *f*; 2. [§] Schlichtung *f*, Beilegung *f*, Vergleich *m*; 3. Erledigung *f*, Regelung *f*, Maßnahme *f*; 4. *(Kredit)* Bereitstellung *f*, Vermittlung *f*; 5. Anordnung *f*, Gestaltung *f*, Gliederung *f*, Aufstellung *f*, Ausrichtung *f*; **a.s Maßnahmen**; **as per a.** gemäß der Vereinbarung; **by a. with** mit freundlicher Genehmigung von
arrangement in bankruptcy Zwangsvergleich *m*; **a.s of claims** Rangfolge von Konkursforderungen; **a. with (the) creditors** Abkommen/Einigung/Übereinkunft mit den Gläubigern, Gläubigervergleich *m*, Vergleich zur Abwendung eines Konkurses, Übereinkunft mit den Gläubigern, Schuldenabkommen *nt*; **a.s concerning one's debts** Schuldenregelung *f*; **a.s for inspection** Kontrollmaßnahmen; **a. of marriage** Heiratsvermittlung *f*; **a. after receiving order** gerichtlicher Vergleich; **a. before receiving order** außergerichtlicher Vergleich; **a. of a legal relationship** Gestaltung des Rechtsverhältnisses; **~ terms** Konditionengestaltung *f*; **a. on generous terms** Kulanzregelung *f*
to come to an arrangement sich vergleichen/arrangieren, zu einer Einigung gelangen; **to enter into an a.** Vereinbarung treffen; **to honour an a.** Abmachungen einhalten; **to make an a.** 1. Absprache treffen, abmachen; 2. [§] Vergleich schließen; **~ an a. with the creditors** Gläubiger abfinden; **~ a.s** Maßnahmen/Vorbereitungen/Anordnungen/Vorkehrungen treffen, disponieren; **~ a.s to the effect** entsprechend disponieren; **~ advance a.s** vorausdisponieren; **~ the appropriate a.s** entsprechend disponieren; **~ the necessary a.s** alles Erforderliche/Nötige veranlassen, notwendige Vorkehrungen treffen; **~ other a.s** umdisponieren; **to modify a.s** umdisponieren; **to settle by a.** durch Vergleich erledigen
ad-hoc arrangement fallweise Regelung; **administrative a.s** technische Einzelheiten; **advance a.** Vorausdisposition *f*; **amicable a.** [§] einvernehmliche Regelung, gütliche Erledigung; **by ~ a.** schiedlich-friedlich; **blocking a.** Stillhalteabkommen *nt*; **contractual a.** vertragliche Vereinbarung/Regelung, Vertragsvereinbarung *f*, V.konstruktion *f*; **exim a.s** ⊖ Eximregelung *f*; **existing a.s** bestehende Regelungen; **financial a.** Finanzierungsplan *m*, Finanzregelung *f*; **~ a.s** finanztechnische Vorkehrungen, Finanzdispositionen, Finanzierungsmöglichkeiten; **informal a.** formlose Vereinbarung; **interim a.** Zwischenlösung *f*, vorläufige/einstweilige Vereinbarung, ~ Regelung; **internal a.s** [§] Innenverhältnis *nt*; **legal a.** rechtliche Regelung, Rechtskonstruktion *f*; **long-term a.s** längerfristige Dispositionen; **monetary a.s** Gelddisposition(en) *f/pl*; **mutual a.** gegenseitige Vereinbarung; **office-sharing a.** Bürogemeinschaft *f*; **open-to-borrow a.** Rahmenkreditvertrag *m*; **permanent a.** Dauerregelung *f*; **piecemeal a.** Teilregelung *f*; **preferential a.** Präferenzregelung *f*; **preparatory a.s** Vorbereitungen; **private a.** [§] gütlicher/außergerichtlicher Vergleich; **provisional a.** Provisorium *nt*, einstweilige Anordnung, vorläufige Vereinbarung; **recommended a.s** Empfehlungsver-

einbarungen; **revised a.** Neuregelung *f*; **mutually satisfactory a.** alle Teile befriedigende Abmachung; **sensible a.** sinnvolle Ordnung; **short-term a.**s kurzfristige Dispositionen; **special a.** Einzelabrede *f*; **standby a.** Vereinbarung über Bereitschaftskredit; **systematic a.** Systematik *f*; **temporary/transitional a.** Übergangsbestimmung *f*, Ü.regelung *f*, Ü.lösung *f*; **tying a.** Koppelungsgeschäft *nt*; **voluntary a.** [§] (freiwilliger) Vergleich
arrangement account Vergleichskonto *nt*; **a. charge(s)/ fee** (Kredit)Bereitstellungsgebühr *f*, B.kosten *pl*, B.provision *f*; **a. patent** Anordnungspatent *nt*
array *n* 1. Anordnung *f*, Schema *nt*, Gruppierung *f*, 2. ▦ Aufstellung *f*, Array *nt*, Datengruppe *f*, Matrix *f*; **a. of curves** Kurvenschar *f*; **~ a jury** [§] Einsetzung eines Geschworenengerichts; **~ jurors** Geschworenenliste *f*; **a. processor** ▦ Feldrechner *m*, Arrayprozessor *m*; **a. variable** 1. ▦ Bereichsvariable *f*; 2. ▦ Feldvariable *f*
arrearage *n* unbezahlter Restbetrag, Restsumme *f*, Rückstand *m*, Schulden *pl*
arrears *n* 1. Rückstand *m*; 2. Schulden, Rückstände, (Zahlungs)Verzug *m*, unbezahlter Restbetrag, Rest *m*, rückständige Schuld, Zahlungsrückstände, rückständige Beträge; **in a.** im Rückstand, im Verzug, nachschüssig **arrears of correspondence** Briefschulden; **a. on dividends** rückständige Dividende; **a. of interest** Zinsrückstände; **~ payment** Zahlungsrückstände; **~ premium** Beitragsrückstände; **~ taxes** Steuerrückstände; **~ work** (Arbeits)Rückstände; **to clear ~ work** Rückstände aufarbeiten
payable in arrears postnumerando zahlbar
to be in arrears in Zahlungsverzug sein; **~ with sth.** etw. schuldig sein, mit etw. im Rückstand sein; **~ with one's payments** mit seinen Zahlungen hinterherhinken; **~ with one's rent** mit der Miete im Rückstand sein; **to clear off a. of work** Arbeitsrückstände erledigen; **to fall into a.** *(Rückstände)* auflaufen, in Rückstand/Verzug geraten; **to pay in a.** postnumerando *(lat.)*/im nachhinein zahlen; **to settle a.** Rückstände begleichen; **to work off a.** Rückstände aufarbeiten/aufholen
arrears letter Mahnung *f*; **a. exclusion** Mahnsperre *f*; **a. fee** Mahngebühr *f*; **a. notice** Mahnschreiben *nt*
arrest *n* 1. [§] Verhaftung *f*, Festnahme *f*, F.setzung *f*, Ergreifung *f*, Arrest *m*, Gefangennahme *f*, Inhaftierung *f*; 2. Beschlagnahme *f*, Pfändung *f*; 3. ⚓ Aufbringen *nt*, Aufbringung *f*; 4. [§] *(Urteil)* Sistierung *f*; **under a.** in Haft
arrest to enforce a court order Erzwingungshaft *f*; **a. of a debt** Forderungspfändung *f*; **~ debtor** Sicherheitsarrest *m*, persönlicher Arrest; **a. for disobedience of court orders** Ordnungshaft *f*; **a. of goods** Warenbeschlagnahme *f*; **~ judgment** Urteilsaussetzung *f*, U.sistierung *f*, Aussetzung des Verfahrens; **~ a ship/ vessel** Schiffspfändung *f*, S.beschlagnahme *f*, Beschlagnahme/Arrest eines Schiffes; **a. without a warrant** Verhaftung ohne Haftbefehl
cardiac arrest ♥ Herzstillstand *m*; **false a.** Freiheitsberaubung *f*; **immediate a.** Verhaftung auf frischer Tat;

personal a. Personalhaft *f*; **preventive a.** Schutzhaft *f*; **provisional a.** Auslieferungshaft *f*; **unlawful a.** widerrechtliche Festnahme
arrest *v/t* 1. [§] festnehmen, festsetzen, verhaften, gefangennehmen, in Gewahrsam nehmen, inhaftieren, ergreifen; 2. in Beschlag nehmen, festhalten, an sich bringen; 3. [§] *(Urteil)* sistieren
arrest|ee *n* Pfandschuldige(r) *f/m*; **a.er** *n* Pfandgläubiger(in) *m/f*; **a.ment** *n* 1. (Konto)Pfändung *f*, Beschlagnahme *f*; 2. Arrest *m*
arrest order [§] Haftanordnung *f*; **a. warrant** Haftbefehl *m*, H.anordnung *f*, Festnahmebefugnis *f*
arrival *n* 1. Ankunft *f*, Eintreffen *nt*, Kommen *nt*, Erscheinen *nt*; 2. (Waren)Eingang *m*; **a.s** eingehende Waren, Eingänge; **on a.** bei/nach Ankunft; **a.s and departures** Ankunfts- und Abfahrzeiten; **a.s of goods** Warenzufuhr *f*, W.eingang *m*; **a. on the scene** Erscheinen auf der Bildfläche; **no a., no sale** bei Nichteintreffen keine Kaufverpflichtung
to await arrival ✉ nicht nachsenden; **fresh/new a.** Neuankömmling *m*, neuer Mitarbeiter; **safe a.** sichere Ankunft; **~ clause** Klausel für behaltene Ankunft; **seasonable a.** rechtzeitige Ankunft
arrival hall/lounge Ankunfts-, Empfangshalle *f*; **a. note/notice** (Fracht)Eingangsbenachrichtigung *f*, Schiffsankunftsavis *m/nt*; **a. point** Zielpunkt *m*; **a. process** Zugangsprozess *m*; **a. rate** Zugangs-, Ankunftsrate *f*; **a. time** Ankunftszeit *f*
arrive *v/i* 1. ankommen, eintreffen; 2. ⚓ einlaufen; 3. 🚂 einfahren; 4. ✉ eingehen
to have arrived *adj* *(fig)* ein gemachter Mann sein *(coll)*
arrogate (to o.s.) *v/t* [§] beanspruchen, für sich in Anspruch nehmen, sich das Recht nehmen
arrogation *n* [§] Anmaßung *f*; **a. of a right** Rechtsanmaßung *f*
arrow *n* 1. Pfeil *m*; 2. *(Graphik)* Keil *m*; **a. diagram** Pfeilschema *nt*; **a. key** ▭ Pfeiltaste *f*
arsenal *n* 1. *(fig)* Arsenal *nt*; 2. ⚔ Zeugamt *nt*, Waffendepot *nt*, W.lager *nt*
arson *n* Brandstiftung *f*, B.legung *f*; **to commit a.** Feuer legen; **aggravated a.** schwere Brandstiftung; **simple a.** einfache Brandstiftung; **a. attack** Brandanschlag *m*
arsonist *n* Brandstifter *m*
art *n* Kunst *f*; **a.s** Geisteswissenschaften; **a.s and crafts** Kunsthandwerk *nt*, K.gewerbe *nt*; **~ school** Kunstgewerbeschule *f*; **~ shop** Kunstgewerbegeschäft *nt*
applied art angewandte Kunst; **arcane a.** hohe Kunst; **commercial a.** Gebrauchs-, Werbegraphik *f*; **fine a.s** schöne/bildende Künste; **graphic a.s** Graphik *f*; **industrial a.** gewerbliche Graphik, Gebrauchs-, Gewerbegraphik *f*; **liberal a.s** Geisteswissenschaften; **prior a.** Stand der Technik; **typographic a.** Typographie *f*
art|s centre Kulturzentrum *nt*; **a. collection** Kunstsammlung *f*; **a. collector** Kunstsammler *m*; **a. connoisseur** *(frz.)* Kunstkenner *m*; **a. critic** Kunstkritiker *m*; **a. dealer** Kunsthändler *m*; **a. director** Atelierleiter *m*, künstlerischer Leiter
artery *n* 1. ♥ Ader *f*, Arterie *f*; 2. 🚗 Hauptverkehrsader *f*; **coronary a.** (Herz)Kranzarterie *f*

art exhibition Kunstausstellung *f*; **a. expert** Kunstsachverständiger *m*; **a.s faculty/school** geisteswissenschaftliche Fakultät
artful *adj* gewieft
art gallery Kunst-, Gemäldegalerie *f*
arthritis *n* ✥ Gelenkentzündung *f*; Arthritis *f*
article *n* 1. Erzeugnis *nt*, Artikel *m*, Ware *f*; 2. Ding *nt*, Gegenstand *m*; 3. Posten *m*; 4. [§] Paragraf *m*; 5. Aufsatz *m*
article|s of the agreement 1. Vertragspunkte, V.-bestimmungen, V.artikel; 2. ⚓ Heuervertrag *m*; **~ apprenticeship** Lehr-, Ausbildungsvertrag *m*; **~ association** Gesellschaftssatzung *f*, G.vertrag *m* (mit den Teilhabern), Kommanditvertrag *m*, (Firmen)Statuten, F.satzung *f*, Gründungsurkunde *f*, Satzung *f* (der Gesellschaft), Verbandssatzung *f*; **~ association of a cooperative society** Genossenschaftsvertrag *m*; **model ~ association** Mustersatzung *f*; **a. of clothing** Kleidungsstück *nt*; **~ a contract** Vertragspunkt *m*; **a.s of co-partnership** [US] Gesellschaftsvertrag *m*; **~ corporation** Satzung *f*, Gesellschaftsstatut *nt*; **~ incorporation** [US] Firmen-, Gesellschaftssatzung *f*, G.statut(en) *nt/pl*, G.vertrag *m*, Satzung *f* (der Gesellschaft), Gründungsurkunde *f*, Statut *nt*; **~ incorporation and bylaws** Statuten, Gründungsvertrag und Satzung; **~ organization** [US] Gründungsurkunde *f*; **~ partnership** Gesellschaftsvertrag einer Personengesellschaft (OHG/KG); **a. of average quality** Durchschnittsware *f*; **~ high quality** hochwertiger Artikel; **a. in stock** Lagerartikel *m*; **a.s of a trust** Treusatzung *f*; **a. of daily/everyday use** Gebrauchsgegenstand *m*, G.gut *nt*, G.artikel *m*; **~ value** ⌺ Wertstück *nt*, W.sache *f*
to be under article|s 1. Lehre machen; 2. Rechtsreferendar sein; **to deal in an a.** Artikel führen; **to invoke an a.** [§] sich auf einen Artikel berufen; **to rewrite an a.** Artikel umschreiben
branded article Markenartikel *m*, M.erzeugnis *nt*; **competing/competitive a.** Konkurrenzartikel *m*, K.erzeugnis *nt*, K.ware *f*; **corporate a.s** Gründungsurkunde *f*; **defective a.** Fehlfabrikat *nt*; **fashionable a.** Trend-, Modeartikel *m*, modische Ware; **fast-moving a.** Absatzrenner *m*, Verkaufsschlager *m*, Schnelldreher *m*; **finished a.s** Fertigerzeugnisse, F.waren *f*; **first-class a.** Spitzenartikel *m*; **giveaway a.** kostenloser Artikel, Werbegeschenk *nt*; **high-volume a.** Absatzrenner *m*, gängiger Artikel; **leading a.** (Zeitung) Leitartikel *m*; **manufactured a.** gewerbliches Erzeugnis/Produkt, Fabrikerzeugnis *nt*; **mass-produced a.** Massen-, Serienartikel *m*, Massenprodukt *nt*, M.erzeugnis *nt*, Massen-, Dutzendware *f*; **newly-made a.** Neuanfertigung *f*; **patented a.** Patentgegenstand *m*; **pledged a.** Pfandobjekt *nt*, P.gegenstand *m*; **popular a.** gängiger Artikel, Zugartikel *m*; **preliminary a.s** Präliminarien *f*; **prohibited a.s** ⊖ Konterbande *f*, Schmuggelware *f*; **proprietary a.** Markenartikel *m*, patentierter Artikel, einem Alleinvertriebsrecht unterliegender Artikel, Monopolartikel *m*, M.erzeugnis *nt*; **pyrotechnic a.** Feuerwerkskörper *m*; **returned a.** Remittende *f*; **seasonal a.** Saisonartikel *m*; **semi-finished a.** Halbfertigerzeugnis *nt*, H.fabrikat *nt*, H.zeug *nt*, Zwischenerzeugnis *nt*, Z.produkt *nt*; **shopworn a.** Ladenhüter *m* (coll); **standard a.s** Einheits-, Serienware *f*; **supplementary a.** Zusatzartikel *m*; **top-quality a.** Spitzenfabrikat *nt*; **trademarked a.** Markenartikel *m*; **trendy a.** modischer Artikel, Mode-, Trendartikel *m*; **unsal(e)able a.** Ladenhüter *m* (coll)
article *v/t* 1. durch Lehr-/Ausbildungsvertrag verpflichten; 2. artikelweise abfassen, Punkt für Punkt darlegen; **a. so. to** jdn in die Lehre geben bei
articled *adj* 1. vertraglich gebunden/verpflichtet; 2. in der Lehre, im Lehr(lings)verhältnis; **to be a.** 1. in der Lehre sein; 2. vertraglich verpflichtet sein
article number Warennummer *f*
articulate *v/t* artikulieren; *adj* (Ausdruck) klar, sprach-, wortgewandt
articulation *n* Artikulation *f*; **a. behaviour** Artikulationsverhalten *nt*; **a. statement** Matrixbilanz *f*
artificial *adj* künstlich, gekünstelt, unecht
artisan *n* Handwerker *m*, Kunstgewerbler *m*; **a.'s lien** Unternehmerpfandrecht *nt*; **a. production** handwerkliche Produktion
artist *n* 1. Künstler(in) *m/f*; 2. (Musik) Interpret(in) *m/f*; **commercial/industrial a.** Werbe-, Gebrauchsgraphiker *m*, Werbegestalter *m*, Reklamezeichner *m*; **creative a.** Gestalter(in) *m/f*; **dramatic a.** Bühnenschaffende(r) *f/m*; **graphic a.** Graphiker(in) *m/f*
artistic *adj* künstlerisch
artist's impression (Modell-/Ideen)Skizze *f*, Zeichnung *f*; **~ mark** Künstlerzeichen *nt*
art lover Kunstfreund *m*, K.liebhaber *m*; **a. market** Kunstmarkt *m*; **a. paper** Kunstdruckpapier *nt*; **a. property and jewellery** [GB] /**jewelry** [US] **insurance** Wertgegenstandsversicherung *f*; **a. room** (Schule) Zeichensaal *m*; **a. school** Kunstschule *f*, K.akademie *f*; **a. shop** Kunsthandlung *f*; **a. smuggling** Schmuggel von Kunstgegenständen; **a. student** Kunststudent(in) *m/f*; **a.s subject** geisteswissenschaftliches Studienfach; **a. teacher** Zeichen-, Kunstlehrer(in) *m/f*, K.erzieher(in) *m/f*; **a. theft** Kunstdiebstahl *m*; **a. trade** Kunsthandel *m*; **a. treasure** Kunstschatz *m*; **a. value** künstlerischer Wert
as against *conj* gegenüber, verglichen mit, im Vergleich zu; **as from/of** ab, mit Wirkung vom; **as is** wie besichtigt, wie es steht und liegt; **as of now** fortan; **as per** nach, gemäß; **as to** was ... (an)betrifft/anbelangt, hinsichtlich; **as it were** gewissermaßen, sozusagen
asbestos *n* Asbest *m*; **a.is** *n* ✥ Asbestose *f*
ascend *v/i* steigen, auf-, an-, hochsteigen
ascendance *n* Vormachtstellung *f*, Vorherrschaft *f*, Überlegenheit *f*, beherrschender Einfluss
ascendant; ascendent *adj* aufsteigend; **in the a.** im Aufsteigen begriffen
ascending *adj* aufsteigend
ascertain *v/t* 1. ermitteln, feststellen, erfassen; 2. (Daten) erheben; **a.ability** *n* Erfassbarkeit *f*; **a.able** *adj* feststellbar, nachweisbar, erfassbar; **a.ed** *adj* ermittelt, erfasst, festgestellt
ascertainment *n* 1. Ermittlung *f*, Feststellung *f*; 2. (Wa-

ascertainment of damage

re) Konkretisierung *f*; **a. of damage** *(Tatsache)* Schaden(s)feststellung *f*, S.ermittlung *f*; **~ the facts** Feststellung des Tatbestandes/Sachverhalts; **~ loss** Schaden(s)feststellung *f*; **~ paternity** Feststellung der Vaterschaft; **~ profits** Gewinnfeststellung *f*; **~ quota** Quotenermittlung *f*; **~ staff requirements** Personalbedarfsermittlung *f*; **~ value** Wertermittlung *f*
ascertainment error Ermittlungs-, Erhebungs-, Beobachtungsfehler *m*; **a. methods** Erfassungstechnik *f*
ascribe *v/t* zuschreiben, zurückführen (auf)
ash|(es) *n* Asche *f*; **to be reduced to a.es** in Schutt und Asche sinken; **to rise from the a.es** aus Trümmern entstehen; **flying a.** Flugasche *f*; **a. can** *[US]* Mülltonne *f*
ashore *adv* ans/am Ufer, an Land; **to go a.** an Land gehen; **to run a.** ⚓ stranden; **to be washed a.** an Land geschwemmt werden
Asian Development Bank (ADB) Asiatische Entwicklungsbank; **A. and Pacific Council (ASPAC)** Asiatisch-Pazifischer Rat
aside *n* Nebenbemerkung *f*; **a. from; leaving a.** *adv* abgesehen von; **to lay/put a.** beiseite legen; **to set a.** 1. zurückstellen, absondern, beiseite lassen, reservieren; 2. *(EU)* ⛔ *(Flächen)* stilllegen
ask *n* 1. Preisangebot *nt*, 2. *(Börse)* Brief *m*
ask *v/t* 1. fragen; 2. bitten, fordern; **a. for** bitten um, sich (etw.) ausbitten; **~ so.** nach jdm fragen; **a. so. in** jdn hereinbitten; **a. sth. of so.** jdn um etw. bitten, jdm etw. zumuten
to look askance (at so./sth.) *adv* schräg ansehen, mit Misstrauen betrachten
asked 1. *adj* angeboten; 2. *n (Börse)* Brief *m*, geforderter Preis; **a. and bid** *(Börse)* Brief und Geld (Angebot und Nachfrage)
to fall asleep *adj* einschlafen
aspect *n* 1. Aspekt *m*, Gesichts-, Blickpunkt *m*; 2. Teilaspekt *m*, Seite *f*; **a.s of competition policy** wettbewerbspolitische Gesichtspunkte; **favourable a.** Positivum *nt*; **structural a.** Strukturdimension *f*
asphalt *n* Asphalt *m*
asphyxia *n* ⚕ Erstickungstod *m*, Ersticken *nt*; **a.te** *v/i* ersticken
aspiration *n* Streben *nt*, Trachten *nt*, Verlangen *nt*, Sehnsucht *f*, hohes Ziel; **social a.s** Statusbedürfnis *nt*; **a. engine** 🚗 Saugmotor *m*; **a. level** Anspruchsniveau *nt*
as|pire *v/i* streben nach, trachten, an-, erstreben; **a.piring** *adj* aufstrebend, strebsam, ehrgeizig
asport *v/t* ⚖ widerrechtlich fortschaffen; **a.ation** *n* widerrechtliches Fortschaffen
assail *v/t* ⚖ angreifen; **a.ant** *n* Angreifer *m*
assassin *n* Attentäter *m*, Meuchelmörder *m*; **would-be a.** Attentäter *m*; **a.ate** *v/t* ermorden; **a.ation** *n* Attentat *nt*, Ermordung *f*
assault *n* 1. ⚖ tätlicher Angriff, tätliche Bedrohung, Körperverletzung *f*, Tätlichkeit *f*, tätliche Beleidigung, Gewaltanwendung *f*; 2. ⚔ Angriff *m*, Sturm *m*; 3. Überfall *m*, Anschlag *m*
assault and battery ⚖ gewalttätiger Angriff, Realinjurie *f*, tätliche Beleidigung, Gewaltanwendung und Körperverletzung, Tätlichkeiten *pl*; **criminal ~ battery** gewaltsame Körperverletzung; **a. occasioning actual bodily harm** 1. Gewaltanwendung mit Körperverletzungsfolge; 2. *[US]* vorsätzliche Körperverletzung; **a. with intent to rob** Gewaltanwendung mit räuberischer Absicht; **a. at night-time** nächtlicher Überfall
to take sth. by assault ⚔ etw. im Sturm nehmen; **to ward off an a.** Angriff abwehren
common assault ⚖ unqualifizierte Bedrohung/Gewaltanwendung; **criminal a.** Körperverletzung *f*; **indecent/sexual a.** Notzucht *f*, Nötigung zur Unzucht; **joint a.** Raufhandel *m*; **predatory a.** räuberischer Angriff
assault *v/t* 1. ⚔ angreifen, überfallen; 2. ⚖ tätlich angreifen/werden
assay *n* Metallanalyse *f*, M.probe *f*, M.prüfung *f*, (Fein)Gehaltsbestimmung *f*, Probe auf Feinheit, Prüferwert *m*; *v/t* prüfen, bewerten, Feingehalt feststellen; **a. balance** Gold-, Probierwaage *f*; **a. cost** Münzgebühr *f*
assayer *n* *(Edelmetall)* Münz-, Edelmetallprüfer *m*, Prüfanstalt *f*
assay mark *(Edelmetall)* Prüfzeichen *nt*; **a. master** Sachverständiger *m*; **a. sample** Probestück *nt*; **a. ton** Probiergewicht *nt*; **a. value** Metall-, Münzwert *m*
assemblage *n* 1. Menge *f*, Ansammlung *f*; 2. Zusammenfügung *f*, Montage *f*; 3. *[US] (Grundstücke)* Zusammenlegung *f*
assemble *v/ti* 1. ⚙ montieren, zusammenbauen, z.setzen, z.fügen, z.stellen; 2. sammeln, bereitstellen; 3. (sich) versammeln; 4. einberufen, zusammenrufen; 5. 💻 assemblieren, von maschinenorientierter in programmorientierte Programmiersprache übersetzen
assembler *n* 1. ⚙ Monteur *m*, Montagefirma *f*, M.gesellschaft *f*; 2. 💻 Programmumsetzer *m*, Assembler *m*, maschinenorientierte Programmiersprache
assembling *n* ⚙ Montage *f*; **a. firm** Montagefirma *f*; **a. jig** Montagegerüst *nt*; **a. shop** Montagehalle *f*
assembly *n* 1. ⚙ Fertigung *f*, Montage *f*, Zusammenbau *m*; 2. Bausatz *m*, B.gruppe *f*; 3. Versammlung *f*, Zusammenkunft *f*; **a. of variants** Variantenmontage *f*; **~ of the works council** Betriebsräteversammlung *f*
ready for assembly montagefertig
to convene an assembly Versammlung einberufen/abhalten; **to meet in open a.** sich öffentlich versammeln
automatic assembly ⚙ automatische Fertigung; **fully ~ a.** vollautomatische Fertigung; **constituent a.** konstituierende/verfassunggebende Versammlung; **consultative a.** beratende Versammlung; **elective a.** Wahlversammlung *f*; **federal electoral a.** Bundesversammlung *f [D]*; **final a.** End-, Fertigmontage *f*; **general a.** Voll-, Generalversammlung *f*; **legislative a.** gesetzgebende Versammlung; **localized a.** Montage vor Ort; **manual a.** manuelle Fertigung; **modular a.** Systembauweise *f*; **national a.** Nationalversammlung *f*, N.rat *m*; **offshore a.** Montage im Ausland, Auslandsmontage *f*; **outgoing a.** scheidende Versammlung; **permanent a.** ständige Versammlung; **political a.** politische Versammlung; **progressive a.** (Fließ)Bandmontage *f*, Fließfertigung *f*;

regional a. Landschaftsverband *m* [D]; **representative a.** Abgeordnetenversammlung *f*; **riotous a.** [§] aufrührerische Versammlung, Zusammenrottung *f*; **unlawful a.** [§] Auflauf *m*, (unzulässige) Zusammenrottung, verbotene Versammlung
assembly account Sammelkonto *nt*; **a. belt** ▰ Montage-, Fließband *nt*; **a. bin** *(Auftrag)* Sammelbehälter *m*; **a. blueprint/drawing** ✿ Montagezeichnung *f*; **a. capacity** Montagekapazität *f*; **a. cost(s)** Montagekosten; **a. department** Montageabteilung *f*; **a. facility** Fertigungsbetrieb *m*; **a. fault** Montagefehler *m*; **a. firm** Montagegesellschaft *f*; **a. hall** Versammlungsraum *m*, V.saal *m*; **a. language** ▱ Assemblersprache *f*
assembly line ▰ Fließ-, Transport-, Montageband *nt*, Fabrikations-, Fertigungs-, Takt-, Produktionsstraße *f*; **to come/roll off the a. l.** vom Band laufen; **to work on the a. l.** am Fließband arbeiten
automatic assembly line Transferstraße *f*
assembly line balancing Fließbandabstimmung *f*, F.abgleich *m*, Bandabgleich *m*, Austakten des Bandes, optimale Fließbandbelegung; ~ **manager** Bandleiter *m*; ~ **production** Fließ(band)fertigung *f*, F.produktion *f*, Bandfertigung *f*, B.produktion *f*, Produktion am laufenden Band; ~ **work** (Fließ)Bandarbeit *f*; ~ **worker** (Fließ)Bandarbeiter(in) *m/f*, Montagearbeiter(in) *m/f*
assembly man Montagearbeiter *m*; **a. mark** Montagezeichen *nt*; **a. method** Fertigungsmethode *f*; **a. operation** Montagetätigkeit *f*; **a. operator** Monteur *m*; **a. order** Materialanforderungsschein *m*; **a. plant** Montagewerk *nt*, M.betrieb *m*, M.fabrik *f*, Herstellerwerk *nt*; **a. point** Sammelplatz *m*, S.punkt *m*; **a. robot** Montageroboter *m*; **a. room** Versammlungsstätte *f*, Festsaal *m*, Aula *f*; **a. schedule** Montageplan *m*; **a. shop** Montagewerkstatt *f*, M.halle *f*, M.betrieb *m*; **a. station** Fließbandstation *f*; **a. technique** Montagetechnik *f*; **a. time** Montagezeit *f*; **a. unit** Montagegruppe *f*; **a. work** Montagearbeit *f*, Montage(leistungen) *f/pl*; **a. worker** Montagearbeiter(in) *m/f*
assent *n* Einwilligung *f*, Zustimmung *f*, Bewilligung *f*, Einverständnis *n*; **by common a.** mit allgemeiner Zustimmung; **mutual a.** Willenseinigung *f*; **royal a.** *[GB] (Gesetze)* königliche Genehmigung/Zustimmung; **unanimous a.** einstimmige/einhellige/einmütige Zustimmung
assent *v/i* zustimmen, beipflichten, einwilligen, genehmigen; **a.ed** *adj (Wertpapier)* abgestempelt
assert *v/t* 1. beteuern, versichern, behaupten, erklären; 2. geltend machen, bestehen auf; **a. o.s.** sich durchsetzen
assertion *n* 1. Beteuerung *f*, Behauptung *f*, Erklärung *f*; 2. Geltendmachung *f*; 3. [§] Vorbringen *nt*, Prozessbehauptung *f*; **a. of claims for damages** Geltendmachung von Ersatzansprüchen; **a. unsupported by evidence** Behauptung ohne Beweisabsicht; **a. of a right** Geltendmachung eines Rechts; ~ **rights of ownership against the bankrupt's estate** Aussonderung *f*; **a. without substance** Behauptung ohne Grundlage; **to deny an assertion** Behauptung bestreiten; **to prove an a.** Behauptung beweisen

solemn assertion feierliche Versicherung; **subsequent a.** nachträgliche Geltendmachung; **unfounded a.** Behauptung ohne Grundlage; **unproved a.** unbewiesene Behauptung
assertion technique ▱ Zusicherungsverfahren *nt*
assertive *adj* bestimmt; **a.ness** *n* Hartnäckigkeit *f*, Bestimmtheit *f*
assertory *adj* [§] assertorisch
assess *v/t* 1. beurteilen, einschätzen, bewerten, (ab)schätzen, veranschlagen, evaluieren; 2. *(Steuer)* veranlagen, festsetzen, steuerlich bewerten, bemessen, Veranlagung durchführen; 3. *(Schaden)* feststellen; **a. jointly** gemeinsam/zusammen veranlagen; **a. separately** getrennt veranlagen
assessable *adj* 1. (ein)schätzbar, bewertbar; 2. besteuerbar, nachschuss-, steuer-, veranlagungspflichtig, veranlagbar; 3. *(Kosten)* übersehbar
assessed *adj* 1. bewertet; 2. besteuert, veranlagt; **jointly a.** zusammen veranlagt
assessee *n* Umlageschuldner(in) *m/f*
assessment *n* 1. Schätzung *f*, Begutachtung *f*, Ab-, Einschätzung *f*, Evaluierung *f*; 2. Wertfestsetzung *f*, W.bestimmung *f*; 3. Beurteilung *f*, Leistungskontrolle *f*; 4. *(Steuer)* Veranlagung *f*; 5. *(Grundstück)* Einheitsbewertung *f*, Feststellungsbescheid *m*; 6. *(Schaden)* Feststellung *f*
assessment of a building Gebäudeschätzung *f*; ~ **a claim** Bewertung eines Anspruchs; ~ **costs** Kostenfestsetzung *f*; ~ **damages** Schaden(s)feststellung *f*, S.bemessung *f*, S.berechnung *f*, S.bewertung *f*, Feststellung des Schadens/Schaden(s)ersatzes, Festsetzung der Entschädigung, ~ von Schaden(s)ersatz, Entschädigungsfestsetzung *f*; ~ **demand** Bedarfsermittlung *f*, B.feststellung *f*, B.rechnung *f*; ⊖ **duty** Zollbemessung *f*, Z.festsetzung *f*, Z.berechnung *f*; ~ **economic efficiency** Wirtschaftlichkeits(be)rechnung *f*; ~ **the evidence** [§] Beweiswürdigung *f*; ~ **import duties** ⊖ Bemessung der Eingangsabgaben; ~ **income tax** Einkommen(s)steuerveranlagung *f*, Veranlagung zur Einkommen(s)steuer; ~ **material(s) requirements** Materialbedarfsrechnung *f*; ~ **net material(s) requirements** Nettobedarfsermittlung *f*; ~ **overheads** Gemeinkostenansatz *m*; ~ **penalty/punishment** Strafzumessung *f*; ~ **productivity** Leistungsmessung *f*; ~ **profits** Gewinnfeststellung *f*; ~ **property** Vermögensaufstellung *f*; ~ **the prospects** Beurteilung/Einschätzung der Aussichten; ~ **the (current) situation** Bestandsaufnahme *f*, Lagebeurteilung *f*; **a. for tax (purposes)** steuerliche Bewertung/Veranlagung; **a. of cyclical trends** Konjunkturgutachten *nt*, konjunkturpolitische Bilanz; ~ **value** Wertermittlung *f*, W.berechnung *f*; ~ **value as a going concern** Teilwertermittlung *f*; ~ **dutiable value** ⊖ Festsetzung/F.legung des Zollwerts; ~ **the value in dispute** Streitwertfestsetzung *f*; **a. of wage tax(es)** Lohnsteuerbemessung *f*
additional assessment Nachfeststellung *f*, Nachveranlagung *f*, Nachzahlungsveranlagung *f*; ~ **notice** Nachforderungsbescheid *m*; **adjusting a.** Berichtigungsfeststellung *f*, B.veranlagung *f*; **advance a.** Vorausver-

anlagung *f;* **basic a.** Grundlagenbescheid *m*, Hauptveranlagung *f;* **reasonable commercial a.** vernünftige kaufmännische Beurteilung; **compulsory a.** Zwangsveranlagung *f;* **conservative a.** vorsichtige Schätzung; **cost-benefit a.** Kosten-Nutzen-Analyse *f;* **double a.** Doppelveranlagung *f;* **ecological a.** Ökobilanzierung *f;* **estimated a.** Schätzung von Besteuerungsgrundlagen; **general a.** Hauptveranlagung *f;* **joint a.** Zusammenveranlagung *f;* **legal a.** rechtliche Beurteilung; **medical a.** medizinische Einschätzung/Bewertung; **mediumterm a.** mittelfristige Prognose; **mistaken a.** Fehleinschätzung *f;* **opening a.** Bewertung zum Jahresbeginn, Stichtagsbewertung *f;* **previous-year a.** Vorjahresbewertung *f;* **principal a.** *(Steuer)* Hauptfeststellung *f,* H.veranlagung *f;* **pro-rata a.** anteilmäßige Veranlagung; **separate a.** getrennte Veranlagung, Einzelveranlagung *f;* **special a.** Sonderumlage *f,* Anliegerbeitrag *m;* ~ **fund** Sonderanlagefonds *m,* aus Sonderveranlagungen gebildeter Fonds; **subsequent a.** Nachschätzung *f,* Nacherhebung *f,* Nachveranlagung *f,* Nachfeststellung *f;* **technological a.** Analyse des technischen Fortschritts
assessment area Veranlagungs-, Steuerbezirk *m;* **a. base** Bemessungs-, Veranlagungsgrundlage *f;* **a. bond** Umlageverpflichtung *f;* **advance a. certificate** Vorausfestsetzungsbescheinigung *f;* **a. committee** Bewertungs-, Umlegungsausschuss *m;* **a. contract** Umlagevereinbarung *f;* **a. costs** Veranlagungs-, Umlagekosten; **(effective) a. date** Veranlagungszeitpunkt *m;* **principal a. date** Hauptfeststellungszeitpunkt *m;* **a. directives** Veranlagungsrichtlinien; **a. district** Steuer(veranlagungs)bezirk *m;* **a. financing** Umlagefinanzierung(sverfahren) *f/nt;* **a. fund** Umlagevermögen *nt;* **a. insurance** Versicherung mit Schadensumlage; **a. limit** Bewertungs-, Veranlagungsgrenze *f;* **a. list** Veranlagungsliste *f;* **a. notice** 1. Steuerfestsetzung *f,* S.bescheid *m;* 2. *(Haus)* Einheitswertbescheid *m;* **municipal a. notice** Grundsteuerbescheid *m;* **a. office** Steuerveranlagungsstelle *f,* Feststellungsbehörde *f,* Umlagestelle *f,* U.behörde *f;* **a. period** (Steuer)Veranlagungszeitraum *m,* V.periode *f,* Umlage-, Bemessungszeitraum *m,* Festsetzungsfrist *f;* **basic/principal a. period** Hauptveranlagungs-, Hauptfeststellungszeitraum *m;* **a. principle** Bewertungsprinzip *nt;* **a. principles** Bewertungsvorschriften, B.richtlinien; **a. procedure** Veranlagungs-, Bemessungs-, Beurteilungsverfahren *nt;* **a. provisions** Veranlagungsvorschriften; **a. rate** Umlagesatz *m;* **a. requirement** Bewertungserfordernis *nt;* **a. reserve** Veranlagungsreserve *f;* **a. roll** *(Steuer)* Hebeliste *f,* H.rolle *f;* **casuistic a. simulation** kasuistische Veranlagungssimulation; **a. system** Umlage-, Umlegungsverfahren *nt;* **a. value** *(Haus)* Einheitswert *m;* **a. variances** Bewertungsdifferenzen
assessor *n* 1. (Ab)Schätzer *m,* Taxator *m,* (Be)Gutachter *m,* Schätz-, Veranlagungs-, Feststellungsbeamter *m;* 2. (Steuer)schätzer *m;* 3. *(Vers.)* Schadensregulierer *m,* Versicherungssachverständiger *m;* **nautical a.** Schiffs-, Schifffahrtssachverständiger *m*

asset *n* 1. (Anlage-/Wirtschafts)Gut *nt,* Sach-, Vermögenswert *m,* V.gut *nt,* V.stück *nt,* V.posten *m,* V.gegenstand *m;* 2. *(Bilanz)* Aktivposten *m,* Aktivum *nt,* Posten auf der Habenseite, Geldtitel *m;* 3. Vorzug *m,* Vorteil *m,* Plus *nt,* wichtiger Faktor, Gewinn *m,* wertvolle Eigenschaft; 4. Nachlassgegenstand *m;* **a.s** 1. Anlagegüter, Betriebsvermögen *nt,* (Sach)kapital *nt,* Immobilienvermögen *nt,* Vermögenswerte, V.gegenstände, V.höhe *f;* 2. *(Bilanz)* Aktiva, Haben(bestände) *nt/pl,* Aktivposten, Kapitalien; 3. Nachlass *m,* Besitzteile, Guthaben *nt;* 4. *(Konkurs)* Masse *f*
asset|s of a bankrupt's estate Aktivmasse *f;* **a.s in the business** Vermögen der Unternehmung; ~ **composition proceedings** Vergleichsmasse *f;* **a.s subject to depreciation** Nutzungsgüter, abnutzbare Güter; **a.s available for distribution** *(Konkurs)* Teilungsmasse *f;* **a.s and drawbacks** Vor- und Nachteile; **a.s of an enterprise** Vermögenswerte eines Unternehmens; **a.s of the fund** Fondsvermögen *nt;* **a.s at hand** frei verfügbare Nachlassmasse; **a. in kind** Sacheinlage *f*
assets and liabilities Aktiva und Passiva, Soll und Haben, Vermögen und Schulden, Kreditoren und Debitoren; **a., liabilities, financial position and profit and loss** Vermögens-, Finanz-, und Ertragslage *f;* **foreign a. and l.** Auslandsstatus *m;* **interbank a. and l.** Zwischenbankverflechtung *f;* **total a. and l. under liquidation** Abwicklungsmasse *f;* **asset and liability statement/position** Vermögensbilanz *f,* V.status *m,* V.standsberechnung *f;* ~ **statistics** Vermögensstatistik *f;* ~ **structure** Vermögensstruktur *f*
asset|s subject to lien belastete Vermögensgegenstände; **a.s of a partnership** Gesellschaftsvermögen *nt;* ~ **natural persons** Vermögen natürlicher Personen; **a.s in shares** Aktienguthaben *nt;* **net a.s per share** Eigenkapital je Aktie
backed by material assets substanzgesichert; **not affecting a.** vermögensunwirksam; **a. employed** eingesetztes Aktivvermögen; **a. held abroad** Auslandsbesitz *m,* A.vermögen *nt,* ausländisches Vermögen; ~ **by foreigners** Ausländerbesitz *m;* **a. operating as reserves** reservewirtige Kapitalanlagen; **a. paid out** Vermögensauskehrung *f;* **a. received** Finanzanlagenzugang *m;* **a. of the last resort** eiserne Reserve; **a. which have become independent** *(Stiftung)* verselbstständigtes Vermögen
to abstract asset|s Vermögenswerte beiseite schaffen; **to be an a.** *(Person)* ein Gewinn sein; **to be liable with one's entire a.s** mit seinem gesamten Vermögen haften; **to carry as a.s; to enter on the a.s side; to recognize as a.s** aktivieren; **to erode a.s** Vermögen/Kapital aufzehren; **to freeze a.s** Guthaben blockieren; **to marshal a.s** *(Konkurs)* Aktiva feststellen, Konkursmasse verteilen; **to pass into the a.s** in das Vermögen übergehen; **to pay out of the a.s** aus der Masse zahlen; **to realize a.s** Kapital/Vermögenswerte verkaufen, ~ zu Geld machen/flüssig machen/liquidieren; **to release blocked a.s** Sperrvermögen freigeben; **to revalue a.s** Anlagen neu bewerten/reaktivieren; **to redeploy a.s** Vermögenswerte umschichten; **to restore as a.s** Anlagen re-

aktivieren; **to seize a.**s Vermögen beschlagnahmen; **to separate an a. from the bankrupt's estate** Gegenstand aus der Masse aussondern; **to strip a.**s *(coll) (Firma)* ausschlachten; **to transfer a.**s Vermögen übertragen; **to waste one's a.**s Vermögen verschleudern; **to write back as a.**s Anlagen reaktivieren; ~ **down an a.** Anlage abschreiben
active asset|s Aktivkapital *nt*, (Betriebs)Aktiva, produktives Betriebsvermögen; **accrued a.**s antizipative Aktiva, Aktivantizipativa; **actual a.**s Reinvermögen *nt*; **admitted a.** zum Deckungsstock zugelassener Vermögensgegenstand; **aggregate a.**s gesamtes Betriebsvermögen; **agricultural a.**s landwirtschaftliche Vermögenswerte; **available a.**s jederzeit greifbare Aktiva, Aktiv-, Vermögensbestand *m*, verfügbare/unbelastete Anlagen, unbelastete Vermögensgegenstände/V.werte; **base a.**s Betriebsvermögen *nt*; **blocked a.**s Sperrvermögen *nt*, gesperrtes/blockiertes Guthaben, gebundene Vermögenswerte; **internally produced and capitalized a.**s aktivierte Eigenleistungen; **circulating a.**s Umlaufvermögen *nt*, flüssige Aktiva; **company-manufactured a.**s selbststellte Anlagen, Eigenleistungen; **concealed a.**s verschleierte Vermögenswerte; **confiscated a.**s beschlagnahmtes Vermögen; **contingent a.**s bedingtes Fremdkapital, potenzielle Aktivposten; **corporate a.**s *(AG)* Gesellschaftsvermögen *nt*, Vermögen der Unternehmung/Gesellschaft, Vermögen(swerte) einer Aktiengesellschaft, ~ einer juristischen Person; **covering a.** Deckungsaktivum *nt*, D.wert *m*
current asset|s 1. (kurzfristiges) Umlaufvermögen, Gegenstände des Umlaufvermögens, flüssige Aktiva/Mittel, kurzfristige Vermögenswerte, umlaufende Vermögen, Guthaben *nt*, kurzfristige Forderungen; **net** ~ **a.**s Nettoumlaufvermögen *nt*; **non-cash** ~ **a.**s unbares Umlaufvermögen; **total** ~ **a.**s Gesamtumlaufvermögen *nt*; ~ **a. ratio** Verhältnis Anlage- zum Umlaufvermögen; ~ **a. valuation adjustments** Wertberichtigung auf das Umlaufvermögen
dead asset|s unproduktive (Kapital)Anlagen, ertragloses Kapital; **deferred a.** zeitweilig nicht einlösbarer Aktivposten, transitorischer Posten; ~ **a.** transitorische Aktiva; **depreciable a.**s Verschleißanlagen, abschreibungsfähige Anlagegüter; **disposed-of a.**s Finanzlagenabgang *m*; **distrainable a.**s pfändbares Vermögen; **domestic a.**s inländische Werte; **donated a.** kostenfrei erworbener Vermögensgegenstand; **dormant a.**s stille Reserven; **dwindling a.**s Eigenkapital-, Substanzschwund *m*, Vermögensverfall *m*, Kapitalschrumpfung *f*, K.schwund *m*, Schwund des Eigenkapitals, Vermögens-, Kapitalverzehr *m*; **earning a.** gewinnbringende Kapitalanlage, verzinslicher Aktivposten; ~ **a.**s 1. werbende (Geld)Anlagen/Aktiva, gewinnbringende Anlagen, ertragbringende Aktiva, werbendes Vermögen; 2. *(Bank)* Aktivgeschäft *nt*; **economic a.** Wirtschaftsgut *nt*; **eligible a.**s zentralbankfähige Aktiva; **employed a.**s Veranlagungsaktiva; **encumbered a.**s belastete Vermögensgegenstände; **exempt(ed) a.**s pfändungsfreies Vermögen;

existing a.s Altguthaben *nt*; **external a.**s Auslandsvermögen *nt*, A.aktiva; Ausländerguthaben; **net** ~ **a.**s Netto(auslands)forderungen; **fictitious a.**s Scheinaktiva; **financial a.**s Kapitalvermögen *nt*, Finanzanlagen, F.guthaben *nt*, (finanzielle) Aktiva, Finanz(anlage)vermögen, Geldvermögen(sbestände) *nt/pl*, Forderungsvermögen *nt*, finanzielle Vermögenswerte; **current** ~ **a.**s Finanzumlaufvermögen *nt*, monetäres Umlaufvermögen
fixed asset Gegenstand des Anlagevermögens, (unbewegliches) Anlagegut, Sachkapital *nt*, Festwert *m*; **f. a.**s Anlagevermögen *nt*, Sachanlagen, festliegende Aktiva, Anlagewerte, Anlagen(bestand) *pl/nt*, feste/fixe Anlagen, Sachanlagegüter, S.vermögen *nt*, stehendes/nicht realisierbares Kapital, (Wirtschafts)Güter des Anlagevermögens, Realkapital *nt*; ~ **in the accounts** buchmäßiges Anlagevermögen; ~ **at net book value** Anlagevermögen zum Nettobuchwert; ~ **at cost** Anlagevermögen zum Anschaffungswert; ~ **as shown in the balance sheet** buchmäßiges Anlagevermögen; **to revalue f. a.**s nachaktivieren
depreciable fixed assets materielle, nutzbare Anlagegüter; **gross f. a.** Bruttoanlagevermögen *nt*; **intangible f. a.** immaterielles Anlagevermögen, immaterielle Güter des Anlagevermögens; **net f. a.** Nettoanlagevermögen *nt*; **non-real-estate f. a.** bewegliche Sachanlagen, bewegliches Anlagevermögen; **physical f. a.** Sachanlagen; **tangible f. a.** Sachanlagevermögen *nt*, materielles Anlagevermögen, Sachanlagen
fixed assets account (Sach)Anlagenkonto *nt*; ~ **acquisition** Anlagenkauf *m*; ~ **classification** Bezeichnung der Anlagegegenstände; ~ **depreciation** Abschreibung auf Sachanlagen, Sachabschreibung *f*; ~ **expiration** Wertminderung von Anlagegegenständen; ~ **file** Anlagekartei *f*; ~ **inventory** Anlagenachweis *m*; ~ **investments** Anlageinvestitionen; ~ **list** Bestandsverzeichnis *nt*; ~ **management** Anlagenwirtschaft *f*; ~ **retirements** Anlagenabgänge; ~ **spending** Veräußerung von Anlagevermögen; ~ **statistics** Anlagenstatistik *f*; ~ **-to-net-worth ratio** Anlagendeckungsgrad *m*; ~ **transfer** Anlagenübertrag *m*; ~ **turnover** Verhältnis Nettoumsatz zu Anlagevermögen ohne Abschreibungen; ~ **unit** Anlageneinheit *f*; ~ **valuation** Bewertung/Taxierung des Anlagevermögens, ~ fester Anlagen; ~ **valuation adjustment** Wertberichtigung des Anlagevermögens; **gross** ~ **value** Bruttosachanlagenwert *m*
floating/fluid assets flüssige Anlagen/Mittel/Aktiva, flüssiges Umlaufvermögen; **foreign a.**s Auslandsguthaben, A.anlagen, A.werte, A.aktiva, A.vermögen *nt*, Fremdwerte, Auslandsforderungen, ausländisches Vermögen, Devisenwerte; **free a.** 1. frei verfügbare Guthaben/Vermögenswerte; 2. *(Vers.)* freies Vermögen; **frozen a.** nicht sofort realisierbare Aktiva, blockierte/gebundene Vermögenswerte, eingefrorene/blockierte Guthaben, ~ Vermögen, gesperrtes Guthaben, festliegendes Kapital; **fungible a.** bewegliche Vermögensgegenstände; **gross a.**s Roh-, Bruttovermögen *nt*; **hidden a.** stille Reserven/Rücklagen; **human a.** Humanvermögen *nt*, H.kapital *nt*; ~ **accounting** Hu-

hypothecated **asset** 70

manvermögens-, Humankapitalrechnung f; **hypothecated a.** sicherheitsübereignete Vermögensgegenstände; **idle a.** betrieblich nicht genutzte Vermögenswerte; **immaterial a.** immaterielle Anlagegüter; **self-created ~ a.** selbsterzeugte immaterielle Anlagegüter; **inadmitted a.** *(Konkurs)* geringwertige Anlagegüter; **individual a.** Privatvermögen der Gesellschafter; **industrial a.** gewerbliches Vermögen; **insolvent a.** Masse(bestand) f/m, Bestand m; **insufficient a.** 1. unzureichende Aktiva, 2. zur Schuldendeckung unzureichender Nachlaß; **intangible a.** Wirtschaftsgüter, immaterielle Aktiva/Anlagewerte/A.güter/Werte/Vermögensgegenstände/V.werte/Anlagen, geistiges Kapital, immaterielles Vermögen, nicht greifbare Aktiva, Immaterialgüter; **fixed ~ a.** Finanzanlagen; **interbank a.** Interbankaktiva; **interest-bearing/interest-earning a.** werbende/zinstragende/verzinsliche Aktiva; **joint a.** Gesamthandsvermögen *nt*
legal asset Rechtsgut *nt*; **limited-life a.** Anlagegut mit beschränkter Nutzungsdauer, kurzfristiges Anlagegut
liquid assets 1. Umlaufvermögen *nt*, liquide/flüssige Mittel, flüssige Anlagen, flüssige/sofort einlösbare Guthaben, Liquidität(sanlagen) f/pl, sofort realisierbare Aktiva; 2. *(Bilanz)* kurzfristige Forderungen; 3. *(Bank)* Liquiditätsguthaben *nt*; **net ~ a.** Nettoliquidität f; **total ~ a.** Gesamtliquidität f; **~ holdings** volkswirtschaftliche Kassenmittel; **~ ratio** Liquiditätskennziffer f, L.quote f; **~ requirements** Bedarf an flüssigen Mitteln
liquidated assets veräußerbare Vermögenswerte; **long-lived a.** langlebige Wirtschaftsgüter; **long-term a.** Anlagevermögen *nt*; **low-return a.** Aktivposition mit geringer Rendite; **low-value a.** geringwertige Wirtschaftsgüter
marketable asset fungibler Vermögenswert
material assets Vermögenssubstanz f, Sachwerte, S.besitz m, S.vermögen *nt*; **~ holder** Sachbesitzer m; **~ investment fund** Sachwertinvestmentfonds m; **~ provision** Sachwertleistung f
matrimonial asset|s eheliches Vermögen; **minor a.s** geringfügige/geringwertige Wirtschaftsgüter; **miscellaneous a.s** verschiedene Anlagegüter; **monetary a.s** Geldvermögenswerte; **net official ~ a.s** Nettowährungsreserven; **total ~ a.s** Geldvermögensbestand m; **movable a.** bewegliches Anlagegut; **national a.** Staatsvermögen *nt*; **near-money a.s** geldnahe Vermögenswerte; **negative a.s** Verbindlichkeiten, negative Wirtschaftsgüter
net asset (Netto)Forderungssaldo m; **~ a.s** 1. Eigenkapital *nt*, Rein-, Netto-, Bar-, Kapitalvermögen *nt*, reine Aktiva, Nettoaktiva; 2. reiner Nachlass; **unencumbered ~ a.s** freies Vermögen; **~ a.(s) formation** Nettoinvestition f; **~ a.(s) position** 1. Vermögensstand m, V.anlage f, V.position f; 2. *(Geldmarkt)* Nettoforderungsposition f; **~ a. tax** Vermögenssteuer f; **~ a. value** Teilreproduktionswirt m
non-current assets Anlagevermögen *nt*; **non-financial a.** Sachvermögen *nt*; **non-monetary a.** Sachgüter; **non-operating a.** außerbetriebliche Anlagen; **offshore a.** Guthaben im Ausland; **operating a.** Betriebsvermögen *nt*; **original a.** Anfangsvermögen *nt*; **other a.** *(Bilanz)* sonstige Aktiva, sonstiges Vermögen; **outside a.** fremde Sachen; **overseas a.** überseeische Vermögenswerte; **peripheral a.** gewillkürtes Betriebsvermögen; **permanent a.** 1. feste Anlagen, Anlagevermögen *nt*, Sachkapital *nt*; 2. Grundstücke; **personal a.** Privatvermögen *nt* (des Gemeinschuldners), beweglicher Nachlass
physical asset Sachgut *nt*, S.wert m, materieller/stofflicher Vermögenswert, materielles Gut, materieller Vermögenswert; **~ a.s** Sachanlagen, S.anlagevermögen *nt*, materielle (Wirtschafts)Güter/Anlagewerte; **~ a. saver** Sachwertsparer m; **~ a. saving** Sachwertsparen *nt*; **~ a. turnover** Sachgutumschlag m
pledged asset durch Verpfändung belastetes Wirtschaftsgut; **prepaid a.s** transitorische Aktiva; **primary a.s** primäre Aktiva; **private a.s** Privatvermögen *nt*, persönliches Vermögen; **to attach ~ a.s** in das Privatvermögen pfänden; **productive a.s** 1. Produktionsanlagen; 2. Produktivvermögen *nt*, produktives Betriebsvermögen, werbende Aktiva; **public(-sector) a.s** öffentliches Eigentum/Vermögen, Staatsvermögen *nt*; **quick a.s** 1. liquide Mittel/Anlagen, Umlaufvermögen *nt*, leicht realisierbare/reagierende Aktiva; 2. *(Bilanz)* flüssige Mittel und Forderungen; 3. börsengängige Wertpapiere; **ready a.s** verfügbare Vermögenswerte
real asset Realwert m; **r. a.s** unbewegliches Vermögen, Immobilien, Liegenschaften, Grundbesitz m, Grund und Boden m, Grund(stücks)eigentum *nt*, Realvermögen *nt*; **secured by r. a.s** sachwertgesichert; **r. and personal a.s** gesamter Nachlass; **r. a. growth** Substanzzuwachs m; **~ investment** Substanzwertanlage f; **~ loss** Substanzverlust m; **~ valuation** Substanzbewertung f; **~ wastage** Substanzverzehr m
remaining assets Restvermögen *nt*, R.masse f; **replaced/retired asset** ausgeschiedenes Wirtschaftsgut; **~ a.** Abgänge pl; **reproducible a.** reproduzierbares Realvermögen; **residual a.** Restvermögen *nt*, restliches/verbleibendes Vermögen; **resource-based a.** Sachwerte; **restricted a.** gebundenes Vermögen; **revolving a.** Umlaufvermögen *nt*, flüssige Mittel/Aktiva; **risk-bearing/risk-entailing a.** Risikovermögen *nt*; **secondary a.** sekundäre Aktiva; **segregated a.** abgesonderte Vermögenswerte; **seizable a.** pfändbare Vermögenswerte; **seized a.** gepfändetes Vermögen; **self-constructed a.** selbsterstellte Anlagen; **separate a.** Sondervermögen *nt*; **short-life/short-lived asset** kurzlebiges Wirtschafts-/Anlagegut; **special a.** Sondervermögen; **~ of the Federal Government** Sondervermögen des Bundes *[D]*; **slow a.** feste/fixe Ausgaben; **sticky a.** schwer verwertbare Aktiva
tangible asset materieller Vermögensgegenstand; **~ a.s** Sach(anlage)vermögen *nt*, S.werte, S.gut *nt*, Realkapital *nt*, materielles Anlagevermögen, greifbare/reale/materielle/körperliche Vermögenswerte, Sachanlagen, S.anlagegüter, S.anlagevermögen *nt*, S.güter, S.eigentum *nt*, materielle/körperliche Wirtschaftsgüter, ~ Aktiva, greifbare Werte; **fixed ~ a.s** materielles

Anlagevermögen, Sachanlagen; ~ **and intangible a.**s Sachanlagen und immaterielle Anlagewerte; ~ **a.s per share** Sachanlagen pro Aktie **taxable assets** steuerpflichtiges Vermögen; **third-party a.** Drittvermögen *nt*; **beneficially owned** ~ **a.** Sonderbetriebsmittel; **total a.** 1. Gesamtvermögen *nt*, (Bilanz)Summe *f*, B.volumen *nt*, Vermögenssubstanz *f*, (Gesamt)Aktiva, Sachanlagevermögen insgesamt, 2. Liquidationsmasse *f*, Gesamtkapital *nt*, G.masse *f*; 3. Fondsvermögen *nt*; **net** ~ **a.** Eigenkapital *nt*; **unblocked/unencumbered a.** freies Vermögen, freie Vermögenswerte; **value-constituting asset** Wertträger *m*; **wasting asset** kurzlebiges/kurzfristig abnutzbarer Vermögenswert, kurzlebiges Wirtschafts-/Anlagegut, Abnutzungsgut *nt*; ~ **industry** Abbaubetrieb *m*; **working a.** Umlaufvermögen *nt*
asset|s account Aktiv-, Bestandskonto *nt*; **a. accountability unit** Anlagegegenstand mit eigenem Konto; **a. account audit** Anlageprüfung *f*; **a. accounting** Anlagerechnung *f*, A.buchhaltung *f*; **a. allocation** Anlagestruktur *f*, Portefeuillestrukturierung *f*, Vermögensaufteilung *f*; **a. accumulation** Kapitalanreicherung *f*; **a. additions** Anlagezugänge *f*; **a. administration** Vermögensgebarung *f*; ~ **planning** Vermögensplanung *f*; **a. allocation** Portefeuillestrukturierung *f*, Vermögenswerte pro Aktie; **a. base** Substanz *f*; **sufficiently broad a. base** ausreichende Vermögensgrundlage; **net a. breakdown** Fondsstruktur *f*; **a. category** Vermögensart *f*; **a. compilation** *(Konkurs)* Massiversammlung *f*, Versammlung der Masse; **a. consumption** Substanz-, Kapitalverzehr *m*, Auszehrung des Eigenkapitals; **private a. contribution** Privateinlage *f*; **a. control account** Summenkarte *f* (der Anlagenkartei); **a. controlling** Anlagencontrolling *nt*; **a. cost(s)** Anschaffungskosten *pl*; **consumed a. cost** Abschreibungsaufwand *m*; **a. cover(age)** 1. akzessorische Sicherheit; 2. Deckung durch Aktiva; **a.-creating** *adj* wertschaffend, vermögenswirksam; **a. depreciation range** betriebsgewöhnliche Nutzungsdauer; **a. disposal/divestiture** Anlagenveräußerung *f*, Veräußerung von Anlagen; **a. erosion** Substanzverlust *m*, S.verzehr *m*; **a. growth** Anlagenzuwachs *m*; **a.- holder** *n* Anteilseigner *m*, Eigentümer eines Anlageguts, Vermögensträger *m*; **a.-increasing** *adj* vermögensmehrend; **a. inflation** Inflation von Vermögenswerten; **a. item** 1. Anlage-, Aktiv-, Forderungsposten *m*; 2. Veranlagungs-, Bestandsposten *m*; **a. leasing** Anlagenpachtung *f*; **a. management** Vermögens-, Anlagenverwaltung *f*; **a. manager** Anlagen-, Vermögensverwalter *m*; **a. mix** Anlagestreuung *f*; **a. mortgage** Aktivhypothek *f*; **a. price** Preis für Vermögenswerte; **a. purchase** Anlagekauf *m*; **a. reallocation** Umstrukuierung des Portefeuille; **a. replacement cycle** *(Anlagen)* Wiederbeschaffungszyklus *m*; **a. retirement** Vermögensabgang *m*; ~ **account(ing)** Abgangsrechnung *f*; **a.(s) sale** Anlagenverkauf *m*; **a. seizure** Beschlagnahme des Vermögens, ~ von Vermögenswerten; **a. sharing** Vermögensbeteiligung *f*
asset side *(Bilanz)* Aktiv-, Anlagenseite *f*; **deductible on the a.s** s. aktiv absetzbar; **to show on the a. s.** aktivieren; **a. s. business** Aktivgeschäft *nt*
asset status Anlagestatus *m*; **uncovered a. stock** nicht durch Eigenkapital gedecktes Anlagevermögen
asset-strip *v/t* *(coll)* (betrügerisch) Vermögen verlagern, ausschlachten *(coll)*; **a. stripper** Konkursbetrüger *m*, (betrügerischer) Vermögensverlagerer, Anlagenkäufer mit dem Ziel der Einzelverwertung, Ausschlachter *m*; **a. stripping** Ausschlachten/Ausschlachtung von Anlagen, (betrügerische) Vermögensverlagerung, Anlagenausschlachtung *f*, Anlagenkauf mit dem Ziel der Einzelverwertung, unzulässiger Verkauf/unzulässige Verlagerung von Anlagegütern; **a. structure** Anlagenstruktur *f*, Vermögensaufbau *m*; **a.s surplus** Vermögensüberschuss *m*; **a. swap/switch** Anlagentausch *m*, A.umlagerung *f*; **financial a. switch** Forderungstausch *m*; **a. switching** Tauschoperation *f*; **a.s total** Summe der Aktiva; **a. transfer** Vermögensübertragung *f*; **a. transformation** Umwandlung von Vermögensformen; **a. turnover** Umschlagshäufigkeit des Gesamt-/Eigenkapitals
asset valuation Anlagenbewertung *f*, Wertermittlung *f*; ~ **below balance sheet value** Bewertungsabschreibung *f*; ~ **on a standard value basis** Festbewertung *f*; ~ **reserve** Wertberichtigung für Wertänderung
asset(s) value 1. Anlage-, Buch-, Aktiv-, Sach-, Substanzwert *m*, Wert des Aktiv-/Anlagevermögens; 2. Fonds-, Wertpapiervermögen *nt*; **declared a. v.** ausgewiesenes Fondsvermögen, ausgewiesener Anlagewert; **individual a. v.** Einzelwert *m*; **net a. v.** Nettoinventar-, Nettovermögens-, Liquidations-, Nettobilanz-, Nettoanlagewert *m*, N.vermögenswert, innerer Wert; 2. *(Investmentfonds)* Inventar-, Substanzwert *m*; 3. Teilreproduktionswert *m*; **per-share a. v.** Inventarwert je Fondsanteil; **physical a. v.** Substanzwert *m*; **material a. v. maintenance** Substanzerhaltung *f*; **a. v. method** Sachwertverfahren *nt*
asset write-down Anlagenabschreibung *f*, Wertberichtigung *f* (nach unten); **a. write-off** Abschreibung von Anlagewerten
assiduous *adj* strebsam, (dienst)beflissen, eifrig; **a.ness; assidenity** *n* (Dienst)Beflissenheit *f*
assign *n* 1. Rechtsnachfolger(in) *m/f*, Abtretungsempfänger(in) *m/f*, Forderungsübernehmer(in) *m/f*, Zessionar(in) *m/f*, Erwerber(in) *m/f*; 2. Beauftragte(r) *f/m*, Bevollmächtigte(r) *f/m*
assign *v/t* 1. übereignen, übertragen, abtreten, zedieren, Eigentumsübertragung vornehmen, urkundlich übertragen; 2. *(Person)* anweisen, ernennen; 3. zuordnen, beiordnen, zuteilen, zuweisen; 4. festlegen, festsetzen, beilegen; 5. 🕮 zuordnen; 6. *(Option)* ausüben; **a. in blank** blanko übertragen
assignability *n* Abtret-, Übertragbarkeit *f*, Zessionsfähigkeit *f*
assignable *adj* 1. abtretbar, übertragbar, abtretungsfähig, begebbar, zessionsfähig, zedierbar, 2. zurechenbar, zuteilbar, zuweisbar
assignation *n* 1. Zuteilung *f*, Zuweisung *f*; 2. Abtretung *f*, Zession *f*, Übertragung *f*; 3. Festsetzung *f*; **a. of**

assignation of shares

shares *[GB]* /**stocks** *[US]* Aktienübertragung *f*, A.umschreibung *f*
assigned *adj* abgetreten, zugewiesen
assignee *n* 1. Abtretungs-, Anweisungsempfänger(in) *f/m*, Zessionar(in) *m/f*, Abtretungsgläubiger(in) *m/f*, A.begünstigte(r) *f/m*, Forderungsübernehmer(in) *m/f*, Empfänger(in) *m/f*; 2. Besitz-, Rechtsnachfolger(in) *m/f*, Bevollmächtigte(r) *f/m*, Vertreter(in) *f/m*; **a. in bankruptcy** 1. Konkursverwalter *m*, Abtretungsempfänger(in) *m/f*; 2. *(Rechtsnachfolge)* Übernehmer *m*; **official a.** bestellter Konkursverwalter *m*; **a.ship** *n* Pflegschaft *f*, Treuhandverwaltung *f*
assigner *n* Zedent *m*, Abtretende(r) *f/m*, Anweisende(r) *f/m*
assignment *n* 1. (Forderungs)Abtretung *f*, Zession *f*; 2. Veräußerung *f*, Zuteilung *f*, Überlassung *f*, Forderungsübergang *m*, Vermögensübertragung *f*; 3. Zessions-, Übertretungs-, Übertragungsurkunde *f*; 4. Anweisung *f*, Auftrag *m*, Giro *nt*; 5. Aufgabengebiet *nt*, A.stellung *f*; 6. Verteilung *f*, Schlüsselung *f*; 7. trassierter Wechsel; 8. ▫ Zuweisung *f*
assignment of an account Kontoabtretung *f*, Sicherungszession einer Forderung; ~ **accounts receivable** Sicherungs-, Forderungs-, Inkassoabtretung *f*, Abtretung von Forderungen; **a. for accounts receivable collection** Inkassozession *f*; **a. by act of the parties** rechtsgeschäftliche Abtretung; **a. of activities** Arbeitszuordnung *f*; **a. in advance** Vorausabtretung *f*; **a. of a balance** Saldenabtretung *f*; **a. by bill of sale (as security for a debt)** Sicherungsübereignung *f*; **a. in blank** Blankozession *f*, B.giro *nt*, B.indossament *nt*, B.abtretung *f*; **a. of business** Geschäftsverteilung *f*; ~ **a claim** Anspruchs-, Forderungsabtretung *f*, F.übertragung *f*, Abtretung einer Forderung; **a. for collection** Inkassoabtretung *f*; **a. of compensation claims** Abtretung der Ersatzansprüche; ~ **copyright** Abtretung des Urheberrechts; **a. for coverage** *(Vertreter)* Betreuungsauftrag *m*; **a. of a debt** Forderungsabtretung *f*, Schuldübertragung *f*, Übertragung/Abtretung einer Forderung; ~ **debts** Debitorenabtretung *f*; **a. and delivery** Abtretung und Übergabe; **a. of dower** Festsetzung des Witwenteils; ~ **duties** Aufgabenzuweisung *f*, Übertragung von Aufgaben; ~ **error** Revision(sbegründung) *f*, Sachrüge *f*; ~ **goods** Warenübereignung *f*; ~ **an interest** Anteilsübereignung *f*, A.übertragung *f*; ~ **an invention** Abtretung einer Erfindung (durch den Arbeitnehmer); ~ **a lease** Miet-, Pachtabtretung *f*; ~ **a mortgage** Hypothekenabtretung *f*; **a. by operation of law** Abtretung/Übertragung kraft Gesetz, Legalzession *f*, gesetzliche Forderungsabtretung, gesetzlicher Forderungsübergang, zwangsweise Abtretung, cessio legis *(lat.)*; **a. of a patent** Patentübertragung *f*; **a. as payment** Abtretung an Zahlungs statt; **a. of a policy** Policenabtretung *f*, Abtretung der Versicherungsforderung; ~ **priorities** Festlegung von Prioritäten; ~ **property** Vermögensübertragung *f*, V.abtretung *f*; ~ **rent** Mietabtretung *f*; ~ **responsibility** Verwantwortungszuweisung *f*; ~ **a right** Rechtsübertragung *f*, R.abtretung *f*; **general ~ all rights and claims** Globalzession *f*; ~ **the right to claim surrender for sth.** Vindikationszession *f*; ~ **salary** Gehaltsabtretung *f*; ~ /**for security** Sicherungsabtretung *f*; ~ **a share in partnership** Übertragung eines Gesellschafteranteils; ~ **shares/stocks** Aktienübertragung *f*, A.umschreibung *f*; ~ **tasks** Aufgabenzuweisung *f*, Arbeitszuordnung *f*; **a. for beneficial use** Überlassung zur Nutznießung; **a. of wages** Lohnabtretung *f*, Abtretung von Lohn- und Gehaltsansprüchen; ~ **warranty claims** Abtretung von Gewährleistungsansprüchen; ~ **work** Arbeitsverteilung *f*
transferable by assignment durch Zession übertragbar; **to make an a.** zedieren, abtreten
absolute assignment vorbehaltlose Abtretung, offene Zession/(Forderungs)Abtretung; **anticipatory a.** Vorausabtretung *f*; **blanket a.** Globalabtretung *f*, G.zession *f*, Voraus-, Mantelabtretung *f*, M.zession *f*; **automatically continuing a.** Globalabtretung *f*, G.zession *f*; **collateral a.** Sicherungsübereignung *f*; **compulsory a.** Zwangsabtretung *f*, obligatorische Zession; **cross-section(al) a.** Querschnittsaufgabe *f*; **dual a.** ▫ Doppelbelegung *f*; **equitable a.** formlose (Forderungs)Abtretung, Abtretung nach Billigkeitsrecht; **erroneous a.** ungültiger Rechtsübertrag; **express a.** offene Zession; **extra-duty a.** Sonderaufgabe *f*; **fascinating a.** faszinierende Aufgabe; **fiduciary a.** Sicherungszession *f*, fiduzierendes Abtreten; **fraudulent a.** Veräußerung mit dem Ziel der Gläubigerbenachteiligung; **general a.** General-, Mantelabtretung *f*, M.zession *f*, Gesamt-, Globalabtretung *f*; **implied a.** stille Zession; **irrevocable a.** unwiderrufliche Übertragung; **legal a.** Abtretung *f*; **optional a.** fakultative Zession; **partial a.** teilweise Übertragung, Teilabtretung *f*; **special a.** Sonderaufgabe *f*; **undisclosed a.** stille Zession/(Forderungs)Abtretung; **voluntary a.** gütliche Abtretung
assignment agreement Zessionsvertrag *m*; **a. credit** Zessionskredit *m*; **a. clause** Zessionsklausel *f*; **a.s list** Zessionsliste *f*; **a. problem** Zuordnungsproblem *nt*; **a. sheet** Betriebsabrechnungsbogen *m*; **a. statement** Wertzuweisung *f*
assignor *n* Abtretender *m*, Zedent *m*, Rechtslasser *m*, Übertragender *m*, Abtreter *m*, Altgläubiger *m*
assimilate *v/t* assimilieren, angliedern
assimilation *n* Assimilation *f*, Angleichung *f*; **economic a.** wirtschaftliche Angleichung
assist *v/t* (aus)helfen, unterstützen, fördern, zur Seite stehen, begünstigen, mitwirken, mithelfen, beistehen, Beistand/Hilfe leisten; **a. at** beiwohnen, teilnehmen an
assistance *n* 1. (Bei)Hilfe *f*, Unterstützung *f*, Hilfestellung *f*, Mithilfe *f*, Mitarbeit *f*; 2. Hilfsdienst *m*; 3. Förderung *f*, Zuschuss *m*, Unterstützungsleistung *f*, U.aufwendungen *pl*; **judicial a. for debt** richterliche Vertragshilfe; **governmental a. in economic development** staatliche Unterstützung der wirtschaftlichen Entwicklung
to afford/render assistance Hilfe gewähren/leisten; **to ask so. for a.** jdn um Unterstützung bitten; **to be of a.** helfen; **to give (official) a.** Amtshilfe leisten; **to refuse a.** Hilfe verweigern; **to withdraw a.** Hilfe entziehen

administrative assistance Amts-, Verwaltungshilfe *f*; **mutual ~ a.** Rechtshilfe *f*; **bilateral a.** bilateraler Beistand; **budgetary a.** Budgethilfe *f*; **domestic a.** Haushaltshilfe *f*; **economic a.** Wirtschaftshilfe *f*, wirtschaftliche Förderung; **educational a.** Schulgeldzuschuss *m*; **financial a.** Kapital-, Finanzhilfe *f*, finanzielle Hilfe(stellung)/H.leistung/Beihilfe, Kredithilfe *f*, finanzieller Beistand, Geldbeihilfe *f*, G.unterstützung *f*; **intercourt/judicial/mutual a.** Rechtshilfe *f*; **legal a.** Rechtsbeistand *m*, R.hilfe *f*, R.betreuung *f*; **marine a.** ⚓ Hilfeleistung auf hoher See; **medical a.** ärztliche Hilfe/Fürsorge; **mixed a.** Mischförderung *f*; **moneyed a.** Finanzhilfe *f*, finanzielle Hilfe
mutual assistance gegenseitiger Beistand, gegenseitige Unterstützung/Hilfeleistung; **~ in criminal matters** Rechtshilfe in Strafsachen; **~ association** Beihilfegemeinschaft *f*; **~ institution** Selbsthilfeeinrichtung *f*; **~ pact** Pakt zur gegenseitigen Hilfeleistung, Beistandspakt *m*, Bündnisvertrag *m*
national assistance Sozialhilfe *f*, Fürsorgeunterstützung *f*, öffentliche Unterstützung, staatliche/öffentliche Fürsorge, Wohlfahrt *f*; **official a.** Amtshilfe *f*; **old-age a.** Altershilfe *f*; **public/social a.** (staatliche) Fürsorge, Sozialhilfe *f*, öffentliche Unterstützung, Wohlfahrt *f*; **to be on ~ a.** Fürsorge erhalten, Sozialhilfeempfänger sein, der Fürsorge anheim fallen; **federal public a. act** Bundessozialhilfegesetz *nt* [*D*]; **a. benefit(s)** Beihilfe(n) *f/pl*; **public a. benefit** 1. Fürsorgeunterstützung *f*; 2. [*US*] Leistungen der Sozialversicherung; **~ claim** [*US*] Sozialversicherungsanspruch *m*; **technical a.** technische Hilfe/Unterstützung; **temporary a.** Überbrückungshilfe *f*; **vocational a.** berufliche Förderung; **~ measures** Maßnahmen zur beruflichen Förderung
assistance loan Unterstützungsdarlehen *nt*; **a. measure** Förderungsmaßnahme *f*; **small-firms a. program(me)** Mittelstandsprogramm *nt*
assistant *n* 1. Assistent(in) *m/f*, Gehilfe *m*, Gehilfin *f*, Mitarbeiter(in) *m/f*, Hilfskraft *f*, Helferin(in) *m/f*, Stellvertreter(in) *m/f*; 2. (*Revision*) Prüfungsgehilfe *m*; **a. to the manager** Betriebsassistent(in) *m/f*
administrative assistant Verwaltungsassistent(in) *m/f*; **chief a.** Hauptmitarbeiter(in) *m/f*; **clerical a.** Bürogehilfe *m*, B.gehilfin *f*; **trained ~ a.** Bürofachkraft *f*; **dental a.** Zahnarzthelferin *f*; **editorial a.** Redaktionsassistent(in) *m/f*; **electoral a.** Wahlhelfer(in) *m/f*; **legal a.** [*US*] Anwaltsgehilfe *m*, A.gehilfin *f*; **managerial a.** Mitarbeiter(in) der Geschäftsleitung, Vorstands-, Betriebsassistent(in) *m/f*; **personal a. (P.A.)** persönlicher Assistent, rechte Hand, Chefsekretärin *f*
assistant accountant Hilfsprüfer *m*; **a. auditor** Prüfassistent(in) *m/f*; **a. bookkeeper** Hilfsbuchhalter(in) *m/f*; **a. buyer** Hilfseinkäufer(in) *m/f*; **a. cashier** Kassengehilfe *m*, K.gehilfin *f*, zweiter Kassierer *m*; **a. editor** Redaktionsassistent(in) *m/f*; **a. examiner** Hilfsprüfer(in) *m/f*; **a. foreman** Vorarbeiter *m*; **a. judge** Gerichtsassessor(in) *m/f*, Hilfsrichter(in) *m/f*; **a. manager** Direktionsassistent(in) *m/f*, stellvertretender Direktor; **a. master** Oberlehrer(in) *m/f*; **a. member** Hilfsmitglied *nt*

assistantship *n* Assistentenstelle *f*
assistant vice president [*US*] Prokurist(in) *m/f*
assize *n* [*Scot.*] [§] Schwurgericht *nt*; **a.s** [*GB*] (*obs.*) Bezirksgericht(stage) *nt/pl*
associate *n* 1. Gesellschafter(in) *m/f*, Teilhaber(in) *m/f*, Konsorte *m*, Genosse *m*, Genossin *f*, Geschäftsteilhaber(in) *m/f*; 2. Beteiligungsgesellschaft *f*, B.firma *f*, Verbundunternehmen *nt*; 3. Kollege *m*, Kollegin *f*, Mitarbeiter(in) *m/f*; **A. of the Council of Chartered Accountants (A.C.C.A.)** [*GB*] Mitglied der Gesellschaft der Wirtschaftsprüfer
associate *v/ti* 1. verbinden, vereinigen, verknüpfen; 2. sich vereinigen; **a. with** 1. Umgang pflegen/haben mit, verkehren mit; 2. (sich) verbinden mit, sich anschließen an; 3. in Zusammenhang/Verbindung bringen mit
associate *adj* 1. beigeordnet; 2. (*Gesellschaft*) nahe stehend
associated *adj* vereinigt, verbunden, angegliedert; **a. with** verbunden mit, verknüpft mit, mit ... zusammenhängend
associate editor Mitherausgeber(in) *m/f*
associateship *n* Teilhaberschaft *f*
association *n* 1. Verband *m*, Verein *m*, Vereinigung *f*, (Ver)Bund *m*, Zusammenschluss *m*, Gesellschaft *f*, Genossenschaft *f*, Gemeinschaft *f*, Syndikat *nt*; 2. Personengemeinschaft *f*, P.vereinigung *f*; 3. Assoziation *f*, Assoziierung *f*; 4. Beziehung *f*, Verbindung *f*; 5. Interessenverband *m*
association of local authorities Kommunal-, Gemeindeverband *m*; **~ banks** Bankvereinigung *f*; **~ savings banks** Sparkassenorganisation *f*; **A. of British Chambers of Commerce (ABCC)** Vereinigung britischer Handelskammern; **~ Insurers (ABI)** Verband der britischen Versicherer, britischer Versicherungsverband; **a. of chambers of commerce and industry** Industrie- und Handelstag (DIHT) *m* [*D*], Handelskammerverband *m*; **~ chambers of handicraft trade** Handwerkskammertag *m*; **~ co-owners** Miteigentümergemeinschaft *f*; **~ creditors** Gläubigervereinigung *f*; **~ enterprises** Unternehmensvereinigung *f*, U.verband *m*; **~ ideas** Gedankenverbindung *f*; **~ institutions** Institutsverband *m*; **~ lawyers** Anwaltsverein *m*; **A. of Lloyd's Underwriters** [*GB*] Verband der Individualversicherer (bei Lloyd's); **a. for marks of quality** Gütezeichengemeinschaft *f*; **a. of municipalities** Gemeinde-, Kommunalverband *m*; **national ~ notaries** Bundesnotarkammer *f* [*D*]; **~ panel doctors** kassenärztliche Vereinigung; **~ two or more persons** Zusammenschluss zweier oder mehrerer Personen; **a. of cooperative societies** Genossenschaftsverband *m*; **A. of South-East Asian Nations (ASEAN)** Vereinigung Südostasiatischer Nationen; **a. of undertakings** Unternehmensverband *m*, U.vereinigung *f*
to form an association Verband gründen/bilden; **to register an a.** Verein eintragen lassen
affiliated association angeschlossener Verband; **agrarian/agricultural a.** Landwirtschaftsverband *m*; **anti-crisis a.** Krisengemeinschaft *f*; **beneficiary a.**

central **association** 74

Versicherungsverein auf Gegenseitigkeit (VVaG), Unterstützungsverein *m*; **central a.** Zentral-, Gesamtverband *m*; **charitable a.** Wohlfahrtsverband *m*, karitativer Verband, wohltätiger Verein, Fürsorgeverband *m*, F.verein *m*; **civil-law a.** Verein bürgerlichen Rechts; **commercial a.** Wirtschaftsverein(igung) *m/f*, W.verband *m*, wirtschaftliche Vereinigung, wirtschaftlicher Verein; **contractual a.** vertraglicher Zusammenschluss; **cooperative a.** (Erwerbs-/Wirtschafts)Genossenschaft *f*; ~ **bank** Genossenschaftsbank *f*; **economic a.** Wirtschaftsgesellschaft *f*; **federal a.** Bundesverband *m*; **general a.** Gesamtverband *m*; **incorporated a.** *[GB]* rechtsfähige Vereinigung/Gesellschaft, eingetragener Verein (e.V.); **industrial a.** Industrie-, Fach-, Wirtschaftsverband *m*; **international a.** Weltverband *m*; **local a.** Ortsverein *m*; **main a.** Hauptverband *m*; **municipal a.** Gemeinde-, Kommunalverband *m*; **mutual a.** Vereinigung auf Gegenseitigkeit; **non-profit(-making) a.** gemeinnütziger Verband, gemeinnützige Vereinigung, Idealverein *m*; **operating a.** Leistungsgemeinschaft *f*; **professional a.** Berufsverband *m*, B.organisation *f*, B.vereinigung *f*, Fachverband *m*, Standesvertretung *f*, S.organisation *f*, Kammer *f*; **prohibited a.** verbotene Vereinigung; **proprietary a.** Subskriptionsverein *m*; **protective a.** Schutzgemeinschaft *f*; **provident a.** 1. Beihilfegemeinschaft *f*; 2. Privatkrankenkasse *f*, private Krankenkasse; **regional a.** Bezirks-, Regionalverband *m*; **registered a.** rechtsfähiger/eingetragener Verein (e.V.); **scientific a.** wissenschaftliche Gesellschaft; **single-purpose a.** ad hoc-Verband *m (lat.)*, Augenblicksverband *m*; **special-purpose a.** Zweckverband *m*; **municipal ~ a.** kommunaler Zweckverband; **undisclosed a.** Innengesellschaft *f*; **unincorporated a.** nicht eingetragener Verein; **united a.** Gesamtverband *m*; **voluntary a.** freiwilliger Zusammenschluss, freiwillige Kette, Idealverein *m*, treuhänderische Handelsgesellschaft; **unincorporated ~ a.** nicht rechtsfähiger Verein
association advertising Gemeinschafts-, Verbundwerbung *f*, gemeinsame Reklame/Werbung, Sammelwerbung *f*; **a. agreement** 1. Assoziierungsvereinbarung *f*, A.abkommen *nt*; 2. Anschlussvertrag *m*; 3. Verbandsabkommen *nt*; **a. audit** Verbandsprüfung *f*; **a. chairman** *[GB]* Verbandsdirektor *m*, V.vorsitzender *m*; **a. congress** Verbandstag *m*; **a. council** Assoziationsrat *m*; **a. director** Verbandsgeschäftsführer *m*; **a. funds** Verbandskasse *f*, Vereinsgelder *pl*; **a. interference** assoziative Hemmung; **a. lawyer** Verbandssyndikus *m*; **a. manager** Verbandsgeschäftsführer *m*; **a. managing board** Verbandsvorstand *m*; **a. marketing** Verbandsvertrieb *m*, V.absatz *m*; **a. meeting** Verbandsversammlung *f*; **a. membership** Verbandsmitgliedschaft *f*, V.zugehörigkeit *f*; **a. president** *[US]* Verbandsdirektor *m*, V.vorsitzender *m*; **a. representative** Verbandsvertreter *m*; **a. saving** Vereinssparen *nt*; **a. spokesman** Verbandssprecher *m*; **a. statistics** Verbandsstatistik *f*; **a. store** *[US]* Verbandsgeschäft *nt*; **a. system** Verbandswesen *nt*; **a. test** Zuordnungstest *m*; **a. work** Verbandsarbeit *f*

assort *v/t* (aus)sortieren; **a.ed** *adj* sortiert, ausgewählt, zusammengestellt; **a.ing** *n* Sortierung *f*
assortment *n* Auswahl *f*, Sortiment *nt*, Zusammenstellung *f*, Kollektion *f*; **a. of goods** Sortiment *nt*; **wide ~ items** breites Sortiment; **~ merchandise** Warensortiment *nt*; **~ samples** Musterkollektion *f*; **limited a.** begrenztes Sortiment; **~ store** Laden mit eingeschränktem Sortiment; **mixed a.** gemischtes Sortiment; **motley a.** buntes Gemisch, Sammelsurium *nt*
assortment brand Dachmarke *f*; **a. distribution** Sortengliederung *f*; **a. planning** Sortimentsplanung *f*; **a. policy** Sortimentspolitik *f*; **a. yield table** Sortenertragstafel *f*
assuage *v/t* erleichtern, lindern, mildern, besänftigen
assume *v/t* 1. vermuten, annehmen, ausgehen von, unterstellen, voraussetzen; 2. übernehmen, auf sich nehmen, *(Verpflichtung)* eingehen; **a.d** *adj* angenommen, vorausgesetzt, geschätzt
assuming (that) in der Annahme, gesetzt den Fall
assumpsit *n (lat.)* [§] formloses Versprechen, Verbindlichkeit *f*; **express a.** abstraktes Schuldanerkenntnis; **general a.** Schuldversprechen *nt*; **special a.** Schuldanerkenntnis *nt*
assumption *n* 1. Annahme *f*, Unterstellung *f*, Vermutung *f*, Mutmaßung *f*, Voraussetzung *f*; 2. Aufsichtnahme *f*, (Schuld)Übernahme *f*; **on the a. that** unter der Voraussetzung/auf der Grundlage, dass
assumption of authority Amtsübernahme *f*; **false ~ authority** Amtsanmaßung *f*; **~ commitment** Obligoübernahme *f*; **~ costs by the insurance** Kostenübernahme durch die Versicherung; **~ debts** (befreiende) Schuldübernahme, Forderungsübernahme *f*; **~ debts with full discharge of original debtor** befreiende Schuldübernahme; **cumulative ~ debt** kumulative Schuldübernahme, Schuldmitübernahme *f*, S.beitritt *m*; **~ endorsement** Giroübernahme *f*; **~ government** Übernahme der Regierungsgewalt; **~ jurisdiction** Zuständigkeitserklärung *f*; **~ liability** Haftungs-, Schuld-, Obligoübernahme *f*, Übernahme/Anerkennung der Haftung; **~ liabilities** Übernahme von Verbindlichkeiten/Schulden; **~ liability agreement** Haftungsübernahmevertrag *m*; **~ losses** Verlustübernahme *f*; **~ a mortgage** Hypothekenübernahme *f*; **~ an obligation to perform** Erfüllungsübernahme *f*; **~ office** Amts-, Dienst-, Regierungsantritt *m*, Übernahme eines Amtes; **~ power** Machtübernahme *f*; **~ (a) risk** Risiko-, Gefahrenübernahme *f*, Übernahme des Ausfallrisikos, Handeln auf eigene Gefahr; **~ a share of the costs** Kostenbeteiligung *f*; **~ succession** Nachlassübernahme *f*, Erbantritt *m*
actuarial assumption versicherungsmathematische Annahme; **arbitrary a.** willkürliche Annahme; **behavioural a.** Verhaltenshypothese *f*; **initial/starting a.** Ausgangsannahme *f*, A.hypothese *f*; **underlying a.** Grundannahme *f*; **working a.** Arbeitshypothese *f*
assumption agreement Schuldübernahmevertrag *m*
assurable *adj* versicherungsfähig, versicherbar
assurance *n* 1. Versicherung *f*, Zusicherung *f*, Versprechen *nt*, Garantie *f*, Sicherheit *f*; 2. *[GB]* Lebensversi-

cherung *f*; 3. (Kredit)Zusage *f*; 4. Eigentumsübertragungsurkunde *f*
assurance of interim credit Vorfinanzierungszusage *f*; **~ standby credit** vorsorgliche Kreditzusage; **~ a mortgage loan** Hypothekenzusage *f*; **~ prolongation** Prolongationszusage *f*; **~ property** Übertragung von Grundstücksrechten; **~ rediscount** Rediskont-, Mobilisierungszusage *f*; **~ refinancing** Ablösungszusage *f*
assurance payable at death *[US]* (normale) Todesfallversicherung
common assurance Übertragung von Grundstücksrechten; **convertible a.** Umtauschversicherung *f*; **deferred a.** *(Lebensvers.)* aufgeschobene Versicherung; **individual a.** *(Lebensvers.)* Einzelversicherung *f*; **industrial a.** Kleinlebensversicherung *f*, Lebensversicherung für Arbeitnehmer; **negative a.** negativer Prüfvermerk; **single-life a.** Einzellebensversicherung *f*; **solemn a.** feierliche Versicherung; **straight-life a.** Todesfallversicherung *f*, Versicherung auf den Todesfall; **temporary a.** Risiko(lebens)versicherung *f*, kurzfristige Todesfallversicherung
assurance benefit *[GB]* *(Lebensvers.)* Versicherungsleistung *f*; **a. company** (Lebens)Versicherungsgesellschaft *f*, L.versicherungsunternehmen *nt*, Lebensversicherer *m*
assure *v/t* 1. sichern, zusichern, garantieren, gewährleisten; 2. versichern, assekurieren; **a. o.s.** *[GB]* sich lebensversichern (lassen), (Lebens)Versicherung abschließen
assured *n* Versicherungsnehmer(in) *m/f*, Versicherte(r) *f/m*; *adj* versichert, gesichert, gefestigt; **you may rest a.** *(Brief)* Sie können versichert sein; **to rest a.** sicher sein, sich darauf verlassen
assuror *n* *[GB]* Assekurant *m*, (Lebens)Versicherer *m*, Versicherungsgeber *m*, V.träger *m*
asterisk *n* Sternchen *nt* (*)
astern *adv* ⚓ achtern
asthemia *n* ⚕ Kraftlosigkeit *f*, Kräfteverfall *m*
asthma *n* ⚕ Asthma *nt*
astonish *v/t* erstaunen, in Erstaunen versetzen; **a.ed** *adj* überrascht, erstaunt; **a.ing** *adj* erstaunlich, überraschend; **a.ment** *n* (Er)Staunen *nt*
astounding *adj* erstaunlich
to go astray *adv* fehl-, irre-, verloren gehen, auf Abwege/Irrwege geraten; **to lead so. a.** jdn irreleiten
astro||loger *n* Astrologe *m*, Sterndeuter *m*; **a.logy** *n* Astrologie *f*; **a.nomer** *n* Astronom *m*; **a.nomical** *adj* astronomisch; **a.nomy** *n* Astronomie *f*
astute *adj* klug, gerieben, schlau, gewieft, scharfsinnig
asylum *n* 1. Asyl *nt*; 2. (Heil)Anstalt *f*; **a. for alcoholics** Trinkerheilanstalt *f*; **to grant a.** Asyl gewähren; **mental a.** Nervenheilanstalt *f*; **political a.** politisches Asyl
asylum applicant/seeker Asylant(in) *m/f*, Asylbewerber(in) *m/f*; **bogus ~ applicant/seeker** Scheinasylant(in) *m/f*; **a. application** Asylantrag *m*
asymme||try *n* Asymmetrie *f*, Schiefe *f*; **a.tric** *adj* asymmetrisch
at *prep* à *(frz.)*, zu, bei
atlas *n* Atlas *m*

atmosphere *n* Atmosphäre *f*, Klima *nt* *(fig)*; **a. of talks** Verhandlungsklima *nt*; **a. at work** Betriebsklima *nt*
clubby atmosphere kumpelhafte Atmosphäre; **congenial a.** angenehme Atmosphäre; **consensual a.** Atmosphäre des Einvernehmens; **formal a.** steife Atmosphäre; **relaxed a.** zwanglose Atmosphäre; **tense a.** gespannte Atmosphäre/Lage, dicke Luft *(coll)*
atmospheric *adj* atmosphärisch; **a.s** *n* Gewitterstörung *f*, atmosphärische (Rundfunk)Störungen
atom *n* Atom *nt*
atomic *adj* Atom-, atomar; **A. Energy Act** *[GB]* Atomgesetz *nt*; **~ Authority** *[GB]* Atomenergiebehörde *f*, A.kommission *f*
atrocious *adj* grausam, grauenhaft, (hunds)miserabel *(coll)*
atrocity *n* Greueltat *f*; **a. story** Schauergeschichte *f*
atrophy *v/i* verkümmern, veröden
attach *v/ti* 1. beifügen, beigeben, beilegen, anhängen, anfügen; 2. [§] gehören zu; 3. [§] beschlagnahmen, pfänden, Beschlagnahme anordnen, Zugriff nehmen auf, mit Beschlag belegen, in Beschlag nehmen; 4. *(Vers.schutz)* beginnen, eintreten, gelten
attachability *n* Pfändbarkeit *f*
attachable *adj* pfändbar, beschlagnahmefähig, einziehbar
attaché *n* *(frz.)* Attaché *m*; **commercial a.** Handelsattaché *m*; **military a.** Militärattaché *m*; **naval a.** Marineattaché *m*; **a. case** Akten-, Diplomatenkoffer *m*, Handköfferchen *nt*
attached *adj* 1. anbei, beiliegend, beigeheftet, beigeschlossen, beigefügt, angeheftet, nebenstehend, angeschlossen, anhängend; 2. beschlagnahmt, gepfändet; 3. zugetan; **a. please find** *(Brief)* beiliegend/anliegend/in der Anlage übersenden wir; **to be a. to** geknüpft sein an, verbunden sein mit; **~ (closely) a. to sth.** einer Sache verhaftet sein
attachment *n* 1. [§] Vollstreckung *f*, (dinglicher) Arrest, Beschlagnahme *f*, Pfändung *f*; 2. Beiheften *nt*, Anfügung *f*; 3. Anhänglichkeit *f*, Verbundenheit *f*; 4. ✪ Aufsatz *m*, Zubehörteil *nt*, Einsatzstück *nt*, Zusatzgerät *nt*; 5. Anschluss *m*; 6. Befestigung *f*; **a.s** Zubehör *nt*
attachment and sale of all assets Kahlpfändung *f*; **a. of benefits** Pfändung von (Sozial)Leistungen; **~ a claim** Pfändung einer Forderung; **~ debts** Forderungspfändung *f*, Beschlagnahme von Forderungen; **~ debts by garnishee order** Beschlagnahme durch Pfändungs- und Übernahmebeschluss; **~ a debtor's purse** Taschenpfändung; **~ earnings** Einkommens-, Gehalts-, Lohnpfändung *f*; **~ earnings order** [§] Lohn-, Gehaltspfändungsbeschluss *m*, Pfändungs- und Überweisungsbeschluss *m*; **~ a hereditary estate** Nachlasspfändung *f*; **~ real estate** Immobiliararrest *m*; **a. by execution** Vollstreckung *f*; **a. of funds** Vermögenspfändung *f*; **a. under lien** Pfandvollstreckung *f*; **a. of property** Vermögensbeschlagnahme *f*, Pfändung von Sachen, Beschlagnahme des Vermögens; **~ risk** Risikobeginn *m*; **~ (a) salary** Gehaltspfändung *f*; **a. against security** Pfändung gegen Sicherheitsleistung; **a. by way of security** Sicherungsbeschlagnahme *f*; **a. for tax**

attachment of wages

debts Steuerarrest *m*; **a. of wages** Lohnpfändung *f*
to discharge/lift/release/set aside an attachment Freigabe anordnen, Beschlagnahme/Arrest aufheben
ancillary attachment Ersatzpfändung *f*; **foreign a.** Vollstreckung in Gegenstände Dritter; **judicial a.** gerichtliche Beschlagnahme; **pre-trial a.** [§] Beschlagnahme/Pfändung im Zuge des Vorverfahrens; **prior a.** Vorpfändung *f*; **secondary a.** Anschlusspfändung *f*
attachment order [§] Anordnung der Zwangsvollstreckung, Arrest-, Pfändungsbeschluss *m*, P.bescheid *m*; **to levy an a. order** Pfändungsbeschluss erlassen, Beschlagnahme anordnen; **a. procedure** Sicherungs-, Arrestverfahren *nt*; **a. proceedings** Pfändungsklage *f*, P.verfahren *nt*; **a. set ✿** Satz mit Zubehörteilen
attack *n* Angriff *m*, Überfall *m*, Attacke *f*; **a. upon human dignity** Angriff auf die Menschenwürde; **open to a.** angreifbar, exponiert; **to lay o.s. open to a.** Angriffsfläche bieten; **to launch an a.** Angriff in die Wege leiten
armed attack bewaffneter Angriff; **blistering a.** scharfer Angriff; **head-on a.** Frontalangriff *m*; **two-pronged a.** Doppelstrategie *f*; **unlawful a.** rechtswidriger Angriff
attack *v/t* 1. angreifen, überfallen, attackieren; 2. *(Pflanze)* befallen; 3. *(fig)* heimsuchen
attack rate ▦ Neuzugangsziffer *f*
attain *v/t* erlangen, erreichen, erzielen; **a.able** *adj* erreichbar
attainment *n* Erreichung *f*, Leistung *f*, Erwerbung *f*, Verwirklichung *f*, Erzielung *f*, Erlangung *f*; **a.s** Fertigkeiten, Kenntnisse; **actual a.** Istleistung *f*; **educational a.(s)** Bildungsabschluss *m*; **expected a.** erwartete Leistung
attempt *n* 1. Versuch *m*, Bestreben *nt*; 2. Anschlag *m*, Attentat *nt*; 3. [§] Versuchshandlung *f*
attempt to abscond/escape Fluchtversuch *m*; **~ commit a crime** Versuch der Begehung einer Straftat; **~ deceive** Täuschungsversuch *m*; **a. of enforcement** Vollstreckungsversuch *m*; **a. at an explanation** Erklärungsversuch *m*; **a. to kill so.; a. on so.'s life** Attentat *nt*, Angriff auf jds Leben; **a. to mediate; a. at mediation** Vermittlungs-, Schlichtungsversuch *m*; **a. at reconciliation** Sühneversuch *m*; **a. to reach an amicable settlement** Güteversuch *m*; **a. to evade tax** Versuch der Steuerhinterziehung
to abandon an attempt Versuch aufgeben; **to constitute an a.** Versuch darstellen; **to foil an a.** Versuch vereiteln; **to make an a.** Anlauf unternehmen *(fig)*; **~ on so.; on so.'s life** *(Attentat)* Anschlag auf jdn verüben
abortive/futile/unsuccessful/vain attempt müßiger/nutzloser/vergeblicher Versuch; **final/last-ditch a.** letzter Versuch; **punishable a.** strafbarer Versuch
attempt *v/t* versuchen, Versuch anstellen/unternehmen
attend *v/ti* 1. teilnehmen, besuchen, anwesend sein, beiwohnen; 2. überwachen, beaufsichtigen; 3. warten, (be)dienen; **a. to** sich befassen mit, besorgen, erledigen, sich kümmern um, bedienen, sich einer Sache annehmen/widmen
attendance *n* 1. Besuch(erzahl) *m/f*, Anwesenheit *f*,

Teilnahme(frequenz) *f*, Zuhörerschaft *f*, Beteiligung *f*; 2. Beiwohnung *f*; 3. Aufwartung *f*, Dienst *m*, Bereitschaft *f*, Aufsicht *f*, Bedienung *f*, Wartung *f*; **a.s** Hausmeisterdienste, Verwaltertätigkeit *f*; **compulsory a. of a meeting** Sitzungszwang *m*; **a. of witnesses** Erscheinen von Zeugen; **to dance a. on so.** jdn von vorn und hinten bedienen *(coll)*
compulsory attendance 1. [§] zwangsweise Vorführung, Zwangsvorführung *f*; 2. Anwesenheitspflicht *f*; **full a.** Vollzähligkeit *f*; **good a.** 1. rege Beteiligung; 2. *(Veranstaltung)* guter Besuch; **poor a.** 1. schwache Beteiligung; 2. *(Veranstaltung)* schwacher Besuch; **regular a.** regelmäßige Anwesenheit; **~ bonus** Prämie für regelmäßige Einhaltung der Dienstzeit
attendance allowance 1. Anwesenheits-, Teilnahmevergütung *f*, Sitzungsgeld *nt*, Anwesenheitsprämie *f*, A.geld *nt*, A.zulage *f*; 2. *[GB]* Pflegegeld *nt*, Zuschuss für Betreuung pflegebedürftiger Personen; **a. bonus** Anwesenheitsprämie *f*; **a. book** Anwesenheitsbuch *nt*; **a. card** Anwesenheits-, Stempelkarte *f*; **a. centre** *[GB]* [§] Jugendstrafanstalt *f*, Freiheitsarrest(anstalt) *m/f*, Heim für Freizeitarrest; **a. (time) evaluation** Anwesenheitszeitauswertung *f*; **a. fee** 1. Sitzungs-, Anwesenheitsgeld *nt*, *(Abgeordneter)* Diät *f*, Teilnahmegebühr *f*; 2. Teilnehmer-, Betreuungsgebühr *f*; **a. figure(s)** 1. Präsenz-, Teilnehmerzahl *f*; 2. Lehrgangsteilnahme *f*; **a. level** Lehrgangsteilnahme *f*, Präsenzquote *f*; **a. list** Anwesenheits-, Präsenzliste *f*, Verzeichnis der Versammlungsteilnehmer; **a. money** Anwesenheitsprämie *f*, Sitzungsgeld *nt*; **a. record** Anwesenheitsnachweis *m*, A.liste *f*; **a. recorder** Stempel-, Stechuhr *f*; **a. recording/registration** Anwesenheitszeiterfassung *f*; **a. register** Anwesenheitsbuch *nt*, A.verzeichnis *nt*, Teilnehmerverzeichnis *nt*, Verzeichnis der (Versammlungs)Teilnehmer; **a. sheet** Anwesenheitsliste *f*; **a. time** Anwesenheitszeit *f*; **~ evaluation** Anwesenheitszeitauswertung *f*
attendant *n* 1. Wärter(in) *m/f*, Aufseher(in) *m/f*; 2. Begleiter(in) *m/f*, Gefährte *m*, Gefährtin *f*; *adj* begleitend, dazugehörig; **a. on/upon** 1. im Dienst befindlich/stehend bei; 2. verbunden mit, folgend auf, anschließend an
poorly attended *adj* schwach besucht; **well a.** gut besucht
attendee *n* Anwesende(r) *f/m*
attending *adj* teilnehmend; **those a.** Anwesende *pl*, Teilnehmer *pl*
attention *n* 1. Aufmerksamkeit *f*, (Be)Achtung *f*, Interesse *nt*; 2. Wartung *f*, Bedienung *f*, Pflege *f*; **attention (attn.); for the a. of** zu Händen von (z. Hd.); **for your a.** zur Einsichtnahme; **for immediate a.** zur sofortigen Einsichtnahme; **for your kind a.** zur gefälligen Kenntnisnahme; **a. of a conscientious businessman** Sorgfalt eines ordentlichen Kaufmanns
to attract attention Beachtung/Anklang finden, sich bemerkbar machen; **~ a lot of a.** viel Staub aufwirbeln *(fig)*; **to bestow a.** Aufmerksamkeit zuwenden; **to bring sth. to so.'s a.** jds Aufmerksamkeit auf etw. lenken, jdn auf etw. aufmerksam machen, jdm etw. zur

Kenntnis bringen; **to come to so.'s a.** jdm zur Kenntnis gelangen; **to draw a. to; to focus a. on** Aufmerksamkeit lenken auf; **to give sth. one's a.** etw. erledigen; **to have so.'s a.** erledigt werden; **to merit a.** Interesse verdienen; **to pay a.** Rücksicht nehmen, Obacht geben, aufpassen; ~ **a to so.** auf jdn hören; ~ **little a. to so./sth.** jdn/etw.stiefmütterlich behandeln; **to receive a.** *(Vorgang)* bearbeitet werden; **to stand to a.** ⚔ strammstehen
due attention gebührende Sorgfalt; **with ~ a.** mit gebührender Sorgfalt; **immediate a.** umgehende/prompte/rasche Erledigung; **for ~ a.** zur sofortigen Erledigung; **medical a.** ärztliche/medizinische Versorgung, ärztliche Bemühungen; **particular a.** Hauptaugenmerk *nt*; **speculative a.** spekulatives Interesse
attention factor Aufmerksamkeitsfaktor *m*; **a. getter** Attraktion *f*, Blickfang *m*; **a. holder** Mittel zur Aufrechterhaltung des Kaufinteresses; **a. time** ⚙ (Maschinen)Überwachungszeit *f*; **a. value** Werbe-, Reklamewert *m*
attentive *adj* aufmerksam, sorgsam; **a. to** bedacht auf
attenu|ate *v/t* abschwächen, mildern; **a.ation** *n* 1. Dämpfung *f*; 2. Korrelationsschwächung *f*
attest *v/t* attestieren, bestätigen, beglaubigen, bezeugen, dokumentieren, notariell beglaubigen/bescheinigen, testieren
attestation *n* Bezeugung *f*, Bestätigung *f*, Testieren *nt*, Beglaubigung *f*, Testat *nt*, Beurkundung *f*; **a. by the court** gerichtliche Beglaubigung; **a. of a deed** Urkundenbeglaubigung *f*; ~ **a signature** Beglaubigung einer Unterschrift, Unterschriftsbeglaubigung *f*; ~ **weight** Wiegebescheinigung *f*; **notarial a.** notarielle Bescheinigung; **a. clause** Beglaubigungsklausel *f*, Beurkundungsvermerk *m*, Legalisierungsklausel *f*, Beglaubigungs-, Zeugenformel *f*; **a. fee** Beurkundungs-, Beglaubigungsgebühr *f*
attest|ed *adj* beglaubigt; **a.or** *n* Beglaubiger *m*
attic *n* 🏠 Dachgeschoss *nt*, D.boden *m*, D.speicher *m*, D.kammer *f*, Bodenkammer *f*, Mansarde *f*; **a. flat** Dach-, Mansardenwohnung *f*
attire *n* Kleid(ung) *nt/f*; **to be careless of one's a.** in seiner Erscheinung nachlässig sein
attitude *n* (Geistes)Haltung *f*, Standpunkt *m*, Einstellung *f*, Stellungnahme *f*, Verhalten *nt*, Stellung *f*; **a. to life** Lebenseinstellung *f*; ~ **work** Arbeitsauffassung *f*, A.haltung *f*, A.moral *f*
to adopt an attitude Haltung einnehmen; **to make one's a. known** sich äußern
bearish attitude Baissehaltung *f*; **common a.** gemeinsame Haltung; **critical a.** ablehnende Haltung; **firm a.** feste Haltung; **lukewarm a.** laue Haltung; **positive a.** *[US]* bejahende Lebenseinstellung; **public a.** Einstellung der Öffentlichkeit; **uncompromising/unbending a.** entschiedene/unnachgiebige/starre Haltung; **uniform a.** einheitliche Haltung; **wait-and-see a.** Attentismus *m*, abwartende Haltung
attorney (at law) *n* *[US]* [§] (Rechts)Anwalt *m*, Anwältin *f*, Jurist(in) *m/f*, Rechtsvertreter *m*, R.beistand *m*; **a. for the action; a. of record** Prozessbevollmächtigte(r) *f/m*; **a. for the defendant** Anwalt des Beklagten
attorney-in-fact Stellvertreter(in) *m/f*, Beauftragte(r) *f/m*, Bevollmächtigte(r) *f/m*, (privatrechtlicher) Vertreter; **to appoint so. one's a.-in-fact** jdn zur Vertretung bevollmächtigen; **corporate a.** Syndikus *m*, Justitiar *m*, Hausjurist *m*; **federal a.** *[US]* Bundesanwalt *m*; **joint a.** Mitbevollmächtigter *m*; **private a.** Sachwalter *m*; **prosecuting a.** Anklagevertreter *m*
attorney|'s certificate *[US]* Urkunde über die Zulassung zur Anwaltschaft; **a.'s fee** Anwaltsgebühren *pl*, A.honorar *nt*, A.kosten *pl*; **A. General** 1. *[US]* Justizminister *m*, Minister für Justiz; 2. General-, Oberstaatsanwalt *m*; **federal a. general** Generalbundesanwalt *[D]* *m*; **a.-client privilege** Anwaltsgeheimnis *nt*; **a.'s speech** Anwaltsplädoyer *nt*
attorneyship *n* Anwaltschaft *nt*, anwaltliche Tätigkeit
attornment *n* [§] Fortsetzung des Pachtverhältnisses
attract *v/t* 1. anlocken, anziehen, reizen, fesseln, gewinnen, anziehend wirken; 2. *(Kunden)* einwerben, fesseln
attraction *n* (An)Reiz *m*, Zugkraft *f*, Attraktion *f*, Anziehungskraft *f*, Verlockung *f*; **added a.** zusätzliche Attraktion; **chief a.** Hauptattraktion *f*; **magic a.** magische Anziehungskraft
attractive *adj* reizvoll, verlockend, zugkräftig, ansprechend, attraktiv, anziehend, gefällig; **a.ness** *n* Attraktivität *f*, Anziehungskraft *f*
attributable *adj* zurechenbar, zuschreibbar, zurückführbar, zuzuschreiben, zuzurechnen, beizumessen; **to be a. to** bedingt sein durch
attribute *n* 1. Attribut *nt*, Eigenschaft *f*, Merkmal *nt*; 2. ⚙ qualitatives/homogrades/wesentliches Merkmal, Ausprägung *f*; 3. 💻 Attribut *nt*; **a. (to)** *v/t* zurechnen, zuschreiben, zuordnen, beimessen
attributed *adj* zugeschrieben
attribute gauge ⚙ Ausschussprüfung *f*; **a. inspection** Abnahmeprüfung an Hand qualitativer Merkmale; **a. method** ⊖ Klassifizierung zollpflichtiger Güter
attribution *n* Zurechnung *f*, Zuordnung *f*; **a. of the right to tax** Zuweisung des Besteuerungsrechts; **a. rules** Zurechnungsregeln
attrition *n* 1. Zermürbung *f*; 2. *(Personal)* natürlicher (Belegschafts)Abgang, Arbeitskräfteabgang *m*, (Personalabbau durch) Fluktuation; **a. of the workforce** Personalabbau *m*; **a. policy** Zermürbungstaktik *f*; **a. rate** Schwundrate *f*, S.quote *f*, natürliche Abgangsrate
atypical *adj* atypisch
auction *n* Auktion *f*, Versteigerung *f*; **a. of the estate** Nachlassauktion *f*, N.versteigerung *f*; **sold by public a.** versteigert
to be up for auction zur Versteigerung anstehen; **to buy at/by a.; to purchase by a.** auf einer Auktion kaufen, ersteigern; **to come up for a.** zum Verkauf/zur Auktion/Versteigerung kommen; **to put up at/for/to a.** versteigern, zur Versteigerung bringen, auktionieren; **to sell at/by a.** versteigern, auktionieren
compulsory auction Zwangsversteigerung *f*; **to sell by ~ a.** zwangsversteigern; **judicial a.** gerichtliche Versteigerung; **private a.** freiwillige Versteigerung; **pub-**

lic a. öffentliche Versteigerung; **by ~ a.** durch öffentliche Versteigerung
auction v/t versteigern, auktionieren, unter den Hammer bringen, zur Auktion bringen, auf dem Wege der Auktion/durch Auktion verkaufen
auction bill Versteigerungsliste *f*; **a. day** Versteigerungstermin *m*
auctioned *adj* versteigert; **to be a. (off)** unter den Hammer kommen
auctioneer *n* Auktionär *m*, Auktionator *m*, Versteigerer *m*; **a.s** Versteigerungsfirma *f*; **a.'s fee** Provision des Auktionators
auction fees Auktions-, Versteigerungsgebühren; **a. house** Auktionsfirma *f*, A.haus *nt*; **a. notice** Versteigerungs-, Auktionsankündigung *f*; **a. price** Versteigerungspreis *m*; **a. procedure** Versteigerungsverfahren *nt*; **a. proceeds** Erlös einer Auktion, Versteigerungserlös *m*; **a. property** zur Versteigerung anstehende Immobilie; **a. room** Auktionshalle *f*, A.saal *m*, Versteigerungssaal *m*; **a. sale** Auktionsverkauf *m*, Versteigerung *f*
auda|cious *adj* kühn, wagemutig, waghalsig; **a.city** *n* Kühnheit *f*, Unverfrorenheit *f*
audi|bility *n* Hörbarkeit *f*; **a.ble** *adj* hörbar
audience *n* 1. Zuhörer(schaft) *pl*/*f*, Zuschauer *pl*, Publikum *nt*, Hörerkreis *m*; 2. Audienz *f*; 3. Postulationsfähigkeit *f*; **to captivate the a.; to enthral one's a.** Publikum fesseln, (seine) Zuhörer packen; **to go down well with the a.** beim Publikum gut ankommen; **appreciative a.** verständnisvolles Publikum; **private a.** Privataudienz *f*; **a. analysis** Leser-, Zuhörer-, Publikumsanalyse *f*; **a. participation** Publikums-, Zuhörerbeteiligung *f*; **a. profile** Publikumszusammensetzung *f*; **a. rating** *(Radio/Fernsehen)* Einschaltquote *f*; **a. taste** Publikumsgeschmack *m*
audio frequency Tonfrequenz *f*; **a. input** 🖳 Audioausgang *m*; **a. systems** Unterhaltungselektronik *f*; **a.-typing** *n* Schreiben mit Diktiergerät; **a.typist** *n* Phonotypist(in) *m*/*f*; **a.visual** *adj* audiovisuell
audit *n* 1. Revision *f*, Prüfung *f*, Rechnungs-, Buch-, Bilanzprüfung *f*, Buch-, Bücherrevision *f*, Wirtschaftsprüfung(sbericht) *f*/*m*, Hauptrechenschaftsbericht *m*, Rechnungsabnahme *f*, (Haushalts)Kontrolle *f*; 2. Anhörung *f*
fiscal audit of the accounts Betriebsprüfung *f*; **a. of the bank balance sheet** Bankprüfung *f*; **~ internal control system** Prüfung des internen Kontrollsystems; **a. for defalcation** Unterschlagungsprüfung *f*; **a. of the income statement** Prüfung der Gewinn- und Verlustrechnung; **~ inventories** Prüfung der Vorräte; **~ the officer's report of dependence** Prüfung des Abhängigkeitsberichts; **~ the economic position** Prüfung der wirtschaftlichen Verhältnisse; **~ the profit and loss account** Prüfung der Gewinn- und Verlustrechnung; **~ prospectus** Prospektprüfung *f*; **~ financial records** Buchprüfung *f*, Prüfung der Bücher; **~ the (annual) report** Prüfung des Geschäftsberichts; **~ deposited securities** Depotprüfung *f*; **~ the (annual) financial statements** Prüfung des Jahresabschlusses, Bilanzprüfung *f*; **~ (the) consolidated financial statements** Prüfung des Konzernabschlusses, Konzernabschlussprüfung *f*; **~ the partially consolidated financial statements** Prüfung des Teilkonzernabschlusses; **non-statutory ~ the financial statement** freiwillige Abschlussprüfung; **~ organizational structure** Organisationsprüfung *f*
to conclude an audit Buchprüfung/Revision abschließen; **to conduct/make/perform an a.** *(Bilanz)* Steuerprüfung/Betriebsprüfung/Prüfung durchführen
administrative audit Innenrevision *f*, Vorprüfung *f*, betriebseigene/interne Revision; **annual a.** Jahres(abschluss)prüfung *f*, J.revision *f*, Prüfung des Jahresabschlusses; **aperiodical a.** aperiodische Prüfung; **clean a.** einwandfreier Prüfungsbescheid; **complete a.** zum Jahresende durchgeführte Prüfung; **continuing a.** Dauerprüfung *f*; **continuous a.** laufende Buchprüfung, permanente Prüfung; **corporate a.** Unternehmensrevision *f*; **environmental a.** Umweltverträglichkeitsprüfung *f* (UVP); **external a.** betriebsfremde Prüfung, außerbetriebliche/externe Revision, (Buch)Prüfung durch betriebsfremde Prüfer, ~ unabhängige Wirtschaftsprüfer, Außenprüfung *f*; **financial a.** Finanzprüfung *f*, Prüfung des Rechnungswesens; **~ committee** Bilanzausschuss *m*; **general a.** Prüfung des Jahresabschlusses; **independent a.** Außenprüfung *f*; **interim a.** Zwischenprüfung *f*; **internal a.** Betriebsprüfung *f*, Innenrevision *f*, interne Revision, Betriebs-, Hausrevision *f*, betriebseigene (Buch)Prüfung, innerbetriebliche Rechnungsprüfung; **mandatory a.** Pflichtprüfung *f*; **non-statutory a.** freiwillige Prüfung; **operational a.** betriebseigene/interne Revision, betriebliche Überprüfung, Innenrevision *f*, Prüfung der Betriebs-/Arbeitsabläufe, Überprüfung der Betriebstätigkeit, Kontrolle des Arbeitsablaufs; **partial a.** Teilrevision *f*; **preliminary a.** Vorprüfung *f*; **progressive a.** progressive Prüfung; **qualified a.** einschränkendes Testat; **retrograde a.** retrograde Prüfung; **social a.** Sozialbilanz *f*; **special a.** Sonderrevision *f*, S.prüfung *f*, außerplanmäßige Revision; **statutory a.** Pflichtprüfung *f*, Prüfungspflicht *f*, vorgeschriebene Abschlussprüfung, pflichtgemäße Prüfung; **supplementary a.** Nachtragsprüfung *f*; **unqualified a.** uneingeschränktes Testat
audit *v*/*t* 1. Bilanzprüfung/Revision/Rechnungsprüfung durchführen, ~ vornehmen, Bücher/Rechnungen prüfen, revidieren, überprüfen; 2. *(Marketing)* durchleuchten, kontrollieren
audit|able *adj* revisionsfähig; **a.ability** *n* Revisionsfähigkeit *f*
audit adjustment Berichtigungsbuchung nach Abschlussprüfung; **a. area** Prüfungsgebiet *nt*; **a. assignment** Prüfungsauftrag *m*; **a. board** Kontrollstelle *f*, K.ausschuss *m*, Oberrechnungshof *m*, O.kammer *m*; **a. body** Rechnungsprüfungsorgan *nt*; **a. book** Bilanz-, Revisionsbuch *nt*
audit certificate Prüfungsbericht *m*, P.vermerk *m*, Revisionsprotokoll *nt*, Bestätigungsvermerk *m*, Testat *nt*, Bescheinigung der Revision, ~ des Abschluss-/Buchprüfers; **to qualify the a. c.** Bestätigungsvermerk/Te-

stat einschränken; **to refuse the a. c.** Bestätigungsvermerk/Testat versagen; **qualified a. c.** eingeschränkter Prüfungs-/Bestätigungsvermerk des Wirtschaftsprüfers, eingeschänktes Testat; **unqualified a. c.** uneingeschränkter Prüfungs-/Bestätigungsvermerk, uneingeschränktes Testat
Audit Commission *[GB]* Rechnungshof *m*
audit committee *(AG)* Prüfungsausschuss *m*, Ausschuss für innere Revision; **a. controller** Wirtschaftsprüfer *m*, Innenrevisor *m*, Leiter der Revisionsabteilung; **a. court** Rechnungshof *m*; **federal a. court** Bundesrechnungshof *[D]*; **a. date** (Buch)Prüfungs-, Revisionstermin *m*, Prüfungsstichtag *m*; **a. day** (Ab)Rechnungstag *m*; **a. department** Revisionsabteilung *f*; **a. division** *[US]* Rechnungshof *m*
audited *adj (Abschluss)* testiert, geprüft, überprüft
audit expenses Prüfungskosten; **a. fee(s)** Prüfungs-, Revisionsgebühren, Prüfungskosten, P.honorar *nt*; **a. field** Prüfungsgebiet *nt*; **continuing/permanent a. file** *(Revision)* Dauerakte *f*; **internal a. function** Funktion der Innenrevision
auditing *n* 1. Rechnungs-, Buchprüfung *f*, (Buch-/Bilanz)Revision *f*, Betriebs-, Geschäftsprüfung *f*, Rechnungsabnahme *f*, Buchführungskontrolle *f*; 2. (Wirtschafts)Prüfungs-, Rechnungs(prüfungs)-, Revisionswesen *nt*, R.lehre *f*; **a. of accounts** Buch-, Bilanz-, Rechnungsprüfung *f*, (Bücher)Revision *f*; **~ cooperatives** Genossenschaftsprüfung *f*; **~ the financial statement** Bilanzrevision *f*; **internal a.** Betriebsprüfung *f*, Innenrevision *f*, betriebsinterne Prüfung, Überwachung des Rechnungswesens; **operational a.** Prüfung der Arbeitsabläufe/Betriebstätigkeit, betriebliche Überpüfung, Überprüfung der Betriebstätigkeit; **statutory a.** Prüfungspflicht *f*, satzungsgemäße Prüfung
auditing agency Kontrollorgan *nt*, Wirtschaftsprüfungsstelle *f*; **a. association** Prüfungs-, Revisionsverband *m*; **cooperative a. association** genossenschaftlicher Prüfungsverband; **a. board** Prüfungsausschuss *m*, P.stelle *f*, Prüfstelle *f*; **a. committee** Rechnungsprüfungsausschuss *m*; **a. company** (Wirtschafts)Prüfungs-, Revisionsgesellschaft *f*; **a. cost(s)** Prüfungskosten *pl*; **a. department** Bilanz-, Revisions-, Prüfungs-, Kontrollabteilung *f*, Revisionsorgan *nt*; **a. error** Revisionsfehler *m*; **a. expert** Buchsachverständiger *m*; **a. mandate** Prüfungsauftrag *m*; **a. method** Prüfungsmethode *f*; **a. order** Revisionsauftrag *m*; **a. period** Revisionszeitraum *m*; **a. principles** Prüfungsgrundsätze; **a. procedure** Prüf-, Revisions-, Nachprüfungsverfahren *nt*, Überprüfungsvorgang *m*; **a. procedures** Prüfungsverfahren *nt*, P.handlungen; **a. program(me)** Prüfungsprogramm *nt*; **a. requirements** Prüfvorschriften, Revisionspflicht *f*; **a. staff** Prüfungspersonal *nt*; **a. standards** Revisionsvorschriften, P.richtlinien, Prüfungsvorschriften, P.grundsätze, P.richtlinien; **generally accepted a. standards** Grundsätze ordnungsgemäßer (Abschluss)Prüfung
audit instruction Prüfungsanweisung *f*
audition *n* 🕪 Sprach-, Hörprobe *f*
audit item Prüfungsposten *m*; **a. log** Revisionsauf-

zeichnung *f*; **a. office** Rechnungs(prüfungs)amt *nt*, R.kammer *f*, R.hof *m*; **a. opinion** Bestätigungs-, Prüfungsvermerk *m*, Testat *nt*, Prüfurteil *nt*; **adverse/ negative a. opinion** negativer Bestätigungsvermerk
auditor *n* 1. (Buch)Revisor *m*, Prüfer *m*, Rechnungs-, Betriebs-, Wirtschafts-, Bilanz-, Buch-, Abschlussprüfer *m*, Prüfungsbeamter *m*, Prüfstelle *f*; 2. *[US]* Gasthörer *m*; **a.s Kontrollstelle** *f*, Revisionsfirma *f*, R.gesellschaft *f*; **to have the a.s in** Betriebsprüfung/Inspektion haben, Revision im Hause haben
assistant auditor Hilfsprüfer *m*; **certified a.** Wirtschaftsprüfer *m*; **competent a.** sachverständiger Prüfer; **external a.** externer/unabhängiger Prüfer; **independent a.** Einzel-, Bilanzprüfer *m*, externer Prüfer; **individual a.** Einzelprüfer *m*; **internal a.** Innenrevisor *m*, Betriebsprüfer *m*, B.revisor *m*, betriebseigener/innerbetrieblicher Prüfer; **public a.** öffentlicher Bücherrevisor; **special a.** Sonderprüfer *m*; **statutory a.** satzungsgemäßer Rechnungsprüfer; **travelling a.** Außenrevisor *m*, A.prüfer *m*, Reiserevisor *m*
auditor'l's certificate/note/opinion Prüf(ungs)-, Bestätigungsvermerk *m*, Bescheinigung des Abschlussprüfers/Revisors, Testat *nt*; **a. code** Wirtschaftsprüfungsordnung *f*; **a.'s duty to report** Berichtspflicht des Abschlussprüfers; **A. General's Office** *[GB]* Rechnungshof *m*; **a.'s judgment** Ermessen des Prüfers; **~ liability** Haftung des Prüfers; **~ office** Revisionsbüro *nt*; **~ opinion** Bestätigungsvermerk *m* (des Wirtschafts-/Rechnungsprüfers); **~ report** (Buch)Prüfungs-, Revisionsbericht *m*, Rechnungsbericht *m*, Bestätigungsvermerk *m*, Prüfungsprotokoll *nt*, Bericht des Buch-/Wirtschaftsprüfers, Bestätigung des Abschlusses
audit path Prüfungspfad *m*; **a. period** Prüfzeit *f*, Prüfungszeitraum *m*, Berichtsperiode *f*; **a. planning** Prüfungsplanung *f*; **a. privilege** Kontroll-, Prüfungs-, Revisionsrecht *nt*; **a. procedure** Prüfungsprozess *m*, P.ablauf *m*, P.verfahren *nt*, P.methode *f*; **a. program(me)** Prüfungsplan *m*, P.programm *nt*, Prüfprogramm *nt*
audit report Prüf-, (Buch)Prüfungs-, Revisionsbericht *m*, Bestätigungsvermerk *m*; **consolidated a. r.** Konzernprüfungsbericht; **long-term a. r.** Prüfungsbericht *m*; **negative a. r.** negativer Prüfungsvermerk; **qualified a. r.** eingeschränkter Prüfungsbericht; **short-form a. r.** Prüfungs-, Bestätigungsvermerk *m*, Testat *nt*; **unqualified a. r.** uneingeschränkter Prüfungsvermerk/P.bericht/Bestätigungsvermerk
audit result Prüfungsergebnis *nt*; **a. scope** Prüfungsumfang *m*; **a. standards** Prüfungsvorschriften, P.grundsätze, Revisionsrichtlinien, R.vorschriften; **a. store** Testladen *m*; **a. survey** Kontrollbefragung *f*; **a. trail** Belegnachweis *m*, belegmäßiger Nachweis; **a. trails** Buchungskontrollen *pl*, Belegverweis *m*, B.überprüfbarkeit *f*; **a. year** Prüfungs-, Revisionsjahr *nt*
augment *v/ti* anwachsen, (sich) vermehren, (sich) erhöhen, (sich) vergrößern, steigern, aufbessern, anreichern; **a.ability** *n* Steigerungsfähigkeit *f*; **a.ation** *n* Erhöhung *f*, (Ver)Mehrung *f*, Anreicherung *f*

augur v/t mutmaßen, verheißen; **a. well** viel versprechend/verheißend sein, ein gutes Zeichen sein, zu Hoffnungen berechtigen, sich gut anlassen, gute Ansätze zeigen

augury (of) n Weissagung f, Vor-, Anzeichen nt, Vorahnung f (von)

aura n Nimbus m, Fluidum nt

auspices pl 1. Vorbedeutung f, Vorzeichen nt; 2. Schirmherrschaft f, Schutz m, Leitung f; **under the a. of** unter der Schirmherrschaft/Ägide von

auspicious adj günstig, viel versprechend, verheißungsvoll, unter günstigen Auspizien, Gutes verheißend

austerity n Einschränkung f, Enthaltsamkeit f, Sparmaßnahme f; **a. budget** Sparhaushalt m; **a. measures** 1. Spar-, Notmaßnahmen, N.programm nt, Sanierungsmaßnahmen, S.programm nt, Sparprogramm der öffentlichen Hand; 2. Notstandsmaßnahme f; **a. package** Sparprogramm nt, Bündel von Sparmaßnahmen; **a. policy** Spar-, Einsparungspolitik f; **a. program(me)** Spar-, Sanierungs-, Notprogramm nt

autarchic adj autark

autarchy; autarky n Autarkie f, Selbstversorgung(swirtschaft) f, wirtschaftliche Unabhängigkeit

authentic adj 1. authentisch, echt, urkundlich; 2. *(Vertrag)* verbindlich

authenticate v/t beurkunden, beglaubigen, amtlich bescheinigen/bestätigen, Gültigkeit verleihen, legalisieren, Echtheit bescheinigen/feststellen

authenticated adj beurkundet, amtlich beglaubigt/bescheinigt; **notarially a.** notariell beglaubigt

authentication n Beglaubigung f, Beurkundung f, Bescheinigung/Feststellung der Echtheit, Legalisierung f, Echtheitserklärung f; **a. of claims** Glaubhaftmachung von Ansprüchen; **a. by notary public or by court** öffentliche Beglaubigung/Beurkundung; **notarial a.** notarielle Beurkundung/Beglaubigung

authentication fee Beurkundungsgebühr f; **a. stamp** Sicherungsstempel m

authenticator n Urkundsperson f

authenticity n 1. Authentizität f, Echtheit f; 2. *(Vertrag)* Gültigkeit f; **apparent a.** augenscheinliche Echtheit

author n 1. Autor(in) m/f, Verfasser(in) m/f, Schriftsteller(in) m/f; 2. Schöpfer(in) m/f, geistiger Urheber; **a.s of an agreement/a treaty** Verfasser eines Vertrages; **~ the inheritance** Testamentsverfasser m, Testator m; **a. and publisher** Selbstverlag m; **a.s of literary, scientific and artistic works** Urheber von Werken der Literatur, Wissenschaft und Kunst; **published by the a.** im Selbstverlag erschienen

anonymous author ungenannter Verfasser; **standard a.** Klassiker m

author's copy Widmungs-, Beleg-, Autorenexemplar nt, Belegstück nt; **a.'s designation** Urheberbezeichnung f

authoress n 1. Autorin f, Verfasserin f, Schriftstellerin f; 2. Schöpferin f

authoritarian adj autoritär, obrigkeit(staat)lich

authoritative adj 1. *(Text)* maßgeblich, maßgebend,

verbindlich; 2. kompetent; **a.ness** n Maßgeblichkeit f, Verbindlichkeit f

authority n 1. Autorität f, (Amts)Befugnis f, A.gewalt f, Vollmacht f, Berechtigung f, Dispositionsfreiheit f, Handlungsvollmacht f, Kompetenz f, Weisungsgewalt f; 2. Belegstelle f; 3. Amt nt, Behörde f, Organ nt, Instanz f, (amtliche) Stelle, Körperschaft f; 4. *(Person)* Kapazität f, Gewährsmann m, Könner m, Sachverständiger m; 5. Ansehen nt, Geltung f; 6. [§] Präzedenzfall m; 7. Entscheidungsinstanz f; **as per a.** laut Vollmacht; **by a.** mit amtlicher Genehmigung; **under the a. of** im Auftrage von, mit Genehmigung von; **with a.** mit Vollmacht

authority to accept Akzeptierungsermächtigung f; **full ~ act** uneingeschränkte Handlungsvollmacht; **~ adjudicate** Entscheidungsbefugnis f; **a. for appraisal** Schätzungsbefugnis f; **a. to approve** Genehmigungsbefugnis f, G.kompetenz f; **~ attest/authenticate** Beglaubigungsbefugnis f; **a. in charge** zuständige Behörde, Träger m; **a. to conclude a transaction** Abschlussvollmacht f; **~ create government bodies** Organisationsgewalt f; **~ decide** Entscheidungsbefugnis f; **~ decide on government policy; ~ establish guidelines** Richtlinienkompetenz f; **~ declare an avoidance** Anfechtungsbefugnis; **~ deposit** Hinterlegungsbefugnis f; **~ dispose** Verfügungsmacht f; **~ do sth.** Vollmacht, etw. zu tun; **~ draw** Zahlungsermächtigung f; **a. by estoppel** [§] Duldungsvollmacht f, Vertretungsvollmacht kraft Rechtsscheins; **a. to give instructions** Weisungsbefugnis f; **~ maintain order** Sicherungsgewalt f; **~ negotiate** *(Dokumententratte)* Ankaufsermächtigung f; Verhandlungsvollmacht f, V.mandat nt, Negoziierungsermächtigung f; **~ pay** Zahlungs-, Einlösungsermächtigung f; **~ purchase** Ankaufsermächtigung f; **~ represent** Vertretungsbefugnis f; **~ represent a party in an action** Prozessvollmacht f; **legal ~ represent** gesetzliche Vertretungsbefugnis; **~ sell** Verkaufsbefugnis f, V.vollmacht f, Veräußerungsbefugnis f, V.vollmacht f; **~ sign** Zeichnungsberechtigung f, Unterschriftsvollmacht f, U.befugnis f, U.berechtigung f, Zeichnungsbefugnis f, Z.vollmacht f; **a. of the state** Staatsgewalt f

acting without proper authority eigenmächtiges Handeln; **exceeding one's a.** Vollmachtüberschreitung f; **a. concerned** zuständige Stelle

to abuse one's authority seine Vollmacht missbrauchen; **to act outside one's a.** seine Vollmacht überschreiten; **~ without a.** eigenmächtig vorgehen; **to assert one's a.** sich durchsetzen, seine Autorität geltend machen; **to be under the a. of so.** unter jds Aufsicht stehen; **to confer a. to sign** Prokura erteilen; **to delegate a.** Befugnisse übertragen, Vollmacht/Kompetenz delegieren; **~ one's a.** unterbevollmächtigen; **~ a. to so.** jdm Vollmacht erteilen; **to exceed one's a.** seine Befugnisse/Kompetenz überschreiten, seine Rechte/Vertretungsmacht/Vollmacht missbrauchen, ~ überschreiten; **to give so. a.** jdn bevollmächtigen; **to have the a.** berechtigt/befugt sein; **~ a. over so.** Weisungsbefugnis über jdn haben; **to notify the authorities of**

sth. etw. den Behörden melden; **to overstep one's a.** Vollmacht überschreiten; **to seek a.** um Vollmacht nachsuchen; **to transgress one's a.** Zuständigkeit überschreiten; **to vest so. with a.**; ~ **a. on so.** jdn mit Vollmacht(en) versehen/ausstatten, jdn ermächtigen, Vollmacht auf jdn übertragen **actual authority** Vertretungsmacht *f*; **administrative a.** Verwaltungsbehörde *f*, V.stelle *f*; ~ **authorities** Verwaltungsbürokratie *f*; **highest ~ a.** oberste Dienstbehörde; **apparent a.** Schein-, Anscheinsvollmacht *f*; **appellate a.** [§] Berufungsinstanz *f*; **appointing a.** Anstellungsbehörde *f*; **appropriate a.** zuständige Behörde/Stelle; **approving a.** Genehmigungsbehörde *f*; **on the best a.** aus bester Quelle; **binding a.** bindende Kraft; **cartel-supervising a.** Kartellaufsicht *f*; **central a.** Zentralbehörde *f*, Z.stelle *f*; **~ and regional authorities** zentrale Haushalte; **~, regional and local authorities** Gebietskörperschaften; **certifying a.** bescheinigende Stelle; **civil a.** Zivilbehörde *f*; **commercial a.** Handlungsvollmacht *f*; **competent a.** zuständige/maßgebliche Behörde; Beschwerdebehörde *f*; **comprehensive a.** Gesamtvollmacht *f*; **constitutional a.** verfassunggebende Gewalt; **consular a.** Konsularbehörde *f*; **contesting a.** Anfechtungsbefugnis *f*; **controlling a.** Lenkungsorgan *nt*; **de facto** *(lat.)* **a.** faktische Vollmacht; **delegated a.** Untervollmacht f; **disciplinary a.** Disziplinargewalt *f*, D.behörde *f*; **ecclesiastical a.** Kirchenbehörde *f*; **environmental a.** Umweltbehörde *f*; **executive a.** vollziehende Behörde; **express a.** ausdrückliche Vollmacht; **federal authority** Bundesbehörde *f*; **financial authorities** Finanzbehörden; **fiscal a.** Steuer(aufsichts)-, Finanzbehörde *f*; **functional a.** funktionale Autorität, funktionales Weisungsrecht *nt*; **general a.** Generalvollmacht *f*; **on good a.** aus guter/gut unterrichteter/zuverlässiger/sicherer Quelle, von berufener Stelle, von glaubwürdiger Seite; **to have it ~ a.** aus guter Quelle wissen; **governmental a.** Regierungsgewalt *f*; **higher a.** obere Behörde; **implementing a.** Ausführungsbehörde *f*; **implied a.** stillschweigend angenommene Vertretungsvollmacht, stillschweigende Vollmacht; **inferior a.** untere Behörde; **investigating/investigative a.** Ermittlungs-, Fahndungsbehörde *f*; **issuing a.** Ausstellungsbehörde *f*, ausstellende Behörde; **judicial a.** 1. Justizgewalt *f*, Gerichtshoheit *f*, richterliche Gewalt/Ermächtigung; 2. Justizbehörde *f*; **legal a.** 1. Justiz-, Gerichtsbehörde *f*; 2. Fachjurist(in) *m/f*; ~ **authorities** Rechtsprechung *f* und R.lehre; **legislative a.** Gesetzgebungsbefugnis *f*, G.kompetenz *f*; **limited a.** beschränkte (Handlungs)Vollmacht
local authority Kommunalbehörde *f*, kommunale Körperschaft/Behörde, städtische/örtliche Behörde, ~ Verwaltung, Gemeinde *f*, Gemeinde-, Orts-, Lokalbehörde *f*, Gebietskörperschaft *f*, kommunale Verwaltung; ~ **authorities** kommunaler Sektor
local authority agency Gemeindeorgan *nt*; ~ **area** Gemeindegebiet *nt*; ~ **bill** (Kommunal)Wechsel *m*; ~ **bond** Kommunalobligation *f*; ~ **borrowing** kommunale Verschuldung; ~ **budget** kommunaler Haushalt; ~ **constitution** Gemeindeverfassung *f*; ~ **debt** kommunale Verschuldung; ~ **employee** Kommunalangestellte(r) *f/m*; ~ **land** Gemeindeland *nt*; **at ~ level** auf kommunaler Ebene; ~ **loan** Kommunalschuldverschreibung *f*, K.anleihe *f*, K.obligation *f*, K.darlehen *nt*; ~ **regulation** Gemeindeverordnung *f*; ~ **worker** Gemeindearbeiter *m*, städtischer Arbeiter
managerial authority Weisungskompetenz *f*, W.befugnis *f*, Führungsbefugnis *f*; **maritime a.** Schifffahrtsbehörde *f*; **military authorities** Militärdienststellen, M.behörden, W.behörde(n) *f/pl*; **acceptable to ~ authorities** zentralbankfähig; **municipal a.** Kommunal-, Gemeindebehörde *f*, städtische Verwaltung, Magistrat *m*, Stadtbehörde *f*, S.verwaltung *f*; **national a.** 1. staatliche Behörde; 2. *(EU)* innerstaatliche Stelle; **official a.** amtliche/behördliche Genehmigung; öffentliche Gewalt; **ostensible a.** Scheinvollmacht *f*; **on one's own a.** aus eigener Machtbefugnis; **parental a.** elterliche Gewalt, Erziehungsgewalt *f*; **paternal a.** väterliche Gewalt; **permanent a.** ständiges Organ; **persuasive a.** [§] einschlägige (nicht bindende) Vorentscheidung; **plenary a.** unbeschränkte Vollmacht; **proper a.** zuständige Instanz/Behörde; **provincial authorities** Provinzbehörden; **public a.** öffentliche Hand/Verwaltung/Körperschaft/(Staats)Behörde, Hoheitsträger *m*, Hoheitsverwaltung *f*; **supported by ~ authorities** öffentlich gefördert; **quasi-public a.** quasi-öffentliche Stelle; **recognized a.** anerkannter Fachmann; **regional a.** Gebietskörperschaft *f*; Bezirksregierung *f*, B.verwaltung *f*; **regulative/regulatory a.** Ordnungsmacht *f*, O.instanz *f*, Aufsichts-, Ordnungs-, Kontrollbehörde *f*, K.organ *nt*, Aufsichtsamt *nt*; **relevant a.** betreffende Behörde; **reliable a.** zuverlässige Quelle, (sicherer) Gewährsmann; **representative a.** Vertretungsbefugnis *f*, V.berechtigung *f*, V.macht *f*; **rightful a.** ordnungsgemäße Vollmacht; **sanitary a.** Seuchenpolizei *f*; **self-regulating a.** Selbstverwaltungsorgan *nt*; **senior a.** übergeordnete/vorgesetzte Behörde; **special a.** Sonder-, Einzelvollmacht *f*; **sovereign a.** hohe Hand; **statutory a.** gesetzliche Ermächtigung; **subordinate/subsidiary a.** nachgeordnete/nachrangige/untergeordnete (Dienst)Stelle, mittlere Behörde; **superior a.** vorgesetzte (Dienst)Behörde; **federal ~ a.** Bundesoberbehörde *f*; **supervisory a.** 1. Aufsichtsorgan *nt*, Aufsichts-, Überwachungsbehörde *f*, Kontrollinstanz *f*, K.organ *nt*, Staats-, Dienst-, Rechtsaufsichtsbehörde *f*, beaufsichtigende Instanz; 2. Überwachungsbefugnis *f*; 3. Weisungsrecht und Kontrolle; ~ **for foundations and endowments** Stiftungsaufsichtsbehörde *f*; **supporting a.** Träger *m*; **supreme a.** oberste Behörde/Gewalt, höchste (Regierungs)Gewalt; **tax-assessing a.** veranlagende Behörde; **tax-levying a.** Steuerträger *m*; **territorial a.** Gebietskörperschaft *f*; **top-level a.** oberste Dienstbehörde; **written a.** schriftliche Vollmacht
authority level Verantwortungsstufe *f*; **a. structure** Autoritätsstruktur *f*
authorization *n* 1. Genehmigung *f*, Befugnis *f*, Bewilli-

subject to **authorization** 82

gung *f*, Ermächtigung *f*, Vollmachtserteilung *f*, Zulassung *f*; 2. Bewilligungsbescheid *m*; 3. Berechtigungsschein *m*; **subject to a.** genehmigungs-, bewilligungspflichtig
authorization to bid Bietungsvollmacht *f*; ~ **draw** Verfügungsberechtigung *f*; ~ **fill in a blank** Blankettausfüllungsbefugnis *f*; ~ **issue securities** Emissionsgenehmigung *f*; ~ **pay** Zahlungsvollmacht *f*, Z.genehmigung *f*, Auszahlungsermächtigung *f*; ~ **reprint** Abdruckrecht *nt*
to refuse authorization Genehmigung ablehnen; **to revoke a.** Genehmigung widerrufen; **to seek a.** um Genehmigung nachsuchen; **to withhold a.** Genehmigung verweigern
collective authorization Sammelgenehmigung *f*; **financial a.** Entscheidungskompetenz in Finanzangelegenheiten; **governmental a.** amtliche Bescheinigung; **official a.** amtliche Genehmigung; **prior a.** vorherige Genehmigung, Vorweggenehmigung *f*; **proper a.** ordnungsgemäße Vollmacht; **special a.** Ausnahmegenehmigung *f*, Spezialvollmacht *f*, Sondererermächtigung *f*; **written a.** schriftliche Vollmacht, Vollmachtsurkunde *f*
authorization procedure Bewilligungs-, Genehmigungsverfahren *nt*; **a. provisions** Ermächtigungsvorschriften
authorize *v/t* bevollmächtigen, ermächtigen, berechtigen, (amtlich) genehmigen, zulassen, bewilligen, autorisieren, beauftragen, befugen, legitimieren, Vollmacht erteilen, mit ~ versehen; **a. so.** jdm Ermächtigung erteilen
authorized *adj* befugt, ermächtigt, bevollmächtigt, (vertretungs)berechtigt, legitimiert, autorisiert, dispositions-, handlungfähig, (amtlich) zugelassen; **a. by** bevollmächtigt durch; **a. to collect** einzugs-, inkassoberechtigt, i.bevollmächtigt; ~ **give instructions** weisungsberechtigt, w.befugt; ~ **sign** zeichnungs-, unterschriftsberechtigt; **a. by usage** durch Gewohnheitsrecht begründet; **to be a.** Vollmacht haben, Befugnis besitzen; **duly a.** mit gehöriger Vollmacht versehen; **fully a.** mit allen Vollmachten ausgestattet
author language 🖥 Autorensprache *f*
author's right Autorenrecht *nt*, Recht des Urhebers, Urheberrecht *nt*; **a.'s royalties** Verfassertantiemen, Autorenhonorar *nt*
authorship *n* Autoren-, Urheberschaft *f*; **to disclaim a.** Urheberschaft verleugnen; **joint a.** Mitautorenschaft *f*
au|tism *n* ⚕ Autismus *m*; **a.tistic** *adj* autistisch
auto|- automatisch; **a.bank facilities** *n* Autoschalter(einrichtung) *m/f*; **a.biography** *n* Autobiografie *f*; **a.calling** *n* ✆ automatisches Anwählen; **a.cracy** *n* Autokratie *f*, Allein-, Selbstherrschaft *f*; **a.crat** *n* Selbstherrscher *m*, Autokrat *m*; **a.cratic** *adj* autokratisch; **a.-financing** *n* Selbstfinanzierung *f*; **a.gestion** *n* Arbeiterselbstverwaltung *f*; **a.graph** *n* Autogramm *nt*; *v/t* signieren, autografieren, eigenhändig unterschreiben; **a.graphed** *adj* handsigniert; **a.graphing** *n* Signierung *f*; **a.graph letter** eigenhändiger Brief; **a.maker** *n [US]* Automobilhersteller *m*

automat *n* 1. Verkaufsautomat *m*; 2. Automatenrestaurant *nt*
automate *v/t* automatisiern, technisieren, auf Automaten umstellen, mit Automaten ausrüsten
automatic *adj* mechanisch, automatisch, selbsttätig, vorprogrammiert; **fully a.** vollautomatisch; **a.ally** *adv* automatisch, ohne weiteres
automation *n* 1. Automation *f*, Automatisierung *f*, 2. Automatik *f*, Automatismus *m*; **a. of bank services** Bankautomation *f*; ~ **production** Fertigungsautomation *f*; **full a.** Vollautomatisierung *f*; **industrial a.** Prozessautomatisierung *f*
auto|matization *n* Automation *f*, A.matisierung *f*; **a.matize** *v/t* automatisieren
automobile *n* → **car; motor car; road vehicle** Auto(mobil) *nt*, Kraftfahrzeug *nt*, K.wagen *m*, Personen(kraft)wagen (PKW) *m*; **a.s** *(Börse)* Automobilwerte, A.aktien; **a. accessories** Auto-, Kraftfahrzeugzubehör *nt*; **a. component industry** Kraftfahrzeugzulieferungsindustrie *f*; **a. engineer** Kraftfahrzeugingenieur *m*; **a. engineering** Kraftfahrzeugtechnik *f*, K.bau *m*; **a. expenses** Kraftwagenkosten; **a. ferry** ⚓ Autofähre *f*; **a. industry** Kraftfahrzeug-, Auto(mobil)industrie *f*, Fahrzeugbau *m*, Kraftfahrzeug-, Autobranche *f*
automobile insurance Auto-, Kraftfahrzeug-, Kfz-Versicherung *f*; **comprehensive a. i.** Vollkaskoversicherung *f*; **third-party a. i.** Kfz-Haftpflichtversicherung *f*; **a. personal liability and property damage i.** Haftpflicht- mit Kaskoversicherung *f*; **a. public liability i.** Kfz-Haftpflichtversicherung *f*; **a. i. company** Kraftfahrzeugversicherungsgesellschaft *f*
automobile manufacture Fahrzeug-, Automobilbau *m*; **a. manufacturer** Fahrzeugbauer *m*, Autohersteller *m*; **a. manufacturers** Kraftfahrzeugindustrie *f*; **a. mechanic** Kfz-, Kraftfahrzeugschlosser *m*; **a. outfitter** Automobilausrüster *m*; **a. production** Automobil-, Fahrzeugproduktion *f*; **a. repair shop** Kraftfahrzeugwerkstatt *f*; **a. show** Automobilausstellung *f*; **a. trade** Kraftfahrzeughandel *m*, K.branche *f*; **a. transportation** Kraftfahrzeugbeförderung *f*
auto|mobilism *n* Kraftfahrwesen *nt*; **a.motive** *adj* Automobil-
autonomous *adj* autonom, eigen-, selbstständig, eigenverantwortlich
autonomy *n* Selbstverwaltung *f*, Eigenständigkeit *f*, Autonomie *f*, Eigenverantwortung *f*, E.verantwortlichkeit *f*; **a. of conduct** Handlungsfreiheit *f*; **a. in negotiating pay agreements** Tarifautonomie *f*, T.hoheit *f*, (freie) Tarifverhandlungen
educational autonomy Kultushoheit *f*; **financial/fiscal a.** Finanzautonomie *f*, F.hoheit *f*, finanzielle Autonomie
autopilot ✈ automatische Steuerung
autopsy *n* ⚕ Autopsie *f*, Obduktion *f*, Leichenöffnung *f*; **to conduct an a.** Obduktion vornehmen, obduzieren
autoregression *n* 🖥 Autoregression *f*
auto tag number *[US]* 🚗 Fahrgestellnummer *f*
autoteller *n* (Bar)Geldautomat *m*

autoworker *n* *[US]* Automobilarbeiter *m*
en autredroit *(frz.)* [§] in fremdem Recht
autrefois acquist *(frz.)* [§] Einwendung des Freispruchs auf Grund derselben Tat in einem früheren Verfahren
autumn *n* Herbst *m*; **a. fashion** Herbstmode *f*; **a. holidays** Herbstferien; **a. range** *(Textil)* Herbstkollektion *f*; **A. Statement** *[GB]* Nachtragshaushalt *m*; **a. trade fair** Herbstmesse *f*; **a. upswing** Herbstbelebung *f*
auxiliary *adj* zusätzlich, Hilfs-,
avail *n* 1. *(Darlehen)* Auszahlung *f*; 2. *[US]* Anleiheerlös *m*; **a.s** Ertrag *m*, Gewinn *m*, Nutzen *m*, Vorteil *m*; **of/to no a.** vergeblich, zwecklos, nutzlos, erfolglos, ohne Erfolg; **to be ~ a.** nichts fruchten; **net a.s** *[US]* Nettoerlös *m*, Gegenwert *m*, Erlös aus Diskontierung, Diskonterlös *m*, D.ertrag *m*
avail o.s. (of sth.) *v/refl* (be)nutzen, Gebrauch machen (von)
availability *n* 1. Verfügbarkeit, Verwendbarkeit *f*, Brauchbarkeit *f*; 2. Disponibilität *f*, Lieferbarkeit *f*; 3. *(Geld)* Flüssigkeit *f*
availability of credit/loans Kreditangebot *nt*; **~ capital** Kapitalangebot *nt*; **a. for public inspection** Öffentlichkeit *f*; **a. of jobs** Stellenangebot *nt*; **~ materials** Materialverfügbarkeit *f*; **~ materials control** Materialverfügbarkeitskontrolle *f*; **~ traineeships** Ausbildungsplatzangebot *nt*; **the ~ labour has evaporated** der Arbeitsmarkt ist ausgetrocknet/leergefegt
to assure the availability of supplies Versorgung sicherstellen; **pointwise a.** Bereitschaftswahrscheinlichkeit *f*; **ready a.** sofortige Verfügbarkeit
availability clause Verfügbarkeitsklausel *f*; **a. control** Verfügbarkeitskontrolle *f*; **a. date** *(Datum)* Valuta *f*, Wertstellung *f*, W.szeit *f*, Valutatag *m*, Valutierungsdatum *nt*; **a. doctrine** Theorie des verfügbaren Kreditangebots; **a. factor** Verfügungsfaktor *m*; **a. effect** Liquiditätseffekt *m*; **a. items** *[US]* Einlagen mit besonders vereinbarter Kündigungsfrist; **a. period** Dispositionszeitraum *m*, Zeitraum für die Garantieinanspruchnahme; **a. surplus** nicht zweckgebundener Gewinn
available *adj* 1. verfügbar, vorrätig, lieferbar, vorhanden, zur Verfügung stehend; 2. *(Kapital)* flüssig; 3. [§] statthaft, zulässig; 4. *(Person)* abkömmlich, disponibel; 5. *(Dokument)* vorliegend; **not a.** *(Person)* außer Haus, indisponibel
available for allotment zuteilbar, zur Zuteilung verfügbar; **~ for the asking** abrufbereit; **a. in all sizes** in allen Größen lieferbar; **a. while stocks last** nur lieferbar, solange der Vorrat reicht
to be available zur Verfügung stehen, vorliegen, zu haben sein, im Handel sein, frei/abkömmlich sein; **to become a.** anfallen; **to make a.** 1. bereitstellen, zur Verfügung/Disposition stellen, zugänglich machen; 2. *(Ausrüstung)* gestellen; **~ o.s. a.** sich zur Verfügung stellen
commercially available handelsüblich; **freely a.** frei erhältlich; **readily a.** jederzeit/sofort verfügbar
availment *n* Inanspruchnahme *f*; **a. of guarantees** Inanspruchnahme aus Gewährleistungen
aval *n* Aval *m*, Wechselbürgschaft *f*; **a. account** Avalrechnung *f*

avalanche *n* Lawine *f*; **like an a.** lawinenartig; **a. of costs** Kostenlawine *f*
avarice *n* Habgier *f*
avenue *n* 1. Allee *f*; 2. *(fig)* Möglichkeit *f*
aver *v/t* [§] behaupten
average *n* 1. ⚓ Havarie *f*, Seeschaden *m*, Haverei *f*, Beschädigung *f*, (Versicherungs)Schaden *m*; 2. kleiner Frachtaufschlag; 3. π Durchschnitt *m*, Mittel(wert) *nt/m*, arithmetisches Mittel, Schnitt *m*; 4. Aktienindex *m*; **above a.** über dem Durchschnitt, überdurchschnittlich; **below a.** unter dem Durchschnitt, unterdurchschnittlich; **on a.** im Durchschnitt/Mittel, durchschnittlich
average per day Tagesdurchschnitt *m*; **a. of deviation** ▦ durchschnittliche Abweichung; **a. for the year** Jahresmittel *nt*; **Mr A.** *(coll)* Durchschnittsbürger *m*, Otto Normalverbraucher *(coll)*
all average revoverable (a.a.r.) gegen alle Risiken; **better than a.** überdurchschnittlich; **free from a.** ⚓ unbeschädigt, havariefrei; **free of all a. (f.a.a.)** frei von Beschädigung, Havarieausschluss *m*, nicht gegen große und besondere Havarie; **with a. (w.a.)** ohne Beschränkung, mit Teilschäden, einschließlich Beschädigung; **better/higher than a.** überdurchschnittlich
to adjust an average Havarie aufmachen, dispachieren; **to bear a.** Havarie ertragen; **to make/suffer a.** Havarie machen/erleiden; **to recover a.** Ersatz für Havarie erhalten; **to rise by an a. of ...** um durchschnittlich ... steigen; **to settle the a.** Havarie(kosten) aufmachen
annual average Jahresmittel *nt*, J.durchschnitt *m*; **daily a.** Tagesdurchschnitt *m*; **deductible a.** *(Vers.)* Selbstbehalt *m*; **fair a.** guter Durchschnitt; **federal a.** Bundesdurchschnitt *m*; **free a.** *(Vers.)* Franchise *f*, Freizeichnungsgrenze *f*
general average allgemeine/große Havarie, gemeinschaftliche Havarie, Großhavarie *f*, Havarie-Grosse *f*; **~ act** Havarie-Grosse-Ereignis *nt*; **~ adjuster** Dispacheur *m (frz.)*; **~ assessment** Havarie-Grosse-Beitrag *m*; **~ bond** Havariebond *m*, H.-Grosse-Verpflichtungsschein *m*; **~ clause** Havarie-Grosse-Klausel *f*, Klausel frei von großer Havarie; **~ contribution** Havarie-Grosse-Beitrag/Einschuss *m*; **provisional ~ contribution** Einschuss *m* (für Havarie-Grosse); **~ deposit** Havarie-Grosse-Einschuss *m*; **joint ~ interests** Havarie-Grosse-Gemeinschaft *f*; **~ loss** Havarie-Grosse-Schaden *m*; **~ statement** Dispache *f (frz.)*; **to prepare the ~ statement** Dispache aufstellen/aufmachen, Rechnung für große Havarie aufmachen
gross average ⚓ Großhavarie *f*, große Havarie; **harmonic a.** harmonischer Mittelwert *m*; **industrial a.** Branchen-, Industriedurchschnitt *m*; **~ a.s** Mittelkurs der Industriewerte; **mean a.** π arithmetisches Mittel; **monthly a.** Monatsdurchschnitt *m*, M.mittel *nt*; **moving a.** gleitendes Mittel, gleitender Durchschnitt/Mittelwert; **multi-year a.** langjähriger Durchschnitt; **national a.** Landes-, Bundesdurchschnitt *m*; **partial a.** ⚓ einfache Havarie, Partialschaden *m*
particular average (loss) (p.a.) ⚓ Teilschaden(sverlust) *m*, besondere/partikuläre/einfache Havarie, Teil-,

Partikularhavarie *f*; **free of/from p. a. (F.P.A.; f.p.a.)** frei von Beschädigung, frei von Schäden in besonderer Havarie, nicht gegen besondere Havarie versichert; **with p. a. (w.p.a.)** mit Teilschaden, mit besonderer Havarie, Teilschäden eingeschlossen **petty average** ⚓ kleine/besondere Havarie; **progressive a.** fortschreitender Mittelwert; **quarterly a.** Vierteljahresdurchschnitt *m*; **rough a.** annähernder/ungefährer Durchschnitt; **simple a.** 1. ⚓ einfache Havarie; 2. ungewogener Mittelwert; **small a.** ⚓ kleine Havarie; **total a.** Gesamtdurchschnitt *m*; **trade-weighted a.** *(Kurs)* gewichteter/gewogener Durchschnitt(swert); **weighted a.** Mittelwert *m*, gewogener Durchschnitt, gewogenes/gewichtetes Mittel, Bewertungsdurchschnitt *m*; **yearly a.** Jahresdurchschnitt *m*
average *v/ti* 1. durchschnittlich/im Durchschnitt betragen, sich im Durchschnitt ergeben; 2. durchschnittlich/im Durchschnitt erzielen; 3. Durchschnitt/Mittelwert errechnen; 4. anteilsmäßig aufgliedern; **a. down** *(Börse)* zum niedrigeren Kurs nachkaufen, Durchschnittskosten vermindern; **a. out** 1. mit plus-minus Null abschließen, Durchschnitt ermitteln; 2. austarieren, ausgleichen, Kursgeschäft ohne Verlust abschließen; 3. durchschnittlich betragen; **a. over** ▦ Mittelwert bilden aus; **a. up** *(Börse)* (bei Hausseerwartung) zum höheren Kurs nachkaufen
average *adj* durchschnittlich, Durchschnitts-, mittlere(r, s), gemein, mittelmäßig
average account ⚓ Havarierechnung *f*; **a. adjuster/adjustor** Dispacheur *m (frz.)*, Havarievertreter *m*, H.agent *m*, H.dispacheur *m*, H.sachverständiger *m*, Schadensregulierer *m*; **a. adjustment** Dispache *f (frz.)*, (Schadens)Aufmachung *f*, Schadensregulierung *f*, Havarieverteilung *f*, H.regelung *f*; **a. agent** Dispacheur *m (frz.)*, Havarievertreter *m*, H.agent *m*, H.kommissar *m*; **a. agreement** Havarievertrag *m*; **a. bill** Havarierechnung *f*; **a. bond/certificate** Havarie-, H.verpflichtungsschein *m*, H.revers *nt*; **a. charges** Havariegelder; **a. clause** 1. Freizeichnungs-, Havarieklausel *f*; 2. Prorataklausel *f*, Proportionalregel *f*; **standard a. clause** Unterversicherungsklausel *f*; **a. contribution** Havarieeinschuss *m*
averaged *adj* 1. ⚓ (see)beschädigt; 2. im (Durch)Schnitt
average disbursement Havariegeld *nt*; **a. disbursements insurance** Havariegelderversicherung *f*; **a. distribution** Havarieverteilung *f*; **a. documents** Schadensunterlagen; **a. expenses** Havariegelder; **a. goods** Havariewaren; **a. loss** Havarieschaden *m*; **moving-a. method** Methode der gleitenden Mittelwerte; **periodic-a. method** Durchschnittskostenmethode *f*; **a. money** Havariegelder *pl*; **a. statement** Dispache *f (frz.)*, Schadensaufmachung *f*, Havarieberechnung *f*, H.erklärung *f*; **a. stater** Dispacheur *m (frz.)*, Havarievertreter *m*, H.agent *m*; **a. surveyor** Havarieexperte *m*; **a. taker** Dispacheur *m (frz.)*, Schadensregulierer *m*
averaging *n* 1. Durchschnittsrechnung *f*; 2. *(Börse)* Kauf zu verschiedenen Kursen, Aktiennachkauf bei fallenden Kursen; **a. von durchschnittlich; a. down** *Börse)* Durchschnittskostenminderung *f*, Nachkauf zu fallenden Kursen, Nachgeschäfte zu niedrigeren Kursen; **a. up** *(Börse)* Durchschnittskostenerhöhung *f*, Nachkauf zu höheren Kursen
averment *n* [§] (Tatsachen)Behauptung *f*, Beweisantrag *m*, B.anerbieten *nt*, Sachvortrag *m*; **to tender an a.** Beweis anbieten; **immaterial a.** unerhebliches Vorbringen, unerhebliche Prozessbehauptung; **impertinent a.** nicht zur Sache gehörende Prozessbehauptung; **negative a.** negatorische Einrede; **particular a.** substantiiertes Vorbringen
averse (to) *adj* abgeneigt
aversion *n* Abscheu *f*, Abneigung *f*, Widerwillen *m*; **a. to change** Abneigung gegen Veränderungen; **~ work** Arbeitsscheu *f*
avert *v/t* abwenden, verhüten, bannen; **a.ible** *adj* abwendbar
aviation ✈ Flug-, Luftfahrt *f*, Flugtechnik *f*, Fliegerei *f*
civil aviation Zivilluftfahrt *f*, zivile Luftfahrt; **~ act** Luftverkehrsgesetz *nt*; **international ~ convention** Abkommen über internationale Zivilluftfahrt; **~ permit** Luftverkehrsgenehmigung *f*
commercial aviation Verkehrs-, Handelsluftfahrt *f*, Verkehrsfliegerei *f*
aviation facilities Luftverkehrsanlagen; **a. fuel** Flugbenzin *nt*, F.zeugtreibstoff *m*; **a. hull** Flugzeugrumpf *m*, Fluggerät *nt*; **a. industry** Flugzeug-, Luftfahrtindustrie *f*; **a. insurance** Luft(fahrt)-, Flugzeugversicherung *f*; **a. personal accident insurance** Luftunfallversicherung *f*; **a. insurer** Flugzeugversicherer *m*, F.versicherungsgesellschaft *f*; **a. market** Flugzeuggeschäft *nt*; **booming a. market** blühendes Flugzeuggeschäft; **a. minister** Luftfahrtminister *m*; **a. shares** [GB] /**stocks** [US] Flugzeugaktien, F.werte; **a. underwriter** Flugzeugversicherer *m*
aviator *n* Flieger *m*, Flugzeugführer *m*
avionics *n* Avionik *f*, Luftfahrtelektronik *f*
avocation *n* Nebenberuf *m*, N.beschäftigung *f*, Gelegenheitsarbeit *f*; **a.al** *adj* nebenberuflich
avoid *v/t* 1. vermeiden, umgehen; 2. [§] für ungültig erklären, annullieren, ungültig machen, aufheben; 3. anfechten
avoidable *adj* 1. vermeidbar, umgehbar, abwendbar; 2. [§] annullierbar; 3. anfechtbar
avoidance *n* 1. Vermeidung *f*, Abwendung, (legale) Umgehung; 2. [§] Widerruf *m*, 3. Aufhebung *f*, Nichtigkeitserklärung *f*, Annullierung *f*; 4. Anfechtung *f*; **a. of bankruptcy** Konkursabwendung *f*, Abwendung eines Konkurses; **~ contract** [§] Vertragsanfechtung *f*; **~ liability** Umgehung von Haftungsbestimmungen; **~ revenue duties** Vermeidung von Finanzzöllen; **~ risks** Risikovermeidung *f*; **~ a sale** [§] *(Rücktritt vom Kaufvertrag)* Wandelung *f*; **a. clause** Anfechtungsklausel *f*
avoided *adj* [§] angefochten
avoirdupois *n (frz.)* (volles) Handelsgewicht
avouch *v/t* erklären, zusichern; **a.ment** *n* Zusicherung *f*
avowed *adj* erklärt; **a.ly** *adv* erklärtermaßen
avowry *n* [§] Rechtfertigung der Vollstreckung des Vermieters/Verpächters

await v/t erwarten, warten auf, auf sich zukommen lassen, entgegensehen
awaits pl *(Prüfung)* ausstehende Positionen
awake to sth. v/i sich einer Sache bewusst werden; *adj* wach; **to stay a.** munter bleiben; **wide a.** hellwach
rude awakening n böses/jähes Erwachen
award n 1. [§] Schieds-, Urteilsspruch m, Adjudikatum nt *(lat.)*, Rechtsspruch m, richterliche Entscheidung; 2. Entschädigungssumme f, zuerkannter Betrag; 3. Auftragsvergabe f, A.erteilung f, Zuschlag m, Submissionsvergabe f; 4. Prämie f, Preis(verleihung) m/f, Auszeichnung f; 5. *(Bausparkasse)* Zuteilung f
award of an annuity pension Rentenbescheid m; **~ arbitrators** Schieds(gerichts)spruch m; **~ a contract** (öffentliche) (Auftrags)Vergabe, Auftragserteilung f, Zuschlag(serteilung) m/f, Submissionsvergabe f, Auftragsabschluss m; **discretionary ~ a contract** freihändige Auftragsvergabe; **final ~ a contract** endgültige Auftragserteilung; **~ damages** Zuerkennung von Schaden(s)ersatz; **a. to the inventor** Erfinderprämie f; **a. of punishment** Strafzumessung f
to abide by an award Schiedsspruch anerkennen/befolgen; **to enforce an a.** Schiedsspruch vollstrecken; **to give an a.** prämieren; **to make an a.** Schiedsspruch erlassen/fällen, Spruch fällen; **to set aside an a.** Schiedsspruch aufheben; **to win an a.** Preis gewinnen
arbitral award Schiedsurteil nt, S.spruch m, Schlichtungsverfügung f; **confirmed a.** gerichtlich bestätigtes Urteil; **industrial a.** gewerblicher Schiedsspruch; **interim a.** [§] vorläufige Entscheidung; **legal a.** rechtlich zuerkannter Schaden(s)ersatz; **long-service a.** Dienstalterszulage f
award v/t 1. zuerkennen, zusprechen, bewilligen; 2. *(Auftrag)* erteilen, vergeben; 3. zuteilen, be-, zumessen; 4. *(Preis)* verleihen
awardee n Zuschussempfänger m
awarding n Zumessung f; **a. of contracts** Auftragsvergabe f, Vergabepraxis f
award procedure Auftragsvergabeverfahren nt; **a. rules for building and construction work** 🏛 Verdingeordnung für Bauleistungen (VOB); **a. system** Zuschlagsmethode f; **a.s total** Vergabevolumen nt
aware adj 1. gewahr, bewusst; 2. [§] *(Vertragsformel)* in der Erkenntnis; **to be a. of** sich bewusst sein, sich im klaren sein, Kenntnis haben von; **~ acutely a. of** sich einer Sache deutlich bewusst sein; **to become a. of** merken, gewahr/sich bewusst werden, wahrnehmen
awareness n Bewusstsein nt, Erkenntnis f, Wahrnehmung f; **ecological/environmental a.** Umweltbewusstsein nt; **a. level** Bekanntheitsgrad m; **a. test(ing)** *(Werbung)* Bekanntheitstest m
awash adv überflutet; **a. with sth.** voll von etw.; **to be a. with** *(fig.)* schwimmen in *(fig.)*
away adv weg; **to get a.** entkommen; **to allow so. ~ with sth.** jdm etw. durchgehen lassen
awe-inspiring adj furchterregend
awful adj schrecklich, entsetzlich; **a.ly** adv wahnsinnig
awkward adj 1. peinlich, misslich; 2. unbeholfen; **to be a. sich querlegen; a.ness** n 1. Peinlichkeit f, Misslichkeit f; 2. Unbeholfenheit f
awning n 🏛 Markise f, Plane f, Schirm-, Sonnendach nt, Verdeck nt
to go awry adj daneben-, schiefgehen
axe n 1. Axt f; 2. *(fig)* radikale Kürzung; **to face the a.** von der Schließung bedroht sein; **to have an a. to grind** Privatinteressen verfolgen, persönliche Interessen haben; **to wield the a.** die Axt schwingen *(fig)*, den Rotstift ansetzen *(fig)*, (radikal) kürzen
axe v/t 1. *(Arbeitsplätze)* abbauen, streichen; 2. abschaffen, kappen, mit dem Rotstift an etw. gehen *(fig)*
axia n [US] Kreditgenossenschaft f
axiom n Axiom nt, (anerkannter) Grundsatz; **a. of law** Rechtsgrundsatz m; **~ valuation** Bewertungsgrundsatz m
axis n π Achse f; **a. of ordinates** Ordinatenachse f; **coordinate a.** Koordinaten-, Nullachse f; **longitudinal a.** Längsachse f
axle n ⚙ Achse f; **front a.** 🚗 Vorderachse f; **rear a.** Hinterachse f; **a. load** Achslast f; **a. weight** Achsgewicht nt
aye n [GB] *(Parlament)* Jastimme f; **the a.s have it** der Antrag ist angenommen, die Mehrheit ist dafür

B

baby n Kleinkind nt, Säugling m; **to be (left) holding the b.** *(fig)* etw. ausbaden, im Stich gelassen werden; **test-tube b.** Retortenbaby nt
baby bond [US] Schuldverschreibung mit niedrigem Nennwert *(bis zu $100)*, Kleinobligation f, kleingestückelte Obligation, Obligation/Wertpapier mit kleiner Stückelung, Babybond m; **b. boom** Bevölkerungsexplosion f; **b. care** Säuglingspflege f; **b. carriage** [US] Kinderwagen m; **b. food** Säuglingsnahrung f; **b. minder** Tagesmutter f; **b. share** [GB] Kleinaktie f; **b. stock** [US] neu ausgegebene/junge Aktie; **b.wear** n Babykleidung f
bachelor n Junggeselle m, Lediger m; **B. of Arts (B.A.)** *(Geisteswissenschaften)* erster akademischer Grad in Großbritannien und in den USA; **~ Business Administration (BBA)** graduierter Betriebswirt, Diplom-Kaufmann m; **~ Science (B.Sc.)** *(Naturwissenschaften)* erster akademischer Grad in Großbritannien und in den USA
back n 1. Rücken m; 2. Rückseite f; **behind one's b.** hinterrücks, in jds Abwesenheit, insgeheim; **on the b.** rückseitig; **~ of** auf der Grundlage von; **b. to b.** Rücken an Rücken; **the b. of beyond** *(coll)* Krähwinkel nt, Ende der Welt *(fig)*; **with one's b. to the wall** mit dem Rücken zur Wand
to be flat on one's back *(coll)* auf der Nase liegen *(coll)*; **~ glad to see the b. of so.** *(coll)* jdn am liebsten von hinten sehen *(coll)*; **to break the b.of sth.** *(fig)* Problem lösen; **~ of the job** mit der Arbeit über dem Berg sein

(fig); **to have broken the b. of sth.** das Schlimmste hinter sich haben; **to get sth. off one's b.** sich etw. vom Hals schaffen; **to hold b.** *(Dokumente)* zurückhalten, unterdrücken; **to know sth. like the b. of one's hand** etw. bis ins Letzte kennen, etw. wie die eigene Tasche kennen; **to live at the b. of beyond** *(coll)* in der finstersten Provinz leben, drei Meilen hinter dem Mond leben *(fig)*; **to pat so. on the b.** jdm auf die Schulter klopfen; **to put one's b. into sth.** sich bei etw. anstrengen; **to run into the b. of another car** auf ein Fahrzeug auffahren; **to stab so. in the b.** jdm in den Rücken fallen
back *v/t* 1. (unter)stützen, befürworten, billigen, *(Entscheidung)* mittragen, dahinter stehen, Schützenhilfe leisten *(fig)*; 2. *(Wechsel)* indossieren, girieren; 3. 🚗 zurücksetzen; **b. so.** hinter jdm stehen, jdm den Rücken stärken *(fig)*, jdm die Stange halten *(coll)*; **b. down** klein beigeben, nachgeben, Rückzieher machen *(coll)*; **b. off** zurückweichen; ~ **from** sich zurückziehen von; **b. out (of)** aussteigen, Rückzieher machen *(coll)*, kneifen *(coll)*; **b. (so.) up** 1. (jdn) (unter)stützen, (jdm) den Rücken/das Rückgrat stärken; 2. *(Wechsel)* gegenzeichnen, decken
back *adj* Rück-; zurück; **to go b. on sth.** etw. widerrufen/rückgängig machen
back|ache *n* 💲 Rückenschmerzen; **b.benches** *pl [GB]* *(Unterhaus)* hintere Sitzreihe, Hinterbänke; **b.-bencher** *n* Hinterbänkler *m*; **b.bite** *v/i* lästern, hinter jds Rücken reden; **b. bond** Rück-, Gegenbürgschaft *f*; **b.bone** *n* Rückgrat *nt*; ~ **of the economy** *(fig)* Standbein der Wirtschaft *(fig)*; **b.breaking** *adj* erschöpfend, ermüdend; **b.cloth** *n* Hintergrund *m*; **against the b.cloth** *(fig)* vor dem Hintergrund; **b.date** *v/t* (zu)rückdatieren; **b.dated to** *adj* rückwirkend von; **b.dating** *n* (Zu)Rückdatierung *f*; **b.-door** *adj* heimlich, hinterlistig, durch die Hintertür; **b.drop** *n* Hintergrund *m*
backer *n* 1. Befürworter *m*, Beistand *m*, Unterstützer *m*, Hintermann *m*; 2. *(Wechsel)* Indossierer *m*, Girant *m*, Wechselbürge *m*, Indossant *m*; 3. Finanzier *m*, Geldgeber *m*, Sponsor *m*; **financial b.** Geldgeber *m*, Finanzier *m*, Finanzierungsträger *m*
back|fire *v/i* 1. fehlschlagen, ins Auge gehen *(fig)*, das Gegenteil bewirken, nach hinten losgehen, die gegenteilige Wirkung haben, sich ins Gegenteil verkehren; 2. 🚗 fehlzünden, Fehlzündung haben; **b.firing** *n* Fehlzündung
background *n* Hintergrund *m*, Zusammenhänge *pl*, Grundlage *f*, Werdegang *m*, Vorgeschichte *f*, Milieu *nt*, Vorleben *nt*; **to have a humble b.** aus kleinen Verhältnissen stammen; **to keep in the b.** nicht hervortreten, sich im Hintergrund halten; **commercial/economic b.** Wirtschaftslandschaft *f*, wirtschaftlicher Hintergrund; **educational b.** Vorbildung *f*, Bildungsgang *m*, Ausbildungsgang *m*, Erziehung *f*; **financial b.** finanzieller Rückhalt; **professional b.** fachliche Vorbildung; **social b.** soziale Herkunft
background advertising Bandenwerbung *f*; **b. display** Anzeigehintergrund *m*; **b. information** Hintergrundinformation *f*; **b. music** musikalische Untermalung, Musikkulisse *f*; **b. news** Hintergrundinformationen,

H.nachrichten; **b. noise** Neben-, Störgeräusch *nt*, Geräuschkulisse *f*; **b. processing** 💻 Hintergrundverarbeitung *f*; **b. program(me)** Hintergrundprogramm *nt*
backhander *n* *(coll)* Bestechungs-, Schmiergeld *nt*, Bakschisch *nt (coll)*
backing *n* 1. (Unter)Stützung *f*, Hilfe *f*, Rückendeckung *f*, Befürwortung *f*, Rückhalt *m*; 2. *(Wechsel)* Indossament *nt*, Giro *nt*; 3. *(Börse)* Stützungskäufe *pl*; 4. *(Banknoten)* Deckung *f*; **b. of notes** Notendeckung *f*; **to give full b.** voll unterstützen
financial backing finanzieller Rückhalt, finanzielle Unterstützung; **partial b.** Teildeckung *f*; **political b.** politische Unterstützung; **b. storage** 💻 Hilfs-, Zusatz-, Hintergrundspeicher *m*; **b. syndicate** Sanierungs-, Stützungskonsortium *nt*
backlash *n* Gegenreaktion *f*
backlog *n* (Arbeits-/Auftrags)Rückstand *m*, Überhang *m*, Rückstau *m*; **b. of pending applications** Anmeldungsstau *m*; ~ **investment projects** Investitionsstau *m*; ~ **orders** Auftragsrückstand *m*, A.überhang *m*, A.polster *nt*, unerledigter Auftragsbestand, unerledigte Aufträge, Überhang von Aufträgen; ~ **payments** Zahlungsrückstände *pl*
to clear/process the backlog Rückstand aufarbeiten/aufholen; **to work off the b. of orders** Auftragsbestand abarbeiten
active backlog in Arbeit befindliche Aufträge; **total b.** gesamter Auftragsbestand
backlog boom Nachholkonjunktur *f*; **b. demand** Nachfragestau *m*, Nachholbedarf *m*; **b. depreciation** nachgeholte Abschreibung; **b. reporting** Bericht über den Auftragsbestand
back|packer *n* Rucksacktourist(in) *m/f*; **b. pay(ment)** (Gehalts)Nachzahlung *f*; **b.pedal** *v/i* Rückzieher machen *(coll)*; **b. rest** Rückenlehne *f*
back room Hinterzimmer *nt*; ~ **boy** Experte im Hintergrund; ~ **office** Büro für technische Abwicklung; ~ **staff** Hilfskräfte *pl*, H.personal *nt*
back|shift *n* Spätschicht *f*; **b.-shifting** *n* Rückwälzung *f*; **b.side** *n (coll)* Hintern *m*; **b.slash** *n* 💻 Backslash *m*; **b.slide** *v/i* rückfällig werden; **b.slider** *n* Rückfällige(r) *f/m*
back|space *n* *(Schreibmaschine)* Rückschaltwerk *nt*, Rücktransportmechanismus *m*, Rücktaste *f*; *v/t* rückstellen; **b.spacer** *n* Rück(stell)taste *f*; **b.spacing** *n* Rückstellen *nt*
back|spread *n* Arbitrage bei unternormalen Kursdifferenzen; **b.stairs** *n* Hintertreppe *f*; **b.tab** *n* Tabulatorrückstellung *f*
backtrack *v/i* Rückzieher machen *(coll)*, sich zurückziehen, seinen Standpunkt aufgeben, Zusage zurücknehmen; **b.ing** *n* Personalabbau bei neuen Mitarbeitern
back-up *n* 1. Unterstützung *f*; 2. ⚠ Notanlage *f*, Ersatzaggregat *nt*; 3. Bereitschaft *f*; **administrative b.** Verwaltungsapparat *m*
back-up copy Sicherheitskopie *f*; **b. facilities** Rückgriffsmöglichkeit *f*; **b. file** Sicherheitsdatei *f*; **b. material** Kursmaterial *nt*; **b. operation** Reservebetrieb *m*; **b. service(s)** 1. Bereitschaftsdienst *m*, ergänzende

Dienstleistungen; 2. 💻 Ersatzversion *f*; **b. store** 💻 Reservespeicher *m*; **b. system** Bereitschaftsspeicher *nt*
backvalue *n* Rückvaluta *f*; *v/t* Buchung mit Rückvaluta vornehmen
backward *adj* 1. rückwärts; 2. rückstandig, rückschrittlich, unterentwickelt, zurückgeblieben
backwardation *n* 1. *(Rohstoffbörse)* Aufpreis der Kassaware/Spotware gegenüber Terminware; 2. *(Börse)* Prolongation *f*, Deport(gebühr) *m*/*f*, Schiebung *f*; 3. *(Export)* Kursabschlag *m*; **b. business** Deportgeschäft *nt*; **b. rate** Deportkurs *m*
backwardness *n* Rückständigkeit *f*, R.stand *m*; **technological b.** technologischer Rückstand
back|wash *n* *(fig)* Nachwirkung *f*; **~ effect** 1. Konter-, Aushöhlungseffekt *m*; 2. Produktivitätsgefälle zu Entwicklungsländern; **b.water** *n* *(fig)* Provinznest *nt*; **b.woodsman** *n* Hinterwäldler *m*, rückständiger Mensch
bacon *n* Speck *m*; **to bring home the b.** *(coll)* etw. erfolgreich erledigen; **to save one's b.** *(coll)* sich aus der Patsche ziehen *(coll)*
bacterium (bacteria *pl) n* Bakterie *f*
bad *n* Defizit *nt*, Minus *nt*; **to the b.** ins Defizit/Minus
bad *adj* 1. schlecht, schlimm; 2. *(Kunde/Wechsel)* faul; **not so/too b.** mittelprächtig *(coll)*, leidlich; **thoroughly b.** sehr schlecht; **to go b.** *(Lebensmittel)* schlecht werden, verderben; **~ from b. to worse** immer schlimmer werden
badge *n* 1. (Dienst)Abzeichen *nt*, Amtszeichen *nt*, Ausweiskarte *f*, A.marke *f*, Plakette *f*; 2. Markenzeichen *nt*; **b. of office** Dienstmarke *f*; **b. engineering** ⬅ (vordergründige) Produktdifferenzierung; **b. punch** Ausweislocher *m*; **b. reader** Ausweisleser *m*; **b. slot** Ausweistrichter *m*
baffle *v/t* verblüffen, vor ein Rätsel stellen; **b.d** *adj* perplex; **b.gab** *n (pej.)* Fachjargon *m*
bag *n* 1. Beutel *m*, Sack *m*, Tasche *f*, Tüte *f*; 2. Jagdbeute *f*; **b.s of** *(coll)* jede Menge von; **with b. and baggage** *(coll)* mit Kind und Kegel *(coll)*, mit Sack und Pack *(coll)*; **mixed b. of services** Leistungskonglomerat *nt*; **to be in the b.** *(coll) (Angelegenheit)* gelaufen sein; **airtight b.** Frischhaltebeutel *m*; **plastic b.** Plastiktüte *f*, P.beutel *m*, Kunststoffsack *m*
bag *v/t* in Säcke/Tüten abfüllen, einsacken, eintüten
bagatelle *n (frz.)* Kleinigkeit *f*, Bagatelle *f*
bag cargo *n* Sackgut *nt*; **~ handling** Sackgutumschlag *m*
baggage *n* → **luggage** (Reise)Gepäck *nt*, Passagiergepäck *nt*, P.gut *nt*; **to check in b.** Gepäck aufgeben, ~ zur Aufbewahrung geben; **to collect b.** Gepäck abholen; **to deliver b.** Gepäck zustellen
accompanied baggage begleitendes/mitgeführtes Gepäck; **carry-on b.** Handgepäck *nt*; **checked-in b.** aufgegebenes Gepäck, Aufbewahrungs-, Großgepäck *nt*; **excess b.** Mehr-, Übergepäck *nt*, Gepäck mit Übergewicht; **~ charge** Gewichtszuschlag *m*
baggage allowance Freigepäck *nt*; **b. car** *[US]* 🚂 Gepäck-, Packwagen *m*; **b. cart** Gepäckkarren *nt*, G.wagen *m*; **b. check** 1. Gepäckkontrolle *f*; 2. Gepäckabschnitt *m*, G.(aufbewahrungs)schein *m*; 3. ✈ Flug-

gepäckabschnitt *m*; **b. check-in** Gepäckaufgabe *f*, G.abtertigung(sstelle) *f*, G.abgabe *f*, G.annahme(stelle) *f*; **b. conveyor belt** Gepäckband *nt*; **b. counter** Gepäckschalter *m*; **b. declaration** ⊖ Gepäckverzollung *f*; **b. delivery area** Gepäckausgabebereich *m*; **b. handler** Gepäckabfertiger *m*; **b. handling** Gepäckabfertigung *f*; **b. hold** Gepäckraum *m*; **b. insurance** (Reise)Gepäckversicherung *f*; **b. label** Gepäckzettel *m*, G.anhänger *m*, G.adresse *f*; **b. locker** (Hand)Gepäckschließfach *nt*; **b. man** 1. Gepäckträger *m*; 2. 🚂 Fahrladeschaffner *m*; **b. office** Gepäckabfertigungsstelle *f*, G.schalter *m*; **b. policy** Reisegepäckversicherung *f*; **b. rack** Gepäckablage *f*, G.netz *nt*; **b. reclaim** Gepäckausgabe(stelle) *f*; **b. room** Handgepäckaufbewahrung *f*; **b. stand** Gepäckständer *m*; **b. sticker** Gepäckaufkleber *m*; **b. sufferance** ⊖ Gepäckpassierschein *m*; **b. trolley** Kofferkuli *m*; **self-claim b. system** Gepäckselbstbedienung *f*; **b. tag** Kofferanhänger *m*; **b. truck** Handgepäckwagen *m*; **b. van; b. wag(g)on** 🚂 Gepäck-, Packwagen *m*
bag lady *(coll)* Pennerin *f (coll)*; **b. list** ✉ Abgangszettel *m*; **b. truck** Sackkarre *f*
bail *n* 1. §̲ Bürgschaft *f*, Sicherheitsleistung *f*, Kaution *f*; 2. Bürge *m*; 3. als Sicherheit/Kaution hinterlegter Betrag, Bürgschafts-, Kautionssumme *f*, gerichtliche Hinterlegung, Gerichts-, Haftkaution *f*; **on b.** gegen Bürgschaft/Kaution; **admissible/eligible to stand b.** kautionsfähig
to abscond bail §̲ Sicherheitsleistung verfallen lassen; **to allow so. out on b.** jdn gegen Kaution/Bürgschaft freilassen; **to answer b.** Kautionsauflagen erfüllen; **to be out on b.** gegen Kaution/Bürgschaft auf freiem Fuß sein; **to enlarge b.** Sicherheitsleistung erhöhen; **to find b.** sich Bürgschaft verschaffen; **to forfeit one's b.** nicht (vor Gericht) erscheinen, Bürgschaft verfallen lassen, Kaution verwirken; **to free so. on b.** jdn gegen Kaution freilassen; **to give b.** Kaution hinterlegen, Bürgen stellen; **to go b.** Kaution übernehmen; **to grant b.** Kaution zulassen, Sicherheitsleistung anordnen; **to jump b.** Bürgschaft/Kaution schießen (lassen); **to justify b.** Nachweis ausreichender Kaution führen; **to provide/put up b.** Bürgschaft leisten/stellen, Kaution hinterlegen/leisten/stellen; **to raise b.** Bürgschaft aufbringen; **to refuse b.** Sicherheitsleistung ablehnen, Freilassung gegen Kaution verweigern; **to release so. on b.** jdn gegen (Hinterlegung einer) Kaution/Bürgschaft freilassen, ~ aus der Haft entlassen, ~ gegen Sicherheitsleistung entlassen; **to remand so. on b.** jdn gegen Kaution auf freien Fuß setzen; **to stand b. for so.** für jdn Kaution stellen, ~ Sicherheit leisten, ~ einstehen/gutstehen
additional bail Nebenbürge *m*; **civil b.** Sicherheitsleistung im Zivilprozess; **collateral b.** Mitbürgschaft *f*, solidarische Bürgschaft; **common b.** Bürgschaft für Erscheinen vor Gericht; **commercial b.** kaufmännische Bürgschaft; **cross b.** wechselseitige Bürgschaft; **excessive b.** überhöhte Kaution; **second b.** Nachbürge *m*; **substantial b.** sicherer Bürge
bail *v/t* 1. in Verwahrung geben, hinterlegen; 2. §̲ Kau-

bail out

tion leisten/stellen; **b. out** 1. *(Börse)* aussteigen; 2. *(Fallschirm)* aus dem Flugzeug springen; 3. (jdn) gegen Bürgschaft/Kaution freilassen; 4. *(fig)* sanieren, retten, (jdm) aus der Klemme/Patsche helfen *(coll)*
bailable *adj* bürgschafts-, kautionsfähig
bail bond Bürgschaftsschein *m*, B.urkunde *f*, Wechselbürgschaft *f*, Kaution *f*, Bürgschein *m*; **b. commitment** Kautionsverpflichtung *f*; **b. conditions** Bürgschaftsbedingungen
bailee *n* 1. Depositar *m*, Verwahrer *m*, Pfandgläubiger *m*, Rechts-, Gewahrsamsinhaber *m*, treuhänderischer Besitzer, Bürgschaftsempfänger *m*, Besitzer nach dinglichem Recht gegenüber Dritten, Fremdbesitzer *m*, Übernehmer einer beweglichen Sache; 2. Frachtführer *m*; **b. at law** amtliche Hinterlegungsstelle; **gratuitous b.** unentgeltlicher Verwahrer; **b. clause** Gewahrsamsklausel *f*; **b.'s lien** Verwahrerpfandrecht *nt*
bailer *n* → **bailor**
bailie *n* *[Scot.]* Stadtverordnete(r) *f/m*
bailiff *n* 1. Gerichtsvollzieher *m*, G.diener *m*, Zustellungsbeamter *m*, Büttel *m (obs.)*, Beschlagnahme-, Vollstreckungsbeamter *m*, Gerichtspolizist *m*; 2. *[US]* Justizwachtmeister *m*; 3. (Guts)Verwalter *m*, Gutsinspektor *m;* **high/senior b.** Obergerichtsvollzieher *m*; **to affix the b.'s seal** versiegeln, Kuckuck ankleben *(coll)*; **b.'s stamp** Pfandsiegel *nt*
bail jumping Kautionsverfall *m*
bailment *n* 1. Kaution *f*, Bürgschafts-, Kautionsleistung *f*, K.(ge)stellung *f*, Verbürgung *f*; 2. Freilassung gegen Kaution; 3. Hinterlegung(svertrag) *f/m*, Leihvertrag *m*; 4. Verwahrung *f*, Verpfändung *f*, Übertragung des Besitzes an einer beweglichen Sache auf Zeit; 5. Beförderungsvertrag *m*; 6. Frachtgut *nt*; **b. in the nature of a loan** unregelmäßiger Verwahrungsvertrag
gratuitous bailment unentgeltliche Verwahrung; **in voluntary b.** unfreiwillige Hinterlegung
bailment contract [§] Verwahrungsvertrag *m*; **b. lease** Verkauf unter Eigentumsvorbehalt; **b. sale** Kommissionsverkauf mit Selbsteintritt
bailor *n* Hinterleger *m*, Treugeber *m*, Bürge *m*, Deponent *m*, Verpfänder *m*, Besitzmittler *m*
bail-out *n* 1. Sanierung *f*; 2. Notverkauf *m*; 3. Rettung(saktion) *f*; **b. plan** Sanierungsplan *m*
bailsman *n* Bürge *m*, Treugeber *m*, Hinterleger *m*; **to act as b.** als Bürge auftreten
bait *n* 1. Köder *m*; 2. Lockvogel-, Sonderangebot *nt*, Lockartikel *m*; **good b. catches fine fish** *(prov.)* mit Speck fängt man Mäuse *(prov.)*; **to rise to/take the b.** sich ködern lassen, auf den Leim/in die Falle gehen *(fig)*
bait *v/t* ködern, anlocken; **b. (and switch) advertising** Lockartikel-, Lockvogelwerbung *f*
baker *n* Bäcker *m*; **b.'s shop** Bäckerei *f*, Bäckerladen *m*; ~ **and confectioner's shop** Bäckerei und Konditorei *f*
bakery *n* Bäckerei *f*; **big/major b.** Großbäckerei *f*; **b. goods store** *[US]* Bäckerladen *m*, Bäckerei *f* (und Konditorei)
baksheesh *n* Bakschisch *nt*
balance *n* 1. Saldo *m*, Kontostand *m*, Bilanz *f*, Differenz-, Ausgleichsbetrag *m*, Rest(betrag) *m*, Saldenstand *m*, Abschluss *m*; 2. Guthaben *nt*, Überschuss *m*; 3. Gleichgewicht *nt*, Waage *f*, Ausgewogenheit *f*; **the b.s** nicht benötigte Mittel; **in b.** ausgeglichen; **in the b.** in der Schwebe; **on b.** per Saldo, im Ganzen/insgesamt gesehen
balance of account(s) Saldo *m*, Konto-, Kontenstand *m*, Bilanz *f*, Durchschnittssaldo *m*, Konten-, Rechnungsabschluss *m*; ~ **account statement** Saldenaufstellung *f*; **b. on current account** 1. *(VWL)* (Saldo der) Leistungsbilanz; 2. Bilanz der laufenden Posten, Kontokorrentguthaben *nt*; **b. by accounting period** Periodenerfolg *m*; **b. at the bank**; **b.s with banks** Bankguthaben *nt*; **b. at the federal bank** Bundesbankguthaben *f*; **b. of the bank** Bankausweis *m*; **b.s with home and foreign bankers** Nostroguthaben bei in- und ausländischen Banken; **unexpended b. of budget appropriations** Haushaltsrest *m*; **b. on a building society account** Bausparguthaben *nt*; ~ **capital account**; **b. of capital transactions** *(VWL)* Kapital(verkehrs)bilanz *f*; **net b. on long-term capital account** Bilanz des langfristigen Kapitalverkehrs; **b. of capital movements/transactions** (Saldo der) Kapital(verkehrs)bilanz; **b. in cash** Barbestand *m*, B.geld *nt*, Kassenbestand *m*; **b. on postal cheque account** Postscheckguthaben *nt*; **net b. at the end of the period** Endbestand *m*; **b. in (one's) favour** Guthabensaldo *m*, Saldoguthaben *nt*; **b. of financing** Finanzierungsgleichgewicht *nt*; **b. on/of goods and services (and remittances)** *(VWL)* Leistungsbilanz *f*; **b. in/on hand** Kassen-, Endbestand *m*, (Bar)Überschuss *m*; **b. of indebtedness** Verschuldungsbilanz *f*; ~ **interest** Zinssaldo *m*; ~ **interests** Interessenausgleich *m*; ~ **invoice** Rechnungssaldo *m*; ~ **visible and invisible items** *(VWL)* Leistungsbilanz *f*, Waren- und Dienstleistungsbilanz *f*; **remaining b. of the loan** Restdarlehen *nt*, R.kredit *m*; **b. on merchandise account** *(VWL)* Bilanz des Warenverkehrs, Handels-, Warenbilanz *f*; **b. between estimated and absorbed overheads** Gemeinkostenergebnis *nt*
balance of payments *(VWL)* Zahlungsbilanz *f*, außenwirtschaftliche Bilanz/Erfolgsrechnung, Außenhandelsbilanz *f*; ~ **on capital account** Kapitalverkehrsbilanz *f*; ~ **on current account** (Waren- und Dienst) Leistungsbilanz *f*, Bilanz der laufenden Posten, Ertragsbilanz *f*; ~ **in equilibrium** ausgleichene Zahlungsbilanz; ~ **for patents and royalties** technische Zahlungsbilanz
active/favourable balance of payments aktive Zahlungsbilanz; **adverse/unfavourable b. of p.** negative/defizitäre/passive Zahlungsbilanz; **basic b. of p.** grundlegende Zahlungsbilanz, Grundbilanz *f*; **net b. of p.** Zahlungssaldo *f*; **overall b. of p.** Gesamtzahlungsbilanz *f*
balance of payments account Zahlungsbilanzsaldo *m*; ~ **adjustment** Zahlungsbilanzanpassung *f*, Z.ausgleich *m*; ~ **aid** Zahlungsbilanzhilfe *f*; ~ **crisis** Zahlungsbilanzkrise *f*; ~ **deficit** Zahlungsbilanzdefizit *nt*, passive Zahlungsbilanz, Passivsaldo der/Defizit in der Zahlungsbilanz; ~ **difficulties** Zahlungsbilanzschwierig-

keiten; ~ **disequilibrium** Ungleichgewicht der Zahlungsbilanz, Zahlungsbilanzungleichgewicht *nt*, unausgeglichene Zahlungsbilanz; **to offset a ~ disequilibrium** Ungleichgewicht in der Zahlungsbilanz beseitigen; ~ **equilibrium** Zahlungs(bilanz)gleichgewicht *nt*, ausgeglichene Zahlungsbilanz; ~ **gap** Zahlungsbilanzlücke *f*; ~ **multiplier** Zahlungsbilanzmultiplikator *m*; ~ **outcome** Zahlungsbilanzsaldo *m*; ~ **picture** Zahlungsbilanzoptik *f*; ~ **policy** Zahlungsbilanzpolitik *f*; ~ **position** Zahlungsbilanz-, Außenhandelsbilanzposition *f*; ~ **presentation** Zahlungsbilanzschema *nt*; ~ **problems** Zahlungsbilanzprobleme, Z.misere *f*; ~ **settlement** Saldenausgleich *m*; ~ **stability** Zahlungsbilanzstabilität *f*; ~ **statistics** Zahlungsbilanzstatistik *f*; ~ **stress** angespannte Außenhandels-/Zahlungsbilanz; ~ **structure** Zahlungsbilanzgefüge *nt*; ~ **surplus** Zahlungsbilanzüberschuss *m*, Überschuss in der Zahlungsbilanz, positive Zahlungsbilanz; ~ **surplus on current account** Leistungsbilanzüberschuss *m*; ~ **trend** Zahlungsbilanzentwicklung *f*

balance of power Kräfteverhältnis *nt*, Gleichgewicht der Kräfte, Waffengleichheit *f*; ~ **profit** Restgewinn *m*; ~ **the profits** Rohgewinn *m*; ~ **purchase price** Restkaufgeld *nt*; ~ **risk** (*Vers.*) noch nicht plaziertes Risiko, Restrisiko *nt*; ~ **securities** Wertpapierbilanz *f*; **b. on services** (*VWL*) Dienstleistungsbilanz *f*; ~ **services account** Bilanz der unsichtbaren Leistungen; **b. due in settlement of claims** Abfindungsguthaben *nt*; **b. of stock** Lagerbestandsbilanz *f*, Bilanz des Lagerbestands; ~ **stock record** Bestandsbericht über Lagervorräte

balance of trade (*VWL*) (Waren)Handelsbilanz *f*, Handels- und Dienstleistungsbilanz *f*, außenwirtschaftliche Bilanz; ~ **in farm products** Agrarbilanz *f*, **b. of invisible trade** Dienstleistungsbilanz *f*, ~ **visible t.** Warenbilanz *f*
active/favourable balance of trade aktive Handelsbilanz; **adverse/unfavourable b. of t.** passive/defizitäre Handelsbilanz
balance of trade deficit/shortfall Handelsbilanzdefizit *nt*, Defizit/Passivsaldo in der Handelsbilanz, ~ im Außenhandel; ~ **gain** Handelsbilanzgewinn *m*; ~ **position** Handelsbilanzlage *f*; ~ **surplus** Handelsbilanzüberschuss *m*, Überschuss in der Handelsbilanz
balance of/on current transactions Leistungsbilanz *f*, Saldo der laufenden Posten; **b. of recorded transactions** Saldo der statistisch erfassten Transaktionen; ~ **unclassifiable transactions** Saldo der statistisch nicht aufgliederbaren Transaktionen; ~ **transactions in securities** Wertpapierbilanz *f*
balance of unilateral transfers Bilanz der unentgeltlichen Leistungen, ~ der Übertragungen; **b. on transfer account** 1. Transfer-, Übertragungsbilanz *f*; 2. Schenkungsbilanz *f*; **b. of transport services** Bilanz der Transportleistungen; ~ **tourist travel** Reiseverkehrsbilanz *f*; **unabsorbed ~ VAT (value added tax)** Mehrwertsteuerüberschuss *m*
balance brought forward (b/fwd) Saldovortrag *m*, S.übertrag *m*, Vortragssaldo *m*, Vortrag aus letzter/alter Rechnung, Vortrag auf neue Rechnung; **b. carried down (c/d)** Saldovortrag *m*; ~ **forward (c/fwd)** Saldo-, Kontovortrag *m*, Saldoübertrag *m*, Saldo auf neue Rechnung; ~ **forward from last account** Vortrag aus alter Rechnung; ~ **forward to balance sheet** Vortrag/Übertrag auf Bilanzkonto; **b. due** (noch) ausstehender/restlicher Betrag, Debet-, Debitorensaldo *m*, Soll *nt*, geschuldeter Restbetrag, Saldoschuld *f*, Schuldrest *m*, offener Saldo, verbleibender Schuldbetrag; ~ **to so.** Saldo zu jds Gunsten; **b. outstanding** Debetsaldo *m*; **b. to be paid** Restzahlungssumme *f*; **any b. remaining** verbleibende Restsumme, verbleibender Restbetrag

to audit a balance Bilanz prüfen; **to be in b.** ausgeglichen sein; ~ **the b.** in der Schwebe sein, auf der Neige/Kippe (*coll*) stehen; **to carry forward/over the b.** Saldo vortragen; **to clear the b.** Saldo ausgleichen; **to draw up a b.** Bilanz aufstellen; **to fake the b.** Bilanz verschleiern; **to hang in the b.** ungewiss/in der Schwebe sein; **to have a b. in one's favour** Betrag guthaben; **to hold the b. (of power)** Zünglein an der Waage sein (*fig*); **to keep one's b.** (etw.) mit Fassung tragen; **to leave a b.** Saldo aufweisen; **to lose (one's) b.** 1. Gleichgewicht verlieren, aus dem ~ kommen; 2. (*Person*) Fassung verlieren; **to make a b.** Jahresabschluss feststellen; **to pay (off) the b.** Saldo begleichen, Rest bezahlen/begleichen, Restbetrag zahlen; **to redress the b.** 1. Bilanz ausgleichen; 2. Gleichgewicht wiederherstellen; **to remit the b.** Saldo überweisen; **to settle the b.** Differenz/Unterschiedsbetrag begleichen; **to shift the b.** Schwergewicht verlagern; **to show a b.** Saldo/Guthaben/Stand aufweisen; ~ **to your credit** Saldo zu Ihren Gunsten aufweisen; ~ **to your debit** Saldo zu Ihren Lasten aufweisen; ~ **in so.'s favour** Guthaben aufweisen; **to strike the b.** Saldo/Bilanz ziehen, Saldo aufstellen; **to throw off b.** durcheinanderbringen, aus dem Gleichgewicht bringen; **to tilt the b.** den Ausschlag geben

active balance 1. Aktivsaldo *m*; 2. aktive Zahlungsbilanz; **actual b.** 1. Effektiv-, Istbestand *m*; 2. effektiver Saldo, Ist-Bilanz *f*; **adjusted b.** berichtigter Saldo; **adverse b.** negativer Saldo, Passiv-, Verlust-, Unterbilanz *f*, passive Bilanz, Negativ-, Passiv-, Verlustsaldo *m*; **annual b.** Jahres-, Schlussbilanz *f*, Jahresabschluss *m*; **available b.** 1. freies Guthaben, verfügbare Restmenge; 2. Lagerbestand und bestellte Ware; 3. Nettomittelzuweisung *f*; **basic b.** Basis-, Grundbilanz *f*; **blocked b.(s)** gesperrtes Guthaben, Sperrguthaben *nt*, Festgelder *pl*; **blown-up b.** aufgeblähte Bilanz; **budgetary b.** Haushalts-, Etatausgleich *m*; **closing b.** (Ab)Schlussbilanz *f*, Endsaldo *m*; ~ **account** Schlussbilanzkonto *nt*; **compensating b.** Ausgleichsguthaben *nt*; **consolidated b.** 1. Konzernbilanz *f*; 2. zusammengezogene/zusammengefasste/konsolidierte Bilanz; **corporate b.** Bilanz einer Aktiengesellschaft; **covering b.** Deckungsguthaben *nt*; **cumulative b.s** kumulierte Salden; **current b.** 1. offener/derzeitiger Saldo, laufende Bilanz; 2. Saldo der Leistungsbilanz; **daily b.** Tagessaldo *m*, täglicher Saldo, Tagesbestand *m*, T.ab-

active **balance** method

schluss *m*; ~ **method** Saldo-, Staffelmethode *f*; **declining b. (method of) depreciation** degressive Abschreibung, Buchwertabschreibung *f*; **double-rate ~ (method of) depreciation** degressive Doppelabschreibung; **dormant b.** 1. nicht zurückgefordertes Guthaben; 2. umsatzloser/ungenutzter Saldo; **ecological b.** 1. ökologisches Gleichgewicht, gesunde Umweltverhältnisse; 2. Ökobilanz *f*; **economic b.** wirtschaftliches Gleichgewicht; **ending b.** (Ab)Schlussbilanz *f*, Endsaldo *m*; **excess b.** Überschuss(guthaben) *m/nt*; **external b.** Außenwirtschaftsbilanz *f*; **favourable b.** Aktivbilanz *f*, A.saldo *m*, aktive Bilanz; **final b.** (Ab)Schlussbilanz *f*, reine Bilanz, End(be)stand *m*; **foreign b.** Außen-, Zahlungsbilanz *f*; ~ **b.s** Auslandsguthaben, A.gelder; **free b.** zinsloses (Bank)Guthaben, freies Guthaben; **gross b.** Bruttobilanz *f*; **idle b.s** anlagebereite Mittel, brachliegende Guthaben, Spekulationskasse *f*; **increasing b.** progressive Abschreibung; ~ **method (of depreciation)** progressive Abschreibung; **interbank b.s** gegenseitige Bankforderungen; **intercompany b.s** *(Konzern)* Verrechnungskonten, V.salden; **interim b.** vorläufige Bilanz; **interlacing b.** Verflechtungsbilanz *f*, Input-Output-Matrix *f*; **internal b.** binnenwirtschaftliches Gleichgewicht; **invisible b.** *(Außenhandel)* Dienstleistungsbilanz *f*; **marginal b.** Deckungsbeitrag *m*; **minimum b.** Mindestsaldo *m*, M.guthaben *nt*; **minus/negative b.** Minus-, Negativsaldo *m*, negativer Saldo; **monetary b.** währungspolitisches Gleichgewicht; **net b.** Rein-, Nettobilanz *f*, N.überschuss *m*, N.saldo *m*, reiner Saldo, Reinsaldo *m*, Saldobilanz *f*; **invisible ~ b.** Nettobilanz der unsichtbaren Leistungen; **nostro b.** Nostroguthaben *nt*; **open-item b.** Saldendatei *f*; **opening b.** Eröffnungsbilanz *f*; **outstanding b.** ausstehende Schuld; **overall b.** Gesamt-, Totalbilanz *f*; **parallel b.** Quersummenkontrolle *f*; **point-in-time b.** statische Bilanz; **precautionary b.** Vorsichtskasse *f*; **preliminary b.** Vorbilanz *f*; **provisional b.** provisorischer Abschluss; **remaining b.** Restbetrag *m*, R.saldo *m*; **rough b.** Rohsaldo *m*, R.bilanz *f*; **safe-deposit b.** Tresorguthaben *nt*; **social b.** soziales Gleichgewicht; **speculative b.s** Spekulationskasse *f*; **surplus b.** Überschussguthaben *nt*; **tentative b.** vorläufige Bilanz; **today's ~ b.** Tagesrohbilanz *f*; **today's b.** Tagesbilanz *f*; **total b.** Gesamtsaldo *m*; **ultimate b.** letzte Bilanz; **unamortized b.** ungedeckter Saldo, nicht abgeschriebener Rest; **unclaimed b.s** nicht abgehobene Guthaben; **undrawn b.** Restbetrag *m*, R.summe *f*; **unexpended b.** Ausgabe(n)rest *m*; **unfavourable b.** Passivbilanz *f*; **unpaid b.** Restschuld *f*; **visible b.** (Waren)Handelsbilanz *f*, Bilanz des Warenhandels

balance *v/ti* 1. ausgleichen, ins Gleichgewicht bringen; 2. sich aufheben/ausgleichen, ausgeglichen sein; 3. bilanzieren, saldieren, Bilanz machen; 4. *(Konto)* abstimmen, ausbuchen, verrechnen; 5. ◨ *(Montageband)* austakten; **b. against** gegenüberstellen; **b. each other** sich die Waage halten; **not to b.** *(Kasse)* nicht stimmen

balance account 1. Ausgleichskonto *nt*; 2. Restbetrag *m*, R.summe *f*; **b. bill** Saldowechsel *m*; **b. book** Saldierbuch *nt*; **b. card** Bestands-, Saldenkarte *f*; **daily b. chart** Leistungskontrollschaubild *nt*; **b. column** Saldenspalte *f*; **b. control** Saldenprüfung *f*

balanced *adj* 1. aus-, abgewogen; 2. *(Bilanz)* ausgeglichen, gleichgewichtig; **evenly b.** ausgewogen; **to be b.** im Gleichgewicht sein

balance date Bilanzstichtag *m*; **real b. effect** realer Kasseneffekt, Realkassenhaltungseffekt *m*; **b. entry** Ausgleichsbuchung *f*; **b. file** Saldenkartei *f*, S.datei *f*; **b. forward form** Kontokorrentform *f*; **b. formation** Guthabenbildung *f*; **b. ledger** Saldenleiste *f*; **b. notification** Saldomitteilung *f*; **b. order** *(Liquidation)* vollstreckbarer Nachzahlungsbeschluss; **b. pick-up** Saldenaufnahme *f*; **b. reconciliation** Saldenabstimmung *f*; **b. reversal** Kontodrehung *f*

balance sheet Bilanz *f*, Rechnungs-, Jahresabschluss *m*, Bilanzaufstellung *f*, B.bogen *m*, Kassenbericht *m*, Geschäftsbilanz *f*; ~ **at the beginning of the year** Eröffnungs-, Anfangsbilanz *f*; **closing ~ of a company in liquidation** Abwicklungsschlussbilanz *f*; **opening ~ of a company in liquidation** Abwicklungseröffnungsbilanz *f*; ~ **of contract results** bilanzielle Auftragsabrechnung; ~ **in cost accounting** steuerrechtliche/kalkulatorische Bilanz; ~ **as per date of merger** Fusionsbilanz *f*; ~ **with prohibited profit distribution** Ausschüttungssperrbilanz *f*; ~ **drawn up upon entry of a new partner/shareholder** Eintrittsbilanz *f*

required to produce a balance sheet bilanzierungspflichtig; **shown in the b. s.** bilanziert, bilanzmäßig; **to be ~ b. s.** bilanzpflichtig

to analyze a balance sheet Bilanz aufschlüsseln/zergliedern; **to approve the b. s.** Rechnungsabschluss testieren, (Jahres)Bilanz genehmigen; **to audit a b. s.** Bilanz prüfen; **to break down a b. s.** Bilanz aufschlüsseln/zergliedern; **to cook** *(coll)***/distort/doctor** *(coll)***/fake a b. s.** Bilanz(bild) frisieren *(coll)*/fälschen/verschleiern/manipulieren; **to draw up a b. s.** Bilanz aufstellen/erstellen, bilanzieren; **to forge a b. s.** Bilanz fälschen; **to make out/up a b. s.; to prepare a b. s.** Bilanz erstellen/aufstellen/aufmachen, bilanzieren; **to present/submit a b. s.** Jahresabschluss/Bilanz vorlegen; **to restore the b. s. to a healthier condition** Bilanzstruktur verbessern; **to show in the b. s.** bilanziell erfassen, bilanzieren; **to tamper with the b. s.** Bilanz frisieren *(coll)*; **to verify a b. s.** Bilanz prüfen

abridged balance sheet verkürzte Bilanz; **actual b. s.** Istbilanz *f*; **adjusted b. s.** berichtigte Bilanz; **annual b. s.** Jahres(abschluss)bilanz *f*, Hauptabschlussbilanz *f*, jährliche Bilanz; **apportioning b. s.** Auseinandersetzungsbilanz *f*; **approved b. s.** genehmigte Bilanz; **audited b. s.** geprüfte Bilanz; **soundly based b. s.** gut fundierte Bilanz; **bimonthly b. s.** Zweimonatsbilanz *f*; **budgeted b. s.** Planbilanz *f*; **certified b. s.** geprüfte Bilanz; **closing b. s.** Schlussbilanz *f*; **combined b. s.** Gesamtbilanz *f*; **comparative b. s.** Vergleichsbilanz *f*; **condensed b. s.** 1. Bilanzauszug *m*; 2. zusammengefasste/abgekürzte/verkürzte Bilanz; **consolidated b. s.** konsolidierte/zusammengefasste Bilanz, Konzern-, Fusions-, Gemeinschaftsbilanz *f*; **cooked/doctored b.**

s. *(coll)* gefälschte/verschleierte/frisierte *(coll)* Bilanz; **corporate b. s.** Unternehmens-, Gesellschaftsbilanz *f*; **daily b. s.** Tagesbilanz *f*; **derived b. s.** abgeleitete Bilanz; **fictitious b. s.** Scheinbilanz *f*; **foreign b. s.** Auslandsbilanz *f*; **general b. s.** Hauptabrechnung *f*, H.bilanz *f*; **individual b. s.** Einzelbilanz *f*; **initial b. s.** Eröffnungsbilanz *f*; **interim b. s.** Zwischen-, Halbjahres-, Interimsbilanz *f*, Zwischenabschluss *m*; **internal b. s.** Vermögensrechnung *f*; **monthly b. s.** monatliche Bilanz, Monats-, Einmalbilanz *f*, monatlicher Bilanzaufgliederungsbogen; **national b. s.** Volksvermögensrechnung *f*; **non-statutory b. s.** Privatbilanz *f*; **opening b. s.** Anfangs-, Eröffnungsbilanz *f*; **overall b. s.** Gesamt-, Generalbilanz *f*; **pagatoric b. s.** pagatorische Bilanz(auffassung); **partial b. s.** Teilbilanz *f*; **preliminary b. s.** Vor-, Probebilanz *f*; **pre-merger b. s.** *(Fusion)* Übergabebilanz *f*; **primary b. s.** Verkehrsbilanz *f*; **pro-forma b. s.** fiktive/vorläufige Bilanz, Vorausbilanz *f*; **projected b. s.** Vorschaubilanz *f*; **prospective b. s.** Zukunftsbilanz *f*; **quarterly b. s.** Vierteljahresbilanz *f*, Quartalsabschluss *m*; **rectified/revised b. s.** berichtigte Bilanz, Berichtigungsbilanz *f*; **semi-annual b. s.** Halbjahresbilanz *f*; **socio-economic b. s.** Sozialbilanz *f*; **special b. s.** außerordentliche Bilanz; **special-purpose b. s.** Sonderbilanz *f*; **standard b. s.** Musterbilanz *f*; **stratified b. s.** Schichtenbilanz *f*; **tentative b. s.** Bilanzentwurf *m*, Probebilanz *f*; **unabbreviated b. s.** unverkürzte Bilanz; **unified b. s.** Einheitsbilanz *f*; **actuarially valued b. s.** versicherungstechnische Bilanz; **vertical-sheet b. s.** vertikal gegliederte Bilanz; **worldwide b. s.** Weltbilanz *f*

balance-sheet *adj* bilanziell, bilanzoptisch, b.technisch
balance sheet account Bilanz-, Bestandskonto *nt*; **opening ~ account** Eröffnungsbilanzkonto *nt*; **~ adjustment** Bilanzbereinigung *f*; **~ analysis** Bilanzanalyse *f*, B.kritik *f*, bilanzanalytisches Verfahren; **~ assessment** bilanzmäßige Beurteilung; **~ assets** Bilanzdeckung *f*, aus der Bilanz ersichtliche Anlagen; **~ audit** Bilanzprüfung *f*, Prüfung/Revision der Bilanz; **internal ~ audit** Bilanzrevision *f*; **~ auditor** Bilanzprüfer *m*; **~ book** Bilanzbuch *nt*; **~ budget** budgetierte Bewegungsbilanz; **~ classification** Bilanzschema *nt*; **~ clerk** Bilanzbuchhalter *m*; **~ code** Bilanzierungsschlüssel *m*; **main ~ column** Bilanzhauptspalte *f*; **~ comparison** Betriebsvermögens-, Bilanzvergleich *m*; **internal ~ comparison** interner Bilanzvergleich; **~ contraction** Bilanzverkürzung *f*; **~ data** Bilanzangaben; **~ supporting data** Bilanzdetails; **~ date** Bilanz-, Abschluss-, Bilanzierungs(stich)tag *m*; **~ equation** Bilanzgleichung *f*; **~ evaluation** Bilanzkritik *f*, B.auswertung *f*; **~ extension** Bilanzverlängerung *f*; **~ extrapolation** Bilanzhochrechnung *f*; **~ figures** Bilanzzahlen, B.ziffern, Statuszahlen; **~ footing** Bilanzsumme *f*; **~ form** Bilanzformblatt *nt*; **~ format** Bilanzgliederung *f*; **~ growth** Bilanzwachstum *nt*, B.zuwachs *m*; **~ item** Bilanzposition *f*, B.posten *m*, B.ansatz *m*, B.konto *nt*, B.saldo *m*; **~ law** Bilanz(ierungs)recht *nt*; **~ layout** Bilanzgestaltung *f*, B.gleichung *f*; **~ loss** Bilanzverlust *m*; **~ loss/profit** Bilanzergebnis *nt*; **~ material** Bilanzmaterial *nt*; **~ notes** Bilanzerläuterungen; **~ policy** Bilanzpolitik *f*; **~ practices** Bilanzierungsgewohnheiten, B.praxis *f*; **~ profit** Bilanzgewinn *m*; **~ ratio** Bilanzkennziffer *f*, B.kennzahl *f*; **~ regulations** Bilanzierungsschema *nt*; **~ reserves** bilanzmäßig ausgewiesene Reserven; **~ restructuring** Bilanzsanierung *f*; **~ result** Bilanzergebnis *nt*; **~ rule** Bilanzregel *f*; **~ statistics** Bilanzstatistik *f*; **~ supplement** Bilanzanlage *f*; **~ term** bilanztechnischer Ausdruck

balance sheet total (Netto)Bilanzsumme *f*, B.volumen *nt*, Gesamtkapital *nt*; **extended ~ t.** erweiterte Bilanzsumme; **rough ~ t.** Bruttobilanzsumme *f*

balance sheet valuation Bilanzbewertung *f*; **~ value** Bilanz-, Buchwert *m*

balance statement Saldoanzeige *f*; **b. only s.** Kontoauszug nur mit Saldenangabe; **pro-forma b. s.** fiktive Bilanz

balance ticket Skontozettel *m*; **b. time** ⌛ ungenützte Taktzeit; **b. value** Bilanzwert *m*

balancing *n* 1. Bilanzierung *f*, Bilanzziehung *f*; 2. (Konto)Ausgleich *m*, Ausbuchung *f*; **b. of an account** Kontoabschluss *m*; **~ accounts** Abstimmung von Konten, Kontenausgleich *m*, K.abgleichung *f*, K.abschluss *m*, Bücher-, Kassen-, Rechnungsabschluss *m*, Saldierung *f*, Aufrechnung *f*, Bilanzierung *f*; **~ the books** Buch-, Bilanzabschluss *m*; **b. on paper only** formaler Ausgleich; **b. of portfolio** Risikoausgleich *m*; **b. and compensation of risks in portfolio and in course of time** Risikoausgleich im Kollektiv und in der Zeit; **b. of work** zeitliche Verteilung von Arbeitsgängen, Leistungsabstimmung *f*

balancing adjustment Bilanzausgleich *m*; **b. allowance** Rest-, Schlussabschreibung *f*; **b. date** Abschlusstag *m*; **b. item** Restposten *m*, ungeklärter Betrag; **b. settlement** Abschlusszahlung *f*; **b. time** *(Gleitzeit)* Ausgleichszeit *f*

bale *n* Ballen *m*; **in b.s** ballenweise; **b. of cloth** Stoff-, Tuchballen *m*; **~ straw** Strohballen *m*; **~ wool** Wollballen *m*; **to press in b.s** in Ballen pressen

bale *v/t* in Ballen verpacken/pressen, emballieren

bale cargo Ballengut *nt*; **b. cloth** Verpackungsleinwand *f*

baler *n* Packpresse *f*

bale mark Ballenzeichen *nt*

baling *n* Emballage *f* *(frz.)*

balking *n* *(OR)* Ausscheiden vor Eintritt in die Warteschlange

ball *n* Kugel *f*, Ball *m*; **b. and chain** Fußfessel *f* (mit Gewicht); **~ socket joint** ⚭ Kugelgelenk *nt*; **to be on the b.** *(coll)* am Drücker sein *(coll)*; **to get/set/start the b. rolling** *(fig)* die Sache einfädeln, den Stein ins Rollen bringen *(fig)*; **to play b.** *(fig)* mitmachen

ballast *n* ⚓ Ballast(ladung) *m/f*; **b. passage** Leerfahrt *f*, Ballastreise *f*

ball bearing ⚙ Kugellager *nt*; **~ industry** Kugellagerindustrie *f*; **b. lightning** Kugelblitz *m*; **b. printer** Kugelkopfdrucker *m*

balloon *n* (Luft)Ballon *m*; **captive b.** Fesselballon *m*; **meteorological b.** Wetterballon *m*

balloon *v/ti* *(fig)* 1. *(Preise)* in die Höhe treiben; 2. rapide anwachsen/expandieren
balloon flask ⚗ Glasballon *m*
ballooning *n* *(Börse)* künstliche Haussebewegung
balloon note Schuldschein mit Tilgung kurz vor Fälligkeit; **b. payment** Schlusszahlung *f*
ballot *n* Wahl(gang) *f*/*m*, Urabstimmung *f*, Stimmabgabe *f*; **to cast a b.** Stimmzettel abgeben; **to conduct a b.** Wahl/Urabstimmung durchführen; **to decide by b.** über etw. abstimmen; **to put sth. to the b.** etw. zur (geheimen) Abstimmung stellen; **to rig the b.** *(coll)* Wahl(ergebnis) fälschen
double ballot (system) Wahl in zwei Wahlgängen; **final/run-off b.** Stichwahl *f*; **open b.** offene Stimmabgabe; **postal b.** Briefwahl *f*, postalische Stimmabgabe; **secret b.** 1. geheime Wahl/Stimmabgabe; 2. *(Gewerkschaft)* Urabstimmung *f*; **to vote by ~ b.** geheim/in geheimer Wahl abstimmen; **split b.** gegabelte Befragung; **written b.** schriftliche Stimmabgabe
ballot *v/t* geheim abstimmen lassen, per Abstimmung befragen, Urabstimmung durchführen
ballot box (Wahl)Urne *f*; **b. form** Stimmzettel *m*
balloting *n* Stimmabgabe *f*; **postal b.** briefliche Abstimmung
ballot paper Stimmzettel *m*, S.schein *m*, Wahlvordruck *m*, W.zettel *m*, W.schein *m*; **to return a blank b. p.** leeren Stimmzettel abgeben; **spoiled/void b. p.** ungültiger Stimmzettel
ballot result Abstimmungs-, Wahlergebnis *nt*; **b. rigging** *(coll)* Wahlfälschung *f*, W.schwindel *m*, W.manipulation *f*; **b. vote** geheime Abstimmung, Ballotage *f*
ball park figures 1. Überschlagszahlen; 2. *[US]* Richtwerte
ballpoint pen *n* Kugelschreiber *m*, (Tinten)Kuli *m* *(coll)*; **retractable ~ pen** Druckkugelschreiber *m*
ballyhoo *n* *(coll)* Tamtam *nt (coll)*, Trara *nt (coll)*, (Reklame-/Werbe)Rummel *m*
balneotherapy *n* ⚕ Badeheilkunde *f*
Baltic Exchange Londoner Schiffs-, Luftfrachten-, Getreide- und Ölsaatenbörse; **B. and International Maritime Conference** Schifffahrtskonferenz der Trampschifffahrt
bamboozle *v/t* beschwindeln, beschummeln
ban *n* 1. (amtliches) Verbot, Beschränkung *f*, Stopp *m*; 2. Verbannung *f*, Landesverweis(ung) *m*/*f*, Acht *f*, Bann *m*
ban on advertising Werbe-, Reklameverbot *nt*; **~ capital exports** Kapitalembargo *nt*; **~ competition** Wettbewerbsverbot *nt*; **~ dismissals** Entlassungsverbot *nt*; **~ dumping** Dumpingverbot *nt*; **~ emigration** Auswanderungsverbot *nt*; **~ exports** Ausfuhrverbot *nt*; **~ imports** Import-, Einfuhrstopp *m*, Import-, Einfuhrverbot *nt*, E.sperre *f*; **~ the issue of building permits** Baugenehmigungsstopp *m*; **~ new issues** Emissionssperre *f*; **~ meetings** Versammlungsverbot *nt*; **~ the payment of interest** Verzinsungsverbot *nt*; **~ production** Herstellungsverbot *nt*; **~ recruitment** Einstellungs-, Anwerbestopp *m*; **~ sale/utilization** Verwertungssperre *f*; **~ sales** Verkaufsverbot *nt*; **~ smoking** Rauchverbot *nt*; **~ speaking** Rede-, Sprechverbot *nt*; **~ stage performances**

⚖ Auftrittsverbot *nt*; **~ strikes** Streikverbot *nt*; **constitutional ~ strikes** in der Verfassung verankertes Streikverbot; **~ discriminatory treatment** Verbot unterschiedlicher Behandlung; **~ visits** Besuchsverbot *nt*
to impose a ban Verbot aussprechen/verhängen/erlassen; **to lift a b.** Verbot/Beschränkung(en) aufheben; **to flout a b.** ein Gebot missachten; **to place a b. on imports** Importstopp verfügen, Einfuhrverbot verhängen; **to put a b. on sth.** etw. mit einem Verbot belegen, etw. verbieten
general ban grundsätzliches Verbot
ban *v/t* verbieten, untersagen, durch Verbot hindern, stoppen, sperren, ächten; **b. so. from speaking** jdm Redeverbot erteilen
banana *n* 1. Banane *f*; 2. *(coll)* Wirtschaftskrise *f*; **to go b.s** *(coll)* verrückt werden; **b. boat** ⚓ Bananendampfer *m*
band *n* 1. Bereich *m*; 2. *(IWF)* Bandbreite *f*, Korridor *m*; 3. (Eisen)Band *nt*; 4. *(Musik)* Kapelle *f*, Orchester *nt*; **b. of robbers** Räuberbande *f*; **~ fluctuation** Schwankungsbreite *f*
broad band Breitband *nt*; **~ cable** Breitbandkabel *nt*; **gliding b.s** gleitende Bandbreiten; **one-man b.** *(coll)* Einmannbetrieb *m*; **proportional b.** ▦ Proportionalbereich *m*; **seasonal b.** ▦ Saisonkorridor *m*
band together *v/i* sich zusammenschließen/zusammentun
bandage *n* ⚕ Verband *m*, Binde *f*, Bandage *f*; *v/t* verbinden, Verband/Binde/Bandage anlegen
band (curve) chart ▦ Band-, Streifendiagramm *nt*, Bänderschaubild *nt*; **cumulative b. chart** kumulatives Banddiagramm
banding *n* 1. Zusammenfassung *f*, Gruppierung *f*; 2. Vereinfachung der Lohnstruktur
bandit *n* Bandit *m*, Räuber *m*; **one-armed b.** *(coll)* (Glücks)Spielautomat *m*, Groschengrab *nt (coll)*
band string Heftschnur *f*
bandwagon *n* *[US] (fig)* erfolgreiche Bewegung; **to climb on/aboard the b.** mitlaufen, sich dranhängen, auf den fahrenden Zug aufspringen *(fig)*, Vergünstigungen mitnehmen; **b. effect** Mitläufereffekt *m*, Sogwirkung *f*, Mehrheitseinfluss *m*, Nachahmer-, Mitnahme-, Bandwagoneffekt *m*
band width *(Gleitzeit)* Bandbreite der Arbeitszeit
bandy about *v/t (Idee)* verbreiten
bang *n* Knall *m*; **to be a b.** *(coll)* ein Erfolg sein; **Big B.** 1. großer Knall; 2. Urknall *m*; 3. *(fig)* britische Börsenreform von 1986; **sonic b.** ✈ Überschallknall *m*
bang *v/t* 1. schlagen, knallen, hämmern; 2. *(fig) (Börse)* Kurse drücken
banger *n* *(Börse) (coll)* Baissespekulant *m*; **old b.** *(coll)* 🚗 klappriges/schrottreifes Auto, Klapper-, Rumpelkiste *f (coll)*
bang up(-to-date) *adj* *(coll)* hochmodern, mit allen Schikanen *(coll)*
banish *v/t* (ver)bannen, ausweisen; **b.ment** *n* Verbannung *f*, Ausweisung *f*
bank *n* 1. Bank *f*, B.haus *nt*, B.institut *nt*, B.unternehmen *nt*, Geld-, Kreditinstitut *nt*; 2. Bankgebäude *nt*; 3. Verrechnungsstelle *f*, V.bank *f*; 4. Ufer *nt*, Erdwall *m*,

Damm *m*, Böschung *f*; **b.s** 1. Kredit-, Bankgewerbe *nt*, B.wirtschaft *f*, Kredit-, Bankensektor *m*; 2. *(Börse)* Bankwerte, B.aktien, Bankentitel; **at a b.** auf der Bank; **between b.s** interbankmäßig
Bank of England Bank von England
bank of issue Emissions-, Noten-, Währungs-, Ausgabebank *f*
Bank for International Settlements (BIS) Bank für internationalen Zahlungsausgleich (BIZ)
due from bank|s Bankendebitoren, Forderungen an Banken/Kreditinstitute; **due to b.s** Bankenkreditoren, Verbindlichkeiten gegenüber Banken/Kreditinstituten, Bankverbindlichkeiten; **endorsed by a b.** bankgiriert
to break the bank die Bank sprengen; **to draw on a b.** auf eine Bank ziehen; **to entrust a b. with the collection** Bank mit dem Inkasso betrauen; **to hold the b.** Spielbank halten/verwalten; **to instruct one's b.** seine Bank anweisen; **to be laughing all the way to the b.** *(coll)* (bei gesicherten Finanzverhältnissen) gut lachen haben; **to overflow its b.s** *(Fluss)* über die Ufer treten; **to place with a b. for safekeeping** einer Bank zur Aufbewahrung übergeben; **to remit through a b.** durch eine Bank überweisen
accepting bank Remboursbank *f*; **account-keeping/account-managing b.** kontoführende Bank; **advising b.** *(Akkreditiv)* Korrespondenzbank *f*, avisierende Bank; **affiliated b.** angeschlossene Bank, Beteiligungsbank *f*; **~ b.s** Bankbeteiligungen; **agricultural b.** landwirtschaftliches Kreditinstitut, Landwirtschaftsbank *f*, Landbank *f*, Raiffeisenbank *f*; **all-purpose b.** Universalbank *f*; **all-service b.** Allfinanzbank *f*
arranging bank *(Akkreditiv)* vermittelnde Bank; **associate b.** Beteiligungs-, Partnerbank *f*; **associated b.s** Clearingbanken; **big b.** Großbank *f*; **blue-blooded b.** erstklassige Bank
central bank Zentral-, Notenbank *f*; **eligible at the ~ b.** zentralbankfähig; **regional ~ b.** Landeszentralbank *f [D]*
central bank advances against securities Lombardkredite; **~ authority** Notenbankbehörde *f*; **~ balances** Notenbankguthaben; **~ board/council** Zentralbankrat *m*; **~ currency reserves** primäre internationale Liquidität; **~ discount rate** Diskontsatz *m*; **~ governor** Notenbankchef *m*, N.gouverneur *m*, N.präsident *m*; **~ influence** Notenbankeinfluss *m*; **~ interest (rates)** Notenbankzinsen; **~ intervention** Zentralbankeingriffe *pl*, Intervention der Notenbank; **~ loan** Notenbankkredit *m*; **~ management** Notenbankleitung *f*
central bank money Zentral-, Notenbankgeld *nt*; **total ~ m.** Gesamt(geld)umlauf *m*; **~ m. control** Zentralbankgeldsteuerung *f*; **~ m. creation** Zentralbankgeldbeschaffung *f*; **~ m. stock** Zentralbankgeldmenge(nreserven) *f/pl*; **~ m. supply** Zentralbankgeldmenge(numlauf) *f/m*
central bank policy Notenbankpolitik *f*; **~ reserves** Zentralbankreserven; **~ statistics** Zentralbankstatistik *f*, Statistik der Zentralbank; **~ statutes** Notenbanksatzung *f*; **~ supervision** Zentralbankaufsicht *f*; **~ support (buyout)** Stützungskäufe der Zentralbank

chartered bank 1. zugelassene/konzessionierte/privilegierte Bank; 2. *[CAN]* Geschäftsbank *f*; **collecting b.** einziehende Bank, Inkasso-, Einzugsbank *f*; **colonial b.** *[GB]* Kolonialbank *f*; **commercial b.** Geschäfts-, Handels-, Gewerbe-, Remboursbank *f*, R.kreditinstitut *nt*; **~ financing** Geschäftsbankfinanzierung *f*; **confirming b.** *(Akkreditiv)* bestätigende Bank; **cooperative b.** Genossenschaftsbank *f*, G.kasse *f*, Volksbank *f [D]*, genossenschaftliches Kreditinstitut, genossenschaftliche Bank; **correspondent/corresponding b.** *(Akkreditiv)* zweitbeauftragte/korrespondierende Bank, Korrespondenzbank *f*; **depositary b.** Verwahr-, Depot-, Depositenbank *f*, Hinterlegungsstelle *f*; **drive-in b.** Autobank *f*, Bank mit Autoschalter; **federal b.** Bundesbank *f [D]*; **~ payout** Bundesbankausschüttung *f*; **first-class b.** erste Bankadresse; **foreign b.** Auslandsbank *f*; **full-service b.** Allfinanzinstitut *nt*; **high-street b.** Geschäftsbank *f*; **industrial b.** 1. Gewerbebank *f*, Industrie(kredit)bank *f*; 2. *[GB]* Teilzahlungskreditinstitut *nt*; **intermediary/intermediate b.** 1. *(Akkreditiv)* zweitbeauftragte Bank; 2. eingeschaltete Bank; **interior b.** *[US]* Provinzbank *f*
issuing bank 1. eröffnende/akkreditivstellende Bank, Akkreditivbank *f*; 2. Emissionsbank *f*, ausstellende/emittierende Bank; **~ b.'s commission** Konsortialmarge *f*; **~ b.'s liability** *(Akkreditiv)* Ausstellungshaftung *f*
joint-stock bank *[GB]* Aktienbank *f*, aktienrechtlich organisierte Bank; **large b.** Großbank *f*; **last b.** Endbank *f [D]*; **leading b.** Konsortialführer(in) *m/f*, (feder)führende/maßgebende Bank, federführendes Konsortialmitglied, Führungsbank *f*, federführende Konsortialbank, Federführer(in) *m/f*; **lending b.** kreditgebende Bank; **liquidating b.** Abwicklungsbank *f*; **local b.** Lokal-, Platzbank *f*; **major b.** Großbank *f*; **mercantile b.** Handelsbank *f*; **multiple-branch/multiple-office b.** Filialbank *f*, Bank mit mehreren Zweigstellen; **multi-purpose b.** Universalbank *f*; **municipal b.** (Stadt)Sparkasse *f*, Kommunal-, Gemeindebank *f*, städtische Bank, Stadtbank *f*; **national b.** 1. National-, Staats-, Landesbank *f*; 2. *[US]* bundesstaatlich lizensierte Bank, Bank mit bundesstaatlicher Konzession; **negotiating b.** negoziierende/einlösende Bank; **non-member/non-par b.** Bank außerhalb des Clearingsystems; **note-issuing b.** Notenbank *f*; **notifying b.** *(Akkreditiv)* avisierende Bank; **offshore/overseas b.** Auslandsbank *f*; **opening/originating b.** eröffnende/akkreditivstellende Bank, Akkreditiv-, Eröffnungsbank *f*; **participant b.** Konsortialbank *f*; **participating b.** Teilnehmer im Abrechnungsverkehr; **paying b.** (zweit)beauftragte/(aus)zahlende Bank; **private(-sector) b.** Privatbank *f*; **provident b.** Sparkasse *f*; **provincial/regional b.** Landes-, Provinz(ial)-, Regionalbank *f*, R.institut *nt*; **public b.** öffentlich-rechtliches Kreditinstitut; **remitting b.** überweisende Bank; **reporting b.** 1. Korrespondenzbank *f*; 2. korrespondierende Bank; **secondary b.** Teilzahlungs- und Finanzierungsbank *f*; **semi-private b.** halbstaatliche/gemischtwirtschaftliche Bank; **specialized/special-purpose b.**

Spezialbank *f*, S.kreditinstitut *nt*; **settling b.** Abwicklungsbank *f*; **sponsoring/supporting b.** Patronatsbank *f*; **subscribing b.** Zeichnerbank *f*; **subsidiary b.** Tochterbank *f*; **unincorporated b.** *[US]* Privatbank *f*; **universal b.** Universalbank *f*
bank *v/ti* 1. Banktätigkeit ausüben, Bankgeschäfte führen; 2. bei einer Bank einzahlen, hinterlegen, auf die Bank bringen; 3. ↟/⇔ *(Motorrad)* sich in die Kurve legen; **b. with** Bankgeschäfte machen mit/tätigen bei, Kontohaben/unterhalten bei, mit einer Bank arbeiten; **b. on sth.** sich auf etw. verlassen
bankable *adj* bank-, akzept-, diskontfähig, diskontierbar
bank acceptance Bankakzept *nt*, B.wechsel *m*; **prime ~ rate** Privatdiskontsatz *m*; **b. acceptances outstanding** *(Bilanz)* eigene Akzepte; **b. accommodation** Bankdarlehen *nt*
bank account Bankkonto *nt*, B.guthaben *nt*; **to open a b. a.** Konto eröffnen; **corporate b. a.** Firmenkonto *nt*; **numbered b. a.** Nummernkonto *nt*
bank accountant Bankbuchhalter(in) *m/f*; **b. accounting** Bankbuchhaltung *f*; **b. account money** Buch-, Giralgeld *nt*; **b. address** Bankadresse *f*; **b. advance** Bankkredit *m*, B.darlehen *nt*; **b. advice** Bankavis *m/nt*; **b. affiliate** angeschlossene/angegliederte Bank, Beteiligungsinstitut *nt*; **b. agent** Bankvertreter *m*; **b. agio** Bankprovision *f*; **b. assets** Bankvermögen *nt*, Vermögenswerte der Bank; **b. assistant** Bankangestellte(r) *f/m*, B.beamter *m*, B.beamtin *f*; **b. audit** Bankkontrolle *f*, B.revision *f*; **b. auditor** Bankrevisor *m*; **b. supervisory authorities** Bankenaufsicht(samt) *f/nt*; **b.-backed** *adj* durch eine Bank gesichert; **b. balance** Bankguthaben *nt*, B.saldo *m*, B.ausweis *m*, Kontostand *m*; **~ sheet** Bankbilanz *f*; **b. base rate** Eckzins *m* (der Clearingbanken); **b. bill** 1. Banknote *f*, B.wechsel *m*, Geldschein *m*; 2. *[US]* Kassenanweisung *f*, diskontierbarer Wechsel; **fine b. bill** prima Bankakzept; **b. bond** Bankschuldverschreibung *f*, B.anleihe *f*, B.obligation *f*; **short-dated b. bond** kurzfristige Bankanleihe; **b. book** 1. Konto-, Einlage-, Sparbuch *nt*; 2. *[US]* Einzahlungs-, Depositenbuch *nt*; **commercial ~ money** Giralgeld der Kreditbanken; **b. borrower** Bankschuldner(in) *m/f*; **b. borrowing(s)** Bankkredit(e) *m*, B.darlehen *nt*, B.verschuldung *f*; **b. branch** Bankfiliale *f*, B.zweigstelle *f*; **~ network** Bankzweigstellennetz *nt*; **b. building** Bankgebäude *nt*; **b. call** *[US]* Anforderung eines Bankausweises; **b. capital** Bankkapital *nt*; **b. card** Scheck-, Kredit-, (Bank)Kundenkarte *f*; **b. cash ratio** *(Bank)* Liquiditätsanteil *m*, Anteil liquider Mittel; **b. certificate** Bankbestätigung *f*; **b. charges** Bankgebühren, B.spesen, B.unkosten, Kontoführungsgebühren, K.kosten, Spesen; **b. charter** Bankstatut *nt*, B.privileg *nt*, B.konzession *f*; **b. check** *[US]/* **cheque** *[GB]* 1. Bankscheck *m*, B.anweisung *f*; 2. *[GB]* Kassenscheck *m*; **b. chief** *(coll)* Bankboss *m* *(coll)*; **b. circulation** Notenumlauf *m*, Noten im Umlauf; **b. clearing** Bankenabrechnung *f*; **b. clerk** Bankbeamter *m*, B.beamtin *f*, B.angestellter(in) *f/m*, Angestellter(in) einer Bank; **b. client** Bankkunde *m*; **b. code (number); b.**

sort code Bankleitzahl (BLZ) *f*; **b. commission** Bankenkommission *f*; **b.'s commission** Bankenbonifikation *f*; **B. Commissioner** 1. *[US]* Bankenkommissar *m*; 2. Landesaufsicht(samt) für das Kreditwesen *[D]*; **b. committee** Bankenausschuss *m*; **b. community** Bankenwelt *f*; **b. confirmation** Bank(en)bestätigung *f*, Bestätigung des Kontoauszuges; **b. cost accounting; b.'s cost and revenue accounting; b. costing** Bankkalkulation *f*, B.kostenrechnung *f*; **b. council** Bankrat *m*; **b. counter** Bankschalter *m*; **b. cover** Bankdeckung *f*; **b. crash** Bankkonkurs *m*, B.krach *m*, B.zusammenbruch *m*
bank credit 1. Bankkredit *m*, B.kreditgewährung *f*, B.darlehen *nt*; 2. Akkreditiv *nt*; **b. b.'s Bankkreditvolumen** *nt*; **b. documentary c.** Bankrembours *m*
bank creditor Bankgläubiger(in) *m/f*
bank credit proxy *[US]* Sicht- und Termineinlagen *pl* (der US-Reservebanken); **~ transfer** Banküberweisung *f*
bank currency *[US]* Noten der amerikanischen Nationalbanken; **b. custody** Bankdepot *nt*; **b. customer** Bankkunde *m*; **b. debit** Lastschrift *f*, Kontobelastung *f*; **b. debits** Verbindlichkeiten gegenüber Banken, Debetumsätze; **b. demand deposits** Sichteinlagen
bank deposit(s) Bankeinlage(n) *f/pl*, B.depositen, B.guthaben *nt*, Depositenguthaben *nt*; **fiduciary b. d.** Treuhandeinlage *f*; **non-resident b. d.s** Bankeinlagen von Ausländern; **multiple b. d. creation** multiple Giralgeldschöpfung; **b. d. insurance** *(Bank)* Einlagen-, Depositenversicherung *f*; **~ money** Buch-, Giralgeld *nt*
bank depositor Einzahler *m*, Ein-, Hinterleger *m*, Deponent *m*; **b. deposit tax** *[US]* Depotsteuer *f*; **b. director** Bankdirektor *m*; B.aufsichtsratsmitglied *nt*; **b. disclosure** Bankauskunft *f*; **b. discount** 1. Bank-, Wechseldiskont *m*; 2. Damnum *nt*, Darlehensabgeld *nt*; **b. documents** Bankunterlagen; **b.-domiciled** *adj* bankdomiziliert; **b. draft (B.D.)** Bankscheck *m*, B.tratte *f*, B.wechsel *m*, Zahlungsanweisung *f*
bank employee Bankkaufmann *m*, B.kauffrau *f*, B.angestellte(r) *f/m*; **b. employment** Beschäftigungslage im Bankwesen; **b.-endorsed** *adj* bankgiriert; **b. endorsement** Bankgiro *nt*, Giro einer Bank; **b. enquiry** Bankauskunft *f*
banker *n* 1. Bankier *m*; 2. Bank *f*; 3. Bankverbindung *f*; 4. Mitarbeiter einer Bank; **central b.** Vertreter der Zentralbank, Notenbankier *m*; **collecting b.** Inkassobank *f*; **corporate/principal b.** Hausbank *f*; **personal b.** *(Bank)* Kundenbetreuer(in) *m/f*, K.berater(in) *m/f*; **private b.** Bankinhaber *m*, Privatbankhaus *m*, P.bankier *m*
banker's acceptance Bankakzept *nt*, B.wechsel *m*; **fine/prime ~ a.** *[US]* prima Bankakzept/Diskont; **three months ~ a.** Dreimonatsbankakzept *nt*; **~ a. credit** Akzept-, Rembourskredit *m*
banker's advance Bankdarlehen *nt*, B.kredit *m*; **b.s' association** Bank(ier)vereinigung *f*, Bankverein *m*; **B. Automated Clearing Service (BACS)** zentrale Verrechnungsstelle der Banken; **b.s' bank** Zentralbank *f*, Bank der Banken; **~ bill** Bankwechsel *m*; **~ blanket bond** Vertrauensschadenversicherung *f*; **~ buying rate** Geld-, Kaufkurs *m*; **~ call rate** Tagesgeldsatz *m*; **~ card**

Scheck-, Bank-, Bankkundenkarte *f*; ~ **check** *[US]* / **cheque** *[GB]* Bankscheck *m*; ~ **clearing house** Bankabrechnungsstelle *f*; ~ **commission** Bankprovision *f*, Bankierbonifikation *f*; **b.s' congress** Bankiertag *m*, B.stagung *f*; **b.'s credit** Kreditbrief *m*; **b.s' deposits** Bankeinlagen, Zentralguthaben der Banken; ~ **special deposits** verzinsliche Mindestreserven der Banken; **b.'s deposit rate** Einlagenzinssatz *m*, Zinssatz für Einlagen mit 7-tägiger Kündigung; ~ **discount** Bankdiskont *m*; ~ **discretion** Bankgeheimnis *nt*; ~ **draft** Banktratte *f*, B.wechsel *m*, B.scheck *m*; ~ **duty of secrecy** Bankgeheimnis *nt*; ~ **enquiry** Bankauskunft *f*; ~ **guarantee** Bankbürgschaft *f*, B.garantie *f*; **b.s' interest** Zins (für 360 Tage) *m*; **b.'s lien** Zurückbehaltungsrecht *nt*, Pfandrecht der Bank, Bankpfandrecht *nt*; ~ **note** Dispositions-, Bankschein *m*; ~ **opinion/reference** Bankauskunft *f*, B.referenz *f*; ~ **order** Überweisungs-, Dauer-, Bankauftrag *m*, Banküberweisung *f*; ~ **payment** Bankzahlung *f*, B.anweisung *f*; ~ **ratio/rule** *[US]* 2:1 Regel *f*; ~ **receipt** 1. Bankbestätigung *f*; 2. Depotschein *m*; ~ **reference procedure** Bankauskunftsverfahren *nt*; ~ **reserve** Bankreserve *f*; ~ **ticket** Retourrechnung *f*; ~ **trade acceptance** bankgirierter Warenwechsel; ~ **transfer** Banküberweisung *f*
bank examination *[US]* Bankrevision *f*; **b. examiner** Bankrevisor *m*; **b. facilities** Bankfazilitäten; **b. failure** Bankzusammenbruch *m*, B.konkurs *m*, Bankenkrach *m*; **b. finance** Bankfinanzierung *f*, Finanzierung durch eine Bank; **b.-financed** *adj* bankfinanziert; **b. fund** Bankfonds *m*, Bankkapital *nt*; **b. giro** Bankgiro *nt*, Sammelscheckbüberweisung *f*, Überweisung durch Sammelverkehr; **b. group** Bankenkonsortium *nt*, B.gruppe *f*; **b. guarantee** Bankbürgschaft *f*, B.aval *m*, B.garantie *f*, Bürgschaft/Garantie einer Bank; **b. holding** Bankholding *f*; **b. hold-up** Bankraub *m*, B.überfall *m*; **b. holiday** Bankfeiertag *m*, allgemeiner/öffentlicher/gesetzlicher Feiertag; **b. identification number** Bankleitzahl (BLZ) *f*; **b. indebtedness** Bankschulden *pl*, B.verschuldung *f*
banking *n* 1. Bankwesen *nt*, B.gewerbe *nt*, B.wirtschaft *f*, B.geschäft *nt*, B.betrieb *m*, B.fach *nt*, B.verkehr *m*, Kreditwesen *nt*; 2. Bank(betriebs)lehre *f*; **b. and finance** Geldwesen *nt*; **customary/normal in b.** banküblich
central banking Zentral-, Notenbankwesen *nt*; **commercial b.** Depositen(bank)geschäft *nt*, Depot-/Einlagen- und Kreditgeschäft *nt*; **cooperative b.** genossenschaftliches Kreditwesen; ~ **association** Genossenschaftsbank *f*; **corporate b.** Bankgeschäfte mit Unternehmen; **deal-based b.** Bankgeschäfte auf der Grundlage von Warenhandelsgeschäften; **electronic b.** 1. *(Bank)* Datenaustausch *m*; 2. elektronische Bankgeschäfte; **free b.** *(Bank)* Gebührenfreiheit *f*; **international b.** internationales Bankgeschäft; **multiple-office b.** Filialbanksystem *nt*; **one-stop b.** *[US]* Universalbankgeschäft *nt*; **personal b.** Privatkundengeschäft *nt*, Bankgeschäft mit Privatkunden; ~ **market** Bankgeschäft mit Privatkunden, Privatkundenmarkt *nt*; **secondary b.** Finanzierungs- und Teilzahlungskreditinstitute *pl*; **wholesale b.** *(Bank)* Großkundengeschäft *nt*

banking account Bankkonto *nt*, B.guthaben *nt*; **b. act; B. and Financial Services Act** *[GB]* Bankgesetz *nt*; **b. activity** Banktätigkeit *f*; **b. affairs** Bankangelegenheiten; **b. agency** Bankniederlassung *f*; **b. area** Bankbezirk *m*; **b. association** Bankvereinigung *f*, B.verein *m*; **b. audit** Bankrevision *f*; **b. authority** Bankbehörde *f*; **b. authorities** Bankenaufsicht *f*; **b. business** Bank-, Kreditgewerbe *nt*, K.verkehr *m*, Bankgeschäft *nt*, B.wesen *nt*, B.betrieb *m*; **in the b. business** in Bankkreisen; **b. center** *[US]* /**centre** *[GB]* Bankplatz *m*. B.zentrum *nt*; **b. charges** Bankgebühren, B.provision *f*, B.spesen; **b. charter** bankgewerbliche Konzession; **b. circles** Bankkreise, B.welt *f*; **in b. circles** in Bankkreisen; **b. climate** Bankenklima *nt*; **b. club** Bankengruppierung *f*; **international b. supervisory code** internationale Bankaufsichtsvereinbarung; **b. collateral** banktübliche Sicherheit; **b. combine** Bankkonzern *m*; **b. commission** Bankprovision *f*; **b. communication** Bankenverkehr *m*; **b. community** Bank(en)welt *f*; **international b. community** internationale Bankengemeinschaft; **b. company** *[GB]* /**corporation** *[US]* Bankgesellschaft *f*; **b. concession** bankgewerbliche Konzession; **b. confidentiality** Bankgeheimnis *nt*; **b. covenant** Kreditzusage *f*; **b. crisis** Bank(en)krise *f*; **b. customs** Bankusancen; **b. day** Banktag *m*; **b. department** Bankabteilung *f*, Abteilung für Bankgeschäfte; **b. district** *[US]* Bankbezirk *m*; **b. economist** Bankfachmann *m*; **b. employment** Beschäftigungslage im Bankwesen; **b. experience** banktechnische Erfahrung; **b. facilities** Bankfazilitäten; **committed b. facility** Kreditzusage *f*; **b. figures** Bankbilanzen; **b. firm** Bankhaus *nt*; **b. group** Bankkonzern *m*, B.engruppe *f*; **b. hall** Kassen-, Schalterhalle *f*, S.raum *m*; **b. hours** Kassen-, (Bank)Schalterstunden, Öffnungszeiten der Bank, Schalterzeiten; **after b. hours** nach Bankschluss; **b. house** Bank(haus) *f/nt*; **b. industry** Bankgewerbe *nt*, Kreditwirtschaft *f*, K.gewerbe *nt*, Bankwelt *f*, B.wirtschaft *f*; **private b. industry** privates Bankgewerbe; **b. inquiry** Bankenquête *f*; **b. institution** Bank-, Kredit-, Geldinstitut *nt*; **intermediary b. institution** zwischengeschaltetes Kreditinstitut; **b. interest** Bankanteil *m*; **b. interests/investments** Bank(en)beteiligungen; **b. job/profession** Bankberuf *m*; **b. law(s)** Bankrecht *nt*, B.gesetze, Kreditwesengesetz *nt*; **b.-law** *adj* bankgesetzlich; **b. legislation** Bankgesetzgebung *f*; **b. liabilities** Verbindlichkeiten aus dem Bankgeschäft; **b. management** Bankbetriebslehre *f*; **b. margin** Gewinnspanne im Bankgewerbe, Zinsspanne *f*; **b. market** Bankenmarkt *m*; **b. matters** Bankangelegenheiten; **prime b. name** erstklassige Bank; **b. network** Banknetz *nt*; **b. office** Bankgeschäftsstelle *f*; **federal b. supervisory office** Bundesaufsichtsamt für das Kreditwesen *[D]*; **b. operation(s)** Bankbetrieb *m*, B.tätigkeit *f*, B.verkehr *m*, B.geschäfte, B.transaktionen *f*; **b. organization** Bank *f*; **b. outlet** Bankfiliale *f*; **b. place** Bankplatz *m*; **b. policy** Bankpolitik *f*; **b. practice(s)** Bankpraxis *f*, B.usancen *pl*; **in accordance/line with b. practice(s)** banküblich, b.mäßig; **b. procedure** Bankverfahren *nt*, banktechnischer Arbeitsvorgang; **b.**

quarters Bankkreise; **b. reform** Bankenneuordnung *f*; **b. regulations** bankengesetzliche Bestimmungen, staatliche Ordnung des Kreditwesens; **b. reserve(s)** Bankreserve *f*; **b. rule** Bankregel *f*; **b. run** Bankpanik *f*, Kundenansturm auf die Kasse; **b. secrecy** Bankgeheimnis *nt*; **b. sector** Bankensektor *m*; **normal b. security** bankübliche/bankenmäßige Sicherheit; **backed by ~ security** banküblich gesichert; **b. services** Bank(dienst)leistungen, Dienstleistungen der Banken; **from b. sources** von Bankseite; **b. specialist** Bankfachmann *m*; **b. staff** Bankpersonal *nt*; **b. statistics** Bankstatistik *f*; **b. structure** Bank(en)struktur *f*; **b. subsidiary** Tochterinstitut *nt*, Banktochter(gesellschaft) *f*; **b. supervision/supervisor** Bank(en)aufsicht *f*; **b. support** Bankenstützungsaktion *f*, Bankintervention *f*, Stützungsaktion durch die Banken; **b. syndicate** Bank(en)konsortium *nt*, Gruppe von Banken
banking system Bankwesen *nt*, B.system *nt*, Bank(en)apparat *m*, B.system *nt*, B.landschaft *f*, Kreditwirtschaft *f*; **central b. s.** Zentralbanksystem *nt*, Z.wesen *nt*; **multi-purpose b. s.** Universalbanksystem *nt*, universeller Bankenapparat; **national b. s.** 1. Nationalbankwesen *nt*; 2. *[US]* bundesstaatlich zugelassene Banken; **universal b. s.** Universalbankensystem *nt*
banking trade Kredit-, Bankgewerbe *nt*, B.geschäft *nt*, B.wesen *nt*, B.betrieb *m*; **in the b. trade** in Bankkreisen; **b. transaction** banktechnische Transaktion; **b. transactions** Bankgeschäfte, B.verkehr *m*; **b. usage** Bankpraxis *f*, B.usancen *pl*; **b. world** Bank(en)welt *f*
bank inquiry Bankauskunft *f*; **b. inspection** Bankrevision *f*; **b. inspector** Bankrevisor *m*; **b. interest** Bankzinsen *pl*; **b. issues** Bank(en)aktien, B.titel, B.werte; **b. laws** Bank(en)gesetzgebung *f*, Bankrecht *nt*, B.gesetze; **b. ledger** Bankhaupt-, Kontokorrentbuch *nt*; **b. lending** Bankausleihungen *pl*, B.darlehen *pl*, B.kreditgewährung *f*, Kredite der Geld-/Kreditinstitute; **~ rate** *[US]* Darlehenszinssatz *m*, Sollzinsen der Banken; **b. levy** Banksteuer *f*; **b. lien** Pfand-/Zurückbehaltungsrecht der Bank; **b. line** Kreditrahmen *m*, K.linie *f*; **b. liquidity** Bank(en)liquidität *f*, Liquidität einer Bank
bank loan Bankkredit *m*, B.darlehen *nt*, Darlehen einer Bank; **preliminary b. l.** Bankvorausdarlehen *nt*; **b. l. rate** Zinssatz für Bankkredite
bank management Bankleitung *f*, B.vorstand *m*; **b. manager** Bankdirektor *m*, Leiter der Bank, Filial-, Zweigstellenleiter *m*; **b. merger** Bank(en)fusion *f*, B.zusammenschluss *m*, Fusion/Zusammenschluss von Banken; **b. messenger** Kassen-, Bankbote *m*, Bankendiener *m*
bank money Bankgeld *nt*, B.valuta *f*, B.währung *f*, Kredit-, Giral-, Buchgeld *nt*, Sichteinlagen *pl*, bargeldlose Zahlungsmittel; **b. m. creation** Bank(en)geldschöpfung *f*; **~ order** Bankanweisung *f*, B.überweisung *f*, Zahlungsanweisung *f*
bank name Bankadresse *f*
banknote *n* Banknote *f*, Geldschein *m*; **foreign b.s and coins** Sorten; **to cash b.s** Banknoten einlösen; **to forge b.s** Banknoten fälschen; **to issue b.s** Banknoten in Umlauf setzen; **to redeem b.s** Banknoten einlösen; **to withdraw b.s (from circulation)** Banknoten einziehen/außer Kurs setzen; **circulating b.s** Banknotenumlauf *m*; **counterfeit(ed)/false/forged b.** falsche/unechte Banknote, Blüte *f (coll)*; **b. issue** Notenausgabe *f*, N.emission *f*; **b. paper** Banknotenpapier *nt*; **b. printing** Banknotendruck *m*; **b. rate** Sortenkurs *m*; **b. tax** Notensteuer *f*
bank nurse $ Aushilfskrankenschwester *f*; **b. office** Bankstelle *f*; **b. officer** Bankkaufmann *m*; **b. official** Bankangestellte(r) *f/m*, B.beamter *m*, B.beamtin *f*; **b. order** Bankauftrag *m*; **~ check** *[US]* **/cheque** *[GB]* Bankorderscheck *m*; **b. overdraft** Dispositions-, Überziehungskredit *m*, Kontoüberziehung *f*; **b. paper** Bankwechsel *m*, B.papier *nt*, bankfähiges Papier; **b. payment** bankmäßige Zahlung; **b. payments** Bankausgänge; **b. policy** Diskont-, Bankpolitik *f*; **from the b.s' point of view** aus Bankensicht; **b. post bill** *[GB]* Solawechsel *m* (der Bank von England); **~ remittance** Übersendung des Betrages eines Auslandswechsels; **b. premises** 1. Bankgebäude *nt*, Geschäftsräume der Bank; 2. *(Bilanz)* Bankgrundstücke und B.gebäude; **b. processing unit** ▯ Zentraleinheit und Magnetschriftleser; **b. raid** Bankraub *m*, B.überfall *m*, Kassenraub *m*
bank rate Diskont-, Banksatz *m*, amtlicher Diskont, Bankdiskont *m*, Darlehenszins-, Wechseldiskontsatz *m*, Bankrate *f*; **~ for loans on bonds**; **~ for collateral loans** Lombardzins *m*, L.satz *m*; **b. base r.** Eck-, Leitzins *m*; **to cut/lower the b. r.** Diskont(satz) ermäßigen/senken; **to raise (the) b. r.** Diskont(satz) erhöhen/heraufsetzen/anheben; **federal b. r.s** Bundesbankleitzinsen; **b. r. cut** Diskontsenkung *f*; **~ policy** Diskontpolitik *f*; **~ reduction** Diskontermäßigung *f*, D.senkung *f*, D.herabsetzung *f*; **~ screw/weapon** *(fig)* Diskontschraube *f (fig)*
bank receipt Bankquittung *f*; **b. receipts** Bankeingänge; **b. reconciliation** Bankabstimmung *f*; **~ statement** Kontoabrechnung *f*; **b. record** Bankbeleg *m*; **b. reference** Bankreferenz *f*, B.auskunft *f*; **b. remittance** Banküberweisung *f*; **b. reorganization** Bank(en)sanierung *f*; **b. report** *[US]* Bankbericht *m*, B.ausweis *m*; **b. representative** Bankagent *m*, Bankenvertreter *m*; **b. reserves** Bankreserven, B.rücklage *f*; **b. resources** Aktiva einer Bank
bank return 1. *[GB]* Bankausweis *m*, B.bericht *m*, Notenbankausweis *m*; 2. Geschäftsbericht einer Bank; **weekly b. r.** Wochenausweis *m*; **b. r. charges** Abschlussspesen; **weekly ~ date** Bankwochenstichtag *m*; **~ week** Bankwoche *f*
bank robber Bankräuber *m*; **b. robbery** Bankraub *m*, B.überfall *m*, Überfall auf eine Bank; **b.roll** *n* *[US]* Rolle Banknoten, Banknotenrolle *f*; *v/t (coll)* finanzieren; **b.roller** *n* Finanzier *m*
bankrupt *n* Konkurs-, Gemeinschuldner(in) *m/f*, Bankrotteur *m*, Zahlungsunfähige(r) *f/m*, Fallit *m*; **to discharge a b.** Gemein-/Konkursschuldner entlasten, Konkursverfahren aufheben
adjudicated bankrupt Gemeinschuldner *m*; **certificated/discharged b.** entlasteter/rehabilitierter Gemeinschuldner, ~ Konkursschuldner; **fraudulent b.** betrügerischer Konkursschuldner, Krida(ta)r *m [A]*; **involuntary b.** Zwangsgemeinschuldner *m*; **negligent**

b. fahrlässiger Konkursschuldner; **notorious/notour b.** offenkundig gewordener Bankrotteur; **uncertified/undischarged b.** nicht freigestellter/entlasteter Gemeinschuldner, ~ Konkursschuldner; **voluntary b.** freiwilliger Konkursschuldner
bankrupt *v/t* ruinieren, in den Konkurs treiben
bankrupt *adj* bankrott, zahlungsunfähig, insolvent, ruiniert, in Konkurs befindlich, pleite *(coll)*; **capable of going b.** konkursfähig; **likely to go b.** konkursverdächtig; **to adjudge so. b.** jdn für bankrott erklären, über jds Vermögen den Konkurs eröffnen; **to be adjudicated/declared b.** für bankrott erklärt werden; **to become b.** Konkurs machen, in ~ geraten/gehen; **to declare o.s. b.** Konkurs anmelden; **~ so. b.** jdn für zahlungsunfähig/bankrott erklären, jdm den Konkurs erklären; **to go b.** in Konkurs geraten/gehen, bankrott/pleite gehen, Pleite machen, fallieren
bankrupt's assets Konkursmasse *f*; **~ certificate** Konkursaufhebungsbescheid *m*, Rehabilitierungsschein *m*; **~ creditor** Konkursgläubiger(in) *m/f*
bankruptcy *n* Bankrott *m*, Konkurs *m*, Pleite *f*, Insolvenz *f*, Zahlungseinstellung *f*, Fallissement *nt (frz.)*, Fallieren *nt*; **in the event of b.** im Konkursfall; **on the verge of b.** am Rande des Bankrotts
bankruptcy of legal entities and partnerships Gesellschaftskonkurs *m*; **~ an estate**; **~ the estate of a deceased debtor** Nachlasskonkurs *m*
to be on the verge of bankruptcy vor dem Bankrott stehen; **to file for b.** Konkurs anmelden; **to force so. into b.** jdn zum Konkurs zwingen; **to head for b.** auf den Konkurs zusteuern; **to obstruct b.** Konkurs verschleppen; **to stave off b.** Konkurs vermeiden/abwehren
corporate bankruptcy Konkurs einer Kapitalgesellschaft; **faked/fraudulent b.** betrügerischer Bankrott/Konkurs, Konkursvergehen *nt*, Krida *f [A]*; **involuntary b.** zwangsweiser/unfreiwilliger Konkurs, Zwangskonkurs *m*, durch Gläubigerantrag herbeigeführter Konkurs; **national b.** Staatskonkurs *m*, S.bankrott *m*; **notorious/notour** *[Scot.]* **b.** offenkundig gewordener Bankrott; **ordinary b.** normales Konkursverfahren; **reckless b.** fahrlässiger Bankrott; **simple b.** unverschuldeter Konkurs/Bankrott; **subsequent b.** Anschlusskonkurs *m*; **voluntary b.** freiwilliger Konkurs, Konkurs auf Antrag des Konkursschuldners; **wilful b.** vorsätzlicher Bankrott/Konkurs
Bankruptcy Act *[GB]* Bankrottgesetz *nt*; **b. action** [§] Konkursverfahren *nt*; **b. assets** Konkursmasse *f*, K.gegenstände; **to wind up b. assets** Konkursmasse liquidieren; **b. case** [§] Konkursfall *m*, K.sache *f*
bankruptcy claim Konkursforderung *f*; **to allow a b. c.** Konkursforderung anerkennen; **to file a b. c.** Konkursforderung anmelden
bankruptcy code Konkursordnung *f*; **b. commissioner** Konkursverwalter *m*; **b. cost(s)** Konkurskosten *pl*; **b. court** Konkursgericht *nt*; **b. examination** Konkursverfahren *nt*; **record b. figure** Insolvenzrekord *m*; **b. fraud** Konkursdelikt *nt*, Krida *f [A]*; **b. inhibition** Veräußerungsverbot für Gemeinschuldner, Konkursbeschlag *m*; **b. judge** Konkursrichter *m*; **b. jurisdiction** konkursrechtliche Zuständigkeit; **b. law** Konkursrecht *nt*; **b. notice** *[GB]* 1. Konkursandrohung *f*, K.anzeige *f*, richterliche Zahlungsaufforderung mit Konkursandrohung, befristete Zahlungsaufforderung an Urteilsschuldner unter Androhung eines Konkursverfahrens; 2. Bankrott-, Konkurserklärung *f*, K.anmeldung *f*, Anmeldung des Konkurses; **to serve so. with a b. notice** jdm einen Konkurseröffnungsbeschluss/K.erklärung zustellen; **b. offence** Konkursvergehen *nt*, K.straftat *f*, K.delikt *nt*, K.handlung *f*, Krida *f [A]*; **to commit a b. offence** Konkursvergehen/K.straftat/K.delikt/K.handlung begehen; **b. office** Konkursamt *nt*; **b. order** [§] Beschluss über die Eröffnung des Konkursverfahrens, (Konkurs)Eröffnungsbeschluss *m*; **b. petition** Konkursantrag *m*, K.begehren *nt*, Antrag auf Konkurseröffnung, ~ Eröffnung des Konkursverfahrens; **to file/present a b. petition** Konkurs anmelden
bankruptcy proceedings Konkurs(eröffnungs)verfahren *nt*, K.ablauf *m*, konkursrechtliches Verfahren; **~ of the deceased** Nachlasskonkursverfahren *nt*
to avoid bankruptcy proceedings Konkurs abwenden; **to file b. p.** Konkurs beantragen; **to institute/open b. p.** Konkursverfahren eröffnen/einleiten; **to stop/suspend/terminate b. p.** Konkurs aufheben/einstellen, Konkursverfahren einstellen; **involuntary b. p.** Zwangskonkurs(verfahren) *m/nt*
bankruptcy rules Konkursbestimmungen, K.richtlinien, K.vorschriften, konkursrechtliche Vorschriften; **b. search** Durchsuchung zur Sicherstellung der Konkursmasse; **b. statute(s)** Konkursordnung *f*
bankrupt's debts Konkursschulden
bankrupt('s) estate (Konkurs)Masse *f*, K.bestand *m*, K.vermögen *nt*, Fallitenmasse *f*; **to administer a b.('s) e.** Konkurs abwickeln; **to divide a b.('s) e.** Konkursmasse ausschütten; **to liquidate a b.('s) e.** Konkurs abwickeln, Konkursmasse ausschütten/liquidieren
bankrupt's liabilities Masseschulden; **~ property** Konkursvermögen *nt*; **~ statement of affairs** Status eines Gemeinschuldners
bank safe; **b. safety deposit box** Banksafe *m*, B.schließfach *nt*; **b. savings bond** Banksparbrief *m*; **b. secrecy** Bankgeheimnis *nt*; **b. services** Bank(dienst)leistungen; **b. service facilities** Dienstleistungsangebot der Bank; **b. shares** *[GB]* /**stocks** *[US]* *(Börse)* Bankentitel, Bankaktien, B.werte, B.valoren; **b. slip** Giroabschnitt *m*, G.zettel *m*, **b. staff** Bankpersonal *nt*, B.belegschaft *f*, B.angestellte *pl*; **b. stamp** Bankindossament *nt*; **b. statement** 1. Konto-, Bankauszug *m*; 2. Bankausweis *m*, B.status *nt*, Geschäftsbericht einer Bank; 3. Notenbankausweis *m*; **b.s' statistics** Bank(en)statistik *f*; **b. status** Bankeigenschaft *f*; **b. stock** 1. Bankstatus *m*, Aktienkapital der Bank; 2. *[US]* Bankaktie *f*, Bankenwert *m*; **b. subsidiary** Banktochter *f*, angeschlossene Bank; **b. supervision** Bank(en)aufsicht *f*; **b. switching** Wechsel der Bank; **b. syndicate** Bank(en)gemeinschaft *f*; **b. tax** Banksteuer *f*; **b.('s) terms** Bankkonditionen; **b. traders** *(Börse)* Bankenpublikum *nt*; **b. trainee** Banklehrling *m*; **b. training** Banklehre *f*, B.ausbildung *f*

bank transfer (Bank-/Giro)Überweisung *f*, Girozahlung *f*, bankmäßige Überweisung; ~ **form/slip** Überweisungsträger *m*; ~ **system** Banküberweisungsverkehr *m*
bank turnovers Bankumsätze; **b. valuables** Bankvaloren; **b. vault** (Bank)Tresor *m*, Stahlkammer *f*; **b.s' voting rights** Bankenstimmrecht *nt*; **b. withdrawal** Bankabhebung *f*
banned *adj* verboten
banner *n* 1. Fahne *f*, Panier *nt*, Transparent *nt*, Spruchband *nt*, Standarte *f*, Banner *nt*; 2. Streifenanzeige *f*; **Star-Spangled B.** *[US]* Sternenbanner *nt*
bannister *n* 🏛 Treppengeländer *nt*
banns *pl* *(Heirat)* Aufgebot *nt*; **to put up the b.** Aufgebot bestellen/veröffentlichen
banquet *n* Bankett *nt*, Festessen *nt*, Gelage *nt*; *v/i* tafeln; **b. room** Festsaal *m*
bantam store *n* kleiner Lebensmittelladen
bar *n* 1. Barriere *f*, Schranke *f*; 2. ⚙ Taste *f*, Riegel *m*, Schiene *f*, Leiste *f*; 3. ⚔ Stab *m*; 4. Theke *f*, Getränkeausschank *m*, Tresen *m*; 5. *(Diagramm)* Säule *f*; **the B.** *[GB]* Rechtsanwaltskammer *f*, R.schaft *f*, R.sberuf *m*; **behind b.s** hinter Gittern, in Haft, hinter Schloss und Riegel *(coll)*, ~ schwedischen Gardinen *(coll)*
bar of chocolate Tafel Schokolade; **b. to execution** [§] Unzulässigkeit der Zwangsvollstreckung; ~ **due to lapse of time** Verjährung der Strafverfolgung; **b. to novelty** Neuheitsschädlichkeit *f*; ~ **patentability** Patenthindernis *nt*; ~ **prosecution due to lapse of time** Strafverjährung *f*; ~ **registration** Eintragungshindernis *nt*; **b. of soap** Stück Seife; ~ **staples** Klammernstab *m*, Heftklammern *pl*
to admit/call so. to the bar [§] jdn zur Anwaltschaft zulassen; **to plead at the b.** vor Gericht plädieren; **to practise at the b.** Anwaltsberuf ausüben; **to put so. behind b.s** jdn ins Gefängnis werfen/sperren, jdn einsperren/hinter Schloss und Riegel bringen *(coll)*; **to study for the b.** sich auf den Rechtsanwaltsberuf vorbereiten
common bar [§] Rechtseinwand *m*, Rüge der mangelnden Substanziierung; **legal b.** Rechtshindernis *nt*, gesetzliches Hindernis; **public b.** Ausschank *m*, Schänke *f*; **round b.** ⚔ Rundstahl *m*; **statutory b.** gesetzlicher Hinderungsgrund
bar *v/t* ausschließen, untersagen, verbieten, verhindern, entgegenstehen, präkludieren; **b. so. from doing sth.** jdn daran hindern, etw. zu tun
Bar Association *[GB]* [§] Rechtsanwaltskammer *f*
barbershop *n* Friseurladen *m*
bar chart ▦ Stab-, Balkendiagramm *nt*, Histogramm *nt*, Säulendarstellung *f*, S.diagramm *nt*, S.graphik *f*; **compound b. c.** zusammengesetztes Stabdiagramm; **multiple b. c.** Gruppenstabdiagramm
bar code Streifen-, Balkenkode *m*, Strichschlüssel *m*, S.markierung *f*, S.kode *m*; ~ **marking** Strichkodierung *f*, Strichkodekennzeichnung *f*; ~ **reader/scanner** Barcodelesegerät *nt*, Strichcodeleser *m*; **optical ~ reading** Markierungslesen *nt*
bar coding Strichkodierung *f*; **b. council** [§] Anwaltskammer *f*; **b.date** [§] Ausschlusstermin *m*; **b. diagram** ▦ Balkendiagramm *nt*
bare|boat charter *n* ⚓ Übernahmevertrag für ein leeres Schiff, Chartervertrag ohne Besatzung; **b.faced** *adj* unverfroren, unverschämt; **b.fisted** *adj* mit bloßen Fäusten; **b.foot(ed)** *adj* mit bloßen/nackten Füßen; **b.headed** *adj* entblößten Hauptes
bar final [§] juristische Abschlussprüfung, juristisches Schlussexamen
bargain *n* 1. (günstiges/gutes/vorteilhaftes) Geschäft, günstiger/billiger/vorteilhafter Kauf, guter Fang *(coll)*, Schnäppchen *nt* *(coll)*, Sonderangebot *nt*, Okkasion *f*, Gelegenheit(sgeschäft) *f*/*nt*; 2. Abschluss *m*, Übereinkunft *f*; 3. *(Börse)* Schluss *m*, Transaktion *f*; **b.s** 1. Börsenabschlüsse; 2. Geschäfte; **into the b.** obendrein, zusätzlich, als Dreingabe
bargain for account Termingeschäft *nt*; ~ **cash** Kassageschäft *nt*; **b. and sale** 1. Grundstückskaufvertrag *m*; 2. *(Grundstück)* Notariatsurkunde *f*, N.vertrag *m*; **b.s done** *(Börse)* Abschlüsse
to be a bargain günstige Gelegenheit/spottbillig sein; **to break a b.** Handel aufkündigen; **to call off a b.** Handel rückgängig machen; **to conclude a b.** Abschluss tätigen, Handel festmachen; **to contract a b.** Handel abschließen; **to drive a hard b.** hart verhandeln, rücksichtslos seinen Vorteil wahren, seine Interessen rücksichtslos durchsetzen; **to get a b.** Schnäppchen machen *(coll)*; **to make a b.** Abmachung treffen, Kauf/Geschäft abschließen, Geschäft machen, billig kaufen; **to rescind a b.** von einem Geschäft zurücktreten; **to sell by private b.** unter der Hand verkaufen; **to stick to a b.** Handel einhalten; **to strike a b.** Handel/Geschäft abschließen, handelseinig werden; ~ **a blind b.** Katze im Sack kaufen *(coll)*; **to transact a b.** Handel abschließen; **to throw into the b.** dazugeben
all-time bargain Preisbrecher *m*; **bad b.** schlechtes Geschäft; **dead b.** *(coll)* Ware zum spottbilligen Preis; **fictitious b.** Scheingeschäft *nt*; **firm b.** Fix-, Festgeschäft *nt*; **fixed-date b.** 1. Termingeschäft *nt*; 2. *(Börse)* festes Geschäft; **good b.** gutes Geschäft; **losing b.** schlechtes Geschäft, Verlustgeschäft *nt*; **minimum b.** *(Börse)* Mindestschluss *m*; **optional b.** Prämiengeschäft *nt*; **real b.** wirklich günstiges Angebot, Schnäppchen *nt* *(coll)*; **special b.** Sonderangebot *nt*
bargain (for) *v/i* 1. feilschen, handeln, verhandeln, schachern (um), Preis herunterhandeln; 2. abmachen, vereinbaren, aushandeln; **b. sth. away** 1. sich etw. abhandeln lassen; 2. *(Verhandlung)* etw. verspielen; **b. over sth.** um etw. feilschen
bargain airline Billigfluggesellschaft *f*
bargain basement *(Kaufhaus)* Tiefgeschoss mit Sonderangeboten, Verkaufsetage für Sonderangebote; ~ **loan** Kredit zu besonders günstigen Bedingungen, ~ Sonderkonditionen; ~ **price** Ausverkaufs-, Spottpreis *m*
bargain book Börsenbuch *nt*, Schlussnotenregister *nt*; **b. buy** Preisschlager *m*, P.renner *m*, Schnäppchen *nt* *(coll)*; **to be a b. buy** preisgünstig sein; **b. counter** 1. Wühltisch *m*; 2. *(Börse)* Effektenschalter *m*
bargainee *n* Käufer(in) *m/f*

bargain enforcement *(Börse)* Zwangsregelung *f*, Z.regulierung *f*
bargainer *n* Händler *m*, Verkäufer *m*, Feilscher *m*, Schacherer *m*; **to be a good/bad b.** gut/schlecht verhandeln können
bargain fare ⊟/✈ Billigtarif *m*; **b. goods** Niedrigpreisartikel, N.waren; **b. hunter** 1. Schnäppchenjäger *m (coll)*; 2. Börsenspekulant *m*; **b. hunting** 1. Jagd nach Sonderangeboten, Schnäppchenjagd *f*; 2. Börsen-, Effektenspekulation *f*; 3. Kauf von zurückgebliebenen Aktien/Werten
bargaining *n* Ver-, Aushandeln *nt*, Feilschen *nt*; **area-wide b.** regionale Tarifverhandlungen; **blue-sky b.** *(fig)* Verhandlungen über unrealistische Forderungen
collective bargaining 1. Tarif(vertrags)verhandlungen *pl*, Verhandlungen zwischen Tarifpartnern; 2. Tarifvertragswesen *nt*; **free c. b.** (freie) Tarifverhandlungen, T.autonomie *f*, T.hoheit *f*, T.vertragsfreiheit *f*; **c. b. agreement** Tarifabkommen *nt*, T.vertrag(svereinbarung) *m/f*, T.vereinbarung *f*; **~ arbitration tribunal** Tarifschiedsgericht; **~ association** *(Löhne)* Tarifvereinigung *f*; **~ committee** Tarifkommission *f*, gewerkschaftlicher Tarifausschuss; **~ district** Tarifbezirk *m*; **~ law** Tarifrecht *m*; **under ~ law** tarifrechtlich; **~ policy** Tarifvertragspolitik *f*; **~ structure** Struktur der Tarifvertragsverhandlungen; **~ system** Tarifautonomie *f*, T.wesen *nt*
industry-wide bargaining Manteltarifvertragsverhandlungen *pl*, Tarifverhandlungen in einem Wirtschaftszweig, ~ für einen Industriezweig; **plant-level b.** Verhandlungen auf Betriebsebene
bargaining agency Tarifvertretung *f*; **b. agent** *(Tarifverhandlungen)* Verhandlungspartner *m*, Tarifverhandlungsbevollmächtigter *m*; **sole b. agent** *(Verhandlungen)* alleinbevollmächtigter Vertreter; **contractual b. agreement** *[US]* Tarifvertragsvereinbarung *f*; **executive b. committee** große Tarifkommission; **b. chip** *(Verhandlung)* Trumpf *m*, Faustpfand *nt*; **b. counter** Verhandlungsinstrument *nt*, Tauschobjekt *nt*; **b. creep** Salamitaktik *f*; **b. game** Verhandlungsrunde *f*; **to weaken so.'s b. hand** jds Verhandlungsposition schwächen; **b. path** Verhandlungsverlauf *m*; **b. ploy** Verhandlungslist *f*; **b. point** Verhandlungsobjekt *nt*, V.punkt *m*; **b. position** Verhandlungsposition *f*; **b. power** Verhandlungsposition *f*, V.macht *f*, V.stärke *f*; **b. powers** Verhandlungsvollmacht *f*, V.spielraum *f*; **b. process** Tarifverhandlungsverfahren *nt*; **b. range** Verhandlungsspielraum *m*; **b. records** Verhandlungsprotokoll *nt*; **b. round** Verhandlungs-, Tarifrunde *f*; **b. strength** Verhandlungsstärke *f*; **b. structure** Verhandlungsstruktur *f*; **b. table** Verhandlungstisch *m*, V.runde *f*; **b. unit** Verhandlungsteam *nt*, Tarifpartei *f*; **b. zone** *[US]* Verhandlungsspielraum *m*
bargain money Draufgabe *f*, D.geld *nt*, Dreingabe *f*, Handgeld *nt*; **b. offer** Sonder-, Billig-, Vorzugsangebot *nt*, günstiges Angebot; **b. penny** Drauf-, Handgeld *nt*; **b. price** Niedrig-, Vorzugs-, Spott-, Ausverkaufs-, Gelegenheitspreis *m*, besonders günstiger Preis; **at a b. price** zu einem günstigen Preis; **b. sale** Wer-

be-, Reklame-, Ausverkauf *m*, Verkauf zu herabgesetzten Preisen; **b. transaction** Abschluss *m*; **b. work** 1. ☛ Gedinge-, Kontraktarbeit *f*; 2. Tarifarbeit *f*
barge *n* ⚓ Binnen-, Lastschiff *nt*, L.kahn *m*, Flussschiff *nt*, Leichter *m*, (Schlepp-/Fracht)Kahn *m*, Schute *f*; **self-propelled b.** Selbstfahrer *m*
barge in *v/i* hinein-, dazwischenplatzen
barge carrier ⚓ Leichterträgerschiff *nt*
bargee *[GB]*; **bargeman** *[US]* *n* ⚓ Binnen-, Lastschiffer *m*, Kahn-, Leichterführer *m*
barge operator ⚓ Leichterführer *m*; **b. owner** Selbstfahrer *m*, Partikulier *m*; **b. train** Schleppzug *m*
barkeeper *n* *[US]* Schankwirt *m*
barker *n* *(coll)* Marktschreier *m*
barley *n* ☛ Gerste *f*
barn *n* ☛ Scheune *f*, Heuschober *m*; **Dutch b.** Feldscheune *f*
barnacles *pl* ⚓ Bewuchs *m*
barograph *n* Luftdruckschreiber *m*, Barograph *m*
barometer *n* Barometer *nt*, Luftdruckmesser *m*; **b. of public opinion** Stimmungsbarometer *nt*; **b. reading** Barometerstand *m*; **b. stocks** *(Börse)* Standardaktien, S.werte
baron *n* Baron *m*, Magnat *m*
barrack|s *n* ⚔ Kaserne *f*; **b. room duty** Stubendienst *m*
barrage *n* 1. ⚔ Sperr-, Trommelfeuer *nt*; 2. Sperrmauer *f*, Staudamm *m*; **b. balloon** ⚔ Fesselballon *m*
barrator *n* §̂ Querulant *m*
barratry *n* 1. §̂ mutwilliges Prozessieren; 2. ⚓ Baratterie *f*, Veruntreuung von Schiff oder Ladung
barred *adj* ausgeschlossen, verjährt, unzulässig
barrel *n* 1. Hohlmaß für Öl *(ca. 156 l)*; 2. Fass *nt*; **by the b.** fassweise; **to have so. over the b.** *(coll)* jdn in der Zange haben *(coll)*; **to scrape the b.** *(fig)* letzte Reserven verbrauchen; **to tap a b.** Fass anstechen; **wooden b.** Holzfass
barrel cargo Fassladung *f*; **b. organ** Leierkasten *m*
barren *adj* unfruchtbar, steril, brachliegend, öde, kärglich, unproduktiv; **b.ness** *n* Unfruchtbarkeit *f*, Unproduktivität *f*
barricade *n* Barrikade *f*; *v/t* verbarrikadieren, verrammeln *(coll)*
barrier *n* 1. Sperre *f*, Schranke *f*, Barriere *f*, Schutzgatter *nt*, Schlagbaum *m*; 2. Schallmauer *f (fig)*, Schwelle *f (fig)*; **b.(s) to entry** Zugangsbeschränkung *f*, Markteintrittsschranken *pl*, Zulassungsbeschränkungen *pl*, Eintrittssperre *f*; **b.s to exit** Marktaustrittsschranken; **~ economic growth** Wachstumsschranken; **~ innovation** Innovationshemmnisse; **b. to investment** Investitionshemmnis *nt*
barrier to trade Handelshindernis *nt*, H.schranke *f*, H.hemmnis *nt*, H.restriktion *f*; **administrative ~ trade** administratives Handelshemmnis; **non-tariff ~ trade** nichttarifäres Handelshemmnis; **technical ~ trade** technisches Handelshemmnis
to close the barrier Schranke herunterlassen; **to crash/go through a b.** Barriere durchbrechen; **to erect b.s** Beschränkungen verhängen; **to lift the b.** Schranke hochziehen; **to set up a b.** Schranke errichten

bureaucratic barrier bürokratisches Hemmnis; **legal b.** juristische Hürde; **non-tariff b.** nichttarifäres/zollfremdes Handelshemmnis; **~ b.s** Handelsschranken außer Zoll, nichttarifäre Handelshemmnisse; **quasi-tariff b.** zollähnliches Hemmnis; **protective b.** Schutzwall *m*
barring *prep* ausgenommen, mit Ausnahme von, abgesehen von, wenn nicht, es sei denn, dass
barrister (at law) *n* [GB] [§] (plädierender) Anwalt, Rechts-, Prozessanwalt *m*; **to brief a b.** Anwalt instruieren/anweisen, (zum) ~ bestellen; **to consult a b.** Anwalt zu Rate ziehen; **junior b.** Anwaltsassessor *m*; **b.'s chambers** Anwaltskanzlei *f*
barrow *n* 1. Sackkarre *f*; 2. *(Straßenhändler)* Karren *m*; **b. boy; b.man** *n* Straßenhändler, fliegender/umherziehender Händler
barter *n* Güter-, Waren-, Real-, Naturaltausch *m*, Tauschhandel *m*, Um-, Eintausch *m*; *v/t* in Tausch geben/nehmen, Tauschhandel treiben, einhandeln, (ein)tauschen; **b. for sth.** sich etw. einhandeln
barterable *adj* tauschfähig
barter agreement Kompensationsabkommen *nt*, Tauschvertrag *m*, T.abkommen *nt*; **b. business** Koppel-, Warenaustausch-, Gegenseitigkeits-, Kompensations-, Koppelungsgeschäft *nt*, gebundenes Geschäft; **b. company** Tauschgesellschaft *f*; **b. credit** Tauschhandelskredit *m*; **b. deal** (Aus)Tausch-, Gegengeschäft *nt*, Tauschabkommen *nt*; **b. economy** Tausch-, Naturalwirtschaft *f*
barterer *n* Tauschhändler *m*
barter export Gegenseitigkeitsausfuhr *f*; **b. goods** Tauschwaren
bartering *n* Tauschgeschäft *nt*, T.handel *m*, Ringtausch *m*; **b. agreement** Tauschhandelsabkommen *nt*; **b. object** Tauschgegenstand *m*
barter terms of trade reales Austauschverhältnis; **gross ~ t.** Bruttoaustauschverhältnis *nt*; **net ~ t.** Nettoaustauschverhältnis *nt*
barter trade Tauschhandel *m*, Kompensationsverkehr *m*, Waren(aus)tausch *m*; **b. transaction** Tausch-, Kompensations-, Gegenseitigkeitsgeschäft *nt*, Tauschhandels-, (Waren)Austausch-, Bartergeschäft *nt*, gebundenes Geschäft; **b. unit** Tauscheinheit *f*
base *n* 1. ▦ Grundwert *m*, Bezugsgröße *f*, B.wert *m*; 2. ⚐ Standort *m*; 3. Besteuerungsgrundlage *f*; 4. Sockel *m*, Fuß *m*, Boden *m*; 5. ⚐ Fundament *nt*; 6. Grundlage *f*; 7. ✦ Stützpunkt *m*; **b. of distribution** Schlüsselgröße *f*; **~ operations** Operationsbasis *f*; **to broaden one's b.** Geschäftsgrundlage erweitern
convenient base bequemer Zinsfuß; **dual b.** *(OR)* Dualbasis *f*; **economic b.** wirtschaftliche Grundlage/Basis; **~ concept** Exportbasistheorie *f*; **~ ratio** Exportbasiskoeffizient *m*; **high b.** hoher Sockel; **industrial b.** Industriereservoir *nt*, industrielle Basis; **mixed b.** ▦ gemischte Basis; **monetary b.** Geldbasis *f*, Zentralbankgeldmenge *f*, monetäre Basis, Primärgeld *nt*, exogenes Geld; **~ control** Kontrolle der Zentralbankgeldmenge; **naval b.** ✦ Flotten-, Marine-, Seestützpunkt *m*; **productive b.** Produktionsstandort *m*; **statistical b.** statistische Basis; **taxable b.** Steuerbemessungsgrundlage *f*
base *v/t* 1. *(Theorie)* stützen; 2. ✦ stationieren; **b. on** stützen/gründen/basieren/abstellen auf; **b. out** *(Börse)* Widerstandslinie bilden
base *adj* 1. nieder(trächtig); 2. unecht, falsch, unedel
base activity Tätigkeit des Exportbasissektors; **b. analysis** Exportbasisgrundlage *f*; **sovereign b. area** Hoheitszone *f*; **b. component** Exportbasisanteil *m*
based in *adj* ansässig in, mit Sitz in; **to be b. on** basieren/beruhen/fußen auf; **broadly b.** auf breiter Front/Basis, breit angelegt
base level Ausgangsniveau *nt*; **b. line** Vergleichsbasis *f*, Basis-, Grundlinie *f*
basement *n* ⚐ Tief-, Unter-, Parterregeschoss *nt*, Souterrain *nt* *(frz.)*, Tiefparterre *nt*, Keller-, Sockelgeschoss *nt*; **b. flat** Souterrain-, Kellerwohnung *f*
base multiplier (Export)Basismultiplikator *m*
to form a base pattern *(Börse)* Widerstandslinie bilden; **b. pay** Grundlohn *m*; **~ rate** Grundlohnsatz *m*; **b. period** Basis-, Bezugs-, Berechnungs-, Vergleichs-, Grundzeitraum *m*, Berechnungs-, Basisperiode *f*, Basis *f*, B.zeit *f*, Ausgangszeitpunkt *m*; **uniform b. period** einheitlicher Bezugspunkt; **b. point** *(Spedition)* Tarifausgangspunkt *m*; **b. price** 1. Grundpreis *m*; 2. *(Optionshandel)* Basispreis *m*; **b. rate** 1. Grund-, Eckzins *m*, Zins für erste Adressen; 2. Grundlohnsatz *m*; **b. register** Basisregister *nt*; **b. stock** eiserner Bestand; **b. theory** Exportbasistheorie *f*; **b. time** Grund-, Normalzeit *f*; **b. weight** Ausgangsgewicht *nt*; **b. year** Basisjahr *nt*
basic *adj* einfach, grundlegend, Grund-; **the b.s** *pl* 1. das Wesentliche; 2. ▦ Menge der Basisvariablen
basin *n* Becken *nt*
basing point *n* Paritätspunkt *m*, Frachtbasis *f*, F.parität *f*; **~ system** Frachtparitätensystem *nt*
basis *n* 1. Sockel *m*, Basis *f*, Grundlage *f*, Ausgangspunkt *m*, Grundstock *m*; 2. Differenz zwischen Kassa- und Terminpreis; **on the b. of** auf Grund von
basis of accounting Buchführungsmethode *f*; **~ the agreement** Vertragsgrundlage *f*; **~ allocation/apportionment** Verteilungsschlüssel *m*, Schlüssel *m* (zur Kostenverteilung), Umlageschlüssel *m*; **~ assessment** *(Steuer)* Veranlagungsbasis *f*, Berechnungs-, Bemessungsgrundlage *f*; **insured person's ~ assessment** persönliche Bemessungsgrundlage; **~ audit** Revisionsgrundlage *f*; **legal ~ authorization** Ermächtigungsgrundlage *f*; **b. of/for calculation** Kalkulationsbasis *f*, (Be)Rechnungsgrundlage *f*; **b. of charge** Bemessungsgrundlage *f*; **~ comparison** Bezugs-, Vergleichsbasis *f*, V.grundlage *f*; **~ computation** Berechnungsgrundlage *f*; **~ consolidation** Konsolidierungskreis *m*; **~ customs duties** Verzollungsmaßstäbe *pl*; **~ determination** Bemessungsgrundlage *f*; **~ discussion** Diskussionsgrundlage *f*; **b. for insurance** Versicherungsgrundlage *f*; **b. in the law of contract** vertragsrechtliche Fundierung; **b. for negotiations** Verhandlungs- , Verständigungsgrundlage *f*; **b. of proration** Bemessungsgrundlage *f*; **~ quotation** Preisbasis *f*; **on the ~ reciprocity** auf der Basis/Grundlage der Gegenseitigkeit; **~ success** Grundstein zum Erfolg; **b. for assessing tax** *(Steuer)*

Bemessungsgrundlage *f*; ~ **taxation** Besteuerungsgrundlage *f*; ~ **the taxation of capital gains** Bemessungsgrundlage für die Besteuerung von Kapitalgewinnen; ~ **the transaction** Geschäftsgrundlage *f* **to create a basis for sth.** Grundstein für etw. legen; **to form/lay the b. of** Grundlage schaffen für; **to have a weak b.; to lack a sound b.** auf schwachen Füßen stehen *(fig)*; **to operate on a b. of consensus** einvernehmlich handeln; **to put on a b.** auf eine Grundlage stellen; **to serve as a b.** als Grundlage dienen; **to take sth. as a b.** etw. zugrunde legen, ausgehen von; **to work on the b. that** von der Voraussetzung ausgehen, dass
actuarial basis versicherungsmathematische Grundlage; **artificial b.** künstliche Basis; **on a case-to-case b.** von Fall zu Fall; ~ **commercial b.** auf kommerzieller Grundlage; ~ **strictly commercial b.** bei reinem Rentabilitätsdenken; ~ **competitive b.** auf Wettbewerbsgrundlage; ~ **contingent b.** auf Erfolgsbasis; ~ **daily b.** tageweise; **financial b.** materielle Grundlage; **on a firm b.** auf solider Grundlage; ~ **floating-rate b.** variabel verzinslich; **legal b.** Rechtsgrund(lage) *m/f*, R.basis *f*, Gesetzesgrundlage *f*; **on a ~ b.** auf rechtlicher Grundlage; **on a non-profit-making b.** ohne Verfolgung eines Erwerbszwecks, nicht gewinnorientiert; ~ **an ongoing b.** kontinuierlich; ~ **a phased b.** stufenweise, in Stufen; **preceding-year b.** Vorjahresbasis *f*; **proforma b.** vorläufige Grundlage; **on a professional b.** berufsmäßig; ~ **quarterly b.** quartalsmäßig umgerechnet; ~ **reciprocal b.** auf Gegenseitigkeit; ~ **safe b.** auf sicherer Grundlage; **solid/sound b.** solide Grundlage; **statutory b.** gesetzliche Grundlage; **on a ~ b.** auf gesetzlicher Grundlage; **on a temporary b.** aushilfsweise
basis date Untersuchungsstichtag *m*; **b. grade** Standardmuster *nt*; **b. price** Erwerbskurs *m*, Prämienbasis *f*, Grundpreis *m*; **b. year** Bezugsjahr *nt*
basket *n* Korb *m*; **b. of commodities** Warenkorb *m*; ~ **currencies** Währungskorb *m*; **b. case** Modellfall *m*; **b. currency** Korbwährung *f*; **b. purchase** Pauschalkauf *m*
basketry *n* Korbwaren *pl*
basket technique *(IWF)* Standardkorbtechnik *f*; **b. weaver** Korbmacher *m*; **b.work** *n* Korbarbeit(en) *f/pl*
bastardy case *n* *[US]* § Unterhaltssache *f*; **b. order** Unterhaltsurteil *nt*, U.verfügung *f*; **b. proceedings** Unterhaltsverfahren *nt*
off/on one's own bat *n* auf eigene Faust/Initiative
batch *n* 1. Los *nt*, (Liefer)Menge *f*, Posten *m*, Partie *f*, Schub *m*, Stapel *m*, Serie *f*, Sendung *f*, Ladung *f*, Charge *f*; 2. *(Produktion)* Auflage *f*, Erzeugungseinheit *f*; **in b.es** schubweise; **b. of commodities** Warenkorb *m*, Güterbündel *nt*, G.mengenkombination *f*; **to come in a b.** auf einen Stoß kommen
batch *v/t* schubweise verarbeiten
batch card Laufkarte *f*, L.zettel *m*
batch changeover Sortenumschichtung *f*, Serienwechsel *m*; ~ **allowance** Zuschlag bei Serienwechsel; ~ **cost** Sortenwechselkosten *pl*
batch completion *(Buchhandel)* Partieergänzung *f*; **b. costing** Chargen-, Serienkalkulation *f*, Produktbündelrechnung *f*; **b. file** Stapeldatei *f*; **b. number** Chargen-, Losnummer *f*; **b. patent** Bündelpatent *nt*; **b. process** Chargenfertigung *f*; **b. processing** ⌨ Stapel-, Schubverarbeitung *f*, Stapelbetrieb *m*, S.arbeit *f*, schubweise/stapelweise Verarbeitung, Batch-Verarbeitung *f*; **remote b. processing** Stapelfernverarbeitung *f*, Fernstapelverarbeitung *f*; **b. production** Chargen-, Serien-, Sortenfertigung *f*; **small b. production** Kleinserienfertigung *f*, Herstellung in kleinsten Stückzahlen; **b. program** ⌨ Stapelprogramm *nt*; **b. sequencing** Seriensequentierung *f*, Sortenprogramm *nt*; ~ **problem** Problem der optimalen Sortenschaltung; **b. size** Los-, Partie-, Seriengröße *f*, Chargen-, Serienumfang *m*, Umfang einer Charge; **economic b. size** optimale Losgröße; **b. sizing** Losgrößenbildung *f*; **b. testing** Partieprüfung *f*; **b. total** ▦ Zwischensumme *f*; **b. traffic** ⌨ Stapelverkehr *m*; **b. variation** Chargenschwankung *f*, C.streuung *f*, Partienstreuung *f*
bath *n* Bad *nt*; **to take a b.** *(fig)* 1. baden gehen *(fig)*; 2. *(Börse)* hohen Verlust erleiden; **public b.s** öffentliches Bad, Badeanstalt *f*; **b.s department** Bäderamt *nt*
bathing beach *n* Badestrand *m*
bathroom *n* Badezimmer *nt*; **private b.** eigenes Bad; **b. products/ware** Sanitärartikel *pl*; **b. set** Toilettengarnitur *f*
bath soap Badeseife *f*; **b.tub** *n* Badewanne *f*
bathysphere *n* Taucherkugel *f*
batiste *n* Batist *m*
batten *n* Leiste *f*, Latte *f*; **b.s** Kanthölzer *pl*
batter *v/t* bedrängen, in Bedrängnis bringen, (jdn) beuteln *(coll)*
battered *adj* angeschlagen; **financially b.** finanziell bedrängt/angeschlagen
battery *n* 1. ⚡ Batterie *f*; 2. § tätlicher Angriff, Körperverletzung *f*, Tätlichkeit *f*; **powered/run by a b.** batteriegetrieben, von einer Batterie angetrieben; **to charge a b.** Batterie aufladen; **to recharge a b.** Batterie nachladen
dry-(cell) battery ⚡ Trockenbatterie *f*; **flat b.** leere Batterie; **simple b.** § leichte/versuchte Körperverletzung
battery charger ⚡ (Batterie)Ladegerät *nt*; **b. farming** 🐓 Intensiv-, Massentierhaltung *f*; **b. hens** Hühner in Intensivhaltung; **b. hen production** Eiererzeugung in Intensivhaltung; **b. limit** Anlagengrenze *f*; **b.-operated; b.-powered** *adj* ⚡ batteriebetrieben
battle *n* Schlacht *f*, Kampf *m*, Ringen *nt*; **b. for world markets** Kampf um Weltmärkte; **b. of words** Wortgefecht *nt*, Rededuell *nt*, R.schlacht *f*; **to fight so.'s b.** jds Sache vertreten; ~ **a losing b.** hoffnungslosen Kampf führen, auf verlorenem Posten stehen; ~ **the same battle** am gleichen Strick ziehen *(fig)*; **to join (a) b.** in den Kampf eingreifen, Kampf aufnehmen; **to prepare for b.** sich zum Kampf rüsten; **to rally for b.** zum Kampf antreten
environmental battle Kampf um die Erhaltung der Umwelt; **running b.** ständiger Kampf; **to fight a ~ b. with sth.** sich mit etw. herumschlagen
battle for sth. *v/i* um etw. kämpfen; **b. with sth.** sich mit etw. herumschlagen

battle cry Schlachtruf *m*; **b.field** *n* Schlachtfeld *nt*; **b.-hardened**; **b.-tried** *adj* kampf-, schlachterprobt; **b.-scarred** *adj* angeschlagen; **b.ship** *n* 1. ⚓ Schlachtschiff *nt*; 2. *(coll)* 🚗 Straßenkreuzer *m*
bauxite *n* ⛏ Bauxit
bay *n* 1. Bucht *f*; 2. 🏠 Erker *m*; **to hold/keep so. at b.** jdn in Schach halten, sich jdn vom Leibe halten
bay window 🏠 Erkerfenster *nt*
baza(a)r *n* Basar *m*; **b. securities** *(Börse)* Phantasiewerte
BCD arithmetic *n* BCD-Arithmetik *f*
be *v/aux* betragen, darstellen; **b. after** es absehen auf; **b. in for sth.** etw. zu gewärtigen haben, (jdm) bevorstehen; **~ on sth.** mit von der Partie sein; **b. out for** aus sein auf; **~ to do sth.** erpicht sein, etw. zu tun, es darauf anlegen; **~ to get so.** jdm ans Leder wollen *(coll)*; **b. up for** anstehen zu; **~ on** höher sein als; **~ to so.** an jdm liegen, in jds Händen liegen; **~ to sth.** etw. im Schilde führen; **b. with so.** *(Dokumente)* vorliegen
beach *n* Strand *m*; **to run on the b.** ⚓ auf den Strand laufen
beach *v/t* stranden lassen, auf den Strand laufen lassen
beach area Strandgebiet *nt*; **b.comber** *n* Strandgutjäger *m*; **b. hotel** Strandhotel *nt*
beaching *n* ⚓ 1. Aufstrandsetzen *nt*; 2. Stranden *nt*
beach master Landungsoffizier *m*; **b. suit** Strandanzug *m*
beacon *n* 1. ⚓/✈ Bake *f*, Leit-, Leuchtfeuer *nt*, Feuer-, Ortungsbake *f*, Leitzeichen *nt*; 2. *(fig)* Fanal *nt*; **b.s** ⚓/✈ Befeuerung *f*; **b. of joy** Lichtblick *m*; **directional b.** Richtfeuer *nt*; **flashing b.** Blinkfeuer *nt*, B.bake *f*; **rotating b.** Dreh(funk)feuer *nt*
beaconage *n* Bakengeld *nt*
bead *n* Perle *f*; **b.s** Perlenschnur *f*; **to draw a b. on so.** jdn aufs Korn nehmen, auf jdn zielen
beadle *n* Pedell *m*, Büttel *m*
beam *n* 1. 🏠 Balken *m*, Träger *m*; 2. *(Radio)* (Leit)Strahl *m*; **b. of light** Lichtstrahl *m*; **longitudinal b.** *(Container)* Längsträger *m*
beam *v/ti* 1. strahlen; 2. *(Radio/Fernsehen)* ausstrahlen
bean *n* 1. Bohne *f*; 2. *(coll)* Geld *nt*; **full of b.s** *(coll)* voller Leben(sfreude)/Lebenslust/Energie/Tatendrang, energiegeladen; **to be ~ b.s** *(coll)* äußerst munter sein, Temperament haben; **not worth a b.** *(coll)* keinen Pappenstiel wert *(coll)*; **to spill the b.s** *(coll)* nicht dichthalten, alles verraten
bean|counter *n* *(coll)* Erbsenzähler *m* *(coll)*; **b.feast** *n* Schmaus *m*; **b.pole** *n* 1. Bohnenstange *f*; 2. *(Person)* *(coll)* lange Latte *(coll)*
bear *n* *(Börse)* Baissier *m* *(frz.)*, Baissespekulant *m*, Blankverkäufer *m*, Spekulant *m*, Fixer *m*; **to go b.** in der Baisse verkaufen; **to sell a b.** auf Baisse spekulieren, fixen; **covered b.** eingedeckter Baissier; **stale b.** geschlagener Baissier
bear *v/t* 1. (er)tragen, verkraften, aushalten; 2. *(Kosten)* tragen, bestreiten, übernehmen, aufkommen für; 3. *(Börse)* auf Baisse spekulieren, Kurse drücken, fixen; **b. out** bestätigen, erhärten; **b. upon** sich auswirken auf; **b. with so.** 1. Nachsicht mit jdn haben; 2. ☎ am Apparat bleiben, jdm zuhören; **not to b. looking into** einer Überprüfung nicht standhalten; **to bring to b.** zur Geltung bringen
bearable *adj* tragbar
bear account *(Börse)* Baisseposition *f*, B.konto *nt*; **b. campaign** Baissekampagne *f*, Angriff der Baissepartei; **b. covering** Deckungskäufe der Baissiers
bearer *n* 1. *(Scheck)* Überbringer *m*, Inhaber *m*; 2. *(Wechsel)* Präsentant *m*, Vorzeiger *m*; 3. Inhaberaktie *f*; **to b.** an den Überbringer; **per b.** durch Überbringer
bearer of a bill Wechselinhaber *m*; **~ a bond** Obligationen-, Obligationsbesitzer *m*; **~ a check** *[US]* / **cheque** *[GB]* Überbringer *m*, Scheckinhaber *m*; **~ the flag of truce** ⚐ Parlamentär *m*; **~ a letter** Überbringer eines Briefes; **~ these presents** [§] Überbringer dieser Dokumente/Unterlagen
made out to bearer auf den Inhaber/Überbringer lautend; **payable to b.** zahlbar an Überbringer/Inhaber, auf den Inhaber lautend; **to make out to b.** auf den Inhaber ausstellen
bearer bill of lading Inhaberkonnossement *nt*; **b. bond** Inhaberobligation *f*, I.schuldverschreibung *f*, auf den Inhaber lautende Schuldverschreibung/Obligation, ~ lautendes Wertpapier, Schuldverschreibung auf den Inhaber; **global b. bond** Globalurkunde für Inhaberschuldverschreibungen; **b. certificate** Inhaberzertifikat *nt*; **b. check** *[US]* /**cheque** *[GB]* Überbringer-, Inhaberscheck *m*; **b. clause** Überbringer-, Inhaberklausel *f*; **b. debenture** Inhaberschuldverschreibung *f*, I.obligation *f*; **b. endorsement** Inhaberindossament *nt*; **in b. form** auf den Überbringer/Inhaber lautend; **b. instrument/paper** Inhaberpapier *nt*; **restricted b. instrument** qualifiziertes Inhaberpapier; **b. issue** Inhaberemission *f*; **b. land charge** Inhabergrundschuld *f*; **~ certificate**; **b. mortgage loan** Inhabergrundschuldbrief *m*; **b. loan** Inhaberanleihe *f*; **b. policy** Inhaberpolice *f*; **b. depositary receipt** Inhaberdepotschein *m*, I.depositenschein *m*; **b. right** Inhaberrecht *nt*; **b. security** Inhaberpapier *nt*, auf den Inhaber ausgestelltes Wertpapier; **b. securities** Inhabereffekten; **b. share** *[GB]* /**stock** *[US]* Inhaber(stamm)aktie *f*, auf den Inhaber lautende Aktie; **b. ship mortgage bond** Inhaberschiffspfandbrief *m*; **b. warrant** 1. Anweisung an den Inhaber; 2. *(Aktie)* Inhaberbezugsrechtsschein *m*
bear hug *n* *(fig)* Übernahmeangebot ohne Vorverhandlungen
bearing *n* 1. *(Börse)* Verkauf auf Baisse; 2. ⚓ Peilung *f*, Ortsbestimmung *f*, Peillinie *f*; 3. Körperhaltung *f*; 4. ⚙ Lager *nt*; **b. of the risk** Gefahrtragung *f*; **unauthorized ~ a title** unbefugtes Führen eines Titels
to find/get one's bearing|s sich zurechtfinden/orientieren; **to lose one's b.s** Orientierung verlieren; **to take a b.**; **~ one's b.s** ⚓ peilen, Position bestimmen
defective bearing ⚙ Lagerschaden *m*
bearing compass ⚓ Peilkompass *m*; **b. direction** Peilrichtung *f*; **b. line** Peillinie *f*
bearish *adj* *(Börse)* zur Baisse tendierend, zur Schwäche neigend, pessimistisch, baissegünstig, b.tendenziös; **b.ness** *n* Baissestimmung *f*, B.tendenz *f*, unfreundliche (Börsen)Tendenz

bear market *(Börse)* Baissemarkt *m*, Baisse(situation) *f*, gedrückter Markt, Aktien-, Effektenbaisse *f*; **b. operation** Baissespekulation *f*, B.angriff *m*; **b. point** Baissemoment *m*; **b. position** Leer-, Baisseposition *f*, B.engagement *nt (frz.)*; **b. purchase** Kauf à la/auf Baisse; **b. raid(ing)** (Leerverkäufe als) Baissemanöver; **b. rumours** Baissegerüchte; **b. sale/selling** Leerverkauf *m*, Verkauf auf Baisse; **b. seller** Baissier *m (frz.)*, Baissespekulant *m*, Leerverkäufer *m*, Fixer *m*; **b. slide** Kursrutsch *m*; **b. speculation** Baissespekulation *f*, Spekulation auf Baisse, Kontermine *f*; **b. squeeze** Baissedruck *m*; **b. tack** *[US]* Baissekampagne *f*; **b. trading** Spekulation auf Baisse; **b. transaction** Baissegeschäft *nt*
beast *n* Biest *nt*; **b. of burden** Last-, Tragetier *nt*; **~ the plough** *[GB]* /**plow** *[US]* Pflugtier *nt*; **~ prey** Raubtier *nt*
beat *n* 1. Bezirk *m*, Amtsbereich *m*; 2. *(Polizei)* Kontroll-, Rund-, Streifengang *m*, (Fuß)Streife *f*, Runde *f*; **to be on the b.** Streifengang machen; **dead b.** *(coll)* 1. *[US]* Versager *m*; 2. unsicherer Kunde
beat *v/t* schlagen, zuvorkommen, übertreffen; **b. so. black and blue** *(coll)* jdn nach Strich und Faden verprügeln *(coll)*; **b. down** *(Preis)* ab-, heruntersetzen, drücken; **b. it all** *(coll)* dem Ganzen die Krone aufsetzen; **b. up** *(Person)* zusammenschlagen, verprügeln
beaten *adj* geschlagen
beauti|cian *n* Kosmetikerin *f*; **b.fication** *n* Verschönerung *f*; **b.ful** *adj* schön; **b.fy** *v/t* verschönern
beauty *n* Schönheit *f*; **scenic b.** landschaftliche Schönheit; **b. care/culture** Schönheitspflege *f*, Kosmetik *f*; **b. parlour** Schönheitssalon *m*, Kosmetikinstitut *nt*; **b. spot** pittoresker Ort
beaver away *v/i (coll)* drauflos arbeiten, schuften *(coll)*
to be at so.'s beck and call *n* jdm auf den leisesten Wink gehorchen, nach jds Pfeife tanzen *(coll)*
beckon *v/t* winken, locken
bed *n* 1. Bett *nt*; 2. ⚘ Vorkommen *nt*, Lager(stätte) *nt/f*; **b. and board** Tisch und Bett; **b. and breakfast (B & B)** Zimmer mit Frühstück, Privatpension *f*; **~ deal** *(Börse)* Pensionsgeschäft *nt*; **b. and breakfasting** Pensionsgeschäfte *pl*, Effektenpensionierung *f*; **~ market** Pensionsmarkt *m*
to fill a bed *n (Krankenhaus)* Bett belegen; **to go to b.** sich schlafen legen; **to stay in b.** das Bett hüten
double bed Doppelbett *nt*; **folding b.** Klappbett *nt*; **productive b.** ⚘ abbauwürdige Lagerstätte; **single b.** Einzelbett *nt*; **spare b.** Gästebett *nt*
bedding *n* Bettwaren *pl*, B.zeug *nt*
bed|fellow *n (fig)* Bettgenosse *m (fig)*; **b. linen** Bettwäsche *f*; **b. occupancy** *(Hotel)* Belegungsquote *f*; **b.pan** *n* 🍽 Bettschüssel *f*; **b.ridden** *adj* bettlägrig
bedroom *n* Schlafzimmer *nt*; **b. town** *[US]* Schlafstadt *f*
bed|side reading *n* Bettlektüre *f*; **~ table** Nachttisch *m*; **b.sitter** *n* Wohnschlafzimmer *nt*, möbliertes Zimmer; **b.spread** *n* Tagesdecke *f*; **b.stead** *n* Bettgestell *nt*
bee *n* Biene *f*; **b. in one's bonnet** *(fig)* fixe Idee; **to have a ~ bonnet** einen Rappel/Spleen haben *(coll)*

beech(wood) *n* 🍃 Buche(nholz) *f/nt*
beef *n* Rindfleisch *nt*; **b. up** *v/t* (ver)stärken, erhöhen, aufpäppeln *(coll)*; **b. cattle** Schlachtrinder *pl*, Mastvieh *nt*
beefing up of demand *n* Nachfragestützung *f*
bee|keeper *n* Imker *m*; **b.keeping** *n* Bienenzucht *f*, Imkerei *f*; **to make a b.line for so./sth.** *n* schnurstracks auf jdn/etw. losgehen/zugehen, schnurgerade/geradewegs auf jdn/etw. zusteuern
beer *n* Bier *nt*; **not all b. and skittles** *[GB] (coll)* kein reines Vergnügen; **b. on tap** Fass-, Schankbier *nt*, Bier vom Fass; **bottled b.** Flaschenbier *nt*; **canned b.** Dosenbier *nt*, Bier in Dosen; **draft** *[US]* /**draught** *[GB]* **b.** Fass-, Schankbier *nt*, Bier vom Fass; **small b.** *(coll)* kleine Fische *(coll)*; **strong b.** Starkbier *nt*
beer bottle Bierflasche *f*; **b. brewer** Bierbrauer *m*; **b. cellar** Bierkeller *m*; **b. consumption** Bierverbrauch *m*; **b. garden** Biergarten *m*, Gartenlokal *nt*; **b. glass** Bierglas *nt*; **b. mat** Bierdeckel *m*; **b. money** Geld für Getränke; **b. mug** Bier-, Maßkrug *m*; **b. sales** Bierabsatz *m*; **b. tax** Biersteuer *f*; **b. wholesaler** Bierverlag *m*, B.verleger *m*
beet *n* 🥕 Rübe *f*
beg *v/ti* (er)betteln, flehen, Hand aufhalten, inständig bitten
beggar *n* Bettler(in) *m/f*; **sturdy b.** dreister Bettler
beggary *n* Bettelei *f*, Bettlerei *f*; **to reduce so. to b.** jdn auf den Hund bringen *(coll)*
beggar-my-neighbour policy Abwälzen von Lasten, Florianspolitik *f*
begging *n* Betteln *nt*; **fraudulent b.** Bettelbetrug *m*; **b. bowl** *(fig)* Bettelstab *m (fig)*; **b. letter** Bettelbrief *m*
begin *v/ti* anfangen, beginnen, sich anbahnen, einsetzen; **b. to speak** das Wort ergreifen
begin column Anfangsspalte *f*
beginner *n* Anfänger(in) *m/f*, Einsteiger(in) *m/f*, Neuling *m*; **b.s' course** Anfängerkurs *m*
beginning *n* Anfang *m*, Beginn *m*, An-, Eintritt *m*; **b.s** Ansätze; **at the b.** anfangs; **b. of the action** [§] Prozessbeginn *m*; **~ legal capacity** Beginn der Rechtsfähigkeit; **~ a journey** Reiseantritt *m*; **~ negotiations** Verhandlungsbeginn *m*; **~ a period** Fristbeginn *m*; **~ the school year/term** Schulbeginn *m*; **~ the season** Saisonauftakt *m*; **~ work** Arbeitsaufnahme *f*, A.antritt *m*, Dienstantritt *m*; **~ the year** Jahresanfang *m*, J.beginn *m*; **void from the b.** von Anfang an nichtig; **humble/small b.(s)** kleiner Anfang
on behalf of *n* für, im Auftrag/Namen von, zu Gunsten von, für Rechnung von; **on one's own b.** in eigener Sache; **on b. and for account of** im Auftrag und für Rechnung von; **~ of another person** für fremde Rechnung; **to act ~ of so.** für jdn mitstimmen, jdn vertreten; **to act on so.'s b.** für jdn stellvertretend handeln; **to contract on so.'s b.** jdn rechtsgeschäftlich vertreten; **to intercede on so.'s b.** sich für jdn verwenden; **to speak on so.'s b.** für jdn stellvertretend sprechen
behave *v/i* sich verhalten/gebärden; **b. improperly** sich unanständig/unangenehm benehmen; **b. perfectly** sich vorbildlich benehmen/betragen
behavior *[US]*; **behaviour** *[GB]* *n* Verhalten *nt*,

Führung *f*, Benehmen *nt*, Betragen *nt*, Gebaren *nt*, Verhaltensweise *f*; **b. in court** Prozessverhalten *nt*; **b. outside one's official function** außerdienstliches Verhalten; **b. on the market** Verhalten auf dem Markt; **b. in line with market practices** marktgerechtes Verhalten; ~ **office** dienstliches Verhalten
to be on one's best behavio(u)r sich von seiner besten Seite zeigen
anti-competitive behavio(u)r wettbewerbsfeindliches/ wettbewerbswidriges Verhalten; **anti-union b.** gewerkschaftsfeindliches Verhalten; **budgetary b.** Haushaltsgebaren *nt*; **competitive b.** Konkurrenz-, Wettbewerbsverhalten *nt*; **concerted b.** abgestimmtes Verhalten; **corporate b.** Unternehmens-, Firmenverhalten *nt*; **culpable b.** [§] schuldhaftes Verhalten; **decent b.** anständiges Benehmen; **disorderly b.** 1. unbotmäßiges Verhalten; 2. [§] Ruhestörung *f*, Störung der öffentlichen Ordnung; **economic b.** ökonomisches Verhalten; **environmental b.** Umweltverhalten *nt*; **subject to good b.** bei guter Führung; **inappropriate b.** Fehlverhalten *nt*; **incorrect b.** ungehöriges Benehmen; **indecent b.** unanständiges Benehmen; **insulting b.** beleidigendes Verhalten; **outrageous b.** empörendes Benehmen; **parallel b.** gleichförmiges Verhalten; **proper b.** ordentliches Benehmen; **rational b.** Rationalverhalten *nt*; **reproductive b.** generatives Verhalten; **riotous b.** [§] Zusammenrottung *f*, aufrührerisches Verhalten; **social b.** Sozialverhalten *nt*; **threatening b.** 1. Drohgebärde *f*; 2. [§] Bedrohung *f*; **unethical b.** Verstoß gegen die guten Sitten, standeswidriges Verhalten; **unreasonable b.** unangemessenes Verhalten
behav|io(u)ral *adj* Verhaltens-; **b.io(u)rist** *n* Verhaltensforscher(in) *m/f*
behavio(u)r pattern Verhaltensmuster *nt*; **b. research** Verhaltensforschung *f*
at the behest of *n* auf Geheiß/Veranlassung von
behind *prep* hinter; **to be b. it** dahinter stecken; ~ **left b.** liegenbleiben, auf der Strecke bleiben *(fig)*
behindhand *adv* im Rückstand
beholden (to) *adj* verpflichtet
behove *v/t* sich geziemen
being *n* Wesen *nt*; **human b.** Mensch *m*, menschliches Wesen
belated *adj* verspätet
beleaguer *v/t* bedrängen; **b.ed** *adj* bedrängt
belie *v/t* Lügen strafen, widerlegen
belief *n* Glaube *m*, Überzeugung *f*, Religion *f*; **beyond b.** unglaublich; **it is my b.** ich bin der Überzeugung; **to the best of one's b.** nach bestem Gewissen; ~ **my b. and knowledge** nach bestem Wissen und Gewissen; **b. in progress** Fortschrittsoptimismus *m*; **to profess a b.** sich zu einem Glauben bekennen
mistaken belief irrige Auffassung/Annahme; **political b.** politisches Bekenntnis; **religious b.** religiöses Bekenntnis, religiöse Überzeugung
believ|ability *n* Glaubhaftigkeit *f*; **b.able** *adj* glaubhaft, g.würdig
believe *v/t* glauben, meinen, denken; **b. it or not** *(coll)* sage und schreibe *(coll)*

belittle *v/t* bagatellisieren, verniedlichen, herunterspielen, herabsetzen, verharmlosen
bell *n* Schelle *f*, Klingel *f*, Glocke *f*; **b.boy** *n [GB]* ; **b.hop** *n [US]* Hausbursche *m*, Hoteldiener *m*, Page *m*; **b. buoy** ⚓ Glockenboje *f*
belli|cose *adj* kriegerisch; **b.gerent** *adj* 1. kriegerisch, kämpferisch; 2. kriegführend
bell|man *n* Hoteldiener *m*, Page *m*; **b. pull** Klingelschnur *f*; **b.wether** *n* Leithammel *m*; ~ **industry** *[US]* Schlüsselindustrie *f*, S.branche *f*; **b. wire** Klingeldraht *m*
belly *n* ⚓ Bauch *m*; **b. landing** ✈ Bauchlandung *f*
belong (to) *v/i* dazugehören, gehören zu
belonging (to) *adj* gehörig zu, zugehörig
belongings *pl* Habe *f*, Habseligkeiten, Siebensachen *(coll)*; **personal b.** Privateigentum *nt*, persönlicher Besitz, persönliche Habe, persönliches Eigentum, Hab und Gut *nt*, persönliche Effekten
below *prep* unter; *adv* unten (aufgeführt), nachstehend; **well b.** deutlich unter; **given b.** unten angegeben, nachstehend angeführt; **see b.** siehe unten
below-mentioned *adj* unten aufgeführt/erwähnt, untenstehend
belt *n* Gürtel *m*, Riemen *m*, Gurt *m*; **below the b.** unterhalb der Gürtellinie; **to tighten one's b.** den Gürtel enger schnallen, sich einschränken
endless belt ⟲ Endlosband *nt*, endloses Transportband; **green b.** Grüngürtel *m*, G.zug *m*; **industrial b.** Industriegürtel *m*; **marine b.** Küsten(hoheits)-, Hoheitsgewässer *pl*; **moving b.** ⟲ Förderband *nt*; **protective b.** Schutzgürtel *m*
belt up *v/i* sich angurten/anschnallen
belt conveyor Band-, Gurtförderer *m*, Gurtförderband *nt*; ~ **production** Fließ(band)fertigung *f*
bench *n* 1. Sitz-, Werkbank *f*; 2. [§] Gericht *nt*, G.shof *m*, Richter *pl*, R.kollegium *nt*, Kammer *f*; 3. Richteramt *nt*; **the B. and the Bar** *[GB]* Richter und Advokaten; **elected to the b.** zum Richter ernannt
to appoint/elevate so. to the bench jdn zum Richter ernennen, jdn als Richter einsetzen; **to be on the b.** Richter sein; ~ **elected/raised to the b.** zum Richter ernannt werden; **judicial b.** Richterbank *f*
benchmark *n* 1. *(Messlatte)* Nivellierungszeichen *nt*, Maßstab *m*, Fixpunkt *m*, Bezugsmarke *f*, B.punkt *m*; 2. Eckwert *m*, Orientierungs-, Vergleichswert *m*, V.maßstab *m*, V.größe *f*; **to set the b.** Norm vorgeben, Maßstab setzen
benchmark data Eckdaten; **b. figures** Ausgangs-, Vergleichszahlen, Bezugsbasis *f*, B.größen
benchmarking *n* Durchführung von Vergleichsstudien, Benchmarking *nt*
benchmark job Vergleichs-, Richtarbeitsplatz *m*; **b. price** Orientierungs-, Richtpreis *m*; **b. (wage) rate** Ecklohnsatz *m*; **b. run** 💻 Vergleichslauf *m*; **b. test** Benchmark-Test *m*
bench warrant [§] Haftbefehl *m*, richterlicher Befehl, Gerichtsverfügung *f*
bend *n* Kurve *f*, Kehre *f*, Krümmung *f*; **to drive so. round the b.** *(coll)* jdm den letzten Nerv rauben, jdn um den

Verstand bringen; **sharp b.** scharfe Kurve
bend *v/t* krümmen, neigen, biegen; **b. over backwards** *(fig)* sich ein Bein ausreißen *(fig)*, sich alle erdenkliche Mühe geben; **Do not b.** *(Aufschrift)* Vorsicht, nicht knicken
bendibus *n* *(coll)* ⇌ Gelenkbus *m*
bene|faction *n* Wohltat *f*, W.tätigkeit *f*; **b.factor** *n* Wohltäter *m*, Stifter *m*, Spender *m*, Schenker *m*, Gönner *m*; **b.factress** *n* Wohltäterin *f*; **b.fice** *n* Pfründe *f*
beneficial *adj* förderlich, vorteilhaft, nützlich, nutzbringend, positiv, segensreich, heilsam, gedeihlich; **ecologically b.ficial** umweltfreundlich
beneficiary *n* 1. Begünstigte(r) *f/m*, Empfänger(in) *m/f*, Nutznießer(in) *m/f*, Berechtigte(r) *f/m*, Bedachte(r) *f/m*, Nießbraucher(in) *m/f*; 2. Versicherungs-, Kreditnehmer(in) *m/f*, K.empfänger(in) *m/f*; 3. Förderungsberechtigte(r) *f/m*; 4. Unterstützungs-, Leistungs-, Versorgungsempfänger(in) *m/f*; 5. Anspruchs-, Bezugs-, Nutzungs-, Erfüllungsberechtigte(r) *f/m*; 6. Akkreditierte(r) *f/m*; 7. Treunehmer(in) *m/f*, Designatar(in) *m/f*, Treuhandbegünstigte(r) *f/m*; **b. of a provident fund** Begünstigte(r) einer Versorgungsstiftung; **b. under a guarantee** Garantie-, Avalbegünstigte(r) *f/m*; **b. of insurance** Versicherungsbegünstigte(r) *f/m*, V.begünstigte(r) *f/m*; **~ a letter of credit** Kreditbriefinhaber(in) *m/f*, Akkreditivbegünstigte(r) *f/m*; **b. under a right of usufruct** Nießbraucher(in) *m/f*; **~ a will** testamentarisch Bedachte(r), Nachlassberechtigte(r) *f/m*
to designate so. as a beneficiary jdn begünstigen; **to nominate a b.** *(Lebensvers.)* Begünstigten einsetzen; **to notify a b.** Begünstigten benachrichtigen
alternative beneficiary Alternativbegünstigte(r) *f/m*; **authorized b.** Empfangsberechtigte(r) *f/m*; **contingent b.** Zweitbegünstigte(r) *f/m*, eventuell Begünstigte(r); **designated b.** Begünstigte(r) *f/m*; **first/primary b.** Erstbegünstigte(r) *f/m*, Hauptnutznießer(in) *m/f*; **missing b.** nicht auffindbarer Begünstigter; **~ indemnity insurance** Versicherung gegen Ansprüche eines unauffindbaren Begünstigten; **potential b.** Leistungsanwärter(in) *m/f*; **prospective b.** Anwartschaftsberechtigte(r) *f/m*; **qualifying b.** Leistungsanwärter(in) *m/f*; **~ beneficiaries** begünstigter Personenkreis; **residuary b.** Nachlassbegünstigte(r) *f/m*; **secondary b.** Zweitbegünstigte(r) *f/m*; **tertiary/third-party b.** Drittbegünstigte(r) *f/m*, Zuwendungsempfänger(in) *m/f*; **ultimate b.** Letztbegünstigte(r) *f/m*, wirklich Begünstigte(r)
beneficiation *n* ⚑ Aufbereitung *f*
benefit *n* 1. Nutzen *m*, Gewinn *m*, Vorteil *m*, Vergünstigung *f*; 2. Versicherungsleistung *f*, Krankengeld *nt* 3. Beihilfe *f*, Unterstützung(sleistung) *f*, Versorgung (sleistung) *f*; **b.s** 1. Früchte *(fig)*; 2. (Versicherungs) Leistungen, Unterstützungsaufwendungen *f*, **for the b. of** zu Gunsten von, zum Nutzen von
benefit of counsel [§] Recht auf Gestellung eines Pflichtverteidigers; **~ division** Ausgleichseinrede mehrerer Bürgen, Inanspruchnahme des Mitbürgen; **~ the doubt** [§] Rechtswohltat des Zweifels; **to give so. the ~ doubt** im Zweifelsfall zu jds Gunsten entscheiden, jdn ~ für unschuldig erklären; **daily b. during**
hospitalization Krankenhaustagegeld *nt*; **b. of an invention** Erfindungsvorteil *m*; **~ inventory** (Recht auf) Nachlassbeschränkung, Recht des Erben auf Inventareinrichtung; **b. in kind** Sachleistung *f*, dingliche Vergünstigung, Zuwendung in Form von Waren; **b. of the law** [§] Rechtswohltat *f*, R.vorteil *m*; **b. in money's worth** geldwerter Vorteil; **to the b. of a third party** zu Gunsten eines Dritten; **for the b. of third persons** zu Gunsten Dritter
eligible for benefit leistungs-, unterstützungsberechtigt; **receiving b.** unterstützt; **b.s paid** *(Vers.)* Leistungsumfang *m*; **b.s received** Versorgungsbezüge; **~ principle** Äquivalenz-, Nutzen-, Vorteilsprinzip *nt*; **b.s tendered** Leistungsangebot *nt*
to allow benefits *(Vers.)* Leistungen genehmigen/zubilligen; **to be entitled to b.s** Leistungsanspruch haben; **to claim b.** Sozialhilfe beantragen; **to convert sth. unlawfully to one's own b.** sich eine Sache rechtswidrig aneignen; **to cut b.s** Leistungen kürzen; **to derive b. from** Nutzen ziehen aus; **to disqualify so. from b.s** jdn vom Leistungsanspruch ausschließen; **to draw b.** Sozialhilfe beziehen; **to find for the b. of the defendant** [§] zu Gunsten des Angeklagten entscheiden; **to get b. from** Nutzen ziehen aus; **to grant b.s** *(Vers.)* Leistungen gewähren; **to pay b.s** Leistungen erbringen/ausbezahlen; **to reap b.s from** Gewinn/Nutzen ziehen aus; **~ the b. of sth.** in den verdienten Genuss von etw. kommen; **to receive b.s** in den Genuss von Leistungen kommen
additional benefit *(Vers.)* Zusatzleistung *f*; **basic b.** Grundunterstützung *f*; **contingent b.** Eventualbeihilfe *f*; **current b.s** laufende Leistungen; **daily b.** *(Vers.)* Tagegeld *nt*; **~ b.s insurance** *(Krankenhaus)* Tagegeldversicherung *f*; **deferred b.** *(Vers.)* spätere Leistung; **economic b.** wirtschaftlicher Nutzen; **external b.s** positive Externalitäten, externe Ersparnisse; **extra b.** 1. zusätzliche Leistung; 2. Sondervergünstigung *f*; **extraordinary b.s** außerordentliche Zuwendungen; **general b.** *(Land)* Nachbarschafts-, Meliorationsgewinn *m*; **indirect b.** indirekter Nutzen; **in-kind b.** Sachleistung *f*; **immediate b.** sofortiger Versicherungsschutz; **incidental b.** mittelbarer Nutzen; **individual b.** Einzelleistung *f*; **legal b.** Rechtsvorteil *m*; **lock-in b.s** an Unternehmenszugehörigkeit gebundene Leistungen; **material b.** erheblicher Vorteil; **maximum b.** 1. *(Vers.)* Höchstbetrag der Leistungen; 2. größtmöglicher Nutzen; 3. Höchstvergütigung *f*; **medical b.s** Kassenleistung *f*; **minimum b.** 1. Mindestunterstützungssatz *m*; 2. *(Krankenvers.)* Regelleistung *f*; **monthly b.** *(Vers.)* Monatsgeld *nt*; **non-cash b.** Sachleistung *f*; **non-contributory b.s** beitragsfreie Leistungen; **non-effective b.s** unwirksame Leistungen; **normal b.** Regelleistung *f*; **obligatory b.** Pflichtleistung *f*
old-age benefit Altersruhegeld *nt*, A.rente *f*; **~ insurance** Rentenversicherung *f*; **~ tax** *[US]* Sozialbeitrag *m*
one-parent/single-parent benefit Beihilfe für Alleinerziehende; **potential b.** möglicher Nutzen; **preferential b.** *(Erbschaft)* Vorversorgung *f*; **primary b.** *(Vers.)* Grundrente *f*; **for the public b.** im öffentlichen Inter-

esse; **recurrent b.s** wiederkehrende Leistungen; **short-time b.** Kurzarbeitergeld *nt*; **separate b.** *(Sozialvers.)* Einzelleistung *f*
social benefit(s) 1. Sozialhilfe *f*, S.leistungen *pl*, Fürsorgeleistung(en) *f/pl*, Wohlfahrtsleistungen *pl*; 2. *(VWL)* positive externe Effekte, gesamtwirtschaftlicher/volkswirtschaftlicher Nutzen; **contractual s. b.s** tarifliche Sozialleistungen; **s. b. costs** Soziallasten; **~ expenses** soziale Aufwendungen
standard benefit|s *(Vers.)* Grundleistungen; **statutory b.** gesetzliche/staatliche Sozialleistung
supplementary benefit *[GB]* Sozialhilfe *f*; **to be on s. b.** Sozialhilfeempfänger sein; **s. b. expenditure** Sozialhilfeaufwendungen *pl*; **~ level** Sozialhilfeniveau *nt*
tangible benefits 1. tatsächlicher Nutzen; 2. Sachaufwand *m*; **unjustified b.** ungerechtfertigte Bereicherung; **weekly b.** *(Vers.)* Wochengeld *nt*
benefit (from sth.) *v/i* Nutzen/Vorteil ziehen (aus), Vorteil haben (von), profitieren (von), zugute kommen, Nutzen bringen; **b. so.** jdm nützen; **b. tax-wise** steuerlich profitieren
benefit analysis Nutzwertanalyse *f*; **b. association** *[GB]* /**club** *[US]* Versicherungsverein auf Gegenseitigkeit (VVaG), Unterstützungsverein *m*; **mutual b. association** Solidargemeinschaft *f*; **b. case** Leistungsfall *m*; **b. certificate** Berechtigungsschein *m*; **b. claim** Anspruch auf Sozialhilfe, Unterstützungsanspruch *m*; **b. clause** Begünstigungsklausel *f*; **b. concession** *[US]* Verzicht auf Sozialleistungen; **b.-cost analysis** Nutzen-Kosten-Analyse *f*; **b. cuts** 1. *(Vers.)* Leistungskürzung *f*, L.einschränkung *f*; 2. Unterstützungskürzung *f*; **b. entitlement** 1. Anspruch auf Sozialhilfe; 2. *(Vers.)* Leistungsanspruch *m*; **b. fund** Versicherungsfonds *m* (auf Gegenseitigkeit), Wohltätigkeitsfonds *m*, Zuschusskasse *f*; **mutual b. fund** Solidarkasse *f*; **b. increase** Leistungsverbesserung *f*; **b. maximization** Nutzenmaximierung *f*; **b.s maze** *(fig)* Leistungsdschungel *m (fig)*; **b. obligation** *(Vers.)* Leistungspflicht *f*; **b. package** Sozialpaket *nt*; **b. payment** 1. Versicherungsleistung *f*; 2. Unterstützungszahlung *f*; **b. period** 1. *(Vers.)* Leistungszeitraum *m*, L.dauer *f*; 2. Unterstützungszeitraum *m*; **b. principle** Äquivalenz-, Nutzen-, Vorteilsprinzip *nt*; **b. range** *(Vers.)* Leistungsbereich *m*; **b. rate** *(Vers.)* Leistungssatz *m*; **b. rates** *(Vers.)* Leistungshöhe *f*; **standard b. rate** Sozialhilfesatz *m*; **b. recipient** Leistungs-, Zuschuss-, Versorgungs-, Beihilfeempfänger(in) *m/f*; **b. regime** Sozialhilfeordnung *f*; **b. regulation** Leistungsvorschrift *f*; **b. society** 1. Wohltätigkeits-, Unterstützungsverein *m*, Versicherungsverein auf Gegenseitigkeit (VVaG); 2. Bausparkasse *f*; **mutual b. society** Solidarverein *m*; **b. structure** *(Vers.)* Leistungsstruktur *f*; **b. system** *(Sozialfürsorge)* Versorgungssystem *nt*
benevo|lence *n* Wohl-, Mildtätigkeit *f*; **b.lent** *adj* gemeinnützig, wohltätig; **~ fund** Unterstützungskasse *f*, Wohltätigkeitsfonds *m*
benign *adj* gütig, gutartig
bent *adj* krumm; **b. on** erpicht/gerichtet auf

benzin(e) *n* ⊕ Waschbenzin *nt*
bequeath *v/t* (testamentarisch/durch Testament) vermachen, Vermächtnis aussetzen, letztwillig verfügen, hinterlassen, vererben, vermachen; **b.able** *adj* hinterlassungsfähig, testierbar; **b.er** *n* Erblasser *m*, Testator *m*
bequest *n* Vermächtnis *nt*, Legat *nt*, Erbe *nt*, Nachlass *m*, testamentarische Verfügung, Hinterlassenschaft *f*, Aussetzung eines Vermächtnisses; **to make a b.** Vermächtnis aussetzen; **conditional b.** bedingtes Legat; **residuary b.** Nachvermächtnis *nt*
the bereaved *pl* die Hinterbliebenen
bereavement *n* Todes-, Trauerfall *m*; **b. damages** *[GB]* Nichtvermögensschaden durch Verlust eines Familienangehörigen
Berne Copyright Convention Berner Urheberrechtskonvention; **B. gauge** ⚒ europäisches Lademaß
berth *n* 1. ⚓ Anker-, Anlege-, Schiffsliegeplatz *m*, Dock *nt*; 2. ⚓/⚒ Koje *f*, Bett(platz) *nt/m*; **to give so./sth. a wide b.** *(fig)* großen Bogen um jdn/etw. machen, jdm/etw. aus dem Wege gehen
deep-water berth ⚓ Liegeplatz für Hochseeschiffe; **loading b.** Lade-, Verladeplatz *m*, V.kai *m*; **lower b.** ⚓/⚒ unteres Bett; **roll-on/roll-off b.** ⚓ Anker-/Liegeplatz für kranlose Verladung; **unloading b.** ⚓ Löschplatz *m*; **upper b.** ⚓/⚒ oberes Bett
berth *v/t* ⚓ am Kai festmachen, docken, anlegen
berthage *n* ⚓ Anlegegebühr(en) *f/pl*, Hafengeld *nt*, Kaigebühr *f*
berth cargo Auffüllladung *f*; **b. charge** Kaigebühren *pl*; **b. freighting** Stückgutbefrachtung *f*, S.versand *m*; **b. rate** Stückguttarif *m*; **b. reservation** ⚓/⚒ Bettplatzbelegung *f*; **b. term(s) (b.t.)** ⚓ Platzbedingung(en) *f*; **b. ticket** ⚓/⚒ Bettkarte *f*
beseech *v/t* ersuchen, angehen
bespoke *adj* nach Maß, auf Bestellung, einzelgefertigt, maßgearbeitet, Maß-, Sonder-
best *adj* beste(s, r), äußerst; **at b.** 1. *(Börse)(Verkauf)* bestens, bestmöglich; 2. *(Börse)(Kauf)* billigst; 3. günstigsten-, bestenfalls, am besten, im günstigsten/besten Fall; **b. possible** bestmöglich, optimal; **b. before** *(Lebensmittel)* haltbar bis, Mindesthaltbarkeit *f*
to be at one's best in Hochform sein; **to do one's b.** sich nach besten Kräften bemühen, sein Bestes tun; **to close at the day's b.** *(Börse)* zu Tageshöchstkursen schließen; **to come off second b.** den Kürzeren ziehen *(coll)*; **to finish below the day's b.** unter Tageshöchstkursen abschließen; **to make the b. of sth.** das Beste aus etw. machen
best *v/t* *[US]* übertreffen, übersteigen
bestir o.s. *v/refl* sich regen/bequemen
bestow *v/t* 1. schenken, zuwenden, geben, spenden; 2. *(Titel)* verleihen; **b.al** *n* 1. Schenkung *f*, Zuwendung *f*, Gabe *f*; 2. *(Titel)* Verleihung *f*
best|seller *n* Bestseller *m*, Verkaufsschlager *m*, Reißer *m*; **b.-selling** *adj* meistgekauft, m.verkauft, am besten gehend, bestgehend
bet *n* Wette *f*, Wetteinsatz *m*; **all the b.s are off** die Wetten gelten nicht mehr; **to accept a b.** Wette annehmen;

to hedge one's b.s auf Nummer sicher gehen *(coll)*; **to make a b.** Wette abschließen; **hedged b.** abgesicherte Wette; **safe b.** *(fig)* sichere Sache
bet *v/ti* wetten, einsetzen, Wette abschließen
beta distribution *n* ▦ Beta-Verteilung *f*
bête noire *n (frz.)* schwarzes Schaf *(fig)*
better o.s. *v/refl* sich verbessern, vorwärtskommen
better *adj (Börse)* fester; **for b. or for worse** auf Gedeih und Verderb; **b. off** bessergestellt; **to be ~ (financially)** sich besser stellen; **to change for the b.** sich mausern; **to get the b. of so.** jdn in den Sack stecken *(coll)*, jdm den Rang ablaufen; **to think the b. of it** sich eines Besseren besinnen
betterment *n* 1. Wertzuwachs *m*, W.steigerung *f*, (Qualitäts)Verbesserung *f*; 2. Aufwand, durch den die Nutzungsdauer verlängert, die Kapazität vergrößert oder die Kosten gesenkt werden; **b. charge** Erschließungsbeitrag *m*; **b. levy/tax** Planungsgewinn-, Wertzuwachssteuer *f*
betting *n* Wetten *nt*; **illegal b.** verbotenes Wetten
betting book Wettbuch *nt*; **b. charge/levy** Wettgebühr *f*; **b. debt** Wettschuld *f*; **b. duty** Wettsteuer *f*; **short-term b. money** kurzfristige Spekulationsgelder *pl*; **b. office/shop** Wettbüro *nt*, W.annahmestelle *f*, W.lokal *nt*; **b. pool** Wettgemeinschaft *f*; **b. slip** Wettzettel *m*, W.schein *m*; **b. tax** (Renn)Wettsteuer *f*; **b. winnings** Wettgewinne
beverage *n* Getränk *nt*; **alcoholic/fermented b.s** alkoholische Getränke; **alcoholic b. tax** Steuer auf alkoholische Getränke
beverage can Getränkedose *f*; **b. industry** Getränkeindustrie *f*; **b. tax** Getränkesteuer *f*
beware of *v/i* sich hüten vor, sich in Acht nehmen vor
bewilder *v/t* verwirren; **b.ed** *adj* perplex, verwirrt; **b.ing** *adj* verwirrend
beyond *prep* über, hinaus, länger als; **to be b. so.** *(fig)* jds Horizont übersteigen *(fig)*, über ~ gehen *(fig)*; **to live at the back of b.** *(coll)* am anderen Ende der Welt wohnen *(coll)*
biannual *adj* halbjährlich; *n* Halbjahreszeitschrift *f*
bias *n* 1. Befangenheit *f*, Unausgewogenheit *f*, Voreingenommenheit *f*, Vorurteil *nt*, vorgefasste Meinung, Einseitigkeit *f*; 2. ▦ Nichterwartungstreue *f*, verzerrter systematischer Fehler; 3. *(Zeitung)* Tendenz *f*, Parteilichkeit *f*, Ausrichtung *f*; **without b.** unvoreingenommen
downward bias 1. Abwärts-, Baissetendenz *f*; 2. ▦ Verzerrung nach unten; **inherent b.** systematischer Fehler; **procedural b.** systematischer Fehler in der Erhebung, systematischer Erhebungsfehler; **selective b.** selektive Verzerrung, verzerrte Auswahl; **upward b.** Verzerrung nach oben
bias *v/t* beeinflussen; **b. so. towards/against sth.** *v/t* jdn für/gegen etw. einnehmen
bias adjustment ▦ Tendenzbereinigung *nt*
biased *adj* 1. voreingenommen, befangen; 2. tendenziös, unausgewogen, einseitig, parteilich; 3. ▦ mit systematischen Fehlern; **to be b.** Partei sein
biblio|graphy *n* Bibliografie *f*, Literatur-, Schriften-, Quellenverzeichnis *nt*, Schriften-, Schrifttumsnachweis *m*; **b.phile** *n* Bücherliebhaber *m*, B.freund *m*
bicentenary *n [GB]* ; **bicentennial** *n [US]* Zweihundertjahrfeier *f*
bickering over responsibilities *n* Kompetenzgerangel *nt*
bicycle *n* Fahrrad *nt*; **collapsible/folding b.** Klappfahrrad *nt*; **b. chain** Fahrradkette *f*; **b. and motorcycle industry** Zweiradindustrie *f*; **b. insurance** Fahrradversicherung *f*; **b. pump** Luftpumpe *f*; **b. stand** Fahrradstand *m*
bid *n* 1. (Kauf)Angebot *nt*, Gebot *nt*, Offerte *f*, Kaufgesuch *nt*, K.offerte *f*; 2. *(Börse)* Geld(kurs) *nt/m*, Nehmer *m*; 3. *[US]* Lieferungsangebot *nt*, Kostenvoranschlag *m*; 4. Submission(sofferte) *f*, (Kauf)Antrag *m*; **in a b. to** in dem Bemühen, bei dem Versuch; **on b.** Verkaufsauftrag für kleine Mengen; **no b.** passé *(frz.) (coll)*
bid and asked *(Börse)* Geld und Brief; **quotations** Geld- und Briefkurse; **b.s and offers** Käufe und Verkäufe; **closing b. and asked prices** Geld- und Briefkurse
to lodge a bid Übernahmeangebot vorlegen; **to make a b.** bieten; **~ a b. for the leadership** Führungsanspruch anmelden; **~ a b. for power** nach der Macht greifen; **~ no b.** passen; **to mount a b.** Kaufangebot unterbreiten; **to put in a b.** Angebot abgeben; **to raise the b.** höher bieten, Gebot erhöhen; **to retract a b.** Angebot zurückziehen
abortive bid erfolgloses Übernahmeangebot, fehlgeschlagener Übernahmeversuch; **agreed b.** abgestimmtes Gebot; **all-cash b.** reines Bargebot; **closing b.** letztes/höchstes Gebot, Höchstgebot *nt*; **come-on b.** subventioniertes Angebot; **firm b.** Festgebot *nt*, festes Gebot; **first b.** Erstgebot *nt*, erstes Gebot; **higher b.** Mehr-, Übergebot *nt*; **highest b.** Höchst(an)gebot *nt*, höchstes/letztes Gebot, Letztangebot *nt*, Meistgebot *nt*; **hostile b.** feindliches Übernahmeangebot; **later b.** Nachgebot *nt*; **last b.** letztes Gebot; **low b.** preisgünstiges Angebot; **lower b.** Untergebot *nt*; **lowest/minimum b.** Billigstgebot *nt*, geringstes Gebot, Mindestgebot *nt*; **open b.** offenes Angebot; **opening b.** *(Auktion)* erstes Gebot; **rigged b.** Scheingebot *nt*; **sealed b.** versiegeltes Submissionsangebot; **syndicated b.** Gemeinschaftsangebot *nt*; **uncontested b.** unangefochtenes Übernahmeangebot; **unit-price b.** Einheitspreisangebot *nt*; **winning b.** Zuschlagsangebot *nt*, Z.submission *f*
bid *v/t* bieten, (Lieferungs-/Preis)Angebot machen, sich um einen Auftrag bewerben, Gebot machen/abgeben, mitbieten, offerieren, Offerte abgeben; **b. away** *(Arbeitskräfte)* abwerben; **b. for** sich bewerben um; **b. in** einsteigern, überbieten; **b. off** *(Ausschreibung)* Zuschlag erteilen; **b. up** *(Preis)* in die Höhe treiben, hochtreiben, h.bieten
bid *adj* geboten
bid analysis Prüfung von Angeboten; **b.-ask close** *(Börse)* Geld-Brief-Schlusskurs *m*; **~ spread** Spanne zwischen Geld- und Briefkurs; **b. battle** Übernahmeschlacht *f*, Übernahmekampf *m*; **b. bond** Bietungs-,

bid closing

Ausschreibungs-, Submissionsgarantie *f*; **b. closing** Einreichungsschluss *m*; **~ date** Submissionsschluss *m*; **b. comparison** Angebotsvergleich *m*; **b.-proof** *adj* vor der Übernahme sicher; **b. target** Ziel der Übernahme
bidder *n* 1. Bieter *m*, Bietender *m*, (Submissions)Bewerber *m*, Submittent *m*, Offertsteller *m*; 2. Steigerer *m*; **no b.s** keine (Kauf)Interessenten; **to auction off/sell to the highest b.** meistbietend verkaufen/versteigern
base bidder Hauptbieter *m*; **competing b.s** konkurrierende Bewerber; **competitive b.** Gegenbieter *m*; **highest b.** Meist-, Höchst-, Bestbietender *m*, Ersteher *m*, Ersteigerer *m*; **individual b.** Einzelbieter *m*; **last and highest b.** Letztbietender *m*; **lowest b.** Mindestbietender *m*, M.forderer *m*, billigster Anbieter; **successful b.** 1. *(Auktion)* Ersteher *m*, Ersteigerer *m*; 2. Auftragnehmer *m*, erfolgreicher Submittent/Anbieter; **would-be b.** 1. Übernahmeinteressent *m*; 2. interessierter Bieter
bidder coalition Anbietergemeinschaft *f*; **b.s' ring** Angebotsring *m*
bidding *n* 1. Steigern *nt*, Bieten *nt*, (Preis)Gebot *nt*; 2. Submissionsangebot *nt*, Abgabe eines Angebots; 3. interne Stellenausschreibung; **at the b. of** auf Geheiß von **to do so.'s bidding** jdm gehorchen, jdm hörig sein; **inflationary b. up of prices** inflatorische Preissteigerungen; **b. most** meistbietend; **to raise the b.** Preis in die Höhe treiben; **to win the b.** *(Ausschreibung)* den Zuschlag erhalten
advertised bidding öffentliche Ausschreibung; **collusive b.** abgekartete/manipulierte Angebotsabsprache, Anbieterabprache bei Submissionen; **competitive b. (on a tender basis)** 1. freihändige Vergabe, Submissionsverfahren *nt*, Ausschreibungswettbewerb *m*; 2. Emissionsausschreibung *f*
bidding cartel Submissionskartell *nt*; **b. period** Ausschreibungs-, Submissionsfrist *f*; **b. price** 1. Bietungskurs *m*, Erstangebot *nt*; 2. erstes Gegenangebot; **minimum b. price** *(Anleiheausschreibung)* Mindestbietungskurs *m*; **b. problem** Bietproblem *nt*; **b. procedure** Vergabeverfahren *nt*; **b. process** Submissionsverfahren *nt*; **b. rate** Bietungskurs *m*; **b. syndicate** Ausschreibungs-, Bietungskonsortium *nt*, Bietergemeinschaft *f*
bid|s evaluation Offertenbeurteilung *f*, Sichtung der Angebote; **b. filing** *(Ausschreibung)* Meldung der Angebotspreise; **b. form** Angebotsformular *nt*; **on the b. front** *(Börse)* auf der Nachfragerseite; **b. guarantee** Angebots-, Bietungsgarantie *f*; **b. hopeful** übernahmeverdächtiger Wert; **b. invitation** *[US]* öffentliche Ausschreibung; **b. opening** Angebotseröffnung *f*; **b. price** 1. gebotener Preis, Preisgebot *nt*, Angebotsbetrag *m*; 2. Kaufkurs *m*, Rückkauf-, Rücknahmekurs *m*, R.preis *m*; 3. *(Börse)* Geld *nt* (G.g), Geld-, Nachfragekurs *m*; **b. process** Ausschreibungsverfahren *nt*; **b.-prone** *adj* übernahmeverdächtig; **b. quotation** Geldkurs *m*; **b. talk** Übernahmegerüchte *pl*; **b. terms** 1. Übernahmebedingungen; 2. Angebotsbedingungen; **b. value** Rücknahmewert *m*

biennial *adj* zweijährig
bi|furcate *v/i* sich gabeln; **b.furcation** *n* (Straßen)Gabelung *f*
big *adj* groß; **to talk b.** seinen Mund aufreißen *(coll)*, große Töne spucken *(coll)*, schwadronieren
bigamist *n* [§] Bigamist *m*; **b.gamous** *adj* in Bigamie lebend; **b.gamy** *n* Bigamie *f*, Doppelehe *f*
Big Bang *(fig) [GB]* Börsenreform von 1986; **B. Board** New Yorker Börse; **B. Four** *[GB]* größte britische Banken *(Barclays Bank, Lloyds Bank, Midland Bank, National Westminster Bank)*
biggest-selling meistverkauft
bight *n* Bucht *f*
Big Three *US-Autohersteller (Chrysler, Ford, General Motors)*
bigwig *n* *(coll)* hohes Tier *(coll)*, Bonze *m* *(coll)*; **b.s** *(coll)* Prominenz *f*, Honoratioren, Spitzen der Gesellschaft
bike *n* *(coll)* (Fahr)Rad *nt*; **to get on one's b.** sich aufs Rad setzen, ~ Fahrrad schwingen, aufs Fahrrad steigen; **collapsible/folding b.** Klapp(fahr)rad *nt*
bilateral *adj* zwei-, beidseitig, bilateral; **b.ism** *n* Bilateralismus *m*, Gegenseitigkeitsprinzip *nt*
bilberry *n* *[GB]* ℬ Heidelbeere *f*
bilge *n* ⚓ Bilge *f*; **b. pump** Lenzpumpe *f*
bilingual *adj* zweisprachig; **b.ism** *n* Zweisprachigkeit *f*
bilk *v/t* *(Zeche)* prellen, nicht bezahlen; **b.er** *n* Zechpreller *m*
bill *n* 1. Rechnung *f* (für Dienstleistungen), Faktura *f*, Nota *f*, Abrechnung *f*; 2. *(freie Berufe)* Liquidation *f*; 3. Wechsel(abschnitt) *m*, Tratte *f*; 4. Quittung *f*; 5. Verzeichnis *nt*; 6. Kontoauszug *m*; 7. Schein *m*, Papier *nt*; 8. *[US]* Banknote *f*; 9. Urkunde *f*, Dokument *nt*, Bescheinigung *f*; 10. Gesetzes-, Parlamentsvorlage *f*, Gesetzentwurf *m*; 11. Plakat *nt*, **b.s** Wechselmaterial *nt*, Papiere, **b. on us** Wechsel auf uns
bill of acceptance Akzept *m*, akzeptierter Wechsel; **b. out for acceptance** zur Annahme geschickter Wechsel; **b. of accommodation** Schuldschein *m*; **~ admeasurement** Messbrief *m*; **~ adventure** ⚓ Bodmereibrief *m*, B.vertrag *m*, Risikoerklärung *f*; **~ attainder** [§] Parlamentsverurteilung *f*; **~ gross adventure** ⚓ Bodmereivertrag *m*; **b. under its own ban** Schuldschein *m*, S.anerkennung *f*; **b. (payable) to bearer** Inhaberwechsel *m*; **b. of bottomry** ⚓ Bodmereibrief *m*; **~ carriage** 🚂 Frachtbrief *m*; **~ charges** Gebühren-, Kostenrechnung *f*; **b.s and checks** *[US]* **/cheques** *[GB]* Wechsel- und Scheckbestand *m*; **b.s in circulation** Tratten-, Wechsel-, Akzeptumlauf *m*, Wechsel im Umlauf, umlaufende Wechsel; **b. of clearance** ⊖ Klarierungs-, Zollabfertigungsschein *m*; **b. for/of collection** Inkasso-, Einzugswechsel *m*, Wechsel zum Inkasso; **b.s for collection** Guthaben auf Inkassokonto; **~ book** Wechselbuch für Inkassowechsel; **b. of complaint** Beschwerdeschrift *f*; **~ consignment** Frachtbrief *m*; **~ conveyance** Speditionsrechnung *f*; **~ costs** *[GB]* Honorarfestsetzung *f*, H.rechnung *f*, Gebührenrechnung *f*, Kostenverzeichnis *nt*, K.liquidation *f*, Prozesskostenaufstellung *f*, (Un)Kosten-, Spesen-, Ausgabenrech-

nung *f*; **taxed ~ costs** *[US]* [§] Kostenfestsetzung(sbescheid/-sbeschluss) *f/m*; **~ credit** ungesicherter Schuldschein, Kreditkassenschein *m*; **b. in foreign currency** Auslandswechsel *m*, Wechsel in ausländischer Währung; **b. on customers** Kundenwechsel *m*; **b. of customs** ⊖ Zollgebührenrechnung *f*; **b. after date** Datowechsel *m*; **b.s at the day's quotation** Devisen zu Tageskursen; **b. of debt** Schuldschein *m*, S.enanerkenntnis *f*; **~ delivery** Liefer-, Begleit-, Ausfolge-, Ablieferungsschein *m*; **b. on demand** Sichtwechsel *m*; **~ deposit** Depot-, Pensions-, Kostwechsel *m*; **b. of discount** Diskontnote *f*, Wechsel zum Diskont; **b. in distress** notleidender Wechsel; **b. against documents** Wechsel gegen Dokumente; **b. with documents attached** Wechsel mit anhängenden Papieren; **b. of emption** Kaufvertrag *m*, K.brief *m*; **b. for encashment** Wechsel zum Inkasso; **b. of entry** ⊖ Deklarationsschein *m*, (Zoll)Eingangs-, Einfuhrdeklaration *f*, E.erklärung *f*, E.zollschein *m*, Importdeklaration *f*, I.erklärung *f*, Zolldeklaration *f*, Zolleinfuhr-, Z.eingangsschein *m*, Z.antrag *m*
bill of exchange (B/E) Wechsel *m*, Tratte *f*; **b.s of e. on hand** Wechsel im Bestand; **b. of e. drawn for third-party account** Kommissionstratte *f*, K.wechsel *m*; **~ on a merchant** kaufmännische Anweisung; **b.s of e. payable** Verbindlichkeiten aus Wechseln
to accept a bill of exchange Wechsel akzeptieren/querschreiben; **to draw a b. of e. on** Wechsel ausstellen/ziehen auf; **to endorse a b. of e.** Wechsel indossieren/girieren; **to guarantee a b. of e.** Wechsel garantieren; **to honour a b. of e.** Wechsel einlösen/honorieren; **to issue a b. of e.** Wechsel ausstellen
approved bill of exchange erstklassiger Wechsel; **clean b. of e.** reiner Wechsel; **commercial b. of e.** gewerblicher Wechsel; **counterfeit b. of e.** falscher/gefälschter Wechsel; **domiciled b. of e.** domizilierter Wechsel; **first b. of e.** Originalwechsel *m*, Wechselprima *f*; **foreign b. of e.** Auslandswechsel *m*, ausländischer Wechsel; **fourth b. of e.** Quartawechsel *m*; **guaranteed b. of e.** Bürgschafts-, Sicherheits-, Avalwechsel *m*, avalierter Wechsel; **inland b. of e.** Inlandswechsel *m*; **multi-maturity b. of e.** Ratenwechsel *m*; **non-negotiable b. of e.** Rektawechsel *m*; **pawned b. of e.** sicherungsübereigneter Wechsel; **second b. of e.** Sekundawechsel *m*, Wechselsekunda *f*; **single/sole b. of e.** Eigen-, Solawechsel *m*
Bills of Exchange Act *[GB]* Wechselgesetz *nt*; **b. of e. law** Wechselrecht *nt*; **~ liability** wechselrechtliche Verpflichtung
bill of exchequer Schatzanweisung *f*; **~ expenses** Spesenrechnung *f*; **~ fare** Menu *nt (frz.)*, Speisekarte *f*; **~ fees** Honorarrechnung *f*, Liquidation *f*; **~ foreclosure** Vollstreckungsantrag *m*; **~ freight** Frachtbrief *m*; **~ goods** Güterbündel *m*; **final ~ goods** *(OR)* Endnachfrage *f*, autonome Nachfrage; **b. on goods** Wechsel gegen Abtretung der Warenforderung; **b.s in hand** Wechselportefeuille *f*, W.bestand *m*
bill of health Gesundheitszeugnis *nt*, G.pass *m*, (Gesundheits)Attest *nt*; **clean ~ health** einwandfreies Gesundheitszeugnis, reiner Gesundheitspass, positives Gesundheitsattest, Persilschein *m (coll)*; **foul ~ health** negatives Gesundheitsattest
bill of indictment [§] Anklageschrift *f*; **to prefer a ~ indictment** Anklageschrift vorlegen; **voluntary ~ indictment** *[US]* Anklageerhebung auf Initiative eines obersten Richters; **b. at interim** Interimswechsel *m*
bill of lading (B/L) Konnossement *nt*, See-, Schiffsfrachtbrief *m*, Güterbegleit-, Verladeschein *m*, V.zeugnis *nt*, Ladebrief *m*; **~ to bearer** Inhaberkonnossement *nt*, auf den Inhaber ausgestelltes Konnossement; **~ to order** Orderkonnossement *nt*; **~ to a named person** Namenskonnossement *nt*; **~ for shipment by sailing vessels** Segelschiff-Konnossement *nt*; **~ marked "freight prepaid"** Konnossement mit dem Vermerk „Fracht bezahlt"
to accomplish a bill of lading Seefrachtbrief durchführen/fertigstellen; **to make out a b. of l.** Konnossement ausstellen
alongside bill of lading Längsseit-Konnossement *nt*; **blank b. of l.** Blankokonnossement *nt*; **certified b. of l.** beglaubigtes Konnossement; **claused b. of l.** eingeschränktes Konnossement; **clean b. of l.** echtes/reines Konnossement, Konnossement ohne Vorbehalt/Einschränkung; **collective/combined/consolidated** *[US]* **/general/global/grouped/omnibus b. of l.** Sammel(ladungs)konnossement *nt*, S.frachtbrief *m*; **dirty/foul b. of l.** unreines/eingeschränktes Konnossement, Konnossement mit eingeschränktem Vermerk; **full b. of l.** volles Konnossement; **inland b. of l.** Binnenkonnossement *nt*; **inward b. of l.** Einfuhr-, Importkonnossement *nt*; **local b. of l.** Lokalkonnossement *nt*; **marine b. of l.** Seekonnossement *nt*; **multimodal b. of l.** multimodales Konnossement; **negotiable b. of l.** Inhaber- oder Orderkonnossement *nt*; **non-negotiable b. of l.** Namenskonnossement *nt*; **on-board b. of l.** Bordkonnossement *nt*; **outward b. of l.** Export-, Ausfuhrkonnossement *nt*; **partial b. of l.** Teilkonnossement *nt*; **previous b. of l.** Vorkonnossement *nt*; **received-for-shipment b. of l.** Übernahme-, Empfangskonnossement *nt*; **shipped b. of l.** Verschiffungs-, Bord-, Abladekonnossement *nt*; **spent/stale b. of l.** erloschener Frachtbrief, veraltetes Frachtpapier; **straight b. of l.** Names-, Rektakonnossement *nt*, nicht übertragbarer Ladeschein, auf den Namen ausgestelltes Konnossement, nicht begebbarer Namensfrachtbrief; **through b. of l.** Transit-, Durchfuhr-, Durch(fracht)konnossement *nt*, Durch-B/L *nt*, Durchgangsfrachtbrief *m*, durchgehendes Konnossement/Frachtpapier; **unclean b. of l.** unreines/fehlerhaftes Konnossement, Konnossement mit einschränkendem Vermerk; **uniform b. of l.** Normalkonnossement *nt*
minimum bill of lading charge Mindest-, Minimalfracht *f*; **b. of l. clause** Konnossementklausel *f*; **~ , & c. clause** Konnossement- usw.-Klausel *f*; **~ contract** Konnossements-, Stückgutvertrag *m*
bill of lodgment Inkassoauftrag *m*; **~ materials** Materialliste *m*, M.schein *m*, Stückliste *f*; **b. to mature** lau-

fender Wechsel; **b. about to mature** in Kürze fällig werdender/fälliger Wechsel; **b.s and money** Brief und Geld; **b. to order** Orderwechsel *m*; **b. of overseas drawee** Überseetratte *f*; **b. at par** Paritäts-, Pariwechsel *m*; **b. of parcels** *(Einkäufer)* spezifizierte Rechnungsaufstellung; **b. of particulars** [§] ergänzender Schriftsatz, spezifizierte Klageschrift; **b.s in portfolio** Wechselbestand *m*, W.portefeuille *nt*; **b. of protest** Protesturkunde *f*; ~ **quantity** 🗮 Aufmaß *nt*, Kostenvoranschlag *m*; **b. of quantities** 1. Leistungsverzeichnis *nt*; 2. Materialauszug *m*, Mengen-, Stückliste *f*; ~ **receipts and expenditures** Einnahmen- und Ausgabenrechnung *f*, Überschussrechnung *f*; **b. of rights** Grundrechte *pl*, G.gesetz *nt*, G.rechtskatalog *m*
bill of sale 1. Kaufvertrag *m*, K.kontrakt *m*, K.brief *m*, Verkaufsurkunde *f*; 2. Übereignung *f*, Sicherungsübereignung (svertrag) *f/m*, Übereignungsvertrag *m*, Ü.urkunde *f*, Materialschuldverschreibung *f*, Pfandverschreibung *f*; 3. *[US]* Liefervertrag *m*, L.schein *m*; **to execute a ~ sale** Kaufvertrag erfüllen; **absolute ~ sale** Übereignungsvertrag *m*; **conditional ~ sale** Sicherungsübereignungsvertrag *m*
bill of security; bill pledged as security lombardierter Wechsel, Garantie-, Sicherheitswechsel *m*; **b.s in a set** Wechsel in mehrfacher Ausfertigung; **b. in full settlement** Ausgleichswechsel *m*; **b. after sight** Nachsichtwechsel *m*; **b. at sight** Sichtwechsel *m*; **b. of sight** ⊖ Zollerlaubnisschein *m*; ~ **specie** Sorten(kurs)zettel *m*, Bordereau-, Stückeverzeichnis *nt*; ~ **store** ⊖ Wiedereinfuhrgenehmigung *f*, W.einfuhrschein *m*; ~ **sufferance** ⊖ Zollpassierschein *m*, Erlaubnis zollfreier Warenausfuhr von Hafen zu Hafen; ~ **taxes** Steuerbescheid *m*; ~ **tonnage** ⚓ Messbrief *m*; **b. at usance** Usowechsel *m*, auf Usozeit ausgestellter Wechsel; **b. of wages, salaries and ancillary costs** Arbeitskosten *pl*; ~ **weight** Waage-, Gewichtsschein *m*, Wiegenote *f*
bill|s accepted Wechseloblige *nt*, W.verbindlichkeiten; **b.s discounted** Bestand an Diskonten, Diskontverbindlichkeiten, indossierte Fremdwechsel, Wechselobligo *nt*; **b.s drawn** *(Bank)* eigene Ziehungen; **b. drawn by a bank** Bankziehung *f*; ~ **on a debtor** Debitorenziehung *f*; ~ **by a supplier** Lieferantenziehung *f*; **b.s due** fällige Wechsel; **b.s eligible for discount** Diskontmaterial *nt*; ~ **for rediscount** zentralbankfähige Wechsel; **b. made out to bearer** Inhaberwechsel *m*, auf den Inhaber lautender Wechsel; ~ **order** Orderwechsel *m*, auf Order lautender Wechsel; **b. noted for protest** protestierter Wechsel
bill|s payable (B.P.) 1. *(Bilanz)* fällige Rechnungen, Kreditoren; 2. fällige Wechsel, Schuld-, Passivwechsel, Akzeptobligo *nt*, A.verbindlichkeiten; 3. Verbindlichkeiten aus noch nicht eingelösten Wechseln, Wechselschulden; 4. Schuldwechselbuch *nt*, S.journal *nt*, Trattenbuch *nt*; **b.s and notes p.** *(Bilanz)* Wechselverbindlichkeiten; **b. p. at/on a fixed date** Tagwechsel *m*; ~ **on demand** Sichtwechsel *m*; ~ **at the end of the month** Ultimowechsel *m*; ~ **in instalments** Ratenwechsel *m*; ~ **at sight** Sichtwechsel *m*, **b.s p. book** Wechsel(verfall)buch *nt*

bills receivable (B.R.) 1. (ausstehende) Wechselforderungen, Akzeptobligo *nt*, Wechseldebitoren, Rimessen, laufende Akzepte, Besitz-, Aktiv-, Kundenwechsel, laufende Akzepte; 2. Wechsel(kopier)buch *nt*, W.journal *nt*; **b. r. account** Rimessenkonto *nt*
to accept a bill Wechsel anerkennen/annehmen/akzeptieren; ~ **b.s for collection** (Diskont)Wechsel zum Einzug/Inkasso hereinnehmen; ~ **b.s for discount** Wechsel zum Diskont hereinnehmen; ~ **a b. payable (at a bank)** Wechsel (bei einer Bank) domizilieren/zahlbar stellen; **to advise a b.** Wechsel avisieren; **to allow a b.** to be protested Wechsel zu Protest gehen lassen; **to amend a b.** Gesetzesvorlage/Gesetz abändern, Gesetzesänderung vornehmen; **to antedate a b.** Wechsel vorausdatieren; **to anticipate a b.** Wechsel vor Verfall einlösen/im voraus bezahlen; **to ask for the b.** Rechnung verlangen; **to back a b.** Wechsel indossieren; **to be on the b.** auf der Rechnung stehen; **to block a b.** Annahme eines Gesetzentwurfs verhindern; **to bring in a b.** Gesetzentwurf einbringen; ~ **a true b.** [§] Anklage für begründet erklären; **to carry a b.** Gesetz beschließen; **to cash a b.** Wechsel einziehen/einlösen/kassieren/vereinnahmen; **to check a b.** Rechnung prüfen; **to clear a b.** Wechsel einlösen/honorieren; **to collect a b.** 1. Rechnungsbetrag (ein)kassieren; 2. Wechsel einziehen; **to cover a b.** Wechseldeckung anschaffen; **to defeat a b.** Antrag zum Scheitern bringen; **to discharge a b.** Wechsel einlösen/honorieren/zahlen; **to discount a b.** Wechsel diskontieren/ankaufen/hereinnehmen; **to dishonour a b.** Wechsel zu Protest gehen/platzen lassen, ~ nicht honorieren/anerkennen/annehmen/einlösen, ~ Not leiden lassen, Zahlung eines Wechsels verweigern; **to domicile a b. with a bank** Wechsel bei einer Bank domizilieren/zahlbar stellen; **to draft a b.** Gesetzentwurf ausarbeiten
to draw a bill Wechsel ziehen; ~ **a long-dated b.** *(Wechsel)* lang ziehen; ~ **in a b.** Wechsel einlösen/honorieren; ~ **b.s in sets** Kopiewechsel ziehen; ~ **a b. on so.** Wechsel auf jdn ziehen; ~ **a b. on so. at sight** Sichtwechsel auf jdn ziehen; ~ **up a b.** Gesetzentwurf ausarbeiten
to enact a bill Gesetzentwurf verabschieden; **to encash a b.** Inkasso eines Wechsels vornehmen, Wechsel einziehen/in bar einlösen; **to endorse a b.** Wechsel mit Akzept/Giro versehen, ~ girieren; **to find a true b.** [§] Anklage annehmen; **to fit the b.** *(coll)* passen, passend sein; **to foot the b.** Zeche (be)zahlen, (Un)Kosten tragen/übernehmen, Rechnung begleichen/bezahlen; **to forge a b.** Wechsel fälschen; **to get so.'s b. ready** Rechnung für jdn fertig machen; **to guarantee a b.** Wechsel avalieren/mit Bürgschaft versehen
to have a bill collected Wechsel zum Inkasso geben; ~ **discounted** Wechsel diskontieren, ~ zum Diskont geben; ~ **noted/protested** Wechsel zu Protest gehen/protestieren lassen, Protest aufnehmen lassen
to hold over a bill Wechsel prolongieren
to honour a bill 1. Wechsel honorieren/einlösen/anerkennen/decken/begleichen/bezahlen; 2. Rechnung bezahlen; ~ **when due** Wechsel bei Fälligkeit einlösen

to introduce a bill *(Parlament)* (Gesetzes)Vorlage einbringen, Gesetzentwurf vorlegen; **to issue a b.** Wechsel ausfertigen/ausstellen; **to itemize a b.** Rechnung spezifizieren; **to kill a b.** *(coll) (Parlament)* Antrag zu Fall/zum Scheitern bringen, Vorlage/Entwurf ablehnen
to make out a bill 1. Rechnung aufsetzen/ausfertigen/ausstellen/schreiben, fakturieren; 2. Wechsel ausstellen; ~ **a b. payable (at a bank)** Wechsel (bei einer Bank) zahlbar stellen/domizilieren; ~ **to order** Wechsel an Order ausstellen
to meet a bill Wechsel zahlen/einlösen/honorieren; **to negotiate a b.** Wechsel begeben; **to note a b.** Wechsel protestieren lassen, Wechselprotest erheben; **to obstruct a b.** Gesetzentwurf blockieren; **to offer a b. for discount** Wechsel zum Diskont einreichen; **to pass a b.** Gesetz(entwurf) verabschieden/annehmen, Vorlage verabschieden; **to pawn a b.** Wechsel lombardieren; **to pay a b.** 1. Rechnung bezahlen; 2. Wechsel einlösen/zahlen; **to pick up the b.** 1. Rechnung bezahlen, Ausgaben übernehmen; 2. *(fig)* das Nachsehen haben; ~ **for sth.** etw. auf seine Kappe nehmen *(coll)*; **to pilot a b. through parliament** Vorlage durchbringen; **to present a b.** Gesetzentwurf einbringen; ~ **for acceptance** Wechsel zur Annahme/zum Akzept vorlegen; **to prolong a b.** Wechsel prolongieren/verlängern; **to protect a b.** Wechsel/Tratte schützen; ~ **at maturity** Wechsel bei Verfall einlösen; **to protest a b.** Wechsel zu Protest gehen lassen, Annahme protestieren, Wechsel aufnehmen/protestieren, Wechselprotest erheben; **to provide a b. with acceptance** Wechsel mit Akzept versehen; **to railroad** *(fig)*/**rush a b. through parliament** Gesetz(entwurf) durchpeitschen; **to receipt a b.** Rechnung quittieren; **to rediscount a b.** Wechsel rediskontieren/weitergeben; **to refuse to back a b.** Giro verweigern; **to reject a b.** 1. Gesetzesvorlage verwerfen/**[US]** zurückstellen; 2. Wechsel abweisen; **to render a b.** Rechnung vorlegen; **to renew a b.** Wechsel prolongieren/verlängern; **to retire a b.** Wechsel vor Fälligkeit einlösen/honorieren; **to return a b.** Wechsel retournieren/zurückschicken; **to run up a b.** Rechnung auflaufen lassen; **to settle a b.** Rechnung begleichen/ausgleichen; **to shelve a b.** Gesetzesvorlage zurückstellen; **to shoulder a b.** Rechnung begleichen; **to sight a b.** Wechsel mit Sichtvermerk versehen, ~ zum Akzept vorlegen; **to stick a b. (on sth.)** Plakat ankleben; **to sue no a b.** Wechselklage erheben; **to table a b.** Gesetz(esvorlage) einbringen, Gesetzentwurf vorlegen/einbringen; **to take up a b.** Wechsel honorieren/einlösen; **to throw out a b.** Gesetzentwurf ablehnen/verwerfen; **to water down a b.** Gesetzentwurf verwässern

accepted bill (angenommenes) Akzept, angenommener Wechsel; **addressed b.** Domizilwechsel *m*; **advance b.** 1. Vorausrechnung *f*; 2. Vorschusswechsel *m*, vor Lieferung ausgestellte Tratte; **after-date b.** Zeit-, Nachsicht-, Datowechsel *m*; **amending b.** *(Parlament)* Ergänzungsvorlage *f*; **back b.s** Aufstellung über Zahlungsrückstände; **backed b.** avalierter Wechsel;

bankable b. bankfähiger/diskontfähiger Wechsel; **bank-on-bank b.** Bank-auf-Bank-Ziehung *f*; **bank-on-trader b.** Bank-auf-Wirtschaft-Ziehung *f*; **blank b.** offener Wechsel, Blankowechsel *m*, Wechselblankett *nt*; **bogus b.** fingierter Wechsel, Scheinwechsel *m*; **circulating b.** umlaufender Wechsel; **clean b.** reine Tratte, einwandfreier/dokumentfreier Wechsel; **collateral(ized) b.** Depot-, Lombard-, Sicherungs-, Sicherheits-, Vorschusswechsel *m*; **commercial b.** Waren-, Handelswechsel *m*, H.rimesse *f*, gewerblicher Wechsel; **dated b.** Präziswechsel *m*; **discharged b.** eingelöster/bezahlter Wechsel; **discountable b.** diskontierbarer/diskontierfähiger Wechsel, diskontierfähiges/bankfähiges Papier; **discounted b.** Diskontwechsel *m*, diskontierter/angekaufter Wechsel; ~ **b.s** Diskonten *pl*; **dishonoured b.** Protestwechsel *m*, notleidender/unakzeptierter Wechsel; **documentary b.** Dokumententratte *f*, D.wechsel *m*, Tratte mit Dokumenten; **domestic b.** Inlandswechsel *m*, inländischer Wechsel; **domiciled b.** Domizilwechsel *m*, domizilierter Wechsel, domizilierte Tratte, Zahlstellenwechsel *m*; **due b.** Schuldverschreibung *f*, Promesse *f*; **duplicate b.** Wechselduplikat *nt*; **eligible b.** rediskontierbarer Wechsel, rediskontierfähiger/(zentral)bankfähiger Wechsel; **enabling b.** *(Parlament)* Ermächtigungsgesetz *nt*; **endorsed b.** girierter Wechsel; **environmental b.** *(Parlament)* Gesetzesvorlage auf dem Gebiet des Umweltschutzes; **exorbitant b.** überhöhte Rechnung; **external b.** Auslandswechsel *m*, **fictitious b.** Reit-, Kellerwechsel *m*; **financial b.** Finanzwechsel *m*; **fine/first-class b.** *[GB]* sicherer/erstklassiger/feiner Wechsel; **fixed-date b.** Tagwechsel *m*; **foreign b.** Fremdwährungs-, Auslandswechsel *m*, A.akzept *nt*, Wechsel in ausländischer Währung, ausländischer Wechsel; **forged b.** gefälschter Wechsel; **fortnightly b.** Mediowechsel *m*; **guaranteed b.** avalierter Wechsel; **honoured b.** eingelöster Wechsel; **hybrid b.** *(Parlament)* gemischte Gesetzesvorlage; **inchoate b.** nicht vollständig ausgefüllter Wechsel; **industrial b.** Industrieakzept *nt*; **inland b.** Inland(s)wechsel *m*; **interim b.** 1. Interimsscheinwechsel *m*; 2. Zwischenrechung *f*; **itemized b.** aufgeschlüsselte Rechnung; **local b.** Platzwechsel *m*; **long(-dated/long-term) b.** langfristiger/langer Wechsel, Datowechsel *m*, Wechsel auf lange Sicht; **made b.** indossierter/girierter Wechsel; **matured b.** abgelaufener Wechsel; **medical b.** Arztrechnung *f*; **mercantile b.** Warenwechsel *m*; **ministerial b.** *(Parlament)* Regierungsvorlage *f*; **one month's b.** Monatswechsel *m*; **negotiable b.** übertragbarer/handelsfähiger Wechsel; **negotiated b.** weitergegebener/begebener Wechsel; **non-negotiable b.** nur durch Abtretung übertragbarer Wechsel; **non-value b.** Gefälligkeitswechsel *m*, G.akzept *nt*; **noted b.** protestierter Wechsel; **original b.** Primär-, Originalwechsel *m*, Wechselprima *f*; **out-of-town b.** Versand-, Distanzwechsel *m*; **outstanding b.** unbezahlte Rechnung; **overdue b.** überfälliger/notleidender Wechsel; **paid b.** bezahlte Rechnung; **past-due/past-time b.** verfallener Wechsel; **pawned b.** Depotwechsel *m*, lombardierter Wechsel; **payable b.** fäl-

penal **bill** 112

liger Wechsel; **penal b.** Schuldurkunde mit festgesetzter Konventionalstrafe; **postdated b.** vordatierte Rechnung, vorausdatierter Wechsel; **prima/primary/ prime b.** Prima-, Primärwechsel *m*, vorzüglicher/erstklassiger/feiner/sicherer Wechsel, Wechselprima *f*; ~ **b.s** prima Diskonten; **private (member's) b.** *(Parlament)* Privatgesetzentwurf *m*; **pro-forma b.** Scheinwechsel *m*; **protested b.** zu Protest gegangener/protestierter Wechsel, Protestwechsel *m*; **raised b.** durch Werterhöhung gefälschte Banknote; **real b.** echter Wechsel; **receipted b.** saldierte/quittierte Rechnung; **rediscountable b.** refinanzierungsfähiger Wechsel, Rediskonttitel *m*; **rediscounted b.** weitergegebener Wechsel; **redrafted b.** Rikambio(wechsel) *nt/m*; **renewed b.** Prolongations-, Verlängerungswechsel *m*; **returned b.** Retour-, Umkehr-, Rückwechsel *m*; **separate b.s** getrennte Rechnung(en); **short(-dated/short-sighted/short-term) b.** kurzfristiger/kurzer Wechsel, Inkassowechsel *m*, Wechsel auf kurze Sicht, ~ mit kurzer Restlaufzeit; **single b.** Eigen-, Solawechsel *m*; **spurious b.** *[US]* falscher Geldschein; **standard b.** Einheitswechsel *m*; **supplemented b.** 1. § erweiterter Schriftsatz; 2. *(Parlament)* Ergänzungsantrag *m*, E.gesetz *nt*; **three-months' b.** Dreimonatswechsel *m*, D.papier *nt*; **uncovered b.** ungedeckter Wechsel; **unmatured b.** laufender Wechsel; **unpaid b.** unbezahlte/offene/unerledigte Rechnung
bill *v/t* 1. fakturieren, berechnen, in Rechnung stellen, Rechnung ausstellen/ausschreiben; 2. *(Programm)* ankündigen, plakatieren; **b. back** in Rechnung stellen
bill|s account Wechselkonto *nt*, W.rechnung *f*; **b.s overdue account** Konto überfälliger Wechsel; **b.back** *n* Rückbelastung *f*; **b. basis** Wechselbasis *f*
billboard *n* Werbefläche *f*, Anschlagtafel *f*, A.fläche *f*, Reklamefläche *f*, R.wand *f*, Plakatwand *f*, P.tafel *f*, Aushang *m*, Litfaßsäule *f*, Werbeschild *nt*, Anschlagbrett *nt*; **entire b.** Ganzstelle *f*; **b. advertising** Plakat-, Anschlagwerbung *f*
bill book Rimessen-, Wechselbuch *nt*, W.kladde *f*, Tratten-, Wechselkopierbuch *nt*, W.logierbuch *nt*, W.verfallbuch *nt*; **b. broker** *[GB]* Wechselmakler *f*, W.händler *m*, W.agent *m*, Diskontgeber *m*, D.makler *m*; **b. brokerage commission** Wechselcourtage *f*; **b. broking** Wechselhandel *m*; **b. business** Wechselgeschäft *nt*; **b. case** *(Bank)* Wechselportefeuille *nt*, W.bestand *m*; **b. charges** Wechselspesen; **b. check** *[US]* /**cheque** *[GB]* **exchange procedure** Wechselscheckverfahren *nt*
bill collection Wechseleinzug *m*, W.inkasso *nt*; ~ **charges** Wechseleinzugsspesen; ~ **order** Wechseleinzugsauftrag *m*
bill collector Wechselinkassobüro *nt*; **b. commission** Wechselcourtage *f*; **b. commitments** Wechselobligo *nt*, W.obligationen; **b. commitment record book** Wechselobligobuch *nt*; **b. copying book**; **b. diary** Wechselkopierbuch *nt*, W.(logier)buch *nt*, W.verfallbuch *nt*; **b. cover(age)** Wechseldeckung *f*; **b. credit** Wechselkredit *m*; **b. creditor** Giro-, Wechselgläubiger(in) *m/f*, W.inhaber(in) *m/f*; **b. debt** Wechselverbindlichkeit *f*, W.schuld *f*; **b. debtor** Wechselverpflichtete(r) *f/m*, W.schuldner(in) *m/f*, Giroschuldner(in) *m/f*; **b. department** Wechselabteilung *f*; **b. diary** Wechselverfallbuch *nt*; **b. discount (rate)** Wechseldiskontsatz *m*; **b. discounter** Wechseldiskontierer *m*; **b. discounting** Wechseldiskontierung *f*, Akzepteinlösung *f*; ~ **charges** Wechseldiskontierungsspesen; **b. discount note** Wechselabrechnung *f*; **b. dodging** 1. Wechselreiterei *f*; 2. Zechprellerei *f*; **b. dodger** 1. Wechselreiter *m*; 2. Zechpreller *m*
billed *adj* berechnet, in Rechnung gestellt
bill endorsement Wechselindossament *nt*, W.indossierung *f*; **(summary) b. enforcement proceedings** Wechselprozess *m*
billet *n* 1. ⌀ Knüppel *m*; 2. ⚔ Quartier *nt*, Unterkunft *f*; *v/t* einquartieren
bill explosion Stücklistenauflösung *f*; **b. file** Wechselregistratur *f*, W.register *nt*; **b. finance** Wechselfinanzierung *f*; **b.fold** *n* *[US]* Geldschein-, Brieftasche *f*; **b. forger** Banknoten-, Wechselfälscher *m*; **b. forgery** Banknoten-, Wechselfälschung *f*; **b. form** Wechselvordruck *m*; **b. guarantee** Wechselbürgschaft *f*, W.garantie *f*; **b.head** *n* (gedrucktes) Rechnungsformular, R.kopf *m*, R.vordruck *m*, Kopf der Rechnung; **b.holder** *n* Wechselinhaber(in) *m/f*, W.besitzer(in) *m/f*, W.gläubiger(in) *m/f*; **b. holding record book** Wechselskontor *nt*; **b. holdings** Wechselportefeuille *nt*, W.bestand *m*, Akzeptbestand *m*,
billing *n* 1. Berechnung *f*, Fakturieren *nt*, Fakturierung *f*, Rechnungsausstellung *f*, R.(er)stellung *f*, R.ausfertigung *f*; 2. Werbung *f*, Publicity *f*; 3. Etat/Umsatz einer Werbeagentur, Agenturumsatz *m*; **b.s** 1. in Rechnung gestellte Beträge; 2. *(Werbung)* (Werbe)Umsatz *m*; **b. guidebook** Fakturahandbuch *nt*; **b. for private patient treatment** ⚕ Privatliquidation *f*; **b. of a project** Projektabrechnung *f*
dated billing Verlängerung des Zahlungsziels durch Rechnungsvordatierung; **final b.** Schlussabrechnung *f*; **monthly b.** Sammelfaktura *f*, monatliche Abrechnung; **partial b.** Teilabrechnung *f*
billing clerk Fakturist(in) *m/f*; **b. date** Rechnungsdatum *nt*; **b. department** Fakturier-, Fakturen-, Rechnungsabteilung *f*; **b. error** Rechnungs-, Fakturierungsfehler *m*; **b. file** Rechnungsdatei *f*; **(automatic) b. machine** Fakturierautomat *m*, F.maschine *f*; **b. method** Fakturier(ungs)methode *f*; **intercompany/internal b. price** interner Verrechnungspreis; **b. period** Rechnungsperiode *f*; **b. statement** Rechnungsauszug *m*; **b. system** Fakturierungssystem *nt*
billion (bn) *n* *[US]* /*[GB]* Milliarde *f*; **b.s** Milliardensumme *f*
billionaire *n* Milliardär(in) *m/f*
bill jobber Wechselreiter *m*, W.spekulant *m*; **b. jobbing** Wechselreiterei *f*, W.spekulation *f*; **b. ledger** Wechselskontro *nt*, Trattenkopierbuch *nt*, Wechsel(logier)buch *nt*, W.verfallbuch *nt*; **b. liability** wechselmäßige/wechselrechtliche Verpflichtung; **b. market** Diskont-, Wechselmarkt *m*; **b. payer loan** *[US]* 1. Anschaffungsdarlehen *nt*; 2. (Einzelhandels)Kunden-

kredit *m*; **automatic b. paying** Zahlung durch Dauerauftrag bzw. Abbuchung; **b.s only policy** *[US]* Beschränkung der Offenmarktpolitik auf dem Geldmarkt; **b.s preferable policy** *[US]* Ausdehnung der Offenmarktpolitik auf Staatsanleihen; **b.poster; b.sticker** *n* Plakat(an)kleber *m*, P.anschläger *m*, Plakateur *m*; **b.-posting; b.sticking** *n* Plakatierung *f*, Anschlagwerbung *f*; **b. protest** Wechselprotest *m*; **b. rate** 1. Wechseldiskontsatz *m*; 2. Zinssatz für Schatzwechsel; **b. register** Trattenkopier-, Wechseleingangs-, Wechselverfall-, Wechsel(kopier)-, Wechsellogierbuch *nt*, W.journal *nt*; **b. remittance** Wechselüberweisung *f*; **b. stamp** Wechselsteuer-, ~(stempel)marke *f*; ~ **duty** Wechselsteuer *f*; **b. surety** Wechselbürge *m*; **b. tax** Wechselsteuer *f*; **b. trader** Händler in Schatzwechseln; **b. transaction** Wechselgeschäft *nt*; **b. usury** Wechselwucher *m*; **b. voucher** Rechnungsgutschein *m*
bimetal|lic *adj* bimetallisch; **b.lism** *n* Doppelwährung *f*, Bimetallismus *m*
bimodal *adj* ▦ bimodal, zweigipflig
bimonthly *adj* alle zwei Monate, zwei-, halbmonatlich, zweimal im Monat
bin *n* Behälter *m*, Transporteinheit *f*; **b. for recyclables** Wertstoffbehälter *m*
binary *adj* binär
binational *adj* Zweinationen-
bin card Behälter-, Lagerzettel *m*, Lager(fach)-, Lagerplatz-, Materialbestandskarte *f*
bind *v/t* ⌂ einbinden; *v/refl/v/t* 1. (sich) verpflichten, (sich) binden; 2. [§] (durch Bürgschaft) verpflichten, etw. zu tun bzw. zu unterlassen; 3. verwarnen
binder *n* 1. *[US]* Ablageordner *m*; 2. *(Vers.)* (vorläufige) Deckung(szusage), vorläufiger Versicherungsschein/ V.vertrag, vorläufige Versicherungspolice; 3. vorläufiger Vertrag; 4. *(Grundstück)* Vor(verkaufs)vertrag *m*; 5. ⚙ Binder(maschine) *m/f*; **b. and reaper** ⚙ Mähbinder *m*; **loose-leaf b.** Ringbuch *nt*, Sammelmappe *f*, **spring-back b.** Ringmappe *f*
binding *n* ⌂ Einband *m*; **adhesive b.** Klebeheftung *f*
binding *adj* 1. bindend, verbindlich, mit bindender Kraft, zwingend; 2. *(Vertrag)* unkündbar; **not b.** freibleibend, unverbindlich; **b. on** bindend für; **b. in its entirety** in allen Teilen verbindlich; ~ **honour only** [§] auf Treu und Glauben; **b. on all parties/persons** [§] mit Wirkung für und gegen alle
to be binding *(Verpflichtung)* gelten; **to declare sth. b.** etw. für verbindlich erklären; **to make sth. b.** etw. verbindlich machen; **to remain b.** verbindlich bleiben
generally binding allgemein verbindlich; **legally b.** rechtsgültig, rechtsverbindlich, rechtlich bindend; **mutually b.** mit gegenseitiger Verbindlichkeit
binding space ⌂ Heftrand *m*
bin management Lagerplatzverwaltung *f*; **b. number** Behälternummer *f*
binoculars *pl* Fernglas *nt*, Feldstecher *m*
binominal *adj* binominal
bin reserve getrennt gelagerte Vorräte; **b. tag** Lagerortkarte *f*
bio|chemical *adj* biochemisch; **b.chemist** *n* Biochemiker(in) *m/f*; **b.chemistry** *n* Biochemie *f*
bio|degradable *adj* biologisch zersetzbar/abbaubar; **b.diversity** *n* biologische Vielfalt; ~ **convention** Artenschutzabkommen *nt*; **b.engineering** *n* Gentechnologie *f*, Biotechnik *f*
biograph|er *n* Biograf *m*; **b.y** *n* Biografie *f*, Lebensgeschichte *f*; **short b.y** Kurzbiografie *f*
bio|logical *adj* 🌿 biologisch (angebaut); **b.logist** *n* Biologe *m*, Biologin *f*; **marine b.logist** Meeresbiologe *m*; **b.logy** *n* Biologie *f*; **marine b.logy** Meeresbiologie *f*
bio|mass *n* Biomasse *f*; **b.metrics** *n* Biometrie *f*; **b.-sphere** *n* Biosphäre *f*; **b.technology** *n* Biotechnologie *f*, B.technik *f*
bi|partisan; b.partite *adj* 1. Zweiparteien-; 2. *(zwei Parteien)* gemeinsam; **b.plane** *n* ✈ Doppeldecker *m*
bird of passage *n* Zugvogel *m*; **a b. in the hand is worth two in the bush** *(prov.)* ein Spatz in der Hand ist besser als eine Taube auf dem Dach *(prov.)*
early bird *(coll)* Frühaufsteher *m*; **the ~ catches the worm** *(prov.)* Morgenstunde hat Gold im Munde *(prov.)*; **migrant b.** Zugvogel *m*; **queer b.** *(coll)* schräger Vogel *(coll)*; **b.'s eye view** Vogelperspektive *f*
biro *n* Kugelschreiber *m*
birth *n* 1. Geburt *f*, Abstammung *f*; 2. *(Gesellschaft)* Entstehung *f*, Gründung *f*; **with few b.s** geburtenschwach; **b.s, marriages and deaths** *(Zeitung)* Familiennachrichten
to give birth to a child Kind zur Welt bringen; **to register a b.** Geburt beurkunden/melden
humble birth niedrige Abstammung; **illegitimate b.** uneheliche Geburt; **legitimate b.** eheliche Geburt; **live b.** Lebendgeburt *f*; ~ **b.s** Lebendgeborene *f*; **multiple b.** Mehrlingsgeburt *f*; **premature b.** Frühgeburt *f*, vorzeitige Geburt
birth announcement Geburtsanzeige *f*; **b. benefit** Geburtsbeihilfe *f*; **flat-rate b. benefit** Entbindungs(kosten)pauschale *f*; **b. certificate** Geburtsurkunde *f*, G.schein *m*; **b. cohort** Geburtsjahrgang *m*; **b. control** Familienplanung *f*, Geburtenkontrolle *f*, G.beschränkung *f*, G.regelung *f*
birthday *n* Geburtstag *m*; **b. party** Geburtstagsfeier *f*; **b. present** Geburtstagsgeschenk *nt*
birth|mark *n* ✝ Geburts-, Muttermal *nt*; **b. name** Geburtsname *m*; **b.place** *n* 1. Geburtshaus *nt*; 2. Geburtsort *m*
birth rate Geburtenhäufigkeit *f*, G.rate *f*, G.ziffer *f*, Geborenenziffer *f*; **crude b. r.** allgemeine Geburtenziffer (pro 1 000 Personen); **falling b. r.** Geburtenrückgang *m*, Rückgang der Geburtenrate; **with a high b. r.** geburtenstark; **with a low b. r.** geburtenschwach; **refined b. r.** Fruchtbarkeitsziffer *f*; **total b. r.** allgemeine Geborenen-/Geburtenziffer
birth registration Geburtenregistrierung *f*; **b. regulation** Geburtenregulierung *f*; **b.right** *n* Geburtsrecht *nt*, angestammtes/angeborenes Recht; **b. statistics** Geburtenstatistik *f*; **b. timing** Aufeinanderfolge der Geburten; **b. year** Altersjahrgang *m*
biscuit *n* Keks *m/nt*; **b.s** Gebäck *nt*; **that takes the b.** *(coll)* das ist (ja) das Letzte! *(coll)*, das übertrifft alles,

das ist der Höhepunkt, das schlägt dem Fass den Boden aus *(coll)*
bit *n* 1. Happen *m*, Bissen *m*; 2. Bisschen *nt*, Deut *m*; 3. kleinste Darstellungseinheit; 4. ▣ Binärziffer *f*, Bit *nt*; **b. by b.** Stück für Stück, scheibchenweise *(coll)*; **b.s and pieces** Kleinkram *m*, Siebensachen *pl*; **in ~ pieces** stückweise; **my ~ pieces** meine paar Sachen; **b.s per inch (bpi)** Bits pro Zoll; **b.s per second** Bits pro Sekunde
to do one's bit das Seine dazutun, seinen Teil beitragen; **to earn/make a b. on the side** *(coll)* ein Zubrot verdienen; **to put a b. to one side** etw. auf die hohe Kante legen
bitch *n* Hündin *f*
bit density ▣ Bitdichte *f*
bite *n* 1. Biss *m*, Happen *m*; 2. *(Insekt)* Stich *m*; **enormous b. to swallow** schwer zu verdauender Brocken; **to feel the b.** *(coll)* Einschränkung spüren
bite *v/i* 1. *(Maßnahme)* greifen, wirken, Wirkung zeigen; 2. ⚓ *(Anker)* fassen; **b. off more than one can chew** *(coll)* sich übernehmen, sich zuviel zumuten; **to begin to b.** *(Maßnahmen)* wirksam werden, sich auswirken, greifen
bit frequency Bitfrequenz *f*; **b. mask** Bitmaske *f*; **b. parallel** bitparallel; **b. pattern** Bitmuster *nt*; **b. rate** ▣ Übertragungs-, Bitgeschwindigkeit *f*, B.rate *f*; **b. serial** bitseriell; **b. string** Bitfolge *f*
once bitten twice shy *(prov.)* durch Schaden wird man klug *(prov.)*
bitter *adj* bitter, herb; **b.ness** *n* Bitterkeit *f*
bitumen *n* ♦ Bitumen *nt*, Erdharz *nt*, Asphalt *m*
bit vector ▣ Bitkette *f*
bi|variate *adj* ▦ zweidimensional; **b.weekly** *n* Halbmonatszeitschrift *f*; *adj* vierzehntägig, v.täglich
B/L → **bill of lading**
black *adj* schwarz; *n* Schwarze(r) *f/m*; **in b. and white** schwarz auf weiß, schriftlich; **to put sth. ~ white** etw. schriftlich niederlegen; **in the b.** in der Rentabilitäts-/Gewinnzone, in den schwarzen Zahlen, ~ Schwarzen *(coll)*, im Plus, ohne Schulden; **to be ~ b.** mit Gewinn/schwarzen Zahlen arbeiten, in der Gewinnzone liegen, schwarzeZahlen schreiben, Überschuss verzeichnen; **to break/get/go/move into the b.** Gewinnzone erreichen, Gewinn-/Ertragsschwelle überschreiten; **to return to the b.** in die Gewinnzone zurückkehren; **to stay in the b.** noch in den schwarzen Zahlen sein; **to swear b. and blue** *(coll)* stur und steif behaupten
black *v/t* 1. einschwärzen; 2. boykottieren, auf die schwarze Liste setzen; 3. bestreiken; **b. out** verdunkeln
black|ball *n* schwarze Wahlkugel; **~ so.** *v/t (fig)* gegen jdn stimmen
blackboard *n* (Wand-/Schul)Tafel *f*; **to clean/wipe the b.** Tafel wischen
blacken *v/t* (an)schwärzen
blacking *n* 1. Boykott(ierung) *m/f*, Blockade *f*; 2. Bestreiken *nt*
blackleg *n* *(pej.)* Streikbrecher(in) *m/f*
blacklist *n* schwarze Liste, Boykott-, Sperrliste *f*; *v/t* auf die schwarze Liste setzen; **to be b.ed** *adj* auf die schwarze Liste kommen; **b.ing** *n* geheimes Wettbewerbsverbot
blackmail *n* Erpressung *f*; **open to b.** erpressbar; **attempted b.** Erpressungsversuch *m*; **literary b.** förmliche Erpressung
blackmail *v/t* erpressen
blackmail|er *n* Erpresser(in) *m/f*; **b.ing** *n* Erpressung *f*; **b. letter** Erpresserbrief *m*
Black Maria *n* *[GB] (coll)* grüne Minna *(coll)*
black-marketing *n* Schwarzhandel *m*
blackout *n* 1. ⚡ Total-, Stromausfall *m*, S.sperre *f*, Verdunkelung *f*; 2. Nachrichtensperre *f*; 3. *(fig)* Gedächtnisschwund *m*, (geistige) Sperre; **mental b.** Kurzschlusshandlung *f*; **momentary b.** Bewusstseinslücke *f*
black|plate *n* ⚙ Schwarzblech *nt*; **b.smith** *n* (Grob-/Huf)Schmied *m*
blackspot *n* 1. Schandfleck *m*; 2. Gefahrenstelle *f*
blade *n* Klinge *f*
bladder *n* ⚕ Blase *f*
blame *n* 1. Schuld *f*, Verschulden *nt*; 2. (Schuld)Vorwurf *m*, Rüge *f*; **free from b.** unschuldig
to admit blame Schuld zugeben/auf sich nehmen; **to deny b.** Schuld abstreiten; **to fix b.** [§] Schuld feststellen; **to lay the b. on sth.** sich auf etw. hinausreden; **~ the b. on so./at so.'s door(step); to pin/put/stick the b. on so.; to shift the b. onto so.** jdm die Schuld/Verantwortung zuschieben, ~ Schuld geben/zuweisen, jdm den Schwarzen Peter zuschieben *(coll)*, jdn beschuldigen, jdn verantwortlich machen, jdm etw. anlasten, ~ in die Schuhe schieben *(coll)*; **to put the b. onto so. else** die Schuld auf einen anderen abwälzen; **to take the b. for sth.** die Schuld auf sich nehmen, den Kopf hinhalten *(coll)*, etw. auf seine Kappe nehmen *(coll)*
blame *v/t* zur Last legen, verantwortlich machen, tadeln, beschuldigen, Vorwürfe machen, (jdm) die Schuld geben/zuschieben; **partly to b.** mitschuldig; **b. so. for sth.** jdm etw. verargen; **not to b. so. for sth.** jdm etw. nicht verdenken; **b. sth. on so.** jdm etw. anlasten, ~ zur Last legen; **to be to b.** schuld sein; **~ equally to b.** zu gleichen Teilen schuldig sein; **to have o.s. to b.** sich selbst zuschreiben müssen
blame|less *adj* untadelig, unschuldig, schuldlos, unverschuldet; **b.worthy** *adj* tadelnswert, schuldig, verantwortlich
bland *adj* glatt, unverfänglich, unverbindlich
blank *n* 1. Zwischenraum *m*, Lücke *f*, Nichts *nt*; 2. Blankoformular *nt*, Formblatt *nt*, unbeschriebenes Blatt; 3. Leerzeichen *nt*; 4. (Münz)Rohling *m*, Blankett *nt*; **to draw a b.** Reinfall erleben, kein Glück haben, Niete ziehen *(coll)*; **to fill in the b.s** *(Formular)* Lücken/leere Stellen ausfüllen; **to leave (a) b.** unausgefüllt/leer/frei lassen, nicht ausfüllen, *(Text)* aussparen
blank *adj* blanko, leer, unausgefüllt, unbeschrieben, unbedruckt, unausgefertigt, unausgeschrieben; **to assign in b.** blanko übertragen; **to endorse in b.** blanko indossieren; **to make out in b.** in blanko trassieren; **to sign in b.** blanko unterzeichnen

blanket *n* (Bett)Decke *f*; **b. of fog** Nebeldecke *f*; **electric b.** Heizdecke *f*; **wet b.** *(coll)* Miesmacher *m*, Spaßverderber *m*; **woolen b.** Wolldecke *f*
blanket *adj* Pauschal-, Gesamt-, General-; **b. price** Pauschalpreis *m*; **b.-rate** *adj* pauschal
blast *n* (Luft)druckwelle *f*, Detonation *f*, Explosion *f*, Sturm *m*; **to go (at) full b.** *(coll)* auf Hochtouren laufen
blast *v/t* sprengen
blast furnace *n* ⚒ Hochofen *m*; ~ **plant** Hochofenanlage *f*
blasting *n* Sprengen *nt*, Sprengung *f*
blatant *adj* krass, eklatant, offensichtlich
blaze *v/i* lodern, lichterloh brennen; *n* Feuer(sbrunst) *nt/f*, Brand *m*, Lohe *f*; **b. of lights** Lichterglanz *m*
blazing *adj* lodernd, lichterloh
bleak *adj* öde, trostlos, kahl, trübe
bleed *v/ti* 1. bluten; 2. $ schröpfen, zur Ader lassen; 3. 🗋 Rand abschneiden; 4. 🚗 *(Bremse)* entlüften; **b. so. financially** jdn finanziell ausbluten; ~ **white** *(fig)* jdn bis aufs Blut aussaugen *(fig)*
bleeding *n* Schröpfung *f*
bleep *v/ti* *(coll)* 1. piepsen; 2. anpiepsen; **b.er** *n* Personenrufgerät *nt*, Funkrufempfänger *m*, Piep(s)er *m* *(coll)*
blemish *n* Makel *m*, Schönheitsfehler *m*, Schandfleck *m*; **without b.** makellos
blemish *v/t* beschädigen, verunstalten
blend *n* 1. Mischung *f*, Verschnitt *m*; 2. *(Öl)* Sorte *f*; *v/t* mengen, verschneiden
blend|er *n* [US] Mixer *m*, Küchenmaschine *f*; **b.ing** *n* Verschmelzen *nt*, Vermischen *nt*, (Ver)Mischung *f*, Verschneiden *nt*
blessing *n* Segen *m*; **a b. in disguise** ein Glück im Unglück; **to be a ~ disguise** sich nachträglich als Segen herausstellen; **to get so.'s b. for sth.** sich etw. absegnen lassen; **to give one's b.** (etw.) absegnen; **mixed b.** zweischneidiges Schwert *(fig)*
blight *n* 1. Verschandelung *f*, Schandfleck *m*; 2. 🌾 (Kartoffel)Fäule *f*; **urban b.** Verunstaltung des Stadtbildes, städtische Fehlplanung
blight *v/t* 1. (durch Brand) vernichten; 2. verschandeln
blimp *n* ✈ (Prall)Luftschiff *nt*
blind *n* Fenstervorhang *m*; **b.s** ⚒ Rolladen; **venetian b.** ⚒ Jalousie *f*
blind *v/t* blenden
blind *adj* blind; **to book b.** blind buchen; **b. man's dog** Blindenhund *m*
blindness *n* Blindheit *f*; **organizational b.** Betriebsblindheit *f*; **b. disability benefits** Blindenunterstützung *f*
blinkered *adj* betriebsblind, mit Scheuklappen (versehen), engstirnig
blinkers *pl* Scheuklappen *f*; **to put on the b.** sich Scheuklappen aufsetzen
blip *n* 1. ⚒ Ausreißer *m*; 2. *(Signal)* Piepsen *nt*
bliss *n* Glück *nt*, Seligkeit *f*, Wonne *f*
blister *n* $ Wasser-, Brandblase *f*; **b. pack(aging)** Durchdrück-, Sicht-, Folienpackung *f*, durchsichtige Packung
blizzard *n* Schneesturm *m*

bloated *adj* aufgebläht
bloc *n* *(frz.)* Block *m*; **economic b.** Wirtschaftsblock; **monetary b.** Währungsblock *m*
block *n* 1. Block *m*, Klotz *m*; 2. 🏢 Häuserblock *m*; 3. *(Aktien)* Paket *nt*; 4. Partie *f*; 5. 🗋 Klischee *nt*, Druckstock *m*; 6. *(Vordruck)* Feld *nt*; **b. of flats** Mehrfamilienhaus *nt*, Wohnblock *m*, W.gebäude *nt*, Mietskaserne *f* *(pej.)*, Etagen-, Mietshaus *nt*; **~ houses** Häuserblock *m*; **~ offices** Büroblock *m*; **~ shares** Aktienpaket *nt*, A.posten *m*, (Effekten-/Wertpapier)Paket *nt*
block *v/t* 1. blockieren, hemmen, (be)hindern, durchkreuzen; 2. *(Konto)* sperren; 3. *(Geld)* einfrieren, binden, festschreiben, festlegen; 4. verstopfen; **b. off** absperren; **b. up** absperren, blockieren
block address Blockadresse *f*
blockade *n* 1. ⚓ Blockade *f*, (Hafen)Sperre *f*; 2. *(Handel)* Sperrung *f*; **to enforce a b.** Blockade durchführen; **to impose a b.** Blockade verhängen; **to lift/raise a b.** Blockade/Sperrung aufheben; **to relax a b.** Blockade lockern; **to run a b.** Blockade durchbrechen; **to tighten a b.** Blockade verschärfen/verstärken
economic blockade Wirtschaftsblockade *f*; **naval b.** Seeblockade *f*
blockade runner ⚓ Blockadebrecher *m*
blockage *n* Blockierung *f*
block appropriation Globalbewilligung *f*; **b. averaging** Durchschnittsbesteuerung *f*; **b. booking** 1. Block-, Gruppenbuchung *f*, G.bestellung *f*; 2. Kopplungsverkauf *m*; 3. *(Werbung)* Gesamtauftrag *m*; **b.-buster product** *n* *(coll)* Marktrenner *m*; **b. check** Blockprüfung *f*; **b. control** Auftragsgruppenüberwachung *f*; **b. count** Blockanzahl *f*; **b. credit** Rahmen-, Globalkredit *m*; **b. diagram** Histogramm *nt*, Säulendarstellung *f*, S.graphik *f*, Säulen-, Stab-, Blockdiagramm *nt*; **b. discounting** *(Bankdiskont)* Sammelgeschäft *nt*
blocked *adj* gebunden, eingefroren, gesperrt
block financing Globalfinanzierung *f*; **~ agreement** Rahmenfinanzierungsvertrag *m*; **b. floating** 1. Gruppen-, Blockfloating *nt*; 2. *(EWS)* Schlange ohne Tunnel *(fig)*; **b. formation** Paket-, Blockbildung *f*; **b. grant** Global-, Pauschalzuweisung *f*, P.zuschuss *m*, globale Bewilligung, nicht zweckgebundener Regierungszuschuss (an Kommunen); **b. heating and generating plant** Blockheizkraftwerk *nt*; **b. hour** Blockstunde *f*
blocking *n* *(Konto)* (Verfügungs)Sperre *f*, Einfrieren *nt*, Festschreibung *f*, Festlegung *f*; **b. of an account** Kontosperre *f*, K.sperrung *f*, Sperrung eines Kontos; **~ deposits** Einlagenstilllegung *f*; **~ expenditures** Ausgabensperre *f*; **b. and fencing** Abblocken des Fortschritts durch Sperrpatente; **b. of property** Vermögenssperre *f*
blocking arrangement Stillhalteabkommen *nt*; **b. certificate** Sperrbescheinigung *f*; **b. clause** Sperrklausel *f*; **b. factor** Blockungsfaktor *m*; **b. mechanism** ⚙ Sperrvorrichtung *f*; **b. note** Sperrvermerk *m*; **b. order** Verfügungssperre *f*; **b. period** 1. Bindungsdauer *f*, B.frist *f*, Binde-, Festschreibungsfrist *f*; 2. *(Börse)* (Lieferungs)Sperre *f*, Sperr-, Festlegungsfrist *f*; **b. regulation** Sperrvorschrift *f*

block insurance *n* Sammel-, Pauschalversicherung *f*; **b. issue** Paketemission *f*; **b. length** Blocklänge *f*; **b. letter** 🗋 Druck-, Großbuchstabe *m*; **b. letters** Druck-, Blockschrift *f*, B.buchstaben; **b. licence** Pauschallizenz *f*, Gesamtgenehmigung *f*, pauschale Lizenz; **b. loading** Sammelverladung *f*; **b. lot** Blockposten *m*; **b.maker** *n* 🗋 Klischeehersteller *m*; **b. method** Blockmethode *f*; **b. movement** Blockverschiebung *f*; **b. offer** *(Kapitalanlage)* Paketangebot *nt*; **b. permit** Pauschalgenehmigung *f*; **b. policy** Pauschal-Sachversicherung *f*; **b. print** 🗋 Tafeldruck *m*; **b. release** (Freistellung für) Blockunterricht; **b. statement** Anweisungsblock *m*; **b. time** Blockzeit *f*; **b. trade/trading** *(Börse)* Block-, Pakethandel *m*; **b. trader** Pakethändler *m*; **b. transaction** *(Börse)* Paket(ver)kauf *m*; **b. vote** 1. Globalbewilligung *f*; 2. Stimmenblock *m*, geschlossene Stimmabgabe, Sammelstimme *f*; **b. vouching test** vollständige Prüfung einer Beleggruppe
blood *n* Blut *nt*; **related by b.** blutsverwandt
to donate blood Blut spenden; **to make so.'s b. boil** *(fig)* jds Blut zum Kochen bringen *(fig)*, jdn bis zur Weißglut reizen; **to run in the b.** in der Familie liegen; **to shed/spill blood** Blut vergießen; **to transfuse b.** Blut übertragen
blue blood blaues Blut; **in cold b.** meuchlerisch, kaltblütig; **new/young b.** *(fig)* frisches Blut *(fig)*, Nachwuchs *m*
blood alcohol *n* Blutalkohol *m*; ~ **content/level** Blutalkohol-, Promillegehalt *m*; ~ **limit** Promillegrenze *f*
blood bank Blutbank *f*; **b. brother** Blutsbruder *m*; **b. circulation** (Blut)Kreislauf *m*; **b.-curdling** *adj* markerschütternd; **b. donation** Blutspende *f*; **b. donor** Blutspender(in) *m/f*; **b. feud** Blutrache *f*; **b. group** Blutgruppe *f*; ~ **card** Blutpass *m*; **b.letting** *n* Aderlass *m*; **b. money** Blutgeld *nt*; **b. picture** Blutbild *nt*; **b. poisoning** Blutvergiftung *f*; **b. pressure** Blutdruck *m*; **b. relation** Blutsverwandte(r) *f/m*; **b. relationship** Blutsverwandtschaft *f*; **b. sample/specimen** Blutprobe *f*; **b.shed** *n* Blutvergießen *nt*; **b.-stained** *adj* blutig, blutbefleckt; **b.sucker** *n* Blutsauger *m*; **b. sugar level** (Blut)Zuckerspiegel *m*; **b. supply** Blutzufuhr *f*; **b. test** Blutprobe *f*, B.untersuchung *f*; **b. transfusion** Bluttransfusion *f*; **coronary b. vessel** Herzkranzgefäß *nt*
bloody *adj* blutig; **b.-minded** *adj* schikanös, niederträchtig; **b.-mindedness** *n* Niedertracht *f*
bloom *n* 🗋 Vorblock
bloomer *n* *(coll)* Stilblüte *f*
blooming mill *n* 🗋 Grobwalzwerk *nt*
blossom *v/i* blühen
blot *n* 1. (Tinten)Kleks *m*; 2. *(fig)* (Schand)Fleck *m*; **b. on the landscape** Verunstaltung des Landschaftsbildes, Verschandelung der Landschaft; **to be a ~ landscape** die Landschaft verschandeln
blot *v/t* beklecksen
blotter *n* 1. Tage(berichts)-, Orderbuch *nt*, Strazze *f*, Kladde *f*; 2. *[US]* Effektenstrazze *f*; 3. Löscher *m*
blotting pad *n* Löschblock *m*; **b. paper** Löschpapier *nt*, L.blatt *nt*
blow *n* Schlag *m*, Hieb *m*, Streich *m*, Stoß *m*; **at a single b.** mit einem Schlag; **b. below the belt** Tiefschlag *m*, Schlag unter die Gürtellinie; **b. of fortune** Schicksalsschlag *m*
to be a hard blow for so.; to come as quite a b. to so. jdm einen schweren Stoß versetzen, jdn schwer treffen; **~ to b.s** handgemein/handgreiflich werden; **to deal a b.** Schlag austeilen/versetzen; **to ward off a b.** Hieb/Schlag parieren, Stoß abwehren
fatal blow Todesstoß *m*; **heavy b.** empfindlicher Schlag
blow *v/ti* 1. blasen; 2. ⚡ *(Sicherung)* herausspringen; **b. up** 1. aufbauschen, hochspielen; 2. *(Foto)* vergrößern; 3. hochrechnen
blow-away *n* Beilage *f*
blowllamp *[GB]*; **b.torch** *[US]* *n* ✪ Lötlampe *f*; **b.-up** *n* 1. 🗋 Riesenformat *nt*; 2. *(Foto)* Vergrößerung *f*
out of the blue *n* aus heiterem Himmel, ganz plötzlich/unerwartet
blueprint *n* 1. Blau-, Lichtpause *f*, Pausenabzug *m*, Kopie *f*; 2. Entwurf *m*, Plan *m*, Projektstudie *f*; **to unveil a b. Plan** bekanntgeben
blueprint *v/t* 1. Blau-/Lichtpause machen, pausen; 2. planen
blunder *n* Fehlgriff *m*, Fauxpas *m* *(frz.)*, Lapsus *m*, Missgriff *m*, Schnitzer *m*; **to make a b.** einen Bock schießen *(coll)*; **colossal b.** kolossale Dummheit, Riesenfehler *m*; **medical b.** Kunstfehler *m*
blunder *v/i* einen Bock schießen *(coll)*, Missgriff tun, Schnitzer machen, Dummheit begehen
blunt *adj* 1. stumpf; 2. unverblümt, ungeschminkt; **to be b. with so.** mit jdm Fraktur/Tacheles reden *(coll)*
blur *v/t* verwischen
blurb *n* 1. *(Fernsehen)* Programmeinblendung *f*; 2. 🗋 *(Buch)* Waschzettel *m*, Klappentext *m*; 3. Werbetext *m*
blurred *adj* verschwommen, verwischt, unscharf
blustery *adj* ☁ stürmisch
board *n* 1. (Anschlag)Brett *nt*, A.tafel *f*, Wandtafel *f*; 2. ⚓ Bord *m*, Schiffsdeck *nt*; 3. Kost(geld) *nt*, Verpflegung *f*, Ver-, Beköstigung *f*, Pensionspreis *m*; 4. Amt *nt*, Behörde *f*; 5. (Unternehmens)Vorstand *m*, Aufsichtsrat *m*, Unternehmensleitung *f*, Verwaltungsrat *m*, Kollegium *nt*, Rat *m*, Präsidium *nt*, Direktion *f*, Direktorium *nt*; 6. Ausschuss *m*, Gremium *nt*, Komitee *nt*; **above b.** legal, regulär; **not ~ b.** unseriös; **across the b.** linear, pauschal, global, auf breiter Linie/Front, durch die Bank *(coll)*, Pauschal-; **on b.** ⚓/✈ an Bord, Bord-; **on the b.** im Vorstand/Direktorium/Verwaltungsrat/Aufsichtsrat
board of appeal [§] Beschwerdekammer *f*, B.senat *m*, B.stelle *f*; **enlarged ~ appeal** große Beschwerdekammer; **~ arbitration** Schlichtungs-, Vermittlungsausschuss *m*, Schlichtungsstelle *f*, Spruchkammer *f*, Schiedsrichterkollegium *nt*, S.amt *nt*, S.ausschuss *m*; **~ assessment** Steuerbehörde *f*; **~ audit** (Landes)Rechnungshof *m*; **~ brokers** Maklersyndikat *nt*; **~ censors** Filmprüfstelle *f*; **~ conciliation** Schlichtungsstelle *f*, Schiedsamt *nt*, S.ausschuss *m*; **~ control** Überwachungsbehörde *f*; **supreme ~ control** oberste Aufsichtsbehörde; **~ creditors** Gläubigerausschuss *m*; **~ Customs and Excise** *[GB]* Amt für Zölle und Ver-

brauchssteuern; **~ directors** 1. Aufsichtsrat *m*, Vorstand *m*, Verwaltung(srat) *f/m*, Direktorium *nt*, Unternehmens-, Firmenvorstand *m*; 2. *[US]* Börsenvorstand *m*; **~ executive/managing directors** Vorstand *m*; **~ of non-executive/non-managing directors** Aufsichtsrat *m*; **~ editors** Schriftleitung *f*; **~ education** Schul(aufsichts)behörde *f*; **~ examiners** Examens-, Prüfungsausschuss *m*, P.kommission *f*, P.gremium *nt*; **~ governors** 1. Kuratorium *nt*; 2. *(IWF)* Gouverneursrat *m*; 3. *(New Yorker Börse)* Börsenvorstand *m*; 4. Zentral-, Bundesbankrat *m*; 5. Schulaufsichtsrat *m*; **~ health** Gesundheitsamt *nt*; **B. of Inland Revenue** *[GB]* Finanz-, Steuerverwaltung *f*, oberste Finanz-/Steuerbehörde *f*; **b. of inquiry** Untersuchungskommission *f*; **b. and lodging** Vollpension *f*, Kost und Logis, Unterkunft und Verpflegung; **free ~ lodging** freie Unterkunft und Verpflegung, ~ Kost und Logis; **b. of management** Vorstand *m*, Direktorium *nt*, Direktionsgremium *nt*; **~ pardons** [§] Gnadeninstanz *f*; **~ review** [§] Rechtsmittel-, Überprüfungsbehörde *f*; **B. of Trade** 1. *[US]* Handelskammer *f*; 2. *(Chicago)* Warenbörse *f*; 3. *[GB] (obs.)* Wirtschafts-, Handelsministerium *nt*; **b. of trustees** 1. Aufsichtsrat *m*, Stiftungs(bei)rat *m*, S.vorstand *m*; 2. Treuhänderausschuss *m*, T.gremium *nt*, T.rat *m*, Verwaltungsrat *m*; **B. of Works** *[GB]* Bauamt *nt*, B.behörde *f*; **not quite above board** *(fig)* nicht ganz regulär; **free on b. (f.o.b.; FOB)** frei Schiff, ~ an Bord; **taking on b.** 1. Verbringung an Bord; 2. *(fig)* Annahme *f*, Übernahme *f*; **to act above board** offen handeln; **to appoint so. to the b.** jdn in den Vorstand/Aufsichtsrat aufnehmen, ~ berufen; **to be on the b.** im Vorstand/Aufsichtsrat sein, ~ sitzen; **~ delivered free on b. (f.o.b.)** frei an Bord zu liefern; **to discharge the b.** Vorstand/Aufsichtsrat entlasten, dem ~ Entlastung erteilen; **to elect a b.** Aufsichts-/Verwaltungsrat wählen; **~ so. to the b.** jdn in den Vorstand/Aufsichtsrat aufnehmen, ~ wählen; **to deliver on b. the vessel** an Bord des Schiffes liefern; **to go by the b.** 1. ⚓ über Bord gehen; 2. *(fig)* zugrunde gehen, unter den Tisch fallen *(fig)*; **~ on b.** an Bord gehen; **to join the b.** in den Verstand/Aufsichtsrat eintreten; **to put on b.** an Bord bringen; **~ sth. up on the b.** etw. ans Schwarze Brett schlagen; **to receive on b.** an Bord nehmen; **to report to the b.** dem Vorstand gegenüber verantwortlich sein; **to resign from the b.** Aufsichtsratmandat/Vorstandsamt niederlegen; **to ship on b.** an Bord verladen; **to sit on the (supervisory) b.** im Aufsichtsrat sitzen; **to sweep the b.** alle Preise gewinnen, abräumen *(fig)*; **to take on b.** 1. an Bord nehmen; 2. *(Vorschlag)* annehmen, übernehmen
administrative board Verwaltungsrat *m*; **advisory b.** (Verwaltungs)Beirat *m*, Beratungsausschuss *m*, Beraterkreis *m*, beratender Ausschuss; **arbitrative b.** Schiedsstelle *f*; **cautionary b.** Warntafel *f*; **corrugated b.** Wellpappe *f*; **editorial b.** Hauptschriftleitung *f*; **executive b.** (Haupt)Vorstand *m*, Exekutivrat *m*; **federal b.** Bundesgremium *nt*; **first b.** *(Börse)* erste Kursnotierung; **free b.** Freibord *nt*; **full b.** volle Verpflegung, Vollpension *f*; **governing b.** Hauptvorstand *m*; **half b.** Halbpension *f*; **local b.** Orts-, Regionalvorstand *m*; **main b.** Konzern-, Hauptvorstand *m*; **managing b.** Vorstand *m*; **~ member** Vorstandsmitglied *nt*; **medical b.** Ärzteausschuss *m*; **supervisory b.** Aufsichtsrat *m*, Kontrollausschuss *m*, K.behörde *f*, Aufsichtsamt *nt*, A.behörde *f*; **~ b's** Aufsichtsratsbericht *m*
board *v/ti* 1. ⚓ sich einbooten/einschiffen, entern, an Bord gehen; 2. *(Verkehrsmittel)* besteigen, zusteigen; 3. verpflegen, verköstigen; **b. out** in Kost geben; **b. up** (mit Brettern) vernageln/zunageln
boardable *adj* ⚓ enterbar
board appointment Berufung in den Vorstand; **b. candidate** Vorstandsanwärter *m*, V.kandidat *m*; **b. company** Übernahmekonsortium *nt*; **b. decision** Aufsichtsrats-, Vorstandsbeschluss *m*, Beschluss des Aufsichtsrats/Vorstands; **to approve the b.('s) decisions** Vorstand/Aufsichtsrat entlasten; **b. election** Aufsichtsrats-, Vorstandswahl *f*
boarder *n* 1. Pensionsgast *m*, Pensionär *m*, Kostgänger *m*; 2. Internatsschüler(in) *m/f*; **to take as a b.** in Pension nehmen
boarding *n* ⚓ Entern *nt*; **b. and search** Nachschau *f*; **~ searching of means of transport** ⊖ Überholung der Beförderungsmittel
boarding card 1. ⚓ Bord-, Einsteigekarte *f*; 2. ✈ Flugsteigkarte *f*; **b. clerk** Hafenbeamter *m*; **b. crew** Prisenbesatzung *f*
boarding house (Fremden)Pension *f*, Beherbergungsbetrieb *m*; **private b. h.** Privatpension *f*; **to keep a b. h.** Pension betreiben
boarding party ⚓ Durchsuchungskommando *nt*; **b. school** Internat(sschule) *f/nt*, Schule mit Internat, Heimschule *f*; **b. ticket** ✈ Flugsteigkarte *f*
board leadership principle Direktorialprinzip *nt*; **at b. level** auf Vorstands-/Aufsichtsratsebene, im Vorstand/Aufsichtsrat; **b. lot** 1. *(Börse)* feste Stückzahl für den Handel; 2. Handelseinheit *f*, handelsfähige Nominalgröße; **b. majority** Vorstands-, Aufsichtsratsmehrheit *f*; **b. meeting** Aufsichtsrats-, Verwaltungsrats-, Vorstandssitzung *f*, Sitzung des Aufsichtsrats/Verwaltungsrats/Vorstands/Direktoriums, Präsidialsitzung *f*; **b. member** Aufsichtsrats-, Verwaltungsrats-, Vorstands-, Direktoriums-, Präsidialmitglied *nt*, Mitglied des Aufsichtsrats/Vorstands/Direktoriums; **retiring b. member** ausscheidendes Aufsichtsrats-/Vorstandsmitglied; **b. mill** Kartonagenfabrik *f*; **b. proposal** Verwaltungsvorschlag *m*
boardroom *n* 1. Führungs-, Vorstandsetage *f*; 2. Sitzungssaal *m* (des Direktoriums), Sitzungs-, Vorstandszimmer *nt*; 3. Börsensaal *m*; **corporate b.** Vorstandsetage *f*
boardroom change Vorstandswechsel *m*, Wechsel im Vorstand/Verwaltungsrat, Veränderung in der Vorstand/Aufsichtsrat; **b. pay bill** Aufsichtsrats-, Vorstandsbezüge, Aufwendungen für Aufsichtsrat und Vorstand; **b. politics** Firmenklüngel *m (pej.)*; **b. reshuffle/shake-up** Umbesetzung(en) in der Führungsetage/im Vorstand/auf der Vorstandsetage, Stühlerücken im Vorstand *(fig)*; **b. row** Auseinandersetzung in der Unternehmensleitung
board structure Leitungsorganisation *f*; **single-tier b.**

s. einstufiges Leitungssystem; **two-tier b. s.** zweistufiges Leitungssystem
board system Kollegialsystem *nt*
boast *v/ti* 1. sich rühmen, prahlen, sich brüsten, angeben; 2. aufweisen; **b.ful** *adj* prahlerisch, angeberisch; **b.fulness** *n* Kraftmeierei *f*, Prahlerei *f*; **b.ing** *n* Prahlerei *f*, Schaumschlägerei *f (coll)*
boat *n* Boot *nt*, Schiff *nt*, Fähre *f*, Kahn *m*; **by b.** mit dem Schiff; **in the same b.** *(fig)* in der gleichen Lage **to bail/bale out a boat** Wasser aus dem Boot schöpfen; **to be in the same b.** in der gleichen Lage sein, im gleichen Boot sitzen *(fig)*; am gleichen Strang ziehen *(fig)*; **to burn one's b.s (behind one)** *(fig)* seine Schiffe hinter sich verbrennen *(fig)*, alle Brücken hinter sich abbrechen *(fig)*; **to launch a b.** Boot zu Wasser bringen/lassen, ~ aussetzen; **to miss the b.** *(fig)* Chance verpassen; **you have missed the b.** *(Börse)* der Zug ist abgefahren *(fig)*; **to push the b. out** *(fig)* Fass aufmachen *(fig)*
collapsible boat Faltboot *nt*
boatage *n* ⚓ Frachtgebühr *f*
boat builder Bootsbauer *m*; **b. deck** Bootsdeck *nt*; **b. harbour** Bootshafen *m*; **b. hire (business)** Bootsverleih *m*; **b.house** *n* Bootshaus *nt*; **b.load** *n* Schiffsladung *f*; **b. owner** Bootsbesitzer *m*; **b. show** Bootsausstellung *f*; **b. train** 🚆 Zug mit Schiffsanschluss; **b. trip** Kahnfahrt *f*; **b.yard** *n* Bootswerft *f*
bode ill *v/t* Unheil verkünden; **b. well** Gutes verheißen/versprechen, zu Hoffnungen berechtigen
body *n* 1. Körper *m*, Leib *m*; 2. Komplex *m*, Gesamtheit *f*, Hauptteil *m*; 3. *(Anzeige)* Haupttext *m*; 4. Körperschaft *f*, Organisation *f*, Vereinigung *f*, Gremium *nt*, Organ *nt*; 5. 🚗 Karosserie *f*; 6. ⚓/✈ Rumpf *m*; 7. eigentliche Patentbeschreibung; **in a b.** geschlossen
body of an aeroplane *[GB]* /**airplane** *[US]* Flugzeugrumpf *m*; **~ assets** Vermögensmasse *f*, V.komplex *m*; **~ creditors** Gläubigergemeinschaft *f*; **general ~ creditors** Gläubigermasse *f*, alle Gläubiger; **~ curators** Kuratorium *nt*; **~ data** Datenmaterial *nt*; **~ evidence** [§] Beweismaterial *nt*, B.lage *f*; **~ experts** Expertenkreis *m*; **~ facts** Tatsachenmaterial *nt*; **~ judges** Richterkollegium *nt*; **~ laws** Gesetzeskomplex *m*; **bodies governed by public law** Einrichtungen des öffentlichen Rechts; **b. of legislation** Gesetzgebungswerk *nt*; **~ a letter** Brieftext *m*, eigentlicher Brief; **b. with equal representation** paritätisch zusammengesetztes Organ; **b. of a ship** Schiffsrumpf *m*; **supervisory ~ the stock exchange** Börsenaufsicht *f*; **~ trustees** Kuratorium *nt*
to act as a body korporativ handeln; **to arrive in a b.** geschlossen ankommen; **to resign in a b.** geschlossen zurücktreten
administrative body Verwaltungsbehörde *f*, V.gremium *nt*, V.organ *nt*, Behörde *f*; **~ bodies** Verwaltungsbürokratie *f*; **regional ~ bodies** Gebietskörperschaften
advisory body beratendes Organ/Gremium, beratender Ausschuss, (Sachverständigen)Beirat *m*, Beratungsgremium *nt*, beratende Kommission/Stelle; **appellate b.** [§] Berufungs-, Revisions-, Appellationsinstanz *f*; **arbitral b.** Schiedsinstanz *f*, S.organ *nt*; **authorizing b.** Genehmigungsbehörde *f*; **collective b.** Kollektiv *nt*; **constituent b.** Wahlkörperschaft *f*; **consultative b.** Beirat *m*, beratender Ausschuss; **controlling b.** Aufsichts-, Kontrollorgan *nt*
corporate body [§] (öffentliche) Körperschaft, juristische Person, öffentlich-rechtliche Anstalt, Personengesamtheit *f*, rechtsfähige Vereinigung, korporative Vereinigung; **distributing ~ b.** ausschüttende Körperschaft; **resident ~ b.** unbeschränkt steuerpflichtige Körperschaft
dead body Leichnam *m*, Leiche *f*, Tote(r) *f/m*, Kadaver *m*; **only over my ~ b.** *(coll)* nur über meine Leiche *(coll)*
decision-making body Entscheidungsinstanz *f*, E.träger *m*, Beschlussorgan *nt*, beschließendes/beschlussfassendes Organ; **deliberative b.** beratende Körperschaft; **elective b.** Wahlkörperschaft *f*, W.organ *nt*; **electoral b.** Wahlgremium *nt*; **European bodies** europäische Organisationen
executive body Geschäftsführungsorgan *nt*, ausführendes/vollziehendes Organ, durchführende Behörde; **central ~ b.** zentrales Organ; **international ~ b.** internationales Organ; **federal b.** Bundesbehörde *f*, B.gremium *nt*, B.organ *nt*; **foreign b.** ☞ Fremdkörper *m*; **funding b.** tragende Instanz, Träger *m*; **governing b.** Direktorium *nt*, Leitung *f*, Vorstand *m*, leitendes Organ, Lenkungsausschuss *m*, Verwaltungsrat *m*, Aufsichtsrats-, Führungsgremium *nt*; **intergovernmental b.** zwischenstaatliche Organisation; **joint b.** Zweckverband *m*; **judicial b.** Organ mit richterlichen Aufgaben; **learned b.** gelehrte Versammlung; **legal b.** [§] juristische Person, Rechtspersönlichkeit *f*; **legislative b.** gesetzgebende Körperschaft/Gewalt, gesetzgeberisches Organ, parlamentarische Körperschaft; **main b.** *(Rede)* Haupttext *m*; **managing b.** Verwaltungsorgan *nt*, geschäftsführendes Organ; **municipal b.** Kommune *f*, Gemeinde *f*; **non-governmental b.** nichtstaatliche Stelle; **non-profit-making b.** gemeinnützige Körperschaft; **publicly owned b.** Körperschaft der öffentlichen Hand; **permanent b.** ständiges Organ; **private b.** private Stelle; **professional b.** Berufskörperschaft *f*, B.verband *m*, B.vereinigung *f*, Standesorganisation *f*; **public b.** [§] Anstalt des öffentlichen Rechts, öffentlich-rechtliche Körperschaft/Anstalt, öffentliche Stelle, Gebietskörperschaft *f*; **regulatory b.** Kontroll-, Ordnungsbehörde *f*, Lenkungs-, Kontroll-, Aufsichtsorgan *nt*; **representative b.** Vertretungsorgan *nt*; **scientific b.** wissenschaftliche Einrichtung; **self-governing/self-regulatory b.** Selbstverwaltungsorgan *nt*, S.körperschaft *f*; **sovereign b.** Souverän *m*, Körperschaft mit Hoheitsrechten; **specialized b.** fachliches Gremium, Fachgremium *nt*; **sponsoring b.** Fördergremium *nt*, Förderer *m*, Schirmherr *m*; **statutory b.** Körperschaft öffentlichen Rechts; **streamlined b.** 🚗 Stromlinienkarosserie *f*; **subsidiary b.** nachgeordnete Stelle; **supervisory b.** 1. Aufsichtsbehörde *f*, Kontrollinstanz *f*; 2. *(Börse)* Börsenaufsicht *f*, Aufsichtsorgan *nt*; **supreme b.** höchstes Organ; **technical b.** Fachgremium *nt*; **voluntary b.** freiwillige Körperschaft, freiwilliges Organ; **whole b.** Gesamtkomplex *m*

body blow schwerer Schlag, Schlag ins Kontor *(coll)*; **b. corporate** [§] juristische Person (des öffentlichen Rechts), Rechtspersönlichkeit *f*, Körperschaft *f*
bodyguard *n* Leibwache *f*, L.wächter *m*, persönlicher Schutz
body language Körpersprache *f*; **b. line** Textzeile *f*; **b. odour (b. o.)** Körpergeruch *m*; **b. plant** 🚗 Karosseriewerk *nt*; **b. politic** (staatliches) Gemeinwesen; **b. search** körperliche Durchsuchung, Leibesuntersuchung *nt*, L.visitation *f*; **b. shop** 1. private Stellenvermittlung; 2. 🚗 Karosseriewerk *nt*; **b. shell** 🚗 Karosserie *f*; **b. snatcher** Leichendieb *m*, L.räuber *m*; **b. snatching** Leichenraub *m*; **b. stripping** Leichenfledderei *f*
bodywork *n* 1. 🚗 Karosserie *f*; 2. *(LKW)* Aufbauten *pl*; ~ **damage** Blechschaden *m*
boffin *n (coll)* Eierkopf *m (coll)*
bog *n* Sumpf *m*, Morast *m*; **b. down** *v/i* sich festfahren, steckenbleiben
bogey *n* 🏭 *(Produktion)* Leistungsvorgabe *f*; **b.man** *n* Popanz *m*, Schreckgespenst *nt*
to be bogged down *adj (Verhandlungen)* nicht vom Fleck kommen; **to become/get b. down** sich festfahren, steckenbleiben
bogie *n* 🚂 Drehgestell *nt*
bogus *adj* schwindelhaft, falsch, fundiert, Schein; **b.-ware** *n* 💻 Computervirus *m*
boil *v/ti* 1. kochen, sieden; 2. *(fig)* vor Wut schäumen; **b. down** kondensieren; **~ to** hinauslaufen auf; **what it b.s down to** *(coll)* worauf es hinausläuft; **b. over** überschäumen; **to keep so. on the b.** *n (coll)* jdn hinhalten
boildown *n* Kondensierung *f*, Kürzung *f*, Zusammenfassung *f*
boiler *n* Dampf-, Druck-, (Heiz)Kessel *m*, Heißwasserspeicher *m*; **b. inspection** Dampfkesselüberwachung *f*; **b. insurance** Dampfkesselversicherung *f*; **b. and machinery insurance** Kessel- und Maschinenversicherung *f*; **b.maker** *n* Kesselbauer *m*, K.macher *m*, K.schmied *m*; **b.making** *n* Kesselbau *m*; **b.man** *n* Heizer *m*; **b. plant** (Dampf)Kesselanlage *f*, K.haus *nt*; **b. pressure** Kesseldruck *m*; **b. room** Heizungskeller *m*; **b. suit** *[GB]* Blaumann *m (coll)*
boiling hot *adj* kochend heiß; **b. point** Siedepunkt *m*
boil-proof *adj* kochfest
bold *adj* 1. kühn, (wage)mutig; 2. 🖋 fett; **secondary b.** halbfett; **b.ness** *n* Kühnheit *f*, Mut *m*
bolster *n* Polster *nt*, Unterlage *f*, (Nacken)Kissen *nt*; **b. (up)** *v/t* (unter)stützen, (künstlich) aufrechterhalten, verstärken, erhöhen
bolstering of reserves *n* Rücklagen(ver)stärkung *f*
bolt *n* 1. ✪ Schraube *f* (mit Mutter), Bolzen *m*; 2. Türriegel *m*; **b. from the blue** *(fig)* Blitz aus heiterem Himmel *(fig)*; **to shoot one's b.** *(fig)* sein Pulver verschießen *(fig)*; **~ last b.** seinen letzten Bolzen verschießen; **to slide a b. across the door** Riegel vor die Tür schieben
bolt *v/ti* 1. verriegeln; 2. *(Pferd)* durchgehen; **b. hole** Schlupfloch *nt*
bomb *n* Bombe *f*; *v/t* bombardieren; **to make a b.** *(coll)* Reibach machen *(coll)*

bombastic *adj* schwülstig, geschwollen
bomb attack Bomben-, Sprengstoffanschlag *m*; **b.-proof** *adj* bombensicher; **to hit/strike (sth.) like a b.shell** *n* wie eine Bombe einschlagen; **b.site** *n* Trümmergrundstück *nt*; **b. threat** Bombendrohung *f*
bona fide *adj (lat.)* gutgläubig, auf Treu und Glauben, echt, solide, ehrlich, in gutem Glauben, ernstgemeint; **b. f.s** *n* Gutglauben *m*, guter Glaube *m*; **to act b. f.** gutgläubig handeln
bonanza *n (coll)* 1. glänzend gehendes Geschäft, Goldgrube *f (coll)*, unerwartet großer Gewinn; 2. Hochkonjunktur *f*, Blütezeit *f*
bona vacantia *pl (lat.)* [§] Heimfallgut *nt*, herrenloses Gut
bond *n* 1. Bürgschaft *f*, Kaution *f*, Verpflichtung *f*, Schuld-, Bürgschein *m*; 2. Revers *m*, Schuldurkunde *f*; 3. Anleihe(titel) *f/m*, Rentenpapier *nt*, R.(fonds)titel *m*, Pfand(brief) *nt/m*; 4. ⊖ Zollverschluss *m*, Ausfuhrkaution *f*; 5. ✪ Bindung *f*; **b.s** Rentenwerte, Festverzinsliche; Anleiheverbindlichkeiten; **in/under b.** ⊖ unter Zollverschluss, unverzollt, noch nicht verzollt, zollamtlich verwaltet; **out of b.** ⊖ verzollt; **within narrow b.s** im engeren Rahmen
bond (payable) to bearer auf den Inhaber lautender Gutschein, Inhaberobligation *f*, I.schuldverschreibung *f*; **b.s and debentures** Renten, R.papiere, R.titel; **~ debt instruments** Anleihen und Schuldverschreibungen; **b. of indebtedness** Schuldschein *m*, S.anerkennung *f*; **~ indemnity** Ausfallbürgschaft *f*, Schaden(s)ersatz-, Garantieerklärung *f*; **b.s and other interests** Beteiligungen und andere Wertpapiere; **b.s callable by lot** auslosbare Obligationen; **b. of marriage** Bund der Ehe; **b. acquired for redemption** Tilgungsstück *nt*; **b. with stock subscription rights** Bezugsobligation *f*; **b.(s) with surety** Schuldverschreibung mit zusätzlicher Bürgschaft, gesicherte Schuldverschreibung(en); **b. of trust** Vertrauensverhältnis *nt*; **b. with warrant** Wandelschuldverschreibung *f*, Anleihe mit Optionsschein, Optionsanleihe *f*
covered by a bond durch Garantieerklärung gesichert; **b. denominated in** auf ... lautende Anleihe; **b.s payable** *(Bilanz)* fällige Obligationen; Kreditoren aus Schuldverschreibungen
to call in bondls Obligationen kündigen/aufrufen/abrufen; **to convert a b.** Schuldverschreibung umwandeln; **to discharge a b.** Schuldschein einlösen; **to dispose of b.s** Obligationen veräußern; **to draw b.s** Obligationen auslosen; **to enter into a (fidelity) b.** Verpflichtung eingehen, Kaution stellen; **to execute b.s** Obligationen ausfertigen; **to file a b.** *(Gericht)* Sicherheit stellen; **to forfeit a b.** Kaution verwirken; **to invest in b.s** in Renten(werten) anlegen; **to issue b.s** Obligationen/Schuldverschreibungen ausgeben; **to meet a b.** Obligation/Schuldverschreibung einlösen; **to place b.s** Obligationen/Pfandbriefe unterbringen; **~ in/under b.** ⊖ in Zollverschluss legen; **to reduce/retire a b.** Schuldverschreibung/Obligation tilgen, ~ einlösen, Pfandbrief einziehen, Anleihe tilgen; **to register b.s** Obligationen eintragen; **to release from b.** ⊖ aus dem

Zollverschluss nehmen; **to sign a b.** Schuldschein ausstellen; **to subscribe a b.** Pfandbrief/Anleihe zeichnen; **to surrender b.s for cancellation** Obligationen zur Vernichtung überantworten; **to take out of b.** ⊖ aus dem Zollverschluss nehmen
absolute bond uneingeschränkter Schuldschein; **active b.s** festverzinsliche Wertpapiere/Obligationen, Prioritätsobligationen; **assumed ~ b.** Wertpapier mit zusätzlicher Dividendengarantie, durch Bürgschaft gesicherte Schuldverschreibung; **back b.** Rückbürgschaft *f*; **fixed-interest(-bearing) b.** festverzinsliche Obligation/Schuldverschreibung; **blanket b.** Sicherungsabtretung *f*, sicherungsweise abgetretene Hypothek, Blankoverpflichtung *f*; **commercial ~ b.** Vertrauensschadenversicherung *f*; **callable b.** jederzeit/vorzeitig kündbare Schuldverschreibung, ~ Obligation, Schuldverschreibung mit Tilgungsverpflichtung, von dem Kreditnehmer vorzeitig rückzahlbare Schuldverschreibung; **called b.s** aufgerufene Obligationen; **cancelled b.s** getilgte Obligationen; **civil b.** *[US]* Schuldverschreibung der öffentlichen Hand, öffentlich-rechtliche Schuldverschreibung; **classified b.s** in Serien ausgegebene Schuldverschreibungen; **clean b.** Inhaberschuldverschreibung *f* (ohne Giro), I.obligation *f*; **closed b.** Schuldschein mit gleichbleibenden Bedingungen; **collateral b.** wertpapiergesicherte Schuldverschreibung, Deckungsschuldverschreibung *f*; **colonial b.** Kolonialanleihe *f*; **conditional b.** bedingter Schuldschein; **consolidated b.s** konsolidierte Wertpapiere/Anleihen, durch Gesamthypothek gesicherte Schuldverschreibungen; **continued b.** prolongierte Obligation/Schuldverschreibung; **convertible b.** Wandelanleihe *f*, W.obligation *f*, W.schuldverschreibung *f*, konvertierbare Obligation/Schuldverschreibung, Industrieschuldverschreibung *f*, Konversionsschuldverschreibung *f*; **corporate b.** *[US]* Industrieanleihe *f*, I.obligation *f*, Obligation einer Aktiengesellschaft; ~ **market** Markt für Industrieanleihen; **defaulted b.** *[US]* notleidende Obligation; **deferred b.** Obligation mit aufgeschobener/steigender Verzinsung; **definitive b.s** endgültige Obligationen; **dollar-denominated b.** Dollaranleihe *f*; **foreign currency-denominated b.** Fremdwährungsanleihe *f*; **depository b.** Depotgarantie *f*; **designated b.** auserlesene Obligation; **digested b.** fest untergebrachte/platzierte Obligation; **disabled b.** ungültige Obligation; **domestic b.** Inlandsobligation *f*; **drawn b.s** ausgeloste Obligationen; **endorsed b.** durch Wechsel garantierte/bürgschaftsgesicherte/verstärkte Schuldverschreibung, ~ Obligation, durch Dritte garantierte Schuldverschreibung; **equity-linked b.** Wandelschuldverschreibung *f*; **extended b.** prolongierte Schuldverschreibung; **external b.** Auslandsbond *m*, A.schuldverschreibung *f*, A.anleihe *f*; **federal b.** Bundesobligation *f*, B.schuldverschreibung *f*, B.anleihe *f*; **fiduciary b.** Kautionsverpflichtung *f*; **first-lien b.** erstrangig gesicherte Obligation; **flat b.** Anleihe mit Zinseinschluss im Kurs; **foreign b.** Auslandsanleihe *f*, A.schuldverschreibung *f*, ausländische Anleihe/Obligation; **foreign b.s** ausländische Renten(werte); **~ DM b.** DM-Auslandsanleihe *f*; **forthcoming b.** Sicherheitsleistung des Vollstreckungsschuldners; **free b.s** frei verfügbare Obligationen; **funding b.** Fundierungs-, Konsolidierungsschuldverschreibung *f*; **general b.** Generalschuldverschreibung *f*; **graduated(-interest) b.** Staffelanleihe *f*; **guaranteed b.** durch Bürgschaft gesicherte Schuldverschreibung; **indeterminate b.** Anleihe ohne Fälligkeitstermin; **indexed/index-linked b.** indexierte Obligation; **industrial b.** Industrieanleihe *f*, I.obligation *f*, industrielle Schuldverschreibung; **interest-bearing b.** verzinsliche/zinstragende Schuldverschreibung, ~ Obligation; **interim b.** kurzfristiger/vorläufiger Schuldschein; **internal b.** Inlandsschuldverschreibung *f*, I.anleihe *f*; **irredeemable b.** *[US]* ewige Rente, unkündbare Obligation/Schuldverschreibung/Anleihe, Schuldverschreibung ohne Tilgungsverpflichtung, nicht tilgbare Obligation; **issued b.** ausgegebene Schuldverschreibung
joint bond 1. gemeinsam emittierte Schuldverschreibung; 2. [§] Kollektivverpflichtung *f*; **~ and several b.** Gesamtverbindlichkeit eines einzelnen Schuldners; **~ and several b.s** von mehreren Gesellschaftern ausgegebene Obligationen
judicial bond [§] Sicherheitsleistung *f* (bei Gericht); **junior b.** nachrangig gesicherte Obligation; **legal b.** *[US]* mündelsichere Obligation/Schuldverschreibung; **listed b.** *[US]* börsennotierte Schuldverschreibung/Anleihe; **long(-term) b.** langfristige Obligation/Schuldverschreibung, Langläufer *m*, Obligation mit langer Laufzeit; **marital/matrimonial b.** Eheband *nt*, eheliche Verbindung; **marketable b.** verkehrsfähige Schuldverschreibung; **medium-dated b.s** *(Anleihe)* mittlere Fälligkeiten; **medium-term b.** Kassenobligation *f*; **mortgaged b.** grundpfandmäßig gesicherte Obligation; **municipal b.** Kommunalobligation *f*, K.anleihe *f*, kommunale Schuldverschreibung; **naked b.** [§] einseitige Bindung/Verpflichtung; **negotiable b.** begebbare/verkehrsfähige Schuldverschreibung, Orderschuldverschreibung *f*; **non-assented b.s** am Sanierungsverfahren nicht beteilige Obligationen; **non-interest-bearing b.** unverzinsliche Schuldverschreibung/Obligation; **obsolete b.** aufgerufene und für ungültig erklärte Obligation; **open-end b.** Anleihe ohne Begrenzung des Gesamtbetrages; **optional b.** *[US]* (jederzeit) kündbare Obligation, Optionsanleihe *f*; **outstanding b.s** ausstehende Schuldverschreibungen/Obligationen, begebene Obligationen, im Umlauf befindliche Schuldverschreibungen; **pari passu** *(lat.)* **b.** gleichrangige Schuldverschreibung; **partial b.** *[GB]* Teilschuldschein *m*; **participating b.** Gewinnschuldverschreibung *f*, G.obligation *f*, Obligation mit Gewinnbeteiligung; **passive b.s** unverzinsliche Schuldverschreibungen, Passivobligationen; **perpetual b.** *[US]* Renten-, Annuitätenanleihe *f*, Schuldverschreibung ohne Tilgungsverpflichtung; **personal b.** [§] persönliche Garantie; **plain b.** ungesicherte Obligation/Anleihe, ungesicherter Schuldschein; **preferred b.** Vorzugsobligation *f*, Obligation mit Vorzugsrecht,

bevorrechtigte Obligation/Schuldverschreibung, Prioritätsobligation *f*; **profit-sharing b.** Gewinnschuldverschreibung *f*, gewinnberechtigte Obligation, Schuldverschreibung/Obligation mit Gewinnbeteiligung; **provisional b.** Interim-, Zwischenschein *m*, ~ für eine Obligation, vorläufige Schuldverschreibung; **public-authority b.**s öffentliche Anleihen; **public(-sector) b.** 1. öffentliche Anleihe/Schuldverschreibung, Obligation/Schuldverschreibung/Anleihe der öffentlichen Hand, öffentlich-rechtliche Schuldverschreibung; 2. Kaution eines Staatstreuhänders; ~ **b.**s Staatspapiere; **quoted b.** *[GB]* börsennotierte Obligation/Schuldverschreibung; **ragged b.** Obligation mit abgetrennten Kupons; **real-estate b.** Grundkreditpfandbrief *m*, Obligation eines Immobilienfonds; **redeemable b.** 1. kündbare/ablösbare Schuldverschreibung, ~ Obligation; 2. *[US]* Schuldverschreibung mit Tilgungsverpflichtung, Amortisationsschuld *f*, Tilgungsanleihe *f*; **redeemed b.** 1. zurückgenommene Obligation, abgelöste Schuldverschreibung; 2. ausgelostes Staatspapier; **registered b.** Namenspfandbrief *m*, N.obligation *f*, N.schuldverschreibung *f*, auf den Namen lautende Obligation/Schuldverschreibung, eingetragene Schuldverschreibung; **repayable b.** rückzahlbare Schuldverschreibung; **secured b.** gesicherte Schuldverschreibung, pfandgesicherte Obligation, hypothekarisch gesicherte Obligation/Schuldverschreibung; **senior b.** Vorzugsobligation *f*, erststellige Schuldverschreibung, Obligation mit Vorzugsrecht; **serial b.** Serienanleihe *f*, S.rente *f*, zu verschiedenen Terminen fällige Teilschuldverschreibung; **short-dated/short-term b.** kurzfristige Schuldverschreibung/Anleihe/Obligation, Kurzläufer *m*, Anleihe/Obligation mit kurzer Laufzeit; **simple b.** hypothekarisch nicht gesicherte Obligation; **small b.** Obligation mit kleiner Stückelung; **special b.** Sonderschuldverschreibung *f*; **straight b.** Obligation ohne Konversions- oder Bezugsrecht und mit gestaffelter Rückzahlung, konventionelle Anleihe; ~ **b.**s zum gleichen Termin fällige Teilschuldverschreibungen; **supplementary b.** Kautionsnachlass *m*; **tax-exempt b.** steuerfreies Wertpapier; **terminal b.** *[US]* Bahnanleihe *f*; **underlying b.** durch Vorranghypothek gesicherte Obligation; **unified b.** Ablösungsschuldverschreibung *f*; **unifying b.** konsolidierte Anleihe; **unpaid b.** uneingelöste Obligation/Schuldverschreibung; **unsecured b.** *[US]* ungesicherte Schuldverschreibung/Obligation, ungesicherter Schuldschein; **unsold b.** nasses Stück; **variable-rate b.** Obligation mit schwankendem Zinssatz; **variable-yield b.** Schuldverschreibung mit variablem Ertrag, Obligation mit variabler Rendite; **variation-rate b.** Anleihe mit variablem Zins
bond *v/t* 1. verpfänden, hypothekisieren, mit Schuldverschreibung belasten; 2. ⊖ unter Zollverschluss legen/einlagern
bonds account Aberdepot *nt*
bondage *n* Knechtschaft *f*; **in b.** leibeigen
bond amount Anleihebetrag *m*; **b. analyst** *(Börse)* Rentenfachmann *m*; **b. authorization** Anleiheermächtigung *f*; **b. broker** Makler für Festverzinsliche, Fondsmakler *m*; **potential b. buyer** Anleiheinteressent *m*; **b. capital** Anleihekapital *nt*; **b. certificate** Interimsschein für Inhaberschuldverschreibung, Anleihemantel *m*, A.schein *m*; **b. and share certificate vault** Manteltresor *m*; **b. circular** Prospekt über die Ausgabe von Obligationen; **b. circulation** Anleiheumlauf *m*; **b. conversion** Anleihekonversion *f*, Konversion einer Anleihe; **b. coupon** Obligations-, Zinsschein *m*, Anleihekupon *m*; ~ **collection** Zinsscheininkasso *nt*; **b. creditor** Pfandbrief-, Anleihegläubiger(in) *m/f*, Obligations-, Pfandbriefinhaber(in) *m/f*; **b. dealer** Rentenhändler *m*; **b. debenture fund** Obligationstilgungsfonds *m*; **b. debt** Anleihe-, Obligationsschuld *f*; **b. debtor** Obligations-, Pfandbrief-, Anleiheschuldner(in) *m/f*; **b. denomination** Anleihestückelung *f*; **b. deposit** Rentendepot *nt*; **b. discount** Obligations-, Pfandbrief-, Emissionsdisagio *nt*, Disagio bei der Ausgabe von Schuldscheinen; **b. dividend** Dividende in Form von Schuldverschreibungen der betreffenden Gesellschaft, ~ einer Obligation; **b. drawing** Auslosung einer Anleihe
bonded *adj* 1. verpfändet, durch Schuldverschreibung/S.schein gesichert; 2. ⊖ unter Zollverschluss liegend, unverzollt, noch nicht verzollt, zollamtlich verwahrt
bonder *n* ⊖ Zolleinlagerer *m*
bond flo(a)tation Anleiheemission *f*; **b. fund** Renten-, Pfandbrief-, Obligations-, Obligationenfonds *m*; **b. sinking fund** Obligationstilgungsfonds *m*, Amortisations-/Tilgungsfonds für Anleihen, ~ Obligationen; **b. guide** Rentenführer *m*
bondholder *n* Obligationär *m*, Pfandbrief-, Anleihebesitzer(in) *m/f*, A.inhaber(in) *m/f*, A.gläubiger(in) *m/f*, Effekteninhaber *m*, Schuldscheinbesitzer(in) *m/f*, S.inhaber(in) *m/f*, Inhaber(in) einer Schuldverschreibung; **standard-type b.** klassischer Anleihegläubiger; **b.s' association** Verband der Obligationäre
bond holdings Pfandbrief-, Obligationenbesitz *m*, Rentenbestand *m*, Renten-, Obligationenportefeuille *nt*
bond house Pfandbriefinstitut *nt*, Rentenhändlerfirma *f*, Händler für Rentenwerte; **b. indenture** Schuldverschreibungsurkunde *f*, Anleihebedingungen *pl*
bonding *n* ⊖ Zolleinlagerung *f*, Z.verwahrung *f*, Einlagerung unter Zollverschluss; **b. arrangement** Bürgschaftsregelung *f*; **b. authority** *[US]* Pfandbriefvollmacht *f*; **b. company** Kautionsversicherungsgesellschaft *f*, Kreditversicherer *m*; **b. facilities** ⊖ Zolleinlagerungsstelle *f*; **b. requirements** Zollverschlussvorschriften; **b. underwriters** Übernahmekonsortium für Obligationen
bond interest Obligationszinsen *pl*; ~ **accrued** Stückzinsen *pl*; **b. investor** Rentenanleger *m*
bond issue Pfandbrief-, Anleiheemission *f*, Pfandbrief-, Anleiheausgabe *f*, Emission von Obligationen/Anleihen, Obligationen-, Obligationsausgabe *f*; ~ **with share warrants** Optionsanleihe *f*; **to float/launch a b. i.** Pfandbriefemissionen vornehmen; **planned b. i.** Anleihevorhaben *nt*

bond issue cost(s) (Anleihe)Begebungskosten *pl*; ~ **currency** Emissions-, Anleihewährung *f*; ~ **operations** Anleihegeschäft *nt*
bond loan Obligationsanleihe *f*; **b. management** Verwaltung von Obligationen
bond market 1. Anleihe-, Renten-, Pfandbrief-, Obligations-, Obligationenmarkt *m*, Markt für Rentenwerte/Obligationen/Pfandbriefwerte/Festverzinsliche; 2. (Obligations)Ring *m*; **to tap the b. m.** Rentenmarkt in Anspruch nehmen; **sluggish b. m.** Rentenflaute *f*; **b. m. analyst** Rentenmarktanalytiker *m*
bond money Kautionssumme *f*; **b. note** ⊖ Zollbegleitschein *m*, Begleitzeugnis *nt*
bonds outstanding umlaufende festverzinsliche Wertpapiere, Pfandbrief-, Anleiheumlauf *m*; **total b. o.** Rentenumlauf *m*; **b. o. method** Verteilung des Emissionsagios über die Laufzeit
bond paper 1. Bankpost *f*, festes Schreibmaschinenpapier *nt*; 2. Banknoten-, Wertpapier *nt*; **b. papers** ⊖ Zollbegleitpapiere; **b. portfolio** Anleihe-, Obligationsportefeuille *nt*, Rentenbestand *m*; **b. premium** Obligations-, (Anleihe)Emissions-, Pfandbrief-, Schuldverschreibungsagio *nt*; **b. price** Renten-, Obligationen-, Anleihekurs *m*, Kurs für festverzinsliches Wertpapier; **b. prices** Rentennotierungen; **b. ranking/rating** Bewertung von Schuldverschreibungen; **b. rate** Nominalverzinsung von Obligationen; **b. redemption** Anleiherückzahlung *f*, Obligationstilgung *f*, Rückkauf von Schuldverschreibungen, Tilgung von Anleihen; **b. register** Obligationen-, Anleihestammbuch *nt*; **b. registrar** *[US]* Überwachungsstelle für Obligationsausgabe; **b. sales** Rentenumsätze; **pre-issue b. sale** Schuldverschreibungsvorverkauf *m*; **b. salesman** Wertpapieragent *m*; **b. service** Rentendienst *m*
bondsman Bürge *m*, Treugeber *m*, Hinterleger *m*
bond trading Obligationen-, Pfandbrief-, Rentenhandel *m*, Rentenmarktgeschehen *nt*; ~ **department** Pfandbriefabteilung *f*
bond trustee Obligationärsvertreter *m*: **b. turnover** Rentenumsätze *pl*; **b. unit** Rentenfondsanteil *m*; **b. valuation** Wertberechnung einer Obligation, Kursrechnung *f*; **b. warrant** *[GB]* ⊖ Zollbegleitschein *m*; **b. yield** Rentenrendite *f*, Anleiheertrag *m*, A.rendite *f*; ~ **table** Zinsertragstabelle für Obligationen
bone *n* ⚕ Knochen *m*; **b. of contention** *(fig)* Stein des Anstoßes, Streitpunkt *m*, S.gegenstand *m*, Zankapfel *m*, strittige Angelegenheit; **b.s and all** *(coll)* mit Haut und Haar *(coll)*
to break every bone in so.'s body jdm alle Rippen brechen; **to feel it in one's b.s** etw. im Gefühl haben; **to have a b. to pick with so.** *(coll)* ein Hühnchen mit jdm zu rupfen haben *(coll)*; **to make no b.s about it/sth.** *(coll)* nicht viel Federlesens machen *(coll)*, mit seiner Meinung nicht hinterm Berg halten *(coll)*, aus seinem Herzen keine Mördergrube machen *(coll)*, keinen Hehl aus etw. machen; **to pare sth. to the b.** *(fig)* etw. drastisch/bis aufs äußerste einschränken, ~ auf ein Minimum beschränken
bone atrophy ⚕ Knochenschwund *m*; **b.-headed** *adj* stur, starrköpfig; **b.-idle** *adj (coll)* stinkfaul *(coll)*; **b. marrow** ⚕ Knochenmark *nt*; **b. meal** Knochenmehl *nt*; **b.shaker** *n (coll)* Knochenmühle *f (coll)*
bonnet *n* *[GB]* ⬌ Motor-, Kühlerhaube *f*
bonus *n* 1. Bonus *m*, Gratifikation *f*, Prämie *f*, Zulage *f*, Zuschlag *m*, Tantieme *f*, Gewinnbeteiligung *f*, G.anteil *m*, G.prämie *f*, Dienst-, Geldprämie *f*; 2. Leistungs-, Lohnzulage *f*; 3. Sonderdividende *f*, S.vergütung *f*, S.zulage *f*, S.zuwendung *f*; 4. Erfolgsanteil *m*, Versicherungs-, Extradividende *f*; **cum b.** mit Sonderdividende; **ex b.** ohne Gratisaktie/Prämie
bonus in cash ausgezahlter Gewinnanteil; **b. to exporters** Ausfuhrhändlervergütung *f*; **b. for special risks** Risikoprämie *f*; ~ **shift work** Schicht(arbeiter)zuschlag *m*; ~ **extra work** Mehrarbeitszuschlag *m*
annual bonus Jahresprämie *f*, J.gratifikation *f*, J.sonderzahlung *f*; **anticipated b.** vorweggenommene Gewinnprämie, vorweggenommener Gewinnanteil; **compensating b.** Ausgleichsprämie *f*; **cost-of-living b.** Teuerungszulage *f*; **deferred b.** aufgeschobene Gewinnprämie; **end-of-year b.** Abschlussvergütung *f*; **final b.** *(Vers.)* Schlussgewinn-, S.überschussanteil *m*; **incentive b.** Leistungszulage *f*, L.zuschlag *m*, L.prämie *f*; **interim b.** *(Vers.)* Abschlags-, Zwischendividende *f*; **local b.** Ortszulage *f*; **long-service b.** Treueprämie *f*; **no-claim(s) b.** *(Vers.)* Schaden(s)freiheitsrabatt *m*, Prämie für unfallfreies Fahren, Bonus bei Schadensfreiheit; **performance-linked/performance-related b.** Leistungszulage *f*, Erfolgsprämie *f*, leistungsbezogene Tantieme *f*; **profit-linked/profit-related b.** gewinnabhängige Zulage/Tantieme; **profit-sharing b.** Gewinnbeteiligungszulage *f*
reversionary bonus *(Vers.)* Summenzuwachs *m*, Sonderversichertendividende *f*, Beitragsrückerstattung *f*, Rückvergütung *f*; **compound ~ b. (scheme)** kumulativer Summenzuwachs; **simple ~ b.** einfacher Summenzuwachs; ~ **b. rate** Summenzuwachsrate *f*
special bonus Sonderzulage *f*, S.dividende *f*, Extraprämie *f*; **supplementary b.** Zusatzdividende *f*; **technical b.** Erfindervergünstigung *f*; **terminal b.** 1. *(Vers.)* Schlussdividende *f*, S.vergütung *f*, S.überschussbeteiligung *f*, Abschlussvergütung *f*, Schlussgewinn-, S.überschussanteil *m*; 2. Abfindung *f*
bonus *v/t* mit Prämie fördern
bonus account Prämienkonto *nt*; **b. arrangement** Tantiemenvereinbarung *f*; **b. candidate** Zusatzrentenanwärter *m*; **b. distribution** Gratis-, Bonuszuteilung *f*, Gewinnverteilung *f*; **b. earnings** Prämienverdienst *m*; **b. fund** Prämien-, Dividendenfonds *m*; **b. income** Tantiemeneinkünfte *pl*; **b. increment** Akkordzuschlag *m*; **b. issue** Gratisaktie *f*, Ausgabe von Gratis-/Berichtigungsaktien, Berichtigungsausgabe *f*; **b. money** Prämiengeld *nt*; **b. payment** Prämienvergütung *f*, (betriebliche) Sonderzahlung, Tantiemenvergütung *f*, T.auszahlung *f*, Gratifikation *f*; **b. plan** Prämiensystem *nt*; **b. reserve** Prämien-, Dividenden-, Gewinnreserve *f*, Überschussrückstellung *f*, Rückstellung für Beitragsrückerstattung; **b. right** Gratisrecht *nt*; **b. risk** Wagniszuschlag *m*; **b. scheme** 1. Prämien(lohn)system *nt*,

Tantiemenregelung *f;* 2. *(Vers.)* Gewinnplan *m;* 3. *(EU)* Prämienregelung *f;* **performance-related b. scheme** Leistungsprämie *f*
bonus share *[GB]* /**stock** *[US]* 1. Gratisanteil *m,* Gratis-, Frei-, Bonus-, Genuss-, Berichtigungs-, Zusatz-, Aufstockungs-, Wertberichtigungs-, Kapitalberichtigungsaktie *f;* 2. *(GmbH)* Zusatzanteil *m;* **ex b. s.** ex Berichtigungs-/Gratis-/Zusatzaktie; **to make a b. s. distribution** Gratisaktien ausgeben/verteilen
sales-based bonus system Umsatzbonussystem *nt;* **b. time** Zeitausgleich *m;* **b. transaction** Prämiengeschäft *nt;* **b. unit** Gratisanteil *m;* **b. wage** Prämienlohn *m;* **~ system** Prämienentlohnung *f*
booby trap *n* versteckte Bombe
boodle *n* *[US] (coll)* Bestechungs-, Schmiergeld(er) *nt/pl*
book *n* Buch *nt;* **b.s** Geschäftsbücher; **according to the b.s** buchmäßig; **by the b.** vorschriftsmäßig, korrekt **book of accounts** Konto-, Rechnungs-, Geschäftsbuch *nt;* **b.s of account** Geschäftsbücher, kaufmännische Bücher; **commercial ~ account** Handelsbücher; **subsidiary ~ account** Hilfs-, Nebenbücher
book|s of authority Rechtsquellen; **b. of charges** Ausgaben-, Unkostenbuch *nt;* **~ commissions** Auftrags-, (Waren)Bestellbuch *nt;* **~ complaints** Beschwerdebuch *nt;* **b. of entries** Eingangsjournal *nt;* **~ final/ secondary entry** Hauptbuch *nt;* **~ legal forms/precedents** Rechtsformbuch *nt;* **~ invoices** Fakturenbuch *nt;* **~ matches** Briefchen Streichhölzer, Streichholzbriefchen *nt;* **~ merchandise** Warenkontobuch *nt;* **~ orders** Auftragsbuch *nt;* **~ receipts** Eingangs-, Einnahmebuch *nt;* **~ receipts and expenditures/disbursements** Einnahme- und Ausgabenbuch *nt;* **b.s and records** Bücher (und sonstige Aufzeichnungen), Aufzeichnungen, Bücher und Geschäftspapiere; **b. of remittances** Überweisungs-, Rimessenbuch *nt;* **~ sales** Warenverkaufsbuch *nt;* **~ samples** Musterbuch *nt;* **~ stamps** ✉ Briefmarkenheft *nt*
on balancing/closing our books bei Schließung/Abschluss unserer Bücher; **cooking the b.** *(coll)* Bilanzfälschung *f,* Fälschung von Rechnungsbüchern; **on checking/inspecting our b.** bei Durchsicht unserer Bücher
to agree the books Bücher abstimmen; **to audit the b.s** Bücher prüfen/revidieren/kontrollieren; **to balance the b.s** Bücher abstimmen/abschließen/saldieren, Bilanz ziehen/machen, Abrechnungen ausgleichen; **to be at the b.s** über den Büchern sitzen; **~ in so.'s bad/black b.s** *(fig)* bei jdm schlecht angeschrieben sein; **~ in so.'s good b.s** *(fig)* in jds Gunst stehen, gute Nummer bei jdm haben *(coll),* bei jdm gut angeschrieben sein, ~ einen Stein im Brett haben *(coll);* **~ on the b.s** eingeschrieben sein, auf der Liste stehen; **to bind a b.** Buch binden; **to carry in the b.s** verbuchen, in den Büchern führen; **to check the b.s** Bücher revidieren; **to close one's/the b.s** Rechnung/Bücher schließen, Liste abschließen; **to cook/doctor the b.s** *(coll)* Bilanz verschleiern/verfälschen, (Geschäfts)Bücher frisieren *(coll),* Bücher fälschen; **to dedicate a b. to so.** jdm ein Buch widmen; **to do the b.s** 1. Buchführung erledigen; 2. Rechnungsabschluss machen; **to edit a b.** Buch herausgeben; **to employ so. off the b.s** jdn schwarz/als Schwarzarbeiter beschäftigen; **to enter sth. in a b.** etw. in ein Buch eintragen; **to examine the b.s** Bücher prüfen; **to glance through a b.** Buch überfliegen; **to go by the b.** sich vorschriftsmäßig verhalten; **to inspect the b.s** Bücher kontrollieren/einsehen; **to keep the b.s** Bücher führen; **~ b.s up to date** Bücher auf den neuesten Stand bringen; **to lie like a b.** *(coll)* wie gedruckt lügen *(coll);* **to make the b.s balance** Abrechnungen ausgleichen; **to pass through the b.s** kassenmäßig durchleiten; **to pore over one's b.s** über seinen Büchern sitzen; **to publish a b.** Buch verlegen/veröffentlichen; **to review a b.** Buch besprechen/rezensieren; **to revise a b.** Buch überarbeiten; **to rule off a b.** Buch abschließen; **to run small b.s** *(Wette)* mit kleinem Einsatz spielen; **to shut the b.s** Geschäftsunternehmen aufgeben; **to square the b.s** Bücher abschließen; **not to suit so.'s b.** *(fig)* jdm nicht ins Konzept/Programm passen, ~ in den Kram passen *(coll);* **to take out of the b.s** abbuchen; **~ a leaf from/out of so.'s b.** *(fig)* sich an jdm ein Beispiel nehmen, sich von jdm eine Scheibe abschneiden *(coll)*
accounts opened and closed book Kontenbuch *nt;* **basic b.s** Renditetabellen; **black b.** *(fig)* schwarze Liste, Insolventenliste *f;* **closed b.** *(fig)* Buch mit sieben Siegeln *(fig);* **corporate b.s** Geschäftsbücher einer AG; **educational b.s** Lehrbücher; **forward b.** Versandbuch *nt;* **loose-leaf b.** Ring-, Loseblattbuch *nt;* **manifold b.** Durchschreibbuch *nt;* **new b.s** Neuerscheinungen; **~ department** *(Buchhandel)* Sortimentsabteilung *f;* **non-fiction b.** Sachbuch *nt;* **prescribed b.s** Leseliste *f,* Pflichtlektüre *f;* **prompt b.** 🖉 Regiebuch *nt;* **public b.** öffentliches Register; **separate b.** Nebenbuch *nt;* **smutty b.s** Schmutzliteratur *f;* **statutory b.s** gesetzlich vorgeschriebene Rechnungsbücher; **subsidiary b.s** Nebenbücher; **technical b.** Fachbuch *nt;* **white b.** *(Politik)* Weißbuch *nt*
book *v/t* 1. (ver)buchen, einbuchen, notieren, eintragen, aufzeichnen; 2. reservieren, buchen, vormerken, vormerken, vorausbestellen; 3. *(Auftrag)* hereinnehmen; 4. abfertigen; 5. Fahrkarte lösen; **b. in** 1. einchecken; 2. *(Hotel)* einbuchen; **b. to** verbuchen bei; **b. through** durchbuchen; **b. in advance** im Voraus bestellen; **~ conformity** gleichbleibend/gleichlautend buchen
bookable *adj* im Vorverkauf erhältlich/bestellbar
book account Handlungs-, Buch-, Kontokorrentkonto *nt,* Buchforderung *f;* **open b. account** offener Buchkredit; **net b. agreement** *[GB]* Preisbindung des Buchhandels; **b. agent** *[US]* Subskribentensammler *m;* **b.binder** *n* Buchbinder *m;* **b.binding** *n* Buchbinden *nt;* **b.case** *n* Bücherschrank *m,* B.regal *nt;* **b. catalogue** Bücherkatalog *m;* **b. claim** Buchforderung *f,* buchmäßige Forderung; **b. club** Buchgemeinschaft *f,* B.klub *m,* Büchergilde *f;* **b. collector** Büchersammler *m;* **b. cost** Buchwert *m;* **b. cover** Buchumschlag *m,* B.deckel *m;* **b. credit** Buchkredit *m,* B.guthaben *nt;* **open b. credit** offenes Ziel; **b. creditor** Buchgläubi-

book dealer

ger(in) *m/f*; **b. dealer** *[US]* Buchhändler(in) *m/f*; **b. debt** Buchschuld *f*, B.forderung *f*, buchmäßige Schuld; **outstanding b. debts** offene Buchschulden, ~ buchmäßige Forderungen; **b. debtor** Buchschuldner(in) *m/f*; **b. depreciation** Buchabschreibung *f*, bilanzmäßige/buchmäßige Abschreibung
booked *adj* 1. gebucht; 2. bestellt, reserviert; **fully b.; all b. up** (restlos) ausverkauft, (voll) ausgebucht
book ends Bücherstützen; **b. equity** ausgewiesenes Kapital; **b. evidence of a transaction** buchmäßiger Nachweis; **b. fair** Buchmesse *f*, B.ausstellung *f*; **b. figures** Buchwerte; **in b. form** in Buchform; **b. gazette** Buchanzeiger *m*
bookie *n* *(coll)* Buchmacher *m*
booking *n* Voranmeldung *f*, (Vor)Buchung *f*, (Platz)Bestellung *f*, Reservierung *f*; **b.s** Auftragseingang *m*; **b. into safe custody account** Depotstellung *f*; **b. of cargo** Ladungsbuchung *f*; **tentative ~ freight space** konditionelle Buchung; **to alter/change/switch a b.** Buchung abändern, umbuchen
advance booking 1. Vorverkauf *m*; 2. Vor(aus)bestellung *f*, Reservierung *f*; 3. Vorausbuchung *f*; ~ **office** Kartenvorverkauf(sstelle) *m/f*; **confirmed b.** Buchungszusage *f*; **definite/firm b.** feste Bestellung/Anmeldung; **double b.** Doppelbelegung *f*, D.buchung *f*; **onward b.** ✈ Anschlussbuchung *f*
booking certificate Buchungsbescheinigung *f*; **advanced b. charter (ABC) tariff** ✈ Vorausbuchungstarif für Charterflüge; **b. clerk** Schalterbeamter *m*, S.beamtin *f*, Fahrkartenverkäufer(in) *m/f*; **b. commission** Vormerkprovision *f*; **b. confirmation** Buchungsbestätigung *f*; **b. department** Buchungsabteilung *f*; **b. fee** Reservierungs-, Vorverkaufs-, Buchungsgebühr *f*; **b. hall** 🚂 Schalterhalle *f*; **b. item** Buchungsposten *m*; **automatic b. machine** Buchungsautomat *m*; **b. manager** Leiter der Buchungsabteilung; **b. note** Buchungsnote *f*, B.aufgabe *f*; **b. office** 1. Fahrkartenausgabe *f*, F.schalter *m*, Kartenverkauf *m*; 2. Buchungs-, Reservierungsstelle *f*, Vorverkauf(skasse) *m/f*, V.sstelle *f*; **provisional b. order** Vormerkauftrag *m*; **b. procedure** Buchungsvorgang *m*; **b. system** Buchungssystem *nt*; **b. terminal** Buchungsplatz *m*; **b. voucher** Buchungs-, Buchhaltungsbeleg *m*
book inventory 1. Buchbestand *m*, buchmäßiges Inventar; 2. Buchinventur *f*, permanente Inventur; **b. jacket** Buchhülle *f*, Schutzumschlag *m*
bookkeeper *n* Buchhalter(in) *m/f*, B.führer *m*, Rechnungsführer *m*, Bücherrevisor *m*; **general b.keeper** Hauptbuchhalter *m*
bookkeeping *n* Buchführung *f*, B.haltung *f*, Führung der Bücher, Rechnungswesen *nt*; **commercial b.** kaufmännische Buchführung; **compulsory b.** Buchführungspflicht *f*; **double-entry b.** doppelte Buchführung, Doppik *f*; **duplicating b.** Durchschreibebuchführung *f*; **electronic b.** elektronische (Maschinen)Buchführung; **immediate b.** Sofortbuchhaltung *f*; **manual b.** handschriftliche Buchführung; **mechanical/mechanized b.** Maschinenbuchhaltung *f*, M.buchführung *f*; **single-entry b.** einfache Buchführung; **tabular b.** Tabellenbuchhaltung *f*, amerikanische Buchführung(smethode)
bookkeeping allowance for depreciation bilanzielle Abschreibung; **b. clerk** Buchhalter(in) *m/f*; **b. data** Buchungsstoff *m*; **b. department** Buchhaltung(sabteilung) *f*; **central b. department** Hauptbuchhaltung *f*; **b. duty** Buchführungspflicht *f*; **b. entry** Buchungsposten *m*; **b. error** Buchungsfehler *m*; **b. expense** Buchhaltungskosten *pl*; **b. form** Buchungsformular *nt*; **b. loss** Buch(ungs)verlust *m*; **b. machine** Buchungsmaschine *f*; ~ **operator** Maschinenbuchhalter(in) *m/f*; **b. method** Buchführungsmethode *f*, Buchungsverfahren *nt*; **b. operation** Buchhaltungs-, Buchungsvorgang *m*; **for b. purposes** buchungstechnisch; **b. rate** Verbuchungskurs *m*; **b. regulations/rules** Buchführungsregeln, B.vorschriften; **b. system** Buchführungssystem *nt*
book knowledge/learning Buch-, Bücherwissen *nt*, Schulweisheit *f*; **b.let** *n* Broschüre *f*, Heft *nt*, Büchlein *nt*; **explanatory b.** Informationsbroschüre *f*; **b. list** Bücherliste *f*; **b. loss** Buchverlust *m*, rechnerischer Verlust; **b.maker** *n* Buchmacher *m*; **b.mark** *n* Lesezeichen *nt*; **b. market** Büchermarkt *m*; **b. money** Buch-, Giralgeld *nt*; **b. notice** Buchankündigung *f*, B.anzeige *f*; **b. order** Buchbestellung *f*; **b. piracy** Raubdruck *m*; **b. position** Sollstellung *f*; **b. post** ✉ Bücherdrucksache *f*, B.sendung *f*; **b. profit** Buchgewinn *m*, technischer/buchmäßiger/rechnerischer Gewinn; **b. publisher** Buchverlag *m*, B.verleger *m*; **b. rate of return** (rechnerische) Rendite; **b.rest** *n* Buchstütze *f*; **b. review** Buchbesprechung *f*, B.rezension *f*; **b. reviewer** Buchrezensent(in) *m/f*; **b. royalty** Buchhonorar *nt*
bookseller *n* Buchhändler(in) *m/f*, Bücherverkäufer(in) *m/f*; **antiquarian/second-hand b.** Antiquar(in) *m/f*; **online b.** Online-Buchhändler *m*; **wholesale b.** Kommissionsbuchhändler *m*
wholesale book|selling *n* Kommissionsbuchhandel *m*; **b.shelf** *n* Bücherregal *nt*; **b.shop** *n [GB]*; **b.store** *[US] n* Buchhandlung *f*, B.laden *m*; **availabe/on sale in b.s** im Buchhandel erhältlich; **antiquarian/second-hand b.shop**; ~ **b.store** Antiquariat(sbuchhandlung) *nt/f*; **b. squaring** Bücherabstimmung *f*; **b.stall** *[GB]*; **b.stand** *[US] n* Bücherstand *m*; **b. surplus** rechnerischer/buchmäßiger Überschuss; **b. token** Buch-, Büchergutschein *m*, Buchscheck *m*; **b. trade** Buchhandel *m*; **intermediate b. trade** Zwischenbuchhandel *m*; **itinerant b. trade** Reisebuchhandel *m*; **b. transfer** Umbuchung *f*, Buchbewegung *f*
book value 1. (Netto)Buchwert *m*, Nettowert eines Unternehmens, Inventar-, Restwert *m*, buchmäßiger Wert; 2. *(Aktie)* Bilanzkurs *m*, Papierwert *m*; **at a ~ of** zu Buche stehend mit; ~ **of buildings/property** Gebäudebuchwert *m*; ~ **of investments** Buchwert der Investitionen; ~ **of investments in subsidiaries and associated companies**; ~ **of participations** Beteiligungs(buch)wert *m*; ~ **per ordinary share** Bilanzwert der Stammaktie
to have a book value of zu Buch stehen mit; **to write down/up the b. v.** Buchwert herabsetzen/heraufsetzen
depreciated book value fortgeführte (Anlage)Kosten; **gross b. v.** Bruttobuchwert *m*, Buchwert vor Abschrei-

bungen; **net b. v.** Netto-, Restbuchwert *m*, fortgeführter Anschaffungswert; **remaining/residual/year-end b. v.** Restbuchwert *m*, buchmäßiger Restwert, Buchrestwert *m*
book value depreciation Buchwertabschreibung *f*
bookworm *n* Bücherwurm *m*
boom *n* 1. Hochkonjunktur *f*, Hausse *f (frz.)*, (Konjunktur)Aufschwung *m*, Blütezeit *f*, Boom *m*, florierende Konjunktur, starker/stürmischer Aufschwung, kräftige Geschäftsbelebung, Wirtschaftsblüte *f*; 2. ⚓ Ausleger *m*; **b. in the capital goods industry** Investitionsgüterkonjunktur *f*; **~ capital spending** Investitionsboom *m*; **~ consumer goods** Konsumboom *m*, Verbrauchsgüterkonjunktur *f*; **~ consumption** Verbrauchskonjunktur *f*; **~ demand** Nachfrageboom *m*, lebhafte Nachfrage; **~ the stock** Kapitalmarktkonjunktur *f*
curbing the boom Konjunkturdämpfung *f*, K.zügelung *f*, K.bremsung *f*
to boost/kindle the boom Konjunktur anheizen; **to curb the b.** Konjunktur zügeln; **to pile into a b.** bei der Konjunktur absahnen *(coll)*
area-specific boom Sonderkonjunktur *f*; **continuing/continuous b.** anhaltende Konjunktur; **corporate b.** Firmenkonjunktur *f*; **cyclical b.** Hochkonjunktur *f*, konjunkturelle Wirtschaftsblüte, konjunkturbedingte Hausse *(frz.)*; **domestic/internal b.** Inlands-, Binnenkonjunktur *f*; **excess b.** überhitzte Konjunktur, Konjunkturüberhitzung *f*; **faltering b.** abklingende/nachlassende Konjunktur; **foreign b.** Auslandskonjunktur *f*; **illusory b.** Scheinblüte *f*; **industrial b.** Industriekonjunktur *f*; **inflationary b.** inflatorischer Boom, inflatorisch bedingte Konjunktur, Inflationskonjunktur *f*; **nationwide b.** gesamtwirtschaftlicher Aufschwung; **overheated b.** Konjunkturüberhitzung *f*; **price-led b.** Preiskonjunktur *f*; **runaway b.** überschäumende Konjunktur; **sectoral b.** Branchenkonjunktur *f*; **sonic b.** ✈ Überschallknall *m*; **specious b.** scheinbare Konjunktur, Scheinkonjunktur *f*; **subsiding b.** 1. abnehmende Haussebewegung; 2. nachlassende Konjunktur
boom *v/i* 1. florieren, (Hoch)Konjunktur haben, Aufschwung nehmen; 2. steigen, haussieren
boom conditions Haussebedingungen, Klima einer Hochkonjunktur
boomer *n* (Börse) Haussier *m (frz.)*
boomflation *n* Inflation bei gleichzeitiger Hochkonjunktur, inflatorischer Boom
booming *adj* 1. blühend, florierend, im Aufschwung begriffen; 2. haussierend; **to be b.** glänzend gehen
boom|let *n* Mini-, Kleinkonjunktur *f*, Miniboom *m*, vorübergehende Konjunktur; **b.-like** *adj* boomartig
boom market Haussemarkt *m*; **b. period** Zeit wirtschaftlicher Blüte; **b. phase** Hochkonjunkturphase *f*; **b. price** Haussepreis *m*, H.kurs *m*; **b. profit** Konjunkturgewinn *m*; **b. tendency** Aufschwungstendenz *f*; **b. town** aufstrebende Stadt, Goldgräberstadt *f*; **b. year** Boom-, Konjunkturjahr *nt*
boon *n* Wohltat *f*, Segen *m*
boost *n* Auftrieb *m*, Verstärkung *f*, Förderung *f*, Ankurbelung *f*; **to give a b. to** Auftrieb geben

boost *v/t* 1. ankurbeln, verstärken, hochtreiben, fördern; 2. Reklame machen für, Werbetrommel rühren für; 3. *(Leistung)* steigern
booster *n* 1. Förderer *m*; 2. Reklamemacher *m*; 3. ✪ Zusatzaggregat *nt*, Verstärker *m*; **b. engine** ✈ Starttriebwerk *nt*; **b. rocket** Start-, Trägerrakete *f*; **b. training** Auffrischungsausbildung *f*
boot *n* 1. Schuh *m*, Stiefel *m*; 2. *[GB]* 🚗 Kofferraum *m*; **to get too big for one's b.s** *(coll)* größenwahnsinnig werden; **seven-league b.s** Siebenmeilenstiefel
cold boot 💻 Kaltstart *m*
boot *v/t* 💻 booten
booth *n* 1. Ausstellungs-, (Messe)Stand *m*; 2. Zelle *f*; 3. Kabine *f*; 4. (Schau)Bude *f*; **joint b.** *(Messe)* Gemeinschaftsstand *m*
boot|legging *n* *[US] (coll)* Branntweinschmuggel *m*; **b. money** Draufgabe *f*; **b.strap** 💻 Ureingabe *f*; **~ loader** Urlader *m*
booty *n* Beute *f*
booze *n* *(coll)* Suff *m (coll)*; *v/i* saufen, zechen; **b.r** *n* 1. Säufer *m*; 2. *[GB]* Kneipe *f*
border *n* 1. Grenze *f*; 2. Zier-, Randleiste *f*, Umrandung *f*; 3. 🗞 Einfassung *f*; **close to the b.** grenznah; **free b.** frei Grenze
to close the border Grenze sperren; **to cross the b.** Grenze überschreiten/passieren, über die ~ gehen; **to violate the b.** Grenze verletzen
dry border trockene Grenze; **national b.** Staatsgrenze *f*; **wet b.** nasse Grenze; **zonal b.** Zonengrenze *f [D]*; **~ (development) area** Zonengrenz-, Zonenrandgebiet *nt*
border *v/t* 🗞 umranden; **b. on** grenzen an
border adjustment for internal taxes steuerlicher Grenzausgleich; **b. agent** Grenzspediteur *m*; **b. area** Grenzgebiet *nt*, G.bereich *m*; **b. clearance** ⊖ Grenzabfertigung *f*; **b. control(s)** Grenzkontrolle *f*, G.überwachung *f*; **~ post** Grenzkontrollstelle *f*; **b. country** Grenzland *nt*; **b. crossing** Grenzübergang *m*; **b. dispute** Grenzstreitigkeit *f*; **b. district** Grenzbezirk *m*
bordereau *n* *(frz.)* 1. Bordereau *m/nt*, Stückverzeichnis *nt*, Sortenzettel *m*; 2. *(Vers.)* Sammelaufgabe *f*, tabellarische Aufstellung von Versicherungsverträgen
border formalities Grenzformalitäten *f*; **b. guard** Grenzposten *m*; **b. guards** Grenzschutz *m*; **b. incident** Grenzzwischenfall *m*; **b. levy** Grenzausgleich *m*
borderline *n* 1. Grenze *f*; 2. Grenzlinie *f*, **~ case** Grenzfall *m*; **~ costs** teilvariable Kosten
border official Grenzbeamter *m*; **b. police** Grenzpolizei *f*; **b. post** Grenzstelle *f*; **b. province** Grenzprovinz *f*; **b. region** Grenzlandgebiet *nt*; **b. state** Anrainer-, Anliegerstaat *m*; **b. station** 🚆 Grenzstation *f*, G.bahnhof *m*
border tax(es) (on imports) ⊖ Einfuhr-, Grenzausgleichsabgabe(n) *f*; **~ adjustment** Grenzausgleichssteuer *f*
border town Grenzstadt *f*, an der Grenze gelegene Stadt; **b. traffic** Grenzverkehr *m*; **b. violation** Grenzverletzung *f*; **b. zone** Grenzzone *f*, G.bereich *m*
bore *n* 1. Bohrung *f*, Kaliber *nt*; 2. 🏛 lichte Weite; *v/ti* 1. (sich) langweilen; 2. ✪ bohren

borehole *n* Bohrloch *nt*
born *adj* gebürtig, geboren; **b. out of wedlock** [§] unehelich, außerehelich geboren; **to be b.** das Licht der Welt erblicken; **~ with a silver spoon in one's mouth** *(fig)* mit einem silbernen Löffel im Mund geboren sein *(fig)*
to be borne by so. *adj* zu jds Lasten gehen
borough *n* Gemeinde *f*; **urban b.** Stadtgemeinde *f*
borough charter Gemeindeverfassung *f*, G.satzung *f*; **b. coat of arms** Stadtwappen *nt*; **b. council** Gemeinderat *m*, Kommunal-, Stadtparlament *nt*, S.verordnetenversammlung *f*; **b. councillor** Gemeinderatsmitglied *nt*; **b. fund** Gemeindekasse *f*; **b. treasurer** Gemeinde-, Stadtkämmerer *m*; **b. treasurer's department; b. treasury** Stadtkämmerei *f*, Stadtsteueramt *nt*, Stadt-, Amts-, Gemeindekasse *f*
borrow *v/t* borgen, (aus-/ent)leihen, fremdfinanzieren, (Bank)Kredit aufnehmen, sich (aus)leihen, pumpen *(coll)*; **b. long** langfristigen Kredit aufnehmen; **b. short** kurzfristigen Kredit aufnehmen
borrowable *adj* ausleihbar
borrow carry Übertrag *m*
borrowed *adj* geborgt, geliehen; **to be heavily b.** stark verschuldet sein
borrower *n* (Aus-/Ent)Leiher(in) *m/f*, Kredit-, Darlehensnehmer(in) *m/f*, Schuldner(in) *m/f*, Kapitalaufnehmende(r) *f/m*, Geld-, Kapital-, Anleihenehmer(in) *m/f*, Darlehens-, Anleiheschuldner(in) *m/f*, (Darlehens)Empfänger(in) *m/f*, Kreditkunde *m*; **b.s** Kreditnehmerkreis *m*
borrower on bottomry ⚓ Bodmereinehmer(in) *m/f*, B.schuldner(in) *m/f*; **~ mortgage** Hypothekennehmer(in) *m/f*; **b. of good standing** gute Adresse; **~ lesser standing** weniger gute Adresse
big borrower Großkreditnehmer *m*; **commercial b.** kommerzieller Kreditnehmer; **corporate b.** kreditaufnehmende Firma; **final b.** Letztkreditnehmer *m*; **first-class/first-rate b.** erste Adresse; **first-time/initial b.** Erstkreditnehmer *m*; **heavy/large b.** Großschuldner *m*, G.kreditnehmer *m*; **high-risk b.** risikoreiche Adresse; **industrial b.** gewerblicher Kreditnehmer; **institutional/non-personal b.** institutioneller Kreditnehmer; **joint b.s** Konsortialkreditnehmer; **lesser-rated b.** weniger gute Adresse; **marginal b.** Grenzkreditnehmer *m*, Grenznachfrager nach Kapital; **overstretched b.** überschuldeter Kreditnehmer; **personal/private b.** *(Bank)* Privatkunde *m*, privater Kreditnehmer; **~ b.s** private Kreditkundschaft; **prime(-rated)/top-rated b.** *(Kredit)* erste Adresse; **prolific b.** Dauerschuldner *m*; **ultimate b.** Endkreditnehmer *m*; **would-be b.** Kredit-, Darlehensinteressent *m*
borrower's note Schuldbrief *f*, S.schein *m*, S.scheindarlehen *nt*; **~ issued by a bank** Bankschuldschein *m*; **~ business** Schuldscheingeschäft *nt*; **~ loan market** Schuldscheinmarkt *m*
borrowing *n* 1. Mittel-, Geld-, Kredit-, Darlehens-, Schuldenaufnahme *f*, Geld-, Mittelbeschaffung *f*, Fremdfinanzierung *f*, Aufnahme von (Fremd)Mitteln, Kapitalaufnahme *f*, Kreditinanspruchnahme *f*, K.beanspruchung *f*, K.finanzierung *f*, K.beschaffung *f*; 2. (Ent)Leihen *nt*, Entleihung *f*, Borgen *nt*; **b.s** aufgenommene Schulden/Mittel/Gelder, Fremdkapital *nt*, F.mittel, F.geld *nt*, in Anspruch genommene Kredite, fremde Mittel/Gelder, Passivgelder, Darlehens-, Kreditverbindlichkeiten
borrowing on accounts receivable Kreditaufnahme durch Abtretung von Debitoren, ~ Debitorenabtretung; **b. to smooth budgetary irregularities** Ausgleichs-, Verwaltungskredite *pl*; **b. secured by uncalled liability** Haftsummenkredit *m*; **b. in the money market** Inanspruchnahme des Geldmarkts; **b. on a mortgage** Hypothekenbeleihung *f*; **b. against securities** Lombardierung *f*; **b. on treasury bills** Schatzwechselkredite *pl*; **b. short to lend long** Fristentransformation beim Kreditgeschäft
to finance sth. through borrowing etw. fremdfinanzieren; **to raise (funds) by b.** (Mittel) durch Anleihe aufbringen; **to take on b.s** sich verschulden, Kredit(e) aufnehmen
budgeted borrowing|s etatisierte Kreditmittel; **commercial b.** Kreditaufnahme der Wirtschaft, ~ am offenen Markt; **corporate b.** Kreditaufnahme der Unternehmen/Wirtschaft, gewerbliche Kreditaufnahme; **~ b.s** Industriekredite; **direct b.** Direktkredite *pl*; **domestic b.** heimische Kreditaufnahme, Kreditaufnahme im Inland, innere/interne Staatsverschuldung; **foreign b.** Auslandskredite *pl*, Kreditaufnahme im Ausland, ~ des Auslands; **~ b.s** Auslandsverbindlichkeiten; **fresh b.s** Neuverschuldung *f*; **gross b.** Bruttokreditaufnahme *f*; **industrial and business b.** gewerbliche Kreditaufnahme, Kreditaufnahme der gewerblichen Wirtschaft; **long-term b.(s)** langfristige Kreditaufnahme/Verbindlichkeiten; **net b.(s)** Nettokreditaufnahme *f*; **new b.(s)** Neukreditaufnahme *f*, N.verschuldung *f*; **net ~ b.** Nettoneuverschuldung *f*, Nettokreditaufnahme *f*; **offshore/overseas b.** Kreditaufnahme im Ausland; **open-market b.** Kreditaufnahme am offenen Markt; **private b.** private Kreditaufnahme, Kreditaufnahme der Privatkundschaft; **public(-sector) b.** Kredit-/Mittelaufnahme der öffentlichen Hand, ~ des Staates, staatliche Schuldenaufnahme, Staatskredit-, Staatsschuldenaufnahme *f*, öffentliche Kreditaufnahme; **risk-free b. and lending** risikofreie Kreditaufnahme und Kapitalanlage; **short-term b.(s)** kurzfristige Kredite/Kreditaufnahme/Geldaufnahme/Verbindlichkeiten; **temporary b.** befristete Kreditaufnahme; **total b.(s)** *(Kreditnehmer)* Kreditobligo *nt*; K.volumen *nt*; **ultra vires** *(lat.)* **b.** satzungswidrige Kreditaufnahme; **unauthorized b.** nicht genehmigte Kreditaufnahme/Verschuldung
borrowing ability Verschuldungsfähigkeit *f*; **b. abroad** Kreditaufnahme im Ausland; **b. agreement** Kreditvereinbarung *f*; **b. allocation** Verschuldungsgrenze *f*; **b. authority; b. authorization** Kreditaufnahmevollmacht *f*, K.ermächtigung *f*, Ermächtigung zur Kreditaufnahme; **b. capacity** Kreditfähigkeit *f*, K.potenzial *nt*, Verschuldungsmöglichkeit *f*; **b. charges** Kreditkosten; **accessory b. charges** Kreditnebenkosten; **b. and lending contracts** Kreditverträge; **b. costs** Kre-

dit(un)kosten; **b. country** kreditnehmendes Land, Schuldnerland *nt*; **b. customer** Kredit-, Darlehenskunde *m*; **small b. customer** Kleinkreditkunde *m*; **b. cut** Rückführung der Kreditaufnahme; **b. demand** Kreditbedarf *m*, K.nachfrage *f*, K.wunsch *m*; **public(-sector) b. demand** öffentliche Kreditnachfrage; **b. estimate** *(Haushalt)* Kreditansatz *m*; **public(-sector) b. estimates** geschätzter Kreditbedarf der öffentlichen Hand; **b. facilities** Kreditmöglichkeiten, K.fazilitäten, K.spielraum *m*, Kreditaufnahme-, Ausleihmöglichkeiten; **b. level/limit** Kreditlinie *f*, K.spielraum *m*, K.(aufnahme)grenze *f*; K.plafond *m*, K.limit *nt*, Verschuldungsgrenze *f*; **b. margin** Verschuldungsspielraum *m*; **b. needs** Kreditbedarf *m*; **b. and lending plan** Kreditplan *m*; **b. policy** Kredit-, Schulden-, Anleihepolitik *f*; **b. position** Verschuldungsgrad *m*; **b. potential** Verschuldungspotenzial *nt*; **b. power(s)** Kreditfähigkeit *f*, K.würdigkeit *f*. K.aufnahmebefugnis *f*, K.potenzial *nt*, Vollmacht zur Kreditaufnahme; **b. projections** erwarteter Kreditaufnahmebedarf; **b. quota** Finanzierungskontingent *nt*; **b. rate** Kredit-, Darlehens-, Ausleihungs-, Sollzinssatz *m*; **federal b. rate** Refinanzierungssatz *m* (des Bundes); **b. ratio** Kredit-, Fremdfinanzierungsquote *f*; **b. requirement(s)** Kredit-, Finanzierungs-, Finanz-, Anleihe-, Fremdmittelbedarf *m*; **public-sector b. requirement (PSBR)** Kredit-/Finanz-/Kapital-/Geldaufnahmebedarf der öffentlichen Hand; **short-term b. requirement(s)** kurzfristiger Kreditbedarf; **b. target** geplante Neuverschuldung; **b. terms** Kreditkonditionen; **b. transaction** Passivgeschäft *nt*, passives Kreditgeschäft; **b. trend** Kreditentwicklung *f*

borstel *n* *[GB]* Jugendstrafanstalt *f*, J.gefängnis *nt*, Erziehungsheim *nt*; **b. training** Strafvollzug in einer Jugendstrafanstalt

boss *n* *(coll)* Chef(in) *m/f*, Vorgesetzte(r) *f/m*; **b. so. around** *v/t* jdn herumkommandieren

botch *n* *(coll)* Murks *m* *(coll)*; *v/t* *(coll)* vermasseln *(coll)*, verpfuschen *(coll)*, verpatzen *(coll)*; **b.er** *n* *(coll)* Pfuscher *m* *(coll)*

botch-up *n* Pfusch *m* *(coll)*, verpfuschte Sache *f*; *adj* vermurkst *(coll)*, verpfuscht *(coll)*

both ... and sowohl ... als auch; **b.-to-blame** *adj (Vers.)* beiderseitiges Verschulden

bother *v/ti* 1. sich die Mühe machen, Umstände machen, sich der Mühe unterziehen; 2. belästigen, behelligen; **b. o.s. with sth.** sich mit etw. herumplagen; **b. to come** sich herbeibemühen

bottle *n* Flasche *f*; **by the b.** flaschenweise; **to be on the b.** dem Trunk frönen; **disposable/non-returnable b.** Einwegflasche *f*, **refillable b.** Pfand-, Mehrwegflasche *f*

bottle *v/t (Obst)* 1. auf Flaschen ziehen, in Flaschen abfüllen; 2. einwecken, einmachen; **b. bank** (Alt)Glascontainer *m*, G.behälter *m*, G.iglu *m*

bottled *adj* in Flaschen abgefüllt

bottle deposit *n* Flaschenpfand *nt*

bottleneck *n* 1. Flaschenhals *m*; 2. (Kapazitäts)Engpass *m*, Nadelöhr *nt (fig)*; **b. in supplies** Versorgungsengpass *m*; **b. inflation** Nachfrageinflation *f*; **b. monopoly** Engpassmonopol *nt*; **b. segment** Minimumsektor *m*; **b. situation** Engpasssituation *f*

bottle opener Flaschenöffner *m*; **b. post** Flaschenpost *f*

bottler *n* (Getränke)Abfüller *m*

bottle rack Flaschenregal *nt*

bottling *n* Flaschenabfüllung *f*, F.abzug *m*; **b. jar** *(Obst)* Einweckglas *nt*; **b. hall** Abfüllhalle *f*; **b. plant** Abfüllanlage *f*, A.fabrik *f*

bottom *n* 1. Boden *m*, Grund *m*; 2. Tiefpunkt *m*, T.stand *m*; 3. Konjunkturtief *nt*, K.talsohle *f*; 4. ⚓ Schiffsboden *m*; **b. of a page** Ende/Fuß einer Seite; **~ the recession** Rezessionstalsohle *f*, Tiefpunkt der Rezession; **~ the table** Tabellenletzter *m*, Schlusslicht *nt (fig)*; **~ the target range** unterer Rand des Zielkorridors; **~ the trough** *(fig)* Tiefpunkt der Rezession

the bottom has fallen out of the market *(Börse)* die Kurse sind ins Bodenlose gesunken

to be at the bottom of it (all) hinter der (ganzen) Sache stecken, Urheber von etw. sein; **to get to the b. of sth./the matter** einer Sache auf den Grund kommen; **~ of a mystery** hinter ein Geheimnis kommen; **to hit/reach/strike/touch b.** Tiefstand/Tiefpunkt/Talsohle *(fig)* erreichen, niedrigsten Stand erreichen; **to learn from the b. up** von der Pieke auf lernen; **to rest on the b. of the sea** auf dem Boden des Meeres ruhen

double bottom 1. doppelter Boden; 2. *(Börse)* Preissturz *m*, äußerster Tiefstand; **false b.** Doppelboden *m*, doppelter Boden; **foul b.** ⚓ fauler Boden

bottom out *v/i* sich abflachen, sich auf niedrigem Niveau stabilisieren/einpendeln, konjunkturelle Talsohle durchschreiten, die Talsohle erreichen

bottom|-fermented *adj* *(Bier)* untergärig; **b. floor** 🏠 unteres Stockwerk

bottoming *n* *(Straße)* Packlage *f*; **to be in a general b. area** *(Kurse)* am unteren Wendepunkt sein, sich konsolidieren; **b.out** Stabilisierung auf niedrigem Niveau

bottom line *[US]* *(Bilanz)* Jahresüberschuss bzw. J.fehlbetrag, Saldo *m*; **b. lines** Mengen-, Massen-, Grundgeschäft *nt*; **at the b. line** unter dem Strich

bottom margin unterer Rand; **b. price** 1. äußerster/niedrigster Preis, Preisuntergrenze *f*; 2. *(Börse)* niedrigster Kurs, Tiefstkurs *m*

bottomry *n* ⚓ Bodmerei *f*, Schiffsverpfändung *f*, Verpfändung eines Schiffes; **to borrow/take on b.** auf Bodmerei nehmen; **to lend on b.** auf Bodmerei geben

bottomry bond Bodmereibrief *m*, B.vertrag *m*, Schiffspfandbrief *m*, Schiffs-, Seewechsel *m*; **b. bondholder** Bodmereigläubiger(in) *m/f*; **b. debt** Bodmereischuld *f*; **b. holder** Schiffsgläubiger(in) *m/f*; **b. insurance** Bodmereiversicherung *f*; **b. interest** Bodmereiprämie *f*, B.zins *m*; **b. loan** Bodmereigeld *nt*

bottom stop Sperrklinkeneffekt *m*; **b. support point** unterer Interventionspunkt; **b.-up** *adj* von unten nach oben

bought *adj* gekauft; **b. in** eingedeckt; **b. for cash** bar/gegen Kasse gekauft; **dearly b.** teuer erkauft *(fig)*; **b.-in** *adj* fremdbezogen, f.beschafft, zugekauft; **b. note** 1. *(Makler)* Schuld-, Schlussschein *m*, Schluss-, Kauf-

bought and sold note

note *f*, Ankaufsrechnung *f*; 2. *(Börse)* (Effekten-/Wertpapier)Kaufabrechnung *f*; **b. and sold note** Schlussschein *m*
bounce *n* *(coll)* 1. Rausschmiss *m*; 2. geplatzter Scheck
bounce *v/i* 1. prallen; 2. *(Scheck/Wechsel)* platzen, retourniert werden; **b. back** sich schnell erholen; **b. up** scharf ansteigen
bouncer *n* *(coll)* 1. *(Lokal)* Rausschmeißer *m*; 2. ungedeckter Scheck
bound *adj* verpflichtet, gebunden; **b. for** ⚓ mit dem Zielhafen; **b. by directives** weisungsgebunden; **to be b. for ...** ⚓ nach ... gehen; **~ to do** zwangsläufig tun müssen, gehalten sein, (etw.) zu tun
contractually bound vertraglich verpflichtet; **jointly and severally b.** gesamtschuldnerisch verpflichtet; **legally b.** rechtlich/gesetzlich/juristisch verpflichtet; **morally b.** moralisch verpflichtet
boundary *n* 1. Gemarkung *f*, Grenze *f*, Grenzlinie *f*; 2. ⚑ Markscheide *f*; **cutting across departmental boundaries** ressort-/abteilungsübergreifend, mehrere Abteilungen/Ministerien/Ressorts betreffend
to change the boundaries of a local community umgemeinden; **to mark the b.** abmarken
common boundary gemeinsame Grenze; **interzonal b.** Interzonengrenze *f [D]*; **jurisdictional b.** Rechtsgrenze *f*, Grenze zwischen verschiedenen Rechtssystemen; **local b.** Gemeindegrenze *f*; **lower b.** untere Grenze; **national b.** Staatsgrenze *f*; **regional b.** Bezirksgrenze *f*; **upper b.** obere Grenze
boundary customs ⊖ Grenzzoll *m*; **b. commission** Grenzkommission *f*; **b. dispute** Grenzkonflikt *m*; **b. ditch** Grenzgraben *m*; **b. fence** Grenzzaun *m*; **b. line** Grenz-, Begrenzungslinie *f*, Grenzverlauf *m*; **b. mark** Grenzzeichen *nt*; **b. post** Grenzpfahl *m*; **b. square** Randquadrat *nt*; **b. stone** Grenzstein *m*; **b. strip** Grenzstreifen *m*, G.rain *m*; **b. value problem** Grenzwert-, Randwertproblem *nt*; **b. wall** Grenzmauer *f*
bounded *adj* eingeschränkt
boundless *adj* end-, grenzen-, maß-, uferlos
bounds *pl* Grenzen *pl*; **within the b. of the law** in den Schranken des Gesetzes; **to keep within b.** in Grenzen halten, maßhalten; **~ the b. of the law** auf dem Boden des Gesetzes bleiben; **~ the b. of propriety** den Anstand wahren; **to know no b.** sich über alle Schranken hinwegsetzen, weder Maß noch Ziel kennen; **to place sth. out of b.** etw. zum Sperrgebiet erklären
bound *v/t* begrenzen, beschränken
bounty *n* 1. Fülle *f*; 2. (Export)Prämie *f*, Subvention *f*, Bonus *m*; **b. on exports** Ausfuhrvergütung *f*
bounty certificate Bonusschein *m*; **b. feeding** *(coll)* Subventions(un)wesen *nt*; **b. hunter** Kopfgeldjäger *m*; **b. lands** Schenkungsland *nt*
bourgeois *n* *(frz.)* Bürger(in) *m/f*; **petty b.** Kleinbürger *m*
bourgeois *adj* (spieß)bürgerlich, spießig
bourse *n* *(frz.)* (europäische) Börse; **B.** Pariser Börse; **black b.** schwarze Börse; **b. valuation** Börsenbewertung *f*
bout *n* Ausbruch *m*; **b. of inflation** inflatorischer Auftrieb/Impuls; **~ selling** 1. Verkaufs-, Realisationswelle *f*; 2. *(Börse)* Welle von Abgaben; **~ weakness** Schwächeperiode *f*, S.anfall *m*, S.phase *f*
inflationary bout Inflationsschub *m*
bow *n* 1. ⚓ Bug *m*; 2. Verbeugung *f*
bow *v/i* sich verbeugen; **b. out** sich verabschieden; **b. so. out** jdn herauskomplimentieren; **b. to the inevitable** sich ins Unvermeidliche fügen, der Not gehorchen
bow door ⚓ Bugklappe *f*
bow window 🏛 Bogenfenster *nt*
box *n* 1. Schachtel *f*, (kleine) Kiste, Kasten *m*, Dose *f*, Behälter *m*, Schatulle *f*; 2. 🎭 Loge *f*; 3. 🏛 Umrahmung *f*; 4. *(Lloyd's)* Stand *m*; **by the b.** kistenweise; **to check [US] /tick [GB] a b.** Kästchen ankreuzen; **to prize open a b.** Kiste aufbrechen
black box *(coll)* ✈ Flugschreiber *m*; **collapsible/folding b.** Faltschachtel *f*; **private b.** Schließfach *nt*
safe-deposit box Bank(schließ)fach *nt*, B.safe *m*, Stahl-, Tresorfach *nt*; **to rent a ~ b.** Safe mieten; **~ b. insurance** Depot-, Schließfachversicherung *f*
box *v/t* einpacken, in Kisten/Kartons verpacken; **b. in** 🏛 einfassen, ein-, umrahmen, umranden
box|board *n* (Karton)Pappe *f*; **b.car** *n [US]* 🚃 gedeckter Güterwagen; **b. container** Kofferbehälter *m*; **b. diagram** Kastendiagramm *nt*
boxed *adj* in Schachteln verpackt
Boxing Day 2. Weihnachtstag; **b. department** Verpackungsabteilung *f*
box|maker *n* Kartonagen-, Wellpappenfabrikant *m*; **b. metal** Büchsenmetall *nt*; **b. number** *(Zeitung)* Chiffre (nummer) *f*
box office Theater-, Konzert-, Tageskasse *f*; **~ hit/success** Kassenschlager *m*, K.erfolg *m*, K.magnet *m*, Publikumserfolg *m*, Reißer *m (coll)*; **to be a ~ success** volle Kasse bringen
box pallet Boxpalette *f*; **b. rent** *[US]* Schließfachmiete *f*; **b. wagon** *[US]* 🚃 gedeckter Güterwagen
boy *n* Junge *m*, Knabe *m*; **blue-eyed b.** *(coll)* begünstigter Mitarbeiter; **old b.** ehemaliger Schüler, Ehemaliger *m*
boycott *n* Boykott *m*; **b. of lectures** Vorlesungsboykott *m*; **to call off/lift a b.** Boykott aufheben
collective boycott gemeinsamer Boykott; **primary b.** direkter/unmittelbarer Boykott; **secondary b.** mittelbarer/indirekter Boykott
boycott *v/t* boykottieren, ächten
brace o.s. for sth. *v/refl* sich für etw. wappnen/rüsten, sich auf etw. gefasst machen
bracket *n* 1. (eckige) Klammer; 2. Kategorie *f*, Klasse *f*, Gruppe *f*, Größenordnung *f*, Rubrik *f*; **in b.s** in Klammern, eingeklammert
to insert/put in brackets in Klammern (ein)setzen, einklammern; **to put outside the b.** ausklammern
curved/round bracket|s runde Klammer; **higher-income b.s** höhere Einkommensgruppen; **social b.** Gesellschaftsschicht *f*; **square b.** eckige Klammer; **top b.** Spitzengruppe *f*; **~ b.s** höchste Einkommensstufen
bracket *v/t* einklammern, in Klammern (ein)setzen; **b. together** in dieselbe Gruppe/Rubrik einordnen, auf dieselbe Stufe stellen

bracketed *adj* eingeklammert
first bracket rate *(Steuer)* Eingangsstufe *f*
braille *n* *(frz.)* Blindenschrift *f*
brain *n* 1. ♣ (Ge)Hirn *nt*; 2. Grips *m* *(coll)*, Verstand *m*; **b.s** Intelligenz *f*
to pick so.'s brain geistigen Diebstahl bei jdm begehen; **to rack one's b.s** sich den Kopf zerbrechen, sich geistig anstrengen, sein Gehirn anstrengen
electronic brain Elektronengehirn *nt*
brain|child *n* *(fig)* Idee *f*, Geistesprodukt *nt*, geistiges Kind, Gedankenblitz *m*, Erfindung *f*; **b. damage** ♣ Gehirnschaden *m*; **b. drain** *(fig)* Abwanderung von Wissenschaftlern; **b. haemorrhage** ♣ Gehirnblutung *f*; **b.storm; b.wave** *n* *(fig)* plötzliche Erleuchtung, Gedanken-, Geistesblitz *m (fig)*, guter Einfall, kluge Idee; **b.storming** *n* Ideenfindung *f*; **b.s trust** wissenschaftlicher Beirat, Beraterstab *m*, Expertenrat *m*, E.kommission *f*, E.gruppe *f*, Sachverständigengruppe *f*, S.rat *m*; **b. washing** Gehirnwäsche *f*; **b. work** Geistes-, Kopfarbeit *f*; **b. worker** Geistes-, Kopfarbeiter *m*
brake *n* ✿ Bremse *f*
to act as a brake dämpfend wirken; **to jam the b.s on** 🚗 scharf bremsen; **to line b.s** Bremsen belegen; **to put the b. on; to put/step on the b.** Bremse betätigen, bremsen; **to reline the b.s** Bremsbelag erneuern, Bremse neu belegen
air-pressure brake 🚗/🚂 Druckluftbremse *f*; **defective/faulty b.s** fehlerhafte Bremsen; **economic b.s** Konjunkturbremse *f*; **hydraulic b.** Öldruckbremse *f*; **monetary b.** Kreditbremse *f*, geldpolitische Bremse
brake *v/ti* bremsen
brake failure Bremsversagen *nt*; **b. fluid** Bremsflüssigkeit *f*; **~ level** Bremsflüssigkeitsspegel *m*; **b. lever** Bremshebel *m*; **b. light(s)** Brems-, Stopplicht *nt*; **b. lining** Bremsbelag *m*; **b.load** *n* Bremsbelastung *f*; **b.man** *n* 🚂 Bremser *m*; **b. pedal** Bremspedal *nt*; **b. shoe** 1. 🚂 Hemmschuh *m*; 2. 🚗 Bremsbacke *f*
braking distance *n* Bremsweg *m*, Brems-, Stoppstrecke *f*
branch *n* 1. 🌿 Ast *m*, Zweig *m*; 2. Filiale *f*, Zweigstelle *f*, Z.geschäft *nt*, Filial-, Zweigbetrieb *m*; 3. Niederlassung *f*, Repräsentanz *f*, Geschäfts-, Außenstelle *f*; 4. Abzweig(ung) *m/f*; 5. *(Gewerkschaft)* Orts-, Betriebsgruppe *f*; 6. Branche *f*, Sparte *f*, Fach(richtung) *nt/f*, Bereich *m*; 7. Pfeil eines Graphen; 8. 💻 Verzweigung *f*; **according to b.es** spartenmäßig
branch of (economic) activity Wirtschaftszweig *m*, wirtschaftlicher Sektor; **~ business** Branche *f*, Geschäfts-, Betriebszweig *m*; **~ business classification** Branchengliederung *f*; **~ business statistics** Branchenstatistik *f*; **~ the economy** Wirtschaftszweig *m*; **local ~ the statutory health insurance scheme** Ortskrankenkasse *f*; **~ industry** Industrie-, Gewerbe-, Handels-, Wirtschaftszweig *m*, Branche *f*, Gewerbe *nt*, Erwerbszweig *m*; **in some b.es of industry** in einigen Branchen; **b. of knowledge** Disziplin *f*, Wissensgebiet *nt*,Wissenschaftsbereich *m*; **b. emanating from node** *(OR)* Abgänger *m*; **b. leading to node** *(OR)* Zugänger *m*, Einmünder *m*; **b.es in parallel** *(OR)* parallel ge-
schaltete Kanten; **b. of production** Fabrikationszweig *m*, Produktionsbereich *m*; **~ a river** Flussarm *m*; **b.es in series** *(OR)* in Serie geschaltete Kanten; **b. of trade** Wirtschaftszweig *m*, Branche *f*
to close a branch Filiale schließen; **to open a b.** Filiale eröffnen
account-holding branch *(Bank)* kontoführende (Zweig)Stelle/Filiale, Kontoführungsstelle *f*; **affiliated b.** Anhängefiliale *f*, angeschlossene Filiale; **executive b.** Verwaltungszweig *m*; **foreign b.** Auslandsfiliale *f*, A.vertretung *f*, Zweigniederlassung im Ausland, Auslandsniederlassung *f*; **fully-fledged b.** voll ausgebaute Filiale; **independent b.** selbstständige Zweigniederlassung; **industrial b.** *(Vers.)* Industrieversicherungssparte *f*, Industrieversicherungszweig *m*; **local b.** 1. (nächstgelegene) Zweigstelle; 2. *(Gewerkschaft)* Ortsgruppe *f*, O.verband *m*, Filiale *f*; **main b.** Hauptfiliale *f*, H.(geschäfts)stelle *f*, H.zweig *m*, H.geschäft *nt*, H.zweigstelle *f*, Zentrale *f*; **non-life b.** *(Vers.)* Sachzweig *m*. S.sparte *f*; **overseas b.** Auslands-, Überseefiliale *f*, Auslandsniederlassung *f*, überseeische/ausländische Niederlassung, ~ Filiale, Filiale in Übersee; **special b.** 1. Fachabteilung *f*; 2. *(Polizei)* Spezialabteilung *f*, Sondereinsatzkommando *nt*, S.abteilung *f*
branch *v/i* 1. sich gabeln; 2. 💻 sich verzweigen; **b. off** abzweigen; **b. out** sich verästeln, sich ausbreiten, sich vergrößern; **~ into** Geschäft ausdehnen auf, einsteigen in; **~ on one's own** sich selbstständig machen
branch abroad Auslandsfiliale *f*, A.niederlassung *f*; **b. account** Filialkonto *nt*; **b. accounting** Filialbuchführung *f*; **b. activities** Filialtätigkeit *f*; **b. address** 💻 Sprungadresse *f*; **b. administration** Filialverwaltung *f*; **b. advice** Filialavis *m/nt*; **b. area** Niederlassungsbereich *m*; **b. association** Zweigverein *m*; **b. balance sheet** Filialbilanz *f*
branch bank Bankfiliale *f*, Filial-, Zweigbank *f*; **major b. bank** Filialgroßbank *f*
branch banking Filialbankwesen *nt*, F.system *nt*; **multiple-b. banking** Filialbank-, Bankfilialsystem *nt*; **b. banking network** Filial(bank)netz *nt*; **~ system** Filialbanksystem *nt*
branch business *(Bank)* Zweigstellengeschäft *nt*; **ordinary b. business** *(Vers.)* Großleben *nt*; **b. capacity matrix** Verbindungskapazitätsmatrix *f*; **b. code number** Bankleitzahl (BLZ) *f*; **b. computer link** Computerverbund mit der Filiale; **b. establishment** Zweiggründung *f*, Z.niederlassung *f*, Filiale *f*, Filialbetrieb *m*, Zweigwerk *nt*
automatic branch exchange 📞 automatische Nebenstellenanlage; **private ~ b. exchange (pabx)** *[GB]* Nebenstellenanlage *f*; **private b. exchange (pbx)** 1. private Vermittlungsanlage, Sammelanschluss *m*, S.nummer *f*, (Fernsprech)Nebenstellenanlage *f*; 2. *(Firma)* Telefonzentrale *f*
branching out *n* Filialisierung *f*, Verästelung *f*, Diversifikation *f*; **~ into new product fields** Produkt(en)diversifizierung *f*
branch inventory Filialinventar *nt*; **b. investments** Investitionen im Filialbereich; **b.(es) ledger** Filialhaupt-

branchless

buch *nt*; **b.less** *adj* filiallos; **b.let** *n* kleine Zweigstelle; **b. limit** *(Vers.)* Spartenlimit *nt*; **b. line** 1. Neben-, Seitenlinie *f*; 2. 🚇 Stich-, Nebenbahn *f*, N.strecke *f*, Zweigstrecke *f*, Bimmelbahn *f (coll)*; **b. manager** Filialdirektor *m*, F.leiter *m*, F.vorsteher *m*, Zweigstellenleiter *m*, Leiter einer Niederlassung/Zweigstelle/Filiale, Geschäftsstellen-, Niederlassungsleiter *m*; **b. network** Zweigstellen-, Filial-, Geschäftsstellen-, Niederlassungsnetz *nt*; **extensive/nationwide b. network** flächendeckendes Filialnetz
branch office Niederlassung *f*, Zweigstelle *f*, Filiale *f*, Filialbüro *nt*, F.abteilung *f*, Agentur *f*, Kontor *nt*, Geschäftsstelle *f*, Zweigniederlassung *f*, Nebenstelle *f*, Außen-, Zweigbüro *nt*, Z.geschäft *nt*; **principal b. office** Hauptzweigstelle *f*; **b. office accounting** Filialkalkulation *f*
branch operation Zweig-, Filialbetrieb *m*; **b. operations** Zweigstellenbereich *m*, Z.geschäft *nt*; **b. organization** Zweigorganisation *f*; **b. plant** Zweigwerk *nt*, Z.betrieb *m*, Niederlassung *f*; **b. point** Verzweigungspunkt *m*; **b. post office** Zweigpostamt *nt*; **b. potential** Marktgröße einer Branche; **b. reporting** Filialberichterstattung *f*; **b. sales** Filialvertrieb *m*; **b. sales office** Verkaufsbüro *nt*, V.stelle *f*; **b. section** Zweigabteilung *f*; **b. signing power** Filialprokura *f*; **b. sort code** Bankleitzahl *f* (BLZ), Filialleitzahl *f*; **b. store** Verkaufs-, Anhängefiliale *f*, Zweiggeschäft *nt*; **b. tax** Zweigstellensteuer *f*; **b. utility function** Nutzenzweigfunktion *f*
brand *n* 1. (Handels)Marke *f*, Waren-, Firmenzeichen *nt*, Schutzmarke *f*, S.zeichen *nt*, Gewerbe-, Handels-, Güte-, Kennzeichen *f*, (Handels)Bezeichnung *f*, (Handels)Name *m*, Waren-, Qualitäts-, Firmenmarke *f*, 2. Markenartikel *m*, Fabrikat *nt*; 3. ♨ Brandzeichen *nt*; **to stock a b.** Marke führen
cheap/down-market brand Billigmarke *f*; **competitive b.** Konkurrenzartikel *m*, K.erzeugnis *nt*; **competitive b.s** Konkurrenzgüter, K.ware *f*; **exclusive b.** Exklusivmarke *f*; **favourite b.** bevorzugte Marke; **foreign b.** ausländische Marke; **in-house/own b.** hauseigene Marke, Eigen-, Hausmarke *f*; **leading b.** 1. führende Marke; 2. dominierender Markenartikel; **minor b.** kleine Marke; **no-name b.** 1. namenlose Handelsmarke; 2. weiße Ware; **own b.** Eigenmarke *f*; **popular b.** gut eingeführte Marke, Konsummarke *f*; **private b.** Haus-, Eigen-, Handels-, Händlermarke *f*
proprietary brand Markenfabrikat *nt*; **p.-b.** *adj* Marken-; **p. b.s industry** Markenartikelindustrie *f*
regional brand regionale Marke; **second b.** Zweitmarke *f*; **single b.** Individualmarke *f*; **special b.** besondere Marke; **successful b.** Erfolgsmarke *f*
brand *v/t* 1. kennzeichnen, markieren; 2. mit Brandzeichen versehen, einbrennen, brandmarken
brand acceptance Markenakzeptanz *f*; **b. advertising** Marken(artikel)werbung *f*, Werbung für Markenerzeugnisse; **b. association** Markengemeinschaft *f*; **b. barometer** Markenindex *m*, M.barometer *nt*; **b. competition** Markenwettbewerb *m*; **b. comparison** Markenvergleich *m*
branded *adj* 1. mit einem Stempel/Warenzeichen versehen; 2. gebrandmarkt
brand extension Markenerweiterung *f*; **b. family** Markenfamilie *f*, M.gruppe *f*; **b. figure** Markenzeichen *nt*; **b. franchise** Markenfranchise *nt*; **b. identification** 1. Markenidentität *f*; 2. Markenwahrnehmung *f*; **b. image** Markenbild *nt*, M.profil *nt*, M.image *nt*
branding *n* Warenzeichenpolitik *f*, Markenausstattung *f*, (Marken)Kennzeichnung *f*, Bezeichnung als Markenartikel; **b. iron** ♨ Brandeisen *nt*
brand insistence/loyalty Markentreue *f*; **b. integrity** Markenprofil *nt*; **b. label** Markenetikett *f*; **b. leader** Markenführer *m*, Spitzenmarke *f*; **b. leadership** Markenführerschaft *f*; **b. manager** Markenbetreuer *m*, Produktmanager *m*, P.leiter *m*, Vertriebsleiter für einen Markenartikel
brand management Betreuung von Markenartikeln
brand name Marken-, Produktname *m*, Marken-, Handelsbezeichnung *f*, Gütezeichen *nt*, Verbundzeichen *nt* (für eine Artikelgruppe); **secondary b. n.** Zweitmarke *f*; **b. n. loyalty** Markentreue *f*; **~ piracy** Markenpriaterie *f*
brand|-new *adj* (funkel)nagel-, brand-, fabrikneu, ganz neu; **b. personality** Markenprofil *nt*; **b. piracy** Markenpiraterie *f*; **b. policy** Markenpolitik *f*; **b. preference** Markenpräferenz *f*, M.bevorzugung *f*, M.bewusstsein *nt*; **b. price** Marken(artikel)preis *m*; **b. recognition** Markenbewusstsein *nt*, M.wiedererkennung *f*; **b. selection** Markenwahl *f*; **b.-specific** *adj* markenspezifisch; **b. success** Markenerfolg *m*; **b. trend survey** Markenanalyse *f*, M.index *m*; **b. value** Markenwert *m*, Wert der Handelsmarke
brandy *n* 1.Branntwein *m*; 2. Weinbrand *m*, Cognac *m* *(frz.)*; **b. distillery** Weinbrennerei *f*
brash *adj* nassforsch, dreist
brass *n* 1. Messing *nt*; 2. *[GB] (coll)* Geld *nt*, Moneten *pl (coll)*, Moos *nt (coll)*; **top b.** *(coll)* hohe Tiere *(coll)*
brassage *n* *(Münzen)* Präge-, Münzgebühr *f*, M.gewinn *m*
not worth a brass farthing keine zwei Groschen wert; **b. mounting** Messingbeschlag *m*; **b. plate** Messingschild *nt*; **to get down to b. tacks** *(coll)* zur Sache kommen
brawl *n* Schlägerei *f*, Rauferei *f*, Krawall *m*
brazen *adj* dreist, (nass)forsch; **to be b.** große/dicke Lippe riskieren *(coll)*
brazier *n* Kohlen-, Koksfeuer *nt* (im Freien)
breach *n* 1. [§] Bruch *m*, Übertretung *f*, Verletzung *f*, Verstoß *m*; 2. ⚔ Bresche *f*
breach of agreement Vertragsbruch *m*; **~ arrestment** Pfandbruch *m*, Bruch der Beschlagnahme, ungesetzliche Veräußerung gepfändeten Eigentums; **~ close** unbefugtes Betreten eines (eingefriedeten) Grundstücks, widerrechtliches Betreten fremden Besitztums; **~ condition** *(Vertrag)* Verletzung einer Hauptpflicht; **~ professional conduct** Verstoß gegen die Standesregeln; **~ confidence/confidentiality** Vertrauensbruch *m*, V.verletzung *f*, Verletzung der Vertraulichkeit; **~ (the) constitution** Verletzung der Verfassung, Verfassungsbruch *m*

breach of contract Kontrakt-, Vertragsbruch m, V.widrigkeit f, Verletzung der Vertragspflicht, ~ eines Vertrages, Nichterfüllung eines Vertrages; **in ~ c.** vertragswidrig, kontraktbrüchig; **acting in ~ c.** vertragswidriges Verhalten; **to be in ~ c.** vertragsbrüchig sein; **to sue for ~ c.** wegen Nichterfüllung eines Vertrages klagen
anticipatory breach of contract antizipierter Vertragsbruch; **fundamental ~ c.** wesentliche Vertragsverletzung; **positive ~ c.** eindeutige/positive Vertragsverletzung
breach of a court order Missachtung einer gerichtlichen Verfügung; **~ a convenant** Vertragsbruch m; **~ custody** Verwahrungsbruch m; **~ customs regulations** ⊖ Zollordnungswidrigkeit f; **~ discipline** Disziplinarvergehen nt
breach of duty Pflichtverletzung f, P.widrigkeit f, Verletzung der Dienstpflichten/Amtspflicht, Dienstvergehen nt; **~ professional d. of confidentiality** Verletzung der beruflichen Schweigepflicht; **wilful ~ d. by an official custodian** Gewahrsamsbruch m; **~ d. to perform** Vertragsverletzung f; **gross ~ d.** grobe Pflichtverletzung; **~ official d.** Amtspflichtverletzung f
breach of professional ethics Verletzung der Standespflicht; **~ etiquette** Verstoß gegen die Etikette; **~ faith** Vertrauens-, Treubruch m; **in ~ good faith** wider Treu und Glauben; **~ form** Formverstoß m; **~ (the) law** Rechtsbruch m, Gesetzesübertretung f, G.verletzung f, G.bruch m, Übertretung des Gesetzes, Verletzung eines Gesetzes, Verstoß gegen das Gesetz; **to be in ~ the law** gegen das Gesetz verstoßen haben, das Gesetz verletzt/übertreten haben; **~ a maintenance obligation** Unterhaltsverletzung f; **~ neutrality** Neutralitätsbruch m; **~ an oath** Eidbruch m; **~ obligations; ~ an obligation** Pflicht-, Obliegenheitsverletzung f, Verletzung der Pflichten, ~ obliegenden Verpflichtung; **~ order** Verstoß gegen die Geschäftsordnung; **~ public order** Verstoß gegen die öffentliche Ordnung; **~ (the) peace** (Land)Friedensbruch m, (öffentliche) Ruhestörung, Bruch des Friedens, Störung der öffentlichen Ruhe, Verletzung von Ruhe und Ordnung, Verstoß gegen die öffentliche Ordnung; **~ pound** Pfandbruch m; **~ privilege** Eingriff in die Rechte anderer, Privilegienmissbrauch m, Immunitätsverletzung f, Zuständigkeitsüberschreitung f, Übertretung der Machtbefugnis; **~ promise** Wortbruch m; **~ promise to marry** Verlöbnisbruch m, Bruch des Eheversprechens; **~ promise award** Kranzgeld nt; **~ regulations** Verletzung/Nichtbeachtung von Vorschriften; **~ official regulations** 1. Regelverstoß m; 2. Amtswidrigkeit f; **~ quarantine regulations** Quarantäneverletzung f
breach of the rules Regelverstoß m, R.widrigkeit f, Verstoß gegen die Regeln; **in ~ the rules** gegen die Vorschriften, vorschriftswidrig; **~ an administrative rule** Ordnungswidrigkeit f
breach of secrecy Verletzung der Schweige-/Geheimhaltungspflicht; **~ official s.** Verletzung/Bruch der Amtsverschwiegenheit; **~ professional s.** Verletzung des Berufsgeheimnisses
breach of a professional secret Verletzung eines Berufsgeheimnisses; **~ tax regulations** Steuerordnungswidrigkeit f; **~ tenancy** Verletzung des Miet-/Pachtvertrages; **~ treaty** Vertragsverletzung f; **~ trust** Treu-, Vertrauensbruch m, Treuverletzung f, Veruntreuung f, Verletzung der Treuepflicht, Untreue f; **in ~ trust** treuwidrig; **~ warranty** 1. Garantie(vertrags)verletzung f, Gewährleistungsbruch m, Bruch der Garantiehaftung, Verletzung der Gewährleistungspflicht; 2. (Garantie) Qualitätsmangel m; **~ warranty of authority** Bruch der Behördenhaftung
to step into the breach in die Bresche springen; **to widen a b.** Bruch vertiefen
anticipatory breach antizipierter Vertragsbruch
breach v/t 1. durchbrechen; 2. § verletzen
bread n 1. Brot nt; 2. (fig) Lebensunterhalt m
bread and butter (coll) Lebensunterhalt m; **b.-and-b.** adj nüchtern, materialistisch, prosaisch, alltäglich, gewöhnlich; **~ education** auf den Broterwerb gerichtete Erziehung; **~ issue** Allerweltsproblem nt, alltägliches Problem; **~ letter** Dankschreiben nt; **~ lines** Grundgeschäft nt; **~ -minded** adj nur auf den Broterwerb bedacht, materialistisch eingestellt; **~ product** Grundprodukt nt
to know which side one's bread is buttered on (coll) wissen, wo was zu holen ist; **to live on b. and butter** von Wasser und Brot leben; **to ration b.** Brot rationieren
daily bread tägliches Brot; **to earn one's ~ b.** seine Brötchen verdienen (coll); **home-made b.** selbstgebackenes Brot
bread|basket n Brotkorb m; **b. coupon/ticket** Brotmarke f; **b.crumb** n Brotkrume f
daily breader n (coll) Pendler(in) m/f
bread|line n Existenz-, Lebensminimum nt; **to be on the b.line** am Hungertuch nagen, Existenzminimum nur knapp erreichen; **b. shortage** Brotverknappung f
breadth n Breite f; **b. of assortment** Sortimentsbreite f
bread|winner n Ernährer m (der Familie), (Brot)Verdiener m, Versorger m, Familienvater m; **main b.-winner** Haupternährer m; **b.-winning** n Broterwerb m, Verdienst m
break n 1. Bruch m; 2. (Fahrt)Unterbrechung f, Rast f; 3. (Arbeits-/Erholungs)Pause f, Unterbrechung der Arbeit; 4. (Preis) starker Rückgang; 5. Einschnitt f, Zäsur f; 6. ⌂ Umschwung m; **without a b.** ununterbrochen
break in the market Kursumschwung m, Marktwende f; **~ prices** Kurssturz m, K.einbruch m; **~ the trend** Trendbruch m; **~ the economic trend** Konjunkturumbruch m; **b. from work** Unterbrechung der Berufstätigkeit
to have/take a break rasten, Pause einlegen, Ruhepause einschieben; **to make a clean b. (with sth.)** sauberen Trennungsstrich ziehen (fig); **to stop for a b.** Rast machen; **to take a short b.** kurze Rast einlegen; **commercial b.** (Radio/Fernsehen) Werbe-, Reklamesendung f; **lucky b.** glücklicher Zufall; **short b.** kleine Pause
break v/ti 1. (zer)brechen, bersten; 2. brechen, klein-, kaputtkriegen, ruinieren; 3. pleite gehen; 4. § verlet-

break down

zen; **b. down** 1. zusammenbrechen; 2. *(Gespräch)* scheitern; 3. *(Bilanz)* aufschlüsseln, (auf)gliedern, untergliedern, unterteilen; 4. ✿ versagen, ausfallen, kaputtgehen, Panne haben; **likely to b. down** störanfällig; **b. down irretrievably** *(Ehe)* scheitern
break even Gewinnschwelle/G.zone/Rentabilitätsschwelle/schwarze Zahlen erreichen, ausgeglichen/ohne Gewinn oder Verlust abschließen, Kosten decken, kostendeckend arbeiten, ohne Verlust arbeiten, aus den Verlusten herauskommen, die Nulllinie erreichen, ein ausgeglichenes Ergebnis erzielen, mit plus-minus Null abschließen, Ertragsschwelle überschreiten
break in 1. einbrechen; 2. ✿ einfahren; 3. einarbeiten; **b. off** abbrechen; **b. open** aufbrechen; **b. out** 1. ausbrechen; 2. *(Konflikt)* ausbrechen; **b. through** durchbrechen; **b. up** 1. zerspringen, auseinander fallen, auseinander brechen; 2. ⚓ abwracken, ausschlachten, verschrotten; 3. *(Kartell)* auflösen, entflechten; 4. aufbrechen, auflockern, aufteilen, aufsplitten, zerstückeln; **b. with sth.** sich von etw. abwenden; **b. and enter** [§] einbrechen
breakable *adj* zerbrechlich
breakage *n* 1. Bruch(schaden) *m*; 2. Vergütung für Bruchwaren, Refaktie *f*; **b. of seals** Verschlussverletzung *f*; **free from b.** bruchfrei, frei von Bruch; **insured against b. and damage in transit** versichert gegen Bruch- und Transportschäden; **ordinary b.** gewöhnlicher Bruch
breakage allowance Vergütung für Bruchwaren; **b. clause** Bruchklausel *f*; **b. frequency** Ausschussquote *f*
break bulk agent Empfangsspediteur *m*; ~ **cargo** Massenstückgut *nt*
breakdown *n* 1. ✿/⚡ Ausfall *m*, (Betriebs)Störung *f*, (Maschinen)Schaden *m*; 2. ⚓ Panne *f*, technisches Versagen; 3. ▄▄ Betriebsausfall *m*; 4. *(Bilanz)* Aufstellung *f*, Übersicht *f*, Aufschlüsselung *f*, Klassifizierung *f*, Analyse *f*, Unterteilung *f*, U.gliederung *f*, Zerlegung *f*, Desaggregierung *f*; 5. $ Kollaps *m*; 6. *(Verhandlungen)* Abbruch *m*, Scheitern *nt*; 7. *(Preise)* Einbruch *m*; 8. *(Ehe)* Zerrüttung *f*, Scheitern *nt*; **prone/susceptible to b.** reparatur-, störanfällig
breakdown of accounts Kontenaufgliederung *f*; ~ **activities** Aufgabengliederung *f*; **b. by branches** Sparten-, Branchenaufgliederung *f*; **b. of a budget** Etataufschlüsselung *f*; **b. by categories of goods** warenmäßige Zusammensetzung; **b. in communications** Kommunikationsstörung *f*; **b. of cost(s)** Kosten(auf)gliederung *f*; ~ **total costs** Kostenauflösung *f*; ~ **expenditure(s)** Aufschlüsselung/Aufgliederung der Ausgaben; **functional ~ expenditures** Funktionalgliederung der Ausgaben; ~ **expenses** (Un)Kostenspezifizierung *f*, Spesenaufgliederung *f*; **b. by industries** Branchengliederung *f*; **b. of job operations** Arbeitsanalyse *f*; ~ **machinery** Maschinenausfall *m*, M.schaden *m*; **irretrievable ~ a marriage** Ehezerrüttung *f*; **b. of/in negotiations** Scheitern der Verhandlungen; **b. by occupations** berufliche Gliederung, Verteilung nach Berufen; **b. of pay talks** Scheitern der Lohnverhand-

lungen; ~ **the national product according to sources** Aufgliederung des Sozialprodukts nach dem Ursprung; **b. by size** Gliederung nach Größe, Größenklassengliederung *f*, G.klassifizierung *f*; **b. of a tax** Steueraufgliederung *f*; ~ **net worth** Eigenkapitalgliederung *f*
detailed breakdown Aufschlüsselung *f*, Einzelaufgliederung *f*; **divisional b.** Aufgliederung nach Sparten, Spartenaufschlüsselung *f*; **economic b.** wirtschaftlicher Zusammenbruch; **functional b.** Funktionalgliederung *f*; **irretrievable b.** *(Ehe)* Zerrüttung(sprinzip) *f/nt*; **mental b.** Nervenzusammenbruch *m*, N.zerrüttung *f*; **occupational b.** berufliche Verteilung; **partial b.** Teilausfall *m*; **total b.** Totalausfall *m*
breakdown gang *(Schaden)* Hilfstrupp *m*; **b. insurance** Pannenversicherung *f*; **b. operation** Pannendienst *m*; **b. pension** Erwerbs-, Berufsunfähigkeits-, Invalidenrente *f* (bei vorzeitiger Invalidität), Ruhegehalt wegen Dienstunfähigkeit; **b.-proof** *adj* pannensicher; **b. service** 1. ⚓ Not-, Pannendienst *m*, P.hilfe *f*; 2. ✎ Störungsdienst *m*; **b. and recovery service** Abschleppdienst *m*; **b. structure** Arbeitszerlegungsdiagramm *nt*; **b. truck/van/vehicle** ⚓ Reparaturfahrzeug *nt*, Werkstatt-, Abschleppwagen *m*, A.fahrzeug *nt*; **b. value** Substanzwert *m*
breaker *n* Brecher *m*, Brandungswelle *f*; **b.s** Sturzsee *f*; **b.'s yard** ⚓ Abwrackwerft *f*
to operate at breakeven *n* kostendeckend/ohne Verlust arbeiten
breakeven analysis Deckungsbeitragsrechnung *f*, Rentabilitätsprüfung *f*, Deckungspunkt-, Gewinnschwellenanalyse *f*, G.rechnung *f*; **b. chart** Rentabilitätstabelle *f*, Gewinnschwellendiagramm *nt*; **b. date** Rentabilitätszeitpunkt *m*; **b. day** *(Börse)* Erfolgstag *m*; **b. figure** Rentabilitätsziffer *f*; **b. load** kostendeckende Ladung/Auslastung; **b. number of copies** 📖 Deckungsauflage *f*; **b. point** Rentabilitätsgrenze *f*, R.schwelle *f*, Gewinn-, Ertrags-, Nutzschwelle *f*, Gewinnpunkt *m*, Grenze der Rentabilität, Kostendeckungspunkt *m*, Nutz-, Kostendeckungsgrenze *f*; **b. rent** Ertragsmiete *f*; **b. result** ausgeglichenes Ergebnis; **to achieve/return a b. result** ausgeglichenes Ergebnis erwirtschaften/erzielen; **b. time** Deckungszeitpunkt *m*
breakfast *n* Frühstück *nt*; **continental b.** einfaches Frühstück; **cooked b.** warmes Frühstück; **b. hamper** Frühstückskorb *m*; **b. table** Frühstückstisch *m*
break-in *n* 1. Einbruch *m*; 2. ▄▄ Einarbeitung *f*; **b. period** Einarbeitungs-, Anlaufzeit *f*
breaking and entering *n* [§] Einbruch *m*; **b. of seals** Siegelbruch *m*, Verschlussverletzung *f*; **b. bulk** *(Großhändler)* Umpacken *nt*; **b. down** ✿ Aufschluss *m*; **b.-in costs** *n (Maschine)* Anlaufkosten; **b. load** Bruchlast *f*; **b. point** Bruchpunkt *m*, Festigkeitsgrenze *f*; **psychological b. point** *(Steuer)* Höchstbelastungsgrenze *f*; **b. strength** Bruch-, Reißfestigkeit *f*; **b. test** Bruchprobe *f*; **b.-up** *n (Kartell)* 1. Auflösung *f*; 2. Auflockerung *f*; ~ **of the time element** *(Zinsrechnung)* Zerfällen der Tage
break|neck *adj* halsbrecherisch; **b.-off** *n (Verhandlun-*

gen) Abbruch *m*; **b.out** *n* Aufgliederung *f* (eines Gesamtbetrages); **b. point** Ausgleichspunkt *m*; **b.-proof** *adj* bruchsicher; **b.through** *n* Durchbruch *m*; **to make a b.through** Durchbruch erzielen
break-up 1. Auflösung *f*, Zerschlagung *f*, Entflechtung *f*, Aufteilung *f*; 2. ⚓ Bruch *m*, Bersten *nt*; 3. Verschrottung *f*; 4. *(Ehe)* Scheitern *nt*; **b. premium** ⚓ Abwrackprämie *f*; **b. value** 1. Schrott-, Altmaterial-, Abbruchwert *m*; 2. *(Zwangsauflösung)* Liquidations-, Zerschlagungswert *m*, Eigenkapital *nt*; 3. ⚛ Ausschlachtungs-, Schmelzwert *m*
breakwater *n* Hafendamm *m*, Wellenbrecher *m*, Buhne *f*
to beat one's breast *n* sich an die Brust schlagen; **to make a clean b. of it** sich etwas von der Seele reden, reinen Wein einschenken *(fig)*; **b. cancer** ⚕ Brustkrebs *m*; **b.-feed** *v/t* stillen; **b. wall** ⛨ Brüstung *f*
breath *n* Atem *m*; **not a b. of suspicion** nicht der Schatten eines Verdachts; **in the same b.** im gleichen Atemzug
to be short of breath kurzen Atem haben; **to catch one's b.** den Atem anhalten; **to gasp for b.** nach Atem ringen, Luft schnappen; **to hold one's b.** Luft/Atem anhalten; **to stop for b.** verschnaufen; **to take a deep b.** tief Luft holen; **to waste one's b.** *(fig)* in den Wind reden *(fig)*, Worte verschwenden
breathalyze *v/t* ⚗ ins Röhrchen blasen lassen *(coll)*; **to be b.d** in Röhrchen blasen; **b.r** *n* Alkoholtestgerät *nt*
breathe one's last *v/ti* seinen Geist aufgeben *(coll)*, in den letzten (Atem)Zügen liegen
breather *n* (Atem)Pause *f*, Verschnauf-, Erholungs-, Ruhepause *f*; **to take a b.** Atem holen/schöpfen, Verschnaufpause einlegen
heavy breathing *n* ⚕ Atembeschwerden *pl*; **b. apparatus** Atem-, Sauerstoffgerät *nt*, S.apparat *m*; **b. space** Atem-, Ruhe-, Verschnaufpause *f*
breath|taking *adj* atemberaubend; **b. test** Alkoholtest *m*
deeply bred *adj* tief verwurzelt
breed *n* (Tier)Rasse *f*; **new b.** neue Generation
breed *v/ti* 1. hervorrufen, erzeugen; 2. 🐓 züchten; 3. sich fortpflanzen/vermehren
breeder *n* 1. 🐓 (Tier)Züchter *m*; 2. ⚛ Brüter *m*, Reaktor *m*; **fast b.** schneller Brüter
breeding *n* 1. Erziehung *f*, Bildung *f*; 2. Fortpflanzung *f*, Züchtung *f*, (Tier)Zucht *f*; **good b.** gute Erziehung; **ill b.** schlechte Erziehung
breeding animal Zuchttier *nt*; **b. cattle** Zuchtvieh *nt*; **b. ground** Nährboden *m*, Brutstätte *f*; **b. pig** Zuchtsau *f*; **b. regulations** (Tier)Zuchtbestimmungen
breeze *n* Brise *f*; **cool b.** kühle Brise; **gentle/light b.** Lufthauch *m*, (mildes) Lüftchen, sanfte/leichte Brise; **stiff b.** steife Brise
brevier *n* 📖 Petit(schrift) *f*
brevity *n* Kürze *f*, Knappheit *f*; **for b.'s sake** der Kürze halber; **b. is the soul of wit** *(prov.)* in der Kürze liegt die Würze *(prov.)*
brewer *n* 1. (Bier)Brauer *m*; 2. Brauerei *f*; **b.'s agent** Bierverleger *m*; **B.s Society** *[GB]* Brauereiverband *m*

brewery *n* Brauerei *f*, B.unternehmen *nt*; **breweries** *(Börse)* Brauereiaktien, B.titel, B.werte; **b.-bottled** *adj* *(Bier)* Originalabfüllung *f*
brewing group *n* Brauereikonzern *m*; **b. industry** Brauindustrie *f*, B.wirtschaft *f*, Brauereiwirtschaft *f*, B.gewerbe *nt*; **b. room** Sudhaus *nt*
brewster sessions *[GB]* Gerichtstage zur Entscheidung über Schankkonzessionen
brib|ability *n* Bestechlichkeit *f*, Käuflichkeit *f*; **b.able** *adj* bestechlich, käuflich
bribe *n* Schmiergeld *nt (coll)*, Bestechung(sgeld) *f/nt*, Bestechungssumme *f*, Bakschisch *nt (coll)*; **accepting/taking b.s**; **b.-taking** *n* Bestechlichkeit *f*, passive Bestechung, Vorteilsnahme *f*; **to offer b.s** bestechen; **to take b.s** Geld nehmen, sich bestechen lassen
bribe *v/t* bestechen, schmieren *(coll)*; **b. so. into sth.** etw. von jdm erkaufen
bribe money Schmiergelder *pl (coll)*
bribery *n* Bestechung *f*, Schmieren *nt (coll)*; **open to b.** bestechlich; **b. and corruption** Korruptionsunwesen *nt*; **b. of creditors** Gläubigerbestechung *f*; **~ a judge** Richterbestechung *f*; **~ an official** Beamtenbestechung *f*
attempted bribery Bestechungsversuch *m*
bribery scandal Korruptions-, Bestechungsskandal *m*
bribing *n* Bestechung *f*; **b. of a witness** Zeugenbestechung *f*
brick *n* ⛨ Ziegel *m*, Ziegel-, Backstein *m*; **to drop a b.** *(fig)* ins Fettnäpfchen treten *(fig)*, aus der Rolle fallen, Taktlosigkeit begehen; **to invest in b.s and mortar** *(fig)* in Gebäude/Immobilien investieren; **to lay b.s** mauern
brick up *v/t* zumauern
brick areas Absatzgebiete mit gleichem Marktpotenzial; **b. industry** Ziegelindustrie *f*; **b.layer** *n* Maurer *m*; **b.laying** *n* Maurerhandwerk *nt*; **b.maker** *n* Ziegelbrenner *m*, Ziegelsteinproduzent *m*; **to run against a b. wall** gegen eine Mauer anrennen; **to talk to a b. wall** zum Fenster hinausreden, gegen die Wand reden; **b.work** *n* Mauerwerk *nt*; **b.works**; **b.yard** *n* Ziegelei *f*, Ziegelbrennerei *f*
bride *n* Braut *f*; **b. and groom** Brautpaar *nt*, Eheschließende *pl*; **b.groom** *n* Bräutigam *m*; **b.smaid** *n* Brautjungfer *f*
bridge *n* 1. Brücke *f*; 2. ⚓ (Schiffs-/Kommando)Brücke *f*; **floating b.** Schiffsbrücke *f*; **wooden b.** Holzbrücke *f*
bridge *v/t* 1. überbrücken; 2. Brücke schlagen; **b. over** überbrücken
bridge construction Brückenbau *m*; **b. engineer** Brückenbauingenieur *m*; **b.-financing** *n* 1. Überbrückungsfinanzierung *f*; 2. *(AG)* Vorfinanzierung einer Kapitalerhöhung *f*; **b. loan**; **b.over** *n* Überbrückungs-, Zwischenkredit *m*
bridgehead *n* ⚔ Brückenkopf *m*
bridging *n* Überbrückung *f*; **b. credit** Überbrückungs-, Zwischenkredit *m*; **b. facilities** Überbrückungsfazilitäten; **b. finance** Zwischenfinanzierung(smittel) *f/pl*, Überbrückungshilfe *f*, Ü.finanzierung *f*; **b. loan** Überbrückungs-, Zwischenkredit *m*, Z.finanzierung *f*, Über-

bridging operation

brückungsdarlehen *nt*; **b. operation** Liquiditätsüberbrückung *f*; **b. over** Zwischenfinanzierung *f*, Überbrückungskredit *m*
brief *n* 1. Aufgabenbereich *m*, A.gebiet *nt*; 2. kurze Sachdarstellung, Zusammenfassung *f*, Kurzbericht *m*; 3. (kurze) Anweisung; 4. [§] *(Anwalt)* Mandat *nt*, Auftrag *m*, Instruktion *f*; 5. [§] Handakten *pl*, Rechtsdarstellung *f*; 6. [§] vorbereiteter Schriftsatz, Verhandlungsschriftsatz *m*; **b. on points of law** schriftliche Rechtsausführungen; **b. in support of a petition in error** Revisionsbegründung *f*
to file/submit a brief [§] Schriftsatz einreichen; **to hold a b.** mit einer Vertretung beauftragt werden; **~ no b. for so./sth.** *(coll)* nichts von jdm/etw. halten; **to present one's b.** Fall vortragen; **to take a b.** Vertretung vor Gericht übernehmen
subsequently filed brief nachgereichter Schriftsatz; **legal b.** schriftliche Rechtsausführungen
brief *v/t* 1. einweisen, informieren, Anweisungen geben; 2. [§] instruieren; *adj* kurz, knapp, bündig, flüchtig, kurzgefasst; **in b.** kurz gesagt; **be b.** fassen Sie sich kurz; **to be b.** sich kurz fassen
briefcase *n* (Akten)Tasche *f*, (Bücher)Mappe *f*
briefing *n* Einweisung *f*, Unterrichtung *f*, (Arbeits)Anweisung *f*, Einsatzbesprechung *f*, Lage-, Vorbesprechung *f*, Informationsbesprechung *f*, I.sitzung *f*; **b. of a lawyer** Anwaltsbestellung *f*; **b. conference** Informationsbesprechung *f*; **b. pack** Infomappe *f*; **b. room** Besprechungszimmer *nt*
bright *adj* 1. hell; 2. *(fig)* aufgeweckt, gescheit; 3. ⌂/*(Börse)* freundlich; **to look b.** *(Zukunft)* rosig aussehen
brighten *v/t* *(Bilanz)* schönen; **b. up** 1. verschönern; 2. ⌂ sich aufhellen; **b.ing up** *n* Verschönerung *f*; **b.ing agent** *n* Bleichmittel *nt*
brightline *[US]* mit dem Leuchtstift markieren; **b.r** Leucht-, Markierstift *m*
brightness *n* 1. (Bild)Helligkeit *f*, Leuchtkraft *f*; 2. *(fig)* Fixigkeit *f*, Intelligenz *f*
brilliant *adj* brillant, genial, hochintelligent, hervor-, überragend
filled/full to the brim; b.ful *n/adj* bis zum Rande gefüllt, randvoll, gestrichen voll
bring *v/t* 1. bringen, herbeischaffen; 2. *(Ernte)* hereinbringen; 3. einreichen; **b. about** zu Stande/zu Wege bringen, herbeiführen, erwirken, bewirken, ins Leben rufen; **b. along** mitbringen; **b. ashore** an Land bringen; **b. a matter before so.** jdn mit etw. befassen; **b. down** *(Preis)* senken, herabsetzen, reduzieren, herabschleusen; **b. forth** hervorbringen; **b. forward** *(Termin)* vorziehen, (vor)verlegen; **b. in** 1. (mit) einbringen; 2. *(Person)* ein-, dazwischenschalten; 3. $ einschleppen; **b. o.s. to do sth.** sich zu etw. durchringen; **~ to say sth.** etw. über die Lippen bringen; **b. to** ⌂ beidrehen; **b. up** 1. *(Kind)* erziehen; 2. vorbringen, aufs Tapet bringen *(coll)*; **~ again** wieder vorbringen; **b. up-to-date** aktualisieren, auf den neusten Stand bringen
bringing of an action *n* [§] Klageanstrengung *f*; **b. forward** Vorverlegung *f*; **b. in** Einbringung *f*; **b. up of children** Kindererziehung *f*

brink *n* Rand *m*; **on the b. of** drauf und dran *(coll)*, am Rande; **to drive so. to the b. of despair** jdn an den Rand der Verzweiflung bringen; **to teeter on the b.** am Abgrund taumeln
brinkmanship *n* Politik am Rande des Abgrunds, risikoreiche Politik, Krisenpolitik *f*, Spiel mit dem Feuer *(fig)*, Lavieren am Abgrund
briquette *n* *(frz.)* Brikett *nt*
brisk *adj* lebhaft, rege, flott, belebt, bewegt, stürmisch, zügig; **b.ness** *n* Lebhaftigkeit *f*
British Apparel and Textile Confederation Verband der britischen Bekleidungs- und Textilindustrie; **B. Bankers Association** britischer Bankenverband; **B. Consultants Bureau** Vereinigung beratender Ingenieure; **B.-made** *adj* in GB hergestellt/gefertigt/produziert; **B. Railways Board** Verwaltungsrat der britischen Eisenbahnen; **B.-sourced** *adj* britischer Herkunft; **B. Standards Institution (BSI)** britischer Normenausschuss, britisches Normeninstitut, britische Normenkontrollstelle; **B. Tourist Authority (BTA)** britische Fremdenverkehrszentrale; **B. Waterways Board** britische (Binnen)Schifffahrtsbehörde
brittle *adj* spröde, brüchig
broach sth. *v/t* etw. zur Sprache bringen
B road *[GB]* Landstraße *f*
broad *adj* breit, ausgedehnt, weit; **as b. as it is long** *(coll)* gehupft wie gesprungen *(coll)*
broad|banded *adj (Tabelle)* mit wenigen Zwischenstufen; **b.-based** *adj (Steuern)* allgemein
broadcast *n* (Radio-/Rundfunk)Sendung *f*, Radioübertragung *f*; **commercial b.** Werbesendung *f*, Sendung des Werbefunks; **live b.** Direktsendung *f*, direkte Sendung, Orginalübertragung *f*; **outside b.** nicht im Studio produzierte Sendung
broadcast *v/t* senden, übertragen, durchgeben; **b. live** direkt übertragen
broadcaster *n* Rundfunkansager(in) *m/f*, R.sprecher(in) *m/f*, Fernsehsprecher(in) *m/f*
broadcasting *n* Rundfunk(übertragung) *m/f*; **commercial b.** Privat-, Werbefunk *m*; **educational b.** Schulfunk *m*
broadcasting area Sendebereich *m*; **b. center** *[US]*/**centre** *[GB]* Funkhaus *nt*; **b. company** Rundfunkgesellschaft *f*; **b. corporation** Rundfunkanstalt *f*; **b. frequency** Sendefrequenz *f*; **b. law/legislation** Rundfunkrecht *nt*; **b. licence** Senderecht *nt*; **b. network** Sendergruppe *f*; **b. permit** Sendeerlaubnis *f*; **b. right** Funk-, Senderecht *nt*; **b. station** Funkhaus *nt*; **b. studio** Senderaum *m*, S.studio *nt*
broaden *v/t* verbreitern
broadening *n* Verbreiterung *f*; **b. of the corporate base** Verbreiterung der unternehmerischen Basis; **~ financial base** Kapitalintensivierung *f*; **~ range** Verbreiterung des Angebots, Angebots-, Sortimentserweiterung *f*
broadloom *n* auf breitem Webstuhl gewebter Teppich, nahtloser Teppich
broadly *adv* in groben Zügen, grob umrissen, grosso modo *(ital.)*; **b.ness** *n* Breite *f*; **b.sheet** *n* 🗐 Planobogen *m*, großes Faltblatt, Zeitungsformat *nt*; **b.side** *n* 1. ⌂

Breitseite *f*; 2. 📄 Planobogen *m*; **b.size** *n* Querformat *nt*
brocade *n* Brokat *m*
brochure *n* Prospekt *m*/*nt*, Broschüre *f*, Werbeheft *nt*, W.schrift *f*; **annual b.** Jahresschrift *f*; **glossy b.** Hochglanzbroschüre *f*
broke *n* Fabrikationsabfall *m*; *adj (coll)* pleite *(coll)*, blank *(coll)*, ruiniert, abgebrannt *(coll)*; **to be b.** pleite sein; **to go for b.** *(coll)* alles/Bankrott riskieren
broken *adj* 1. bankrott, ruiniert, gebrochen; 2. 📄 *(Linie)* gestrichelt; **b. down** aufgeschlüsselt; **to get b.** zu Bruch gehen, kaputtgehen; **to speak b. (English/German etc.)** radebrechen
broker *n* Makler *m*, Zwischenhändler *m*, Kommissionär *m*, (Börsen)Agent *m*, Broker *m*, Vermittler *m*; **to act as a b.** makeln, als Makler fungieren
associate broker selbstständiger Makler; **captive b.** vom Versicherungsgeber abhängiger Makler; **certified b.** amtlich zugelassener Makler; **commercial b.** Handelsmakler *m*; **foreign b.** Makler in Auslandswechseln; **general-line b.** Makler auf Großmärkten; **inofficial b.** freier Makler, Vermittlungsmakler *m*; **inside b.** amtlich zugelassener Makler; **intermediate b.** Zwischen-, Untermakler *m*, Remissier *m (frz.)*; **mercantile b.** Handelsmakler *m*; **name-to-follow b.** *(Börse)* Aufgabemakler *m*; **non-member b.** freier Makler, nicht zur öffentlichen Börse zugelassener Makler; **official b.** *(Börse)* amtlich zugelassener Makler, amtlicher (Kurs)Makler, Kassamakler *m*; **outside b.** Freimakler *m*, freier Makler, nicht zur offiziellen Börse zugelassener Makler; **put-and-call b.** Prämienmakler *m*; **sworn b.** vereidigter Makler; **unofficial b.** *(Börse)* Frei(verkehrs)makler-, Kulissen-, Privatmakler *m*
broker *v/t* makeln, vermitteln
broker's account Maklerliquidation *f*
brokerage *n* 1. Maklerprovision *f*, M.gebühr *f*, (Makler)Courtage *f*, Kurtage *f*, Provision(sgebühr) *f*, Maklerforderung *f*, M.lohn *m*, Vermittlungsprovision *f*; 2. Maklergeschäft *nt*, M.gewerbe *nt*, M.tätigkeit *f*, Vermittlungsgeschäft *nt*; 3. Maklerfirma *f*; **free of b.; no b.** courtagefrei, franko Courtage
brokerage account Courtagerechnung *f*; **b. business** Makler-, Vermittlungsgeschäft *nt*; **b. concern** Maklerfirma *f*; **b. contract** Maklervertrag *m*; **b. earnings** Einkünfte aus Maklertätigkeit; **b. fee** Maklergebühr *f*; **b. firm/house/partnership** Makler-, Brokerfirma *f*; **b. income** Provisions-, Gebührenaufkommen *nt*; **b. office** Maklerfirma *f*; **b. operation** Maklergeschäft *nt*; **b. practices** Maklerusancen; **b. rate** Courtagesatz *m*; **b. statement** Courtagerechnung *f*
broker|**s' association** Maklerkammer *f*; **b.'s bar/counter** Maklerschranke *f*; **~ circular** Börsenbrief *m*; **~ business** Börsenkommissionsgeschäft *nt*; **~ charges** Maklergebühr *f*, Courtage *f*; **~ clerk** Maklergehilfe *m*; **~ code of conduct** Maklerordnung *f*; **~ commission/fee/rate** (Makler)Courtage *f*, M.gebühr *f*, M.provision *f*, M.forderung *f*; **~ contract note** Schlussnote *f*, S.schein *m*; **b. dealer** Händler im Freiverkehr; **b.'s journal** Maklerbuch *nt*; **~ lien** Zurückbehaltungsrecht des Maklers; **~ loan** Maklerdarlehen *nt*, M.kredit *m*, Effektenkredit *m*; **~ loan rate** (Makler)Courtage *f*; **~ market** Propregeschäft *nt*; **~ memorandum/note** Schlussschein *m*, S.zettel *m*, S.note *f* (des Maklers), Kommissionsnota *f*; **~ office** Makler-, Vermittlungsbüro *nt*; **~ order** Verladeanweisung *f*; **~ return** Courtage *f*; **~ ticket** Börsenabrechnung(szettel) *f*/*m*
broking *n* Makler-, Vermittlungsgeschäft *nt*; **b. commission** Maklerprovision *f*, Courtage *f*; **b. firm** Maklerfirma *f*
bromide *n* ⚕ Beruhigungsmittel *nt*
bronchitis *n* ⚕ Bronchitis *f*
brood *v/i* grübeln; **b. over sth.** über etw. grübeln/brüten
broom *n* Besen *m*; **new b.s sweep clean** *(prov.)* neue Besen kehren gut *(prov.)*
broth *n* Suppe *f*, Brei *m*, Brühe *f*
brothel *n* Bordell *nt*, Freudenhaus *nt*
brother *n* 1. Bruder *m*; 2. *(Gewerkschaft)* Kollege *m*; **b.s (Bros.)** *(Firma)* Gebrüder (Gebr.); **~ and sisters** 1. Geschwister; 2. *(Gewerkschaft)* Kolleginnen und Kollegen; **full b.** leiblicher Bruder
brotherhood *n* 1. Bruderschaft *f*; 2. *[US]* Gewerkschaft *f*
brother-in-law *n* Schwager *m*
brought down *adj (Seitenende)* Über-, Vortrag *m*; **b. forward** *(Seitenanfang)* Vor-, Übertrag *m*
to knit one's brow *n* die Stirn runzeln; **to live by the sweat of one's b.** von seiner Hände Arbeit leben; **to mop one's b.** sich die Stirn wischen
browbeat so. *v/t* jdn unter Druck setzen
brown|**out** *n* *[US]* ⚡ begrenzter/teilweiser (Strom)Ausfall, Teilausfall *m*, Spannungs-, Stromabfall *m*; **b.stone** *n* *[US]* roter Sandstein, Buntsandstein *m*
bruise *n* ⚕ Bluterguss *m*, Prellung *f*, blauer Fleck
to bear the brunt *n* die Hauptlast tragen
brush *n* Pinsel *m*; **tarred with the same b.** *(fig)* von gleichem Kaliber *(fig)*; **to tar with the same b.** *(fig)* über einen Kamm scheren *(fig)*
brush aside *v/t* abtun; **b. up** *(Wissen/Sprache)* (wieder)auffrischen, aufpolieren
to give so. the brush-off *n* *(coll)* jdn abblitzen lassen *(coll)*
brush reading 📄 elektrisches Abtasten
brushwood *n* Gebüsch *nt*, Gestrüpp *nt*, Niederwald *m*
brusque *adj* brüsk, kurz angebunden, schroff; **b.ness** Schroffheit *f*
Brussels principles *(Zollwert)* Brüsseler Grundsätze; **B. tariff nomenclature (BTN/CCCN)** *(EU)* Brüsseler Zolltarifschema
bubble *n* 1. (Seifen)Blase *f*; 2. Text-, Sprechblase *f*; 3. *(fig)* Schwindel(geschäft) *m*/*nt*; *v/i* sprudeln; **b. forth** heraussprudeln
bubble car 🚗 Kabinenroller *m*; **b. company** Mantelgesellschaft *f*, Briefkastenfirma *f*; **b. memory** Magnetblasenspeicher *m*; **b. sort** Bubblesorte *f*
buccaneer *n* *(obs.)* ⚓ Freibeuter *m*, Seeräuber *m*
buck *n* *[US]* *(coll)* Dollar *m*; **to make a fast b.** einen Reibach machen *(coll)*; **to pass the b.** sich vor der Verantwortung drücken, Verantwortung abwälzen/abschieben

buck v/t widerstehen, angehen gegen; **b. up** sich aufraffen
bucket n 1. (Wasser)Eimer m, Kübel m; 2. 🟊 Fördereimer m, F.kübel m; **by the b.** kübelweise; **to kick the b.** *(coll)* ins Gras beißen *(coll)*, krepieren *(coll)*; **to scoop a b. of water** Eimer Wasser schöpfen
bucketeer n *[US]* unreeller Börsenmakler
in bucketfuls pl eimerweise
bucketing n Betreiben unreeller Maklergeschäfte
bucket seat 🚗 Schalensitz m; **b. shop** *(coll)* 1. Büro des Freiverkehrsmaklers, unreelle Maklerfirma, Vermittlungsagentur f, schwarze Börse, Winkelbörse f; 2. auf dem grauen Markt tätiges Reisebüro
buckshee adj *(coll)* gratis, kostenlos, umsonst; **b. shares** *[GB]* /**stocks** *[US] (coll)* Belegschaftsaktien
buck|**shot** n Schrot nt; **b.skin** n Wildleder nt; **b.wheat** n 🌾 Buchweizen m
bud n 🌱 Knospe f, Keim m; **to nip sth. in the b.** etw. im Keim ersticken, den Anfängen wehren
bud v/i 1. 🌱 knospen; 2. *(Firma)* sich entwickeln
budge v/i nachgeben
budget n 1. (Staats)Haushalt m, Etat m *(frz.)*, Budget nt *(frz.)*, 2. *(Unternehmen)* Haushalts-, Finanz-, Wirtschaftsplan m, Finanzrahmen m; 3. Zeitzuteilung f; **in line with the b.** planmäßig; **under b.** Budgetunterschreitung f; **within the b.** im Finanzrahmen
budget of a public authority öffentlicher Haushalt; **b. in deficit** Defizithaushalt m
balancing the budget Haushalts-, Etatausgleich m, Haushaltssanierung f; **exceeding the b.** Budget-, Haushaltsüberschreitung f, Überschreitung des Etats/Haushalts; **passing the b.** Haushaltsverabschiedung f
to adopt a budget Etat/Haushalt verabschieden; **to approve the b.** Etat/Haushalt genehmigen, ~ bewilligen; **to balance the b.** Etat/Haushalt/Budget ausgleichen; **to burden the b.** Etat/Haushalt belasten; **to cut the b.** Etat/Haushalt kürzen; **to debate the b.** Etat/Haushalt beraten; **to draft/draw up the b.** Etat/Budget/Haushalt(splan) aufstellen, ~ machen; **to exceed the b.** Etat/Haushalt überschreiten, ~ überziehen; **to include in the b.** in den Etat/Haushalt einstellen, etatisieren; **to introduce/present the b.** Haushalt(splan) einbringen/vorlegen, Budget/Etat vorlegen; **to keep to the b.** Etat/Haushalt/Budget einhalten; **to pass the b.** Etat/Haushalt annehmen, ~ genehmigen, Haushalt(splan) verabschieden; **to prepare the b.** Etat/Budget/Haushalt(splan) aufstellen, ~ machen; **to prune the b.** Etat/Haushalt beschneiden; **to revamp the b.** Etat/Haushalt umschichten; **to run over b.** Haushaltsansatz überschreiten; **to slash/trim the b.** Etat/Haushalt zusammenstreichen, Kürzungen im Haushalt vornehmen; **to submit the b.** Etat/Haushalt(splan)/Budget vorlegen, Etat/Haushalt/Budget einbringen
administrative budget Verwaltungshaushalt(splan) m; **adverse b.** Haushalts-, Etatdefizit nt, defizitärer Haushalt; **amended b.** Berichtigungshaushalt m; **annual b.** Jahresbudget nt, J.etat m; **approved b.** genehmigter Etat/Haushalt; **balanced b.** ausgeglichener Haushalt/Etat, Haushalts-, Etatausgleich m; **cyclically ~ b.** konjunkturneutraler Haushalt; **cantonal b.** Kantonalhaushalt m *[CH]*; **common b.** *(EU)* Gemeinschaftshaushalt m; **continuous b.** rollende Planung, rollender Haushalt; **contractionary b.** Sparhaushalt m; **current b.** Aufwands-/Ertragsbudget bei gegebenem Beschäftigungsgrad, Zwischenbudget nt, laufendes Budget; **departmental b.** Teilhaushalt m, Einzelplafond m, E.etat m, E.haushalt m; **extraordinary b.** außerordentlicher Etat/Haushalt; **federal b.** Bundeshaushalt m B.etat m; **financial b.** Finanzhaushalt m, F.plan m, F.budget nt; **fixed b.** 1. starres Budget, starrer Etat; 2. *(Unternehmen)* starre Plankostenrechnung; **flexible b.** 1. flexibles (Gesamt)Budget, elastischer Etat; 2. flexible Plankostenrechnung; **forecast b.** Planbudget nt; **functional b.** Funktionsplan m, F.budget nt; **general b.** allgemeiner Etat/Haushalt; **giveaway b.** Haushalt mit Steuergeschenken; **governmental b.** öffentlicher Haushalt; **gross b.** Bruttoetat m; **high-employment b.** Vollbeschäftigungshaushalt m; **interim b.** Übergangshaushalt m; **local/municipal b.** Gemeinde-, Kommunalhaushalt m, städtischer Haushalt, Gemeinde-, Kommunaletat m; **moving b.** rollender Finanzplan; **multi-year b.** Mehrjahresplanung f; **national b.** Staatshaushalt(splan) m, S.etat m, S.budget nt; **naval b.** Marinehaushalt m; **operational b.** Produktionsbudget nt, P.etat m; **operative b.** Betriebsbudget nt; **ordinary b.** ordentlicher Etat/Haushalt; **over b.** Etat-, Haushalts-, Budgetüberschreitung f; **overall b.** Gesamthaushalt m, G.etat m; **overhead b.** Gemeinkostenbudget nt; **perpetual b.** rollende Planung, rollendes Budget; **physical b.** Mengenbudget nt; **preliminary b.** Voranschlag m; **proposed b.** Etat-, Haushaltsentwurf m, H.vor(an)schlag m; **public b.** öffentlicher Haushalt; **regular b.** Kernhaushalt m; **rolling b.** rollendes Budget, überlappende Planung; **roll-over/sliding b.** laufender Haushalt; **sectional/sectoral b.** Abteilungs-, Teilhaushalt m, T.etat m, T.budget nt; **separate b.** Einzeletat m, E.haushalt m; **sliding-scale b.** flexibles Budget; **social b.** Sozialhaushalt m, S.etat m; **special b.** Sonderhaushalt m, außerordentlicher Haushalt/Etat; **stabilizing b.** Stabilitätshaushalt m; **static b.** starres Gesamtbudget; **subsidiary b.** Nebenbudget nt; **supplementary b.** Nachtragshaushalt m, N.etat m, Haushaltsnachtrag m, Zusatzetat m, Z.haushalt m, Rektifikations-, Ergänzungsetat m, E.haushalt m; **tentative b.** vorläufiges Budget, vorläufiger Etat/Haushalt; **total b.** Gesamtrechnung f; **transitional b.** Übergangshaushalt m; **unbalanced b.** defizitärer/unausgeglichener Haushalt, ~ Etat; **unified b.** *[US]* Einheitsbudget nt; **variable b.** den Produktionsschwankungen angepasster Etat, flexibles Budget
budget v/t (im Haushalt ein)planen, Budget machen, Etat aufstellen, ein-, voraus-, verplanen; **b. for** 1. im Haushaltsplan/Etat/Budget vorsehen, ~ unterbringen/veranschlagen, in Ansatz bringen, etatisieren; 2. in einen Kostenvoranschlag aufnehmen; **b. carefully** mit seinem Geld rechnen
budget account 1. Kunden(kredit)konto nt; 2. Haus-

haltsrechnung *f*; 3. Konto für laufende Zahlungen; **b. accounting** Plankosten-, Sollkostenrechnung *f*; **b. act** Haushalts-, Budgetgesetz *nt*; **B. and Accounting Act** *[US]* Haushaltsgesetz *nt*; **b. adjustment** Planrevision *f*; **b. aid** Budgethilfe *f*; **b. amount** haushaltsmäßig eingesetzter Betrag, etatisierter Betrag, in den Haushalt eingestellter Betrag; **b. appropriation** Ausgabenbewilligung *f*, Etat-, Haushalts-, Finanzzuweisung *f*, Haushalts-, Etatansatz *m*, Ausgabenetat *m*, bewilligter Etat; **b. arithmetic** Haushaltsarithmetik *f*
budgetary *adj* budget-, haushalts-, etatmäßig, Budget-, Haushalts-, finanztechnisch, budgetär
budget audit Haushaltsprüfung *f*; **b. authorization** Budgetgenehmigung *f*; **~ form** B. Budgetgenehmigungsblatt *nt*; **b. authority** *[US]* Ausgabenermächtigung *f*; **unspent b. balances** Ausgabenreste; **b. balancing** Budget-, Etat-, Haushaltsausgleich *m*; **b. bill** Haushaltsvorlage *f*, H.entwurf *m*; **b. bylaw/bye-law** Haushaltssatzung *f*; **b. carrier ✈** Billigflieger *m*; **b. ceiling** Ausgabengrenze *f*; **b. change** Haushaltsänderung *f*; **b. charge account** Kredit in laufender Rechnung; **b. committee** Haushalts-, Budgetausschuss *m*; **b. consolidation** Haushaltskonsolidierung *f*; **b. constraint** Haushalts-, Budgetrestriktion *f*; **~ line** Bilanz-, Budgetgerade *f*; **b. contribution** Budgetanteil *m*; **b. control** Haushalts-, Planüberwachung *f*, P.kontrolle *f*; **~ sheet** Haushaltsüberwachungsliste *f*; **b. costs** Plankosten; **b. cost estimate** Plankostenrechnung *f*; **~ sheet** Plankostenrechnungsbogen *m*; **b. costing** Budgetkostenrechnung *f*, Plankalkulation *f*; **b. cut(s)** Etat-, Haushaltskürzung *f*, Haushaltsabstriche *pl*; **b. cycle** Budgetkreislauf *m*, B.zyklus *m*; **B. Day** *[GB]* Tag der Einbringung/Vorlage des Haushalts; **b. deadline** Haushaltsschlusstermin *m*; **b. debate** Budget-, Haushaltsdebatte *f*, Haushalts(plan)-, Etat-, Budgetberatung *f*, Beratung des Haushaltsplans
budget deficit Budget-, Haushalts-, Finanzierungs-, Etatdefizit *nt*, Haushaltslücke *f*, H.fehlbetrag *m*, Defizit im Haushalt; **to monetize b. d.s** Haushaltsdefizite monetär alimentieren; **b. department** Haushaltsabteilung *f*
budget and management department Abteilung für Finanzplanung und Analyse; **b. director** Haushaltsabteilungsleiter *m*; **b. discipline** Haushalts-, Budgetdisziplin *f*; **b. draft** Etat-, Haushaltsentwurf *m*; **b. economy** Haushaltseinsparung *f*
budgeted *adj* im Haushalt vorgesehen, etatisiert
budget equalization Haushalts-, Budgetausgleich *m*; **~ fund** Haushalts-, Budgetausgleichsfonds *m*
budget equation *(Haushalt)* Bilanz-, Budget-, Haushaltsgleichung *f*; **b. equilibrium** Haushaltsgleichgewicht *nt*, H.ausgleich *m*
budget estimate(s) Budget-, Finanz-, Haushaltsvoranschlag *m*, Etat-, Haushalts-, Budget-, Planansatz *m*, P.rechnung *f*, Finanzanschlag *m*, Solletat *m*, veranschlagter Etat, Haushaltsansatz *f*, Haushaltssoll *nt*, Entwurf des Haushaltsplans; **to vote the b. e.s** Budget/Haushalt/Etat genehmigen; **b. expenditure** Haushaltsausgaben *pl*; **b. fare** 🚌/✈ Billig(st)tarif *m*; **planned b. figure** Haushalts-, Etatansatz *m*; **b. finance** Haushaltsfinanzierung *f*, Finanzierung des Haushalts; **b. forecast** Budgetprojektion *f*
budget funds Etat-, Haushaltsmittel; **to allocate/apportion b. funds** Haushaltsmittel zuteilen/zuweisen
budget gap Haushaltslücke *f*, H.defizit *nt*, H.loch *nt*, Loch im Haushalt/Etat; **b. heading** Haushaltstitel *m*; **b. implementation** Haushaltsdurchführung *f*; **b. impulse** Haushaltsimpuls *m*
budgeting *n* 1. Finanz-, Etatplanung *f*, Budgetgebaren *nt*, Budget-, Haushaltsaufstellung *f*, H.wirtschaft *f*, H.wesen *nt*; 2. *(Unternehmen)* (Voraus)Planung *f*, Geschäftsplanung *f*; 3. Haushalten *nt*, Einteilung *f*, Verplanung *f*, Budgetierung *f*; 4. Plan(ungs)rechnung *f*
compensatory budgeting Haushaltsausgleich *m*; **comprehensive b.** Totalplanungsrechnung *f*; **cyclical b.** zyklischer Budgetausgleich; **departmental/sectoral b.** Partialplanungsrechnung *f*; **financial b.** Finanzplanung und F.kontrolle; **flexible b.** flexible Plankostenrechnung; **managerial b.** Finanzplanung *f*; **multi-year b.** Mehrjahresplanung *f*; **public b.** Staatshaushaltsführung *f*; **stabilizing b.** stabilitätsorientiertes Haushaltsgebaren; **zero-based b.** Nullbasis-Budgetierung *f*
budgeting methods/system Planungssystem *nt*; **gross b. principle** Bruttoetatisierung *f*; **net b. principle** Nettoetatisierung *f*; **b. technique** Budgetierungstechnik *f*; **b. variable** Planungsvariable *f*
budget item Budget-, Etat-, Haushaltstitel *m*, Haushalts-, Etatposten *m*, Titel des Haushaltsplans; **b. keeper** Etatverwalter *m*; **b. law** Haushalts-, Etatrecht *nt*; **municipal b. law** Gemeindehaushaltsrecht *nt*; **b. line** Budget-, Bilanzgerade *f*; **b. management** Haushaltsgebaren *nt*, H.wirtschaft *f*; **b. manual** Haushaltsbuch *nt*; **b. margin** Budgetgrenze *f*; **b. matters** Haushaltsfragen; **b. message** *[US]* Haushalts-, Budgetrede *f*; **b.-minded** *adj* sparbewusst; **b. office** Kämmerei *f*; **b. ordinance** Haushaltssatzung *f*; **b.overrun** Etat-, Haushalts-, Budgetüberschreitung *f*; **b. period** Haushalts-, Budgetperiode *f*, Budgetierungszeitraum *m*, Planungsabschnitt *m*; **short-range b. period** kurzfristiger Planungsabschnitt; **b. planning** Etatplanung *f*
budget policy Haushaltspolitik *f*; **expansionary b. p.** expansive Haushaltspolitik; **tight b. p.** restriktive Haushaltspolitik
budget position Haushaltslage *f*; **b. practices** Budgetpraxis *f*; **b.-price; b.-priced** *adj* preisgünstig, Niedrigpreis-; **b. principles** Haushalts-, Budgetprinzipien; **b. projection** Haushalts-, Etatansatz *m*; **b. problems** Haushaltsfragen; **b. procedure** Haushalts-, Etatrichtlinien *pl*; **b. proposal** Haushaltsvoranschlag *m*; **b. provisions** Haushaltsbestimmungen; **b. questions** Haushaltsfragen; **b. receipts** Haushalts-, Etateinnahmen; **ordinary b. receipts** ordentliche Deckungsmittel; **b. report** Haushaltsbericht *m*; **b. requirement** Etat-, Haushalts-, Budgetanforderung *f*, B.soll *nt*; **b. residue** Verplanungsrest *m*; **b. resources** Etat-, Haushaltsmittel; **b. restriction** Haushalts-, Etatbeschränkung *f*; **b. results** Haushalts-Ist *nt*; **b. revenue(s)** Etat-, Haushaltseinnahmen *pl*; **b. review** Haushaltsüberprüfung *f*; **basic b. rules** Haushaltsgrundsätze; **b. saving(s)** Haus-

budget shift

halts-, Etateinsparung *f*; **b. shift** Haushaltsumschichtung *f*; **b. shortfall** Haushaltsfehlbetrag *m*, H.defizit *nt*, H.lücke *f*; **b. shop** Billigladen *m*, Niedrigpreisgeschäft *nt*; **b. situation** Haushaltslage *f*; **tight b. situation** angespannte Haushaltslage; **b. span** Planungszeitraum *m*; **b. specialist** Haushaltsexperte *m*, H.fachmann *m*, H.spezialist *m*; **b. speech** Haushalts-, Etatrede *f*; **b. squeeze** Etatdruck *m*; **b. statement** Haushaltsausweis *m*; **b. statutes** Haushaltsordnung *f*; **b. structure** Haushaltsstruktur *f*; **~ act** Haushaltsstrukturgesetz *nt [D]*; **b. surface** Bilanzebene *f*; **b. surplus** Haushalts-, Budget-, Etatüberschuss *m*; **b. target** Budget-, Haushalts-, Etatziel *nt*; **b. tightening** Haushaltsanspannung *f*; **b. title** Haushaltstitel *m*; **b. total** Gesamtetat *m*, Haushaltsvolumen *nt*; **b. trimming** Kürzung der Haushaltsausgaben; **b. underrun** Haushalts-, Etat-, Budgetunterschreitung *f*; **b.unit of account** *(EU)* Haushaltsrechnungseinheit *f*; **b. variance/variation** Budget-, Haushalts-, Etat-, Verbrauchs-, Planabweichung *f*
buff *adj* gelbbraun
buffer *n* 🗔 Puffer *m*, Puffer-, Zwischenspeicher *m*; **b. to cushion risks** Risikopolster *nt*
buffering role *n* Pufferrolle *f*
buffer memory 🗔 Pufferspeicher *m*; **b. pool** Ausgleichsreserve *f*; **b. state** Pufferstaat *m*
buffer stock(s) Ausgleichsvorrat *m*, A.lager *nt*, Reserve-, Warenausgleichs-, (Rohstoff)Ausgleichs-, Vorrats-, Marktausgleichslager *nt*, Pufferbestände *pl*, P.lager *nt*, P.vorrat *m*, Sicherheitsbestände *pl*, Ausgleichsvorräte *pl*, Vorsorgereserve *f*, Ausweichlager *nt*, beweglich geführtes Lager; **strategic ~ of raw materials** strategische Rohstoffvorräte; **to keep/maintain b. s.** Reserven vorhalten
buffer stocking Anlegen von Ausgleichslagern/ A.vorräten; **b. storage/store** 🗔 Pufferspeicher *m*; **b. time** Pufferzeit *f*; **b. zone** Pufferzone *f*
bug *n* 1. Störfaktor *m*, Fehler(quelle) *m/f*; 2. (Abhör)Wanze *f (fig)*; 3. 🗔 Bug *m*, (Programm)Fehler *m*; **as snug as a b. in a rug** *(coll)* pudelwohl, wie die Made im Speck *(coll)*
bug s.o. *v/t* 👂 jdn abhören
bugbear *n* Schreckgespenst *nt*
bugging 👂 Abhören *nt*; **b. device** Abhöranlage *f*, A.gerät *nt*, Wanze *f (fig)*; **b. operation** Lauschangriff *m*
build *n* Körperbau *m*
build *v/t* 1. (er)bauen, aufbauen; 2. 🏛 errichten, aufführen; **b. up** *(Lager)* aufstocken, auffüllen; **~ excessively** hochjubeln *(coll)*; **wishing to b.** bauwillig
builder *n* 1. 🏛 Bauhandwerker *m*, B.meister *m*; 2. Bauunternehmer *m*, B.träger(gesellschaft) *m/f*; 3. ✿ Hersteller *m*, Erbauer *m*; **by the b.** bauseitig; **potential/would-be b.** Baulustiger *m*, B.williger *m*; **speculative/spec** *(coll)* **b.** Bauspekulant *m*
builder's account Bauabrechnung *f*; **~ certificate** Bauschein *m*; **~ estimate** Bau(kosten)voranschlag *m*; **~ fittings** Installationsartikel; **~ insurance** Bau(schadens)versicherung *f*; **~ labourer** Bauhilfsarbeiter *m*, (Bau)Handlanger *m*; **~ merchant** Baumaterial-, Baustoffhändler *m*, B.handlung *f*; **b.-owner** *n* Bauherr(in)

m/f; **b.'s policy** Baupolice *f*; **b.-promoter** *n* Bauträger *m*; **b.'s risk** Baurisiko *nt*; **~ insurance** Bau(herren)haftpflicht-, Bauwesen-, Bau(risiko)versicherung *f*; **b.'s rubble** Bauschutt *m*; **~ yard** Bauhof *m*
building *n* 1. Gebäude *nt*, Bau *m*, Haus *nt*, Objekt *nt*; 2. Bautätigkeit *f*; **b.s** *(Börse)* Bauten, Bauwerte, B.titel, B.aktien; **b. and civil engineering** Hoch- und Tiefbau *m*; **b. for industry/trade** Gewerbebau *m*; **b.s and plants under construction** Anlagen im Bau; **b. for trade and industry** Wirtschaftsbau *m*
to assess/rate a building Gebäude (ab)schätzen; **to concentrate in one b.** unter einem Dach zusammenfassen; **to construct/erect a b.** Gebäude errichten, Bau aufführen; **to dismantle/demolish/pull down a b.** Gebäude/Haus abreißen; **to restore a b.** Gebäude wiederherstellen/restaurieren; **to scale a b.** Gebäude maßstabgerecht zeichnen; **to survey a b.** Gebäude abschätzen
administrative building Verwaltungsgebäude *nt*; **~ and plant b.s** Geschäfts- und Fabrikgebäude; **advance b.** Vorratsbau *m*; **agricultural b.s** landwirtschaftliche Bauten/Gebäude; **commercial b.** 1. Geschäftshaus *nt*, gewerblich genutztes Gebäude, ~ genutzter Bau, Wirtschaftsgebäude *nt*; 2. Wirtschafts-, Industrie-, Geschäftsbau *m*; **~ and industrial b.(s)** Gewerbebau(ten) *m*, gewerbliche Bauten; **detached b.** offenes/freistehendes Haus; **dilapidated b.** baufälliges Gebäude, Bruchbude *f (coll)*; **functional b.** Zweckbau *m*; **highrise b.** Hochhaus *nt*; **historic b.** Baudenkmal *nt*; **industrial b.** 1. Fabrik-, Wirtschaftsgebäude *nt*, gewerblich genutztes Gebäude, ~ genutzter Bau; 2. Industrie-, Gewerbebau *m*; **~ and commercial b.s** Wirtschaftsbauten, gewerblich-industrielle Bauten; **~ expenditure** gewerbliche Bauinvestitionen; **listed b.** unter Denkmalschutz stehendes Geäude, anerkanntes Baudenkmal; **main b.** Hauptgebäude *nt*; **multi-story b.** *[US]* Hochhaus *nt*; **multi-unit b.s** Mehrzweckbauten; **multi-use b.** gemischt genutztes Objekt; **municipal b.** städtisches Gebäude; **new b.** 1. 🏛 Neubau *m*; 2. ⚓ (Schiffs)Neubau *m*; **non-residential b.** gewerbliches/gewerblich genutztes Gebäude, Nichtwohngebäude *nt*; **old b.** Altbau *m*; **parliamentary b.** Parlamentsgebäude *nt*; **portable b.** (Wohn)Container *m*; **prefabricated b.** Fertigbau *m*; **profane b.** Profanbau *m*; **public b.** 1. öffentliches Gebäude; 2. öffentliche Bautätigkeit, öffentlicher Bau; **~ and works** öffentlicher Bau; **public-sector b.** öffentlicher Bausektor; **~ activity** öffentliche Bautätigkeit; **ramshackle/tumbledown b.** *(coll)* Bruchbude *f (coll)*
residential building 1. Wohngebäude *nt*; 2. Wohnungsbau *m*; **~ and farm b.s** 🐄 Wohn- und Wirtschaftsgebäude; **large ~ b.** Großwohnanlage *f*; **new ~ b.** Wohnungsneubau *m*; **~ b. cooperative** Wohnungsbaugenossenschaft *f*
speculative building Bauspekulation *f*; **vacant b.** leerstehendes Gebäude
building account Gebäudebuch *nt*, G.konto *nt*; **b. act** Baugesetz *nt*; **b. activity** Bautätigkeit *f*, B.konjunktur *f*; **b. application** Bauantrag *m*, B.gesuch *nt*; **b. area** Bebauungsgebiet *nt*; **b. and loan/savings association** *[US]* Bausparkasse *f*, B.genossenschaft *f*; **mutual b.**

building and construction trade

association Baugenossenschaft *f*;
building authority Bau(ordnungs)amt *nt*, B.behörde *f*;
b. authorities Bauverwaltung *f*; **b. supervisory a.** Bauaufsichtsbehörde *f*
building award Bauvergabe *f*; **b. backlog** Bauüberhang *m*; **b. ban** Bauverbot *nt*; **b. basin** ⚓ Werftdock *nt*; **b. bill** Bauwechsel *m*
building block (System)Baustein *m*, Komponente *f*; ~ **concept** Baukastenprinzip *nt*; ~ **system** Baukastensystem *nt*
building bond Bauobligation *f*; **b. boom** Baukonjunktur *f*, B.boom *m*, Hochkonjunktur im Bauwesen; **to kindle the b. boom** Baukonjunktur anheizen; **b. capacity** Baukapazität *f*; **b. capital** Baugeld *nt*, B.mittel *pl*, B.kapital *nt*; **b. code** Bauordnung *f*; **prefabricated b. component** Baufertigteil *nt*; **b. construction** Gebäudeaufführung *f*, Hochbau *m*; **b. contract** Bau(werks)vertrag *m*; **b. contractor** (Hoch)Bauunternehmer *m*, B.firma *f*, B.träger *m*, B.geschäft *nt*, Bauunternehmer *m*; **standard ~ terms** Verdingeordnung für Bauleistungen (VOB); **b. cooperative** Baugenossenschaft *f*
building cost|s Baukosten, B.preise, B.aufwand *m*, Bebauungskosten; **adjusted b. c.s** Bauwert *m*; **ancillary b. c.s** Baunebenkosten; **estimated b. c.s** Baukosten(vor)anschlag *m*, veranschlagter Bauaufwand; **b. c. subsidy** Baukostenzuschuss *m*
building craft(s) Bauhandwerk *nt*; **b. craftsman** Baufacharbeiter *m*; **b. credit** Baudarlehen *nt*; **intermediate b. credit** Bauzwischenkredit *m*; **B. Employers' Confederation** *[GB]* Verband der Arbeitgeber im Baugewerbe; **b. enterprise** Baufirma *f*, B.unternehmer *m*; **b. estimate** Baukosten(vor)anschlag *m*, Veranschlagung der Baukosten; **b. execution** Bauausführung *f*; **b. expenditure** Bauaufwand *m*; **b. finance** Baufinanzierung *f*; ~ **analysis** Baufinanzierungsanalyse *f*; **b. firm** Baufirma *f*, B.geschäft *nt*; **b. freeze** Baupause *f*, B.stopp *m*; **b. funds** Baugeld *nt*, B.mittel *pl*; **b. gang** Baukolonne *f*, B.trupp *m*; **b. ground** Bauplatz *m*; **b. improvements** Gebäudeeinrichtungen und G.ausstattung *f*; **b. industry** Baugewerbe *nt*, B.branche *f*, B.wirtschaft *f*, B.industrie *f*; ~ **proper** Bauhauptgewerbe *nt*; **b. and construction industry** Baugewerbe *nt*; **b. inspection** Bauaufsicht *f*, B.abnahme *f*, B.überwachung *f*; **b. inspectorate** Bauaufsicht *f*; **b. insurance** Gebäude-, Immobilienversicherung *f*; **b. insurer** Gebäudeversicherer *m*; **b. investments** Bauinvestitionen; **b. issues** *(Börse)* Bauaktien, B.werte, B.titel; **b. labourer** (ungelernter) Bauarbeiter, (Bau)Handlanger *m*
building land Bauland *nt*, B.grund *m*; **prospective b. l.** Bauerwartungsland *nt*; **b. l. case** [§] Bausache *f*; ~ **prices** Baulandpreise
building law Baurecht *nt*; **b. lease** Erbpachtvertrag *m*, E.baurecht *nt*, Baupachtrecht *nt*; ~ **agreement** Erbbauvertrag *m*; **b. licence/permit** Bauerlaubnis *f*, B.genehmigung *f*; **b. line** *(Gebäude)* Fluchtlinie *f*, Straßenflucht *f*; **b. loan** Baukredit *m*, B.darlehen *nt*, Baufinanzierungskredit *m*; ~ **contract** Bausparvertrag *m*; **b. lot** Bauplatz *m*; **b. machine** Baumaschine *f*; **b. machinery trade** Baumaschinenhandel *m*; **b. maintenance (and upkeep)** Gebäudeunterhaltung *f*, Unterhaltung von Gebäuden; **b. management** Gebäudeverwaltung *f*; ~ **agent** Baubetreuer *m*; **b. market** Baumarkt *m*
building materials Baustoffe, B.material *nt*, B.bedarf *m*; **b. m. group** Baustoffkonzern *m*; **b. m. industry** Baustoffindustrie *f*; **b. m. trade** Baustoffhandel *m*
building mortgage Bauhypothek *f*; **b. operation(s)** Bauausführung *f*, B.arbeiten *pl*; **b. order** Bauauftrag *m*; **b. outlay** Baukosten *pl*, Gebäudeausgabe *f*; **b. output** Bauleistung *f*, B.produktion *f*; ~ **index** Bauindex *m*; **partial b. permission/permit** Teilerrichtungsgenehmigung *f*, T.baugenehmigung *f*; **b. permit** Baugenehmigung *f*; **b. plot** Baugrundstück *nt*; **b. port** ⚓ Werfthafen *m*; **b. prices** Baupreise; **b. products** Baustoffe und –maschinen; **b. program(me)** Bauprogramm *nt*
building project Bauobjekt *nt*, B.projekt *nt*, B.vorhaben *nt*; **to award a b. p.** Bau vergeben; **to carry out a b. p.** Bau aufführen; **to start a b. p.** Bauvorhaben/B.projekt in Angriff nehmen
major building project Großbauprojekt *nt*; **unfinished b. p.s** Bauüberhang *m*
building quality (Qualität der) Bauausführung *f*; **b. quota** Baukontingent *nt*; **b. regulations** Bauordnung *f*, B.bestimmungen, B.vorschriften, B.auflagen, baupolizeiliche Vorschriften; **b. repairs** Gebäudereparaturen, bauliche Reparaturen; **b. restrictions** Baubeschränkungen; **heritable/hereditary b. right** Erbbaurecht *nt*; **joint ~ b. right** Gesamterbbaurecht *nt*; **b. and civil engineering risks insurance** Bauwesenversicherung *f*; **b. scheme** Bauprojekt *nt*; **b. season** Bausaison *f*; **b. shares** *[GB]* *(Börse)* Bauwerte, B.titel, B.aktien; **b. site** Baustelle *f*, B.grundstück *nt*; **large b. site** Großbaustelle *f*
building society *[GB]* Bausparkasse *f*, B.sparverein *m*; **non-profit-making b. s.** gemeinnützige Wohnungsbaugesellschaft
building society account Bausparkassenkonto *nt*
Building Societies Act *[GB]* Bausparkassengesetz *nt*; **B. S. Association** Bausparkassenverband *m*, B.vereinigung *f*; **B. S. Commission** Bausparkassenaufsicht *f*, **B. S. Commissioner** Aufsichtsamt für Bausparkassen
building society deposits Bauspargelder, B.einlagen, B.guthaben; **b. s. funding** Bausparfinanzierung *f*; **b. s. funds** Bausparkassenmittel; **b.s. (indemnity) insurance** Bausparversicherung *f*; **b. s.interest (rate)** Bauszins *m*; **b. s. loan** Bauspar(kassen)kredit *m*, B.darlehen *nt* **b. s. money** Bauspargelder *nt*; **b. s. mortgage** Bausparhypothek *f*; **b. s. saver** Bausparer *m*; **b. s. savings contract** Bausparvertrag *m*
building specifications Bauvorgaben; **b. starts** Neubauten; **b. stocks** *[US]* *(Börse)* Bauwerte, B.titel, B.aktien; **b. structures** bauliche Anlagen; **b. subsidy** Bauzuschuss *m*; **b. supplies** Baubedarf *m*, B.markt *m*; **b. supply firm** Baustoffhandlung *f*; **b. survey** Bauabnahme *f*; **b. surveyor** 1. Bauabnahmebeamter *m*; 2. Bausachverständiger *m*, Gebäudeabschätzer *m*
building trade Baugewerbe *nt*, B.wirtschaft *f*, B.industrie *f*, B.fach *nt*; **b. and allied t.s**; ~ **construction t.** Bauberufe *pl*, B.sektor *m*, B.gewerbe *nt*; **b. t.s and in-**

dustry Bauhauptgewerbe *nt*; **ancillary b. t.** Bauhilfs-, Baunebengewerbe *nt*; **primary b. t.** Rohbaugewerbe *nt*

building tycoon Baulöwe *m (coll)*; **b. up of stocks** Bevorratungsmaßnahme *f*, Lageraufstockung *f*, L.auffüllung *f*, L.aufbau *m*; **b. volume** umbauter Raum, Bauvolumen *nt*; **b. work** (Roh)Bauarbeiten *pl*, B.leistung *f*; **b. worker** Bauhandwerker *m*, Baufacharbeiter *m*, (gelernter) Bauarbeiter

build-up *n* 1. Aufbau *m*, Anwachsen *nt*, Anstieg *m*, Ansammlung *f*, Entstehung *f*; 2. Reklame *f*, Werbung *f*; 3. *(Lager)* Aufstockung *f*; **b. of liquidity** Liquiditätsstau *m*; **~ reserves** Reservebildung *f*; **~ stocks** Bevorratungsmaßnahme *f*, Lageraufbau *m*, L.auffüllung *f*, L.aufstockung *f*; **b. account** Aufbaukonto *nt*

built *adj* gebaut; **b. on** bebaut; **newly b.** neu errichtet; **b.-in** *adj* 1. eingebaut, Einbau-; 2. automatisch wirkend

bulb *n* 1. ⚡ (Glüh)Birne *f*, G.lampe *f*; 2. 🌷 Blumenzwiebel *f*; **electric b.** Glühbirne *f*, G.lampe *f*

bulge *n* 1. Buckel *m*, Bauch *m*; 2. Anschwellen *nt*; 3. Wölbung *f*; 4. *(fig)* rascher Kursanstieg *m*; *v/i* 1. sich wölben; 2. voll sein

bulk *n* 1. Menge *f*, Großteil *m*, Gros *nt (frz.)*, Mehrzahl *f*; 2. (Haupt)Masse *f*, Haupt(an)teil *m*, Volumen *nt*, Umfang *m*; **in b.** 1. en gros *(frz.)* lose, massenhaft, in großen Mengen, ohne Verpackung; 2. in Bausch und Bogen; **the b.** der Großteil, der größte Teil; **b. of a business** Hauptgeschäft *nt*; **~ the population** Masse der Bevölkerung; **~ the traffic** Hauptverkehr *m*

to break bulk umpacken, Ladung brechen, Großgebinde auflösen, Sammelladung zerlegen; **to buy in b.** in großen Mengen/Großgebinden/im Ganzen kaufen; **to order in b.** Großgebinde/G.packungen bestellen

bulk *v/t* als Schüttgut verladen

bulk *adj* en gros *(frz.)*, unverpackt, ohne Verpackung

bulk articles Massengüter, M.artikel *pl*; **b. bargain** Pauschalabschluss *m*; **b. business** Massen-, Mengengeschäft *nt*; **b. buyer** Großeinkäufer *m*, Groß-, Mengen-, Massen-, Engrosabnehmer *m*; **b. buying** Groß-, Massen-, Mengeneinkauf *m*, Groß-, Mengenabnahme *f*, Engros-, Pauschalbezug *m*, Massenan-, Sammelkauf *m*, Abnahme größerer Mengen; **~ strength** Einkaufsmacht *f*

bulk cargo Massen(fracht)-, Schüttgut *nt*, S.ladung *f*, sperrige Ladung, Massengut-, Bulkladung *f*, unverpackte (Schiffs)Ladung; **listing b. c.** ⚓ einseitig streunendes Massengut; **b. c. handling** Massenumschlag *m*

bulk carrier ⚓ Massengutfrachter *m*, M.schiff *nt*, Schüttgut-, Großraumtransporter *m*, Frachtschiff für Bulkladung; **b. commodities** lose/unverpackte Waren, Schütt-, Massengut *nt*; **b. consignment** Massensendung *f*, M.lieferung *f*, lose Ladung; **b. consumer** Groß-, Massenverbraucher *m*, Großabnehmer *m*; **b. data** 💻 Massendaten; **b. delivery** Massenlieferung *f*; **b. discount** Mengenrabatt *m*

bulker *n* ⚓ Massengutfrachter *m*

bulk foodstuffs Massennahrungsmittel; **b. franking** ✉ Massenfrankierung *f*; **b. freighter** ⚓ Massengutfrachter *m*; **b. freight tariff** Raumtarif *m*; **b. goods** Massen-, Sturzgüter, Schüttgut *nt*, lose Ware(n); **~ transport** Massengüterverkehr *m*, M.transport *m*; **b.head** *n* ⚓ Schott(endeck) *nt*; **fireproof b.head** Brandschott *nt*

bulkiness *n* Sperrigkeit *f*

bulk|-line cost Herstellungskosten für den größten Teil der Angebotsmenge; **b. liquid** flüssiges Massengut; **b. load** Massengut-, Bulkladung *f*; **b. loading** Sturzgüterbefrachtung *f*; **b. mail** ✉ Postwurfsendung *f*; **b. printed matter** ✉ Massendrucksache *f*; **b. order** Großbestellung *f*, Groß-, Sammel-, Massenauftrag *m*; **~ price** Pauschalbezugspreis *m*; **b. pack** Großpackung *f*, G.gebinde *nt*, große Packung; **b. payment** Pauschalzahlung *f*; **b. piece goods** Massenstückgut *nt*; **b. posting** ✉ (Aufgabe einer) Massensendung; **b. price** Mengenpreis *m*; **b. product** Massenerzeugnis *nt*; **b. production** Massenfertigung *f*, M.erzeugung *f*, M.produktion *f*, M.fabrikation *f*; **b. purchase** Großein-, Massenein-, Sammel-, Pauschalkauf *m*, Kauf in Bausch und Bogen; **b. purchaser** Großabnehmer *m*; **b. purchasing** Mengenabnahme *f*; **b. rate** Massen-, Schüttguttarif *m*; **b. refuse** unsortierter Müll; **b. sale** 1. Massenverkauf *m*, Kauf in Bausch und Bogen; 2. Veräußerung des gesamten Vermögens; **b. sales** Mengenumsatz *m*; **b. sample** Massenwarenprobe *f*; **b. sampling** Stichprobenentnahme aus der Masse; **b. shipment** Massengut-, Sturzgütersendung *f*; **b. shipping** ⚓ Massengutgeschäft *nt*; **b. steel** ⚙ Massenstahl *m*; **b. steelmaking** Massenstahlproduktion *f*, Herstellung von Massenstahl; **b. storage** 1. Massengutlagerung *f*; 2. 💻 Großraumspeicher *m*; **b. supplier** Großlieferant *m*; **b. supply** Mengenlieferung *f*; **b. (supply) tariff** Großkunden-, Großabnehmer-, Mengentarif *m*, (Sonder)Tarif für Großkunden/G.abnehmer; **b. transfer** Gesamtübertragung *f*, Übertragung einer Sachgesamtheit; **b. transferee** Erwerber einer Sachgesamtheit; **b. transport** 1. Massenbeförderung *f*, M.guttransport *m*, Beförderung/Transport von Massengütern; 2. ⚓ Massengutfahrt *f*; **b. user** Großverbraucher *m*; **b. waste** unsortierter Müll; **b. wheat** loser Weizen

bulky *adj* massig, sperrig, umfangreich, unförmig, unhandlich

bull *n* 1. *(Börse) (fig)* Haussier *m (frz.)*, (Hausse)Spekulant *m*, Preistreiber *m*; 2. Stier *m*, Bulle *m*; **the b.s** Haussekräfte, H.partei *f*; **b. in a china shop** *(fig)* Elefant im Porzellanladen *(fig)*

to be all bull|s haussieren, in Haussestimmung sein, à la Hausse *(frz.)* liegen; **to give on a b.** Hausseposition hereingeben; **to go a b.** auf Hausse spekulieren; **to take the b. by the horns** *(fig)* den Stier bei den Hörnern packen *(fig)*, Flucht nach vorn antreten

stale bull geschlagener Haussier; **~ liquidation** Glattstellung eines Haussiers

bull *v/t* auf Hausse spekulieren

bull account Hausseengagement *nt*, H.position *f*; **b. buying** Haussekauf *m*; **b. campaign** Angriff der Haussepartei; **b. clique** Haussepartei *f*

bulldog clip *n* Büroklammer *f*

bulldoze *v/t* planieren; **b. so. into doing sth.** jdn zu etw.

zwingen; **b. sth. through** etw. durchpeitschen
bulldozer *n* Planierraupe *f*, Bulldozer *m*
bullet *n* Kugel *f*; **to bite the b.** *(fig)* in den sauren Apfel beißen *(fig)*, die Kröte schlucken *(fig)*; **b. credit** Kredit mit Tilgungsaufschub; **b. hole** *(Kugel)* Einschuss *m*
bulletin *n* Mitteilung(sblatt) *f/nt*, Bulletin *nt (frz.)*, Kommuniqué *nt (frz.)*, offizielle Verlautbarung, Verordnungsblatt *nt*; **official b.** Amtsblatt *nt*; **painted b.** gemaltes Außenplakat; **b. board** *[US]* Informations-, Anschlagtafel *f*, Schwarzes Brett; **~ advertising** Großflächenwerbung *f*
bullet point *(Text)* Spiegelstrich *m*; **b. repayment** *(Kredit)* Rückzahlung in einer Summe
bullet-proof *adj* kugelfest, k.sicher, schusssicher
bullet's eye *(coll)* Volltreffer *m*; **to hit the b.'s eye** in die Mitte/ins Schwarze treffen
bulling *n* *(Börse)* Kampf auf Hausse
bullion *n* (ungemünztes) Gold/Edelmetall, Gold-, Silberbarren *m*, Gold- und Silberbestand *m*, Münzsilber *nt*; **b. balance** Goldwaage *f*; **b. broker** Edelmetallmakler *m*, Makler im Edelmetallhandel; **b. dealer** Edelmetall-, Goldhändler *m*; **b. dealing** Edelmetall-, Goldhandel *m*; **b. drain** Goldabfluss *m*; **b. exchange** Goldbörse *f*; **b. market** Gold-, Silberbörse *f*, Gold- und Silbermarkt *m*, Edelmetall-, Goldmarkt *m*; **b. point** Goldpunkt *m*; **b. reserve** *(Notenbank)* Gold- und Silberbestand *m*, Goldreserve *f*, Metallbestand *m*, M.vorrat *m*; **b. trade** Edelmetallhandel *m*, Handel in Edelmetallen; **b. value** *(Münze)* Edelmetallwert *m*
bullish *adj* *(Börse)* hausseierend, steigend, in Hausse, optimistisch, zuversichtlich, haussetrachtig; **b.ness** *n* Haussestimmung *f*, H.tendenz *f*
bull issue/loan Kredit/Anleihe mit Tilgungsaufschub; **b. liquidation** Auflösung von Haussepositionen; **b. maturity issue** Anleihe mit Endfälligkeit
bull market Aktien-, Effekten-, Börsenhausse *f*, Haussemarkt *m*, haussierender Markt, steigende Kurse, Hausse(situation) *f*; **b. movement** Hausse(bewegung) *f*; **b. operation** Haussespekulation *f*; **b. operator** Haussier *m (frz.)*, Haussespekulant *m*; **b. pool** Haussegruppe *f*; **b. purchase** Haussekauf *m*, Kauf à la Hausse *(frz.)*; **b. ring** 1. Haussepartei *f*; 2. Stierkampfarena *f*; **b. run** Hausseperiode *f*, (Aktien)Hausse *f*; **b. session** *[US]* Herrenabend *m*, H.gesellschaft *f*; **b.shit** *n [US] (coll)* absoluter Mist *(coll)*; **b. speculation/trading** Haussespekulation *f*, Spekulation auf Hausse; **b. spread** *(Option)* Hausse-Spread *m*; **b. transaction** Haussegeschäft *nt*, H.spekulation *f*; **b. weeks** Wochen mit hoher Anwesenheitsrate
bully *n* Flegel *m*; **b. (around/about)** *v/t* drangsalieren, herumkommandieren, schikanieren; **b.ing** *adj* schikanös
bulwark *n* 1. Bollwerk *nt*; 2. ⚓ Schiffswand *f*
bum *n* *[US] (coll)* Gammler *m*, Landstreicher *m*, Penner *m (coll)*; **b. check** *(coll)* ungedeckter Scheck
bump *n* kleiner Verkehrsunfall/Zusammenstoß; **b. and shift method** Absatzkostensenkung durch Absatzlagerverschiebung
bump into so. *v/i* jdn zufällig treffen, zufällig auf jdn stoßen; **b. so. off** *v/t (coll)* jdn über die Klinge springen lassen *(coll)*, jdn um die Ecke bringen *(coll)*, jdn umbringen; **b. up** *(Preis)* erhöhen
bumper *n* 1. Humpen *m*, volles Glas; 2. *[GB]* ⚓ Stoßstange *f*; 3. Riesen-, Rekord-; **b. crop/harvest** 🌾 Rekorderente *f*, reiche Ernte, Bombenernte *f (coll)*; **b. performance/results** Rekordergebnis *nt*; **b. year** Spitzenjahr *nt*
bumping procedure *n* Entlassung der zuletzt Eingestellten
bumpy *adj* holprig, uneben
bunch *n* Bund *m*, Strauß *m*; **b. of flowers** Blumenstrauß *m*; **~ keys** Schlüsselbund *m*; **~ orders** Konzentration von Aufträgen; **a whole b. of** eine Menge von
bunch together *v/t* zusammenfassen, z.würfeln; **b.ed** *adj* fortlaufend notiert
bunch graph ▦ Büschelkarte *f*
bunching *n* Ballung *f*, Häufung *f*, Konzentration *f*, Zusammenfallen *nt*; **b. of holidays** Urlaubshäufung *f*; **~ issues** Emissionsbündelung *f*, E.häufung *f*; **b. up** Stauung *f*, Bündelung *f*
bunch map ▦ Büschelkarte *f*; **~ analysis** Büschelkartenanalyse *f*
bundle *n* Ballen *m*, Bündel *nt*, Bund *m*, Packen *m*; **by the/in b.s** bündelweise
bundle of banknotes Rolle Banknoten; **~ documents/pleadings** [§] Prozessakten; **~ goods** Mengenkombination *f*; **~ letters** Packen Briefe; **~ old rags** Lumpenbündel *nt*; **~ services** Dienstleistungspaket *nt*
to make up in bundle|s in Bündeln packen, bündeln; **to tie a b.** Bündel schnüren
bundle *v/t* bündeln, in Bündeln packen, zusammenbündeln
bundle bidding Paketangebot *nt*
bundy *n* *[AUS]* Stechuhr *f*
bungalow *n* Bungalow *m*
bungle *n* Murks *m (coll)*, verpfuschte Sache; *v/t* verpfuschen, vermasseln, stümpern; **b.r** *n* Stümper *m*
bungling *n* Dusseligkeit *f*, Stümperei *f*
bunk *n* ⚓ Koje *f*; **upper b.** *(Etagenbett)* Oberbett *nt*; **b. bed** Etagenbett *nt*
bunker *n* Bunker *m*; *v/t* ⚓ (ein)bunkern, *(Treibstoff)* laden
bunker adjustment factor Bunkerausgleichsfaktor *m*, B.zuschlag *m*; **b. capacity** Bunkerrauminhalt *m*; **b. charges** ⚓ Ladegebühren, L.geld *nt*; **b. fuel** ⚓ Treibstoff *m*
bunkering *n* ⚓ Bunkern *nt*
buoy *n* ⚓ Boje *f*, Tonne *f*, Seezeichen *nt*, Bake *f*; **conical b.** Spitzboje *f*; **whistling b.** Heulboje *f*
buoy (off) *v/t* Bojen auslegen, ausbojen, durch Bojen kennzeichnen, mit Bojen markieren; **b. up** Auftrieb geben, den Rücken stärken *(fig)*
buoyage *n* Bojengebühr *f*
buoyancy *n* 1. *(Markt)* Elastizität *f*, Lebhaftigkeit *f*, steigende Tendenz, Schwung-, Spannkraft *f*, Erholungsfähigkeit *f*, Festigkeit *f*; 2. (Hoch)Konjunktur *f*; 3. ⚓ Auftrieb(skraft) *m/f*; **to show b.** steigende Tendenz aufweisen

buoyant *adj* 1. lebhaft, schwungvoll, steigend, rege, blühend; 2. *(Börse)* aufnahmefähig, fest
buoy dues ⚓ Ankergebühr *f*
to be buoyed up *adj* angetrieben/angeheizt werden
bur *n* 🌿 Klette *f*; **to cling to so. like a b.** wie eine Klette an jdm kleben
burden *n* 1. Bürde *f*, Last *f*, Belastung *f*, Ladung *f*; 2. Auflage *f*; 3. Kostenstelle *f*; 4. indirekte Kosten, Gemeinkosten *pl*; 5. Steuerinzidenz *f*
burden of adducing evidence [§] Beweislastpflicht *f*; **b. on the budget** Haushaltsbelastung *f*; **b. of care** Sorgenlast *f*; **~ debt** Schuldenlast *f*; **~ financing** Finanzierungslast *f*; **~ labour costs** Arbeitskostenbelastung *f*; **~ proof** [§] Beweis(führungs)last *f*; **shifting the ~ proof** Beweisumkehrung *f*, Umkehrung der Beweislast; **to put the ~ proof on so.** jdm die Beweislast aufbürden; **to shift the ~ proof** Beweislast verlagern/umkehren; **~ service cost** Schuldendienstbelastung *f*; **~ tax(ation)** Steuerbelastung *f*, S.last *f*, steuerliche Belastung
to be a burden on the public purse/state der Öffentlichkeit/Fürsorge zur Last fallen; **~ weighed down by a b.** von einer Last bedrückt sein; **to become a b. on so.** Last für jdn sein, jdm zur ~ fallen; **to free so. of a b.** jdn von einer Last befreien; **to impose a b.** aufbürden; **to shoulder a b.** Last auf sich nehmen; **to spread the b.** Last verteilen; **to throw off a b.** Last abschütteln
absorbed burden verrechnete (Fertigungs)Gemeinkosten; **additional b.** Mehr-, Zusatzbelastung *f*; **common b.** Gemeinlast *f*; **departmental b.** Abteilungs-, (Kosten)Stellengemeinkosten *pl*, indirekte Stellenkosten; **double b.** Doppelbelastung *f*; **environmental b.** Umweltbelastung *f*; **excess b.** 1. Zusatzlast *f*; 2. Nettowohlfahrtsverluste *pl*; **financial b.** finanzielle Belastung; **extraordinary ~ b.** außergewöhnliche Belastung; **fiscal b.** Steuerlast *f*; **general b.** Verwaltungsgemeinkosten *pl*; **heavy b.** schwere Last; **net b.** Nettobelastung *f*; **overabsorbed b.** Gemeinkostenüberdeckung *f*; **permanent b.** dauernde Lasten, Dauerbelastung *f*; **postwar b.** Nachkriegsbelastung *f*; **public b.** Staatslasten *pl*; **reasonable b.** zumutbare/tragbare Belastung; **social b.** Sozialbelastung *f*; **special b.** Sonderbelastung *f*; **total b.** Global-, Gesamtbelastung *f*; **underabsorbed b.** Gemeinkostenunterdeckung *f*; **war-induced b.** Kriegsfolgelast *f*
burden *v/t* 1. belasten, aufbürden; 2. besteuern; **b. o.s. with sth.** sich etw. ans Bein binden *(coll)*; **b. so. with sth.** jdm etw. aufbürden
burden absorption rate Gemeinkostenverrechnungssatz *m*; **b. allocation objective** *(BWL)* Belastungsziel *nt*; **b. centre** Kostenstelle *f*; **b. charge** [US] Gemeinkostenzuschlag *m*; **b. costs** Fertigungsgemeinkosten; **b. department** Kostenstelle *f*; **general b. department** allgemeine Kostenstelle; **b. principle** Belastungsprinzip *nt*
burden rate Gemeinkostenverrechnungssatz *m*; **all-plant b. r.** einheitlicher Gemeinkostensatz auf Basis des Gesamtbetriebes; **average b. r.** Durchschnittsgemeinkostensatz *m*
burden|-sharing *n* Lastenverteilung *f*, L.ausgleich *m*;

b.some *adj* bedrückend, belastend, lästig, mühsam, beschwerlich
bureau *n* 1. Büro *nt*, Geschäfts-, Dienststelle *f*; 2. [US] Schreibtisch *m*, Sekretär *m*; 3. [US] Amt *nt*; **b. de change** *(frz.)* Wechselstube *f*, W.büro *nt*; **B. of Customs** [US] Zollbehörde *f*, Z.verwaltung *f*; **~ Internal Revenue** [US] Einkommen(s)steuerbehörde *f*, E.steuerabteilung *f*; **b. of standards** [US] Eichamt *nt*, E.verwaltung *f*
central bureau Zentralstelle *f*; **federal b.** Bundesamt *nt*; **statistical b.** statistisches Amt; **technical b.** Konstruktionsbüro *nt*; **b. company** *(Vers.)* Organisationsgemeinschaft *f*
bureaucracy *n* Bürokratie *f*, B.kratismus *m*, Beamtenapparat *m*, B.schaft *f*; **cumbersome b.** schwerfällige Bürokratie
bureau|crat *n* Bürokrat *m*, Aktenmensch *m*; **b.cratic** *adj* bürokratisch; **b.cratization** *n* Bürokratisierung *f*; **b.cratize** *v/t* bürokratisieren
bureaufax *n* Telepost *f*
bureau lamp [US] Schreibtischlampe *f*; **b. rates** *(Vers.)* Verbandstarif *m*
burgee *n* Kontorflagge *f*
burgeon *v/i* knospen, sprießen; **b.ing** *adj* blühend, aufkeimend
burgh *n* [Scot.] Stadtgemeinde *f*
burglar *n* Einbrecher *m*, Dieb *m*; **b. using a duplicate key** Nachschlüsseleinbrecher *m*; **b. alarm** Diebstahl-, Einbruchsicherung *f*, Einbruchmelde-, Alarmanlage *f*, Einbrecherwarngerät *nt*
burglarize *v/t* einbrechen
burglar-proof *adj* einbruch-, diebstahlsicher
burglary *n* [§] Hausfriedensbruch *m*, Einbruchs-, Hausdiebstahl *m*, (Wohnungs)Einbruch *m*; **b. with intent to steal** [§] Hausfriedensbruch in der Absicht, einen Diebstahl zu begehen; **b. combined with theft** Einbruchsdiebstahl *m*
aggravated burglary [§] schwerer Hausfriedensbruch, verschärfter Einbruchsdiebstahl; **armed b.** bewaffneter Einbruch; **attempted b.** Einbruchsversuch *m*
burglary (and house-breaking) insurance Einbruchs(diebstahl)versicherung *f*; **b. policy** Einbruchs(diebstahl)police *f*
burgle *v/t* einbrechen (in), Einbruchsdiebstahl begehen; **b. so.** bei jdm einen Einbruchsdiebstahl begehen, ~ einbrechen
burial *n* Beerdigung *f*, Begräbnis *nt*, Leichenbegängnis *nt*, Beisetzung *f*; **b. at sea** Bestattung auf hoher See; **solemn b.** feierliches Begräbnis
burial authority Friedhofsverwaltung *f*; **b. ground** Begräbnisplatz *m*; **b. mound** Grabhügel *m*; **b. place** Bestattungsort *m*; **b. plot** Grabstelle *f*, G.stätte *f*, Begräbnisplatz *m*, Gruft *f*
burlap *n* Sackleinen *nt*
burn *n* 1. 💲 Brandwunde *f*, Verbrennung *f*, verbrannte Stelle; 2. *(Kraftwerk)* Brennstoffverbrauch *m*; **first-degree b.** 💲 Verbrennung ersten Grades
burn *v/ti* 1. (ver)brennen; 2. verbrennen, verheizen, verfeuern; **b. down** abbrennen; **b. in** einbrennen; **b. out** ausbrennen

burner *n* 1. Brenner *m*; 2. Kochstelle *f*; **on the back b.** *(fig)* 1. auf Sparflamme *(fig)*; 2. verschoben, zurückgestellt; **to put sth. ~ b.** *(fig.)* etw. zurückstellen

burning *n* Verbrennung *f*; **(pure) b. cost** *(Vers.)* technische Bedarfsprämie

bursar *n* *(Universität)* Schatzmeister *m*, Quästor *m*; **b.'s office** 1. Rentamt *nt*; 2. *(Universität)* Quästur *f*

bursary *n* 1. Quästur *f*, Rent-, Schatzamt *nt*; 2. Stipendium *nt*

burst *n* 1. Ausbruch *m*, plötzliches Erscheinen; 2. *(Wasser)* Leitungsbruch *m*; **b. of expansion** Expansionsstoß *m*; **~ inflation** Inflationsschub *m*; **~ investment** Investitionsstoß *m*

burst *v/ti* 1. (zer)platzen, ausbrechen, zerspringen, bersten; 2. sprengen, aufbrechen; **b. in** hereinplatzen; **b. open** aufplatzen

burst *adj* geborsten

bursting *adj* voll; **full to b.** zum Bersten/Platzen voll

to have gone for a burton *n* *(coll)* im Eimer/futsch sein *(coll)*

bury *v/t* 1. beerdigen, begraben, beisetzen; 2. vergraben, verschütten; 3. *(Abfallstoffe)* deponieren

burying ground *n* Grabstätte *f*

bus *n* 1. Bus *m*, Auto-, Omnibus *m*; 2. 🖵 Datenleitung *f*; **to go by b.; to take a b.** (Omni)Bus benutzen; **to miss the b.** *(fig)* Chance verpassen

articulated bus Gelenkbus *m*; **driver-operated b.** Einmannbus *m*; **regular** *[GB]* /**scheduled** *[US]* **b.** Linienbus *m*

busboy *n* Kellnerlehrling *m*, Pikkolo *m*

bus company Busunternehmen *nt*, Omnibusgesellschaft *f*, O.unternehmen *nt*; **b. conductor** Omnibus-, Autobusschaffner *m*; **b. connection** Busverbindung *f*; **b. depot** (Omni)Busdepot *nt*; **b. driver** (Omni)Busfahrer *m*; **b. fleet** Omnibuspark *m*

bush *n* Busch *m*; **to beat about the b.** *(fig)* wie die Katze um den heißen Brei (herum)schleichen *(fig)*, um eine Sache herumreden

bushel *n* Scheffel *nt*, Bushel *m* (= ca. 36 l)

to be at ist busiest *adj* Hochbetrieb haben

business *n* 1. Geschäft(sbetrieb) *nt/m*, Firma *f*, Unternehmen *nt*, Handelsbetrieb *m*; 2. wirtschaftliche Tätigkeit; 3. (Handels)Gewerbe *nt*; 4. Geschäft *nt*, Transaktion *f*; 5. Geschäftsverkehr *m*; 6. Umsatz *m*; 7. Wirtschaft(sleben) *f/nt*, W.spraxis *f*; 8. Wirtschafts-, Geschäftszweig *m*, Breich *m*, Branche *f*; 9. Beruf *m*; 10. *(Vers.)* Prämienvolumen *nt*, Neugeschäft *nt*; 11. Angelegenheit *f*, Sache *f*; **in b.** 1. selbstständig tätig; 2. im Geschäftsleben; **in the b.** in der Branche, in Fach-/Bankkreisen; **on b.** geschäftlich, dienstlich, in einer geschäftlichen/dienstlichen Angelegenheit

business on joint account Konsortial-, Partizipationsgeschäft *nt*; **b. for/on one's own account** Eigengeschäft *nt*; **b. for one's own and for third-party account** Geschäft für eigene und fremde Rechnung; **b. with customers** Kundengeschäft *nt*, K.verkehr *m*; **b. with corporate customers** Großfirmengeschäft *nt*; **b. and finance section** *(Zeitung)* Wirtschaftsteil *m*; **b. in force** *(Vers.)* Versicherungsbestand *m*, V.portefeuille *nt*; **b. in goods** Warengeschäft *nt*; **b. and innovation center** *[US]* /**centre** *[GB]* Technologiepark *m*; **~ management economics** Betriebswirtschaftslehre (BWL) *f*; **b. with manufacturers** Fabrikgeschäft *nt*; **b. in foreign notes and coins** Valutageschäft *nt*; **~ question** betreffendes Geschäft; **b. subject to compulsory registration** anmeldungspflichtiges Gewerbe; **b. in securities** Effektengeschäft *nt*; **b. for mid-month settlement** Mediogeschäft *nt*

any other business (aob) *(Tagesordnung)* Verschiedenes; **b. is business** *(coll)* Geschäft ist Geschäft; **b. is good** der Laden läuft (gut) *(coll)*; **how is b.?** wie gehen die Geschäfte?; **this is none of your b.** *(coll)* das geht Sie nichts an

business as usual nichts Neues; **open for b.** verkaufsoffen, geöffnet; **strictly for b.** nur zu Geschäftszwecken; **by way of b. or trade** gewerbsmäßig; **b. done** *(Börse)* Abschlüsse *pl*, (Leistungs)Umsatz *m*; **held up by b.** geschäftlich verhindert; **b. to be transacted** Tagesordnung *f*; **b. transacted** behandelte Tagesordnungspunkte

applying to individual business/es einzelwirtschaftlich; **damaging to the b.** geschäftsschädigend; **discrediting the b. of a trader** Geschäftsschädigung *f*; **handing over a b.** Geschäftsübergabe *f*; **setting up a b.** Geschäftsgründung *f*; **travelling on b.** auf Dienst-/Geschäftsreise

to abandon a business Geschäft aufgeben; **to attend to one's b.** sich seinem Geschäft widmen; **to be in b.** Kauf-/Geschäftsmann sein, sich geschäftlich betätigen; **~ away on b.** aus geschäftlichen Gründen abwesend/verhindert sein, auf Geschäftsreise sein; **~ engaged in b.** geschäftlich tätig sein; **to boost b.** Wirtschaft ankurbeln; **to bring sth. into the b.** etw. ins Geschäft einbringen; **~ a b. to a successful conclusion** Geschäft zum erfolgreichen Abschluss bringen, erfolgreich abschließen; **to carry on a b.** Unternehmen weiterführen; **to chase b.** sich um Aufträge bemühen; **to close a b.** Betrieb aufgeben; **to combine b. with pleasure** das Angenehme mit dem Nützlichen verbinden; **to commence b.** Geschäftsbetrieb aufnehmen; **to conduct a b.** Geschäft führen/betreiben; **~ jointly** Geschäft gemeinsam führen; **to continue a b.** Geschäft fortführen; **~ to deal with current b.** die laufenden Geschäfte weiterführen; **to deal with a b.** Geschäft abwickeln; **to discontinue a b.** Geschäft aufgeben; **to do b.** Geschäfte tätigen, im Geschäftsverkehr stehen; **~ with so.** mit jdm ins Geschäft kommen; **to drive/force so. out of b.** jdm aus dem Geschäft verdrängen, jdn zur Geschäftsaufgabe zwingen; **to drum up b.** Geschäft ankurbeln/anbahnen, Werbe-/Reklametrommel rühren; **to enter into b.** ins Geschäftsleben treten; **to establish a b.** Geschäft errichten, Existenz/Unternehmen gründen; **~ so. in b.** jdn etablieren; **to expand a b.** Geschäft erweitern/vergrößern; **to found a b.** Firma gründen; **to garner new b.** Aufträge hereinholen, Neuabschlüsse tätigen; **to get down to b.** *(fig)* zur Sache kommen, in die Tagesordnung eintreten; **to give up a b.** Geschäft aufgeben; **to go about one's b.** seiner Arbeit nachgehen, sich um seine Geschäfte kümmern; ~ **about one's lawful b.** einer geregelten Beschäftigung nachgehen; ~ **out of b.** Betrieb schließen, Geschäft aufgeben; ~ **out on b.** *(Vertreter)* auf Tour gehen; **to grab so.'s b.** jdm das Geschäft wegnehmen; **to have no b. to do sth.** *(fig)* kein Recht dazu haben; **to increase b.** Geschäftsgang heben; **to invest in a b.** Geld ins Geschäft/Unternehmen stecken; **to join a b.** in ein Geschäft einsteigen; **to know one's b. (inside out)** sein Fach/Geschäft verstehen; **to launch a b.** Geschäft gründen; **to liquidate a b.** Geschäft abwickeln/liquidieren; **to look for b.** sich nach Aufträgen umsehen; **to make a b. of sth.** etw. gewerbsmäßig betreiben; ~ **it one's b.** es sich zur Aufgabe machen, sich eine Sache angelegen sein lassen; **to manage a b.** Geschäft führen/leiten, Geschäftsführung ausüben; **to mean b.** *(fig)* es ernst meinen; **to mind one's own b.** *(coll)* sich um seine eigenen Sachen/Angelegenheiten kümmern, sich an die eigene Nase fassen *(coll)*; **to mix b. with pleasure** das Angenehme mit dem Nützlichen verbinden; **to nurse a b.** sich intensiv um ein Geschäft kümmern; **to open a b.** Betrieb eröffnen; **to operate a b.** Geschäft führen; **to participate in a b.** sich an einem Unternehmen beteiligen; **to pick up b.** Geschäfte/Umsatz machen; ~ **new b.** neue Aufträge hereinholen; **to proceed with the b. of the day** Tagesordnung behandeln; **to pull out of a b.** aus einem Geschäft aussteigen; **to pursue one's b.** seinen Geschäften nachgehen; **to push a b.** Geschäft vorantreiben; **to put a b. on its feet again** Geschäft hochbringen; ~ **so. out of b.** jdn zur Geschäftsaufgabe zwingen, ~ aus dem Markt drängen, ~ brotlos machen; **to quit a b.** Geschäft/Handel aufgeben; **to reopen/resume b.** Geschäft wiederaufnehmen/wiedereröffnen, Geschäftstätigkeit wiederaufnehmen; **to retire from b.** Geschäft aufgeben, aus dem ~ ausscheiden, sich aus dem Geschäftsleben zurückziehen, in Pension gehen; **to run a b.** Geschäft/Unternehmen betreiben, Geschäft führen; **to secure a b.** Geschäft zu Stande bringen, Auftrag hereinholen; ~ **new b.** neue Abschlüsse tätigen, sich neue Aufträge sichern; **to see to one's own b.** *(coll)* sich um seine eigenen Angelegenheiten kümmern; **to sell out one's b.** sein Geschäft verkaufen; **to set up (in) b.** sich selbstständig machen, sich (geschäftlich) niederlassen, sein eigenes Geschäft gründen, Geschäft eröffnen, Unternehmen gründen; **to settle a b.** Geschäft abwickeln; **to solicit b.** um Aufträge werben, Klinken putzen *(coll)*; **to squeeze so. out of b.** jdn aus dem Geschäft drängen, ~ ausschalten; **to start (up) a b.** Geschäft aufmachen/anfangen, Betrieb/Geschäft aufnehmen; **to stay in b.** im Geschäft bleiben; **to stick to one's b.** bei seiner Tätigkeit bleiben; **to take over a b.** Geschäft übernehmen; **to talk b.** 1. Geschäftliches besprechen; 2. *(fig)* zur Sache kommen; **to tout for b.** Kunden werben; **to transact b.** Geschäfte abschließen/machen/abwickeln, geschäftliche Verbindungen haben mit; **to travel on b.** geschäftlich unterwegs sein/reisen; **to turn away b.** Auftrag ablehnen; **to win a b.** Auftrag hereinholen; **to wind up a b.** Geschäft abwicklen/liquidieren; **to write b.** 1. Geschäft abschließen; 2. *(Vers.)* Versicherungsabschlüsse tätigen; ~ **international b.** *(Vers.)* grenzüberschreitend versichern

actual business Effektivgeschäft *nt*; **additional b.** 1. Zusatzgeschäft *nt*; 2. Nebenerwerbsbetrieb *m*; **administrative b.** Verwaltungsangelegenheit *f*; **ancillary b.** Nebengeschäft *nt*; **anti-small b.** *adj* mittelstandsfeindlich; **bad b.** miserables Geschäft; **big b.** 1. Hochfinanz *f*, Großkapital *nt*; 2. Großunternehmen *nt*; **bill-broking b.** Wechseldiskontgeschäft *nt*; **bread-and-butter b.** Grund-, Basis-, Stammgeschäft *nt*; **brisk b.** reges/lebhaftes Geschäft; **carrying-over b.** Prolongationsgeschäft *nt*; **commercial b.** 1. Handelsgeschäft *nt*; 2. Handelsfirma *f*; **competitive b.** freie Marktwirtschaft; **contentious b.** umstrittene Angelegenheit; **contra b.** *(Bank)* Gegengeschäft *nt*; **contract-processing b.** Lohnveredelungsbetrieb *m*; **corporate b.** Firmenkundengeschäft *nt*; **crooked b.** krummes Ding *(coll)*; **current b.** laufende Geschäfte, laufendes Geschäft; **daily b.** Tagesgeschäft *nt*, tägliches Geschäft; **day-to-day b.** laufender (Geschäfts)Betrieb, Tagesgeschäft *nt*, tagaktuelles Geschäft; **declining b.** rückläufiges Geschäft; **deferred b. sale** *[US]* Ratenzahlungsgeschäft *nt*, R.verkauf *m*; **departmental b.** Abteilungssache *f*; **direct b.** Direktgeschäft *nt*; **dirty/discreditable b.** anrüchige Sache; **discontinued b.** eingestelltes/aufgegebenes Unternehmen; **documentary b.** dokumentäres Geschäft, Dokumentengeschäft *nt*; **domestic b.** Inlandsgeschäft *nt*; **downstream b.** Weiterverarbeitung *f*; **dull b.** mattes Geschäft; **end-of-month b.** Ultimogeschäft *nt*; **newly established b.** Neugründung *f*; **fair b.** leidlich gutes Geschäft; **family-run b.** Familienunternehmen *nt*, F.betrieb *m*; **fifty-fifty b.** Metageschäft *nt*; **fishy b.** *(coll)* faule/verdächtige Sache, anrüchiges Geschäft, faule Geschichte, obskure Angelegenheit; **flourishing b.** gutgehendes Geschäft; **follow-up b.** Anschluss-, Ausführungsgeschäft *nt*, Folgegeschäft *nt*; **foreign b.** Auslandsgeschäft *nt*; **forward b.** Termingeschäft *nt*; **fraught b.** mühseliges/schwieriges Unterfangen; **funny b.** *(coll)* krummes Ding *(coll)*, krumme Sache/Tour *(coll)*; **general b.** *(Vers.)* Sachversicherung(ssparte) *f*; **going b.** erfolgreiches Unternehmen; **hole-and-corner b.** anrüchiges Geschäft; **incoming b.** Auftragseingang *m*; **independent b.** selbstständiges Gewerbe; **industrial b.** Kleinlebensversicherung *f*; **in-force b.** (Versicherungs)Bestand *m*, V.portefeuille *nt*; **innovative b.** Pionierunternehmen *nt*; **interbank b.** Interbankgeschäft *nt*; **interest-based b.** zinsabhängiges Geschäft; **interest-earning b.** Zinsgeschäft *nt*; **international b.** Auslandsgeschäft *nt*; **joint b.** Partizipations-, Meta-, Gemeinschaftsgeschäft *nt*, gemeinsames Geschäft, Betriebsgemeinschaft *f*; **judicial b.** Gerichtssache *f*, Rechtsvorgang *m*; **last-day b.** Ultimogeschäft *nt*; **legal b.** Juristerei *f*, Anwaltstätigkeit *f*; **lengthy b.** *(fig)* langwierige Prozedur; **less-than-carload (l.c.l.) b.** *[US]* Stückgutverkehr *m*, S.gutfrachtgeschäft *nt*; **linked b.** fondsgebundenes Versicherungsgeschäft; **loss-making b.** 1. Zuschuss-, Verlustgeschäft *nt*; 2. defizitäres Unternehmen; **lucrative b.** lukratives Ge-

schäft; **main b.** Hauptgeschäft *nt*, H.aktivität *f*; **mandatory b.** Mandatargeschäft *nt*; **medium-sized b.** Mittelbetrieb *m*, mittlerer Betrieb, mittelständisches Unternehmen; **multi-stage b.** mehrstufiges Unternehmen; **nasty b.** *(coll)* unangenehme Geschichte
new business 1. neue Aufträge/Abschlüsse, Neugeschäft *nt*, N.abschluss *m*; 2. *(Vers.)* Neuabschlüsse *pl*, Bestandszuwachs *m*; 3. Neugründung *f*; **total n. b.** *(Vers.)* Gesamteingänge *pl*; **weak n. b.** schwaches Neugeschäft
new business center *[US]* /**centre** *[GB]* Gründerzentrum *nt*; **n. b. department** Abteilung für die Entwicklung neuer Aktivitäten
non-contentious business [§] Angelegenheit der freien Gerichtsbarkeit; **non-credit b.** indifferentes Geschäft; **non-interest b.** zinsunabhängige Geschäfte; **non-life b.** Sach(versicherungs)geschäft *nt*; **non-local b.** Distanzgeschäft *nt*; **non-recurrent b.** Einmalgeschäft *nt*; **non-trade-related b.** sonstige Tätigkeiten; **official b.** 1. Amts-, Dienstsache *f*, D.geschäft(e) *nt/pl*, D.angelegenheit *f*, dienstliche Angelegenheit; 2. Staatsgeschäft(e) *nt/pl*; **omnium** *(lat.)* b. Einheitsgeschäft *nt*; **one-man b.** Einzelfirma *f*, E.unternehmer *m*, E.gesellschaft *f*, Einmannbetrieb *m*, E.unternehmen *nt*, Alleinbetrieb *m*; **ordinary b.** übliche/gewöhnliche Tagesordnung; **any other b. (aob)** *(Tagesordnung)* Verschiedenes; **overnight b.** *(Börse)* Pensionsgeschäft *nt*; **over-the-counter (OTC) b.** außerbörslicher(Effekten)Handel, Schalter-, Tafelgeschäft *nt*; **overseas b.** Auslands-, Überseegeschäft *nt*, Ü.handel *m*; **paying/remunerative b.** rentables/gewinnbringendes/einträgliches/lohnendes Geschäft; **physical b.** Effektivgeschäft *nt*; **post-fair b.** Nachmessegeschäft *nt*; **pressing b.** dringendes Geschäft; **private b.** 1. Privatwirtschaft *f*; 2. Privatangelegenheit *f*; **profitable b.** lohnendes/rentables/einträgliches Geschäft; **proposed b.** (Geschäfts)Anbahnung *f*; **pro-small b.** *adj* mittelstandsfreundlich; **public b.** Staatsbetrieb *m*; **regular b.** laufende Geschäfte; **reinsured b.** in Rückdeckung gegebenes Versicherungsgeschäft; **risky b.** *(fig)* Vabanquespiel *nt*, gewagte Sache, riskante Angelegenheit; **roaring b.** *(coll)* Bombengeschäft *nt (coll)*; **seasonal b.** Saisonbetrieb *m*, Saisongeschäft *nt*; **security-placing b.** Plazierungsgeschäft *nt*; **shady b.** anrüchige Sache, zweifelhaftes Geschäft; **single-stage b.** einstufiges Unternehmen; **slack/sluggish b.** schleppender Geschäftsgang, lustloses/ruhiges/zähflüssiges Geschäft
small business Mittelstand *m*, mittelständische Wirtschaft, mittelständisches Unternehmen, mittelständischer Betrieb, Kleinunternehmen *nt*, Mittelstandsbetrieb *m*, M.standsunternehmen *nt*; ~ **and medium-sized b.es** Mittelstand *m*, mittelständische Wirtschaft/Unternehmen, Klein- und Mittelunternehmen, kleine und mittlere Unternehmen (KMU)
favouring small business(es) *adj* mittelstandsfreundlich
small business community Mittelstand *m*; **s. b. investment relief** Steuererleichterung für mittelständische Unternehmen; **s. b. loan** Mittelstandskredit *m*, gewerblicher Kleinkredit; **s. b. policy** Mittelstandspolitik *f*; **s. b. policy objective** mittelstandspolitisches Ziel
small-scale business Kleingeschäft *nt*; **sound b.** gut fundiertes/solides Geschäft, gesundes Unternehmen; **straight b.** Liefergeschäft *nt*; **subsidized b.** Zuschussunternehmen *nt*, Z.betrieb *m*; **substandard b.** *(Lebensvers.)* Risikogeschäft *nt*; **sundry b.** 1. Nebengeschäft *nt*; 2. ▆▆ Kleingutverkehr *m*; **third-country b.** Transitgeschäft *nt*; **tricky b.** *(fig)* heikle Sache; **two-way b.** Gegenseitigkeitsgeschäft *nt*; **unfinished b.** unerledigte Tagesordnungspunkte, Unerledigtes *nt*; **urgent b.** *(Parlament)* Dringlichkeitsvorlage *f*; **well-established b.** gut eingeführtes Geschäft; **well-run b.** ordentlich geführter Betrieb
business account Geschäfts-, Firmenkonto *nt*; **b. acquaintance** Geschäftsfreund *m*
business activity 1. Geschäftsverkehr *m*, G.betrieb *m*, G.tätigkeit *f*, G.gang *m*, Erwerbswirtschaft *f*, erwerbswirtschaftliche Tätigkeit; 2. Gegenstand des Geschäftsverkehrs; **b. activities** geschäftliche Aktivitäten/Unternehmungen; **b. a. in industry** Industriekonjunktur *f*; **b. a. conducted on instructions** Geschäftsbesorgung *f*
general business activity gesamtwirtschaftliche Aktivität; **overall b. a.** Konjunktur *f*, gesamtwirtschaftliche Tätigkeit; **sluggish b. a.** zähflüssiges Geschäft, lustlose Geschäftstätigkeit
business acumen Geschäftsgeist *m*, G.sinn *m*, kaufmännische Fähigkeit; **b. address** Geschäftsadresse *f*, G.anschrift *f*, Firmenanschrift *f*, Büroadresse *f*; **b. administration** Betriebswirtschaft(slehre) (BWL) *f*, Handels-, Industriebetriebslehre *f*; **general b. administration** Allgemeine Betriebswirtschaftslehre; **b. administrator** Betriebswirt *m*, B.wirtschafter *m*; **on the grounds of b. advantage** aus unternehmerischem Interesse; **b. advertising** Wirtschaftswerbung *f*; **b. affair** Geschäftssache *f*; **b. affairs** geschäftliche Angelegenheiten, Geschäftsangelegenheiten; **b. agent** *(Gewerkschaft)* Funktionär *m*, Sekretär *m*; **b. allowance** *[US]* Wirtschaftsaufwand *m*, W.kosten *pl*; **b. analyst** Wirtschafts-, Konjunkturanalytiker *m*; **b. anniversary** Geschäftsjubiläum *nt*; **b. application** Antrag auf Geschäftseröffnung; **b. appointment** geschäftliche Verabredung; **b. appraisal** Unternehmensbewertung *f*
business area 1. Geschäftsgegend *f*, G.zone *f*; 2. Geschäftsbereich *m*, Geschäfts-, Operationsfeld *nt*; **main b. a.** Hauptgeschäftsgegend *f*; **strategic b. a.** strategischer Geschäftsbereich
business arithmetic kaufmännisches Rechnen, Wirtschaftsrechnen *nt*
business assets Betriebs-, Geschäftsvermögen *nt*, G.guthaben *nt*; **to be withdrawn from b. a.** aus dem Betriebsvermögen ausscheiden; **chargeable b. a.** steuerlich erfasste Anlagegüter; **b. a. relief** Sonderabschreibung *f* (auf das Anlagevermögen)
business associate Geschäftspartner(in) *m*/*f*, G.freund *m*; **b. association** Geschäftsverbindung *f*; **b. barometer** Konjunktur-, Wirtschafts-, Börsenbarometer *nt*; **b. base/basis** Geschäftsbasis *f*, G.grundlage *f*; **b. branch**

Geschäftzweig m, G.sparte f; **b. broker** Unternehmensmakler m; **b. budget** betriebliches Gesamtbudget, Geschäftsetat m; **b. budgeting** (Finanz)Planungsrechnung f, Finanzplanung f; **b. call** 1. Geschäftsbesuch m; 2. ✎ Dienstgespräch nt, dienstliches Gespräch; **b. capacity** 1. Geschäftsfähigkeit f; 2. wirtschaftliche Leistungsfähigkeit; **b. capital** Geschäftskapital nt, Betriebsvermögen nt; ~ **investment/spending** Anlageinvestitionen der gewerblichen Wirtschaft; **b. car** Geschäftswagen m; **b. card** Geschäfts-, Visitenkarte f; **b. center** *[US]* /**centre** *[GB]* Geschäftszentrum nt; **b. circles** Handels-, Unternehmer-, Wirtschaftskreise pl, Kreise der Wirtschaft; **in ~ circles** in Geschäftskreisen; **b. climate** Konjunktur-, Geschäfts-, Wirtschaftsklima nt, Marktverfassung f; **b. climate/indicator index** Geschäftsklimaindex m; **b. college** 1. *[US]* Wirtschaftshochschule f; 2. (Höhere) Handelsschule, H.akademie f; **b. combination** Unternehmenszusammenschluss m; ~ **law** Handelsrecht nt; **b. commitments** Geschäftsverbindlichkeiten, G.verpflichtungen, geschäftliche Verpflichtungen; **b. communication** Handelskommunikation f; **b. community** Geschäfts-, Wirtschaftswelt f, W.kreise pl, Unternehmer pl, Kaufmannschaft f, (Privat)Wirtschaft f; **b. advisory company** Firmenberatungsgesellschaft f; **b. computer** Bürocomputer m; **b. concentration** Unternehmenskonzentration f; **b. concept** Unternehmenskonzept(ion) nt/f; **b. concern** Geschäftsunternehmen nt; **b. concession under public law** öffentlich-rechtliche Konzession
business conditions Geschäftslage f; **general b. c.** wirtschaftliche Rahmenbedingungen, allgemeine Wirtschaftslage; **b. c. research** Konjunkturforschung f
business conduct Geschäftsgebaren nt
business conference geschäftliche Besprechung, Arbeitstagung f, Geschäftssitzung f, G.besprechung f; **b. confidence** Konjunkturoptimismus m, Vertrauen der Wirtschaft; **b. connection** Geschäfts-, Handelsverbindung f, geschäftliche Beziehung; **to enter into b. connections** Geschäftsverbindung anbahnen, in Geschäftsverbindungen treten; **to have b. connections with so.** mit jdm in Geschäftsverbindung stehen; **b. constitution** Wirtschaftsverfassung f; **b. consultancy** Firmen-, Unternehmens-, Wirtschaftsberatungsgesellschaft f; **b. consultant** Unternehmens-, Wirtschafts-, Betriebsberater m, Unternehmensberatungsgesellschaft f; **b. consulting** Unternehmens-, Wirtschaftsberatung f; **b. contact** Geschäftsverbindung f, geschäftlicher Kontakt; **b. contraction** Schumpfungsprozess m, kontraktiver Prozess; **b. corporation** *[US]* Geschäftsunternehmen nt, erwerbswirtschaftliches Unternehmen; **foreign b. corporation** im Ausland tätige Gesellschaft; **b. correspondence** Geschäfts-, Handelskorrespondenz f; **b. correspondent** Wirtschaftskorrespondent m; **b. counsellor** Unternehmensberater m; **b. course** Handelskurs(us) m; **b. credit demand** Kreditnachfrage der Unternehmen, ~ gewerblichen Wirtschaft; ~ **relief** *[GB]* Steuervergünstigung für Betriebskredite; **b. custom** Geschäftsgebrauch m, G.sitte f, G.usance f

business customer gewerblicher Kunde/Abnehmer; **b. c.s** gewerbliche Kundschaft, Handels-, Firmenkundschaft f
business cycle 1. Wirtschaftskreislauf m, W.ablauf m, W.zyklus m; 2. Konjunkturzyklus m, K.verlauf m, K.rhythmus m, K.phase f, Verlauf der Konjunktur; **b. c. analyst** Konjunkturforscher m; **b. c. cartel** Konjunkturkartell nt; **b. c. contraction** Abschwung(phase) m/f, kontraktiver Prozess; **b. c. dynamics** Konjunkturdynamik f; **b. c. expansion** Aufschwung(phase) m/f, expansiver Prozess; **b. c. indicator** Konjunkturindikator m; **b. c. overhang** Nachkonjunktur f; **b. c. policy** Konjunkturpolitik f; **monetary b. c. policy** monetäre Konjunkturpolitik; **b. c. research** Konjunkturforschung f; **b. c. reserve** Konjunkturausgleichsrücklage f; **b. c. situation** Konjunkturlage f; **b. c. theorist** Konjunkturtheoretiker m; **b. c. theory** Konjunkturtheorie f; **exogenous/external b. c. theory** exogene Konjunkturtheorie, Zwangssteuerungsmodell nt; **b. c. unemployment** konjunkturelle Arbeitslosigkeit
business contacts Geschäftskontakte; **b. data** Betriebsziffern, betriebswirtschaftliche Angaben; **b. day** Werk-, Arbeits-, Börsen-, Geschäftstag m; **each b. day** arbeits-, werktäglich; **b. deal** Geschäftsabschluss m, geschäftliche Vereinbarung; **b. dealings** Geschäftspraktiken, G.gebaren nt; **b. debts** Betriebs-, Geschäfts-, Handelsschulden; **b. decision** geschäftspolitische Entscheidung; **b. decline** Geschäftsrückgang m; **b. deduction** *(Steuern)* Betriebsausgabe f; **b. department** Akquisitions-, Kundenwerbeabteilung f; **b. development** geschäftliche Entwicklung, Geschäfts-, Marktentwicklung f; ~ **plan** Geschäftsentwicklungsplan m; **b. diary** Grund-, Tagebuch nt, Journal nt *(frz.)*; **b. dictionary** Wirtschafts-, Handelswörterbuch nt, Wörterbuch der Wirtschafts-/Handelssprache; **b. disposal** Veräußerung von Betriebseinheiten; **b. dispute** wirtschaftliche Rechtsstreitigkeit, wirtschaftlicher Rechtsstreit; **b. district** Geschäftsviertel nt; **b. documents** Geschäftsunterlagen; **b. earnings** Unternehmensertrag m, Unternehmergewinn m; **b. economics** Betriebswirtschaft(slehre) (BWL) f; **b. economist** Betriebswirt(schaftler) m; **b. end** geschäftlicher Teil; **B. English** Handels-, Wirtschaftsenglisch nt
business enterprise Geschäfts-, Handels-, Wirtschaftsunternehmen nt, gewerblicher Betrieb, gewerbliches Unternehmen, Unternehmung f, Gewerbe-, Erwerbsbetrieb m; **simulated b. e.** Übungsfirma f; **b. e. financing** Unternehmensfinanzierung f
business entity Wirtschaftseinheit f, gewerbliches Unternehmen; **b. environment** wirtschaftliche Rahmenbedingungen, Geschäftslage f, G.umfeld nt, betriebliches/wirtschaftliches Umfeld; **b. equipment** Büro-, Geschäftsausstattung f; **b. errand** Geschäftsbesorgung f; **b. establishment** 1. Geschäftseinrichtung f, G.betrieb m, G.haus nt; 2. Gewerbebetrieb m; 3. geschäftliche/gewerbliche Niederlassung; **b. estate** Gewerbegebiet nt; **b. ethics** Geschäftsmoral f; **b. executive** Unternehmensleiter m; **b. expansion** 1. Geschäftserweiterung f, G.expansion f, G.ausweitung f; Auswei-

tung des Geschäfts, Erweiterung der Geschäfts-/Unternehmenstätigkeit; 2. Konjunkturausweitung f, K.aufschwung m; **~ scheme** *[GB]* Industrie-, Gewerbeförderungsprogramm nt; **b. expenses/expenditure** 1. Werbungs-, Geschäftskosten pl, Geschäfts-, Betriebsausgaben pl, erwerbsbedingte Ausgaben; 2. Spesen pl; **lump-sum ~ allowance** Werbungskostenpauschale f; **b. experience** geschäftliche Erfahrung, Geschäftskenntnisse, G.erfahrung f; **with little b. experience** geschäftsunerfahren; **b. failure** Firmenpleite f, Unternehmens-, Firmenzusammenbruch m, (Unternehmens)Konkurs m, Insolvenz f, Bankrott m, Pleite f; **b. failures** Firmensterben nt; **b. finance** 1. betriebliche Finanzwirtschaft; 2. Unternehmensfinanzierung f, Betriebsfinanzen pl; **b. financing** betriebliche Finanzwirtschaft; **b. firm** gewerbliches Unternehmen; **b. fluctuations** Geschäfts-, Konjunkturschwankungen; **b. forecasting** Konjunkturprognose f, K.diagnose f, Wirtschaftsvorschau f; **b. formation** Unternehmensgründung f; **net b. formation** Nettozahl der Neugründungen; **b. fraud** betrügerisches Geschäftsgebaren; **b. friend** Geschäftsfreund m; **b. function** geschäftliche Funktion; **b. game** Unternehmensplanspiel nt; **b. graphics** Geschäftsgrafik f; **b. group** Unternehmens-, Wirtschaftsgruppe f; **b. hazard** unternehmerisches Risiko, Unternehmerrisiko nt
business hours Geschäfts-, Kassen-, Dienststunden, Geschäftszeit f, Öffnungszeiten; **after ~ hours** nach Geschäfts-, Betriebsschluss; **peak ~ hours** Hauptgeschäftszeit f
business income gewerbliches Einkommen, Einkommen aus Unternehmertätigkeit, Geschäfts-, Unternehmer-, Erwerbseinkommen nt, Reingewinn m, gewerbliche Einkünfte, gewerblicher Gewinn, Einkünfte aus Gewerbebetrieb; **b. and professional income** *[US]* Unternehmer- und Selbstständigeneinkommen nt; **b. incubator** *(fig)* Unternehmensgründerzentrum nt; **b. index** Firmenverzeichnis nt, Handelsregister nt, H.verzeichnis nt; **b. indicator** Konjunkturindikator m; **b. informatics** Betriebsinformatik f; **b. information** 1. Geschäftsmitteilungen pl; 2. Firmenkunde f; **~ company** (Kredit)Auskunftei f; **b. initiative** unternehmerische Initiative; **b. instinct** Geschäftssinn m; **b. insurance** Betriebs-, Sachversicherung f; **b. intelligence consulting** Unternehmensberatung durch Informationsbeschaffung; **b. interest** 1. Geschäftsbeteiligung f, Firmen-, Gesellschaftsanteil m; 2. geschäftliches/unternehmerisches Interesse; **b. interruption insurance** Betriebsunterbrechungsversicherung f, (Betriebs)Stillstandsversicherung f; **~ loss** Betriebsunterbrechungsschaden m; **b. inventory** Betriebs-, Firmen-, Geschäftsinventar nt
business investment betriebliche Investition(en), gewerbliche Investition(en); **b. i. in plant and equipment** (gewerbliche) Anlage- und Ausrüstungsinvestition(en); **fixed b. i.** betriebliche Anlageinvestition(en), Anlageinvestitionen der Unternehmen; **b. i. spending** Investitionen der gewerblichen Wirtschaft
business jargon Wirtschaftssprache f; **b. journalist** Wirtschaftsjournalist(in) m/f; **b. law** Handels-, Wirtschaftsrecht nt; **criminal b. law** Wirtschaftsstrafrecht nt; **b. leader** 1. führendes Unternehmen; 2. Wirtschaftsführer m, führender Industrieller, ~ Vertreter der Wirtschaft; 3. Branchen-, Industrieführer m; **b. leaders** Träger des wirtschaftlichen Lebens; **b. lending** Darlehen/Ausleihungen an Geschäftskunden; **b. letter** Geschäfts-, Handelsbrief m; **b. liabilities** Betriebs-, Geschäftsschulden; **b. licence** Gewerbekonzession f, G.erlaubnis f, G.schein m, Geschäftslizenz f, G.erlaubnis f; **~ tax** *[US]* Produktionssteuer f; **b. life** Wirtschafts-, Geschäftsleben nt; **~ assurance** *[GB]* /**insurance** *[US]* Teilhaberversicherung f; **~ assurance/insurance trust** Treuhandgesellschaft zur Verwaltung einer Teilhaberversicherung
businesslike adj 1. geschäftstüchtig; 2. geschäftlich; 3. sachlich, nüchtern, praktisch, kühl
business line 1. Geschäftsbereich m, G.zweig m, G.sparte f; 2. ✆ Geschäftsanschluss m; **b. loan** Geschäfts-, Betriebs-, Gewerbekredit m; **b. loans** Kredite an die gewerbliche Wirtschaft; **b. location** Geschäftslage f; **b. logistics** logistisches System; **b. loss** Geschäftsverlust m; **b. magazine** Wirtschaftsmagazin nt; **b. mail** Geschäftspost f
businessman m Geschäfts-, Kaufmann m, Unternehmer m, Gewerbetreibender m; **businessmen** Geschäfts-, Kaufleute; **to be a keen b.** geschäftstüchtig sein, hinter seinen Geschäften her sein; **phon(e)y b.** Rosstäuscher m *(coll)*; **prudent b.** umsichtiger Geschäftsmann; **responsible b.** ordentlicher Kaufmann; **shrewd/smart b.** gewiefter/kluger/pfiffiger Geschäftsmann, ~ Kaufmann; **small b.** mittelständischer Unternehmer, Kleinkaufmann m, kleiner Geschäftsmann, Kleingewerbetreibender m, Mittelständler m; **young b.** Jungunternehmer m
business management 1. Betriebs-, Unternehmensführung f, U.leitung f, U.verwaltung f; 2. Betriebswirtschaft(slehre) (BWL) f; **b. m. agreement** Betriebsführungsvertrag m; **b. m. research** betriebswirtschaftliche Forschung
business manager kaufmännischer Direktor; **b. mathematics** Wirtschaftsmathematik f, kaufmännisches Rechnen; **b. matter** geschäftliche Angelegenheit, Geschäftssache f; **b. matters** Geschäftsangelegenheiten; **b. measures** Geschäftsdispositionen; **b. meeting** Geschäftsbesprechung f; **b. methods** Geschäftsgebaren nt; **b.-minded** adj geschäftstüchtig; **b. mortality** Firmensterben nt, Quote der eingegangenen Unternehmen; **b. name** Firmenname m; **b. news** Wirtschaftsnachrichten, W.informationen; **b. norm** Geschäftsgepflogenheit f; **b. objectives** Unternehmensziele; **b. office** Geschäftslokal nt, G.raum m, G.stelle f
business operation Geschäft(stätigkeit) nt/f; **to commence b. o.s** Geschäftstätigkeit aufnehmen; **commercial b. o.** kaufmännischer Geschäftsbetrieb
business opinion poll/survey Konjunkturtest m, Unternehmerbefragung f, Meinungsumfrage in der Wirtschaft; **b. opportunity** Geschäftsmöglichkeit f, geschäftliche Möglichkeit; **b. organization** 1. Handels-,

business organization theory

Geschäfts-, Unternehmens-, Unternehmerorganisation *f*, Organisation eines Unternehmens; 2. Unternehmensform *f*; ~ **theory** betriebswirtschaftliche Organisationslehre; **b. outlay for new plant and equipment** Neuinvestitionen der gewerblichen Wirtschaft; **b. outlook** Geschäfts-, Konjunkturlage *f*, Konjunktur *f*, K.horizont *m*, Geschäfts-, Konjunkturprognose *f*, Geschäftsaussichten *pl*, G.perspektiven *pl*; **b. page** *(Zeitung)* Wirtschaftsseite *f*; **b. pages** Wirtschaftsteil *m*; **b. paper** 1. Warenwechsel *m*; 2. Wirtschaftsblatt *nt*, W.zeitung *f*; **b. papers** Geschäftspapiere; **b. park** 1. Einkaufszentrum *nt*; 2. Gewerbegebiet *nt*, Industriepark *m*; **b. participation** Geschäftsbeteiligung *f*; **b. partner** Geschäftspartner *m*; **b. people** Geschäftsleute *pl*; **b. picture** Konjunkturbild *nt*; **b. plan** Geschäftsplan *m*; **b. planning** Betriebs-, Unternehmensplanung *f*, betriebliche Vorausplanung; **b. plant and equipment outlays** Anlage-, Ausrüstungsinvestitionen; **b. policy** Geschäfts-, Unternehmenspolitik *f*, Geschäftsgebaren *nt*, G.taktik *f*, G.methode(n) *f/pl*, Grundsätze der Unternehmensführung; **prospective b. policy** beabsichtigte Geschäftspolitik
business practice(s) Wirtschaftspraxis *f*, Geschäftsgebrauch *m*, G.methode *f*, unternehmerische Gepflogenheit(en); **customary b. p.s** Handelsbräuche, übliche Geschäftspraxis; **dishonest b. p.s** unlautere Geschäftsgebaren; **proper b. p.s** ordnungsgemäße Geschäftsführung; **unethical b. p.s** standeswidriges Geschäftsgebaren
business premises Geschäftsräume, G.grundstück *nt*, G.gebäude *nt*, G.lokal *nt*, gewerbliche Räume, Betriebsstätte *f*, B.gelände *nt*; **b. press** Wirtschaftspresse *f*; **b. pressures** geschäftliche Belastungen; **b. principles** Geschäftsprinzipien, kaufmännische Grundsätze; **b. procedure** geschäftliche Verfahrensweise(n); **b. proceeds** Geschäfts-, Betriebsertrag *m*; **b. process** Geschäftsprozess *m*; ~ **reengineering** Reorganisation von Geschäftsabläufen; **b. processes** betriebliche Abläufe; **b. processing** Geschäftsabwicklung *f*; **b. profit** Geschäfts-, Unternehmensgewinn *m*, U.ertrag *m*, gewerblicher Gewinn; ~ **tax** Gewerbeertragsteuer *f*; **b. promotion** Unternehmens-, Geschäftsförderung *f*; ~ **service** Wirtschaftsförderung *f*; **b. property** Geschäfts-, Betriebsgrundstück *nt*; B.vermögen *nt*; **necessary b. property** notwendiges Betriebsvermögen; **b. prospects** Konjunktur-, Geschäftsaussichten, G.chancen, G.perspektiven; **b. prosperity** Hochkonjunktur *f*, Geschäftsaufrieb *m*; **b. purpose** Geschäftszweck *m*; **to let sth. for b. purposes** etw. gewerblich vermieten; **b. pursuit** geschäftliche Angelegenheit; **b. put-in** *(Vers.)* Aliment *nt*; **b. qualification** Kaufmannseigenschaft *f*; **b. quarter** Geschäftsviertel *nt*; **b. quarters** Wirtschaftskreise, Kreise der Wirtschaft; **b. radar** *(fig)* unternehmerisches Anzeige- und Warnsystem; **b. rate** 1. *[GB]* Gewerbesteuer *f*; 2. ⚡ Gewerbetarif *m*; ~ **payment** Gewerbesteuerzahlung *f*; **b. receipts** Betriebseinnahmen; **b. recession** Rezession *f*, Konjunktur-, Geschäftsrückgang *m*, konjunktureller Abschwung; **b. records** Geschäftsbücher, G.unterlagen, G.akten,

148

Bücher, geschäftliche Unterlagen; **poor b. record** negative/enttäuschende Leistung (in der Vergangenheit); **b. recovery** Konjunktur-, Wirtschaftsbelebung *f*, konjunkturelle Erholung; **b. reference** geschäftliche Empfehlung/Referenz; **b. registration** Gewerbeanmeldung *f*; **b. regulations** Handelsbestimmungen, H.vorschriften
business relations Geschäftsbeziehungen, geschäftliche Beziehungen, Geschäftsverbindung *f*; **to enter into/establish b. r.** Geschäftsbeziehungen herstellen/aufnehmen/anknüpfen; **to have b. r. with so.** in Geschäftsbeziehungen mit jdm stehen
business relationship geschäftliche Beziehung, Geschäftsbeziehung *f*; **b. relief** Steuererleichterung für gewerbliche Unternehmen
business reply ✉ Werbeantwort *f*, Geschäftsantwortsendung *f*; **b. r. card** (Werbe)Antwortkarte *f*; **b. r. envelope** Rückumschlag *m*; **b. r. mail** Werbeantwort *f*; **b. r. service** Werbeantwortdienst *m*
business report Geschäfts-, Rechenschafts-, Wirtschaftsbericht *m*; **b. reputation** geschäftliches Ansehen; **b. research** 1. Konjunkturforschung *f*; 2. betriebswirtschaftliche Forschung; ~ **institute** Konjunkturforschungsinstitut *nt*; **general b. reserve(s)** allgemeine Betriebsreserve; **b. results** Geschäftsergebnis *nt*; **b. revival** Konjunktur-, Wirtschaftsbelebung *f*; **b. risk** Betriebs-, Geschäfts-, Unternehmens-, Handelsrisiko *nt*, unternehmerisches Risiko/Wagnis, Unternehmerwagnis *nt*; **b. savings** betriebliche Einsparungen; **b. school** 1. Wirtschafts-, Handels(hoch)schule *f*; 2. wirtschaftswissenschaftliche/betriebswirtschaftliche Fakultät; **b. science** Wirtschaftswissenschaften *pl*, Betriebswirtschaft(slehre) (BWL) *f*; **b. secret** Betriebs-, Geschäftsgeheimnis *nt*; **b. section** *(Zeitung)* Wirtschaftsteil *m*; **b. sector** Unternehmenssektor *m*, Sektor Unternehmen, gewerbliche Wirtschaft, Firmenbereich *f*; **b. segment** Geschäftsfeld *nt*; **b. sense** Geschäfts-, Erwerbssinn *m*; **b. advisory service** Firmenberatung *f*; (new) **b. set-up** Neugründung *f*; **b. set-up loan** Existenzaufbau-, Existenzgründungsdarlehen *nt*; **b. simulation** Unternehmenssimulation *f*; ~ **game** Unternehmensplanspiel *nt*; **b. situation** Geschäftslage *f*, G.situation *f*; **b. skill** Geschäftsgewandtheit *f*; **b. slowdown** konjunktureller Abschwung; **b. spending** Investitionen *pl*, Investitionsausgaben *pl*; **b. split** Unternehmensaufspaltung *f*; **b. sponsorship** Industriemäzenatentum *nt*; **b. stamp** Firmenstempel *m*; **b. start-up** Geschäfts(neu)be-, Unternehmens-, Firmen-, Betriebsgründung *f*, Geschäftseröffnung *f*, G.errichtung *f*, Existenzgründung *f*; **b. statistics** Betriebs-, Geschäfts-, Wirtschaftsstatistik *f*, W.daten, betriebswirtschaftliche Statistik; **b. stimulant depreciation** Konjunkturabschreibung *f*; **b. strategy** Unternehmensstrategie *f*; **b. structure** Geschäfts-, Unternehmensstruktur *f*, B.aufbau *m*; **b. struggle** Konkurrenzkampf *m*; **b. studies** Wirtschaftslehre *f*, Betriebswirtschaft(slehre) (BWL) *f*; **b. style** Firmierung *f*, Geschäftsstil *m*; **b. success** Geschäftserfolg *m*; **b. suit** Tages-, Straßenanzug *m*, guter dunkler Anzug; **b. support** Unterstützung aus der Wirtschaft; **b. syndicate** Wirt-

schaftsvereinigung *f*; **b. tariff** Tarif für gewerbliche Kunden
business tax 1. Gewerbe(ertrags)steuer *f*, Körperschaftssteuer *f*; 2. Gewerbekapitalsteuer *f*, 3. Handelssteuer *f*; **b. t. incentive** gewerbesteuerliche Vorteile; **local b. t.** Gewerbesteuer *f*
business taxation 1. betriebswirtschaftliche Steuerlehre; 2. Gewerbebesteuerung *f*
business tax ratio Körperschaftssteueranteil *m*; **b. t. relief** Gewerbesteuerentlastung *f*
business tenancy Mietverhältnis zur geschäftlichen oder gewerblichen Nutzung; **standard b. terms** einheitliche Geschäftsbedingungen; **b. ties** Geschäftsverbindungen; **b. tourism** Geschäftsreiseverkehr *m*, G.reisen *pl*; **b. training** kaufmännische Ausbildung; **b. transaction** Geschäft(svorfall) *nt/m*, G.sverkehr *m*, G.svorgang *m*
business transfer agent Nachweismakler *m*; **~ contract** Betriebsüberlassungsvertrag *m*; **~ payments** Transferzahlungen der Unternehmen
business travel Geschäfts-, Dienstreisen *pl*; **b. traveller** Geschäftsreisende(r) *f/m*; **b. trend** 1. Konjunktur-, Wirtschaftsentwicklung *f*; 2. Geschäftsgang *m*, G.verlauf *m*; **b. trip** Geschäftsreise *f*; **b. trustee** Wirtschaftstreuhänder(in) *m/f*; **b. tycoon** Großindustrieller *m*; **general b. uncertainty** allgemeine Konjunkturunsicherheit
business undertaking Unternehmung *f*, Wirtschaftsbetrieb *m*; **to embark on a b. u.** (*Firma*) einsteigen bei (*fig*)
business unit 1. Betrieb *m*, gewerbliches Unternehmen; 2. (Geschäfts)Sparte *f*; **strategic ~ unit** strategische Geschäftseinheit; **b. upswing** (Konjunktur)Aufschwung *m*; **b. usage** Handelsbrauch *m*, H.usance *f*, Geschäfts(ge)brauch *m*, Verkehrssitte *f*; **b. user** gewerblicher Verbraucher/Nutzer; **b. value** Geschäftswert *m*; **b. venture** 1. Geschäftsunternehmen *nt*, geschäftliches Unternehmen; 2. unternehmerisches Vorhaben; **b. visa** Geschäftsvisum *nt*; **b. volume** Geschäftsumfang *m*
businesswoman Geschäfts-, Kauffrau *f*, Unternehmerin *f*, Gewerbetreibende *f*
business world Geschäftswelt *f*, Wirtschaft *f*
business year Wirtschafts-, Geschäfts-, Rechnungs-, Finanz-, Arbeits-, Rechenschaftsjahr *nt*; **natural b. y.** saison-/aktivitätsbezogenes Geschäftsjahr; **last/past b. y.** abgelaufenes Geschäftsjahr; **short b. y.** Rumpfgeschäfts-, Rumpfwirtschaftsjahr *nt*
bus lane Busspur *f*; **b. line** (Omni)Buslinie *f*; **b.load** *n* Busladung *f*; **in b.loads** busweise; **b. ride** Busfahrt *f*; **b. operator** Busunternehmer *m*, B.unternehmen *nt*; **b. route** (Omni)Busstrecke *f*; **b. schedule** [US] /**timetable** [GB] (Omni)Busfahrplan *m*; **b. station/terminal** (Auto)Busbahnhof *m*; **b. stop** Autobus-, Omnibus-, Bushaltestelle *f*; **b. system** 🖳 Bussystem *nt*
bust *n* (*coll*) Konkurs *m*, Pleite *f* (*coll*); *v/t* (*coll*) sprengen, kaputtmachen
bust *adj* (*coll*) bankrott, pleite (*coll*); **to go b.** (*coll*) bankrott/pleite (*coll*) machen, ~ gehen, kaputt/in Konkurs gehen, fallieren
bus ticket Busfahrkarte *f*
bustle *n* (rege) Geschäftigkeit
bust-up *n* (*coll*) 1. Bankrott *m*, Zusammenbruch *m*; 2. Krach *m*
busy *adj* 1. lebhaft, betriebsam; 2. (*Person*) beschäftigt, rege, tätig, unabkömmlich; 3. belebt, verkehrs-, arbeitsreich; 4. [US] ✆ besetzt; **to be b.** beschäftigt sein, hantieren; **to be very b.** Hochbetrieb haben, stark beansprucht sein
busybody *n* (*coll*) Gschaftlhuber *m* (*coll*)
butane *n* 🜨 Butan *nt*
butcher *n* Metzger *m*, Fleischer *m*, Schlachter *m*; **b.** *v/t* niedermetzeln, schlachten
butcher's guild Fleischerinnung *f*; **b.'s meat** Schlachtfleisch *nt*; **~ shop** Metzger-, Fleischerladen *m*, Metzgerei *f*, Fleischerei *f*; **~ trade** Fleischerhandwerk *nt*
butchery *n* 1. Fleischerhandwerk *nt*; 2. Metzelei *f*; **wholesale b.** Großschlachterei *f*
butt *n* 1. Stummel *m*, Talon *m* (*frz.*); 2. Zielscheibe *f* (*fig*)
butter *n* Butter *f*; **clarified b.** Butterschmalz *m* **salted b.** gesalzene Butter; **unsalted b.** ungesalzene Butter
butter so. up *v/t* (*fig*) jdm (Honig) ums Maul/um den Bart schmieren (*fig*)
butter boat Butterschiff *nt*; **b. cruise** Butterfahrt *f*
butterfat *n* Butterfett *nt*
butterfly nut *n* ✪ Flügelschraube *f*
butter mountain (*EU*) Butterberg *m*
button *n* 1. Knopf *m*, Klingel-, Lichtknopf *m*; 2. (*fig*) Lockvogel *m*, Scheinkäufer *m*; **not worth a b.** (*coll*) keinen Pfifferling wert (*coll*)
to burst one's button|s (*fig*) aus allen Nähten platzen (*fig*); **to press/push the b.** etw. in Betrieb nehmen/setzen, auf den Knopf drücken; **to take so. by the b.** sich jdn vornehmen/vorknöpfen
activate button Startknopf *m*
buttonhole Knopfloch *nt*; **b. so.** *v/t* sich jdn vorknöpfen, auf jdn einreden
buttress *n* 🏛 Stützpfeiler *m*
buy *n* 1. An-, Einkauf *m*, (günstiger) Kauf, 2. Gelegenheitskauf *m*, gekaufter Gegenstand; **bad b.** schlechter Kauf; **good b.** guter Kauf; **second b.** Kaufoption *f*; **small-lot b. order** kleiner Kaufauftrag; **b. order at market** (Börse) Kaufauftrag billigst; **b. recommendation** Kaufempfehlung *f*
buy *v/t* (ein)kaufen, erstehen, nehmen, (käuflich) erwerben, beziehen, ersteigern, anschaffen; **b. and sell** handeln, Handel treiben; **b. ahead** sich (mit etw.) eindecken, auf spätere Lieferung kaufen, vorausdisponieren; **b. back** zurück-, wiederkaufen; **b. in bulk** en gros (*frz.*) kaufen; **b. cheap** vorteilhaft/billig/günstig (ein)kaufen, ~ erstehen, ~ erwerben; **b. firm** fest kaufen; **b. first-hand** aus erster Hand kaufen, direkt beziehen; **b. forward** per Termin kaufen, auf Lieferung/Zeit kaufen, Terminkauf tätigen; **b. in** ein-, zu-, aufkaufen, sich eindecken, Vorratskäufe tätigen; **b. into** sich einkaufen in; **b. off** aufkaufen, abfinden, auszahlen, bestechen; **b. out** 1. frei-, aufkaufen; 2. (*Aktionäre*) auszahlen; **b. outright** (per Kasse) gegen sofortige Liefe-

buy second-hand

rung kaufen; **b. second-hand** aus zweiter Hand kaufen; **b. unseen** unbesehen kaufen; **b. up** auf-, zusammenkaufen; **b. wholesale** im Ganzen kaufen, en gros *(frz.)*/im Großhandel kaufen
buyable *adj* käuflich
buy-back *n* Rückkauf *m*; **b. agreement** Rückkaufvereinbarung *f*; **b. deal** Gegen-, Rückkauf-, Kompensationsgeschäft *nt*; **b. goods** Kompensationsware *f*; **b. price** Rückkaufspreis *m*, R.kurs *m*
buyer *n* 1. Käufer(in) *m/f*, (Waren)Abnehmer(in) *m/f*, Erwerber(in) *m/f*, Bezieher(in)*m/f*, Ersteher(in) *m/f*, Nehmer(in) *m/f*; 2. *(Unternehmen)* Einkäufer(in) *m/f*, Einlaufsleiter(in) *m/f*, Beschaffer *m*, Leiter(in) des Beschaffungswesens; **b.s** *(Börse)* Geld(kurs) *nt/m*, Gebot *nt*
no buyer|s ohne Käufer; **b.s and sellers** die Marktpartner; **more b.s than sellers; b.s ahead/over** *(Börse)* bezahlt Geld , ~ und Geld (bG; bg); **b. of a spread** Stellagenehmer *m*; **let the b. beware** auf Risiko des Käufers
to attract buyer|s Käufer anlocken; **to be offered to the official b.** *(Ware)* andienungspflichtig; ~ **paid by the b.** zu Lasten des Käufers
active buyer|s *(Börse)* lebhafte Käufe; **bona-fide** *(lat.)* **b.** gutgläubiger Erwerber/Käufer; **central b.** Zentraleinkäufer *m*, Sammelbesteller *m*; **chief b.** Einkaufsleiter *m*, Haupt-, Chefeinkäufer *m*, Leiter der Einkaufsabteilung; **conditional b.** Vorbehaltskäufer *m*; **discriminating b.** umsichtiger Käufer; **first(-time)/initial b.** Ersterwerber *m*, E.abnehmer *m*; **foreign b.** auswärtiger/ausländischer Kunde, Auslandskunde *m*; **forward b.** Terminkäufer *m*; **industrial b.** gewerblicher/industrieller Abnehmer, Einkäufer für die Industrie; **institutional b.** Kapitalsammelstelle *f*, institutioneller Anleger; **intermediate b.** Zwischenkäufer *m*; **large b.** Großabnehmer *m*; **mala-fide** *(lat.)* **b.** bösgläubiger Erwerber/Käufer; **marginal b.** Grenzkäufer *m*, G.nachfrager *m*; **moneyed b.** zahlungsfähiger Käufer; **nonresident b.** im Ausland ansässiger Einkäufer; **onetime b.** einmaliger Käufer, Einmalkäufer *m*; **overseas b.** überseeischer Käufer, ausländischer Kunde, Auslandskunde *m*; **potential b.** (Kauf)Interessent *m*, K.reflektant *m*; **price-sensitive b.** preisempfindlicher Käufer; **professional b.** Berufseinkäufer *m*; **prospective b.** voraussichtlicher Kunde, Kaufanwärter *m*, K.interessent *m*, (Kauf)Reflektant *m*, (Übernahme)Interessent *m*, zukünftiger/potenzieller/möglicher Käufer, voraussichtlicher/angehender Käufer, ~ Kunde; **public b.** öffentlicher Käufer; **ready b.** schnell entschlossener Käufer; **resident b.** 1. Einkaufsagent im Einkaufsland, Indentkunde *m*; 2. ortsansässiger (Ein)Käufer; **second/subsequent b.** Zweit-, Nacherwerber *m*, Käufer aus zweiter Hand; **sole b.** alleiniger Abnehmer; **ultimate b.** Endabnehmer *m*, Letztkäufer *m*; **wholesale b.** Großabnehmer *m*; **would-be b.** potenzieller/voraussichtlicher/zukünftiger Käufer, ~ Kunde; **individual ~ b.** Einzelnachfrager *m*
for buyer|'s account and risk auf Rechnung und Gefahr des Käufers; **b. behaviour** Käufer-, Kaufverhalten *nt*; **b.'s call** 1. *(Rohstoffmarkt)* Verkauf auf Abruf; 2. *(Börse)* Käuferabruf *m*; **b. category** Käufergruppe *f*; **b.**

concentration Nachfragemacht *f*; **b. confidence** *(Börse)* Vertrauen der Anleger; **b. country** Abnehmer-, Käuferland *nt*; **principal b. country** Hauptabnehmerland *nt*; **b.'s credit** Besteller-, Käufer-, Beschaffungskredit *m*; **~ duties** Käuferpflichten; **~ feelings** Käuferpsyche *f*; **b. group** Käufergruppe *f*, K.schicht *f*; **b.'s guide** Katalog/Leitfaden für Einkäufer; **b.s' inflation** Nachfrageinflation *f*; **b. loan** Kauf-, Bestellerkredit *m*; **b.'s market** 1. Käufer-, Nachfragemarkt *m*; 2. *(Börse)* mehr Brief als Geld; **b.s' monopoly** Käufer-, Nachfragemonopol *nt*; **b.'s option** Kaufoption *f*, Wahl des Käufers; **at ~ option** nach Wahl des Käufers; **b.'s pass/permit** Einkaufs-, Einkäuferausweis *m*; **b.'s estimated price** *(Börse)* Geldtaxkurs *m*; **b.'s rate** Geldkurs *m*; **psychological b. research** Käuferforschung *f*; **b.(s') resistance** 1. Kaufwiderstand *m*; 2. *(Börse)* Anlegerzurückhaltung *f*, Zurückhaltung der Anleger; **b.'s risk** Käuferrisiko *nt*; **at b.'s risk** auf Risiko des Käufers; **at ~ and expense** auf Rechnung und Gefahr des Käufers; **b.s' strike** Verbraucher-, Käuferstreik *m*; **b.'s surplus** Konsumentenrente *f*; **b.-up** *n* Aufkäufer *m*
buying *n* Erwerb *m*, An-, Einkauf *m*, Bezug *m*, Kaufen *nt*, Käufe *pl*, An-, Beschaffung *f*
buying in advance Vorkauf *m*; **b. for cash** Barkauf *m*; **b. on close** *(Börse)* Kauf zum Schlusskurs; **b. by special interests** Interessenkäufe *pl*; **b. on margin** Effektenkauf mit Einschuss; **~ opening** Kauf zum Eröffnungskurs; **~ deferred payment terms** *[US]* Ratenkauf *m*, Zielgeschäft *nt*; **b. for a rise** Kauf auf Hausse; **b. and selling** (Ein)Kauf und Verkauf; **b. of shares** *[GB]* **/stocks** *[US]* Aktienkauf *m*; **b. of subscription rights** Ankauf von Bezugsrechten; **b. on time** Kauf auf Raten
buying ahead Eindeckung *f*; **b. back** Rückkauf *m*; **b. in** *(Börse)* Exekution *f*; **b. long** Haussespekulation *f*, H.käufe *pl*; **b. out** Auszahlung *f*, Abfindung *f*, Aufkauf *m*; **b. outright** Kassakauf *m*; **worth b.** kaufwürdig
to attract speculative buying Spekulationskäufe auf sich ziehen; **to induce some b.** zu vereinzelten Käufen anregen
central(ized) buying zentraler Einkauf, Zentraleinkauf, Sammelbestellung *f*, S.(ein)kauf *m*; **commercial b.** *(Börse)* Käufe institutioneller Anleger; **cooperative b.** genossenschaftlicher Einkauf; **decentralized b.** dezentraler Einkauf, dezentrale Beschaffung; **direct b.** Direktbezug *m*, direkter Bezug; **early b.** *(Börse)* frühe Käufe; **excessive b.** überhöhte Dispositionen; **followthrough b.** Anschlusskäufe *pl*, A.(kauf)aufträge *pl*; **foreign b.** Auslandskäufe *pl*; **forward b.** Zeit-, Terminkauf *m*; **fresh b.** *(Börse)* Zukäufe *pl*; **hand-to-mouth b.** Beschaffung für die lagerlose Fertigung, ~ zur sofortigen Verwendung, Hand-Mund-Kauf *m*; **heavy b.** 1. massive Käufe; 2. *(Börse)* starke Käufe; **impulsive b.** Impulsivkäufe *pl*; **individual b.** Einzelbeschaffung *f*, fallweise Beschaffung; **joint b.** Gemeinschaftseinkauf *m*, gemeinsamer Einkauf; **new b.** *(Börse)* Neuengagement *nt*; **outright b.** Kassakauf *m*; **precautionary b.** Voreindeckung *f*; **renewed b.** *(Börse)* Neuengagement *nt*; **seasonal b.** saisonale Disposi-

tionen; **selective b.** 1. gezieltes Kaufen, Auswahlkäufe *pl*; 2. *(Börse)* vereinzelte/vorsichtige Käufe; **small b.** *(Börse)* geringfügige Käufe; **small-lot b.** *(Börse)* Kleinorderkauftätigkeit *f*; **speculative b.** *(Börse)* Meinungs-, Spekulationskäufe *pl*, spekulative Käufe; **special-purpose b.** *(Börse)* Interessenkäufe *pl*; **widely spread b.** Streukauf *m*; **stockless b.** einsatzsynchrone Anlieferung, lagerlose Beschaffung, beständelose Beschaffungswirtschaft, Nullbestandspolitik *f*; **support b. (in the outside market)** (außerbörsliche) Stützungskäufe

buying agency Einkaufsvertretung *f*; **b. agent** Einkäufer *m*, Einkaufsvertreter *m*, E.agent *m*, E.kommissionär *m*; **b. arrangement** Einkaufsdisposition *f*; **cooperative b. association** Einkaufsgenossenschaft *f*; **b. attention** Käuferinteresse *nt*; **b. behaviour** Einkaufs-, Kaufverhalten *nt*; **b. cartel** Beschaffungskartell *nt*; **b. centre** Beschaffungsgruppe *f*; **b. commission** Einkaufskommission *f*; **b. provision** *f*; **b. contract** Einkaufsvertrag *m*; **b. cooperative** Einkaufsgenossenschaft *f*; **b. costs** Erwerbskosten; **b. country** Absatzland *nt*; **b. and selling countries principle** Kaufverkaufsprinzip *nt*; **b. craze** Kaufwut *f*; **high-margin b. debt** überteuerte Finanzierung *f*; **b. decision** Kaufentscheidung *f*, K.entschluss *m*; **routinized b. decision** habitualisierte Kaufentscheidung

buying department Einkaufs-, Beschaffungsabteilung *f*; **b. and sales d.** Ein- und Verkaufsabteilung *f*; **central b. d.** zentrale Beschaffungsstelle

buying group Einkaufsgruppe *f*, E.gemeinschaft *f*, E.vereinigung *f*; **b. habits** Käufer-, (Ein)Kaufgewohnheiten, (Ein)Kauf-, Käuferverhalten *nt*; **b.-in** *n* 1. Aufkäufe *pl*; 2. *(Notenbank)* Stützungskäufe *pl*; 3. *(Ausschreibung)* Angebot unter Istkosten, Unterbietung *f*; **official b.-in** Stützungskäufe der Zentralbank; **b. intention** Kaufabsicht *f*; **b. interest** Käufer-, Kauf-, Anlegerinteresse *nt*; **burgeoning b. interest** lebhaftes Kaufinteresse; **b. market** Beschaffungsmarkt *m*; **b. mood** Kaufstimmung *f*; **b. motive** Kaufanlass *m*, K.motiv *nt*; **b. office** Beschaffungsamt *nt*, Einkaufszentrale *f*

buying order 1. Kaufauftrag *m*, K.order *f*, Einkaufsdisposition *f*; 2. *(Börse)* Kaufabschluss *m*, Effektenauftrag *m*; **inflated b. o.** Konzertauftrag *m*; **total b. o.s** Auftrags-, Ordervolumen *nt*

buying pattern Einkaufsverhalten *nt*; **b. permit** Bezugsausweis *m*; **b. point** *(Währung)* oberer/oberster Interventionspunkt; **b. power** Kaufkraft *f*; **to absorb b. power** Kaufkraft abschöpfen; **b. price** 1. Kaufpreis *m*, Ausgabe-, Kaufkurs *m*, Ankaufspreis *m*; 2. *(Börse)* Einstiegskurs *m*; **b. process** Kauf-, Beschaffungsprozess *m*; **b. program(me)** Beschaffungsprogramm *nt*; **b. quota** Einkaufskontingent *nt*; **b. rate** (Devisen)Ankaufskurs *m*, A.satz *m*, Geld-, Kaufkurs *m*, Rücknahmesatz *m*; **historic b. rate** Einstandskurs *m*; **b. resistance** Kaufwiderstand *m*; **b. spree** Kaufrausch *m*, Einkaufsbummel *m*, E.tour *f*; **b. surge/wave** Kaufwelle *f*, Käuferandrang *m*, K.ansturm *m*; **b. syndicate** Emissionskonsortium *nt*, Einkaufssyndikat *f*; **b. task** Beschaffungsaufgabe *f*; **b. trends** Kauftendenzen

buy response function Preisbereitschaftsfunktion *f*
buy-up *n* Aufkauf *m*, Aufnahme *f*; **b. of a firm** Firmenaufkauf *m*, F.erwerb *m*, F.akquisition *f*
buyout *n* (Unternehmens)Aufkauf *m*; **leveraged b.** Firmenkauf (durch Betriebsangehörige) mit Kreditmitteln, mit Krediten finanzierter (Unternehmens)Aufkauf, durch Aufnahme von Fremdmitteln finanzierte Übernahme; **b. specialist** Übernahmespezialist *m*
buzz *n* ✆ 1. Summen *nt*, Summzeichen *nt*; 2. *(coll)* Telefonanruf *m*; *v/i* summen, brummen
buzzer *n* Summer *m*
buzzing *n* Summton *m*, Hörzeichen *nt*
buzz word *(coll)* Modewort *nt*
by *prep* 1. bis (spätestens), 2. per, durch, seitens; **b. and large** *adv* im Großen und Ganzen, grosso modo *(ital.)*; **b. then** bis dann
by|-bid *n* Scheinangebot *nt*; **b.bidder** *n* Schein(an)bieter *m*
by(e)-election *n* [GB] Ergänzungs-, Nach-, Ersatzwahl *f*
bygone *adj* vergangen; **let b.s be b.s** Schwamm drüber! *(coll)*; **to ~ b.s** Gras darüber wachsen lassen *(fig)*, Vergangenes ruhen lassen, Schlussstrich unter etw. ziehen
bye-law(s); bylaw(s) *n* [§] Satzung *f*, Statuten *pl*, Ausführungs-, Durchführungs-, Rechtsverordnung *f*, Durch-, Ausführungsbestimmung(en) *f/pl*, (Ergänzungs)Statut *nt*; **corporate b.s** Gesellschaftssatzung *f*, G.statut *nt*; **local b.s** Ortssatzung *f*, O.statut *nt*, O.bestimmungen; **specimen b.s** Mustersatzung *f*
by-pass (Orts)Umgehung *f*, Entlastungs-, Umgehungsstraße *f*; *v/t* umgehen, umfahren, vorbeifließen
by|-passing *n* Umgehung *f*; **b.-product** *n* Neben-, Abfallprodukt *nt*, A.erzeugnis *nt*, Nebenerzeugnis *nt*, N.effekt *m*; **b.stander** *n* Zuschauer(in) *m/f*, Außenstehende(r) *f/m*; **innocent b.stander** unschuldiger Dritter; **b.way** *n* Seitenweg *m*; **b.-word** *n* Schlag-, Sprichwort *nt*, stehende Redensart, Inbegriff *m*; **to be a ~ for sth.** gleichbedeutend mit etw. sein
byte *n* 💾 Byte *nt*; **b. multiplex channel** Bytemultiplexkanal *m*

C

cab 1. Taxi *nt*, (Kraft-/Pferde)Droschke *f*; 2. *(LKW)* Führerhaus *nt*; 3. 🚂 *(Lokomotive)* Führerstand *m*; **to hail a c.** Taxi heranwinken
cabbage *n* 🥬 Kohl *m*
cabby *n* [GB] *(coll)* Taxifahrer *m*
cab driver *n* Taxifahrer *m*
cabin 1. ⚓ Kabine *f*, Kajüte *f*, Koje *f*; 2. ✈ Passagierraum *m*, Kabine *f*; 3. 🚂 Führerhaus *nt*; 4. *(Kran)* Führerstand *m*; **forward c.** Vorderkajüte *f*; **single(-berth) c.** Einzel(bett)kabine *f*; **standard c.** Standardkabine *f*; **two-berth c.** Kabine mit zwei Betten/Kojen
cabin baggage Kabinengepäck *nt*; **c. boy** Schiffsjunge

cabin class

m, Kabinensteward *m*; **c. class** Kabinenklasse *f*; **c. crew** 1. ⚓ Kabinenpersonal *nt*; 2. ✈ Flug(begleit)personal *nt*; **c. department** ⚓ Wirtschaftsabteilung *f*
cabinet *n* 1. Kiste *f*, Gehäuse *nt*, Schrank *m*; 2. Kabinett *nt*, Regierungsmannschaft *f*; **to form a c.** Kabinett bilden; **to join the c.** ins Kabinett eintreten; **to reshuffle the c.** Kabinett/Regierung umbilden
economic cabinet Wirtschaftskabinett *nt*; **interim c.** Übergangskabinett *nt*; **metallic/strong c.** Stahlschrank *m*; **refrigerated c.** Kühlvitrine *f*; **roll-fronted c.** Rollschrank *m*
cabinet bill Regierungs-, Kabinettsentwurf *m*; **c. decision** Kabinettsbeschluss *m*; **c. decree** Kabinettsorder *f*; **c.-maker** *n* Kunst-, Möbeltischler *m*; **c.-making** *n* Kunst-, Möbeltischlerei *f*; **c. meeting** Kabinettssitzung *f*; **c. minister** Kabinettsmitglied *nt*; **c. office** Kabinettsamt *nt*; **c. reshuffle** Regierungs-, Kabinettsumbildung *f*; **c. rule** Kabinettsregierung *f*; **c. work** Kunsttischlerarbeit *f*
cabin luggage Bord-, Handgepäck *nt*; **c. passenger** Kabinenpassagier *m*; **c. reservation** Kabinenreservierung *f*; **c. staff** Kabinenpersonal *nt*; **c. trunk** Kabinenkoffer *m*
cable *n* 1. Kabel *nt*; 2. Kabel(depesche) *nt/f*, (Übersee)Telegramm *nt*, Depesche *f*; **by c.** telegrafisch, fernschriftlich, per Kabel, auf dem Kabelwege; **to file a c.** Telegramm abschicken; **to lay a c.** Kabel verlegen
coaxial cable Sammelkabel *nt*; **fibre-optic c.** Glasfaserkabel *nt*; **high-tension c.** ⚡ Hochspannungsleitung *f*; **long-distance c.** Fernkabel *nt*; **multicore c.** mehradriges Kabel; **overhead cable** ⚡ Frei(land)-, Oberleitung *f*; **submarine/submerged c.** Unterwasser-, Seekabel *nt*; **supporting c.** Tragseil *nt*; **transatlantic c.** Transatlantik-, Überseekabel *nt*; **underground c.** unterirdisches Kabel
cable *v/t* 1. kabeln, drahten, telegrafieren, depeschieren, telegrafisch überweisen/benachrichtigen, informieren; 2. verkabeln
cable address Telegramm-, Kabeladresse *f*, Draht-, Kurzanschrift *f*; **c. advice** Drahtavis(o) *nt*; **c. code** Telegrammkode *m*; **c. confirmation** telegrafische Bestätigung *f*; **c. connection** Kabelanschluss *m*, K.verbindung *f*; **c. expenses** Kabelspesen; **c. ferry** ⚓ (Draht)Seilfähre *f*; **c.gram** *n* Telegramm *nt*, Kabel(tele)gramm *nt*; **c. message** telegrafische Nachricht/Anzeige, Kabelnachricht *f*; **c. money order** Kabelanweisung *f*; **c. network** Kabelnetz *nt*; **c. offer** Drahtofferte *f*; **c. order** telegrafischer Auftrag, Kabelauftrag *m*; **c. quotation** Kabelnotierung *f*, K.preis *m*; **c. radio** Drahtfunk *m*; **c. railway** (Stand)Seilbahn *f*; **c. rate** Kabelkurs *m*, K.(auszahlungs)satz *m*; **c. reply** Kabelantwort *f*; **c. sheathing** Kabelummantelung *f*; **c. television** Kabel-, Drahtfernsehen *nt*; **c. text** Kabeltext *m*; **c. transfer** telegrafische (Aus)Zahlung/(Geld)Überweisung, Kabelauszahlung *f*, Kabel-, Drahtüberweisung *f*, D.anweisung *f*; **c. waste** Kabelschrott *m*; **c.way** *n* Hängebahn *f*, (Draht)Seilbahn *f*
cabling *n* Verdrahtung *f*, Verkabelung *f*
caboodle *n* [US] (coll) Schlamassel *m/nt* (coll)

cabotage *n* Cabotage *f*, Kabotage *f*
cab rank/stand Taxistand *m*, Droschkenplatz *m*
ca'canny *n* Arbeitsverzögerung *f*, passiver Widerstand
cache *n* 1. Versteck *nt*, Schlupfwinkel *m*; 2. geheimes Lager, versteckte Vorräte; 3. 🖥 Zwischen-, Pufferspeicher *m*; **c. memory** Cache-Speicher *m*, Zwischen-, Pufferspeicher *m*
cadaster; cadastre *n* (frz.) Kataster *m/nt*, Grundbuch *nt*
cadastral *adj* katastermäßig, Grundbuch-
cadet *n* ⚔ Kadett *m*, Offiziersanwärter *m*; **naval c.** Seekadett *m*
cadge *v/ti* (coll) nassauern (coll), schnorren (coll), abstauben (coll); **c.r** *n* (coll) Nassauer *m* (coll), Schnorrer *m* (coll)
cadmium *n* 🝳 Kadmium *nt*
cadre *n* Kader *m*; **c. of personnel** Stammpersonal *nt*, S.belegschaft *f*
Caesar|ean *adj* autokratisch; **C. management** autokratische (Unternehmens)Führung
café *n* Café *nt*
cafeteria *n* Selbstbedienungs-, Schnellrestaurant *nt*, Cafeteria *f*; **c. question** Auswahlfrage *f*; **c. system** Vergütung mit Wahl des Verhältnisses von Grundgehalt und Nebenleistungen
caffein(e) *n* Koffein *nt*
cage *n* 1. [US] Wertpapierabteilung *f*; 2. 🛒 Förderkorb *m*; 3. Fahrkorb *m*, F.stuhlkabine *f*
caisson *n* (frz.) 1. 🏛 Senkkasten *m*; 2. ⚓ Schleusenponton *m*
cajole (so. into sth.) *v/t* gut zureden, beschwatzen, überreden
cake *n* Kuchen *m*; **to have one's c. and eat it** (fig) auf zwei Hochzeiten tanzen (fig); **to sell like hot c.s** reißenden Absatz finden, wie warme Semmeln weggehen
calamitous *adj* verhängnisvoll, katastrophal
calamity *n* Kalamität *f*, Katastrophe *f*, Unglücksfall *m*, Verhängnis *nt*; **common c.** (Vers.) gleichzeitige Todesvermutung; **unforeseen c.** Katastrophenfall *m*
calamity cover(age) (Vers.) Katastrophendeckung *f*; **c. clause** Klausel über gleichzeitige Todesvermutung; **c. relief** Katastrophenhilfe *f*
calcium *n* Kalk *m*; **c. deficiency** $ Kalkmangel *m*
calcul|ability *n* Berechenbarkeit *f*; **c.able** *adj* berechenbar, kalkulierbar
calculate *v/t* kalkulieren, (er)rechnen, aus-, be-, durchrechnen, ermessen, Berechnung anstellen, schätzen; **c. closely** knapp berechnen, scharf/knapp kalkulieren
calculated *adj* 1. wohlüberlegt; 2. angesetzt, rechnerisch; **roughly c.** grob gerechnet
calculating *n* Rechnen *nt*, Rechnung *f*, Zählung *f*; *adj* berechnend; **c. machine** Rechenmaschine *f*; **c. speed** Rechengeschwindigkeit *f*; **c. unit** Rechner *m*
calculation *n* Kalkulation *f*, Be-, Aus-, Errechnung *f*, Voranschlag *m*, Schätzung *f*, Ermittlung *f*, Überlegung *f*, Planung *f*, Kalkül *nt*; **according to my c.** nach meiner Berechnung **c. punch** Rechenlocher *m*
calculation of capital yield Kapitalverzinsungsrechnung *f*; **~ contents** Inhaltsberechnung *f*, I.bestimmung *f*; **c. for controlling purposes** Lenkungsrechnung *f*; **c.**

of costs Kostenkalkulation f, Selbstkostenrechnung f; ~ **expenditure/expenses** Verwendungsrechnung f, (Un)Kostenberechnung f; ~ **fees** Honorarabrechnung f, Gebührenberechnung f; ~ **freight (charges)** Frachtberechnung f; ~ **interest** Zins(be)rechnung f; ~ **compound interest** Zinseszinsrechnung f; **equated ~ interest** Staffelzinsrechnung f; ~ **total interest margin** Gesamtzinsspannenrechnung f; ~ **a premium** Prämienberechnung f, P.kalkulation f; ~ **additional proceeds** Mehrerlösberechnung f; ~ **profits** Gewinnberechnung f, G.ermittlung f, G.kalkulation f, G.feststellung f, Rentabilitätsberechnung f; ~ **profitability** Wirtschaftlichkeitsberechnung f; ~ **net returns** Rentabilitäts(vergleichs)rechnung f; ~ **the time allowed** Fristberechnung f; ~ **volume** Inhaltsberechnung f, I.bestimmung f **to be out in one's calculation** sich verrechnet haben; **to defy all c.s** sich allen Berechnungen entziehen; **to make a c.** Kalkulation vornehmen; **to upset a c.** Berechnung über den Haufen werfen
actuarial calculation Versicherungskalkulation f; **advance c.** Vor(aus)kalkulation f; **aggregate c.** Globalberechnung f; **approximate c.** Näherungsrechnung f, ungefähre Rechnung, annähernder Überschlag; **average c.** gemittelte Berechnung; **close c.** scharfe Kalkulation; **to make a ~ c.** genau berechnen; **complex c.** komplizierte Berechnung; **intermediate c.** Zwischenkalkulation f; **mathematical c.** mathematische Berechnung, Rechenvorgang m; **precautionary c.** Vorsorgekalkulation f; **preliminary c.** Vorkalkulation f; **rough c.** Überschlagsrechnung f; **to make a ~ c.** annähernd/grob berechnen; **standard c.** übliche Kalkulation, Normalkalkulation f
calculation base/basis Kalkulationsgrundlage f; **c. punch** Rechenlocher m
calculative adj kalkulatorisch
calculator n 1. (Taschen)Rechner m, Rechenmaschine f, R.stanzer m; 2. (Vor)Kalkulator m; **desk-top c.** Tischrechner m, T.rechenmaschine m; **c. chip** Rechnerbaustein m
calculatory adj kalkulatorisch
calculus n 1. π Infinitesimalrechnung f; 2. Kalkül nt; **c. of probability** Wahrscheinlichkeitsrechnung f; ~ **reliability** Zuverlässigkeitsrechnung f
differential calculus Differenzialrechnung f; **integral c.** Integralrechnung f
calendar n 1. (Termin)Kalender m; 2. Zeitrechnung f; 3. [§] Rolle der Angeklagten; **c. of events** Veranstaltungskalender m; ~ **new issues** Emissionsprogramm nt; **perpetual c.** Dauerkalender m, ewiger Kalender; **tear-off c.** Abreißkalender m
calendar call [§] Sachaufruf m; **c. day** Kalendertag m; **c. inspection** Terminüberprüfung f; **c. month** Kalendermonat m; **c. quarter** Kalenderquartal nt; **c. spread** (Option) Kalender-Spread m; **c. spreading** gekoppelte Optionsgeschäfte mit verschiedenen Verfallsdaten; **c. variation** Kalenderabweichung f; **c. variations** kalenderbedingte Schwankungen in der Zahl der Arbeitstage
calendar year Kalenderjahr nt; **c. y.s in succession** zusammenhängende Kalenderjahre; **c. y. congruence** Kongruenz von Geschäfts- und Kalenderjahr; **c. y. experience** Schadensverlauf im Kalenderjahr
calf n 1. $ Wade f; 2. Kalb nt; **to worship the golden c.** dem Mammon huldigen, Reichtum anbeten; **c. binding** 📕 Franzband nt; **c.skin** n Kalbsleder nt
calibrate v/t ✪ einteilen, eichen, kalibrieren, gradieren; **c.d** adj geeicht
calibration n 1. ✪ Einteilung f, Eichung f, Gradierung f; 2. 📕 Manuskriptumfang(sberechnung) m/f
calibre n Kaliber nt, Durchmesser m
calico n Kattun m
call n 1. (Auf)Ruf m, Aufruf m, Signal nt; 2. Berufung f; 3. ✆ Anruf m, Gespräch nt, Telefonat m; 4. Besuch m; 5. ⚓ Anlaufen nt; 6. Nachfrage f; 7. Forderung f, Zahlungsaufforderung f, (Geld)Einforderung f; 8. (Schuldschein) Einlösungsaufforderung f; 9. (Börse) Kaufoption f, Schlussnote f, S.schein m, Differenz-Zeitgeschäft nt, Prämiengeschäft auf Abnahme, Vorprämie f, Nachzahlungsaufforderung f, Aktienaufruf f; **c.s** Optionsrechte zum Effektenkauf; **at/on c.** 1. auf Abruf/tägliche Kündigung, jederzeit kündbar; 2. (Personal) in Bereitschaft; 3. (Geld) verfügbar; **subject to c.** täglich kündbar, aufrufpflichtig; **not ~ c.** nicht vorzeitig kündbar; **c. on** Besuch bei; ~ **sth.** Inanspruchnahme von etw.
call|s in arrear(s) nicht rechtzeitig geleistete Einzahlungen; **c. to the bar** [GB] [§] Zulassung als Barrister; **c. for bids** Ausschreibung f; ~ **additional capital** Zubuße f; ~ **unpaid capital contributions** Einfordern von Kapitaleinlagen; ~ **additional cover** (Effektenlombard) Nachschusspflicht f, N.aufforderung f; ~ **margin** Nachzahlungsaufforderung f (für Aktionäre); **c. by name** Namensaufruf m; **c. to order** Ordnungsruf m; **c. for redemption** Kündigung f, Tilgungsaufforderung f; **c. on resources** Inanspruchnahme der Rücklagen; ~ **shares** [GB] /**stocks** [US] Aktienaufruf m, Aufforderung zur Einzahlung auf Aktien; **to make a c. ~ shares/stocks** Einzahlung auf Aktien verlangen, zur Einzahlung einer Einlage auffordern; **to pay ~ shares** [GB] /**stocks** [US] eingeforderten Betrag einzahlen, Einzahlung auf Aktien leisten; **outstanding/unpaid ~ shares; outstanding/unpaid ~ stocks** ausstehende Einlagen; **c. for a strike** Streikaufruf m; **c. on unpaid subscriptions** Aufforderung zur Zahlung gezeichneter Aktienbeträge, Einfordern nicht eingezahlter Zeichnungen; **c. by value** Wertaufruf m
being on call Rufbereitschaft f; **booking a c.** ✆ Gesprächsanmeldung f; **terminable at c.** jederzeit kündbar
to accept a call Telefongespräch annehmen; **to be on c.** Bereitschaftsdienst/Dienstbereitschaft/Notdienst haben; **to book a c.** (Telefon)Gespräch anmelden; **to borrow at c.** täglich kündbare Kredite aufnehmen; **to break/disconnect a c.** Gesprächsverbindung trennen; **to cancel a c.** Gespräch abmelden; **to give so. a c.** jdn anrufen; ~ **for the c.** (Börse) Vorprämie kaufen; **to handle a c.** Anruf entgegennehmen; **to intercept a c.** ✆ Telefongespräch abhören; **to make a c.** telefonieren; **to pay a c.** 1. Besuch abstatten; 2. Teilzahlung auf Aktien

leisten; **to place a c.** *[US]* Telefongespräch anmelden; **to put a c. through** Gespräch durchstellen/vermitteln, Ferngespräch/F.verbindung herstellen; **to respond to a c.** einem Ruf folgen; **to take a c.** Anruf entgegennehmen; **~ for the c.** *(Börse)* Vorprämie nehmen/verkaufen; **to transfer a c.** (Telefon)Gespräch umlegen
closing call *(Börse)* Schlusskurs(e) *m/pl*; **cold c.** *(Vertreter)* Überraschungsbesuch *m*, unangemeldeter Besuch; **collect c.** *[US]* ℅ R-Gespräch *nt*; **final c.** 1. *(Aktienbezug)* letzte Zahlungsaufforderung, Schlusseinzahlung *f*; 2. letzter Aufruf; **first c.** 1. *(Börse)* erste Notierung; 2. *(Aktienemission)* erste Zahlungsaufforderung; **follow-up c.** Nachfassbesuch *m*; **foreign c.** Auslands(telefon)gespräch *nt*; **formal c.** Anstands-, Antrittsbesuch *m*; **further c.** *(Aktien)* Nachschuss *m*; **incoming c.** ankommendes Gespräch; **international c.** Auslands(telefon)gespräch *nt*; **~ price** Gebühr für Auslandsgespräch, Auslandstarif *m*; **local c.** Orts-, Stadt-, Nahgespräch *nt*; **~ charge** Gebühr für ein Ortsgespräch, Ortstarif *m*; **long-distance c.** Ferngespräch *nt*; **incoming ~ c.** ankommendes Ferngespräch; **outgoing ~ c.** abgehendes Ferngespräch; **no-delay c.** Schnellgespräch *nt*; **off-peak c.** Telefongespräch in der verbilligten Tarifzeit; **official c.** Dienstgespräch *nt*; **opening c.** *(Börse)* Eröffnungskurs(e) *m/pl*; **operator-assisted/operator-connected c.** handvermitteltes (Telefon)Gespräch; **outgoing c.** abgehendes Gespräch; **overseas c.** Auslands(telefon)-, Überseegespräch *nt*; **personal/private c.** 1. Privatgespräch *nt*; 2. Gespräch mit Voranmeldung; **reversed-charge** *[GB]* **/transfer(red)-charge** *[US]* **c.** ℅ R-Gespräch *nt*; **second c.** *(Börse)* zweite Notierung; **on short c.** *(Geld)* kurzfristig verfügbar; **toll-free c.** gebührenfreier Anruf; **urgent c.** dringendes Ferngespräch; **wait c.** Warteanruf *m*
call *v/ti* 1. rufen, nennen, bezeichnen; 2. telefonieren, anrufen, anwählen; 3. kündigen, einfordern, auffordern; 4. abrufen; 5. vorbeikommen; 6. *(Gericht)* anrufen; 7. *(Versammlung)* einberufen; **c. about sth.** wegen etw. vorsprechen; **c. at** 1. besuchen, gehen zu, vorsprechen; 2. ⚓ *(Hafen)* anlaufen; 3. 🚗/🚂 anfahren, anhalten in; 4. ✈ anfliegen; **~ par** *(Schuldverschreibung)* zum Nennwert kündigen; **c. away** weg-, abrufen; **c. back** zurückrufen; **c. collect** *[US]* R-Gespräch führen; **c. for** 1. aufrufen zu; 2. (an)fordern, bestellen, verlangen; 3. erfordern, bedingen; 4. abholen; **~ more** nachfordern; **c. in** 1. bei-, hinzuziehen, zu Rate ziehen, einschalten; 2. zurückrufen; 3. aufrufen; 4. *(Kredit)* (auf)kündigen; 5. *(Konkursverwalter)* anrufen; 6. *(Kapital)* einziehen; **c. so. in** jdn hinzuziehen/heranziehen; **c. off** 1. absagen, abblasen *(coll)*, abrufen, rückgängig machen; 2. *(Angebot)* widerrufen; 3. *(Streik)* beenden, aufheben; **c. on so.** jdn aufsuchen/besuchen; **~ sth.** etw. in Anspruch nehmen; **c. out** ausrufen; **c. up** 1. anrufen; 2. 🖉 einberufen, einziehen; **c. upon** beantragen, auffordern; sich bedienen
callable *adj* 1. abrufbar, kündbar, einziehbar; 2. kündigungsreif, aufruffähig; **to make c.** *(Kredit)* auf Abruf abstellen
call|back *n* 1. Rückruf *m*; 2. *(Vertreter)* zweiter Besuch,

Nachfass-, Kontrollbesuch *m*, Nachfass-, Kontrollinterview *nt*; **c. box** Telefon-, Fernsprechzelle *f*; **public c. box** Fernsprechautomat *m*, F.häuschen *nt*, F.kabine *f*, F.zelle *f*, öffentlicher Fernsprecher, öffentliche Fernsprechzelle; **c.boy** *n* 1. Hotelpage *m*; 2. Schiffsjunge *m*; **c. button** Klingelknopf *m*; **c. center** *[US]* **/centre** *[GB]* Telefonverkauf *m*; **c. charge** Sprech-, Gesprächsgebühr *f*, Gebühr für das Gespräch; **c. charges** Telefongebühren; **night-time ~ charges** Nacht-, Mondscheintarif *m*; **c. date** Kündigungstermin *m*, Stichtag *m*, Rückkaufzeitpunkt *m*; **first c. date** erster Nachschusstermin; **c. deposit(s)** abrufbare Einlagen, täglich fälliges Guthaben, Sicht-, Tageseinlagen *pl*; **~ account** Sichtanlagekonto *nt*
called *adj* 1. genannt; 2. eingefordert; 3. *(Anleihe)* gekündigt; 4. *(Wertpapier)* aufgehoben; **to be c.** heißen; **~ for** ✉ postlagernd, wird abgeholt; **~ upon** aufgefordert werden
caller *n* 1. Besucher(in) *m/f*; 2. ℅ Anrufer(in) *m/f*; **c. for mail** Postabholer *m*; **c.'s letter** postlagernder Brief
call fee ℅ Gesprächsgebühr *f*; **c. f. indicator** Gebührenanzeige(r) *f/m*
call forward notice Abruf *m*; **c. forwarding** Anrufumleitung *f*; **c. frequency** 1. ℅ Anrufhäufigkeit *f*; 2. Besuchshäufigkeit *f*, Besucherfrequenz *f*; 3. Abrufhäufigkeit *f*; **c. handling** Anrufbearbeitung *f*
calligraphy *n* Schönschrift *f*
call indicator disk ℅ Nummernanzeige *f*
calling *n* 1. Beruf *m*; 2. Geschäft *nt*; 3. Berufung *f*; 4. Aufforderung *f*; 5. ℅ Anrufen *nt*, Anwählen *nt*; **c. in** 1. Einziehung *f*; 2. *(Vermittlung)* Einschaltung *f*
calling of the case [§] Sachaufruf *m*; **c. on customers** Kundenbesuch *m*; **c. in a loan** Anleihekündigung *f*; **~ of notes** Aufruf von Noten; **c. of a witness** Zeugenaufruf *m*, Benennung eines Zeugen
automatic calling automatisches Rufen
local calling area ℅ Ortsnetz *nt*, O.bereich *m*; **c. card** *[US]* Visitenkarte *f*; **c. costs** Kontaktkosten; **c.-forward (notice)** *n* (Waren)Abruf *m*; **c. program(me)** Abrufprogramm *nt*; **luminous c. system** Lichtrufanlage *f*; **c. up** 🖉 Gestellungsbefehl *m*
call letter 1. Einzahlungsaufforderung *f*; 2. Aufforderungsschreiben *nt*; **c. loan** täglich kündbares Darlehen, Tagesgeld *nt*, von dem Kreditgeber jederzeit kündbarer Kredit, sofort fälliger Kredit, täglich fälliges Geld; **c. market** Tagesgeldmarkt *m*, Markt für Tagesgeld
call money Tagesgeld *nt*, Kontokorrenteinlagen *pl*, kündbares/tägliches Geld, jederzeit verfügbares Guthaben, täglich abhebbares/abrufbares Guthaben, ~ kündbare Kredite, Geld auf Abruf; **to mark up c. monies** Geldsätze heraufsetzen; **interbank c. m.** Tagesgeld unter Banken
call money market Markt für Tagesgeld; **~ rate** Tagesgeldsatz *m*; **~ transaction** Tagesgeldhandel *m*
call number ℅ Ruf-, Telefon-, Fernsprech-, Anschlussnummer *f*, Nummer eines Teilnehmers
call option Bezugs-, Kaufoption *f*, Vorprämie(ngeschäft) *f/nt*; **to close a ~ before expiry** Option vor Fälligkeit ausüben

call order Abrufauftrag *m*
callous *adj* gefühllos; **c.ness** *n* Gefühllosigkeit *f*
call premium 1. *(Optionshandel)* Vor-, Bezugsprämie *f*; 2. *(Anleihe)* Tilgungs-, Kündigungsaufgeld *nt*; 3. *(Vorzugsaktie)* Rückkaufagio *nt*; **c. pickup** Anrufübernahme *f*; **c. price** 1. Vorprämienkurs *m*, Rückkaufpreis *m*, R.kurs *m*, Einziehungspreis *m*; 2. ✆ Kosten pro Gebühreneinheit; **c. protection** 1. Zahl der kündigungsfreien Jahre; 2. zeitlich begrenztes Vorkaufsrecht; **c. provision** Kündigungs-, Rückkaufsklausel *f*; **c. purchase** Kauf auf Abruf; **c. rate** (Zins)Satz für Tagesgeld, Tagesgeldzins(satz) *m*; **c. reception** Anrufbeantwortung *f*; **c. repeating** Anrufwiederholung *f*; **c. report** 1. technischer Arbeitsbericht; 2. *(Vertreter)* Besuchsbericht *m*; 3. Zentralbankbericht *m*; 4. Geschäftsnotiz *f*; **c. right** *(Aktien)* Kündigungs-, Tilgungsrecht *nt*; **c. sale** Verkauf mit Preisoption; **c. signal** ✆ Rufzeichen *nt*; **c. slip** Vertreterbericht *m*; **c. station** ✆ Sprechstelle *f*; **c. system** ✆ Telefonanlage *f*; **c. ticket** Zahlungsaufforderungsschein *m*; **c. tone** ✆ Frei-, Rufton *m*, Frei-, Rufzeichen *nt*; **c.-up** *n* ⚔ Einberufung *f*; **~ order** Einberufungs-, Gestellungsbefehl *m*; **c. volume** ✆ Zahl der Gespräche; **c. workforce** Betriebsreserve *f*, Springer *pl*, Aushilfsarbeiter *pl*; **c. writer** Käufer einer Kaufoption; **c. writing** Erwerb/Kauf von Kaufoptionen
calm *n* Ruhe *f*, Gelassenheit *f*; **the c. before the storm** die Ruhe vor dem Sturm
calm *v/t* zur Ruhe bringen, beruhigen; **c. down** 1. beruhigen, zur Ruhe bringen; 2. abflauen
calm *adj* gelassen, ruhig, still, gefasst; **to keep c.** Ruhe bewahren, sich still verhalten
calmness *n* Gelassenheit *f*, Ruhe *f*
calo|rie *n* Kalorie *f*; **c.rific** *adj* wärmeerzeugend, Wärme-
calum|niate *v/t* diffamieren, schmähen, üble Nachrede verbreiten; **c.ny** *n* üble Nachrede, Schmähung *f*, Verleumdung *f*, Diffamierung *f*
Calvo clause *n* [§] Calvoklausel *f*
cam *n* 1. ⚓ Hebebaum *m*; 2. ⚙ Nocke *f*
cambist *n* Devisenhändler *m*, D.makler *m*
camcorder *n* Videokamera *f* (mit Aufzeichnung)
cambric *n* Batist *m*, Kambrik *m*
camel *n* 1. Kamel *nt*; 2. ⚓ Hebeleichter *m*; **c. train** Kamelkarawane *f*
camera *n* Fotoapparat *m*, Kamera *f*; **in c.** *(lat.)* [§] unter Ausschluss der Öffentlichkeit, hinter verschlossenen Türen, nichtöffentlich, in nichtöffentlicher Sitzung/Verhandlung; **to sit in c.** die Öffentlichkeit ausschließen, unter Ausschluss der Öffentlichkeit verhandeln; geheime Beratungen abhalten; **35mm c.** Kleinbildkamera *f*
cameral|ism *n* Kameralismus *m*, Kameralistik *f*; **c.istic** *adj* kameralistisch
camera|-ready *adj* ⌘ belichtungsfähig; **c. shot** Bildeinstellung *f*
camouflage *n* ⚔ Tarnung *f*, Tarnanstrich *m*; *v/t* tarnen; **c.d** *adj* getarnt
camp *n* (Zelt)Lager *nt*; *v/i* zelten, kampieren
campaign *n* Aktion *f*, Feldzug *m*, Kampagne *f*; **to launch/mount a c.** Kampagne/Aktion/Feldzug starten
elaborate campaign großangelegte Werbekampagne; **introductory c.** Einführungskampagne *f*, E.werbung *f*; **promotional c.** Werbekampagne *f*, W.feldzug *m*; **whispering c.** Flüsterpropaganda *f*
campaign *v/i* zu Felde ziehen
campaign contribution Wahlspende *f*
campaigner *n* Wahlkämpfer(in) *m/f*; **environmental c.** Umweltschützer(in) *m/f*
campaign expenditure(s) Wahlkampfausgaben *pl*, W.kosten *pl*; **c. financing** Wahlkampffinanzierung *f*; **c. fund** Wahl(kampf)fonds *m*
camp bed *n* Falt-, Feldbett *nt*
camper (van) *n* [GB] ⇔ Wohnmobil *nt*
camp follower Mitläufer *m*, Anhänger *m*
camping *n* Camping *nt*, Zelten *nt*; **c. (equipment) exhibition** Campingausstellung *f*; **c. fee** Zeltplatzgebühr *f*; **c. gear** Zeltausrüstung *f*; **c. guide** Campingführer *m*; **c. site** Zelt-, Campingplatz *m*
camshaft *n* ⇔ Nockenwelle *f*
can *n* 1. (Blech-/Konserven)Dose *f*, Büchse *f*; 2. Kanister *m*; **c.s** Auftragsbücher für Festverzinsliche; **c. of worms** *(fig)* unangenehme Überraschung; **to carry the c.** *(fig)* die Suppe auslöffeln *(fig)*, etw. ausbaden, den Kopf hinhalten; **spare c.** Reservekanister *m*
can *v/t* in Dosen einmachen, in Büchsen konservieren, eindosen
canal *n* Kanal *m*; **interoceanic c.** Seekanal *m*; **lateral c.** Seitenkanal *m*
canal barge Kanalschiff *nt*, Schleppkahn *m*; **c. company** Kanalgesellschaft *f*; **c. construction** Kanalbau *m*; **c. dues** Kanalgebühren; **c. ferry** Kanalfähre *f*; **c. freight** Kanalfracht *f*
canal|ization *n* Kanalisierung *f*; **c.lize** *v/t* kanalisieren
canal lock Kanalschleuse *f*; **c. navigation** Kanalschifffahrt *f*; **c. port** Kanalhafen *m*; **c. system** Kanalnetz *nt*; **c. toll** Kanalabgabe *f*, K.gebühr(en) *f/pl*; **c. traffic** Kanalverkehr *m*; **c. zone** Kanalzone *f*
can bank Dosencontainer *m*
cancel *v/t* 1. absagen, abbestellen, kündigen, widerrufen, ausfallen lassen, rückgängig/ungültig machen; 2. entwerten, löschen, streichen, annullieren; 3. *(Auftrag)* stornieren, zurückziehen, z.nehmen; 4. *(Vertrag)* auflösen, kündigen; 5. *(Wechsel)* für kraftlos erklären; 6. 🖥 abbrechen; **c. each other** sich gegenseitig aufheben; **c. out** *(Wirkung)* aufheben, ausgleichen
cancel key 🖥 Löschtaste *f*; **c. character** Löschzeichen *nt*
cancellable *adj* kündbar, stornierbar, aufhebbar, annullierbar
cancellation *n* 1. Abbestellung *f*, Stornierung *f*, Aufhebung *f*, Annullierung *f*, Ungültig-, Rückgängigmachung *f*, Wegfall *m*; 2.. Entwertung *f*; 3. Löschung *f*, Löschen *nt*, Austragung *f*, Rückbuchung *f*; 4. *(Vertrag)* Kündigung *f*, (Auf)Lösung *f*, Ungültigkeitserklärung *f*, Außerkraftsetzung *f*; 5. 🚆/✈ *(Veranstaltung)* Ausfall *m*, Streichung *f*; 6. *(Wertpapier)* Kraftloserklärung *f*; **by way of c.** im Stornierungswege
cancellation of an application Zurückziehung einer

cancellation of an appointment

Anmeldung; ~ **an appointment** Widerruf einer Terminvereinbarung/Ernennung; ~ **charges** Kostenniederschlagung *f*, Gebührenerlass *m*; **c. of (a) contract** Vertragsauflösung *f*, Rücktritt vom Vertrag, Wand(e)lung *f*, Kündigung/Auflösung/Aufhebung eines Vertrages; ~ **a debt** Schuldenerlass *m*
cancellation of an entry Löschung eines Eintrags/einer Eintragung, Storno *m/nt*, Stornierung *f*, Registerlöschung *f*, Annullierung einer Eintragung; **ex officio** *(lat.)* ~ **an entry** Löschung von Amts wegen; ~ **an entry by court order** gerichtliche Löschung; ~ **an entry in the land register** Grundbuchlöschung *f*
cancellation of an identification document Ausweiseinziehung *f*; ~ **an import licence** Widerruf/Annullierung einer Einfuhrlizenz; ~ **a land charge** Grundschuldlöschung *f*; ~ **a lease** Aufhebung eines Pachtvertrages; ~ **a licence** Lizenzentzug *m*, L.widerruf *m*, L.zurücknahme *f*; ~ **a mortgage** Löschen einer Hypothek; ~ **an order** Widerruf/Zurückziehung einer Bestellung, Auftragsstornierung *f*, A.streichung *f*, Annullierung/Stornierung eines Auftrags, Abbestellung *f*; ~ **a patent** Patentaufhebung *f*, P.löschung *f*; ~ **a policy** Kündigung eines Versicherungsvertrages; ~ **a power of attorney** Widerruf einer Vollmacht; ~ **premium** Prämienstornierung *f*, P.storno *m/nt*; ~ **a sale** Wand(e)lung *f*, Rückgängigmachung eines Kaufs; ~ **a trademark** Warenzeichenlöschung *f*, Löschung eines Warenzeichens; ~ **a will** Annullierung eines Testaments
to apply for cancellation Löschung beantragen
flat cancellation *(Vers.)* Storno vor Ablauf; **part(ial) c.** Teilstorno *m/nt*, T.rücktritt *m*; **pro-rata c.** Storno mit zeitanteiliger Prämie; **short-rate c.** Storno mit höherer als zeitanteiliger Prämie; **step-by-step c.** *(Steuererleichterung)* schrittweiser Abbau
cancellation charge/fee Rücktritts-, Storno-, Stornierungsgebühr *f*; **net c. charge** Nettostornoprämie *f*; **c. clause** Kündigungs-, Rücktritts-, Nichtigkeitsklausel *f*, Kündigungsbestimmungen *pl*; **c. cost(s)** Stornogebühr(en) *f/pl*; **c. cover** Rücktrittsversicherung *f*; **c. mark** Entwertungszeichen *nt*; **c. note** Löschungsvermerk *m*, kurze Kündigungsmitteilung; **c. premium** Aufhebungsprämie *f*; **c. privilege** 1. Kündigungsrecht *nt*; 2. Löschungsanrecht *nt*; **c. proceedings** 1. Aufgebotsverfahren *nt*; 2. *[US] (Warenzeichen)* Löschungsverfahren *nt*; **c. rate** Stornoquote *f*, S.satz *m*, Stornierungssatz *m*; **c. stamp** Entwertungsstempel *m*
cancelled *adj* 1. ungültig, gestrichen, aufgehoben; 2. *(Fahrausweis)* entwertet, abgestempelt; 3. *(Auftrag)* storniert; 4. *(Termin)* abgesagt; **until c.** bis auf Widerruf
canceller *n (Fahrkarte)* Entwerter *m*, Entwertungsstempler *m*; **c.s** Lochzange *f*
cancelling machine *(Fahrkarte)* Entwerter *m*, Stempelmaschine *f*; **c. stamp** Entwertungsstempel *m*
cancer *n* 1. ♃ Krebs(geschwulst) *m/nt*, K.geschwür *nt*; 2. *(Astrologie)* Krebs *m*; **c. of the throat** Kehlkopfkrebs *m*; **cervical c.** Gebärmutterhalskrebs *m*; **c. checkup** *n* Krebsvorsorge *f*

cancerogenic *adj* ♃ kanzerogen, krebserregend
cancer research ♃ Krebsforschung *f*; ~ **center** *[US]* /**centre** *[GB]* Krebsforschungszentrum *nt*
candid *adj* lauter, offen(herzig), freimütig, unverhohlen, aufrichtig
candidacy *n* Kandidatur *f*, Bewerbung *f*, Anwartschaft *f*; **to accept a c.** Kandidatur annehmen; **to withdraw one's c.** Kandidatur zurückziehen
candidate *n* Bewerber(in) *m/f*, Kandidat(in) *m/f*, Anwärter(in) *m/f*, Prüfling *m*; **c. for a civil service position** Beamtenanwärter(in) *m/f*
to back/endorse a candidate Kandidaten unterstützen; **to examine c.s** Bewerber prüfen; **to nominate/propose a c.** Kandidaten nominieren/aufstellen/vorschlagen; **to refuse a c.** Kandidaten ablehnen; **to run as a c. for** sich bewerben um, kandidieren für; **to screen c.s** Bewerber sieben, eine Auswahl unter den Bewerbern treffen; **to stand as a c.** kandidieren; **to turn down a c.** Kandidaten/Bewerber ablehnen
eligible candidate geeigneter Kandidat, qualifizierter Bewerber; **hand-picked c.** sorgfältig ausgesuchter Kandidat; **local c.** Wahlkreiskandidat *m*; **presidential c.** Präsidentschaftskandidat *m*; **prospective c.** wahrscheinlicher Kandidat, möglicher Bewerber; **successful c.** erfolgreicher Bewerber
candidature *n* Kandidatur *f*
candies *pl* *[US]* Süßigkeiten, Bonbons, Leckereien, Zuckerwerk *nt*
candle *n* Kerze *f*; **to burn the c. at both ends** *(fig)* mehrere Dinge gleichzeitig tun, mit seinen Kräften Raubbau treiben, mit seiner Gesundheit Schindluder treiben, sich übernehmen/verausgaben/überlasten; **to hold a c. to so.** *(fig)* jdm das Wasser reichen können *(fig)*
candle|light *n* Kerzenlicht *nt*; **to read by c.light** im Licht einer Kerze lesen; **c.stick** *n* Kerzenständer *m*
candor *[US]*; **candour** *[GB]* *n* Aufrichtigkeit *f*, Offenheit *f*, O.herzigkeit *f*
candy|floss *n* Zuckerwatte *f*; **c. store** *[US]* Süßwarenhandlung *f*, S.geschäft *nt*
cane sugar *n* Rohrzucker *m*
canine ♃ Eckzahn *m*; *adj* Hunde-
can maker *n* Dosenhersteller *m*; **c.ned** *adj* konserviert, in Dosen, Dosen-
cannibal *n* Kannibale *m*; **c.ization** *n* ✪ Ausschlachtung *f*; **c.ize** *v/t* ausschlachten; **c.izing** *n* Ausschlachten *nt*; **c.ism** *n* Kannibalismus *m*
canning *n* Konservenfabrikation *f*; **c. company** Konservenfirma *f*; **c. industry** Konservenindustrie *f*
cannon *n* ⚔ Geschütz *nt*, Kanone *f*; **c.ball** *n* Kanonenkugel *f*; **c. fodder** Kanonenfutter *nt*; **c. shot rule** Kanonenschussregel *f*
cannula *n* ♃ Kanüle *f*
canoe *n* Kanu *nt*, Paddelboot *nt*
canon *n* Kanon *m*, Richtschnur *f*, Regel *f*; **c.s of construction** [§] Auslegungsgrundsätze *pl*; ~ **descent** Regelungen der gesetzlichen Erbfolge; ~ **professional ethics** standesrechtliche Grundsätze; ~ **professional etiquette** Standesrecht *nt*, S.regeln *pl*; ~ **taxation** Besteuerungsgrundsätze *pl*

canon law *n* Kirchenrecht *nt*, kanonisches Recht; **c. lawyer** Kanoniker *m*, Kanonist *m*
can opener *[US]* Dosen-, Konserven-, Büchsenöffner *m*
canopy *n* 🏛 Regen-, Wetter-, Schutz-, Vordach *nt*
cant *n* scheinheiliges Gerede, Heuchelei *f*; **the same old c.** *(coll)* die alte Leier *(coll)*
canteen *n* 1. Kantine *f*, Gemeinschaftsküche *f*; 2. Besteckkasten *m*; 3. Henkelmann *m (coll)*; 4. ⚔ Feldflasche *f*; **to run a c.** Kantine betreiben
canteen contractor Kantinenpächter *m*; **c. facilities** Kantineneinrichtungen; **c. keeper** Kantinenwirt *m*
canton *n* Kanton *m*; **c.al** *adj* kantonal
canvas *n* Segeltuch *nt*, (Wagen)Plane *f*, Leinen *nt*, Zeltleinwand *f*
canvass *n* 1. persönliche Werbung, Kunden-, Stimmenwerbung *f*; 2. 🏛 Befragung einer Grundgesamtheit
canvass *v/t* 1. *(Kunden)* ansprechen, besuchen, werben, unter die Leute bringen, (Tür)Klinken putzen *(coll)*; 2. *(Aufträge)* hereinholen, akquirieren; 3. *(Markt)* bearbeiten; 4. *(Meinungsforschung)* befragen; **c. for so.** jds Kandidatur unterstützen
canvasser *n* 1. (Anzeigen-/Kunden-/Abonnenten)Werber *m*, (Werbe)Akquisiteur *m*, Vertreter *m*, Klinkenputzer *m (coll)*; 2. Subskribentensammler *m*; 3. (Wahl)Stimmenwerber *m*
canvassing *n* 1. persönliche Werbung, (Kunden-/Abonennten)Werbung *f*, Akquisition *f*, Akquise *f (coll)*, Kundenfang *m*, Akquisitionstätigkeit *f*, Klinkenputzen *nt (coll)*, Direktverkauf *m*; 2. Meinungsforschung *f*; 3. (Wahl)Stimmenwerbung, Stimmenfang *m*; **c. of new customers**; **~ for orders** (Neu)Akquisition *f* Auftragsbeschaffung *f*; **cold c.** ungezielte Kundenwerbung; **direct c.** Direktakquisition *f*
cap → **capitalization**
cap *n* 1. Obergrenze *f*, Plafond *m*; 2. Kappe *f*, Haube *f*, Mütze *f*; 3. Deckel *m*, Verschluss *m*; **with c. and gown** *(Universität)* in vollem Ornat; **c. on prices** Preisdeckelung *f*; **to go c. in hand (to so.)** *(fig)* betteln gehen, (bei jdm) die Hand aufhalten *(fig)*, Bittgang machen; **to put a c. on sth.** Obergrenze für etw. festlegen
large cap Standardaktie *f*; **small c.** Nebenwert *m*; **~ market** Markt für Nebenwerte
cap *v/t* 1. Obergrenze festlegen; 2. *(Ausgaben)* nach oben begrenzen, plafondieren, deckeln; **c. it all** *(fig)* dem Ganzen die Krone aufsetzen *(fig)*, das Maß voll machen; **c. out** abflachen
capability *n* 1. Tauglichkeit *f*, Fähigkeit *f*, (Leistungs)Potenzial *nt*, Leistungsvermögen *nt*; 2. 🛡 Rechtsfähigkeit *f*; **capabilities** Ressourcen
lower-case capability Ausrüstung mit Kleinbuchstaben; **open-ended capabilities** Entwicklungsmöglichkeiten; **operational c.** betriebliches/unternehmerisches Potenzial; **operative c.** Leistungsfähigkeit *f*; **technological c.** technologische Kapazität; **upper-case c.** Ausrüstung mit Großbuchstaben; **c. list** 🖥 Befugnisliste *f*; **c. planning** Ressourcenplanung *f*; **c. profile** Leistungsprofil *nt*
capable *adj* 1. tüchtig, (handlungs-/leistungs)fähig, geeignet, imstande, kompetent, tauglich; 2. 🛡 rechts-, vertragsfähig; **c. of being adjudicated** 🛡 justiziabel; **~ sued** passiv legitimiert; **to be c. of** in der Lage sein zu, vermögen; **legally c.** geschäfts-, vertragsfähig
capaci|tive *adj* kapazitiv, Kapazitäts-; **c.tator** *n* ⚡ Kondensator *m*
capacity *n* 1. Kapazität *f*, Fassungsvermögen *nt*, Raum(inhalt) *m*, Ladefähigkeit *f*, Inhalt *m*, Volumen *nt*, Höchstlast *f*, Belastbarkeit *f*, Tonnengehalt *m*; 2. Leistungsvermögen *nt*, L.kraft *f*, L.fähigkeit *f*, 3. Aufnahmefähigkeit *f*, Höchsthaftungsbetrag *m*; 4. Zahlungsfähigkeit *f*; 5. Betriebsbereitschaft *f*; 6. Potenzial *nt*; 7. Qualifikation *f*, Kompetenz *f*; 8. Stellung *f*, Funktion *f*; **at (full) c.** bei voller Auslastung; **in the c. of/as** in der Funktion von, ~ Eigenschaft als
limited capacity for unlawful acts 🛡 beschränkte Deliktfähigkeit; **cubic c. of a cylinder** π Inhalt eines Zylinders; **in the c. as dealer** in Händlereigenschaft *f*; **c. for development** Entwicklungsfähigkeit *f*; **~ growth** Wachstumsfähigkeit *f*; **~ tortious liability** 🛡 Deliktfähigkeit *f*; **c. of production** Produktionskapazität *f*; **c. for teamwork** Teamfähigkeit *f*; **c. per time-period** Periodenkapazität *f*; **c. for work** Leistungs-, Erwerbsfähigkeit *f*
capacity to act Handlungsfähigkeit *f*; **~ in law** 🛡 Geschäftsfähigkeit *f*; **c. to be a party in a lawsuit** 🛡 Parteifähigkeit *f*; **(legal) ~ sued** 🛡 Passivlegitimation *f*, passive Prozessfähigkeit *f*; **unlimited c. to commit unlawful acts** 🛡 (volle) Deliktfähigkeit *f*; **~ compete** Wettbewerbsstellung *f*, W.fähigkeit *f*; **~ conduct a case in court** 🛡 Postulationsfähigkeit *f*
capacity to contract 🛡 Geschäfts-, Handlungsfähigkeit *f*, Vertragskapazität *f*; **full ~ contract** unbeschränkte Geschäftsfähigkeit; **legal ~ contract** Geschäftsfähigkeit *f*; **limited ~ contract** beschränkte Geschäftsfähigkeit; **partial ~ contract** partielle Geschäftsfähigkeit; **of restricted ~ contract** beschränkt geschäftsfähig
capacity to draw a bill Wechselfähigkeit *f*; **~ draw or endorse a check** *[US]* /**cheque** *[GB]* Scheckfähigkeit *f*; **~ endorse** Girierfähigkeit *f*; **legal ~ inherit** Erbfähigkeit *f*; **~ negotiate** Verhandlungsfähigkeit *f*; **~ participate in the proceedings** 🛡 Beteiligungsfähigkeit *f*; **~ pay** Zahlungsfähigkeit *f*; **~ sue** 🛡 Aktivlegitimation *f*; **~ sue and be sued** 🛡 Parteifähigkeit *f*; **legal ~ sue** 🛡 (aktive) Prozessfähigkeit; **~ work** Arbeitsfähigkeit *f*
capacity of being adjudicated 🛡 Justiziabilität *f*; **crowded/filled/packed to c.** randvoll, brechend voll, bis auf den letzten Platz besetzt/gefüllt; **keeping (production) c. available** Kapazitätsvorhaltung *f*; **operating below c.** Unterbeschäftigung *f*; **with c. stretched to the limits** bei äußerster Kapazitätsauslastung
to act in an advisory capacity konsultative Funktion ausüben; **~ a fiduciary c.** als Treuhänder fungieren; **~ an official c.** amtlich tätig sein/werden, offiziell/von Amts wegen handeln; **to be employed in an honorary c.** ehrenamtlich tätig sein; **~ filled to c.** voll besetzt sein; **to close c.** Kapazität (endgültig) stilllegen; **to curtail/cut (back) c.** Kapazität einschränken/abbau-

en/reduzieren; **to expand c.** Kapazität erweitern; **to raise c.** Kapazität erhöhen; **to shut c.** Kapazität (zeitweilig) stilllegen; **to use/work to c.** mit voller Kapazität arbeiten, voll beschäftigt/ausgelastet sein, Kapazität voll ausnutzen, auslasten
absorbing/absorptive capacity Aufnahme-, Absorptionsfähigkeit *f*, Kapazität eines Marktes; **adhesive c.** Haftvermögen *nt*; **advisory/consultative c.** beratende Tätigkeit/Eigenschaft, Beratungsfunktion *f*; **in (an/a) ~ c.** in beratender Funktion/Eigenschaft, mit beratender Aufgabe; **annual c.** Jahreskapazität; **expected ~ c.** erwartete Jahresbeschäftigung; **attainable c.** erreichbare Kapazität; **available c.** verfügbare Kapazität; **budgeted c.** Plankapazität *f*; **carrying c.** Ladekapazität *f*, Ladungs-, Ladefähigkeit *f*, L.gewicht *f*, Tragkraft *f*; **competitive c.** Wettbewerbs-, Konkurrenzfähigkeit *f*; **to improve one's ~ c.** seine Wettbewerbsfähigkeit verbessern; **(full) contractual c.** (unbeschränkte) Vertragsfähigkeit, Geschäftsfähigkeit *f*; **cubic c.** 1. Fassungs-, Ladevermögen *nt*; 2. 🚗 Hubraum *m*; **economic c.** wirtschaftliche Leistungskraft/Kapazität, Wirtschaftskapazität *f*, W.kraft *f*; **effective c.** Nutzleistung *f*; **excess c.** Kapazitätsüberhang *m*, K.überschuss *m*, überschüssige Kapazität, Überkapazität *f*; **executive c.** führende Tätigkeit; **extractive c.** ⚒ Förderkapazität *f*; **fiduciary c.** Treuhand-, Treuhändereigenschaft *f*; **in a ~ c.** in treuhänderischer Eigenschaft; **financial c.** finanzielle Leistungsfähigkeit
at full capacity voll ausgelastet, auf Hochtouren *(coll)*; **to operate/run/work at ~ c.** Kapazität voll ausfahren, mit voller Leistung arbeiten; **to operate/run/work near ~ c.** nahe an der Kapazitätsgrenze arbeiten
honorary capacity ehrenamtliche Tätigkeit; **ideal c.** Kapazitätsoptimum *nt*, optimale Kapazität; **idle c.** freie/ungenutzte Kapazität, Produktions-, Kapazitätsreserve *f*, brachliegende Kapazität, Unterauslastung *f*; **~ costs** Kosten ungenutzter Kapazität; **~ cost analysis** Leerkostenanalyse *f*; **~ cost function** Leerkostenfunktion *f*; **~ variance** Beschäftigungsabweichung *f*; **industrial c.** Industriekapazität *f*; **inherent c.** angeborene Fähigkeit; **initial c.** Anfangskapazität *f*; **in an intermediate c.** als Vermittler; **legal c.** Geschäfts-, Rechtsfähigkeit *f*, rechtliche Fähigkeit; **limited c.** 1. [§] beschränkte Geschäftsfähigkeit; 2. beschränktes Fassungsvermögen; **load-bearing/load-carrying c.** Belastbarkeit *f*, Zuladung *f*, *(LKW)* Nutzlast *f*; **main c.** Hauptkapazität *f*; **managerial c.** leitende Stellung; **marginal c.** Grenzkapazität *f*; **maximum c.** Maximal-, Höchstkapazität *f*, Spitzenleistung *f*, Belastungsgrenze *f*, Betriebsmaximum *nt*; **in a mediatory c.** als Vermittler; **mental c.** Geisteskraft *f*, geistiges Fassungsvermögen; **minimum c.** Mindestkapazität *f*, M.kapazität *f*; **nominal c.** Nennkapazität *f*, N.leistung *f*; **normal c.** Normalkapazität *f*; **official c.** amtliche Funktion; **in an ~ c.** in offizieller/amtlicher/dienstlicher Eigenschaft; **optimum c.** Kapazitätsoptimum *nt*, optimale Kapazität, Optimalleistung *f*; **overall c.** Gesamtkapazität *f*; **physical c.** körperliche Leistungsfähigkeit; **practical c.** praktisch realisierbare Kapazität; **productive c.** 🏭

Leistungsfähigkeit *f*, Produktionskapazität *f*, P.kapital *nt*, P.kraft *f*, P.fähigkeit *f*, P.potenzial *nt*, P.leistung *f*; **excess ~ c.** Kapazitätsüberhang *m*, Zusatzkapazität *f*; **professional c.** berufliche Eigenschaft; **rated c.** ✪ Nennleistung *f*, Sollkapazität *f*; **redundant c.** Überkapazität *f*; **regenerative c.** Regenerationsfähigkeit *f*; **representative c.** Vertretungseigenschaft *f*; **in a ~ c.** als Vertreter, für fremde Rechnung; **spare c.** freie/überschüssige Kapazität, Kapazitätsüberhang *m*, K.reserve *f*, Reservekapazität *f*; **standard c.** Normalbeschäftigung *f*, N.leistung *f*; **surplus c.** freie/überschüssige Kapazität, Kapazitätsüberschuss *m*, K.süberhang *m*, Überkapazität *f*; **taxable/tax-paying c.** steuerliche Leistungsfähigkeit/Belastungsgrenze, Steuerkraft *f*, Besteuerungsfähigkeit *f*; **testamentary c.** [§] Testierfähigkeit *f*; **theoretical c.** (theoretische) Maximalkapazität; **total c.** Total-, Gesamtkapazität *f*, G.fassungsvermögen *nt*; **unused/unutilized c.** Kapazitätsreserve *f*, K.überhang *m*, K.überschuss *m*, ungenutzte/freie Kapazität; **utilized c.** genutzte Kapazität
capacity adjustment Kapazitätsanpassung *f*; **to play to a c. audience** 🎭 volles Haus haben; **c. balancing** Kapazitätsabgleich *m*; **c. barrier** Kapazitätsgrenze *f*; **c. bottleneck** Kapazitätenengpass *m*; **c. closure** Kapazitätsstilllegung *f*; **c. constraint(s)** Kapazitätsengpass *m*, K.beschränkungen *pl*; **c. control** Kapazitätslenkung *f*
capacity cost(s) Fix-, Kapazitätskosten *pl*, Kosten der Betriebsbereitschaft, ~ bei voller Betriebsausnutzung; **marginal ~ c.** Grenzleerkosten *pl*; **c. c. percentage** Leerkostenprozentsatz *m*
capacity cross-section Kapazitätsquerschnitt *m*; **c. cut(back)/decrease** Kapazitäts(ver)minderung *f*, K.reduzierung *f*, K.abbau *m*, K.verringerung *f*, K.beschneidung *f*, K.anpassung *f*; **c. deficit** Kapazitätsdefizit *nt*; **c. effect** Kapazitätseffekt *m*; **c. extension** Kapazitätsausweitung *f*; **c. factor** Kapazitätsfaktor *m*; **c. frontier** Kapazitätslinie *f*; **c. gap** Kapazitätslücke *f*; **c. harmonization** Kapazitätsharmonisierung *f*; **c. increase** Kapazitätsausweitung *f*, K.erweiterung *f*; **c. limit** Kapazitätsgrenze *f*; **to run up against c. limits** an Kapazitätsgrenzen stoßen; **c. limitations** Kapazitätsbeschränkungen; **c. line** Kapazitätslinie *f*; **c. management** Kapazitätslenkung *f*; **c. matrix** Kapazitätsmatrix *f*; **c.-orient(at)ed** *adj* kapazitätsorientiert; **c. output** Vollbeschäftigung *f*, Beschäftigung an der Kapazitätsgrenze, kapazitätsausschöpfende Produktion; **c. overshoot** Überkapazität *f*; **c. planning** Kapazitätsplanung *f*, K.vorsorge *f*; **c. policy** Kapazitätspolitik *f*; **c. problem** Kapazitätsproblem *nt*; **c. production** Beschäftigung an der Kapazitätsgrenze, Vollbeschäftigung *f*; **c. range** ✪ Leistungsbereich *m*; **c. ratio** Kapazitätsausnutzungsgrad *m*; **c. reduction** Kapazitätsabbau *m*; **c. requirement(s)** Kapazitätsbedarf *m*; **to level c. requirements** Kapazitätsbedarf ausgleichen; **c. reserve(s)** unausgenutzte Kapazität, Produktionsreserve *f*; **c. restraint** Kapazitätsengpass *m*; **c. scheduling** Kapazitätsterminierung *f*; **c. shortage** Unterkapazität *f*, Kapazitätsmangel *m*; **c. surplus** Kapazitätsüberhang *m*; **single c. system** *(Börse) (Trennung von Broker und*

Jobber) Monofunktionssystem *nt*; **c. usage** (Kapazitäts)Auslastung *f*, Beschäftigung *f*; ~ **ratio** Auslastungsgrad *m*; **full c. use of capital stock** Vollauslastung des Produktionskapitals
capacity utilization (Kapazitäts)Auslastung *f*, Kapazitätsausnutzung *f*, Beschäftigung *f*, Ausnutzung von Anlagen; **c. u. in the manufacturing sector** Beschäftigungslage in verarbeitenden Sektor; **full c. u.** Vollbeschäftigung *f*, V.auslastung *f*; **c. u. level/rate/ratio** (Kapazitäts)Ausnutzungs-, Auslastungs-, Beschäftigungsgrad *m*; **c. u. planning** Kapazitätsauslastungsplanung *f*
capacity variance ○ Leistungs-, Beschäftigungs-, Kapazitätsabweichung *f*; **c. working** Vollbeschäftigung *f*
capias ad respondendum *n* (*lat.*)[§] Vorladung des/der Beklagten
cap-in-hand *adj* (*fig*) bettelnd, Bettel-
per capita (*lat.*) pro Kopf/Person
capital *n* 1. Kapital *nt*, (Geld)Mittel *pl*, Vermögen *nt*; 2. (*Bilanz*) Kapitalanteil *m*, K.betrag *m*, Produktiv-, Reinvermögen *nt*, Eigenkapital *nt*, Kapitalleistungen *pl*, eingezahltes Kapital; 3. (*VWL*) Produktionsfaktor Kapital; 4. Unternehmertum *nt*; 5. (Landes)Hauptstadt *f*
capital ranking for dividend; c. carrying dividend rights gewinnberechtigtes Kapital; **c. and retained earnings** Eigenkapital und Rücklagen; **c. available for investment** Anlagereserven *pl*; **c. and labour** Kapital und Arbeit, Unternehmertum und Arbeiterschaft; **c. of a mining company** Gewerkenkapital *nt*; ~ **partnership** (*OHG, KG*) Gesellschaftskapital *nt*; **c. for financing purposes** Finanzierungskapital *nt*; **c. and reserves** (*Bilanz*) Eigenkapital *nt*; **c. plus reserves** Garantiekapital *nt*; **c. from outside sources** Fremdkapital *nt*
short of capital kapitalknapp, k.schwach
capital brought in eingebrachtes Kapital; **c. called up** aufgerufenes/eingefordertes Kapital; **c. employed** Kapitaleinsatz *m*, eingesetztes/investiertes/betriebsbedingtes Kapital, Gesamtvermögen *nt* (der Unternehmung), Nettogesamtvermögen *nt*, Eigenkapital *nt*; **c. invested** Kapitaleinlage *f*, K.einsatz *m*, Einbringungskapital *nt*, investierte/eingebrachte Mittel; **c. paid-in** eingezahltes (Grund- oder Stamm)Kapital; **c. subscribed** Zeichungskapital *nt*, gezeichnetes Kapital; ~ **in kind** Sachkapital *nt*; **c. tied up in accounts receivable** Kapitalbindung in Debitoren
to absorb capital Kapital aufbrauchen; **to accumulate c.** Kapital bilden/ansammeln; **to adjust c.** Kapital berichtigen; **to alienate c.** Kapital abziehen; **to attract c.** Kapital anlocken; **to call in c.** Kapital einziehen/kündigen; **to charge to c.** (*Bilanz*) aktivieren; **to contribute c.** Kapital einbringen/einlegen; **to convert into c.** kapitalisieren, in Kapital umwandeln; **to deplete c.** Kapital aufzehren; **to dilute c.** (Aktien)Kapital verwässern; **to eat up c.** Kapital aufzehren; **to employ c.** Kapital einsetzen; **to endow/furnish with c.** mit Kapital/Mitteln ausstatten; **to float c.** Kapital in Umlauf bringen; **to free c.** Kapital freisetzen; **to husband c.** Kapital(mittel) vorsichtig einsetzen; **to increase c.** Kapital auf-

stocken, Kapitalerhöhung vornehmen; **to infuse/inject (fresh) c.** Kapital einschießen/nachschießen/zuführen; **to invest c.** Kapital hineinstecken/anlegen; **to liberate c.** Kapital flüssig machen; **to live on c.** von der Substanz leben; **to lock up c.** Kapital festlegen/binden; **to make c. out of sth.** Kapital aus etw. schlagen; **to pay in c.** Kapital einzahlen; **to procure c.** Kapital beschaffen; **to provide c.** Mittel/Kapital bereitstellen; **to put up/raise c.** Kapital aufnehmen/beschaffen/aufbringen; **to recover c.** Kapitaleinsatz wieder einbringen; **to reduce c.** Kapital verringern; **to regroup c.** Kapital umschichten; **to repatriate c.** Kapital aus dem Ausland zurückführen, ~ wieder ausführen; **to spend c.** Kapital aufwenden; **to subscribe c.** Kapital/Geldbetrag zeichnen, ~ aufbringen; **to take up (new) c.** Kapital aufnehmen; **to tap c.** Kapital angreifen; **to tie up c.** Kapital binden/fest anlegen, Kapitalien immobilisieren; **to water c. (down)** (Aktien)Kapital verwässern; **to withdraw c.** Kapital zurückziehen/entnehmen; **to write down/off c.** Kapitalherabsetzung/K.schnitt vornehmen, Kapital herabsetzen/abschreiben, Aktienkapital zusammenlegen
acquisitive capital Erwerbskapital *nt*; **active c.** Aktiva *pl*, flüssiges/arbeitendes Kapital, Betriebs-, Umsatz-, Aktivkapital *nt*, eingesetztes Aktivvermögen; **additional c.** Zusatzkapital *nt*; **administrative c.** Regierungssitz *m*; **advanced c.** Einlage *f*; **approved c.** genehmigtes Kapital; **authorized c.** (bewilligtes) Aktienkapital, genehmigtes/autorisiertes/haftendes Kapital, ausgewiesenes Gesellschaftskapital, Nominal-, Stammkapital *nt*; **authorized, but unissued c.** bedingtes Kapital; **available c.** 1. verfügbares Kapital; 2. Kapitalangebot *nt*; **basic c.** Grundkapital *nt*; **borrowed c.** fremdes/aufgenommenes Kapital, Fremd-, Leih-, Kredit-, Schuldkapital *nt*, Leihgelder *pl*; **brought-in c.** Kapitaleinlage *f*, K.einzahlung *f*; **callable c.** aufrufbares Kapital; **called-up c.** (zur Einzahlung) aufgerufenes/eingefordertes Kapital, eingezahltes Kapital; **circulating c.** Umlauf-, Betriebskapital *nt*, B.vermögen *nt*, B.mittel *pl*, umlaufendes/flüssiges Kapital; **constant c.** konstantes Kapital; **contingent c.** bedingtes Kapital; **contributed c.** Bar- oder Sacheinlagen *pl*, eingebrachtes Grundkapital; **cooperative c.** Genossenschaftskapital *nt*; **corporate c.** [US] Gesellschaftskapital *nt*; **covering c.** Dachkapital *nt*; **current c.** Umlaufkapital *nt*, Betriebskapital *nt*, B.mittel *pl*; **dead c.** brachliegendes/nutzloses/ungenutztes/totes/unproduktives Kapital, brachliegende Mittel; **declared c.** ausgewiesenes/festgesetztes/deklariertes Kapital; **deferred c.** aufgeschobene Kapitaleinzahlung; **diluted c.** verwässertes (Grund)Kapital; **disposable c.** verfügbares Kapital; **dividend-carrying c.** dividendenberechtigtes Kapital; **domestic c.** Inlandskapital *nt*; **dormant c.** totes/brachliegendes Kapital; **dry c.** unverwässertes Gesellschaftskapital; **employed c.** arbeitendes/eingesetztes/produktives Kapital, Gewerbe-, Produktivkapital *nt*; **erring c.** vagabundierende Gelder; **federal c.** Bundeshauptstadt *f*; **financial c.** Finanzkapital *nt*; **fixed c.** Anlage-, Sachvermögen *nt*, Fest-, Real-,

Anlagekapital *nt*, stehendes/gebundenes/nicht realisierbares Kapital; **fixed-interest c.** Fremdkapital *nt*; **floating/fluid c.** Umlauf-, Betriebs-, Umsatzkapital *nt*, Umlaufvermögen *nt*, Betriebsmittel *pl*, flüssiges Kapital; **foreign c.** Auslandskapital *nt*; **free c.** zinsfreies Kapital; **fresh c.** Neueinlage *f*, neues Kapital; **frozen c.** eingefrorenes/blockiertes/festliegendes Kapital, festliegende Mittel; **highly geared c.** Kapitalausstattung mit hohem Fremdkapitalanteil; **human c.** Arbeitsvermögen *nt*, Humankapital *nt*, menschliches Kapital; **idle c.** brachliegendes/totes/unbeschäftigtes Kapital; **impaired c.** (durch Verlust) vermindertes Kapital; **industrial c.** Industrie-, Gewerbekapital *nt*; **initial c.** Anfangs-, Anlauf-, Anschaffungs-, Ausgangs-, Gründungs-, Ursprungs-, Startkapital *nt*; **injected c.** eingeschossenes Kapital; **interest-bearing c.** verzinsliches/zinstragendes Kapital, Zinskapital *nt*; **invested c.** Anlagevermögen *nt*, A.kapital *nt*, Eigenkapital *nt*, angelegte Mittel, Kapitalanlage *f*, arbeitendes/hereingenommenes/investiertes Kapital; **investment-seeking c.** anlagesuchendes Kapital, anlagesuchende Mittel/Gelder; **irredeemable c.** unkündbares Kapital; **issued c.** begebenes/gezeichnetes/ausgegebenes Kapital, Emissionskapital *nt*, effektiv begebenes Aktienkapital, ausgegebene Aktien; **joint c.** Gesamt-, Gesellschaftskapital *nt*; **legal c.** Mindestnennbetrag des Grundkapitals, Deckungsgrenze *f*, gesetzlich vorgeschriebenes Kapital, festgesetztes Eigenkapital; **liable c.** Hafteinlage *f*, H.kapital *nt*; **locked-up c.** gebundenes Kapital; **long-term c.** langfristiges Kapital; **loose c.** brachliegendes Kapital, vagabundierende Mittel; **malleable c.** homogenes Produktionskapital; **marginal c.** Grenzkapital *nt*; **mature c.** fälliges Kapital; **minimum c.** Mindeststamm-, Mindest(grund)kapital *nt*, Mindestkapitalausstattung *f*, geringst zulässiges Grundkapital; **misappropriated c.** fehlgeleitetes Kapital; **monetary c.** Geldkapital *nt*, G.vermögen *nt*; **natural c.** Grundbesitz *m*, ursprüngliches Kapital; **net c.** Nettokapital *nt*; **newly-created c.** neugeschaffenes Kapital; **nominal c.** Nenn-, Nominal-, Grund-, Gründungs-, Stammkapital *nt*, nominelles (Eigen)Kapital, autorisiertes Kapital; **non-monetary c.** Sach-, Realkapital *nt*; **non-personal c.** anonymes Kapital; **opening c.** 1. Anfangskapital *nt*; 2. *(Bilanz)* Anfangsbestand *m*; **operating c.** Betriebskapital *nt*, betriebsbedingtes Kapital; **ordinary c.** Stammkapital *nt*; **original c.** Stamm-, Gründungs-, Grundkapital *nt*; **outside c.** Fremd-, Leih-, Beteiligungskapital *nt*, fremdes Kapital, betriebsfremde Mittel; **outstanding c.** Restschuld *f*, ausstehendes Kapital; **partly paid c.** teilweise eingezahltes Kapital; **paid-in c.** Einlagekapital *nt*, eingezahltes Kapital, Kapitaleinlage(n) *f/pl*; **additional ~ c.** zusätzlich eingezahltes Kapital; **(fully) paid-up c.** (voll) eingezahltes Kapital; **permanent c.** Anlagekapital *nt*; **physical c.** Sachanlagevermögen *nt*, Sach-, Realkapital *nt*, eigentliches Kapital, tatsächliches Vermögen; **potential c.** bedingtes Kapital; **private c.** privates Kapital, Privatkapital *nt*; **productive c.** Produktions-, Produktivkapital *nt*, produktives Kapital; **proposed c.** in Aussicht genommene Kapitalausstattung; **proprietary c.** Eigenkapital(vermögen) *nt*; **officially provided c.** Dotationskapital *nt*; **provincial c.** Provinzhauptstadt *f*; **put-in c.** Kapitaleinlage *f*; **quasi-equity c.** verdecktes Stammkapital; **raised c.** aufgebrachtes Kapital; **ready c.** umlaufendes Kapital; **real c.** Sach-, Realkapital *nt*, Kapitalsubstanz *f*; **~ exports** Realkapitalexport *m*; **redeemed c.** amortisiertes/zurückgezahltes Kapital; **reduced c.** herabgesetztes Kapital; **redundant c.** überschüssiges Kapital; **registered c.** autorisiertes/eingetragenes/registriertes Kapital, Aktien-, Grund-, Nominalkapital *nt*; **remaining/residual c.** Restkapital *nt*; **reproductive c.** werbendes Kapital; **requisite c.** notwendiges Betriebsvermögen; **risk-bearing c.** Risikokapital *nt*; **rolling c.** Umlaufkapital *nt*, Betriebskapital *nt*, B.mittel *pl*; **runaway c.** Fluchtgelder *pl*, F.kapital *nt*; **social c.** Sozialkapital *nt*; **spare c.** frei verfügbares Kapital, flüssige Mittel; **special c.** Kommanditkapital *nt*; **start-up c.** Anfangs-, Startkapital *nt*; **stated c.** (Nennbetrag des) Grundkapital(s); **statutory c.** satzungsmäßiges Kapital; **subscribed c.** gezeichnetes Kapital, Nenn-, Nominal-, Stammkapital *nt*; **tied-up c.** festgelegtes Kapital, gebundene Mittel; **total c.** Gesamtkapital *nt*, G.vermögen *nt*, G.kapitalausstattung *f*, Kapitalvolumen *nt*, K.bestand *m*, Unternehmenskapital *nt*; **uncalled c.** Resteinzahlungsverpflichtung *f*, noch nicht eingezahltes/aufgerufenes Kapital, freies Kapital; **undiluted c.** unverwässertes Kapital; **unemployed c.** brachliegendes Kapital; **unissued c.** nicht ausgegebene(s) Aktien(kapital); **unpaid c.** ausstehende Einzahlungen auf das Grundkapital, ausstehendes/noch nicht eingezahltes Kapital; **variable c.** variables Kapital; **watered-down c.** verwässertes (Grund)Kapital; **withdrawable c.** kündbares Kapital

working capital Eigen-, Betriebs-, Umlauf-, Umsatz-, Umschlags-, Gewerbekapital *nt*, betriebsnotwendiges/werbendes Kapital, Betriebsmittel *pl*, (Netto)Umlaufvermögen *nt* (ohne laufende Verbindlichkeiten), Geschäftsvermögen *nt*, Differenz zwischen Umlaufvermögen und kurzfristigen Verbindlichkeiten; **gross ~ c.** Umlaufvermögen *nt*; **monetary ~ c.** Geldumlaufvermögen *nt*; **net ~ c.** Nettobetriebskapital *nt*, Umlaufvermögen abzüglich Verbindlichkeiten; **regular ~ c.** normales Umlaufvermögen

capital account Kapitalkonto *nt*, K.aufstellung *f*, K.rechnung *f*, K.verkehrsbilanz *f*, Vermögenshaushalt *m*, V.rechnung *f*; **to charge to c. a.** auf das Kapitalkonto übernehmen, in den Vermögenshaushalt einstellen
constant capital account konstantes Kapitalkonto; **long-term c. a.** Bilanz des langfristigen Kapitalverkehrs, langfristige Kapitalbilanz; **negative c. a.** negatives Kapitalkonto; **short-term c. a.** Bilanz des kurzfristigen Kapitalverkehrs, kurzfristige Kapitalbilanz
capital account convertibility Kapitalkonvertibilität *f*
capital accounting Kapitalkontrolle *f*
capital accumulation Kapitalansammlung *f*, K.bildung *f*, K.akkumulation *f*, Vermögensbildung *f*, V.aufbau *m*; **~ agreement** Kapitalansammlungsvertrag *m*; **~ con-

tract Vermögensaufbauvertrag *m*
capital adequacy angemessene Kapitalausstattung, ausreichendes Kapital; **c. a. requirement** Anforderungen an Kaptialausstattung
capital adjustment Kapitalberichtigung *f*; ~ **account** Kapitalberichtigungskonto *nt*; ~ **period** Kapitalanpassungsintervall *nt*
capital aid Kapitalhilfe *f*; ~ **with no strings attached** Kapitalhilfe ohne Auflagen; ~ **loan** Kapitalhilfedarlehen *nt*
capital allocation Vermögenszuteilung *f*
capital allowance *[GB]* Kapitalfreibetrag *m*, steuerlich zulässige Abschreibung, (Kapital)Anlagenabschreibung *f*; **additional c. a.** Sonderabschreibung *f*; **initial c. a.** Erstabschreibung *f*
capital appreciation Kapitalwerterhöhung *f*, K.zuwachs *m*, K.steigerung *f*, Vermögens-, Wertzuwachs *m*, Anlagewertsteigerung *f*, Werterhöhung des Anlagevermögens, Kapitalaufstockung *f*
capital appropriation Kapitalverwendung *f*, K.einsatz *m*, bereitgestellte Investitionsmittel, Investitionsgenehmigung *f*, Genehmigung von Investitionsprojekten; ~ **account** Kapitalbereitstellungskonto *nt*
capital asset Anlagegegenstand *m*, A.gut *nt*, Gegenstand des Anlagevermögens, Kapitalwert *m*, Investition *f*; **c. a.s** (Kapital)Anlagen, Vermögens-, Sachanlagen, Kapitalvermögen *nt*, (Kapital)Anlagevermögen *nt*, A.güter, A.nbestand *m*, (Vermögens)Substanz *f*; **gross domestic fixed c. a.s** inländisches Bruttoanlagevermögen
capital asset account Kapitalanlagekonto *nt*; ~ **consumption** Kapitalverschleiß *m*, verbrauchsbedingte Abschreibung; ~ **pricing model (CAPM)** Preisbildungsmodell für Geld- und Vermögensanlagen, Modell zur Beschreibung der Beziehung zwischen Aktienrisiko und -ertrag
capital assistance Kapital(bei)hilfe *f*; **c. backing** Kapitalausstattung *f*; **c. balance** Bilanzsaldo *m*
capital base Kapitalbasis *f*, K.decke *f*; **to deplete the c. b.** Kapital aufzehren; **to reinforce the c. b.** Kapitalbasis stärken; **to rebuild the c. b.** Kapitalbasis wiederherstellen; **inadequate c. b.** dünne Kapitaldecke
capital bonus *[GB]* Kapitalprämie *f*, K.bonus *m*, Stockdividende *f*, Gratisaktie *f*
capital budget 1. Investitionsplan *m*, I.vorhaben *nt*, I.haushalt *m*, I.etat *m*, Investitions-, Kapital-, Finanzbudget *nt*; 2. *(Haushalt)* Vermögenshaushalt *m*, Investitionsanteil *m*
capital budgeting Investitions-, Kapitalbedarfsrechnung *f*, Investions(- und Finanzierungs)planung *f*, Wirtschaftlichkeitsrechnung *f*; ~ **technique** Investitionsrechnungsverfahren *nt*
capital charges aktivierungspflichtiger Kapitalaufwand, K.belastungen, K.kosten; **c. c. per unit** Kapitalkosten pro Stück/Einheit
capital claim Kapitalanspruch *m*; **c. coefficient** Kapitalkoeffizient *m*; **c. commitment** Kapitalbeteiligung *f*, genehmigte Investitionsausgaben, Ausgabeermächtigung *f*; **c. commitments** Kapitalverpflichtungen; **c. compensation** Kapitalentschädigung *f*; **c. connections** Kapitalverbindungen; **c. conservation** Kapitalerhaltung *f*; **c. consolidation** Kapitalzusammenlegung *f*; **c. constraints** Kapitalrestriktionen *pl*; **c. construction-in-progress account** Konto „Anlagen im Bau"; **c. consumption** Kapitalaufzehrung *f*, K.verschleiß *m*, K.verzehr *m*, Verschleiß des Produktionsapparates, verbrauchsbedingte Abschreibung
capital contribution Kapitalzuschuss *m*, K.einschuss *m*, K.einbringung *f*, (Kapital-/Stamm)Einlage *f*, Stammanteil *m*, zur Verfügung gestelltes Kapital; **c. c.s** *(Unternehmen)* Einlagenhöhe *f*; **compulsory c. c.** Pflichteinlage *f*; **non-cash c. c.** Sacheinlage *f*; **original c. c.** Stammeinlage *f*; **own c. c.** Eigenkapitalanteil *m*; **stipulated c. c.** bedungene Einlage
capital contributor Einleger *m*; **non-cash c. c.** Sacheinleger *m*
capital control Kapitallenkung *f*, K.kontrolle *f*, Investitionskontrolle *f*; **c. c.s** Kapitalverkehrskontrolle *f*
capital cost(s) Investitions-, Kapitalkosten *pl*, K.aufwand *m*; ~ **compound** Kapitalkosten je Leistungseinheit
capital cover(age) Kapitaldecke *f*, K.deckung *f*; **c. c. plan** Kapitaldeckungsplan *m*; **c. c. fund** Kapitaldeckungsstock *m*
capital cushion Kapitalpolster *nt*; **c. cut-off point** Grenze wirtschaftlicher Kapitalbeschaffung; **c. deepening** Kapitalvertiefung *f*, Verbesserungsinvestition *f*
capital demand Kapitalbedarf *m*; ~ **calculation** Kapitalbedarfsermittlung *f*; ~ **function** Kapitalbedarfsfunktion *f*
capital depletion Kapitalaufzehrung *f*
capital deposit Vermögenseinlage *f*; ~ **ratio** *(Bank)* Verhältnis von Einlagen zu Kapital
capital depreciation Kapitalabschreibung *f*, K.entwertung *f*, K.verzehr *m*, K.verschleiß *m*, Anlagewertminderung *f*, A.(n)abschreibung *f*, Wertminderung von Anlagegütern; ~ **account** Kapitalentwertungskonto *nt*
capital development Kapitalentwicklung *f*; **c. d. budget** Investitionsplan *m*; ~ **lending** Investitionskreditgeschäft *nt*; ~ **loan** Investitionsdarlehen *nt*; ~ **loan at subsidized rates** zinsbegünstigter Investitionskredit; ~ **program(me)** Investitionsprogramm *nt*, Kapitalstrukturplan *m*
capital differential Kapitalgefälle *nt*; **c. dilution** Kapitalverwässerung *f*; **c. direction** Kapitallenkung *f*; **c. disbursements** Kapitalaufwendungen; **c. distribution** (Kapital)Auszahlung *f*, Ausschüttung *f*, Barausschüttung *f*, Ausschüttung von Kapitalgewinnen; **c. dividend** Kapital(beteiligungs)dividende *f*; **c. drain** Kapitalabzug *m*, K.abfluss *m*, K.abwanderung *f*; **c. duty** Emissions-, Kapitalsteuer *f*, Vermögensabgabe *f*; **c. and retained earnings** Kapital und Rücklagen; **total c. earnings rate** Kapitalverzinsung *f*, Gesamtkapitalertragsquote *f*; **c. element** *(Leibrente)* Kapitalrente *f*; **c. endowment** Kapitalausstattung *f*; **c. entitlement** Kapitalrecht *nt*
capital equipment (Ausrüstungs)Investitions-, Anlagegüter *pl*, Sachkapital *nt*, Kapitalausstattung *f*, K.aus-

capital equipment industry

rüstung *f*, Anlagegegenstände *pl*, Anlagen *pl*; **c. e. industry** Investitions-, Produktionsgüterindustrie *f*; **~ operations** Anlagengeschäft *nt*; **~ spending** Anlageinvestitionen *pl*, Ausgaben für Investitionsgüter
capital exodus Kapitalflucht *f*; **c. expansion** Kapitalausweitung *f*, Erweiterungsinvestitionen *pl*
capital expenditure(s) 1. (Anlage)Kapital-, Investitionsaufwand *m*, Investitionen *pl*, Kapitalkosten *pl*, K.verbrauch *m*, K.aufwendungen *pl*, Investitionsausgaben *pl*, I.mittel *pl*, I.aufwendungen *pl*, I.summe *f*, aktivierungspflichtige(r) Aufwand/Kosten, Ausgaben für Anlagen, Sachanlageinvestitionen *pl*; 2. *(Unternehmen)* investiertes Kapital
capital expenditure for adjustment purposes Anpassungsinvestitionen *pl*; **~ of the administration** Regierungs-, Verwaltungsinvestitionen *pl*, Investitionen der Regierung; **~ on communications** Verkehrsinvestitionen *pl*; **~ on physical assets** Sachinvestitionen *pl*; **~ on defence** Verteidigungsinvestitionen *pl*; **~ on equipment** Ausrüstungs-, Geräteinvestitionen *pl*; **~ for purposes of expansion** Erweiterungsinvestitionen *pl*; **~ on plant, equipment and property** Anlageinvestitionen *pl*; **~ on replacement** Ersatzinvestitionen *pl*; **~ on road building** Straßenbauinvestitionen *pl*
fixed capital expenditure Anlageinvestitionen *pl*, A.kapitalaufwand *m*; **initial c. e.** Einrichtungskosten *pl*; **net c. e.** Nettoinvestition *f*; **national c. e.** volkswirtschaftlicher Kapitalaufwand; **own c. e.** Eigeninvestition *f*; **public c. e.s** öffentliche Investitionen, Investitionen der öffentlichen Hand
capital expenditure abroad Auslandsengagement *nt*, A.investitionen *pl*; **~ account** Investitionsrechnung *f*; **~ budget** Investitionsetat *m*, I.haushalt *m*, I.budget *nt*, I.rechnung *f*, Kapitalaufwandsvorschau *f*; **~ decision** Investitionsentscheidung *f*; **~ evaluation** Kapitalaufwandsberechnung *f*; **~ plan** Investitionsplan *m*; **~ planning** Investitionsplanung *f*; **~ program(me)** Investitionsprogramm *nt*; **~ project** Investitionsprojekt *nt*, I.objekt *nt*; **~ ratio** Kapitalintensität *f*; **~ requirements** Investitionsbedarf *m*
capital expenses Kosten der Aktienemission, Emissionskosten *pl*; **c. exports** Kapitalexport *m*, K.ausfuhr *f*; **c. finance account** (gesamtwirtschaftliche) Finanzierungsrechnung; **c. flight** Kapitalflucht *f*; **c. flo(a)tation** Aufbringung von Kapital durch Emission von Aktien
capital flow Kapitalfluktuation *f*, K.fluss *m*, K.strom *m*, K.bewegung *f*; **c. f.s** Kapitalleistungen *pl*; **intra-group c. f.s** konzerninterne Kapitalströme; **(liquid) private c. f.s** privater Kapitalverkehr; **c. f. statement** Kapitalflussrechnung *f*, Investitionsbilanz *f*
capital forecasting Kapitalprognose *f*
capital formation Kapital-, Vermögensbildung *f*, Kapitalansammlung *f*; **aggregate c. f.** volkswirtschaftliche Vermögensbildung; **compulsory c. f.** Zwangskapitalbildung *f*; **domestic c. f.** inländische Kapitalbildung; **fixed c. f.** Investitionsausgaben *pl*, Anlagekapitalbildung *f*, A.investitionen *pl*; **gross ~ c. f.** Bruttoanlageinvestitionen *pl*; **gross domestic ~ c. f.**

Bruttoinlandsinvestitionen *pl*; **gross c. f.** Bruttoinvestitionen *pl*, B.kapital-, B.sachvermögensbildung *f*; **net c. f.** Nettokapitalbildung *f*, N.anlageinvestitionen *pl*; **new c. f.** Kapital-, Geldvermögensneubildung *f*; **real c. f.** Sachvermögensbildung *f*; **c. f. scheme** Vermögensplan *m*
capital|-forming *adj* kapitalbildend; **c. fund** Grund-, Stammkapital *nt*, Kapitalstock *m*, K.fonds *m*
capital gain (realisierter) Kursgewinn, Vermögenszuwachs *m*, V.vorteil *m*, Kapitaleinkommen *nt*, K.ertrag *m*, K.gewinn *m*, K.zuwachs *m*; **c. gains** Vermögensertrag *m*, V.erträgnisse, Kapitalertrag *m*, K.zuwachs *m*, Veräußerungsgewinn *m*, Gewinn aus der Veräußerung von Vermögen, Spekulationsgewinne *pl*; **~ and losses** Veränderungen im Anlagevermögen; **chargeable c. g.** steuerpflichtiger Kapitalgewinn; **net c. g.** Kapitalreingewinn *m*, K.nettoertrag *m*; **realized c. g.** realisierter Kurs-/Vermögensgewinn; **c. g.s account** Kapitalgewinnkonto *nt*; **~ levy** Kapitalgewinnabgabe *f*
capital gains tax Kapitalgewinn-, Kapitalzuwachs-, Spekulations-, Wertzuwachs-, Vermögensgewinnsteuer *f*, Steuer auf Kurs-/Veräußerungsgewinne; **liable to ~ t.** kapitalgewinnsteuerpflichtig; **to withhold ~ t.** Wertzuwachssteuer (an der Quelle) erheben; **longterm ~ t.** Steuer auf langfristige Kapitalgewinne; **short-term ~ t.** Steuer auf kurzfristige Kapitalgewinne, Spekulations(gewinn)steuer *f*; **~ t. exemption/relief** Kapitalgewinnsteuerbefreiung *f*, Befreiung von der Spekulationssteuer
capital gap Kapitallücke *f*; **c. gearing** Fremdkapitalanteil *m*, festverzinslicher Kapitalanteil am Gesamtkapital, Verschuldungsgrad *m*, Hebelwirkung *f*, Kapitalintensität *f*; **c. generation** Kapitalbeschaffung *f*; **internal c. generation** Selbstfinanzierung *f*
capital goods Investitions-, Produktions-, Kapital-, Anlage(investitions)güter, Produktionsmittel; **consumertype c. g.** verbrauchsnahe Investitionsgüter; **finished c. g.** Investitionsgüterfertigwaren; **fixed c. g.** Anlagegüter, Güter des Anlagevermögens
capital goods business technisches Geschäft; **~ export(s)** Investitionsgüter-, Anlagegüterexport *m*; **~ fair** Investitionsgütermesse *f*; **~ index** Investitionsgüterindex *m*; **~ industry** Investitionsgüterindustrie *f*, I.(güter)sektor *m*, I.güterzweig *m*, Produktionsgüter-, Kapitalgüterindustrie *f*, Produktionsgütergewerbe *nt*, P.mittelindustrie *f*; **~ investment** Kapitalgüterinvestition(en) *f*/*pl*; **~ manufacturer** Investitionsgüterhersteller *m*, I.produzent *m*; **~ market** Investitionsgütermarkt *m*; **~ outlay** Investitionsgüteraufwand *m*; **~ sector** Investitions(güter)sektor *m*, I.zweig *m*, Kapitalgüter-, Investitionsgüterbereich *m*; **~ supplier** Investitionsgüterlieferant *m*
capital grant Kapitalzuschuss *m*, K.beihilfe *f*, Zuschuss in Kapitalform; **discretionary c. grant** nicht zweckgebundener Zuschuss; **c. growth** Kapitalzuwachs *m*, K.wachstum *nt*; **c. holder** Kapitalträger *m*; **c. holding** Kapitalbesitz *m*; **c. impairment** Unterbilanz *f*, Kapitalschmälerung *f*
capital import(s) Kapitalimport *m*, K.einfuhr *f*; **net c.**

i.s aktive Kapitalbilanz f; **short-term c. i.s** kurzfristige Kapitaleinfuhr
capital income Kapitaleinkünfte pl, K.einkommen nt, K.ertrag m, Einkünfte aus Geldvermögen; **~ ratio** Verhältnis von Kapital zu Volkseinkommen
capital increase Kapitalaufstockung f, K.erhöhung f; **~ against cash contribution** Kapitalerhöhung gegen Bareinlage; **~ from company funds; ~ out of company resources; ~ retained earnings** Kapitalerhöhung aus Gesellschaftsmitteln
capital increment Vermögenszuwachs m; **~ value** Kapitalwertzuwachs m; **c. indemnification** Kapitalentschädigung f; **c. indebtedness** Kapitalschuld f; **c. inflow** Kapitalzufluss m, K.import m; **~ induced by interest differentials** zinsinduzierte Kapitalzuflüsse; **c. injection** Kapitalzuführung f, K.zufuhr f, K.einschuss m, K.spritze f, Zufuhr von Eigenkapital, Eigenmittelzufuhr f; **c. input** Kapitaleinsatz m, K.einbringung f; **c. intensity** Kapitalintensivität f; **c.-intensive** adj kapitalintensiv
capital interest Kapitalanteil m, K.beteiligung f
capital interlinking Kapitalverschachtelung f; **c. interlocking** Kapitalverflechtung f
capital investment (langfristige) Kapitalanlage, K.(güter)investition f, K.verwertung f, K.einsatz m, Geldanlage f, Investitionskapital nt, I.ausgaben pl, Anlagekapital nt, Vermögenseinlage f, Anlage von Kapital; **c. i. in the core area** Investitionsvorhaben auf dem Kerngebiet; **~ on rationalization; ~ for rationalization purposes** Rationalisierungsinvestitionen pl
foreign capital investment ausländisches Kapitalengagement; **gross c. i.** Bruttoanlageinvestitionen pl; **non-resident c. i.** Kapitalanlage von Gebietsfremden
capital investment company Kapitalanlage-, K.beteiligungsgesellschaft f; **~ financing** Investitionsfinanzierung f; **~ grant** Investitionsbeihilfe f; **~ guarantee** Kapitalanlagegarantie f; **~ planning** Investitionsplanung f; **~ reserves** Investitionsrücklage f; **~ saving** Beteiligungssparen nt; **~ tax** Gesellschaftssteuer f
capitalism n Kapitalismus m; **early c.** Frühkapitalismus m; **flourishing c.** Hochkapitalismus m; **late c.** Spätkapitalismus m; **managerial c.** Regime der Manager
capital issue Effekten-, Aktien-, Kapitalemission f, Gesamtwert der ausgegebenen Aktien; **~ committee** Kapitalmarkt(lenkungs)ausschuss m
capitalist n Kapitalist m; **c.(ic)** adj kapitalistisch
capitalizable adj kapitalisierbar
capitalization n 1. Kapitalisierung f, Kapitalausstattung f, K.verhältnis nt, K.struktur f, K.intensität f; 2. (Bilanz) Aktivierung f; 3. Grund-, Gesellschaftskapital nt, Ausstattung mit Kapital, Anlageintensität f; 4. Großschreibung f; **c. of earnings** Ertragsaktivierung f; **~ earning power** Kapitalisierung der Ertragskraft/Ertragsfähigkeit; **~ profits** Gewinnaktivierung f; **~ reserves** Kapitalerhöhung aus offenen Rücklagen; **~ share premium accounts** Aktivierung der Emissionsagiorücklage, Umwandlung des Aktienaufgeldes in Aktienkapital
high capitalization hohe Kapitalintensität; **insufficient c.** ungenügende Kapitalisierung; **total c.** Gesamtkapitalausstattung f
capitalization candidate 1. Berichtigungsanwärter m; 2. Aufstockungswert m; **c. expenditure** Kapitalisierungsaufwand m, Kapitalerhöhungskosten pl; **c. factor** Kapitalisierungsfaktor m; **c. issue** Bezugsrechtsemission f, Berichtigungsaktien pl, B.ausgabe f, Aufstockungsaktien pl, Ausgabe von Gratisaktien/Berichtigungsaktien (durch Umwandlung von Rücklagen in Aktienkapital); **ex c. issue** ex Berichtigungsaktien; **c. rate** Kapitalisierungssatz m; **c. ratio** Anlagenintensität f, Anteil der Wertpapiergattungen am Gesamtnominalkapital; **c. share** [GB] /**stock** [US] Gratisaktie f; **c. unit** aktivierungspflichtige Erweiterung des Anlagevermögens; **c. yield** Kapitalisierungszinsfuß m, K.rendite f
capitalize v/t 1. (Börse) bewerten; 2. kapitalisieren, aktivieren, mit Kapital ausstatten, in Kapital umwandeln, Kapitalausstattung vornehmen, Kapitalwert berechnen; 3. (Orthografie) großschreiben; **c. on** Nutzen ziehen aus, Kapital schlagen aus, profitieren von, ausnutzen
capitalized adj kapitalisiert; **heavily/highly c.** kapitalintensiv, mit hohem Eigenkapitalanteil
capital jobber; c. jobbing firm Kapitalvermittler m; **c. leasing** Anlagenleasing nt; **c. leverage** Kapitalhebelwirkung f; **c. levy** Vermögensabgabe f, Vermögens-, Kapital-, Substanzsteuer f, Investitionshilfe-, Kapitalabgabe f; **c. liability; c. liabilities** Kapitalverschuldung f, Vermögens-, Kapitalverbindlichkeiten, langfristige Verbindlichkeiten; **c. links** Kapitalbindung f; **international c. links** Auslandsverflechtungen; **c. linkage** kapitalmäßige Bindung; **c. loan** Betriebsmittelkredit m; **c. lockup** Kapitalbindung f; **c. loss** Kapitalverlust m, K.einbuße f, Verminderung des Anlagevermögens, realisierter Kursverlust; **~ account** Kapitalverlustkonto nt; **c. maintenance** Kapitalerhaltung f
capital market Finanz-, Kapital-, Geldmarkt m; **eligible for the c. m.** kapitalmarktfähig; **nursing the c. m.** Kapitalmarktpflege f; **outside the c. m.** kapitalmarktunabhängig; **ready for the c. m.** kapitalmarktreif, k.fähig; **tapping the c. m.** Inanspruchnahme des Kapitalmarktes
to draw on the capital market Kapitalmarkt in Anspruch nehmen; **to nurse the c. m.** Kapitalmarkt pflegen, ~ pfleglich behandeln; **to restrict the c. m.** Kapitalmarkt lähmen; **to tap the c. m.** Kapitalmarkt anzapfen
regular capital market organisierter Kapitalmarkt; **restricted c. m.** gehemmter Kapitalmarkt
central capital market committee Zentraler Kapitalmarktausschuss [D]
capital market conditions Kapitalmarktverhältnisse, K.klima nt; **~ control** Kapitalmarktsteuerung f; **~ efficiency** Kapitalmarkteffizienz f; **~ funds** Kapitalmarktmittel; **~ (interest) rate** Kapitalmarktzins(en) m/pl; **~ investment** Kapitalmarktanlage f; **~ issue** Kapitalmarktemission f; **~ policy** Kapitalmarktpolitik f; **governmental ~ policy** staatliche Kapitalmarktpolitik; **~ rates** Kapitalmarktsätze pl; **~ regimentation** Kapitalmarktdirigismus m; **~ research** Kapitalmarktfor-

schung *f*; ~ **risk** Kapitalmarktrisiko *nt*; ~ **security** Kapital(markt)titel *m*; ~ **statistics** Kapitalmarktstatistik *f*; ~ **sub-committee** Kapitalmarktausschuss *m*; ~ **support** Kapitalmarktpflege *f*; ~ **theory** Kapitalmarkttheorie *f*; ~ **trading** Handel an Kapitalmärkten
capital maturity Kapitalfälligkeit *f*; **c. merger** Kapitalzusammenlegung *f*; **c. money** [§] dem Treuhänder zu zahlende oder gezahlte Beträge
capital movement(s) Kapitalverkehr *m*, K.bewegung(en) *f/pl*; **cross-frontier/international c. m.** grenzüberschreitender/internationaler Kapitalverkehr, internationale Kapitalbewegungen; **long-term/short-term c. m.** Bilanz des langfristigen/kurzfristigen Kapitalverkehrs, langfristige/kurzfristige Kapitalbewegungen, langfristiger/kurzfristiger Kapitalverkehr
capital needs Kapitalbedarf *m*; **c. note** Schuldschein *m*, S.verschreibung *f*, langfristige Kassenobligation; **c. operations account** Vermögensveränderungskonto *nt*; **c.-orient(at)ed** *adj* kapitalorientiert; **c. outflow** Kapitalabfluss *m*, K.exporte *pl*
capital outlay Investition(sausgaben) *f/pl*, I.saufwand *m*, Kapitalaufwand *m*, K.auslage *f*, K.ausgabe *f*, investive Ausgaben, Beschaffungskosten *pl*; **initial c. o.** ursprünglicher Kapitalaufwand; **productivity-orient(at)ed c. o.s** Rationalisierungsinvestitionen; **c. o. cost(s)** Investitionskosten *pl*
capital output ratio Kapitalkoeffizient *m*; **average ~ r.** mittlerer Kapitalkoeffizient; **constant/fixed ~ r.** fester/fixer Kapitalkoeffizient; **incremental/marginal ~ r.** marginaler Kapitalkoeffizient; **gross incremental ~ r.** makroökonomischer Kapitalkoeffizient
capital owner Kapitalbesitzer *m*; **c. participation** Kapitalbeteiligung *f*; **c. payment** Kapitalzahlung *f*; **non-recurring c. payment** einmalige Auszahlung des Rentenbetrages; **c. pile-up** Kapitalstau *m*; **c. pool** Kapitalfonds *m*; **c. position** Kapitaldecke *f*
capital procurement Kapitalbeschaffung *f*; ~ **agency** Kapitalbeschaffungsstelle *f*; ~ **cost(s)** Kapitalbeschaffungskosten *pl*
capital productivity Kapitalproduktivität *f*; **gross c. p.** Bruttokapitalproduktivität *f*; **net c. p.** Nettokapitalproduktivität *f*
capital profit Kapital-, Veräußerungsgewinn *m*; **c. program(me)** Investitionsprogramm *nt*
capital project Investitionsobjekt *nt*, I.vorhaben *nt*; **c. p.s** langfristige Anlagevorhaben, Investitionsplanung *f*
capital protection agreement Kapitalschutzabkommen *nt*; **c. provider** Kapitalträger *m*, Finanzier *m*; **c. pull** Kapitalsog *m*; **c. raiser** Kapitalnehmer *m*; **c. raising** Kapitalaufnahme *f*, Aufbringung von Kapital; **c.-raising** *adj* kapitalaufnehmend; **c. rating** Kapitalbewertung *f*, finanzielle Bewertung; ~ **figures** finanzielle Bewertungsziffern; **c. ratio** Kapitalverhältnis *nt*; **c. rationing** Kapitalrationierung *f*; **c. recapture** Kapitalrückfluss *m*; ~ **rate** Kapitalrückflussrate *f*; **c. reconciliation rate** Bewegungsbilanz *f*; **c. reconstruction** (finanzielle) Sanierung (der Kapitalverhältnisse), Kapitalumstrukturierung *f*, Sanierungsbilanz *f*; ~ **scheme** Sanierung *f*, S.splan *m*, S.sprogramm *nt*; **c. recovery**

Kapitalrückfluss *m*, K.deckung *f*, K.rückgewinnung *f*; ~ **factor** Wiedergewinnungs-, Kapitaldienstfaktor *m*
capital redemption 1. Kapitalablösung *f*, K.tilgung *f*, K.rückzahlung *f*; 2. Tilgung von Vorzugsaktien; ~ **account** Kapitalrückzahlungskonto *nt*; ~ **contract** Kapitalrückzahlungsvertrag *m*; ~ **insurance** Sparversicherung *f*; ~ **policy** Versicherungspolice auf den Todes- und Erlebensfall; ~ **reserve fund** Tilgungs-, Rückkauffonds *m*
capital reduction Kapitalherabsetzung *f*, K.verminderung *f*, K.schnitt *m*, K.zusammenlegung *f*, Herabsetzung des (Grund)Kapitals; **simplified c. r.** vereinfachte Kapitalherabsetzung
capital regulations Kapitalbestimmungen; **c. remittance** Kapitalüberweisung *f*; **c. rent** Kapitalrente *f*; **c. reorganization** Kapitalumstellung *f*, Neuordnung der Kapitalverhältnisse; **c. repayment** Tilgung *f*; **c. replacement** Kapitalersatz *m*, Reinvestition *f*
capital requirement(s) Kapitalbedarf *m*, K.beanspruchung *f*, K.bedürfnisse, K.hunger *m*; ~ **calculation** Kapitalbedarfsrechnung *f*; ~ **figures** Kapitalbedarfszahlen
capital reserve(s) Kapitalreserve *f*, Reservekapital *nt*, nicht steuerpflichtiger Kapitalgewinn, Vermögensreserve *f*, V.stock *m*, (Sonder)Rücklagen *pl*, Kapitaldecke *f*, nicht ausschüttbare Reserven/Rücklagen, Garantiekapital *nt*; **c. and revenue r.s** Eigenkapitalreserven; **c. r.(s) on revaluation** Neubewertungsrücklage *f*; **non-statutory c. r.(s)** freiwillige/freie Rücklagen; **statutory c. r.(s)** Sonderrücklage für Emissionsagio
capital resources Kapitalausstattung *f*; **to beef up c. r.** Eigenmittelbasis stärken; **domestic c. r.** Inlandskapitalmittel; **c. r. aid** Eigenkapitalhilfe *f*; ~ **program(me)** Eigenkapitalhilfeprogramm *nt*
capital restructuring Kapitalumschichtung *f*, Neuordnung der Kapitalverhältnisse; ~ **program(me)** Sanierungsplan *m*; **c. retention** Kapitaleinbehaltung *f*; **c. return** Kapitalverzinsung *f*; **c. returns/revenue tax** Kapitalertragsteuer *f*; **c.-rich** *adj* kapitalreich; **c. sales** Kapitalumschlag *m*; **c. scarcity/shortage** Kapitalklemme *f*, K.knappheit *f*; **c. sector** Kapitalgebiet *nt*; **c. security** Kapitalsicherheit *f*; **c. seeker** Kapitalnachfrager *m*; **c. share** Kapitalanteil *m*
capital spending Investition(saufwand) *f/m*, I.ausgaben *pl*, I.tätigkeit *f*, Anlageinvestitionen *pl*, Kapitalanlage *f*, K.aufwand *m*, K.aufwendung *f*; **national c. s.** volkswirtschaftlicher Kapitalaufwand; **total c. s.** Gesamtinvestitionen *pl*
capital spending authorization Investitionsgenehmigung *f*, Genehmigung von Investitionsprojekten; ~ **budget** Investitionsprogramm *nt*; ~ **cut** Investitionskürzung *f*, Kürzung von Investitionsvorhaben; ~ **decision** Investitionsentscheidung *f*; ~ **policy** Investitionspolitik *f*; ~ **program(me)** Investitionsprogramm *nt*; ~ **risk** Investitionsrisiko *nt*; ~ **volume** Investitionsleistung *f*
capital split Kapitalaufsplitterung *f*; **c.-starved** *adj* kapitalarm, unterkapitalisiert
capital stock 1. *(AG)* Aktien(kapital) *pl/nt*, Stammka-

pital *nt*, S.vermögen *nt*; 2. Geschäfts-, Grund-, Gesellschafts-, Gründungs-, Haftungs-, Betriebskapital *nt*, Kapitalstock *m*, K.bestand *m*, Vermögensstock *m*, Vorratsvermögen *pl/nt*; **c. s. disclosed in the balance sheet** ausgewiesenes Grundkapital; **to increase the c. s.** Grundkapital erhöhen, Kapital aufstocken; **~ from company funds** Grundkapital aus Gesellschaftsmitteln erhöhen
assessable capital stock nachschusspflichtige Aktien, nicht voll eingezahltes Grundkapital; **authorized c. s.** autorisiertes/genehmigtes/satzungsmäßiges Grundkapital, ~ Aktienkapital; **common c. s.** Stammaktien *pl*, S.kapital *nt*; **diluted c. s.** verwässertes Aktienkapital; **donated c. s.** zum Wiederverkauf unentgeltlich überlassene Aktien; **initial c. s.** Gründungskapital *nt*; **issued c. s.** ausgegebenes (Aktien)Kapital, Summe der ausgegebenen Aktien; **net c. s.** Nettokapitalvermögen *nt*; **outstanding c. s.** nicht eingezahltes Grundkapital, ausstehendes Aktienkapital, ausstehende Aktien/Einlagen; **fully paid c. s.** voll eingezahlte Aktien, voll eingezahltes Grundkapital; **paid-up c. s.** eingezahltes Aktienkapital; **preferred c. s.** Vorzugsaktien *pl*, bevorrechtigtes Kapital; **reacquired c. s.** Portefeuille eigener Aktien; **subscribed c. s.** ausstehende Einlagen auf das Grundkapital, gezeichnete Aktien; **unissued c. s.** nicht ausgegebenes Aktienkapital, ~ ausgegebene Aktien
capital stock adjustment Kapitalstockanpassung *f*; **~ exchange offer** Aktienumtauschangebot *nt*; **conditional ~ increase** bedingte Grundkapitalerhöhung; **~ register** Aktienbuch *nt*; **~ tax** Kapital-, Vermögenssteuer *f*
capital structure Kapitalstruktur *f*, K.zusammensetzung *f*, K.aufbau *m*; **optimum c. s.** optimale Kapitalstruktur; **sound c. s.** gesunde Kapitalstruktur; **vertical c. s.** vertikale Kapitalstruktur; **c. s. policy** Kapitalstrukturpolitik *f*
capital subsidy Kapitalsubvention *f*
capital sum 1. Kapitalbetrag *m*, (Anfangs)Kapital *nt*; 2. *(Vers.)* Versicherungssumme *f*; **~ payable on death** Versicherungssumme im Todesfall; **~ insurance** Kapitalversicherung *f*; **compulsory ~ insurance** Kapitalzwangsversicherung *f*
capital supply Kapitalaufkommen *nt*, K.angebot *nt*, K.versorgung *f*
capital surplus 1. Kapitalreserven *pl*, K.überschuss *m*, K.zuwachs aus sonstigen Quellen; 2. *[US]* Emissions-, Aktienagio *nt*, A.aufgeld *nt*, Rücklage aus Agio, eingezahltes Aufgeld; 3. gesetzliche Rücklagen
capital tax (Kapital)Vermögensabgabe *f*, K.steuer *f*, K.abgabe *f*, Gewerbekapitalsteuer *f*, Vermögenssteuer *f*; **c. taxation** Vermögensbesteuerung *f*
capital tie-up 1. Kapitalbindung *f*; 2. kapitalmäßige Verflechtung
capital transactions Kapital(überweisungs)verkehr *m*, K.bewegungen *pl*, Vermögenstransaktionen *pl*, V.bewegung *f*; **long-term/short-term c. t.** langfristiger/kurzfristiger Kapitalverkehr; **c. t. committee** Kapitalverkehrsausschuss *m*; **~ tax** Kapitalverkehrssteuer *f*
capital transfer Kapitalübertragung *f*, K.überweisung *f*, K.transfer(ierung) *m/f*, Transfer von Kapital, Vermögenstransfer(ierung) *m/f*, V.übertragung *f*; **~ tax** *[GB]* Erbschafts- und Schenkungssteuer *f*, Besteuerung von Transferleistungen, Kapitaltransfersteuer *f*, K.verkehrssteuer *f*, Steuer auf Vermögensübertragungen, Vermögensverkehrssteuer *f*
capital transit Kapitaltransit *m*; **c. transmission centre** Kapitalumschlagplatz *m*; **c. turnover** Kapitalumsatz *m*, K.umschlag *m*; **total c. turnover** Gesamtkapitalumschlag *m*; **c. user cost** Kapitalnutzungskosten *pl*; **c. utilization** Kapitalnutzung *f*, K.einsatz *m*; **average ~ time** Bezugsdauer des Kapitals; **c. valuation** Kapitalbewertung *f*
capital value Kapital-, Geldwert *m*, Wert der Produktionsmittel; **remaining c. v.** Restkapital *nt*; **c. v. method** Kapitalwertmethode *f*
capital venture Kapitalbeteiligung *f*; **c. wage** Investivlohn *m*; **c. widening** Erweiterungsinvestition *f*, Kapitalerweiterung *f*, K.ausweitung *f*; **c. net worth** Eigenkapital *nt*; **c. write-down** Kapitalschnitt *m*, K.herabsetzung *f*; **c. write-off** Kapitalabschreibung *f*
capital yield Kapitalertrag *m*; **c. y.(s) tax** Kapitalertragssteuer *f*; **lump-sum c. y. tax** Kapitalertragssteuerpauschale *f*
capitation fee *n* Kopfgebühr *f*; **c. items** Personalkosten pro Kopf; **c. tax** Kopfsteuer *f*
capping *n* (finanzielle) Begrenzung, Plafondierung *f*; **c. of prices** Preisdeckelung *f*
capsize *v/i* ⚓ kentern
cap|sule *n* Kapsel *f*; **c.sulize** *v/t* in Kapseln füllen
captain *n* 1. ⚓ (Schiffs)Kapitän *m*, S.führer *m*, Kommandant *m*; 2. ✈ (Flug)Kapitän *m*; 3. *(fig)* führende Persönlichkeit; **c. of industry** führender Industrieller, Wirtschafts-, Industriekapitän *m*; **c.'s cabin** Kapitänskajüte *f*; **c.'s copy** *(Konnossement)* Durchschrift für den Kapitän; **c.'s entry** ⊖ Zolldeklaration des Kapitäns; **c.'s protest** Seeprotest *m*, Verklarung(sprotokoll) *f/nt*
caption *n* 1. (Bild)Unterschrift *f*, B.überschrift *f*, B.text *m*, Schlagzeile *f*, Untertitel *m*, Legende *f*, Text(zeile) *m/f*, Titelinsert *nt*; 2. *(Urkunde)* Einleitungsformel *f*
capti|vate *v/t* faszinieren, entzücken; **c.vating** *adj* 1. bestechend, hinreißend, packend; 2. *(Person)* einnehmend
captive *n* 1. industrieeigener Versicherer, unternehmenseigene Versicherung(sgesellschaft); 2. Gefangene(r) *f/m*; **offshore c.** unternehmenseigene Versicherungsgesellschaft im Ausland
cap|tive *adj* 1. gefangen; 2. unternehmenseigen; **c.tivity** *n* Gefangenschaft *f*
captor *n* ⚓ Prisennehmer *m*, aufbringendes Schiff
capture *n* 1. Eroberung *f*; 2. Gefangennahme *f*, Ergreifung *f*; 3. ⚓ Prise *f*, Aufbringung *f*; 4. 🖥 *(Daten)* Erfassung *f*; **c. at sea** Aufbringung *f*; **free of c. and seizure** 1. Aufbringungs- und Beschlagnahmeklausel *f*, Kriegsausschlussklausel *f*; 2. Aufbringung und Beschlagnahme nicht versichert
capture *v/t* 1. 🐾 erobern; 2. gefangen nehmen; 3. ⚓ aufbringen, kapern; 4. 🖥 *(Daten)* erfassen

car *n* 1. ⇔ (Kraft)Wagen *m*, Auto *nt*; 2. *[US]* 🚃 Güterwagen *m*, Wagon *m*; 3. Gondel *f*, Fahrkorb *m*; **to drive a c.** Kraftfahrzeug fahren/führen/steuern, Auto fahren; **to get into one's c.** sich in seinen Wagen setzen; **to go by c.** im/mit dem Auto fahren; **to hire/rent a c.** Auto mieten; **to run a c.** Auto (unter)halten; **to start a c.** Auto starten; **to take a c. in tow; to tow a c.** Auto abschleppen
armoured/armour-plated car 1. gepanzertes Auto; 2. Geldtransportwagen *m*, G.fahrzeug *nt*; **clean c.** abgasfreies Auto; **compact c.** *[US]* Kompaktauto *nt*; **consolidated c.** *[US]* 🚃 Sammelwagen *m*; **cross-country c.** Geländewagen *m*; **drop-bottom c.** *[US]* 🚃 Schüttgutwagen *m*; **electric c.** Elektroauto *nt*; **flat(-bottom) c.** 🚃 Flach-, Niederbordwagen *m*; **hired c.** Miet-, Leihwagen *m*; **junked c.** verschrottetes Auto; **low-pollution c.** abgasarmes/umweltfreundliches Auto; **mid-range c.** Mittelklassewagen *m*
new car Neuwagen *m*; ~ **market** Neuwagenmarkt *m*; ~ **registrations** Neuzulassungen; ~ **sales** Neuwagengeschäft *nt*
one-year-old car Jahreswagen *m*; **owned c.** *[US]* 🚃 eigener Wagon; **pollution-free c.** abgasfreies Auto; **postal c.** *[US]* 🚃 Bahnpostwagen *m*; **private c.** Privatwagen *m*; **rented c.** Mietauto *nt*, M.wagen *m*, Leihwagen *m*; **scrapped c.** verschrottetes Auto; **second c.** Zweitfahrzeug *nt*, Z.wagen *m*; **second-hand c.** Gebrauchtwagen *m*; **self-drive c.** selbstgefahrener Mietwagen; **small/sub-compact** *[US]* **c.** Kleinwagen *m*; **through c.** *[US]* 🚃 Kurswagen *m*; **traded-in c.** in Zahlung genommener Wagen; **used c.** Gebrauchtwagen *m*; ~ **dealer** Gebrauchtwagenhändler *m*
car accessory Fahrzeugzubehörteil *nt*; **c. accessories** (Kraft)Fahrzeugzubehör *nt*; **c. accident** Auto-, Kraftfahrzeugunfall *m*; **c. allowance** (Kraft)Fahrzeugzuschuss *m*
carat *n* Karat *nt*; **c.age** *n* Gewicht in Karat
caravan *n* ⇔ Wohnanhänger *m*, W.wagen *m*; **c. test** willkürliche Warenprobenverteilung
caravette *n* ⇔ Wohnmobil *nt*
carbamide *n* ⚕ Harnstoff *m*
carbide *n* ⚗ Karbid *nt*
car body Karosserie *f*
carbohydrate *n* ⚗ Kohlehydrat *nt*
carbon *n* 1. ⚗ Kohlenstoff *m*; 2. Kohlepapier *nt*; **c.ated** *adj (Getränk)* kohlensäurehaltig
carbon compound ⚗ Kohlenstoffverbindung *f*; **c. copy** Durchschrift *f*, D.schlag *m*, Kopie *f*; ~ **order book** Durchschreibebestellbuch *nt*; ~ **pad** Durchschreibeblock *m*; **c. dating** Kohlenstoffdatierung *f*; **c. dioxide** ⚗ Kohlendioxid *nt*
carbonize *v/t* verkoken
carbon paper Kohle-, Paus-, Durchschlag-, Durchschreibepapier *nt*; **c. ribbon** Kohlefarbband *nt*; **c. set** Vordrucksatz mit eingelegtem Kohlepapier
car boom Autofrühling *m (fig)*, A.mobilkonjunktur *f*; **c. boot sale** *[GB]* Kofferraumverkauf *m*, Trödelmarkt *m*
carborandum wheel *n* ✱ Trennscheibe *f*
carboy *n* ⇔ Korbflasche *f*, Glasballon *m*

carburettor *n* ⇔ Vergaser *m*; **downdraft c.** Fallstromvergaser *m*
carburization *n* Aufkohlen *nt*
car buyer Autokäufer *m*; **c. card** Innenplakat *nt* (in öffentlichen Verkehrsmitteln); **c. care** ⇔ Wagenpflege *f*; **c. carrier** ⇔/🚃 Autotransportfahrzeug *nt*, A.wagen *m*; **double-deck ~ wag(g)on** 🚃 Doppelstockwagen *m*
carcass *n* 1. (Tier)Kadaver *m*, Tierkörper *m*; 2. 🏠 Rohbau *m*; **c. construction work** Rohbaugewerk *nt*; **c. delivery** Totversand *m*
carcinogenic *adj* ⚕ krebserregend
car clamp ⇔ Kralle *f*; **c. component** Autozubehörteil *nt*; ~ **industry** Autozulieferindustrie *f*
card *n* Karte *f*, Visiten-, Einladungs-, Mitgliedskarte *f*; **on the c.s** *(fig)* im Bereich des Möglichen, möglich, wahrscheinlich
to ask for one's card|s Entlassungspapiere anfordern, um die ~ bitten; **to be on the c.s** zu erwarten/wahrscheinlich sein; **to get one's c.s** entlassen/gefeuert *(coll)*/gegangen *(coll)* werden; **to give so. his c.s** jdn rausschmeißen/feuern *(coll)*; **to have a. c. up one's sleeve** *(fig)* etw. in petto haben; ~ **another c. up one's sleeve** *(fig)* noch einen Pfeil im Köcher haben *(fig)*; **to hold all the c.s** *(fig)* alle Trümpfe in der Hand haben *(fig)*; **to punch c.s** Karten lochen; **to put one's c.s on the table** *(fig)* mit offenen Karten spielen *(fig)*; **to throw one's c.s** *(fig)* das Spiel aufgeben *(fig)*
blank/dummy card 🗂 Leer-, Blankokarte *f*; **congratulatory c.** Gratulationskarte *f*; **corporate c.** Firmenkarte *f*; **dual c.** 🗂 Verbundlochkarte *f*; **edge-punched c.** 🗂 Lochstreifenkarte *f*; **green c.** *(Vers.)* grüne Versicherungskarte *f*; **hot c.** *(coll)* gestohlene/verlorene Kreditkarte; **initial/original/principal c.** Stammkarte *f*; **magnetic c.** 🗂 Magnetkarte *f*; **margin-punched c.** 🗂 Randlochkarte *f*; **medical c.** Kranken(versicherungs)schein *m*; **optical c.** optische Speicherkarte *f*; **packed c.** 🗂 Sammelkarte *f*; **plastic c.** Plastikkarte *f*; **postal c.** Postkarte *f*; **punch(ed) c.** 🗂 Loch-, Hollerithkarte *f*; ~ **procedure** Lochkartenverfahren *nt*; **secondary c.** 🗂 Zweitkarte *f*; **self-addressed c.** ✉ Rückantwortkarte *f*; **smart c.** Chipkarte *f*, wieder auflaufbare Geldkarte; **summary c.** 🗂 Summenkarte *f*
card *v/t* Karte anbringen, auf einer ~ befestigen, auf Karten verzeichnen/registrieren
car damage ⇔ Fahrzeugschaden *m*
card bed 🗂 Kartenführung *f*, K.bahn *f*
cardboard *n* Karton(papier) *m/nt*, Pappe *f*, Kartonage *f*, Hartpapier *nt*; **corrugated c.** Wellpappe *f*
cardboard box (Papp)Karton *m*, P.schachtel *f*, Schwerkarton(behälter) *m*; **shielded c. carton** Panzerkarton *m*; **c. engineer** (Ver)Packungsspezialist *m*; **c. fillers** Kartoneinlagen; **c. packaging** Kartonage *f*
card cash machine Geldautomat *m*; **c. catalog(ue)** Zettelkatalog *m*, Kartothek *f*, Kartei *f*; **c. code** 🗂 Kartenart *f*, K.kode *m*, Lochkartenkode *m*, L.schlüssel *m*; **c. column** 🗂 Karten-, Loch-, Kartenspalte *f*; **c.-controlled** *adj* 🗂 lochkartengesteuert; **c. copier** Doppler *m*; **c. counter** Kartenzähler *m*; **c. credit** Kartenkredit *m*; **c. cycle** Kartengang *m*; **c. deck** 🗂 Kartensatz *m*

car dealer Fahrzeug-, Autohändler *m*; **c. dealership** Autovertretung *f*
card ejection Kartenablage *f*; **c. equipment** Lochkartengerät *nt*; **c. face** Kartenvorderseite *f*; **c. feed** Kartenbahn *f*, K.transport *m*, K.zuführung *f*, K.vorschub *m*, Lochkartenvorschub *m*, L.zuführung *f*; **c. field** (Loch)Kartenfeld *nt*; **c. file** Zettelkatalog *m*, Kartothek *f*, Kartei *f*, Kartendatei *f*; **magnetic c. file** Magnetkartenspeicherdatei *f*; **c. format** Kartenformat *nt*; **c. game** Kartenspiel *nt*; **c. ga(u)ge** Kartenlehre *f*; **c. holder** Karteninhaber(in) *m/f*; **c. hopper** Karteneingabefach *nt*, (Loch)Kartenmagazin *nt*
cardigan *n* Strickjacke *f*
cardinal *adj* Kardinal-, grundsätzlich
card income *(Bank)* Erträge aus dem Kreditkartengeschäft
card index Kartei *f*, Kartothek *f*; **to make a c. i.** Kartei anlegen; **central c. i.** Zentralkartei *f*; **vertical c. i.** Vertikalkartei *f*; **visible c. i.** Sichtkartei *f*
card-index *v/t* Kartei anlegen
card index cabinet Karteischrank *m*
card indexing Anlage einer Kartei
card index system Karteisystem *nt*; **~ tray** Karteitrog *m*
card input 🖥 (Loch)Karteneingabe *f*
cardio|gram *n* ♥ Kardiogramm *nt*; **c.logy** *n* Kardiologie *f*; **c.tonic** *n* herzstärkendes Mittel; *adj* herzstärkend
car distributor Autohändler *m*
card jam 🖥 (Loch)Kartenstau *m*, K.anstoß *m*, K.salat *m* (coll); **c. layout form** Kartenentwurfsblatt *nt*; **c. line** Kartenbahn *f*; **normal c. listing** Postenschreibung *f*, (coll); **c. loader** Kartenlader *m*; **c. magazine** Lochkartenmagazin *nt*; **c.phone** *n* ✆ Magnetkartentelefon *nt*; **c. punch** Magnet-, Kartenlocher *m*, K.stanzer *m*, Schreiblocher *m*; **c. rack** Sortierregal *nt*, Kartenständer *m*; **c. reader** (Loch)Kartenleser *m*, K.abfühler *m*, K.abtaster *m*, K.lesegerät *nt*; **c. read error** Kartenlesefehler *m*; **c. read punch** Kartenleser *m*, Lesestanzer *m*; **c. receiver** Kartenablage *f*; **c. reproducer** Doppler *m*; **c. reverser** Kartenwender *m*; **c. row** Karten-, Lochzeile *f*, Kartenzeile *f*; **c. sensing** Kartenabtastung *f*; **c. sharper** (coll) Falschspieler *m*; **c. stacker** Kartenablage *f*; **c. telephone** (Wert)Kartentelefon *nt*
car dump ♻ Autofriedhof *m*
card verifying 🖥 (Loch)Kartenprüfung *f*; **c. vote** Abstimmung mit Delegiertenstimmen; **c. withdrawals** Abhebungen mittels Kreditkarte
care *n* 1. Pflicht(spflicht) *f*, (Für)Sorge *f*, Betreuung *f*, Pflege *f*, Obhut *f*; 2. Obacht *f*, Vorsicht *f*, Aufsicht *f*; **in c.** unter Vormundschaft; **in good c.** in sicherer Obhut; **c. of (c/o)** ✉ per Adresse, bei, in Firma, zu Händen (z. Hd.) von; **with due c.** mit gebührender Sorgfalt, ~ der erforderlichen Sorgfalt, umsichtig; **in need of c.** pflegebedürftig; **with reasonable c.** mit angemessener Sorgfalt
due care and attention verkehrsübliche Sorgfalt; **c. and custody** Personenfürsorge *f*; **residential ~ custody** Fürsorgeerziehung *f*; **~ maintenance** 🛠/🔧 Aufrechterhaltung der Betriebsfähigkeit; **reasonable ~ skill** verkehrsübliche Sorgfalt; **c. of the sick** Krankenversorgung *f*
handle with care *(Aufschrift)* Vorsicht!
to be under the care of a guardian unter Vormundschaft stehen; **to bestow c. (on sth.)** Sorgfalt verwenden; **to commit/entrust sth. to so.'s c.** etw. jds Obhut anvertrauen, jdm etw. zu treuen Händen übergeben; **to exercise c.** Vorsicht/Sorgfalt walten lassen, Sorgfalt anwenden; **to handle with c.** schonend/vorsichtig behandeln; **to keep on a c. and maintenance basis** 🛠 funktionsfähig erhalten; **to leave sth. to so.'s c.** etw. jds Pflege überlassen; **to place in c.; ~ the c. of a guardian** unter Vormundschaft stellen; **to proceed with the utmost c.** mit äußerster Vorsicht zu Werke gehen; **to put o.s. under so.'s c.** sich in jds Obhut begeben; **to take c.** achten auf, achtgeben, Sorge tragen, sorgen (für), Sorgfalt anwenden, ~ walten lassen; **~ c. of so.** sich um jdn kümmern, für jdn sorgen, jdn umsorgen/betreuen; **~ good c. (of s.o./sth.)** gute Pflege angedeihen lassen; **~ c. of itself** sich von selbst regeln/erledigen; **~ c. of number one** *(coll)* nur an sich selbst denken; **~ c. of sth.** etw. erledigen
acute care ✚ Notfallbehandlung *f*; **adequate c.** ausreichende Sorgfalt; **after/follow-up c.** ✚ Nachbetreuung *f*, N.sorge *f*, N.behandlung *f*; **compulsory c.** Amtspflegschaft *f*; **critical c. unit** *[US]* ✚ Intensivstation *f*; **custodial c.** Pflegschaft *f*; **customary c.** verkehrsübliche Sorgfalt; **dental c.** ✚ 1. Zahnpflege *f*; 2. Zahnbehandlung *f*; **domestic c.** häusliche Pflege, Hauspflege *f*; **due c.** nötige/angemessene Sorgfalt; **geriatric c.** ✚ Altenpflege *f*; **institutional c.** geschlossene Fürsorge, Heimaufsicht *f*; **medical c.** ärztliche/medizinische Behandlung, ~ Betreuung, ~ Versorgung, (Heil)Fürsorge *f*, Krankenfürsorge *f*, Gesundheitspflege *f*, G.fürsorge *f*; **meticulous c.** peinliche Sorgfalt; **ordinary c.** verkehrsübliche Sorgfalt; **parental c.** elterliche Sorge; **pastoral c.** Seelsorge *f*; **paternal c.** elterliche/väterliche Fürsorge; **due professional c.** berufsübliche Sorgfalt; **proper c.** hinreichende Sorgfalt; **reasonable c.** angemessene/zumutbare Sorgfalt, ~ Vorsicht; **residential c.** Heimfürsorge *f*, H.betreuung *f*; **social c.** Fürsorgepflicht *f*; **utmost c.** höchste Sorgfalt
care *v/i* Interesse haben, mögen; **c. to do** Lust haben; **I c. for it/sth.** mir liegt daran; **I couldn't c. less** *(coll)* es ist mir völlig schnuppe *(coll)*; **not to c. a damn about sth.** *(coll)* sich den Teufel um etw. scheren *(coll)*
care allowance Pflegezuschuss *m*, P.beihilfe *f*; **c. assistant/attendant** 👥 (Kranken)Pfleger(in) *m/f*, Betreuer(in) *m/f*; **c. attendants** Pflegepersonal *nt*
career *n* Beruf *m*, Karriere *f*, (beruflicher) Werdegang, (Berufs)Laufbahn *f*, berufliches Fortkommen, Lebenslauf *m*, Entwicklungsgang *m*, Berufsverlauf *m*; **c. in insurance** Versicherungslaufbahn *f*
to carve out a career for o.s. seinen Weg machen; **to embark/enter upon a c.** Beruf ergreifen, Laufbahn/Karriere einschlagen; **to make one's c.** Karriere machen; **to plan one's c.** Karriere planen; **to take up a c.** Beruf ergreifen
academic career akademische Laufbahn; **criminal c.**

Verbrecherlaufbahn *f*; **diplomatic c.** diplomatische Laufbahn; **intended c.** Berufswunsch *m*; **legal c.** juristische Laufbahn, Juristenlaufbahn *f*; **professional c.** beruflicher Werdegang, berufliche Laufbahn; **rapid c.** steile Karriere; **theatrical c.** Bühnenlaufbahn *f*
career advancement berufliche Förderung, Berufsförderung *f*; **c. advice** Berufsberatung *f*; **c. adviser** 1. Personalberater(in) *m/f*; 2. Berufsberater(in) *m/f*; **c. aspirations** Berufswunsch *m*, Laufbahnbestrebungen, Karrierehoffnungen; **c. background** beruflicher Werdegang; **c. break** Unterbrechung der Berufstätigkeit; **c. choice** Berufswahl *f*; **c. counselling** Berufsberatung *f*; **c. decision** Berufsentscheid *m*; **c. development** berufliche Entwicklung, beruflicher Werdegang, berufliches Fortkommen, Laufbahnentwicklung *f*; **c. diplomat** Berufsdiplomat *m*; **c. expectations** berufliche Erwartung, Berufserwartung *f*; **c. girl** berufstätige Frau, Karrierefrau *f*; **c. growth** berufliches Fortkommen; **c.(s) guidance/information** Berufsberatung *f*; **c. information center** *[US]* /**centre** *[GB]* Berufsinformationszentrum *nt*
career|ism *n* Karrierismus *m*; **c.ist** *n* Erfolgsmensch *m*, Karrierist *m*, Streber *m*
career management Karriereplanung *f*; **c.s master** Berufsberatungslehrer *m*; **c.-minded** *adj* karrierebewusst; **c. monograph** ausführlicher Lebenslauf; **c.s officer** Berufsberater(in) *m/f*; **c. opportunities** Berufschance *f*, Aufstiegsmöglichkeiten, berufliches Fortkommen; **c. path/route** beruflicher Werdegang, Karriere(leiter) *f*, (Berufs)Laufbahn *f*, Berufsverlauf *m*; **uninterrupted c. path** ununterbrochene Berufstätigkeit; **c. planning** Berufs-, Laufbahnplanung *f*; **in-house ~ planning** (innerbetriebliche) Laufbahnplanung; **c. pattern** Berufslaufbahn *f*; **~ study** Berufsverlaufsuntersuchung *f*; **c. progression** beruflicher Werdegang/Aufstieg, berufliche Entwicklung, Laufbahnentwicklung *f*; **c. prospects** berufliche Möglichkeiten, Berufsaussichten, Aufstiegschancen, A.möglichkeiten, Karriere-, Beförderungs-, Laufbahnaussichten; **c. regulations** Laufbahnvorschriften, L.bestimmungen; **c. structure** Berufslaufbahn *f*; **in-house c. system** firmeninterne Laufbahn, innerbetrieblicher Aufstieg; **c. woman** berufstätige Frau, Karrierefrau *f*
carefree *adj* sorgenfrei, sorglos
careful *adj* vorsichtig, sorgfältig, s.sam, schonend, behutsam, pfleglich; **to be c.** sich vorsehen; **c.ness** *n* Sorgfalt *f*
care grant Pflegebeihilfe *f*; **c. home** Pflegeheim *nt*; **(long-term) c. insurance** Pflegeversicherung *f*
care label *(Textilien)* Pflegehinweis *m*
careless *adj* leichtsinnig, nach-, fahrlässig, unbekümmert, unachtsam, achtlos; **c.ness** *n* Nachlässigkeit *f*, (grobe) Fahrlässigkeit, Flüchtigkeit *f*, Leichtsinn *m*, Sorglosigkeit *f*, Unachtsamkeit *f*, Unvorsichtigkeit *f*
care order [§] (Jugend)Fürsorgeanordnung *f*; **c. and protection order** Vormundschaftsbeschluss *m*; **c. proceedings** Fürsorgeerziehungsverfahren *nt*
caretaker *n* Hausverwalter *m*, H.meister *m*, H.wart *m*, H.besorger *m [A]*; **c. cabinet** Übergangskabinett *nt*; **c.**

government geschäftsführende/provisorische/vorläufige Regierung, Übergangs-, Interimsregierung *f*
car exhaust 🚗 Auspuff *m*; **c. fare** *[US]* Fahrpreis *m*; **c. ferry** ⚓ Autofähre *f*; **c. fuel benefit** Benzingeld *nt*
cargo *n* (See)Fracht *f*, Ladung *f*, Fracht-, Lade-, Transport-, Beförderungsgut *nt*, Schiffsfracht *f*, S.güter *pl*, Schiffs-, Zollladung *f*, Beladung *f*, Cargo *m*, Kargo *m*; **c. afloat** schwimmende Ladung; **c. offered** Ladungsangebot *nt*; **c. sent abroad** Auslandsfracht *f*; **guaranteed for c.** Ladebereitschaft zugesichert
to add to the cargo beiladen; **to assort/group a c.** (Sammel)Ladung zusammenstellen; **to carry c.** Fracht(gut) befördern; **to close for c.** ⚓ Ladeschluss haben, keine Ladung mehr annehmen, für die Verladung schließen; **to discharge a c.** Fracht/Ladung löschen; **to enter a c.** ⊖ Schiffsladung deklarieren; **to handle c.** Fracht umschlagen; **to jettison a c.** Ladung über Bord werfen; **to manifest a c.** Ladung anmelden; **to save/salvage the c.** Ladung bergen; **to take in c.** Fracht einladen, Ladung einnehmen; **~ up c.** Ladung übernehmen
added cargo Beiladung *f*; **bagged c.** Sackgut *nt*; **chilled c.** Kühlgut *nt*; **deadweight c.** Gewichtsfracht *f*
dry cargo Schütt-, Trockengut *nt*, T.fracht *f*, T.ladung *f*, trockene Ladung; **~ carrier/ship** Trocken(gut)schiff *nt*, T.frachter *m*; **~ market** Trockenfrachtmarkt *m*; **~ run** Trockenfahrt *f*
floating cargo schwimmende Ladung, unterwegs befindliche Fracht; **frozen c.** Gefrierladung *f*
general cargo gemischte Fracht, (konventionelles) Stückgut, S.ladung *f*, Stück(gut)-, Partiefracht *f*; **~ capacity** Stückgutkapazität *f*; **~ container** Stückgutcontainer *m*; **~ handling** Stückgutumschlag *m*; **~ handling facility** Stückgutumschlaganlage *f*; **~ movement** Stückgutumschlag *m*; **~ ship** Stückgutfrachter *m*
heavy(-lift) cargo Schwergut(fracht) *nt/f*; **inboard c.** Innenladung *f*; **inflammable c.** feuergefährliche Ladung; **inward c.** Herfracht *f*; **joint c.** Sammelladung *f*; **~ business** Sammelladegeschäft *nt*; **liquid c.** flüssige/nasse Ladung; **loose c.** bewegliche Ladung; **marine c.** Seefracht *f*; **~ insurance** Seefrachtversicherung *f*; **mixed c.** Partiefracht *f*, Stück(gut)fracht *f*, S.(gut)ladung *f*, S.güter *pl*; **ordinary c.** Normalfracht *f*; **outward c.** abgehende/ausgehende Ladung, Hinfracht *f*; **part c.** Partie-, Teilfracht *f*; **perishable c.** verderbliche Ladung; **refrigerated c.** Kühl(raum)ladung *f*; **shifting c.** lose Ladung; **short-landed c.** Fehlmenge bei Entladung, ~ Ankunft der Ladung, bei Schiffsankunft festgestellte Fehlmenge; **short-shipped c.** vom Schiff nicht übernommene Ladung, unverladene Güter; **sound c.** unbeschädigte Ladung; **special c.** Spezialfracht *f*; **substitute c.** Ersatzladung *f*; **through c.** Transitladung *f*; **under-deck c.** unter Deck verladene Güter; **undeclared c.** ⊖ nicht deklarierte Ladung; **valuable c.** wertvolle Ladung; **wheeled c.** rollende Fracht/Ladung, Rollgut *nt*
cargo agent Frachtspediteur *m*; **c. airport** Frachtflughafen *m*; **c. bill** Ladeliste *f*; **c. boat** Frachtschiff *nt*, F.dampfer *m*; **c. book** Lade-, Frachtbuch *nt*; **c. booking**

section Abteilung für Luftfrachtbuchungen; **c. capacity** Ladefähigkeit *f*, L.vermögen *nt*, L.kapazität *f*; **c. clerk** Ladungsprüfer *m*; **c. damage** Frachtschaden *m*; **c. deck** Ladedeck *nt*; **c. dock** Ladekai *m*; **c. document** Lade-, Ladungspapier *nt*; **c. flight** Frachtflug *m*; **c. glider** ✈ Lastensegler *m*
cargo handling (Güter)Umschlag *m*; **~ in port** Hafenumschlag *m*; **c. h. charges** Umschlagkosten; **~ facility** Umschlaganlage *f*; **~ turnover** Verkehrsaufkommen *nt*
cargo hatch ⚓ Ladeluke *f*; **c. hold** Fracht-, Laderaum *m*; **c. homeward** Retour-, Rückfracht *f*, Retoursendung *f*; **c. insurance** Fracht-, Güter(transport)-, Kargoversicherung *f*; **c. lien** Ladungs-, Frachtführerpfandrecht *nt*
cargo liner ⚓ Linienfrachter *m*, Frachtschiff im Liniendienst; **deep-sea c. l.** Linienfrachter für große Fahrt; **general c. l.** konventioneller Linienfrachter, Stückgutfrachter *m*
cargo manifest Frachtmanifest *nt*, Ladungsverzeichnis *nt*; **c. market** Ladungsmarkt *m*; **c. movement(s)** Frachtumschlag *m*; **c. owner(s)** Ladungseigentümer *m*, L.beteiligter *m*, Frachteigner *m*, F.inhaber *m*; **c. passage** Frachtschiffpassage *f*; **c. pit** ✈ Frachtraum *m*; **c. plane** ✈ Fracht-, Güter-, Lasten-, Transportflugzeug *nt*; **c. policy** Fracht-, Ladungs-, Frachtversicherungspolice *f*; **open c. policy** Generalpolice *f*; **c. port** (Lade)Luke *f*, Ladepforte *f*; **c. premium** (*Vers.*) Frachtprämie *f*
cargo rate Frachtrate *f*; **general/mixed** [GB] **c. r.** Stückguttarif *m*, Tarif für Stückgüter
cargo revenue(s) Frachteinkünfte *pl*; **c. section** Frachtabteil *nt*; **c. service** Frachtdienst *m*; **all-c. service** Nurfrachtdienst *m*; **c. sharing** Ladungsaufteilung *f*, Aufteilung des Frachtgeschäfts; **c. shipping** Frachtschifffahrt *f*; **c. space** Fracht-, Transportraum *m*; **surplus c. space** freier Frachtraum, freie Ladekapazität; **c. stage** Ladegerüst *nt*; **c. steamer** Frachtdampfer *m*; **c. submarine** Unterseefrachter *m*; **c. superintendent** Frachtaufseher *m*; **c. terminal** Frachtzentrum *nt*; **c. tonnage** Ladefähigkeit *f*; **c. traffic** Frachtverkehr *m*; **c. underwriter** Fracht(en)versicherer *m*; **c. vessel** ⚓ Frachter *m*, Frachtdampfer *m*, Transportschiff *nt*
car hire A.vermietung *f*, Wagen-, (Kraft)Fahrzeugvermietung *f*; **~ agency** Mietwagenverleih *m*, M.vertretung *f*; **~ business** Leih-, Mietwagengeschäft *nt*; **~ company** Mietwagenfirma *f*; **~ service** Leihwagendienst *m*
Caribbean Community (CARICOM) Karibische Gemeinschaft; **C. Free Trade Association (CARIFTA)** Karibische Freihandelsorganisation
caricature *n* Zerrbild *nt*, Karikatur *f*; *v/t* karikieren
caries *n* ⚕ Karies *f*, Zahnfäule *f*
car importer Autoimporteur *m*; **c. industry** Kraftfahrzeug-, Auto(mobil)industrie *f*, A.branche *f*
caring *adj* sozial, engagiert
car insurance (Kraft)Fahrzeugversicherung *f*; **comprehensive c. i.** Vollkaskoversicherung *f*, Fahrzeugvollversicherung *f*
car key Autoschlüssel *m*; **c. leasing** Auto-, Fahrzeugvermietung *f*; **c. licence** Kraftfahrzeugschein *m*; **flat-rate ~ fee** Kraftfahrzeugpauschalsteuer *f*

carload (c. l.) *n* [US] 🚃 Ladungspartie *f*, Wagen-, Wagon-, Komplettladung *f*; **by the c. l.** [US] wagonweise; **less than C. L. (LCL)** Teilladung *f*, Stückgutpartie *f*; **~ lot (LCL)** Stückgut *nt*; **c. l. freight** Wagonfracht *f*
carload lot [US] 🚃 Wagonladung *f*; **c. rate** Wagonfrachtsatz *m*, W.tarif *m*; **mixed c. rate** Stückguttarif *m*; **c. shipment** Wagonsendung *f*
car make Automarke *f*; **c.maker** *n* Auto(mobil)hersteller *m*; **c.man** *n* [US] Omnibusfahrer *m*, Fahrzeugführer *m*; **c. manufacture** Kraftfahrzeug-, Automobilbau *m*; **c. manufacturer** Autohersteller *m*, A.mobilfabrikant *m*, Fahrzeughersteller *m*; **c. manufacturers** Auto(mobil)-, Kraftfahrzeugindustrie *f*; **c. manufacturing** Auto(mobil)herstellung *f*, Kraftfahrzeugbau *m*, Auto(mobil)produktion *f*, A.bau *m*; **c. market** Kraftfahrzeug-, Auto(mobil)markt *m*; **c. mechanic** Kraftfahrzeugschlosser *m*, Kraftfahrzeug-, Automechaniker *m*
carnet (de passage) *n* (*frz.*) ⊖ Carnet *m*, Zollbegleit-, Zollpassierscheinheft *m*
car operations Kraftfahrzeug-, Auto(mobil)geschäft *nt*
car owner (Kraft)Fahrzeugbesitzer *m*, Wagen-, Auto(mobil)besitzer *m*; **registered c. o.** (Kraft)Fahrzeughalter *m*
car ownership Kraftfahrzeugbestand *m*, Motorisierungsgrad *m*; **increasing c. ownership** zunehmende Motorisierung
carp *v/i* quengeln, nörgeln
car papers Wagen-, Autopapiere
car park Parkplatz *m*; **long-stay c. p.** Langzeit-, Dauerparkplatz *m*; **multi-storey c. p.** Park(hoch)haus *nt*, Hochgarage *f*; **public c. p.** öffentlicher Parkplatz; **underground c. p.** Tiefgarage *f*; **c. p. attendant** Parkplatzwächter *m*; **c. p. operator** Parkplatzbetreiber *m*
carpen|ter *n* 🔨 Zimmermann *m*; **c.try** *n* Zimmereibetrieb *m*
carpet *n* Teppich *m*; **to sweep sth. under the c.** (*fig*) etw. unter den Teppich kehren (*fig*)
fitted carpet Teppichboden *m*; **red c.** roter Teppich; **to give so. the ~ treatment; to roll out the ~ for so.** (*fig*) jdn mit großem Bahnhof empfangen (*fig*); **~ reception** (*fig*) großer Bahnhof (*fig*); **threadbare c.** schäbiger Teppich; **tufted c.** Quastenteppich *m*
carpet so. *v/t* (*coll*) jdn zurechtweisen/runterputzen (*coll*)
carpeting *n* Teppiche *pl*, Teppichstoff *m*, T.material *nt*; **wall-to-wall c.** Teppichboden *m*
carpet sweeper Teppichkehrmaschine *f*
car phone Autotelefon *nt*
carping *n* Nörgelei *f*
car pool 1. Fuhr-, Wagen-, Kraftfahrzeugpark *m*, Fahrbereitschaft *f*; 2. Fahrgemeinschaft *f*; **c. population** Fahrzeugbestand *m*; **c.port** *n* überdachter Einstellplatz, Wagenunterstand *m*; **c. production** (Kraft)Fahrzeug-, Auto(mobil)produktion *f*, A.(mobil)herstellung *f*; **c. purchase loan** Autokredit *m*; **c. radio** Autoradio *nt*; **c. registration** Kraftfahrzeug-, Auto(mobil)zulassung *f*; **~ document** Kraftfahrzeugschein *m*
car rental Leihwagengeschäft *nt*, Autoverleih *m*, A.vermietung *f*, Auto-, Wagenmiete *f*, Kraftfahrzeug-,

Wagenvermietung f; ~ **agency** Mietwagenverleih m, M.vertretung f; ~ **business** Leih-, Mietwagengeschäft nt; ~ **company** Mietwagenfirma f; ~ **market** Leihwagenmarkt m; ~ **service** Autoverleih m
car renter Leihwagenkunde m
car repair Auto-, Fahrzeugreparatur f; ~ **(work)shop** Fahrzeug-, Autoreparaturwerkstatt f, A.werkstatt f
carriage n 1. Transport m, Beförderung f; 2. Transportkosten pl, Frachtgeld nt, F.gebühr f, F.lohn m, F.kosten pl, F.spesen pl, Roll-, Fuhrgeld nt, F.lohn m, Beförderungsgebühr f; 3. Spedition f, Fracht-, Fuhrgeschäft nt; 4. 🚗 Überführung f; 5. *(Schreibmaschine)* Wagen m; 6. 🚆 Reisezug-, Personenwagen m
carriage by air Luftbeförderung f, L.transport m; **c. of airmail** Luftpostbeförderung f; **c. at no charge to customer** frachtfreie Beförderung; **c. under customs seal** ⊖ Warenbeförderung unter Zollverschluss; **c. of goods** Waren-, Frachtbeförderung f, Verfrachtung f; **to contract for the ~ goods** Vertrag für die Beförderung von Waren abschließen; **~ goods by rail** Gütertransport per Bahn, Bahntransport m, B.fracht f; **~ goods by road** Straßentransport m, S.güterverkehr m, Güterkraftverkehr m; **~ goods by sea** Güterbeförderung zur See, Seefrachtgeschäft nt; **~ goods law** Frachtrecht nt; **c. by land** Landfracht f, Transport zu Lande; **c. of letters** Briefbeförderung f; **~ passengers** Personenbeförderung f; **c. by rail** Eisenbahn-, Schienentransport m, Bahnlieferung f, Transport per Bahn; **packed for ~ rail** bahnmäßig verpackt; **~ road** Straßentransport m, Transport per LKW; **~ sea** Seetransport m, Transport zur See, Beförderung auf dem Seewege; **~ water** Transport zu Wasser, Wasserfracht f
carriage charge Transportpreis m; **c. forward (carr. fwd.)** unfrei, Fracht (be)zahlt der Empfänger, ~ zu Ihren Lasten, ~ zahlbar am Bestimmungsort, Fracht(kosten)nachnahme f, F.(kosten) per Nachnahme, Porto-, Spesennachnahme f, Transport zu Lasten des Empfängers; **c. free** frachtfrei, franko; **c. inwards** 1. Eingangsfracht f; 2. Frachtspesen pl, Bezugskosten pl; **c. outwards** 1. Ausgangsfracht f; 2. Frachtspesen pl, Versandkosten pl; **c. paid to (CPT)** frachtfrei bis; **c. prepaid** frachtfrei, unter Vorauszahlung der Fracht, Fracht bezahlt; **c. and insurance paid to (CIP)** frachtfrei versichert bis
additional carriage Frachtzuschlag m, F.aufschlag m; **composite c.** 🚆 Eisenbahnwagon mit mehreren Klassen; **first-class c.** 🚆 Erster-Klasse-Wagen m; **hired c.** Mietfuhrwerk nt; **inland/internal c.** inländische Beförderungskosten, Binnentransport m; **open-plan c.** 🚆 Großraumwagen m; **outward c.** abgehende Ladung, Hinfracht f; **private c.** Werktransport f, W.sverkehr m; **through c.** 🚆 Kurs-, Durchgangswagen m, durchgehender Wagen
carriage account Frachtkonto nt; **c. building** 🚆 Wagonbau m; **c. business** Frachtgeschäft nt; **c. charge(s)** Fracht(gebühr) f, F.entgelt nt, Beförderungs-, Transportkosten pl, T.gebühren pl; **c. frame** Wagengestell nt; **c. insurance** Frachtversicherung f; **c. interlock** *(Schreibmaschine)* Vorschubsperre f; **c. maintenance**

depot 🚆 Betriebshof m; **c. receipt** Ladeschein m; **c. return** *(Schreibmaschine)* Schreibkopf-, Wagenrücklauf(taste) m/f; **c. skip** Vorschub m; **c. storage** 🗄 Zwischenspeicher m; **c. tape** Vorschub-, Lochband nt; **long c. typewriter** Breitwagenmaschine f; **c. undertaking** Beförderungsunternehmen nt; **c. underwriter** Frachtversicherer m
carriageway n 🛣 Fahrbahn f, F.damm m, F.weg m; **dual c.** Straße mit zwei Fahrbahnen; **oncoming c.** Gegenfahrbahn f
car ride Autofahrt f
carried down (c. d.) *adj* Übertrag m; **c. forward/over** *(Saldo)* vorgetragen, übertragen, Vor-, Übertrag m; **to be c. out** erfolgen; **~ unanimously** einstimmig angenommen werden
carrier n 1. Beförderer m, Spediteur m, Transport-, Rollfuhr-, Fuhr-, Fracht-, Verkehrs-, Transport-, Beförderungsunternehmer m, Verfrachter m, Frachtführer m, Rollfuhrgesellschaft f, Fuhr-, Beförderungsunternehmen nt, Verkehrsträger m, Spedition f, Transportspediteur m; 2. Last(en)träger m; 3. ✈ Fluggesellschaft f; 4. ⚓ (Krankheits)Überträger m; 5. Versicherungsträger m; 6. ⚓ Netzbetreiber m; **c.s Speditionsbetrieb** m, S.unternehmen nt; **free c. (FCA)** frei Frachtführer
alien carrier ausländischer Frachtführer; **capital c.** Hauptfrachtführer m; **common c.** 1. öffentlicher Transportunternehmer, öffentliches Transportunternehmen, (öffentlicher/gewerbsmäßiger) Frachtführer, gewerbsmäßiger Verfrachter, bahnamtlicher Spediteur, Transporteur m, Transportunternehmer m, T.unternehmen nt, T.spediteur m, Verkehrsunternehmen nt, Fachspedition f; 2. ⚡ Durchleitungsnetz nt; **~ c.'s insurance** Güterverlustversicherung f; **connecting c.** Korrespondenzspediteur m, Anschlusscarrier m; **domestic c.** 1. Inlandsspedition f, Binnenfrachtführer m; 2. ✈ Inlandsfluggesellschaft f; **industrial c.** betriebliches Transportunternehmen nt; **issuing c.** Hauptspediteur m; **limited c.** Vertragsspediteur m; **marine c.** Seefrachtführer m; **occasional c.** Gelegenheitsfrachtführer m; **participating c.** Teilhaberspedition f; **previous c.** ⚓ Vorreeder m; **private c.** privater Spediteur, Gelegenheitsspediteur m, Werksverkehr m, W.spedition f; **public c.** Spedition(sfirma) f; **refrigerated c.** 1. ⚓ Kühlschiff nt; 2. 🚆 Kühlwagen m; **scheduled c.** 1. ✈ Linienfluggesellschaft f; 2. ⚓ Linienreederei f; **special c.** Spezialtransportunternehmen nt; **successive c.** nachfolgender Frachtführer; **switching c.** Umschlags-, Umladespediteur m; **terminal c.** Empfangsspediteur m; **~ c.'s fee** Empfangsspediteurvergütung f
carrier bag Tragetasche f, T.tüte f; **c.'s business** Lohnfuhr-, Speditiorgeschäft nt; **c.'s charges** Speditionsgebühren pl; **c. clause** Frachtführerklausel f; **c.'s draft** Tratte des Verladers; **c. frequency** ⚓ Trägerfrequenz f
carrier's liability Haftung/Haftpflicht des Frachtführers, ~ Spediteurs, Spediteurhaftung f, Transport(unternehmer)haftung f; **~ Act** *[GB]* Beförderungs-, Transporthaftpflichtgesetz nt; **~ insurance** Spediteurhaftpflichtversicherung f

carriers's lien Zurückbehaltungsrecht des Spediteurs, Pfandrecht des Spediteurs/Frachtführers, Spediteur-, Frachtführerpfandrecht *nt*; ~ **manifest** Ladungsverzeichnis *nt*; ~ **negligence** mangelnde Sorgfalt des Spediteurs; **c. pigeon** Brieftaube *f*; **c.'s quotation** Spediteurofferte *f*; ~ **receipt** Spediteurbescheinigung *f*, Ladeschein *m*; **c. return** Schreibkopfrücklauf *m*
carrier's risk (C. R.) Risiko des Frachtführes/Spediteurs, auf Gefahr des Transportunternehmers; **at** ~ **risk** auf Gefahr des Spediteurs; **on** ~ **risk terms** auf der Basis der Transportunternehmerhaftung
carrier telegraphy Trägerfrequenztelegrafie *f*; **c. telephony** ✆ Trägerfrequenztelefonie *f*; **c. transmission** ✆ Trägerfrequenzübertragung *f*; **c. wave** Trägerwelle *f*
carrot and stick *n* *(fig)* Zuckerbrot und Peitsche *(fig)*
carry *n* Übertrag *m*; **c.all** *n [US]* Reise-, Tragetasche *f*; **c. forward** 1. Übertrag *m*, Saldenumbuchung *f*, (Buchungs-/Neu)Vortrag *m*, vorgetragener Saldo; 2. Verlustvortrag *m*; ~ **inclusive of net profits** Vortrag einschließlich Reingewinn; **complete c.** vollständiger Übertrag; **decimal c.** 🖳 Zehnerübertrag *m*; **high-speed c.** 🖳 Schnellübertrag *m*; **partial c.** Teilübertrag *m*
carry *v/t* 1. tragen, (über)bringen, transportieren, befördern; 2. *(Artikel)* führen; 3. *(Wertpapiere)* halten; 4. verbuchen; 5. *(Entschließung)* annehmen; 6. *(Zeitung)* bringen; 7. *(Kosten)* tragen; **c. about** herumtragen; **c. away** 1. fortschaffen, fort-, davontragen; 2. *(Publikum)* mitreißen, mit sich reißen; **c. back** zurücktragen; **c. down** *(Saldo)* vortragen; **c. forward** *(Zwischensumme)* vortragen, (auf das nächste Kontenblatt) übertragen, Übertrag machen/vornehmen, **c. on** *(Geschäft)* weiterführen, fortsetzen, f.führen; ~ **as usual** zur Tagesordnung übergehen *(coll)*; **c. out** durchführen, realisieren, abwickeln, verwirklichen, vollziehen, tätigen, betreiben, erfüllen; **c. over** 1. vor-, übertragen; 2. *(Börse)* prolongieren, in Kost geben, reportieren, in Report nehmen; **c. through** durchführen, ausführen
carryback *n* Rück(über)trag *m*, Verlustausgleich *m*, V.rücktrag *m*
carrying *n* Transport *m*, Beförderung *f*; **c.s** Beförderungszahlen, Transport-, Passagier-, Fahrgast-, Beförderungsaufkommen *nt*, Transportleistungen, Anzahl der Beförderungsfälle
carrying account Speditionskonto *nt*; **c. agent** Spediteur *m*; **net c. amount** *(Bilanz)* Rechnungsabgrenzungsposten *m*; **c. business** Speditionsgeschäft *nt*; **c. capacity** Nutzlast *f*, Tragfähigkeit *f*; **c. charge** Lager(haltungs)kosten *pl*; **c. charges** 1. Transport-, Beförderungs-, Fracht-, Speditionskosten; 2. Kosten der Lagerhaltung; 3. Aufwand für ungenutzte Anlagen; 4. Zinsen für Teilzahlungskredit; **c. cost(s)** Kosten der Lagerhaltung; **c.-out** Durchführung *f*, Realisierung *f*; **c. over** *[GB]* *(Börse)* glatte Prolongation, Reportierung *f*, Schiebung(sgeschäft) *f/nt*; ~ **rate** Prolongationsgeschäftssatz *m*; **c. rate of asset** (Rest)Buch-, Abnutzungswert *m*, fortgeführte Anlagekosten; **c. trade** Fracht-, Transportgewerbe *nt*, Speditionsgeschäft *nt*; **c. value** *(Anlagegegenstand)* Buchwert *m*, Wert einer Sicherheit

carry-out *n* vom Kunden mitgenommene Ware
carryover *n* 1. (Rechnungs)Übertrag *m*; 2. Verlustvortrag *m*; 3. Prolongation(sgeschäft) *f/nt*; 4. 🌾 Ernteüberschuss *m*; 5. *(Börse)* Kost *f*, Report *m*, Contango(zins) *m*; 6. Überbrückungsreserve *f*; **c. of old projects** 🏛 Überhang alter Bauvorhaben
carryover arrangement Ausgleichsmaßnahme *f*; **c. business** Reportgeschäft *nt*; **c. day** Reporttag *m*; **c. effect** Überlagerungseffekt *m*; **c. file** laufende Prüfunterlagen; **c. funds** Budgetübertragung *f*, Etat(s)überschüsse; **c. loan market** Reportgeldmarkt *m*; **c. payment** Übergangsvergütung *f*; **c. rate** *(Börse)* Report-, Prolongations-, Schiebungssatz *m*; **c. stock** Übertragungsbestand *m*
car sales Autoverkauf *m*; ~ **boom** Autofrühling *m* *(fig)*; **c. salesman** Autoverkäufer *m*; **c. sharing** Fahrgemeinschaft *f*; **c. show** Automobilsalon *m*; **c.-sick** *adj* autokrank; **c.-sickness** *n* Autokrankheit *f*; **c. space** 🅿 Abstellplatz *m*
cart *n* Karren *m*, Fuhrwerk *nt*, Wagen *m*, Karre *f*; **to put the c. before the horse** *(fig)* das Pferd am Schwanz aufzäumen *(fig)*; **horse-drawn c.** Last-, Pferdefuhrwerk *nt*
cart *v/t* *(Rollfuhr)* transportieren; **c. away** abrollen, abtransportieren
cartage *n* 1. (Bahn)Rollfuhr(geschäft) *f/nt*; 2. Transport-, Anfuhr-, Abroll-, Frachtkosten *pl*, Rollfuhrgebühr *f*, (Fracht)Zustellgebühr *f*, Abfuhr-, Fracht-, Anfuhrkosten, Hausfracht *f*, Frachtlohn *m*, Umfuhr *f*; **General C. Conditions** Allgemeine Rollfuhrbedingungen; **c. contractor** Rollfuhrdienst *m*, R.unternehmer *m*, Bahnspediteur *m*; **official** ~ **to the railway** bahnamtliches Rollfuhrunternehmen; **c. insurance policy** Rollfuhrversicherungsschein *m*; **c. note** Anfuhrrechnung *f*; **c. port** Anfuhrhafen *m*; **c. order** Rollfuhrauftrag *m*; **c. rate** Rollfuhrtarif *m*; **c. service** Rollfuhr *f*
car tax Auto-, Kraftfahrzeugsteuer *f*
to eat à la carte *n* *(frz.)* nach (der) Karte essen; **c. blanche** *(frz.)* Blankovollmacht *f*, unbeschränkte Vollmacht
cartel *n* Kartell *nt*, Pool *m*, Ring *m*; **to break up a c.** Kartell auflösen/sprengen; **to combat a c.** Kartell bekämpfen; **to join a c.** sich einem Kartell anschließen, einem Kartell beitreten
authorized cartel Erlaubniskartell *nt*; **compulsory c.** Zwangskartell *nt*; **contracted c.** Verdingungskartell *nt*; **cost-estimating c.** Kalkulationskartell *nt*; **domestic c.** Inlands-, Binnenkartell *nt*; **export-promoting c.** Ausfuhrkartell *nt*; **industrial c.** Industriekartell *nt*; **international c.** internationales Kartell; **price-reporting c.** Informationskartell *nt*; **regional c.** Gebietskartell *nt*
cartel agreement Kartellabsprache *f*, K.vereinbarung *f*, K.vertrag *m*; **c. ban** Kartellverbot *nt*; **c. advisory committee** Kartellbeirat *m*; **c. court** [§] Kartellgericht *nt*; ~ **decision** Kartellbeschluss *m*; **c. decree** Kartellverordnung *f*; **c. division** [§] Kartellsenat *m*
car telephone Autotelefon *nt*
cartel interest Kartellanteil *m*
cartel|ism *n* Kartellwesen *nt*; **c.ization** *n* Kartellierung *f*, Kartellbildung *f*

cartelize v/ti (sich) zu einem Kartell vereinigen, kartellieren; **c.d** adj kartelliert
cartel law Kartellrecht nt; **c.-like** adj kartellähnlich; **c. office** Kartellamt nt, K.behörde f, K.abteilung f; **federal c. office** Bundeskartellamt nt [D]; **c. ordinance** Kartellverordnung f; **c. participation** Kartellbeteiligung f; **c. policy** Kartellpolitik f; **c. pressure** Kartellzwang m; **c. price** Verbandspreis m; **c. provisions** Kartellbestimmungen; **c. regulations** Kartellvorschriften, K.bestimmungen; **c. relationship** Kartellbeziehung f; **c. relinquishment** Kartellauflösung f; **c. representative** Kartellvertreter; **c.-type** adj kartellähnlich; **c. watchdog** Kartellhüter m, K.wächter m
carter n 1. Fuhrmann m, Rollkutscher m; 2. Rollfuhrunternehmen nt
car theft Auto-, Kraftfahrzeugdiebstahl m; **c. thief** Autodieb m
cartilage n ⚓ Knorpel m
carting agent n Rollfuhrdienst m, R.unternehmer m; **c. service** Rollfuhrdienst m
cartload n Fuhre f, Karrenladung f
cartogram n Kartogramm nt; **c.grapher** n Kartenzeichner m, Kartograf m; **c.graphical** adj kartographisch; **c.graphy** n Kartenkunde f, Kartografie f
carton n (Papp)Karton m, Leichtkarton(behälter) m; **c. of cigarettes** Stange Zigaretten; **c. board** Kartonage f
cartoon n (Zeichnung) Karikatur f; **animated c.** Zeichentrickfilm m; **c.ist** n Karikaturist m, Pressezeichner m
car trade Kraftfahrzeuggewerbe nt, K.handel m
cartridge n 1. Kassette f, Patrone f, Farbbandspule f; 2. 📼 Magnetbandkassette f; **fixed c.** fest montierte Kassette; **removable c.** auswechselbare Kassette; **c. ribbon** Kassettenband nt; **c. tape drive** 📼 Kassettenlaufwerk nt
cart track 🐎 Feldweg m; **c.wheel** n [US] (coll) Silberdollar m
carve up v/t aufteilen
car wash 1. Wagenwäsche f; 2. Auto-, Wagenwaschanlage f; ~ **bay** Auto-, Wagenwaschanlage f
cascade n Wasserfall m, Kaskade f; **c. tax** Kaskaden-, Brutto-, Allphasen-Umsatzsteuer f
case n 1. [§] Fall m, Rechts-, Prozesssache f, Streitfall m, Klage f; 2. Umstand m, Vorgang m, Verhandlungsgegenstand m; 3. Kasten m, Kiste f, Schachtel f, Koffer m, Aktentasche f, Gehäuse nt, Etui nt; 4. ⚓ Krankheitsfall m; **by the c.** kistenweise; **in c. of** im Falle von, bei; **in the c. of** in Bezug auf, in Sachen; **in any c.** jedenfalls, auf jeden Fall; **in no c.** keinesfalls, auf keinen Fall; **in one's own c.** in eigener Sache; **in some c.s** zum Teil; **c. by c.** von Fall zu Fall; **in the best of c.s** bestenfalls
case on appeal [§] Berufungs-, Revisionssache f; **c.s involving business offences** Wirtschaftsstrafsachen; **c. of conscience** Gewissensfrage f; **in the c. under consideration** im vorliegenden/konkreten Fall; **c. of damage** Schadensfall m; ~ **death** Todesfall m; **c. in dispute** strittiger Fall; **c. of embezzlement** Unterschlagungsfall m; **in** ~ **emergency** im Notfall, bei Gefahr; **c.s restricted to documentary evidence** Urkundsachen; **c. involving family law** Familienrechtssache f; **c. of fraud** Betrugsfall m, Fall von Betrug; **clear** ~ **fraud** glatter Betrugsfall; **c. in hand** vorliegender (Rechts)Fall; **c. of hardship** Härtefall m; **c. at issue** vorliegender/strittiger Fall, zur Entscheidung anstehender Fall; ~ **law** anhängiges Verfahren; **c. of need** Notfall m; ~ **negligence** Fall von Fahrlässigkeit; **c. in point** betreffender/einschlägiger/konkreter/typischer Fall, einschlägiges Beispiel; **c. for the prosecution** Vortrag der Anklagebehörde; **c. within the purview** innerhalb der Zuständigkeit liegender Fall; **c. in question** fragliche Sache; **c. under review** vorliegender Fall; **c.s concerning legal status** Statusangelegenheiten; **c. of survival** Überlebensfall m; **c. of urgency** Notfall m, dringender Fall; **in c.s of urgency** in dringenden Fällen; ~ **extreme urgency** in äußerst dringenden Fällen
prima facie (lat.) **case to answer** [§] hinreichender Tatverdacht; **there is no c. (for)** es gibt keinen Grund; ~ **a strong c. (for)** es gibt einen gewichtigen Grund; **he is a hopeless c.** bei ihm ist Hopfen und Malz verloren (coll); **as the c. arises** von Fall zu Fall; ~ **may be** je nachdem, je nach Sachlage, nach Lage des Falles; ~ **stands at present** beim gegenwärtigen Stand der Dinge; **in c.s where there is adequate reason** in begründeten Fällen; **c. dismissed** Verfahren eingestellt; **c. stated** Richtervorlage f, vorgetragener Fall; **belonging to the c.** streitgegenständlich
to add sth. to a case etw. beipacken; **to adjudicate the c. as matters stand** nach Aktenlage entscheiden; **to be the c. as a rule** die Regel sein; **to bring a c. against so.** Verfahren gegen jdn einleiten; **to call the next c.** den nächsten Fall aufrufen; ~ **up a c.** Fall/Streitsache aufrufen; **to close the c.** Beweisaufnahme schließen; **to complete a c.** Fall abschließen; **to conduct a c.** Prozess führen; **to consider a c. on its merits** Fall für sich allein beurteilen; **to continue the c.** Prozess wieder aufnehmen; **to deal with a c.** 1. (Richter) Fall verhandeln; 2. (Anwalt) sich mit einem Fall befassen, (Streit)Fall bearbeiten; **to decide a c. on its merits** nach Sachlage entscheiden; ~ **strictly on its merits** Fall allein auf Grund der ihm innewohnenden Umstände entscheiden; **to defend a c.** (sich auf eine Klage) einlassen; **to dismiss a c.** Klage abweisen/verwerfen/für unzulässig erklären, Verfahren wegen Geringfügigkeit einstellen; **to dispose of a c.** Fall erledigen; **to drop a c.** Verfahren aussetzen/einstellen; **to establish a prima facie** (lat.) **c.** glaubhaft darlegen/machen, schlüssig begründen; **to handle a c.** Fall bearbeiten; **to have a c.** gute Argumente auf seiner Seite haben; ~ **a good c.** (Rechtsstreit) gute Chancen/berechtigtes Anliegen haben; ~ **a strong c.** gewichtiges Argument haben; **to head a c.** Fall leiten; **to hear a c.** in einer/über eine Sache verhandeln, Fall/Sache verhandeln, mündlich verhandeln; ~ **and determine a c.** richterlich entscheiden; **to investigate a c.** Fall untersuchen; **to line a c.** Kiste auskleiden; **to lose a c.** in einem Prozess unterliegen, Prozess verlieren, (mit der Klage) abgewiesen werden; ~ **by default** Prozess durch Versäumnis verlieren; **to make out a c.**

for sth. Sache begründen, (gute) Argumente für etw. anführen; **to open a c.** 1. einleitende Ausführungen machen, Verfahren eröffnen; 2. Kiste öffnen; **to pack a c.** Koffer packen; **to plead a c.** Sache vor Gericht verteidigen/vertreten; ~ **one's own c.** sich selbst (vor Gericht) vertreten, seinen Fall vortragen; **to present a c.** Fall vor Gericht vertreten; **to press one's c.** seine Angelegenheit mit Nachdruck verfolgen; **to proceed to hear the c.** in die mündliche Verhandlung eintreten; **to protract a c.** Prozess verschleppen; **to pursue a c.** Verfahren betreiben; **to put the c. for sth.** etw. vertreten; ~ **one's c.** seine Angelegenheit/seinen Fall vortragen, ~ erläutern; **to remand a c.** Sache zurückweisen; **to remit a c.** Sache verweisen; **to remove a c. from the court list** Verhandlung absetzen; **to reopen/resume/retry a c.** Verfahren/Prozess wieder aufnehmen, Prozess/Fall neu aufrollen, Fall erneut verhandeln; **to rest one's c. on equity** seinen Fall auf Treu und Glauben abstellen; **to rule out a c.** Klage für unzulässig erklären; **to separate a c.** Verfahren abtrennen; **to settle a c.** Fall erledigen; **to sit on a c.** in einer Sache verhandeln; **to state a c.** Fall/Klage/Begründung vortragen, Sache vorbringen; ~ **one's c.** sein Anliegen vortragen/vorbringen, seinen Fall darlegen; **to strike off a c.** Fall absetzen; **to study a c.** Fall untersuchen; **to submit a c.** Fall vortragen; **to take up a c.** Fall aufgreifen; ~ **so.'s c.** sich für jdn verwenden; **to try a c.** Strafprozess führen, Fall/Prozess verhandeln, über eine Sache verhandeln; **to win a c.** Prozess gewinnen, obsiegen; ~ **a c. by default** Prozess durch Versäumnis gewinnen
in the actual case im konkreten Einzelfall; **administrative c.** Verwaltungssache f; **agreed c.** Kollusionsprozess m; **airtight c.** 1. luftdichter Behälter; 2. todsicherer Fall; **analogous c.** analoger Fall; **appealed c.** Revisionssache f; **arbitral c.** Schiedssache f; **borderline/doubtful c.** Zweifelsfall m; **civil c.** Zivilsache f, Z.rechtsfall m, Z.prozess m, bürgerliche Rechtssache; **closed c.** abgeschlossener Fall; **commercial c.** Handelssache f; **contentious c.** strittige Angelegenheit; **contested c.** strittiger Fall; **criminal c.** Strafsache f, S.prozess m, S.verfahren nt; **pending ~ c.** anhängiges Strafverfahren; **disciplinary c.** Disziplinarsache f, D.angelegenheit f, D.fall m; **economic c.** Wirtschaftlichkeitsargument nt; **exceptional c.** Ausnahmefall m; **good c.** aussichtsreiches Vorbringen, aussichtsreicher Fall; **hard c.** schwerer Junge (coll); **hit-and-run c.** Unfallfluchtsache f; **hopeless c.** aussichtsloser Fall; **individual/isolated c.** Einzelfall m, E.erscheinung f; **in the individual c.** im konkreten Einzelfall; **in the instant c.** im vorliegenden Fall; **leading c.** Leit-, Präzedenzfall m; **legal c.** Rechtsvorgang m; **watertight lined c.** wasserdicht ausgekleidete Kiste
lower case character Kleinbuchstabe m; ~ **hemisphere** Typenkopfhälfte mit Kleinbuchstaben; ~ **printing** Drucken von Kleinbuchstaben
main case Hauptprozess m; **maritime c.** Seerechtsfall m; **matrimonial c.** Eheprozess m, E.sache f; **mental c.** Geistesgestörte(r) f/m, G.kranke(r) f/m, G.schwache(r) f/m; **non-litigious c.** nichtstreitige Sache; **normal c.** Normal-, Regelfall m; **out-of-state c.** 1. Auslandsrechtsstreit m, A.sache f; 2. [US] Rechtsstreit im anderen Bundesstaat; **parallel c.** Parallelfall m; **particular c.** Einzelfall m; **pecuniary c.** vermögensrechtliche Streitigkeit; **pending c.** anhängige (Rechts)Sache, schwebender Fall/Prozess, schwebende Sache, anhängiges Verfahren; **petty c.** Bagatellsache f; **postponed c.** vertagte Verhandlung; **in the present c.** im vorliegenden Fall; **presumptive c.** Indizienprozess m; **in the reverse c.** im umgekehrten Fall; **ruling c.** maßgebliche Entscheidung; ~ **c.s** anerkannte Rechtsprechung; **second-hand c.** gebrauchte Kiste; **seminal c.** bahnbrechender Fall; **similar c.** gleichgelagerter Fall; **special c.** Ausnahme-, Sonder-, Spezialfall m; **striking c.** Paradefall m; **strong/sturdy c.** starke/stabile Kiste; **two-commodity c.** Zweigüterfall m; **two-country c.** Zweiländerfall m; **undefended c.** nichtstreitige Verhandlung, einseitig zu verhandelnde Sache; **unsettled c.** unerledigter Fall
upper case (letter) Großbuchstabe m; **u. c.-lower c.; lower c.-u. c.** (Schreibmaschine) Umschaltung f; ~ **hemisphere** Typenkopfhälfte mit Großbuchstaben
urgent case Dringlichkeitsfall m, dringender Fall; **used c.** gebrauchte Kiste
case book [§] Urteils-, Entscheidungs-, Fallsammlung f, Urteilsbuch nt, Prozessverzeichnis nt; **c. files** Prozessakten; **c. history** 1. Vor-, Fallgeschichte f; 2. ⚕ Krankengeschichte f, Krankheitsverlauf m
case law [§] Fall-, Präzedenz-, Richter-, Präjudizienrecht nt, richterlich geschöpftes Recht, auf früheren Entscheidungen basierendes Recht, (feststehende) Rechtsprechung, Judikatur f, Kasuistik f; **established c. l.** anerkannte Rechtsprechung; **prevailing c. l.** herrschende Rechtsprechung
case list [§] Prozessregister nt; **c. load** Arbeitsbelastung f
casement n 🪟 Fensterflügel m
case method Fallmethode f; **c. record** 1. [§] Gerichtsakte f; 2. ⚕ Krankenblatt nt; **c. records** Prozess-, Strafakten, **c. report** Sachbericht m; **c. study** Fallstudie f; **c. work** Sozialarbeit f, S.betreuung f; **c. worker** 1. Sachbearbeiter(in) m/f; 2. Sozialbetreuer(in) m/f, S.fürsorger(in) m/f, S.arbeiter(in) m/f, S.helfer(in) m/f
cash n 1. Bargeld nt, bares Vermögen/Geld, liquide Mittel, Kassenbestand m, Kassen-, Bankguthaben nt, flüssige Gelder/Mittel, Barmittel pl, B.vermögen nt; 2. Barzahlung f, Kassa f, Kasse f, 3. (Börse) Lieferung am Tag des Abschlusses; **c. (down)** (gegen) bar, gegen (Bar)Bezahlung, per/gegen Kasse, bar auf die Hand; **against/for c.** gegen bar/Barzahlung/B.geld/B.auszahlung/bares Geld, per Kasse; **in c.** per Kasse, in bar, bar auf die Hand
cash in advance (c. i. a.) Vorauszahlung f, V.kasse f; **net ~ advance** Nettokasse im Voraus; **c. at/in bank** Bankguthaben nt/pl (einschließlich Postguthaben); **c. and due from banks** Kassenbestand und Guthaben bei Kreditinstituten; **c. at bankers** Bankguthaben nt/pl, Guthaben bei Kreditinstituten; **c. against bill of lading (B/L)** Konnossement gegen Kasse; **c. at call** Konto-

cash and carry

korrentguthaben *nt/pl*, Sichteinlagen *pl*
cash and carry Großverbraucher-, Abholgroßhandelsmarkt *m*, Selbstbedienungs-, Abholgroßhandel *m*, Verkauf ab Lager gegen Barzahlung und bei eigenem Transport, Cash and Carry *m/nt*; ~ **price** Mitnahmepreis *m*; ~ **store** Verbraucher-, Mitnahmemarkt *m*; ~ **system** Selbstabholung *f* (gegen Kasse); ~ **wholesaler** (Selbst)Abholgroßhändler *m*, Abholgrossist *m*, Engrossortimenter *m*
cash without any deductions bar ohne jeden Abzug; **c. before delivery (c. b. d.)** Vorkasse *f*, Vorauszahlung *f*, Barzahlung vor Lieferung
cash on delivery (COD; c. o. d.) *[GB]* (per/gegen) Nachnahme, Bar-/Bezahlung bei Lieferung, zahlbar bei Empfang/(Aus-/Ab)Lieferung, Empfänger bezahlt, Lieferung gegen Bezahlung/bar, Zahlung bei Erhalt der Ware, Warennachnahme *f*, Sendung/Versand/Verkauf gegen Nachnahme, bei Übergabe zahlbar; **to send c. o. d.** per Nachnahme senden; **c. o. d. charges** Nachnahmespesen; ~ **form** Nachnahmebegleitschein *m*; ~ **sale** Verkauf gegen Nachnahme
cash on deposit Bareinlage(n) *f/pl*
cash less discount bar abzüglich Rabatt/Diskont; **c. without discount** Barzahlung/bar ohne Abzug; **c. against documents (c. a. d.)** Dokumente gegen Kasse/(Be)Zahlung, Kasse/Barzahlung gegen Dokumente; **for ~ documents** im Inkassoweg; **c. and equity offer** Übernahmeangebot mit Barabfindung und Aktientausch; ~ **equivalent** monetäre Mittel; **c. in/on hand** Barmittel *m*, B.(geld)bestand *m*, flüssige Gelder/Mittel, (verfügbares) Bargeld, Barguthaben *nt*, B.vermögen *nt*, Kasse *f*, K.nbestand *m*, K.nguthaben *nt*, bereitliegendes Geld, Bestand an Bargeld; **c. on (receipt of) invoice** Bezahlung nach Rechnungseingang; **c. with order (c. w. o.)** Bezahlung bei Bestellung/Auftragserteilung, gegen Vorauszahlung, zahlbar bei Auftragserteilung; **c. on shipment (c. o. s.)** Zahlung bei Versand/Verschiffung; **c. in transit** durchlaufende Gelder
cash only nur gegen bar/Bezahlung; **flush with c.** liquide; **short in c.** Kassendefizit *nt*, K.fehlbetrag *nt*, Kassenmanko *nt*; ~ **of c.** knapp bei Kasse; **bought for c.** bar/gegen Kasse gekauft; **payable in c.** zahlbar in bar; **redeemable for c.** gegen bar einzulösen; **c. paid** bar bezahlt; **c. received** (Betrag) bar erhalten
to audit the cash Kasse prüfen; **to balance the c.** Kassenbilanz ziehen, Kassensturz machen; **to be in c.** bei Kasse sein; ~ **out of c.** nicht bei Kasse sein; ~ **squeezed for c.** knapp bei Kasse sein; **to build up c.** Barmittel auffüllen; **to buy for (spot) c.** per Kasse/gegen bar kaufen; **to check the c.** Kasse stürzen; **to convert into c.** liquidieren, realisieren, flüssig machen, veräußern, verkaufen, versilbern *(coll)*; **to draw (out) c.** Bargeld abheben; **to have c. in hand** Geld in der Kasse haben; **to keep the c.** Kasse führen; **to make off with the c.** mit der Kasse durchbrennen; **to pay in c.** bar (be)zahlen, Barzahlung leisten, in klingender Münze zahlen *(coll)*; ~ **in ready c.** sofort bar bezahlen; **to prove/tally the c.** abrechnen, Kasse abstimmen; **to raise c.** Bargeld/Mittel beschaffen; **to sell for c.** gegen bar verkaufen, gegen Kasse überlassen; **to settle in c.** in bar ausgleichen/liquidieren; **to take in c.** Bargeld einnehmen/annehmen; **to turn into c.** verwerten, zu Geld machen, einlösen, versilbern *(coll)*
ample cash reichlich Bargeld; **available c.** Barliquidität *f*, verfügbare Mittel; **corporate c.** bare Betriebsmittel; **excess c.** Bargeldüberschuss *m*, Überschussreserve *f*; **hard c.** Bar-, Hartgeld *nt*; **in ~ c.** in harter Valuta, in klingender Münze *(coll)*; **hard-earned c.** sauer verdientes Geld; **liquid c.** Bargeld *nt*, B.mittel *pl*, B.liquidität *f*; **loose c.** Klein-, Münz-, Hartgeld *nt*; **near c.** kurzfristige/hochliquide Anlagen
net cash netto Kasse, bar ohne Abzug, ohne Abzug gegen bar; **prompt ~ c.** sofort netto Kasse, ~ bar ohne Abzug; **n. c. within ... weeks** netto Kasse innerhalb von ... Wochen
petty cash Porto-, Bar-, Hand-, Neben-, Spesenkasse *f*, kleine Kasse; **prompt c.** Sofortkasse *f*, sofortige Bezahlung; **for ~ c.** gegen sofortige Bezahlung/Kasse; **ready c.** Bargeld *nt*, Sofortkasse *f*, verfügbare Mittel; **for ~ c.** gegen sofortige Kasse; **to pay in ~ c.** sofort bar bezahlen; **restricted c.** Termineinlage *f*; **risk-bearing c.** Risikokapital *nt*; **spare c.** überschüssiges Geld, Bargeldreserve(n) *f/pl*; **surplus c.** Kassen-, Finanzierungsüberschuss *m*; **unrestricted c.** liquide Mittel, Liquidität ersten Grades
cash *v/t* zu Geld machen, (in bar) einlösen, (ein)kassieren, einwechseln, Inkasso besorgen, realisieren, einziehen; **c. in** einlösen, einkassieren; **~ on sth.** von etw. profitieren, aus etw. Nutzen ziehen, ~ Kapital schlagen, etw. ausnutzen/mitnehmen; **c. out** (bar) auszahlen; **c. up** Kasse(nsturz)/Kassenabschluss machen
cash|ability *n* Einzugsfähigkeit *f*, Einlösbarkeit *f*; **c.able** *adj* einziehbar, einlösbar
cash account Kassen-, Kassa-, Kontokorrentkonto *nt*, Bankguthaben *nt*; **c. accountant** Kassenbuchhalter(in) *m/f*; **c. accounting** Kassenführung *f*, K.buchhaltung *f*, Ist-System der Rechnungslegung; **c. adjustment** Ausgleich in bar, Barregulierung *f*
cash advance 1. Geld-, Bar-, Kassenvorschuss *m*, Bar-, Kassenkredit *m*, Vorschuss in bar; 2. Barauszahlung *f*; **personal c. a.** Personalbarkredit *m*; **c. a. facilities** Kassenkreditzusage *f*; **c. a. limit** Kreditplafond *m*; **c. a. terminal** Bargeldautomat *m*
cash advantage Liquiditätsvorteil *m*; **c. aid** Barzuschuss *m*; **c. allocation** 1. Barausstattung *f*; 2. Mittelzuweisung *f*; **c. allowance** Bargeldzuschuss *m*, G.zuwendung *f*, Nebenleistung in Geldform; **c. alternative** Baralternative *f*; **c. arrangement** Kassendisposition *f*
cash assets 1. Kassenbestand *m*, K.vermögen *nt*, Kassen-, Bar-, Bankguthaben *nt*, Bank-, Geldvermögen(sbestände) *nt/pl*, Bargeld *nt*, B.bestände, liquide Mittel/Anlagewerte/Anlagen; 2. *(Bilanz)* Kassenbestand mit Bankguthaben, bares Vermögen, flüssige/bare Vermögenswerte, Geldvermögenswerte, verfügbare(s) Guthaben; **net c. a.** Nettogeldanlagen
cash assistance Kassen-, Liquiditätshilfe *f*; **c. audit** Kassensturz *m*, K.revision *f*, K.prüfung *f*, K.aufnahme *f*, K.kontrolle *f*; **c. auditor** Kassenrevisor *m*, K.prüfer *m*

cash balance 1. Kassenguthaben *nt*, K.bestand *m*, K.saldo *m*, K.bilanz *f*, K.haltung *f*; 2. Barguthaben *nt*, B.geldbestand *m*, B.saldo *m*, B.überschuss *m*; **net c. b.s** Nettogeldanlagen; **real c. b.** reale Kassenhaltung; **c. b. effect** Kassenhaltungseffekt *m*; **~ equation** Einkommens-, Kassenhaltungsgleichung *f*; **~ theory** Kassenhaltungstheorie *f*

cash bargain *(Wertpapier)* Geschäft mit gleichzeitiger Auszahlung und Lieferung, Kassageschäft *nt*; **c. base** Geldbasis *f*, monetäre Basis; **~ of accounting** Einnahmen- und Ausgabenrechnung *f*, pagatorische Rechnung; **c. benefit(s)** 1. Bar(geld)leistung *f*, B.vergütung *f*, Unterstützung in Geld; 2. *(Vers.)* Geldleistung *f*; **c. bid** Bargebot *nt*; **c. bind** Liquiditätsklemme *f*; **c. bond** Leistungsgarantie *f*, Barkaution *f*, Kassenobligation *f*; **c. bonus** *(Vers.)* Bardividende *f*, B.vergütung *f*, B.ausschüttung *f*, B.bonus *m*, B.prämie *f*, Gratifikation/Sondervergütung/Sonderbonus in bar; **c. book** Ausgaben-, Kassenbuch *nt*, K.journal *nt*, K.memorial *nt*, K.strazze *f*, Kassa-, Verkaufsbuch *nt*; **~ account** Kassenbuchkonto *nt*; **c. box** Geldkassette *f*, G.schatulle *f*; **c. budget** Kassenvoranschlag *m*, K.budget *nt*, Einnahmen- und Ausgabenplan *m*, Liquiditätsbudget *nt*, kurzfristiger Finanzplan, Einnahmen und Ausgabenbudget *nt*; **consolidated c. budget** bereinigtes Kassenbudget; **c. budgeting** Liquiditäts-, Finanzplanung *f*, Einnahmen- und Ausgabenplanung *f*; **c. build-up** Baransammlung *f*; **c. buyer** Kassakäufer *m*, Barzahler *m*; **c. buying** 1. Barein-, Kassakauf *m*; 2. Kauf von Wertpapieren zur sofortigen Lieferung; **c. call** (Bar)Geld-, Zahlungsaufforderung *f*, Kapitalerhöhung *f*, Aufforderung zur Kapitaleinbringung, ~ zum Kapitaleinschuss, ~ zur Kapitaleinzahlung; **c. capital** Barkapital *nt*, B.einlagen *pl*; **c. card** Geld(automaten)karte *f*; **c. ceiling** Ausgabenbeschränkung *f*, A.grenze *f*; **c. claim** *(Vers.)* Kassaschaden *m*; **c. clerk** Kassierer(in) *m/f*; **c. collateral** Barsicherheit *f*; **c. commodity** 1. disponible Ware, Kassaware *f*; 2. *(Börse)* Spotware *f*; **c. compensation** Barabfindung *f*, B.abgeltung *f*, B.vergütung *f*, Kapitalabfindung *f*; **c. contract** Bar(zahlungs)vertrag *m*, Geschäft gegen bar; **c. contribution** Geld-, Bareinlage *f*, B.einzahlung *f*; **c. control** Finanzierungskontrolle *f*, Überwachung des Kassenbestandes; **c. costs** Kapitalkosten; **c. cover** Bardeckung *f*; **c. cow** *(coll)* 1. [US] Produkt mit hohem relativen Marktanteil und geringem Marktwachstum, ertragsstarkes Produkt; 2. lukratives (Tochter)Unternehmen, Dukatenesel *m* (*coll*); **c. credit** 1. Bar-, Bank-, Überziehungs-, Kassen-, Konto(korrent)kredit *m*; 2. Bargutschrift *f*; 3. Barakkreditiv *nt*; **~ undertaking** Kassenkreditzusage *f*; **c. crop** [US] 🌿 leichtverkäufliches Landbau-/Agrarprodukt, zum Verkauf bestimmte/verkäufliche Ernte, Verkaufsproduktion *f*; **c. crops(s)** Ernteerträge *m*; **c. customer** Barzahlungskunde *m*, barzahlender Kunde; **c. deal** Bargeschäft *nt*; **c. dealings** Kassa-, Lokogeschäfte, Kassahandel *m*; **c. debt** Barschuld *f*; **c. deficit** Kassendefizit *nt*, K.manko *m*, K.ausfall *m*, K.fehlbetrag *m*, K.verlust *m*; **overall c. deficit** Gesamtkassendefizit *nt*; **c. delivery** *(Börse)* Lieferung und Zahlung am Abschlusstag;

c. demand Liquiditätsbedarf *m*; **c. department** *(Auszahlung)* Kasse(nbüro) *f/nt*, Barkasse *f*, Kassenverwaltung *f*

cash deposit Bareinlage *f*, B.hinterlegung *f*, B.geldeinschuss *m*, B.depot *nt*, B.einzahlung *f*, B.sicherheit *f*, Hinterlegung in bar; **~ ratio** Bardepotsatz *m*; **~ requirements** Bardepotpflicht *f*

cash desk 1. Kasse(nschalter) *f/m*; 2. Ladenkasse *f*, Kassentisch *m*; **c. diary** Kassenkladde *f*

cash disbursement Zahlungsausgang *m*, Bar-, Kassenauszahlung *f*, Barvorlage *f*; **c. d.s** 1. Kassenausgänge; 2. *(Liquidität)* Ausgaben, ausgezahlte Gelder; **~ journal** Kassenausgangsbuch *nt*

cash discount Skonto *m/nt*, (Barzahlungs)Rabatt *m*, Barzahlungsnachlass *m*, B.zahlungsskonto *m/nt*, B.diskont *m*, Kassaskonto *m/nt*, K.rabatt *m*, K.abzug *m*, K.diskont *m*, Skonto/Rabatt/Preisabschlag/Nachlass bei Barzahlung; **c. d.s paid** Kundenskonti, Skontoaufwendungen; **~ received** Lieferantenskonti, Skontoerträge

to accord/allow/grant a cash discount Skonto einräumen/gewähren; **to deduct a c. d.** Skonto abziehen; **to take advantage of a c. d.s** Skonti ausnützen

cash discount percentage Skontoprozentsatz *m*

cash dispenser Bank-, (Bar)Geld-, Geldausgabe-, Kassenautomat *m*, Bankomat *m*, Nachtschalter *m*, Geldgeber(maschine) *m/f*, (automatischer) Geldspender; **automatic c. d.; c. dispensing machine** Bargeld(auszahlungs)automat *m*

cash distribution/dividend Bardividende *f*, B.ausschüttung *f*; **c. donation** (Bar)Geldspende *f*

cash down Bar-, Sofortzahlung *f*, sofortige Kasse; **to pay c. d.** sofort/in bar (be-/aus)zahlen; **c. d. payment** Barzahlung *f*, sofortige Zahlung; **~ sale** Handkauf *m*

cash drain Kapital-, Bargeld(ab)fluss *m*, Kassenanspannung *f*, Abfluss liquider Mittel; **c. drawing** Barabhebung *f*, Kassenentnahme *f*; **c.- efficient** *adj.* liquiditätsschonend; **c. earnings** Bareinnahmen, Kassengewinn *m*; **c. entry** Kassen(buch)eintrag(ung) *m/f*, K.posten *m*, K.buchung *f*; **c. equity** Bargeld *nt*, B.mittel *pl*; **c. equivalent** Barwert *m*; **c. expenditure(s)** Barauslagen *pl*, Bar-, Kassenausgaben *pl*, bare/kassenmäßige Ausgaben; **up-front c. expenditure(s)** Anlauf-, Vorlaufzahlungen *pl*; **c. expenses** Barauslagen; **c. float** Barvorschuss *m*, Kassenausstattung *f*

cash flow betrieblicher Geldumlauf, Liquidität(sversorgung) *f*, L.verlauf *m*, Cashflow *m*, Kapital-, Kassa-, Bargeldfluss *m*, Bruttoertragsziffer *f*, Kassenzufluss *m*, Finanz-, Zahlungsstrom *m*, Saldo aus Einnahmen und Ausgaben, Nettozugang an liquiden Mitteln, Brutto-, Finanz-, Umsatz-, Einnahmeüberschuss *m*; **annual c. f.** jährlicher Einnahmeüberschuss, Jahresgewinn *m*; **discounted c. f.** abgezinster Cashflow, diskontierter Einnahmeüberschuss; **gross c. f.** Brutto-Cashflow *m*; **negative c. f.** Einnahmeunterdeckung *f*; **retained c. f.** einbehaltene Gewinne und Abschreibungen

cash flow analysis Finanzflussanalyse *f*; **c. f. condition** Liquiditäts-, Kassenlage *f*; **~ coverage** Liquiditätsabdeckung *f*; **~ crisis** Liquiditätskrise *f*; **~ financing** Über-

discounted **cash flow** method

schussfinanzierung *f*; **discounted ~ method** interne Zinsfußmethode, dynamische Methode (der Investitionsrechnung), Barwertrechnung *f*; **~ position** Bruttoertragslage *f*, Liquiditätsposition *f*; **c. f.-positive** *adj* flüssig, liquide; **~ problem** Liquiditätsproblem *nt*, L.schwierigkeiten *pl*, L.engpass *m*, angespannte Liquiditätslage; **~ rate** Cashflow-Rate *f*; **~ statement** Kapitalabschluss-, Kapitalfluss-, Finanz(fluss)-, Liquiditäts-, Geldfluss-, Umsatzüberschussrechnung *f*, Bruttoertragsanalyse *f*; **automated ~ teller** automatisches Kassenterminal (AKT)
cash forecast   Liquiditäts-, Cashflow-Prognose *f*, Liquiditätsvoranschlag *m*; **c. forecasting** Liquiditätsplanung *f*
cash fund   Barbestand *m*, Fonds flüssiger/liquider Mittel; **c. f.s** Kassenvermögen *nt*, kurzfristige Finanzanlage; **levying upon the c. f.s** Kassenpfändung *f*; **petty c. f.** kleine Kasse, Porto-, Nebenkasse *f*
(net) cash generation   Geldschöpfung *f*, Cashflow *m*; **c. generator** Geldbringer *m* *(fig)*; **c. grant** Barzuschuss *m*; **c. guarantee card** Scheckkarte *f*; **c. handout** Bargeldzuweisung *f*, B.auszahlung *f*; **c. hoard** Bargeldreserve *f*; **c. holder** Kassenhalter *m*
cash holdings   Kassen-, Bar(geld)bestand *m*, Zahlungsmittelbestände, liquide Bestände; **surplus c. h.** überschüssige Kasse; **c. holding preference** Kassenhaltungspräferenz *f*; **~ regulations** Kassenhaltungsvorschriften
cash-hungry *adj*   knapp bei Kasse *(coll)*
cashier *n*   1. (Haupt)Kassierer(in) *m/f*, Kassenverwalter(in) *m/f*, K.disponent(in) *m/f*, K.halter *m*, K.führer *m*, Schalterbeamter *m*, S.beamtin *f*; 2. Bankbeamter *m*, B.beamtin *f*; **at the c.'s** beim Kassierer, an der Kasse; **to pay the c.** an der Kasse zahlen
chief cashier   1. Hauptkasse *f*; 2. erster Kassierer, Hauptkassierer *m*, Kassenvorsteher *m*, K.aufsichtsbeamter *m*; **c.'s account** Kassa-, Kassenkonto *nt*; **c.'s allowance for shortages** Mankogeld *nt*; **c.'s book** Kassenbuch *nt*; **c.'s check** *[US]* /**cheque** *[GB]* Bankscheck *m*, bankgarantierter Scheck, von einer Bank auf sich selbst gezogener Scheck; **c.'s department** Kasse(nabteilung) *f*, Geldstelle *f*; **c.'s desk** Kassenschalter *m*; **c.'s office** Kassenbüro *nt*; **c.'s receipt** Kassenquittung *f*
cash-in *n*   Einlösung *f*; **~ of a check** *[US]* /**cheque** *[GB]* Scheckeinlösung *f*; **~ a policy** Einlösung einer Versicherung
cash incentive   finanzieller Anreiz; **net c. income** Cashflow *m*; **c. indemnity** Fehlgeldentschädigung *f*, Mankogeld *nt*; **c. inflow** Bar(mittel)zufluss *m*, Einzahlungsströme *pl*; **~ surplus** Einzahlungsstromüberschuss *m*; **c. infusion** Finanzspritze *f*
cashing *n*   Kassieren *nt*, Einziehen *nt*, Inkasso *nt*; **c. up** Kassenabschluss *m*, K.sturz *m*
cash injection   Finanz-, Geld-, Kapital-, Liquiditätsspritze *f*, L.stoß *m*, Kapitalaufstockung *f*, K.zuführung *f*, K.zufuhr *f*, Bar-, Geldeinschuss *m*; **c. inpayment** Bareinzahlung *f*; **~ section** Einzahlungskasse *f*
cash-in price   Rücknahmepreis *m*, R.kurs *m*; **~ value** Rückkaufs-, Wiederverkaufswert *m*

cash investment   *(AG)* Bareinlagen *pl*, B.kapitalanlage *f*; **c. job** *(coll)* 1. Schwarzarbeit *f*; 2. Schwarzmarktgeschäft *nt*, Geschäft ohne Rechnung; **c. journal** Kassenbuch *nt*; **c. lending** Kassenkredite *pl*; **c.less** *adj* bargeldlos, unbar; **c. letter** Geldbrief *m*, Fernscheck *m*; **~ of credit** Barakkreditiv *nt*; **c. limit** 1. Kreditbegrenzung *f*; 2. *(Geld)* Höchstgrenze *f*; 3. Etatbegrenzung *f*; **~ on spending** Ausgabenbeschränkung *f*; **c. limit control** Überwachung der Liquidität/Zahlungsfähigkeit
cash liquidity   Kassen-, Barliquidität *f*; **~ ratio** Kassenliquiditätskoeffizient *m*; **~ reserves** Rücklagen und Guthaben bei Banken
cash loan   Bardarlehen *nt*, persönlicher Kleinkredit, Kassendarlehen *nt*, K.kredit *m*, bares Darlehen; **c. loss** 1. Liquiditätseinbuße *f*, L.verlust *m*; 2. *(Vers.)* Einschussschaden *m*; **~ payment** Bar(geld)-, Schadenseinschuss *m*; **c. machine** *(coll)* (Bar)Geldautomat *m*
cash management   Kassenhaltung *f*, K.gebarung *f*, K.verwaltung *f*, K.führung *f*, K.wesen *nt*, Kassen-, Gelddisposition *f*, kurzfristige Finanzdisposition, Kapitaldirigierung *f*, K.haltung *f*, Abstimmung laufender Einnahmen und Ausgaben; **~ needs** Erfordernisse der Kassendisposition; **~ policy** Kassenhaltungspolitik *f*; **~ technique** Kassen-, Gelddispositionsmethode *f*
cash market   Kassa-, Geldmarkt *m*, Kassahandel *m*; **~ price** Kassakurs *m*; **c. metal** Kassenmetall *nt*; **c. money** bargeldlose Zahlungsmittel; **c. movement** Kassenentwicklung *f*; **c. movements** Kassenverkehr *m*; **c. needs** Liquiditätsbedarf *m*; **c.-needy** *adj* kapitalbedürftig, liquiditätshungrig; **c.-neutral** *adj (Kassenbestand)* ausgeglichen; **c. note** Kassen-, Auszahlungsanweisung *f*; **c. obligation** bare Verpflichtung; **c. offer** Bar(zahlungs)-, Barabfindungsangebot *nt*; **c. and equity offer** Übernahmeangebot mit Barabfindung und Aktientausch; **minimum c. offer** Mindestbargebot *nt*
cash office   Kassenhalle *f*, K.raum *m*, K.büro *nt*, (Amts)Kasse *f*; **central c. o.** Zentralkasse *f*; **chief c. o.** Hauptkasse *f*; **federal c. o.** Bundeskasse *f*; **postal c. o.** Postkasse *f*
cashomat *n*   *[US]* (Bar)Geldautomat *m*
cash operation   Bar-, Kassageschäft *nt*; **c. order** 1. Kassenanweisung *f*, K.schein *m*, Barzahlungsauftrag *m*; 2. Sichtwechsel *m*, S.anweisung *f*; **c. outflow** Kapitalabfluss *m*, Auszahlungsstrom *m*; **c. outgoings** Barausgänge
cash outlay   Barauslagen *pl*, B.aufwand *m*; **original c. o.** Be-, Anschaffungskosten *pl*; **c. o. cost(s)** ausgabengleiche Kosten
cash over   Kassenüberschuss *m*; **~ or short** Kassendifferenz *f*; **c. pad** Kassenblock *m*
cash payment   Barzahlung *f*, B.auszahlung *f*, B.abfindung *f*, Geldzahlung *f*, G.leistung *f*, sofortige Zahlung; **c. p.s** Zahlungs-, Kassenausgänge; **net c. p.** Zahlung ohne Abzug; **outgoing c. p.s** Bargeldausgaben; **c. p. book/journal** Kassenausgangsbuch *nt*; **~ order** Kassenanweisung *f*
cash planning   Geld-, Zahlungs-, Liquiditätsplanung *f*, Gelddisposition *f*; **c. point** (Bar)Geldautomat *m*
cash position   1. Kassen-, Liquiditätslage *f*, Barposition

f, B.bestand *m*, Liquiditätsstatus *m*, Kassenstand *m*, Geldmittelbestand *m*; 2. *(Börse)* Kassenposition *f*; **healthy c. p.** solide Kassenlage; **net c. p.** Nettokassenposition *f*
cash present Bargeschenk *nt*; **c. pressure** Liquiditätsschwierigkeiten *pl*; **c. price** Kassakurs *m*, Bar-, Netto-, Kassa-, Geld-, Effektiv-, Barzahlungspreis *m*, Preis bei Barzahlung; **c. prize** Geldpreis *m*; **c. problem** Liquiditätsproblem *nt*; **c. proceeds** Barerlös *m*; **c. procurement** Liquiditäts-, Geldbeschaffung *f*; **c. projection** Planung optimaler Kassenhaltung; **c. proof** Kassenabrechnung *f*; **c. purchase** Kassakauf *m*, K.geschäft *nt*, Bar(ein)-, Tageskauf *m*, Kauf gegen Kasse; **c. quotation** Kassakurs *m*, K.notierung *f*; **c. rate** 1. *(Börse)* Kassakurs *m*; 2. Geldzins *m*; 3. Scheckkurs *m*; **c. ratio** *(Bank)* Liquidität ersten Grades, Liquiditäts-, Deckungsgrad *m*, Barreservesatz *m*, B.liquidität *f*
cash receipt Kassenquittung *f*; **c. r.s** (Bar)Einnahmen, Zahlungs-, Kassen-, Bareingänge, Kassenzugänge, Kassen-, Geldeinnahme *f*, Einnahmen in bar; **~ and disbursements method** (Einnahme)Überschussrechnung *f*
accrued cash receipt|s periodisierte Einnahmen; **daily c. r.s** Tageskasse *f*; **incoming c. r.s** Bargeldeinnahmen; **petty c. r.** Eingangsbeleg der Handkasse
cash receipts/received journal Kasseneingangs-, Einnahmenbuch *nt*
cash receiving office Einnahmekasse *f*, Zahlstelle *f*; **c. reconciliation** Kassenabstimmung *f*; **c. record** Kassen(ausgabe)beleg *m*; **c. reduction** Barabzug *m*; **c. refund** Barvergütung *f*, B.erstattung *f*, Rückerstattung in bar; **~ (life) annuity** Rente mit Barausschüttung nicht erschöpfter Prämienzahlungen
cash register (Registrier-, Laden-, Geld-, Kontroll) Kasse *f*; **~ roll** Kassenstreifen *m*; **~ slip** (Kassen)Bon *m*
cash remittance Bar(geld)sendung *f*, B.überweisung *f*, Überweisung *f* (von Geld); **c. remuneration** Barentlohnung *f*, B.vergütung *f*; **c. report** Kassenbericht *m*; **daily c. report** täglicher Kassenbericht; **c. requirements** (Bar)Geld-, Liquiditätsbedarf *m*, Bedarf an flüssigen/liquiden Mitteln, Baranforderung *f*
cash reserve(s) Barreserven *pl*, B.vorrat *m*, B.geldreserve *f*, Liquiditäts-, Kassenreserve *f*, Liquiditätsvorrat *m*, Vorratskonto *nt*, bare Reserve; **minimum c. r.s** Mindestrücklage *f*, M.reserve *f*; **c. r. account** Vorratskonto *nt*; **~ requirement** Kassenbedarf *m*, Bedarf an Bargeldreserven; **~ requirements** Pflichtreserven
cash resources flüssige Mittel, Bar-, Geldmittel *pl*, Kassenmittel *pl*, K.reserve *f*; **c. results** Kassenabschluss *m*; **c. return** Kapitalrückfluss *m*; **~ period** Kapitalrückflussdauer *f*; **c.-rich** *adj (Kapital)* hochliquide, im Geld schwimmend *(fig)*, flüssig, kapitalkräftig, k.stark; **to be c.-rich** in Bargeld schwimmen *(fig)*; **c. safeguarding** Kassensicherung *f*; **c. sale** Bar(ver)kauf *m*, Kassaverkauf *m*, K.geschäft *nt*, Hand-, Realkauf *m*, Verkauf gegen bar/Kasse, Kaufvertrag mit Leistung Zug um Zug; **c. sales** Kassenumsatz *m*; **5% off c. sales** 5% Preisnachlass bei Barzahlung; **cumulative annual net c. savings** kumulierter Jahresgewinn

cash settlement Barzahlung *f*, B.abgeltung *f*, B.regulierung *f*, B.abfindung *f*, B.abwicklung *f*, Kassaregulierung *f*, K.ablösung *f*, Regulierung/Ausgleich in bar, Kapital-, Geldabfindung *f*; **daily c. s.** *(Spedition)* Tagesabrechnung *f*;
cash share Baranteil *m*; **c. short** Kassendefizit *nt*, (K.)Manko *nt*, K.fehlbetrag *m*; **c.-short** *adj* knapp bei Kasse, illiquide; **c. shortage** Bargeldmangel *m*, Liquiditätsenge *f*, L.verknappung *f*, L.mangel *m*, Barmittelverknappung *f*, (Bar)Geldknappheit *f*, Illiquidität *f*; **c. shortfall** Kassenmanko *nt*; **c. squeeze** (Bar)Geldknappheit *f*, Liquiditätsdruck *m*, L.klemme *f*; **c. starvation** Illiquidität *f*; **c.-starved** *adj* knapp bei Kasse, illiquide; **c. statement** Kassenabschluss *m*, K.ausweis *m*, K.bericht *m*, Liquiditätsübersicht *f*; **daily c. statement** täglicher Liquiditätsstatus; **c. status** Kassenstatus *m*; **c. stock** Liquiditätsbestand *m*; **c. strain** Liquiditätsanspannung *f*; **c.-strapped** *adj* bargeld-, mittellos, knapp bei Kasse, ~ an Geld, um Barmittel/Geld verlegen, geld-, kapitalknapp, k.schwach; **c. subscription** Bareinlage *f*; **c. supply** Liquiditätsangebot *nt*; **c. surplus** Bar-, Kassa-, Kassen-, Liquiditätsüberschuss *m*, L.überhang *m*; **c. surrender value** 1. Barablösungswert *m*; 2. *(Vers.-Police)* Rückkaufwert *m*; **~ of life insurance policies** Rückkaufwert von Lebensversicherungen; **c. system** Barzahlungssystem *nt*; **c. takeover bid** Barübernahmeangebot *nt*; **c. takings** Bareinnahmen, Kasseneingänge, K.einnahmen; **c. tenancy** Geldpacht *f*; **c. tenant** Pächter auf Geldbasis, ~, der Pacht in Geld entrichtet, zur Barzahlung verpflichteter Pächter; **c. terminal** 1. Kassenterminal *nt*; 2. Geldautomat *m*
cash terms Barzahlungs-, Barpreisbedingungen; **in c. t.** kassenmäßig; **c. t. of sale** Zahlung vor oder bei Lieferung
cash till Ladenkasse *f*; **c.-time position** Liquiditätsstatus *m*; **c. trade** Kassageschäft *nt*
cash transaction Barzahlungsgeschäft *nt*, B.transaktion *f*, Kassentransaktion *f*, Kassageschäft *nt*, K.verkauf *m*, K.handel *m*, Effektivgeschäft *nt*, Barverkauf *m*, B.abschluss *m*, B.geschäft *nt*; **c. t.s** Kassengebaren *nt*, K.verkehr *m*, Barzahlungs-, Bargeldverkehr *m*, B.umsatz *m*
cash transfer Barüberweisung *f*, Bar-, Finanztransfer *m*; **c. trap** *[US] (Produkteinführung)* Investitionsfalle *f*; **c. turnover** Kassenumsatz *m*; **c. user** Barzahler *m*
cash value 1. Bar-, Effektiv-, Geld-, Kapital-, Kurswert *m*, Wert in Geld/bar; 2. *(Vers.)* Kurswert *m*; **actual/current c. v.** (Gegenwarts)Barwert *m*; **c. v. table** Kapitalwerttabelle *f*
cash voucher Kassenbeleg *m*; **c. wage(s)** Geld-, Barlohn *m*; **c. withdrawal** Barentnahme *f*, B.(geld)abhebung *f*, B.abzug *m*, Kassenabhebung *f*, K.entnahme *f*; **c. yield** Bar-, Kapitalertrag *m*
casing *n* ◆ *(Reifen)* Karkasse *f*
casino *n* (Spiel)Kasino *nt*, Spielbank *f*; **c. gambling** Kasinoglücksspiel *nt*
cask *n* Fass *nt*, Tonne *f*
casket *n* 1. Schatulle *f*; 2. *[US]* Sarg *m*; **c. maker** Sargtischler *m*

cassation n [§] Kassation f
cassette n *(Ton/Film/*💿*)* Kassette f; **digital c.** Digitalkassette f; **c. recorder** Kassettengerät nt, K.recorder m; **c. tape** Kassettenband nt
cast n 1. Saldierung; 2. ⚓ (Rollen)Besetzung f, R.verteilung f; 3. ⚐ Gussform f, Abdruck m, Abguss m
cast v/t 1. ⚐ gießen; 2. auswerfen; **c. aside** abstoßen, verwerfen; **c. away** über Bord werfen; **c. off** ⚓ losmachen; **to be c. as** Rolle zugewiesen bekommen
castaway n ⚓ Gestrandete(r) f/m, Schiffbrüchige(r) f/m
caste n Kaste f
caster n (Gleit)Rolle f
castigate v/t heftig/scharf kritisieren, tadeln
casting n ⚐ 1. Guss m, Gießen nt; 2. Gussstück nt, G.teil nt; **continuous c.** Strangguss m; ~ **line** Stranggussanlage f; ~ **process** Stranggussverfahren nt; **static c.** Standguss m; **c.s industry** Gießereiindustrie f; **c. shop** Gießerei f
cast iron Gusseisen nt; **c.-i.** adj *(fig)* hart und fest, unumstößlich, hieb- und stichfest
castle n Burg f; **c. nut** ✪ Kronenmutter f
castor oil n Rizinusöl f
casual n Aushilfe f, Gelegenheitsarbeiter(in) m/f; adj 1. zufällig, gelegentlich; 2. leger, lässig, ungezwungen, zwanglos; 3. beiläufig, Gelegenheits-; **c.ization** n Umstellung auf Gelegenheitsarbeit; **c.ize** v/t auf Gelegenheitsarbeit umstellen; **c.ness** n Lässigkeit f, Ungezwungenheit f, Zwanglosigkeit f
casualty n 1. (Unfall)Opfer nt, U.verletzte(r) f/m, U.tote(r) f/m, Todesopfer nt; 2. Unfalltod m, Unglücksfall m; **casualties** Opfer, Verluste; **to sustain casualties** Verluste erleiden; **marine c.** Schiffsunfall m
casualty book *(Lloyd's)* Schiffsverlustliste f; **c. insurance** Unfall(schaden)versicherung f, Schaden(s)versicherung f; **c. insurer** Unfallversicherer m; **c. list** Verlustliste f; **c. loss** 1. Zufallsschäden pl; 2. Unfallschaden m; **c. premium** Unfallversicherungsprämie f; **c. unit/ward** ⚕ Unfallstation f, U.abteilung f, Notaufnahme f
cat n Katze f; **by a c.'s whiskers** *(fig)* haarscharf; **c.s and dogs** *(coll)* 1. Ladenhüter; 2. *(Börse)* risikoreiche Wertpapiere, Phantasiewerte; **to lead a c. and dog life** wie Hund und Katze leben; **to let the c. out of the bag** die Katze aus dem Sack lassen; **to wait for the c. to jump** *(coll)* warten, wie der Hase läuft *(coll);* **fat c.** *(coll)* Geldsack m *(coll);* **wild c.** *[US] (coll)* Produkt in der Einführungsphase, ~ mit niedrigem relativem Marktanteil und potenziell hohem Marktwachstum
catallactics n Kataliktik f, Funktionslehre f
catalog *[US]*; **catalogue** *[GB]* n Katalog m, Verzeichnis nt; **c. of books** Bücherverzeichnis nt; **official ~ a fair** Messe-, Ausstellungskatalog m; ~ **goods** Warenkatalog m; ~ **guidelines** Richtlinienkatalog m
to compile a catalog(ue) Katalog zusammenstellen; **to leaf through a c.** Katalog durchblättern; **to list sth. in the c.** etw. in den Katalog aufnehmen
classified catalog(ue) nach Sachgebieten geordneter Katalog; **illustrated c.** bebilderter Katalog, Bildkatalog m; **main c.** Hauptkatalog m; **ready-reference c.** Handkatalog m
catalog(ue) v/t katalogisieren, Katalog aufstellen
catalog(ue) buying Einkauf nach Katalog; **c. company** *[US]* Versandhaus nt; **c. discount store** Versandhaus im unteren Marktsegment; **c. entry** Katalogaufnahme f; **c. price** Katalog-, Listenpreis m; **c. retailer** Versandhaus nt, Versandhändler m; **c. sales** Versandhandelsumsätze; **c. selling** Versandverkauf m; **c. showroom** Katalogausstellungsraum m; ~ **retailer** *[US]* Versandhaus mit Ausstellungsräumen
catalyst n Katalysator m
cataract n ⚕ grauer Star
catarrh n ⚕ Katarr m
catastrophe n Unglück nt, Katastrophe f; **to avert a c.** Unglück verhüten
ecological catastrophe Umweltkatastrophe f; **inevitable c.** unvermeidbares Ereignis; **naval c.** Schiffskatastrophe f
catastrophe hazard Katastrophenrisiko nt; **c. loss** Katastrophenverlust m; **c. reinsurance** Katastrophenrückversicherung f; **c. reserve** Katastrophenreserve f, K.rücklage f
catastrophic adj katastrophal
cat burglar Einsteigedieb m, Fassadenkletterer m; **c. burglary** Einsteigediebstahl m; **c.call** n ⚓ Pfeifkonzert nt, Buhruf m
catch n 1. *(Fisch)* Fang(ergebnis) m/nt, F.ertrag m; 2. *(fig)* Haken m *(fig);* **allowable/total allowed c.** (zulässige) Fangquote; **good c.** *(fig)* fetter Happen *(fig);* **unwanted c.** Beifang m
catch v/t 1. fangen; 2. schnappen, erwischen, ertappen, fassen; **c. it** *(coll)* sein Fett abkriegen *(coll);* **c. on** 1.*(Produkt)* einschlagen, ankommen; 2. Schule machen; **c. up** gleichziehen, Anschluss erreichen, ein-, auf-, nachholen; ~ **with so.** jds Vorsprung einholen; ~ **with sth.** etw. nachholen; **c. and bring to book** ertappen und der Justiz zuführen; **c. so. out** jdn erwischen/ertappen **c. so. red-handed** jdn auf frischer Tat ertappen; ~ **stealing** jdn beim Stehlen ertappen; ~ **unawares** jdn überraschen
catch-all n *[US]* Tragetasche f; **c. provision** [§] Generalklausel f, umfassende Bestimmung; **c. variable** Skalenfaktor m
catching-up process n Aufholprozess m
catchline n Schlusszeile f
catchment area n 1. Einzugsgebiet nt, E.bereich m, Sammelgebiet nt; 2. Schulbezirk nt, S.einzugsbereich m; **c. population** Bevölkerung im Einzugsbereich
catch|penny article n Billig-, Schleuderartikel m; ~ **articles/goods** Schund-, Schleuderware f; **c. phrase** Schlagwort nt; **c. quota** *(Fischfang)* Fangquote f
catch-up allowance n Ausgleichsprämie f; ~ **increase** ausgleichende Lohnerhöhung, Erhöhung als Inflationsausgleich; ~ **work** Nachholarbeit f
catchword n Schlagwort nt
catchy adj einprägsam, werbewirksam
categorical adj kategorisch
catego|rization n Kategorisierung f, Aufgliederung f, Rubrizierung f; **c.rize** v/t kategorisieren, klassifizieren,

aufgliedern, rubrizieren
category *n* 1. Kategorie *f*, Klasse *f*, (Sach)Gruppe *f*, Rubrik *f*, Sparte *f*, Rubrum *nt*, Gattung *f*, Art *f*; 2. ▨ Merkmals-, Rangklasse *f*
category of bond Anleihetyp *m*; **~ buyers** Käufergruppe *f*, K.kreis *m*, K.schicht *f*; **~ driver's license** *[US]* **/driving licence** *[GB]* Führerscheinklasse *f*; **~ expenditure** Ausgabengruppe *f*, A.kategorie *f*; **~ goods** Warensorte *f*, W.gebiet *nt*, Artikelgruppe *f*; **~ dangerous goods** Gefahrgutklasse *f*; **~ investors** Anlegerschicht *f*; **~ persons** Personenkreis *m*, P.gruppe *f*; **~ securities** Wertpapier-, Effektengattung *f*; **~ ship** Schiffsklasse *f*; **~ subscribers** Zeichnerkreis *m*
catch-call category Sammelbezeichnung *f*; **marginal c.** ▨ Randklasse *f*; **occupational c.** Berufsgruppe *f*, B.kategorie *f*; **principal c.** Hauptart *f*
category analysis Käuferstrukturanalyse *f*
cater (for) *v/prep* 1. sorgen für; 2. mit Lebensmittel beliefern, verpflegen; 3. unter einen Hut bringen *(fig)*
caterer *n* Gastronom *m*, Gastwirt *m*, Gaststätteninhaber *m*, Fertiggerichte-, Lebensmittellieferant *m*, Restaurateur *m (frz.)*, Verpfleger *m*; **industrial c.** Kantinenlieferant *m*, Lieferant von Fertiggerichten
catering *n* Gaststättengewerbe *nt*, Gastronomie(wesen) *f*, Verpflegung *f*, Restauration *f*, Catering *nt*; **industrial c.** Groß-, Gemeinschafts-, Kantinenverpflegung *f*, Betriebskantinenwesen *nt*, Kantinenbelieferung *f*; **in-flight c.** ✈ Bordverpflegung *f*; **institutional c.** Kantinenwesen *nt*, Großküchenverpflegung *f*; **on-board c.** ⚓/✈ Bordverpflegung *f*
catering base Großverpflegungseinrichtung *f*; **c. business** 1. Verpflegungs-, Gaststätten-, Restaurationsbetrieb *m*; 2. Gastronomie *f*; 3. Großküchengeschäft *nt*; **c. college** Fachschule für das Gaststättengewerbe; **c. control** Verpflegungskontrolle *f*; **c. costs** Verpflegungskosten; **additional c. costs** Verpflegungsmehraufwand *m*; **c. department** Küchenverwaltung *f*; **municipal c. department** Stadtküche *f*; **c. establishment** 1. Gaststättenbetrieb *m*; 2. Kantine *f*, Großküche *f*; **c. facilities** Verpflegungseinrichtungen; **c. group** Restaurantkette *f*; **c. industry** Gaststättengewerbe *nt*, G.wesen *nt*; **c. size** Großpackung *f*; **c. supplier** Kantinen-, Gaststättenlieferant *m*; **c. trade** Hotel- und Gaststättengewerbe *nt*, Gastronomie *f*, Bewirtungsgewerbe *nt*
cat's eye *(Fahrbahn)* Katzenauge *nt*, Straßenleuchtnagel *m*
caterpillar *n* 1. 🐛 Raupe *f*; 2. Raupe(nfahrzeug) *f/nt*, R.nschlepper *m*; **c. track** Gleiskette *f*; **c. tractor** Raupenschlepper *m*; **c. truck** Transportraupe *f*
cathode ray tube *n* Bild-, Kathodenstrahlröhre *f*
cattle *n* Vieh *nt*, Rinder *pl*; **to breed/raise c.** Vieh züchten; **to buy c. on the hoof** Schlachtvieh lebend erwerben; **to graze c.** Vieh weiden lassen; **domestic c.** Nutzvieh *nt*
cattle breeding Vieh-, Rinderzucht *f*; **c. dealer** Viehhändler *m*; **c. fodder** Viehfutter *nt*; **c. insurance** Viehversicherung *f*; **c. manifest** Viehfrachtliste *f*; **c. market** Viehmarkt *m*; **c. plague** Viehseuche *f*; **c. trade** Viehhandel *m*; **c. trailer** 🚛 Viehtransportanhänger *m*; **c. transport** Viehtransport *m*; **c. truck** 🚛 Viehwagon *m*
catwalk *n* Laufsteg *m*
caucus *n* *[US]* (Wahl)Ausschuss *m*; **c. fund** Wahlfonds *m*; **c. session** Fraktionssitzung *f*
causal *adj* kausal, ursächlich, Kausal-
causality *n* Kausalzusammenhang *m*, Kausalität *f*, Ursächlichkeit *f*, ursächlicher Zusammenhang; **multiple c.** Multikausalität *f*; **c. principle** Kausalitätsprinzip *nt*
causation *n* Verursachung *f*, Kausalität *f*, Kausalität *f*; **contributory c.** [§] Mitverursachung *f*; **multiple c.** mehrfache Kausalität; **negligent c.** [§] fahrlässige Herbeiführung; **reverse c.** umgekehrte Kausalkette
causative *adj* kausal, verursachend, ursächlich, Verursachungs-
cause *n* 1. (Ur)Sache *f*, wichtiger Grund, Veranlassung *f*, Anlass *m*; 2. [§] Prozesssache *f*; **for c.** *[US]* aus triftigem Grund; **without c.** ohne triftigen/zureichenden Grund, unentschuldigt, grundlos
cause of an accident Unfallursache *f*; **~ action** [§] Haftungsache *f*, Klagegrund *m*; **new ~ action** Klageänderung durch neuen Sachvortrag; **c. for alarm** Grund zur Aufregung; **c. of appeal** [§] Anfechtungsgrund *m*; **~ the blaze** Brandursache *f*; **c. for complaint** Grund zur Klage, Beschwerde(grund) *f/m*, Grund zur Beanstandung; **to have no ~ complaint** keinen Grund zur Klage haben; **~ concern** Grund zur Sorge/Besorgnis; **~ conflict** Konfliktstoff *m*; **~ social conflict** sozialer Konfliktstoff; **c. of death** Todesursache *f*; **c. and effect** Ursache und Wirkung; **proximate/decisive c. of injury** vorwiegende Schadensursache; **c. at issue** [§] anstehende Entscheidung; **c. in law** Rechtsgrund *m*; **c. of (the) loss** Verlust-, Schadensursache *f*; **c. for the petition** Antragsberechtigung *f*; **c. of rescission** *(Vertrag)* Rücktrittsgrund *m*
to declare that the cause of action has been disposed of [§] die Hauptsache für erledigt erklären; **to rally to one's c.** um sich scharen, für sich/seine Sache gewinnen; **to uphold a c.** Sache vertreten
adequate cause adäquate Ursache; **assignable c.** zurechenbare Ursache; **basic c.** Grundursache *f*; **charitable c.** wohltätiger Zweck; **common c.** gemeinsame Sache; **to make ~ c.** gemeinsame Sache machen; **concurrent c.** Mitursache *f*; **contributory c.** mitverursachende Umstände; **efficient c.** wirkende Ursache; **extraneous c.** Fremdeinwirkung *f*; **good c.** 1. guter Grund; 2. gute Sache; **to fight for a ~ c.** für eine gute Sache kämpfen; **immediate c.** unmittelbare (Schadens)Ursache, aktueller/unmittelbarer Anlass; **instrumental c.** mitwirkende Ursache; **intervening c.** dazwischentretende Ursache; **just c.** gerechte Sache; **without ~ c.** unbegründet; **justifiable c.** [§] hinreichender Grund; **lawful c.** gesetzlicher Grund; **without ~ c.** ohne rechtlichen Grund; **without legitimate c.** ohne hinreichenden Grund; **main/principal c.** Hauptursache *f*; **onerous c.** gesetzliche Gegenleistung; **probable c.** hinreichender Grund; **proximate c.** unmittelbare/schadensbegründende Ursache; **real c.** eigentliche Ursache; **without ~ c.** ohne Not; **reasonable c.** hinreichender Anlass; **~ and**

probable c. hinreichender Tatverdacht; **remote c.** mittelbare/entfernte/schadensunerhebliche Ursache; **secondary c.** Nebenursache *f*; **sufficient c.** hinreichender Grund; **supervening c.** Ereignis mit überholender Kausalität; **ultimate c.** eigentliche Ursache; **unavoidable c.(s)** unabwendbare Ursache(n); **unforeseen c.** *(Betriebshaftpflicht)* nicht vorhergesehene Ursache
cause *v/t* veranlassen, verursachen, verschulden, führen zu, Ursache sein für, anrichten, auslösen, bewirken, herbeiführen
cause book [§] Ladungsbuch *nt*
caused by *adj* bedingt durch
cause list [§] Prozess-, Terminliste *f*, Verhandlungskalender *m*, V.liste *f*; **to enter into the c. list** in die Prozessliste eintragen; **c. variable** ursächliche Variable
causeway *n* Straßendamm *m*, Dammweg *m*
caustic *adj* ◆ ätzend
caution *n* 1. Vorsicht *f*, Zurückhaltung *f*; 2. (Ver)Warnung *f*; 3. [§] Rechts(mittel)belehrung *f*, Verwarnung *f*; 4. *[Scot.]* Bürgschaft *f*, Kaution *f*, Sicherheitsleistung *f*; **with c.** vorsichtig; **with all due c.** mit aller gebotenen Vorsicht
to drive with caution ◆ vorsichtig fahren; **to err on the side of c.** im Zweifelsfall lieber vorsichtig sein; **to exercise c.** Vorsicht walten lassen; **to issue a c.** [§] verwarnen; **to proceed with more c.** kürzer treten *(fig)*; **to recommend c.** zur Vorsicht raten; **to register a c.** [§] Vormerkung eintragen lassen; **to throw all c. to the winds** alle Vorsicht über Bord werfen
verbal caution [§] mündliche Verwarnung
caution *v/t* [§] (ver)warnen, belehren, Verwarnung aussprechen
cautioner *n* [§] *(Grundbuch)* Vormerkungsbegünstigter *m*
caution marks Vorsichtsmarkierungen; **c. money** (hinterlegte) Kaution(ssumme), K.höhe *f*
cautious *adj* vorsichtig, behutsam, reserviert, abwartend, zurückhaltend
cave *n* Höhle *f*; **c. in** *v/prep* 1. ■ einstürzen, einfallen; 2. *(Preis)* einbrechen, nachgeben
caveat *n (lat.)* 1. [§] Vorbehalt *m*, Einspruch *m*, Verwahrung *f*, Warnung *f*, Widerspruch *m*; 2. *[US]* Patentanmeldung mit dreimonatiger Einspruchsfrist; **to enter/file/put in a c.** Einspruch einlegen, Vormerkung eintragen lassen; **c. emptor** *(lat.)* Gewährleistungs-, Sach(mängel)ausschluss *m*, Mängelausschluss auf Risiko des Käufers; **c. subscriptor** *(lat.) (Emission)* auf Gefahr des Zeichners; **c. viator** *(lat.) (Reiserecht)* Sorgfaltspflicht *f* (des Reisenden)
cave dwelling Höhlenwohnung *f*; **c.-in of prices** *n* Preisverfall *m*
cavern *n* Höhle *f*, Kaverne *f*
to be beyond cavil *n* ohne Zweifel feststehen
(dental) cavity *n* ＄ *(Zahn)* Loch *nt*
CCC *[Wales]* AG *f*
CD (certificate of deposit) 1. Depositenzertifikat *nt*; 2. Hinterlegungsurkunde *f*
cease *v/ti* 1. aufgeben, einstellen; 2. aufhören, enden, unterbleiben, fortfallen, erlöschen; **c. to apply** nicht mehr gelten, wegfallen; **c. and desist** *[US] (Wettbewerb)* unterlassen; **~ order** [§] Unterlassungsanordnung *f*, auf Unterlassung gerichtete einstweilige Verfügung; **c. to exist** zu bestehen aufhören; **~ manufacture** Produktion einstellen
ceaseless *adj* unaufhörlich, unablässig
cede *v/t* abtreten, überlassen, zedieren
cedent; cedant *n* Zedent(in) *m/f*, Abtretende(r) *f/m*
ceding commission *n* Abtretungsprovision *f*; **c. company** Erst-, Hauptversicherer *m*, Rückversicherte(r) *m/f*, Zedent(in) *m/f*, zedierende Gesellschaft
ceiling *n* 1. ■ Decke *f*; 2. *(fig)* Höchstbetrag *m*, H.grenze *f*, H.maß *nt*, Plafond *m (frz.)*, Ober-, Expansions-, Mengengrenze *f*, (Verfügungs)Limit *nt*, Maximum *nt*, obere Grenze/Schranke, oberer Interventionspunkt; 3. *(EWS)* Tunneldecke *f*; **c.s on collateral credit** Lombardlinien; **voluntary c. on exports** freiwillige Selbstbeschränkung im Export; **c. on new issues** Emissionslimit *nt*; **~ lending** Darlehensstopp *m*
to fix a ceiling Obergrenze/Rahmen festlegen; **to go through the c.** *(Preise)* explodieren; **to put a c. on sth.** etw. nach oben begrenzen, ~ limitieren, etw. deckeln *(coll)*
budgetary ceiling Haushaltsplafond *m*, H.rahmen *m*; **duty-free c.** ⊖ Zollfreigrenze *f*, Z.menge *f*; **financial c.** Finanzdecke *f*; **indicative c.** *(EU)* Richtmenge *f*; **suspended c.** ■ Hängedecke *f*
ceiling capacity Höchstkapazität *f*; **to operate at c. capacity** voll ausgelastet sein; **c. lamp** Deckenlampe *f*; **c. lights** Deckenbeleuchtung *f*; **c. price** Höchstpreis *m*, H.betrag *m*, Maximalpreis *m*, äußerster/höchster Preis, ~ Kurs; **c. quotation** Stoppkurs *m*, S.preis *m*; **c. rate** (Zins)Höchstsatz *m*
celebrate *v/t* begehen, feiern
celebration *n* Feier(lichkeit) *f*; **c. offer** Jubiläumsangebot *nt*
celebrity *n (Person)* Berühmtheit *f*
cell *n* 1. Zelle *f*; 2. ▦ Klassenintervall *nt*; 3. 🖳 Speicherzelle *f*; **dry c.** ⚡ Trockenelement *nt*; **~ battery** Trockenbatterie *f*; **padded c.** Gummizelle *f*; **photoelectric c.** Foto-, Selenzelle *f*; **solar c.** Solar-, Fotozelle *f*
cellar *n* ■ Keller *m*; **c.age** *n* 1. Kellermiete *f*, Lagerkosten *pl*; 2. Einkellerung *f*; **c.man** *n* Küfer *m*, Kellermeister *m*
cell frequency ▦ Besetzungszahl eines Tabellenfeldes, Klassenhäufigkeit *f*
cello|**phane** *n* Zellophan *nt*; **c.tape** ™ *n* Zellophanklebestreifen *m*, Klebeband *nt*
cell-phone *n* Autotelefon *nt*
cellular *adj* in Zellen aufgeteilt
cellulose *n* Zellulose *f*, Zellstoff *m*; **c. industry** Zelluloseindustrie *f*; **c. plant** Zellstoffwerk *nt*
cement *n* Zement *m*; *v/t* zementieren, festigen, kitten
cementite *n* ◆ Eisenkarbid *nt*
cement works Zementwerk *nt*
cemetery *n* Friedhof *m*; **c. board** Friedhofsverwaltung *f*; **c. plot** Grabstelle *f*
censor *n* Zensor *m*; **passed by the c.** (von der Zensur) freigegeben; **c.'s office** Zensurbehörde *f*

censorship *n* Zensur *f*; **subject to c.** zensurpflichtig; **c. of the news** Nachrichtenzensur *f*; **to be subject to c.** der Zensur unterliegen; **to submit to c.** der Zensur unterwerfen
postal censorship Brief-, Postzensur *f*; **post-publication c.** Nachzensur *f*; **c. regulations** Zensurbestimmungen, Z.vorschriften
censure *n* Rüge *f*, Tadel *m*, Verweis *m*; **written c.** schriftlicher Verweis
censure *v/t* rügen, tadeln, verurteilen, zensieren; **c. motion** Misstrauens-, Tadelsantrag *m*
census *n* (Bestands)Erhebung *f*, (Volks-/Groß)Zählung *f*, Zensus *m*; **c. of distribution** 1. Erhebung im Groß- und Einzelhandel; 2. ▦ Streuungserfassung *f*; **~ employment** *[GB]* Arbeitsmarktstatistik *f*; **~ population** Volkszählung *f*; **~ production** Produktionsstatistik *f*, P.zensus *m*, Erhebung im produzierenden Gewerbe; **~ unemployment** Arbeitslosenzählung *f*
to take a census Volkszählung durchführen/vornehmen, Bevölkerung zählen
complete/full census Voll-, Gesamterhebung *f*; **incomplete c.** unvollständige Erhebung, Teilerhebung *f*; **national c.** Volkszählung *f*; **occupational c.** Berufszählung *f*; **official c.** amtliche Erhebung; **partial c.** Teilerhebung *f*; **separate c.** Sondererhebung *f*; **universal c.** Gesamterhebung *f*
Census Bureau *[US]* statistisches Bundesamt; **c. data** Erhebungsangaben; **c. form** Erhebungsbogen *m*; **c. survey** Gesamtmarktanalyse *f*; **c. year** Zensus-, Erhebungsjahr *nt*
cent *n* Cent *m*; **per c. (p.c.)** Prozent *nt*, vom Hundert (v. H.)
cental *n* *[GB]* Zentner *m* (45,3 kg)
centenary *n* Jahrhundertfeier *f*; *adj* hundertjährig
centennial *n* *[US]* Hundertjahr-, Jahrhundertfeier *f*; *adj* hundertjährig
centigrade *n* Grad Celsius
central *adj* zentral, mittlere(r, s); **C. American Free Trade Area (CAFTA)** Zentralamerikanische Freihandelszone; **C. Europe** Mitteleuropa; **C. European Time** mitteleuropäische Zeit (MEZ)
central|ism *n* Zentralismus *m*; **c.ist** *adj* zentralistisch
centralization *n* Zentralisierung *f*, Zentralisation *f*, Zusammenlegung *f*; **c. protocol** Zentralisierungsprotokoll *nt*
centralize *v/t* zentralisieren, zusammenlegen
Central Office of Information *[GB]* Presseamt *nt*; **Rhine Commission** Zentralkommission für die Rheinschifffahrt; **C. Statistical Office** *[GB]* Zentralamt für Statistik; **C. Tariff Quota Registration Unit** *[GB]* Zentralstelle für Zollkontingente (ZZK)
center *[US]*; **centre** *[GB]* *n* 1. Zentrum *nt*, Mittelpunkt *m*, Drehscheibe *f* (*fig*), Stützpunkt *m*; 2. Brennpunkt *m*; 3. ♨ Herd *m* (*fig*); **c. of air routes** Luftkreuz(ung) *nt/f*; **~ attraction** Hauptanziehungspunkt *m*, H.attraktion *f*; **~ the boom** Brennpunkt des Booms; **~ commerce** Handelszentrum *nt*; **~ conflict** Konfliktherd *m*; **~ consumption** Verbrauchszentrum *nt*; **~ distribution** Vertriebszentrum *nt*; **~ gravity** Schwerpunkt *m*; **~ infection** ♨ Infektionsherd *m*; **~ a page** Seitenmitte *f*; **~ power** Machtzentrum *nt*; **~ production** Industriestandort *m*; **~ range** Spannweitenmitte *f*
administrative center/centre Verwaltungszentrum *nt*, V.stelle *f*; **civic c.** Behördenzentrum *nt*, Stadtverwaltung *f*; **commercial c.** Handelszentrum *nt*, H.mittelpunkt *m*, H.metropole *f*; **decision-making c.** Willensbildungs-, Entscheidungszentrum *nt*; **financial c.** Bank-, Finanzzentrum *nt*, F.markt *m*, Kapitalumschlagplatz *m*; **indirect c.** Nebenkostenstelle *f*; **industrial c.** Industriezentrum *nt*; **non-productive c.** Nebenkostenstelle *f*; **offshore c.** Bankplatz für Auslandsgeschäfte; **provincial c.** Provinzzentrum *nt*; **secondary c.** Nebenzentrum *nt*, N.platz *m*
center; centre *v/t* zentrieren, konzentrieren, in den Mittelpunkt rücken; **c. on** sich konzentrieren auf
center/centre country Leitwährungsland *nt*
center/centre|-left *adj* Mitte-Links-; **c. line** Mittellinie *f*; **c.piece** *n* Kernstück *nt*, Mittelteil *m*/*nt*, M.stück *nt*; **c.-right** *adj* Mitte-Rechts-; **c. spread** (*Inserat*) doppelseitige Blattmitte; *adj* doppelseitig; **to be hold c. stage** (*fig*) im Mittelpunkt des Interesses stehen
centri|fugal *adj* zentrifugal; **c.fuge** *n* Zentrifuge *f*
centronics port *n* 🖶 Centronics-Schnittstelle *f*
century *n* Jahrhundert *nt*
ceramics *n* Töpferwaren, Keramik *f*; **fine c.** Feinkeramik *f*; **industrial c.** Industrie-, Ingenieurkeramik *f*; **c. industry** Keramik-, Steingutindustrie *f*, keramische Industrie
cereal *n* 🌾 Korn *nt*, Getreide(frucht) *nt/f*, G.art *f*; **c.s** 1. Getreide *nt*; 2. Frühstückskost *f* (aus Getreidebestandteilen); **c. crop** 1. Getreideernte *f*; 2. G.art *f*; **c. farming/growing** Korn-, Getreideanbau *m*; **c. plant** Getreidepflanze *f*; **c. product** Getreideerzeugnis *nt*
ceremonial *adj* förmlich, protokollarisch, feierlich, zeremoniell
ceremony *n* Zeremonie *f*, Zeremoniell *nt*, (Feier)Stunde *f*, F.lichkeit *f*, Festakt *m*; **to stand on c.** auf Förmlichkeit bedacht sein, auf Etikette achten; **commemorative c.** Gedenkfeier *f*
certain *adj* gewiss, sicher; **to make c.** sicherstellen; **dead c.** (*coll*) todsicher (*coll*)
certainty *n* Sicherheit *f*, Gewissheit *f*, Bestimmtheit *f*; **absolute c.** völlige Gewissheit; **c. equivalent** Sicherheitsäquivalent *nt*
certificate *n* 1. (amtliche) Bescheinigung, Urkunde *f*, Zeugnis *nt*, Diplom *nt*, Beglaubigung *f*, Zertifikat *nt*, Berechtigungsnachweis *m*; 2. Bestätigungsvermerk *m*, Testat *nt*, Gutachten *nt*; 3. (*Wertpapier*) Stück *nt*, Mantel *m*
certificate of acceptance Abnahmebescheinigung *f*; **~ account** Bestätigungsvermerk *m*, Bestätigung des Buchprüfers; **~ acknowledgment** 1. Beglaubigungsvermerk *m*; 2. Grundschuldbrief *m*; **~ airworthiness** ✈ Lufttauglichkeits-, Lufttüchtigkeitszeugnis *nt*, Flugtauglichkeitsbescheinigung *f*, F.zeugnis *nt*; **~ allotment** (*Wertpapier*) Zuteilungsschein *m*, Z.benachrichtigung *f*, Bezugsrechtsmitteilung *f*; **~ analysis** Analysenzertifikat *nt*, Prüfungsbescheinigung *f*; **~**

appointment Ernennungsurkunde f; **~ apprenticeship** Gesellenbrief m, Lehr(abschluss)zeugnis nt; **~ approval** 1. Zulassungs-, Genehmigungsbescheinigung f; 2. ⊖ Verschlussanerkenntnis f; **~ attendance** Teilnahmebestätigung f, T.bescheinigung f; **~ audit** Prüfvermerk m, Testat nt; **~ authenticity** Echtheitszeugnis nt, E.bescheinigung f; **~ authority** Vollmachtsurkunde f; **~ average** Havariezertifikat nt; **~ baptism** Taufschein m; **~ good behaviour/character** Leumunds-, Unbescholtenheitszeugnis nt; **~ birth** Geburtsurkunde f, G.schein m; **~ bond** Registrierungsbescheinigung f; **~ charge** *[GB]* Grundschuldbrief m; **~ citizenship** Staatsbürgerurkunde f, S.angehörigkeitsausweis m; **~ classification** Revisionsattest nt; **~ clearance inward(s)** ⊖ Einfuhrbescheinigung f; **c. of clearance outward(s)** ⊖ Ausfuhrbescheinigung f; **~ professional competence/competency** Fähigkeits-, Befähigungsnachweis m; **~ compliance** Einwilligungsbescheinigung f; **~ compliance with the terms** Bestätigung über Einhaltung der Bedingungen; **~ good conduct** Führungszeugnis nt; **~ conformity** Konformitätsbescheinigung f; **~ contract** Vertragsurkunde f; **~ public convenience and necessity** Gründungserlaubnis für öffentliches Versorgungsunternehmen; **~ correction** *(Pat.)* Abänderungsbescheid m, Berichtigungsschein m, B.nachweis m; **~ the customs house** ⊖ Zollquittung f; **~ damage** Schadensattest nt, S.protokoll nt, Beschädigungsschein m; **~ delivery** Auslieferungsbeleg m, Postzustellungsurkunde f

certificate of deposit (CD) 1. Einzahlungsbeleg m, Hinterlegungsschein m, H.urkunde f, H.bescheinigung f, Depositen-, Einlagen-, Depot-, Aufbewahrungsschein m; 2. Depositen-, Einlagenzertifikat nt, Depositen-, Einlagebrief m, Geldmarktpapier nt; **negotiable c. o. d.** übertragbares/begebbares/handelbares Einlagenzertifikat; **c. o. d. market** Zeitdepositenmarkt m, Markt für Einlagenzertifikate

certificate of designation of origin Bescheinigung der Ursprungsbezeichnung; **~ disability** 1. Bescheinigung der Zahlungsunfähigkeit; 2. Arbeitsunfähigkeitsbescheinigung f, Behindertenausweis m; **~ discharge** 1. Bescheinigung der Zahlungsfähigkeit f; 2. Entlastungszeugnis nt; 3. ⊖ Erledigungsbescheinigung f; 4. Abladeschein m; 5. Entlassungsschein m; **General ~ Education (G.C.E.)** *[GB]* Sekundärschulabschluss m; **~ Education Advanced (A) Level** *[GB]* Hochschulreife f; **~ eligibility** Berechtigungsnachweis m; **~ employment** Arbeitsbescheinigung f, A.nachweis m, A.zeugnis nt, Beschäftigungsbescheinigung f, B.nachweis m; **~ entitlement** Berechtigungs-, Ermächtigungsurkunde f; **~ entry of returned products** ⊖ Zollnämlichkeitsbescheinigung f; **~ exhibition** Ausstellungsbescheinigung f; **~ fitness** Tauglichkeitsbescheinigung f, T.zeugnis nt; **~ forfeiture** Nichtigkeitsbescheinigung f; **~ guarantee** Garantieschein m, G.bescheinigung f; **~ identification** Nämlichkeitsbescheinigung f; **c. concerning additional identification marks** ⊖ Bescheinigung über zusätzliche Nämlichkeitszeichen; **~ identity** ⊖ Nämlichkeitsschein m,

N.bescheinigung f, Identitätsnachweis m; **~ illness** Krankheitsattest nt; **~ incorporation** Gründungsbestätigung f, G.sbescheinigung f, Gesellschaftsvertrag m, Satzung der Gesellschaft, Handelsregistereintragung f, handelsregistergerichtliche Eintragungsurkunde, Korporationsurkunde f; **~ indebtedness** 1. Schuldanerkenntnis f, S.brief m, S.schein(zertifikat) m/nt, S.bescheinigung f, S.anerkennung f; 2. *[US]* Schatzanweisung f

certificate of inheritance Erbschein m; **joint c. o. i.** gemeinschaftlicher Erbschein; **c. o. i. for a portion of the estate** Teilerbschein m; **c. o. i. limited to assets within the country** gegenständlich beschränkter Erbschein

certificate of inspection (Qualitäts)Abnahmeschein m, Beschaffenheits-, Besichtigungs-, Beschaffungszeugnis nt; **~ insurance (c/i)** Versicherungspolice f, V.schein m, V.zertifikat nt, Deckungszusage f, Nachweis über den Abschluss einer Versicherung, Police f; **~ beneficial interest** Genussschein m; **~ issue** Ausstellungsbescheinigung f; **~ loss** Verlust-, Schadensattest nt; **~ mailing** Posteinlieferungsschein m; **~ mailing issued by the postal authorities** postalisches Versandzertifikat; **~ manufacture** Fertigstellungszeugnis nt, F.bescheinigung f; **~ measurement** ⚓ Eichschein m; **~ nationality** Staatsangehörigkeitsurkunde f; **~ naturalization** Einbürgerungs-, Naturalisierungs-, Staatsangehörigkeitsurkunde f; **~ necessity** *[US]* Berechtigungsschein für Sonderabschreibung; **~ non-objection** ⊖ (Einfuhr)Unbedenklichkeitsbescheinigung f; **~ non-toxicity** *(Umweltgift)* Unbedenklichkeitsbescheinigung f; **~ nubility** *(Frau)* Ehefähigkeitsbescheinigung nt; **~ nulla bona** *(lat.)* Pfandabstandsbescheinigung f; **~ obligation** Verpflichtungsschein m; **~ occupancy** ⚱ Abnahmebescheinigung f; **~ organization** *[US]* Gründungszeugnis nt; **~ origin** Herkunfts-, Ursprungszeugnis nt, Herkunftsbezeichnung f, Provenienzzertifikat nt, Herkunfts-, Ursprungsbescheinigung f, Bescheinigung des Ursprungs; **~ participation** Betriebsrentenversicherungspolice f; **~ patriality** [§] Abstammungszeugnis nt, Herkunftsbescheinigung f; **~ pledge** Pfandschein m; **~ posting** ✉ (Post)Einlieferungsschein f, P.quittung f, P.ablieferungsschein m, P.versandbescheinigung m, P.dokument nt, Einlieferungsbescheinigung f; **~ presentation** Vorlegungsbescheinigung f; **~ priority** Dringlichkeitsbescheinigung f; **~ product use** Produktverwendungserklärung f; **~ protest** Protesturkunde f; **~ proxy** *(HV)* Stimmschein m; **~ purchase** Kaufausweis m, Grunderwerbsbescheinigung f; **~ qualification** Befähigungsnachweis m, Nachweis der Befähigung; **~ quality** Qualitätszertifikat nt, Q.bescheinigung f, Q.zeugnis nt; **~ receipt** Spediteurübernahmebescheinigung f, Übernahme-, Verladeschein m; **~ redemption** Tilgungsbescheinigung f, T.schein m; **~ re-export(ation)** Wiederausfuhrzeugnis nt, Bescheinigung der Wiederausfuhr; **~ register** 1. ⚓ Registerbrief m, Schiffszertifikat nt; 2. Einregistrierungsurkunde f, Eintragungsbestätigung f; **~ registration** 1. Eintragungs-, Registrierungsurkunde f, Registerabschrift f, R.auszug m, R.ausweis m, Han-

delsregistereintragung *f*; 2. Meldezettel *m*; ~ **registry** ⚓ Reedereibrief *m*, Schiffsregisterauszug *m*, Flaggenattest *nt*, Eintragungszertifikat *nt*; ~ **re-import(ation)** Bescheinigung der Wiedereinfuhr; ~ **reinsurance** Rückversicherungsnachweis *m*; ~ **renewal** Prolongationsschein *m*, Talon *m (frz.)*; ~ **sale** *(Auktion)* Zuschlagsbescheinigung *f*; ~ **service** [§] Zustellungsurkunde *f*; ~ **shipment** Lade-, Versandschein *m*, Verschiffungsbescheinigung *f*; ~ **financial statement** *[US]* Bestätigung des Abschlusses; ~ **marital status** Familienstandsbescheinigung *f*; ~ **stock** *[US]* Aktienzertifikat *nt*, A.(anteils)schein *m*; ~ **survey** Besichtigungsprotokoll *nt*; **c. for tax purposes** Steuerbescheinigung *f*; **c. of title** 1. Eigentumsbescheinigung *f*; 2. *[US]* Grundbuchauszug *m*; ~ **tonnage** ⚓ Messbrief *m*; ~ **trading** Gewerbegenehmigung *f*, G.schein *m*; ~ **transfer** Übertragungsurkunde *f*, Ü.bescheinigung *f*; ~ **typing** Schreibmaschinenprüfung *f*
certificate of value Wertbescheinigung *f*; **c. o. v. and origin** Wert- und Ursprungszertifikat *nt*, U.zeugnis *nt*; **combined c. o. v. and origin** *[US]* kombiniertes Wert- und Ursprungszeugnis
certificate of wage tax deduction Lohnsteuerbescheinigung *f*; ~ **weight** Gewichtsbescheinigung *f*, G.nota *f*, G.zeugnis *nt*
as per certificate enclosed laut beiliegendem Schein
to buy certificate|s on a no-load basis Investmentanteile ohne Provisionsaufschlag erwerben; **to furnish a c.** Bescheinigung/Zeugnis vorlegen, ~ beibringen; **to issue a c.** Zeugnis/Bescheinigung ausstellen; **to obtain a c.** sich ein Zeugnis ausstellen lassen; **to submit a c.** Bescheinigung beibringen/vorlegen
advanced certificate Diplom für Fortgeschrittene; **advance-fixing c.** Vorausfestsetzung(sbescheinigung) *f*; **additional ~ c.** ⊖ Teilvoraussetzungsbescheinigung *f*; **baptismal c.** Taufschein *m*; **barring c.** [§] ärztliches Verbot einer Patientenentlassung durch nächste Angehörige; **blank c.** Blankopapier *nt*, B.zertifikat *nt*; **capital-evidencing c.** Kapitalnachweis *m*; **collateral c.** Pfandschein *m*; **collective c.** Sammelstück *nt*, S.bescheinigung *f*; **consular c.** konsularische Bescheinigung, Konsulats-, Konsularbescheinigung *f*, Bescheinigung des Konsuls; **depository c.** Hinterlegungsbeleg *m*, H.quittung *f*; **exempting c.** Ausnahmebescheinigung *f*; **fixed-interest c.** Obligation *f*; **fractional c.** Teilgutschein *m*, Quoten-, Bruchteilaktie *f*; **free-board c.** ⚓ Freibordzeugnis *nt*; **global c.** Global-, Gesamt-, Sammelurkunde *f*, S.zertifikat *nt*; **individual c.** *(Aktie)* Einzelurkunde *f*; **interim c.** 1. vorläufige Bescheinigung; 2. *[US]* Interims-, Zwischenschein *m*; **intermediate c.** Anrechtsschein *m*; **medical c.** ärztliches Attest/Gutachten/Zeugnis, ärztliche Bescheinigung; **multiple c.** Globalanteilschein *m*, G.urkunde *f*, G.aktie *f*; **new-issue c.** Jungschein *m*; **notarial c.** notarielle Bescheinigung, Notariatsbescheinigung *f*; **official c.** behördliche/amtliche Bescheinigung; **participatory/participating c.** Genussschein *m*; ~ **with warrant** Optionsgenussschein *m*; ~ **holder** Genussscheininhaber *m*; **personal c.** Personenstandsurkunde

f; **profit-sharing c.** Genussschein *m*; **provisional c.** Zwischen-, Interimsschein *m*, vorläufige Bescheinigung; **registered c.** Namenspapier *nt*, N.zertifikat *nt*; **sanitary c.** Gesundheitszeugnis *nt*, G.attest *nt*; **school-leaving c.** (Schul)Abgangs-, Entlassungszeugnis *nt*; **short c.** Sparbrief mit kurzer Laufzeit; **substitute c.** Ersatzbescheinigung *f*; **supplementary c.** Zusatzbescheinigung *f*; **taking-over c.** Abfertigungsbescheinigung *f*
certificate *v/t* bescheinigen, Zeugnis ausstellen über
certificate buyer *[US]* Investmentkäufer *m*; **c. capital** Kapital eines Investmentfonds, Fondskapital *nt*
certificated *adj* zugelassen, diplomiert
certificate holder 1. Zertifikatsbesitzer *m*; 2. Diplominhaber(in) *m/f*, Diplomand(in) *m/f*; **c. loan** Zertifikatsanleihe *f*; **c. number** Stücknummer *f*
certification *n* 1. Beurkundung *f*, (amtliche) Beglaubigung/Bescheinigung/Bestätigung, Nachweis *m*, beglaubigte Erklärung; 2. Ausstellen einer Bescheinigung; 3. *(Wechsel)* Garantieerklärung *f*, 4. Prüfung *f*, Zertifizierung *f*, Bestätigungsvermerk *m*; 5. *(Scheck)* Gültigkeitsvermerk *m*; 6. Lizenz-, Konzessionsvergabe *f*; 7. *(Geisteskranker)* Entmündigung *f*
certification by the affidavit *(lat.)* Affidavierung *f*; **c. of checks** *[US]* /**cheques** *[GB]* Bestätigung von Schecks; ~ **correctness** Richtigbefund *m*; ~ **credentials** Vollmachts(über)prüfung *f*; ~ **customs treatment** ⊖ Zollbefund *m*; **false c. by a public officer** Falschbeurkundung im Amt; **c. of parentage** Abstammungsfeststellung *f*; ~ **signature** Unterschriftsbeglaubigung *f*; ~ **the annual financial statement** Bestätigung des Jahresabschlusses; ~ **transfer** Übertragungsbescheinigung *f*
to provide certification dokumentarisch/urkundlich belegen
advance certification Vorausbescheinigung *f*; **authenticated c.** beglaubigte Bescheinigung; **false c.** Falschbeurkundung *f*; **constructive ~ c.** mittelbare Falschbeurkundung *f*; **official c.** Amtsbescheinigung *f*, amtliche Bestätigung/Bescheinigung; **positive c.** vorbehaltlose Bestätigung
certification audit Zertifizierungsaudit *m;* **c. body** Prüfbehörde *f*; **c. department** Scheckbestätigungsabteilung *f*, S.kontrollabteilung *f*; **c. fee** Beglaubigungsgebühr *f*; **c. mark** Gütemarke *f*, Güte-, Prüf-, Fabrikzeichen *nt*, Ursprungsnachweis *m*; **c. officer** 1. Beglaubiger *m*; 2. Registrierbehörde *f*; **c. practice** Beglaubigungspraxis *f*; **c. trademark** Verbandszeichen *nt*; **c. system** Zertifizierungssystem *nt*; **c. work** Beurkundungstätigkeit *f*
certificatory *adj* beglaubigend
certified *adj* 1. (öffentlich) beglaubigt, bestätigt, beurkundet, amtlich bescheinigt, testiert; 2. zugelassen, konzessioniert, diplomiert; **c. (as being) abnormal** [§] für unzurechnungsfähig erklärt; ~ **factually correct** sachlich richtig; **c. by a notary** notariell beglaubigt
certify *v/t* 1. amtlich bestätigen/beglaubigen, beurkunden, attestieren, Bescheinigung ausstellen, zertifizieren, öffentlich/urkundlich beglaubigen, ~ bescheinigen; 2. Bestätigungsvermerk erteilen; 3. [§]

(Geisteskranker) entmündigen; **this is to c.** hiermit/hierdurch wird bescheinigt, ~ bestätigt
certiorari *(lat.)* **denied** [§] Revisionsantrag abgelehnt
cervix *n* ⚥ Gebärmutter *f*
cessation *n* 1. Einstellung *f*; 2. *(Prokura)* Erlöschen *nt*; 3. Fortfall *m*; 4. Aufhören *nt*, Beendigung *f*; **c. of building work** Baustopp *m*; **~ business** Geschäftsaufgabe *f*; **~ the contingency** Ausfall der Bedingung; **~ delivery** Liefereinstellung *f*; **~ payment** Zahlungseinstellung *f*; **~ production** Produktionsstockung *f*, P.einstellung *f*; **~ risk** Risikoende *nt*; **~ work** Beendigung der Arbeit
temporary cessation vorübergehende Unterbrechung;
c. number *(Vers.)* Nummer des abgetretenen Wagnisses
cesser *n* → cessor
cession *n* 1. (Rechts)Abtretung *f*, Zession *f*, Überlassung *f*, Aufgabe *f*, Übertragung *f*, Überweisung *f*, Zedierung *f*; 2. *(Vers.)* teilweise Wagnisabgabe; **c. of territory** Gebietsabtretung *f*; **compulsory c.** zwangsweise Abtretung, Zwangsabtretung *f*; **forced c.** [§] *(Völkerrecht)* Zwangsabtretung *f*
cessionary *n* Rechtsnachfolger(in) *m/f*, Forderungsübernehmer(in) *m/f*, Zessionär *m*
cessor *n* 1. Abtretende(r) *f/m*, Zessionär *m*; 2. in Verzug befindlicher Schuldner; **c. clause** Abtretungs-, Zessionsklausel *f*
cess|pit; c.pool *n* Jauche-, Klär-, Senk-, Sickergrube *f*, Kloake *f*
cestui que *(altfrz.)* **trust** [§] Treuhandbegünstigte(r) *f/m*; **~ use** Nutzungsbegünstigte(r) *f/m*
chafage *n* Reibungsschaden *m*
chafe *v/ti* reiben; **c. at sth.** (sich) an etw. reiben
chaff *n* 🌾 Häcksel *m/nt*; **to winnow the c. from the wheat** *(fig)* die Spreu vom Weizen trennen *(fig)*
chaffer *v/i* feilschen
much to my chagrin *n* zu meinem Leidwesen
chain *n* 1. Kette *f*; 2. Kettenunternehmen *nt*, Einzelhandelskette *f*, Filialbetrieb *m*, F.kette *f*, Zusammenschluss *m*; 3. 💻 Kette *f*, Verkettung *f*
chain of authority Leitungssystem *nt*, Hierarchie *f*; **~ causation; ~ cause and effect** Kausalzusammenhang *m*, K.kette *f*; **~ command** Anordnungs-, Leitungsspanne *f*, Dienstweg *m*, Weisungs-, Befehlskette *f*, Leitungsorganisation *f*; **~ command system** Leitungssystem *nt*; **~ communication** Informationskanal *m*; **international ~ customs guarantees** ⊖ internationale Garantiekette; **~ decisions/decision-making** Entscheidungsmechanismus *m*; **~ distribution** (Güter)Verteilungs-, Vertriebskette *f*; **~ documentation** Folge/Reihe/Kette von Belegen; **~ endorsements** Indossamentskette *f*; **~ events** Abfolge von Ereignissen, Verkettung von Umständen; **~ evidence** Beweiskette *f*; **~ guarantees** Garantiekette *f*; **~ office** Amtskette *f*; **~ production** Produktionszyklus *m*; **~ proof** Beweiskette *f*; **~ representation** ununterbrochene Folge von Testamentsvollstreckern; **~ (retail) shops** *[GB]* **/stores** *[US]* Laden-, Handelskette *f*; **~ transportation** Transportkette *f*; **voluntary ~ wholesalers** freiwillige Großhandelskette

to put a chain across Kette vorlegen, mit einer Kette sichern
causal chain Kausalzusammenhang *m*, K.kette *f*; **cold/refrigerated c.** Kühlkette *f*; **cooperative c.** freiwillige Handelskette, (genossenschaftliche) Großhandelskette; **multiple c.** Filialunternehmen *nt*; **voluntary c.** 1. Marketinggemeinschaft *f*, freiwillige (Handels)Kette, Handelskette auf freiwilliger Basis, Zusammenschluss von Einkaufsvereinigungen, freiwilliger Zusammenschluss; 2. *(Einzelhändler)* Gemeinschaftseinkauf *m*
chain *v/t* (ver)ketten
chain address 💻 Anschlussadresse *f*; **c. banking** Filialbankwesen *nt*; **c. commitment** Kettenverpflichtung *f*; **c. discount** Stufenrabatt *m*; **c. drive** ✪ Kettenantrieb *m*
chained *adj* verkettet
chain index zusammengesetzter/verketteter Index
chaining *n* Verkettung *f*; **backward c.** Rückwärtsverkettung *f*
chain letter Kettenbrief *m*; **c. operation** Filialbetrieb *m*; **large-scale ~ operation** Massenfilialbetrieb *m*; **c. printer** 💻 Kettendrucker *m*; **c. progression** Kantenprogression *f*; **c. reaction** ☢ Kettenreaktion *f*; **c. relative** Kettenindex *m*, Messzahl mit wechselnder Basis; **c. relatives** ⊞ Kennziffern; **c. restaurant** Kettenrestaurant *nt*; **c. saw** Kettensäge *f*; **c. smoker** Kettenraucher(in) *m/f*
chain store Kette(nladen) *f/m*, Ketten-, Serienpreisgeschäft *nt*, Filialbetrieb *m*, F.geschäft *nt*, F.kette *f*; **~ company** Filialgesellschaft *f*, F.unternehmen *nt*; **~ operator/owner** (Groß)Filialist *m*
chain strike rollender Streik, Teilaktionen *pl*, aufeinander folgende Teilstreiks; **c. trade** Kettenhandel *m*; **c. transaction** *(Börse)* Reihen-, Kettenabschluss *m*, R.geschäft *nt*
chair *n* 1. Stuhl *m*; 2. Lehrstuhl *m*, L.kanzel *f [A]*, Ordinariat *nt*; 3. Vorsitz *m*, Präsidium *nt*, Versammlungs-, Sitzungsleiter(in) *m/f*, S.leitung *f*; **to address the c.** sich an den Vorsitzenden wenden; **to be in/occupy the c.** präsidieren, den Vorsitz führen, Sitzung leiten; **to take the c.** den Vorsitz übernehmen
collapsible/folding chair Falt-, Klappstuhl *m*; **easy c.** Sessel *m*; **electric c.** elektrischer Stuhl; **presidential c.** Präsidentenstuhl *m*; **professorial c.** Lehrstuhl *m*, L.kanzel *f [A]*, Ordinariat *nt*; **revolving c.** Drehstuhl *m*
chair *v/t* Vorsitz führen/innehaben, *(Sitzung)* leiten
chair lift Sessellift *m*
chairman *n* 1. Vorsitz(end)er *m*, Präsident *m*, Versammlungs-, Veranstaltungs-, Tagungs-, Sitzungsleiter *m*; 2. *[GB]* Aufsichtsratsvorsitzender *m*
chairman of the board (of directors) Aufsichtsrats-, Verwaltungsratsvorsitzender *m*, Vorsitzender des Aufsichts-/Verwaltungsrats; **~ the executive/management board** Vorstandsvorsitzender *m*, V.sprecher *m*, Vorsitzender des Vorstandes; **~ the supervisory board** Aufsichtsratsvorsitzender *m*, Vorsitzender des Aufsichtsrates; **~ the district council** Gemeindevorsteher *m*; **~ a meeting** Sitzungs-, Versammlungsleiter

m; ~ **the parish council** Gemeinderatsvorsitzender *m*; ~ **the works council** Betriebsratsvorsitzender *m* [D] **to act as chairman** als Vorsitzender fungieren, den Vorsitz führen; **to elect so. c.** jdn zum Vorsitzenden wählen; **to resign as c.** den Vorsitz niederlegen **executive chairman** Vorstandsvorsitzender *m*, V.sprecher *m*; **honorary c.** Ehrenvorsitzender *m*
chairman designate/elect designierter (Aufsichtsrats)Vorsitzender; **c.'s report** (Rechenschafts-/Geschäfts)Bericht des Vorsitzenden
chairmanship *n* 1. Vorsitz *m* (im Aufsichtsrat); 2. Gesprächs-, Verhandlungsführung *f*, Sitzungs-, Tagungsleitung *f*; 3. Zeit als Vorsitzender; **c. of the board** [GB] Aufsichtsratsvorsitz *m*; **c. at the annual general meeting** Vorsitz in der Hauptversammlung
chairman's statement Geschäfts-/Rechenschaftsbericht des (Aufsichtsrats)Vorsitzenden
chair|person *n* 1. Versammlungs-, Sitzungs-, Tagungs-, Veranstaltungsleiter(in) *m/f*; 2. Präsident(in) *m/f*, Vorsitzende(r) *f/m* (des Aufsichtsrats); **c.woman** *n* Vorsitzende *f*, Präsidentin *f*, Veranstaltungsleiterin *f*
chalice *n* Kelch *m*; **poisoned c.** (*fig*) Giftbecher *m*, G.kelch *m* (*fig*)
chalk *n* Kreide(stift) *f/m*; **as different as c. and cheese** (*coll*) ein Unterschied wie Tag und Nacht (*coll*)
chalk (up) *v/t* 1. verbuchen, notieren; 2. anschreiben, auf die Rechnung setzen; 3. (*Zahlen*) schreiben; **c. it up** Rechnung auflaufen/anschreiben lassen
challenge *n* Herausforderung *f*, Problem *nt*, Schwierigkeit *f*; **c. of an examiner** Ablehnung eines Prüfers; ~ **jurors; peremptory c.** [§] Ablehnung der Geschworenen; **to face up to/meet a c.** einer Herausforderung entgegentreten, sich ~ stellen, Herausforderung annehmen
challenge *v/t* 1. herausfordern, anfechten, bestreiten, streitig machen, in Frage stellen; 2. [§] (*Zeuge*) ablehnen
challengeable *adj* anfechtbar
challenger *n* 1. Herausforderer *m*; 2. (*Ersatzinvestition*) zweite Alternative
challenging *n* Anfechtung *f*; *adj* herausfordernd, lockend, schwierig
chamber *n* Kammer *f*; **c.s** 1. (*Anwalt*) Kanzlei *f*, Praxisräume; 2. (*Richter*) Dienst-, Arbeits-, Richterzimmer *nt*; **in c.s** [§] in nichtöffentlicher Sitzung; **c. of agriculture** Landwirtschaftskammer *f*; ~ **commerce** (Wirtschafts-/Handels)Kammer *f*; **foreign** ~ **commerce** Auslandshandelskammer (AHK) *f*; ~ **handicrafts** Handwerkskammer *f*; ~ **industry and commerce** Industrie- und Handelskammer (IHK) *f*; ~ **lawyers** (Rechts)Anwaltskammer *f*; ~ **notaries** Notarkammer *f*; ~ **shipping** Reeder-, Schiffseignervereinigung *f*; ~ **foreign trade** Außenhandelskammer (AHK) *f*; **civil c.** [§] Zivilkammer *f*, Z.senat *m*; **climatic c.** Klimakammer *f*; **lower/second c.** (*Parlament*) zweite Kammer; **nuptial c.** Brautgemach *nt*; **upper c.** (*Parlament*) erste Kammer
chamber|lain *n* 1. [*Scot.*] Stadtkämmerer *m*; 2. Kammerherr *m*; **c.maid** *n* Zimmer-, Stubenmädchen *nt*; **c. orchestra** Kammerorchester *nt*; **c. practice** [§] (*An-*

walt) Beratungspraxis *f*; **single-c. system** (*Parlament*) Einkammersystem *nt*
chamois (*frz.*) **leather** *n* Waschleder *nt*
champagne *n* (*frz.*) Champagner *m*, Sekt *m*, Schaumwein *m*; **c. cellars** Sektkellerei *f*; **c. tax** Sekt-, Schaumweinsteuer *f*
champerty *n* [US] [§] Unterstützung einer Prozesspartei gegen Zusicherung einer Erfolgsbeteiligung, Erfolgsmandat *nt*
champion *n* 1. (*Sport*) Meister *m*; 2. Verfechter *m*, Vorkämpfer *m*, Bannerträger *m*; **national c.** Landesmeister *m*
championship *n* (*Sport*) Meisterschaft *f*; **junior c.** Jugendmeisterschaft *f*; **senior c.** Altersmeisterschaft *f*
chance *n* Zufall *m*, Möglichkeit *f*, Gelegenheit *f*, Chance *f*; **by c.** durch Zufall, zufällig; **c.s of advancement** Beförderungsmöglichkeiten; **c. to intervene** Eingriffsmöglichkeit *f*; **c. in a lifetime** einmalige Gelegenheit; **c. of success** Erfolgs-, Gewinnchance *f*; **c.s of success** Erfolgsaussichten; **c. of survival** Überlebenschance *f*; ~ **winning** Gewinnchance *f*; **not the least c.** nicht die mindeste Aussicht
to gamble away a chance Chance verspielen; **to get one's c.** zum Zuge kommen (*fig*); **to leave sth. to c.** etw. dem Zufall überlassen; **to miss a c.** sich eine Chance entgehen lassen; **to ruin one's c.s** sich den Weg verbauen (*fig*); **to take a c.** Risiko eingehen; **to trust to c.** auf sein Glück vertrauen
main chance beste Gelegenheit/Möglichkeit; **pure c.** glatter Zufall; **strong c.** hohe Wahrscheinlichkeit
chance acquaintance Gelegenheits-, Zufallsbekanntschaft *f*; **c. bargain** Gelegenheitskauf *m*; **c. constraints** ▦ Zufallsbeschränkungen; **c. customer** Laufkunde *m*; **c. customers** Laufkundschaft *f*; **c. factor** Zufallsmoment *m*; **c. fluctuation** zufallsbedingte Schwankung; **c. hypothesis** Nullhypothese *f*
chancellery *n* 1. Kanzlei *f*; 2. Kanzleramt *nt* [D]
chancellor *n* Kanzler *m*; **C. of the Exchequer** [GB] Schatzkanzler *m*, Finanzminister *m*, Minister für Finanzen
chance occurrence Zufälligkeit *f*, Zufallsereignis *nt*
chancery *n* [§] 1. Kanzlei(gericht) *f/nt*, Gerichtshof *m*, Urkunden- und Registergericht *nt*; 2. [US] Rechtsprechung nach Billigkeit; **c. court** Kanzleigericht *nt*; **C. Division (of the High Court)** [GB] Steuerabteilung des Obergerichts; **c. master** [GB] (*High Court*) Rechtspfleger *m*
chance theory ▦ Zufallstheorie *f*; **c. variable** Zufallsvariable *f*; **c. variation** Zufallsstreuung *f*
chancy *adj* (*coll*) unsicher, risikoreich
change *n* 1. Wechsel *m*, Veränderung *f*, Umgestaltung *f*, Umstellung *f*, Änderung *f*, Abwechslung *f*, Wandel *m*, Übergang *m*, Abänderung *f*, Ver-, Umwandlung *f*, Umbruch *m*; 2. (Wechsel-/Klein)Geld *nt*; **for a c.** zur Abwechslung; **subject to c. (without notice)** 1. Änderung vorbehalten; 2. mit Umtauschvorbehalt; **to be ~ c.** Änderungen unterliegen
change of account Kontoänderung *f*; ~ **address** Anschriften-, Wohnsitz-, Adressenänderung *f*, Woh-

nungswechsel *m*; ~ **air** 1. Luftveränderung *f*; 2. *(fig)* Tapetenwechsel *m (coll)*; **c.s in fixed assets** Bewegungen des Anlagevermögens; **c. in net assets** Vermögensveränderung *f*; **c. of attitude** Gesinnungs-, Bewusstseinswandel *m*; **c. in bank rates** Leitzinssänderung *f*; **c. of the legal basis** Veränderung der Rechtsgrundlage; ~ **capital market rates** Kapitalzinswende *f*; **c. in the capital structure** Kapitalveränderung *f*; **c. of classification** Umgruppierung *f*; **demotional/promotional ~ classification** Einstufung in niedrigere/höhere Besoldungsgruppe, Ab-, Höhergruppierung *f*; ~ **climate** Klimaumschwung *m*, K.wechsel *m*; ~ **clothes** Umziehen *nt*; ~ **control** 🖳 Gruppenänderung *f*; **c.s in costs** Kostenänderungen; **c. in/of course** 1. Kurs(ver)änderung *f*, Umschwung *m*, Richtungswechsel *m*; 2. ⚓ Kurs-, Fahrtrichtungsänderung *f*; **c. in court findings** Änderung der Rechtssprechung; ~ **credit balances** Guthabenbewegungen *pl*; ~ **credit standing** Bonitätsveränderung *f*; **c. of date** Datumsänderung *f*; **c. in demand** Nachfrageänderung *f*, N.wandel *m*, Verschiebung der Nachfragekurve, Bedarfswandel *m*; **c. of direction** (Fahrt)Richtungsänderung *f*, Kurs-, Richtungswechsel *m*, Tendenzwende *m*; ~ **domicile** Wohnsitzänderung *f*; ~ **employment** Arbeitsplatz-, Stellenwechsel *m*, Wechsel des Arbeitsplatzes; ~ **employment figures** Beschäftigungsänderungen; ~ **a firm's name** Firmenänderung *f*; ~ **corporate form** Umwandlung *f*; **c. in functions** institutionelle Entwicklung; **c. of funds statement** Fondsveränderungsrechnung *f*; ~ **government** Regierungs-, Machtwechsel *m*, Wachablösung *f (fig)*; ~ **heart** Gesinnungs-, Meinungs-, Sinneswandel *m*; **to have a ~ heart** seine Meinung ändern; ~ **holder** Besitzwechsel *m*; ~ **insurance** Versicherungswechsel *m*; **c. in interest rate(s)** Zins(satz)änderung *f*, Z.wandel *m*; ~ **inventories** Bestandsveränderungen *pl*; **net c.s in (business) inventories** Lagerinvestitionen; **c. of investments** Beteiligungswechsel *m*; ~ **job** Stellungs-, Arbeitsplatz-, Berufs-, Stellenwechsel *m*, Wechsel des Arbeitsplatzes, berufliche Veränderung; ~ **jurisdiction** Statutenwechsel *m*; ~ **law** Rechtsänderung *f*; **c. in leadership** Führungswechsel *m*; **c. of legislation** Gesetzesänderung *f*; **c. in the level of activity** Änderung des Beschäftigungsgrades, Niveauänderung des Produktionsprozesses; **c. in liquidity** Liquiditätsumschichtung *f*; **c. of location** Standortverlegung *f*; **c.s in the marketplace** Marktveränderungen; **c. in the method of assistance** Umstellung des Förderungsmodus; **c. of mind** Sinnes-, Gesinnungswandel *m*; **c. in the mode of transport** Änderung in der Beförderungsart; **c. of mood** *(Börse)* Klimawandel *m*, Stimmungsumschwung *m*, S.wandel *m*, S.wechsel *m*; ~ **name** Namenswechsel *m*, N.änderung *f*, Umfirmierung *f*, Umbenennung *f*; ~ **nationality** Wechsel der Staatszugehörigkeit; ~ **obligation** Schuldabänderung *f*; **c. in the onus of proof** [§] Beweislastverschiebung *f*; **c. of operation** Umstellung des Betriebs; **c. in order backlog** Auftragsbewegung *f*; ~ **owner(ship)** Besitz-, Eigentums-, Eigentümerwechsel *m*; ~ **parity** Paritätsneufestsetzung *f*, Änderung der Parität; ~ **penalty** Strafänderung

f; ~ **place** Ortswechsel *m*; ~ **place name** Ortsumbenennung *f*; **c. of plan** Planveränderung *f*; **c. in plant operations** Betriebsänderung *f*; ~ **portfolio holdings** Bestandsumschichtung *f*; **c. of position** Stellen-, Stellungswechsel *m*; ~ **possession** Besitzwechsel *m*, B.(tums)übergang *m*; ~ **power** Wach-, Machtablösung *f*; **c. in price** Preis(ver)änderung *f*; **c. of priority** Rangänderung *f*; ~ **procedure** Verfahrensänderung *f*; ~ **program(me)** Programmänderung *f*; ~ **rates** 1. Kursänderung *f*; 2. Änderung der Zinssätze; **c. in base/prime rates** Leitzinsänderung *f*; **c. of rent** Mietänderung *f*; ~ **reserves** Reserveveränderung *f*; **c. in consolidated reserves** Veränderung der Konzernrücklagen; **c. of residence** Wohnsitzwechsel *m*, Verlagerung des Wohnortes; **c. in the risk** Risikoänderung *f*; **c. of roles** Rollentausch *m*; ~ **scene(ry)** 1. Szenenwechsel *m*; 2. *(fig)* Tapetenwechsel *m (coll)*; ~ **sides** Frontenwechsel *m*; ~ **civil status** Personenstandsänderung *f*; ~ **civil service status** Umwandlung des Beamtenverhältnisses; **c. in stocks of finished goods and in work-in-progress** Bestandsveränderung an fertigen und unfertigen Erzeugnissen; **c. of structure** Struktur(ver)änderung *f*, S.wandel *m*, S.wandlung *f*; **c. in supply** *(VWL)* Angebotsänderung *f*, Verschiebung der Angebotskurve; **c. of tack** ⚓ Kursänderung *f*; ~ **tariff heading** ⊖ Wechsel der Tarifnummer, Tarifsprung *m*; ~ **taste** Geschmacksveränderung *f*, G.wandlung *f*; ~ **tax assessment** Berichtigung der Steuerfestsetzung; **c. in taxation** Steueränderung *f*, Veränderung in der Besteuerung; **c. of tax law** Steuerrechtsänderung *f*; ~ **tendency** Tendenzwandel *m*; ~ **tide** Gezeitenwechsel *m*; **c.s in timing** Änderungen im Zeitablauf; **c. of title** 1. Besitz-, Eigentumswechsel *m*; 2. Rechtsänderung *f*; ~ **tone** *(Börse)* Klimawandel *m*, K.umschwung *m*, Tendenz-, Stimmungswandel *m*; **c. in the cyclical/economic trend** Konjunkturumbruch *m*, K.änderung *f*, K.umschwung *m*; **c. of use** Gebrauchs-, Nutzungsänderung *f*; ~ **user** Nutzungsänderung *f*; ~ **venue** [§] Änderung/Wechsel des Gerichtsstandes; **c. in the weather** Wetter(ver)änderung *f*; **c. of wind** Windänderung *f*
all change 🚉 alles umsteigen!; **subject to c. without notice** 1. Änderungen vorbehalten; 2. *(Angebot)* freibleibend
to be subject to change(s) Veränderungen unterliegen; **to get c.** (Wechsel)Geld herausbekommen; **to give c.** (Wechsel)Geld herausgeben; **to implement c.s** Veränderungen in Kraft setzen; **to make c.s** Abänderungen/Veränderungen vornehmen; **to undergo a c.** sich wandeln; **to work a c.** Veränderung bewirken
basic change grundlegende (Ver)Änderung, grundlegender Wandel; **climatic c.** Klimaveränderung *f*; **cosmetic c.** kosmetische Veränderung; **cyclical c.** Konjunkturumschwung *f*, K.veränderung *f*; **sensitive to ~ c.s** konjunkturanfällig; **dramatic c.** nachhaltige Wende; **economic c.** Wirtschaftswandel *m*; **environmental c.** Umweltveränderung *f*; **fractional c.** geringfügige (Ver)Änderung; **fundamental c.** tiefgreifende/grundlegende (Ver)Änderung; **high c.** Hauptbörse *f*; **irreversible c.** irreversible Veränderung; **loose c.** Klein-

geld *nt*; **minor c.s** geringügige Änderungen; **mixed c.** *(Börse)* uneinheitliche Kursveränderung; **net c.** Kursveränderung *f* (der Schlusskurse); **operational c.**s Betriebsänderungen; **organizational c.** organisatorische Umstellung, Organisationsänderung *f*; **peaceful c.** friedliche Veränderung; **procedural c.** Verfahrensänderung *f*; **profound/radical c.** durchgreifende Änderung, Umbruch *m*, Umwälzung *f*, tiefgreifender Wandel; **seasonal c.** jahreszeitlich bedingte Veränderung; **small c.** Klein-, Wechselgeld *nt*, minderwertige Scheidemünzen; **social c.** Veränderung der Gesellschaft; **structural c.** 1. Strukturverschiebung *f*, S.(ver)änderung *f*, S.wandel *m*, strukturelle Veränderung; 2. 🏛 bauliche Veränderung; **sudden c.** Kursumschwung *m*; **sweeping c.** drastische/umfassende Änderung, grundlegende Veränderung; **technological c.** technischer Wandel; **territorial c.** Gebietsänderung *f*; **violent c.** gewaltsame Veränderung

change *v/ti* 1. (ver)ändern; 2. (aus-/um)tauschen, vertauschen, einwechseln, um-, verstellen, (über-/um)wechseln, umwandeln, ummodeln; 3. *(Devisen)* eintauschen; 4. 🚂/✈ umsteigen; 5. sich (ver)ändern; 6. sich umziehen/umkleiden; **c. fundamentally** (sich) von Grund auf ändern; **c. over** ausweichen; **c. radically** umwälzen

changeable *adj* veränderlich, wechselhaft, änderungsfähig, wandelbar, wetterwendisch

change agent Innovator *m*; **c. card** 🖃 Änderungskarte *f*; **c. catalyst** Mittler zwischen aktiv und passiv Innovierenden

changed *adj* verändert, abgeändert; **barely c.** *(Börse)* fast unverändert, gehalten

change data Änderungsdaten; **c. fund** *(Kasse)* Wechselgeld *nt*

change machine Wechsel(geld)-, Geldwechselautomat *m*, Geld-, Münzwechsler *m*; **c. order** Auftragsänderung *f*

changeover *n* Umstellung(smaßnahme) *f*, Wechsel *m*, Umschaltung *f*, Verschiebung *f*, Umstellung des Betriebs; **c. from net inflows to outflows** negative Saldendrehung; **c. allowance** Umstellungszuschlag *m*; **c. costs** Umstell-, Umrüstungskosten, Kosten der Umrüstung; **c. design** 🖃 Gruppenwechselplan *m*; **c. investment** Umstellungsinvestition(en) *f/pl*; **c. time** ⌛ Rüst-, Umstellzeit *f*

change record 🖃 Änderungssatz *m*

changing of the guard *n* 🪖 Wachablösung *f*

channel *n* 1. (Leitungs)Kanal *m*; 2. ⚓ Fahrrinne *f*, Weg *m*, Durchfahrt *f*; 3. *(TV)* Sender *m*, Programm *nt*; 4. ⊖ Abfertigung(sstelle) *f*, Durchgang *m*; **official c.s for clemency petitions** [§] Gnadenweg *m*; **c. of distribution** Vertriebs-, Absatzweg *m*, Vertriebs-, Absatzkanal *m*, Verkaufs-, Liefer-, Handels-, Distributionsweg *m*; **~ information** Informationsweg *m*, I.kanal *m*; **c.s of supply** Versorgungswege; **~ trade** Handelswege; **regular ~ trade** normale Handelsverbindungen

to go through channel|s Instanzenweg einhalten, den Dienstweg einhalten/benutzen; **to jump c.s** den Dienstweg nicht einhalten; **to sweep a c.** ⚓ Fahrwasser räumen; **to use the proper c.s** den Dienst-/Verwaltungsweg einhalten

administrative channel|s Behörden-, Verwaltungsweg *m*; **through ~ c.s** auf dem Verwaltungswege; **through authorized c.s** auf dem Dienstweg; **decision-making c.s** Instanzenzug *m*; **deep c.** ⚓ Fahrrinne *f*; **through diplomatic c.s** auf diplomatischem Weg; **distributive c.** Absatzkanal *m*, Vertriebs-, Handelsweg *m*; **dubious c.s** dunkle Kanäle; **green c.** ⊖ grüner Ausgang/Durchgang; **normal c.s** Dienst-, Instanzenweg *m*; **official/prescribed c.s** Instanzen-, Dienst-, Instanzen-, Behörden-, Amtsweg *m*; **through ~ c.s** auf offiziellen Wege, auf dem Dienstweg; **to bypass ~ c.s** Instanzen überspringen; **through private c.s** aus vertraulicher Quelle; **red c.** ⊖ roter Ausgang/Durchgang; **through the usual c.s** auf dem üblichen Weg

channel *v/t* kanalisieren, lenken, zuführen; **c. in** einschleusen; **c. off** abzweigen, ableiten; **c. through** durchleiten

channel capacity 🖃 Kanalkapazität *f*; **c. captain** *(fig)* führendes Unternehmen in der Vertriebskette; **c. decision** Absatzwegeentscheidung *f*; **c. discount** Großkundenrabatt *m*, Nachlass für Großabnehmer; **C. ferry** Kanalfähre *f*

channelling *n* Einschleusung *f*; **c. of investment** Investitionslenkung *f*

channel marketing (strategy) Vertriebskanalstrategie *f*; **c. markings** ⚓ Fahrwasserbezeichnung *f*; **C. port** Kanalhafen *m*; **c. strategy** Vertriebsstrategie *f*; **dual c. system** ⊖ Zweikanal-Abfertigungsverfahren *nt*; **C. Tunnel** *(Ärmelkanal)* Kanaltunnel *m*

chaos *n* Chaos *nt*, Durcheinander *nt*, Wirrwarr *m*, Tohuwabohu *nt (coll)*; **c. on the roads** Verkehrschaos *nt*; **financial c.** Finanzwirrwarr *nt*; **monetary c.** Währungschaos *nt*; **utter c.** völliges Durcheinander

chaotic *adj* chaotisch, wüst

chap *n* *(coll)* Kerl *m (coll)*; **nice c.** netter Kerl; **old c.** altes Haus *(coll)*

chapel *n* 1. Kapelle *f*; 2. *[GB]* 🏭 betriebliche Gewerkschaftsgruppe

chapter *n* Kapitel *nt*, Abschnitt *m*, Gesetzesartikel *m*; **to close a c.** Kapitel abschließen; **to give c. and verse** *(fig)* (etw.) genau belegen; **final c.** Schlusskapitel *nt*; **glorious c.** *(fig)* Ruhmesblatt *nt (fig)*

char *v/i* als Reinemachefrau arbeiten

charabanc *n* 🚌 Mannschaftswagen *m*

character *n* 1. Charakter *m*, Persönlichkeit *nt*; 2. Art *f*, Gesinnung *f*, Prägung *f*; 3. 🖃 Buchstabe *m*, Zahl *f*, (Schrift)Zeichen *nt*, Type *f*; 4. 🖃 Zeichen *nt*; **c.s** *(Schreibmaschine)* Anschläge *m*; **out of c.** wesensfremd; **essential c. of an article** wesentliches Beschaffenheitsmerkmal einer Ware; **compulsory c. of a collective bargaining agreement** Tarifzwang *m*; **c. of a contract** Wesen eines Vertrags; **c.s per minute** *(Schreibmaschine)* Anschläge pro Minute; **~ second** 🖃 Zeichen pro Sekunde

to be in so.'s character in jds Charakter begründet sein; **to form/mould a c.** Charakter bilden; **to impugn the c. of a witness** die Glaubwürdigkeit eines Zeugen in

Zweifel ziehen
blank character ▫ Leerstelle *f*; **conflicting c.** Zwiespältigkeit *f*; **functional c.** ▫ Funktionszeichen *nt*; **of good c.** moralisch einwandfrei; **legal c.** Rechtscharakter *m*; **magnetic c.** Magnetschrift *f*; **mandatory c.** Weisungscharakter *m*; **minor c.** Nebenfigur *f*; **national c.** Volkscharakter *m*; **non-binding c.** Unverbindlichkeit *f*; **non-profit-making c.** Gemeinnützigkeit *f*; **obscure c.** dunkle Gestalt; **optical c. reader form** Klarschriftbelege *pl*; **of a personal c.** 1. persönlicher Natur; 2. personengebunden; **gainfully productive c.** Erwerbscharakter *m*; **protective c.** Schutzwirkung *f*; **public c.** Öffentlichkeit *f*; **most significant c.** ▫ höchstwertiges Zeichen; **special c.** ▫ Sonderzeichen *nt*; **shady c.s** lichtscheues Gesinde; **subsidiary c.** Subsidiarität *f*; **suspicious c.** verdächtiges Subjekt; **unimpeachable c.** tadelloser Charakter; **upright c.** ehrlicher Charakter
character assassination Rufmord *m*, Ehrabschneidung *f*; **c. code** ▫ Zeichenkode *m*; **c. defect** Charakterfehler *m*; **c. density** ▫ Zeichendichte *f*; **c. display** ▫ Zeichenanzeige *f*; **c. evidence** Leumundsnachweis *m*; **c. fitness** charakterliche Zuverlässigkeit; **c. generator** ▫ Zeichengenerator *m*
characteristic *n* Merkmal *nt*, Eigenschaft *f*, Kennzeichen *nt*, K.ziffer *f*, K.linie *f*, Wesensart *f*, W.zug *m*, W.merkmal *nt*, Ausprägung *f*, Zug *m*; **physical c.s of goods** körperliche Eigenschaften der Waren; **personal c.s of the offender** Täterpersönlichkeit *f*; **functional c.s** spezielle Eigenschaften; **human c.** menschlicher Zug; **operative c.s** Arbeitsweise *f*; **principal c.** Hauptmerkmal *nt*; **qualitative c.** ▫ qualitatives/homogrades Merkmal, Attribut *nt*; **quantitative c.** ▫ quantitatives/heterogrades Merkmal
characterize *v/t* kennzeichnen, charakterisieren
characterized *adj* gekennzeichnet; **to be c. by** sich auszeichnen durch
characterizing clause *n* *(Pat.)* Oberbegriff *m*
character parity ▫ Zeichenparität *f*
character printer ▫ Zeichen-, Buchstabendrucker *m*; **magnetic c. p.** Magnetschriftdrucker *m*
character reader ▫ Zeichen-, Klarschriftleser *m*; **magnetic c. r.** Magnetschriftleser *m*; **optical c. r.** optischer Belegleser, Klartext-, Klarschriftleser *m*
character recognition ▫ Zeichen(an)erkennung *f*; **optical c. r.** optische Zeichenerkennung
character reference Leumundszeugnis *nt*, persönliche Referenz; **c. repertoire** Zeichenvorrat *m*; **c. representation** Zeichendarstellung *f*; **c. reproduction** Zeichenwiedergabe *f*; **c. resolution** Zeichenauflösung *f*; **c. screen** Zeichenbildschirm *m*; **c. select** *(Schalter)* Zeichenwahl *f*; **c. sensing** Zeichenabtastung *f*; **electronic c. sensing** elektronische Zeichenabtastung; **c. set** Zeichenvorrat *m*, Z.satz *m*; **c. string** Zeichenanordnung *f*, Z.folge *f*; **c. witness** Leumundszeuge *m*
charcoal *n* Holzkohle *f*; **c. drawing** Kohlezeichnung *f*; **c. filter** Kohlefilter *m*; **c. tablet** ⚡ Kohletablette *f*
charge *n* 1. Gebühr *f*, Preis *m*, Tarif *m*; 2. (finanzielle) Last, Kosten *pl*, Berechnung *f*, in Rechnung gestellter Betrag; 3. Hypothek *f*, Pfandhaft *f*; 4. Umlage *f*; 5. *(Konto)* Belastung *f*, Abbuchung *f*; 6. [§] Anklage *f*, A.punkt *m*; 7. Beschuldigung *f*, Bezichtigung *f*, Vorwurf *m*, Anschuldigung *f*; 8. Mündel *nt*, Schützling *m*, Pflegebefohlene(r) *f/m*; 9. Verantwortung *f*; 10. anvertrautes Gut; 11. ⌕ Charge *f*, Stoffeinsatz *m*; 12. ⚡ Sturm(angriff) *m*; 13. ⚡ *(Batterie)* Ladung *f*; **c.s** (Un)Kosten, Spesen, Gebühren, Abgaben, Aufwendungen, Leistungsverrechnungen
at a charge of für eine Gebühr von; **in c.** federführend, zuständig, leitend, diensthabend; **~ of** verantwortlich für; **in overall c.** federführend; **including c.s** einschließlich Spesen; **~ all c.s** alle Kosten eingeschlossen, einschließlich aller Spesen; **without c.(s)** kostenlos, gebührenfrei
charge on assets Belastung von Vermögensteilen; **~ capital** Kapitalverpfändung *f*; **~ capital tied in machinery** Maschinenkapitalbelastung *f*; **c.s to capital** Kapitalbelastungen, aktivierungspflichtiger Kapitalaufwand; **c. on chattels** Fahrnispfandrecht *nt*; **~ returned check** *[US]* /**cheque** *[GB]* Rücklaufgebühr *f*; **c. of collusion** Verdacht des abgestimmten Verhaltens; **~ corruption** [§] Korruptionsanklage *f*; **c.s on credits** Kreditkosten; **c.s for delivery** Liefergebühren, L.kosten; **~ discharge** Lösch-, Umschlaggebühren; **c. for expenses** Unkostenberechnung *f*; **c.s commensurate with administrative expenses entailed or with the cost of services rendered** Belastungen, die dem entstehenden Verwaltungsaufwand oder der erbrachten Dienstleistung entsprechen; **special c. on exports** besondere Ausfuhrabgabe; **c.s on income** Einkommensbelastung(en) *f/pl*; **marginal ~ income** Grenzbelastung der Einkommen; **c. per item** Posten-, Stückgebühr *f*; **c. on land** Grundstückslast *f*; **c.s for loading** Umschlaggebühren; **c. by way of legal mortgage** *[GB]* beurkundete hypothekarische Belastung; **c.s at origin** Gebühren am Versandort; **c. and bill of particulars** [§] Anklageschrift *f*; **c. on a patent** Patentverpfändung *f*; **extra c. for overdue payment** Säumniszuschlag *m*; **c. for postal services** Postgebühren *pl*; **c. on property** Eigentumsbelastung *f*; **c. to reserves** Rücklagenzuführung *f*, R.zuweisung *f*, R.dotierung *f*; **extraordinary ~ reserves** außerordentliche Rücklagenzuführung; **c. for return of premium** Ristornogebühr *f*; **c.s on route** *(frz.)* Unterwegskosten; **c.s for transfer** Übertragungskosten; **~ trans(s)hipment** Umschlaggebühren
innocent of a charge [§] unschuldig im Sinne der Anklage; **less c.s** abzüglich Unkosten; **liable to c.s** gebührenpflichtig; **(at) no c.** kostenlos, gratis, ohne Berechnung, unentgeltlich; **there is no c.** es kostet nichts; **c.s to be collected** Kostennachnahme *f*; **~ deducted** abzüglich (der) Spesen; **c.s deducted** abzüglich (der) Kosten; **c. due** fällige Gebühr; **c.s forward (ch. fwd.)** per Nachnahme, Kosten und evtl. Frachtnachnahme, unter Nachnahme der Spesen, Spesennachnahme *f*; **all c.s included** einschließlich/mit Inbegriff aller Spesen; **c.s paid in advance** Kostenvorschuss *m*; **all c.s paid** nach Abzug aller (Un)Kosten; **c.s prepaid (ch. ppd.)** Kosten vorausbezahlt; **c. not proven** [§] Freispruch

mangels Beweises; **clear of c.s** spesenfrei; **free of c. (f.o.c.)** gebührenfrei, unentgeltlich, kostenlos, k.frei, gratis, umsonst, ohne Entgelt, frei von Kosten, spesenfrei; ~ **c.s** franko Spesen; ~ **c. to address of buyer** frei Haus
to acquit so. of a charge [§] jdn von einer Anklage freisprechen; **to answer a c.** [§] sich (vor Gericht) rechtfertigen/verteidigen, sich wegen einer Anklage verantworten; **to assess a c.** Gebühr berechnen; **to be in c. (of)** 1. verantwortlich sein (für), Führung innehaben, die Verantwortung haben/tragen, mit etw. betraut sein, leiten, Leiter sein (von), Dienst-/Oberaufsicht führen, etw. unter sich haben, Aufsicht haben, zuständig sein (für); 2. in Pflege haben; ~ **sole c. (of)** (etw.) selbstständig erledigen, allein verantwortlich sein; ~ **so.'s c.** in jds Obhut sein; ~ **c. of a department** Abteilung leiten; **to bill a c.** Betrag in Rechnung stellen; **to bring a c.** Strafanzeige stellen, Anklage erheben, unter ~ stellen; **to cancel c.s** Kosten niederschlagen; **to commit to the c. of so.** jds Obhut übergeben; **to create a c.** Belastung bestellen; **to drop the c.** [§] die Anklage zurücknehmen/fallenlassen, von der ~ absehen, Strafverfahren/S.verfolgung/Ermittlungsverfahren einstellen; **to face c.s** [§] unter Anklage stehen; **to file a c./c.s (against)** [§] Anzeige erstatten (gegen); **to find so. guilty on all c.s** [§] jdn in allen Anklagepunkten für schuldig befinden; **to give so. in c.** jdn in Pflege geben; **to impose a c.** belasten, onerieren; **to level/lodge a c. against so.** Beschuldigung/Vorwurf gegen jdn erheben; **to make a c. for** (etw.) berechnen, (etw.) in Rechnung stellen, Gebühr erheben; ~ **an additional c.** nachbelasten, nachberechnen; ~ **a c. stick** [§] Beschuldigung beweisen; **to offer free of c.** gratis/kostenlos/zum Nulltarif anbieten; **to plead to the c.** [§] sich in einen Prozess einlassen; **to postpone a c.** (Grundbuch) mit einer Belastung im Range rücken; **to prefer a c.** [§] Anklage erheben, Klage vorbringen; **to press c.s (against so.)** auf Strafverfolgung dringen; **to put so. in c. of** jdn betrauen mit; **to reject a c.** Beschuldigung zurückweisen; **to release so. from a c.** jdn enthaften; **to retaliate a c. upon the accuser** Beschuldigung auf den Kläger zurückfallen lassen; **to retract a c.** Beschuldigung widerrufen; **to support a c.** [§] Anklage erhärten; **to take c. of** Verantwortung/Führung/Leitung/Aufsicht übernehmen, (jdn/etw.) in seine Obhut nehmen, (etw.) übernehmen; **to waive c.s** Kosten niederschlagen, Gebühren erlassen; **to withdraw a c.** [§] Anklage fallen lassen
accessory charge/s Nebenkosten *pl*; **account-carrying/account-keeping c.s** Kontoführungsgebühr(en) f/pl, K.spesen; **accrued c.s** aufgelaufene Kosten; **additional c.(s)** Zuschlag *m*, Nebenkosten *pl*, N.lasten *pl*, Aufpreis *m*, Mehrkosten *pl*, zusätzliche Kosten, Mehrbelastung f, Nachgebühr f, Nachbelastung f; **cost-induced** ~ **c.** kostenbedingte Mehrbelastung, Kostenmehrbelastung f; **alternative c.** [§] Alternativanklage f; **amended c.** [§] Nachtragsanklage f; **annual c.** Jahresgebühr f; **back c.s** Retourspesen; **base/basic c.** Grundgebühr f, G.preis *m*; **baseless c.** grundlose Beschuldigung; **concomitant c.** (Grundstück) Mitbelastung f; **consequential c.(s)** Folgekosten *pl*; **contingent c.s** Eventualkosten; **countervailing c.** Ausgleichsabgabe f; **criminal c.** [§] Anklage f; **deductible c.s** abzugsfähige Kosten; **deferred c.** (Aktiva) Abgrenzungs-, Berichtigungsposten *pl*, transitorische Posten/Aktiva, Rechnungsabgrenzungsposten *pl*, der Rechnungsabgrenzung dienende Posten, Posten der Rechnungsabgrenzung, ausstehende Belastungen, abgegrenzter Aufwand; **departmental c.** Abteilungs-, Stellenumlage f; **differential c.** 1. Differenzbesteuerung f; 2. ⊖ Gleitzoll *m*; **direct c.** Einzelkosten *pl*, unmittelbare Belastung; **drink-drive c.** [§] Anklage wegen Trunkenheit am Steuer; **drop-off c.** (Autoverleih) Rückführungs-, Abstellgebühr f; **general equitable c.** formlose Verpfändung; **exceptional c.s** außergewöhnliche Belastungen; **excess c.** Gebühren-, Kostenzuschlag *m*, Nachgebühr f, zusätzliche Gebühr; **explosive c.** Sprengladung f, S.körper *m*; **external c.s** externe Aufwendungen; **extra c.** (Preis)Aufschlag *m*, Aufgeld *nt*, Aufpreis *m*, Zuschlag *m*, Nachforderung f, Nebengebühren *pl*, N.kosten *pl*, Gebührenaufschlag *m*, Kosten-, Sonderzuschlag *m*, S.belastung f, S.gebühr f; ~ **c.s** Extra-, Mehrkosten *pl*, außerordentliche Unkosten, Extraspesen; **extraordinary c.(s)** 1. außerordentlicher Aufwand; 2. (Bilanz) außerordentliche Belastungen; **false c.** irrtümliche Anschuldigung; **deliberate** ~ **c.** wissentlich falsche Anschuldigung; **financial c.s** Finanzlasten; **fiscal c.s** 1. Finanzabgabe f, Steuerbelastung f; 2. (öffentliche) Abgaben, Fiskallasten; **general** ~ **c.s** generelle Abgaben; **fixed c.** feste/gleichbleibende Belastung, feste Gebühr; ~ **c.s** 1. Generalkosten, Festkosten, feste Ausgaben/Spesen, fixe (Gemein)Kosten; 2. Schuldzinsen; **fixed-price c.** Festpreiszuschlag *m*; **flat(-rate) c.** Pauschalgebühr f, Pauschale f; **floating c.** 1. schwebende/fließende Belastung, Gesamtgrundschuld f, gleitendes Pfandrecht; 2. [GB] Sicherungsrecht *nt*; 3. Pfandrecht auf verschiedene Aktiva, offene Gesamtlast, schwebende Schuld, Höchstbetragshypothek f; **incidental c.s** Sonderausgaben; **inclusive c.** Gesamtgebühr f; **initial c.(s)** Anfangsbelastung f; **secured by a junior c.** nachrangig gesichert; **late c.** (Teilzahlung) Verzugsgebühr f, V.zinsen *pl*; **legal c.s** Anwalts-, Prozessgebühren, Gerichtskosten; **local c.s** Platzspesen; ~ /**municipal c.s** Kommunalabgaben, Gemeindelasten; **main c.** [§] Hauptanklagepunkt *m*; **minimum c.** Mindestgebühr f, M.betrag *m*; **net c.** Nettobelastung f; **nominal c.** Schutzgebühr f; **non-recurrent/one-off c.** 1. einmalige Gebühr/Berechnung; 2. einmalige Belastung, außerordentlicher Aufwand; **notarial c.s** Notariatsgebühren, N.kosten; **other c.s** sonstiger Aufwand; **overnight c.** Nachtzuschlag *m*; **partisan c.** [§] Parteienanklage f; **pending c.** [§] schwebende Anklage; **petty c.s** kleine Kosten; **postal c.s** Porto-, Postgebühren; **pre-carriage/pre-departure c.s** Vorfracht f; **previous c.** Vorbelastung f; **prior c.** bevorrechtigte Forderung, vorrangige Belastung, Vor(weg)belastung f, Vorlast f; **protective c.** Schutzgebühr f; **public c.** Versorgungsfall *m*; ~ **c.s** Beiträge; öffentliche Abgaben/Lasten; **re-**

gistered c. Grundschuld f, eingetragene Reallast; **rental c.** Pachtgebühr f; **~ c.s** Mietkosten, M.belastung f; **reversed c.** ⌾ Gebühr bezahlt Empfänger; **~ call** R-Gespräch nt; **safe-custody c.s** Depot(verwaltungs)gebühr(en) f/pl; **safe-deposit c.** Tresor(fach)miete f; **small c.s** kleine Spesen; **social c.s** Sozialkosten, S.lasten, soziale Lasten; **special c.** Sonderabgabe f; **~ c.s** Sonderposten, S.lasten; **standby c.s** ⌾ Wagenstandgeld nt; **standing c.s** dauernde Lasten/Belastungen, Dauerlasten; **statutory c.** [§] rechtsgeschäftlich bestelltes Pfandrecht in gesetzlicher Form; **subsequent c.s** nachträglich entstandene Kosten; **supplemental/supplementary c.** 1. Zuschlag m, Nach-, Mehrbelastung f, Nachberechnung, nachträgliche Belastung, Sondergebühr f; 2. [§] Nachtragsanklage f; **through c.** ⊖ ungebrochene Fracht; **trumped-up c.** [§] (vorsätzlich) falsche Anschuldigung, Falschanschuldigung f; **usual c.** übliche Gebühr; **variable c.s** variable Kosten
charge v/t 1. in Rechnung stellen, berechnen, in Anrechnung bringen, Gebühr erheben; 2. abbuchen, debitieren, belasten; 3. (Arzt) liquidieren; 4. (Prämie) erheben; 5. beauftragen, 6. (jdm etw.) zur Pflicht machen; 7. ⚡ (Batterie) aufladen; 8. [§] anklagen, unter Anklage stellen, beschuldigen, inkriminieren; 9. ⌾ beschicken; **c. against** verrechnen mit; **c. back** zurückbelasten; **c. forward** durch Nachnahme erheben, nachnehmen; **c. off** abbuchen, (als Verlust) abschreiben, ausbuchen; **c. pro rata** (lat.) anteilig belasten; **c. to** 1. belasten mit, debitieren; 2. (Bilanz) zurechnen zu; **c. up against** anrechnen auf
chargeable adj haftbar, belastbar, anrechenbar, steuer-, gebührenpflichtig, besteuerbar, der Besteuerung unterliegend, veranlagungsfähig, zu versteuern; **c. to** zurechenbar, zu Lasten von
charge account 1. Kunden(kredit)-, Anschreibe-, Anschreibungskonto nt; 2. offener Buchkredit; 3. [US] laufendes Konto; **revolving c. a.** Kredit in laufender Rechnung; **c. a. customer** Kreditkaufkunde m; **c. a. payment** Regulierung eines Anschreibekontos
charge|-back n Ausgleichsbuchung f; **c. card** (Einkaufs-/Kaufhaus-/Kunden)Kreditkarte f, Kunden-, Abbuchungskarte f; **c. certificate** Grundpfandrechtsbescheinigung f; **c. customer** Kreditkunde m, Kunde, der anschreiben lässt
charged adj 1. belastet; 2. [§] angeklagt; **c. off** ausgebucht; **c. to** zu Lasten von; **to be c.** unter Anklage stehen
chargé d'affaires n (frz.) (Diplomatie) Geschäftsträger m
chargee n Hypothekengläubiger(in) m/f
charge form Verpfändungsformular nt; **c. hand** Vorarbeiter(in) m/f; **~ allowance** Vorarbeiterzulage f; **c. handling (technology)** Umschlagstechnik f; **c. indicator** ⌾ Gebühranzeiger m; **c. material(s)** ⌾ Fertigungs-, Einsatzmaterial nt, E.güter pl; **c.s note** Spesennote f; **c. nurse** ✚ Oberschwester f, Leiter der Pflegeabteilung
charge-off n Abschreibung f, Absetzung f, Ausbuchung f; **immediate c.** Sockelabschreibung f; **specific c. method** direkte Absetzung

central charge plan (Einzelhandel) zentrale monatliche Abrechnung
charge policy Gebührenpolitik f, gebührenpolitische Maßnahme; **c. principle** Belastungsprinzip nt; **c. purchase** Kreditkauf m; **c.s register** Grundpfandverzeichnis nt, Grundbuch Abt. III; **c. report** Kostenbericht m, K.mitteilung f; **c. sale** 1. Verkauf gegen Anschreiben, Kreditverkauf m; 2. [US] Verkauf gegen (Zahlungs)Ziel; **c. sheet** [§] Anklageschrift f; **c. slip** Lastschriftzettel m, L.anzeige f; **c. and discharge statement** Rechnungslegung eines Treuhänders; **c. tariff** Gebührenliste f; **c. ticket** [US] Belastungsanzeige f, B.anweisung f; **c. unit** ⌾ Gebühreneinheit f; **c. weight** ⌾ Einsatzgewicht nt; **c. word** (Telegramm) Gebührenwort nt
charging n 1. Verrechnung f; 2. ⚡ Aufladen nt; **c. of fees** Gebührenerhebung f; **c. clauses** (Treuhänder) Honorar-, Vergütungsklausel f; **c. lien** Zurückbehaltungsrecht an Aktien; **c. order** [§] Beschlagnahmeverfügung f; **c. structure** (Bank) Gebührenstruktur f; **c. system** Gebührenabrechnung f
charitable adj karitativ, gemeinnützig, wohl-, mildtätig
charity n 1. Nächstenliebe f, Mild-, Wohltätigkeit f, milde Gaben; 2. Fürsorgeverband m, F.verein m, Wohlfahrtsverband m, wohltätige Stiftung/Vereinigung, Wohltätigkeitsorganisation f, karitativer Verband, soziales Hilfswerk; **c. begins at home** (prov.) jeder ist sich selbst der Nächste (prov.); **to contribute/give to c.** für wohltätige Zwecke spenden; **to live on c.** von Almosen leben; **registered c.** eingetragener Wohltätigkeitsverein
charity bazaar Wohltätigkeitsbasar m; **C. Commission/Commissioners** [GB] Wohlfahrtsbehörde f, Stiftungsaufsicht f; **c. fund** Spendenfonds m; **c. game/match** Benefizspiel nt; **c. performance** 1. ⌾ Wohltätigkeitsveranstaltung f, W.vorstellung f; 2. (Sport) Benefizveranstaltung f; **c. stamp** ⌾ Wohlfahrtsmarke f [D]
charlatan n Scharlatan m
charm n 1. Liebenswürdigkeit f; 2. Zauber m, Reiz m; **c. of novelty** Reiz des Neuen; **c. price** Lockpreis m, optischer Preis
chart n 1. Schaubild nt, S.tafel f, Übersichtstafel f, Schema nt, Graphik f, Tabelle f, Diagramm nt; 2. Übersicht f, tabellarische/graphische Darstellung, schematische Anordnung; 3. (Börse) Kursdiagramm nt; 4. ⚓ See-, Schiffskarte f
chart of accounts Kontenplan m, K.rahmen m; **basic/standard/systematic ~ accounts** Kontenrahmen m; **functional ~ accounts** Kostenstellenplan m
chart of accounts assets (Buchhaltung) kurzfristige Vermögenswerte
break-even chart Kostendiagramm nt; **circular c.** Kreisdiagramm nt; **functional c.** Funktionsdiagramm nt; **genealogical c.** genealogische Tabelle; **general c.** Übersichtsblatt nt; **hydrographic c.** Wasserkarte f; **logarithmic c.** logarithmische Darstellung; **nautical c.** Seekarte f; **navigational c.** Navigationskarte f; **organizational c.** Organisationsplan m, O.schaubild nt,

Organigramm *nt*; **profit-volume c.** Gewinn-Umsatz-Diagramm *nt*, Umsatz-Gewinn-Diagramm *nt*
chart *v/t* 1. entwerfen, planen; 2. kartografisch erfassen, aufzeichnen; 3. ⚓ *(Kurs)* bestimmen, festlegen
chart analysis technische Aktienanalyse, charttechnische Analyse
charter *n* 1. Charter *m*, Statut *nt*, Konzession(surkunde) *f*, Stiftungsurkunde *f*, Freibrief *m*, Charta *f*, Gesellschaftskonzession *f*; 2. *(Bank)* Privileg *nt*, Satzung *f*, Gründungs-, Verleihungsurkunde *f*; 3. ⚓ Chartervertrag *m*, Befrachtung *f*; **c. of a city** Stadtrechte *pl*; **~ a foundation** Stiftungssatzung *f*; **~ incorporation** Gesellschaftsurkunde *f*, Innungsbrief *m*; **complete ~ a vessel** Vollcharter *m*; **c. pays dues (c.p.d.)** Befrachter zahlt Abgaben
to amend a charter *(Bank)* Konzession ändern; **to grant a c.** Rechtsfähigkeit/Satzung verleihen; **~ by c.** verbriefen; **to hire out on c.** ⚓ verfrachten; **to operate c.s** Charterflüge durchführen
bankable charter bankfähige Charter; **complete/full c.** Vollcharter *m*; **constitutional c.** Verfassungsurkunde *f*; **corporate c.** *(AG)* Gründungsurkunde *f*; **municipal c.** Gemeindeordnung *f*; **open c.** *(Bank)* noch nicht genehmigte Konzession; **part(ial) c.** Teilcharter *m*; **round-trip c.** Charter für Hin- und Rückreise; **royal c.** königlicher Freibrief; **split c.** Splitcharter *m*
charter *v/t* chartern, mieten, befrachten, konzessionieren; **c. out** verchartern
charter|able *adj* befrachtbar; **c.age** *n* Charter(ung) *m/f*, Befrachtung *f*
charter air carrier ✈ Charter-, Bedarfsfluggesellschaft *f*; **c. business** Chartergeschäft *nt*; **c. carrier** ✈ Bedarfs-, Charterflug-, C.(transport)gesellschaft *f*, C.unternehmen *nt*; **c. contract** Fracht-, Chartervertrag *m*
chartered *adj* 1. (amtlich) zugelassen, konzessioniert; 2. diplomiert; 3. verbrieft; 4. ⚓/✈ gechartert, befrachtet; **C. Association of Certified Accountants** *[GB]* Verband der Wirtschaftsprüfer; **C. Institute of Patent Agents** *[GB]* Patentanwaltskammer *f*
charterer *n* (Schiffs)Befrachter *m*, Charterer *m*, Schiffs-, Flugzeugmieter *m*
charter flight Charterflug *m*; **c. hire** Chartermiete *f*
chartering *n* Schiffsvermietung *f*, Charterung *f*; **c. out** Vercharterung *f*; **c. of a whole ship** Ganzcharter *m*; **national c.** Bundeszulassung *f*; **c. broker** Befrachtungs-, Schiffsmakler *m*, Makler im Befrachtungsgeschäft
charter land freie Liegenschaften; **c. member** Gründungsmitglied *nt*; **c. money** Schiffs-, Stammmiete *f*; **c. operation** ✈ Charter(flug)geschäft *nt*; **c. operator** Charterfluggesellschaft *f*; **c. party** ⚓ Frachtkontrakt *m*, Charter-, Befrachtungs-, Verfrachtungsvertrag *m*, Charterpartie *f*, Schiffsbefrachtungsvertrag *m*, S.frachtvertrag *m*, S.mietvertrag *m*, Frachtvertrag *m*, F.charter *m*; **c. (flight) passenger** ✈ Charterflugpassagier *m*; **c. plane** Charterflugzeug *nt*; **c. rate** Befrachtungstarif *m*; **c. service** Charterdienst *m*; **c. terms** Charterbedingungen *f*; **c. traffic** Charterverkehr *m*

charting *n* *(Börse)* technische Aktienanalyse
chartist *n* *(Börse)* Chartist *m*, Spekulant *m* (, der sich an Chartanalysen orientiert); **c. selling** charttechnische Verkäufe
chart paper Zeichenpapier mit Maßeinteilung; **c. room** Kartenzimmer *nt*, Navigationsraum *m*
charwoman *n* Aufwarte-, Reinmache-, Putz-, Zugehfrau *f*, Raumpflegerin *f*
chase *n* 1. (Verfolgungs)Jagd *f*; 2. Jagdrevier *nt*; **wild-goose c.** *(fig)* fruchtloses Unternehmen
chase (after) *v/ti* (nach)jagen; **c. away** fort-, verjagen; **c. up** *(Information)* beschaffen
chaser *n* Terminjäger *m*
chasm *n* Abgrund *m*
chassis *n* 🚗 Wagen-, Fahrgestell *nt*, Chassis *nt*, Fahrwerk *nt*; **c. number** Fahrgestellnummer *f*
chastise *v/t* züchtigen, strafen; **c.ment** *n* Züchtigung *f*
chateau *n* *(frz.)* Schloss *nt*; **c.-bottled** *adj (Wein)* vom Erzeuger abgefüllt
chattel(s) *n* [§] bewegliches (Sach)Vermögen/Eigentum, bewegliche Sache, Mobiliar *nt*, Fahrnis(vermögen) *f/nt*, Hab und Gut *nt*, Mobilien *pl*; **incorporeal c.s** Forderungen, Immaterialgüter, I.rechte, immaterielle Anlagewerte; **personal c.s** persönliche Habe; **pledged c.s** verpfändete Gegenstände
chattel interest 1. Pfandzinsen; 2. Recht an beweglichen Sachen; **c. lien** Pfandrecht am Fahrnisvermögen; **c. loan** Sicherungsübereignung *f*, Eigentumsvorbehalt *m*; **c. mortgage** Sicherungsübereignung *f*, Mobiliar(ver)pfändung *f*, Pfandrecht an beweglichen Sachen, Fahrnis-, Mobiliarhypothek *f*, Pfandverschreibungsurkunde *f*; **c. personal** bewegliches Eigentum/Vermögen, Mobilien; **c. pledge** Mobiliarpfand *nt*; **c.s real** unbewegliche Habe, Rechte an einem Grundstück
chauffeur *n* Chauffeur *m*, Fahrer *m*
cheap *adj* billig, preisgünstig, p.wert, preislich günstig; **dead c.; as c. as dirt** *(coll)* spottbillig *(coll)*; **going c.** *(Anzeige)* billig abzugeben; **to buy sth. on the c.** etw. für einen Pappenstiel kaufen *(coll)*
cheapen *v/t* verbilligen, Preis herabsetzen
cheapening of money *n* Senkung/Herabsetzung der Geldsätze
cheapness *n* 1. Preiswürdigkeit *f*; 2. Geringwertigkeit *f*
cheat *v/ti* täuschen, betrügen, (be)schwindeln, mogeln, mauscheln, schwindeln, schummeln, reinlegen, übervorteilen, falsch spielen, Betrug begehen, Schmu machen *(coll)*
cheating *n* Betrug *m*, Übervorteilung *f*, Mogelei *f*
check *n* *[US]* ✓ **cheque** 1. Scheck *m*, Bankanweisung *f*; 2. *[US] (Restaurant)* Rechnung *f*; 3. Kassenzettel *m*, Kontrollschein *m*, K.abschnitt *m*; 4. Kaufscheck *m*; 5. (Gepäck)Aufgabeschein *m*; 6. (Über)Prüfung *f*, Kontrolle *f*, Probe *f*, Nachprüfung *f*, Durchsicht *f*, Nachberechnung *f*; 7. 🗹 Test *m*; 8. *[US]* Häkchen *nt*; **by c.** unbar; **c.s and balances** Sicherungssystem(e) *nt/pl*; **c. on the movement of exchange rates** Wechselkursregulierung *f*
to carry out/make check|s Kontrollen durchführen; **to keep in c.** unter Kontrolle/in Schach halten, überwa-

to keep so. in **check** 192

chen; ~ **so. in c.** jdn an der Kandare haben *(coll)*; **to make c.s** Prüfung(en) durchführen, überprüfen; **to put a c. on sth.** etw. dämpfen/drosseln
automatic/built-in check 1. automatische Prüfung; 2. 🖳 Selbstkontrolle *f*; **close c.** genaue Überprüfung; **documentary c.** ⊖ Belegprüfung *f*; **intermediate c.** Zwischenprüfung *f*; **internal c.** interne Kontrolle; **marginal c.** Grenzwert-, Toleranzprüfung *f*; **mathematical c.** Rechenprobe *f*; **(prophylactic) medical c.** ⚕ Vorsorgeuntersuchung *f*; **random c.** Stichprobe *f*; **visual c.** Sichtkontrolle *f*
check v/t 1. prüfen, über-, nachprüfen, kontrollieren, vergleichen, nachsehen, nachschauen, revidieren, nach-, durchrechnen, testen, durchleuchten, tallieren; 2. hemmen, eindämmen, lahmlegen, zügeln, aufhalten, Paroli bieten; 3. *[US]* abhaken; **c. against** vergleichen mit; **c. back/up** sich rückversichern; **c. in** 1. ✈ sich zur Abfertigung melden, einchecken; 2. *(Hotel)* sich anmelden/einschreiben; **c. off** 1. abhaken; 2. *[US]* automatisch einbehalten/abziehen; **c. out** 1. *(Hotel)* sich abmelden; 2. *[US]* überprüfen; 3. 🖳 austesten; **c. thoroughly** auf Herz und Nieren prüfen *(fig)*; **c. up** nach-, überprüfen, kontrollieren, nachzählen; **c. with (so.)** bei jdm rückfragen
checkable *adj* nachprüfbar, kontrollierbar
check account → **checking account** *[US]* Scheck-, Giro-, Kontrollkonto *nt*, laufendes Konto; **c. bit** 🖳 Kontroll-, Prüfbit *nt*; **c. character** Prüfzeichen *nt*; **c. desk** *[US]* Buchhaltungsabteilung *f*; **c. digit** Prüf-, Kontrollziffer *f*; ~ **calculation** Prüfziffernrechnung *f*
checker *n* Kontrolleur *m*; **c.board** *n [US]* Schachbrett *nt*; ~ **planning** Schachbrettplanung *f*
check(er)ed *adj* kariert, schachbrettartig
check figure Prüfzahl *f*
check-in *n* 1. ✈ (Fluggast)Abfertigung *f*; 2. *(Hotel)* Anmeldung *f*; ~ **counter/desk** Abfertigungsschalter *m*
checking *n* 1. Über-, Nachprüfung *f*, Kontrolle *f*; 2. Eindämmung *f*; **c. of accounts** Buchprüfung *f*, Bücherrevision *f*, Bilanz-, Rechnungsprüfung *f*; ~ **books** Abstimmung der Bücher; **c. of orders** Auftragskontrolle *f*; **detailed c.** Einzelbelegprüfung *f*; **marginal c.** Prüfen unter Grenzbedingungen
checking account *[US]* 1. Scheck-, Giro-, Lohn-,Gehaltskonto *nt*, laufendes Konto, Kontokorrentkonto *nt*; 2. Kontrollrechnung *f*; **personal c. a.** persönliches Giro-/Scheckkonto; **special c. a.** Girokonto ohne Mindesteinlage; **c. a. depositor** Kunde in laufender Rechnung
checking balance(s) *[US]* Guthaben auf Kontokorrentkonto; **c. clerk** Gegenbuchhalter *m*; **c. deposits** Sichteinlagen, Buch-, Giralgeld *nt*; **c. device** Kontrollvorrichtung *f*, K.apparat *m*, K.gerät *nt*; **c. feature** Prüfeinrichtung *f*; **c. information** Kontrollinformationen *pl*; **c. operations** Kontrolle *f*; **c.-out (point)** *n* (Laden)Kasse *f*; **c. savings account** *[US]* kombiniertes Spar- und Girokonto; **c. statement** *[US]* Scheckkontoauszug *m*
check-in procedure 1. ✈ Abfertigungsmodalitäten *f*; 2. *(Hotel)* Anmeldeformalitäten *pl*; **c. time** Abfertigungszeit *f*

check inspection Kontrolluntersuchung *f*; **c. interview** Kontrollinterview *nt*; **c. list** Check-, Prüf-, Strich-, Kontroll-, Vergleichsliste *f*, Aufnahme-, Fragebogen *m*; **c. mark** Abhakungsmerkmal *nt*, Haken *m*, Kontrollvermerk *m*, K.stempel *m*; **to put c. marks** abhaken, ankreuzen; **c.mate** *adv* schachmatt; **c. number** Prüfnummer *f*; **c.-off** *n [US] (Gewerkschaft)* Beitragsabzug *m*, B.einziehung *f*, Lohnabzüge *pl* (für Gewerkschaftsbeiträge), automatischer Abzug der Gewerkschaftsbeiträge vom Lohn; ~ **of union dues** Einbehaltung von Gewerkschaftsbeiträgen
checkout *n* 1. Ausgangskontrolle *f*, Abfertigung *f*; 2. *(Hotel)* Abmeldung *f*; 3. *(Supermarkt)* Kasse *f*; 4. letzte Überprüfung; **final c.** abschließende Abnahmeprüfung; **laser-scanning c.** Laserkasse *f*
checkout cashier Kassierer(in) *m/f*; **c. facility** Kassensystem *nt*; **c. scanner** Scannerkasse *f*
check period Erhebungszeitraum *m*; **c.point** *n* 1. Kontrollpunkt *m*, Grenzkontroll-, (Grenz)Übergangsstelle *f*; 2. Orientierungs-, Prüfpunkt *m*; 3. 🖳 Fixpunkt *m*; ~ **dump** 🖳 _Prüfpunkt-Dump *m*; **c. proceeds** *[US]* Scheckgegenwert *m*; **c. program(me)** Prüfprogramm *nt*; **c. rate** Ankaufs-, Verkaufskurs *m*; **c. read** 🖳 Schreibprüfung *f*; **c.room** *n [US]* Gepäckaufbewahrung *f*, Garderobe *f*, G.nabgabe *f*; ~ **ticket** Garderobenmarke *f*; **c. sample** Kontrollmuster *m*; **c. study** Kontrollzeitstudie *f*; **c. sum** 1. Kontrollsumme *f*; 2. 🖳 Prüfsumme *f*; **horizontal c. sum** Quersumme *f*; **c. time** Vorbereitungs- und Prüfzeit *f*; **c. total** 🖳 Prüfsumme *f*
checkup *n* Überprüfung *f*, Kontrolle *f*, Nachprüfung *f*, Nachuntersuchung *f*; **medical c.** ⚕ Vorsorgeuntersuchung *f*; **regular c.** laufende Kontrolle
check weigher Gewichtskontrolleur *m*; **c. weighing** Gewichtskontrolle *f*, Nachverwiegung *f*, Nachwiegen *nt*; **c. word** 🖳 Kontrollwort *nt*
cheek *n* 1. Wange *f*; 2. *(coll)* Frechheit *f*, Unverschämtheit *f*; **to be c. by jowl** *(fig)* Tuchfühlung haben; **to have the c.** *(coll)* die Stirn/Unverschämtheit haben, sich erdreisten
cheeky *adj (coll)* keck, dreist, unverschämt, frech, unverfroren
cheer *n* Hochruf *m*, Ermutigung *f*, Aufmunterung *f*; **c.s** Prosit
cheer v/ti 1. jubeln, zu-, bejubeln; 2. aufmuntern; **c. so. up** jdn aufmuntern, jdm Mut zusprechen
cheerful *adj* 1. freundlich, lebhaft, heiter, fröhlich; 2. *(Börse)* munter; **c.ness** *n* Frohsinn *m*
cheerleader *n* Stimmungsmacher *m*
cheese *n* Käse *m*; **processed/soft c.** Schmelzkäse *m*; **c.paring** *n* Pfennigfuchserei *f*, Knauserei *f*; *adj* knauserig, kleinlich
chef *n (frz.)* (Chef)Koch *m*
chemical *n* 1. Chemieprodukt *nt*, Chemikalie *f*; **c.s** *(Börse)* chemische Werte, Chemieaktien, C.werte, Farbenmarkt *m*, F.nachfolger *pl [D]*; 2. chemische Produkte/Waren, Chemikalien; **dangerous/toxic c.** Gefahrstoff *m*; ~ **ordinance** Gefahrstoffverordnung *f*; **industrial c.** Industriechemikalie *f*; **primary c.** Primärchemikalie *f*

chemical *adj* Chemie-, chemisch
chemicals company Chemieunternehmen *nt*; **basic c. industry** Grundstoffchemie *f*; **fine c. industry** Feinchemie *f*; **c. tanker** Chemikalientanker *m*
chemist *n* Apotheker(in) *m/f*, Drogist(in) *m/f*, Pillendreher *m (coll)*; **c.'s (shop)** Apotheke *f*, Drogerie *f*; **dispensing c.** 1. Apotheker(in) *m/f*; 2. Apotheke *f*
chemistry *n* Chemie *f*; **environmental c.** Umweltchemie *f*
chemotherapy *n* ⚕ Chemotherapie *f*
cheque *n* *[GB]* Scheck *m* ➔ **check** *[US]*; **by c.** unbar
cheque to bearer Inhaber-, Überbringerscheck *m*; **c.s in circulation** Scheckumlauf *m*; **c. for collection** Scheck zum Inkasso; **c. without cover/(sufficient) funds** ungedeckter Scheck, Scheck ohne (volle) Deckung; **c. with deferred credit** *(Ratenzahlung)* zum Inkasso hereingenommener Scheck; **~ restricted endorsement** Verrechnungsscheck *m*; **c.s in hand** Scheckbestand *m*; **c. to order** Orderscheck *m*
cheque|s and bills are accepted only as an undertaking to pay Schecks und Wechsel werden nur zahlungshalber angenommen; **issuing bad c.s** Scheckbetrug *m*
to accept a cheque Scheck entgegennehmen; **to antedate a c.** Scheck vordatieren; **to bank a c.** Scheck (bei der Bank) einzahlen; **to bounce a c.** Scheck platzen lassen; **to cancel a c.** Scheck stornieren; **to cash a c.** Scheck einlösen; **to certify a c.** Scheck bestätigen; **to clear a c.** Scheck verrechnen; **to collect a c.** Scheck einziehen; **to counterfeit a c.** Scheck fälschen; **to credit a c.** Scheck gutschreiben; **to cross a c.** Scheck mit Verrechnungsvermerk versehen; **to dishonour a c.** Scheck nicht einlösen; **to draw a c. on** Scheck ziehen/ausstellen auf; **~ a bank** Scheck auf eine Bank ziehen; **to earmark a c.** Scheck sperren; **to enclose a c.** Scheck beifügen/beilegen; **to endorse a c.** Scheck girieren; **to forge a c.** Scheck fälschen; **to give so. a blank c.** *(fig)* jdm Carte blanche *(frz.)* geben *(fig)*, jdm freie Hand geben, jdm unbeschränkte Vollmacht geben; **to honour a c.** Scheck honorieren/einlösen; **to issue a c.** Scheck ausstellen/ausschreiben; **to lodge/present/send a c. for collection** Scheck zum Einzug/Inkasso überreichen; **~ vorlegen; to lodge a c. with a bank for collection** einer Bank einen Scheck zum Einzug übergeben; **to make out a c.** Scheck ausstellen/(aus)schreiben; **~ a c. payable to bearer** Scheck auf den Überbringer ausstellen; **to meet a c.** Scheck anerkennen; **to pay a c.** Scheck honorieren/einlösen; **~ by c.** per/mit Scheck zahlen; **to postdate a c.** Scheck nachdatieren; **to present a c.** Scheck vorlegen; **~ at the bank** Scheck bei der Bank einreichen; **~ for payment** Scheck zur Zahlung vorlegen; **to refer a c. to (the) drawer** Scheck an den Aussteller zurückgeben; **to reject a c.** Scheck zurückweisen; **to remit by c.** mit einem Scheck bezahlen; **to send a c. in settlement** Scheck zum Ausgleich einer Rechnung übersenden; **to stop a c.** Scheck sperren; **to trace a c.** Scheck verfolgen; **to truncate a c.** Scheck vernichten; **to write (out) a c.** Scheck ausschreiben/ausstellen

advised cheque avisierter Scheck; **antedated c.** vordatierter Scheck; **bad c.** ungedeckter Scheck; **bank-certified c.** durch die Bank garantierter Scheck; **blank c.** Blankoscheck *m*, offener/unausgefüllter Scheck, Scheckformular *nt*, S.vordruck *m*; **bounced c.** geplatzter Scheck; **cancelled c.** eingelöster/entwerteter/annullierter Scheck; **cashable c.** Zahlungs-, Kassenscheck *m*; **certified c.** gedeckter/bestätigter Scheck; **circular c.** Zirkular-, Reisescheck *m*; **cleared c.** abgerechneter Scheck; **collection-only c.** Verrechnungsscheck *m*; **crossed c.** Verrechnungsscheck *m*, gekreuzter Scheck, Scheck nur zur Verrechnung; **generally/specially ~ c.** allgemein/besonders gekreuzter Scheck; **defective c.** fehlerhafter Scheck; **dishonoured c.** uneingelöster/notleidender Scheck; **dud c.** ungedeckter Scheck; **duplicate c.** Scheckduplikat *nt*; **endorsed c.** girierter Scheck; **foreign c.** Auslandsscheck *m*; **forged c.** gefälschter Scheck; **inchoate c.** nicht vollständig ausgefüllter Scheck; **initialled c.** Scheck mit (geprüfter) Unterschrift; **joint c.** Gemeinschaftsscheck *m*; **limited c.** Scheck in begrenzter Höhe; **local c.** Platzscheck *m*; **marked c.** bestätigter Scheck; **negotiable c.** girierter Scheck; **non-negotiable c.** Rekta-, Namensscheck *m*, auf den Namen lautender Scheck; **official c.** bankgarantierter Scheck, Bankscheck *m*; **open c.** Kassen-, Bar-, Inhaberscheck *m*, offener Scheck; **out-of-town c.** Versand-, Distanz-, Fernscheck *m*; **overdue c.** überfälliger/verfallener Scheck

postal cheque Postscheck *m*; **uncrossed ~ c.** Postbarscheck *m*; **~ c. account** Postscheckkonto *nt*; **~ c. account holder** Postscheckkontoinhaber(in) *m/f*; **~ c. act** Postscheckgesetz *nt*; **~ c. office** Postscheckamt *nt*; **~ c. outpayment** Postscheckauszahlung *f*; **~ c. system** Postscheckdienst *m*

post-dated cheque nachdatierter Scheck; **protested c.** protestierter Scheck; **raised c.** durch Werterhöhung gefälschter Scheck; **registered c.** Bank-, Namensscheck *m*; **returned c.** Rück-, Retourscheck *m*; **~ agreement** Scheckrückgabeabkommen *nt*; **spoiled c.** verschriebener Scheckvordruck, ungültiger Scheck; **stale c.** verjährter/verfallener Scheck; **standard c.** Einheitsscheck *m*; **stopped c.** gesperrter Scheck; **uncleared/uncollected c.** noch nicht verrechneter/abgerechneter Scheck; **uncovered c.** ungedeckter Scheck, Scheck ohne Deckung; **uncrossed c.** Barscheck *m*; **undated c.** undatierter Scheck; **white c.** weißer Scheck

cheque account laufendes Konto, Scheckkonto *nt*; **~ balance** Postscheckguthaben *nt*; **~ depositor** Scheckkontoinhaber(in) *m/f*

cheque authorization Scheckdeckungsanfrage *f*; **c.-bill of exchange procedure** Scheckwechselverfahren *nt*; **c. book** Scheckheft *nt*, S.buch *nt*; **~ money** Buch-, Giralgeld *nt*, bargeldlose Zahlungsmittel, Sichteinlagen *pl*

cheque card Scheckkarte *f*; **~ cheque** Scheckkartenscheck *m*; **~ fraud** Scheckkartenbetrug *m*, S.missbrauch *m*

cheque cashing Scheckeinlösung *f*; **c. certification** Scheckbestätigung *f*; **c. chute** Scheckeinlage *f*; **c. clause**

cheque clearance/clearing

Scheckklausel *f*; **c. clearance/clearing** Scheckabrechnung(sverkehr) *f/m*, S.verrechnung *f*; **c. clearing system** Scheckverrechnungsverkehr *m*
cheque collection Scheckinkasso *nt*, S.einzug *m*, Inkasso von Schecks; **~ charges** Scheckinkassospesen; **~ order** Scheckeinzugsauftrag *m*
cheque cover Scheckdeckung *f*; **c. credit (plan)** Scheck-, Kontokorrent-, Überziehungskredit *m*; **c. currency** Buch-, Giralgeld *nt*; **c. department** Giro-, Scheckabteilung *f*; **c. encashment** Scheckeinlösung *f*, Inkasso von Schecks; **~ charge** Scheckeinlösegebühr *f*; **c. feed** 🖳 Scheckzuführung *f*; **c. forger** Scheckfälscher *m*; **c. forgery** Scheckfälschung *f*; **c. form** Scheckformular *nt*, S.vordruck *m*; **c. fraud** Scheckbetrug *m*, S.missbrauch *m*; **c. guarantee** Scheckbürgschaft *f*; **~ card** Scheck-, Bankkundenkarte *f*; **c. inpayment** Scheckeinreichung *f*; **c. kiting** Scheckreiterei *f*; **c. ledger** Scheckeingangs- und -ausgangsbuch *nt*, S.kontrollliste *f*
chequelet *n* *[GB]* Scheckquittungsheft *nt*
cheque money Buch-, Scheckgeld *nt*; **c. number** Schecknummer *f*; **~ verification** Nummernprüfung *f*; **c. offenders' index** Schecksünderkartei *f*; **c. paying-in slip** Scheckeinreichungsformular *nt*; **c. payment at face value** gebührenlose Scheckeinlösung; **~ enforcement procedure**; **c. proceedings** [§] Scheckprozess *m*; **c. proceeds** Scheckerlös *m*, S.gegenwert *m*; **c. processor** 🖳 Scheckabrechnungsmaschine *f*; **c. protecting device** Scheckschutzvorrichtung *f*; **c. protection** Schecksicherung *f*, S.schutz *m*; **c. rate** Scheckkurs *m*; **c. register** Scheckausgangsbuch *nt*, S.liste *f*; **c. remittance** Scheckzahlungsavis *m*; **c.-signing machine** Scheckunterschriftenmaschine *f*; **c. sorter** Schecksortiermaschine *f*; **c. stamp** Scheckstempel *m*; **c. stopping** Scheckwiderruf *m*, S.sperrung *f*; **c. trading** Kreditscheckverfahren *nt*; **c. transactions** Scheckverkehr *m*; **c. and bill transactions** Scheck- und Wechselverkehr *m*; **c. trickster** Scheckbetrüger *m*; **c. truncation** Vernichtung von Schecks; **c. voucher** Belegabschnitt *m*; **c. writer** Scheckaussteller *m*
cherish *v/t (Gefühle)* hegen
to cherry-pick *v/t (fig)* sich die Rosinen aus dem Kuchen picken *(fig)*; **to practise c.ing** *n (fig)* sich die Rosinen aus dem Kuchen picken *(fig)*
chess *n* Schach(spiel) *nt*
chest *n* 1. Kiste *f*, Truhe *f*; 2. ♧ Brust(korb) *f/m*; **to get sth. off one's c.** *(fig)* sich etw. von der Leber reden *(fig)*; **to prize open a c.** Kiste aufbrechen; **wooden c.** Holzkiste *f*
chic *n (frz.)* Schick *m*
chicanery *n* Schikane *f*, Winkelzüge *pl*, Rechtsverdrehung *f*; **to use c.** schikanieren
chicken *n* Huhn *nt*; **the c.s are coming home to roost** *(fig)* etw. fällt auf den Urheber zurück; **to count one's c.s before they are hatched** *(fig)* Rechnung ohne den Wirt machen *(fig)*, sich zu früh freuen, das Fell des Bären verkaufen, bevor er erlegt ist *(fig)*; **free-range c.s** 🐓 Freilandhühner
chicken out *v/i (coll)* kneifen *(coll)*

chicken-and-egg problem *(fig)* Kausalproblem *nt*; **c. farming** Hühnerhaltung *f*; **c.feed** *n (coll)* Kleingeld *nt*, Pfennigbeträge *pl*, Pfennige *pl*, Appel und Ei *(coll)*, Klacks *m (coll)*; **c.pox** *n* ♧ Wind-, Wasserpocken *pl*; **c. run** 🐓 Hühnerhof *m*
chief *n* (Ober)Haupt *nt*; **c. of the agency; ~ the office** Dienststellen-, Amtsleiter *m*; **~ department** Abteilungsleiter *m*; **~ operations** technischer Direktor; **~ police** *[US]* Polizeipräsident(in) *m/f*; **~ section** Gruppenleiter *m*, Sektionschef *m*
chilblain *n* ♧ Frostbeule *f*
child *n* Kind *nt*; **c. of fortune** Glückskind *nt*; **c. under guardianship (of the office)** Amtsmündel *m*; **c. en ventre sa mère** *(frz.)* [§] ungeborenes Kind, Nasciturus *m (lat.)*; **abandoning a c.** Kindesaussetzung *f*; **c. entitled to maintenance** unterhaltsberechtigtes Kind; **c. legitimated by subsequent marriage** durch nachfolgende Eheschließung legitimiertes Kind
to adopt a child Kind annehmen/adoptieren; **to affiliate a c. to so.** jds Vaterschaft feststellen, jdm die Vaterschaft eines unehelichen Kindes zuschieben; **to disown a c.** Kind verleugnen/nicht anerkennen; **to foster a c.** Kind in Pflege haben; **to kidnap a c.** Kind entführen; **to look after a c.** Kind versorgen; **to own a c.** Kind anerkennen; **to take a c. into care** Kind in Pflege nehmen
adopted child Adoptivkind *nt*, angenommenes Kind; **~ children's register** Adoptionsregister *nt*; **dependent c.** unversorgtes Kind; **handicapped c.** behindertes Kind; **illegitimate c.** uneheliches/nichteheliches Kind; **legitimate c.** eheliches Kind; **legitimized c.** für ehelich erklärtes Kind; **mutual c.** gemeinschaftliches Kind; **new-born c.** neugeborenes Kind; **only c.** Einzelkind *nt*; **out-of-wedlock c.** uneheliches Kind; **sickly c.** kränkelndes Kind; **unborn c.** ungeborenes Kind, Nasciturus *m (lat.)*
child abuse [§] Kindesmisshandlung *f*; **c. allowance** 1. *(Steuer)* Kinderfreibetrag *m*; 2. Kindergeld *nt*; **c.'s deferred assurance** *[GB]* /**insurance** *[US]* aufgeschobene Kinderlebensversicherung; **c. battering** (physische) Kindesmisshandlung; **c. benefit** Kinderzulage *f*, K.beihilfe *f*, K.geld *nt*, K.zuschuss *m*; **c.birth** *n* ♧ Geburt *f*, Niederkunft *f*, Entbindung *f*; **~ care** Geburtshilfe *f*; **c. bride** Kindbraut *f*; **c. care** Kinderbetreuung *f*; **~ benefit** Erziehungsbeihilfe *f*; **~ credit** *(Steuer)* Kinderfreibetrag *m*; **c. custody** [§] Vormundschaft *f*; **c. guidance** Erziehungsberatung(sstelle) *f*
childhood *n* Kindheit *f*, Kindesalter *nt*, Kinderjahre *pl*; **to emerge from c.** den Kinderschuhen entwachsen
childish *adj* kindisch
child labour Kinderarbeit *f*, Beschäftigung von Kindern
childless *adj* kinderlos
child minder Tagesmutter *f*; **c. minding** Kinderbeaufsichtigung *f*, K.verwahrung *f*; **c. mortality** Kindersterblichkeit *f*; **c. nurse** Kinderschwester *f*; **c.'s play** *(fig)* Kinderspiel *nt (fig.)*, kinderleichte Sache; **c.-proof** *adj* kindersicher; **c. rearing** Kindererziehung *f*, K.aufzucht *f*

Children and Young Persons Act *[GB]* Jugendschutzgesetz *nt*; **c.'s allowance** Kinderfreibetrag *m*; **~ clinic** 💲 Kinderklinik *f*; **~ clothes** Kinderbekleidung *f*; **~ department** Kinderabteilung *f*; **~ depositions** [§] Kinderaussagen; **~ endowment assurance** *[GB]* **/insurance** *[US]* Kinderlebensversicherung *f*; **~ exemption** *[US]* Steuerfreibetrag für Kinder; **~ fashion** Kindermode *f*; **~ home** Kinderheim *nt*; **~ hospital** 💲 Kinderkrankenhaus *nt*; **~ playground** Kinderspielplatz *m*; **~ property** Kindesvermögen *nt*; **~ seat** *[GB]* 🔄 Kindersitz *m*; **~ table** Katzentisch *m (coll)*; **~ ward** 💲 *(Krankenhaus)* Kinderstation *f*, K.abteilung *f*; **~ wear** Kinderbekleidung *f*
child's (safety) seat *[US]* 🔄 Kindersitz *m*
child|-snatching *n* Kindesentführung *f*; **c. support** Alimente *pl*; **~ payment** Unterhaltszahlung für Kinder; **c. tax allowance** Kinderfreibetrag *m*, Steuerfreibetrag für Kinder; **c.('s) welfare** Kindeswohl *nt*, Jugendfürsorge *f*, J.wohlfahrt *f*, J.pflege *f*, J.schutz *m*; **~ clinic** Mütterberatungsstelle *f*; **~ officer** Jugendpfleger *m*
chill *n* 1. Frost *m*, Kälte *f*; 2. 💲 Erkältung *f*; *v/t* kühlen
chilled *adj* gekühlt, gefrostet
chiller Kühlkammer *f*; **c. cabinet** *n* Kühltruhe *f*
chilliness *n* Kühle *f*
chilly *adj* frostig, kühl
chime in *v/i* seinen Senf dazugeben *(coll)*; **~ with so.** jdm nach dem Mund reden
chimney *n* 1. 🏠 Schornstein *m*, Kamin *m*, Rauchfang *m*; **to smoke like a c.** wie ein Schlot rauchen/qualmen; **c. fire** Schornsteinbrand *m*; **c. sweep(er)** Schornsteinfeger *m*, Kaminkehrer *m*
china *n* Porzellan *nt*; **c. clay** Porzellanerde *f*, Kaolin *nt*; **c. factory** Porzellanmanufaktur *f*; **C. ink** Tusche *f*; **c. shop** Porzellanwarenhandlung *f*, P.geschäft *nt*; **c.ware** *n* Porzellanwaren *pl*; **~ stocks** *(Börse)* Porzellanwerte, P.aktien, P.titel
Chinese Wall *n* *(fig)* Informationsbarriere *f*
chip *n* 1. 💻 elektronischer Baustein, Mikrobaustein *m*, Chip *m*; 2. Abfall *m*, Span *m*, Splitter *m*, Schnipsel *m/nt*, Schnitzel *m*; 3. *(Casino)* Spielmarke *f*, **c.s** 1. *[US]* Kartoffelchips; 2. *[GB]* Pommes frites *(frz.)*; **blue c.** beste Aktie, Nobel-, Standardaktie *f*, S.wert *m*, Spitzenpapier *nt*, S.wert *m*, marktbreiter Standardwert, sichere/erstklassige/wertbeständige Aktie, hochwertiger/ausgesuchter Anlagewert, erstklassiges Wertpapier; **~ c.s** *(coll)* erstklassige/hochwertige Effekten; **~ c. rate** Zinssatz für erste Adressen; **standard c.** 💻 Standardchip *m*
chip *v/t* abraspeln, abspänen, aufsplittern; **c. away at sth.** an etw. unbeirrt arbeiten; **c. in (with ...)** *(coll)* 1. *(Geld)* beisteuern, beitragen, sich (finanziell/an den Kosten) beteiligen, zubuttern *(coll)*, (mit Geld) einspringen; 2. hineinreden, sich einschalten, einwerfen, hinzufügen, Zwischenbemerkung machen, seinen Senf dazugeben *(coll)*
chipboard *n* *(Holz)* Spanplatte *f*, Pressspan *m*, Graupappe *f*
chip enable 💻 Chip-Freigabe *f*
chippage *n* 1. Aufsplittern *nt*; 2. Splitter *pl*

chipping *n* 1. angestoßene/abgeschlagene Ecke; 2. Absplittern *nt*; 3. *(Münzen)* Wippen *nt*; 1. **c.s** Späne; 2. Schotter *m*; **loose c.s** 🔄 Rollsplit *m*
chip select 💻 Chip-Auswahl *f*; **c. slices** Prozessorelemente
chiro|podist *n* 💲 Fußpfleger(in) *m/f*, Chiropraktiker(in) *m/f*; **c.pody** *n* Fußpflege *f*, Chiropraxis *f*
chisel *n* Meißel *m*; *v/t* meißeln
chi square distribution *n* 📊 Chi-Quadratverteilung *f*
chit *n* (Lauf)Zettel *m*
chival|rous *adj* kavaliermäßig, ritterlich; **c.ry** *n* Ritterlichkeit *f*
chivy *v/t (coll) (Person)* antreiben
to chlor|inate ⚗ chloren; **c.ine** *n* Chlor *nt*; **c.ofluorocarbon (CFC)** Fluorkohlenwasserstoff (FCKW) *m*
choc-a-bloc; chock-a-block *adj* vollgepfropft, randvoll, dicht an dicht
chock *n* Bremskeil *m*
chocolate *n* Schokolade *f*; **c.s** Pralinen; **c. bar** Tafelschokolade *f*
choice *n* 1. (Aus)Wahl *f*; 2. Sortiment *nt*
free choice of doctor freie Arztwahl; **~ employment** freie Wahl des Arbeitsplatzes; **c. of goods** Warenauswahl *f*; **~ law** Rechtswahlmöglichkeit *f*; **~ location** Standortwahl *f*; **~ profession/trade** Berufswahl *f*; **~ program(me)s** Programmwahl *f*; **free ~ residence** Freizügigkeit *f*; **~ subject** Fachwahl *f*
of one's own choice aus freien Stücken
to be spoilt for choice die Qual der Wahl haben; **to give so. a c.** jdm etw. freistellen
free choice freie (Aus)Wahl; **locational c.** Standortwahl *f*; **multiple c.** Auswahlantwort *f*; **~ question** Auswahlfrage *f*; **stark c.** Dilemma *nt*, Wahl zwischen zwei Übeln
choice *adj* erstklassig, von ausgesuchter Qualität, (aus)erlesen, ausgesucht, hochfein, ausgewählt
choice activity Auswahlphase *f*; **c. articles/goods** Qualitätsware *f*, auserlesene/ausgesuchte/prima Ware; **c. brand** feinste/vorzügliche Sorte; **c. criteria** entscheidungsrelevante Kriterien; **c.-of-law clause** Rechtswahlklausel *f*; **~ rules** [§] Kollisionsnormen; **c. quality** feinste Sorte, (aus)erlesene Qualität; **c. spirits** erlesene Geister
choke *n* 🔄 *(Vergaser)* Luft-, Starter-, Drosselklappe *f*; **automatic c.** Startautomatik *f*
choke *v/ti* (er)würgen, ersticken, zurückdrängen, (er)drosseln; **c. back/off** drosseln
choking of demand *n* Nachfragedämpfung *f*
choose *v/t* (aus)wählen, sich aussuchen
choosy *adj* wählerisch
chop *n* Kotelett *nt*, Schnitzel *nt*; **to be due for the c.** *(coll)* auf der Entlassungs-/Abschussliste stehen; **to get the c.** *(coll)* entlassen werden
chop *v/t* 1. hacken; 2. *(fig)* radikal kürzen; 3. ✂ zerhacken
chopper *n* 1. Hackbeil *nt*; 2. ✂ Zerhacker *m*
chopping and changing *n* ewiges Hin und Her
chord *n* Ton *m*, Saite *f*; **to strike a responsive c.; to touch the right c.** *(Publikum)* den richtigen Ton treffen, die richtige Saite anschlagen

chore *n* 1. Arbeit *f*, Last *f*, (schwierige/unangenehme) Aufgabe, Pflicht *f*; 2. *[US]* (leichte) Hausarbeit; *v/i* Hausarbeit erledigen
chorus of disapproval *n* Welle der Ablehnung
chose in action *n* [§] obligatorischer/einklagbarer Anspruch, Streitgegenstand *m*; **legal ~ action** unkörperlicher Rechtsgegenstand; **~ possession** an Besitz gebundenes Recht; bewegliche Sache
christen *v/t* taufen; **c.ing** *n* Taufe *f*
Christmas allowance/bonus/handout *n* Weihnachtsgeld *nt*, W.gratifikation *f*, W.prämie *f*; **tax-free C. allowance** Weihnachtsgeldfreibetrag *m*; **C. card** Weihnachtskarte *f*; **C. Day** Weihnachtstag *m*; **C. party** Weihnachtsfeier *f*; **C. present** Weihnachtsgeschenk *nt*, W.präsent *nt*; **C. trade** Weihnachtsgeschäft *nt*; **C. tree** Christ-, Weihnachtsbaum *m*
chrome; chromium *n* Chrom *nt*
chromium-plate *v/t* verchromen
chronic *adj* 1. stetig, ständig, (an)dauernd; 2. ⚕ chronisch, krankhaft
chronicle *n* Chronik *f*; **c.r** *n* Chronist(in) *m/f*
chronological *adj* chronologisch; **c.logy** *n* 1. Chronologie *f*, Zeitrechnung *f*; 2. ▦ Zeitreihe *f*; **c.meter** *n* Zeitmesser *m*
chuck *n* *(coll)* Entlassung *f*, Rausschmiss *m (coll)*; **to give so. the c.** *(coll)* jdn rausschmeißen *(coll)*, jdn an die Luft setzten *(coll)*
chuck *v/t (coll)* schmeißen *(coll)*; **c. away** wegwerfen, wegschmeißen; **c. out** 1. wegwerfen, wegschmeißen; 2. an die Luft/auf die Straße setzen *(coll)*, hinauswerfen, h.befördern *(coll)*; **c. it all; c. the whole thing** *(coll)* den ganzen Krempel hinwerfen *(coll)*, ~ Kram hinwerfen *(coll)*, alles hinschmeißen *(coll)*
chucker-out *n* *(Lokal)* Rausschmeißer *m*
chuckle *n* leises Lachen
chum *n* *(coll)* Kumpan *m*, Kumpel *m (coll)*; **c. up with/to so.** *v/i (coll)* sich bei jdm anbiedern
chummy *adj* kumpelhaft
chunk *n* 1. Brocken *m*, Batzen *m*, große Portion; 2. *(Marktforschung)* nicht repräsentativer Personenkreis; **c. of expenditure** Ausgabenblock *m*; **~ money** Batzen Geld; **to grab a c. of the market** einen Marktanteil erobern
large chunk dicker Brocken; **c. sample/sampling** ▦ Gelegenheitsstichprobe *f*, Raffprobe *f*, planlose Stichprobe(nentnahme)
church *n* Kirche *f*; **established c.** *[GB]* Staatskirche *f*; **free c.** Freikirche *f*
church attendance Kirchenbesuch *m*; **c. authority** Kirchenbehörde *f*; **c. council** Kirchenvorstand *m*; **c. hall** Gemeindesaal *m*; **c. lands** Kirchenländereien, geistliche Besitztümer; **c. membership** Kirchenzugehörigkeit *f*; **c. property** Kircheneigentum *nt*, K.vermögen *nt*, K.gut *nt*; **c. rate/tax** Kirchensteuer *f*; **c. register** Kirchenbuch *nt*, K.register *nt*; **c. wedding** kirchliche Trauung; **c.yard** *n* Kirchhof *m*, Friedhof *m*
churn *n* 🥛 (Milch)Kanne *f*; **c. out** *v/t* am laufenden Band/in Massen produzieren
CIF (cost, insurance and freight) Kosten, Versicherung, Fracht

CIF agent CIF-Agent *m*; **C. clause** CIF-Klausel *f*; **C. delivery** CIF-Lieferung *f*; **C.-landed** *adj* CIF-Preis und Abladekosten; **C. price** CIF-Preis *m*; **C. transaction** CIF-Geschäft *nt*
cigar *n* Zigarre *f*; **c. shop** *[GB]* /**store** *[US]* Zigarrenladen *m*
cigarette *n* Zigarette *f*; **to roll a c.** Zigarette dehen; **tipped c.** Filterzigarette *f*
cigarette brand Zigarettenmarke *f*; **c. case** Zigarettenetui *nt*; **c. end** Zigarettenkippe *f*; **c. lighter** Zigarettenanzünder *m*; **c. machine** Zigarettenautomat *m*; **c. tin** Zigarettendose *f*
Cinderella *n* *(fig)* Stiefkind *nt*
cine camera *n* (Schmal)Filmkamera *f*; **c. film** Schmalfilm *m*
cinema *n* Kino *nt*, Lichtspielhaus *nt*; **drive-in c.** Park-, Freilicht-, Autokino *nt*; **open-air c.** Freilichtkino *nt*; **c. advertising** Kinoreklame *f*, K.werbung *f*; **c.goer** *n* Kinobesucher(in) *m/f*; **c.goers** Filmpublikum *nt*; **c. performance** Kinovorstellung *f*
cipher *n* 1. Kode *m*, Chiffre *f (frz.)*, Geheimschrift *f*; 2. Ziffer *f*; *v/t* chiffrieren
cipher clerk Verschlüsseler *m*; **c. code** Chiffreschlüssel *m*, C.kode *m*, Zahlenkode *m*
ciphering *n* Verschlüsselung *f*
cipher key Kodeschlüssel *m*; **c. office** Chiffrierstelle *f*; **c. telegram** Chiffredepesche *f*, chiffriertes Telegramm, Schlüssel-, Zifferntelegramm *nt*; **c. text** Schlüsseltext *m*; **c. writing** Chiffreschrift *f*
circa *adv* zirka
circle *n* 1. π Kreis *m*, 2. Kreis *m*, Gruppe *f*; 3. Wirkungsgebiet *nt*; **c. of friends** Freundeskreis *m*
to go round in circle|s im Kreise herumlaufen; **to square the c.** Unmögliches schaffen, Quadratur des Kreises erreichen; **squaring the c.** Quadratur des Kreises
commercial circle|s Geschäfts-, Handels-, Kaufmannskreise; **financial c.s** Finanzkreise; **industrial c.s** Industrie-, Unternehmerkreise; **influential c.s** einflussreiche/maßgebende/maßgebliche Kreise; **informed c.s** unterrichtete Kreise; **vicious c.** Teufelskreis *m*, circulus vitiosus *(lat.)*; **well-informed c.s** eingeweihte Kreise
circle *v/ti* (um)kreisen, die Runde machen
circle chart Kreisdiagramm *nt*
circuit *n* 1. Kreis *m*, K.lauf *m*; 2. Umkreis *m*; 3. 🚗 Rennstrecke *f*, R.kurs *f*; 4. *(OR)* geschlossener Kantenzug; 5. [§] Gerichtsbezirk *m* (eines reisenden Richters); 6. ⚡ Strom-, Schaltkreis *m*; **integrated c.s** ⚡ integrierte Schaltungen; **judicial c.** *[US]* Gerichtsbezirk *m*; **open c.** ⚡ offener Stromkreis; **point-to-point c.** Standleitung *f*; **printed c.** gedruckte Schaltung; **~ board (PCB)** Leiterplatine *f*, L.platte *f*; **private c.** 📞 Familien-, Hausanlage *f*; **short c.** ⚡ Kurzschluss *m*
circuit *v/i* zirkulieren, kreisen
circuit-busy signal *[US]* 📞 Besetztzeichen *nt*; **c. court** 1. *[US]* ordentliches Gericht, Bezirksgericht *nt*; 2. *[GB]* fliegender Gerichtsstand; **c. diagram** ⚡ Schaltschema *nt*, S.plan *m*; **c. facilities** Schaltmöglichkeiten
short circuiting *n* ⚡ Kurzschluss *m*

circuit judge *[GB]* § Richter am Bezirks-/Grafschaftsgericht, Reiserichter *m*; **c. layout** ⚡ Schaltplan *m*; **c. parameter** 💻 Schulungsparameter *m*; **c. progression** *(OR)* geschlossene Kantenzugprogression; **c. rental** ⚡ Grundgebühr *f*
circuitry *n* *(coll)* ⚡ Schaltungen *pl*
circuit speed Schaltzeiten *pl*; **c. switching** 💻 Leistungsvermittlung *f*; **closed c. television** interne Fernsehanlage; **open c. television** öffentliches Fernsehen; **c. testing** 💻 Schaltungsprüfung *f*; **c. velocity** *(Geld)* Umlaufgeschwindigkeit *f*
circuity of action *n* § Umständlichkeit des Verfahrens
circular *n* Rundbrief *m*, R.schreiben *nt*, R.erlass *m*, Umlauf(schreiben) *m/nt*, U.zettel *m*, Zirkular *nt*; **(periodical) c. to shareholders** *[GB]* /**stockholders** *[US]* Aktionärszeitschrift *f*
circular *adj* kreisförmig, rund
circularlization *n* 1. Drucksachenwerbung *f*, Versendung von Rundschreiben/Prospekten; 2. Saldenbestätigung *f*; **c.ize** *v/t* Rundschreiben versenden, durch ~ bekannt machen, benachrichtigen
circullate *v/ti* kursieren, umlaufen, herumgehen, verbreiten, zirkulieren (lassen), in Umlauf bringen/setzen/sein; **c.lating** *adj* umlaufend, im Umlauf (befindlich)
circulation *n* 1. Kreislauf *m*, Umlauf *m*; 2. *(Presse)* Verbreitung *f*, Auflage(nhöhe) *f*, Absatz *m*; 3. ⚕ Kreislauf *m*; 4. Verkehr *m*; **in c.** 1. *(Geld)* umlaufend; 2. *(Gerücht)* kursierend, im Umlauf; **out of c.** außer Kurs
circulation of banknotes (Bank)Notenumlauf *m*; ~ **bills** Wechselumlauf *m*; ~ **capital** Kapitalumlauf *m*; ~ **costs** Abweichungsverteilung *f*, Verteilung von Kostenabweichungen; ~ **goods** Güterumlauf *m*; **free** ~ **goods** freier Warenverkehr; ~ **money** (Bar)Geldumlauf *m*, Geldverkehr *m*, G.kreislauf *m*; ~ **news** Verbreitung von Nachrichten
putting into circulation Inumlauf-, Inverkehrsetzen *nt*;
unfit for c. *(Geld)* zum Umlauf nicht (mehr) geeignet; **withdrawn from c.** *(Geld)* außer Verkehr, aus dem Verkehr gezogen
to be in circulation in Umlauf sein, kursieren; ~ **out of c.** nicht mehr in Umlauf sein; **to enter for free c.** ⊖ zum zollamtlich freien Verkehr anmelden; **to have a wide c.** weit verbreitet sein; **to put into c.** in Umlauf/Verkehr bringen; **to recall/withdraw from c.** 1. aus dem Verkehr ziehen; 2. *(Geld)* außer Kurs/Umlauf setzen; **to release for free c.** ⊖ zum freien Verkehr freigeben
active circulation (Bank)Notenumlauf *m*; **fiduciary c.** ungedeckter Notenumlauf; **free c.** ⊖ *(Waren)* freier Verkehr; ~ **certificate** Freiverkehrsbescheinigung *f*, F.schein *m*; ~ **provision** Klausel für freien Verkehr; **minimum c.** *(Presse)* Mindestauflage *f*; **monetary c.** (Bar)Geldumlauf *m*; **overlapping c.** überlappende Streuung; **net paid c.** verkaufte Auflage; **regular c.** Stammauflage *f*; **rising c.** Auflagenanstieg *m*; **sold c.** Verkaufsauflage *f*; **total c.** Gesamtauflage *f*; **wide c.** hohe Auflage
circulation analysis Verbreitungsanalyse *f*; **c. area** Verbreitungsgebiet *nt*; **c. capital** Umlaufkapital *nt*; **c.**

demand *(Geld)* Verkehrsbedarf *m*; **c. density** Verbreitungsdichte *f*; **c.-induced** *adj* kreislaufbedingt; **c. limit** Umlaufgrenze *f*; **c. manager** Vertriebsleiter *m*; **c. money** Zirkulargeld *nt*; **c. parameter** Kreislaufgröße *f*; **c. waste** *(Mailing)* Fehlsteuerung *f*
circumlference *n* 1. Peripherie *f*; 2. π Umfang *m*; **c.-navigate** *v/t* ⚓ umschiffen; **c.scribe** *v/t* eingrenzen, definieren; **c.scription** *n* Umschrift *f*; **c.spect** *adj* besonnen, umsichtig, achtsam, vorsichtig; **c.spection** *n* Sorgfalt *f*, Besonnenheit *f*, Vor-, Umsicht *f*
circumstance *n* Sachverhalt *m*, Tatsache *f*, Umstand *m*; **c.s** Umstände, Verhältnisse, Sachlage *f*, S.verhalt *m*, Situation *f*, Zustände, Zusammenhänge; **in/under the c.s** unter diesen Umständen, nach Lage der Dinge, in Anbetracht der Umstände; **under no c.s** auf keinen Fall, unter keinen Umständen, um keinen Preis der Welt, unter keiner Bedingung; **without c.** ohne Aufwand
circumstances of the case Umstände des Einzelfalles; **owing to c.** umständehalber; **c. permitting** unter Umständen, soweit es die Umstände zulassen; **c. preventing carriage** Beförderungshindernis *nt*; **should unforeseen c. arise** falls unvorhergesehene Ereignisse eintreten sollten; **if c. so require** wenn es die Umstände erfordern
to accommodate o.s. to the circumstances sich auf die Umstände einstellen; **to adapt to c.** sich den Verhältnissen anpassen; **to face up to altered c.** geänderten Verhältnissen Rechnung tragen
adverse circumstance/s widrige Umstände; **aggravating c.** § Straferhöhungsmerkmal *nt*, S.erschwerungsgrund *m*; ~ **c.s** Strafverschärfungsgründe, belastende/erschwerende/gravierende/strafverschärfende Umstände; **attendant c.s** Begleitumstände; **in certain c.s** eventuell; **collateral/concomitant c.s** Begleitumstände; **decayed c.s** zerrüttete (Vermögens)Verhältnisse; **domestic c.s** häusliche Verhältnisse; **in easy c.s** in gesicherten Umständen/Verhältnissen; **to live ~ c.s** in gesicherten Verhältnissen leben; **economic c.s** wirtschaftliche Lage/Umstände; **exceptional c.s** außergewöhnliche Umstände; **extenuating/mitigating c.** § mildernde Umstände, (Straf)Milderungsgründe; **to allow ~ c.** mildernde Umstände zubilligen; **factual c.** Tatumstand *m*; **financial c.s** Vermögensverhältnisse, finanzielle Verhältnisse; **under ideal c.s** im Idealfall; **incriminating c.** § belastender Umstand; **indigent c.s** ärmliche Verhältnisse; **legal c.s** Rechtsverhältnisse; **material c.** § erheblicher/wesentlicher Umstand; **miserable c.s** kümmerliche Verhältnisse; **necessitous c.s** Unterhaltsbedürftigkeit *f*; **pecuniary c.s** vermögensrechtliche/finanzielle Verhältnisse, Vermögensverhältnisse; **personal c.s** individuelle/persönliche Situation, ~ Umstände; **in the present c.s** unter den gegenwärtigen/gegebenen Umständen; **random c.** zufälliger Umstand; **straitened c.s** Geldknappheit *f*; **to be in ~ c.s** knapp bei Kasse sein; **suspicious c.(s)** Verdachtsmoment *m*, obskure Umstände; **unforeseen c.s** unvorhergesehene Umstände; **unusual c.s** ungewöhnliche Umstände; **my wordly c.s** *(coll)* meine finanzielle Lage

well circumstanced *adj* in guten Verhältnissen
circumstantial *adj* umständlich
circumvent *v/t* umgehen, verhindern, vereiteln; **c.ion** *n* Umgehung *f*, Vereitelung *f*; ~ **of a patent** Umgehung eines Patents
circus *n* Zirkus *m*; **travelling c.** Wanderzirkus *m*; **c. ring** Manege *f*
cirrhosis *n* § Zirrhose *f*
cirrus (cloud) *n* ▲ Federwolke *f*
cistern *n* Wasserbehälter *m*, W.tank *m*, Zisterne *f*
citable *adj* anführbar
citation *n* 1. Anführung *f*, ehrenvolle Erwähnung; 2. *(Text)* Fundstelle *f*; 3. [§] Streitverkündigung *f*, (Vor)Ladung *f*, Ladungsschreiben *nt*; 4. *(Pat.)* Entgegenhaltung *f*; **edictal c.** *[Scot.]* [§] öffentliche Ladung; **public c.** Aufgebotsverfahren *nt*, Ladung durch öffentliche Ladung
cite *v/t* 1. zitieren, anführen, sich berufen auf, ins Feld führen; 2. belobigen; 3. [§] *(Gericht)* vorladen, (vor Gericht) laden
citizen *n* (Staats)Bürger(in) *m/f*, S.angehörige(r) *f/m*; **c. of the world** Weltbürger *m*; **average c.** Durchschnittsbürger *m*; **dual c.** Doppelstaatler *m*; **naturalized c.** Staatsbürger kraft Einbürgerung; **private c.** Privatmann *m*, P.person *f*; **senior c.** (Alters)Rentner(in) *m/f*
citizen|s' action/rights group Bürgerinitiative *f*; **C.s' Advice Bureau** *[GB]* Bürgerberatungsbüro *nt*, B.stelle *f*; **c.'s arrest** [§] Festnahme durch jedermann; ~ **rights** staatsbürgerliche Rechte
citizenry *n* Bürgerschaft *f*
citizenship *n* Staatszugehörigkeit *f*, S.angehörigkeit *f*, S.bürgerschaft *f*; **depriving so. of his/her c.** Ausbürgerung *f*
to apply for citizenship Staatsangehörigkeit beantragen; **to deprive so. of his/her c.** jdn ausbürgern; **to renounce one's c.** Staatsgehörigkeit aufgeben
dual citizenship doppelte Staatsangehörigkeit/S.bürgerschaft
citrus fruit *n* Zitrusfrucht *f*
city *n* (Groß)Stadt *f*; **the C.** *[GB]* Londoner Finanzkreise/F.welt
capital city Hauptstadt *f*; **cosmopolitan c.** Weltstadt *f*; **dead c.** tote Stadt; **free c.** freie Stadt; **industrial c.** Industriestadt *f*; **inner c.** Innenstadt *f*, Stadtkern *m*; ~ **renewal** Innenstadt-, Stadtkernsanierung *f*; **large c.** Großstadt(gemeinde) *f*; **no mean c.** Stadt von einiger Bedeutung; **metropolitan c.** Weltstadt *f*; **open c.** ⚔ offene Stadt
city agency städtisches Amt; **C. analyst** *[GB]* Finanzfachmann *m*, F.experte *m*; **c. apartment/flat** Stadtwohnung *f*; **c. attorney** *[US]* Stadtsyndikus *m*; **c. bond** *[US]* Stadtanleihe *f*; **c. boundary** Stadtgrenze *f*; **c. branch** Stadtfiliale *f*; **c.-bred** *adj* in der Stadt aufgewachsen; **c. budget** städtischer Haushalt/Etat, städtisches Budget, Stadt-, Gemeindehaushalt *m*; **c. by-law/bye-law** städtische Verordnung; **c. center** *[US]* /**centre** *[GB]* Innenstadt *f*, Stadtzentrum *nt*, S.mitte *f*; S.kern *m* City *f*; **c.-center; c.-centre** *adj* innerstädtisch, in der Innenstadt; **c. coat of arms** Stadtwappen *nt*; **c.**

coffers Stadtsäckel *m*; **c. committee** Stadtausschuss *m*; **c. community** Stadtgemeinde *f*; **c. council** Stadtrat *m*, S.parlament *nt*, S.verordnetenversammlung *f*; **C. desk** *[GB]* Finanz-, Wirtschaftsredaktion *f*; **c. desk** *[US]* Lokalredaktion *f*; **c. dweller** Stadtbewohner *m*, Großstädter *m*; **c. edition** *(Zeitung)* Stadtausgabe *f*; **C. editor** *[GB]* Wirtschaftredakteur *m*, Redakteur des Wirtschaftsteils; **c. editor** *[US]* Lokalredakteur *m*; **c. fathers** Stadtrat *m*, S.väter, S.verordnete; **c. gardener** Stadtgärtner *m*; **c. gate** Stadttor *nt*; **c. hall** Rathaus *nt*, Stadthalle *f*; **c. inspector** Stadtinspektor *m*; **c. levy** städtische Umlage; **c. life** Stadtleben *nt*, Leben in der Stadt; **c. logistics** City-Logistik *f*; **C. man** *[GB]* Finanz(fach)mann *m*; **c. manager** *[US]* (Ober)Stadtdirektor *m*; **C. merchant** *[GB]* Kaufherr *m*; **C. news** *[GB]* Wirtschaftsteil *m* (der Zeitung), Börsenteil *m*, Börsen-, Wirtschafts-, Handelsnachrichten; **C. page** *[GB] (Zeitung)* Wirtschaftsseite *f*; **C. pages** *[GB] (Zeitung)* Wirtschafts-, Finanzteil *m*; **c. park** Stadtpark *m*; **c. parliament** Stadtrat *m*, Bürgerschaft *f*; **c. planner** Stadtplaner *m*; **c. planning** Städtebau *m*, Stadtplanung *f*; ~ **department** Stadtplanungsamt *nt*; **c. police (force)** Stadtpolizei *f*; **c. population** (Groß)Stadtbevölkerung *f*; **c. position** Stadtlage *f*; **c. railway** *[US]* ▭ Stadtbahn *f*, S-Bahn *f*; **c. recorder** Stadtsyndikus *m*; **c.scape** *n* Stadtbild *nt*, S.landschaft *f*, Städtelandschaft *f*, städtische Landschaft; **C.speak** *n* *[GB]* Finanz(welt)jargon *m*; **c. state** Stadtstaat *m*; **c. sub-branch** Stadtzweigstelle *f*; **c. surveyor** Stadtbaurat *m*; **c. tax** Kommunal-, Gemeindesteuer *f*, örtliche Steuer; ~ **collector** *[US]* Stadtkämmerei *f*, Steueramt *nt*; **c. terminal** ✈ Abfertigungsbüro in der Stadt; ~ **service** Transport zwischen Flughafen und Stadtzentrum; **c. tour** Stadtrundfahrt *f*; **c. traffic** Stadtverkehr *m*, großstädtischer Verkehr; **c. tramp** Stadtstreicher(in) *m/f*; **c. transportation** *[US]* städtische Verkehrsmittel; **c. treasurer** Stadtkämmerer *m*; **c. treasurer's department** Stadtsteueramt *nt*, S.kämmerei *f*, S.kasse *f*, Amtskasse *f*; **c. vagrant** Stadtstreicher(in) *m/f*; **c. wall** Stadtmauer *f*; **within the c. walls** innerhalb der Stadt; **c. warehouse** Stadtlager *nt*; **c. wood** Stadtwald *m*
civic *adj* (staats)bürgerlich
civil *adj* 1. [§] zivil-, privatrechtlich; 2. (staats)bürgerlich
Civil Aeronautics Board *[US]* ✈ Luftsicherheits-, Ziviluftfahrtbehörde *f*; **C. Aviation Act** *[GB]* Ziviluftfahrtgesetz *nt*; ~ **Authority (CAA)** *[GB]* Luftsicherheits-, Zivilluftfahrtbehörde *f*; **c. code** Bürgerliches Gesetzbuch (BGB) *[D]*
civilian *n* Zivilist(in) *m/f*, Bürger(in) *m/f*, Zivilperson *f*; *adj* Zivil-
civilization *n* (Hoch)Kultur *f*, Zivilisation *f*; **western c.** abendländische Kultur *f*
civilize *v/t* zivilisieren
civility *n* Höflichkeit *f*
civil|-law *adj* [§] zivilrechtlich; **C. List** *[GB]* Zivilliste *f*, Krondotation *f*; **C. Service Act** *[GB]* Beamtengesetz *nt*; ~ **Commissioners** *[GB]* Kommission für Prüfungen für den öffentlichen Dienst; **c. status act** Personenstandsgesetz *nt*

clad *v/t* 🏛 *(Fassade)* verkleiden; **lightly c.** *adj* leicht bekleidet
cladding *n* 🏛 (Fassaden)Verkleidung *f*
claim *n* 1. [§] Anspruch *m*, Forderung *f*, (An)Recht *nt*, Berechtigung *f*, Klageanspruch *m*, Antrag *m*, Schuldforderung *f*, Titel *m*; 2. (Lohn-/Gehalts)Forderung *f*; 3. Werbebehauptung *f*, W.anspruch *m*; 4. Behauptung *f*, Verlautbarung *f*; 5. Versicherungsanspruch *m*, Schaden(sfall) *m*; 6. ☛ Mutung *f*; **c. to** Recht auf; **in the event of a c.** im Schadensfall
claim to remedial action Folgenbeseitigungsanspruch *m*; **extending the c. of the action** Erweiterung des Klageantrags; **c. for adjustment** Ausgleichsanspruch *m*; **~ the outstanding amount; ~ the remaining/unpaid balance** Restforderung *f*; **c. upon a bankrupt; c. in bankruptcy** Konkursforderung *f*, K.anspruch *m*; **c. against the bankrupt's estate** Masseforderung *f*; **c. arising from/under a bill** Wechselforderung *f*; **c. for professional charges** Gebührenforderung *f*; **c. for compensation** Schadener(s)satzanspruch *m*, S.forderung *f*, Entschädigungs-, Regress-, Vergütungsanspruch *m*, Abfindungs-, Ersatzforderung *f*; **~ of expenses** Aufwendungsersatzanspruch *m*; **c. to nullify the consequences** Folgenbeseitigungsanspruch *m*; **c. under a contract** schuldrechtlicher/vertraglicher Anspruch, Anspruch aus einem Vertrag; **c. to conveyance** Übertragungs-, Übereignungsanspruch *m*; **c. for cover(age)** *(Vers.)* Deckungsanspruch *m*; **c. of a preferential creditor** Ausfallforderung *f*; **c. by a secured creditor** Absonderungsanspruch *m*; **c. for damages** Schadensforderung *f*, (Schadens)Ersatzanspruch *m*, Anspruch auf Schaden(s)ersatz, Entschädigungs-, Schadensanspruch *m*, S.ersatzanspruch *f*; **c. for a legal decision** Rechtsbegehren *nt*; **~ defaulting in performance of contract** Schaden(s)ersatzanspruch wegen positiver Vertragsverletzung; **c. arising from a defect** Anspruch aus Mängeln, Mängelanspruch *m*; **c. to a distribution quota** Auseinandersetzungsanspruch *m*; **c.s based on the employment contract** Ansprüche aus dem Arbeitsverhältnis; **c. on account of unjust enrichment** Bereicherungsanspruch *m*; **c. in equity** Billigkeitsanspruch *m*; **c. against/upon an estate; c. arising out of an estate** Nachlassforderung *f*, N.anspruch *m*, Masseanspruch *m*; **c. against a bankrupt estate** Konkursforderung *f*; **c. of exemption** Aussonderungsanspruch *m*, aussonderungsfähige Forderung; **c. to exoneration** Befreiungsanspruch *m*; **c. for the granting of a patent** Patentanspruch *m*; **~ ground rent** Erbbauzinsanspruch *m*; **c. under a guarantee** Garantieanspruch *m*; **c. for shorter hours** Forderung nach Arbeitszeitverkürzung; **c. for indemnification/indemnity** Rückgriffsforderung *f*, Schaden(s)ersatzanspruch *m*; **c. to an inheritance** Erbberechtigung *f*, E.(schafts)anspruch *m*; **c. attached by judgment creditor** beschlagnahmte Forderung; **c. under the law of property** vermögensrechtlicher Anspruch; **c. to a legacy** Vermächtnisanspruch *m*; **c.s and liabilities** Interbankverpflichtungen; **c. on loro account** Lorofoderung *f*; **c. for maintenance** Unterhaltsforderung *f*; **c.**

for negligence Schaden(s)ersatzforderung wegen Nachlässigkeit; **c. covered by a promissory note** Schuldscheinforderung *f*; **c. for payment** Zahlungsanspruch *m*; **~ of a debt** Schuldforderung *f*; **c. for additional payment** *(Dividende)* Nachzahlungsanspruch *m*; **~ performance** Anspruch auf Erfüllung, Erfüllungsanspruch *m*; **~ a legal portion** *(Erbschaft)* Pflichtteilsanspruch *m*; **~ possession based on ownership** Eigentumsherausgabeanspruch *m*; **c. to priority** Beanspruchung der Priorität; **c.s on the national product** Ansprüche an das Sozialprodukt; **c. on profits** Gewinnrecht *nt*; **c. to protection against abridgment of legal rights** Abwehranspruch *m*; **c. for the provision of capital** Kapitalausstattungsanspruch *m*; **~ purchase money** Kaufgeldforderung *f*; **~ recovery** Rückforderung *f*; **~ rectification** Berichtigungsanspruch *m*; **~ a refund/ reimbursement** (Rück)Erstattungsanspruch *m*; **~ reimbursement of costs and expenses** Kosten-, Auslagenerstattungsanspruch *m*; **c. to be the only legitimate representative** Alleinvertretungsanspruch *m*; **c. ad rem** *(lat.)* dinglicher Anspruch; **c. for repayment of a bonded debt** Anleiheforderung *f*; **c. in respect of a loan** Darlehensforderung *f*; **c. for restitution** (Rück)Erstattungs-, Restitutions-, Herausgabeanspruch *m*; **c. under a right of recourse** Rückgriffsanspruch *m*; **prior c. to satisfaction** Anspruch auf bevorrechtigte Befriedigung; **~ a separation of an asset from a bankrupt's estate** Aussonderungsanspruch *m*; **c. subject to a time limit** befristeter Anspruch; **c. in tort; c. based on tort** Anspruch aus unerlaubter Handlung, Deliktsanspruch *m*; **c. to transfer of property** Übertragungsanspruch *m*, erfinderrechtliche Vindikation; **~ equal treatment** Gleichbehandlungsanspruch *m*; **c. in winding up** Liquidationsforderung *f*
the claim is barred [§] der Anspruch ist verjährt; **c.s past due** überfällige Forderungen; **entitled to a c.** anspruchs-, forderungs-, klageberechtigt; **any further c.s excluded** unter Ausschluss weiterer Ansprüche; **the c. expires** Anspruch erlischt; **c. funded on open account** Forderung aus laufender Rechnung; **there is nothing inventive in the c.s** *(Pat.)* die Ansprüche haben keine Erfindungshöhe; **c. secured by a land charge** Grundschuldforderung *f*
to abandon a claim von einer Forderung Abstand nehmen, Anspruch/Forderung aufgeben; **to acknowledge/admit/allow a c.** 1. Anspruch/Forderung/Reklamation anerkennen, Forderung zulassen, Reklamation annehmen, einer Forderung stattgeben; 2. Klage anerkennen; **to adjudicate concerning a c.** über einen Anspruch erkennen; **to adjust a c.** Versicherungsanspruch regulieren, Schaden abfinden/regulieren; **to advance a c.** Anspruch vorbringen/erheben/geltend machen; **to amend a c.** Klage abändern; **to announce a c.** Anspruch anmelden; **to assert a c.** Anspruch geltend machen, fordern; **~ by legal action** Forderung gerichtlich geltend machen; **~ in court** Anspruch vor Gericht geltend machen; **to assess a c.** Anspruch bewerten; **to assign/cede a c.** Forderung zedieren/abtreten, Anspruch abtreten; **to back down from a c.** von einem

Anspruch zurücktreten; **to bring (forward) a c.** Anspruch geltend machen; **to bump up a c.** Forderung hochschrauben; **to collect a c.** Forderung eintreiben; **to contest/deny a c.** Forderung/Anspruch/Behauptung bestreiten; **to defeat a c.** Anspruch zu Fall bringen; **to demur to a c.** Forderung beanstanden; **to derive a c.** Anspruch ableiten/herleiten; **to disallow a c.** 1. Forderung verwerfen; 2. [§] (jdm etw.) absprechen; **to dismiss a c.** [§] Klage abweisen, Anspruch verwerfen/abweisen/zurückweisen/aberkennen; **to dispute a c.** Anspruch bestreiten; ~ **so.'s c.** jds Rechtsanspruch streitig machen; **to enforce a c.** Anspruch gerichtlich geltend machen, Anspruch/Forderung durchsetzen; **to enter a c.** Forderung einreichen, Rechtsanspruch geltend machen; **to entertain a c.** auf einen Anspruch eingehen, Anspruch in Erwägung ziehen; **to exclude any further c.s** anderweitige Ansprüche ausschließen; **to file a c.** 1. Forderung/Beschwerde/Anspruch einreichen, (schriftlich) reklamieren; 2. Schaden/Anspruch anmelden; ~ geltend machen; ~ **in court** Anspruch einklagen; ~ **for damages** Schaden(s)ersatzklage einreichen; **to forfeit a c.** Rechtsanspruch verlieren; **to give up a c.** auf einen Anspruch verzichten; **to grant a c.** Beschwerde anerkennen; **to handle c.s** *(Vers.)* Schadensfälle bearbeiten; **to have a c. to** Anspruch haben auf; **to impugn a c.** Forderung bestreiten; **to jump a c.** Anspruch übergehen; **to lay c. to** Anspruch erheben auf; **to litigate a c.** Forderung einklagen; **to lodge a c.** 1. Forderung erheben/anmelden/einbringen/einreichen/geltend machen, Anspruch anmelden/geltend machen, (schriftlich) reklamieren; 2. Lohnforderung stellen; **to maintain a c.** 1. Behauptung aufrechterhalten; 2. auf einer Forderung bestehen; **to make a c.** behaupten; ~ **out a c.** Schaden(s)ersatzforderung aufstellen; ~ **a further c.** nachfordern; ~ **a legal c.** Rechtsanspruch erheben; **to meet a c.** Forderung/(Versicherungs)Anspruch erfüllen; **to narrow a c.** Anspruch einschränken; **to offset a c.** Forderung verrechnen; **to pay a c.** 1. Forderung begleichen; 2. Versicherungsanspruch befriedigen; **to peg out one's c.s** 1. seine Ansprüche geltend machen; 2. ✣ Schürfrechte geltend machen; **to prefer a c.** Anspruch erheben; ~ **against so.** Forderung gegen jdn geltend machen; **to press a c.** auf einer Forderung bestehen, Forderung geltend machen, einer Forderung Nachdruck verleihen; **to prosecute a c.** Anspruch durchsetzen/verfolgen, Forderung gerichtlich geltend machen; **to prove a c.** Nachweis einer Forderung erbringen, Forderung nachweisen/belegen/beweisen; ~ **in bankruptcy** Konkursforderung/Forderung zur Konkursmasse anmelden; **to put in a c.** Anspruch geltend machen; ~ **for damages** Schaden(s)ersatz beanspruchen; **to raise one's c.s** Ansprüche/Forderungen höherschrauben, Anspruch erhöhen; ~ **c.s under a guarantee** Garantie in Anspruch nehmen; **to recognize a c.** Forderung/Anspruch anerkennen; **to reduce a c.** Forderung senken/ermäßigen; **to refuse (to recognize)/reject/repudiate a c.** Forderung zurückweisen/abweisen/ablehnen/in Abrede stellen, Beschwerde ablehnen, Anspruch/Reklamation zurückweisen, ~ abweisen; **to release/relinquish/remit/resign a c.** auf einen Anspruch verzichten, von einer Forderung Abstand nehmen, Forderung erlassen/nachlassen, auf eine ~ verzichten; **to renew a c.** Forderung wiederholen; **to satisfy a c.** Forderung/Anspruch befriedigen, ~ erfüllen; **to set off c.s** gegenseitige Forderungen ausgleichen; ~ **up a c.** Anspruch geltend machen; **to settle a c.** Schaden erledigen/abfinden/regulieren, Forderung befriedigen/regulieren, Anspruch befriedigen; **to stake (out) a c.** Anrecht sichern, Anspruch geltend machen, Forderung umreißen; **to state one's claim** Klage begründen; **to substantiate/ support a c.** 1. Nachweis einer Forderung erbringen, Klage/Anspruch nachweisen, ~ begründen, Anspruch substantiieren, sein Recht begründen, Forderung beweisen; 2. Behauptung beweisen/belegen, **to surrender a c.** sich eines Rechtes begeben; **to sustain a c.** Anspruch aufrechterhalten; **to transfer a c.** Forderung übertragen; **to vindicate a c.** Forderung erheben/begründen; **to waive a c.** auf einen (Rechts)Anspruch/eine Forderung verzichten, einem Anspruch entsagen, Forderung/Anspruch fallen lassen, von seiner Forderung abgehen/abstehen/zurücktreten, ~ Abstand nehmen, Verzicht leisten, sich eines Rechtsanspruchs/R.titels begeben; **mutually ~ all c.s to costs** auf Erstattung der Kosten gegenseitig verzichten; **to weigh the c.s** Ansprüche abwägen
accessory claim Nebenanspruch *m*, N.forderung *f*; **additional c.** Nachforderung *f*; **admitted c.** anerkannte Forderung; **adverse c.** Interventionsanspruch *m*; **allowable c.** gewährbarer Anspruch, zulässige Forderung; **allowed c.** anerkannte Forderung; **alternative c.** Eventualanspruch *m*, wahlweiser Anspruch; **anterior c.** ältere Forderung; **assigned c.** abgetretene Forderung, abgetretener Anspruch; **bad c.** unbegründeter/schlecht begründeter Anspruch, unbegründete Forderung; **belated c.** *(Vers.)* Spätschaden *m*; **blocked c.** eingefrorene Forderung; **bogus c.** erdichtete/fingierte Forderung; **bonded c.** verbriefte Forderung; **broad c.** weitgefasster Anspruch; **chief c.** Hauptforderung *f*; **civil c.** [§] zivilrechtlicher Anspruch, zivilrechtliche Forderung; **collateral c.** Lombardforderung *f*; **collective c.** Gesamthandforderung *f*; **colourable c.** *(Konkurs)* Aussonderungsrecht *nt*; **conditional/contingent c.** Eventualanspruch *m*, E.forderung *f*, bedingte Forderung, bedingter Anspruch; **conflicting c.** entgegenstehender Anspruch; **contending c.s** widerstreitende Ansprüche; **contractual c.** vertraglicher/vertraglich begründeter Anspruch, Vertragsanspruch *m*, V.forderung *f*, schuldrechtliche Forderung; **controversial c.** umstrittene Forderung; **corporate c.** Gesellschaftsanspruch *m*; **covering c.** Deckungsforderung *f*; **defective c.** fehlerhafter Anspruch; **defensive c.** Abwehranspruch *m*; **deferred c.** betagte/befristete Forderung, befristeter Anspruch; ~ **c.s** künftige Forderungen; **dependent c.** Unteranspruch *m*; **derivative c.** abgeleiteter Anspruch; **disputed c.** strittige Forderung; **divisional c.** ausgeschiedener Anspruch; **documented c.** verbriefte Forderung; **double c.** Doppelanspruch *m*; **doubtful c.** zweifelhafter/dubios gewordener Anspruch, zweifel-

hafte/unsichere Forderung; **to write off a ~ c.** zweifelhafte Forderungen abschreiben; **enforceable c.** (ein)klagbarer/vollstreckbarer Anspruch, beitreibbare/einklagbare/vollstreckbare/tituierte Forderung; **legally ~ c.** rechtskräftiger Anspruch; **equalized c.** Ausgleichsanspruch *m*; **equitable c.** berechtigte/billige Forderung, begründeter Anspruch, Billigkeitsanspruch *m*; **existing c.** Altforderung *f*; **external c.s** Auslandsforderungen; **extinct/extinguished c.** erloschene Forderung; **factual c.** §̱ Tatsachenbehauptung *f*; **false c.** unberechtigter Anspruch, unwahre Werbeangabe; **fictitious c.** Scheinforderung *f*, unechter Anspruch; **financial c.** Geld-, Finanzforderung *f*, F.anspruch *m*, geldwertes Recht; **first c.** Vorhand *f*, erster/nächster Anspruch, Hauptanspruch *m*; **forfeited c.** verfallener Anspruch; **fraudulent c.** betrügerischer Schaden(s)ersatzanspruch; **frivolous c.** leichtfertig erhobene Forderung; **frozen c.** eingefrorene Forderung; **generic c.** Gattungsanspruch *m*; **good c.** begründeter Anspruch; **hypothecary c.** Pfandforderung *f*; **intercompany c.s** Organforderungen; **interfering c.** *(Pat.)* kollidierender Anspruch; **~ c.s** widerstreitende Ansprüche; **invalid c.** unwirksamer Rechtstitel/R.anspruch; **irrevocable c.** uneinbringliche Forderung; **joint c.** Gesamthandforderung *f*; **jurisdictional c.** Rechtsanspruch *m*; **lawful c.** rechtmäßiger Anspruch; **legal c.** Rechtsanspruch *m*, R.titel *m*, gesetzlicher/rechtmäßiger Anspruch, Forderungsrecht *nt*; **legitimate c.** begründete Forderung, berechtigte Beschwerde, berechtigter Anspruch; **liquidated c.** Prozessforderung *f*; **litigious c.** strittige Forderung; **main c.** Hauptanspruch *m*; **maritime c.** Seeschadenssumme *f*; **matured c.** fällige Forderung, fälliger Anspruch; **mercenary c.** Erfüllungsanspruch *m*; **minimum c.** Mindestanspruch *m*, M.forderung *f*; **misleading c.** unwahre Werbeangabe; **moderate c.** mäßiger Anspruch; **monetary c.** geldwerte Forderung, geldwerter Anspruch, Geldanspruch *m*; **mutual c.s** gegenseitige Forderungen; **net c.** Forderungssaldo *m*; **non-bonded c.** nicht verbriefte Forderung; **non-life c.** *(Vers.)* Sachschaden *m*; **non-pecuniary c.** nicht vermögensrechtlicher Anspruch; **non-transferable c.** höchstpersönlicher Anspruch, unübertragbare Forderung; **ordinary c.** Nachlassanspruch *m*; **outstanding c.s** ausstehende Schadensfälle; **overriding c.** Oberanspruch *m*; **part(ial) c.** Teilforderung *f*, T.anspruch *m*; **pecuniary c.** vermögensrechtlicher Anspruch, Geldforderung *f*, Zahlungsanspruch *m*; **pending c.** *(Vers.)* zurückgestellter Schaden; **personal c.** Individualanspruch *m*; **highly ~ c.** höchstpersönlicher Anspruch; **possessory c.** possessorischer Anspruch, Besitzanspruch *m*; **preferential/preferred c.** *(Konkurs)* bevorrechtigte/bevorzugte/vorrangige/privilegierte Forderung, Vorzugs-, Präferenz-, Absonderungsanspruch *m*, A.recht *nt*, Vorwegbefriedigungsrecht *nt*, Anspruch auf bevorrechtigte Befriedigung, Vorzugsforderung *f*; **~ c.s** Masseansprüche; **preposterous c.** lächerliche Forderung; **principal c.** Hauptforderung *f*, H.anspruch *m*; **prior c.** vorrangiger/vorgehender Anspruch, vorrangige/vorgehende/ältere/bevorrechtigte Forderung;

to give up a ~ c. bevorrechtigen; **to have a ~ c.** bevorrechtigte Forderung haben; **to seize under a ~ c.** verpfänden; **private c.** Individualanspruch *m*; **privileged c.** bevorrechtigte Forderung; **provable c.** anmeldefähige Forderung, Konkursforderung *f*; **proved/proven c.** anerkannter Anspruch, nachgewiesenes Recht, nachweisbare Forderung; **immediately realizable c.s** täglich fällige Forderungen; **recognized c.** anerkannte Forderung; **recoverable c.** einklagbare Forderung; **residual c.** Restforderung *f*, Residualanspruch *m*; **restitutory c.** Restitutions-, Rückforderungsanspruch *m*; **reversionary c.** Heimfallanspruch *m*; **rightful c.** berechtigter Anspruch; **secondary c.** Nebenanspruch *m*; **secured c.** gesicherte/sichergestellte Forderung; **settled c.** *(Vers.)* regulierter Schaden
small claim Bagatellforderung *f*; **~ c.s** §̱ *(Zivilgericht)* Bagatellsachen; **~ c.s court** Zivilgericht für Bagatellsachen; **~ c.s limit** Bagatellgrenze *f*
sound claim begründeter Anspruch; **specious c.** Scheinforderung *f*, erdichtete Forderung, unbegründeter Anspruch; **stale/statute-barred c.** verjährter Anspruch, ungültige/verjährte Forderung; **submitted c.** *(Konkurs)* angemeldete Forderung; **subordinate c.** Unteranspruch *m*; **subsequent c.** Nachforderung *f*, nachträglicher Anspruch; **substantiated c.** begründeter Anspruch; **supplementary c.** Nachforderung *f*; **sustainable c.** vertretbarer Anspruch; **territorial c.** Gebietsanspruch *m*, G.forderung *f*, territorialer Anspruch; **third-party c.s** Ansprüche Dritter, Drittanspruch *m*; **tied-up c.** eingefrorene Forderung; **tortious c.** deliktischer Anspruch; **total c.** Gesamtforderung *f*; **unadjusted/unsettled c.** schwebender Schaden; **undisputed c.** unbestrittene Forderung; **unfounded/unjustified c.** unbegründeter Anspruch, grundlose/unberechtigte Beschwerde, ~ Forderung; **unsecured c.s** *(Konkurs)* Masseansprüche, M.forderung *f*, ungedeckte Forderung; **unsettled c.** offene Forderung; **~ c.s** *(Vers.)* Abrechnungsverbindlichkeiten; **unsubstantiated c.** unbegründete Forderung; **valid/well-founded c.** rechtsgültiger/berechtigter Anspruch
claim *v/t* 1. (ein)fordern, beanspruchen, verlangen, geltend machen, Forderung erheben; 2. behaupten, Behauptung aufstellen; **c. back** zurückfordern, z.verlangen; **c. on so. for** gegen jdn Ansprüche stellen wegen; **c. subsequently** nachfordern
claimable *adj* einforderbar, reklamierbar, beanspruchbar
claims adjuster *(Vers.)* Schadensabschätzer *m*, S.regulierer *m*, S.sachverständiger *m*, S.sachbearbeiter *m*, Versicherungsregulierer *m*, Abwickler *m*; **c. adjustment** Schadensabwicklung *f*, S.abfindung *f*, S.erledigung *f*, S.regulierung *f*; **c. agency** Havariebüro *nt*; **c. agent** Havariekommissar *m*, Schadensreferent *m*, S.schätzer *m*, S.regulierer *m*; **c. settling agent** Havariekommissar mit Schadensregulierungsvollmacht
claimant *n* 1. Antrag-, Anspruchsteller(in) *m/f*, Forderungsberechtigte(r) *f/m*, F.gläubiger(in) *m/f*, Berechtigte(r) *f/m*, Anspruchsnehmer(in) *m/f*, 2. §̱ Kläger(in) *m/f*, klagende Partei, Geschädigte(r) *f/m*; 3. Patentanwender *m*; 4. *(Vers.)* Leistungsanwärter *m*; **to satisfy a**

eligible **claimant** 202

c. den Forderungen des Klägers nachkommen; **eligible c.** Erstattungsberechtigter *m*; **rightful c.** forderungsberechtigter Träger, (Forderungs)Berechtigter *m*; **c. state** anspruchstellender Staat
claim|s appraiser Schadensabschätzer *m*; **c.s assessment** 1. *(Vers.)* Schadensfestsetzung *f*; 2. Anspruchsbewertung *f*; **c.s assessor** Schadensregulierer *m*; **c.s bar date** Forderungsausschlusstermin *m*; **c. blank** *[US]* Schadensformular *nt*; **c. check** *[US]* Fahrzeugpapiere; **c.s cost(s)** Regulierungskosten *pl*, R.aufwendungen *pl*, Kosten pro Schadensfall; **c. department** 1. *(Vers.)* Schadensabteilung *f*, S.büro *nt*; 2. Reklamationsabteilung *f*, R.stelle *f*; **c. documents** Schadensunterlagen; **c.s equalization reserve** *(Vers.)* Schwankungsrückstellung *f*, S.reserve *f*; **c.(s) expenditure/expense(s)** Schadensaufwand *m*, Regulierungs-, Bearbeitungskosten *pl*; **c.s experience** Schadensentwicklung *f*, S.erfahrung *f*, S.verlauf *m*; **c. fee** Anspruchsgebühr *f*; **c.s file** Schadensakte *f*; **c. form** Antrags-, Schadensformular *nt*; **c.-free** *adj* schadensfrei; **c.s frequency** Schadenshäufigkeit *f*; **c.s handling** Schadensbearbeitung *f*; **c. holder** ☞ Mutungsinhaber *m*
claiming *n* Geltendmachung *f*; **prior to c.** vor Antragstellung; **c. of benefits** Inanspruchnahme von Leistungen
claim|s inspector *(Vers.)* Schadensregulierer *m*, Regulierungsbeauftragter *m*; **c.s incurred** aufgetretene Schadensfälle; **c. letter** Beschwerdeschreiben *nt*, Mangelrüge *f*, schriftliche Beschwerde; **c. limit** Begrenzung der Ansprüche; **c.s management** Schadensbearbeitung *f*; **c.s mix/portfolio** Schadensportefeuille *nt*; **c. notice** Schadensanzeige *f*; **c.s office** Schadensbüro *nt*; **c.s payment** Leistungsausgabe *f*, Schadensleistung *f*; **c.s payments** Leistungen; **c.s percentage** Schadensquote *f*; **c.(s) procedure** Verfahren zur Regelung von Versicherungsansprüchen, Antragsverfahren *nt*; **third-party c. proceedings** [§] Drittwiderspruchsklage *f*; **c.s proceeds** Regresserlös *m*; **c. processing costs** Schadensbearbeitungskosten; **c.s ratio to earned premium** Schadensverhältnis zu verdienter Prämie; **c.s receipt** Schadensquittung *f*; **c.s report** Schadensanzeige *f*, S.meldung *f*; **c. representative** Schadensregulierer *m*, Regulierungsbeauftragter *m*; **c.s reserve** Schadensrückstellung *f*, S.reserve *f*, Rückstellungen für Schadensfälle *pl*; **c.(s) result** Schadensergebnis *nt*; **c.(s) settlement** Regelung/Regulierung eines Versicherungsfalls, Schadensabwicklung *f*, S.erledigung *f*, S.begleichung *f*, S.ausgleich *m*, S.regulierung *f*, Anspruchsregulierung *f*; ~ **costs** Schadensbereinigungskosten; **c.s staff** Regulierungs-, Schadensbearbeitungspersonal *nt*; **c.(s) statement** Schadens(ab)rechnung *f*; **c. tracer** Schadensfeststellungsantrag *m*
clair|voyance *n* Hellseherei *f*, H.sehen *nt*; **c.voyant** *n* Hellseher(in) *m/f*
clamor *[US]*; **clamour** *[GB]* *n* Gezeter *nt*, Geschrei *nt*, lautstark erhobene Forderung; *v/i* schreien, lauthals fordern/verlangen
clamp *n* 1. ✿ Klemmvorrichtung *f*; 2. 🐾 Kralle *f*; 3. 🏠 Miete *f*; **c.** *v/t* 1. 🐾 mit einer Kralle versehen; 2. 🏠 ein-

mieten; **c. down on** rigoros/scharf durchgreifen gegen, (energisch) einschreiten gegen, streng(er) vorgehen gegen
clampdown (on) *n* (energisches) Durchgreifen (gegen), Einschreiten (gegen), schärfere Kontrolle, rigorose Maßnahme; **c. on liquidity** Liquiditätshemmung *f*
clan *n* Clan *m*, Sippe *f*, Sippschaft *f*
clandestine *adj* (klamm)heimlich, verborgen, geheim, verstohlen
clanger *n* *(coll)* Fauxpas *m (frz.)*, Schnitzer *m*, dicker Hund *(coll)*; **to drop a c.** *(coll)* Taktlosigkeit begehen, Bock schießen *(fig)*, ins Fettnäpfchen treten *(fig)*
clank *v/i* *(Metall)* klirren
clapped (out) *adj* *(coll)* kaputt, ausgeleiert *(coll)*
claptrap *n* *(coll)* Geschwafel *nt*
clarification *n* (Auf)Klärung *f*, Klarstellung *f*, Erläuterung *f*; **c. of the facts and circumstances** Sachaufklärung *f*; ~ **open points** Klärung offener Fragen
clarify *v/t* klarstellen, (auf)klären, erläutern; **to c. matters** zur Klarstellung
clarity *n* Klarheit *f*, Transparenz *f*; **c. about terms and conditions** Konditionenklarheit *f*; **with crystal c.** glasklar
clash *n* Konflikt *m*, Aufeinandertreffen *nt*, Zusammenstoß *m*, Z.prall *m*, Widerstreit *m*, Kollision *f*; **c. of interests** Interessenkollision *f*, I.konflikt *m*, I.gegensatz *m*; **c. over economic methods** Methodenstreit *m*; **c. of opinions** Meinungsstreit *m*, widersprüchliche Ansichten; ~ **responsibilities** Pflichtenkollision *f*
clash *v/i* kollidieren, zusammenstoßen, z.prallen, sich überschneiden, in Konflikt geraten, aufeinander treffen
class *n* 1. Klasse *f*, Gruppe *f*; 2. Gattung *f*, Art *f*, Qualität *f*; 3. Klasse *f*, Schicht *f*, Stand *m*, soziale Stellung; 4. *(Schule)* Jahrgang *m*; 5. 🚂 Passagier-, Wagenklasse *f*; 6. ▦ Ausprägung *f*, Kategorie *f*; **c.es** *pl* Unterricht *m*
class of accounts Kontenklasse *f*; ~ **business** Geschäftszweig *m*, G.sparte *f*; ~ **consumers** Verbraucherschicht *f*; ~ **driver's license** *[US]* /**driving licence** *[GB]* Führerscheinklasse *f*; ~ **expenditure** Ausgabengruppe *f*, A.kategorie *f*; ~ **goods** Warenart *f*, W.klasse *f*, W.gruppe *f*; ~ **income** Einkunftsart *f*, E.kategorie *f*, Einkommensart *f*; ~ **insurance** Versicherungssparte *f*, V.zweig *m*, V.art *f*; ~ **investors** Anlegerschicht *f*; ~ **revenue** Einkunftsart *f*; ~ **risk** *(Vers.)* Gefahrenklasse *f*; ~ **savers** Sparerschicht *f*; ~ **shares** *[GB]* /**stocks** *[US]* Aktiengattung *f*; ~ **shareholders** *[GB]* /**stockholders** *[US]* Aktionärsgruppe *f*; ~ **society** Bevölkerungsschicht *f*
to attend class|es am Unterricht teilnehmen
application-orient(at)ed/art-orient(at)ed class *(Pat.)* anwendungsbezogene Klasse; **commercial c.** Handelsstand *m*; **educated c.** gebildete Schicht; **entrepreneurial c.** Unternehmerschicht *f*; **first c.** erster Klasse, erstklassig, Ia; **to go/travel ~ c.** erster Klasse fahren/reisen; **landed c.** Klasse der Grundbesitzer; **the leisured c.es** die feinen Leute; **the lower c.es** die unteren Bevölkerungsschichten; **medium c.** Mittelklasse *f*; **mercantile c.** Handelsstand *m*; **middle c.** Mittelstand *m*, bürgerliche Schicht, bürgerlicher Stand; **non-ap-**

plication-orient(at)ed/non-art-orient(at)ed/non-utility-orient(at)ed c. *(Pat.)* anwendungsfreie Klasse; **occupational c.** 1. Berufszugehörigkeit *f*; 2. *(Vers.)* Mitgliedsklasse *f*; **open-ended c.** ▨ einseitig offene Klasse, offene Gruppe; **the professional c.es** die höheren Berufsstände, die Freiberufler; **propertied/property-owning c.** besitzende Klasse; **propertyless c.** besitzlose Klasse; **remedial c.** *(Schule)* Förderklasse *f*; **ruling c.** herrschende Klasse/Schicht, Herrenschicht *f*; **second c.** zweite Klasse; **social c.** (Gesellschafts)Klasse *f*, gesellschaftliche/soziale Schicht, Gesellschaftsschicht *f*; **testamentary c.** erbberechtigter Personenkreis; **the upper c.es** die oberen Zehntausend, obere Klassen; **utility-orient(at)ed c.** *(Pat.)* anwendungsbezogene Klasse; **working c.** arbeitende Klasse, Arbeiterklasse *f*
class *v/t* klassifizieren, rangieren, gruppieren, einordnen; **c. among** zurechnen
class action (suit) 1. [§] Gruppenklage *f*, Verbandsklage *f*; 2. *[US]* Musterklage *f*; **c. antagonism** Klassengegensatz *m*, K.hass *m*; **c. barriers** Klassenschranken *f*; **c. bias** Klassenvorurteil *nt*; **c. bond** Serienanleihe *f*; **c. boundary** Klassengrenze *f*; **c. conflict** Klassenkampf *m*; **c.-conscious** *adj* klassen-, standesbewusst; **c.-consciousness** *n* Klassen-, Standesbewusstsein *nt*; **c. difference/distinction** Klassen-, Standesunterschied *m*; **c. distribution** Altersklassenverteilung *f*; **c. enemy** Klassenfeind *m*; **c. envy** Klassenneid *m*; **c. fee** Klassengebühr *f*; **c. feeling** Klassenbewusstsein *nt*, Solidarität *f*; **c. frequency** ▨ Klassenhäufigkeit *f*; **c. hatred** Klassenhass *m*
classic(al) *adj* klassisch
classifiable *adj* klassifizierbar, aufgliederbar
classification *n* 1. Anordnung *f*, Einteilung *f*, (Auf)Gliederung *f*, Klassifizierung *f*, Klassifikation *f*, Einordnung *f*, Einstufung *f*, Spezifikation *f*, Untergliederung *f*; 2. ⊖ Tarifierung *f*; 3. Wertung *f*; 4. Geheimschutz *m*; 5. [§] Qualifikation *f*
classification of accounts Kontenplan *m*, K.einteilung *f*; **~ the annual accounts** Gliederung des Jahresabschlusses; **~ alloys** Tarifierung der Legierungen; **~ composite articles** Tarifierung zusammengesetzter Waren; **~ the annual balance sheet** Gliederung der Jahresbilanz; **~ balance sheet items** Bilanzgliederung *f*; **~ expenditures** Aufschlüsselung/Gliederung der Ausgaben; **~ goods** Wareneinstufung *f*, Güterklassifikation *f*, G.einteilung *f*; **international ~ goods and services** internationale Waren- und Güterverzeichnisse; **~ dangerous/hazardous goods** Gefahrguteinstufung *f*; **~ offences** Einteilung der Gesetzverstöße; **~ risks** *(Vers.)* Gefahreneinteilung *f*; **~ ships** Schiffsklassifizierung *f*, S.klassifikation *f*; **c. by size** Größen(klassen)gliederung *f*; **c. of the consolidated financial statements** Gliederung des Konzernabschlusses
additional classification Feinauszeichnung *f*; **detailed c.** Einzelaufgliederung *f*; **functional c.** Aufgliederung nach Sachgebieten; **industrial c.** branchenmäßige Aufgliederung; **~ index** Gewerbegruppenverzeichnis *nt*; **main c.** Grobauszeichnung *f*; **manifold/multiple c.**

Mehrfacheinteilung *f*; **marginal c.** ▨ Randeinteilung *f*; **occupational c.** berufliche Gliederung, Berufsgruppeneinteilung *f*, B.gliederung *f*, B.systematik *f*; **two-way c.** zweifache Einteilung
classification certificate ⚓ Schiffsklassen-, Klassifikationsattest *nt*; **c. code** Zuordnungskode *m*; **c. criterion** Ordnungsbegriff *m*, Abgrenzungsmerkmal *nt*; **c. data** Zuordnungsdaten *nt*; **c. key** Ordnungsbegriff *m*; **c. problem** Zurechnungsproblem *nt*; **c. register** Klassenregister *nt*; **c. rule** Gliederungsvorschrift *f*; **c. scheme** Klassifikationsschema *nt*; **c. sidetrack** *[US]* /**siding** *[GB]* 🚆 Richtungs-, Verteilergleis *nt*; **c. society** ⚓ Klassifizierungsgesellschaft *f*, Klassifikationsinstitut *nt*; **c. statistic** ▨ Zuordnungs-, Klassifizierungsmaßzahl *f*
classified *adj* 1. In Klassen/Gruppen eingeteilt, klassifiziert; 2. unter Geheimschutz, geheim
classifier *n* Auszeichner *m*
classify *v/t* 1. klassifizieren, (ein)gruppieren, aufschlüsseln, unter-, aufgliedern, in Gruppen einteilen/einordnen; einstufen, einteilen; 2. ⊖ tarifieren; 3. *(Bilanz)* kontieren; 4. *(Information)* für geheim erklären
class index Klassenverzeichnis *nt*; **~ of patents** Patentklassenverzeichnis *nt*, Verzeichnis der Patentklassen
classiness *n* Exklusivität *f*
class interest Klasseninteresse *nt*; **c. interval** ▨ Klassenbreite *f*, K.intervall *nt*; **c. justice** Klassenjustiz *f*; **c.less** *adj* klassenlos; **c. limit** *(Vers.)* Spartenlimit *nt*; **c. mark** ▨ Klassenmitte *f*, K.(mittel)punkt *m*; **c. market** Markt für hochwertige Konsumgüter; **c.mate** *n* Mitschüler(in) *m/f*, Klassenkamerad(in) *m/f*; **c. membership** Klassenzugehörigkeit *f*; **c. midpoint** ▨ Klassenmitte *f*, Mittel der Flügelwerte; **c. number** *(Bibliothek)* Signatur *f*, Kennnummer *f*; **c. prejudice** Klassenvorurteil *nt*; **c. pricing** Preisdifferenzierung nach Kundengruppen; **c. privilege** Standesprivileg *nt*, Klassenvorrecht *nt*; **c. rate** 1. Gruppenfrachtrate *f*, G.tarif *m*; 2. Tariflohn *m*; 3. *(Vers.)* Mindestprämie für eine Risikogruppe; **prohibited c. risks** nicht versicherbare Risiken
classroom *n* Klassenraum *m*, K.zimmer *nt*, Schulzimmer *nt*, Schulungsraum *m*; **~ instruction/teaching** Klassenunterricht *m*
class size Klassengröße *f*; **c. society** Klassengesellschaft *f*; **c. spirit** Klassengeist *m*; **c. struggle** Klassenkampf *m*; **c. suit** [§] Prozessstandsklage *f*; **c. symbol** ▨ Klassensymbol *nt*; **c. system of franchise** Klassenwahlrecht *nt*; **c. test** Klassenarbeit *f*; **c. warfare** Klassenkampf *m*
clatter *n* Krach *m*, Radau *m*; *v/i* klappern, poltern
clause *n* 1. [§] Klausel *f*, Paragraf *m*, Bestimmung *f*, Bedingung *f*, Vertragsartikel *m*, Satz *m*; 2. 🖥 Eintragung *f*; **international c.s of arbitration** internationale Schiedsgerichtsklauseln; **subsidiary c. of an enactment** Auffangtatbestand *m*; **c. of engagement** Verpflichtungsklausel *f*; **~ preemption** Vor(ver)kaufsklausel *f*; **c. in restraint of trade** Konkurrenzklausel *f*; **c. of warranty** Garantieklausel *f*; **~ a will** Testamentsbestimmung *f*
hedged by clausels verklausuliert; **c. providing for**

exclusive distribution Ausschließlichkeitsklausel *f*; **c. reserving errors** Irrtumsklausel *f*, I.vorbehalt *m*; **c. safeguarding effective pay** Effektivlohngarantieklausel *f*
to be covered by a clause unter einen Paragrafen fallen; **to construe a c.** Klausel/Bestimmung auslegen; **to dispute a c.** Klausel anfechten; **to hedge by c.s** verklausulieren; **to infringe a c.** Bestimmung verletzen; **to insert a c.** Klausel aufnehmen/einfügen/einsetzen, Paragraf einfügen
accelerating clause Fälligkeitsklausel *f*; **accessory c.** Nebensatz *m*; **add-on/additional c.** Zusatzklausel *f*; **after-acquired c.** Nachverpfändungsklausel *f*; **agreed-amount c.** Versicherungsklausel über Ausschluss des Selbstbehalts; **all-purpose c.** Generalklausel *f*; **alternative c.** Alternativklausel *f*; **arbitral c.** Schiedsklausel *f*, S.abrede *f*; **beneficiary c.** Begünstigungsklausel *f*; **blanket c.** Generalklausel *f*; **bona-fide** *(lat.)* **c.** Bonafide-Klausel *f*; **cast-iron c.** unumgehbare Klausel; **cognovit** *(lat.)* **c.** Unterwerfungsklausel *f*; **collateral c.** Nebenbestimmung *f*; **comminatory c.** *(Testament)* Strafbestimmung *f*, S.klausel *f*; **conditional c.** auflösende Bestimmung, bedingte Klausel; **contractual c.** Vertragsformel *f*; **contributory c.** Aufbringungsklausel *f*; **currency-hedging c.** Währungssicherungsklausel *f*; **customary c.** handelsübliche Klausel, Usancebestimmung *f*; **deductible c.** Selbstbehaltsklausel *f*; **derogatory c.** *(Testament)* aufhebende (Testaments)Klausel, Ungültigkeitsklausel *f*; **discretionary c.** Kannvorschrift *f*; **enacting c.** Gesetzesformel *f*; **exceptive c.** *(Vertrag)* ausgenommener Gegenstand; **exclusive c.** Ausschließlichkeitsbindung *f*, A.klausel *f*; **~ right(s) c.** Konkurrenzklausel *f*; **exculpatory c.** Entlastungsklausel *f*; **executive c.** Vollzugsklausel *f*; **ex post facto** *(lat.)* **c.** Verbot rückwirkender Strafgesetze; **fallen-building c.** Einsturzklausel *f*; **final c.** [§] Schlussformel *f*; **~ c.s** Schlussbestimmungen; **fixed-date c.** Fixklausel *f*; **get-out c.** Ausstiegsklausel *f*; **green c.** *(Akkreditiv)* grüne/grüngedruckte Klausel; **~ credit** Kreditvorschuss gegen dingliche Sicherheit; **contractual indexing c.** vertragliche Indexklausel; **inserted c.** eingefügte Klausel/Bestimmung; **ironclad c.** unumgehbare Klausel; **irritant c.** *[Scot.]* Pachtverfallsklausel *f*; **joint c.** Kollektivklausel *f*; **jurisdictional c.** Gerichtsstandsvereinbarung *f*, G.klausel *f*, Zuständigkeitsklausel *f*, Klausel hinsichtlich des Gerichtsstands; **latent-defect c.** Klausel über Haftung für versteckte Mängel; **long- and short-haul c.** *[US]* Frachtklausel *f*; **main c.** *(Grammatik)* Hauptsatz *m*; **mandatory c.** zwingende Klausel/ Bestimmung; **unconditional most-favoured-nation c.** unbedingte/unbeschränkte Meistbegünstigungsklausel; **multi-currency c.** auf mehrere Währungen bezogene Vereinbarung, mehrere Währungen betreffende Vereinbarung/Abmachung, Währungsänderungsklausel *f*; **net c.** Nettoklausel *f*; **no-letting c.** Mietverbotsklausel *f*; **non-assignment c.** Abtretungsverbotsklausel *f*; **non-negotiability c.** Sperrvermerk *m*; **non-negotiable/not-to-order c.** Rektaklausel *f*, negative Orderklausel; **no-recourse/without-recourse c.** Angstklausel *f*; **no-strike c.** Streikverzichtsklausel *f*; **offending c.** Anstoß erregende Klausel; **onerous c.** lästige Bestimmung; **omnibus c.** Einschlussklausel *f*; **optional c.** Options-, Fakultativklausel *f*; **overriding c.** Aufhebungsklausel *f*; **penal c.** Vertragsstrafe *f*, Strafklausel *f*; **protective c.** Freizeichnungs-, Abwehr-, Schutzklausel *f*; **reciprocal c.** Junktimklausel *f*; **red c.** 1. *(Akkreditiv)* rote/rotgedruckte Klausel, Ermächtigung zur Auszahlung von Vorschüssen vor Einreichung der Dokumente; 2. *(Konnossement)* Vorschussklausel *f*; **relieving c.** Entlastungsklausel *f*; **restrictive c.** Rekta-, Sperrklausel *f*, einschränkende Klausel/Bestimmung; **saving c.** Ausnahmebestimmung *f*; **secret c.** Geheimklausel *f*; **sharp c.** *(Hypothekenbrief)* Unterwerfungsklausel *f*; **sole right(s) c.** Konkurrenzklausel *f*; **special c.s** Sonderabreden; **standard c.** Währungs-, Standardklausel *f*; **subordinate c.** *(Grammatik)* Nebensatz *m*; **superimposed c.** *(Konnossement)* Zusatzklausel *f*; **terminating c.** Bestimmung über die Vertragsdauer; **testamentary c.** Testamentsklausel *f*, T.bestimmung *f*; **tie-in** *[US]* **/tying** *[GB]* **c.** Kopplungs-, Preisbindungs-, Ausschließlichkeitsklausel *f*, Knebelvereinbarung *f*; **value-given c.** Valutaklausel *f*; **value-safeguarding c.** Wertsicherungsklausel *f*

claused *adj (Konnossement)* unrein
claustrophobia *n* Platzangst *f*
claw *n* Kralle *f*; **c. back** *v/t* zurückordern, z.holen, wieder einsammeln, Vergünstigung(en) streichen
clawback *n* 1. *(Steuer)* (Rück)Erstattung *f*; 2. Streichung von Vergünstigungen; 3. ⊖ Rückholverfahren *nt*; 4. Besteuerung von Transferleistungen; **c. system** Rückholungssystem *nt*
clay *n* Ton *m*, Lehm *m*; **c. brick** Lehmziegel *m*; **c. pit** Lehmgrube *f*
clean *v/t* reinigen, säubern; **c. up** aufräumen, bereinigen
clean *adj* 1. sauber, rein(lich), unverschmutzt, unverseucht; 2. glatt; 3. rein, einwand-, fehlerrei; 4. *(Akkreditiv)* rein, nicht dokumentär; 5. umweltschonend, u.freundlich; **to come c.** mit der Sprache/Wahrheit herausrücken *(fig)*, die Wahrheit sagen, Farbe bekennen *(fig)*, reinen Wein einschenken *(fig)*
Clean Air Act *[GB]* Gesetz über die Reinhaltung der Luft, T.A. Luft *f [D]*
cleaner *n* 1. Reiniger *m*, Putz-, Reinemache-, Zugehfrau *f*, Raumpflegerin *f*; 2. ⌾ Reinigungsmittel *nt*; **c.s** Reinigung(sanstalt) *f*; **to take so. to the c.s** *(coll)* jdn übers Ohr hauen *(coll)*; **express c.s** Schnellreinigung *f*
cleaning *n* Säuberung *f*, Reinigung *f*, Raumpflege *f*; **to take a c.** *(fig) (Börse)* hohen Verlust erleiden; **commercial c.** Gebäudereinigung *f*; **dry c.** chemische Reinigung; **exterior c.** Fassadenreinigung *f*; **industrial c.** Industriereinigung *f*; **thorough c.** Großreinemachen *nt*
cleaning agent ⌾ Reinigungsmittel *nt*; **c. contractor(s)** Reinigungsfirma *f*; **c. and personal hygiene goods industry** Reinigungs- und Körperpflegemittelindustrie *f*; **c. rag** Putzlappen *m*; **c. service** Reinigungsdienst *m*; **express ~ s.** Schnellreinigung *f*; **c. woman** Reinemache-, Putzfrau *f*

clean|liness n Reinlichkeit f, Sauberkeit f; **c.ly** adj reinlich, sauber
cleanse v/t säubern, reinigen, entsorgen
cleansing n Reinigung f; **urban c.** Stadtreinigung f; ~ **department** Stadtreinigungsamt nt
clean-up (operation) n 1. Säuberung f, Reinigung f; 2. Aufräumen nt, Aufräumarbeiten pl; 3. *(Boden)* Sanierung f; 4. *[US] (coll) (Börse)* Riesengewinn m; **general c.** Generalreinigung f; **c. cost(s)** *(Umwelt)* Sanierungsaufwand m; **c. sale** Ausverkauf m
clear v/ti 1. *(Laden)* räumen, ausverkaufen; 2. [§] frei-, lossprechen; 3. *(Schulden)* bezahlen, abtragen, begleichen; 4. ⊖ (aus)klarieren, verzollen, zollmäßig abfertigen, Verzollung vornehmen; 5. genehmigen, grünes Licht geben *(fig)*; 6. ver-, abrechnen, glattstellen; 7. (netto) verdienen; 8. *(Unrat)* beseitigen; 9. entlasten; 10. ☁ sich lichten; 11. ⛰ abholzen, auslichten, kahlschlagen, roden; **c. away** 1. wegschaffen; 2. 💻 löschen; **c. in(ward)** ⊖ einklarieren, bei Einfuhr/Einreise verzollen; **c. off** *(coll)* davonlaufen, sich davonmachen, sich aus dem Staub machen *(coll)*, das Weite suchen, türmen *(coll)*; **c. out** ausräumen, auskehren, leeren, freimachen; **c. outward** ⊖ ausklarieren, bei Ausfuhr/Ausreise verzollen; **c. through** ⊖ durchklarieren; **c. up** ☁ sich aufheitern/aufklaren
clear adj 1. klar, rein, makellos; 2. ☁ ungetrübt; 3. eindeutig, offenkundig, offensichtlich; 4. überschaubar, übersichtlich, evident, vernehmlich, plastisch; 5. *(Zahlung)* netto; 6. bereit; 7. ohne Ladung; 8. unbelastet, hypotheken-, schuldenfrei; **in c.** im Klartext
to be clear on sth. sich über etw. im klaren sein; **~ in the c.** nichts zu verbergen haben; **to become c.** ☁ sich aufhellen; **to keep c.** freihalten; **to make c.** klarmachen, k.stellen; **~ it quite c. to so.** jdm eindeutig zu verstehen geben; **~o.s. c.** sich klar ausdrücken, unmissverständlich sagen; **to steer c. of sth.** *(fig)* sich aus etw. heraushalten, um etw. einen großen Bogen machen *(fig)*
clearance n 1. Leerung f, Räumung f, Aufräumen nt; 2. ⊖ Verzollung f, (Zoll)Abfertigung f; 3. Unbedenklichkeitsbescheinigung f, Genehmigung f, grünes Licht *(fig)*; 4. *(Rechnung)* Liquidation f; 5. ⛰ Abholzen nt; 6. ✈ Starterlaubnis f; 7. ⚓ Auslaufgenehmigung f; 8. *(Brücke)* lichte Höhe; 9. ▦ Spiel nt; 10. 💻 Berechtigung f
clearance from bond; ~ bonded warehouse ⊖ Ausklarierung aus dem Zolllager, Verzollung bei der Auslagerung; **c. of goods** Zollabfertigung f; **c. for home use** Abfertigung zum Inlandsverbrauch; **c. of payments** Zahlungsausgleich m; **c. on re-entry/reimportation** ⊖ Abfertigung zur Wiedereinfuhr; **c. of rubbish** Entrümpelung f; **c. for transit** ⊖ Abfertigung zur Anweisung
to give clearance 1. ⊖ ausklarieren; 2. grünes Licht geben *(fig)*; **to receive c.** Genehmigung bekommen, grünes Licht erhalten *(fig)*
inward clearance ⊖ Einfuhr-, Eingangsabfertigung f; **negative c.** Negativattest nt; **par c.** *[US]* Clearing zum Pariwert; **permissible c.** ✪ zulässiger Spielraum; **residual c.** Restabwicklung f

clearance agent ⊖ Abfertigungsagent m; **c. certificate** Verzollungspapiere pl, Klarierungs-, Zollabfertigungsschein m, Z.bescheinigung f, Unbedenklichkeitsbescheinigung f, U.zeugnis nt, Negativattest nt, Seebrief m; **c. charges** ⊖ Zoll(abfertigungs)gebühren, Verzollungskosten; **c. costs** Aufräumungskosten; **c. inwards** ⊖ Einklarierung f, Einfuhr-, Eingangsabfertigung f, E.deklaration f, Importbescheinigung f; **c. item** Abrechnungsposten m; **c. loan** Maklerdarlehen m, Tagesgeld nt; **c. officer** ⊖ Abfertigungsbeamter m; **c. outwards** Ausklarierung f; Ausgangsabfertigung f, A.deklaration f; **c. paper(s)** Zollabfertigungspapier(e) nt/pl, Abfertigungsbescheinigung f, Verzollungspapier(e) nt/pl, V.dokument nt; **c. provisions/regulations** Verzollungs-, Abfertigungsvorschriften; **c. sale** (vollständiger) Ausverkauf, Räumungs(aus)verkauf m, R.schlussverkauf m, Schluss-, Inventurverkauf m, Totalausverkauf m, vollständiger Verkauf, Liquidations(aus)verkauf m; **end-of-season c. sale; seasonal c. sale** Saisonausverkauf m, S.schlussverkauf m
clear-cut adj klar umrissen, deutlich, bestimmt, klipp und klar *(coll)*, glasklar, eindeutig
cleared adj ⊖ verzollt; **not c.** unerledigt; **to be c. out of the way** vom Tisch sein *(fig)*
clearer n *[GB]* Giro-, Verrechnungs-, Clearingbank f, Landeszentralbank f *[D]*; **the big c.s** die großen Girobanken
clearing n 1. Ab-, Verrechnung f, Verrechnungs-, Abrechnungsverkehr m, Clearing nt, Geldausgleich m, Giroverkehr m, G.geschäft nt, Skontration f, Abrechnungsmodus m, A.verfahren nt, Zahlungsausgleich unter Banken; 2. (Lager)Räumung f; 3. ⛰ Rodung f, Lichtung f, Kahlschlag m; **c.s** Verrechnungssumme f; **c. of an account** Kontoglattstellung f; **c. of a debt** Schuldausgleich m, S.begleichung f, S.bereinigung f; **c. as bonded goods** ⊖ Zollgutverwendung f
bilateral clearing bilaterales Clearing, bilaterale Verrechnung; **industrial c.** Industriegeldmarkt m; **inter-bank/local c.** Lokalumschreibung f, Ortsclearing nt, O.abrechnung f; **multilateral c.** multilaterale Verrechnung, multilaterales Clearing; **non-cash c.** Bankgiro nt; **regional c.** regionaler Verrechnungsverkehr
clearing account Verrechnungs-, Clearing-, Kompensationskonto nt; **intermediate c. account** Sammelkonto nt; **c. advance** Clearingvorschuss m; **c. agent** ⊖ Abfertigungsagent m; Mitglied eines Clearingringes; **c. agreement** Verrechnungs-, Clearing-, Ausgleichsabkommen nt; **bilateral c. agreement** bilaterales Verrechnungsabkommen; **c. area** Verrechnungsraum m; **c. assets** Verrechnungs-, Clearingguthaben nt; **c. balance** Verrechnungsbilanz f, V.spitze f, Liquidations-, Clearing-, Verrechnungsguthaben nt, Abrechnungs-, Verrechnungssaldo m
clearing bank Giro-, Abrechnungs-, Verrechnungs-, Clearingbank f, Landeszentralbank f *[D]*; **~ base rates** *[GB]* Mindestsätze der Londoner Clearingbanken
clearing basin Klärteich m; **c. bill** ⊖ Klarierungsbrief m; **c. centre** Verrechnungs-, Clearingstelle f, C.institut nt, C.haus nt; **c. certificate** ⊖ Zollabfertigungsschein

m; **through c. channels** im Verrechnungswege; **c. check** *[US]* **/cheque** *[GB]* Verrechnungsscheck *m*; **c. claims** Clearingforderungen; **c. currency** Verrechnungsdevisen *pl*, V.währung *f*, V.geld *nt*, Abkommenswährung *f*; **c. day** Verrechnungstag *m*; **c. debt** Verrechnungs-, Clearingschuld *f*; **c. deficit** Verrechnungsdefizit *nt*; **c. deposits** Clearingguthaben *nt*; **c. dollar** Verrechnungsdollar *m*; **c. expenses** Zollgebühren, Z.spesen; **c. formalities** Zollformalitäten; **c. fraction** Verrechnungsspitze *f*
clearing house 1. Verrechnungs-, Bankenabrechnungs-, Abwicklungs-, Giroausgleichsstelle *f*, G.kasse *f*, G.kontor *nt*, Scheckabrechnungs-, S.austauschstelle *f*, Clearinginstitut *nt*, C.stelle *f*, Girozentrale *f*, dem Abrechnungsverkehr angeschlossene Bank, Landeszentralbank *f [D]*, Konversions-, Kompensationskasse *f*; 2. *(Börse)* Effektenbuchungsstelle *f*, E.bank *f*, (Effekten)Liquidationsbüro *nt*, Liquidationskasse *f*, Abrechnungs-, Ausgleichsstelle *f*; ~ **association** Giroverband *m*, Kassenverein *m*; **C. H. Automatic Payment System (CHAPS)** Verrechnungsstelle für den automatischen Zahlungsverkehr; ~ **check** *[US]* **/cheque** *[GB]* Giroscheck *m*; ~ **rate** Scheckkurs *m*, S.handelssatz *m*, S.abrechnungssatz *m*; ~ **settlement** Schuldenverrechnung *f*; ~ **system** Gironetz *nt*
clearing item Verrechnungs-, Abrechnungsposten *m*; **c. items** kompensationsfähige Guthaben; **c. member** (zugelassenes) Mitglied im Abrechnungsverfahren; **c. office** Verrechnungsstelle *f*, V.kasse *f*; **c. practice(s)** Verrechnungspraxis *f*; **c. rate** Ausgleichs-, Verrechnungskurs *m*; **c. ratio** Verrechnungsschlüssel *m*; **c. receivables** Clearingforderungen; **c. and accounts record centre** Verrechnungs- und Kontoführungszentrale *f*; **c. sale** Räumungs-, Ausverkauf *m*; **c. slip** Verrechnungsbeleg *m*; **c. system** Verrechnungssystem *nt*, bargeldloser Verkehr, Überweisungs-, Clearingverkehr *m*, Girosystem *nt*, Verrechnungsverfahren *nt*; **multiple c. system** multilaterales Verrechnungssystem; **c. transaction** Verrechnungsvorgang *m*, V.gutschrift *f*; **c. transactions** Verrechnungs-, Clearingverkehr *m*; **c. unit** Verrechnungseinheit *f*
clear/out of unsold stocks *n* Lagerräumung *f*; **c.-up** *n* Bereinigung *f*; ~ **of accounts** Kontenbereinigung *f*; ~ **rate** *(Verbrechen)* Aufklärungsquote *f*; **c.way** *n [GB]* ⇒ Schnellstraße *f*
clemency *n* Gnade *f*, Milde *f*; **to show c.** Gnade vor Recht ergehen lassen, Gnade walten lassen; **c. board** Gnadeninstanz *f*, Begnadigungskommission *f*; **c. matters** Begnadigungssachen
clergy *n* Geistlichkeit *f*, Klerus *m*; **c.man** *n* Geistlicher *m*, Pastor *m*
clerical *adj* *(Tätigkeit)* Büro-, Schreib(tisch)-, Angestellten-
clerk *n* 1. (Büro)Angestellte(r) *f/m*, Sachbearbeiter(in) *m/f*, Kontorist(in) *m/f*, Kaufmannsgehilfe *m*, K.gehilfin *f*; 2. *[GB]* Gemeindedirektor *m*; **c. of court** Rechtspfleger *m*, Justizinspektor *m*; ~ **the court's office** Urkundsbeamter der Geschäftsstelle; **C. of the House of Commons** *[GB]* Protokoll- und Urkundsbeamter des Unterhauses; **c. of the market** Marktaufseher *m*; **c. of works** Bauleiter *m*
articled clerk (Rechtsanwalts)Volontär(in) *m/f*, Anwärter(in) auf den Rechtsanwaltsberuf; **authorized c.** *[GB]* Angestellte(r) mit Börsenvollmacht; **chief c.** 1. Disponent *m*, Bürovorsteher *m*, B.chef *m*, Kanzleivorsteher *m*, Hauptsekretär *m*, erster Buchhalter; 2. *[US]* erster Verkäufer; **collecting c.** Kassenbote *m*; **commercial c.** Handlungsgehilfe *m*; **confidential c.** zeichnungsberechtigte(r) Angestellte(r); **estimating c.** Vorkalkulator *m*; **filing c.** Registraturgehilfe *m*, R.gehilfin *f*; **industrial c.** Industriekaufmann *m*; **issuing c.** Waren-, Materialausgeber *m*; **junior c.** zweiter Buchhalter *m*; **managing c.** Prokurist(in) *m/f*, Geschäftsführer(in) *m/f*, Disponent(in) *m/f*; **senior c.** Kanzlei-, Bürovorsteher *m*; **signing c.** Prokurist *m*; **trained c.** Kaufmann *m*, K.frau *f*, Bürofachkraft *f*; **unsalaried c.** Volontär(in) *m/f*
clerks' health insurance fund kaufmännische Krankenkasse
clerkship *n* 1. Schreiberstelle *f*; 2. Praktikantentätigkeit *f*
clever *adj* klug, geschickt, schlau, raffiniert, trickreich; **to be too c. by half** *(coll)* viel zu schlau sein; **c.ness** *n* Schlauheit *f*
client *n* *(Dienstleistung)* 1. Klient(in) *m/f*, Kunde *m*, Kundin *f*; 2. [§] Mandant(in) *m/f*; 3. Bauherr(in) *m/f*, Auftraggeber *m*; 4. *(Factoring)* Anschlussfirma *f*, A.kunde *m*; **c.s** 1. Kundschaft *f*; 2. Mandantenstamm *m*; **to act on behalf of a c.** Mandat ausüben; **to call on a c.** Kunden besuchen; **to serve a c.** Klienten betreuen; **industrial c.** Kunde aus der Industrie, Industriekunde *m*; **preferential c.** bevorzugter Kunde; **private c.** Privatkunde *m*; ~ **business** Privatkundengeschäft *nt*; **prospective c.** Interessent *m*, potenzieller Kunde; **solvent c.** zahlungsfähiger Kunde; **high net worth c.s** oberes Kundensegment *nt*
clientage *n* → **clientele**
client base Kundenstamm *m*; **c. business** *(Bank)* Kundengeschäft *nt*; **c.'s business name and address** Mandantenadresse *f*; **c. company** Kundenfirma *f*; **c. contact** Kundenkontakt *m*, **c.-driven** *adj* kundenorientiert
clientele *n* 1. Kundenkreis *m*, (Bank)Kundschaft *f*, Klientel *f*; 2. [§] Mandantenstamm *m*; **to develop a c.** Kundschaft aufbauen; **established/regular c.** Kundenstamm *m*, fester Kundenkreis, Stamm-, Dauerkundschaft *f*; **c. effect** Klienteleffekt *m*
client list 1. Kundenliste *f*, K.kartei *f*, K.verzeichnis *nt*; 2. [§] Mandantenliste *f*; **c.s' money** Mandantengelder *pl*; **c. name** Mandantenbezeichnung *f*; **c. number** Mandantennummer *f*; **c. orientation** Ausrichtung auf den Kunden; **c. portfolio** Kundenportefeuille *nt*; **c. satisfaction** Zufriedenheit der Kunden; **c. service** Kundenbetreuung *f*, K.dienst *m*; **c. spread** Kundenstruktur *f*
cliff *n* Klippe *f*; **c.hanger** *n* *(fig)* knappe Sache; **c.-hanging** *adj* 1. auf des Messers Schneide *(fig)*; 2. *(fig)* konkursgefährdet
climate *n* Klima *nt*; **c. for growth** Wachstumsklima *nt*; ~ **investment** Investitions-, Anlagenklima *nt*; **attractive ~ investment** gutes Investitions-/Anlageklima; **c.**

of opinion Meinungsklima *nt*; **~ public opinion** Stimmung in der Öffentlichkeit; **~ talks** Verhandlungsklima *nt*

bracing climate Reizklima *nt*; **competitive c.** Wettbewerbsklima *nt*; **to survive in a ~ c.** im Konkurrenzkampf bestehen; **cyclical/economic c.** Konjunkturlage *f*, K.klima *nt*, Wirtschaftsklima *nt*, konjunkturelles/wirtschaftliches Klima; **favourable economic c.** *(Konjunktur)* Schönwetterlage *f (fig)*; **improved economic c.** Konjunkturfrühling *m (fig)*; **gentle c.** Schönwetterlage *f*, K.klima *nt*, Wirtschaftsklima *nt*, konjunkturelles/wirtschaftliches Klima; **harsh c.** rauhes Klima; **industrial c.** soziales Klima, Arbeits-, Betriebsklima *nt*; **inflationary c.** Inflationsklima *nt*; **insular c.** Inselklima *nt*; **maritime c.** Seeklima *nt*; **mild c.** mildes Klima; **temperate c.** mildes/gemäßigtes Klima; **tropical c.** Tropenklima *nt*

climate change Klimawandel *m*, K.änderung *f*; **c. science** Klimawissenschaft *f*; **c. variation** Klimaschwankung *f*

climatic *adj* klimatisch, Klima-

climato|logist Klimaforscher(in) *m/f*; **c.logy** *n* Klimakunde *f*, K.wissenschaft *f*; **c.therapy** *n* ⚕ Klimatherapie *f*

climax *n* Höhepunkt *m*, Kulminationspunkt *m*, Gipfel *m*; **to reach a c.** Gipfelpunkt erreichen

climb *n* Steigen *nt*

climb *v/ti* (an)steigen, (hoch)klettern, er-, besteigen; **c. down** zurückstecken, Rückzieher machen *(coll)*, hinab-, heruntersteigen; **c. in** einsteigen *(fig)*

climbdown *n (fig)* Nachgeben *nt*, Rückzug *m*, Rückzieher *m*, Zurückstecken *nt*

climber *n* Karrieremacher *m*, (sozialer) Aufsteiger, Streber *m*, Emporkömmling *m*, Karrierist *m*

clinch *v/t (coll)* unter Dach und Fach bringen *(coll)*, endgültig regeln, perfekt machen; **c.ed and riveted** *adj* niet- und nagelfest

cling to *v/prep* hängen an, kleben an, festhalten an, sich festklammern an

cling film/foil Frischhalte-, Haft-, Klebefolie *f*

clinic *n* ⚕ Krankenanstalt *f*, K.haus *nt*, Klinik *f*; **dental c.** Zahnklinik *f*; **paediatric** *[GB]* **/pediatric** *[US]* **c.** Kinderklinik *f*; **private c.** Privatklinik *f*; **veterinary c.** Tierklinik *f*

clinical *adj* klinisch

clinicar *n* Notarztwagen *m*

clink *n* 1. Klirren *nt*; 2. *(coll)* Knast *m (coll)*, Kittchen *nt (coll)*; **to be in the c.** im Kittchen sitzen

clink *v/i* klirren, klimpern

clinker *n* Ofenschlacke *f*

clip *n* 1. Schur(aufkommen) *f/nt*, Wollertrag *m* (einer Schur); 2. (Büro-/Heft)Klammer *f*

clip *v/t* 1. (be)schneiden, abtrennen, abschneiden; 2. *(coll)* neppen; 3. *(Preis)* senken; 4. *(Fahrkarte)* knipsen; **c. (on)** festklammern; **c. together** zusammenklemmen, z.heften

clip|board *n* Manuskripthalter *m*, Klemmbrett *nt*; **c. joint** *(coll)* Nepplokal *nt (coll)*

clipping *n* 1. *(Münzen)* Kippen *nt*; 2. ⌨ Clipping *nt*

clipper *n* ⚓ Clipper *m*, schneller Segler

clip sheet Klappentext *m*

clique *n* Clique *f (frz.)*, Klicke *f*, Klüngel *m*, Sippschaft *f*

cloak *n* Mantel *m*; **under the c. of darkness** unter dem Mantel der Dunkelheit

cloakroom *n [GB]* Garderobe(nabgabe) *f*

clobber *v/t (coll)* verhauen *(coll)*

clock *n* 1. Uhr *f*; 2. ⌨ Takt *m*, Taktimpuls *m*, Taktgenerator *m*; **round the c.** rund um die Uhr

to go by the clock sich nach der Uhr richten; **to put the c. back** 1. Uhr zurückstellen/nachstellen; 2. *(fig)* das Rad der Geschichte zurückdrehen; **~ forward** Uhr vorstellen; **to wind up a c.** Uhr aufziehen; **to work round the c.** Tag und Nacht arbeiten

changing the clock Zeitumstellung *f*

digital clock Digitaluhr *f*; **long-case c.** Standuhr *f*; **speaking c.** ☏ Zeitansage *f*

clock in *v/i (Stechuhr)* Arbeitsantritt registrieren, Karte (ab)stempeln, stechen; **c. out** Arbeitsschluss registrieren, stechen, Karte (ab)stempeln

clock cycle ⌨ Taktzyklus *m*; **c. frequency** Taktfrequenz *f*; **c. generator** Taktgenerator *m*

clocking *n* 🚗 Zurückdrehen des Kilometerzählers; **c. in** (Stempeln bei) Arbeitsbeginn; **c.-in card** Stechkarte *f*; **c. out** (Stempeln bei) Arbeitsende

clock pulse ⌨ Taktfrequenz *f*, Taktimpuls *m*

clock time Ist-, Taktzeit *f*; **~ analysis** Kalenderzeitanalyse *f*; **c.wise** *adv* im Uhrzeigersinn, im Sinne des Uhrzeigers, rechtsherum

like clockwork *n (coll)* wie am Schnürchen *(coll)*, wie geölt *(coll)*; **as regular as c.** pünktlich wie die Uhr; **to go like c.** reibungslos (ver)laufen, wie am Schnürchen laufen, wie nach Noten klappen; **c. mechanism** Uhrwerk *nt*

clog *n* Holzschuh *m*; **c. (up)** *v/t* verstopfen

close *n* 1. (Ab)Schluss *m*, Ende *nt*; 2. Schlusswort *nt*, Brief(ab)schluss *m*; **after c.** nach Börsenschluss; **by the c.** bis zum Börsenschluss

close of argument § Schluss der Beweisführung; **~ business** Geschäftsschluss *m*; **~ exchange** Börsenschluss *m*; **~ the fair** Messeschluss *m*; **~ the meeting** Sitzungsschluss *m*; **at the ~ negotiations** bei Verhandlungsschluss; **at the ~ the period** am Schluss der (Ab)Rechnungsperiode; **~ trading** Börsenschluss *m*; **at the ~ trading** bei Börsenschluss; **~ the financial year** Abschluss des Haushalts-/Geschäftsjahres

to draw to a close dem Ende zugehen, sich ~ zuneigen/nähern

complimentary close *(Brief)* höfliche Schlussformel, Abschluss-, Gruß-, Höflichkeitsformel *f*; **official c.** Börsenschluss *m*, Ende der Börsenstunde; **previous c.** *(Börse)* Vortagsschluss *m*; **steady c.** *(Börse)* fester Schluss

close *v/t* 1. (ab)schließen, stilllegen, enden; 2. *(Konto)* auflösen; 3. *(Versammlung)* aufheben; **c. at** *(Börse)* zum Schluss notieren mit ...; **c. below yesterday's finish** *(Börse)* niedriger als am Vortag notieren, unter Vortagsschlusskurs notieren; **c. dearer** bei Börsenschluss höher notieren; **c. down** 1. *(Betrieb)* stilllegen, Geschäft aufgeben, (die Tore) schließen, (endgültig) zumachen; 2. bei Börsenschluss niedriger notieren; **c. firm** *(Börse)* fest schließen; **c. firmer on balance** per

close on a firm note

Saldo fester notieren; **c. on a firm note** *(Börse)* fest schließen; **c. in on so.** jdm auf den Leib rücken *(coll)*; **c. lower** *(Börse)* leichter schließen; **c. off** 1. sperren; 2. abbuchen; **c. out** ausbuchen; **c. up** bei Börsenschluss höher notieren
close *adj* 1. nahe, eng; 2. *(Untersuchung)* eingehend; **c. on** fast; **c. to** nahe bei; **to come c. to** nahekommen
closeable *adj (Behälter)* verschließbar
closed *adj* 1. nichtöffentlich; 2. ge-, verschlossen; 3. *(Anlage)* stillgelegt; 4. *(Anleihe)* unveränderlich; **to remain c.** geschlossen bleiben
close-down (of business) *n* Geschäftsaufgabe *f*, G.auflösung *f*; **c. for repairs** Reparaturferien *pl*
close-knit *adj* engmaschig
closeness *n* Nähe *f*; **c. of correlation** Strammheit einer Korrelation; **c. of estimation** Güte einer Schätzung
closer *adj* näher; **to come c.** näherkommen
close-run thing *adj* knappe Sache
closet *n* Kammer *f*, Kabinett *nt*; **c. o.s. in** *v/refl* sich einschließen
close-up *n (Film)* Groß-, Nahaufnahme *f*
closing *n* 1. Schließung *f*, Stilllegung *f*; 2. *(Geschäft)* Auflösung *f*; **c. of an account** Schließung/Auflösung eines Kontos, Kontoauflösung *f*, K.schließung *f*; ~ **accounts** Kassen-, Bilanz-, Rechnungsabschluss *m*; ~ **bankruptcy proceedings** Konkurseinstellung *f*, K.beendigung *f*, Aufhebung des Konkurses/Konkursverfahrens; ~ **bankruptcy proceedings due to inadequate assets** *(Konkurs)* Einstellung mangels Masse; ~ **the books** Bücherabschluss *m*, Abschluss der Bücher und Konten zum Jahresende; **on c. our books** bei Abschluss unserer Bücher; **c. of business** Geschäftsaufgabe *f*, G.auflösung *f*; **at the ~ business** bei Börsen(ab)schluss; **c. for cargo ⚓** Ladeschluss *m*; **c. of the plant** Betriebsschließung *f*, Schließung des Betriebs; ~ **open positions** *(Börse)* Glattstellung *f*, technische Bereinigung; ~ **the sale** Verkaufsabschluss *m*; ~ **subscription** Zeichnungs-, Listenschluss *m*
annual closing 1. Abschlussbuchung(en) *f/pl*; 2. Werksferien *f*; **early c.** früher Laden-/Geschäftsschluss; **firm c.** *(Börse)* fester Schluss; **half-day c.** verkaufsfreier Nachmittag, früher Laden-/Geschäftsschluss; **interim c.** Zwischenabschluss *m*; **late c.** später Geschäftsschluss; ~ **night** Dienstleistungsabend *m*
closing account Abschlusskonto *nt*, (Ab)Schlussrechnung *f*; **c. agent** Abschlussagent *m*; **c. assessment** Bewertung zum Jahresende, Stichtagsbewertung *f*; **c. balance** Schluss-, Endsaldo *m*; **c. bid** Höchstgebot *nt*
closing date 1. End-, Schlusstermin *m*, letzter Termin, (Ab)Schlusstag *m*, Abschlussstichtag *m*, A.termin *m*, Meldeschluss *m*; 2. Anzeigenschluss *m*; 3. Einsende-, Einreichungsschluss *m*, Abgabetermin *m*; ~ **for applications** Anmeldeschluss *m*, letzter Anmeldetag; ~ **for entries** Annahmeschluss *m*; ~ **for tenders** *(Ausschreibung)* Angebotsabgabetermin *m*
closing day 1. *(Geschäft)* Ruhetag *m*; 2. Abschluss(stich)tag *m*; **early c. day** verkaufsfreier/geschäftsfreier Nachmittag; **c. department** Abschlussabteilung *f*

closing down Betriebs-, Geschäftsaufgabe *f*, Betriebs-, Geschäftsschließung *f*, Aufgabe eines Geschäfts/Betriebs, Betriebsauflösung *f*; ~ **of the foreign currency market** Schließung des Devisenmarktes; ~ **profit** Betriebsaufgabegewinn *m*; ~ **sale** Totalausverkauf *m*, Räumungsverkauf *m*, Schluss-/Ausverkauf wegen Geschäftsaufgabe
closing entry Abschlussbuchung *f*; **c. hours** Betriebs-, Dienstschluss *m*; **c. inventory** Schlussinventar *nt*, Endbestand *m*; **c. item** Abschlussposten *m*; **c. low** Schlussniedrigststand *m*, Börsenschlusstief *nt*; **c. meeting** Schlusssitzung *f*; **c. order** [§] Schließungsverfügung *f*; **c. peak** Schlusshöchststand *m*, Börsenschlusshoch *nt*; **c. phrase** (höfliche) Schlussformel; **c. price/quotation/rate** (Ab)Schlusskurs *m*, S.notierung *f*; **c. session** (Ab)Schlusssitzung *f*; **c. statement** Endabrechnung *f*, Kontoabschluss *m*, Abschlussbericht *m*; **c. stock** Schlussbestand *m*; **c. transaction** Glattstellung(stransaktion) *f*; **c. time** 1. Laden-, Büro-, Geschäftsschluss *m*, Schalterschluss *m*; 2. Feierabend *m*; 3. Polizeistunde *f*
closure *n* 1. Stilllegung *f* (eines Unternehmens), Betriebsaufgabe *f*, B.einstellung *f*, B.stilllegung *f*, B.auflösung *f*, Geschäftsschließung *f*, Schließung *f* (eines Betriebs), Außerbetriebnahme *f*, Geschäftseinstellung *f*, Produktionsaufgabe *f*, P.einstellung *f*, P.stilllegung *f*, Außerdienststellung *f*; 2. Schluss der Debatte; 3. *(Straße)* Sperrung *f*; **c. of an account** Kontoauflösung *f*, Löschung eines Kontos; **c. for cargo ⚓** (Ver)Ladeschluss *m*; **c. of a firm** Eingehen einer Firma; **c. of a site** Betriebsstilllegung *f*
to be threatened with closure von der Schließung bedroht sein; **to move the c.** Schluss der Debatte beantragen; **partial c.** Teilstilllegung *f*
closure costs Kosten der Geschäftsaufgabe/Betriebsschließung, Stilllegungs-, (Betriebs)Schließungskosten; **c. loss** Stilllegungsverlust *m*; **c. order** Stilllegungsverfügung *f*; **c. premium** Stilllegungs-, Schließungsprämie *f*; **c. program(me)** Stilllegungsprogramm *nt*; **below-the-line c. provision** Posten unter dem Bilanzstrich
clot *v/i* 🩸/💲 koagulieren, gerinnen
cloth *n* Tuch *nt*, Stoff *m*; **c.s** Tuchwaren; **full c.** Ganzleinen *nt*; **grey c.** *(Textil)* Rohware *f*
cloth|bound *adj* 📕 in Leinen gebunden; **c.-covered** *adj* stoffbezogen
clothe *v/t* kleiden
clothes *pl* (Be)Kleidung *f*, Kleider; **to hang c. on the line** Wäsche auf die Leine hängen
casual clothes Freizeitkleidung *f*; **customized/made-to measure/made-to order/tailor-made c.** Maßkleidung *f*; **off-the-peg/ready-made/ready-to-wear c.** Fertigkleidung *f*, fertige Kleidung, Konfektion(skleidung) *f*, K.ware *f*, Bekleidung/Kleider von der Stange; **in plain c.** in Zivil; **tatty c.** Räuberzivil *nt (coll)*; **thermal c.** Thermalkleidung *f*
cloth factory Tuchfabrik *f*
clothier *n* Herrenausstatter *m*; **ready-made c.** Konfektionär *m*
clothing *n* (Be)Kleidung *f*, K.sstücke *pl*, Kleider *pl*; **in-**

dustrial c. Arbeitskleidung *f*; **interseasonal c.** Übergangskleidung *f*; **occupational c.** Berufs-, Arbeitskleidung *f*; **off-the-peg/ready-made c.** Konfektion *f*; **protective c.** Schutz(be)kleidung *f*, S.anzug *m*; **thermal c.** Thermalkleidung *f*
clothing allowance/grant Kleidergeld *nt*, K.zulage *f*; **c. coupon; c. ration card** Bekleidungs-, Kleidergutschein *m*, K.karte *f*, Rationierungsmarke für Bekleidung; **clothing drier** *[GB]* **/dryer** *[US]* Wäschetrockner *m*; **c. hook** Kleiderhaken *m*; **c. horse/rack/tree** Kleiderständer *m*; **c. industry** Bekleidungsindustrie *f*; **c. manufacturer** Kleiderfabrikant *m*, Konfektionär *m*; **c. retailer** Textileinzelhändler *m*; **c. shop/store** Bekleidungs-, Kleidergeschäft *nt*; **c. size** Konfektionsgröße *f*; **c. textiles** Bekleidungstextilien
cloth manufacturer Tuchweber *m*, T.fabrikant *m*; **c. merchant** Tuchhändler *m*; **c. printing** Stoffdruck *m*
cloud *n* Wolke *f*; **to be/live in the c.s** *(fig)* in höheren Regionen/Sphären leben *(fig)*, ~ schweben; **to remove c. from title** [§] Rechtsmangel beseitigen
cloud *v/ti* 1. sich bewölken; 2. *(fig)* trüben
cloud|burst *n* Wolkenbruch *m*; **c. cover** Wolkendecke *f*; **c.-cuckoo-land** *n* Wolkenkuckucksheim *nt*
clouded; cloudy *adj* bewölkt, bedeckt, wolkig
cloudless *adj* wolkenfrei, w.los
clout *n* *(fig)* Schlagkraft *f*, Biss *m (fig)*, Durchsetzungsvermögen *nt*; **to carry much c.** *(fig)* viel Gewicht haben *(fig)*; **economic c.** Wirtschaftskraft *f*; **financial c.** *(coll)* Finanzkraft *f*, Geldmacht *f*, Kapitalstärke *f*
clover *n* Klee *m*; **so. is in c.** *(fig)* jds Weizen blüht *(fig)*; **to be/live in c.** *(fig)* im Fett schwimmen *(fig)*, ohne Sorge leben, sorgenfrei sein
club *n* 1. Keule *f*; 2. Klub *m*, Verein *m*; **to brandish a c.** Knüppel schwingen; **to disincorporate a c.** Verein auflösen; **to incorporate/register a c.** Verein eintragen (lassen)
registered club *[GB]* eingetragener Verein (e.V.); **social c.** Geselligkeitsverein *m*
club together *v/i* sich zusammentun
club executive Vereinsvorstand *m*; **c. funds** Vereinsvermögen *nt*; **c.house** *n* Vereinshaus *nt*; **c. law** Faustrecht *nt*; **c. member** Klub-, Vereinsmitglied *nt*, Mitglied eines Vereins; **c. membership** Vereinsmitgliedschaft *f*, V.zugehörigkeit *f*; **c. premises** Vereinsgrundstück *nt*, V.lokal *nt*; **c.room** *n* Klubzimmer *nt*, Vereinsraum *m*; **c. rules** Vereinssatzung *f*; **c. subscription** Vereinsbeitrag *m*
clue *n* Anhaltspunkt *m*, Schlüssel *m*, Spur *f*, Hinweis *m*; **to follow up a c.** einem Hinweis nachgehen; **to have no c.** *(coll)* keinen Schimmer haben *(coll)*
clum|siness *n* Unbeholfenheit *f*; **c.sy** *adj* ungeschickt, unbeholfen, ungelenk
cluster *n* 1. Haufen *m*, (An)Häufung *f*, Klumpen *m*; 2. ▦ (geschlossene) Erfassungsgruppe; 3. ▣ Gerätegruppe *f*; **c. analysis** Sammelanalyse *f*; **c. effect** Klumpeneffekt *m*; **c. sample** Klumpenstichprobe *f*; **c. sampling** Klumpenstichprobenverfahren *nt*, K.auswahl *f*
clutch *n* 1. Umklammerung *f*; 2. 🐦 *(Geflügel)* Brut *f*; 3. Gruppe *f*; 4. 🚗 Kupplung(spedal) *f/nt*; **to engage the c.** einkuppeln, Kupplung betätigen; **to fall into so.'s c.es** jdm in die Hände fallen; **to let the c. slip** Kupplung schleifen lassen; **to press the c.** Kupplung betätigen
clutch *v/i* 1. 🚗 (ein)kuppeln; 2. umklammern
clutch cable 🚗 Kupplungsseil *nt*; **c. lining** Kupplungsbelag *m*; **c. pedal** Kupplungspedal *nt*; **c. plate** Kupplungsscheibe *f*
co- Mit-
coach *n* 1. Auto-, Omni-, Überland-, Reisebus *m*; 2. 🚂 (Eisenbahn)Wagon *m*, Reisezugwagen *m*; 3. Kutsche *f*; 4. Trainer *m*, Repetitor *m*; *v/t* 1. einpauken, trainieren; 2. *[US]* auf eine Führungsaufgabe vorbereiten
coach|-and-four *n* Vierspänner *m*; **c.builder** *n* 🚗 Karosserie-, Fahrzeugbauer *m*; **c.building** *n* Karosseriebau *m*; **c. class** Touristenklasse *f*; **c. company** Busunternehmen *nt*; **c. driver** Busfahrer *m*; **c. fleet** Omnibuspark *m*
coaching *n* 1. Training *nt*; 2. Nachhilfe; **private c.** Nachhilfe *f*
coach|load *n* Busladung *f*; **c. operator** Busunternehmer *m*, B.unternehmen *nt*; **c. party** Reisegesellschaft *f*; **c. service** Buszubringerdienst *m*; **c. station/terminal** (Auto)Bus-, Omnibusbahnhof *m*; **c. tour** Omnibusfahrt *f*; **c. travel** Busreisen *pl*; **c.work** *n* 🚗 Karosserie *f*
coagulate *v/i* 🩸/💲 koagulieren, gerinnen
coal *n* Kohle *f*; **to bunker c.** ⚓ Kohle bunkern; **to carry c.s to Newcastle** *(prov.)* Eulen nach Athen tragen *(prov.)*; **to clear of c.** auskohlen; **to cut c.** Kohle hauen; **to dump c.** Kohle auf Halden schütten; **to haul so. over the c.s** *(coll)* jdm die Leviten lesen *(coll)*, mit jdm Schlitten fahren *(coll)*; **to be hauled over the c.s** *(coll)* eins auf die Nase kriegen *(coll)*; **to mine c.** Kohle abbauen/fördern
bituminous coal Fettkohle *f*; **brown/soft c.** Braunkohle *f*; **coking c.** Kokskohle *f*; **concessionary c.** Deputatkohle *f*; **hard/mineral c.** Steinkohle *f*; **~ output** Steinkohlenförderung *f*; **lean c.** Magerkohle *f*; **small-pit c.** Schürfkohle *f*; **white c.** *(fig)* Wasserkraft *f*
coal *v/t* bekohlen
coal allowance Kohlendeputat *nt*; **c. bunker** Kohlenbunker *m*; **c. burning** Kohleverfeuerung *f*; **c. chemicals** Kohlenwertstoffe *pl*; **~ industry** Kohlenwertstoffindustrie *f*; **C. and Steel Community** Montanunion *f*; **c., iron and steel company** Montangesellschaft *f*; **c. consumption** Kohleverbrauch *m*; **c. conversion** Kohleveredelung *f*; **c. crisis** Kohlenkrise *f*; **c. deposit(s)** Kohlevorkommen *nt*, K.lagerstätte *f*; **c. depot** Kohlenlager *nt*; **c. derivative** Kohlenwertstoff *m*; **c. district** Kohlenrevier *nt*; **c. dust** Kohlenstaub *m*; **c. equivalent** Steinkohleneinheit *f* (SKE); **c. exports** Kohleausfuhr *f*; **c.face** *n* ⛏ Streb *m*; **at the c.face** vor Ort; **c. factor** *[GB]* Kohlenhändler *m*; **c.field** *n* (Stein)Kohlenrevier *nt*, Kohlen-, Grubenfeld *nt*; **c.-fired** *adj* 1. kohlenbeheizt; 2. *(Kraftwerk)* mit Kohlenfeuerung; **c. firing** Kohleverfeuerung *f*; **c. freighter** ⚓ Kohlendampfer *m*; **c. gas** Kohlengas *nt*; **c. gasification** Kohlevergasung *f*; **c. glut** Kohleüberhang *m*; **c. heating** Kohlenheizung *f*; **c. industry** Kohleindustrie *f*; **c.(, iron) and steel indus-**

coaling port | 210

tries Montanbereich *m*, M.sektor *m*, M.industrie *f*
coaling port *n* Kohlenhafen *m*; **c. station** Kohlenstation *f*
coal input Kohleeinsatz *m*
coalition *n* Koalition *f*; **to enter into/form a c.** Koalition eingehen, koalieren; **grand c.** große Koallition
coalition agreement Koalitionsabsprache *f*, K.vereinbarung *f*; **c. bargaining** *[US]* Verhandlungen zwischen mehreren Gewerkschaften und einem oder mehreren Arbeitgebern; **c. government** Koalitionsregierung *f*; **c. partner** Koalitionspartner *m*; **c. talks** Koalitionsgespräche
coal levy Kohlepfennig *m [D]*; **c. liquefaction** Kohleverflüssigung *f*; **c. merchant** Kohlenhändler *m*; **c.mine** *n* (Stein)Kohlenbergwerk *nt*, Zeche *f*
coal mining Kohlenabbau *m*, (Stein)Kohlenbergbau *m*; **~ district** Kohlenrevier *nt*; **~ industry** Kohlenbergbau *m*; **~ negotiations** Kohlerunde *f [D]*; **c. output** Kohlenförderung *f*, K.produktion *f*; **c. pit** Kohlengrube *f*, Zeche *f*; **c. processing** Kohleveredelung *f*; **c., iron and steel products** Montanprodukte; **c. reserves** Kohlenvorrat *m*; **c. rights** Steinkohlengerechtsame *f*; **c. royalty** Kohlenabbaugerechtigkeit *f*; **c. seam** Kohlenflöz *m*; **c.(, iron) and steel shares** *(EU)* Montanaktien; **c. shed** Kohlenschuppen *m*; **c. shortage** Kohlenknappheit *f*; **c. slurry** Kohleflüssigkeitsgemisch *nt*, Schlammkohle *f*; **c. stocks** 1. *[US]* Kohlenaktien; 2. Kohlenvorräte; **c. stockpile** Kohlenhalde *f*; **c. supplier** Kohlenlieferant *m*; **c. train** Kohlenzug *m*; **c. truck/wag(g)on** *[US]* 🚃 Kohlenwagon *m*; **c. unit** Steinkohleneinheit *f* (SKE); **c. utilization** Kohleneinsatz *m*
co-applicant 1. Mitanmelder(in) *m/f*; 2. Mitbewerber(in) *m/f*, 3. Mitantragsteller(in) *m/f*
coarse *adj* grob, rauh; **c.-grained** *adj* grobkörnig
coarsen *v/t* vergröbern
coarseness *n* Grobheit *f*, Roheit *f*
co-assignee *n* Mitzessionär *m*
coast *n* Küste *f*; **until the c. is clear** *(coll)* bis die Luft rein ist *(coll)*
coast *v/i* 🚗 im Leerlauf fahren
coastal *adj* Küsten-, an der Küste gelegen
coaster *n* ⚓ Küstenfahrer *m*, K.fahrzeug *nt*, K.dampfer *m*, K.motorschiff *nt*, Kümo *nt (coll)*
coast guard Küstenwache *f*
coasting *n* Küstenschifffahrt *f*, K.fahrt *f*; **c. cargo** Küstenfracht *f*; **c. trade** Küstenhandel *m*; **c. vessel** Küstenmotorschiff *nt*, Kümo *nt (coll)*
coast|line *n* Küste(nlinie) *f*; **c. pilot** Küstenlotse *m*; **c. waiter** ⊖ Zollbeamter im Küstenhandel; **c.-wise** *adj* Küsten-
coat *n* Rock *m*; **c. of arms** Wappen *nt*; **national ~ arms** Landes-, Staatswappen *nt*; **~ paint** Deck-, Farbanstrich *m*
to cut one's coat according to one's cloth *(fig)* sich nach der Decke strecken *(fig)*, ~ seinem Beutel richten *(fig)*; **to take off one's c.** Mantel ablegen; **to turn one's c.** *(fig)* Mäntelchen nach dem Wind hängen *(fig)*
protective coat (of paint) Deck-, Schutzanstrich *m*
coat check Garderobenmarke *f*; **c. hanger** (Kleider)Bügel *m*

coating *n* (Schutz)Schicht *f*, Beschichtung *f*, Überzug *m*, Anstrich *m*, Deckfarbe *f*; **protective c.** Schutzschicht *f*
coat pocket Manteltasche *f*; **c. rack** Kleiderablage *f*; **c. tails** Rockschöße
co-author Mitautor(in) *m/f*, Mitverfasser(in) *m/f*
coax *v/t* überreden
cobble (together) *v/t (coll)* zusammenbasteln, z.schustern, z.flicken, z.stückeln
cobbler *n* (Flick)Schuster *m*; **c. stick to your last** *(prov.)* Schuster bleib bei deinen Leisten *(prov.)*
cobblestone *n* Pflaster-, Kopfstein *m*
co-beneficiary *n* Mitberechtigte(r) *f/m*, Mitbegünstigte(r) *f/m*
Cobol 💻 Cobol
cobweb model *n* Spinnwebmodell *nt*
cocaine *n* Kokain *nt*
cock *n* (Gas-/Wasser)Hahn *m*
to be cock-a-hoop *n (coll)* (vor Freude) aus dem Häuschen sein *(coll)*
cockpit *n* ✈ Cockpit *nt*, (Piloten-/Flug)Kanzel *f*, Flugzeugführerstand *m*
cockroach *n* Schabe *f*
cocktail *n* 1. Cocktail *m*; 2. Mischung *f*, Gemisch *nt*; **c. cabinet** Hausbar *f*; **c. reception** Cocktailempfang *m*
cocoa *n* Kakao *m*; **c. accord** Kakaoabkommen *nt*; **c. bean** Kakaobohne *f*; **c. palm** Kakaostrauch *m*
co-contractor *n* Mitunternehmer(in) *m/f*
coconut *n* Kokosnuss *f*
cocoon process *n* Kokon-Einspinnverfahren *nt*
co-creditor *n* Mit-, Solidargläubiger(in) *m/f*; **~ of a joint claim** Gesamthandsgläubiger(in) *m/f*
cod *n* Kabeljau *m*; **dried c.** Stockfisch *m*
c.o.d.; C.O.D. (cash *[GB]* **/collect** *[US]* **on delivery)** (Post)Nachnahme *f*; **to send (goods) c.o.d.** per Nachnahme verschicken; **C.O.D. charge** Nachnahmegebühr *f*; **~ consignment** Nachnahmesendung *f*
code *n* 1. Chiffre *f (frz.)*, Kennziffer *f*; 2. Kode *m*, Schlüssel *m*, Geheimschrift *f*; 3. Norm *f*, Nummernplan *m*, N.schlüssel *m*; 4. ✆ Ortskennzahl *f*, Vorwahl(nummer) *f*; 5. [§] Gesetzbuch *nt*, Gesetzessammlung *f*, Kodex *m*; 6. ⚙ Regelwerk *nt*; **in c.** verschlüsselt, chiffriert
code of behaviour Verhaltens-, Sittenkodex *m*; **~ fair competition** Wettbewerbsregeln *pl*; **~ conduct** Verhaltensnormen *pl*, Ehren-, (Wohl)Verhaltens-, Pflichtenkodex *m*, Kodex von Verhaltensregeln; **~ professional conduct** Standesregeln *pl*, Berufskodex *m*; **(professional) ~ ethics** (beruflicher) Ehrenkodex, Standesordnung *f*; **~ honour** Ehrenkodex *m*; **~ civil law** Bürgerliches Gesetzbuch (BGB) *[D]*, Zivilgesetzbuch *nt*; **~ commercial law** Handelsgesetzbuch (HGB) *nt*; **~ obligations** Kodex der Verhaltensregeln, Pflichtenkodex *m*; **~ picketing** Verhaltensregeln für das Bestreiken von Betrieben
code of practice 1. Richtlinien *pl*, Verhaltensnorm *f*, V.regeln *pl*, V.ordnung *f*, V.kodex *m*; 2. Arbeitsordnung *f*; **~ ethical practice** (beruflicher) Ehrenkodex; **commercial ~ practice** Geschäftskodex *m*; **voluntary ~ practice** freiwilliger Verhaltenskodex; **~ selling practice** Verkaufskodex *m*

code of procedure Verfahrensregeln *pl*; **~ procedure for fiscal courts** Finanzgerichtsordnung *f*; **~ administrative procedure** Verwaltungsgerichtsordnung *f*; **~ civil procedure** Zivilprozessordnung *f*
code of rules Richtlinien *pl*
to decipher a code Kode entschlüsseln; **to put into c.** verschlüsseln
alphabetic code Buchstabenschlüssel *m*; **binary c.** ▫ Binärkode *m*; **civil c.** Bürgerliches Gesetzbuch (BGB) *[D]*, Zivilgesetzbuch *nt*; **commercial c.** Handelsgesetzbuch (HGB) *nt [D]*; **criminal c.** Strafgesetzbuch (StGB) *nt [D]*; **departmental c.** Abteilungszeichen *nt*; **disciplinary c.** Disziplinarrichtlinien *pl*, D.ordnung *f*; **military ~ c.** Wehrdisziplinarordnung *f*; **ethical c.** Moralkodex *m*; **fiscal c.** Abgabenordnung *f*; **geographical c.** Ortsschlüssel *m*; **industrial c.** Gewerbeordnung *f*; **legal c.** Gesetzbuch *nt*, Gesetzeskodex *m*, G.werk *nt*; **commercial ~ c.** Handelsgesetzbuch (HGB) *nt [D]*; **military c.** Militärstrafgesetzbuch *nt*; **moral c.** Moralauffassung *f*, M.kodex *m*, Sittenkodex *m*; **numeric(al) c.** Zahlen-, Ziffernkode *m*, Nummernschlüssel *m*; **penal c.** Strafgesetzbuch (StGB) *nt [D]*; **military ~ c.** Wehrstrafgesetzbuch *nt*; **personal c.** *(Bank)* Geheimnummer *f*; **postal c.** Postleitzahl (PLZ) *f*; **~ register** Postleitzahlverzeichnis *nt*; **redundant c.** ▫ Sicherheitskode *m*; **telegraph(ic) c.** ✉ Telegrafen-, Telegrammschlüssel *m*
code *v/t* verschlüsseln, chiffrieren, kodieren, mit Kennziffer versehen
code address Deck-, Kodeadresse *f*; **c. book** ⚓ Kode-, Signalbuch *nt*
co-debtor *n* Mit-, Solidar-, Nebenschuldner(in) *m/f*
code centre Schlüsselzentrale *f*; **c. clerk** Chiffrebeamter *m*, Chiffreur *m (frz.)*; **c. combination/configuration** Zeichenkombination *f*; **c. converter** ▫ Kodewandler *m*
coded *adj* verschlüsselt
co-defendant *n* [§] Neben-, Mitbeklagte(r) *f/m*, M.angeklagte(r) *f/m*
co-director *n* 1. Vorstandskollege *m*, V.kollegin *f*; 2. Aufsichtsratsmitglied *nt*
code generation ▫ Codegenerierung; **c. group** Schlüsselgruppe *f*; **c. key** Chiffrierschlüssel *m*; **c. language** Geheimsprache *f*; **c. letter** 1. Kennbuchstabe *m*; 2. Kodebrief *m*; **c. line** Kodierzeile *f*; **c. message** verschlüsselte Nachricht, Kodenachricht *f*; **c. name** Deckname *m*, Tarnbezeichnung *f*, T.name *m*
code number 1. Kennnummer *f*, Leit-, Kennzahl *f*, Kontrollnummer *f*, K.ziffer *f*, Schlüssel-, Tarn-, Stichzahl *f*, Nummer *f*; 2. ☏ Vorwahlnummer *f*; **statistical c. number** Nummer des statistischen Warenverzeichnisses
code pen ▫ Handleser *m*, Lesepistole *f*, L.stift *m*
coder *n* Kodiergerät *nt*, K.maschine *f*
code sheet Schlüsselblatt *nt*, S.katalog *m*; **c. signal** Funkruf-, Peil(ruf)zeichen *nt*; **c. system** Schlüsselverfahren *nt*; **c. telegram** Chiffretelegramm *nt*; **c. transparent** ▫ Kodetransparent *nt*
co-determination *n* Mitbestimmung *f*, Mitsprache *f*; **c. in the coal(, iron) and steel industries** Montanmitbestimmung *f [D]*; **c. at enterprise level** Mitbestimmung auf Unternehmensebene; **~ plant level** betriebliche Mitbestimmung; **c. act** Mitbestimmungsgesetz *nt*; **~ for the coal(, iron) and steel industries** Montanmitbestimmungsgesetz *nt [D]*; **c. amendment** Mitbestimmungsergänzungsgesetz *nt*; **c. committee** Mitbestimmungsgremium *nt*, M.kollegium *nt*; **c. model** Mitbestimmungsmodell *nt*; **c. right** Mitbestimmungsrecht *nt*
code translation ▫ Kodeübersetzung *f*, K.umwandlung *f*; **c. word** Kenn-, Stich-, Kode-, Deckwort *nt*
c.o.d.; C.O.D. (cash *[GB]* **/collect** *[US]* **on delivery) expenses** Nachnahmekosten
codicil *n* [§] Kodizill *nt*, *(Testament)* Nachtrag *m*, Anhang *m*, Nachsatz *m*, Testamentsanhang *m*, T.ergänzung *f*, T.nachtrag *m*, T.zusatz *m*, Nachtragstestament *nt*, Zusatz *m* (zu einem Testament)
codicillary *adj* als Testamentsnachtrag
codi|fication *n* Kodifizierung *f*, Verschlüsselung *f*, Kodifikation *f*; **c.fy** *v/t* kodifizieren, systematisch ordnen
coding *n* Verschlüsselung *f*, Chiffrierung *f*, Kodierung *f*, Anbringen von Kennziffern; **c. and classifying** Verschlüsselung und Klassifizierung *f*; **c. of a telegram** Telegrammverschlüsselung *f*; **absolute c.** ▫ Absolutkodierung *f*; **c. error** Kodierungsfehler *m*; **c. form** ▫ Programmschema *nt*; **c. line** Kodierzeile *f*; **c. sheet** Programmformular *nt*, P.vordruck *m*, P.schema *nt*, Datenerfassungsbeleg *m*; **c. scheme** Programmschema *nt*; **c. voucher** Kontierungsnachweis *m*
c.o.d./C.O.D. (cash *[GB]* **/collect** *[US]* **on delivery) letter** ✉ Nachnahmebrief *m*
cod liver oil *n* ⚕ Lebertran *m*
c.o.d./C.O.D. (cash *[GB]* **/collect** *[US]* **on delivery) parcel** ✉ Nachnahmepaket *nt*
co|-driver *n* 🚗 Beifahrer(in) *m/f*; **c.-editor** *n* Mitherausgeber *m*
coeducation *n* Koedukation *f*, gemeinsame Erziehung von Jungen und Mädchen; **c.al** *adj (Schule)* koedukativ, gemischt
coefficient *n* 1. Wirkungsgrad *m*, Koeffizient *m*; 2. π Verhältniszahl *f*, Mantisse *f*
coefficient of agreement Konkordanz-, Übereinstimmungskoeffizient *m*; **~ association** Assoziationskoeffizient *m*; **~ the average cash drain** Maßzahl für den mittleren Bargeldabfluss; **~ concordance** Übereinstimmungskoeffizient *m*; **~ consistence** Konsistenzkoeffizient *m*; **~ contingency** Kontingenzkoeffizient *m*; **~ correlation** Korrelationskoeffizient *m*; **~ multiple correlation** multipler Korrelationskoeffizient *m*; **~ decrease** Verminderungskoeffizient *m*; **~ determination** Bestimmtheitsmaß *nt*; **~ elasticity** Elastizitätskoeffizient *m*; **~ equivalence** Ausgleichskoeffizient *m*; **fixed ~ production** konstanter Produktionskoeffizient; **~ variation** Variations-, Abgleichungskoeffizient *m*
monetary coefficient Währungskoeffizient *m*; **structural c.** Strukturkoeffizient *m*; **technical c.** Produktionskoeffizient *m*
coemption *n* *(Ware)* Aufkauf des gesamten Vorrats; **fiduciary c.** Kauf für einen Dritten
coequal *adj* gleichgeordnet

coerce v/t [§] nötigen, zwingen
coercion n [§] Nötigung f, Zwang m; **c. of (public) officials** Beamtennötigung f; **marital c.** Nötigung der Ehefrau; **sexual c.** Nötigung zur Unzucht
coercive adj zwingend, Zwangs-
co-executor n Mittestamentsvollstrecker m
coexist v/i koexistieren, nebeneinander bestehen; **c.-ence** n Zusammenleben nt, Koexistenz f, Neben-, Miteinander nt
coffee n Kaffee m; **green c.** ⚖ Rohkaffee m; **ground c.** gemahlener Kaffee; **instant c.** Instant-, Pulverkaffee m; **white c.** Milchkaffee m
coffee bar/house Kaffeehaus nt, Café nt; **c. bean** Kaffeebohne f; **c. break** Kaffee-, Frühstückspause f; **c. exchange** Kaffeebörse f; **forward c. exchange** Kaffeeterminbörse f; **c. filter** Kaffeefilter m; **c. grinder** Kaffeemühle f; **c. growing** Kaffeeanbau m; **c. machine** Kaffeemaschine f; **c. pot** Kaffeekanne f; **c. set** Kaffeeservice nt; **c. substitute** Kaffeersatz m; **c. table book** Bildband m; **c. trade** Kaffeebranche f, K.handel m; **c. tree** ⚖ Kaffeestrauch m; **c. vending machine** Kaffeeautomat m; **c. year** Kaffeejahr nt
coffers pl Schatulle f, Geld-, Staatssäckel nt; **to fill the c.** Kassen füllen; **empty c.** leere Staatskasse
coffin n [GB] Sarg m; **c.-maker** n Sargtischler m
co-finance v/t mitfinanzieren, gemeinsam finanzieren; **co-financing** n Mitfinanzierung f
co-found v/t mitbegründen; **c.-er** n Mitbegründer(in) m/f
cog in the machinery n (fig) Rädchen im Getriebe (fig)
cogency n Triftigkeit f
(industrial) co-generation n ⚡ Wärme-Kraft-Kopplung f
cogent adj zwingend, beweiskräftig, stichhaltig, triftig, überzeugend, schlüssig
cognate n (Bluts)Verwandte(r) f/m; adj (bluts)verwandt (in mütterlicher Linie)
cognizable adj [§] vor ein Gericht gehörig, gerichtlich verfolgbar
cognizance n 1. [§] Kompetenzbereich m, Zuständigkeit f, Gerichtsbarkeit f; 2. Kenntnis(nahme) f, **to have c.** Kenntnis haben; **to take c. of sth.** von einer Sache Notiz nehmen, etw. zur Kenntnis nehmen; **judicial c.** [§] Gerichtskenntnis f, Kenntnis des Gerichts
cognizant adj bewusst
cognovit (lat.) note n schriftliche Schuldanerkenntnis, Eigenwechsel mit Unterwerfungsklausel
co-guarantor n Neben-, Mitbürge m
cogwheel n ✽ Zahnrad nt
cohabit v/i zusammenwohnen, z.leben, beiwohnen, in eheähnlicher Gemeinschaft leben, wie Mann und Frau leben, im Konkubinat leben; **c.ant; c.ee** n Lebensgefährte m, Lebensgefährtin f, Beiwohner(in) m/f, Mitbewohner(in) m/f; **c.ation** n Zusammenwohnen nt, Z.leben nt, Beiwohnung f, Konkubinat nt, eheähnliche Gemeinschaft f; **~ of an elderly couple** Onkelehe f (coll)
co-heir n Miterbe m, Miterbin f
coher|ence n 1. Zusammenhang m; 2. Verständlichkeit f; **c.ent** adj 1. einheitlich, zusammenhängend; 2. schlüssig
co-heritage n gemeinsame Erbschaft, Miterbschaft f
cohesion n Zusammenhalt m, Z.hang m, Kohäsion f; **internal c.** innerer Zusammenhalt; **social c.** sozialer Zusammenhalt; **c. fund** (EU) Kohäsionsfonds m
cohort n Altersgruppe f, Jahrgang m; **c. table** n Längsschnitttafel f
coil n 1. Rolle f, Spirale f, Windung f, Spule f; 2. ⚡ Zündspule f; 3. ⚕ Coil nt; 4. ✽ Schlange f; **c. stamp** Rollenmarke f
coin n (Geld)Münze f, Geldstück nt; **c.s** (Hart)Geld nt, gemünztes Geld, Metall-, Münzgeld nt; **in c.s** in Hartgeld/Münzen
coin|s and bullion Metallgeld und Barren; **c. in circulation** Umlaufmünze f; **c.s in circulation** Münzumlauf m; **c.s of the realm** [GB] Landeswährung f; **in such a c. or currency** (Vertrag) in solcher Währung; **the other side of the c.** (fig) die Kehrseite der Medaille (fig)
to counterfeit coin|s Falschmünzerei betreiben; **to insert a c. in the slot** Münze in den Schlitz stecken; **to mint/strike c.s** Münzen prägen/schlagen, münzen; **to withdraw a c.** Münze aus dem Verkehr ziehen
bad coin falsches Geldstück; **base c.** 1. falsches Geld, falsche Münze; 2. [US] Scheidemünze f; **battered c.** beschädigtes Geldstück; **commemorative c.** Gedenkmünze f; **common c.** gangbare/gängige Münze; **counterfeit(ed) c.(s)** Falschgeld nt, F.münze f, gefälschte Münze; **current c.** gangbare/gängige Münze, Handelsmünze f; **defaced c.** abgenutzte Münze; **divisional/fractional c.** Scheidemünze f; **false c.** falsches Geld(stück); **full-bodied c.** Kurantmünze f, vollwertige Münze; **minor c.** minderwertige Münze; **numismatic c.** Sammlermünze f; **small c.(s)** Kleingeld nt, Scheidemünze f; **standard c.** Währungsmünze f, Münze mit gesetzlich vorgeschriebenem Feingehalt; **subsidiary c.** Scheidegeld nt, S.münze f
coin v/t 1. (Geld) münzen; 2. (Münze) schlagen, prägen, ausmünzen, ausprägen; 3. (Wort) prägen, erfinden
coinable adj münzbar, prägbar
coinage n 1. Münzsystem nt, Hartgeld nt, Münzen pl; 2. Prägung f, Prägen nt; 3. Ausmünzung f; **base c.** schlechte Münze; **decimal c.** Dezimalwährung f; **free c.** freies/unbegrenztes Prägerecht; **new c.** Neuprägung f; **c. laws** Münzgesetze; **c. metal** Münz-, Währungsmetall nt; **c. monopoly** Münzmonopol nt; **c. offence** Münzvergehen nt, M.delikt nt; **c. prerogative** Münzhoheit f; **c. standard** Münzfuß m
coin balance Geldwaage f; **c. box** ✆ Telefonzelle f, Münzfernsprecher m
coincide v/i übereinstimmen, sich überschneiden, zusammenfallen, z.treffen
coincidence n (Ereignisse) Zusammenfallen nt, Z.treffen nt, Übereinstimmung f, Zufall m, Zufälligkeit f, Koinzidenz f, Duplizität der Ereignisse; **by c.** zufällig; **in c. with** [§] in Tateinheit mit; **c. of offences** Zusammentreffen mehrerer strafbarer Handlungen; **nominal ~ offences** Idealkonkurrenz f; **~ wants** Bedürfniskoinzidenz f; **double ~ wants** doppelte Bedürfniskoinzidenz

double coincidence doppelseitige Übereinstimmung; **sheer c.** reiner Zufall
coincident(al) *adj* gleichzeitig (anfallend), übereinstimmend, zufällig, zusammentreffend, z.fallend; **c.al** *n (Radio)* Telefonbefragung *f*
coin circulation Münzumlauf *m*, M.verkehr *m*; **c. collection** Münz(en)sammlung *f*; **c. collector** Münz(en)sammler *m*; **c. design** Münzbild *nt*
coiner *n* 1. Münzer *m*; 2. Falschmünzer *m*; **c.'s den** Falschmünzerwerkstatt *f*
coining *n* Ausprägung *f*
coining die *n* Prägeform *f*
co-inhabitant *n* Mitbewohner(in) *m/f*; **c.-inheritance** *n* gemeinsame Erbschaft; **c.-inheritor** *n* Miterbe *m*; **c.-inheritrix** *n* Miterbin *f*
co-insurance *n* 1. Mitversicherung *f*, Versicherung mit Selbstbeteiligung, Rück-, Selbstversicherung *f*; 2. *[US]* Selbstbeteiligung *f*; **c. clause** Klausel über den Selbstbehalt
co-insure *v/t* mit-, rückversichern; **c.-r** *n* Mit-, Rück-, Selbstversicherer *m*
coin|-operated *adj* münzbetrieben, Münz-; **c. slot** Münzeinwurf *m*; **c. weight** Münzgewicht *nt*
coke *n* 1. (Steinkohlen)Koks *m*; 2. *(coll)* Kokain *nt*; **c. firing** Koksfeuerung *f*
coking coal Kokskohle *f*; **~ equalization grant** Kokskohlebeihilfe *f [D]*; **c. plant** Kokerei *f*
cold *n* 1. Kälte *f*; 2. $ Erkältung *f*, Schnupfen *m*; **numb with c.** starr vor Kälte, vor Kälte erstarrt; **sensitive to c.** kälteempfindlich; **to be left out in the c.** leer ausgehen, in die Röhre gucken *(fig)*, in den Mond schauen *(fig.)*; **to catch a c.** 1. sich erkälten; 2. *(fig) (Börse)* Verlust erleiden; **to shiver with c.** vor Kälte zittern/schlottern
bad cold $ starke Erkältung; **biting/piercing c.** schneidende/durchdringende klirrende Kälte; **slight c.** leichte Erkältung; **sudden c.** Kälteeinbruch *m*
cold *adj* kalt; **to be c.** frieren; **to come to sth. c.** unvorbereitet an etw. herangehen
cold-call *v/t* 1. ✎ ohne Vorwarnung anrufen; 2. ~ besuchen
cold|-proof; c.-resistant *adj* kältebeständig; **c.-roll** *v/t* ✎ kaltwalzen; **c.-rolled** *adj* kaltgewalzt
coldroom *n* Eiskeller *m*
cold-shoulder so. *v/t* jdn verächtlich/kühl behandeln, jdm die kalte Schulter zeigen *(fig)*
cold store Kühlhaus *nt*; **c.-store** *v/t* kühl lagern, im Kühlhaus lagern
co-lessee *n* Mitpächter(in) *m/f*
collaborate *v/i* 1. zusammen-, mitarbeiten; 2. kollaborieren *(pej.)*
collaboration *n* 1. Zusammenwirken *nt*, Z.arbeit *f*, Mitarbeit *f*, Mitwirkung *f*; 2. Kollaboration *f (pej.)*; **in c. with** in Zusammenarbeit mit, unter Mitwirkung von, gemeinsam/zusammen mit; **to anticipate further c. with so.** Hand in Hand mit jdm arbeiten
environmental collaboration Zusammenarbeit auf dem Gebiet des Umweltschutzes; **risk-sharing c.** Risikogemeinschaft *f*

collaborator *n* 1. Kollaborateur *m (pej.)*; 2. Mitarbeiter *m*, Kooperationspartner *m*
collapse *n* 1. Scheitern *nt*, Fehlschlagen *nt*; 2. Kollaps *m*, Zusammenbruch *m*, Einsturz *m*, Einfall *m*, Zusammensturz *m*; 3. Konkurs *m*, Pleite *f (coll)*, Fallissement *nt (frz.)*; 4. *(Börse)* Deroute *f (frz.)*; **c. of a bank** Bankkrach *m*; **~ a currency** Währungszusammenbruch *m*; **~ a deal** Nichtzustandekommen eines Geschäfts; **~ margins** Margenverfall *m*; **~ the market** 1. Marktverfall *m*; 2. Börsenkrach *m*, B.zusammenbruch *m*; **~ prices** Kurs-, Preissturz *m*, Kurs-, Preisverfall *m*; **currency-induced ~ prices** währungsbedingter Preisverfall; **~ share** *[GB]* /**stock** *[US]* **prices** Kursverfall *m*, K.sturz *m*, K.einbruch *m*
ecological collapse ökologischer Zusammenbruch; **economic c.** Konjunkturzusammenbruch *m*; **financial c.** finanzieller Zusammenbruch
collapse *v/i* 1. zusammenbrechen, z.stürzen, ein-, zerfallen; 2. *(Regierung)* abwirtschaften, scheitern; 3. *(Preis)* stürzen, verfallen, purzeln *(coll)*; 4. $ zusammenklappen, kollabieren; 5. pleite gehen *(coll)*, Pleite machen *(coll)*, fa(i)llieren
collapsible *adj* zusammenlegbar, z.klappbar, umklappbar
collar *n* Kragen *m*; **to be/get hot under the c.** *(fig)* sich aufregen/entrüsten; **to grab so. by the c.** jdn am/beim Schlafittchen nehmen *(coll)*
collar *v/t* beim Kragen nehmen
collar|bone *n* $ Schlüsselbein *nt*; **c. size** Kragenweite *f*
collate *v/t* 1. zusammentragen, kollationieren; 2. 💻 abgleichen, mischen, vergleichen, verdichten; **c. program(me)** Mischprogramm *nt*
collateral *n* Pfand *nt*, Sicherheit(sgegenstand) *f/m*, Bank-, Kreditsicherheit *f*, Deckung *f*, Sicherungsgegenstand *m*, Mitbürgschaft *f*, akzessorische Sicherheit, Bürgschaftssicherheit *f*, Beleihungsobjekt *nt*, Hinterlegung *f*; **as c.** pfandweise; **acceptable as c.** lombardfähig, beleihbar, beleihungsfähig; **eligible (to serve) as c.** *(Wertpapier)* deckungs(stock)-, lombardfähig, beleihbar, refinanzierbar, hinterlegungsfähig; **~ against central bank loans** lombardfähig; **ineligible to serve as c.** nicht deckungsfähig; **suitable as c.** beleihbar; **putting up c.** Bestellung von Sicherheiten
to accept collateral for a loan einen Kredit lombardieren; **to admit to serve as c.** zur Beleihung zulassen; **to borrow on c.** Lombardkredit aufnehmen; **to commute c.** zur Sicherheit gegebene Sicherheiten auswechseln; **to furnish/give/provide/supply c.** Sicherheit(en) leisten/stellen; **to lend/ loan on c.** abgesicherten Lombardkredit gewähren, gegen Pfand/auf Lombard leihen, gegen Sicherheit Kredit gewähren, beleihen; **to offer c.** Sicherheit bieten; **to put up c.** Sicherheit bestellen; **to secure by c.** dinglich sichern; **to serve as c.** als Deckung/Pfand/Sicherheit dienen
adequate collateral angemessene Sicherheit; **industrial c.** Sicherheit durch Hinterlegung von Industrieaktien; **joint c.** gemeinsame Sicherheit; **liquidated c.** verwertete Sicherheit; **non-inventory c.** Sicherungsgegenstand, der nicht zum Umlaufvermögen gehört;

regular c. Sicherheit durch Hinterlegung guter Effekten
collateral *adj* 1. akzessorisch, dinglich; 2. *(Umstände)* begleitend, gleichzeitig, untergeordnet, indirekt, zusätzlich
collateralization *n* (Darlehens)Besicherung *f*, Bestellung von Sicherheiten; **c. of a loan** Darlehens-, Kredit(be)sicherung *f*
collateralize; collaterate *v/t* (durch Verpfändung) besichern, lombardieren, abgesicherten Lombardkredit gewähren, Sicherheit bestellen
collating order *n* ▣ Sortierfolge *f*
collation *n* 1. Kollation(ierung) *f*, Vergleich(ung) *m/f*, Zusammentragen *nt*; 2. ▣ Verdichtung *f*; **hierarchical c.** hierarchische Verdichtung
collator *n* 1. [§] *(Erbe)* Ausgleichspflichtiger *m*; 2. ▣ (Lochkarten)Mischer *m*; **c. counting** ▣ Zähleinrichtung *f*
colleague *n* Kollege *m*, Kollegin *f*, Mitarbeiter(in) *m/f*; **c. at work** Arbeitskollege *m*, A.kollegin *f*
collect *v/t* 1. *(Geld)* (ein)kassieren, einnehmen, (ein)sammeln; 2. vereinnahmen, aufbringen; einlösen; 3. *(Post/Sendung)* abholen; 4. *(Müll)* erfassen; 5. *(Ladung)* zusammenstellen; 6. *(Steuern)* einziehen, beitreiben, erheben; **c. o.s.** sich fassen; **c. together** zusammentragen
collect on delivery (c.o.d.; C.O.D.) *[US]* (gegen) Nachnahme, Sendung gegen Nachnahme; **to pay c.o.d.** bei Lieferung bezahlen; **c.o.d. charges** Nachnahmespesen *pl*; **~ fee** Nachnahmegebühr *f*; **~ package** Nachnahmepaket *nt*
collect cable *[US]* vom Empfänger zu zahlendes Telegramm; **c. call** *[US]* ✆ R-Gespräch *nt*
collected *adj* 1. gelassen; 2. *(Steuer)* erhoben; 3. *(Forderung)* beigetrieben; 4. *(Geld)* eingezogen
collect|ibility *n* Einzugsfähigkeit von Forderungen, Einziehbarkeit *f*, Einlösbarkeit *f*; **c.ible** *adj* inkassofähig, einziehbar, erhebbar, eintreibbar, einlösbar, beitreibbar, einkassierbar
collecting *n* 1. Sammeln *nt*; 2. Einziehung *f*, Eintreibung *f*, Inkasso *nt*; **c. agency** 1. Inkassostelle *f*, I.büro *nt*, I.gesellschaft *f*; 2. Sammel-, Aufbringungsstelle *f*; **c. agent** Inkassovertreter *m*, I.beauftragter *m*, I.mandatar *m*, I.reisender *m*, I.agent *m*; **c. bag** Sammeltasche *f*; **c. bank/banker** Inkassobank *f*; **c. box** Sammelbüchse *f*; **c. business** Inkassogeschäft *nt*; **c. card** Sammlerausweis *m*; **c. charges** Inkassogebühren *pl*, Inkasso-, Einzugsspesen *pl*; **c. clerk** Kassenbote *m*; **c. commission** Einziehungs-, Inkassoprovision *f*; **c. mania** Sammlerwut *f*; **c. note** Inkassoschein *m*; **c. point/station** Sammelstelle *f*; **c. powers** Inkassovollmacht *f*; **c. rates** Inkassotarif *m*; **c. tin** Sammelbüchse *f*
collection *n* 1. (Geld)Sammlung *f*, Kollekte *f*; 2. Inkasso(wesen) *nt*, Einzug *m*, Einziehung *f*, Einkassierung *f*; 3. *(Ware)* Abholung *f*; 4. *(Steuer)* Erhebung *f*, Eintreibung *f*, Beitreibung *f*; 5. ▣ (Briefkasten)Leerung *f*; 6. Auswahl *f*, Sortiment *nt*, Kollektion *f*; 7. ▣ Gewinnung *f*, Datenerfassung *f*, Personengesamtheit *f*; 8. *(Müll)* Erfassung *f*, Abfuhr *f*; **c.s** Inkassi, Forderungseingänge;

for c. zur Einziehung, zum Einzug/Inkasso; **only for c.; for c. only** 1. *(Wechsel)* (Wert) zum Einzug; 2. zum Einzug/Inkasso
collection|s and disbursements Ein- und Auszahlungen; **c. of outstanding accounts; ~ accounts receivable** Ein-/Beitreibung von Außenständen, Forderungsinkasso *nt*; **~ baggage** *[US]* Gepäckabholung *f*; **~ bills** Wechsel-, Dokumenteninkasso *nt*, Wechseleinzug *m*; **~ books** Büchersammlung *f*; **~ charges** Kostenbeitreibung *f*, K.eintreibung *f*; **~ checks** *[US]* /**cheques** *[GB]* Einzug von Schecks, Scheckinkasso *nt*, S.einzug *m*; **~ legal costs** Gerichts-, Justizkostenbeitreibung *f*; **c. by the customer** *(Ware)* Selbstabholung *f*; **c. of data for specific statistical purposes** primärstatistische Erhebung; **c. by direct debit transfer** Lastschrifteinzugsverkehr *m*; **c. of debts** Schuldenbeitreibung *f*, Forderungseinzug *m*, F.einziehung *f*, Eintreibung von Forderungen, Einziehung von Schulden; **c. and delivery (charge)** Abhol- und Zustellgebühr *f*; **c. of dividends** Dividendeninkasso *nt*; **c. against/of documents** Dokumenteninkasso *nt*; **c. of drafts** Tratteninkasso *nt*; **~ duties** ⊖ Zollerhebung *f*; **c. by endorsement** Vollmachtsindossament *nt*; **c. of fees** Gebührenerhebung *f*, Einziehung von Gebühren; **~ freight charges** Frachtinkasso *nt*; **c. by hand** 1. Boteninkasso *nt*, Inkasso durch Boten; 2. *(Ware)* Selbstabholung *f*; **c. of income tax** Einkommen(s)steuererhebung *f*; **~ information** Nachrichtenbeschaffung *f*; **~ letters** ✉ Post-, Briefabholung *f*, Briefkastenleerung *f*; **~ luggage** *[GB]* Gepäckabholung *f*; **~ mail** ✉ Postabholung *f*; **~ material** Stoffsammlung *f*; **~ original statistical material** ▣ Gewinnung statistischen Urmaterials; **~ money** Geldeinziehung *f*, G.einzug *m*; **~ paintings** Gemälde-, Bildersammlung *f*; **~ patterns** Musterkollektion *f*; **~ premiums** Prämieneinziehung *f*; **c. without judicial process** außergerichtliche Beitreibung; **c. of receivables** Forderungs-, Geldeinzug *m*; **~ recoverables** Wertstofferfassung *f*; **~ bulky refuse** Sperrmüllabfuhr *f*; **~ rent(s)** Mietinkasso *nt*; **for c. and return** zwecks/zur Einziehung und Überweisung; **c. of samples** Musterkollektion *f*, M.sammlung *f*; **c. at source** Quellensteuerung *f*, Steuererhebung nach dem Quellenprinzip, **~ an der Quelle**; **c. of tax(es)** Einzug/Einziehung/Erhebung von Steuern, Steuereinziehung *f*; **c. ex/from works** Abholung vom Werk, Transport ab Werk
awaiting collection; ready for c. abruf-, abholbereit
to be ready for collection zur Abholung bereitliegen; **to house a c.** Sammlung unterbringen/beherbergen; **to lodge/send/present for c.** *(Scheck)* zum Einzug überreichen, zum Inkasso vorlegen; **to receive for c.** zum Inkasso übernehmen
centralized collection Sammelinkasso *nt*; **clean c.** einfaches Inkasso; **direct c.** direktes Inkasso; **door-to-door c.** Haussammlung *f*; **early c.** ✉ Vormittagsleerung *f*; **enforced/forcible c.** (Zwangs)Beitreibung *f*; **late c.** ✉ Nachtleerung *f*; **numismatic c.** Münzsammlung *f*; **par c.** Inkasso zu pari, **~** zum Pariwert; **postal c.** 1. ✉ (Briefkasten)Leerung *f*; 2. Geldeinzug durch die Post; **~ order** Postauftrag *m*; **post-clearance c.** ⊖

Nacherhebung *f*; **primary c.** Detailkollektion *f*; **successful c.** Realisierung einer Forderung; **urgent c.** Eileinzug *m*
collection account Inkassokonto *nt*; **c. advice** Inkassoavis *m/nt*; **(commercial) c. agency** (Handels)Inkassostelle *f*, I.büro *nt*, I.institut *nt*, I.unternehmen *nt*, I.stelle für den Einzug von Forderungen aus Warenlieferungen, Einzugsstelle *f*; **c. agent** Inkassoagent *m*, I.bevollmächtigter *m*, Einzugsstelle *f*; **c. area** Erhebungsgebiet *nt*; **c. arrangements** Inkassovereinbarungen; **c. authority** 1. Inkassovollmacht *f*, I.ermächtigung *f*; 2. *(Steuer)* Hebestelle *f*; **c. bag** Klingelbeutel *m*; **c. bank/banker** Inkassobank *f*; **c. base** Inkassobasis *f*, I.system *nt*; **c. bin** Sammelbehälter *m*; S.container *m*; **c. box** Sammelbüchse *f*; **c. business** Inkasso-, Einzugs-, Einziehungsgeschäft *nt*; **c. call** *[US]* ☏ R-Gespräch *nt*; **c. charges** Inkassogebühren, I.spesen, Einzugsgebühren, E.spesen, Beitreibungs-, Erhebungs-, Inkassokosten; **check** *[US]* /**cheque** *[GB]* Inkassocheck *m*; **c. clerk** Inkassobeamter *m*, I.bearbeiter *m*, I.kommis *m*; **c. commission** Inkassoprovision *f*, I.spesen *pl*; **c. compartment** *(Bank)* Abholfach *nt*; **c. costs** Inkassospesen; **c. credit** Sammelgutschrift *f*; **c. date** ▦ Erhebungsstichtag *m*, E.termin *m*, Stichdatum *nt*; **c. department** Inkassoabteilung *f*, Abteilung für Forderungsinkasso; **c. draft** Inkassotratte *f*, I.wechsel *m*; **c. endorsement** Prokuraindossament *nt*; **c. expenses** Inkassospesen, I.aufwand *m*, Einziehungs-, Inkasso-, Beitreibungs-, Mahn-, Erhebungskosten; **c. fee** Abhol-, Nachnahme-, Inkasso-, Mahn-, Einziehungsgebühr *f*, Einzugsprovision *f*, Inkasso-, Einzugsspesen; **c. form** Inkassoformular *nt*; **c. guarantor** Schadlosbürge *m*; **c. instructions** Inkassoanweisungen; **c. insurance** Sammelversicherung(svertrag) *f/m*; **c. item** Inkassoabschnitt *m*, I.posten *m*, I.papier *nt*; **c. letter** Mahnbrief *m*, M.schreiben *nt*, Inkassobrief *m*, I.schreiben *nt*; **c. manager** Leiter der Inkassoabteilung; **c. method** Erhebungsverfahren *nt*; **c. office** *(Behörde)* Kasse *f*; **c. order** Inkasso-, Abbuchungs-, Einlösungs-, Einziehungsauftrag *m*, Inkassomandat *nt*, (Inkasso)Einzugsauftrag *m*; **c. period** Kreditdauer *f*; **c. policy** Inkassopolitik *f*; **c. procedure** Einzugsweg *m*, Inkasso *nt*, Einzugs-, Einziehungs-, Mahnverfahren *nt*; **c. proceedings** [§] Mahn-, Beitreibungsverfahren *nt*; **c. proceeds** Inkassoerlös *m*, I.gegenwert *m*; **c. rate** Mahngebühr *f*, M.satz *m*, Inkassotarif *m*; **c. ratio** Forderungsumschlag *m*; **c. receipt** Einzugsquittung *f*; **c.s receivable** Forderungen aus Inkassogeschäften; **c. risk** Delkredere-, Inkassorisiko *nt*; **c. sequence/series** Mahnbriefreihe *f*; **c. service** Inkassodienst *m*; **c. site for recoverables** Wertstoffhof *m*; **c. summary** Mahnverfahren *nt*; **c. system** 1. Inkassosystem *nt*, I.verfahren *nt*, Einzugsverkehr *m*; 2. *(Müll)* Sammel-, Erfassungssystem *nt*; **c. time** ✉ Leerungszeit *f*; **c. transaction** Inkassogeschäft *nt*; **c. value** Barwert *m*; **c. window** Einzahlungs-, Einziehungsschalter *m*
collec|tive *adj* gemeinsam, gemeinschaftlich, kollektiv, Gruppen-; **c.tivism** *n* Kollektivismus *m*; **c.tivization** *n* Kollektivierung *f*; **c.tivize** *v/t* kollektivieren

collector *n* 1. Inkassobeamter *m*, Kassierer *m*, Geld-, Kasseneinnehmer *m*, Inkassoreisender *m*, I.bearbeiter *m*; 2. (Steuer)Einnehmer *m*; 3. *(Ware)* Abholer *m*; 4. ⚡ Kollektor *m*; 5. Sammler *m*, Liebhaber *m*; **c. of antiques** Antiquitätensammler *m*; **~ taxes** Steuereinnehmer *m*
solar collector ☼ Sonnenkollektor *m*; **c.'s item** Liebhaberstück *nt*, L.objekt *nt*, Sammlerstück *nt*, S.objekt *nt*; **c.'s value** Sammlerwert *m*
collect shipment Frachtnachnahme *f*
college *n* College *nt*, Kolleg *nt*, Hochschule *f*, Akademie *f*; **c. of art** Kunstakademie *f*; **~ engineering/technology** Technische Hochschule (TH), Technikum *nt*, Technikerschule *f*
agricultural college landwirtschaftliche Fach-/Hochschule, Landwirtschafts-, Landbauschule *f*; **commercial c.** Höhere Handelsschule, Wirtschaftakademie *f*, W.fachschule *f*, Handelshochschule *f*, H.akademie *f*, Fachschule für kaufmännische Berufe, Berufsschule *f*; **electoral c.** *[US]* Wähler-, Wahl(männer)kollegium *nt*; **industrial c.** Gewerbeschule *f*; **nautical c.** Seefahrtsschule *f*; **naval c.** ⚓ Marine-, Seekriegsakademie *f*; **teacher-training c.** Pädagogische Hochschule (PH), Lehrerseminar *nt*; **technical c.** Fach(ober)-, Berufs(fach)schule *f*; **technological c.** Technikum *nt*; **veterinary c.** tierärztliche Hochschule
college career *[US]* Bildungsgang *m*; **c. education** Hochschulbildung *f*; **c. endowment** *(Universität)* Stiftungskapital *nt*, S.gelder *pl*; **c. friend** Studienfreund(in) *m/f*; **c. lecturer** Hochschullehrer(in) *m/f*, Dozent(in) *m/f*; **c. place** Studienplatz *m*; **c. years** Studienzeit *f*
colle|gial *adj* kollegial; **c.giality** *n* Kollegialität *f*; **c.giate** *adj* akademisch
collide *v/i* zusammenprallen, z.stoßen, kollidieren, karambolieren; **c. from behind** auffahren
collier *n* 1. ⛏ (Kohle)Bergarbeiter *m*, Bergmann *m*, Kumpel *m*; 2. ⚓ Kohlendampfer *m*, K.schiff *nt*
colliery *n* ⛏ Schachtanlage *f*, Kohlengrube *f*, K.zeche *f*, (Stein)Kohlenbergwerk *nt*; **c. explosion** Grubenexplosion *f*
collinearity *n* ▦ Kollinearität *f*
collision *n* 1. Zusammenstoß *m*, Kollision *f*, Karambolage *f*, Auf-, Zusammenprall *m*; 2. Konflikt *m*; **to come into c. with** kollidieren/zusammenstoßen mit
collision at sea/between vessels ⚓ Schiffsunfall *m*, Schiffskollision *f*
head-on collision 1. Frontalzusammenstoß *m*, frontaler Zusammenstoß; 2. direkte Konfrontation; **mid-air c.** ✈ Zusammenstoß in der Luft; **nose-to-tail c.** 🚗 Auffahrunfall *m*; **rear-end c.** Auffahrunfall *m*
collision clause *(Vers.)* Kollisions-, Zusammenstoßklausel *f*; **both-to-blame c. clause** Kollisionsklausel bei beiderseitigem Verschulden; **c. course** Konfrontationskurs *m*; **to embark on a c. course** auf Konflikt-/Konfrontationskurs gehen; **c. cover(age)** ⚓ Kaskoschutz *m*; **c. damage** Kollisionsschaden *m*
collision insurance ⚓ Kasko-, Kollisionsversicherung *f*; **deductible-clause c. insurance** Vollkaskoversiche-

rung mit Selbstbeteiligung; **full-cover(age) c. insurance** Vollkaskoversicherung *f*; **c. risk** Kollisionsrisiko *nt*
collotype *n* 🗎 Lichtdruck(verfahren) *m/nt*; **c. press** Lichtdruckpresse *f*
collude *v/i* in heimlichem Einverständnis stehen/handeln, unter einer Decke stecken *(fig)*, (heimlich) mitwirken, unerlaubt zusammenwirken, verabreden
collusion *n* 1. heimliche (Preis)Absprache, heimliches Einverständnis, unerlaubte Verabredung, geheimes Einvernehmen; 2. [§] Kollusion *f*, Mitwisserschaft *f*, heimliche Verständigung, unerlaubtes Zusammenwirken, Verabredung *f*, Zusammenspiel *nt*; **in c. with** in (geheimer) Absprache mit; **c. of facts** [§] Verdunkelung des Sachverhalts
collusive *adj* heimlich, verabredet, abgekartet, abgesprochen
col-load *v/t* beiladen; **c.-loader** *n* Beilader *m*
colon *n* Doppelpunkt *m*
colonial *adj* kolonial, Kolonial-; **c.s** *pl (Börse)* Kolonialwerte; **c.ism** *n* Kolonialismus *m*; **c.ist** *adj* kolonialistisch
colo|nist *n* Kolonist(in) *m/f*, Siedler(in) *m/f*; **c.nization** *n* Kolonisation *f*, Besiedlung *f*; **c.nize** *v/t* kolonisieren, besiedeln
colony *n* Kolonie *f*, Siedlung *f*; **penal c.** Straf-, Sträflingskolonie *f*
Colorado beetle *n* 🐞 Kartoffelkäfer *m*
colos|sal *adj* kolossal, riesig; **c.sus** *n* Koloss *m*
color *[US]*; **colour** *[GB]* *n* 1. Farbe *f*, Färbung *f*; 2. Kolorit *nt*; 3. *(polit.)* Färbung *f*; **c.s** ⚓ Flagge *f*; **c. of law** [§] Rechtsschein *m*; **political ~ a newspaper** politische Tendenz einer Zeitung; **~ title** [§] glaubwürdiger Eigentumsanspruch
to be off colo(u)r sich nicht ganz auf der Höhe fühlen, sich mau fühlen *(coll)*; **to come off with flying c.s** glänzenden Sieg erringen; **to display/show one's c.s** Flagge hissen/zeigen; **to look off c.** miesepetrig aussehen *(coll)*; **to lower one's c.s** Flagge streichen; **to show one's true c.s** sein wahres Gesicht zeigen, sich im wahren Licht zeigen
basic/fundamental/primary colo(u)r Grund-, Primärfarbe *f*; **bright c.** leuchtende Farbe; **contrasting c.** Kontrastfarbe *f*; **under false c.s** unter falscher Flagge; **to sail ~ c.s** unter falscher Flagge segeln; **fast c.** lichtund waschechte Farbe; **guaranteed ~ c.** garantiert lichtecht; **fluorescent/luminous c.** Leuchtfarbe *f*; **gaudy c.s** schreiende Farben; **local c.** Lokalkolorit *nt*; **national c.s** Landesfarben; **transparent c.** Lasierfarbe *f*
colo(u)r *v/t* färben, kolorieren
colo(u)r bar Rassenschranke *f*; **c.-blind** *adj* farbenblind; **c.-blindness** *n* Farbenblindheit *f*; **c. cartridge** Farbmine *f*, F.patrone *f*; **c. chart** Farbtafel *f*, F.skala *f*; **c.-coded** *adj* farblich markiert/gekennzeichnet; **c. coding** farbliche Markierung/Kennzeichnung; **c. control** Farbsteuerung *f*; **c. copier** Farbkopierer *m*; **c. distortion** Farbabweichung *f*
colo(u)red *n* Farbige(r) *f/m*; *adj* farbig, bunt, koloriert
colo(u)r engraving 🗎 Farbklischee *nt*; **c.-fast** *adj* farbecht; **c. film** Farbfilm *m*; **c. filter** Farbfilter *m*; **c. graphics** 🖳 Farbgrafik *f*; **c. illustration** farbige Illustration
(artificial) colo(u)ring (matter) *n* 1. Farbstoff *m*, F.zusatz *m*, Färbemittel *nt*
coulo(u)rless *adj* farblos
colo(u)r magazine Illustrierte *f*; **c. monitor** 🖳 Farbbildschirm *m*; **c. photograph** Farbaufnahme *f*, F.fotografie *f*; **c. print** Farbkopie *f*; **c. printer** 🖳 Farbdrucker *m*; **c. printing** 🗎 Buntdruck *m*; **c. scheme** Farbzusammenstellung *f*; **c.-sensitive** *adj* farbempfindlich; **c. slide** Farbdia(positiv) *nt*; **c. supplement** *(Zeitung)* illustrierte Beilage, Magazin *nt*; **c. television** Farbfernsehen *nt*; **~ set** Farbfernseher *m*; **c. tone** Farbabstufung *f*
column *n* 1. Rubrik *f*, Spalte *f*, Kolumne *f*, (Zahlen)Kolonne *f*, Druck-, Textspalte *f*; 2. *(Buchhaltung)* Staffel *f*; **c. of figures** Zahlenkolonne *f*, Z.reihe *f*; **~ type** 🗎 Druckspalte *f*; **to fill the c.s** Spalten füllen
blank column Leerspalte *f*; **in double c.s** zweispaltig; **financial c.s** *(Zeitung)* Wirtschafts-, Handelsteil *m*, **last c.** Schlussspalte *f*; **left-hand/right-hand c.** linke/rechte Spalte; **local c.** *(Zeitung)* Lokalteil *m*; **personal c.** *(Zeitung)* Familienanzeigen *pl*; **previous c.** Vorkolonne *f*, V.spalte *f*; **residual c.** Saldenspalte *f*; **single c.** Einzelspalte *f*; **social c.** *(Zeitung)* Gesellschaftsspalte *f*; **spinal c.** 💀 Wirbelsäule *f*
column depth Spaltenhöhe *f*; **c. diagram** Stab-, Säulendiagramm *nt*, Histogramm *nt*; **c. head(ing)** Überschriftszeile *f*, Spalten-, Feldüberschrift *f*; **c. indicator** Spaltenanzeiger *m*
(syndicated) columnist *n* Kolumnenschreiber *m*
column measure Spaltenmaß *nt*; **c. selector** Spaltenwähler *m*; **c. width** Kolumnen-, Spaltenbreite *f*
columnar *adj* spaltenweise, in Spalten(form)
coma *n* 💊 Koma *nt*
co-maker *n* Mitunterzeichner *m*, Mitbürge *m*
co-manage *v/t* mitführen, einem Konsortium angehören, mitbestimmen
co-management *n* Mitführung *f*, Mitwirkung *f* (bei einem Konsortium), Mitbestimmung *f*, gemeinsame Federführung
co-manager *n* 1. Mitgeschäftsführer *m*; 2. Mitglied eines Konsortiums, Konsortialmitglied *nt*
co-managing *adj* 1. Mitführend; 2. Konsortial-
comatose *adj* *(fig)* im Dämmerschlaf
comb *n* Kamm *m*; **to go over/through sth. with a fine c.** etw. durchkämmen, etw. sorgfältig prüfen
comb out *v/t* aus-, durchkämmen, durchforsten, ausmerzen, aussortieren
combat *n* ⚔ Kampf(handlung) *m/f*, Gefecht *nt*; **ready for c.** einsatzbereit; **aerial c.** ⚔ Luftkampf *m*; **close c.** Nahkampf *m*
combat *v/t* bekämpfen
com|batant *n* Kombattant *m*; **c.bative** *adj* streitsüchtig
combi- kombiniert, Kombi-
combies *pl* *(coll)* Hemdhose *f*
combi-information *n* Kombiinformation *f*
combination *n* 1. Verbund *m*, Zusammenschluss *m*, 2. Verbindung *f*, Kombination *f*; 3. Konzern *m*, Kartell *nt*,

Interessengemeinschaft *f*, Pool *m*, Unternehmenszusammenschluss *m*; 4. *(Safe)* Kombination *f*, Schlüsselzahl *f*; 5. 🏍 Motorrad mit Beiwagen; **c.s** Hemdhose *f*
combination of accounts Kontensaldierung *f*; **~ circumstances** (Bedingungs)Konstellation *f*; **~ commodities** Güter-, Mengenkombination *f*; **c. restraining competition** wettbewerbsbeschränkender Zusammenschluss; **c. of environmental forces** Umweltkonstellation *f*; **~ goods** Mengenkombination *f*; **~ inputs** Faktorkombination *f*; **~ purchasers** Einkäufer-, Einkaufszusammenschluss *m*; **c. in restraint of competition/trade** wettbewerbsbeschränkender Zusammenschluss, Wettbewerbskartell *nt*; **c. of unions** Gewerkschaftskartell *nt*; **~ vehicles** miteinander verbundene Fahrzeuge
horizontal/lateral combination Horizontalverflechtung *f*, horizontaler Zusammenschluss/Konzern; **industrial c.** Industriekonzern *m*; **interindustry c.** branchenübergreifender Zusammenschluss; **loose c.** 1. kartellähnliche Absprache; 2. loser/lockerer (Unternehmens)Zusammenschluss; **procedural c.** Verfahrenskombination *f*; **vertical c.** Vertikalverflechtung *f*, vertikaler Zusammenschluss/Konzern
combination act Koalitionsverbot *nt*; **c. agency** *(Vers.)* Agentur für Groß- und Kleinleben; **c. bank** *[US]* Gemeinschaftsbank *f*; **c. car** *[US]* 🚐 Mehrzweckwagen *m*; **c. carrier** ⚓ Kombischiff *nt*, Mehrzwecktransporter *m*, M.frachtschiff *nt*; **c. export manager** selbstständiger (für mehrere Hersteller tätiger) Exporthändler/E.mittler; **c. lock** Geheim-, Kombinations-, Vexier-, Zahlenschloss *nt*; **c. patent** Kombinationspatent *nt*; **c. pliers** ✧ Kombizange *f*; **c. policy** kombinierte Versicherung; **c. rate** kombinierter Anzeigen-/Frachttarif *f*; **c. run** *(Werbung)* Sammeldruck *m*; **c. sheet** Sammelbogen *m*; **c. utility** *(Versorgungswirtschaft)* Querverbundunternehmen *nt*
combine *n* 1. Unternehmenszusammenschluss *m*, Vereinigung *f*, Kartell *nt*, Interessengemeinschaft *f*; 2. Konzern *m*, Firmengruppe *f*, F.verbund *m*, (Verbund)Gesellschaft *f*; 3. 🚜 Mähdrescher *m*; **horizontal c.** horizontales Kartell
combine *v/ti* kombinieren, verbinden, zusammenstellen, (sich) vereinigen, (sich) zusammenschließen
combined *adj* gemeinsam, vereint; **c. with** zusammen mit; **C. Transport Operator (CTO)** Frachtführer im Kombiverkehr
combine harvester 🚜 Mähdrescher *m*
combust *v/t* verbrennen
combustible *adj* brennbar; **highly c.** leicht brennbar; **c.s** *pl* 1. Brennstoffe; 2. feuergefährdete Güter
combustion *n* Verbrennung *f*; **c. of wood** Holzfeuerung *f*; **fluidized-bed c.** Wirbelschichtfeuerung *f*; **spontaneous c.** Selbstentzündung *f*
combustion chamber Verbrennungskammer *f*; **internal c. engine** Verbrennungsmotor *m*; **abnormal c. phenomenon** anomale Verbrennungserscheinung; **industrial c. plant** Großfeuerungsanlage *f*
come *v/i* kommen; **unable to c.** verhindert; **c. what may** *(coll)* komme, was da wolle *(coll)*, auf Gedeih und Verderb *(coll)*; **c. about** zu Stande kommen, **c. across** zufällig finden, stoßen auf; **c. along** daherkommen; **c. back** 1. wieder kommen; 2. wieder in Mode kommen; 3. zurückfließen; **~ to** zurückkommen auf; **to be hard to c. by** schwer erhältlich/zugänglich sein; **c. close to sth.** kurz vor etw. stehen; **c. down** 1. herunterkommen; 2. zurückgehen; **~ on so.** jdn zusammenstauchen *(coll)*; **c. easily to so.** jdm leichtfallen; **c. forward** sich melden; **c. from** entstammen; **c. in** 1. (her)einkommen; 2. ⚓ einlaufen; 3. ✉ eingehen; **c. into being** entstehen; **c. off badly** schlecht wegkommen; **~ best** lachender Dritter sein; **~ second best** den Kürzeren ziehen *(coll)*; **~ well** günstig abschneiden; **~ worse** schlechter abschneiden; **c. out** 1. herauskommen; 2. 📖 erscheinen; **~ with sth.** 1. mit etw. herausrücken; 2. *(Ergebnis)* aufwarten mit; **c. round to doing sth.** die Zeit finden, etw. zu tun, sich zu etw. durchringen; **c. to** betragen, ausmachen, sich belaufen auf; **~ nothing** zunichte werden, sich in Wohlgefallen auflösen *(coll)*; **c. up** 1. an die Reihe kommen; 2. *(Thema)* aufkommen, angeschnitten werden; **~ to** *(Erwartung)* erfüllen; **~ with sth.** mit etw. auf den Markt kommen; **~** hervortreten, ~ auf den Plan treten, etw. entwickeln, sich etw. einfallen lassen; **~ with sth. new** sich etw. Neues einfallen lassen; **c. to know** erfahren; **c. to like sth.** sich mit etw. anfreunden, **c. to pass** eintreten, sich ereignen
comeback *n* 1. Wiederkehr *f*, Rückkehr *f*; 2. *(Karriere)* Rehabilitation *f*; **economic c.** konjunkturelle Erholung
comestible *adj* essbar; **c.s** *pl* Nahrungsmittel
comet *n* Komet *m*
to get one's comeuppance for sth. *n* *(coll)* seine Quittung für etw. bekommen *(coll)*
comfort *n* 1. Komfort *m*, Bequemlichkeit *f*, Annehmlichkeit *f*; 2. Trost *m*, Tröstung *f*; **to live in c.** sorgenfreies Leben führen; **to take c. in** Trost schöpfen aus
cold comfort schwacher Trost; **physical c.** leibliches Wohlbefinden
comfort *v/t* Trost zusprechen, trösten
comfortable *adj* bequem, angenehm, komfortabel, wohnlich, behaglich; **to make o.s. c.** es sich bequem machen
comforting *adj* beruhigend
comfort letter 1. *(Wertpapieremission)* Bericht über begrenzte Abschlussprüfung; 2. Patronatserklärung *f*; **c. level** Zufriedenheitsgrad *m*; **c. station** *[US]* öffentliche Toilette(n)/Bedürfnisanstalt
comic *n* Comicheft *nt*
coming *n* Kommen *nt*; **c. down** *(Preis)* Rückbildung *f*
comity of nations; international c. *n* [§] völkerrechtliche Usancen/Courtoisie *(frz.)*, Völkersitten *f*; **judicial c.** Anerkennung ausländischer Gerichtsentscheidungen
comma *n* Komma *nt*; **inverted c.s** Anführungsstriche, Gänsefüßchen *(coll)*; **to put in ~ c.s** in Anführungsstriche setzen
command *n* 1. Befehl *m*, Kommando *nt*, Gebot *nt*; 2. Befehlsgewalt *f*; 3. *(fig)* Beherrschung *f*; **c. of English** Englischkenntnisse *pl*; **~ a language** Sprachbeherrschung *f*; **~ the seas** Herrschaft über die Meere

to assume command Befehl übernehmen; **to be at so.'s c.** jdm zur Verfügung stehen; **~ in c.** Kommando führen; **~ in complete c. of sth.** etw. souverän beherrschen; **to have at one's c.** verfügen über
high command Oberkommando *nt*; **multiple c.** Mehrfachunterstellung *f*; **supreme c.** Oberkommando *nt*, O.befehl *m*
command *v/ti* befehlen, gebieten, kommandieren
command centre Kommandozentrale *f*, Befehlszentrum *nt*; **c. credit** Überziehungskredit *m*; **c. economy** Plan-, Befehls-, Kommandowirtschaft *f*, staatlich gelenkte Wirtschaft; **c. entry** 🖴 Befehlseingabe *f*;
commandeer *v/t* requirieren, beschlagnahmen, organisieren *(coll)*; **c.ing** *n* Requisition *f*
commander *n* Kommandant *m*, Kommandeur *m*, Befehlshaber *m*; **c.-in-chief** *n* Oberbefehlshaber *m*
commanding *adj* überragend, dominierend
command language 🖴 Befehlssprache *f*
the Ten Commandments die Zehn Gebote
command menu 🖴 Befehlsmenü *nt*
command sequence 🖴 Befehlsfolge *f*; **c. structure** Befehlsstruktur *f*, Hierarchie *f*
comma suppression Kommaunterdrückung *f*
commemo|rate *v/i* gedenken; **c.rative** *adj* Gedenk-,
commence *v/ti* beginnen, anfangen
commencement *n* 1. Beginn *m*, Anfang *m*, Zeitpunkt des Beginns; 2. *(Vorhaben)* Inangriffnahme *f*
commencement of action [§] Klageerhebung *f*; **~ bankruptcy proceedings** Konkurseröffnung *f*, Eröffnung des Konkursverfahrens; **to file for ~ proceedings** Konkurs beantragen; **~ business (operations)** Aufnahme der Geschäftstätigkeit, Geschäftsbeginn *m*; **~ a contract** Vertragsbeginn *m*; **~ cover(age)** Versicherungs-, Deckungsbeginn *m*; **~ lease** Pachtbeginn *m*; **~ lectures** Vorlesungsbeginn *m*; **~ the limitation period** [§] Verjährungsbeginn *m*; **~ operations** Betriebsaufnahme *f*; **~ risk** Risikobeginn *m*; **~ (prison) sentence** Strafantritt *m*; **~ trading** Geschäftsaufnahme *f*, Aufnahme der Geschäftstätigkeit; **~ war** Kriegsbeginn *m*; **~ work** Arbeits-, Dienstbeginn *m*
commencing *adj* Anfangs-; **c. date** Anfangstermin *m*; **~ of employment** Beschäftigungsbeginn *m*, Aufnahme der Arbeit, Arbeitsaufnahme *f*
commend *v/t* empfehlen, loben, belobigen; **c.able** *adj* empfehlens-, lobenswert, löblich, verdienstvoll; **c.ation** *n* Empfehlung *f*, Lob *nt*, Belobigung *f*; **c.atory** *adj* Empfehlungs-, anerkennend, lobend
commensu|rability *n* Angemessenheit *f*, Verhältnismäßigkeit *f*, Kommensurabilität *f*; **c.rable** *adj* kommensurabel; **c.rate** *adj* angemessen, entsprechend, verhältnismäßig, gleich groß, von gleicher Dauer, in gleichem Umfang/Ausmaß
comment *n* Äußerung *f*, Bemerkung *f*, Kommentar *m*, Anmerkung *f*, Stellungnahme *f*, Kritik *f*; **judicial c. on failure to give evidence** gerichtliche Stellungnahme über einen nicht angetretenen Beweis; **c.s in writing** schriftliche Stellungnahme; **no c.** keine Stellungnahme, ohne Worte; **for your c.s** zu Ihrer Stellungnahme **to beg comment** der Kommentierung bedürfen; **to decline to c.** Kommentar/Stellungnahme ablehnen; **to make a c.** Kommentar abgeben; **to refrain from c.(ing)** sich jeder Stellungnahme enthalten
fair comment sachliche Kritik; **official c.** dienstliche Äußerung
comment (on) *v/ti* sich äußern (zu), Stellung nehmen (zu), kommentieren, Bemerkungen machen (über), glossieren, Kommentar abgeben
commentary *n* *(Buch)* Kommentar *m*; **legal c.** Gesetzeskommentar *m*, Kommentar zum Gesetz
commentator *n* 1. Kommentator *m*; 2. Berichterstatter *m*, Redakteur im Studio
commerce *n* Handels(verkehr) *m*, H.gewerbe *nt*, Binnen- und Außenhandel *m*, Wirtschaftsverkehr *m*; **c. and industry** Handel und Gewerbe
to be in commerce Geschäftsmann sein; **to carry on c. with** Handel treiben mit
active commerce Außenhandel mit eigenen Schiffen; **direct c.** Direkthandel *m*; **domestic c.** Binnen-, Inlandshandel *m*; **external/foreign c.** Außenhandel *m*; **interstate c.** *[US]* Handel zwischen den Einzelstaaten, landesweiter Handel; **intrastate c.** *[US]* Handel innerhalb eines Einzelstaats; **passive c.** Außenhandel mit Fremdschiffen
commerce clause *[US]* Handelsklausel *f*, **C. Department** *[US]* Handelsministerium *nt*
commercial *adj* 1. kaufmännisch, geschäftlich, Geschäfts-, Handels-: 2. gewerblich (genutzt), auf Gewinn gerichtet, erwerbswirtschaftlich, handeltreibend; 3. kommerziell, wirtschaftlich verwendbar; 4. handelsüblich, geschäfts-, handelsmäßig; 5. handelspolitisch; **it makes c. sense** es rentiert sich; **to think in c. terms** kaufmännisch denken
commercial *n* Werbe-, Reklamesendung *f*, R.film *m*, Spot *m*; **c.s** 1. *(Radio/Fernsehen)* Werbeblock *m*; 2. *(Börse)* Konsumwerte
commercialese *n* *(coll)* Wirtschaftssprache *f*
commercialism *n* 1. Kommerzialisierung *f*; 2. Kommerz *m*
commercial|ization *n* Kommerzialisierung *f*, Vermarktung *f*; **c.ize** *v/t* vermarkten
commina|tion *n* [§] Strafandrohung *f*; **c.tory** *adj* strafandrohend
commingle *v/ti* zusammenpacken, (sich) vermischen
commissar *n* Kommissar *m*; **c.iat** *n* Kommissariat *nt*
commissary *n* *[US]* Betriebsladen *m*
commission *n* 1. Bestellung *f*, Auftrag *m*, Order *f*; 2. Provision *f*, Vermittlungsgebühr *f*, Courtage *f (frz.)*, Bonifikation *f*, Vergütung *f*; 3. Ausschuss *m*, Kommission *f*; 4. *(Bote)* Geschäftsgang *m*; 5. [§] Begehen *nt*/Verüben *nt*/Verübung *f* (einer Straftat); 6. ⚔ Offizierspatent *nt*, Bestallungsurkunde *f*; **in c.** in gebrauchsfähigem Zustand; **on c.** auf Provisionsbasis, in Kommission, kommissions-, konsignationsweise; **subject to c.** kommissions-, provisionspflichtig; **by way of c.** auftragsweise
commission for acceptance Akzeptprovision *f*; **c. of an act** [§] Ausführung/Verübung einer Straftat; **c. by one and the same act** [§] Tateinheit *f*, **c. of authority** Vertretervollmacht *f*; **c. and expense on capital** Aufwen-

dungen für Eigenkapitalbeschaffung; **c. for collecting** Einzugsprovision *f*; **c. on contango** Proligationsgebühr *f*; **c. for domiciling** Domizilprovision *f*; **c. on entries** Postengebühr *f*; **C. of the European Union** Kommission der Europäischen Union; **c. on guarantees** Bürgschafts-, Avalprovision *f*; **C. on Industrial Relations (CIR)** Kommission für Beziehungen zwischen den Sozialpartnern; **c. of inquiry** Untersuchungsausschuss *m*, Enquêtekommission *f*; **~ an offence** [§] Begehen einer unerlaubten Handlung, Täterschaft *f*; **c. on overdraft** Überziehungsprovision *f*; **c. of the peace** *[GB]* Friedensrichtergremium *nt*; **c. on purchase** Einkaufsprovision *f*; **c. for additional sales** Übergrenzprovision *f*; **c. on turnover** Umsatzprovision *f*
simulating the commission of a punishable act Vortäuschen einer Straftat; **entitled to a c.** provisionsberechtigt; **free of c.; no c.** provisionsfrei, franko/ohne Provision; **c. contingent on success** Erfolgsprovision *f*
to accord a commission Provision gewähren; **to be in c.** kommissarisch verwaltet werden; **to buy und sell on c.** Provisionsgeschäfte machen; **to charge a c.** Provision berechnen/verlangen; **to draw a c.** Provision beziehen; **to earn a c.** Provision verdienen; **to put into c.** 1. kommissarisch verwalten lassen; 2. in Dienst stellen; **to sell on c.** gegen Provision verkaufen
accrued commission Provisionsanspruch *m*, P.forderungen *pl*; **~ c.s** Rückstellungen für Kommissionen; **antitrust c.** Kartellbehörde *f*, K.amt *nt*; **documentary c.** Remboursprovision *f*; **economic c.** Wirtschaftskommission *f*; **executive c.** (geschäftsführender) Vorstand, Verwaltungsrat *m*, Vollzugs-, Exekutivausschuss *m*, Geschäftsleitung *f* (einer Gesellschaft); **national ~ c.** Bundesvorstand *m*; **extra c.** Zusatzprovision *f*; **factfinding c.** Untersuchungsausschuss *m*; **fixed c.** Fixum *nt*; **gross c.** Bruttoprovision *f*; **in and out c.** (*Börse*) Gesamtprovision *f*; **initial c.** (*Vers.*) (Vertrags)Abschlussprovision *f*; **joint c.** [§] gemeinschaftliche Ausführung/Verübung; **managing c.** geschäftsführender Ausschuss, Vorstand *m*; **(national) monetary c.** Währungsausschuss *m*; **negligent c.** [§] fahrlässige Verübung; **net c.** Nettoprovision *f*; **~ income** Provisionsüberschuss *m*; **overriding c.** 1. Konsortialspanne *f*; 2. Maklerprovision *f*; 3. (*Vers.*) Überprovision *f*; **partial c.** Teilprovision *f*; **policy-making c.** Planungsausschuss *m*; **special c.** Sonderkommission *f*; **staggered c.** Staffelprovision *f*; **standby c.** (*Kredit*) Bereitstellungsprovision *f*; **standing c.** ständiger Ausschuss; **straight c.** vorbehaltlose Provision
commission *v/t* 1. in Auftrag geben, beauftragen, Leistungsauftrag erteilen; 2. ✪/⚓ in Dienst stellen; 3. ⚔ zum Offizier ernennen
commissionable *adj* provisionspflichtig
commission account Konsignations-, Provisionskonto *nt*; **c. agency** Kommissionsgeschäft *nt*; **c. agent** Provisionsagent *m*, P.vertreter *m*, Kommissionär *m*, Handels-, Kommissionsagent *m*, K.verteter *m*, Vertreter auf Provisionsbasis
commissionaire *n* (*Hotel*) Portier *m*

commission basis Provisionsbasis *f*, P.grundlage *f*; **on a c. b.** auf Provisionsbasis, konsignationsweise; **to sell ~ c. b.** in Kommission verkaufen; **to take ~ c. b.** in Kommission übernehmen
commission book Kommissionsbuch *nt*; **c. broker** Provisions-, Kommissionsmakler *m*, Börsenkommissionsfirma *f*; **c. business** Auftrags-, Mandats-, Kommissionsgeschäft *nt*, K.handel *m*; **c. buyer** Einkaufskommissionär *m*; **c. charge** Courtage *f* (*frz.*), Provision *f*; **c. dealing** Kommissionsgeschäft *nt*, K.handel *m*; **c. earned/earnings** Provisionsertrag *m*
commissioned *adj* 1. bevollmächtigt, beauftragt; 2. ✪/⚓ in Dienst gestellt; **c. by** im Auftrag von; **to be c.** in Betrieb gehen, ~ genommen werden
commissioner *n* 1. Bevollmächtigte(r) *f/m*, Beauftragte(r) *f/m*; 2. Kommissar(in) *m/f*, Kommissionsmitglied *nt*; 3. Behördenleiter(in) *m/f*; **C. of Audits** *[GB]* Rechnungshof *m*; **~ Customs** *[US]* Leiter der Zollbehörde; **c. for data protection** Datenschutzbeauftragte(r) *f/m*; **C. of Inland** *[GB]* /**Internal** *[US]* **Revenue** Leiter der obersten Finanzbehörde; **c. for oaths** *[GB]* [§] Urkundsperson *f*, Notar *m*; **~ Patents** *[US]* Patentamt *nt*
federal commissioner Bundesbeauftragte(r) *f/m*; **c.'s department** Kommissariat *nt*
commission fee Provisionsgebühr *f*; **c. finisher** Lohnveredler *m*; **c. house** (Börsen)Makler-, Kommissionsfirma *f*, Brokerfirma *f*
commissioning *n* 1. Auftragsvergabe *f*; 2. Inbetriebnahme *f*, Indienststellung *f*; **c. of experts** Beauftragung von Sachverständigen; **c. time** Inbetriebnahmezeit *f*
commission insurance Provisionsversicherung *f*; **c. levy** Kommissionsbelastung *f*; **c. merchant** *[US]* (Verkaufs)Kommissionär *m*, Handelsagent *m*, H.kommissionär *m*, Kommissionshaus *nt*; **c. margin** Provisionsspanne *f*; **c note** 1. Provisionsgutschrift *f*; 2. Provisionsbeleg *m*, P.rechnung *f*; **C. office** (*EU*) Kommissionsdienststelle *f*; **c. order** Lohnauftrag *m*; **c. paid** Provisionsaufwendungen *pl*; **c. payment** Provisionszahlung *f*; **c. plan** Provisionierungssystem *nt*; **c. processing (transaction)** Lohnvered(e)lung(sverkehr) *f/m*; **c. rate** Provisionssatz *m*, Courtagesatz *m*; **minimum c. rate** Mindestcourtagesatz *m*, M.provisionssatz *m*; **c. rebate** (*Vers.*) Provisionsnachlass *m*; **c.s receivable** Provisionsforderungen; **c.(s) received/revenues** Provisionseinnahmen *pl*, P.einkünfte *pl*; **net c.s received** Provisionsüberschuss *m*; **c.-related** *adj* provisionsbezogen; **c. ruling** Ausschussentscheidung *f*; **c. slip** Provisionsbeleg *m*; **c. splitting** Provisionsteilung *f*; **c. statement** Provisionsabrechnung *f*, P.aufstellung *f*; **c. stocks** Kommissionslager *nt*; **c. trade** Kommissionsgeschäft *nt*, K.handel *m*
commit *v/t* 1. übertragen, überantworten, anvertrauen, übergeben; 2. verpfänden; 3. zusagen; 4. [§] (*Strafgefangener*) verbringen, einliefern; 5. [§] (*Verbrechen*) begehen, verüben; **c. o.s.** sich festlegen/binden/verpflichten, Verbindlichkeit/Verpflichtung eingehen, Engagement zeigen, sich engagieren; **c. so. to sth.** 1. jdn auf etw. verpflichten; 2. jdn mit etw. beauftragen
commitment *n* 1. Verpflichtung *f*, Verbindlichkeit *f*,

without **commitment**

Bindung *f*, Obligo *nt*; 2. Zusicherung *f*, Zusage *f*; 3. Börsenengagement *nt*; 4. Bereitstellungsmaßnahmen *pl*; 5. Einsatz *m*, Engagement *nt (frz.)*; 6. Auftrag *m*; 7. Haftung *f*; 8. Überstellung *f*, Überweisung *f* (an einen Ausschuss), Übertragung *f*; 9. [§] Einlieferung *f*, Verhaftung *f*, Unterbringung *f*, Einweisungsbeschluss *m*; 10. *(Geld)* Festlegung *f*; **without c.** ohne Verpflichtung; **without any c.** unverbindlich
commitment to a contract Vertrags-, Kontraktbindung *f*; **c. for future delivery** Terminengagement *nt*; **c.s arising from endorsements** Indossamentverbindlichkeiten; **c. of funds** Mittelbindung *f*; **c. to an institution** [§] Heimunterbringung *f*; **c.s and contingent liabilities** bedingte Verpflichtungen aus bestehenden Verträgen; **c. on remand** [§] (Anordnung der) Untersuchungshaft; **c. in securities** Wertpapierengagement *nt*; **c. by written undertaking** Reversbindung *f*
to enter into a commitment Verpflichtung eingehen; **to fulfil/honour/meet (one's) c.s** Verpflichtungen erfüllen/einlösen, seinen (Schuld)Verpflichtungen/Verbindlichkeiten nachkommen; **to liquidate (one's) c.s** *(Börse)* Position auflösen, Engagement lösen; **to make a c.** sich festlegen; **to show a c.** sich ganz/voll einsetzen; **to undertake a c.** Verpflichtung eingehen
advance commitment (Finanzierungs-/Garantie)Promesse *f*, Kreditzusage *f*; **basic c.** Rahmenkreditzusage *f*; **contingent c.** Eventualobligo *nt*; **contractual c.** vertragliche Verpflichtung/Bindung; **to meet a ~ c.** einer vertraglichen Verpflichtung nachkommen; **direct c.** Direktverpflichtung *f*; **environmental c.** Selbstverpflichtung zum Umweltschutz; **financial c.** Finanzierungszusage *f*; **firm c.** verbindliche Zusage; **~ underwriting** feste (Anleihen)Übernahme; **forward c.** Terminposition *f*, T.engagement *nt*; **implied c.** stillschweigende Verpflichtung; **long-term c.s** langfristige Verpflichtungen; **moral c.** moralische Verpflichtung; **mutual c.** gegenseitige Bindung; **new c.** Neuengagement *nt*, N.zusage *f*; **official c.** Terminposition der Zentralbank; **open c.** offene Position; **outstanding/pending c.** offene Verpflichtung; **own c.** Eigenobligo *nt*; 1. **preliminary c.** Finanzierungspromesse *f*; 2. Garantiepromesse *f*; **prior c.** Vorhaftung *f*; **total c.(s)** 1. Zusagevolumen *nt*; 2. Gesamtengagement *nt*; **undrawn/unused c.** ungenutzter Kreditspielraum
commitment authorization Verpflichtungs-, Bindungsermächtigung *f*; **c. card index** Obligokartei *f*; **c. ceiling** Zusagerahmen *m*, Bereitstellungsplafond *m*; **c. charge** Bereitstellungsgebühr *f*; **c. charges** Kapital-, Kreditbereitstellungskosten; **c. commission** (Kapital)Bereitstellungs-, Zusageprovision *f*; **c. credit** Bereitstellungskredit *m*; **c. deadline** Festlegungsfrist *f*; **c. expiry** Ablauf der Bereitstellungsfrist; **c. fee** (Kredit)Bereitstellungsgebühr *f*, B.provision *f*, Kreditprovision *f*; **central c.s file** Zentralobligo *nt*; **c. guarantee** Bereitstellungsgarantie *f*; **c. interest** Bereitstellungszinsen *pl*; **c. ledger** Obligobuch *nt*; **c. note** Kommissionsnote *f*; **c. notice** Verpflichtungsanzeige *f*; **c. order** 1. Verpflichtungsanordnung *f*; 2. [§] Überstellungsbeschluss *m*; **c. period** 1. *(Geld)* Festlegungszeit(raum)

f/*m*, Bindungsdauer *f*; 2. *(Zinsen/Konditionen)* Bindungs-, Festschreibungsfrist *f*; **c. quota** *(Kapital)* Haftungsquote *f*; **c. record book** Obligobuch *nt*
committal *n* 1. Überweisung *f* (an einen Ausschuss), Verweisung *f*; 2. [§] Verbringung *f*, Einlieferung *f*; 3. *(Straftat)* Verübung *f*; **c. on bail** Haftverschonung gegen Kautionsstellung; **c. for debts** Schuldarrest *m*, S.haft *f*; **c. to an institution** Heim-, Anstaltsunterbringung *f*; **~ prison** Einlieferung in eine Haftanstalt, ~ ins Gefängnis; **c. for sentence** Verweisung an ein höheres Gericht zur Straffestsetzung; **~ trial** Überweisung an Schwurgericht, Versetzung in den Anklagezustand, Eröffnung des Hauptverfahrens, Eröffnungsbeschluss *m*; **c. order** Einweisungsbeschluss *m*, E.anordnung *f*; **c. proceedings** Tatbestandsaufnahme *f*, Vor-, Straf-, Verweisungsverfahren *nt*, gerichtliche Voruntersuchung, **c. warrant** Einlieferungsbefehl *m*, Überweisungsanordnung *f*, Ü.befehl *m*
committed *adj* engagiert, gebunden, verpflichtet; **c. to** eingeschworen auf
committe *n* Ausschuss *m*, Komitee *nt*, Kommission *f*, Gremium *nt*
committee on legal affairs Rechtsausschuss *m*; **~ duty-free arangements** Ausschuss für Zollbefreiungen; **c. of auditors** Rechnungsprüfungsausschuss *m*, Revisionskommission *f*; **c. of the supervisory board** Aufsichtsratsausschuss *m*; **C. on Community Transit** *(EU)* Ausschuss für das gemeinschaftliche Versandverfahren, Versandausschuss *m*; **c. of creditors/inspection** *[GB]* Gläubigerausschuss *m*, G.beirat *m*; **~ experts** Sachverständigenausschuss *m*, S.(bei)rat *m*, Gutachterausschuss *m*, Fachgremium *nt*, fachliches Gremium; **~ honour** Ehrenkomitee *nt*; **~ inquiry** Ermittlungsausschuss *m*; **~ investigation** Untersuchungsausschuss *m*; **joint c. of management and employees** gemeinsamer Betriebsausschuss; **C. on Origin** *(EU)* Ausschuss für Ursprungsfragen; **joint c. with equal representation** paritätisch besetzter Ausschuss; **c. on stock listing** *(Börse)* Zulassungsstelle *f*; **C. on Common Tariff Nomenclature** *(EU)* Ausschuss für das Schema des gemeinsamen Zolltarifs; **~ External Trade Statistics** *(EU)* Ausschuss für die Außenhandelsstatistik; **C. of Ways and Means** *[GB]* Haushaltsausschuss *m*; **c. of the works council** Betriebsratsausschuss *m*
to appoint/form/set up a committee Kommission/Ausschuss einsetzen, ~ bilden, Ausschuss konstituieren; **to appoint so. to a c.** jdn in einen Ausschuss berufen; **to be/sit on the c.** Mitglied des Ausschusses/Ausschussmitglied sein, dem Ausschuss angehören, im Ausschuss sitzen; **to refer sth. to a c.** etw. an einen Ausschuss überweisen
ad hoc *(lat.)* **committee** Sonderausschuss *m*; **administrative c.** Verwaltungsausschuss *m*; **advisory c.** Beirat *m*, beratender Ausschuss, Gutachtergremium *nt*; G.kommission *f*; **economic ~ c.** Wirtschaftsberatungsausschuss *m*; **agricultural c.** Agrar-, Landwirtschaftsausschuss *m*; **antitrust c.** *[US]* Kartellausschuss *m*; **authorizing c.** Bewilligungsausschuss *m*; **central c.**

Zentral-, Hauptausschuss *m*, Zentralkomitee *nt*; **combined c.** *(Unternehmensgruppe)* Vertrauensleutekörper *m*; **common c.** gemeinsamer Ausschuss; **Congressional c.** *[US]* Kongress-, Parlamentausschuss *m*; **consultative c.** beratender Ausschuss; **coordinating c.** Koordinationsausschuss *m*; **credit-granting c.** Kreditbewilligungsausschuss *m*; **disciplinary c.** Disziplinarausschuss *m*, Ehrengericht *nt*; **economic c.** Wirtschaftsausschuss *m*; **editorial c.** Redaktionsausschuss *m*; **electoral c.** Wahlausschuss *m*, W.vorstand *m*
executive committee (geschäftsführender) Vorstand, Verwaltungsrat *m*, vollziehender Ausschuss, Leitungs-, Vollzugsausschuss *m*; **main ~ c.** Hauptvorstand *m*; **national ~ c.** 1. geschäftsführender Landesausschuss, Bundesvorstand *m*; 2. *[GB]* Parteivorstand der Labour Party
fact-finding committee Ermittlungs-, Untersuchungsausschuss *m*; **fiscal c.** Steuerausschuss *m*; **founding c.** Gründungsausschuss *m*; **general c.** Präsidialausschuss *m*; **general-purpose c.** Haupt-, Richtlinienausschuss *m*; **interdepartmental c.** interministerieller Ausschuss; **interim c.** Interimsausschuss *m*; **joint c.** gemeinsamer/paritätischer/gemischter Ausschuss, gemischte/paritätische Kommission, paritätisch besetzer Ausschuss; **legal c.** Rechtsausschuss *m*; **local c.** Ortsverband *m*; **managing c.** geschäftsführender Ausschuss, Vorstand *m*; **ministerial c.** Minister(ial)ausschuss *m*; **monetary c.** Währungsausschuss *m*; **municipal c.** städtischer Ausschuss, Kommunalausschuss *m*; **nominating c.** Berufungsausschuss *m*; **parliamentary c.** parlamentarischer Ausschuss, Parlamentsausschuss *m*; **permanent c.** ständige Kommission; **policy-making c.** Planungsausschuss *m*; **preparatory c.** vorbereitender Ausschuss; **presidential c.** Präsidialausschuss *m*; **professional c.** Fachausschuss *m*; **ruling/steering c.** Haupt-, Steuerungs-, Lenkungsausschuss *m*; **select/special c.** Sonder-, Fachausschuss *m*, besonderer/engerer Ausschuss; **social c.** Sozialausschuss *m*; **standing c.** ständiger Ausschuss, ständige Kommission, Dauerausschuss *m*; **statistical c.** statistischer Ausschuss; **supervisory c.** Überwachungsausschuss *m*; **top c.** Spitzengremium *nt*; **transitional c.** kommissarischer Ausschuss; **veterinary c.** Veterinärausschuss *m*
committee hearing Anhörungssitzung *f*; **c. meeting** Arbeitssitzung *f*, Ausschussberatung *f*; **c. member** Kommissions-, Ausschussmitglied *nt*, Mitglied eines Ausschusses; **c. minutes/records** Ausschussprotokoll *nt*; **c. organization** Gremiumorganisation *f*; **c. report** Ausschuss-, Kommissionsbericht *m*; **c. stage** *(Gesetz)* Auschussstadium *nt*; **to reach the c. stage** *(Gesetzentwurf)* in den Ausschuss gelangen; **c. vote** Abstimmungskollegialität *f*; **c. work** Ausschussarbeit *f*
commodious *adj* geräumig
commodity *n* 1. Ware *f*, Erzeugnis *nt*, Produkt *nt*; 2. Gebrauchsartikel *m*, G.gegenstand *m*, Bedarfsgegenstand *m*; 3. Handelsobjekt *nt*, Wirtschaftsgut *nt*; 4. Rohstoff *m*; **commodities** 1. Güter, Waren; 2. Handels-, Gebrauchsgüter; 3. Rohstoffe, Rohwaren, Produkten
agricultural commodity Agrarrohstoff *m*; **~ commodities market** Argrarmarkt *m*; **basic commodities** Roh-, Grundstoffe; **branded c.** Markenartikel *m*, geschützter Artikel; **forward commodities** *(Rohstoff)* Terminware *f*; **fungible c.** Gattungsware *f*; **hard c.** mineralischer Rohstoff; **inland c.** einheimische Ware; **marketable c.** gängige/absatzfähige/absetzbare Ware; **primary commodities** unverarbeitete/halbverarbeitete Rohstoffe, Rohprodukte; **scare c.s** Mangelwaren; **sensitive commodities** sensible Güter; **soft c.** Lebensmittelrohstoff *m*; **staple commodities** Grundstoffe, Bedarfsgüter, Stapelwaren, S.güter
commodity account Waren(gruppen)-, Rohstoffkonto *nt*; **c. (collateral) advance** Warenlombard *m*, W.bevorschussung *f*; **c. agreement** Waren-, Rohstoffabkommen *nt*; **intergovernmental c. agreement** zwischenstaatliches Rohstoffabkommen; **c. aid** Warenhilfe *f*; **~ loan** Warenhilfedarlehen *nt*; **c. approach** güterorientierter Ansatz; **c. arbitrage** Waren-, Reportarbitrage *f*; **c. bill** Waren-, Handelswechsel *m*; **c. boom** Rohstoff-, Warenpreishausse *f*; **c. broker** Rohstoff-, Warenmakler *m*, Broker an der Warenbörse; **c. card** Artikelkarte *f*, **c. cargo** Warenladung *f*; **special c. carrier** Spezialtransportunternehmen *nt*; **commodity cartel** Rohstoffkartell *nt*; **c. charge** *(Energieversorgung)* Grundgebühr *f*; **c. chemical** ◊ Rohstoffchemikalie *f*, chemischer Rohstoff, Grundstoff-, Basischemikalie *f*; **c. classification for foreign trade statistics** Warenverzeichnis für die Außenhandelsstatistik; **c. collateral** Warenlombard *m*, W.sicherheit *f*; **~ advance** Warenlombardkredit *m*; **c. combination** Güter-, Mengenkombination *f*; **c. concentration** *(Außenhandel)* Anteil des Warenhandels; **c. contract** Warenabschluss *m*, Schlussbrief *m*; **c. control** Warenbewirtschaftung *f*; **c. cover(age)** *(Vers.)* Warendeckung *f*; **c. credit** Warenkredit *m*; **c. currency** Warenwährung *f*; **c. dealer** Warenhändler *m*; **c. forward dealings** Warenterminhandel *m*; **c. dividend** *[US]* Sach-, Warendividende *f*; **c. dollar** *[US]* Warendollar *m*; **c. economy** auf der Rohstoffproduktion beruhende Volkswirtschaft; **c. equilibrium** güterwirtschaftliches Gleichgewicht; **c. exchange** Waren-, Produkten-, Rohstoffbörse *f*; **c. food** Grundnahrungsmittel *nt*; **c. fund** Rohstofffonds *m*
commodity futures 1. Warentermingeschäfte; 2. Terminkontrakte; **~ exchange** Warenterminbörse *f*; **~ market** Warenterminmarkt *m*
commodity gold Handels-, Warengold *nt*; **c. grade** Qualitätstyp *m*; **c. group** Warenart *f*; **(cross) c. hedging** (wechselseitige) Absicherung von Warengeschäften; **c. income statement** Kostenträgererfolgsrechnung *f*; **c. industry** Grundstoffgütergewerbe *nt*; **c. inspector** Güterbesichtiger *m*; **c. item(s)** Massenartikel *m*, M.ware *f*; **c. loan** Warenlombard *m*, W.kredit *m*; **c. management** Güterdisposition(en) *f/pl*; **c. market** Warenbörse *f*, W.markt *m*, Güter-, Rohstoff-, Produktenmarkt *m*; P.börse *f*; **~ research** Rohstoffmarktforschung *f*; **c. money** Natural-, Sach-, Warengeld *nt*; **c. pact** Rohstoffabkommen *nt*; **c. paper** *[US]* Dokumententratte *f*, Wechsel mit Besicherung durch Lagerschein oder Orderkonnossement; **c. pattern** Exportgüterstruktur *f*; **c.**

plastics (gebräuchliche) Kunststoffe
commodity price Rohstoff-, Warenpreis *m*; ~ **index** Rohstoff-, Warenpreisindex *m*; ~ **movement** Warenpreisbewegung *f*; ~ **at replacement cost** Warenpreis auf Wiederschaffungsbasis
commodity rate *[US]* Stückgut-, Einzelfrachttarif *m*; **all-c. rate** Tarif für Stückgüter; **c. reserve currency** Warenreservewährung *f*; **c. restriction scheme** Quotenkartell *nt*; **c. sales** Warenumsatz *m*; **c. service method** Entstehungsrechnung *f*; **c. shunting** Wareneinkauf und -verkauf in verschiedenden Währungen; **c. space** Verbrauchsfläche *f*; **c. standard** *[US]* Warenwährung *f*; **c. tax** Warensteuer *f*; **c. terms of trade** Warenaustauschverhältnis *nt*; **c. test** artikelbezogene Prüfung; **c. theory of money** Geldwerttheorie *f*, Metallismus *m*; **c. trade** Warenhandel *m*, W.sgeschäfte *pl*; **c. trader** Rohstoffhändler *m*; **c. trading** Rohstoff-, Warenhandel *m*; **general c. trading** Generalhandel *m*; **c. forward trading** Warenterminhandel *m*; **c. transaction** Warentransaktion *f*, W.geschäft *nt*; **c. value** *(Geld)* Waren-, Sachwert *m*
common *n* Gemeindeanger *m*, G.land *nt*
common *adj* 1. allgemein, verbreitet, alltäglich, gewöhnlich, üblich, normal, allgemein gebräuchlich, geläufig, weit verbreitet, gang und gäbe; 2. gemein, ordinär, niedrig; 3. gemeinsam, gemeinschaftlich; **in c.** gesamthänderisch
common of estovers *(obs.)* [§] Holzentnahmegerechtigkeit *f*, H.nutzungsrecht *nt*; ~ **pasture** *(obs.)* Weiderechtigkeit *f*, W.recht *nt*; ~ **piscary** *(obs.)* Fischereirechtsame *f*, F.gerechtigkeit *f*; ~ **turbary** *(obs.)* Torfgerechtigkeit *f*, Recht, Torf abzustechen
we are on short commons *(coll)* bei uns ist Schmalhans Küchenmeister *(coll)*; **to keep so. on s. c.** jdn knapp/kurz halten; **to put so. on s. c.** *(coll)* jdn auf kurze Ration/schmale Kost setzen
Common Agricultural Market *(EU)* Gemeinsamer Agrarmarkt; ~ **Policy (CAP)** EU-Landwirtschaftspolitik *f*, Gemeiname Agrarpolitik; **C. Assembly** *(EU)* Gemeinsame Versammlung; **C. Budget** *(EU)* Gemeinschaftshaushalt *m*; **C. External Tariff (CET)** *(EU)* Gemeinsamer Außenzoll
commonage *n* 1. gemeinsames Nutzungsrecht; 2. Gemeindeland *nt*
Common Market *(EU)* Gemeinsamer Markt; ~ **antitrust law** Kartellrecht der EU; ~ **countries** Länder des Gemeinsamen Marktes
commonplace *n* Gemeinplatz *m*; *adj* gang und gäbe
Commons committee *[GB]* Unterhausausschuss *m*
commonwealth *n* Gemeinwesen *nt*, Gemeinschaft *f*; **C. of Nations** *[GB]* Zusammenschluss ehemaliger britischer Territorien mit Großbritannien, Völkergemeinschaft *f*; **C. countries** Commonwealth-Staaten; **C. preference** Gemeinschaftspräferenz *f*
commotion *n* Unruhe *f*, Aufruhr *m*, Tumult *m*; civil c. [§] bürgerliche/innere Unruhe; ~ **insurance** Aufruhrversicherung *f*
communal *adj* 1. gemeindlich, kommunal; 2. Gemeinschafts-

commune *n* Kommune *f*, Gemeinde *f*
communicable *adj* 1. $ übertragbar; 2. *(Ideen)* vermittelbar
communicate *v/ti* 1. mitteilen, übermitteln, Mitteilung machen, informieren; 2. in Verkehr stehen, sich verständigen; 3. $ übertragen
communication *n* 1. Benachrichtigung *f*, Mitteilung *f*, Übermittlung *f*, Schreiben *nt*, Botschaft *f*, Nachricht *f*; 2. Verbindung *f*, Verständigung *f*, Verkehr *m*, Nachrichtenverbindung *f*, N.übermittlung *f*, Kommunikation *f*, Informationsaustausch *m*; 3. $ Übertragung *f*; **c.s** Nachrichtenwesen *nt*, Informationsfluss *m*, Verkehrswege
to be in communication with in Verbindung stehen mit; **to cut s.c** Verbindungen unterbrechen; **to treat a c. as confidental** eine Mitteilung vertraulich behandeln
confidential communication vertrauliche Mitteilung; **corporate c.s** Unternehmenskommunikation *f*; **either-way c.** wechselseitiger Informationsfluss; **international c.s** internationale Öffentlichkeitsarbeit; ~ **manager** Leiter für internationale Öffentlichkeitsarbeit; **mobile c.** Mobilfunk *m*; **official c.** amtliche/dienstliche Mitteilung; ~ **c.s** amtliche Nachrichtenübermittlung; **one-way c.** einseitiger Informationsfluss; **oral c.** mündliche Mitteilung; **postal c.** Postverbindung *f*; **privileged c.** vertrauliche Mitteilung; **public c.** öffentliche Wiedergabe; **repeated c.** wiederholte Wiedergabe; **telegraphic c.** Drahtmitteilung *f*; **telephonic c.s** telefonische Verbindung; **two-way.c.** Zweiwegekommunikation *f*; **written c.** schriftliche Benachrichtigung
communication area Verständigungsbereich *m*; **c.s center** *[US]* /**centre** *[GB]* ℅ Fernmeldestelle *f*, F.zentrale *f*
communication channel Kommunikationsweg *m*; **informal c. channel** informeller Kommunikationsweg; **vertical c. channel** vertikaler Kommunikationsweg
communication cord 🚨 Notbremse *f*; **c. difficulties** Verständigungsschwierigkeiten; **c.s engineering** ℅ Fernmeldetechnik *f*; **c. gap** Informationslücke *f*; **c.s industry** Kommunikationsbranche *f*; **c. line** ℅ Fernmeldeleitung *f*; **c. link** Datenübertragung *f*, **c. manager** Leiter der Abteilung Öffentlichkeitsarbeit; **c.s network** Nachrichten-, Kommunikationsnetz *f*, Netz der Verkehrswege und Fernmeldeverbindungen; **c. path** 💻 Verbindungsweg *m*; **c.s research** Kommunikationsforschung *f*; **c.(s) satellite** Nachrichtensatellit *m*; **c. section** Mitteilungsfeld *nt*; **c.s service** Nachrichtensystem *nt*, N.dienst *m*; **c. studies** Kommunikationswissenschaften
communications system 1. Fernmelde-, Kommunikations-, Nachrichtensystem *nt*; 2. Verkehrsnetz *nt*, V.-System *nt*; **muti-channel c.s** Mehrkanalsystem *nt*; **organizational c. s.** betriebliches Kommunikationssystem
communication|s technology Kommunikationstechnik *f*; **c. terminal** 💻 Daten(end)station *f*; **c. unit** Kommunikationseinheit *f*
communicative *adj* mitteilsam, gesprächig, mitteilungsfreudig, redselig

communion *n* Teilhabe *f*, gemeinsamer Besitz; **c. of goods** eheliche Gütergemeinschaft
communiqué *n* Kommuniqué *nt*, (amtliche) Verlautbarung
Communism *n* Kommunismus *m*
Communist *n* Kommunist(in) *m/f*; *adj* kommunistisch; **C. Manifesto** kommunistisches Manifest
communitarian *adj* gemeinschaftsbezogen
community *n* 1. Gemeinschaft *f*, Kollektiv *nt*, Gesellschaft *f*; 2. Gemeinwesen *nt*, (Orts)Gemeinde *f*; 3. Publikum *nt*; **C. as originally constituted** *(EU)* Gemeinschaft in ihrer ursprünglichen Zusammensetzung; **c. of goods** Güter-, Zugewinngemeinschaft *f*; **continued marital ~ goods** fortgesetzte Gütergemeinschaft; **~ united hands; ~ joint owners; ~ property** Güter-, Gesamthandgemeinschaft *f*, Gemeinschaft zur gesamten Hand; **~ heirs** Erbengemeinschaft *f*; **~ interests** Interessengemeinschaft *f*; **~ free nations** Gemeinschaft freier Völker; **~ part-owners** Bruchteilsgemeinschaft *f*; **~ free peoples** Gemeinschaft freier Völker; **~ rights** Rechtsgemeinschaft *f*; **~ rights and interests** Rechts-, und Interessengemeinschaft *f*; **C. of the Seven** *(EFTA)* Gemeinschaft der Sieben, Siebenergemeinschaft *f*; **~ the Six** *(EU)* Gemeinschaft der Sechs, Sechsergemeinschaft *f*; **~ the Twelve** *(EU)* Zwölfergemeinschaft *f*
agricultural community landwirtschaftliche Bevölkerung; **commercial c.** Handelswelt *f*; **conventional c.** vertraglich vereinbarte Gütergemeinschaft, Fahrnisgemeinschaft *f*; **economic c.** Wirtschaftsgemeinschaft *f*; **enlarged c.** erweiterte Gemeinschaft *f*; **financial c.** Finanzwelt *f*, F.kreise *pl*, F.wirtschaft *f*; **international c.** internationale Gemeinschaft, Völkergemeinschaft *f*; **legal c.** 1. Rechtsgemeinschaft *f*; 2. ehelicher/gesetzlicher Güterstand; **religious c.** Glaubens-, Religionsgemeinschaft *f*, Kultusgemeinde *f*; **rural c.** Dorf-, Landgemeinde *f*; **scientific c.** Wissenschaft *f*
community account Gemeinschaftskonto *nt*; **c. action** Gemeinschaftsaktion *f*; **C. aid** *(EU)* Gemeinschaftshilfe *f*; **C. authorization** *(EU)* Gemeinschaftsgenehmigung *f*; **C. average** *(EU)* Gemeinschaftsdurchschnitt *m*; **C. budget** *(EU)* Gemeinschaftshaushalt *m*, G.etat *m*, EU-Haushalt *m*, **c. charge** *[GB]* Bürger-, Kommunal-, Einwohner-, Gemeinde-, Gemeinschaftssteuer *f*; **C. ceiling** *(EU)* Gemeinschaftsplafond *m*; **c. centre** Gemeinde-, Gemeinschaftszentrum *nt*; **c. chest** *[US]* Hilfs-, Wohltätigkeitsfonds *m*; **c.-conscious** *adj* gemeinschaftsbewusst; **c. council** *[Wales/Scot.]* Gemeinderat *m*; **c. councillor** *[Wales/Scot.]* Mitglied des Gemeinderats; **C. country** *(EU)* Gemeinschaftsland *nt*; **C. currency** *(EU)* Gemeinschaftswährung *f*; **C. customs provision** *(EU)* gemeinschaftliches Zollrecht; **c. debt** Gemeinschaftsschuld *f*; **C. decision** *(EU)* Gemeinschaftsentscheidung *f*; **C. expenditure** *(EU)* Gemeinschaftsausgaben *pl*, **c. facilities** Gemeinschaftseinrichtungen; **c. funds** Mittel der Gemeinschaft, Gemeinschaftsmittel *pl*; **c. goods** Gemeinschaftsgut *nt*, G.waren, **C. imports** *(EU)* Gemeinschaftseinfuhr von Waren; **c. indifference curve** gesellschaftliche Indifferenzkurve; **c. institution** Gemeinschaftseinrichtung *f*, G.organ *nt*; **c. investment** Investition(en) in Sozialeinrichtungen; **C. languages** *(EU)* Sprachen der Gemeinschaft; **C. law** *(EU)* Gemeinschaftsrecht *nt*; **secondary C. legislation** *(EU)* abgeleitetes Gemeinschaftsrecht; **at C. level** *(EU)* auf Gemeinschaftsebene, **C. levy** *(EU)* Gemeinschaftsabgabe *f*; **C. loan** *(EU)* Gemeinschaftsanleihe *f*; **C. market** *(EU)* Gemeinschaftsmarkt *m*; **~ price** EU-Marktpreis *m*; **c. meeting** *[Wales/Scot.]* Gemeindeversammlung *f*, **C. membership** EU-Mitgliedschaft *f*; **C. nature of goods** *(EU)* Gemeinschaftscharakter von Waren; **C. organ** *(EU)* Gemeinschaftsgremium *nt*; **C. origin** *(EU)* Gemeinschaftsursprung *m*; **C. patent** *(EU)* Gemeinschaftspatent *nt*; **C. Patent Convention** *(EU)* europäische Patentübereinkunft; **c. planning** Siedlungsplanung *f*, **C. policy** *(EU)* Gemeinschaftspolitik *f*; **C. port** *(EU)* Gemeinschaftshafen *m*; **C. preference** *(EU)* Gemeinschaftspräferenz *f*; **C. procedure** *(EU)* Gemeinschaftsverfahren *nt*; **C. producer** *(EU)* Gemeinschaftserzeuger *m*; **C. product** *(EU)* Gemeinschaftserzeugnis *nt*; **c. programme** *[GB]* (öffentliche) Arbeitsbeschaffungsmaßnahme (ABM); **C. project** *(EU)* Gemeinschaftsvorhaben *nt*; **c. property** (eheliche) Gütergemeinschaft *f*; **~ system** *[US]* Güter-, Erringenschaftsgemeinschaft *f*; **C. provision** *(EU)* Gemeinschaftsabstimmungen; **~ on customs matters** *(EU)* gemeinschaftliches Zollrecht; **C. quota** *(EU)* Gemeinschaftskontingent *nt*; **C. regulation** *(EU)* Gemeinschaftsverordnung *f*; **c. relations** Verhältnis zwischen den Bevölkerungsgruppen; **C. reserve** *(EU)* Gemeinschaftsreserve *f*; **C. resources** *(EU)* Gemeinschaftsmittel; **C. rules** *(EU)* Gemeinschaftsregelung(en) *f/pl*, G.vorschriften; **c. rules and regulations** *[US]* Hausordnung *f*; **C. scale of classification** *(EU)* gemeinschaftliches Handelsklassenschema; **c. service** 1. Gemeinschafts-, Ersatz-, Sozial-, Zivildienst *m*; 2.[§] Ableistung von Sozialstunden; **c. spirit** Gemeinschaftssinn *m*, G.geist *m*; **c. surveillance of imports** *(EU)* gemeinschaftliche Einfuhrüberwachung, ~ Überwachung von Einfuhren; **C. tariff** *(EU)* ⊖ Gemeinschaftszoll *m*; **~ quota** *(EU)* Gemeinschaftszollkontingent *nt*, gemeinschaftliches Tarifkontingent; **C. tax** *(EU)* Gemeinschaftssteuer *f*, **extra C. trade** *(EU)* außergemeinschaftlicher Handel

Community transit document *(EU)* gemeinschaftliches Versandpapier, gemeinschaftlicher Versandschein; **internal ~ document** *(EU)* interner Versandschein; **~ operation** *(EU)* internes/gemeinschaftliches Versandverfahren; **~ procedure** *(EU)* gemeinschaftliches Versandverfahren; **to place under ~ procedure** *(EU)* zum gemeinschaftlichen Versandverfahren abfertigen
Community treatment *(EU)* Gemeinschaftsbehandlung *f*; **c. wage rate** ortsüblicher Lohn; **C. waters** *(EU)* Gemeinschaftsgewässer
commutable *adj* [§] *(Urteil)* abänderbar, umwandelbar
commutation *n* 1. Ablösung *f*; 2. Kapitalzahlung *f*; 3.[§] Umwandlung *f*, Strafänderung *f*; 4. *(Steuer)* Pauschalisierung *f*; **c. of an annuity/pension** Rentenablösung *f*;

commutation of a copyright 224

~ **a copyright** Urheber-, Verlagsrechtablösung *f*; ~ **rent** Mietablösung *f*; ~ **a sentence** [§] Strafänderung *f*, S.umwandlung *f*; ~ **taxes** Steuerablösung *f*
commutation bond Ablösungsschuldtitel *m*; **c. clause** Umwandlungsklausel *f*; **c. credit entry** Ablösungsgutschrift *f*; **c. debt** Ablösungsschuld *f*; **inscribed c. debt** eingetragende Ablösungsschuld; **c. loan** Ablösungsanleihe *f*; **c. payment** 1. Abfindung *f*; 2. einmalige Zahlung; **c. right** Umwandlungsrecht *nt*, Recht auf Umwandlung einer Zeitrente in eine Bargeldabfindung; **c. ticket** *[US]* Zeitnetzkarte *f*
commutative *adj* austauschbar, wechselseitig
commute *v/ti* 1. umtauschen, umwandeln; 2. durch Kapitalzahlung abfinden; 3. pendeln, hin-und herfahren; 4. *(Steuer)* pauschalieren; 5. [§] umwandeln
commuter *n* (Aus-/Ein)Pendler *m*, Netzkarteninhaber; **cross-border/trans-frontier c.** Grenzgänger *m*; **long-distance c.** Fernpendler *m*
commuter area/belt (städtischer) Einzugsbereich, Nahverkehrsbezirk *m*, N.gebiet *nt*; **c. figures** Pendleraufkommen *nt*; **c. line** Nahverkehrslinie *f*; **c. ticket** Zeit-, Netzkarte *f*; **c. traffic** Berufs-, Pendlerverkehr *m*; **c. train** 🚂 Vorort-, Pendlerzug *m*
commuting expenses *n* Fahrtkosten (zum Arbeitsplatz); **c. town** Schlafstadt *f*
compact *n* 1. Vertrag *m*, Übereinkunft *f*, Abmachung *f*; 2. *[US]* 🚗 Kompaktwagen m, K.auto *nt*; **social c.** Sozialkontrakt *m*, S.abkommen *nt*, S.vertrag *m*, gesellschaftliche Vereinbarung, Gesellschaftsvertrag *m*
compact *adj* 1. kompakt; 2. 🖥 komprimiert
compact *v/ti* 1. Übereinkommen treffen; 2. verdichten; **c.ion** *n* 1. 🖥 Komprimierung *f*; 2. Verdichtung *f*
companion *n* Begleiter(in) *m/f*, Gefährte *m*, Gefährtin *f*; **c.able** *adj* umgänglich
companion account Unterkonto *nt*; **c. piece** Pendant *nt* *(frz.)*, Seitenstück *nt*
company *n* 1. Unternehmung *f*, (Handels)Gesellschaft *f*, Unternehmen *nt*, Kapitalgesellschaft *f*; 2. Begleitung *f*, Gesellschaft *f*; 3. ⚓ Mannschaft *f*; 4. *(obs.)* Gilde *f*; **in the c. of** in Begleitung von; **within the c.** (betriebs)intern
company in default notleidende Gesellschaft; **c. for the exploitation of third-party rights; c. exploiting third-party rights** Verwertungsgesellschaft *f*; **c. limited by guarantee** *[GB]* Gesellschaft mit beschränkter Nachschusspflicht; **c. under private law** 1. privatrechtliche Unternehmung; 2. Gesellschaft bürgerlichen Rechts (GbR); **c. in liquidation** Liquidationsgesellschaft *f*, Abwicklungsfirma *f*; **~ the locality** ortsansässige Firma; **c. of merchants** Handelsgesellschaft *f*; **c. limited by shares** Aktiengesellschaft (AG) *f*; **c. at table** Tischgesellschaft *f*
not related to the company unternehmensfremd; **buying up a c.** Firmenkauf *m*
to bail out a company einer Firma aus der Klemme helfen; **to consolidate companies** Firmen zusammenschließen; **to control a c.** Gesellschaft beherrschen; **to crowd out a c.** Unternehmen verdrängen; **to dismember a c.** Gesellschaft entflechten; **to dissolve a c.** Gesellschaft auflösen; **to drive/force a c. into bankrupty** ein Unternehmen in den Bankrott treiben; **to establish a c.** Gesellschaft/Unternehmen/AG/GmbH gründen; **to float a c. (on the stock exchange)** an die Börse gehen, Unternehmen an die Börse bringen, ~ in eine AG umwandeln; **to incorporate a c.** Gesellschaft handelsgerichtlich eintragen (lassen); **to join a c.** einer Gesellschaft beitreten; **to keep so. c.** jdm Gesellschaft leisten; **to leave a c.** aus einer Firma ausscheiden; **to liquidate a c.** Gesellschaft auflösen/liquidieren; **to merge to form a c.** sich zu einem Unternehmen zusammenschließen; **to part c. with so.** sich von jdm trennen; **to price a c.** Unternehmen bewerten; **to promote a c.** AG/GmbH/Gesellschaft gründen; **to reconstruct/reorganize a c.** (Finanzen einer) Firma sanieren; **to register a c.** *[GB]* Firma handelsgerichtlich eintragen (lassen), Gesellschaft zur Eintragung anmelden; **to run down a c.** Firma herunterwirtschaften; **to start (up) a c.** Gesellschaft/Unternehmen/Firma gründen; **to strike a c. from the register** Firma löschen; **to take over a c.** Firma/Gesellschaft/Unternehmen übernehmen; **to turn round a c.** Unternehmen sanieren; **to vest a c.** Firma/Gesellschaft gründen; **to wind up a c.** Firma/Gesellschaft/Unternehmen liquidieren, ~ auflösen, ~ abwickeln, Liquidation einer Firma/Gesellschaft durchführen, ~ eines Unternehmens durchführen
absorbed/acquired company übernommenes Unternehmen; **absorbing/acquiring/acquisitive c.** übernehmende/aufnehmende Gesellschaft; **admitted c.** *[US]* bundesstaatlich konzessionierte Gesellschaft; **affiliated c.** verbundene/angegliederte/nahestehende Gesellschaft, Zweig-, Tochter-, Schwester-, Konzerngesellschaft *f*, Konzernfirma *f*, K.unternehmen *nt*, verbundenes Unternehmen, Beteiligungsgesellschaft *f*, Verbundunternehmen *nt*; **due from ~ companies** Forderungen an Konzerngesellschaften; **due to ~ companies** Verbindlichkeiten gegenüber Konzerngesellschaften; **ailing/battered c.** schwer angeschlagene Gesellschaft, krankes/sieches Unternehmen; **allied c.** Konzern-, Tochterunternehmen *nt*, verbundenes Unternehmen, Konzerngesellschaft *f*; **asset-transferring c.** *(Fusion)* übertragende Gesellschaft; **associate(d) c.** Beteiligungsgesellschaft *f*, B.unternehmen *nt*, verbundenes/assoziiertes Unternehmen, Konzerngesellschaft *f*, K.unternehmen *nt*, verbundende/nahestehende/angegliederte Gesellschaft, Organfirma *f*; **due to ~ companies** Verbindlichkeiten gegenüber Beteiligungsgesellschaften; **bad c.** schlechte/üble Gesellschaft; **bareshell c.** Mantelgesellschaft *f*; **bidding c.** bietende Gesellschaft; **bogus c.** Schwindelfirma *f*, S.gesellschaft *f*, Scheinfirma *f*, S.gesellschaft *f*; **borrowing c.** kreditaufnehmendes Unternehmen; **multiple capital-structure c.** Unternehmen mit diversifizierter Kapitalstruktur; **central c.** Kerngesellschaft *f*; **chartered c.** konzessionierte (Handels)Gesellschaft, privilegierte Gesellschaft; **civil-law c.** Gesellschaft bürgerlichen Rechts (GbR); **closed c.** geschlossene Gesellschaft; **close(ly held) c.** Familiengesellschaft *f*, personenbezogene Kapitalgesellschaft, Gesellschaft mit beschränk-

ter Mitgliederzahl, ~ beschränktem Aktionärskreis; **commercial c.** Handelsunternehmen *nt*, H.betrieb *m*, H.gesellschaft *f*, kaufmännisches Unternehmen; **composite c.** Universal-, Kompositversicherer *m*, in verschiedenen Sparten tätige Versicherung; **consolidated c.** konsolidierte Gesellschaft, konsolidiertes Unternehmen; ~ **companies** Konsolidierungskreis *m*, konsolidierter Kreis, zusammengeschlossene Unternehmen; **constituent c.** Konzernunternehmen *nt*, K.gesellschaft *f*; **controlled c.** Unter-, Tochtergesellschaft *f*, kontrolliertes/beherrschtes Unternehmen, kontrollierte/ beherrschte Gesellschaft; **controlling c.** Dach-, Führungs-, Ober-, Mutter-, Kontrollgesellschaft *f*, (be)herrschende Gesellschaft, (be)herrschendes Unternehmen, Holding *f*; **debt-ridden c.** stark verschuldetes Unternehmen; **de facto** *(lat.)* **c.** faktische Gesellschaft; **defendant c.** [§] beklagte Gesellschaft; **defunct c.** erloschene Gesellschaft, untergegangenes Unternehmen; **dependent c.** abhängige Gesellschaft, abhängiges Unternehmen; ~ **report** Abhängigkeitsbericht *m*; **director-controlled c.** Gesellschaft mit Aufsichtsrat; **direct-writing c.** Erst-, Hauptversicherer *m*, H.versicherung *f*; **distributing c.** Vertriebsgesellschaft *f*; **diversified c.** Investmentgesellschaft mit gesetzlicher Risikoverteilung; **domestic c.** heimisches/inländisches Unternehmen, Inlandsunternehmen *nt*; **domiciled c.** Domizilgesellschaft *f*; **dominant c.** herrschende Gesellschaft, Dach-, Obergesellschaft *f*; **dummy c.** Briefkasten-, Scheinfirma *f*, vorgeschobene Gesellschaft; **electricity-generating c.** Stromerzeuger *m*, Energieversorgungsunternehmen (EVU) *nt*; **established c.** alteingesessene Firma; **family-owned c.** Familiengesellschaft *f*; **fiduciary c.** Treuhandgesellschaft *f*; **foreign c.** ausländisches Unternehmen, ausländische Gesellschaft, **foreign-based c.** Gesellschaft mit (Firmen)Sitz im Ausland, Basis-, Domizilgesellschaft *f*; **highly geared c.** Unternehmen mit hohem Fremdkapitalanteil; **go-ahead c.** dynamisches Unternehmen; **publicly held c.** allgemeine Kapitalgesellschaft; **high-growth c.** *(Börse)* Wachstumswert *m*; **holding c.** → **holding**; **inactive c.** *[US]* eingetragene Handelsgesellschaft, rechtsfähige Gesellschaft, Aktien-, Kapitalgesellschaft *f*; **individual c.** Einzelgesellschaft *f*; **industrial c.** Industrieunternehmen *nt*, industrielles Unternehmen; **integrated c.** Gesamtgesellschaft *f*, eingegliederte Gesellschaft, eingegliedertes Unternehmen; **interlocking c.** Schachtelgesellschaft *f*, S.unternehmen *nt*; **intermediate c.** Zwischengesellschaft *f*; **international c.** Weltunternehmen *nt*; **interposed companies** zwischengeschaltete Gesellschaften; **issuing c.** ermittierende Gesellschaft

joint-stock company 1. Aktiengesellschaft (AG) *f*, Gesellschaft, deren Anteile öffentlich gehandelt werden; 2. *[GB]* Kapitalgesellschaft *f*; 3. *[US]* Gesellschaft mit beschränkter Haftung (GmbH); **to promote a** ~ **c.** Aktiengesellschaft gründen; **collateral** ~ **c.** 1. Nebenaktiengesellschaft *f*; 2. *[US]* offene Handelsgesellschaft auf Aktien

leading company 1. federführendes Konsortialmitglied; 2. Dach-, Ober-, Spitzengesellschaft *f*; **lean c.** schlankes/durchrationalisierte Unternehmen; **leased c.** Pachtgesellschaft *f*; **highly leveraged c.** Unternehmen mit hohem Fremdkapitalanteil

limited (liability) company Kapitalgesellschaft *f*

private limited c. (LTD; Ltd) Kapitalgesellschaft (GmbH) *f*, Familien-AG *f*, Gesellschaft mit beschränkter Haftung (GmbH); **one-man private** ~ **c.** Einmann-GmbH *f*

public limited c. (PLC; plc) Aktiengesellschaft (AG) *f*, Publikumsgesellschaft *f*, Gesellschaft, deren Anteile öffentlich gehandelt werden; **controlled/dependent plc** abhängige Aktiengesellschaft

listed company *[US]* (börsen)notierte Gesellschaft; **loss-allocating c.** Verlustzuweisungsgesellschaft *f*; **low-payout c.** Gesellschaft mit niedriger Dividendenausschüttung; **managing c.** Betriebsführungs-, Verwaltungsgesellschaft *f*; **major c.** Großunternehmen *nt*; **marginal c.** Grenzbetrieb *m*, Gesellschaft am Rand der Rentabilität; **medium-sized c.** mittelständisches Unternehmen, mittlere Firma, mittleres Unternehmen; **merged c.** fusionierte Gesellschaft; **multi-industry c.** Mischkonzern *m*; **multi-market c.** Unternehmen mit breit gestreuten Absatzmöglichkeiten; **multinational c.** multinationales Unternehmen, Multi *m (coll)*; **multiple-product c.** Unternehmen mit breiter Produktpalette; **mutual c.** Versicherungsverein auf Gegenseitigkeit (VVaG), Gegenseitigkeitsgesellschaft *f*; **nationalized c.** *[GB]* staatliche/verstaatlichte Gesellschaft, staatliches/verstaatlichtes Unternehmen, Regiebetrieb *m*; **new c.** junge Firma, junges Unternehmen; **non-national c.** international ausgerichtetes Unternehmen; **non-operating c.** Firmenmantel *m*, Holding(gesellschaft) *f*; **non-profit(-making) c.** gemeinnützige Gesellschaft, gemeinnütziger Verein; **non-resident c.** Gesellschaft mit Sitz im Ausland; **non-stock c.** 1. Gesellschaft mit beschränkter Haftung (GmbH); 2. *[US]* rechtsfähiger Verein, gemeinnützige Institution; **non-trading c.** nicht auf das Betreiben eines Handelsgeschäfts ausgerichtete Gesellschaft; **offshore c.** Gesellschaft (mit Sitz) im Ausland; **one-man c.** Personenfirma *f*, P.unternehmung *f*, Einzelfirma *f*, E.unternehmung *f*, E.gesellschaft *f*; **operating c.** 1. Betriebsgesellschaft *f*; 2. aktiv Geschäfte betreibende Gesellschaft; **overseas c.** ausländische Gesellschaft; **federally owned c.** Bundesunternehmen *nt*; **jointly owned c.** Gemeinschaftsunternehmen *nt*; **participating c.** beteiligte Gesellschaft; **petrochemical c.** Erdölchemieunternehmen *nt*; **pharmaceutical c.** Arzneimittel-, Pharmahersteller *m*, P.unternehmung *nt*; **phoney c.** *[GB]* Briefkasten-, Scheinfirma *f*, vorgeschobene Gesellschaft; **piggyback c.** Huckepackgesellschaft *f*; **primary/principal c.** Ober-, Hauptgesellschaft *f*; **private c.** 1. Privatfirma *f*, P.gesellschaft *f*, Personengesellschaft *f*; 2. Gesellschaft mit beschränkter Haftung (GmbH); 3. Aktiengesellschaft mit bis zu 50 Mitgliedern; ~ mit geschlossenem Aktionärskreis; 4. Gesellschaft bürgerlichen Rechts (GbR); **private-law c.** privatrechtliche Gesellschaft; **profit-transferring c.** Gewinnabführungsge-

sellschaft *f*; **proprietary c.** Gründer-, Gründungs-, Dach-, Holding-, Eigentumsgesellschaft *f*, kontrollierende Gesellschaft; **public c.** Aktien-, Publikumsgesellschaft *f*; **public-law c.** öffentlich-rechtliche Gesellschaft; **public-service c.** Gesellschaft mit öffentlichem Auftrag, der Beförderungspflicht unterliegende Gesellschaft, öffentliches Versorgungsunternehmen; **quasi-public c.** Quasikörperschaft des öffentlichen Rechts, gemischtwirtschaftliche Gesellschaft, gemischtwirtschaftliches Unternehmen; **(publicly) quoted c.** *[GB]* Kapitalmarkt-, Publikumsgesellschaft *f*, börsenotierte Gesellschaft, börsennotiertes Unternehmen; **receiving/recipient c.** *(Fusion)* aufnehmende/übernehmende Gesellschaft, Auffanggesellschaft *f*; **registered c.** eingetragene/zugelassene Firma, ~ Gesellschaft, eingetragene Handelsgesellschaft; **regulated c.** Aufsicht der Zwangsbewirtschaftung unterliegende Gesellschaft; **related c.** Schwesterfirma *f*, verbundenes Unternehmen, Verbundunternehmen *nt*; **reporting c.** berichtende Gesellschaft; **respected c.** angesehene Firma; **safe-deposit c.** Schließfachgesellschaft *f*; **second-tier c.** nachgeschaltete Gesellschaft; **select c.** ausgewählte Gesellschaft; **small-loan c.** Vorschussgesellschaft *f*; **sound c.** solide Gesellschaft, solides Unternehmen; **split c.** Doppelgesellschaft *f*; **sponsoring/supporting c.** Trägergesellschaft *f*; **state-controlled c.** staatlich kontrolliertes Unternehmen, Regiebetrieb *m*; **state-owned c.** Staatsbetrieb *m*, S.unternehmen *nt*; **statutory c.** Körperschaft/Gesellschaft des öffentlichen Rechts; **sub-holding c.** Zwischenholding *f*; **subordinated c.** Organgesellschaft *f*; **subsidiary c.** Tochter-, Organ-, Unter-, Konzern-, Nebengesellschaft *f*, abhängige Gesellschaft; **theatrical c.** Schauspieler-, Theatertruppe *f*; **touring c.** Wanderbühne *f*; **publicly traded c.** Publikumsgesellschaft *f*, börsennotierte Gesellschaft; **two-man c.** Zweimanngesellschaft *f*, zweigliedrige Gesellschaft; **underlying c.** Tochtergesellschaft mit betriebsnotwendigen Rechten für die Mutter; **unified c.** Einheitsgesellschaft *f*; **unincorporated c.** Personengesellschaft *f*, nicht rechtsfähige Gesellschaft; **unlimited c.** Gesellschaft mit unbeschränkter Haftung, Offene Handelsgesellschaft (OHG); **unlisted c.** *[US]* nicht börsennotierte Gesellschaft; **unregistered c.** nicht eingetragene Gesellschaft; **world-renowned c.** weltbekanntes Unternehmen, Unternehmen von Weltruf; **wound-up c.** aufgelöste Gesellschaft
company accident insurance betriebliche Unfallversicherung; **c. accommodation** Werkswohnung *f*; **c. account** Firmen-, Gesellschaftskonto *nt*; **c. accounts** Betriebsbuchhaltung *f*; **c.'s annual accounts** Unternehmensabschluss *m*; **Companies Act** *[GB]* Aktiengesetz *nt*; **c.'s operational activities** Unternehmenstätigkeit *f*; **c. address** Firmenanschrift *f*; **c. affiliation** Unternehmensverflechtung *f*; **c. agent** Firmenvertreter *m*; **c. agreement** Betriebs-, Unternehmensvereinbarung *f*; **c. anniversary** Betriebs-, Firmenjubiläum *nt*; **c. archives** Betriebs-, Firmenarchiv *nt*; **c. archivist** Archivar des Gesellschaft; **c. assets** Betriebs-, Firmen-, Ge-

sellschaftsvermögen *nt*, Firmen-, Unternehmenssubstanz *f*; **c.-assisted** *adj* werks-, unternehmensgefördert; **c. auditor** Betriebsprüfer *m*, B.revisor *m*; **c. balance sheet** Unternehmens-, Gesellschaftsbilanz *f*; **c.'s banker** Hausbank *f*; **c. bankruptcy** Firmenbankrott *m*; **c. benefits** betriebliche Sozialleistungen; **c. board** Aufsichts-, Verwaltungsrat *m* (der Gesellschaft), Unternehmensleitung *f*; **c. bonus** Betriebsprämie *f*; **c. books** Gesellschafts-, Geschäftsbücher; **c. borrowing** gewerbliche Kreditaufnahme, Kreditaufnahme von Unternehmen; **brass-plate c.** Briefkastenfirma *f*; **c. buying** Firmen(auf)kauf *m*; **c. capital (stock)** Unternehmens-, Firmenkapital *nt*; **c. car** Dienst-, Firmenwagen *m*, firmeneigener Wagen, Dienst-, Firmenfahrzeug *nt*; **c. card** Firmenkarte *f*; **c. catering** Betriebsverpflegung *f*; **c. charter/constitution** Unternehmensverfassung *f*; **c. council** Unternehmensrat *m*; **central c. council** zentraler Unternehmensrat; **companies court** Handelsgericht *nt*; **c. creditor** Firmengläubiger(in) *m/f*; **cutting-edge c.** Spitzenunternehmen *nt*, S. firma *f*; **c. debt** Gesellschaftsverbindlichkeit *f*; **c. debts** Verbindlichkeiten einer Gesellschaft, Firmenschulden, Schulden einer Firma; **Companies Department** *[GB]* Amt/Abteilung für Firmenwesen; **c. development** Eigenentwicklung *f*; **c. doctor** Werksarzt *m*; **c. dwelling** Werks-, Firmen-, Dienstwohnung *f*; **c. earnings** Unternehmenseinkommen *nt*, U.ertrag *m*; **c. employee** Firmenangehörige(r) *f/m*; **c. equity** Gesellschaftskapital *nt*; **at c.('s) expense** auf Firmen-/Geschäftskosten, auf Kosten der Firma; **c. facility** werkseigene Einrichtung; **c. failure** Firmen-, Unternehmenspleite *f*; **c. files** Gesellschafts-, Firmenakten; **c. finance(s)** Gesellschaftsfinanzen; **c. financing** Unternehmensfinanzierung *f*; **c. flag** Hausflagge *f*; **c. flat** werkseigene Wohnung, Dienst-, Firmen-, Werkswohnung *f*
company formation Unternehmens-, Firmengründung *f*; **~ by incorporators and subscribers** Stufen-, Sukzessivgründung *f*; **fictitious c. f.** Scheingründung *f*, Gründungsschwindel *m*; **new c. f.** (Firmen)Neugründung *f*
company foundation Firmen-, Gesellschaftsgründung *f*; **c. founder** Unternehmens-, Gesellschaftsgründer *m*; **c. funding** Unternehmensfinanzierung *f*; **c. funds** Gesellschafts-, Firmenmittel, Gesellschaftskasse *f*; **to play the c. game** *(coll)* sich in der Firma profilieren (wollen); **c. guidelines** Unternehmensleitsätze; **c. guarantee** Firmenbürgschaft *f*, F.garantie *f*; **c. head** Firmenchef *m*; **c. headquarters** Firmenhauptquartier *nt*, (Firmen)Zentrale *f*, Hauptverwaltung *f*; **c. health insurance (scheme)** Betriebskrankenkasse *f*; **c. history** Firmen-, Unternehmensgeschichte *f*; **c. housing estate** Firmen-, Werkssiedlung *f*; **c. identification card** Betriebs-, Firmenausweis *m*; **c. image** Firmenimage *nt*; **c. income tax** Körperschaftssteuer *f*; **c. incorporation** *[US]* Firmenregistrierung *f*; **c. information manual** Betriebs-, Arbeitnehmerhandbuch *nt*; **c. inventory** Firmeninventar *nt*
company law Gesellschafts-, Unternehmens-, Aktienrecht *nt*, Recht der Kapitalgesellschaften; **c.-l; as estab-**

lished in c. l. *adj* gesellschafts-, aktienrechtlich; **c. l. norms** Aktienrechtsnormen; ~ **reform** Aktienrechtsreform *f*
company lawyer Firmenanwalt *m*, F.jurist *m*, Hausjurist *m*, Syndikus *m*, Justiziar *m*; **c. let(ting)** Vermietung von Gesellschaften; **c. level** Unternehmensebene *f*; **above c. level** überbetrieblich; **c. liabilities** Gesellschafts-, Firmenverbindlichkeiten; **c. liquidation** Unternehmens-, Gesellschaftsauflösung *f*; **c. liquidity** Firmenliquidität *f*; **c. logo** Firmen-, Unternehmenslogo *nt*; **c. loss** Gesellschafts-, Unternehmensverlust *m*; **c. magazine/newspaper** Werks-, Betriebs-, Kunden-, Hauszeitschrift *f*, Werkszeitung *f*; **c. management** Unternehmens-, Geschäfts-, Firmenleitung *f*, Betriebs-, Gesellschafts-, Unternehmensführung *f*, Verwaltung/Führung/Leitung der Gesellschaft, ~ des Unternehmens; **c. mail** Firmenpost *f*; **c. manpower planning** betriebliche Personalplanung; **c.-manufactured** *adj* selbsterstellt, eigengefertigt; **c. meeting** Gesellschafter-, Haupt-, Aktionärs-, Gesellschaftsversammlung *f*; **c. memorandum** Unternehmenssatzung(sentwurf) *f/m*; **c. merger** Fusion *f*, Unternehmens-, Firmenzusammenschluss *m*; **c. model** Unternehmensmodell *nt*; **c. name** Firmenbezeichnung *f*, Gesellschafts-, Firmenname *m*; **c. note** Firmenwechsel *m*; **c. officer** Prokurist *m*, Generalbevollmächtigter *m*, Geschäftsführer *m*; **c. official** Firmenangestellte(r) *m/f*, F.vertreter(in) *m/f*; **c. optimum** Unternehmensoptimum *nt*; **c. organ** Gesellschaftsorgan *nt*; **c. organization** Unternehmensorganisation *f*; **c.'s own; c.-owned** *adj* betriebs-, firmen-, gesellschafts-, haus-, werkseigen; **c. pay agreement** Firmen-, Haustarifvertrag *m*; ~ **scale** Haus-, Firmentarif *m*
company pension Firmen-, Werks-, Betriebsrente *f*, betriebliche Altersversorgung, vom Betrieb gewährte Pension, betriebliches (Alters)Ruhegeld; ~ **fund** Betriebsrentenkasse *f*, B.pensionskasse *f*, B.pensionsfonds *f*; ~ **scheme** (inner)betriebliche Altersversorgung, betriebliche Ruhegeldordnung/Pensionskasse
company pensioner Betriebsrentner *m*, Firmenpensionär *m*; **c. philosophy** Unternehmens-, Firmenphilosophie *f*; **c. physician** Betriebs-, Werksarzt *m*; **c. plane ✈** Firmenflugzeug *nt*; **c. planning** Unternehmensplanung *f*, betriebliche Planung, betriebliches Planungswesen; **c. plant** Werk(s)anlage *f*, Betrieb(sstätte) *m/f*
company policy Unternehmens-, Firmen-, Geschäftspolitik *f*, Grundsätze der Unternehmensführung; **long-term c. p.** langfristige Unternehmenspolitik; **short-term c. p.** kurzfristige Unternehmenspolitik; **sound c. p.** vernünftige Firmen-/Unternehmenspolitik
company premises Firmen-, Betriebskomplex *m*, B.gebäude *nt*, Geschäftsräume, Firmengelände *nt*; **c.-produced** *adj* in Eigenfertigung hergestellt, selbstgefertigt; **c. profile** Unternehmenssteckbrief *m*; **c. profit** Firmen-, Gesellschafts-, Unternehmensgewinn *m*; **c. net profit** Gesellschaftsreingewinn *m*; **c. profit-sharing payment** Unternehmensgewinnbeteiligung *f*; **c. promoter** Unternehmes-, Firmengründer *m*, Gründer einer Gesellschaft, ~ eines Unternehmens; **c. pro-** motion Firmen-, Unternehmensgründung *f*; ~ **boom** Gründerboom *m*, Gründungsfieber *nt*; ~ **business** Gründungsgeschäft *nt*; **c. property** Betriebs-, Gesellschaftsvermögen *nt*, Firmeneigentum *nt*; Betriebsgrundstück *nt*, B.gelände *nt*; **c. prospectus** *(Börse)* Unternehmens-, Gesellschaftsprospekt *m/nt*; **c. rating** Unternehmens-, Firmenbewertung *f*; **c. records** Firmen-, Betriebsarchiv *nt*, B.aufzeichnungen; **c. register** Firmen-, Gesellschaftsregister *nt*; **c. registration** *[GB]* Registrierung einer Gesellschaft, Firmeneintragung *f*, F.registrierung *f*, F.anmeldung *f*, handelsgerichtliche Eintragung, Eintragung in das Gesellschaftsregister; ~ **law** Handelsregisterrecht *nt*, Recht des Handelsregisters; **c. regulations** Betriebsordnung *f*; **c. release** Firmen-, Unternehmens-, Betriebsmitteilung *f*; **c. relocation** Betriebsverlagerung *f*, Verlegung eines Unternehmens; **c. reorganization** Sanierung *f* (einer Gesellschaft), Sanierungsumgründung *f*
company report Gesellschafts-, Unternehmensbericht *m*, Geschäftsbericht *m*
company reporting Berichtswesen *nt*, Rechnungslegung des Unternehmens; **c. resources** Gesellschaftsmittel *pl*; **c. restaurant** Betriebskasino *nt*, B.kantine *f*; **c. results** Unternehmensergebnis *nt*, U.leistung *f*; **C.'s Risk (C.R.; C/R)** auf Gefahr der Firma; **c. sales** Firmenabsatz *m*, F.umsatz *m*; **c. savings bank** Werkssparkasse *f*; **c. seal** *[GB]* Firmensiegel *nt*; **c. secret** Betriebs-, Firmengeheimnis *nt*; **c. secretary** 1. Verwaltungsdirektor *m*, Geschäftsführer *m*, Vorstandssprecher *m*; 2. Syndikus *m*, Justiziar *m*, Generalbevollmächtigter *m*; **c. seniority** Betriebszugehörigkeit(sdauer) *f*, Dauer der Zugehörigkeit zum Unternehmen; **c.'s own shares** Vorratsaktien; **c. shop** *[GB]* /**store** *[US]* Werksladen *m*; **c. sickness benefit fund** Betriebskrankenkasse *f*; **c. size** Firmen-, Betriebs-, Unternehmensgröße *f*; **c.-specific** *adj* firmen-, unternehmensspezifisch; **c. spokesman/spokesperson/spokeswoman** Vorstands-, Unternehmens-, Firmensprecher(in) *m/f*, F.vertreter(in) *m/f*, Unternehmenssprecher(in) *m/f*; **c. staff** Firmen-, Betriebs-, Werksangehörige *pl*; **c. stamp** Firmenstempel *m*; **c. statement** Unternehmens-, Gesellschafts-, Firmenbilanz *f*; **c. stationery** Geschäftsbogen *m*; **c. statute(s)** 1. Unternehmensstatut *nt*, U.satzung *f*; 2. *(AG)* Organisationsstatut *nt*; **c. strategy** Unternehmens-, Firmen-, Gesellschaftspolitik *f*; **c. structure** Gesellschafts-, Betriebs-, Unternehmensstruktur *f*, U.verfassung *f*; **c. success** Unternehmenserfolg *m*; **c. suggestion plan/scheme** betriebliches Vorschlagswesen; **c. superannuation scheme** betriebliche Altersversorgung, Firmenrente *f*; **c. supplier** Firmen-, Betriebslieferant *m*; **c. tax** Körperschafts-, Gesellschaftssteuer *f*; **c. taxation** Firmen-, Unternehmens-, Gesellschaftsbesteuerung *f*; **in the c.'s time** während der Arbeitszeit; **c. town** firmeneigene Stadt; **c. training** betriebliche Aus-/Fortbildung; ~ **center** *[US]* /**centre** *[GB]* betriebliche Ausbildungsstätte; **c. treasurer** Finanzvorstand *m*, F.chef *m*; **c. tranport** Werksverkehr *m*; **c. union** Betriebsgewerkschaft *f*, gelbe Gewerkschaft; **c.'s intrinsic value** Un-

ternehmens-, Firmensubstanz *f*; **c. vehicle** Firmenfahrzeug *nt*, Firmen-, Geschäftswagen *m*; **c. wage contract** Werks-, Firmentarifvertrag *m*; **~ negotiations** Werkstarifverhandlungen; **c. welfare** Werksfürsorge *f*; **c.-wide** unternehmensweit; **c. winding-up** Firmenauflösung *f*, F.liquidierung *f*, Abwicklung einer Firma
compar|ability *n* Vergleichbarkeit *f*; **c.able** *n* Vergleichszahl *f*
comparable *adj* vergleichbar; **c. only in part** bedingt vergleichbar
comparative *adj* vergleichsweise, verhältnismäßig, relativ, vergleichend, Vergleichs-
beyond compare *n* unvergleichlich
compare *v/ti* 1. vergleichen; 2. sich vergleichen lassen, sich im Vergleich ausnehmen; **c. favourably with** im Vergleich günstig abschneiden mit, besser sein/abschneiden als; **c. like with like** Gleiches mit Gleichem vergleichen
compared with *adj* im Vergleich zu, verglichen mit
comparison *n* Vergleich(sbetrachtung) *m/f*, Gegenüberstellung *f*
comparison of balance sheets Bilanzvergleich *m*; **~ competitors** Konkurrenzvergleich *m*; **~ costs** Kostenvergleich *m*; **~ documents** Urkundenvergleich *m*; **~ estimates with results** Soll-Istvergleich *m*; **~ handwriting (specimens)** Handschriften-, Schriftvergleich *m*; **~ inventory movements** Lagerbestandsvergleich *m*; **~ actual performances** Ist-Istvergleich *m*; **c. over a period of time** Zeitvergleich *m*; **c. of purchasing power** Kaufkraftvergleich *m*; **~ profitability** Rentabilitäts-, Vorteilsvergleich *m*; **c. between the budgeted and realized results** Soll-Istvergleich *m*; **c. of financial statements** Bilanzvergleich *m*; **c. between target and estimated performance** Soll-Wirdvergleich *m*; **c. of utility** Nutzenvergleich *m*; **interpersonal ~ utility** interpersoneller Nutzenvergleich; **c. with a year earlier; ~ the previous year** Vorjahresvergleich *m*
to bear comparison einem Vergleich standhalten; **to draw/make a c.** Vergleich anstellen; **to obscure c.** Vergleich erschweren; **to stand c.** Vergleich aushalten
bald comparison nüchterner Vergleich; **interbranch c.** Filialvergleich *m*; **intercompany/interfirm/interplant c.** Betriebsvergleich *m*, zwischenbetrieblicher Vergleich; **intertemporal c.** Zeitvergleich *m*; **intrafirm c.** innerbetrieblicher Vergleich; **legal c.** Rechtsvergleich *m*; **monthly c.** Monatsvergleich *m*; **multi-year c.** Mehrjahresvergleich *m*; **paired c.** Paarvergleich *m*; **periodical c.; period-to-period c.** Periodenvergleich *m*; **sectoral c.** Branchenvergleich *m*; **target-actual/target-performance c.** Soll-/Plan-Istvergleich *m*; **textual c.** Textvergleich *m*; **two-months' c.** Zweimonatsvergleich *m*; **year-to-year c.** Jahresvergleich *m*; **on a ~ c.** im Jahresvergleich
comparison shopping vergleichende Warenprüfung; **c. test** Vergleichstest *m*
compartment *n* 1. 🚋 (Zug)Abteil *nt*, Coupé *nt (frz.)*; 2. Kasten *m*, (Schrank)Fach *nt*; **first-class c.** Abteil erster Klasse, Erster-Klasse Abteil *nt*; **non-smoking c.** Nicht-

raucherabteil *nt*, Abteil für Nichtraucher; **secret c.** Geheimfach *nt*
compartmental|ization *n* Aufgliederung in Abteilungen, Bereichsbildung *f*; **c.ize** *v/t* aufsplittern
compass *n* Kompass *m*; **c. [US]; c.es [GB]** Zirkel *m*; **magnetic c.** Magnetkompass *m*
compassion *n* Mitleid *nt*, Erbarmen *nt*, Mitgefühl *nt*; **out of sheer c.** aus reinem Mitleid
compassionate *adj* mitfühlend, mitleidig
compatibility *n* 1. Vereinbarkeit *f*; 2. 💻 Kompatibilität *f*; 3. 💲 Verträglichkeit *f*; **environmental c.** Umweltverträglichkeit *f*, U.freundlichkeit *f*; **~ control** Umweltverträglichkeitsprüfung (UVP) *f*
compatible *adj* 1. vereinbar; 2. 💻 kompatibel; 3. 💲 verträglich; **environmentally c.** umweltverträglich, u.freundlich
compatriot *n* Landsmann *m*, L.männin *f*; **c.s** Landsleute
compel *v/t* nötigen, (er)zwingen
compellability of witnesses *n* [§] Erzwingbarkeit von Zeugenaussagen
compelling *adj* zwingend
compendium *n* Handbuch *nt*, Kompendium *nt*, (Text)Sammlung *f*; **c. of law** [§] Rechtslehrbuch *nt*; **~ laws** Gesetzessammlung *f*
compensate *v/t* 1. entschädigen, ersetzen, ausgleichen, Ersatz leisten, schadlos halten, Ausgleich gewähren, wieder gutmachen, kompensieren, wettmachen; 2. entgelten, entlohnen, vergüten; **to more than c.** überkompensieren; **c. for sth.** etw. ausgleichen; **to c. for sth.** zum Ausgleich für, als Kompensation für
compensation *n* 1. Schaden(s)ersatz(leistung) *m/f*, Entschädigung(sleistung) *f*, Wiedergutmachung *f*, Abfindung *f*, Abstandssumme *f*, Ausgleich *m*, Kompensation *f*, Schaden(s)abfindung *f*, S.aufwendung *f*, Ersatz *m*, Ausgleichsentschädigung *f*; 2. Entlohnung *f*, Vergütung *f*, (Leistungs)Entgelt *nt*; **as/by way of/in c.** als Ersatz/Entschädigung, zum Ausgleich; **subject to c.** aufrechenbar; **without c.** entschädigungslos
compensation in cash 1. Entschädigung in bar; 2. Barbezüge *pl*; **c. of/for (a) damage** Schaden(s)ersatz *m*, S.ausgleich *m*, Abgeltung von Schäden; **~ damages in kind** Naturalrestitution *f*; **~ a debt** Schuldausgleich *m*; **c. for an employee's invention** Arbeitnehmererfindervergütung *f*; **~ the expert** Sachverständigenvergütung *f*; **~ exploitation rights** Nutzungsvergütung *f*; **c. per hours worked** Stundenverdienst *m*; **~ unjustified/wrongful imprisonment** (Straf)Haftentschädigung *f*; **~ inflation** Inflationsausgleich *m*, I.entschädigung *f*; **~ investors** Anlegerentschädigung *f*; **c. (paid) in kind** Naturalentschädigung *f*, N.ausgleich *m*, N.restitution *f*; **c. for a loss** Verlustausgleich *m*; **~ loss of earnings** Verdienstausfallentschädigung *f*; **~ loss of employment** Kündigungsabfindung *f*, K.entschädigung *f*; **~ loss of office** Abfindungsentschädigung *f*; **c. for pain and suffering** Schmerzensgeld *nt*; **~ part performance** Vergütung für Teilleistung; **~ expropriated property** Enteignungsentschädigung *f*; **~ risks (incurred)** Risikovergütung *f*, R.ausgleich *m*; **~ savers** Einlegerentschädigung *f*; **~ services rendered** Leis-

tungentgelt *nt*, L.ausgleich *m*; **c. for travel expenses** Fahrtkostenentschädigung *f*; **~ use** Nutzungsentgelt *nt*, N.entschädigung *f*; **~ wear and tear** Abnutzungsentschädigung *f*; **~ work** Werklohn *m*
entitled to compensation entschädigungsberechtigt; **liable to render c.** regress-, schadenersatz-, entschädigungspflichtig
to accept compensation sich abfinden lassen; **to afford c. for a damage** Schaden wieder gutmachen; **to award c.** Entschädigung zuerkennen; **to claim c.** Entschädigung beanspruchen, Schaden(s)ersatzanspruch geltend machen, Ersatz fordern/verlangen; **to pay c.** Schaden(s)ersatz leisten, Entschädigung zahlen; **liable ~ c.** ersatzpflichtig; **to receive c.** Ersatz erhalten
additional compensation Nebenleistung *f*; **to demand ~ c.** nachfordern; **advance c.** Schaden(s)bevorschussung *f*; **agreed c.** vereinbartes Entgelt; **contractually ~ c.** vertraglich vereinbarte Entschädigung; **appropriate c.** angemessene Entschädigung; **basic c.** 1. Haupt-, Stammschädigung *f*; 2. Grundvergütung *f*; **deadtime c.** Lohnausfallentschädigung *f*; **deferred c.** hinausgeschobene Abfindung; **equivalent c.** ⊖ Ersatz durch äquivalente Waren; **fair (and reasonable) c.** angemessene Entschädigung/Vergütung/Gegenleistung, billige Entschädigung; **financial c.** Finanzausgleich *m*; **flat-rate c.** Pausch(al)vergütung *f*, P.abgeltung *f*; **full c.** Vollkompensation *f*, volle Entschädigung; **incentive c.** 1. Leistungsprämie *f*; 2. *[US]* Leistungslohn *m*; **industrial c.** Unfallvergütung *f*; **lump-sum c.** 1. Pauschalabgeltung *f*, P.vergütung *f*, P.entschädigung *f*; 2. Kapitalabfindung *f*; **maximum c.** Höchstentschädigung *f*; **monetary c.** Barabfindung *f*, Geldentschädigung *f*, Ersatz in Geld; **multilateral c.** multilaterale Verrechnung; **non-cash c.** Sachbezüge *pl*, (Ausgleich durch) Sachleistungen; **partial c.** Teilausgleich *m*, T.kompensation *f*; **pecuniary c.** finanzielle Entschädigung, Geldentschädigung *f*, G.abfindung *f*, Entschädigung in Geld; **reasonable c.** angemessene Entschädigung; **scanty c.** dürftige Entschädigung; **short-time c.** Ausfallgeld für Kurzarbeit; **total c.** *[US]* Gesamtzuwendungen an Arbeitnehmer, Vergütungspaket *nt*
compensation account Ausgleichskonto *nt*; **c. agreement** Schaden(s)ersatzvereinbarung *f*, Kompensationsabkommen *nt*; **c. amount** Ausgleichsbetrag *m*, Entschädigungssumme *f*; **c. arrangements** Entgeltregelung *f*; **c. award** Gewährung einer Ausgleichszahlung; **c. business** Kompensationsgeschäft *nt*; **c. claim** Schaden(s)ersatz-, Entschädigungs-, Ersatzanspruch *m*; **c. committee** Vergütungsausschuss *m*; **c. deal** Kompensationsgeschäft *nt*; **c. delivery** Ersatzlieferung *f*; **c. fund** Kompensations-, Entschädigungsfonds *m*, Ausgleichskasse *f*; **c. goods** Kompensationsgüter *pl*; **c. guidelines** Lohnleitlinien *pl*; **c. order** 1. §̲ Entschädigungs-, Wiedergutmachungsbeschluss *m*, Wiedergutmachungs-, Schaden(s)ersatzurteil *nt*; 2. Kompensationsauftrag *m*; **criminal c. order** §̲ Wiedergutmachungsauflage *f*; **c. package** *[US]* Gesamtvergütung *f*, Vergütungspaket *nt*; **c. pay** Ausgleichslohn *m*; **c. payment** Ausgleichs-, Abfindungs-, Entschädigungszahlung *f*, Ersatzleistung *f*; **c. pay-out** Ausgleichszahlung *f*; **c. period** Entschädigungszeitraum *m*; **c. policy** (Lohn- und) Gehaltspolitik *f*; **c. principle** Kompensationskriterium *nt*; **c. proceedings** §̲ Entschädigungsverfahren *nt*; **c. provisions** Schaden(s)ersatz-, Entschädigungsbestimmungen; **c. relaxation factor (CR factor)** *(REFA)* Erholungszuschlag *m*; **c. requirement** Ausgleichsbedarf *m*; **c. system** Vergütungsmodell *nt*, V.system *nt*; **c. trading** Kompensationshandel *m*; **c. transaction** Kompensationsgeschäft *nt*
compensator *n* 🖳 Entzerrer *m*
compensatory *adj* Ausgleichs-, ausgleichend, entschädigend, kompensatorisch
compère *n* *(frz.)* Conférencier *m (frz.)*
compete *v/i* konkurrieren, in Wettbewerb stehen/treten, in Konkurrenz stehen; **c. with so.** in Konkurrenz mit jdm stehen, jdm Konkurrenz machen; **c. against so. successfully** sich im Wettbewerb gegen jdn behaupten/durchsetzen, den Wettbewerb gegen jdn erfolgreich bestehen, im Wettbewerb gegen jdn erfolgreich sein; **able to c.** konkurrenz-, wettbewerbsfähig
competence; competency *n* 1. Fähigkeit *f*, Tüchtigkeit *f*, Befähigung *f*, Talent *nt*, Kompetenz *f*; 2. Befugnis *f*, Entscheidungsgewalt *f*, Zuständigkeit *f*; 3. Verwaltungs-, Aufgaben-, Dienst-, Zuständigkeitsbereich *m*, Ressort *nt*; 4. §̲ Zurechnungs-, Geschäfts-, Rechtsfähigkeit *f*; **c. of the court** Gerichtszuständigkeit *f*; **c. for legal transactions** rechtsgeschäftliche Befugnis; **c. of a witness (to testify)** §̲ Zeugnisfähigkeit *f*
exceeding one's competence Überschreiten der Zuständigkeit, Zuständigkeits-, Kompetenzüberschreitung *f*
to be within the competence (of) unter die Zuständigkeit fallen; **to disclaim/deny c.** Zuständigkeit bestreiten/verneinen; **to overstep one's c.** seine Befugnisse überschreiten
administrative competence Verwaltungskompetenz *f*; **communicative c.** Kommunikationsfähigkeit *f*, kommunikative Kompetenz; **exclusive c.** ausschließliche Zuständigkeit; **juridical c.** Rechtszuständigkeit *f*; **legal c.** Geschäftsfähigkeit *f*; **legislative c.** Gesetzgebungszuständigkeit *f*, G.kompetenz *f*; **to have limited c.** beschränkt geschäftsfähig sein; **linguistic c.** Sprachkompetenz *f*; **occupational c.** berufliche Eignung; **official c.** Amtsbefugnis *f*; **subsidiary c.** subsidiäre Kompetenz; **technical c.** fachliches/fachmännisches Können, Fachkompetenz *f*
competent *adj* 1. zuständig, befugt; 2. befähigt, fähig, fachkundig, fachkompetent, tüchtig, sachverständig; 3. *(Person)* maßgebend; 4. §̲ rechts-, geschäfts-, zurechnungsfähig; **not c.** unzuständig; **mentally c.** geistig zurechnungsfähig; **technically c.** sachkundig
competent to contract §̲ geschäfts-, rechtsfähig; **not ~ contract** nicht geschäftsfähig/rechtsfähig; **to be c.** zuständig sein
competing *adj* konkurrierend, rivalisierend; **not c.** außer Konkurrenz
competition *n* 1. Konkurrenz(kampf) *f/m*, Wettbewerb *m*; 2. Leistungswettkampf *m*, L.vergleich *m*; 3. Preis-

ausschreiben *nt*; **the c.** die Konkurrenz/Konkurrenten; **without c.** konkurrenzlos; **c. from abroad** Auslandskonkurrenz *f*; **c. between groups** Gruppenwettbewerb *m*; **not affecting c.** wettbewerbsneutral; **detrimental to c.** wettbewerbswidrig; **endangering c.** wettbewerbsgefährdend; **ill-equipped to meet c.** wettbewerbsschwach; **resulting from c.** wettbewerbsabhängig; **tending to restrain c.** wettbewerbsbeschränkend **to avoid competition** sich dem Wettbewerb entziehen; **to be in c.** in Konkurrenz/im Wettbewerb stehen, sich Konkurrenz machen; ~ **capable of meeting (the) c.** wettbewerbsfähig sein; **to check/eliminate c.** Wettbewerb verdrängen/ausschalten; **to cope with/face (up to) (the) c.** der Konkurrenz standhalten; **to curb (free) c.** (freien) Wettbewerb einschränken; **to cut out c.** Wettbewerb verdrängen; **to defy all c.** im Wettbewerb nicht zu schlagen sein, konkurrenzlos sein, der Konkurrenz die Spitze bieten; **to distort c.** Wettbewerb verfälschen/verzerren, Wettbewerbsneutralität verletzen; **to enter into c. with** in Konkurrenz/Wettbewerb treten mit, konkurrieren mit; **to have no c.** außer Konkurrenz sein; **to impair c.** Wettbewerb beschränken; **to increase c.** Wettbewerb beleben; **to intensify c.** Wettbewerb verschärfen; **to maintain c.** Wettbewerb aufrechterhalten; **to meet the c.** wettbewerbsfähig sein, der Konkurrenz die Spitze bieten, ~ gewachsen sein; **to preserve c.** Wettbewerb erhalten; **to prevent/restrain/restrict c.** Wettbewerb behindern/einschränken/beschränken/beeinträchtigen; **to promote c.** Wettbewerb fördern; **to protect o.s. against c.** sich gegen die Konkurrenz abschirmen/schützen; **to regulate c.** Wettbewerb regeln; **to reinforce c.** Wettbewerb stärken; **to render c. inoperative** Wettbewerb lähmen; **to withstand the c.** der Konkurrenz standhalten
architectural competition Architektenwettbewerb *m*; **artificial c.** unvollständiger/unvollkommener Wettbewerb, unvollständige/unvollkommene Konkurrenz; **brisk c.** lebhafte Konkurrenz, lebhafter Wettbewerb; **bruising c.** mörderischer Wettbewerb; **circular c.** zirkulare Konkurrenz; **cutthroat c.** mörderischer Wettkampf/Wettbewerb, halsbrecherische/mörderische/ruinöse Konkurrenz, erbitterter/mörderischer/scharfer Konkurrenzkampf, Vernichtungs-, Verdrängungswettbewerb *m*, Konkurrenzkampf auf Leben und Tod; **cyclical c.** zyklische Konkurrenz; **destructive c.** ruinöser Wettbewerb, ruinöse Konkurrenz; **distorted c.** Wettbewerbsverzerrung *f*; **effective c.** wirklich/wirksamer Wettbewerb; **eliminatory c.** Bereinigungs-, Verdrängungswettbewerb *m*; **fair c.** lauterer/redlicher Wettbewerb; **fictitious c.** Scheinwettbewerb *m*; **fierce c.** harter/scharfer Wettbewerb, scharfe/lebhafte Konkurrenz; **foreign c.** Wettbewerb des Auslands, ausländische Konkurrenz; **fraudulent c.** unlauterer Wettbewerb; **free c.** freier Wettbewerb, freie Konkurrenz, Wettbewerbsfreiheit *f*, Freiheit des Wettbewerbs; **full c.** vollkommener/vollständiger/unbeschränkter Wettbewerb, vollkommene/vollständige/unbeschränkte Konkurrenz; **illicit c.** unzulässiger Wettbewerb; **imperfect c.** unvollständiger/unvollkommener Wettbewerb, unvollständige/unvollkommene Konkurrenz; **industrial c.** industrieller Wettbewerb; **intense c.** scharfer Wettbewerb; **interbank c.** Wettbewerb zwischen Banken; **interindustry c.** brancheninterne Konkurrenz; **internal c.** Binnenwettbewerb *m*; **keen c.** scharfer Wettbewerb/Konkurrenzkampf, harte/lebhafte Konkurrenz; **keener c.** Wettbewerbsverschärfung *f*; **monopolistic c.** monopolistische Konkurrenz; **nonprice c.** außerpreislicher Wettbewerb; **open c.** freier Wettbewerb; **parasitic c.** schmarotzerischer Wettbewerb; **partial/restricted c.** beschränkter/eingeschränkter Wettbewerb; **perfect c.** vollkommener/vollständiger/unbeschränkter Wettbewerb, vollständige/atomistische Konkurrenz; **predatory c.** Verdrängungswettbewerb *m*; **pure c.** vollständige/vollkommene/unbeschränkte/homogene Konkurrenz; **rampant c.** wild wuchernder Wettbewerb; **ruinous c.** ruinöse Konkurrenz, Verdrängungswettbewerb *m*; **ruthless c.** ruinöser Wettbewerb; **severe/sharp/stiff c.** starker/scharfer/harter Wettbewerb, scharfe/hartnäckige/lebhafte Konkurrenz, angespannte Wettbewerbssituation; **stiffening c.** härter werdender Wettbewerb; **substitute c.** Substitutionskonkurrenz *f*; **officially supported c.** von der öffentlichen Hand unterstützter Wettbewerb; **total c.** vollkommener/vollständiger/unbeschränkter Wettbewerb; **unbridled/unlimited/unrestrained/unrestricted c.** unbeschränkter/hemmungsloser/uneingeschränkter Wettbewerb; **unfair c.** unlauterer Wettbewerb, unlautere Konkurrenz; **vertical c.** vertikale Konkurrenz

Competition Act [GB] Wettbewerbsgesetz *nt*; **c. authority** Wettbewerbsbehörde *f*, Kartellamt *nt* [D]; **c. clause** Konkurrenzausschluss *m*, Wettbewerbsklausel *f*; **c. investigator** Aufsichtsamt für Wettbewerb; **c. law** Wettbewerbsrecht *nt*; **c. lawyer** Fachanwalt für Wettbewerbsfragen; **c. laws** Wettbewerbsgesetze; **c. point** (*Spedition*) Konkurrenzpunkt *m*; **c. policy** Wettbewerbspolitik *f*; **dynamic c. policy** aktive Wettbewerbspolitik; **c. prospects** Wettbewerbsmöglichkeiten; **c.-restraining** *adj* wettbewerbsbeschränkend, w.dämpfend; **c. rules** Wettbewerbsvorschriften, W.bestimmungen, W.regeln; **to violate c. rules** Wettbewerbsvorschriften verletzen; **c. watchdog** Wettbewerbsaufsichtsbehörde *f*, W.hüter *m*

competitive *adj* 1. konkurrenz-, leistungs-, wettbewerbsfähig; 2. konkurrierend; 3. (*Markt*) umkämpft; 4. marktgerecht; **broadly c.** wettbewerbsintensiv; **fiercely/highly c.** 1. (*Markt*) heiß umkämpft, wettbewerbsintensiv; 2. leistungs-, konkurrenzstark; **to keep/remain c.** Wettbewerbsfähigkeit aufrechterhalten, im Wettbewerb mithalten, wettbewerbsfähig bleiben

competitiveness *n* Wettbewerbs-, Leistungs-, Konkurrenzfähigkeit *f*, Wettbewerbskraft *f*; **to restore c.** Wettbewerbsfähigkeit wiederherstellen; **international c.** internationale Wettbewerbsfähigkeit/Konkurrenz

competitor *n* 1. Konkurrent(in) *m/f*, Konkurrenz(firma) *f*, K.unternehmen *nt*, K.betrieb *m*; 2. (Mit)Wettbewerber(in) *m/f*, (Preis)Bewerber *m*, Wettbewerbsteilnehmer(in) *m/f*

to check a competitor der Konkurrenz Einhalt gebieten; **to cut out c.s** Konkurrenz verdrängen; **to disparage a c.** die Konkurrenz anschwärzen; **to eliminate a c.** die Konkurrenz ausschalten; **to forestall c.s** der Konkurrenz zuvorkommen; **to mollify c.s** Konkurrenz besänftigen; **to outdistance c.s** Konkurrenz abhängen; **to switch to a c.** zur Konkurrenz abwandern; **to take on one's c.s** es mit der Konkurrenz aufnehmen; **to undercut/ undersell c.s** Konkurrenz/Konkurrenten unterbieten; **to wipe out c.s** Konkurrenz verdrängen

chief/main/major competitor (Haupt)Konkurrent m; **cut-price c.** Billiganbieter m, preisdrückender Konkurrent; **domestic c.s** inländische/heimische Konkurrenz; **established c.s** etablierte Konkurrenz; **foreign c.s** Auslandskonkurrenz f; **our c.s** die Konkurrenz; **potential c.** potenzieller Wettbewerber/Konkurrent

competitor fuel konkurrierender Brennstoff

compilation n 1. Erfassung f, Erstellung f; 2. Zusammenfassung f; 3. ▢ Übersetzen nt; **c. of assets** (Konkurs) Versammlung der Masse; **~ a catalog(ue)** Zusammenstellung eines Katalogs; **statistic(al) c.** statistische Zusammenstellung

compile v/t 1. zusammenstellen, z.fassen, z.tragen; 2. ▢ kompilieren, übersetzen; 3. ▦ erstellen; **c. time** ▢ Kompilierungs-, Übersetzungszeit f

compiler; compilor n 1. ▢ Übersetzungsprogramm nt, Übersetzer m, Kompilierer m; 2. (Wörterbuch) Verfasser m

compla|cency n Selbstgefälligkeit f, S.zufriedenheit f; **c.acent** adj selbstgefällig, s.zufrieden

complain v/i 1. sich beschweren, Beschwerde führen, reklamieren; 2. klagen, stöhnen; 3. §§ klagen, Klage führen

complainant n 1. Beschwerdeführer(in) m/f; 2. §§ Kläger(in) m/f

complaint n 1. Beschwerde f, Mängelrüge f, Reklamation f, Beanstandung f; 2. §§ Klage f, Beschwerdeführung f, B.fall m; 3. §§ Anzeige f; 4. ⚕ Beschwerde f, Leiden nt; **c. about an administrative decision** Verwaltungsbeschwerde f; **c. on the grounds of unfair dismissal** Kündigungsschutzklage f; **c. about inaction** Untätigkeitsbeschwerde f; **c. about the quality** Qualitätsbeanstandung f; **c. against an order of arrest** Haftbeschwerde f; **c. on the grounds of unconstitutionality** Verfassungsbeschwerde f

lodging a complaint Beschwerdeeinlegung f

to adjust a complaint einer Beschwerde abhelfen; **to allow a c.** einer Beschwerde stattgeben; **to file/lodge a c.** 1. Beschwerde anbringen/einreichen/vorbringen/vortragen, sich beschweren, Mängelrüge geltend machen; 2. §§ Anzeige erstatten; **to have cause for c.** Grund zur Beschwerde haben; **to lodge/make a c.** sich beschweren, reklamieren; **to receive c.s** Reklamationen entgegennehmen; **to redress/ remedy a c.** einer Beschwerde abhelfen; **to reject/repudiate a c.** Beschwerde/Reklamation zurückweisen; **to uphold a c.** einer Beschwerde stattgeben

civil complaint §§ Zivilklage f; **constitutional c.** Verfassungsbeschwerde f; **disciplinary/formal c.** Dienstaufsichtsbeschwerde f; **fashionable c.** ⚕ Modekrankheit f; **justifiable c.** berechtigte Beschwerde; **nervous c.** ⚕ nervöses Leiden; **supplemental c.** §§ Klageergänzung f, Nachtragsklage f; **well-founded c.** berechtigte Beschwerde

complaint|s book Beschwerdebuch nt; **c.s department/office** Beschwerdestelle f, B.abteilung f, Reklamationsstelle f, R.abteilung f, Büro für Reklamationen; **c. letter** Beschwerdebrief m, Mängelrüge f; **c.s procedure** Beschwerde-, Reklamationsverfahren nt

complaisance n Gefälligkeit f; **usual c.** gewohnte Gefälligkeit

complaisant adj gefällig, entgegenkommend

complement n 1. Ergänzung f, Vervollständigung f; 2. Komplementärgut nt, komplementäres Gut; 3. Gegenstück nt; 4. ⚓ Besatzung f; 5. ▢ Komplement nt; **full c.** gesamte Schiffsmannschaft, volle Besatzung

complement v/t ergänzen, vervollständigen, komplettieren, abrunden; **c. each other** sich ergänzen

complementarity n Komplementarität f; **c. of production** Komplementarität der Produktion

complementary (to) adj (sich) ergänzend, komplementär, Ergänzungs-; **to be c.** sich ergänzen

complementation agreement n Ergänzungsabkommen nt

complete adj 1. vollständig, komplett, restlos, ganz, lückenlos, umfassend, voll, vollzählig; 2. völlig, total; 3. vollkommen, perfekt; 4. (Arbeit) vollendet, abgeschlossen, fertig; 5. ⊖ unversehrt; **to be c.** abgeschlossen/beendet sein

complete v/t 1. beenden, vollenden, abschließen, fertigstellen; 2. vervollständigen, ergänzen, komplettieren; 3. (Formular) ausfüllen

completed adj vollendet, abgeschlossen, (fix und) fertig; **when c.** im Endausbau; **to be c.** zum Abschluss gelangen

completely adv völlig, vollkommen

completeness n ⊖ 1. Vollzähligkeit f, V.ständigkeit f; 2. Unversehrtheit f

completion n 1. Abschlus m, Vollendung f, Fertigstellung f, Beendigung f, Vervollständigung f, Erledigung f; 2. Vollkommenheit f; 3. 🏛 Baufertigstellung f, Endausbau m; 4. (Formular) Ausfüllen nt; **on c.** bei Abschluss/Fertigstellung/Beendigung/Erledigung; **near c.** kurz vor dem Abschluss

completion of an attempt Vollendung eines Versuchs; **~ a contract** Vertragserfüllung f, Erfüllung des Vertrags; **~ a course** Absolvierung eines Lehrgangs; **~ a form** Formularausfüllung f; **~ insurance periods** Zurücklegung von Versicherungszeiten; **c. on schedule** fristgemäße Fertigstellung; **c. of work** Abschluss der Arbeiten; **scheduled for c. next year** Fertigstellung im nächsten Jahr vorgesehen

to be nearing completion der Vollendung entgegengehen, vor dem Abschluss stehen

completion bond Erfüllungsgarantie f; **c. date** Fertigstellungstermin m, Termin/Zeitpunkt der Fertigstellung; **c. guarantee** Fertigstellungsgarantie f; **c. notice** Baufertigstellungsanzeige f; **c. report** Abwicklungs-

completion test 232

meldung *f*; **c. test** Lückentest *m*; **c. time** Erfüllungs-, Ausführungszeit *f*; **earliest c. time** *(OR)* frühester Endzeitpunkt
complex *n* Komplex *m*; **c. of problems** Problemkomplex *m*, P.kreis *m*; **industrial c.** Industriekomplex *m*, I.konglomerat *nt*; **~ construction** Großanlagenbau *m*
complex *adj* 1. komplex, kompliziert, verwickelt, unentwirrbar, vertrackt; 2. ▦ mehrfach gegliedert, vielschichtig
complexion *n* 1. Gesichtsfarbe *f*; 2. Aspekt *m*; **political c.** politische Schattierung/Couleur *(frz.)*
complexity *n* Komplexität *f*, Vielschichtigkeit *f*, Kompliziertheit *f*
compliance *n* 1. Erfüllung *f*, Befolgung *f*, Einhaltung *f*, Einwilligung *f*, Befolgen *nt*, Gefügigkeit *f*, Hörigkeit *f*, Nachgiebigkeit *f*, Willfährigkeit *f*; 2. *[US]* Steuerehrlichkeit *f*, S.moral *f*; **in c. with** gemäß, entsprechend, unter Beachtung von, in Einklang/Übereinstimmung mit
compliance with a condition Erfüllung/Einhaltung einer Bedingung; **~ a/the contract** Vertragstreue *f*; **~ a decision** Ausführung einer Entscheidung; **mandatory ~ the statutory form** Formzwang *m*; **~ the formalities** Erledigung/Erfüllung von Formalitäten; **in ~ your order** 1. auftragsgemäß; 2. in Erfüllung Ihrer Anordnung; **~ the prohibitions** Beachtung der Verbote; **~ regulations** Einhaltung von Vorschriften; **not in ~ formal requirements** formwidrig; **~ the terms of the contract** Vertragstreue *f*, Einhaltung des Vertrags
to refuse compliance with a court ruling sich einem Gerichtsbeschluss widersetzen
defective compliance mangelhafte Erfüllung; **statutory c.** Einhaltung der gesetzlichen Vorschriften; **strict c.** genaue/strikte Befolgung, ~ Einhaltung, strenge Beachtung; **substantial c.** *(Vers.)* notwendige Mitwirkung bei der Auswechslung des Begünstigten
compliance date Erfüllungstermin *m*; **c. stamp** Gütestempel *m*
compliant *adj* gefügig, hörig, nachgiebig, entgegenkommend, willfährig
complicate *v/t* erschweren, komplizieren; **c.d** *adj* kompliziert, schwierig, verwickelt, verworren, vertrackt
complication *n* Erschwerung *f*, Verwicklung *f*; **c.s** Weiterungen
complicity *n* [§] Mittäterschaft *f*, Komplizenschaft *f*, Teilnahme *f*; **c. in a crime** Beteiligung an einem Verbrechen; **c. concept/theory** Teilnahmelehre *f*
compliment *n* Kompliment *nt*, Empfehlung *f*, Höflichkeitsbezeugung *f*; **with c.s** zur gefälligen Kenntnisnahme; **with the c.s of the season** mit den besten Wünschen zum Jahreswechsel; **to pay so. a c.** jdm ein Kompliment machen; **"With C.s" slip** Empfehlungskarte *f*, E.zettel *m*
compliment so. *v/t* jdm ein Kompliment machen
complimentary *adj* 1. schmeichelhaft; 2. *(Eintrittskarte)* gratis
comply with *v/i* *(Anordnung)* (be)folgen, entsprechen, entgegen-, nachkommen, Folge leisten, erfüllen, einhalten, einwilligen in; **to refuse to ~ with** sich widersetzen

component *n* 1. Bestandteil *m*, (Bau)Element *nt*, Teil(fabrikat) *nt*, Bau-, Einzelteil *nt*; 2. Komponente *f*; 3. ▦ Bewegungskomponente *f*; **c. of income** 1. Einkommenskomponente *f*, E.bestandteil *m*; 2. Ertragskomponente *f*; **c. in real terms** güterwirtschaftliche Komponente; **c. of variance** ▦ Varianzkomponente *f*
automotive component Autozubehörteil *nt*; **~ industry** Kraftfahrzeugzulieferindustrie *f*; **bought-in/outsourced/subcontracted c.** Zulieferteil *m*, durch Subunternehmen gefertigtes Teil; **electronic c.** elektronisches Bauteil; **fixed c.** 1. fester Bestandteil; 2. fester Teilbetrag; **initial c.** Vorprodukt *nt*; **random c.** Zufallskomponente *f*; **variable c.** bewegliche Teilbetrag
component(s) assembly Teilemontage *f*; **c. bar chart** zusammengesetztes Stabdiagramm; **c.s industry** Zulieferindustrie *f*; **c. maker** Zulieferer *m*; **c. manufacture** Teilefertigung *f*; **c. master file** 🖥 Teilestammdatei *f*; **~ set** Teilestammsatz *m*; **c. part** Bestand-, Einzelteil *nt*, fertiges Teil; **c. supplier** Zulieferer *m*, Teilelieferant *m*, Zulieferbetrieb *m*
compose *v/t* 1. ver-, abfassen, ausarbeiten; 2. komponieren; 3. 🖨 setzen; **c.d** *adj* gelassen, beherrscht, gefasst, gleichmütig; **to be ~ of** bestehen aus, sich rekrutieren/zusammensetzen aus; **c.poser** *n* 1. 🖨 Binder *m*; 2. Komponist *m*; 3. Verfasser *m*
composing *n* 🖨 Schriftsetzerei *f*, Satzarbeit *f*; **c. room** Setzerei *f*
composite *adj* 1. Misch-, gemischt; 2. verbunden, zusammengesetzt, Kunst-; 3. *(Vers.)* Universal-; 4. π teilbar
composites *pl* *[US]* Aktien der Universalversicherungsgesellschaften; **c. trading** Handel in Aktien der Universalversicherungsgesellschaften
composition *n* 1. Zusammensetzung *f*; 2. 🖨 (Druck)Satz *m*, Schriftsetzerei *f*, Klischeemontage *f*, Satzherstellung *f*; 3. [§] Vergleich *m*, gütliche/einvernehmliche Regelung, Kompromiss *m*, Arrangement *nt* *(frz.)*, Abfindungsvertrag *m*; 4. Ablösungssumme *f*; 5. ♠ Zusammensetzung *f*, Stoffverbindung *f*; 6. Musikstück *nt*, Komposition *f*; 7. Aufsatz *m*
composition after adjudication [§] Zwangsvergleich *m*; **c. in bankruptcy** Gläubiger-, Konkursvergleich *m*, mit den Konkursgläubigern abgeschlossener Vergleich, Einigung mit den Gläubigern; **c. of the supervisory board** Zusammensetzung des Aufsichtsrats; **~ costs** Kostenstruktur *f*; **c. with creditors** Gläubigervergleich *m*, Vergleich mit Gläubigern, ~ zur Abwendung eines Konkurses; **c. by deed of arrangement** außergerichtlicher Vergleich mit Gläubigern; **c. through deferment of creditor claims** Stundungsvergleich *m*; **c. of imports** Importstruktur *f*; **~ income** Zusammensetzung des Einkommens; **~ the management board** Auftragszusammensetzung *f*; **~ the panel of judges** Zusammensetzung des Gerichts; **c. after receiving order** gerichtlicher Vergleich; **c. before receiving order** außergerichtlicher Vergleich; **c. by waiver** Erlassvergleich *m*
to effect/make a composition Vergleich abschließen,

sich vergleichen, vergleichsweise Regelung treffen; ~ **with one's creditors** sich mit seinen Gläubigern vergleichen/akkordieren; **to set aside a c.** Vergleich aufheben; **to settle by c.** durch Vergleich regeln
chemical composition ◆ chemische Zusammensetzung; **compulsory c.** [§] Zwangsvergleich *m*; **computerized c.** [§] Computersatz *m*; **preventive c.** [§] Vergleich *m* (zur Abwendung des Konkurs); **spaced c.** [§] Sperrsatz *m*
composition *adj* Kunst-
composition agreement [§] Vergleichsvertrag *m*; ~ **with creditors** Gläubiger-, Sanierungsvergleich *m*; **c. code** Vergleichsordnung *f*; **c. costs** [§] Satzkosten; **c. deed** Vergleichsurkunde *f*, V.vertrag *m*, V.abkommen *nt*, schriftlicher Vergleich; **c. dividend/quota** Vergleichssumme *f*, V.quote *f*; **c. gains** Vergleichsgewinn *m*; **c. leather** Kunstleder *nt*; **c. material** Kunststoff *m*; **c. metal** Legierung(smetall) *f/nt*; **c. pattern** [§] Satzmuster *nt*; **c. payment** Abfindungs-, Pauschalzahlung *f*
composition proceedings [§] (Konkurs)Vergleichsverfahren *nt*, Ausgleichsverfahren *nt*, Vergleichs- und Sanierungsverfahren *nt*; **court-supervised/judicial c. p.** gerichtliches Vergleichsverfahren
composition rubber synthetischer Kautschuk; **c. settlement** Vergleichsregelung *f*; **c. tax** pauschalierte Steuer
compositor *n* [§] (Schrift)Setzer *m*, Metteur *m (frz.)*
compos mentis *(lat.)* [§] bei klarem Verstand
compost *n* ✿ Kompost *m*; *v/t* kompostieren
compostation *n* Kompostierung *f*; **c. plant** Kompostierungsanlage *f*
compost heap Komposthaufen *m*
composure *n* Gelassenheit *f*, Gemütsruhe *f*; **to keep one's c.** Haltung/Fassung bewahren; **to lose one's c.** aus der Fassung geraten; **to regain one's c.** seine Fassung wiedergewinnen
compound *n* 1. Mischung *f*, Zusammensetzung *f*; 2. ◆ (Stoff)Verbindung *f*; 3. Verbund *m*; 4. Areal *nt*, Gelände *nt*, Anwesen *nt*; **chemical c.** chemische Verbindung; **industrial c.** Industriekomplex *m*
compound *v/ti* 1. Vergleich/Übereinkunft treffen, sich einigen/vergleichen, Kompromiss schließen, durch Vergleich regeln; 2. aufzinsen, Zinseszinsen berechnen; 3. laufende Verpflichtungen ablösen; 4. pauschalieren; 5. erschweren, verschlimmern
compound *adj* zusammengesetzt, Verbund-
compounding *n* Aufzinsung *f*; **c. of claims** vergleichsweise Befriedigung von Forderungen; **c. with creditors** Gläubigervergleich *m*; **continuous c.** laufende/tageweise Verzinsung; **part c.** Teilpauschalierung *f*; **total c.** Gesamtpauschalierung *f*
comprehend *v/t* 1. begreifen, verstehen; 2. enthalten, einschließen, umfassen
comprehens|ibility *n* Verständlichkeit *f*; ~ **research** Verständlichkeitsforschung *f*; **c.ible** *adj* begreiflich, verständlich
comprehension *n* Verständnis *nt*, Einsicht *f*, Begriffsvermögen *nt*; **to be beyond c.** unbegreiflich sein
comprehensive *adj* 1. global, umfassend, Gesamt-; 2. *(Vers.)* Vollkasko-
compress *n* ✚ Wickel *m*, Kompresse *f*; **c.** *v/t* 1. komprimieren, verdichten, zusammenpressen; 2. 🖳 komprimieren
compression *n* Kompression *f*, Verdichtung *f*, Komprimierung *f*
compressor *n* 1. ✿ Kompressor *m*, Verdichter *m*; 2. 🖳 Verdichter *m*; ~ **program** 🖳 Verdichtungsprogramm *nt*
com|prise *v/t* einschließen, umfassen, enthalten; **c.-prising** *adj* bestehend aus, unter Einschluss von
compromise *n* Kompromiss *m*, vergleichsweise Regelung; **c. in court** Prozessvergleich *m*; **c. and settlement** [§] Vergleich *m*; **to reach a c.** sich vergleichen; **patched-up c.** fauler Kompromiss; **proposed c.** Vermittlungsvorschlag *m*
compromise *v/ti* 1. sich gütlich einigen, Vergleich/Kompromiss schließen; 2. gefährden, aufs Spiel setzen; 3. bloßstellen, kompromittieren
compromise agreement Kompromiss *m*, Vergleich *m*; **c. formula** Kompromiss-, Vergleichsformel *f*; **c. proposal** Vergleichs-, Vermittlungsvorschlag *m*; **c. solution** Kompromisslösung *f*
comptometer *n* Rechenmaschine *f*, R.automat *m*
comptroller *n* Bücher-, Rechnungs-, Kostenrevisor *m*, Bilanzprüfer *m*, Leiter der Buchhaltung, ~ des Rechnungswesens, Rechnungsprüfer *m*, Revisor *m*; **C. and Auditor General** *[GB]* Präsident des Rechnungshofs; **C. of the Currency** *[US]* Währungskommissar *m*, W.hüter *m (coll)*, Bankenaufsichtsamt *nt*
compulsion *n* Zwang *m*, Nötigung *f*, Erzwingung *f*; **c. to buy** Kauf-, Konsumzwang *m*; **unlawful c. by a public official** Nötigung im Amt; **judicial c.** gerichtlicher Zwang; **unlawful c.** Nötigung *f*; **c. money** Erzwingungsgeld *nt*
compulsory *adj* zwangsweise, obligatorisch, zwingend, Zwangs-, im Zwangswege, vorgeschrieben, bindend, verbindlich, verpflichtend; **to be c.** Pflicht sein
comput|ability *n* Berechenbarkeit *f*; **c.able** *adj* berechenbar
computation *n* Er-, Berechnung *f*, Überschlag *m*, Kalkulation *f*, Ermittlungsrechnung *f*
computation of contributions Beitragsberechnung *f*; **c. of costs** Kostenberechnung *f*, K.kalkulation *f*, Preisrechnung *f*, Unkostenkalkulation *f*, Rentabilitäts(be)rechnung *f*; ~ **elapsed days** Berechnung der Zinstage; ~ **discount** Wechselrechnung *f*; ~ **errors** Fehlerberechnung *f*; ~ **taxable income** Ermittlung des zu versteuernden Einkommens; ~ **interest** Zins(be)rechnung *f*, Berechnung von Zinsen; **compound ~ interest** Zinseszinsrechnung *f*; ~ **effective interest rates** Wertpapierrechnung *f*; ~ **pensions** Rentenberechnung *f*; ~ **time limits** Berechnung der Fristen
actuarial computation versicherungsmathematische Berechnung; **approximate c.** Näherungsrechnung *f*; **fixed-point c.** Festkommarechnung *f*; **floating-point c.** Gleitkommarechnung *f*; **statistical c.** statistische Berechnung
computation base Kalkulationsbasis *f*; **c. error** Re-

computation period 234

chen-, Berechnungsfehler *m*; **c. period** Abrechnungszeitraum *m*; **c. table** Berechnungstafel *f*
compute *v/t* er-, be-, ausrechnen, kalkulieren, ermitteln; **c.d** *adj* rechnerisch
computer *n* Computer *m*, (Elektronen)Rechner *m*, Rechenanlage *f*, Datenverarbeitungsanlage *f*, D.gerät *nt*; **linked by c.** durch Computer verbunden; **to feed (into) the c.** dem Computer eingeben
active computer arbeitende Rechenanlage; **analog(ue) c.** Analogcomputer *m*, A.rechner *m*; **analog(ue)-digital c.** Hybridrechner *m*; **compact c.** Kompaktrechner *m*; **conversational c.** Dialoggerät *nt*; **course-line c.** Kursrechner *m*; **desk-top c.** Tischcomputer *m*, T.rechner *m*, Arbeitsplatzcomputer *m*, A.rechner *m*; **digital c.** Digitalrechner *m*, D.computer *m*, Ziffernrechenanlage *f*; **electronic c.** Elektronenrechner *m*, elektronische Rechenanlage; **front-end c.** Kommunikationsrechner *m*; **general-purpose c.** Allzweckrechner *m*; **high-capacity c.** Großrechenanlage *f*, G.rechner *m*; **high-speed c.** Schnellrechner *m*; **hybrid c.** Hybridrechner *m*; **incremental c.** Inkrementalrechner *m*; **interactive c.** Dialogrechner *m*; **lap-top c.** Laptop *m*, tragbarer Rechner; **local c.** Lokalrechner *m*; **micro c.** Mikrorechner *m*; **mini c.** Kleinrechner *m*; **multi-user c.** Gemeinschaftsrechner *m*; **on-board c.** Bordcomputer *m*; **parallel c.** Simultanrechner *m*, S.rechenanlage *f*, Parallelrechner *m*; **personal c. (PC)** Personalcomputer (PC) *m*, Arbeitsplatzcomputer *m*; **program-controlled c.** programmgesteuerte Datenverarbeitungsanlage *f*; **small c.** Kleinrechner *m*; **special-purpose c.** Spezialrechner *m*; **standby c.** Bereitschafts-, Reserverechner *m*; **super c.** Superrechner *m*; **ultra-large c.** Größtrechner *m*
computer abuse Computermissbrauch *m*; **c.-aided; c.-assisted; c.based** *adj* computer-, rechnergestützt; **c. audit** Computerrevision *f*; **c. capacity** Rechenkapazität *f*; **c. center** *[US]* /**centre** *[GB]* Datenverarbeitungsanlage *f*, Rechenzentrum *nt*; **c. code** 🖳 Computerkode *m*; **c. control** Computersteuerung *f*; **c.-controlled** *adj* rechner-, computer-, programmgesteuert; **c. crime** Computerkriminalität *f*, C.betrug *m*; **c. engineer** Computeringenieur *f*; **c. espionage** Computerspionage *f*; **c. family** Rechnerfamilie *f*; **c. fraud** Computerbetrug *m*; **c. generation** Computergeneration *f*; **c. graphics** 1. grafische Datenverarbeitung; 2. Computergrafik *f*; **generative ~ graphics** Bildgenerierung *f*; **c. illiterate** EDV-Analphabet *m*; **c. industry** Datenverarbeitungs-, Computerindustrie *f*, C.branche *f*
computerization *n* Umstellung auf Computer, ~ EDV, Einführung von Computern, Systemeinführung *f*
computerize *v/t* auf Computer(betrieb)/EDV umstellen, mit Computern ausrüsten; **c.d** *adj* rechner-, computergesteuert, auf Computerbasis
computer language Computer-, Rechner-, Maschinen-, Programmiersprache *f*; **(personalized) c. letter** Computerbrief *m*; **c. link** Computerverbindung *f*, C.verbund *m*; **c.-linked** *adj* durch Computer/Rechner verbunden; **c. network** Computer-, Rechnerverbund *m*, R.netz *nt*; **c.-operated** *adj* computer-, rechnergesteuert; **c. operation** 1. Maschinenoperation *f*; 2. Verarbeitungsart *f*; **c.-orient(at)ed** *adj* maschinenorientiert; **c. power** rechnerischer Wert; **c. program** Computer-, Rechner-, Rechenprogramm *nt*; **c. program(m)er** Programmierer(in) *m/f*; **c. query** Computerrecherchenanfrage *f*; **c. run** Computerlauf *m*; **c. science** Informationswissenschaft *f*, Informatik *f*; **applied c. science** angewandte Informatik; **c. scientist** Informatiker *m*; **c. search** Rasterfahndung *f*; **c. simulation** Computersimulation *f*; **c. storage** Datenspeicherung *f*; **c. system** Rechnersystem *nt*; **c. time** Maschinen-, Rechenzeit *f*; **c. trading** Computerhandel *m*; **c. training** EDV-, Computerausbildung *f*; **c. user** Computerbenutzer *m*; **c. word** Computer-, Maschinenwort *nt*; **c. system** EDV-Anlage *f*, Computersystem *nt*
computing *n* Rechenoperation *f*; **remote c.** Schubverarbeitung von externen Zwischenspeichern, Fernrechnen *nt*; **c. center** *[US]* /**centre** *[GB]* Rechenzentrum *nt*; **c. process** Rechen-, Computervorgang *m*; **c. speed** Rechen-, Operationsgeschwindigkeit *f*
comrade *n* (Partei)Genosse *m*, Kamerad *m*; **c.-at-arms** Mitstreiter *m*, Waffengefährte *m*; **c.ly** *adj* kameradschaftlich; **c.ship** *n* Kameradschaft *f*
con *v/t* (coll) beschwindeln, hereinlegen
concate|nate *v/t* 🖳 verketten; **c.nation** *n* Verkettung *f*
conceal *v/t* 1. verbergen, verstecken; 2. verheimlichen, über-, verdecken, geheim halten, verschweigen, verhehlen, verschleiern; **c.ed** *adj* versteckt, verborgen, verdeckt
concealment *n* 1. Geheimhaltung *f*, Verheimlichung *f*; 2. [§] Verschweigen *nt*, Unterschlagung *f*, Verschleierung *f*; **c. of assets** Vermögensverschleierung *f*, Unterdrückung von Vermögenswerten; **~ a criminal** Unterschlupfgewährung *f*; **~ material facts** Unterdrückung wesentlicher Tatsachen; **~ profits** Gewinnverschleierung *f*
fraudulent concealment [§] arglistiges/betrügerisches Verschweigen; **material c.** Verschweigen rechtserheblicher Umstände
concede *v/t* 1. einräumen, gewähren, zugeben, zugestehen; 2. konzedieren, abtreten
conceited *adj* eingebildet, affektiert
conceivable *adj* denkbar, vorstellbar
conceive *v/t* 1. verstehen, begreifen, sich vorstellen; 2. konzipieren, in Aussicht nehmen, sich ausdenken; 3. 💲 schwanger werden
concentrate *n* Konzentrat *nt*
concentrate (on) *v/ti* 1. (sich) konzentrieren auf, (sich) zusammenballen; 2. raffen, Schwerpunkt setzen; **c.d** *adj* konzentriert, verflochten; **highly c.d** hochkonzentriert
concentration *n* 1. Konzentration *f*; 2. 🏢 Ballung *f*, Massierung *f*; 3. Ansammlung *f*
concentration of banks Bank(en)konzentration *f*; **~ capital** Kapitalkonzentration *f*; **~ demand** Nachfragekonzentration *f*; **~ emphasis** Schwerpunktbildung *f*; **~ funds** Mittelkonzentration *f*; **~ the market** Marktkonzentration *f*; **~ ownership** Eigentums-, Besitzkonzentration *f*; **~ power** Machtkonzentration *f*, M.anhäufung *f*, M.zusammenballung *f*; **~ economic power** Konzern-

tration wirtschaftlicher Macht; ~ **purchasing power** Kaufkraftschwerpunkt *m*; ~ **turnover** Umsatzkonzentration *f*; ~ **wealth** Vermögenskonzentration *f*
economic concentration wirtschaftliche Konzentration; **industrial c.** industrielle Konzentration
concentration account *[US]* Sammelkonto *nt*; **c. analysis** Konzentrationsanalyse *f*; **c. camp** Konzentrationslager *nt*; **c. curve** Konzentrations-, Lorenzkurve *f*; **c. level** Konzentrationsgrad *m*; **c. movement** Konzentrationsbewegung *f*; **c. ratio** Konzentrationsmaß *nt*
concept *n* Auffassung *f*, Begriff *m*, Konzept *nt*, Konzeption *f*, Gedanke *m*; **c. of (the) invention** Begriff der Erfindung; ~ **justice** Gerechtigkeitsbegriff *m*; ~ **profit** Erfolgskonzept *nt*
basic/fundamental concept Grundbegriff *m*; **legal c.** Rechtsbegriff *m*, R.gedanke *m*, juristischer Begriff, Rechtsfigur *f*; **general ~ c.s** allgemeine Begriffe des Rechts; **grey ~ c.** unbestimmter Rechtsbegriff; **locational c.** Standortkonzeption *f*; **moral c.** Wertvorstellung *f*; **normative c.** Normbegriff *m*; **statutory c.** [§] Gesetzesbegriff *m*
conception *n* 1. Vorstellung *f*, Auffassung *f*, Idee *f*, 2. Entwurf *m*, Konzeption *f*, Konzept *nt*; 3. ⚥ Empfängnis *f*; **to have a clear c.** feste Vorstellung haben; **legal c.** Rechtsauffassung *f*; **general c.** allgemeine Konzeption; **overall c.** Gesamtkonzeption *f*; **c. test** Konzeptionstest *m*
conceptual *adj* begrifflich, gedanklich; **c.ize** *v/t* abstrahieren, konzeptualisieren
concern *n* 1. Betrieb *m*, Unternehmen *nt*, Unternehmung *f*, Konzern *m*, Firma *f*, Geschäft *nt*; 2. Sorge *f*, Besorgnis *f*, Beunruhigung *f*, Betroffenheit *f*, Anliegen *nt*; 3. Beteiligung *f*; 4. Angelegenheit *f*, Sache *f*; 5. Belang *m*, Bedeutung *f*; 6. Interesse *nt*; **to be of c. to so.** jdn betreffen; **to cause c.** zur Besorgnis Anlass geben; **to express c.** Besorgnis ausdrücken; **to give rise for c.** Anlass zu Besorgnis geben; **to view with c.** mit Besorgnis beobachten; **to voice c.** Besorgnis zum Ausdruck bringen
big concern Großkonzern *m*; **of common c.** von gemeinsamem Interesse; **dummy c.** *[US]* Scheinunternehmen *nt*; **family-run c.** Familienunternehmen *nt*; **first c.** in Händen der Gründerfamilie befindliches Unternehmen
going concern bestehendes/laufendes Unternehmen, bestehendes Handelsgeschäft, arbeitender/aktiver Betrieb, in Betrieb befindliches Unternehmen, gut gehendes Geschäft, gut funktionierende Sache; ~ **principle** (*Bilanz*) Hypothese der Betriebsfortführung; ~ **value** Buchwert bei Unternehmensfortführung
industrial concern Industriebetrieb *m*, I.konzern *m*, I.unternehmen *nt*, Wirtschaftsunternehmen *nt*; **keen c.** rege Anteilnahme; **legitimate c.** berechtigtes Anliegen; **main/overriding c.** Hauptsorge *f*, größte Sorge; **mounting c.** wachsende/zunehmende Besorgnis; **paying/profitable c.** rentables Unternehmen/Geschäft, lukratives/einträgliches Geschäft, einträglicher Betrieb; **primary/prime c.** Hauptsorge *f*, H.anliegen *nt*; **prosperous c.** gut gehender Betrieb; **whole c.** Gesamtunternehmen *nt*

concern *v/t* betreffen, angehen; **to whom it may c.** Bescheinigung *f*, wen es angeht; **it c.s** es handelt sich um; **c. o.s. with sth.** sich mit etw. abgeben/befassen
concerned *adj* 1. beteiligt; 2. betroffen, besorgt, in Sorge, beunruhigt; 3. betreffend, in Betracht kommend, zuständig; **those c.** die Beteiligten/Betroffenen; **to be c.** betroffen sein; ~ **with** sich befassen mit, beschäftigt/befasst sein mit, sich beziehen auf
concerning *prep* betreffs, betreffend, über, hinsichtlich
concert *n* Konzert *nt*; **in c.** gemeinsam; ~ **with** in Übereinstimmung/Abstimmung mit; **to act in c.** gemeinsam vorgehen/handeln, einvernehmlich handeln; **open-air c.** Platzkonzert *nt*
concert *v/t* aufeinander abstimmen, verabreden, gemeinsam planen, abmachen
concert artists' agency *n* Konzertagentur *f*
concerted *adj* (aufeinander) abgestimmt, konzertiert, gemeinschaftlich, gemeinsam
concertina *n* Akkordeon *nt*, Schifferklavier *nt*; **c. door** Harmonikatür *f*; **c. file** Harmonikaakte *f*; **c. fold** 1. Harmonikafalz *m*; 2. 🕮 Faltenbalg *m*; **c. folding** Leporellofalzung *f*
concert party (*Börse*) Konzertzeichner *pl*; **c. tour** Konzerttournee *f*
concession *n* 1. Zulassung *f*, Genehmigung *f*, Bewilligung *f*, Gewährung *f*; 2. Entgegenkommen *nt*, Zugeständnis *nt*; 3. Konzession *f*, Einräumung *f*; 4. *[US]* Gewerbeberechtigung *f*, G.erlaubnis *f*, G.genehmigung *f*, G.konzession *f*, G.lizenz *f*; 5. ⊖ Zollkonzession *f*; 6. ⚒ Mutung *f*; **c. made in advance** Vorleistung *f*; **c. on interest rates** Zinszugeständnis *nt*; **c. granted to a supplier** Lieferbegünstigung *f*; **c. on terms** Minderkonditionen *pl*
to grant a concession 1. Lizenz/Konzession erteilen; 2. Zugeständnis machen; **no c.s** keine Zugeständnisse machen; **willing ~ c.s** konzessionsbereit; **to make a c.** Zugeständnis machen; **to win c.s** Konzessionen erreichen; **to wring a c. from so.** jdm ein Zugeständnis abringen; **to yield c.s** Zugeständnisse machen
compensatory concession Ausgleichszugeständnis *nt*; **equivalent c.** gleichwertiges Zugeständnis; **far-reaching c.s** umfassende Zugeständnisse; **special c.** Sonderkonzession *f*
concessionaire *n* Konzessionsinhaber *m*, Konzessionär *m*, Vertragshändler *m*; **sole c.** Alleinkonzessionär *m*
concessionary *adj* 1. lizensiert, im Konzessionswege; 2. verbilligt, ermäßigt; *n* Vertragshändler *m*
concession ticket Gefälligkeitsfahrkarte *f*, G.flugschein *m*
conciliate *v/t* schlichten, versöhnen, beschwichtigen, in Einklang bringen
conciliation *n* 1. Schlichtung(sverfahren) *f/nt*, Vermittlung *f*; 2. Aussöhnung *f*, **industrial c.** Schlichtungswesen *nt*; **mandatory c.** Zwangsschlichtung *f*
conciliation agreement Schlichtungsabkommen *nt*, S.protokoll *nt*; ~ **to end a strike** Streikschlichtung *f*; **c. board** Schlichtungskommission *f*, S.stelle *f*, S.amt *nt*, S.ausschuss *m*, Vermittlungsausschuss *m*, V.stelle *f*, Einigungsstelle *f*; **c. committee** Schlichtungs-, Ver-

conciliation court

mittlungsausschuss *m*, V.gremium *nt*, Einigungsstelle *f*; **c. court** Gütestelle *f*, Sühnegericht *nt*; **c. facilities** Schlichtungseinrichtungen; **voluntary c. facility** freiwillige Schlichtungsinstanz; **c. hearing** [§] Sühneverhandlung *f*, S.termin *m*; **c. office** Schlichtungsstelle *f*; **c. procedure** Schlichtungs-, Einigungsverfahren *nt*; **c. proceedings** 1. Schlichtungs-, Vermittlungs-, Einigungsverfahren *nt*, Schlichtungsrunde *f*; 2. [§] Sühneverfahren *nt*, Güteverhandlung *f*; **c. services** Schlichtungs-, Vermittlungstätigkeit *f*; **c. sheet** Abstimmungsbogen *m*
conciliator *n* Vermittler *m*, Schlichter *m*; **c.y** *adj* versöhnlich, vermittelnd, konziliant
concise *adj* kurz (gefasst), knapp, bündig, präzise, prägnant, exakt, gedrängt; **c.ly** *adv* kurz und bündig; **c.ness** *n* Präzision *f*, Exaktheit *f*, Prägnanz *f*
conclude *v/t* 1. (be)schließen, zum Abschluss bringen, (ab)schließen, beenden; 2. *(Vertrag)* abschließen; 3. (schluss)folgern, zum Schluss gelangen/kommen; **c. from** Schluss ziehen aus; **to c.** schlussendlich; **to be c.d** *(Fortsetzungsgeschichte)* Schluss folgt
conclusion *n* 1. (Ab)Schluss *m*, Ende *nt*; 2. *(Vertrag)* Abschluss *m*; 3. (Schluss)Folgerung *f*; **in c.** zum Abschluss, abschließend, schlussendlich
conclusion of an agreement; ~ a contract Vertragsabschluss *m*; **on ~ the agreement/contract** bei Vertragsabschluss; **c. by analogy** Analogieschluss *m*; **c. of a bargain/deal** Geschäftsabschluss *m*; **~ fact** tatsächliche Schlussfolgerung, Tatsachenfeststellung *f*; **~ an insurance contract** Versicherungsabschluss *m*; **~ law** rechtliche (Schluss)Folgerung; **~ a marriage** Eingehen einer Ehe; **~ a pay agreement** (Lohn- und Gehalts)Tarifabschluss *m*; **~ a peace treaty** Friedensschluss *m*; **~ a purchase contract** Abschluss eines Kaufvertrags; **~ a sale** Verkaufsabschluss *m*; **~ a transaction** Abschluss eines Geschäfts; **~ a trial** Prozessbeendigung *f*
to arrive at the conclusion zu der Überzeugung gelangen; **to be a foregone c.** im Voraus/Vorhinein feststehen, von vornherein feststellen; **to bring to a c.** zum (Ab)Schluss bringen; **~ successful c.** über die Runden bringen *(coll)*, erfolgreich abschließen, zu einem erfolgreichen Abschluss bringen; **to come to the c.** zu dem Schluss/Ergebnis kommen; **to draw a c. (from)** Schluss ziehen; **~ c.s** Folgerungen/Rückschlüsse ziehen; **to jump to c.s** übereilte/voreilige Schlüsse ziehen, ~ Schlussfolgerungen ziehen, vorschnell urteilen
converse conclusion Umkehrschluss *m*; **false c.** Trugschluss *m*; **foregone c.** ausgemachte Sache, Selbstverständlichkeit *f*; **inescapable/stringent c.** zwingende Schlussfolgerung
conclusive *adj* beweiskräftig, schlüssig, eindeutig, überzeugend, unwiderlegbar, stichhaltig, triftig, konkludent; **c.ness** *n* Beweiskraft *f*, Schlüssigkeit *f*, Stichhaltigkeit *f*, Unwiderlegbarkeit *f*
concoct *v/ti (coll)* 1. zubereiten, kreieren, ersinnen, erfinden; 2. *(Plan)* aushecken, ausbrüten; **c.ion** *n (coll)* 1. Erfindung *f*; 2. Gebräu *nt*
concomitance *n* gleichzeitiges Vorhandensein

concomitant *n* Begleiterscheinung *f*, Pendant *nt (frz.)*; *adj* begleitend, gleichzeitig; **c.ly with** *adv* in Tateinheit mit
concord *n* 1. Eintracht *f*; 2. Einvernehmen *nt*
concordance Übereinstimmung *f*, Kongruenz *f*; **in c. with** gemäß; **~ of maturities** Fristenkongruenz *f*
concordant (with) *adj* übereinstimmend (mit), entsprechend, kongruent
concourse *n* 1. 🚉 Bahnhofs-, Schalterhalle *f*; 2. *[US]* freier Platz
concrete *n* 🏛 Beton *m*; **to set in c.** einbetonieren
aerated concrete Gasbeton *m*; **lightweight c.** Leichtbeton *m*; **pre-stressed c.** Spannbeton *m*; **ready-mixed c.** Fertigbeton *m*; **reinforced c.** Stahl-, Eisenbeton *m*
concrete *adj* konkret, gegenständlich, greifbar
concrete block Wohnsilo *m (pej.)*; **c. mixer** Betonmischmaschine *f*; **c. mixing plant** Betonwerk *nt*
concrete over *v/t* zubetonieren
concu|binage *n* Konkubinat *nt*, wilde Ehe; **c.bine** *n* Konkubine *f*
concur *v/i* 1. zustimmen, beipflichten, übereinstimmen; 2. *(Ereignis)* (gleichzeitig) eintreten
concurator *n* [§] gerichtlich ernannter Mitvormund
concurrence *n* 1. Zusammentreffen *nt*, Gleichzeitigkeit *f*; 2. [§] Kollision *f*, Konkurrenz *f*; 3. Zustimmung *f*, Einverständnis *nt*, Übereinstimmung *f*; 4. π Schnittpunkt *m*; **in c. with** im Zusammenhang mit, zusammen mit; **c. of events** Duplizität der Ereignisse; **~ intentions** [§] gemeinsamer Rechtsgeschäftswille; **~ jurisdiction** Kompetenzstreit(igkeit) *m/f*, K.konflikt *m*; **~ laws** Gesetzeskonkurrenz *f*; **~ offences** *(Strafrecht)* Idealkonkurrenz *f*
concurrency *n* 🖥 gleichzeitige Bearbeitung, Parallellauf *m*
concurrent *adj* 1. gleichzeitig, g.laufend; 2. nebeneinander bestehend, parallel; 3. gleichlautend, parallel; 4. [§] kollidierend, konkurrierend
concussion *n* ⚕ Gehirnerschütterung *f*
condemn *v/t* 1. verdammen, verurteilen, missbilligen; 2. [§] verurteilen; 3. *[US]* beschlagnahmen, enteignen, einziehen; 4. 🏛 für abbruchreif/unbewohnbar erklären, Abriss verfügen; 5. *(Lebensmittel)* für ungenießbar erklären; **c. so.** den Stab über jdn brechen *(fig)*; **c. strongly** scharf verurteilen; **c. wholesale** in Bausch und Bogen verdammen
condemnation *n* 1. Verurteilung *f*, Verdammung *f*; 2. *[US]* Beschlagnahme *f*, (Zwangs)Enteignung *f*, Konfiskation *f*, Konfiszierung *f*; 3. 🏛 Abbruch-, Abrissverfügung *f*; **excessive c.** Überschreitung der Enteignungsbefugnis; **imminent c.** drohender Verderb; **inverse c.** enteignungsgleicher Eingriff; **c. order** Abbruch-, Abriss-, Beseitigungsverfügung *f*, Enteignungsbeschluss *m*; **c. proceedings** [§] Konfiskations-, Enteignungsverfahren *nt*
condemned *adj* 🏛 abbruchreif
condensate *n* Kondensat *nt*
condensation *n* 1. Kondensation *f*, Kondensierung *f*, Schweißbildung *f*, Schwitzfeuchtigkeit *f*, S.wasser *nt*; 2. Zusammenfassung *f*; 3. *(fig)* Kondensat *nt (fig)*; **c. of**

data Straffung des Urmaterials
condense v/t 1. kondensieren, verdichten; 2. zusammenfassen, komprimieren; **c.d** adj (ab)gekürzt, gerafft; **c.r** n Kondensator m
condensing program(me) n Verdichtungsprogramm nt
condescend v/i sich herablassen; **c.ing** adj herablassend
condescension n Herablassung f, herablassende Haltung
condition n 1. Bedingung f, Voraussetzung f, Auflage f, Erfordernis nt; 2. Zustand m, Verfassung f; 3. Vermögenslage f; 4. ⚓ Zustand m, Konstitution f; **c.s** Lage f, Verhältnisse, Konditionen, Zustände, Klima nt (fig); **on c. that** unter der Bedingung, dass; **subject to the c.** mit der Auflage; **~ c. precedent** aufschiebend bedingt; **under the c. of** nach Maßgabe von; **~ given c.s** unter den gegebenen Umständen
condition|s of acceptance Übernahme-, Annahme-, Übergangsbedingungen; **~ accession** Beitrittsbedingungen; **~ admission** Aufnahmebedingungen; **~ affreightment** Befrachtungsbedingungen; **c. for the appropriation of funds** Verwendungsbindung f; **c. of average clause** (Vers.) Proportionalregel f; **c.s of avoidance** Rücktritts-, Ungültigkeitsbestimmungen; **~ carriage** Beförderungsbestimmungen
conditions of competition Wettbewerbsverhältnisse, W.bedingungen; **to adversely affect the ~ c.** Wettbewerbsbedingungen beeinträchtigen; **to eliminate unequal ~ c.** ungleiche Wettbewerbsbedingungen beseitigen; **to distort the ~ c.** Wettbewerbsbedingungen verzerren; **to equalize/harmonize ~ c.** Wettbewerbsbedingungen entzerren; **to falsify the ~ c.** Wettbewerbsbedingungen verfälschen
condition|s of contract 1. Vertragsbedingungen; 2. Beförderungsbedingungen; **~ conversion** Konvertierungsbedingungen; **~ credit** Kreditbedingungen; **~ delivery** (Aus)Liefer(ungs)bedingungen; **~ discharge** Entlassungsbedingungen; **~ employment** Beschäftigungs-, Ein-, Anstellungs-, Arbeitsbedingungen; **requisite c. of eligibility for entry of goods at preferential rates of duty** ⊖ Voraussetzung für die Einfuhr zu Präferenzzöllen; **c.s of entry** 1. (Wettbewerb) Ausschreibung f; 2. Einreisebedingungen; **c. of goods delivered** Lieferzustand m; **c.s for guarantees** Gewährleistungsbedingungen; **c.s of insurance** Versicherungsbedingungen; **c.s for new issues; ~ issuing securities** Emissionsklima nt; **Standard C.s of Third-Party Liability Insurance** Allgemeine Haftpflichtversicherungsbedingungen; **c. of life** Lebenslage f; **material c.s of life** materielle Lebenslage; **c.s for loans** Kreditbedingungen; **current c.s of a market** Marktkonfiguration f; **c.s of membership** Beitrittsbedingungen; **c. contra bonos mores** (lat.) sittenwidrige Bedingung; **c.s of origin** Ursprungsbedingungen; **~ payment** Zahlungsbedingungen; **c.s at the place of work** Arbeitsbedingungen, Bezugsbedingungen; **c.s of probation** Auflagen der Bewährungszeit, Bewährungsauflagen; **~ production** Herstellungsmöglichkeiten; **~ promotion** Beförderungsbedingungen; **~ purchase** Einkaufskonditionen, E.bedingungen, Bezugsbedingungen; **~ repayment** Rückzahlungsbedingungen; **~ sale** Verkaufs-, Veräußerungsbedingungen; **~ sale and delivery** Verkaufs- und Lieferbedingungen; **General ~ Sale** Allgemeine Verkaufs- und Lieferbedingungen; **Standard ~ Sale** Verkaufs- und Lieferbedingungen; **c.s for saving** Sparklima nt; **c.s of service** Anstellungs-, Arbeits-, Beschäftigungsbedingungen; **c.s at the stock exchange** Börsensituation f, B.klima nt; **c.s of subscription** Abonnements-, Bezugsbedingungen; **~ transport** Beförderungsbedingungen; **~ visibility** Sichtbedingungen, S.verhältnisse; **~ world markets** Weltmarktbedingungen
to comply with condition|s Konditionen erfüllen; **to determine/draw up/lay down c.s** Bedingungen festlegen; **to impose c.s** etw. zur Auflage machen, Auflagen machen; **to live in cramped c.s** in bedrängten Verhältnissen leben; **to make sth. a c.** etw. zur Bedingung machen; **to restore sth. to the prior c.** etw. in den vorigen Stand versetzen; **to satisfy a c.** Bedingung/Voraussetzung erfüllen; **to stipulate c.s** Bedingungen stellen/vereinbaren; **to submit to c.s** sich Bedingungen unterwerfen
auxiliary/collateral condition Nebenbedingung f; **basic c.s** Rahmenbedingungen; **changing c.s** veränderte Verhältnisse
competitive conditions 1. Wettbewerbsbedingungen, W.verhältnisse; 2. wettbewerbsgerechte Verhältnisse; **fully ~ c.** freier Wettbewerb; **under fully ~ c.** unter den Bedingungen des freien Wettbewerbs; **highly ~ c.** extreme Wettbewerbsbedingungen, scharfer Wettbewerb
concurrent condition Zug-um-Zug-Bedingung f, Bedingung der Zug-um-Zug-Erfüllung; **~ c.s** gegenseitige Bedingungen; **contingent c.** ungewisse Bedingung; **in damaged c.** in beschädigtem Zustand; **defective c.** (Waren) mangelhafter Zustand, Fehlerhaftigkeit f; **defensive c.s** Abwehrkonditionen; **delapidated c.** 🏚 Baufälligkeit f; **dissolving c.** auflösende Bedingung; **subject to a ~ c.** auflösend bedingt
economic conditions Konjunktur(lage) f, Wirtschaftslage f, konjunkturelle/wirtschaftliche Rahmenbedingungen, Konjunkturhimmel m, K.klima nt; **sluggish ~ c.** flaue Konjunktur-/Wirtschaftslage
environmental conditions Umweltbedingungen; **essential c.** wesentliche/unabdingbare Voraussetzung; **express c.** ausdrückliche Bedingung; **favourable c.s** 1. günstiges Umfeld; 2. freundliches Börsenklima; **financial c.** Finanz-, Vermögenslage f, finanzielle Lage, finanzieller Status; **~ c.s** Finanzverhältnisse; **freak c.s** außergewöhnliche Bedingungen; **fundamental c.** Grundbedingung f; **general c.s** allgemeine Geschäftsbedingungen; **good c.** ordentlicher Zustand; **in ~ c.** gut beschaffen/erhalten, in gutem Zustand, unversehrt; **hygienic c.s** sanitäre/hygienische Verhältnisse; **illegal c.** rechtswidrige/unzulässige Bedingung; **implied c.** stillschweigende Bedingung; **incidental c.s** Randbedingungen; **legal c.** rechtliche Bedingung, Rechtszustand m; **limiting c.** Vorbehalt m, einschränkende Bedingung; **local c.s** örtliche Verhältnisse/Gegebenhei-

ten, Standortbedingungen; **mental c.** Geisteszustand *m*, G.krankheit *f*; **in merchantable c.** in handelsfähigem Zustand; **meteorological c.**s Wetterbedingungen; **stable monetary c.**s stabile Währungsverhältnisse; **mutual c.** Junktim *nt*; **in navigable c.** ⚓ seetüchtig, in seetüchtigem Zustand; **necessary c.** Voraussetzung *f*; **negative c.** vertraglich ausbedungene Unterlassung, Unterlassungsverfügung *f*, U.pflicht *f*; **non-negativity c.** Nichtnegativitätsbedingung *f*; **normal c.** Normalzustand *m*; **operational c.**s Betriebsbedingungen; **optimum c.**s günstigste/optimale Bedingungen; **particular c.**s besondere Bedingungen; **perfect c.** einwandfreier/mangelfreier Zustand; **physical c.** Gesundheitszustand *m*; **in poor c.** schlecht erhalten/beschaffen, in schlechtem Zustand; **potestative c.** [§] Potestativbedingung *f*; **preferential c.**s Vorzugsbedingungen; **prime c.** vorzüglicher Zustand; **in prime c.** von hervorragender Qualität; **~ pristine c.** in tadellosem Zustand; **~ proper c.** in ordnungsgemäßem Zustand; **resolutory c.** auflösende Bedingung, vertragsauflösende Klausel; **subject to a ~ c.** auflösend bedingt; **restrictive c.** Unterlassungsverfügung *f*; **roadworthy c.** 🚗 fahrbereiter/technisch einwandfreier Zustand; **sanitary c.**s sanitäre/hygienische Verhältnisse; **shop-floor c.**s Betriebsverhältnisse; **social c.**s soziale Verhältnisse; **identical ~ and economic c.**s einheitliche Lebensverhältnisse; **sound c.** Unversehrtheit *f*; **standard c.**s Normativbedingungen, Normalkonditionen; **stipulated c.**s vereinbarte Bedingungen; **structural c.** 🏛 bauliche Beschaffenheit; **suspensive/suspensory c.** aufschiebende Bedingung, Suspensivbedingung *f*; **subject to a ~ c.** aufschiebend bedingt; **tight c.**s (knall)harte Bedingungen; **top c.** Bestform *f*; **understood c.** stillschweigende Bedingung; **unreal c.** uneigentliche Bedingung; **usual c.**s **(u. c.)** übliche Bedingungen; **vital c.** unerlässliche Bedingung
condition *v/t (Waren)* Beschaffenheit prüfen
conditional *adj* vertragsgemäß, (aufschiebend) bedingt, ausbedungen; **c. (up)on** abhängig von, bedingt durch; **to be c. (up)on** zur Bedingung haben, abhängen von; **to make c. (up)on** abhängig machen von
conditionality *n* Bedingtheit *f*
condition|s cartel Konditionskartell *nt*; **c. current** Bedingung der Zug-um-Zug-Erfüllung
conditioning *n (Waren)* Beschaffenheitsprüfung *f*
condition|s precedent 1. aufschiebende/vorangehende Bedingungen; 2. *(Kredit)* Auszahlungsvoraussetzungen; **absolute c. precedent** conditio sine qua non *(lat.)*; **weekly c. statement** *[US]* kombinierte Zwischenbilanz; **c. subsequent** auflösende Bedingung
condo *n (coll)* → **condominium**
condole *v/ti* kondolieren, seine Teilnahme ausdrücken
condolence *n* Beileid *nt*, Anteilnahme *f*, Kondolenz *f*; **to express one's c.s to so.** *(Beileid)* jdn seiner Teilnahme versichern; **to offer one's c.s** sein Beileid aussprechen; **c. card** Beileidskarte *f*
condom *n* Kondom *nt*
condominium *n* 1. *[US]* Mitbesitz *m*, Miteigentum *nt*, Eigentumswohnung *f*, Wohnungs-, Stockwerkseigentum *nt*; 2. (Eigentums)Wohnanlage *f*; 3. Kondominium *nt*; **c. act** Wohnungseigentumsgesetz *nt*; **c. owners' association** Wohnungseigentümergemeinschaft *f*; **c. ownership** Miteigentum *nt*; **c. property** Wohnungseigentum *nt*; **c. register** Wohnungsgrundbuch *nt*
condone *v/t* stillschweigend dulden/zulassen/hinnehmen, nachsehen, gutheißen
conducive (to) *adj* dienlich, förderlich; **to be c. to** begünstigen
conduct *n* 1. (Lebens)Führung *f*, Verhalten *nt*, Handlungsweise *f*, Benehmen *nt*; 2. Leitung *f*, Durchführung *f*; **c. of affairs** Führung/Leitung der Geschäfte; **~ business** Geschäftsbetrieb *m*, G.führung *f*, G.gebaren *nt*, G.abwicklung *f*, Führung der Geschäfte; **individual ~ business** Einzelgeschäftsführung *f*; **joint ~ business** Gesamtgeschäftsführung *f*; **~ a case/lawsuit** [§] Prozessführung *f*, Führung eines Prozesses/Verfahrens; **c. inhibiting competition** wettbewerbsvehinderndes Verhalten; **c. subject to estoppel** [§] Rechtsmissbrauch *m*; **c. in the market** Verhalten auf dem Markt; **c. of legal matters** Rechtsbesorgung *f*; **~ negotiations** Verhandlungsführung *f*, Führung von Verhandlungen; **~ a strike** Durchführung eines Streiks; **~ a trial** [§] *(Strafrecht)* Verhandlungsführung *f*, V.leitung *f*, Führung eines Prozesses; **~ war** Kriegsführung *f*
correct conduct korrektes/ordnungsgemäßes Verhalten; **criminal c.** strafbares Verhalten; **culpable c.** schuldhaftes Verhalten; **disorderly c.** unbotmäßiges Verhalten; **ethical c.** standesgemäßes Verhalten; **financial c.** Finanzgebaren *m*, F.gebarung *f*; **good c.** einwandfreie/gute Führung, Wohlverhalten *nt*; **illegal c.** rechtswidriges/gesetzwidriges Verhalten; **immoral c.** sittenwidriges Verhalten, sittliche Verfehlung; **infamous c.** ehrloses/niederträchtiges Verhalten; **irresponsible/reckless c.** unverantwortliche Handlungsweise; **moral c.** moralische Verhaltensweise; **professional c.** standesgemäßes/berufswürdiges Verhalten; **safe c.** freies/sicheres Geleit, Schutzgeleit *nt*; **unprofessional c.** standeswidriges Verhalten, Verstoß gegen die Standesregeln; **willed c.** [§] Handlung *f*
conduct *v/t* führen, handhaben, leiten, betreiben, durchführen; **c. o.s.** sich verhalten/betragen
conduc|tive *adj* ⚡ leitfähig, leitend; **c.tivity** *n* Leitfähigkeit *f*
conduct money [§] Zeugengebühr *f*, Z.spesen *pl*, Z.geld *nt*, Reisegeld *nt*, R.kostenvergütung *f*
conductor *n* 1. 🚂 (Zug)Schaffner *m*; 2. *(Musik)* Dirigent *m*; 3. ⚡ Leiter *m*; **c. rail** 🚂/⚡ Stromschiene *f*
conduct pattern Verhaltensmuster *nt*
conduit *n* Leitung(skanal) *f*/*m*, L.srohr *nt*, Rohrleitung *f*, Kanal *m*
cone *n* Kegel *m*; **c. of light** Lichtkegel *m*
confectioner *n* Konditor *m*, Süßwarenhändler *m*; **c.'s (shop)** Süßwarengeschäft *nt*, S.handlung *f*, Konditorei *f*
confectionery *n* 1. Konditorei-, Süßwaren *pl*, Konfekt *nt*; 2. Konditorei *f*; **c. industry** Süßwarenindustrie *f*; **c. maker** Süßwarenhersteller *m*; **c. worker** Süßwarenarbeiter(in) *m*/*f*, Beschäftigte(r) in der Süßwarenindustrie

confectionist *n* Süßwarenhändler *m*
con|federacy *n* Konföderation *f*; **c.federate** *n* [§] Verbündete(r) *f/m*, Komplize *m*, Komplizin *f*; **c.federation** *n* 1. Verband *m*, (Staaten)Bund *m*, Zusammenschluss *m*, Konföderation *f*; 2. Gewerkschaftsbund *m*; **C. of British Industry (CBI)** britischer Industrie-/Unternehmerverband; **c.federative** *adj* konföderativ
confer *v/ti* 1. gewähren, erteilen; 2. verhandeln, konferieren, sich besprechen; 3. [§] übertragen; 4. *(Titel)* verleihen; **c. (cf.)** vergleiche (vgl); **c. with** konferieren (mit), Rücksprache halten mit, sich beraten mit
conferee *n* Konferenzpartner *m*, K.teilnehmer *m*, Tagungsmitglied *nt*, T.teilnehmer(in) *m/f*
conference *n* 1. Sitzung *f*, Konferenz *f*, Kongress *m*, Tagung *f*; 2. (Dienst)Besprechung *f*, Beratung *f*; **c. of branch delegates** Konferenz der Ortsverbandsdelegierten; **C. on the Law of the Sea** Seerechtskonferenz *f*; **c. of ministers** Ministerkonferenz *f*; **C. of the Ten** Zehnerkonferenz *f*
to attend a conference an einer Konferenz/Tagung teilnehmen; **to call/convene/convoke/summon a c.** Konferenz/Tagung einberufen; **to chair a c.; to preside at/over a c.** Konferenz/Tagung leiten; **to have/hold a c.** Besprechung abhalten/führen, Konferenz abhalten, konferieren
annual conference Jahrestagung *f*, J.konferenz *f*; **economic c.** Wirtschaftskonferenz *f*, W.tagung *f*; **editorial c.** Redaktionskonferenz *f*; **environmental c.** Umweltkonferenz *f*; **final c.** Schlussbesprechung *f*; **follow-up c.** Nachfolgekonferenz *f*; **full c.** Vollversammlung *f*; **interdepartmental c.** Ressortbesprechung *f*; **intergovernmental c.** Regierungskonferenz *f*; **ministerial c.** Ministerkonferenz *f*; **monetary c.** Währungskonferenz *f*; **private c.** Besprechung unter vier Augen; **residential c.** mehrtägige Konferenz/Tagung, Konferenz mit Unterbringung; **three-cornered c.** Dreierkonferenz *f*; **top-level c.** Besprechung auf höchster Ebene
conference agreement Konferenzabkommen *nt*; **c. hook-up** Sammelgesprächsschaltung *f*; **c. center** *[US]* **/centre** *[GB]* Konferenz-, Kongress-, Tagungszentrum *nt*; **c. chamber** Konferenzsaal *m*; **c. circuit** ⚓ Konferenzschaltung *f*; **c. decision** Konferenzbeschluss *m*; **c. director** Tagungsleiter(in) *m/f*; **c. documents** Tagungsunterlagen; **c. hall** Konferenz-, Sitzungssaal *m*, Tagungshalle *f*, T.raum *m*, T.saal *m*; **c. interpreter** Konferenz-, Verhandlungsdolmetscher(in) *m/f*; **c. line** ⚓ Konferenzlinie *f*, K.reederei *f*; **c. member** Besprechungsteilnehmer(in) *m/f*, Konferenz-, Sitzungs-, Tagungsmitglied *nt*, T.teilnehmer(in) *m/f*; **c. pass** Tagungsausweis *m*; **c. proceedings** Konferenz-, Tagungsablauf *m*; **c. rate** ⚓ Konferenzrate *f*, K.fracht *f*; **c. report** Konferenz-, Tagungsbericht *m*; **c. room** Konferenz-, Besprechungszimmer *nt*, Versammlungs-, Konferenzraum *m*, K.saal *m*, Sitzungszimmer *nt*, S.saal *m*; **c. table** Konferenztisch *m*; **at the c. table** am grünen Tisch *(fig)*; **c. terms (c.t.)** ⚓ Konferenzbedingungen; **c. travel** Konferenzreiseverkehr *m*; **c. trip/tour** Konferenzreise *f*
conferment *n* Verleihung *f*; **~ of a title** Titelverleihung *f*

conferring of powers *n* Übertragung von Zuständigkeiten
confess *v/ti* (ein)gestehen, Schuld zugeben, Geständnis ablegen, geständig sein; **~ to sth.** [§] sich zu etw. bekennen
confession *n* (Ein)Geständnis *nt*, Anerkenntnis *nt*, Bekenntnis *nt*, Ablegung eines Geständnisses; **c. and avoidance** [§] Gegenvorbringen ohne Bestreitung des Klagespruchs; **c. of guilt** Schuld(ein)geständnis *nt*, Ablegen eines Geständnisses
to extort a confession Geständnis erzwingen/erpressen; **to make a c.** Geständnis ablegen; **to retract/withdraw a c.** Geständnis widerrufen; **to volunteer a c.** freiwilliges Geständnis ablegen
comprehensive/full confession umfassendes Geständnis; **forced c.** erzwungenes Geständnis; **judicial c.** gerichtliches Geständnis; **religious c.** religiöses Bekenntnis; **voluntary c.** freiwilliges Geständnis
confession statement [§] Schuldanerkenntnis(erklärung) *nt/f*
confetti *n* Konfetti *nt*
confidant *n* Vertrauter *m*, Vertrauensperson *f*, V.mann *m*, Mitwisser *m*; **c.e** *n* Vertraute *f*, Mitwisserin *f*
confide *v/t* (an)vertrauen
confidence *n* 1. Vertrauen *nt*; 2. Zuversicht *f*, Zutrauen *nt*; 3. ▦ Konfidenz *f*
to abuse so.'s confidence jds Vertrauen missbrauchen; **to enjoy so.'s c.** jds Vertrauen genießen; **to have c. in** Vertrauen haben zu, vertrauen; **to inspire/instil c.** Vertrauen erwecken/einflößen/ausstrahlen; **to lose c.** an Vertrauen einbüßen; **to place c. in so.** Vertrauen in jdn setzen; **to restore c.** Vertrauen wiederherstellen; **~ in the currency** Vertrauen in die Währung wiederherstellen; **to shore up c.** Vertrauen stärken/festigen; **to worm o.s. into so.'s c.** sich in jds Vertrauen einschleichen
with every confidence mit vollem Vertrauen; **shoring up c.** vertrauensbildend
complete confidence unbedingtes Vertrauen; **full c.** volles Vertrauen; **implicit c.** blindes Vertrauen; **marital c.** [§] eheliche Treue; **overnight c.** *(Börse)* Stimmung des Vortags; **public c.** Vertrauen der Öffentlichkeit; **in strict c.** streng vertraulich
confidence belt/region ▦ Konfidenz-, Vertrauensbereich *m*; **c.-building** *adj* vertrauensbildend; **c. coefficient** ▦ statistische Sicherheit, Aussagewahrscheinlichkeit *f*, Vertrauens-, Konfidenzkoeffizient *m*; **c. factor** ▦ statistische Sicherheit; **c. game** Bauernfängerei *f*; **c. gap** Vertrauenslücke *f*; **c. interval** Vertrauensbereich *m*; **c. level** ▦ Konfidenz-, Vertrauensniveau *nt*, Sicherheit *f*; **c. limit** ▦ Vertrauens-, Konfidenzgrenze *f*; **c. man** Bauernfänger *m*, Schwindler *m*; **c. process** ▦ Konfidenzverfahren *nt*; **c. range** ▦ Mutungsintervall *nt*; **c. region** ▦ Vertrauensbereich *m*; **c. trick** Bauernfängerei *f*, Trickbetrug *m*, Hochstapelei *f*, Schwindelmethode *f*; **c. trickster** Bauernfänger *m*, Hochstapler(in) *m/f*, Schwindler(in) *m/f*, Betrüger(in) *m/f*
confident *adj* zuversichtlich, gewiss, sicher, überzeugt;

confident of victory

c. of victory siegessicher; **to be c.** zuversichtlich sein; **to feel c.** überzeugt sein
confidential *adj* geheim, vertraulich, privat; **strictly c.** streng vertraulich/geheim; **to treat sth. as c.** etw. vertraulich behandeln
confidentiality *n* 1. Vertraulichkeit *f*, Diskretion *f*; 2. Bankgeheimnis *nt*; 3. Berufsgeheimnis *nt*; **c. in social matters** Sozialgeheimnis *nt*; **medical c.** ärztliche Schweigepflicht; **postal c.** Postgeheimnis *nt*
confidentially *adv* im Vertrauen, unter dem Siegel der Verschwiegenheit; **c. speaking** unter uns gesagt
configuration *n* 1. Konfiguration *f*, Zusammensetzung *f*; 2. ✿ Auslegung *f*, Anordnung *f*; **internal c.** unternehmensinterne Konstellation
confine *v/t* beschränken, begrenzen; **c. o.s. to** sich beschränken auf
to be confined *adj* ✝ niederkommen; **~ to** beschränkt sein auf
confinement *n* 1. *[US]* ✝ Krankenhausaufenthalt *m*, Bettlägrigkeit *f*; 2. *[GB]* Wochen-, Kindbett *nt*, Niederkunft *f*; 3. [§] Arrest *m*, Inhaftierung *f*, (Zellen)Haft *f*, Strafhaft *f*, Gefangenhaltung *f*, G.schaft *f*; **c. to barracks** ⚔ Kasernenarrest *m*; **c. pending extradition** [§] Auslieferungshaft *f*; **c. in a fortress** Festungshaft *f*; **~ prison cell** Zellenhaft *f*; **c. to quarters; ~ one's room** Stubenarrest *m*
to place under confinement [§] in Haft nehmen
close confinement strenge Haft; **incommunicado** *(span.)* **c.** Kontaktsperre *f*; **pre-trial c.** [§] Untersuchungshaft *f*; **to be held in ~ c.** in Untersuchungshaft sein; **private c.** Hausarrest *m*; **solitary c.** 1. [§] Isolations-, Einzelhaft *f*, Alleingewahrsam *m*; 2. Isolierzelle *f*; **~ without contact with the outside world** Kontaktsperre *f*; **~ cell** Isolierzelle *f*; **c. prison for contempt (of court)** (Gefängnis)Haft für Missachtung des Gerichts
confirm *v/t* bestätigen, bekräftigen, erhärten, verbriefen, sanktionieren, ratifizieren; **c. juridically** gerichtlich bestätigen; **c. officially** amtlich bestätigen; **c. in writing** schriftlich/brieflich bestätigen
confirmable *adj* bestätigungsfähig
confirmation *n* Bestätigung *f*, Bekräftigung *f*, Testat *nt*, Erhärtung *f*; **subject to c.** unverbindlich, vorbehaltlich der Bestätigung, ohne Verbindlichkeit
confirmation of accounts receivable and payable Saldenbestätigung *f*; **~ balances** Saldenbestätigung *f*, S.anerkenntnis *f*; **~ (a) bank balance** Banksaldenbestätigung *f*; **~ (a) contract** Vertragsbestätigung *f*; **~ cover(age)** Versicherungs-, Deckungsbestätigung *f*; **~ a judgment** Urteilsbestätigung *f*, Bestätigung eines Urteils; **c. by/upon oath** eidliche Bestätigung; **c. of an order** Auftragsbestätigung *f*, Bestätigung einer Bestellung/eines Auftrags; **written ~ an oral order** schriftliche Bestätigung einer mündlichen Bestellung; **~ receipt** Eingangs-, Empfangsbestätigung *f*, Bestätigung des Empfangs; **~ a settlement by the court** gerichtliche Bestätigung des Vergleichs; **~ signature** Unterschriftsbeglaubigung *f*, U.bestätigung *f*; **c. in writing** schriftliche Bestätigung

early confirmation baldige Bestätigung; **juridical c.** gerichtliche Bestätigung; **negative c.** negatives Testat; **official c.** amtliche Bestätigung; **positive c.** positives Testat; **unconditional c.** unbedingte Bestätigung; **written c.** schriftliche Bestätigung, Bescheinigung *f*
confirmation advice *(Devisenhandel)* Abschlussbestätigung *f*; **c. blank** Bestätigungsformular *nt*; **c. note** Bestätigungsschreiben *nt*, Schlussnote *f*; **c. notice** Buchungsvermerk *m*; **c. patent** Sicherungspatent *nt*; **c. slip** Ausführungsanzeige *f*
con|firmative; c.firmatory *adj* bestätigend; **c.firmed** *adj* bestätigt; **c.firming commission** *n* Bestätigungsprovision *f*; **~ house** Zahlungsgarant im Außenhandelsverkehr
confiscate *v/t* beschlagnahmen, konfiszieren, mit Beschlag belegen, einziehen, kassieren; **c.d** *adj* konfisziert, eingezogen, beschlagnahmt
confiscation *n* Beschlagnahme *f*, Konfiszierung *f*, Einziehung *f*, Konfiskation *f*; **c. of property** Vermögenseinziehung *f*, Einziehung des Vermögens; **c. order** Beschlagnahme-, Konfiskationsverfügung *f*
confiscatory *adj* konfiskatorisch, enteignungsgleich, Beschlagnahme-
conflagration *n* (Groß)Brand *m*, (Groß)Feuer *nt*, ausgedehnter Brand, Flächenbrand *m*, Feuersbrunst *f*; **c. area** Großbrandbereich *m*
conflict *n* Streit(fall) *m*, Kontroverse *f*, Konflikt *m*, Widerstreit *m*, Kollision *f*, Konkurrenz *f*, Gegeneinander *nt*; **in case of c.** im Konfliktfall; **c. of aims** Zielkonflikt *m*; **~ distribution** Verteilungskampf *f*; **~ ideas** Ideenkonflikt *m*; **~ interest(s)** Interessenkollision *f*, I.konflikt *m*, I.gegensatz *m*; **~ jurisdiction (between ordinary and administrative courts)** [§] Zuständigkeitsstreit *m* (zwischen ordentlichen und Verwaltungsgerichten); **~ laws** Gesetzeskonflikt *m*, Normen-, Rechts-, Gesetzes-, Staatenkollision *f*; **interzonal ~ law rules** interzonales Privatrecht; **~ obligations** Konkurrenz von Verpflichtungen; **~ qualifications** Qualifikationskonflikt *m*
armed conflict kriegerische Auseinandersetzung, kriegerischer/bewaffneter Konflikt; **cognitive-intellectual c.** sachlich-intellektueller Konflikt; **constitutional c.** Verfassungskonflikt *m*, V.streit *m*; **industrial c.** Arbeitskampf *m*, A.streitigkeit *f*; **jurisdictional c.** Kompetenzstreitigkeit *f*; **moral c.** Gewissenskonflikt *m*; **plus-minus c.** Ambivalenzkonflikt *m*; **racial c.** Rassenkampf *m*, R.konflikt *m*; **spurious c.** Scheinkonflikt *m*
conflict with *v/i* im Widerspruch stehen zu; **c.ing** *adj* 1. widersprüchlich, sich widersprechend, gegensätzlich; 2. *(Gefühle)* zwiespältig
conflict model Konfliktmodell *nt*; **c. resolution** Konfliktlösung *f*; **c. situation** Konfliktsituation *f*; **c. strategy** Konfliktstrategie *f*
confluence *n* *(fig)* Zusammentreffen *nt*
conform *v/i* sich anpassen, entsprechen; **c. with/to** übereinstimmen mit, entsprechen, sich richten nach, *(Anordnungen)* nachkommen, einhalten, erfüllen, einschwenken

conformable to; in conformance with; conforming to entsprechend, gemäß, übereinstimmend, konform mit
conformist *n* Konformist *m*; *adj* konformistisch
conformity *n* Übereinstimmung *f*; **in c. with** in Übereinstimmung mit, in Anlehnung an; **~ the articles/statutes** satzungsgemäß; **~ the books** mit den Büchern übereinstimmend; **~ the contract** vertragsgemäß
to book/enter in conformity gleichlautend/gleichförmig/übereinstimmend/konform buchen
confound *v/t* 1. durcheinanderbringen, verwirren; 2. verwechseln
confront *v/t* konfrontieren, gegenüberstellen
confrontation *n* 1. Auseinandersetzung *f*, Konfrontation *f*; 2. Gegenüberstellung *f*
to be confronted with *adj* sich gegenübersehen/gegenüberstehen
confuse *v/t* 1. verwechseln; 2. durcheinanderbringen, verwirren, irre/kopfscheu machen; **c.d** *adj* konfus, wirr, verwirrt, kopfscheu; **to be utterly c.d** die Übersicht völlig verloren haben; **to become c.d** kopfscheu werden
confusing *adj* irreführend, verwirrend
confusion *n* 1. Verwechslung *f*; 2. Verwirrung *f*, Durcheinander *nt*, Wirrwarr *m*; 3. Unklarheit *f*; 4. Verlegenheit *f*; **c. about areas of responibility** Kompetenzwirrwarr *m*; **c. of goods** [§] Vermischung *f*; **~ fungible goods** Vermischung vertretbarer Sachen; **c. over lines of authority** Kompetenzwirrwar *nt*; **c. of the mind** Bewusstseinsstörung *f*; **~ names** Namensverwechslung *f*; **~ rights** Vereinigung von Gläubiger und Schuldner in einer Person; **~ tongues** Sprachgewirr *nt*, S.verwirrung *f*
to cast/cause/sow confusion Verwirrung stiften
mental confusion Geistesverwirrung *f*; **utter c.** unheimliches/heilloses Durcheinander
congenial (to) *adj* 1. ansprechend, sympathisch; 2. passend, geeignet (für), kongenial, geistesverwandt; **c.ity** *n* Geistesverwandschaft *f*
congenital *adj* § angeboren
congest *v/t* verstopfen, überfüllen; **c.ed** *adj* verstopft, überfüllt; **to become c.gested** *(Verkehr)* sich stauen, stocken
congestion *n* 1. Verstopfung *f*, Überfüllung *f*; 2. 🚗 Stau *m*, (Verkehrs)Stockung *f*; **c. of the lungs** § Lungenstauung *f*; **nasal c.** § verstopfte Nase; **c. problem** Wartezeitproblem *nt*
conglomerate *n* (Groß-/Misch)Konzern *m*, (Industrie)Konglomerat *nt*, Zusammenballung *f*; **diversified c.** Mischkonzern *m*; **industrial c.** Industriekonzern *m*; **c. shares** [GB] /**stocks** [US] Konzernaktien
conglomeration *n* 1. Konglomerat *nt*; 2. Zusammenballung *f*; **c. of property** Vermögensmasse *f*
congratulate *v/t* beglückwünschen, gratulieren
congratulation *n* Glückwunsch *m*, Gratulation *f*; **to convey/offer one's c.s** Glückwünsche überbringen
congratulatory *adj* Glückwunsch-
congregation *n* Kultur-, Kirchengemeinde *f*
congress *n* Kongress *m*, Tagung *f*; **(annual) c. of judges** Richtertag *m*; **c. hall** Kongresshalle *f*; **c.man** *n* [US] Kongress-, Parlamentsabgeordneter *m*, Kongressmitglied *nt*

congru|ence *n* Übereinstimmung *f*, Kongruenz *f*; **monetary c.ence** Währungskongruenz *f*; **c.ent** *adj* kongruent. deckungsgleich
conifer *n* 🌲 Nadelbaum *m*, Konfitüre *f*; **c.ous** *adj* Nadel(holz)-
conjec|tural *adj* mutmaßlich, konjektural; **c.ture** *n* Mutmaßung *f*, Vermutung *f*, Spekulation *f*; *v/i* Vermutungen anstellen, mutmaßen
con|join *v/i* sich verbinden; **c.joined** *adj* verbunden; **c.jointly** *adv* gemeinschaftlich; **c.joints** *pl* Eheleute
conjugal *adj* ehelich
conjunct *adj* mitbetroffen
conjunction *n* 1. Verbindung *f*; 2. ⚡ Konjunktion *f*; 3. *(gram.)* Konjunktion *f*; **in c. with** 1. in Zusammenhang/Verbindung mit, zusammen mit; 2. [§] in Tat(bestands)einheit/Verbindung mit; **c. ticket** Verbundfahrausweis *m*, V.fahrkarte *f*
conjunctivitis *n* § Bindehautentzündung *f*
conjure up *v/t* heraufbeschwören
con man *n* *(coll)* Schwindler *m*, Hochstapler *m*, Betrüger *m*, Bauernfänger *m*
connect *v/t* 1. verbinden, anschließen, anbinden; 2. 🔌 durchstellen, vermitteln; **c. up** verkabeln
connected *adj* 1. verbunden; 2. zusammenhängend; **c. with** zusammenhängend/verbunden mit; **to be c. with** zusammenhängen mit; **~ (with)** über gute Beziehungen verfügen, gute Beziehungen haben (zu) **closely c.** eng liiert; **to be ~ c.** in enger Beziehung stehen; **well c.** mit guten Beziehungen
connection *n* 1. Verbindung *f*, Beziehung *f*; 2. Zusammenhang *m*; 3. 📞 Fernsprechverbindung *f*; 4. 🚉/✈ Anschluss *m*; **c.s** 1. Beziehungen, Vitamin B *nt* *(coll)*; 2. Kundschaft *f*; **in this c.** in diesem Zusammenhang; **c. by road** Straßenanschluss *m*; **c. of a telephone** Herstellung eines Telefonanschlusses
to establish a connection 📞 Gesprächsverbindung herstellen; **to get a c.** 🚉 Anschluss bekommen; **~ /make one's c.** 🚉/✈ seinen Anschluss erreichen; **to have c.s** über Beziehungen verfügen, Verbindungen haben; **to make c.s** vermitteln; **to miss one's c.** 🚉/✈ Anschluss verpassen; **to nurse a c.** Beziehung/Verbindung pflegen; **to sever a c.** Verbindung abbrechen; **to work up a c.** sich Kundschaft erwerben
causal connection Ursachen-, Kausalzusammenhang *m*, kausale Bindung; **dedicatd c.** 🔌 Standverbindung *f*; **economic c.** wirtschaftlicher Zusammenhang; **factual c.** Sachzusammenhang *m*; **local c.** 🔌 Ortsanschluss *m*; **multi-point c.** Mehrpunktverbindung *f*; **parallel c.** ⚡ Parallelschaltung *f*; **point-to-point c.** Punkt-zu-Punkt-, Standverbindung *f*; **proximate c.** unmittelbarer Kausalzusammenhang; **remote-control c.** Fernbedienungsanschluss *m*; **the right c.s** die richtigen Beziehungen; **through c.** 🚉/✈ Direktverbindung *f*, direkte Verbindung; **widespread c.s** ausgedehnte Beziehungen; **wrong c.** 🔌 falsche Verbindung
connection build-up/set-up 🔌 Verbindungsaufbau *m*; **c. cable** ⚡ Verbindungskabel *nt*; **c. charge** 🔌 (Telefon)Anschlussgebühr *f*; **c. cleardown** 🔌 Verbindungsabbau *m*

connectivity *n* Verbundenheit *f*
connexion *n* → **connection**
connector *n* 💻 Steckverbinder *m*
connivance *n* (stillschweigende) Duldung/Genehmigung, Begünstigung *f*, stillschweigendes/heimliches Einverständnis, heimliche Zustimmung; **in ~ with so.** mit jds Wissen
connive at *v/i* 1. (stillschweigend) dulden, gewähren lassen, Vorschub leisten, ein Auge zudrücken *(coll)*; 2. in heimlichem Einverständnis stehen/handeln
connoisseur *n* *(frz.)* Genießer(in) *m/f*, Kenner(in) *m/f*
con|notation *n* Begriffseinheit *f*, Konnotation *f*, Nebenbedeutung *f*; **c.note** *v/i* (mit)bedeuten, suggerieren
connubial *adj* ehelich, Ehe-
con|quer *v/t* erobern, bezwingen; **c.quest** *n* Eroberung *f*
consanguin|eous *adj* blutsverwandt; **c.ity** *n* Blutsverwandtschaft *f*
conscience *n* Gewissen *nt*; **to ease one's c.** sein Gewissen entlasten; **clear c.** reines Gewissen; **with a ~ c.** ruhigen Gewissens, mit ruhigem Gewissen; **guilty c.** schlechtes Gewissen; **social c.** soziales Gewissen
conscience clause Gewissensklausel *f*; **c. fund** Steuersünderfonds *m*; **c. money** Reugeld *nt*, anonyme Steuer(nach)zahlung, nachgezahlte Einkommen(s)steuer
conscientious *adj* 1. gewissenhaft; 2. verantwortungsbewusst; **c.ness** *n* Gewissenhaftigkeit *f*
conscious *adj* 1. bewusst; 2. 💲 bei Bewusstsein; **c. of** eingedenk; **fully c.** bei klarem Bewusstsein
consciousness *n* Bewusstsein *nt*; **c. of the wrongful character of one's doings** [§] Unrechtsbewusstsein *nt*; **~ guilt** Schuldbewusstsein *nt*
clouded consciouness Bewusstseinstrübung *f*; **environmental c.** Umweltbewusstsein *nt*; **social c.** Sozialbewusstsein *nt*
conscript *n* ⚔ Einberufener *m*, Wehr(dienst)pflichtiger *m*, Eingezogener *m*; *adj* zwangsverpflichtet; *v/t* dienstverpflichten; **c.ed** *adj* eingezogen
conscription *n* 1. Dienst-, Zwangsverpflichtung *f*; 2. ⚔ Militärdienst *m*, Wehrpflicht *f*; **c.order** Einberufungsbefehl *m*
consecutive *adj* aufeinanderfolgend, fortlaufend; **c.ly** *adv* hintereinander
consensual *adj* auf Konsens bedacht, einvernehmlich
consensus *n* übereinstimmende/einhellige Meinung, Übereinstimmung *f*, Konsens *m*; **c. of opinion** übereinstimmende Meinung; **~ earnings estimates** übereinstimmende Einkommensschätzung; **~ projection estimates** übereinstimmende Trendeinschätzung; **to reach c.** Übereinstimmung erzielen; **social c.** gesellschaftlicher Konsens; **c. system of planning** konsensorientiertes Planungssystem; **c. view** einhellige/übereinstimmende Meinung
consent *n* Einverständnis *nt*, Zustimmung *f*, Einwilligung *f*, Erlaubnis *f*, Bewilligung *f*, Zusage *f*; **subject to your c.** vorbehaltlich Ihrer Zustimmung; **with the c. of** mit Zustimmung von; **c. to cancellation** Löschungsbewilligung *f*; **~ grant a loan** Darlehenszusage *f*; **c. in writing** schriftliche Einwilligung/Zustimmung, schriftliches Einverständnis; **failing c.** mangels Zustimmung; **requiring c.** zustimmungsbedürftig

to give one's consent Einwilligung erteilen; **to refuse one's c.** Einwilligung verweigern; **to revoke one's c.** Genehmigung zurückziehen/zurücknehmen; **to secure so.'s c.** sich jds Zustimmung sichern; **to withhold one's c.** Zustimmung vorenthalten/versagen
by common consent mit allgemeiner Zustimmung; **express c.** ausdrückliche Zustimmung; **general c.** allgemeine Zustimmung; **implied c.** stillschweigende Zustimmung, konkludentes Verhalten; **mutual c.** Einigkeit *f*, Einigung *f*, beiderseitiges Einverständnis; **by ~ c.** in gegenseitiger Übereinkunft, in gegenseitigem Einverständnis, einverständlich; **official c.** amtliche/behördliche Zustimmung; **parental c.** Einwilligung/Zustimmung/Einverständnis der Eltern, elterliche Zustimmung/Einwilligung; **by popular c.** mit Zustimmung der Allgemeinheit; **previous/prior c.** vorherige Zustimmung/Genehmigung; **ready c.** prompte Zustimmung; **silent/tacit c.** stillschweigende Zustimmung; **unanimous c.** einmütige Zustimmung; **written c.** schriftliche Einwilligung/Zustimmung, schriftliches Einverständnis; **prior ~ c.** vorherige schriftliche Zustimmung
consent (to) *v/i* einwilligen, zustimmen, Zustimmung geben, gestatten, eingehen auf
consent decree [§] Prozessvergleich *m*, Unterwerfungsentscheidung *f*; **c. judgment** Urteil im unstreitigen Verfahren; **c. order** Vergleich auf Grund gerichtlicher Verfügung; **c. rule** gerichtliche Anerkenntnis
consequence *n* 1. Folge(erscheinung) *f*, Konsequenz *f*, Resultat *nt*; 2. Wichtigkeit *f*; 3. Wirkung *f*; 4. Folgerung *f*; **in c. of** infolge von; **to be of c.** ins Gewicht fallen
to bear the consequences Konsequenzen/Folgen auf sich nehmen, ~ tragen; **to counter the c.** den Folgen begegnen; **to entail harmful c.** sich nachteilig auswirken; **to have c. on** sich auswirken auf; **~ unpleasant c.** unangenehme Folgen nach sich ziehen; **to take the c.** Konsequenzen ziehen, die Folgen tragen; **that won't be without c.** das wird ein Nachspiel haben *(coll)*
competitive consequence/s wettbewerbsrechtliche Konsequenzen; **dire/dreadful c.s** schlimme Folgen; **harmful c.s** negative Folgen; **incidental c.** Nebenfolge *f*; **indirect c.** mittelbare Folge; **legal c.** rechtliche Folge(rung); **~ c.s** gerichtliches Nachspiel; **logical c.** notwendige Folge; **necessary c.** unvermeidliche Folge; **predictable c.s** absehbare Folgen; **proximate c.** unmittelbare Folge; **remote c.s** *(Verletzung)* Spätfolgen; **serious c.s** schwerwiegende Folgen
consequent on *adj* infolge von; **to be c. (up)on** die Folge sein von, sich ergeben aus
consequential *adj* folgerichtig, Folge-
consequently *adv* deshalb, folglich, daher, infolgedessen
conservancy *n* 1. Naturschutz *m*; 2. *[GB]* Kontrollbehörde für Forsten, Häfen und Schifffahrt
conservation *n* 1. Erhaltung *f*; 2. Einsparung *f*; 3. *(Vers.)* Bestandspflege *f*; 4. Umwelt-, Naturschutz *m*, Umwelterhaltung *f*, U.schonung *f*; **c. of assets** Erhaltung von Vermögenswerten; **~ (the) evidence** [§] Beweissicherung *f*; **~ resources** Ressourcenschonung *f*

architectural conservation Denkmalschutz *m*; **ecological/environmental c.** Umweltschutz *m*; **rural c.** Landschaftspflege *f*, L.schutz *m*; **voluntary c.** freiwillige Einsparung
conservation area Naturschutzgebiet *nt*, N.park *m*, Landschaftsschutzgebiet *nt*; **c. efforts** 1. Umweltschutz *m*; 2. Konservierungsstrategie *f*
conservationist *n* 1. Landschafts-, Umweltschützer *m*; 2. Denkmalpfleger *m*
conservation|-minded *adj* umweltbewusst; **c.-mindedness** *n* Umweltbewusstsein *nt*; **c. order** 🏛 Veränderungssperre *f*; **c. scheme** Erhaltungsprojekt *nt*; **c. technology** Umweltschutztechnik *f*, U.technologie *f*
conserva|tism *n* 1. Konservatismus *m*; 2. Vorsichtsgrundsatz *m*; **c.tive** *n* Konservative(r) *f*/*m*; *adj* 1. konservativ; 2. *(Schätzung)* vorsichtig
conserva|tor *n* [US] Bankenkommissar *m*; **c.tory** *n* 🏛 Wintergarten *m*
conserve *v/t* 1. erhalten, bewahren; 2. *(Obst)* einmachen, konservieren
consider *v/t* 1. überlegen, erwägen, in Betracht/Erwägung ziehen, sich mit der Absicht tragen; 2. berücksichtigen, bedenken, denken an; 3. betrachten, bewerten, ansehen, halten für, meinen, finden, denken, abwägen, prüfen; **we c.** nach unserer Ansicht; **c. and, if deemed fit, to pass** *(Tagesordnung)* Beratung und Beschlussfassung; **c. sth. to have been proved** etw. als erwiesen ansehen; **c. ex officio** *(lat.)* von Amts wegen prüfen; **c. favourably** wohlwollend prüfen
considerable *adj* beträchtlich, erheblich, ansehnlich, namhaft, relevant, nennenswert
considerate *adj* aufmerksam, entgegenkommend, rücksichtsvoll, überlegt; **to be c.** Rücksicht nehmen
consideration *n* 1. Erwägung *f*, Überlegung *f*; 2. Abwägung *f*, Abwägen *nt*, Beratung *f*; 3. Rücksichtnahme *f*, Berücksichtigung *f*; 4. Aspekt *m*, Gesichtspunkt *m*, Hinsicht *f*; 5. Entgelt *nt*, Vergütung *f*, Gegenwert *m*, Prämie *f*, Vertragsleistung *f*, Valuta *f*; 6. Gegenleistung *f*; **for a c.** gegen Entlohnung/Entgelt/Vergütung, entgeltlich; **in c. of** 1. in Anbetracht; 2. als Entgelt für; 3. mit Rücksicht auf; **out of c. for** mit Rücksicht auf; **under c.** in Betracht kommend
consideration for a bill (of exchange) Gegenwert für einen Wechsel; **to give ~ bill** Valuta für einen Wechsel anschaffen; **c. other than cash** unbare Leistung; **c.s of class** Standeserwägungen, Klassengesichtspunkte; **c. of a debt** Rechtsgrund einer Forderung; **~ earning power** Gesichtspunkt der Rentabilität; **~ expediency** Zweckmäßigkeitserwägung *f*; **c.s of income** Ertragsüberlegungen; **~ price/pricing policy** preispolitische Überlegungen; **c. for sale** Kaufpreis *m*; **~ services rendered** Leistungsentgelt *nt*
to act with consideration Rücksicht nehmen, schonend verfahren; **to be taken into c.** Berücksichtigung finden; **to sell for a c.** entgeltlich überlassen; **to take into c.** in Betracht/Erwägung ziehen, berücksichtigen, in Rechnung stellen einplanen
adequate consideration angemessenes Entgelt, gleichwertige Gegenleistung, entsprechender Gegenwert;

careful c. sorgfältige Überlegung; **commercial c.s** kaufmännische Gesichtspunkte; **concurrent c.** gleichzeitige Gegenleistung; **after due c.** nach reiflicher Erwägung/Überlegung, nach sorgfältiger Abwägung; **environmental c.s** Umweltaspekte; **executed c.** bewirkte Gegenleistung; **executory c.** *(Vertrag)* gegenseitiges Leistungsversprechen, zukünftige Gegenleistung; **financial c.s** finanzielle Überlegungen; **fixed c.** feste Gegenleistung; **good c.** angenommene Gegenleistung; **impossible c.** unmögliche Leistung; **lump-sum c.** Pauschalleistung *f*; **nominal c.** *[GB]* formaler Gegenwert, formale Gegenleistung; **pecuniary c.** Leistung in Geld, geldwerte Gegenleistung; **preliminary c.s** Vor(ab)überlegungen; **solid c.** ernstgemeinte Gegenleistung; **sufficient c.** hinlänglicher/hinreichender Gegenwert; **valuable c.** 1. geldwerte/vertragliche Gegenleistung, Entgelt *nt*, entgeltliche Leistung; 2. Kausalgeschäft *nt*, kausales Rechtsgeschäft, Vertragsinteresse *nt*; **antecedent ~ c.** im Voraus gewährte Gegenleistung
consideration agreed upon vereinbartes Entgelt; **c. clause** Entgeltklausel *f*; **c.s collected** vereinnahmte Entgelte; **c. due** fällige Gegenleistung; **c. money** *[GB]* Effektenstempel *m*
considered *adj* durchdacht; **to be c.** 1. in Betracht kommen, Berücksichtigung finden; 2. [§] angerechnet werden; **to need ~ c.** erörterungsbedürftig sein; **all things c.** alles zusammengenommen/eingerechnet
considering *prep* in Anbetracht, mit Rücksicht auf
consign *v/t* 1. ver-, absenden, (ver)schicken, übersenden; 2. 🚚 aufgeben, verladen, verfrachten, ausliefern; 3. übergeben; 4. in Kommission geben, konsignieren
consignation *n* Hinterlegung *f*, Deponierung *f*, Hinterlassung *f*
consignee *n* 1. Adressat *m*, Ladungs-, Fracht-, Warenempfänger *m*, Übernehmer *m*; 2. *(Außenhandel)* Konsignatar *m*, Destinatar *m*; 3. Verkaufsbeauftragter *m*, V.kommissionär *m*; **to collect from c.** vom Empfänger zu erheben
authorized consignee zugelassener Empfänger; **ultimate c.** Endempfänger *m*
consignee's mark Kennmarke des Empfängers; **at c.'s risk** auf Gefahr des Empfängers
consigner *n* → consignor
consignment *n* 1. Lieferung *f*, (Waren)Sendung *f*, (Versand)Partie *f*, Frachtgut *nt*, F.sendung *f*, Ladung *f*; 2. Versand *m*, Verfrachtung *f*, Warenübergabe *f*, Verladung *f*, Versendung *f*; 3. Konsignation(ssendung) *f*, K.sware *f*, Kommissionsgut *nt*, K.ware *f*; **on c.** in Kommission/Konsignation, kommissionsweise, auf Kommissionsbasis; **c. to be called for at railroad** *[US]* /**railway** *[GB]* **station** bahnlagernde Sendung; **c. on approval** Ansichtssendung *f*; **c. of goods** Warenversand *m*; **c. by mail** Briefsendung *f*; **c. in specie** Barsendung *f*; **c. of valuables** Wertsendung *f*
on checking the consignment bei Durchsicht der Sendung; **to import in successive c.s** ⊖ in Teillieferungen einführen; **to take goods on c.** Waren in Kommission/Konsignation nehmen

collective consignment Sammelladung f, S.sendung f; ~ **business** Sammelladegeschäft nt; ~ **note** Sammelfrachtbrief m; **commercial c.** kommerzielle Warensendung; **consolidated/mixed c.** Sammelladung f, S.gut nt; **duty-free c.** ⊖ zollfreie Sendung; **floating c.** schwimmende Ware; **grouped/joint/pooled c.** Sammelladung f; ~ **forwarding** Sammelladungsspedition f; **on-approval c.** Auswahl-, Ansichtssendung f; **partload c.** Partiefracht f, Stückgutsendung f; **postal c.** Postsendung f; **prepaid c.** portofreie Sendung; **small c.** Kleinsendung f; **split c.** Sammelladung zur Aufteilung auf Bestimmungsorte; **successive c.s** Teilsendungen; **undeliverable c.** unzustellbare Sendung; **unsolicited c.** unverlangte Sendung; **valuable c.** Wertsendung
consignment account Konsignations-, Kommissionskonto nt; **c. agent** Exportkommissionär m; **c. agreement** Kommissionsvertrag m; **c. basis** Kommissionsbasis f; **to sell goods on a c. basis** Waren in Kommission/Konsignation verkaufen; **c. commission** Kommissionsprovision f, Adresskommission f; **c. contract** Kommissionsvertrag m; **c. goods/merchandise** Konsignationware(n) f/pl; **c. invoice** Kommissions-, Konsignationsrechnung f; **c. limit** Konsignationslagerhaftungsrahmen m; **c. marketing** Konsignationshandel m, kommissionsweiser Verkauf, Vertrieb auf dem Kommissionsweg
consignment note 1. Frachtbrief m, Waren(begleit)schein m, (Ver)Lade-, Transport-, Versandschein m, Empfangs-, Übergabe-, Verladebescheinigung f; 2. Kommissionsschein m; **to make out a c. n.** Frachtbrief ausstellen; **duplicate (of) c. n.** Frachtduplikat nt, F.briefdoppel nt; **international c. n.** internationaler Frachtbrief
consignment purchasing Konsignationskauf m, K.beschaffung f; **c. sale** Kommissionsverkauf m, Konsignationsgeschäft nt, K.verkauf m, Kommissionierung f, Verkauf auf Kommissionsbasis; **c. selling/trade** Konsignationshandel m, K.geschäft nt; **c. stock(s)** Konsignations-, (Waren)Auslieferungs-, Kommissionslager nt, Konsignationsdepot nt; **c. ~ management** Kommissionslagerverwaltung f; **on c. terms** zu Kommissionsbedingungen; **c. transaction** Konsignationsgeschäft nt
consignor n Ver-, Absender m, Verfrachter m, Konsignant m, Verlader m, Aufgeber m, Fracht-, Warenabsender m, W.versender m, Remittent m, (Über)Sender m, Adressant m, Kommittent m; **authorized c.** zugelassener Versender
consignor's inventory Konsignationslager nt; **at c.'s risk** auf Gefahr des Versenders/Absenders
consist in v/i bestehen in; **c. of** bestehen aus, sich rekrutieren aus, sich gliedern in
consistence; consistency n 1. Beständigkeit f, Konsequenz f, Konsistenz f, Ausgeglichenheit f, Vereinbarkeit f, Folgerichtigkeit f, Stetigkeit f, Kontinuität f, Anwendung gleicher Grundsätze, Gleichlauf m, Widerspruchsfreiheit f; 2. (Bilanz) Prinzip der formellen und materiellen Stetigkeit; **c. of valuations** Bewertungsstetigkeit f; **c. concept/principle** Grundsatz/Prinzip der (materiellen) Bilanzkontinuität

consistent adj konsequent, stetig, beständig, gleichmäßig, einheitlich, deckungsgleich, folgerichtig, übereinstimmend, formbeständig; **c.ly** adv durchweg
consolation n Trost m, T.pflaster nt (fig); **c. prize** Trostpreis m
console v/t trösten
(main) console n 🖳 (Haupt)Bedienungsplatz m, Konsole f, Steuerpult nt; **c. control unit** Steuerplatz m; **c. inquiring station** Abfrageeinheit f; **c. operator** Konsolenbediener m, **c. processor** Konsolenprozessor m
consolidate v/t 1. konsolidieren, festigen; 2. zusammenfassen, z.fassen, vereinigen; 3. [US] fusionieren, fundieren; 4. (Aktien) zusammenlegen; **c.d** adj 1. konsolidiert, gefestigt; 2. zusammengelegt, z.gefasst, z.geschlossen; **C.d Exchange** New Yorker Börse
consolidation n 1. Konsolidierung f, Fertigung f; 2. Verdichtung f, Verschmelzung f, Vereinigung f, Zusammenlegung f, Z.schluss m; 3. Konsolidierung f, Fundierung f, Sicherung f; 4. Erstellung eines konsolidierten Abschlusses; 5. Konzernbildung f, Fusion f; 6. konsolidierte Unternehmensgruppe; 7. (Kurs) (Be)Festigung f; 8. Sammelladung f
consolidation of actions/activities 1. Straffung der Aktivitäten; 2. ⚖ Klagenhäufung f; ~ **banks** Bankenfusion f; ~ **capital** Kapitalkonsolidierung f; ~ **a credit** Konsolidierung eines Kredits; ~ **debt** Schuldenkonsolidierung f; ~ **earnings** Ertrags-, Erfolgskonsolidierung f; ~ **fractional entitlements** (Bezugsrechte) Spitzenausgleich m; ~ **funds** Fondsvereinigung f, Kapitalkonsolidierung f; **c. within the group** (Konzern) Innenkonsolidierung f; **c. of group accounts** Verbundkontenkonsolidierung f; ~ **(fragmented) holdings** 🌾 Flurbereinigung f; ~ **investments** Kapitalkonsolidierung f; ~ **a market** Marktbefestigung f; ~ **mortgages** Zusammenschreibung von Hypotheken; ~ **patents** Patentzusammenschreibung f; ~ **pension schemes** Sanierung der Renten; ~ **shares** [GB] /**stocks** [US] Zusammenlegung des Aktienkapitals; ~ **financial statements** Abschlusskonsolidierung f
liable to consolidation konsolidierungspflichtig; **to include in the c.** mitkonsolidieren
corporate consolidation Fusion(ierung) von Aktiengesellschaften; **domestic c.** binnenwirtschaftliche Konsolidierung; **external c.** außenwirtschaftliche Konsolidierung, Außenkonsolidierung f; **financial c.** Konsolidierung der Finanzen; **full c.** Vollkonsolidierung f; **initial c.** Erstkonsolidierung f; **intercompany c.** Zwischenkonsolidierung f; **partial c.** Teilkonsolidierung f; **proportional c.** Quotenkonsolidierung f
consolidation agreement Fusionsvertrag m; **c. bond** konsolidierte Anleihe; **c. code** Verdichtungskennzeichen nt; **c. efforts** Konsolidierungsbemühungen; **c. excess** übernommener Firmenwert, Fusionsüberschuss m, Konsolidierungsausgleichsposten m; **c. financing** Ablösungsfinanzierung f; **c. loan** Fundierungsanleihe f, Konsolidierungskredit m; **c. measures** Konsolidierungsmaßnahmen f; **c. method** Konsolidierungsmethode f; **c. plan** Konsolidierungsplan m; **c. policy** Konsolidierungsgrundsätze pl; **c. process** Kon-

solidierungsprozess *m*; **c. profit** Fusionsgewinn *m*; **c. reserve** Konsolidierungsrücklage *f*; **c. rules** Konsolidierungsvorschriften; **c. sale** Gemeinschaftsverkauf *m*; **c. scope** Konsolidierungskreis *m*; **c. shed** ⚓ *(Hafen)* Sammelschuppen *m*; **c. surplus** Konsolidierungsgewinn *m*; **c. warehouse** Großstücklager *nt*, Sammellager *nt*
consolidator *n* *[US]* Sammelladungsagent *m*, S.spediteur *m*, Sammelgutspediteur *m*, Luftfrachtsammelgutspediteur *m*
consols *pl* *[GB]* Staatsrenten, Konsols, konsolidierte Staatsanleihen/Fonds
consortial *adj* konsortial
consortium *n* 1. Konsortium *nt*, Arbeitsgemeinschaft *f*, Syndikat *nt*, Vereinigung *f*, Gruppe *f*; 2. [§] eheliche Gemeinschaft; **c. of banks** Banken-, Finanzkonsortium *nt*; **~ companies/firms** (Firmen)Konsortium *nt* **to head/lead(-manage) a consortium** Konsortium anführen; **ad-hoc c.** Gelegenheitsgesellschaft *f*; **industrial c.** Industriekonsortium *nt*; **supplying c.** Liefergemeinschaft *f*, L.konsortium *nt*
consortium aid Konsortialhilfe *f*; **c. bank** 1. Konsortialbank *f*; 2. *[US]* Gemeinschaftsbank *f*; **c. banking** *(Bank)* Konsortialgeschäft *nt*; **c. leader** Konsortialführer(in) *m/f*; **c. loan** Konsortialkredit *m*; **c. member** Mitglied eines Konsortiums, Konsortialmitglied *nt*, Konsorte *m*; **c. project** Gemeinschaftsprojekt *nt*
conspicuous *adj* auffällig, deutlich, hervorstechend, offenkundig, bemerkenswert, sichtbar, auffallend, in die Augen fallend; **to be c.** ins Auge springen, auffallen
conspiracy *n* 1. Verschwörung *f*, Komplott *nt*, Konspiration *f*; 2. Abrede *f*; 3. [§] Verabredung *f*, bewusstes und gewolltes Zusammenwirken; **c. to defraud** Verabredung zum Betrug; **~ commit murder** Verabredung zum Mord; **~ publish an obscene libel** strafbares Einvernehmen, eine obszöne Schmähschrift zu veröffentlichen; **c. in restraint of competition/trade** wettbewerbsbeschränkende Abrede; **c. of silence** verabredetes Stillschweigen, Verschwörung zum Stillschweigen
civil conspiracy [§] (verbotene) Absprache; **criminal c.** kriminelle Verschwörung, Verabredung zu einer strafbaren Handlung, ~ zur Begehung eines Verbrechens
conspirator *n* Verschwörer *m*; **c.ial** *adj* verschwörerisch
conspire *v/i* 1. sich verschwören, Komplott schmieden, konspirieren; 2. [§] sich zu strafbarem Tun verabreden
constable *n* *(Polizei)* Wachtmeister *m*, Gendarm *m* *(frz.)*; **chief c.** *[GB]* Polizeipräsident *m* *[D]*
constabulary *n* Schutz-, Ordnungspolizei *f*, Gendarmerie *f (frz.)*
constancy *n* Beständigkeit *f*, Konstanz *f*; **c. of purpose** Ausdauer *f*
constant *n* π Konstante *f*, Festwert *m*; **fixed-point c.** Festkommakonstante *f*; **floating-point c.** Gleitkommakonstante *f*; **basic real c.** Dezimalpunktkonstante *f*
constant *adj* 1. ständig, dauernd; 2. beständig, gleichbleibend, regelmäßig, konstant
constellation *n* Konstellation *f*; **environmental c.** Umweltzustand *m*; **~ c.** Umweltbedingungen

consternation *n* Bestürzung *f*, Konsternation *f*, Betroffenheit *f*
consti|pated *adj* 💰 verstopft; **c.pation** *n* Verstopfung *f*
constituency *n* (Parlaments)Wahlkreis *m*, W.bezirk *m*; **to nurse one's c.** sich um seinen Wahlkreis kümmern; **to sit for a c.** Wahlkreis vertreten; **marginal c.** Wahlkreis mit knapper Mehrheit; **safe c.** sicherer Wahlkreis
constituency boundary Wahlkreisgrenze *f*; **c. change** Wahlkreisänderung *f*
constituent *n* 1. Bestandteil *m*, Komponente *f*; 2. Wahlberechtigte(r) *f/m*, Wähler(in) *m/f* (eines Wahlkreises); **main c.** Hauptbestandteil *m*
constituent *adj* 1. verfassunggebend, konstituierend; 2. wahlberechtigt
constitute *v/t* 1. konstituieren, bilden, errichten; 2. darstellen, begründen, ausmachen; **c. completely** rechtsgeschäftlich begründen
constituted *adj* konstituiert; **to be c.** konstituieren; **as at present c.** in der derzeitigen Zusammensetzung
constitution *n* 1. Satzung *f*, Verfassung *f*; 2. Aufbau *m*, Zusammensetzung *f*, Struktur *f*; 3. Konstituierung *f*, Einsetzung *f*, 4. 💰 Konstitution *f*; **in accordance with the c.** verfassungskonform, v.gemäß; **c. of the courts** Gerichtsverfassung *f*; **~ a committee** Bildung/Einsetzung eines Ausschusses; **~ the state** Staatsverfassung *f*; **~ the stock corporation** Verfassung der Aktiengesellschaft
loyal to the constitution verfassungstreu
to amend a constitution Verfassung ändern; **to have a strong c.** 💰 kerngesund sein
corporate constitution Unternehmensverfassung *f*; **economic c.** Wirtschaftsverfassung *f*; **federal c.** bundesstaatliche Verfassung, Bundesverfassung *f*; **local c.** Kommunalverfassung *f*; **physical c.** körperliche Verfassung; **written c.** geschriebene Verfassung
constitutional *n* Verdauungsspaziergang *m*
constitutional *adj* 1. staats-, verfassungsrechtlich, konstitutionell; 2. rechtsstaatlich, verfassungsgemäß
constitutionality *n* Rechtsstaatlichkeit *f*, Verfassungsmäßigkeit *f*, V.gemäßheit *f*
constitutive *adj* rechtsbegründend, r.erzeugend, konstitutiv, konstituierend
constrain *v/t* zwingen, nötigen, drängen; **c.ed** *adj* 1. gezwungen, steif, verlegen, gehemmt; 2. unter Nebenbedingungen
constraint *n* 1. Zwang *m*; 2. Beschränkung *f*, Einschränkung *f*, Restriktion *f*; 3. Nebenbedingung *f*; 4. Befangenheit *f*; **under c.** unter Zwang, gezwungen; **c.s on the economy** volkswirtschaftliche Zwänge
budgetary constraint Haushaltsbeschränkung *f*; **dual c.** *(OR)* Dual(itäts)restriktion *f*; **financial c.s** finanzielle Engpässe; **institutional c.s** institutionelle Bedingungen; **judicial c.** gerichtliche Kontrolle; **monetary c.** Geldmengenbeschränkung *f*; **parabolic c.** *(OR)* parabolische Beschränkung; **structural c.s** Systemzwänge
construct *n* Konstrukt *nt*, Gedankengebäude *nt*; **c. of ideas** Gedankengebäude *nt*; **temporal c.s** Zeitkomponenten
construct *v/t* 1. (er)bauen, aufbauen, errichten; 2. konstruieren, entwickeln

construction *n* 1. Aufbau *m*, Bau *m*, Herstellung/Erstellung eines Bauwerks, 2. Konstruktion *f*, Bauweise *f*, B.ausführung *f*; 3. Gebäude *nt*, 4. [§] Interpretation *f*, Auslegung *f*, Deutung *f*; **under c.** im Bau (befindlich), im Baustadium
construction of a building Gebäudeerrichtung *f*, G.erstellung *f*; **~ contract** [§] Vertragsauslegung *f*, Auslegung eines Vertrags; **c. & engineering** Anlagenbau *m*; **c. under licence** Nachbau *m*; **c. in process/progress** in Bau befindliche Anlage(n), Anlagen im Bau; **c. of roadways** ⚒ Grubenausbau *m*; **~ a sentence** [§] Urteilsauslegung *f*; **~ rolling stock** 🚂 Schienenfahrzeugbau *m*; **~ a will** Testamentsauslegung *f*; **~ the works** Bauausführung *f*
directing construction 🏛 *(Architekt)* bauleitend
to be under construction im Bau sein; **to put a c. on** [§] auslegen; **~ a broad c. on** weit/großzügig auslegen; **~ a narrow c. on** eng auslegen; **to slow c.** Baumaßnahme strecken
all-metal construction Ganzmetallbauweise *f*; **bare c.** 🏛 Rohbau *m*; **composite c.** Mischbauweise *f*; **equitable c.** [§] sinngemäße Auslegung; **ex ante** *(lat.)* **c.** ex ante-Beziehung *f*; **faulty c.** Fehlkonstruktion *f*; **fire-resistant/fire-resisting c.** feuerhemmende Bauweise; **industrial c.** Industriebau *m*; **judicial c.** richterliche Auslegung; **licensed c.** Lizenzbau *m*; **lightweight c.** Leichtbau(weise) *m/f*; **modular c.** Baukasten-, Modulbauweise *f*; **narrow/strict c.** [§] enge Auslegung; **new c.** (Wohnungs)Neubau *m*; **prefabricated c.** Fertig-, Montagebau(weise) *m/f*; **private c.** private Bautätigkeit; **public c.** öffentliche Bautätigkeit; **residential c.** Wohnungsbau(tätigkeit) *m/f*; **~ industry** Wohnungsbau(wirtschaft) *f*; **timber-frame c.** Holzbau *m*
construction account Baukonto *nt*
construction activity Bautätigkeit *f*; **foreign c. a.** Auslandsbau *m*; **new c. a.** Neubautätigkeit *f*; **private c. a.** private Bautätigkeit; **public c. a.** öffentliche Bautätigkeit
constructional *adj* Bau-, Konstruktions-, konstruktionstechnisch, baulich
construction all risks insurance globale/pauschale Bau(wesen)versicherung *f*; **c. award** Bauvergabe *f*; **c. bond** Garantie/Kaution eines Bauunternehmers; **c. boom** Baukonjunktur *f*, B.boom *m*; **large-scale c. business** Großanlagenbau *m*; **c. capacity** Baukapazität *f*; **c. code** Bau(ver)ordnung *f*; **c. company** Baufirma *f*, B.gesellschaft *f*, B.unternehmen *nt*, Hochbauunternehmen *nt*; **c. consortium** Bauarbeitsgemeinschaft *f*, B.konsortium *nt*, Arge *f (coll)*; **c. contract** Bau-, Anlagenvertrag *m*
construction cost(s) Bau-, Errichtungs-, Erstellungs-, Konstruktionskosten *pl*, Bausumme *f*; **ancillary c. c.** Baunebenkosten *pl*; **c. c. index** Baukostenindex *m*; **~ level** Baupreisniveau *nt*; **~ overrun/overshoot** Baukostenüberschreitung *f*
construction crew/gang Bau-, Montagekolonne *f*; **c. demand** Baunachfrage *f*; **c. department** Baudezernat *nt*; **c. employment** Beschäftigung in der Bauindustrie/B.wirtschaft; **c. engineer** Bauingenieur *m*; **c.**

engineering Hoch-, Ingenieurbau *m*; **c. equipment** Baugerät(e) *nt/pl*, B.maschinen *pl*; **c. expenditure** Bau-, Erstellungskosten *pl*; **c. finance** Baufinanzierung *f*; **~ analysis** Baufinanzierungsanalyse *f*; **c. financing** Baufinanzierung *f*; **interim ~ financing** Bauzwischenfinanzierung *f*; **one-stop ~ financing** Gesamtbaufinanzierung *f*; **c. foreman** Polier *m*; **c. guarantee** Baugarantie *f*; **c. industry** Bauwirtschaft *f*, B.industrie *f*, B.branche *f*, B.gewerbe *nt*; **~ depression** Flaute auf dem Bausektor; **c. investment** Bauinvestition(en) *f/pl*; **c. job** Bauberuf *m*, Beruf in der Bauindustrie; **c. kit** Baukasten *m*; **c. litigation** [§] Bauprozess *m*; **c. loan** Bau(finanzierungs)kredit *m*, B.darlehen *nt*; **c. machine** Baumaschine *f*; **c. machinery** Baumaschinen *pl*; **c. management** Bauleitung *f*, B.betreuung *f*; **~ agent** Baubetreuer *m*; **c. market** Baumarkt *m*, B.sektor *m*; **c. material** Baumaterial *nt*; **c. materials** Baustoffe; **c. mortgage** Bauhypothek *f*; **c. order** Bauauftrag *m*; **c. output** Bauproduktion *f*, B.leistung *f*; **partial c. permission** Teilerrichtungsgenehmigung *f*; **c. plan** Bauplan *m*; **c. planning** Bauplanung *f*; **c. plant** Baumaschinen *pl*; **c. price index** Baupreisindex *m*; **c. project** Bauobjekt *nt*, B.projekt *nt*, B.vorhaben *nt*; **~ financing** Baufinanzierung *f*; **c. schedule** Bauprogramm *nt*; **c. series** Baureihe *f*; **c. set** Baukasten *m*
construction site Baustelle *f*; **free c. s.** frei Bau(stelle); **large c. s.** Großbaustelle *f*; **c. s. production** Baustellenfertigung *f*
construction slump Baurezession *f*; **c. spending** Bauinvestitionen *pl*, Investitionen im Bausektor; **c. start(-up)** Baubeginn *m*; **c. supervisor** Polier *m*, Bauleiter *m*; **c. team** Bau-, Montagekolonne *f*; **c. trades and industry** Bauhauptgewerbe *nt*; **c. volume** Bauvolumen *nt*; **c. work** 1. Bauausführung *f*; 2. Bauleistung *f*, B.maßnahme *f*, B.tätigkeit *f*; 3. Rohbauarbeiten *pl*; **foreign c. work** Auslandsbau *m*; **c. worker** Bauhandwerker *m*, B.arbeiter *m*
constructive *adj* 1. konstruktiv, baulich; 2. aufbauend, bildend; 3. [§] angenommen, mutmaßlich, gefolgert, abgeleitet, fingiert
constructor *n* Erbauer *m*, Konstrukteur *m*
construe *v/t* auslegen, interpretieren, (geistig) konstruieren; **c. strictly** eng auslegen
consuetude *n* [§] normative Kraft des Faktischen
consul *n* Konsul *m*; **honorary c.** Honorar-, Wahlkonsul *m*; **c. general** Generalkonsul *m*
consulage *n* Konsulatsgebühren *pl*
consular *adj* Konsulats-, Konsular-, konsular(isch)
consulate *n* Konsulat *nt*; **honorary c.** Honorarkonsulat *nt*; **c. general** Generalkonsulat *nt*
consult *v/t* 1. um Rat fragen, zu Rate ziehen, befragen, konsultieren, (hin)zuziehen; 2. sich beraten, Rücksprache halten; 3. *(Buch)* nachschlagen, nachsehen; **c. so.** jdn anhören, jdn heranziehen, sich mit jdm ins Benehmen setzen, jdn zu Rate ziehen; **c. one another** sich verständigen
consultancy *n* 1. Beratung(stätigkeit) *f*, Beratertätigkeit *f*; 2. Beratung(sfirma) *f*, B.büro *nt*, B.sunternehmen *nt*, Beraterfirma *f*; **industrial c. centre** Industriebera-

tungsstelle *f*; **c. agreement/contract** Berater-, Beratungsvertrag *m*; **c. company/firm** Beratungsgesellschaft *f*, B.unternehmen *nt*; **c. costs/expenses** Beratungsaufwand *m*; **c. division** Beratungsabteilung *f*; **c. fee(s)** Berater-, Beratungsgebühr *f*, B.kosten; **c. office** Ingenieur-, Konstruktionsbüro *nt*
consultant *n* 1. Berater *m*, Fachmann *m*; 2. Gutachter *m*, Auskunftsperson *f*; 3. *[GB]* ⚖ Chef-, Beleg-, Facharzt *m*, Spezialist *m*; **actuarial c.** Versicherungsberater *m*, versicherungstechnischer Berater; **educational c.** Bildungsreferent *m*; **financial c.** Finanzberater *m*; **industrial c.** Industrieberater *m*; **organizational c.** Organisationsberater *m*; **outside c.** unabhängiger Berater; **pharmaceutical c.** Pharmareferent *m*; **senior c.** ⚖ Chefarzt *m*; **technical c.** technischer Berater, Fachberater *m*
consultation *n* 1. Beratung *f*, Rücksprache *f*, Konsultation *f*, Heran-, Hinzuziehung *f*; **c.s** Rücksprache *f*, Beratung(en) *f/pl*; **in c. with** in Übereinstimmung mit, im Benehmen mit; **c. on pension rights** Rentenberatung *f*
compulsory consultation Konsultationspflicht *f*; **financial c.** Finanzberatung *f*; **interunion c.s** Gewerkschaftsberatungen; **joint c.** gemeinsame Beratung; **organizational c.** Organisationsberatung *f*; **preliminary c.** Vorberatung *f*; **without prior c.** ohne vorherige Absprache
consultation clause Hinzuziehungsklausel *f*; **c. fee** Beratungs-, Konsultationsgebühr *f*, Beratungskosten *pl*; **c. hours** Sprechstunden; **c. paper** Diskussionspapier *nt*, (Regierungs)Entwurf *m*; **c. period** Anhörungsfrist *f*; **c. procedure** Konsultationsverfahren *nt*; **c. rights** Mitspracherechte
consultative *adj* Beratungs-, beratend, konsultativ
consulting *adj* beratend; *n* Unternehmensberatung *f*, Beratungsdienst *m*, B.tätigkeit *f*; **after c. with** nach Rücksprache mit, im Einvernehmen mit; **commercial c.** wirtschaftliche Beratung; **environmental c.** Umweltberatung *f*, U.consulting *f*; **industrial c.** Industrieberatung *f*; **intensive c.** Intensivberatung *f*; **organizational c.** Organisationsberatung *f*; **technical c.** technische Beratung
consulting barrister *[GB]* [§] beratender Anwalt; **c. engineer** beratender Ingenieur, technischer Berater, Industrieberater *m*; **c. establishment** Richtbetrieb *m*; **c. firm** Beratungs-, Beraterfirma *f*, Consultingfirma *f*, Beratungsunternehmen *nt*; **c. hours** Sprechstunde *f*, S.zeit *f*; **c. room** 1. Sprechzimmer *nt*; 2. ⚖ Behandlungsraum *m*; **c. rooms** Praxisräume; **c. service** Beratungsdienst *m*; **c. services** Consultingleistungen *pl*
consumable *adj* konsumierbar; **c.s** *pl* 1. Verbrauchsgüter; 2. ▯ Verbrauchsmaterial *nt*
consume *v/t* 1. auf-, verbrauchen, verzehren, konsumieren; 2. ⚒ verarbeiten; 3. *(Feuer)* vernichten
consumer *n* 1. Verbraucher(in) *m/f*, Konsument(in) *m/f*, Abnehmer(in) *m/f*, Nachfrager *m*, Bedarfsträger *m*; 2. ⚡ Abnehmerstation *f*; **c.s** Verbraucherschaft *f*, Konsumkundschaft *f*; **close to the c.** konsumnah
average consumer (Otto) *(coll)* Normalverbraucher *m*; **big/heavy c.** Großverbraucher *m*, G.kunde *m*, G.abnehmer *m*; **commercial c.** gewerblicher Abnehmer;

domestic c. 1. Privatverbraucher *m*, Kleinabnehmer *m*, Haushaltsverbraucher *m*, H.abnehmer *m*; 2. Inlandsverbraucher *m*; ~ **c.s** Haushaltungen; **final c.** Letzt-, Endverbraucher *m*, letzlicher Verbraucher; **industrial c.** gewerblicher Abnehmer; **large(-scale) c.** Großverbraucher *m*; **marginal c.** Grenzverbraucher *m*; **mere c.** Nurverbraucher *m*; **normal-rate c.** ⚡/(Gas)/▮ Tarifabnehmer *m*, T.kunde *m*; **ordinary c.** Haushaltung *f*; **private/small c.** Privatabnehmer *m*, P.kunde *m*, Kleinabnehmer *m*, Selbstverbraucher *m*; **secondary c.** Nebenverbraucher *m*; **special-rate c.** 1. Sonderabnehmer *m*; 2. ⚡/(Gas)/▮ Sondertarifkunde *m*; **ultimate c.** Endverbraucher *m*, E.abnehmer *m*, Letztverbraucher *m*
consumer acceptance Kauf-, Verbraucher-, Verbrauchsaufnahmebereitschaft *f*, Aufnahmebereitschaft der Verbraucher; ~ **test** begrenzter Markttest; **c. advertising** Verbrauchs-, (End)Verbraucher-, Konsumentenwerbung *f*; **c. advice** Verbraucher-, Kundenberatung *f*; ~ **center** *[US]* /**centre** *[GB]* Verbraucherzentrale *f*; **c. advocate** Verbraucheranwalt *m*; **c. affairs** Verbraucherfragen; **c. analysis** Konsumentenanalyse *f*; **c.(s') association** Verbrauchervereinigung *f*, V.verband *m*, V.vertretung *f*, Konsumentenvertretung *f*; **c. awareness** Verbraucher-, Konsumentenbewusstsein *nt*; **c.(s') behaviour** Kauf-, Verbraucher-, Konsumenten-, Kundenverhalten *nt*; ~ **model** Konsumentenverhaltensmodell *nt*; ~ **probing** Untersuchung über Verbraucherverhalten; **c. benefits** Vergünstigungen für Verbraucher; **c. binge** *(coll)* Kauf-, Konsumrausch *m*; **c. boom** Konsum-, Verbrauchs(güter)-, Verbraucherkonjunktur *f*; **c.-borrower** *n* Verbraucher-Kreditnehmer *m*; **c. boycott** Verbraucherboykott *m*; **c. budget** Verbraucherbudget *nt*; **c. business** Privatkundengeschäft *nt*, Geschäft mit Privatkunden; **c. buying** Verbraucherkäufe *pl*; ~ **habits** Verbraucher-, Konsumentenkaufverhalten *nt*; **c. capital** Verbraucherkapital *nt*; ~ **goods** langlebige Konsumgüter; **c. category** Verbraucherschicht *f*; **c. champion organization** Verbraucherschutzorganisation *f*; **c. choice** Konsum-, Verbraucherwahl *f*; **free c.('s) choice** freie Konsumwahl; **c. complaint** Verbraucherbeschwerde *f*; **c. confidence** Verbrauchervertrauen *nt*, Vertrauen der Verbraucherschaft; **c.-conscious** *adj* verbraucherbewusst; **c. consciousness** Verbraucherbewusstsein *nt*; **c. cooperative**; **c.(s') cooperative association/society** Konsumgenossenschaft *f*, K.verein *m*, Verbrauchergenossenschaft *f*; **c. counselling** Verbraucherberatung *f*; **c. country** Abnehmerland *nt*
consumer credit Verbraucher-, Kunden-, Konsumenten-, Klein-, Konsumtiv-, Konsumkredit *m*, Konsumfinanzierung *f*; **c. c.s** Konsum(enten)kreditgeschäft *nt*; **C. C. Act** *[GB]* Verbraucherkreditgesetz *nt*; **c. c. advertising** Verbraucherkreditwerbung *f*; ~ **agency** Kundenkredit-, Teilzahlungs-, Abzahlungsbank *f*; ~ **agreement** Verbraucherkreditvertrag *m*; ~ **business** Abzahlungsgeschäft *nt*; ~ **card** Konsumkreditkarte *f*; ~ **cooperative** Warenkredit-, Konsumgenossenschaft *f*; ~ **industry** Verbraucherkreditgewerbe *nt*; ~ **restriction** Verbraucherkreditbeschränkung *f*

consumer debt Verbraucherverschuldung *f*; **c. demand** Verbraucher-, Konsum-, Verbrauchs-, Konsumenten-, Haushaltsnachfrage *f*, Verbraucher-, Verbrauchsbedarf *m*; **c. deposit** Kundenguthaben *nt*; **c. desires** Verbraucherwünsche; **c. disposables** kurzlebige Konsumgüter; **c. durables** dauerhafte/haltbare/langlebige Verbrauchsgüter, ~ Konsumgüter, Wirtschafts-, Nutzungsgüter, (technische) Gebrauchsgüter; **~ panel** Gebrauchsgüterpanel *nt*; **~ sector** Gebrauchsgütersparte *f*, G.sektor *m*; **c. economics** Verbraucher-, Verbrauchswirtschaft *f*; **c. education** Verbraucherbildung *f*; **c. electronics** Unterhaltungs-, Konsumelektronik *f*; **c. expenditure** Verbraucheraufwand *m*, V.ausgaben *pl*; **aggregate c. expenditure** Gesamtkonsum(summe) *m/f*; **c.s' fair** Verbraucherausstellung *f*, V.schau *f*; **c. finance** Konsumfinanzierung *f*; **~ company** Kundenkreditanstalt *f*, K.bank *f*, Teilzahlungsbank *f*; **c.-focused** *adj* verbraucherorientiert; **c. glassware** Gebrauchsglas *nt*
consumer goods Konsum-, Verbrauchsgüter, Konsumwaren, Verbrauchsartikel, V.güter, V.gegenstände, V.waren, Bedarfsgüter; **basic c. g.** Massenbedarfsgüter, Gebrauchsartikel; **durable c. g.** dauerhafte/langlebige/technische Verbrauchsgüter, Gebrauchsgüter; **finished c. g.** Konsumfertigwaren; **industrial(ly produced) c. g.** gewerbliche Konsum-/Verbrauchsgüter; **perishable c. g.** kurzlebige Konsumgüter; **ultimate c. g.** Endverbrauchsgüter
consumer goods business Warengeschäft *nt*; **~ industry** Konsum-, Gebrauchs-, Verbrauchsgüterindustrie *f*, Konsumgüterbranche *f*, K.gewerbe *nt*, Verbrauchsgütergewerbe *f*, V.sektor *m*; **~ manufacturer** Konsum-, Gebrauchs-, Verbrauchsgüterhersteller *m*; **~ market** Konsumgüter-, Verbrauchsgütermarkt *m*, Markt für Verbrauchsgüter; **~ marketing** Konsumgütermarketing *nt*; **~ output** Konsumgüterproduktion *f*; **~ panel** Verbrauchsgüterpanel *nt*; **~ sector** Konsumgütersektor *m*, K.bereich *m*, Verbrauchsgütersektor *m*, V.bereich *m*, V.industrie *f*, V.gewerbe *nt*; **~ supply** Verbraucherversorgung *f*; **~ testing foundation** Stiftung Warentest *[D]*; **~ trade fair** Konsumgütermesse *f*
consumer group Konsumenten-, Verbrauchergruppe *f*; **medium-income c. group** mittlere Verbrauchergruppe; **c. guidance** Verbraucheraufklärung *f*; **c. guide** Verbraucherinformationen; **c. habits** Verbrauchs-, Verbrauchergewohnheiten, Konsum(enten)verhalten *nt*, Konsum(enten)-, Kaufgewohnheiten; **c. household** Verbraucher-, Konsumentenhaushalt *m*; **c. income** Verbraucher-, Konsumenten-, Verbrauchseinkommen *nt*; **aggregate c. income** Gesamthaushaltseinkommen *nt*; **c. information** Verbraucherinformationen *pl*, V.hinweise *pl*, V.unterrichtung *f*; **c. interest** Verbraucherinteresse *nt*; **serving the c.'s interest** verbraucherfreundlich; **c. interview** Verbraucherbefragung *f*; **c. investigation agency** Verbraucherauskunftei *f*
consumerism *n* Verbraucher(schutz)bewegung *f*, Komsumerismus *m*
consumer item Gebrauchs-, Konsumgut *nt*; **c.-led** *adj* nachfrageinduziert; **c. lending** *(Bank)* Konsumentengeschäft *nt*

consumer loan Anschaffungsdarlehen *nt*, A.kredit *m*, Verbraucher-, Konsumentenkredit *m*, K.darlehen *nt*, Konsumtivdarlehen, K.kredit *m*; **~ portfolio** Bestand an Verbraucherdarlehen; **medium-sized c. l.** persönliches Anschaffungsdarlehen; **c. l. company** Finanzierungsgesellschaft für Kleinkredite
consumer location Verbraucheridentifikation *f*; **c. loyalty** Kundentreue *f*; **c. magazine** Verbraucherzeitschrift *f*; **c. market** Verbrauchs-, Konsumgüter-, Verbrauchermarkt *m*; **cut-price c. market** Verbrauchermarkt *m*; **c.-minded** *adj* verbraucherfreundlich; **c.s' money** Konsumentengeld *nt*; **~ income** Nominal-, Geldeinkommen der Haushalte; **c. motivation research** Erforschung der Verbrauchermotive; **c. movement** Verbraucherbewegung *f*; **c. needs** Verbrauchs-, Konsumbedarf *m*, Verbraucher-, Konsumentenbedürfnisse; **c. non-durables** Verbrauchsgüter; **c. opinion test** Verbrauchermeinungsforschung *f*; **c. organization** Verbraucherverband *m*, V.organisation *f*; **c.-orient(at)ed** *adj* konsumentenfreundlich, verbraucher-, konsumorientiert, verbrauchergerecht; **c. orientation** Konsumorientierung *f*; **c. panel** Verbraucherpanel *nt*, V.testgruppe *f*; **c. parities** Verbrauchergeldparitäten; **c. policy** Verbraucherpolitik *f*; **c. preference** Bevorzugung durch den Verbraucher
consumer price Verbraucher-, Konsumentenpreis *m*; **fixed c. p.** Verbraucherfestpreis *m*; **c. p. index (CPI)** Lebenshaltungs(preis)index *m*, L.kostenindex *m*, Verbraucher-, Konsumentenpreisindex *m*, Index der Verbraucherpreise; **~ inflation** Inflation der Verbraucherpreise
consumer product Konsumgut *nt*, konsumnahes Erzeugnis; **~ advertising** Konsumwerbung *f*; **c. promotion** Verkaufsförderung *f*, Verbraucherpromotion *f*
consumer protection Verbraucherschutz *m*; **~ commission** Verbraucherschutzkommission *f*; **~ legislation** Verbraucherschutzgesetzgebung *f*, Gesetzgebung zum Schutz des Verbrauchers; **~ organization** Verbraucherschutzorganisation *f*
consumer publication Verbraucherzeitschrift *f*; **c. purchase** Kauf durch Privatkunden; **c. purchasing power** Konsumentenkaufkraft *f*; **c. psychology** Verbraucherpsychologie *f*; **c. questions** Verbraucherfragen; **c. representation** Verbrauchervertretung *f*; **c. research** Konsumenten-, Verbraucherbefragung *f*, Konsumforschung *f*, Verbraucherumfrage *f*, V.analyse *f*, V.forschung *f*, V.untersuchung *f*, Konsumenten-, Verbraucherforschung *f*; **c. resistance** Kaufunlust *f*, K.zurückhaltung *f*, K.hemmung *f*, Verbraucherzurückhaltung *f*, Käufer-, Kundenwiderstand *m*; **c. reticence** Verbraucherzurückhaltung *f*; **c. rights** Rechte der Verbraucher; **c.'s risk** Verbraucher-, Besteller-, Konsumentenrisiko *nt*; **c. sales** Kundengeschäft *nt*, K.verkäufe, Konsumentenkäufe, Einzelhandelsabsatz *m*; **c. sample** Verbraucherstichprobe *f*; **c. satisfaction** Zufriedenheit der Käufer; **c. saving(s)** Sparen/Ersparnisbildung der privaten Haushalte; **c. sector** Verbrauchsbereich *m*; **c. sentiment** Verbrauchererwartungen *pl*, Konsumklima *nt*; **c. service** Konsumdienstleistung *f*; **c.**

advisory service Verbraucherberatung(sdienst) *f/m*; **c.-serving** *adj* konsumorientiert; **c. society** Konsum(enten)-, Bedarfsgesellschaft *f*; **c. sovereignty** Käufer-, Konsumentensouveränität *f*
consumer spending Konsumausgaben *pl*, Verbraucheraufwand *m*, V.konsum *m*, V.ausgaben *pl*, konsumtive Ausgaben; **aggregate c. s.** Gesamtkonsumsumme *f*; **real c. s.** reale Verbraucher-/Verbrauchsausgaben; **c. s. capacity** Verbraucherkaufkraft *f*
consumer statistics Verbraucherstatistik *f*; **c. stocks** *[US] (Börse)* Konsumwerte; **c.s' strike** Verbraucherstreik *m*; **c. studies** Verbraucherstudien; **c. survey** Verbraucherumfrage *f*, V.befragung *f*, Kundentest *m*; **c.(s') taste** Kunden-, Verbrauchergeschmack *m*; **~ patterns** Präferenzordnungen der Konsumenten; **c. tax** Verbraucher-, Verbrauchssteuer *f*; **liable to c. tax** verbrauchssteuerpflichtig; **c. test** Verbrauchertest *m*; **c. tradables** handelsfähige Verbrauchsgüter; **c. trend** Verbrauchertrend *m*; **c. unit** Verbrauchereinheit *f*; **c. wants** Verbraucherwünsche *pl*, V.bedürfnisse
consuming country Verbraucherland *nt* **c. public** Verbraucherschaft *f*; **c. ways** Verbrauchergewohnheiten
consummate *v/t* 1. vollenden, erfüllen, abschließen, zum Abschluss bringen; 2. *(Ehe)* vollziehen; *adj* vollständig, vollkommen, perfekt
consummation *n* Vollendung *f*, Erfüllung *f*; **c. of marriage** Vollzug der Ehe; **~ a life's work** Vollendung einer Lebensarbeit
consumption *n* 1. Konsum *m*, Verbrauch *m*; 2. *(Unternehmen)* Genuss *m*, *(Substanz)* Verzehr *m*, Verbrauchswirtschaft *f*; 3. ⚕ Auszehrung *f*, Schwindsucht *f*; **for c.** konsumierbar
consumption of foodstuffs Nahrungsmittelverbrauch *m*; **~ goods** Güterverzehr *m*; **domestic ~ goods** inländische Güterverwendung; **c. plus investment method** Verwendungsrechnung *f*; **c. of raw materials** Rohstoffverbrauch *m*; **c. on the premises** Verzehr an Ort und Stelle; **(public) c. for civil purposes** Verbrauch für zivile Zwecke; **c. of services** Dienstleistungskonsum *m*; **c. in monetary terms** monetärer Konsum; **additional ~ real terms** realer Mehrverbrauch
dependent on consumption konsumabhängig; **ready for c.** verbrauchsfertig
to curb/depress consumption Verbrauch drosseln/drücken; **to enter (import goods) for c.** ⊖ Abfertigung (von Einfuhrwaren) zum freien Verkehr beantragen; **to suffer from c.** ⚕ an Auszehrung leiden
additional consumption Mehrverbrauch *m*; **aggregate c.** gesamtwirtschaftlicher Konsum; **annual c.** Jahresverbrauch *m*; **autonomous c.** autonomer Konsum; **average c.** Norm(al)-, Durchschnittsverbrauch *m*, durchschnittlicher Verbrauch; **collective c.** Gesamtverbrauch *m*; **conspicuous c.** auffälliger Konsum, Konsum von Prestigeobjekten, Geltungskonsum *m*; **daily c.** Tagesverbrauch *m*; **deferred c.** Verbraucherverzicht *m*; **domestic c.** 1. Binnenkonsum *m*, inländischer Konsum, Inlandsverbrauch *m*, einheimischer Verbrauch, Verbrauch im Inland; 2. Haushaltsverbrauch *m*; **for ~ c.** 1. ⊖ für das Inland bestimmt; 2. zum häuslichen Verzehr; **estimated c.** Verbrauchsschätzung *f*; **excessive c.** übermäßiger Genuss; **final c.** Endverbrauch *m*, E.nachfrage *f*, letzter Verbrauch; **general c.** Massenverbrauch *m*, M.konsum *m*
human consumption menschlicher Verbrauch/Verzehr; **fit for ~ c.** geeignet zum menschlichen Verzehr; **unfit for ~ c.** ungeeignet für menschliche Ernährung, **~** menschliche Verzehr, (für Menschen) ungenießbar
increased consumption Konsum-, Verbrauchsausweitung *f*, V.zunahme *f*, V.zuwachs *m*; **industrial c.** gewerblicher Verbrauch; **intended c.** Verbrauchszweck *m*; **internal c.** Selbstverbrauch *m*; **marginal c.** Grenzverbrauch *m*; **normal c.** Norm(al)verbrauch *m*; **ostentatious c.** auffälliger Konsum, Konsum von Prestigeobjekten, Geltungskonsum *m*; **overall c.** Gesamtverbrauch *m*; **maximum c.** Spitzenverbrauch *m*; **own c.** Eigen-, Selbstverbrauch *m*, eigener Verbrauch; **pent-up c.** Konsumstau *m*; **per-capita c.** Pro-Kopf-Verbrauch *m*, Verbrauch pro Kopf; **personal c.** Privat-, Eigenverbrauch *m*, eigener Verbrauch; **for ~ c.** zum persönlichen Verbrauch/Verzehr; **~ expenditure** Aufwendungen für den persönlichen Verbrauch, privater Verbrauch, Verbrauchsausgaben, V.aufwand *m*, Konsumaufwand *m*, Verbraucher-, Konsumausgaben, Summe des privaten Verbrauchs; **private c.** Privat-, Eigen-, Selbstverbrauch *m*, privater Verbrauch; **for ~ only** *(Brief)* nur für den privaten Gebrauch; **public c.** Staatsverbrauch *m*, öffentlicher Verbrauch; **real c.** Realkonsum *m*; **seasonal c.** Saisonverbrauch *m*; **total c.** Gesamtverbrauch *m*; **ultimate c.** End-, Letztverbrauch *m*, letzlicher Verbrauch
consumption behaviour Verbraucherverhalten *nt*; **c. boom** Konsumkonjunktur *f*; **c. capacity** Konsumkraft *f*; **authorized c. charge based on variable costs** Arbeitspreis *m*; **c. control** Verbrauchslenkung *f*; **c. credit** Kunden-, Verbraucher-, Konsumentenkredit *m*; **c. demand** Verbraucher-, Konsumgüternachfrage *f*; **private c. demand** private Verbrauchsgüternachfrage *f*; **c.-driven** verbrauchsorientiert, verbrauchsgesteuert; **c. dynamics** Konsumdynamik *f*; **c. entry** ⊖ Antrag auf Zollabfertigung für den freien Warenverkehr; **c. expenditure** Verbraucher-, Verbrauchsausgaben, konsumtive Ausgaben; **planned c. expenditure** geplante Konsumkurve; **c. factor** Verbrauchs-, Repetierfaktor *m*; **c. figures** Verbrauchszahlen, Konsum-, Verbrauchsziffern
consumption function Konsum-, Verbrauchsfunktion *f*; **lagged c. f.** verzögerte Konsumfunktion; **short-term c. f.** kurzfristige Konsumfunktion
consumption|-geared *adj* konsumbezogen; **c. goods** Konsum-, Verbrauchsgüter; **c. indicator** Verbrauchssymptom *nt*; **c.-intensive** *adj* verbrauchsintensiv
consumptionism *n* Nachfrageweckung *f*
consumption line Verbrauchsgerade *f*, Konsumlinie *f*; **c.-orient(at)ed** *adj* verbrauchsorientiert; **c. pattern(s)** Konsumverhalten *nt*, Verbrauchslage *f*, Konsum-, Verbrauchsgewohnheiten, V.schema *nt*; **c. plan** Konsum-, Verbrauchsplan *m*; **c. planning** Verbrauchsplanung *f*; **c. possibility** Budgetgerade *f*; **c. priority** Verwen-

dungspriorität *f*; **c. ratio** Konsum-, Verbrauchsquote *f*; **declining c. ratio** sinkende Konsumquote; **c.-related** *adj* konsumabhängig; **minimum c. (purchases) requirements** Mindestabnahmeverpflichtung *f*; **c. schedule** Konsumtabelle *f*; **c. sector** Konsumwirtschaft *f*; **c. shaping** Verbrauchsgestaltung *f*; **c. surface** Konsumebene *f*; **c. tax** Verbrauchsteuer *f*, V.abgabe *f*; **c. trend** Verbrauchs-, Konsumtrend *m*, Verbrauchsrichtung *f*; **c. value** Verbrauchswert *m*
contact *n* 1. Beziehung *f*, Kontakt *m*, Verbindung *f*, Berührung *f*, Fühlung(nahme) *f*; 2. Verkehr *m*, Umgang *m*; 3. Kontaktperson *m*, K.mann *m*, Ansprechpartner(in) *m/f*; 4. *(Agent)* Verbindungsmann *m*; **in close c. with customers** kundennah **to arrange contact|s** Verbindungen herstellen; **to be in close c. with so.** enge Fühlung mit jdm haben; **to break c. ⚡** Stromkreis unterbrechen; **to establish c.** Kontakt herstellen
close contact enger Kontakt; **in ~ c.** in enger Verbindung; **commercial c.s** Handelskontakte; **disabling c.** ⚡ Sperrkontakt *m*; **exploratory c.s** Fühlungsaufnahme *f*; **face-to-face c.** persönlicher Kontakt; **successful c.** Trefferkontakt *m*; **top-level c.s** Kontakte auf Spitzenebene, ~ höchster Ebene; **unsuccessful c.** Fehlkontakt *m*
contact *v/t* Fühlung/Verbindung aufnehmen, sich in Verbindung setzen mit, sich melden bei, in Kontakt treten mit, anschreiben, kontaktieren
contact|s abroad Auslandskontakte; **c. address** Kontaktadresse *f*; **c. bar ⚡** Kontaktleiste *f*, K.schiene *f*; **c. breaker ⚡** Stromausschalter *m*, S.unterbrecher *m*; **c. committee** Kontaktausschuss *m*; **c. group accounter** *(Werbung)* Kontaktgruppenleiter *m*
contacting *n* Kontaktaufnahme *f*
contact lens Kontaktlinse *f*, K.schale *f*, Haftschale *f*; **c. man** Kontakter *m*, Kontaktperson *f*, K.mann *m*; **c. person** Ansprechpartner *m*; **c. point** Kontakt(stelle) *m/f*; **c. print** *(Foto)* Kontaktstreifen *m*; **c. printer; c. printing machine** Lichtpausgerät *nt*
con|tagion *n* ⚕ Ansteckung *f*, Infektion *f*; **c.tagious** *adj* ansteckend, direkt übertragbar, virulent
contain *v/t* 1. enthalten, (um)fassen; 2. unter Kontrolle bringen/halten, begrenzen, eindämmen, in Schranken halten, in den Griff bekommen; 3. *(Zeitung)* bringen
containable *adj* kontrollierbar
container *n* (Groß-/Transport-/Versand)Behälter *m*, Container *m*, (Transport)Gefäß *nt*, Transporteinheit *f*, Kanister *m*; **carry-home c.** Tragepackung *f*; **collapsible c.** Collico *m*; **disposable/non-returnable/one-trip c.** Einweg-, Einmal-, Wegwerfbehälter *m*, Einweg-, Wegwerfpackung *f*, verlorene Packung; **door-to-door c.** Haus-zu-Haus-Container *m*; **flat c.** Flachcontainer *m*; **insulated c.** Isolierbehälter *m*; **naval c.** Schiffsbehälter *m*; **open-side c.** Container ohne Seitenwände; **open-top c.** Container mit offenem Dach; **small c.** Kleinbehälter *m*
deep-sea container berth ⚓ Ankerplatz für Hochsee-Containerschiff; **c. bill of lading** Containerfrachtbrief *m*; **c. bridge** Containerbrücke *f*; **c. business** Container-

frachtgeschäft *nt*; **c. carrier truck** Containerstapler *m*; **c. crane** Containerkran *m*, C.ladebrücke *f*; **c. depot** Containerbahnhof *m*; **c. division** Containersparte *f*; **c. facilities** Container-, Behälteranlagen, B.einrichtungen; **c. freight** Containerfracht *f*; **~ station** Containerladestelle *f*; **c. glass** Behälter-, Hohl-, Verpackungsglas *nt*; **~ industry** Behälter-, Hohlglasindustrie *f*; **c. hinges** Containerbeschläge
containerization *n* 1. Umstellung auf Containerverkehr, Containerisierung *f*; 2. Verpackung in Container
containerize *v/t* 1. auf Behälter/Container umstellen; 2. in Behältern/Containern transportieren, ~ verpacken
container line Containerlinie *f*; **c. lining** Containerauskleidung *f*
container load Containerladung *f*; **full c. l. (F.C.L.)** (volle) Container-Komplettladung; **less than c. l. (LCL)** Teilladung *f*, weniger/kleiner als eine Containerladung
container lockings Containerverriegelung *f*; **c. logistics** Containerlogistik *f*; **c. operations** Container(fracht)geschäft *nt*, C.verkehr *m*; **c. port** Container-, Behälterverkehrshafen *m*; **deep-sea c. port** Hochseecontainerhafen *m*; **c. rate** *(Fracht)* Containerrate *f*; **c. service** Container-, Behälterverkehr *m*, C.dienst *m*; **c. ship/vessel** Container-, Behälterschiff *nt*; **c. shipment** Containersendung *f*; **c. shipping** Containerschifffahrt *f*; **c. stripping** Containerentladung *f*; **c. terminal** Containerterminal *nt*, C.umschlagstelle *f*, Umschlaganlagen für Behälterverkehr; **c. traffic** Container-, Behälterverkehr *m*; **c. train service** Containerzugverbindung *f*; **c. transport** Behälterverkehr *m*, Transport per Container; **c. yard (C.Y.)** Containerdepot *m*, C.hof *m*, C.platz *m*
containment *n* Eindämmung *f*; **c. of hazardous goods** Gefahrgutumschließung *f*; **~ inflation** Inflationbekämpfung *f*
contaminant *n* Schad-, Schmutzstoff *nt*, Umweltgift *nt*, Verseuchungsmittel *nt*; **c.s** Schmutzfracht *f*
contaminate *v/t* verseuchen, verschmutzen, verunreinigen, infizieren, vergiften, verpesten, kontaminieren; **c.d** *adj* verseucht, verschmutzt; **environmentally c.d** umweltverseucht
contamination *n* Verunreinigung *f*, Verseuchung *f*, Verschmutzung *f*, schädlicher Befall, Überschmutzung *f*, Kontamination *f*, Kontaminierung *f*, Infizierung *f*; **c. of the soil** Bodenverseuchung *f*; **~ fresh water supplies** Trink-, Süßwasserverseuchung *f*
environmental contamination Umweltverseuchung *f*, U.verschmutzung *f*; **industrial c.** industriebedingte Verseuchung, von der Industrie verursachte Verseuchung; **radioactive c.** radioaktive Verseuchung, Verstrahlung *f*; **c. level** Verseuchungsgrad *m*
contango *n* 1. *(Börse)* Report(prämie) *m/f*; 2. Prolongationsgebühr *f*, Aufgeld *nt*, Kostgeschäft *nt*; 3. *(Devisen)* Kursaufschlag *m*, Contangozins *m*; 4. *(Rohstoffbörse)* Aufpreis der Terminware gegenüber Kassa-/Spotware
contango *v/t* prolongieren, Reportgeschäft abschließen, gegen Contango/Prolongationsgebühr hinausschieben
contango broker Reportmakler *m*; **c. business** Report-,

Prolongationsgeschäft *nt*, Reportierung *f*; **c. day** Report-, (Prämien)Erklärungs-, Prolongationstag *m*; **c. money** Reportgeld *nt*, Prolongationskosten *pl*; **c. rate** 1. Report *m*, Prolongationsgebühr *f*, Aufgeld *nt*; 2. *(Börse)* Kostgeld *nt*, Kurszuschlag *m*, Reportsatz *m*, R.gebühr *f*, R.prämie *f*; **c. securities** Reporteffekten
contemnor *n* [§] Person, die sich der Missachtung des Gerichts schuldig macht
contemplate *v/t* erwägen, in Erwägung/Betracht ziehen, vorhaben, mit dem Gedanken umgehen, sich mit der Absicht tragen
contemplation *n* Erwägung *f*, Betrachtung *f*; **in ~ of the law** rechtlich
contemplative *adj* nachdenklich
contemporaneous *adj* gleichzeitig, zeitgleich
contemporary *n* 1. Zeitgenosse *m*, Z.genossin *f*; 2. Altersgenosse *m*, A.genossin *f*; *adj* zeitgenössisch
contempt *n* 1. Ver-, Geringachtung *f*, Geringschätzung *f*; 2. Missachtung *f*; **beneath c.** unter aller Kritik; **c. of court** [§] Missachtung /Nichtachtung des Gerichts, (vorsätzliches) Nichterscheinen (vor Gericht), Ungebühr vor Gericht; **~ death** Todesverachtung *f*; **in ~ all rules and regulations** unter Missachtung aller Konventionen
to bring into contempt verächtlich machen; **to hold in c.** verachten; **constructive c.** Nichtbefolgung einer richterlichen Anordnung; **c. fine** [§] Geldstrafe für Missachtung des Gerichts, Erzwingungsgeld *nt*
contempt|ible *adj* nichts-, verabscheuungswürdig; **c.uous** *adj* geringschätzig, verächtlich
contend *v/ti* 1. behaupten, vorbringen, verfechten; 2. streiten; **c. for** sich bewerben um; **c. with** kämpfen mit/um, wetteifern
contender *n* (Mit)Bewerber(in) *m/f*, Konkurrent(in) *m/f*, Kandidat(in) *m/f*, Anwärter(in) *m/f*, Herausforderer(in) *m/f*; **serious c.** ernsthafter Bewerber
contending *adj* [§] streitend
content *n* Zufriedenheit *f*
content(s) *n* 1. Inhalt *m*, Fassungsvermögen *nt*; 2. Anteil *m*, Gehalt *m*; 3. Hausrat *m*; 4. Inhaltsverzeichnis *nt*; **devoid of c.** inhalts-, gehaltslos; **as regards c.** inhaltlich; **c. of education** Bildungsinhalt *m*; **~ a letter** Briefinhalt *m*, Inhalt eines Briefes; **c.s unknown** Inhalt unbekannt; **alcoholic c.** Alkoholgehalt *m*; **caloric c.** Kaloriengehalt *m*; **cubic c.** 1. Rauminhalt *m*; 2. 🏠 umbauter Raum; **domestic/local c.** (ein)heimischer Liefer-/Fertigungsanteil, Anteil aus heimischer Produktion; **foreign c.** ausländischer Fertigungs-, Lieferanteil, Auslandsanteil *m*; **maximum c.** Höchstgehalt *m*; **minimum c.** Mindestgehalt *nt*; **nutritional c.** Nährgehalt *m*
content o.s. with *v/refl* sich begnügen/zufriedengeben mit
content *adj* zufrieden; **to be c. with** sich begnügen mit
content analysis 1. Inhaltsanalyse *f*; 2. *(Werbung)* Textanalyse *f*
contentedness *n* Zufriedenheit *f*
contents insurance Hausratversicherung *f*
contention *n* [§] (Prozess)Behauptung *f*, Vorbringen *nt*;

alternative c. Eventualstandpunkt *m*; **main c.** Hauptvorbringen *nt*
contentious *adj* 1. strittig, umstritten, kontradiktorisch, streitig; 2. *(Person)* streitsüchtig
content theory Inhaltstheorie *f*; **c.-wise** *adj* inhaltlich
contest *n* Wettbewerb *m*, Streitfall *m*, Kontroverse *f*, Auseinandersetzung *f*; **c. for market share** Kampf um Marktanteile; **to drop out of the c.** aus dem Wettbewerb ausscheiden; **three-cornered c.** Kampf mit drei Parteien
contest *v/t* anfechten, bestreiten, *(Entscheidung)* angreifen, geltend/streitig machen, abstreiten; **c.ability** *n* [§] relative Nichtigkeit, Anfechtbarkeit *f*; **c.able** *adj* anfechtbar, bestreitbar
contestant *n* 1. Kandidat(in) *m/f*; 2. Wettbewerber(in) *m/f*; 3. [§] streitende Partei, Widersacher(in) *m/f*
contestation *n* Anfechtung *f*, Bestreiten *nt*; **c. outside bankruptcy** Anfechtung außerhalb des Konkurses; **c. of contract** Vertragsanfechtung *f*
contested *adj* strittig, umstritten, umkämpft; **keenly c.** hart umkämpft; **to be c.** streitig sein
context *n* Zusammenhang *m*, Kontext *m*; **in this c.** in diesem Zusammenhang; **c. of discovery** Entdeckungszusammenhang *m*; **~ justification** Begründungszusammenhang *m*; **~ purchase** Kaufumfeld *nt*
contextual *adj* kontextabhängig
contigu|ity *n* 1. Nachbarschaft *f*, Nähe *f*; 2. Kontiguität *f*; **c.ous** *adj* angrenzend, benachbart
continent *n* Kontinent *m*, Erdteil *m*, Festland *nt*; **the C.** *[GB]* europäisches Festland, Kontinentaleuropa; **to travel on the C.** das europäische Festland bereisen
continental *adj* festländisch, kontinental
contingency *n* 1. ungewisses Ereignis, Not-, Eventualfall *m*, Kontingenz *f*, Eventualität *f*, möglicher Fall, Möglichkeit *f*, Zufall *m*, Zufälligkeit *f*; 2. Eventualverbindlichkeit *f*; 3. *(Bilanz)* Rückstellung *f*, Sicherheitszuschlag *m*, Schadensmöglichkeit *f*; **contingencies** 1. Rückstellungen für unvorhersehbare Verluste; 2. (Neben)Ausgaben, Nebenkosten, unerwartete/unvorhergesehene Ausgaben; **awardable c.** entschädigungspflichtiger Versicherungsfall; **mean-square c.** mittlere quadratische Kontingenz
contingency account Delkrederekonto *nt*; **contingencies account** Rückstellungskonto für unvorhergesehene Verpflichtungen; **c. allowance** *(REFA)* allgemeiner/sachlicher Verteilzeitzuschlag; **c. bond** Versicherung gegen außergewöhnliche Risiken; **c. budget** Eventualhaushalt *m*, E.budget *nt*; **c. fee** [§] Erfolgshonorar *nt*; **~ arrangement** Erfolgshonorarvereinbarung *f*; **c. fund** Not-, Sicherheitsrücklage *f*, Notfonds *m*, Delkredererückstellung *f*, D.fonds *m*, Reserve(betrag) für besondere/unvorhergesehene Fälle, Sicherheitsbetrag *m*, S.stellungsdepot *nt*, Fonds/Rückstellung für unvorhergesehene Ausgaben, außerordentliche Rücklage, Vorsorgekapital *nt*, Eventual-, Pleitenfonds *m*; **c. insurance** Ausfall-, Risikoversicherung *f*, Versicherung gegen spezielle/besondere Risiken; **c. plan/scheme** Krisen-, Schubladen-, Vorsorge-, Eventual-, Not(fall)-, Notstands-, Ausweich-, Alternativplan *m*; **c. planning**

Schubladen-, Eventual(itäts)planung *f*, flexible Planung, Vorausplanung für den Bedarfsfall
contingency reserve 1. Sonder-, Sicherheits-, Risiko-, Verlustrücklage *f*, Eventual-, Delkredere-, Notfall-, Vorsorgereserve *f*, Risiko-, Delkredere-, Verlustrückstellung *f*, Rückstellung für ungewisse Verbindlichkeiten, eiserne Reserve, eiserner Bestand, Rückstellung für Eventualverbindlichkeiten/E.verpflichtungen; 2. *(Vers.)* allgemeine Sicherheitsrücklage, Garantierückstellung *f*, G.rücklage *f*; **general c. r.** allgemeine Rückstellung für Eventualverbindlichkeiten; **individual c. r.** individuelles Delkredere; **special c. r.** Sonderrücklage *f*, besondere Rücklage(n)
contingency risks außergewöhnliche Risiken; **~ insurance** Versicherung gegen außergewöhnliche Risiken; **c. stocks** Notvorrat *m*, Hilfslager *m*; **c. sum** Vorsorgepauschale *f*; **c. table** Kontingenztafel *f*; **c. theory** Kontingenztheorie *f*
contingent *n* Anteil *m*, (Beteiligungs)Quote *f*, Kontingent *nt*; **c. upon** *adj* abhängig von, bedingt durch
continuable *adj* prolongationsfähig
continual *adj* häufig, immer wiederkehrend, fortdauernd; **c.ly** *adv* dauernd, immer wieder
continuance *n* Fortsetzung *f*, Fort-, Weiterbestehen *nt*, Fortbestand *m*, Fortdauer *f*, Weiterführung *f*, Bestehen *nt*, Bestand *m*, Laufzeit *f*; **c. of expansion** Fortsetzung der Expansion; **c. in force** Weitergeltung *f*; **c. of a partnership** Fortsetzung eines Gesellschaftsverhältnisses
continuation *n* 1. Fortsetzung *f*, Fortführung *f*, Fortbestand *m*, Fortdauer *f*, Weiterführung *f*; 2. *(Börse)* Schiebung(sgeschäft) *f/nt*, S.srate *f*, S.ssatz *m*, Contangozins *m*, Prolongation *f*
continuation of a business firm/firm name Firmenfortführung *f*, Fortführung der Firma; **~ insurance** Weiterversicherung *f*; **~ the flight** Weiterflug *m*; **~ the journey** Weiterreise *f*; **~ offence** [§] Fortsetzungszusammenhang *m*; **during the ~ the offer** während der Gültigkeit des Angebots; **~ operations** Betriebsfortführung *f*; **c. in part** Teilweiterbehandlung *f*; **c. of payment** Weiterzahlung *f*; **~ the proceedings** [§] Fortgang des Verfahrens; **~ a strike** Streikfortsetzung *f*, S.verlängerung *f*; **~ the trial** [§] Wiederaufnahme der mündlichen Verhandlung; **~ voyage** ⚓ Weiterfahrt *f*, W.reise *f*
to give in continuation in Report geben; **to take in c.** in Report nehmen
fortnightly continuation Medioprolongation *f*
continuation address Folgeadresse *f*; **c. bill** Prolongationswechsel *m*; **c. cards** 🖳 Folgekarten; **c. clause** *(Vers.)* Verlängerungsklausel *f*; **c. course** Aufbaulehrgang *m*; **c. day** *[GB]* Prolongationstag *m*; **c. line** Folge-, Fortsetzungszeile *f*; **c. loan** Anschlusskredit *m*; **c. policy** *(Vers.)* Erneuerungspolice *f*; **c. rate** Reportprämie *f*, R.satz *m*, Kurszuschlag *m*; **c. school** Fortbildungsschule *f*; **c. sheet** Zusatzblatt *nt*
continue *v/ti* 1. fortfahren, fortsetzen, fortführen, fortschreiben; 2. weitermachen, fortbestehen, fortdauern, weiterlaufen, anhalten, so weitergehen; **c. to be** weiterhin sein; **~ do** weiterhin tun; **~ employ** weiterbeschäftigen; **~ exist** fortbestehen; **c. high** *(Börse)* sich auf hohem Niveau behaupten; **c. to pay** weiterzahlen
continue column 🖳 Folgespalte *f*
continued *adj* fortgesetzt, anhaltend, stetig, kontinuierlich; **to be c.** 1. *(Gehalt)* weiterlaufen; 2. *(Geschichte)* Fortsetzung folgt
continuing *adj* (fort)dauernd, fortbestehend
continue statement 🖳 Leeranweisung *f*
continuity *n* Kontinuität *f*, Stetigkeit *f*; **c. of balance sheet presentation** Bilanzzusammenhang *m*; **~ employment** stetige Beschäftigung; **~ the questionnaire** Zusammenhang der Fragenfolge; **~ valuation** Bewertungskontinuität *f*; **c. theory** [§] Kontinuitätstheorie *f*
continuous *adj* stetig, andauernd, fortlaufend, fortwährend, ununterbrochen, durchgehend, durchlaufend
continuum of nature *n* Ganzheit der Natur; **~ values** Wertekontinuum *nt*
contour *n* Kontur *f*, Profil *nt*; **c.s** Umriss *m*; **c. line** Iso-, Höhenlinie *f*; **c. map** Höhenlinien-, Konturkarte *f*
contra *n* Gegenseite *f*, G.posten *m*; **as per c.** als Gegenleistung/G.rechnung
contraband *n* ⊖ Konter-, Schmuggelware *f*, S.gut *nt*, unter Einfuhr-/Ausfuhrverbot stehende Ware, Konterbande *f*, geschmuggelte Ware; **to run c.** schmuggeln
absolute contraband absolute Konterbande; **conditional c.** bedingte/relative Konterbande
contraband goods Konter-, Schmuggelware *f*, unter Einfuhr-/Ausfuhrverbot stehende Ware, Konterbande *f*, Banngut *nt*
contrabandist *n* Schmuggler *m*
contraband trade Schleichhandel *m*
to be contra bonos mores *(lat.)* gegen die guten Sitten verstoßen
contra|ception *n* ⚕ Empfängnisverhütung *f*; **c.ceptive** *n* Verhütungsmittel *nt*, Präservativ *nt*, empfängnisverhütendes Mittel; **c.ceptive** *adj* empfängnisverhütend
contract *n* 1. [§] (schuldrechtlicher) Vertrag, Rechtsgeschäft *nt*, Abkommen *nt*, Vertragswerk *nt*, Vereinbarung *f*, Kontrakt *m*; 2. Auftrag *m*; 3. Handelseinheit *f*; **as per c.** laut Vertrag/Kontrakt; **by c.** vertraglich (gebunden); **contrary to the c.** vertragswidrig; **ex c.** aus dem Kaufvertrag; **stipulated in the c.** vertragsgemäß; **subject to c.** vorbehaltlich des/eines Vertragsabschlusses; **~ Vertrags**, gültig nur bei Vertragsschluss; **under a c.** aus einem Vertrag; **~ this c.** nach Maßgabe dieses Vertrags
contract of affreightment (Schiffs)Befrachtungs-, Verfrachtungsvertrag *m*, (See)Fracht-, Chartervertrag *m*; **~ agency** Vertreter-, Agentur-, Vertretungsvertrag *m*; **c. without any subsidiary agreement** Vertrag ohne Nebenabrede; **c. of annuity** (Leib)Rentenvertrag *m*; **~ appointment** Anstellungsvertrag *m*; **~ apprenticeship** Lehr-, (Berufs)Ausbildungsvertrag *m*; **~ arbitration** Schiedsgerichtsvertrag *m*; **~ assignment** Abtretungsvertrag *m*; **~ bailment** Hinterlegungsvertrag *m*, Mandatsauftrag *m*; **c. imposing a burden on a third party** Vertrag zu Lasten Dritter; **c. of carriage** Beförderungs-, Fracht-, Speditions-, Transport-, Verfrachtungsvertrag *m*; **~ by sea** Seefrachtvertrag *m*; **c. to sup-**

ply components Zulieferungsauftrag *m*; **c. of consignment** Konsignationsvertrag *m*; **c. providing for control** Beherrschungsvertrag *m*; **c. of coparcen(ar)y** Teilhaber-, Gesellschaftsvertrag *m*; **c. for custody** Verwahrungsvertrag *m*; **c. by/for deed** Grundstückskaufvertrag *m*, urkundlicher Vertrag; **c. of delivery** Liefervertrag *m*; **c. for future delivery** Terminkontrakt *m*; **c. of deposit** Hinterlegungsvertrag *m*; **~ domination** Beherrschungsvertrag *m*; **~ donation** Schenkungsvertrag *m*; **~ limited duration** befristeter Vertrag; **~ employment** Arbeits-, Dienst-, Ein-/Anstellungs-, Mitarbeitervertrag *m*, Arbeitsverhältnis *nt*; **c. of guarantee** Garantie-, Gewähr(leistungs)-, Bürgschaftsvertrag *m*, Bürgschaft als Vertrag; **~ hire** Mietvertrag *m*; **c. concluded by implication** konkludent geschlossener Vertrag; **c. for importation** Einfuhrvertrag *m*; **c. of indemnity** Haftungsfreistellungs-, Garantievertrag *m*; **c. between individuals** Individualvertrag *m*; **c. of inheritance** Erbvertrag *m*; **~ insurance** Versicherungsvertrag *m*; **closed ~ insurance** Versicherungsvertrag ohne Anpassungsmöglichkeit; **c. under public law** öffentlich-rechtlicher Vertrag; **c. of lease** Miet-, Pachtvertrag *m*; **c. for personal liability** Schuldvertrag *m*; **c. of lien** Pfandvertrag *m*; **c. of/to manufacture** Werkvertrag *m*; **c. of partnership** Teilhaber-, Beteiligungsvertrag *m*; **c. for an indefinite period of time** unbefristeter Vertrag; **c. of pledge** Verpfändungserklärung *f*, V.vertrag *m*; **c. for the procurement of services** Dienstverschaffungsvertrag *m*; **~ a product** Werkvertrag *m*; **c. of purchase** Kaufauftrag *m*, Verkaufs-, K.vertrag *m*, K.brief *m*; **c. for the purchase of an expectancy** Kaufanwartschaftsvertrag *m*; **c. of recharter** Unterfrachtvertrag *m*; **~ record** [§] durch das Gericht bewirkter Vertrag; **c. for repairs** Reparaturvertrag *m*; **c. in restraint of trade** wettbewerbsbeschränkender Vertrag

contract of sale 1. Verkaufsauftrag *m*; 2. Verkaufs-, Kaufvertrag *m*; **to conclude a ~ s.** Kaufvertrag abschließen; **c. for the sale of goods** Kaufvertrag über bewegliche Sachen; **~ of land** Liegenschafts-, Grundstückskaufvertrag *m*; **~ of land including conveyance** Kaufvertrag mit Auflassung; **preliminary c. of s.** Kaufvorvertrag *m*

contract under seal gesiegelter Vertrag; **c. to sell** Kaufvertrag *m*; **c. of/for service; ~ or work** Dienst(leistungs)-, Geschäftsbesorgungsvertrag *m*; **c. of personal service** Mitarbeitervertrag *m*; **~ shipment; c. with the shipowner** Reedereivertrag *m*; **c. to supply** Lieferkontrakt *m*, L.vertrag *m*; **c. for the supply of electricity** Stromlieferungsvertrag *m*; **~ goods and services** Sachleistungsvertrag *m*; **c. of suretyship** Garantie-, Bürgschaftsvertrag *m*, Haftungserklärung *f*; **c. put out to tender** Ausschreibung *f*; **c. of traineeship** (Berufs)-Ausbildungsvertrag *m*; **c. for the transfer of use and enjoyment** Nutzungsvertrag *m*; **c. of transport(ation)** Beförderungs-, Transportvertrag *m*; **~ warranty** Garantievertrag *m*; **c. for work and labour; works and services** Werkvertrag *m*; **~ work and labour service** Sachleistungsvertrag *m*; **~ work, labour and material** Werklieferungsvertrag *m*; **c. in writing** schriftliche Abrede/Abmachung, schriftlicher Vertrag, Vertrag in schriftlicher Form

bound by contract durch Vertrag gebunden, vertraglich verpflichtet, kontraktgebunden; **contemplated by the c.** im Sinne des Vertrages; **covered by c.** vertraglich abgesichert; **established by c.** vertraglich vereinbart/festgelegt; **non-conforming to the c.** vertragswidrig; **stipulated by c.** vertraglich festgelegt; **liable under the c.** vertraglich verpflichtet

taking-over a contract Vertragsübernahme *f*; **c. covering ...** Vertrag über ...

the contract expires der Vertrag läuft ab; **~ has become frustrated** die Vertragserfüllung ist unmöglich geworden, die Geschäftsgrundlage ist entfallen; **~ is governed by the law of ...** der Vertrag ist dem Recht vom ... unterworfen

to abandon a contract (*Terminbörse*) Option verfallen lassen; **to abide by/adhere to a c.** Vertrag einhalten, an einem ~ festhalten; **to accept a c.** Vertrag annehmen; **to agree by c.** vertraglich festlegen/vereinbaren; **to annul a c.** Vertrag annullieren/aufheben; **to authorize so. to sign a c.** jdn zur Vertragsunterschrift bevollmächtigen; **to avoid a c.** Vertrag anfechten; **to award a c.** Auftrag vergeben/erteilen, Zuschlag erteilen, Fabrikations-/Lieferauftrag erteilen; **to be awarded a c.** Zuschlag erhalten; **~ bound by c.** vertraglich gebunden sein; **~ in breach of c.** vertragsbrüchig sein; **~ under c.** unter Vertrag stehen; **to bind by c.** vertraglich binden; **to break/breach a c.** Vertrag brechen/verletzen, Vertragsbruch begehen; **to cancel a c.** Vertrag auflösen/aufheben; **to challenge a c.** Vertrag anfechten; **to commit o.s. by c.** sich vertraglich/durch Vertrag verpflichten; **to conclude a c.** Vertrag abschließen, Geschäft zu Stande bringen; **to discharge a c.** Vertrag erfüllen; **to draft/draw up a c.** Vertrag aufsetzen/formulieren/ausfertigen/entwerfen/ausarbeiten; **to enforce a c.** Rechte aus einem Vertrag geltend machen, aus einem Vertrag klagen; **to enter into a c.** Vertrag (ab)schließen, Bindung(en) eingehen; **to establish by c.** vertraglich vereinbaren; **to farm out a c.** Auftrag weitervergeben; **to formulate a c.** Vertrag formulieren; **to frustrate a c.** Vertragserfüllung unmöglich machen; **to fulfil a c.** Vertrag erfüllen/durchführen; **to give so. a c.** jdm einen Auftrag erteilen; **to hold (so.) to the c.** auf dem Vertrag bestehen; **to honour a c.** einem Vertrag nachkommen, Vertrag erfüllen; **to interpret a c.** Vertrag auslegen; **to job a c.** Auftrag weitervergeben; **to land a c.** 1. (*coll*) Abschluss tätigen, Auftrag unter Dach und Fach bringen; 2. Vertragsabschluss erzielen; **to let out on c.** Arbeit verdingen; **to make a c.** Vertrag abschließen; **to modify a c.** Vertrag abändern; **to negotiate a c.** Vertrag aushandeln; **to nullify a c.** Vertrag aufheben; **to obtain a c.** Zuschlag erhalten; **to opt into a c.** einen Vertrag beitreten; **~ out of a c.** aus einem Vertrag aussteigen, von einem Vertrag zurücktreten; **to perform a c.** Vertrag erfüllen; **to prolong a c.** Vertrag verlängern, Laufzeit eines Vertrags erneuern; **to put out to c.** im Submissionswege vergeben; **to reform a c.** Vertrag än-

dern; **to release so. from a c.** jdm von seinem Vertrag entbinden/entlassen; **to renew a c.** Vertrag verlängern/erneuern, Laufzeit eines Vertrages erneuern; **to repudiate a c.** Vertrag als ungültig behandeln/nicht anerkennen/widerrufen, Vertragserfüllung ablehnen, vom Vertrag zurücktreten; **to rescind a c.** Vertrag annullieren/aufheben/umstoßen/stornieren/kündigen/lösen/anfechten/rückgängig machen/widerrufen, Handel rückgängig machen, von einem (Kauf)Vertrag zurücktreten; **to secure a c.** Auftrag erhalten/verbuchen (können), Zuschlag erhalten; **to sever a c.** Vertrag auflösen; **to sign a c.** 1. Geschäft abschließen; 2. Vertrag unterzeichnen; **to stipulate by c.** vertraglich festlegen/regeln/vereinbaren; **to strike a c.** *(Terminbörse)* Option abschließen; **to sue under a c.** aus einem Vertrag klagen; **to tender for a c.** *(Ausschreibung)* sich um einen Auftrag bewerben; **to terminate a c.** 1. Vertragsverhältnis beenden, Vertrag kündigen/lösen/beenden; 2. Dienstverhältnis beenden; ~ **of employment** Arbeitsverhältnis kündigen; **to violate a c.** Vertrag brechen; **to vitiate a c.** Vertrag für ungültig erklären; **to void a c.** Vertrag ungültig machen; **to win a c.** *(Auftrag)* Zuschlag erhalten; **to withdraw from a c.** von einem Vertrag zurücktreten, aus einem Vertrag aussteigen *(coll)*; **to write into the c.** in den Vertrag aufnehmen
accessory contract akzessorische Verpflichtung, akzessorischer Vertrag, Neben-, Zusatzvertrag *m*; **add-on c.** Erweiterung des Teilzahlungsvertrags; **aleatory c.** Eventual-, Risikovertrag *m*, aleatorischer Vertrag; **amended c.** abgeänderter Vertrag; **ancillary c.** Zusatzvertrag *m*; **annual c.** Jahresvertrag *m*; **bare c.** ungültiger Vertrag; **basic c.** Grundkontrakt *m*, G.vertrag *m*; **third-party beneficiary c.** Gunstvertrag *m*, Vertrag zu Gunsten Dritter; **bilateral c.** zweiseitiger/gegenseitiger (Schuld)Vertrag; **binding c.** rechtsgültiger Vertrag; **blanket c.** Generalvertrag *m*; **collateral c.** dinglich gesicherter Vertrag, Nebenvertrag *m*; **collective c.** Tarif-, Kollektivvertrag *m*, Lohn- und Gehaltstarifabkommen *nt*; ~ **termination** Tarifkündigung *f*; **commercial c.** 1. gewerblicher Auftrag; 2. Handelsvertrag *m*; **executory ~ c.** Handelsfixkauf *m*; **conditional c.** bedingter Vertrag; **consensual c.** mündlicher Vertrag; **consultative c.** Beratervertrag *m*; **cost-plus c.** Vertrag mit Preisgleitklausel, ~ Selbstkostenpreis und Gewinnzuschlag; **cost-plus-fee c.** Vertrag zu Istkosten zuzüglich Gewinnzuschlag; **cost plus a fixed fee c.** Vertrag mit Preisfestsetzung nach Kosten und Verrechnung fester Zuschläge; **current c.** laufender Vertrag; **declaratory c.** deklaratorischer Vertrag; **defective c.** fehlerhafter Vertrag; **dependent c.** bedingter Vertrag; **divisible c.** teilbarer Vertrag; **legally enforceable c.** einklagbarer Vertrag; **exclusive c.** Ausschließlichkeitsvertrag *m*; **executed c.** erfüllter Vertrag, Realvertrag *m*; **executory c.** nicht erfüllter/noch zu erfüllender Vertrag, Verpflichtungsgeschäft *nt*; **existing c.** bestehender Vertrag, Altvertrag *m*; **expiring c.** auslaufender Vertrag; **express c.** ausdrücklich geschlossener/ausdrücklicher Vertrag; **farming-out c.** Lohnauftrag *m*; **feigned/fictitious c.** Scheinvertrag *m*, fingierter Vertrag; **fiduciary c.** Treuhand-, Sicherungsübereignungsvertrag *m*, fiduziarisches Rechtsgeschäft; **fixed c.** fester Vertrag; **fixed-price c.** Festpreisvertrag *m*, F.auftrag *m*; **straight ~ c.** Auftrag zum regulären Festpreis; **fixed-term c.** befristeter Vertrag, Zeitvertrag *m*; **formal c.** Formalvertrag *m*, formbedürftiger/förmlicher Vertrag; **forward c.** *(Börse)* Liefer-, Terminvertrag *m*, T.kontrakt *m*, T.abschluss *m*, T.geschäft *nt*; **frustrated c.** unmöglicher/objektiv unmöglich gewordener Vertrag; **gratuitous c.** unentgeltlicher Vertrag; **group-constituting c.** Organvertrag *m*; **hazardous c.** Risiko-, Spekulationsvertrag *m*, aleatorischer Vertrag; **illegal c.** rechtswidriger/widerrechtlicher Vertrag; **illicit c.** unerlaubter Vertrag; **immoral c.** sittenwidriger Vertrag, Vertrag gegen die guten Sitten; **impeachable c.** anfechtbarer Vertrag; **implied c.** konkludent/stillschweigend abgeschlossener/stillschweigender Vertrag, sich aus den Umständen ergebender Vertrag, stillschweigend geschlossenes Vertragsverhältnis; **incomplete c.** unvollständiger Vertrag; **indefinite-term c.** unbefristeter Vertrag; **independent c.** selbstständiger Vertrag; **individual c.** Einzelabmachung *f*, E.vertrag *m*; **indivisible c.** unteilbarer Vertrag; **informal c.** formfreier Vertrag; **joint c.** Gemeinschaftsvertrag *m*, gemeinschaftlicher Vertrag; **leonine c.** leonischer Vertrag; **loan-awarded c.** *(Bausparen)* zugeteilter Vertrag; **long-term c.** langfristiger Vertrag; **lump-sum c.** Festpreisauftrag *m*, Pauschalvertrag *m*; **main c.** Hauptvertrag *m*; **major c.** Großabschluss *m*, G.auftrag *m*; **maritime c.** Schifffahrtsvertrag *m*; **material c.** wesentlicher Vertrag; **military c.** Rüstungsauftrag *m*; **mixed c.** gemischter Vertrag; **modified c.** abgeänderter Vertrag; **multi-delivery c.** Sukzessivlieferungsvertrag *m*; **mutual c.** gegenseitiger/zweiseitig verpflichtender Vertrag; **naked/nude c.** einseitiger/ungültiger Vertrag (mangels Gegenleistung); **negative c.** Unterlassungsvertrag *m*; **obligation-imposing c.** Schuldvertrag *m*; **onerous c.** entgeltlicher Vertrag; **one-year c.** Jahresvertrag *m*; **open-end c.** unbefristeter Vertrag, Vertrag mit teilweise offenen Modalitäten, Bezugs-, Sukzessivlieferungsvertrag *m*; **oppressive c.** Knebel(ungs)vertrag *m*; **oral/parol c.** mündlicher/formloser/formfreier Vertrag; **original c.** Hauptvertrag *m*; **outside c.** Fremdauftrag *m*; **overseas c.** Auslands-, Überseeauftrag *m*; **preliminary c.** Vorvertrag *m*; **primary/prime c.** Hauptkontrakt *m*, H.vertrag *m*; **principal c.** Grundvertrag *m*; **private c.** Privat-, Individualvertrag *m*; **by ~ c.** freihändig, im Freihandel verkauft; **to sell by ~ c.** freihändig/unter der Hand verkaufen; **public c.** öffentlicher Auftrag; **real c.** *[US]* Liegenschaftsvertrag *m*, dinglicher Vertrag; **reciprocal c.** Gegenseitigkeitsvertrag *m*, gegenseitiger/synallagmatischer (Schuld)Vertrag; **revolving/rolling c.** sich erneuernder/automatisch verlängernder Vertrag; **running c.** laufender Vertrag; **safe-custody c.** Depotvertrag *m*; **sealed c.** notarieller Vertrag; **secondary c.** akzessorische Verpflichtung; **sham/simulated c.** Scheinvertrag *m*; **simple c.** einfacher Vertrag; **social c.** Gesellschaftsvertrag *m*, Sozialkontrakt *m*; **special c.** Sondervertrag *m*, be-

siegelter Vertrag; **standard(-form) c.** Modell-, Muster-, Formular-, Einheits-, Norm-, Standardvertrag *m*, Vertrag zu allgemeinen Geschäftsbedingungen; **standing c.** fester Vertrag; **subsidiary c.** Untervertrag *m*; **substituted c.** Novationsvertrag *m*; **supplementary c.** Zusatzvertrag *m*; **terminable c.** kündbarer Vertrag; **testamentary c.** Erbvertrag *m*; **tie-in/tying c.** Knebelungs-, Exklusiv-, Kopplungsvertrag *m*; **unenforceable c.** nichtklagbarer Vertrag; **unfilled c.** schwebendes Geschäft; **unilateral c.** einseitiges Rechtsgeschäft, einseitig bindender Vertrag, einseitiger (Schuld)Vertrag; **unperformed c.** nichterfüllter Vertrag; **unreasonable c.** unzumutbarer Vertrag; **usurious c.** Wuchervertrag *m*; **valid c.** gültiger Vertrag; **void c.** ungültiger/unwirksamer/nichtiger Vertrag; **voidable c.** anfechtbarer Vertrag; **watertight c.** einwandfreier Vertrag; **written c.** schriftlicher Vertrag; **yellow-dog c.** *[US] (pej.)* Arbeitsvertrag mit Verbot des Gewerkschaftsbeitritts
contract *v/ti* 1. [§] kontrahieren, sich vertraglich verpflichten, vertragliche Verpflichtung eingehen, Vertrag abschließen, unter ~ nehmen; 2. schrumpfen; 3. $ sich infizieren; **c. in** *(Vertrag)* einsteigen *(coll)*; **c. out** 1. Unterauftrag vergeben, Auftrag untervergeben, ~ nach außerhalb vergeben, ~ außer Haus geben, fremdvergeben; 2. vertraglich ausschließen/abbedingen, verlassen, sich befreien (von), Befreiung erlangen, sich freizeichnen; 3. *(Vertrag)* aussteigen *(coll)*; **c. with o.s.** mit sich selbst kontrahieren; **c. to** sich zu etw. vertraglich verpflichten; **~ pay** sich vertraglich zur Zahlung verpflichten
contractant *n* [§] Vertragspartei *f*, V.schließende(r) *f/m*, Kontrahent(in) *m/f*, vertragschließender Teil
contract area Vertragsgebiet *nt*; **essential c. arrangements** wesentliche Vereinbarungen
contract award Zuschlag *m*, (Auftrags)Vergabe *f*, A.erteilung *f*; **ready for c. a.** vergabereif; **c. a. regulations** Vergabeordnung *f*, V.richtlinien, V.vorschriften
contract basis vertragliche Grundlage, Vertrags-, Geschäftsgrundlage *f*; **c. bidder** Ausschreibungsbeteiligte(r) *f/m*, Submittent *m*; **c. bond** Erfüllungs-, Leistungs-, Untergarantie *f*, Unternehmerkaution *f*; **c. book** Schlussscheinbuch *nt*; **c. cancellation** Vertragsaufhebung *f*, V.kündigung *f*; **c. carrier** 1. Vertragsspediteur *m*, V.spedition *f*; 2. ⚓ Vertragsreederei *f*; 3. 🚆 bahnamtliches Rollfuhrunternehmen, bahnamtlicher Spediteur, Rollfuhrdienst *m*; 4. Transportunternehmen mit Langzeitkontrakten, Frachtführer *m*; **c. caterer** Vertragsküche *f*, Fertiggerichtelieferant *m*; **c. catering** Vertragsküche *f*, vertragliche Fernverpflegung; **c. claim** vertraglicher Anspruch, Vertragsforderung *f*, V.anspruch *m*; **c. clause** Vertragsbestimmung *f*, V.klausel *f*, Klausel des Vertrages; **c. combination** vertraglicher Unternehmenszusammenschluss; **c. conditions** Vertragsbedingungen; **c. consumer** ⚡ Vertragsabnehmer *m*; **c. cost(s)** Auftragskosten *pl*; **c. costing** Auftragskosten(be)rechnung *f*, A.kalkulation *f*; **c. cover(age)** *(Vers.)* Auftragsdeckung *f*; **c. creditor** Vertragsgläubiger(in) *m/f*; **c. curve** Kontraktkurve *f*; **c. customer** Vertragskunde *m*; **c. date** Vertragstermin *m*, V.datum *nt*, vertraglich vereinbarter Termin, Tag des Abschlusses; **before c. date** vor Vertragsablauf; **c. deadline** Vertragstermin *m*; **c. debt** Vertragsschuld *f*, vertraglich geschuldete Leistung; **c. debtor** Vertragsschuldner(in) *m/f*; **c. delivery** Kontraktlieferung *f*; **c. documentation** Vertragsdokumentation *f*
contracted *adj* vertraglich festgelegt; **subject to being c. away** abdingbar
contract employee Leiharbeiter(in) *m/f*
contract error Vertragsirrtum *m*; **c. form** Vertragsformular *nt*; **c. goods** Vertragsgegenstand *m*, V.ware *f*, vertragsmäßige Erzeugnisse; **c. grade** *(Waren)* Vertragssorte *f*, vertraglich vereinbarter Sorte; **c. guarantee** Erfüllungsgarantie *f*; **c. hire** mittelfristiger Mietvertrag, (vertraglich) befristete Vermietung; **c. hospital** Vertragskrankenhaus *nt*; **c. hotel** Vertragshotel *nt*; **c. hours** vertragliche Arbeitszeit; **c. implementation** Vertragsabwicklung *f*; **c. insurance** Vertrags-, Submissionsversicherung *f*; **c. interest** vereinbarter Zinssatz
contracting *n* Vertragsabschluss *m*, Kontrahierung *f*; **capable of c.** geschäftsfähig
contracting *adj* 1. vertragschließend, Vertrags-; 2. schrumpfend, sich zusammenziehend; **c. firm** Vertrags-, Unternehmerfirma *f*; **c. out** Freizeichnung *f*, Verdingung *f*; **c.-out clause** Freizeichnungsklausel *f*; **c. party** Vertragspartner *m*, V.partei *f*, Kontrahent(in) *m/f*, vertragschließender Teil, vertragschließende Partei; **third c. party** Drittkontrahent *m*; **c. policy** Kontrahierungspolitik *f*; **c. powers** vertragschließende Staaten
contraction *n* 1. Schrumpfung *f*, Rückgang *m*, Zusammenziehung *f*, Verengung *f*, Kontrahierung *f*; 2. Konjunkturabschwung *m*, Abschwächung *f*, Drosselung *f*; 3. $ Infizierung *f*
contraction of credits Kreditschrumpfung *f*; **~ a debt** Begründung einer Schuld; **~ debts** Schuldenaufnahme *f*, Verschuldung *f*, Aufnahme von Schulden; **c. of/in demand** Nachfrageschrumpfung *f*, N.rückgang *m*; **c. of the economy** Konjunkturabschwung *f*, Nachlassen der wirtschaftlichen Aktivität, Rezession *f*; **c. in employment** Beschäftigungsrückgang *m*; **c. of liquidity** Liquiditätsschrumpfung *f*; **~ manufacturing; c. in output** Produktionsrückgang *m*; **c. of marriage** Eheschließung *f*; **~ the money supply** Geldverknappung *f*
cyclical contraction Konjunkturabschwung *m*, Rezession *f*, konjunktureller Schrumpfungsprozess; **organizational c.** Verkleinerung des Unternehmens
contraction phase Abschwungphase *f*; **c. process** Schrumpfungsprozess *m*
contractionary; contractive *adj* kontraktiv, (sich) abschwächend, schrumpfend
contract journal Submissionsanzeiger *m*; **c. labour** 1. Leih(arbeits)kräfte *pl*, gemietete Arbeitskräfte; 2. Vertrags-, Leiharbeit *f*, vertraglich übernommene Arbeit; **c. law** Vertrags-, Schuldrecht *nt*; **c. letting** (Auftrags)Vergabe *f*, A.erteilung *f*; **c. line** Kontraktgerade *f*; **c. machine** *[US]* Lohnmaschine *f*; **c. manufacturing** Lohnfertigung *f*; **c. market** Warenterminmarkt *m*; **c.**

contract mix

marketing Kontraktmarketing *nt*, K.vertrieb *m*; **c. mix** Kontrahierungspolitik *f*, K.mix *m*; **c. month** *(Option)* Kontraktmonat *m*; **c. mortgage** Vertragshypothek *f*; **c. negotiation** 1. Vertragsverhandlung *f*; 2. *[US]* Tarifverhandlung *f*; **c. network** ⚡ Vertragsnetz *nt*; **c. note** 1. *(Börse)* Schlussnote *f*, S.schein *m*, S.zettel *m*, Auftragszettel *m*, Vertragsschlussnote *f*, V.schein *m*, Ausführungsbestätigung *f*, Kaufzettel *m*, Ausführungsanzeige *f*, Abschlussrechnung *f*, Abrechnung *f* (des Börsenmaklers), Effektenabrechnung *f*, Abrechnungsnota *f*; 2. Auftragsbestätigung *f*; **c. research** Auftragsforschung *f*; **severable c. obligation** von anderen unabhängige Vertragsverpflichtung; **c. value** Auftragswert *m*

contractor *n* 1. Auftragnehmer *m*, Lieferant *m*, Lieferer *m*, Lieferfirma *f*, Leistungserbringer *m*; 2. Auftraggeber *m*; 3. 🏛 *(Bau)* Unternehmer *m*, Hauptgedingenehmer *m*; 4. Subunternehmer *m*; 5. Anlagenbauer *m*; 6. Vertragspartei *f*, V.schließende(r) *f/m*, Kontrahent(in) *m/f*; **c. of debts** Schuldenmacher *m*; **c. to the government** Staatslieferant *m*

biggest contractor maßgeblicher Auftraggeber/A.nehmer; **captive c.** abhängiger Lieferant; **general c.** General-, Hauptunternehmer *m*, Koordinator *m*, Generalunternehmung *f*, G.unternehmen *nt*; **independent c.** selbstständiger Unternehmer; **main/primary/prime c.** Haupt-, Generalunternehmer *m*, General-, Gesamtunternehmer *m*, Hauptauftragnehmer *m*; **private c.** Lohn-, Privatunternehmer *m*; **subordinate c.** Nachunternehmer *m*

contractor's labour and materials Werklieferung *f*; ~ **negligence** Nachlässigkeit des Unternehmers; ~ **obligation to remedy defects** Nachbesserungspflicht *f*; ~ **retention** Risikobeteiligung des Auftragnehmers

contract penalty Konventionalstrafe *f*; **c. performance guarantee** Vertragserfüllungsgarantie *f*; **c. period** Vertragszeit *f*, V.frist *m*, Laufzeit des Vertrages, Vertrags(lauf)zeit *f*, vertragliche Laufzeit; **c. personnel** Leihpersonal *nt*, L.arbeitskräfte *pl*; **c. placing** Auftragsvergabe *f*; **c. port** Vertragshafen *m*; **c. premium** *(Auftrag)* Risikoentgelt *nt*; **c. price** 1. Vertrags-, Liefer-, Submissionspreis *m*, vertraglich vereinbarter Preis; 2. *(Börse)*Abschlusskurs *m*; 3. *(Option)* Kontraktpreis *m*; **commercial c. price** vertraglich vereinbarter Handelspreis; **c. processing** 1. Lohnveredelung *f*, L.verfahren *nt*; 2. Auftragsbearbeitung *f*, A.erledigung *f*; **c. production** Auftrags-, Lohnfertigung *f*; **c. quantity** vertraglich vereinbarte Menge; **c. quota** Vertragskontingent *nt*; **c. rate** *(Fracht)* Kontraktrate *f*; **c. rates** Kontraktfrachten; **c. rate of interest** vertraglich festgelegter/vereinbarter Zins(satz), vertraglicher Zinssatz; **maximum ~ interest** gesetzlich zulässiger Höchstzins; **c. rent** vertraglich ausbedungene Pacht; **interim c. report** Zwischenabrechnung *f*; **c. research** Auftrags-, Kontraktforschung *f*; **c. result** Auftragsergebnis *nt*; **c. service** Vertragsleistung *f*; **c.settlement** vertragliche Regelung, Vertragsregelung *f*; **c. sheet** Abrechnungsbogen *m*; **c.size** Kontraktmenge *f*; **c. stamp** *[GB]* Schlussschein-, Vertrags-, Effekten-,

Schlussnotenstempel *m*; **~ duty** Urkunden-, Abrechnungsstempelsteuer *f*; **c. standard** *(Option)* Kontraktnorm *f*; **c. supplies** vertragliche Lieferungen; **c. system** Geding(earbeit) *nt/f*; **c. terms** Vertragsbedingungen; **c. termination** Vertragskündigung *f*; **c. tie-up** Lieferbindung *f*; **c. trading** Terminhandel *m*

contractual *adj* 1. rechtsgeschäftlich, vertraglich, vertragsgemäß, vertrags-, schuldrechtlich, Vertrags-, auf Grund eines Vertrages, kontraktgebunden; 2. tariflich, tarifvertraglich (vereinbart)

contract unit *(Börse)* Mindestmenge *m*, Schluss *m*, Handelseinheit *f*; **c. value** Auftrags-, Vertrags-, Angebots-, Bestellwert *m*; **total c. value** Gesamtauftragswert *m*; **c. violation** Vertragsverletzung *f*; **c. volume** Auftragsvolumen *nt*; **c. wage system** *[US]* Akkord(lohn)system *nt*; **c. worker** Leiharbeiter(in) *m/f*; **c. year** Vertragsjahr *nt*

contracyclical *adj* antizyklisch

contradict *v/t* widersprechen

contradiction *n* 1. Gegen-, Widerrede *f*; 2. Widerspruch *m*, Antinomie *f*; **c. in terms** innerer Widerspruch; **to invite c.** zum Widerspruch reizen

contradic|toriness *n* Widersprüchlichkeit *f*; **c.tory** *adj* kontradiktorisch, widersprüchlich, (sich) w.sprechend

contraflow (system) *n* *[GB]* 🚧 *(Autobahnbaustelle)* entgegenkommender Verkehr, Gegenverkehr *m*

contraindication *n* ⚕ Gegenanzeige *f*

contra proferentem *(lat.)* **rule** [§] Rechtssatz der Auslegung gegen den Urkundenaussteller

contrariness *n* Widerborstigkeit *f*

contrary *adj* entgegengesetzt, gegenteilig; **c. to** abweichend von, im Gegensatz zu; **~ form** formwidrig; **~ statutes** statutenwidrig; **to be c. to** verstoßen gegen, widersprechen

contrary *n* Gegenteil *nt*; **on the c.** (ganz) im Gegenteil; **to the c.** entgegengesetzt, widersprechend, anderslautend; **unless we hear ~ c.** falls wir nichts Gegenteiliges hören; **to prove the c.** das Gegenteil beweisen

contrast *n* Kontrast *m*, Gegensatz *m*; **by c.** im Gegensatz dazu; **in c. to** im Gegensatz zu; **to stand in c.** im Gegensatz stehen; **stark c.** krasser Gegensatz

contrast *v/ti* 1. kontrastieren, gegenüberstellen; 2. im Gegensatz stehen; **c. unfavourably** im Vergleich schlecht abschneiden

contravene *v/t* [§] zuwiderhandeln, übertreten, verstoßen

contravention *n* [§] Zuwiderhandlung *f*, Z.handeln *nt*, Verstoß *m*, Verletzung *f*, (Gesetzes)Übertretung *f*; **in c. of** unter Verletzung von; **to be/act ~ of sth.** gegen etw. verstoßen; **c. of collectively agreed provisions** Tarifverstoß *m*; **~ the constitution** Verfassungswidrigkeit *f*; **~ the regulations** Vorschriftswidrigkeit *f*, Verstoß gegen die Vorschriften

to act in contravention zuwider-, entgegenhandeln; **~ of a law** unter Verletzung eines Rechts handeln, Recht verletzen

contravision *n* Fernsehkonferenzschaltung *f*

contribute *v/t* 1. beitragen, zu-, beisteuern, mitwirken, einbringen, sich beteiligen; 2. *(Geld)* zuschießen, spen-

den, Beitrag leisten/erbringen, nach-, einschießen, beistellen; 3. *(Kapital)* bei-, einbringen; **liable to c.** beitragspflichtig
contribution *n* 1. Beitrag *m*, Beihilfe *f*, Zuschuss *m*, Anteil *m*, Beitragsleistung *f*, Aufbringung *f*, Einlage(kapital) *f/nt*, Vermögenseinlage *f*; 2. Gewinnbeitrag *m*; 3. Aufbringungsschuld *f*, A.umlage *f*, Einschuss *m*, Obolus *m*, Spende *f*, Abgabe *f*, Zuwendung *f*, Kontribution *f*, Förderleistung *f*; 4. (Schadens)Beteiligung *f*, Komplementäreinlagen *pl*; 5. Kapital-, Deckungsbeitrag *m*, Ein-, Nachschuss *m*, Verlust-, Schadensanteil *m*, Umlage(beitrag) *f/m*, Fondsbeitrag *m*, Einbringung *f*, Beitragshöhe *f*, Nettobeitrag *m*; **c.s** *(Seevers.)* Schadensausgleich *m*
contribution|s and donations Spenden und Schenkungen; **c. in arrears** Beitragsrückstand *m*; **c. of physical assets** Einbringung von Sachwerten; **c. to general average** Havarieeinschuss *m*; **non-repayable ~ building costs** verlorener Baukostenzuschuss; **c. of/to capital** Kapitaleinlage *f*, K.beitrag *m*, K.einzahlung *f*, Geschäfts-, Gesellschaftseinlage *f*; **c. other than cash** Sacheinlage *f*; **c. to costs** Unkostenbeitrag *m*; **~ the discussion** Diskussionsbeitrag *m*; **c.s lawfully due (from so.)** gesetzlich fällige Beträge; **c. à fonds perdu** *(frz.)* verlorener Zuschuss; **c. to growth** Wachstumsbeitrag *m*; **~ operating income** Ergebnisbeitrag *m*; **c. in kind** Sacheinbringung *f*, S.einlage *f*, S.zuwendung *f*, Einbringung von Sachwerten; **c. to management expenses** Verwaltungskostenbeitrag *m*; **~ miners' insurance** Knappschaftsbeitrag *m [D]*; **c.s to political parties** Spenden an politische Parteien; **c. of partners** Gesellschafterbeitrag *m*; **c. to the partnership capital** Gesellschaftseinlage *f*; **c. for the period** Periodenbeitrag *m*; **(positive) c. to profits** Gewinn-, Erlös-, Deckungsbeitrag *m*; **positive ~ results** positiver Ergebnisbeitrag; **additional c. by/from shareholders** *[GB]* /**stockholders** *[US]* Zuzahlung der Aktionäre; **c. per unit of limiting factor** Plannutzenkennziffer *f*, Leistungserfolgssatz *m*; **c. for the year** Periodenbeitrag *m*
liable to make further contribution|s nachschusspflichtig; **entitled to c.** ausgleichsberechtigt
to accept a contribution Spende entgegennehmen; **to ask for a c.** um eine Spende bitten; **to impose a c.** Beitrag erheben; **to make a c. (to)** Beitrag leisten (zu), stiften, spenden; **~ c. to capital** Einschuss leisten; **~ positive c. to profits** Gewinnbeitrag leisten, zum Gewinn beitragen; **~ useful c. to profits** guten Gewinnbeitrag leisten; **to pay a c.** Beitrag entrichten; **to provide a c.** Beitrag leisten, beisteuern
additional contribution Nachschussleistung *f*; **budgeted c.** Solleinlage *f*; **charitable c.** Beitrag/Spende für mildtätige Zwecke, wohltätige Spende; **compensatory c.** Ausgleichsbeitrag *m*; **compulsory c.** Pflicht-, Zwangsbeitrag *m*; **external c.** Außenbeitrag *m*; **financial c.** Finanz(ierungs)-, Geldbeitrag *m*, finanzieller Beitrag; **flat-rate c.** einheitlicher Beitragssatz, pauschal(iert)er Beitrag, Einheits-, Pauschalbeitrag *m*; **graduated c.s** gestaffelte Beiträge; **increased c.** Beitragserhöhung *f*; **in-kind/non-cash c.** Sacheinbringung *f*, S.leistung *f*, S.einlage *f*, S.zuwendung *f*, Einbringung von Sachwerten; **lump-sum c.** pauschal(iert)er Beitrag, Pauschalbeitrag *m*; **maximum c.** Höchstbeitrag *m*; **minimum c.** Mindesteinlage *f*, M.beitrag *m*; **monthly c.** Monatsbeitrag *m*; **net c.s** Nettoeinzahlungen, N.leistungen; **non-compulsory c.s** *(Vers.)* freiwillige Leistungen; **non-recurring c.** einmaliger Beitrag, einmalige Zuwendung; **outstanding c.s** ausstehende Einlagen; **own c.(s)** Eigenleistung *f*, E.beteiligung *f*; **price-reducing c.** Verbilligungsbeitrag *m*; **political c.** politische Spende, Parteispende *f*; **pro-rata/rat(e)able c.** anteilmäßiger Beitrag, anteiliger Beitrag(swert); **quarterly c.** Vierteljahresbeitrag *m*; **required c.** Aufbringungssoll *nt*; **special c.** Sonderbeitrag *m*; **statutory c.** Pflichtbeitrag *m*, gesetzlich fälliger Beitrag; **supplementary c.** Nachschuss *m*; **targeted c.** Solleinlage *f*; **voluntary c.** Kannleistung *f*, freiwillige Spende/Beitragsleistung
contribution analysis Deckungsbeitragsrechnung *f*; **c. assessment ceiling** Beitragsbemessungsgrenze *f*; **c. budget** Deckungsbeitragsplan *m*; **c. capital** Beitragskapital *nt*; **c.s checkoff system** Beitragseinzug(sverfahren) *m/nt*; **c. clause** *(Vers.)* Umlegungs-, Umlagebestimmung *f*; **c. conditions** Beitragsbedingungen, B.voraussetzungen *f*; **c. costing** Deckungsbeitragsrechnung *f*; **c.(s) income** Beitragsaufkommen *nt*, Deckungsbeitrag *m*; **~ statement** Betriebsergebnis-, Deckungsbeitragsrechnung *f*
contribution margin *(Gewinn)* (Kosten)Deckungsbeitrag *m*, Einschuss bei Effektenkrediten; Bruttogewinn *m*; **residual c. m.** Restdeckungsbeitrag *m*
contribution margin accounting/technique Deckungsbeitragsrechnung *f*; **~ percentage** Deckungsbeitrag in %; **~ principle** Kostendeckungsprinzip *nt*; **~ ratio** Deckungsfaktor *m*, D.beitrag in %
contribution month Beitragsmonat *m*; **c. period** Beitragsabschnitt *m*; **c. plan** Gewinnverteilungsplan *m*; **c. rate** Beitragssatz *m*; **c. receipt** 1. Einschussquittung *f*, 2. Beitragseinnahme *f*; **c. receipts** Beitragseinnahmen; **c. record** Beitragsbeleg *m*; **c. refund** Beitragserstattung *f*; **c.-related** *adj* beitragsbezogen; **proportionate c. system** Umlageverfahren *nt*; **c. year** Beitragsjahr *nt*
contributive *adj* besteuernd
contributor *n* 1. Beitragszahler(in) *m/f*, B.pflichtige(r) *m/f*, B.leistende(r) *f/m*, Leistungs-, Aufbringungspflichtige(r) *f/m*, Beitragende(r) *f/m*; 2. Mitwirkende(r) *f/m*; 3. *(Zeitung)* Mitarbeiter(in) *f/m*; 4. Einsender(in) *m/f*; 5. *(Gesellschaft)* Einleger(in) *m/f*; **c. of capital** Kapitaleinleger *m*; **to be a big/major c. to** erheblich beitragen zu; **employed c.** Pflichtversicherte(r) *f/m*; **freelance c.** *(Zeitung)* freiberuflicher Mitarbeiter; **high c.** Leistungsträger *m*; **main c.** 1. wichtigster Zahler; 2. Hauptelement *nt*; **marginal c.** Zusatzlieferant *m*; **net c.** *(EU)* Nettoeinzahler *m*, Nettobeitragszahler *m*
contributory *n* Aufbringungs-, Nachschuss-, Beitragspflichtige(r) *f/m*, Aufbringungsschuldner(in) *m/f*, solidarisch haftender Aktionär, nachschusspflichtiger Gesellschafter

contributory *adj* beitrags-, aufbringungs-, nachschuss-, leistungs-, nachzahlungspflichtig; beisteuernd, beitragend, mitwirkend, mit Eigenbeteiligung
contrivance *n* 1. Erfindung *f*, Planung *f*, Apparat *m*; 2. List
contrive *v/t* entwerfen, ersinnen, entwickeln, fabrizieren, bewerkstelligen
control *n* 1. Kontrolle *f*, Aufsicht *f*, Überwachung *f*, Prüfung *f*; 2. Steuerung *f*, Lenkung *f*, Leitung *f*, Beherrschung *f*; 3. (Zwangs)Bewirtschaftung *f*; 4. *(Lohn/Preis)* Begrenzung *f*; 5. Regelung *f*, beherrschender Einfluss, Einfluss(nahme) *m/f*, Regulierung *f*, Reglementierung *f*; 6. ✪ Regler *m*; **c.s** 🎭 dirigistische Praktiken; **beyond so.'s c.** außerhalb des Einflussbereichs von; **out of c.** außer Kontrolle; **outside our c.** außerhalb unserer Macht; **subject to c.** weisungsgebunden, kontrollpflichtig; **under c.** unter Kontrolle; **~ the c. of** (jdm) unterstellt sein; **to be ~ the c. of** *(jdm)* unterstehen
control of accounts Rechnungskontrolle *f*; **~ applications** Verwendungskontrolle *f*; **~ capital movements** Kapitalverkehrskontrolle *f*; **c. regarding compliance with a collective pay agreement** Tarifüberwachung *f*; **c. of consumer spending** Kaufkraftlenkung *f*; **~ advertising effectiveness** Werbekontrolle *f*; **~ foreign exchange movements** Devisenbewirtschaftung *f*; **~ funds** Mittelkontrolle *f*; **statutory ~ incomes** staatliche Einkommensregulierung; **~ inflows** Kapitalabwehrmaßnahmen *pl*; **permanent ~ the management of the company** laufende Überwachung der Verwaltung/Geschäftsführung der Gesellschaft; **~ the market** Marktsteuerung *f*; **~ the money supply** Geldmengenregulierung *f*, G.steuerung *f*; **~ abusive practices** Missbrauchsaufsicht *f*, M.kontrolle *f*; **c. by right of ownership** vermögensrechtliche Herrschaft; **c. of supply** Angebotssteuerung *f*; **~ the world** Weltherrschaft *f*
to assume control Leitung übernehmen; **to be at the c.s** *(fig)* am Drücker sein *(coll)*; **~ beyond one's c.** (etw.) nicht zu vertreten haben; **~ in c.** Leitung (inne)haben, am Drücker sein *(coll)*; **~ in c. of a situation** Herr der Lage sein; **~ out of c.** außer Kontrolle sein, nicht mehr zu bremsen sein; **~ subject to c.** einer Aufsicht unterstehen; **to bid for the c. of** Herrschaft/Kontrolle anstreben über; **to bring sth. under c.** einer Sache Herr werden; **to exercise c.** Kontrolle ausüben; **to evade c.** sich der Kontrolle entziehen; **to get beyond one's c.** jdm über den Kopf wachsen *(fig)*; **~ out of c.** 1. außer Rand und Band geraten *(coll)*, aus dem Ruder laufen *(fig)*; 2. *(Preise)* davonlaufen; 3. überhand nehmen; **to have c. over sth.** Einfluss auf etw. haben; **~ sth. under c.** etw. im Griff haben; **~ a situation under c.** Herr der Lage sein; **to increase c.(s)** Kontrolle(n) verschärfen; **to keep under c.** im Zaume halten, zügeln; **to lift c.s** Kontrollen/Zwangsbewirtschaftung aufheben, freigeben; **to lose c.** Kontrolle verlieren; **to participate in the c. of an enterprise** an der Kontrolle eines Unternehmens beteiligt sein; **to put under c.** reglementieren; **~ the c. of** (jdm) unterstellen; **to remove c.s** freigeben, Beschränkungen/Restriktionen/Zwangsbewirtschaf-

tung aufheben; **to step up c.s** Kontrollen verschärfen; **to take effective c.** Macht übernehmen; **to win c.** Mehrheit erwerben; **to wrest c. away from so.** jdm die Kontrolle entreißen
adaptive control Optimierungsrechnung *f*; **administrative c.s** administrative Kontrollen; **automatic c.** selbsttätige Regelung, Selbststeuerung *f*; **budgetary c.** Budget-, Etat-, Haushalts-, Finanzkontrolle *f*, Haushaltsüberwachung *f*; **centralized c.** zentrale Überwachung, Zentralsteuerung *f*; **comprehensive c.** umfassende Kontrolle; **cost-revenue c.** Erfolgskontrolle *f*; **direct c.** Direktsteuerung *f*; **~ c.s** unmittelbare wirtschaftspolitische Eingriffe; **economic c.** Wirtschaftslenkung *f*, W.steuerung *f*; **environmental c.** Umweltüberwachung *f*, U.schutz *m*; **external c.** Fremdkontrolle *f*; **factual c.** faktische Beherrschung; **federal c.** Bundesaufsicht *f*; **financial c.** Finanzkontrolle *f*, finanzielle Überwachung(stätigkeit); **intermediate ~ c.** Hauptgruppenkontrolle *f*; **internal ~ c.** Finanzierungskontrolle *f*; **fine c.** Feinsteuerung *f*; **firm c. of costs** strenges Kostenmanagement; **fiscal c.** Steueraufsicht *f*; **foreign c.** Beherrschung durch eine ausländische Muttergesellschaft, ~ einen ausländischen Mehrheitsaktionär; **full and absolute c.** uneingeschränkte Verfügungsgewalt; **governmental c.** 1. Regierungsaufsicht *f*; 2. Wirtschaftslenkung *f*; **industrial c.** Wirtschaftskontrolle *f*, Gewerbeaufsicht *f*; **in-house/internal c.** innerbetriebliche Aufsicht/Lenkung/(Erfolgs)Kontrolle, betriebsinterne Überwachung; **manual c.** ✪ Handsteuerung *f*, H.regelung *f*, H.bedienung *f*; **marital c.** Verwaltungsrecht in der Ehe, ~ des Ehemannes; **medical c.** gesundheitspolitische Überwachung; **monetary c.** Kontrolle des Geldumlaufs, Währungskontrolle *f*, Devisenbewirtschaftung *f*; **operational c.** Überwachung der Betriebsabläufe; **overall c.** Globalsteuerung *f*; **under the ~ of** unter Führung von; **parental c.** Erziehungsgewalt *f*; **parliamentary c.** parlamentarische Kontrolle; **physical c.** tatsächliche Herrschaft; **process-orient(at)ed c.** verfahrensorientierte Kontrolle; **quantitative c.** Mengenkontrolle *f*; **remote c.** 1. Fernbedienung *f*, F.steuerung *f*, F.lenkung *f*; 2. 📻 Fernabfrage *f*; **to operate by ~ c.** fernsteuern, f.betätigen; **sanitary c.** ⚕ Gesundheitskontrolle *f*, G.überwachung *f*; **sequential c.** 1. 📻 Folgesteuerung *f*; 2. 🎵 Takt-, Programm-, Ablaufsteuerung *f*; **statutory c.** gesetzliche Kontrolle; **supervisory c.** Rechtsaufsicht *f*; **tighter c.s** verstärkte Kontrollen
control *v/t* 1. (be)herrschen, kontrollieren, übewachen, beaufsichtigen; 2. steuern, reglementieren, planen, lenken, regulieren, regeln; 3. (zwangs)bewirtschaften, unter Zwangswirtschaft stellen, der Zwangswirtschaft unterwerfen
control account Kontroll-, (Hauptbuch)Sammel-, Verbindungskonto *nt*; **c. accounting** entscheidungsorientierte Kostenrechnung; **c. account sheet** Sammelkontoblatt *nt*; **c. agreement** Beherrschungsvertrag *m*; **c. bit pattern** 📻 Kontrollbitmuster *nt*; **c. block** 📻 Steuerblock *m*; **c. board** Aufsichtsamt *nt*; **c. book** Kontrollbuch *nt*; **individual c. book** persönliches Kontroll-

buch; **c. bus** 🖳 Kontrollbus, Steuerbus *m*; **c. center** *[US]* /**centre** *[GB]* Kontroll-, Überwachungszentrum *nt*; **intermediate c. change** 🖳 Hauptgruppenwechsel *m*; **c. character** 🖳 Steuerzeichen *nt*; **c. chart** Kontroll-, Regelkarte *f*; **c. circuit** Regelkreis *m*; **c. clock** Stechuhr *f*; **c. column** ✈ Steuerknüppel *m*; **c. command** 🖳 Steuerbefehl *m*; **c. commission** Kontrollkommission *f*; **c. console** ✪ /🖳 Bedienungspult *nt*; **c. contract** Beherrschungsvertrag *m*; **c. counter** 🖳 Befehlszähler *m*; **c. copy** Kontrollexemplar *nt*; **c. cycle** 🖳 Steuerzyklus *m*; **c. data** 🖳 Steuerdaten *pl*; **c. desk** ✪ Steuerpult *nt*, Bedienungstisch *m*; **c. devices** Mittel der Einflussnahme; **c. dictionary** 🖳 Steuertabelle *f*; **c. document** 🖳 Kontrollbeleg *m*; **c. element** ✪ Bedienungselement *nt*; **c. engineer** Regeltechniker *m*; **c. engineering** Regel-, Steuerungstechnik *f*; **c. experiment** Kontrollversuch *m*; **c. field** Kontroll-, Sortier-, Programmfeld *nt*; **c. flow** 🖳 Kontrollfluss *m*; **c. function** Steuer(ungs)funktion *f*; **exercising c. functions** Wahrnehmung der Aufsicht; **c. group** 1. Kontrollgruppe *f*; 2. ▦ Vergleichsgruppe *f*; **c. instruction** 🖳 Steueranweisung *f*; **c. instrument** Steuerungsinstrument *nt*; **c. key** 🖳 Control-Taste *f*, Steuertaste *f*

controllable *adj* kontrollierbar, steuerbar

controlled *adj* 1. (zwangs)bewirtschaftet, z.wirtschaftlich; 2. gelenkt, gesteuert, beherrscht, kontrolliert; **centrally c.** zentralgesteuert; **numerically c.** ✪ nummerisch gesteuert; **separately c.** einzeln an- und abstellbar

controller *n* 1. *[US]* Leiter der Buchhaltung, ~ Abteilung/Finanz-, Rechnungswesen, Kalkulator *m*, Planungschef *m*; 2. Kontrolleur *m*, Kontrollbeamter *m*, K.leiter *m*, Nachprüfer *m*, Aufseher *m*; 3. ✪ Regler *m*; 4. 🖳 Kontrolleinheit *f*; 5. ✈ Fluglotse *m*; **C. of Patents, Designs and Trademarks** *[GB]* Patentamt *nt*; **financial c.** Leiter der Finanzabteilung, ~ des Finanzwesens

control limit Kontrollgrenze *f*; **upper c. l.** ▦ obere Entscheidungskontrollgrenze

controlling *n* Controlling *nt*, Unternehmenssteuerung *f*; *adj* (be)herrschend

controlling of the sales effort Vertriebssteuerung *f*; **c. account** (Hauptbuch)Sammel-, Kontrollkonto *nt*; **c. function** Kontrollfunktion *f*; **c. organization** Controllingorganisation *f*; **c. tax** Kontrollsteuer *f*

control loop Regelkreis *m*; **c. margin** Kontrollspanne *f*; **c. measure** Bewirtschaftungs-, Kontrollmaßnahme *f*; **c. mechanism** Steuertechnik *f*, S.mechanismus *m*; **c. memory** 🖳 Steuerspeicher *m*; **c. mode** Steuermodus *m*; **c. model** Lenkungsmodell *nt*; **c. note** Kontrollvermerk *m*; **c. office** Kontroll-, Überwachungsstelle *f*; **c. panel** 1. ✪ Schalttafel *f*, Bedienungskonsole *f*, Betriebspult *nt*, Prüfpanel *m*; 2. 🖳 Schaltfeld *nt*; **c. point** Kontrollstelle *f*, Abfertigungsschalter *m*; **internal c. procedures** innerbetriebliche Kontrollmaßnahmen; **c. program** 🖳 (System)Steuerprogramm *nt*; **c. record** 🖳 Steueranweisung *f*; **c. register** 🖳 Befehlsregister *nt*; **c. relay** ⚡ Steuerrelais *nt*; **c. rod** Regelstab *m*; **c. room** ✪ (Leit)Zentrale *f*; **c. sample** Kontrollmuster *nt*; **c. section** 🖳 Programm-, Kontrollabschnitt *m*; **c.**

sequence 1. Kontrollrhythmus *m*; 2. 🖳 Steuerungsablauf *m*; **c. sheet** Stammabschnitt *m*; **c. statement** 🖳 Steueranweisung *f*; **c. station** Leit-, Bedienerstation *f*; **net c. station** Leitfunkstelle *f*; **c. system** Kontroll-, Bewirtschaftungs-, Steuerungs-, Regelsystem *nt*, Kontrollwesen *nt*; ~ **engineering** Regel- und Steuerungstechnik *f*; **c. tape** Kontrollstreifen *m*; **c. total** Abstimm-, Kontrollsumme *f*; **c. tool** Führungsinstrument *nt*, Instrument der Führung; **c. tower** ✈ Flugsicherungs-, Kontrollturm *m*; **c. unit** Steuergerät *nt*, S.einheit *f*, S.werk *nt*, Leit-, Kommandowerk *nt*; **central c. unit** zentrale Steuereinheit; **c. value** 🖳 Kontrollwert *m*; **c. variable** 🖳 Steuervariable *f*; **c. voltage** ⚡ Regelspannung *f*; **c. zone** Überwachungszone *f*

contro|versial *adj* kontrovers, (heiß) umstritten, polemisch, anfechtbar, strittig; **c.versy** *n* Streit(igkeit) *m/f*, Kontroverse *f*, Meinungsstreit *m*, M.verschiedenheit *f*, Debatte *f*, Streitfrage *f*

contuma|cious *adj* §︎ den Gehorsam verweigernd; **c.cy** *n* Ungehorsam *m*

contusion *n* ⚕ Quetschung *f*

conundrum *n* Rätsel *nt*

conurbation *n* Ballungsgebiet *nt*, B.raum *m*, B.zentrum *nt*, Großraum *m*, Städteballung *f*, Verdichtungsgebiet *nt*, V.raum *m*

convalesce *v/i* ⚕ genesen; **c.nce** *n* Genesung *f*, Erholung *f*, Rekonvaleszenz *f*

convalescent *n* Genesende(r) *f/m*, Rekonvaleszent *m*; **c. home** Pflege-, Erholungs-, Genesungsheim *nt*, Sanatorium *nt*; **c. leave** Erholungs-, Genesungsurlaub *m*

convector *n* Heizstrahler *m*

convene *v/ti* 1. einbe-, zusammenrufen, amtlich vorladen; 2. zusammenkommen, z.treten, sich versammeln; **duly c.d** *adj* ordnungsgemäß einberufen

convener; convenor *n* 1. *(Versammlung)* Einberufende(r) *f/m*; 2. *[GB] (Gewerkschaft)* Vorsitzende(r) der Vertrauensleute, ~ des Vertrauensleutegremiums, Betriebsratsvorsitzende(r) *f/m*; 3. *[Scot.]* Vorsitzende(r) *f/m* (im Regional-/Distriktrat)

convenience *n* Komfort *m*, Annehmlichkeit *f*, Bequemlichkeit *f*, Nutzen *m*, Vorteil *m*, Bedienungsfreundlichkeit *f*; **at your c.** bei Gelegenheit, wenn es Ihnen passt, ~ genehm ist; ~ **earliest c.** *(Brief)* sobald wie möglich, möglichst bald; **for your c.** zum gefälligen Gebrauch; **for the sake of c.** aus praktischen Gründen; **modern c.s (mod cons)** moderner Wohnkomfort; **all ~ c.s (mod cons)** mit allem Komfort; **public c.s** *[GB]* öffentliche Bedürfnisanstalt/Toiletten

convenience banking erleichterter Zahlungsverkehr; **c. food** 1. Fertig-, Schnellgerichte *pl*; 2. kochfertige Speisen; **c. goods** (Konsum)Güter/Gegenstände des täglichen Bedarfs, Waren für den laufenden Verbrauch, der Bedürfnisbefriedigung dienende Güter, gebrauchsfertige/verbrauchsfertige Güter; **c. sample** ▦ Ermessensauswahl *f*; **c. store** Nachbarschaftsladen *m*, kleiner Lebensmittelladen; **c. yield** Gewinn durch sofortige Verfügbarkeit der Ware

convenient *adj* bequem, (verkehrs)günstig, praktisch, opportun, genehm, geeignet, zweckdienlich, vorteil-

haft, bedienungsfreundlich; **if it is c.** vorzugsweise
convening *n* *(Sitzung)* Einberufung *f*; **c. notice** Einladung(sschreiben) *f*/*nt*, E.anzeige *f*
convenor *n* → **convener**
convention *n* 1. Zusammenkunft *f*, Tagung *f*, Versammlung *f*, Kongress *m*; 2. Gepflogenheit *f*, Sitte *f*, Gewohnheitsregel *f*, Tradition *f*; 3. Konvention *f*, Übereinkunft *f*, Abkommen *nt*, (Staats)Vertrag *m*, völkerrechtliche Vereinbarung, völkerrechtliches Abkommen, Übereinkommen *nt*; 4. *[US]* Parteitag *m*; **c. of association** Abkommen über die Assoziation; **c. on containers** Behälterabkommen *nt*; **to accede to a c.** einer Konvention beitreten; **to enter into a c.** Vereinbarung schließen
annual convention *[US]* Jahrestagung *f*; **consular c.** Konsularvertrag *m*; **cultural c.** Kulturabkommen *nt*; **implementing c.** Durchführungsabkommen *nt*; **international c.** zwischenstaatliche Vereinbarung, internationales Abkommen/Übereinkommen; **judicial c.** Vereinbarung auf Grund einer Gerichtsanordnung, gerichtlicher Vertrag; **local c.s** Verkehrssitte *f*; **modified c.** revidiertes Abkommen; **monetary c.** Währungsabkommen *nt*; **national c.** Nationalkonvent *m*
convention agreement *(Pat.)* Unionspriorität *f*
conventional *adj* 1. üblich, gewöhnlich, herkömmlich, konventionell, traditionell; 2. gewohnheitsrechtlich; 3. vertragsgemäß, vertraglich, förmlich
convention application *(Pat.)* Verbandsanmeldung *f*
convention center *[US]* /**centre** *[GB]* Kongresszentrum *nt*; **c. city** Kongressstadt *f*; **c. country** Verbandsland *nt*; **c. priority** *(Pat.)* Verbands-, Unionspriorität *f*; **c. visitor** Kongressbesucher *m*
converge *v/i* sich einander nähern, zusammenströmen
convergence *n* 1. Annäherung *f*, Zusammenlaufen *nt*, Konvergenz *f*; 2. Schnittpunkt *m*; **c. conditions** Stabilitätsbedingungen; **c. criteria** *(EU)* Konvergenzkriterien; **c. theorem** Konvergenzsatz *m*
conversant (with) *adj* bekannt, vertraut (mit), kundig, erfahren (in), bewandert
conversation *n* Gespräch *nt*, Konversation *f*, Unterhaltung *f*, Unterredung *f*, **to conduct a c.** Gespräch führen
animated conservation lebhafte/rege Unterhaltung; **brief c.** flüchtige Unterhaltung; **informal c.** informelles/zwangloses Gespräch; **private c.** persönliche Unterredung
conversational *adj* 1. gesprächig, Unterhaltungs-; 2. ▯ dialogorientiert
conversation mode ▯ Dialogbetrieb *m*; **c. piece** Gesprächsgegenstand *m*
conversely *adv* im umgekehrten Fall
conversion *n* 1. *(Währung)* (Um)Tausch *m*, Eintausch *m*; 2. (Währungs-/Geld)Umstellung *f*; 3. Konvertierung *f*, Konversion *f*, (Um-/Ver)Wandlung *f*; 4. Umrüstung *f*, Umsetzung *f*, Umformung *f*; 5. Umgründung *f*; 6. ✪ Umarbeitung *f*; 7. ▯ Umbau *m*; 8. [§] Umdeutung *f*, rechtswidrige/vertragswidrige Aneignung, rechtswidriger Gebrauch fremden Eigentums; 9. *(Religion)* Übertritt *m*, Bekehrung *f*
conversion into a company Umwandlung in eine (Kapital)Gesellschaft; **c. of banknotes** Noteneinlösung *f*; **c. into foreign currency** Umrechnung in fremde Währung; **c. of debentures** Umwandlung von Schuldverschreibungen; ~ **debt** Umschuldung *f*, Schuldenumwandlung *f*; ~ **debt(s) into equity** Umwandlung von Schulden in Eigenkapital; **c. into electricity** Verstromung *f*; **c. of exchange rates** Wechselkursumrechnung *f*; **c. at face value** Umtausch zum Nennwert; **c. of dutiable goods** ⊖ Zollgutumwandlung *f*; ~ **interest** Zinsumwandlung *f*; ~ **interest rates** Schließung der Zinsschere; ~ **a pledge to own use** Pfandunterschlagung *f*; ~ **production** Produktionsumstellung *f*, Umstellung der Produktion; ~ **resources** Stoffumwandlung *f*; **c. as a tort** [§] unrechtmäßiger Eigenbrauch fremden Eigentums; **c. to one's own use** Gebrauchsanmaßung *f*
suitable for conversion umbaufähig; **to sue for c.** [§] auf Wandelung klagen
decimal-to-binary conversion ▯ Dezmial-Binär-Umwandlung *f*; **forced c.** Zwangskonversion *f*; **fraudulent c.** Veruntreuung *f*, Unterschlagung *f*, betrügerische Aneignung
conversion account Konversions-, Umstellungskonto *nt*, U.rechnung *f*; **c. agent** Wandelstelle *f*, Umtauschagent *m*; **principal c. agent** *(Anleihe)* Hauptwandelstelle *f*; **c. amount** Konversionsbetrag *m*; **c. arbitrage** Umwandlungsarbitrage *f*; **c. area** Umwandlungsbereich *m*; **c. balance** Umstellungs-, Umschuldungs-, Konversionsguthaben *nt*; **c. bond** Wandelschuldverschreibung *f*; **c. bonus** Umtauschvergütung *f*; **c. charge** 1. *(Währung)* Umtauschprovision *f*; 2. Transaktionskosten *pl*; **c. contract** Umbauauftrag *m*; **c. cost(s)** Fertigungs-, Umarbeitungs-, Umstellungskosten; **c. credit** Umschuldungskredit *m*; **c. date** (Um)Wandlungstag *m*; **c. factor** Umrechnungsfaktor *m*; **c. fee** *(Pat.)* Umwandlungsgebühr *f*; **c. gain** Wandlungsgewinn *m*; **c. grant** 1. Umstellungsbeihilfe *f*; 2. ▯ Umbauzuschuss *m*; **c. issue/loan** Wandel-, Umtausch-, Anschluss-, Umschuldungs-, Konvertierungs-, Konversionsanleihe *f*, K.ausgabe *f*; **c. notice** Wandlungsmitteilung *f*; **c. offer** Konvertierungs-, Konversions-, Umtausch-, Umstellungsangebot *nt*; **c. office** Umtausch-, Umschuldungs-, Konversionskasse *f*; **c. operation** Umtauschaktion *f*; **c. paper** Umtauschtitel *m*; **c. period** Umtauschfrist *f*, Wandlungszeitraum *m*, Zins(eszins)periode *f*; **c. premium** Wandlungsaufgeld *nt*, Wandlungs-, Konversions-, Wandelprämie *f*; **c. price** Umrechnungs-, Wandlungspreis *m*, Konversions-, Umstellungs-, Wandlungskurs *m*, Umschuldungssatz *m*; **c. privilege** Konversions-, Wandel-, Wandlungs-, Umtauschvorrecht *nt*, Umschuldungsanspruch *m*; **c. provisions** Konversions-, Umschuldungsbestimmungen; **c. rate** Wandlungspreis *m*, W.verhältnis *nt*, U.rechnungssatz *m*, U.kurs *m*, Konversionsquote *f*, Umtauschsatz *m*, U.verhältnis *nt*; **representative c. rate** repräsentativer (Umtausch)Kurs; **c. ratio** Umstellungs-, Umrechnungsverhältnis *nt*; **c. right** Wandel-, Umtauschrecht *nt*; **c. routine** 1. Umrechnungsroutine *f*; 2. ▯ Umrechnungsprogramm *nt*; **c. scheme** Um-

tauschaktion f, U.verfahren nt; **c. sheet** Umstellungsbilanz f; **c. stock** Wandelanleihe f; **c. table** Umrechnungs-, Konversions-, Umwandlungstabelle f; **c. terms** Wandlungsbedingungen; **c. wage** Umstellungslohn m
convert v/t 1. (um)tauschen, einwechseln, umrechnen, einlösen; 2. umändern, umformen, umfunktionieren; 3. ✡ umrüsten; 4. *(Gesellschaft)* umgründen; 5. 🏛 umbauen; 6. *(Religion)* konvertieren, bekehren; **c. downwards** herabkonvertieren; **c. into** umwandeln in
converter n 1. ⚡ Konverter m, Stromrichter m, Umsetzer m; 2. 🖥 Wandler f; **analog digital c.** 🖥 A/D-Wandler m; **catalytic c.** 🚗 Katalysator m; **~ car** Katalysatorauto nt; **direct-oxygen c.** ⚙ Blasstahlwerk nt, LD-Konverter m
convertibility n Austausch-, Konvertierbarkeit f, Umwandel-, Austauschfähigkeit f, Konvertibilität f; **c. for non-residents** Ausländerkonvertibilität f, A.konvertierbarkeit f; **~ residents** Inländerkonvertibilität f, I.konvertierbarkeit f
external/non-resident convertibility äußere Konvertibilität, Ausländerkonvertierbarkeit f, A.konvertibilität f; **free c.** freie Konvertierbarkeit/Konvertibilität; **full c.** uneingeschränkte/unbeschränkte Konvertierbarkeit, ~ Konvertibilität, Vollkonvertibilität f; **internal/national/resident c.** Inländerkonvertierbarkeit f, I.konvertibilität f; **limited c.** beschränkte Konvertierbarkeit/ Konvertibilität; **with ~ c.** beschränkt konvertierbar; **partial/restricted c.** beschränkte Konvertierbarkeit/Konvertibilität; **unrestricted c.** volle Konvertibilität/Konvertierbarkeit, Vollkonvertibilität f
convertibility agreement Konversionsabkommen nt; **c. clause** Konversions-, (Um)Wandlungsklausel f
convertible n 1. Wandelanleihe f, W.schuldverschreibung f, W.obligation f; 2. 🚗 Kabriolett nt
convertible adj 1. umtauschbar, konvertierbar, (um)wandelbar, einlösbar, eintauschbar, realisierbar, umrechenbar, umwechselbar; 2. umbaufähig, umsetzbar; **externally c.** für Ausländer frei konvertierbar; **freely c.** frei konvertierbar; **fully c.** voll konvertierbar; **not c.** unkonvertierbar; **readily c.** sofort realisierbar; **restrictedly c.** beschränkt konvertierbar
convey v/t 1. *(Waren)* transportieren, senden, befördern, verbringen; 2. *(Nachricht)* übermitteln; 3. [§] *(Eigentum/Grundstück)* auflassen, übertragen, veräußern, umschreiben, zedieren, abtreten, übereignen
conveyable adj 1. [§] übertragbar, abtretbar, abtretungsfähig; 2. beförderungsfähig, transportierbar
conveyance n 1. Fahrzeug nt, Gefährt nt, Beförderungs-, Transportmittel nt, fahrbarer Untersatz *(coll)*, Fahrgelegenheit f; 2. Transport m, Beförderung f, Überführung f, Übersendung f, Zuleitung f, Verbringung f; 3. [§] (Eigentums-/Grundstücks-/Land)Übertragung f, Abtretung f, Auflassung(serklärung) f, A.surkunde f, Liegenschaftsübertragung f, (Eigentums)Überschreibung f, Übereignung f, Übertragung von Grundbesitz, Umschreibung f, Übertragungsurkunde f
conveyance of copyright Übertragung des Urheberrechts; **~ goods** Güterbeförderung f; **c. by land** Landfracht f, L.transport m; **c. of land** Grundbesitzübertragung f; **~ letters** Briefbeförderung f; **c. by operation of law** gesetzliche Übertragung; **c. of passengers** Personenbeförderung f, Beförderung von Personen; **c. in pais** *(altfrz.)* [§] Übertragung an Ort und Stelle; **c. of property** Eigentums-, Grundstücksübertragung f, G.übereignung f; **~ property** Eigentumsübertragung/Grundstücksübertragung/Grundstücksübereignung; **~ real estate** Grundstücksabtretung f, G.auflassung f, G.übereignung f; **~ title** Rechtsübertragung f, Übertragung eines Rechts
absolute conveyance Übereignung frei von allen Rechten; **conditional c.** bedingte Übereignung; **innocent c.** *[GB]* zulässige Pächterverfügungen; **mesne c.** Übereignung durch Mittler; **public c.** öffentliches Beförderungsmittel; **voluntary c.** unentgeltliche Übereignung
conveyance v/t [§] Eigentum auflassen, (Besitz) umschreiben, Eigentumsübertragung/Übereignung vornehmen
conveyancer n [§] Notar m (für Eigentumsübertragungen)
conveyancing n [§] (notarielle) Eigentumsübertragung, Ausfertigung von Abtretungs- und Auflassungsurkunden, Grundeigentums(übertragungs)recht nt; **c. charges/fees** Notariatsgebühren für die Auflassung
conveyed adj *(Grundstück)* [§] aufgelassen
conveying machine n Förderanlage f, F.band m, F.gerät nt; **c. plant** Förderanlage f; **c. system** Transportsystem nt
conveyor n 1. Förderanlage f; 2. Überbringer m, Beförderer m; **overhead c.** Hochtransportanlage f; **c. belt** Fließ-, Förder-, Transportband nt, laufendes Band; **~ system** Fließbandprinzip nt, F.verfahren nt; **c. chain** Förderkette f; **c. plant** Transportanlage f; **c. system** Fördersystem nt
convict n [§] überführte(r) Verbrecher(in), Sträfling m, Strafgefangene(r) f/m, Zuchthäusler(in) m/f
convict v/t für schuldig erklären/befinden, eines Verbrechens überführen, verurteilen
convicted adj [§] verurteilt, überführt, abgeurteilt; **previously c. (for the same type of offence)** (einschlägig) vorbestraft; **to stand c.** überführt sein; **c. person** Verurteilte(r) f/m
conviction n 1. Überzeugung f; 2. [§] Schuldspruch m, Schuldigsprechung f, Ab-, Verurteilung f, Überführung f; **c. in absentia** *(lat.)* Verurteilung in Abwesenheit; **upon c. by a criminal court** nach strafgerichtlicher Aburteilung; **c. and sentence** Strafurteil nt
to act from conviction aus (innerer) Überzeugung handeln; **to be open to c.** sich gern überzeugen lassen; **to carry c.** überzeugen, überzeugend sein/klingen; **to have no previous c.s** nicht vorbestraft sein; **to lack c.** wenig überzeugend sein; **to quash a c.** Strafurteil/ Schuldspruch aufheben; **to stand up for one's c.s** für seine Überzeugung eintreten; **to uphold a c.** [§] Schuldspruch/(Straf)Urteil bestätigen
criminal conviction [§] Verurteilung wegen einer Straftat, strafrechtliche Verurteilung; **past c.** Vorstrafe f; **political c.s** politische Überzeugung/Gesinnung; **previous/prior c.** [§] Vorstrafe f; **to have a ~ c.** vorbestraft sein; **similar ~ c.s** einschlägige Vorstrafen; **spent**

c. abgesessene Strafe; **summary c.** Verurteilung im Schnellverfahren, ~ durch Einzelgericht; **unsafe and unsatisfactory c.** unsichere und unbefriedigende Verurteilung; **wrong c.** Fehlurteil *nt*
convict labour 1. Gefangenen-, Sträflingsarbeit *f*; 2. Strafgefangene *pl*; **c. prison** Strafgefängnis *nt*
convince *v/t* überzeugen, überreden; **c.d** *adj* überzeugt
convincing *adj* schlüssig, überzeugend, triftig
convocation *n* Einberufung *f*, Versammlung *f*
convoke *v/t* *(Versammlung)* einbe-, zusammenrufen
convoluted *adj* *(Stil)* gewunden
convoy *n* 1. Konvoi *m*, (Fahrzeug)Kolonne *f*; 2. ⚓ Geleitzug *m*, Schiffsgeleit *nt*; **in c.** im Verband/Konvoi; **c. of lorries** *[GB]* /**trucks** *[US]* Lastwagenkolonne *f*; **to sail under c.** ⚓ im Geleitzug fahren
convulsion *n* ⚡ Schüttelkrampf *m*, Zuckung *f*
co-obligor *n* Mitverpflichtete(r) *f/m*
cook *n* Koch *m*, Köchin *f*; **too many c.s spoil the broth** *(prov.)* zu viele Köche verderben den Brei *(prov.)*
cook *v/t* 1. kochen; 2. *(Bilanz)* fälschen, frisieren *(coll)*; **c. sth. up** *(coll)* sich etw. einfallen lassen
cookbook *n* *[US]* Kochbuch *nt*
cooked *adj* *(coll)* *(Bilanz)* gefälscht, frisiert *(coll)*
cooker *n* 1. (Küchen)Herd *m*, Kochplatte *f*, K.gerät *nt*; 2. Kochapfel *m*
cookery *n* Kochkunst *f*; **c. book** *[GB]* Kochbuch *nt*; **c. course** Kochkurs(us) *m*; **c. show** Kochkunstschau *f*
cookie *n* *[US]* Keks *m*; **that's the way the c. crumbles** *(coll)* so ist das nun einmal
cooking *n* Kochen *nt*; **c. of an account** *(coll)* Kontofälschung *f*; **~ accounts** *(coll)* Bücher-, Bilanzfälschung *f*; **~ the evidence** *(coll)* Beweisfälschung *f*
plain cooking (gut)bürgerliche Küche, Hausmannskost *f*
cooking apple Kochapfel *m*; **c. area** Kochecke *f*; **c. facility** Kochgelegenheit *f*; **c. foil** Backfolie *f*; **c. recipe** Kochrezept *nt*; **c. salt** Kochsalz *nt*
cool *adj* 1. kühl; 2. gelassen, kühl; 3. unfreundlich, kühl; 4. unverfroren; **to keep (one's) c.** Fassung/kühlen Kopf bewahren, nicht den Kopf verlieren; **to play it c.** ganz ruhig bleiben
cool *v/ti* 1. kühlen; 2. sich abkühlen; **c. down** 1. (sich) abkühlen, erkalten; 2. *(Lage)* sich beruhigen; **c. off** sich abkühlen
coolant *n* ✪ Kühlmittel *nt*
cooler *n* 1. Kühlapparat *m*; 2. *[US]* Knast *m (coll)*, Kittchen *nt (coll)*
coolie *n* Kuli *m*
cooling *n* (Ab)Kühlung *f*; **c. of the economic temperature** Abkühlung des Konjunkturklimas; **c. agent** ✪ Kühlmittel *nt*; **c. circuit** ✪ Kühlkreislauf *m*
cooling-off *n* Abkühlung *f* (der Konjunktur); **~ agreement** Stillhalteabkommen *nt*; **~ cell** Beruhigungszelle *f*; **~ period** 1. *(Tarifverhandlungen)* Abkühlungszeit *f*, A.frist *f*, A.phase *f*; 2. Bedenkzeit *f*, Rücktritts-, Überlegungsfrist *f*, Denkpause *f*
cooling period Karenz-, Wartezeit *f*; **c. stack/tower** Kühlturm *m*; **c. tank** Kühltank *m*; **c. water** Kühlwasser *nt*
coolness *n* 1. Kühle *f*; 2. Besonnenheit *f*; 3. Unverfrorenheit *f*

co-op *n* 1. Genossenschaft *f*; 2. Genossenschaftsladen *m*, Konsum *m (coll)*; **c. store** Konsumgeschäft *nt*
coop *n* (Hühner)Stall *m*; **c. up** *v/t* einpferchen
cooper *n* Küfer *m*, Böttcher *m*
cooperate *v/i* zusammenarbeiten, z.wirken, kooperieren, mitarbeiten, mitwirken; **ready to c.** kooperationswillig
cooperation *n* Mitarbeit *f*, Mitwirkung *f*, Zusammenarbeit *f*, Kooperation *f*; **c. with other companies** Zusammenarbeit mit anderen Unternehmen; **c. based on trust** vertrauensvolle Zusammenarbeit
administrative cooperation Amtshilfe *f*; **~ and legal c.** Amts- und Rechtshilfe *f*; **antagonistic c.** antagonistische Kooperation; **economic c.** wirtschaftliche Zusammenarbeit; **fruitful/productive c.** gedeihliche Zusammenarbeit; **horizontal c.** horizontale Zusammenarbeit; **industrial c.** industrielle Zusammenarbeit; **intercompany/interplant c.** 1. Betriebsverbindungen *pl*; 2. zwischenbetriebliche Kooperation; **monetary c.** Zusammenarbeit auf dem Währungsgebiet, währungspolitische Zusammenarbeit; **registered c.** *(Kartell)* angemeldete Kooperation; **smooth c.** reibungslose Zusammenarbeit; **technological c.** technische Zusammenarbeit; **trusting c.** vertrauensvolle Zusammenarbeit
cooperation agreement Kooperationsabkommen *nt*, K.vereinbarung *f*, K.vertrag *m*, Vereinbarung über Zusammenarbeit; **c. cartel** Kooperationskartell *nt*; **c. guide** Kooperationsfibel *f*
cooperative *n* (Betriebs)Genossenschaft *f*, G.betrieb *m*; **c.s** Genossenschaftssektor *m*; **agricultural c.** Agrargenossenschaft *f*, landwirtschaftliche Genossenschaft; **central c.** Haupt-, Zentralgenossenschaft *f*; **commercial c.** Handels-, Wirtschaftsgenossenschaft *f*; **electric c.** *[US]* Elektrizitätsgenossenschaft *f*; **industrial c.** gewerbliche Genossenschaft, genossenschaftliches Unternehmen; **purchasing c.** Einkaufsgenossenschaft *f*
cooperative *adj* 1. gemeinwirtschaftlich, genossenschaftlich, Genossenschafts-; 2. kollegial, hilfsbereit, kooperativ, zusammenarbeitend, gemeinsam; **C. Society (Co-op)** Konsumgenossenschaft *f*, K.verein *m*, genossenschaftliches Unternehmen, (Verbraucher)Genossenschaft *f*; **c.ness** *n* Kollegialität *f*
cooperator *n* 1. Mitarbeiter(in) *m/f*; 2. Mitglied des Konsumvereins
coopt *v/t* (hinzu)wählen, kooptieren; **c.ion** *n* (Hin)Zuwahl *f*, Kooptierung *f*, Kooption *f*
coordinate *n* π Koordinate *f*
coordinate *v/t* aufeinander abstimmen, gleichordnen, g.schalten, koordinieren; **c.d** *adj* gleichgerichtet, g.geschaltet
coordination *n* Abstimmung *f*, Koordinierung *f*, Koordination *f*, Gleichordnung *f*, G.schaltung *f*; **c. between departments** ressortmäßige Abstimmung; **c. of interests** Interessenausgleich *m*; **~ interest rate policies** zinspolitische Abstimmung; **interdepartmental c.** ressortmäßige Abstimmung; **c. functions** Koordinationsaufgaben, K.funktionen; **c. procedure** Abstimmungsmechanismus *m*

coordinator *n* Koordinator *m*
co-owner *n* 1. Miteigentümer(in) *m/f*, M.inhaber(in) *m/f*; 2. ⚓ Parten-, Mitreeder *m*; **c. of real estate** Grundstücksmiteigentümer *m*; **~ a ship** ⚓ Parteninhaber *m*, P.reeder *m*; **financial c.** Miteigentümer nach Bruchteilen
co-ownership *n* Miteigentum *nt*, Miteigentümerschaft *f*, gemeinschaftlicher Besitz; **proportionate c.** quotenmäßiges Miteigentum; **c. share** Miteigentumsanteil *m*
cop *n* (*coll*) Polizist *m*, Schupo *m* (*coll*)
co|parcener *n* [§] (*Grundstück*) Miterbe *m*, Miterbin *m*, Miteigentümer(in) zur gesamten Hand; **c.parcenary**; **c.parceny** *n* Miteigentum *nt*, Miterbschaft *f*, gemeinschaftlicher/gemeinsam geerbter Grundbesitz, gleicher Erbschaftsanteil, gemeinsame Erbschaft, Eigentum zur gesamten Hand
co-participant *n* Mitbeteiligte(r) *f/m*; **c.'s account** Partizipationskonto *nt*
co-participation *n* Mitbeteiligung *f*
copartner *n* Teilhaber(in) *m/f*, Beteiligte(r) *f/m*, Mitinhaber(in) *f/m*, Kompagnon *m*, Gesellschafter(in) *m/f*, Mitbesitzer(in) *m/f*, Mitunternehmer(in) *m/f*, Partner(in) *m/f*
copartnership *n* Teilhaber-, Genossenschaft *f*, Mitbeteiligung(ssystem) *f/nt*, Sozietät *f*, Mitunternehmerschaft *f*; **industrial c.** betriebliche Partnerschaft; **c. company** Partnerschaftsunternehmen *nt*
copayment *n* [US] 1. (*Vers.*) Selbstbeteiligung *f*; 2. $ Zuzahlung *f*
cope (with) *v/i* bewältigen, fertigwerden (mit), meistern, verkraften, zurechtkommen
co-petitioner *n* [§] Nebenkläger(in) *m/f*
copied *adj* imitiert, nachgemacht, kopiert
copier *n* 1. Kopierautomat *m*, K.apparat *m*, K.gerät *nt*, Kopierer *m*, Vervielfältigungsautomat *m*, V.gerät *nt*, V.maschine *f*; 2. Kopist *m*, Plagiator *m*; **remote c.** Fernkopierer *m*; **c. market** Kopiergerätemarkt *m*
co-pilot *n* ✈ Kopilot *m*
co-plaintiff *n* [§] Streitgenosse *m*
copious *adj* reichlich
copper *n* 1. Kupfer *nt*; 2. (*coll*) Polizist *m*, Bulle *m* (*coll*); **c.s.** 1. (*Börse*) Kupferwerte, K.aktien *f*; 2. (*coll*) Kleingeld *nt*; **to engrave in c.** in Kupfer stechen
copper alloy Kupferlegierung *f*; **c.-bottomed** (*fig*) (*Finanzen*) gesund; **c. coin** Kupfermünze *f*; **c. coins** Kupfergeld *nt*, minderwertige Scheidemünzen; **c. engraving** Kupferstich *m*; **c. market** Markt für Kupferwerte; **c. mine** Kupfermine *f*; **c. mining** Kupferbergbau *m*; **c. piping** Kupferrohrleitung *f*
copper|-plate *v/t* verkupfern; **~ printing** 🖨 Kupfertiefdruck *m*; **c.-plating** *n* Verkupferung *f*; **c. smelter** ⚒ Kupferhütte *f*; **c.smith** *n* Kupferschmied *m*; **c. sulphate** 🜨 Kupfervitriol *m*
coppice *n* Wäldchen *nt*
copra *n* Kopra *f*
coprocessor *n* 💻 Koprozessor *m*
co-producer *n* Koproduzent *m*
co-product *n* Nebenerzeugnis *nt*, Beiprodukt *nt*; **c.-p.ion** *n* Koproduktion *f*, Gemeinschaftsproduktion *f*

co-proprietor *n* Miteigentümer(in) *m/f*, Mitgesellschafter(in) *m/f*, Mitinhaber(in) *m/f*
copse *n* Wäldchen *nt*
copy *n* 1. Kopie *f*, Nachahmung *f*, Nachbildung *f*, Nachbau *m*, Imitation *f*; 2. Durchschlag *m*, Abschrift *f*, Duplikat *nt*, (Zweit)Ausfertigung *f*, Doppel *nt*; 3. Niederschrift *f*, Manuskript *nt*, Schreibvorlage *f*; 4. (Buch) Exemplar *nt*, B.ausgabe *f*; 5. 🖨 Druckvorlage *f*, Klischee *nt*; 6. Werbetext *m*, W.vorlage *f*, W.manuskript *nt*; 7. Anzeigentext *m*; **c. to** nachrichtlich an
copy of bill Wechselausfertigung *f*, W.abschrift *f*; **~ a contract** Vertragsabschrift *f*; **~ the documents on file** Aktenabschrift *f*; **~ the invoice** Rechnungsdurchschlag *m*, R.kopie *f*, R.abschrift *f*; **court-sealed/engrossed ~ a judgment** Urteilsausfertigung *f*; **~ the proceedings** Protokollabschrift *f*; **~ the register** Registerabschrift *f*, R.auszug *m*; **c. for private use** Handexemplar *nt*; **c. of a testimonial** Zeugnisabschrift *f*; **copies of works** (*Urheberrecht*) Werkstücke
certified as a true copy; ~ to be a true and correct c. für die Richtigkeit der Abschrift; **~ to be correct** die Richtigkeit der Abschrift wird beglaubigt
to attach a copy Abschrift/Kopie beifügen; **to cast up c.** 🖨 Manuskript berechnen; **to certify a c.** Kopie beglaubigen; **to do the c.** den Werbetext verfassen; **to enclose a c.** Abschrift beifügen; **to follow c.** 🖨 Manuskript wortwörtlich absetzen
to make a copy Abschrift/Kopie anfertigen, kopieren; **~ copies** vervielfältigen; **~ good copy** (*Geschichte*) sich für einen Zeitungsartikel eignen
to write copy Werbetexte schreiben
advance copy Vorausexemplar *nt*; **back-up c.** 💻 Sicherungskopie *f*; **bad c.** schlechtes Manuskript; **blind c.** unleserliches Manuskript; **certified c.** amtliche/beglaubigte Abschrift, ~ Kopie; **complimentary c.** (Buch) Frei-, Widmungs-, Gratis-, Dedikations-, Beleg-, Werbeexemplar *nt*, W.nummer *f*; **court-attested/court-sealed c.** gerichtlich beglaubigte Abschrift, gerichtliche Ausfertigung; **creative c.** (Anzeige) Grundaussage *f*; **dead c.** abgesetztes Manuskript; **dirty c.** unübersichtliches Manuskript; **disparaging/knock-down c.** herabsetzender Werbetext; **fair c.** Reinschrift *f*, saubere Abschrift, druckfertiges/leserliches Manuskript; **to make/write out a ~ c.** in Reinschrift schreiben; **free c.** Freiexemplar *nt*, F.stück *nt*; **fresh c.** Neuausfertigung *f*; **full c.** vollständige Abschrift; **initial c.** Erstschrift *f*; **multiple c.** Mehrfachkopie *f*; **notarized c.** notariell beglaubigte Abschrift/Kopie; **official c.** amtliche Ausfertigung/Abschrift; **enforceable ~ c.** vollstreckbare Ausfertigung; **original c.** Urschrift *f*; **photostatic c.** Fotokopie *f*; **pirated c.** 🗎 Raubkopie *f*; **ragged c.** Flattersatz *m*; **reproducible c.** Mutterpause *f*, **rough c.** Entwurf(schreiben) *m/nt*, Konzept *nt*, Schreibvorlage *f*; **second c.** Zweitausfertigung *f*, Z.schrift *f*, Z.exemplar *nt*; **single c.** Einzelheft *nt*; **~ form** Einzelformular *nt*; **third c.** Drittausfertigung *f*, D.schrift *f*; **top c.** Original *nt*; **true c.** gleichlautende/getreue/genaue Abschrift, mit der Urschrift übereinstimmende Abschrift; **certified ~ c.**

Richtigkeit der Abschrift beglaubigt; **unique c.** Unikat *nt*; **unsold c.** nicht verkauftes/unverkauftes Exemplar
copy *v/t* 1. kopieren, abbilden, abpausen, nachzeichnen, reproduzieren; 2. nachahmen, imitieren, nachbauen, nachbilden, nachmachen, (ab)kupfern *(coll)*; **c. fair** in Reinschrift übertragen
copyable *adj* kopierfähig
copy block *n* Notizblock *nt*; **c. book** (Schön)Schreibheft *nt*; **to have blotted one's c. book** *(fig)* Fleck auf der weißen Weste haben *(fig)*; **c.cat** *n [GB] (coll)* Nachahmer *m*, Markenpirat *m*; **c. deadline** Anzeigentermin *m*; **c. department** *(Werbung)* Textabteilung *f*; **c. desk** Redaktionstisch *m*; **c. editor** (Umbruch)Redakteur *m*, Lektor *m*; **c.-fit** *v/t (Zeitung)* einspiegeln
copyhold *n [GB]* [§] Erbpacht *f*, Lehnsgut *nt*, L.besitz *m*; **c. deed** Zinsbrief *m*; **c. estate** Lehnsgut *nt*; **c. tenure** Zinslehnsbesitz *m*
copyholder *n* 1. Erbpachtberechtigte(r) *f/m*, Lehnsgutpächter(in) *m/f*; 2. Manuskript-, Konzepthalter *m*
electrostatic copying *n* Trockenkopieren *nt*
copying clerk Abschreiber *m*, Kopist *m*; **c. fee** Schreibgebühr *f*; **c. ink** Kopiertinte *f*; **c. machine** Kopiergerät *nt*, K.maschine *f*; **c. paper** Durchschlagpapier *nt*; **c. process** Vervielfältigungsverfahren *nt*
copy paper Manuskriptpapier *nt*; **c. preparation** 🗐 Manuskriptvorbereitung *f*; **c.-protected** *adj* 🗐 mit Kopierschutz; **c.-protector** *adj* kopiergeschützt; **c. protection** Kopierschutz *m*; **c.reader** *n* 🗐 1. Korrekturleser *m*; 2. *[US]* Umbruchredakteur *m*
copyright *n* Nach-, Abdruck-, Urheber(schutz)-, Autoren-, Eigentums-, Veröffentlichungs-, Verlags-, Vervielfältigungsrecht *nt*, Copyright *nt*, Abdruckerlaubnis *f*, Gebrauchsmuster *nt*, Titelschutz *m*; **out of c.** nicht mehr urheberrechtlich geschützt; **c. of designs** Musterschutz *m*; **~ literary, artistic or scientific works** Urheberrecht an literarischen, künstlerischen oder wissenschaftlichen Werken
protected by copyright urheberrechtlich geschützt; **c. reserved** Nachdruck verboten
to infringe a copyright Urheber-/Verlagsrecht verletzen; **to obtain the c.** Urheberrecht erwerben; **to renew the c.** Urheberrecht verlängern
ancillary copyright Leistungsschutzrecht *nt*; **artistic c.** Kunsturheberrecht *nt*; **international c.** internationales Urheber-/Verlagsrecht; **joint c.** Miturheberrecht *nt*; **literary c.** Urheberrecht an literarischen Werken; **statutory c.** gesetzliches Urheberrecht
copyright *v/t* urheberrechtlich schützen
copyrightable *adj* urheberschutz-, urheberrechtsfähig
Copyright Act *[GB]* Verlags-, Urheberrechtsgesetz *nt*; **c. assignment** Urheberrechtsübertragung *f*; **c. association** Urheberrechts-, Verwertungsgesellschaft *f*; **c. case** [§] Urheberstreitsache *f*; **c. claim** Urheberrechtsanspruch *m*; **c. contract** Urheberrechtsvertrag *m*; **c. convention** Urheberrechtsabkommen *nt*; **c. deal** Urheberrechtsvereinbarung *f*
copyrighted *adj* urheberrechtlich/verlagsrechtlich geschützt
copyright fee Urheberrechtsgebühr *f*; **c. holder** Urheber-, Verlagsrechtsinhaber(in) *m/f*, Inhaber(in) eines Urheberrechts; **c. infringement** Urheberrechtsverletzung *f*; **c. notice** Urheberrechtsvermerk *m*; **c. period** *(Buch)* Schutzfrist *f*; **c. procedure** Urheberrechtsverfahren *nt*; **c. protection** Urheber(rechts)schutz *m*, urheberrechtlicher Schutz; **c. registration** Urheberrechts-, Urheberschutzeintragung *f*, Registrierung des Urheberrechts; **c. renewal** Urheberrechtsverlängerung *f*; **c. royalty** Urheberlizenz *f*; **c. sign** Urheberzeichen *nt*; **C. Statute** *[US]* Urheberrechtsgesetz *nt*
copy statement 🗐 Kopieranweisung *f*; **c. styling** Manuskriptbearbeitung *f*; **hard c. terminal** 🗐 Kopiendrucker *m*; **c. test** Anzeigentest *m*; **c. testing** *(Werbung)* Textprüfung *f*; **c. typist** Schreibkraft *f*, Tipse *f coll*
copywrite *v/t (Werbung)* texten; **c.r** *n* Werbe-, Anzeigen-, Reklametexter *m*, R.verfasser *m*, Textschreiber *m*
copywriting *n* (Abfassen von) Werbetexten, Textabfassung *f*
cord *n* 1. *(Holz)* Klafter *m*; 2. *[US]* ⚡ Schnur *f*, Litze *f*; 3. Leine *f*, (Pack)Schnur *f*, Seil *nt*, Strick *m*, Strang *m*; **connecting c.** *[US]* ⚡ Anschlussschnur *f*; **umbilical c.** ⚓ Nabelschnur *f*; **vocal c.s** ⚓ Stimmbänder
cordial *n* Fruchtsaftkonzentrat *nt*, Fruchtlikör *m*
cordial *adj* herzlich, höflich, freundlich; **c.ity** *n* Herzlichkeit *f*, Freundlichkeit *f*, Höflichkeit *f*
cordless *adj* ⚡ schnurlos
cordon *n* *(Polizei)* Kordon *m*, Absperrung *f*, Posten-, (Ab)Sperrkette *f*, Sperre *f*, Sperrgürtel *m*; **sanitary c.** ⚕ Quarantänesperre *f*
cordon off *v/t (Polizei)* (ab)sperren, abriegeln
corduroy *n* Kordsamt *m*; **c. trousers** Kordhose *f*; **c. road** Knüppeldamm *m*
cordwood *n* Klafterholz *nt*
core *n* Kern *m*, Herz(stück) *nt*; **to the c.** zutiefst, bis ins Innerste/Mark; **rotten ~ c.** durch und durch korrupt/verdorben/faul, faul bis ins Mark, im Kern verdorben; **hard c.** 1. harter Kern; 2. *(Arbeitslosigkeit/Kriminalität)* Bodensatz *m*
core activity 1. Haupt(geschäfts)tätigkeit *f*; 2. 📈 Kernbereich *m*; **c. area** 1. Kern-, Hauptgebiet *nt*, Ballungkern *m*; 2. Hauptgeschäftsbereich *m*, **c. business** Kern-, Haupt-, Schlüsel-, Stamm-, Breiten-, Basisgeschäft *nt*, Kernbereich *m*, Hauptaktivität *f*; **~ activities** gewöhnliche Geschäftstätigkeit; **c. capital** Kernkapital *nt*; **c. commodity** Schlüsselrohstoff *m*; **c. competence** Schlüsselkompetenz *f*; **c. concept** Kernbegriff *m*; **c. deposits** *(Einlagen)* Bodensatz *m*; **c. development area** Entwicklungsschwerpunkt *m*; **c. dump** 🗐 Dump des Kernspeichers; **c. family** ⚏ Kernfamilie *f*; **c. hours** Kern(arbeits)zeit *f*; **c. industry** Schlüsselindustrie *f*; **c. inflation rate** *[GB]* bereinigte Inflationsrate (ohne Hypothekenzinsen); **c. marketplace** wichtigster (Absatz)Markt; **c. matrix** 🗐 Kernspeichermatrix *f*; **c. memory** 🗐 Magnetkernspeicher *m*; **~ location** 🗐 Kernspeicherplatz *m*; **~ word** Kernspeicherwort *nt*; **c. needs** Hauptbedürfnis *nt*; **c. operation** Kernbereich *m*, K.geschäft *nt*, Hauptaktivität *f*; **c. period** Kern-, Blockzeit *f*; **c. product** Hauptprodukt *nt*, wichtigstes Erzeugnis; **c. region** (industrielle) Kernzone

co-respondent *n* [§] *(Scheidung)* Mitbeklagte(r) *f/m*, Mitverklagte(r) *f/m*, Dritte(r) *f/m* (im Scheidungsprozess), Scheidungsgrund *m (coll)*
co-responsibility levy *n* *(EU)* 🐂 Mitverantwortungsabgabe *f*
core storage 🖳 Haupt-, Kernspeicher *m*; **c. technology** Schlüsseltechnologie *f*; **c. time** Kern(arbeits)zeit *f*; **c. worker** Stammarbeiter(in) *m/f*; **c. workers/workforce** Stamm-, Dauer-, Rumpf-, Kernbelegschaft *f*, Stammpersonal *nt*
cork *n* Korken *m*; **c.age** *n* Korkengeld *nt*; **c.screw** *n* Korkenzieher *m*
corn *n* 1. 🐂 Korn *nt*, Getreide *nt*; 2. *[US]* Mais *m*; 3. ⚕ Hühnerauge *nt*; **to tread on so.'s c.s** *(coll)* jdm auf den Schwanz treten *(coll)*; **C. Belt** *[US]* Getreidegürtel *m*; **c. bread** *[US]* Maisbrot *m*; **c. broker** Getreidemakler *m*; **c. chandler** Getreidehändler *m*; **c. crib** *[US]* Maisspeicher *m*
corner *n* 1. *(Börse)* Aufkäufergruppe *f*, Spekulationsring *m*, Quotenkartell *nt*, Käufermonopol *nt*; 2. Ecke *f*, Winkel *m*; **to be round the c.** *(fig)* unmittelbar bevorstehen; **to create a c.** *(Börse)* Kartell herbeiführen; **to cut a c.** Kurve schneiden; **~ c.s** *(fig)* Verfahren abkürzen, es nicht so genau nehmen; **to have turned the c.** über den Berg sein *(fig)*, aus dem Gröbsten heraus sein *(coll)*; **to live around the c.** um die Ecke wohnen; **to negotiate a c.** Kurve nehmen; **to round a c.** um eine Kurve fahren; **to turn the c.** *(fig)* etw. hinter sich bringen, kritische Situation meistern, über den Berg kommen *(fig)*, Klippe umschiffen *(fig)*
corner *v/t* 1. *(Ware)* spekulativ aufkaufen; 2. *(Börse)* Kartell herbeiführen
corner cabinet Eckschrank *m*; **c. fittings** *(Container)* Eckbeschläge; **c. house** Eckhaus *nt*; **c. lot/plot** Eckgrundstück *nt*; **c. man** Aufkäufer *m*; **c. rate** Ecklohn *m*; **c. seat** Eckplatz *m*; **c. shop** Eckladen *m*, Tante-Emma-Laden *m (coll)*; **c. solution** Ecklösung *f*; **c.stone** *n* 1. 🏛 Eckstein *m*; 2. Kernstück *nt*, Grundpfeiler *m*; **to lay the ~ for sth.** Grundstein für etw. legen; **c. table** Ecktisch *m*; **c. window** Eckfenster *nt*
corn exchange Getreide-, Weizenbörse *f*; **c. factor** *[GB]* Getreidehändler *m*; **c.-fed** *adj* mit Getreide gefüttert; **c. field** 1. *[GB]* Korn-, Weizenfeld *nt*; 2. *[US]* Maisfeld *nt*; **c. flour** *[GB]* Stärkemehl *nt*; **c. market** Korn-, Getreidemarkt *m*; **c.meal** *[US]* Maismehl *nt*; **c. merchant** Getreidehändler *m*; **c. mill** Getreidemühle *f*; **c. starch** *[US]* Stärkemehl *nt*
cornucopia *n* Füllhorn *nt*
corollary (of/to) *n* 1. logische Folge, Ergebnis (von) *nt*, Folgeerscheinung *f*; 2. Gegenstück *nt*, Entsprechung *f*
coronary *adj* ⚕ Herz(kranz)-; *n* Herzinfarkt *m*
coroner *n* *[GB]* Untersuchungsbeamter für Todesfälle, Leichenbeschauer *m*; **c.'s court** Gerichtshof zur Untersuchung von Todesursachen; **~ inquest** Obduktion *f*; **~ jury** Obduktionskommission *f*
corporate *adj* 1. korporativ, körperschaftlich, vereinigt, gemeinsam; 2. Unternehmens-, Firmen-, Gesellschafts-, unternehmenseigen, u. politisch, u.weit
corporation *n* 1. Körperschaft *f*, juristische Person,

Korporation *f*; 2. *[US]* Kapitalgesellschaft *f*, Konzern *m*, Unternehmen *nt*, Aktiengesellschaft (AG) *f*; 3. Gebietskörperschaft *f*, Stadtverwaltung *f*, Gemeinde *f*, Kommune *f*; 4. Gilde *f*, Innung *f*; **C. of the City of London** Stadtverwaltung der City of London; **c. under private law** Körperschaft des Privatrechts; **~ public law** Körperschaft des öffentlichen Rechts, öffentlich-rechtliche Körperschaft; **c. with limited liability** Gesellschaft mit beschränkter Haftung (GmbH); **c. of traders** Kaufmannsgilde *f*, Handelsinnung *f*
to dissolve a corporation Kapitalgesellschaft auflösen; **to organize a c.** *[US]* Aktiengesellschaft gründen
affiliated/associated corporation angegliederte/verbundene Gesellschaft, angegliedertes/verbundes Unternehmen; **aggregate c.** Gesellschaft mit mehreren Teilhabern, Personenmehrheit *f*, aus mehreren Gesellschaften bestehende Körperschaft, Personengesamtheit mit eigener Rechtspersönlichkeit; **cooperative agricultural c.** landwirtschaftliche Genossenschaft; **alien c.** 1. *[US]* ausländische Gesellschaft; 2. Briefkastenfirma *f*; **autonomous c.** Selbstverwaltungskörperschaft *f*; **benevolent c.** gemeinnützige Körperschaft; **big c.** Großunternehmen *nt*; **chartered c.** 1. *[GB]* Stiftung *f*; 2. *[US]* zugelassene Gesellschaft; **civil c.** *[US]* Gesellschaft bürgerlichen Rechts (GbR); **close c.** *[US]* Gesellschaft mit beschränkter Mitgliederzahl; **closed c.** *[US]* Familien-AG *f*, Privatgesellschaft *f*, Gesellschaft mit beschränkter Haftung (GmbH); **closely-held c.** *[US]* mit beschränktem Aktionärskreis; **collapsible c.** vorübergehend bestehende Gesellschaft; **commercial c.** Handelsgesellschaft *f*; **complete c.** mit allen Rechten ausgestattete Gesellschaft; **consolidated c.** *[US]* konsolidierte Gesellschaft, Schachtelgesellschaft *f*, S.unternehmen *nt*, fusionierte Aktiengesellschaft; **controlling c.** *[US]* herrschende Gesellschaft; **defendant c.** beklagte Gesellschaft; **de jure** *(lat.)* **c.** Körperschaft im Rechtssinn; **domestic c.** *[US]* in einem Bundesstaat konzessionierte Gesellschaft; **dummy c.** *[US]* Schein-, Schwindel-, Briefkasten-, Strohmännerfirma *f*, Schwindel-, Strohmännergesellschaft *f*, Schwindelunternehmen *nt*, vorgeschobene Firma; **family-owned c.** Familien(aktien)gesellschaft *f*; **federal c.** Bundesanstalt *f*, bundesunmittelbare Körperschaft; **financial c.** *[US]* aktienrechtlich organisierte Bank/Versicherung; **foreign c.** *[US]* in einem Bundesstaat nicht konzessionierte Gesellschaft; **industrial c.** *[US]* Industriekonzern *m*; **interlocking c.** *[US]* Schachtelgesellschaft *f*, S.unternehmen *nt*; **international c.** Weltunternehmen *nt*; **joint-stock c.** *[US]* Aktiengesellschaft (AG) *f*; **(publicly) listed c.** *[US]* Kapitalmarktgesellschaft *f*, (börsen)notiertes Unternehmen; **lean c.** schlankes Unternehmen; **local c.** 1. kommunale Körperschaft, Gebietskörperschaft *f*; 2. Kommunalbetrieb *m*; **moneyed c.** *[US]* 1. Kredit-, Finanzinstitut *nt*, Bank *f*, Geldgeschäfte betreibendes Unternehmen, ~ betreibende Gesellschaft; 2. Versicherung(sgesellschaft) *f*; **multi-constituency c.** interessenpluralistische Unternehmung; **multi-division c.** *[US]* stark verzweigtes Unternehmen; **multinational**

c. internationaler Konzern, Multi m *(coll)*; **multi-plant c.** Unternehmen mit mehreren Produktionsstätten; **municipal c.** 1. Gemeindebehörde *f*, Magistrat *m*, kommunale Körperschaft; 2. *[US]* Kommunal-, Gemeindeverband *m*; **non-financial c.** nicht im Finanzwesen tätige Gesellschaft; **non-profit(-making) c.** *[US]* gemeinnütziges Unternehmen, gemeinnütziger Verein, gemeinnützige Gesellschaft; **non-stock c.** *[US]* rechtsfähiger Verein; **one-man c.** *[US]* Einpersonengesellschaft *f*; **open c.** *[US]* Publikums-, Aktiengesellschaft (AG) *f*, Gesellschaft, deren Anteile öffentlich gehandelt werden; **phoney c.** Briefkasten-, Scheinfirma *f*; **private c.** 1. Körperschaft des Privatrechts, privatrechtliche Körperschaft; 2. *[US]* Privatunternehmen *nt*; **public(-law) c.** 1. Anstalt/Körperschaft öffentlichen Rechts, gemeinwirtschaftliche/öffentlichrechtliche Körperschaft, ~ Anstalt, ~ Gesellschaft; Publikumsgesellschaft *f*, Aktiengesellschaft mit breiter Besitzstreuung; 2. *[US]* öffentliche Unternehmung/Anstalt, öffentlicher Regiebetrieb, öffentliches Unternehmen, Staatsunternehmen *nt*; **public-service c.** öffentliche Versorgungsgesellschaft; **quasi-public c.** Gesellschaft mit öffentlich-rechtlichen Befugnissen; **regional c.** Gebietskörperschaft *f*; **resident c.** *[US]* unbeschränkt steuerpflichtige Kapitalgesellschaft; **semipublic c.** gemischtwirtschaftliches Unternehmen; **single-constituency c.** *[US]* interessenmonistische Unternehmung; **statutory c.** Körperschaft/Gesellschaft des öffentlichen Rechts, ~ Kraft Gesetz; **subsidiary c.** *[US]* Organ-, Tochtergesellschaft *f*, abhängige Gesellschaft; **thin c.** *[US]* hochverschuldetes Unternehmen; **unregistered c.** *[US]* nicht eingetragene Gesellschaft; **wound-up c.** *[US]* aufgelöste Gesellschaft
corporation aggregate Gesellschaft mit mehreren Mitgliedern, juristische Person, die aus einer Vereinigung mehrerer natürlicher Personen besteht; **c. bill** *[US]* Handelswechsel *m*; **c. bond** *[US]* Industrieschuldverschreibung *f*, I.obligation *f*; **c. charter** Gründungsurkunde *f*; **c. financing** *[US]* Finanzierung von Aktiengesellschaften, Unternehmensfinanzierung *f*; **c. income tax** Körperschaftssteuer *f*; **c. de jure** *(lat.)* rechtsfähige Gesellschaft; **c. law** 1. Körperschaftsrecht *nt*; 2. *[US]* Aktien-, Gesellschaftsrecht *nt*; ~ **norms** Aktienrechtsnormen; **c. licence** Konzession zur Gründung einer Gesellschaft; **c. loan** Kommunalschuldverschreibung *f*, K.obligation *f*, K.anleihe *f*; **c. meeting** *[US]* Gesellschafts-, Hauptversammlung (HV) *f*; **c. paper** *[US]* 1. handelsfähiges/begebbares Papier (einer AG); 2. Unternehmenstitel *m*; 3. *(Unternehmen)* Finanzierungsinstrument *nt*; **c. park** *[GB]* Stadtpark *m*; **c. report** *[US]* Gesellschaftsbericht *m*; **c. sole** Einzelkörperschaft *f*, Einmann-, Einpersonengesellschaft *f*; **c. stocks** Kommunalschuldverschreibungen, Stadt-, Kommunalanleihen, K.obligationen, *nt*; **c. surtax** *[US]* Ergänzungsabgabe *f*
corporation tax Körperschafts-, Gesellschaftssteuer *f*; **to assess for c. t.** zur Körperschaftssteuer veranlagen, körperschaftssteuermäßig veranlagen; **to be exempt from c. t.** von der Körperschaftssteuer befreit sein; **to charge c. t.** Körperschaftssteuer erheben; **to impute c. t.** Körperschaftssteuer anrechnen
liable to corporation tax körperschaftssteuerpflichtig
advance corporation tax Körperschaftssteuervorauszahlung *f*, vorausgezahlte Körperschaftssteuer; **surplus ~ c. t.** überschüssige Körperschaftssteuervorauszahlung; **anticipated c. t.** vorweggenommene Körperschaftssteuer; **mainstream c. t.** 1. Hauptkörperschaftssteuer *f*, (normale) Körperschaftssteuer auf einbehaltene Gewinne; 2. normaler Körperschaftssteuersatz
corporation tax computation Körperschaftssteuerberechnung *f*; ~ **liability** Körperschaftssteuerschuld *f*; ~ **rate** Körperschaftssteuersatz *m*; ~ **regulations** Körperschaftssteuerrichtlinien; ~ **relief grant** Körperschaftssteuerzuschuss *m*; ~ **return** Körperschaftssteuererklärung *f*
corporation transport städtische(s) Verkehrsmittel
corporeal *adj* [§] physisch, materiell, körperlich
consular corps *n* konsularisches Korps, Konsularkorps *nt*; **diplomatic c.; c. diplomatique** *(frz.)* diplomatisches Korps
corpse *n* Leiche *f*, Leichnam *m*, Tote(r) *f/m*
corpulence *n* Korpulenz *f*, Leibes-, Körperfülle *f*
corpus *n* 1. *(lat.)* Körper(schaft) *m/f*; 2. Stammkapital *nt*; 3. Kapital eines Fonds, ~ einer Investmentgesellschaft; 4. *[US]* Kapital und Eigentum eines Trust; 5. (Text)korpus *m*; **c. of laws** Gesetzeswerk *nt*; **c. delicti** *(lat.)* [§] Beweisstück *nt*
correct *v/t* berichtigen, richtig stellen, korrigieren, bereinigen, justieren
correct *adj* richtig, korrekt, regelrecht, vorschriftsmäßig, einwand-, fehlerfrei, zutreffend
factually correct sachlich richtig; **formally c.** formgültig; **legally c.** juristisch einwandfrei
to be correct stimmen; **to find c.** für richtig befinden; **to prove c.** sich als richtig herausstellen, sich bestätigen
I stand corrected ich nehme alles zurück
correction *n* 1. Berichtigung *f*, Korrektur *f*, Richtigstellung *f*, Remedur *f*, Fehlerverbesserung *f*; 2. Justierung *f*; 3. Strafvollzug *m*; 4. *(Konto)* Bereinigung *f*; **subject to c.** Änderungen vorbehalten, ohne Gewähr
correction of the balance of payments disequilibrium Korrektur des gestörten Zahlungsbilanzgleichgewichts; ~ **the balance sheet** Bilanzberichtigung *f*; ~ **a mistake** Verbesserung eines Fehlers; ~ **false statements** [§] Berichtigung falscher Aussagen; **timely ~ false statements** [§] tätige Reue bei Falschaussagen
correction factor [§] Korrektionsfaktor *m*; **c. fluid** Korrekturflüssigkeit *f*, K.lack *m*; **c. key** Korrekturtaste *f*; **c. mark** Korrekturzeichen *nt*; **c. memory** Korrekturspeicher *m*; **c. notice** Berichtigungsmitteilung *f*; **c. official** *[GB]* Justizvollzugsbeamter *m*; **to be in a c. phase** *(Börse)* in der Konsolidierungsphase stecken; **c. tape** *(Schreibmaschine)* Korrekturband *f*
corrective *n* *(EU)* Berichtigungselement *nt*; **automatic c. of the gold movement** Goldautomatismus *m*
corrective *adj* 1. berichtigend, richtigstellend, mildernd; 2. [§] strafend, Straf(vollzugs)-
correctness *n* Korrektheit *f*, Richtigkeit *f*, Ordnungs-

gemäßheit *f*; **c. of cover** Deckungskongruenz *f*, Kongruenz der Deckung; **substantive c.** sachliche Richtigkeit
correlate *v/ti* 1. korrelieren, in Beziehung setzen; 2. sich entsprechen
correlation *n* 1. π Korrelation *f*; 2. Zusammenhang *m*, Wechselbeziehung *f*; **in c. with** im Zusammenhang mit **biserial correlation** π Zweiserienkorrelation *f*; **curvilinear c.** nichtlinerare Korrelation; **direct c.** positive Korrelation; **illusory c.** Scheinkorrelation *f*; **inverse c.** negative Korrelation; **linear c.** lineare Korrelation; **multiple c.** multiple Korrelation; **nonsense c.** sinnlose Korrelation; **serial c.** Reihenkorrelation *f*, R.konstellation *f*; **skew c.** schiefe Korrelation; **spurious c.** vorgetäuschte Korrelation
correlation diagram π Korrelationsdiagramm *nt*; **c. index** Korrelationsindex *m*; **c. matrix** Korrelationsmatrix *f*; **c. parameter** Korrelationsparameter *m*; **c. ratio** Korrelationsquotient *m*; **c. surface** Korrelationsfläche *f*; **c. table** Korrelationstabelle *f*
correlative *n* Korrelat *nt*; *adj* entsprechend, in Wechselbeziehung stehend
correlogram *n* Korrelogramm *nt*
correspond *v/i* korrespondieren, Briefe wechseln, Briefwechsel führen, (einander) schreiben, brieflich verkehren, in brieflichem Verkehr stehen; **c. to** übereinstimmen mit, entsprechen, das Gegenstück sein zu
correspondence *n* 1. Brief-, Schriftwechsel *m*, S.verkehr *m*, Korrespondenz *f*, briefliche Verbindung, brieflicher Verkehr, Briefverkehr *m*; 2. Übereinstimmung *f*, Korrespondenz *f*; 3. *(Bank)* Geschäftsverbindung *f*; **c. of closing and opening balance sheet** Bilanzidentität *f*
to be in correspondence in Korrespondenz stehen; **to carry on/maintain a c.** Korrespondenz/Briefwechsel unterhalten; **to enter into c.** in Korrespondenz treten; **to handle the c.** Schriftwechsel/Schriftverkehr/Korrespondenz erledigen
commercial correspondence Handels-, Geschäftskorrespondenz *f*, geschäftliche/kaufmännische Korrespondenz, Schriftverkehr *m*; **current c.** laufender Schriftwechsel; **lively c.** reger Briefwechsel; **official c.** amtlicher/dienstlicher Schriftverkehr; **pending c.** unerledigter Schriftwechsel; **previous c.** bisheriger Schriftwechsel; **private c.** Privatkorrespondenz *f*; **unsettled c.** unerledigter Schriftwechsel
correspondence card ⊠ Brief-, Korrespondenzkarte *f*; **c. college** Fernlehranstalt *f*, F.institut *nt*; **c. column** Leserbriefspalte *f*; **c. course** Fernlehrgang *m*, F.unterricht *m*, F.kurs *m*, F.studium *nt*, Korrespondenzkurs(us) *m*; **~ student** Fernstudent(in) *m/f*; **c. credit** Postlaufakkreditiv *nt*; **c. department** Korrespondenzabteilung *f*; **c. principle** Korrespondenzprinzip *nt*
correspondent *n* 1. Brief-, Korrespondenzpartner(in) *m/f*; 2. *(Presse)* Berichterstatter *m*, Korrespondent(in) *m/f*; 3. Gewährsmann *m*, Geschäftsfreund *m*; **to be a lazy c.** schreibfaul sein
commercial correspondent Handelskorrespondent *m*; **economic c.** Wirtschaftskorrespondent *m*; **foreign c.** 1.

Auslandskorrespondent *m*, A.berichterstatter *m*; 2. *(Akkreditiv)* Korrespondenzbank *f*; **resident c.** ständiger Korrespondent; **special c.** Sonderkorrespondent *m*, S.berichterstatter *m*
correspondent balances Guthaben bei Korrespondenzbanken; **c. bank** *(Akkreditiv)* Korrespondenzbank *f*; **c. firm** Korrespondenzunternehmen *nt*; **c. forwarder** Korrespondenzspediteur *m*; **c. lesson** Unterrichtsbrief *m*; **c. member** korrespondierendes Mitglied
corresponding *adj* 1. entsprechend, sinngemäß; 2. übereinstimmend
corridor *n* Korridor *m*, Gang *m*; **c.s of power** *(fig)* Schalthebel der Macht *(fig)*; **c. discussion** informelle Gespräche
corrigenda *pl (lat.)* ⓘ Fehlerverzeichnis *nt*
corroborate *v/t* bekräftigen, erhärten, bestätigen
corroboration *n* Bekräftigung *f*, Erhärtung *f*, Bestätigung *f*; **c. of evidence** [§] Beweiserhärtung *f*; **~ a statement** Bekräftigung einer Aussage; **~ a witness** Bestätigung einer Zeugenaussage
corroborative *adj* bestätigend, erhärtend
corrode *v/ti* zersetzen, korrodieren, zerfressen (werden)
corrosion *n* Korrosion *f*, Lochfraß *m*, Zerfressen *nt*; **c.-resistant** *adj* korrosionsbeständig
corrosive *adj* ätzend, korrodierend; *n* korrodierendes Mittel
cor|rugated *adj* gewellt, Well-; **c.rugating operations** Herstellung von Wellpappe
corrupt *v/t* 1. bestechen, kaufen; 2. korrumpieren, (moralisch) verderben; *adj* korrupt, bestechlich, käuflich; **c.ibility** *n* Käuflichkeit *f*, Bestechlichkeit *f*; **c.ible** *adj* korrumpierbar, bestechlich, käuflich
corruption *n* 1. Korruption *f*, Bestechung *f*, Bestechlichkeit *f*; 2. *(Text)* Entstellung *f*; 3. 🖳 *(Daten)* Korrumpierung *f*; **c. of judges** Richterbestechung *f*; **~ the jury** Geschworenenbestechung *f*; **~ public officials** Beamtenbestechung *f*
corset *n* 1. Korsett *nt*; 2. *(fig)* Restriktionen von Bankkrediten
cerebral cortex *n* ⚕ Gehirnrinde *f*
cortisone *n* ⚕ Kortison *nt*
co|signatory *n* Mitunterzeichner(in) *m/f*; **c.signer**; **c.signor** *n* 1. Mitunterzeichner *m*; 2. Mithaftender *m*
cosine *n* π Kosinus *m*
cosiness *n* Gemütlichkeit *f*
cosmetic *n* Pflege-, Schönheitsmittel *nt*; *adj* kosmetisch; **c.ian** *n* Kosmetikerin *f*
cosmetics *n* Kosmetik *f*, K.artikel *pl*; **c. shop** Parfümerie *f*
cosmopolitan *n* Weltbürger(in) *m/f*, Kosmopolit *m*; *adj* weltoffen, w.städtisch, kosmopolitisch
cosmos *n* Universum *nt*, Kosmos *m*
cosset *v/t* verhätscheln, verwöhnen
cost(s) *n* 1. (Anschaffungs-/Geschäfts-/Herstellungs-)Kosten *pl*, Preis *m*, Aufwand *m*; 2. Buch-, Anschaffungswert *m*; 3. [§] Verfahrenskosten *pl*; **after c.s** nach Abzug der Kosten; nachträgliche Kosten; **at a c. of** mit einem (Kosten)Aufwand von; **at c.** zum (Selbst)Kosten-/Einkaufs-/Erwerbs-/Anschaffungspreis, zum Er-

werbs-/Anschaffungs-/Herstellungs-/Handelswert, (un)kostendeckend, zu Anschaffungs-/Herstellungskosten, zu Einstandspreisen, zum Anschaffungs- oder Handelswert; **below c.** unter (Einkaufs-/Einstands) Preis; **to sell ~ c.** unter (Selbst)Kosten verkaufen, verschleudern *(coll)*; **~ c. sales** Untereinkaufspreisverkäufe; **exclusive of c.s** ausschließlich (der) Kosten; **including/ inclusive of c.s** einschließlich (der) Kosten; **off c.** abzurechnende Kosten; **to one's c.** zu seinem Leidwesen; **with c.s** [§] kostenpflichtig, unter Auferlegung der Kosten
cost of acquisition 1. Erwerbs-, Beschaffungs-, Anschaffungs-, Bezugs-, Kaufkosten *pl*; 2. Anschaffungswert *m*; **~ acquisition or production** Anschaffungs- oder Herstellungskosten *pl*; **marginal ~ acquisition** Faktorgrenzkosten *pl*; **total ~ acquisition** Gesamtkosten der Materialbeschaffung; **c. pertaining to acquisition and receipt of goods** Warenbezugskosten *pl*
cost(s) of an action [§] Prozess-, Rechtsverfolgungskosten *pl*; **~ advertising** Werbekosten *pl*; **~ appraisal** Schätzungskosten *pl*; **c. per article produced** Stückkosten *pl*; **c. of fixed assets** Ausstattungskosten *pl*, Kosten für Ausstattung; **capitalized ~ self-constructed assets** aktivierte Eigenleistungen; **~ bankruptcy** Massekosten *pl*; **c.(s) involved in bankruptcy** Konkurskosten *pl*; **c.(s) of borrowing** Kredit(beschaffungs)- kosten *pl*
cost(s) of capital Kapitalkosten *pl*; **average ~ c.** durchschnittliche Kapitalkosten; **marginal ~ c.** marginale Kapitalkosten; **weighted ~ c.** gewichtete Kapitalkosten; **~ outside c.** Fremdkapitalkosten *pl*; **~ c. channel** Zinsübertragungsmechanismus *m*; **~ c. procurement** Kosten der Kapitalbeschaffung, Kapitalbeschaffungskosten *pl*
cost(s) of carrying Kosten der Lagerhaltung; **~ change-over** Rüstkosten *pl*; **~ clearance** ⊖ Zollabfertigungskosten *pl*; **~ collecting information** Informations(beschaffungs)kosten *pl*; **~ collection** Einzugskosten *pl*; **~ construction** Baukosten *pl*; **accountable ~ unbilled contracts** abrechnungsreife Leistungen; **~ a credit** Kreditkosten *pl*; **~ debt** Fremdkapitalkosten *pl*; **~ delivery** Liefer-, Anlieferungs-, Versandkosten *pl*; **~ demolition/dismantling** Abbruchkosten *pl*; **~ development** Entwicklungsaufwand *m*; **~ further development** Kosten für die Weiterentwicklung; **~ development and experiments** Versuchs- und Entwicklungskosten *pl*; **~ disposal** Absatzkosten *pl*; **~ entertainment** Repräsentationskosten *pl*; **~ equipment** Ausrüstungskosten *pl*; **~ equity (capital)** Eigenkapitalkosten *pl*; **~ exchange** Umtauschkosten *pl*; **~ forward exchange cover** Kurssicherungskosten *pl*; **~ execution** Zwangsvollstreckungskosten *pl*; **c.(s) and expenses** Kosten und Auslagen; **~ fee(s)** Kosten und Gebühren
cost(s) of finance Finanz(ierungs)-, Geldbeschaffungskosten *pl*; **~ financing** Finanzierungskosten *pl*; **total ~ financing** Gesamtfinanzierungskosten *pl*; **~ outside financing** Fremdfinanzierungskosten *pl*
cost of funds Refinanzierungs-, Kapitalbeschaffungskosten *pl*; **~ borrowed funds** Einstandskosten der Fremdmittel, (Fremd)Kapitalkosten *pl*
cost(s) of goods Herstellungskosten *pl*; **~ bought for resale** Wareneinsatz *m*; **~ manufactured** Kosten der hergestellten Waren, Herstellungskosten *pl*; **~ purchased** Beschaffungs-, Wareneinstandskosten *pl*; **~ sold** Verkaufskosten *pl*, Kosten der verkauften Erzeugnisse, Wareneinsatz *m*, Umsatzaufwendungen *pl*
cost(s) of guarantee commitments Gewährleistungskosten *pl*; **~ hiring/renting a car** Mietwagenkosten *pl*; **related ~ illness** Krankheitsnebenkosten *pl*; **~ improvement** Verbesserungs-, Verschönerungsaufwand *m*, Erschließungsaufwendungen *pl*; **c. of gathering information** Informationsbeschaffungskosten; **~ insurance** Versicherungs(un)kosten *pl*; **~ writing insurance *(Vers.)*** Bearbeitungskosten *pl*; **total ~ investments** gesamter Investitionsaufwand; **~ inventory** Lagerkosten *pl*
cost(s) of labour Lohnkosten *pl*; **~ unproductive labour** indirekte Arbeitskosten
cost(s) of litigation Rechts-, Prozesskosten *pl*, Kosten des Rechtsstreits, ~ der Rechtsverfolgung
cost of living Lebenshaltungskosten *pl*, Kosten der Lebenshaltung; **total c. of l.** Gesamtlebenshaltungskosten *pl*; **c. of l. adjustment** Teuerungs-, Lebenshaltungskostenausgleich *m*, L.angleichung *f*, Anpassung der Löhne und Gehälter an die Lebenshaltungskosten; **~ allowance/bonus** Ausgleichs-, Teuerungszulage *f*, Lebenshaltungszuschuss *m*, L.kostenzuschlag *m*, Zuschuss zu den Lebenshaltungskosten; **local ~ allowance/bonus** Ortszuschlag *m*; **~ clause** Indexklausel *f*; **~ escalator** Lohngleitklausel *f*, automatische Angleichung der Löhne an das Preisniveau; **~ escalator clause** Lebenshaltungsgleit-, Lohnindexierungsklausel *f*; **automatic ~ increase** Indexautomatik *f*; **~ increment** Lebenshaltungskostensteigerung *f*; **~ index** Lebenshaltungs(kosten)index *m*, L.preisindex *m*, Index der Lebenshaltungskosten *pl*, Preisindex für die Lebenshaltung; **~ payment** Lebenshaltungskostenzuschlag *m*; **~ supplement** Teuerungszulage *f*
cost(s) of a loan Kreditkosten *pl*; **~ loan capital** Fremdkapitalkosten *pl*; **~ management** Verwaltungskosten *pl*; **~ manufacture** Herstellungs-, Selbstkostenpreis *m*, Produktionskosten *pl*
cost(s) of material(s) Materialkosten *pl*, M.aufwand *m*, M.preis *m*, M.einstand(skosten) *m/pl*, Sach-, Stoffkosten *pl*; **increased ~ m.** Materialverteuerung *f*; **~ direct m.** Materialeinzel-, Einzelmaterialkosten *pl*; **~ m. flow** Materialflusskosten *pl*; **~ m. improvement** Vered(e)lungskosten *pl*; **~ m. and services** Sach- und Dienstleistungskosten *pl*
cost(s) of medication/medicaments Arznei(mittel)kosten *pl*; **~ merchandise sold** Einstandspreis verkaufter Handelsware, Wareneinstandswert *m*; **gross ~ merchandise sold** Rechnungsbetrag der verkauften Ware; **~ (procuring) money** Geldeinstands-, Geldbeschaffungskosten *pl*, Kosten der Geldbeschaffung; **~ office and workshop space** Raumkosten *pl*; **~ operation** Betriebskosten *pl*; **~ plant and machinery** Maschinenkos-

ten *pl*; ~ **possession** Opportunitätskosten des Anlage- und Umlaufvermögens; ~ **proceedings** [§] Prozess-, Verfahrenskosten *pl*; ~ **criminal proceedings** Strafprozesskosten *pl*

cost(s) of production Herstellungs-, Produktions-, Fertigungs-, Fabrikationskosten *pl*, Kosten der Produktionsbereitschaft, Selbstkosten-, Produktionspreis *m*, Herstellungswert *m*; ~ **theory** Produktionskostentheorie *f*; ~ **or acquisition** Gestehungswert *m*

cost(s) of promotion Gründungskosten *pl*; ~ **providing capital** Kapitalbereitstellungskosten *pl*; ~ **providing equipment** Vorhaltungskosten *pl*; ~ **protest** *(Wechsel)* Protestkosten *pl*; **net** ~ **purchase** Nettobezugskosten *pl*; ~ **raw materials** Rohstoff(beschaffungs)kosten *pl*; ~ **readiness** Kosten der Betriebsbereitschaft; ~ **refinancing** Refinanzierungskosten *pl*; ~ **renovation** Renovierungskosten; ~ **repairs** Instandsetzungs-, Reparaturkosten *pl*; ~ **repair work carried out by outside contractors** Fremdreparatur(en) *f/pl*; ~ **replacement** Wiederbeschaffungswert *m*, W.kosten *pl*; ~ **reproduction** Wiederbeschaffungskosten *pl*; ~ **the rescue operation** Rettungskosten *pl*; ~ **research and development** Forschungs- und Entwicklungskosten *pl*; ~ **rework** Kosten der Nacharbeit, Nach(arbeits)kosten *pl*

cost(s) of sales Vertriebs-, Absatz-, Selbstkosten *pl*, Umsatzaufwendungen *pl*, U.kosten; ~ **adjustment** Absatz-, Vertriebskostenanpassung *f*, Berichtigung des Wareneinsatzes; ~ **convention**; ~ **type of (short-term results) accounting** Umsatzkostenverfahren *nt*

cost(s) of samples Stichprobenkosten *pl*; ~ **services** Dienstleistungskosten *pl*; ~ **outside services** Fremd(leistungs)kosten *pl*; ~ **service principle** Äquivalenzprinzip *nt*; ~ **servicing loans** Kapital-, Schuldendienst *m*; **c.(s) per shift**; **c.(s) of extra shift** Schichtkosten *pl*; ~ **sterilizing** Sterilisierungskosten *nt*; ~ **tools** Werkzeugkosten *pl*; ~ **further training** Weiter-, Fortbildungskosten *pl*; ~ **occupational training** Berufsausbildungskosten *pl*; ~ **transport(ation)** Versand-, Transport-, Beförderungskosten *pl*; ~ **travel to work** Aufwendungen für Fahrten zwischen Wohnung und Arbeitsstätte; ~ **treatment** Behandlungskosten *pl*; **c.(s) per unit (of output)** Stück-, Einheitskosten *pl*; **fixed** ~ **unit** fixe Stückkosten *pl*; **c.(s) of upkeep** Wartungskosten *pl*; ~ **waiting time** Wartekosten *pl*; ~ **the war** Kriegskosten *pl*; ~ **waste disposal** Entsorgungs-, Abfallbeseitigungskosten *pl*; ~ **water consumption** Wasserkosten *pl*

at a cost unter/mit erheblichen Kosten; **at all/any c.** um jeden Preis; **net of c.s** *(Preis)* netto; **no c.s** Kostenaufhebung *f*; **c. in excess of ...** über ... hinausgehende Kosten; **not affecting c.s** kostenneutral; **covering c.s** kostendeckend; **curbing c.s** Kostendämmung *f*, K.dämpfung *f*; **kostendämpfend**; **cutting (down)** *f* Kosteneinsparung *f*, Einsparung von Kosten; **entailing high c.s** kostenträchtig, k.intensiv; **ordered to pay c.s** [§] kostenpflichtig; **produced at rock-bottom c.** im Billigstverfahren hergestellt; **pushing up c.** kostentreibend, k.steigernd; **c.s to be added** zuzüglich (der) Kos-

ten; ~ **awarded out of central funds** aus zentralen Fonds zuzuerkennende Kosten; **c.s charged forward** unter Nachnahme der Kosten; **all c.s deducted** nach Abzug aller Kosten; ~ **included** mit Einschluss aller Kosten; **c. incurred** angefallene Kosten; ~ **before action** [§] vorprozessuale Kosten; **c.s reserved** Kostenentscheidung vorbehalten; **c. per thousand** *(Anzeige)* Tausendsatz *m*; **c. or market (value) whichever is lower** *(Bilanz)* Niederstwert *m*; **fixed c.s rising in steps** intervallfixe Kosten

cost and freight (CFR) Kosten und Fracht bezahlt; **c., insurance (c.i.)** (Verlade)Kosten und Versicherung; ~ , **freight (CIF)** (Verlade)Kosten, Versicherung und Fracht (bezahlt), einschließlich Kosten, Versicherung und Fracht; ~ , **freight, commission (c.i.f. & c.)** Kosten, Versicherung, Fracht, Kommission; ~ , **freight, commission, interest (c.i.f.c.i.; cifci)** Kosten, Versicherung, Fracht, Käuferprovision, Bankzinsen; ~ **freight and exchange (c.i.f. & e.)** Kosten, Versicherung, Fracht und Wechselkursveränderungen; ~ , **freight, interest (c.i.f. & i.)** Kosten, Versicherung, Fracht, Zinsen; ~ , **freight plus war risk (cifw)** Kosten, Versicherung, Fracht plus Kriegsrisiko

to absorb cost|s Kosten auffangen; **to allocate c.s** Kosten umlegen/verteilen/aufteilen/aufschlüsseln; **to allow c.s** Kostenrechnung anerkennen; ~ **for c.s** (Un)Kosten in Abzug bringen; **to apportion c.s** 1. Kosten umlegen; 2. [§] Verfahrenskosten verteilen; **to ascertain c.s** Kosten ermitteln; **to award c.s against so.** [§] jdm die Kosten (des Verfahrens) auferlegen/aufbürden, jdn zu den Kosten (des Verfahrens) verurteilen, jdn kostenpflichtig verurteilen; ~ **against the state** [§] Kosten der Staatskasse aufbürden; **to bear the c.(s)** Kosten tragen/übernehmen, für ~ aufkommen; **c.s to be borne by** Kosten gehen zu Lasten von; **to break down c.s** Kosten aufschlüsseln; **to bring down c.s**; **c.s into line** Kosten senken; **to build up c.s** Kosten kalkulieren; **to burden so. with the c.(s)** jdm die Kosten aufbürden; **to calculate c.s** Kosten berechnen/ermitteln; **to capitalize c.s** Kostenaufwand kapitalisieren; **to carry c.s** 1. Kostenfolgen haben; 2. [§] Kostenentscheidung beinhalten; **to charge c.s (directly) to the department** Kosten (direkt) auf die Abteilung verrechnen; **to chip away at c.s** Kosten systematisch abbauen; **to contain c.s** Kosten dämpfen/eindämmen, Kostenanstieg bremsen; **to contribute to(wards) the c.(s)** sich an den Kosten beteiligen, zur Bestreitung der Kosten beitragen; **to control c.s** Kosten in den Griff bekommen; **to count the c.(s)** *(fig)* sich die Folgen überlegen; **to cover the c.(s)** Kosten tragen/decken/übernehmen; **to cut c.s** Kosten abbauen/einschränken/senken; **to deduct c.s** Kosten absetzen; **to defray the c.(s)** Kosten bestreiten/aufwenden/aufbringen/decken; **to determine c.s** Kosten ermitteln/festsetzen; **to dismiss with c.s** [§] kostenpflichtig zurückweisen/abweisen; **to drive down c.s** Kosten senken/reduzieren; **to entail c.s** mit Kosten verbunden sein; **to estimate c.s** Kosten veranschlagen; **to hold/keep c.s down** Kosten niedrig halten; **to impose c.s** Kosten auferlegen; **to incur c.s** Kosten einge-

hen; **to inflate c.s** Kosten in die Höhe treiben; **to itemize c.s** Kosten aufgliedern; **to land so. with the c.s** *(coll)* jdm die Kosten aufbrummen *(coll)*; **to learn to one's c.** *(fig.)* Lehrgeld bezahlen; **to lower c.s** Kosten reduzieren; **to meet c.s** Kosten begleichen/decken; **to pass on c.s;** ~ **c.s on** (Un)Kosten weiterwälzen/überwälzen/weitergeben
to pay costs (Un)Kosten übernehmen; **liable** ~ **c.** [§] kostenpflichtig; **to order** ~ **c.** zur Zahlung der Kosten verurteilen, Gerichts-/Prozesskosten auferlegen; **to be ordered** ~ **c.** zu den Kosten des Rechtsstreits/Verfahrens verurteilt werden
to pile cost|s on so. jdm Kosten aufbürden/aufhalsen; **to recover c.s** Kosten einbringen, Kostendeckung erzielen; **to reduce c.s** Kosten/Ausgaben senken, ~ verringern; **to refund/reimburse c.s** Kosten (zurück)erstatten/ersetzen; **to saddle so./sth. with c.s** jdn/etw. mit (den) Kosten belasten; **to save c.s** Kosten sparen; **to share the c.(s)** sich die Kosten teilen, Kosten untereinander aufteilen; **to shoulder the c.s** Kosten tragen/übernehmen; **to show at c.** zu Gestehungskosten ausweisen; **to split the c.(s)** (sich) die Kosten teilen; **to spread c.s** Kosten verteilen; **to stand at c.** zu Buch stehen/schlagen; **to state at the lower of c.** zum niedrigsten Satz ausweisen; **to trim c.s** Kosten senken/abbauen; **to underwrite the c.s** Kosten übernehmen/tragen; **to value at c.** zum Einkaufswert/Selbstkostenpreis einsetzen
aboriginal cost(s) Anschaffungs-, Einstandskosten *pl*, primäre Kosten; **absorbed c.(s)** verrechnete Gemeinkosten; **accrued c.(s)** aufgelaufene/entstandene Kosten; **accruing c.(s)** entstehende Kosten; **actual c.(s)** Ist-, Effektiv-, Gestehungs-, Real-, Selbstkosten *pl*, wirkliche/tatsächliche Kosten, ausstehender Betrag; **additional c.(s)** Zusatz-, Mehrkosten *pl*, zusätzliche (Un)Kosten; ~ **thereby incurred** die sich hieraus ergebenden Mehrkosten; **adjusted c.(s)** auf den Tageswert umgerechnete Kosten; **administrative c.(s)** Verwaltungs-, Regie-, Bewirtschaftungskosten *pl*, Verwaltungsausgaben *pl*; ~ **capital** Verwaltungskostenkapital *nt*; **all-in c.(s)** Gesamtkosten; **allocated c.(s)** verrechnete Kosten; **alternative c.(s)** Opportunitäts-, Alternativ-, Grenzkosten *pl*, relevante/alternative Kosten; **amortized c.(s)** (Rest)Buchwert *m*, Kosten nach Abschreibung, ~ zum Buchwert; **ancillary c.(s)** (Miet)Nebenkosten *pl*; **anticipated c.(s)** Antizipationsaufwand *m*, Antizipativa *pl*; **anti-pollutive c.s** Kosten des Umweltschutzes; **applied c.s** verrechnete Kosten; **apportionable c.s** Gemein-, Schlüsselkosten *pl*, zurechenbare Kosten; **directly** ~ **c.s** direkt zurechenbare Kosten; **average c.(s) (AC)** Durchschnittsaufwand *m*, Durchschnitts-, Stückkosten *pl*, fortgeschrittene durchschnittliche Kosten; **long-run** ~ **c.s** langfristige Durchschnittskosten; **avoidable c.s** Differenzkosten *pl*; **back-end c.s** Folgekosten *pl*; **basic c.s** Basiseinstandspreis *m*, Grundkosten *pl*; **billed c.s** Rechnungskosten *pl*, Kosten vor Abzug des Bardiskonts, in Rechnung gestellte Kosten; **budgetary c.s** Haushaltskosten *pl*; **budgeted c.s** Soll-, Plan-, Vorgabekosten *pl*, veranschlag-

te Kosten; **bunched c.s** pauschalierte Kosten; **capitalized c.(s)** aktivierte/aufs Kapitalkonto übernommene Kosten; **cash-outlay c.(s)** pagatorische Kosten; **central c.s** Verwaltungsaufwand *m*, **closing-down c.s** Stillegungskosten *pl*; **committed c.s** Bereitschaftskosten mit langfristiger Bindungsdauer, fixe Kosten, Fixkosten *pl*; **common c.(s)** Kosten der Kuppelproduktion, ~ verbundenen Produktion; **comparative c.(s)** komparative Kosten; **compound/composite c.(s)** komplexe/verbundene Kosten; **consequential c.(s)** Folgekosten *pl*, Kostenfolgen *pl*; **constant c.(s)** Fixkosten *pl*, fixe/gleichbleibende/konstante Kosten; ~ **industry** Industrie mit linearem Produktionskostenverlauf; **avoidable contractual c.s** variable Kosten; **controllable c.s** kontrollierbare/beeinflussbare Kosten; **crippling c.(s)** erdrückende Kosten
current cost(s) laufende Kosten, augenblicklicher Kostenaufwand, betrieblicher Aufwand, Kosten zu historischen/indexierten (Wiederbeschaffungs)Preisen, Kostenaufwand zu Marktpreisen, (Ist)Kosten (bewertet) zu Tagespreisen, Tageskosten *pl*; ~ **calculation** Tageskalkulation *f*; ~ **profits** Gewinn auf der Basis von Wiederbeschaffungspreisen
declining/decreasing cost(s) Kostendegression *f*, abnehmende/rückläufige Kosten; **defence-induced c.s** Verteidigungsfolgekosten *pl*; **degressive c.(s)** degressive Kosten; **departmental c.s** Stellen-, Abteilungskosten *pl*; **depleted c.(s)** Buchwert von Gütern mit Substanzverzehr; **depreciable c.(s)** 1. abschreibbare Kosten; 2. *(Abschreibung)* Bemessungsgrundlage *f*, verteilbarer Aufwand für Anlagegüter; **differential c.(s)** Differenzialkosten *pl*
direct cost|s direkte/leistungsabhängige Kosten, Einzel-, Selbst-, Teilherstellungskosten *pl*; **special** ~ **c.s** Sondereinzelkosten *pl*; ~ **c. department** Hauptkostenstelle *f*
economic cost|s Anschaffungs-, Herstellungs-, Opportunitäts-, Alternativkosten *pl*, Tageswert *m*; **effective c.(s)** Istkosten *pl*; **environmental c.s** Kosten des Umweltschutzes; **escalating c.(s)** Kosteneskalation *f*; **escapable c.(s)** dem Beschäftigungsgrad anpassbare Kosten, Leerkosten *pl*; **estimated c.(s)** Schätzkosten *pl*, geschätzte/(vor)kalkulierte Kosten; ~ **card** Vorkalkulationskarte *f*; **excessive c.(s)** Kostenüberhöhung *f*, übermäßige Kosten; **expired c.(s)** erfolgswirksame/als Aufwand bewertete/periodenbezogene Kosten, abgeschriebener Kostenanteil; **explicit c.(s)** effektive Kosten; **external c.(s)** volkswirtschaftliche Kosten; **extra c.(s)** Mehr-, Sonderkosten *pl*, S.aufwendung *f*, zusätzliche Aufwendungen; **to involve** ~ **c.s** mit zusätzlichen Kosten verbunden sein; **first c.** Einkaufs-, Selbstkostenpreis *m*, Anschaffungskosten *pl*
fixed cost(s) Fix-, Fest-, Gemein-, Kapazitätskosten *pl*, fixe/fest(stehend)e/laufende Kosten; **average** ~ **c.** durchschnittliche Fixkosten; ~ **fixe Kosten**; **product-traceable** ~ **c.** Erzeugnisfixkosten *pl*; ~ **c. rising in steps** Sprungkosten *pl*; ~ **c. component** Fixkostenbestandteil *m*
follow-up cost(s) Folge-, Anschluss-, Nachlaufkosten

pl; **front-end c.(s)** Vorlauf-, Finanzierungskosten *pl*; **full c.(s)** Vollkosten *pl*, sämtliche Kosten; **general c.(s)** Gemeinkosten *pl*; **to allocate ~ c.s** Gemeinkosten umlegen; **at great c.** mit großen/hohen Kosten verbunden
historic(al) cost(s) ursprüngliche Anschaffungs-/Herstellungskosten, Ist-Kosten der Vergangenheit, nachträglich berechnete Selbstkosten, historische Kosten; **to calculate the ~ c.s** nachkalkulieren; **adjusted ~ c.(s)** historische Kosten auf Tageswert umgerechnet, Anschaffungskosten zum Tageswert; **~ c. convention** Anschaffungskostenregel *f*; **~ c. principle** Anschaffungswertprinzip *nt*
idle-capacity/idle-plant/idle time c.(s) Stillstands-, Leerkosten *pl*; **implicit c.(s)** kalkulatorische Kosten; **imputed c.(s)** kalkulierte/kalkulatorische/nicht erfasste Kosten; **incidental c.(s)** Nebenkosten *pl*, anfallende Kosten; **increasing c.(s)** Kostenzunahme *f*; **incremental c.(s)** Grenz-, Differenzkosten *pl*, relevante Kosten; **indirect c.(s)** indirekte/mittelbare/global zurechenbare Kosten, Gemein-, Zuschlagskosten *pl*, verrechnete Fertigungsgemeinkosten; **initial c.(s)** Anschaffungspreis *m*, Anlauf-, Anlage-, Anschaffungs-, Einstands-, Nebenkosten *pl*, Anschaffungs-, Einstandswert *m*; **intangible c.(s)** Aufwand für den Erwerb immaterieller Güter; **interlocutory c.s** § Kosten im Zwischenverfahren; **inventory-carrying c.s** Kosten der Lagerhaltung, Lagerhaltungskosten; **irrecoverable c.s** nicht überwälzbare Kosten; **joint c.(s)** Kosten der Kuppelproduktion; **landed c.(s)** Einstandspreis *m*, E.kosten *pl*; **legal c.s** gesetzliche Kosten, Prozess-, Rechtskosten *pl*; **~ insurance** Rechtsschutz-, Prozesskostenversicherung *f*; **legitimate c.(s)** (rechtlich) zulässige Kosten; **local c.(s)** 1. Kosten für Infrastrukturerschließung; 2. Aufwendungen im Käuferland; 3. Platzkosten; **low c.(s)** niedrige Selbstkosten; **to produce at ~ c.** kostengünstig produzieren; **managerial c.(s)** Leitungskosten *pl*
marginal cost|s Grenzkosten *pl*, G.belastung *f*, an der Grenze der Wirtschaftlichkeit/Rentabilität liegende Kosten, relevante Kosten, Mindest-, Marginal-, Differenzkosten *pl*; **additive ~ c.(s)** additive Grenzkosten; **long-run/long-term ~ c.(s)** langfristige Grenzkosten
medical cost|s Arzt-, Behandlungskosten *pl*; **minimum c.(s)** Minimalkosten *pl*; **mixed c.(s)** Mischkosten *pl*; **net c.(s)** Nettokosten *pl*, Netto-, Grundpreis *m*; **non-budget c.s** außerplanmäßige Kosten; **non-cash c.s** nicht in bar anfallende Kosten; **non-controllable c.s** beschäftigungsunabhängige/nicht einflussbare Kosten; **non-manufacturing c.s** fertigungsfremde Kosten; **non-personnel c.s** Sachkosten *pl*; **non-recurring c.s** einmalige Kosten, Einmalkosten *pl*; **non-variable c.s** Fixkosten *pl*, fixe Kosten; **non-wage c.s** Lohnnebenkosten; **normal c.(s)** Normalkosten *pl*; **objective c.(s)** objektive Kosten; **offsetting c.(s)** kompensatorische Kosten; **operational c.s** Betriebskosten *pl*; **optimum c.(s)** Betriebsoptimum *nt*, Gewinnschwelle *f*; **original c.(s)** Herstell-, Selbst-, Einstands-, Gestellungs-, Anschaffungs- oder/und Herstellkosten *pl*, Anschaffungswert *m*, Herstellungsaufwand *m*; **out-of-stock c.s** Kosten der fehlenden Lieferbereitschaft; **output-related c.(s)** leistungsabhängige Kosten; **outstanding c.s** fällige Kosten; **overabsorbed c.s** Kostenüberdeckung *f*; **overall c.(s)** Gesamtkosten *pl*; **overhead c.(s)** Fix-, Gemeinkosten *pl*, indirekte/allgemeine Kosten; **pooled c.s** zusammengefasste (Un)Kosten; **pecuniary c.s and benefits** immaterielle Kosten und Erträge; **perceived c.s** tatsächliche Kosten; **predetermined c.(s)** geplante/(vor)kalkulierte Kosten; **predicted c.(s)** Plankosten *pl*; **preliminary c.(s)** Vor-, Organisationskosten *pl*; **primary/ prime c.(s)** Einstands-, Eigen-, Selbst-, Anlage-, Gestehungs-, Fertigungs(einzel)kosten *pl*, Gestehungs-, Kostenpreis *m*, Herstellungswert *m*; **prime c. calculation** Selbstkostenberechnung *f*; **programmed c.(s)** Plankosten *pl*, geplante Kosten; **progressive c.(s)** progressive Kosten; **prohibitive c.s** untragbare Kosten; **promotional c.s** Werbungskosten *pl*; **proportional c.s** anteilmäßige/proportionale Kosten; **prospective c.(s)** voraussichtliche Kosten; **ready-to-serve c.(s)** Betriebsbereitschafts-, Fixkosten *pl*; **real c.(s)** Grund-, Realkosten *pl*, tatsächliche/effektive Kosten; **recoverable c.s** beitreibbare/eintreibbare Kosten; **recurring c.s** laufende Kosten; **redistributed c.s** verteilte Kostenabweichungen; **related c.s** Nebenkosten *pl*, variable/verbundene Kosten, Kosten der Kuppelproduktion; **relative c.(s)** relative Kosten; **constant ~ c.(s)** konstante Grenz- und Zusatzkosten; **relevant c.s** Differenzkosten *pl*, relevante/entscheidungswirksame Kosten; **rental c.(s)** Mietkosten *pl*; **residual c.(s)** Restkosten *pl*, R.anlagenwert *m*, R.buchwert *m*, Kostenrückstand *m*; **resulting/resultant c.(s)** Folgekosten *pl*, F.lasten; **rising c.(s)** steigende Kosten, Zunahme der Kosten, Kostensteigerung *f*, K.zunahme *f*; **to combat ~ c.s** Kostenanstieg bekämpfen; **risk-induced c.s** Risikokosten *pl*; **runaway c.(s)** Kostenexplosion *f*; **running c.(s)** Betriebskosten *pl*, laufende Kosten; **scheduled c.(s)** Plankosten *pl*; **semi-fixed/semi-variable c.(s)** halbfixe/teilfixe/teilvariable/teilbewegliche/semivariable Kosten, Sprungkosten *pl*; **separable c.s** zurechenbare Kosten; **shared c.s** Kostenbeteiligung *f*; **short c.s** durch Liquiditätsengpass entstehende Kosten; **short-run/short-term c.s** kurzfristig entstehende Kosten; **soaring c.(s)** sprunghaft/rasant/stark (an)steigende Kosten
social cost|s gesamtwirtschaftliche/gesellschaftliche Kosten, Sozial-, Infrastrukturkosten *pl*, soziale/externe Kosten, volkswirtschaftliche Gesamtkosten; **~ and benefits** Soziallasten; **marginal ~ c.s** soziale Grenzkosten
special cost|s Sonderkosten *pl*; **specific c.(s)** direkt zurechenbare Kosten; **spiralling c.(s)** spiralartig steigende Kosten; **spread-type c.s** Schlüsselkosten *pl*
standard cost|s Richt-, Plan-, Standardkosten *pl*; **basic ~ c.s** Maß-, Messungskosten *pl*; **current ~ c.(s)** Soll-, Plankosten *pl*; **flexible ~ c.(s)** flexible Plankosten; **ideal ~ c.(s)** Soll-, Norm-, Vorgabekosten *pl*, Ideal-, Optimalstandardkosten *pl*; **normal ~ c.(s)** flexible Normalkosten; **planned ~ c.(s)** Sollkosten *pl*; **theoretical ~ c.(s)** Ideal-, Optimalstandardkosten *pl*

standby cost(s) bereitschaftsabhängige Kosten, Bereitschafts-, Bereitstellungskosten *pl*; **starting-load/ start-up c.(s)** Anlauf-, Ingangsetzungskosten *pl*, Kosten vor Anlaufen der Fertigung; **step-fixed/stepped c.s** sprungfixe/intervallfixe Kosten; **step-variable c.s** sprungvariable Kosten; **subsequent c.(s)** Nachkosten *pl*; **substituted c.s** *(Havarie)* stellvertretende Kosten; **sundry c.s** verschiedene Kosten; **sunk c.s** nicht relevante Kosten, einmalige Produktionskosten; **supervisory c.s** Überwachungskosten *pl*; **supplementary c.(s)** Preisaufschlag *m*, Sondereinzel-, Gemeinkosten *pl*, Überpreis *m*; **supportive c.(s)** Kapazitätskosten *pl*; **terminal c.(s)** Grenz-, Endkosten *pl*; **testamentary c.s** Nachlasskosten *pl*
total cost(s) Gesamtkosten *pl*, Kostenvolumen *nt*; **average ~ c.(s)** durchschnittliche Gesamtkosten; **fixed ~ c.(s)** konstante Kosten; **long-run ~ c.(s)** langfristige Gesamtkosten
traceable cost|s direkt zurechenbare Kosten; **unallocated c.s** nicht unmittelbar zurechnungsfähige Kosten; **unavoidable c.s** Fixkosten *pl*; **uncompensated c.s** soziale Zusatzkosten; **unexpired c.s** nicht erfolgswirksame Kosten; **unpaid c.s** soziale Zusatzkosten; **unrecovered c.s** Rest(buch)wert *m*; **untaxable c.s** festsetzbare/(noch) nicht festgesetzte Kosten; **up-front c.(s)** Anlauf-, Anschaffungs-, Investitions-, Vorlaufkosten *pl*
variable cost(s) bewegliche/veränderliche/variable/ wechselnde/leistungsabhängige Kosten; **average ~ c.(s)** variable Durchschnittskosten, mittlere Beschleunigungskosten; **progressively rising ~ c.(s)** überproportionale Kosten; **total ~ c.(s)** gesamte variable Kosten
zooming costs sprunghaft steigende Kosten
cost *v/ti* 1. kosten, zu stehen kommen; 2. *(Preis)* (aus-/vor)kalkulieren, bewerten, (Selbst)Kosten veranschlagen, (Kostenaufwand) berechnen
cost absorption Verrechnung zusätzlicher Kosten als eigener Aufwand, Vollkostenrechnung *f*, Kostenübernahme *f*, K.wertberichtigung *f*, K.zurechnung auf Kostenträger, Periodenverrechnung von Aufwand
cost account Kostenanschlag *m*, K.(arten)konto *nt*; **c. a.s** Bücher der Betriebsbuchhaltung; **collective c. a.s** Kostensammelkonten
cost|-account *v/t* (Kosten) kalkulieren
cost accountancy Kostenrechnung *f*, Kalkulation *f*
cost accountant *n* Kalkulator *m*, Bilanz-, Kostenbuchhalter *m*, K.rechner *m*, Betriebsrechner *m*, B.buchhalter *m*, B.kalkulator *m*
cost account department Kalkulationsabteilung *f*, K.büro *nt*, Betriebsbuchhaltung *f*
cost accounting betriebliches Rechnungswesen, betriebswirtschaftliche Erfolgskontrolle, (Betriebs)Kalkulation *f*, B.kostenrechnung *f*, B.abrechnung *f*, B.kostenermittlung *f*, Einstands-, Selbstkostenberechnung *f*, Rentabilitäts(be)rechnung *f*, R.schätzung *f*, Kostenermittlung *f*; **c. and results a.** Kosten- und Leistungsrechnung *f*; **~ revenue a.** Kosten- und Ertragsrechnung *f*
comparative cost accounting Vergleichsrechnung *f*; **current c. a.** Istkostenrechnung *f*, Rechnungslegung mit Bewertung zum unternehmenstypischen Wert, Kalkulation zu Marktpreisen; **interlinked financial and c. a.** Einsystem *nt*; **full c. a.** Aufwandsverteilung nach Fündigwerden; **internal c. a.** Betriebsbuchhaltung *f*; **managerial c. a.** laufende Kostenrechnung; **standard c. a.** Standard-, Plankostenrechnung *f*; **statistical c. a.** Nachkalkulation *f*; **variable c. a.** Grenzplankostenrechnung *f*
cost accounting department Kalkulationsabteilung *f*, K.büro *nt*, Betriebsbuchhaltung *f*; **~ factor** Kalkulationsfaktor *m*; **~ guide** Kalkulationsleitfaden *m*; **~ period** Kalkulations-, Kostenrechnungszeitraum *m*; **current ~ principles** Rechnungslegung nach dem Wiederbeschaffungswertprinzip; **general ~ principles** Allgemeine Grundsätze der Kostenrechnung; **historical ~ principles** Rechnungslegung nach dem Anschaffungskostenprinzip; **~ records** Kalkulationsunterlagen; **uniform ~ rules** einheitliche Grundsätze der Kostenrechnung; **~ standards** Grundsätze der Kostenrechnung; **~ system** Kalkulationssystem *nt*
cost accrual Kostenanfall *m*; **c. accumulation** Kostensteigerung *f*; **c. addition** Kostenzugang *m*; **c. adjustment** Kostenangleichung *f*, K.anpassung *f*; **c. advantage** Kostenvorteil *m*, K.vorsprung *m*
cost allocation Kostenlegung *f*, K.aufteilung *f*, K.verrechnung *f*, K.zuordnung *f*, K.zurechnung *f*, K.verteilung *f*, K.umlage *f*, Teilung der Kosten, Aufwandsverteilung *f*; **intra-plant c. a.** innerbetriebliche Leistungsverrechnungen; **c. a. base** Kostenschlüssel *m*; **~ method** Umlageverfahren *nt*; **~ sheet** Kostenverteilungsbogen *m*
cost analysis Kostenanalyse *f*, K.aufgliederung *f*; **c. analyst** Kostenfachmann *m*, K.analytiker *m*; **from the c. angle** von der Kostenseite; **c. anticipation** Kostenvorlauf *m*; **c. apportioning formula** Kostenverteilungsschlüssel *m*; **c. apportionment** Kostenverrechnung *f*, K.umlage *f*; **~ sheet** Betriebsabrechnungsbogen *m*; **c. approach** Kostenmethode *f*; **c. area** Kostenstelle *f*; **c. ascertainment** Kostenerfassung *f*; **c. averaging** *(Börse)* Kostenausgleich *m*, Durchschnittskostenmethode *f*; **~ effect** Prinzip der reduzierten Durchschnittskosten; **c. awareness** Kostenbewusstsein *nt*
cost base Kosten-, Rentabilitäts-, Bewertungsgrundlage *f* (für die Aufwandsrechnung); **absorbed c. b.** Vollkostenbasis *f*; **differential/marginal c. b.** Grenzkostenbasis *f*
cost behaviour Kostenverhalten *nt*; **~ pattern** Kostenverlauf *m*
cost benefit Kostenvorteil *m*; **c.-b.** *adj* Kosten-Nutzen-; **~ analysis** Kosten-Nutzen-Analyse *f*
cost book Kosten-, Kalkulationsbuch *nt*; **~ principle** Einnahme-Ausgaben-Buchführungssystem *nt*; **c. breakdown** Kostenauflösung *f*, K.aufgliederung *f*; **c. budget** Kostenbudget *nt*, K.plan *m*; **standard c. budgeting** Normalkostenplan *m*; **c. burden** Kostenbelastung *f*, K.last *f*; **c. card** Kostensammelkarte *f*; **c. category** Kostenkategorie *f*, K.art *f*; **implicit c. categories** kalkulatorische Kostenarten
cost center *[US]* **/centre** *[GB]* (Haupt)Kostenstelle *f*,

K.platz *m*, K.abteilung *f*, K.träger *m*, betriebliche Leistungsgruppe; **administrative cost center** *[US]* **/centre** *[GB]* Verwaltungskostenstelle *f*; **departmental c. c.** Nebenkostenstelle *f*; **direct/main/productive c. c.** Hauptkostenstelle *f*; **final c. c.** Endkostenstelle *f*; **general c. c.** allgemeine Kostenstelle; **indirect c. c.** Hilfs-, Vorkostenstelle *f*, sekundäre Kostenstelle
cost center *[US]* **/centre** *[GB]* **account** Kostenstellenkonto *nt*; ~ **accounting** (Kosten)Stellenrechnung *f*; ~ **charge transfer** Kostenstellenumlage *f*, K.verrechnung *f*; **mutual ~ charge transfers** gegenseitige Kostenstellenverrechnungen; ~ **classification** Stellengliederung *f*; ~ **comparison** Kostenstellenvergleich *m*; **direct ~ costs** Stelleneinzelkosten; ~ **deficit** Kostenstellenunterdeckung *f*; ~ **group** Kostenstellengruppe *f*; ~ **overhead(s)** indirekte Stellenkosten, (Kosten)Stellengemeinkosten *pl*; ~ **rate** Kostenstellengemeinkostenzuschlag *m*; ~ **squaring** Kostenstellenausgleich(sverfahren) *m/nt*; ~ **structure** Kostenstellengliederung *f*; ~ **surplus** Kostenstellenüberdeckung *f*
cost chart Kostentabelle *f*; **c. classification** Kostenartenrechnung *f*; **c. clerk** Kostenrechner *m*, Angestellte(r) in der Kostenbuchhaltung; **c. coefficient** Kostenkoeffizient *m*; **least/minimum c. combination** Minimalkostenkombination *nt*; **c. comparison** 1. Preisvergleich *m*; 2. Kostenvergleichsrechnung *f*; ~ **sheet** Kostenstellenblatt *nt*; **c. component** Kostenelement *nt*, K.(bestand)teil *m*; **c. concept** Kostenmodell *nt*; **c.-conscious** *adj* kostenbewusst, k.verantwortlich; **c. consciousness** Kostenbewusstsein *nt*, K.verantwortung *f*, K.denken *nt*, kostenbewusstes Denken; **c. constraint** Kostenbeschränkung *f*; **c. containment** Kosten(ein)dämmung *f*
cost control Kostenkontrolle *f*, K.lenkung *f*, K.überwachung *f*, Aufwandskontrolle *f*; **computer-aided c. c.** EDV-gestützte Kostenkontrolle; **c. c. account** Kostengegenkonto *nt*
cost controller Controller *m*; **c. coverage** Kostendeckung *f*; **c. curve** Kostenkurve *f*; **total c. curve** Gesamtkostenkurve *f*; **c. cut** kostensenkende Maßnahme; **c. cutting** Kosteneinsparungen *pl*, K.abbau *m*, K.senkung *f*, K.dämpfung *f*, K.eindämmung *f*, Senkung der Kosten; ~ **campaign** Kostensenkungsaktion *f*; ~ **programme)** Kostensenkungsprogramm *nt*; **c.-cutting** *adj* kostendämpfend, k.senkend; **c. data** Kostenunterlagen *pl*, K.ausgaben *pl*; **c. decrease** Kostendegression *f*; **c. deficit** Kostenunterschreitung *f*; **c. degression** Kostendegression *f*; ~ **due to increased productivity** Kostendegression infolge Rationalisierung; **c. department** (Haupt)Kostenstelle *f*, Kalkulationsabteilung *f*; **c. depreciation charge** Abschreibungsrate für Kosten; **c. determinant** Kosteneinflussgröße *f*, K.bestimmungsfaktor *m*; **c. differentials** Differenzialkostenspanne *f*, Kostengefälle *nt*; **c. difficulty** Kostenklemme *f*; **c. distribution** Kostenverteilung *f*, K.aufteilung *f*, K.zurechnung *f*, K.umlage *f*, K.verrechnung *f*; **departmental ~ summary** Betriebsabrechnungsbogen *m*; **c. documentation** Kostennachweis *m*; **c. effect** Kostenwirkung *f*, K.effekt *m*; **c.-effective** *adj* kosteneffektiv, k.günstig, k.wirksam, wirtschaftlich; **c.-effectiveness** *n* Kostenwirksamkeit *f*, K.rentabilität *f*, Preis-Leistungsverhältnis *nt*, Nutzwert von Kosten/Aufwendungen; ~ **analysis** Kostenwirksamkeitsanalyse *f*, Betriebskostenkalkulation *f*; **c. efficiency** Kosteneinsparung *f*; **c. element** Kostenelement *nt*, K.faktor *m*, K.art *f*, K.bestandteil *m*; **c. equalization** Kostenausgleich *m*; ~ **arrangement** Kostenausgleichsmechanismus *m*; **internal ~ process** interner Kontenausgleich; **c. equation** Kostengleichung *f*
costermonger *n* *[GB]* Obst- und Gemüsehändler *m* (mit Verkaufskarren)
cost escalation Kosteneskalation *f*
cost estimate (Vor)Kalkulation *f*, Kosten(ein)schätzung *f*, K.ansatz *m*, K.(vor)anschlag *m*, Kostenkalkulation *f*, Berechnung der Kosten; **to make a c. e.** Voranschlag aufstellen; **conservative c. e.** vorsichtiger Kostenansatz; **progressive c. e.** progressive Kalkulation; **special-purpose c. e.** Sonderkalkulation *f*; **standardized c. e.** Basiskalkulation *f*; **c. e. sheet** Kalkulationsschema *nt*
cost estimation Kostenschätzung *f*; **c. estimator** (Vor)Kalkulator *m*; **c. explosion** Kostenexplosion *f*; **c. factor** Kostenfaktor *m*, K.gesichtspunkt *m*; **c. finding** Kostenerfassung *f*, K.feststellung *f*, K.bestimmung *f*, K.ermittlung *f*; **c. fixing** Kostenfestsetzung *f*
cost flow Kostenfluss *m*; **minimal c. f.** kostenminimaler Fluss; **c. f. statement** Kostenflussnachweis *m*
cost formula Kostenschlüssel *m*; **c.-free** *adj* kostenlos, k.frei
cost function Kostenfunktion *f*; **concave c. f.** konkave Kostenfunktion; **convex c. f.** konvexe Kostenfunktion; **total c. f.** Gesamtkostenfunktion *f*
cost gap Kostenschere *f*; **c. group** Kostenart *f*; **c. impact** Kostendruck *m*; **c. increase** Kostenauftrieb *m*, K.steigerung *f*, K.erhöhung *f*, K.ausweitung *f*, Aufwandssteigerung *f*; **to absorb c. increases** Kostenauftrieb/K.erhöhung auffangen; **c. index** Kostenindex *m*; **c.-induced** *adj* kostenbedingt
costing *n* Kosten(be)rechnung *f*, K.erfassung *f*, (K.)Kalkulation *f*, K.ermittlung *f*, K.planung *f*, K.bewertung *f*, Herstellungs-, Preis-, Rentabilitätsberechnung *f*, Selbstkosten-, Rentabilitätsrechnung *f*, R.schätzung *f*; **c. of material usage** Bewertung des Materialverbrauchs; ~ **merchandise sold** Warenkalkulation *f*
actual costing Istkostenrechnung *f*; **batch-type c.** Sortenkalkulation *f*; **blanket c.** pauschale Kalkulation; **combined c.** Mischkalkulation *f*; **comparative c.** Vergleichskalkulation *f*; **departmental c.** Abteilungs(kosten)-, Kostenstellenrechnung *f*; **differential c.** Deckungs-, Differenzialkostenrechnung *f*; **direct c.** Grenz(plan)kosten-, Deckungsbeitrags-, Direktkosten-, Teilkostenrechnung *f*, Grenzkostenkalkulation *f*; **standard ~ c.** Grenz(plan)kostenrechnung *f*; **distributive c.** Vertriebskostenrechnung *f*; **full c.** Vollkostenrechnung *f*; **historical c.** Nachlasskalkulation *f*; **intermediate c.** Zwischenkalkulation *f*; **joint-product c.** Kuppelkalkulation *f*; **marginal c.** Grenz(plan)kosten-

multiple costing

rechnung *f*, G.kalkulation *f*, Deckungskosten-, Mengenkosten-, Teilrechnung *f*; **multiple c.** kombinierte Kalkulation; **normal c.** Normalkostenrechnung *f*; **overall c.** Gesamt(betriebs)kalkulation *f*; **preliminary c.** Vorkalkulation *f*; **sectional c.** Teilkostenrechnung *f*; **standard c.** 1. Plan-, Selbst-, Normal-, Soll-, Standardkostenrechnung *f*, S.kalkulation *f*; 2. *(Vorrat)* Bewertung zu Festpreisen, Einheitspreissystem *nt*; **variable c.** Teilkostenrechnung auf der Basis von variablen Kosten
costing clerk Kalkulator *m*, Kostenrechner *m*; **c. data** Kalkulationsunterlagen *pl*, K.daten *pl*; **c. department** Kostenbuchhaltung *f*, Kalkulationsabteilung *f*, betriebliches Rechnungswesen; **c. level** Abrechnungsstufe *f*; **c. method of inventories** Verfahren der Vorratsbewertung; **average c. method** Bewertung zum Mittel der Einstandspreise; **c. price** Verrechnungspreis *m*; **c. procedure/technique** Kalkulationsverfahren *nt*; **c. purposes** kalkulatorische Zwecke; **c. rate** Zuschlagssatz *m*, Kalkulationszuschlag *m*; **standard c. rate** Gemeinkostenzuschlag *m*; **c. reference date** Kalkulationsstichtag *m*; **c. standard** Kalkulationsnorm *f*; **c. system** Kostenrechnungssystem *nt*, (Preis)Kalkulation *f*; **c. unit** Kostenträger *m*
cost|-intensive *adj* kostenintensiv; **c. issue** Kostenpunkt *m*, K.frage *f*; **c. item** Kostenart *f*, K.punkt *m*, K.stelle *f*; **derived c. items** abgeleitete Kostenarten; **c. journal** Ausgaben-, Kostenjournal *nt*; **c. lag** Kostenremanenz *f*; **c. latitude** Kostenspielraum *m*; **c. ledger** Kostenhauptbuch *nt*; **c. level** Kostenniveau *nt*, K.stand *m*; **c. limit** Kostengrenze *f*; **c. line** Kostenkurve *f*; **c. load per unit** Stückkostenbelastung *f*
costliness *n* Kostspieligkeit *f*
costly *adj* teuer, kostspielig, kostenträchtig, aufwändig
cost management Kostenmanagement *nt*; **c. matrix** Kostenmatrix *f*
cost method Kostenberechnungsart *f*, K.methode *f*, K.verfahren *nt*; **average ~ of valuation** Durchschnittskostenbewertungsmethode *f*; **actuarial c. m.** versicherungsmathematische Kostenermittlung; **average c. m.** Bewertung zu Durchschnittspreisen, Durchschnittskostenmethode *f*; **comparative c. m.** Kostenvergleichsrechnung *f*; **departmental c. m.** Abteilungskostenrechnung *f*; **original c. m. (of depreciation)** Abschreibung vom Anschaffungspreis, lineare Abschreibung; **standard c. m.** Bewertung zu festen Verrechnungspreisen; **~ valuation** Bewertung zum Rechnungswert
cost minimization Kostenminimierung *f*; **minimum** Kostenminimum *nt*; **c. model** Kostenmodell *nt*; **c. objective** Kostenvorgabe *f*, K.ziel *nt*; **c. optimum** Kostenoptimum *nt*; **c.-orient(at)ed** *adj* kostenorientiert; **c. orientation** Kostenorientierung *f*; **c. outlook** Kostenvorschau *f*; **c. overabsorption** Kostenüberdeckung *f*; **c. overrun/overshoot** Kostenüberschreitung *f*, K.verteuerung *f*, Überschreitung des Kostenvoranschlags; **c. package** Kostenpaket *nt*; **c. pattern** Kostenaufbau *m*; **c. picture** Kostenbild *nt*; **c. plan** Kostenplan *m*; **c. planning** Kostenplanung *f*
cost-plus *n* Kosten plus zulässiger Gewinn, Gestehungskosten plus Gewinnspanne, Lohnaufwand plus Material und Unternehmerverdienst; **~-fixed-fee** *n* Verkaufspreis mit Gewinnaufschlag auf Selbstkosten; **~-percentage-fee** *n* Verkaufspreis mit Prozentzuschlag auf Selbstkosten
cost point Kostenstelle *f*, K.platz *m*; **c. prediction** Kostenprognose *f*; **c. pressure** Kostendruck *m*
cost price 1. (Selbst)Kosten-, Einstands-, (Netto)Einkaufs-, Gestehungs-, Fabrik(ations)-, Selbstkosten-, Herstellungs-, Wareneinstands-, Vertrags-, Anschaffungspreis *m*, kostendeckender Preis; 2. Einstands-, Herstellungs-, Werkselbstkosten *pl*, Gestehungs-, Ankaufswert *m*; 3. Einstandskurs *m*; **at c. p.** zum (Selbst)Kosten-/Erwerbs-/Einkaufs-/Anschaffungspreis, zum Erwerbs-/Herstellungswert, zu Anschaffungskosten/Herstellungskosten/Einstandspreisen, kostendeckend; **below c. p.** unter (Einkaufs)Preis **to buy at cost price** zum Selbstkostenpreis/Einstandspreis/Gestehungspreis kaufen; **to sell at c. p.** zum Selbstkosten-/Einstands-/Gestehungspreis verkaufen; **~ below/under c. p.** unter dem Selbstkosten-/Einstands-/Gestehungspreis verkaufen
average cost price Durchschnittsgestehungspreis *m*, D.einstandspreis *m*; **gross c. p.** Bruttoeinkaufspreis *m*; **marginal c. p.** Grenz-, Marginalkostenpreis *m*; **total c. p.** Gesamtherstellungskosten *pl*
cost price estimate Bezugskalkulation *f*
cost pricing Berechnung zum Selbstkostenpreis; **average c. p.** Preisbildung auf Durchschnittskostenbasis; **full c. p.** Vollkostenpreiskalkulation *f*; **marginal c. p.** Grenzplankostenkalkulation *f*
cost problem Kostenproblem *nt*; **c. push** Kostensteigerung *f*, K.anstieg *m*; **~ inflation** durch Kostensteigerung bedingte Inflation
cost rate Gemeinkostenzuschlag *m*, Verrechnungssatz *m*; **normal c. r.** Normalkostensatz *m*; **standard c. r.** Standardkostensatz *m*
cost ratio Kostenkennzahl *f*; **fixed c. r.** Fixkostenkoeffizient *m*; **variable c. r.** Verhältnis zwischen Umsatzerlösen und variablen Kosten; **c.-income r.** Kosten-Ertragsverhältnis *nt*
cost receivables Kostenforderungen; **c. record** (Un)Kostenbeleg *m*, Spesenzettel *m*; **c. recording** Kostenerfassung *f*
cost recovery Kostendeckung *f*, K.abschreibung *f*, Verrechnung von Aufwendungen, Rückgewinnung des investierten Kapitals; **accelerated c. r.** beschleunigte Kostendeckung; **full c. r.** volle Kostendeckung; **c. r. ratio** Kostendeckungsgrad *m*; **accelerated ~ system (ACRS)** *[US]* Verfahren der beschleunigten (Kosten)Abschreibung
cost|-reducing *adj* kostensparend; **c. reduction** Kostensenkung *f*, K.verringerung *f*, K.abbau *m*, K.minderung *f*; **~ plan** Aufteilung von Kosteneinsparungen auf Arbeitgeber und Arbeitnehmer; **c. refund** Kosten(rück)erstattung *f*, K.ersatz *m*, Unkostenvergütung *f*, U.erstattung *f*; **c. rent** Kosten(vergleichs)miete *f*; **current c. reserve** stille Reserven durch Istkostenkalkulation; **~ returns** Deckungsbeitrag *m*; **c. rise** Kostensteigerung *f*, K.progression *f*; **c. saving** Kostenein-

sparung *f*, K.ersparnis *f*; **c.-saving** *adj* kostensparend, k.dämpfend; **c. schedule** Kostentabelle *f*; **c.-sensitive** *adj* kostenreagibel; **c. sharing** Kostenteilung *f*, K.beteiligung *f*, Beteiligung an den Kosten; **c. sheet** Kostenabrechnung *f*, K.blatt *nt*, K.bogen *m*, K.zusammenstellung *f*; **c. side** Kostenseite *f*; **c. situation** Kostenlage *f*, K.situation *f*; **difficult c. situation** angespannte Kostenlage; **c. spiral** Kostenspirale *f*; **c. and price spiral** Kosten-Preis-Spirale *f*; **c. split-up** Kostenaufteilung *f*; **c. squeeze** Kostendruck *m*
cost standard Kalkulationsnorm *f*, Standardkosten *pl*; **basic c. s.s** starre Kostenvorgaben; **original c. s.** Anschaffungskosten als Bewertungsgrundlage
cost and output statement Leistungsabrechnungsbogen *m*; **c. statistics** Kostenstatistik *f*; **c. structure** Kostengestaltung *f*, K.struktur *f*, K.gefüge *nt*, K.aufbau *m*; **~ in industry** industrielle Kostenstruktur; **c. subcentre** Unterkostenstelle *f*; **c. summary sheet** Kostenstellenblatt *nt*, K.(sammel)bogen *m*; **c. survey** Kostenübersicht *f*
cost system Kostenrechnung *f*; **actual c. s.** Istkostenrechnung *f*; **estimated c. s.** Vorkalkulationssystem *nt*; **normal c. s.** Normalkostenrechnung *f*; **standard c. s.** Kostenindex *m*; **tied-in c. s.** manieristisches Kostenrechnungsverfahren
cost target Kostenplanziel *nt*; **c. trend** Kostenverlauf *m*, K.tendenz *f*, K.entwicklung *f*; **adverse c. trend** gegenläufige Kostenentwicklung; **c. trimming** Kostensenkung *f*, K.dämpfung *f*
cost type Kostenart *f*; **composite/mixed/secondary c. t.s** gemischte Kostenarten; **compound c. t.s** zusammengesetzte Kostenarten; **primary/prime c. t.s** natürliche Kostenart; **total c. t. of (short-term results) accounting** Gesamtkostenverfahren *nt*; **c. t. accounting** Kostenartenverteilung *f*, K.rechnung *f*
cost underabsorption Kostenunterdeckung *f*
cost unit Kostenstelle *f*, K.einheit *f*, K.träger *m*; **~ accounting** Kostenträgerrechnung *f*; **~ group** Kostenträgergruppe *f*; **~ period accounting** Kostenträgerzeitrechnung *f*; **~ rate** Kostensatz *m*; **net ~ rate** Nettokostensatz *m*; **~ statement of income** Kostenträgererfolgsrechnung *f*
cost and resource updating worksheet Kosten-und Produktionsmittelrevision *f*; **c. value** Einstands-, Anschaffungs-, Einkaufs-, Kosten-, Herstellungswert *m*; **~ method** Anschaffungswertmethode *f*; **c. variance/variation** Kostenabweichung *f*; **direct c. variance/variation** Einzelkostenabweichung *f*
costume *n* Kostüm *nt*; **traditional c.** Tracht *f*; **theatrical c. agency** Kostümverleih *m*
costumer *n* *[US]* Kostümverleih *m*
co-subsidiary *n* (ebenfalls abhängige) Schwestergesellschaft
cosurety *n* 1. Mit-, Nebenbürge *m*; 2. Mit-, Nebenbürgschaft *f*
cosy *adj* gemütlich, behaglich
cotangent *n* π Kontangens *m*
coten|ancy *n* gemeinsame Pacht; **c.ant** *n* Mietpartei *f*
coterie *n* (*frz.*) Clique *f* (*frz.*)

col-terminous *adj* gleichlaufend, fristenkongruent; **c.trustee** *n* Gegen-, Mittreuhändler *m*
cottage *n* Häuschen *nt*; **tied c.** ⚒ Landarbeiterkotten *m*, L.unterkunft *f*
cottage hospital ☤ Kleinkrankenhaus *nt*; **c. industry** industrielle Heimarbeit, Heim-, Hausindustrie *f*, H.wirtschaft *f*
cottager *n* 1. Häusler *m*, Hüttenbewohner *m*; 2. Pachthäusler *m*; 3. Landarbeiter *m*
cotter pin *n* ✿ Splint *m*
cotton *n* Baumwolle *f*, Kattun *m*; **c.s** Baumwollwaren, B.stoffe, B.kleidung *f*; **to pick c.** Baumwolle ernten; **absorbent c.** *[US]* ☤ Watte *f*; **natural/raw c.** Rohbaumwolle *f*
cotton batting *[US]* ☤ Gaze *f*; **c. cake** ⚒ Futtermittel *nt*; **c. crop/harvest/production** Baumwollernte(ertrag) *f/m*; **c. exchange** Baumwollbörse *f*; **c. goods** Baumwollartikel *pl*; **c. industry** Baumwollindustrie *f*; **c. market** Baumwollmarkt *m*; **c. mill** Baumwollspinnerei *f*; **c. picker** 1. Baumwollpflücker; 2. Baumwollpflückmaschine *f*; **c. plant** Baumwollstrauch *m*; **c. print** bedruckter Kattun/Baumwollstoff; **c. seed** Baumwollsamen *m*; **~ oil** Baumwollsamenöl *nt*; **c. trade** Baumwollhandel *m*; **c. wool** 1. Rohbaumwolle *f*; 2. *[GB]* Watte *f*; **surgical c. wool** ☤ Watte
couchette (*frz.*) **car** 🚃 Liegewagen *m*
cough *n* ☤ Husten *m*; *v/i* husten, sich räuspern; **c. up** (*coll*) bezahlen, blechen (*coll*), löhnen (*coll*), hinblättern (*coll*), rausrücken (mit) (*coll*), Geld lockermachen; **c. mixture** Hustensaft *m*
council *n* 1. Rat *m*, Ausschuss *m*; 2. Stadtverwaltung *f*
council of economic advisers *[US]* Wirtschaftsrat *m*; **~ experts** Sachverständigenrat *m* *[D]*; **C. of Europe** Europarat *m*; **~ Farm Ministers** (*EU*) Agrarministerrat *m*; **c. of judges** Richterrat *m*; **C. for Mutual Economic Aid (Comecon)** (*obs.*) Rat für gemeinsame Wirtschaftshilfe; **C. of Ministers** (*EU*) Ministerrat *m*; **~ Agricultural Ministers** (*EU*) Agrarministerrat *m*; **C. of Mortgage Lenders** *[GB]* Verband der Hypothekenbanken; **c. of physicians** Ärztekollegium *nt*; **C. of State** *[US]* Staatsrat *m*; **~ the Stock Exchange** (*London*) Börsenvorstand *m*
to be in council zu Rate sitzen; **~ on the c.** Ratsmitglied sein, im Rat sitzen; **to hold c.** sich beraten; **to meet in c.** Ratsversammlung abhalten
administrative/governing council Verwaltungsrat *m*, geschäftsführender Ausschuss; **advisory c.** (Sachverständigen-/Verwaltungs)Beirat *m*, beratender Ausschuss; **central ~ c.** Zentralbeirat *m*; **permanent ~ c.** ständiger Beirat; **scientific ~ c.** wissenschaftlicher Beirat; **central c.** Zentralrat *m*; **economic c.** Wirtschaftsausschuss *m*; **executive c.** Exekutivausschuss *m*, E.rat *m*, Führungsgremium *nt*, Verwaltungsrat *m*; **national ~ c.** geschäftsführender Landesausschuss; **federal c.** Bundesrat *m*; **general c.** Vorstand *m*, Generalrat *m*; **joint c.** Gesamtausschuss *m*; **local c.** Gemeinderat *m*, Kommunalbehörde *f*; **general medical c.** Ärztekammer *f*; **monetary c.** Währungsbeirat *m*; **municipal c.** Stadtparlament *nt*; **national c.** Nationalrat *m*; **ruling c.**

social **council**

Verwaltungsrat *m*; **social c.** Sozialrat *m*
council chamber Ratszimmer *nt*, R.saal *m*; **c. chairman/chairperson/chairwoman** Ratsvorsitzende(r) *f/m*; **c. decision/resolution** Ratsentscheidung *f*, (Gemeinde)Ratsbeschluss *m*; **c. elections** Gemeinde-, Stadtratswahlen
council estate *[GB]* kommunale Wohnsiedlung; **c. flat** Sozialwohnung *f*, gemeindeeigene Wohnung; ~ **construction** sozialer Wohnungsbau; **c. house** gemeindeeigenes Wohnhaus; ~ **building/construction** kommunaler/öffentlicher Wohnungsbau; **c. housing** sozialer Wohnungsbau, Sozialwohnungswesen *nt*
council meeting 1. (Stadt-/Gemeinde)Ratssitzung *f*, Ratstreffen *nt*, R.versammlung *f*; 2. *(EU)* Ministerratssitzung *f*; **c. rent** *[GB]* Sozialmiete *f*; **c. school** Gemeindeschule *f*; **c. tenant** *[GB]* Sozialmieter(in) *m/f*; **c. treasurer** Stadtkämmerer *m*; **c. worker** Gemeindearbeiter(in) *m/f*, städtische(r) Arbeiter(in)
councillor *n* (Gemeinde-/Stadt)Ratsmitglied *nt*, Magistratsmitglied *nt*, Stadtverordnete(r) *f/m*, Rat(sherr/in) *m/f*
councilman *n* *[US]* Ratsmitglied *nt*, R.herr *m*, Stadtverordneter *m*; **common c.** *(City of London)* Mitglied des Stadtrats
co-underwriter *n* Mitversicherer *m*, Mitkonsorte *m*
counsel *n* 1. Rat(schlag) *m*; 2. [§] Rechtsbeistand *m*, R.vertreter *m*, Prozessbeistand *m*, P.vertreter *m*, P.vertretung *f*, (prozessführender) Anwalt, Rechtsberater *m*, (R.)Beistand *m*
counsel in chambers beratender Rechtsanwalt; **c. of one's (own) choice** Wahlverteidiger *m*, Vertrauensanwalt *m*, Rechtsanwalt eigener Wahl; **c. for the defendant** (Rechts)Anwalt des Beklagten; ~ **defence** 1. (Haupt-/Straf)Verteidiger *m*; 2. (Rechts)Anwalt des Beklagten; **to appoint a ~ defence** Verteidiger bestellen; **c. representing legally aided parties** Armenanwalt *m*; **c. for the plaintiff** (Rechts)Anwalt des Klägers, klägerischer Rechtsanwalt; ~ **prosecution** Anklagevertreter *m*, Ankläger *m*, Staatsanwalt *m*, Vertreter der Anklage(behörde)
to act as counsel for so. jdn anwaltlich vertreten; **to appear as c.** als Anwalt auftreten; **to assign as c.** Offizialverteidiger bestellen, Rechtsanwalt beiordnen; **to be represented by c.** anwaltschaftlich vertreten sein; **to brief a c.** (Rechts)Anwalt bestellen; **to confer with one's c.** sich mit seinem Anwalt beraten; **to hold c.** sich beraten; **to keep one's own c.** seine Meinung für sich behalten, verschwiegen sein; **to take c.** sich beraten lassen; **~ with so.** sich mit jdm beraten
(court-)assigned council *[GB]* Offizial-, Pflichtverteidiger *m*; **corporate/in-house c.** Hausjurist *m*, Justiziar *m*, Syndikus *m*; **defending c.** *[US]* Strafverteidiger *m*; **general c.** Leiter der Rechtsabteilung; **legal c.** Rechtsbeistand *m*, R.anwalt *m*, R.berater *m*; **mandatory ~ c.** Anwaltszwang *m*; **opposing c.** Gegenanwalt *m*, Gegner *m*, gegnerischer (Rechts)Anwalt, Anwalt der Gegenpartei; **substitute c.** Unterprozessbevollmächtigter *m*
counsel *v/t* (be)raten; **c. sth.** etw. empfehlen, zu etw. raten; **c. and procure** Beihilfe leisten

counsel's brief Prozessmandat *nt*; **c.'s fee** Anwaltsgebühren *pl*
counsellee *n* Beratene(r) *f/m*
counselling *n* 1. Beratung *f*, Raterteilung *f*; 2. Berufs-, Arbeitnehmerberatung *f*; **c. of small and medium-sized businesses** Mittelstandsberatung *f*
economic counselling wirtschaftspolitische Beratung; **environmental c.** Umweltberatung *f*; **financial c.** Finanzberatung *f*; **intensive c.** Intensivberatung *f*; **legal c.** Rechtsberatung *f*; **start-up c.** Existenzaufbauberatung *f*
counselling interview Beratungsgespräch *nt*
counsellor *n* 1. Berater(in) *m/f*, Ratgeber(in) *m/f*; 2. *[US]* [§] Rechtsbeistand *m*, Anwalt *m*; **c. at law** *[US]* (Rechts)Anwalt *m*; **vocational c.** Berufsberater(in) *m/f*
counsel's opinion [§] Rechtsgutachten *nt*, Gutachten des Anwalts; **to take c.'s opinion** Rechtsgutachten einholen; **c.'s opening speech** Anfangsplädoyer *nt*
count *n* 1. Zählung *f*, (Be)Rechnung *f*; 2. Stimmen(aus)-, Wahlzählung *f*; 3. Endzahl *f*; 4. [§] (An)Klagepunkt *m*, Klagegrund *m*; **by this c.** nach dieser Zählung/Berechnung; **on this c.** in dieser Hinsicht; **at the final c.** unter dem Strich; **on many c.s** in vielerlei Hinsicht; **c. of a charge** [§] Anklagepunkt *m*
to clear so. on all count|s jdn in allen Anklagepunkten freisprechen; **to find so. guilty on all c.s** jdn in allen Ankagepunkten für schuldig befinden; **to take c. of sth.** etw. zählen
alternative count|s [§] Alternativstraftatbestände; **physical c.** körperliche Inventur; **serial c.** fortlaufende Zählung
count *v/ti* 1. zählen, zahlenmäßig erfassen; 2. *(Stimmen)* aus-, durchzählen; 3. zählen, von Bedeutung sein; **c. me out** *(coll)* ohne mich *(coll)*, mit mir nicht *(coll)*; **not c. for much** wenig Gewicht haben; **c. again** nachzählen; **c. against** Minuspunkt sein; **c. back** zurückrechnen; **c. in** mitrechnen, einplanen; **c. off** abzählen; **c. on** sich verlassen auf, zählen auf, (sicher) rechnen mit; **c. out** auszählen; **c. sth. out to so.** jdm etw. vorzählen; **c. towards** auf-, anrechnen; **c. up** zusammenrechnen
countable *adj* (ab)zählbar
countdown *n* Countdown *m*
countenance *n* Gesicht(sausdruck) *nt/m*, Miene *f*; *v/t* in Betracht ziehen, gutheißen
counter *n* 1. Laden-, Bedienungstisch *m*, Ladentheke *f*; 2. Bankschalter *m*; 3. Wert(papier) *m/nt*; 4. ✪ Zähler *m*; **over the c.** 1. am Schalter, an der Kasse; 2. *(Börse)* freihändig, im Freiverkehr, im freien Handel, außerbörslich; **to sell ~** 1. gegen bar/im Laden/über den Ladentisch verkaufen; 2. *(Börse)* im Freiverkehr/am Schalter verkaufen; **to trade ~** *(Börse)* im Freiverkehr/am Schalter handeln; **under the c.** unter dem Ladentisch, ungesetzlich
accumulating counter Additionszähler *m*; **late c.** Spätschalter *m*; **mechanical c.** mechanisches Zählwerk; **refrigerated c.** Kühlvitrine *f*; **reversible c.** Zweirichtungszähler *m*; **secondary c.** *(Börse)* Nebenwert *m*
counter *v/ti* kontern, entgegensetzen, e.treten, antworten, widersprechen, zurückschlagen, begegnen
counter *adj* Gegen-; **c. to** im Gegensatz/Widerspruch

zu; **to run c. to sth.** einer Sache zuwiderlaufen
counter account Gegenkonto *nt*, Kontrollregister *m*, K.verzeichnis *nt*; **c.accusation** *n* Gegenbeschuldigung *f*; **c.act** *v/t* entgegenwirken, durchkreuzen, kompensieren, vereiteln, zuwiderhandeln, konterkarieren; **c.action** *n* Gegensteuerung *f*, G.maßnahme *f*, G.aktion *f*, G.wirkung *f*, Hintertreibung *f*, Durchkreuzung *f*, Neutralisierung *f*, Entgegenwirken *nt*; **c.appeal** *n* [§] Anschlussberufung *f*, A.revision *f*; **c. argument** Gegenargument *nt*; **c.attack** *n* Gegenangriff *m*; *v/t* zurückschlagen, Gegenangriff starten; **c.bail** *n* Nachbürge *m*
counter|balance *n* 1. Gegengewicht *nt*, ausgleichende Kraft; 2. Gegen-, Zählersaldo *m*, Gegen-, Rückbuchung *f*; 3. Regulativ *nt*; *v/t* aufwiegen, (gegen)ausgleichen, kompensieren, durch Gegenleistung ausgleichen, aufrechnen gegen; ~ **control** Saldensteuerung *f*; **c.balancing** *n* Aufrechnung *f*
counterbid *n* Gegen(an)gebot *nt*; *v/t* mitbieten, Gegenangebot unterbreiten; **c.der** *n* Über-, Mitbieter *m*; **c. bill** Gegen-, Rückwechsel *m*; **c. blockade** Gegenblockade *f*; **c.blow** *n* Gegenschlag *m*; **c. bond** Gegensicherheit *f*, G.bürgschaft *f*, G.schein *m*, G.verschreibung *f*, Rückschein *m*, R.bürgschaft *f*; **to put up a c. bond** Gegensicherheit leisten
counter card Thekenaufsteller *m*; **c. cash** tägliche Kasse, Tageskasse *f*; **c. cashbook** Kassagegenbuch *nt*
countercession *n* *(Vers.)* Gegenaliment *nt*
countercharge *n* [§] Gegenbeschuldigung *f*, G.klage *f*; *v/t* Gegenklage erheben
countercheck *n* 1. Gegenkontrolle *f*, G.probe *f*, G.prüfung *f*, nochmalige Prüfung; 2. *[US]* Blanko-, Kassenscheck *m*; 3. Konter-, Interimscheinzettel *m*; 4. Quittungsformular für Barabhebungen vom Scheckkonto; *v/t* nochmals überprüfen, gegenlesen
counter cheque *[GB]* Kassenscheck *m*
counterclaim *n* 1. [§] Gegenanspruch *m*, G.forderung *f*, G.rechnung *f*, Widerklage *f*; 2. Gegenbehauptung *f*; **to advance/claim/file/lodge a c.** Widerklage erheben
counterclaim *v/t* Gegenforderungen stellen, Gegenanspruch geltend machen
counter|claimant; c.claimer *n* Wider-, Gegenkläger(in) *m/f*
counter clerk Schalterbeamter *m*, S.beamtin *f*, Angestellte(r) im Schalterdienst, Kassierer(in) *m/f*
counterclockwise *adj* *[US]* gegen den Uhrzeigersinn
counter clogger *(coll)* Ladenhüter *m*
counter-confirmation *n* Gegenbestätigung *f*
counter control ⌨ Zählersteuerung *f*
countercyclical *adj* antizyklisch, konjunkturdämpfend; **c.deed** *n* [§] geheime Gegenakte; **c.demonstration** *n* Gegendemonstration *f*
counter display Thekenaufstellung *f*
counter draft Gegenentwurf *m*; **c.draw** *v/i (Wechsel)* sich gegenseitig beziehen; **c. effort** Gegenbestrebung *f*; **c.enter** *v/t* gegenbuchen, Gegeneintrag machen; **c.entry** *n* Gegen-, Rückbuchung *f*, Stornierungsbuchung *f*, S.eintrag *m*, Ausgleichsposten *m*; **c. entry** ▨ Zählereingang *m*; **to make a c.entry** gegenbuchen; **c.error** *n* Ausgleichsfehler *m*; **c. espionage** Gegenspionage *f*;

c.evidence *n* [§] Gegenbeweis *m*; **c. exit** Zählerausgang *m*
counter facilities Schalteranlagen
counterfactual *adj* tatsachenwidrig
counterfeit *n* 1. (Ver)Fälschung *f*, Nachahmung *f*, Imitation *f*, Falsifikat *nt*; 2. Falschgeld *nt*, gefälschte Banknote/Münze; **c. of a bill** Wechselfälschung *f*
counterfeit *v/t* (ver)fälschen, nachmachen, nachahmen, Fälschungen herstellen, nachbilden, falschmünzen; *adj* 1. gefälscht, nachgemacht, unecht, falsch, imitiert; 2. *(Urkunde)* untergeschoben
counterfeiter *n* 1. (Geld)Fälscher *m*, Falschmünzer *m*; 2. Urkundenfälscher *m*, Verfälscher *m*; **c. of banknotes** Banknotenfälscher *m*
counterfeiting *n* (Geld-/Banknoten)Fälschung *f*, Falschmünzerei *f*; **c. of coins** Münzfälschung *f*; ~ **trademarks** Warenzeichenfälschung *f*; **c. ring** Fälscher-, Falschmünzerbande *f*
counterfeit-proof *adj* fälschungssicher
counterfoil *n* Kontrollbeleg *m*, K.blatt *nt*, K.schein *m*, K.zettel *m*, Stamm-, Kontrollabschnitt *m*, Kupon *m*, Talon *m (frz.)*, Scheckleiste *f*, S.abschnitt *m*, Beleg-, Zahlungsabschnitt *m*, Stammblatt *nt*; **c. book** Talonbuch *nt*; **c. waybill** Frachtbriefdoppel *m*, F.duplikat *nt*
counter|guarantee *n* Rückbürgschaft *f*, R.garantie *f*, R.verbürgung *f*; **c.guarantor** *n* Rückbürge *m*
counter hall Kassenraum *m*, Schalterhalle *f*
counter|indemnity *n* Gegengarantie *f*; **c.indication** *n* Kontraindikation *f*, Gegenanzeige *f*; **c.inflationary** *adj* antiinflationär, antiinflations-; **c.inquiry** *n* Rückfrage *f*; **c.insurance** *n* Rück-, Gegenversicherung *f*; **c.insure** *v/t* gegenversichern; **c.intelligence** *n* (Spionage)Abwehr *f*, Abschirmdienst *m*, Gegenspionage *f*
counter jumper *(coll)* Verkäufer(in) *m/f*
counterlegislation *n* gesetzliche Gegenmaßnahme; **c.letter** *n* Rückübertragungsverpflichtung *f*
counterman *n* Verkäufer *m*
countermand *n* 1. Widerruf(ung) *m/f*, Abbestellung *f*, Stornierung *f*, Storno *m*, Absage *f*, Annullierung *f*; 2. (Scheck)Sperre *f*; **c. of payments** Zahlungsstopp *m*
countermand *v/t* 1. widerrufen, abbestellen, stornieren, rückgängig machen, absagen, annullieren; 2. *(Scheck)* sperren; **unless c.ed** bis auf gegenteilige Anweisung/Order, mangels gegenteiliger Nachricht
counter|mark *n* Kontroll-, Stempel-, Gegenzeichen *nt*, Kontermarke *f*; **c.marketing** *n* Kontramarketing *nt*
countermeasure *n* Gegenmaßnahme *f*; **to take c.s** gegensteuern
counter|motion *n* Gegenantrag *m*; **c.move** *n* Gegenzug *m*; **c.movement** *n* Gegenbewegung *f*; **c.notice** *n* [§] Anfechtung der Kündigung, Gegenverfügung *f*, Gegenkündigung *f*; **c.obligation** *n* Gegenschuld *f*; **c.offensive** *n* Gegenoffensive *f*; **c.offer** *n* Gegen(an)gebot *nt*, G.offerte *f*; **c.opinion** *n* Gegengutachten *nt*, G.stimme *f*
counterorder *n* Gegenorder *f*, G.auftrag *m*, G.befehl *m*, Stornierung *f*; *v/t* absagen, abbestellen, stornieren, widerrufen
counterpart *n* 1. Gegenüber *nt*, G.stück *nt*, Entsprechung *f*, Pendant *nt (fig)*, Doppel *nt*, Duplikat *nt*, Kopie

f; 2. (Amts)Kollege *m* (auf der anderen Seite); ~ **funds** Gegenwertmittel
counterparty *n* Gegenpartie *f*; **c. risk** Bonitätsrisiko *nt*
counterpetition *v/i* [§] Gegenantrag stellen; **c.performance** *n* Gegenleistung *f*; **c.plea** *n* [§] Gegeneinspruch *m*, G.einwand *m*; **c.plead** *v/i* Gegenargumente anführen; **c.poise** *n* Gegengewicht *nt*; **c.pole** *n* Gegenpol *m*; **c. position** 🔲 Zählerstelle *f*; **c.pressure** *n* Gegendruck *m*
counterproductive *adj* das Gegenteil bewirkend, widersinnig, destruktiv, mit gegenteiliger Wirkung; **to be c.** das Gegenteil bewirken, die gegenteilige Wirkung haben, Schuss nach hinten sein *(coll)*
counter|proof *n* 🗋 Gegenabdruck *m*; **c.proposal** *n* Gegenvorschlag *m*, G.antrag *m*; **c.publicity** *n* Abwehrwerbung *f*
counter punch exit 🔲 Zählerablochung *f*
counter|purchasing *n* Gegengeschäfte *pl*; **c.question** *n* Gegenfrage *f*; **c.reaction** *n* Gegenreaktion *f*; **c.-reckoning** *n* Gegenrechnung *f*; **c.remittance** *n* Gegenrimesse *f*, G.deckung *f*
counter requirements Zahlungsaufforderungen am Kassenschalter
counterrevolution *n* Konter-, Gegenrevolution *f*; **c.sabotage** *n* Sabotageabwehr *f*; **c.sale** *n* Gegenverkauf *m*
counter sales 1. Einzelhandelsumsätze; 2. Schalterumsätze
countersample *n* Kontrollmuster *nt*; **c.seal** *n* Gegensiegel *nt*; **c.seasonal** *adj* saisonwidrig, asaisonal; **c.secure** *v/t* gegenversichern, rückverbürgen, Rückbürgschaft leisten; **c.security** *n* Gegensicherheit *f*, G.bürgschaft *f*, Rückbürge *m*, R.bürgschaft *f*
counter service 1. Bedienung *f* (an der Theke); 2. Schalterdienst *m*
countersign *v/t* 1. gegen-, mitunterzeichnen, sanktionieren; 2. gegenschreiben; **c. atory** *n* Gegenzeichner *m*; **c.ature** *n* Mit(unter)zeichnung *f*, Gegenzeichnung *f*, Gegen-, Kontrollunterschrift *f*; **c.er** *n* Gegenzeichner *m*
counter staff Bedienungs-, Schalterpersonal *nt*
counter|statement *n* Gegendarstellung *f*, G.behauptung *f*, G.erklärung *f*, G.aussage *f*, widersprechende Aussage, **c.stipulation** *n* Gegenbedingung *f*; **c.stock; c.tally** *n* Talon *m (frz.)*, Allonge *f (frz.)*, Erneuerungsschein *m*, Schalterstücke *pl*; **c.submission** *n* [§] Gegenschriftsatz *m*; **c.sue** *v/t* Gegenklage erheben; **c.suggestion** *n* Gegenvorschlag *m*; **c.suit** *n* [§] Wider-, Gegenklage *f*; **c.surety** *n* Gegen-, Rück-, Nachbürge *m*; **c.suretyship** *n* Rückbürgschaft *f*; **c.tendency** *n* Gegentendenz *f*, G.bestrebung *f*
counter terminal 🔲 Schalterendgerät *nt*
countertrade *n* Gegen-, Tausch-, Kompensations-, Bartergeschäft *nt*; ~ **agreement** gegengeschäftliche Vereinbarung; **c. transactions** Schaltergeschäft *nt*
countertreaty *n* Gegenvertrag *m*; **c.vail** *v/t* aufwiegen, kompensieren, gleichwertig sein, ausgleichen; **c.-vailing** *adj* ausgleichend; **c.valuation** *n* Gegengutachten *nt*; **c.value** *n* 1. Gegenwert *m*; 2. Kurswert *m*; **c.vote** *v/t* über-, niederstimmen; **c.weight** *n* Gegengewicht *nt*; **c.witness** *n* [§] Gegenzeuge *m*

counting *n* (Aus)Zählung *f*; **c. of votes** Stimmenauszählung *f*, Ermittlung des Wahlergebnisses; **double c.** Doppelerfassung *f*, D.zählung *f*, D.verrechnung *f*; **c. house** Kontor *nt*, Büro *nt*
countless *adj* unzählig, zahllos
country *n* 1. Staat *m*, Land *nt*; 2. Land *nt*, Gegend *f*, Gebiet *nt*; 3. Volk *nt*, Nation *f*; 4. Bevölkerung *f*, Öffentlichkeit *f*; **across the c.** landesweit; **all over/up and down the c.** landauf, landab, im ganzen Land; **from ~ the c.** aus dem ganzen Land; **in the c.** auf dem Lande; **throughout the c.** im ganzen Land; **within the c.** im Inland
country of admission Zulassungsland *nt*; ~ **adoption** Wahlheimat *f*; ~ **birth** Geburtsland *nt*; ~ **consignment** Versendungsland *nt*; **previous ~ consignment** letztes Versendungsland; ~ **consumption** Verbrauchsland *nt*; ~ **departure** Abgangs-, Ausgangsland *nt*; ~ **destination** Bestimmungs-, Zielland *nt*; ~ **domicile/incorporation** Sitzstaat *m*, Sitz-, Domizilland *nt*; ~ **fiscal domicile**; ~ **domicile for tax purposes** Land des steuerlichen Wohnsitzes, steuerlicher Wohnsitz; ~ **employment** Beschäftigungsland *nt*; ~ **importation** Einfuhrland *nt*; **c. of issue** Emissionsland *nt*; ~ **manufacture** Hersteller-, Herstellungsland *nt*; ~ **origin** Bezugs-, Ursprungs-, Herkunfts-, Versendungsland *nt*, Quellenstaat *m*; **non-member ~ origin** *(EU)* Ursprungsland *nt* (außerhalb der EU); ~ **purchase** Einkaufsland *nt*; ~ **recruitment** Anwerbeland *nt*; ~ **refuge** Zufluchtsland *nt*; ~ **registration** Registrierungsland *nt*; ~ **last residence** Land des letzten ständigen Aufenthalts; ~ **ordinary residence** Wohnsitzstaat *m*; ~ **shipment** Verschiffungs-, Versendungs-, Versand-, Absenderland *nt*; ~ **source** Ursprungs-, Herkunftsland *nt*; **c. enjoying preferential treatment** präferenzbegünstigtes Land
to dwell/live in the country auf dem Lande wohnen; **to enter a c.** einreisen; **to expel so. from the c.** jdn des Landes verweisen; **to go to the c.** *[GB]* allgemeine Wahlen/Neuwahlen ausschreiben, sich (als Premierminister) zur Wiederwahl stellen; **to originate in a c.** aus einem Land stammen; **to roam the c.** Land durchstreifen; **to serve the c.** dem Staat dienen; **to tour the c.** auf Rundreise gehen, Land bereisen
acceding country *(EU)* Beitrittsland *nt*; **adopted c.** Wahlheimat *f*; **agricultural c.** Agrarland *nt*; **associate(d) c.** assoziiertes Land, assoziierter Staat, Partnerland *nt*; **backward c.** rückständiges Land; **beneficiary c.** ⊖ präferenzbegünstigtes Land; **borrowing c.** kreditnehmendes Land; **buying c.** Käuferland *nt*; **capital-exporting c.** Kapitalausfuhr-, Kapitalexportland *nt*; **capital-importing c.** Kapitaleinfuhr-, Kapitalimportland *nt*; **competing c.** Konkurrenzland *nt*; **convertible-currency c.** Konvertibilitätsland *nt*; **devaluing c.** Abwertungsland *nt*; **least developed countries (LLDC)** am wenigsten entwickelte Länder, Entwicklungsländer mit sehr geringem Pro-Kopf-Einkommen; **less developed c. (LDC)** Entwicklungsland *nt*; **developing c.** Entwicklungsland *nt*, unterentwickeltes Land; **emerging c.** Schwellenland *nt*; **ex-**

amining c. Prüfungsland *nt*; **exporting c.** Export-, Ausfuhrland *nt*; **beneficiary ~ c.** begünstigtes Ausfuhrland; **flat c.** Flachland *nt*; **foreign c.** Ausland *nt*, fremdes Wirtschaftsgebiet; **grain-exporting c.** Getreideausfuhrland *nt*; **high-stability c.** Stabilitätsland *nt*; **high-tariff c.** ⊖ Hochzollland *nt*; **high-tax c.** Hochsteuerland *nt*, Steuersteppe *f (fig)*; **high-wage c.** Hochlohnland *nt*; **heavily indebted c.** hochverschuldetes Land; **industrial(ized) c.** Industrieland *nt*, I.staat *m*; **newly ~ c. (NIC)** Schwellenland *nt*, junges Industrieland; **industrializing c.** Entwicklungsland *nt*; **innovative c.** Pionierland *nt*; **issuing c.** Emissions-, Ausgabeland *nt*; **labour-exporting c.** Arbeitskräfteexportland *nt*; **labour-importing c.** Arbeitskräfteimportland *nt*; **land-locked c.** Binnenstaat *m*; **licence-exporting c.** Lizenzexportland *nt*; **licence-importing c.** Lizenzimportland *nt*; **low-cost c.** Billigland *nt*; **low-income c. (LIC)** Entwicklungsland mit sehr geringem Einkommen; **low-pay/low-wage c.** Niedriglohnland *nt*; **low-price c.** Billigpreisland *nt*; **low-tax c.** Niedrigsteuerland *nt*; **metropolitan c.** Mutterland *nt*; **middle-income c. (MIC)** Entwicklungsland mit geringem Einkommen; **native c.** Geburts-, Heimatland *nt*; **neighbouring c.** Nachbarland *nt*; **non-clearing c.** Land ohne Verrechnungsabkommen; **non-EU c.** *(EU)* Drittland *nt*; **non-member c.** Nichtmitgliedsland *nt*; **oil-exporting/petroleum-exporting c.** (Erd)Ölexport-, Erdölausfuhrland *nt*; **oil-importing c.** Ölimportland *nt*; **oil-producing c.** (Erd)Ölförderland *nt*; **in the open c.** auf freiem Feld; **open-registry c.** Billigflaggenland *nt*; **producing c.** Förder-, Ursprungsland *nt*; **primary ~ c.** Rohstoffland *nt*; **prostrated c.** zugrunde gerichtetes Land; **raw-materials-supplying c.** Rohstofflieferland *nt*; **recipient c.** Empfangs-, Empfänger-, Nehmerland *nt*; **revaluing c.** Aufwertungsland *nt*; **seafaring c.** Schifffahrtsland *nt*; **selling c.** Verkäufer-, Geberland *nt*; **sending c.** Entsenderland *nt*; **soft-currency/monetarily weak c.** Weichwährungsland *nt*, währungsschwaches Land; **supplying c.** Bezugs-, Lieferland *nt*; **surplus c.** Überschussland *nt*; **third c.** Drittland *nt*; D.staat *m*, drittes Land; **tourist-generating c.** Herkunftsland der Touristen; **underdeveloped c.** unterentwickeltes Land, Entwicklungsland *nt*

country air Landluft *f*; **c. area** ländliches Gebiet; **c. bank** *[GB]* Provinz-, Landbank *f*; **c. bill** *[GB]* Provinzwechsel *m*; **c. box** kleines Landhaus; **c. branch** Provinzfiliale *f*; **c.-bred** *adj* auf dem Land aufgewachsen; **c. bumpkin** *(coll)* Hinterwäldler *m (coll)*; **c. bus** Überlandbus *m*; **c. clearing** Scheckverrechnung auf Provinzbanken; **c. doctor** Landarzt *m*; **c. dweller** Landbewohner(in) *m/f*; **c. exchange** Regional-, Provinzbörse *f*; **c. folk** *(coll)*/**people** Landleute *pl*, L.volk *nt*; **c. gentleman** Landedelmann *m*; **c. groupings for trade purposes** handelspolitische Ländergruppen; **c. house** Landhaus *m*, Villa *f*; **c. lane** Landweg *m*; **c. life** Landleben *nt*, Leben auf dem Lande; **c.man** *n* 1. Landbewohner *m*; 2. Landsmann *m*, c. **member** *(Klub)* auswärtiges Mitglied; **c. party** Bauern-, Agrarierpartei *f*; **c. people** Leute vom Land; **c. planning** Raum-, Lan-

desplanung *f*; **c. rating** Länderrisikoanalyse *f*; **c. residence** Landsitz *m*; **c. risk assessment** Länderrisikobewertung *f*; **c. road** Landstraße *f*; **c. seat** (größerer) Landsitz; **c. shipper** Inlandsspediteur *m*

countryside *n* Landschaft *f*; **open c.** freie Natur; **C. Commission** *[GB]* Landschaftsschutzamt *nt*

country store Dorfladen *m*; **c. town** Klein-, Landstadt *f*; **c.-wide** *adj* im ganzen Land, landesweit

county *n* 1. *[GB]* Grafschaft *f*; 2. *[US]* Landkreis *m*, Verwaltungsbezirk *m*; **metropolitan c.** *[GB]* Stadtgrafschaft *f*, städtische Grafschaft

county associaton Kreisverband *m*; **c. bond** Kommunalobligation *f*; **c. borough** kreisangehörige Gemeinde; **c. constabulary/police** Grafschaftspolizei(behörde) *f*; **c. constitution** Kreisordnung *f*; **c. council** 1. *[GB]* Grafschaftsrat *m*; 2. *[US]* Kreistag *m*; **c. councillor** Kreistagsabgeordnete(r) *f/m*, K.mitglied *nt*, Mitglied des Kreistages/Grafschaftsrates; **c. court** [§] Bezirks-, Grafschafts-, Kreisgericht *nt*; **c. hall** Gebäude der Grafschaftsverwaltung, Kreishaus *nt*; **c. office** Grafschafts-, Kreisbehörde *f*; **c. president** Landrat *m*; **c. rate** Kreisumlage *f*; **c. seat** Kreis(haupt)stadt *f*; **c. stocks** *[GB]* Grafschaftsanleihen; **c. town** Kreis-(haupt)-, Grafschaftsstadt *f*

coup *n* Coup *m*, Gewaltstreich *m*; **c. d'état** *(frz.)* Staatsstreich *m*, Putsch *m*; **to carry out a c. d'état** putschen; **c. de grâce** *(frz.)* Fangschuss *m*, Gnadenstoß *m*

couple *n* (Braut-/Ehe)Paar *nt*; **a c. of** ein paar; **c. filing joint tax returns** gemeinsam veranlagtes Ehepaar

married couple Verheiratete *pl*, Ehepaar *nt*, E.leute *pl*; **newly ~ c.** neu vermähltes Paar; **two-carner ~ c.** Doppelverdiener(ehe) *pl/f*; **~ c.'s allowance** *(Steuer)* Freibetrag für Verheiratete, Ehegattenfreibetrag *m*; **two-career/two-income c.** Doppelverdiener(ehe) *pl/f*

couple *v/t* verbinden, (an)koppeln, anbinden; **c.d** *adj* gekoppelt/verbunden mit

coupler *n* 🚃 Kupplung *f*; **acoustic c.** 🖥 Akustikkoppler *m*

coupling *n* 🚗/🚃 Kupplung *f*; **c.-up** *n* überlappende Schichtarbeit

coupon *n* 1. Kupon *m*, Berichtigungs-, Bezugs-, Ertragnis-, Gewinnanteil-, Gut-, Zins(gut)schein *m*, (Z.kupon *m*); 2. Bezugs-, Rationierungsmarke *f*; 3. Aktienabschnitt *m*; 4. Wettschein *m*; **on** *[GB]* /**with** *[US]* **c.s** auf Karten, rationiert; **without c.** ohne Zinsschein; **c. detached** ex Dividende

to buy on *[GB]*/**with** *[US]* **coupon|s** auf Karten kaufen; **to carry a c.** mit einem (Zins)Gutschein ausgestattet sein; **to cash a c.** Bezugsschein/Marke einlösen; **to clip/detach c.s** Kupons (ab)schneiden/abtrennen; **to get sth. on c.s** etw. auf Marken bekommen; **to increase the c.** *(Anleihe)* Zinssatz anheben; **to present c.s** Kupons einreichen; **to spend/surrender c.s** Marken abgeben

current/maturing coupon 1. laufender Kupon; 2. gegenwärtig gültiger Zinssatz; **detached c.** (ab)getrennter Kupon; **initial c.** Anfangsverzinsung *f*; **maturing c.** fällig werdender/laufender Kupon; **outstanding c.** ausstehender/unbezahlter/nicht eingelöster Kupon;

overdue c. notleidender Kupon; **redeemable c.** Gutschein zur Einlösung; **semi-annual c.** halbjährliche Zinszahlung; **unmatured c.** (noch) nicht fähiger Kupon/Zinsschein; **yearly c.** Jahreskupon *m*, J.zinsschein *m*; **to issue with a ~ c.** *(Anleihe)* mit einem Jahreskupon ausstatten
coupon bond *[US]* Inhaberschuldverschreibung *f*, (I.)Obligation *f* (mit Zinsschein); **high c. b.** Hochprozenter *m*; **registered c. b.** Namenspapier mit Zinsschein
coupon book Kuponkonto *nt*; **c. check** *[US]* /**cheque** *[GB]* Kuponscheck *m*; **c. clipper** Kuponschneider *m*; **c. collection** Einlösung von Zinsscheinen; **~ department** Kuponabteilung *f*; **c. date** Kupon-, Zinstermin *m*; **principal c. date** Hauptzinstermin *m*
couponed *adj* kartenpflichtig, rationiert
coupon|-free *adj* bezugsscheinfrei; **c. holder** Kuponinhaber *m*; **c.less** *adj* bogenlos; **c. rate** 1. Zinssatz *m* (für festverzinsliche Papiere); 2. *(Obligation)* Nominalzinssatz *m*; **nominal c. rate** Nominalverzinsung *f*; **c. rationing** Bezugsscheinrationierung *f*; **c. redemption** (Zins)Gutscheineinlösung *f*; **c. service** Kupon-, Zinsscheineinlösungsdienst *m*; **c. sheet** Zins(schein)-, Kupon-, Dividenden-, Gewinnanteilscheinbogen *m*; **~ renewal** *(Wertpapier)* Bogenerneuerung *f*; **c. switching** *(Obligation)* Portefeuilleumschichtung *f*; **c. tax** Kupon-, Talonsteuer *f*; **c. teller** Kuponkassierer *m*; **c. yield** *(Obligation)* Jahreszins *m*
courage *n* Mut *m*, Tapferkeit *m*; **to have the c. of one's convictions** Zivilcourage haben, Rückgrat zeigen *(fig)*, zu seiner Meinung stehen, für seine Überzeugung gerade stehen; **to muster all/to pluck up one's c.** seinen ganzen Mut aufbringen; **to summon/take c.** Mut fassen/schöpfen
courageous *adj* mutig, tapfer, mannhaft
courier *n* 1. (Eil)Bote *m*, Kurier *m*; 2. Reiseleiter(in) *m/f*, R.begleiter(in) *m/f*, R.leitung *f*; **by c.** per Eilboten/Kurier; **diplomatic c.** diplomatischer Kurier; **c. pouch** Luftbeutel *m*; **c. service** Boten-, Kurierdienst *m*
course *n* 1. Kurs *m*, Richtung *f*; 2. Vorgehensweise *f*; 3. Ab-, Verlauf *m*; 4. Lehr-, Ausbildungsgang *m*; 5. Marktlage *f*, Tendenz *f*; 6. Wechselkurs *m*, Notierung *f*, Notiz *f*; 7. ⚓ Kurs *m*; 8. ✈ Flugrichtung *m*; 9. $ Kur *f*; 10. *(Essen)* Gang *m*; **in the c. of** im Lauf von, im Zug/Vorlauf, im zeitlichen Ablauf; **on c.** auf Kurs
course of action Verfahrensweise *f*, Aktionsplan *m*; **alternative ~ action** Handlungsalternative *f*; **~ economic activity** Konjunkturverlauf *m*; **~ affairs** Geschäftsgang *m*; **~ the border** Grenzverlauf *m*; **~ business** Geschäftsgang *m*, G.ablauf *m*, G.verlauf *m*, Gang der Geschäfte; **normal/ordinary ~ business** normaler Geschäftsgang; **in the normal/ordinary ~ business** im gewöhnlichen Geschäftsverlauf/G.verkehr; **~ conduct** Verhaltensweise *f*; **~ the (business/trade) cycle**; **~ the economy** Wirtschafts-, Konjunkturentwicklung *f*, Konjunkturverlauf *m*, wirtschaftliche/konjunturelle Entwicklung *f*; **~ a disease** $ Verlauf einer Krankheit, Krankheitsverlauf *m*; **~ events** Lauf/Gang der Ereignisse, Hergang *m*; **natural ~ events** natürlicher Verlauf der Dinge; **real ~ events** konkreter Ablauf der Geschehnisse; **~ exchange** Wechselkurs *m*; **~ inflation** Inflationsentwicklung *f*
course of justice [§] Lauf der Gerechtigkeit; **obstructing the ~ j.** Behinderung der Rechtspflege; **to interfere with/obstruct the ~ j.** Lauf der Gerechtigkeit aufhalten/hemmen, Rechtsfindung behindern; **to pervert the ~ j.** Rechtsbeugung begehen, Recht verdrehen/beugen
course of law Rechtsgang *m*, R.weg *m*; **due ~ l.** ordnungsgemäßes Verfahren
course of the lawsuit Prozessverlauf *m*; **~ lectures** Vorlesungs-, Vortragszyklus *m*, Kolleg *nt*; **~ life** Lebens(ab)lauf *m*, L.weg *m*; **~ procedure** Verfahrensgang *m*; **~ the proceedings** [§] Prozessverlauf *m*; **in the ~ the session** im Börsen-/Sitzungsverlauf; **~ studies** Studiengang *m*; **special ~ studies** Sonderstudium *m*; **in the ~ time** im Lauf der Zeit; **ordinary ~ trade** normaler Handelsverkehr; **~ a vessel** ⚓ Schiffskurs *m*; **in the ~ the week** im Wochenverlauf; **~ year** Jahresverlauf *m*; **during the ~ year** im Verlauf eines Jahres; **in the ~ years** im Laufe der Jahre
dead on course genauf auf Kurs, ~ im Plan; **in due c.** fristgerecht, f.gemäß, zu gegebenen/rechten Zeit; **~ and times** frist- und formgerecht
to advise in due course rechtzeitig melden/avisieren; **to alter c.** Kurs ändern/wechseln; **to attend a c.** an einem Kurs(us)/Lehrgang teilnehmen; **to be on c.** auf Kurs sein, im Plan liegen; **~ blown off c.** vom Kurs abkommen; **to change c.** 1. Kurs wechseln/ändern, Richtung ändern, Steuer wenden/herumreißen; 2. ⚓ Kurs ändern, abdrehen; **to chart/plot a c.** ⚓ Kurs abstecken/festlegen; **to embark on a c.** *(fig)* Weg einschlagen *(fig)*; **to enrol/sign up for a c.** sich zu einem Kurs(us) anmelden, Kurs(us) belegen; **to knock off c.** vom Kurs abbringen; **to let things/matters take their c.** den Dingen ihren Lauf lassen; **to pursue a c.** Kurs verfolgen; **to run its c.** seinen Lauf nehmen; **to stay the c.** durchhalten; **~ stay on c.** Kurs halten; **to steer a c.** Kurs steuern; **to take a c.** 1. Weg einschlagen/verfolgen; 2. Kurs(us) belegen; **to try another c.** andere Methode versuchen
academic course Hochschulstudium *nt*; **advanced c.** Aufbau-, Fortgeschrittenenkurs *m*, Aufbaulehrgang *m*; **basic c.** 1. Grundstudium *nt*; 2. Grundkurs *nt*; **commercial c.** Handelskurs(us) *m*, kaufmännischer Lehrgang; **condensed c.** Schnellkurs *m*; **damp-proof c.** 🏠 Isolierung *f*; **elective c.** Wahlfach *nt*; **first c.** *(Menu)* erster Gang; **instructional c.** Förderlehrgang *m*; **introductory c.** Einführungskurs *m*; **main c.** Hauptgang *m*, H.gericht *nt*; **mean c.** Mittelkurs *m*; **middle c.** Mittelweg *m*; **normal c.** Normalverlauf *m*; **out-of-company c.** außerbetrieblicher Lehrgang; **pre-entry/preparatory c.** Vorbereitungskurs(us) *m*, V.lehrgang *m*, Vorkurs *m*; **programmed c.** programmierter Unterricht; **restrictive c.** Restriktionskurs *m*; **six-month c.** Halbjahreskurs *m*; **special c.** Fachlehrgang *m*; **vocational c.** Ausbildungslehrgang *m*; **zigzag c.** Zickzackkurs *m*; **to steer a ~ c.** lavieren
course attendance Kurs-, Lehrgangsteilnahme *f*; **c. content(s)** Lehrgangsgestaltung *f*, L.inhalt *m*, Studien-

inhalt(e) *m/pl*; **c. design** Kursgestaltung *f*; **c. fee** Kurs-, Lehrgangsgebühr *f*, **c. material** Kursmaterial *nt*; **c. tutor** Kursleiter(in) *m/f*

court *n* 1. [§] Gericht *nt*, G.shof *m*, G.sbehörde *f*, Rechtsprechungsinstanz *f*, R.organ *nt*; 2. 🏛 Hof *m*; 3. *(Sport)* Platz *m*, Spielfeld *nt*; **the c.s** die Justiz; **before the c.** vor Gericht; **in c.** bei Gericht; **in and out of c.** gerichtlich und außergerichtlich; **out of c.** außergerichtlich, gütlich; **to settle ~ c.** sich außergerichtlich/gütlich einigen, sich außergerichtlich vergleichen

Court of Aldermen *[GB] (City of London)* Rat der Aldermen; **c. of appeal** zweite Instanz, Appellations-, Berufungs-, Beschwerde-, Kammer-, Revisions-, Rechtsmittel-, Kassationsgericht *nt*, zweitinstanzliches Gericht, Berufungsgericht *nt*, B.kammer *f*, B.instanz *f*, Revisions-, Rechtsmittel-, Beschwerdeinstanz *f*; **final ~ a.** letztinstanzliches Berufungsgericht; **intermediate ~ a.** Oberlandesgericht *nt [D]*; **C. of Criminal Appeal** *[GB]* Berufungsgericht in Strafsachen; **c. of arbitration** Schiedsgericht *nt*, S.(gerichts)hof *m*, S.(gerichts)instanz *f*, Schlichtungskammer *f*; **commercial ~ arbitration** Kaufmannsgericht *nt*; **permanent ~ arbitration** ständiges Schiedsgericht; **juvenile c. with lay assessors** Jugendschöffengericht *nt [D]*; **c. of assizes** *(obs.)* Schwurgericht *nt*; **~ auditors** Rechnungshof *m*; **~ equal authority** gleichgeordnetes Gericht; **~ superior authority** übergeordnetes Gericht; **c. in camera** *(lat)*/**chambers** Gerichtssitzung unter Ausschluss der Öffentlichkeit; **c. of cassation** Kassationsgericht(shof) *nt/m*; **c. in charge** zuständiges Gericht; **c. of claims**; **C. of Exchequer** *[GB]* 1. Finanzgericht(shof) *nt/m*; 2. *(Steuer)* Rückerstattungsgericht *nt*; **C. of Common Council** *(City of London)* Stadtrat der City of London; **c. for composition proceedings** Vergleichsgericht *nt*; **C. of Directors of the Bank of England** Direktorium der Bank von England; **c. for enforcement procedures** Vollstreckungsgericht *nt*; **c. of error** Kassationsgericht(shof) *nt/m*, Revisiongericht *nt*; **c. for forest offences** Forstgericht *nt*; **C. of Common Hall** *(City of London)* Rat von Common Hall; **c. of honour** Disziplinar-, Ehrengericht *nt*; **~ inquiry** Untersuchungsgericht *nt*, U.ausschuss *m*; **to set up a ~inquiry** Untersuchungsausschuss einsetzen; **~ first instance** erste Instanz, Gericht erster Instanz, erstinstanzliches Gericht; **to remand to the ~ first instance** an die erste Instanz zurückverweisen; **~ last/ultimate instance**; **~ last resort** höchste/letzte Instanz, letztinstanzliches Gericht, Gericht letzter Instanz, Kassationsgerichtshof *m*; **~ preliminary investigation** *[GB]* Untersuchungsgericht *nt*; **~ competent jurisdiction**; **competent ~ jurisdiction** zuständiges Gericht; **summary ~ jurisdiction** Polizei-, Schnellgericht *nt*; **c. lacking jurisdiction** unzuständiges Gericht; **c. with jurisdiction in civil proceedings** 🏛 Zivilsachen zuständiges Gericht

court of justice Gericht(shof) *nt/m*; **federal/high ~ j.** Bundesgericht(shof) *nt/m [D]*; **permanent ~ j.** ständiger Gerichtshof

court of law Gericht *nt*; **~ law of the member state** *(EU)* einzelstaatliches Gericht; **~ probate** Nachlassgericht *nt*; **appellate c. for social security matters** Landessozialgericht *nt [D]*; **C. of Sessions** *[Scot.]* Oberstes Gericht für Zivilsachen; **c. of trade** Kammer für Handelssachen

court above höhere/übergeordnete Instanz; **c. below** unter(geordnete) Instanz; **deceiving the c.** Prozessbetrug *m*; **referring the case to another c.** Weiterverweisung *f*; **c. where a controversial issue is settled**; **~ the case at issue is settled** Gericht der belegenden Sache; **the c. held** das Gericht hat entschieden; **~ has come to the conclusion** das Gericht kommt zu dem Ergebnis; **~ is satisfied (that)** das Gericht ist überzeugt, dass

developed in and out of court von Lehre und Rechtsprechung entwickelt; **entitled to practise before a c.** zur Anwaltschaft zugelassen; **known to the c.** aktenkundig, gerichtsbekannt, g.notorisch; **pending before the c.**; **~ in c.** bei Gericht anhängig, rechtshängig; **registered with the c.** gerichtlich eingetragen; **as specified by the c.s** nach der Rechtssprechung; **tried in open c.** öffentlich verhandelt

to address the court bei Gericht mündlich vortragen, plädieren; **~ for the defence** sein Plädoyer als Verteidiger halten; **to appeal to a higher c.** höhere Instanz anrufen, in die Revision gehen; **to appear before the c.** vor Gericht erscheinen/auftreten; **~ in c.** vor Gericht aussagen; **to be represented in and out of c.** gerichtlich und außergerichtlich vertreten sein; **~ up in c.** vor Gericht stehen; **to bring before/into a c.** vor Gericht bringen, Gericht anrufen, zur Verhandlung kommen, verhandelt werden; **to close the c.** Öffentlichkeit ausschließen; **to come to c.** vor Gericht verhandelt werden/kommen; **to deposit in c.** gerichtlich hinterlegen; **to establish in c.** gerichtlich feststellen; **to fight through the c.s** durch alle Instanzen prozessieren; **to file with the c.** zu den Gerichtsakten (ein)reichen; **to go to c.** Rechtsweg beschreiten, Gericht anrufen, vor Gericht gehen, Prozess anstrengen, prozessieren, zum Kadi gehen *(coll)*; **to have the c. cleared** Gerichtssaal räumen lassen; **to hold c.** Gericht(ssitzung) abhalten; **to make a c. cognizant of** Gericht befassen mit; **to open the c.** Sitzung eröffnen; **to pay c. to so.** jdn hofieren; **to plead in c.** vor Gericht vertreten/geltend machen; **to prove to the c.** gerichtlich bewiesen; **to put before the/in c.** bei Gericht einreichen, dem Gericht vorlegen; **~ o.s. out of c.** sich selbst schaden; **to refer (sth.) to the c.** Gericht anrufen; **~ another c.** an ein anderes Gericht verweisen; **to register with the c.** gerichtlich registrieren; **to represent so. in c.** jdn vor Gericht/gerichtlich vertreten; **~ out of c.** jdn außergerichtlich vertreten; **to resort to c.s of law** Gericot anrufen; **to satisfy the c.** Gericht überzeugen; **to sit in c.** zu Gericht sitzen, Gerichtssitzung abhalten; **~ in closed c.** unter Ausschluss der Öffentlichkeit verhandeln; **to submit to the c.** dem Gericht vorlegen, bei Gericht vortragen; **to summon before the c.** jdn auffordern, vor Gericht zu erscheinen; **to take so. to c.** jdn verklagen, jdn vor den Richter/Kadi *(coll)* bringen; **to testify in c.**

vor Gericht aussagen; **to try a matter in c.** Fall vor Gericht anhängig machen
addressed court angerufenes Gericht; **administrative c.** Verwaltungsgericht *nt*; **federal ~ c.** Bundesverwaltungsgericht *[D]*; **higher ~ c.** Oberverwaltungsgericht *nt [D]*; **appellate c.** höhere/zweite Instanz, Berufungs-, Revisions-, Rechtsmittelinstanz *f*, Berufungs-, Oberlandes-, Rechtsmittelgericht *nt*, zweitinstanzliches Gericht, Gericht zweiter Instanz; **appropriate c.** zuständiges Gericht; **arbitral c.** Schiedsgericht(shof) *nt/m*; **civil c.** Zivilgericht *nt*; **~ judge** Zivilrichter *m*; **commercial c.** Handelsgericht *nt*, Kammer für Wirtschaftsstrafsachen/Handelssachen; **competent c.** zuständiges Gericht; **consular c.** Konsular-, Konsulatsgericht *nt*
constitutional court Verfassungsgericht *nt*; **federal ~ c.** Bundesverfassungsgericht *nt [D]*
criminal court Strafgericht *nt*, S.kammer *f*; **high ~ c.** Strafsenat *m*; **depositary c.** Hinterlegungsgericht *nt*; **disciplinary c.** Disziplinar-, Ehrengericht *nt*, Diziplinar(straf)kammer *f*; **divisional c.** Bezirksgericht *nt*; **domestic c.** heimisches/innerstaatliches Gericht; **ecclesiastical c.** Kirchengericht *nt*; **federal c.** Bundesgericht *nt*; **supreme ~ c.** Bundesverfassungsgericht (BVG) *nt [D]*; **fiscal c.** Finanzhof *m*, F.gericht *nt*; **General C.** halbjährliche Generalversammlung der Bank von England; **high c.** oberster Gerichtshof; **~ judge** Richter am obersten Gericht; **higher c.** höhere/übergeordnete Instanz, übergeordnetes Gericht, Obergericht *nt*; **incompetent c.** unzuständiges Gericht; **industrial c.** Arbeits-, Gewerbegericht *nt*, Schlichtungsstelle *f*; **inferior c.** unteres/nachgeordnetes Gericht; **invoked c.** angerufenes Gericht; **judging c.** erkennendes Gericht; **judicial c.** Gerichtshof *m*; **juvenile c.** Jungendgericht *nt*; **~ case** Jugendstrafsache *f*; **local c.** Amts-, Ortsgericht *nt*; **lower c.** untere/untergeordnete Instanz, nachgeordnetes/untergeordnetes Gericht, Vorinstanz *f*; **marine/maritime/naval c.** See-, Schifffahrtsgericht *nt*, Seeamt, **military c.** Militärgericht *nt*; **municipal c.** Stadtgericht *nt*; **national c.** *(EU)* (inner-/einzel)staatliches Gericht
open court öffentliche Gerichtssitzung; **in ~ c.** in öffentlicher Verhandlung/(Gerichts)Sitzung, öffentlich vor Gericht; **to be tried in ~ c.** öffentlich verhandelt werden
ordinary court ordentliches Gericht; **prerogative c.** *[GB]* Nachlassgericht *nt*; **previous c.** Vorinstanz *f*; **regional c.** Landgericht *nt*; **higher ~ c.** Oberlandesgericht *nt [D]*; **secret/unlawful/vehmic c.** Femegericht *nt*; **petty sessional c.** Stadtgericht *nt*; **federal social c.** Bundessozialgericht *nt [D]*; **higher social c.** Landessozialgericht *nt [D]*; **special c.** Sondergericht *nt*; **subordinate c.** nachgeordnetes/unteres Gericht; **superior c.** übergeordnetes/höheres Gericht, obere Instanz, Obergericht *nt*; **by the ~ c.** höchstrichterlich
supreme court 1. Verfassungsgericht *nt*; 2. *[US]* oberstes Bundesgericht; **~ decisions** höchstrichterliche Entscheidung; **~ practices** höchstrichterliche Rechtsprechung
court *v/t* hofieren, umwerben, buhlen (um)

court activity Gerichtstätigkeit *f*
court action Klage(weg) *f/m*; **to recover by c. a.** ausklagen; **administrative c. a.** Verwaltungsklage *f*, verwaltungsrechtliche Klage; **constitutional a. c.** Verfassungsklage *f*
court|-appointed *adj* gerichtlich bestellt, **c. approval** Genehmigung des Gerichts; **c. arichve(s)** Gerichtsarchiv *nt*; **c. assistent** Justizassistent(in) *m/f*; **c. attendance** Erscheinen vor Gericht; **c. attendant** Justizwachmeister *m*, Gerichtsdiener *m*; **c. award** Richterspruch *m*, Zuerkennung *f*; **c. ban** gerichtliche Auflage; **c. bond** Gerichtskaution *f*; **c. building** Gerichtsgebäude *f*; **c. case** Prozess-, Rechtsfall *m*, R.streitigkeit *f*, gerichtliches Verfahren; **c. cashier** Gerichtskasse *f*; **c. circuit** Gerichtsbezirk *m*, G.sprengel *m*; **c. circular** *(Monarchie)* Hofnachrichten *pl*; **c. clerk** Gerichtsschreiber *m*; **c. composition** gerichtlicher Vergleich, Zwangsvergleich *m*; **~ act** Vergleichsordnung *f*; **c. costs** Gerichtskosten, Kosten des Verfahrens; **c. custody** gerichtliche Verwahrung; **c. clerk** Protokollant(in) *m/f*, protokollführender Gerichtsbeamter; **c. day** Gerichtstag *m*
court decision Gerichtsentscheid(ung) *m/f*, Urteil *nt*, Rechtsspruch *m*, Gerichtsbeschluss *m*, gerichtliche/richterliche Entscheidung; **c. d.s** Rechtsprechung *f*; **to reverse a c. d.** Gerichtsentscheidung/Urteil aufheben; **to secure a c. d.** Gerichtsentscheid erlangen
court decree Gerichtsurteil *nt*; **at the c.'s discretion** nach Gutdünken des Gerichts; **c. division** Kammer *f*; **~ for business offences** Wirtschaftsstrafkammer *f*, Kammer für Wirtschaftsvergehen; **c. documents** Gerichtsakten; **official c. document** Gerichtsurkunde *f*; **c. employee** Justizangestellte(r) *f/m*
courteous *adj* höflich, verbindlich, zuvorkommend
courtesy *n* Höflichkeit *f*; **c. of** mit (den besten) Empfehlungen; **as a c.** aus Höflichkeit; **to exchange courtesies** Höflichkeiten austauschen
courtesy agreement Gefälligkeitsabrede *f*; **c. bus** (gebührenfreier) Hotelbus; **c. call/visit** Höflichkeits-, Anstandsbesuch *m*; **to pay a c. call/visit** Höflichkeits-/Anstandsbesuch machen; **~ abstatten**, (jdm) seine Aufwartung machen; **c. light** ◆ automatische Innenbeleuchtung; **c. relationship** Gefälligkeitsverhältnis *nt*
court expert gerichtlich bestellte(r) Sachverständige(r)
court fees Gerichtskosten, Gerichts-, Justizgebühren; **~ for the judgment** Urteilsgebühr *f*
court files Gerichtsakten; **c. finding(s)** Richterspruch *m*, gerichtliche Entscheidung/Feststellung, richterliche Entscheidung, Urteil *nt*; **c. guarantee** Gerichtskaution *f*; **c. hand** Kanzleischrift *f*; **c. hearing** Gerichtsverhandlung *f*, G.sitzung *f*, G.termin *m*, gerichtliche Verhandlung; **c.house** *n* *[US]* (Verwaltungs- und) Gerichtsgebäude *nt*; **c. injunction** gerichtliche/einstweilige Verfügung; **c. inspection (on the spot)** Ortstermin *m*; **c. interpreter** Gerichtsdolmetscher(in) *m/f*
court jurisdiction gerichtliche Zuständigkeit; **to challenge the c.'s j.** Unzuständigkeit rügen; **to be exempt from c. j.** keiner Gerichtsbarkeit unterworfen sein
court martial ⚔ Kriegs-, Militär-, Stand-, Wehrstrafgericht *nt*; **to shoot so. by order of a c. m.** jdn stand-

rechtlich erschießen; **naval c. m.** Flottengericht *nt*; **special c. m.** Sonderkriegsgericht *nt*
court-martial *v/t* vor ein Kriegs-/Standgericht bringen, ~ stellen
court minutes Gerichtsprotokoll *nt*; **upon the c.'s own motion** auf Veranlassung des Gerichts; **c. notices** gerichtliche Bekanntmachungen, Gerichtsbekanntmachungen; **c. notice board** Gerichtstafel *f*; **c. official** 1. Justiz-, Gerichtsbeamter *m*, G.diener *m*; 2. *(Monarchie)* Hofbeamter *m*
court order richterliche Verfügung, richterlicher Befehl, gerichtliche Anordnung/Verfügung/Ankündigung/Auflage, Gerichtsbefehl *m*, G.verfügung *f*, G.beschluss *m*, G.anordnung *f*, Beschluss *m*; **to defy a c. o.** Gerichtsverfügung/G.beschluss missachten; **nonappealable c. o.** berufungsunfähige gerichtliche Verfügung
court-|ordered *adj* vom Gericht angeordnet, gerichtlich angeordnet; **c. panel** Kammer *f*; **~ for lay judges** Schöffenliste *f*; **c. papers** Gerichtsakten; **c. police** Gerichtspolizei *f*; **c. practice(s)** Rechtsprechung *f*, Praxis der Gerichte; **c. premises** *(Gericht)* Amtsräume
court procedure/proceedings Gerichtsverfahren *nt*, G.verhandlung *f*; **~ leading to a judgment** Erkenntnisverfahren *nt*; **~ based on ex officio** *(lat.)* **investigation** Inquisitionsprozess *m*
court protection gerichtlicher Schutz; **to seek ~ from creditors** Vergleich beantragen; **c. purveyor** *(Monarchie)* Hoflieferant *m*; **c. recognition of composition proceedings** (gerichtliche) Vergleichsbestätigung
court record(s) Gerichtsurkunde *f*, Gerichts-, Sitzungsprotokoll *nt*, gerichtliche Niederschrift, Gerichts-, Sitzungsakten *pl*; **to submit to the c. r.s** zu den Akten reichen
court registry Gerichtskanzlei *f*; **interim c. remedy** einstweilige Verfügung; **c. retinue** *(Monarchie)* Hofstaat *m*; **c. rolls** Gerichtsakten
courtroom *n* Gerichts-, Verhandlungssaal *m*, V.raum *m*; **to exclude so. from the c.** jdn von der Verhandlung ausschließen
court rules Gerichtsordnung *f*
court ruling Gerichtsentscheid(ung) *m/f*, G.beschluss *m*, Urteil *nt*, richterliche/gerichtliche Verfügung, gerichtliche Entscheidung, Richterspruch *m*; **c. r. in tax matters** steuerrechtliche Entscheidung; **to obtain a c. r.** Gerichtsbeschluss erwirken; **to quash/set aside a c. r.** Gerichtsbeschluss aufheben
court sanction gerichtliche Genehmigung; **c. settlement** gerichtlicher Vergleich, gerichtliche Beilegung/Klärung, Liquidationsvergleich *m*; **c. sitting** Gerichtssitzung *f*, G.termin *m*; **c. system** Gerichtsverfassung *f*; **c. taxation order** Kostentitel *m*; **c. usher** Gerichtsdiener *m*; **c. vacation** gerichtsfreie Zeit, Gerichtsferien *pl*; **c. verdict** gerichtliche Entscheidung, Urteil *nt*
courtyard *n* 🏛 Hof *m*; **inner c.** Innenhof *m*
co-user *n* Mitbenutzer(in) *m/f*, Mitarbeiter(in) *m/f*
cousin *n* Vetter *m*, Kusine *f*; **first/full c.** leiblicher Vetter, leibliche Kusine, Vetter/Kusine ersten Grades; **c.**

twice removed Vetter/Kusine zweiten Grades
covariance *n* π Kovarianz *f*; **c. analysis** Kovarianzanalyse *f*; **c. matrix** Kovarianzmatrix *f*
covenant *n* [§] 1. vertragliche Verpflichtung/Zusage, Formalversprechen *nt*, Abmachung *f*, Abkommen *nt*, Vertrag *m*, Kontrakt *m*; 2. Satzung *f*, Statut *nt*
covenant in restraint of trade Wettbewerbs-, Konkurrenzklausel *f*; **c. against encumbrance** *(Bank)* Negativverpflichtung *f*; **c. in gross** schuldrechtliche Nebenverpflichtung; **c. of lease/tenancy** Pachturkunde *f*, P.vertrag *m*; **~ warranty** [GB] 1. Bürgschaftsvertrag *m*; 2. Garantieabkommen *nt*
covenant to give a portion Pflichtvereinbarung *f*; **~ renew** Option für eine Vertragsverlängerung; **c. held to touch and concern the land** Vereinbarung mit dinglicher Wirkung
affirmative covenant Verpflichtung zu zukünftigen Leistungen; **collateral c.** Nebenvereinbarung *f*; **express c.** ausdrücklich geschlossener Vertrag; **general c.** allgemeine Abmachung; **independent c.** abstrakte Verpflichtung; **negative c.** Unterlassungsversprechen *nt*, Negativverpflichtung *f*, Verpflichtung zur Unterlassung; **obligatory c.** schuldrechtlicher Vertrag, **particular c.** besondere Vereinbarung; **positive c.** unbeschränktes Nutzungsrecht; **qualified c.** beschränktes Nutzungsrecht; **real c.** Grundstücks(kauf)vertrag *m*; **restrictive c.** 1. einschränkende Abmachung, vertragliche Beschränkung, obligatorische Nebenvereinbarung; 2. Konkurrenzvereinbarung *f*, wettbewerbsbeschränkender Vertrag; 3. 🏛 Nutzungsbeschränkung *f*, Baubeschränkung(svereinbarung) *f*; **~ insurance** Versicherung gegen Baubeschränkungen; **separate c.** Sondervereinbarung *f*, S.vertrag *m*; **usual c.** übliche Rechtsmängelgewährhaftung
covenant *v/i* vereinbaren, zusichern, sich vertraglich verpflichten/binden, sich schriftlich/durch Vertrag verpflichten, Vertrag schließen
open covenant bond Bürgschaft in offener Höhe
covenanted *adj* vertraglich festgelegt/verpflichtet, vertragsmäßig
covenantee *n* Begünstigte(r) eines Vertages, (Vertrags)Berechtigte(r) *f/m*
convenanter; covenantor *n* 1. Vertragspartei *f*; 2. Vertragsschuldner *m*
co-venturing *n* Zusammenarbeit *f*, Gemeinschaftsprojekt *nt*
cover *n* 1. (Brief)Umschlag *m*, Kuvert *nt*; 2. 📖 Einband *m*, Titelblatt *nt*, (Buch)Deckel *m*; 3. Hülle *f*, Mantel *m*, Bezug *m*, Decke *f*, Schoner *m*, Überzug *m*; 4. ✪ Abdeckung *f*, 5. *(fig)* Verkleidung *f*, Deckmantel *m*; 6. (Geld)Deckung *f*, Sicherheit *f*, Deckungshöhe *f*, Deckung im Leergeschäft; 7. *(Rohstoffbörse)* Eindecken/Besetzen/Schließen einer offenen Position; 8. Verhältnis Gewinn-Dividende; 9. *(Vers.)* Deckung *f*, Risiko-, Versicherungsschutz *m*; 10. ☞ Deckung *f*; **under c. of** eingeschlossen in
cover of assurance [GB] *(Lebensvers.)* Deckungskapital *nt*; **under (the) ~ darkness** im Schutz der Dunkelheit, bei Nacht und Nebel *(fig)*; **~ a draft** Tratten-

deckung *f*; ~ **an insurance** Umfang einer Versicherung; ~ **a letter of credit (L/C)** Deckung des Akkreditivs; **c. against loss** Sicherung gegen Verlust; **under ~ a TIR carnet** ⊖ unter Verwendung eines Carnet TIR
eligible as cover deckungsfähig; **ineligible as c.** nicht deckungsfähig; **requiring c.** deckungspflichtig; **not ~ c.** nicht deckungspflichtig; **under same c.** beiliegend; **~ separate c.** mit getrennter/gleicher Post
to extend/give cover *(Vers.)* Deckungsschutz gewähren; **to furnish c.** Deckung anschaffen; **~ with c.** mit Deckung versehen; **to get c. for sth.** etw. versichern (lassen); **to lodge sth. as c.** etw. als Deckung hinterlegen; **to operate without c.** ohne Deckung arbeiten, ungedeckte Transaktionen vornehmen; **to provide c.** 1. Deckung (ver-/an)schaffen/gewähren/besorgen/beschaffen; 2. *(Vers.)* (Deckungs)Schutz gewähren; **~ c. for a bill** Wechsel decken; **~ with c.** mit Deckung versehen; **to serve as c.** als Deckung dienen; **to take out c. for sth.** Versicherung für etw. abschließen, etw. versichern
additional cover *(Effektenlombard)* zusätzliche Deckung, Nachschuss(zahlung) *m/f*, Nachzahlung *f*; **to call for ~ c.** Nachschusszahlung fordern; **all-inclusive c.** Pauschal(ab)deckung *f*; **all-risks c.** volle Deckung; **automatic c.** *(Vers.)* gleitende Summenanpassung; **comprehensive c.** umfassenender/voller Versicherungsschutz, Vollkaskoversicherung *f*, Globaldeckung *f*; **part-comprehensive c.** Teilkaskoversicherung *f*; **deficient c.** Unterdeckung *f*; **excess c.** Überdeckung *f*; **extended c.** prolongierte Versicherung, zusätzlicher Versicherungsschutz; **financial c.** Finanzdecke *f*, F.deckung *f*; **fixed-interest c.** Verhältnis Reingewinn zu Festzinsen und Dividenden; **forward c.** Wechselkursabsicherung *f*, Kurs-, Terminsicherung *f*; **full c.** volle Deckung; **hard c.** 📖 fester Einband, Leineneinband *m*; **immediate c.** sofortiger Versicherungsschutz; **loose c.** Schutzhülle *f*; **metallic c.** 1. Metallüberzug *m*; 2. Metallabdeckung *f*; **normal/standard c.** Standarddeckung *f*; **open c.** Generalpolice *f*, laufende/offene Police; **partial c.** Teildeckung *f*; **phased c.** Abschnittdeckung *f*; **under plain c.** in neutralem Umschlag; **protective c.** 1. Schutzhülle *f*; 2. Schutzdeckel *m*; **provisional c.** 1. *(Vers.)* vorläufige Deckung(szusage); 2. einstweiliger Schutz; **requisite c.** erforderliche Deckung; **restricted c.** eingeschränkte Versicherung; **seamless c.** totale Deckung; **under separate c.** mit getrennter Post, in besonderem Umschlag; **substitute c.** Ersatzdeckung *f*; **top c.** Deckel *m*; **transparent c.** Klarsichthülle *f*, durchsichtige Hülle; **unqualified c.** *(Vers.)* volle Deckung

cover *v/t* 1. (ab)decken, bedecken, eindecken, zudecken; 2. (ab)sichern, versichern, rückdecken, Deckung anschaffen, schützen; 3. *(Kosten)* bestreiten; 4. umfassen, erfassen, einschließen, beinhalten, sich erstrecken auf, enthalten; 5. *(Verkauf)* zuständig sein für, bearbeiten, betreuen, *(Vertreter)* bereisen; **c. for** jdn vertreten, für jdn einspringen; **c. o.s.** sich versichern; **~ forward** sich für die Zukunft absichern, Deckungsgeschäft abschließen; **c. up** 1. verheimlichen, verschleiern, vertu-

schen; 2. über-, bedecken; 3. verdecken, verdunkeln, verbergen
coverable *adj* *(Vers.)* deckungsfähig
cover account Deckungskonto *nt*; **c. address** Deckadresse *f*
coverage *n* 1. Versicherungs-, Deckungs-, Risikoschutz *m*, Versicherungsumfang *m*; 2. Marktabdeckung *f*, M.durchdringung *f*; 3. *(Werbung)* Reichweite *f*, erfasster Personenkreis, Verbreitung *f*, Streubreite *f*, S.dichte *f*; 4. Verhältnis Gewinnn vor Steuern und Zinsen für Festverzinsliche; 5. 🖩 Erhebungsgebiet *nt*; 6. *(Presse)* Berichterstattung *f*; **c. of demand** Bedarfsdeckung *f*; **c. of an insurance** Versicherungsumfang *m*, Umfang einer Versicherung
area-wide coverage Flächendeckung *f*; **blanket c.** Pauschalabdeckung *f*; **catastrophic c.** Extremkostenversicherung *f*; **comprehensive c.** Vollkasko(übernahme) *nt/f*, V.schutz *m*, Deckung gegen alle Schäden und Gefahren, Pauschalabdeckung *f*, pauschaler Versicherungsschutz; **part ~ c.** Teilkaskoschutz *m*; **extended c.** erweiterter/zusätzlicher Versicherungsschutz; **additional ~ c.** Nachversicherung gegen zusätzliche Risiken; **excess c.** Selbstbeteiligung(sklausel) *f*; **full c.** 1. volle Deckung/Risikoübernahme; 2. *(Presse)* lückenlose Berichterstattung; **intensive c.** Intensivwerbung *f*; **multiple c.** gemischte Versicherung; **partial c.** *(Vers.)* Teildeckung *f*; Teilkaskoschutz *m*; **~ insurance** Teilkaskoversicherung *f*; **provisional c.** vorläufige Deckung(szusage); **restricted c.** eingeschränkte Versicherung
coverage analysis Ermittlung der idealen Bestandshöhe; **c. cost(s)** Streu(ungs)kosten; **c. deposit** Deckungsguthaben *nt*; **c. ratio** (Ab)Deckungsquote *f*; **c. requirement** Deckungserfordernis *nt*
substitute cover assets Ersatzdeckungswerte; **c. clause** *(Vers.)* Deckungsklausel *f*; **c. design** 📖 Titelbild *nt*
covered *adj* 1. *(Börse)* eingedeckt, kursgesichert; 2. versichert, abgedeckt; **not c.** ungedeckt; **to be c. (by)** gedeckt sein (durch), Deckung in Händen haben; **fully c.** voll gedeckt/versichert
cover funds Deckungsbestand *m*, D.fonds *m*, D.masse *f*, D.mittel *pl*, D.stock *m*, D.vermögen *nt*; **eligible for c. f.** deckungsstockfähig; **c. f. assets** Deckungsstockvermögen *nt*
cover girl Titelschönheit *f*
covering *n* 1. Bezug *m*, Hülle *f*; 2. Absicherung *f*, (Ab)Deckung *f*; 3. Kurssicherung *f*, Deckungskauf *m*, (Positions)Eindeckung *f*, Schließen einer offenen Position; 4. *(Obligation)* Rendite *f*; 5. *(Vers.)* Deckung *f*, Indeckungnahme *f*; 6. ✥ Umkleidung *f*; **c. of capital liabilities** Kapitaldeckung *f*; **~ costs** Kostendeckung *f*; **~ financial requirements** Finanzbedarfsdeckung *f*; **short c.** Deckung im Leergeschäft, Deckungskauf *m*
covering assets Deckungswerte; **c. capital** Deckungskapital *nt*; **c. deed** Deckungsschein *m*, Treuhandurkunde *f*; **c. entry** *(Geschäftsfall)* Gesamtverbuchung *f*, fiktive Buchung; **c. funds** Deckungsmittel *nt*; **c. letter** Begleitbrief *m*, B.schreiben *nt*, Anschreiben *nt*; **c. note** 1. *(Vers.)* vorläufige Deckungszusage; 2. *(Feuervers.)*

Mantelnote *f*; **c. order** Deckungsauftrag *m*; **c. purchase** Deckungskauf *m*; **c. reserves** Deckungsrückstellungen; **c. transactions** Deckungs-, Sicherungsgeschäft *nt*; **c. warrant** Deckungsverfügung *f*
blanket cover insurance Pauschalversicherungspolice *f*; **c. letter** Begleitbrief *m*, B.schreiben *nt*, Anschreiben *nt*; **c. limit** Deckungsgrenze *f*, **c. margin** Deckungsspanne *f*; **c. note** (*Vers.*) Deckungsbestätigung *f*, D.note *f*, vorläufige D.zusage, Versicherungsbestätigung *f*, Versicherungsdoppel-, Bestätigungskarte *f*; **c. offered** Mantel *m* (*fig*); **c. organization** Tarnorganisation *f*; **c. photo** Umschlagfoto *nt*; **c. picture** Umschlagbild *nt*; **c. plate** ✪ Abdeckplatte *f*; **c. price** 1. Zeitungspreis *m*; 2. (*Buch*) empfohlener Ladenpreis; **c. ratio** 1. (*Banknoten*) Deckungsverhältnis *nt*, D.quote *f*, D.rate *f*, D.satz *f*; 2. (*Bilanz*) Deckungsstruktur *f*; **c. register** Deckungsregister *nt*; **c. reserve** Deckungsrücklage *f*; **c. restriction** Deckungsbeschränkung *f*; **c. shortage** Unterdeckung *f*; **c. stock** schweres Faserpapier, **c. story** Titelgeschichte *f*
covert *adj* verborgen, heimlich, versteckt
coverture *n* [§] Familienstand der Ehefrau
cover-up *n* Verheimlichung *f*, Vertuschung *f*
covet *v/t* begehren; **c.ous** *adj* begehrlich
covision *n* gemeinschaftliche Fernsehempfangsanlage
cow *n* Kuh *f*; **mad c. discase** Rinderwahnsinn *m* (BSE); **sacred c.** (*fig*) heilige Kuh (*fig*)
cow *v/t* einschüchtern
coward *n* Feigling *m*; **c.ice** Feigheit *f*; **c.ly** *adj* feige
cowboy *n* (*coll*) 1. unseriöser Unternehmer; **c.** Akkordbrecher *m*; **c. builder** (*coll*) unseriöser Bauunternehmer; **c. operator** (*coll*) 1. unseriöser Unternehmer/Betreiber; 2. schwarzes Schaf (*fig*); **c. outfit** (*coll*) windiges Unternehmen
cowcatcher *n* [*US*] 🚂 Schienenräumer *m*
cow|herd *n* Kuhhirte *m*; **c.hide** *n* Rindsleder *nt*; **c.man** *n* 🐄 1. Melker *m*, Schweizer *m*; 2. [*US*] Vieh-, Rinderzüchter *m*; **c.shed** *n* Kuhstall *m*
co-worker *n* Mitarbeiter(in) *m/f*
Cr (credit) Haben *nt*
crack *n* 1. Riss *m*, Bruch *m*, Sprung *m*, Knacks *m*; 2. Spalt(e) *m/f*, Ritze *f*; 3. Schlag *m*; 4. Knall *m*; **at the c. of dawn** (*coll*) in aller Hergottsfrühe (*coll*); **c. of a pistol** Pistolenschuss *m*; **to paper over the c.s** (*fig*) Risse verkleistern (*fig*)
crack *v/ti* 1. knacken, brechen, bersten; 2. 🕳 kracken; **c. down (on s.th.)** hart/energisch durchgreifen, (gegen etw.) scharf vorgehen, einer Sache einen Riegel vorschieben; **c. up** 1. (*coll*) sich auflösen, auseinanderfallen; 2. Nervenzusammenbruch haben
crackdown *n* energisches Durchgreifen, Razzia *f*
cracked *adj* rissig; **to be c.** gesprungen sein, Sprung haben
cracker *n* Knallkörper *m*
to get cracking *adj* (*coll*) sich auf die Socken machen (*coll*)
cracking *n* ⚙ Spaltung *f*; **c. plant** Spalt-, Krackanlage *f*
crackle *v/i* 1. knistern; 2. 🕳 knacken
crackpot *n* [*GB*] (*coll*) Spinner *m*; **c. idea** Schnapsidee *f* (*coll*)

crack-up *n* Zusammenbruch *m*
cradle *n* 1. Wiege *f*; 2. 📞 Telefongabel *f*; 3. ✪ Korb *m*, Schwingtrog *m*; **from the c. to the grave** von der Wiege bis zur Bahre
craft *n* 1. Boot *nt*, Schiff *nt*; 2. (Kunst)Gewerbe *nt*, Handwerk *nt*, Handwerksberuf *m*; 3. Fertigkeit *f*; 4. List *f*; **to master a c.** Handwerk beherrschen
local craft|s ortsansässiges/heimisches Gewerbe; **seagoing c.** seetüchtiges Boot; **service-rendering c.** Dienstleistungshandwerk *nt*, dienstleistendes Handwerk
craft apprentice gewerblicher Lehrling, Handwerkslehrling *m*; **c. apprenticeship** gewerbliche Lehre, Handwerkslehre *f*; **c. certificate** Facharbeiterbrief *m*; **c. etc. clause; c. & c. clause** Leichter-(usw.)klausel *f*; **c.s code** Handwerksordnung *f*; **c. guild** Handwerkervereinigung *f*, H.gemeinschaft *f*, Handwerks-, Handwerkerinnung *f*; **~ health insurance** Innungskrankenkasse *f*
craftiness *n* Schläue *f*
craft organization Handwerksorganisation *f*; **c. products** handwerkliche Erzeugnisse; **c. shop** Kunstgewerbeladen *m*
craftsman *n* 1. (gelernter) Facharbeiter, Handwerker *m*; 2. (*Handwerk*) Gewerbetreibender *m*; **craftsmen class** Handwerkerstand *m*; **craftsmen's cooperative** Handwerksgenossenschaft *f*; **~ business/establishment** handwerklicher Betrieb, Handwerksbetrieb *m*; **~ insurance** Handwerkerversicherung *f*
craftsmanship *n* 1. handwerkliches Können, (Kunst) Fertigkeit *f*, Geschicklichkeit *f*; 2. hervorragende/vorzügliche Arbeit, Wertarbeit *f*; **excellent c.** hervorragende Ausführung
craft trainee gewerbliche(r) Auszubildende(r)
craft union Fach(arbeiter)-, Berufsgewerkschaft *f*; **c. worker** [*US*] Facharbeiter *m*
crafty *adj* schlau, gerissen, gewieft; **to be a c. one** (*coll*) es faustdick hinter den Ohren haben (*coll*)
cram *v/t* 1. (voll)stopfen; 2. (*Lehrkraft*) einpauken, büffeln (*coll*); **c. into** hineinstopfen, h.pferchen
crammed (full) *adj* vollbesetzt, brechend voll, prall gefüllt
cram|mer *n* Einpauker *m*, Nachhilfelehrer(in) *m/f*, Repetitor *m*; **c.ming** *n* Nachhilfe *f*
cramp *n* 1. 💲 Krampf *m*; 2. ✪ Klammer *f*, Zwinge *f*; **c.ed** *adj* verkrampft, beengt
cranage *n* Krangebühren *pl*, K.geld *nt*
crane *n* Kran *m*; **erecting c.** Montagekran *m*; **floating c.** Schwimmkran *m*; **hoisting/lifting c.** Hebekran *m*; **loading c.** Ladekran *m*; **mobile c.** Mobilkran *m*; **rotary c.** Drehkran *m*; **travelling c.** Fahr-, Lauf-, Rollkran *m*, fahrbarer Kran
crane driver; c. operator Kranführer *m*; **c. dues** Krangeld *nt*; **c. jib** Kranausleger *m*
cranium *n* 💲 Schädel *m*
crank *n* 1. (*coll*) Spinner *m* (*coll*); 2. ✪ Kurbel *f*; **c. case** ⚙ Kurbelgehäuse *f*; **c. handle** Kurbel *f*; **c.shaft** *n* ⚙ Kurbelwelle *f*
cranky *adj* (*coll*) verrückt

crash *n* 1. Krachen *nt*; 2. *(fig)* Zusammenbruch *m*, Ruin *m*, Pleite *f*; 3. *(Börse)* Kurseinbruch *m*; 4. ⇔ Zusammenstoß *m*, Karambolage *f*; 5. ✈ Absturz *m*; 6. 🖳 Absturz *m*; **multiple c.** Massenkarambolage *f*
crash *v/i* 1. ⇔ zusammenstoßen, karambolieren; 2. ✈ abstürzen, zerschellen; 3. *(coll)* pleite/in Konkurs gehen, Bruch machen; 4. *(coll) (Wirtschaft)* zusammenbrechen
crash barrier ⇔ Leitplanke *f*, **c. course** Schnell-, Intensiv-, Crashkurs *m*, Schnellausbildung *f*; **c. diet** Radikalkur *f*; **c. helmet** Sturz-, Schutzhelm *m*
crash-land *v/i* ✈ bruchlanden; **c.-l.ing** *n* Bruchlandung *f*
crash point Punkt der Minimaldauer; **c. program(me)** Sofort-, Intensiv-, Blitzprogramm *nt*; **c. reaction** Sofortreaktion *f*; **c. repair** ⇔ Unfallreparatur *f*, Reparatur von Unfallschäden; **c. time** absolute Minimalfrist; **c. training** Schnellausbildung *f*
crate *n* 1. (Bretter-/Latten)Kiste *f*, (Holz-/Latten)Verschlag *m*, (Flaschen)Kasten *m*, Harass *m*; 2. ✈ *(coll)* altes/unsicheres Flugzeug; **by the c.** harrassweise; **to prize open a c.** Kiste aufbrechen
crate *v/t* in (Latten)Kisten verpacken
crating *n* Kistenverschlag *m*
craving *n* Verlangen *nt*, Lust *f*, Sehnsucht *f*; **c. for prestige** Geltungsbedürfnis *nt*; ~ **sensation** Sensationsbedürfnis *nt*
crawl *n* 1. Kriechen *nt*; 2. Schneckentempo *nt*; **to be reduced to a c.** ⇔ sich nur langsam fortbewegen
crawl *v/i* 1. kriechen; 2. ⇔ Schritt fahren, sich langsam fortbewegen; **c. with sth.** von etw. wimmeln
crawler *n* 1. *(pej)* Kriecher *m*; 2. Raupenfahrzeug *nt*, Transportraupe *f*; **c. lane** ⇔ Kriechspur *f*
crayon *n* Mal-, Bunt-, Kreide-, Farb-, Zeichenstift *m*
craze *n* 1. Fimmel *m (coll)*; 2. fixe Idee, große Mode, Modetorheit *f*; **latest c.** letzter Modeschrei; **passing c.** Eintagsfliege *f (fig)*
crazy *adj* verrückt, toll; **to be c. about so./sth.** für jdn/etw. schwärmen
creak *v/i* knarren, quietschen
cream *n* 1. Sahne *f*, Rahm *m*; 2. *(fig)* Creme *f*, Elite *f*; 3. 💲 Salbe *f*; **to skim off the c.** Rahm/Fett abschöpfen
cream off *v/t (fig)* absahnen *(coll)*, Rahm/Fett abschöpfen *(fig)*
creamery *n* Molkerei *f*
cream skimming *(fig)* Rahmabschöpfen *nt (fig)*, Rosinenpicken *nt (fig)*
creamy *adj* sahnig
crease *n* (Bügel)Falte *f*, Knick *m*, Kniff *m*; *v/t* knittern, knicken; **c.-proof; c.-resistant** *adj* knitterfrei, k.fest
create *v/t* gestalten, hervorbringen, kreieren, erzeugen, schöpfen, (er)schaffen, (be)gründen; **newly c.d** *adj* neu geschaffen/eingerichtet
creation *n* 1. Erzeugung *f*, (Er)Schaffung *f*, Gestaltung *f*; 2. Kreation *f*
creation of bank money Bankgeldschöpfung *f*; ~ **(new) capital** Kapitalbildung *f*, K.schöpfung *f*; ~ **credit** Kreditschöpfung *f*; ~ **currency** Geld-, Zahlungsmittelschöpfung *f*; ~ **the customs debt** ⊖ Entstehung der Zollschuld; ~ **a demand/need** Bedarfsauslösung *f*,

B.weckung *f*; ~ **employment/jobs** Arbeitsbeschaffung *f*, Schaffung neuer Arbeitsplätze; ~ von Arbeitsplätzen; ~ **goods and services** Leistungserstellung *f*; ~ **laws** Rechtsschöpfung *f*; ~ **a lien** Pfand(recht)bestellung *f*; ~ **liquidity** Liquiditätsschöpfung *f*; ~ **money** Geld(mittel)schöpfung *f*; ~ **money by sovereign act** hoheitliche Geldschöpfung; ~ **money capital** Geldkapitalbildung *f*; ~ **a mortgage** Hypothekenbestellung *f*, Bestellung einer Hypothek; ~ **needs** Bedarfsweckung *f*; ~ **purchasing power** Kaufkraftschöpfung *f*; ~ **reserves** Rücklagen-, Reservenbildung *f*, Bildung von Rücklagen; ~ **a right** Begründung eines Rechts; ~ **shares** *[GB]* /**stocks** *[US]* Begebung von Aktien; ~ **training openings** Schaffung von Ausbildungsplätzen; ~ **a trust** Treuhanderrichtung *f*
creative *adj* schöpferisch, kreativ, gestaltend, gestalterisch
creativeness; creativity *n* Kreativität *f*, Gestaltungsreichtum *m*
creator *n* 1. Schöpfer *m*; 2. *(Wertpapier)* Aussteller *m*
creature *n* Kreatur *f*, Geschöpf *nt*; **c. of habit** *(coll)* Gewohnheitstier *nt (coll)*; **c. comforts** materielle Annehmlichkeiten, Annehmlichkeiten des Leben, leibliches Wohl
crèche *n* *(frz.)* Kinderhort *m*, K.krippe *f*, K.tagesstätte *f*
credence *n* Glaube *m*, Glaubwürdigkeit *f*; **to attach/give c. to sth.** einer Sache Glauben schenken; **to lend c. to sth.** etw. glaubwürdig erscheinen lassen
credentials *pl* 1. Referenzen, Zeugnisse, Beglaubigungs-, Empfehlungsschreiben *nt*, Bescheinigung *f*, Befähigungsnachweis *m*, Ausweispapiere; 2. Glaubwürdigkeit *f*, Ansehen *nt*; **to present one's c.** *(Diplomatie)* Antrittsbesuch machen; **to verify the c.** Mandat prüfen; **impeccable c.** einwandfreie Referenzen
credibility *n* Glaubwürdigkeit *f*, G.haftigkeit *f*, Aussagewert *m*; **c. of the witness** Glaubwürdigkeit des Zeugen; **c. gap** Mangel an Glaudwürdigkeit, Glaubwürdigkeitslücke *f*
credible *adj* glaubwürdig, g.haft
credit *n* 1. Haben(saldo) *nt/m*, Guthaben *nt*, G.schrift *f*; 2. Kredit *m*, Darlehen *nt*; 3. Kreditwürdigkeit *f*, Bonität *f*; 4. Kreditbrief *m*, Akkreditiv *nt*; 5. *(Steuer)* abzugsfähiger/anrechnungsfähiger Betrag, Freibetrag *m*; 6. Glaubwürdigkeit *f*, Zuverlässigkeit *f*; 7. Anerkennung *f* Ehre *f*; 8. Verdienst *nt*; **c.s** *(Film)* (Titel)Vorspann *m*, Nachspann *m*
in credit im Plus, in den schwarzen Zahlen *(fig);* **for c.** zur Gutschrift; ~ **the c. of** zu Gunsten von; **on c.** auf Kredit/Pump *(coll)*; **by way of c.** auf dem Kreditwege
credit on account Anschreibkredit *m*; **to the c. of my account** zu meinen Gunsten; **c. on current account** Kontokorrent-, Buchkredit *m*, Kredit in laufender Rechnung; ~ **joint account** Metakredit *m*; **c. guaranteed by assignment of debts** durch Abtretung von Forderungen gesicherter Kredit; **c. on bills** Wechselkreditvolumen *nt*; ~ **on call** kündbarer Kredit; **c. against collateral** *[US]* Kredit gegen Sicherheit; **c. opened in a foreign country** Auslandsakkreditiv *nt*; **c.s and debits** Soll und Haben, Kreditoren und Debito-

ren, Gutschriften und Lastschriften; **c. of unlimited duration** unbefristetes Darlehen; **c. on real estate** Boden-, Grund-, Realkredit *m*; **~ farm land/property** landwirtschaftlicher Grundkredit, (langfristiger) Agrarkredit; **c. to finance the start-up** Anlaufkredit *m*; **c. for financing stocks** Vorratskredit *m*; **c. on goods** Warenkredit *m*; **~ grain** Getreidekredit *m*; **c. by way of guarantee** Avalkredit *m*; **c. granted by the insurance company** Versicherungskredit *m*; **c. for accrued interest** Zinsgutschrift *f*; **c. at reduced interest rates** Kredit zu verbilligtem Zinssatz, zinsverbilligter Kredit; **c. of ... million** Millionenkredit *m*; **c. on a mortgage** hypothekarisch gesicherter Kredit, Immobiliarkredit *m*; **total c.s to non-banks** kommerzielles Kreditvolumen; **c. on landed property** Boden-, Grundkredit *m*; **c. against security** Kredit gegen Sicherheit; **c. against/based on securities** Lombarddarlehen *nt*, Lombard-, Wertpapierkredit *m*, wertpapiergesicherter Kredit, **c. for storage** Bevorratungskredit *m*; **c. in use** in Anspruch genommener Kredit; **c. against warehouse receipt** Kredit gegen Lagerschein **not affecting credit** kreditneutral; **granting c.** Zielgewährung *f*; **bought on c.** auf Ziel/Kredit gekauft; **ready to grant c.** kreditbereit; **granting c.** Kreditierung *f*; **obtaining c. under false pretences** Kreditbetrug *m*; **opening a c.** Eröffnung/Gestellung eines Akkreditivs; **unworthy of c.** kreditunwürdig; **at one month's c.** auf 1 Monat Ziel; **the tree C's of c.: character, capital and capacity** drei Kriterien für die Kreditgewährung: Charakter, Kapital und Leistungsfähigkeit
to accord/advance/allow a credit Darlehen/Kredit gewähren, Zahlungsziel/Kredit einräumen; **to amortize a c.** Kredit tilgen/zurückzahlen; **to apply for c.** Kreditgesuch einreichen, Kredit beantragen, um einen ~ nachsuchen; **to arrange a c.** Kredit aufnehmen; **to ask for (a) c.** Kredit beantragen/nachfragen; **to avail o.s. of a c.** Kredit in Anspruch nehmen; **to be a c. to so.** jdm zur Ehre gereichen; **to be in c.** schwarze Zahlen schreiben, im Haben stehen; **to block/freeze a c.** Kredit sperren; **to buy on c.** auf Kredit/Rechnung/Pump *(coll)* kaufen; **to cancel a c.** Kredit annullieren/streichen; **to clamp down on c.s** *(VWL)* Kreditbremse ziehen *(fig)*; **to clear a c.** Kredit bezahlen/abtragen; **to confirm a c.** Akkreditiv bestätigen; **to create c.** Kredit schöpfen; **to curtail a c.** Kredit kürzen; **to cut off a c.** Kredit sperren, Kredithahn zudrehen *(fig)*; **to deal in c.s** Kredite vergeben; **to deserve c.** Anerkennung verdienen; **to do so. c.** jdm zur Ehre gereichen; **to draw on a c.** Teil eines Kredits in Anspruch nehmen; **to enter to so.'s c.** jdm gutschreiben; **to enjoy c.** Kredit genießen; **to establish a c.** Akkreditiv eröffnen/stellen; **to exceed a c.** Kredit überziehen; **to extend a c.** Kredit gewähren/einräumen/verlängern, Zahlungsziel einräumen, Kreditverlängerung gewähren; **to give so. c. for sth.** jdm etw. hoch anrechnen, jds Verdienst um etw. anerkennen; **~ c. to sth.** einer Sache (guten) Glauben schenken; **to grant (a) c.** Kredit bewilligen/einräumen/(ver)geben/gewähren, Zahlungsziel einräumen/gewähren, kreditieren; **to handle/manage a c.** Kredit bearbeiten;

to issue a c. Akkreditiv eröffnen/stellen; **to keep c. tight** Geld knapp halten; **to live on c.** auf Kredit/Pump *(coll)* leben; **to make c. dearer** Kredit/Geld verteuern; **~ c. easier** Geld billiger machen, Krediterleichterungen einführen; **to obtain a c.** Kredit aushandeln; **to obtain a c.** sich einen Kredit verschaffen, Darlehen/Kredit erhalten; **~ a c. by fraud** Kredit erschleichen; **to open a c.** Akkreditiv eröffnen/stellen/hinauslegen; **~ in so.'s favour** jdm ein Akkreditiv einräumen; **~ by letter** Akkreditiv brieflich eröffnen; **to order on c.** auf Kredit bestellen; **to overdraw a c.** Kredit überziehen; **to pass to the c.** gutschreiben, Gutschrift erteilen; **to pay to so.'s c.** zu jds Gunsten einzahlen; **to place sth. to so.'s c.** jdm etw. gutschreiben; **to raise a c.** Kredit aufnehmen; **to redeem a c.** Kredit tilgen/zurückzahlen; **to refuse c.** Einräumung eines Zahlungsziels/der Kreditgewährung verweigern, Kredit(gewährung) verweigern; **to renew a c.** Kredit verlängern/prolongieren; **to repay a c.** Kredit tilgen/zurückzahlen/abdecken; **to restrict a c.** Kredit einschränken; **to revoke a c.** Kredit zurückziehen/kündigen; **to secure a c.** sich einen Kredit verschaffen; **to sell on c.** auf Kredit/Zeit verkaufen; **to take a c.** Kredit aufnehmen/in Anspruch nehmen; **~ c. for sth.** sich etw. als Verdienst anrechnen; **~ on c.** auf Kredit/Pump *(coll)* kaufen, anschreiben lassen; **to tighten c.s** Kredite verknappen; **to transfer a c.** Kredit übertragen; **to use (up)/utilize a c.** Kredit ausschöpfen/aufbrauchen; **~** (in voller Höhe) in Anspruch nehmen; **to waive a c.** auf einen Kredit verzichten; **to withdraw a c.** Kredit zurückziehen/kündigen

actuarial credit Versicherungskredit *m*; **additional c.** Zusatzkredit *m*; **advance c.** Vorschuss *m*, Vorauszahlung *f*; **agricultural c.** Boden-, Agrarkredit *m*, landwirtschaftlicher Kredit; **all-in c.** pauschales Darlehen; **anticipatory c.** 1. Vorauszahlung der Akkreditivsumme, Akkreditivbevorschussung *f*; 2. Versandbereitstellungskredit *m*; **assignable c.** 1. übertragbares/ausweisbares Akkreditiv; 2. übertragbarer Kredit; **authorized c.** 1. genehmigter Kredit; 2. Kreditspielraum *m*; **automatic c.** Kreditautomatismus *m*; **back-to-back c.** Gegen-, Zweit-, Unterakkreditiv *nt*; **~ c.s** wechselseitige Firmenkredite; **ballooning c.** Kredit zu progressiven Tilgungsraten; **big c.** Großkredit *m*; **blank c.** Blanko-, Akzeptationskredit *m*, offener Kredit, Blankovorschuss *m*; **blanket c.** Global-, Rahmenkredit *m*; **cheap c.** Billigkredit *m*, billiger Kredit; **clean c. (c/c)** 1. Bar-, Blankokredit *m*; 2. einfaches Akkreditiv, Bank-, Barakkreditiv *nt*, nicht dokumentarisch gesicherter Trassierungskredit/Kreditbrief; **collateral c.** *[US]* gedeckter/(ab)gesicherter Kredit, Sachkredit *m*, Lombarddarlehen *nt*, L.kredit *m*

commercial credit Handels-, (kurzfristiger) Waren-, Geschäfts-, Wirtschafts-, Normalkredit *m*, Bankrembours *m*; **sound ~ c.** sicherer Kredit; **~ c. company** Kreditbank *f*; **~ c. department** Warenkredit-, Rembourenabteilung *f*; **~ c. guarantee** Warenkreditbürgschaft *f*; **~ c. insurance** Warenkreditversicherung *f*

compensating/compensatory credit Ausgleichs-, Kompensationskredit *m*; **confirmed c.** 1. bestätigter

Kredit, Kreditbestätigung f; 2. bestätigtes Akkreditiv; **continuous c.** revolvierender Kredit; **cooperative c.** Genossenschaftskredit m; **countervailing c.** Gegenakkreditiv nt; **cumulative c.** kumulativer Kredit; **30 days' c.** 30 Tage Ziel; **deferred c.** 1. *[US]* Teilzahlungskredit m; 2. gestaffelter/aufgeschobener Kredit; **deferred c.s** *(Bilanz)* Rechnungsabgrenzungsposten, antizipative Guthaben, transitorische Aktiva; **direct c.** gebundener Kredit; **divisible c.** teilbares Akkreditiv
documentary credit Dokumenten-, Dokumentarakkreditiv nt, dokumentäres Akkreditiv, Akkreditiv mit Dokumentenaufnahme, Dokumentenkredit m, dokumentarisch gesicherter Trassierungskredit; **irrevocable ~ c.** unwiderruflicher Kreditbrief, unwiderrufliches Dokumentenakkreditiv; **non-bank ~ c.** Firmenrembours m; **revocable ~ c.** widerruflicher Kreditbrief, widerrufliches Dokumentenakkreditiv; **~ c. debtor** Remboursschuldner(in) m/f; **~ c. business** Akkreditivgeschäft nt; **~ c. transaction(s)** Remboursgeschäft nt
documented credit Dokumentenkredit m; **domestic c.** Inlandskredit m; **extended c.** verlängerter/prolongierter Kredit; **financial c.** Bar-, Kassen-, Finanzkredit m; **first-rate c.** erstrangiger Kredit; **fixed-rate c.** Festsatzkredit m; **flat c.** zinsfreies/zinsloses Darlehen, zinsloser Kredit; **flow-through c.** Durch-, Weiterleitungskredit m, durchlaufender Kredit; **foreign c.** Auslandskredit m; **fresh c.** neuer/neu aufgenommener Kredit; **frozen c.** gesperrter/eingefrorener Kredit; **full c.** uneingeschränkte Anrechnung; **further c.** Zusatzkredit m; **general c.** 1. Negoziierungskredit m; 2. allgemeiner Leumund; **government-backed c.** staatsverbürgter Kredit; **global c.** Rahmenkredit m; **guaranteed c.** Bankbürgschaft f, Aval-, Bürgschaftskredit m, durch Bürgschaft gesicherter/gedeckter Kredit; **holdover c.** Überbrückungskredit m; **inclusive c.** pauschales Darlehen; **individual c.** Klein-, Personalkredit m; **indivisible c.** unteilbares Akkreditiv; **industrial c.** Industriekredit m; **interbank c.s** Bank-zu-Bank-Kredite; **interim/intermediate c.** Überbrückungs-, Zwischenkredit m, mittelfristiger Kredit; **interlocking c.s** Kreditverflechtung f; **irrevocable c.** 1. unkündbarer Kredit; 2. unwiderrufliches Akkreditiv; **~ and confirmed documentary c.** unwiderrufliches und bestätigtes Akkreditiv; **(un)confirmed ~ c.** (un)bestätigtes unwiderrufliches Akkreditiv; **joint c.** Konsortialkredit m; **~ and several c.** Gemeinschaftskredit m; **limited c.** Kredit in begrenzter Höhe, begrenzter Kredit; **local c.** Platzkredit m; **long(-term) c.** langfristiger Kredit; **low-interest c.** (zins)verbilligter Kredit; **matching c.** Darlehen in gleicher Höhe; **medium-term c.** mittelfristiger Kredit; **mercantile c.** Waren-, Lieferantenkredit m; **mixed c.** Mischkredit m; **monetary c.** Geld-, Monetärkredit m; **multi--million c.** Millionenkredit m; **municipal c.** Darlehen einer städtischen Leihanstalt; **negotiable c.** negoziierbares/übertragbares Akkreditiv; **non-recourse c.** unkündbarer/ nicht kündbarer Kredit; **non-institutionalized c.** Privatkredit m; **non-interest-bearing c.** zinsloses Darlehen; **offset c.** Verrechnungskredit m; **omnibus c.** 1. Pauschalkredit m; 2. großer Warenkredit; **open c.** 1. offener/blanko eingeräumter/ungedeckter Kredit, Blanko-, Kontokorrentkredit m; 2. nicht dokumentarisch gesicherter Trassierungskredit; **opening c.** Ankurbelungs-, Anlaufkredit m; **operational c.** Betriebsmittelkredit m; **ordinary c.** gewöhnliches Darlehen; **outstanding c.** ausstehende Forderung(en); **overdrawn c.** überzogener Kredit; **parallel c.** Parallelkredit m; **passed-on c.** durchgeleiteter Kredit; **permanent c.** 1. Dauerkredit m; 2. Dauerkkreditiv nt; **perpetual c.** unbefristeter Kredit; **personal c.** Klein-, Privat-, Personalkredit m; **plastic c.** *(Kreditkarte)* Plastikkredit m; **preliminary c.** Vorfinanzierungs-, Vorschaltkredit m; **productive c.** Anlagekredit m; **public c.** öffentliche Anleihe; **pump-priming c.** Ankurbelungs-, Anlaufkredit m; **reciprocal c.** Gegenkredit m; **revocable c.** 1. widerruflicher Kredit; 2. widerrufbares Akkreditiv; **red-clause c.** Akkreditivbevorschussung f; **repayable c.** rückzahlbarer Kredit; **revolving/roll-over c.** 1. Revolver-, Revolving-, Roll-over-Kredit m, sich automatisch erneuernder/wiederauflebender/revolvierender/ kurzfristig finanzierter/langfristiger Kredit; 2. revolvierendes Akkreditiv; **rural c.** Boden-, Agrarkredit m, landwirtschaftlicher Kredit; **seasonal c.** Saisonkredit m; **secondary c.** Gegenakkreditiv nt; **secured c.** Bürgschafts-, Realkredit m, (durch Bürgschaft) gesicherter/gedeckter Kredit; **self-liquidating c.** sich selbst abwickelnder Kredit; **shaky c.** unsicherer Kredit; **short(-term) c.** Kurz-, Überbrückungskredit m, kurzfristiger Kredit; **small-scale c.** Klein-, Verbraucherkredit m; **special c.** Sonderkredit m; **speculative c.** Spekulationskredit m; **standby c.** Bereitstellungs-, Stützungs-, Beistandskredit m, Überbrückungsdarlehen nt; **standing c.** laufender Kredit; **starting c.** Anlauf-, Ankurbelungskredit m; **straight c.** Akkreditiv zur Verfügung für eine bestimmte Bank, normales Akkreditiv; **subsidized c.** Kredit zu verbilligtem Zinssatz, zinsverbilligter Kredit; **supplementary c.** Ergänzungs-, Nachtrags-, Zusatzkredit m; **syndicated c.** Konsortial-, Gemeinschaftskredit m, konsortial gewährter Kredit; **temporary/tide-over c.** Zwischen-, Überrückungskredit m; **tied c.** gebundener Kredit, **tight c.** Kreditknappheit f; **total c.** (gesamtes) Kreditvolumen; **transferable c.** 1. übertragbarer Kredit; 2. übertragbares Akkreditiv; **transitory/transmitted c.** Weiterleitungs-, Durchleitkredit m, durchlaufender Kredit; **unconditional c.** nicht (zweck)gebundener Kredit; **uncovered c.** ungesicherter/ungedeckter Kredit, Blankokredit m; **unimpaired c.** ungeschmälerter Ruf; **unlimited c.** unbeschränkter/unbegrenzter Kredit; **unpaid c.s** Zusageüberhang m; **unsecured c.** ungesicherter/ungedeckter Kredit, Blankokredit m, B.vorschuss m; **good for ~ c.** blankokreditfähig; **unsound c.** unsicherer Kredit; **untied c.** nicht (zweck)gebundener Kredit; **unused c.** nicht beanspruchter Kredit; **used c.** beanspruchter Kredit

credit v/t 1. gutschreiben, kreditieren, im Haben buchen, Gutschrift erteilen; 2. (an)erkennen; 3. glauben; **c. so. with sth.** jdm etw. zutrauen

creditability n Kreditfähigkeit f, K.würdigkeit f
creditable adj 1. kreditfähig, k.würdig; 2. *(Steuer)* anrechenbar; 3. achtbar, löblich
credit abuse Kreditmissbrauch m; **c. accommodation** Kreditfazilität f, K.gewährung f; **c. account** Anschreibe-, Kreditkonto nt; **c. activities** Ausleihungen; **c. advice** Haben-, Eingangsanzeige f, Gutschrift(anzeige) f; **to issue a c. advice** Gutschriftaufgabe erteilen; **c. agency** (Kredit)Auskunftei f, Kreditvermittlungsbüro nt, Kreditbewertungsagentur f
credit agreement Kreditabkommen nt, K.vertrag m, K.übereinkommen nt; **drop-lock c.a.** Kredit mit Ablöseautomatik; **individual c. a.** Einzelkreditvertrag m
credit aid/assistance Kredithilfe f; **c. allocation** Kreditbereitstellung f, K.bewilligung f, K.gewährung f, K.vergabe f, Bereitstellung von Krediten; **c. applicant** Kreditantragsteller m; **c. application** Kreditgesuch nt, K.antrag m; ~ **form** Kreditantragsformular nt; **c. approval** Kreditgenehmigung f, K.zusage f; **c. appropriation** Kreditbewilligung f; **c. arrangement** Kreditbereitstellung f; ~ **charges** Kreditbereitstellungsgebühren; **c. assessment** Beurteilung der Kreditwürdigkeit
credit association Kreditanstalt f, K.genossenschaft f; **agricultural c.** landwirtschaftliche Kreditgenossenschaft; **cooperative c. a.** Kreditgenossenschaft f
credit audit Kreditprüfung f; **c. auditor** Kreditprüfer m; **c. authorization** Kreditbewilligung f, K.genehmigung f, K.ermächtigung f
credit balance 1. Guthaben nt, Aktiv-, (Gut)Haben-, Kreditsaldo m, Giro-, Konto-, Saldoguthaben nt, kreditorischer Saldo; 2. aktive (Zahlungs)Bilanz; **c. b.s with other banks** Nostroguthaben pl; **c. b. on commission account** Provisionsguthaben nt; **acquired c. b.** erworbenes Guthaben; **initial c. b.** Anfangsguthaben nt; **net c. b.** Nettokreditsaldo m, N.guthaben nt; **remaining c. b.** Restguthaben nt; **unspent c. b.** nicht abgerufene/ausgezahlte Kreditbeträge, offene Kreditlinie
credit bank Kreditkasse f, K.bank f, K.institut nt, K.anstalt f, Darlehens-, Geschäftsbank f; **collateral c. b.** auf Lombardgeschäfte spezialisiertes Kreditinstitut; **industrial c. b.** Industriekreditbank f
credit barometrics Kreditmaßstäbe pl; **c. base** Geld-, Kreditbasis f; **c. bill** Kredit-, Finanzwechsel m; **c. boom** kreditinduzierte Konjunktur; **c. brakes** *(fig)* Kreditbremsen *(fig)*; **c. broker** Finanz(ierungs)makler m, Kreditvermittler m, K.makler m; **c. budget** Kreditplan m; **c. bureau** 1. (Kredit)Auskunftei f, 2. Kreditvermittlungsbüro nt
credit business Kreditgeschäft nt, K.verkehr m; **ancillary c. b.** Hilfs- und Nebengeschäfte im Kreditgewerbe
credit buying Kreditkauf m; **c. capacity** Kreditkapazität f
credit card Kreditkarte f; **by c. c** unbar; **to carry a c. c.** Kreditkarte innehaben; **c. c. authorization** Abbuchungsermächtigung für Kreditkarten; ~ **business** Kreditkartengeschäft nt; ~ **charge** Kreditkartengebühr f; ~ **company** Kreditkartenorganisation f; ~ **holder** Kreditkartenbesitzer(in) m/f, K.inhaber(in) m/f
credit category Kreditart f; **c. chain** Kreditkette f; **c.**

channels Kreditapparat m; **c. charges** Kreditkosten; **c. charge-off** Kreditabschreibung f; **c. check(ing)** Bonitäts-, Kreditprüfung f, Überwachung der Kreditfähigkeit; ~ **service** Kreditprüfungsdienst m; **c. ceiling** Kredit(ober)grenze f, K.plafond m; **c. and suretyship class of insurance** Kredit- und Kautionsversicherung f; **c. clearing house** [US] Vermittlungsstelle für Kreditauskünfte; **c. climate** kreditpolitisches Klima; **c. collection** Kreditinkasso nt; **c. commission** Kreditprovision f; **c. commitment** Kreditengagement nt, K.verpflichtung f, K.bewilligung f; **interim c. commitment** Vorfinanzierungszusage f; **c. committee** Kreditausschuss m; **central c. committee** zentraler Kreditausschuss; **c. concessions** Kreditvergünstigungen; **c. conditions** Kreditbedingungen, K.konditionen; **sensitive to c. conditions** kreditreagibel; **c. confirmation** Akkreditivbestätigung f; **c. consortium** Kreditkonsortium nt; **c. containment** Begrenzung der Kreditaufnahme, ~ des Kreditvolumens; **c. contraction** Kreditschrumpfung f, K.verknappung f
credit control(s) Kreditdirigismus m, K.aufsicht f, K.kontrolle f, K.regulierung f, K.überwachung f, restriktive Geldpolitik; **to ease c. c.s** kreditpolitische Bestimmungen lockern; **selective c. c.** Kreditlenkung f
credit cooperative Kreditgenossenschaft f, K.verein m; **agricultural c. c.** Raiffeisenbank f, R.kasse f, landwirtschaftliche/ländliche Kreditgenossenschaft; **industrial c. c.** Industriekreditgenossenschaft f, gewerbliche Kreditgenossenschaft; **c. c. society** Genossenschaftsbank f
credit cost(s) Kreditaufwand m, K.kosten pl, K.lasten pl; **c. cover(age)** Akkreditivdeckung f; ~ **account** Akkreditivdeckungskonto nt; **c. creation** Kreditschöpfung f; **c. crisis** Kreditkrise f; **c. crunch** *(coll)* Kreditknappheit f; **c. curb** Kreditrestriktion f, K.bremse f *(fig)*; **c. customer** Anschreibe-, Kreditkunde m; **c. decision** Kreditentscheidung f
credit demand Kreditnachfrage f; **business-sector c. d.** gewerbliche Kreditnachfrage; **corporate short-term c. d.** Bedarf der gewerblichen Wirtschaft an kurzfristigen Krediten; **private-sector c. d.** Kreditnachfrage der Privatkundschaft, private Kreditnachfrage; **c. d. function** Kreditnachfragefunktion f
credit decision Kreditentscheidung f; **c. department** 1. Darlehens-, Kreditabteilung f; 2. Warenkredit-, Informationsabteilung f; **c. disbursement** Kreditauszahlung f; **c. downgrading** Bonitätsherabstufung f
credited adj *(Konto)* gutgeschrieben, erkannt
credit element Kreditfaktor m; **c. embargo** Kreditsperre f; **c. enquiry** → **c. inquiry**; **c. entry** Gutschrift f, kreditorische Buchung, Haben-, Kreditbuchung f, Zugang m, Gläubiger-, Kreditposten m, Entlastung f; **compensatory c. entry** Ausgleichsgutschrift f
credit expansion Kreditschöpfung f, K.ausweitung f, K.expansion f, K.ausdehnung f, K.erhöhung f, Geldschöpfung f; **commercial c. e.** gewerbliche Kreditexpansion; **domestic c. e.** inländische Kreditausweitung/K.expansion f; **c. e. multiplier** Kreditschöpfungsmultiplikator m

credit expert Kreditfachmann m, K.sachverständiger m; **c. facility** Kreditrahmen m, K.linie f, K.zusage f; **c. facilities** Kreditlinien, Bank-, Kreditfazilitäten, K.apparat m; **to extend c. facilities** Kredit(e) verlängern; **long-term/short-term c. facilities** langfristige/kurzfristige Zahlungsziele; **c. factoring** (Kredit)Factoring nt; **c. fee** Kreditprovision f; **c. file/folder** Kreditakte f; **c. files** Kreditunterlagen; **c. finance/financing** Kreditfinanzierung f; **c. float** Geldbewegungen zwischen Banken; **c. flow** Kreditstrom m; **intersectoral c. flows** intersektorale Kreditströme; **c. form** Kreditformular nt, K.vordruck m, K.antrag m; **c. formation** Kreditschöpfung f; **c. fraud** Kreditschwindel m, K.betrug m; **c. freeze** Kreditstopp m, K.sperre f; **~ policy** Politik der Kreditverknappung; **mutual agricultural c. fund** Raiffeisenbank f, R.kasse f, ländliche Kreditgenossenschaft; **c. gap** Kreditlücke f; **c. granting** Kreditbewilligung f, K.bereitstellung f; **c. grantor** Kredit-, Darlehensgeber m, Aus-, Verleiher m
credit guarantee Kreditbürgschaft f, K.garantie f; **c. g. association/trust** Kreditgarantiegemeinschaft f
credit guideline Kreditrichtlinie f; **c. history** Kredit-/Zahlungsverhalten in der Vergangenheit; **c.-hungry** adj kredithungrig; **c. inflation** Kreditinflation f; **c. information** Kreditauskunft f, K.unterlagen pl, K.information f, Auskunfteibericht m, Handelsauskunft f
crediting n Kreditierung f; **c. to an account** Gutschrift f, Verrechnung f; **c. of interest** Zinsgutschrift f; **initial c.** Erstgutschrift f
credit injection Kreditpritze f; **c. input** Krediteinsatz m
credit inquiry Handels-, Kreditauskunft(sanfrage) f, Bitte um Kreditauskunft, Anfrage wegen Kreditfähigkeit; **~ agency** Handels-, Kreditauskunftei f
credit institution Kreditinstitut nt, K.anstalt f, K.bank f, K.unternehmen nt; **c. i.s** Kreditsektor m; **public c. i.** öffentlich-rechtliche Kreditanstalt; **~ c. i.s** öffentlichrechtlicher Kreditapparat; **special.-purpose c. i.** Sonderkreditinstitut nt
credit instruction Akkreditivauftrag m; **c. instrument** Kreditinstrument nt, K.papier nt, Kredit-, Finanzierungsmittel nt
credit insurance Kredit-, Darlehensversicherung f; **individual c. i.** Einzelkreditversicherung f; **c. i. company** Kreditversicherungsgesellschaft f
credit insurer Kreditversicherer m; **c. intake** Kreditaufnahme f; **net c. intake** Nettokreditaufnahme f; **c. interest** Habenzins m, Passivzinsen pl; **c. investigation** Bonitäts-, Kreditprüfung f, K.würdigkeitsanalyse f, Feststellung der Kreditwürdigkeit; **~ agency** (Kredit)Auskunftei f
credit item Aktiv-, Gutschrift-, Kredit-, Haben-, Einnahmeposten m, kreditorischer Posten; **~ of the balance of payments** Aktivposten der Zahlungsbilanz
credit ledger Kreditregister nt; **c. level** Kredithöhe f; **c. life assurance** [GB] **/insurance** [US] Todesfallversicherung als Kreditsicherheit, Risikolebensversicherung f; **c. limit** Kreditplafond m, K.(ober)grenze f, K.linie f, K.rahmen m, Höchstkredit m, eingeräumter Kredit; **c. limitation** Kreditplafondierung f, K.begrenzung f, K.beschränkung f, K.restriktion f
credit line 1. Kreditlinie f, K.(ober)grenze f, K.rahmen m, K.höchstgrenze f, K.begrenzung f, K.betrag m, K.marge f, Höhe des Kredits, eingeräumter Kredit, Überziehungs-, Rahmenkredit m; 2. Kreditplafond m, Beleihungs-, Zusagegrenze f, Z.volumen nt; 3. *(Publikation)* Herkunfts-, Quellenangabe f; **to exceed the c. l.** Kreditlinie überschreiten; **to increase the c. l.** Kreditlinie erhöhen; **to open a c. l.** Kreditlinie eröffnen/einräumen
general credit line Kreditrahmenkontingent nt; **overall c. l.** Gesamtkreditlinie f; **special c. l.** Sonderkreditfonds m; **unlimited c. l.** Kredit in unbegrenzter Höhe; **unused/unutililzed c. l.** offene (Kredit)Linie
credit list Liste/Verzeichnis kreditfähiger Kunden
credit loss Kreditausfall m, Verlust aus Darlehen/Krediten; **~ insurance** Kreditausfallversicherung f; **~ reserve** Kreditausfallrückstellung f
creditman n [US] Kredit(sach)bearbeiter m, K.berater m
credit management 1. Kreditbearbeitung f, K.verwaltung f; 2. *(VWL)* Kreditlenkung f; **c. manager** Leiter der Kreditabteilung; **c. margin** Kreditmarge f, K.spanne f, K.spielraum m; **c. market** Kreditmarkt m; **~ debt** Kreditmarktschulden pl; **c. maturity** Kreditlaufzeit f; **c. memo** [US] **/memorandum** Gutschrift(anzeige) f, G.zettel m, Einzahlungsbeleg m, Kredit-, Konto-, Rechnungsgutschrift f; **c. money** Buch-, Giral-, Kreditgeld nt; **c. movement** kreditorische Kontobewegung; **c. multiplier** Kreditschöpfungsmulitplikator m; **c. negotiations** Kreditverhandlungen; **c. note** (Rechnungs-/Konto)Gutschrift f, Rechnungs-, Kreditanzeige f, **c. offer** Kreditangebot nt; **c. officer** Kreditsachbearbeiter m; **c. operations** Kredit-, Bankgeschäfte, K.operationen, Ausleihungen
creditor n 1. (Forderungs-/Waren)Gläubiger(in) m/f, Darlehensgeber m; 2. Forderungsberechtigte(r) f/m; F.inhaber(in) m/f, Kreditor m, Pensionsnehmer(in) m/f; 3. Gläubigerland nt; **c.s** *(Bilanz)* Haben nt, Haben-, Kreditseite f, Lieferverbindlichkeiten, Verbindlichkeiten (aus Lieferungen und Leistungen)
creditor of a bankrupt's estate Massegläubiger m; **c. in bankruptcy** Konkursgläubiger m; **~ composition proceedings** Vergleichsgläubiger m; **c. by endorsement** Girogläubiger m; **c. of an estate** Nachlass-, Erbschaftsgläubiger m; **c. at large** Gemeingläubiger m; **c. on mortgage** Hypothekengläubiger m; **c. ranking pari passu** *(lat.)* gleichrangiger Gläubiger; **c. by priority** privilegierter/bevorrechtigter Gläubiger; **c. entitled to recovery** Aussonderungsgläubiger m; **c. entitled to preferential treatment** abgesonderter Gläubiger; **c. in trust** Konkursmasseverwalter m
to be dunned by one's creditor|s von seinen Gläubigern bedrängt werden; **to compound/settle with one's c.s** sich mit seinen Gläubigern vergleichen/akkordieren/arrangieren, Gläubigervergleich schließen/eingehen, Vergleich mit Gläubigern schließen, seine Gläubiger abfinden, Arrangement mit seinen Gläubigern treffen; **to defeat one's c.s** Gläubiger benachteiligen; **to defraud c.s** Gläubiger betrügen; **to delay/put off c.s**

Gläubiger hinhalten/vertrösten; **to discharge/satisfy a c.**; **to pay a c. off** Gläubiger befriedigen; **to evade one's c.s** sich seinen Gläubigern entziehen; **to marshal c.s** Gläubigerrangordnung feststellen; **to prefer a c.** Gläubiger begünstigen
antedecent creditor Gläubiger einer vor der Vermögensübertragung enstandenen Forderung, bereits vorhandener Gläubiger; **attaching c.** Arrest-, Pfändungsgläubiger *m*, zwangsvollstreckender Gläubiger; **bona fide** *(lat.)* **c.** gutgläubiger Forderungsinhaber; **catholic c.** erstklassig gesicherter Gläubiger; **chief c.** Hauptgläubiger *m*; **collective c.** Gesamthandsgläubiger *m*; ~ **c.s** Gesamthandsgläubigerschaft *f*; **commercial c.** Gläubigerfirma *f*; **corporate c.** Gläubigergesellschaft *f*; **deferred c.** nachrangiger (Konkurs)Gläubiger; **double c.** doppelt gesicherter/zweifacher Gläubiger; **equal c.** gleichrangig gesicherter/ranggleicher Gläubiger; **executing c.** Vollstreckung betreibender/zwangsvollstreckender Gläubiger; **executive c.** Gläubiger nach durchgeführtem Konkursverfahren; **existing c.** Altgläubiger *m*; **foreign c.** Auslandsgläubiger *m*; **general c.** Gemein-, Gesamt-, Massegläubiger *m*, einfacher Konkursgläubiger, einfacher/nicht vorzugsberechtigter/nicht bevorrechtigter Gläubiger; ~ **c.s** Masse der Gläubiger; **individual c.** persönlicher Gläubiger; **inside c.** Innenfinanzier *m*; **insistent c.** drängender Gläubiger; **joint (and several) c.** Mit-, Gesamt-(hands)gläubiger *m*, Konsortialkreditgeber *m*; **junior c.** nachrangiger Gläubiger; **non-privileged/non-preferential/ordinary c.** nicht bevorrechtigter/gewöhnlicher Gläubiger, Massegläubiger *m*, Gläubiger einer gewöhnlichen Konkursforderung; **other c.s** *(Bilanz)* sonstige Verbindlichkeiten; **outside c.** Außenfinanzier *m*, Fremdkapitalgeber *m*; **paid-off c.s** abgefundene Gläubiger; **petitioning c.** Konkursantrag stellender Gläubiger, Konkursverfahren betreibender Gläubiger; **prior/preferred/preferential/privileged c.** bevorzugter/bevorrechtigter/abgesonderter Gläubiger, Vorzugs-, Prioritäts-, Absonderungsgläubiger *m*, A.berechtigter *m*; **principal c.** Hauptgläubiger *m*; **private c.** Privatgläubiger *m*; **prosecuting c.** Vollstreckung betreibender Gläubiger; **public c.** Staatsgläubiger *m*, öffentlicher Gläubiger; **scheduled c.** eingetragener Konkursgläubiger; **secondary c.** nachrangiger Gläubiger; **secured c.** gesicherter/bevorrechtigter/absonderungsberechtigter/aussonderungsberechtigter/sichergestellter Gläubiger; **senior c.** vorrangiger Gläubiger; **subordinated/subsequent c.** nachrangig/im Rang nachstehender Gläubiger; **sundry c.s** verschiedene Kreditoren, diverse Gläubiger, sonstige Verbindlichkeiten; **third-pary-c.** Drittgläubiger *m*; **unsatisfied c.** nicht befriedigter Gläubiger; **unsecured c.** Massegläubiger *m*, ungesicherter/nicht bevorrechtigter/nicht sichergestellter Gläubiger, einfacher Konkursgläubiger
creditor account Kreditoren-, Guthabenkonto *nt*, kreditorisches Konto
creditor arbitrage Gläubigerarbitrage *f*; **c.'s avoidance of a debtor's transaction** Gläubigeranfechtung *f*; **c. bank** Gläubigerbank *f*; **c. beneficiary** Zuwendungsempfänger *m*; **c.'s bill** 1. gerichtlich festgestellter Gläubigeranteil; 2. (Konkurs) Klage auf abgesonderte Befriedigung; **c.'s claim** Gläubigeranspruch *m*, G.forderung *f*, G.interesse *nt*; **c.s' committee** Gläubigerausschuss *m*, G.beirat *m*; **c. confidence** Vertrauen der Gläubiger; **c. country** Gläubigerland *nt*; **chief c. country** Hauptgläubigerland *nt*; **c.s' delay (in accepting performance)** Gläubigerverzug *m*; **c.s' equity** Verbindlichkeiten *pl*, Fremdkapital *nt*; **c.s' ledger** Gläubiger-, Kreditorenbuch *nt*; **c. limit** Gläubigerlimit *nt*, Begrenzung der Verpflichtungen für die Gläubiger; **c.s' meeting** Gläubigerversammlung *f*; **c. nation** Gläubigernation *f*; **c.s' petition** von den Gläubigern gestellter Konkursantrag, Gläubigerantrag *m*, Konkurseröffnungsantrag der Gläubiger; **net c. position** Nettogläubigerposition *f*; **c.s' preference** Gläubigervorrecht *nt*; **c.s' protection** Gläubigerschutz *m*; **c. quota** Gläubigerquote *f*; **c.s' representation** Gläubigervertretung *f*; **c.'s right/title** Gläubigerrecht *nt*; **c.'s right to sell** Gläubigerkündigungsrecht *nt*; **c. state** Gläubigerland *nt*, G.staat *m*; **c. structure** Gläubigerstruktur *f*; **c.s' voluntary winding up** freiwillige Abwicklung
credit order Kreditauftrag *m*, K.beschluss *m*; **c. organization** Kreditorganisation *f*; **c.s outstanding** Kreditvolumen *nt*, Ausleihungen *pl*; **total insecure c.s outstanding** ungesichertes Kreditvolumen; **c. package** Kreditpaket *nt*; **c. page** *(Publikation)* Herausgeber-, Mitarbeiterverzeichnis *nt*; **c. payment** Kreditvalutierung *f*
credit period Zahlungsziel *nt*, Z.frist *f*, Kreditlaufzeit *f*, Laufzeit eines Kredits; **to exceed the c. p.** (Zahlungs)Ziel überschreiten; **to extend the c. p.** (Zahlungs)Ziel verlängern
credit policy Kreditpolitik *f*, kreditpolitische Linie; **c. policies** kreditpolitische Maßnahmen; **easy c. p.** Politik des billigen Geldes; **restrictive/tight c. p.** restriktive Kreditpolitk, Kreditrestriktionspolitik *f*
credit policy decisions kreditpolitische Beschlüsse; ~ **instrument** kreditpolitisches Instrument; ~ **instruments** kreditpolitisches Instrumentarium
credit portfolio Kreditportefeuille *nt*; **c. portion** Kreditanteil *m*, **c. position** Kreditpotenzial *nt* (eines Unternehmens), K.position *f*; **c. potential** Kreditpotenzial *nt*; **c. principles** Kreditgrundsätze; **c. processing** Kreditabwicklung *f*; **c. procurement fee** Kreditbeschaffungsgebühr *f*, K.bereitstellungsgebühr *f*, K.provision *f*; **c. protection** Kreditschutz *m*; ~ **agency** Schutzvereinigung für allgemeine Kreditsicherung (Schufa) *[D]*; **c. purchase** Ziel-, Kreditkauf *m*, Kauf auf Kredit; **c. rate** Haben(zins)satz *m*
credit rating Kreditbeurteilung *f*, K.urteil *nt*, K.einschätzung *f*, K.würdigkeit *f*, Bonität(seinstufung) *f*, B.skategorie *f*, B.svermerk *m*, Beurteilung/Einschätzung der Kreditwürdigkeit, (geschätzte) Kreditfähigkeit; ~ **list** Kreditwürdigkeitsliste *f*
credit record Kreditwürdigkeit *f*, Bonität *f*
credit reference Kreditauskunft *f*, ~ **agency** (Kredit)-Auskunftei *f*
credit relaxation Krediterleichterung *f*, K.lockerung *f*;

c. renewal Kreditverlängerung *f*; **c. report** Kreditauskunft *f*, Bericht einer (Kredit)Auskunftei; **c. requirements** Kreditbedarf *m*; **c. research institute** Kreditforschungsinstitut *nt*; **c. reserves** Kreditreserven; **c. resources** Kredit(markt)mittel, K.quellen
creditress *n* Gläubigerin *f*
credit restraints Kreditrestriktionen, K.bremse *f (fig)*
credit restriction Krediteinschränkung *f*, K.restriktion *f*, K.zügel *pl*, K.drosselung *f*, K.begrenzung *f*, K.beschränkung *f*, K.verknappung *f*, K.schraube *f (fig)*, Begrenzung der Kreditaufnahme; ~ des Kreditvolumens; **to tighten up c. r.s** Kreditschrauben anziehen *(fig)*
credit review Bonitäts-, Kreditwürdigkeitsprüfung *f*
credit risk Kreditrisiko *nt*; **to appraise a c. r.** Kreditrisiko berechnen; **to assume a c. r.** Delkredere/Kreditrisiko übernehmen; **to be a good c. r.** als gutes Risiko gelten; **c. r. equivalent** *(Bank)* Kreditrisikoäquivalent *nt*; **c. r. insurance** Kreditrisikoversicherung *f*
credit robbery Kreditbetrug *m*; **c. rules** Kreditrichtlinien
credit sale Kredit(ver)kauf *m*, Verkauf auf Kredit(basis)/Termin/Ziel; ~ **agreement/arrangement** Abzahlungs-, Kreditkaufvertrag *m*; ~ **insurance** Warenkreditversicherung *f*
credit score/scoring Bonität *f*, Kreditwürdigkeit *f*; **c. screw** *(fig)* Kreditschraube *f (fig)*; **c. sector** Kreditwesen *nt*; **c. selection** Kreditauslese *f*, K.selektion *f*; **c. service charge** Kreditgebühr *f*; ~ **organization** Kreditauskunftsorganisation *f*; **c. shipment** kreditierte Warensendung; **c. shortage** Kreditmangel *m*, K.not *f*, K.knappheit *f*
credit side 1. Kredit-, Habenseite *f*; 2. *(Bilanz)* Forderungen *pl*; **on the c. s.** kreditorisch; **to be ~ c. s.** im Haben/Kredit stehen; **to enter ~ c. s.** im Haben buchen, erkennen
credit situation Kreditsituation *f*, kreditpolitische Situation; **tight c. situation** Kreditanspannung *f*; **c. slip** 1. Einzahlungsbeleg *m*, E.schein *m*, Einzahlungs-, Scheckeinreichungsformular *nt*; 2. Gutschriftanzeige *f*, G.zettel *m*; **c. society** Kreditgesellschaft *f*; **agricultural (cooperative) c. society** *[GB]* landwirtschaftliche Genossenschaftsbank, Raiffeisenbank *f*, R.kasse *f*; **c. squeeze** Kreditklemme *f*, K.beschränkung *f*, K.drosselung *f*, K.knappheit *f*, Kredit-, Geldverknappung *f*, Kreditrestriktion *f*, K.einengung *f*, K.schraube *f (fig)*, Verknappung der Kreditmittel, Begrenzung der Kreditaufnahme; ~ des Kreditvolumens; **c. standard(s)** Kreditnorm *f*, K.richtlinien *pl*, K.maßstäbe *pl*, Bonitätsforderung *f*
credit standing/status Bonität *f*, Kreditwürdigkeit *f*, (Einschätzung der) Kreditfähigkeit, kaufmännischer/geschäftlicher Ruf, Kreditstatus *m*; **to test the c. s.** Kreditwürdigkeit prüfen; **impeccable c. s.** volle Kreditwürdigkeit; **c. s. investigation** Kreditwürdigkeitsprüfung *f*
credit strain Kreditanspannung *f*; **c. stringency** Kreditknappheit *f*; **c. structure** Kreditgefüge *nt*; **c. sum** Kreditbetrag *m*, K.summe *f*; **c. supply** Kreditangebot *nt*, K.versorgung *f*; **c. symbol** Kreditzeichen *nt*; **c. system** Kreditwesen *nt*, K.system *nt*, K.apparat *m*; **c. tap** *(fig)* Kredithahn *m (fig)*
credit terms 1. Kreditbedingungen, K.konditionen, K.auflagen; 2. *(Lieferant)* Zahlungsbedingungen; **easier c. t.** Kreditverbilligung *f*; **easy c. t.** großzügige Kreditbedingungen
credit tightening Kreditverknappung *f*; **c. total** Gesamtguthaben *nt*; **c. tranche** Kredittranche *f*; **c. transaction** Kreditgeschäft *nt*; **c. transactions** Kreditverkehr *m*, K.geschäfte
credit transfer Giro-, Geld-, Banküberweisung *f*, B.giro *m*; ~ **commission** Giroprovision *f*; ~ **form** Überweisungs-, Bankformular *nt*, Überweisungsträger *m*, Ü.schein *m*; ~ **instruction** Abbuchungs-, Giroauftrag *m*
credit undertaking Kreditzusage *f*; **c. underwriter** Kreditversicherer *m*
credit union Kreditgenossenschaft *f*, K.verein *m*, Kreditgarantiegemeinschaft *f*; **cooperative c. u.** Kreditgenossenschaft *f*; **rural c. u.** Raiffeisenbank *f*, R.kasse *f*
credit user Darlehens-, Kreditnehmer(in) *m/f*, K.empfänger(in) *m/f*; **c. utilization** Kreditausschöpfung *f*; **c. volume** Kreditvolumen *nt*; **c. voucher** Gutschriftbeleg *m*, Einzahlungsformular *nt*
credit|worthiness *n* Kreditfähigkeit *f*, K.würdigkeit *f*, Bonität *f*; **c.worthy** *adj* kreditwürdig, k.fähig
credit year Kreditjahr *nt*
credu|lity *n* Gut-, Leichtgläubigkeit *f*; **c.lous** *adj* gut-, leichtgläubig
creed *n* Glaubensbekenntnis *nt*, Credo *nt*
creep *v/i* kriechen, schleichen; **c. in** sich einschleichen; **c. up** langsam steigen
creeper *n* 1. ♀ Kriechpflanze *f*; 2. *(pej.)* Kriecher *m (pej.)*, Schleicher *m (pej.)*
creeping *adj* *(fig)* schleichend *(fig)*
cremate *v/t* einäschern, verbrennen
cremation *n* Einäscherung *f*, Feuerbestattung *f*, Leichenverbrennung *f*; **c. certificate** eidesstattliche Erklärung über die Vernichtung von Wertpapieren
crematorium *n* Krematorium *nt*
creosote *n* Kreosot *nt (Desinfektionsmittel)*
crest *n* Höhepunkt *m*, Gipfel *m;* **c.fallen** *adj* niedergeschlagen
crew *n* (Flugzeug-/Schiffs)Besatzung *f*, (Bord)Personal *nt*, Mannschaft *f*; **c. of collaborators** Mitarbeiterstab *m*, Stab von Mitarbeitern; **to pay off the c.** ⚓ Besatzung abmustern; **flying c.** ✈ Bordpersonal *nt*; **permanent c.** Stammbesatzung *f*
crew *v/t* bemannen
crew member Mannschafts-, Besatzungsmitglied *m*; **c.'s quarters** Mannschaftsquartier *nt*
crib *n* Spickzettel *m*
crime *n* Verbrechen *nt*, (Straf)Tat *f*, strafbare Handlung; **c. against civilization** Kulturschande *f*
to clear so. of a crime jdn vom Verdacht eines Verbrechens freisprechen; **to combat c.** Kriminalität/Verbrechen bekämpfen; **to commit/perpetrate a c.** Verbrechen/Straftat begehen, Verbrechen verüben, straffällig werden; **to confess (to) a c.** Verbrechen gestehen; **to constitute a c.** Tatbestand einer strafbaren Handlung

erfüllen; **to cover up a c.** Verbrechen vertuschen; **to detect a c.** Verbrechen aufdecken/aufklären; **to entice so. into committing a c.** jdn zu einem Verbrechen verleiten; **to find so. guilty of a c.** jdn eines Verbrechens überführen/schuldig sprechen; **to implicate so. in a c.** jdn in ein Verbrechen hineinziehen; **to be implicated in a c.** in ein Verbrechen verwickelt sein; **to instigate so. to (commit) a c.** jdn zu einem Verbrechen anstiften; **to investigate a c.** Verbrechen untersuchen
atrocious/hideous/horrible crime scheußliches/schreckliches Verbrechen, Freveltat *f*; **attempted c.** Versuch einer Straftat; **capital c.** Kapitalverbrechen *nt*, todeswürdiges Verbrechen; **collective c.** Kollektivdelikt *nt*; **commercial c.** Wirtschaftsdelikt *nt*; ~ **c.s** Wirtschaftskriminalität *f*; **drug-related c.** Beschaffungsdelikt *nt*; ~ **c.s** Beschaffungskriminalität *f*; **environmental c.** Umweltvergehen *nt*; ~ **c.s** Umweltkriminalität *f*; **inchoate c.** unvollendete Straftat, nicht vollendetes Verbrechen; **independent c.** selbstständiges Verbrechen; **judicial c.** Justizverbrechen *nt*; **notable c.** erhebliche Straftat; **organized c.** organisiertes Verbrechen; **petty c.** geringfügige Straftat, geringfügiges Vergehen, Bagatellvergehen *nt*; **political c.** politisches Verbrechen; **professional c.** berufsmäßiges Verbrechertum; **putative c.** Putativdelikt *nt*; **serious c.** Kapitalverbrechen *nt*; **single/sole c.** Einzelstraftat *f*; **social c.** Frevel *m*; **statutory c.** Tatbestand einer strafbaren Handlung; **unsolved c.** unaufgeklärtes Verbrechen; **violent c.** Gewaltverbrechen *nt*; **white-collar c.** Wirtschaftsdelikt *nt*, W.straftat *f*, W.verbrechen *nt*, W.vergehen *nt*, W.kriminalität *f*, Weiße-Kragen-Kriminalität *f*
crime detection Verbrechensaufklärung *f*; **c. fiction** Kriminalroman(e) *m/pl*; **c. figure(s)** Kriminalitätsziffer *f*, Kriminalstatistik *f*; **c. investigation department** Kriminaldezernat *nt*, K.kommissariat *nt*; **c. prevention** (präventive) Verbrechensbekämpfung, V.verhütung *f*; **c. rate** Verbrechensrate *f*, V.ziffer *f*, Kriminalität *f*; **c. statistics** Verbrechensstatistik *f*; **c. thriller** Krimi *m* *(coll)*, Kriminalroman *m*; **c. victim** Opfer eines Verbrechens; **c. victims compensation statute** Opferentschädigungsgesetz *nt*; **c. wave** Welle von Straftaten
criminal *n* Kriminelle(r) *f/m*, Verbrecher(in) *m/f*, Straftäter(in) *m/f*; **to conceal/harbour a c.** Verbrecher verbergen, einem ~ Unterschlupf gewähren; **to nail a c.** *(coll)* Verbrecher zur Strecke bringen
dangerous criminal gemeingefährlicher Verbrecher; **habitual c.** Berufs-, Gewohnheitsverbrecher *m*; **ideological c.** Gesinnungstäter *m*; **incorrigible c.** unverbesserlicher Verbrecher; **major c.** Schwerverbrecher *m*; **petty c.** Bagatelltäter *m*; **professional c.** Berufsverbrecher *m*, schwerer Junge *(coll)*; **violent c.** Gewaltverbrecher *m*; **white-collar c.** Wirtschaftsverbrecher *m*, Täter mit weißem Kragen
criminal *adj* 1. kriminell, verbrecherisch, strafbar; 2. strafrechtlich
Criminal Inquiries Compensation Board *[GB]* Entschädigungsstelle für Opfer von Gewaltverbrechen; **C. Investigation Department (CID)** *[GB]* Kriminalpolizei *f*

criminality *n* Verbrechertum *nt*, Kriminalität *f*
Criminal Law Act *[GB]* Strafrechtsgesetz *nt*
crimi|nological *adj* kriminologisch; **c. nologist** *n* Kriminologe *m*; **c.nology** *n* Kriminalistik *f*, Kriminalwissenschaft *f*, Kriminologie *f*
cripple *n* Krüppel *m*; *v/t* 1. $ zum Krüppel machen, verkrüppeln, paralysieren; 2. *(fig)* lahmlegen, lähmen, schwächen
crippled *adj* 1. verkrüppelt; 2. lahmgelegt, aktionsunfähig
crippling *n* Lähmung *f*; *adj* lähmend, erdrückend
crisis *n* Krise *f*, Krisis *f*, Notlage *f*, N.stand *m*; **c. in the balance of payments** Zahlungsbilanzkrise *f*; **c. of confidence** Vertrauenskrise *f*; **insensitive to crises** krisenunempfindlich, **to be confronted with a c.** sich in einer Krise befinden; **to weather a c.** eine Krise überstehen
agricultural crisis Agrarkrise *f*; **commercial c.** Handelskrise *f*; **constitutional c.** Verfassungskrise *f*; **continuing c.** Dauerkrise *f*, andauernde Krise; **cyclical c.** Konjunkturkrise *f*; **ecological/environmental c.** Umweltkrise *f*; **economic c.** Wirtschafts-, Konjunkturkrise *f*, wirtschaftliche Krise; **financial c.** Finanz-, Kredit-, Geld-, Liquiditätskrise *f*; **inflationary c.** Inflationskrise *f*; **latent c.** schwelende Krise; **localized c.** Teilkrise *f*; **monetary c.** Geld-, Währungskrise *f*; **permanent c.** Dauerkrise *f*; **severe c.** handfeste/schwere Krise; **structural c.** Strukturkrise *f*
crisis area Krisengebiet *nt*, K.region *f*; **c. cartel** Krisenkartell *nt*; **c. center** *[US]* /**centre** *[GB]* Krisenzentrum *nt*; **c.-conscious** *adj* krisenbewusst; **c. freight supplement** Krisenfrachtzuschlag *m*; **c.-hit**; **c.-ridden**; **c.-stricken** *adj* krisengeschüttelt; **c.-like** *adj* krisenhaft; **c. management** (Anti)Krisenmanagement *nt*, K.steuerung *f*, K.kontrolle *f*; ~ **group** Krisenstab *m*; **c. manager** Krisenmanager *m*; **c.-proof** *adj* krisensicher, k.fest, k.unempfindlich; **c. situation** Krisensituation *f*; **c. stage** Krisenstadium *nt*
crisp *adj* 1. *(Gebäck)* mürbe, knackig; 2. *(Brief)* knapp; **c.bread** *n* Knäckebrot *nt*; **c.s** *pl* *[GB]* Kartoffelchips; **c.y** *adj* knusprig
criss-cross *adv* kreuz und quer; **c. sth.** *v/t* kreuz und quer über etw. laufen/fahren
criteria *pl* Kriterien; ~ **of decision** Entscheidungskriterien; **to fudge the c.** die Kriterien aufweichen; **to meet the c.** die Kriterien erfüllen
common criteria gemeinsame Grundsätze
criterion *n* 1. Kriterium *nt*, (Beurteilungs-/Bewertungs)Maßstab *m*, Grundsatz *m*, Richtgröße *f*, Schlüssel *m*, Faktor *m*, Gradmesser *m*, Gesichtspunkt *m*; 2. Wesensmerkmal *nt*, Entscheidungsmerkmal *nt*, (unterscheidungsfähiges) Merkmal
to satisfy a criterion Tatbestand erfüllen; **to take sth. as a c.** etw. zum Maßstab nehmen
constitutive criterion Gestaltungsmerkmal *nt*; **legal c.** juristisches Merkmal
critic *n* Kritiker(in) *m/f*; **c. of the system** Systemkritiker *m*; **literary c.** Literaturkritiker *m*
critical *adj* 1. kritisch, abwägend; 2. *(Lage)* akut, kritisch, bedenklich

criticism *n* Kritik *f*; **above/beyond c.** untadelig, über jede Kritik erhaben; **open to c.** anfechtbar; **sensitive to c.** kritikempfindlich
to come in for criticism Kritik hinnehmen müssen, ins Kreuzfeuer der Kritik geraten; **to lay o.s. open to c.** sich der Kritik aussetzen
dramatic criticism Theaterkritik *f*; **literary c.** Literaturkritik *f*; **scathing/severe/strident c.** scharfe/heftige Kritik; **social c.** Sozialhilfe *f*; **textual c.** Textkritik *f*
criticize *v/t* kritisieren, Kritik üben
crockery *n* Geschirr *nt*
crocodile tears *n (fig)* Kokodilstränen *(fig)*; **to shed c. t.** Krokodilstränen vergießen
Croesus *n* Krösus *m*
croft *n [GB]* ✍ 1. kleines Pachtgut, Kleinpacht(betrieb) *f/m*, K.bauernhof *m*; 2. *[Scot.]* Zwergbetrieb *m*; **c.er** *n* Kleinpächter *m*, K.bauer *m*; **c.ing** *n* Kleinpachtsystem *nt*, K.bauerntum *nt*
crony *n* Kumpan *m*, Freund *m*, alter Bekannter; **old c.** Busenfreund *m*
crook *n* (Erz)Gauner *m*, Betrüger *m*, Schwindler *m*; **c.ed** *adj* betrügerisch, unehrlich; **c.ery** *n* Betrügerei *f*, Gaunerei *f*
crop *n* ✍ 1. Ernte *f*, (Ernte)Ertrag *m*, Erntegut *nt*, E.ergebnis *nt*, Schnitt *m*; 2. (Anbau)Sorte *f*, (Feld)Frucht *f*, (Agrar)Produkt *nt*; **in c.** bebaut; **to rotate c.s** im Fruchtwechsel anbauen; **to lift a c.** ernten, Ernte einbringen; **to sell the c. standing** Frucht auf dem Halm verkaufen; **to switch to other c.s** auf andere Sorten umstellen; **to yield a good c.** gute Ernte hervorbringen
agricultural crop Feldfrucht *f*; **annual c.** 1. Jahresernte *f*; 2. Einjahreskultur *f*; **growing/standing c.** Ernte/Früchte auf dem Halm; **harvested c.s** Ernte *f*, gezogene Früchte; **heavy c.** reichliche Ernte; **high-yield c.** ertragreiche Anbausorte, Hochleistungssorte *f*; **intermediate c.** 1. Zwischenernte *f*; 2. Zwischenfrucht *f*; **main c.** Haupternte *f*; **mixed c.** Gemenge *nt*; **perennial c.** Langzeitkultur *f*; **poor/short c.** schlechte/niedrige Ernte; **special c.** Sonderkultur *f*; **supporting c.** Stützfrucht *f*
crop up *v/i* (plötzlich) auftauchen, (~) zutage treten
crop contract ✍ Anbauvertrag *m*; **c. damage** Feld-, Ernteschaden *m*; **c. disaster** Erntekatastrophe *f*; **c. dusting** Schädlingsbekämpfung per Flugzeug; **c. estimate** Ernteschätzung *f*; **c. failure** Fehl-, Missernte *f*, Ernteausfall *m*; **c. financing loan** Kampagnekredit *m*; **c. insurance** Ernteversicherung *f*; **c.land** *n* Ackerland *nt*; **c. loan** Erntekredit *m*; **c. loss** Ernteschaden *m*, E.verlust *m*; **c. mortgage** Verpfändung der Ernte
cropper *n* 1. ✍ Anbauer *m*, Bebauer *m*; 2. *(coll)* Misserfolg *m*, Fehlschlag *m*; **to come a c.** *(coll)* Misserfolg/Pech haben, auf die Nase fallen *(coll)*, mit Glanz und Gloria durchfallen *(coll)*, reinfallen *(coll)*
douple cropping *n* ✍ Doppelerntewirtschaft *f*; **mixed c.** Mischkultur *f*; **multiple c.** mehrfache Bebauung, Mehrfachbebauung *f*
crop prospects Ernteaussichten; **c. protection** Pflanzenschutz *m*; **c. residues** unverwertbarer Ernterest; **c. restrictions** Anbaubeschränkung *f*; **c. rotation** (sys-

tem) Fruchtfolge *f*, F.wechsel(wirtschaft) *m/f*, Mehrfelderwirtschaft *f*; **three-year ~ system** Dreifelderwirtschaft *f*; **c. season** Erntezeit *f*, Kampagne *f*; **c. share** Halb-, (An)Teilpacht *f*; **c. shortfall** Ernteausfall *m*; **c. sprayer** 1. Schädlingsbekämpfer *m*; 2. Schädlingsbekämpfungsfahrzeug *nt*, S.flugzeug *nt*; **c. spraying** Schädlingsbekämpfung *f*; **c. stockpiling** Ernteeinlagerung *f*; **c. support loan** Erntestützungskredit *m*; **c. surplus** Ernteüberschuss *m*; **c. year** Erntejahr *nt*; **c. yield** Ernte-, Bodenertrag *m*, Ernteanfall *m*, landwirtschaftlicher Ertrag
crore *n [Indien]* 10 Millionen, 100 lakhs
cross *n* 1. Kreuz *nt*; 2. *(fig)* Mittelding *nt*; 3. ✞ Kreuzung *f*; **to bear one's c.** *(fig)* sein Kreuz auf sich nehmen *(fig)*, sein Schicksal tragen
cross *v/ti* 1. *(Wechsel/Scheck)* querschreiben; 2. vereiteln, durchkreuzen; 3. (sich) kreuzen; 4. überqueren; **c. off** streichen; **c. out** (aus-/durch)streichen; **c. over** 1. überqueren; 2. ⚓ übersetzen
cross *adj* missvergnügt
cross acceptance Wechselreiterei *f*; **c. account** *[GB]* Rikambiorechnung *f*; **c. action** [§] Gegen-, Widerklage *f*; **to bring a c. action** Widerklage erheben; **c. adding** Queraddition *f*
cross-appeal *n* [§] Anschlussberufung *f*; **c. in error** Anschlussrevision *f*; *v/i* Anschlussberufung einlegen
crossbencher *n [GB]* Franktionslose(r) *f/m*
cross bill 1. Gegen-, Rückwechsel *m*; 2. [§] Klagebeantwortung *f*; **c.-booking** *n* Übertragung von Akkordzeiten; **c.-border** *adj* grenzüberschreitend
cross-Channel *adj [GB]* Kanal-; **~ ferry** Kanalfähre *f*; **~ route** Kanalstrecke *f*; **~ steamer** Kanaldampfer *n*; **~ traffic** Kanalverkehr *m*
cross charging (of prices) innerbetriebliche Preisverrechnung
cross-check *n* 1. Gegenprobe *f*; 2. *[US]* Verrechnungsscheck *m*
cross-check *v/t* (genauestens) überprüfen, die Gegenprobe machen
cross claim 1. Gegenforderung *f*; 2. [§] Widerklage *f*; **c. classification** ⊞ Querklassifikation *f*; **c.-company** *adj* unternehmensübergreifend; **c.-complaint** *n* [§] Anschlussbeschwerde *f*
cross-country *adj* 🚙 geländegängig, querfeldein, Überland-; **~ ski** Langlaufski *m*; **~ skier** Langläufer(in) *m/f*; **~ skiing** Langlauf *m*; **~ ski/track** (Langlauf)Loipe *f*
cross current Gegenströmung *f*; **c. deal** Usancegeschäft *nt*; **c. dealing** Usancehandel *m*; **c. default** Zahlungsunfähigkeitserklärung *f*; **c.-departmental** *adj* sektor-, ressortübergreifend
crossed *adj (Scheck)* gekreuzt
cross elasticity of demand *(VWL)* Kreuz(preis)elastizität der Nachfrage; **~ of supply** Kreuz(preis)elastizität des Angebots; **c. entry** Gegen-, Umbuchung *f*; **c.-examination** *n* [§] Kreuzverhör *nt*; **c.-examine** *v/t* ins Kreuzverhör nehmen; **c. exchange** Wechselarbitrage *f*; **c.-fertilization** *n* gegenseitige Befruchtung, **c.-fertilize** kreuzbefruchten; **c.fire** *n* Kreuzfeuer *nt*; **c.-firing** *n (fig)* Wechselreiterei *f*; **c.foot** *v/t* π querverrechnen;

c.footing n Querrechnen nt, Q.rechnung f; **c.-frontier** adj grenzüberschreitend; **c.-functional** bereichsübergreifend; **c.guarantee** wechselseitige Garantie; **c. hairs** (Gewehr) Fadenkreuz nt; **c.holding(s)** n gegenseitige Kaptalbeteiligung von zwei Unternehmen, Kapitalverflechtung f

crossing n 1. (Scheck) Querschreiben nt, Kreuzung f; 2. (Grenze) Überschreiten nt, Übergang m; 3. ⚓ Überquerung f; **c. of the border** Grenzübertritt m; **non-negotiable c.** (Scheck) Kreuzung nur zur Verrechnung; **rough/stormy c.** ⚓ stürmische Überfahrt; **special c.** besondere Scheckkreuzung; **c. point** ⊖ Übergangspunkt m, Ü.stelle f

cross investment investive Verflechtung; **c. liability** wechselseitige/beiderseitige Haftpflicht, gegenseitige Haftung; **c. licence** Gegenlizenz f, Lizenzaustausch m; **c. licensing** Patent-, Lizenzaustausch m, gegenseitige Patent-/Lizenzgewährung

cross-link v/t 🖥 vernetzen; **c.-l.ing** n Vernetzung f

cross mixture kreuzweise Mischung; **c. motion** § Gegenantrag m; **c.-offsetting** n Überkreuzkompensation f; **c. order** Kompensationsauftrag m; **c.-ownership** n wechselseitige Beteiligung

cross-party adj parteiübergreifend

cross petition § Gegenantrag m, Gegen-, Widerklage f; **~ for divorce** Scheidungswiderklage f; **declaratory c. p.** Feststellungswiderklage f

cross-petition v/t Gegenantrag stellen; **c.-p.er** n § Wider-, Gegenkläger m

cross product Kreuz-, Mengenprodukt nt; **to be at c.-purposes** pl aneinander vorbeireden

cross-question v/t § ins Kreuzverhör nehmen; **c.-q.ing** n Kreuzverhör nt

cross rate (Währung) Umtauschsatz m, U.verhältnis nt, (EWS) bilateraler Leitkurs, Quer-, Usancekurs m, indirekte Parität, Kreuzparität f, K.(wechsel)kurs m; **c. rates** (EU) Wechselkurse untereinander

cross-refer v/i verweisen auf; **c.-r.ence** n Quer-, Kreuz-, Rückverweis m, Rückverweisung f; **~ list** Zuordnungstabelle f

cross-reference v/t mit Querverweisen versehen

crossroad n Querstraße f; **c.r.s** n 1. (Straßen)Kreuzung f; 2. (fig) Scheideweg m (fig), Wegscheide f (fig)

cross section (repräsentativer) Querschnitt, typische Auswahl, Schnitt m; **to draw sth. in c.s** etw. im Querschnitt zeichnen; **representative c. s.** repräsentative c. s. **analysis/study** Querschnittsanalyse f, Q.untersuchung f; **~ program(me)** Querschnittsprogramm nt

cross selling Verbundverkauf m, V.absatz m; **c. shareholding** wechselseitige Beteiligung, Kapitalverflechtung f, gegenseitige Kapitalbeteiligung; **c. subsidization** 1. indirekte Kostenüberwälzung, K.ausgleich m, Quersubventionierung f; 2. (Konzern) interner Verlustausgleich; **c.-subsidize** v/t quersubventionieren, intern Verluste ausgleichen, Kosten indirekt überwälzen; **c.-subsidy** n Quersubvention f; **c.-sue** v/t § Gegen-/Widerklage erheben; **c. tabulation** Kreuztabulierung f; **c.talk** 1. n ✆ Nebensprechen nt; 2. Wortgefecht nt; **c.**

total π Quersumme f; **c. trade** (Börse) Kompensationsgeschäft nt; **c.walk** n [US] 1. Verzahnung zwischen System und Struktur; 2. Zebrastreifen m, Fußgänger-, Straßenübergang m; **c. wind** Seitenwind m; **c.word puzzle** n Kreuzworträtsel nt

croupier n Croupier m

crow n 🐦 Krähe f; **as the c. flies** (in der) Luftlinie f, L.entfernung f, in gerader Linie; **c.bar** n Brechstange f

crowd n 1. (Menschen)Menge f, Gedränge f, Schar f, Masse f, Ansammlung f, Gewühl nt, Volksmenge f; 2. Haufen m, Clique f (frz.); **c.s of people** Menschenmassen, Haufen Menschen (coll.); **to be lost in the c.** in der Masse untergehen; **~ mobbed by the c.** vom Pöbel attackiert werden; **to disperse a c.** Menge auseinanderbrechen; **to harangue the c.** Rede(n) ans Volk halten; **to mingle/mix with the c.** sich unter die Leute mischen, ~ Menge begeben/mischen; **to pull in the c.s.** Publikum anlocken; **active c.** 1. (Börse) lebhaft gehandeltes Festverzinsliche; 2. Händlergruppe für Festverzinsliche; **free c.** (Börse) Händlergruppe für Festverzinsliche; **hostile c.** feindselige Menge

crowd in v/i (sich) hereindrängen, in Scharen herbeiströmen; **c. out** v/t hinaus-, verdrängen

crowd behaviour Massenverhalten nt

crowded adj überfüllt, voll, gedrängt, stark besetzt/besucht; **c. together** zusammengedrängt

crowding out n Verdrängung f; **~ of the capital market** Überbeanspruchung des Kapitalmarktes; **~ effect** 1. Verdrängungswettbewerb m; 2. (Kreditmarkt) Verdrängungseffekt m

crowd panic Massenpanik f; **c. phenomenon** Massenerscheinung f; **c. psychology** Massenpsychologie f; **c. puller** 🐎 Zugpferd nt, Z.nummer f, Attraktion f, Kassenmagnet m

crown n 1. Krone f; 2. 🦷 Zahnkrone f; **to wear the c.** Krone tragen

crown v/t krönen, vollenden; **c. it all** (coll) 1. dem Ganzen die Krone aufsetzen (coll); 2. zu allem Überfluss

crown agent [GB] Vertreter des Staates; **c. case** § Strafsache f; **c. colony** Kronkolonie f; **c. cork** Kronenkorken m; **c. corporation** [CDN] öffentliches/staatliches Unternehmen; **c court** § Schwur-, Straf-, Krongericht nt, Bezirksgericht für Strafsachen

crowner n [Scot.] § Leichenbeschauer m

crow's nest ⚓ Krähennest nt, Mastkorb m

crown estate Krongut nt; **c. jewels** Kronjuwelen; **c. land(s)** [GB] Staatsdomäne f, Kronland nt, K.gut nt, staatlicher Grundbesitz, Staatsländereien pl; **~ commissioner** Domänenverwalter m; **c. octavio** 📖 Kleinoktav nt; **c. property** [GB] Staatsgut nt, S.vermögen nt, Krondomäne f, staatliche Domäne, fiskalisches Eigentum; **c. witness** Zeuge/Zeugin der Anklage

crucial adj wichtig, ausschlaggebend, kritisch, entscheidend

crucible n 🔥 (Schmelz)Tiegel m

crude adj 1. roh, unverarbeitet, unbearbeitet, primitiv; 2. 🚽 nicht berichtet

crude n Rohöl nt; **c. carrier** ⚓ Öltanker m; **very large**

c. carrier Riesenöltanker *m*; **c.ness** *n* Rohheit *f*
cruel *adj* grausam
cruelty *n* Grausamkeit *f*, Misshandlung *f*, Quälerei *f*; **c. to animals** Tierquälerei *f*; **~ children** Kindesmisshandlung *f*; **mental c.** seelische Grausamkeit
cruise *v/i* herumfahren, kreuzen
cruise *n* ⚓/⚓ Kreuzfahrt *f*, Seereise *f*; **c. (ship) business** Kreuzschifffahrt *f*, K.fahrtgeschäft *nt*; **c. liner** Kreuzfahrtschiff *nt*
cruiser *n* 🚗/⚓ Kreuzer *m*
cruising *n* ⚓ Kreuzschifffahrt *f*; **c. altitude** ✈ (Normal-/Reise)Flughöhe *f*; **c. radius/range** 1. ✈ Reichweite *f*; 2. 🚗 Aktionsradius *m*, Fahrbereich *m*; **c. speed** 1. 🚗 Dauer-, Fahr-, Reisegeschwindigkeit *f*; 2. ✈ Fluggeschwindigkeit *f*
crumb *n* Krume *f*, Krümel *m*
crumble *v/i* (*Preise*) abbröckeln, nachgeben, Kursrückgang erfahren; **c. away** zerbröckeln, ins Wanken geraten
crumbling *adj* (*Preise*) abbröckelnd, nachgebend; **c. of prices** Preisverfall *m*
crumple *v/t* zerknittern, knüllen; **c. zone** 🚗 Knautschzone *f*
crunch *n* Knappheit *f*, krisenhafter Zustand, Krisenlage *f*; **to feel the c.** Mangel spüren; **financial c.** Liquiditätsschwierigkeiten, L.engpass *m*
crunch *v/i* knirschen, krachen; *n* Knackpunkt *m*; **c.y** *adj* knusprig
crusade *n* Kreuzzug *m*
crush *n* (Menschen)Andrang *m*, Gedränge *nt*; *v/t* zerquetschen, zerdrücken, zerstampfen, zerkleinern, zermalmen; **c.er** *n* Zerkeinerungsmaschine *f*, Presse *f*; **c.ing** *adj* erdrückend, niederschmetternd
crust *n* Kruste *f*; **c. of ice** Eiskruste *f*; **upper c.** Oberschicht *f*
crutch *n* ⚕ Krücke *f*; **to go on c.es** auf Krücken gehen
crux *n* Kern *m*; **the c. of a matter** das A und O einer Sache
cry *n* Schrei *m*; **c. for help** Hilferuf *m*, Notschrei *m*; **c. of indignation** Schrei der Entrüstung; **the latest c.** die letzten Neuheiten; **to be a far c. from** weit entfernt sein von
cry *v/ti* 1. heulen, weinen; 2. schreien, rufen
cryosurgery *n* ⚕ Gefrierchirugie *f*
crypto|gramme *n* Kryptogramm *nt*; **c.grapher** *n* Verschlüsseler *m*; **c.text** *n* Schlüsseltext *m*
crystal *n* Kristall *nt*; **liquid c.** Flüssigkristall *nt*; **~ display (LCD)** 💻 Flüssigkeitskristallbildschirm *m*; **c. clear** kristall-, sonnenklar
crystallize *v/i* sich herauskristallisieren
crystalware *n* Kristallwaren *pl*
cubage *n* 1. π Rauminhalt *m*; 2. Ladungsvolumen *nt*
cubature *n* π Körperberechnung *f*, Rauminhalt *m*
cube *n* π Würfel *m*; **c. root** Kubikwurzel *f*
cubic *adj* Kubik-
cubicle *n* (Einzel)Kabine *f*, E.zelle *f*
as cool as a cucumber *n* (*coll*) in aller Seelenruhe (*coll*); **to be ~ a c.** die Ruhe selbst sein
cuddle *v/ti* sich kuscheln, umarmen

cudgel *n* Knüppel *m*, Keule *f*; **to take up the c.s for so.** (*fig*) Lanze für jdn brechen (*fig*)
cue *n* Stichwort *nt*, Hinweis *m*, Fingerzeig *m*; **to miss one's c.** Stichwort verpassen; **c. card** Spick-, Stichwortzettel *m*
cuff *n* Manschette *f*; **off the c.** in freier Rede, ohne Manuskript, aus dem Stegreif, frei, unvorbereitet, extempore (*lat.*); **to do sth. ~ c.** etw. aus dem Handgelenk schütteln (*fig*); **to speak ~ c.** aus dem Stegreif/unvorbereitet/frei/ohne Manuskript sprechen; **on the c.** (*coll*) [US] auf Pump/Stottern (*coll* **to live ~ c.** auf Pump leben; **to take ~ c.** pumpen
cull *n* 1. Auswahl *f*; 2. Ausschuss *m*; *v/t* 1. sammeln; 2. (*überschüssige Tiere*) erlegen
culminate (in) *v/i* gipfeln in, kulminieren, Höchststand erreichen
culmination *n* Höhepunkt *m*, Gipfel *m*, Kulmination *f*; **c. of a career** Krönung einer Laufbahn
culp|ability *n* [§] Schuldfähigkeit *f*, subjektiver Tatbestand; **c.able** *adj* schuldhaft, sträflich, straffällig
culpa in contrahendo (c.i.c.) *n* (*lat.*) [§] Verschulden bei Vertrags(ab)schluss
culprit *n* Schuldige(r) *f/m*, Täter(in) *m/f*; **chief c.** Hauptschuldige(r) *f/m*
cult *n* Kult *m*
cultiv|able *adj* 🌱 kultivierbar, bebaubar, bestellbar, kultivierungsfähig; **c.ability** *n* Kultivierbarkeit *f*
cultivate *v/t* 1. 🌱 anbauen, bebauen, kultivieren, bewirtschaften, züchten, bestellen; 2. (*Freundschaft*) pflegen, kultivieren; **c.d** *adj* bebaut, bewirtschaftet
cultivation *n* 1. 🌱 Feldbestellung *f*, Anbau *m*, Bebauung *f*, Bewirtschaftung *f*, Bearbeitung *f*, Bestellung *f*, Kultivierung *f*, Kultur *f*, Züchtung *f*, Zucht *f*, Pflanzenanbau *m*; 2. Pflege *f*; **c. of cereals** Getreideanbau *m*; **~ flowers** Blumenanbau *m*; **~ land** Bodenbewirtschaftung *f*; **~ the market** Marktpflege *f*; **~ root and tuber crops** Hackfruchtbau *m*; **~ the soil** Bodenbearbeitung *f*
extensive cultivation extensive Bodenbewirtschaftung, Extensivkultur *f*; **intensive c.** intensive Bodenbewirtschaftung, Intensivkultur *f*; **mixed c.** Mischkultur *f*; **outdoor c.** Freilandkultur *f*
cultivation method Anbaumethode *f*; **c. scheme** Bewirtschaftungsplan *m*
cultivator *n* 🌱 1. Kultivator *m*; 2. Züchter *m*
cultural *adj* kulturell, Kultur-
culture *n* Kultur *f*; **corporate c.** Firmen-, Unternehmenskultur *f*, inneres Erscheinungsbild, strategische Grundausrichtung der Unternehmung
culture fluid 🧪 Nährlösung *f*; **c. gap/lag** Kultur-, Entwicklungsgefälle *nt*; **c. shock** Kulturschock *m*
culvert *n* (Abwasser)Kanal *m*
cum *prep* (*lat.*) mit, inklusive; **c. all** einschließlich aller Rechte; **c. bonus** mit Sonderdividende; **c. coupon** mit Kupon/Coupon; **c. dividend (cum div.)** einschließlich/mit/inklusive Dividende, samt Kupon; **c. drawing** einschließlich Ziehung; **c. interest** mit (laufenden) Zinsen; **c. new** inklusive Bezugsrecht für junge Aktien; **c. rights** inklusive/mit Bezugsrecht, ~ Optionsrecht
cumbersome *adj* schwerfällig, umständlich, lästig, be-

schwerlich, klobig, unförmig, klotzig, hinderlich
cumulate *v/t* kumulieren, anhäufen
cumulation *n* 1. Kumulierung *f*, Kumulation *f*, Anhäufung *f*; 2. §] *(Strafrecht)* Realkonkurrenz *f*; **improper c. of actions** [§] unzulässige Klagehäufung; **c. of risks** Risikohäufung *f*
cumulative *adj* 1. kumulativ, aufgelaufen, gesamt; 2. *(Aktie)* nachzahlbar, nachzugsberechtigt; 3. [§] in Realkonkurrenz
cuneiform *adj* keilförmig; *n* Keilschrift *f*
cunning *n* List *f*, Gerissenheit *f*, Schläue *f*, Durchtriebenheit *f*, Verschlagenheit *f*; **by c. and deceit** mit List und Tücke *(coll)*
cunning *adj* gerissen, durchtrieben, verschlagen, gewieft, ausgefuchst
cup *n* 1. Tasse *f*; 2. Pokal *m*; **c.s and saucers** Geschirr *nt*; **my c. of tea** *(coll)* meine Kragenweite *(coll)*; **not ~ tea** *(coll)* nicht mein Fall *(coll)*; **to drain the c. of sorrow** *(coll)* den bitteren Kelch bis zur Neige leeren *(fig)*
cupboard *n* (Geschirr)Schrank *m*; **fitted c.** Einbau-, Wandschrank *m*
cupidity *n* Habgier *f*
cupola *n* 🏛 Kuppel *f*
cupriferous *adj* ⚐ kupferhaltig
cuprite; cupro-nickel *n* ⚗ Kupfernickel *nt*, Kupfer-Nickel-Legierung *f*
curable *adj* ✚ heilbar
curative *adj* ✚ heilend, heilsam, Heil-; *n* Heilmittel *nt*
curator *n* 1. [§] (Nachlass)Pfleger *m*, Vormund *m*, Kurator *m*, Konservator *m*; 2. *(Museum)* Kustos *m*, Verwalter *m*; **c. in absentia** *(lat.)* Abwesenheitspfleger *m*; **c.ial** *adj* vormundschaftlich; **c.ship** *n* Vormundschaft(samt) *f/nt*, Pflegschaft *f*
curb *n* 1. Dämpfung *f*, Drosselung *f*, Beschränkung *f*, Begrenzung *f*, Zügelung *f*, Hemmung *f*; 2. *[US]* Nach-, Straßen-, Freiverkehrsbörse *f*, F.markt *m*; 3. *[US]* Bordstein *m*; **c. on comsumption** Konsumdrosselung *f*, K.dämpfung *f*, K.einschränkung *f*; **~ exports** 1. Exportbeschränkung *f*, E.bremse *f (fig)*, Ausfuhr-, Exportrestriktion *f*, Ausfuhrbeschränkung *f*; 2. Dämpfung der Exportkonjunktur; **~ imports** 1. Einfuhr-, Importbeschränkungen, Einfuhr-, Importdrosselung *f*, Drosselung der Einfuhr, ~ des Imports, Einfuhr-, Importrestriktion *f*; 2. Dämpfung der Importkonjunktur; **to put a c. on ~ imports** Einfuhrbremse ziehen *(fig)*; **~ investments** Investitionsbremse *f (fig)*; **~ productivity** Produktivitätsbremse *f (fig)*; **~ spending** Ausgabenbeschränkung *f*
to put a curb on so. jdn an die Kandare nehmen *(fig)*; **~ sth.** einer Sache Zügel anlegen
curb *v/t* eindämmen, zügeln, dämpfen, drosseln, einschränken, bändigen, beschneiden, beschränken, in Schranken halten
curb broker *[US]* Freiverkehrsmakler *m*
curbed *adj* gedämpft
curb exchange *[US]* Frei(verkehrs)-, Nebenbörse *f*, Freiverkehrsmarkt *m*, vorbörslicher/nachbörslicher Handel, ~ Markt
curbing *n* Drosselung *f*, Dämpfung *f*, Eindämmung *f*,

Bremsung *f*, Zügelung *f*; **c. of cost increases** Eindämmung des Kostenanstiegs; **~ growth** Drosselung des Wachstumstempos; **~ inflation** Inflationsdämpfung *f*, I.drosselung *f*, I.eindämmung *f*; **~ price increases** Preisdämpfung *f*
curb market *[US]* (geregelter) Freiverkehr(smarkt), F.sbörse *f*, F.shandel *m*, Vor-, Nach-, Freibörse *f*, Börsenfreiverkehr *m*, inoffizielle Börse; **on the c. m.** im freien Verkehr; **c. m. price** vorbörslicher/nachbörslicher/außerbörslicher Kurs, Freiverkehrskurs *m*
curb roof 🏛 Mansardendach *nt*; **c. service** *[US]* Bedienung am Auto; **c. stock** Freiverkehrswert *m*, im Freiverkehr notierte Aktie, ~ gehandeltes Wertpapier; **c.stone** *n* Bordstein *m*; **~ broker** Freiverkehrsmakler *m*
curdle *v/i* gerinnen
cure *n* 1. ✚ Kur *f*, Heilbehandlung *f*, H.verfahren *nt*; 2. Heilung *f*; 3. Heilmittel *nt*; **no c., no pay** *(Vers.)* kein Erfolg, keine Zahlung, Zahlung (nur) bei Erfolg; **to prescribe a c.** Kur verschreiben; **to take a c.** sich einer Kur unterziehen; kuren; **drastic c.** Radikal-, Rosskur *f*
cure *v/t* 1. heilen, kurieren; 2. *(fig)* kurieren; 3. *(Lebensmittel)* haltbar machen, *(Fleisch)* pökeln
cure-all *n* Allheil-, Universalmittel *nt*
cure period Nachbesserungsfrist *f*
curfew *n* Ausgangssperre *f*, A.beschränkung *f*, Ausgehverbot *nt*, Sperr-, Polizeistunde *f*; **dusk-to-dawn c.** nächtliche Ausgangssperre
curio *n* Kuriosität *f*, Rarität *f*
curiosity *n* 1. Neugier(de) *f*; 2. Kuriosität *f*
curious *adj* 1. neugierig, schaulustig; 2. sonderbar, seltsam
curl *n* Locke *f*; **c.er** *n* Lockenwickler *m*
currency *n* 1. (Geld)Währung *f*, Geldsache *f*; 2. Zahlungsmittel(umlauf) *nt/m*; 3. (Papier)Geld *nt*; 4. laufende Bargeldmenge(n); 5. Geltung(sbereich) *f/m*, Gültigkeit(sdauer) *f*; 6. Gebräuchlichkeit *f*, Verkehrsfähigkeit *f*; **currencies** Sorten, Devisen
currency of a bill Wechsellaufzeit *f*, Laufzeit eines Wechsel; **c. in circulation** Währungsumlauf *m*; **c. of a contract** 1. Vertragsdauer *f*; 2. Vertragswährung *f*; **~ country** Landeswährung *f*, L.valuta *f*; **~ the credit** Akkreditivlaufzeit *f*; **c. expressed in gold** in Gold bestimmte Währung; **c. of money** Geldumlauf *m*, G.zirkulation *f*
to adjust/align currencies Währungen angleichen
to be in currency *(Gerücht)* verbreitet sein; **to debase a curreny** Währung entwerten, Wert der ~ herabsetzen; **to debauch a c.** Währung korrumpieren; **to deflate a c.** Zahlungsmittelumlauf einschränken, Deflation durchführen; **to depreciate a c.** Währung entwerten; **to devalue/devaluate/downvalue a c.** Währung abwerten; **to exchange currencies** Devisen tauschen; **to float a c.** Wechselkurs einer Währung freigeben, Währung floaten; **to gain c.** *(Gerücht)* sich verbreiten; **to inflate a c.** Zahlungsmittelumlauf ausweiten; **to peg/prop up/support/underpin a c.** Währung stützen; **to rescue/restore a c.** Währung sanieren/revalorisieren; **to revalue/upvalue a c.** Währung aufwerten; **to stabilize a c.** Währung stabilisieren; **to weld currencies into a**

tight block Währungen zu einem festen Block zusammenschweißen
alternative currency Ersatzwährung *f*; **auxiliary c.** Zahlungssurrogat *nt*; **bimetallic c.** Doppelwährung *f*; **blocked c.** bewirtschaftete/nicht konvertierbare Währung; **~ Devisen; commercial c.** Handelswährung *f*; **common c.** *(EU)* Gemeinschaftswährung *f*, gemeinsame Währung; **continental c.** Festlandswährung *f*; **controlled c.** bewirtschaftete/gelenkte/gesteuerte/kontrollierte Währung; **convertible c.** konvertierbare Währung; **fullly ~ c.** frei konvertierbare Währung; **decimal c.** Dezimalwährung *f*; **depreciated c.** entwertete/notleidende Währung, entwertetes Geld; **devalued/downvalued c.** abgewertete Währung; **domestic c.** Binnen-, Landeswährung *f*; **double c.** Doppelwährung *f*; **drawable c.** für Ziehungen geeignete Währung; **elastic c.** elastische Währung; **faltering c.** unter Druck geratene Währung; **fiduciary c.** ungedeckte Währung, ungedeckter Notenumlauf, **floating/fluctuating c.** veränderliche Währung
foreign currency Fremd-, Auslandswährung *f*, fremde/ausländische Währung, ausländische Sorten/Zahlungsmittel, Devisen *pl*, Valuta *f*; **to acquire f. c.** fremde Währung anschaffen; **to channel f. c. into deutschmarks** Devisenstrom in die D-Mark leiten; **to convert f. currencies** Devisen umrechnen; **to pay in f. c.** in Devisen/Valuta zahlen; **to provide f. c.** Devisen beschaffen; **to take in f. c.** Devisen übernehmen
foreign-currency *adj* valutarisch, Devisen-
foreign currency acceptance (Fremd)Währungsakzept *nt*; **~ acceptance credit** Valutatrassierungskredit *m*; **~ account** (Fremd)Währungs-, Devisen-, Währungs-, Valutakonto *nt*; **~ allocation** Devisenzuteilung *f*; **~ allowance** Devisenfreibetrag *m*; **~ assets** Fremdwährungsanlagen; **~ balance** Fremdwährungsguthaben *nt*; **~ bill** Fremdwährungswechsel *m*, Valutaakzept *nt*; **~ bond** Fremdwährungsschuldverschreibung *f*; **~ borrowing** Devisenausleihung *f*; **~ cash letter** Fremdwährungsgeldbrief *m*; **~ check** *[US]* /**cheque** *[GB]* (Fremd)Währungsscheck *m*; **~ claim** Devisenforderung *f*; **~ clause** Fremdwährungsklausel *f*; **~ coupon** Valutakupon *m*; **~ credit** Fremdwährungskredit *m*; **~ credit cover account** Ausgleichskonto zur Abdeckung von Währungsrisiken; **~ creditor** Fremdwährungsgläubiger *m*; **~ debt(s)** Fremd(währungs)-, Valutaschuld *f*, Fremdwährungsverbindlichkeiten; **real ~ debt(s)** echte Valutaschuld; **~ debtor** (Fremd)Währungsschuldner *m*; **~ department** Sortenabteilung *f*; **~ deposits** Währungseinlagen; **~ earner** Devisen(ein)bringer *m*; **~ export draft** Valutaexporttratte *f*; **~ exposure** Devisenengagement *nt*, D.position *f*, Fremdwährungsrisiko *nt*, F.position *f*; **~ holdings** Devisenbestand *m*, Devisen-, Valuta-, Währungsguthaben *nt*; **~ investment** Deviseninvestition *f*, Fremdwährungsanlage *f*; **~ liability** Fremdwährungsverbindlichkeit *f*, F.forderung *f*; **~ loan** Fremdwährungs-, Valuta-, Devisenanleihe *f*, D.kredit *m*, Fremdwährungs-, Valutakredit *m*; **~ loan business** Devisenkreditgeschäft *nt*; **~ loss** Wechselkursverlust *m*; **~ market** Devisenmarkt *m*; **~ mortgage** (Fremd)Währungshypothek *f*; **~ money order** ⊠ Auslandspostanweisung *f*; **~ outflow** Devisenabfluss *m*; **~ position** Fremdwährungsposition *f*; **~ remittance** Auslandsüberweisung *f*; **~ reserves** Devisenbestand *m*, D.reserven; **~ risk** Fremdwährungsrisiko *nt*; **~ security** (Fremd)Währungstitel *m*
forward currency sale Devisenterminverkauf *m*; **fractional c.** Scheidemünze *f*, Münzgeld *nt*; **free c.** frei konvertierbare Währung; **hard c.** Hartwährung *f*, feste/stabile/harte Währung, hartes Geld; **~ country** Hartwährungsland *nt*; **irredeemable c.** nicht einlösbare Währung; **index(-based) c.** Kaufkraft-, Indexwährung *f*; **inflated c.** Inflationswährung *f*; **internal c.** Binnen-, Inlandswährung *f*, Binnengeld *nt*; **leading c.** Leitwährung *f*; **legal c.** gesetzliche Währung; **local c.** Inlands-, Landeswährung *f*; **managed c.** gesteuerte/(staatlich) regulierte/gelenkte/manipulierte Währung; **metallic c.** 1. Metall-, Hartgeld *nt*; 2. Metallwährung *f*; **mixed c.** Mischwährung *f*; **national c.** Landes-, Inlandswährung *f*, inländische Währung; **non-convertible c.** nicht konvertierbare Währung; **offshore c.** auswärtige Währung; **overvalued c.** überbewertete Währung; **parallel c.** Parallelwährung *f*; **European ~ c.** europäische Parallelwährung; **pegged c.** künstlich gehaltene Währung; **revalued c.** aufgewertete Währung; **scarce c.** knappe Währung; **secondary c.** Zweitwährung *f*; **soft c.** Weichwährung *f*, weiche Währung; **~ country** Weichwährungsland *nt*, währungsschwaches Land; **sound c.** gesunde Währung; **stabilized c.** stabilisierte Währung; **stable c.** harte/stabile Währung, sichere Valuta; **standard c.** Einheitswährung *f*; **strong c.** starke Währung; **~ country** währungsstarkes Land; **heavily traded c.** stark gehandelte Währung; **undervalued c.** unterbewertete Währung; **upvalued c.** aufgewertete Währung; **weak c.** schwache Währung
currency account (Fremd)Währungskonto *nt*, Valutenkonto *nt*; **mutual c. account** gegenseitiges Währungskonto; **c. accounting** Devisenbuchhaltung *f*; **c. adjustment** Währungsangleichung *f*, Devisenwertberichtigung *f*; **~ factor** Währungsausgleichsfaktor *m*; **c. advance** Währungsbarvorschuss *m*, W.barkredit *m*; **c. agreement** Devisen-, Währungsabkommen *nt*; **c. alignment** Währungsanpassung *f*, Anpassung von Währungen; **c. allocation** Devisenzuweisung *f*; **c. appreciation** (Geld-/Währungs)Aufwertung *f*, Höherbewertung der Währung, Wechselkursaufwertung *f*; **c. arbitrage** Devisen-, Valutenarbitrage *f*; **~ lending** Devisenleihgeschäft *nt*; **c. area** Währungsraum *m*, W.gebiet *nt*, W.bereich *m*, Zahlungsraum *m*; **c. assets** Währungs-, Devisenreserven, D.guthaben *nt*, Währungs-, Valutaguthaben *nt*; **c. assimilation** Währungsangleichung *f*; **c. authorities** Währungsbehörden; **c. backing** Stützung der Währung; **c. balance** Währungsguthaben *nt*; **c. band** (Wechselkurs)Bandbreite *f*; **c. basket** Währungskorb *m*; **c. bill** Devisen-, Fremdwährungs-, Valutawechsel *m*, Wechsel in ausländischer Währung; **c. block** Währungsblock *m*, W.ver-

bund *m*; **c. bond** Währungs-, Valutaanleihe *f*, V.obligation *f*; **c. book** Devisenbuch *nt*; **c. borrowings** Fremdwährungskredite; **c. change** Währungs(ver)änderung *f*; **c. changeover** Währungs-, Valutaumstellung *f*; **c. chaos** Währungschaos *nt*; **c. check** Devisenkontrolle *f*; **c. circulation** 1. Bargeldumlauf *m*; 2. Währungsumlauf *m*; **c. claim** Valutaforderung *f*; **c. clause** Kurs-, Währungs-, Wechselkurs-, Valutaklausel *f*; **combined c. clause** kombinierte Währungsklausel; **c. cocktail** Währungskorb *m*; **c. commission** Währungskommission *f*; **c. conditions** Währungsverhältnisse; **c. constitution** Währungsverfassung *f*; **c. control(s)** Devisenbewirtschaftung *f*, D.zwangswirtschaft *f*, D.überwachung *f*, Devisen-, Währungs-, Wechselkurskontrolle *f*; **c. convention** Währungsabkommen *nt*
currency conversion 1. Währungsumtausch *m*, Währungs-, Devisenumrechnung *f*; 2. Währungsreform *f*, W.umstellung *f*; ~ **date** Währungsstichtag *m*; ~ **risk** Währungsumrechnungsrisiko *nt*; ~ **table** Währungsumrechnungstabelle *f*
currency convertibility Währungskonvertibilität *f*; **c. cover** Währungsdeckung *f*; **c. crisis** Währungskrise *f*; **c. deal** 1. Währungsgeschäft *nt*; 2. Währungsabsprache *f*; **c. dealer** Sorten-, Devisen-, Währungshändler *m*; **c. dealings** Devisenverkehr *m*, D.handel *m*, D.(handels)geschäfte, Sortenhandel *m*; **c. declaration** ⊖ Devisenerklärung *f*, **c. demands** Devisenanforderungen; **c. depreciation** (Währungs)Abwertung *f*, Geldabwertung *f*, G.schwund *m*, Währungsentwertung *f*, Verfall des Geldwerts; **c. devaluation** 1. (Währungs)Abwertung *f*; 2. Geldabwertung *f*; **c. development(s)** Wechselkursentwicklung *f*; **c. differential** Währungsgefälle *nt*; **c. disparities** Währungsdisparitäten; **c. doctrine** Golddeckungsklausel *f*; **c. dollar** Währungsdollar *m*; **c. draft** Valutawechsel *m*; **c. drain** Devisenabfluss *m*, D.abgang *m*; **c. dumping** Währungsdumping *nt*; **c. earner** Devisenbringer *m*; **c. element** Devisenkomponente *f*; **c. embargo** Devisensperre *f*; **c. equivalent of documents** Dokumentengegenwert *m*; **c. erosion** Geldwertschwund *m*, G.entwertung *f*, Währungsverfall *m*
currency exchange 1. Geldumtausch *m*; 2. Devisenbörse *f*, D.handelsplatz *m*; ~ **business/transactions** Valutageschäft(e) *nt/pl*, Geldwechselgeschäft(e) *nt/pl*; ~ **counter** Wechselschalter *m*
currency expansion Währungsausweitung *f*; **c. expert** Währungsfachmann *m*, W.experte *f*, W.spezialist *m*; **c. flow** Devisen-, Währungsstrom *m*; **c. fluctuation(s)** Wechselkurs-, Valuta-, Devisen(kurs)schwankung *f*, Wechselkursausschläge; **c. framework** Währungsgefüge *nt*; **c. fund** Währungsfonds *m*; **c. futures market** Währungsterminmarkt *m*; **c. gain** Währungs-, Valutagewinn *m*; **c. gyration** Währungsschwankung *f*; **c. hedge/hedging** (Wechsel)Kurssicherung *f*; ~ **loan** (Wechsel)Kurssicherungskredit *m*, Währungsabsicherungskredit *m*; ~ **operation/transaction** (Wechsel-)Kurssicherungsgeschäft *nt*, Devisenkurssicherungsgeschäft *nt*; **c. holdings** Devisen-, Valutabestände; **c. inflation** Geld-, Währungsinflation *f*; **c. inflow** Devisen-

zufluss *m*; **net c. inflow** Nettodevisenzufluss *m*; **c. instability** Wechselkursschwankungen; **c. insurance** Wechselkurs-, Valutaversicherung *f*; **multiple c. intervention** Intervention im Blockfloating; **c. law** Währungsrecht *nt*; **c. liability** Devisen-, Valuta-, Währungsverbindlichkeit *f*; **c. link** Währungsverbund *m*; **c. linking** Bindung von Währungen; **c. loss** Währungs-, Valutaverlust *m*, Währungsdifferenz *f*; **c. manipulation** Manipulierung der Währung, Währungsmanipulation *f*
currency market Devisenmarkt *m*; **forward c. m.** Devisenterminbörse *f*; **c. m. intervention** Intervention auf dem Devisenmarkt
currency medium Zahlungs-, Tausch-, Umlaufmittel *nt*; **c. movements** Wechselkursbewegungen, Wechselkurs-, Währungsschwankungen; **c. note** *[GB]* Schatzschein *m*; **c. offence** Devisenvergehen *nt*, Währungsdelikt *nt*, Verstoß gegen die Devisenbestimmungen; **forward c. operation** Devisentermingeschäft *nt*; **c. operator** Währungsspekulant *m*; **illegal c. operator** Devisenschieber *m (pej.)*; **c. option** Währungsoption *f*; **c. outflow** Devisenabfluss *m*; **net c. outflow** Nettodevisenabfluss *m*; **c. parity** Währungs-, Geldparität *f*; **c. parities** Wechselkursrelationen; **c. payment** Devisen-, Valutazahlung *f*; **c. pegging** Bindung von Währungen; **c. policy** Valuta-, Währungspolitik *f*; **supranational c. policy** übernationale Währungspolitik; **c. position** Devisenposition *f*; **c. price** Devisenkurs *m*; **c. principle** Golddeckungsprinzip *nt*, Währungsgeldklausel *f*; **c. problem** Währungsproblem *nt*, W.frage *f*; **c. profits** Devisenkursgewinne; **c. profiteer/racketeer** *(pej.)* Devisenschieber *m (pej.)*; **c. protection act** Währungsschutzgesetz *nt*; **c. quotation** Devisennotierung *f*, D.kurs *m*; **c. questions** Währungsfragen; **c. racket** *(pej.)* Devisenschiebung *f (pej.)*
currency rate Wechselkurs *m*; **to equate c. r.s to reality** (amtliche) Währungskurse an den Markt angleichen; **green c. r.** *(EU)* grüner Wechselkurs; **c. r. futures contract** Währungsterminkontrakt *m*, W.geschäft *nt*
currency realignment Paritäts-, Währungs-, Wechselkursneuordnung *f*, W.neufestsetzung *f*, Neuordnung des Währungssystems, ~ der Währungsparitäten, Festsetzung neuer Paritäten/Wechselkurse, Anpassung der Währungen; **c. receipts** Deviseneinnahmen; **c. receivables** Währungsforderungen; **c. reform** Währungsreform *f*, W.neuordnung *f*, Geldneuordnung *f*, G.reform *f*, Neuordnung des Geldwesens; **c. regime** Währungssystem *nt*; **c. regulations** Devisenbestimmungen, D.vorschriften; **c.-related** *adj* währungsbedingt; **c. reserve(s)** 1. Devisenbestände, D.rücklage *f*, D.vorrat *m*, Währungsreserven, W.bestände, W.rücklage *f*; 2. Zahlungsmittelbestand *m*; **c. restrictions** Devisen(verkehrs)beschränkungen, D.restriktionen, devisenrechtliche Beschränkungen, Währungsbeschränkungen; **c. revaluation** (Währungs)Aufwertung *f*; **c. risk** Währungs-, Wechselkurs-, Transfer-, Valutarisiko *nt*; **c. set-up** Währungsverfassung *f*; **c. shortage** Devisen-, Valutaknappheit *f*, Devisen-, Valutamangel *m*; **c.**

sign/symbol Währungszeichen *nt*; **c. situation** Währungssituation *f*; **c. smuggling** Devisenschmuggel *m*; **c. snake** *(EWS) (fig)* Währungsschlange *f (fig)*, europäischer Wechselkursverbund; **c. speculation** Devisen-, Währungs-, Valutaspekulation *f*; **c. speculator** Währungs-, Valutaspekulant *m*; **c. stability** Währungs-, Geldwert-, Wechselkursstabilität *f*; **c. stabilization** Währungsstabilisierung *f*; **c. standard** Währungseinheit *f*; **c. supply** Zahlungsmittelversorgung *f*; **c. support mechanism** Währungsbeistandsmechanismus *m*; **~ operations** Stützungsmaßnahmen für eine Währung; **c. surcharge** Wechselkurs-, Währungszuschlag *m*; **c. surplus** Devisenüberschuss *m*; **c. swap** Devisenswap *m*, D.tausch *m*; **c. swaps** Swapgeschäfte; **c. swing** Wechselkursschwankung *f*; **c. switching (operation)** Währungsumschichtung *f*; **c. system** Währungssystem *nt*; **multiple c. system** System gespaltener Wechselkurse; **c. trader** Devisenhändler *m*; **c. transaction** Währungs-, Devisen-, Valutageschäft *nt*, V.abschluss *m*; **c. transactions** Währungsgeschehen *nt*; **c. transfer** Devisentransfer *m*, Transfer von Devisen; **c. translation** 1. Währungsumtausch *m*; 2. Währungs-, Wechselkursumrechnung *f*; **~ gain** Umrechnungs-, Wechselkursgewinn *m*; **c. troubles** Währungsprobleme; **c. uncertainty** Währungsungewissheit *f*; **c. union** Währungsunion *f*; **c. unit** Zahlungsmittel-, Währungseinheit *f*; **c. unrest** Währungsunruhe *f*, W.turbulenz *f*, Devisenmarktstörungen *pl*; **c. upvaluation** (Währungs)Aufwertung *f*; **c. value** Devisen-, Währungswert *m*; **c. weighting** *(EU)* Gewichtung der Währungen; **c. working fund** Devisenbetriebskapital *nt*
current *n* 1. Strom *m*, Strömung *f*; 2. ⚡ Strom *m*; **with the c.** mit dem Strom; **c. of material** Materialstrom *m*; **to break the c.** ⚡ Strom unterbrechen; **to swim against the c.** gegen den Strom schwimmen; **to switch on the c.** ⚡ Strom einschalten
alternating current (AC) ⚡ Wechselstrom *m*; **~ (AC) voltage** Wechselspannnung *f*; **continuous c.** Gleichstrom *m*; **direct c. (DC)** Gleichstrom *m*; **~ (DC) voltage** Gleichspannung *f*; **domestic c.** Lichtstrom *m*; **electric c.** elektrischer Strom; **hydroelectric c.** Wasserkraftstrom *m*; **low-voltage c.** Schwachstrom *m*; **three-phase c.** Dreh-, Dreiphasenstrom *m*
current *adj* 1. laufend, augenblicklich, gegenwärtig, aktuell, heutig, jetzig, momentan; 2. umlaufend, zirkulierend, gängig, gangbar, (landes)üblich, verbreitet, kurant; 3. *(Ware)* leicht verkäuflich, marktgängig; 4. *(Geld)* markt-, kurs-, verkehrsfähig; 5. geltend
current collector ⚡ Stromabnehmer *m*; **c. consumption** Stromverbrauch *m*, S.bezug *m*; **c. drop** Stromabfall *m*; **c. fluctuations** Stromschwankungen; **c. impulse** Stromimpuls *m*, S.stoß *m*
currently *adv* jetzt, zur Zeit, gegenwärtig
current meter ⚡ Strommesser *m*
curriculum *n* Lehr-, Studienplan *m*, Curriculum *nt*, Unterrichts-, Lernprogramm *nt*, Lehrgangsgestaltung *f*; **c. vitae (CV)** *(lat.)* Lebenslauf *m*, L.abriss *m*, Werdegang *m*
curse *n* 1. Fluch *m*; 2. Fluch *m*, Plage *f*; *v/ti* (ver)fluchen, verwünschen; **c. and swear** schimpfen und fluchen

cursive *n* 𝕯 Kursivschrift *f*; *adj* kursiv
cursor *n* 1. 🖳 Cursor *m*, Lichtpunkt *m*, Positionsanzeiger *m*, Schreibmarke *f*; 2. *(Radar)* Peillinie *f*, Blinker *m*
cursory *adj* oberflächlich, kurz, flüchtig
curt *adj* kurz (angebunden), knapp, bündig
curtail *v/t* (ver)kürzen, schmälern, einschränken, drosseln, beeinträchtigen, beschneiden, vermindern; **c. drastically** drastisch kürzen
curtailing of production *n* Produktionseinschränkung *f*
curtailment *n* Beschränkung *f*, (Ver)Kürzung *f*, Beeinträchtigung *f*, Beschneidung *f*, Herabsetzung *f*, Verminderung *f*; **c. of expenditure** Ausgabenbeschränkung *f*, Eindämmung der Ausgaben; **~ profits** Gewinnkürzung *f*; **unlawful ~ taxes** Steuerverkürzung *f*
curtain *n* Vorhang *m*, Gardine *f*; **c. of mist** Nebelwand *f*; **to draw a c. over sth.** *(fig)* etw. mit dem Mäntelchen der Nächstenliebe zudecken *(fig)*; **to see behind the c.** *(fig)* hinter die Fassade/Kulissen schauen *(fig)*; **c. fabric/material** Vorhangstoff *m*
curtate *adj* verkürzt, reduziert
curvature *n* π Krümmung *f*, Wölbung *f*, Kurvenzug *m*; **c. of the earth** Erdkrümmung *f*; **~ spine** ⚕ Rückgratverkrümmung *f*
curve *n* 1. Kurve *f*; 2. ▦ Schaulinie *f*; **c. of equidetectibility** ▦ Kurve gleicher Trennschärfe; **normal ~ error** normale Fehlerkurve; **to plot a c.** Kurve grafisch darstellen
abnormal curve ▦ anomale Häufigkeitskurve; **bell-shaped c.** Glockenkurve *f*; **characteristic c.** Kennlinie *f*; **cumulative c.** Summenkurve *f*; **demand-outlay c.** Ausgabenkurve der Nachfrager; **equi-probability c.** Kurve gleicher Wahrscheinlichkeit; **Gaussian c.** Glockenkurve *f*; **income-consumption c.** Einkommenskonsumkurve *f*; **kinky c.** geknickte Kurve; **logistical c.** logistische Kurve; **plane c.** ebene Kurve; **plotted c.** Kurvenzug *m*; **price-demand c.** Preis-Absatzkurve *f*; **sloping c.** fallende Kurve; **twisted c.** Torsionskurve *f*
curved *adj* gekrümmt, gebogen
curve fitting Kurvenanpassung *f*; **c. follower** Kurvenleser *m*; **c. plotter** Kurvenzeichner *m*; **c. template** Kurvenlineal *nt*; **c. tracer** Kurvenverfolger *m*
curvilinear *adj* gekrümmt
cushion *n* 1. Kissen *nt*, Polster *nt*; 2. *(fig)* Puffer *m*, Bewertungsreserve *f*; **c. of orders (in hand)** Auftragsreserve(n) *f/pl*, A.polster *nt*; **to provide a c. against** *(Wirkung)* abfedern; **financial c.** Finanzpolster *nt*, finanzielles Polster
cushion *v/t* abfedern, (ab)mildern, dämpfen, ab-, auffangen, polstern
cushion bond hochverzinsliche Anleihe; **c. capital** Ergänzungskapital *nt*
cushioning *n* 1. Füllmaterial *nt*, Polsterung *f*; 2. Dämpfung *f*; **c. material** Füllmaterial *nt*
cuss *v/i (coll)* fluchen
custodee *n* Schutzbefohlene(r) *f/m*, Pflegling *m*
custodian *n* 1. [§] Vormund *m*, Sorgeberechtigte(r) *f/m*; 2. Hinterlegungs-, Verwahrungsstelle *f*, Depotbank *f*; 3. Treuhänder *m*, Vermögensverwalter *m*, Verwahrer

m; 4. Hausmeister *m*, Wächter *m*, Kustos *m*; **c. of the law** Ordnungshüter *m*; **collective c.** Sammelverwahrer *m*; **legal c.** öffentliche Hinterlegungsstelle; **original c.** Erstverwahrer *m*
custodian account Depot(konto) *nt*, Ander-, Treuhandkonto *nt*; **c. bank** Depot-, Treuhandbank *f*, verwahrende Bank; **c. business** Depotgeschäft *nt*; **c. fee** Depotgebühr *f*
custodianship *n* 1. [§] Vormundschaft *f*; 2. Treuhänderschaft *f*; 3. *(Bank)* Effektenverwaltung *f*, Verwahrung *f*, Depotgeschäft *nt*; **c. account** *[US]* Ander-, Depotkonto *nt*, (Kunden-/Effekten)Depot *nt*
custodian trustee Vermögensverwalter *m*, Treuhänder von Mündelvermögen, Pfleger *m*; **c. warehouse** *[US]* Konsignationslager *nt*
custody *n* 1. (Ob)Hut *f*, Verwaltung *f*, Aufbewahrung *f*; 2. Schutz *m*, Bewachung *f*; 3. [§] Aufsicht *f*, (Untersuchungs)Haft *f*, Gewahrsam *m*; 4. [§] Sorge(recht) *f/nt*; **in c.** in Haft/Verwahr/Gewahrsam
custody of the children [§] Personensorgerecht *nt*, Sorgerecht *nt* (für die Kinder); **to be awarded ~ children** *(Scheidung)* Kinder zugesprochen bekommen; **c. prior to deportation** Abschiebehaft *f*; **c. for an indefinite period of time** Dauerarrest *m*; **in c. of the police** in Polizeigewahrsam
to apply for custody [§] Sorgerecht beantragen; **to be awarded c.** Sorgerecht zugesprochen bekommen; **~ held in c.** in Haft sitzen; **~ remanded in c.** in Untersuchungshaft bleiben; **to deliver into the c. (of)** zur Aufbewahrung/Verwahrung übergeben; **to grant c. of a child** *(Scheidung)* Kind zusprechen; **to have in c.** in Verwahrung haben; **to keep in c.** 1. aufbewahren; 2. [§] in Gewahrsam/Haft behalten; **to liberate from c.** aus der Haft befreien; **to place in c.** in Verwahrung geben; **to release from c.** auf freien Fuß setzen, aus der Haft entlassen; **to remand in c.** (vorübergehende) Haft anordnen, in Untersuchungshaft nehmen; **to take into c.** 1. verhaften, festnehmen, in Gewahrsam/Haft nehmen, inhaftieren, einsperren; 2. in Verwahrung nehmen
collective custody Sammelverwahrung *f*; **eligible for ~ c.** sammelverwahrfähig; **giro-transferable ~ c.** Girosammelverwahrung *f*; **exchangeable c.** Tauschverwahrung *f*; **legal c.** 1. amtliche Verwahrung; 2. [§] Sorgerecht *nt*, gerichtlich bestellte Vormundschaft; **official c.** amtliche Verwahrung, Zwangshaft *f*; **in ~ c.** in amtlichem Gewahrsam; **preventive c.** [§] Sicherheitsverwahrung *f*, S.arrest *m*, Vorbeuge-, Schutzhaft *f*; [§] Unterbindungsgewahr *f*, vorbeugende Haft; **proper c.** ordnungsgemäße Aufbewahrung; **protective c.** [§] Schutzhaft *f*; **regular c.** regelmäßige Verwahrung
safe custody 1. (Depot)Aufbewahrung *f*, Depot(stelle) *nt/f*, Verwahrung *f*; 2. [§] Sicherheitsarrest *m*, S.verwahrung *f*, sicherer Gewahrsam; **s. custodies** Depotgeschäft *nt*; **in s. c.** 1. in Verwahr; 2. in sicherem Gewahrsam; **s. c. of securities** Verwahrung von Wertpapieren, Depotgeschäft *nt*; **~ and valuables** Depotgeschäft *nt*
to hold/keep in safe custody sicher verwahren/aufbewahren; **to put in s. c.** sicherstellen; **compulsory s. c.** Depot-, Aufbewahrungspflicht *f*; **separate s. c.** Son-

derverwahrung *f*
safe custody account Effektenkonto *nt*, E.depot *nt*, (Wertpapier-/Girosammel-/Kunden)Depot *nt*, offenes Depot; **collective ~ account** (Giro)Sammeldepot *nt*; **s. c. charges** Depotgebühr *f*; **~ department** *[GB] (Bank)* Depotabteilung *f*; **~ deposit** Effekten-, Wertpapierdepot *nt*; **~ item** Depotstück *nt*; **~ receipt/slip** *[GB]* Depotbescheinigung *f*
sole custody Alleingewahrsam *m*; **third-party c.** Drittverwahrung *f*
custody account 1. Ander-, Treuhandkonto *nt*; 2. Depotvolumen *nt*; **~ of fungible securities** Stück-, Anderdepot *nt*; **~ number** Depot(konto)nummer *f*
custody agreement Verwahrungsvertrag *m*; **c. bill of lading** Lagerhalterkonnossement *nt*; **c. business** Verwahrungsgeschäft *nt*; **c. costs** Depotkosten; **c. fee** Verwahrungsgebühr *f*; **c. item** Verwahr(ungs)stück *nt*; **c. ledger** Verwahrungsbuch *nt*; **c. order** [§] Vormundschafts-, Verwahrungsbeschluss *m*; **c. proceedings** [§] Sorgerechtsverfahren *nt*; **c. receipt** Depot-, Verwahrungsquittung *f*, Depotschein *m*; **safe ~ (slip)** Depotempfangsbescheinigung *f*; **c. transaction** Verwahrungsgeschäft *nt*
custom *n* 1. Kundschaft *f*, Kunden(kreis) *pl/m*, Klientel *f*; 2. Übung *f*, Praxis *f*, Usance *f (frz.)*, Usus *m*, Gebrauch *m*, Gepflogenheit *f*, Gewohnheitsrecht *nt*, Brauch(tum) *m/nt*, Sitte *f*, Gewohnheit *f*; **according to c.** usancegemäß; **c. in international law** völkerrechtliches Gewohnheitsrecht *nt*; **c. of trade** Handelssitte *f*, H.brauch *m*, Usance *f (frz.)*; **c.s and usages of war** Kriegsgewohnheitsrecht *nt*, K.brauch *m*
to attract custom Kunden/Kundschaft anziehen; **to build up c.** sich Kundschaft erwerben; **to get so.'s c.** jdn als Kunden gewinnen; **to lose c.** Kundschaft/Kunden verlieren; **to take one's c. elsewhere** zur Konkurrenz abwandern, woanders Kunde werden
commercial custom Handelsgepflogenheit *f*, H.brauch *m*, kaufmännisches Gewohnheitsrecht, Kaufmannsbrauch *m*; **~ c.s** Handelspraktiken; **falling c.** nachlassendes Geschäft; **established c.s** Sitten und Gebräuche; **judicial/legal c.** Rechtsgewohnheit *f*, R.brauch *m*, Gerichtspraxis *f*, Gewohnheitsrecht *nt*; **local c.** Ortsbrauch *m*, ortsüblicher Brauch; **~ c.s** Platzusancen; **in conformity with ~ c.s** ortsüblich; **maritime c.** Seemannsbrauch *m*; **~ c.s** Seegebräuche, S.gewohnheiten; **mercantile c.** Wirtschaftspraxis *f*, Handelsbrauch *m*; **national/regional c.** Landesbrauch *m*; **time-honoured c.** althergebrachter Brauch; **uniform c.s** einheitliche Usancen; **Uniform C.s and Practices for Commercial Documentary Credits** einheitliche Richtlinien und Gebräuche für Dokumentenakkreditive
customable *adj* gebühren-, abgabe-, zollpflichtig
customarily *adv* üblicherweise
customary *adj* 1. gebräuchlich, (branchen-/geschäfts-/verkehrs)üblich, herkömmlich, hergebracht, gewohnheitsmäßig, allgemein verbreitet, landesüblich, usancemäßig; 2. gewohnheitsrechtlich; **not c.** unüblich
custom-build *v/t* nach Kundenangaben/K.spezifikationen anfertigen, einzeln/auf Bestellung anfertigen; **c.-**

built; c.-made *adj* auf Bestellung/einzeln/speziell angefertigt, maß-, sondergefertigt, nach Kundenangaben hergestellt; **c. design** auf Bestellung angefertigtes Muster

customer *n* 1. (Geschäfts)Kunde *m*, (G.)Kundin *f*, Abnehmer(in) *m/f*, Käufer(in) *m/f*, Besteller(in) *m/f*, Auftraggeber(in) *m/f*; 2. *(Factoring)* Drittschuldner(in) *m/f*; **c.s** 1. Abnehmerbranche *f*, A.kreis *m*; 2. *(Bank)* Kundschaft *f*, Kundenkreis *m*; **c.s of a bank** Bankkundschaft *f*; **regular c. of many years' standing** langjähriger Stammkunde

to alienate customer|s Kunden abwerben/vertreiben; **to approach a c.** an einen Kunden herantreten; ~ **c.s** Kundenkreis ansprechen; **to attract/draw c.s** Kunden anziehen/gewinnen/anlocken; **to call on a c.** Kunden aufsuchen; **to canvass c.s** Kunden werben; **to develop new c.s** neuen Kundenkreis erschließen; **to divert c.s** Kunden abwerben; **to draw/entice c.s away** Kunden abspenstig machen/abwerben/abfangen; **to entertain c.s** Kunden bewirten; **to know one's c.** *(coll)* seine Pappenheimer kennen *(coll)*; **to lose c.s** Kunden verlieren; **to number so. among one's c.s** jdn zu seiner Kundschaft rechnen; **to please a c.** Kunden befriedigen; **to process c.s** Kunden abfertigen; **to serve c.s** Kundschaft/Kunden bedienen; **to target c.s** Kunden gezielt ansprechen

average customer Durchschnittskunde *m*; **awkward c.** *(coll)* unangenehmer Kunde/Zeitgenosse; **bad c.** unsicherer Kantonist *(coll)*/Kunde; **big c.** Großkunde *m*; **blue-chip c.** erste Adresse, Kunde mit höchster Bonität; **borrowing c.s** Kreditkundschaft *f*; **casual c.** Gelegenheits-, Laufkunde *m*; **commercial c.** gewerblicher Kunde, Firmenkunde *m*; ~ **c.s** Handelskundschaft *f*; **cool c.** *(coll)* geriebener/durchtriebener Kunde *(coll)*; **corporate c.** Firmenkunde *m*, gewerblicher Kunde; ~ **c.s** Firmen-, Unternehmenskundschaft *f*; **defaulting/delinquent c.** nicht zahlender/säumiger Kunde; **domestic c.** 1. inländischer Kunde, Inlandskunde *m*; 2. ✍/*(Gas)*/♦ Privatkunde *m*, P.abnehmer *m*; **drop-in c.** Lauf-, Gelegenheitskunde *m*; **external c.** auswärtiger Abnehmer/Kunde; **faithful c.** treuer Kunde; **foreign c.** Auslandskunde *m*; **genuine c.** ernsthafter Kunde; **high-balance c.** *(Bank)* vermögender Kunde; **high-income c.** gut verdienender Kunde; **individual c.** Einzelabnehmer *m*, Privatkunde *m*; **industrial c.** gewerblicher/industrieller Kunde, Industrieabnehmer *m*, I.kunde *m*; ~ **c.s** Industriekundschaft *f*; **irregular c.s** Laufkundschaft *f*; **large c.** Großabnehmer *m*, G.kunde *m*; **likely c.** potenzieller Abnehmer/Kunde; **local c.** ortsansässiger Abnehmer/Kunde; **main c.** Hauptkunde *m*; **major c.** maßgeblicher Auftraggeber; **nasty c.** *(coll)* unangenehmer Zeitgenosse, übler Kunde *(coll)*; **new c.s** Kundenzugänge; **non-bank c.** Nichtbankkunde *m*; ~ **c.s** Nichtbankenkundschaft *f*; **occasional c.** gelegentlicher Kunde, Laufkunde *m*; ~ **c.s** Laufkundschaft *f*; **old c.** Stammkunde *m*; **out-of-town c.** auswärtiger Kunde; **outside c.** Fremdkunde *m*; **overseas c.** Überseekunde *m*, ausländischer Kunde; **personal c.** Privatkunde *m*; ~ **c.s** Privatkundschaft *f*; **potential/prospective c.** möglicher/prospektiver/potenzieller Kunde, (Kauf)Interessent *m*; ~ **c.s** Kundenpotenzial *nt*; **preferential c.** bevorzugter Kunde; **preferred c.** Vorzugskunde *m*; **principal c.** Hauptabnehmer *m*; **private/residential c.** Privatkunde *m*; ~ **c.s** Privatkundschaft *f*; **c. service** Privatkundenbetreuung *f*; **regular c.** Stamm-, Dauerkunde *m*, fester/häufiger/regelmäßiger Kunde; ~ **c.s** Kundenstamm *m*, Stammkundschaft *f*, fester Kundenkreis, feste Kundschaft; **regular-rate c.** ✍/*(Gas)*/♦ Tarifkunde *m*; **reluctant c.** zögernder Kunde; **renting c.** *(Autoverleih)* Mieter *m*; **security-holding c.** Wertpapierkunde *m*; **c.'s** *(coll)* 1. unzuverlässiger Kunde; 2. unsicherer Kantonist *(coll)*; **slow c.** säumiger Kunde; **small c.** Kleinverbrauchskunde *m*, K.abnehmer *m*; **standing/steady c.** langjähriger Kunde, Stammkunde *m*; **third-party c.** Drittkunde *m*; **tough c.** schwieriger Vertreter, zäher Bursche *(coll)*; **would-be c.** möglicher Abnehmer, potenzieller Kunde

customer|'s acceptance Kundenwechsel *m*; **c.s' accounts** 1. Debitoren, Forderungen auf Waren und Leistungen; 2. Kundenbuchhaltung *f*; **c. accounting** Kundenbuchführung *f*, K.abrechnung *f*; **c. acquisition** Kundenwerbung *f*, Akquise *f* *(coll)*; **c. adviser** Kundenberater(in) *m/f*; **c. analysis** Kundenanalyse *f*; **c. appeal** Werbekraft *f*; **c. approach** Kundenansprache *f*; **c. approval** Zustimmung durch die Kunden; **c. balance** Kundenguthaben *nt*; **c. base** Kunden *pl*, Kundenstamm *m*, K.bestand *m*; **c.'s bill** Kundenwechsel *m*, K.papier *nt*; **c.s' book** Gegenrechnungsbuch *nt*; **c.s' broker** *(Börse)* Makler für Kundenaufträge; **c. business** Lorogeschäft *nt*; **c. call** Kundenbesuch *m*; **c. card** 1. Kundenkarte *f*; 2. Kundenkarteikarte *f*; **c. case** Kundenbetreuung *f*; **c. characteristics** Kundenkenndaten; **c.'s check** *[US]* /**cheque** *[GB]* Kundenscheck *m*; **c. complaint** Kundenbeschwerde *f*, K.reklamation *f*; **c. confidence** Vertrauen der Kundschaft; **c.-conscious** *adj* kundenbewusst; **c. costing** Kundenkalkulation *f*; **c. counselling** Kundenberatung *f*; **c. count** (Kunden)Frequenzzählung *f*; **c. country** Abnehmerland *nt*; **c. database** Kundendatei *f*; **c. demand** Kundenwunsch *m*, K.nachfrage *f*; ~ **for credit** Kundenkreditnachfrage *f*; **c. deposits** Kundensichteinlagen; **c.('s) deposits** Kundengelder, Kunden-, Kundschaftseinlagen, fremde Gelder; **non-bank c.s' deposits** Originäreinlagen; **c.s' drawings** Kundenentnahmen; **c. engineer** Außendiensttechniker *m*, Kundenberater *m*, K.betreuer *m*, K.dienstmitarbeiter *m*; **c. engineering** technischer Außen-/Kundendienst; **c. exposure** Außenstände *pl*; **c. file** Auftrags-, Kundenkartei *f*; **c. financing** Kundenfinanzierung *f*; **c. focus** Ausrichtung auf den Kunden; **c. group** Käuferschicht *f*, Abnehmergruppe *f*; **c. groups** Käuferkreise *m*; **c. growth** Kundenzuwachs *m*; **to play into the c.'s hands** auf den Kunden eingehen; **c. identity** Kundenart *f*; **c. industry** kundenorientierte Industrie; **c. information** Kundeninformation *f*; **c.s' instructions** Kundendispositionen; **c. interest** Kundeninteresse *f*; **c.s' investments** Kundeneffekten; **c. irritation** Verärgerung des Kunden; **c.s' ledger** Debitoren-, Kun-

denbuch *nt*; **c. liabilities** Kundenverbindlichkeiten; **~ on acceptances** Kundenakzepte; **c.'s liability on bills discounted** Wechseleinreicheroblige *nt*; **~ on loans granted** Darlehensobligo *nt*; **c. list** Kundenkartei *f*; **c. loan** Kunden-, Konsumentenkredit *m*; **c. loyalty** Kundentreue *f*, K.bindung *f*; **c. master card** Kundenleitkarte *f*; **c. mix** Kunden-, Abnehmerstruktur *f*; **c.'s money** Kundengeld *nt*; **c.s' needs** Kundenbedürfnisse; **c.'s note** Kundenwechsel *m*; **c. number** Kundennummer *f*; **c.'s order** Kundenauftrag *m*, Bestellung *f*; **c.s' orders** Kundendispositionen; **c. order servicing** Kundenauftragsverwaltung *f*; **c.-orient(at)ed** *adj* kundennah, k.orientiert; **c. orientation** Kundenorientierung *f*; **c.-owned** *adj* kundeneigen; **c. ownership** *[US]* *(Elektrizität)* Aktienbesitz der Kundschaft gemeinnütziger Unternehmen; **c. partnership** Partnerschaft mit dem Kunden, enge Zusammenarbeit mit dem Kunden; **c.s' prepayments** Kundenanzahlungen, erhaltene Anzahlungen; **c. price** Kundenpreis *m*; **c. profile** Kundenprofil *nt*, K.struktur *f*; **c. protection** Kundenschutz *m*; **c.-provided** *adv* vom Kunden gestellt; **c.'s receipt** Kundenquittung *f*; **c. receivables** Kundenaußenstände, K.debitoren, K.forderungen; **c. recommendation** Kundenempfehlung *f*; **c. register** Kundenliste *f*; **c. relations** 1. Kunden-, Kundschaftsbeziehungen; 2. Kundeninformationsdienst *m*; **c. repurchase arrangements** Rückkaufvereinbarungen mit dem Kunden; **c. resistance** Widerstand der Kundschaft; **c.s' safe deposit (vault)** Kundentresor *m*; **c. sales** Kunden-, Drittumsatz *m*, Fremdabsatz *m*, Umsatz mit Dritten; **consolidated c. sales** Konzernfremdumsatz *m*; **c. satisfaction** Zufriedenheit der Kunden, Kundenzufriedenheit *f*
customers' securities department Kundendepotabteilung *f*; **c.'s s. deposit** Kunden-, Personen-, Fremddepot *nt*; **c.s' s. deposits ledger** Personendepotbuch *nt*
customer segmentation Kundensegmentierung *f*
customer service 1. Kundenbetreuung *f*, K.dienst *m*, Serviceleistung *f*; 2. *(Bank)* Schalterdienst *m*; **c. advisory s.** Kundenberatung *f*; **individual c. s.** Privatkundengeschäft *nt*, P.betreuung *f*; **c. s. department** Kundendienstabteilung *f*
customer servicing Kundenbetreuung *f*
customer|s' sight deposits Kundensichtgeld(er) *nt/pl*, K.einlagen, täglich fällige Kundeneinlagen; **c. snatching** *(coll)* Kundenfang *m*; **c.-supplier relationship** Verhältnis zwischen Kunde und Lieferant; **c. support** Kundenbetreuung *f*; **c.s' term deposits** Kundentermineinlagen; **c. traffic** 🔄 Kundenverkehr *m*; **c. training** Kundenschulung *f*; **c. waiting time** Kundenwartezeit *f*; **c.s' wishes** Nachfrage-, Kundenwünsche
custom-fitted *adj* maßgefertigt
customization *n* 1. Fertigung nach Kundenangaben; 2. Kundenausrichtung *f*, Anpassung an die Kundensituation
customize *v/t* 1. gesondert/auf Bestellung anfertigen, nach Kundenangaben herstellen/(um)gestalten; 2. 🖥 anpassen
customized; custom-made *adj* auf Bestellung/Maß gefertigt, Spezial-, Sonder-, kundenspezifisch, nach Kundenangaben hergestellt, speziell angefertigt, sondergefertigt, maßgeschneidert, auf den Kunden zugeschnitten, individuell angepasst; **c. work** *[US]* Maß-, Kundenarbeit *f*
custom manufacturing Kundenauftragsfertigung *f*, K.produktion *f*
customs *n* 1. Zoll *m*, Einfuhrzölle; 2. Zollbehörde *f*; 3. Zollwesen *nt*; 4. Konventionen; **due to c.** Zollschuld *f*; **exempt from c.** zollfrei; **opened by the c.** zollamtlich geöffnet; **in respect of c.** auf dem Gebiet des Zollwesens
customs and excise Zölle und Verbrauchssteuern; **c. and e. division** Zoll- und Verbrauchssteuerabteilung *f*; **~ duties** Zölle und Verbrauchersteuern/Abgaben; **~ officer** Zollbeamter *m*
customs of the port Hafenbrauch *m*, H.usancen; **~ the trade** Handelsbräuche, H.usancen; **c. and traditions** Sitten und Gebräuche
to clear (through) customs beim Zoll/zollamtlich abfertigen, Zoll passieren, verzollen, klarieren; **to pass through the c.** Zoll passieren
customs action Zollmaßnahme *f*; **c. administration** Zollverwaltung *f*; **c. adjustment** Zollkorrektur *f*; **c. agency** Zollagentur *f*; **c. agent** Zollagent *m*, Z.spediteur *m*; **c. airport of entry** Zollflughafen *m*; **first ~ method** Methode des ersten Zollflughafens; **c. allowance** (Zoll)Freimenge *f*; **c. area** 1. Zollgebiet *nt*; 2. Zollgrenzbezirk *m*; **c. arrangement** Zollregelung *f*; **c. authority** Zollbehörde *f*; **c. authorities** Zollverwaltung *f*; **c. barrier** Zollschranke *f*; **c. berth** ⚓ Zollandeplatz *m*; **c. bill of entry** Zolleingangsdeklaration *f*; **c. bond** Zollkaution *f*, Z.garantie *f*, Z.bürgschein *m*; **~ note** Zollbegleitschein *m*; **c. border** Zollgrenze *f*; **c. broker** Zollagent *m*, Z.makler *m*; **c. cartel** Zollkartell *nt*; **c. certificate** Zoll(amts)bescheinigung *f*, zollamtliche Bescheinigung, Bescheinigung der Zollstelle; **c. charges** Zollgebühren; **total c. charges** Gesamtzollbelastung *f*; **c. checkpoint** Zollabfertigungsstelle *f*
customs clearance Verzollung *f*, Grenz-, Zollabfertigung *f*, Z.behandlung *f*, zollamtliche Freigabe/Abfertigung; **to effect c. c.** Verzollung vornehmen; **to enter for c. c.** zur Verzollung anmelden, Antrag auf Zollabfertigung stellen; **to facilitate c. c.** Verzollung erleichtern
customs clearance charges Verzollungsgebühren; **~ formalities** Verzollungsformalitäten; **~ procedure** Zollabfertigungsformalitäten; **~ service** Zollinnendienst *m*
customs|-cleared *adj* verzollt, zollamtlich erledigt/abgefertigt/freigegeben; **delivered c.-cleared** verzollt geliefert; **c. clearing** Zollabfertigung *f*; **General C. Code** Allgemeine Zollordnung; **c. district** Zollbezirk *m*; **c. collector's office** Zollkasse *f*; **c. commissariat** Zollkommissariat *nt*; **c. commissioner** Zollkommissar *m*
customs control Grenz-, Zollkontrolle *f*, Z.abfertigung *f*, Z.überwachung *f*, zollamtliche Überwachung; **under c. c.** unter zollamtlicher Überwachung; **c. c. voucher** Abnahmeabschnitt *m*
customs convention Zollabkommen *nt*; **~ on con-

customs containers

tainers Zollabkommen über Behälter; **c. cooperation** Zusammenarbeit auf dem Gebiete des Zollwesens; **C. Cooperation Committee** *(EU)* Ausschuss für Zusammenarbeit im Zollwesen; **~ Council (CCC)** *(EU)* Rat für die Zusammenarbeit auf dem Gebiete des Zollwesens, Brüsseler Zollrat; **c. court** Zollgericht *nt*; **c. custody** Zollgewahrsam *m*; **to secure the release of goods from c. custody** Freigabe von Waren aus dem Zollgewahrsam erwirken; **c. debt** Zollschuld *f*
customs declaration Zoll(inhalts)erklärung *f*, Z.anmeldung *f*, Z.deklaration *f*, Z.angabe *f*, Z.antrag *m*; **collective c. d.** Sammelzollanmeldung *f*; **summary c. d.** summarische Zollanmeldung; **c. d. form** Zollabfertigungsformular *nt*
customs deferment Zollstundung *f*; **c. department** Zollabteilung *f*; **c. deposit** Zollhinterlegung *f*; **c. district** Zoll(grenz)bezirk *m*; **c. document** Zolldokument *nt*, Z.papier *nt*; **accompanying c. documents** Zollbegleitpapiere; **c. documentation** 1. Zollpapiere *pl*; 2. Zollformalitäten *pl*; **c. dog** Zollhund *m*; **c. drawback** Export(rück)vergütung *f*, Rückzoll *m*, Zoll(rück)vergütung *f*, Z.(rück)erstattung *f*, Vergütung von Zöllen, Exporterstattung von Einfuhrzoll; **c. dues** Zollgebühren
customs duty Zoll(gebühr) *m/f*, Z.abgabe *f*, Warenzoll *m*, Grenzabgabe *f*; **c. duties** Zollabgaben; **~ and charges of all kinds** Zölle und Belastungen aller Art; **c. d. on exports** Ausfuhrzoll *m*; **~ imports** Einfuhrzoll *m*; **~ of a fiscal nature** Finanzzoll *m*
to bear customs duty der Einfuhrsteuer unterliegen; **to avoid c. d.** Zoll umgehen; **to evade c. d.** Zollhinterziehung begehen; **to levy c. duties** Zoll erheben; **to reimpose c. duties** Zollsätze wieder anwenden
appropriate customs duty anwendbarer Zoll
customs enclave Zollanschlussgebiet *nt*; **c. endorsement** Zolleintragung *f*, Sichtvermerk der Zollbehörde; **c. enforcement** Durchführung der Zollvorschriften; **c. entry** Zollanmeldung *f*, Z.erklärung *f*, Z.deklaration *f*, zollamtliche Eintragung, Antrag auf Zollabfertigung; **to file a c. entry** zur Verzollung anmelden, Antrag auf Zollabfertigung stellen; **c. escort** Zollbegleitung *f*; **c. evasion/fraud** Zollhinterziehung *f*; **c. examination** Zollrevision *f*, Z.beschau *f*, zollamtliche Untersuchung/Revision; **c.-exempt** *adj* zollfrei; **c. exemption** Zollfreiheit *f*; **c. facilities** Zollstelle *f*; **c. figures** Zollstatistik *f*; **c. fine** Zollstrafe *f*; **c. form** Zollformular *nt*; **c. formalities** Zollformalitäten; **to attend to the c. formalities** Zollformalitäten erledigen; **c. frontier** Zoll-, Steuergrenze *f*; **~ service** Zollgrenzdienst *m*; **c. guarantee** Zollbürgschaft *f*; **c. guarantor** Zollbürge *m*; **c. guard** Zollwache *f*; **c. hall** Zollhalle *f*
customs house Zollamt *nt*, Z.büro *nt*, Z.haus *nt*, Z.abfertigungsstelle *f*; **general c. h.** Hauptzollamt *nt*; **proper c. h.** zuständiges Zollamt
custom house agent/broker Zollagent *m*, Z.makler *m*; **~ bond** Steuerschein *m*; **~ docket** Zollquittung *f*
customs information and investigation gazette Zollnachrichten- und Fahndungsblatt *nt [D]*; **c. import formalities** Einfuhrformalitäten; **c. inspection** Zollinspektion *f*, Z.kontrolle *f*, Z.revision *f*, Z.beschau *f*, Z.prüfung *f*, zollamtliche Beschau/Untersuchung; **c. inspector** Zollinspektor *m*, Z.beamter *m*; **c. investigation (department/division)** Zollfahndung(sstelle) *f*; **~ service** Zollfahndungsdienst *m*; **c. investigator** Zollfahnder *m*; **c. invoice** Zollfaktura *f*, Z.rechnung *f*; **c. inward** Einfuhrzoll *m*; **c. jurisdiction** Zollhoheit *f*; **c. laboratory** zolltechnische Prüfstelle; **~ and training college** zolltechnische Prüfungs- und Lehranstalt
customs law Zollrecht *nt*; **c. l.s and regulations** Zollvorschriften, Z.gesetze und Z.bestimmungen; **to carry out/implement the c. l.s** Zollgesetze ausführen
customs lock Zollschloss *nt*; **c. manifest** Zollladungsverzeichnis *nt*; **c. matters** Zollbelange, Z.wesen *nt*; **c. nomenclature** Zolltarifschema *nt*, Nomenklatur *f*; **c. note** Zollvormerkschein *m*; **c. offence** Zolldelikt *nt*, Z.vergehen *nt*
customs office Zollamt *nt*, Z.stelle *f*; **~ of departure** Abgangszollstelle *f*; **~ of destination** Bestimmungszollstelle *f*; **~ of entry** Eingangszollstelle *f*; **~ of exports** Ausfuhrzollstelle *f*; **~ at the frontier** Grenzzollamt *nt*, Zollstelle an der Grenze; **~ at the place of entry** Eintrittszollamt *nt*; **~ en route** *(frz.)* Zolldurchgangs-, Durchgangszollstelle *f*; **~ of surveillance** Überwachungszollstelle *f*
federal customs office Bundeszollbehörde *f*; **inland c. o.** Binnenzollamt *nt*, B.zollstelle *f*, Zollstelle im Landesinneren; **intermediate c. o.** Zwischenzollstelle *f*; **main c. o.** Hauptzollstelle *f*, H.amt *nt*
customs officer/official Zöllner *m*, Zollbeamter *m*, Z.beamtin *f*; **c. outward** Ausfuhrzoll *m*; **c. papers** Zollpapiere; **to regularize c. papers** Zollpapiere bereinigen; **international c. pass** Carnet *nt (frz.)*; **c. penalty** Zollstrafe *f*; **c. permission** zollamtliche Genehmigung/Erlaubnis; **c. permit** Zollabfertigungs-, Zollbegleit-, Zollerlaubnisschein *m*; **c. plate** ⚙ Zollkennzeichen *nt*; **c. policy** Zollpolitik *f*; **c. port** Zollhafen *m*; **interior c. port** *[US]* Binnenzollstelle *f*; **c. post** Zollposten *m*, Z.abfertigungsstelle *f*; **c. supervisory post** Zollaufsichtsstelle *f*; **c. power of attorney** Zollvollmacht *f*; **c. preference** Zollpräferenz *f*; **c. presentation** (Zoll)Gestellung *f*
customs procedure Zollverfahren *nt*, Z.verkehr *m*; **to be subject to c. p.** dem Zollverfahren unterliegen; **to place under a c. p.** dem Zollverfahren zuführen
Customs Processing Arrangement Committee *(EU)* Ausschuss für Zollveredelungsverkehr
customs rebate Zollnachlass *m*; **c. receipt** Zollquittung *f*; **c. receipts** Zolleinnahmen; **c. reform** Zollreform *f*; **c. refund** Zoll(rück)erstattung *f*; **c. regulations** zollamtliche Bestimmungen, Zoll(verfahrens)bestimmungen, Z.vorschriften, Z.(ver)ordnung *f*; **c. relief** Zollvergünstigung *f*; **non-tariff c. relief** außertarifliche Zollvergünstigung; **c. requirements** Zollvorschriften; **c. procedural requirements** Zollverfahrensvorschriften; **c. restrictions** Zollbeschränkungen; **c. returns/revenue(s)** Zolleinnahmen, Z.aufkommen *nt*, Z.erträge; **c. road** Zollstraße *f*
customs seal Zollplombe *f*, Z.verschluss *m*, Z.siegel *nt*;

secured by c. s. verschlusssicher; **to damage a c. s.** Zollverschluss beschädigen; **to fix a c. s.** Zollverschluss anlegen; **c. s. string** Zollschnur *f*;
customs sealing device Zollverschlusssystem *nt*; **c. search** Zolldurchsuchung *f*, Z.fahndung *f*, Z.untersuchung *f*; **c. security** Zollsicherheit *f*; **c. service** Zolldienst *m*; **c. shed** Zollschuppen *m*, Z.halle *f*; **c. squad** Zollstreife *f*; **c. staff** Zollpersonal *nt*; **c. stamp** Sichtvermerk der Zollbehörde; **c. station** 1. Zollstelle *f*; 2. 🚉 Zollstation *f*; **c. status** Zollstatus *m*; **c. sub-office** Zollzweigstelle *f*; **c. supervision/surveillance** zollamtliche Überwachung, Z.aufsicht *f*; **to destroy under c. surveillance** unter zollamtlicher Überwachung zerstören; **c. supervision/surveillance zone** Zollgrenzbezirk *m*, Z.kontrollzone *f*; **c. surcharge** Zollaufschlag *m*; **c. tare** Zolltara *f*, Z.gewicht *nt*
customs tariff Zolltarif *m*; **Common C. T. (CCT)** *(EU)* Gemeinsamer Zolltarif; **c. t. number** (Zoll)Tarifnummer *f*; **~ preference** Zollpräferenz *f*
customs territory 1. Zollgebiet *nt*; 2. Zollgrenzbezirk *m*; **without crossing the c. t.** ohne Berührung des Zollgebiets; **common c. t.** gemeinsames Zollgebiet; **domestic/inland c. t.** Zollinland *nt*, Z.binnenland *nt*; **foreign c. territories** Zollausland *nt*; **separate c. t.** besonderes Zollgebiet
customs training centre Zollschule *f*
customs transit Zollgutversand *m*; **~ shed** (Zoll)Durchgangsschuppen *m*; **~ declaration** Zollgutanmeldung *f*; **~ operation** Zollversandvorgang *m*
customs treatment Zollbehandlung *f*, zollamtliche Bearbeitung/Behandlung; **~ of goods** zollamtliche Erfassung der Waren; **c. turnpike** *[US]* Zollschranke *f*; **c. union** Zollunion *f*, Z.anschluss *m*, Z.gemeinschaft *f*; **to enter into/join a c. union** einer Zollunion beitreten; **c. valuation** Zollwertfestsetzung *f*, Z.bewertung *f*, Z.wertbemessung *f*, Z.abschätzung *f*, zollamtliche Bewertung, Wertverzollung *f*, Bewertung für Zollzwecke; **c. value** Zollwert *m*; **establishing the c. value** Ermittlung des Zollwerts; **c. violation** Bannbruch *m*; **c. visa** Zollvermerk *m*; **c.voucher** Zollquittung *f*; **c. (bonded) warehouse** (öffentliches) Zolllager, Z.niederlage *f*, Z.gutlager *nt*; **~ procedure** Zolllagerung *f*; **c. warehousing** Zollgutlagerung *f*; **to enter for c. warehousing** zur Zollgutlagerung abfertigen; **C. Waterguard Service** *[GB]* Wasserzolldienst *m*; **c. warrant** Zollauslieferungsschein *m*; **c. weight** Zollgewicht *nt*; **c. wharf** Zollandungsplatz *m*; **c. yard** Zollhof *m*; **c. maritime zone** Seezollzone *f*
custom tailor *[US]* Maßschneider *m*; **c.-tailored** *adj* maßgeschneidert **c. tailoring** Maßschneiderei *f*
cut *n* 1. Kürzung *f*, Senkung *f*, Herabsetzung *f*, (Ein)Schnitt *m*, Zäsur *f*, Schmälerung *f*; 2. Kapitalherabsetzung *f*; 3. Zinskupon *m*, (Stellen)Streichung *f*; 5. *(coll)* (Gewinn)Anteil *m*; 6. 💲 Schnittverletzung *f*, S.wunde *f*; **c.s Sparbeschlüsse**
cut in appropriations *(Haushalt)* Zuweisungskürzung *f*; **~ social benefits** Kürzung von Sozialleistungen; **~ consumption** Drosselung des Konsums; **~ the minimum deposits** Mindestreservesenkung *f*; **~ the dividend** Dividendenkürzung *f*; **~ expenditure** Ausgabenkürzung *f*; **~ real income** Realeinkommenseinbuße *f*; **~ interest rates** Zinssenkung *f*; **~ output** Produktionskürzung *f*; **~ overtime** Abbau der Überstunden; **~ pay** Lohnkürzung *f*; **~ spending** Ausgabenkürzung *f*; **~ subsidies** Subventionsabbau *m*; **~ the value of money** Geldschnitt *m*; **~ wages** Abstriche bei den Löhnen; **~ real wages** Reallohnkürzung *f*; **~ working hours** Arbeitszeitverkürzung *f*
to be a cut above so. else *(coll)* jdm überlegen sein, eine Nummer besser sein *(coll)*; **to enforce c.s** Einsparungen durchsetzen; **to make c.s** Abstriche machen, kürzen; **to ordain c.s** Kürzungen verfügen
across-the-board/all-round cut lineare/globale/pauschale Kürzung, Globalkürzung *f*, G.einsparung *f*; **big c.** starke Ermäßigung; **coarse c.** *(Tabak)* Grobschnitt *m*; **compensatory c.** Ausgleichskürzung *f*; **final c.** 🎬 Abtriebsnutzung *f*; **medium c.** *(Tabak)* Krüllschnitt *m*; **minimum c.** minimaler Schnitt; **savage/swingeing c.** drastische/einschneidende Kürzung; **short c.** 1. *(Weg)* Abkürzung *f* *(fig)*; 2. Schnellverfahren *nt*, abgekürztes Verfahren, Patentlösung *f*
cut *v/t* 1. (ver-/ab)kürzen, (be)schneiden, reduzieren, abbauen, einschränken, schmälern, vermindern, herabsetzen, kappen; 2. *(Kosten)* einsparen; 3. *(Arbeitsplätze)* abbauen; 4. 🏭 *(Produktion)* herunterfahren; 5. 🔪 hauen; **c. back/down** be-, einschränken, verringern, vermindern, verknappen, kürzen, den Gürtel enger schnallen *(fig)*, herunterdrücken, zurückschrauben, z.fahren, schmälern, herabsetzen, beschneiden, drosseln; **c. down on** einsparen; **c. into** einschneiden; **c. off** 1. unterbrechen, abschneiden; 2. ✂/☎ sperren; **c. so. off** Telefongespräch mit jdm abbrechen; **c. out** 1. ausschalten; 2. (her)auszeichnen, c. up zerschneiden
cut *adj* ermäßigt; **c. and dried** *(coll)* abgesprochen, abgemachte Sache, längst entschieden, unter Dach und Fach *(coll)*
cutback *n* 1. Reduzierung *f*, Verringerung *f*, Einschränkung *f*, Abstrich *m*; 2. (Personal)Abbau *m*; 3. (Produktions)Kürzung *f*; **c. in orders** Auftragskürzung *f*; **~ prices** Preissenkung *f*; **~ spending** Ausgabenkürzung *f*; **c. of red tape** Verwaltungsvereinfachung *f*; **c. of the workforce** Mitarbeiterabbau *m*
savage/swingeing cutback drastische/einschneidende Kürzung
cutback policy Rotstiftpolitik *f*; **c. target** Kürzungsziel *nt*
cute *adj* *(coll)* schlau, gerissen, clever
cutlery *n* (Tafel-/Ess)Besteck *nt*, Schneidwaren *pl*; **c. industry** Besteck-, Schneidwarenindustrie *f*
cutoff *n* 1. *(Bilanz)* periodengerechte Abgrenzung; 2. Lieferstopp *m*; 3. Abbrechen *nt*; 4. ⚙ Sperrvorrichtung *f*; 5. 📊 Schwellenwert *m*; **automatic c.** Selbstausschalter *m*
cutoff date Ausschlusstermin *m*, (Abschluss)Stichtag *m*, letzter Termin, Einsende-, Einreichungsschluss *m*; **c. method** Verfahren der zeitlichen Abgrenzung, Auswahl nach dem Konzentrationsprinzip; **c. point** 1. Ober-, Untergrenze *f*; 2. *(Werbung)* Sperrpunkt *m*; 3.

(negative Steuer) Schwelleneinkommen *nt*; 4. ▨ Schlussziffer *f*; **c. rate** 1. *(Investitionsrechnung)* Ausscheidungsrate *f*; 2. Mindestverzinsung *f*, M.rendite *f*, Kalkulationszinsfuß *m*
cutout *n* 1. ✿ Ausschaltung *f*; 2. ⚡ Sperre *f*; **automatic c.** automatische Ausschaltung
cut-price; cut-rate *adj* Billig-, im Preis herabgesetzt, ermäßigt, reduziert, billig, zum ermäßigten Tarif
cutpurse *n* *(coll)* Beutelschneider *m (coll)*
cut statement Zwischenbilanz *f*
cutter *n* 1. (Ab)Schneidevorrichtung *f*; 2. ⚓ Kutter *m*
cutthroat *n* *(coll)* Halsabschneider *m (coll)*; *adj* unbarmherzig, mörderisch, halsabschneiderisch, knallhart, ruinös, gnadenlos
cutting *n* 1. ✂ Ableger *m*, Steckling *m*; 2. (Presse)Ausschnitt *m*; 3. *(Straße/Bahnlinie/Kanal)* Einschnitt *m*; **c. in half** Halbierung *f*; **c. of rations** Rationenkürzung *f*; **~ tariffs** Zoll-, Tarifsenkung *f*; **~ wages** Lohnabbau *m*, Herabsetzung der Löhne; **c. back of operations** Betriebseinschränkung *f*; **c. down of expenses** Kostensenkung *f*; **c. agency/service** Zeitungsausschnittsbüro *nt*; **c. edge** Schnittkante *f*, Schneide *f*; **c.-edge** *adj* führend, Spitzen-; **c. limit order** Stop-Loss-Order *f*; **c. plan** ⚙ Fällungsplan *m*; **c. plane method** Schnittebenenverfahren *nt*; **c. rate** Nutzungssatz *m*; **c. technology** Schneidtechnik *f*
cybernation *n* Steuerungstechnik *f*
cybernetic *adj* kybernetisch; **c.s** *n* Kybernetik *f*; **organizational c.s** Organisationskybernetik *f*
cyber|space *n* ⌨ Cyberspace *m*, virtueller Raum; **c.vest** *v/t* über das Internet investieren
cycle *n* 1. Zyklus *m*, Periode *f*, Folge *f*, Turnus *m*, Kreislauf *m*; 2. 🚲 Takt *m*, Arbeitsgang *m*; 3. 🚂 Gang *m*; 4. Fahrrad *nt*; **agricultural c.** Agrarzyklus *m*; **boom-and-bust/boom-slump c.** Konkunkturzyklus *m*; **corn-hog c.** ✂ Getreide-Schweine-Zyklus *m*; **economic c.** Konjunktur *f*, Konjunktur-, Wirtschaftszyklus *m*, W.kreislauf *m*; **yearly ~ c.** Jahresrhythmus im Wirtschaftsablauf; **fixed c.** festgelegter Beschaffungsrhythmus; **~ system** Bestellrhythmussystem *nt*; **industrial c.** Wirtschaftskreislauf *m*; **intermediate c.** Zwischenzyklus *m*; **stationary c.** stationärer Iterationszyklus; **variable c.** variabler Beschaffungsrhythmus
cycle *v/i* Rad fahren
controlled cycle allowance Verfahrenszuschlag *m*; **c.-conscious** *adj* konjunkturbewusst; **c. count** 1. periodische Bestandsaufnahme; 2. Zykluszählung *f*; **~ of inventories** permanente Inventur (, bei der jede Position mindestens einmal jährlich gezählt wird); **c. counter** 🔲 Gangzähler *m*; **c. dealer** Fahrradhändler *m*; **c.-enhancing** *adj* zyklusverstärkend; **c. inventory** Grundbestand *m*; **c. operations** ⚙ Taktfertigung *f*; **c.path** *n* Rad(fahr)weg *m*; **c. point** Indexpunkt *m*; **c. route** Radwanderweg *m*; **c. shop** Fahrradgeschäft *nt*; **constant c. system** Lagerhaltung mit gleichbleibenden Bestellintervallen; **c. test** Prüfzyklus *m*; **c. time** 1. 🔲 Zykluszeit *f*; 2. ⚙ Takt-, Gesamtstückzeit *f*; **c. track** 1. Radrennbahn *f*; 2. Radweg *m*
cyclical *adj* zyklisch, konjunkturell, konjunkturpolitisch, k.rhythmisch, k.bedingt; **c.ity** *n* 1. Konjunkturabhängigkeit *f*; 2. zyklisches Verfahren, Zyklik *f*
cyfengedic (= Ltd) *n* *[walisisch]* GmbH
cycling *n* Radfahren *nt*; **c. holiday** Urlaub mit dem Rad; **c. tour** Radtour *f*
cyclist *n* Radfahrer(in) *m/f*
cyclone *n* ☁ Zyklon *m*
cylinder *n* Zylinder *m*; **c. block** 🚗 Zylinderblock *m*; **c. capacity** 🚗 Hubraum *m*; **c. gas** Flaschengas *nt*; **c. head** 🚗 Zylinderkopf *m*; **~ gasket** Zylinderkopfdichtung *f*; **c. lock** Zylinderschloss *nt*
cy-près *n* *(frz.)* [§] wohlwollende (dem Willen des Erblassers nahekommende) Auslegung

D

dabble (in sth.) *v/i* dilettieren; **d.r (in stocks and shares)** *n* Börsendilettant *m*, kleiner Spekulant
Dacron ™ *n* *[US]* Kunstfaser *f*
daft *adj* *(coll)* verrückt
dagger *n* Dolch *m*; **at d.s drawn** *(fig)* verfeindet; **to be ~ drawn with so.** mit jdm auf Kriegsfuß stehen, sich ~ auf Hauen und Stechen stehen *(coll)*; **to live ~ drawn** in gespannten Verhältnissen leben
daily *adj* täglich, jeden Tag; *n* Tageszeitung *f*, täglich erscheinende Zeitung; **popular d.** Boulevardblatt *nt*; **D. Official List** *[GB]* *(Börse)* amtliches Kursblatt
dainty *adj* 1. zart, zierlich; 2. appetitlich; *n* Leckerbissen *m*
dairy *n* 1. Milchhandlung *f*, M.laden *m*, M.geschäft *nt*; 2. Milchwirtschaft *f*; 3. Molkerei(betrieb) *f/m*, Milchsammelstelle *f*, milchverarbeitender Betrieb; **d. butter** Molkereibutter *f*; **d. cattle** Milchvieh *nt*; **d. chocolate** Milchschokolade *f*; **d. cooperative** Molkereigenossenschaft *f*; **d. cow** Milchkuh *f*; **d. farm** milcherzeugender Betrieb; **d. farmer** Milcherzeuger *m*, M.produzent *m*, M.bauer *m*; **d. farming** Milchviehhaltung *f*, Molkerei-, Milch-, Grünlandwirtschaft *f*; **d. farmland** milchwirtschaftlich genutztes Land; **d. herd** Herde Milchkühe; **d. husbandry** Milchwirtschaft *f*, Molkereiwesen *nt*
dairying *n* Milchwirtschaft *f*, Molkereiwesen *nt*; **d. division** Molkereisparte *f*
dairy|man *n* 1. Melker *m*, Schweizer *m*; 2. Milchbauer *m*, M.mann *m*; **d. produce/products** Milch-, Molkereierzeugnisse, Milch-, Molkereiprodukte; **d. support price** *(EU)* Milchstützungspreis *m*
as fresh as a daisy *n* taufrisch; **d. chain** Verkettung *f*; **d.wheel** *n* Typen-, Schreibrad *nt*, Typenschreiber *m*; **~ printer** Typenraddrucker *m*
dam *n* 1. (Stau)Damm *m*, Stau-, Sperrmauer *f*; 2. Talsperre *f*, Stausee *m*; **d. and reservoir** Staustufe *f*, Stausee *m*, Talsperre *f*
dam *v/t* 1. dämmen; 2. *(Fluss)* (auf)stauen
damage *n* 1. Beschädigung *f*, Beeinträchtigung *f*, Schädigung *f*; 2. Schaden *m*, Verlust *m*, Einbuße *f*, Nachteil *m*; **d.s** Schaden(s)ersatz(summe) *m/f*, Schadensbetrag *m*, Entschädigung(ssumme) *f*; **to the d. of** zum Schaden

von; **what's the d.?** *(coll)* was kostet der Spaß?
damage|s to the amount of Schaden(sbetrag) in Höhe von; **d. to cargo by jettison** ⚓ Ladungsschäden durch Seewurf; **d. eligible for compensation** erstattungsfähiger Schaden; **d. due to intrinsic defects** Schaden durch inneren Verderb; **d.s for delay** Verzugsschaden(s)ersatz *m*; **d. through deprivation of use** Nutzungsschaden *m*; **d. to forests** Waldschaden *m*; **~ one's image** Imageverlust *m*; **d.s at law** gesetzlicher Schaden(s)ersatz(anspruch); **d.s for non-acceptance** Schaden(s)ersatz wegen Annahmeverweigerung; **~ non-delivery** Schaden(s)ersatz wegen ausgebliebener Lieferung; **~ non-fulfilment/non-performance** Schaden(s)ersatz wegen Nichterfüllung; **d. to a person** Personenschaden *m*; **~ property** Sach-, Vermögensschaden *m*, Sachbeschädigung *f*; **criminal/malicious ~ property** vorsätzliche Sachbeschädigung; **~ so.'s reputation** Rufschädigung *f*; **d. by sea** ⚓ Seeschaden *m*, Havarie *f*; **d.s in tort** Schaden(s)ersatz wegen unerlaubter Handlung; **d.s for the tort of deceit or fraud** Schaden(s)ersatz wegen arglistiger Täuschung; **d. in transit** Transport-, Fracht-, Ladungsschaden *m*, Beschädigung während des Transports; **d. equivalent to the value of a newly bought article** Neuwertschaden *m*; **d. by water** Wasserschaden *m*; **~ fresh water** Süßwasserschaden *m*; **~ sea water** Seewasserschaden *m*
damage due to an Act of God; ~ force majeure *(frz.)* Schaden infolge höherer Gewalt; **~ delayed performance** Verspätungsschaden *m*; **~ wear and tear** Abnutzungsschaden *m*
in the event of damage (or loss) im Schadensfall, bei Eintritt des Schadensfalls; **answerable for a d.** schaden(s)ersatzpflichtig; **entitled to d.s** (schadens)ersatz-, entschädigungsberechtigt; **liable for a d.; ~ to pay d.s** (schadens)ersatz-, entschädigungspflichtig
damage to the bodywork 🚗 Karosserieschaden *m*; **d. caused by breach of contract** Vertrauensschaden *m*; **~ by cattle** Viehschaden *m*; **~ by default/delay** Verzögerungs-, Verzugsschaden *m*; **d. to the environment** Umweltschaden *m*; **d. caused without fault** Schaden ohne Verschulden; **~ by game** Wildschaden *m*; **~ by lightning** Blitzschaden *m*; **d. at sea** Seeschaden *m*, Havarie *f*; **d. caused by subsidence** Berg-, Senkungsschaden *m*
damage|s awarded/granted zugesprochener Schaden(s)ersatz; **d.s incurred/sustained** 1. eingetretener/entstandener Schaden(s)ersatzanspruch; 2. entstandener Schaden; **d. (or loss) suffered/sustained** erlittener Schaden
causing damage schadensbegründend; **resulting from d.** schaden(s)bedingt; **d. that is not externally apparent** äußerlich nicht erkennbarer Schaden
to adjust a damage Schaden(sersatzanspruch) feststellen/erledigen/regulieren; **to answer for a d.** Schaden vertreten; **to apply for d.s** Schaden(s)ersatz beantragen; **to appraise the d.** (Versicherungs)Schaden aufnehmen; **to ascertain a d./d.s** Schaden feststellen; **to assert d.s** Schaden(s)ersatzanspruch geltend machen; **to assess a d./d.s** 1. Schaden festsetzen/ermessen/feststellen/aufnehmen/berechnen/ermitteln/begutachten; 2. ⚓ Havarie aufmachen; 3. Schaden(s)ersatz feststellen; 4. Entschädigungssumme bestimmen; **to avert a d.** Schaden abwenden; **to award d.s** [§] Schaden(s)ersatz zuerkennen/zusprechen/zubilligen, zu ~ verurteilen, auf ~ erkennen; **~ d.s against so.** jdn zum Schaden(s)ersatz verpflichten; **to be awarded d.s** Schaden(s)ersatz zugesprochen bekommen; **~ entitled to d.s** Schaden(s)ersatzanspruch haben; **~ liable/responsible for a d.** für einen Schaden haften, zum Ersatz verpflichtet sein, Schaden zu vertreten haben; **to cause (a) d.** Schaden verursachen, schädigen; **to claim d.s** (Schadens)Ersatz beantragen/fordern/verlangen/beanspruchen, Entschädigung beanspruchen/fordern/verlangen, Schaden(s)ersatzansprüche stellen/geltend machen; **~ from so.** jdn auf Schaden(s)ersatz in Anspruch nehmen; **to collect d.s** Schaden(s)ersatz erhalten; **to compensate a d.** Schaden ersetzen, entschädigen, Schaden(s)ersatz leisten; **to compute the d.** Schaden berechnen; **to determine/fix the d.** 1. Schaden (amtlich) feststellen; 2. Entschädigung festsetzen; **to disallow d.s** Schaden(s)ersatz aberkennen; **to do d.** Schaden anrichten; **to estimate d.s** Entschädigung abschätzen/festsetzen; **to exclude d.s** Schaden(s)ersatz ausschließen; **to handle/process a d.** Schaden bearbeiten; **to inflict d.** Schaden zufügen/anrichten, schaden; **to inspect the d.** Schaden besichtigen/inspizieren; **to lay d.s** Schaden(s)ersatz feststellen; **to make good a d.** Schaden wieder gutmachen/regulieren/vergüten/beseitigen/ersetzen, für einen Schaden aufkommen; **to obtain d.s** Schaden(s)ersatz erhalten; **to order so. to pay d.s** jdn zu(r) Schaden(s)ersatz(leistung) verurteilen; **to pay d.s** Schaden(s)ersatz leisten/zahlen, Entschädigung/Wiedergutmachung gewähren; **~ for the d.** Schaden tragen/ersetzen, für den ~ aufkommen; **to recover d.s** Schaden(s)ersatz erwirken/erhalten, Schaden ersetzt bekommen; **~ from so.** sich an jdm schadlos halten; **to refund/reimburse a d.** Schaden(s)ersatz leisten, Schaden ersetzen, entschädigen; **to remedy a d.** Schaden wieder gutmachen; **to repair a d.** 1. Schaden beheben/beseitigen/ausbessern; 2. Schaden(s)ersatz leisten, entschädigen, Schaden ersetzen; **to restitute a d.** Schaden(s)ersatz leisten; **to sue for d.s** wegen Schaden(s)ersatz belangen, auf Schaden(s)ersatz (ver)klagen, Schaden(s)ersatz einklagen; **to tax/value the d.** Schaden amtlich feststellen
accidental damage Unfallschaden *m*, unfallbedingter Schaden; **~ excess** Selbstbeteiligung *f*; **actual d. (or loss)** tatsächlicher/tatsächlich entstandener/unmittelbarer/eingetretener/materieller Schaden; **additional d.s** besondere Entschädigung; **agreed d.s** vereinbarter Schaden(s)ersatz; **appropriate d.s** angemessene/billige Entschädigung; **ascertained d.** festgestellter Schaden; **awarded d.s** zuerkannter Schaden(s)ersatz; **collateral d.** Nebenschaden *m*; **compensatory d.s** (ausgleichender) Schaden(s)ersatz, Ausgleich/Ersatz des tatsächlichen Schadens, Ausgleichsentschädigung *f*
consequential damage Folgeschaden *m*, mittelbarer Schaden, Schadensfolgen *pl*, Nach-, Rückwirkungs-

schaden *m*; ~ **d.**s Schaden(s)ersatz/Ersatz für Folgeschaden, Entschädigung für entgangenen Gewinn; ~ **d. insurance** Versicherung gegen Folgeschäden
constructive damage angenommener Schaden; **to claim** ~ **d.**s Ersatz des mittelbaren Schadens verlangen; **contemptuous d.**s symbolischer Schaden(s)ersatz; **contingent d.**s bedingt zuerkannter Schaden(s)ersatzanspruch; **criminal d.** [§] schwere/strafbare Sachbeschädigung; **culpable d.** schuldhaft verursachter Schaden; **officially declared/established d.** amtlich festgestellter Schaden; **direct d. (or loss)** direkter/unmittelbarer Schaden; **discretionary d.**s Ermessensschaden *m*, im Ermessenswege zuerkannter Schaden(s)ersatz; **environmental d.** Umweltschaden *m*; **equitable d.**s Ausgleichsanspruch *m*, A.forderung *f*; **officially estimated d.** amtlich geschätzter Schaden; **exemplary d.**s [§] Bußgeld *nt*, verschärfter Schaden(s)ersatz; **extensive d.** beträchtlicher Schaden; **fair d.**s angemessene Entschädigung, angemessener Schaden(s)ersatz; **fire-fighting d.** durch Brandbekämpfung entstandener Schaden; **general d.** allgemeiner Schaden; ~ **d.**s üblicher Schaden(s)ersatz; **great d.** schwerer Schaden; **incidental d.**s Schaden(s)ersatz für Aufwendungen bei Vertragserfüllung; **indirect d.** indirekter/mittelbarer Schaden; **industrial d.** Betriebsschaden *m*; **insignificant d.** geringfügiger Schaden, Bagatellschaden *m*; **intangible d.** immaterieller Schaden; **irreparable d.** nicht wieder gutzumachender Schaden; **known d.** festgestellter Schaden; **lawful d.**s gesetzlich anerkannter/begründeter Schaden(s)ersatzanspruch; **legitimate d.**s berechtigter Schaden(s)ersatzanspruch; **liquidated d.**s 1. festgesetzte Schadenssumme, Vertrags-, Konventionalstrafe *f*, Konventionalstrafbestimmung *f*, vertraglich vereinbarte Entschädigung; 2. beglichener Schaden; **lump-sum d.**s pauschalierter Schaden(s)ersatz; **major d.** Großschaden *m*; **malicious d.** [§] böswillige/vorsätzliche Beschädigung; **material d.** 1. erheblicher Schaden, Schaden wirtschaftlicher Art; 2. Sachschaden *m*; ~ **insurance** Sachschadenversicherung *f*; **minimal/minor d.** Bagatell-, Kleinschaden *m*, geringfügiger/unbedeutender/unerheblicherSchaden; **nominal d.** geringfügiger/nominaler/immaterieller/nomineller Schaden, Immaterialschaden *m*; ~ **d.**s symbolischer Schaden(s)ersatz; **non-material/non-physical d.** immaterieller Schaden, Immaterialschaden *m*; **non-pecuniary d.** Nichtvermögensschaden *m*; **ordinary d.**s üblicher Schaden(s)ersatz; **partial d.** Teilschaden *m*; **pecuniary d.**s Schaden(s)ersatz in Geld, finanzielle Entschädigung; **permanent d.** Dauerschaden *m*; **personal d.** *(Vers.)* Personenschaden *m*; **petty d.** formaler Schaden, Bagatellschaden *m*; **physical d.** Sachschaden *m*, materieller Schaden; **pro-forma d.** formaler Schaden; **proved/proven d.** nachgewiesener/festgesteller Schaden; ~ **d.**s festgestellter Schaden(s)ersatzanspruch; **proximate d.** Folgeschaden *m*; **punitive d.**s 1. Bußgeld *nt*, Buße *f*; 2. verschärfter Schaden(s)ersatz, Schaden(s)ersatzleistung mit Sanktionscharakter; **real d.** tatsächlicher Schaden; **recoverable/reimbursable d. (or loss)** erstattungsfähiger Schaden; **remote d.** unmittelbare/indirekte Schaden, nicht voraussehbarer Schaden; ~ **d.**s Schaden(s)ersatz für Spätfolgen; **resulting d.** Folgeschaden *m*; **serious d.** 1. schwerer/empfindlicher Schaden; 2. ⚓ schwere Havarie; **to cause** ~ **d.** schweren Schaden anrichten; **slight d.** leichte Beschädigung, Bagatellschaden *m*; **special d.**s 1. Ersatz immateriellen Schadens; 2. Schaden(s)ersatz für Folgeschäden; **speculative d.** vorausberechenbarer Schaden; **stipulated d.**s vertraglich vereinbarter Schaden(s)ersatz; **structural d.** 🏠 Gebäude-, Bauschaden *m*; **substantiated d.** nachgewiesener Schaden; **superficial/trivial d.** Bagatellschaden *m*; **third-party d.** Drittschaden *m*; ~ **insurance** Drittschadenversicherung *f*; **unaccrued d.** noch nicht eingetretener Schaden; **unforeseeable d.** nicht voraussehbarer Schaden; **unliquidated d.**s noch ausstehender Schaden(s)ersatz; **vindictive d.**s Buße *f*, Reugeld *nt*; **war-induced d.** Kriegsfolgeschaden *pl*; **wilful d.** vorsätzliche/absichtliche (Be)Schädigung
damage *v/t* (be)schädigen, schaden, Schaden zufügen
damageable *adj* leicht zu beschädigen, empfindlich
damage(s) award [§] Zubilligung von Schaden(s)ersatz; **d. certificate** ⚓ Havariezertifikat *nt*
damage(s) claim (Schadens)Ersatzanspruch *m*, (Schadens)Ersatzforderung *f*, Schadensforderung *f*; ~ **for breach of contract** Schaden(s)ersatzanspruch wegen positiver Vertragsverletzung; ~ **in tort** Schaden(s)ersatzanspruch aus unerlaubter Handlung; **to exclude any d. c.** Schaden(s)ersatz ausschließen; **to settle the d. c.** Schaden abdecken
damaged *adj* 1. beschädigt, schadhaft, defekt, verdorben, fehlerhaft; 2. ⚓ havariert; **to be/get d.** beschädigt werden; **seriously d.** schwer beschädigt; **slightly d.** leicht beschädigt
damage faisant/feasant [§] Schadenszufüger *m*; *adj* schadenstiftend
damage limitation Schadensbegrenzung *f*; ~ **exercise** schadensbegrenzende Maßnahme
damage report 1. Schadensbericht *m*; 2. ⚓ Havariebericht *m*; **d. survey** 1. Schadensuntersuchung *f*, S.prüfung *f*, S.besichtigung *f*; 2. ⚓ Havariegutachten *nt*
damaging *adj* 1. schädlich, schadensbegründend, schadenstiftend, belastend; 2. *(Bemerkung)* abträglich
damask *n* Damast *m*
not to care a damn about sth. *n (coll)* sich einen Dreck um etw. kümmern *(coll)*, auf etw. pfeifen *(coll)*
damp *n* Feuchtigkeit *f*; **rising d.** 🏠 Bodenfeuchtigkeit *f*
damp *v/t* 1. anfeuchten; 2. dämpfen; **d. down** 1. *(Nachfrage)* dämpfen; 2. *(Feuer)* ersticken
damp *adj* feucht; **d. and cold** nasskalt
damp course 🏠 Dämm-, Isolierschicht *f*
dampen *v/t* dämpfen; **d.ing** *n* Dämpfung *f*, Drosselung *f*
damper *n* Dämpfer *m*; **to put a d. on sth.** einer Sache einen Dämpfer aufsetzen
dampness *n* Feuchtigkeit *f*
damp|-proof *adj* feuchtigkeitsbeständig; **d.-resistant** *adj* feuchtigkeitsabweisend
dandy *n* Dandy *m*; **d. note** ⊖ Zollfreigabeschein *m*
danger *n* Gefahr *f*, Risiko *nt*, Not *f*, Gefährdung *f*; **in d.**

in Gefahr, gefährdet; **out of d.** außer Gefahr
danger of absconding Fluchtgefahr *f*; **~ collapse** 🏛 Einsturzgefahr *f*; **~ collusion** [§] Verdunklungsgefahr *f*; **~ escape** Fluchtgefahr *f*; **~ explosion** Explosionsgefahr *f*; **~ flooding** Überschwemmungsgefahr *f*; **~ frost** Frostgefahr *f*; **~ icing** Vereisungsgefahr *f*; **~ infection** Ansteckungs-, Infektionsgefahr *f*; **d. to life and limb** Gefahr für Leib und Leben, Gemeingefahr *f*; **~ public morals** Gefährdung der Sittlichkeit; **~ public order/ peace** Gefährdung der öffentlichen Ordnung; **d. of recidivism/recurrence** [§] Wiederholungsgefahr *f*; **d. to public safety** 1. Gefährdung der öffentlichen Sicherheit; 2. Gemeingefährlichkeit *f*; **d. of a strike** Streikgefahr *f*
averting/avoiding (a) danger Gefahrenabwehr *f*, G.abwendung *f*; **fraught with d.** gefahrvoll
to be in danger of doing sth. Gefahr laufen, etw. zu tun; **to expose o.s. to a d.** sich einer Gefahr aussetzen, sich selbst gefährden
additional danger zusätzliche Gefährdung; **alternative d.** [§] Gefährdung durch Selbsthilfe; **apparent d.** augenscheinliche Gefahr; **apprehended/imminent d.** Gefahr im Verzug, akute/drohende/dringende/nahende/ unmittelbare Gefahr; **common d.** Gemeingefahr *f*; **extreme d.** äußerste Gefahr; **imaginary d.** Putativgefahr *f*; **lethal/mortal d.** Lebens-, Todesgefahr *f*; **potential d.** latente Gefahr, Gefahrenmoment *m*; **present d.** gegenwärtige Gefahr; **public d.** Gemeingefahr *f*, G.gefährlichkeit *f*, Gefährdung der Allgemeinheit; **constituting a ~ d.** gemeingefährlich; **real danger** objektive Gefahr; **unavoidable d.s** unabwendbare Gefahren
danger area Gefahrenbereich *m*, G.zone *f*, G.herd *m*; **d. avoidance plan** Gefahrenabwehrplan *m*; **d. bonus** Gefahrenzulage *f*; **d. class** Gefahrenklasse *f*; **on the d. list** 💲 lebensgefährlich erkrankt, in Lebensgefahr; **d. money/pay** Gefahrenzulage *f*, G.geld *nt*, Risikozulage *f*
dangerous *adj* gefährlich, riskant, gefahrbringend, gefährdend; **highly d.** lebensgefährlich; **d.ness** *n* Gefährlichkeit *f*
danger point Gefahrenpunkt *m*; **d. sign** Gefahrenzeichen *nt*; **d. signal** 1. 🚩 Halte-, Warn-, Gefahren-, Notsignal *nt*; 2. *(fig)* Alarmzeichen *nt*; **d. spot** 🔀 Gefahrenstelle *f*, G.punkt *m*; **d. zone** Gefahren-, Sperrzone *f*
dangler *n (Werbung)* Deckenhänger *m*
dare *v/ti* wagen, riskieren, sich getrauen; **d.devil** *n* Draufgänger *m*, Waghals *m*; *adj* draufgängerisch
daring *adj* gewagt, wagemutig, waghalsig
dark *adj* dunkel *(auch fig)*; **after d.** nach Einbruch der Dunkelheit; **until d.** bis zum Einbruch der Dunkelheit
dark *n* Dunkel(heit) *nt/f*; **to be/grope (about) in the d.** im Dunkeln/Finstern tappen; **to leave so. in the d.** jdn im Dunkeln/Ungewissen/Unklaren lassen; **to remain in the d.** im Dunkeln bleiben; **to whistle in the d.** *(fig)* sich (selbst) Mut machen
darken *v/ti* (sich) verfinstern, verdunkeln
dark|ness *n* Dunkelheit *f*, Finsternis *f*; **d.room** *n* Dunkelkammer *f*, Fotolabor *nt*
darling *n* Liebling *m*; **~ of the stock exchange** Börsenliebling *m*

darn *v/t (Socken)* stopfen
dash *n* 1. Gedankenstrich *m*; 2. Schwung *m*, Elan *m*
dash *v/ti* sausen, stürmen, flitzen; 2. stoßen, schleudern; 3. *(Hoffnung)* zunichte machen; **d. off** losstürzen
dashboard *n* 🚗 Armaturen-, Instrumentenbrett *nt*
dashed *adj* ⓘ *(Linie)* gestrichelt
dashpot *n* ⚙ Pralltopf *m*
data *pl* Daten, Unterlagen, Angaben, Informationen, Ziffern, Werte, (Beobachtungs)Material(ien) *nt/pl*; **no d. available** keine Daten; **d. to be audited** Prüf(ungs)stoff *m*
to access data Daten ansteuern, auf Daten zugreifen; **to enter d. into the computer** dem Computer Daten eingeben; **to furnish d.; to make d. available** Daten liefern/zur Verfügung stellen, Unterlagen übermitteln; **to process d.** Daten verarbeiten; **to recall d.** Daten aufrufen; **to transfer d.** Daten übertragen
aggregate data Sammeldaten; **alphabetic d.** alphabetische Daten; **analog d.** analoge Daten; **basic d.** Basisdaten; **binary d.** Binärdaten; **coded d.** verschlüsselte Daten; **comparative d.** Vergleichsdaten, Richtsätze; **confidential d.** vertrauliche Angaben; **cross-sectional d.** Querschnittsdaten; **detailed d.** Einzelunterlagen; **digital d.** digitale Daten, Digitaldaten; **disaggregated d.** aufgegliederte Daten; **economic d.** Konjunktur-, Wirtschaftsdaten, W.zahlen; **external d.** außerbetriebliche Unterlagen; **financial d.** finanzielle Angaben; **immediate d.** Direktdaten; **inconsistent d.** Dateninkonsistenz *f*; **incorrect d.** unrichtige Angaben; **inside d.** interne Daten/Ergebnisse; **integrated d.** zusammengefasste Daten; **intermediate d.** Zwischenergebnisse; **material d.** wesentliche Angaben; **numeric d.** nummerische Daten; **observational d.** Beobachtungsdaten; **operational d.** Betriebsdaten, B.unterlagen; **personal d.** Personalangaben, Personalien, Individualdaten, Angaben zur Person, personenbezogene Daten; **pertinent d.** entsprechende/sachdienliche Unterlagen; **primary d.** Stamm-, Primärdaten, Urmaterial *nt*; **raw d.** Original-, Ursprungs-, Roh-, Ausgangsdaten, unaufbereitete Daten; **secondary d.** Sekundärdaten; **specified d.** Einzelangaben, E.unterlagen; **statistical d.** statistische Daten/Angaben/Unterlagen, statistisches Material, Ziffernmaterial *nt*; **internal ~ d.** Verwaltungsstatistik *f*; **supporting d.** Belege; **technical d.** technische Unterlagen/Angaben; **telemetric d.** Fernmessdaten
datable *adj* datierbar
data abuse Datenmissbrauch *m*
data acquisition Datenerfassung *f*, D.ermittlung *f*, D.gewinnung *f*; **decentralized d. a.** dezentralisierte Datenerfassung; **d. a. system** Datenerfassungssystem *nt*
data administration Datenverwaltung *f*; **d. aggregate** Datengruppierung *f*; **d. area** Datenbereich *m*; **d. bank** Informations-, Datenbank *f*, D.speicher *m*; **~ holder** Datenbankhalter *m*, Speichereinheit *f*
data bank inquiry Datenbankabfrage *f*; **~ key** Datenbankschlüssel *m*; **~ look-up** Datenbankrecherche *f*; **~ service** Datenbankrecherchendienst *m*; **~ management (system)** Datenbankverwaltung(ssystem) *f/nt*; **~**

manager Datenbankverwalter *m*, D.administrator *m*; ~ **system** Datenbanksystem *nt*
data base Datenbasis *f*, D.bank *f*, D.stock *m*; **distributed d. b.** verteilte Datenbank; **public d. b.** Datenverbund *m*; **remote d. b.** dezentrale Datenbank; **d. b. company** Datenbankunternehmen *nt*
data block Datenblock *m*; **d. buffer** Datenpuffer *m*; **d. bus** Datenbus *m*, Datenübertragungsweg *m*; **d. capture** (Betriebs)Datenerfassung *f*, Datenspeicherung *f*, Erfassung von Daten; **d. card** Datenkarte *f*; **d. carrier** Datenträger *m*; **d. cartridge** Datenkassette *f*, Datenregister *nt*; **d. cell** 🖭 Magnetstreifen *m*; **d. center [US] / centre [GB]** zentrale Datenbank, Daten-, Rechenzentrum *nt*; **d. chain** Datenkette *f*; **d. chaining** Daten(ver)kettung *f*; **d. channel** Datenkanal *m*; **d. codification** Datenverschlüsselung *f*
data collection Datenerfassung *f*, D.erhebung *f*, D.gewinnung *f*, Sammeln des Zahlenmaterials; **centralized d. c.** zentrale Datenerfassung; **decentralized d. c.** dezentrale Datenerfassung; **mobile d. c.** mobile Datenerfassung; **operational d. c.** Betriebsdatenerfassung *f*; **original/primary d. c.** Ersterfassung *f*, Primärerhebung *f*; **simultaneous d. c.** simultane Datenerfassung
data collection method Erhebungsgrundlagen *pl*; ~ **procedure** Erhebungstechnik *f*; **portable ~ device** mobile Datenerfassung; **stationary ~ device** stationäre Datenerfassung; **succesive d. c.** sukzessive Datenerfassung
data communication/dissemination Daten(aus)tausch *m*, D.übermittlung *f*, Übermittlung von Daten, Datenübertragung *f*; **d. communication system** Datenfernverarbeitungssystem *nt*, D.übermittlungssystem *nt*; **d. compaction** Datenverdichtung *f*; **d. comparison** Datenabgleich *m*; **d. compression** Datenkompression *f*, D.komprimierung *f*, D.verdichtung *f*; **d. connection** Datenverbindung *f*; **d. control** Datensteuerung *f*; ~ **word** Datenkontrollwort *nt*; **d.-controlled** *adj* datengesteuert; **d. conversion** Datenumsetzung *f*, D.konvertierung *f*; **d. definition** Datenbeschreibung *f*; **d. description** Datenbeschreibung *f*; **d. directory** Datenadressverzeichnis *nt*
data display 🖭 Datenanzeige(einrichtung) *f*; ~ **console** Datensichtplatz *m*; ~ **device** Datensichtgerät *nt*
data element Datenelement *nt*
data entry Dateneingabe *f*, D.erfassung *f*; ~ **keyboard** Eingabetastatur *f*; **single-user ~ service** Datenerfassung mit Einzelgeräten; **multi-user ~ system** Datensammelsystem *nt*; ~ **unit** Eingabeeinheit *f*
data error Datenfehler *m*; **d. exchange** Datenaustausch *m*; **d. falsification** Datenfälschung *f*; **d. field** Datenfeld *nt*
data file Datei *f*; **interim d. f.s** Datenzwischenträger; **d. f. directory** Dateiverzeichnis *nt*
data flow Datenfluss *m*; ~ **chart/diagram** Datenflussplan *m*; ~ **control** Datenflusssteuerung *f*
data format Datenformat *nt*, D.struktur *f*
data gathering Datenerfassung *f*, Erfassung von Daten; **mobile d. g.** mobile Datenerfassung; **d. g. system** Datenerfassungs-, D.sammelsystem *nt*

data handling Datenverarbeitung *f*; ~ **system** Datenverarbeitungssystem *nt*; **d. highway** Datenautobahn *f*; **d. input** Datenaufnahme *f*, Daten-, Informationseingabe *f*; **d. interchange** Datenaustausch *m*; **d. item** Datenwort *nt*, D.element *nt*; **d. key** Lochtaste *f*; **d. library** Datenbibliothek *f*; **d. link(-up)** Datenverbindung *f*, D.verbund *m*; ~ **layer** Sicherungsschicht *f*; **d. list** Datenliste *f*; **d. logger** Datenerfassungssystem *nt*, D.speicher *m*; **d. logging** Datensammeln *nt*, D.erfassung *f*, D.aufnahme *f*; **d. management** Datenverwaltung *f*; **d. manipulation** Datenmanipulation *f*; **d. media exchange** Datenträgeraustausch *m*; **d. medium** Datenträger *m*; ~ **for temporary storage** Datenzwischenträger *m*; **d. misuse** Datenmissbrauch *m*; **relational d. model** Relationsmodell *nt*; **d. module** Datenmodul *nt*; ~ **drive** Datenmodullaufwerk *nt*; **d. name** Datei-, Datenname *m*; **d. network** Datennetz(werk) *nt*, D.verbund *m*; **d. object** Datenobjekt *nt*; **d. organization** Datei-, Datenorganisation *f*; **scattered d. organization** gestreute Datenorganisation; **d. origination** Datenursprung *m*; **d. output** Datenausgabe *f*; **d. overrun** Datenverlust *m*; **d. path** Datenpfad *m*; **d. pen** Lesepistole *f*, L.stift *m*, Lichtgriffel *m*; **d. preparation** Datenaufbereitung *f*; **d. presentation** Informationsdarstellung *f*
data processing Datenverarbeitung *f*, D.technik *f*, D.aufbereitung *f*, Informationsverarbeitung *f*; **advanced d. p.** fortgeschrittene Informationsverarbeitung; **automated d. p. (ADP)** automatisierte Datenverarbeitung; **distributed d. p.** dezentrale/verteilte Datenverarbeitung; **electronic d. p. (EDP)** elekronische Datenverarbeitung (EDV); **external d. p.** Datenverarbeitung außer Haus; **graphic d. p.** grafische Datenverarbeitung; **remote d. p.** Datenfernverarbeitung *f*
data-processing *adj* datenverarbeitend, Datenverarbeitungs-
data processing center [US] /centre [GB] Rechenzentrum *nt*; ~ **department** EDV-Abteilung *f*; ~ **equipment** Datenverarbeitungs-, Rechenanlage *f*; ~ **machine** Datenverarbeitungsanlage *f*, Rechner *m*, Recheneinheit *f*; ~ **manager** Leiter der Datenverarbeitung; ~ **plan** Datenschema *nt*; ~ **system** Datenverarbeitungssystem *nt*, Rechensystem *nt*; **remote ~ system** Datenfernverarbeitungssystem *nt*; ~ **terminal** Datenendgerät *nt*, D.platz *nt*; ~ **terminal equipment** Datenendeinrichtung *f*
data processor Datenverarbeiter *m*, Rechner *m*
data protection Datensicherung *f*, D.schutz *m*; **D. P. Act [GB]** Datenschutzgesetz *nt*; **d. p. authority** Datenschutz(aufsichts)behörde *f*; ~ **legislation** Datenschutzgesetzgebung *f*; **D. P. Registrar [GB]** Datenschutzbeauftragter *m*; **d. p. regulation** Datenschutzvorschrift *f*
data rate 🖭 Übertragungsgeschwindigkeit *f*; **d. record** Datensatz *m*, D.stapel *m*; **combined d. record** Kombidatensatz *m*; **d. recorder** Datenerfassungsgerät *nt*; **d. recording** Datenerfassung *f*, D.aufzeichnung *f*; ~ **program** Datenerfassungs-, Kartenlochprogramm *nt*; **d. reduction** Datenverdichtung *f*; **d. representation** Datendarstellung *f*; **d. retrieval** Datenzugriff *m*, D.abruf

m, D.rückgewinnung *f*; ~ **speed** Zugriffsgeschwindigkeit *f*; **d. saving** Datensicherung *f*; **d. secrecy** Datengeheimnis *nt*; **d. security** Datensicherung *f*, D.sicherheit *f*; **d. service** (Daten)Informationsdienst *m*
data set Datei *f*, Informationsträger *m*, geordnete Datenmenge; **catalogued d. s.** katalogisierte Datei; **dummy d. s.** Pseudodatei *f*; **partitioned d. s.** untergliederte Datei; **d. s. catalog(ue)** Dateikatalog *m*; ~ **organization** Dateispeicherungsform *f*
data sheet Tabelle *f*, Personalbogen *m*; **personal d. sheet (PDS)** (tabellarischer) Lebenslauf, Personalbogen *m*; **d. signal** Datensignal *nt*; **d. signalling rate** Übertragungsgeschwindigkeit *f*; **d. sink** Datensenke *f*; **d. source** Datenquelle *f*; **d. station** Datenstation *f*; **d. stock** Datenbestand *m*; **d. storage** Daten-, Informationsspeicherung *f*, Daten-, Informationssicherung; **intermediate d. storage** Zwischenspeicher *m*; **d. stream** Datenreihe *f*; **d. structure** Datenstruktur *f*; **d. switch** Datenschalter *m*; **d. switching** Datenvermittlung (stechnik) *f*; **d. systems technology** Datentechnik *f*
graphic data table Digitaliniertablett *nt*
data terminal Datenendstelle *f*; **intelligent d. t.** intelligente Datenstation; **d. t. equipment** Datenendeinrichtung *f*
data time Datenübertragungszeit *f*; **d. traffic** Datenverkehr *m*; **d. transfer** Datenübertragung *f*, D.transport *m*, D.transfer *m*; **d. translator** Datenumsetzer *m*
data transmission Datenübertragung *f*, Weiterleitung von Daten; **long-distance d. t.** Datenfernübertragung (DFÜ) *f*; **on-line d. t.** Datendirektübertragung *f*; **parallel d. t.** parallele Datenübertragung; **serial d. t.** serielle Datenübertragung
data transmission system Datenübertragungssystem *nt*; **d. t. terminal** Datenübermittlungseinheit *f*, D.station *f*; ~ **unit** Datenübermittlungsgerät *nt*
data type Datentyp *m*; **d. unit** Dateneinheit *f*, Datei *f*; **d. word** Datenwort *m*
date *n* 1. Datum *nt*, Zeitpunkt *m*, Datums-, Zeitangabe *f*; 2. Verabredung *f*, Termin *m*; 3. Frist *f*; **after d.** nach Datum, nach dato; **out of d.** überholt, veraltet, antiquiert, altmodisch; **to d.** bis heute/dato, bisher, bislang; **up to d.** auf dem neusten Stand; **without d.** ohne Datumsangabe
date of the accident Unfalldatum *nt*; ~ **accrual** Anfallstag *m*; ~ **acquisition** Anschaffungs-, Übernahmezeitpunkt *m*, Anschaffungs-, Beteiligungsstichtag *m*; ~ **adjudication** Konkurseröffnungstermin *m*; **d. for administering an affidavit of disclosure** Offenbarungstermin *m*; **d. of application** Antrags-, Anmelde-, Bewerbungsdatum *nt*, Datum der Antragstellung; **closing d. for applications** Bewerbungsschluss *m*, letzter Bewerbungstermin
date of assessment Veranlagungstag *m*, V.zeitpunkt *m*; ~ **basic/principal assessment** Hauptveranlagungszeitpunkt *m*
date of auction sale Versteigerungstermin *m*; ~ **a bill** Fälligkeit eines Wechsels, Verfallstag *m*; ~ **bill of lading** Konnossementsdatum *nt*; ~ **birth** Geburtsdatum *nt*; ~ **the final call** letzter Tag der Bezugsfrist; ~

bringing forward a claim Eintritt der Rechtshängigkeit; ~ **death** Todesdatum *nt*, T.tag *m*; ~ **declaration** Erklärungstag *m*
date of delivery Liefertermin *m*, (Aus)Lieferungsdatum *nt*, Tag der Lieferung, Auslieferungstag *m*; **d. fixed for delivery** Ablieferungstermin *m*; **specified d. of delivery** angegebener Liefertermin
date of despatch/dispatch Versand-, Abgangsdatum *nt*, Absendetermin *m*, Aufgabe-, Versandtag *m*; ~ **discount** Diskontierungstag *m*; ~ **dismissal** Entlassungstag *m*; ~ **distribution** Verteilungstermin *m*; ~ **drawing** Auslosungstag *m*, Tag der Ziehung; ~ **entry** 1. Buchungsdatum *nt*, B.zeitpunkt *m*; 2. Eintrittsdatum *nt*; 3. Beitrittsdatum *nt*; **latest d. for entries** Einsendeschluss *m*; **d. of expiration/expiry** Fälligkeits-, Verfallstag *m*, Ablauf-, Fälligkeitstermin *m*; ~ **filing** Anmeldetag *m*; ~ **flo(a)tation** (*Wertpapier*) Ausgabe-, Begebungs-, Emissions-, Auflegungstag *m*, Zeitpunkt der Begebung/Emission, Auflegungstag *m*; ~ **formation** Gründungstag *m*
date of the hearing 1. [§] Vernehmungstermin *m*, (Gerichts)Termin *m*; 2. (*Parlament*) Sitzungstag *m*; **assigned ~ hearing** anstehender Gerichtstermin
date of impression [F] Druckjahr *nt*; **d. of invoice** Rechnungsdatum *nt*, R.tag *m*
date of issue 1. Ausstellungstag *m*, A.datum *nt*; 2. Ausgabe-, Ausfertigungsdatum *nt*; 3. [F] Erscheinungsdatum *nt*; 4. (*Wertpapier*) Ausgabe-, Begebungs-, Emissions-, Auflegungstag *m*, Zeitpunkt der Begebung/Emission; **d. and place of issue** Datum/Tag und Ort der Ausstellung
date of a letter Briefdatum *nt*; ~ **maturity** Fälligkeitsdatum *nt*, F.termin *m*, F.tag *m*, Einlösungstermin *m*, (Wechsel)Verfalls-, Zahlbarkeitstag *m*, Zeitpunkt der Fälligkeit, Verfall(stag) *m*, Ablauftermin *m*; ~ **moving in** Bezugstermin *m*, Tag des Einzugs; ~ **giving notice** Kündigungszeitpunkt *m*; ~ **order** Bestelldatum *nt*, B.zeitpunkt *m*; ~ **origin** Entstehungsdatum *nt*
date for payment Zahlungstermin *m*; **d. of payment** Zahlungstermin *m*, Z.datum *nt*, Aus-, Einzahlungstermin *m*, Zahltag *m*; **final/last ~ payment** (Zahlungs-)Frist *f*, letztes Zahlungsdatum; ~ **payment of a credit** Fälligkeit eines Kredits
date of performance Erfüllungszeitpunkt *m*; ~ **postmark** ⊠ Datum des Poststempels; ~ **presentation** Vorlagetag *m*; ~ **priority** Prioritätstag *m*, P.termin *m*; ~ **publication** Erscheinungs-, Veröffentlichungsdatum *nt*; ~ **purchase** Anschaffungszeitpunkt *m*, Erwerbsdatum *nt*; ~ **quotation** Datum des Angebots; ~ **receipt** Empfangs-, Eingangsdatum *nt*, E.tag *m*; ~ **redemption** Einlösungs-, Rückzahlungstermin *m*
date of reference 1. Stichtag *m*; 2. [§] Termin beim Einzelrichter; ~ **reference for valuation purposes** Bewertungsstichtag *m*
date of repayment Rückzahlungstermin *m*; ~ **review of the remand order** [§] Haftprüfungstermin *m*; ~ **sailing** ⚓ Abfahrtsdatum *nt*; ~ **sale** Verkaufstermin *m*, V.datum *nt*, Veräußerungstermin *m*; ~ **service** [§] Datum der Zustellung; ~ **shipment** Versand-, Verladedatum *nt*,

date of subscription Versand-, Verladetermin *m*; ~ **subscription** *(Wertpapier)* Zeichnungstag *m*; **d. for tendering** Ausschreibungstermin *m*; **d. of trial**; **d. fixed for the trial** [§] *(Strafrecht)* Termin zur Hauptverhandlung, Gerichtstermin *m*
appointing/assigning/fixing/setting a date *(Termin)* Anberaumung *f* (eines Termins); **payable on the agreed d.** am vereinbarten Termin zu entrichten; **at an early d.** möglichst bald; **~ a future d.** zu einem späteren Termin; **of recent d.** jüngeren Datums; **~ the same d.** gleichen Datums; **on the same d.** gleichzeitig; **at a set d.** zu einem bestimmten Termin; **of this d.** heutigen Datums; **under today's d.** unter dem heutigen Datum; **no d.** ohne Datum/Jahr
to appoint/assign a date Termin ansetzen; **to bear a d.** Datum tragen; **to bring up to d.** auf den neuesten Stand bringen; **to change a d.** Termin verlegen, umdatieren; **to fix a d.** Datum/Termin festsetzen, ~ anberaumen, ~ vereinbaren, ~ bestimmen, ~ festlegen, terminieren; **~ a d. for the hearing** [§] Verhandlungstermin anberaumen; **~ a d. for payment** Zahlungsfrist (fest)setzen; **to go out of d.** *(Mode)* veraltern; **to insert the d.** Datum einsetzen; **to keep a date** Termin einhalten; **~ up to d.** auf dem neusten Stand halten; **to set a d.** Termin festsetzen, terminieren; **to specify a d.** Zeitpunkt angeben
advance date Vorausdatum *nt*; **agreed d.** vereinbarter Termin; **appointed d.** angesetzter/festgesetzter Termin; **best-before d.** Verfalls-, Haltbarkeits-, Frischhaltedatum *nt*; **bid-opening d.** Zuschlagstermin *m*; **call-in d.** Kündigungstermin *m*
closing date Schlusstermin *m*, letzter Termin, Ausschreibungstermin *m*, Schlusstag einer Ausschreibung; **~ for entries** Buchungsschluss *m*; **~ for submitting tenders** Ausschreibungsschluss *m*; **critical d.** Stichdatum *nt*; **current d.** Tagesdatum *nt*
cut-off date Verfalltag *m*, V.termin *m*; **to miss a ~ d.** Termin versäumen
decisive date maßgebliches Datum; **determining d.** Bemessungstag *m*
due date Fälligkeitstag *m*, F.termin *m*, F.datum *nt*, Verfalltag *m*, V.datum *nt*, Rückzahlungs-, Erfüllungstag *m*, Abgabefrist *f*, A.termin *m*, Ablauf-, Abrechnungstermin *m*; **at/on the d. d.** fristgemäß, termingerecht; **d. d. ~ for interest payments** Zinstermin *m*, Zinsfälligkeitstag *m*; **~ of tax returns** Einreichungstermin für Steuererklärungen; **to accelerate the d. d.** Fälligkeit vorverlegen, vorzeitig fällig stellen; **to fix a d. d.** fällig stellen; **to invoice on the d. d.** termingemäß abrechnen; **average/mean d. d.** 1. mittlerer Zahlungs-/Fälligkeitstermin, ~ Verfalltag, mittlere Verfallzeit, mittlerer Zahlungstermin, Durchschnittsverfalltag *m*; 2. durchschnittliche Laufzeit
eat-by date *(Lebensmittel)* Haltbarkeits-, Verfallsdatum *nt*; **effective d.** 1. Zeitpunkt/Datum/Tag des In-Kraft-Tretens, Stichtag *m*; 2. Zeitpunkt der Besteuerung, Vertragsbeginn *m*; **expiring d.** Verfallsdatum *nt*; **final d.** End-, Schlusstermin *m*, Schlusstag *m*; **to fix a ~ d.** Frist (fest)setzen
firm/fixed date Fixtermin *m*; **interest-due d.** Zinsfäl-

ligkeitstermin *m*; **kick-off d.** Datum des Verkaufsbeginns; **long d.** Wechsel auf lange Sicht; **operative d.** Tag des In-Kraft-Tretens, Rechtswirksamkeit *f*; **qualifying d.** Stichtag *m*; **ready d.** Zeitpunkt der Versandbereitschaft; **of recent d.** neueren Datums; **scheduled d.** Terminvorgabe *f*; **sell-by d.** *[GB] (Lebensmittel)* Haltbarkeits-, Frischhalte-, Verfallsdatum *nt*; **short d.** kurze Frist, Kurzfristigkeit *f*; **stated d.** Terminangabe *f*; **use-by d.** Verfalls-, Haltbarkeitsdatum *nt*; **wrong d.** falsches Datum
date *v/t* datieren, mit Datum versehen; **d. in advance** im voraus datieren; **d. back** zurückdatieren; **d. forward** vordatieren; **d. from** zurückgehen auf, stammen von
date bill Datowechsel *m*
dated *adj* veraltet; **d. the** datiert vom
date draft Datowechsel *m*
Datel TM *n* *[GB]* Datenübertragungsdienst *m*
dateless *adj* undatiert, ohne Datumsangabe
date line 1. Datumszeile *f*; 2. Datumsgrenze *f*; **d. plan** Datenschema *nt*
dater *n* Datumsstempel *m*
date stamp Tages-, Datums-, Post-, Eingangs-, Bearbeitungsstempel *m*; **d.-s.** *v/t* mit Datumsangabe stempeln, mit Posteingangstempel versehen
dating *n* 1. Datumsangabe *f*, Datierung *f*; 2. Verlängerung des Zahlungsziels durch Rechnungsvordatierung; **radio-carbon d.** Kohlenstoffdatierung *f*; **d. service** Partnervermittlung *f*
dation (in payment) *n* [§] Leistung an Zahlungs Statt
datum *n* Datum *nt*, Meswert *m*, M.zahl *f*, Unterlage *f*; **d. quantity** Referenzmenge *f*
daub *v/t* *(Farbe)* beschmieren
daughter *n* 1. Tochter *f*; 2. Tochtergesellschaft *f*; **to marry off a d.** Tochter unter die Haube bringen *(obs.)*
daughter|board *n* ⌷ Zusatzplatine *f*; **d. company** Tochter(gesellschaft) *f*, T.unternehmen *nt*; **d.-in-law** *n* Schwiegertochter *f*; **d.'s services** *[GB] (Steuererklärung)* Betreuung durch die Tochter; **d. product** Zerfallsprodukt *nt*
daunt *v/t* einschüchtern, entmutigen; **d.ing** *adj* erschreckend, entmutigend
dawdle *v/i* trödeln
dawn *n* (Morgen)Dämmerung *f*, Tagesanbruch *m*, Dämmerlicht *nt*; *v/i* dämmern
dawn raid 1. Überfall im Morgengrauen; 2. *(Börse)* massive Käufe im Eröffnungsgeschäft, Überraschungscoup *m*
day *n* Tag *m*, Termin *m*; **by d.** bei Tageslicht, am Tage, tagsüber; **per d.** täglich
day|s after acceptance (D/A) *(Wechsel)* Tage nach Akzept; **d. of account** Abrechnungstag *m*; **in this d. and age** heutzutage; **d. of appearance** [§] Termin der Hauptverhandlung; **d.s after date (d/d)** Tage nach dato; **d. after d.** Tag für Tag, tagtäglich; **d. by d.** (tag)täglich, jeden Tag; **d.-to-d.** *adj* laufend, (tag)täglich, Alltags-, Routine-, alltäglich; **last d. of dealings** *(Börse)* letzter Tag der Handelsperiode; **~ delivery** Liefer(ungs)termin *m*, L.tag *m*; **d.s of demurrage** ⌷ Extraliegetage; **d. of departure** (Ab)Reisetag *m*; **~ ex-**

portation Ausfuhrtag *m*; **~ falling due** Verfalltag *m*, Fälligkeit(stag) *f/m* ; **d.s of grace** *(Wechsel)* Respekt-, Frist-, Verzugs-, Sicht-, Diskretions-, Ehren-, Gnaden-, Nachsichtstage, Respekt-, Stundungs-, Nach-, Zahlungsfrist *f*; **without ~ grace** ohne Respekttage; **d. of hearing** [§] Gerichtstermin *m*, G.tag *m*; **~ importation** Einfuhrtag *m*; **d. of issue** 1. *(Wertpapier)* Emissions-, Ausgabetag *m*; 2. *(Publikation)* Erscheinungstag *m*, E.termin *m*; 3. *(Dokument)* Ausfertigungstag *m*; **D. of Judgment** Tag des Jüngsten Gerichts; **first d. of listing** *(Börse)* Einführungstag *m*; **last d. of the month** Monatsultimo *m*; **~ for giving notice** Kündigungstermin *m*; **d. of payment** (Fälligkeits)Termin *m*, Zahlungstermin *m*, Z.tag *m*, Zahltag *m*; **d. of protest** *(Wechsel)* Protesttag *m*; **last ~ the third quarter** Herbstultimo *m*; **on the d. in question** am betreffenden Tag; **D. of Reckoning** Tag des Jüngsten Gerichts; **d. of respite** *(Wechsel)* Respekttag *m*; **d.s of respite** Frist-, Verzugstage; **d. of session** *(Gericht)* Sitzungstag *m*; **~ settlement** Tag der Abrechnung, Abrechnungstag *m*; **~ sickness** Krankheitstag *m*; **d.s after sight (d/s)** *(Wechsel)* Tage nach Sicht; **d. of the week** Wochentag *m*
by the day tageweise; **10 d.s of ...** Monatsdrittel *nt*; **during the d.** tagsüber; **from one d. to the next** von einem Tag auf den anderen; **one fine d.** eines schönen Tages; **on a given d.** an einem bestimmten Tag; **late in the d.** *(fig)* reichlich spät; **these d.s** heutzutage; **x d.s** Frist von x Tagen; **d. in, d. out** tagaus, tagein; **at the end of the d.** *(fig)* letzten Endes; **d. off** Ruhe-, Ausfall-, Urlaubstag *m*, freier Tag; **so.'s d.s are numbered** jds Tage sind gezählt
assigning a day for a court hearing [§] Terminfestsetzung *f*
to appoint a day Termin anberaumen/festlegen, Tag bestimmen/festsetzen; **to assign a d. for a court hearing** [§] Gerichtstermin ansetzen; **~ the trial** [§] *(Strafrecht)* Verhandlungstermin anberaumen; **to be open all d.** ganzen Tag geöffnet sein; **to call it a d.** *(coll) (Arbeit)* Schluss/Feierabend *(coll)* machen; **to carry the d.** obsiegen, Sieg davontragen, den Vogel abschießen *(fig)*; **to celebrate a d.** Tag begehen/feiern; **to charge per d.** pro Tag berechnen/verlangen, ~ in Rechnung stellen; **to end the d. at the lows** *(Börse)* auf niedrigem Niveau schließen; **to fix a d.** Tag bestimmen/festsetzen; **to get a d. off** frei bekommen; **to have a/the d. off** Ausgang/(dienst)frei haben; **~ had one's d.** sich überlebt haben; **~ seen better d.s** es früher besser gehabt haben, die besten Jahre hinter sich haben; **~ a good d.** *(Börse)* sich gut behaupten; **to hire by the d.** 1. in Tageslohn nehmen; 2. auf Tagesbasis mieten; **to make a d. of it** sich einen guten Tag machen; **to postpone sth. from one d. to another** etw. von einem Tag auf den anderen verschieben; **to save the d.** die Rettung sein; **to take a d. off** sich einen Tag frei nehmen, einen Tag aussetzen; **~ a whole d.** den ganzen Tag beanspruchen; **to win the d.** obsiegen, Sieg davontragen; **to work d. and night** Tag und Nacht arbeiten
appointed day Stichtag *m*, Termin *m*, festgesetzter/bestimmter Tag, angesetzter/festgesetzter Termin; **on the ~ d.** am bestimmten Tag; **basic d.** normaler Arbeitstag; **benefitless d.** Karenztag *m*; **black-letter d.** Unglückstag *m*; **busy d.** arbeitsreicher Tag; **clear d.s** *(Kündigung)* volle Tage; **closing d.** Schlusstag *m*; **consecutive d.s** laufende Tage; **due d.** Verfall-, Fälligkeitstag *m*, F.termin *m*; **early d.s** *(coll)* verfrüht; **eight-hour d.** Achtstundentag *m*; **final d.** Schlusstag *m*; **intercalary/odd d.** Schalttag *m*, eingeschalteter Tag; **judicial/juridical d.s** Gerichtstage; **last d.** 1. Schlusstag *m*; 2. Einreichungstermin *m*, letzter Termin; **net d.** letzter (Zahlungs)Termin, Ultimo *m*; **non-judicial d.** [§] gerichtsfreier Tag; **open d.** 1. Tag der offenen Tür; 2. *(Schule)* (Eltern)Sprechtag *m*; **every other d.** jeder zweite Tag
previous day Vortag *m*; **p. d.'s gain(s)** Vortagsgewinn *m*; **~ loss(es)** Vortagsverlust *m*
rainy day *(fig)* Notzeit *f*, Eventualfall *m*; **for a r. d.** für Zeiten der Not; **to provide against a r. d.; to put aside/away/by for a r. d.; to save for a r. d.** für eine Notzeit vorsorgen, (einen) Notgroschen/N.pfennig (für Zeiten der Not) zurücklegen, für Notfälle sparen, Geld auf die Seite/hohe Kante *(coll)* legen, ~ für unvorhergesehene Ereignisse zurücklegen
red-letter day besonderer Tag, Glückstag *m*; **running d.s** 1. [§] laufende Kalendertage; 2. ⚓ Ladetage; **trying d.** aufreibender Tag; **unpaid d.** Karenztag *m*
day's best Tageshöchststand *m*; **to close below the d.'s best** unter dem Tageshöchststand/den Tageshöchstkursen schließen; **d. bill** Tag-, Dato-, Datumswechsel *m*; **d. boarder** *(Internat)* Tagesschüler(in) *m/f*
day book Kladde *f*, (Spezial)Journal *nt (frz.)*, Strazze *f*, Kassen-, Verkaufs-, Grund-, Tage-, Vorbuch *nt*, Primanota *f*; **to enter into the d. b.** in das Journal eintragen; **d.- b.** *adj* memorial
day|break *n* Tagesanbruch *m*; **d. car/coach** *[US]* 🚃 Reisezugwagen *m*; **d. care** Tagesbetreuung *f*; **~ center** *[US]* /**centre** *[GB]* Kindertagesstätte *f*; **d. case** ⚕ ambulant behandelter Patient
daydream *n* Phantasiegebilde *nt*, Luftschloss *nt*; *v/i* mit offenen Augen schlafen/träumen, phantasieren
day editor Tagesredakteur *m*; **d. guest** Tagesgast *m*; **d. help** Tageshilfe *f*; **d.'s high** Tageshöchstkurs *m*; **~ journey** Tagesreise *f*
day labour Tagesarbeit *f*, Tagewerk *nt*; **d. labourer** Tagelöhner *m*
day letter *[US]* ✉ Brieftelegramm *nt*
daylight *n* Tageslicht *nt*, Morgengrauen *nt*; **in broad d.** am helllichten Tag, auf offener Szene/Straße; **to beat the living d. out of so.** *(coll)* jdn windelweich schlagen *(coll)*; **to scare the living d. out of so.** *(coll)* jdm einen Riesenschrecken einjagen *(coll)*
daylight hours Tageslichtzeit *f*; **d. robbery** *(fig)* Halsabschneiderei *f (fig)*; **d. saving time** Sommerzeit *f*; **d. shot** Tageslichtaufnahme *f*
day loan Tagesgeld *nt*, Maklerdarlehen *nt*, tägliches Geld, täglich fälliger Kredit; **d. lost** Ausfalltag *m*; **d.'s low** Tagestiefstkurs *m*
dayman *n* Tage-, Zeitlohnarbeiter *m*, Tagelöhner *m*
day nurse Tagesschwester *f*; **d. nursery** Kinderkrippe

day order 314

f, K.tagesstätte *f*, K.hort *m*; **d. order** Tagesauftrag *m*, T.geschäft *nt*, nur für einen Tag gültige Order; **d.'s outing** Tagesausflug *m*; **~ pay** Tagelohn *m*; **~ price** Tageskurs *m*; **d. pupil** *(Internat)* Tages-, Fahrschüler(in) *m/f*, Externe(r) *f/m*
day rate 1. Tageskurs *m*, T.satz *m*, T.notierung *f*, Marktpreis *m*; 2. Tagesgebühr *f*; 3. Zeitlohnsatz *m*; **measured d. r.** *(Akkord)* Tagesvorgabe *f*; **~ d. r. plan** Anreizsystem mit Neuanpassung
day release 1. *(Lehrling)* tageweise Freistellung, (Freistellung für) Tagesunterricht; 2. [§] Freigang *m*; **~ course** Tageskurs *m* (für Berufstätige)
day return fare 🚇 Tagesrückfahrpreis *m*; **~ ticket** Tagesrückfahrkarte *f*
day room Tages-, Aufenthaltsraum *m*; **d. scholar** *(Internat)* Externe(r) *f/m*; **d. school** Tagesschule *f*
day shift Früh-, Tages-, Morgenschicht *f*; **double ~ working** Zweischichtenbetrieb *m*
day's spread Spanne zwischen Tageshöchst- und T.tiefstkurs; **~ takings** Tageseinnahme *f*, (Tages)Losung *f*
day ticket Tages(rückfahr)karte *f*
daytime *n* Tageszeit *f*; **in the d.** während des Tages
daytime *adj* Tages-, während des Tages
daytime call ℅ Tagesgespräch *nt*
day trader *(Börse)* Tageshändler *m*; **d. trading** Tageshandel *m*, Eröffnung und Schließung einer Position innerhalb eines Börsentages, An- und Verkauf am gleichen Tag, Fixgeschäft und Deckungskauf am gleichen Tag; **d. trip** (Tages)Ausflug *m*; **d. tripper** 1. (Tages)Ausflügler *m*; 2. Drogenabhängige(r) *f/m*; **d.('s) wage** Tagelohn *m*; **~ work** Tagewerk *nt*, Arbeitstag *m*, Tag(es)arbeit *f*
daywork *n* Tage-, Zeitlohnarbeit *f*, Schichtarbeit am Tag; **measured d.** Arbeitsleistung pro Tag
dayworker *n* Tagelöhner *m*
daywork rate Tagelohnsatz *m*
dazzle *v/t* blenden; **d.r** *n* Blender *m*
dazzling *adj* blendend
deactivate *v/t* 1. ausschalten; 2. 💻 deaktivieren
dead *adj* 1. tot; 2. ruhig, still, geschäftslos, flau; 3. ⚓ stromlos; **more d. than alive** mehr tot als lebendig; **d. easy** *(coll)* kinderleicht *(coll)*; **d. slow** 🚗 Schritt fahren!; **plundering the d.** Leichenfledderei *f*; **to declare/pronounce so. d.** jdn für tot erklären, Tod bei jdm feststellen; **clinically d.** klinisch tot
dead|-end *adj* *(Stelle)* ohne Aufstiegschancen; **d. freight (d/f)** Fehlfracht für weniger als vereinbarte Ladung; **d.head** *n* *[US]* 1. ⚓ blinder Passagier; 2. Schwarzfahrer *m*; 3. 🚇 leerer Wagon; **d.heading** *n* ⚓ Leerfracht *f*; **~ allowance** Reisegeld *nt*
deadline *n* 1. letzter/äußerster Termin, Stichtag *m*, äußerste Frist, (Abgabe-/End-/Schluss)Termin *m*, Ultimatum *nt*, Fristablauf *m*, F.ende *nt*; 2. Redaktionsschluss *m*; 3. Einsende-, (An)Meldeschluss *m*, Präklusivfrist *f*, Terminschluss *m*, Abgabe-, Einreichungsfrist *f*; **d. for applications** (An)Melde-, Bewerbungsschluss *m*; **~ entries** letzter Abgabetermin; **~ performance of contract** Erfüllungstermin *m*; **~ repayment** Rückzah-

lungsfrist *f*; **~ repeat/replenishment orders** Nachordertermin *m*; **~ submission** Einreichungs-, Beibringungsfrist *f*; **~ tenders** Ausschreibungsfrist *f*; **~ vacating the premises** Räumungsfrist *f*
exceeding the deadline Frist-, Terminüberschreitung *f*; **meeting the/a d.** Termin-, Fristeinhaltung *f*, F.erfüllung *f*, Einhaltung der Frist
to beat the deadline vor Ablauf der Frist fertig sein; **to exceed the d.** Termin/Frist überschreiten, ~ nicht einhalten; **to fail to meet the d.** Termin/Frist versäumen, ~ verstreichen lassen, ~ überschreiten; **to fix/set a d.** Frist/Termin setzen, ~ festlegen, befristen; **to meet/observe the d.** Termin/Frist einhalten; **to miss the d.** Termin/Frist überschreiten; **to work to a d.** unter Termindruck arbeiten
absolute deadline präklusive Frist; **final d.** Nachfrist *f*; **to fix/set a ~ d.** Nachfrist setzen; **main d.** Haupttermin *m*; **provisional d.** Zwischentermin *m*
deadline control list Terminüberwachungsliste *f*; **d. day** *[US]* Schlusstag *m*; **d. pressure** Termindruck *m*
deadlock *n* 1. (völliger) Stillstand, toter Punkt, Sackgasse *f* *(fig)*, Patt(situation) *nt/f*, Stockung *f*; 2. 💻 Deadlock *m*; 3. Sicherheitsschloss *m*; **d. in the decision-making process** Entscheidungsblockierung *f*; **to break the d.** aus der Sackgasse herauskommen; **to come to/reach a d.** *(Verhandlungen)* sich (völlig) festfahren, an einen toten Punkt gelangen, in eine Sackgasse geraten, zum Stillstand kommen; **to end in d.** *(Gespräche)* in eine Sackgasse geraten, ohne Einigung zu Ende gehen, scheitern
deadlocked *adj* festgefahren; **to be d.** 1. festgefahren sein; 2. *(Abstimmung)* Stimmengleichheit ergeben; 3. *(Verhandlung)* nicht von der Stelle kommen
dead|ly *adj* tödlich; **d.ness** Geschäftslosigkeit *f*; **d.-pledge** *n* Faustpfand *nt*
deadweight (dwt) *n* 1. Eigen-, Leer-, Totgewicht *nt*; 2. ⚓ totes Gewicht; **d.s** schwer absetzbare Wertpapiere; **d. (loading) capacity** Tragfähigkeit *f*, Ladevermögen *nt*, Gesamtzuladung *f*; **d. charter** Leer-, Ballastfracht *m*; **d. losses** Nettowohlfahrtsverluste; **d. ton(ne)** Gewichtstonne *f*, Tonne Leergewicht, Leertonne *f*; **d. tonnage** Leertonnage *f*
deadwood *n* 1. morsches/totes Holz; 2. ⚓ Totholz *nt*; 3. *(fig)* Ballast *m*
deaf *adj* taub; **d. and dumb** taubstumm; **utterly d.** stocktaub *(coll)*
deaf-aid *n* Hörgerät *nt*
deafening *adj* ohrenbetäubend
deafness *n* Taubheit *f*; **to feign d.** sich taub stellen
deal *n* 1. Abschluss *m*, Geschäft(svereinbarung) *nt/f*, G.sabschluss *m*, Handel *m*, Transaktion *f*; 2. Vereinbarung *f*, Abmachung *f*, Übereinkommen *nt*, Vertrag *m*; 3. Menge *f*, Teil *m*; 4. Kiefern-, Tannenholz *nt*
deal on joint account Metageschäft *nt*; **a good d.** eine gehörige Menge/Portion; **it's a d.** *(coll)* abgemacht *(coll)*; **what's the d.?** *(coll)* worum geht's?; **d. on the stock exchange** Börsentransaktion *f*, B.coup *m*
to achieve a great deal es weit bringen; **to broker a d.** ein Geschäft vermitteln; **to be close to signing a d.**

(coll) kurz vor Geschäfts-/Vertragsabschluss stehen; **to call off a d.** Geschäft absagen; **to clinch a d.** Geschäft/Abmachung/Abschluss erzielen, ~ tätigen, Geschäftsabschluss tätigen, Handel festmachen/perfekt machen, Geschäft zum erfolgreichen Abschluss bringen, ~ abschließen, ~ perfekt machen, handelseinig werden, fest abschließen; **to close a d.** Geschäft unter Dach und Fach bringen; **to cost a great d.** ins Geld gehen *(coll)*; **to do a d.** Geschäft machen/abschließen/tätigen; **to get a bad/raw d.** schlecht behandelt werden, ~ davonkommen; **~ fair/good d.** gut behandelt werden/davonkommen; **to give so. a fair d.** jdn fair/anständig behandeln; **to land a d.**; **to lock down a d.** Geschäft abschließen, Abmachung unter Dach und Fach bringen; **to make/strike a d.** Abkommen/Abmachung treffen, Übereinkunft erzielen, Abschluss tätigen, Geschäft abschließen/zu Stande bringen; **to negotiate a d.** 1. *(Börse)* Schluss vermitteln; 2. Geschäft vermitteln/zu Stande bringen; **to reach a d.** sich einigen; **to sew up/swing a d.** *(coll)* Geschäft perfekt machen, ~ unter Dach und Fach bringen

big deal dickes Geschäft; **bogus d.** Scheingeschäft *nt*, S.transaktion *f*; **differential d.** Devisenarbitrage *f*; **fair d.** reelles Geschäft, faire Abmachung; **fictitious d.** Schein-, Luftgeschäft *nt*; **firm d.** Fix-, Festgeschäft *nt*, fester Abschluss *m*; **follow-up d.** Nachgeschäft *nt*; **forward d.** Termin-, Zeitgeschäft *nt*, Abschluss auf künftige Lieferung; **~ in securities** Wertpapiertermingeschäft *nt*; **occasional d.** Gelegenheitsgeschäft *nt*; **off-market d.** *(Börse)* außerbörslicher Abschluss; **optional d.** Prämien-, Optionsgeschäft *nt*; **reciprocal d.** Gegenseitigkeitsgeschäft *nt*; **risky d.** gewagtes/riskantes Geschäft; **shady d.** dunkles Geschäft; **square d.** ehrliche/faire Abmachung, ehrlicher/reeller Handel, reelles Geschäft; **three-cornered d.** Dreiecksgeschäft *nt*; **tie-in d.** Koppel(ungs)geschäft *nt*

deal *v/i* handeln, vermitteln, Geschäft machen, Handel treiben; **d. in** handeln mit; **d. out** ver-, austeilen; **d. with (so./sth.)** 1. Handel treiben, Geschäfte machen, kaufen; 2. abwickeln, erledigen; 3. sich mit etw. befassen/beschäftigen, behandeln, bearbeiten, abfertigen, mit jdm verkehren, ~ zu tun haben, ~ verfahren, ~ verhandeln, sich ~ auseinandersetzen; **~ a subject** sich mit einem Gegenstand befassen; **d. illicitly** unter dem Ladentisch handeln; **d. with sth. promptly** etw. sofort erledigen

dealability *n* Handelbarkeit *f*

dealer *n* 1. Händler *m*, Kaufmann *m*, Makler *m*, Direkt-, Effekten-, Eigenhändler *m*, Fach(einzel)händler *m*, Handeltreibender *m*; 2. *(Drogen)* Dealer *m*; **d.s** Kaufleute; **d. in unlisted/outside securities** Freiverkehrsmakler *m*, F.händler *m*; **~ stocks** Effekten-, Börsenhändler *m*

appointed/authorized/franchised dealer 1. Vertragshändler *m*, autorisierter/zugelassener Händler; 2. zugelassener Devisenhändler; **electrical d.** Elektrowarenhändler *m*; **exclusive d.** Vertragshändler *m*; **~ contract** Eigenhändler-, Ausschließlichkeitsvertrag *m*; **general d.** Gemischtwarenhändler *m*; **licensed d.** Wertpapierhändler auf eigene Rechnung; **main d.** 1. Haupthändler *m*; 2. *(Autohandel)* Hauptverteiler *m*; **odd-lot d.** Händler für Kleinaufträge; **over-the-counter d.** Freiverkehrshändler *m*; **plain d.** *(fig)* aufrichtiger Mensch; **second-hand d.** 1. Altwarenhändler *m*; 2. Gebrauchtwagenhändler *m*; **smart d.** gerissener Kaufmann; **used-car d.** Gebrauchtwagenhändler *m*; **wholesale d.** Großhändler *m*, Grossist *m*

dealer|s' agreement Händlervereinbarung *f*; **d. arbitrage** Händlerarbitrage *f*; **d. association** Händlerverband *m*; **d. bank** *[US]* Handelsbank für öffentliche Anleihen; **d. brand** Handelsmarke eines Großhändlers, Handelsmarke *f*; **d. chain** Händlerkette *f*; **d. circles** Händlerkreise; **d.'s commission** Händlerprovision *f*; **~ contract** Vertragshändlervertrag *m*; **to sell below d. costs** unter dem normalen Handelspreis verkaufen; **d. franchise** Exklusivverkaufsrecht *nt*; **d. imprint** Händleraufdruck *m*; **d.'s margin** Händlerspanne *f*; **d. mark-up** Händlerverdienstspanne *f*, kaufmännische Verdienstspanne; **d. network** Händlernetz *nt*; **d.'s order book** *(Börse)* Händlerbuch *nt*; **d. organization** Händlerorganisation *f*, H.vereinigung *f*, H.zusammenschluss *m*; **d. price** *(Wertpapiere)* Freiverkehrskurs *m*, Kurs im Freiverkehr; **d.'s price** Wiederverkaufspreis *m*; **~ rebate** Händlernachlass *m*, H.rabatt *m*; **~ room** Abschlussbüro *nt*

dealership *n* Vertrieb *m*; **authorized d.** Vertragshändlerschaft *f*; **exclusive d.** 1. Werksvertretung *f*; 2. Exklusivhandel *m*; **d. network** Händlerorganisation *f*, H.netz *m*

dealer('s) stock(s) Handels-, Händlerlager *nt*; **d. survey** Händlerbefragung *f*, Einzelhandelserhebung *f*; **d.s' transactions** Händlergeschäfte

dealing *n* 1. Handel *m*, Geschäft(sverkehr) *nt/m*, Verkehr *m*, Transaktion *f*; 2. Effektenhandel *m*; **d.s** 1. Umsätze, Geschäfte, Handel *m*, Geschäftsverkehr *m*; 2. Umgang *m*, Beziehungen; **in one's d.s with** im Verkehr/Umgang mit; **no d.s** *(Börse)* Kurs gestrichen, ohne Umsatz, umsatzlos

dealing|s for the account Termingeschäfte; **d. for one's own account** Properhandel *m*; **d. at arm's length rule** Dritt-, Fremdvergleich *m*; **d. for cash** Kassageschäft *nt*; **d. in coins** Münzhandel *m*; **d. by graded description** Handel nach festgelegten Eigenschaften; **d. in real estate** Grundstücks-, Immobilienhandel *m*; **d.s in foreign exchange** Währungs-, Devisengeschäft *nt*, D.handel *m*; **~ futures** Termingeschäft *nt*; **~ foreign notes and coins** Sorten-, Valutengeschäft *nt*; **~ options** Prämiengeschäft *nt*; **d.s with the public** Geschäfte mit jedermann; **d.(s) in securities** Wertpapiergeschäft, W.transaktionen, W.handel *m*, Effektenverkehr *m*, E.geschäft *nt*, Handel mit Wertpapieren; **d. in shares** *[GB]* **/stocks** *[US]* Aktienhandel *m*; **d.s in shorts** Umsätze in Kurzläufern; **d.s with staff** Umgang mit dem Personal; **d. in stocks** Effektenhandel *nt*, E.handel *m*, Börsen-, Aktienhandel *m*; **d. on when-issued terms** Handel per Erscheinen

reliable in one's dealings zuverlässig im Geschäftsgebaren; **there were no d.s** *(Börse)* Abschlüsse kamen nicht zu Stande; **when d.s start(ed)** bei Börsenbeginn, zu Beginn der Börsensitzung

to have dealings with so. mit jdm zu tun haben; ~ in Geschäftsverbindung stehen; **to restart/resume d.** *(Börse)* Handel wiederaufnehmen; **to suspend d.** *(Börse)* Notierung aussetzen
active dealing|s lebhafter Handel; **after-hours d.s** Nachbörse(ngeschäfte) *f/pl*; **before-hours d.s** Vorbörse(ngeschäfte) *f/pl*; **brisk d.** lebhafter Handel, stürmische Geschäftstätigkeit; **cross d.s** 1. *(Börse)* Kompensationsgeschäfte; 2. Wechselkursarbitrage *f*; **direct d.** Direktverkehr *m*; **dishonest d.s** krumme Geschäfte *(coll)*; **double d.** Übervorteilung *f*
exclusive dealing Exklusivbindung *f*, E.betrieb *m*, E.geschäft *nt*; **~ arrangement** Ausschließlichkeitsvertrag *m*; **~ clause** Ausschließlichkeitsvereinbarung *f*
fair dealing faires Handelsgebaren; **honest d.** anständiges Geschäftsgebaren; **free d.** Freiverkehr *m*; **inofficial d.s** (geregelter) Freiverkehr; **interbank d.s** Bankverkehr *m*, B.enhandel *m*; **interoffice d.s** *(Börse)* Telefonverkehr *m*, außerbörslicher Verkehr, Nachmittagstelefonhandel *m*; **large-lot d.** Pakethandel *m*; **mutual d.(s)** 1. *(Markt)* Ringverkehr *m*; 2. wechselseitige Geschäfte; **new-time d.** Wertpapiergeschäft auf neue Rechnung; **off-beat d.** außergewöhnliches Geschäft; **official d.** amtlicher Handel; **optional d.** Prämiengeschäft *nt*, Optionshandel *m*; **own-account d.** Eigenhandel *m*; **personal d.s** Eigenhandel *m*; **plain d.** reelles Geschäftsgebaren, Redlichkeit *f*; **professional d.** Berufshandel *m*; **reciprocal d.s** Marktverkettungszusammenschluss *m*; **secondary d.s** Abschlüsse am Sekundärmarkt; **shady d.s** zweifelhafte/dunkle/nicht ganz einwandfreie Geschäfte; **speculative d.** Spekulationsgeschäft *nt*; **square d.** korrektes Geschäftsgebaren; **underhand d.s** unsaubere Geschäfte, Schiebung *f* *(coll)*; **under-the-counter/under-the-table d.s** schwarze/dunkle Geschäfte, Schiebereien *(coll)*; **unofficial d.s** Freiverkehr *m*; **regulated ~ d.s** geregelter Freiverkehr; **variable-price d.** variabler Handel
dealing costs Börsen-, Maklergebühren; **d. day** Börsentag *m*; **d. expenses** Handelsspesen; **d. limits** Interventionspunkte; **d. lot** *(Börse)* Schluss(einheit) *m/f*; **d. period** *[GB] (Börse)* Handelsperiode *f*; **d. profits** Handelsgewinn *m*; **minimum d. quota** Mindestabschlussbetrag *m*; **d. rate** Abschlusssatz *m*; **d. room** Börsen-, Handelssaal *m*; **d. subsidiary** Handelstochter *f*
dealt and bid *adj* *(Börse)* bezahlt und Geld (bG); **~ offered** gehandelt und Brief
dean *n* 1. Doyen *m (frz.)*; 2. Dekan *m*
dear *adj* 1. lieb, teuer; 2. kostspielig, teuer; **to be a d.** *(coll)* eine Seele von einem Menschen sein *(coll)*; **to cost d.** teuer zu stehen kommen; **to pay d.** teuer bezahlen
to become dearer *adj* sich verteuern
dearness *n* hoher Preis
dearth *n* Mangel *m*, Armut *f*; **d. of business start-ups** Gründungsmangel *m*; **~ capital** Kapitalknappheit *f*, K.klemme *f*; **~ new issues** Mangel an Neuemissionen; **~ orders** Auftragsmangel *m*, A.lücke *f*; **~ traineeships** Lehrstellenmangel *m*
death *n* Tod(esfall) *m*, Ableben *nt*, Trauer-, Sterbefall *m*, Sterben *nt*, Heimgang *m*; **on account of d.** von Todes wegen; **in the event of d.** im Todesfall, bei Ableben; **~ by misadventure** bei Unfalltod; **on the occasion of his d.** gelegentlich seines Todes; **on prior d.** *(Vers.)* bei früherem Tod; **until d.** bis ans Lebensende; **upon d.** im Todesfall, bei Eintritt des Todes
death by drowning Ertrinkungstod *m*, Tod durch Ertrinken; **~ exposure** Tod durch Erfrieren/Hitze; **~ hanging** Tod durch Erhängen/Strang; **d. through external, violent and accidental means** Tod durch gewaltsame äußere Einwirkung; **d. by misadventure** Unfalltod *m*, Tod durch Un(glücks)fall; **d. from starvation** Hungertod *m*; **~ suffocation** Erstickungstod *m*
as sure as death *(coll)* mit tödlicher Sicherheit, bombensicher *(coll)*; **crushed to d.** zu Tode gequetscht/getrampelt; **frozen to d.** erfroren; **if d. occurs** im Todesfall, bei Ableben
to be bored to death sich zu Tode langweilen; **~ sentenced to d.** [§] mit dem Tode bestraft werden, zum Tode verurteilt werden; **to bleed to d.** verbluten; **to cause d. by reckless driving** [§] Tod durch grobfahrlässiges Fahren verursachen; **to condemn to d.** [§] zum Tode verurteilen; **to devolve upon d.; to pass on d.** beim Todesfall übergehen; **to do to d.** zu Tode reiten *(fig)*; **to narrowly escape d.** dem Tode knapp entgehen/entrinnen; **to feign d.** sich totstellen; **to freeze to d.** erfrieren; **to notify a d.** Sterbe-/Todesfall anzeigen; **to record so.'s d.** jds Tod feststellen; **to register a d.** Sterbefall beurkunden; **to stab to d.** erdolchen; **to starve to d.** verhungern, an Hunger sterben; **to work o.s. to d.** sich tot/zu Tode arbeiten
accidental death Unfalltod *m*, Tod durch Unfall, tödlicher Unfall; **actual d.s** *(Vers.)* Abgänge, eingetretene Todesfälle; **apparent d.** Scheintod *m*; **civil d.** [§] bürgerlicher Tod, Rechtstod *m*; **expected d.s** *(Vers.)* angenommene Todesfälle; **instantaneous d.** sofortiger Tod; **natural d.** natürlicher Tod; **to die a ~ d.** eines natürlichen Todes sterben; **violent d.** gewaltsamer Tod; **to die a ~ d.** eines gewaltsamen Todes sterben
deathbed *n* Sterbe-, Totenbett *nt*
death benefit Sterbegeld *nt*, Hinterbliebenenrente *f*, H.versorgung *f*, Einkünfte von Todes wegen, Versicherungsleistung im Todesfall; **d. b.s** Leistungen aus der Sterbeversicherung; **accidental d. b.** *(Vers.)* doppelte Summe bei Unfalltod; **industrial d. b.** *(Arbeitsunfall)* Hinterbliebenenrente der Unfallversicherung; **minimum d. b.** Mindesthinterbliebenenrente *f*; **d. b. insurance** Sterbegeldversicherung *f*
death blow Todesstoß *m*; **d. certificate** Totenschein *m*, Sterbe-, Todesurkunde *f*; **d. cell** Todeszelle *f*; **d. duty** Erbschafts-, Nachlass-, Vermächtnissteuer *f*; **d. grant** Sterbegeld *nt*, S.zuschuss *m*, Unterstützungszahlung im Todesfall; **d. knell** Sterbe-, Totenglocke *f*; **d. mask** Totenmaske *f*; **d. pangs** Todesqualen; **d. penalty** Todesstrafe *f*; **to carry the d. penalty** mit dem Tode bestraft werden
death rate Sterbeziffer *f*, S.rate *f*; **age-specific d. r.** altersspezifische Sterberate; **crude d. r.** allgemeine Sterbeziffer (pro 1000 Personen); **refined d. r.** reine/

altersspezifische Sterbeziffer
death register Sterbebuch *nt*, S.register *nt*; **d. risk** Todesfall-, Sterberisiko *nt*; **d. roll** Totenliste *f*; **d. sentence** [§] Todesurteil *nt*, T.strafe *f*, Verurteilung zum Tode; **d. tax** Erbschafts-, Vermächtnissteuer *f*; **to be in the d. throes** in den letzten Zügen liegen; **d. toll** Sterbeziffer *f*, Zahl der Todesopfer; **d. trap** Todesfalle *f*; **d. warrant** Hinrichtungs-, Vollstreckungs-, Exekutionsbefehl *m*; **to sign a d. warrant** Hinrichtungsbefehl unterzeichnen; **d. watch** Todeswache *f*
debacle *n* Debakel *nt*, Katastrophe *f*, Zusammenbruch *m*
debar (from) *v/t* ausschließen (von), fern halten (von)
debase *v/t* 1. verschlechtern, im Wert vermindern, erniedrigen, herabmindern; 2. *(Münze)* verfälschen
debasement *n* 1. Verschlechterung *f*, Wertminderung *f*; 2. Herabsetzung des Münzwertes, Münzverschlechterung *f*, M.wertverringerung *f*; **d. of coin(age)** Münzverschlechterung *f*, M.verringerung *f*; **~ money** Verschlechterung des Geldes/Geldwertes
debatable *adj* fraglich
debate *n* Debatte *f*, Erörterung *f*, Aussprache *f*; **d. on a point of order** Geschäftsordnungsdebatte *f*; **~ principles** Grundsatzdebatte *f*
to open a debate Debatte eröffnen; **to protract a d.** Debatte verschleppen; **to submit to (the) d.** zur Diskussion stellen
congressional [US] /**parliamentary debate** Parlamentsdebatte *f*; **heated d.** erregte Debatte, hitzige Auseinandersetzung; **lively d.** lebhafte Debatte
debate *v/t* diskutieren, debattieren, erörtern; **d.r** *n* Diskussionsteilnehmer(in) *m/f*
debating society *n* Debattierclub *m*
debenture *n* 1. Schuldverschreibung *f*, (Industrie)Obligation *f*, Pfandbrief *m*, Anleihepapier *nt*, Rentenwert *m*; 2. ⊖ Rückzollschein *m*, R.bescheinigung *f*; **d. to bearer** Inhaberschuldverschreibung *f*, I.obligation *f*; **secured by a charge** dringlich gesicherte Obligation
to call (in) a debenture Schuldverschreibung kündigen; **to cancel d.** Schuldverschreibung für kraftlos erklären; **to discharge a d.** Schuldverschreibung ablösen; **to redeem/retire a d.** Schuldverschreibung einlösen/tilgen; **to surrender a d.** Schuldverschreibung einreichen
convertible debenture Wandelschuldverschreibung *f*; **guaranteed ~ d.** garantierte Wandelschuldverschreibung; **first d.s** erstrangige Obligationen, Prioritätsobligationen, Prioritäten; **fixed-interest d.** festverzinsliche Schuldverschreibung; **fractional d.** Teilschuldverschreibung *f*; **guaranteed d.** (durch Bürgschaft) gesicherte Schuldverschreibung; **irredeemable d.** Schuldverschreibung ohne Tilgungsverpflichtung; **mortgaged d.** grundpfandmäßig gesicherte Obligation; **naked d.** ungesicherte Schuldverschreibung; **non-par d.** nennwertlose Schuldverschreibung; **participating d.** gewinnberechtigte Schuldverschreibung; **perpetual d.** Dauerschuldverschreibung *f*, unkündbare Schuldverschreibung; **profit-sharing d.** gewinnberechtigte Obligation; **redeemable d.** tilgbare/rückkaufbare Obligation, Schuldverschreibung mit Tilgungsverpflichtung, kündbare Schuldverschreibung; **registered d.** [GB] Namens-, Rektaschuldverschreibung *f*, Namensobligation *f*, N.pfandbrief *m*; **second d.** zweitrangige Obligation, Schuldverschreibung/Priorität zweiten Ranges; **secured d.** gesicherte Schuldverschreibung; **short-term d.** kurzfristige Schuldverschreibung; **simple d.** ungesicherte Schuldverschreibung, hypothekarisch nicht gesicherter Pfandbrief, ~ gesicherte Obligation; **subordinated d.** nachrangige Schuldverschreibung/Verbindlichkeit; **temporary d.** *(Obligation)* Interimsschein *m*
debenture bond 1. Pfandbrief *m*, Schuldverschreibung *f*, Obligation *f*; 2. [US] ungesicherte Schuldverschreibung; 3. ⊖ Rückzollschein *m*; **naked/simple d. b.** ungesicherte Schuldverschreibung; **secured d. b.** [GB] gesicherte Schuldverschreibung
debenture book ⊖ Rückzollbuch *nt*; **d. capital** 1. Fremd-, Anleihe-, Obligations-, Schuldverschreibungskapital *nt*; 2. *(Emission)* Anleihe-, Obligationserlös *m*, Erlös für begebene Obligationen; **d. certificate** ⊖ Zollrück(gabe)schein *m*; **d. creditor** schuldscheinberechtigter Obligationär
debentured *adj* 1. durch Schuldschein gesichert; 2. ⊖ rückzollberechtigt
debenture discount Anleihedisagio *nt*; **d. goods** ⊖ Rückzollgüter; **d. holder** Obligationär *m*, Pfandbrief-, Schuldverschreibungs-, Obligationeninhaber *m*, Obligationsgläubiger *m*, Pfandbriefbesitzer *m*; **d. income bond** Gewinnobligation *f*, Schuldverschreibung ohne Gegengarantie; **d. issue** Begebung/Emission von Schuldverschreibungen; **d. loan** Anleihe *f*, Schuldschein-, S.verschreibungsdarlehen *nt*, Obligations-, Obligationenanleihe *f*; **d. market** Anleihe-, Rentenmarkt *m*
debenture stock 1. Schuldverschreibung *f*, (hypothekarisch gesicherte) Obligation; 2. [US] Vorzugsaktie *f*; **convertible d. s.** [GB] Optionsschuldverschreibung *f*, O.anleihe *f*; **d. s. certificate** Schuldverschreibungsurkunde *f*
debenture yield Rendite einer Schuldverschreibung
debility *n* Schwäche *f*; **nervous d.** Nervenschwäche *f*
debit *n* 1. Soll(seite) *nt/f*, Debet(seite) *nt/f*; 2. Schuldposten *m*, Debet *nt*; 3. Lastschrift *f*, Abgang *m*, Kontobelastung *f*, Aus-, Abbuchung *f*; **to the d. of** zu Lasten von; **d.(s) and credit(s)** Debet und Kredit, Lastschriften und Gutschriften, Soll und Haben; **d. and credit memoranda** Bilanzberichtigungen; **to pass (an amount) to the d.** lastschreiben, im Soll buchen; **~ of an account** Konto belasten mit; **deferred d.s** transitorische Passiva
direct debit Lastschrift(verfahren) *f/nt*, automatische Abbuchung, Bankabbuchung *f*, Einzugsauftrag *m*; **~ form** Lastschriftformular *nt*, Einzugsermächtigung *f*; **~ instruction** Abbuchungs-, Lastschriftauftrag *m*; **~ mandate** Einzugs-, Abbuchungsermächtigung *f*, Lastschriftauftrag *m*; **~ transfer** Kontoabbuchung *f*
extraordinary debit außergewöhnliche Belastung; **subsequent d.** Nachbelastung *f*
debit *v/t* belasten, debetieren, im Soll buchen, aus-, ab-

debit so. with sth.

buchen, in Anrechnung bringen, lastschreiben, anschreiben, als Debetposten buchen, in Rechnung stellen, Belastung erteilen, einziehen; **d. so. with sth.** etw. zu jds Lasten verbuchen
debitable *adj* belastbar
debit account debitorisches/belastetes Konto, Debet-, Debitorenkonto *nt*, Passivsaldo *m*; **d. activity** Sollumsätze *pl*; **accumulated d. activity** akkumulierte Sollumsätze; **d. advice** Belastungsanzeige *f*, B.aufgabe *f*, Lastschriftanzeige *f*, L.avis *nt*
debit balance 1. Soll-, Debet-, Schuld(en)-, Passivsaldo *m*, debitorischer Saldo, Schuldenkonto *nt*; 2. *(VWL)* passive Zahlungsbilanz; **d. and credit b.** Finanzierungssaldo *m*; **d. b. on interbranch account** passiver Verrechnungssaldo; **your d. b.** Saldo zu Ihren Lasten; **to wipe off a d. b.** Forderung abbuchen *f*; **initial d. b.** Anfangsschuld *f*; **maximum d. b.** Höchstsoll *nt*; **outstanding d. b.** Debitorenstand *m*; **remaining d. b.** Restschuld *f*
debit book Debetbuch *nt*; **d. card** *(Bank)* Debit-, Kunden-, Bank-, Lastschrift-, Abbuchungskarte *f*; **d. column** Soll-, Debetspalte *f*
debited *adj* belastet
debit entry Lastschrift *f*, Ab-, Soll-, Debetbuchung *f*, Passiv-, Sollposten *m*, Belastung(sbuchung) *f*, debitorische Buchung; **d. and credit entries** Last- und Gutschriften; **out of town d. e.** Fernbelastung *f*
debiting *n* Abbuchung *f*, Belastung *f*, Einziehung *f*
direct debiting Lastschrift-, Einzugs-, Abbuchungsverfahren *nt*, Bankabbuchung(sverfahren) *f*/*nt*, Bankeinzug *m*, Direktabbuchung *f*, Einzugsermächtigungsverfahren *nt*; ~ **authorization/instruction/mandate** Lastschriftauftrag *m*, Einzugs-, Abbuchungsermächtigung *f*; **to cancel a** ~ **authorization/instruction/mandate** Abbuchungs-/Lastschriftauftrag widerrufen; ~ **system** Lastschrift-, Rechnungseinzugs-, Abbuchungsverfahren *nt*; ~ **transactions** Lastschriftverkehr *m*
separate debiting 1. Einzelabbuchung *f*; 2. Sonderbelastung *f*
debit instruction Abbuchungs-, Lastschriftauftrag *m*
debit interest Soll-, Aktivzins *m*, Debet-, Kreditzinsen *pl*; ~ **rate** Debetzinssatz *m*
debit item Soll-, Debet-, Passiv-, Schuld-, Lastschriftposten *m*, Belastung *f*, debitorischer Posten, Debetbuchung *f*; ~ **of the balance of payments** Passivposten der Zahlungsbilanz; **budgetary d. i.** Haushaltsbelastung *f*
debit life assurance *[GB]* /**insurance** Kleinlebensversicherung *f*; **d. memo(randum)/note** Belastungs-, Lastschrift-, Debetanzeige *f*, D.note *f*, Belastungsaufgabe *f*
debitors and creditors *pl* *(Bilanz)* Debet und Kredit, Lastschriften und Gutschriften, Soll und Haben
debit rate Sollzins(satz/rate) *m*/*f*
debitrix *n* Schuldnerin *f*
debit side Passiv-, Soll-, Debet-, Minusseite *f*, Soll *nt*, Debet *nt*; **on the d. s.** auf der Debetseite, im Soll, debitorisch; **to be** ~ **d. s.** zum Debet stehen; **to enter** ~ **d. s.** im Soll buchen

debit slip Abbuchungs-, Belastungs-, Lastschriftbeleg *m*, L.zettel *m*; **d. symbol** Debetzeichen *nt*; **d. ticket** Belastungsaufgabe *f*, B.anweisung *f*; **d. total** Gesamtschuld *f*, G.rechnungsbetrag *m*; **d.s total** Sollbilanz *f*
automatic debit transfer (system) Einzugsverfahren *nt*, rückläufige Überweisung, Bankeinzug(sverfahren) *m*/*nt*, B.abrufverfahren *nt*, automatische Überweisung geschuldeter Beträge
debit voucher Debet-, Soll-, Lastschriftbeleg *m*
deblock *v/t* entsperren
debrief *v/i* Nachbesprechung abhalten; **d.ing** *n* Nachbesprechung *f*
debris *n* Schutt *m*, Trümmer *pl*, Bergematerial *nt*; **to clear the d.** enttrümmern, Schutt räumen
debt *n* 1. Schuld *f*, Verschuldung *f*; 2. Dankesschuld *f*; **d.s** Schulden, Verbindlichkeiten, Passiva, aufgenommene Gelder, Passivschulden, Fremdkapital *nt*; **free of/without d.** schuldenfrei
debt in arrears rückständige Forderung; **d. to total capital ratio** Anspannungskoeffizient *m*; **d.s passed on for collection** Schuldübertragung für Fremdeinzug; **d.(s) of the estate** Masse-, Nachlass-, Erbschaftsschulden *pl*; **d. of a deceased's estate** Nachlassverbindlichkeiten *pl*, N.schulden *pl*; **d. for freight** Frachtschuld *f*; **d. of honour** Ehren-, Spielschuld *f*; **d. in ready money** Barschuld *f*; **d. on mortgage** Hypothekenschuld *f*; **d. to owners' equity ratio** Verschuldungsgrad *m*, V.quote *f*; **d. of record** titulierte Forderung; **d. recoverable by law** einklagbare Forderung; **d. by specialty** Bringschuld *f*; **d.s to suppliers** Lieferantenschulden; **d. to net worth ratio** Verschuldungsgrad *m*
debt due (and payable) fällige Forderung; **burdened with d.s** schuldenbelastet, verschuldet; **clean/clear of (all) d.s** frei von (allen) Schulden, schuldenfrei; **deep in d.** hoch verschuldet; **d.s covered by security** dinglich gesicherte Forderung; **d. dead in law** nicht einklagbare Forderung; **d. to be discharged at creditor's domicile** Bringschuld *f*; **d.s forgiven** Schuldenerlass *m*, Schuldnachlass *m*; **d.s founded on open account** Kontokorrentforderungen; **d. lying in prender** Holschuld *f*; ~ **render** Bringschuld *f*; **total d.s outstanding** Gesamtdebitoren(be)stand *m*; **d. provable in a bankruptcy claim** Konkursforderung *f*; **d. secured by collateral** dinglich gesicherte Schuld; ~ **real estate** Grundpfandschuld *f*; ~ **mortgage** Hypothekenschuld *f*; ~ **mortgage or pledge** dinglich gesicherte Schuld
to abate debt|s Schulden erlassen; **to accumulate d.s** Schulden auflaufen lassen; **to acknowledge/admit a d.** Schuld anerkennen; **to allow a d. to grow** Schuld anwachsen lassen; **to amortize a d.** Schuld tilgen; **to answer for a d.** für eine Schuld einstehen; **to arrest a d.** Forderung pfänden, Pfändung durchführen; **to assign a d.** Schuldforderung abtreten; **to assume d.s** Schulden übernehmen; **to balance a d.** Schuld ausgleichen
to be in debt verschuldet sein; ~ **out of d.** schuldenfrei sein; ~ **head over ears in d.**; ~ **up to one's neck in d.** *(coll)* bis zum Hals in Schulden stecken *(coll)*, massig Schulden haben *(coll)*, den Buckel voll Schulden haben *(coll)*

to be liable for debt|s für Schulden haften, Schulden zu vertreten haben; ~ **for the d. of a principal** für den Hauptschuldner haften
to be weighed down with enormous debt|s riesigen Schuldenberg vor sich herschieben; **to cancel a d.** Schuld löschen; **to charge off a d.** uneinbringliche Forderung abschreiben; **to claim a d.** Schuld einfordern; ~ **against a bankrupt** Forderung gegen einen (Konkurs)Schuldner haben/erheben; **to clear d.s** Schulden begleichen, entschulden; **to collateralize a d.** Schuld durch Pfandbestellung besichern; **to collect (a) d.** Schuld eintreiben, Außenstände einziehen; **to compensate a d.** Schuld ausgleichen; **to consolidate d.s** Schulden konsolidieren; **to contract d.s** Schulden machen/eingehen, (schuldrechtliche) Verpflichtungen eingehen; **to convert a d.** umschulden; **to cover d.s** Schulden (ab)decken; **to cut d.s** Schulden abbauen; **to default on a d.** Schuld nicht bezahlen; **to discharge a d.** Schuld entrichten/begleichen/zurückzahlen/abzahlen, Forderung abgelten; **to factor a d.** Schulden bevorschussen; **to fall into d.** Schulden machen; **to forgive so. a d.** jdm eine Schuld erlassen; **to forswear a d.** Schuldverpflichtung unter Eid zurückweisen; **to free of d.s** entschulden; **to fund a d.** Schuld konsolidieren
to get into debt|s Schulden machen, sich verschulden; ~ **out of d.** aus den Schulden herauskommen
to guarantee a debt für eine Schuld einstehen, sich ~ verbürgen; **to honour d.s** Verbindlichkeiten honorieren/begleichen; **to incur d.s** Schulden machen/eingehen/kontrahieren, Verbindlichkeiten eingehen, sich verschulden; **to liquidate/mete out a d.** Schulden tilgen/bezahlen; **to meet d.s** Schulden begleichen; **to monetize d.s** *(Zentralbank)* Zahlungsmittelumlauf erhöhen
to pay one's debt|s seine Schulden bezahlen/begleichen; ~ **down one's d.s** Schulden abtragen; ~ **off d.s** Schulden tilgen/abzahlen/abbauen/bezahlen/abtragen/zurückzahlen/löschen
to pile up debt|s Schulden anhäufen; **to plunge into d.(s)** sich in Schulden stürzen
to prove a debt Forderung(en) anmelden; ~ **one's d.** Konkurs anmelden, Forderung zur Konkursmasse anmelden
to raise ... in new debt sich mit ... neu verschulden; **to recognize a d.** Schuld anerkennen
to recover a debt/debts Schuld(en) eintreiben/beitreiben, Geld/Außenstände eintreiben; **to take steps ~ a d. at law** zwangsweise Eintreibung einer Forderung einleiten
to redeem a debt Schuld ablösen/abtragen/abzahlen/tilgen; **to reduce d.s** Schulden abbauen; **to release (so.) from a d.** Forderung erlassen; **to relinquish a d.** Schuld erlassen; **to renounce/repudiate a d.** Schuld nicht anerkennen
to repay a debt Schuld tilgen/zurückzahlen, Verbindlichkeit erfüllen; ~ **one's d.s** Schuldenberg abtragen
to reschedule debts; to roll over d. umschulden
to retire a debt Schuld bezahlen/einlösen/zurückzahlen
to run into/up debts Schulden machen, sich verschulden; ~ **up d.** Schuld anwachsen lassen, sich in Schulden stürzen
to satisfy a debt Schuld erfüllen/begleichen; **to secure a d.** Forderung/Schuld (ab)sichern; ~ **by mortgage** Forderung hypothekarisch absichern; **to service d.s** Zins- und Tilgungszahlungen/Kapitaldienst/Schuldendienst leisten; **to settle a d.** Schuld abführen/begleichen; ~ **one's d.s** seine Schulden regeln; **to substitute a d.** Schuld auswechseln; **to sue for a d.** Schuld/(Geld)Forderungen einklagen; **to take on new d.s** sich neu verschulden; **to waive a d.** Schuld erlassen/niederschlagen; **to wipe off d.s;** ~ **out a d.** Schulden/Schuld annullieren; **to work off a d.** Schuld abarbeiten/abverdienen; **to write off d.s** Schulden/Forderungen abschreiben

accrued/accumulated debt(s) aufgelaufene Verbindlichkeit(en)/Schulden; **active d.s** ausstehende Forderungen, Außenstände, Aktivschuld *f*, Debitoren, verzinsliche Schulden, Buchforderungen; **ancestral d.s** Nachlassschulden; **antecedent d.** frühere Schuld; **assigned d.(s)** abgetretene Debitoren/Forderung(en)
bad debt faule/uneinbringliche Schuld; **b. d.s** faule/uneinbringliche/zweifelhafte/unsichere Forderungen, zweifelhafte/unsichere Außenstände, zweifelhafte Schulden, Dubiose, faule Schulden, uneinbringliche (Geschäfts)Forderungen; **unidentified b. and doubtful d.s** Summe der zweifelhaften Forderungen
bad debt allowance *(Wertberichtigung)* Forderungsabschreibung *f*; ~ **charge** Wertberichtigung auf Uneinbringliche; ~ **expense** Forderungsausfallkosten *pl*; ~ **losses** Forderungsausfälle, Debitorenverluste, Verlust(e) aus zweifelhaften Forderungen; ~ **loss index;** ~ **ratio** Forderungsausfälle in % vom Umsatz; **b. d.(s) provisions** Rückstellungen für uneinbringliche Außenstände, Abschreibung auf Forderungen, Wertberichtigung auf das Umlaufvermögen; ~ uneinbringliche Forderungen; **b. and doubtful d. provision** Rückstellung für zweifelhafte Forderungen/Dubiose; **general b. d. provision** Pauschalwertberichtigung *f*; **b. d. relief** (teilweiser) Schuldenerlass; ~ **reserves** Rücklagen für uneinbringliche Forderungen; ~ **write-off** Abbuchung uneinbringlicher Forderungen
barred debt verjährte Schuld; **blocked d.** gesperrte Forderung; **bonded d.** Anleiheverschuldung *f*, A.verbindlichkeit *f*, A.forderung *f*, verbriefte Schuld/Forderung, Schuldscheinforderung *f*, Anleiheschuld *f*, in Schuldverschreibung bestehende/fundierte Schuld; **civil d.** obligatorische Schuld; **classifiable d.** aufteilbare Schuld
collateral debt Lombardschuld *f*; ~ **d.s** Lombardverschuldung *f*; ~ **d. certificate** Deckungsschuldurkunde *f*
collective debt Gesamthandsschuld *f*; **commercial d.** Warenschuld *f*; **consolidated d.** konsolidierte/stehende/fundierte Schuld; **contingent d.(s)** ungewisse Schulden, eventuell zu zahlende Schuld; **convertible d. offering** Angebot von Wandelschuldverschreibungen; **corporate d.s** Schulden einer AG, Gesellschaftsverbindlichkeiten, Firmen-, Gesellschaftsschulden; **crippling d.s** erdrückende Schulden; **current d.(s)**

kurzfristige Verbindlichkeiten, laufende Schuld/Verschuldung; **deadweight d.** Kreditaufnahme für laufende Ausgaben; **deferred d.**s nachrangige Konkursforderungen, vertagte Schuld(en), künftige Forderungen; **direct d.**s Direktschulden; **discharged d.** getilgte Schuld, erloschene Forderung; **disputed d.** bestrittene Forderung; **domestic d.** Inlandsschuld *f*
doubtful debts zweifelhafte Forderungen/Außenstände, Dubiose, unsichere Außenstände, dubiose/zweifelhafte Debitoren; ~ **d. insurance** Delkredereversicherung *f*; ~ **d. loss** Verlust an zweifelhaften Forderungen; ~ **d. notes and accounts** *[US]* dubiose Forderungen
enforceable debt einklagbare Schuld; **excessive d.**s Überschuldung *f*; **existing d.(s)** bestehende Forderung/Schuld, Altschulden *pl*; **external d.(s)** Auslandsschulden *pl*, A.verschuldung *f*; **federal d.** Verschuldung des Bundes, Bundesschuld *f*; **financial d.** Geldschuld *f*; **fixed d.**s Dauerschulden *pl*, feste Schulden; **floating d.**s kurzfristige Schulden/Verbindlichkeiten, schwebende/unfundierte Schuld; **floating-rate d.**s Schulden zu variablen Zinssätzen; **foreign d.(s)** Auslandsschulden *pl*, A.forderung(en) *f/pl*, Forderungen ans Ausland; **public ~ d.** öffentliche Auslandsverschuldung; **frozen d.**s Stillhalteschulden; **funded d.(s)** fundierte/stehende Schuld, Anleiheschuld *f*, langfristige/konsolidierte Kredite; **garnished d.** gepfändete Forderung; **good d.** sichere Forderung; **government-inscribed d.** Wertrechtsanleihe *f*; **heavy d.**s erhebliche/drückende Schulden, große Schuldenlast; **hypothecary d.** hypothekarische Forderung, Hypothekenschuld *f*; **individual d.** Einzelschuld *f*; **inherited d.** Erbschuld *f*; **intercompany d.**s Konzernschulden; **interest-bearing d.** rentierliche Schuld, verzinsliche/zinstragende Schuld, ~ Forderung; **international d.** Auslandsschuld *f*; **irrecoverable d.**s uneintreibbare/uneinbringliche Schulden, ~ Forderungen, verlorene Außenstände; **joint d.** Gesamthandsschuld *f*; ~ **and several d.** Solidar-, Gesamtschuld *f*, gesamtschuldnerische Schulden; **liquid d.** (sofort) fällige Forderung; **liquidated d.** bezahlte Schuld; **local(-government)/municipal d.** Kommunalverschuldung *f*, Gemeindeschulden *pl*, städtische Schulden; **long-term d.** 1. langfristige Schuld/Verschuldung/Verbindlichkeit/Debitoren, langfristiger Kredit, Dauerschuld *f*, 2. langfristiges Fremdkapital; **lost d.**s verlorene Außenstände; **matured d.** fällige Schuld; **maximum d.** Höchstschuld *f*; **miscellaneous d.**s sonstige Forderungen; **mortgaged d.** hypothekarisch gesicherte Schuld; **mountainous d.**s Schuldenberg *m*, Riesenschulden; **mutual d.**s gegenseitige Forderungen
national debt Staatsschuld(en) *f/pl*, S.verschuldung *f*, Nationalschuld *f*, Verschuldung der öffentlichen Hand; **floating ~ d.** schwebende Staatsschuld; **net ~ d.** Nettoverschuldung *f*
net debt|s Schuldenüberhang *m*, Nettoverbindlichkeiten *pl*, N.verschuldung *f*; **new d.**s Neuverschuldung *f*, N.schuld *f*; **non-assignable d.** nicht übertragbare Forderung; **non-bonded d.** unverbriefte Schuld; **non-existing d.** Nichtschuld *f*; **non-interest-bearing d.** un-

verzinsliche Schuld; **official d.** Verschuldung der öffentlichen Hand; **old d.** Schuld älteren Datums, Altschulden *pl*; **ordinary d.** nicht bevorrechtigte Forderung, Buchschuld *f*; ~ **d.**s Bankschulden
outstanding debt Geldforderung *f*; ~ **d.**s Außenstände, offene Verbindlichkeiten, ausstehende Forderungen/Verschuldung/Schulden/Zahlungen/Debitoren; **to assign ~ d.**s Außenstände/ausstehende Schulden abtreten; **to recover ~ d.**s Außenstände eintreiben
overseas debt Auslandsschuld *f*; **paid-up d.** abgetragene Schuld; **passive d.** unverzinsliche Schuld/Forderung; ~ **d.**s Kreditoren; **pending d.** laufende/schwebende Schuld; **permanent/perpetual d.** konsolidierte/unablösbare Schuld, Dauerschuld *f*; **personal d.**s Privatschulden; **post-retirement d.**s nach dem Ausscheiden entstandene Schulden; **preferential/preferred/privileged d.** bevorrechtigte/bevorzugte/privilegierte/gesicherte Forderung, ~ Schuld(en), vor der Masseverteilung zu begleichende Schulden; **pressing d.** drückende Schuld; **previous d.** frühere Schuld; **principal d.** Bürgschafts-, Hauptschuld *f*; **private d.** Privatschuld *f*, private Verschuldung, persönliche Schuld; **provable d.**s nachweisbare/bestehende Forderung, ~ Schulden; **proved d.** nachgewiesene Forderung
public debt Staats-, Nationalschuld *f*, öffentliche Verschuldung, Staatsverschuldung *f*, Schulden der öffentlichen Hand; **consolidated ~ d.** konsolidierte Staatsschuld; **internal ~ d.** öffentliche Schulden/Verschuldung ohne Auslandsverbindlichkeiten; **long-term ~ d.** konsolidierte Staatsschuld; **perpetual ~ d.** chronische Staatsverschuldung; **short-term ~ d.** schwebende Staatsschuld
public-authority/public-sector debt Schulden/Verschuldung der öffentlichen Hand, öffentliche Verschuldung; **recoverable d.** beitreibbare Forderung/Schuld; **registered d.** Schuldbuchforderung *f*, S.titel *m*; **remaining/residual d.** Restschuld *f*; **residual d. insurance** Restschuldversicherung *f*; **reproductive d.** durch Sachvermögen gedeckte Staatsschuld; **running d.**s laufende/schwebende Schulden; **run-up d.**s aufgelaufene Schulden; **safe d.**s sichere Außenstände/Forderungen; **secured d.** bevorrechtigte Forderung/Schuld, dinglich gesicherte/sichergestellte Forderung; **securitized d.** verbriefte/besicherte Forderung; **senior d.** bevorrechtigte Schuld; **settled d.** beglichene Schuld; **several d.** Einzelschuld *f*; **short-term d.** kurzfristige Schuld/Verschuldung; **small d.** Bagatellschuld *f*; **sovereign d.** Staatsschuld(en); **stale/statute-barred d.** verjährte Forderung, verjährter Anspruch, verjährte/verwirkte Schuld; **subordinate d.** nachrangige Schuld; **surviving d.** restliche Schuld, Restschuld *f*; **ungarnishable (third-party) d.** unpfändbare Forderung; **unascertained d.** Genusschuld *f*; **uncertain d.**s unsichere Schulden; **unfunded d.** schwebende Schuld; **unified d.** fundierte/konsolidierte Schuld; **unredeemed d.** ungetilgte Schuld
unsecured debt ungesicherte/nicht gesicherte/ungedeckte Forderung, ~ Schuld, nicht bevorrechtigte (Konkurs)Forderung; ~ **d.**s *(Konkurs)* Masseschulden

unserviced debt unbediente Schuld; **unsettled d.** schwebende Schuld; **vast d.s** haushohe Schulden, (riesiger) Schuldenberg
debt arrears Überfälligkeiten; **d. assumption** Verschuldung *f*, Aufnahme von Fremdmitteln; **d. balance** Schulden-, Debet-, Sollsaldo *m*; **~ carried forward** Verlustvortrag *m*; **d. burden** Schuldenberg *m*, S.last *f*, S.höhe *f*; **overall d. burden** Gesamtverbindlichkeiten *pl*; **d. capital** Fremdkapital *nt*; **d. category** Schuldenart *f*; **d. ceiling** Verschuldungs-, Kreditgrenze *f*, Begrenzung der Kreditaufnahme, ~ des Kreditvolumens, Schuldenobergrenze *f*; **d. census** Schuldenstandserhebung *f*; **d. certificate** 1. Schuldverschreibung *f*, S.-urkunde *f*; 2. ⊖ Zollrückgabeschein *m*; **d. charge** Schuldenlast *f*; **d. claim** schuldrechtlicher Anspruch; **d. clearance** Entschuldung *f*, Schuldentilgung *f*
debt collection Schuldeneinziehung *f*, S.eintreibung *f*, Forderungseinzug *m*, Einziehung von Außenständen; **~ agency** Inkassobüro *nt*; **~ association** Inkassogemeinschaft *f*
debt collector Schuldeneintreiber *m*, Inkassobeauftragter *m*, I.büro *nt*; **d. consolidation** Konsolidierung von Schulden; **d.s contracted** Verschuldung *f*, eingegangene Schulden; **d. conversion** Schuldenumwandlung *f*, Umschuldung *f*; **d. costs** Schuldendienst *m*; **d. counselling** Schuldenberatung *f*; **d. counsellor** Schuldenberater(in) *m/f*; **d.-crippled** *adj* hochverschuldet; **d. crisis** Verschuldungs-, Schuldenkrise *f*; **d.-discharging** *adj* schuldbefreiend; **d. discount** (Kredit)Disagio *nt*, Damnum *nt* (*lat.*), Darlehensabgeld *nt*, **~ and expenses** Disagio und Kreditaufnahmekosten
debtee *n* Gläubiger(in) *m/f*, Kreditor(in) *m/f*, Forderungsberechtigte(r) *f/m*
debt-equity ratio Eigenkapitalquote *f*; **~ swap** Umwandlung von Schulden in Eigenkapital; **d. expansion** Schuldenzuwachs *m*, S.ausweitung *f*; **overall d. exposure** Gesamtverbindlichkeiten *pl*; **d. financing** Fremdfinanzierung *f*, F.mittelaufnahme *f*; **d. forgiveness** Schuldenerlass *m*; **d.-free** *adj* schuldenfrei; **d. funding** Schuldenkonsolidierung *f*; **d. funds** Fremdkapital *nt*, F.mittel; **d.-income ratio** *(VWL)* Verhältnis zwischen Staatsschuld und Volkseinkommen; **d. increase** Verschuldungszuwachs *m*; **~ rate** Verschuldungsrate *f*; **d.s incurred** Verschuldung *f*; **d. instrument** Schuldtitel *m*, S.urkunde *f*, schuldrechtliches Wertpapier; **d. interest** Schuldzinsen *pl*
debt issue Schuldverschreibung *f*; **corporate d. i.** Industrieschuldverschreibung *f*; **new d. i.** Neuverschuldung *f* (durch Begebung einer Schuldverschreibung)
major debt issuer Großemittent *m*; **d. item** Schuldteil *m*
debt-laden *adj* hochverschuldet
debtless *adj* schuldenfrei, unbelastet
debt limit Verschuldungsgrenze *f*, Höchstschuld *f*; **d. limitation** Begrenzung der Schuldenaufnahme, Schuldendeckel *m*
debt load Schuldenlast *f*; **heavy d. l.** hohe Verschuldung
debt loss Forderungsausfall *m*; **~ insurance** Forderungsausfallversicherung *f*
debt management Schuldenverwaltung *f*, S.management *nt*, S.handhabung *f*, S.politik *f*, Umschichtung von Verbindlichkeiten, Verschuldungspolitik *f*; **~ policy** Staatsschuldenpolitik *f*
debt manager Schuldenmanager *m*; **d. margin** Verschuldungsspielraum *m*; **d. market** Schuldenmarkt *m*; **d. moratorium** Schuldenmoratorium *nt*; **d. mountain** Schuldenberg *m*
debtor *n* 1. Schuldner(in) *m/f*, Darlehens-, Kreditnehmer(in) *m/f*, K.empfänger(in) *m/f*, Warenschuldner(in) *m/f*, (Zahlungs)Verpflichtete(r) *f/m*, Debitor *m*; 2. Soll(posten) *nt/m*, Debet *nt*; **d.s** (Waren)Forderungen, Debitoren, Sollposten *m*
debtor on one's own account Selbstschuldner *m*; **d. under the agreement** Vertragsschuldner *m*; **d. in arrears/default** säumiger Schuldner, Restant *m*; **d. of a bank** Bankschuldner *m*; **d. in bankruptcy** Konkursschuldner *m*; **~ composition proceedings** Vergleichsschuldner *m*; **d.s and creditors** Forderungen und Verbindlichkeiten; **d. by endorsement/indorsement** Indossament-, Giroschuldner *m*; **d. of the estate** Nachlassschuldner *m*; **d. on mortgage** Hypothekengläubiger *m*; **~ overdraft** Kontokorrentschuldner *m*; **d.s-to-sales ratio** Verhältnis Forderungen zu Umsatz
to be liable as (a) principal debtor selbstschuldnerisch haften, selbstschuldnerische Bürgschaft übernehmen; **to distrain upon a d.** sich aus einem Pfandrecht befriedigen; **to dun a d.** Schuldner bedrängen
absconding debtor flüchtiger/unbekannt verzogener Schuldner; **assigned d.** Zessions-, Drittschuldner *m*; **attached d.** gepfändeter Schuldner; **bad d.** zahlungsunfähiger/fauler/schlechter Schuldner; **common d.** Gemein-, Gesamtschuldner *m*; **compounding d.** Vergleichsschuldner *m*; **contractual d.** persönlicher Schuldner; **co-principal d.** Solidarschuldner *m*; **defaulting/delinquent d.** rückständiger Zahler, säumiger/zahlungsunfähiger Schuldner; **direct d.** Direktschuldner *m*; **dubious d.** unsicherer Schuldner; **female d.** Schuldnerin *f*; **final d.** Endschuldner *m*; **foreign d.s** Auslandsforderungen; **fugitive d.** flüchtiger Schuldner; **good d.s** sichere Debitoren; **hard-pressed d.** bedrängter Schuldner; **individual d.** Einzelschuldner *m*; **industrial d.** Industrieschuldner *m*; **insolvent d.** Konkursschuldner *m*; **joint (and several) d.** Mit-, Solidarschuldner *m*, Gesamt(hands)schuldner *m*; **other d.s** sonstige Forderungen; **personal d.** persönlicher Schuldner
primary/principal debtor Erst-, Haupt-, Selbstschuldner *m*, selbstschuldnerisch Haftender; **secondary d.** Zweitschuldner *m*; **slow d.** säumiger Schuldner; **sole d.** Allein-, Einzelschuldner *m*; **directly suable d.** selbstschuldnerisch Haftender; **substituted d.** Schuldübernehmer *m*; **sundry d.s** sonstige/verschiedene/diverse Debitoren, ~ Forderungen, verschiedene Kunden; **third-party d.** Drittschuldner *m*
debtor account Debitoren-, Schulden-, Debetkonto *nt*; **d. arbitrage** Schuldnerarbitrage *f*; **d.'s assets** Konkursmasse *f*; **d. balances** Schuldsalden; **d. company** [GB] /**corporation** [US] Schuldnerfirma *f*, S.gesellschaft *f*, schuldende Gesellschaft; **d. country** Schuld-

nerland *nt*; **d.-creditor relation** Kreditbeziehung *f*; **d.'s declaration** Insolvenzerklärung *f*; **~ delay** Schuldnerverzug *m*; **~ duty** Schuldnerverpflichtung *f*; **~ gain** Schuldnergewinn *m*; **d. interest rate** Zinssatz für Debitoren, Sollzins(satz) *m*; **d. nation** Schuldnerland *nt*, S.staat *m*; **d.'s petition** Konkurseröffnungsantrag des Schuldners; **d. position** Schuldnerposition *f*; **net d. position** Nettoschuldnerposition *f*; **d.s' prison** Schuldnergefängnis *nt*; **d.'s property** Schuldnervermögen *nt*; **levying upon the ~ purse** Taschenpfändung *f*; **d. quota** Schuldnerquote *f*
debtorship *n* Schuldnerschaft *f*
debtor's statement of affairs Konkursstatus *m*, K.-bilanz *f*; **~ warrant** Besserungsabrede *f*, B.schein *m*
debt overhang Schuldenberg *m*; **d. overload** Überschuldung *f*; **d. owing** fällige Schuld; **d. paid** getilgte Forderung; **d.s payable** Verbindlichkeiten; **d. portion** Schuldenanteil *m*; **d. position** Schuldenstand *m*; **d. principal** Schuldbetrag *m*; **d. problem** Verschuldungsproblem *nt*; **d.s profit levy** Kreditgewinnabgabe *f*; **d. provisions** Rückstellungen/Wertberichtigungen für zweifelhafte Forderungen; **d.-to-equity ratio** Verschuldungsgrad *m*; **d.s receivable** Forderungen, Außenstände; **~ recovered** eingetriebene Schulden
debt recovery Einziehung von Forderungen; **~ agency** Inkassobüro *nt*; **~ service** Inkassogeschäft *nt*
debt redemption Schuld(en)tilgung *f*, S.rückzahlung *f*; **d. reduction** Schuldensenkung *f*, S.rückführung *f*, S.abbau *m*; **d. refinancing/refunding** Umschuldung *f*
debt register Schuldbuch *nt*; **federal d. r.** Bundesschuldbuch *nt*; **public d. r.** Staatsschuldbuch *nt*
debt register claim Schuldbuchforderung *f*, S.titel *m*; **collective ~ claim** Sammelschuldbuchforderung *f*; **individual ~ claim** Einzelschuldbuchforderung *f*; **~ claim giro transfer system** Schuldbuchgiroverkehr *m*; **~ entry** Schuldbucheintragung *f*
debt relief Schuldenerlass *m*, Entschuldung *f*; **d. repayment(s)** (Schulden)Tilgung *f*; **public-sector ~ requirement** Tilgungsbedarf der öffentlichen Hand; **d. rescheduling/restructuring** Umschuldung *f*, Umschichtungsfinanzierung *f*, Schuldenumwandlung *f*, Umschichtung von Verbindlichkeiten; **~ agreememt** Umschuldungsabkommen *nt*; **d. retirement** Schuldenabbau *m*, S.rückzahlung *f*; **d.-ridden** *adj* überschuldet, total/völlig/stark verschuldet; **d. security** Schuldpapier *nt*, festverzinsliches Wertpapier, Renten-, Geldmarktpapier *nt*
debt service Schulden-, Kapitaldienst *m*, Abgeltung des Kapitaldienstes, Bedienung eines Kredits; **initial d. s.** Anfangsbelastung *f*; **d.s. bill** Schuldendienst *m*; **~ burden** Schuldendienstlast *f*; **~ payments** Schuldendienst(leistungen) *m/pl*; **~ ratio** Schuldendienstquote *f*; **~ statement** Schuldendienstrechnung *f*
debt servicing Schuldendienst *m*; **~ burden** Tilgungs- und Zinslast *f*; **~ charges** Schuldendienst *m*
debt settlement Schuldenbereinigung *f*; **court-supervised d. s.** gerichtliches Vergleichsverfahren; **partial d. s.** Vergleich *m*

debt swap Schuldentausch *m*; **d. terms** Kreditbedingungen; **d. trap** Schuldenfalle *f*; **d. write-down** *(Kreditgebühr)* Forderungsabschreibung *f*
debug *v/t* Fehler suchen, Störung beheben, austesten; **d.ger** *n* 🖥 Fehlerkorrekturprogramm *nt*, Debugger *m*; **d.ging** *n* 1. Fehlerbeseitigung *f*, F.behebung *f*, F.bereinigung *f*, F.suche (und -behebung) *f*, Austesten *nt*; 2. 🖥 Fehlerbeseitigung *f*, Programmberichtigung *f*; **~ aids** Fehlerhilfen; **d. program** 🖥 Fehlersuchprogramm *nt*
debureaucratize *v/t* entbürokratisieren
debut *n* Debut *nt*, Einstand *m*; **to stage a bright d.** *(Börsenneuling)* glänzenden Start haben; **professional d.** beruflicher Einstieg
decade *n* Dekade *f*, Jahrzehnt *nt*
deca|dence *n* Dekadenz *f*; **d.dent** *adj* dekadent
decaffeinated *adj* koffeinfrei
decalcomania *n* Abziehbild *nt*
decamp *v/i* türmen *(coll)*
decanter *n* Karaffe *f*
decapitalization *n* Kapitalschnitt *m*
decapi|tate *v/t* enthaupten, köpfen; **d.tation** *n* Enthauptung *f*
decarbonize *v/t* entschlacken
decartelization *n* *(Kartell)* (Konzern-/Kartell)Entflechtung *f*, Ent-, Dekartellisierung *f*; **~ agency** Entflechtungsbehörde *f*
decartelize *v/t* entflechten, de-, entkartellisieren
decasualization *n* 1. Abbau von Gelegenheitsarbeit, Umwandlung von Aushilfsarbeitsstellen in Dauerbeschäftigung; 2. ⚙ Umstellung auf Dauerbetrieb
decasualize *v/t* 1. Gelegenheitsarbeit abbauen; 2. ⚙ auf Dauerbetrieb umstellen
decay *n* 1. Verfall *m*, Verderb *m*, Ruin *m*, Zerfall *m*, Untergang *m*; 2. Fäulnis *f*, Fäule *f*, Verwesung *f*, Moder *m*; **to fall into d.** verfallen
atomic decay Atomzerfall *m*; **continuing d.** fortschreitender Verfall; **inner-city d.** Verfall von Stadtkernen/S.zentren; **intrinsic d.** innerer Verderb; **normal d.** üblicher Verderb; **senile d.** ⚕ Altersschwäche *f*; **urban d.** Verfall der Innenstädte
decay *v/i* 1. verfallen, verderben, verkommen, zu Grunde gehen; 2. verwesen, (ver)faulen, vermodern; **d.ed** *adj* 1. morsch; 2. *(Lebensmittel)* schlecht, verdorben, verfault; **d. time** 🖥 Impulsabfallzeit *f*
decease *n* Ableben *nt*, Tod(esfall) *m*, Hinscheiden *nt*, Sterbefall *m*; *v/i* (ver)sterben, dahin-, verscheiden, aus dem Leben scheiden
the deceased *n* der/die Verstorbene, ~ Tote, der/die Erblasser(in); *adj* ge-, verstorben, tot; **the d.'s debt** Nachlassschuld *f*; **~ estate** Nachlass *m*, Erbschaft *f*
decedent *n* [US] Verstorbene(r) *f/m*; **d.'s estate** Nachlass *m*, Erbschaft *f*
deceit *n* Täuschung *f*, Betrug *m*, Hinterlist *f*, Tücke *f*; **collateral d.** Täuschung über einen Nebenumstand; **material d.** Täuschung über einen wesentlichen Umstand; **malicious/wilful d.** arglistige Täuschung
deceitful *adj* betrügerisch, hinterlistig
deceive *v/t* täuschen, anschwindeln, hintergehen, hereinlegen *(coll)*; **d.r** *n* Betrüger(in) *m/f*, Schwindler(in) *m/f*

decelerate v/ti 1. verlangsamen, abbremsen, *(Tempo)* drosseln; 2. sich abschwächen/verlangsamen
deceleration n Verlangsamung f, (Tempo)Drosselung f, Verzögerung f; **~ of inflation** Inflationsverlangsamung f; **~ time** Verzögerungszeit f
decency n 1. Anstand m, Anständigkeit f; 2. Sittlichkeit f; **for d.'s sake** anstandshalber; **to offend against d.** Anstandsgefühl verletzen; **~ common d.** gegen die guten Sitten verstoßen
decennial n Zehnjahresfeier f; *adj* Zehnjahres-, z.jährig
decent *adj* anständig, ordentlich, annehmbar, schicklich, ehrbar; **to do the d. thing by so.** sich gegenüber jdm anständig verhalten
decentral|ization n Dezentralisation f, Entflechtung f, Dezentralisierung f; **d.ize** v/t dezentralisieren; **d.ized** *adj* dezentral
deception n Täuschung(shandlung) f, Betrug m, Irreführung f, Irrtumserregung f; **d. vitiates permission** [§] Täuschung vernichtet die Genehmigung; **attempted d.** Täuschungsversuch m; **wilful d.** vorsätzliche/wissentliche/absichtliche/arglistige/bewusste Täuschung
deceptive *adj* täuschend, irreführend, (be)trügerisch
decibel n Dezibel nt
decide v/t (sich) entscheiden, bestimmen, festsetzen, sich entschließen, beschließen; **d. as in duty bound** [§] nach pflichtgemäßem Ermessen entscheiden; **~ matters stand** nach Sachlage entscheiden; **d. how to set about sth.** die Marschroute festlegen *(fig)*; **d. in dubio pro reo** *(lat.)* [§] im Zweifel zu Gunsten des Angeklagten entscheiden; **d. unanimously** einstimmig beschließen
decided *adj* 1. entschieden, beschlossen; 2. eindeutig, unzweifelhaft, deutlich, prononciert
decider n 1. Entscheidungsträger m, Entscheider m; 2. ausschlaggebender Fehler
deciduous *adj* ⚘ Laub-
decile n ▦ Dezil nt
decimal *adj* Dezimal-; n Dezimalzahl f; **floating d.** Gleitkomma n
decimalization n Einführung des Dezimalsystems, Dezimalisierung f
deci|mate v/t dezimieren; **d.mation** n Dezimierung f
decipher v/t entschlüsseln, entziffern, dechiffrieren; **d.able** *adj* entzifferbar; **d.ing** n Entzifferung f, Entschlüsselung f
decision n 1. Entscheidung f, Entschluss m; 2. Entscheid m, Beschluss(fassung) m/f; 3. Ausschlag m; 4. Bescheid m; 5. 🖳 *(Datenfluss)* Verzweigung f; 6. [§] Entscheidung f, Verfügung f
decision (up)on appeal [§] Rechtsmittel-, Revisionsentscheidung f; **d. subject to appeal** beschwerdefähige Entscheidung; **d. on an application** Bewilligungsbescheid m; **~ the basis of the records** Entscheid ohne mündliche Verhandlung, ~ nach Aktenlage, **d. in a case under legal review** Revisionsentscheidung f; **d. in chambers** schriftliche Entscheidung; **d. on costs** Entscheidung über die Kosten; **d. as to the course of justice** Rechtswegentscheidung f; **d. by a court** gerichtliche Anordnung; **upon ~ court** auf gerichtliche Entscheidung; **confirmatory d. of the appellate court** bestätigendes Urteil; **d. of the highest court** höchstrichterliche Entscheidung; **~ lower court** erstinstanzliche Entscheidung; **d. without error** rechtlich einwandfreie Entscheidung; **d. on the facts** Sachentscheidung f; **~ funding** Finanzierungsentscheidung f; **d. of the appellate instance** Rechtsmittelentscheidung f; **d. on the merits of the case** Sachentscheidung f; **~ an opposition** *(Pat.)* Einspruchsentscheid m; **~ points of law** rechtliche Beurteilung; **d. of principle** Grundsatzentscheidung f; **d. of the individual transactor** Individualentscheidung f
decision to accept Annahmebeschluss m; **~ buy** Kaufentschluss m; **~ consume** Konsumentscheidung f; **~ reject** Ablehnungsbeschluss m
the decision is appealable [§] gegen die Entscheidung kann Berufung eingelegt werden; **~ final** der Rechtsweg ist ausgeschlossen; **d. as the case lies** Entscheidung nach Lage der Akten; **pending a d.** solange eine Entscheidung aussteht, bis zur Entscheidung; **ripe for d.** entscheidungsreif
to abide by a decision 1. sich an eine Entscheidung halten; 2. Entscheidung aufrechterhalten; 3. bei seinem Entschluss bleiben; **to accept a d.** sich einer Entscheidung fügen; **to adjourn a d.** Entscheidung aussetzen; **to annul a d.** Beschluss aufheben; **to appeal (against) a d.** Entscheidung anfechten; **to arrive at a d.; to come to a d.** zu einem Entschluss kommen, zu einer Entscheidung gelangen; **to bring about a d.** Entscheidung herbeiführen; **to contest/dispute a d.** Entscheidung anfechten; **to defer a d.** Beschlussfassung aussetzen; **to endorse a d.** Entscheidung billigen; **to hold a d. over** Entscheidung zurückstellen; **to implement a d.** Entscheidung realisieren; **to inform so. of a negative d.** jdn abschlägig bescheiden; **to make a d.** treffen/fällen; **ready ~ a. d.** entscheidungsfreudig; **to overrule/overturn/quash a d.** Entscheidung aufheben/umstoßen; **to postpone/put off a d.** Entschluss/Entscheidung vertagen, Entscheidung verschieben; **to press for a d.** auf Entscheidung dringen; **to reach a d.** Entschluss fassen, zu einer Entscheidung kommen; **to refer a d. (to so.)** (jdm) etw. zur Entscheidung vorlegen; **to rescind a d.** Beschluss für nichtig erklären; **to reserve one's d.** sich die Entscheidung vorbehalten, Entscheidung zurückstellen; **to reverse a d.** Entscheidung aufheben/umstoßen/rückgängig machen; **to review a d.** Entscheidung überprüfen; **to revise a d.** Entscheidung abändern; **to set aside a d.** Entscheidung aufheben; **to shelve a d.** Entscheidung aufschieben; **to submit for d.** zur Entscheidung vorlegen/stellen; **~ to a d.** sich mit einer Entscheidung abfinden; **to uphold a d.** Entscheidung bestätigen; **~ on appeal** [§] Urteil in der Berufungsinstanz bestätigen
administrative decision Verwaltungsscheidung f; **to render an ~ d.** Bescheid erteilen; **to vacate an ~ d.** Verwaltungsakt aufheben
adverse decision abschlägiger Bescheid; **amending d.** Änderungsbescheid m; **appellate d.** [§] Berufungsentscheidung f; **binding d.** verbindliche/bindende Ent-

scheidung; **collective d.** Kollektiventscheidung f; **concurrent d.** gleichlautende Entscheidung; **corporate d.** Gesellschaftsbeschluss m; **declaratory d.** (Wertpapier) Feststellungsbescheid m; **discretionary d.** Ermessensentscheidung f, E.akt m, E.beschluss m; **disinterested d.** objektive Entscheidung; **enforceable d.** vollstreckbare Entscheidung, vollstreckbarer Titel; **equitable d.** Billigkeitsentscheidung f; **executive d.** Führungsentscheidung f; **executory d.** Ausführungsentscheidung f; **ex officio** (lat.) **d.** offizielle Entscheidung
final decision 1. endgültige/abschließende Entscheidung, endgültiger Bescheid; 2. Endurteil nt, E.bescheid m; **pending a ~ d.** während der Rechtshängigkeit; **subject to a ~ d.** vorbehaltlich einer endgültigen Entscheidung
financial decision finanzwirtschaftliche Entscheidung, Finanzentscheidung f; **first-instance d.** [§] erstinstanzliche Entscheidung; **genuine d.** echte Entscheidung; **governmental d.** Regierungsentscheidung f; **interim d.** Teilbescheid m, vorläufiger Bescheid; **interlocutory d.** [§] Vorab-, Zwischenentscheidung f; **irrevocable d.** unwiderrufliche Entscheidung; **judicial d.** [§] gerichtliche/richterliche Entscheidung, Gerichtsentscheidung f, Richterspruch m; **jurisdictional d.** Bestimmung der Zuständigkeit; **leading d.** [§] Präzedenzfall m, Grundsatzurteil nt, G.entscheidung f, grundsätzliche Entscheidung; **lease-or-buy d.** Kauf- oder Lease-Entscheidung f
legal decision [§] gerichtliche Entscheidung, Urteil nt, Rechtsspruch m, R.entscheid m; **~ d.s** Rechtsprechung f
locational decision ⚓ Standortentscheidung f; **managerial d.** Führungsentscheidung f; **monetary d.** Währungsbeschluss m; **multiphase d.** mehrstufige Entscheidung; **non-appealable d.** [§] rechtskräftige Entscheidung; **objective d.** sachliche/objektive Entscheidung; **one-shot d.** einmalige Entscheidung; **on-the-spot d.** Sofortentscheid m; **pivotal d.** Grundsatzentscheidung f; **preliminary d.** Vorentscheidung f; **reasoned d.** mit Gründen versehene Entscheidung; **remedial d.** Abhilfebescheid m; **sequential d.** Folgeentscheidung f; **split-second d.** blitzschneller Entschluss; **substantive d.** Sachentscheidung f, grundlegende Entscheidung; **terminal d.** ▦ Endentscheidung f; **unanimous d.** einstimmige Entscheidung; **unpopular d.** unpopuläre Entscheidung; **unreported d.** nicht veröffentlichte Entscheidung; **wrong d.** Fehlentscheidung f
decision analysis Entscheidungsanalyse f, analytische Entscheidungstheorie; **d. area** Entscheidungsfeld nt; **delegated d. area** Delegationsbereich m; **d. box** (OR) Entscheidungsknoten m, E.ereignis nt; **~ network** Netzplan mit Entscheidungsknoten, Netzwerk mit Entscheidungsereignissen; **d. content** Entscheidungsgehalt m; **d. control** Steuerung des Entscheidungsprozesses; **d. data** Entscheidungsdaten f; **d. ex aequo et bono** (lat.) [§] Ermessensentscheidung f; **d. exercise** Unternehmensplanspiel nt; **d. function** Entscheidungsfunktion f; **randomized d. function** gemischte Entscheidungsfunktion; **d. lag** Entscheidungsverzögerung f, entscheidungsbedingte Handlungsverzögerung; **d.-maker** n (personaler) Entscheidungsträger, E.instanz f, Entscheider m

decision-making n Entscheidungsfindung f, E.bildung f, Willensbildung f, Fällen von Entscheidungen; **managerial d.-m.** unternehmerische Willensbildung; **political d.-m.** politische Willensbildung; **d.-m. level** Entscheidungsebene f

decision matrix Entscheidungsmatrix f

decision model Entscheidungsmodell nt; **closed d. m.** geschlossenes Entscheidungsmodell; **open d. m.** offenes Entscheidungsmodell

decision package Entscheidungspaket nt; **d. parameter** Entscheidungsparameter m; **d. rule** Entscheidungsverfahren nt, E.regel f; **d. space** ▦ Entscheidungsraum m; **stochastic d. space** Zustandsraum m; **d. support** Entscheidungshilfe f; **~ system** Entscheidungsunterstützungs-, E.findungssystem nt; **d. table** ▦ Entscheidungstabelle f; **d.-taking** n Entscheidungsfindung f; **d. technology** Entscheidungstechnologie f; **d. theory** Entscheidungstheorie f, E.lehre f; **d. tree** Entscheidungsbaum m; **~ method** Entscheidungsbaumverfahren nt; **d. unit** Entscheidungseinheit f, E.träger m, E.subjekt nt; **d. variable** Entscheidungs-, Instrumentvariable f, entscheidungsrelevante Größe

decisive adj 1. entscheidend, ausschlaggebend, maßgebend, m.geblich, kaufentscheidend; 2. (Person) entscheidungs-, entschlussfreudig; **d.ness** n Entscheidungsbereitschaft f, Entschlossenheit f

deck n ⚓ (Schiffs)Deck nt; **shipped on d. at shipper's risk** auf Deck-Verladung auf Risiko des Befrachters; **d. of cards** 1. Kartensatz m; 2. 🖳 (Loch)kartenstapel m **to clear the deck|s** klar Schiff machen; **to ship on d.** an Deck verladen, **to swab the d.s** Reinschiff machen; **to wash over the d.** Deck überspülen

dangerous deck (d.d.) sehr gefährliche Güter-, Verladung nur auf Deck; **lower d.** Unterdeck nt; **main d.** Hauptdeck nt; **quarter d.** Achterdeck nt; **upper d.** Oberdeck nt

deck cabin Deckkabine f; **d. cargo** Deckgüter pl, D.ladung f; **~ insurance** Deckladungsversicherung f; **d. chair** Liegestuhl m

double decker n Doppeldecker-Bus m

deck gear ⚓ Ladegeschirr nt; **d.-hand** n gewöhnlicher Matrose, Besatzungsmitglied nt

deckle edge n 📄 Büttenrand m

deck|load n ⚓ Deckladung f; **d. log** Logbuch nt; **d. passage** Deckpassage f; **d. passenger** Deckpassagier m; **d. rail** Reling f

declarable adj ⊖ (zoll)meldepflichtig, verzollbar

declarant n 1. Zoll(wert)anmelder m, Anmelder m; 2. (Erklärung) Abgeber m, Person, die Erklärung abgibt, Erklärende(r) f/m

declaration n 1. Erklärung f, (eidesstattliche) Versicherung, Stellungnahme f, Revers m, Feststellung f; 2. Meldung f, Bekanntgabe f; 3. ⊖ Anmeldung f, Deklaration f; 4. (HV) Beschluss über die Dividendenausschüttung; 5. 🖳 Erklärung f

declaration of abandonment Abandonrevers *m*; ~ **acceptance** Annahmeerklärung *f*; ~ **accession** *(Völkerrecht)* Beitrittserklärung *f*; ~ **assignment/cession** Abtretungserklärung *f*, A.urkunde *f*; ~ **avoidance** Aufhebungserklärung *f*; ~ **bankruptcy** Bankrott-, Konkurserklärung *f*, K.anmeldung *f*; ~ **commitment** Verbindlichkeitserklärung *f*; ~ **compliance** Erklärung über die Einhaltung der Gründungsvorschriften; ~ **consent** Einverständnis-, Zustimmungserklärung *f*; ~ **consignments** Anmeldung von Transporten; ~ **contents** ⊖ Inhaltsangabe *f*; **d. by the court** gerichtliche Feststellung; **d. for customs transit** ⊖ Zollanmeldung zum Zollgutverkehr; **d. of damage** Schadensmeldung *f*; ~ **death** Verschollenheitserklärung *f*; **official ~ death** Todeserklärung *f*; ~ **delivery value** ⊖ Lieferwertangabe *f*; ~ **dispatch in transit** ⊖ Erklärung zur Durchfuhr; ~ **a dividend** Festsetzung der Dividende, Dividendenfestsetzung *f*, D.beschluss *m*, (Beschlussfassung zur) Dividendenausschüttung, D.erklärung *f*, D.ausschreibung *f*; **d. by the exporter** ⊖ Erklärung des Ausführers/Exporteurs; **d. of export value** ⊖ Export-, Ausfuhrwerterklärung *f*; ~ **forbearance** Unterlassungserklärung *f*; ~ **forfeiture** Verlustigerklärung *f*; ~ **goods** ⊖ Warenbezeichnung *f*, W.anmeldung *f*; ~ **guarantee** Bürgschaftserklärung *f*; ~ **honour** Ehrenerklärung *f*; ~ **imports** ⊖ Einfuhr-, Importerklärung *f*; ~ **income** Einkommen(s)steuererklärung *f*; ~ **independence** Unabhängigkeitserklärung *f*; ~ **insolvency** Vergleichsanmeldung *f*, Insolvenz-, Konkurserklärung *f*; ~ **intent** Absichtserklärung *f*, Kaufzusage *f*, Willenserklärung *f*; ~ **intention** *[US]* 1. Absichts-, Willenserklärung *f*; 2. Naturalisationserklärung *f*; ~ **interest** Interessenanmeldung *f*, I.bekundung *f*, Absichtserklärung *f*; ~ **interests** Offenlegung von Beteiligungen; ~ **invalidity** Kraftloserklärung *f*; **d. in lieu of oath** eidesstattliche Erklärung; **d. of majority** Mündigkeits-, Volljährigkeitserklärung *f*; ~ **non-objection** Unbedenklichkeitsbescheinigung *f*; ~ **notice** Kündigungserklärung *f*; ~ **nullity** Nichtigkeitsurteil *nt*, N.erklärung *f*; **d. on oath** eidliche Erklärung; **d. of option** *(Börse)* Prämienerklärung *f*; ~ **origin** Ursprungserklärung *f*; ~ **peace** Friedenserklärung *f*; ~ **principal** Offenlegung des Auftraggebers; ~ **principle** Grundsatzerklärung *f*; ~ **priority** Vorrechts-, Prioritätserklärung *f*; ~ **property** Vermögensanmeldung *f*, V.erklärung *f*; ~ **results** Ergebnisbekanntgabe *f*, Bekanntgabe der Ergebnisse; **d. as a public road** Widmung als öffentliche Straße; **d. of solvency** Solvenzerklärung *f*, Liquiditätsmeldung/L.erklärung bei Geschäftsauflösung; **d. for statistics** ⊖ statistischer Anmeldeschein *m*; **d. of suretyship** Bürgschaftserklärung *f*; ~ **estimated tax** Erklärung über geschätzte Steuerschulden; ~ **title** [§] Feststellungsurteil *nt*; ~ **trust** Treueerklärung *f*; ~ **uses** Nießbrauchbestellung *f*; ~ **war** 1. Kriegserklärung *f*; 2. *(fig)* Kampfansage *f*; ~ **weight** Gewichtsangabe *f*
to make a declaration Erklärung abgeben
duly certified declaration (notariell) bestätigte/legalisierte Erklärung; **express d.** ausdrückliche Erklärung;

false d. Falschmeldung *f*; **further d.** ⊖ Nachanmeldung *f*; **joint d.** gemeinsame Erklärung; **judicial d.** [§] Erklärung vor Gericht, Parteivorbringen *nt*; **maritime d.** Verklarung *f*; **negative d.** Negativklausel *f*, N.erklärung *f*; **non-assessment d. (note)** Nichtveranlagungsbescheid *m*; **solemn d.** eidesstattliche Aussage/Erklärung/Versicherung, feierliche Erklärung; **to make a ~ d.** [§] eidestattlich versichern/erklären, eidesstattliche Versicherung abgeben, an Eides Statt/feierlich erklären; **statutory d.** [§] Erklärung/Versicherung an Eides Statt, eidesstattliche Erklärung/Versicherung, gesetzliche/gesetzlich vorgeschriebene Erklärung; **subsequent d.** ⊖ Nachdeklaration *f*; **sworn d.** [§] eidliche Erklärung, Affidavit *nt*; **voluntary d.** *(Steuer)* Selbstanzeige *f*; **written d.** schriftliche Erklärung, Revers *m*
declaration certificate ⊖ Deklarationsschein *m*; **d. day** Prämienerklärungstag *m*; ~ **price** Stich(tags)kurs *m*, Prämienerklärungskurs *m*
declaration form 1. ⊖ Deklarations-, Wertangabeformular *nt*; 2. Antrag *m*, Anmeldevordruck *m*; **d. inwards** Zolleinfuhrdeklaration *f*, Z.erklärung *f*, Zolleingangserklärung *f*; **d. list** Gestellungsverzeichnis *nt*; **d. outwards** Zollausfuhrdeklaration *f*, Z.erklärung *f*
declaration period Anmeldefrist *f*; **d. policy** *(Vers.)* Abschreibe-, Pauschalpolice *f*, offene Police; **d. procedure** ⊖ *(Einfuhr)* Erklärungsverfahren *nt*
declerator *n* *[Scot.]* [§] Eigentumsfeststellungsklage *f*
declaratory *adj* deklaratorisch
declare *v/t* 1. erklären, versichern; 2. bekanntmachen, ankündigen; 3. ⊖ deklarieren, beim Zoll angeben, verzollen, (zur Verzollung) anmelden; **d. o.s.** seine Meinung kundtun; **d. off** abschreiben; **to have sth. to d.** ⊖ etw. zu verzollen haben; **d. o.s. (to be) biased/prejudiced** sich für befangen erklären; **d. due** für fällig erklären; **d. o.s. insolvent** seine Zahlungsunfähigkeit anmelden; **d. nil/null and void** für null und nichtig erklären; **d. officially** 1. ⊖ zollamtlich erklären; 2. amtlich bekanntgeben; **d. open** für eröffnet erklären; **d. (to be) void** für nichtig/unwirksam erklären
declared *adj* 1. *(Betrag/Dividende)* ausgewiesen, offen; 2. ⊖ deklariert, erklärt; **d.ly** *adv* erklärtermaßen
declassi|fication *n* *(Information)* Freigabe *f*; **d.fy** freigeben
declinature *n* [§] Ablehnung *f*
decline *n* 1. Rückläufigkeit *f*, Nachgeben *nt*, Abschwung *f*, Zurückgehen *nt*, Abnahme *f*, Rückgang *m*, Rückbildung *f*, Abwärtsbewegung *f*, Heruntergehen *nt*, Neige *f*, Schrumpfung(sprozess) *f/m*; 2. Verschlechterung *f*, Niedergang *m*, Verfall *m*, Sinken *nt*, Schwund *m*, Zerfall *m*; 3. *(Börse)* niedriger notierter Wert; **on the d.** im Fallen begriffen, rückläufig
decline in (cyclical/economic) activity konjunkturelle Abschwächung, konjunktureller Abschwung, Konjunkturrückgang *m*, K.abschwung *m*, K.dämpfung *f*, Nachlassen/Abflauen der Konjunktur, nachlassende Konjunktur; ~ **business** Geschäftsrückgang *m*, G.abschwächung *f*; ~ **new b.** rückläufiges Neugeschäft; ~ **circulation** *(Zeitung)* Auflagenrückgang *m*; **d. of com-**

decline of a currency

petitiveness Wettbewerbsschwächung *f*; **~ a currency** Währungsverfall *m*; **d. in demand** Nachfragerückgang *m*, Rückgang der Nachfrage; **~ deposits** Einlagenschwund *m*; **~ earnings** Ertragsminderung *f*, E.schwächung *f*, Erlös-, Ergebnisrückgang *m*; **~ employment** Beschäftigungseinbruch *m*, B.rückgang *m*, B.abnahme *f*, B.abfall *m*; **~ exports** Exportrückgang *m*, Rückgang der Ausfuhr(en); **~ imports** Importrückgang *m*, Rückgang der Einfuhr(en)/Importe; **d. of interest rates** Zinsrückgang *m*, Z.degression *f*; **d. in/of investment** Investitionsrückgang *m*, nachlassende Investitionstätigkeit; **d. in mortality (rates)** Sterblichkeitsrückgang *m*; **~ the number of births** Geburtenrückgang *m*, Rückgang der Geburtenziffer; **~ (new) orders** Auftragsrückgang *m*, A.baisse *f*; **~ orders on hand** schwindendes Auftragspolster; **~ output** Produktions-, Ausstoßrückgang *m*; **~ population** Bevölkerungsabnahme *f*, B.rückgang *m*; **~ prices** 1. Preisrückgang *m*, P.verfall *m*; 2. *(Börse)* Kursrückgang *m*, Baisse *f*, Nachgeben der Kurse; **~ production** Produktionsrückgang *m*; **~ productivity** Produktivitäts-, Rentabilitätsrückgang *m*; **~ sales** Absatzeinbruch *m*, A.einbuße *f*, A.schwund *m*, A.rückgang *m*, Rückgang der Absätze, Umsatzrückgang *m*; **~ moral standards** Sittenverfall *m*; **~ turnover** Umsatzeinbuße *f*, U.rückgang *m*; **~ marginal unit cost** Kostendegression *f*; **~ the unit price** Anteilswertrückgang *m*; **~ economic usefulness** Wert-, Brauchbarkeitsminderung *f*, Entwertung *f*; **~ the value of money** Geldwertverschlechterung *f*; **~ gross yield** Rohertragseinbuße *f*
to arrest the decline Niedergang aufhalten; **to be on the d.** rückläufig sein, abnehmen, zurückgehen, im Sinken begriffen sein; **to experience/suffer a d.** Rückgang erfahren/erleiden/hinnehmen
across-the-board decline (Preis-/Kurs)Rückgang auf breiter Front; **cyclical d.** Rezession *f*, Konjunkturabschwung *m*, K.schwäche *f*, K.rückgang *m*, K.rückschlag *m*, konjunktureller Rückgang/Abschwung; **economic d.** Konjunkturabkühlung *f*, K.rückgang *m*, wirtschaftlicher Niedergang; **marked d.** ausgeprägter/ deutlicher Rückgang; **rapid d.** schneller Rückgang; **technical d.** *(Börse)* technische Reaktion/Korrektur, technischer Kursrückgang; **widespread d.** *(Börse)* Rückgang auf breiter Front
decline *v/ti* 1. absagen, (höflich) ablehnen, nicht annehmen, ab-, ausschlagen, Absage erteilen, verweigern; 2. abnehmen, nachlassen, zurückgehen, sinken, sich verschlechtern; 3. *(Preis/Kurs)* nachgeben, (ver)fallen, heruntergehen; 4. sich zurückbilden, schrumpfen
decline list *n* *(Vers.)* Verzeichnis der abzulehnenden Risiken
decliner *n* *(Börse)* Verlierer *m*
decline stage Degenerationsphase *f*
declining *adj* rückläufig, fallend, sinkend, rückgängig, abnehmend, degressiv; **to be d.** sich im Abschwung befinden
declutch *v/i* ⚙ auskuppeln
decodable *adj* entzifferbar
decode *v/t* entschlüsseln, entziffern, dechiffrieren, dekodieren; **d.r** *n* 1. Dekodierer *m*, Entschlüsseler *m*; 2. ⚙ Befehlsdekodiereinrichtung *f*
decoding *n* Entzifferung *f*, Entschlüsselung *f*
decoke *v/t* entrußen
decol|late *v/t* ⚙ trennen; **d.lator** *n* (Formular)Trenner *m*
decommission *v/t* stilllegen, außer Betrieb setzen, ~ Dienst stellen, ausmustern; **d.ed** *adj* stillgelegt, eingemottet *(fig)*; **d.ing** *n* Außerdienststellung *f*, Ausmusterung *f*, Stilllegung *f*; **~ cost(s)** Kosten der Außerbetriebnahme
decomposable *adj* zersetzbar
decompose *v/i* verwesen, verfaulen, sich zersetzen, verrotten, vermodern; **d.d** *adj* mod(e)rig, verwest, verfault
decomposition *n* 1. Analyse *f*, Zerlegen *nt*; 2. Zerfall *m*, Zersetzung *f*, Verwesung *f*, Fäulnis *f*; **d. of time series** Zerlegung von Zeitreihen; **d. principle** Dekompositionsprinzip *nt*
decompression *n* (Luft)Druckverminderung *f*, Dekompression *f*
deconcen|trate *v/t* entflechten, dekonzentrieren, dekartellisieren; **d.tration** *n* (Konzern)Entflechtung *f*, Dekonzentration *f*, Dekartellisierung *f*
decongestion *n* Deglomeration *f*
deconsolidate *v/t* entflechten
decontami|nant *n* ⚙ Entseuchungsmittel *nt*; **d.nate** *v/t* entgiften, entseuchen; **d.nation** *n* Entgiftung *f*, Entseuchung *f*
decontrol *n* Aufhebung der (Preis)Kontrolle, Freigabe *f*, Liberalisierung *f*; **d. of imports** Einfuhrliberalisierung *f*, Importfreigabe *f*; **~ interest rates** Zinsliberalisierung *f*, Z.freigabe *f*; **~ rents** Miet(preis)freigabe *f*
gradual decontrol schrittweise Freigabe
decontrol *v/t* Zwangswirtschaft abbauen/aufheben, liberalisieren, aus der (Zwangs)Bewirtschaftung herausnehmen, Kontrolle/(Zwangs)Bewirtschaftung aufheben, freigeben; **d.led** *adj* liberalisiert, nicht mehr bewirtschaftet
decor *n* Dekor *nt*, Ausschmückung *f*, Ausstattung *f*
decorate *v/t* 1. ausschmücken, dekorieren, tapezieren, ausgestalten, verzieren, schmücken, garnieren; 2. auszeichnen; **d.d** *adj* ausgeschmückt
decoration *n* 1. Ausschmückung *f*, Dekoration *f*, Garnierung *f*; 2. Ehrenzeichen *nt*, Orden *m*; **interior d.** Raumgestaltung *f*, Innenarchitektur *f*, I.ausstattung *f*, I.dekoration *f*
decorator *n* Tapezierer *m*; **interior d.** Innenarchitekt(in) *m/f*, Raumausstatter(in) *m/f*, R.gestalter(in) *m/f*, Innenausstatter(in) *m/f*, I.dekorateur *m*
decorum *n* Etikette *f*, Höflichkeitsformen *pl*, Ausstand *m*
decouple *v/t* abkuppeln, abkoppeln
decoy *n* Lockmittel *nt*, L.vogel *m*, Köder *m*; *v/t* ködern
decrease *n* 1. Abnahme *f*, Abnehmen *nt*, Rückgang *m*, Nachlassen *nt*; 2. Verminderung *f*, Reduzierung *f*, Verringerung *f*, Senkung *f*, Ermäßigung *f*
decrease of/in earnings Erlös-, Ergebnisrückgang *m*; **d. in equity** Eigenkapitalminderung *f*; **~ import prices** Einfuhrverbilligung *f*; **~ inventories/stocks** Lager-, Vorratsabbau *m*, Lagerabnahme *f*, Bestandsverringerung *f*, B.(ver)minderung *f*; **~ orders** Auftragsrückgang

m; **without ~ pay** bei vollem Lohnausgleich; **~ population** 1. Bevölkerungsrückgang *m*; 2. Wanderungsverlust *m*; **~ portfolio holdings** *(Wertpapiere)* Bestandsverminderung *f*; **~ prices** Preisrückgang *m*; **~ production** Produktionsrückgang *m*; **~ receipts** Mindereinnahme *f*; **~ profits/returns** Ertragsminderung *f*; **~ the central bank's monetary reserves** Abnahme der Währungsreserven der Notenbank; **~ sales** Absatzrückgang *m*, fallende/rückläufige Absatzentwicklung; **~ staff** Personalabbau *m*, P.rückgang *m*; **d. of stocks of finished goods and work in progress** Verminderung des Bestandes an fertigen und unfertigen Erzeugnissen; **d. in traffic** Verkehrsrückgang *m*; **~ turnover** Umsatzrückgang *m*; **~ value** Werteinbuße *f*, W.minderung *f*; **~ weight** Gewichtsabnahme *f*
to be on the decrease sinken, abnehmen, zurückgehen, im Abnehmen begriffen sein
decrease *v/ti* 1. sich vermindern/verringern, abnehmen, geringer werden, zurückgehen, sinken, sich zurückbilden, kleiner werden; 2. reduzieren, ermäßigen, senken, herabsetzen, zurücknehmen
decreasing *adj* rückläufig, abnehmend; **progressively d.** degressiv
decree *n* 1. (behördliche/gesetzliche/richterliche) Verfügung, Verordnung *f*, Dekret *nt*, Beschluss *m*, (amtlicher) Erlass, Verwaltungserlass *m*, Anordnung *f*, Ukas *m (coll)*; 2. §̱ (Rechts)Entscheid *m*, Urteil *nt*, Gesetzesverordnung *f*; **by d.** auf dem Erlass-/Verordnungsweg
decree in absence §̱ Versäumnisurteil *nt*; **~ bankruptcy** Konkurseröffnungsbeschluss *m*; **d. by consent; d. of constitution** Feststellungsbeschluss *m*; **~ court** Gerichtsbeschluss *m*; **formal ~ court** formeller Gerichtsbeschluss; **non-appealable ~ divorce** rechtskräftiges Scheidungsurteil; **~ full emancipation** Volljährigkeitserklärung *f*; **~ insolvency** Nachlasskonkurseröffnung *f*, Eröffnung des Vergleichsverfahrens; **~ nullity** (Ehe)Nichtigkeitsurteil *nt*, (Ehe)Nichtigkeitserklärung *f*; **d. for the restitution of conjugal rights** Urteil auf Wiederherstellung der ehelichen Lebensgemeinschaft
to annul a decree Erlass aufheben; **to enter ad.** Gerichtsbeschluss erlassen; **to execute a d.** Beschluss ausführen; **to issue a d.** Beschluss/Verordnung/Erlass ergehen lassen; **to pass a d.** *(Gericht)* entscheiden; **to rescind a d.** Beschluss aufheben; **to stay a d.** Beschluss aussetzen
absolute decree §̱ rechtskräftiges Urteil, Endurteil *nt*; **administrative d.** Verwaltungsverordnung *f*; **final d.** rechtskräftiges Urteil, Schlussverfügung *f*; **interim/interlocutory d.** §̱ vorläufige Entscheidung, vorläufiges Urteil, Zwischenurteil *nt*, Z.entscheid *m*; **municipal d.** Magistratsbeschluss *m*; **official d.** amtlicher Erlass; **preliminary d.** Vorbescheid *m*; **presidential d.** Präsidialerlass *m*
decree *v/t* 1. *(Verordnung)* erlassen; 2. §̱ *(Gericht)* entscheiden, dekretieren, verordnen, (gesetzlich) verfügen, Verfügung treffen, befinden, für Recht erkennen; **d. expressly** ausdrücklich anordnen
decree absolute §̱ 1. Endurteil *nt* (in der Hauptsache);

2. rechtskräftiges (Scheidungs)Urteil, endgültiges Ehenichtigkeitsurteil; **d. arbitral** *[Scot.]* Schiedsgerichtsentscheidung *f*
decreed *adj* angeordnet, verordnet; **as d.** laut Verfügung
decree dative §̱ Testamentsvollstreckerbestellung *f*; **d. nisi** *[GB] (lat.)* bedingtes/vorläufiges (Scheidungs-/Ehenichtigkeits)Urteil
decrement *n* Verminderung *f*, Verringerung *f*, Wertminderung im Zeitablauf; *v/t* 🖥 vermindern, dekrementieren
decrement rate/table *(Lebensvers.)* Mortalitäts-, Ausscheidetafel *f*
decrepit *adj* 🏚 baufällig, heruntergekommen; **d.ude** Baufälligkeit *f*
decriminalization *n* Entkriminalisierung *f*
decry *v/t* schlecht-, heruntermachen
de|cuple *v/t* verzehnfachen; **d.cupling** Verzehnfachung *f*
decursive *adj* *(Zinsberechnung)* nachschüssig
dedicate *v/t* 1. widmen, zueignen; 2. einweihen; **d.d** *adj* 1. engagiert; 2. 🖥 fest zugeordnet
dedication *n* 1. Widmung *f*; 2. Hingabe *f*; 3. Überlassung *f* (zum allgemeinen Gebrauch); 4. Einweihung *f*
deduce *v/t* (schluss)folgern, ab-, herleiten
deduct *v/t* abrechnen, abziehen, in Abzug/Abrechnung bringen; **d. before** vorweg absetzen; **d.ed** *adj* abzüglich
deductibility *n* Absetzbarkeit *f*, Abzugsfähigkeit *f*
deductible *adj* (steuerlich) abzugsfähig, absetzbar, abziehbar, anrechenbar, berücksichtigungsfähig; *n* *(Vers.)* Selbstbehalt *m*, Franchise *f*
deduction *n* 1. Abrechnung *f*, Abzug *m*, Nachlass *m*, Rabatt *m*, Abschlag *m*; 2. *(Steuer)* Absetzung *f*; 3. Lohnabzug *m*, Abschlag *m*; 4. Schluss *m*, (Schluss)Folgerung *f*; 5. *(Steuer)* abzugsfähiger Betrag/Posten, Absetzung von der Steuer; 6. Dekort *m*, Wertabschlag *m*; **d.s** Abgänge; **without any d.** rein netto
deduction of issuing/underwriting commission Bonifikationsabschlag *m*; **~ costs** Kostenabzug *m*; **d. for depreciation** Absetzung für Abnutzung (AfA); **d. of discount** Skontoabzug *m*; **~ expenses** Unkostenabzug *m*; **after ~ expenses** nach Abzug der Spesen/Kosten; **d. for educational expenses** Ausbildungsfreibetrag *m*; **blanket ~ income-related expenses** Werbungskostenpausch(al)betrag *m*; **d. of running expenses** Betriebsausgabenabzug *m*; **~ special expenses** Sonderausgabenabzug *m*; **d.s from income** neutrale Aufwendungen; **~ gross income** Abzug für Betriebsausgaben; **d. of input tax** Vorsteuerabzug *m*; **~ social insurance contributions** (Sozialversicherungs)Beitragsabzug *m*; **~ unaccrued interest** Abzinsung *f*; **~ operating costs** Betriebsausgabenabzug *m*; **d. from the price** Minderung/Herabsetzung des Kaufpreises; **~ salary** Gehaltsabzug *m*; **d. at source** Quellen(steuer)-, Vorweg-, Sofortabzug *m*, Abzug an der Quelle, Quellenbesteuerung *f*; **d. for taxes** Abzug/Rückstellung für Steuern; **d. of tax at source** Steuererhebung an der Quelle, Quellensteuerabzug *m*
to itemize deductions Abzüge einzeln aufführen

allowable deduction *(Steuer)* Freibetrag *m*, abzugsfähiger Betrag, zulässiger Abzug; **customary d.s** übliche Abzüge; **fixed/flate-rate d.** *(Steuer)* Pauschalbetrag *m*, P.abzug *m*, P.absetzung *f*; **itemized d.** 1. Einzelabschlag *m*; 2. *(Steuer)* Einzelabzug *m*; **marital d.** *[US]* Verheiratetenabzug *m*, Freibetrag für Ehepaare, Steuerabzug für Eheleute; **net d.** Nettoabzug *m*; **pretax d.** Vorsteuerpauschale *f*; **prior d.** Vor(aus)abzug *m*; **standard d.** *[US]* *(Steuer)* Frei-, Pauschalbetrag *m*, P.freibetrag *m*; **minimum ~ d.** Mindestfreibetrag *m*; **statutory d.s** *(Sozialvers.)* Abzüge, Abzugsbeträge; **variable d.s** variable Lohnabzüge
deduction method Abzugsweg *m*
deed *n* 1. Tat *f*, Handlung *f*; 2. (Übertragungs-/Vertrags)Urkunde *f*, Schriftstück *nt*, Dokument *nt*, Rechtstitel *m*, förmlicher Vertrag; **by d.** urkundlich
deed of agency Vollmachtsurkunde *f*; **~ amalgamation** Fusionsvertrag *m*; **~ arrangement** Vergleichsurkunde *f*, V.verfahren *nt*, V.vereinbarung *f*; **~ assignment** Übertragungs-, Abtretungsurkunde *f*, Zessionsvertrag *m*; **~ general assignment** Generalabtretung *f*; **~ association** Genossenschaftsvertrag *m*; **~ composition** Vergleichs-, Schuldenregelungsvertrag *m*; **~ conveyance** Grundstücksübereignungsvertrag *m*, Auflassungs-, Übertragungs-, Übereignungs-, Überschreibungsurkunde *f*, dinglicher Vertrag; **~ covenant** 1. Pakt *m*, Vertragsurkunde *f*; 2. Schenkungs-, Stiftungsurkunde *f*; **d. for the creation of a land charge** Grundschuldbestellungsurkunde *f*; **d. of donation/gift** Schenkungs-, Stiftungsurkunde *f*, Schenkungsvertrag *m*; **~ real estate** Liegenschafts-, Grundstücksurkunde *f*, G.vertrag *m*; **d.s of a house** Hauseigentumsurkunde *f*; **d. of inspectorship** Vertrag über Geschäftsaufsicht; **~ ownership** *(OHG/KG)* Eigentums-, Besitz-, Erwerbsurkunde *f*; **~ partition** Teilungsurkunde *f*, Auseinandersetzungsvertrag *m*; **~ partnership** Gesellschaftsvertrag *m*; **~ pledge** Pfandvertrag *m*; **~ postponement** Rangrücktrittserklärung *f*; **~ property** Vermögensübertragungsurkunde *f*; **~ protest** Protesturkunde *f*; **~ purchase** Kaufbrief *m*; **~ release** 1. Übertragungs-, Abtretungsurkunde *f*, Freistellungserklärung *f*; 2. *(Grundbuch)* löschungsfähige Quittung; **~ renunciation** Verzichturkunde *f*; **~ sale** Kaufvertrag *m*, K.brief *m*; **~ separation** *[GB]* Vereinbarung über das Getrenntleben, Trennungsurkunde *f*; **~ settlement** Stiftungsurkunde *f*, Bestellungs-, Abfindungsvertrag *m*; **~ suretyship** Bürgschaftsurkunde *f*, B.schein *m*; **~ transfer** Abtretungs-, Übertragungsurkunde *f*, Ü.erklärung *f*; **~ trust** Treuhandvertrag *m*, Verpfändungsurkunde *f*
transferable by deed übertragbar durch Urkunde
to authenticate a deed Urkunde legalisieren; **to defeat a d.** Urkunde für ungültig/unzulässig erklären; **to deliver a d.** Urkunde ausfertigen; **to draw up a d.** Dokument abfassen; **to execute a d.** Urkunde rechtsgültig ausstellen, ~ unterzeichnen; **to recognize a d.** Urkunde anerkennen; **to record a d.** Rechtsgeschäft beurkunden; **to register a d.** Urkunde vom Notar aufnehmen lassen; **to serve a d.** Urkunde zustellen
bloody deed Bluttat *f*; **collective d.** Sammelurkunde *f*; **covering d.** Treuhandurkunde *f*; **good d.** Wohltat *f*; **notarial d.** Notariatsurkunde *f*, N.akt *m*, N.vertrag *m*, notarielle Urkunde/Vertrag; **to record a ~ d.** (notariell) beurkunden; **profit-sharing d.** Vereinbarung über Gewinnbeteiligung; **supplemental d.** Nachtragsurkunde *f*; **valid d.** rechtsgültige Urkunde; **vesting d.** Rechtswirkung verleihendes Dokument
deed *v/t* *[US]* überschreiben auf
deed book Grundbuch *nt*, Urkundenrolle *f*; **d. box** Urkundenkassette *f*; **d. poll** einseitigverpflichtende Urkunde, einseitige Rechts-/Absichtserklärung; **d. registration** Grundbucheintragung *f*; **d. stamp** Urkundenstempel *m*; **d. stock** Inhaberwertpapier *nt*
deem *v/t* halten/erachten für, glauben, meinen, ansehen, betrachten; **d. fit and proper** für angemessen halten; **d. valid** für begründet halten; **to be d.ed** *adj* gelten; **d.ing provision** *n* Als-ob-Bestimmung *f*
de-emphasize *v/t* herunterspielen
deep *adj* tief; **d.-drawing** *adj* ⚓ tiefgehend
deepen *v/ti* 1. vertiefen; 2. *(Rezession)* sich verschärfen/verstärken; **d.ing** *n* Vertiefung *f*; **~ of the recession** Verschärfung der Rezession
deep-freeze *v/t* tiefgefrieren, t.kühlen, einfrieren; *n* Gefrierschrank *m*, G.truhe *f*, (Tief)Kühltruhe *f*; **~ compartment** Tiefkühlfach *nt*
deep-frozen *adj* tiefgefroren, t.gekühlt
deep-sea *adj* Tiefsee-
red deer *n* Rotwild *nt*
de|escalate *v/t* *(Konflikt)* entschärfen; **d.escalation** *n* Entschärfung *f*
deface *v/t* 1. entstellen, verunstalten; 2. aus-, durchstreichen; 3. *(Briefmarke)* entwerten; **d.d** *adj (Münze)* abgenützt; **d.r** *n* Entwertungsstempel *m*
de facto *(lat.)* faktisch, tatsächlich, de facto
de|falcate *v/t* unterschlagen, veruntreuen; **d.falcation** *n* Unterschlagung *f*, Betrug *m*, Veruntreuung *f*; **d.falcator** *n* Veruntreuer *m*
defamation *n* Verleumdung *f*, Rufschädigung *f*, Diffamierung *f*, Ehrverletzung *f*, üble Nachrede, Verunglimpfung *f*; **d. of character** Rufmord *m*, Verächtlichmachung einer Person; **~ the state** Staatsverleumdung *f*; **collective d.** Kollektivbeleidigung *f*
defamatory *adj* verleumderisch, rufschädigend, ehrenrührig, abträglich, diffamierend
defame so. *v/t* jdn verleumden/diffamieren/verunglimpfen, jdm die Ehre rauben; **d.r** *n* Verleumder *m*
default *n* 1. Fehler *m*, Mangel *m*; 2. Unterlassung *f*, (Pflicht)Versäumnis *nt*, Nichterfüllung *f*, N.einhaltung *f*, Ausbleiben *nt*, Unterlassungsdelikt *nt*; 3. Insolvenz *f*, Verzug *m*, Zahlungsunfähigkeit *f*, Z.einstellung *f*, Z.verzug *m*, Z.versäumnis *nt*, Schuldenverzug *m*; 4. [§] Nichterscheinen *nt* (vor Gericht); 5. Fristversäumnis *nt*, Schlechterfüllung *f*, Leistungsstörung *f*, L.verzug *m*, Vertragsverletzung *f*, Vertragsuntreue *f*; 6. Liefer(ungs)verzug *m*, Nichtleistung *f*; 7. 💻 Standardwert-Voreinstellung *f*; **in d.** säumig, notleidend; **~ of** in Ermangelung von, mangels; **~ whereof** widrigenfalls; **in the case/event of d.; on/upon d.** 1. im Verzugsfall, bei Unterlassung/Nichtzahlung/Nichtleistung/Verzug; 2. im

Garantiefall/Haftungsfall
default of acceptance Annahmeverzug *m*; **in ~ acceptance** mangels Akzept; **~ appearance** [§] *(Gericht)* Nichterscheinen *nt*; **d. in/of delivery** Liefer(ungs)verzug *m*; **d. of heirs** Erbenlosigkeit *f*, Heimfallrecht *nt*; **~ interest** Zinsverzug *m*; **d. in/of payment** Nichtzahlung *f*, Zahlungsverzug *m*; **for d. of payment** mangels Zahlung; **d. in performance** Leistungsstörung *f*; **d. of service** Zustellungsmangel *m*
to be in default in (Zahlungs)Verzug sein, säumig sein; **~ of one's obligations** seinen Verpflichtungen nicht nachgekommen sein; **to cure a d.** Verzug wieder gutmachen; **to declare so. in d.** Versäumnisurteil gegen jdn erlassen; **to go into d.** notleidend werden; **to hold/put so. in d.** jdn in Verzug setzen; **to suffer d.** Versäumnisurteil über sich ergehen lassen
contributory default Mitverschulden *nt*; **cross d.** Drittverzug *m*; **protracted d.** anhaltender (Zahlungs)Verzug; **wilful d.** vorsätzliche Unterlassung, Untreue *f*
default *v/i* 1. seinen (Zahlungs)Verpflichtungen nicht nachkommen, im Rückstand sein, sich im Verzug befinden, (Verbindlichkeiten) nicht erfüllen, in Verzug kommen, säumig sein, zahlungsunfähig werden; 2. [§] (Gerichts)Termin versäumen, nicht vor Gericht erscheinen
default action [§] Mahnverfahren *nt*; **d. book** Strafbuch *nt*; **to claim d. damages** Verzugsentschädigung geltend machen; **d. declaration** Standardvereinbarung *f*
defaulter *n* 1. säumiger Zahler/Schuldner, Insolvent *m*, Restant *m*, im Verzug befindliche/säumige Partei, zahlungsunfähiger/im Verzug befindlicher Schuldner, Zahlungsunfähiger *m*, Bankrotteur *m*; 2. [§] *(Gericht)* Nichterschienene(r) *f/m*; **d. book** Schuldnerverzeichnis *nt*
default fee/fine (Ver)Säumnisgebühr *f*, Verspätungszuschlag *m*
defaulting *adj* 1. im/in Verzug, säumig; 2. *(Kredit)* notleidend
default interest Verzugszinsen *pl*; **d. judgment** [§] (Ver)Säumnis-, Kontumazialurteil *nt*; **d. proceedings** (Ver)Säumnisverfahren *nt*; **d. risk** Ausfall-, Debitorenrisiko *nt*; **d. summons** [§] Zahlungsbefehl *m*, Mahnverfahren *nt*, M.bescheid *m*; **d. value** ⌸ Ausgangswert *m*
defeasance *n* [§] Nichtigkeitserklärung *f*, Annullierung *f*, Aufhebung *f*; **d. clause** Verwirkungsklausel *f*
de|feasibility *n* Annullier-, Anfecht-, Aufhebbarkeit *f*; **d.feasible** *adj* annullierbar, anfechtbar, aufhebbar
defeat *n* 1. Niederlage *f*; 2. Ablehnung *f*; **to admit/concede d.** sich geschlagen geben
defeat *v/t* 1. besiegen, Niederlage beibringen; 2. ablehnen; 3. *(Plan)* vereiteln; 4. [§] für null und nichtig erklären
defeated *adj* geschlagen; **to be d.** unterliegen
defect *n* Fehler *m*, Defekt *m*, Mangel *m*, schadhafte Stelle
defect in character Charakterfehler *m*; **d. of construction** Konstruktionsfehler *m*; **d.s in delivery** Lieferungsfehler, **d. in/of form** Formmangel *m*, F.fehler *m*; **d. in the goods** Mangel in der Ware; **d.s of legal intent** [§] Willensmängel; **d. of judgment** Mangel an Urteilskraft; **d. in material** Materialfehler *m*; **d. of memory** Gedächtnisschwäche *f*; **material ~ legal proceedings** [§] Verfahrensmangel *m*; **~ quality** Sachmangel *m*; **d. in/of title** [§] Rechtsmangel *m*, Mangel im Recht, mangelhaftes Recht, Fehler im Rubrum, Eigentumsmangel *m*; **d. covered by a warranty** Gewähr(leistung)smangel *m*; **d. in workmanship** Bearbeitungsmangel *m*
free from defects mangelfrei; **d. rectified** *(Vermerk)* Mängel behoben
to be liable for defect|s für Mängel haften, der Mängelhaftung unterliegen; **to correct d.s** Mängel beheben/beseitigen; **to discover d.s** Mängel feststellen; **to have a d.** Fehler aufweisen; **to make good a d.** Mangel beseitigen; **to mend a d.** Fehler beseitigen; **to notify a d.** Mängelrüge geltend machen, (Mangel) rügen; **to remedy/remove a d.** Defekt/Fehler/Mangel beheben, ~ beseitigen, ~ heilen, Schaden beheben, nachbessern; **to remove a d. of title** [§] Rechtsmangel beseitigen; **to reveal a d.** Fehler offenlegen; **to warrant for a d.** für einen Mangel haften
allowable defect(s) zulässige Ausschusszahl, fehlerhafte Stücke, zugelassene Zahl fehlerhafter Stücke; **apparent d.** offensichtlicher/äußerlich erkennbarer/offenbarer Mangel, offensichtlicher Fehler; **ascertained d.** festgestellter Mangel; **auditory d.** ⚕ Hörfehler *m*; **cardiac d.** ⚕ Herzfehler *m*; **chief d.** Hauptmangel *m*; **concealed/hidden/latent d.** versteckter/verborgener/heimlicher/geheimer Fehler, ~ Mangel; **intentionally concealed d.** arglistig verschwiegener Mangel; **constructional d.** Baufehler *m*; **critical d.** ▣ kritischer Ausfall; **formal d.** Formfehler *m*, F.mangel *m*; **~ and patent d.** behebbarer Mangel; **genetic d.** ⚕ Fehler im Erbgut; **incidental d.** nebensächlicher Fehler; **inherent/intrinsic d.** 1. *(Vers.)* Beschaffenheitsschaden *m*, innewohnender Mangel; 2. innerer/natürlicher Fehler, innerer Mangel; **major d.** Hauptfehler *m*; **material d.** Sachmangel *m*; **minor d.** Nebenfehler *m*; **~ d.s** kleinere Mängel; **obvious/overt/patent d.** offener/offensichtlicher/offenbarer Mangel, ~ Fehler; **physical d.** ⚕ körperliches Gebrechen, Körperbehinderung *f*; **principal d.** Hauptmangel *m*; **redhibitory d.** Wandlungs-, Gewährleistungsfehler *m*, zur Wandlung berechtigender Mangel, Gewähr-, Sachmangel *m*; **remediable d.** behebbarer Mangel; **serious d.** schwerer Mangel; **structural d.** Konstruktions-, Baufehler *m*, baulicher Mangel; **substantive d.** materieller Mangel; **technical d.** technischer Mangel
defect *v/i* desertieren, überlaufen
defection *n* Flucht *f*, Überlaufen *nt*; **d. of contract** Vertragsverletzung *f*
defective *adj* 1. schadhaft, beschädigt, mangelhaft, unvollkommen, defekt, fehlerhaft; 2. [§] *(Rechtstitel)* unvollständig; **to be d.** fehlerhaft/mit Fehlern behaftet sein; **to prove d.** sich als fehlerhaft erweisen; **mentally d.** unzurechnungsfähig
defectiveness *n* Mangel-, Schad-, Fehlerhaftigkeit *f*; **mental d.** Geistesschwäche *f*
defector *n* Überläufer *m*, Deserteur *m* *(frz.)*
defence *[GB]*; **defense** *[US]* *n* 1. Rechtfertigung *f*, Ver-

defence by counsel

teidigung *f*; 2. *(Klage)* Bestreitung *f*; 3. *(Gericht)* Einlassung *f*, Einrede *f*, Klagebeantwortung *f*; 4. *(Strafrecht)* Verteidigung *f*; **d. by counsel** Wahlverteidigung *f*; **in one's own d.** zu seiner Rechtfertigung
to appear for the defence [§] Angeklagten vertreten; **to assume the d.** Verteidigung übernehmen; **to come to so.'s d.** jdm beistehen; **to conduct one's own d.** sich selbst (vor Gericht) verteidigen; **to discontinue the d.** Verteidigung niederlegen; **to plead in d.** Einrede vorbringen, zur Verteidigung anführen/vorbringen; **to put up a good d.** sich geschickt verteidigen; **to reserve one's d.** sich die (eigene) Verteidigung vorbehalten, sich Einwendungen vorbehalten; **to set up a d.** Einrede geltend machen/vorbringen; **to state in so.'s d.** zu jds Verteidigung anführen; **to withdraw from the d.** Verteidigung niederlegen
defence of an action [§] prozessuale Einrede; ~ **another from imminent attack** Nothilfe *f*; **d. in bar** peremptorische Einrede; **d. of malice** Einwand der Arglist; ~ **necessity** Einrede des Notstandes; ~ **possession and custody** Besitzwehr *f*; ~ **privilege** Rechtfertigungsgrund *m*; ~ **criminal proceedings against the principal debtor** Einrede der Vorausklage; **d. for reasons of substantive law** materiell-rechtliche Einwendung; **d. of set-off** Aufrechnungseinrede *f*, Einrede der Aufrechnung; ~ **usury** Wuchereinwand *m*; **d. based on warranty of defects** Mängeleinrede *f*
absolute defence [§] absolute Einrede; **civil d.** Zivilverteidigung *f*, Luftschutz *m*, ziviler Bevölkerungsschutz; **court-assigned d.** Pflichtverteidigung *f*; **criminal d.** Strafverteidigung *f*; **dilatory d.** rechtshemmende/aufschiebende/verzögernde Einrede; **equitable d.** Billigkeitsrechte *pl*, Einrede des nicht erfüllten Vertrages; **good d.** begründete Einrede, berechtigte Einwendung; **inadmissible d.** unzuverlässiger Einwand, unzulässiges Vorbringen; **independent d.** selbstständige Einrede; **legal d.** rechtlicher Schutz, Verteidigung vor Gericht, rechtlich zulässiges Vorbringen; ~ **insurance** Rechtsschutzversicherung *f*; ~ **insurer** Rechtsschutzversicherer *m*; **national d.** ⚔ Landesverteidigung *f*; **peremptory d.** [§] ausschließende/peremptorische/zerstörende Einrede; **personal d.** persönliche Einrede; **procedural d.** (Verfahrens)Einrede *f*; **sham d.** Scheineinrede *f*; **technical d.** formaler Einwand
defence alliance ⚔ Verteidigungsbündnis *nt*; **d. appropriation(s)** Verteidigungsetat *m*; **d. budget** Verteidigungs-, Rüstungsetat *m*, Verteidigungshaushalt *m*; **d. contract** Rüstungs-, Wehr-, Verteidigungsauftrag *m*; **d. contractor** Rüstungslieferant *m*; **d. contribution** Verteidigungsbeitrag *m*; **d. costs** Verteidigungskosten
defence counsel [§] (Straf)Verteidiger *m*; **privately appointed/retained d. c.** bestellter Verteidiger; **official d. c.** gerichtlich bestellter Verteidiger, Pflichtverteidiger *m*
defence equipment Rüstungsgüter *pl*; **d. expenditure(s)** Verteidigungsausgaben *pl*, V.aufwand *m*; **d. industry** Rüstungsindustrie *f*; **d. interests** Verteidigungsinteressen; **d. lawyer** Strafverteidiger *m*; **d.less** *adj* schutz-, wehrlos; **to break the d. line** *(Börse)* Wi-

derstandslinie durchbrechen; **d. loan** Rüstungs-, Verteidigungsanleihe *f*; **d. mechanism** Abwehrmechanismus *m*; **d. pact** Sicherheitspakt *m*; **d. plea** Verteidigungsplädoyer *nt*, V.rede *f*; **incidental d. plea** Verteidigungseinwand *m*; **d. policy** Verteidigungspolitik *f*; **d. production** Rüstungsproduktion *f*; **d. reaction** Abwehrreaktion *f*; **D.** *[GB]* /**Defense** *[US]* **Secretary** Verteidigungs-, Kriegsminister *m*; **d. spending** Verteidigungs-, Rüstungsausgaben *pl*; **d. shares** *[GB]* /**stocks** *[US]* Rüstungsaktien, R.werte; **d. witness** Entlastungszeuge *m*, Zeuge/Zeugin der Verteidigung
defend *v/t* verteidigen, in Schutz nehmen; **d. o.s.** sich verteidigen/wehren
defendant *n* [§] 1. Angeklagte(r) *f/m*; 2. Beklagte(r) *f/m*, beklagte Partei, beklagter Teil; **d. on cross-petition** Widerbeklagte(r) *f/m*
to appear for the defendant als Prozessbevollmächtigte(r) für den Angeklagten/Beklagten erscheinen; **to find for the d.** zu Gunsten des Angeklagten/Beklagten entscheiden; **to serve (sth.) on the d.** Zustellung an den Beklagten vornehmen
corporate defendant angeklagtes/beklagtes Unternehmen; **main d.** Hauptangeklagte(r) *f/m*; **non-appearing d.** nichterschienene(r) Beklagte(r); **principal d.** Hauptangeklagte(r) *f/m*; **d.'s bill** Klagebeantwortung *f*; ~ **lawsuit** Passivprozess *m*; ~ **plea** Klageantwort *f*, K.erwiderung *f*
defender *n* Verteidiger *m*; **public d.** Pflichtverteidiger *m*, gerichtlich bestellter Anwalt, (Offizial)Verteidiger *m*, öffentlicher Verteidiger
defensible *adj* vertretbar, verfechtbar
defensive *adj* defensiv, Verteidigungs-; **on the d.** *n* in der Defensive
defer *v/t* 1. ver-, aufschieben, zurückstellen, verzögern, aussetzen, vertagen; 2. *(Bilanz)* abgrenzen, als Rechnungsabgrenzung behandeln; **d. to sth.** auf etw. eingehen, sich fügen
deferential *adj* ehrerbietig
deferment *n* 1. Aufschub *m*, Zurückstellung *f*, Verschiebung *f*, (Termin)Vertagung *f*, Befristung *f*; 2. *(Bilanz)* transitorische Rechnungsabgrenzung; 3. Zahlungsfrist *f*; **d. of payments** Zahlungsaufschub *m*, Stundung *f*; ~ **premium payment** Prämienstundung *f*; **d. account** Aufschubkonto *nt*; **d. notification** Aufschubanmeldung *f*
deferrable *adj* aufschiebbar, hinausschiebbar
deferral *n* 1. Vertagung *f*, Aufschub *m*; 2. *(Bilanz)* (transitorische) Rechnungsabgrenzung; **d.s and accruals** Abgrenzungsposten; **d. of redemption payments;** ~ **repayment** Tilgungsaufschub *m*, Schuldenmoratorium *nt*
deferred *adj* 1. ausgesetzt, aufgeschoben, verschoben, gestundet, nachschüssig; 2. *(Bilanz)* aktivisch abgegrenzt, transitorisch; 3. *(Aktien)* Nachzugs-; 4. *(Dividende)* nachzahlbar
defiance *n* Trotz *m*, Widerstand *m*; **in d. of** trotz, ungeachtet, unter Missachtung von, zum Trotz; **d. of authority** Autoritätsverletzung *f*; ~ **the law** Gesetzlosigkeit *f*

defiant *adj* trotzig, aufsässig
deficiency *n* 1. Mangel *m*, Fehlbestand *m*, F.betrag *m*, F.menge *f*, Ausfall(betrag) *m*, Manko *nt*, Minus(betrag) *nt/m*, Defizit *nt*; 2. (Quantitäts)Mangel *m*, Unzulänglichkeit *f*; **d. in demand** Unternachfrage *f*; **aggregate/general ~ in demand** Lücke in der Gesamtnachfrage; **d. of intention** Willensmangel *m*; **d. in the law** Rechtslücke *f*; **~ receipts** Mindereinnahmen *pl*, Fehlbetrag *m*; **d. of title** [§] (Rechts)Mangel *m*; **to remove a ~ title** [§] Rechtsmangel beseitigen; **d. in weight** Gewichtsmangel *m*
to make up a deficiency fehlende Summe ergänzen; **to remedy a d.** Mangel beseitigen
educational deficiency Bildungslücke *f*; **formal and obvious deficiencies** formale und offensichtliche Mängel; **functional d.** Funktionsmangel *m*; **infrastructural deficiencies** Mängel in der Infrastruktur; **main d.** Hauptmangel *m*; **material d.** Sachmangel *m*; **maximum d.** *(Münze)* Fehlgrenze *f*; **mental d.** Schwachsinn *m*, geistiger Defekt *(coll)*, Verstandesschwäche *f*; **technical d.** technischer Mangel
deficiency account Verlustkonto *nt*, Aufstellung der Verlustquellen; **d. advances** *[GB]* Zentralbankvorschüsse an das Schatzamt; **d. analysis** Mängelanalyse *f*; **d. appropriation** Nachtragsbewilligung *f*; **d. assessment** Mankoberechnung *f*; **d. bill** 1. *[GB]* kurzfristige Regierungsanleihe der Bank von England; 2. *[US]* Nachtragsetat *m*; **d. commission** Ausfallprovision *f*; **d. compensation** Ausfallentschädigung *f*; **d. contribution** Verlustbeitrag *m*; **d. disease** ⚕ Mangelkrankheit *f*; **d. experience/rate** Ausfallsatz *m*, A.quote *f*; **d. fund** *[US]* Notetat *m*; **d. guarantee** Ausfall-, Schadlosbürgschaft *f*; **d. guarantor** Ausfallbürge *m*; **d. judgment** Ausfallurteil *nt*; **d. loss** Mangelschaden *m*; **d. note** Fehlmengenmitteilung *f*; **d. operation** Zuschussbetrieb *m*; **d. payment** *(EU)* ↯ Ausgleichs-, Ausfallzahlung *f*, Agrarpreissubvention *f*; **d. statement** Unterbilanz *f*, Verlustabschluss *m*, V.feststellungsbescheid *m*; **d. symptom** Mangelerscheinung *f*
deficient *adj* fehlerhaft, unzulänglich, unzureichend; **to be d.** fehlerhaft/mangelhaft sein, fehlen an; **mentally d.** geistig umnachtet, geistesschwach
deficit *n* 1. Defizit *nt*, Verlust *m*, Minus *nt*, Manko *nt*, Ausfall(betrag) *m*, Minderertrag *m*; 2. Fehlbetrag *m*, Fehlmenge *f*, F.bedarf *m*, Mindereinnahme *f*; 3. (Haushalts)Deckungslücke *f*, D.fehlbetrag *m*; 4. *(Kasse)* Lücke *f*, Minderbestand *m*, M.betrag *m*, Kostenunterdeckung *f*, fehlende Summe, Unterschuss *m*; 5. Passivsaldo *m*, Passivum *nt* *(lat.)*, Unterbilanz *f*; **in d.** defizitär, passiv, in den roten Zahlen, im Minus; **d. on current/external account** Leistungsbilanzdefizit *nt*, Defizit in der Leistungsbilanz, ~ laufender Rechnung; **d. in export revenues** Ausfuhrerlösdefizit *nt*; **d. in supply** Nachfrageüberhang *m*; **~ trade and services** Passivsaldo im Waren- und Dienstleistungsverkehr; **d. on transfers** Übertragungsbilanzdefizit *nt*; **d. carried forward** (steuerlicher/handelsrechtlicher) Verlustvortrag
to chalk up a deficit ins Defizit geraten, in die roten Zahlen geraten; **to close with a d.** mit einem Fehlbetrag/Minus abschließen; **to cover/eliminate a d.** Ausfall/Verlust/Defizit (ab)decken; **to grow one's way out of d.s** das Haushaltsdefizit durch Wachstumssteigerung bekämpfen; **to make a d.** passiv/mit einem Fehlbetrag/mit einem Minus abschließen, Unterschuss machen; **~ good/up a d.** Verlust ausgleichen, Defizit decken; **to run (up) a d.** im Defizit/Minus sein, mit Verlust arbeiten, rote Zahlen schreiben, in den roten Zahlen sein; **to show a d.** Defizit/Verlust ausweisen, mit einem Defizit/~ Minus/passiv abschließen; **to staunch a d.** Defizit abbauen; **to whittle down a d.** Defizit verringern/stutzen
actuarial deficit versicherungsmathematisches Defizit; **annual d.** Jahresfehlbetrag *m*; **budgetary d.** Haushaltsdefizit *nt*, H.lücke *f*; **built-in d.** strukturelles Defizit; **current d.** Leistungsbilanzdefizit *nt*; **estimated d.** Plandefizit *nt*; **external d.** Zahlungsbilanzdefizit *nt*, Defizit in der Zahlungsbilanz; **financial d.** Finanzdefizit *nt*, F.loch *nt*, Finanzierungssaldo *m*; **fiscal d.** öffentliches Haushaltsdefizit; **overall d.** Gesamtdefizit *nt*; **public(-sector) d.** Defizit der öffentlichen Hand, Staatsdefizit *nt*; **reduced d.** geschrumpfter Fehlbetrag; **structural d.** strukturelles Defizit
deficit account Verlustkonto *nt*; **d. area** Zuschuss-, Verlustgebiet *nt*; **d. balance** Unterbilanz *f*, Fehlabschluss *m*; **d. budgeting** *(Haushalt)* Defizitfinanzierung *f*, Haushaltsfinanzierung durch Schuldenaufnahme; **d. clause** Defizitklausel *f*; **d. country** Defizitland *nt*, zahlungsbilanzschwaches Land; **d. financing** Defizitfinanzierung *f*; **d. guarantee** Ausfallbürgschaft *f*, A.haftung *f*; **d. margin** Verlustspanne *f*; **d. period** Passivperiode *f*, Verlusttal *nt*; **d. policy** Defizitpolitik *f*; **d. projection** Defizitvoranschlag *m*: **d.-ridden** *adj* defizitär, chronisch passiv; **d. spending** *(VWL)* öffentliche Verschuldung durch Anleihenaufnahme, Defizitspending *nt*, D.finanzierung *f*, D.wirtschaft *f*; **d. trend** defizitäre Entwicklung; **d. year** Verlustjahr *nt*
defin|ability *n* Definierbarkeit *f*; **d.able** *adj* definierbar
define *v/t* 1. definieren, erklären, näher bestimmen/bezeichnen; 2. *(Aufgaben)* festlegen, abgrenzen; **hard to d.** schwer definierbar; **d. more closely** präzisieren
broadly defined *adj* im Großen und Ganzen
definite *adj* 1. eindeutig, klar, endgültig; 2. bestimmt, deutlich, prononciert; 3. *(Zusage)* bindend, fest; **to make d.** konkretisieren
definiteness *n* 1. Bestimmtheit *f*; 2. Eindeutigkeit *f*
definition *n* Definition *f*, Erklärung *f*, Begriffsbestimmung *f*; **by d.** definitorisch; **d. of infringement** [§] Verletzungstatbestände *pl*; **~ the objects of the company** Bestimmung des Gesellschaftszwecks; **statutory ~ an offence** [§] Tatbestand *m*; **~ powers** Kompetenzabgrenzung *f*; **d. in use** Gebrauchsdefinition *f*; **d. of value** ⊖ Begriffsbestimmung des (Zoll)Wertes, Zollwertbestimmung *f*; **to elude d.** sich der Begriffsbestimmung entziehen; **to fall within a d.** unter eine Bestimmung fallen; **contextual d.** Gebrauchsdefinition *f*; **purposive d.** Zweckdefinition *f*; **statutory d.** [§] Legaldefinition *f*
definitional *adj* definitorisch

definition phase Projektvorlauf *m*
definitive *adj* 1. entschieden, ausdrücklich, definitiv; 2. *(Text)* endgültig, maßgeblich
deflate *v/t* 1. Konjunktur dämpfen, restriktive Konjunkturpolitik treiben, deflationieren; 2. Währungsinflation beseitigen, Luft herauslassen (aus) *(fig)*
deflation *n* Deflation *f*, Inflationsabbau *m*; **d. of credit** Kreditrestriktion *f*; **~ the currency; financial/monetary d.** Verringerung/Beschränkung der Geldmenge; **undisguised d.** offene Deflation
deflationary *adj* deflationistisch, desinflationär, deflationär, deflatorisch, Deflations-
deflationist *n* Deflationsbefürworter *m*, D.anhänger *m*; *adj* deflationistisch, deflatorisch, Deflations-
deflation policy Deflationspolitik *f*
deflator *n* Deflations-, Deflationierungsfaktor *m*, Deflator *m*
deflect *v/t* ab-, umlenken, abwenden
deflection *n* 1. Umlenkung *f*, Ablenkung *f*; 2. Abweichung *f*; **d. of customs receipts** ⊖ Zolleinnahmeverlagerung *f*; **d. in/of trade** Umlenkung der Handelsströme; **d. of traffic** Verkehrsverlagerung *f*
defoli|ant *n* 🌱 Entlaubungsmittel *n*; **d.ate** *v/t* entlauben; **d.ation** *n* Entlaubung *f*, Entblätterung *f*
deforest *v/t* 🌱 abholzen, entwalden, roden, kahlschlagen; **d.ation** *n* (Wald)Abholzung *f*, Kahlschlag *m*, Entwaldung *f*, Rodung *f*
deform *v/t* 1. entstellen, verunstalten; 2. verformen; **d.ation** *n* 1. Entstellung *f*, Verunstaltung *f*; 2. Verformung *f*; **d.ed** *adj* missgestaltet; **d.ity** *n* Missbildung *f*, M.gestalt *f*; **congenital d.ity** Geburtsfehler *m*
defraud *v/t* betrügen, hinterziehen, unterschlagen, übervorteilen, beschwindeln, hintergehen
defraudation *n* Betrug *m*, Unterschlagung *f*, Beschwindelung *f*, Hintergehung *f*, H.ziehung *f*; **d. of customs (duty)** ⊖ Zollhinterziehung *f*
defrauder *n* Betrüger *m*, Defraudant *m*
defray *v/t* *(Kosten)* bestreiten, tragen, aufkommen (für); **d.able** *adj* bestreitbar; **d.al** *n* Bestreitung *f*, Übernahme *f*, Kostenbegleichung *f*, Bestreiten *nt*; **~ of costs/expenses** Aufkommen für Kosten/Ausgaben
defrost *v/ti* enteisen, auftauen; **d.er** Entfroster *m*; **d.ing** *n* Enteisung *f*, Auftauen *nt*
deft *adj* geschickt; **d.ness** Geschicklichkeit *f*
defunct *adj* tot, erloschen, verstorben
defuse *v/t* 1. entschärfen; 2. *(fig)* die Spitze nehmen
defy *v/t* missachten, trotzen, sich widersetzen, herausfordern, Trotz bieten; **~ so.** jdm die Spitze/Stirn bieten
degen|eracy *n* Entartung *f*; **d.erate** *v/i* 1. ent-, ausarten, verkommen; 2. *(Sitten)* verwildern; *adj* entartet; **d.eration** *n* Entartung *f*, Verwilderung der Sitten, Degeneration *f*
deglom|erate *v/t* entflechten, entkernen; **d.eration** *n* Entflechtung *f*, Entkernung *f*, Streuung von Industriebetrieben
de|gradation *n* 1. Herabstufung *f*; 2. Entwürdigung *f*; **d.grade** *v/t* 1. degradieren, herabstufen, deklassieren; 2. entwürdigen, entehren; **d.grading** *adj* entwürdigend, entehrend, erniedrigend

degree *n* 1. (akademischer) Grad, Titel *m*, Diplom *nt*, Hochschulabschluss *m*, H.qualifikation *f*; 2. Höhe *f*, Rang *m*, Stand *m*; 3. *(Temperatur)* Grad *m*; 4. (Aus)Maß *nt*, Grad *m*; **by d.s** schrittweise
degree of accuracy Genauigkeits-, Sicherheitsgrad *m*; **~ automation** Automatisierungs-, Automationsgrad *m*; **~ rational belief** ⚖ Erwartungsgrad *m*; **~ branching** Filialisierungsgrad *m*; **~ capacity utilization** Kapazitätsauslastungsgrad *m*; **high ~ care and diligence required** strenge Anforderungen an die Sorgfaltspflicht; **~ centralization** Zentralisierungsgrad *m*; **~ certainty** Sicherheitsgrad *m*; **~ commodity concentration** Anteil des Warenhandels am Außenhandel; **reasonable ~ competition** nennenswerter Wettbewerb; **~ disablement** Grad der Behinderung/Invalidität, Invaliditätsgrad *m*; **~ distribution** Distributionsgrad *m*; **~ doctor** Doktorgrad *m*; **~ efficiency** Nutzungsgrad *m*; **~ employee participation** Beteiligung der Mitarbeiter, Partizipationsgrad *m*; **~ employment** Beschäftigungsintensität *f*; **~ factor** Anforderungsgrad *m*, Grad der Anforderung; **~ fault** Grad des Verschuldens; **~ fluctuation** *(Kurse)* Schwankungsbreite *f*; **~ frost** Kältegrad *m*; **~ goal accomplishment/performance** Zielerreichungs-, Zielerfüllungsgrad *m*; **~ hardness** ✲ Härtegrad *m*; **~ heat** Wärmegrad *m*; **~ latitude** Breitengrad *m*; **~ liberalization** Ausmaß der Liberalisierung; **~ liquidity** Geldnähe *f*, Flüssigkeitsgrad *m*; **~ longitude** Längengrad *m*; **~ mechanization** Technisierungsgrad *m*; **~ negligence** Ausmaß des Verschuldens, Grad der Fahrlässigkeit; **~ novelty** *(Pat.)* Grad der Neuheit, Erfindungshöhe *f*; **~ penalty** [§] Strafmaß *nt*; **~ popularity** Bekanntheitsgrad *m*; **~ probability** Wahrscheinlichkeitsgrad *m*; **~ processing** Verarbeitungsgrad *m*; **~ productiveness** Nutzungsgrad *m*; **~ purification** Reinigungsgrad *m*; **~ purity** Reinheitsgrad *m*, Rein(heits)gehalt *m*; **~ quality** Qualitätsgrad *m*; **~ randomness** ⚖ Zufälligkeitsgrad *m*; **~ readiness for delivery** Lieferbereitschaftsgrad *m*; **~ relationship** Verwandtschaftsgrad *m*, Grad der Verwandtschaft; **~ representativeness** ⚖ Repräsentationsgrad *m*; **~ risk** Risiko-, Gefahrenumfang *m*, G.höhe *f*; **~ saturation** Sättigungsgrad *m*; **~ security** Geheimhaltungsstufe *f*; **~ self-sufficiency** Selbstversorgungsgrad *m*; **~ specialization** Spezialisierungsgrad *m*; **critical ~ standardization** kritisches Typisierungsmaß; **~ unionization** *(Gewerkschaft)* Organisationsgrad *m*; **~ urgency** Dringlichkeitsgrad *m*, D.stufe *f*; **~ utilization** Intensitäts-, Nutzungsgrad *m*, Auslastungsquote *f*, A.grad *m*; **~ potential utilization** Potenzialausschöpfungsgrad *m*; **final ~ utility** Grenznutzen *m*
of a high degree hochgradig; **to the highest d.** aufs höchste; **highest possible d. (of)** Höchstmaß *nt* (an); **10 d.s below zero** minus 10 Grad
to confer a degree upon so. jdm einen akademischen Grad verleihen; **to do a d.** studieren; **to hold a d.** akademischen Grad besitzen; **to take one's d.** akademischen Grad erlangen
forbidden/levitical degree|s [§] *(Eherecht)* verbotene Verwandtschaftsgrade, als Ehehindernis geltende Ver-

wandtschaftsgrade; **honorary d.** ehrenhalber verliehener akademischer Grad; **professional d.** Fachdiplom *nt*; **third d.** [§] unzulässige Gewaltanwendung; **~ practices** Folterungsverhör *nt*
degree course Universitätskurs *m*, Studium *nt*
de|gression *n* Degression *f*, degressive Abnahme; **d.gressive** *adj (Kosten)* unterproportional, degressiv; **d.gressivity** *n* abnehmender Umfang
dehumanize *v/t* entmenschlichen
dehy|drate *v/t* ◊ entwässern; **d.dration** *n* Entwässerung *f*
de|-ice *v/t* enteisen; **d. -icing** *n* Ent-, Auseisung *f*
de-individualization *n* Vermassung *f*
deindustrial|ization *n* Entindustrialisierung *f*, Industrieabbau *m*, Rückgang des sekundären Wirtschaftssektors; **d.ize** *v/t* entindustrialisieren
de jure *(lat.)* rechtlich (gesehen), de jure
delay *n* 1. Verzögerung *f*, Verspätung *f*, Verzug *m*, Arbeitsunterbrechung *f*, Betriebsstörung *f*; 2. *(Zahlung/ Lieferung)* Aufschub *m*, Aufschiebung *f*, Säumnis *nt*, Zeitverlust *m*, Z.verzug *m*, Verzögern *nt*, Terminverzögerung *f*; **without d.** unverzüglich, ohne Verzug; **~ further d.** ohne weitere Verzögerung
delay in asserting verspätete Geltendmachung; **d. of creditors** Gläubigerbenachteiligung *f*; **d. in delivery** Lieferverzug *m*, L.fristüberschreitung *f*; **~ taking delivery** Abnahmeverzug *m*; **culpable d. by obligor** Schuldnerverzug *m*; **d. in payment** Zahlungsverzug *m*, Z.verzug *m*, Z.verzögerung *f*, Moratorium *nt*; **~ performance** Leistungsverzögerung *f*, L.verzug *m*; **~ presentation** Vorlageverzug *m*; **~ transit** Transportverzögerung *f*, T.aufschub *m*
to allow for delay|s Verzögerungen einkalkulieren/ berücksichtigen; **to brook no d.** keinen Aufschub dulden/leiden/zulassen, sich nicht aufschieben lassen, keine Verzögerung zulassen, dringlich sein; **to cause d.s** Verspätungen/Staus verursachen; **to grant a d.** Fristverlängerung zugestehen; **to inform without d.** unverzüglich unterrichten; **to obtain a d.** Aufschub erwirken; **to suffer a d.** Verzögerung erleiden
avoidable delay vermeidbare Verzögerung; **brief d.** kurzer Aufschub; **compulsory d.** *[US] (Streik)* Überlegungsfrist *f*; **consequential d.** Folgeverzug *m*; **excusable d.** unverschuldete Verzögerung; **initial d.** Anfangsverzug *m*; **undue d.** schuldhafte Verzögerung, schuldhaftes Verzögern, Verzug *m*; **without ~ d.** 1. unverzüglich; 2. ohne schuldhaftes Zögern; **in case of ~ d.** im Falle des Verzuges
delay *v/t* (ver)zögern, auf-, hinausschieben, hinausziehen, hinziehen, hinzögern, zurückstellen; **d. unduly** verschleppen
delayable *adj* auf-, hinausschiebbar
delay allowance Verteilzeitzuschlag *m*, Vergütung für unverschuldeten Arbeitsausfall; **d. compensation** Vergütung für Ausfallzeiten
delayed *adj* verzögert, verspätet; **to be d.** Verspätung haben
delayer *v/t (Personal)* abgruppieren
delaying *adj* hinhaltend

delay line 🖳 Verzögerungsleitung *f*; **~ memory** Laufzeitspeicher *m*; **d. multiplier** Verzögerungsmultiplikator *m*; **d. penalty** Verspätungszuschlag *m*
del credere *n* Delkredere *nt*, Bürgschaft *f*; **to assume the d. c.** Delkredere übernehmen; **to stand d. c.** für einen Wechsel Bürgschaft leisten
del credere account Delkrederekonto *nt*; **~ agent** Provisionsagent *m*, Delkrederevertreter *m*, D.agent *m*, Garantievertreter *m*, Handelsvertreter mit Delkredere; **~ agreement** Delkrederevertrag *m*; **~ bond** Garantie-, Gewährschein *m*; **~ business** Delkrederegeschäft *nt*; **~ clause** Delkredereklausel *f*; **~ commission** Delkrederekommission *f*, D.provision *f*; **~ insurance** Delkredereversicherung *f*; **~ liability** Delkrederehaftung *f*; **~ reserve** Delkredererückstellung *f*; **~ risk** Delkredere-, Inkassorisiko *nt*
delegate *n* Delegierte(r) *f/m*, Bevollmächtigte(r) *f/m*, Abgeordnete(r) *f/m*, Vertreter(in) *m/f*, Deputierte(r) *f/m*, Abgesandte(r) *f/m*; **chief d.** Chefdelegierter *m*
delegate *v/t* 1. beauftragen, Vollmacht erteilen, bevollmächtigen; 2. delegieren, entsenden, übertragen, abordnen, anvertrauen; **d. down the line** weiterdelegieren; **d. conference** Delegiertenkonferenz *f*, D.versammlung *f*
delegation *n* 1. Abordnung *f*, Delegation *f*, Vertretung *f*; 2. Entsendung *f*, Mission *f*; 3. Bevollmächtigung *f*; 4. Schuldverschreibung *f*, S.überweisung *f*; 5. *(Aufgabe)* Übertragung *f*; **d. of authority** Vollmachtserteilung *f*, V.übertragung *f*, Delegation von Kompetenz/Verantwortung, Entscheidungsdezentralisation *f*, Kompetenzdelegation *f*; **top-down ~ authority** Weitergabe von Kompetenz von oben nach unten; **~ decision-making** Entscheidungsdelegation *f*; **~ powers** Vollmachtsübertragung *f*, Übertragung von Befugnissen, Unterbevollmächtigung *f*, Kompetenzdelegation *f*; **~ responsibility** Übertragung von Verantwortung, Kompetenzdelegation *f*; **~ tasks** Aufgabendelegation *f*
to head a delegation Delegation leiten
economic delegation Wirtschaftsdelegation *f*; **imperfect d.** nicht befreiende Schuldübernahme; **perfect d.** befreiende Schuldübernahme
de lege ferenda *(lat.)* [§] nach künftigem Recht; **~ lata** *(lat.)* nach geltendem Recht
deletable 🖳 löschbar
delete *v/t* 1. löschen, tilgen, (aus-/durch)streichen, stornieren; 2. 🖳 löschen; **~ as applicable/appropriate/required** Nichtzutreffendes/Unzutreffendes streichen; **d.d** *adj* gestrichen
delete (key) *n* 🖳 Löschtaste *f*
deleterious *adj* schädlich, nachteilig
deletion *n* 1. Löschung *f*, Tilgung *f*, (Aus-, Durch)Streichung *f*, Streichen *nt*; 2. 🖳 Löschen *nt*; **d. from the company register** Firmenlöschung *f*; **d. of entry for previous convictions** [§] Löschung im Strafregister
de|liberalization *n* Entliberalisierung *f*; **d.liberalize** *v/t* entliberalisieren
deliberate *v/ti* beraten, beratschlagen, überlegen, nachdenken, erwägen
deliberate *adj* absichtlich, vorsätzlich, wohlerwogen,

deliberation 334

überlegt, bewusst, bedächtig, gezielt, geflissentlich, willentlich, wissentlich
deliberation *n* Beratung *f*, Überlegung *f*, Erwägung *f*; **by d. and through negligence** vorsätzlich und schuldhaft; **after careful/due d.** nach sorgfältiger Überlegung; **to retire for d.** sich zur Beratung zurückziehen
delicacy *n* 1. Leckerbissen *m*; 2. Takt(gefühl) *m/nt*
delicate *adj* 1. empfindlich, prekär, heikel, delikat, kitzlig; 2. zart, zerbrechlich, fein
delicatessen shop *[GB]* /**store** *[US]* *n* Delikatessengeschäft *nt*, Feinkostladen *m*
delicious *adj* köstlich, lecker
delight *n* Freude *f*, Wohlgefallen *nt*, Entzücken *nt*, Ergötzen *nt*; *v/t* 1. erfreuen, ergötzen, entzücken; 2. sich erfreuen
delighted *adj* erfreut, begeistert, entzückt, hocherfreut; **to be d. with** begeistert sein von
delightful *adj* reizend, entzückend
delimit *v/t* abgrenzen
delimitation *n* Abgrenzung *f*, Grenzziehung *f*; **d. of powers** Kompetenzabgrenzung *f*; **~ taxation powers** Begrenzung der Steuerhoheit
de|limiter *n* 🖳 Begrenzer *m*, Begrenzungszeichen *nt*; **d.limiting** *n* Abgrenzung *f*; **d.limitize** *v/t* Beschränkungen abbauen
delineate *v/t* 1. entwerfen, skizzieren, genau darstellen, beschreiben, darlegen; 2. abgrenzen, abstecken
delineation *n* 1. Skizzierung *f*, Zeichnung *f*, genaue Darstellung; 2. Abgrenzung *f*; **~ of powers** Kompetenzabgrenzung *f*
delinquency *n* 1. § Kriminalität *f*, Vergehen *nt*, Straffälligkeit *f*; 2. Pflichtvergessenheit *f*; 3. Zahlungsverzug *m*, Säumnis *f/nt*; **affluent d.** Wohlstandskriminalität *f*; **international d.** völkerrechtliches Unrecht; **juvenile d.** Jugendkriminalität *f*, Straffälligkeit unter Jugendlichen
delinquency charge/fee Säumniszuschlag *m*, Fälligkeitsgebühr *f*, F.zuschlag *m*; **d. notice** Mahnung *f*; **d. procedure** Mahnverfahren *nt*; **d. rate** *(Darlehen)* Ausfallquote *f*
delinquent *n* § Delinquent(in) *m/f*, Verbrecher(in) *m/f*, Missetäter(in) *m/f*, Straffällige(r) *f/m*, (Straf)Täter(in) *m/f*, Kriminelle(r) *f/m*; **juvenile d.** jugendlicher Täter/Straffälliger/S.täter
delinquent *adj* 1. kriminell, straffällig, verbrecherisch, pflichtvergessen; 2. *(Zahlung)* rückständig, im Rückstand, überfällig
delirium tremens *n* *(lat.)* $ Delirium tremens *nt*
delist *v/t* *(Börse)* nicht mehr notieren, Notierung/Kotierung einstellen, dekotieren; **d.ing** *n* *(Börse)* Einstellung der Notierung, Aufhebung der Börsenzulassung, Streichung der amtlichen Notierung/Kotierung
deliver *v/t* 1. (aus-/an)liefern, zustellen, *(Waren)* ausfahren, ins Haus liefern, übergeben, abgeben; 2. *(Effekten)* einliefern; 3. Versprechen/Zusage einhalten; 4. $ *(Geburt)* entbinden; **d. free** frei Haus liefern; **d. later** nachliefern; **d. at the same time** mitliefern; **d. within the specified time** Lieferzeit einhalten
deliver|ability *n* Lieferfähigkeit *f*; **d.able** *adj* lieferbar,

bestellbar
deliver counter Ausgabeschalter *m*
delivered *adj* (aus)geliefert, übergeben, ausgehändigt, zugestellt; **d. duty paid (DDP)** geliefert verzollt; **~ unpaid (DDU)** geliefert unverzollt; **d. at** franko ab; **d. at frontier (DAF)** geliefert Grenze; **~ frontier named place of delivery** geliefert Grenze benannter Lieferort; **d. free** frei Haus; **d. ex quay (duty paid) (DEQ)** geliefert ab Kai (verzollt); **~ ship (DES)** geliefert ab Schiff
deliverer *n* 1. (Aus)Lieferer *m*, Lieferant *m*; 2. Überbringer *m*
delivery *n* 1. Lieferung *f*, Aus-, Ab-, Belieferung *f*; 2. ✉ Zustellung *f*, Austragung *f*, Zusendung *f*; 3. Aus-, Einhändigung *f*, Andienung *f*; 4. *(Effekten)* Einlieferung *f*; Überbringung *f*; 5. § (Eigentums)Übergabe *f*; 6. Erfüllung(sgeschäft) *f/nt*, Her(aus)gabe *f*, Ausfolgung *f*; 7. Vortrag(sweise) *m/f*; 8. Rettung *f*, Befreiung *f*; 9. $ Entbindung *f*; **deliveries ⚡** Absatz *m*; **before d.** vor Annahme; **for d.** loco; **on d.** auf/bei Lieferung, **~** Empfang; **pending d.** bis zur (Ab)Lieferung/Übernahme
delivery charged on account verrechnete Lieferung; **d. by air** ✉ Luftpostzustellung *f*; **d. in arrears** rückständige Lieferung; **d. on/at call** Lieferung auf Abruf; **d. free of charge** kostenlose/unentgeltliche Lieferung; **d. in full discharge** Hingabe erfüllungshalber, **~** an Erfüllungs statt; **d. free domicile** Lieferung frei Haus; **d. and erection** Lieferung und Aufstellung; **d. in escrow** § vorläufige Hinterlegung; **d. of goods** Waren(aus)lieferung *f*, Waren-, Güterzustellung *f*; **~ the wrong goods; ~ goods other than those ordered** Falschlieferung *f*; **d. with the long hand** § Übergabe durch Abtretung des Herausgabeanspruchs; **d. free house** Zustellung frei Haus; **d. by/in instalments** Teillieferung *f*, Lieferung in Raten; **d. of a judgment** § Urteilsfällung *f*, U.verkündung *f*; **~ letters** ✉ Briefzustellung *f*; **d. within two months** Lieferung innerhalb 2 Monaten; **d. at short notice** kurzfristige Lieferung; **d. to third party** Weiterlieferung *f*; **d. of a pawn** Pfandhinterlegung *f*; **d. against payment** Wertnachnahme *f*; **deliveries and other performances** Lieferungen und sonstige Leistungen; **d. of pleadings** § Einreichung von Schriftsätzen; **~ possession** Besitzverschaffung *f*; **d. for prompt** *(Börse)* zur sofortigen Lieferung; **d. at quay** Kaianlieferung *f*; **d. upon request** Versand auf Abruf; **d. free at residence** Versand frei Haus; **d. of securities** 1. Wertpapierauslieferung *f*; 2. *(Aktien)* Auslieferung von Stücken, Lieferung effektiver Stücke; **d. by way of security** Übergabe als Sicherheit; **d. of services** Erbringung von Dienstleistungen; **~ shares** *[GB]* /**stocks** *[US]* Lieferung von Aktien; **d. alongside (the) ship/vessel** Längsseitslieferung *f*; **d. of a telegram** Telegrammzustellung *f*; **d. at (our) works** (Werks)Anlieferung *f*; **d. ex works** Lieferung ab Werk, Fabrikauslieferung *f*
available for prompt delivery kurzfristig lieferbar; **collect on d. (C.O.D.; c.o.d.)** *[US]* Nachnahme *f*, Lieferung gegen bar/Barzahlung, zahlbar bei Lieferung; **free on d.** frei gegen Lieferschein; **pay(able) on d. (P.O.D.)** zahlbar bei (Ab)Lieferung; **in proof of d.** zum

Nachweis der Lieferung; **ready for d.** lieferbar, auf Abruf; **taking d.** Abnahme f (einer Lieferung), Empfangnahme f; **transferable by d.** übertragbar durch Übergabe; **withholding d.** Zurückbehalt m **to accept delivery** Lieferung entgegennehmen/annehmen, Waren annehmen; **to cease d.** Lieferung einstellen; **to collect on d.** nachnehmen, per/durch Nachnahme erheben; **to effect/execute d.** Lieferung bewirken/durchführen/vornehmen; **to expedite d.** Lieferung beschleunigen; **to freight on d.** Fracht nachnehmen; **to make a further d.** nachliefern; **to negotiate by d.** only formlos übertragen; **to pay on d.** bei Empfang/(Ab)Lieferung (be)zahlen; **to prove d.** Zustellung nachweisen; **to refuse d.** Herausgabe verweigern; **~ to accept/take d.** (of the goods) Annahme der Waren/Warenannahme verweigern; **to sell for d.** auf Abruf verkaufen; **to speed up d.** Lieferung beschleunigen; **to take d.** (of sth.) in Empfang nehmen, empfangen, abholen, abnehmen, Ware/Lieferung annehmen, ~ abnehmen, ~ übernehmen; **~ of goods** Ware abnehmen; **~ of shares** Aktien übernehmen; **to tender d.** Lieferung anbieten

additional delivery Nach-, Mehrlieferung f; **advance d.** Vorauslieferung f; **to make ~ deliveries** Vorleistungen erbringen; **carriage-paid d.** frachtfreie Lieferung; **complete d.** Volllieferung f; **compulsory d.** Ablieferungszwang m, Pflicht-, Zwangsablieferung f; **consolidated d.** Sammelauslieferung f; **constructive d.** [§] mittelbare Besitzverschaffung/Übergabe; **defective/deficient d.** fehlerhafte/mangelhafte Lieferung, Mankolieferung f

deferred/delayed delivery 1. Lieferverzug m, L.aufschub m, L.verzögerung f, L.rückstand m, verzögerte/verspätete/aufgeschobene (Aus)Lieferung; 2. [US] (Börse) Lieferung 7 Tage nach Abschluss; **~ agreement/contract** (Anleihe) Plazierungsvertrag mit Lieferfrist; **~ penalty** Deport m

distant delivery (Börse) ferne Sicht; **domestic d.** Inlandslieferung f; **door-to-door d.** Lieferung von Haus zu Haus; **duty-free d.** ⊖ zollfreie Lieferung; **early-morning d.** Frühzustellung f; **express d.** Expresszustellung f, E.beförderung f, (Zustellung) durch Eilboten, Eilbeförderung f, E.sendung f; **external d.** Fremdlieferung f; **fictitious d.** fiktive/fingierte Übergabe; **forward d.** Terminlieferung f, spätere Lieferung; **free d.** (porto)freie Zustellung, Versand frei Haus, freie Lieferung/Zustellung, Lieferung frei Bestimmungsort; **freight-free d.** frachtfreie Lieferung; **full d.** Volllieferung f

future delivery künftige Lieferung, Lieferung per Termin; **for ~ d.** per Termin; **to sell for ~ d.** (Börse) auf Termin verkaufen; **to trade ~ d.** per Termin handeln

general delivery [US] ⊠ postlagernd, postlagernde Sendung

good delivery 1. bestimmungsgemäße Ablieferung, rechtzeitige Lieferung; 2. (Börse) (gut) lieferbar, Lieferbarkeit f; 3. einwandfreies Stück; **for ~ d.** Terminlieferung f; **~ d. certificate** (Börse) Lieferbarkeitsbescheinigung f; **~ d. security** (Börse) lieferbares Stück

immediate delivery sofortige/umgehende Lieferung; **for ~ d.** zur sofortigen Lieferung, sofort lieferbar; **increased d.** Mehrlieferung f; **intercompany deliveries** Innenlieferung f, interne Lieferungen; **internal d.** innerbetriebliche Lieferung; **~ deliveries** Konzern-, Innenumsätze, interner Umsatz; **intra-group deliveries** Konzernlieferungen, interne Lieferungen; **joint d.** Lieferverbund m; **just-in-time d.** einsatzsynchrone Anlieferung; **late d.** 1. verspätete (Ab)Lieferung; 2. ⊠ Spätzustellung f; **~ fee** Nachzustellgebühr f; **less-than-carload d.** [US] 🚂 Stückgutlieferung f, S.zustellung f; **local d.** Ortszustellung f; **longa manu** (lat.) **d.** [§] Übergabe durch Abtretung des Herausgabeanspruchs; **misdirected d.** Fehllieferung f; **multiple d.** Sukzessivlieferung f; **next-day d.** Lieferung am folgenden Tag; **one-day d.** Lieferung und Zahlung am nächsten Tag; **overboard d.** ⚓ Überbordablieferung f; **overdue d.** rückständige Lieferung; **overnight d.** Nachtsprung m; **part(ial) d.** Teil(an)lieferung f; **~ order** Teilschein m; **physical d.** 1. Warenanlieferung f; 2. (Wertpapier) Auslieferung von Stücken; **postal d.** Postzustellung f, Zustellung durch die Post, Briefzustellung f, B.ausgabe f; **express ~ d.** Schnellpostgut nt; **premature d.** vorzeitige Lieferung; **prompt d.** Sofortlieferung f, unverzügliche/sofortige/prompte Lieferung; **punctual d.** pünktliche Lieferung, Lieferpünktlichkeit f; **ready d.** Lieferung nach Bestelleingang; **for ~ d.** schnell/sofort lieferbar; **regular d.** 1. regelmäßige Belieferung; 2. fristgerechte Erfüllung; **recorded d.** bestätigte Lieferung; **~ letter** [GB] ⊠ Einschreiben/Einschreibebrief nt/m (mit Rückschein); **~ slip** Rückschein m; **required d.** Ablieferungssoll nt; **same-day d.** Lieferung am gleichen Tag; **short d.** Minder(aus)lieferung f, unvollständige Lieferung

special delivery [US] ⊠ Eilbrief m, E.zustellung f, E.post, durch E.boten, E.bestellung f, E.sendung f, E.beförderung f, Express-, Sonderzustellung f, S.lieferung f; **by ~ d.** per Eilboten; **~ d. envelope** Eilbriefumschlag m; **~ d. messenger** Eilzusteller m; **~ service** Eilzustellungsdienst m

speedy delivery prompte/schnelle Lieferung; **subsequent d.** Nachlieferung f; **substitute d.** Ersatzlieferung f; **symbolic d.** fiktive Übergabe; **synchronized d.** synchrone Anlieferung; **~ deliveries** einsatzsynchrone Lieferungen; **unconditional d.** [§] bedingungslose Übergabe; **wrong d.** Fehllieferung f, F.aushändigung f

delivery address Lieferanschrift f; **d. agent** Zusteller m; **d. bank** (Option) Lieferbank f; **d. bond** Lieferkaution f, Kaution zur Freigabe beschlagnahmter Waren; **d. book** (Aus-/Ab)Lieferungsbuch nt; **d. boy** Bote m, Zeitungsträger m; **d. capacity** Lieferfähigkeit f; **d. carrier** zustellender Spediteur; **d. channels** Lieferweg m; **d. charge(s)** Zustell(ungs)gebühr f, Lieferspesen, Lieferungs-, Auslieferungsgebühr f, Liefer(ungs)kosten; **d. check** Gepäckempfangsschein m; **d. clause** Liefer-, Ablieferungs-, Auslieferungs-, Übergabeklausel f; **d. commission** Auslieferungsprovision f; **d. contract** (Aus)Liefer(ungs)vertrag m; **d. cost(s)** (An)Lieferungs-, Liefer-, Zustellungs-, Versand-, Bezugskosten; **d. cycle** (Op-

tion) Lieferperiode *f*; **d. date** Liefertermin *m*, L.tag *m*, L.frist *f*, L.datum *nt*, L.zeitpunkt *m*, Auslieferungs-, Bezugstermin *m*; **to meet a d. date** Liefertermin einhalten; **d. day** Liefertag *m*; **d. deadline** Lieferfrist *f*; **to meet the d. deadline** Lieferzeit einhalten; **d. delay** Lieferverzögerung *f*, L.schwierigkeiten *pl*; **d. department** Versand-, Auslieferungsabteilung *f*; **d. disruption** Lieferstörung *f*; **d. district** ⊠ Postzustell(ungs)bezirk *m*; **d. driver** Lieferfahrer *m*; **d. expenses** Lieferkosten, Bezugsspesen; **d. facilities** Liefermöglichkeit *f*; **d. fee** Botenlohn *m*; **d. f.o.b.** Foblieferung *f*; **d. guarantee** Liefer(ungs)garantie *f*; **d. instructions** Versandvorschriften, V.anweisungen, Liefervorschriften, L.anweisungen; **d. item** Liefergegenstand *m*, L.posten *m*; **d. licence** Liefergenehmigung *f*; **d. man** 1. Aus(lieferungs)fahrer *m*, Austräger *m*; 2. Lieferant *m*, Zusteller *m*; **d. month** Liefermonat *m*; **d. note/sheet** Liefer-, Konnossementteilschein *m*, Versand-, Lieferanzeige *f*, (Waren)Begleitschein *m*, (Aus)Liefer(ungs)zettel *m*, Bordereau *m*/*nt (frz.)*; **d. notice** Mitteilung über Warenauslieferung; **d. obligation** Lieferpflicht *f*, Lieferungsverpflichtung *f*; **d. order (D/O)** 1. *(Anweisung)* Liefer-, Ablieferungs-, Begleit-, Ausfolgeschein *m*, Lieferungsanweisung *f*, Konnossements(an)teilschein *m*; 2. Auslieferungsauftrag *m*, A.anweisung *f*, Lieferauftrag *m*, Bezugsanweisung *f*; **d. period** Lieferfrist *f*, L.termin *m*, L.zeit *f*, Ablieferungsfrist *f*, Bezugstermin *m*; **lengthening d. periods** länger werdende/wachsende Lieferfristen; **d. permit** 1. Lieferungsgenehmigung *f*; 2. ⚓ *[US]* Schiffszettel *m*; **d. place** Erfüllungs-, Lieferort *m*; **distant d. position** *(Terminmarkt)* Fernlieferungsengagement *nt*; **d. post office** ⊠ Zustell(post)amt *nt*; **d. price** 1. Liefer(ungs)preis *m*; 2. *(Börse)* Lieferungskurs *m*; **d. program(me)** Lieferprogramm *nt*; **d. prospects** Liefermöglichkeit *f*; **d. quota** Liefersoll *nt*, L.quote *f*, Ablieferungsquote *f*, A.soll *nt*, A.kontingent *nt*; **d. receipt** Warenempfangsschein *m*, Übergabe-, Wareneingangsbescheinigung *f*; **d. roadway** Ladestraße *f*; **d. room** ⚕ Kreißsaal *m*; **d. roundsman** Auslieferungsfahrer *m*; **d. schedule** Liefer-, Belieferungsplan *m*, B.zyklus *m*
delivery service Zustell(ungs)-, Lieferdienst *m*, L.service *m*; **door-to-door d. s.** Haus-zu-Haus-Verkehr *m*; **store-door d. s.** *(Einzelhandel)* freie Anlieferung, Haus-zu-Haus-Verkehr *m*
delivery settlement service *(Option)* Abrechnungspreis bei Lieferung; **d. shipside** Anlieferung an Schiffsseite; **d. shortfall** Lieferausfall *m*; **d. slip** Lieferbeleg *m*, L.zettel *m*, Auslieferungszettel *m*; **d. staff** Auslieferungspersonal *nt*; **d. statement** Lieferauszug *m*; **d. system** Zustellungsdienst *m*, Bringsystem *nt*; **d. terms** Liefer(ungs)bedingungen; **d. ticket** 1. Lieferschein *m*, Auslieferungsbescheinigung *f*, A.beleg *m*; 2. *(Börse)* Schlusszettel *m*, Lieferungsanzeige *f*
delivery time 1. Ablieferungsfrist *f*, (effektive) Lieferzeit, Beförderungsdauer *f*; 2. ⊠ Brieflaufzeit *f*; **to overrun the d. t.** Lieferzeit überschreiten; **actual d. t.** effektive Lieferzeit
delivery transaction Liefergeschäft *nt*; **d. truck** *[US]*/

van *[GB]* 🚚 Lieferwagen *m*; **d. undertaking** Lieferzusage *f*; **d. value** Lieferwert *m*; **d. verification certificate** Wareneingangsbescheinigung *f*; **d. weight** Liefer-, Ablieferungsgewicht *nt*; **(postal) d. zone** ⊠ (Post)Zustellbezirk *m*
dell *n* Senke *f*
delta *n* Delta *nt*
delude *v/t* irreführen, täuschen, vorspiegeln; ~ **o.s.** sich einer Illusion hingeben, sich Illusionen machen, einer Illusion nachhängen, sich täuschen
deluge *n* Überschwemmung *f*, (Sint)Flut *f*; *v/t* überschwemmen, überhäufen
delusion *n* Irreführung *f*, Täuschung *f*, Einbildung *f*, Vorspiegelung *f*, Wahn *m*, Trugbild *nt*, Irrtum *m*; **d.s of grandeur** Größenwahn *m*; **to labour under a d.** sich einer Illusion hingeben; **mental d.** Sinnestäuschung *f*
de-luxe *adj (frz.)* Luxus-
delve (into) *v/i* 1. graben; 2. sich eingehend befassen (mit)
demand *n* 1. Nachfrage(interesse) *f*/*nt*, Bedarf *m*, Inanspruchnahme *f*; 2. (Auf)Forderung *f*, Anspruch *m*, Ansinnen *nt*, Postulat *nt*, Petitum *nt (lat.)*; 3. Verlangen *nt*, Begehren *nt*, Antrag *m*; **due to d.** nachfragebedingt; **in d.** 1. begehrt, gesucht, gefragt, beliebt, verlangt; 2. *(Ware)* gängig; **not in d.** ohne Nachfrage; **in line with d.** nachfragegerecht; **on d.** auf Aufforderung/Verlangen, bei Sicht/Vorlage, täglich/jederzeit fällig
demand from abroad Auslandsnachfrage *f*; **d. for capital** Kapitalbedarf *m*, K.nachfrage *f*; ~ **capital goods** Investitions(güter)nachfrage *f*; ~ **cash** Geld-, Liquiditätsnachfrage *f*; **d. consumer goods** Konsumgüternachfrage *f*, **d. from ultimate consumers** Endverbrauchernachfrage *f*; **d. for credit** Kreditnachfrage *f*; **private ~ credit** private Kreditnachfrage *f*; ~ **customer service** Kundennachfrage *f*; **d.s on employees** personelle Anforderungen, Anforderungen an die Belegschaft/Mitarbeiter; **d. for energy** Energiebedarf *m*; ~ **freight space** Nachfrage nach Schiffsraum/Frachtraum/F.kapazität; ~ **goods** Güterbedarf *m*, G.nachfrage *f*; ~ **heat(ing)** Wärmebedarf *m*; ~ **shorter hours** Forderung nach Arbeitszeitverkürzung; ~ **housing** Wohnraumbedarf *m*; **d. from industry** Industrienachfrage *f*; **d. for labour** Arbeitskräftenachfrage *f*, Nachfrage nach Arbeitskräften; **d. in a market short of stock** Nachfrage auf engem Markt; **per-capita d. for raw materials** Pro-Kopf-Bedarf an Rohstoffen; **d. for money** Geldanforderung *f*; ~ **mortgages** Hypothekenbedarf *m*; ~ **payment** Zahlungs(auf)forderung *f*, Z.anspruch *m*, Mahnung *f*; ~ **a penalty** Strafantrag *m*; **d.s on the national product** Ansprüche an das Sozialprodukt; **d. for sophisticated products** differenzierte Produktanforderungen; ~ **prosecution** § Strafantrag *m*; **d. backed by purchasing power** kaufkräftige Nachfrage; **d. for repayment** Rückzahlungsaufforderung *f*; ~ **services** Dienstleistungsnachfrage *f*; **heavy d.s on the staff** starke Inanspruchnahme des Personals; **d. for steel** Stahlbedarf *m*; **d. in physical terms** mengenmäßige Nachfrage; **d. for transport services** Transportnachfrage *f*; ~ **public transport services** Nach-

frage nach Verkehrsdienstleistungen; **d. from ultimate users** Endverbraucherbedarf *m*; **d. for higher wages** Lohnforderung *f*; ~ **water** Wassernachfrage *f*; **d. in writing** schriftliche Aufforderung
demand determines the price die Nachfrage bestimmt den Preis; **d. exceeds (ability to) supply** die Nachfrage übersteigt das Angebot, ~ die Liefermöglichkeiten; **d. is slow to pick up** die Nachfrage belebt sich nur langsam
due/payable on demand zahlbar bei Verlangen/Aufforderung/Vorlage/Sicht, ~ auf Abruf/Aufforderung, ohne vorherige Benachrichtigung zahlbar; **repayable on d.** auf Abruf/Verlangen rückzahlbar; **affecting d.** nachfragewirksam; **boosting d.** Nachfrageankurbelung *f*; **owing to a lack of d.** mangels Nachfrage
to accede/agree to a demand Forderung erfüllen, einer ~ entsprechen/nachkommen; **to accommodate d.** Nachfrage befriedigen/bewältigen; **to be in brisk d.** lebhaft begehrt werden; ~ **in great/keen d.** Zuspruch erhalten/finden, gefragt sein, regem Interesse begegnen; ~ **in little d.** geringe Nachfrage finden; ~ **(much) in d.** (sehr) gefragt sein; **to back/beef up/bolster d.** Nachfrage stützen; **to choke off d.** Nachfrage dämpfen/abwürgen; **to comply with a d.** einer Aufforderung nachkommen; **to create a d.** Bedarf/Nachfrage schaffen, ~ wecken; **to curb d.** Nachfrage bremsen; **to exceed d.** Bedarf/Nachfrage übersteigen; **to fuel d.** Nachfrage anheizen; **to increase d.** Nachfrage steigern; **to insist on a d.** Forderung aufrechterhalten; **to make a d.** Forderung geltend machen; ~ **d.s** Anforderungen stellen; ~ **d.s on so.** jdn vereinnahmen; **to match/meet (the) d.** Bedarf/Nachfrage befriedigen, ~ decken; **to meet d.s for payment** Zahlungsansprüche befriedigen; **to outstrip d.** Nachfrage/Bedarf übersteigen; **to persist with a d.** an einer Forderung festhalten; **to reignite d.** neue Nachfrage auslösen; **to rein back d.** Nachfrage drosseln/zügeln; **to revitalise/revive d.** Nachfrage beleben; **to reject d.s** Forderungen entgegentreten; **to settle a d.** 1. Forderung begleichen; 2. einer Aufforderung nachkommen; **to stimulate d.** Nachfrage beleben/ankurbeln
accumulated demand Nachfrageballung *f*, Nachholbedarf *m*; **active/brisk d.** starke/rege/lebhafte/stürmische Nachfrage; **additional d.** Nach-, Zusatzforderung *f*; **aggregate/composite d.** (volkswirtschaftliche) Gesamtnachfrage, zusammengesetzte/gesamtwirtschaftliche Nachfrage; **anticipated d.** voraussichtlicher Bedarf; **broadening d.** sich ausweitende Nachfrage; **catch-up d.** aufgestaute Nachfrage; **complementary d.** komplementäre Güternachfrage, Nachfrageverbund *m*; **compulsory d.** [§] Intervention des wahren Eigentümers; **coordinated d.** zusammengefasste Nachfrage; **current d.** laufende Nachfrage, laufender Bedarf; **declining/decreasing d.** abnehmende/sinkende Nachfrage, Nachfrageschwund *m*; **defensive d.** [§] Abwehranspruch *m*; **deferred d.** Konsumverzicht *m*, zurückgestellter Bedarf, aufgeschobene/zurückgestellte Nachfrage; **depressed d.** gedrückte Nachfrage; **derived d.** abgeleitete/nichtautonome Nachfrage; **domestic d.** Binnennachfrage *f*, einheimischer Bedarf, Inlandsbedarf *m*, inländische/heimische Nachfrage; **aggregate ~ d.** gesamtwirtschaftliche Binnennachfrage; ~ **d. force** Inlandsnachfrageintensität *f*; **educational d.** Bildungsnachfrage *f*; **effective d.** echter/tatsächlicher/vorhandener/wirklicher Bedarf, effektive/monetäre/wirksame/kaufkräftige Nachfrage; **elastic d.** elastischer Bedarf, elastische Nachfrage; **exaggerated/exorbitant d.** übertriebene/überzogene/unmäßige/unangemessene Forderung; **excess(ive) d.** 1. Nachfrageüberhang *m*, N.überschuss *m*, Übernachfrage *f*, Überbedarf *m*; 2. maßlose Forderung; **expansionary d.** Nachfragewachstum *nt*; **external d.** Auslandsnachfrage *f*; **falling/flagging d.** nachlassende/rückläufige Nachfrage, Nachfragerückgang *m*, nachlassendes Kaufinteresse; **final d.** Endnachfrage *f*; **total ~ d.** gesamtwirtschaftliche Endnachfrage; **financial d.** Mittelnachfrage *f*, M.bedarf *m*; **fluctuating d.** schwankende Nachfrage; **foreign d.** Auslandsbedarf *m*, A.nachfrage *f*; **fresh d.** erneute Kauflust; **further d.** Nachforderung *f*; **great d.s** hohe Anforderungen; **in ~ d.** sehr gefragt; **gross d.** Bruttobedarf *m*; **growing d.** steigende Nachfrage, steigender Bedarf; **heavy d.** Stoßbedarf *m*; **higher d.** Mehrforderung *f*; **huge d.** stürmische Nachfrage; **increased d.** 1. verstärkte Nachfrage, Mehrbedarf *m*, Bedarfszunahme *f*; 2. Mehrforderung *f*; **increasing d.** wachsende/steigende Nachfrage; **industrial d.** Nachfrage seitens der Industrie, industrielle Nachfrage, Industrienachfrage *f*; **inelastic d.** starre/unelastische Nachfrage, starrer Bedarf; **insatiable d.** unerschöpfliche Nachfrage; **internal d.** Binnen-, Inlandsnachfrage *f*; **joint d.** Nachfrageverbund *m*, Komplementärbedarf *m*, verbundene/komplementäre Nachfrage; **keen d.** hektische/stürmische/starke Nachfrage; **latent d.** latenter Bedarf, verdeckte Nachfrage, Erschließungsbedarf *m*; **lawful d.** rechtmäßiges Verlangen; **liquidated d.** Vergleichsforderung *f*; **macroeconomic d.** gesamtwirtschaftliche/volkswirtschaftliche Nachfrage; **main d.** Hauptforderung *f*; **marginal d.** Grenznachfrage *f*; **maximum d.** Maximalforderung *f*; **minimum d.** Mindestbedarf *m*, Mindest-, Minimalforderung *f*; **moderate d.** mäßige Forderung; **monetary d.** monetäre/effektive Nachfrage; **total ~ d.** monetäre Gesamtnachfrage; **monthly d.s** Ultimoanforderungen; **aggregated national d.** volkswirtschaftliche Gesamtnachfrage; **non-essential d.** gehobener Bedarf; **non-wage d.** lohnfremde Forderung; **official d.** staatliche/öffentliche Nachfrage; **overall d.** Gesamtnachfrage *f*, gesamtwirtschaftliche Nachfrage; **overseas d.** Auslandsnachfrage *f*; **peak d.** Nachfrage-, Bedarfsspitze *f*, Spitzenbedarf *m*; **peak-period d.** Spitzenzeitbedarf *m*; **pent-up d.** Nachholbedarf *m*, Nachfrage(rück)stau *m*, massierte/aufgestaute Nachfrage, massierter/aufgestauter Bedarf, Stoßbedarf *m*; **per-capita d.** Pro-Kopf-Bedarf *m*; **peremptory d.** ultimative Forderung; **persistent d.** anhaltende Nachfrage; **physical d.** 1. mengenmäßige Nachfrage; 2. physische Anforderung; **poor d.** schleppende Nachfrage; **potential d.** potenzielle Nachfrage, möglicher Bedarf; **pressing**

private **demand**

d. Nachfragesog *m*, dringende Nachfrage; **private d.** Privatnachfrage *f*, private Nachfrage; **public(-sector) d.** Nachfrage der öffentlichen Hand, öffentliche Nachfrage, Staatsnachfrage *f*; **reasonable d.** billige Forderung, billiges Verlangen; **reduced d.** Minderbedarf *m*, verminderte Nachfrage, Nachfrageabnahme *f*; **residual d.** Restnachfrage *f*; **reverse d.** Eigennachfrage *f*; **seasonal d.** jahreszeitlich bedingte/saisonbedingte Nachfrage; **secondary d.** Sekundärbedarf *m*; **sectoral d.** Nachfrage in einzelnen Bereichen; **slack/sluggish d.** schwache/lustlose/zurückhaltende/schleppende/spärliche/träge Nachfrage; **slackening d.** nachlassende Nachfrage; **speculative d.** spekulative Nachfrage; **stale d.** [§] verwirkter Anspruch; **static d.** stagnierende Nachfrage; **steady d.** gleichbleibende/stetige/konstante/ständige/beständige/anhaltende Nachfrage; **strong d.** lebhafte/starke/vehemente Nachfrage; **suppressed d.** Nachholbedarf *m*; **surging d.** stark ansteigende Nachfrage; **surplus d.** Übernachfrage *f*, Nachfrageüberschuss *m*; **total d.** Gesamtnachfrage *f*, G.bedarf *m*, gesamtwirtschaftliche Nachfrage; **ultimate d.** Endbedarf *m*, E.nachfrage *f*; **unabated d.** ungebrochener Bedarf; **unreasonable d.** Zumutung *f*, unbilliges Verlangen, überzogene Forderung; **unsatisfied d.** Bedarfslücke *f*; **waning/weakening d.** sinkende/abnehmende/sich abschwächende Nachfrage; **weak d.** schwache/geringe Nachfrage; **weaker d.** abgeschwächte Nachfrage
demand *v/t* 1. (er)fordern, anfordern, Forderung stellen/geltend machen, (ab)verlangen, beanspruchen, zumuten, postulieren, begehren; 2. nachfragen; **d. back** zurückverlangen
demandable *adj* einforderbar, einklagbar
demand account Kontokorrentkonto *nt*; **d.-affecting** *adj* nachfragewirksam; **d. aggregate** Nachfrageaggregat *nt*; **ultimate d. aggregate** Endnachfrageaggregat *nt*; **d. analysis** Nachfrage-, Bedarfsanalyse *f*; **d. backlog** Nachfragestau *m*; **d. balance(s)** Sicht-, Zahlungsguthaben *nt*; **d. behaviour** Nachfrageverhalten *nt*; **d. bill** Sichtwechsel *m*; **effective d. boom** Mengenkonjunktur *f*; **d.-boosting** *adj* nachfrageerhöhend, n.steigernd; **net d. calculation** Nettobedarfsermittlung *f*; **d. compression** Nachfragerückgang *m*; **d. conditions** Nachfragesituation *f*; **d. contribution** Nachfragebeitrag *m*; **d. creation** Bedarfsweckung *f*; **d. credit** sofort fälliger Kredit, tägliches Geld
demand curve *(VWL)* Nachfragekurve *f*; **aggregate d. c.** Gesamtnachfragefunktion *f*; **all-or-nothing d. c.** Nachfragekurve ohne Alternative; **backward-bending d. c.** anomale Nachfragekurve; **curvilinear d. c.** gekrümmte Nachfragekurve; **downward-sloping d. c.** fallende Nachfragekurve; **individual d. c.** Nachfragekurve des Haushalts, individuelle Nachfragefunktion; **isoelastic d. c.** Nachfragekurve mit konstanter Elastizität; **straight-line d. c.** lineare Nachfragekurve
demand density Nachfragedichte *f*
demand deposit 1. täglich fälliges Guthaben, sofort fällige Einlage, Sichteinlage *f*, Tagesgeld *nt*; 2. *[US]* Kontokorrentkonto *nt*; **d. d.s** Sichteinlagen, sofort/täglich fällige Depositen, ~ Gelder, ~ Einlagen, ~ Guthaben, gegen Kündigung rückzahlbare Einlagen, kündbares Geld, Kontokorrenteinlagen, laufende Konten, Giral-, Buch-, Sofortgeld *nt*; **derived d. d.s** sekundäres Giralgeld; **d. d. accounting** laufende Kostenabrechnung

demand distribution Nachfrageverteilung *f*; **d. draft (D/D)** Sichtwechsel *m*, S.tratte *f*, Wechsel auf Sicht; **d. effect** Nachfrageeffekt *m*, N.wirkung *f*; **d. elasticity** Nachfrage-, Bedarfselastizität *f*; **d. equation** Nachfragegleichung *f*
demander *n* 1. Gläubiger(in) *m/f*; 2. Käufer(in) *m/f*, Kunde *m*, Kundin *f*, Nachfrager *m*
demand estimation based on consumption verbrauchsgebundene Bedarfsmengenplanung; **programmed d. e.** programmgebundene Bedarfsmengenplanung; **synthetic d. e.** synthetische Bedarfsmengenplanung
demand expansion Nachfrageausweitung *f*; **d. factor** Nachfragefaktor *m*; **d. file** 🖥 Abrufdatei *f*; **d. forecast** Nachfrageprognose *f*
demand function Nachfragefunktion *f*; **aggregate d. f.** Gesamtnachfragefunktion *f*; **individual d. f.** einzelwirtschaftliche/individuelle Nachfragefunktion; **monetary d. f.** monetäre Nachfragefunktion
demand gap Bedarfslücke *f*; **d. growth** Nachfragezuwachs *m*, N.entwicklung *f*; **d.-induced** *adj* nachfragebedingt; **(excess) d. inflation** (Überschuss)Nachfrageinflation *f*, nachfrageinduzierte/nachfragebedingte Inflation
demanding with menaces *n* [§] Erpressung *f*
demanding *adj* anstrengend, anspruchsvoll
demand instrument Sichtpapier *nt*; **d.-led** *adj* nachfrageinduziert; **d. level** Nachfrageniveau *nt*; **d. liabilities** Sichtverbindlichkeiten, tägliches Geld; **d. loan** kurzfristiges/täglich kündbares Darlehen, täglicher/sofort fälliger Kredit, Tagesgeld *nt*, kündbare Anleihe; **d. management** Nachfragelenkung *f*, N.steuerung *f*, N.regulierung *f*, Globalsteuerung *f*, Bedarfslenkung *f*; **d. money** Tagesgeld *nt*, täglich fälliges/tägliches Geld; **d. note** 1. *[US]* Schuldschein *m*, Eigen-, Solawechsel *m* (zahlbar bei Sicht), Sichtpapier *nt*; 2. Zahlungsaufforderung(sschein) *f/m*; **d. oligopoly** Nachfrageoligopol *nt*; **d.-orient(at)ed** *adj* nachfragebezogen, n.orientiert; **d. paper** Sichtpapier *nt*; **d. parameter** Nachfragegröße *f*; **d. pattern** Nachfragestruktur *f*
demand planning Bedarfsplanung *f*; **~ based on consumption** verbrauchsgebundene Bedarfsplanung; **long-term d. p.** langfristige Bedarfsplanung; **programmed d. p.** programmgebundene Bedarfsplanung; **qualitative d. p.** qualitative Bedarfsplanung; **quantitative d. p.** quantitative Bedarfsplanung; **short-term d. p.** kurzfristige Bedarfsplanung
demand price 1. *(Devisenmarkt)* Geldkurs *m*; 2. Bedarfspreis *m*; **d. processing** unmittelbare Verarbeitung; **d. pull** Nachfragesog *m*, N.dynamik *f*; **d. push** Nachfrageschub *m*; **d. rate** 1. Nachfrage-, Bedarfsrate *f*; 2. *(Devisenmarkt)* Geld-, Sichtkurs *m*; **d. regeneration** Nachfrageerholung *f*; **d.-related** *adj* nachfragebezogen; **d. research** Bedarfsforschung *f*; **d. restraint** Nachfragebeschränkung *f*; **d. savings deposits** sofort

fällige Spareinlagen; **d. schedule** Nachfragetabelle *f*; **d. shift(ing)/switching** Nachfrageverlagerung *f*, N.verschiebung *f*, N.umschichtung *f*; **d. shortfall** Nachfragelücke *f*; **d. side** Nachfrageseite *f*; **d.-side** *adj* nachfrageorientiert; **d. situation** Nachfragesituation *f*; **d. stimulation** Nachfragestimulierung *f*; **d. theory** Nachfragetheorie *f*; **d. trend** Nachfragetendenz *f*, Bedarfs-, Nachfrageentwicklung *f*

demanning *n* Personal-, Beschäftigungs-, Belegschaftsabbau *m*, Personalreduktion *f*

demarcate *v/t* abgrenzen, abstecken, festlegen, ziehen, demarkieren; **d. from** abgrenzen gegen

demarcation *n* Abgrenzung *f*, Grenzziehung *f*, G.festsetzung *f*, Absteckung *f*, Demarkation *f*, Gebietsabgrenzung *f*; **d. agreement** Gebietsabkommen *nt*; **d. dispute** Kompetenz-, Abgrenzungsstreitigkeit *f*, Streit um den Zuständigkeitsbereich

demarketing *n* Reduktionsmarketing *nt*

demean *v/t* entwürdigen; **d. o.s.** sich würdelos benehmen; **d.ing** *adj* entwürdigend; **d.our** *n* Verhalten *nt*, Gebaren *nt*, Benehmen *nt*

demented *adj* irre, schwach-, wahnsinnig, geistesgestört

dementia *n* Schwach-, Wahnsinn *m*; **senile d.** altersbedingte Unzurechnungsfähigkeit

demerge *v/t* entflechten, entfusionieren, ausgliedern; **d.r** *n* (Rück)Entflechtung *f*, Entfusionierung *f*, Ausgliederung *f*

demerit *n* 1. Schaden *m*, Nachteil *m*; 2. *[US]* Minuspunkt *m*

demesne *n* Grundbesitz *m*; **d. of the crown** *[GB]* Krondomäne *f*; **to hold sth. in d.** etw. in Besitz haben; **d. land** eigengenutztes Land

demijohn *n* Korbflasche *f*, Glasballon *m*

de|militarization *n* Entmilitarisierung *f*; **d.militarize** *v/t* entmilitarisieren

demimonde *n* (*frz.*) Halbwelt *f*

demise *n* 1. Niedergang *m*, Tod *m*, Ende *nt*, Ableben *nt*, Hinscheiden *nt*; 2. Grundstücksübertragung *f*, Vermächtnis *nt*, Legat *nt*, Abtretung *f*, Zession *f*; 3. *(Firma)* Eingehen *nt*; **d. and redemise** Pacht und Rückverpachtung

demise *v/t* Grundbesitz vermachen/übertragen/verpachten

demise charter ⚓ Chartervertrag ohne Besatzung

de|mobilization *n* 🪖 Demobilisierung *f*; **d.mobilize** *v/t* demobilisieren

democracy *n* Demokratie *f*, Volksherrschaft *f*; **economic d.** Wirtschaftsdemokratie *f*; **industrial d.** Wirtschafts-, Betriebsdemokratie *f*, (betriebliche) Mitbestimmung, mitbestimmte Wirtschaft, Demokratie im Betrieb

democrat *n* Demokrat(in) *m/f*; **d.ic** *adj* demokratisch; **d.ization** *n* Demokratisierung *f*; **~ of work** Demokratisierung der Arbeit; **d.ize** *v/t* demokratisieren

demogrant *n* Volkspension *f*

demo|grapher *n* Bevölkerungswissenschaftler *m*, Demograph *m*; **d.graphic** *adj* demographisch, bevölkerungspolitisch, Bevölkerungs-; **d.graphy** *n* Bevölkerungswissenschaft *f*, B.kunde *f*, Demographie *f*

demolish *v/t* nieder-, ab-, einreißen, demolieren, zerstören, vernichten, verwüsten; **d.ed** *adj* verwüstet, zerstört, abgerissen

demolition *n* 1. 🏛 Abbruch *m*, Niederreißen *nt*, Abriss *m*, Demolierung *f*, Zerstörung *f*, Verwüstung *f*; 2. Kahlschlag *m* (*fig*); **d. charge** Sprengsatz *m*; **d. company** Abbruchunternehmen *nt*; **d. contractor** Abbruchunternehmer *m*, A.betrieb *m*; **d. cost(s)/expense(s)** Abbruch-, Aufräumungskosten *f*; **d. order** Abriss-, Abbruchverfügung *f*, A.anordnung *f*; **d. party/squad** Sprengkommando *nt*; **d. waste** Abbruchmaterial *nt*, Bauschutt *m*; **d. work** Abbrucharbeiten *pl*

de|monetization *n* 1. Außerkurssetzung *f*, (Geld)Entwertung *f*, De-, Entmonetisierung *f*; 2. *(Münzen)* Einziehung *f*; **d.monetize** *v/t* 1. außer Kurs setzen; 2. *(Münzen)* einziehen, ent-, demonetisieren

de|monstrability *n* Beweisbarkeit *f*; **d.monstrable** *adj* nach-, beweisbar, belegbar, erweislich; **d.monstrably** *adv* nachweislich

demonstrate *v/t* 1. be-, nachweisen, darlegen, vorführen, erweisen, (auf)zeigen, vormachen, vorexerzieren; 2. demonstrieren; **d.d** *adj* er-, be-, nachgewiesen

demonstration *n* 1. Beweis *m*, Darstellung *f*, Vorführung *f*, Beweisführung *f*; 2. Demonstration *f*; **capable of d.** nachweisbar; **to give a d.** vorführen; **to hold a d.** demonstrieren; **graphic d.** Anschauungsunterricht *m*

demonstration car 🚗 Vorführwagen *m*; **d. effect** Mitläufer-, Bandwageneffekt *m*; **d. material** Anschauungsmaterial *nt*; **d. model** Vorführgerät *nt*, V.modell *nt*; **d. plant** 🏭 Demonstrationsanlage *f*; **commercial d. plant** großtechnische Demonstrationsanlage; **d. room** Vorführraum *m*; **d. stoppage/strike** Warnstreik *m*

de|monstrative *adj* anschaulich, auffällig, ostentativ, betont, demonstrativ; **d.monstrator** *n* 1. Beweis-, Vorführer *m*; 2. Demonstrant *m*; **female d.monstrator** Werbedame *f*

de|moralization *n* Entmutigumg *f*, Demoralisierung *f*; **d.moralize** *v/t* demoralisieren, Sitten/Moral untergraben; **d.moralizing** *adj* demoralisierend, zersetzend, verderblich

demote *v/t* 1. zurück-, herunterstufen, abgruppieren, zurückversetzen; 2. 🎖 degradieren

demothball *v/t* (*fig*) ⚓ entmotten (*fig*), wieder in Dienst stellen

demotion *n* 1. Tiefer(ein)stufung *f*, Zurück-, Herunterstufung *f*; 2. 🎖 Degradierung *f*, Dienstgradherabsetzung *f*

demotivation *n* Demotivation *f*

demultiplexing *n* 💻 Entmultiplexen *nt*

demur *n* §️ Einwand *m*, Einspruch *m*; **without d.** ohne Einwand, widerspruchslos

demur *v/t* 1. §️ einwenden, Einrede/(Rechts)Einwendungen erheben, Beanstandung/Einwand geltend machen, Bedenken äußern; 2. aufschieben, vertagen

demurrable *adj* nicht schlüssig, unschlüssig

demurrage *n* 1. ⚓ *(Container)* Stand-, Lagergeld *nt*, (Über)Liegegeld *nt*, Überliegegebühr *f*, Wartegeld *nt*; 2. 🚃 Wagenstands-, Wagonliegegeld *nt*; 3. ⚓ Über-

liege-/Überstandszeit *f*; **d. clause** Überliege(geld)-, Verzugsklausel *f*; **d. days** Überliegetage
demurrer *n* §(Rechts)Einwand *m*, Einwendung *f*, Einrede *f*, Einspruch *m*, Rechtsbefehl *m*, Beanstandung *f*; **d. to action** prozesshindernde Einrede; ~ **evidence** Beweiseinrede *f*; **d. at law** Rechtseinwand *m*
to enter a demurrer Beanstandung geltend machen; **to interpose a d.** Rechtseinwand vorbringen; **to plead a d.** Klagegrund leugnen; **to sustain a d.** Einrede/Einspruch aufrechterhalten
general demurrer Klageleugnung *f*, prozesshindernde Einrede, Rüge mangelnder Schlüssigkeit; **special d.** auf Formfehler zurückzuführender Rechtseinwand, prozessuale Einwendung
de|mutualize *v/t* aus der Gegenseitigkeit entlassen, Status der Gegenseitigkeit entziehen, Gemeinnützigkeit aufheben; **d.mutualization** *n* Aufgabe des Gegenseitigkeitsprinzips, Entzug des Status der Gegenseitigkeit, Aufhebung der Gemeinnützigkeit
demysti|fication *n* Entmystizifierung *f*; **d.fy** *v/t* entmystifizieren
den *n* 1. Versteck *nt*, Höhle *f*, Spelunke *f*; 2. *[US]* (Klein)Wohnung *f*; **d. of iniquity** Lasterhöhle *f*; ~ **thieves** Diebesnest *nt*
denationalization *n* 1. (Re)Privatisierung *f*, Entstaatlichung *f*; 2. Ausbürgerung *f*; **partial d.** Teilprivatisierung *f*
denationalize *v/t* 1. (re)privatisieren, entstaatlichen; 2. ausbürgern
denatural|ization *n* Denaturalisierung *f*, Denaturalisation *f*, Ausbürgerung *f*; **d.ize** *v/t* ausbürgern, (jdm) die Staatsangehörigkeit aberkennen, denaturalisieren
de|nature *v/t* *(EU)* denaturieren; **d.naturing** *n* Denaturierung *f*
denial *n* 1. Dementi *nt*, Leugnen *nt*, Verneinung *f*, Negierung *f*, (Ver)Leugnung *f*, Ableugnen *nt*, Bestreiten *nt*; 2. Absage *f*, abschlägiger Bescheid, Verweigerung *f*; **d. of the marital community** Verweigerung der ehelichen Lebensgemeinschaft; ~ **intercourse** Verweigerung des ehelichen Verkehrs; ~ **justice** Verweigerung eines rechtsstaatlichen Verfahrens, Rechts-, Justizverweigerung *f*; ~ **legitimacy** Ehelichkeitsanfechtung *f*; ~ **opinion** *[CAN]* Verweigerung des Bestätigungsvermerks
to meet with a denial abschlägige Antwort erhalten; **to take no d.** sich nicht abweisen lassen
emphatic denial entschiedenes Dementi; **flat d.** 1. glatte Ablehnung; 2. formelles Dementi; **official d.** amtliches Dementi; **persistent d.** hartnäckiges Leugnen
denial damage Aufopferungsanspruch *m*; **d.s list** *[US]* Embargo-, Negativ-, Verweigerungsliste *f*
de|nigrate *v/t* anschwärzen, verunglimpfen, heruntersetzen, in Verruf bringen; **d.nigration** *n* Anschwärzung *f*, Verunglimpfung *f*, Herabsetzung *f*, diskreditierende Werbung
denim *n* Jeansstoff *m*
denitri|fication *n* Entstickung *f*; **d.fy** *v/t* entsticken
denizen *n* Be-, Einwohner *m*
denominate *v/t* 1. benennen, bezeichnen; 2. stückeln;

d.d in *adj* lautend auf
denomination *n* 1. Benennung *f*, Bezeichnung *f*; 2. Gruppe *f*, Einheit *f*, Stückelung *f*, Kategorie *f*, Klasse *f*; 3. Nennwert *m*; 4. Geldsorte *f*, Münzeinheit *f*, Wert *m*; 5. Name *m*, Namens-, Wertbezeichnung *f*, W.abschnitt *m*; 6. Religionszugehörigkeit *f*, Konfession *f*, Bekenntnis *nt*; **in d.s of** in Stücken zu, in Stückelungen von, gestückelt in; **d. of banknotes** Notenstückelung *f*; ~ **bonds** Stückelung von Obligationen; ~ **securities** Wertpapierstückelung *f*
minimum denomination Mindeststückelung *f*; **small d.s** *(Wertpapiere)* kleine Stücke; **in** ~ **d.s** in kleiner Stückelung, kleingestückelt
denominational *adj* konfessionell
denominator *n* π Nenner *m*; **common d.** General-, Hauptnenner *m*, gemeinsamer Nenner; **to reduce to a** ~ **d.** auf einen gemeinsamen Nenner bringen; **lowest** ~ **d.** kleinster gemeinsamer Nenner
de|notation *n* Be-, Kennzeichnung *f*; **d.note** *v/t* be-, kennzeichnen, kenntlich machen
denounce *v/t* 1. denunzieren, brandmarken; 2. verwerfen
DENOX *v/t* entsticken; **D. plant (nitrogen reduction plant)** Entstickungsanlage *f*
dense dicht, eng
denseness; density *n* 1. Dichte *f*; 2. 💻 Schreibdichte *f*; **density of circulation** Streudichte *f*; ~ **fog** Nebeldichte *f*; ~ **population** Bevölkerungs-, Besiedlungsdichte *f*; ~ **precipitation** Niederschlagsdichte *f*; ~ **the road system** Straßendichte *f*
double density 💻 doppelte Dichte/Speicherkapazität; **d. function** Dichtefunktion *f*; **d. tolerance** Toleranzdichte *f*
dent *n* 1. *(Preis/Gewinn)* Einbruch *m*; 2. Delle *f*, Beule *f*; 3. *(Graphik)* Einbruch *m*, Delle *f*; **d. in the career** Karriereknick *m*; ~ **earnings** Gewinn-, Ertragseinbruch *m*, Ertrags-, Einkommenseinbuße *f*
dental *adj* $ zahnärztlich, Zahn-
dented *adj* eingedrückt, eingebeult
dentist *n* $ Zahnarzt *m*, Z.ärztin *f*; **d.ry** *n* Zahnmedizin *f*
denture *n* $ Zahnersatz *m*, Zahnprothese *f*, Gebiss *nt*
denude *v/t* entblößen
denumerable *adj* abzählbar
denunciation *n* Brandmarkung *f*, Anprangerung *f*, öffentliche Verurteilung; ~ **of treaties** § Kündigung von Staatsverträgen
deny *v/t* 1. dementieren, (ab)leugnen, in Abrede stellen, verleugnen, ab-, bestreiten; 2. verweigern, ablehnen, versagen, zurückweisen, abschlagen, aberkennen, vorenthalten, verneinen; **d. so. sth.** jdm etw. verweigern; ~ **categorically** entschieden bestreiten; ~ **flatly** glatt abstreiten; ~ **stoutly** energisch bestreiten; ~ **vigorously** entschieden bestreiten
denying *adj* negatorisch; **there is no d.** es lässt sich nicht bestreiten/leugnen
de|obligate *v/t* Haushaltstitel auflösen; **d.obligation** *n* Haushaltstitelauflösung *f*
deodorant *adj* geruchtilgend; *n* Deodorant *m*
depart *v/i* 1. weg-, abfahren, abreisen, aus-, losfahren, fort-, weggehen; 2. *(Personal)* ausscheiden; 3. § vom

Gegenstand der Klage abweichen; **d. from** abweichen/abrücken von; **ready to d.** abfahrbereit
departed *adj* ge-, verstorben, tot; **the d.** der/die Heimgegangene, ~ Verstorbene
department *n* 1. Abteilung *f*, Geschäftsbereich *m*, G.zweig *m*, Branche *f*; 2. Dezernat *nt*, Amt *nt*, Dienststelle *f*, Fachbereich *m*, Rayon *m (frz.) [A]*; 3. Kostenstelle *f*, Sektion *f*, betrieblicher Teilbereich; 4. Ressort *nt*, Referat *nt*; 5. Ministerium *nt*; 6. *(Universität)* Abteilung *f*, Fakultät *f*
department of agriculture Landwirtschaftsministerium *nt*; **D. of Commerce** *[US]* Handelsministerium *nt*; **~ Education** *[GB]* Erziehungs-, Unterrichtsministerium *nt*; **~ and Science** *[GB]* Unterrichts- und Wissenschaftsministerium *nt*, Ministerium für Bildung und Wissenschaft; **~ Employment** *[GB]* Arbeitsministerium *nt*, Ministerium für Arbeit; **~ Energy** *[GB]* Energieministerium *nt*; **~ the Environment** *[GB]* Umweltministerium *nt*; **~ Health, Education and Welfare** *[US]* Gesundheitsministerium *nt*, Ministerium für Gesundheit, Soziales und Wohlfahrt; **~ Health and Social Security (DHSS)** *[GB]* Ministerium für Gesundheit und soziale Sicherheit; **d. of housing and urban development** Wohnungs- und Städtebauministerium *nt*; **d. for homeless persons** Obdachlosenbehörde *f*; **D. of Industry** *[GB]* Industrie-, Wirtschaftsministerium *nt*; **~ the Interior** *[US]* Innenministerium *nt*, Ministerium des Inneren; **~ Justice** *[US]* Justizministerium *nt*; **~ Labor** *[US]* Arbeitsministerium *nt*; **~ State** *[US]* Außenministerium *nt*; **~ Trade (and Industry)** *[GB]* Ministerium für Handel und Industrie, Handels-, Wirtschaftsministerium *nt*; **~ Transport** *[GB]*/**Transportation** *[US]* Verkehrsministerium *nt*
to close a department Abteilung auflösen; **to transfer a d.** Abteilung verlegen
actuarial department versicherungsmathematische/ statistische Abteilung; **administrative d.** Verwaltung *f*, V.sabteilung *f*, V.szweig *m*; **advisory d.** beratende Abteilung; **auxiliary d.** Hilfsabteilung *f*; **central d.** Zentral-, Hauptabteilung *f*; **~ manager** Hauptabteilungsleiter *m*; **commercial d.** kaufmännische (Betriebs)Abteilung; **consular d.** Konsularabteilung *f*; **corporate d.** *(Bank)* Firmenkundenabteilung *f*; **coupon-paying d.** Kuponkasse *f*; **cost-estimating d.** Vorkalkulation *f*; **debt-collecting d.** Inkassoabteilung *f*; **decision-making d.** Beschlussabteilung *f*; **direct d.** Hauptkostenstelle *f*; **editorial d.** Redaktion(sabteilung) *f*; **electrical d.** Elektroabteilung *f*; **estimating d.** Kalkulationsabteilung *f*; **federal d.** Bundesressort *nt*, B.behörde *f*, B.ministerium *nt*; **foreign d.** Auslandsabteilung *f*; **functional d.** funktionsorientierte Abteilung; **indirect d.** Fertigungshilfskostenstelle *f*; **judicial d.** Justizverwaltung *f*; **legal d.** Rechtsdezernat *nt*, R.abteilung *f*; **municipal ~ d.** Rechtsamt *nt*; **non-productive d.** Hilfskostenstelle *f*; **policy-making d.** Planungsamt *nt*, P.abteilung *f*; **principal d.** Hauptabteilung *f*; **proper/responsible d.** zuständige (Dienst)Stelle/Behörde; **second-hand d.** Antiquariat *nt*; **secretarial d.** Kanzleiabteilung *f*, Sekretariat *nt*; **special d.** Spezial-, Sonderabteilung *f*, S.referat *nt*; **specialized d.** Fachabteilung *f*; **technical d.** technische Betriebsabteilung, B.amt *nt*
departmental *adj* ressortspezifisch, r.eigen, r.mäßig, ministeriell, abteilungsweise, (bereichs)intern, Abteilungs-, Ressort-
departmentalization *n* Abteilungsbildung *f*, Kostenstellengliederung *f*, Aufgliederung in Abteilungen; **excessive d.** Ressortegoismus *m*; **functional d.** Funktionsgliederung *f*, Verrichtungsprinzip *nt*
departmental|ism *n* Bürokratismus *m*, Gliederung in Abteilungen; **d.ize** *v/t* aufgliedern, in Abteilungen aufteilen, dezentralisieren
functional departmentation *n* Funktionsgliederung *f*
department budget Ressort-, Ministeriumsetat *m*; **d. concerned** Fachabteilung *f*; **d. costing** Abteilungskalkulation *f*; **d. head** Abteilungsleiter *m*; **d. manager** Abteilungsleiter *m*, A.direktor *m*; **d. number** Abteilungsnummer *f*; **d. official** Ministerialbeamter *m*
department store Waren-, Kaufhaus *nt*; **~ bank** *[US]* Universalbank *f*; **~ chain** Warenhauskette *f*; **~ group** Kaufhauskonzern *m*, K.gruppe *f*, Warenhauskonzern *m*, W.gruppe *f*
departure *n* 1. Abreise *f*, Weg-, Abgang *m*, Fortgang *m*; 2. 🚂 Abfahrt *f*; 3. ✈ Abflug *m*; 4. *(fig)* Aufbruch *m*; 5. *(Personal)* Ausscheiden *nt*; 6. Hinscheiden *nt*; **d. from** Abweichung/Abkehr von; **hasty d.** schneller Aufbruch; **impending d.** nahe/bevorstehende Abreise; **new d.** Neuorientierung *f*, N.beginn *m*
departure copy ⊖ Exemplar Abgang; **d. gate** ✈ Flugsteig *m*; **d. lounge** ✈ Warteraum *m*, Abflughalle *f*; **d. platform** 🚂 (Abfahrts)Bahnsteig *m*; **d. point** Abgangsort *m*, A.station *f*; **d. time** Abflug-, Abfahrtszeit *f*; **scheduled d. time** planmäßige Abfahrts-/Abflugzeit
depend on *v/i* 1. abhängen von, abhängig sein von, sich bestimmen nach; 2. ankommen auf; 3. sich verlassen auf, angewiesen sein auf, zählen auf
depend|ability *n* Zuverlässigkeit(sgrad) *f*/*m*, Verlässlichkeit *f*; **d.able** *adj* zuverlässig, verlässlich
dependant *n* (Familien)Angehörige(r) *f*/*m*, Unterhaltsberechtigte(r) *f*/*m*, abhängige Person, Abhängige(r) *f*/*m*; **legal d.** Unterhaltsberechtigte(r) *f*/*m*; **surviving d.** Hinterbliebene(r) *f*/*m*
dependants' addition Zuschlag für abhängige Familienmitglieder; **~ benefits/pension** Hinterbliebenenrente *f*, H.bezüge *pl*, Rente für Familienangehörige
dependant *adj* *[US]* → **dependent** *adj*
dependence (on) *n* 1. Abhängigkeit *f* (von), Unselbstständigkeit *f*; 2. Verlass/Vertrauen *m*/*nt* (auf); **d. on principal debt** Akzessorietät *f*; **~ exports** Ausfuhr-, Exportabhängigkeit *f*; **~ the money market** Geldmarktabhängigkeit *f*; **~ raw materials** Rohstoffabhängigkeit *f*; **~ a dominating patent** Abhängigkeit eines Patents; **~ foreign trade** Außenhandelsabhängigkeit *f*
mutual dependence Verflechtung *f*; **d. audit** Abhängigkeitsprüfung *f*
dependency *n* 1. Abhängigkeit(sverhältnis) *f*/*nt*; 2. Schutzgebiet *nt*; **d. coverage** Versicherungsschutz für Unterhaltsberechtigte; **d. exemption** Steuerfreibetrag für Familienangehörige; **overall demographic d. rate**

demographische Gesamtlastquote; ~ **economic d. rate** ökonomische Gesamtlastquote
dependent *adj* 1. abhängig; 2. unterhaltsbedürftig, u.berechtigt, unselbstständig; 3. nicht selbstständig, konzernverbunden; **d. on** abhängig von, angewiesen auf; **to be d. upon** 1. abhängig sein von; 2. voraussetzen; **economically d.** wirtschaftlich abhängig
depending on *adj* je nach, abhängig von
depict *v/t* schildern, beschreiben; **d.ion** *n* Darstellung *f*, Beschreibung *f*
depletable *adj* (in der Substanz) abschreibbar
deplete *v/t* 1. leeren, räumen, erschöpfen, ausbeuten, vermindern; 2. *(Substanzverzehr)* abschreiben; **d.d** *adj* erschöpft
depletion *n* 1. Verringerung *f*, Verminderung *f*, Entleerung *f*, Erschöpfung *f*, Ausbeutung *f*; 2. Substanzverringerung *f*, S.verlust *m*, S.verzehr *m*, Kapitalschwund *m*, K.verzehr *m*, Abschreibung *f*, substanzbedingte Wertminderung, substanzielle Abnutzung; 3. *(Meer)* Überfischung *f*
depletion of assets/capital Auszehrung des Eigenkapitals, Substanzminderung *f*, S.verzehr *m*; ~ **assets/capital base** Vermögensverzehr *m*; ~ **capital** Kapitalerschöpfung *f*, K.aufzehrung *f*, K.entblößung *f*; ~ **proprietary capital** Eigenkapitalauszehrung *f*; ~ **the market** Markterschöpfung *f*; ~ **resources** Erschöpfung der Quellen/Rohstoffvorräte/Ressourcen; ~ **shareholders'** *[GB]* /**stockholders'** *[US]* **equity** Eigenkapitalauszehrung *f*
accumulated depletion aufgelaufene Wertberichtigung auf Bodenschätze; **d. allowance** Absetzung für Wertminderung/Substanzverlust; **d. policy** ✚ Förder-, Abbaupolitik *f*
de|plorable *adj* beklagenswert, betrüblich, bedauerlich; **d.plore** *v/t* bedauern
deploy *v/t* 1. einsetzen, zum Einsatz bringen; 2. ⚔ stationieren
deployment *n* Einsatz *m*, Aufstellung *f*; **d. of labour** Einsetzung von Arbeitskräften, Personaleinsatz *m*; ~ **recources** Ressourcennutzung *f*; **d. scheduling** Personaleinsatzplanung *f*
depoliticize *v/t* entpolitisieren
deponent *n* [§] Erschienene(r) *f/m*, Aussagende(r) *f/m*, (unter Eid aussagender) Zeuge, Zeugin *f*
depopulate *v/t* entvölkern
depopulation *n* Verödung *f*, Entvölkerung *f*; **rural d.** Landflucht *f*
deport *n* Kursabschlag *m*, Deport *m*
deport *v/t* des Landes verweisen, ausweisen, deportieren, abschieben
deportation *n* Abschiebung *f*, Deportation *f*, Deportierung *f*; **d. custody** Abschiebungshaft *f*; **d. order** Ausweisungs-, Abschiebungsbefehl *m*, A.beschluss *m*
deportee *n* Deportierte(r) *f/m*, Abzuschiebende(r) *f/m*
deportment *n* Haltung *f*, Benehmen *nt*
depose *v/ti* 1. [§] bezeugen, aussagen; 2. zu Protokoll erklären; 3. absetzen, des Amtes entheben; **d. to sth.** etw. unter Eid erklären
deposit *n* 1. An-, Einzahlung *f*, angezahlter Betrag, Anzahlungssumme *f*, erste Rate/Zahlung, Angeld *nt*; 2. Pfand *nt*, (Pfand)Hinterlegung *f*, Deponierung *f*, (Miet)Kaution *f*, K.ssumme *f*; 3. Ver-, Aufbewahrung *f*, Sicherheit *f*, Depot *nt*; 4. *(Effekten)* Einlieferung *f*, Deposit *nt*, Kaution *f*, Einlage *f*, Verwahrstück *nt*, Unterpfand *nt*, Einlegung *f*, Unterlage *f*; 5. (Geld)Einlage *f*, G.depot *nt*; 6. ⚒ Lager(stätte) *nt/f*, Vorkommen *nt*; 7. Ablagerung *f*, Schicht *f*; **d.s** 1. (Giro)Einlagen, Depot *nt*, Guthaben *nt/pl*, Depositen(gelder), D.einlagen, Einlagenbestand *m*, Bringgeld *nt*; 2. *(Bilanz)* Verbindlichkeiten aus Einlagen; **for d. only** 1. zur Gutschrift; 2. *(Wechsel)* nur zur Sicherheit; 3. *(Scheck)* nur zur Verrechnung; **in/upon d.** in Depot, deponiert; **on d.** als Depot; **while on d.** während der Hinterlegungszeit
current deposit|s and other accounts *(Bankbilanz)* Verbindlichkeiten gegenüber Kunden; **d.s on current account** Giroeinlagen, Einlagen im Kontokorrentverkehr; **d. for general average** (Havarie)Einschuss *m*; **d.s at the federal bank** Bundesbankguthaben *nt*; ~ **call** Sichteinlagen, täglich fällige Gelder; **d. in cash** Bardepot *nt*; **d.s in currencies** Währungseinlagen; **d. in escrow** bedingte Einlage; **d. of import duties** ⊖ Hinterlegung von Eingangsabgaben; **d.s and borrowed funds** *(Bank)* Kreditoren; **d. of the instruments of ratification** Hinterlegung der Ratifikationsurkunden; **d.(s) at/subject to notice** kündbare Einlagen, Kündigungsgeld *nt*, Einlage mit Kündigungsfrist; ~ **short notice** kurzfristige Einlagen; **d.s in domestic offices** *(Bilanz)* Einlagen (Inland); ~ **foreign offices** *(Bilanz)* Einlagen (Ausland), ~ bei ausländischen Filialen und Töchtern; **d. of securities** Effektendepot *nt*, Sicherheitsleistung *f*; ~ **fungible securities** Summenverwahrung *f*; **d.s with suppliers** geleistete Anzahlungen; **d. subject to an agreed term of notice** Kündigungsgeld *nt*, Einlage mit Kündigungsfrist; **d. of title deeds** 1. Hinterlegung der Eigentumsurkunde(n); 2. *(Kaufvertrag)* Hinterlegung der Niederschrift; **d.s in transit** noch nicht verbuchte Einzahlungen, transitorische Guthaben, unterwegs befindliche Gelder; **d.s and withdrawals** Einzahlungen und Abhebungen/Auszahlungen
no deposit 1. keine Anzahlung; 2. *(Flasche)* ohne Pfand; **kept on d.** depotverwahrt
to accept deposit|s (Geld)Einlagen entgegennehmen; **to attract d.s** Spareinlagen anziehen; **to leave a d.** 1. Anzahlung leisten; 2. Kaution/Sicherheit hinterlegen; **to lodge d.s** *(Bank)* Einlagen machen; **to lose one's d.** *[GB] (Wahlkreiskandidat)* Kaution verlieren; **to make a d. (at a bank)** Einzahlung leisten (bei einer Bank); **to pay a d.** Anzahlung leisten; **to place on d.** deponieren, in Depot geben; **to put down a d.** Anzahlung leisten; **to run down d.s** Einlagen abbauen; **to take on d.** *(Geld)* hereinnehmen
additional deposit Kontokorrentguthaben aus Kredit; **alternate d.** Gemeinschaftsdepot *nt* (mit Einzelverfügungsberechtigung); **authorized d.** Ermächtigungsdepot *nt*; **basic d.** Stammeinlage *f*; **blocked d.** Sperrdepot *nt*, S.guthaben *nt*, gesperrtes Depot; **collateral d.** *[US]* Lombard-, Sicherstellungsdepot *nt*; ~ **d.s** Lombardbestände

collective deposit Sammelverwahrung *f*, S.depot *nt*; **held in ~ d.** sammelverwahrt; **central ~ d.** Girosammeldepot *nt*
commercial deposit Firmendepot *nt*; **compulsory d.** Pflichteinlage *f*; **conventional d.** vertraglich vereinbarte Hinterlegung; **current d.s** *(Bankbilanz)* Einlagen aus gebührenfreier Rechnung, Kontokorrenteinlagen; **~ and other accounts** Einlagen auf gebührenfreier Rechnung und sonstiger Gläubiger; **derivative d.** sekundäres Giralgeld, Buchgeld *nt*, durch Kreditgewährung geschaffene Depositen; **exploitable d.** ♦ nutzbares Vorkommen; **fixed(-term) d.(s)** 1. Kündigungs-, Festgeld *nt*, feste Einlagen, Einlagen auf Depositenkonto, Termin-, Festeinlage *f*, F.geldanlage *f*, gebundenes Geld; 2. Stammeinlage *f*; **~ pledge** *(Kredit)* Baruntergelung *f*, liquide Unterlegung; **foreign d.s** Auslandsguthaben, A.einlagen; **frozen d.** gesperrtes Depot; **general d.** Streifband-, Mischdepot *nt*, Wertpapiersammelkonto *nt*; **guaranteed d.** Stammeinlage *f*; **individual d.** Streifbanddepot *nt*; **initial d.** 1. Ersteinzahlung *f*; 2. *(Börse)* Einschuss *m*; **minimum ~ d.** Mindesteinschuss *m*; **insured d.** versicherte Einlage; **interbank d.(s)** Bank-bei-Bank-Einlage *f*, gegenseitige Bankguthaben, Inter-Banken-Einlagen *pl*; **interestbearing/interest-earning d.** verzinsliche Einlage, Zinseinlage *f*, verzinsliches Guthaben; **irregular d.** unregelmäßiges Depot; **irrevocable d.** unkündbare Einlage; **joint d.** Gemeinschafts-, Sammeldepot *nt*, gemeinschaftliche Einlage; **judicial d.** gerichtlich angeordnete Verwahrung; **large d.** Großeinlage *f*; **long-term d.** langfristige Einlage; **medium-term d.** mittelfristige Einlage; **mineral d.(s)** ♦ Erz-, Minerallager(stätte) *nt/f*, M.vorkommen *nt*
minimum deposit Mindestanzahlung *f*, M.einlage *f*, M.ansparung *f*; **legal ~ d.s** gesetzliche Einlagen; **required ~ d.** Mindesteinlagesoll *nt*
naked deposit unentgeltliche Verwahrung; **net d.s** Einlage-, Einzahlungsüberschuss *m*; **non-interest-bearing d.** unverzinsliche Einlage; **non-resident d.s** Auslandsguthaben *pl*; **omnibus d.** Girosammeldepot *nt*; **open d.** offenes Depot; **other d.s** sonstige Einlagen, Privatdepositen *pl*; **personal d.s** Einlagen von Privatkunden; **primary d.s** Primär-, Kundeneinlagen, Buch-, Giralgeld *nt*, effektive Einlagen, durch ~ geschaffene Depositen; **private d.** Privatguthaben *nt*; **provisional d.** Bietungsgarantie *f*; **public d.(s)** öffentliche Einlagen, öffentliches Guthaben, Guthaben/Einlagen der öffentlichen Hand; **public-law d.** öffentlich-rechtliche Verwahrung
safe deposit Tresor(fach) *m/nt*, Geldschrank *m*, Stahlkammer *f*, verschlossenes Depot; **collective s. d.** Girosammelverwahrung *f*
safe deposit box Schließfach *nt*; **~ department** Tresorabteilung *f*; **~ facilities** Tresoranlagen; **~ fee** Aufbewahrungs-, Schließfachgebühr *f*; **~ insurance** Schließfachversicherung *f*; **~ keeping** Schließfach-, Stahlfach-, Stahlkammeraufbewahrung *f*; **~ register** *[US]* Depotbuch *nt*; **~ rent** Depot-, Tresor-, Schließfach-, Schrankfachmiete *f*

sealed deposit verschlossene Einlage, verschlossenes Depot; **secondary d.s** durch Kreditgewährung geschaffene Depositen, Kontokorrentguthaben aus Gutschriften von Krediten; **short(-term) d.s** kurzfristige Einlagen; **small d.s** kleine Einlagen
special deposit 1. Sonderdepot *nt*, S.verwahrung *f*, S.einlage *f*; 2. Einzelverwahrung *f*, E.depot *nt*, Festgeldkonto *nt*, festes Depot; **~ d.s** *[GB]* Mindestreserven, Sonderreserve *f*, Mindestreservesoll *nt*, M.reservesatz *m*, M.rücklagen; **supplementary ~ d.s** Erhöhung der Mindestreserven; **s. d. liability** Sondereinlagenverpflichtung *f*; **~ rate** *[GB]* Mindestreservesatz *m*; **~ requirements** Mindestreservebestimmungen, M.erfordernisse
specific deposit Sonderdepot *nt*; **term(ed) d.s** Festgeld-, Termineinlagen; **three-months' d.** Dreimonatsgeld *nt*, Vierteljahreseinlage *f*; **total d.s** Depositen-, Gesamtzahlungen, G.einlagen, Einlagenvolumen *nt*, E.bestand *m*; **unclaimed d.s** nicht in Anspruch genommene Depositen; **uninsured d.** unversicherte Einlage; **workable d.s** ♦ abbaufähige/abbauwürdige Vorräte
deposit *v/t* 1. einzahlen, Einzahlung leisten; 2. anzahlen, Anzahlung leisten; 3. deponieren, hinterlegen; 4. *(Effekten)* einliefern, einlagern, hereingeben, einlegen, aufbewahren, niederlegen, einreichen; **required to d.** einlagepflichtig
deposit account 1. Spar-, Einleger-, Einlage-, Depositenkonto *nt*; 2. *[US]* Depot-, Fest(geld)-, Guthabenkonto *nt*; **d. a.s** Termin(geld)einlagen; **d. a. with fixed maturity** Depositenkonto mit festgesetzter Fälligkeit; **~ at notice** Depositenkonto mit vereinbarter Kündigungsfrist
collective deposit account Sammeldepotkonto *nt*; **fixed d. a.** Festgeldkonto *nt*; **marginal d. a.** *[GB]* Teilgutschrift(s)konto für ausländische Wechsel
deposit account credit Einzahlungsbeleg *m*; **~ debit** Auszahlungsbeleg *m*; **~ department** Depositenkasse *f*
deposit agreement Hinterlegungsvertrag *m*
depositary *n* 1. Verwahrer *m*, Treuhänder *m*, Depositor *m*, Pfandhalter *m*; 2. Hinterlegungs-, Depot-, Verwahr(ungs)stelle *f*, V.ort *m*, Aufbewahrungsort *m*; 3. Stapelplatz *m*, Lagerhaus *nt*, Niederlage *f*, Warenlager *nt*, Magazin *nt*; 4. Registratur *f*; 5. Verwahrungsangestellte(r) *f/m*; **d. of goods** Warenniederlage *f*; **central ~ securities** Girosammeldepot *nt*; **intermediate d.** Zwischenverwahrer *m*; **official d.** amtliche Hinterlegungsstelle; **third-party d.** Drittverwahrer *m*
depositation *n* Hinterlegung *f*, Deponierung *f*
deposit balance Guthabenkonto *nt*; **d. bank** Depositen-, Girobank *f*; **d. banking** Einlagen-, Depositen-, Depot-, Kontokorrentgeschäft *nt*; **~ division** Depositen-, Einlagen-, Kreditorenabteilung *f*; **d. base** Einlagenseite *f*, E.geschäft *nt*, Depositengeschäft *nt*, Bodensatz von Einlagen; **d. bill** Depotwechsel *m*; **d. book** Bank-, Konto-, Einlagen-, Depositen-, Kontrollbuch *nt*; **d. bottle** Pfandflasche *f*; **d. business** Einlagen-, Passivgeschäft *nt*; **d. capital** Einlagekapital *nt*; **d. certificate** Depositenzertifikat *nt*, D.bescheinigung *f*, Kassenobligation *f*, K.schein *m*; **d. company** Depotbank *f*; **d. contraction**

deposit creation

Giralgeldkontraktion *f*; **d. creation** (Giral)Geldschöpfung *f*; **d. currency** *[US]* Giral-, Buchgeld *nt*, bargeldlose Zahlungsmittel, Girokredit *m*; **d. dealings** Geldhandel der Bank; **d. department** Depositen-, Einlagen-, Kreditorenabteilung *f*
deposited *adj* eingezahlt
deposit expansion Giralgeldschöpfung *f*; **d. fee** Hinterlegungsgebühr *f*; **individual d. fee** Streifbandgebühr *f*; **d. formation** Einlagenbildung *f*; **d. function** Passiv-, Depositengeschäft *nt*; **d. funds** (Spar)Einlagen, Depositengelder; **d. futures** Einlagentermingeschäfte; **d.s growth** Einlagenwachstum *nt*; **net ~ growth** Einlagenplus *nt*; **d. guarantee fund** Einlagengarantie-, Einlagensicherungs-, Stützungsfonds *m*
depositing *n* Einzahlung *f*, Einreichung *f*, Verwahrung *f*; **d. of documents** Urkundenhinterlegung *f*; **d. business** Einlagengeschäft *nt*
deposit insurance Einlagen-, Depot-, Depositenversicherung *f*; **federal ~ corporation** *[US]* Einlagenversicherungsanstalt *f*; **~ scheme** Einlagenversicherung *f*, Feuerwehrfonds *m*
deposition *n* 1. Amtsenthebung *f*, Absetzung *f*; 2. Ablagerung *f*; 3. [§] Aussage/Erklärung unter Eid, eidliche Aussage, Zeugnis *nt*, Zeugenaussage *f*, Aussageprotokoll *nt*; **d. on oath** beschworene Zeugenaussage; **to retract a d.** Zeugenaussage widerrufen
concordant deposition|s übereinstimmende Zeugenaussagen; **statutory d.** beschworene Erklärung; **sworn d.** eidliche Ausssage; **verbal d.** mündliche Erklärung; **written d.** schriftliche Zeugenaussage
deposition period Aufbewahrungsfrist *f*
deposit item Depositenurkunde *f*; **d. ledger** Depositenregister *nt*, Depositen-, Einlagenkonto *nt*; **d. liabilities** Einlagen-, Kontokorrentverbindlichkeiten, K.verpflichtungen, Termin- und langfristige Verbindlichkeiten, Verbindlichkeiten aus Depositenkonten/Einlagen; **d. line** *[US]* durchschnittlicher Kreditsaldo/Einlagenbestand; **d. list** 1. *[US]* Depotverzeichnis *nt*; 2. Fälligkeitsliste *f*; **d. mobilization** Aktivierung von Einlagen
deposit money Giral-, Buch-, Bankgeld *nt*, bargeldlose Zahlungsmittel; **~ creation** Giralgeldschöpfung *f*; **~ supply** Buchgeldmenge *f*
deposit multiplier Geld-, Kreditschöpfungsmultiplikator *m*; **third-party d. notice** Fremdanzeige *f*
depositor *n* 1. Einzahler *m*, (Kapital)Einleger *m*, Konto-, Depotinhaber *m*, Sparer *m*, Bank-, Depotkunde *m*, Kreditor *m*, Depositeninhaber *m*, D.kunde *m*; 2. Einlieferer *m*, Einreicher *m*, Deponent *m*, Hinterleger *m*, Einlagerer *m*, Hereingeber *m*, Depotberechtigter *m*; **personal d.** Privateinleger *m*; **public d.** öffentlicher Einleger; **d.s' book** Einlagebuch *nt*; **~ ledger** Depositen-, Einlagenkonto *nt*, Depositenregister *nt*
depository *n* → depositary
depository *n* Lagerhaus *nt*
deposit payment *(Ratenkauf)* Anzahlung *f*; **d. policy** Einlagenpolitik *f*; **d. protection** Einlagenschutz *m*; **~ scheme** Feuerwehrfonds *m* (der Banken), Einlageschutz *m*; **d. rate** Haben-, Passivzins(satz) *m*, Einla-

genzins *m*, Zinssatz für Bankdepositen; **d. receipt** Depotquittung *f*, D.schein *m*, Hinterlegungsschein *m*, H.urkunde *f*; **d. records** Depotunterlagen; **d. register** Hinterlegungsbuch *nt*; **d. requirements** Anzahlungsbedingungen; **d. security reserve** Sicherungsreserve *f*; **d.(s) side** Einlagen-, Habenseite *f*; **d. slip** 1. Einzahlungsschein *m*, E.beleg *m*; 2. Depotbescheinigung *f*, Einlieferungs-, Depotschein *m*, D.quittung *f*, Einlieferungszettel *m*; 3. *(Einzahlung)* Quittung *f*; **d. society** *[GB]* Sparergenossenschaft *f*; **d. stock** *[US]* Garantieaktie *f*; **d. taker** Kapitalsammelstelle *f*; **d.-taking** *n* Geldannahme *f*; **d. terms** Anzahlungsbedingungen; **d. ticket** Gutschriften-, Einzahlungsbeleg *m*; **d. trading agent** Depotkommissionär *m*; **d. turnover** Verhältnis Verbindlichkeiten zu Sichteinlagen; **d. warrant** Hinterlegungsschein *m*
depot *n* 1. Aufbewahrungsort *m*, Lager(haus) *nt*, Verkaufslager *nt*, V.niederlage *f*, Magazin *nt*, Depot *nt*, Niederlage *f*, Stapel-, Lager-, Auslieferungsplatz *m*, Vorratslager *nt*; 2. *[US]* 🚂 Bahnhof *m*; 3. *(Bus/Straßenbahn)* Depot *nt*; **external d.** Außenlager *nt*; **general d.** Sammel-, Nachschublager *nt*; **own d.** Eigenlager *nt*; **d. ship** Versorgungsschiff *nt*
de|pravation *n* 1. Verderbung *f*, Verderblichkeit *f*; 2. Verdorben-, Verworfenheit *f*; **d.prave** *v/t* verderben, demoralisieren; **d.praved** *adj* korrupt, verderbt, verkommen
depre|cate *v/t* missbilligen; **d.cation** *n* Missbilligung *f*
depreciable *adj* abschreibbar, absetzbar, abschreibungsfähig
depreciate *v/ti* 1. abschreiben, abwerten, mindern, (im Wert) herabsetzen, entwerten, Abschreibungen vornehmen; 2. im Wert/Preis fallen, ~ sinken, an Kaufkraft/(Nutz)Wert verlieren; **d. at a constant rate** linear abschreiben
depreciated *adj* im Wert herabgesetzt, entwertet, abgeschrieben; **partly d.** teilabgeschrieben
depreciation *n* 1. Wertminderung *f*, (Wert)Herabsetzung *f*, Verminderung/Verringerung des Wertes; 2. *(Bilanz)* Abschreibung *f*, Absetzung für Abnutzung (AfA), Abschreibungsaufwand *m*, Minderbewertung *f*, Bewertungsabschlag *m*; 3. Wertrückgang *m*, W.verlust *m*, W.verschlechterung *f*, W.abnahme *f*; 4. Kursverlust *m*; 5. Abwertung *f*, Geld-, Währungsverschlechterung *f*, Entwertung *f*
depreciation in the accounts Bilanzabschreibung *f*; **d. on additions made during the fiscal year** Abschreibungen auf Zugänge des Geschäftsjahres; **d. for age** Altersabschreibung *f*; **physical d. of assets** technische Entwertung; **d. of current assets** Wertberichtigung auf das Umlaufvermögen; **d. on financial assets** Abschreibung auf Finanzanlagen; **d. of fixed/tangible assets** Sachanlagenabschreibung *f*, Abschreibung auf Sachanlagen; **d. on fixed assets and long-term investments** Abschreibung auf das Anlagevermögen; **d. of buildings** Gebäudeabnutzung *f*, G.abschreibung *f*, Abschreibung für Gebäude; **d. for business purposes** betriebswirtschaftliche Abschreibung; **d. of capital** Kapitalabschreibung *f*; **d. at choice** Wahlfreiheit bei

der Abschreibung; **d. for cost accounting purposes** kalkulatorische Abschreibung; **d. of a currency** Währungsverfall *m*, Währungs-, Geldentwertung *f*; **~ industrial equipment** Abschreibung auf Betriebsanlagen; **~ investments** Abschreibung auf Beteiligungen/Investitionen, Wertminderung von Investitionen; **d. for obsolescence** Veralterungsabschreibung *f*; **d. of office furniture and equipment** Abschreibung auf die Betriebs- und Geschäftsausstattung; **d. for the/per period** Abschreibungsquote *f*, Jahresabschreibung *f*, jährliche Abschreibung; **d. of plant** Abschreibung auf Betriebs-/Werksanlagen; **~ plant and equipment** Abschreibung auf Betriebsanlagen; **~ property, plant and equipment** Abschreibung auf Sachanlagen; **~ replacement value** Abschreibung vom Wiederbeschaffungswert; **d. for reporting purposes; ~ financial statement purposes** bilanzielle/bilanzmäßige Abschreibung; **~ tax purposes** steuerliche Abschreibung; **d. through use** nutzungsbedingte/kalkulatorische Abschreibung; **d. due to/for wear and tear** 1. verbrauchsbedingte Abschreibung; 2. *(Steuer)* Absetzung/Abschreibung für Abnutzung (AfA)

to charge depreciation Abschreibungen verrechnen; **to earn one's d.** Abschreibungen verdienen

accelerated depreciation Sonder-, Vorausabschreibung *f*, erhöhte/beschleunigte/fallende/vorzeitige/Abschreibung, erhöhte Absetzungen; **accrued d.** Abschreibungsreserve *f*, A.fonds *m*, A.rücklage *f*, Wertberichtigung *f*, W.minderungsrückstellung *f*, Gesamtabschreibung *f*, passivierte Abschreibung; **accumulated d.** aufgelaufene/akkumulierte Abschreibung, Wertberichtigungen auf das Sachanlagevermögen; **additional d.** Sonderabschreibung *f*; **aggregate d.** Gesamtsumme der Abschreibungen; **annual d.** Jahresabschreibung *f*, jährliche Abschreibung; **broken-down d.** einzeln verrechnete Abschreibung; **competitive d.** Abwertung aus Wettbewerbsgründen; **composite d.** Gruppen-, Pauschalwertabschreibung *f*; **composite-rate d.** durchschnittliche Abschreibungsquote; **declining-balance/diminishing-balance d.** (geometrisch-) degressive Abschreibung, Buchwertabschreibung *f*; **direct d.** direkte Abschreibung; **exceptional d.** außerplanmäßige Abschreibung; **extraordinary d.** Sonderabschreibung *f*, außerordentliche/außergewöhnliche/außerplanmäßige Abschreibung; **flat-rate d.** lineare Abschreibung; **free d.** 1. Bewertungsfreiheit *f*; 2. *[GB]* 100-prozentige Abschreibung im ersten Jahr nach Anschaffung; **full d.** Vollabschreibung *f*; **functional d.** wirtschaftliche Abschreibung; **increasing-charge d.** progressive Abschreibung; **in-lieu d.** bilanz- und finanzpolitische Abschreibung; **lump-sum d.** Gesamt-, Kollektiv-, Pauschalabschreibung *f*; **non-physical d.** wirtschaftliche Entwertung (durch Verbesserungen); **non-scheduled d.** außerplanmäßige Abschreibung; **normal d.** planmäßige Abschreibung; **observed d.** durch Prüfung ermittelte Wertminderung; **ordinary d.** *[US]* normale/planmäßige/ordentliche Abschreibung, Normalabschreibung *f*; **overall d.** Pauschalabschreibung *f*; **partial d.** Teilabschreibung *f*; **physical d.** Gebrauchsabschreibung *f*, verbrauchsbedingte Abschreibung, tatsächliche/technische Entwertung (durch Gebrauch); **rapid d.** Schnellabschreibung *f*; **realized d.** verdiente Abschreibung; **recaptured d.** eingeholte Abschreibung; **reducing-balance d.** degressive Abschreibung; **regular/scheduled d.** planmäßige Abschreibung; **single-asset/single-unit d.** Einzelabschreibung *f*, individuelle Abschreibung; **special/supplementary d.** Sonderabschreibung *f*; **straight-line d.** lineare Abschreibung; **sum-of-the-year-digits d.** arithmetisch-degressive/digitale Abschreibung; **tax-allowable d.** steuerlich zulässige Abschreibung; **time-based d.** Zeitverschleiß *m*; **unplanned d.** außerplanmäßige Abschreibung; **unrealized d.** nicht realisierter Wertverlust

depreciation account Abschreibungs-, Wertminderungskonto *nt*; **d. accounting** Abschreibungsrechnung *f*, systematisches Verteilen von Anschaffungskosten von Anlagen auf die wirtschaftliche Nutzungsdauer, Ermittlung und Verteilung der Wertminderung über die Nutzungsdauer; **d. accruals** entstandene Abschreibungen; **d. adjustment** Abschreibungsausgleich *m*

depreciation allowance 1. Abschreibung *f*, A.smöglichkeit *f*, A.sbetrag *m*; 2. Rückstellung für Abschreibungen; **additional d. a.** Mehrabschreibung *f*; **fictitious/imputed d. a.** kalkulatorische Abschreibung; **initial d. a.** Vorgriffsabschreibung *f*, steuerfreie Sonderabschreibung; **special d. a.** Abschreibungspräferenz *f*

depreciation base Abschreibungsgrundlage *f*, A.summe *f*, A.ausgangsbetrag *m*, A.basis *f*, Bemessungsgrundlage *f*; **d. benefit** Abschreibungsvorteil *m*

depreciation charge Abschreibungssatz *m*, A.betrag *m*, A.quote *f*, A.summe *f*, A.aufwand *m*, Abschreibungen *pl*; **d. c.s** 1. Wertberichtigungen; 2. Abschreibungskosten, Kosten der Abschreibung; **annual d. c.** jährliche Abschreibung; **periodic d. c.s** periodische Abschreibungen; **periodical d. c.** Abschreibungsquote *f*, Jahresabschreibung *f*; **special d. c.** Sonderabschreibungsbetrag *m*

depreciation clause Entwertungsklausel *f*; **d. concessions** Abschreibungserleichterungen *f*; **d. conditions** Abschreibungsbedingungen; **d. cost(s)** Abnutzungsaufwand *m*; **d. date** Abschreibungsstichtag *m*; **d. equivalent** Abschreibungsgegenwert *m*; **d. expense(s)** Abschreibungsaufwand *m*, A.quote *f*, A.betrag *m*, A.summe *f*; **annual d. expense(s)** jährliche Abschreibungsquote, jährlicher A.aufwand; **special d. facility** Sonderabschreibungsmöglichkeit *f*; **d. financing** Abschreibungsfinanzierung *f*; **d. formula** Abschreibungsformel *f*; **d. function** Abschreibungsfunktion *f*; **d. fund** Abnutzungs-, Abschreibungsfonds *m*, A.rücklage *f*, A.reserve *f*, Rücklage für Abschreibungen; **d. method** Abschreibungsmethode *f*, A.verfahren *nt*; **combined d. and upkeep method** kombinierte Abschreibungs- und Erhaltungsmethode; **d. policy** 1. *(Vers.)* Abschreibungspolice *f*; 2. Abschreibungspolitik *f*; **d. practice(s)** Abschreibungspraxis *f*; **d. pressure(s)** *(Währung)* Abwertungsdruck *m*; **d. privilege**

Abschreibungserleichterung f; **d. procedure** Abschreibungsmethode f; **d. proceeds** Abschreibungserlös m; **d. program(me)** Abschreibungsplan m; **d. provision** Abschreibungsquote f, aufgelaufene Abschreibung, Wertberichtigung auf das Anlagevermögen; **d. provisions** Abschreibungsbestimmungen, A.richtlinien
depreciation rate Abschreibungs(prozent)satz m, A.quote f, Entwertungssatz m; **standard d. r.** Abschreibungsrichtsatz m; **d. r. table** Abschreibungstabelle f
depreciation requirements Abschreibungsbedarf m
depreciation reserve(s) Wertberichtigung auf das Anlagevermögen, Wertminderungs-, Abschreibungsreserve f, A.fonds m, Rücklagen für Abnutzungen/Abschreibungen, Erneuerungsfonds m; **~ account** Konto für Abschreibungsrücklagen, Erneuerungskonto nt; **~ ratio** Verhältnis der Gesamtabschreibungen zu den Anschaffungskosten
depreciation result Abschreibungsergebnis nt; **d. risk** Anlage-, Abschreibungswagnis nt, Anlage-, Abschreibungsrisiko nt; **d. rules** Abschreibungsvorschriften; **to subject sth. to uniform d. rules** etw. einheitlich abschreiben; **d. schedule** Abschreibungsplan m; **d. shortfall** unterlassene Abschreibung(smöglichkeit); **d. terms** Abschreibungsbedingungen; **d. unit** Abschreibungsgegenstand m, A.einheit f
depredation n Plünderung f, Raub m, Verwüstung f
depress v/t 1. be-, niederdrücken; 2. *(Konjunktur)* dämpfen, abflauen lassen; 3. senken, herabsetzen, vermindern, einschränken; 4. *(Markt)* belasten; 5. *(Knopf)* drücken, betätigen
depressant n 1. kursdrückender/konjunkturabschwächender Faktor, (konjunktur)hemmendes Element; 2. [§] Beruhigungsmittel nt; *adj* beruhigend, dämpfend
depressed *adj* 1. gedrückt, geschwächt; 2. matt, flau, niedergedrückt, n.geschlagen, deprimiert
depressing *adj* deprimierend, bedrückend
depression n 1. Konjunkturrückgang m, Rezession f, Wirtschaftskrise f, Flaute f, Depression f, Baisse f *(frz.)*, Abschwungphase f, wirtschaftliche Krise, Tiefkonjunktur f; 2. ⌂ Tiefdruck(gebiet) m/nt, Tief nt; 3. Gedrücktheit f, Niedergeschlagenheit f; 4. Senke f, Vertiefung f; **the (Great) D.** die Weltwirtschaftskrise (nach 1929); **d. of the market** Preisdruck m, Baisse(stimmung) f; **to snap out of d.** aus der rezessiven Phase heraustreten
cyclical depression Konjunkturtief nt, K.baisse f, konjunkturelle Flaute, Rezession f; **economic d.** Konjunktur-, Wirtschaftskrise f, wirtschaftliche Schlechtwetterlage, wirtschaftliches Tief, Rezession f; **shallow d.** ⌂ flaches Tiefdruckgebiet; **worldwide d.** Weltwirtschaftskrise f
depressive *adj* depressiv
deprivation n 1. Entzug m, Entziehung f; 2. Mangel m, Entbehrung f; **d. of the enjoyment of property** Besitzvorenthaltung f; **~ liberty** Freiheitsentziehung f, F.entzug m, F.strafe f; **~ power** Entmachtung f; **~ property** Sachentziehung f, Einziehung f; **~ the rights to the statutory portion** Pflichtteilsentziehung f; **~ civil rights** Aberkennung/Entziehung der bürgerlichen Ehrenrechte; **~ fundamental rights** Entrechtung f; **to suffer from social d.** sozial benachteiligt sein; **rural d.** Strukturschwäche in ländlichen Gebieten; **d. effect** Entzugseffekt m
deprive (of) v/t entziehen, vorenthalten, berauben; **d.d** *adj* (sozial) benachteiligt
depth n 1. Tiefe f; 2. ⚓ Tiefgang m; 3. ⚔ Teufe f; **in the d. of the country** auf dem flachen Lande; **d. of focus** *(Optik)* Tiefenschärfe f; **~ program(me)** Programmtiefe f; **~ range** Programm-, Sortimentstiefe f; **~ water** Wassertiefe f
mean depth ⚓ mittlerer Tiefgang; **navigable d.** Tauchtiefe f; **d. finder** Tiefenlot nt
depth interview Intensiv-, Tiefeninterview nt, offenes Interview; **d. psychologist** Tiefenpsychologe m; **d. psychology** Tiefenpsychologie f
deputation n Abordnung f, Delegation f
deputize (for so.) v/i Vertretung übernehmen, als (Stell)Vertreter fungieren/auftreten/handeln, (stell)vertreten, amtieren
deputy n 1. (Stell)Vertreter m, Statthalter m; 2. Volksvertreter m; 3. *(Einzelhandel)* Substitut(in) m/f; **as a d.** vertretungsweise; **to act as a d.** als Stellvertreter auftreten/fungieren, stellvertretend handeln
deputy *adj* stellvertretend
deputy board member stellvertretendes Vorstandsmitglied, Vorstandsstellvertreter m; **d. chairman** stellvertretender/zweiter Vorsitzender, Vizepräsident m; **d. county council clerk** Kreisdirektor m; **d. director** stellvertretender Direktor/Leiter; **d. juror** [§] Hilfsschworene(r) f/m, H.schöffe m, H.schöffin f; **d. manager** 1. stellvertretender Direktor/Geschäftsführer/Leiter, Juniorchef m; 2. *(Einzelhandel)* Substitut(in) m/f; **d. member** stellvertretendes Mitglied; **d. notary** Notariatsvertreter m; **d. prosecutor** Vertreter des Staatsanwaltes; **d. sheriff** *[US]* Hilfspolizist m; **d. town clerk** Beigeordnete(r) f/m
derail v/t ⚒ zum Entgleisen bringen; **to be(come) d.ed** *adj* entgleisen, aus den Schienen springen; **d.ment** n Entgleisung f, Entgleisen nt
mentally deranged *adj* geistig gestört/umnachtet, geisteskrank, g.gestört
de|rate v/t *[GB] (Kommunalsteuer)* von der Umlage befreien; **d.rating (of local taxes)** n Umlagen-, Grundsteuerbefreiung f; **industrial d.rating** Grundsteuerbefreiung für Gewerbebetriebe
de|register v/t 1. im Handelsregister löschen, abmelden; 2. ⚓ ausflaggen; **d.registration** n 1. Löschung im Handelsregister; 2. ⚓ Ausflaggung f
deregulate v/t 1. liberalisieren, deregulieren, Zwangsbewirtschaftung/Kontrolle/Einschränkungsmaßnahmen aufheben; 2. *(Tarif)* freigeben; **d.d** *adj* liberalisiert
deregulation n 1. Liberalisierung f, Deregulierung f, Aufhebung der Zwangswirtschaft/Preiskontrollen/Kontrollbestimmungen/Beschränkungen, ~ öffentlichen Bindung, Abbau der Zwangsbewirtschaftung/Z.wirtschaft; 2. (Tarif)Freigabe f
derelict *adj* ⌂ baufällig, verfallen, abbruchreif, ver-

nachlässigt; 2. verlassen, herrenlos; n ⚓ (treibendes) Wrack
dereliction n 1. [§] (schuldhafte) Vernachlässigung, schuldhaftes Versäumnis; 2. 🏛 Verfall m, Baufälligkeit f; 3. Eigentums-, Besitzaufgabe f; **d. of duty** Pflichtversäumnis nt, P.vergessenheit f, Dienstvernachlässigung f, D.versäumnis nt; **~ land** Landverödung f
derequisition n Aufhebung einer Beschlagnahme
derestrict v/t Einschränkungsmaßnahmen aufheben; **d.ed** adj liberalisiert; **d.ion** n Lockerung von Beschränkungen
de|ride v/t verlachen, verspotten, lächerlich machen; **d.rision** n Hohn m, Spott m, Lächerlichkeit f; **d.risive** adj höhnisch, spöttisch, verächtlich; **d.risory** adj lächerlich (gering)
derivation n Ab-, Herleitung f, Ursprung m, Abstammung f, Herkunft f
derivative n 1. π Ableitung f; 2. Derivat nt; 3. Werkstoff m; 4. derivatives Finanzprodukt; **d.s trading** Derivatenhandel m
derivative adj abgeleitet, sekundär, nicht originär, derivativ
derive (from) v/ti 1. ableiten (von), herleiten (von); 2. herrühren (von), zurückführen auf; 3. *(Einkünfte)* beziehen; **d.d** adj abgeleitet; **to be d.d from** stammen aus
derma|titis n ⚕ Hautentzündung f; **d.tologist** n Hautarzt m, H.ärztin f; **d. tology** Dermatologie f; **~ clinic** Hautklinik f
derogate (from) v/t 1. [§] derogieren, beeinträchtigen; 2. nachteilig abweichen von
derogation n 1. Ausnahmegenehmigung f, A.regelung f, Aufschub m, Abweichung f, abweichende Bestimmung; 2. Beeinträchtigung f; 3. [§] Derogation f; **by way of d. from** in Abweichung von; **temporary d.** befristete Ausnahmeregelung
deroga|tive adj abträglich, nachteilig, von Nachteil; **d.tory** adj 1. nachteilig, abträglich, schädlich; 2. geringschätzig, abfällig
derrick n 1. ⚒ Bohrturm m; 2. Kran m, Montage-, Drehkran m; 3. Schiffs-, Ladebaum m; **d. operator** Kranführer m
derring-do n *(coll)* Wagemut m; **entrepreneurial d.** unternehmerischer Wagemut
derust v/t entrosten
derv (diesel-engined road vehicle) n 1. 🚗 Dieselfahrzeug nt; 2. *[GB]* Dieselkraftstoff m
de|salinate v/t entsalzen; **d.salination** n Entsalzung f; **~ plant** Entsalzungsanlage f
descale v/t entkalken
descend (from) v/i 1. hinab-, herabsteigen; 2. ab-, entstammen, herrühren
descendant n Abkömmling m, Nachfahre m, N.komme m, N.kömmling m; **d.s** Nachkommen(schaft) pl/f; **d. entitled to an inheritance** erbberechtigter Abkömmling; **d.s in direct lineage** Abkömmlinge in gerader Linie; **direct d. in first-degree lineage** direkter Abkömmling ersten Grades; **d. entitled to statutory portion** pflichtteilsberechtigter Abkömmling; **inheritable d.** erbberechtigter Abkömmling; **lineal d.** direkter Nachkomme
descendibility n Vererbbarkeit f, Übertragbarkeit f
descending adj absteigend, abnehmend
descent n 1. Abstammung f, Ursprung m, Ab-, Herkunft f, Herkommen nt; 2. Abstieg m; 3. ✈ Sinkflug m; **direct d.** unmittelbare Abstammung; **illegitimate d.** nichteheliche/uneheliche/außereheliche Abstammung; **legitimate d.** 1. rechtmäßige Nachfolge; 2. eheliche Abstammung; **lineal d.** direkte Nachfolge; **mediate d.** mittelbare Erbfolge
describable adj beschreibbar
describe v/t 1. beschreiben, schildern, darstellen; 2. bezeichnen, charakterisieren; **d. vividly** lebhaft beschreiben
description n 1. Beschreibung f, Darstellung f, Schilderung f; 2. Bezeichnung f, Benennung f, Art f, (Wertpapier)Gattung f, Sorte f; **according to d.** laut Beschreibung; **on d.** auf Beschreibung
description of the account Bezeichnung des Kontos; **~ the goods** Warenbezeichnung f, Beschreibung/Bezeichnung der Ware; **~ a wanted person** *(Polizei)* Personenbeschreibung f; **~ securities** Wertpapier-, Effektengattung f; **~ the signatory** Eigenschaft des Unterzeichneten
of every description von jeder Sorte
to answer a description einer Beschreibung entsprechen; **to beggar d.** jeder Beschreibung spotten
brief description Kurzbeschreibung f; **commercial/customary d.** handelsübliche Bezeichnung; **detailed d.** eingehende Schilderung, Detailschilderung f; **full d.** ausführliche Beschreibung; **graphic d.** anschauliche Schilderung; **misleading d.** missverständliche Bezeichnung; **narrative d.** Verbalbeschreibung f; **official d.** Amtsbezeichnung f; **personal d.** Personenbeschreibung f; **physical d.** Sachbezeichnung f; **proprietary d.** Markenbezeichnung f, geschützte Bezeichnung; **topographical d.** Terrainbeschreibung f; **vivid d.** lebhafte Schilderung
description clause 🖥 Eintragung f; **d. entry** Erklärung f; **d. field** Textfeld nt; **d. model** Beschreibungsmodell nt
descriptive adj 1. beschreibend, darstellend; 2. anschaulich
descriptor n Deskriptor m
deseasonalize v/t 📊 saisonal bereinigen
desecration n Profanierung f, Schändung f, Entweihung f; **d. of dead bodies** Leichenschändung f; **~ a grave** Grabschändung f
desecrator (of dead bodies) n Leichenschänder m
deselect v/t *(Kandidat)* abwählen; **d.ion** Abwahl f
desert n Wüste f, Einöde f
desert v/ti 1. verlassen, im Stich lassen; 2. ⚔ desertieren, überlaufen, fahnenflüchtig werden; 3. [§] Beiwohnungs-/Kohabitationspflicht verletzen
deserted adj menschenleer, unbewohnt, verlassen, öde; **to become d.** veröden
deserter n ⚔ Deserteur m, Fahnenflüchtiger m, Überläufer m
desertification n Verödung f, Wüstenbildung f
desertion n 1. ⚔ Fahnenflucht f; 2. [§] Verletzung der Beiwohnungs-/Kohabitationspflicht; 3. Verlassen nt;

d. of children Kinderaussetzung *f*; **wilful d.** böswilliges Verlassen
deserts *pl* Verdienst *nt*, Wert *m*; **to get one's (just) d.** seine gerechte Strafe erhalten, seinen wohlverdienten Lohn bekommen
deserve *v/t* verdienen
deserving *adj* verdienstvoll
design *n* 1. Plan *m*, Konstruktion *f*, Entwurf *m*, (graphische) Gestaltung, Konstruieren *nt*, Entwicklung *f*; 2. Schnitt *m*, Form *f*, Modell *nt*, Design *nt*, Dessin *nt (frz.)*, Formgestaltung *f*, F.gebung *f*, (Geschmacks-/Gebrauchs)Muster *nt*, Ausführung *f*; 3. Absicht *f*, Plan *m*; **d.s** Konstruktionsunterlagen; **by d.** absichtlich
design and construction of industrial plants Großanlagenbau *m*; **~ development** Konzeption und Entwicklung; **d. of packing** Ausstattung *f*, Packungsgestaltung *f*
architectural design 🏛 Raumgestaltung *f*, R.planung *f*; **compact d.** Kompaktbauweise *f*; **computer-aided d. (CAD)** EDV-gestützte Konstruktion, rechnerunterstütztes Konstruieren; **elaborate d.** kunstvolles Muster; **experimental d.** ▦ Versuchsplan *m*; **faulty d.** Konstruktionsfehler *m*, Fehlkonstruktion *f*; **industrial d.** 1. Industrieform *f*, Geschmacksmuster *nt*, industrielle Form(en)gebung; 2. Konstruktionslehre *f*; **interior d.** Innenarchitektur *f*; **new d.** Neukonstruktion *f*; **organizational d.** Organisationsgestaltung *f*, O.struktur *f*; **ornamental d.** Geschmacksmuster *nt*; **premeditated d.** [§] Tatvorsatz *m*; **protected d.** geschütztes Geschmacks- oder Gebrauchsmuster; **registered d.** Gebrauchsmuster *nt*, geschütztes Modell, eingetragenes Muster; **special d.** Sonderanfertigung *f*; **standard d.** Normalausführung *f*; **streamlined d.** Stromlinienform *f*
design *v/t* 1. gestalten, konstruieren; 2. entwerfen, planen, zeichnen, konzipieren; 3. beabsichtigen, bestimmen, vorsehen, auslegen
Design|s Act *[GB]* Gebrauchsmustergesetz *nt*; **d. activity** *(Projekt)* Entwurfsphase *f*
designate *v/t* 1. bezeichnen, nennen; 2. vorsehen, ernennen, nominieren, berufen, designieren, bestimmen; 3. kennzeichnen, markieren; *adj* ausersehen, designiert, ernannt
designated *adj* 1. bezeichnet; 2. zweckbestimmt, vorgesehen, designiert
designation *n* 1. Be-, Kennzeichnung *f*, Warenbenennung *f*; 2. (Zweck)Bestimmung *f*; 3. (Be)Nennung *f*, Namhaftmachung *f*; 4. Nominierung *f*, Ernennung *f*; **d. of accounts** Kontierung von Belegen; **d. as a beneficiary** Begünstigung *f*; **~ building land** Ausweisung als/Erklärung zum Bauland; **printed d. of drawee** *(Wechsel)* Bezogeneneindruck *m*; **d. of origin** Herkunfts-, Ursprungsbezeichnung *f*; **~ a post** Dienstbezeichnung *f*; **~ a successor** Einsetzung/Ernennung eines Nachfolgers
joint designation gemeinsame Benennung; **official d.** amtliche/offizielle Bezeichnung, Amtsbezeichnung *f*; **registered d.** Geschmacksmuster *nt*; **~ protection** Geschmacksmusterschutz *m*; **technical d.** technische Bezeichnung
designation fee Benennungsgebühr *f*; **d. procedure**

(IMF) Designierungsverfahren *nt*
designator *n* Bezeichner *m*
design copyright Musterschutz *m*; **indirect d. costs** Konstruktionsgemeinkosten; **d. data** Konstruktionsunterlagen; **d. department** Konstruktionsabteilung *f*, K.stelle *f*; **d. drawing** Konstruktionsplan *m*
designed (to) *adj* 1. dafür bestimmt, darauf angelegt; 2. konstruiert (zu); **to be d. to** abzielen auf, zum Ziel haben
designee *n* Begünstigter *m*
design engineer Konstrukteur *m*; **d. engineering** Konstruktionstechnik *f*
designer *n* 1. (Form)Gestalter *m*, Entwerfer *m*, (Muster)Zeichner *m*, Designer *m*, Schöpfer(in) *m/f*; 2. Konstrukteur *m*; **chief d.** Chefkonstrukteur *m*; **graphic d.** Graphiker *m*; **interior d.** Raumgestalter(in) *m/f*, Innenarchitekt(in) *m/f*; **d. fashion** Designermode *f*
design fault Konstruktionsfehler *m*; **d. feature** Konstruktionselement *nt*, K.merkmal *nt*; **d. patent** Gebrauchs-, Geschmacksmuster *nt*, Musterpatent *nt*; **d. philosophy** Konstruktionsprinzipien *pl*; **d. piracy** Abkupfern *nt (coll)*, sklavische Nachahmung; **d. pooling agreement** Gebrauchs-, Geschmacksmusterkartell *nt*; **d. process** Gestaltungsprozess *m*; **d. specifications** ✪ Lastenheft *nt*; **d. work** Entwicklungsarbeit *f*
desirability *n* Wünschbarkeit *f*
desirable wünschenswert, angenehm, erwünscht, erstrebenswert; **economically d.** volkswirtschaftlich wünschenswert
desire *n* Wunsch *m*, Lust *f*, Sehnsucht *f*, Verlangen *nt*, Begierde *f*, Begehren *nt*; **to indulge one's d.(s)** seiner Lust frönen; **fervent d.** brennender Wunsch; **strong d.** dringendes Bedürfnis
desire *v/t* begehren, wünschen
as desired *adj* je nach Wunsch; **to leave much/nothing to be d.** viel/nichts zu wünschen übriglassen
desirous *adj* begehrlich, begierig
desist (from) *v/i* unterlassen, Abstand nehmen von
desk *n* 1. Schalter *m*, Kasse *f*; 2. Schreibtisch *m*, (Schreib-/Steh)Pult *nt*, Arbeitstisch *m*, Sekretär *m*; **at the d.** an der Kasse; **d. with central drawer locking system** Schreibtisch mit Zentralverschluss; **~ drop-well** Versenktisch *m*
check-in desk ✈ Abfertigungsschalter *m*; **high d.** Stehpult *nt*; **roll-top d.** Schreibtisch mit Rollverschluss
(writing) desk armchair Schreibtischsessel *m*; **d.-bound** *adj* an den Schreibtisch gebunden; **d. calendar** Tisch-, Umlegekalender *m*; **d. check** 🖵 Schreibtischtest *m*; **d. clerk** *[US]* Empfangschef *m*; **d. computer** Tisch-, Arbeitsplatzrechner *m*, A.computer *m*; **d. diary** Tischkalender *m*; **d. dispenser** Tischabroller *m*; **d. editor** 1. *(Verlag)* Lektor(in) *m/f*; 2. *(Zeitung)* Ressortchef(in) *m/f*
deskilling *n* Herabstufen von Arbeitsplätzen, Aberkennung des Facharbeiterstatus
desk jobber Großhändler im Streckengeschäft, Kommissionsagent *m*, Grossist ohne eigenes Lager; **d. lamp** (Schreib)Tischlampe *f*; **d. officer** Sach-, Ressortbearbeiter *m*; **d. pad** Schreib(tisch)unterlage *f*; **d. research**

Sekundär-, Schreibtischforschung *f*, indirekte Erhebung; **d. set/telephone** ✎ Tischtelefon *nt*, T.apparat *m*; **d.-sized** *adj* schreibtischgroß; **d.-top** *adj* Tisch-, Arbeitsplatz-; **d.-top manager** 🖳 Desktop-Manager *m*; **d. training** Ausbildung am Arbeitsplatz; **d. tray** Ablage-, Post-, Briefkorb *m*; **d. work** Schreibtischarbeit *f*, S.tätigkeit *f*

desolate *adj* öde, einsam, verlassen, unwirtlich, verwüstet, trostlos; **to become d.** veröden

desolation *n* Verödung *f*

DESOX (desulphurization) plant *n* Entschwefelungsanlage *f*

despair *n* Verzweiflung *f*; **in d.** verzweifelt; **out of sheer d.** aus reiner Verzweiflung

despair (of) *v/i* verzweifeln (an), verzagen

despatch *n* → dispatch

despecialization *n* Verringerung des Spezialisierungsgrades

desper|ate *adj* 1. verzweifelt, krampfhaft; 2. hoffnungslos; **d.ation** *n* 1. Verzweiflung *f*; 2. Hoffnungslosigkeit *f*

despise *v/t* 1. verachten; 2. *(Essen)* verschmähen

despite *prep* trotz, ungeachtet

de|spoil *v/t (Umwelt)* zerstören, verunstalten, verschandeln; **d.spoiler** *n* Zerstörer *m*; **d.spoilment; d.spoliation** *n* Verschandelung *f*

despondent *adj* verzagt

despot *n* Despot *m*, Gewaltherrscher *m*; **d.ic** *adj* despotisch; **d.ism** *n* Despotismus *m*, Gewalt-, Willkürherrschaft *f*

dessert *n* Nachtisch *n*, Süßspeise *f*, Dessert *nt*; **d. fruit** Tafelobst *nt*; **d. spoon** Dessert-, Eßlöffel *m*

de|stabilization *n* Destabilisierung *f*; **d.stabilize** *v/t* destabilisieren; **d.stabilizing** *adj* destabilisierend

destination *n* 1. Bestimmungs-, Zielort *m*, Versandziel *nt*; 2. (Bestimmungs)Adresse *f*; 3. Reiseziel *nt*; 4. ✈ Flugziel *nt*, Bestimmungsflughafen *m*; 5. ⚓ Zielhafen *m*; 6. 🚆 Empfangs-, Endstation *f*, Ziel-, Bestimmungsbahnhof *m*; **bonded to d.** ⊖ Verzollung am Bestimmungsort

agreed destination vereinbarter Bestimmungsort; **contractual d.** 1. vereinbarter Bestimmungsort; 2. ⚓ vertraglich vereinbarter Zielhafen; **final d.** endgültiges Bestimmung, endgültiger Bestimmungsort

destination carrier Versandspediteur *m*; **d. copy** ⊖ Exemplar Bestimmung(sort); **d. station** 🚆 Empfangsstation *f*

to be destined for *adj* prädestiniert sein für

destiny *n* Schicksal *nt*, Geschick *nt*; **to meet one's d.** vom Schicksal ereilt werden

destitute *adj* mittellos, unvermögend, ohne Mittel, notleidend, verarmt, bettelarm, (gänzlich) unbemittelt; **d. of** [§] ohne; **utterly d.** aller Mittel beraubt, völlig verarmt/mittellos

destitution *n* Mittellosigkeit *f*, Not *f*, Elend *nt*, Armut *f*, Geldmangel *m*, Unbemitteltheit *f*; **utter d.** äußerste Not

destock *v/t* Lager(bestand) abbauen, Lager räumen, (Waren)Vorräte/Bestände vermindern, ~ abbauen; **d.ing** *n* Lager-, Bestands-, Vorratsabbau *m*, Abbau von Lagerbeständen

destroy *v/t* zerstören, vernichten, löschen; **d.ed** *adj* vernichtet; **d.er** *n* ⚓ Zerstörer *m*

destruction *n* Zerstörung *f*, Vernichtung *f*, Verwüstung *f*

destruction of commercial bank deposits Giralgeldvernichtung *f*; **~ capital** Kapitalvernichtung *f*; **~ a document** Urkundenvernichtung *f*; **~ the environment** Umweltzerstörung *f*; **~ evidence** Beweisvernichtung *f*; **~ goods** Vernichtung/Zerstörung von Waren (mit verwertbarem Rest); **~ jobs** Arbeitsplatzvernichtung *f*; **~ (so.'s) livelihood** Existenzvernichtung *f*; **~ money** Geldvernichtung *f*; **~ records** Vernichtung von Unterlagen; **~ the subject matter of contract** Untergang des Vertragsgegenstandes

deliberate/wilful destruction 1. mutwillige/vorsätzliche Zerstörung; 2. Computermanipulation *f*; **environmental d.** Umweltzerstörung *f*; **partial d.** Teiluntergang *m*

destructive *adj* 1. zerstörerisch; 2. destruktiv

destructor *n* Müllverbrennungsanlage *f*

destuff *v/t (Container)* auspacken; **d.ing** *n* Auspacken *nt*

desuetude *n* Nutzungsaufgabe *f*, Ungebräuchlichkeit *f*; **d. of treaties** Unwirksamkeit von Verträgen durch lange Nichtanwendung; **to fall into d.** außer Gebrauch kommen, ungebräuchlich werden

desulphurization (Desox) *n* (Rauchgas)Entschwefelung *f*; **d. (Desox) plant** (Rauchgas)Entschwefelungsanlage *f*

desulphurize *v/t* entschwefeln

detach *v/t* 1. (ab)trennen, lösen, abnehmen, lostrennen; 2. *(Personal)* abstellen; 3. 🖳 lösen, freigeben; **d.able** *adj* (ab)trennbar, (ab)lösbar, abreißbar, abnehmbar; **d.ed** *adj* 1. 🏠 allein-, freistehend; 2. objektiv, distanziert, unvoreingenommen; 3. losgelöst, vereinzelt, abgetrennt; **d.ment** *n* Desinteresse *nt*, Distanz *f*

detail *n* Einzelheit *f*, Detail *nt*, (Bild)Ausschnitt *m*; **d.s** 1. (nähere) Angaben/Einzelheiten/Umstände, Näheres *nt*; 2. Buchungstext *m*; **in d.** ausführlich, im Einzelnen, in allen Einzelheiten, detailliert, Punkt für Punkt; **down to the last d.** bis ins Letzte; **to plan sth. ~ d.** etw. durchplanen;

to design sth. down to the last detail etw. durchkonstruieren; **to get bogged down in d.s** sich in Einzelheiten/Kleinigkeiten verlieren; **to give full d.s** (etw.) substantiieren; **~ away private d.s** aus dem Nähkästchen plaudern *(coll)*; **to go into d.s** ins Einzelne/Detail gehen, auf Einzelheiten eingehen, in Einzelheiten gehen, alle Umstände darlegen; **to organize sth. in d.** etw. durchorganisieren; **to pass over the d.s** Einzelheiten übergehen; **to set out in d.** ausführlich darlegen, genau beschreiben; **to submit d.s** Einzelheiten vorlegen; **to take care of the d.s** sich um die Kleinarbeit/Kleinigkeiten kümmern; **to thrash out d.s** Einzelheiten erarbeiten; **to work out in d.** (bis ins Einzelne) ausarbeiten

in fine detail bis in alle Einzelheiten; **further d.s** Näheres *nt*; **minor d.** untergeordnete/unbedeutende Einzelheit; **personal d.s** Angaben zur Person; **relevant d.s** sachdienliche Angaben; **technical d.s** technische Einzelheiten

detail v/t 1. genau/ausführlich beschreiben, spezifizieren, detaillieren; 2. besonders beantragen; 3. zur Arbeit einteilen, abkommandieren
detail account Unter-, Einzelkonto nt; **d. accounts receivable ledger** Debitorenkontokorrent nt; **d. audit** Vollprüfung f; **d. card** Einzel(posten)karte f, Posten-, Veränderungskarte f; **d. drawing** Teil-, Detailzeichnung f
detailed adj ausführlich, eingehend, exakt, genau, spezifiziert, atomisiert, minuziös
detailing n Einzelwerbung f
detail line Postenzeile f; **d. machine** Nebenmaschine f; **d. printing** ⌘ Einzelgang m, Postenschreibung f; **d. records** Einzelaufzeichnungen; **d. report group** ⌘ Postenleiste f; **d. strip** Belegstreifen m; **d. test** lückenlose Prüfung, Vollprüfung f
detain v/t 1. ab-, auf-, fest-, vorenthalten; 2. festnehmen, gefangenhalten, in Haft (be)halten, festsetzen, inhaftieren, sicherstellen, verwahren, gefangennehmen, g.setzen, internieren; **to be d.ed** adj 1. aufgehalten werden; 2. inhaftiert werden
detainee n Verhaftete(r) f/m, (Untersuchungs)Häftling m, Gefangene(r) f/m, Häftling m, Festgenommene(r) f/m, Internierte(r) f/m, Inhaftierte(r) f/m, in Haft befindliche Person
detainer n widerrechtliche Vorenthaltung, verlängerte Haftanordnung; **forcible d.** widerrechtliche Zurückhaltung von Grundbesitz
detainment n 1. Inhaftierung f; 2. ⚓ Beschlagnahme f
detect v/t auf-, entdecken, herausfinden, ausfindig machen, feststellen
detection n 1. Ent-, Aufdeckung f, Entlarvung f; 2. Ermittlungsarbeit f; **to escape d.** der Aufmerksamkeit entgehen; **early d.** Früherkennung f
detection device Sucher m, Sucheinrichtung f; **d. rate** Aufklärungsquote f, Rate der aufgeklärten Fälle
detective n Detektiv m, Polizist in Zivil, Fahnder m; **private d.** Privatdetektiv m
detective agency Detektei f; **d. police** Kriminalpolizei f; **~ inspector** Kriminalinspektor m; **d. story** Kriminalroman m; **d. superintendent** Kriminalkommissar m
detent arm n Feststell-, Rast- Sperrhebel m
detenting n Ausrichtung f; **fine d.** Feinausrichtung f
detention n §§ (Schutz)Haft f, Arrest m, Festnahme f, Verwahrung f, Freiheitsentzug m, Festsetzung f, Inhaftierung f, Jugendarrest m, Gewahrsam m, Zwangs-, Personal-, Vorbeugehaft f, Internierung f, Gefangenhaltung f; **d. for debt** Schuldarrest m, S.haft f; **d. pending deportation** Abschiebehaft f; **~ extradition** (vorläufige) Auslieferungshaft; **d. in an internment camp** Internierungshaft f; **d. under remand** vorbeugende Haft; **d. of a ship** Zurückhaltung eines Schiffes; **d. pending trial; pre-trial d.** [US] Untersuchungshaft f; **unfit to undergo d.** haftunfähig, h.untauglich
coercive detention Zwangs-, Beugehaft f; **preventive/protective d.** Sicherungsverwahrung f, Vorbeuge-, Sicherungshaft f; **short-term d.** Kurzarrest m; **unlawful d.** Freiheitsberaubung f, unberechtigte/rechtswidrige Zurückhaltung

detention cell Arrestzelle f; **d. center** [US] /**centre** [GB] Arrest-, Haft-, Besserungs-, Jugendstrafanstalt f; **d. home** Besserungsanstalt f; **d. order** Haftbefehl m
detent lever n Feststell-, Rast-, Sperrhebel m
deter (from) v/t 1. abschrecken; 2. abhalten (von), hindern (an)
detergent n ⌘ Wasch-, Reinigungs-, Lösungsmittel nt; **d.s.** Detergentien; **mild(-action) d.** Feinwaschmittel nt
deteriorate v/i schlechter werden, sich verschlechtern/verschlimmern, verderben, herunterkommen, an Wert verlieren, sich nachteilig verändern; **d.d** adj verdorben, heruntergekommen
deterioration n Verschlechterung f, Verschlimmerung f, Verfall m, Abnutzung f, Verderb m, Wertminderung f
deterioration of the balance on capital account Passivierung der Kapitalbilanz; **d. in the balance of payments** Verschlechterung der Zahlungsbilanz, Zahlungsbilanzverschlechterung f; **d. of earnings** Ertragsverfall m; **~ the economy** Verschlechterung der Wirtschaftslage; **~ goods** Warenverderb m; **~ the market; ~ sentiment** (Börse) Klima-, Stimmungs-, Marktverschlechterung f; **d. in quality** Qualitätsverschlechterung f, Verschlechterung der Qualität; **d. of performance** Ergebnisverschlechterung f; **d. in prices** Preisverfall m; **d. of profits/results** Ergebnisverschlechterung f, Ertragsverfall m, Gewinnrückgang m; **~ the pecuniary situation** Verschlechterung der Finanzlage/Vermögensverhältnisse; **~ competitive strength** verschlechterte Wettbewerbsfähigkeit; **d. in the weather** Wetterverschlechterung f; **d. of yields** Renditeverschlechterung f
cyclical deterioration Konjunkturverschlechterung f, konjunktureller Abschwung; **ecological d.** Verschlechterung der Umweltbedingungen; **inherent d.** innerer Verderb
determinable 1. bestimmbar, feststellbar; 2. §§ befristet, begrenzt
determinant adj entscheidend, ausschlaggebend, bestimmend
determinant n 1. Determinante f, Einfluss-, Bestimmungsgröße f, B.grund m; 2. ausschlaggebender Faktor; **exogenous d.** exogene Bestimmungsgröße f; **proximate d.** unmittelbarer Bestimmungsgrund
determinate adj bestimmt, festgesetzt, (genau) festgelegt, endgültig
determination n 1. Bestimmung f, Ermittlung f, Feststellung f, F.setzung f, Bemessung f; 2. Entschlossenheit f, Entschlusskraft f, Zielstrebigkeit f, Bestimmtheit f
determination of the cause of loss Feststellung der Schadensursache; **~ contents** Inhaltsberechnung f, I.bestimmung f; **~ costs** Kostenfeststellung f, K.festsetzung f; **~ demand** Bedarfsermittlung f, B.feststellung f; **~ gross demand** Bruttobedarfsermittlung f; **~ earnings/profit** Gewinnermittlung f; **~ fault** Schuldfeststellung f; **~ (taxable) income** Einkommensermittlung f, (steuerliche) Gewinnermittlung, Ermittlung des Einkommens, ~ des zu versteuernden Gewinns; **~ origin** Ursprungsbestimmung f; **~ pay rates** Lohntariffestsetzung f; **~ a penalty** Strafzumessung f; **~ the price** Er-

mittlung des Preises, P.festsetzung *f*; **free ~ prices** freie Preisbildung *f*; **separate ~ profits** gesonderte Gewinnfeststellung; **uniform ~ profits** einheitliche Gewinnfeststellung; **~ the purchase price** Festlegung des Verkaufspreises, Verkaufskalkulation *f*; **~ optimal purchasing volume** Ermittlung der optimalen Beschaffungsmenge; **~ quantity** Mengenaufstellung *f*; **~ standards** Vorgabeermittlung *f*, V.kalkulation *f*; **~ the value for customs purposes** ⊖ Zollwertermittlung *f*; **~ volume** Inhaltsberechnung *f*, I.bestimmung *f*; **flat-rate ~ wealth tax** Vermögenssteuerpauschalisierung *f*; **~ weight** Gewichtsermittlung *f*
to prejudice determination by a court dem richterlichen Urteil vorgreifen
contractual determination vertragliche Regelung; **judicial d.** gerichtliche Festsetzung; **separate d.** *(Steuer)* gesonderte Feststellung; **statutory d.** gesetzliche Festlegung
determination base Bemessungsgrundlage *f*; **d. clause** Verfallklausel *f*; **d. coefficient** ▦ Bestimmtheitsmaß *nt*
determinative *adj* bestimmend
determine *v/t* 1. ermitteln; 2. bestimmen, festlegen, festsetzen, bemessen, entscheiden; 3. *(Vertrag)* beenden; **hard to d.** schwer bestimmbar; **d. unanimously** einstimmig beschließen
determined *adj* entschlossen, zielstrebig, resolut, entschieden
determining *adj* entscheidend
deterrence *n* Abschreckung *f*; **general d.** [§] Generalprävention *f*
deterrent *n* Abschreckungsmittel *nt*, abschreckendes Beispiel, hemmender Faktor; **d. action** Schreckschuss *m (fig)*; **d. fee** *(Vers.)* Selbstbeteiligung *f*
de|tonate *v/i* detonieren, explodieren, hochgehen; **d.tonation** *n* Detonation *f*; **d.tonator** *n* Spreng-, Zündkapsel *f*
detour *n* 1. Abstecher *m*, Umweg *m*; 2. ⇔ *[US]* Umleitung *f*; **to make a d.** Umweg machen; **d. sign** Umleitungsschild *nt*
de|toxication treatment *n* Entziehungskur *f*; **d.toxification** *n* Entgiftung *f*; **d.toxify** *v/t* entgiften
detract *v/t* herabsetzen, schmälern, Abbruch tun, beeinträchtigen, verleumden; **d.ion** *n* Verunglimpfung *f*, Rufschädigung *f*, Herabsetzung *f*, Beeinträchtigung *f*; **d.or** *n* Verleumder *m*, Miesmacher *m (coll)*
detriment *n* Schaden *m*, Nachteil *m*, Beeinträchtigung *f*, Verlust *m*; **to the d. of** zum Schaden/Nachteil von, zu Lasten von; **without d. to the interests** ohne Beeinträchtigung der Belange
legal detriment Rechtsnachteil *m*; **material d.** 1. wesentlicher Nachteil; 2. erhebliche Schädigung; **pecuniary d.** Vermögensnachteil *m*
detrimental *adj* abträglich, nachteilig, schädlich, belastend; **to be d. to** zum Nachteil gereichen, sich nachteilig auswirken auf, Nachteil haben für
detritus *n* Kehrricht *m*, Geröll *nt*
deunionization *n* *[US]* Verdrängung von Gewerkschaften aus Betrieben; **d. program(me)** Maßnahmen zur Beschränkung der Gewerkschaftsmacht, Programm zur Ausschaltung der Gewerkschaften
deutschmark *n* D-Mark *f*
de|valorization *n* Ab-, Entwertung *f*, Devalorisierung *f*; **d.valorize; d.valuate** *v/t* ab-, entwerten, devaluieren, devalorisieren
devaluation *n* (Währungs)Abwertung *f*, Entwertung *f*, Devaluation *f*, Valutaentwertung *f*; **owing to the d. (of a currency)** abwertungsbedingt; **d. of the pound** Pfundabwertung *f*
competitive devaluation Abwertung aus Wettbewerbsgründen; **~ d.s** Abwertungswettlauf *m*; **effective d.** Realabwertung *f*; **hidden d.** versteckte Abwertung
devaluation cycle Abwertungszyklus *m*; **d. gain/profit** Abwertungsgewinn *m*; **d. loss** Abwertungsverlust *m*; **d.-prone** *adj* abwertungsverdächtig; **d.-proof** *adj* abwertungssicher; **d. rate** Abwertungssatz *m*
devalue *v/t* ab-, entwerten, im Wert vermindern; **d.d** *adj* ent-, abgewertet
de|vastate *v/t* verwüsten, verheeren, vernichten; **d.vastating** *adj* 1. verheerend, vernichtend; 2. niederschmetternd; **d.vastation** *n* Verwüstung *f*, Verheerung *f*, Vernichtung *f*, Zerstörung *f*
develop *v/ti* 1. entwickeln, er-, aufschließen, ausbauen; 2. sich entwickeln/(heraus)bilden/entfalten/fortentwickeln, erwachsen; 3. *(Beziehungen)* vertiefen; **d. further** weiterentwickeln; **d. into sth.** sich zu etw. auswachsen/entwickeln
developable *adj* entwicklungs-, bebauungsfähig, erschließbar, ausbaufähig
developed *adj* 1. entwickelt; 2. baureif, erschlossen; **fully d.** 1. ausgebaut, 2. marktreif; **highly d.** hoch entwickelt
developer *n* 1. (Liegenschafts)Erschließungsgesellschaft *f*, Grundstückserschließer *m*, Baulöwe *m (coll)*, Bauträger(unternehmen) *m/nt*; 2. ⇔ *(Film)* Entwickler *m*; **commercial d.** Bauträger(gesellschaft) *m/f*; **late d.** Spätentwickler *m*, S.zünder *m (coll)*; **leading d.** Entwicklungsführer *m*
developing *adj* in der Entwicklung begriffen, Entwicklungs-; **d. company** *n* Entwicklungsgesellschaft *f*, Bauträger *m*
development *n* 1. (Weiter)Entwicklung *f*, Entfaltung *f*, Entwicklungsgang *m*, Fortschritt *m*, Verlauf *m*; 2. Wachstum *nt*; 3. ✳ Erschließung *f*, Aufschluss *m*, Aufschließung *f*; 4. Nutzbarmachung *f*, Gelände-, Grundstückserschließung *f*, G.entwicklung *f*, Bebauung *f*, Bauvorhaben *nt*, Sanierung *f*; 5. Ausbildung *f*; **under d.** in der Entwicklung (befindlich)
development of business Geschäftsentwicklung *f*; **~ business activity/tendencies; ~ the economy** Konjunkturverlauf *m*, konjunkturelle Entwicklung, konjunkturelles Geschehen; **~ an enterprise** betriebliche Entwicklung; **~ exchange rates** Wechselkursentwicklung *f*; **~ export activity** Ausfuhrentwicklung *f*; **~ the industry** Branchenentwicklung *f*; **~ interest rates** Zinstendenz *f*, Z.trend *m*, Z.verlauf *m*; **~ prices** Preisentwicklung *f*; **~ economic resources** Erschließung wirtschaftlicher Hilfsquellen; **~ sales** Geschäftssituation *f*, Absatzentwicklung *f*; **~ savings** Sparentwicklung *f*, Er-

development of the trade cycle 352

sparnisbildung f; ~ **the trade cycle** Konjunkturverlauf m, konjunkturelle Entwicklung; ~ **the internal value** Binnenwertentwicklung f; ~ **the international value** Entwicklung des Außenwertes
barring unforeseen development/s falls keine unvorhergesehenen Ereignisse eintreten, vorbehaltlich unvorhergesehener Ereignisse; **suitable for/susceptible of d.** 1. entwicklungsfähig; 2. 🏛 bebauungsfähig; **unsuitable for d.** unbebaubar
to discount future developments *(Börse)* Zukunft eskomptieren
advance development Vorentwicklung f; **commercial d.** 1. wirtschaftliche Entwicklung; 2. Erschließung f; **coordinated d.** abgestimmte Entwicklung; **corporate d.** Unternehmensentwicklung f; **highly critical d.** krisenhafte Zuspitzung; **cyclical d.** Konjunkturverlauf m, konjunkturelle Entwicklung, Verlauf der Konjunktur; ~ **in agricultural marketing** Agrarkonjunktur f
economic development wirtschaftliche Entwicklung, Konjunktur(verlauf) f/m, Wirtschaftsentwicklung f, W.lage f, Entwicklung der Wirtschaft; **overall ~ d.** gesamtwirtschaftliche Entwicklung; ~ **d. agency** Wirtschaftsförderungsamt nt; ~ **d. program(me)** Wirtschaftsförderungsprogramm nt, wirtschaftliches Entwicklungsprogramm
foreseeable development voraussichtliche Entwicklung; **further d.** Weiterentwicklung f
industrial development 1. industrielle Entwicklung/Erschließung; 2. Industrieentwicklung f; ~ **certificate** industrielle Erschließungsgenehmigung; ~ **company/corporation** Wirtschafts-, Entwicklungs-, Industrieförderungsgesellschaft f
interim development zwischenzeitliche Entwicklung; **macroeconomic d.** Konjunkturverlauf m, gesamtwirtschaftliche Entwicklung; **material d.** wichtige/wesentliche Entwicklung; **new d.** 1. Neuentwicklung f; 2. ☞ Neuaufschluss m; 3. Neubau(gebiet) m/nt; **organizational d.** Organisationsentwicklung f; **professional d.** beruflicher Werdegang; **regional d.** Regionalförderung f, R.entwicklung f, regionale Erschließung/Entwicklung; **residential d.** Wohnungsbau(maßnahme) m/f; **separate d.** Sonderentwicklung f; **sectoral d.** Branchenentwicklung f; **social d.** soziale Lage; **stable d.** reibungslose Entwicklung; **technological d.** technische Entwicklung; **temporary d.** vorübergehende Erscheinung; **urban d.** Stadtentwicklung f, städtebauliche Entwicklung, Städtebau m
development activity Bautätigkeit f; **d. activities** Erschließungsmaßnahmen; **d. agency** Entwicklungsagentur f, E.gesellschaft f; **industrial d. agency** 1. industrielle Erschließungsgesellschaft; 2. Wirtschaftsförderungsamt nt
development aid Entwicklungshilfe f, E.förderung f; ~ **bank** Entwicklungshilfebank f; ~ **loan** Entwicklungshilfeanleihe f; ~ **payment** Entwicklungshilfeleistung f; ~ **policy** Entwicklungshilfepolitik f
developmental *adj* entwicklungs-, wachstumsmäßig, Entwicklungs-
development area 1. Entwicklungs-, Förder(ungs)-, Zuschussgebiet nt; 2. 🏛 (Neu)Bau-, Bebauungs-, Erschließungs-, Sanierungsgebiet nt; **federal d. a.** Bundesausbaugebiet nt *[D]*; **structural d. a.** Ausbaugebiet nt; **d. a. policy** Strukturpolitik f
Development Assistance Committee (DAC) Entwicklungshilfekomitee nt; **d. bank** Entwicklungsbank f; **d. bond** Meliorationsobligation f, M.schuldverschreibung f; **industrial d. bond** *[US]* Industrialisierungsanleihe f; **d. center** *[US]* /**centre** *[GB]* Entwicklungszentrum nt; **d. committee** Entwicklungsausschuss m; **d. company** *[GB]* /**corporation** *[US]* 1. 🏛 Entwicklungs-, (Wohnungs)Baugesellschaft f, Bauträger(unternehmen) m/nt, Grundstückserschließungsgesellschaft f; 2. Wirtschaftsförderungsgesellschaft f; **d. consortium** Entwicklungskonsortium nt
development cost(s) 1. Entwicklungsaufwendungen pl, E.aufwand m; 2. Gründungskosten pl; 3. *(Land)* Erschließungskosten pl; 4. ☞ Aufschließungskosten pl; 5. 🚜 Anlaufkosten pl; **d. and improvement c.s** Erschließungsaufwendungen; **to amortize d. c.s** Entwicklungskosten abschreiben; **original d. c.s** Kosten für die Neuentwicklung
development department Entwicklungsabteilung f; **d. economics** auf Entwicklungsländer ausgerichtete Wirtschaftswissenschaft; **d. efforts** Entwicklungsanstrengungen; **d. engineering** Entwicklungsforschung f; **d. expenditure/expenses** 1. Entwicklungsausgaben; 2. Gründungskosten; 3. *(Land)* Erschließungsaufwendungen; **d. finance** Entwicklungsfinanzierung f; **d. forecast** Entwicklungsprognose f; **d. freeze** Veränderungssperre f; **d. fund** Entwicklungsfonds m; **d. funds** Förder(ungs)mittel; **d. gain** Entwicklungsgewinn m; **d. land** 1. Bauerwartungsland nt, zu erschließendes Land, Entwicklungsgrundstück nt; 2. Bauland nt; ~ **tax** 1. Baulandsteuer f; 2. Abgabe auf zu erschließendes Land, Baulanderschließungsabgabe f; **d. lending** Entwicklungshilfekredite pl; **d. level** Entwicklungsniveau nt; **d. loan** Entwicklungs(hilfe)-, Investitions-, Förderungskredit m, Investitionsanleihe f, I.darlehen nt; **d. loss** Entwicklungsverlust m; **d. mortgage** Hypothek zur Erschließung von Bauland; **d. objective** Entwicklungsziel nt; **(general) d. order** *[GB]* Flächennutzungs-, Bebauungsverordnung f; **d. period** Erschließungs-, Ausbauphase f; **d. pipeline** *(fig)* Neubauprojekte pl
development plan 1. Entwicklungsplan m; 2. 🏛 *[GB]* Flächennutzungs-, Bebauungs-, Raumordnungs-, Bauleitplan m
development planning Entwicklungsplanung f
development policy Entwicklungs-, Förderungspolitik f; **regional d. p.** regionale Förderungspolitik f, Regionalpolitik f; ~ **industrial d. p.** regionale Industrieansiedlungspolitik
development potential Entwicklungsfähigkeit f, E.möglichkeit f, E.potenzial nt; **to have d. potential** Entwicklungspotenzial/E.fähigkeit haben, ~ besitzen, entwicklungsfähig sein; **d. program(me)** Förder(ungs)-, Entwicklungsprogramm nt; **d. project/scheme** Erschließungs-, Entwicklungsvorhaben nt, E.projekt

nt, Erschließungs-, Ausbauplan *m*, Siedlungsprojekt *nt*, S.programm *nt*, Neubauvorhaben *nt*; **d. property** zu erschließendes Land; **d. push/surge** Entwicklungsschub *m*; **d. site** Bauland *nt*; **d. spending** Ausgaben für Entwicklung; **d. support** Entwicklungsförderung *f*; **d. stage** Ausbaustufe *f*; **d. strategy** Entwicklungsstrategie *f*; **d. tax** *(Land)* Erschließungsabgabe *f*; **d. value** Erschließungswert *m*; **d. volunteer/worker** Entwicklungshelfer(in)*m/f*; **d. work** Entwicklungsarbeit *f*, E.tätigkeit *f*; **d. system** ▣ Entwicklungssystem *nt*; **d. time** Entwicklungszeit *f*
deviancy *n* 1. ▦ Summe der Abweichungsquadrate; 2. abweichendes Verhalten
deviate *n* ▦ normierte (Zufalls)Abweichung; **normal d.** standardisierte Zufallsvariable; **relative d.** relative Abweichung
deviate *v/i* abweichen, Richtung ändern
deviating from *adj* abweichend von
deviation *n* 1. (Regel)Abweichung *f*; 2. Umleitung *f*; 3. ✿ Ausschlag *m*, Toleranz *f*; 4. ▦ Abweichung *f*; **d. from course** ⚓ Kursabweichung *f*; **~ the index** Indexabweichung *f*; **~ legal precedent** Abweichung von der Rechtsprechung; **~ the rule** Regelabweichung *f*
absolute deviation ▦ absolute Abweichung; **accumulated d.** aufsummierte/kumulierte Abweichung; **average mean d.** mittlere/durchschnittliche Abweichung, lineare/mittlere Streuung, mittlerer Fehler; **probable d.** wahrscheinlicher Fehler; **quartile d.** halber Quartilabstand; **seasonal d.s** jahreszeitlich bedingte Abweichungen, Saisonausschläge; **standard d.** Standard-, Normalabweichung *f*, mittlere quadratische Abweichung; **percentage ~ d.** prozentuale mittlere Abweichung; **sustained d.** bleibende Regelabweichung
deviation clause (Weg)Abweichungs-, Toleranzklausel *f*
device *n* 1. Apparat *m*, Gerät *nt*, Vorrichtung *f*; 2. Plan *m*, Vorhaben *nt*; 3. Instrument *nt*, Mittel *nt*, Manöver *nt*, Kunstgriff *m*; **to leave so. to his own d.s** jdn sich selbst überlassen; **to be left to one's own d.s** auf sich allein/selbst gestellt sein, ~ angewiesen sein, sich selbst überlassen bleiben
anti-pollution device ⚠ Abgasentgiftungsanlage *f*; **anti-skid d.** 🚗 Antiblockierungssystem (ABS) *nt*; **anti-theft d.** Diebstahlsicherung *f*; **explosive d.** Sprengsatz *m*; **external d.** ▣ Fremdgerät *nt*; **insulating d.s** *(fig)* Abwehrmaßnahmen; **integrated d.** integriertes Bauelement; **mechanical d.** maschinelle Vorrichtung; **medical d.** medizinisches Gerät; **peripheral d.** ▣ Peripheriegerät *nt*; **remote-control d.** Fernbedienungsgerät *nt*; **special d.** Sondereinrichtung *f*; **tax-modifying d.** steuerliches Rechtsinstitut
device allocation ▣ Gerätezuordnung *f*; **d. control** Gerätesteuerung *f*; **~ character** Gerätesteuerzeichen *nt*; **d. driver** Gerätetreiber *m*; **d. management** Geräteverwaltung *f*; **d. number** Einheitennummer *f*; **d. patent** Vorrichtungspatent *nt*; **d. type** Einheitenart *f*
devil *n* Teufel *m*; **d. of a fellow** *(coll)* Teufelskerl *m* *(coll)*; **~ job** *(coll)* Heidenarbeit *f* *(coll)*; **d. in petticoats** *(coll)* Teufelsweib *nt* *(coll)*; **between the d. and the deep blue sea** *(fig)* zwischen zwei Feuern *(fig)*; **the d. takes the hindmost** *(coll)* den Letzen beißen die Hunde *(coll)*; **d. incarnate** Inbegriff/Verkörperung/Inkarnation des Bösen, leibhaftiger Teufel, Teufel in Menschengestalt; **to be the d. incarnate** der Teufel in Person sein; **to talk of the d.** den Teufel an die Wand malen; **poor d.** *(coll)* armer Schlucker *(coll)*, armes Schwein *(coll)*
devious *adj* hinterhältig; **d.ness** *n* Hinterhältigkeit *f*
devilish *adj* teuflisch, höllisch
devis|able *adj* vererblich, vermachbar, testierbar; **d.al** *n* Hinterlassung *f*
devise *n* Hinterlassenschaft *f*, Legat *nt*, letztwillige Verfügung, Vererbung *f*, Vermächtnis *nt* (von Grundbesitz); **by d. or descent** auf Grund testamentarischer oder gesetzlicher Erbfolge; **conditional d.** Vermächtnis unter Auflagen; **executory d.** Nacherbeneinsetzung *f*
devise *v/t* 1. entwickeln, entwerfen, erfinden, ersinnen, erdenken, planen, konstruieren, (auf etw.) sinnen, sich ausdenken; 2. [§] vermachen/vererben, testamentarisch verfügen, Vermächtnis hinterlassen; **d. ingeniously** ausklügeln
devisee *n* testamentarischer Erbe, Vermächtnisnehmer(in) *m/f*, Testamentserbe *m*, Legatar *m*, Vermächtnisberechtigte(r) *f/m*, testamentarisch Bedachte(r); **first d.** Haupt-, Vorerbe *m*
devisor *n* Erblasser(in) *m/f*, Testator *m*
devoid of *prep* bar, ohne
devolution *n* 1. Übertragung *f*, Übergang *m*; 2. [§] Heimfall durch Erbschaft, Rechtsnachfolge durch Erbgang; 3. *(Politik)* Dezentralisierung *f*; **d. of claims** Anspruchsübergang *m*; **d. upon death** Übergang von Todes wegen; **d. of an estate** Erbschaftsübergang *m*; **~ a firm** Firmenübergang *m*; **~ inheritance** Erbgang *m*, E.fall *m*, Anfall einer Erbschaft; **~ a legacy** Vermächtnisanfall *m*; **~ title** Rechtsübergang *m*, Eigentumsfolge *f*, E.übertragung *f*, Übergang des Eigentums
devolve *v/ti* 1. [§] übergehen; 2. übertragen; **d. upon** (durch Erbübergang) anheim fallen, zufallen, übergehen auf; **d.ment** *n* Heimfall *m*
devote *v/t* 1. hingeben, widmen; 2. verwenden; **d.d** *adj* (treu) ergeben, hingebungsvoll, aufopfernd, anhänglich
devotee *n* (treuer) Anhänger
devotion *n* 1. Hingebung *f*, Hingabe *f*, Ergebenheit *f*, Anhänglichkeit *f*; 2. *(Mittel)* Verwendung *f*, Bestimmung *f*; **d. of duty** Pflichteifer *m*, P.ergebenheit *f*, P.treue *f*
devour *v/t* verschlingen
dew *n* Tau *m*
dexter|ity *n* Finger-, Hand-, Kunstfertigkeit *f*, Gewandtheit *f*, Geschick(lichkeit) *nt/f*; **d.ous** *adj* gewandt, geschickt
dia|betes *n* ⚕ Zuckerkrankheit *f*; **d.betic** *n* Diabetiker(in) *m/f*; *adj* zuckerkrank
diag|nose *v/t* diagnostizieren, befinden; **d.nosis** *n* Diagnose *f*, Befund *m*, Beurteilung *f*; **early d.nosis** ⚕ Früherkennung *f*; **social d.nosis** Sozialdiagnose *f*;

d.nostic *adj* diagnostisch
diagonal *n* Diagonale *f*; *adj* diagonal, schräg
diagram *n* Diagramm *nt*, Schaubild *nt*, Schema *nt*, grafische Darstellung, Tabelle *f*; **exploded d.** Explosionszeichnung *f*; **functional d.** Funktionsdiagramm *nt*, F.schema *nt*, F.übersicht *f*; **structured d.** Struktogramm *nt*; **three-dimensional d.** Körperdiagramm *nt*
diagrammatic *adj* grafisch, schematisch
dial *n* 1. ✆ Wählscheibe *f*; 2. *(Uhr)* Zifferblatt *nt*; 3. Nummern-, Skalenscheibe *f*, Skala *f*; **luminous d.** Leuchtzifferblatt *nt*
dial *v/t* ✆ (an)wählen
dialect *n* 1. Mundart *f*, Dialekt *m*; 2. 💻 Dialekt *m*
dial exchange ✆ Selbstwählvermittlung *f*
automatic dialler *n* ✆ Selbstwähler *m*
dial line 💻 Wahlleitung *f*
automatic/direct dialling *n* ✆ Durchwahl(system) *f*/*nt*, Selbstwählbetrieb *m*; **manual d.** manuelles Anwählen; **d. code** Vorwahl(nummer) *f*, Orts(netz)kennzahl *f*, Durchwahlnummer *f*; **d. tone** *[GB]* Amts-, Wähl-, Freizeichen *nt*
dial number ✆ Rufnummer *f*; **direct d. number** Durchwahlnummer *f*
dialog *[US]*; **dialogue** *[GB]* *n* Dialog *m*, (Zwie)Gespräch *nt*; **d. processing** 💻 Dialogdatenverarbeitung *f*, D.verfahren *nt*
dial plate ✆ Wählscheibe *f*; **d. telephone** Selbstwählfernsprecher *m*; **d. tone** *[US]* Amts-, Wähl-, Freizeichen *nt*; **d.-up** *n* Anschluss für Wählverkehr; **~ network** öffentliches Telefonnetz
dialysis machine *n* ⚕ Dialysegerät *nt*
diameter *n* Durchmesser *m*; **inner/inside/internal d.** 1. Innendurchmesser *m*, lichter Durchmesser; 2. *(Rohr)* lichte Weite; 3. Dichte *f*, Stärke *f*; **outer d.** Außendurchmesser *m*
diametrical *adj* diametral
diamond *n* Diamant *m*; **d.s** *(Spielkarte)* Karo *nt*; **cut d.** Brillant *m*, geschliffener Diamant; **high-grade d.** hochkarätiger Diamant; **industrial d.** Industriediamant *m*; **ornamental d.** Schmuckdiamant *m*; **primary/rough/uncut d.** Rohdiamant *m*, ungeschliffener Diamant
diamond cutting Diamantschleifen *nt*; **d. exchange** Diamantenbörse *f*; **d. merchant** Diamantenhändler *m*; **d.-shaped** *adj* rautenförmig
diaper *n* *[US]* Windel *f*
diaphragm *n* 1. (Licht)Blende *f*; 2. ⚕ Zwerchfell *nt*
diary *n* Tagebuch *nt*, (Termin)Kalender *m*, Merk-, Termin-, Verfallbuch *nt*, Vormerk-, Notizkalender *m*; **to keep a d.** Tagebuch führen
dice *n* Würfel *m*; **to play d.** würfeln
dicey *adj* *(coll)* unsicher, riskant, schwierig
dicker *v/i* *[US]* feilschen
dictaphone *n* Diktafon *nt*, Diktiergerät *nt*
dictate *n* Gebot *nt*, Befehl *m*, Diktat *nt*; **d.s of conscience** Stimme des Gewissens; **~ common sense** Stimme der Vernunft; **~ reason** Gebot der Vernunft
dictate *v/t* 1. diktieren, Diktat geben; 2. vorschreiben, befehlen; **d. bar** Diktiertaste *f*

dictated by ... and signed in his/her absence nach Diktat verreist
dictating machine *n* Diktiergerät *nt*
dictation *n* Diktat *nt*; **to take (a) d.** Diktat aufnehmen; **to write from d.** nach Diktat schreiben; **tape-recorded d.** Tonbanddiktat *nt*
dictator *n* Diktator *m*; **d.ial** *adj* diktatorisch
dictatorship *n* Diktatur *f*, Zwangsherrschaft *f*; **d. of the proletariat** Diktatur des Proletariats; **military d.** Militärdiktatur *f*
diction *n* Diktion *f*
dictionary *n* 1. Wörterbuch *nt*, Lexikon *nt*; 2. Verzeichnis *nt*; **to consult a d.** Lexikon zu Hilfe nehmen
commercial dictionary Handelswörterbuch *nt*, Wörterbuch der Handelssprache; **concise d.** Handwörterbuch *nt*; **illustrated/pictorial d.** Bildwörterbuch *nt*; **special(ist)/technical d.** Sach-, Fachwörterbuch *nt*
dictionary entry Wörterbucheintrag *m*
dictum *n* *(lat.)* Ausspruch *m*, Spruch *m*, Maxime *f*, geflügeltes Wort, Diktum *nt*
diddle *v/t* *(coll)* (be)schummeln *(coll)*, neppen *(coll)*, übers Ohr hauen *(coll)*, reinlegen *(coll)*, verschaukeln *(coll)*, (be)mogeln *(coll)*, (be)schwindeln
die *n* 1. Würfel *m*; 2. Matrize *f*, Prägestock *m*, P.stempel *m*, Gussform *f*
die *v/i* 1. (ab)sterben, umkommen; 2. *(Vieh)* eingehen, verenden; **d. after so.** jdm ins Grab folgen; **d. down** nachlassen, schwächer werden, abflauen; **d. hard** ein zähes Leben haben, nicht nachgeben wollen, sich schwer ausrotten lassen; **d. off** absterben; **d. out** aussterben, einschlafen *(fig)*; **d. peacefully** sanft entschlafen
die casting *n* 🔧 Spritzguss *m*
diehard *adj* stockkonservativ; *n* Ewiggestriger *m*
per diem *n* *(lat.)* täglich, pro Tag
dies a quo *n* *(lat.)* Fristbeginn *m*
diesel engine *n* 1. Dieselmotor *m*; 2. 🚂 Diesellokomotive *f*; **d.ization** *n* Umstellung auf Dieselverkehr/D.betrieb; **d. locomotive** 🚂 Diesellokomotive *f*; **d. oil** Dieselöl *nt*, D.kraftstoff *m*
die sinker Werkzeugmacher(in) *m*/*f*; **d. stamp** Prägestempel *m*
diet *n* Ständetag *m*, S.versammlung *f*, Parlament *nt*, Landtag *m*
diet *n* Diät *f*, (Schon)Kost *f*, Nahrung *f*, Ernährung(sweise) *f*; **to be/go on a d.** Schlankheitskur machen; **to put so. on a d.** jdn auf Diät setzen; **~ on a low d.** jdn auf schmale Kost setzen
appropriate/correct diet richtige Ernährung; **federal d.** Bundestag *m* *[D]*; **light d.** leichte Nahrung; **low-fat d.** fettarme Kost; **simple d.** einfache Kost; **slender d.** karge/schmale Kost; **special d.** besondere Diät, Schonkost *f*, Krankendiät *f*; **staple d.** 1. Hauptnahrungsmittel *nt*; 2. *(fig)* Kerngeschäft *nt*; **strict d.** strenge Diät; **vegetarian d.** vegetarische Kost
diet *v/i* Schlankheitskur machen
dietary *adj* Ernährungs-, diätetisch
dietician; dietitian *n* Ernährungswissenschaftler(in) *m*/*f*, E.berater(in) *m*/*f*, E.fachmann *m*, Diätassistent(in) *m*/*f*, Ökotrophologe *m*, Ökotrophologin *f*

dietetics *n* Ernährungswissenschaft *f*, E.kunde *f*, Ökotrophologie *f*

dieting *n* Schlankheitskur *f*

differ *v/i* 1. sich unterscheiden, verschieden sein; 2. geteilter/unterschiedlicher Meinung sein, abweichende Meinung verfechten, sich nicht einig sein; 3. abweichen, differieren

difference *n* 1. Differenz(betrag) *f/m*, Unterschied(sbetrag) *m*, Saldo *m*; 2. Diskrepanz *f*, Unterschiedlichkeit *f*, Abstand *m*, Gefälle *nt*, Abweichung *f*; **d.s** Differenzen, Meinungsverschiedenheiten

difference in altitude Niveauunterschied *m*; **d. on the assets/credit side** Aktivdifferenz *f*; **d. of degree** Gradunterschied *m*; **~ equity on consolidation** Kapitalaufrechnungsdifferenz *f*; **~ exchange; d. in the rate of exchange** Kursdifferenz *f*; **d. between forward and settlement rate** Ultimodifferenz *f*; **d.s in inflation rates** Inflationsgefälle *nt*; **d. between levels of productivity** Produktivitätsgefälle *nt*; **d.s of opinion** Differenzen, Meinungsverschiedenheiten; **d. in price** Preisunterschied *m*, P.gefälle *nt*; **~ quality** Qualitätsunterschied *m*; **~ rank** Rangunterschied *m*; **~ rates** Kursunterschied *m*, K.gefälle *nt*; **~ size** Größenunterschied *m*; **~ temperature** Temperaturunterschied *m*, T.gefälle *nt*; **~ timing** zeitliche Verschiebung; **d.s in totals** Summenabweichung *f*, Abweichung der Summen; **d. in value** Wertunterschied *m*; **d. of views** Meinungsverschiedenheit *f*

to adjust difference|s Unterschiede berichtigen/ausgleichen; **to make up the d.** Differenzbetrag bezahlen/begleichen, Unterschiedsbetrag übernehmen, Unterschied ausgleichen; **~ all the d.** den entscheidenen Unterschied ausmachen, viel ausmachen; **~ a (significant) d.** zu Buche schlagen *(fig)*; **to patch up the d.s** *(coll)* Streit beilegen; **to pay the d.** Unterschiedsbetrag bezahlen; **to reconcile d.s** Gegensätze überbrücken; **to reduce the d.** Abstand verringern; **to settle a d.** Meinungsverschiedenheit beilegen; **to speculate for d.s** Differenzgeschäfte machen; **to split the d.** sich vergleichen, Differenz teilen/halbieren, sich den Preisunterschied teilen

balanced difference|s ausgewogene Differenzen; **favourable d.** Überschuss geplanter Kosten über Istkosten; **inventive d.** Neuheitsrest *m*; **irreconcilable d.s** unüberbrückbare Gegensätze; **major d.** großer/wesentlicher Unterschied; **material d.** wesentlicher Unterschied; **minor d.** geringfügiger Unterschied; **significant d.** signifikanter/bemerkenswerter Unterschied, Signifikanz *f*; **social d.** sozialer Unterschied, Klassengegensatz *m*; **structural d.** Strukturunterschied *m*; **year-to-year d.** Jahresabstand *m*

difference account *[US]* Differenzkonto *nt*; **d. equation** π Differenzialgleichung *f*; **variate d. method** Differenzmethode *f*; **commercial d. system** Kassamarkteinfluss auf Kurs für Terminware

different *adj* verschieden, unterschiedlich, anders, unstimmig, ungleich; **to be d.** aus der Reihe tanzen *(coll)*

differential *n* 1. Unterschied *m*, Gefälle *nt*, Lohn-, Gehalts-, Fahrpreisdifferenz *f*, Unterschiedsbetrag *m*; 2. ⚙ Differenzial *nt*; **d.s Lohngefälle** *nt*, L.unterschied *m*, unterschiedliche Sätze; **d. on currency translation** Währungsdifferenz *f*; **to restore d.s** Lohngefälle wiederherstellen

economic differential|s Wirtschaftsgefälle *nt*; **interplant d.** betriebliches Lohngefälle; **regional d.s** regionales Gefälle; **semantic d.** 1. Bedeutungsunterschied *m*; 2. Polaritätsprofil *nt*

differential cost Grenz-, Differenzkosten *pl*; **d. costing** Grenzplankostenrechnung *f*; **d. duty** ⊖ Differenzialzoll *m*; **d.s policy** Differenzialpolitik *f*; **d. price** Preisspanne *f*, P.unterschied *m*; **d. rate** Ausnahmefrachtsatz *m*, A.tarif *m*; **d. tariff** ⊖ Staffeltarif *m*, Differenzialzoll *m*; **d. timing** Folgezeitverfahren *nt*

differentiate *v/i* differenzieren, staffeln, unterscheiden; **d.d** *adj* gespalten

differentiation *n* Differenzierung *f*, Staffelung *f*, Profilierung *f*, Unterscheidung *f*

differing *adj* abweichend

difficult *adj* schwierig, mühevoll, kompliziert; **d. to place** schwer vermittelbar; **to get d.** (zu) kriseln (anfangen)

difficulty *n* Schwierigkeit *f*, schwierige Lage, Verlegenheit *f*, Mühe *f*, Bedrängnis *f*; **difficulties** Weiterungen; **in d./difficulties** in Schwierigkeiten; **without d.** mühe-, problemlos

difficulties of adaptation Anpassungsschwierigkeiten; **~ in delivery** Lieferschwierigkeiten; **~ on the market** Marktschwierigkeiten; **difficulty of proving sth.** Beweisschwierigkeit *f*, B.not *f*

to be in difficulties kriseln; **~ in temporary d.** vorübergehend in Schwierigkeiten sein; **~ beset by/fraught with d.** von Schwierigkeiten geplagt sein, schwierig sein; **to beset so. with d.** jdn mit Schwierigkeiten überhäufen; **to cause/create d. for so.** jdn in Schwierigkeiten bringen; **to entail d.** mit Schwierigkeiten verbunden sein; **to experience d.** Schwierigkeiten haben; **to face d.** Schwierigkeiten gegenüberstehen; **~ up to a difficulty** sich einem Problem stellen, einem Problem nicht aus dem Wege gehen; **to have d.** seine Not haben; **to make d.** Schwierigkeiten bereiten; **to meet with d.** auf Schwierigkeiten stoßen; **to overcome d.** Schwierigkeiten überwinden/bewältigen/beheben; **to remedy d.** Schwierigkeiten beheben

added difficulty Erschwernis *f*; **constitutional difficulties** verfassungsrechtliche Schwierigkeiten; **financial d.** finanzielle Schwierigkeiten, Finanzmisere *f*, F.schwierigkeiten, Geldnot *f*, Schräg-, Schieflage *f* *(fig)*, finanzielle Verlegenheit; **temporary ~ d.** Zahlungsschwierigkeiten; **with great difficulty** mit großer Mühe; **initial d.** Startschwierigkeiten; **monetary d.** Währungsschwierigkeiten; **operational d.** Betriebsschwierigkeiten; **pecuniary d.** Geldprobleme, G.schwierigkeiten, finanzielle Schwierigkeiten; **technical d.** technische Schwierigkeiten

diffuse *v/t* ausstrahlen, verbreiten; *adj* diffus

diffusion *n* Verbreitung *f*, Diffusion *f*; **d. of innovations** Innovationsdiffusion *f*; **d. index** 📊 Diffusionsindex *m*; **d. theory of taxation** Diffusionstheorie *f*, Theorie der

dig v/i graben, baggern; **d. for** schürfen nach; **d. up/out** ausgraben
digest v/t 1. 💲 verdauen; 2. *(fig)* verkraften
digest n [§] Fallsammlung *f*; **d.ible** *adj* 💲 verdaulich; **d.ion** n 1. ↻ Aufschluss *m*; 2. 💲 Verdauung *f*
digger n Bagger *m*
digit n π (Zahlen)Stelle *f*, Ziffer(nstelle) *f*; **binary d.** 🖥 Binärzeichen *nt*; **decimal d.** Dezimalstelle *f*; **random d.s** 🖥 Zufallszahlen
digital *adj* digital; **d.ization** n Digitalisierung *f*; **d.ize** v/t digitalisieren
digit display 🖥 Zahlenfeld *nt*; **d. emitter** Impulsgeber *m*; **d. filter** Zahlenfilter *m*; **d. pulse** Stellenimpuls *m*
digitize v/t digital darstellen, digitalisieren; **d.r** n 🖥 A/D-Umsetzer *m*
sum-of-the-years digit method Digitalabschreibung *f*; **multiple d. number** mehrstellige Zahl; **d. selection** 🖥 Ziffernauswahl *f*; **d. value** 🖥 Stellenwert *m*
digni|fied *adj* würdevoll, würdig; **d.fy** v/t ehren, auszeichnen
dignitary n Würdenträger *m*; **dignitaries** Honoratioren
dignity n Würde *f*; **beneath my d.** unter meiner Würde; **d. of a judge** Richterwürde *f*; **~ man** Menschenwürde *f*; **to stand on one's d.** förmlich sein
digress v/i abschweifen, (vom Thema) abweichen/abkommen; **d.ion** n Abschweifung *f*, Abweichung vom Thema
digs pl *[GB] (coll)* Studentenbude *f*
dike n 1. Deich *m*, (Schutz)Damm *m*; 2. Entwässerungsgraben *m*, Kanal *m*; **d. laws/ordinance** Deichordnung *f*
dilapidated *adj* 🏚 abbruchreif, baufällig, verfallen; **to become d.** verkommen
dilapidation n 🏚 Baufälligkeit *f*, Verfall *m*, Verwahrlosung *f*; **d.s** Beseitigung von Bauschäden
dilatoriness n Säumigkeit *f*, Säumnis *f/nt*, Saumseligkeit *f*, Zögern *nt*; **d. in effecting tax payments** Steuersäumnis *f/nt*
dilatory *adj* säumig, aufschiebend, dilatorisch, hinhaltend, saumselig, rechtshemmend; **to be d.** sich Zeit lassen, hinhaltend taktieren
dilemma n Dilemma *nt*, Zwangslage *f*, Klemme *f*, Zwickmühle *f*, Zwiespalt *m*; **to pose a d.** Verlegenheit verursachen; **moral d.** Gewissensnot *f*, G.zwang *m*, G.konflikt *m*
dilettante n *(frz.)* Dilettant(in) *m/f*, Stümper *m*; *adj* laien-, stümperhaft, dilettantisch
diligence n Sorgfalt(spflicht) *f*, Fleiß *m*, Eifer *m*; **d. of a prudent businessman** Sorgfalt eines ordentlichen Kaufmanns; **customary/due/ordinary d.** gebührende/verkehrsübliche Sorgfalt; **with due d.** mit der erforderlichen/gebührenden Sorgfalt; **d. requirement** Sicherheitsauflage *f*
diligent *adj* sorgfältig, gewissenhaft, fleißig, eifrig, arbeitsam, strebsam
diligentia quam in suis n *(lat.)* [§] Sorgfalt in eigenen Angelegenheiten
dilute v/t verwässern, mit Wasser vermischen, aus-, verdünnen, schwächen
dilutee n Anlernling *m*, Umschüler(in) *m/f*, ungelernte Arbeitskraft
dilution n Verwässerung *f*, Aus-, Verdünnung *f*; **d. of capital** Kapitalverwässerung *f*; **~ equity** Verwässerung des Aktienkapitals, Kapitalverwässerung *f*; **~ labour** Rückstufung von Arbeitsplätzen; **~ shareholding/stockholding** Verwässerung des Aktienbesitzes; **~ voting rights** Verwässerung des Stimmrechts
dilutive *adj* Verwässerungs-
dim v/t trüben, beeinträchtigen, verdunkeln; *adj* trübe, düster, verschwommen, undeutlich, dämmerig
dime n *[US]* Zehncentstück *nt*; **d. novel** Groschenheft *nt*, G.roman *m*, Schundroman *m*
dimension n Dimension *f*, Größenordnung *f*, Ausdehnung *f*, Umfang *m*, Abmessung *f*, Maßverhältnisse *pl*; **d.s** Größenverhältnisse, Abmessungen, Maße, Ausmaß *nt*, Größe *f*, G.nangaben
basic dimension Basis-, Ausgangswert *m*, A.maß *nt*; **~ d.s** Grundmaß(e) *nt/pl*; **cubic d.s** Raummaße; **external d.s** Außenmaße; **gigantic d.s** riesige Ausmaße; **of ~ d.s** riesengroß; **inside/interior d.s** Innenabmessungen, I.maße; **overall d.s** Gesamtmaße
dime store *[US]* Kleinpreis-, Billigwarengeschäft *nt*
diminish v/ti 1. verringern, (ver)mindern, einschränken, reduzieren, kürzen, zurückschrauben; 2. abnehmen, sich verkleinern, sich zurückbilden, sinken, schrumpfen; 3. *(Ruf)* schmälern; **d.able** *adj* reduzierbar; **d.ing** *adj* abnehmend, sich verringernd
diminution n 1. Verringerung *f*, (Ver)Minderung *f*, Einschränkung *f*, Kürzung *f*, Schmälerung *f*, Reduktion *f*; 2. Abnahme *f*, Schrumpfung *f*, Nachlassen *nt*, Zurückgehen *nt*; **d. of profits** Gewinnschrumpfung *f*; **~ service yield** Brauchbarkeits(ver)minderung *f*, Abnahme des Nutzungspotenzials; **d. in value** Wertminderung *f*, Minderung des Wertes; **~ the value of assets** Wertverlust von Anlagen; **~ weight** Gewichtsminderung *f*, Verringerung des Gewichts
dim-out n *[US]* Verdunkelung *f*
din n Lärm *m*, Getöse *nt*, Klamauk *m (coll)*, Rabatz *m (coll)*; **to make a d.** lärmen; **~ terrible d.** schrecklichen Lärm machen; **terrific d.** Riesenkrach *m*, Heidenlärm *m (coll)*
dine v/ti 1. speisen; 2. bewirten, beköstigen; **d. out** zum Essen ausgehen, außerhalb speisen, außer Haus essen
diner n 1. Tischgast *m*; 2. *[US]* 🚃 Speisewagen *m*; 3. Speise-, Esslokal *nt*
dinette n 🏠 Essecke *f*
dinghy n ⚓ Schlauchboot *nt*
dingy *adj* schmuddelig
dining area n 🏠 Essecke *f*; **d. car** 🚃 Speisewagen *m*, Zugrestaurant *nt*; **d. hall** Speisesaal *m*; **d. room** Esszimmer *nt*, Speiseraum *m*; **d. table** Esstisch *m*
dinks (double income no kids) pl *(coll)* Doppelverdiener ohne Kinder
dinner n (Abend)Essen *nt*; **to have d.** zu Tisch gehen; **to invite so. for d.** jdn zum Essen einladen; **formal d.** Galadiner *nt*
dinner bell Tischglocke *f*; **d. jacket** Smoking(jacke)

m/f; **d. party** Abendgesellschaft *f*; **d. service** Tafelservice *nt*, (Ess)Geschirr *nt*; **d. suit** Abendanzug *m*; **d. time** Essenszeit *f*
by dint of *prep* kraft
dioxin *n* ◆ Dioxin *nt*
dip *v/ti* 1. sinken, zurückgehen, sich abschwächen, stark fallen, nachgeben; 2. (ein)tauchen
dip *n* 1. Geschäftsrückgang *m*, Flaute *f*, Konjunktureinbruch *m*; 2. Vertiefung *f*; **d. in prices** Preisrückgang *m*; **~ profits** Gewinn-, Ertragseinbruch *m*; **d. into the purse** Griff ins Portmonee
economic dip Konjunkturtief *nt*, Rezession *f*, rezessiver Rückschlag, Konjunktureinbruch *m*, K.sturz *m*; **seasonal d.** saisonbedingter Einbruch/Rückgang; **slight d.** geringfügiger Rückgang
diploma *n* Diplom *nt*, Verleihungsurkunde *f*, Zertifikat *nt*; **secretarial d.** Sekretärinnendiplom *nt*
diplomacy *n* Diplomatie *f*
diploma holder Diplominhaber(in) *m/f*; **d. piece** Gesellenstück *nt*
diplomat *n* Diplomat *m*; **d.ic** *adj* diplomatisch, taktvoll, schlau; **d.'s passport** Diplomatenpass *m*
dipsomania *n* Trunksucht *f*; **d.c** *n* Trunksüchtige(r) *f/m*
dip|stick *n* ◆ Peil-, (Öl)Messstab *m*; **d.switch** *n* Abblendschalter *m*
direct *adj* 1. direkt, gerade, unmittelbar; 2. *(Route)* direkt, durchgehend
direct *v/t* 1. leiten, lenken, führen, steuern, an-, unterweisen; 2. beauftragen, verfügen, Anweisung geben, instruieren, dirigieren; **d. to** richten auf
directing *n* Leitung *f*; **d. activity** dispositive Arbeit
direction *n* 1. (Himmels)Richtung *f*, Strömung *f*, Tendenz *f*, Fahrtrichtung *f*, Linie *f*, Kurs *m*; 2. Führung *f*, Leitung *f*, Direktion *f*, Lenkung *f*, (An-/Unter)Weisung *f*; 3. Befehl *m*, Anordnung *f*, Richtlinie *f*, Verfügung *f*, Belehrung *f*; 4. 🎬 Regie *f*; **d.s** Gebrauchsanweisung, Anweisungen, Benutzungsanleitung *f*; **according to your d.s** Ihren Anweisungen gemäß; **authorized to issue d.s** weisungsberechtigt; **by d. of** auf Anweisung von; **from all d.s** aus allen Richtungen; **in the d. of** in Richtung auf/nach; **under his d.** unter seiner Leitung
direction of impact Stoßrichtung *f*; **d. of the proceedings** Prozessleitung *f*; **~ trade** Absatzrichtung *f*; **~ traffic** Verkehrsrichtung *f*; **d.s as to use**; **d.s for use** Verwendungsvorschriften, V.auflage *f*, Gebrauchsanweisung *f*, G.vorschrift *f*; **d. of the wind** Windrichtung *f*
to change direction Kurs ändern; **to flock in from all d.s** von allen Seiten herbeiströmen
clear and unmistak(e)able direction|s klare und unmissverständliche Anweisungen; **longitudinal d.** Längsrichtung *f*
direction finder (Funk)Peilgerät *nt*, P.antenne *f*, P.anlage *f*, Richtungssucher *m*, Standortbestimmungsgerät *nt*; **d. finding** Peilung *f*; **visual d. finding** optische Peilung; **d. reception** Richtungsempfang *m*; **d. word** Merkwort *nt*
directive *n* 1. (An)Weisung *f*, Vorschrift *f*, Direktive *f*, Erlass *m*, Leitlinie *f*, Verordnung *f*, Anordnung *f*; 2. *(EU)* Richtlinie *f*; 3. Betriebsanweisung *f*; **subject to d.s** weisungsgebunden; **to issue a d.** Anweisung geben/erlassen/erteilen, Richtlinie erlassen
administrative directive Verwaltungsanweisung *f*; **anti-raider d.** Transparenzrichtlinie *f*; **appropriate d.** geeignete Richtlinie; **basic d.** Grundrichtlinie *f*; **official d.** behördliche Anordnung; **technical d.** technische Anleitung
director *n* 1. Direktor(in) *m/f*, Geschäftsführer(in) *m/f*, Vorsteher(in) *m/f*, Leiter(in) *m/f* (einer Stabsabteilung); 2. Mitglied des Aufsichts-/Verwaltungsrates/Vorstands, Aufsichtsrats-, Verwaltungsrats-, Vorstandsmitglied *nt*; 3. 🎬 Intendant *m*, Regisseur *m*
director of education Schulamtsleiter *m*; **~ engineering** technischer Direktor/Leiter; **D. of Fair Trading** *[GB]* Wettbewerbsaufsicht(sbehörde) *f*, (Leiter der) Kartellbehörde; **d. of finance** Finanzchef *m*, F.direktor *m*, Leiter des Finanzwesens; **~ operations** Betriebs-, Einsatzleiter *m*, (Haupt)Geschäftsführer *m*; **~ a party** Parteigeschäftsführer *m*; **~ personnel**; **~ human resources** *[US]* Personalchef *m*, P.leiter *m*, Leiter des Personalwesens; **D. of Public Prosecutions (DPP)** *[GB]* Staatsanwaltschaft *f*, Anklage-, Strafverfolgungsbehörde *f*, Oberstaats-, Kron-, Generalstaatsanwalt *m*; **d. of research** Forschungsleiter *m*; **~ sales** Verkaufsleiter *m*, Leiter des Verkaufs, ~ der Verkaufsabteilung; **~ social services** *[GB]* Leiter des Sozialamts; **~ studies** Studienleiter *m*, S.direktor *m*
alternate director turnusmäßig zuständiger Direktor; **commercial d.** kaufmännischer Direktor; **controlling d.** Aufsichtsratsmitglied *nt*; **divisional d.** Sparten-, Bereichsleiter *m*; **executive d.** (aktives) Vorstandsmitglied, Mitglied des Vorstandes; **financial d.** Finanzvorstand *m*, Leiter der Finanzabteilung, ~ des Finanzwesens; **managing d.** geschäftsführender Direktor, (geschäftsführendes) Vorstandsmitglied, Generaldirektor *m*, Vorstandssprecher *m*, V.vorsitzender *m*; **divisional ~ d.** Sparten-, Bereichsleiter *m*; **non-executive d.** nicht geschäftsführendes Mitglied des Verwaltungs-/Aufsichtsrats, Aufsichtsratsmitglied *nt*; **outside d.** Aufsichtsratsmitglied *nt*, außenstehender Verwaltungsrat; **regional d.** Bezirksleiter *m*, B.direktor *m*; **senior d.** Seniorchef *m*; **sole d.** Alleinvorstand *m*, A.geschäftsführer *m*; **technical d.** technischer Leiter/Direktor; **working d.** aktives Vorstandsmitglied, mitarbeitender Verwaltungsrat
directorate *n* 1. Direktorium *nt*, Direktion *f*, Geschäftsleitung *f*, Vorstand *m*, Aufsichtsrat *m*, Leitungsgremium *nt*; 2. Direktoramt *nt*, D.enposten *m*; **interlocking d.** Schachtaufsichtsrat *m*, Verbunddirektorium *nt*; **~ d.s** *(AG)* Überkreuzmandat *nt*, Personalunion verschiedener Unternehmen, mehrfache Geschäftsführung
directors' emoluments Vorstandsvergütung(en) *f/pl*, Vorstands-, Verwaltungsratsbezüge, Aufsichtsratstantiemen, A.bezüge, A.vergütungen, Bezüge der Aufsichtsrats-/Verwaltungsratsmitglieder, ~ des Vorstandes
director general Generaldirektor *m*, Hauptgeschäftsführer *m*
directorial *adj* leitend, führend, direktorial

directors' and officers' liability insurance Haftpflichtversicherung für leitende Angestellte; **d.s' report** Aufsichtsrats-, Vorstands-, Rechenschaftsbericht *m*; **~ retirement** Ausscheiden von Vorstands-/Aufsichtsrats-/Verwaltungsratsmitgliedern
directorship 1. Aufsichtsratsmandat *nt*, A.posten *m*, A.sitz *m*; 2. Vorstandsposten *m*, V.position *f*; 3. Verwaltungsratsposten *m*; 4. Direktorat *nt*; 5. 🍎 Intendanz *f*; **to hold a d.** Aufsichtsratsposten innehaben; **managing d.** Vorstandsvorsitz *m*
directors' tax Aufsichtsratssteuer *f*
directory *n* 1. ✆ Telefonbuch *nt*; 2. (Branchen)Adressbuch *nt*; 3. (Inhalts)Verzeichnis *nt*; 4. 🖳 Datei-, Inhaltsverzeichnis *nt*; 5. Leitfaden *m*, Richtschnur *f*; **classified d.** Branchenadressbuch *nt*, B.verzeichnis *nt*; **commercial d.** Handelsadressbuch *nt*; **local d.** ✆ Ortsverzeichnis *nt*; **phone-side d.** Telefonregister *nt*; **d. assistance [US]** /**enquiries [GB]** ✆ (Telefon)Auskunft(sdienst) *f/m*, Fernsprechauskunft *f*
directrix *n* π Leitgerade *f*
dirigible *adj (Ballon/Luftschiff)* lenkbar; *n* ✈ Luftschiff *nt*
dirig|ism *n* Dirigismus *m*; **d.istic** *adj* dirigistisch
diriment *adj* [§] aufhebend, annullierend
dirt *n* Schmutz *m*, Dreck *m*, Kehricht *m*; **to be full of d.** vor Schmutz starren; **to treat so. like d.** jdn wie den letzten Dreck behandeln; **d. allowance** Schmutzzulage *f*; **d.-cheap** *adj (coll)* spottbillig *(coll)*; **d. farmer [US]** Kleinbauer *m*; **d. money/pay** Schmutzzulage *f*, S.geld *nt*; **d.-resistant** *adj* schmutzabweisend; **d. road/track** unbefestigte Straße, Feldweg *m*
dirty *adj* schmutzig, dreckig, verschmutzt, unrein, unsauber, schmuddelig
disability *n* 1. Arbeits-, Berufs-, Dienst-, Erwerbsunfähigkeit *f*, Behinderung *f*, Invalidität *f*, Beschädigung *f*; 2. [§] Rechts-, Geschäftsunfähigkeit *f*; **total d. or reduced earning capacity** Erwerbsunfähigkeit oder Minderung der Erwerbsfähigkeit; **d. to sue and be sued** [§] Prozessunfähigkeit *f*; **d. for work** Arbeitsunfähigkeit *f*; **to lie under a d.** [§] rechtsunfähig sein
congenital disability $ Geburtsfehler *m*; **legal d.** [§] Rechts-, Geschäftsunfähigkeit *f*; **occupational d.** Berufs-, Erwerbsunfähigkeit *f*; **~ insurance** Berufsunfähigkeitsversicherung *f*; **partial d.** Teilinvalidität *f*, teilweise Arbeitsunfähigkeit, verminderte Erwerbsfähigkeit, partielle Invalidität/Berufsunfähigkeit *f*; **permanent d.** (Dauer)Invalidität *f*, dauernde Arbeits-/Erwerbsunfähigkeit *f*; **physical d.** Körperbehinderung *f*, körperliche Behinderung; **premature d.** vorzeitige Invalidität/Erwerbsunfähigkeit; **temporary d.** vorübergehende/zeitweilige Invalidität, ~ Erwerbsunfähigkeit; **~ benefit** *(Vers.)* Krankengeld *nt*; **~ insurance** Krankengeldversicherung *f*; **total d.** Vollinvalidität *f*, vollständige Invalidität/Erwerbsunfähigkeit
disability allowance Invalidenunterstützung *f*; **d. benefit** Invaliditätsrente *f*, I.unterstützung *f*, I.versicherungsleistung *f*; **d. case** Invaliditätsfall *m*; **d. clause** Invaliditäts-, Erwerbsunfähigkeitsklausel *f*; **d. fund** Invaliditätsfonds *m*, I.versicherung *f*; **d. insurance** Invaliden-, Invaliditätsversicherung *f*; **d. pension** Invaliden-, Invaliditäts-, Erwerbsunfähigkeits-, Berufs-, Beschädigten-, Versehrtenrente *f*; **d. retirement** Pensionierung wegen Arbeitsunfähigkeit
disable *v/t* 1. $ zum Invaliden machen; 2. außer Stande setzen; 3. [§] entmündigen, rechtsunfähig machen
disabled 1. $ (geh-/körper)behindert, versehrt, (schwer) beschädigt, invalid; 2. erwerbs-, berufs-, arbeits-, dienstunfähig; 3. manövrier-, betriebsunfähig; 4. 🖳 gesperrt, unterdrückt; **equipped for the d.** behindertengerecht ausgestattet; **partially d.** bedingt arbeitsfähig, erwerbsbeschränkt; **severely d.** schwerbehindert, s.beschädigt; **~ person** Schwerbehinderte(r) *f/m*
disablement *n* → **disability** Berufsunfähigkeit *f*, Invalidität *f*, Erwerbs-, Arbeitsunfähigkeit *f*, Versehrtheit *f*, Behinderung *f*, Beschädigung *f*; **d. before retiring age** Frühinvalidität *f*
complete disablement Vollinvalidität *f*; **industrial/occupational d.** Berufsinvalidität *f*, B.unfähigkeit *f*; **~ pension** Berufsunfähigkeitsrente *f*; **partial d.** Erwerbs-, Teilinvalidität *f*; **permanent d.** Dauerinvalidität *f*, dauernde Invalidität; **premature d.** vorzeitige Arbeitsunfähigkeit; **severe d.** schwere Behinderung; **~ allowance [GB]** Schwerbeschädigtengeld *nt*, Beihilfe für Schwerbehinderte; **~ pension** Schwerbehindertenrente *f*; **total d.** Vollinvalidität *f*; **d. annuity** Invalidenrente *f*; **d. benefit** Invalidenrente *f*, Arbeits-, Berufsunfähigkeitsgeld *nt*; **d. claim** Invaliditätsanspruch *m*; **d. insurance** Invaliden-, Invaliditäts-, Unfallversicherung *f*; **d. pension** Invalidenrente *f*; **d. relief** Invalidenfürsorge *f*
disable pulse 🖳 Sperrimpuls *m*
disadvantage *n* Nachteil *m*, Schaden *m*; **at a d.** im Nachteil, vorbelastet; **to the d. of** zum Schaden von, zu Ungunsten von; **d.s of higher unit costs** Stückkostennachteile
to be at a disadvantage im Nachteil sein; **~ to so.'s d.** jdm zum Nachteil gereichen; **to put so. at a d.** jdn benachteiligen; **to sell at a d.** mit Verlust verkaufen
competitive disadvantage Wettbewerbsnachteil *m*, ungünstige Marktsituation/Wettbewerbslage; **to place so. at a ~ d.** jdn im Wettbewerb benachteiligen; **fiscal d.** steuerlicher Nachteil; **legal d.** Rechtsnachteil *m*; **locational d.** Standortnachteil *m*; **operational d.** betriebswirtschaftlicher Nachteil; **pecuniary d.** finanzieller/wirtschaftlicher Nachteil, Vermögensnachteil *m*
dis|advantaged *adj* benachteiligt; **d.advantageous** *adj* nachteilig, unvorteilhaft, ungünstig
dis|affected *adj* entfremdet, enttäuscht, verdrossen; **d.affection** *n* Verdrossenheit *f*, Entfremdung *f*; **~ from the state** Staatsverdrossenheit *f*
dis|affirm *v/t* 1. [§] nicht anerkennen, bestätigen; 2. *(Entscheidung)* aufheben; **d.affirmance** *n* [§] Nichtbestätigung *f*, Nichtanerkennung *f*, Aufhebung *f*, Verweigerung einer Genehmigung
disafforest *v/t* ♧ entwalden, abforsten, roden; **d.ation; d.ment** *n* Abforstung *f*, Entwaldung *f*, Rodung *f*
dis|aggregate *v/i* zerfallen, sich auflösen; **d.aggregation** *n* ▦ Aufspaltung *f*, Disaggregation *f*, Disaggregierung *f*

disagio *n* Disagio *nt*, Abschlag *m*, Damnum *nt (lat.)*
disagree *v/i* nicht einverstanden sein; **d.able** *adj* unangenehm, widerlich, unsymphatisch
disagreement *n* Meinungsverschiedenheit *f*, Missverständnis *nt*, Differenz *f*, Unstimmigkeit *f*, Uneinigkeit *f*, Zerwürfnis *nt*; **hidden d.** versteckter Dissens
dis|allow *v/t* zurückweisen, verwerfen, nicht anerkennen/gelten lassen/gestatten/erlauben/zulassen, aberkennen, für unzulässig erklären; **d.allowance** *n* Nichtanerkennung *f*, Verwerfung *f*, Entlastungsverweigerung *f*, Aberkennung *f*, Zurückweisung *f*
disappear *v/i* verschwinden, untertauchen, sich verflüchtigen; ~ **for good** für immer verschwinden; ~ **into sth.** in etw. aufgehen; **d.ance** *n* Verschwinden *nt*
dis|application Nichtanwendung *f*; **d.apply** *v/ti* 1. nicht gelten, ~ zur Anwendung kommen; 2. nicht anwenden, nicht Gebrauch machen von
disappoint *v/t* enttäuschen; **d.ing** *adj* enttäuschend; **d.ment** *n* Enttäuschung *f*; **much to my d.ment** sehr zu meinem Leidwesen; **keen d.ment** große Enttäuschung
disappreciation *n* 1. Korrektur überhöhter Preise; 2. *(Börse)* technisch bedingter Kursrückgang, technische Reaktion
dis|approbation *n* Missbilligung *f*; **d.approbative; d.approbatory** *adj* missbilligend
dis|appropriate *v/t* enteignen; **d.appropriation** *n* 1. Enteignung *f*; 2. [§] Ablehnung *f*
dis|approval *n* Missbilligung *f*, Missfallen *nt*; **d.approve** *v/t* missbilligen, nicht einverstanden sein, ~ genehmigen/zustimmen; **d.approving** *adj* missfällig, missbilligend
disarm *v/t* entwaffnen, abrüsten; **d.ament** *n* Entwaffnung *f*, Abrüstung *f*
disarray *n* Unordnung *f*, Durcheinander *nt*; **to be in d.** völlig durcheinander sein, zerstritten sein, in Auflösung begriffen sein; **to throw into d.** durcheinander bringen
dis|assemble *v/t* zerlegen; **d.assembler** *n* 🖳 Disassembler *m*; **d.assembly** *n* Zerlegung *f*
disassociation (from) *n* Abkehr von
disaster *n* Katastrophe *f*, Unglück *nt*, Reinfall *m (coll)*; **d. at sea** Seeunfall *m*; **to bring about d.** Unheil stiften; **to court d.** mit dem Feuer spielen *(fig)*
climatic disaster Klimakatastrophe *f*; **ecological d.** Umweltkatastrophe *f*; **financial d.** Finanzmisere *f*; **natural d.** Naturkatastrophe *f*; ~ **cover(age)** Versicherungsschutz gegen Naturkatastrophen; **public d.** nationale Katastrophe; **an unmitigated d.** *(coll)* eine einzige Katastrophe *(coll)*
disaster area Katastrophen-, Notstandsgebiet *nt*; **common d. clause** *(Vers.)* Klausel über gleichzeitige Todesvermutung; **d. control** Katastophenschutz *m*; **d. fund** Katastrophenfonds *m*; **d. payout** Versicherungsleistung im Katastrophenfall; **d. prevention** Katastrophenschutz *m*; **d.-prone** *adj* katastrophengefährdet; **d. relief** Katastrophenhilfe *f*; **d.-stricken** *adj* katastrophengeschädigt; **d. unit** Katastrophendienst *m*
disastrous *adj* verheerend, katastrophal, verhängnisvoll, fatal

disavow *v/t* (ab)leugnen, in Abrede stellen; **d.al** *n* Leugnen *nt*, Dementi *nt*, Ableugnung *f*, Lossagung *f*, Nichtanerkennung *f*, Widerruf *m*
disband *v/t (Gruppe)* auflösen
disbar *v/t* [§] (aus der Anwaltschaft) ausschließen; **d.ment** *n (Anwalt)* Ausschließung *f*, Ausschluss *m*
dis|belief *n* Ungläubigkeit *f*; **d.believe** *v/t* nicht glauben
disburs|able *adj* auszahlbar; **d.e** *v/t* auszahlen, auslegen, ausgeben, verauslagen; **d.ed** *adj* verausgabt
disbursement(s) *n* (Aus)Zahlung(en) *f/pl*, Ausgabe(n) *f/pl*, Auslage(n) *f/pl*, Vorschuss *m*, ausgezahltes Geld, Barzahlung *f*, Vorausgabung *f*, ausgezahlter Betrag, Geldausgabe *f*, G.ausgänge; **d. of travelling expenses** Reisekostenerstattung *f*, R.regelung *f*; **current d.** Umlageverfahren *nt*; **minor d.s** Bagatellausgaben *f*; **net d.s** Auszahlungsüberschuss *m*; **social d.s** Sozialaufwendungen
disbursement clause Auslagenklausel *f*; **d. instruction** Kassenanweisung *f*; **d. note** Auszahl(ungs)schein *m*; **d. voucher** Kassenanweisung *f*, Ausgabe(n)beleg *m*, (Aus)Zahlungsbeleg *m*
disbursing account *n* Auszahlungskonto *nt*; **d. order** (Aus)Zahlungsanweisung *f*, A.verfügung *f*
disc *n* → **disk**
discard *v/t* 1. (als unbrauchbar) ablegen, ausrangieren; 2. *(Plan)* verwerfen, ad acta *(lat.)* legen; ~ **as worthless** zum alten Eisen werfen *(fig)*
discern *v/t* unterscheiden (können), erkennen, wahrnehmen; **d.ible** *adj* wahrnehmbar, erkennbar; **d.ing** *adj* 1. einsichtig; 2. anspruchsvoll; **d.ment** *n* Scharfblick *m*, Unterscheidungsvermögen *nt*, Einsicht *f* (in), Zurechnungs-, Urteilsfähigkeit *f*, U.kraft *f*, U.vermögen *nt*
discharge *n* 1. ⚓ Aus-, Ab-, Entladen *nt*, Löschen *nt*, Löschung *f*, Umschlag *m*, Ausschiffung *f*, Verbringen an Land; 2. Entlastung(serteilung) *f*; 3. [§] Freispruch *m*, Aufhebung *f*; 4. Abgeltung *f*, Begleichung *f*, Bezahlung *f*, Entrichtung *f*, Zurückzahlung *f*, Einlösung *f*, Tilgung *f*; 5. Erfüllung *f*, Erledigung *f*; 6. Entlassung *f*, Dienstenthebung *f*; 7. Abwasser(einleitung) *nt/f*, Schadstoffausstoß *m*, (Schadstoff)Emission *f*, Ablassen *nt*, Auslaufen *nt*; **on d.** beim Ausladen; **in full d. of our accounts** zum Ausgleich unserer Rechnung; **d. of the auditor** Entlastung des Abschlussprüfers; ~ **a bankrupt**; **d. in bankruptcy** [US] Entlastung/Freistellung/Rehabilitierung eines Gemeinschuldners, ~ Konkursschuldners, Konkursaufhebung *f*; **d. of a bill** Tilgung einer Wechselverbindlichkeit; **d. of cargo** ⚓ Löschen der Ladung; **d. for cause** [§] begründete Entlassung; **d. without cause** [§] grundlose Kündigung; **d. of a claim** Erfüllung eines Anspruchs; ~ **contract** Vertragserfüllung *f*, **d. by the court before completion of trial** [§] Außerverfolgungsetzung *f*; **d. from custody** Haftentlassung *f*; **d. of a debt** (Schuld)Tilgung *f*; ~ **debts** 1. Schuldentilgung *f*, Entrichtung/Begleichung von Schulden, Erfüllung von Verbindlichkeiten; 2. Schuldbefreiung *f*; ~ **duty/duties** Pflicht(en)erfüllung *f*, Aufgabenwahrnehmung *f*, Wahrnehmung von Aufgaben, Erfüllung von Pflichten; **in ~ his duty** in Erfüllung/Ausübung seiner Pflicht, in ~ seines Dienstes; **d.**

discharge of an encumbrance

from employment Entlassung *f*; **d. of an encumbrance** Löschung einer Grundschuld; **in the ~ governmental functions** in Ausübung öffentlicher Funktionen; **d. from hospital** Entlassung aus dem Krankenhaus; **d. of liability** befreiende Wirkung; **~ a liability** Erfüllung einer Verpflichtung; **~ liabilities** Tilgung/Begleichung von Verbindlichkeiten; **~ an obligation** Erlöschen/Beendigung eines Schuldverhältnisses, Erfüllung einer Verpflichtung, Schuldentlastung *f*, Befreiung von der geschuldeten Leistung; **d. in part** teilweise Befreiung; **d. of pollutants; ~ noxious/polluting substances** Schadstoffausstoß *m*, S.emission *f*, Einleitung von Schadstoffen; **d. from prison; d. of a prisoner** Straf-, Haftentlassung *f*; **d. of a right** Erfüllung eines Anspruchs
to grant a discharge Entlastung erteilen
absolute discharge 1. vollkommene/bedingungslose Entlastung; 2. *(Schuldner)* absolute Befreiung; 3. [§] unbeschränkte Entlassung; **conditional d.** 1. [§] bedingte Strafaussetzung/Entlassung; 2. ⊖ Erledigung unter Vorbehalt; **suspended and ~ d.** *[GB] (Konkurs)* befristete und bedingte Freistellung; **dishonourable d.** ⚔ unehrenhafte Entlassung; **final d.** endgültige Freilassung; **forced d.** Zwangslöschung *f*; **free d. (f. d.)** freies Löschen; **full d.** 1. endgültige Entlassung; 2. negatives Schuldanerkenntnis, restlose Erfüllung; **in ~ d.** zum vollen Ausgleich; **honourable d.** ⚔ ehrenhafte Entlassung; **prompt d.** sofortige Erfüllung
discharge *v/t* 1. ⚓ löschen, aus-, entladen, ausschiffen; 2. Entlastung erteilen, entlasten, entbinden, befreien, entheben, entpflichten; 3. entlassen, kündigen, verabschieden; 4. *(Arbeit)* verrichten, erfüllen, erledigen; 5. *(Schuld)* tilgen, abgelten, ablösen, begleichen, einlösen, be-, zurückzahlen; 6. *(Schadstoffe)* ausstoßen, einleiten; 7. [§] außer Verfolgung setzen; **d. by way of counterclaim** aufrechnen; **ready to d.** ⚓ löschbereit; **d. afloat** Schiff muss schwimmend löschen
discharge book Seefahrtsbuch *nt*; **d. case** Entlassungsfall *m*; **d. certificate** Erledigungsbescheinigung *f*
discharged *adj* 1. eingelöst; 2. entlastet
discharge note Erledigungsvermerk *m*; **d. order** Konkurseinstellungsbeschluss *m*, K.aufhebungsbescheid *m*, Rehabilitierungsbescheid *m*; **d. overside** ⚓ Ausladung über Schiffsseite; **d. papers** Entlassungpapiere, E.schein *m*; **d. permit** ⚓ Entlade-, Löscherlaubnis *f*; **d. pipe** Abflussrohr *nt*; **d. port** ⚓ Entlade-, Löschhafen *m*
discharger *n* 1. ⚓ Ablader *m*, Löscher *m*; 2. *(Abwässer)* Einleiter *m*
discharge slip Entlassungsbescheinigung *f*; **d. voucher** ⊖ Erledigungsabschnitt *m*
discharging *n* ⚓ Löschen *nt*, Entladen *nt*, Ausschiffung *f*; **d. costs/expenses** Entlade-, Löschkosten; **d. permit** Entlade-, Löscherlaubnis *f*; **d. rate** Löschleistung *f*; **d. time** Entlade-, Löschzeit *f*
dis|ciple *n* Jünger *m*, Anhänger *m*, Gefolgsmann *m*, Schüler *m*; **d.ciplinable** *adj* strafbar; **d.ciplinary** *adj* disziplinarisch, Disziplinar-
discipline *n* 1. Disziplin *f*, Ordnung *f*; 2. Wissenschaftsbereich *m*, Fach *nt*; **d. at work** Arbeitsdisziplin *f*

budgetary discipline Haushaltsdisziplin *f*; **economic d.** wirtschaftspolitische Disziplin; **financial d.** Finanz-, Haushaltsdisziplin *f*; **neighbouring d.** Nachbardisziplin *f*, N.fach *nt*; **strict d.** eiserne/stramme/strenge Disziplin, strenge Zucht
discipline *v/t* disziplinieren, maßregeln, disziplinarisch bestrafen
disclaim *v/t* 1. bestreiten, (ab)leugnen, dementieren; 2. ablehnen; 3. [§] verzichten, Verzicht leisten, Anspruch aufgeben; 4. *(Erbschaft)* ausschlagen
disclaimer *n* 1. Dementi *nt*, Widerruf *m*, Distanzierung *f*, Gegenerklärung *f*; 2. [§] (Rechts)Verzicht *m*, V.erklärung *f*, V.leistung *f*; 3. Erbausschlagung *f*, E.verzicht *m*; 4. Haftungsausschluss(erklärung) *m/f*; 5. Patentberichtigung *f*; **d. of audit opinion** Verweigerung des Bestätigungsvermerks; **~ a testamentary gift; ~ an inheritance** Erbschaftsverzicht *m*, Verzicht auf eine Erbschaft, Ausschlagung einer Erbschaft, ~ eines Vermächtnisses; **~ liability** Haftungsausschluss *m*, Enthaftung *f*
to issue a disclaimer Dementi/Gegenerklärung abgeben; **to put in a d.** [§] Verzichterklärung abgeben; **d. clause** Haftungsausschluss-, Freizeichnungsklausel *f*
dis|closable *adj* publizitäts-, mitteilungs-, anzeige-, melde-, veröffentlichungspflichtig; **d.close** *v/t* 1. offenlegen, publizieren, veröffentlichen; 2. preisgeben, offenbaren, enthüllen, aufdecken, verraten, eröffnen; **d.closed** *adj* veröffentlicht
disclosure *n* 1. Enthüllung *f*, Aufdeckung *f*; 2. Bekanntgabe *f*, Mitteilung *f*, Auskunft *f*, Eröffnung *f*; 3. *(Gesellschaft)* Berichterstattung *f*, Publizität *f*, Offenlegung *f*, Ausweis *m*, Bilanzansatz *m*; **d. of (debtor's) assets** Vermögensoffenbarung *f*; **~ previous convictions** Auskunft über Straftaten; **~ data** Datenweitergabe *f*; **premature ~ details** vorzeitige Preisgabe von Einzelheiten; **~ earnings** Gewinnausweis *m*; **~ information** Preisgabe von Informationen, Mitteilung *f*; **~ interests** Mitteilung über Beteiligungen; **~ an invention** Offenlegung/Darstellung einer Erfindung; **d. on oath** eidliche Offenbarung; **d. of a secret; ~ secrets** Lüftung eines Geheimnisses, Geheimnisverrat *m*; **~ official secrets** Preisgabe von Staatsgeheimnissen; **~ the share stake** Offenlegung der Aktienbeteiligung
immune from disclosure der Geheimhaltung unterliegend; **requiring d.** ausweis-, publizitätspflichtig
to enforce disclosure Offenlegung erzwingen; **to make d.s** Einzelheiten mitteilen; **~ full d.** offenbaren
compulsory disclosure Publizitäts-, Publikationspflicht *f*; **non-prejudicial d.** unschädliche Offenbarung; **public d.** öffentliche Bekanntmachung; **statutory ~ d.** Publizitäts-, Veröffentlichungspflicht *f*; **soft d.** beschränkt meldepflichtige Publizität; **voluntary d.** Selbstauskunft *f*
disclosure accounting Rechnungslegung mit erhöhter Aussagefähigkeit; **d. act** Publizitätsgesetz *nt*; **d. duty** Publizitäts-, Offenbarungs-, Offenlegungs-, Informations-, Bekanntmachungspflicht *f*; **d. minimum** Mindestpublizitätspflicht *f*; **d. provisions** Publizitäts-, Offenlegungsbestimmungen

disclosure requirement|s 1. Publizitätserfordernisse, P.pflicht *f*, Mitteilungs-, Berichts-, Veröffentlichungs-, Offenlegungsvorschriften, O.pflicht *f*; 2. *(Steuer)* Melde-, Anzeige-, Bekanntmachungspflicht *f*; **subject to d. r.s** publizitäts-, mitteilungspflichtig; **corporate d. r.** Publizitätspflicht der Unternehmen
disclosure rules Publizitätspflicht *f*, P.vorschriften, Offenlegungsvorschriften; **to be subject to the d. rules** publizitätspflichtig sein; **d. threshold** Offenlegungsschwelle *f*
discolour *v/ti* 1. verblassen, Farbe verlieren; 2. sich verfärben; **d.ation** *n* 1. Verfärbung *f*; 2. Fleck *m*; **d.ed** *adj* verfärbt, verschossen
discomfit *v/t* aus der Fassung/dem Takt bringen, Pläne durchkreuzen, Unanehmlichkeiten/Unbehagen verursachen; **d.ing** *adj* beunruhigend; **d.ure** *n* Unbehagen *nt*
discomfort *n* 1. Miss-, Unbehagen *nt*; 2. ⚕ Beschwerden *pl*; **d.s** Beschwernisse; **great d.** empfindliches Übel; **d. index** Problemindex *m*
dis|commodity *n* negatives Gut; **d.commodities** externe/soziale Kosten
disconcerting *adj* befremdlich
disconnect *v/t* 1. ✆ unterbrechen; 2. ⚡/*(Gas)* abschalten, sperren; **d.ing key** *n* Trenntaste *f*; **d.ion** *n* ⚡/*(Gas)* Abschaltung *f*, Sperrung *f*
discontent *n* Unmut *m*, Unzufriedenheit *f*, Missvergnügen *nt*; **d.ed** *adj* missvergnügt, unzufrieden
discontinuance; discontinuation *n* 1. *(Geschäft)* Einstellung *f*, Aufgabe *f*; 2. Weg-, Fortfall *m*; 3. Abbruch *m*; 4. [§] *(Klage)* Zurückziehen *nt*; 5. [§] *(Prozess)* Unterbrechung *f*; 6. *(Prokura)* Erlöschen *nt*; **d. of business** Geschäftsaufgabe *f*; **final ~ a business in its entirety**; **~ a business as a whole** Gesamtstilllegung *f*; **~ counterclaim** [§] Rücknahme der Widerklage; **~ execution** Einstellung der Vollstreckung; **~ criminal investigations** Einstellung des Ermittlungsverfahrens; **~ proceedings** Klagerücknahme *f*; **~ production** Produktionseinstellung *f*; **~ the rise** Unterbrechung des Kursanstieges
discontinue *v/t* 1. unter-, abbrechen; 2. *(Geschäft)* einstellen, nicht weiterführen, aufgeben; 3. [§] *(Klage)* zurückziehen; 4. [§] *(Prozess)* absetzen; 5. *(Modell)* auslaufen lassen; **to be d.d** *adj* eingestellt werden
dis|continuity *n* Unstetigkeit *f*; **d.continuous** *adj* diskontinuierlich, unstetig
discord *n* Missklang *m*, Misshelligkeit *f*, Meinungsverschiedenheit *f*, Uneinigkeit *f*, Zwietracht *f*, Unfriede *m*; **to sow d.** Zwietracht säen/stiften; **marital d.** Ehekrach *m*, E.streit *m*, E.zwist *m*
discotheque *n* Diskothek *f*
discount *n* 1. Skonto *m/nt*, Rabatt *m*, Abzug *m*, Nachlass *m*, Diskont *m*, Disagio *nt*, Deport *m*, Eskompt *m*, (Kurs)Abschlag *m*, Vergütung *f*, Abgeld *nt*, Damnum *nt (lat.)*, Abzinsung *f*, Zinsabzug *m*, Wertabschlag *m*, Dreingabe *f*; 2. Wechselagio *nt*, W.zins *m*; **d.s** 1. Skonti; 2. diskontierte Wechsel, Diskonten; **at a d.** 1. unter Nennwert/Pari, mit Abschlag/Skonto/Abgeld/Disagio, auf/mit Rabatt; 2. nicht gefragt; **subject to a d.** rabattfähig; **without d.** ohne Rabatt

discount on accounts receivable Wertberichtigung auf Forderungen; **d.s and advances** *(Bank von England)* Lombardkredite; **d. on a bill** Wechseldiskont *m*; **~ bonds** Anleihedisagio *nt*; **d. for cash** Skonto *m/nt*, Barzahlungsrabatt *m*, Rabatt bei Barzahlung; **d. on loans received** Disagiobetrag *m*; **d. new for old** Abzug für neu; **d. on payment before due date** Zwischenzins *m*; **d.s and price reductions** Nachlässe; **d. on redemption** Rückzahlungsdisagio *nt*; **~ repurchase** Rückkaufsdisagio *nt*; **d. for resale** Wiederverkäuferrabatt *m*
discount allowed Kundenskonto *m/nt*; **d.s allowed** Skonto-, Diskontaufwendungen; **d.(s) earned** Diskonterlös *m*, D.ertrag *m*, Skontoerträge, Lieferskonto *m/nt*, Disagioerträge *pl*; **d.s granted** Kundenskonti; **d.s lost** nicht in Anspruch genommene Nachlässe/Skonti; **d.s payable** [US] Diskontverbindlichkeiten; **d.s received** Diskonterträge, Lieferantenskonti
eligible for discount diskontfähig, diskontierbar; **~ at the central bank** zentralbankdiskontfähig; **granting a d.** Rabattgewährung *f*; **less d.** abzüglich Diskont/Skonto/Rabatt
to allow/grant a discount 1. Skonto/Nachlass/Rabatt/Ermäßigung/Diskont/Abschlag gewähren, Diskont einräumen/vergüten, Nachlass bewilligen, Rabatt zugestehen/bewilligen; 2. *(Rechnung)* skontieren, rabattieren; **to apply d.** abzinsen; **to cut the d.** Diskont herabsetzen; **to deduct a d.** Rechnung skontieren, Rabatt/Skonto abziehen; **to lower/reduce the d.** Diskont(satz) senken/herabsetzen; **to present for d.** zum Diskont bringen/einreichen; **to raise the d.** Diskontsatz erhöhen; **to sell at a d. (from face value)** mit Verlust/Abschlag/Disagio verkaufen, unter (Neu) Wert/Pari/Taxe verkaufen; **to take on d.** in Diskont nehmen, diskontieren
abnormal discount außergewöhnlicher Preisnachlass; **adjusted d.** Staffelskonto *m/nt*; **bulk-rate d.** Pauschalabschlag *m*; **commercial d.** handelsüblicher Diskont; **deferred d.** Gesamtumsatzrabatt *m*; **differential d.s** unterschiedliche Preisnachlässe; **empty-ship d.** ⚓ *(Kanalgebühr)* Leerrabatt *m*; **forward d.** Terminabschlag *m*; **functional d.** Funktions-, Handelsrabatt *m*; **get-acquainted/introductory d.** Einführungsrabatt *m*; **hefty d.** erheblicher Nachlass; **hidden d.** versteckter Preisnachlass; **lost/missed d.** Skontoverlust *m*, nicht in Anspruch genommener Nachlass/Diskont; **no-claim(s) d.** *(Vers.)* Schadensfreiheitsrabatt *m*, Prämiennachlass bei Schadensfreiheit; **opening d.** Eröffnungsrabatt *m*; **preferential d.** Vorzugsbehandlung *f*; **primary d.** echter/echtes Skonto; **promotional d.** Einführungsrabatt *m*; **retained d.** einbehaltener Diskont; **serial d.** Serienrabatt *m*; **simple d.** einfacher Diskont; **social d.** Sozialbonus *m*, S.rabatt *m*; **special d.** Sonderrabatt *m*, S.nachlass *m*, Extrarabatt *m*; **straight d.** Barzahlungsrabatt *m*; **total d.s** Wechselkreditvolumen *nt*; **true d.** echter Diskont; **unearned d.** im Voraus gemachter Abzug
discount *v/t* 1. diskontieren, skontieren, abzinsen, abziehen, Preis senken, abrechnen, im Wert herabsetzen, Abzug gewähren; 2. nicht mitrechnen, unberücksich-

discountability 362

tigt lassen; 3. *(Börse)* vorausbewerten, berücksichtigen; 4. *(Wechsel)* hereinnehmen, eskomptieren; 5. *(Äußerung)* abtun
discountability *n* Diskontfähigkeit *f*, D.ierbarkeit *f*
discountable *adj* diskont-, bankfähig, diskontierbar, ankaufbar, ankaufsfähig, rabattfähig
discount bank Diskontbank *f*, diskontierende Bank; **d. banker** (Wechsel)Diskontierer *m*; **d. bills** Diskonten, D.wechsel; **d. bond** unverzinsliche Schuldverschreibung, abgezinste Anleihe, Anleihe mit Zinszahlung bei Fälligkeit, ~ Kurs unter Nennwert; **non-interest-bearing d. bond** Nullkupon-, Disagioanleihe *f*; **d. brand** Billigmarke *f*; **d. broker** Diskont-, Wechselmakler *m*, W.händler *m*; **d. business** Diskont-, Wechsel(kredit)geschäft *nt*; **d. cartel** Rabattkartell *nt*; **d. chain** Diskont-, Billigladenkette *f*; **d. charges** Diskont-, Wechselspesen; **d. commission** Diskontprovision *f*; **d. commitment** Diskontzusage *f*; **d. company** Diskontgesellschaft *f*, D.haus *m*, D.bank *f*; **d. credit** (Wechsel-)Diskontkredit *m*; Rabattgutschrift *f*; **d. day** Diskonttag *m*; **d. dealer** Discounthändler *m*; **d. department** Wechselabteilung *f*
discounted *adj* diskontiert, eskomptiert
discounter *n* 1. Diskontierer *m*, Wechselmakler *m*; 2. *(Wechsel)* Einreicher *m*; 3. *(Handel)* Discounter *m*, Billiganbieter *m*, Diskont-Warenhaus *m*; **d.'s liability** Einreicherobligo *nt*; ~ **record** Einreicherobligonachweis *m*
discount expenses Wechselspesen; **d. factor** Abzinsungs-, Diskontierungsfaktor *m*; **d. holdings** Diskontbestände, Bestand an Diskontwechseln; **d. house** 1. Diskont-, Wechselbank *f*, Diskonthaus *nt*; 2. Institut für Absatzfinanzierung; 3. *[US]* Diskontgeschäft *nt*, D.laden *m*, D.warenhaus *nt*, Discounter *m*, Niedrigpreis-, Billigwarenladen *m*; **d. piracy** Skontoschinderei *f*
discounting *n* 1. Diskontierung *f*, Diskontgeschäft *nt*; 2. *(Wechsel)* Einreichung *f*, Eskomptierung *f*; 3. Lombardgeschäft *nt* (mit Buchforderungen als Sicherheit); 4. Skontierung *f*, Gewährung von Rabatten; **d. of bills** Wechseldiskontierung *f*, Hereinnahme/Diskontierung von Wechseln; ~ **checks** *[US]* /**cheques** *[GB]* Scheckdiskontierung *f*; ~ **drafts** Diskontierung von Tratten; **d. for mortality** *(Pensionsfonds)* Inansatzbringen von Sterbefällen; **d. of news** *(Börse)* Nachrichteneinschätzung *f*, N.berücksichtigung *f*, Eskomptierung von Nachrichten
competitive discounting Rabattgewährung aus Wettbewerbsgründen; **direct d.** Direktdiskont *m*; **initial d.** *(Wechsel)* Ersteinreichung *f*
minimum discounting charges Mindestdiskontspesen; **d. facilities** Diskontierungsmöglichkeiten; **d. practices** Rabattmethoden
discount interest Diskontzinsen *pl*; **d. ledger** Diskontwechsel-, Obligobuch *nt*, Wechselobligo *nt*; **d. limit** Diskontgrenze *f*, Wechselkontingent *nt*; **d. line** Wechseldiskont-, Skontolinie *f*; **d. liquidation** Wechselabrechnung *f*; **d. loan** Lombard-, Diskont-, Teilzahlungskredit *m*; **d. market** Diskont-, Wechselmarkt *m*; **d. note** Diskontrechnung *f*, D.note *f*, D.gutschrift *f*; **d. office** Diskontkasse *f*; **d. outlet** Diskont-, Niedrigpreisgeschäft *nt*; **d. period** Diskontierungszeitraum *m*, Kassa-, Skontofrist *f*, Frist für Bezahlung; **d. piracy** Skontoschinderei *f*; **d. policy** Diskontpolitik *f*; **d. price** Rabattpreis *m*; **d. problem** Rabattproblem *nt*
discount rate Rabatt-, Diskontsatz *m*, Bankdiskont *m*, B.(diskont)rate *f*, B.satz *m*, Abzinsungssatz *m*, Kalkulationszinsfuß *m*; ~ **per annum** *(lat.)* Jahresdeportsatz *m*; ~ **on commutation** Ablösungszinssatz *m*; **forward d. r.** Deportsatz *m*; **preferential d. r.** Vorzugsdiskontsatz *m*; **progressive d. r.** Staffelkonto *m/nt*; **d. r. differential** Diskontgefälle *nt*; ~ **instrument** Diskontinstrument *nt*; ~ **policy** Diskontpolitik *f*
discount reduction Diskontabzug *m*; **d. register** Wechselkopier-, W.logierbuch *nt*, W.(verfall)buch *nt*; **d. rein** *(fig)* Diskontzügel *m* *(fig)*; **d. retailer** Diskonter *m*; **d. schedule/table** Rabattstaffel *f*, Abzinsungstabelle *f*; **d. shop/store** Diskont-, Rabattladen *m*, Diskont-, Rabatt-, Billigwaren-, Billigpreisgeschäft *nt*, Fachmarkt *m*; **specialized d. store** Fachdiscounter *m*; **d. system** Rabattsystem *nt*; **d. terms** Diskont-, Rabatt-, Skontobedingungen, Diskontbestimmungen; **d. transaction** Diskontgeschäft *nt*; **d. travel** Billigreisen *pl*, B.flüge *pl*; **d. voucher** Rabattgutschein *m*; **d. window** *(Zentralbank)* Rediskontfazilität *f*
dis|courage *v/t* 1. entmutigen, abschrecken; 2. abholen, ver-, behindern; **d.couraged** *adj* mutlos, entmutigt; **d.couragement** *n* 1. Entmutigung *f*; 2. Verhinderung *f*; **d.couraging** *adj* entmutigend
dis|courteous *adj* unhöflich; **d.courtesy** *n* Unhöflichkeit *f*
discover *v/t* ent-, aufdecken, ausfindig machen, auffinden, feststellen, bemerken; **d.er** *n* Entdecker *m*
discovery *n* 1. Entdeckung *f*, Aufdeckung *f*, Ausfindigmachen *nt*; 2. Fund *m*; **liable to d.** auskunftspflichtig; **d. of damage** Schadensfeststellung *f*; ~ **a defect** Entdeckung eines Mangels; ~ **property** *(Konkurs)* Offenlegung des Schuldnervermögens
discredit *v/t* diskreditieren, in Misskredit bringen
discredit *n* 1. Misskredit *m*, schlechter Ruf; 2. Kreditschädigung *f*; **d.able** *adj* diskreditierend, ehrenrührig, entehrend; **d.ed** *adj* verrufen, unglaubwürdig
discreet *adj* diskret, umsichtig, taktvoll, verschwiegen, unaufdringlich; **d.ness** *n* Besonnen-, Verschwiegenheit *f*
discrepancy *n* Diskrepanz *f*, Abweichung *f*, Unstimmigkeit *f*, Nichtübereinstimmung *f*, Differenz *f*, Widerspruch *m*; **d. between (two) accounts** Kontenunstimmigkeit *f*, K.abweichung *f*, Unstimmigkeit zwischen Konten; **d. in amounts** *(Scheck)* Differenz zwischen Zahl und Wort; **discrepancies in taxation** Besteuerungsunterschiede; **to waive discrepancies** Unstimmigkeiten/Abweichungen anerkennen
positive discrepancy [§] *(Zeugenaussage)* absoluter Widerspruch; **statistical d.** statistische Abweichung; **d. note** Fehlmengenmitteilung *f*
discrete *adj* 1. unterschiedlich; 2. getrennt, (für sich) alleinstehend
discretion *n* 1. Ermessen *nt*, E.sakt *m*, E.sfrage *f*, E.sfrei-

heit *f*, E.sspielraum *m*, Gutdünken *nt*, Belieben *nt*, Entscheidungsfreiheit *f*, Gestaltungsspielraum *m*; 2. Urteilsvermögen *nt*; 3. Diskretion *f*, Verschwiegenheit *f*; **at (one's) d.** nach Belieben/Gutdünken; **at the d. of** im Ermessen von; **at so.'s d.** nach jds freiem Ermessen; **~ absolute d.** in jds unbeschränktem Ermessen; **at one's own d.** nach eigenem/freiem Ermessen
discretion of the court gerichtliches/richterliches Ermessen; **at the ~ court** im Ermessen/nach Gutdünken des Gerichts; **d. to act** Handlungsermessen *nt*; **~ do** Befugnis, etw. zu tun
to act at one's own discretion nach Gutdünken handeln; **to be at so.'s d.** jdm freigestellt sein, jds Ermessen anheim gestellt sein, in ~ stehen; **~ left to the d. of the court** im richterlichen Ermessen liegen; **~ vested with d.** nach freiem Ermessen entscheiden können; **to exercise one's personal d.** nach eigenem Belieben/Gutdünken handeln, sein Ermessen ausüben; **to handle sth. with d.** etw. diskret behandeln; **to leave (sth.) to so.'s d.** jds Ermessen anheim stellen/überlassen, in ~ stellen, jdm (etw.) anheim stellen; **to use d.** Rücksicht walten lassen; **~ one's own d.** nach eigenem Ermessen handeln
absolute discretion uneingeschränktes/freies Ermessen; **administrative d.** behördliches Ermessen, Ermessen(sbereich)/E.spielraum der Verwaltungsbehörde, Verwaltungsermessen *nt*; **bounded d.** eingeschränkte Ermessensfreiheit; **equitable d.** billiges Ermessen; **judicial d.** richterliches Ermessen; **legal d.** rechtliches/richterliches Ermessen; **official d.** Dienstverschwiegenheit *f*; **professional d.** Amtsverschwiegenheit *f*, Berufsgeheimnis *nt*; **at (so.'s) reasonable d.** nach billigem Ermessen; **unqualified d.** freies/uneingeschränktes Ermessen
discretionary *adj* beliebig, nach Gutdünken, ins Ermessen gestellt, dem ~ anheim gestellt, frei verfügbar, ermessensbedingt, Ermessens-
discriminate *v/ti* 1. unterscheiden, differenzieren; 2. diskriminieren, unterschiedlich behandeln, benachteiligen, schlechter stellen; **d. in favour of so.** jdn bevorzugen; **d. against** benachteiligen, diskriminieren
discriminating *adj* 1. wählerisch; 2. anspruchsvoll, kritisch, urteilsfähig; 3. ⊖ Differenzial-
discrimination *n* 1. Diskriminierung *f*, ungleiche/unterschiedliche Behandlung, Benachteiligung *f*, Schlechterstellung *f*, Ausgrenzung *f*; 2. Unterscheidung *f*, Differenzierung *f*; **positive d.** Bevorzugung (benachteiligter Gruppen); **racial d.** Rassendiskriminierung *f*; **sexual d.** Benachteiligung auf Grund des Geschlechts
discriminator *n* ▦ Trennfunktion *f*; **d.y** *adj* diskriminierend, benachteiligend
discuss *v/t* 1. diskutieren, debattieren; 2. erörtern, besprechen, beraten, beratschlagen, sprechen über, sich unterhalten über, konferieren, verhandeln
discussant *n* [US] Diskussionsteilnehmer(in) *m/f*
discussion *n* 1. Diskussion *f*, Debatte *f*, Aussprache *f*, Gespräch *nt*; 2. Besprechung *f*, Erörterung *f*; **d.s** Verhandlungen *f*; **under d.** zur Diskussion stehend, fraglich; **d. of accounting theories** bilanztheoretische Diskussion; **d. in principle** Grundsatzdiskussion *f*; **d. of the (current) situation** Lagebesprechung *f*; **~ financial statement** (Bilanz)Abschlussbesprechung *f*; **after thorough d.** nach gründlicher Erörterung; **ripe for d.** entscheidungsreif
to be under discussion zur Diskussion stehen; **to come up for d.** zur Diskussion/Erörterung/Sprache kommen; **to enter into a d.** in eine Diskussion eintreten; **to have/hold a d.** konferieren; **to put forward/up for d.**; **to submit to the d.** zur Debatte/Diskussion stellen
concluding/final discussion Abschlussbesprechung *f*; **exploratory d.s** Erkundungsgespräche; **legal d.** Rechtsgespräch *f*; **lively d.** rege Diskussion; **personal/private d.** Vier-Augen-Gespräch *nt*; **preliminary d.** Vorbesprechung *f*, Vorgespräch *nt*; **round-table d.** Podiumsdiskussion *f*, P.gespräch *nt*, Gespräch am runden Tisch; **technical d.** Fachgespräch *nt*
discussion circle/group Diskussions-, Gesprächskreis *m*, Seminar *nt*; **d. paper** Diskussionspapier *nt*; **d. stage** Erörterungs-, Diskussionsstadium *nt*
disease *n* ⚕ Krankheit *f*, Seuche *f*; **d. caused by pollution** Umweltkrankheit *f*; **to contract a d.** sich eine Krankheit zuziehen, sich (mit einer Krankheit) infizieren, sich anstecken; **to introduce a d.** Krankheit einschleppen; **to transmit a d.** Krankheit übertragen
contagious/infectious disease ⚕ ansteckende/übertragbare Krankheit, Infektionskrankheit *f*; **dread d.** schwere Krankheit; **~ insurance** Versicherung gegen schwere Krankheiten; **hereditary d.** angeborene Krankheit, Erbkrankheit *f*; **industrial/occupational/vocational d.** Berufskrankheit *f*, berufsbedingte Krankheit; **insidious d.** heimtückische Krankheit; **lingering d.** schleichende Krankheit; **mental d.** seelisches Leiden; **mortal d.** tödliche Krankheit; **notifiable/prescribed d.** meldepflichtige Krankheit; **nutritional d.** Ernährungskrankheit *f*; **recurring d.** wiederkehrende Krankheit; **social d.** Volksseuche *f*; **tropical d.** Tropenkrankheit *f*; **venereal d. (VD)** Geschlechtskrankheit *f*; **virulent d.** bösartige Krankheit
diseased *adj* ⚕ krank
diseconomies of scale *pl* 1. Kostenprogression *f*; 2. Größennachteile; **internal ~ s.** betriebsbedingte Größennachteile; **external d.** negative externe Ersparnisse, externe Nachteile; **internal d.** negative interne Ersparnisse, interne Nachteile
disembark *v/ti* ⚓ landen, sich ausschiffen, ausbooten; 2. von Bord gehen, an Land gehen, sich ~ begeben; **d.ation** *n* Ausschiffung *f*, Landung *f*; **~ card** Lande-, Ausschiffungskarte *f*
dis|enchanted *adj* ernüchtert, desillusioniert; **d.enchantment** *n* Ernüchterung *f*, Desillusionierung *f*
dis|encumber *v/t* entschulden; **d.encumberment**; **d.encumbrance** *n* Entschuldung *f*, Entlastung *f*
disenfranchise *v/t* 1. Wahl-/Stimmrecht entziehen, ~ aberkennen, von der Wahl ausschließen; 2. Konzession entziehen; **d.d** *adj* nicht stimmberechtigt, stimmrechtslos; **d.ment** *n* 1. Verlust/Entzug des Wahlrechts, ~ Stimmrechts, Wahlrechtsentziehung *f*, Wahlrechts-, Stimmrechtsentzug *m*; 2. Entzug der Konzession

disengage from v/ti (sich) lösen von; **d.ment** n Entflechtung f; ~ **agreement** Entflechtungsvertrag m; ~ **negotiations** Entflechtungsverhandlungen
disentailment n [§] Fideikommissauflösung f
disentangle v/t entwirren, entzerren, ausklamüsern (coll)
disentitle v/t [§] eines Rechts berauben; **to become d.d** adj eines Rechtes verlustig gehen
disequilibrating adj destabilisierend
disequilibrium n Ungleichgewicht nt, Gleichgewichtsstörung f, gestörtes Gleichgewicht, Störung des Gleichgewichts, Unausgeglichenheit f; **d. in the balance of payments** Ungleichgewicht in der Zahlungsbilanz, unausgeglichene Zahlungsbilanz; **d. of the market economy** marktwirtschaftliches Ungleichgewicht; **economic disequilibrium** wirtschaftliches Ungleichgewicht; **fundamental d.** fundamentales Ungleichgewicht; **d. model** Ungleichgewichtsmodell nt; **d. profits** Gewinne im Ungleichgewicht
disestablishment n Aufhebung eines Rechtsstatus
disfavour n Missbilligung f, M.fallen nt, M.gunst f, Geringschätzung f, Ungnade f, Ungunst f; v/t Gunst entziehen, missbilligen
disfigure v/t entstellen, verunstalten, verschandeln, unkenntlich machen; **d.ment** n Entstellung f, Verunstaltung f, Verschandelung f
disflationary adj desinflationär
disfranchise v/t 1. Wahlrecht entziehen; 2. Konzession entziehen; **d.ment** n 1. Verlust/Entziehung des Wahlrechts; 2. ~ der Konzession
disgood n negatives Gut
disgorge v/t 1. ausspucken, ausspeien; 2. (fig) (widerwillig) herausgeben
disgrace n 1. Schande f, Schmach f, Blamage f; 2. Schandfleck m, Schande f; **in d.** mit Schimpf und Schande; **to be ~ (with)** in Ungnade stehen (bei); **to fall into d.** in Ungnade fallen
disgrace o.s. v/refl sich blamieren
disgraceful adj schmählich, schmachvoll, schimpflich, skandalös, infam, schändlich, blamabel, beschämend
dis|gruntled adj verstimmt, verärgert; **d.gruntlement** n Verärgerung f, Verstimmung f
disguise v/ti 1. verkleiden, tarnen, verschleiern; 2. verdecken, überlagern; n 1. Verkleidung f, Tarnung f, Verschleierung f; 2. (fig) Täuschung f, Verstellung f
disgust n Abscheu f, Ekel m, Entrüstung f; v/t (an)ekeln, anwidern; **to be d.ed by sth.** adj von etw. angeekelt werden; **d.ing** adj widerwärtig, abscheulich, ekelhaft
dish n 1. Platte f, Schüssel f; 2. Gericht nt; 3. Parabolantenne f, Schlüssel f; **cold d.** (Speise) kalte Platte; **favourite d.** Leibgericht nt; **hot and cold d.es** warme und kalte Speisen; **meatless d.** fleischloses Gericht; **ready-to-serve d.** Fertigmahlzeit f, F.gericht nt
dish aerial [GB] /**antenna** [US] Parabolantenne f, (Satelliten)Schüssel f (coll)
dish out v/t austeilen; **d. up** (Tatsachen) auftischen
dishcloth n Geschirrtuch nt, Spüllappen m
dishoard v/t enthorten; **d.ing** n Enthorten nt
dishonest adj unredlich, betrügerisch, unehrlich, unlau-

ter; **d.y** n Betrug m, Unredlichkeit f, Unehrlichkeit f
dishonour n 1. Unehre f, Schmach f, Schande f; 2. (Wechsel/Scheck) Nichteinlösung f, N.bezahlung f; **d. of a check** [US] /**cheque** [GB] Nichteinlösung eines Schecks; **d. by non-acceptance** Akzeptverweigerung f; ~ **non-payment** Zahlungsverweigerung f
dishonour v/t 1. nicht akzeptieren/bezahlen/einlösen/honorieren; 2. entehren; **d.able** adj unehrenhaft, ehrlos, schimpflich; **d.ed** adj nicht eingelöst, uneingelöst, notleidend
dish receiver Parabolantenne f; **d.washer** n 1. Geschirrspüler m, G.spülmaschine f, Spülautomat m, S.maschine f; 2. Tellerwäscher m; **d.water** n Spülwasser nt
disillusion v/t desillusionieren, ernüchtern; **d.ing** adj ernüchternd; **d.ment** n Desillusionierung f, Ernüchterung f
disincentive n arbeitshemmender/leistungshemmender Faktor, Leistungshemmnis nt, Abschreckungsmittel nt, Bremse f (fig); adj leistungshemmend
dis|inclination n Abneigung f, Unlust f; ~ **to work** Arbeitsunlust f; **d.inclined** adj abgeneigt
dis|incorporate v/t 1. [US] ausgliedern, ausgründen; 2. im Handelsregister löschen; **d.incorporation** n Ausgründung f
disinfect v/t desinfizieren, entseuchen; **d.ant** n Desinfektionsmittel nt; **d.ion** Desinfektion f, Entseuchung f
disinflation n Desinflation f, Inflationsbekämpfung f; **d.ary** adj inflationshemmend, deflatorisch
disinformation n Desinformation f
disinherit v/t enterben; **d.ance** n Enterbung f, Pflichtteilsentziehung f
dis|integrate v/ti 1. zerfallen, sich auflösen/aufspalten, auseinander brechen, a. fallen, zerbrechen; 2. auflösen, zerstückeln; **d.integration** n 1. Zerfall m, Desintegration f; 2. Auflösung f, Aufspaltung f
disinter v/t exhumieren, ausgraben
disinterest n Desinteresse nt
disinterested adj 1. unvoreingenommen, objektiv, unparteiisch; 2. selbstlos, uneigennützig; **d.ness** n 1. Unvoreingenommenheit f, Objektivität f; 2. Selbstlosigkeit f, Uneigennützigkeit f
disintermediation n Einlagenumschichtung auf höherverzinsliche Kurzläufer; **financial d.** Umgehung der Finanzinstitute
disinterment n Ausgrabung f, Exhumierung f
disinvest v/i desinvestieren, Anlagekapital zurückziehen
disinvestment n Desinvestition f, Investitionsabbau m, Zurückziehung von Anlagekapital; **d. in stocks** Lagerabbau m, Abbau von Lagerbeständen; **intended/planned d.** geplante Desinvestition; **d. process** Desinvestitionsvorgang m
disk n 1. Platte f, Scheibe f, Plättchen nt, Marke f; 2. Schall-, Grammofonplatte f; 3. 🖴 Diskette f, Platte f; **to slip a d.** ⚕ Bandscheibenschaden haben; **adhesive d.** Haftscheibe f; **fixed/hard d.** 🖴 Festplatte f; ~ **driver** Festplattenlaufwerk nt; **floppy d.** 🖴 (flexible) Diskette, Wechsel-, Magnetplatte f; **magnetic d.** Magnetplatte f, M.scheibe f; ~ **storage** Magnetplattenspeicher m;

optical d. optische Speicherplatte; **removable d.** Wechselplatte f; **slipped d.** ⚕ Bandscheibenschaden m, B.vorfall m

disk brake 🚗/🚚 Scheibenbremse f; **d. cartridge** 💾 Plattenkassette f; **d. controller** Plattencontroller m, Floppydisk-Controller m, Magnetplattensteuereinheit f; **d. directory** Diskettenverzeichnis nt; **d. drive** 💾 Disketten-, Plattenlaufwerk nt

diskette n 💾 Diskette f

disk file 💾 Plattendatei f, P.speicher m; ~ **organization** Plattenorganisation f; **d. less** adj plattenlos; **d. money** Computergeld nt; **d. operating system (DOS)** Diskettenbetriebssystem nt; **d. pack** Plattenstapel m; **d. parking** 🚗 Parkscheibensystem nt; **d. storage** 💾 Plattenspeicher m

dislike n Abneigung f, Widerwille m, Missfallen nt, Unmut m; v/t nicht mögen; **d. doing sth.** etw. ungern tun; **d.d** adj unbeliebt

dislocate v/t 1. ⚕ aus-, verrenken; 2. aus dem Gefüge bringen

dislocation n 1. ⚕ Verrenkung f, Luxation f; 2. Auslagerung f; **d. of markets** Marktzerrüttung f; ~ **traffic** Verkehrsstörung f

disloyal adj illoyal, untreu, treulos; **d.ty** n Illoyalität f, Untreue f, Treubruch m

dismal adj 1. trübe, trist, düster, 2. trübsinnig, trübselig; 3. kläglich

dismantle v/t aus-, abbauen, demontieren, abrüsten, (in Teile) zerlegen, ab-, auseinander nehmen, beseitigen; 2. abwracken; **d.d** adj demontiert, zerlegt; **partly d.d** teilzerlegt; **d.ment** n Aus-, Abbau m, Demontage f, Zerlegung f; ~ **of tariffs** Zollabbau m

dismantling n Abbau m, Demontage f, Zerlegung f, Abbruch m, Abrüstung f; **d. of an industry/industries; industrial d.** Industrieabbruch m, I.demontage f; ~ **tariffs** Zollabbau m; **d. cost(s)** Abbruchkosten pl; **d. time** Abrüstzeit f

dismay n Bestürzung f; **to so.'s d.** zu jds Leidwesen; v/t bestürzen; **d.ing** adj bestürzend

dismember v/t zerstückeln, auseinander brechen, entflechten; ~ **so.** jdn von der Mitgliedschaft ausschließen; **d.ment** n Zerstückelung f, Entflechtung f; ~ **schedule** (Vers.) Gliedertaxe f

dismiss v/t 1. entlassen, kündigen, abberufen; 2. [§] entlassen, freilassen; 3. (Argument) abweisen, zurückweisen, abtun, von der Hand weisen, verwerfen; 4. [§] (Klage) niederschlagen, verwerfen; **d. so.** jdn entlassen; ~ **on the spot** jdm fristlos/auf der Stelle kündigen, ~ entlassen; **d. summarily** 1. sofort entlassen; 2. pauschal verwerfen

dismissal n 1. Entlassung f, Kündigung f, Verabschiedung f, Absetzung f, Entsetzung f, Entfernung aus dem Dienst; 2. [§] Abweisung f, Verweisung f

dismissal of (an) action [§] Klage-, Prozessabweisung f, Klagezurückweisung f, Niederschlagung f, klageabweisendes Prozessverfahren; ~ **a criminal case** Einstellung des Strafverfahrens; **d. without cause** grundlose Entlassung; **d. by consent** [§] Klageabweisung mit Zustimmung der Parteien; **d. of a motion** Ablehnung eines Antrags; **d. without notice** sofortige/fristlose Entlassung; **d. of an official** Amtsenthebung f; **d. without prejudice** [§] klageabweisendes Prozess-/Sachurteil; **d. of proceedings** Verfahrensentscheidung f

dismissal agreed [§] Klageabweisung mit Zustimmung der Parteien

arbitrary dismissal willkürliche Kündigung; **collective d.** Massenentlassung f; **constructive d.** gesetzlich vermutete/unterstellte Entlassung, ~ Kündigung, (vom Arbeitgeber erzwungene) Kündigung durch Arbeitnehmer; **extraordinary/premature d.** außerordentliche/vorzeitige Kündigung; **individual d.** Einzelentlassung f; **instant d.** fristlose/sofortige Entlassung, ~ Kündigung, außerordentliche/vorzeitige Kündigung, Hinauswurf m (coll); **summary d.** fristlose Entlassung; **unfair d.** grundlose/unberechtigte/ungerechtfertigte Kündigung, ~ Entlassung; ~ **act** [GB] Kündigungsschutzgesetz nt; ~ **d. rules** Kündigungsschutzbestimmungen; **socially unwarranted d.** sozial ungerechtfertigte Kündigung; **wholesale d.** Massenentlassung f, M.kündigung f; **wrongful d.** unzulässige/unberechtigte Entlassung

dismissal notice Entlassungsbescheid m, E.schreiben nt, Kündigungsmitteilung f, K.schreiben nt; ~ **period** Kündigungsfrist f; **d. papers** Entlassungspapiere; **d. pay** Entlassungsabfindung f, E.gehalt nt, E.geld nt

dismissal protection Kündigungsschutz(recht) m/nt; ~ **act** Kündigungsschutzgesetz nt; ~ **regulations** Kündigungsschutzvorschriften; ~ **suit** Kündigungsschutzklage f

dismissed adj [§] (Klage) abgewiesen

dismortgage v/t Grundpfandrecht löschen, Hypothek ablösen

dismount v/ti 1. (Radfahrer/Reiter) absteigen; 2. ⚙ abmontieren

dis|obedience n Gehorsamsverweigerung f, Ungehorsam m, Verweigerung des Gehorsams; **civil d.obedience** ziviler Ungehorsam, passiver Widerstand; **d.obedient** adj ungehorsam; **d.obey** v/t nicht befolgen/gehorchen, Gehorsam verweigern

disorder n 1. Unordnung f, ungeordnete Verhältnisse; 2. ⚙ Störung f, Schaden m; 3. ⚕ Funktionsstörung f; **d. of the mind; mental d.** geistige Verwirrung/Störung, Geistesgestörtheit f, G.krankheit f, G.störung f; **behavioural d.** Verhaltensstörung f; **circulatory d.** ⚕ Kreislaufstörung f; **nervous d.** nervöse Störung

disordered adj ungeordnet, unordentlich; **mentally d.** geisteskrank

disorderly adj ordnungswidrig, unbotmäßig, ungebührlich

dis|organization n Desorganisation f; **d.organized** adj unorganisiert

disown v/t 1. (ver)leugnen; 2. (Kind) nicht anerkennen

disparage v/t herabsetzen, herabwürdigen, verunglimpfen, sich abfällig äußern, gering schätzen, schmälern, schlecht machen, verächtlich machen, in den Schmutz ziehen, geringschätzig sprechen über, anschwärzen

disparagement n Rufschädigung f, Verunglimpfung f,

disparagement of competitors

Herabsetzung f, Schmälerung f, Verächtlichmachung f, Verleumdung f, Herabwürdigung f, Anschwärzung f; **d. of competitors** Verächtlichmachung/Anschwärzung der Konkurrenz, Herabsetzung von Mitbewerbern; **~ an opponent** Verteufelung eines Gegners
disparaging *adj* herabsetzend, missfällig, abschätzig, verächtlich, geringschätzig, abfällig
disparate *adj* ungleich(artig), (grund)verschieden
disparity *n* Ungleichheit f, Unterschied m, Missverhältnis *nt*, Verschiedenheit f, Disparität f, Unverhältnismäßigkeit f, Auseinanderklaffen *nt*, Diskrepanz f; **disparities of customs structures** ⊖ Zolldisparitäten; **d. of interest rates** Zinsgefälle *nt*; **d. in prices** Preisabstand m, P.diskrepanz f; **regional d.** regionales Ungleichgewicht; **structural d.** struktureller Unterschied
dispassionate *adj* leidenschaftslos, objektiv; **considered d.ly** *adv* bei nüchterner Betrachtung
dispatch *v/t* 1. absenden, (ab)schicken, aufgeben, zum Versand bringen, verschicken, befördern, expedieren, (ver)senden, fortschicken, verladen; 2. (rasch) erledigen
dispatch *n* 1. Versand(abwicklung) *m/f*, Verschickung f, Versendung f, (Güter)Epxedition f, G.abfertigung f; 2. Spedition f, Beförderung f; 3. (prompte) Erledigung; 4. Telegramm *nt*, Depesche f; **on d.** bei Versand; **with d.** in Eile, eiligst, prompt; **with all d.** unverzüglich
dispatch by air Versand per Luftfracht, ~ als Luftfrachtgut; **d. half demurrage** Eilgeld in Höhe des halben Liegegeldes; **~ working time saved** Eilgeld in Höhe des halben Liegegeldes für die gesparte Arbeitszeit; **d. discharging only (d.d.o.)** Eilgeld nur im Löschhafen; **d. of documents** Dokumentenversand *m*; **~ goods** Versandabwicklung f, Warenabsendung f, Waren-, Güterversand *m*; **d. of the Waren; ~ mail Post-**, Briefabfertigung f, Versand per Post; **d. by rail** (Eisen)Bahnversand *m*, B.abfertigung f, Versand per Bahn; **~ ship** Verschiffung f; **d. of a telegram** Telegrammaufgabe f
ready for dispatch versandfertig, v.bereit; **d. loading only (d.l.o.)** Eilgeld nur im Ladehafen
collective dispatch Gesamtversand *m*; **pneumatic d.** Rohrpost f; **~ carrier** Rohrpostbüchse f; **postal d.** Postversand *m*; **prompt/speedy d.** schnelle Erledigung/Abfertigung, Eilabfertigung f; **telegraphic d.** telegrafische Nachricht
dispatch agency Telegrafenagentur f, T.büro *nt*, Depeschenbüro *nt*; **d. agent** Abfertigungsspediteur *m*; **d. area** Verteilerzone f; **d. book** Abfertigungsbuch *nt*; **d. case** Aktenkoffer *m*; **d. charges** Versandspesen; **d. clerk** Expedient *m*; **d. department** Versand-, Speditions-, Vertriebsabteilung f, Expedition f; **d. documents** Versandpapiere; **d. earning** Kosteneinsparung durch sofortiges Entladen am Bestimmungsort
dispatched *adj* versandt; **to be d.** zum Versand gelangen
dispatcher *n* 1. Expedient *m*, Abfertiger *m*; 2. Leiter der Produktionsplanung und P.kontrolle; 3. ⟷ Fahrdienstleiter *m*, F.leitung f, Aufsichtsbeamter *m*
dispatch fee Abfertigungsgebühr f; **d. goods** Eilgut *nt*

dispatching *n* 1. Versand *m*, Güterabfertigung f, Expedition f; 2. Arbeitsanweisung f, A.verteilung f; **centralized d.** zentrale Arbeitszuweisung; **decentralized d.** dezentrale Arbeitszuweisung; **d. station** ⟷ Abgangs-, Versandbahnhof *m*, Abgangsstelle f
dispatch management Versandleitung f; **d. manager** Versandleiter *m*, Leiter der Versandabteilung/Expedition; **d. money** 1. Eilgebühr f, E.geld *nt*; 2. Gebühr für ungenutzte Liefertage; **d. note** 1. Versandanzeige f, V.avis *nt*, V.note f, V.vermerk *m*, Versendungsanzeige f; 2. Frachtzettel *m*, Verladeschein *m*; 3. ⌧ Paketkarte f, Postbegleitschein *m*; **d. office** Abgangs-, Versandstelle f, Expedition f; **d. order** Versand-, Speditionsauftrag *m*; **d. papers** Versandpapiere; **d. point** Abgangs-, Absendeort *m*; **d. rider** Eilbote *m*, Kurier *m*; **d. station** ⟷ Abgangs-, Ausgangs-, Verladebahnhof *m*; **d. staff** Versandpersonal *nt*; **d. supervisor** Versandmeister *m*; **d. tube** *(Rohrpost)* Beförderungsrohr *nt*
dispel *v/t* *(Zweifel)* zerstreuen
dispens|ability *n* Entbehrlichkeit f; **d.able** *adj* entbehrlich
dispensary *n* 1. *[US]* ⚕ Poliklinik f; 2. Apotheke f
dispensation *n* 1. Aus-, Ver-, Zuteilung f; 2. Dispens *m*, Befreiung f, Freistellung f, Entpflichtung f, Ausnahmebewilligung f; 3. [§] *(Gesetz)* Nichtanwendung f; **~ of justice** Rechtsanwendung f, Rechtsprechung f
dispense *v/t* 1. ausgeben, aus-, verteilen; 2. ⚕ auf Rezept abgeben; 3. freistellen, dispensieren; **d. from** entbinden von, freistellen, entheben, befreien; **d. with** verzichten auf, entbehren, auskommen ohne, einsparen
dispenser *n* 1. Aus-, Verteiler *m*; 2. *(Automat)* Spender *m*, stummer Verkäufer; 3. Apotheker *m*
dispensing machine *n* Verkaufsautomat *m*
dispersal *n* 1. Streuung f, Verbreitung f, Verteilung f; 2. Verzettelung f, Zersplitterung f; **regional d.** *(Anzeigen)* regionale Streuung
dispersant *n* ⬦ Lösungsmittel *nt*
disperse *v/ti* 1. (zer)streuen, verbreiten, verteilen; 2. auflösen, auflockern; 3. *(Menschenmenge)* sich auflösen/zerstreuen; **d.d** *adj* zerstreut
dispersion *n* 1. ▦ Streuung(smaß) f/nt; 2. Verbreitung f, Streuung f; 3. Dispersion f, Aufspaltung f; **spatial d. of production units** räumliche Streuung der Produktionsstätten; **normal d.** ▦ Normalstreuung f; **regional d.** regionale Streuung
dispersal area Streubereich *m*, S.breite f; **d. band** Streuungskorridor *m*; **d. matrix** Streuungsmatrix f
dispirited *adj* mutlos, deprimiert, entmutigt
displace *v/t* 1. verschieben; 2. verdrängen, verlagern; 3. *(Person)* absetzen, entheben, entlassen, frei-, versetzen; 4. ersetzen, austauschen; **d.d** *adj* freigesetzt
displacement *n* 1. Versetzung f; 2. Verschiebung f, Verlagerung f; 3. ⚓ *(Wasser)*Verdrängung f, Tonnage f; **d. of funds** anderweitige Kapitalverwendung; **~ labour/workers** Freisetzung von Arbeitskräften; **d. effect** Niveauverschiebungseffekt *m*; **d. ton** ⚓ Verdrängungstonne f, Tonne Wasserverdrängung; **d. tonnage** Verdrängungstonnage f
display *v/t* 1. ausstellen, auslegen, zeigen, zur Schau

stellen; 2. abbilden, darstellen

display *n* 1. Ausstellung *f*, Schau *f*, Zurschaustellung *f*, Sortimentsdarbietung *f*, Auslage *f*; 2. Dekoration *f*, Aufmachung *f*, Aufsteller *m*; 3. Vorführung *f*; 4. ▣ Bildschirmgerät *nt*, Anzeige *f*, Display *m*; **on d.** ausgestellt, gezeigt; **d. of friendship** Freundschaftsbezeugung *f*; **~ power** Machtentfaltung *f*; **~ samples** Musterlager *nt*; **permanent ~ samples** Fabrikmusterlager *nt* **to be on display** ausgestellt sein; **to put on a firm d.** (*Börse*) feste Haltung zeigen

aerial display Luftfahrtschau *f*; **alphanumeric d.** alphanumerische Anzeige; **coded d.** ▣ Zifferanzeige *f*; **digital d.** Digitalanzeige *f*; **dummy d.** Schaupackung *f*, Attrappe *f*; **electroluminescent d.** Elektrolumineszenzbildschirm *m*; **emissive d.** aktiver Bildschirm; **graphic d.** grafische Anzeige; **interactive d.** interaktive Anzeige; **non-emissive d.** passiver Bildschirm; **visual d.** 1. optische Anzeige, Lichtanzeige *f*; 2. Schaubilder *pl*, Anschauungsmaterial *nt*; **~ terminal** ▣ Bildschirm *m*; **~ unit** (VDU) Bildschirm(einheit) *m/f*, B.gerät *nt*, optisches Anzeigegerät, (Daten)Sichtgerät *nt*

display advertisement Ausstellungsanzeige *f*; **d. advertising** Großanzeige *f*, Empfehlungswerbung *f*; **d. article** Ausstellungsstück *nt*; **d. board** Anzeigetafel *f*; **d. box** Schaukarton *m*; **d. cabinet/case** Schaukasten *m*, Vitrine *f*; **refrigerated d. cabinet** Kühltheke *f*; **d. chart** Schautafel *f*; **d. console** ▣ Bildschirmkonsole *f*; **d. copier** Kopiereinheit *f*; **d. counter** Auslagetisch *m*; **d. designer** Schaufenstergestalter(in) *m/f*; **(visual) d. device** ▣ optische Anzeigeeinheit, Sicht(anzeige)gerät *nt*; **d. driver** Anzeigetreiber *m*

displayer *n* Packungsgestalter(in) *m/f*, Dekorateur(in) *m/f*

display file Anzeigedatei *f*; **d. goods** Ausstellungsstücke *pl*; **d. material** Ausstellungsmaterial *nt*; **d. pack (age)** Attrappe *f*, Muster-, Schaupackung *f*; **d. panel** Anzeigetafel *f*; **d. register** Anzeigeregister *nt*; **d. room** Ausstellungsraum *m*; **d. screen** ▣ Bildschirm *m*; **d. selector** Bildwähler *m*; **d. selling** Sichtverkauf *m*; **d. station** ▣ optische Anzeige; **d. terminal** Bildschirmgerät *nt*; **d. tube** Anzeigeröhre *f*; **d. type** ▢ Titelschrift *f*; **d. unit** Bildschirm-, Datensichtgerät *nt*; **d. window** Schau-, Dekorationsfenster *nt*

displease *v/t* missfallen

displeasure *n* Missvergnügen *nt*, Missfallen *nt*, Unwille *m*, Befremden *nt*; **to incur so.'s d.** jds Missfallen/Unwillen erregen, sich jds Missvergnügen zuziehen

disposable *adj* 1. (frei) verfügbar, disponibel, nicht gebunden; 2. veräußerbar; 3. wegwerfbar, Wegwerf-, Einweg-, Einmal-; **d.s** *pl* Wegwerfgüter

disposal *n* 1. Ent-, Veräußerung *f*, Verkauf *m*; 2. Disposition *f*; 3. Verfügung(srecht) *f/nt*; 4. (*Bilanz*) (Lager)Abgang *m*; 5. (*Müll*) Entsorgung *f*, Beseitigung *f*; 6. [US] Müllschlucker *m*, Abfallzerkleinerungsgerät *nt*; **at (so.'s) d.** verfügbar, zur Verfügung; **at your d.** zu Ihrer Verfügung/Disposition; **for d.** zum Verkauf

disposal of assets (Finanz)Anlagenabgang *m*; **~ land** Grundstücks-, Landverkauf *m*; **d.s during the period** Anlagenabgänge im Berichtszeitraum; **d. of trade investments** Beteiligungsverkauf *m*, Verkauf von Beteiligungen; **~ waste at sea** Verklappung *f*

to be at so.'s disposal jdm zur Verfügung/zu Gebote stehen; **to have sth. at one's d.** über etw. disponieren/verfügen, etw. zur Verfügung haben; **to hold sth. at so.'s d.** etw. für jdn zur Verfügung halten; **to place/put sth. at (so.'s) d.** etw. bereitstellen, (jdm) etw. zur Verfügung stellen

anticipatory disposal Vorausverfügung *f*; **forced d.** Zwangsverkauf *m*, Z.veräußerung *f*; **free d.** freie Verfügung; **part d.** Teilveräußerung *f*, T.disposition *f*; **permament d.** ❆ Endlagerung *f*

disposal contract Entsorgungsvertrag *m*; **d. costs** Entsorgungs-, Beseitigungskosten; **d. facility** (Müll)Deponie *f*, Entsorgungspark *m*; **d. gains** Veräußerungsgewinn(e) *m/pl*; **fictitious d. gains** fiktive Veräußerungsgewinne; **d. income** verfügbares Einkommen; **d. method** Beseitigungsmethode *f*; **d. obligation** Verpflichtung zur Veräußerung; **d. price** Verkaufs-, Veräußerungspreis *m*, V.kurs *m*; **d. unit** [US] Müllschlucker *m*; **d. value** Veräußerungs-, Schrottwert *m*

dispose (of sth.) *v/i* 1. veräußern, verkaufen, absetzen, abstoßen, loswerden, an den Mann bringen (*coll*); 2. erledigen, disponieren; 3. verfügen (über); 4. (*Müll*) beseitigen, entsorgen

disposed *adj* gesinnt, gesonnen; **d. of** geregelt; **ill d. towards sth.** einer Sache abgeneigt; **well ~ sth.** einer Sache zugeneigt

dis|poser *n* Veräußerer *m*, Verkäufer *m*; **d.posing capacity** *n* 1. Entsorgungskapazität *f*; 2. [US] § Geschäfts-, Testierfähigkeit *f*; **limited ~ capacity** beschränkte Geschäftsfähigkeit

disposition *n* 1. Anordnung *f*; 2. Vorkehrung *f*; 3. Regelung *f*, Erledigung *f*; 4. Aushändigung *f*, Übergabe *f*, Übertragung *f*; 5. Bestimmung *f*; 6. Verkauf *m*, Veräußerung *f*; 7. Veranlagung *f*, Hang *m*, Charakteranlage *f*, Temperament *nt*; **d.s** Dispositionen, Vorkehrungen, Vorbereitungen; **at your d.** zu Ihrer Verfügung

disposition mortis causa (*lat.*) § Zuwendung/Verfügung von Todes wegen; **d. by a non-entitled party** Verfügung eines Nichtberechtigten; **d. of property** Verfügung über Sachwerte; **d. by testament/will** Übertragung durch letztwillige Verfügung; **d. inter vivos** (*lat.*) Verfügung unter Lebenden; **d. to buy** Kauflust *f*

to make dispositions Vorkehrungen treffen

criminal disposition kriminelle Veranlagung; **final d.** endgültige Erledigung; **general d.s** Allgemeinverfügungen; **mental d.** geistige Veranlagung; **outright d.** absolutes Verfügungsrecht; **reciprocal d.s** wechselseitige Verfügungen; **testamentary d.** letztwillige Anordnung/Verfügung, testamentarische Verfügung; **voluntary d.** rechtsgeschäftliche Verfügung

disposition clause Verfügungsklausel *f*

dispossess *v/t* 1. enteignen, entziehen; 2. (*Besitz*) entsetzen, räumen, vertreiben, exmittieren

dispossession *n* 1. Enteignung *f*; 2. Entsetzung *f*, Besitzenthebung *f*, Vertreibung *f*, (Zwangs)Räumung *f*, Verdrängung *f*, Exmission *f*; **tantamount to d.** enteig-

dispossession compensation/payment

nungsgleich; **d. compensation/payment** Enteignungsentschädigung *f*; **d. proceedings** [§] Räumungsklage *f*, Exmissionsverfahren *nt*; **d. warrant** Räumungsverfügung *f*, Exmissionsauftrag *m*

dispossessor *n* Enteigner *m*

disproportion *n* Missverhältnis *nt*, Disproportionalität *f*, Unverhältnismäßigkeit *f*, unausgeglichenes Verhältnis; **d. of supply and demand** Missverhältnis zwischen Angebot und Nachfrage; **d.al** *adj* disproportional; **d.ate** *adj* unverhältnismäßig, unausgeglichen, unproportioniert, zu klein/groß, in keinem Verhältnis stehend, überproportional

dis|proof *n* Widerlegung *f*; **d.provable** *adj* widerlegbar; **d.prove** *v/t* widerlegen, das Gegenteil beweisen

dis|putabilty *n* Strittigkeit *f*, Unerwiesenheit *f*; **d.putable** *adj* bestreitbar, strittig, fraglich

dispute *n* Disput *m*, Streit(igkeit) *m/f*, Auseinandersetzung *f*, Meinungsverschiedenheit *f*, Konflikt *m*, Streitfall *m*, S.frage *f*, Zank *m*, Kontroverse *f*; **beyond/without d.** fraglos, unstreitig, zweifellos; **in d.** strittig; **in case of d.** im Streitfall

dispute arising from a contract Vertragsstreitigkeit *f*; **d.s arising in connection with a contract** sich aus dem Vertrag ergebende Meinungsverschiedenheiten; **d. over an inheritance** Erbauseinandersetzung *f*

to be in dispute 1. strittig sein, 2. im Ausstand sein; ~ **open to d.** anfechtbar/umstritten sein; **to intervene in a d.** bei einem Streit intervenieren; **to resolve/settle/solve a d.** Konflikt/Streit beilegen, Streit(igkeit) schlichten; **to settle a d. amicably** Meinungsverschiedenheit/Konflikt/Streitfall gütlich beilegen; ~ **d.s by arbitration** Streitigkeiten schlichten

commercial dispute(s) Handelsstreit *m*, wirtschaftliche Streitigkeiten; **domestic d.** häuslicher Streit; **factional d.s** Richtungskämpfe; **industrial d.** Arbeitskampf *m*, Ausstand *m*, Arbeits-, Lohn-, Tarifkonflikt *m*, tarifpolitische Auseinandersetzung; **interunion d.** zwischengewerkschaftliche Auseinandersetzung; **jurisdictional d.** Zuständigkeitsstreit *m*; **legal d.** Rechtsstreit(igkeit) *m/f*, juristischer Streit; **non-justiciable d.** nichtjustiziable Streitigkeit; **non-pecuniary d.** nichtvermögensrechtliche Streitigkeit; **pecuniary d.** vermögensrechtliche Streitigkeit; **public-law d.** öffentlich-rechtliche Streitigkeit

dispute *v/t* bestreiten, anfechten, streitig machen, (ab)streiten

dispute benefit Streikgeld *nt*, S.beihilfe *f*; **future d.s clause** Schiedsklausel *f*

disputed *adj* strittig

dispute panel Schlichtungs-, Vermittlungsausschuss *m*; **d.s machinery/procedure** (Streit)Schlichtungsverfahren *nt*, Verfahren zur Beilegung von Arbeitskonflikten, ~ Regelung von Streitigkeiten; **d. settlement** Beilegung einer Auseinandersetzung, Schlichtung *f*

disqualification *n* 1. Ausschließung(sgrund) *f/m*, Disqualifikation *f*, Disqualifizierung *f*, 2. Entmündigung *f*, Aberkennung *f*; 3. Unfähigkeit *f*, Untauglichkeit *f*; **d. of a bankrupt** [§] Rechtsverlust eines Konkursschuldners; **d. from driving** [§] Führerscheinentzug *m*, Entzug des Führerscheins, ~ der Fahrerlaubnis; ~ **(holding) public office;** ~ **public service** Unfähigkeit zur Bekleidung eines öffentlichen Amtes, Verlust der Voraussetzung für ein öffentliches Amt; ~ **voting** Verlust des Wahl-/Stimmrechts, Wahlausschluss *m*

disqualified *adj* (von der Teilnahme) ausgeschlossen, disqualifiziert; **d. from voting** nicht stimmberechtigt

disqualify (from) *v/t* 1. von der Teilnahme ausschließen, disqualifizieren; 2. für unfähig erklären, entmündigen; **d. for** untauglich machen für, für ~ erklären; **d. so. from driving** [§] jdm die Fahrerlaubnis/den Führerschein entziehen

disquiet *n* Unbehagen *nt*, Unruhe *f*; **grave d.** ernste Sorge, große Besorgnis; **public d.** öffentliches Unbehagen; **d.ing** *adj* bedenklich, beunruhigend, besorgniserregend

disregard *v/t* missachten, nicht berücksichtigen/beachten, außer Acht/Betracht lassen, sich hinwegsetzen über, (gegen etw.) verstoßen, ignorieren, keine Beachtung schenken, geringschätzen, hintansetzen, h.stellen, vernachlässigen; **d.ing** *prep* ungeachtet, unter Hintanstellung, ohne Berücksichtigung von

disregard *n* Miss-, Nichtachtung *f*, Außerachtlassung *f*, Nichtberücksichtigung *f*, Geringschätzung *f*, Verstoß *m*, Vernachlässigung *f*; **in d. of market conditions** marktwidrig; **d. of security arrangements** Pfandkehr *f*

disrepair *n* 🏛 Verfall *m*, Baufälligkeit *f*, Schadhaftigkeit *f*, Reparaturbedürftigkeit *f*; **in d.** baufällig, schadhaft, reparaturbedürftig; **to fall into d.** verfallen, baufällig werden, in Verfall geraten, verwahrlosen

disreputable *adj* übel beleumdet, verrufen

disrepute *n* schlechter Ruf, Misskredit *m*, Verruf *m*; **to be in d.** in Missachtung stehen; **to bring into d.** in Verruf bringen, diskreditieren; **to fall/get into d.** in Misskredit/Verruf geraten

disrespect *n* Missachtung *f*, Respektlosigkeit *f*; **d.ful** *adj* respektlos

disrupt *v/t* 1. unterbrechen, stören; 2. spalten

disruption *n* 1. Unterbrechung *f*, Störung *f*, Störfall *m*; 2. Spaltung *f*, Zerrüttung *f*; **d. of business** Unterbrechung der Geschäftstätigkeit, Geschäftsunterbrechung *f*; ~ **business insurance** Geschäftsunterbrechungsversicherung *f*; ~ **the market** Marktspaltung *f*; ~ **production** Produktionsstörung *f*, P.unterbrechung *f*, P.behinderung *f*; ~ **commercial relations** Unterbrechung der Handelsbeziehungen; ~ **supplies** Versorgungsstörung *f*; ~ **trade** Unterbrechung des Handelsverkehrs; ~ **traffic** Verkehrsstörung *f*, Störung des Verkehrs; **industrial d.** Arbeitskampf *m*

disruptive *adj* störend

dissatis|faction *n* Unzufriedenheit *f*; **d.factory** *adj* unbefriedigend; **d.fied** *adj* unzufrieden, unbefriedigt; **d.fy** *v/t* missfallen, nicht befriedigen

dissave *v/i* entsparen

dissaving *n* Entsparung *f*, negative Ersparnisbildung/Ersparnisse, Ab-, Entsparen *nt*, Über-die-Verhältnisse-Leben *nt*; **intended/planned d.** geplantes Entsparen

dissect *v/t* 1. $ sezieren; 2. analysieren; 3. *(Konten)* zer-, aufgliedern; **d.ion** *n* 1. *(Konten)* Aufgliederung *f*; 2.

Zergliederung f, Analyse f; ~ **of accounts** Kontenaufgliederung f
disseminate v/t verbreiten, (aus)streuen
dissemination n Verbreitung f; **d. of information** Weitergabe von Informationen, Informationsweitergabe f; ~ **publications** Schriftenvertrieb m; ~ **obscene writings** Verbreitung unzüchtiger Schriften
dissent n Dissens m, abweichende Meinung, Nichtübereinstimmung f, Widerspruch m, Unstimmigkeit f; **with no/without d.** einstimmig, ohne Gegenstimme
dissent (from) v/i anderer Meinung sein (als), nicht zustimmen, nicht übereinstimmen (mit)
dis|sentient; d.senting adj anders denkend, abweichend
dissertation n Dissertation f, Examens-, Diplomarbeit f, Promotionsschrift f, Doktorarbeit f, schriftliche Abhandlung, wissenschaftliche Arbeit
disservice n schlechter Dienst, Schaden m, Nachteil m; **to do so. a d.** jdm einen schlechten Dienst/Bärendienst (coll) erweisen
dissident n Dissident(in) m/f, Andersdenkende(r) f/m
dissimilar adj ungleichartig, unähnlich, unterschiedlich, verschieden; **d.ity** n Verschiedenheit f
dis|sipate v/ti 1. zerstreuen; 2. verschwenden, vergeuden, verschleudern, verwirtschaften, verprassen; 3. sich auflösen; **d.sipation** n Verschwendung f, Vergeudung f, Verschleuderung f
dis|sociate o.s. (from) v/refl sich distanzieren, sich lossagen, sich trennen, sich abkehren, abrücken; **d.sociation** n 1. Trennung f, Absonderung f, Abkehr f; 2. Distanzierung f, Lossagung f
dissolute adj zügellos, ausschweifend, lasterhaft, sittenlos
dissolution n Auflösung f, Aus-, Entgründung f, Abwicklung f, Liquidierung f, Liquidation f, Entflechtung f; **dissolution by agreement/assent of the partners** Auflösung durch Beschluss der Gesellschafter; **d. of a business** Geschäftsauflösung f; ~ **a company** Gesellschaftsauflösung f, Auflösung einer Gesellschaft; ~ **the conjugal community** Aufhebung der ehelichen Lebensgemeinschaft; **d. by decree of court** Auflösung durch Gerichtsentscheid; **d. of a marriage** Auflösung einer Ehe, Ehescheidung f, E.auflösung f; **d. by operation of the law** Auflösung kraft Gesetzes; **d. of parliament** Parlamentsauflösung f; ~ **a partnership** Auflösung einer OHG/KG; ~ **reserves** Rücklagenauflösung f; **to petition the court for dissolution** bei Gericht Antrag auf Auflösung stellen
dissolution balance sheet Abwicklungs-, Auseinandersetzungsbilanz f; **d. order** Liquidationsanordnung f
dissolve v/ti 1. auflösen; 2. entgründen, liquidieren; 3. sich auflösen; **d.d** (Firma) erloschen
dissonance n Missstimmung f, Missklang m, Misshelligkeit f, Unstimmigkeit f
dis|suade v/t abraten; **d.suasion** n Abraten nt
distance n 1. Entfernung f, Abstand m, (Weg)Strecke f, Distanz f, Fahrstrecke f; 2. Weite f, Ferne f; **d. in kilometres** Entfernungskilometer m/pl; **d. covered** zurückgelegte Entfernung/Strecke; **total d. driven** Gesamtfahrleistung f; **to come within measurable d. of success** dem Erfolg greifbar nahe kommen; **to cover a d.** Entfernung/Strecke zurücklegen; **to keep one's d.** 1. Distanz wahren, auf ~ bleiben; 2. ⚔ Abstand halten; **to pace off a d.** Strecke abgehen
at close distance aus geringer Entfernung; **lateral d.** Seitenabstand m; **mean d.** mittlere Entfernung; **safe d.** Sicherheitsabstand m; **short d.** geringe Entfernung; **within walking d.** zu Fuß erreichbar
distance o.s. from sth. v/refl sich von etw. distanzieren
distance capacity Transportleistung f; **direct d. dialling (DDD)** ✆ Selbstwählferndienst m; **d. education/learning** Fernstudium nt: **d. freight(age)** Strecken-, Distanzfracht f
distant adj entfernt, fern; **to become d.** auf Distanz gehen
distaste n Abneigung f; **d.ful** adj geschmacklos
distemper n 1. Leimfarbe f; 2. Tempera-, Leimdistil v/t destillieren
distil|late n Destillat nt, Destillationsprodukt nt; **d.lation** n 1. Destillation f; 2. (fig) Kondensat nt; ~ **plant** Destillationsanlage f, (Schnaps)Brennerei f
distiller n (Schnaps)Brenner m; **illicit d.** Schwarzbrenner m
distillery n (Schnaps)Brennerei f; **illicit d.** Schwarzbrennerei f
distilling n Destillierung f, Destillation f; **d. capacity** Destillationskapazität f
distinct adj 1. deutlich, ausgeprägt, bestimmt, merklich, charakteristisch; 2. verschieden, getrennt; 3. eigen
distinction n 1. Unterschied m, Unterscheidung f, Verschiedenheit f; 2. Prädikat nt; 3. Rang m; **with d.** (Examen) mit Auszeichnung; **without d. of person** ohne Ansehen/Unterschied der Person
to draw/make a distinction between unterscheiden zwischen; **to make a clear d.** klaren Trennungsstrich ziehen (fig); **to win d.** sich auszeichnen
fine/nice/subtle distinction feiner Unterschied; **regional d.s** regionale Unterschiede; **sharp d.** klare Unterscheidung
distinctive adj ausgeprägt, charakteristisch, bezeichnend, kennzeichnend, markant, auffällig, unverwechselbar; **d.ness** n Besonderheit f, charakteristische Eigenheit
distinguish v/t unterscheiden, differenzieren, auseinander halten; **d. o.s.** v/refl sich hervortun/profilieren/auszeichnen; **d.able** adj kenntlich; **d.ed** adj 1. ausgezeichnet, hochstehend; 2. vornehm
distort v/t verzerren, entstellen, verdrehen, verfälschen, schief darstellen; **d.ed** adj verzerrt, verdreht, entstellt, verfälscht
distortion n Verzerrung f, Entstellung f, Verdrehung f, Verfälschung f, Verwerfung f; **d. of competition** Wettbewerbs-, Konkurrenzverzerrung f, Verfälschung des Wettbewerbs, Wettbewerbsverfälschung f; ~ **the facts** Verdrehung/Entstellung der Tatsachen; ~ **history** Geschichtsklitterung f; ~ **income differentials** Verzerrung der Einkommensrelationen; ~ **the terms of trade** Verzerrung der Austausch-/Preisrelationen; ~ **a text**

distortion of trade

Textverdrehung *f*; ~ **trade** Handelsverzerrungen *pl*; **non-tariff ~ international trade** Verzerrung des internationalen Handels **to eliminate competitive distortions; to remove d. of competition** Wettbewerbsneutralität herstellen, Wettbewerbsverzerrungen beseitigen
distortion|ary *adj* verzerrend; **d.ate** *adj* verzerrt, entstellt
distract *v/t* ablenken; **d.ion** *n* Ablenkung *f*; **to drive so. to d.ion** jdn zur Verzweiflung treiben
distrain *v/t* [§] beschlagnahmen, pfänden, Beschlagnahme/Arrest anordnen, Pfändung vornehmen/ausbringen, in Beschlag nehmen; **d. upon** *(Schuldner)* exekutieren; **d.able** *adj* beschlagnahmefähig, pfändbar, vollstreckungsfähig, der Vollstreckung unterliegend; **d.ed** *adj* gepfändet; **d.ee** *n* Gepfändete(r) *f/m*, Pfändungs-, Vollstreckungsschuldner(in) *m/f*; **d.er; d.or** *n* Pfändungsgläubiger(in) *m/f*, Pfänder *m*
distraint *n* [§] Beschlagnahme *f*, (dinglicher) Arrest, Pfändung *f*, Zwangsbeitreibung *f*, Z.vollstreckung *f*, Konfiskation *f*; **under d.** unter Eigentumsvorbehalt; **d. of goods** Warenpfändung *f*; **d. for non-payment of rent** Mietpfändung *f*; **d. to be subject to d.** der Vollstreckung unterliegen; **to levy a d.** Pfändung betreiben/vornehmen, mit Beschlag belegen, Vollstreckung betreiben/durchführen/vornehmen; **excessive d.** Überpfändung *f*; **d. order** Pfändungs-, Arrestbeschluss *m*, dinglicher Arrest
distraught *adj* verzweifelt
distress *n* 1. Not(lage) *f*, Misere *f*, Elend *nt*, Notstand *m*, Hilfsbedürftigkeit *f*; 2. ⚓ Seenot *f*; 3. Kummer *m*, Schmerz *m*; 4. Beschlagnahme *f*, Pfändung *f*, Zwangsvollstreckung *f*; **d. and danger** ⚓ Not und Gefahr; **d. for (non-payment of) rent** Mietpfändung *f*, Pfändung wegen Mietrückstand; ~ **non-payment of tax** Steuerarrest *m*; **privileged from d.** unpfändbar; **two in d. make sorrow less** *(prov.)* geteilter Schmerz ist halber Schmerz *(prov.)*
to be in distress in finanziellen Schwierigkeiten sein, in Not sein; **to cause d.** Schmerz verursachen; **to levy a d. (on)** mit Beschlag belegen, pfänden, beschlagnahmen, Zwangsvollstreckung betreiben; **to relieve d.** Not lindern
commercial distress kommerzielle Notlage; **dire d.** große Not; **economic d.** wirtschaftliche Not(lage), wirtschaftlicher Notstand; **mental d.** seelischer Schaden; **second d.** Anschluss-, Nachpfändung *f*; **in sore d.** in größter Not
distress area Notstandsgebiet *nt*; **d. call** ⚓ (See)Notruf *m*, N.signal *nt*; ~ **wavelength** Notrufwelle *f*; **d. damage feasant** [§] Beschlagnahme von Vieh, das auf dem Land des Grundbesitzers Schaden angerichtet hat
distressed *adj* 1. besorgt, betrübt; 2. notleidend; 3. gepfändet
distress flag ⚓ Notflagge *f*; **d. fund** Notfonds *m*
distressing *adj* schmerzlich, betrüblich
distress light(s) ⚓ Notfeuer *nt*; **d. marketing** Notverkauf *m*; **d. merchandise** Notverkaufsware *f*, im Not-

verkauf abgesetzte Ware; **d. phase** Alarmstufe 3 (Notstufe); **d. purchase** Notkauf *m*; **d. rocket** ⚓ Notrakete *f*; **d. sale/selling** Not-, Pfand-, Zwangsvollstreckungsverkauf *m*; **d. signal** ⚓ Hilfs-, Notsignal *nt*, Hilferuf *m*, SOS-Ruf *m*, Notzeichen *nt*; **to fly a d. signal** Notsignal setzen; **d. slaughtering** 1. 🐄 Notschlachtung *f*; 2. *(fig)* Notverkauf *m*; **d. warrant** [§] Pfändungsauftrag *m*, P.befehl *m*, P.beschluss *m*, P.verfügung *f*, Pfandverfügung *f*
distributable 1. verteilbar, ausschüttbar; 2. *(Gewinn)* ausschüttungs-, verteilungsfähig
distribute *v/t* 1. ver-, auf-, zuteilen, umlegen; 2. *(Ware)* vertreiben, ausgeben; 3. *(Gewinn)* ausschütten, zur Verteilung bringen; 4. *(Film)* verleihen
distributed *adj* 1. verteilt; 2. ausgeschüttet; **to be d.** zur Ausschüttung gelangen; **equally d.** gleichmäßig verteilt; **spatially d.** mit verschiedenen Standorten
distributing depot *n* Auslieferungslager *nt*; **d. system** Verteilersystem *nt*; **d. vehicle** Verteilerfahrzeug *nt*
distribution *n* 1. Ver-, Aufteilung *f*, Umlegung *f*, Zuteilung *f*; 2. Vertrieb *m*, Absatz *m*; 3. *(Gewinn)* Ausschüttung *f*, Entnahme *f*; 4. *(Film)* Verleih *m*; 5. ▦ Verbreitung *f*
distribution of the assets of a bankrupt Verteilung der Konkursmasse; ~ **the remaining assets** Verteilung des Restvermögens; ~ **capital gains** Substanzausschüttung *f*; ~ **dividends** Dividendenausschüttung *f*, Ausschüttung/Verteilung einer Dividende; ~ **earnings** Ertragsaufteilung *f*, Gewinnausschüttung *f*; ~ **an estate;** ~ **a deceased's estate** Nachlassverteilung *f*, Erbteilung *f*, Verteilung des Nachlasses; ~ **goods** Warenabsatz *m*; ~ **goods and services** Leistungsabgabe *f*; ~ **income** 1. Einkommensverteilung *f*; 2. *(Gesellschaft)* Einkommensverwendung *f*, Ertragsausschüttung *f*; ~ **the national income** Verteilung des Volksvermögens; **d. in kind** Sachausschüttung *f*; **d. of labour costs** Lohnkostenverteilung *f*; ~ **mail** Postverteilung *f*; ~ **money** Geldverteilung *f*; **d. and partition** Nachlassauseinandersetzung *f*; **geographical d. of population** geografische Verteilung der Bevölkerung; **d. of power** Machtverteilung *f*; ~ **profits** Gewinnverteilung *f*, (Gewinn)Ausschüttung *f*, Verteilung des Gewinns; ~ **responsibilities** Zuständigkeitsvereinbarung *f*; ~ **risks** Risikoverteilung *f*, R.streuung *f*; ~ **seats** *(Parlament)* Mandats-, Sitzverteilung *f*; ~ **internal services** Verrechnung betrieblicher Leistungen; ~ **shares** *[GB]* **/stocks** *[US]* Streuung der Aktien; **d. to shareholders** *[GB]* **/stockholders** *[US]* Ausschüttung an Aktionäre/Anteilseigner; **d. per stirpes** *(lat.)* Nachlassaufteilung nach Stämmen; **equal d. of taxes** Steuergerechtigkeit *f*; ~ **the tax burden** (Steuer)Lastverteilung *f*; **vertical d. of tax revenues** vertikaler Finanzausgleich; **d. of wealth** Vermögensverteilung *f*
to cut the distribution *(Dividende)* Auszahlung/Ausschüttung kürzen; **to raise the d.** Auszahlung/Ausschüttung erhöhen
abrupt distribution ▦ steil endende Verteilung; **advance d.** Vorabausschüttung *f*; **asymmetric d.** ▦ schiefe Verteilung; **binominal d.** Binominalverteilung

f; **bivariate d.** zweidimensionale Verteilung; **charitable d.s** milde Gaben; **chilled d.** Kühltransporte und Lagerung; **~ depot** Kühlhaus *nt*; **circular d.** ⌑ zyklische Verteilung; **conditional d.** bedingte Verteilung; **contractual d.** Vertragsvertrieb *m*; **cumulative d.** ⌑ kumulative Verteilung; **cyclical d.** zyklische Verteilung; **direct d.** Direktvertrieb *m*, Produzentenhandel *m*; **discrete d.** ⌑ diskontinuierliche Verteilung; **double d.** doppelte Verrechnung; **equitable/fair d.** gerechte Verteilung; **exclusive d.** Alleinvertrieb *m*, Markenbindung *f*; **exponential d.** ⌑ Exponentialverteilung *f*; **double ~ d.** zweiseitige exponentielle Verteilung, ~ Exponentialverteilung; **fiducial d.** Fiduzialverteilung *f*; **final d.** *(Dividende)* Schlussausschüttung *f*, Abschlussdividende *f*; **functional d.** funktionelle Einkommensverteilung; **Gaussian d.** ⌑ Gaußsche Normalverteilung; **general d.** allgemeiner Vertrieb; **geographical d.** geografische Streuung; **geometric d.** ⌑ geometrische Verteilung; **hidden d.** *(Dividende)* verdeckte Ausschüttung; **intensive d.** intensiver Vertrieb; **intermediate d.** Abschlagsverteilung *f*; **joint d.** ⌑ verbundene Verteilung; **liquidating d.** Massenverteilung *f*; **marginal d.** Randverteilung *f*; **net d.** Nettoausschüttung *f*; **non-cash d.** Sachausschüttung *f*; **normal d.** ⌑ Normalverteilung *f*, N.verteiler *m*; **standard ~ d.** Standardnormalverteilung *f*; **occupational d.** berufliche Verteilung/Aufgliederung; **overlapping d.** *(Werbung)* überlappende Streuung; **physical d.** 1. Warenverteilung *f*, Logistik *f*, Vertrieb(sdurchführung) *m/f*; 2. Auftragsabwicklung *f*; **primary d.** Neuemission *f*; **proportional d.** ⌑ verhältnismäßige Verteilung; **proposed d.** vorgeschlagene Ausschüttung; **pro-rata d.** anteilmäßige Verteilung; **provisional d.** vorläufige Ausschüttung; **qualifying d.** Dividendenzahlung mit voraus zu entrichtender Körperschaftssteuer, berücksichtigungsfähige/steuerlich anrechenbare Ausschüttung; **random d.** ⌑ Zufallsverteilung *f*; **secondary d.** Sekundärverteilung *f*; **selective d.** Vertrieb durch ausgewählte Händler, beschränkter Vertrieb; **singular d.** ⌑ singuläre Verteilung; **skew d.** schiefe Verteilung; **spatial d.** räumliche Verteilung; **special d.** Sonderausschüttung *f*; **stationary d.** stationäre Verteilung; **statistical d.** statistische Verteilung; **tax-free d.** steuerfreie Ausschüttung; **truncated d.** gestutzte Verteilung; **uneven d.** ungleichmäßige Verteilung; **uniform d.** Gleichverteilung *f*; **unimodal d.** eingipflige Verteilung; **wide d.** weite Verbreitung

distribution account Verteilungsrechnung *f*, V.konto *nt*; **d. agency** Absatzvertretung *f*, Verteilungsstelle *f*; **d. agreement** Vertriebsabsprache *f*

distributional *adj* Verteilungs-

distribution analysis Distributionsanalyse *f*; **d. area** Absatzgebiet *nt*, A.bezirk *m*, Vertriebsbereich *m*; **d. arrangement** Vertriebsregelung *f*; **tying d. arrangements** Absatzbindung *f*; **d. branch** Distributionsabteilung *f*; **d. burden** *(Steuer)* Ausschüttungsbelastung *f*; **d. cartel** Verteiler-, Vertriebskartell *nt*; **d. center** [US] /**centre** [GB] Auslieferungslager *nt*, Absatz-, Vertriebszentrum *nt*, Verteilungszentrum *nt*, V.zentrale *f*; **d. chain** Verteiler-, Distributionskette *f*; **d. channel** Verteilungsweg *m*, Vertriebskanal *m*, V.weg *m*; **d. channels abroad** Vertriebs-/Absatz-/Verteilungswege im Ausland; **d. charges** Vertriebskosten; **pro-rata d. clause** Klausel über anteilmäßige Leistungspflicht; **d. company** 1. Vertriebsgesellschaft *f*; 2. ⚡ Elektrizitätsversorgungsunternehmen (EVU) *nt*; **d. conflict** Verteilungskonflikt *m*; **d. control** Vertriebskontrolle *f*; **d. cooperative** Vertriebs-, Verteilergenossenschaft *f*

distribution cost(s) Verteilungs-, Vertriebs-, Absatzkosten, Vertriebsaufwand *m*; **indirect d. c.(s)** Vertriebsgemeinkosten *pl*; **d. c.(s) analysis** Vertriebskostenuntersuchung *f*, V.analyse *f*

distribution curve Kurve der Verteilungsfunktion, Verteilungskurve *f*; **d. date** *(Dividende)* Ausschüttungstermin *m*, Tag der Ausschüttung; **d. department** Verkaufs-, Vertriebsabteilung *f*; **d. depot** Auslieferungs-, Verteilerlager *nt*, Verteilungspunkt *m*; **d. expenses** Verkaufs-, Vertriebs-, Vertriebs(gemein)kosten; **d. facilities** Verteilungsapparat *m*, Vertriebseinrichtungen *pl*; **d. formula** Verteilungsmodus *m*; **d.-free** *adj* verteilungsfrei; **d. function** Rolle des Vertriebs, Vertriebs-, Verteilungsfunktion *f*; **~ of prices** Verteilungsfunktion des Preises; **d. index** Adress-, Distributionsindex *m*; **d. industry** vertreibendes Gewerbe; **d. interest** Vertriebstochter *f*; **d. key** Verteilerschlüssel *m*; **d. licence** Legitimationsschein *m*; **d. list** Verteiler(liste) *m/f*; **d. logistics** Warenverkehrslogistik *f*; **d. management** Vertriebsleitung *f*; **d. method** Vertriebs-, Absatzmethode *f*; **d. mix** Distributionsmix *m*, D.politik *f*; **d. network** 1. Verteiler-, Vertriebs-, Verkaufs-, Absatznetz *nt*, Vertriebsmechanismus *m*; 2. ⚡ Versorgungsnetz *nt*; **supplementary d. network** zusätzliches Verteiler-/Vertriebsnetz; **d. organization** Vertriebsorganisation *f*; **d. outlet** Vertriebsform *f*, V.stelle *f*; **d. overheads** Vertriebsgemeinkosten; **d. pattern** Absatzbeziehungen *pl*, Vertriebsstruktur *f*; **d. pipeline** Absatz-, Vertriebskanal *m*, V.weg *m*; **d. plan** Vertriebsplan *m*; **d. planning** Absatz-, Vertriebs-, Distributionsplanung *f*; **d. plant** Versandlager *nt*; **d. point** Verteilungsstelle *f*; **d. policy** Absatz-, Vertriebspolitik *f*; **d. proceedings** Verteilungsverfahren *nt*; **d. process** Distributionsprozess *m*; **d. rate** Ausschüttungsbelastung *f*; **d. ratio** Verteilungsschlüssel *m*; **d. relief** Steuerermäßigung auf ausgeschütteten Gewinn; **d. right** Vertriebsrecht *nt*; **d. service** Vertriebsapparat *m*, V.organisation *f*, V.tätigkeit *f*, Verteilerdienst *m*; **d. settlement** Vertriebsregelung *f*; **d. structure** Vertriebsstruktur *f*, V.wege *pl*; **d. system** Vertriebs-, Absatzsystem *nt*, Verteiler-, Vertriebsnetz *nt*, V.mechanismus *m*; **contractual d. system** vertragliches Vertriebssystem; **d. warehouse** Auslieferungs-, Haupt-, Verteilungslager *nt*, Depot *nt*

distributor *n* 1. Auslieferer *m*, Groß-, Zwischen-, Vertriebs-, Vertragshändler, Verteiler(stelle) *m/f*, Händler(firma) *m/f*; 2. *(Fonds)* Vertriebsgesellschaft *f*; 3. *(Bier)* Verlag *m*, Verleger *m*; 4. *(Film)* Verleiher *m*; 5. 🚗 Verteiler *m*; **d. of counterfeit money** Falschgeldschieber *m*; **exclusive d.** Alleinvertragshändler *m*,

Alleinvertriebsberechtigte(r) *f/m*; **first-hand d.** (Import)Großhändler *m*; **foreign d.** ausländischer Vertragshändler; **full-line d.** Vollsortimenter *m*; **industrial d.** *[US]* Industriebelieferer *m*, Großhändler für Industriebetriebe, Händler mit Direktabsatz an Industrie; **sole d.** Alleinvertrieb *m*, A.auslieferer *m*, A.vertragshändler *m*, A.vertreiber *m*, A.vertreter *m*
distributor|'s brand Gemeinschaftsmarke *f*; **d. confinement** Gebietsbeschränkung des Vertragshändlers; **d. discount** Händlerrabatt *m*
distributorship *n* 1. Vertretung *f*; 2. Vertreterbereich *m*; **exclusive d.** Alleinvertretung *f*; **multi-level d.** Vertrieb nach dem Schneeballsystem
district *n* Bezirk *m*, Distrikt *m*, Stadtteil *m*, Gebiet *nt*, Revier *nt*, (Stadt)Viertel *nt*, Gegend *f*; **by d.s** bezirksweise
to absorb neighbouring districts Randgebiete eingemeinden; **to cover/work a d.** *(Vertreter)* Bezirk bereisen/bearbeiten
administrative district Verwaltungs-, Regierungs-, Amtsbezirk *m*; **coastal d.** Küstenbezirk *m*, K.region *f*; **commercial d.** Geschäftsgegend *f*, G.viertel *nt*; **consular d.** Konsular-, Konsulatsbezirk *m*; **electoral d.** Wahl-, Stimmbezirk *m*; **industrial d.** Industriebezirk *m*; **judicial d.** Gerichtsbezirk *m*; **local d.** Kommunalbezirk *m*; **low-rent d.** Niedrigmietengegend *f*; **metropolitan d.** *[GB]* Großstadtbezirk *m*; **military d.** Wehrbereich *m*; ~ **office** Wehrbereichsverwaltung *f* *[D]*; **municipal d.** Kommunalbezirk *m*; **new d.** Neubaugebiet *nt*, N.viertel *nt*; **postal d.** ✉ Post(zustellungs)bereich *m*, P.bezirk *m*, postalischer Bezirk, Zustellbezirk *m*; **residential d.** Wohngebiet *nt*, Wohn-, Villenviertel *nt*, V.gebiet *nt*, Wohngegend *f*; **restricted d.** Gebiet mit Baubeschränkungen; **rural d.** 1. ländlicher Bezirk; 2. Landkreis *m*; **urban d.** 1. städtischer Bezirk, Stadtbezirk *m*; 2. Stadtkreis *m*
district administrator 1. Landrat *m* *[D]*; 2. Regierungspräsident *m*; **d. assembly** Bezirksversammlung *f*; **d. association** Kreis-, Bezirksverband *m*; **D. Attorney** *[US]* [§] Anklagebehörde *f*, Ankläger *m*, (Bezirks-)Staatsanwalt *m*; **d. authority** Kreisbehörde *f* *[D]*; **d. center** *[US]* /**centre** *[GB]* Nebenzentrum *nt*; **d. chief administrative officer** Oberkreisdirektor (OKD) *m* *[D]*; **d. committee** Bezirks-, Kreisausschuss *m*; **d. council** Gemeinde-, Bezirks-, Distriktsrat *m*, Kreistag *m*; **d. councillor** Bezirks-, Kreistagsabgeordnete(r) *f/m*, K.mitglied *nt*, Gemeinderatsmitglied *nt*, Mitglied des Gemeinderats; **d. court** Kreis-, Land-, Bezirksgericht *nt*; **d. craftsmen's guild** Kreishandwerkerschaft *f* *[D]*; **d. draft board** ⚔ Kreiswehrersatzamt *nt* *[D]*; **d. heating** Fernheizung *f*; F.wärme *f*; ~ **network/system** Fernwärme-, Fernheizungsnetz *nt*; **d. hospital** ✚ Kreiskrankenhaus *nt*; **d. jobber** *(Börse)* Bezirksagent *m*; **d. judge** *[US]* [§] Amtsrichter *m*; **d. levy** Bezirksumlage *f*; **d. magistrate** [§] Bezirksrichter *m*; **d. management** Bezirksdirektion *f*; **d. manager** Bezirksdirektor *m*, B.leiter *m*; **d. nurse** ✚ Gemeindeschwester *f*; **d. office** Bezirksbüro *nt*, B.amt *nt*, B.verwaltung *f*, B.agentur *f*; **d. officer** Bezirkssekretär *m*; **d. post office** ✉ Bezirks-

postamt *nt*; **d. savings bank** Kreissparkasse *f* *[D]*; **d. surveyor** Bauinspektor *m*; **d. turnover** Bezirksumsatz *m*
distrust *n* Misstrauen *nt*, Argwohn *m*; *v/t* (jdm) misstrauen, zweifeln an; **d.ful** *adj* misstrauisch, argwöhnisch
disturb *v/t* 1. stören, belästigen; 2. beunruhigen
disturbance *n* 1. Störung(seinfluss) *f/m*, Unruhe *f*; 2. Behinderung *f*, Belästigung *f*; 3. ▦ Störvariable *f*; **d.(s) in/of the market** Marktstörungen *pl*, Störung des freien Marktgeschehens; **d. of the peace** [§] Störung der öffentlichen Sicherheit und Ordnung; ~ **at night** nächtliche Ruhestörung; **d. of peaceful industrial relations** Störung des Arbeitsfriedens; ~ **a tenant** Mieterbelästigung *f*, Störung des Mieters
to cause a disturbance Störung verursachen
atmospheric disturbance Wetterstörung *f*; **mental d.** Bewusstseinsstörung *f*; **public d.** [§] Störung der öffentlichen Ordnung; **random d.** ▦ Stör-, Schockvariable *f*, Störgröße *f*
disturbance allowance Lärmzulage *f*; **d.-free** *adj* störungsfrei; **d. lag** Zeitspanne zwischen Störung und ihrer Wirkung; **d. variable** ▦ Störvariable *f*
dis|turbed *adj* unruhig, beunruhigt; **d.turber** *n* Unruhestifter *m*, Störer *m*; ~ **of the peace** Ruhestörer *m*; **d.turbing** *adj* 1. beunruhigend; 2. störend
dis|united *adj* 1. uneinig, 2. zersplittert; **d.unity** *n* Uneinigkeit *f*
disuse *n* Nichtgebrauch *m*, N.nutzung *f*; **to fall into d.** 1. ungebräuchlich werden, außer Gebrauch kommen; 2. *(Brauch)* einschlafen *(fig)*
disuse *v/t* nicht mehr gebrauchen/verwenden; **d.d** *adj* 1. ungebräuchlich, veraltet, nicht mehr verwendet; 2. stillgelegt, außer Betrieb/Gebrauch; 3. 🏚 leerstehend
disutility *n* Nutzungsentgang *m*, negativer Nutzen; **marginal d. (of labour)** Grenzleid der Arbeit, Grenze der Arbeitswilligkeit/A.unlust, Grenzopfer *nt*
ditch *n* (Wasser-, Drainier-, Straßen)Graben *m*
ditch *v/ti* 1. Gräben ziehen; 2. ✈ (not)wassern; 3. *(fig)* fallen lassen, aufgeben; **d. sth./so.** *(coll)* etw./jdn im Stich lassen
dither *v/i* zaudern, zögern; **d.ing** *n* Zaudern *nt*, Zögern *nt*, Hin und Her *nt*
ditto *adv* desgleichen
diurnal *adj* Tages-
divan *n* Liege *f*, Diwan *m*
dive *v/i* 1. tauchen; 2. ✈ Sturzflug machen; 3. *(fig) (Gewinn)* drastisch zurückgehen; **d. into (sth.)** sich (in etw.) vertiefen/stürzen
dive *n* 1. ⚓ Tauchfahrt *f*; 2. *(fig)* (Kurs-/Preis)Sturz *m*
diver *n* 1. Taucher(in) *m/f*; 2. *(coll)* Taschendieb(in) *m/f*; **deep-sea d.** Tiefseetaucher *m*; **d.'s helmet** Taucherhelm *m*
diverge *v/i* (von der Norm) abweichen, divergieren, auseinander klaffen
divergence *n* Abweichung *f*, Divergenz *f*, Schere *f* *(fig)*, Auseinanderklaffen *nt*, Gefälle *nt*; **d.s between different trades** branchenmäßige Unterschiede; **upward d.** positive Abweichung, **d. margin** Abweichungsspanne *f*; **d. threshold** *(EWS)* Interventionsgrenze *f*

divergent; diverging *adj* abweichend, auseinander gehend, ~ strebend
diverse *adj* vielfältig, divers, ungleich, verschieden
diversification *n* (Anlagen-/Risiko-/Investitions)Streuung *f*, Diversifizierung *f*, (Sortiments)Ausweitung *f*, S.erweiterung *f*, Produktergänzung *f*, P.erweiterung *f*, Auffächerung *f*; **d. of investments** Anlagenstreuung *f*; **~ production** Produktionserweiterung *f*, P.auffächerung *f*, P.streuung *f*, P.differenzierung *f*; **~ risk(s)** Risikostreuung *f*
complementary diversification komplementäre Diversifikation; **geographical d.** geografische Streuung; **horizontal d.** horizontale Diversifikation; **vertical d.** vertikale Diversifikation; **d. merger** durch Fusion entstandener Mischkonzern
diversification move Maßnahme zur Diversifizierung; **d. step** Schwerpunktverlagerung *f*
diversified *adj* 1. abwechslungsreich; 2. *(Kapital)* verteilt angelegt, gestreut; 3. breit gefächert/gestreut, verzweigt; **broadly d.** *(Börse)* breit gestreut; **highly d.** breit gefächert
diversify *v/t* 1. streuen, diversifizieren, auffächern; 2. *(Sortiment)* ausweiten; 3. Risiko verteilen, Risikostreuung betreiben
diversion *n* 1. ⚖ Umleitung *f*; 2. Ablenkung *f*, Täuschungsmanöver *nt*; 3. Kurzweil *f*, Unterhaltung *f*, Ablenkung *f*, Zerstreuung *f*, Zeitvertreib *m*; **d. of letters from the addressee** Briefunterschlagung *f*; **~ trade** Handelsverlagerung *f*; **~ traffic** Verkehrsumleitung *f*; **d. sign** ⚖ Umleitungsschild *nt*
diversionary *adj* ablenkend, Ablenkungs-
diversity *n* Vielfalt *f*, Verschiedenheit *f*, V.artigkeit *f*, Mannigfaltigkeit *f*, Vielgestaltigkeit *f*, Vielfältigkeit *f*; **cultural d.** kulturelle Vielfalt
divert *v/t* 1. ⚖ umleiten; 2. *(Geld)* abzweigen, zweckentfremden; 3. ablenken, unterhalten
diverting of contributions *n* Beitragsabzweigung *f*
divest *v/t* 1. entziehen, berauben; 2. *(Amt)* entkleiden; **d. o.s. of sth.** sich von etw. trennen, etw. veräußern/abstoßen, sich einer Sache entledigen/entäußern
divestible *adj* 1. *(Vermögen)* entziehbar; 2. §§ aufhebbar
divesting order *n* Entflechtungsanordnung *f*
divest(it)ure; divestment *n* 1. Beraubung *f*, Besitzentziehung *f*, B.entzug *m*, Entziehung *f*; 2. Abstoßen *nt*, Ausgliederung *f*, Veräußerung *f* (einer Beteiligung), Entflechtung *f*, Konzentrationsminderung *f*; **d. of assets** Entflechtung *f*, Veräußerung von Beteiligungen
divestment agreement Übertragungsvertrag *m*
divide *v/ti* 1. (auf)teilen, einteilen; 2. spalten, entzweien, trennen, verteilen, stückeln; 3. ÷ dividieren, teilen; 4. sich teilen; 5. ÷ sich dividieren/teilen lassen; **d. into** sich gliedern in
divide *n* 1. Streitfall *m*, Kontroverse *f*; 2. Spaltung *f*; 3. Graben *m*, Kluft *f*; **north-south d.** Nord-Süd-Gefälle *nt*
divided *adj* geteilt; **to be d. into** bestehen aus
dividend *n* 1. Dividende *f*, Gewinnanteil *m*, Verteilungsgewinn *m*, Ausschüttung *f*; 2. Konkursquote *f*, K.rate *f*, Liquidationsanteil *m*, L.quote *f*; **d.s** Gewinnanteilsrechte; **cum d.** mit/cum Dividende; **ex d.** ohne Ausschüttung; **without d.** dividendenlos
dividend on account Dividendenabschlag *m*, Abschlags-, Zwischen-, Interims-, Vorschußdividende *f*; **d.s in arrears** Dividendenrückstände, rückständige Dividende; **d. in/of a bankrupt's estate; d. in bankruptcy** Konkursdividende *f*, K.quote *f*; **d.s on investments** *(Bilanz)* Dividenden aus Anlagewertpapieren; **d. in kind** Sach(wert)dividende *f*; **~ liquidation** Liquidationsdividende *f*; **d. on preference shares** *[GB]* / **stocks** *[US]*; **~ preferred stocks** Vorzugsdividende *f*; **extra d. payable on preference shares/stocks** Dividendenvorzug *m*, D.zuschlag *m* (für Vorzugsaktien); **d. per share** *[GB]* /**stock** *[US]* Dividende pro Aktie; **d. in specie** Bardividende *f*; **d. on winding up** Konkursquote *f*
eligible for dividend; entitled to d.s/a d. dividenden-, ausschüttungs-, ertragsberechtigt, mit Dividendenanspruch; **maintaining the d.** Beibehaltung der Dividende; **passing the d.** Ausfall der Dividendenzahlung, Dividendenverzicht *m*; **qualified/ranking for d.** dividenden-, ausschüttungs-, gewinnberechtigt; **ranking equally for d.** dividendengleich; **d. times covered** Dividendengewinnverhältnis *nt*
dividend included einschließlich Dividende; **d. off** ohne/ex Dividende, dividendenlos; **d. on** *[US]* inklusive/einschließlich/mit Dividende; **d.s payable** Dividendenverbindlichkeiten, Verbindlichkeiten aus beschlossener Dividende; **~ receivable** Dividendenforderungen; **~ received** Dividendenertrag *m*
to be entitled to a dividend Dividendenanspruch haben, dividendenberechtigt sein; **to cut the d.** Dividende kürzen/herabsetzen/senken; **to declare a d.** 1. (Ausschüttung einer) Dividende beschließen/erklären/genehmigen/festsetzen; 2. Dividende verteilen; **to distribute a d.** Dividende ausschütten/verteilen, Ausschüttung vornehmen; **to increase/lift/raise the d.** Dividende heraufsetzen/erhöhen/anheben; **to lower the d.** Dividende herabsetzen/kürzen/senken; **to maintain the d.** Dividende halten, gleiche ~ zahlen; **to pass the d.** Dividende ausfallen lassen/streichen, keine ~ ausschütten/zahlen/verteilen; **to pay a d.** Kapital mit einer Dividende bedienen, Dividende ausschütten/zahlen; **~ d.s** *(fig)* sich bezahlt machen; **to propose/recommend a d.** Dividende vorschlagen; **to qualify/rank for d.** dividendenberechtigt sein, Dividendenanspruch haben; **to reduce the d.** Dividende kürzen/senken; **to return to the d. list(s)** Dividendenzahlung(en) wieder aufnehmen; **to strike a d.** Dividende ausschütten; **to yield a d.** Dividende abwerfen
accrued/accumulated dividend laufende/aufgelaufene Dividende, Gewinnvortrag *m*; **accumulative d.** kumulative Dividende; **additional d.** Mehr-, Zusatzdividende *f*, zusätzliche Dividende; **adequate.** angemessene Dividende; **annual d.** Jahresausschüttung *f*, J.dividende *f*; **collected d.** abgehobene Dividende; **compound d.** zusammengesetzte Dividende; **constructive d.** verdeckte Gewinnausschüttung, Sonderzahlung *f* (an Aktionäre); **contingent d.** unvorherge-

cumulative **dividend**

hene Dividende; **cumulative d.** Mehrfachdividende *f*, kumulative Dividende, Dividende auf kumulative Vorzugsaktien; **guaranteed ~ d.** garantierte kumulative Dividende; **declared d.** festgesetzte/ausgeschüttete Dividende; **deferred d.** Nachzugsdividende *f*, Dividende mit aufgeschobener Fälligkeit, aufgeschobener Gewinnanteil, aufgeschobene/später fällige Dividende; **distributed d.** ausgeschüttete/gezahlte Dividende; **equalizing d.** Ausgleichsdividende *f*; **expected d.** Dividendenerwartung *f*; **extra d.** Sonderdividende *f*, Bonus *m*; **extraordinary d.** Sonderdividende *f*, außerordentliche Dividende; **fictitious d.** Scheindividende *f*; **final d.** 1. (Jahres)Schlussdividende *f*; 2. Schluss-, Restquote *f*, Konkursabschlussquote *f*; **maintained ~ d.** gehaltene Schlussdividende; **fiscal d.** *[US] (Präsident)* frei verfügbare Mittel; **fixed d.** Festdividende *f*; **fractional d.** Abschlags-, Zwischendividende *f*; **further d.** Zusatzdividende *f*; **gross d.** Bruttodividende *f*; **guaranteed d.** Garantie-, Mindestdividende *f*; **initial d.** Anfangs-, Abschlagsdividende *f*; **intercompany d.s** konzerninterne Dividenden; **interim d.** Vor-, Zwischen-, Halbjahresdividende *f*, vorläufige Dividende, Interims-, Vorschuss-, Abschlagsdividende *f*, Dividendenabschlag *m*; **invariable d.** gleichbleibende Dividende; **liquidating d.** Liquidations(erlös)anteil *m*, L.rate *f*, L.quote *f*; **maintained d.** gehaltene Dividende; **maximum d.** Höchstdividende *f*; **mid-year d.** Halbjahresdividende *f*; **national d.** Volkseinkommen *nt*; **net d.** Rein-, Nettodividende *f*; **non-cash d.** unbare Dividende; **non-cumulative d.** nichtkumulative Dividende; **notional d.** Anerkennungsdividende *f*; **optional d.** Gratisaktie mit Wahlrecht der Barabfindung, Dividende in bar oder in Form einer Gratisaktie, wahlweise Dividende; **ordinary d.** Dividende auf Stammaktien, Stammdividende *f*; **participating d.** 1. Vorzugsdividende *f*; 2. *(Vorzugsaktionär)* Zusatzdividende *f*; **passed d.** Dividendenausfall *m*, ausgefallene/rückständige Dividende; **payable d.** fällige Dividende; **pending d.** noch ausstehende Dividende; **post-mortem d.** *(lat.) (Vers.)* Todesfallprämie *f*; **preferential/preferred/prior-ranking d.** Vorzugs-, Vorrang-, Vordividende *f*; **preferred d.** times earned Vorzugsdividendendeckung *f*; **proposed d.** Dividendenvorschlag *m*, vorgeschlagene Dividende; **quarterly d.** Vierteljahres-, Quartalsdividende *f*, vierteljährliche Dividende; **reasonable d.** angemessene Dividende; **regular d.** laufende Dividende; **reversionary d.** Anwartschaftsdividende *f*, rückständiger Gewinnanteil; **sham d.** Scheindividende *f*, fiktive Dividende; **special d.** Super-, Extradividende *f*, Bonus *m*, außerordentliche Dividende, Sonderdividende *f*, S.ausschüttung *f*; **statutory d.** satzungsmäßige Dividende; **super/surplus d.** Extra-, Über-, Sonder-, Überschuss-, Superdividende *f*, außerordentliche Dividende, Bonus *m*; **intercompany tax-reduced d.** Schachteldividende *f*; **total d.** Gesamtdividende *f*; **unadjusted d.** Originaldividende *f*; **unchanged d.** unveränderte Dividende/Ausschüttung; **unclaimed d.** nicht abgehobene/unbehobene Dividende, nicht erhobene Dividendenansprüche; **year-end d.** Jahres(ab)schlussdividende *f*

dividend account Dividendenkonto *nt*; **d. amount** Dividendenbetrag *m*; **d. appropriation** Dividendensumme *f*; **d. arrears** noch ausstehende Dividende(nzahlungen); **d. balance** Restdividende *f*, Dividendenrest *m*; **d.-bearing; d.-carrying** *adj* ausschüttungs-, dividenden-, gewinn-, ertragsberechtigt, mit Anspruch auf Dividende; **d. bond** *[US]* Obligation mit Dividendenberechtigung, mit Gewinnberechtigung ausgestattete Obligation; **d. book** Aktionärsverzeichnis *nt*; **d. check** *[US]* /**cheque** *[GB]* Dividendenscheck *m*; **d. claim** Dividendenanspruch *m*, Gewinnanteilberechtigung *f*; **d. collection** Dividendenabholung *f*; **d. constraints** Dividendenbeschränkung *f*; **d. continuity** Dividendenkontinuität *f*; **d. control(s)** Dividendenbewirtschaftung *f*; **d. coupon** Dividenden(gut)schein *m*, D.kupon *m*, D.abschnitt *m*, Kupon *m*, Gewinnanteilschein *m*; **d. cover** Dividendendeckung *f*, Verhältnis Gewinn zu Dividende; **d. credit** Dividendengutschrift *f*; **d. cut** Dividendenkürzung *f*, D.senkung *f*, D.schnitt *m*, Herabsetzung der Dividende; **d. date** Gewinnausschüttungstermin *m*; **d. disbursement/distribution** Ertrags-, Dividendenausschüttung *f*, D.verteilung *f*, Gewinnverteilung *f*, G.ausschüttung *f*; **d. due** fällige Dividende; **~ date** Dividendentermin *m*; **d. earnings** Dividendenertrag *m*

dividend entitlement Dividenden-, Ausschüttungs-, Gewinnanspruch *m*, Dividendenberechtigung *f*; **retroactive d. e.** rückwirkende Dividendenberechtigung, rückwirkender Anspruch auf Gewinnausschüttung

dividend equalization Dividendenausgleich *m*; **~ account** Dividendenausgleichskonto *nt*; **~ reserve** Dividendenausgleichsreserve *f*, D.rückstellung *f*

dividend forecast Dividendenprognose *f*, D.vorhersage *f*; **to make a d. forecast** Dividendenprognose stellen; **d. fund** Dividendenfonds *m*; **d. growth** Dividendenerhöhung *f*; **d. guarantee** Dividenden-, Ausschüttungsgarantie *f*

dividend income Dividendeneinkommen *nt*, D.ertrag *m*, D.einnahmen *pl*; **reinvested d. income** Wiederanlagebetrag *m*

dividend increase Dividendenerhöhung *f*, D.heraufsetzung *f*, D.anhebung *f*; **d.-linked** *adj* dividendengekoppelt; **d. mandate** Inkassoauftrag für Dividendenzahlungen; **d. note** Dividendenabrechnung *f*; **d. notice** Dividendenbekanntmachung *f*; **d. order** Dividendenauszahlung *f*; **d. papers** Dividendenpapiere

dividend payment Dividenden(aus)zahlung *f*, D.ausschüttung *f*, Überschusszahlung *f*, Gewinnausschüttung *f*; **to lift/raise d. p.s** Dividende erhöhen; **to renew/resume d. p.s** Dividendenzahlungen wieder aufnehmen; **total d. p.** Dividendensumme *f*; **d. p. agency** Dividendenzahlstelle *f*; **~ ratio** Gewinnanteil der Dividenden auf Stamm- und Vorzugsaktien

dividend payout Dividenden-, Gewinnausschüttung *f*; **to announce a d. p.** Dividende ankündigen; **d. p. account** Dividendenkonto *nt*; **~ restriction** Ausschüttungssperre *f*

dividend performance Dividendenentwicklung *f*

dividend policy Dividenden-, Ausschüttungspolitik *f*; **flexible d. p.** dynamische Ausschüttungspolitik; **guaranteed d. p.** Versicherung mit Gewinnbeteiligungsgarantie; **stable d. p.** Dividendenkontinuität *f*
dividend proposal/recommendation Dividendenvorschlag *m*; **d. rate** Dividendensatz *m*; **d. receipts** Dividendeneinkünfte; **d. record** Dividendenentwicklung *f*, D.nachweis *m*, D.übersicht *f*, D.optik *f*, bisherige Dividendenpolitik; **d. register** Dividendenverzeichnis *nt*; **d.-related** *adj* dividendenabhängig; **d. remittance** Dividendentransfer *m*; **d. reserve fund** Dividendenstock *m*, D.rücklage *f*; **d. restoration** Wiederaufnahme der Dividendenzahlung; **d. restraint/restriction** Dividendenbeschränkung *f*, D.begrenzung *f*; **d. return** Dividendenrendite *f*
dividend rights Dividendenrechte, D.berechtigung *f*; **with ~ (from)** mit Dividendenberechtigung (ab); **carrying d. r.** ausschüttungs-, dividendenberechtigt
dividend scheme (*Vers.*) Gewinnplan *m*; **d. settlement note** Dividendenabrechnung *f*; **d. share** Genussaktie *f*; **d. sum** Dividendensumme *f*; **d. tax** Dividendenabgabe *f*, D.steuer *f*; **d. taxation** Dividendenbesteuerung *f*
dividend valuation Dividendenbewertung *f*; **~ method** Dividendenbewertungsmethode *f*, dividendenabhängige Bewertungsmethode
dividend vote Dividenden-, Ausschüttungsbeschluss *m*; **d. voucher** Dividendengutschrift *f*; **d. warrant** Dividenden(bezugs)schein *m*, D.abschnitt *m*, D.berechtigungsschein *m*, Aktienabschnitt *m*, Kupon *m*
dividend yield Effektiv-, Dividenden-, Kursrendite *f*, Dividendenertrag *m*; **~ ratio** Dividendenrenditeverhältnis *nt*
divider(s) *n* Stechzirkel *m*; **d. card** Trennkarton *m*
divide statement *n* 🖳 Divisionsanweisung *f*
dividing of an inheritance *n* Erbteilung *f*; **d. line** Trenn(ungs)linie *f*, T.strich *m*, Nahtstelle *f*, Grenze *f*, Scheidelinie *f*; **~ between right and wrong** Grenze zwischen Recht und Unrecht; **d. rule** Spaltenlinie *f*: **d. wale** 🏛 Trennwand *f*
diving bell *n* Taucherglocke *f*; **d. board** Sprungbrett *nt*; **d. depth** Tauchtiefe *f*; **d. equipment** Tauch(er)ausrüstung *f*; **d. goggles** Taucherbrille *f*; **d. station** Tauchstation *f*; **d. suit** Tauceranzug *m*
divining rod *n* Wünschelrute *f*
divis|ibility *n* Teilbarkeit *f*; **d.ible** *adj* (auf)teilbar, trennbar
division *n* 1. (Auf-/Ein-/Ver)Teilung *f*; 2. Spaltung *f*, Trennung *f*; 3. Teil *m*, Ressort *nt*, Geschäfts-, Unternehmensbereich *m*, Sparte *f*, Teilbetrieb *m*, Abteilung *f*, Gruppe *f*, Sektor *m*, Fachbereich *m*; 4. π Division *f*; 5. [§] Senat *m*; 6. (*Parlament*) (namentliche) Abstimmung, Hammelsprung *m*
division of (net) assets (Vermögens)Auseinandersetzung *f*, V.verteilung *f*; **civil ~ a superior court** [§] Zivilsenat *m*; **criminal ~ the court of appeal** Strafsenat *m*; **criminal ~ the local court** Amtsgericht in Strafsachen; **juvenile ~ a criminal court** Jugend(straf)kammer *f*; **~ an estate** Teilung eines Nachlasses, Erbauseinandersetzung *f*, Vermögensteilung *f*; **economic ~**

Europe wirtschaftliche Teilung Europas; **~ functions** Funktionsteilung *f*; **~ labour** Arbeitsteilung *f*; **based on the ~ labour** arbeitsteilig; **~ markets** Markt-, Absatzaufteilung *f*; **d. into two parts** Zweiteilung *f*; **d. of the patent application** Teilung der Patentanmeldung; **~ powers** Gewaltenteilung *f*, Trennung der Gewalten; **~ responsibilities** Geschäfts-, Aufgabenverteilung *f*; **d. into sub-markets** Marktspaltung *f*; **d. of tasks** Aufgabenteilung *f*; **in the event of an equal ~ votes** bei Stimmengleichheit
administrative division Verwaltungsabteilung *f*; **appellate d.** [§] Beschwerdegericht *nt*, B.kammer *f*, Revisionsinstanz *f*, Berufungsgericht *nt*, B.abteilung *f*; **central d.** Zentralbereich *m*; **civil d.** [§] Zivilkammer *f*; **criminal d.** [§] Strafgericht *nt*, S.senat *m*, S.kammer *f*; **special ~ d.** Sonderstrafkammer *f*; **final d.** Auseinandersetzung *f*; **horizontal d.s** horizontale Geschäftsbereiche; **industrial d.** Industriezweig *m*; **international d.** Auslandsabteilung *f*, A.direktion *f*; **local d.** örtliche Gebietskörperschaft; **natural d.** Mindestprämie zur Fortsetzung der Versicherung; **operational d.** Betriebsabteilung *f*; **short d.** π abgekürzte Division; **special d.** Fachgruppe *f*; **territorial d.** Gebietskörperschaft *f*
divisional *adj* Teilungs-, Trenn-, Bereichs- Sparten-; **d.ization** *n* Spartenorganisation *f*, S.trennung *f*, Gliederung in Geschäftsbereiche/Sparten, Bereichsbildung *f*, Divisionalisierung *f*
division costing Massenkalkulation *f*; **d. manager** Abteilungsleiter *m*, Sparten-, (Fach)Bereichsleiter *m*; **d. sign** π Divisions-, Teilungszeichen *nt*
divisive *adj* entzweiend, spalterisch
divisor *n* π Divisor *m*, Teiler *m*; **common d.** gemeinsamer Teiler
divorce *n* (Ehe)Scheidung *f*; **d. on the grounds of irretrievable breakdown** Scheidung nach dem Zerrüttungsprinzip; **d. by mutual consent** Scheidung in gegenseitigem Einvernehmen/Einverständnis, einverständliche Scheidung; **d. on the grounds of guilt** Scheidung wegen Verschuldens; **d. a mensa et thoro** (*lat.*) [§] Trennung von Tisch und Bett; **d. with both parties being at fault** Scheidung aus beiderseitigem Verschulden
to get/obtain a divorce Scheidungsurteil erwirken, geschieden werden, Scheidung erlangen, sich scheiden lassen; **to grant a d.** Scheidung aussprechen, auf ~ erkennen, Ehe scheiden; **to oppose the d.** der Scheidung widersprechen; **to petition for d.** Scheidungsklage einreichen; **to seek a d.** Scheidung beantragen/begehren; **to sue for a d.** auf Scheidung klagen
defended divorce streitige Scheidung; **no-fault d.** Scheidung ohne Verschulden
divorce *v/ti* 1. scheiden, trennen; 2. sich scheiden lassen
divorce agreement Scheidungsvertrag *m*; **d. case** Scheidungssache *f*; **d. court** (Ehe)Scheidungsgericht *nt*
divorced *adj* geschieden
divorce decree [§] (Ehe)Scheidungsurteil *nt*
divorcee *n* Geschiedene(r) *f/m*
divorce judge Scheidungsrichter *m*; **d. law** (Ehe)Schei-

divorce petition

dungsrecht *nt*; **d. petition** Scheidungsantrag *m*, S.begehren *nt*; **d. proceedings** (Ehe)Scheidungsprozess *m*, (Ehe)Scheidungssache *f*, (Ehe)Scheidungsverfahren *nt*; **to institute/start d. proceedings** (Ehe)Scheidungsklage/Scheidung einleiten; **d. rate** (Ehe)Scheidungsziffer *f*, (Ehe)Scheidungsquote *f*, (Ehe)Scheidungsrate *f*; **d. settlement** (Ehe)Scheidungsvereinbarung *f*; **d. suit** (Ehe)Scheidungssache *f*, S.klage *f*, (Ehe)Scheidungsprozess *m*

di|vulge *v/t* bekannt machen, offenbaren, preisgeben, mitteilen, verlautbaren, enthüllen, offen legen; **d. vulging of business/industrial/trade secrets** *n* Verletzung von Betriebsgeheimnissen

dizzy *adj* schwindelig

D-mark promissory note DM-Schuldschein *m*

do *v/t* tun, machen, leisten; **d. sth. about it** tätig werden, etw. dagegen ausrichten; **d. away with** beseitigen, abschaffen; **d. badly** schlecht abschneiden; **d. so. in** *(coll)* 1. jdn reinlegen *(coll)*; 2. jdn um die Ecke bringen *(coll)*; **d. up** aufarbeiten, aufmöbeln *(coll)*, auf neu machen; **d. without** entbehren, ohne ... auskommen; **d. 100 kms per hour** 100 km/h fahren; **d. sth. right away** etw. an Ort und Stelle erledigen; **d. well** gut gehen, sich gut schlagen, viel Geld verdienen, gut fahren; ~ **to do (sth.)** gut daran tun

dock *n* 1. ⚓ Dock *nt*, Hafenbecken *nt*, H.anlegeplatz *m*, Pier *m*, Kai *m*; 2. [§] Anklagebank *f*; **d.s** Hafen *m*, H.anlagen; **ex d.** *[US]* ab Kai; ~ **duty paid/unpaid** ⊖ ab Kai verzollt/unverzollt; **in the d.** [§] auf der Anklagebank; **to be in d.** ⚓ in Reparatur sein; ~ **/stand in the d.** [§] auf der Anklagebank sitzen, die Anklagebank drücken *(coll)*

dry dock ⚓ Trockendock *nt*; **floating/hydraulic d.** Schwimmdock *nt*; **wet d.** Flutbecken *nt*, Schleusenhafen *m*

dock *v/ti* 1. ⚓ (ein)docken, anlegen, am Kai festmachen; 2. *(Lohn)* kürzen, vermindern, stutzen; 3. *(Abzüge)* einbehalten

dockage *n* 1. ⚓ Dock-, Löschgeld *nt*, Dock- und Hafengebühren *pl*, Kaigebühr *f*, K.geld *nt*, Hafen- und Kaigebühren *pl*, Landungszoll *m*; 2. Lohnabzug *m*, Kürzung *f*

dock area Hafenviertel *nt*; **d. basin** Dockbecken *nt*; **d. brief** *[GB]* [§] Beauftragung eines im Gericht anwesenden Barrister mit der Verteidigung; **d. charges** Dock-, Hafengebühren, Dock-, Lösch-, Kaigeld *nt*, Landungszoll *m*; **d. commission** Hafenamt *nt*; **d. company** Hafen-, Dockgesellschaft *f*; **d. crew** Entlademannschaft *f*; **d. dues** Hafen-, Dockgebühren, Dock-, Hafen-, Lösch-, Kaigeld *nt*, Landungszoll *m*; ~ **and shipping (DD/SH-PG)** Dockgebühren und Verschiffung

docker *n* Hafen-, Dockarbeiter *m*, Schauermann *m*; **ds' strike** Hafenarbeiterstreik *m*

docket *n* 1. Etikett *nt*, (Waren)Adresszettel *m*, W.begleitschein *m*, Packzettel *m*, Inhaltsvermerk *m*, Register mit Inhaltsangabe; 2. ⊖ Lauf-, Passierzettel *m*, Zollpassierschein *m*, Z.inhaltserklärung *f*, Z.quittung *f*; 3. Bestell-, Lieferschein *m*, Kauf-, Lieferbewilligung *f*, Einkaufsgenehmigung *f*; 4. Patentamtsbeglaubigung *f*;

5. [§] Prozessliste *f*, Verzeichnis der Aktenstücke in einem Prozess; 6. *[GB]* [§] Verzeichnis von Urteilssprüchen, Urteilsregister *nt*; 7. Tagesordnung *f*, Liste der zu behandelnden Angelegenheiten; **to be on the d.** auf der Tagesordnung stehen

docket *v/t* 1. [§] in die Prozessliste eintragen; 2. Inhalt kurz zusammenfassen; 3. *(Waren)* etikettieren, mit Warenbegleitzetteln versehen; **executive d.** Pfändungsliste *f*; **d. fee** Prozessgebühr *f*

dock facilities ⚓ Dockanlagen; **d. gate** Hafenschleuse *f*, Schleusentor *nt*; **d. hand** Hafenarbeiter *m*

docking *n* 1. ⚓ Anlegen *nt*; 2. Lohnkürzung *f*, L.abzug *m*; **d. costs** Hafen- und Kaigebühren; **d. facilities** Dockanlagen; **d. time** Liegezeit *f*

dock|land(s) *n* ⚓ Hafengebiet *nt*, H.viertel *nt*; **d. light(s)** Hafenfeuer *nt*; **d. master** Hafenkapitän *m*, Dockmeister *m*; **d. police** Hafenpolizei *f*; **d. receipt** Kaiannahme-, Kaiempfangs-, Kaianlieferungsschein *m*, K.quittung *f*, Übernahmeschein *m*; **d. rent** Docklagermiete *f*; **d.side** *n* Kai *m*; **d. siding** 🚂 Kaianschlussgleis *nt*; **d. strike** Hafenarbeiterstreik *m*; **d. warrant (DW)** Kaischein *m*, Kailager-, Orderlager-, Dockempfangs-, Docklagerschein *m*; **d. worker** Hafenarbeiter *m*, Schauermann *m*; **d.yard** *n* (Schiffs)Werft *f*, Reparaturwerft *f*

doctor *n* 1. Doktor(in) *m/f*; 2. Arzt *m*, Ärztin *f*; **d. in charge** diensttuender/zuständiger Arzt; **d. on duty** Bereitschaftsarzt *m*; **d. of engineering** Doktor der Ingenieurwissenschaften; ~ **medicine (M.D.)** Doktor der Medizin; ~ **laws (LL.D.)** Doktor der Rechte; ~ **philosophy (Ph.D.; D. Phil.)** Doktor der Philosophie; ~ **science (Sc.D.)** Doktor der Naturwissenschaften

to consult a doctor sich an einen Arzt wenden, Arzt aufsuchen; **to run to the d.'s** zum Arzt laufen/rennen; **to send for a d.** Arzt holen, nach einem ~ schicken lassen

court-appointed doctor Gerichtsarzt *m*; **junior d.** Assistenzarzt *m*; **qualified d.** approbierter Arzt

doctor *v/t* *(coll)* 1. frisieren *(coll)*, fälschen; 2. *(Wein)* panschen *(coll)*

doctorate *n* Promotion *f*, Doktortitel *m*, D.würde *f*; **honorary d.** Ehrendoktorwürde *f*

doctor's bill Arzt-, Behandlungsrechnung *f*; ~ **certificate** ärztliches Zeugnis/Attest

doctor's degree Doktorgrad *m*; **to be awarded a ~ d.** promoviert werden; **to take a ~ d.** promovieren

doctor's duty of discretion ärztliche Schweigepflicht; ~ **fee** Arzthonorar *nt*

doctoring *n* *(coll)* 1. Frisieren *nt* *(coll)*, Fälschen *nt*; 2. *(Wein)* Panschen *nt* *(coll)*

doctor's note ärztliche Bescheinigung, ärztliches Attest; ~ **office** *[US]* /**surgery** *[GB]* Behandlungs-, Praxis-, Sprechzimmer *nt*; ~ **visit** Arzt-, Kranken-, Hausbesuch *m*, Arztvisite *f*

doctrinaire *adj* doktrinär

doctrine *n* Doktrin *f*, Lehrmeinung *f*, Lehre *f*, Dogma *nt*

doctrine of consideration Lehre von Leistung und Gegenleistung; ~ **conversion** Lehre von der Umwandlung, ~ vom Grundvermögen, ~ von der Verjährung; ~ **frustration of adventure** Lehre von der Vertrags-

grundlage; **~ guilt** Schuldlehre *f*; **~ per se** *(lat.)* **illegality** Verbotsprinzip *nt*; **~ declared intention** Erklärungstheorie *f*; **~ hypothetical intention** Lehre vom Parteiwillen; **~ real intention** Willenstheorie *f*; **~ criminal liability for intended wrongs only** finale Handlungslehre; **~ reputed ownership** Lehre von der Eigentumsvermutung; **~ criminal responsibility** Handlungslehre *f*; **~ severance** Lehre von der Teilnichtigkeit; **~ implied terms** Lehre vom mutmaßlichen Parteiwillen; **~ ultra vires** *(lat.)* Lehre von der Überschreitung der Satzungsbefugnisse, Doktrin der Vollmachtsüberschreitung
economic doctrine wirtschaftliche Lehrmeinung; **mercantile d.** Merkantillehre *f*; **prevailing d.** herrschende Lehrmeinung; **standing-to-sue d.** Lehre vom Prozessführungsrecht

document *n* 1. Dokument *nt*, Schriftstück *nt*, Schein *m*, Papier *nt*; 2. Instrument *nt*, Beleg *m*, Urkunde *f*; 3. 🖳 Dokument *nt*; **d.s** 1. Dokumentation *f*; 2. Dokumente, Papiere, Unterlagen; 3. Versand-, Verschiffungspapiere; **by d.** urkundlich
document|s against acceptance (D/A) Dokumente gegen Akzept; **d. of admission** Zulassungsurkunde *f*; **~ agreement** Vertragsurkunde *f*; **~ appointment** Ernennungs-, Anstellungsurkunde *f*; **d.s against cash**; **d.s against payment (D/P)** Dokumente gegen bar/Bezahlung, Kassa gegen Dokumente; **d. for collection** Auftragspapier *nt*; **official d.s of the company** Schriftstücke der Gesellschaft; **d.s in default** notleidende Papiere; **d.s against discretion of collecting bank (D.A.D.)** Dokumentendisposition steht der Inkassobank zu; **d. under hand** nicht gesiegelte Urkunde; **d. for temporary importation** *(EU)* Verwendungsschein *m*; **d.s against payment (D/P)** 1. Dokumente gegen (Be)Zahlung, Kassa gegen Dokumente; 2. Auslieferung der Schiffspapiere gegen Bezahlung, Dokumente gegen Einlösung der Tratte; **~ presentation** Kassa gegen Dokumente; **clean d. in proof of delivery** reines Verladedokument als Liefernachweis; **d.s and records** Schriftgut *nt*; **d. of title** urkundlicher Rechtstitel, Besitz-, Eigentumsurkunde *f*, Besitztitel *m*, Traditions-, Dispositions-, Waren-, Verfügungs-, Übergabepapier *nt*, Eigentumsnachweis *m*, Legitimationsurkunde *f*; **collective ~ title** Sammelzertifikat *nt*, S.urkunde *f*; **d.s of transport** Versand-, Verschiffungspapiere
documents attached Dokumente anbei; **d.s to be furnished** beizubringende Dokumente/Unterlagen; **evidenced/supported by d.s** urkundlich belegt/bewiesen; **provable by d.s** belegbar
to accept documents Dokumente aufnehmen; **to append a d.** Urkunde beifügen; **to ask for (the) d.s** Unterlagen anfordern; **to code d.s** Belege kontieren; **to compare d.s** Urkunden kollationieren/vergleichen; **to defeat a d.** Urkunde für ungültig/unzulässig erklären; **to destroy d.s** Unterlagen vernichten; **to disclose d.s** Urkunden offenlegen; **to draw up/engross a d.** Urkunde aufsetzen/ausstellen; **to evidence by d.** durch Urkunde verbriefen; **to exchange d.s** Schriftstücke austauschen; **to execute a d.** Urkunde/Akte unterzeichnen, ~ ausfertigen; **to file a d.** Urkunde zu den Akten nehmen; **to forge a d.** Urkunde (ver)fälschen, Urkundenfälschung begehen; **to furnish/hand in d.s** Dokumente/Unterlagen beibringen, ~ einreichen, mit Papieren versehen; **to hand d.s to a bank for collection** einer Bank Dokumente zum Inkasso übergeben; **to have a d. authenticated/certified** Dokument/Urkunde beglaubigen lassen; **to hold the d.s to (so.'s) order** Dokumente aufbewahren im Auftrage von; **to inspect a d.** Urkunde einsehen; **to lodge a d.** Urkunde hinterlegen; **to place d.s on deposit** Urkunden aufbewahren lassen; **~ a d. in escrow** Urkunde einem Treuhänder übergeben; **~ on file** Urkunde zu den Akten nehmen; **to prepare a d.** Dokument ausstellen; **~ d.s** Unterlagen zusammenstellen; **to present d.s** Dokumente andienen/vorlegen; **to refuse/reject d.s** Dokumente zurückweisen/nicht aufnehmen; **to register a d.** Urkunde eintragen lassen; **to seal a d.** Urkunde siegeln; **to serve a d.** Urkunde zustellen; **to sign a d.** Urkunde mit Unterschrift versehen; **to stamp a d.** Urkunde stempeln; **to submit a d. into evidence** Urkunde zu Beweiszwecken vorlegen; **~ d.s for incorporation in the bundle of pleadings** [§] Unterlagen zu den Prozessakten nehmen; **to supply a d.** Urkunde beschaffen; **to suppress a d.** Urkunde unterdrücken; **to surrender d.s** Dokumente übergeben; **to tamper with a d.** Urkunde manipulieren, an einer ~ herumpfuschen *(coll)*; **to tender a d.** Dokument/Urkunde vorlegen, ~ andienen; **to verify d.s** Dokumente prüfen; **to vouch by d.** durch Urkunde erhärten

accompanying document Warenbegleitschein *m*, Begleitpapier *nt*; **all-in d.** Global-, Gesamturkunde *f*; **ancillary d.** zusätzliche Urkunde; **appended d.** beiliegende Urkunde; **authentic d.** echte Urkunde, echtes Dokument; **authenticated/certified d.** beglaubigte Urkunde; **authoritative d.** maßgebende Urkunde; **blank d.** 🖳 Leerbeleg *m*; **clean d.** reines Verladedokument; **collective d. (of title)** Global-, Gesamturkunde *f*; **commercial d.** handelsübliches Dokument, kaufmännische Urkunde, Handelspapier *nt*; **~ d.s** geschäftliche Unterlagen; **completed d.** ausgefülltes Dokument/Schriftstück; **confidential d.s** Geheimakten, vertrauliche Unterlagen/Schriftstücke; **consular d.** Konsular-, Konsulatspapier *nt*, vom Konsulat ausgestellte Urkunde, ~ ausgestelltes Papier; **consultative d.** Diskussions-, Arbeitspapier *nt*, Informationsgrundlage *f*; **contractual d.** Vertragsurkunde *f*; **duplicate d.** Zweitausfertigung *f* (einer Urkunde); **engrossed d.** Erstausfertigung *f* (einer Urkunde); **evidentiary d.** beweiserhebliche Unterlage/Urkunde; **executed d.** unterzeichnete Urkunde; **fabricated/forged d.** unechte/gefälschte Urkunde, Falschurkunde *f*; **foreign d.** ausländische Urkunde; **incomplete d.** unvollständige Urkunde; **individual d.** Einzelurkunde *f*; **invalid d.** ungültige Urkunde; **judicial d.** gerichtliche Urkunde, Gerichtsurkunde *f*; **legal d.** Rechtsurkunde *f*, R.dokument *nt*; **enforceable ~ d.** Vollstreckungs-, Schuldtitel *m*; **lost d.** abhandengekommene Urkunde; **mercantile d.** Handelspapier *nt*; **notarial d.** notarielle Akte; **official d.**

original **document**

amtliches Schriftstück/Dokument, öffentliche/öffentlich-rechtliche Urkunde; ~ **d.s** amtliche Unterlagen; **original d.** Orginalausfertigung *f*, O.dokument *nt*; **preceding d.** ⊖ Vorpapier *nt*; **private d.** Privaturkunde *f*; **public d.** amtliche Veröffentlichung, öffentliche/öffentlich-rechtliche Urkunde; **regular d.s** vorschriftsmäßige Unterlagen; **relevant d.** beweiserhebliche/rechtserhebliche Urkunde; **self-prepared d.** Eigenbeleg *m*; **single d.** Einzeldokument *nt*; **single-line d.** einzeiliger Beleg; **substantiating d.** beweiskräftige/aussagekräftige Unterlage; **substitute d.** Ersatzurkunde *f*, E.beleg *m*; **supporting d.s** Unterlagen, Nebenurkunden

document *v/t* dokumentieren, dokumentarisch/urkundlich belegen, beurkunden, verbriefen, Urkundenbeweis führen

documentary *adj* urkundlich, dokumentarisch, durch Urkunde belegt; *n* Dokumentar-, Kulturfilm *m*, Tatsachen-, Dokumentarbericht *m*, D.sendung *f*

documentation *n* 1. Dokumentierung *f*, Dokumentenerstellung *f*, (urkundliche) Belegung; 2. Dokumente *pl*, Unterlage(n) *f/pl*, Belegmaterial *nt*; 3. Dokumentation *f*, (urkundlicher) Nachweis; 4. 🚩 Dokumentation *f*; **d. of audit work** Nachweis der Prüfungsdurchführung; **to handle the d.** Papierkrieg *(coll)*/Dokumentation abwickeln, ~ erledigen; **minimum d.** *(Pat.)* Mindestprüfstoff *m*; **statistical d.** statistische Unterlagen, Zahlenmaterial *nt*; **d. section** Dokumentationsabteilung *f*

document bin/chute *(Buchung)* Belegschacht *m*; **d. case** Kolleg-, Schreibmappe *f*; **d. copy** Belegkopie *f*; **d. counter** 🚩 Belegzähler *m*

documented *adj* (urkundlich) belegt, verbrieft

document exchange Dokumentationszentrum *nt*; **d.s exchange** Dokumentenaustausch *m*; **d. field** 🚩 Belegfeld *nt*; **d. flow** Belegfluss *m*; **d. folder** Urkundenmappe *f*; **d. handling** Belegverarbeitung *f*, B.bearbeitung *f*; **d. inscriber** Kodiermaschine *f*; **d. insertion** Formulareinführung *f*; **d.-linked** *adj* dokumentengebunden; **d. position checking** Belegfolgeprüfung *f*; **d. preparation** Belegaufbereitung *f*, B.erstellung *f*; **d. printer** Belegdrucker *m*; **d. reader** Beleg-, Formularleser *m*; **d. register** Urkundenrolle *f*; **d. sorter** Belegsortiermaschine *f*; **d. speed** Belegdurchlaufgeschwindigkeit *f*; **d. transport** Belegtransport *m*

doddle *n* *(coll)* Klacks *m*, leichte Sache

dodge *n* Schlich *m*, Kniff *m*, Trick *m*, Tour *f*; **d.s** Schliche, Steuerkniffe; **to be up to all the d.s** mit allen Wassern gewaschen sein *(coll)*

dodge *v/t* ausreichen, umgehen, (etw.) aus dem Wege gehen

dodger *n* 1. Schlawiner *m* *(coll)*, gerissener Hund *(coll)*, Drückeberger *m* *(coll)*; 2. *[US]* Handzettel *m*; **artful d.** *(coll)* Schlitzohr *nt* *(coll)*

dodgy *adj* *(coll)* schwierig, unsicher, ungewiss

dog *n* 1. Hund *m*; 2. *[US]* *(coll)* Produkt mit niedrigem relativen Marktanteil und niedrigem Marktwachstum, Auslaufprodukt *nt*; **no d.s (allowed)** das Mitbringen von Hunden ist nicht gestattet!; **beware of the d.** Vorsicht, bissiger Hund!; **d. does not eat d.** *(prov.)* eine Krähe hackt der anderen kein Auge aus *(prov.)*; **d. in the manger** *(fig)* Spielverderber *m*

to chain up a dog Hund an die Kette legen; **to go to the d.s** *(coll)* auf den Hund kommen *(coll)*, vor die Hunde gehen *(coll)*; **to let sleeping d.s lie** *(fig)* schlafende Hunde nicht wecken *(fig)*; **to throw to the d.s** *(fig)* vor die Hunde werfen *(fig)*

hot dog heißes Würstchen; **lazy d.** *(coll)* fauler Hund *(coll)*; **lucky d.** *(coll)* Glückspilz *m*; **mad d.** tollwütiger Hund; **sly d.** *(coll)* schlauer Fuchs *(coll)*; **stray d.** herrenloser Hund

dog *v/t* (beharrlich) verfolgen

dog biscuit Hundekuchen *m*; **d. box** 🚩/✝ Hundeabteil *nt*; **d. breeder** Hundezüchter *m*; **d. breeding** Hundezucht *f*; **d.('s) ear** 🗋 Eselsohr *nt*; **d. end** *[US]* Zigarettenkippe *f*; **d. food** Hundefutter *nt*

to be dogged by *adj* 1. begleitet/verfolgt werden von; 2. *(Börse)* gedrückt sein wegen

dog handler *(Polizei)* Hundeführer *m*; **d.house** *n* Hundehütte *f*; **to be in the d.house** *(fig)* in Ungnade gefallen sein; **d. kennel(s)** Hundepension *f*; **d. lead** Hundeleine *f*; **d. licence (fee)** Hundesteuer *f*; **to take out a d. licence** Hund anmelden; **to lead a d.'s life** ein Hundeleben führen

dogma *n* Dogma *nt*; **d.tic** *adj* dogmatisch

dog owner Hundebesitzer(in) *m/f*, H.halter(in) *m/f*; **d.sbody** *n* *(coll)* Packesel *m* *(coll)*; **d. show** Hundeausstellung *f*; **d. tag** Hundemarke *f*; **d. tax** Hundesteuer *f*

doing *n* Tun *nt*

do-it-yourself (DIY) *n* 1. Selbermachen *nt*; 2. Heimwerker-, Baumarkt *m*; ~ **(DIY) department** Heimwerkerabteilung *f*; ~ **goods** Heimwerkerbedarf *m*, Bastelartikel, B.ware *f*; ~ **man** Heimwerker *m*; ~ **method** Selbsthilfemethode *f*; ~ **work** Eigenarbeit *f*

doldrums *pl* Flaute *f*; **in the d.** in der Flaute, auf der Schattenseite, im Konjunkturschatten; **to be ~ d.** 1. darniederliegen, in der Flaute stecken, stagnieren; 2. *(Börse)* in schlechter Verfassung sein; **to sail out of the d.** aus der Flaute segeln, Flaute überwinden

dole *n* 1. Almosen *nt*, milde Gabe, Spende *f*; 2. Arbeitslosen-, Erwerbslosenunterstützung *f*, Arbeitslosen-, Stempelgeld *nt*; **on the d.** arbeitslos; **to be ~ d.** stempeln gehen, Arbeitslosengeld/Erwerbslosenunterstützung beziehen, als arbeitslos registriert sein; **to go ~ d.** sich arbeitslos melden, stempeln gehen

dole out *v/t* 1. sparsam/in kleinen Mengen verteilen; 2. *(Almosen)* austeilen; 3. *(Rationen)* zuteilen

dole fiddler *(coll)* Unterstützungsschwindler(in) *m/f*; **d. money** Arbeitslosen-, Stempelgeld *nt*; **d. queue** die Arbeitslosen, A.zahl *f*, A.schlange *f*; **to join the d. queue** arbeitslos werden

doli capax *(lat.)* 🚩 zurechnungsfähig, strafmündig; **d. incapax** *(lat.)* strafunmündig

doll *n* Puppe *f*

dollar *n* Dollar *m*; **denominated in d.s** auf Dollarbasis; **to take d.s out of the market** Dollar aus dem Markt nehmen; **forward d.** Termindollar *m*; **green d.** grüner Dollar; **high-powered d.s** *[US]* primäre Sichteinlagen; **surplus d.s** Dollarüberhang *m*

dollar acceptance Dollarakzept *nt*, auf Dollar lautender Wechsel; **d. area** Dollarraum *m*, D.block *m*; **d. balance of payments** Dollarbilanz *f*; **d. bond** Dollaranleihe *f*, D.obligation *f*; **~ market** Markt für Dollaranleihen; **d. clause** Dollarklausel *f*; **d. country** Dollarland *nt*; **d.-denominated** *adj* auf Dollarbasis, Dollar-; **d. deposit** Dollarguthaben *nt*; **d. devaluation** Dollarabwertung *f*; **d. diplomacy** Dollar-, Finanzdiplomatie *f*; **d. drain** Dollarschwund *m*; **d. exchange** 1. Dollardevisen *pl*; 2. Dollarwechsel *m*; **d. flight** Flucht aus dem Dollar, Dollarflucht *f*, D.abwanderung *f*; **d. gap** Dollarlücke *f*, D.knappheit *f*; **d. glut** Dollarschwemme *f*, D.überfluss *m*; **d. holdings** Dollarbestände; **d. loan** Dollaranleihe *f*, D.kredit *m*; **d. outflow** Dollarabfluss *m*; **d. parity** Dollarparität *f*; **d. premium** Dollarprämie *f*, D.zuschlag *m*, D.agio *nt*; **d.'s plight** Dollarschwäche *f*; **d. quotation** Dollarnotierung *f*, D.notiz *f*; **d. rate** Dollarkurs *m*; **d. reserves** Dollarreserven; **d. shortage** Dollarknappheit *f*; **d. sign** Dollarzeichen *nt*; **d. stocks** *[GB]* US-Papiere; **d. subsidy scheme** Dollarausgleichssystem *nt*; **d. value** Dollarwert *m*; **~ method** Lifo-Methode auf Dollarbasis
dollop *n* *(coll)* Portion *f*
domain *n* 1. Hof-, Landgut *nt*, Domäne *f*; 2. (Arbeits) Feld *nt*, Bereich *m*, Fachgebiet *nt*; 3. Herrschaftsrecht *nt*; **d. of definition** Definitionsbereich *m*; **~ discourse** Gegenstandsbereich *m*; **~ response** Reaktionsbereich *m*
eminent domain 1. [§] Enteignungsbefugnis *f*, E.recht des Staates; 2. staatliche Oberhoheit; **maritime d.** Seehoheitsgebiet *nt*; **public d.** (Staats)Domäne *f*, S.länderei *f*; **to pass into the ~ d.** nicht mehr geschützt sein; **~ d. program** Public-Domain-Programm *nt*
dome *n* 🏛 Kuppel *f*
domestic *adj* 1. Binnen-, Inlands-, (ein)heimisch, inländisch, binnenwirtschaftlich, im Inland hergestellt; 2. innerstaatlich, innenpolitisch; 3. Haus-, häuslich, Haushalts-, intern
domestic *n* Hausangestellte(r) *f/m*; **d.s** inländische/heimische Erzeugnisse, Landesprodukte
domesticate *v/t* *(Tier)* zähmen, an häusliches Leben gewöhnen
domicile *n* 1. (Betriebs-/Firmen-/Gesellschafts-/Unternehmens)Sitz *m*, Niederlassung *f*; 2. (steuerlicher) Wohnsitz, Wohnung *f*, Domizil *nt*; 3. *(Wechsel)* Erfüllungs-, Zahlungsort *m*, Z.adresse *f*, Zahlstelle *f*; **d. of bill** Wechseldomizil *nt*; **free d. after customs clearance** ⊖ frei Haus verzollt; **~ not cleared through customs** frei Haus unverzollt; **d. for tax purposes** steuerlicher Sitz, Steuersitz *m*
commercial domicile Sitz der gewerblichen Niederlassung; **conjugal d.** ehelicher Wohnsitz; **fiscal d.** Steuerwohnsitz *m*, steuerlicher Sitz; **legal d.** juristischer Sitz; **principal d.** Hauptwohnsitz *m*; **second d.** Doppelwohnsitz *m*; **sham d.** fiktiver Wohnsitz
domicile *v/t* *(Wechsel)* domizilieren, zahlbar stellen
domicile bill Inlandswechsel *m*; **foreign ~ bill** auf ausländische Bank gezogener Wechsel; **d. clause** Domizilvermerk *m*, D.klausel *f*; **d. commission** Domizilprovision *f*

domiciled *adj* 1. wohnhaft, mit Wohnsitz, ansässig, eingesessen, beheimatet; 2. *(Wechsel)* zahlbar; **to be d. at/in** 1. seinen Wohnsitz haben in; 2. *(Firma)* ihren Sitz haben in, ansässig sein in
domi|ciliate *v/t* *(Wechsel)* zahlbar stellen, domizilieren; **d.ciliation** *n* Zahlbarstellung *f*, Domilizierung *f*
domiciling commission *n* Domizilprovision *f*, D.gebühr *f*
domicilium disputandi *(lat.)* [§] Gerichtsstand *m*; **d. executandi** *(lat.)* [§] Erfüllungsort *m*
dominance *n* (Vor)Herrschaft *f*, Beherrschung *f*, Macht *f*, Einfluss *m*
dominant *adj* 1. (markt)beherrschend, vorherrschend; 2. bestimmend; 3. weithin sichtbar
dominate *v/t* dominieren, vorherrschen, (be)herrschen, majorisieren
dominating *adj* beherrschend, dominierend
domination *n* Beherrschung *f*, Herrschaft *f*, Vorrangstellung *f*, Vorherrschaft *f*
domineer *v/t* herrschen über, tyrannisieren, überheblich sein; **d.ing** *adj* anmaßend, alles beherrschend, herrisch, gebieterisch
dominion *n* 1. Herrschafts-, Hoheitsgebiet *nt*; 2. Oberherrschaft *f*; 3. Hoheits-, Eigentumsrecht *nt*
dominium directum *(lat.)* [§] Obereigentum *nt*
donate *v/t* spenden, stiften, (be)schenken, Schenkung machen
donatio mortis causa *n* *(lat.)* [§] Schenkung von Todes wegen
donation *n* 1. (Firmen)Spende *f*, Stiftung *f*, Gabe *f*, Geschenk *nt*; 2. Schenkung *f*, (unentgeltliche) Zuwendung, schenkungsweise Überlassung; **d.s** private Schenkungen; **by way of d.** schenkungsweise; **d. by manual delivery** Handschenkung *f*; **d. in kind** Sachspende *f*; **d. to a political party** Parteispende *f*; **contesting a d.** Schenkungsanfechtung *f*; **to make a d. of sth.** etw. stiften/spenden; **to revoke a d.** Schenkung widerrufen
charitable donation karitative/mildtätige Schenkung, Schenkung für karitative/mildtätige Zwecke; **concealed d.** verschleierte Schenkung; **conditional d.** bedingte Schenkung; **covenanted d.** vertraglich zugesicherte Spende; **executed d.** sofort vollzogene Schenkung; **executory d.** Schenkungsversprechen *nt*; **gratuitous d.** unentgeltliche Schenkung; **indirect d.** indirekte Schenkung; **qualified d.** Schenkung unter Auflagen; **revoked d.** widerrufene Schenkung
donations account Spendenkonto *nt*; **d. scandal** Spendenaffäre *f*
donator *n* Spender *m*, Stifter *m*, Schenker *m*
done *adj* 1. getätigt, getan, erledigt; 2. kaputt; 3. *(Urkunde)* ausgefertigt; 4. *(Börse)* gehandelt; **not d.** nicht zum guten Ton gehörend; **to get sth. d.** etw. erledigen
donee *n* Schenkungsempfänger(in) *m/f*, Beschenkte(r) *f/m*; **d. beneficiary** Zuwendungsempfänger(in) *m/f*; **d. country** Empfängerland *nt*; **cumulative d. tax** kumulative Erbschafts- und Schenkungssteuer
donkey jacket *n* gefütterte Jacke; **d. work** *(coll)* Drecksarbeit *f (coll)*, Handlangerdienste *pl*

donor *n* 1. Geber *m*, Spender *m*, Stifter *m*, Schenk(end)er *m*, Vermächtnisgeber *m*; 2. Geberland *nt*; **d. country** Schenkungs-, Geberland *nt*; **d.'s side** Geberseite *f*
don't-knows *pl* Meinungslose *pl*, Unentschlossene *pl*
doom *n* Schicksal *nt*, Verhängnis *nt*; **d.ed** *adj* zum Untergang/Scheitern verurteilt; **d.-laden** *adj* 1. pessimistisch; 2. unheils-, schicksalsschwanger; **d. monger; d. merchant** *(coll)* Pessimist *m*, Schwarzmaler *m*; **d.sday** *n* Sankt-Nimmerleins-Tag *m (coll)*
door *n* Tür *f*; **d. to success** Schlüssel zum Erfolg **to answer the door** Tür öffnen; **to force a d. (open)** Tür aufbrechen; **~ an open d.; to kick at an open d.** *(fig)* offene Türen einrennen *(fig)*; **to go from d. to d.; ~ (out) knocking on d.s** Klinken putzen *(coll)*; **to kick a d. in** Tür eintreten; **to knock on the d.** an die Tür klopfen; **to lay sth. at so.'s d.** *(fig)* jdm etw. zur Last legen, ~ anlasten; **to live next d.** nebenan/im Nachbarhaus wohnen; **~ to so.** Tür an Tür mit jdm wohnen; **to lock a d.** Tür verschließen; **to meet behind closed d.s** hinter verschlossenen Türen tagen, geheime Beratungen abhalten; **to open the d. wide to sth.** *(fig)* einer Sache Tür und Tor öffnen *(fig)*; **to push a d. (open)** Tür aufstoßen; **to rap on the d.** an die Tür klopfen; **to show so. the d.** jdm den Stuhl vor die Tür setzen, ~ die Klinke in die Hand drücken, von seinem Hausrecht Gebrauch machen; **to slam the d. in so.'s face** jdm die Tür vor der Nase zuschlagen; **to turn so. from the d.** jdn von der Schwelle weisen **through the back door** durch die Hintertür, heimlich; **behind closed d.s** unter Ausschluss der Öffentlichkeit, nichtöffentlich, hinter verschlossenen Türen; **communicating d.** Verbindungstür *f*; **double d.** Doppeltür *f*; **folding d.** Falt-, Flügeltür *f*; **front d.** Eingangs-, Haus-, Vordertür *f*; **inside d.** Innentür *f*; **next d.** in unmittelbarer Nachbarschaft, nebenan; **open d.** frei zugänglich; **revolving d.** Drehtür *f*; **sliding d.** Schiebetür *f*
door bell Türglocke *f*; **d. handle** Türgriff *m*, (Tür)Klinke *f*; **d.-header** *n (Container)* Türquerträger *m*; **d. height** Türhöhe *f*; **d.keeper** *n (Hotel)* Portier *m*, Schließer *m*, Türhüter *m*, T.steher *m*; **d. key** Türschlüssel *m*; **d. knocker** Türklopfer *m*; **d. lock** Türschloss *nt*; **d.man** *n* Türhüter *m*, T.steher *m*; **d.mat** *n* Fußabtreter *m*, F.matte *f*; **as dead as a d.nail** *(coll)* mausetot *(coll)*; **d.post** *n* Türpfosten *m*
doorstep *n* Schwelle *f*; **d. delivery** Hauszustellung *f*; **d. salesman** Hausierer *m*; **d. selling/trading** Haus(tür)-verkauf *m*, Hausierhandel *m*, Hausieren *nt*
door-to-door *adj* von Haus zu Haus
doorway *n* Hauseingang *m*
dope *n (coll)* Rauschgift *nt*, Droge *f*, Aufputschmittel *nt*; **d. merchant/preddler/pusher** Drogen-, Rauschgifthändler *m*, Dealer *m*
dormant *adj* 1. untätig, verborgen, (brach)liegend, still, nicht gebraucht, tot; 2. [§] ruhend; **to be d.** ruhen; **to lie d.** 1. schlummern; 2. *(Kapital)* sich nicht verzinsen
dormer *n* 🏠 Mansarde *f*; **d. window** Mansardenfenster *nt*
dormitory *n* 1. Schlafsaal *m*; 2. *[GB]* Schlafstadt *f*; 3. *[US]* Studenten-, Wohnheim *nt*; **d. suburb/town** Wohnvorort *m*, Schlafstadt *f*
dormobile ™ *n* Wohnmobil *nt*
dosage *n* Dosis *f*, Dosierung *f*
dose *n* Dosis *f*, Portion *f*, Dosierung *f*; **d. of radiation** ☢ Strahlenbelastung *f*; **massive ~ vitamins** Vitaminstoß *m*; **lethal d.** tödliche Dosis/Dosierung; **maximum d.** Höchstdose *f*, H.dosis *f*
dose out *v/t* dosieren
doss *v/i (coll)* pennen *(coll)*; **d. house** Obdachlosenasyl *nt*, Absteige *f*
dossier *n* Akte *f*, Dossier *nt*, Aktenheft *nt*, A.bündel *nt*, Vorgang *m*
dot *n* 1. Punkt *m*, Tüpfelchen *nt*; 2. [§] Mitgift *f*, Aussteuer *f*; **on the d.** auf die Sekunde; **to pay ~ d.** pünktlich zahlen, auf den Tisch des Hauses legen *(coll)*; **d. the i's and cross the t's** *v/t* peinlich genau sein
dotal *adj* Dotal-
dotation *n* Dotierung *f*, Schenkung *f*, Aussteuer *f*; **d. capital** Dotationskapital *nt*
dot command 🖥 Dotkommando *nt*, Punktbefehl *m*
dot matrix 🖥 Punktmatrix *f*; **~ printer** Nadel-, (Punkt)Matrixdrucker *m*; **d. scanning method** Punktrasterverfahren *nt*
dotted *adj* punktiert, perforiert
double *adj* doppelt, zweifach, Doppel-; **to fold d.** einmal falten; **to play d. or quits** alles riskieren
double *n* 1. Doppelgänger(in) *m/f*; 2. Duplikat *nt*, Doppel *nt*, Kopie *f*; 3. das Zweifache/Doppelte; 4. *(Optionshandel)* Stellage *f*
double *v/ti* 1. verdoppeln; 2. sich verdoppeln, um das Doppelte steigen; 3. Doppelfunktion innehaben; **d. back** kehrtmachen; **d. up** *(Papier)* kniffen, zusammenfalten, knicken
double|-check *v/t* nochmals/doppelt prüfen; **d.-column** *adj* zweispaltig; **d.-cross** *v/t* hintergehen; **d.-crossing of a client by a lawyer** *n* [§] Parteiverrat *m*; **d.-dealer** *n* Betrüger(in) *m/f*; **d.-dealing** *n* Betrügerei *f*; *adj* betrügerisch; **d.-decker** *n* zweistöckiger (Omni)Bus; **d.-digit; d.-figure** *adj* π zweistellig; **d. Dutch** *(coll)* Kauderwelsch *nt (coll)*; **d.-edged** *adj* zweischneidig; **d.-glaze** *v/t* 🏠 mit Doppelverglasung versehen, isolieren; **d.-glazing** *n* Doppel-, Isolierverglasung *f*; **d.-manned** *adj* doppelt besetzt; **d.-operation** *adj* zweigängig; **d.-purpose** *adj* dualistisch; **d.-side** *adj* zweiseitig; **d.-spaced** *adj* doppel-, zweizeilig, mit zweizeiligem Abstand; **d.-track** *adj* 🚆 zweigleisig
doubling *n* Verdoppelung *f*
doubt *n* Zweifel *m*, Bedenken *nt*; **d. about ...** Zweifel hinsichtlich ...; **beyond d.** eindeutig (erwiesen), unzweifelhaft; **~ any d.** außerhalb des Zweifels; **in case of d.** im Zweifel(sfall); **without d.** zweifellos, ohne Zweifel; **d. of impartiality** Besorgnis der Befangenheit; **proved beyond d.** unwiderlegbar bewiesen; **no d.** zweifellos, ohne Zweifel, sicherlich
to admit of no doubt; to be beyond d. keinen Zweifel aufkommen lassen, keinem Zweifel unterliegen, außer Frage stehen; **to be open to d.** einem Zweifel unterliegen; **to cast d. on** in Zweifel ziehen, in Frage stellen, Zweifel aufkommen lassen an; **to dispel/remove d.s**

Zweifel ausräumen/beseitigen/zerstreuen/beheben; **to entertain d.**s Zweifel hegen; **to establish beyond d.** einwandfrei nachweisen; **to leave so. in no d.** jdn nicht im Zweifel lassen; **to prove beyond d.** unwiderlegbar beweisen; **to raise d.**s Zweifel aufkommen lassen **grave doubt** ernster Zweifel; **legitimate d.**s berechtigte Zweifel; **nagging d.** nagender Zweifel; **reasonable d.** begründeter/nicht unerheblicher Zweifel; **beyond ~ d.** [§] zweifelsfrei
doubt v/t (an-/be)zweifeln
doubt|ful adj 1. zweifelhaft, unsicher, fraglich, ungewiss; 2. bedenklich, fragwürdig, dubios, obskur; **d.less** adv zweifellos, ohne Zweifel
dough n 1. Teig m; 2. *[US] (coll)* Geld nt, Moneten pl *(coll)*, Moos nt *(coll)*, Zaster m *(coll)*, Kohle f *(coll)*, Knete f *(coll)*, Pinke f *(coll)*, Piepen pl *(coll)*, Mäuse pl *(coll)*
dove n 1. Taube f; 2. *(fig)* Verfechter einer weichen Linie; **d.s** Tauben, Friedenspartei f; **d.cote** n Taubenschlag m; **d.tail** v/ti *(fig)* 1. *(Pläne)* übereinstimmen; 2. koordinieren; 3. *(Bretter)* verzahnen; **~ into** genau ineinanderpassen; **~ scheduling** simultane Teillosfertigung
dower n Mitgift f, Witwenanteil m; **common-law d.** Nießbrauch(recht) der Witwe
dower v/t Mitgift aussetzen
Dow Jones average n *[US]* amerikanischer Aktien-/Börsen-/Effektenindex, ~ Index der Aktienkurse
down adj *(Kurs)* niedrig(er), gedrückt; **well d. on** deutlich weniger als; **d.-to-earth** adj nüchtern; **to be d.** *(Preise)* gefallen sein; **to go d.** 1. *(Preise)* fallen, sinken, nachgeben; 2. ⚓ untergehen; **to hold d.** niedrig halten; **to pay ... d.** ... anzahlen; **nothing d.** keine Anzahlung; **well d.** beträchtlich/deutlich niedriger; **~ on** deutlich weniger als
down v/t zu Fall bringen, abschießen
down|beat adj pessimistisch; **~ influences** abwärts gerichtete Konjunktureinflüsse; **to be d.cast** adj in trüber Stimmung sein; **d. cycle** rückläufiger Konjunkturzyklus
downer n *(coll)* (kurze) Arbeitsniederlegung
down|fall n Sturz m, Ruin m; **d.grade** v/t 1. herunter-, (zu)rückstufen, abgruppieren, degradieren, niedriger einstufen, in eine niedrigere Tarifgruppe einstufen; 2. nach unten korrigieren; **d.grading** n Rück-, Zurückstufung f, Abgruppierung f, Herabstufung f, H.gruppierung f, Herunterstufen nt, Degradierung f, niedrigere Tarifeinstufung; **~ of skills** Qualifikationsrückstufung f; **d.hill** adj bergab, abwärts; **to go d.hill** *(fig)* auf dem absteigenden Ast sein *(fig)*; **d.load** v/t 🖥 herunterladen; **d.-market** n 1. unteres Marktsegment, unterer Marktbereich, untere Preisklasse; 2. *(Kursdiagramm)* Abwärtstrend m; adj weniger anspruchsvoll, anspruchslos
down payment An-, Bar-, Sofortzahlung f; **no d. p.** keine Anzahlung; **d. p. for fixed assets** geleistete Anzahlungen auf das Anlagevermögen; **to make a d. p.** Anzahlung leisten, etw. anzahlen; **d. p. guarantee** Anzahlungsbürgschaft f
down period ⚓ Stillstandszeit f; **d.pour** n Regenguss m, strömender Regen, Platzregen m; **d. reversal** plötzlicher Kursrückgang; **d.right** adv total, völlig, vollkommen, hundertprozentig, ausgesprochen, geradezu; **d.scale** *[US]*; **d.seek** n mittleres Marktsegment
downside n *[US]* Kehrseite f, Minusseite f, Nachteil m; **d. potential** Abschwächungstendenz f, A.möglichkeiten pl; **d. risk** *(Börse)* Abschwungpotenzial nt, A.wahrscheinlichkeit f; **d. trend** Abwärtstrend m, A.tendenz f
downsize v/t reduzieren, (gesund)schrumpfen, verkleinern, verschlanken
downsizing n Personalabbau m, Verkleinerung f, Verschlankung f
rapid down|slide n rasante Talfahrt; **d.stairs** adj ein(ige) Stockwerk(e) niedriger; **~ members** *[US]* Kursmakler m
downstream adj 1. fluss-, stromabwärts; 2. ⚓ nachgelagert, nachgeschaltet, nach Verarbeitung; **to operate d.** in der Vered(e)lung(sstufe)/Verarbeitung tätig sein
downswing n (Konjunktur)Abschwung m, K.-abschwächung f, K.rückgang m, Talfahrt f, Rück-, Niedergang m; **d. of prices** Talfahrt der Kurse; **cyclical/economic d.** Konjunkturabschwung m, Rezession f, konjunkturbedingter Rückgang m, konjunktureller Einbruch, (Wirtschafts)Rezession f, wirtschaftliche/konjunkturelle Talfahrt; **seasonal d.** saisonbedingter/saisonaler Abschwung
down tick *(Börse)* gegenüber dem Vorgeschäft niedrigerer Aktienkurs; **d.time(s)** n 1. ⚓ *(Maschinen)*Ausfall-, Brach-, Stillstands-, Störungszeit f, betriebsbedingte Verlustzeit; 2. *(REFA)* Neben-, Griffzeit f; **~ costs** (Betriebs)Stillstandskosten
down-to-earth adj *(coll)* realistisch, sachlich, nüchtern, pragmatisch
downtown n *[US]* Geschäftsviertel nt, Innenstadt f; **to go d.** in die Stadt gehen; **d. hotel** zentral gelegenes Hotel; **d. location** City-Lage f
downtrend n Abwärtsbewegung f, A.trend m, A.gang m, Abschwung m, Konjunkturrückgang m, fallende Tendenz
downturn n Rückgang m, Abnahme f, (Wirtschafts)Rezession f, Baisse f *(frz.)*; **d. in business** Geschäftsrückgang m; **~ demand** Nachfragerückgang m, N.abschwächung f, nachlassende Nachfrage; **~ interest rates** Zinsabschwung m, Z.abstieg m, Z.rückgang m; **~ prices** *(Börse)* Kursabschwung m; **~ trade** Rückgang im Außenhandel
cyclical/economic downturn Rezession f, Konjunkturabschwung m, konjunkturelle Abschwächung/Flaute/Talfahrt/Abkühlung, wirtschaftliche Flaute/Abkühlung/Talfahrt, Wirtschaftsabschwung m, rückläufige Wirtschaftsentwicklung, nachlassende Konjunktur, Verschlechterung der Wirtschaftslage; **global d.** weltweite Rezession; **seasonal d.** saisonbedingter Geschäftsrückgang m; **steep d.** Konjunktureinbruch m
down|-up adv von unten nach oben; **d.valuation** n Abwertung f; **d.value** v/t abwerten; **d.ward** adj abwärts, bergab, rückläufig, negativ; **d.wards** adv abwärts; **d.wind** n Fallwind m

dowry *n* 1. Aussteuer *f*, Mitgift *f*, Heiratsgut *nt*; 2. *(Witwe)* Erbteil *m*, Nießbrauchrecht der Witwe; **to bring/provide as (a) d.** in die Ehe einbringen; **d. hunter** Mitgiftjäger *m*
doze *n* Dämmerschlaf *m*; *v/i* dösen *(coll)*; **d. off** einschlummern
dozen *n* Dutzend *nt*; **by the d.** dutzendweise; **cheaper ~ d.** im Dutzend billiger; **bare d.** knappes Dutzend; **good d.** rundes Dutzend; **long d.** großes Dutzend
DP (data processing) DV (Datenverarbeitung) *f*
drab *adj* öde, farblos, monoton, trist
draconian *adj* drakonisch
draft (dft.) *n* 1. (gezogener) Wechsel, Tratte *f*; 2. Scheck *m*, Zahlungsanweisung *f*; 3. Entwurf *m*, Konzept *nt*, Skizze *f*, Abriss *m*, Zeichnung *f*, Ausfertigung *f*; 4. *[US]* ⚓ Tiefgang *m*, Wassertiefe *f*; 5. *[US]* ⚔ Einberufung *f*; 6. 🖳 Schnellschrift *f*
draft for acceptance Wechsel zur Annahme; **d.s and checks** *[US]* **/cheques** *[GB]* **in hand** *(Bilanz)* Wechsel- und Scheckbestand *m*; **d. of a contract** Vertragsentwurf *m*; **revised ~ contract** revidierter Vertragsentwurf; **rough ~ contract** Vertragsentwurf *m*; **d. after date** nach dato zahlbar gestellter Wechsel; **d. of a letter** Briefentwurf *m*; **d. (payable) at sight** Sichttratte *f*, S.wechsel *m*; **d. of a speech** Konzept einer Rede, Redekonzept *nt*, R.entwurf *m*; **~ will** Testamentsentwurf *m*
to accept a draft Tratte akzeptieren; **to advise a d.** Tratte ankündigen/anmelden; **to discharge a d.** Tratte einlösen; **to discount a d.** Wechsel ankaufen/diskontieren/hereinnehmen; **to dishonour a d.** Tratte nicht akzeptieren; **to have a d. protested** Tratte protestieren; **to honour a d.** Akzept/Tratte einlösen, ~ honorieren; **to make a d.** Entwurf anfertigen; **~ a d. on one's account** Geld vom Konto abheben; **~ out a d.** Tratte ausstellen/begeben; **~ out a d. on so.** Wechsel auf jdn ziehen; **to meet a d.** Akzept einlösen; **to negotiate a d.** Tratte begeben/ankaufen; **to obtain d.s on foreign currencies through a bank** Devisen durch eine Bank beschaffen; **to provide a d. with acceptance** Tratte mit Akzept versehen; **to submit a d. for acceptance** Tratte zum Akzept vorlegen; **to take up a d. when due** Wechsel bei Fälligkeit einlösen
addressed/advised draft angezeigte Tratte; **after-arrival-of-goods d.** Sichtwechsel zur Vorlage nach Ankunft der Ware; **after-time d.** Nachsichttratte *f*; **amended d.** abgeänderter Entwurf; **clean d.** reine/ungesicherte/nichtdokumentierte Tratte, Tratte ohne Dokumente; **commercial d.** Handelswechsel *m*; **documentary d.** 1. Dokumententratte *f*, D.wechsel *m*, dokumentäre Tratte, Tratte mit Dokumenten; 2. Rembourswechsel *m*, R.tratte *f*; **domiciled d.** domizilierte Tratte; **final d.** endgültiger Entwurf; **first d.** erster Entwurf, Entwurfsschreiben *nt*, Konzept *nt*, erste Fassung; **fixed d.** Tratte ohne Respekttage; **interest-bearing d.** Tratte mit Zinsvermerk; **light d.** *[US]* ⚓ Leertiefgang *m*; **local d.** Platzwechsel *m*; **long d.** langfristiger Wechsel; **new d.** neuer Entwurf; **non-addressed/non-advised d.** nicht angezeigte Tratte; **preliminary d.** Vorentwurf *m*; **provisional d.** vorläufiger Entwurf; **rough d.** 1. Entwurfsschreiben *nt*, Konzept *nt*; 2. Rohentwurf *m*, erster Entwurf, Arbeitszeichnung *f*; **three-months' d.** Dreimonatspapier *nt*, D.wechsel *m*
draft *v/t* 1. verfassen, entwerfen, formulieren, (ab)fassen, aufsetzen, konzipieren; 2. *[US]* ⚔ einberufen, einziehen
draft advice Tratten-, Ziehungsavis *nt*; **d. agreement** Vertragsentwurf *m*; **d. animal** *[US]* Zugtier *nt*; **d. articles** Mustersatzung *f*; **d. balance sheet** Bilanzentwurf *m*; **d. bill** 1. gezogener Wechsel, Tratte *f*; 2. Gesetz-, Referentenentwurf *m*; **d. board** *[US]* ⚔ Musterungskommission *f*; **d. book** Wechsel(kopier)buch *nt*, W.logierbuch *nt*, W.obligo(buch) *nt*, W.verfallbuch *nt*; **d. budget** Haushaltsentwurf *m*, H.voranschlag *m*, Etat-, Budgetentwurf *m*, Entwurf des Haushaltsplans; **d. collection** Wechselinkasso *nt*; **d. constitution** Verfassungsentwurf *m*; **d. contract** Vertragsentwurf *m*; **d. convention** Entwurf einer Übereinkunft; **d. copy** Entwurfsexemplar *nt*; **d. credit** Rembours-, Trassierungskredit *m*; **d. directive** Richtlinienentwurf *m*
draftee *n* *[US]* ⚔ Eingezogener *m*, Wehr(dienst)pflichtiger *m*, Einberufener *m*
drafter *n* 1. Wechselgeber *m*, (Wechsel)Aussteller *m*, Trassant *m*; 2. *[US]* technischer Zeichner
draft exemption *[US]* ⚔ Wehrdienstbefreiung *f*; **d. form** Entwurfsform *f*; **d. horse** *[US]* Zugpferd *nt*
drafting *n* Entwerfen *nt*, Konzeption *f*; **d. of a contract** Ausarbeitung eines Vertrages; **faulty d.** Formulierungsfehler *m*; **d. board** *[US]* 1. Reißbrett *nt*; 2. ⚔ Einberufungsbehörde *f*; **d. room** *[US]* Konstruktionsbüro *nt*, Zeichensaal *m*
draft issuance Wechselausstellung *f*
draft letter Briefentwurf *m*; **d. order** *[US]* ⚔ Einberufungs-, Gestellungsbefehl *m*; **d. proposal** Vorschlags-, Antragsentwurf *m*; **d. register** Wechselverzeichnis *nt*; **d. resolution** Beschlussvorlage *f*, B.entwurf *m*, Entschließungsentwurf *m*; **d. scheme** Projektvorschlag *m*
draftsman *n* *[US]* technischer Zeichner
draft statute Gesetzentwurf *m*; **d. text** Textentwurf *m*, Entwurfstext *m*; **d. treaty** Vertragsentwurf *m*
drag *n* Hemmnis *nt*, Belastung *f*, Widerstand *m*, schleppendes Verfahren, Klotz am Bein *(fig)*, Hemmschuh *m* *(fig)*; **d. on liquidity** Liquiditätshemmung *f*; **~ the market** 1. Marktbelastung *f*; 2. unverkäufliche Ware, Ladenhüter *m*; **to act as a d.** hemmend wirken, Hemmschuh sein; **to be a d. on** Belastung/Hemmnis sein für, sich nachteilig auswirken; **fiscal d.** 1. Steuerprogression *f*; 2. fiskalische Bremse, steuerliches Hindernis, Nachschleppwirkung *f*
drag *v/ti* 1. schleppend/flau gehen, sich dahinschleppen, stagnieren; 2. ziehen, zerren; **d. about** herumschleppen; **d. along** mitschleppen; **d. away** fortschleppen; **d. down** in den Schmutz ziehen, nach unten zerren; **d. on** sich in die Länge ziehen, sich hinziehen/hinquälen/(lange) hinschleppen
drag anchor ⚓ Schlepp-, Treibanker *m*; **d. coefficient** 🞂 Luftwiderstandsbeiwert *m*
dragging *adj* *(Geschäft)* schleppend, flau
dragnet *n* 1. Schleppnetz *nt*; 2. *(Polizei)* Rasterfahn-

dung *f*; **d. clause** Sammelklausel *f*; **d. technique** Schleppnetzfahndung *f*, Einkreisungskette *f*
drain *n* 1. (Kapital)Abfluss *m*; 2. Beanspruchung *f*, Belastung *f*; 3. 🏛 Wasserabfluss(rohr) *m/nt*
drain of bullion/gold Goldabfluss *m*; **d. on finances** finanzielle Belastung; **d. of liquidity** Liquiditätsabschöpfung *f*; **d. on liquidity** Liquiditätsbelastung *f*; **d. of money** Kapital-, Geldabfluss *m*, G.sog *m*; **d. on purchasing power** Kaufkraftentzug *m*; **a great ~ the purse** schwere finanzielle Belastung; **~ the resources** Inanspruchnahme der (Geld)Mittel, Aderlass bei den Mitteln, Blutentzug *m* *(fig)*
down the drain *(coll)* im Eimer *(coll)*, zum Fenster hinaus *(fig)*; **to go ~ d.** *(fig)* verlorengehen, flöten gehen *(coll)*, den Bach hinuntergehen *(fig)*; **to throw money ~ d.** Geld zum Fenster hinauswerfen *(fig)*
to be a drain on one's capital/resources an die Substanz gehen
foreign drain Kapitalabfluss ins Ausland, Kapitalabwanderung *f*; **permanent d.** 1. Dauerabfluss *m*; 2. Dauerbelastung *f*
drain *v/t* 1. (ent)leeren, entwässern, trockenlegen, drainieren, kanalisieren, ausfließen lassen; 2. *(Flüssigkeit)* ablassen; 3. *(fig)* ausplündern, ausbluten (lassen); **d. away** abfließen
drainage *n* 1. Kanalisierung *f*, Ableitung *f*, Kanalisationssystem *nt*; 2. Entwässerung *f*, Dränage *f*, Trockenlegung *f*; **d. inspection cover** Kanaldeckel *m*; **d. system** Entwässerungsanlage *f*
draining *n* Entwässerung *f*, Dränage *f*; **d. board** *(Spülen)* Ablauf *m*
drainpipe *n* Abfluss-, Kanalisationsrohr *nt*
dram *n* 1. (=0,0018 kg) Drachme *f*; 2. *[Scot.]* Schluck *m* (Whisky)
drama *n* 🎭 Drama *nt*, Schauspiel *nt*; **d. critic** Theaterkritiker *m*
dramatic *adj* dramatisch, entscheidend, erregend, spannend
dramatis personae *pl* *(lat.)* 🎭 Personen der Handlung
dramatist *n* 🎭 Dramatiker *m*
dramatize *v/t* 1. 🎭 für die Bühne bearbeiten, dramatisieren; 2. übertreiben
drape *v/t* drapieren, behängen; *n* *[US]* Gardinen *pl*
draper *n* *[GB]* Schnittwaren-, Tuch-, Stoffhändler *m*, Textilkaufmann *m*, T.einzelhändler *m*; **d.'s shop** Tuch-, Textilhandlung *f*, Textil-, Wäschegeschäft *nt*
drapery *n* 1. Schnitt-, Textilware *f*; 2. *[GB]* Stoffhandel *m*; 3. *[US]* Vorhangstoff *m*, Vorhänge *pl*; **d. business** Textilhandel *m*; **d. shop** *[GB]* Textilladen *m*, T.geschäft *nt*
drastic *adj* drastisch, durchgreifend, massiv, rigoros, einschneidend, radikal, scharf
draught *n* *[GB]* 1. Luftzug *m*; 2. ⚓ Tiefgang *m*, Tauchtiefe *f*; **light d.** Leertiefgang *m*; **mean d.** mittlerer Tiefgang; **shallow d.** geringer Tiefgang
draught animal Zugtier *nt*; **d. beer** Fassbier *nt*, Bier vom Fass; **d. excluder** 🏛 Dichtungsmaterial *nt*
draughtsman *n* *[GB]* Bau-, Konstruktions-, Musterzeichner *m*, technischer Zeichner

draw *v/t* 1. ziehen; 2. (auf)zeichnen; 3. *(Geld)* abheben; 4. *(Wechsel)* ziehen, trassieren, ausstellen auf; 5. *(Gehalt)* beziehen; 6. aus-, verlosen; **entitled to d.** bezugsberechtigt; **d. away** abwerben; **d. down** *(Geld)* entnehmen; **d. from** entnehmen; **d. on** in Anspruch nehmen, disponieren; **~ so.** 1. *(Wechsel)* auf jdn ziehen; 2. jdm eine Zahlungsaufforderung zukommen lassen; **d. out** *(Geld)* abheben; **d. up** 1. ausarbeiten, entwerfen, konzipieren, ab-, verfassen, aufsetzen; 2. *(Bericht)* erstellen; 3. *(Bilanz)* aufstellen; 4. *(Dispache)* aufmachen; **d. in blank** blanko trassieren; **d. deep ⚓** großen Tiefgang haben; **d. near** heranrücken; **d. at par** al/zu pari trassieren
draw *n* 1. Attraktion *f*; 2. Verlosung *f*, Ziehung *f*, Ausspielung *f*, Bestimmung durch das Los; 3. *(Sport)* Unentschieden *nt*; **to result in a d.** unentschieden enden; **big d.** große Attraktion; **serial d.** Serienauslosung *f*
drawback *n* 1. Nachteil *m*, Kehr-, Schattenseite *f*, Minuspunkt *m*; 2. Steuerrückvergütung *f*; 3. ⊖ Rückzoll *m*, Ausfuhr-, Rückvergütung *f*, Prämie für Wiederausfuhr; **to be a d.** ein Manko sein; **economic d.** wirtschaftlicher Nachteil, Konjunkturschatten *m*; **principal d.** Haupthindernis *nt*; **d. application** ⊖ Rückerstattungsantrag *m*; **d. payment** Zollrückvergütung *f*
draw-down *n* 1. Zuteilung *f*, Tranche *f*; 2. *(Geld)* Entnahme *f*
drawee *n* 1. *(Wechsel)* Bezogene(r) *f/m*, Trassat *m*, bezogene Firma; 2. Scheckbezogene(r) *f/m*; 3. Adressat *m*, Übernehmer *m*, Angewiesene(r) *f/m*; **alternative d.** Alternativbezogener *m*; **bankrupt d.** bankrotter Bezogener; **d. bank** bezogene/zahlende Bank
drawer *n* 1. Wechselgeber *m*, (Scheck-/Wechsel-)Aussteller, Trassant *m*; 2. Entnehmer *m*; 3. *(Einkommen/Rente)* Bezieher *m*; 4. Garantieschuldner(in) *m/f*; 5. Anweisender *m*; 6. Schublade *f*, S.fach *nt*; **d. of a bill** Wechselaussteller *m*; **~ check** *[US]* /**cheque** *[GB]* Scheckaussteller *m*, Aussteller eines Schecks; **refer to d. (R.D.)** an den Aussteller zurück
authorized drawer *(Rente)* Bezugsberechtigte(r) *f/m*; **bankrupt d.** bankrotter Wechselaussteller; **secret d.** Geheimfach *nt*
drawer's account Konto des Ausstellers; **~ domicile** Ausstellungsort *m*; **~ signature** Unterschrift des Ausstellers
drawing *n* 1. Zeichnung *f*; 2. Zeichnen *nt*; 3. Auslosung *f*, Ziehung *f*, Rückzahlung durch Auslosung; 4. Abhebung *f*, Abzug *m*, (Privat)Entnahme *f*; 5. *(Einkommen)* Bezug *m*; 6. Inanspruchnahme *f*; 7. *(Scheck)* Ausstellen *nt*; 8. *(Wechsel)* Trassierung *f*, Trassieren *nt*; **d.s** 1. *(Gesellschaft)* Privatentnahmen; 2. *(IWF)* Mittelbeanspruchung *f*, M.inanspruchnahme *f*; 3. *(Konto)* Dispositionen, Abhebungen
drawing on an account Verfügung über ein Konto; **d. up a balance sheet** Bilanzerstellung *f*, Bilanzierung *f*; **d. of a bill** Wechselziehung *f*, W.trassierung *f*, W.ausstellung *f*; **~ a check***[US]* /**cheque** *[GB]* Ausstellung/Ziehen eines Schecks, Scheckausstellung *f*; **~ checks/cheques without funds** Ausstellung ungedeckter Schecks; **d. on a credit** Akkreditivinanspruch-

nahme *f*; ~ **a credit line** Kreditausnützung *f*; ~ **an advance facility** Lombardentnahme *f*; **d. of kites** Wechselreiterei *f*; **d. on a letter of credit** Inanspruchnahme eines Akkreditivs, Akkreditivziehung *f*; ~ **a loan** Darlehensabruf *m*; **d. by the partners** Entnahmen der Gesellschafter; **d. on the reserves** Rückgriff auf die Reserven; **d. from stock** Vorratsentnahme *f*
anticipatory drawing Vorausziehung *f*; **architectural d.** Bauzeichnung *f*, Architektenplan *m*; **bank-on-bank d.** Bank-auf-Bank-Ziehung *f*; **cross-section d.** Querschnittszeichnung *f*; **graphic d.** Grafikdiagramm *nt*; **gross d.s** *(IWF)* Bruttoziehungen; **outline d.** Übersichtszeichnung *f*; **own d.s** eigene Ziehungen; **personal/private d.s** Privatentnahmen, P.abhebungen; **rough d.** Rohentwurf *m*; **sectional d.** Schnitt(zeichnung) *m/f*; **technical d.** technische Zeichnung
drawing account 1. Girokonto *nt*, laufendes Konto, Kontokorrent *nt*; 2. Entnahme-, Spesenkonto *nt*; 3. Scheckkonto *nt*, S.guthaben *nt*; 4. *(Unternehmer)* Privatkonto *nt*, Konto für Privatentnahmen; **Special D. Account (SDA)** *(IWF)* Sonderziehungskonto *nt*, Konto für Sonderziehungen; **d. authorization** 1. Kontovollmacht *f*, Verfügungsermächtigung *f*, Ermächtigung zur Abhebung; 2. *(Wechsel)* Ziehungsermächtigung *f*, Ermächtigung zum Wechseleinzug, ~ zur Ziehung von Dokumententratten auf den Käufer; 3. Negoziierungskredit *m*
drawing board Reiß-, Zeichenbrett *nt*; **on the d. b.** *(fig)* im Vorbereitungs-/Entwicklungs-/Entwurfsstadium, in der Planung
drawing card *[US] (fig)* Zugnummer *f*, zugkräftiges Stück; **d. certificate** Auslosungsgutschein *m*; **d. commission** Aussteller-, Trassierungsprovision *f*; **d. credit** Trassierungs-, Dispositions-, Wechselkredit *m*, persönlicher Dispositionskredit; **d. date** 1. Auslosungstermin *m*; 2. *(Wechsel)* Ausstellungsdatum *nt*; **d. group** Auslosungsgruppe *f*; **d. ink** Zeichentinte *f*, Ausziehtusche *f*; **d. instruments** Zeichengerät(e) *nt/pl*; **d. lesson(s)** Zeichenunterricht *m*; **d. level** ⚓ Fördersohle *f*; **d. limit** Abhebungsgrenze *f*, A.höchstbetrag *m*; **d. line** Ziehungslinie *f*; **d. list** *(Anleihe)* Verlosungsliste *f*; **d. number** *(Los)* gezogene Nummer; **d. office** Konstruktions-, Zeichenbüro *nt*, technisches Büro; **d. pad** Zeichenblock *m*; **d. paper** Zeichenpapier *nt*; **d. pen** Zeichen-, Reißfeder *f*; **d. pencil** Zeichenstift *m*; **d. pin** *[GB]* Heft-, Reißzwecke *f*, R.nagel *m*; **d. price** Auslosungskurs *m*; **d. rate** 1. Verkaufskurs *m*; 2. *(Devisen)* Briefkurs *m*; **d. right** Abhebungs-, Verfügungsrecht *nt*, Abhebungsbefugnis *f*; Auslosungs-, Ziehungsrecht *nt*; **Special D. Right (SDR)** *(IWF)* Sonderziehungsrecht (SZR) *nt*; **d. room** 1. ⚜ Gesellschafts-, Empfangszimmer *nt*, Salon *m*, Herrenzimmer *n*; 2. *[US]* 🚂 Privatabteil *nt*; **d. set** Reißzeug *nt*, Zirkelkasten *m*; **d. table** Zeichentisch *m*
drawing-up *n* Erarbeitung *f*, Er-, Aufstellung *f*; **d. of the annual accounts** Erstellung/Aufstellung des Jahresabschlusses; ~ **the minutes** Protokollierung *f*, Fertigung einer Niederschrift, ~ des Protokolls
drawn *adj* 1. ausgelost, gezogen; 2. *(Wechsel)* bezogen;

incorrectly d. falsch ausgestellt; **irregularly d.** Formfehler in der Ausstellung; **thickly d.** *(Linie)* durchgezogen, durchgehend
draw well Schöpfbrunnen *m*
dray|age *n* *[US]* Rollgeld *nt*, Fracht-, Abrollkosten *pl*; **d.man** *n* Rollkutscher *m*
dread *v/t* fürchten, Angst haben vor
dread *n* Angst *f*, Furcht *f*, Grauen *nt*; **d.ful** *adj* furchtbar, schrecklich, verheerend, entsetzlich
dream *n* Traum *m*; **d. come true** Erfüllung eines Traums
dream *v/ti* träumen, schwärmen
dreamer *n* Träumer(in) *m/f*, Schwärmer(in) *m/f*
dream job Traumberuf *m*, T.job *m (coll)*; **d. world** Traumwelt *f*
dredge *v/t* 1. ⚓ (aus)baggern; 2. *(fig)* genau durchsuchen, durchforsten; **d.r** *n* (Schwimm)Bagger *m*
dredging *n* ⚓ Ausbaggern *nt*; **d. work** Baggerarbeiten *pl*, Ausbaggerung *f*
dregs *pl* *(Getränk)* Bodensatz *m*
drenched *adj* durchnässt, d.weicht
dress *n* 1. Kleidung *f*; 2. Kleid *nt*; **casual d.** saloppe Kleidung; **formal d.** Gesellschafts-, Abendanzug *m*; **national d.** Landestracht *f*; **sloppy d.** nachlässige Kleidung
dress *v/ti* 1. (sich) kleiden; 2. zurichten, garnieren; 3. *(Stein)* bearbeiten; 4. ⚓ beflaggen; **d. up** 1. sich fein machen; 2. verkleiden; 3. *(Bilanz)* schönen
dressed *adj* 1. gekleidet, angezogen; 2. aufgemacht; 3. präpariert; **impeccably d.** tadellos gekleidet; **neatly d.** ordentlich angezogen; **roughly d.** roh bearbeitet; **well d.** gut angezogen
dresser *n* Frisierkommode *f*
dress hire Kostümverleih *m*
dressing *n* 1. Anziehen *nt*; 2. Garnierung *f*; 3. 💲 Verband *m*; 4. 🌿 Dünger *m*; **protective d.** Schutzverband *m*
dressing down *n* *(coll)* Standpauke *f*, Schelte *f*; **to get a d. d.** einen aufs Dach bekommen *(coll)*; **to give so. a d. d.** jdm die Leviten lesen *(coll)*, jdn zur Schnecke machen *(coll)*, jdn zusammenstauchen/abkanzeln *(coll)*
dressing material 💲 Verbandszeug *nt*, V.material *nt*; **d. room** Umkleideraum *m*; **d. station** Verbandsplatz *m*; **d. table** *[US]* Frisierkommode *f*
dressmaker *n* Schneiderin *f*; **d.'s pattern** Schnittmuster *nt*
dress material Kleiderstoff *m*; **d.regulations** Kleiderordnung *f*; **d. rehearsal** 🎭 General-, Kostümprobe *f*; **d. suit** Abendanzug *m*
in dribs and drabs *pl* tröpfchen-, kleckerweise
drier *n* Wäschetrockner *m*
drift *v/i* treiben, sich ~ lassen; **d. into sth.** in etw. hineinschlittern; **d. back/down/lower** *(Kurse/Preise)* zurückfallen, leicht nachgeben, schwächer notieren, abgleiten, abbröckeln, niedriger tendieren, langsam zurückgehen; **d. generally lower** *(Kurse)* auf breiter Front abbröckeln
drift *n* 1. Strömung *f*; 2. *(Schnee)* Verwehung *f*; 3. Treiben *nt*, bestimmender Einfluss, Tendenz *f*, Richtung *f*; 4. ⚒ Strecke *f*, Stollen *m*; 5. *(Messtechnik)/* ⚙ Abweichung *f*; 6. ⚓ Kursversetzung *f*, Abdrift *m*, Abtrieb *m*;

7. Abwanderung *f*; **in the d.** ⚓ vor Ort; **d. to the city/ towns** Landflucht *f*, Verstädterung *f*; **~ left** Linkstendenz *f*, L.ruck *m*; **~ right** Rechtstendenz *f*, R.ruck *m*; **d. of a speech** Tenor einer Rede; **downward d.** Talfahrt *f*; **null d.** Nullpunktabweichung *f*; **rural d.** Landflucht *f*
driftage *n* angeschwemmtes Gut, Treibgut *nt*
drift anchor ⚓ Treibanker *m*; **d. card/envelope** ⚓ Driftkarte *f*
drifter *n* 1. ⚓ Drifter *m*; 2. Gammler *m*
drifting down of prices *n* Abbröckeln der Preise
drift ice ⚓ Treibeis *nt*; **d. mine** *n* ⚒ Stollenbergwerk *nt*; **d. mining** Streckenbetrieb *m*; **d. net** Treibnetz *nt*; **d.wood** *n* Treibholz *nt*
drill *n* 1. Bohrer *m*, Bohrmaschine *f*; 2. Übung *f*, Ausbildung *f*, Pauken *nt*; 3. 🔧 Drillmaschine *f*; **pneumatic d.** Pressluftbohrer *m*
drill *v/t* bohren; **d. down** in die Tiefe bohren
drilling *n* Bohrtätigkeit *f*, Bohrung *f*, Bohren *nt*; **d.s Bohrarbeiten**; **experimental d.** Versuchsbohrung *f*; **d. company** Bohrgesellschaft *f*, B.unternehmen *nt*; **d. machine** 1. Bohrmaschine *f*; 2. 🔧 Drillmaschine *f*; **d. rig** Bohrinsel *f*; **d. right** Bohr-, Schürfrecht *nt*; **d. ship** Bohrschiff *nt*; **d. team** Bohrtrupp *m*
drink *v/t* trinken; **to have too much to d.** zu tief ins Glas schauen *(coll)*; **d. to so.** auf jdn trinken; **~ sth.** auf etw. trinken
drink *n* 1. Getränk *nt*; 2. Umtrunk *m*; **to go for a d.** einen heben gehen *(coll)*; **to lace a d.** Getränk mit Alkoholzusatz versehen
alcoholic drink alkoholisches Getränk; **~ d.s industry** Spirituosenindustrie *f*; **iced d.** Eisgetränk *nt*; **intoxicating d.** berauschendes Getränk; **soft d.** alkoholfreies Getränk
drinkable *adj* genieß-, trinkbar
drink(s) dispenser/machine Getränkeautomat *m*; **d.-driving (offence)** *n* Trunkenheit am Steuer; **d.s stand** Getränkekiosk *m*
drinker *n* Trinker(in) *m/f*; **habitual d.** Alkoholiker(in) *m/f*; **heavy d.** Schluckspecht *m (coll)*
drinking *n* 1. Trinken *nt*; 2. Trunksucht *f*; **d. bout** Sauftour *f*, Zech-, Saufgelage *nt*; **d. fountain** Trinkwasserbrunnen *m*; **d. habits/pattern** Trinkgewohnheiten *pl*; **d. water** Trinkwasser *nt*
drinks industry Getränkeindustrie *f*
drip *v/i* tropfen; *n* 💧 Tropf *m*, Infusionsapparat *m*; **to be on a/the d.** am Tropf hängen; **saline d.** 💧 Infusionsapparat *m* (mit Kochsalzlösung)
dripping *n* Schmalz *nt*, Fett *nt*; *adj* triefend; **to be d. (with sth.)** triefen
drive *v/ti* 1. treiben; 2. 🚗 fahren, führen; 3. ⚙ antreiben; 4. *(Person)* hart herannehmen; **unfit to d.** fahruntüchtig; **to let so. d.** jdn ans Steuer lassen; **d. at sth.** auf etw. hinauswollen; **d. away** wegtreiben, verjagen; **d. down** *(Kosten)* senken, reduzieren; **d. in** einfahren; **d. off** losfahren; **d. out** 1. hinausjagen; 2. spazierenfahren; **d. past** vorbeifahren; **d. through** durchfahren; **d. up** 1. nach oben treiben, emportreiben; 2. vor-, auffahren
drive carefully vorsichtig fahren; **d. while disqualified**

trotz Führerscheinentzug fahren; **d. fast** schnell fahren; **d. sth. home** etw. klar machen, etw. zu Bewusstsein bringen; **d. recklessly** rücksichtslos fahren
drive *n* 1. (Auto)Fahrt *f*; 2. Energie *f*, Schwung *m*, Initiative *f*, Elan *m*, Dynamik *f*, Tatkraft *f*, Tatendrang *m*; 3. Werbefeldzug *m*, Verkaufskampagne *f*, V.aktion *f*, Vorstoß *m*; 4. *(Börse)* Baisseangriff *m*; 5. Auf-, Zu-, Garageneinfahrt *f*; 6. ⚙ Antrieb *m*; 7. 💾 Laufwerk *nt*; **to go for a d.** Fahrt unternehmen; **to lack d.** keine Energie haben
all-wheel/four-wheel drive 🚗 Allrad-, Vierrad-, Geländeantrieb *m*; **cost-cutting d.** Maßnahmen zur Kostensenkung, Einsparungsfeldzug *m*; **direct d.** Direktantrieb *m*; **electric d.** Elektroantrieb *m*; **entrepreneurial d.** unternehmerischer Elan; **front-wheel d.** 🚗 Front-, Vorderradantrieb *m*; **fund-raising d.** Sammelaktion *f*; **to launch a ~ d.** Sammelaktion starten; **left-hand d. (LHD)** Linkssteuerung *f*; **open d.** freie Fahrt; **right-hand d. (RHD)** Rechtssteuerung *f*
drive belt Treibriemen *m*; **d. mechanism** Antriebsmechanismus *m*; **d. shaft** 🚗 Kardanwelle *f*
drivel *n* Gefasel *nt*, Faselei *f*, Geschwafel *nt*; *v/t* schwafeln
driver *n* 1. (Auto-/Kraft)Fahrer *m*, Chauffeur *m (frz.)*, Fahrzeugführer *m*, Berufskraftfahrer *m*; 2. 💾 Treiber *m*; **d. of a vehicle** Führer eines (Kraft)Fahrzeuges; **careful d.** vorsichtiger Fahrer; **reckless d.** rücksichtsloser Fahrer; **safe d.** sicherer Fahrer; **d.'s cab(in)** Führerhaus *nt*
driverless *adj* führerlos
driver|'s license *[US]* Fahrerlaubnis *f*, Führerschein *m*; **~ bureau** Führerscheinausgabestelle *f*; **d.'s seat** Fahrer-, Führersitz *m*; **to be in the ~ seat** *(fig)* das Sagen haben; **~ test** *[US]* Fahrprüfung *f*; **to pass one's ~ test** Fahrprüfung bestehen; **d. training** Fahrerausbildung *f*
drive shaft 1. ⚙ Antriebswelle *f*; 2. 🚗 Kardanwelle *f*
driveway *n* *[US]* Fahrweg, Garageneinfahrt *f*, Zufahrt *f*
driving *n* Fahren *nt*, Fahrweise *f*; **d. on the left** Linksverkehr *m*; **d. without a licence** Fahren ohne Führerschein; **d. whilst disqualified** Fahren nach Entzug der Fahrererlaubnis; **d. (while) under the influence of drink**; **d. while intoxicated** Fahren unter Alkoholeinfluss, Trunkenheit am Steuer; **d. on the right** Rechtsverkehr *m*; **to disqualify so. from d.** jdm die Fahrerlaubnis/den Führerschein entziehen
careless driving unvorsichtiges/fahrlässiges Fahren; **dangerous d.** Verkehrsgefährdung *f*, verkehrsgefährdendes Führen eines Kraftfahrzeuges; **inconsiderate d.** rücksichtsloses Fahren; **left-hand d.** Linksverkehr *m*; **reckless d.** grob fahrlässiges/rücksichtsloses Fahren, Raserei *f*; **right-hand d.** Rechtsverkehr *m*
driving age Führerscheinalter *nt*; **d. ban** 1. Fahrverbot *nt*; 2. Führerscheinentzug *m*, Entzug des Führerscheins; **~ for lorries/trucks** LKW-Fahrverbot *nt*; **d. belt** ⚙ Treibriemen *m*; **d. characteristics** Fahrverhalten *nt*; **d. element** Antriebselement *nt*; **d. force** *(fig)* Motor *m*, Triebfeder *f*, T.kraft *f*, Agens *nt (lat.)*; **main d. force** Haupt(an)triebskraft *f*; **d. instruction** Fahrun-

driving instructor 386

terricht *m*; **d. instructor** Fahrlehrer *m*; **d. lesson** Fahrstunde *f*; **d. lessons** Fahrunterricht *m*
driving licence *[GB]* Führerschein *m*, Fahrerlaubnis *f*; **to suspend a d. l.** Führerschein zeitweilig einziehen/entziehen; **to take out a d. l.** Führerschein bekommen/erwerben; **provisional d. l.** Führerschein auf Zeit; **d. l. endorsement** Führerscheineintragung *f*; ~ **holder** Führerscheininhaber *m*
driving mechanism Antriebssystem *nt*; **d. mirror** Rückspiegel *m*; **d. offence** [§] Verkehrsvergehen *nt*, V.delikt *nt*; **hit-and-run d. offence** Fahrerflucht *f*; **d. order** Fahrauftrag *m*; **d. period** Lenkzeit *f*; **continuous d. period** ununterbrochene Lenkzeit; **d. permit** Führerschein *m*; **d. school** Fahrschule *f*; **d. seat** Fahrersitz *m*; **in the ~ seat** *(fig)* am Steuer *(fig)*; **d. sensation** Fahrgefühl *nt*; **d. technique** Fahrtechnik *f*
driving test Fahr-, Führerscheinprüfung *f*; **to fail a d. t.** Fahrprüfung nicht bestehen; **to pass a d. t.** Fahrprüfung bestehen/machen
driving time Fahrzeit *f*; **d. van trailer (DVT)** 🚚 Steuerwagen *m*
drizzle *n* Nebel-, Niesel-, Sprühregen *m*, feiner Regen; *v/i* nieseln, fein regnen
droit de suite *n* *(frz.)* Folgerecht *nt*
drone *n* Drohne *f*
droop *v/i* erlahmen, erschlaffen
drop *n* 1. Tropfen *m*; 2. Tropfen *m*, Schluck *m* (Alkohol); 3. Rückgang *m*, Sinken *nt*, Fallen *nt*, Baisse *f* *(frz.)*; 4. Beliegerung *f*; 5. Fall *m*, Sturz *m*; 6. Schwund *m*, Abnahme *f*; 7. Höhenunterschied *m*
drop in economic activity Konjunktur-, Beschäftigungseinbruch *m*, Pillenknick *m (coll)*; **~ the birth rate** Geburtenrückgang *m*, Pillenknick *m (coll)*; **~ the bucket** *(fig)* Tropfen auf den heißen Stein *(fig)*; **~ business (activities)** Geschäftsrückgang *m*; **~ capital spending** Investitionsrückgang *m*; **~ circulation** *(Zeitung)* Auflagenrückgang *m*; **~ consumption** Verbrauchsrückgang *m*; **~ demand** Nachfragerückgang *m*, N.abschwächung *f*, sinkende Nachfrage; **substantial ~ demand** Nachfrageverfall *m*; **~ deposits** Kreditorenschwund *m*; **~ earnings** Erlöseinbuße *f*, Rückgang/Sinken der Erträge; **~ employment (figures); ~ the number of employed** Beschäftigungseinbruch *m*, Rückgang der Beschäftigtenzahl; **~ investment** Investitionsschwund *m*, I.rückgang *m*; **~ the ocean** *(fig)* Tropfen auf den heißen Stein *(fig)*; **~ orders; ~ order intake** Auftragsrückgang *m*, A.baisse *f*; **~ performance** Leistungsabfall *m*; **~ prices** Preis-, Kursrückgang *m*, K.sturz *m*, K.einbruch *m*, Preisrückschlag *m*, Rückgang der Kurse; **slight ~ price** Kursabbröckelung *f*; **~ production** Produktionsrückgang *m*; **~ profits** Erlös-, Gewinn-, Ertragsrückgang *m*, Gewinnabfall *m*; **~ purchasing power** Kaufkraftschwund *m*; **~ the rate of inflation** Inflationsrückgang *m*; **~ revenues** Einnahmerückgang *m*; **~ sales** Absatzrückgang *m*, A.einbruch *m*, A.einbuße *f*; **~ shipments** Versandrückgang *m*; **~ spending** Ausgaberückgang *m*; **~ traffic** Verkehrsabnahme *f*; **~ turnover** Umsatzrückgang *m*, U.einbuße *f*, U.einbruch *m*; **to sustain a ~ turnover** Umsatzabstriche hinnehmen; **~**

unemployment Rückgang der Arbeitslosigkeit; **~ the unit price** Anteilswertrückgang *m*; **~ voltage** ⚡ Spannungsabfall *m*, S.verlust *m*
to drink sth. to the last drop etw. bis zur Neige leeren
marked drop deutlicher/ausgeprägter Rückgang
drop *v/ti* 1. ab-, zurückfallen, stark abnehmen/zurückgehen; 2. *(Preis)* nachgeben, fallen; 3. fallen lassen; 4. abliefern; 5. *(Person)* absetzen; 6. 💲 *(Fieber)* sich legen; **d. so.** 🚗 jdn absetzen; **d. away** *(Leute)* allmählich weniger werden; **d. back/behind** zurückfallen; **d. below** unterschreiten; **d. in** *(coll)* vorsprechen; **~ on so.** jdm ins Haus schneien *(coll)*, bei jdm eine Stippvisite machen; **d. off** zurückgehen, abflauen, nachlassen; **d. out** 1. ausscheiden, aussteigen; 2. *(Studium)* abbrechen; 3. wegfallen
drop bottom Bodenklappe *f*; **d. ceiling** 🏠 Hängedecke *f*; **d. forge** ⚙ Gesenkschmiede *f*; **d. hammer** Fallhammer *m*
droplet *n* Tröpfchen *nt*
drop-off *n* Rückgang *m*; **~ in tax revenue** Rückgang der Steuereinnahmen; **d.-out** *n* *(Studium)* Abbrecher(in) *m/f*, Aussteiger(in) *m/f*; **~ rate** Schwund-, Abbrecher-, Aussteigerrate *f*, Abbrecher-, Aussteigsquote *f*
to be dropped *adj* entfallen, unter den Tisch fallen *(fig)*
dropper *n* Falschgeldverteiler *m*, F.abschieber *m*
dropping below *n* Unterschreitung *f*; **d.-off** *n* Abflachung *f*, Nachlassen *nt*
drop pit Arbeitsgrube *f*; **d. shipment** *[US]* Streckengeschäft *nt*, S.versand *m*, Direktverschiffung *f*, D.(be)lieferung *f*, Stückgutlieferung *f*, Auftragssendung *f*; **~ wholesaler; d. shipper** Großhändler im/mit Streckengeschäft, Grossist ohne eigenes Lager, Aufträge sammelnder Großhändler
dropsy *n* 💲 Wassersucht *f*
dross *n* Schlacke *f*, Abfall *m*
drought *n* Trockenperiode *f*, T.heit *f*, Dürre(periode) *f*; **disastrous d.** Dürrekatastrophe *f*
drove *n* Schwarm *m*, Schar *f*; **in d.s** *(Menschen)* in Scharen/Massen; **d.r** *n* 🐄 Viehtreiber *m*
drown *v/ti* 1. ertrinken; 2. ertränken
drudge *n* 1. Arbeitstier *m (coll)*, Packesel *m (coll)*; 2. Plackerei *f*, Schufterei *f*; *v/i* sich abarbeiten, schuften; **d.ry** *n* Hunde-, Sklaven-, Schwerarbeit *f*, Mühsal *f*, Schufterei *f*, Plackerei *f*
drug *n* 1. 💲 Medikament *nt*, Arznei(mittel) *f/nt*; 2. Droge *f*, Rauschgift *nt*, berauschendes Mittel; 3. unverkäuflicher Artikel, Ladenhüter *m*; **d.s** 1. *(Börse)* Arzneimittelhersteller, Pharmaaktien, P.werte; 2. Narkotika, Pharmaprodukte; 3. Rauschgift *nt*; **to administer d.s** Narkotika verabreichen; **to prescribe a d.** Arznei/Medikament verschreiben, ~ verordnen; **to traffic in d.s** mit Drogen handeln; **cardiac d.** Herzmittel *nt*; **ethical d.** rezeptpflichtige/verschreibungspflichtige Medizin, ~ Arznei; **generic d.** Nachfolge-, Nachahmer-, Zweitanmelderpräparat *nt*, Z.medikament *nt*, Generikum *nt*; **~ d.s** Generika, lizenzfreie Arzneien; **hard d.** harte Droge; **non-prescriptive d.** nicht verschreibungspflichtiges Medikament; **narcotic d.** Betäubungsmittel *nt*, Suchtstoff *m*; **to traffic in ~ d.s** Rausch-

gift schmuggeln; **over-the-counter d.** rezeptfreies Medikament, nicht verschreibungspflichtige Arznei; **prescribed/prescription-only d.** rezeptpflichtiges/verschreibungspflichtiges Arzneimittel, ~ Medikament; **proprietary d.** gesetzlich/patentrechtlich geschütztes Arzneimittel; **psychiatric d.s** Psychopharmaka; **soft d.** weiche Droge; **substitute/surrogate d.** Ersatzdroge *f*

drug abuse 1. Medikamentenmissbrauch *m*; 2. Drogenmissbrauch *m*; **d. addict** Drogen-, Rauschgiftsüchtige(r) *f/m*; **d. addiction** Rauschgift-, Drogensucht *f*; **d. approval** Arzneimittelzulassung *f*, Zulassung von Arzneimitteln; **d. dealer** Rauschgifthändler *m*, Dealer *m*; **d. company** Pharma-, Arzneimittelhersteller *m*, Pharmaunternehmen *nt*; **d. companies** Pharmaindustrie *f*

druggist *n* [US] Drogist(in) *m/f*

drug|s industry Pharma-, Arzneimittelindustrie *f*, pharmazeutische Industrie; **d. manufacturer** Arzneimittelhersteller *m*, **d.(s) offence** Rauschgift-, Drogenvergehen *nt*; **d. offender** Rauschgifttäter *m*; **d. pusher** Dealer *m*, Drogenhändler; **d. pushing** Drogenhandel *m*, Dealen *nt*; **d. racket** Drogenhandel *m*; **d. runner** Drogenschmuggler *m*; **d. running/smuggling** Rauschgift-, Drogenschmuggel *m*; **d.s squad** Rauschgiftdezernat *nt*; **d.store** *n* [US] Drugstore *m*; **d. trade/traffic** Drogen-, Rauschgifthandel *m*; **d. trafficker** Rauschgift-, Drogenhändler *m*, Dealer *m*; **d. trafficking** Rauschgiftschmuggel *m*, R.handel *m*, Drogenhandel *m*, Dealen *nt*

drum *n* 1. Trommel *f*; 2. Tonne *f*, Eisenfass *nt*; **d.s** Schlagzeug *nt*; **to beat the d.** *(fig)* Reklame machen, die (Werbe)Trommel rühren; **magnetic d.** Magnettrommel *f*

drum *v/t* 1. trommeln; 2. die Werbetrommel rühren; **d. sth. into so.** jdm etw. eintrichtern; **d. up** anlocken, anwerben, akquirieren, zusammentrommeln

drum|-beating *n* Intensivwerbung *f*; **d. brake** Trommelbremse *f*; **d.fire** *n* Trommelfeuer *nt*

drummer *n* 1. Trommler *m*, Schlagzeuger *m*; 2. [US] Handlungsreisender *m*, Vertreter *m*, Kundenfänger *m*

drunk *adj* (be)trunken; **dead/punch d.** stockbetrunken *(coll)*, sternhagelvoll *(coll)*

drunk *n* Betrunkener *m*

drunkard *n* Säufer *m*, Trinker *m*, Trunkenbold *m*; **habitual d.** Trunksüchtige(r) *f/m*

drunkenness *n* Trunkenheit *f*; **habitual d.** Trunksucht *f*

drunkometer *n* [US] Promillemesser *m*

dry *adj* trocken; **keep d.!** vor Feuchtigkeit schützen!, trocken lagern!; **to run d.** versiegen

dry *v/ti* trocknen; **d. out** austrocknen; **d. up** versiegen, austrocknen

dry|-bulk *n* Schüttgut *nt*; **d.-clean** *v/t* chemisch reinigen; **d.-cleaner('s)** *n (Geschäft)* chemische Reinigung; **d.-cleaning** *n (Prozess)* chemische Reinigung; **d.-dock** *v/t* ins Trockendock bringen; **d. farming** Trockenwirtschaft *f*

dryer *n* Trockner *m*

drying *n* Trocknung *f*; **natural d.** Lufttrocknung *f*; **d. chamber** Trockenkammer *f*; **d. frame** Trockengestell *nt*; **d. room** *n* Trockenraum *m*, T.kammer *f*

dryness *n* Trockenheit *f*

dual *adj* doppelt, Doppel-; **d.ism** *n* Dualismus *m*

duality *n* Dualität *f*; **d. theory** Dualitätstheorie *f*

dual|-purpose *adj* zweifach verwendbar; **d.-track** *adj* 1. zweispurig; 2. zweigleisig

dub *v/t* 1. bezeichnen; 2. *(Film)* synchronisieren; **d.bing** *n* Synchronisation *f*

in dubio *n (lat.)* im Zweifel

dubious *adj* 1. fraglich, zweifelhaft, ungewiss, unklar, unsicher, unbestimmt, schwankend; 2. zwielichtig, unseriös, dubios

duck *n* 1. Ente *f*; 2. *(fig)* zahlungsunfähiger Spekulant; **to take to sth. like a d. to water** völlig natürlich auf etw. reagieren, gleich in seinem Element sein; **lame d.** 1. *(fig)* lahme Ente *(fig)*, Niete *f (coll)*, Versager *m*; 2. Fußkranker *m (coll)*; 3. [GB] defizitärer Staatsbetrieb; 4. [US] schwerfälliges Wertpapier; 5. zahlungsunfähiger Spekulant

duck *v/i* 1. sich ducken; 2. ausweichen

duct *n* Rohr(leitung) *nt/f*, Röhre *f*, Leitung(ssystem) *f/nt*

ductile *adj (Person)* lenkbar

dud *n* 1. Blindgänger *m*; 2. Fehlgeburt *f (fig)*, Niete *f (coll)*, Fälschung *f*; 3. Scheck ohne Deckung; 4. falsche Banknote; **d. bill** Kellerwechsel *m*; **d. check** [US] /**cheque** [GB] ungedeckter Scheck; **d. loan** ungedeckter Kredit

in high dudgeon *n (coll)* aufgebracht, empört

due *adj* 1. fällig, geschuldet, abgelaufen, (sofort) zahlbar, einlösbar; 2. gebührend, geziemend, gebührlich; 3. angemessen, geboten, pflichtgemäß, entsprechend; **d. to** wegen, infolge, auf Grund von; **when d.** terminrecht, bei Verfall/Fälligkeit, fristgemäß, zur Verfallszeit; **d. and payable** (zur Zahlung) fällig; **d. at call** täglich/jederzeit fällig; **d. as a whole** gesamtfällig

due *n* Anspruch *m*, gebührender Lohn, Verpflichtung *f*, Anteil *m*, Recht *nt*, Schuld *f*; **d.s** (Mitglieds)Beiträge, Abgaben, Gebühren; **everyone his d.** jdm das Seine; **d.s from affiliates** Forderungen an Konzernunternehmen; **to be so.'s d.** jdm gebühren/zustehen; **to claim one's d.** sein Recht geltend machen; **to get one's d.** seinen verdienten Lohn bekommen; **to levy d.s** Gebühren erheben; **to pay one's d.(s)** seinen Anteil/seine Schulden bezahlen, seinen Verpflichtungen nachkommen

to be due *adj* anstehen, fällig sein; **~ d. to** zurückzuführen sein auf; **to become d.** fällig werden; **to call d.** fällig stellen; **to declare d.** für fällig erklären; **to fall d.** zahlbar/fällig werden, anstehen; **~ immediately** sofort fällig werden

fiscal dues Staatsabgaben; **outstanding d.s** Beitragsforderungen; **public d.s** öffentliche Abgaben

duel *n* Duell *nt*, Zweikampf *m*; **d.list** *n* Duellant *m*

dues checkoff system Beitragseinzugsverfahren *nt*; **d.s payer** Beitragszahler *m*, zahlendes Mitglied

dull *adj* 1. langweilig, eintönig, glanzlos, leblos, schwunglos; 2. stumpfsinnig, unlustig, träge; 3. *(Börse)* lustlos, gedrückt, zurückhaltend, flau; 4. trübe, verhangen; **to be d.** 1. darniederliegen; 2. *(Absatz)* schleppend verlaufen

dullness *n* 1. *(Markt/Börse)* Schwäche *f*, Trägheit *f*, Lustlosigkeit *f*, Zurückhaltung *f*, Stillstand *m*, matte Haltung; 2. Stumpfsinn *m*; **d. in sales** Absatzflaute *f*
duly *adv* ordnungsgemäß, rechtzeitig, pünktlich, richtig, ordnungs-, vorschriftsmäßig, gebührend, formgerecht
dumb *adj* stumm; **d.found so.** *v/t* jdm die Sprache verschlagen; **d.founded** *adj* wie vor den Kopf geschlagen, perplex, sprachlos
dummy *n* 1. Schaufenster-, Modell-, Kleiderpuppe *f*; 2. Attrappe *f*, Blind-, Hand-, Versuchsmuster *nt*, Schaupackung *f*; 3. Strohmann *m*, Statist *m*; 4. ➔ Versuchspuppe *f*, Dummy *m*; *adj [US]* vorgeschoben, Schein-; **d. company** Schein-, Briefkastenfirma *f*; **d. instruction** 🖳 Blind-, Schein-, Leer-, Füllbefehl *m*; **d. operation** 🖳 Nulloperation *f*; **d. run** Probelauf *m*
dump *n* 1. (Müll)Kippe *f*, (Müll-/Schutt)Halde *f*, Abladeplatz *m*; 2. Depot *nt*, Lager(platz) *nt/m*, Speicher *m*, Sammelstelle *f*; 3. 🖳 Dump *m*; 4. *(coll)* Saftladen *m* *(coll)*; **underground d.** Untertagedeponie *f*
dump *v/t* 1. abladen, auskippen; 2. lagern, stapeln, speichern; 3. verschleudern, (im Ausland) zu Schleuderpreisen verkaufen, Dumping betreiben; 4. fallen lassen; 5. 🖳 ausgeben, abziehen, dumpen
dumpage *n* *[US]* Abladerecht *nt*
dumper *n* ➔ Kipper *m*
dumping *n* 1. Schuttabladen *nt*; 2. Dumping *nt*, Verschleuderung *f*, Preisunterbietung *f* (unter Kostenniveau), Schleuderverkauf *m*, S.aufuhr *f*, Niedrigpreisausfuhr *f*; **d. (of waste) at sea** Verklappung *f*, Abfallversenkung *f*; **no d.** Abladeverbot *nt*; **to practise d.** Dumping betreiben; **aggressive/predatory d.** räuberisches Dumping, Eroberungsdumping *nt*; **compensatory d.** Preisdifferenzierung zwischen nationalen Märkten; **hidden d.** verschleiertes Dumping; **low-wage d.** Lohndumping *nt*; **offshore d.** Verklappung *f*; **reverse d.** umgekehrtes/negatives Dumping; **social d.** soziales Dumping, Sozialdumping *nt*
dumping charge Vorwurf des Dumping; **d. ground** (Schutt)Abladeplatz *m*, (Müll)Deponie *f*, Müllkippe *f*, Halde(ngelände) *f/nt*; **d. policy** Dumpingpolitik *f*; **d. practices** Dumpingpraktiken; **d. price** Dumping-, Verlustpreis *m*; **d. proceedings** [§] Dumpingverfahren *nt*; **d. proper** eigentliches Dumping; **d. truck** 1. *[US]* Müllfahrzeug *nt*; 2. LKW mit Kippvorrichtung, Kipper *m*
dumpling *n* Kloß *m*
dump truck *m* ➔ Kipper *m*
dun *v/t* *(Zahlung)* (an)mahnen; *n* 1. drängender Gläubiger/Inkassobeauftragter; 2. Mahnung *f*
dun *adj* graubraun
dune *n* Düne *f*; **d. buggy** ➔ Strandauto *nt*
dung *n* 🞧 Dung *m*, Mist *m*
dungarees *pl* Latzhose *f*
dung cart 🞧 Mistkarren *m*
dungeon *n* Kerker *m*, Verlies *nt*
dunghill *n* 🞧 Misthaufen *m*
dunnage *n* Abmattung *f*, Stauholz *nt*, Packmaterial *nt*, Schiffsgarnierung *f*
dunning *n* 1. Mahnung *f*; 2. Mahnwesen *nt*; **d. activity**

Mahnwesen *nt*; **d. charge** Mahngebühr *f*; **d. letter** Mahnbrief *m*, M.schreiben *nt*, dringende Zahlungsaufforderung; **d. notice** Mahnbescheid *m*, Abmahnung *f*
duo|poly *n* Duopol *nt*, Marktkontrolle durch zwei Unternehmen; **d.psony** *n* Duopson *nt*
dupe *n* Tölpel *m*; *v/t* betrügen, übertölpeln, überlisten, täuschen, übers Ohr hauen *(coll)*
duplex *n* 🖳 Duplex *nt*; **d. house** *[US]* 🏠 Doppelhaus *nt*; **d. operation** 🖳 Duplexbetrieb *m*; **d. telegraphy** Gegensprechtelegrafie *f*; **d. transmission** 🖳 Gegenbetrieb *m*, Duplexverfahren *nt*
duplicate *n* 1. Duplikat *nt*, Doppel *nt*, Zweitschrift *f*, Z.ausfertigung *f*, Z.exemplar *nt*, Kopie *f*, Dublette *f*; 2. Pfandschein *m*; 3. Duplikatwechsel *m*, Wechselduplikat *nt*; 4. Nachbau *m*; **in d.** in doppelter/zweifacher Ausführung, ~ Ausfertigung, in zwei Exemplaren; **d. of a bill** Wechselausfertigung *f*, W.sekunda *f*; **~ an invoice** Rechnungs-, Fakturaduplikat *nt*, Rechnungszweitschrift *f*; **~ a railroad bill of lading** *[US]* Frachtbriefdoppel *nt*, F.duplikat *nt*, Duplikatenfrachtbrief *m*; **~ a waybill** Frachtbriefduplikat *nt*, F.doppel *nt*; **to make out in d.** doppelt ausfertigen
duplicate *adj* doppelt, zweifach; *v/ti* 1. Abschrift/Duplikat machen von, duplizieren, kopieren, vervielfältigen; 2. sich verdoppeln
duplicating machine *n* Vervielfältigungs-, Abziehapparat *m*, A.gerät *nt*, Vervielfältiger *m*; **d. process** Vervielfältigungsverfahren *nt*; **d. system** Durchschreibesystem *nt*
duplication *n* 1. Verdoppelung *f*, Duplikation *f*; 2. Vervielfältigung *f*, Kopie *f*, Zweitschrift *f*; 3. Doppelarbeit *f*, D.zählung *f*, D.erfassung *f*; **d. check** Zwillingsprüfung *f*; **d. function** Duplizierfunktion *f*
duplicator *n* Vervielfältiger *m*, Vervielfältigungs-, Abziehapparat *m*; **flat d.** Flachvervielfältiger *m*; **liquid (spirit) d.** Umdruckvervielfältiger *m*; **rotary d.** Drehvervielfältiger *m*
duplicity *n* Doppelspiel *nt*, Duplizität *f*; **d. in the indictment** [§] unzulässige Vermischung von Anklagepunkten
durability *n* Haltbarkeit *f*, Dauerhaftigkeit *f*, D.festigkeit *f*, Widerstandsfähigkeit *f*, Verschleißfreiheit *f*; **long d.** Langlebigkeit *f*, lange Lebensdauer
durable *adj* 1. haltbar, dauerhaft, langlebig, widerstands-, strapazierfähig, verschleißfest, unverwüstlich; 2. nachhaltig, beständig
durable *n* Dauerprodukt *nt*; **d.s** Gebrauchsgüter, langlebige (Verbrauchs)Güter, Dauergüter, dauerhafte Güter/Waren
duration *n* 1. (Lebens)Dauer *f*; 2. Schutzfrist *f*, Laufzeit *f*, Gültigkeits-, Geltungsdauer *f*
duration of the collective agreement Laufzeit des Tarifvertrages; **~ capital lock-up/tie-up** Kapitalbindungsfrist *f*, K.dauer *f*; **~ the contract** Laufzeit des Vertrages; **~ the course** Studiendauer *f*; **~ cover(age)** *(Vers.)* Deckungsfrist *f*; **~ credit** Kreditlaufzeit *f*, K.dauer *f*; **maximum ~ credit** Höchstlaufzeit eines Kredits; **~ employment** Beschäftigungsdauer *f*, Dauer der Beschäftigung; **~ flight** Flugdauer *f*; **~ a lawsuit**

Prozessdauer *f*; ~ **a lease** Laufzeit eines Miet-/Pachtvertrages; ~ **the licence** Lizenzdauer *f*; ~ **life** Lebensdauer *f*; ~ **an offer** Gültigkeit einer Offerte, ~ eines Angebots; ~ **a patent** Patentdauer *f*; ~ **a policy** Laufzeit einer Police/Versicherung; ~ **proceedings** Prozess-, Verfahrensdauer *f*; ~ **production** Produktionsdauer *f*; ~ **punishment** Strafdauer *f*; ~ **rent** Mietzeit *f*; ~ **stay** Anwesenheits-, Aufenthaltsdauer *f*; ~ **storage** Lagerdauer *f*; ~ **a strike** Streikdauer *f*; ~ **the term of office** Amtszeit *f*; ~ **transit** Transitdauer *f*; **for the ~ the war** auf Kriegsdauer
limited in duration zeitlich begrenzt
maximum duration Höchstdauer *f*; **mean d.** mittlere Laufzeit; **minimum d.** Minimaldauer *f*
duration category Befristungsart *f*
duress *n* [§] Nötigung *f*, Druck *m*, Zwang *m*, Drohung *f*; **under d.** genötigt, gezwungen, unter Zwang; **to act ~ d.** unter Zwang/im Notstand handeln; **to put ~ d.** nötigen; **physical d.** physischer Zwang
during *prep* während
durum wheat *n* 🌾 Hartweizen *m*
dusk *n* 1. (Abend)Dämmerung *f*; 2. Dämmerlicht *nt*; **at d.** bei Einbruch der Dunkelheit; **d. hour** Dämmerstunde *f*
dust *n* Staub *m*; **to bite the d.** *(coll)* ins Gras beißen *(coll)*; **to extract d.** ✿ entstauben; **to gather d.** verstauben; **to give sth. a. d.** etw. abstauben; **to kick up/raise a lot of d.** *(fig)* viel Staub aufwirbeln *(fig)*; **to let the d. settle on sth.** *(fig)* über etw. Gras wachsen lassen; **radioactive d.** radioaktiver Staub
dust *v/t* 1. abstauben, Staub wischen; 2. bestäuben; 3. 🌾 sprühen
dust|bin *n* [GB] Müll-, Abfalleimer *m*, Mülltonne *f*; **~man** Müllwerker *m*, M.fahrer *m*, M.mann *m*; **d.bowl** *n* 🌾 Dürre-, Trockengebiet *nt*; **d. box** [GB] Müllkasten *m*; **d.cart** *n* [GB] Müllfahrzeug *nt*, M.wagen *m*; **d. chute** [GB] Müllschlucker *m*; **d.cloth** *n* Staubtuch *nt*; **d.coat** *n* Kittel *m*; **d. cloud** Staubwolke *f*; **d. collection** ✿ Entstaubung *f*; **d. content** Staubgehalt *m*; **d. cover** Schreibmaschinenhülle *f*, Schutzumschlag *m*, Schonbezug *m*; **d. emission** 📢 Staubemission *f*
duster *n* Staubtuch *nt*; **the (Red) D.** *(coll)* britische Handelsflagge
dust extraction 📢 Entstaubung *f*; ~ **plant** Entstaubungsanlage *f*; **d. filter** Staubfilter *m*; **d.-free** *adj* staubfrei; **d. jacket** Buchhülle *f*, B.umschlag *m*; **d.man** Müllfahrer *m*, M.werker *m*; **d.pan and brush** *n* Handfeger und Schaufel; **d. particle** Staubteilchen *n*; **d.-proof** *adj* staubdicht, .s.geschützt; **d. removal** Entstaubung *f*; **d. seal** Staubdichtung *f*; **d. sheet** Möbeldecke *f*; **d. storm** Staubsturm *m*; **d. trap** Schmutzfänger *m*; **d.-up** *n* *(coll)* Handgreiflichkeiten *pl*, Keilerei *f*
dusty *adj* staubig, verstaubt
to go Dutch *(coll)* getrennte Kasse machen, getrennt bezahlen, sich die Kosten teilen
duti|ability *n* ⊖ Zollpflichtigkeit *f*; **d.able** *adj* 1. ⊖ zoll(steuer)pflichtig, verzollbar; 2. abgabe(n)-, steuerpflichtig
dutiful *adj* pflichtbewusst, p.gemäß, p.getreu, p.eifrig, beflissen, gehorsam

duty *n* 1. Pflicht *f*, Verpflichtung *f*, Schuldigkeit *f*, Obliegenkeit *f*; 2. Aufgabe *f*, Auflage *f*; 3. ✿ Funktion *f*; 4. ✿ Beanspruchung *f*; 5. Gebühr *f*, Aufgabe *f*; 6. ⊖ Zoll(gebühr) *m/f*, Z.satz *m*; 7. indirekte Steuer, Taxe *f*; **duties** Pflichten-, Aufgabenkreis *m*, A.gebiet *nt*, A.bereich *m*, dienstliche Obliegenheiten; **in accordance with (one's) d.** pflichtgemäß; **contrary to d.** pflichtwidrig; **fit for d.** dienstfähig; **off d.** nicht im Dienst, frei; **on d.** im Dienst, diensthabend, in Bereitschaft; **subject to d.** zoll-, abgabenpflichtig
duty to act Handlungspflicht *f*; ~ **attend** Anwesenheitspflicht *f*; **d. on buyer's account** Abgaben zu Lasten des Käufers; **d. of care** 1. Sorgfaltspflicht *f*; 2. Fürsorgepflicht *f*; **d. on checks** [US] /**cheques** [GB] Schecksteuer *f*; **d. applicable to third countries** *(EU)* Drittlandzoll *m*; **d. for consignee's account** Zoll zu Lasten des Empfängers; **d. of disclosure** Auskunfts-, Offenbarungs-, Publizitätspflicht *f*; ~ **discovery** Aufklärungspflicht *f*; ~ **discretion** Schweigepflicht *f*; **d. on entry** Einfuhrzoll *m*; ~ **exports** Ausfuhrzoll *m*; **d. of fidelity** Treuepflicht *f*; **d. on agricultural goods** Agrarzoll *m*; ~ **imported grain** Getreidezoll *m*; **duties, imports and excises** Zölle und Abgaben; **d. on imports/importation** Einfuhrzoll *m*, Eingangsabgabe *f*; ~ **increment value** Wertzuwachssteuer *f*; **d. of secrecy** Verschwiegenheits-, Schweigepflicht *f*, Pflicht zur Amtsverschwiegenheit; **d. on ~ spirits** Branntweinsteuer *f*; **d. of supervision** Überwachungspflicht *f*; **internal duties and taxes** interne Abgaben; **d. based on weight**; **d. levied on a weight basis** Gewichtsverzollung *f*, G.zoll *m*
(legal) duty to act Rechtspflicht zum Handeln; **d. to assist** Pflicht zur Hilfeleistung, Beistandspflicht *f*; ~ **avoid dangers** Gefahrenabwendungspflicht *f*; ~ **balance the budget** Haushaltsausgleichspflicht *f*; ~ **certify** Bescheinigungspflicht *f*; ~ **clarify the case** [§] Sachaufklärungspflicht *f*; ~ **clear the street** *(Schnee etc.)* Räumpflicht *f*; ~ **cohabit** [§] Beiwohnungs-, Kohabitationspflicht *f*; ~ **compensate** Entschädigungspflicht *f*; ~ **comply with instructions** Gehorsamspflicht *f*, Weisungsgebundenheit *f*; ~ **cooperate** Mitwirkungspflicht *f*; ~ **deliver** Liefer(ungs)pflicht *f*; ~ **disclose (publicly)** Ausweis-, Anzeige-, Publizitäts-, Bekanntmachungs-, Offenbarungspflicht *f*; ~ **exercise proper care** Sorgfalts-, Obhutspflicht *f*; **(legal)** ~ **give advice** Beratungspflicht *f*; ~ **give evidence** [§] Aussagepflicht *f*; ~ **hear the views** Anhörungspflicht *f*; ~ **inform** Informationspflicht *f*; ~ **keep records** Belegzwang *m*; ~ **mark** Kennzeichnungspflicht *f*; ~ **minimize the loss** Schaden(s)minderungspflicht *f*; ~ **offer** Anbietungs-, Andienungspflicht *f*; ~ **pay** Zahlungspflicht *f*; ~ **perform** Leistungspflicht *f*; ~ **perform the contract** Geschäftsabwicklungspflicht *f*; ~ **petition** Antragspflicht *f*; ~ **preserve books and records** Aufbewahrungspflicht *f*; ~ **prevent a loss** Schaden(s)abwendungspflicht *f*; **statutory** ~ **provide vocational training** Ausbildungspflicht *f*; ~ **price the goods displayed** Auszeichnungspflicht *f*; ~ **rectify a loss** Schaden(s)behebungspflicht *f*; ~ **refrain** pflichtgemäße Unterlassung, Unterlassungs-

duty to register

pflicht *f*; ~ **register** Melde-, Registrierungspflicht *f*; ~ **render account** Rechnungslegungspflicht *f*, Pflicht zur Abrechnung; ~ **render services** Dienstleistungspflicht *f*; ~ **repay** Erstattungspflicht *f*; ~ **report** Anzeige-, Melde-, Berichtspflicht *f*; ~ **report disability for work** Meldepflicht bei Arbeitsunfähigkeit; **legal** ~ **support dependants** gesetzliche Unterhaltspflicht; ~ **take care** Sorgfaltspflicht *f*; ~ **take delivery** Abnahmepflicht *f*; ~ **testify** [§] Zeugnispflicht *f*; ~ **warn** Aufklärungspflicht *f*
derelict in one's duty pflichtvergessen; **exempt/free from d.** ⊖ zollfrei; **freed from d.** freigestellt; **liable to d.** zoll-, abgabenpflichtig, zollhängig; **mindful of one's duties** pflichtbewusst; **negligent of one's duties** pflichtvergessen; **in d. bound** pflichtgemäß; **d. forward** Zoll zu Ihren Lasten; **d. incumbent on so.** jdm obliegende Pflicht; **d. paid** 1. verzollt, zollfrei, nach Verzollung; 2. versteuert; **d. unpaid** unverzollt
to assess (a) duty ⊖ Zoll festsetzen; **to attend to one's duties** seine Pflichten versehen; **to attract d.** 1. zollpflichtig sein; 2. der Steuer unterliegen; **to be faithful in discharging one's duties** seine Pflichten getreulich erfüllen; ~ **off d.** frei haben, nicht im Dienst sein; ~ **on d.** (Bereitschafts)Dienst/Dienstbereitschaft haben, Dienst tun; ~ **relieved of d.** steuerfrei sein; ~ **remiss in (the execution of) one's duties** seine Pflicht(en) vernachlässigen, seinen Pflichten nachlässig nachkommen; ~ **stripped of one's official duties** seines Amtes enthoben werden/sein; ~ **subject to d.** dem Zoll unterliegen; ~ **under a d.** verpflichtet sein; **to breach one's duties** Pflicht verletzen; **to carry d.** einem Zoll unterliegen; **to charge d.** Steuer verlangen, Zoll erheben; **to collect d.** Zoll einnehmen; **to consider sth. one's bounden d.** etw. für seine Pflicht und Schuldigkeit halten; **to define duties** Pflichtenkreis festlegen; **to devolve duties upon so.** jdm Aufgaben übertragen, Funktionen auf jdn übertragen; **to discharge a d.** Aufgabe wahrnehmen; ~ **one's duties; to do one's d.** seine Pflicht erfüllen/tun, Dienst versehen, seinen Pflichten nachkommen, sich seiner Pflichten entledigen; **to discharge so. of a d.** jdn von einer Pflicht entbinden; **to enter upon one's duties** Tätigkeit aufnehmen; **to evade a d.** sich einer Pflicht entziehen; **to exempt from d.** vom Zoll ausnehmen; **to fail in one's d.** seine Pflicht verletzen/vernachlässigen; **never to flinch from one's duties** sich nie seinen Pflichten entziehen; **to fulfil one's d.** seine Pflicht erfüllen; **to go off d.** Dienst beenden; **to impose/levy a d. (on)** mit Zoll belegen, Zoll legen (auf); **to impose duties** mit Abgaben belegen, Abgaben erheben; **to levy duties** mit Abgaben belegen; **to neglect one's d.** seine Pflicht vernachlässigen, Dienstpflicht verletzen; ~ **one's supervisory d.** Aufsichtspflicht verletzen; **to obstruct so. in the execution of his duties** jdn bei der Ausübung seiner Pflichten behindern; **to pay d. on** Zoll (be)zahlen auf, verzollen, versteuern; ~ **additional duties** nachverzollen; **to perform duties** Pflichten erfüllen; **to raise d. on sth.** Abgabe/Steuer auf etw. erhöhen, ~ anheben; **to release so. from his/her duties** jdn freistellen; **to relieve of d.**

von der Steuer entlasten/befreien; ~ **so. of his/her duties** jdn ablösen; **to remind so. of his d.** jdn in die Pflicht nehmen; **to remit (a) d.** Zoll erlassen; **to report for d.** sich zum Dienst/Einsatz/zur Arbeit melden; **to take up one's duties** seinen Dienst antreten, Tätigkeit aufnehmen

ad valorem *(lat.)* **duty** Wertzoll *m*, W.steuer *f*, nach Wert erhobener Zoll, Verzollung nach Wert; **subject to** ~ **d.** wertzollbar; **additional d.** Nach-, Zusatz-, Zuschlagszoll *m*, Zollzuschlag *m*; **administrative duties** Verwaltungsaufgaben; **agricultural d.** Agrarzoll *m*; **ancillary duties** untergeordnete Aufgaben; **anti-dumping d.** Antidumpingzoll *m*; **basic d.** Ausgangszoll(satz) *m*; **bounden d.** Pflicht und Schuldigkeit; **civic duties** Bürgerpflichten, staatsbürgerliche Pflichten; **clerical duties** Büroarbeiten; **compensatory/ countervailing/equalizing d.** Ausgleichssteuer *f*, A.zoll *m*, Umsatzausgleichssteuer *f*; **compound d.** Mischzoll *m*, gemischter/kombinierter Zoll(tarif), gemischter Wertzoll; ~ **compensatory d.** gleitender Mischzoll; **conflicting duties** Pflichtenkollision *f*; **conjugal d.** eheliche Pflicht; **contingent d.** Ausgleichszoll *m*, A.abgabe *f*; **contractual d.** vertragliche Pflicht, Vertragspflicht *f*; **conventional d.** Vertragszoll(satz) *m*; **deferred d.** Zollaufschub *m*; ~ **warehouse** Zollaufschublager *nt*; **differential d.** gestaffelter Zoll, Differenzzoll *m*; **discriminating d.** Differenzialzoll *m*; **domestic duties** häuslicher Pflichtenkreis; **early d.** Frühdienst *m*; **electoral d.** Wahlpflicht *f*; **elementary duties** Grundpflichten; **extra d.** Nachsteuer *f*; **fiduciary d.** treuhänderische Pflicht, Nebenpflichten *pl*, Pflicht eines Treuhänders, Treuhänderaufgabe *f*; **filial d.** Kindespflicht *f*; **financial/fiscal d.** Finanzzoll *m*; **fixed d.** fester Zollsatz; **flat-rate d.** Verzollung zum Pauschalsatz; **heavy d.** ✪ Schwerbetrieb *m*; **implied d.** stillschweigende Pflicht; **indoor duties** Innendienst *m*; **inland/internal d.** Binnenzoll *m*, Landessteuer *f*, Akzise *f*, Inlandsabgabe *f*; **inward d.** Eingangs-, Einfuhrzoll *m*; **legal d.** gesetzliche Pflicht/Verpflichtung, Rechtspflicht *f*; **long d.** Nettozoll *m*; **marital d.** eheliche Pflicht; **matching d.** Ausgleichszoll *m*; **mixed d.** Mischzoll *m*, gemischter Zoll; **moral d.** moralische Verpflichtung/Pflicht, Gewissenspflicht *f*; **negative d.** Unterlassungspflicht *f*; **nil d.** Nullzoll *m*; **occupational duties** Berufsaufgaben; **official d.** Dienstobliegenheit *f*, Amtspflicht *f*; ~ **duties** Amtsgeschäfte; **onerous duties** schwere Pflichten; **parental d.** Elternpflicht *f*; **penal d.** Strafzoll *m*; **plain d.** selbstverständliche Pflicht; **positive d.** Pflicht zum Handeln; **preferential d.** Präferenz-, Vorzugszoll *m*; **professional duties** Berufs-, Standespflichten; **prohibitive d.** Schutz-, Prohibitivzoll *m*; **protective d.** Schutzzoll *m*; **reciprocal d.** gegenseitige Leistung; **record-keeping d.** Buchführungspflicht *f*; **retaliatory d.** Retorsions-, Kampf-, Vergeltungszoll *m*; **revenue-raising d.** fiskalischer Zoll, Fiskalzoll *m*; **seasonal d.** Saisonzoll *m*; **secondary d.** Nebenpflicht *f*; **sliding-scale d.** gleitender Zoll, Gleitzoll *m*; **social duties** 1. soziale Aufgaben; 2. Repräsentationspflichten; **specific d.** 1. Sonder-, Stückzoll *m*, spezifischer Zoll; 2. Verzollung nach Gewicht, nach Gewicht erhobener Zoll, Gewichtszoll *m*; **standard/uniform d.** einheitlicher Zoll, Einheitszoll *m*; **standby d.** Dienstbereitschaft *f*; **statutory d.** gesetzliche Pflicht/Verpflichtung; **supervising/supervisory d.** Aufsichtspflicht *f*, Überwachungsaufgabe *f*; **supplementary d.** Zollaufschlag *m*, Z.zuschlag *m*

duty advantage Zollvorteil *m*; **d. assessment** Zollfestsetzung *f*, Z.ermittlung *f*; **d. barrier** *(fig)* Zollschranke *f (fig)*; **d.-bound** *adj* verpflichtet; **d. burden** Gebühren-, Zollbelastung *f*; **d. call** Höflichkeits-, Pflichtbesuch *m*; **d. collection point** Verzollungsstelle *f*; **d. drawback** Zollrückerstattung *f*, Rückzoll *m*; **d. entry** Zollerklärung *f*, Z.deklaration *f*; **d. forward** unverzollt; **d.-free** *adj* zoll-, gebühren-, abgaben-, steuerfrei, nicht zollpflichtig; **d. officer** 1. ⚓ Offizier vom Dienst, diensthabender Offizier; 2. ⚓ Wachhabender *m*, W.offizier *m*; **d. physician** Notarzt *m*, diensthabender Arzt; **d. point** Zollpunkt *m*, Z.stelle *f*; **d. reduction** Zollsenkung *f*, Z.abbau *m*; **d. room** *(Polizei)* Wachstube *f*, Revierwache *f*; **d. roster** Dienstplan *m*; **d. sergeant** *(Polizei)* Revierwachtmeister *m*; **d. solicitor** Bereitschaftsanwalt *m*, Anwalt im Notdienst, Pflichtverteidiger *m*, gerichtlich bestellter Anwalt, Rechtsbeistand *m*; **d. stamp** Stempelmarke *f*; **d. and consumption tax control(s)** Zoll- und Verbrauchssteueraufsicht *f*

duvet *n (frz.)* Bettdecke *f*
dwarf *n* Zwerg *m*; *v/t* in den Schatten stellen, überragen; **d. quota** Zwergkontingent *nt*
dwell *v/i* wohnen, hausen; **d. on sth.** etw. breittreten, bei etw. verweilen
dweller *n* Bewohner(in) *m/f*
dwelling *n* Wohnung *f*, Behausung *f*, Obdach *nt*; **to live in furnished d.s** möbliert wohnen
newly approved dwelling|s neu genehmigte Wohnungen; **company-owned d.** werkseigene Wohnung, Werkswohnung *f*; **privately financed d.** frei finanzierte Wohnung; **miserable/wretched d.** jämmerliche/kümmerliche Behausung; **owner-occupied d.** Eigenheim *nt*; **pre-currency reform d.** Altbauwohnung *f* [D]; **private d.** Privathaus *nt*, P.quartier *nt*, P.wohnung *f*; **total d.s** Wohnungsbestand *m*
dwelling house Wohnhaus *nt*; **d. place** Wohn-, Aufenthaltsort *m*, Wohnsitz *m*; **d. size** Wohnungsgröße *f*
dwelling unit Wohn(ungs)einheit *f*; **completed d. u.** fertiggestellte Wohneinheit; **multi-family d. u.** Mehrfamilienhaus *nt*
dwindle (away) *v/i* (dahin)schwinden, zerrinnen, (stark) zurückgehen, schwinden, (ein-, zusammen)schrumpfen, z.schmelzen, rückläufig sein, *(Bestände)* sich lichten; **d. to nothing** zerrinnen
dwindling *n* Abnahme *f*, Schwinden *nt*, Nachlassen *nt*; **d. of stocks** Lagerschrumpfung *f*
dwindling *adj* schrumpfend, schwindend
dwt (deadweight tons) ⚓ Tragfähigkeit *f*
dye *n* Farbstoff *m*, Farbe *f*, Färbemittel *nt*; *v/t* färben; **d.r** *n* Färber *m*
dye|stuff *n* Farbstoff *m*, Farbe *f*; **d.stuff(s) industry** Farbstoff-, Farbenindustrie *f*; **d.works** *n* ⚒ Färberei *f*

dying declaration *n* [§] Erklärung auf dem Sterbebett
dyke *n* Deich *m*; *v/t* eindeichen, eindämmen; **d. building** Deicharbeiten *pl*, Eindeichung *f*
dynamic *adj* dynamisch, schwungvoll, einsatzfreudig
dynamics *n* 1. Dynamik *f*, Bewegungslehre *f*; 2. Kräftespiel *nt*, Schwungkraft *f*; 3. dynamische Wirtschaftstheorie; **d. of the world economy** weltwirtschaftliche Dynamik; **comparative d.** komparative Dynamik; **partial d.** dynamische Partialanalyse
dynamism *n* Dynamik *f*; **entrepreneurial/managerial d.** *n* unternehmerische Dynamik
dynamization *n* Dynamisierung *f*
dynamite *n* Dynamit *nt*, Sprengstoff *m*; *v/t* sprengen
dynamo *n* 1. ⚡ Dynamo *m*; 2. ⚡ Lichtmaschine *f*; **d.-meter** *n* ✪ Kraftmesser *m*
dysentery *n* ⚕ Ruhr *f*, Dysenterie *f*
dys|function *n* ⚕ Funktionsstörung *f*; **d.lexia** *n* Legasthenie *f*; **d.lexic** *n* Legasthaniker(in) *m/f*; *adj* legasthenisch; **d.trophy** *n* Ernährungsstörung *f*

E

each *adv* je(weils), à *(frz.)*, pro Person/Stück
eager *adj* eifrig, beflissen, emsig, erpicht; **e. to learn** lernbegierig
eagerness *n* Eifer *m*; **e. to help** Hilfsbereitschaft *f*; **to learn** *n* Lernbegierde *f*, L.eifer *m*
double eagle *n* [US] 20 Dollar-Goldmünze *f*; **federal e.** Bundesadler *m*; **half e.** [US] Fünfdollarstück *nt*; **e. eyes** *(fig)* Luchsaugen *(fig)*
ear *n* 1. Ohr *nt*; 2. 🌾 Ähre *f*; **to be all e.s** *(fig)* ganz Ohr sein *(fig)*; **~ up to the e.s in debt** *(coll)* tief in Schulden stecken, bis über die/beide Ohren in Schulden stecken; **to come to so.'s e.s** jdm zu Ohren kommen; **to fall on deaf e.s** auf taube Ohren stoßen, verschlossene Ohren finden; **to have one's e. to the ground** *(fig)* auf dem Laufenden sein, dem Lauf der Dinge/Ereignisse folgen; **to keep one's e.s open** herumhorchen; **to play it by e.** *(coll)* improvisieren; **to preach to deaf e.s** tauben Ohren predigen; **to prick (up) one's e.s** die Ohren spitzen, hellhörig werden, gespannt zuhören; **to strain one's e.s** angestrengt horchen; **to turn a deaf e. to sth.** sich einer Sache verschließen, etw. überhören; **to whisper in so.'s e.s** jdm ins Ohr flüstern
ear|ache *n* [§] Ohrenschmerzen *pl*; **e. barking** *(fig)* Maßhalteappell *m*; **e. drum** ⚕ Trommelfell *nt*
early *adj* früh(zeitig), (vor)zeitig
earmark *n* Kenn-, Eigentumszeichen *nt*; *v/t* vormerken, vorsehen, (für einen Zweck) bestimmen/zurückstellen/z.legen
ear|marked *adj* zurück-, bereitgestellt, vorgesehen, zweckgebunden, z.bestimmt, objektbezogen, o.gebunden; **e.marking** *n* Zweckbindung *f*, Z.bestimmung *f*, Bereitstellung(smaßnahmen) *f/pl*; **~ of funds** Bindung von Geldmitteln, Bereitstellung von Geldbeträgen für bestimmte Zwecke

earmuffs *pl* Ohrenschützer
earn *v/t* 1. *(Geld)* verdienen, als Lohn erhalten; 2. *(Zinsen)* bringen; 3. *(Gewinn)* einfahren, einbringen, erwirtschaften
earned *adj* realisiert, verdient
earner *n* 1. Verdiener(in) *m/f*, Erwerbsfähige(r)*f/m*; 2. Einnahmequelle *f*; **average e.** Durchschnitts-, Normalverdiener *m*; **big/high(income) e.** Großverdiener *m*; **employed e.** Nichtselbstständige(r) *f/m*; **low(-income) e.** Niedrigverdiener *m*; **main/principal e.** Hauptverdiener *m*; **top e.** Spitzenverdiener *m*
earnest *adj* ernst
earnest *n* 1. Ernst *m*, 2. Draufgeld *nt*; **to give in e.** Draufgeld leisten/zahlen; **e. of intent** Absichtserklärung *f*; **e. money** 1. Drauf-, Hand-, Angeld *nt*, Draufgabe *f*, Bietungsgarantie *f*; 2. *(Pfändung)* Haftgeld *nt*
earning *adj* 1. ertragbringend, 2. *(Aktiva)* werbend
earnings *pl* 1. Arbeitsentgelt *nt*, A.verdienst *m*, Bezüge, (Arbeits)Lohn *m*, Gehalt *nt*, (Arbeits)Einkommen *nt*, Einkünfte, Verdienst *m*; 2. Ertrag *m*, Erträge, (erarbeiteter) Gewinn, Erträgnisse, Reingewinn *m*, Ertragslage *f*
earnings retained (for use) in the business nicht ausgeschüttete Gewinne, einbehaltene/thesaurierte Gewinne; **e. available for distribution** ausschüttungsfähiger Gewinn; **e. of factors of production** Faktorerträge; **e. in kind** Naturalerträge; **e. from operations** Betriebsgewinn *m*, B.ergebnis *nt*, Gewinn aus dem operativen Geschäft; ~ **current operations** Ertrag aus dem laufenden Geschäft; ~ **the ownership of an enterprise** Unternehmereinkommen *nt*; **e. per share (e.p.s.)** Aktienrendite *f*, Gewinn je Aktie, Kurs-Gewinn-Verhältnis *nt*; **(fully) diluted ~ share** (voll) verwässerter Gewinn je Aktie, Gewinn je Aktie einschließlich aller Umtauschrechte, ~ unter Berücksichtigung des bedingten Kapitals; **e. from secondary sources** Nebeneinkünfte; **e. after tax(es)** Gewinn nach Steuern, Reingewinn *m*, versteuerter Gewinn; **e. before tax(es)** Vorsteuergewinn *m*, Bruttoergebnis *nt* (vom Umsatz), B.einkommen *nt*, Gewinn vor Steuern
to cut down earnings Einkommen verringern; **to kick up** *(coll)*/**lift e.** Betriebsergebnis/Gewinne steigern, ~ hochschrauben; **to pare/whittle down e.** Einkommen verringern; **to return higher/lower e.** größeren/niedrigeren Gewinn ausweisen
accumulated earnings Gewinnvortrag *m*, nicht ausgeschütteter Gewinn, thesaurierte Einkünfte; **actual e.** Effektivlohn *m*, E.verdienst *m*; **additional e.** Nebenerlös *m*; **after-tax e.** Gewinn nach Steuern; **annual e.** 1. Jahreseinkommen *nt*, J.einkünfte, J.(arbeits)verdienst *m*, J.arbeitsentgelt *nt*, J.bezüge *f*; 2. Jahresgewinn *m*; **gross ~ e.** Jahresbruttolohn *m*; **attributable e.** anfallende Erträge; **available e.** ausschüttungsfähiger Gewinn; **average e.** 1. Durchschnitts-, Normalverdienst *m*, durchschnittlicher Verdienst, Verdienstdurchschnitt *m*; 2. durchschnittlicher Gewinn; **normal/regular/standard ~ e.** durchschnittlicher Normalverdienst; **before-tax e.** Bruttoverdienst *m*; **black e.** Einkünfte aus Schwarzarbeit; **casual e.** Nebeneinkünfte, N.einnahmen; **combined e.** gemeinsames Einkommen; **consolidated e.** konsolidierter Ertrag/Gewinn; **corporate e.** Unternehmenseinkommen *nt*, U.ertrag *m*, Gesellschaftsgewinn *m*; **current e.** laufender Gewinn; **daily e.** Tagesverdienst *m*; **disposable e.** Nettolohn *m*, N.gehalt *nt*, verfügbares Nettoeinkommen; **distributable e.** ausschüttbarer/ausschüttungsfähiger/zu verteilender Gewinn; **double e.** Doppelverdienst *m*; **eligible e.** versicherungspflichtiges Entgelt/Einkommen; **estimated e.** 1. geschätztes Einkommen; 2. geschätzter Gewinn; **first-half e.** Ertrag/Gewinn im ersten Halbjahr; **first-period e.** 1. *[GB]* Ertrag/Gewinn in der ersten Jahreshälfte; 2. *[US]* Ertrag/Gewinn im ersten Quartal; **first-quarter e.** Ertrag/Gewinn im ersten Quartal; **fixed e.** feste Einkünfte, festes Einkommen; **foreign e.** Auslandserträge; **future e.** zukünftige Erträge; **gross e.** 1. Gesamt-, Bruttoeinkommen *nt*, B.verdienst *m*, B.lohn *m* B.bezüge; 2. Bruttogewinn *m*, Brutto-, Rohertrag *m*, R.überschuss *m*, Bruttoertrag *m*; **amplified ~ e.** erweiterter Rohertrag; ~ **principle** Bruttoertragsprinzip *nt*; **historical e.** Erlöse auf Anschaffungskostenbasis; **hourly e.** Stundenlohn *m*, S.verdienst *m*; **average ~ e.** Durchschnittsstundenverdienst *m*; **illegal e.** Schwarzgeld *nt*; **illusory e.** Scheingewinne; **immoral e.** unmoralische Einkünfte, unmoralisches Einkommen; **industrial e.** Einkommen aus Gewerbebetrieb, gewerbliche Einkünfte; **invisible e.** Einnahmen aus unsichtbaren Leistungen, unsichtbare Einkünfte/Erträge; **low e.** geringes/geringfügiges/niedriges Einkommen; **monthly e.** 1. monatlicher Ertrag, Monatsertrag *m*; 2. Monatseinkommen *nt*, M.verdienst *m*, monatliche Bezüge; **national e.** Volkseinkommen *nt*
net earnings 1. Nettoeinkommen *nt*, N.verdienst *m*, Effektivbezüge, E.lohn *m*, Reinverdienst *m*, Nettoeinkünfte; 2. Netto-, Reinertrag *m*, R.gewinn *m*, Nettoergebnis *nt*, N.gewinn *m*, N.resultat *nt*, N.erträge, Bilanzgewinn *m*; ~ **as a percentage of sales/turnover** Nettoumsatzrendite *f*; ~ **per share** Ergebnis/Nettogewinn je Aktie; **consolidated ~ e.** Konzernbilanzgewinn *m*; **declared n. e.** ausgewiesener Reingewinn
overall earnings Gesamtergebnis *nt*; ~ **budget** Gesamtergebnisplan *m*; **overseas e.** Deviseneinkünfte; **part-time e.** Einkünfte aus Teilzeitarbeit; **performance-related e.** erfolgsabhängige Vergütung; **potential e.** Verdienstmöglichkeit *f*; **primary e.** *(VWL)* Primäreinkünfte; **professional e.** Einkommen aus freier Berufstätigkeit; **prospective e.** Ertragsaussichten; **real e.** Real-, Effektiveinkommen *nt*; **reduced e.** Einkommensschmälerung *f*, E.minderung *f*, niedriges Einkommen; **regular e.** Regellohn *m*; **reinvested e.** einbehaltene/thesaurierte Gewinne, reinvestierter Gewinn; **reported e.** *(AG)* Gewinnausweis *m*, ausgewiesener Gewinn
retained earnings unverteilter Reingewinn, nicht ausgeschütteter/entnommener Gewinn, thesaurierter/einbehaltener/zurückbehaltener Gewinn, Gewinneinbehaltung *f*, G.rücklage *f*, Rücklagen; **appropriated ~ e.** zweckgebundene Rücklage; **restricted ~ e.** nicht ausschüttungsfähiger Gewinn(ertrag)
second-half earnings Ertrag/Gewinn im zweiten Halb-

jahr; **second-period e.** 1. *[US]* Ertrag/Gewinn im zweiten Quartal; 2. *[GB]* Ertrag/Gewinn in der zweiten Jahreshälfte; **six-months e.** Halbjahresergebnis *nt*, H.gewinn *m*; **spendable e.** verfügbares Einkommen; **standard e.** Tarifohn *m*, T.verdienst *m*, T.einkommen *nt*; **stated e.** ausgewiesener Ertrag/Gewinn; **straight-time e.** Normalverdienst *m*; **average ~ e.** durchschnittlicher Normalverdienst; **tax-free e.** steuerfreie Bezüge, steuerfreies Einkommen; **total e.** Gesamtverdienst *m*, G.einkünfte; **unappropriated e.** Gewinnrücklage *f*, G.rückstellung *f*, ausschüttungsfähiger/unverteilter Reingewinn; **underlying e.** Basiseinkommen *nt*; **weekly e.** Wochenverdienst *m*, W.lohn *m*; **average ~ e.** durchschnittlicher Wochenverdienst; **yearly e.** Jahresertrag *m*, J.einkommen *nt*, J.bezüge
earnings analysis Erfolgsanalyse *f*; **comparative e. analysis** Erfolgsvergleichsrechnung *f*; **e. apportionment** Ertragsaufteilung *f*; **e. and cost approach** Verteilungsrechnung *f*; **e. base** Ertragsposition *f*; **e. bracket** Einkommensgruppe *f*, Verdienststufe *f*; **e. cap** Verdienst(ober)grenze *f*
earning capacity 1. Ertragspotenzial *nt*, E.kraft *f*, E.fähigkeit *f*, E.wert *m*, Rentabilität *f*; 2. Erwerbsfähigkeit *f*; **~ standard** Kapitalisierungsformel *f*; **~ value** Ertragswert *m*
earnings ceiling *(Vers.)* Beitragsbemessungsgrenze *f*; **to lift the e. ceiling** Beitragsbemessungsgrenze erhöhen/anheben; **e. certificate** Verdienstbescheinigung *f*; **e. comparison** Gewinn-, Rentabilitätsvergleich *m*; **e. contribution** Gewinnbeitrag *m*; **e. cover** Dividendendeckung *f*, Ertragsdecke *f*; **e. credit** *[US]* Gehaltsvorschuss *m*; **e. dilution** (inflationsbedingte) Einkommens-/Gewinn-/Ertragsaufblähung; **e. distribution** Einkommensverteilung *f*; **e. drift** Lohndrift *f*; **upward e. drift** positive Lohndrift; **e.-enhancing** *adj* gewinnsteigend; **e. estimate** Gewinnvorschau *f*; **e. figures** Ertragszahlen; **e. fluctuation** Ertragsschwankung *f*; **e. forecast** Gewinnprognose *f*, Ertragsvorschau *f*; **e. gain** Gewinn-, Ertragszuwachs *m*, E.zunahme *f*; **e. gap** Ertragslücke *f*, Einkommensdifferenz *f*, Einkommens-, Lohngefälle *nt*
earnings growth Gewinnzuwachs *m*, G.zunahme *f*, Ertragszuwachs *m*, E.steigerung *f*, E.dynamik *f*; **general e. g.** allgemeine Einkommensentwicklung; **e. g. rate** Einkommenszuwachsrate *f*
earnings guarantee Einkommensgarantie *f*; **e. improvement** Erlös-, Rentabilitätsverbesserung *f*; **e. increase** Ertragssteigerung *f*, E.plus *nt*, Rentabilitätssteigerung *f*; **e. indicator** Erfolgskennzahl *f*, E.ziffer *f*; **deferred e. items** *(Rechnung)* Abgrenzung *f*; **e. ladder** Einkommens-, Ertragsleiter *f*; **e. league** Lohnskala *f*; **e. limit for contributions** Beitragsbemessungsgrenze *f*; **upper e. limit** 1. Einkommensobergrenze *f*; 2. *(Pflichtvers.)* Beitragsbemessungsgrenze *f*; **e.-linked** *adj* einkommens-, ertragsabhängig, einkommensbezogen; **e. manipulation** Gewinnmanipulation *f*; **e. margin** Gewinn-, Ertragsspanne *f*; **e. multiple** Kurs-Ertragsverhältnis (KEV) *nt*, Kurs-Gewinn-Verhältnis (KGV) *nt*; **e. multiplier** Gewinnmultiplikator *m*; **e. performance** 1. Ertragsleistung *f*; 2. Gewinnentwicklung *f*; **e. picture** Ertragslage *f*, Erlösbild *nt*; **e. pinch** Erlösverknappung *f*; **(net) e. position** Ertragslage *f*, E.situation *f*
earning power 1. Erwerbs-, Verdienstpotenzial *nt*; 2. Rentabilität *f*, Gewinn-, Ertragsfähigkeit *f*, E.kraft *f*, E.vermögen *nt*, E.wert *m*, E.position *f*; **~ of capital employed** Kapitalrentabilität *f*; **in terms of e. p.** rentabilitätsmäßig; **weak in e. p.** ertragsschwach; **to improve e. p.** Ertragskraft stärken; **capitalized e. p.** Ertragswert *m*; **restricted e. p.** eingeschränkte Erwerbsfähigkeit
earnings projection Ertragsvorschau *f*; **e. prospects** Ertragschance *f*, E.aussichten, Gewinnaussichten; **e. ratio** 1. Kurs-Gewinn-Verhältnis (KGV) *nt*; 2. Gewinnkennziffer *f*; **e. record** Ertragsleistung *f* (in der Vergangenheit); **e.-related** *adj* einkommensabhängig, e.bezogen, verdienstbezogen, v.abhängig, lohnbedingt, l.bezogen, l.gekoppelt, l.abhängig; **e. report** Ertragsbericht *m*; **e. retention** (Gewinn)Thesaurierung *f*, Einbehaltung von Gewinnen; **e. rise** 1. Gewinnanstieg *m*; 2. Einkommensanstieg, E.zuwachs *m*; **e. sheet** *(Vers.)* Prämienverdienstliste *f*; **e. shortfall** 1. Verdienstausfall *m*; 2. Gewinnrückschlag *m*; **e. side** Ertrags-, Verteilungsseite *f*; **e. situation** Ertrags-, Gewinnlage *f*; **e. slump** Ertrags-, Gewinneinbruch *m*, Gewinneinbuße *f*; **e. span** Verdienstzeitraum *m*; **e. squeeze** Erlösdruck *m*; **e. stabilization** Erlös-, Ertragsstabilisierung *f*; **e. statement** 1. Ertragsrechnung *f*, Gewinnbilanz *f*, G.übersicht *f*, Erfolgsrechnung *f*, Gewinn- und Verlustrechnung (GuV) *f*, Ergebnis-, Gewinnaufstellung *f*, G.ausweis *m*, Ergebnisübersicht *f*, E.rechnung *f*, Ertragsaufstellung *f*; 2. Lohn-, Gehaltsabrechnung *f*; **consolidated e. statement** Nachweis über den Reingewinn; **e. status** Ertragslage *f*; **e. summary** zusammengefasste Erfolgsrechnung; **consolidated e. surplus** Konzernrücklagen *pl*; **e. table** Lohnskala *f*; **e. target** Ertragsplanziel *nt*; **e. tax** Ertragssteuer *f*; **~ balance sheet** Ertragssteuerbilanz *f*; **e. unit** Ertragsstelle *f*; **e. value** Ertragswert *m*; **e. yield** Gewinn-, Kursrendite *f*
earn-out *n* gewinnabhängige Kaufpreisnachzahlung
ear|phones *pl* Kopfhörer *m*; **e.piece** *n* Hörmuschel *f*; **e. plug** Ohr(en)stöpsel *m*
earth *n* 1. Erde *f*, Erdball *m*; 2. Erde *f*, E.boden *m*; 3. *[GB]* ⚡ Erde *f*; **down to e.** realistisch, prosaisch; **to come back to e.** wieder auf den Boden der Tatsachen/Wirklichkeit zurückkehren; **to cost the e.** *(coll)* ein Heidengeld kosten *(coll)*; **natural e.** gewachsene Erde, Mutterboden *m*; **rare e.s** seltene Erden; **scorched e.** verbrannte Erde
earth *v/t* *[GB]* ⚡ erden; **e. cable** Massekabel *nt*
earthenware *n* Steingut(geschirr) *nt*
earthing *n* ⚡ Erdung *f*
earthling *n* Erdenbürger(in) *m*/*f*
earthquake *n* Erdbeben *nt*; **e. clause** Erdbebenklausel *f*; **e. insurance** Erdbebenversicherung *f*; **e.-proof** *adj* erdbebensicher
earth sciences Geowissenschaften; **e. tremor** Erderschütterung *f*; **e.work(s)** *n* Erdarbeiten, E.bewegungen
ear witness Ohrenzeuge *m*

ease *n* 1. Leichtigkeit *f*; 2. Zwanglosigkeit *f*, Ungezwungenheit *f*, Bequemlichkeit *f*; **at e.** entspannt; **e. of borrowing capital** leichte Fremdkapitalbeschaffung; **~ raising capital** leichte Finanzierung; **~ operation** Bedienungsfreundlichkeit *f*
to be at ease with so. ungezwungen mit jdm verkehren; **to feel ill at e.** *(Gesellschaft)* sich unwohl fühlen; **to live at e.** in guten Verhältnissen leben; **to put so. at e.** jdm die Befangenheit nehmen
ease *v/ti* 1. *(Preise/Börse)* (leicht) nachgeben, sich abschwächen, etw. fallen, leichter notieren/tendieren, sich beruhigen/entspannen, nachlassen, schwächer werden, rückläufig sein, abbröckeln, nachgeben; 2. mildern, (auf)lockern, erleichtern; 3. entlasten, entschärfen; 4. *(Schmerz)* lindern, sich legen; **e. off** *(Kurse/Preise)* abbröckeln, sich abschwächen, sich entspannen; **e. up** 1. sich verlangsamen; 2. sich entspannen
easement *n* [§] (Grund)Dienstbarkeit *f*, Realservitut *nt*; **e. in gross** subjektiv persönliche Dienstbarkeit; **e. of passage** Fahr- und Gehrechte *pl*
to commute an easement Dienstbarkeit ablösen; **to grant an e.** Dienstbarkeit einräumen; **to release an e.** (Grund)Dienstbarkeit löschen
continuous easement dauernde (Grund)Dienstbarkeit; **negative e.** negative (Grund)Dienstbarkeit; **positive (affirmative) e.** positive (unbeschränkte) Dienstbarkeit; **public e.** öffentlich-rechtliches Servitut, öffentlich-rechtliche (Grund)Dienstbarkeit; **quasi e.** dienstbarkeitsähnliches Recht; **restricted e.** beschränkt persönliche Dienstbarkeit; **e. appurtenant** subjektiv dingliche (Grund)Dienstbarkeit
easier *adj (Börse)* niedriger, leichter; **to turn e.** leicht nachgeben
easily *adv* gut und gerne
easing *n* 1. (Auf)Lockerung *f*, Entkrampfung *f*, Entlastung *f*, Entspannung *f*, Verminderung *f*; 2. *(Börse)* Nachgeben *nt*; 3. *(Nachfrage)* Beruhigung *f*
easing of economic activity Konjunkturberuhigung *f*; **~ the capital market** Auflockerung des Kapitalmarkts; **~ the cost burden** Kostenentlastung *f*; **~ credit(s)** Krediterleichterung *f*, K.lockerung *f*, kreditpolitische Erleichterung(en); **~ credit restrictions** Lockerung der Kreditbeschränkungen; **~ entry** Zugangserleichterungen *pl*; **~ interest rates** Zinsabschwung *m*, Z.entspannung *f*, Z.rückbildung *f*; **~ the market** Marktentspannung *f*; **~ the money market** Geldmarktverflüssigung *f*; **e. in money rates** Entspannung/Erleichterung am Geldmarkt, Abschwächung der Geldsätze; **e. of monetary policy** Lockerung der Geldpolitik; **~ the pressure on the economy** Entlastung der Wirtschaft; **~ prices** Kurs-, Preisabschwächung *f*, Abbröckeln/Nachgeben der Kurse, ~ Preise; **~ strain on the balance of payments** Entlastung der Zahlungsbilanz; **~ cyclical strains** Konjunkturentspannung *f*, K.beruhigung *f*; **~ transfer (restrictions)** Transferlockerung *f*
easing *adj (Börse)* rückläufig, abbröckelnd; **e.-off** *n* Sinken *nt*, Abflauen *nt*, Abschwächung *f*
east *n* Osten *m*; **e.bound** *adj* ostwärts

Easter *n* Ostern; **E. holidays** Osterferien; **E. Sunday/Day** Ostersonntag *m*; **e.ly** *adj (Wind)* östlich
eastern *adj* östlich; **E. Bloc** Ostblock *m*; **E. Seaboard** *[US]* Atlantikküste *f*
East-West confrontation *n* Ost-West-Gegensatz *m*; **E.-W. trade** Ost-Westhandel *m*
easy *adj* leicht, bequem, unschwer; **going e.** *(coll)* auf Sparflamme *(fig)*; **to find it e.** es leicht haben; **to go easy *(coll)*** auf Sparflamme kochen *(fig)*; **to make it e. for so.** jdm goldene Brücken bauen *(fig)*; **to take it e.** 1. es leicht/nicht genau nehmen; 2. auf der faulen Haut liegen *(coll)*; **e. to handle/operate** bedienungsfreundlich, bequeme Handhabung
easy|-care *adj* pflegeleicht; **e.-chair** *n* Sessel *m*; **e.-going** *adj* gelassen, gemächlich; **e.-to-read** *adj* leicht lesbar
eat *v/t* 1. essen, Nahrung zu sich nehmen, speisen; 2. *(Tier)* fressen; **e. into** *(fig)* angreifen, aufzehren; **e. out** außerhalb speisen, auswärts/im Restaurant/außer Haus essen, zum Essen ausgehen; **e. up** *(fig)* verschlingen *(fig)*, fressen *(fig)*
eatable *adj* essbar, genießbar
eater *n* 1. Esser *m*; 2. Ess-, Tafelapfel *m*; **e.y** *n (coll)* Esslokal *nt*
eating apple Ess-, Tafelapfel *m*; **e. habits** Ess-, Ernährungsgewohnheiten; **e. house/place** Speisehaus *nt*, S.lokal *nt*; **e.-out** *n* Außer-Haus-Verzehr *m*, Auswärtsessen *nt*, außer-Haus-Essen *nt*
eavesdrop (on so.) *v/i* an der Wand (be)lauschen, mithören, horchen
ebb *n* Ebbe *f*, Tiefstand *m*, Verfall *m*; **e. and flow** Ebbe und Flut; **low e.** *(fig)* Talsohle *f (fig)*; **at a low e.** auf niedrigem Niveau, heruntergekommen, flau; **e. tide** Ebbe *f*
ebony *n* Ebenholz *nt*
EC → **European Community**
eccentric *adj* exzentrisch, verschroben, verstiegen; *n* Exzentriker(in) *m/f*; **e.ity** *n* Verstiegenheit *f*
ecclesiastical *adj* kirchlich
echelon *n* (Befehls)Ebene *f*, Stufe *f*, Rang *m*, Stabsteil *m*; **upper e. of management** obere Leitungsebene; **higher e.** höhere Instanz; **the ~ e.s** die höheren Ränge; **lower e.s** niedere Ränge
echelon *v/t* staffelförmig anordnen
echo *n* 1. Echo *nt*, Rücksignal *nt*; 2. *(fig)* Rückmeldung *f*, Resonanz *f*, Widerhall *m*; 3. 🖥 Echo *nt*; *v/ti* 1. nach-, widerhallen; 2. spiegeln; **e. sounder** ⚓ Echolot *nt*
eclipse *n* 1. *(Sonne)* sich verfinstern; 2. *(Astronomie)* Finsternis *f*; *v/t* in den Schatten stellen
eco|audit *n* Umweltverträglichkeitsprüfung (UVP) *f*, Ökoaudit *m*; **e.catastrophe; e.doom** *n* Umwelt-, Ökokatastrophe *f*, ökologischer Untergang; **e.cidal** *adj* umweltzerstörend; **e.cide** *n* Umweltzerstörung *f*, ökologischer Zusammenbruch; **e.climate** *n* Ökoklima *nt*; **e.crisis** *n* Umweltkrise *f*; **e.culture** *n* Ökokultur *f*; **e.-friendly** *adj* umweltfreundlich; **e.-label** *n* Umweltetikett *nt*, Ökosiegel *nt*; **e.-labelling** *n* Kennzeichnung mit dem grünen Punkt; **e.logical** *adj* ökologisch; **e.logist** *n* Ökologe *m*, Umweltspezialist *m*, U.forscher *m*,

U.schutzexperte *m*, U.fachmann *m*
ecology *n* Ökologie *f*, Umweltlehre *f*, U.forschung *f*; **human e.** Humanökologie *f*; **social e.** Sozialökologie *f*; **e. group** Umweltschutzorganisation *f*; **e.-minded** *adj* umweltbewusst; **e. movement** Öko-, Umweltschutzbewegung *f*; **e. tax** Umweltsteuer *f*
eco|management *n* Ökomanagement *nt*; **e.marketing** *n* Ökomarketing *nt*
econometric *adj* ökonometrisch; **e.ian** *n* Ökonometriker *m*; **e.s** *n* Ökonometrie *f*, ökonometrische Methodenlehre
economic *adj* 1. (volks)wirtschaftlich, ökonomisch, wirtschaftsbezogen, 2. konjunkturell, Konjunktur-, Wirtschafts-; 3. konjunktur-, wirtschaftspolitisch; 4. wirtschaftswissenschaftlich
economical *adj* wirtschaftlich, ökonomisch, rationell, kostensparend, k.günstig, sparsam im Gebrauch, verbrauchsarm, haushälterisch; **to be e.** haushalten, sparen
Economic Commission/Council Wirtschaftskommission *f*; **~ for Africa (ECA)** Wirtschaftskommission für Afrika; **~ for Asia and the Far East (ECAFE)** Wirtschaftskommission für Asien und den Fernen Osten; **~ Europe (ECE)** Wirtschaftskommission für Europa; **~ Latin America (ECLA)** Wirtschaftskommission für Lateinamerika; **E. and Social Committee** *(EU)* Wirtschafts- und Sozialausschuss *m*; **~ Council (ECOSOC)** Wirtschafts- und Sozialrat *m*, ~ Sozialausschuss *m*
economico-analytical *adj* wirtschaftsanalytisch
economics *n* 1. Volkswirtschaft(slehre) (VWL) *f*, Nationalökonomie *f*, Wirtschaftsstheorie *f*, W.wissenschaft(en) *f/pl*, W.lehre *f*, Ökonomie *f*; 2. ökonomische Aspekte/Faktoren; 3. Wirtschaftlichkeit *f*
economics of aggregates Makroökonomik *f*; **~ human capital; ~ education** Bildungsökonomie *f*; **~ control** interventionistische Marktwirtschaft; **~ fertility** Fertilitätsökonomie *f*; **~ location** Standortlehre *f*; **~ wages** Lohntheorie *f*
aggregate economics Makroökonomie *f*; **agricultural e.** Agrarwirtschaft *f*, A.wissenschaft *f*, Agronomie *f*, landwirtschaftliche Betriebslehre; **applied e.** angewandte Volkswirtschaft; **demand-side e.** nachfrageorientierte Wirtschaftstheorie; **environmental e.** Umweltökonomie *f*; **fiscal e.** Finanzwirtschaft *f*; **general e.** allgemeine Volkswirtschaftslehre (VWL); **industrial e.** Betriebswirtschaft(slehre) (BWL) *f*, Industriebetriebslehre *f*; **institutional e.** Institutionalismus *m*; **interindustry e.** Input-Output-Analyse *f*; **international e.** Außenwirtschaftstheorie *f*, Weltwirtschaftslehre *f*; **mathematical e.** Ökonometrie *f*; **monetary e.** Geldwirtschaft *f*, G.theorie *f*; **positive e.** positive Ökonomie *f*; **public-sector e.** (öffentliche) Finanzwissenschaft; **pure e.** allgemeine Volkswirtschaftslehre (VWL); **radical. e.** politische Ökonomie; **regional e.** Regionalökonomie *f*, R.wissenschaft *f*; **rural e.** Agrarwirtschaft *f*; **social e.** Volkswirtschaftspolitik *f*, Sozialökonomie *f*; **stringent e.** strenge Sparmaßnahmen; **urban e.** Urbanistik *f*
economics graduate Diplomökonom *m*, D.volkswirt *m*; **e. institute** Wirtschaftsinstitut *nt*; **e. minister** Wirtschaftsminister *m*
economies *pl* Einsparung(en) *f/pl*; **e. of costs** Kosteneinsparungen; **~ large-scale/mass production** Auflagendegression *f*, Vorteile der Massenfertigung; **~ scale** Kostendegression *f*, Größen-, Massenproduktionsvorteile, Einsparungen durch Massenproduktion, Kostenersparnisse durch Produktionsausweitung, Degressionsgewinne, D.effekt *m*, Umfang-, Skalenvorteile, Größendegresssion *f*; **internal ~ scale** betriebsinterne Größenvorteile, interne Kostendegression; **~ scale potential** Möglichkeiten der Kostenersparnis durch Produktionsausweitung; **~ large scale** Skalenvorteile
external economies positive externe Ersparnisse, externe Vorteile; **internal e.** positive interne Ersparnisse, interne Vorteile; **positive e.** positive Externalitäten, externe Ersparnisse
economist *n* (National)Ökonom *m*, Wirtschaftswissenschaftler *m*, (Volks)Wirtschaftler *m*; **agrarian/agricultural e.** Agronom *m*; **political e.** Nationalökonom *m*, Volkswirt(schaftler) *m*; **theoretical e.** Wirtschaftstheoretiker *m*
economize (on sth.) *v/i* haushalten, sparsam leben/wirtschaften, sparen, Einsparungen vornehmen, einsparen, sich einschränken, sparsam umgehen mit, kürzer treten *(coll)*, mit dem spitzen Bleistift rechnen *(fig)*
economizing *n* Schonung *f*, sparsamer Umgang, Einschränkung *f*, Haushalten *nt*, Einsparung *f*; **e. on materials** Materialeinsparung *f*
economy *n* 1. (Volks)Wirtschaft *f*, Ökonomie *f*, 2. Wirtschaftlichkeit *f*, (Kosten)Einsparung *f*, Haushaltung *f*; 3. Sparsamkeit *f*, S.maßnahme *f*, Sparen *nt*, sparsame Bewirtschaftung/Mittelzuweisung; **for reasons of e.** aus Ersparnisgründen; **e. in human movement** Bewegungsökonomie *f*; **e. in/of operation** Betriebswirtschaftlichkeit *f*, Wirtschaftlichkeit der Betriebsführung; **e. of scale** Kostendegression durch optimale Betriebsvergrößerung, wirtschaftliche Größenordnung, Einsparung durch rationelle Auslastung; **~ scope** Variantenvorteil *m*; **~ space** Raumeinsparung *f*; **e. as a whole** Volks-, Gesamtwirtschaft *f*; **for the ~ whole** gesamtwirtschaftlich
boosting the economy konjunkturbelebend, k.verstärkend; **safeguarding the e.** Konjunkturabsicherung *f*, K.stützung *f*; **~ against external/foreign influences** außenwirtschaftliche Absicherung
to affect the economy Konjunktur beeinflussen, konjunkturwirksam sein; **to be more optimistic about the e.** Konjunkturbild in helleren Farben zeichnen *(fig)*; **to boost the e.** Wirtschaft wieder auf Trab/in Schwung bringen *(coll)*, ~ ankurbeln, Konjunktur beleben; **to cool off the e.** Konjunktur abkühlen; **to curb the e.** Konjunktur dämpfen; **to derail the e.** *(fig)* Konjunktur aus dem Gleichgewicht bringen; **to give the e. a shot in the arm** *(fig)* Wirtschaftsmotor/Konjunktur in Schwung bringen *(fig)*; **to insulate the e.** Wirtschaft abschotten; **to make a false e.** am falschen Ende sparen; **to nurse the e.** Wirtschaft hegen und pflegen; **to overheat the e.** Konjunktur überhitzen; **to overstrain the e.** Wirtschaft überfordern; **to prop up/underpin**

to redress the **economy**

the e. Konjunktur stützen; **to redress the e.** Wirtschaft/Konjunktur wieder in Gang bringen; **to revitalize the e.** Konjunktur beleben, Wirtschaft sanieren; **to stimulate the e.** Konjunktur anregen
ailing economy kranke Wirtschaft; **balanced e.** konjunkturelles Gleichgewicht, Volkswirtschaft im Gleichgewicht; **black e.** Schattenwirtschaft *f*, Schwarzarbeit *f*, S.arbeitsmarkt *m*, S.wirtschaft *f*, Untergrundarbeitsmarkt *m*; **booming/burgeoning e.** Konjunkturhoch *f*, Hochkonjunktur *f*; **capitalist e.** kapitalistische Wirtschaft, kapitalistisches Wirtschaftssystem; **closed e.** geschlossene Volkswirtschaft, geschlossenes Wirtschaftsgebiet; **cold e.** Volkswirtschaft mit ungenutzten Kapazitäten; **collective e.** Kollektivwirtschaft *f*; **commercial e.** entwickelte Wirtschaft; **competitive e.** freie Marktwirtschaft, Wettbewerbs-, Konkurrenzwirtschaft *f*; **concerted e.** Wirtschaftskonzert *nt*; **controlled e.** Planwirtschaft *f*, gelenkte Wirtschaft, Kommando-, Verwaltungswirtschaft *f*; **centrally ~ e.** Zentralverwaltungswirtschaft *f*; **cooperative e.** Gemeinwirtschaft *f*; **developed e.** entwickelte Volkswirtschaft; **directed e.** gelenkte Wirtschaft; **domestic e.** Binnenwirtschaft *f*, (ein)heimische Wirtschaft; **dual e.** duale Wirtschaft, wirtschaftlicher Dualismus, Schattenwirtschaft *f*; **false e.** Sparen am falschen Ende, falsche Sparsamkeit; **flat e.** Konjunktur-, Wirtschaftsflaute *f*; **flourishing e.** blühende Wirtschaft, Hochkonjunktur *f*; **free(-enterprise/market) e.** (soziale/freie) Marktwirtschaft, freie Wirtschaft; **full-employment e.** Vollbeschäftigungswirtschaft *f*; **general e.** Gesamtwirtschaft *f*; **global e.** Weltwirtschaft *f*; **hidden/irregular e.** Schattenwirtschaft *f*, Schwarzarbeitsmarkt *m*; **industrial e.** Industriewirtschaft *f*; **informal e.** Schattenwirtschaft *f*; **integrated e.** Verbundwirtschaft *f*, integrierte Wirtschaft; **internal e.** Binnenwirtschaft *f*; **isolated e.** Einzelwirtschaft *f*; **local e.** örtliche/heimische Wirtschaft; **managed e.** Verwaltungs-, Planwirtschaft *f*; **mature e.** stagnierende Wirtschaft; **~ thesis** Stagnationsthese *f*; **military e.** Wehrwirtschaft *f*; **mixed e.** gemischte Wirtschaft(sform), Mischwirtschaft *f*, gemischtwirtschaftliches System; **monetary e.** *(Handel)* Geldwirtschaft *f*; **moneyless e.** Natural-, Tauschwirtschaft *f*; **national e.** Volks-, Gesamtwirtschaft *f*, Nationalökonomie *f*; **non-monetary e.** Natural-, Tauschwirtschaft *f*; **non-stationary e.** nichtstationäre Wirtschaft; **one-crop e.** Monokultur *f*; **one-product e.** Monoprodukt(en)wirtschaft *f*; **open e.** offene Volkswirtschaft; **overall e.** Gesamtwirtschaft *f*; **overheated e.** überhitzte Konjunktur; **parallel e.** Schattenwirtschaft *f*; **pastoral e.** Weidewirtschaft *f*; **peacetime e.** Friedenswirtschaft *f*; **planned e.** Plan-, Zwangs-, Befehlswirtschaft *f*, (staatlicher) Dirigismus, Wirtschaftslenkung *f*; **centrally ~ e.** Zentralplan-, Z.verwaltungswirtschaft *f*; **political e.** Volkswirtschaft *f*, Staatswirtschaftslehre *f*, politische Ökonomie, Polit-, Nationalökonomie *f*; **new ~ e.** ökonomische Theorie der Politik; **pure ~ e.** Volkswirtschaftstheorie *f*; **private e.** Privatwirtschaft *f*; **procedural e.** Prozessökonomie *f*; **profit-based e.** Ertragswirtschaft *f*; **progres-**
sive e. wachsende Wirtschaft; **public e.** Staatswirtschaft *f*; **recidivist e.** rezessionsanfällige Wirtschaft; **regional e.** Regionalwirtschaft *f*, regionale Wirtschaft; **rigid e.** strenge/strengste Sparsamkeit; **self-contained e.** autarke Wirtschaft; **single-plan e.** Einplanwirtschaft *f*; **sluggish e.** ungünstige Wirtschaftsentwicklung, konjunkturelle Flaute; **socialist e.** sozialistische Wirtschaft; **sound e.** gesunde Wirtschaft; **sovereign e.** Volkswirtschaft *f*; **specialized e.** arbeitsteilige Wirtschaft; **state-controlled e.** Plan-, Zwangswirtschaft *f*; **static e.** statische Wirtschaft; **stationary/steady-state e.** stationäre (Volks)Wirtschaft; **statist e.** Staatswirtschaft *f*; **stricken e.** angeschlagene Wirtschaft; **subterranean/underground e.** Untergrund-, Schattenwirtschaft *f*; **uncontrolled e.** freie Wirtschaft; **wartime e.** Kriegswirtschaft *f*; **weak e.** schwache Konjunktur; **weakening e.** sich abschwächende Konjunktur; **whole e.** Gesamtwirtschaft *f*
economy cabin *n* ⚓/✈ Touristenkabine *f*; **e. campaign/drive** Sparprogramm *nt*, S.maßnahmen *pl*, S.feldzug *m*, Kostensenkungsaktion *f*; **e. car** ⚓ Sparauto *nt*; **e. class** *[GB]* ⚓/✈ Touristenklasse *f*; **e. compartment** 🚃 Touristenabteil *nt*; **e. fare** Spartarif *m*, Preis in der Touristenklasse; **e. measure** Spar-, Einsparungsmaßnahme *f*; **e.-minded** *adj* sparbewusst; **e. model** billiges Modell, Sparmodell *nt*; **e. pack** Groß-, Sparpackung *f*; **e. rate/tariff** Spartarif *m*; **e. seat** ✈ Platz in der Economy-Klasse; **e. size** Groß-, Sparpackung *f*; **e. study** Wirtschaftlichkeitsberechnung *f*; **e. wave** Sparwelle *f*
eco|political *adj* umweltpolitisch; **e.politician** *n* Umweltpolitiker(in) *m/f*; **e.politics** *n* Umweltpolitik *f*; **e.report** *n* Ökobericht *m*; **e.social** *adj* ökosozial; **e.sphere** *n* Ökosphäre *f*; **e. study group** Ökoarbeitsgruppe *f*; **e.system** *n* Naturhaushalt *m*, Ökosystem *nt*; **corporate e.system** unternehmerisches Umfeld; **e.-systemic** *adj* ökosystembezogen; **e.-tax** *n* Öko-, Umweltsteuer *f*; **e.tourism** *n* Umwelttourismus *m*
ECSC (European Coal and Steel Community) loan *n* Montananleihe; **E. perequation levy** Montanumlage *f*; **E. treaty** Montanvertrag *m*
ECU (European Currency Unit) basket *n* Währungskorb des Europäischen Währungssystems (EWS)
eczema *n* ⚕ Ekzem *nt*, (Haut)Ausschlag *m*
edge *n* 1. Kante *f*, Ecke *f*, Rand *m*, Spitze *f*, Grenze *f*; 2. Pfeil *m* (eines Graphen); 3. knapper Vorsprung; 4. *(Messer)* Schneide *f*; **on the e. of** kurz vor, im Begriff zu; **e. in productivity** Produktionsvorsprung *m*
to be (all) on edge nervös sein; **to get an e. over so.** Vorteil über jdn erringen; **to blunt the e. of sth.** einer Sache die Spitze nehmen; **to give so. the e.** jdm eine Gewinnchance geben; **to have the e. (on so.)** (jdm) überlegen sein, Vorteil haben gegenüber, im Vorteil sein, die Nase vorn haben *(fig)*; **to take the e. off sth.** etw. die Spitze nehmen, etw. in der Wirkung mindern
competitive edge Wettbewerbsvorteil *m*, W.vorsprung *m*; **~ due to favourable currency relations** wechselkursbedingter Wettbewerbsvorteil; **leading e.** 🔲 Beleg-, Kartenvorderkante *f*; **to be at the ~ e. (of)** an der Front der Entwicklung stehen, Entwicklung mitgestal-

ten; **parallel e.**s parallele Kanten; **productive e.** Produktivitätsvorsprung *m*, P.vorteil *m*; **qualitative e.** Qualitätsvorsprung *m*; **sharp e.** scharfe Kante
edge connector ▫ Seitensteckverbindung *f*; **e. lettering** ⌂ Randschrift *f*; **e. punch card** ▫ Lochstreifenkarte *f*; ~ **document** Lochstreifenformular *nt*
edge down *v/i (Börse)* schwächer tendieren, nachgeben, leicht fallen, abbröckeln; **e. forward/up(wards)** 1. *(Börse)* langsam anziehen/ansteigen, leicht ansteigen; 2. *(Preis)* leicht anziehen; **e. so. out** jdn ins Abseits drängen; **e. towards sth.** sich langsam auf etw. zubewegen
edge-of-town *adj* Stadtrand-, in Stadtrandlage
edging down of prices *n* Abbröckeln der Preise
edgy *adj* nervös, kribbelig *(coll)*
edibility *n* Essbarkeit *f*, Genießbarkeit *f*
edible *adj* essbar, genießbar; **e.s** *pl* Lebens-, Nahrungsmittel
edict *n* Edikt *nt*, Erlass *m*
edifice *n* ⌂ Bau(werk) *m/nt*, Gebäude *nt*; **e. of ideas** Gedankengebäude *nt*
edify *v/t* (moralisch) erbauen; **e.ing** *adj* erbauend
edit *v/t* 1. herausgeben, redigieren, editieren, als Herausgeber fungieren, druckfertig machen, redaktionell bearbeiten; 2. ▫ aufbereiten, editieren; **e.able** ▫ editierbar; **e.ed** *adj* bearbeitet, redigiert, herausgegeben
editing *n* 1. Redaktion *f*, Redigierung *f*, Druckaufbereitung *f*, Edition *f*, Edieren *nt*, Herausgabe *f*; 2. ▫ Aufbereitung *f*; 3. *(Film)* Schnitt *m*; **e. terminal** ▫ Editierstation *f*
edition *n* Ausgabe *f*, Auflage *f*
abridged edition gekürzte Ausgabe, Kurzausgabe *f*; **complete e.** Gesamtausgabe *f*; **copyright(ed) e.** urheberrechtlich geschütze Ausgabe; **definitive e.** endgültige Ausgabe; **final e.** *(Zeitung)* Nachtausgabe *f*, letzte Ausgabe; **first e.** Original-, Erstausgabe *f*, E.auflage *f*, E.druck *m*; **full e.** vollständige Ausgabe; **late e.** Abend-, Spätausgabe *f*; **licensed e.** Lizenzausgabe *f*; **limited e.** begrenzte/beschränkte Auflage; **local e.** Lokalausgabe *f*; **loose-leaf e.** Loseblattsammlung *f*, L.ausgabe *f*; **minimum e.** Mindestauflage *f*; **new e.** Neuauflage *f*, N.ausgabe *f*; **old e.** alte Ausgabe/Auflage; **pirated e.** Raubkopie *f*, R.druck *m*, unberechtigter/unerlaubter Nachdruck, unberechtigt nachgedruckte Ausgabe; **popular e.** Volksausgabe *f*; **revised e.** verbesserte Auflage, Über-, Neubearbeitung *f*, bearbeitete/revidierte Ausgabe; ~ **and improved e.** durchgesehene und verbesserte Auflage; **second e.** Zweitausgabe *f*; **separate e.** Einzelausgabe *f*; **special e.** Sonderausgabe *f*, S.nummer *f*, Extrablatt *nt*, E.ausgabe *f*; **standard e.** Normal-, Standardausgabe *f*; **total e.** Gesamtausgabe *f*; **unabridged e.** ungekürzte/vollständige Ausgabe
editor *n* 1. Herausgeber *m*; 2. *(Verlag)* Lektor *m*; 3. Schriftleiter *m*; 4. *(Zeitung)* Redakteur *m*; 5. ▫ Datenaufbereiter *m*, Editor *m*; **e.-in-chief; chief e.** *n* 1. Hauptschriftleiter *m*; 2. *(Zeitung)* Chefredakteur *m*; **financial e.** Wirtschaftsredakteur *m*, Redakteur des Wirtschaftsteils; **joint e.** Mitherausgeber *m*; **local e.** Lokalredakteur *m*; **special e.** Fachredakteur *m*; **e.s' conference** Redaktionskonferenz *f*; **e.'s office** Redaktion(sbüro) *f/nt*; **e.'s privilege** Redaktionsgeheimnis *nt*
editorial *adj* redaktionell; *n (Zeitung)* 1. Leitartikel *m*; 2. Textteil *m*, redaktioneller Teil; **e.ist** *n* Leitartikelverfasser *m*
editorship *n* Schriftleitung *f*, Chefredaktion *f*, redaktionelle Leitung
EDP (electronic data processing) EDV (elektronische Datenverarbeitung); **EDP personnel system** *n* Personalinformationszentrum *nt*; **EDP system** EDV-Anlage *f*
educate *v/t* 1. erziehen; 2. unterrichten, schulen
educated *adj* gebildet, erzogen, studiert; **to be well e.** gute Erziehung genossen haben
education *n* 1. Erziehung *f*, (Schul)Bildung *f*, Erziehungs-, Bildungs-, Unterrichtswesen *nt*; 2. Ausbildung(swesen) *f/nt*; 3. Pädagogik *f*; **to complete one's e.** Ausbildung abschließen; **to continue one's e.** sich fortbilden; **to receive a good e.** gute Erziehung genießen
academic education Schulbildung *f*, schulische Bildung; **classical e.** humanistische Bildung; **commercial e.** Handelsschulbildung *f*, kaufmännische Ausbildung; **compulsory e.** Schulzwang *m*, S.pflicht *f*; **continuative e.** Fortbildung(swesen) *f/nt*; **continuing e.** Weiterbildung *f*; **correctional e.** Fürsorgeerziehung *f*; **defective e.** Bildungsmangel *m*; **environmental e.** Erziehung zum Umweltbewusstsein; **formal e.** Formalausbildung *f*; **further e.** Fortbildung(sunterricht) *f/m*, Weiterbildung *f*; **advanced ~ e.** Weiterbildung *f*; **general e.** Allgemeinbildung *f*; **higher e.** 1. höhere Erziehung/Bildung; 2. Hochschulwesen *nt*; **liberal e.** allgemeinbildende Erziehung, Allgemeinbildung *f*; **national e.** Volksbildung *f*; **out-of-school e.** außerschulische Ausbildung; **physical e. (P.E.)** Leibeserziehung *f*; **pre-school e.** vorschulische Erziehung, Vorschulerziehung *f*; **primary e.** Grundschulunterricht *m*; **private e.** Privaterziehung *f*; **professional e.** Berufsausbildung *f*; **public e.** öffentliches Schulwesen; **recurrent e.** ständige Fortbildung, alternative Ausbildung, wiederholte Folgeausbildung; **religious e.** Religionsunterricht *m*; **tertiary e.** Tertiärbereich *m*; **vocational e.** Berufserziehung *f*, B.(aus)bildung *f*, B.schulwesen *nt*; **compulsory ~ e.** Berufsschulpflicht *f*
educational *adj* 1. erzieherisch, pädagogisch, bildungspolitisch; 2. schulisch, Unterrichts-, Erziehungs-, Bildungs-; 3. lehrreich; **e.ist** *n* Pädagoge *m*, Pädagogin *f*, Erzieher(in) *m/f*
education allowance Ausbildungsbeihilfe *f*, A.freibetrag *m*, A.kostenzuschuss *m*, Erziehungsbeihilfe *f*; **e. authority** Schulbehörde *f*, Erziehungsbehörde *f*, Kultusbehörde *f*; **local e. authority** Schulamt *nt*, S.behörde *f*; **e. benefit** Erziehungsgeld *nt*; **e. enter [US] /centre [GB]** Bildungszentrum *nt*; **e. committee** Schulausschuss *m*, Ausschuss für Bildungsfragen; **e. department** Schulverwaltung *f*; **e. inspectorate** Schulaufsicht *f*; **e. office** Schulamt *nt*; **e. policy** Bildungspolitik *f*; **e. secretary** Erziehungs-, Unterrichtsminister *m*, Minister für Erziehung; **e. spending** Bildungsaufwand *m*, B.ausgaben *pl*; **e. system** Erzie-

educator

hungs-, Bildungswesen *nt*
educator *n* Erzieher(in) *m/f*
efface *v/t* *(Schrift)* auslöschen; **e.ment** *n* Auslöschung *f*
effect *n* 1. Wirkung *f*, Aus-, Einwirkung *f*, Ergebnis *nt*, Niederschlag *m*, Folge *f*; 2. Eindruck *m*, Effekt *m*, Ausstrahlung *f*; 3. [§] Geltung *f*; **e.s** Effekten, Vermögenswerte, Barbestand *m*, Bankguthaben *nt*, Sachbesitz *m*, Habe *f*, Mobilien, Eigentumsgegenstände, Habseligkeiten
in effect in Wirklichkeit, tatsächlich, praktisch; **to the e. (that)** des Inhalts(, dass); **to no e.** ergebnis-, erfolglos; **to the same e.** desselben Inhalts; **to this e.** entsprechend, diesbezüglich, in diesem Sinne; **with e. as of** rechtswirksam von ... ab; **~ from** mit Wirkung vom; **without e.** 1. erfolg-, ergebnis-, wirkungslos, leer; 2. [§] unwirksam
effect on competition Auswirkung auf den Wettbewerb; **e. of a contract** Wirkung eines Vertrages; **e. on costs** Kosteneffekt *m*; **e. within the country** Inlandseffekt *m*; **with the e. of a discharge** [§] mit befreiender Wirkung; **e. on employment** Arbeitsmarkt-, Beschäftigungseffekt *m*, B.wirkung *f*; **positive ~ jobs** Beschäftigungsimpuls *m*, Arbeitsmarkteffekt *m*; **e.s of inflation** Inflationswirkungen; **~ an injury** Verletzungsfolgen; **e. of investment** Investitionseffekt *m*; **continuing ~ non-exclusive licences** Weiterentwicklung einfacher Nutzungsrechte; **e.s on liquidity** liquiditätspolitische Einwirkungen; **e. on third parties** [§] Wirkung gegenüber Dritten, Drittwirkung *f*; **~ purchasing power** Kaufkrafteffekt *m*; **e. of the sliding scale** Progressionswirkung *f*; **e. by virtue of law** [§] Wirkung kraft Gesetzes; **e.s of war** Kriegseinwirkungen, K.auswirkungen, K.folgen; **~ the weather** Witterungseinflüsse
no effect|s; e.s not cleared *(Konto/Scheck)* kein Guthaben, keine Deckung; **coming into e.; taking e.** In-Kraft-Treten *nt*, Rechtswirksamkeit *f*; **e. produced by rationalization** Rationalisierungseffekt *m*
to be in effect [§] gelten; **~ of no e.** ohne Wirkung bleiben; **~ to the e. (that)** *(Brief)* zum Inhalt haben; **to cease to have e.** [§] außer Kraft treten, kraftlos werden; **to come/go into e.** 1. [§] in Kraft treten, wirksam werden; 2. verwirklicht werden; **to cushion the e.s** Auswirkungen dämpfen; **to give e. to** verwirklichen, Wirkung verleihen; **~ practical e. to an intention** Absicht konkretisieren; **to have an e. (on)** durchschlagen/sich auswirken (auf), wirken; **~ a favourable e. on sth.** sich günstig auf etw. auswirken, etw. günstig beeinflussen; **~ an income-reducing e.** sich einkommensmindernd auswirken; **~ no e. on so.** bei jdm nicht verfangen *(coll)*; **~ no e. on the economic trend/the economy** konjunkturneutral sein; **~ a prompt e.** schnell wirken; **~ a restrictive e.** sich dämpfend auswirken; **~ a serious e.** (ernstlich) beeinträchtigen; **~ an unfavourable e.** sich ungünstig auswirken; **to lessen the e.** auffangen; **to produce an e.** Wirkung ausüben; **~ a significant e.** zu Buche schlagen; **to put into e.** in Kraft setzen, verwirklichen, umsetzen; **to remain in e. indefinitely** auf unbestimmte Zeit in Kraft bleiben; **to sterilize an e.**

Wirkung kompensieren/neutralisieren; **to take e.** in Kraft treten, wirksam werden, sich auswirken, zum Tragen kommen, *(Maßnahme)* greifen; **~ full e. on** voll durchschlagen auf
adverse effect Beeinträchtigung *f*, negative (Aus)Wirkung; **to habe an ~ e. on sth.** etw. ungünstig beeinflussen, sich ungünstig auf ~ auswirken, ~ beeinträchtigen; **aggregative e.s** kumulative Effekte; **allocative e.** Allokationseffekt *m*, A.ergebnis *nt*; **back-and-forth e.** Schaukelwirkung *f*; **beneficial e.** günstige/positive (Aus)Wirkung; **binaural e.** Raumtoneffekt *m*; **binding e.** bindende Wirkung, Rechtsverbindlichkeit *f*; **capacity-increasing e.** Kapazitätserweiterungseffekt *m*; **combined e.** Kumulierung *f*; **the ~ e.s** das Zusammenwirken; **composite e.** *(Werbung)* Verbundeffekt *m*; **consequential e.** Folgewirkung *f*; **contractionary e.** Kontraktionseffekt *m*; **constitutive e.** [§] rechtsbegründende Wirkung; **cumulative e.** Kumulationswirkung *f*; **curative e.** $ Heilwirkung *f*; **delayed e.** Spätwirkung *f*, S.zündung *f (fig)*; **deterrent e.** Abschreckung *f*, abschreckende Wirkung; **~ on a perticular offender** [§] Spezialprävention *f*; **detrimental e.** Beeinträchtigung *f*; **to habe a ~ e. on sth.** etw. ungünstig beeinflussen, sich ungünstig auf etw. auswirken, etw. beeinträchtigen, schädigen; **devastating e.** verheerende (Aus)Wirkung; **discharging e.** befreiende Wirkung; **disinflationary e.** desinflatorischer Effekt; **disciplinary e.** Disziplinierungseffekt *m*; **dispersed e.** Streuwirkung *f*; **dissolving e.** auflösende Wirkung; **economic e.** wirtschaftliche Folge; **overall ~ e.** gesamtwirtschaftlicher Wirkungsgrad; **environmental e.** Auswirkung auf die Umwelt, Umwelteinfluss *m*; **equivalent e.** gleiche Wirkung; **evidentiary e.** [§] Beweiskraft *f*; **explosive e.** Sprengwirkung *f*; **extended e.s** Weiterungen; **external e.s** externe Effekte, Externalitäten; **general e.** Gesamteindruck *m*; **immediate e.** sofortige Wirkung; **with ~ e.** [§] mit sofortiger Wirkung; **incidental e.** Nebenwirkung *f*; **income-generating e.** Einkommenseffekt *m*; **indirect e.** Fernwirkung *f*; **inflationary e.** inflatorische Wirkung; **knock-on e.** Folge-, Anstoßwirkung *f*, kumulative Wirkung; **lagged e.** verzögerte Wirkung; **lasting e.** Dauerwirkung *f*, nachhaltige Wirkung
legal effect [§] Rechtswirkung *f*, R.wirksamkeit *f*, rechtliche Bedeutung/Wirkung; **destitute of ~ e.** rechtsunwirksam; **to give ~ c. (to)** Rechtskraft verleihen; **intended ~ e.** Rechtsgeltungswille *m*
liquidity-producing effect Verflüssigungswirkung *f*; **long-lasting/long-term e.** Langzeit-, Dauerwirkung *f*; **monetary e.** währungspolitische Wirkung; **neutral in ~ e.** währungspolitisch neutral; **opposite e.** Gegenwirkung *f*
personal effects bewegliches Eigentum, Privateigentum *nt*, Mobiliarvermögen *nt*, Gebrauchsgegenstände, Reisegut *nt*, persönliche Gebrauchsartikel/Effekten/Habe, zum persönlichen Gebrauch bestimmtes Vermögen; **~ floater; ~ protective insurance** Reisegepäckversicherung *f*
practical effect Nutzeffekt *m*; **preclusive e.** Präklu-

sionswirkung *f*; **professional e.**s ⊖ Berufsausrüstung *f*; **real and personal e.**s gesamtes Vermögen; **remote e.** Fernwirkung *f*; **retroactive/retrospective e.** [§] rückwirkende Kraft/Gültigkeit, Rückwirkung *f*; **with retroactive e. from** mit rückwirkender Kraft vom; **to grant ~ e.** rückwirkend bewilligen; **salutary e.** heilsame Wirkung; **secondary e.** Sekundär-, Nebenwirkung *f*; **similar e.** gleiche/ähnliche Wirkung; **special e.**s Tricks; **staying/suspensive/suspensory e.** aufschiebende Wirkung, Suspensionswirkung *f*, S.effekt *m*; **stereophonic e.** Raumtoneffekt *m*; **synergistic e.** Synergieeffekt *m*; **territorial e.** territoriale Wirkung; **trade-diverting e.** Ablenkungs-, Abschließungseffekt *m*; **unfavourable e.** Beeinträchtigung *f*, negative Wirkung
effect *v/t* vornehmen, verrichten, durch-, ausführen, abwickeln, tätigen, bewerkstelligen, bewirken, erledigen, herbeiführen, leisten, zu Stande bringen, zur Ausführung bringen, erbringen, erwirken
effect analysis *n* Wirkungsanalyse *f*
effected *adj* getätigt; **to be e.** zur Ausführung kommen, erfolgen
effective *adj* 1. effektiv, faktisch, wirklich, vorhanden, tatsächlich; 2. Ist-, wirksam, probat; 3. öffentlichkeits-, werbewirksam, wirkungsvoll, durchschlagend; 4. [§] in Kraft, geltend; **e. from** mit Wirkung von, gültig ab; **e. as from** in Kraft/gültig seit
to be effective in Kraft sein, gelten; **to become e.** in Kraft treten, Gültigkeit erlangen, (rechts)wirksam werden, zur Geltung/zum Zuge kommen; **~ immediately** sofort wirksam werden; **to make e.** in Kraft treten lassen; **to remain e.** in Kraft bleiben, gültig sein
domestically effective inlandswirksam; **externally e.; e. abroad** auslandswirksam; **immediately e.; e. immediately** mit sofortiger Wirkung; **legally e.** [§] rechtswirksam, in Kraft
effectiveness *n* Wirksamkeit *f*, Erfolg *m*, Effektivität *f*, Nutzeffekt *m*, Intensität *f*, Durchschlagsvermögen *nt*; **testing the ~ advertising** Werbeerfolgskontrolle *f*; **e. of labour** Arbeitseffekt *m*
effect lag durchsetzungsbedingte Wirkungsverzögerung
effec|tual *adj* [§] rechtsgültig, bindend, wirksam; **e.tuate** *v/t* bewirken, anwenden, in die Tat umsetzen
effect variable ⊞ Wirkungsvariable *f*
effervescent *adj* sprudelnd, überschäumend
effete *adj* schwach
effica|cious *adj* wirksam, wirkungsvoll; **e.cy** *n* Wirksamkeit *f*
efficiency *n* Leistung *f*, L.sfähigkeit *f*, L.skraft *f*, Produktivität *f*, Rentabilität *f*, Wirtschaftlichkeit(sgrad) *f/m*, Effizienz *f*, Tüchtigkeit *f*, Funktionsfähigkeit *f*, Nutzeffekt *m*, N.leistung *f*; **e. of auditing procedures** Wirtschaftlichkeit von Prüfungshandlungen; **marginal ~ capital** Grenzleistungsfähigkeit des Kapitals, interner Zinsfuß; **declining ~ capital** abnehmende Grenzleistungsfähigkeit des Kapitals; **~ labour** Grenzleistungsfähigkeit der Arbeit
conducive to efficiency leistungsfördernd; **increasing the e.** leistungssteigernd; **to enhance/improve (the) e.** Schlagkraft stärken, Produktivität steigern
allocative efficiency Allokationseffizienz *f*; **built-in e.** automatisch wirkende Effizienzelemente; **economic e.** Wirtschaftlichkeit *f*, ökonomische Effizienz, wirtschaftliche Leistungsfähigkeit; **increased e.** Leistungs-, Produktivitätssteigerung *f*; **industrial e.** Leistungsfähigkeit der Industrie; **occupational e.** berufliche Leistungsfähigkeit, Berufstüchtigkeit *f*; **organizational e.** organisatorische Effizienz; **physical/technical/technological e.** technischer Wirkungsgrad, Produktivität *f*; **productive e.** Produktivität *f*, betriebliche Leistungsfähigkeit; **relative ~ e.** relative Produktivität; **profitable e.** Rentabilität *f*; **top e.** Spitzenleistung *f*
efficiency audit Wirtschaftlichkeits-, Rationalisierungsprüfung *f*; **e. benefits** Rationalisierungseffekt; **e. bonus** Leistungszulage *f*, L.zuschlag *m*, Leistungs-, Erfolgsprämie *f*, leistungsabhängige Prämie; **~ plan** [US] Leistungslohn-, Leistungsprämiensystem *nt*, Leistungslohn-, Leistungsprämienwesen *nt*; **e. calculation** Wirtschaftlichkeitsrechnung *f*; **e. contest** Leistungswettbewerb *m*; **e. control** Erfolgskontrolle *f*; **e. criterion** ▩ Kriterium der Effizienz/Minimalstreuung; **e. drive** Rationalisierungskampagne *f*; **e. engineer/expert** Rationalisierungsfachmann *m*, Wirtschaftsberater *m*; **e. engineering** Rationalisierungswesen *nt*; **e. gain(s)** Produktivitätszuwachs *m*, P.steigerung *f*, Effizienz-, Rationalisierungsgewinn *m*, R.einsparung(en) *f/pl*; **e. improvement** 1. Produktivitätssteigerung *f*; 2. *(Energie)* Verbesserung des Wirkungsgrads; **e. level** Leistungsgrad *m*, L.höhe *f*, L.stand *m*, Wirkungsgrad *m*; **e. limit** Effizienzgrenze *f*; **e. losses** Effizienzeinbußen; **e.-minded; e.-orient(at)ed** *adj* leistungsorientiert; **e. plan** Rationalisierungsplan *m*; **e. premium** Leistungsprämie *f*; **e. principle** Leistungsprinzip *nt*; **e. rating** Leistungsanalyse *f*, L.bewertung *f*, Beurteilung der Leistung; **e. ratio** Wirtschaftlichkeitsgrad *m*, Rentabilitätskennziffer *f*; **e.-related** *adj* leistungsbezogen; **e. report** Personalbeurteilung *f*; **e. review/survey** Erfolgs-, Leistungskontrolle *f*; **e. rule** Wirtschaftlichkeitsprinzip *nt*; **e. standard** Leistungsnorm *f*; **e. theorem** Effizienztheorem *nt*; **e. variance** Leistungs-, Mengenabweichung *f*; **e. wage** [US] Leistungslohn *m*
efficient *adj* leistungfähig, l.stark, effizient, wirtschaftlich, rationell, gut funktionierend, tüchtig, wirksam, gründlich, kompetent, fähig, rational, funktionsfähig; **to be e.** tüchtig sein
effluent *n* Abwasser *nt*; **industrial e.**s Fabrik-, Industrieabwässer; **e. charges** Abgaben für Luft- und/oder Wasserverschmutzung; **e. control** Abwasserüberwachung *f*; **e. discharge** Abwassereinleitung *f*
effort *n* 1. Bemühung *f*, Anstrengung *f*, Mühe *f*, Arbeit *f*, Aufwand *m*, Bemühen *nt*, (Arbeits)Aufwand *f/m*; **by one's own e.**s aus eigener Kraft; **e.s to diversify** Diversifizierungsbemühungen; **~ mediate** Vermittlungsbemühungen; **~ stabilize the economy** Stabilisierungsbemühungen; **with the utmost e.** unter Aufbietung aller Kräfte

to be painstaking in one's effort|s etw. peinlich genau tun; **to make an e.** Anstrengung unternehmen, sich aufraffen; **~ an all-out e.** alles daran setzen, alle Register ziehen *(fig)*; **~ every e.** keine Mühe scheuen, nichts unversucht lassen, alles Erdenkliche versuchen; **to redouble one's e.s** seine Anstrengungen verdoppeln; **to renew one's e.s** erneute Anstrengungen machen; **to spare no e.** keine Mühe scheuen; **~neither e. nor expense** weder Mühe noch Kosten scheuen
combined effort(s) gemeisame Anstrengung, vereinte Kräfte; **common e.** Miteinander *nt*; **computational e.** Rechenaufwand *m*; **with a final e.** mit letzter Kraft; **great e.s** intensive Bemühungen; **joint e.** gemeinsame Anstrengung, Gemeinschaftsarbeit *f*, gemeinsames Vorgehen; **last-ditch e.** allerletzter Versuch; **mental e.** Geistesanstrengung *f*, Denkarbeit *f*; **poor e.** schwache Leistung; **strenuous e.s** energische Bemühungen; **supreme e.** Kraftakt *m*; **tractive e.** ✪ Zugkraft *f*, Zugleistung *f*; **wasted e.** vergeblich, verlorene (Liebes-)Mühe
effort bargaining Verhandlungen über die Normleistungsmenge; **successful e.-costing** *n* Verrechnung von Explorationskosten als Aufwand; **e.less** *adj* mühelos, leicht
effrontery *n* Unverschämtheit *f*; **to habe the e.** die Stirn haben *(fig)*
egalitarian *n* Gleichmacher *m*; *adj* gleichmacherisch; **e.ism** *n* Gleichmacherei *f*
to be still in the egg *n* *(fig)* noch im Entstehen sein; **to put all one's e.s in one basket** *(fig)* alles auf eine Karte setzen *(fig)*
bad egg *(fig)* faule Sache, übler Kunde; **free-range e.s** 🐓 (Frei)Landeier; **liquefied e.** Flüssigei *nt*; **new-laid e.** Frischei *nt*
egg|head *n* *(coll)* Eierkopf *m* *(coll)*; **e. timer** Eieruhr *f*; **e. yolk** Eidotter *m*, Eigelb *nt*
ego *n* *(lat.)* Ich *nt*; **my alter e.** mein anderes Ich; **e.centric** *adj* ichbezogen; **e. involvement** persönliches Engagement; **e.istic** *adj* egoistisch; **e.ism**; **e.tism** *n* Egoismus *m*, Ichsucht *f*
egress *n* Ausfahrt *f*; **e. line** 🚂 Ausfahrgleis *m*
eject *v/t* 1. vertreiben; 2. hinauswerfen, ausstoßen, 3. [§] exmittieren; 4. ✪ auswerfen; 5. *(Personal)* entfernen, entlassen
ejection *n* 1. (Besitz)Vertreibung *f*, Räumung *f*; 2. (zwangsweise) Entfernung, Entlassung *f*; 3. ✪ Auswurf *m*; 4. Entziehung des Immobilienbesitzes; 5. [§] Exmission *f*
ejector seat *n* ✈ Schleudersitz *m*
eke out *v/t* *(Vorräte)* strecken, verlängern
elaborate *v/t* 1. ausarbeiten, ausführlich darlegen, *(Gedanken)* entwickeln, sich ausführlich (über etw.) verbreiten; 2. verfeinern, elaborieren
elaborate *adj* kompliziert, kunstvoll, ausgeklügelt, bis ins Einzelne ausgearbeitet, sorgfältig durchdacht
elaboration *n* Ausarbeitung *f*, Verfeinerung *f*
elapse *v/i* *(Frist)* vergehen, verstreichen, ablaufen
elastic *adj* elastisch, dehnbar
elasticity *n* Elastizität *f*, Spannkraft *f*; **e. of demand** Nachfrageelastizität *f*, Elastizität der Nachfrage; **(partial) ~ production** (partielle) Produktionselastizität; **~ (technical) substitution** Substitutionselastizität *f*; **constant ~ substitution** konstante Substitutionselastizität; **variable ~ substitution** variable Substitutionselastizität; **~ supply** Angebotselastizität *f*, Elastizität des Angebots; **overall ~ supply** volkswirtschaftliche Angebotselastizität; **~ tax revenue** Steuerflexibilität *f*; **perfect e.** unendliche/vollkommene Elastizität; **e. approach** Elastizitätsansatz *m*
elbow *n* 1. 💲 Ell(en)bogen *m*; 2. ✪ Krümmer *m*, Kniestück *nt*; **e. grease** *(fig)* *n* Anstrengung *f*; **e. rest** Armstütze *f*; **e. room** Ellenbogenfreiheit *f*, Spielraum *m*
elect *v/t* 1. wählen, bestellen; 2. sich entscheiden für, optieren; **e. to do sth.** sich entscheiden, etw. zu tun
election *n* Wahl(akt) *f/m*; **e. of the auditor** *(HV)* Wahl des Abschlussprüfers; **e. by secret ballot** geheime Wahl; **e. of the board** Aufsichtsrats-, Vorstandswahl *f*, Bestellung des Aufsichtsrates/Vorstandes; **~ the supervisory board; ~ directors** *(HV)* Aufsichtsratswahl *f*, Wahl des Aufsichtsrats; **e. to the board** Wahl in den Aufsichtsrat/Vorstand; **e. by electors** Wahl durch Wahlmänner; **e. to the executive** Vorstandswahl *f*, Wahl des Vorstands; **e. by direct suffrage/vote** Urwahl *f*; **e.s by direct universal suffrage** allgemeine, unmittelbare Wahlen; **e. to fill a vacancy** Ersatzwahl *f*; **challenging/contesting/disputing an election** Wahlanfechtung *f*
to call an election 1. Wahl anberaumen/ansetzen/ausschreiben; 2. Neuwahlen ansetzen; **to cancel on e.** Entscheidung widerrufen/rückgängig machen; **to challenge/contest/dispute an e.** Wahl anfechten; **to declare an e. void** Wahl für ungültig erklären; **to hold an e.** Wahl abhalten/durchführen; **to stand for e.** sich zur Wahl stellen; **~ in an e.** bei einer Wahl kandidieren
congressional election *[US]* Kongresswahl *f*; **corporate e.** *[US]* Aufsichtsrats-, Vorstandswahl *f*; **direct e.** Persönlichkeits-, Direktwahl *f*, direkte Wahl, Urwahl *f*; **free e.s** freie Wahlen; **general e.** *[GB]* Parlaments-, Unterhauswahl *f*; **~ e.s** allgemeine Wahlen; **indirect e.** indirekte Wahl; **local/municipal e.** Gemeinde-, Kommunal-, Magistratswahl *f*; **mock e.** Scheinwahl *f*; **parliamentary e.(s)** Parlamentswahl *f*, Wahlen zum Parlament; **preliminary/primary** *[US]* **e.** Vorwahl *f*; **special e.** *[US]* Nach-, Ergänzungswahl *f*
election address Wahlaufruf *m*; **e. board** Wahlausschuss *m*; **e. boycott** Wahlboykott *m*; **e. bribery** Wahlbestechung *f*; **e. campaign** Wahlkampf *m*, W.kampagne *f*, W.feldzug *m*; **~ fund** Wahl(kampf)fonds *m*; **e. commissioner** Wahlbeauftragter *m*; **e. committee** Wahlausschuss *m*; **e. executive committee** Wahlvorstand *m*; **e. day** Wahltermin *m*, W.tag *m*; **e. defeat** Wahlniederlage *f*; **e. district** Wahlkreis *m*, W.bezirk *m*; **e. dower** Pflichtteil *m*, P.anspruch der Witwe
electioneer *v/i* Wahlpropaganda machen, um Stimmen werben, Wahlkampf führen; **e.ing** *n* Wahlkampf *m*, W.agitation *f*
election expenses Wahlkampfkosten; **e. forecast** Wahlprognose *f*; **e. fraud** Wahlbetrug *m*, W.schwindel *m*,

Fälschung der Wahlergebnisse; **e. funds** Wahlgelder; **e. giveaway** Wahlgeschenk *nt*; **e. hit** Wahlschlager *m*; **e. issue** Wahlkampfthema *nt*; **e. manifesto** Wahlmanifest *nt*, W.programm *nt*; **e. meeting** Wahlversammlung *f*; **e. officer** Wahlleiter *m*; **e. platform** Wahlplattform *f*, W.manifest *nt*, W.programm *nt*; **e. pledge/promise** Wahlversprechen *nt*; **e. poster** Wahlplakat *nt*; **e. procedure** Wahlvorgang *m*; **e. precinct** *[US]* Wahlkreis *m*; **e. propaganda** Wahlpropaganda *f*; **e. prospects** Wahlchancen, W.aussichten; **e. records** Wahlunterlagen; **e. reform** Wahlreform *f*; **e. register** Wahlregister *nt*; **e. regulations** Wahlordnung *f*; **e. result(s)/returns** Wahlausgang *m*, W.ergebnis(se) *nt/pl*, W.protokoll *nt*; **to challenge/contest an e. result** Wahlergebnis anfechten; **e. rigging** Wahlbetrug *m*; **e. risk** Wahlrisiko *nt*; **e. slogan** Wahlparole *f*; **e. speech** Wahlrede *f*; **e. tactics** Wahltaktik *f*; **e. victory** Wahlsieg *m*; **e. winner** Wahlschlager *m*; **e. year** Wahljahr *nt*

elective *adj* wahlfrei, Wahl-; *n* Wahlfach *nt*; **compulsory e.** Wahlpflichtfach *nt*

elector *n* Wähler(in) *m/f*, Stimmberechtigte(r) *f/m*; **e.s** Wahlmänner; **e.al** *adj* Wahl-; **e.ate** *n* Wähler(schaft) *pl/f*

electric *adj* elektrisch, Elektro-

electrical *adj* elektrotechnisch, elektrisch; **e.s** *pl* (*Börse*) Elektrowerte, E.aktien, Elektrizitätswerte, E.aktien

electrician *n* Elektriker *m*, Elektrotechniker *m*, E.installateur *m*

electricity *n* Elektrizität *f*, Strom *m*; **e. obtained from outside** Fremdstrombezug *m*

to abstract electricity Strom abzapfen; **to convert into e.** verstromen; **to cut off e.** Strom abschalten; **to generate e.** verstromen, Elektrizität erzeugen; **to save e.** Strom sparen; **to supply with e.** mit Strom versorgen; **to turn on/off the e.** den Strom an-/abschalten

long-distance electricity Überlandstrom *m*; **mine-generated e.** Zechenstrom *m*; **off-peak e.** Nachtstrom *m*; **peak-load e.** Spitzenstrom *m*; **purchased e.** Fremdstrom *m*; **thermal e.** Wärmestrom *m*

electricity bill Strom-, Elektrizitätsrechnung *f*; **e. board** *[GB]* Elektrizitätswerke *pl*, (staatliche) Elektrizitätsgesellschaft; **e. consumer** Stromverbraucher *m*, S.abnehmer *m*; **e. consumption** Stromentnahme *f*, S.verbrauch *m*, Elektrizitätsverbrauch *m*; **e. distribution** Stromverteilung *f*; **e. generating board** *[GB]* Elektrizitätswerke *pl*, staatliches Elektrizitätsunternehmen; **e. generation** Stromerzeugung *f*, Verstromung *f*, Erzeugung elektrischer Energie, Elektrizitätserzeugung *f*; **e. generator** Stromerzeuger *m*; **e. grid** Elektrizitäts(verbund)netz *nt*; **e. industry** Elektrizitätsindustrie *f*, E.wirtschaft *f*, Stromwirtschaft *f*; **e. meter** Strommesser *m*, S.zähler *m*; **~ reader** Stromableser *m*; **e. needs** Strombedarf *m*; **e. output** Stromerzeugung *f*; **e. pool** E-Werke-Verbund *m*, Kraftwerksverband *m*; **e. rate** Strompreis *m*; **e. rationing** Stromrationierung *f*; **e. sales** Stromabsatz *m*; **~ proceeds/revenue(s)** Stromerlöse *pl*, S.einnahmen *pl*

electricity supply Strom-, Elektrizitätsversorgung *f*, Stromzufuhr *f*, S.lieferung *f*; **~ company** Stromversorger *m*, S.versorgungsunternehmen *nt*, Elektrizitätsversorgungsunternehmen (EVU) *nt*; **~ grid** Stromverbund *m*; **~ industry** Strom-, Elektrizitätsversorgungswirtschaft *f*

electricity tariff Stromtarif *m*; **e. transmission** Stromdurchleitung *f*, S.transport *m*; **~ charges** Stromtransportgebühren; **e. user** Stromverbraucher *m*, S.abnehmer *m*

electrification *n* Elektrifizierung *f*

electrics *n* elektrische Anlagen

electrify *v/t* 1. elektrifizieren; 2. *(fig)* elektrisieren

electro *n* ✿ Galvano *nt*, Elektrotype *f*; **e.-acoustics** *n* Elektroakustik *f*; **e.cute** *v/t* 1. durch elektrischen Schlag verletzen/töten; 2. *[US]* [§] auf dem elektrischen Stuhl hinrichten; **e.cution** *n* 1. Verletzung/Tod durch elektrischen Schlag; 2. *[US]* [§] Hinrichtung auf dem elektrischen Stuhl

electrode *n* Elektrode *f*

electro|lysis *n* Elektrolyse *f*; **e. lyte** *n* Elektrolyt *nt*; **e.magnetic** *adj* elektromagnetisch

electronic *adj* elektronisch; **e.s** *n* Elekronik *f*; **~ company** Elekronikunternehmen *nt*; **~ industry** Elektronikindustrie *f*, elektronische Industrie; **~ waste** Elektronikschrott *m*

electronification *n* Umrüstung auf elektronische Geräte, ~ Steuerung

electro|plate *n* ✿ Galvano *nt*; *v/t* galvanisieren, verzinken; **e.plating** *n* Galvanisieren *nt*, Verzinkung *f*; **e. static** *adj* elektrostatisch; **e.type** *n* ✿ Galvano *nt*, Elektrotype *f*

ele|gance *n* Eleganz *f*, Schick *m*; **e.gant** *adj* elegant, vornehm, geschmackvoll

element *n* 1. Element *nt*, Grundstoff *m*; 2. Bauteil *nt*; 3. Faktor *m*, (wesentlicher) Bestandteil, Grundbestandteil *m*; 4. ⚒ Teilarbeitsvorgang *m*; **the e.s** Naturgewalten

element|s of commerce Grundlagen des Handels; **e. of a contract** Vertragsbestandteil *m*; **e.s of costs** Kostenbestandteile; **necessary collateral ~ crime** Bedingungen der Strafbarkeit; **e. of danger** Gefahrenmoment *nt*; **e. in demand** Nachfragekomponente *f*; **essential ~ a firm name** Firmenkern *m*; **e. of an offence** [§] Tatbestandsmerkmal *nt*; **mental e.s of an offence** [§] subjektiver Tatbestand; **e. of the pay package** Einkommensbestandteil *m*; **~ uncertainty** Unsicherheitsfaktor *m*

alien element Fremdkörper *m*; **central/main e.** Schwerpunkt *m*; **constituent e.** [§] Tatbestandsmerkmal *nt*; **corrective e.** Korrekturfaktor *m*, Korrektiv *nt*; **fiscal e.** ⊖ Finanzanteil *m*; **governing e.** bestimmender Teilvorgang; **protective e.** ⊖ Schutzanteil *m*; **self-qualifying e.** immanente Beschränkung; **tax-free e.** steuerfreier Anteil

elemental *adj* ↻ rein

elementary *adj* 1. elementar, einfach; 2. elementar, Grund-

element breakdown ⚒ Arbeitszerlegung in Teilvorgänge; **e. time** Einzelzeit *f*

white elephant *n* *(fig)* Investitions-, Entwicklungs-, Planungsruine *f*, Fehlinvestition *f*, F.entwicklung *f*,

elevate

F.konstruktion *f*, unrentables Geschäft
elevate *v/t* 1. anheben; 2. *(fig)* erheben
elevation *n* 1. Höhe (über N.N.); 2. Erhöhung *f*, Anhöhe *f*, Bodenerhebung *f*; 3. 🏛 Aufriss *m*
elevator *n* 1. *[US]* (Personen)Aufzug *m*, Fahrstuhl *m*, Lift *m*; 2. 🌾 Getreidespeicher *m*, Silo *m*; 3. ✈ Höhenruder *nt*; **e. man** Fahrstuhlführer *m*; **e. shoe** Schuh mit Plateausohle
elicit *v/t (Information)* entlocken
eligibility *n* 1. (Anspruchs)Berechtigung *f*, Anwartschaft *f*; 2. Eignung *f*, Befähigung *f*; 3. Wählbarkeit *f*, passives Wahlrecht; 4. Qualifizierung *f*, Qualifikation *f*, Teilnahmeberechtigung *f*; 5. *[US]* Mündelsicherheit *f*; **e. to act as a judge** Fähigkeit zum Richteramt; **e. for aid/promotion** 1. Förderungswürdigkeit *f*; ~ **benefit(s)** Leistungs-, Unterstützungsberechtigung *f*; 2. *(Vers.)* Leistungsvoraussetzungen *pl*; **e. (to serve) as collateral** *(Wertpapier)* Beleihbarkeit *f*, Deckungsstock-, Lombardfähigkeit *f*; **e. for discount** Diskontfähigkeit *f*; ~ **election** passives Wahlrecht; **e. of goods for entry** ⊖ Zulassungsbedingungen für die Einfuhr; **e. for office** Voraussetzungen für ein Amt; ~ **a pension** Renten-, Ruhegeldanspruch *m*, Versorgungsanwartschaft *f*; ~ **protection** Schutzfähigkeit *f*; ~ **rediscount** Rediskont(ierungs)fähigkeit *f*; ~ **relief** Unterstützungsberechtigung *f*; ~ **public welfare** Fürsorgeanspruch *m*
eligibility committee Zulassungsausschuss *m*; **e. description** Qualifikationsmerkmale *pl*; **e. policy** *(Notenbank)* Auslesepolitik *f*; **e. requirements** 1. Zulassungsvoraussetzung *f*; 2. Berechtigungsnachweis *m*, B.bestimmungen, B.erfordernisse; 3. Voraussetzungen für Versicherungsleistungen; **e. restrictions** 1. Teilnahmebeschränkungen; 2. Einschränkung der Berechtigung; **e. rules** Rediskontrichtlinien
eligible *adj* 1. (anspruchs)berechtigt, empfangs-, zuteilungsberechtigt; 2. qualifiziert, geeignet, befähigt; 3. (zentral)bank-, diskontfähig; 4. *[US]* mündelsicher, garantiefähig; 5. teilnahmeberechtigt; 6. wählbar, passiv wahlberechtigt; **to be e. for sth.** 1. Anspruch auf etw. haben; 2. berechtigt sein zu, Voraussetzungen für etw. erfüllen; **to become e.** sich qualifizieren
eliminate *v/t* 1. ausschließen, aufheben; 2. eliminieren, entfernen, beseitigen, ausschalten, zunichte machen, aussieben, ausmerzen, bereinigen, verdrängen, aus der Welt schaffen
eliminating of random fluctuations *n* 📊 Zufallsausschaltung *f*
elimination *n* Ausschaltung *f*, Beseitigung *f*, Eliminierung *f*, Elimination *f*, Abschaffung *f*, Ausscheidung *f*, Ausmerzung *f*, Bereinigung *f*; **e.s** Eliminierung konzerninterner Leistungen; **e. of competition/competitors** Verdrängungswettbewerb *m*, Ausschalten der Konkurrenz; ~ **customs duties** Zollabbau *m*, Abbau/Abschaffung der Zölle; ~ **errors** Fehlerbeseitigung *f*; ~ **the exchange risk** Ausschaltung des Wechselkurs-/Währungsrisikos; ~ **jobs** Arbeitsplatzvernichtung *f*, Vernichtung/Wegrationalisierung von Arbeitsplätzen; ~ **the middleman** Ausschaltung des Zwischenhandels; ~ **dead orders** Auftragsbereinigung *f*; ~ **preferences** Beseitigung von Präferenzen; ~ **additional revenues** Mehrerlösabschöpfung *f*; ~ **a risk;** ~ **risks** Risikobeseitigung *f*, R.ausschluss *m*; ~ **spoilage** Ausschussverhütung *f*

intercompany elimination Organausgleich *m*, Eliminierung konzerninterner Lieferungen und Leistungen, zwischenbetriebliche Elimination, Erfolgskonsolidierung *f*; **intergroup e.** Organschaftsverrechnung *f*
elite *n* Elite *f*; **managerial e.** Führungselite *f*
elocution *n* Vortragskunst *f*; **e. lessons** Redeunterricht *m*
elongated *adj* länglich
elo|quence *n* Redegabe *f*, R.gewandtheit *f*, Beredtsamkeit *f*, Wortgewandtheit *f*, Zungenfertigkeit *f*, Eloquenz *f*; **e.quent** *adj* beredt(sam), rede-, wortgewandt, eloquent
elsewhere *adv* anderswo, an anderer Stelle, anderweitig
eluci|date *v/t* verdeutlichen, erklären, erläutern; **e.dation** *n* Verdeutlichung *f*, Erklärung *f*, Erläuterung *f*
elude *v/t* umgehen, sich entziehen
elusion *n* Umgehung *f*
elusive *adj* ausweichend, schwer bestimmbar/definierbar, ~ zu fassen; **to be e.** sich der Kontrolle entziehen
E-mail; e-mail *n* elektronische Post, elektronischer Postverkehr, E-mail *f*; ~ **address** E-mail-Adresse *f*
emanate *v/i* 1. herrühren, stammen, ausgehen, seinen Ursprung haben; 2. *(Geruch)* ausströmen
emanci|pate *v/t* emanzipieren; **e.pation** *n* Emanzipation *f*; **e.patory** *adj* emanzipatorisch
embankment *n* Flussdeich *m*, Böschung *f*, (Bahn-)Damm *m*
embargo *n* Embargo *nt*, Sperre *f*, Beschlagnahme *f*, Handels-, Liefer-, Hafensperre *f*, Handelsverbot *nt*; **e. on exports** Export-, Ausfuhrsperre *f*, Export-, Ausfuhrverbot *nt*; ~ **imports** Einfuhrsperre *f*, E.verbot *nt*, Importembargo *nt*, I.sperre *f*; ~ **pipe sales** Röhrenembargo *nt*; ~ **spending** Ausgabensperre *f*
to be under embargo unter Beschlagnahme stehen; **to defy an e.** Embargo nicht beachten; **to enforce an e.** Embargo durchsetzen; **to impose an e.; to lay/place/put under e.** Blockade/Sperrung verhängen, Embargo erlassen/verhängen; **to lift an e.** Embargo/Sperrung aufheben
civil embargo privatrechtliches Embargo; **hostile e.** völkerrechtliches Embargo
embargo *v/t* Embargo verhängen, einem ~ unterwerfen, Handelsverkehr sperren
embargo list Embargoliste *f*; **e. policy** Blockadepolitik *f*
embark *v/ti* ⚓ 1. an Bord gehen; 2. einschiffen, verladen; **e. upon** sich einlassen auf, anfangen, beginnen
embarkation *n* ⚓ 1. (Passagier)Einschiffung *f*, Reiseantritt *m*; 2. Verladung *f*; **e. card** Bord-, Einschiffungskarte *f*; **e. officer** Ladeoffizier *m*; **e. papers** Verladepapiere
embarrass *v/t* in Verlegenheit bringen, verlegen machen, peinlich berühren; **e.ed** *adj* 1. verlegen, peinlich berührt; 2. in Zahlungsschwierigkeiten/Geldverlegenheit; **to feel e.ed** sich genieren; **e.ing** *adj* (hoch)not)peinlich

embarrassment n 1. Verlegenheit f, Verwirrung f, peinliche Angelegenheit, Peinlichkeit f; 2. Zahlungsschwierigkeit f, finanzielle Bedrängnis, Geldverlegenheit f; **financial e.ment(s)** Geldverlegenheit f, G.sorgen pl, schlechte Finanzlage
embassy n Botschaft f, diplomatische Vertretung, Gesandtschaft f; **e. official** Botschaftsangehöriger m
embattled adj 1. kampferprobt; 2. umkämpft
embed v/t einbetten
embellish v/t 1. verschönern, zieren, ausschmücken; 2. beschönigen; **e.ment** n Verzierung f, Verschönerung f, Schmuck pl, Ausschmückung f
embers pl Glut f
embezzle v/t unterschlagen, veruntreuen, entwenden, hinterziehen
embezzlement n (Geld)Unterschlagung f, Veruntreuung f, Untreue f, Hinterziehung f, Entwendung f; **e. of funds** Kassendiebstahl m; **e. in office** Unterschlagung im Amt
embezzler n Veruntreuer m
emblem n Emblem nt, Wahrzeichen nt, Sinnbild nt, Kenn-, Hoheitszeichen nt; **national e.** Staatssymbol nt, Hoheitszeichen nt
emblements pl ⚘ Früchte auf dem Halm
embodiment n 1. Verkörperung f, Inbegriff m, Inkarnation f; 2. (Pat.) Ausgestaltung f, Ausführungsbeispiel nt, A.art f; **particular e.** besondere Ausführungsart
embody v/t 1. verkörpern, personifizieren; 2. enthalten; 3. einbetten, verankern
emboss v/t 1. (auf)prägen, gaufrieren; **e.ed** adj 🗍 erhöht, erhaben
embrace v/t 1. umarmen, willkommen heißen; 2. umfassen, umschließen, in sich schließen, sich erstrecken auf; 3. sich entscheiden (für), sich (etw.) zueignen machen; n Umarmung f
embracery n [§] Bestechung f
embroider v/t 1. sticken; 2. ausschmücken
embroil v/t verwickeln, verstricken; **e.ment** n Verwicklung f
embryo n ⚕ Embryo m, Leibesfrucht f
emend v/t (Text) berichtigen, verbessern; **e.ation** n Textberichtigung f, T.verbesserung f
emerald n Smaragd m; **E.Isle** (Irland) Grüne Insel
emerge v/i 1. auftauchen, in Erscheinung treten, zu Tage treten, zum Vorschein kommen; 2. entstehen; 3. sich herausstellen/abzeichnen/herauskristallisieren
emergence n 1. Auftauchen nt, Aufkommen nt, Auftreten nt, Erscheinen nt; 2. Entstehung f; 3. Bekanntwerden nt
emergency n Ernst-, Ausnahme-, Notfall m, N.stand m, N.situation f, dringende Notlage, Not f, Krise f, kritische Situation, Dringlichkeit f, Gefahrenlage f; **in an e.; in (a) case of e.** im Not-/Ernstfall, notfalls; **to deal with an e.** in einem Notfall tätig werden; **to provide for an e.** für den Ernstfall vorbeugen, ~ Notfall vorsehen, Vorsorge treffen
civil emergency ziviler Notstand; **extreme e.** äußerster Notfall; **financial e.** finanzielle Notlage; **national e.** nationaler Notstand, Staatsnotstand m; **public e.** öffentlicher Notstand
emergency accommodation Notunterkunft f; **e. act** Ausnahme-, Notstandsgesetz nt; **e. action** Notstandseinsatz m, N.maßnahme f; **to take e. action** Notmaßnahmen ergreifen; **e. address** Notadressat m, N.adresse f; **e. admission** Notaufnahme f; **e. aid** Soforthilfe f, S.programm nt, Notstandshilfe f; **~ measure** Sofortmaßnahme f; **e. alert** Katastrophenalarm m; **e. ambulance** Notarztwagen m; **e. amendment** Sofortnovelle f; **e. amortization** beschleunigte Abschreibung; **e. appointment** Notbestellung f; **e. bed** Notbett nt; **e. board** Notstandskommission f; **e. brake** 🚂 Notbremse f; **e. bridge** Notbrücke f; **e. budget** Notetat m; **e. call** ☏ Not-, Überfall-, Telefonnotruf m; **~ box** Notrufsäule f; **e. cartel** Notstandskartell nt; **e. center** [US] /centre [GB] Rettungszentrum nt; **e. clause** Dringlichkeits-, Notstandsklausel f; **e. credit** Stützungskredit m; **e. contribution** Solidaritätsbeitrag m; **e. currency** Notwährung f, N.geld nt; **e. current** ⚡ Notstrom m; **e. debate** Dringlichkeitsdebatte f; **e. decree** Not(stands)verordnung f; **e. discharging** ⚓ Notlöschung f; **e. doctor** Notarzt m; **e. door/exit** Notausgang m; **e. equipment** Katastrophenausrüstung f; **e. freight surcharge** Krisenfrachtzuschlag m; **e. fund** Hilfs-, Krisen-, Feuerwehr-, Notstands-, Pleitenfonds m, Notstock m; **e. hatch** ⚓/✈ Notausstieg m; **e. hospital** ⚕ Unfallklinik f, Akutkrankenhaus nt; **e. import duty** ⊖ Notstandseinfuhrzoll m; **e. jurisdiction** [§] Sondergerichtsbarkeit f; **e. kit** Notausrüstung f
emergency landing ✈ Notlandung f; **to make an e. l.** notlanden; **e. l. strip** Notlandeplatz m
emergency law Ausnahme-, Not(stands)gesetz nt; **wartime e. l.s** Kriegsnotrecht nt
emergency legislation Not(stands)-, Ausnahme-, Krisengesetzgebung f; **e. levy** Not(stands)abgabe f, Notopfer nt; **e. lighting** Notbeleuchtung f; **e. loan** Stützungs-, Sofortkredit m, Notstandsdarlehen nt; **e. location** Ausweichstelle f; **e. loss** Elementarschaden m
emergency measure Not(stands)-, Krisenmaßnahme f, außerordentliche Maßnahme; **e. m.s** Notstands-, Hilfsmaßnahmen pl; **to impose e. m.s** Notstandsmaßnahmen verhängen; **to take e. m.s** die Notbremse ziehen (fig)
emergency meeting Krisensitzung f, Dringlichkeitstreffen nt; **e. money** Notgeld nt; **e. motion** (Parl.) Dringlichkeitsantrag m; **e. number** ☏ Notruf-, Überfallnummer f; **e. operation** 1. ⚕ Notoperation f; 2. ⚙ Notbetrieb m; **e. organization** Notgemeinschaft f; **e. package** Notstandspaket nt, Paket von Not-/Soforthilfemaßnahmen; **e. plan** Krisenplan m; **e. planning** Notstandsplanung f; **e. powers** Notverordnungsbefugnisse, Ermächtigung zur Anwendung von Notstandsmaßnahmen, ~ außerordentlichen Maßnahmen, Notstandsermächtigung, N.vollmachten; ~ **act** Notstandsgesetz nt; **e. procedure** Dringlichkeitsverfahren nt; **e. program(me)** Dringlichkeitsprogramm nt; **e. provisions** Notstandsbestimmungen; **e. ration** eiserne Ration, Notration f; **e. rations** Notverpflegung f; **e. regulation** Not(stands)verordnung f; **e. relief** Soforthilfe f, Notstands(bei)hilfe f; **~ service** Hilfs-,

emergency repair

Not(stands)dienst *m*; **e. repair** Dringlichkeitsreparatur *f*; **e. requirements** Notbedarf *m*; **e. room** *[US]* Unfallstation *f*; **e. sale** Notveräußerung *f*, N.verkauf *m*; **e. service** Not(fall)-, Bereitschafts-, Hilfs-, Katastrophendienst *m*; **e. set** ✡ Hilfsanlage *f*; **e. situation** Notlage *f*; **e. squad** Noteinsatzgruppe *f*; **e. staff** Krisenstab *m*; **to take e. steps** Notstandsmaßnahmen ergreifen; **e. stocks/stockpiles** Notvorrat *m*, Sicherheits-, Krisenbestände, K.vorräte; **e. stop** ⇄ Vollbremsung *f*; **e. support** Unterstützung in Notfällen; **e. telephone** ✆ Notruftelefon *nt*, (Not)Rufsäule *f*; **e. transmitter** Notsender *m*; **e. treatment** $ Unfallversorgung *f*; **e. vehicle** $ Rettungsfahrzeug *nt*; **e. ward** $ Unfallstation *f*; **e. work** Notarbeiten *pl*

emergent; emerging *adj* neu, aufstrebend

emeritus *(lat.)* **(professor)** *n* emeritierter Professor

emery paper *n* Schmirgelpapier *nt*

emigrant *n* 1. Auswanderer *m*; 2. Emigrant *m*; **e. worker** Arbeitsemigrant *m*; **e.grate** *v/i* 1. auswandern; 2. emigrieren

emigration *n* 1. Auswanderung *f*; 2. Emigration *f*; **net e.** Auswanderungsüberschuss *m*; **e. office** Auswanderungsbüro *nt*

(political) émigré *n* *(frz.)* Emigrant *m*, politischer Flüchtling

emirate *n* Emirat *nt*

emission *n* 1. Emission *f*, Ausgabe *f*, Begebung *f*; 2. Emission *f*, Schadstoffausstoß *m*; **e. of banknotes** Banknotenausgabe *f*; **~ a letter of credit** Kreditbriefausstellung *f*; **~ particles** Partikelemission *f*; **~ pollutants** Schadstoffemission *f*; **to clean up e.s** Schadstoffemissionen/S.ausstoß filtern

emission|s certificate Emissionszertifikat *nt*; **e.s charge** Emissionsabgabe *f*; **e. control** 1. Emissionsbegrenzung *f*; 2. Emissions-, Abgaskontrolle *f*; **~ device** Abgasfilterungs-, Filteranlage *f*; **e. cut** Emissionsreduzierung *f*, E.minderung *f*, Verringerung der Emission(en); **e.s data** Emissionsdaten; **e.-free** abgas-, rein, emissions-, schadstofffrei; **e.s gauging technology** Emissionsmesstechnik *f*; **e. level** Emissionswert *m*; **e. levy** Emissionsabgabe *f*; **e. monitoring** Emissionskontrolle *f*; **e. permits/rights** Emissionsrechte; **e. reduction torget** Emissionsminderungsziel *nt*; **e.s requirement** Emissionsauflage *f*; **e. standard** Emissionsrichtwert *m*; **e.s tax** Emissionssteuer *f*

trading in emissions Handel mit Emissionszertifikaten

emit *v/t* 1. *(Wertpapier)* ausgeben, emittieren, in Umlauf setzen; 2. *(Radio)* senden, ausstrahlen; 3. ausstoßen

emitter *n* 1. *(Wertpapier)* Emittent *m*, Ausgeber *m*, Aussteller *m*; 2. 📇 Impulsgeber *m*; 3. *(OR-Knoten)* Sendeteil *m*; **e. pulse** Geberimpuls *m*

emitting function *n* Ausgangsfunktion *f*

emollient *adj* 1. $ lindernd; 2. umgänglich; *n* Linderungsmittel *nt*

emolument(s) *n* 1. Vergütung *f*, Gehalt *nt*, Einkommen *nt*, Einkünfte *pl*, (Dienst)Bezüge *pl*, Aufwandsentschädigung *f*; 2. Tantieme *f*, Diäten *pl*; 3. Gewinn *m*, Nutzen *m*, Nutzung *f*; **lump-sum e.s** pauschalierte Aufwendungsentschädigung; **net e.s** Nettobezüge; **one-time e.s** einmalige Bezüge; **pensionable e.s** Versorgungsbezüge, V.vergütung *f*, Bezüge mit Pensionsberechtigung

emotion *n* Gefühl(sregung) *nt/f*, Emotion *f*; **e.al** *adj* 1. gefühlsbetont, g.mäßig, seelisch, emotional, Gefühls-; 2. *(Person)* (leicht) erregbar

emotive *adj* gefühlsgeladen, g.beladen, g.betont

empanel *v/t* [§] in das Geschworenengericht berufen, zum Schöffen berufen

empa|thize with so. *v/i* sich in jdn hineinversetzen; **e.thy** *n* Einfühlungsvermögen *nt*

emphasis *n* 1. Betonung *f*, Hervorhebung *f*, Unterstreichung *f*, Nachdruck *m*; 2. Schwerpunkt *m*, S.gewicht *nt*; **with the e. on** schwerpunktmäßig; **e. on income** Vorrang der Ertragsrechnung; **to lay/put e. on sth.** etw. betonen

emphasize *v/t* betonen, hervorheben, herausstellen, nachdrücklich hinweisen, besonderen Wert legen auf

emphatic *adj* emphatisch; **e.ally** *adv* mit Nachdruck

empire *n* Weltreich *nt*, Imperium *nt* *(lat.)*; **colonial e.** Kolonialreich *nt*; **corporate/economic e.** Wirtschaftsimperium *nt*; **financial e.** Finanzimperium *nt*; **industrial e.** Industrieimperium *nt*

empirical *adj* empirisch

employ *v/t* 1. einstellen, beschäftigen, engagieren; 2. benutzen, gebrauchen, einsetzen, verwerten, ver-, anwenden, ausnutzen

to be in so.'s employ *n* bei jdm beschäftigt sein, ~ in Lohn und Arbeit/Brot stehen; **~ the e. of a firm** bei einer Firma tätig sein

employability *n* Vermittlungs-, Arbeits-, Verwendungsfähigkeit *f*; **of limited e.** beschränkt vermittelbar/verwendbar

employable *adj* 1. vermittlungs-, arbeits-, erwerbsfähig, anstellbar; 2. anwendbar

employed *adj* 1. angestellt, berufstätig, beschäftigt, unselbstständig/beruflich tätig; 2. ausgelastet, benutzt; **the e.** die Beschäftigten; **to be e.** 1. beschäftigt sein, Arbeit haben, in ~ stehen, Beschäftigung ausüben; 2. zum Einsatz kommen; **~ e. in a variety of ways** vielfache Verwendung finden; **gainfully e.** berufs-, erwerbstätig, einträglich/gewerblich beschäftigt; **to be ~ e.** im Erwerbsleben stehen, erwerbstätig sein

employee *n* Arbeitnehmer(in) *m/f*, Angestellte(r) *f/m*, Beschäftigte(r) *f/m*; Mitarbeiter(in) *m/f*, Werks-, Betriebs-, Belegschaftsangehörige(r) *f/m*, Belegschaftsmitglied *nt*, Bedienstete(r) *f/m*; **e.s** Mitarbeiter, Beleg-, Arbeitnehmerschaft *f*, Personal *nt*, Angestellte, Arbeitskräfte, Betriebs-, Dienstpersonal *nt*; **by the e.** arbeitnehmerseitig; **e. outside the collective agreement** AT-Angestellte(r) *f/m*; **e. on temporary loan** Leiharbeiter *m*; **e. of many years' standing** langjähriger Mitarbeiter; **to hire e.s** Arbeitskräfte/Mitarbeiter/Personal einstellen; **to shed e.s** Arbeitskräfte/Personal abbauen

administrative employee Verwaltungsangestellte(r) *f/m*; **clerical e.** Bürokraft *f*; **commercial e.** Handlungsgehilfe *m*, H.gehilfin *f*, kaufmännische(r) Angestellte(r) *f/m*; **federal e.** Bundesangestellter *m*, B.bediensteter *m*; **foreign e.** ausländischer Arbeitnehmer/Mitarbeiter; **full-time e.** Vollzeit(arbeits)kraft *f*; **governmental e.**s öffentliche Bedienstete; **industrial e.** Industriebeschäftigte(r) *f/m*, gewerbliche(r) Arbeitnehmer/Angestellte(r); **loaned e.**s Leiharbeitskräfte; **local e.** Ortskraft *f*; **low-paid e.** Niedrigverdiener *m*, Arbeitnehmer in Leichtlohngruppe; **municipal e.** städtische(r) Angestellte(r); **to be a ~ e.** bei der Stadt angestellt sein; **non-company e.**s betriebsfremde Personen; **non-manual e.** Angestellte(r) *f/m*; **non-permanent e.**s Aushilfspersonal *nt*, A.kräfte; **non-unionized e.** Unorganisierte(r) *f/m*; **overseas e.**s *[GB]* Auslandsbelegschaft *f*; **part-time e.** Teilzeit(arbeits)kraft *f*, T.beschäftigte(r) *f/m*, kurzfristig beschäftigter Arbeitnehmer; **permanent e.** Fest-, Dauerangestellte(r) *f/m*; **postal e.** Postbedienstete(r) *f/m*; **profit-sharing e.** gewinnbeteiligter/erfolgbeteiligter Arbeitnehmer; **public(-sector) e.** öffentlicher Bediensteter, Beschäftigte(r) im öffentlichen Dienst, Staatsangestellte(r) *f/m*, S.bedienstete(r) *f/m*; **qualified e.** Fachkraft *f*; **retired e.** Pensionär *m*; **salaried e.** Angestellte(r) *f/m*, Mitarbeiter(in) im Angestelltenverhältnis, festbesoldete(r) Angestellte(r), Gehaltsempfänger(in) *m/f*; **~ insurance** Angestelltenversicherung *f*; **seasonal e.** Saisonbelegschaft *f*; **supervisory e.**s Aufsichtspersonal *nt*; **technical e.** technischer Angestellter; **wage-earning e.** Arbeiter(in) *m/f*, gewerblicher Mitarbeiter, gewerbliche Mitarbeiterin

employee activity rate Erwerbsquote *f*; **e. appraisal** Personal-, Mitarbeiter-, Angestelltenbeurteilung *f*, Beurteilung von Mitarbeitern/Angestellten; **e.(s') association** Arbeitnehmervereinigung *f*, A.verband *m*

employee benefit|s Vergünstigungen für Mitarbeiter, (freiwillige) Sozialleistungen, betriebliche Versorgungsleistungen; **e. b. associaton** betrieblicher Versicherungsverein; **~ and service division** *(Betrieb)* Sozialabteilung *f*; **~ trust** (betrieblicher) Sozialfonds

employee buyout Aufkauf/Übernahme eines Unternehmens durch die Belegschaft, Firmenaufkauf durch Betriebsangehörige

employee capital Arbeitnehmer-, Mitarbeiterkapital *nt*; **~ formation** Vermögensbildung der Arbeitnehmer, betriebliche Vermögensbildung; **~ sharing (scheme)** betriebliche Vermögensbeteiligung, Kapitalbeteiligung der Arbeitnehmer

employee compensation Arbeits-, Arbeitnehmereinkommen *nt*, Einkommen der unselbstständig Beschäftigten; **e.(s') contribution** Arbeitnehmeranteil *m*, A.beitrag *m*; **e.s' council** Betriebsrat *m*; **e. councillor** Betriebsrat(smitglied) *m/nt*; **e. cutback** Reduzierung/Verringerung der Belegschaft, ~ des Personals, Personalabbau *m*; **e. development (measures)** Förderungsmaßnahmen *pl*; **~ program(me)** Mitarbeiterförderung *f*, M.schulung *f*; **e. discount** Angestellten-, Personalrabatt *m*, Rabatt für Angestellte/Firmenangehörige; **e. earnings** Arbeitnehmereinkommen *nt*; **e. equity participation scheme** Mitarbeiterbeteiligung *f*; **e.s' family budgets** Haushaltungen der Arbeitnehmer; **e. health care** betriebliche Gesundheitsfürsorge; **e. household** Arbeitnehmerhaushalt *m*; **e. influence** Arbeitnehmereinfluss *m*; **e. insurance** Belegschaftsversicherung *f*; **e. invention** Betriebs-, Dienst-, Arbeitnehmererfindung *f*; **~ act** Gesetz über Arbeitnehmererfindungen; **e. inventor** Arbeitnehmererfinder *m*; **e. involvement** Mitbestimmung *f*, Mitarbeiterbeteiligung *f*, Mitgestaltung *f*; **e. loan** Mitarbeiterdarlehen *nt*; **e. magazine** Werkszeitschrift *f*, W.zeitung *f*; **e. meeting** Betriebs-, Belegschafts-, Personal-, Mitarbeiterversammlung *f*; **e. morale** Stimmung in der Belegschaft, Arbeitsmoral *f*; **e. number** Personal-, Stammnummer *f*; **e. organization** Arbeitnehmer-, Berufsorganisation *f*; **e. orientation cost(s)** Einarbeitungskosten *pl*; **e.-owned** *adj* in Arbeitnehmerhand; **on the e.'s part** arbeitnehmerseitig; **e. participation** betriebliche Mitbestimmung, Mitbestimmung im Betrieb, ~ der Arbeitnehmer, Beteiligung der Arbeitnehmer; **~ in the capital of a company** Mitarbeiterkapitalbeteiligung *f*; **e. pay number** Stamm-, Personalnummer *f*

employee pension Firmen-, Betriebsrente *f*; **~ fund** Angestelltenpensionskasse *f*; **~ scheme** betriebliche Altersversorgung

employee performance Leistung des Arbeitnehmers; **~ review** (Mitarbeiter)Leistungsbeurteilung *f*; **e. productivity** Mitarbeiterproduktivität *f*; **e. profit-sharing (scheme)** Erfolgs-/Gewinnbeteiligung der Arbeitnehmer, Beteiligung der Arbeitnehmer am Gewinn/Unternehmenserfolg, Mitarbeiterbeteiligung *f*; **e.'s reduced-price purchase** Deputat(ein)kauf *m*, Rabattkauf *m*; **e. rating** Personal-, Leistungsbewertung *f*, Angestellteneinstufung *f*, Beurteilung von Angestellten/Mitarbeitern; **e. records** Personalakte(n) *f/pl*; **e. relations department** Personalabteilung *f*; **~ director/manager** Personalchef *m*, P.leiter *m*, Leiter der Personalabteilung, Arbeitsdirektor *m [D]*; **e.s' remuneration** Arbeitsentgelt *nt*; **e. representation** Personal-, Arbeitnehmer-, Betriebsvertretung *f*, Vertretung der Arbeitnehmer; **~ act** Betriebsverfassungsgesetz *nt [D]*; **e.(s') representative** Arbeitnehmervertreter *m*, Betriebsratsmitglied *nt*; **e.s' safety representative** Unfallvertrauensmann *m*; **e. rights** Arbeitnehmerrechte; **e.'s right of codetermination and complaint** Mitwirkungs- und Beschwerderecht des Arbeitnehmers; **e. roll** Beschäftigungs-, Belegschaftszahl *f*, Personalstand *m*; **e. roster** Belegschafts-, Einsatzplan *m*; **e.'s social security contribution** Arbeitnehmeranteil *m*, Arbeitnehmerbeitrag zur Sozialversicherung; **e. selection** Personalauswahl *f*

employee|'s share Arbeitnehmer-, Belegschaftsaktie *f*; **e. s.holder** Belegschaftsaktionär *m*; **e. s.holding (scheme)** Beteiligung der Mitarbeiter am Unternehmen, ~ Arbeitnehmer am Aktienkapital; **to operate an ~ scheme** Belegschaftsaktien ausgeben; **e. s. ownership** Belegschaftsaktienbesitz *m*; **e. s. purchase plan** Belegschaftsaktienmodell *nt*; **e. s. scheme** Ausgabe von Belegschaftsaktien

employee stock *[US]* Belegschaftsaktie *f*; **e. s.holder** Belegschaftsaktionär *m*; **e. s.holding scheme** Beteiligung der Arbeitnehmer am Aktienkapital; **e. s.**

ownership Aktienbesitz in Arbeitnehmerhand
employee suggestion scheme betriebliches Vorschlagswesen; **e. survey** Mitarbeiterbefragung f; **e.'s personal tax allowance; ~ withholding tax exemption** [US] Arbeitnehmer-, Lohnsteuerfreibetrag m; **e. training** Personal-, Mitarbeiter-, Belegschaftsschulung f, betriebliches Ausbildungswesen, Angestelltenausbildung f; **e. trust** Belegschafts-, Arbeitnehmerfonds m; **e. turnover** (Angestellten-/Personal)Fluktuation f
employer n Unternehmer m, Arbeit-, Dienstgeber m, D.herr m, Brötchengeber m (coll); **e.s** Arbeitgeber-, Unternehmerschaft f, Arbeitgeberseite f, Tariffront der Arbeitgeber; **e.s and employees** Tarif-, Sozialparteien, Tarif-, Sozialpartner, Arbeitgeber/Unternehmer und Arbeitnehmer
employer|s' association Arbeitgeber-, Unternehmerverband m, Arbeitgebervereinigung f, Unternehmerorganisation f, Verband der Arbeitgeber; **e.s' contribution** Arbeitgeberbeitrag m, A.anteil m, A.zuschuss m; **~ duty of care** Fürsorgepflicht des Arbeitgebers; **e. expenditure** [US] Arbeitgeberbeiträge pl; **e.s' federation** Arbeitgeberverband m, A.vereinigung f, Verband der Arbeitgeber; **~ fund** Unternehmerfonds m; **e.'s health insurance contribution** Krankenkassenbeitrag des Arbeitgebers
employer's liability Unternehmerhaftpflicht f, U.haftung f, Arbeitgeberhaftpflicht f, A.haftung f, Unfallhaftpflicht/(U.)Haftung des Arbeitgebers; **~ insurance** Unternehmer-, Arbeitgeber-, Betriebshaftpflichtversicherung f, Unternehmerunfallversicherung f; **~ and property damage insurance** Unternehmerhaftpflicht- und Sachschadenversicherung f; **E. L. (Compulsory Insurance) Act** [GB] Arbeitgeberhaftpflichtversicherungsgesetz nt
employer|'s notice arbeitgeberseitige Kündigung; **e.s' organization** Arbeitgeberorganisation f, A.verband m; **on the e.'s part** arbeitgeberseitig; **e.'s pension commitment** betriebliche Ruhegeldverpflichtung; **~ scheme** Firmenrente f, betriebliche Pensionskasse; **e.'s profits** Unternehmergewinne; **e.s' representation** Unternehmervertretung f; **~ representative** Unternehmer-, Arbeitgebervertreter m; **e.'s social security contribution** Arbeitgeberbeitrag zur Sozialversicherung; **~ statutory social security contribution** gesetzlicher Arbeitgeberbeitrag; **e. supremacy** Arbeitgeberübergewicht nt; **in the e.'s time** während der Arbeitszeit
employment n 1. Beschäftigung(sverhältnis) f/nt, unselbstständige Arbeit/Beschäftigung; 2. Anstellung f; 3. Arbeits-, Dienstverhältnis nt; 4. Arbeitsplatz m, Beschäftigungsmöglichkeit f; 5. Beschäftigungsgrad m; 6. Gebrauch m, Benutzung f, Anwendung f, Inanspruchnahme f, Nutzung f, Verwendung f, Verwertung f; **in the course of one's e.** während der Arbeit(szeit)
employment of capacity Kapazitätsauslastung f, K.nutzung f; **~ capital** Kapitalanlage f, K.verwendung f; **~ experts** Hinzuziehung von Sachverständigen; **~ foreigners** Ausländerbeschäftigung f
employment of funds Mitteleinsatz m, Mittel-, Kapitalverwendung f, Mittel-, Geldanlage f, Einsatz von Mitteln; **~ funds in the capital market** Kapitalmarktdispositionen; **economical ~ funds** wirtschaftlicher Mitteleinsatz
employment as an intermediary Vermittlertätigkeit f; **e. of labour** Arbeitseinsatz m; **e. on probation** Probeanstellung f, P.arbeitsverhältnis nt, probeweise Beschäftigung; **economic e. of productive resources** wirtschaftliche Verwendung der Produktionsfaktoren; **e. of surplus funds** Anlage überschüssiger Mittel
fit for employment erwerbs-, einsatzfähig; **increasing e.** beschäftigungssteigernd; **reducing e.** beschäftigungsmindernd; **securing full e.** Sicherstellung/Sicherung der Vollbeschäftigung; **seeking e.** arbeits-, erwerbsuchend; **stabilizing e.** beschäftigungsstabilisierend; **stimulating e.** beschäftigungsanregend, b.stimulierend
to be in employment beschäftigt/erwerbstätig sein, in Arbeit stehen; **to change e.** Stelle/Beschäftigung wechseln; **to create e.** Arbeit(splätze) schaffen; **~ new e.** neue Arbeitsplätze schaffen; **to find e.** Anstellung/Beschäftigung/Stelle finden, unterkommen; **to give e.** beschäftigen, einstellen; **to look for e.** Beschäftigung/Arbeit/Stelle suchen, nach einer Stellung suchen, auf Stellensuche sein; **to maintain e.** Beschäftigung sichern/gewährleisten; **to obtain e.** Arbeit erhalten; **to provide e.** Arbeit beschaffen, Arbeitsplätze bieten/schaffen; **to reduce e.** Beschäftigung einschränken; **to register for e.** sich arbeitslos melden; **to seek e.** Beschäftigung/Arbeit/Stelle suchen; **to suspend e.** Beschäftigungsverhältnis ruhen lassen, Beschäftigung aussetzen; **to take e.** Beschäftigung/Arbeit annehmen; **~ up e.** Beschäftigung/Arbeit aufnehmen, Stelle antreten, Beschäftigungsverhältnis eingehen; **to terminate e.** Beschäftigungsverhältnis beenden, dem Arbeitnehmer kündigen
agricultural employment Beschäftigung in der Landwirtschaft; **alternative e.** Ersatzarbeitsplatz m, E.plätze pl; **available e.** verfügbarer Arbeitsplatz, verfügbare Arbeitsplätze, vorhandene Stelle(n); **casual e.** Gelegenheitsarbeit f, G.beschäftigung f; **commercial e.** Gewerbetätigkeit f, kaufmännische Tätigkeit/Beschäftigung f; **compulsory e.** Arbeitszwang m; **continued e.** Weiterbeschäftigung f; **continuous e.** kontinuierliche Beschäftigung; **contributory/covered e.** versicherungspflichtige/beitragspflichtige Beschäftigung; **dependent e.** unselbstständige Tätigkeit, abhängige Beschäftigung; **double e.** Doppel-, Zweitbeschäftigung f; Schwarzarbeit f (coll); **efficient e.** rationelle Ausnützung, wirtschaftlicher Einsatz, Ökonomisierung f; **export-related e.** exportabhängige Beschäftigung; **female e.** Beschäftigung weiblicher Arbeitskräfte, Frauenbeschäftigung f
full employment n Vollbeschäftigung f; **to ensure f. e.** Vollbeschäftigung sichern
full employment budget Vollbeschäftigungsbudget nt; **~ budget surplus** Vollbeschäftigungsüberschuss m; **~ deficit** Vollbeschäftigungsdefizit nt; **~ economy** Vollbeschäftigungswirtschaft f; **~ equilibrium** Gleichge-

wicht bei Vollbeschäftigung; ~ **guarantee** Vollbeschäftigungsgarantie *f*; ~ **output** Ausbringung bei Vollbeschäftigung; ~ **policy** Vollbeschäftigungspolitik *f*; ~ **surplus budget** Vollbeschäftigungsüberschussbudget *nt*; ~ **target** Vollbeschäftigungsziel *nt*
full-time employment hauptamtliche Beschäftigung, Ganztags-, Vollzeitbeschäftigung *f*
gainful employment Erwerbsarbeit *f*, E.tätigkeit *f*, E.verhältnis *f*, bezahlte Arbeitstätigkeit, erwerbsorientierte Tätigkeit, einträgliche/lohnende/gewinnbringende/nichtselbstständige Beschäftigung, (entgeltliche) Berufstätigkeit; **in ~ e.** erwerbstätig; **to be in ~ e.** erwerbstätig sein; **capable of e.** erwerbsfähig
hazardous employment gefahrgeneigte/gefährliche Tätigkeit, gefährlicher Beruf; **indirect e.** mittelbares Arbeitsverhältnis; **industrial e.** Beschäftigung in der Industrie, ~ gewerblichen Wirtschaft; **lifetime e.** Lebenszeitanstellung *f*; **limited e.** begrenztes Arbeitsverhältnis; **fit for ~ e.** bedingt arbeitsfähig; **male e.** Beschäftigung männlicher Arbeitskräfte; **maximum e.** Beschäftigungsoptimum *nt*; **multiple e.** Mehrfachbeschäftigung *f*; **on-site e.** 🏠 Beschäftigung auf der Baustelle; **overfull e.** Super-, Übervollbeschäftigung *f*
paid emplyment nichtselbstständige Arbeit/Beschäftigung, unselbstständige Tätigkeit/Arbeit, Beschäftigung im Lohn- oder Gehaltsverhältnis, Lohnverhältnis *nt*, abhängiges Arbeitsverhältnis, Beschäftigung in abhängiger Stellung
part-time employment Teilzeitbeschäftigung *f*, nebenberufliche Tätigkeit, Teilzeit-, Kurzarbeit *f*, Halbtagsbeschäftigung *f*; **paid ~ e.** bezahlte Nebentätigkeit
pensionable employment ruhegehaltsfähige/pensionsfähige Anstellung, ~ Beschäftigung; **in ~ e.** in ruhegehaltsfähiger/pensionsfähiger Anstellung
permanent employment Dauerarbeitsverhältnis *nt*, D.beschäftigung *f*; **private e.** privates Arbeitsverhältnis; **probationary e.** Probeanstellung *f*, P.arbeitsverhältnis *nt*, probeweise Beschäftigung; **productive e.** produktive Beschäftigung; **public(-sector/-service) e.** Beschäftigung im öffentlichen Sektor, ~ öffentlichen Dienst
regular employment feste Arbeit/Beschäftigung/Anstellung, regelmäßige/geregelte Beschäftigung; **to have no ~ e.** ohne festen Beruf sein, keinen festen Beruf ausüben
seasonal employment Saisonbeschäftigung *f*, S.arbeit *f*; **shore-based e.** Beschäftigung an Land; **sideline e.** Nebenbeschäftigung *f*; **skilled e.** qualifizierte Beschäftigung; **suitable e.** angemessene Tätigkeit, passende/geeignete/zusagende Beschäftigung
temporary employment 1. zeitweilige/vorübergehende Beschäftigung, ~ Arbeit, ~ Erwerbstätigkeit, Zeitarbeit *f*, befristetes Arbeitsverhältnis, Gelegenheitsbeschäftigung *f*, unständige Beschäftigung *f*; 2. Leiharbeitsverhältnis *nt*; **to be in the t. e.** aushilfsweise/vorübergehend angestellt sein, ~ beschäftigt sein
temporary employment agency Leiharbeitsfirma *f*; ~ **program(me)** befristetes Beschäftigungsprogramm; ~

subsidy *[GB]* Kurzarbeitergeld *nt*, K.zuschuss *m*
total employment Gesamt-, Vollbeschäftigung *f*; **unacceptable e.** unzumutbare Beschäftigung; **uninsured e.** versicherungsfreie Beschäftigung; **uninterrupted e.** kontinuierliche Beschäftigung
employment ad Personal-, Stellenanzeige *f*; **e. agency/bureau** 1. Stellennachweis *m*, S.vermittlungsbüro *nt*, Arbeitsvermittlung *f*, A.sbüro *nt*, A.nachweis *m*, Vermittlungsstelle *f*, V.büro *nt*; 2. *[US]* Arbeitsamt *nt*; **e. agent** Arbeitsvermittler *m*; **E. Appeal Tribunal** *[GB]* Revisionsinstanz für arbeitsrechtliche Fälle; **e. application** Bewerbung *f*; **e.-based** *adj* beschäftigungsorientiert; **e. behaviour** Erwerbsverhalten *nt*; **e. bottleneck** Beschäftigungsengpass *m*; **e.-boosting** *adj* beschäftigungswirksam; **e. category** Beschäftigungskategorie *f*, B.art *f*
employment contract Beschäftigungs-, Arbeits-, Anstellungs-, Dienstvertrag *m*, Arbeits-, Anstellungsverhältnis *nt*; **individual e. c.** Einzelarbeitsvertrag *m*; **probationary e. c.** Probearbeitsvertrag *m*; **temporary e. c.** befristeter Arbeitsvertrag
employment contraction Beschäftigungsrückgang *m*; **e. corporation** Beschäftigungsgesellschaft *f*
employment cost(s) Arbeits-, Lohn-, Personalkosten *pl*, Personalaufwand *m*; **non-competitive e. c.** nicht wettbewerbsfähige Arbeitskosten
employment-creating *adj* beschäftigungswirksam; **e. creation** Schaffung von Arbeitsplätzen, Arbeitsplatzbeschaffung *f*; **e. crisis** Beschäftigungskrise *f*; **e. decline** Beschäftigungsrückgang *m*; **e. development** Entwicklung der Beschäftigungslage, Arbeitsmarktentwicklung *f*; **e. effects** Auswirkungen auf die Beschäftigungslage, ~ den Arbeitsmarkt; **e. exchange** 1. *(obs.)* Arbeitsamt *nt*, A.vermittlung *f*; 2. Arbeitsplatz-, Stellenvermittlungsbörse *f*; **e. figures** Beschäftigungsmarkt-, Beschäftigungszahlen, B.ziffern; **e. fluctuations** Beschäftigungsschwankungen; **e.-focused** *adj* beschäftigungsorientiert; **e. fraud** Anstellungsbetrug *m*; **e. freeze** Einstellungssperre *f*, E.stopp *m*; **e. gain(s)/growth** Beschäftigungszuwachs *m*, B.zunahme *f*, B.zugang *m*, Sinken der Arbeitslosigkeit; **e. gap** Beschäftigungslücke *f*; **e. guarantee** Beschäftigungsgarantie *f*; **e. guidance** Arbeitsberatung *f*; **e. history** beruflicher Werdegang; **e. incentive** Beschäftigungsanreiz *m*; **e. income** Arbeits-, Berufseinkommen *nt*, unselbstständiges Einkommen, Arbeitslohn *m*, Einkommen aus unselbstständiger Tätigkeit; **e. index** Beschäftigungsindex *m*; **e. indicator** Beschäftigungsindikator *m*; **e.-inducing** *adj* beschäftigungsfördernd; **e.-intensive** *adj* beschäftigungsintensiv; **e. interview** Vorstellungs-, Einstellungsgespräch *nt*; **e. jurisdiction** arbeitsgesetzliche Rechtsprechung; **e. law** Arbeits-, Berufsrecht *nt*; **e. legislation** Arbeitsgesetzgebung *f*; **e. level** Beschäftigungsniveau *nt*, B.grad *m*, B.stand *m*, B.quote *f*; **high e. level** hoher Beschäftigungsstand; **e. market** Arbeits-, Stellenmarkt *m*; **e. ministry** Arbeitsministerium *nt*; **(public) e. office** Arbeitsamt *nt*; **e. officer** Stellenvermittler *m*; **e. opportunity** Beschäftigungsmöglichkeit *f*; **e. outlook** 1. Beschäftigungs-, Be-

rufsaussichten *pl*; 2. Arbeitsmarktperspektive *f*; **e. papers** Arbeitspapiere; **e. pattern** Beschäftigungsstruktur *f*; **e. period** Anstellungszeitraum *m*, Beschäftigungsdauer *f*; **pensionable e. period** ruhegehaltsfähige Dienstzeit; **e. policy** 1. Arbeitsmarkt-, Beschäftigungs-, Arbeitspolitik *f*; 2. Personalpolitik *f*; **from the point of view of/relating to e. policy** beschäftigungs-, arbeitsmarktpolitisch; **e. premium** Beschäftigungsprämie *f*; **regional e. premium (R.E.P.)** *[GB]* Beschäftigungsprämie für Entwicklungsregionen/E.zonen, regionale Arbeitsplatzprämie; **to have e. problems** Beschäftigungssorgen haben; **e. procedure** Einstellungsverfahren *nt*; **e. program(me)** Beschäftigungs-, Arbeitsmarktprogramm *nt*; **e. promotion** Arbeitsförderung *f*; **~ act** Arbeitsförderungsgesetz *nt*; **e. prospects** 1. Beschäftigungsaussichten, B.chancen, B.möglichkeiten; 2. Arbeitsmarktaussichten; **e. protection** Beschäftigungsschutz *m*; **e. rate** Erwerbsquote *f*, Beschäftigungsprozentsatz *m*; **e. ratio** Ausschöpfungsquote *f*; **e. record** Beschäftigungsnachweis *m*, Beschäftigtenkartei *f*; **e.-related** *adj* beschäftigungsabhängig; **e. relationship** Arbeits-, Beschäftigungsverhältnis *nt*; **e. report** Arbeitsmarktbericht *m*; **e. research** Arbeitsmarktforschung *f*; **e. rights** Rechte aus dem Arbeitsverhältnis, ~ Beschäftigungsverhältnis; **e. risk** Beschäftigungsrisiko *nt*; **E. Secretary** *[GB]* Arbeitminister *m*, Minister für Arbeit; **e. security** Arbeitsplatzsicherheit *f*; **e. service** Arbeitsverwaltung *f*; **~ district** Arbeitsamtsbezirk *m*; **e. situation** Arbeits-, Beschäftigungs-, Arbeitsmarktlage *f*, Arbeitsmarkt-, Beschäftigungssituation *f*, Lage auf dem Arbeitsmarkt; **e. stability** stabile Arbeitsmarktlage; **minimum e. standards** Mindestarbeitsbedingungen; **e. statistics** Beschäftigungszahlen, B.statistik *f*, Arbeitsmarktzahlen, A.statistik *f*; **e. structure** Beschäftigungsstruktur *f*; **e. subsidy** Beschäftigungszuschuss *m*, Lohnbeihilfe *f*; **e. support program(me)** Programm zur Stützung des Arbeitsmarkts; **e. survey** Untersuchung über die Beschäftigungslage; **e. target** Beschäftigungsziel *nt*; **e. targets** beschäftigungspolitische Zielsetzungen; **e. tax** Lohnsteuer *f*; **selective e. tax (SET)** *[GB] (obs.)* Lohnsummensteuer *f* (einzelner Industriezweige); **e. training** berufliche Ausbildung; **e. trend** Arbeitsmarkt-, Beschäftigungsentwicklung *f*, B.tendenz *f*; **e. unit** Arbeitgeber *m*

emporium *n (obs.)* 1. Handels-, Stapelplatz *m*; 2. Kauf-, Warenhaus *nt*

empower *v/t* ermächtigen, bevollmächtigen, Vollmacht erteilen, legitimieren, autorisieren; **e.ed** *adj* befugt, autorisiert, bevollmächtigt, legitimiert; **to be e.ed** berechtigt sein; **e.ment** *n* 1. Bevollmächtigung *f*, Ermächtigung *f*; 2. Stärkung der Mitarbeiterverantwortung

empties *pl* Leergut *nt*, leere Behälter

empty *adj* 1. leer; 2. ohne Ladung, unbefrachtet, unbeladen; 3. *(fig)* inhaltslos; **returned e.** leer zurück; *v/t* (ent)leeren

empty-handed *adj* mit leeren Händen; **to go (away) e.-h.** leer ausgehen, das Nachsehen haben; **~ home/return e.-h.** unverrichteter Dinge heimgehen

EMS → **European Monetary System**

emu|late *v/t* 1. nacheifern, nachahmen, wetteifern mit; 2. 🖳 emulieren; **e.lation** *n* 1. Nacheiferung *f*; 2. 🖳 Emulation *f*

enable *v/t* 1. in die Lage versetzen, befähigen, ermöglichen, verhelfen zu; 2. [§] ermächtigen, berechtigen

enabling act *n (Parl.)* Ermächtigungsgesetz *nt*; **e. agreement** Ermächtigungsvereinbarung *f*; **e. power(s)** 1. [§] Ermächtigung *f*, Vollmacht *f*; 2. *(Grunderwerb)* Ermächtigung zur Bestellung dinglicher Rechte; **e. provision** Ermächtigungsklausel *f*, E.paragraf *m*; **e. signal** 🖳 Freigabesignal *nt*

enact *v/t* 1. *(Gesetz)* verabschieden, verordnen, gesetzlich verfügen, Gesetzeskraft verleihen, festschreiben; 2. 🎭 inszenieren; **to be e.ed** *adj* Gesetz werden; **e.ing clause** *n* Einführungsklausel *f*

enactment *n* 1. Verordnung *f*, Erlass *m*, Inkraftsetzung *f*, gesetzliche Verfügung/Bestimmung; 2. [§] *(Gesetz)* Verabschiedung *f*, Annahme *f*, Festschreibung *f*; 3. 🎭 Inszenierung *f*; **e. of a law** Gesetzesverabschiedung *f*; **~ legislation** Verabschiedung von Gesetzesvorlagen; **e. date** Verabschiedungstermin *m*

enamel-finished; enamelled *adj* emailliert, mit Emaille verarbeitet/beschichtet

encapsulate *v/t* 1. ein-, verkapseln; 2. *(Pharmazeutika)* in Kapseln abfüllen

encase *v/t* ✿ verkleiden

encash *v/t* 1. (in bar) kassieren, einkassieren, einziehen; 2. *(Scheck)* einlösen; **e.able** *adj* einlösbar, einkassierbar

encashment *n* 1. Inkasso *nt*, Einzug *m*, Einkassierung *f*, Eintreibung *f*, Einziehung *f*; 2. *(Scheck)* Einlösung *f*; 3. *(Investition)* verzeitige Auszahlung; **delayed e.** Auszahlungsaufschub *m*, verspätete Einlösung; **e. charges** Inkassospesen; **e. credit** Überziehungs-, Barkredit *m*; **e. date** Zeitpunkt der Einlösung; **e. order** Einlösungsauftrag *m*

encephalitis *n* 🜲 Gehirnentzündung *f*

encipher *v/t* kodieren, verschlüsseln, chiffrieren

encircle *v/t* 1. umgeben, umschließen; 2. einkreisen, einkesseln; **e.ment** *n* Einkreisung *f*, Einkesselung *f*

enclave Enklave *f*

enclose *v/t* 1. *(Brief)* beilegen, an-, hinzu-, beifügen, einschließen, einlegen, mitschicken, beigeben, beipacken; 2. umzäunen, einfrieden, einzäunen; **e.d** *adj* 1. anbei, als Anlage, in der Anlage, beiliegend, inliegend, beifolgend, beigefügt, beigeschlossen; 2. umfriedet, eingefriedet; **to be e.d** *(Brief)* einliegen; **please find e. d.** beiliegend übersenden wir

enclosure (encl.) *n* 1. *(Brief)* An-, Beilage *f*, Briefbeilage *f*, Einlagen *pl*; 2. Beifügung *f*, Beilegung *f*, Einschluss *m*, Einschließung *f*; 3. Ein-, Umzäunung *f*, Ein-, Umfriedung *f*; 4. abgeschlossene/eingefriedetes Grundstück, Gehege *nt*, Koppel *f*; 5. *(Maschine)* Gehäuse *nt*; **set forth in the e.** aus der Anlage ersichtlich

encode *v/t* verschlüsseln, chiffrieren, kodieren; **e.r** *n* Kodierer *m*, Kodiergerät *nt*

encompass *v/t* umfassen, umgeben, einschließen, enthalten

encore *n* *(frz.)* Zugabe *f*

encounter *n* 1. Begegnung *f*; 2. Zusammenstoß *m*; *v/t* begegnen, stoßen auf, treffen, (mit etw.) konfrontiert werden

encourage *v/t* ermutigen, fördern, unterstützen, anregen, ermuntern, bestärken, aufmuntern, beleben, Anreiz bieten, Mut machen/zusprechen, Verschub leisten

encouragement *n* Ermutigung *f*, Unterstützung *f*, Förderung *f*, Ermunterung *f*, Begünstigung *f*, Ansporn *m*; **by way of e.** zur Aufmunterung; **e. of investment** Investitionsförderung *f*; **deserving e.** förderungswürdig; **to draw e. from** ermutigt/ermuntert werden durch

encouraging *adj* ermutigend, hoffnungsvoll, vielversprechend

encroach upon *v/i* eingreifen in, übermäßig in Anspruch nehmen, übergreifen auf, beeinträchtigen; **e.ment** *n* 1. [§] Eingriff *m*, Übergriff *m*, Beeinträchtigung *f*; 2. Grenzüberbau *m*; ~ **upon so.'s right** [§] Verletzung von jds Recht

encrypt *v/t* verschlüsseln, kodieren

encumber *v/t* [§] dinglich/hypothekarisch/mit einer Hypothek belasten; **e.ed** *adj* dinglich/mit einer Hypothek belastet, über-, verschuldet, mit Schulden belastet, schuldenbelastet

encumbrance *n* 1. (dingliche) Belastung, Grundpfandrecht *nt*, Hypothek *f*, Grundstücks-, Hypothekenbelastung *f*, (Grundstücks)Last *f*; 2. Schuldenbelastung *f*, Überschuldung *f*, Vermögensbelastung *f*, Behinderung *f*, Last *f*; **e. by mortgage** Hypothekenbelastung *f*; **e. of (real) property** Grundschuld *f*, G.pfandrecht *nt*; **free from e.s** schulden-, lastenfrei, entschuldet, frei von Lasten; **prior e.** vorrangige Hypothek; **total e.** Gesamtbelastung *f*

encumbrancer *n* Pfand-, Hypotheken(pfand)gläubiger(in) *m/f*, Berechtigte(r) aus Grundpfandrecht

encyclop(a)edia *n* Enzyklopädie *f*, (Konversations)Lexikon *nt*, Sachwörterbuch *nt*

end *n* 1. Ende *nt*, Schluss *m*; 2. Ziel *nt*, Zweck *m*; **at the e.** *(Vertrag)* bei Ablauf; **in the e.** schließlich, letztlich, zum Schluss; **to this e.** zu diesem Zwecke/Behufe *(obs.)*

end in itself Selbstzweck *m*; **at the e. of the day** *(fig)* letzten Endes, letztlich; **from e. to e.** von einem Ende zum andern; **e. of file** Dateiende *nt*; ~ **insurance** Versicherungsablauf *m*; **long ~ the market** *(Börse)* Markt für Langläufer; **short ~ the market** 1. *(Börse)* Markt für Kurzläufer; 2. *(Anleihenmarkt)* kurzer Bereich; ~ **a meeting** Schluss einer Sitzung; ~ **(the) month** Monatsultimo *m*; **at the ~ ... months** nach Ablauf von ... Monaten; ~ **(the) quarter** Quartals(ab)schluss *m*; ~ **record** 🖴 Satzende *nt*; **the ~ the road** *(fig)* das Ende der Straße *(fig)*; ~ **school** Schulschluss *m*; ~ **(the) season** Saisonschluss *m*; ~ **a strike** Streikende *nt*; ~ **tape** 🖴 Bandende *nt*; ~ **a takeover bid** Ziel eines Übernahmeangebots; **bottom ~ target range** unterer Rand des Zielkorridors; ~ **(the) term** Fristablauf *m*, F.ende *nt*, Ablauf einer Frist; **no ~ trouble** reichlich Ärger; **at the ~ the week** zum Wochenausklang/W.schluss; ~ **work**; ~ **the working day** Arbeitsschluss *m*; ~ **(the) year** Jahresultimo *m*, J.ende *nt*

at your end an Ihrem Ort, bei Ihnen; **for one's own e.s** zum eigenen Nutzen

to bring sth. to an end etw. abstellen/beenden, ein Ende setzen; **to come to a bad e.** kein rühmliches Ende nehmen, schlimmes/böses Ende nehmen; ~ **dead e.** in eine Sackgasse geraten *(fig)*; ~ **sad e.** trauriges Ende nehmen; ~ **wretched e.** schmähliches Ende nehmen; **to come right in the e.** sich zum Besten kehren; **to draw to an e.** zu Ende gehen; **to make (both) e.s meet** *(fig)* knapp/gerade so auskommen, (gerade noch) über die Runden kommen *(fig)*, sich (~) durchschlagen, gerade genug zum Leben haben, zum Leben reichen, sich über Wasser halten *(fig)*, sich nach der Decke strecken *(fig)*, Ausgaben strecken, mit seinem Geld gerade noch hinkommen; **to put an e. to sth.** einer Sache ein Ende bereiten, ~ einen Riegel vorschieben *(fig)*; **to serve private e.s** privaten Zwecken dienen; **to spell the e. of sth.** etw. den Todesstoß versetzen *(fig)*; **to start at the wrong e.** von hinten anfangen; **to win in the e.** das Rennen machen *(fig)*

bottom end unteres Ende; **at the ~ e.** unten, am unteren Ende; **at the ~ e. of the scale** am unteren Ende der Skala; ~ **e. of the market** unteres Marktsegment; ~ **e. of the wage band** untere Lohngruppen

dead end Sackgasse *f* *(fig)*; **economic e.s** wirtschaftliche Ziele; **high e.** *[US]* oberes Marktsegment; **leading e.** 🖴 Bandanfang *m*; **loose e.s** *(coll)* (unerledigte) Kleinigkeiten; **low e.** *[US]* unteres Marktsegment; **split e.s** gespaltene/gesplisste Enden; **top e.** Spitze *f*, oberes Ende, Kopfende *nt*; **at the ~ e. of the scale** am oberen Ende der Skala

end *v/ti* 1. beenden; 2. enden, aufhören, zum Abschluss kommen; 3. *(Versammlung)* aufheben, beschließen; **e. up doing** letzten Endes tun; ~ **somewhere** irgendwo landen *(coll)*; **e. fatally** tödlich verlaufen/ausgehen; **e. narrowly mixed** *(Börse)* mit geringen Veränderungen nach beiden Seiten schließen

endanger *v/t* gefährden, in Gefahr bringen; **e.ment** *n* Gefährdung *f*

end buyer Endabnehmer *m*; **e. column** Endspalte *f*; **e. consumer** End-, Letztverbraucher *m*; **e. cover** ✪ *(Maschine)* Seitenverkleidung *f*

endeavour *n* Anstrengung *f*, Bemühung *f*, Bemühen *nt*, Bestreben *nt*, Bestrebung *f*; **to make every e. (to do sth.)** sich nach Kräften bemühen; **vain e.** vergebene Liebesmüh

endeavour *v/t* sich bemühen, bestrebt sein, sich anstrengen, streben nach, sich befleißigen, versuchen; **e. to do one's best** sich alle Mühe geben

end elevation 🏛 Seitenaufriss *m*

endemic *adj* endemisch

ending *n* 1. Ende *nt*; 2. *(Brief)* Schlussform(el) *f*; **e. balance** Endsaldo *m*

endless *adj* endlos, ohne Ende, ununterbrochen, unendlich

end line Endzeile *f*; **e. money** Rücklage für Kostenüberschreitung

endorsable *adj* begebbar, indossabel, girierbar, indossierbar, i.fähig, durch Indossament übertragbar

endorse v/t 1. (durch Giro/Indossament) begeben/übertragen, indossieren, girieren, mit einem Indossament versehen, auf der Rückseite unterzeichnen/vormerken; 2. bestätigen, billigen, gutheißen; 3. *(Entscheidung)* mittragen; 4. *[GB] (Führerschein)* Strafvermerk eintragen; **e. back** durch Giro zurückgeben; **e. in blank/generally** blanko girieren/indossieren; **~ full** voll girieren; **e. specially** an eine bestimmte Person indossieren
endorsed adj mit Giro/Indossament versehen, indossiert, giriert; **duly e.** ordnungsgemäß giriert; **e. in blank** blanko giriert
endorsee n Indossat(ar) m, Girat(ar) m, (Wechsel)Übernehmer m
endorsement n 1. Indossament nt, Girierung f, (Wechsel)Giro nt, Indossierung f, Übertragungsvermerk m; 2. Bestätigung f; 3. Billigung f, Befürwortung f; 4. *(Vers.)* Nachtrag(spolice) m/f; 5. Zusatzurkunde f; 6. *[GB] (Führerschein)* Eintragung f, Strafvermerk m
endorsement made out to bearer Inhaberindossament nt; **e. of a bill** Wechselgiro nt, W.übertragung f; **e. in blank** Blankoindossament nt, B.giro nt; **e. for collection** Inkassoindossament nt; **~ only** Ermächtigungsindossament nt; **e. to prior endorser** Rückindossament nt; **e. in full** Vollindossament nt; **e. on a policy** Zusatz zu einer Police, Ergänzung einer Police; **e. supra/under protest** *(Wechsel)* Indossament nach Protest; **e. without recourse** Giro ohne Verbindlichkeit/Gewähr, Indossament ohne Obligo/Verbindlichkeit/Rückkehr
endorsement confirmed Giro bestätigt; **e. irregular** Giro ungenau; **e. required** Giro/Indossament fehlt
to guarantee an endorsement Indossament verbürgen; **to negotiate/transfer by e.** durch Indossament/Giro übertragen; **to refuse e.** Giro verweigern
absolute endorsement unbeschränktes/absolutes Giro, ~ Indossament; **blank e.** Blankoindossament nt, B.giro nt; offenes Giro, blanko vorgenommene Übertragung; **collateral e.** Gefälligkeitsgiro nt, G.indossament nt; **conditional e.** bedingtes Indossament, bedingtes/beschränktes Giro, Rektaindossament nt; **direct e.** Vollgiro nt, volles (Wechsel)Giro, ausgefülltes Giro; **fiduciary e.** fiduziarisches Indossament; **forged e.** Girofälschung f; **full e.** Vollindossament nt, vollständiges Indossament; **general e.** Blankoindossament nt; **irregular e.** ungenaues Giro, in der Form abweichendes/regelwidriges Indossament; **partial e.** Teilindossament nt, teilweises Indossament; **post e.** Nachindossament nt; **qualified e.** Giro ohne Verbindlichkeit, Angstindossament nt, bedingtes/beschränktes Indossament, beschränktes Giro, Vollindossament mit Haftungsausschluss/Angstklausel; **regular e.** gewöhnliches Giro; **representative e.** Prokuraindossament nt; **restrictive e.** Prokura-, Rektaindossament nt, Vollindossament mit Rektaklausel, Inkasso-, Ermächtigungs-, Inkassogiro nt, beschränktes Giro, einschränkendes Indossament, negative Orderklausel, Indossament mit Girovermerk, ~ Weitergabeverbot; **special e.** Vollindossament nt, V.giro nt, volles Wechselgiro, Namens-, Rekta-, Spezialindossament nt, volles Indossament,

ausgefülltes Giro; **subsequent e.** Nachindossament nt, N.giro nt; **unauthorized e.** unbefugtes Indossament; **unqualified e.** Vollindossament nt
endorsement commission Giroprovision f; **e. liabilities** Indossament-, Giroverbindlichkeiten; **e. sheet** Respektbogen m
endorser n Indossant m, Girant m, Wechselbürge m, Begebende(r) f/m, Zedent m, Übertragende(r) f/m, Überträger m, Indossierer m; **e. of a bill** Wechselgirant m; **intermediate e.** Zwischengirant m; **irregular e.** Bürgschaftsgirant m; **preceding/previous/prior e.** Vor(der)mann m, Vorindossant m, Vorgirant m, vorgehender Indossant; **principal e.** Erstgirant m; **qualified e.** Girant ohne Verbindlichkeit; **subsequent e.** Nachmann m, N.indossant m, N.girant m, N.bürge m, späterer Girant, nachfolgender Indossant, Hintermann m; **e.'s liability** Wechsel-, Indossamenthaftung f, Girantenobligo nt
selective endorsing n wahlweise Indossierung
endow v/t 1. dotieren, ausstatten; 2. stiften, schenken, aussteuern; **e.ed with** adj ausgestattet mit
endowment n 1. Austattung f, Dotierung f, Dotation f; 2. Stiftung f, Zuwendung f, Spende f; 3. Begabung f; **permissible e. of a fund** zulässiges Kassenvermögen; **e. of a relief fund** Vermögen der Unterstützungskasse
alimentary endowment Unterhaltspension f; **private e.** nichtöffentliche Stiftung
endowment assurance *[GB]* Kapital(lebens)versicherung f, Lebensversicherung auf den (Todes- oder) Erlebensfall, ~ mit festem Auszahlungstermin, Erlebens-, Lebensfallversicherung f, Versorgungs-, Aussteuerversicherung f, gemischte Lebensversicherung; **e. and whole-life a.** Versicherung auf den Erlebens- und Todesfall; **combined ~ a.** gemischte/kombinierte Lebensversicherung; **educational e. a.** Schulgeld-, Studien-, Ausbildungsversicherung; **ordinary e. a.** abgekürzte Lebensversicherung; **pure e. a.** reine Erlebensversicherung; **e. a. policy** Erlebensfallversicherung f, Kapitalversicherungsvertrag m, K.police f, Aussteuerversicherungspolice f
endowment capital Dotations-, Stiftungskapital nt; **e. contract** Stiftungsvertrag m; **e. fund(s)** Stiftungsvermögen nt, S.fonds m, Mittel einer Stiftung
endowment insurance Kapital(lebens)versicherung f, Lebensversicherung auf den (Todes- oder) Erlebensfall, ~ mit festem Auszahlungstermin, Erlebens-, Lebensfallversicherung f, Versorgungs-, Aussteuerversicherung f, gemischte Lebensversicherung; **e. and whole-life i.** Versicherung auf den Erlebens- und Todesfall; **combined ~ i.** gemischte/kombinierte Lebensversicherung; **educational e. i.** Schulgeld-, Studien-, Ausbildungsversicherung f; **ordinary e. i.** abgekürzte Lebensversicherung; **pure e. i.** reine Erlebensversicherung; **e. i. policy** Kapitalversicherungsvertrag m, K.police f, Aussteuerversicherungspolice f
endowment mortgage Hypothek mit Kapitallebensversicherung, Hypothek auf Kapitalversicherungsbasis, Lebensversicherung gekoppelt mit einer Hypothek, Versicherungsdarlehen nt, V.hypothek f; **e. peri-**

od Erlebenszeit f; **e. policy** Kapitallebens(versicherungs)vertrag m, Aussteuer-, Lebensversicherungspolice f; **e. profits** Gewinn bei einer Erlebensfallversicherung; **e. sum** Erlebensfall-, Alterskapital nt
end paper 📖 *(Buch)* Schutz-, Vorsatzblatt nt; **e. point** Endpunkt m; **e. printing** 🖥 Randbeschriftung f; **e. product** End-, Fertigprodukt nt, F.erzeugnis nt, Endfabrikat nt; **e. result** Endergebnis nt
endurance n   Ausdauer f, Durchhalte-, Stehvermögen nt; **to provoke so. beyond e.** jdm bis zum Äußersten reizen; **e. limit** Ermüdungsgrenze f; **e. test** ✪ Dauerversuch m, D.beanspruchung f, D.prüfung f, D.erprobung f, Verschleißprüfung f, Härtetest m, Belastungs-, Zuverlässigkeitsprobe f
endure v/t   aushalten, ertragen, durchstehen, durchmachen
end use   Endverbrauch m; **~ certificate** Endverbrauchsnachweis m; **~ product** Endverbrauchsprodukt nt; **e. user** 1. Endverbraucher m, E.abnehmer m, Letztverbraucher m; 2. 🖥 Endbenutzer m; **~ system** Endbenutzersystem nt; **e. value** Endwert m, E.kapital nt
enemy n   Feind(in) m/f; **aiding and abetting the e.** § Feindbegünstigung f; **to be one's own (worst) e.** sich selbst im Wege stehen; **mortal e.** Todfeind m; **public e.** 1. gemeingefährlicher Verbrecher; 2. Volks-, Staatsfeind m
enemy action   ⚓ Feindeinwirkung f; **e. country** Feindesland nt; **e. property** Feindvermögen nt
energetic adj   1. energiegeladen, tatkräftig, voller Tatendrang; 2. energisch, forsch, dynamisch
energy n   1. Energie f, Kraft f, Leistung f; 2. Mühe f, Arbeits-, Kraftaufwand m, Tatkraft f, T.endrang m; 3. Energiewirtschaft f; **full of e.** energiegeladen
to burst with energy   vor Kraft strotzen; **to conserve one's energies** mit seinen Kräften haushalten; **to dissipate/waste one's energies** seine Kräfte vergeuden, sich verzetteln; **to save e.** Energie sparen; **to summon up one's energies** alle Kräfte anspannen
alternative energy   alternative Energie; **atomic/nuclear e.** Atom-, Kernenergie f; **~ program(me)** Atomprogramm nt; **basic e.** Rohenergie f; **electric(al) e.** elektrische Energie, Elektroenergie f; **kinetic e.** kinetische Energie, Bewegungsenergie f; **nervous e.** Vitalität f; **primary e.** Primärenergie f; **~ input** Primärenergieeinsatz m; **renewable e.** regenerative Energie; **~system** alternative Energie; **solar e.** Solar-, Sonnenenergie f; **thermal e.** Wärmeenergie f
energy balance   Energiebilanz f; **e. budget** Energiehaushalt m; **e. business** Energiegeschäft nt; **e.-conscious** adj energiebewusst
energy conservation   Energieeinsparung f; **~ measures** Energiesparmaßnahmen, Maßnahmen zur Einsparung von Energie; **~ program(me)** Energiesparprogramm nt
energy consumer   Energieverbraucher m; **e.-consuming** adj energiehungrig; **e. consumption** Energieverbrauch m
energy content   Energiedichte f; **e. conversion** Energieumwandlung f; **e. cost(s)** Energiekosten pl; **e. crisis** Energienotstand m, E.krise f; **e. crop** 🌾 Energiepflanze f; **e. demand** Energienachfrage f, E.bedarf m
energy efficiency   1. energetischer Wirkungsgrad; 2. Energieeinsparung f; **~ goods** energiesparende Güter; **~ scheme** Energiesparmaßnahme f; **~ technology** energiesparende Technologie/Technik; **e.-efficient** adj energiesparend, sparsam (im Energieverbrauch)
energy equivalent   Steinkohleneinheit (SKE) f; **e. farm** Energiefarm f; **e. flow** Energiefluss m; **e. gap** Energielücke f; **e. grid** ⚡ Energieverbund(netz) m/nt; **e. import(s)** Energieeinfuhr f; **e. industry** Energiewirtschaft f, E.bereich m; **e. input** Energieaufwand m, E.einsatz m; **e.-intensive** adj energieintensiv; **e. loss** Energieverlust m; **e. market** Energiemarkt m; **e. needs** Energiebedarf m; **e. output** Energieabgabe f; **e. policy** Energiepolitik f; **e. price** Energiepreis m; **e. recovery** Energierückgewinnung f, E.rückführung f; **e. requirements** Energiebedarf m; **e. reserve(s)** Energiereserve f; **e. resources** Energiequellen, E.vorräte; **e. sales** Energieabsatz m; **e. saving(s)** Energiesparen nt, E.einsparungen pl; **e.-saving** adj energiesparend, Energiespar-; **e. sector** Energiesektor m, E.bereich m; **e. shares** [GB] **/stockes** [US] Energieaktien, E.werte; **e. shortage** Energieknappheit f; **e. source** Energiequelle f; **e. suppliers** Versorgungswirtschaft f
energy supply   Energieversorgung f; **e. supplier** Energielieferant m; **e. supplies** Energievorräte; **e. s. company** Energieversorgungsunternehmen nt; **~ industry** Energiewirtschaft f, Versorgungszweig m
energy tax   Energiesteuer f; **e. taxation** Energiebesteuerung f; **e. utilization/use** Energienutzung f; **e. waste** Energieverschwendung f
enfeebled adj   geschwächt
enforce v/t   1. auf-, erzwingen, durchsetzen, durchdrücken, durchführen, Geltung verschaffen; 2. bei-, eintreiben, gerichtlich geltend machen; 3. § *(Urteil)* vollstrecken, vollziehen; **e.ability** n Einklag-, Vollstreck-, Erzwing-, Durchsetz-, Eintreib-, Klag-, Vollziehbarkeit f; **reciprocal ~ of judgments** Vollstreckbarkeit auf Gegenseitigkeit
enforceable adj   1. durchsetzbar, erzwingbar, ein-, beitreibbar; 2. § (ein)klagbar, vollstreckbar, vollstreckungsfähig; **e. by anticipation** vorläufig vollstreckbar; **immediately e.** sofort vollstreckbar; **legally e.** *(Forderung)* tituliert; **provisionally e.** vorläufig vollstreckbar
enforced adj   aufgezwungen, erzwungen
enforcement n   1. Durchsetzung f, Durchführung f, Erzwingung f, Eintreibung f; 2. § Vollstreckung(smaßnahme) f, Geltendmachung f, Vollzug m; 3. *(Wechsel)* Vermerk m
enforcement of an (arbitral) award   Vollstreckung eines Schiedsspruchs; **~ the cartel agreement** Kartellzwang m; **~ claims under a bill of exchange** Durchsetzung der Wechselansprüche; **~ contribution debts (by execution)** Beitragsvollstreckung f; **~ a judgment** § Urteilsvollstreckung f, Zwangsvollstreckung aus einem Urteil; **~ a liability** Forderungs-, Haftungsdurchgriff m; **~ the liability of capital owner** Durchgriff m;

enforcement of lien

~ **lien** Pfandverwertung *f*; ~ **an order** Vollstreckung einer Verfügung; ~ **proceedings** [§] Klageerzwingungsverfahren *nt*; **e. by writ** Zwangsvollstreckung *f*
to order the enforcement of the decision Vollstreckung anordnen; **to postpone e. of claims** stillhalten; **to suspend e.** Vollziehung aussetzen
direct enforcement unmittelbarer Zwang, sofortige Vollstreckung
enforcement action 1. Zwangsmaßnahme *f*; 2. [§] Vollstreckungsklage *f*; **e. agency/authority** Vollstreckungsbehörde *f*, V.organ *nt*, V.instanz *f*, V.stelle *f*, Überwachungsbehörde *f*, Ü.organ *nt*; **e. clause** Vollstreckungsklausel *f*; **e. creditor** Vollstreckungsgläubiger(in) *m/f*; **e. debt** Vollstreckungsschuld *f*; **e. debtor** Vollstreckungsschuldner(in) *m/f*; **e. law** Vollstreckungsrecht *nt*; **e. measures** Zwangsmittel *pl*; **e. notice/order** Vollstreckungsbescheid *m*, V.befehl *m*; **e. officer** 1. Vollstreckungsbeamter *m*; 2. Kontrollbeamter *m*; **obstructing e. officers** Widerstand gegen Vollstreckungsbeamte; **administrative e. procedure** Verwaltungsvollstreckungsverfahren *nt*; **e. proceedings** Vollstreckungs-, Zwangs-, Mahnverfahren *nt*, Zwangsvollstreckungsmaßnahme *f*; **e. regulations** Vollzugsordnung *f*
enfranchise *v/t* Wahlrecht/Stimmrecht erteilen, ~ gewähren, ~ verleihen; **e.d** *adj* stimmberechtigt, zur Stimmabgabe berechtigt; **e.ment** *n* Erteilung/Gewährung/Übertragung des Stimmrechts, ~ Wahlrechts, Stimmrechtsübertragung *f*, Wahlrechtsgewährung *f*, W.verleihung *f*; ~ **of leaseholds** *[GB]* Pachtlandbefreiung *f*
engage *v/t* 1. an-, einstellen, beschäftigen, verpflichten, anheuern; 2. *(Anwalt)* nehmen, beauftragen, einschalten; 3. zusagen, sich binden, sich verpflichten, einstehen, garantieren, Gewähr leisten; **e. in (sth.)** sich beteiligen an, einer Sache näher treten, sich auf etw. einlassen
engaged *adj* 1. reserviert, belegt; 2. beschäftigt, eingestellt; 3. verlobt; 4. *[GB]* ✆ besetzt; **e. in** tätig in; **to be e.** unabkömmlich/verhindert sein; ~ **in** sich beschäftigen mit, beschäftigt sein mit, arbeiten an, (etw.) betreiben; **to become/get e.** sich verloben; **e. signal/tone** *[GB]* ✆ Besetztzeichen *nt*
engagement *n* 1. *(Personal)* Ein-, Anstellung *f*, Beschäftigung *f*; 2. Versprechen *nt*, Zusage *f*, Bindung *f*, Obligo *nt*, Verbindlichkeit *f*; 3. Verabredung *f*, Termin *m*, Verpflichtung *f*; 4. *(Ehe)* Verlöbnis *nt*, Verlobung *f*; 5. (Börsen)Engagement *nt*; **without e.** ohne Gewähr, freibleibend, unverbindlich, freibleiben, nicht bindend/verbindlich, ohne Obligo; ~ **clause** Freizeichnungsklausel *f*
to break (off) an engagement Verlobung (auf)lösen, Verlöbnis aufheben; **to meet one's e.s** seinen Verpflichtungen nachkommen; **to postpone an e.** Termin absetzen
contractual engagement vertragliche Bindung; **environmental e.** Umweltengagement *nt*; **financial e.** finanzielle Verpflichtung; **to withdraw from one's ~ e.s** sich seinen finanziellen Verpflichtungen entziehen

fresh e.s Neueinstellungen; **mutual e.** Gegenseitigkeitsbindung *f*; **previous/prior e.** 1. anderweitige Verabredung; 2. frühere Vereinbarung; ~ **e.s** Termingründe; **public e.** öffentliche Verpflichtung; **running e.s** laufende Verpflichtungen; **social e.** *(Termin)* gesellschaftliche Verpflichtung; **sole e.** Alleinbindung *f*; **tie-in e.** Kopplungsbindung *f*; **unilateral e.** Selbstbindung *f*
engagement book/calendar/diary Terminkalender *m*; **e. clause** Verpflichtungsklausel *f*; **e. ring** Verlobungsring *m*
engaging *n* *(Vermittler)* Einschaltung *f*; *adj (Person)* einnehmend
engine *n* 1. 🚗 Motor *m*, Maschine *f*; 2. 🚂 Lokomotive *f*; 3. ✈ Triebwerk *nt*; 4. *(fig)* Mittel *nt*, Werkzeug *nt* *(fig)*; **prime e. of change** Hauptmotor des Wandels; **e. of (economic) growth** *(fig)* Wachstumsmotor *(fig) m*, W.lokomotive *f (fig)*; ~ **economic recovery** Konjunkturmotor *(fig) m*
to disassemble an engine Motor auseinander nehmen; **to flog/hammer the e.** *(coll)* 🚗 Motor schinden; **to overhaul an e.** Motor überholen; **to sit facing the e.** 🚂 in Fahrtrichtung sitzen; **to soup up an e.** 🚗 *(coll)* Motor frisieren *(coll)*; **to stall the e.** Motor abwürgen; **to start the e.** Motor anlassen; **to stop the e.** Motor abschalten/abstellen; **to strip an e.** Motor auseinander nehmen; **to throttle the e.** Motor drosseln
air-cooled engine luftgekühlter Motor; **aspirated e.** Saugmotor *m*; **auxiliary e.** Hilfsmotor *m*; **east-west** *(fig)*/**transverse e.** 🚗 Quermotor *m*, quer eingebauter Motor; **four-cycle** *[US]* /**four-stroke** *[GB]* **e.** Viertaktmotor *m*; **gas-operated e.** Gasmotor *m*; **inboard e.** ⚓ Innenbordmotor *m*; **in-line e.** Reihenmotor *m*; **lean-burn e.** Mager(gemisch)motor *m*; **marine e.** ⚓ Schiffsmotor *m*; **outboard e.** ⚓ Außenbordmotor *m*; **powerful e.** starker Motor; **radial e.** ✈ Sternmotor *m*; **rear e.** Heckmotor *m*; **rotary e.** Kreiskolben-, Wankelmotor *m*; **stationary e.** Standmotor *m*; **two-cycle** *[US]* /**two-stroke** *[GB]* **e.** Zweitaktmotor *m*
engine block Motorblock *m*; **e. breakdown** Motorstörung *f*, M.panne *f*; **e. capacity** Motor-, Maschinenleistung *f*; **rated e. capacity** Motornennleistung *f*; **e. compartment** Motorraum *m*; **e. construction** Motorenbau *m*; **e. driver** 🚂 *[GB]* Lokomotivführer *m*
engineer *n* 1. (Fach)Ingenieur *m*; 2. Techniker *m*; 3. 🚂 *[US]* Lokomotivführer *m*
aeronautical engineer Flugzeugingenieur *m*; **chemical e.** Chemotechniker *m*; **chief e.** leitender Ingenieur, Chef-, Oberingenieur *m*, technischer Betriebsleiter; **civil e.** Bauingenieur *m*, Hoch- und Tiefbauingenieur *m*; **consulting e.** beratender Ingenieur, technischer Berater; ~ **e.s** technische Beratungsfirma; **designing e.** Konstrukteur *m*; **electrical e.** 1. Elektroingenieur *m*; 2. Elektrotechniker *m*; **environmental e.** Umweltschutzingenieur *m*; **genetic e.** Gentechniker(in) *m/f*; **hydraulic e.** Wasserbauingenieur *m*; **industrial e.** Wirtschafts-, Industrieingenieur *m*; **marine e.** 1. Schiffsbauingenieur *m*; 2. Schiffsmaschinist *m*; **mechanical e.** Maschinenbauer *m*, M.(bau)ingenieur

m; **metallurgical e.** Hüttentechniker *m*, H.ingenieur *m*; **qualified/academically trained e.** Diplomingenieur *m* (Dipl. Ing.); **resident e.** bauleitender Ingenieur; **senior e.** leitender Ingenieur; **shop-floor e.** Führungskraft in der Produktion; **special e.** Fachingenieur *m*; **structural e.** Statiker *m*, Hochbauingenieur *m*
engineer v/t 1. konstruieren; 2. (fig) aushecken (coll), bewerkstelligen, einfädeln (fig), deichseln (coll)
engineer salesman technischer Verkäufer, Vertriebsingenieur *m*
engineering *n* 1. Ingenieurwissenschaft *f*, I.wesen *nt*, I.arbeit *f*, Technik *f*; 2. Maschinenbau *m*; **e.s** (Börse) Maschinen(bau)werte, M.aktien, M.titel
agricultural engineering Land-, Agrartechnik *f*; **air-condition e.** Klimatechnik *f*; **chemical e.** chemische Verfahrenstechnik, Chemotechnik *f*; **~ business** Verfahrensgeschäft *nt*
civil engineering (Straßen- und) Tiefbau *m*, Tief- und Ingenieurbau *m*, Ingenieur- und Tiefbau *m*; **~ machinery** Tiefbaumaschinen *pl*; **~ project** Tiefbauprojekt *nt*; **~ work** (Straßen- und) Tiefbauarbeiten *pl*
commercial engineering Warentechnik *f*; **computer-aided e.** computergestützte Ingenieurarbeit; **domestic e.** Installationstechnik *f*
electrical engineering 1. Elektrotechnik *f*; 2. Elektroindustrie *f*, elektrotechnische Industrie; **~ industry/sector** Elektroindustrie *f*, E.branche *f*; **~ share** [GB] /**stock** [US] Elektroaktie *f*, E.wert *m*, E.titel *m*; **financial e.** Finanzsteuerung *f*, Finanzierungstechnik *f*; **genetic e.** Gentechnik *f*, G.manipulation *f*; **heavy e.** Schwermaschinenbau *m*; **high-frequency e.** Hochfrequenztechnik *f*; **high-precision e.** Feinmechanik *f*, Präzisionstechnik *f*; **high-tension e.** Hochspannungstechnik *f*; **human e.** Ergonomie *f*, Arbeitsplatzgestaltung *f*; **hydraulic e.** Wasserbau(wesen) *m/nt*; **light e.** Leichtmaschinenbau *m*; **mechanical e.** Maschinenbau(wesen) *m/nt*, M.kunde *f*; **~ group** Maschinenbaukonzern *m*; **nuclear e.** Atom-, Kern-, Nukleartechnik *f*; **rural e.** Agrar-, Landtechnik *f*; **social e.** 1. angewandte Sozialwissenschaft, S.planung *f*; 2. (Unternehmen) Sozialwesen *nt*; 3. (gesteuerte) Gesellschaftsreform; **special e.** Fachtechnik *f*; **structural e.** Bautechnik *f*, B.wesen *nt*; **~ and civil e.** Hoch- und Tiefbau *m*
engineering *adj* technisch
engineering affiliate Maschinenbaubeteiligung *f*; **e. bill of materials** Konstruktionsstückliste *f*; **e. ceramics** Ingenieur-, Industriekeramik *f*; **e. change** Konstruktionsänderung *f*; **e. chemistry** technische Chemie; **e. college** Techniker-, Ingenieurschule *f*; **e. company** Maschinenbaufirma *f*, M.unternehmen *nt*; **e. constraints** technische Grenzen; **e. consultants** Ingenieurbüro *nt*; **e. data** technische Daten; **e. department** Konstruktionsbüro *nt*, technische (Betriebs)Abteilung, technisches Büro; **e. division** (Konzern) Maschinenbausparte *f*, M.bereich *m*; **e. drawing** technische Zeichnung, techn. Zeichn.; **e. economics** Industriebetriebslehre *f*; **e. efficiency** technischer Wirkungsgrad; **e. employment** Beschäftigung im Maschinenbau; **e. export(s)** Maschinenbauexporte, **e. facilities** technische Einrichtungen;

e. fair technische Messe; **e. fee** Ingenieurhonorar *nt*; **e. firm** 1. Maschinenbauunternehmen *nt*; 2. Ingenieurbüro *nt*, Konstruktionsfirma *f*; **e. group** Maschinenbaukonzern *m*; **e. industry** Maschinenbau *m*, M.bauindustrie *f*, M.bausektor *m*; **e. inspection** technische Überwachung; **e. insurance** technische Versicherungszweige, Maschinenbetriebsversicherung *f*; **e. issues** Maschinenbauaktien, M.werte, M.titel; **e. journal** technische (Fach)Zeitschrift; **e. level** Konstruktionsstand *m*; **e. loss of profits policy** technische Gewinnausfallversicherung; **e. manhour** Ingenieurstunde *f*; **e. output** Maschinenbauproduktion *f*, Produktionsleistung der Maschinenbauindustrie; **e. personnel** technisches Personal; **e. product** Maschinenbauprodukt *nt*, M.erzeugnis *nt*, Erzeugnis des Maschinenbaus; **e. profession** Ingenieurberuf *m*, technischer Beruf; **e. progress** technischer Fortschritt; **e. proposal** technischer Teil des Angebots, technisches Angebot; **e. relationship** technische Relation; **e. service** technischer Dienst; **e. share** [GB] /**stock** [US] (Börse) Maschinenbauaktie *f*, M.titel *m*, M.wert *m*; **e. shop** mechanische Werkstatt; **e. specialist** Fachingenieur *m*; **e. specifications** technische Beschreibung, Lastenheft *nt*; **e. staff** technischer Stab, technisches Personal; **e. standard** technische Norm; **e. subject** ingenieurwissenschaftliches/technisches Fach; **e. subsidiary** Maschinenbaubeteiligung *f*, M.tochter *f*; **e. superiority** technische Überlegenheit; **e. trade** technischer Beruf; **e. worker** Techniker *m*; **e. works** Maschinenfabrik *f*
engine failure Motorausfall *m*; **e. fitter** Maschinen-, Motorschlosser *m*; **e. house** Maschinenhaus *nt*; **e.man** *n* Maschinenhauswärter *m*; **e. number** Motornummer *f*; **e. oil** Maschinen-, Motor(en)öl *nt*; **e. operator** Maschinist *m*; **e. output** Maschinenleistung *f*; **e. plant** Motorenfabrik *f*, M.werk *nt*; **e.-powered** *adj* motorgetrieben; **e. rating** Maschinenleistung *f*; **e. room** Maschinenraum *m*, M.saal *m*; **e. shed** [GB] 🚇 Lokomotivschuppen *m*, (Bahn)Betriebswerk *nt*; **e. size** ⇔ Hubraum *m*; **e. trouble** 1. Motordefekt *m*, M.schaden *m*; 2. Maschinendefekt *m*, M.schaden *m*, **e. wear** Motor-, Maschinenabnutzung *f*
commercial English *n* Handelsenglisch *nt*, kaufmännisches Englisch; **the E. Channel** Ärmelkanal *m*; **E. disease** englische Krankheit; **E.-speaking** *adj* Englisch sprechend
en|grave v/t (ein)gravieren; **e.graver** *n* Kupferstecher *m*, Graveur *m*, Ziseleur *m*; **e.graving** *n* 1. Gravur *f*, Stich *m*; 2. 🖨 Klischeeherstellung *f*; **~ establishment** 🖨 Klischeeanstalt *f*
engross v/t 1. (Urkunde) ausfertigen, Reinschrift anfertigen; 2. aufkaufen; **e.ed** *adj* 1. vertieft, versunken; 2. (Urkunde) ausgefertigt; **to become ~ in sth.** sich vertiefen; **e.er** *n* Urkundenkopierer *m*; **e.ment** *n* 1. Reinschrift *f*; 2. (Urkunde) Ausfertigung *f*; 3. Anhäufung von Besitz
engulf v/t (Unwetter/Arbeit) verschlingen
enhance v/t aufwerten, fördern, steigern, (Wert) erhöhen, (ver)stärken, verbessern; **e.ment** *n* (Wert) Steigerung *f*, Erhöhung *f*, Verbesserung *f*; **~ in value** Wert-

enigma 414

steigerung *f*, W.zuwachs *m*
enigma *n* Rätsel *nt*; **e.tic** *adj* rätselhaft, hintergründig
enjoin *v/t* 1. (er)mahnen, vorschreiben; 2. [§] (durch gerichtliche Verfügung) anordnen/verbieten; ~ **so. to do sth.** jdm etw. zur Auflage machen, jdm eine Pflicht auferlegen, jdn zu etw. anhalten; **e.der** *n* Auflage *f*
enjoy *v/t* genießen, in den Genuss kommen; ~ **o.s.** sich amüsieren; **e.able** *adj* angenehm, erfreulich
enjoyment *n* 1. Genuss *m*, Nutzung *f*, Ausübung eines Rechts; 2. Vergnügen *nt*, Spaß *m*; **e. of possession** Besitzausübung *f*; **quiet ~ possession** uneingeschränkte Sachherrschaft; **~ property** Eigentumsausübung *f*, E.nutzung *f*; **~ a right** Genuss eines Rechts, Rechtsgenuss *m*; **to disturb s.o. in the lawful ~ his/her rights** jdn im Genuss seiner Rechte stören; **in full ~ one's rights** im Vollgenuss seiner Rechte
beneficial enjoyment Nießbrauch-, Nutznießungsrecht *nt*, Nutzen *m*; **quiet e.** ungestörte Nutzung, ungestörter Genuss; **usufructuary e.** Nießbrauch *m*
enlarge *v/t* ausdehnen, ausweiten, erweitern, vergrößern, verbreitern; **e. upon** sich auslassen über; **e.d** *adj* erweitert, vergrößert
enlargement *n* Ausdehnung *f*, Vergrößerung *f*, Ausweitung *f*, Bereicherung *f*, Erweiterung *f*, Verbreiterung *f*; **~ of production facilities** Erweiterung der Produktionsanlagen
enlighten *v/t* aufklären; **e.ed** *adj* aufgeklärt; **e.ment** *n* Aufklärung *f*
enlist *v/ti* 1. heranziehen, zur Mitarbeit gewinnen; 2. ⚓ anmustern, anheuern; 3. ⚔ rekrutieren; 4. ⚔ Soldat werden; **e.ment** *n* 1. Anwerbung *f*, Einstellung *f*; 2. Hinzuziehung *f*, Gewinnung zur Mitarbeit; 3. ⚔ Rekrutierung *f*; **~ order** ⚔ Stellungsbefehl *m*
enormous *adj* enorm, ungeheuer groß
enough *adj* genug; **e. is e.** *(coll)* das Maß ist voll *(coll)*; **I've had e.** *(coll)* mir langt es *(coll)*, ich habe die Nase voll *(coll)*; **to be e.** (hin)reichen
enquire *v/i* → **inquire** sich erkundigen, anfragen; **e. about** anfragen wegen; **e. after** sich erkundigen nach; **e. for** fragen nach; **e. into sth.** etw. untersuchen/prüfen/erforschen; **e. within** *(Schild)* Näheres im Geschäft
enquirer *n* → **inquirer** Fragesteller(in) *m/f*, Anfragende(r) *f/m*, Auskunftsuchende(r) *f/m*
enquiry *n* → **inquiry** 1. Untersuchung *f*, Nachforschung *f*; 2. Erhebung *f*; 3. *(Angebot)* Anfrage *f*, Erkundigung *f*; 4. Bauauskunft *f*; 5. Warenanfrage *f*; **e. into the circumstances** Untersuchung der Umstände/Sachlage; **to hold an e.** Untersuchung durchführen
enquiry agency/agent Auskunftei *f*; **e. office** Auskunftsbüro *nt*
enrich *v/t* 1. bereichern; 2. anreichern; **e. o.s.** sich bereichern
enrichment *n* 1. Bereicherung; 2. Anreicherung *f*; **immoral e.** sittenwidrige Bereicherung; **undue/unjust(ified) e.** [§] ungerechtfertigte/unzulässige Bereicherung
en|rol(l) *v/ti* 1. registrieren, verzeichnen, in die Matrikel eintragen, *(Mitglied)* aufnehmen; 2. sich einschreiben/immatrikulieren, sich registrieren lassen; **e.rollee**

n 1. Kursteilnehmer(in) *m/f*; 2. Versicherungsnehmer(in) *m/f*
enrolment *n* 1. Anmeldung *f*, Beitrittserklärung *f*; 2. Immatrikulation *f*, Immatrikulierung *f*, Einschreibung *f*, Registrierung *f*; 3. Einschulung *f*, Schulanmeldung *f*; 4. Eintragung *f*, Aufnahme *f*; 5. Teilnehmerzahl *f*; **e. fee** Anmeldegebühr *f*, Aufnahmebeitrag *m*, A.gebühr *f*, Anmeldungs-, Registrierungsgebühr *f*; **e. records** Registrierungsunterlagen
en route *adv (frz.)* unterwegs
to become enshrined *adj* kodifiziert werden
ensign *n* ⚓ Flagge *f*; **Red E.** britische Handelsflagge
ensilage *n* 🌾 1. Silospeicherung *f*; 2. Silofutter *nt*; *v/t* im Silo einlagern
enslave *v/t* versklaven, knechten, zum Sklaven machen
ensnare *v/t* umgarnen, verstricken
ensue *v/i* (darauf) folgen, sich ergeben
ensure *v/t* 1. sicherstellen, gewährleisten, sichern, garantieren, Gewähr bieten für, dafür sorgen, veranlassen, achten auf, sorgen für, schützen (gegen); 2. sichern
entail *v/t* 1. zur Folge haben, mit sich bringen, nach sich ziehen, verursachen, umfassen, implizieren; 2. [§] Grundbesitz in unveräußerliches Erbleben umwandeln
entail *n* [§] 1. Nachfolgeordnung *f*, Erblehen *nt*, E.gut *nt*; 2. *(Grundeigentum)* Erbfolge *f*, Fideikommiss *nt*, nicht frei vererbliches Grundstück, Majorat(serbe) *nt/m*; **to bar an e.** Erblehen veräußern; **to break an e.** Unveräußerlichkeit eines Erblehens aufheben, Fideikommiss auflösen; **to cut off an e.** Erbbeschränkung aufheben; **to dock the e.** Erbfolge aufheben, Erblehen veräußern; **to found an e.** Majorat errichten/stiften, Fideikommiss errichten/konstruieren; **e.ed** *adj* [§] *(Grundstück)* unveräußerlich; **e.ment** *n* Vererbungssatzung *f*
entangle *v/t* verwickeln, verstricken; **e.d** *adj* verwickelt, verflochten; **to become ~ in sth.** sich in etw. verfangen; **e.ment** *n* Verwicklung *f*, Verstrickung *f*
enter *v/ti* 1. betreten; 2. eintreten, hineingehen, einfahren; 3. sich anmelden für, teilnehmen an; 4. ⊖ anmelden, einklarieren, deklarieren; 5. (ver)buchen; eintragen, einzeichnen, registrieren; 6. kontrahieren; **e. forcibly** eindringen; **e. in** 1. eintragen in, (ver)buchen; 2. beitreten; 3. ⊖ anmelden, deklarieren; **e. into** 1. *(Beziehungen)* anknüpfen, nähertreten; 2. *(Verhandlungen)* eröffnen; 3. *(Verpflichtung)* eingehen; **e. up** nachtragen; **e. upon** 1. *(Thema)* anschneiden; 2. *(Laufbahn)* einschlagen
enterable *adj* eintragbar
entered *adj* ⊖ zollamtlich erklärt
entering *n* Verbuchen *nt*; **unlawful e. of enclosed premises** Eindringen in fremde Räume; **e. short** *(Gutschrift)* Eingang vorbehalten
enteritis *n* ⚕ Dünndarmentzündung *f*
enterprise *n* 1. Firma *f*, Unternehmung *f*, Unternehmen *nt*, Geschäft *nt*, Betrieb *m*; 2. Initiative *f*, Unternehmungsgeist *m*; 3. Privatwirtschaft *f*; **e. on/for joint account** Partizipationsgeschäft *nt*; **e. supplying goods and services** Sachleistungsbetrieb *m*; **e. serving political purposes** Tendenzbetrieb *m*; **e. in its own right** Unternehmen an sich; **relating to an individual e.** ein-

zelwirtschaftlich; **to abandon an e.** Unternehmen aufgeben
affiliated enterprise konzernverbundenes Unternehmen; **agricultural e.** ⌐ landwirtschaftlicher Betrieb; **ailing e.** notleidendes/sieches Unternehmen; **auxiliary e.** Nebenbetrieb *m*; **big e.** Großunternehmen *nt*; **capitalist e.** kapitalistisches Unternehmen; **codetermined e.** mitbestimmtes Unternehmen; **commercial e.** Wirtschaftsunternehmen *nt*, W.betrieb *m*, (gewerbliches) Unternehmen, kaufmännischer Betrieb, Gewerbebetrieb *m*, Handelsgewerbe *nt*, Erwerbsunternehmen *nt*, Unternehmung *f*, Unternehmen der gewerblichen Wirtschaft; **competitive e.** Konkurrenzbetrieb *m*; **consolidated e.** Konzern *m*; **controlled e.** beherrschtes/abhängiges Unternehmen; **controlling e.** beherrschendes Unternehmen; **corporate e.** privatrechtliche Körperschaft, Körperschaft des Privatrechts; **correspondent e.** befreundetes Unternehmen; **deficient e.** Zuschussbetrieb *m*; **delicate e.** schwieriges Unterfangen; **dependent e.** Organgesellschaft *f*; **diversified e.** breit gefächertes Unternehmen; **domestic e.** inländisches/einheimisches Unternehmen; **dominant e.** Organträger *m*, (be)herrschendes Unternehmen; **dynamic e.** dynamisches Unternehmen; **extractive e.** Abbau-, Rohstoffgewinnungsbetrieb *m*; **federal e.** Bundesunternehmen *nt*; **financial e.** 1. Finanz(ierungs)institut *nt*, geldwirtschaftliches/kreditwirtschaftliches Unternehmen; 2. Finanzierungsvorhaben *nt*; **flourishing e.** blühendes Unternehmen; **foreign e.** ausländisches Unternehmen
free enterprise freies Unternehmertum, freie (Markt-)Wirtschaft, Unternehmerfreiheit *f*; ~ **philosophy** Unternehmerphilosophie *f*; ~ **zone** Fördergebiet *nt*
fully-fledged enterprise Vollunternehmen *nt*
government-controlled enterprise Regiebetrieb *m*; **government-owned e.** Staatsbetrieb *m*; **government-subsidized e.** staatlich subventionierter Betrieb
high-cost enterprise kapitalintensives Unternehmen; **high-tech e.** Hochtechnologieunternehmen *nt*, Unternehmen der Spitzentechnologie; **horticultural e.** Gartenbaubetrieb *m*; **incoming e.** junges/neues Unternehmen; **independent e.** selbstständiges Unternehmen; **indigenous e.** einheimisches Unternehmen; **individual e.** *[US]* Einzelunternehmung *f*, E.firma *f*; **industrial e.** Industriebetrieb *m*, I.unternehmen *nt*, gewerblicher Betrieb, Gewerbebetrieb *m*; **governmental ~ e.** staatseigener Industriebetrieb; **integrated e.** Organgesellschaft *f*; **large(-scale) e.** Großunternehmen *nt*; **majority-owned e.** Unternehmen im Mehrheitsbesitz; **marginal e.** unrentables Unternehmen, Grenzbetrieb *m*; **medium-sized e.** Mittelbetrieb *m*, mittlerer Betrieb, mittleres Unternehmen; **metalworking e.** metallverarbeitende Firman, Metallverarbeiter *m*; **mid-range e.** mittelgroßes Unternehmen; **mixed e.** gemischtwirtschaftliches Unternehmen, Mischbetrieb *m*; **multi-product e.** Mehrproduktunternehmen *nt*; **municipal e.** Gemeinde-, Kommunalbetrieb *m*, städtisches Unternehmen, kommunaler (Eigen)Betrieb; **national e.** Staatsunternehmen *nt*; **nationalized e.** verstaatlichtes Unternehmen, volkseigener Betrieb (VEB) *[DDR]*;

non-corporate e. Nichtkapitalgesellschaft *f*; **non-profit-making e.** gemeinnütziger Betrieb, nichtgewerbliches Unternehmen; **part privately and part publicly owned e.** gemischtwirtschaftliches Unternehmen; **part e.** Teilunternehmen *nt*; **participating e.** beteiligtes Unternehmen
private enterprise 1. Privatunternehmen *nt*, P.betrieb *m*, privates/privatwirtschaftlich betriebenes Unternehmen; 2. Privatwirtschaft *f*, private/freie Wirtschaft, privater Sektor, freies Unternehmertum, freie Marktwirtschaft; ~ **solution** privatwirtschaftliche Lösung; **private-law e.** Unternehmen privaten Rechts
productive enterprise werbender Betrieb; **to invest in ~ e.s** in ertragbringenden Unternehmen anlegen; **profitable e.** rentabler Betrieb, gewinnbringendes Unternehmen; **proprietary e.** Eigenbetrieb *m*; **prosperous e.** gutgehendes Unternehmen
public(-sector) enterprise öffentlicher (Wirtschafts)Betrieb, Staatsunternehmen *nt*, staatliches/öffentliches Unternehmen, Unternehmen des Staates, öffentlichrechtliche Unternehmung; **publicly-owned e.** öffentliches Unternehmen; **public-service e.** Unternehmen mit öffentlichem Dienstauftrag; **seasonal e.** Saisonbetrieb *m*; **self-supporting e.** kostendeckend arbeitendes Unternehmen, kostendeckender Betrieb; **semi-public e.** halbstaatliches Unternehmen; **separate e.** selbstständiges Unternehmen; ~ **principle** Grundsatz des selbstständigen Unternehmens; **small e.** kleiner/mittelständischer Betrieb, Zwergbetrieb *m*; **sound e.** solides/gesundes Unternehmen; **specialized e.** Fachunternehmen *nt*; **state-owned e.** staatliches/öffentliches Unternehmen; **state-run e.** Regiebetrieb *m*, vom Staat betriebenes Unternehmen; **strike-bound e.** bestreiktes Unternehmen; **subsidiary e.** 1. Tochter(firma) *f*; 2. Nebenbetrieb *m*; **subsidized e.** Zuschussbetrieb *m*; **supplying e.** Lieferfirma *f*, Zulieferer *m*; **taxable e.** steuerpflichtiger Betrieb; **transnational e.** grenzübergreifendes/multinationales Unternehmen; **unincorporated e.** Unternehmen ohne eigene Rechtspersönlichkeit; **unprofitable e.** unrentables/dezitäres Unternehmen; **viable e.** lebensfähiges Unternehmen; **well-established e.** gut fundiertes Unternehmen; **world-renowned e.** Unternehmen von Weltgeltung
enterprise accounting Rechnungswesen des Gesamtunternehmens; **e. finance** Unternehmensfinanzierung *f*; **to split off e. functions** Funktionen ausgliedern; **e. goals/objectives** Unternehmensziele
enterpriser *n* Unternehmer(in) *m/f*; **free e.** Befürworter(in) der freien Wirtschaft
enterprise liability Unternehmenshaftung *f*; **e. model** Unternehmensmodell *nt*; **e. value** Wert des fortgeführten Unternehmens; **e. zone** Industrie-, Gewerbegebiet *nt*
enterprising *adj* unternehmungslustig, geschäftstüchtig, wagemutig, initiativ; **to be e.** Initiative zeigen
entertain *v/t* 1. unterhalten, belustigen; 2. bewirten, einladen, Gastgeber sein
entertainer *n* Unterhaltungskünstler *m*, Unterhalter *m*; **public e.** berufsmäßiger Künstler
entertaining *adj* kurzweilig, unterhaltsam, vergnüglich

entertainment *n* 1. Bewirtung *f*; 2. Unterhaltung *f*, Vergnügung *f*, Kurzweil *f*, Belustigung *f*; **e.s** Aktien der Unterhaltungsindustrie; **e. of customers** Kundenbewirtung *f*
entertainment account Aufwandskonto *nt*; **e. allowance** Aufwandsentschädigung *f*, A.pauschale *f*, Repräsentationszulage *f*; **e. expenses** Bewirtungskosten, Repräsentationsaufwand *m*, R.aufwendungen, R.kosten, Aufwendungen für Bewirtung; **e. and events guide** Veranstaltungskalender *m*; **e. industry** Unterhaltungsindustrie *f*, Vergnügungsbranche *f*, V.industrie *f*; **e. shares** *[GB]* **/stocks** *[US] (Börse)* Vergnügungsaktien, V.werte, V.titel, Aktien der Vergnügungsindustrie; **e. value** Unterhaltungswert *m*; **e. tax** Vergnügungssteuer *f*
enthusiasm *n* Begeisterung *f*; **e. for work** Arbeitslust *f*, A.eifer *m*; **to meet with little e.** auf wenig Gegenliebe stoßen; **mounting e.** wachsende Begeisterung
enthusiastic *adj* begeistert, enthusiastisch, schwärmerisch; **to be e. about sth.** für etw. schwärmen
entice *v/t* (ver-/an)locken; **e. away** *(Kunden)* abwerben, abspenstig machen, ausspannen; **~ from** weglocken
enticement *n* 1. An-, Verlockung *f*, Anreiz *m*; 2. Lockmittel *nt*; 3. Abwerbung *f*; **e. of customers** Kundenabwerbung *f*; **e. action** [§] Klage wegen Abspenstigmachen des Ehegatten
enticing *adj* verlockend, verführerisch
entire *adj* ganz, völlig, gesamt, voll(ständig); **e.ly** *adv* völlig, gänzlich, ganz und gar
entirety *n* Ganz-, Gesamtheit *f*, Vollständigkeit *f*; **in its e.** in vollem Umfang
entitle *v/t* 1. Anrecht geben, berechtigen; 2. betiteln
entitled *adj* 1. berechtigt, befugt, ermächtigt, bevollmächtigt; 2. mit dem Titel; **e. in rem** *(lat.)* [§] dinglich berechtigt; **to be e.** 1. Anrecht/Anspruch haben (auf), berechtigt sein, jdm zustehen; 2. *(Buch)* Titel tragen; **~ e. to dispose of sth.** Verfügungsrecht über etw. haben; **e. to sign** unterschriftsberechtigt; **beneficially e.** legats-, eigentumsberechtigt; **equally e.** gleichberechtigt; **exclusively e.** alleinberechtigt; **fully e.** voll berechtigt; **to be lawfully e. to** Rechtsanspruch *m*, rechtmäßigen Anspruch haben auf; **next e.** nächstberechtigt; **e. person** 1. Teilnahmeberechtigte(r) *f/m*; 2. [§] Rechtsinhaber(in) *m/f*
entitlement *n* 1. Anrecht *nt*, Anspruch *m*, Anspruchsberechtigung *f*; 2. Berechtigung *f*, Ermächtigung *f*, Befugnis *f*; 3. zustehende Menge; **e. to take legal action** [§] aktive Prozeßfähigkeit; **~ benefits** Leistungsanspruch *m*; **~ charge rates** Hebeberechtigung *f*; **~ a claim** [§] 1. Anspruchsberechtigung *f*; 2. Aktivlegitimation *f*, Klageberechtigung *f*; **~ compensation** Ersatzanspruch *m*; **~ the conveyance of land** Auflassungsanspruch *m*; **~ damages** Anspruch auf Schaden(s)ersatz; **~ a discovery** Auskunftsanspruch *m*; **~ a dividend** Gewinn-, Dividendenberechtigung *f*; **~ a declaratory judgment** Feststellungsanspruch *m*; **e. of a pecuniary nature** vermögensrechtlicher Anspruch; **e. to a pension** Pensionsberechtigung *f*, Versorgungsanspruch *m*; **~ the petition** Antragsberechtigung *f*; **~ a**

compulsory portion Pflichtteilsanspruch *m*; **~ profits** Gewinnanspruch *m*; **~ wage continuation; ~ continued wage payment** Lohnfortzahlungsanspruch *m*; **~ sue** [§] Aktivlegitimation *f*, Prozeßbefugnis *f*; **~ welfare benefits** Sozialhilfe-, Fürsorgeanspruch *m*
the entitlement ceases der Anspruch erlischt
to take up an entitlement Recht in Anspruch nehmen
fractional entitlement Bruchteilrecht *nt*; **~ e.s** *(Aktien)* Bezugsrechtsspitzen; **joint e.** Gesamthandsberechtigung *f*; **lawful/legal e.** Legitimation *f*, Rechtsanspruch *m*; **minimum e.** garantierter Mindestlohn; **prima facie** *(lat.)* **e.** [§] Rechtsschein *m*; **residual e.** Bruchteilrecht *nt*; **statutory e.** (gesetzlicher) Anspruch, verbriefter Anspruch
entitlement mentality Anspruchsdenken *nt*, A.mentalität *f*; **e.s progam** *[US] (Öl)* Preisausgleichssystem *nt*; **e. requirements** *(Vers.)* Leistungsvoraussetzungen; **e. society** Anspruchsgesellschaft *f*
entity *n* 1. Wesen *nt*, Einheit *f*; 2. [§] juristische Person, Rechtspersönlichkeit *f*, R.subjekt *nt*; 3. Institution *f*, Gebilde *nt*
constitutional entity Verfassungsorgan *nt*; **corporate e.** [§] Körperschaft *f*; **economic e.** Wirtschaftseinheit *f*, W.subjekt *nt*; **impersonal e.** Sachgesamtheit *f*; **integrated e.** eingegliedertes Unternehmen; **(distinct) legal e.** [§] juristische Person, Rechtspersönlichkeit *f*, R.person *f*; **~ under public law** [§] Person des öffentlichen Rechts; **local e.** kommunale Körperschaft; **political e.** politische Körperschaft; **public e.** öffentliche Institution; **public-sector e.** 1. Kommune *f*; 2. Körperschaft des öffentlichen Rechts; **taxable e.** Steuersubjekt *nt*; **territorial e.** Gebietskörperschaft *f*
entity theory Institutionenthese *f*
entourage *n* *(frz.) (Personen)* Gefolge *nt*, Umgebung *f*
entrails *pl* $ Eingeweide, Innereien
entrain *v/t* 🚂 verladen; **e.ment** *n* Verladung *f*
entrance *n* 1. Ein-, Zugang *m*, Einfahrt *f*, Zufahrt *f*; 2. Eintritt *m*; 3. Zulassung *f*, Zutritt *m*; **e. into office** Amts-, Dienstantritt *m*; **e. upon an inheritance** Erbschaftsantritt *m*; **no e.** Eintritt/Zutritt verboten; **to have free e.** freien Zutritt haben; **to make an e.** in Erscheinung treten; **main e.** Haupteingang *m*; **private e.** separater Eingang; **rear e.** Hintereingang *m*
entrance card Eintrittskarte *f*; **e. certificate** Eintrittsbescheinigung *f*; **e. duty** ⊖ Eingangszoll *m*; **e. examination** Zulassungs-, Aufnahmeprüfung *f*
entrance fee 1. Eintrittsgeld *nt*, E.gebühr *f*, Aufnahme-, Einschreibegebühr *f*, Einlassgeld *nt*; 2. *(Vers.)* Policengebühr *f*; **to evade e. f.s** freien Eintritt erschleichen; **to pay the e. f.** Eintrittsgeld bezahlen
entrance hall Eingangs-, Vorhalle *f*; **e. money** Einstandsgeld *nt*; **e. qualification** Eingangsqualifikation *f*; **e. rate** Anfangs-, Einstellungslohn *m*; **e. requirements** Aufnahme-, Zulassungsvoraussetzungen; **e. ticket** Eintrittskarte *f*; **e. visa** Einreisevisum *nt*
entrant *n* 1. Eintretende(r) *f/m*; 2. neues Mitglied, Berufsanfänger(in) *m/f*; 3. Bewerber(in) *m/f*, 4. *(Wettbewerb)* Teilnehmer(in) *m/f*; **late e.** *(Tagung)* Spät-, Nachmeldung *f*; **new e.** Neuling *m*, N.mitglied *nt*, N.zu-

gang *m*, Zugänger(in) *m*/*f*, Berufsanfänger(in) *m*/*f*, Marktneuling *m*; ~ **firm** Neuzugang *m*; **would-be e. (Mitgliedschaft)** Bewerber(in) *m*/*f*
entrapment *n* [§] Provozierung einer strafbaren Handlung
entreat *v*/*t* ersuchen, dringend bitten; **e.y** *n* dringende Bitte, Ersuchen *nt*
entre mains *n* *(frz.)* [§] frei verfügbare Nachlassmasse
entrench o.s. *v*/*refl* sich verbarrikadieren/festsetzen/verschanzen; **firmly e.ed** *adj* fest verankert; **e.ment** *n* Verschanzung *f*, Verbarrikadierung *f*; ~ **clause/provision** verfassungsrechtliche Schutzklausel
entrepôt *n* *(frz.)* 1. Transit-, Zwischenlager *nt*, Umschlag-, Stapelplatz *m*; 2. ⊖ Zollniederlage *f*; 3. Speicher *m*, Lagerplatz *m*, L.halle *f*; 4. Umschlaghafen *m*; **e. facilities** Zwischenlager *nt*; **e. trade** Transit-, Wiederausfuhr-, Zwischenhandel *m*, Streckengeschäft *nt*
entrepreneur *n* *(frz.)* (Privat)Unternehmer *m*, Eigentümerunternehmer *m*, Arbeitgeber *m*; **aspiring/budding/would-be e.** angehender Unternehmer; **innovative e.** Pionierunternehmer *m*; **young e.** Jung-, Nachwuchsunternehmer *m*; **e. economy** Unternehmerwirtschaft *f*
entrepreneurial *adj* unternehmerisch
entrepreneur's profit/remuneration Unternehmerlohn *m*
entrepreneurship *n* Unternehmerschaft *f*, U.tum *nt*
entrepreneur's withdrawal *(Gewinn)* Unternehmerentnahme *f*
entropy *n* mittlerer Informationsgehalt, Entropie *f*
entrust so. with sth. *v*/*t* jdn mit etw. betrauen/beauftragen, jdm etw. anvertrauen/übertragen/zuweisen/zu treuen Händen übergeben; **e.er** *n* Treugeber *m*, T.handbesteller *m*
entry *n* 1. Ein-, Bei-, Zutritt *m*; 2. Ein-, Betreten *nt*; 3. Einreise *f*; 4. ⚓ Einlaufen *nt*, Einfahrt *f*; 5. (Ver)Buchung *f*, Eintrag(ung) *m*/*f*, Anmeldung *f*, Vermerk *m*, Protokolleintragung *f*; 6. *(Geld)* Eingang *m*; 7. ⊖ Einklarierung *f*, Zolldeklaration *f*, Z.anmeldung *f*, Antrag auf Zollabfertigung; 8. Besitzantritt *m*, B.ergreifung *f*; 9. Marktzutritt *m*; 10. *(Diebstahl)* Einstieg *m*; 11. 🖳 Eingabe *f*; **entries** 1. Buchungssatz *m*; 2. 🐂 *(Schlachtvieh)* Auftrieb *m*
no entry kein Zugang; **upon e.** nach Eingang; **e. into** Zugang/Beitritt zu
entry in the accounts buchmäßige Erfassung, Buchung *f*; **e. into subsidiary accounts** Nebenbuchung *f*; **e. of appearance** [§] Einlassung des/der Beklagten; **e. under bond** ⊖ Einfuhr unter Zollvormerkschein; **e. in conformity** gleichförmige Buchung; **e. of claim to ownership** Eigentumsverschaffungsvermerk *m*; **e. for consumption** ⊖ Antrag auf Abfertigung zum Privatverbrauch, A.vormerkung *f*; **e. of conveyance** [§] Auflassungseintragung *f*; **closing entries at the end of the fiscal year** Jahresabschlussbuchungen *f*; **(up)on e. into force** mit/bei In-Kraft-Treten; **e. for home use** ⊖ Zollantrag für Inlandsverbrauch, Zolldeklaration für Eigenverbrauch; **e. into a market** Marktzutritt *m*, M:zugang *m*; **free ~ a market** freier Marktzutritt; **e. into**

possession Besitzübernahme *f*; **e. by legal process** Zutritt im gerichtlichen Auftrag; **e. in the register of companies**; ~ **commercial register** Eintragung ins Handelsregister, Handelsregistereintragung *f*; ~ **land register** Grundbucheintragung *f*; ~ **registry** Registereintragung *f*; **e. for release for free circulation** ⊖ Zollanmeldung für die Abfertigung zum freien Verkehr; **e. affecting the operating result** erfolgswirksame Buchung; **e. of satisfaction** *(Grundbuch)* Löschungsvermerk *m*; **e. in writing** schriftliche Anmeldung
no entry Zutritt/Einfahrt verboten; **as per e.** laut Eintragung
to adjust an entry Buchung berichtigen; **to alter an e.** Buchung ändern; **to cancel an e.** 1. *(Buchung)* stornieren; 2. Eintragung tilgen/löschen; **to check an e.** Buchungsposten abgleichen/abstreichen; **to delete an e.** Eintragung tilgen/löschen; **to effect an e.** Buchung vornehmen; **to emend an e.** Buchung ausgleichen; **to file an e.** ⊖ Zollantrag stellen; **to gain e.** sich Zutritt verschaffen; **to make an e. (in the books)** buchen, Buchung machen/vornehmen, Eintrag(ung) vornehmen; **to pass an e. to an account** Posten verbuchen; **to rectify an e.** Eintragung abändern/berichtigen/verbessern; **to refuse e.** Einreise/Zutritt verweigern; **to reverse an e.** Buchung stornieren, rückbuchen, Stornobuchung vornehmen
actual entry tatsächliche Inbesitznahme; **adjusting e.** Berichtigungsbuchung *f*, Richtigstellungsbuchung *f* (am Ende der Rechnungsperiode); **balancing e.** Ausgleichsbuchung *f*; **blind e.** Blindbuchung *f*, Buchung ohne Spezifizierung; **charging e.** Zuschrift *f*; **closing e.** (Ab)Schlussbuchung *f*; **completing e.** Nachbuchung *f*; **compound e.** Sammelbuchung *f*, zusammengesetzte Buchung, zusammengefasste Eintragung/Buchung, Gesamteintrag *m*; **consolidating e.** Konsolidierungsbuchung *f*, S.eintrag *m*; **to reverse a ~ e.** ristornieren; **correcting e.** Storno *m*, Stornierung *f*, Berichtigungsbuchung *f*, Korrekturposten *m*; **to make a ~ e.** stornieren; **corresponding e.** gleichlautende/übereinstimmende Buchung; **cross e.** Gegen-, Storno-, Umbuchung *f*; **credit(-side) e.** kreditorische Buchung; **debit(-side) e.** debitorische Buchung; **deferred e.** ausgesetzter Buchungsposten; **discharging e.** Rückschrift *f*; **double e.** Doppeleintrag *m*; ~ **bookkeeping** doppelte Buchführung, Doppik *f*; **duty-free e.** ⊖ zollfreie Einfuhr, Zollfreiheit *f*; **duty-paid e.** ⊖ Einfuhr nach Verzollung; **eliminating e.** Eliminierungsbuchung *f*; **erroneous/false e.** Fehl-, Falschbuchung *f*, fehlerhafte Eintragung, irrtümliche Buchung, Buchungsfehler *m*; **fictitious e.** fiktive Buchung; **final e.** Abschlussbuchung *f*; **forcible e.** gewaltsames Eindringen; **to make a ~ e.** sich gewaltsam Eintritt verschaffen; **fraudulent e.** (vorsätzliche) Falschbuchung; **free e.** ⊖ zollfreie Einfuhr; **fresh e.** Neueintragung *f*; **home-use e.** ⊖ Einfuhr zum eigenen Gebrauch; **incorrect e.** Fehlbuchung *f*; **individual e.** Einzelbuchung *f*; **inferior e.** im Rang nachgehende Eintragung; **intervening e.** Zwischeneintragung *f*; **late e.** *(Tagung)* Nachmeldung *f*;

manual e. Handeingabe *f*; **offsetting e.** Gegenbuchung *f*; **open e.** Inbesitznahme vor Zeugen; **opening e.** Eröffnungsbuchung *f*; **original e.** Grund-, Eingangsbuchung *f*; **permanent e.** permanente Eintragung; **post e.** 1. Nachnennung *f*; 2. ⊖ nachträgliche Verzollung; **preceding e.** Voreintragung *f*; **provisional e.** *(Grundbuch)* Vormerkung *f*; **rectifying e.** Berichtigungsbuchung *f*; **remote e.** Fernbuchung *f*; **restricted e.** numerus clausus (N.C.) *m (lat.)*; **reverse/reversing e.** Rück-, Gegenbuchung *f*, G.eintrag *m*, Storno(buchung) *m/f*; **short e.** 1. vorläufige Gutschrift; 2. ⊖ Unterdeklaration *f*, U.deklarierung *f*; **single e.** Eintrag ohne Gegenbuchung, einfache Buchung; **straightforward e.** direkte Buchung; **subsequent/supplementary e.** Nach(trags)buchung *f*, nachträgliche Buchung/Eintragung; **to make a ~ e.** nachbuchen; **suspense e.** transitorische Buchung, Interimsbuchung *f*; **B.satz** Buchung ohne Gegenbuchung; **unlawful e.** [§] 1. unbefugtes Betreten, Hausfriedensbruch *m*; 2. unerlaubte/unrechtmäßige Inbesitznahme **unrestricted e.** unbeschränkter/freier Zugang; **wrong e.** falsche Buchung, Fehlbuchung *f*

entry advice Buchungsaufgabe *f*; **e. age** Eintritts-, Zulassungsalter *nt*; **e. book** Eintragungsbuch *nt*; **e. certificate** ⊖ Einfuhrbescheinigung *f*; **e. conditions** Teilnahmebedingungen; **e. description** Buchungstext *m*; **e. fee** Buchungs-, Postengebühr *f*; **e. field** 🖳 Eingabefeld *nt*; **e. form** Anmeldeformular *nt*, A.schein *m*, Teilnahmeformular *nt*; **e. formula** Buchungsformel *f*, B.satz *m*, Kontenaufruf *m*; **compound e. formula** zusammengesetzter Buchungssatz; **e. instruction** 🖳 Eingangsbefehl *m*; **e. inwards** ⊖ Einfuhr(erklärung) *f*, Importdeklaration *f*, I.erklärung *f*; **clear e. key** 🖳 Lösch- und Korrekturtaste *f*; **e. keyboard** 🖳 Eingabetastatur *f*; **e. legend** Buchungstext *m*; **e. level** Eingangsstufe *f*; **e. list** Melde-, Teilnehmerliste *f*; **e. outwards** ⊖ Ausfuhrdeklaration *f*, A.anmeldung *f*, A.erklärung *f*, Exportdeklaration *f*; **e. permit** 1. Einreisebewilligung *f*, E.erlaubnis *f*, E.genehmigung *f*; 2. Passier-, Einlassschein *m*; **e. and residence permit** Zuzugserlaubnis *f*; **e. point** 🖳 Eingangsstelle *f*; **e. premium** Eintrittsprämie *f*; **e. price** ⊖ Einfuhrpreis *m*; **e. qualification(s)** Teilnahmeberechtigung *f*; **e. ticket** 1. Eintrittskarte *f*; 2. Buchungs-, Buchhaltungsbeleg *m*; **e. visa** Einreisevisum *nt*; **collective e. voucher** Sammelbeleg *m*; **e. way** *[US]* Eingang *m*, Einfahrt *f*

enumer|able *adj* abzählbar; **e.ate** *v/t* aufzählen, spezifizieren; **e.ation** *n* Aufzählung *f*, Enumeration *f*; **exhaustive e.action** erschöpfende Aufzählung

enunciate *v/ti* artikulieren

envelope *n* (Brief)Umschlag *m*, (Brief)Kuvert *nt*, Briefhülle *f*; **to address an e.** Umschlag adressieren; **to put into an e.** mit einem Umschlag versehen, (ein)kuvertieren

adhesive envelope gummierter Briefumschlag; **collective e.** Sammelumschlag *m*; **commercial e.** Geschäftsumschlag *m*; **grey-lined e.** grau gefütterter Briefumschlag; **padded e.** wattierter Umschlag, Versandtasche *f*; **prepaid/reply-paid e.** ✉ Freiumschlag *m*, frankierter Umschlag; **sealed e.** verschlossener Umschlag; **self-addressed e.** adressierter Rückumschlag; **stamped e.** ✉ frankierter Umschlag, Freiumschlag *m*, F.kuvert *nt*, Frankoumschlag *m*; **~ addressed e. (s. a. e.)** freigemachter/frankierter adressierter Rückumschlag; **unsealed e.** offener Umschlag

envelope address Anschrift des Empfängers (auf dem Briefumschlag); **e. flap** Briefumschlagklappe *f*; **e. moistener/sealer** Anfeuchter *m*; **e. stiffener** Briefbeileger *m*; **e. stuffing service** (Ein)Kuvertierungsdienst *m*

enveloping machine *n* (Ein)Kuvertierungsmaschine *f*

envi|able *adj* beneidenswert; **e.ous** *adj* neidisch, missgünstig, neiderfüllt

environment *n* 1. Umwelt *f*; 2. Umgebung *f*, Umfeld *nt*; 3. *(fig)* Klima *nt*; **detrimental/harmful to the e.** umweltbelastend, u.schädlich; **to harm the e.** Umwelt schädigen; **to pollute the e.** Umwelt belasten/verschmutzen; **to preserve the e.** Umwelt schützen

anti-business environment unternehmensfeindliches Klima; **clean e.** saubere Umwelt; **competitive e.** Wettbewerbslage *f*, W.klima *nt*; **changing ~ e.** Wettbewerbsveränderung *f*; **contaminated e.** verseuchte Umwelt; **cultural e.** kulturelle Umwelt; **economic e.** wirtschaftliches Umfeld, wirtschaftliche Einflussfaktoren; **external e.** Rahmenbedingungen *pl*, externe Umwelt; **financial e.** finanzpolitische Situation; **hostile e.** feindliche Umwelt/Umgebung; **inflationary e.** Inflationsklima *nt*, inflatorisches Klima; **intercultural e.** interkulturelles Umfeld; **internal e.** interne Umwelt; **natural e.** natürliche Umwelt; **monetary e.** monetärer Rahmen; **organizational e.** organisatorisches Umfeld; **physical e.** gegenständliche Umwelt; **polluted e.** verschmutzte Umwelt; **pro-business e.** unternehmensfreundliches Klima; **residential e.** Wohnumfeld *nt*; **rural e.** ländliche Umgebung, ländliches Milieu; **social e.** Milieu *nt*, gesellschaftliche/soziale Umwelt, soziales Umfeld; **working-class e.** Arbeitermilieu *nt*

environmental *adj* umweltbedingt, u.politisch, milieu-, umfeldbedingt; **E. Protection Act** *[GB]* Umweltschutzgesetz *nt*; **~ Agency (EPA)** *[US]* Umweltschutzbehörde *f*; **e.ism** *n* Umwelt(schutz)bewegung *f*; **e.ist** *n* Grüne(r) *f/m*, Umweltschützer(in) *m/f*

environment conference Umweltschutzkonferenz *f*; **e.-conscious; e.-orient(at)ed** *adj* umweltbewusst; **e.-friendly** *adj* umweltfreundlich; **e. group** Umweltgruppe *f*, U.organisation *f*; **e.-minded** *adj* umweltbewusst; **e. minister/secretary** Umweltminister *m*; **e. officer** Umweltbeauftragter *m*; **e. policy** Umweltpolitik *f*; **E. Select Committee** *[GB] (Parlament)* Umweltausschuss *m*; **e. surveillance system** Umweltüberwachungssystem *nt*

environs *pl* Umgebung *f*, Umgegend *f*, Umland *nt*

envisage *v/t* in Aussicht nehmen, ins Auge fassen, beabsichtigen, vorsehen, planen; **e.d** *adj* beabsichtigt

envision *v/t* sich vorstellen, vorsehen

envoy *n* Botschafter(in) *m/f*, (Ab)Gesandte(r) *f/m*, Bevollmächtigte(r) *f/m*; **special e.** Sonderbevollmächtigte(r) *f/m*, S.botschafter(in) *m/f*

envy *n* Neid *m*, Missgunst *f*; **full of e.** neiderfüllt; **to**

make so. green with e. jdn vor Neid erblassen lassen; e. so. sth. v/t jdn um etw. beneiden
ephemeral adj kurzlebig, Eintags-
epidemic n ✥ Epidemie f, Seuche f; adj epidemisch; **e.s control act** Seuchengesetz nt
epi|lepsy n ✥ Epilepsie f; **e. leptic** adj epileptisch; n Epileptiker(in) m/f
epi|sode n Episode f; **e. sodic** episodisch
epi|tome of title n Grundbuchauszug m; **e.tomize** v/t verkörpern
epoch n Epoche f, Zeitalter nt; **e.-making** adj epochal
EPOS (electronic point of sale) elektronische Ladenkasse
equal adj gleich, g.mäßig, g.berechtigt, ebenbürtig, vollwertig; **other things being e.** unter gleichen Voraussetzungen, ceteris paribus (lat.); **to be e.** gleichauf liegen; **~ to sth.** einer Sache gewachsen sein; **to rank e.** gleichen Rang haben, im ~ stehen; **~ with so.** jdm ebenbürtig sein; **to treat as e.** gleichstellen
equal v/t gleich sein, gleichen, entsprechen, gleichkommen; **e.s** π gleich
equality n 1. Gleichheit f, Parität f, 2. Gleichberechtigung f
equality in kind Gleichartigkeit f; **e. before the/in law** Gleichheit vor dem Gesetz; **e. of opportunity** Chancengleichheit f; **~ educational opportunity** Gleichheit der Bildungschancen; **~ rank** Ebenbürtigkeit f, Ranggleichheit f; **~ rights** Gleichberechtigung f, **~ treatment** Gleichbehandlung f; **~ votes** Stimmengleichheit f
legal equality Rechtsgleichheit f; **racial e.** Rassengleichheit f
equality principle 1. Gleichbehandlungsgebot nt; 2. Paritätsprinzip nt; **e. treatment principle** Gleichbehandlungsgrundsatz m
equalization n 1. Gleichsetzung f; 2. (Devisen)Ausgleich m
equalization of burdens Lastenausgleich m [D]; **~ act** Lastenausgleichsgesetz nt; **~ bank** Lastenausgleichsbank f; **~ fund** Lastenausgleichsfonds m; **~ levy** Lastenausgleichsabgabe f; **federal ~ office** Bundesausgleichsamt nt; **~ payment** Ausgleichsleistung f; **~ property levy** Lastenausgleichsvermögensabgabe f
equalization of capital supply Kapitalausgleich m; **~ cash holdings** Geldausgleich m; **~ conditions of competition** Angleichung der Wettbewerbsbedingungen; **~ factor prices** Faktorpreisausgleich m; **~ family burdens** Familienlastenausgleich m; **~ accrued gains** Zugewinnausgleich m; **~ the money market** Ausgleich des Geldmarkts; **~ risks** Gefahrenausgleich m; **fiscal e. among the states** Länderfinanzausgleich m [D], Finanzausgleich der Länder [D], horizontaler Finanzausgleich [D]
financial/fiscal/intergovernmental equalization Finanzausgleich(ssystem) m/nt
equalization account [GB] Interventionsfonds m; **e. claim** Ausgleichsforderung(en) f/pl; **e. debt** Ausgleichsschuld f; **e. figure** Ausgleichsmesszahl f; **e. fund** Ausgleichsfonds m, A.stock m; **special e. fund** Sondervermögen nt; **e. grant** Ausgleichszuschuss m; **e. levy** Ausgleichsabgabe f, A.umlage f; **e. office** Lastenausgleichsamt nt [D]; **e. payment** Ausgleichszuweisung f, A.zahlung f; **e. period** Ausgleichsfrist f; **e. reserve(s)** Rücklagen für Ausgleichsforderungen, Ausgleichsrücklagen pl; **e. tax** Folgesteuer f
equalize v/t gleichmachen, ausgleichen, egalisieren
equally adv gleichermaßen, in gleicher Weise, zu gleichen Teilen, ebenso
equal-ranking adj gleichberechtigt, g.rangig; **e.(s) sign** π Gleichheitszeichen nt
equanimity n Gelassenheit f, Gleichmut m
equate v/t 1. gleichsetzen, gleichstellen; 2. π gleichsetzen
equation n π Gleichung f; **e. of demand and supply** Gleichgewicht von Angebot und Nachfrage; **~ exchange** Währungsgleichheit f; **~ interest** Zinsstaffel f; **~ payments** durchschnittlicher Zahlungstermin, Feststellung des mittleren Zahlungstermins; **~ regression** Regressionsgleichung f; **to form an e.** Gleichung aufstellen
behavioural equation Verhaltens-, Reaktionsgleichung f; **cost-benefit e.** Kosten-Nutzen-Vergleich m; **cubic e.** kubische Gleichung; **definitional e.** Definitionsgleichung f; **differential e.** Differenzialgleichung f; **estimating e.** Schätzgleichung f; **exponential e.** Exponentialgleichung f; **literal e.** Buchstabengleichung f; **monetary e.** Quantitätsgleichung f; **numerical e.** Zahlengleichung f; **parametric e.** Parametergleichung f; **quantitative e.** Quantitätsgleichung f; **structural e.** Strukturgleichung f; **technical/technological e.** technologische Gleichung
equator n Äquator m; **e.ial** adj äquatorial
equi|distance n Äquidistanz f, Mittelabstand m; **e.-distant** adj gleichweit entfernt
equilibrium n Gleichgewicht(szustand) nt/m; **e. on current account** Leistungsbilanzausgleich m; **e. under deflationary conditions** deflatorisches Gleichgewicht; **e. of total accrued earnings and total cash-flow earnings over the entire life of the company** Bilanzkongruenz f; **~ exchange** Tauschgleichgewicht nt; **~ supply and demand** Ausgleich von Angebot und Nachfrage
to be in equilibrium im Gleichgewicht sein; **to establish an (economic) e.** (wirtschaftliches) Gleichgewicht herstellen; **to restore the (economic) e.** (wirtschaftliches) Gleichgewicht wiederherstellen
complete/unique steady-state/total equilibrium Totalgleichgewicht nt, goldener Wachstumspfad; **cyclical e.** Kreislaufgleichgewicht nt; **ecological e.** ökologisches Gleichgewicht, Gleichgewicht der ökologischen Systeme; **economic e.** wirtschaftliches Gleichgewicht; **overall ~ e.** gesamtwirtschaftliches Gleichgewicht; **external e.** außenwirtschaftliches Gleichgewicht; **financial e.** finanzielles Gleichgewicht; **indeterminate e.** unbestimmtes Gleichgewicht; **knife-edge e.** instabiler Wachstumspfad; **long-period e.** langfristiges Gleichgewicht; **metastable e.** neutrales Gleichgewicht; **monetary e.** monetäres Gleichgewicht; **moving e.** gleichgewichtige Expansion; **neutral e.** neutrales Gleichge-

wicht; **non-unique e.** multiples Gleichgewicht; **overall e.** Gesamtgleichgewicht *nt*; **partial e.** partielles Gleichgewicht; **~ analysis** partielle Gleichgewichtsanalyse; **~ theory** Theorie des partiellen Gleichgewichts; **progressive e.** fortschreitendes Gleichgewicht; **shifting e.** Strömungsgleichgewicht *nt*; **short-run e.** kurzfristiges Gleichgewicht; **stable e.** stabiles Gleichgewicht; **unstable e.** unstabiles Gleichgewicht
equilibrium analysis Gleichgewichtsanalyse *f*; **e. condition** Gleichgewichtsbedingung *f*; **e. growth rate** Gleichgewichtswachstumsrate *f*; **e. interest rate** Gleichgewichtszins *m*; **e. level** Gleichgewichtszustand *m*; **~ of income** Gleichgewichtseinkommen *nt*; **e. magnitude** Gleichgewichtsgröße *f*; **e. model** Gleichgewichtsmodell *nt*; **e. path** Gleichgewichtspfad *m*; **e. price** Gleichgewichtspreis *m*; **e. process** Gleichgewichtsspiel *nt*; **e. quantity** Gleichgewichtsmenge *f*; **e. theory** Gleichgewichtstheorie *f*, statistische Preistheorie; **general e. theory** Theorie des allgemeinen Gleichgewichts; **e. value** Gleichgewichtswert *m*
equimarginal principle *adj* (*VWL*) Gesetz vom Ausgleich der Grenznutzen
equip *v/t* ausrüsten, ausstatten, einrichten; **e. so. to do sth.** jdn zu etw. befähigen
equipment *n* 1. (*Vorgang*) Ausrüstung *f*, Ausstattung *f*; 2. Ausrüstung(sgüter) *f/pl*, Einrichtung(en) *f/pl*, Ausstattung *f*, Geräte *pl*, Sachmittel *pl*, Arbeitszeug *nt*, A.mittel *pl*, Gerätschaften *pl*, Zubehör *nt*, Rüstzeug *nt*, Instrumentarium *nt*, Einrichtungsmittel *pl*; 3. Investitionsgüter *pl*, Maschinen-, Gerätepark *m*, Inventar *m*; **e. and fittings** (*Bilanz*) Betriebs- und Geschäftsausstattung *f*; **~ material cost(s)** Sachkosten *pl*
add-on/auxiliary equipment Zusatzgeräte *pl*, Z.ausstattung *f*, Z.einrichtungen *pl*, Z.ausrüstung *f*; **customer-provided e.** vom Kunden gestellte Ausrüstung; **domestic e.** Haushaltsgeräte *pl*; **earth-moving e.** Maschinen für Erdbewegungen
electrical equipment elektrische Ausrüstung, Elektromaterial *nt*; **heavy ~ e.** Elektrogroßanlage(n) *f/pl*; **~ e. industry** Elektroindustrie *f*, elektrotechnische Industrie; **~ e. market** Elektromarkt *m*; **~ shares** [*GB*] /**stocks** [*US*] (*Börse*) Elektrowerte, E.aktien, E.titel
first-time/initial equipment Erstausrüstung *f*; **ground-conveying e.** Flurfördergerät *nt*; **hand-held e.** Handgerät(e) *nt/pl*; **heavy e.** Industriegüter; **~ maker** Industriegüterausrüster *m*; **idle e.** nicht ausgenutzte Betriebsanlagen; **industrial e.** Industrieanlagen *pl*, I.ausrüstung *f*, Betriebsausrüstung *f*, gewerbliche Ausrüstung; **~ industry** Industrieanlagenbau *m*; **leased e.** Mietgeräte *pl*; **movable e.** bewegliche Anlagegüter; **optional e.** Sonder-/Extraausstattung *f*
original equipment Erstausrüstung *f*, E.ausstattung *f*; **~ manufacturer** (**OEM**) Erstausrüster *m*, E.ausstatter *m*; **~ sales** Erstausrüstungs-, Erstausstattungsgeschäft *nt*
other equipment Fremdfabrikate *pl*; **peripheral e.** ▯ Zusatzgeräte *pl*, Z.ausrüstung *f*, periphere Einheiten; **photographic e.** Fotoausrüstung *f*; **productive e.** Produktionsmittel *pl*; **available ~ e.** Produktionsmittelbestand *m*; **remote-control e.** Fernsteuereinrichtung *f*; **rental e.** Mietmaschinen *pl*; **scientific e.** wissenschaftliche Geräte/Ausrüstung; **second-hand/used e.** Gebrauchtmaschinen *pl*; **sophisticated e.** hochwertige Anlagen; **special(ized) e.** Sonderausstattung *f*, S.ausrüstung *f*, S.betriebsmittel *pl*, Spezialausrüstung *f*; **standard e.** Normalausstattung *f*, Normal-, Standardausrüstung *f*; **standby e.** Ersatzgeräte *pl*, E.maschinen *pl*; **technical e.** technische Ausrüstung; **time-recording e.** Zeiterfassungsgeräte *pl*
equipment account Maschinenerneuerungs-, Mobilitäts-, Einrichtungs-, Gerätekonto *nt*; **e. analysis** Analyse der optimalen Maschinenbelegung; **e. base time** Betriebsmittelgrundzeit *f*; **e. bond** [*US*] Schuldverschreibung zur Beschaffung von Ausrüstungsgegenständen, durch (bewegliches) Anlagevermögen gesicherte Schuldverschreibung; **e. compatibility** Gerätekompatibilität *f*; **e. expense** Aufwendungen für Geschäftsausstattung; **e. failure** Betriebsstörung *f*, Gerätefehler *m*; **e. goods** Ausrüstungs-, Investitionsgüter; **e. hire financing** Mietfinanzierung *f*; **e. investment(s)** Ausstattungs-, Ausrüstungsinvestitionen *pl*; **e. leasing** Vermietung von Ausrüstungsgegenständen/Investitionsgütern, Investitionsgüter-Leasing *nt*; **e. manufacturer/producer** Gerätehersteller *m*; **e. rental** Gerätemiete *f*, Gerätevermietung *f*; **e. replacement** Ersatzinvestitionen *pl*, Geräteersatz *m*, G.erneuerung *f*; **e. spending** Ausrüstungsinvestitionen *pl*, A.aufwand *m*; **e. trust certificate** [*US*] Obligation mit dinglicher Sicherheit
equipped *adj* ausgerüstet; **to be duly e.** angemessen ausgestattet/ausgerüstet sein, über den notwendigen Apparat verfügen
equiproportional *adj* gleichmäßig; **e.ly** *adv* zu gleichen Teilen
equitable *adj* 1. billig, gerecht, gleich, fair, unparteiisch; 2. [§] billigkeitsrechtlich; **e.ness** *n* Billigkeit *f*, Zumutbarkeit *f*
equitably *adv* billigerweise, auf einer gerechten Grundlage
equity *n* 1. Rechtschaffenheit *f*, Fairness *f*, Gleichheit *f*, Gerechtigkeit *f*, Gleichbehandlung *f*, Treu und Glauben *m*; 2. [§] Billigkeit(srecht) *f/nt*, billiger Anspruch; 3. Stammaktie *f*, S.anteil *m*, Nettoanteil *m*, Beteiligungs-, Risikopapier *nt*; 4. Eigen-, Unternehmens-, Firmenkapital *nt*, Realwert *m*, wirklicher Wert, Beteiligungsrecht *nt*, Anspruch auf Vermögenswerte, die hypothekarische Bilanz übersteigender Grundstückswert; **equities** (Stamm)Aktien, Dividenden-, Kapitalmarktpapiere, Anteilswerte; **for reasons of e.** aus Gründen der Billigkeit; **subject to equities** [§] unter Aufrechterhaltung der persönlichen Einreden; **e. of partners** Teilhaberanspruch auf das Gesellschaftsvermögen zur Schuldendeckung; **~ redemption** Rückkaufs-/Einlösungsrecht des Hypothekenschuldners, Pfandauslösungs-, Hypothekenablösungsrecht *nt*
equity acts on the conscience [§] Billigkeitsrecht beruht auf dem Gewissen; **~ in personam** (*lat.*) Billigkeitsrecht ist personenbezogen; **e. aids the vigilant** Billig-

keitsrecht hilft dem Aufmerksamen; **e. never lacks a trustee** dem Billigkeitsrecht fehlt niemals ein Treuhänder
corporate equity haftendes Gesamtvermögen der Gesellschaft, Firmenvermögen *nt*; **dormant e.** stille Beteiligung; **excess e.** *(Effektenkredit)* Überschussmarge *f*; **horizontal e.** horizontale Steuergerechtigkeit; **industrial equities** *(Börse)* Industrieaktien, I.werte, I.titel, I.beteiligungen; **internal e.** Selbstfinanzierungsmittel *nt*; **leading e.** führender Aktienwert, Standard-, Spitzenwert *m*; **mere equities** bloße Sachwerte; **minimum e.** Mindestgrundkapital *nt*; **natural e.** [§] gesundes Rechtsempfinden; **negative e.** den Marktwert der Immobilie übersteigende Verschuldung; **available net e.** verwendbares Eigenkapital; **outside e.** Beteiligungskapital *nt*; **proprietary e.** 1. Grundbesitz *m*, Grund und Boden *m*; 2. Gesellschaftsvermögen *nt*, G.kapital *nt*; **quoted e.** börsennotierte Aktie; **total e.** (Gesamt)Eigenkapital *nt*; **vertical e.** vertikale Steuergerechtigkeit/Gleichheit; **zooming equities** Aktienhausse *f*
equity account (Eigen)Kapitalkonto *nt*; **e. accumulation** Eigenkapitalbildung *f*; **e. bank** Beteiligungsbank *f*; **e. base** Eigenkapitalbasis *f*, E.ausstattung *f*, E.decke *f*; **maintaining the e. base** Sicherung der Eigenkapitalposition; **e. business** Aktiengeschäft *nt*
equity capital Anteils-, Grund-, Aktien-, Beteiligungs-, Eigen-, Risiko-, Haft-, Effekten-, Stamm-, Unternehmens-, Unternehmerkapital *nt*, verantwortliches/haftendes Kapital, Garantiekapital *nt*, G.mittel *pl*; **e. and debt c.** Eigen- und Fremdkapital *nt*; **e. c. of a division** Bereichskapital *nt*; **distributable e. c.** verwendbares Eigenkapital; **junior e. c.** nachrangiges Kapital; **liable e. c.** haftendes Eigenkapital, Haftungskapital *nt*; **stated e. c.** ausgewiesenes Eigenkapital
equity capitalization Eigenkapitalausstattung *f*; **e. claim** Kapitalforderung *f*, Anspruch auf Vermögenswerte; **e. derivative** Aktienderivat *nt*; **e. dilution** Verwässerung des Eigenkapitals; **e. enjoyment right** Substanzgenussrecht *nt*; **e. feature** *(Darlehen)* Beteiligungscharakter *m*; **e. finance** Eigenmittel *pl*, Finanzierung über Aktien; **start-up e. finance** Unternehmensgründungsfinanzierung auf Aktienbasis; **e. financing** Eigen(kapital)-, Beteiligungsfinanzierung *f*, Kapitalbeschaffung durch Aktienausgabe, Finanzierung durch Aktienemission; **~ ratio** Eigenfinanzierungsquote *f*
equity fund Beteiligungs-, Aktienfonds *m*; **e. f.s** Eigen-, Aktienkapital *nt*; **accumulative e. f.** Aktienwachstumsfonds *m*; **e. f.ing requirement** Erfordernis zur Eigenkapitalbeschaffung
equity gap Eigenkapitallücke *f*, E.mangel *m*; **e. holder** Anteilseigner *m*, Aktionär *m*, Aktieninhaber *m*
equity holding Beteiligung am Aktienkapital, Kapitalbeteiligung *f*; **dormant e. h.** stille Beteiligung; **substantial e. h.** wesentliche Beteiligung
(new) equity injection Eigenkapitalzufuhr *f*; **e. interest** 1. Aktien-, Kapitalbeteiligung *f*, Beteiligung *f* (am Stammkapital), Stammkapitalbeteiligung *f*, 2. Beteiligungssondervermögen *nt*

equity investment Kapitalbeteiligung *f*, K.investitionen *pl*, Risikoinvestition *f*, indirekte Investition(en), Anlage in Aktien, Beteiligung an Kapitalgesellschaften; **e. i.s** (Kapital)Beteiligungen; **e. i. company** Kapitalbeteiligungsgesellschaft *f*
equity investor Aktienanleger *m*; **e. issue** 1. Aktienemission *f*, Emission/Begebung von Stammaktien; 2. Dividendenwert *m*; **to participate in an e. issue** an einer Aktienemission teilnehmen; **e. jobber** Aktien-, Effektenhändler *m*; **e. jurisdiction** [§] Billigkeitsgerichtsbarkeit *f*; **e. kicker** *[US]* *(coll)* Option auf einen (höheren) Eigenkapitalanteil; **e. law** [§] Billigkeitsrecht *nt*; **leader** führender Aktienwert; **e.-linked** *adj* aktiengebunden; **e. management** Verwaltung von Aktienbeteiligungen; **e. market** Aktienmarkt *m*; **e. method** *(Bilanzierung)* Eigenkapitalanteilsmethode *f*; **e. offer(ing)** Kapitalerhöhungsangebot *nt*, Aktienemission *f*; **e. owner** Kapitaleigner *m*, Aktionär *m*; **e. participation** Kapitalbeteiligung *f*, Beteiligung am Firmen-/Aktienkapital; **personal e. plan (PEP)** *[GB]* Aktiensparplan *m*; **e. portfolio** Aktienportefeuille *nt*, A.depot *nt*
equity position Eigenkapitaldecke *f*, E.ausstattung *f*; **declining e. p.** schrumpfende Eigenkapitaldecke; **to improve/strengthen the e. p.** Eigenkapitalausstattung verstärken
equity price Aktienpreis *m*, A.kurs *m*; **e. principle** [§] Billigkeitsgrundsatz *m*; **e. ratio** Eigenmittelquote *f*, E.kapitalquote *f*, Verhältnis der Aktiva zu Passiva; **e. requirements** Eigenkapitalbedarf *m*; **e. resources** Eigenkapital *nt*; **own e. resources** Eigenkapitalausstattung *f*; **e. return** Eigenkapitalrentabilität *f*; **e. saving** Beteiligungs-, Aktiensparen *nt*; **e. securities** Aktien, Dividendenpapiere, D.werte, Wertpapiere mit dem Charakter von Anteilscheinen
equity share Stammaktie *f*, Stamm-, Kapitalanteil *m*, Aktie mit normaler Dividendenberechtigung, Dividendenpapier *nt*; **~ capital** Eigen-, Aktienkapital *nt*; **e. s.holder** Aktionär *m*, Anteilseigner *m*
equity sharing Kapitalbeteiligung *f*
equity stake Aktienpaket *nt*, A.beteiligung *f*, Beteiligung am Aktienkapital, Kapitalbeteiligung *f*; **to take an ~ in** sich beteiligen an; **blocking e. s.** *(AG)* Sperrminorität *f*
equity stock 1. *[US]* Aktie *f*, Risikopapier *nt*; 2. Anteilskapital *nt*; **e. substitute financing** Eigenkapitalersatzfinanzierung *f*; **e. supplier** Eigenkapitalgeber *m*; **e. swap** wechselseitige Kapitalbeteiligung; **e. switching** Aktientausch *m*; **e. trader** Aktienhändler *m*; **e. trading/transaction(s)** Aktienhandel *m*; **e. turnover** Umschlag des Eigenkapitals; **e. values** Aktien, Dividendenpapiere; Forderungswerte; **e. warrant** *(Aktie)* Optionsschein *m*; **e. yield** Eigenkapitalverzinsung *f*
equivalence *n* Gleichwertigkeit *f*, Äquivalenz *f*
equivalent *adj* 1. gleichwertig, äquivalent, gleichbedeutend; 2. entsprechend
equivalent *n* 1. Äquivalent *nt*, Gegenwert *m*, gleiche Menge, *f*. 2. Entsprechung *f*; **the e. of** umgerechnet; **capitalized e.** Kapitalwertmethode *f*; **gross e.** Bruttogegenwert *m*; **e. to** das entspricht, was ... entspricht; **to**

to treat as **equivalent** 422

treat as e. gleichsetzen
equi|vocal *adj*   mehr-, zweideutig, widersprüchlich; **e.vocality; e.vocalness** *n* Widersprüchlichkeit *f*, Mehr-, Zweideutigkeit *f*; **e.vocate** *v/i* Ausflüchte machen; **e.vocating** *adj* doppelzüngig
era *n*   Ära *f*, Epoche *f*, Zeitalter *nt*; **e. of growth** Wachstumsperiode *f*
eradi|cate *v/t*   (mit der Wurzel) ausrotten, ausmerzen; **e.cation** *n* Ausrottung *f*
erasable *adj*   🖳 löschbar
erase *v/t*   1. (aus)radieren; 2. 🖳 löschen
eraser *n*   1. Radiergummi *m*; 2. *(Tafel)* Schwamm *m*; **e. knife** Radiermesser *nt*
erasing table *n*   Radierauflage *f*
erasure *n*   1. Ausradierung *f*; 2. Radierstelle *f*; 3. 🖳 Löschen *nt*; **e. of data** Vernichtung von Daten; **e. key** Löschtaste *f*
erect *v/t*   1. (er-/auf)bauen, errichten, montieren; 2. 🏛 aufführen, auf-, erstellen
erecting shop *n*   🛠 Montagehalle *f*
erection *n*   1. (Auf)Bau *m*, Errichtung *f*, Montage *f*, Montierung *f*; 2. 🏛 (Bau)Aufführung *f*, Erstellung *f*; **e. of a building** Gebäudeerrichtung *f*, G.erstellung *f*, Aufführung des Bauwerks; **e. costs** Aufstellungskosten *pl*; **crew/gang/team** Montagekolonne *f*; **rapid e. method** Schnellbauweise *f*; **e. time** Montagezeit *f*
ergo|nomics *n*   Ergonomie *f*, Arbeitswissenschaft *f*; **e.nomic(al)** *adj* ergonomisch, arbeitswissenschaftlich; **e.nomist** *n* Ergonom *m*, Arbeitswissenschaftler *m*
ERM   → **exchange rate mechanism**
erode *v/t*   1. aushöhlen, erodieren; 2. beeinträchtigen, untergraben; 3. *(Gewinn)* aufzehren, mindern
erosion *n*   1. Abnutzung *f*, Verschleiß *m*, Substanzverzehr *m*, Erosion; 2. *(Gewinn)* Aushöhlung *f*, Verwässerung *f*, Minderung *f*; **e. of assets**; ~ **the asset base** Vermögens-, Substanzverzehr *m*, S.aushöhlung *f*; ~ **confidence** Vertrauensschwund *m*; ~ **differentials** Aushöhlung des Lohn-/Gehaltsgefälles; ~ **earnings capacity** Auszehrung der Ertragskraft; ~ **purchasing power** Kaufkraftschwund *m*; ~ **profits** Gewinnschmälerung *f*, G.verfall *m*, G.verzehr *m*, G.erosion *f*, G.beeinträchtigung *f*
monetary erosion   Geldentwertung *f*, Geldwertschwund *m*, Währungsschwund *m*
E.R.P. (European Recovery Program) Special Fund E.R.P.-Sondervermögen *nt*
err *v/i*   sich irren; **to e. is human** *(prov.)* Irren ist menschlich *(prov.)*
errand *n*   Besorgung *f*, (Boten)Gang *m*, Geschäftsdienstgang *m*; **to go on/run an e.** Auftrag ausführen, Botengang machen; ~ **e.s for so.** Botendienste für jdn tun, Gänge/Besorgungen für jdn erledigen; **e. boy** Laufbursche *m*, L.junge *m*, Läufer *m*
errata *pl*   *(lat.)* 📖 (Druck)Fehler(verzeichnis) *pl/nt*
erratic *adj*   uneinheitlich, sprunghaft, erratisch, schwankend, unberechenbar; *n (Geologie)* Findling *m*
erratum *n*   *(lat.)* 📖 Druckfehler *m*
erroneous *adj*   irrtümlich, falsch, irrig, fälschlich, abwegig; **e.ness** *n* Abwegigkeit *f*

error *n*   1. Irrtum *m*, Versehen *nt*; 2. Fehler *m*, Unrichtigkeit *f*; **in e.** aus Versehen, versehentlich, irrtümlicherweise
error of calculation   Berechnungs-, Rechenfehler *m*; ~ **decision** Entscheidungsfehler *m*; **e. in the estimate; e. of estimation** Schätzfehler *m*; **e. in fact** ⟨§⟩ Tatbestandsirrtum *m*, T.fehler *m*; **e. of judgment** 1. Fehleinschätzung *f*, F.beurteilung *f*, falsche Beurteilung, (Ermessens)Irrtum *m*; 2. ⟨§⟩ Justizirrtum *m*, Fehlurteil *nt*; ~ **the first kind** Fehler erster Ordnung; **e. law** ⟨§⟩ Rechtsfehler *m*, R.irrtum *m*; **e. of measurement** Messfehler *m*; **e. as to the prohibitive nature of an act** ⟨§⟩ Verbotsirrtum *m*; **e. of observation** Beobachtungsfehler *m*; **e. and omissions (e. & o.) (item)** *(Bilanz)* Restposten *m*, Saldo nicht aufgliederbarer Transaktionen, ~ der nicht erfassbaren Posten, ungeklärte Beträge, Differenz-, Korrekturposten *m*; **net ~ omissions** Saldo nicht erfasster Posten und statistischer Ermittlungsfehler; ~ **omissions coverage** *(freie Berufe)* Haftpflichtversicherung *f*; ~ **omissions excepted (E.& O. E.)** Irrtümer und Auslassungen vorbehalten; **saving ~ omissions (SEAO)** Freizeichnungsklausel *f*; **e. as to the permissibility of the offence** ⟨§⟩ Erlaubnisirrtum *m*; **e. in personam** *(lat.)* ⟨§⟩ Irrtum über die Person, Identitätsirrtum *m*; **e. of posting** Buchungsfehler *m*; **e. apparent of record** offensichtlicher Rechtsfehler; **e. of reference** Zuordnungsfehler *m*; **e. in survey** Erhebungsfehler *m*
errors excepted   Irrtümer vorbehalten
to be in error   sich im Irrtum befinden; **to commit an e.** Fehler begehen/machen; **to contain e.s** Fehler aufweisen; **to correct/rectify an e.** Fehler/Irrtum berichtigen, ~ korrigieren; **to redeem an e.** Fehler gutmachen; **to see the e. of one's ways** seine Fehler einsehen; **to teem with e.s** von Fehlern strotzen; **to trace an e.** Fehler feststellen/aufspüren
absolute error   absoluter Fehler; **mean ~ e.** durchschnittlicher Fehler; **accumulated e.** aufgelaufener Fehler; **apparent e.** offensichtlicher Fehler; **basic/fundamental e.** Grundfehler *m*, G.irrtum *m*; **biased/cumulative e.** systematischer Fehler; **clerical e.** Schreib-, Bearbeitungsfehler *m*; **common e.** 1. häufiger Fehler; 2. ⟨§⟩ Revisionsgrund *m*; **compensating e.** ausgleichsfähiger Fehler, Gegenfehler *m*; **factual e.** Irrtum über eine Tatsache, sachlicher Irrtum, Sachfehler *m*, Tatsachenirrtum *m*; **fatal e.** tödlicher/fataler Irrtum; **formal e.** Formfehler *m*; **gross e.** grober Fehler; **grave e.** schwerer Fehler; **harmless e.** ⟨§⟩ unerheblicher Rechtsfehler; **human e.** menschliches Versagen; **inherent e.** 🖳 Startfehler *m*; **inherited e.** 🖳 Eingangsfehler *m*, mitgeschleppter Fehler; **innocent e.** unbeabsichtigter Fehler; **judicial e.** ⟨§⟩ Justiz-, Rechtsirrtum *m*, Fehlspruch *m*, Fehler des Gerichts; **literal e.** Schreib-, Tippfehler *m*; **mean(-square) e.** mittlerer/durchschnittlicher Fehler; **navigational e.** Navigationsfehler *m*; **non-sampling e.** 📊 stichprobenfremder Fehler; **offsetting e.** ausgleichender Fehler; **probable e.** 1. wahrscheinlicher Fehler; 2. 📊 wahrscheinliche Abweichung; **procedural e.** Verfahrensfehler *m*, V.mangel *m*; **propagated e.** mitlaufender Fehler; **random**

(sampling) e. Zufall *m*, Stichprobenfehler *m*, statistischer Fehler; **repetitive e.** wiederholt auftauchender Fehler; **reversible e.** Revisionsfehler *m*, R.grund *m*; **slight e.** kleiner Fehler; **standard e.** mittlerer Fehler, Standardfehler *m*; **steady-state e.** bleibende Regelabweichung; **structural e.** Baufehler *m*; **substantial e.** beachtlicher Irrtum; **systematic e.** systematischer/ nicht zufälliger Fehler; **tactical e.** taktischer Fehler; **temporary e.** vorübergehender Fehler; **textual e.** Textfehler *m*; **trifling e.** belangloser Fehler; **typographical e.** Setzfehler *m*; **unbiased e.** reiner Zufallsfehler, unverzerrter Fehler; **vital e.** grundlegender Fehler

error adjustment mechanism Fehleranpassungsmechanismus *m*; **e. analysis** Fehleranalyse *f*; **e. band** Fehlerbereich *m*; **e. checking** Fehlerprüfung *f*; **~ code** Fehlerprüfkode *m*, F.anzeige *f*; **e. control processing** Fehlerbehandlung *f*; **e. coram vobis** *(lat.)* Rechtsfehler der Vorinstanz; **e. correction** Fehlerkorrektur *f*; **e. detecting code** Fehlererkennungskode *m*; **e. detection** Fehlerfeststellung *f*, F.erkennung *f*, F.nachweis *m*; **e. dispersion** Abweichungsstreuung *f*; **e. display** Fehleranzeige *f*; **e. flag** Fehlerkennzeichen *nt*; **e. frequency** Fehlerhäufigkeit *f*; **e. function** Fehlerfunktion *f*; **e. indicator** Fehleranzeige *f*; **e. limit** Fehlergrenze *f*; **e. list** Fehlerliste *f*, F.protokoll *nt*; **e. log sheet** Fehlererfassungsblatt *f*; **e. margin** Fehlerbereich *m*, F.grenze *f*, F.risiko *f*; **e. message** Fehlernachricht *f*, F.meldung *f*, F.anzeige *f*; **e. probability** Fehler-, Irrtumswahrscheinlichkeit *f*; **e.-prone** *adj* fehleranfällig; **e. protection** Fehlersicherung *f*; **e. rate** Fehlerhäufigkeit *f*, F.quote *f*, F.rate *f*; **e. reset key** Korrekturtaste *f*; **e. signal** Fehlersignal *f*; **e. term** Fehlervariable *f*; **e. variance** Fehlervarianz *f*

eru|dite *adj* gebildet, belesen, gelehrt; **e.dition** *n* Gelehrsamkeit *f*, Belesenheit *f*

erupt *v/i* 1. *(Vulkan)* ausbrechen; 2. *(Person)* explodieren; **e.ion** *n* 1. *(Vulkan)* Ausbruch *m*; 2. (Haut)Ausschlag *m*

esca|late *v/ti* 1. sprunghaft erhöhen; 2. eskalieren, stark ansteigen; **e.lating** *adj (Kosten)* rasch wachsend, stark ansteigend

escalation *n* Eskalation *f*, Eskalierung *f*, (starker) Anstieg; **e. clause** (Preis)Angleichungs-, Anpassungs-, Gleit-, Wertsicherungsklausel *f*; **e. price** Preis mit Gleitklausel, Gleitpreis *m*

escalator *n* Rolltreppe *f*; **e. adjustment** 1. *(Löhne)* automatische Anpassung; 2. *(Renten)* Dynamik *f*; **e. arrangement** Anpassungs-, Gleitklausel *f*; **e. bond** Anleihe mit variablem Zins; **e. clause** gleitende Lohnklausel, (Preis)Gleit-, Gleitpreis-, Index-, Wertsicherungs-, Sachwert-, Preisanpassungs-, Steigerungs-, Ausgleichsklausel *f*; **e. plan** Gleitklauselsystem *nt*; **e. scale** gleitende Lohnklausel; **e. tariff** gleitender Zoll, Gleitzoll *m*

escape *v/ti* 1. entkommen, (ent)fliehen, flüchten; 2. entgehen, entrinnen, verschont bleiben; 3. *(Gas)* ausströmen, entweichen; **e. from** loskommen von; **e. scot-free** ungestraft bleiben/davonkommen

escape *n* 1. Flucht *f*, Entkommen *nt*, Ausreißen *nt*; 2. Ausweichmöglichkeit *f*, Entrinnen *nt*; 3. *(Gas)* Austritt *m*, Ausströmen *nt*; **e. from prison; e. of prisoners** Gefangenenflucht *f*, Ausbruch *m*; **to aid so.'s e.** jds Flucht begünstigen; **to have a lucky/narrow e.** Kopf aus der Schlinge ziehen *(fig)*, glücklich davonkommen, mit knapper Not entkommen; **attempted e.** Fluchtversuch *m*; **narrow e.** knappes Entkommen

escape agent Fluchthelfer(in) *m/f*; **e. attempt/bid** Fluchtversuch *m*; **e. chute** Notrutsche *f*; **e. clause** 1. salvatorische Klausel, Austritts-, Schutz-, Ausweich-, Sicherheits-, Sicherungs-, Not-, Änderungs-, Befreiungsklausel *f*, Rücktrittsvorbehalt *m*, R.bestimmung *f*, R.klausel *f*; 2. Konzessionsklausel *f*

escapee *n* entlaufene(r) Gefangene(r)

escape hatch Not(ausstiegs)luke *f*; **e. key** Escape-Taste *f*; **e. lane** *(Bremsversagen)* Ausweichspur *f*; **e. mechanism** *(Psych.)* Abwehrmechanismus *m*; **e. period** Rücktrittsfrist *f*; **e. pipe** 1. Überlaufrohr *nt*, Abzugsrohr *nt*; **e. plan** Fluchtplan *m*; **e. route** 1. Fluchtroute *f*, F.weg *m*; 2. *(fig)* Ausweg *m*; **e. slide** Not(ausstiegs)rutsche *f*; **e. valve** Sicherheitsventil *nt*; **e. warrant** Haftbefehl für Flüchtigen; **e. way** Rettungsweg *m*

escheat *n* dem Staat anheim gefallene Erbschaft, Erbenlosigkeit *f*, heimfallendes Gut, Heimfall an den Staat, Staatserbrecht *nt*; **e. of the government** gesetzliches Erbrecht; **to revert by e.** an den Fiskus/Staat (heim)fallen

escheatage *n* Heimfallrecht *nt*

eschew (sth.) *v/t* vermeiden, einer Sache aus dem Weg gehen

escort *n* 1. Begleitung *f*, Eskorte *f*, Geleit(schutz) *nt/m*, Schutzgeleit *nt*; 2. Begleiter(in) *m/f*; *v/t* eskortieren, geleiten, begleiten

escort agency Hostessenagentur *f*; **e. duty** Begleitungsdienst *m*; **e. party** Geleitmannschaft *f*; **e. ship/vessel** Geleitboot *nt*, G.schiff *nt*, Begleitschiff *nt*

escrow *n* 1. Übertragungsurkunde *f*; 2. Vertragsurkunde, die bei einem Dritten/Treuhänder hinterlegt ist und erst bei Vertragserfüllung in Kraft tritt, vorläufig hinterlegte Urkunde, zu getreuen Händen hinterlegtes Dokument, Treuhandvertrag mit aufschiebender Bedingung; 3. Aufbewahrung durch einen Dritten, Drittverwahrung *f*; **to hold in e.** treuhänderisch halten; **to place in e.** zu getreuen Händen übergeben, sicherheitshalber übereignen, bis zur Erfüllung einer Vertragsbedingung hinterlegen

escrow account 1. Treuhand-, Hinterlegungskonto *nt*; 2. *(Notar)* Anderkonto *nt*; **e. agent** Treuhänder von hinterlegten Dokumenten; **e. agreement** Hinterlegungsvertrag *m*; **e. bond** treuhänderisch hinterlegte Obligation; **e. department** *(Bank)* Hinterlegungsabteilung *f*; **e. deposit** Treuhandkonto *nt*

escrower *n* Treuhänder(in) *m/f*

escrow fund(s) Treuhandfonds *m*, beim Treuhänder hinterlegte Gelder; **e. holder** Treuhänder eines Grundstücksvertrages

espalier fruit Spalierobst *nt*

espionage *n* Spionage *f*, S.geschäft *nt*, S.tätigkeit *f*;

economic e. Wirtschafts-, Industriespionage *f*; **industrial e.** Wirtschafts-, Werks-, Industriespionage *f*; **~ and commercial e.** Wirtschaftsspionage *f*
espousal *n* Parteinahme *f*, Eintreten *nt*
essay *n* Aufsatz *m*, Abhandlung *f*
essence *n* Wesen *nt*, Kern-, Hauptsache *f*, Wesentliches *nt*, wesentlicher Inhalt; **in e.** im Kern, im Wesentlichen; **e. of a contract** wesentliches Vertragserfordernis; **the ~ a matter** das A und O einer Sache; **to be of the e.** unverzichtbar sein
essential *adj* 1. unerlässlich, erforderlich, notwendig, lebensnotwendig, l.wichtig, unentbehrlich; 2. wesentlich, wichtig, substanziell; *n* Lebensnotwendigkeit *f*; **e.s** 1. das Wesentliche, wesentliche Punkte/Erfordernisse; 2. wichtige/lebensnotwendige Güter, Güter des täglichen Bedarfs, Notwendigkeitsgüter; 3. Grundzüge; **e.s of life** Notwendigkeiten des Lebens
establish *v/t* 1. errichten, gründen, etablieren, eröffnen, ansiedeln; 2. [§] feststellen, Nachweis erbringen, konstatieren, nachweisen, ermitteln, verankern; 3. *(Fonds)* auflegen; **e. o.s. (as)** 1. sich niederlassen als; 2. Geschäft begründen; 3. sich Geltung verschaffen, sich durchsetzen, sich einspielen; **e. once and for all** festschreiben
established *adj* 1. be-, feststehend; 2. gegründet, eingerichtet, sesshaft, ansässig; 3. *(Geschäft)* eingeführt, bewährt; 4. geltend, erwiesen, festgestellt, gegeben; **e. by law** gesetzlich vereinbart; **to be e.** 1. ansässig sein; 2. *(Tatsache)* feststehen; **to become e.** sich einspielen; **long e.** alteingesessen
establishment *n* 1. (Geschäfts)Gründung *f*, Errichtung *f*, Eröffnung *f*, Ansiedlung *f*; 2. Firma *f*, Unternehmen *nt*, Betrieb *m*, Geschäft *nt*, Niederlassung *f*; 3. Stiftung *f*; 4. [§] Feststellung *f*, Nachweis *m*, Begründung *f*
establishment extending over more than one local authority mehrgemeindliche Betriebsstätte; **e. of a business** Geschäftseröffnung *f*, Geschäfts-, Existenzgründung *f*; **~ a claim** Anspruchsbegründung *f*; **~ a company** *[GB]* **/corporation** *[US]* Gesellschafts-, Firmengründung *f*; **~ a customs union** Errichtung einer Zollunion; **~ the election result** Feststellung des Wahlergebnisses; **~ industries** Industrieansiedlung *f*; **~ an industry** Ansiedlung einer Industrie; **~ the infringement** [§] Feststellung der Verletzung; **~ an obligation** Begründung einer Schuld; **~ a partnership** Begründung eines Gesellschaftsverhältnisses, Gesellschaftsgründung *f*; **~ paternity** [§] Vaterschaftsnachweis *m*; **~ a policy** Gestaltung einer Politik; **~ a residence** Begründung eines Wohnsitzes; **~ the truth** [§] Wahrheitsfindung *f*
agricultural establishment landwirtschaftlicher Betrieb, Betriebe der Land- und Forstwirtschaft; **commercial e.** Gewerbebetrieb *m*, gewerbliches Unternehmen, Handelsgeschäft *nt*, H.büro *nt*, kaufmännischer Betrieb; **educational e.** Lehr-, Unterrichtsanstalt *f*, Bildungseinrichtung *f*, B.stätte *f*, B.träger *m*, B.anstalt *f*, Erziehungsanstalt *f*; **industrial e.** Industrieunternehmen *nt*, I.betrieb *m*, Gewerbebetrieb *m*; **mercantile e.** Handelsfirma *f*; H.haus *nt*; **new e.** Neugründung *f*,

N.errichtung *f*; **penal e.** (Justiz)Vollzugsanstalt (JVA) *f*, Straf(vollstreckungs)anstalt *f*; **permanent e.** 1. bleibende Einrichtung; 2. Betriebsstätte *f*; **~ abroad** ausländische Betriebsstätte; **private e.** Privatunternehmen *nt*, P.betrieb *m*; **productive e.** Produktionsstätte *f*; **separate e.** getrennter Haushalt; **subsidiary e.** Nebenbetrieb *m*
establishment grant ⚔ Ansiedlungszuschuss *m*; **e. provisions** Niederlassungsbestimmungen
estate *n* 1. (Grund)Besitz *m*, Gut *nt*, Anwesen *nt*, Landsitz *m*, L.gut *nt*, Besitztum *nt*, Gutshof *m*, Besitzung *f*; 2. Eigentum *nt*, Vermögen *nt*; 3. Erbe *nt*, Nachlass *m*, Masse *f*, Hinterlassenschaft *f*, Erb(schafts)-, Teilungs-, Vermögensmasse *f*, Nachlassbesitz *m*, N.vermögen *nt*, Vermögen *nt*; 4. Besitzrecht *nt*, dingliche Rechte an einem Grundstück; 5. Siedlung *f*; **all the e.** sämtliche Rechte; **out of my e.** aus meinem Nachlass
estate in abeyance ruhende/noch nicht angetretene Erbschaft; **~ common** ungeteilte Erbengemeinschaft, Gemeinschaftseigentum *nt*; **~ coparcen(ar)y** Erbengemeinschaft *f*; **e. under curatorship** Pflegschaftsmasse *f*; **e. in expectancy** 1. zu erwartende Erbschaft, Nachlasserbschaft *f*; 2. dingliches Anwartschaftsrecht; **~ fee simple** unbeschränkt vererbliches Grundeigentum; **~ without any heirs** erbenloser Nachlass; **e. of inheritance** nachlassfähiges Grundeigentum, Grundstücksnachlass *m*; **e. for life** Grundstück in lebenslänglicher Nutzung, lebenslänglicher Grundstücksnießbrauch; **e. in litigation** umstrittenes Vermögen; **~ possession** ausgeübtes Eigentumsrecht; **~ receivership** zwangsverwaltetes Vermögen; **~ tail** Grundbesitz mit gebundener Erbfolge, Vorerbschaft *f*, erbrechtlich beschränktes Eigentum; **~ joint tenancy** gemeinschaftlicher Besitz; **e. held in real tenure** Eigenbesitz *m*; **e. at will** Besitzrecht auf ein Grundstück
the estate devolves upon der Nachlass geht über auf; **incapable of succeeding to an e.** erbunfähig; **e. charged with an annuity** Rentengut *nt*
to administer an estate Nachlass verwalten, als Nachlassverwalter tätig sein; **to alienate an e.** Grundstück umschreiben; **to bank an e.** Grundstück realisieren; **to break up an e.** 1. Grundbesitz parzellieren; 2. Nachlass teilen; **to disclaim an e.** Erbschaft ausschlagen; **to disencumber an e.** Grundstück/G.besitz entschulden, ~ lastenfrei machen; **to disentail an e.** Fideikommiss ablösen; **to distribute an e.** Nachlass aufteilen; **to divide an e.** Nachlass verteilen; **to encumber an e.** Grundstück/G.besitz belasten; **to entail an e.** als Fideikommiss vererben; **to escheat an e. to so.** jdm etw. hinterlassen; **to hold an e. in parcenary** gemeinsam Grundbesitz geerbt haben; **to leave an e.** Erbschaft hinterlassen; **to live off one's e.s** von seinem Besitz leben; **to parcel/partition an e.** 1. Grundstück parzellieren; 2. Nachlass teilen; **to prove against the e. of a bankrupt** Forderung zur Konkursmasse anmelden; **to rate an e.** Grundstück steuerlich veranlagen; **to register an e.** Grundstück im Grundbuch eintragen; **to secure an e.** Eigentumsrecht sicherstellen; **to settle an e.** Nachlass ordnen/verteilen/regulieren/auseinander setzen, Ver-

teilung des Nachlasses regeln; **to squander one's e.** sein Erbe vergeuden; **to succeed to an e.** Gut/Grundbesitz erben; **~ by way of remainder** als Nacherbe eingesetzt sein; **to wind up an e.** Nachlass abwickeln/liquidieren/regeln/auseinander setzen/ordnen, Vermögensmasse ordnen
ancestral estate ererbter Grundbesitz; **base e.** nachgeordneter Pachtbesitz; **beneficial e.** Nießbrauch an einem Vermögen; **big e. ▶o** Großbetrieb *m*; **burdened e.** belastetes Grundstück; **clear e.** unbelastetes Grundstück; **communal e.** Gütergemeinschaft *f*; **complete e.** Gesamtnachlass *m*; **conditional e.** bedingtes Eigentum; **contingent e.** Erbanwartschaft *f*, später anfallendes Eigentum; **dominant e.** herrschendes Grundstück; **encumbered e.** belasteter Grundbesitz, belastetes Vermögen; **entailed e.** unveräußerliches Erbgut, Fideikommiss *nt*, gebundenes Grundvermögen, Majorat(serbe) *nt*; **equitable e.** Grundstücksnießbrauch *m*; **executory e.** aufschiebend bedingtes Grundstücksrecht; **expectant e.** Nacherbschaft *f*; **freehold e.** Eigentumsrecht am Grundstück; **future e.** Anwartschaft *f*; **general e.** *(Vermögen)* Gesamt-, Hauptmasse *f*; **heritable e.** Nachlassgut *nt*; **industrial e.** Gewerbegebiet *nt*, Industriegelände *nt*, I.zone *f*, I.areal *nt*, I.ansiedlung *f*, I.park *m*; **insolvent e.** überschuldeter Nachlass, Konkursmasse *f*; **intestate e.** Intestatnachlass *m*, Nachlass ohne letztwillige Verfügung; **joint e.** Gemeinschaftsbesitz *m*, Gütergemeinschaft *f*, gemeinsames Vermögen, Miteigentum zur gesamten Hand; **landed e.** Grundbesitz *m*, Immobilien *pl*, Liegenschaften *pl*, Grund und Boden *m*, Grund(stücks)eigentum *nt*; 1. **large e. ▶o** Großbetrieb *m*; 2. Großgrundbesitz *m*; **legal e.** gültiges Grundeigentum; **maternal/matrimonial e.** mütterliches Vermögen/Erbteil; **mixed e.** *[US]* Erbbaurecht *nt*; **movable e.** Mobiliarvermögen *nt*, bewegliches Vermögen; **net e.** reiner Nachlass nach (Aus-)Zahlung der Legate, Reinnachlass *m*; **original e.** originäres Eigentumsrecht; **particular e.** lebenslängliches Nießbrauchrecht; **paternal/patrimonial e.** väterliches Vermögen/Erbteil; **personal e.** 1. persönliches Eigentum, Mobiliarvermögen *nt*, bewegliches Eigentum/Vermögen, bewegliche Sache, Besitz an beweglichem Vermögen; 2. persönlicher/beweglicher Nachlass; **qualified e.** auflösend bedingtes Nießbrauchrecht
real estate Grund(vermögen) *m/nt*, Immobiliarvermögen *nt*, unbewegliches Vermögen/Eigentum, (Grund-)Eigentum *nt*, Grundstücke *pl*, Immobilien *pl*, Grund und Boden *m*, Grundstückseigentum *nt*, Land-, Grundbesitz *m*, Liegenschaft *f*, Realien *pl*, Realvermögen *nt*, liegende Güter, bebaute und unbebaute Grundstücke; **to deal in ~ e.** Immobiliengeschäfte tätigen; **to lend against ~ e.** Hypothekardarlehen geben
developed real estate erschlossene(s) Grundstück(e); **encumbered r. e.** belastete(s) Grundstück(e); **improved r. e.** erschlossene(s) Grundstück(e); **inherited r. e.** Nachlassgrundstück *nt*; **net r. e.** Grundstückswert nach Abschreibung
real estate account Liegenschafts-, Grundstückskonto *nt*; **~ agency** Liegenschaftenagentur *f*, Makler-, Immobilienbüro *nt*, Grundstücksvermittlung *f*; **~ agent** Immobilien-, Grundstücks-, Wohnungsmakler *m*; **~ appraisal** Schätzung von Grundstücken, Grundstücksabschätzung *f*, G.bewertung *f*; **~ appreciation** Grundwertsteigerung *f*; **~ assets** Immobiliarnachlass *m*; **~ bond** Grund-, Bodenpfandbrief *m*, Grundstücksobligationen *f*; **~ broker** Immobilien-, Grundstücksmakler *m*; **~ business** Immobiliengeschäft *nt*; **~ collateral** Grundstückshaftung *f*; **~ column(s)** *(Zeitung)* Immobilienteil *m*; **~ company** Immobilienfirma *f*, Grundstücks-, Terraingesellschaft *f*; **~ consultant** Grundstücksvermittler *m*; **~ corporation** *[US]* Grundstücks-, Terraingesellschaft *f*; **~ credit** Grund-, Boden-, Immobiliarkredit *m*; **~ institute/institution** Bodenkreditanstalt *f*, B.kasse *f*, Realkreditinstitut *nt*; **~ dealer** Grundstücks-, Immobilienmakler *m*; **~ dealing(s)** Immobilienhandel *m*; **~ depreciation** Abschreibung auf Grundstücke; **~ developer** 1. Immobilienhändler *m*, I.unternehmen *nt*; 2. Erschließungsgesellschaft *f*, Baulöwe *m (coll)*; **~ development** Baulanderschließung *f*; **~ development company** Bauträger(gesellschaft) *m/f*; **~ encumbrances** Realrechte; **~ equity** Immobilienaktie *f*; **~ finance/financing** Immobilienfinanzierung *f*; **~ firm** Immobiliengesellschaft *f*
real estate (investment) fund Grundstücks-, Immobilien-, Liegenschaftsfonds *m*, Immobilienbeteiligungsgesellschaft *f*; **closed-end ~ f.** geschlossener Immobilienfonds; **open-end(ed) ~ f.** offener Immobilienfonds; **~ f. certificate** Immobilienzertifikat *nt*
real estate holdings Grundstücksbeteiligungen, G.besitz *m*; **~ industry** Immobilienbranche *f*; **~ insurance** Immobiliarversicherung *f*; **~ interest** Grundstücksrecht *nt*
real estate investment Grundstücks-, Grundbesitz-, Immobilienanlage *f*, I.investition *f*, I.erwerb und Anlage, Sachanlage *f*, Investitionen im Immobilienbereich, Anlage in Grundstücken; **~ fund** Immobilienfonds *m*, I.anlagegesellschaft *f*; **~ trust** Immobiliarinvestmentfonds *m*; **~ trust share** Immobilienfondsanteil *m*
real estate investor Kapitalanleger in Grundstücken; **~ law** Immobilienrecht *nt*; **~ leasing** Immobilienleasing *nt*; **~ levy** Grundbesitzabgabe *f*
real estate loan Realkredit *m*, hypothekarischer Kredit, Hypotheken-, Immobilien-, Grundstückskredit *m*; **~ business** Realkreditgeschäft *nt*; **~ institution** Realkreditinstitut *nt*
real estate map *[US]* Grundbuchblatt *nt*; **~ market** Immobilien-, Grundstücksmarkt *m*; **~ mortgage** (Grundstücks)Hypothek *f*, H.enpfandbrief *m*, Grundpfand *nt*, G.schuld *f*, hypothekarische Belastung; **~ mortgage note** Hypotheken(pfand)brief *m*; **~ office** 1. Immobilien-, Grundstücksbüro *nt*; 2. Liegenschaftsamt *nt*, Amt für Liegenschaften; **~ operator** Grundstücks-, Immobilienmakler *m*, I.unternehmen *nt*; **~ price** Grundstücks-, Immobilienpreis *m*; **~ recording** *[US]* Grundbucheintragung *f*; **~ records** Grundbuchpapiere; **~ register** *[US]* Grundbuch *nt*, Kataster *nt*; **~ right** Realrecht *nt*, Recht an einem Grundstück, **~** unbeweglichen Sachen; **~ share** Immobilienaktie *f*; **~ speculation** Bo-

denspekulation f, Spekulation mit Immobilien; ~ **syndicate** Grundstückskonsortium nt; ~ **tax** Grundsteuer f; ~ **transactions** Grund(stücks)verkehr m, G.geschäfte; ~ **transfer** Grundstücksveräußerung f; ~ **trust** Immobilienanlage-, Grundstücksgesellschaft f; ~ **value** Grund(stücks)wert m; ~ **venture** Bodenspekulation f
residential estate Wohnviertel nt, W.siedlung f; **residual/residuary e.** Rest-, Reinnachlass m, restlicher Nachlass, Nachlass nach Zahlung aller Verbindlichkeiten; **separate e.** 1. *(Ehevertrag)* eingebrachtes Gut, Sondergut nt, S.vermögen nt; 2. Vorbehaltsgut nt; **servient e.** dienendes Grundstück; **settled e.** Nießbrauchgut nt; **sequestered e.** zwangsverwaltetes Vermögen; **solvent e.** liquider Nachlass; **taxable e.** 1. steuerpflichtiges/zu versteuerndes Vermögen; 2. steuerpflichtige Erbschaftsmasse, steuerpflichtiger Nachlass; **the Third E.** der Dritte Stand; **total e.** Gesamtvermögen nt, G.masse f; **unencumbered e.** unbelastetes/lastenfreies Grundstück, ~ Eigentum; **unsettled e.** nicht geregelte Erbschaft; **vacant e.** herrenloser Nachlass; **vast e.** ausgedehnter Grundbesitz; **vested e.** angefallene Erbschaft; **wine-growing e.** Weingut nt
estate administration Nachlassverwaltung f; **e. administrator** Nachlasspfleger m, N.verwalter m
estate agency *[GB]* Immobilien(makler)büro nt, I.firma f; ~ **business** (Immobilien)Maklergeschäft nt; ~ **network** Immobilienmaklerkette f; ~ **subsidiary** Immobilientochter f
estate agent *[GB]* 1. Grundstücksmakler m, G.vermittler m, Immobilien-, Häuser-, Realitätenmakler m, Realitätenhändler m *[A]*, R.vermittler m *[A]*; 2. Liegenschaftsverwalter m
estate assets Nachlassmasse f; **e.-bottled** *adj (Wein)* Erzeuger-, Originalabfüllung f, vom Erzeuger abgefüllt; **e. buildings** ⚒ Wirtschaftsgebäude; **e. car** *[GB]* 🚗 Kombi(wagen) m; **e. contract** Grundstückskaufvertrag m, Vertrag zur Begründung eines Eigentumrechts an Immobilien; **e. credit** Boden-, Grundkredit m; **e. department** Grundstücksabteilung f; **e. duty** Erbschafts-, Nachlass-, Erbanfall-, Vermächtnissteuer f; **e. income** Einkommen aus Nachlassvermögen; **e. inventory** Nachlassverzeichnis nt; **e. management** 1. Grundstücks-, Gutsverwaltung f; 2. Vermögensverwaltung f, Verwaltung eines Vermögens; **e. manager** 1. (Guts-)Verwalter m, Güter-, Grundstücksverwalter m, Gutsinspektor m; 2. Vergleichsverwalter m; **e. Nachlassverwalter** m; **e. owner** Grund-, Gutsbesitzer m; **e. payments to heirs in settlement of an inheritance share** Abfindungszahlungen an weichende Erben; **e. property** Nachlassvermögen nt; **e. register** Grundbuch nt, Kataster nt; **e. security** Nachlasspapier nt
estate tax 1. Nachlass-, Erbschaftsteuer f; 2. Vermögenssteuer f; **e. tax cost** Vermögenssteueraufwand m; ~ **savings** Einsparungen bei der Vermögenssteuer; **e. tail male** Majorat im Mannesstamm; **federal e. tax** *[US]* Bundesnachlasssteuer f, B.erbschaftssteuer f
estate trust Treuhandvermögen nt, T.gut nt, Stiftungsvermögen nt, Mündelgelder pl; **e. warden** 1. Gutsverwalter m; 2. *(Siedlung)* Wohnungsverwalter m

esteem n Wertschätzung f, (Hoch)Achtung f, Respekt m; **to be held in high e.** hohes Ansehen genießen, sich allgemeiner Achtung erfreuen; **to hold in e.** wertschätzen; **public e.** öffentliches Ansehen
esteem v/t (hoch) einschätzen, (hoch)schätzen; **e.ed** adj angesehen, geschätzt, verehrt
estimable adj 1. (ab)schätzbar; 2. schätzenswert
estimate n 1. Einschätzung f; 2. Schätzung f, (Kosten)Voranschlag m, Vorkalkulation f, Kalkül nt, Veranschlagung f, Kostenanschlag m, Bewertung f, Hochrechnung f, Berechnung f, Taxe f, Schätzwert m, S.betrag m, veranschlagte Summe; 3. *(Haushalt/Plan)* Soll nt; 4. Schätzrechnung f, S.annahme f; **e.s** 1. Haushalt(svoranschlag) m, Etat(entwurf) m, Plan m, Budget nt; 2. Kostenvorstellungen, Planrechnung f; **the E.s** *[GB]* Haushaltsplan m
estimate of appropriations Haushaltsvoranschlag m; ~ **cash requirements** Kassenhaushaltsplan m; ~ **expenditures** Kosten(vor)anschlag m, Ausgabenschätzung f; ~ **investment yield(s)** Investitionsrechnung f; ~ **lease** Pachtanschlag m; ~ **risk** Risikobewertung f, R.beurteilung f; ~ **the tax base** Schätzung der Besteuerungsgrundlage; ~ **value** Werttaxe f
to ask for an estimate Voranschlag erbitten; **to downgrade e.s** Schätzungen nach unten korrigieren; **to exceed an e.** (Haushalts-/Kosten)Voranschlag überschreiten; **to make an e.** Überschlag machen; ~ **of the costs** Kostenvoranschlag machen/erstellen; ~ **a complete e.** (etw.) auskalkulieren; **to pitch the e. high** Kostenvoranschlag hoch ansetzen; **to prepare the e.(s)** Etat/Haushalt aufstellen; **to put in/submit an e.** (Vor)Anschlag einreichen; **to revise one's e.s** Neukalkulationen vornehmen; **to upgrade e.s** Schätzungen nach oben korrigieren; **to vote the e.s** Haushaltsvoranschlag bewilligen, Haushalt(sentwurf) verabschieden, Haushaltsplan genehmigen
actuarial estimate versicherungstechnische Bilanz; **annual e.(s)** Jahresvoranschlag m; **best e.** erwarteter Eckwert; **budgetary e.s** Haushalts-, Etatvoranschlag m, Haushaltsentwurf m; **conservative e.** vorsichtige Berechnung/Schätzung/Kalkulation/Bewertung; **current e.** vorliegende Schätzung; ~ **intercensus e.s** Fortschreibungsstatistik f; **efficient e.** ⚏ effiziente Schätzung; **fair e.** angemessene/sachliche Schätzung, richtige/gerechte Bewertung; **financial e.s** Haushaltsvoranschlag m; **firm e.** fester Kostenvoranschlag; **general e.s** allgemeiner Haushaltsvoranschlag; **informed e.** fundierte Schätzung; **linear e.** ⚏ lineare Schätzung; **low e.** niedrige Schätzung; **at the lowest e.** mindestens, wenigstens; **official e.** amtliche/offizielle Schätzung; **overall e.** Gesamtschätzung f; **preliminary/provisional e.** vorläufige Schätzung, Kostenvoranschlag m
rough estimate ungefähre/grobe Schätzung, (grober) Überschlag, Überschlagsrechnung f, Kosten-, Rechnungsüberschlag m, ungefährer Kostenanschlag; **at a ~ e.** über den Daumen gepeilt *(coll)*, nach ungefährer Berechnung, grob gerechnet; **to give/make a ~ e.** über den Daumen kalkulieren/peilen *(coll)*, grob/annähernd berechnen

safe estimate vorsichtige Schätzung; **simultaneous e.** Simultanschätzung *f*; **supplementary e.s** Nachtragshaushalt *m*, N.etat *m*, zusätzliche Haushaltsvoranschläge; **volumetric e.** volumetrische Schätzung
estimate *v/t* (ein-/ab)schätzen, Überschlag machen, taxieren, veranschlagen, berechnen, bewerten, Kostenvoranschlag aufstellen/anfertigen, kalkulieren, vorausberechnen, etatisieren
estimated *adj* geschätzt, angesetzt, voraussichtlich
estimation *n* 1. Meinung *f*, Ansicht *f*, Beurteilung *f*, Würdigung *f*; 2. Achtung *f*, Respekt *m*, Wertschätzung *f*; 3. Veranschlagung *f*, (Ein)Schätzung *f*, Hochrechnung *f*, Schätzannahme *f*; **e. of parameters** ▦ Parameterschätzung *f*; **incorrect e.** Fehlschätzung *f*; **rough e.** grobe Schätzung, Pauschalierung *f*; **sequential e.** Folgeschätzung *f*
estimator *n* 1. ▦ Schätzungs-, Schätzfunktion *f*, S.größe *f*, S.wert *m*; 2. Abschätzer *m*, Taxator *m*; **best e.** beste Schätzfunktion; **biased e.** verzerrende Schätzfunktion; **chief e.** Leiter der Vorkalkulation; **consistent e.** konsistente Schätzfunktion; **most efficient e.** hocheffiziente Schätzfunktion; **linear e.** lineare Schätzfunktion; **unbiased e.** erwartungstreue/tendenzfreie Schätzfunktion; **absolutely ~ e.** stets erwartungstreue Schätzfunktion
estop *v/t* [§] rechtshemmende Einwände erheben, prozesshindernde Einrede vorbringen, Rechtsverwirkung geltend machen, präkludieren
estoppage *n* [§] Präklusion *f*
to be estopped *adj* [§] gehemmt/präkludiert sein
estoppel *n* [§] Hinderung *f*, rechtshemmender Einwand, Rechtsverwirkung *f*, R.einwand *m*, Präklusion *f*, Unzulässigkeit *f*, Hinderungsgrund *m*, unzulässige Rechtsausübung; **e. by conduct** Unzulässigkeit der Ausübung eines Rechts auf Grund eigenen Verhaltens; **~ deed** Verwirkung des Einwands gegen den Inhalt einer gesiegelten Urkunde; **~ representation** Rechtsscheinvollmacht *f*
common-law estoppel prozesshindernde Einrede; **equitable e.** Verwirkungseinwand *m*, auf Billigkeit beruhende Rechtsverwirkung; **promissory e.** Verwirkung des Rechts auf Einklage einer Forderung, die zu einem früheren Versprechen im Widerspruch steht; **technical e.** technischer Einwand
estover(s) *n* [§] Brennholzgerechtigkeit *f*, Holzanteil *m*, Recht auf Brennholzentnahme
estrange *v/t* entfremden, verfeinden; **e.ment** *n* Entfremdung *f*
estreat *n* [§] beglaubigte Abschrift aus einem Gerichtsprotokoll, Urteilsabschrift *f*
estuary *n* Mündungsfluss *m*, M.gebiet *nt*, Flussmündung *f*
ET (Eastern Time) *[US]* Ostküstenzeit *f*
ETA (estimated time of arrival) voraussichtliche Ankunft(szeit)
etch *v/t* ätzen; **e.er** *n* Kupferstecher *m*
etching *n* Radierung *f*, Kupferstich *m*; **deep e.** Tiefätzung *f*
eter|nal *adj* ewig; **e.nalize** *v/t* verewigen; **e.nity** *n* Ewigkeit *f*

ether *n* ⟡ Äther
ethic *n* Ethos *nt*; **professional e.** Berufsethos *nt*
ethical *adj* 1. ethisch, sittlich, moralisch vertretbar; 2. ⚕ verschreibungs-, rezeptpflichtig
ethics *n* 1. Ethik *f*, Sittenlehre *f*; 2. Moral *f*; **corporate e.** Unternehmensethik *f*; **legal e.** [§] Standespflichten *pl*; **professional e.** Standesethik *f*, S.regeln *pl*, S.pflichten *pl*, Berufsmoral *f*, B.ethik *f*, B.ethos *nt*; **e. department** Ethikabteilung *f*
ethnic *adj* ethnisch, völkisch
ethno|logical *adj* völkerkundlich; **e.logist** *n* Ethnologe *m*, Völkerkundler *m*; **e.logy** *n* Ethnologie *f*, Völkerkunde *f*
ethos *n* Ethos *nt*
etiqette *n* Etikette *f*, Höflichkeitsformen *pl*; **professional e.** Standesgepflogenheiten *pl*; **social e.** gesellschaftliche Umgangsformen
EU (European Union) EU (Europäische Union); **~ country** EU-Staat *m*; **~ institution** EU-Behörde *f*
eulogy *n* Lob(es)rede *f*
EU member state EU-Mitgliedsland *nt*; **~ official** EU-Beamter/Beamtin *m/f*
euphemism *n* Euphemismus *m*, beschönigender Ausdruck
euphoria *n* Euphorie *f*, Begeisterung *f*; **economic e.** Konjunktureuphorie *f*
euphoric *adj* euphorisch, begeistert
EU regime EU-Marktordnung *f*
Euro *n* 1. Euro *m*; 2. Eurobond *n*
Eurobond *n* Euroanleihe *f*, E.bond *m*; **E. issue** Begebung einer Euroanleihe, Eurobondemission *f*; **E. market** Kapitalmarkt in Europa, Europaanleihemarkt *m*, Eurobondmarkt *m*
Euro|capital Euromarktkapital *nt*; **~ market** Eurokapitalmarkt *m*; **E.cheque** *n* Eurocheck *m*; **~ card** Euroscheckkarte *f*; **E.control** *n* ✚ Eurocontrol *(Institution zur Kontrolle des Luftraums)*; **E.crat** *n* Europabeamter *m*, E.beamtin *f*, Eurokrat *m*; **E.credit** *n* Eurokredit *m*; **syndicated E.credit** Eurokonsortialkredit *m*; **~ sector/business** Eurokonsortialgeschäft *nt*
Euro|currencies *pl* Eurowährungen, E.devisen; **E.currency deposit rate** Eurogeldmarktsatz *m*; **~ issue/loan** Euroanleihe *f*; **~ market** Eurogeld-, E.währungsmarkt *m*; **~ transactions** Eurogeldmarktgeschäfte
Euro|dollar *n* Eurodollar *m*; **E.fer** *n (EU)* Stahlkartell *nt*; **E. funds** Eurogelder; **E. loan** Euroanleihe *f*, E.kredit *m*; **~ market** Markt für Eurogelder; **E. market** Euromarkt *m*; **~ lending** Eurokreditgeschäft *nt*; **E. money market** Euro(geld)markt *m*; **E.patent** *n* Europapatent *nt*
continental Europe der europäische Kontinent, Kontinentaleuropa *nt*
European *adj* europäisch; *n* Europäer(in) *m/f*
European Agricultural Guidance and Guarantee Fund Europäischer Ausgleichs- und Garantiefonds für die Landwirtschaft, Europäischer Agrarfonds; **E. Assembly** Versammlung der Europäischen Union; **E. Atomic Energy Community (Euratom)** Europäische Atomgemeinschaft (EAG, Euratom); **~ Forum (FO-**

RATOM) Europäisches Atomforum (FORATOM); **E. Coal and Steel Community (ECSC)** Europäische Gemeinschaft für Kohle und Stahl (EGKS), Montanunion *f*; **E. Commission** Europäische Kommission; ~ **of Human Rights** Europäische Kommission für Menschenrechte; **E. Community (EC)** Europäische Gemeinschaft (EG); **E. concept** Europagedanke *m*; **E. Confederation of Agriculture** Verband der Europäischen Landwirtschaft; **E. Convention for Establishments** Europäisches Niederlassungsabkommen; ~ **Relating to the Formalities Required for Patent Applications** Europäische Übereinkunft über Formerfordernisse bei Patentanmeldungen; ~ **of Human Rights** Europäische Menschenrechtskonvention; ~ **on the International Classification of Patents for Invention** Europäische Übereinkunft über die internationale Patentklassifikation; **E. Council** Europarat *m*; **E. Court of Justice** Gerichtshof der Europäischen Gemeinschaften, Europäischer Gerichtshof; ~ **Human Rights** Europäischer Gerichtshof für Menschenrechte; **E. Currency Union** Europäische Währungsunion; ~ **Unit (ECU)** Europäische Währungseinheit; **E. Customs Union** Europäische Zollunion; **E. Development Fund (EDF)** Europäischer Entwicklungsfonds; **E. Economic Area (EEA)** Europäischer Wirtschaftsraum; ~ **Community (EEC)** Europäische Wirtschaftsgemeinschaft (EWG); ~ **Council** Europäischer Wirtschaftsrat; **E. Environment Agency** Europäische Umweltagentur; **E. exchange rate mechanism** Europäischer Wechselkursmechanismus; **E. executive bodies** europäische Exekutivorgane; **E. Free Trade Association (EFTA)** Europäische Freihandelsgemeinschaft/F.zone; **E. Investment Bank (EIB)** Europäische Investitionsbank; **E. market regime** europäische Marktordnung; **E. Monetary Agreement** Europäisches Währungsabkommen; ~ **Cooperation Fund** Europäischer Fonds für währungspolitische Zusammenarbeit; ~ **Fund** Europäischer Währungsfonds; ~ **System (EMS)** Europäisches Währungssystem (EWS), europäischer Wechselkursverbund; **E. Nuclear Energy Agency (ENEA)** Europäische Kernenergieagentur (ENEA), europäische Atombehörde; ~ **Research Centre; E. Organization for Nuclear Research (CERN)** Europäisches Kernforschungszentrum, Europäische Organisation für Kernforschung; **E. Parliament** Europäisches Parlament; **E. Patent Convention** Europäisches Patentübereinkommen; ~ **Office** Europäisches Patentamt; ~ **Organization** Europäische Patentorganisation; **E. Payments Union (EPU)** Europäische Zahlungsunion; **E. Productivity Agency** Europäische Produktivitätszentrale; **E. Recovery Program (ERP)** Europäisches Wiederaufbauprogramm; **E. Regional Development Fund** Europäischer Fonds für regionale Entwicklung; **E. Research and Development Committee** Europäischer Ausschuss für Forschung und Entwicklung; **E. Social Charter** Europäische Sozialcharta; ~ **Fund** Europäischer Sozialfonds; **E. Space Research Organisation (ESRO)** Europäische Organisation zur Erforschung des Weltraums (ESRO); **E. Trade Union Confederation (ETUC)** Europäischer Gewerkschaftsbund (EGB); **E. Union** Europäische Union (EU); **E. Unit of Account (EUA)** Europäische Rechnungseinheit (ERE)

Euro security issue Euroemission *f*; **E.sterling** *n* Eurosterling *m*, E.pfund *nt*

EU standard EU-Norm *f*

euthanasia *n* ⚶ Euthanasie *f*, Sterbehilfe *f*, Gnadentod *m*

EU unit of account EU-Rechnungseinheit *f*

evacuate *v/t* 1. räumen, evakuieren; 2. aussiedeln

evacuation *n* 1. Räumung *f*, Evakuierung *f*; 2. Aussiedlung *f*; **e. expenses** Räumungskosten

evacuee *n* 1. Evakuierte(r) *f/m*; 2. Aussiedler(in) *m/f*

evade *v/t* 1. ausweichen, sich entziehen; 2. vermeiden, umgehen, unterlaufen; 3. *(Steuer)* hinterziehen

evaluate *v/t* 1. ein-, abschätzen, taxieren, begutachten, (be)werten, gewichten, beurteilen, Wert bestimmen, evaluieren; 2. auswerten

evaluation *n* 1. Bewertung *f*, Taxierung *f*, Wertermittlung *f*, W.bestimmung *f*, Gewichtung *f*; 2. Begutachtung *f*, Beurteilung *f*, Einschätzung *f*, Würdigung *f*; 3. Berechnung *f*, (Daten)Auswertung *f*; **e. of earning power** Ertragsbewertung *f*; ~ **(economic) efficiency** Wirtschaftlichkeitsberechnung *f*; **free ~ facts and evidence** [§] freie Beweiswürdigung; ~ **forecasts** Prognosebeurteilung *f*; **periodic e. and reporting** laufende Auswertung

additional evaluation Zusatzauswertung *f*; **final e.** Endauswertung *f*; **locational e.** Standortbewertung *f*; **permanent e.** Festbewertung *f*; **standard/uniform e.** Einheitsbewertung *f*; **statistical e.** statistische Auswertung

comparative evaluation chart Angebotsanalyse *f*; **e. rules** Bewertungsvorschriften; **e. sheet** Auswertungsbogen *m*

evaluator *n* Schätzer *m*, Taxator *m*

evaporate *v/i* 1. verdunsten, verdampfen, sich verflüchtigen; 2. *(fig)* sich in Luft auflösen

evaporation *n* 1. Verdunstung *f*, Verdunsten *f*, Verdampfen *nt*; 2. *(fig)* Schwinden *nt*

evasion *n* 1. Ausweichen *nt*, Vermeidung *f*; 2. Ausflucht *f*; 3. *(Steuer)* Hinterziehung *f*; 4. Gesetzesumgehung *f*, illegale Umgehung; **e. of public charges** Gebührenhinterziehung *f*; ~ **(customs) duty** ⊖ Zollhinterziehung *f*; ~ **social insurance contributions** *(Sozialvers.)* Beitragshinterziehung *f*; ~ **a law** Gesetzesumgehung *f*; ~ **sanctions** Sanktionsumgehung *f*; ~ **tax; fiscal e.** Steuerhinterziehung *f*

evasive *adj* ausweichend

eve *n* Vorabend *m*; **on the e.** am Vorabend

even out *v/ti* 1. sich einpendeln; 2. nivellieren; ~ **up** glattstellen, ausgleichen, nivellieren

even *adj* 1. eben, glatt, flach, waagerecht; 2. gleich (mäßig), gleichgewichtig; 3. π gerade; **to break e.** mit Plus Minus Null abschließen, aus den roten Zahlen heraus sein, die Gewinnzone/G.schwelle erreichen; **to get e. with so.** mit jdm ins Reine kommen

even-handed *adj* gleichmäßig, gerecht

evening *n* Abend *m*; **e. class** Abendkurs *m*; **e. dress** Abendkleid *nt*
evening out of peaks *n* Spitzenausgleich *m*
evening paper Abendblatt *nt*, A.zeitung *f*; **e. school** Abendschule *f*; **e. shift** Spätschicht *f*; **e. trade** Nachbörse *f*
evening-up *n* 1. Ausgleich *m* (durch Kauf und Verkauf); 2. *(Option)* Glattstellung *f* (durch Gegengeschäft), Spitzenregulierung *f*; **e. transaction** Glattstellungsgeschäft *nt*
evenness of diffusion *n* gleichmäßige Verteilung
even-numbered *adj* gradzahlig
event *n* 1. Ereignis *nt*, Eintreten/Eintritt des Ereignisses, Vorkommnis *nt*, Geschehnis *nt*, Vorkommen *nt*; 2. Fall *m*, Vorfall *m*; 3. Veranstaltung *f*; **after the e.** ex post *(lat.)*; **e.s beyond reasonable control of the parties** §️ vom Parteiwillen unabhängige Umstände; **e. of damage/loss** Versicherungsfall *m*; **~ death** Todesfall *m*; **~ an inheritance** Eintreten des Erbfalles; **e.s resulting in a penalty** Auslösung einer Vertragsstrafe; **e.s of war** kriegerische Ereignisse
barring unforeseen event|s falls keine unvorhergesehenen Ereignisse eintreten; **wise after the e.** um eine Erfahrung reicher; **at all e.s** jedenfalls; **in any e.** auf jeden Fall; **in the e.; ~ of** (tatsächlich) für den Fall, im Falle, bei; **~ e.s leading up to sth.** im Vorfeld von etw.; **e. insured** Versicherungsfall *m*
accidental event Unfall *m*; **accountable e.** Buchungsvorgang *m*, Geschäftsvorfall *m*; **big e.** Großveranstaltung *f*; **commemorative e.** Festveranstaltung *f*; **complementary e.** ▦ entgegengesetztes Ereignis; **contingent e.** unvorhersehbares/ungewisses Ereignis; **damaging e.** Schaden(s)ereignis *nt*, S.fall *m*; **definite e.** sicher eintretendes Ereignis; **derived e.** abgeleitetes Ereignis; **dummy e.** Scheinereignis *nt*; **mutually exclusive e.s** sich gegenseitig ausschließende Ereignisse; **fortuitous e.** *(Vers.)* unvorhergesehenes/zufälliges Ereignis, höhere Gewalt, Zufall *m*; **frustrating e.** Vertragshindernis *nt*; **great e.** großes Ereignis; **guarantee-activating e.** Garantiefall *m*; **inevitable e.** unabwendbares Ereignis; **initial e.** *(OR)* Anfangsereignis *nt*; **insured e.** Versicherungsfall *m*; **law-creating e.** §️ rechtsbegründendes Ereignis; **loss-entailing e.** Schadensfall *m*; **natural e.** Naturereignis *nt*; **posted e.** festgehaltenes Ereignis; **principal e.** Hauptereignis *nt*; **random e.** Zufall(sereignis) *m/nt*; **recent e.s** die jüngsten Ereignisse; **related e.s** aufeinander bezogene Ereignisse; **social e.** gesellschaftliches Ereignis; **~ e.s** Rahmenprogramm *nt*; **supervening e.** Ereignis mit überholender Kausalität; **taxable e.** Steuertatbestand *m*, S.verpflichtungsgrund *m*, S.gegenstand *m*, Besteuerungsgegenstand *m*; **terminal e.** Endereignis *nt*; **unforeseen e.** unvorhergesehenes Ereignis
eventual *adj* schließlich, letztendlich
eventuality *n* Möglichkeit *f*, Ausnahmefall *m*, Eventualität *f*, Eventualfall *m*; **ready for all eventualities** für alle Möglichkeiten gerüstet/gewappnet
eventually *adv* endlich, schließlich
ever-present *adj* allgegenwärtig

everyday *adj* alltäglich, Alltags-
to do everything for so. *pron* sich für jdn in Stücke reißen lassen *(fig)*; **to drop e.** alles stehen und liegen lassen; **to put up with e.** alles mit sich machen lassen
everywhere *adv* überall
evict *v/t* 1. *(Besitz)* entsetzen, zur Räumung zwingen; 2. *(Wohnung)* ausweisen, hinauswerfen, aus einer Immobilie entfernen, exmittieren, auf die Straße setzen
eviction *n* 1. (Zwangs)Räumung *f*, *(Wohnung)* Ausweisung *nt*; 2. (Besitz)Vertreibung *f*, Exmittierung *f*, Exmission *f*, Besitzentsetzung *f*; **to sue for e.** auf Räumung klagen; **forcible e.** gewaltsame Räumung
eviction costs Räumungskosten; **e. order** §️ Räumungsbeschluss *m*, R.urteil *nt*, R.anordnung *f*, R.befehl *m*, Ausweisungsbefehl *m*, A.beschluss *m*; **e. proceedings** §️ Räumungsverfahren *nt*, R.klage *f*; **e. suit** Räumungsklage *f*, Klage auf Räumung
evictor *n* Räumungsgläubiger(in) *m/f*
evidence *n* 1. §️ Beweis(material) *m/nt*, B.mittel *nt*, Zeugenaussage *f*, Zeugnis *nt*; 2. Beleg *m*, Anzeichen *nt*, Hinweis *m*, Zeichen *nt*, Nachweis *m*; 3. Gutachten *nt*, Stellungnahme *f*, Unterlagen *pl*; **in e.** als Beweis
evidence of authority Legitimation *f*; **subject to e. to the contrary** bis zum Nachweis des Gegenteils; **e. for the defence** Entlastungsmaterial *nt*, entlastendes Beweismaterial; **e. of despatch** Versandnachweis *m*; **~ execution** Ausführungsnachweis *m*; **~ export shipment** Ausfuhrnachweis *m*; **~ health** Gesundheitsnachweis *m*; **e. on oath** eidliche Aussage, Aussage unter Eid; **(documentary) e. of origin** Ursprungsnachweis *m*; **e. of (formal) qualification** Befähigungsnachweis *m*; **~ shipment** Verladenachweis *m*, V.bestätigung *f*; **~ success** Erfolgsnachweis *m*; **~ title** Rechtsausweis *m*, Eigentumsnachweis *m*; **~ truth** Wahrheitsbeweis *m*; **~ value** Wertnachweis *m*; **e. by witness** Zeugenbeweis *m*, Beweis durch Zeugen
by our own evidence durch unsere eigenen Feststellungen; **e. adduced** angetretener Beweis; **competent to give e.** zeugnisfähig; **not established by e.** unerwiesen; **due to/for lack of e.** aus Mangel an Beweisen, mangels Beweises; **taking e.** Beweiserhebung *f*; **there is e. (to suggest)** es gibt Anzeichen/Hinweise
to adduce evidence Beweis erbringen; **to admit in e.** als Beweis zulassen; **to bear e.** Nachweis erbringen; **to cite in e.** als Beweis vorbringen, zum Beweis anführen; **to collect/gather e.** (Beweis)Material zusammenstellen/sammeln, Beweise sammeln; **to cook up e.** *(coll)* Beweismaterial fälschen; **to furnish e.** Beweismaterial/Belege beibringen, ~ vorlegen, ~ liefern, Beweis vorbringen/beibringen/erbringen/antreten/liefern/führen, Nachweis erbringen/liefern/führen; **to give e.** (als Zeuge) aussagen, Zeugnis ablegen, bezeugen, erklären; **~ e. against one's co-accused** Geständnis gegen Mitbeschuldigte ablegen; **~ e. in court** vor Gericht aussagen; **~ e. as a defendant** in eigener Sache aussagen; **~ e. on oath** unter Eid aussagen; **to hear e.** Zeugen vernehmen/anhören, Beweise aufnehmen/erheben; **to offer e.** Beweis anbieten; **to procure/produce e. (of sth.)** Beweise erbringen/liefern/beibringen, nachwei-

sen, Nachweis erbringen; **to put in e.** als Beweis vorbringen; **to refuse to give e.** Aussage/Zeugnis verweigern; **to refute e.** Beweis entkräften; **to sift the e.** Beweismaterial sorgfältig prüfen; **to state in e.** zum Beweis anführen; **to submit e.** Belege einreichen/vorlegen, Beweismaterial vorlegen, Beweis vorbringen; **~ of one's authority** Vollmacht vorlegen; **to sum up the e.** Beweiswürdigung vornehmen; **to support by e.** belegen; **to suppress e.** Beweismaterial unterschlagen/unterdrücken; **to take e.** in die Beweisaufnahme eintreten; **to tender e.** Beweis antreten; **to weigh the e.** Beweis würdigen; **to withhold e.** Beweismaterial zurückhalten
admissible evidence zulässiger Beweis, zulässiges Beweismittel; **airtight e.** lückenloser Nachweis; **available e.** vorhandenes Beweismaterial; **best e.** primärer Beweis; **circumstantial e.** Indizien-, Tatsachenbeweis *m*; **cogent e.** zwingender Beweis; **competent e.** zulässiges Beweismaterial; **complete e.** lückenlose Nachweise; **conclusive e.** zwingender/schlüssiger/schlagender/überzeugender/unwiderlegbarer/endgültiger Beweis; **conflicting e.** Beweiskonflikt *m*, widersprüchliche Aussagen, widersprüchliches Beweismaterial; **corroborative e.** bestätigende Zeugenaussagen, bestätigendes Beweismaterial; **cumulative e.** Häufung von Zeugenaussagen; **demonstrative e.** Augenscheinsbeweis *m*; **direct e.** unmittelbarer Beweis, Zeugenbeweis *m*
documentary evidence 1. dokumentarischer Beleg, urkundlicher Beweis, urkundliches Material, beweiserhebliche Urkunde, Urkundenbeweis *m*, urkundliche Bezeugung; 2. Rechnungsbeleg *m*, Belegmaterial *nt*; **to furnish d. e.** urkundlich beweisen/belegen/nachweisen, dokumentarisch belegen; **to prove by d. e.** durch Urkunde belegen
documented evidence schriftlicher Beleg; **exculpatory/exonerating e.** Entlastungsbeweis *m*, entlastendes Material, entlastende Zeugenaussage; **factual e.** Tatsachenmaterial *nt*, T.beweis *m*; **false e.** Falschaussage *f*, falsche Zeugenaussage; **to give ~ e.** Meineid schwören, falsches Zeugnis ablegen, falsche Zeugenaussage machen, falsch aussagen, als Zeuge die Unwahrheit sagen; **flimsy e.** dürftiger/nicht überzeugender Beweis; **fresh e.** neues Beweismaterial, neuer Beweis, neue Beweise; **further e.** neue Beweismittel; **inadmissible e.** unzulässiges Beweismaterial, nicht zulässiger Beweis; **incomplete e.** lückenhafter Beweis; **incontestable/incontrovertible e.** unwiderlegbares/unanfechtbares/einwandfreies Beweismaterial, einwandfreier Beweis; **incriminating e.** Belastungsmaterial *nt*, belastendes Beweismaterial; **inculpatory e.** Schuldbeweis *m*; **indirect/inferential e.** Indizienbeweis *m*, indirekter Beweis; **insufficient e.** mangelnde Beweiskraft; **internal e.** innerer Beweis; **irrefutable e.** unwiderlegbares Beweismaterial, unwiderlegbare Zeugenaussage; **material e.** belastendes/entlastendes/rechtserhebliches Beweismaterial, sachdienlicher/rechtserheblicher Beweis, Sachbeweis *m*, corpus delicti *(lat.)*, beweiserhebliche Zeugenaussage;

negative e. Negativbeweis *m*; **non-admitted e.** nicht zugelassenes Beweismittel; **ocular e.** Augenscheinsbeweis *m*; **original e.** originäres Beweismaterial; **parol e.** mündliche Aussage/Nebenabreden, Zeugenbeweis *m*, mündliche Beweiserhebung; **~ rule** Regel, wonach bei Auslegung schriftlicher Erklärungen die außerhalb der Urkunde liegenden Umstände bei Vorliegen von schriftlichen Beweisstücken nicht ermittelt und verwertet werden dürfen; **partial e.** Teilbeweis *m*; **pertinent e.** sachdienlicher Beweis; **positive e.** eindeutiger/einwandfreier/endgültiger/sicherer Beweis; **presumptive e.** Indizienbeweis *m*; **prima facie** *(lat.)* e. Anscheinsbeweis *m*, glaubhafter Beweis, öffentlicher Glaube, Beweis des ersten Anscheins/Augenscheins; **to prove/substantiate by ~ e.** dem Gericht glaubhaft machen; **primary e.** gesetzliches Beweismittel; **probable e.** Wahrscheinlichkeitsbeweis *m*; **probative e.** bestätigendes Beweismaterial; **quantitative e.** zahlenmäßiger Beweis; **rebutting e.** Gegenbeweis *m*; **to introduce ~ e.** den Gegenbeweis antreten; **relevant e.** Sachbeweis *m*; **satisfactory e.** ausreichendes/hinreichendes Beweismaterial, hinlänglicher/hinreichender Beweis; **secondary e.** mittelbarer Beweis, Nebenbeweis *m*, unterstützendes Beweismaterial; **slim e.** dürftiger Beweis; **statistical e.** statistische Anhaltspunkte, statistischer Nachweis; **sufficient e.** ausreichender Beweis; **supporting e.** (unterstützendes) Beweismaterial; **tangible e.** erfassbare Anhaltspunkte, klarer Beweis; **uncontestable e.** unwiderlegbare Zeugenaussage; **unsworn e.** unbeeidete/uneidliche Aussage; **written e.** schriftliches Beweismaterial, Urkundenbeweis *m*
evidence *v/t* 1. be-, erweisen, bestätigen, dartun, Beweis/Nachweis erbringen; 2. bescheinigen, dokumentieren, dokumentarisch belegen, verbriefen, zeugen von; **e. in writing** schriftlich bestätigen/darlegen
as evidenced by *adj* ausweislich
evidencing a legal fact *adj* rechtsbekundend; **documentary e.** *n* Verbriefung *f*
evident *adj* klar, offenkundig, o.sichtlich, o.bar, augenscheinlich, eindeutig, ersichtlich, sichtbar, evident; **to become e.** sich abzeichnen/erhellen; **to make e.** beweisen
evidential; evidentiary *adj* beweiserheblich, b.rechtlich, b.kräftig, als Beweismittel, Beweis-
evil *n* Unheil *nt*, Übel *nt*, Böse *nt*; **the lesser e.** das kleinere Übel; **social e.** soziales Übel
evil *adj* böse; **e.-smelling** *adj* übelriechend
evince *v/t* bestätigen, erkennen lassen, Absicht dartun
evoke *v/t* heraufbeschwören
evolution *n* Entwicklung(sablauf) *f/m*, Entfaltung *f*, Evolution *f*; **social e.** soziale Entwicklung
evolutionary *adj* Evolutions-, Entwicklungs-
evolutive *adj* evolutorisch
evolve *v/ti* 1. sich entwickeln/entfalten/herausbilden; 2. sich entwickeln
ex *prep (lat.)* 1. ab, von; 2. ohne, ausschließlich
exacerbate *v/t* verschlimmern, verschärfen
exact *adj* genau, präzise; *v/t* 1. eintreiben, fordern; 2. zumuten

exacting *adj* 1. streng, genau; 2. anstrengend; 3. anspruchsvoll
exaction *n* 1. Eintreiben *nt*, Beitreibung *f*; 2. (übertriebene) Forderung
not exactly *adv* nicht gerade
exactness *n* Genauigkeit *f*, Exaktheit *f*
exagger|ate *v/t* übertreiben, übertrieben darstellen, überzeichnen, aufbauschen; **e.ation** *n* Übertreibung *f*, Übersteigerung *f*, Auswuchs *m*
ex all ohne alle Dividendenrechte; **e. allotment** ex Bezugsrecht
exalted *adj* hochgestellt, exaltiert
exam *n* (*coll*) Examen *nt*, Prüfung *f*
examination *n* 1. Examen *nt*, Prüfung *f*; 2. (Über)Prüfung *f*, Untersuchung *f*, Inspektion *f*, Kontrolle *f*, Einsichtnahme *f*, Begutachtung *f*, Besichtigung *f*, Sichtung *f*, Musterung *f*, Beschau *f*, Revision *f*; 3. [§] Befragung *f*, Verhör *nt*, Vernehmung *f*; **on e.** bei Prüfung
public examination of the bankrupt (*Konkurs*) öffentliche gerichtliche Vernehmung; **e. of the case** Sachprüfung *f*; **~ professional competence** berufliche Eignungsprüfung; **~ the defendant concerning the substance of the charge** [§] Vernehmung des Angeklagten zur Sache; **e. for obvious deficiencies** Offensichtlichkeitsprüfung *f*; **e. on filing** (*Bürovorgang*) Eingangsprüfung *f*; **e. of goods** Warenkontrolle *f*; **~ received** Prüfung der eingegangenen Ware; **e. by a public health commissioner/medical referee** vertrauensärztliche Untersuchung; **e. of the invention** (*Pat.*) Prüfung der Neuheit; **~ physical inventory** Prüfung der Vorratsinventur; **e. as to novelty** (*Pat.*) Prüfung der Neuheit; **e. on oath** [§] eidliche Vernehmung; **e. of a party** [§] Parteieinvernahme *f*, P.vernehmung *f*; **e. as to formal requirements** Formalprüfung *f*; **e. of the risk to be covered** Risikobesichtigung *f*; **e. concerning personal status** [§] Vernehmung zur Person; **e. concerning the substance of a charge** [§] Vernehmung zur Sache; **e. of witnesses** [§] Vernehmung der Zeugen, Zeugenbefragung *f*
to apply/register for an examination sich zu einer Prüfung (an)melden; **to bear e.** einer Prüfung standhalten; **to coach so. for an e.** jdn auf eine Prüfung vorbereiten; **to fail an e.** Examen/Prüfung nicht bestehen, durch eine Prüfung fallen, bei einem Examen durchfallen; **to flunk an e.** (*coll*) durch eine Prüfung rasseln (*coll*); **to go in for an e.** sich einer Prüfung unterziehen; **to hold an e.** Examen/Prüfung abhalten; **to pass an e.** Examen/Prüfung bestehen; **to sit (for)/take an e.** Examen/Prüfung ablegen, ~ machen; **to stand up to e.** einer Überprüfung standhalten
A-level examination [GB] Reifeprüfung *f*, Matura *f* [A;CH]; **careful/close e.** eingehende/sorgfältige Prüfung; **on closer e.** bei näherer Überprüfung, bei genauerer Betrachtung; **competitive e.** Ausleseprüfung *f*; **comprehensive e.** umfassende Prüfung; **cursory e.** flüchtige Überprüfung; **deferred e.** verschobene Prüfung; **detailed e.** lückenlose (Über)Prüfung; **final e.** (Ab)Schlussprüfung *f*, Schlussexamen *nt*; **further e.** Nachuntersuchung *f*; **general e.** Generalprüfung *f*; **intermediate e.** Zwischenexamen *nt*, Z.prüfung *f*; **judicial/legal e.** [§] richterliche Vernehmung, Verhör *nt*; **medical e.** ärztliche Untersuchung; **compulsory ~ e.** Pflichtuntersuchung *f*; **official e.** amtliche Prüfung; **on-the-spot e.** Besichtigung an Ort und Stelle, ~ vor Ort; **oral e.** mündliche Prüfung, mündliches Examen; **preliminary/provisional e.** vorläufige Prüfung, Vorprüfung *f*; **professional e.** Fachprüfung *f*; **~ procedure** Fachprüfungsverfahren *nt*; **public e.** 1. (*Konkurs*) Prüfungstermin *m*; 2. [§] öffentliche gerichtliche Vernehmung; **qualifying e.** Eignungs-, Auswahl-, Fach-, Eingangsprüfung *f*; **qualitative e.** Prüfung der Beschaffenheit; **substantive e.** materielle Prüfung; **summary e.** abgekürzte (Außen)Prüfung; **terminal e.** Abschlussprüfung *f*; **thorough e.** eingehende Untersuchung, Prüfung auf Herz und Nieren (*fig*); **written e.** schriftliches Examen, schriftliche Prüfung; **year-end e.** Jahresabschlussprüfung *f*
examination board Prüfungsausschuss *m*, P.kommission *f*, P.amt *nt*, P.gremium *nt*, P.behörde *f*; **e. candidate** Prüfungskandidat(in) *m/f*, Prüfling *m*; **e. certificate** Prüfungszeugnis *nt*; **e. cost(s)** Prüfungsaufwand *m*; **e. date** Prüfungstermin *m*; **e. division** Prüfungsabteilung *f*; **e. fee** Examens-, Prüf(ungs)gebühr *f*; **e.-in-chief** *n* [§] erste Zeugenvernehmung; **e. paper** Prüfungs-, Examensarbeit *f*; **e. papers** Prüfungsunterlagen; **e. procedure** Prüfungsverfahren *nt*; **e. question** Prüfungsaufgabe *f*; **e. records** Prüfungsakten *f*; **e. regulations/rules** Prüfungsvorschriften, P.ordnung *f*; **e. result** Prüfungsleistung *f*, P.ergebnis *nt*, P.note *f*; **in accordance with the e. results** (*Pat.*) nach Maßgabe des Prüfungsergebnisses; **e. standards** Prüfungsanforderungen, Anforderungsniveau *nt*; **e. work** Prüfungsaufwand *m*
examine *v/t* 1. (über)prüfen, kontrollieren, durchsehen, begutachten, beschauen, besichtigen, sichten, Einsicht nehmen, mustern; 2. prüfen; 3. verhören, vernehmen, befragen; **e. carefully/closely** einer sorgfältigen Durchsicht unterziehen, studieren, genau besehen, eingehend untersuchen/prüfen; **e. in detail** näher untersuchen; **e. orally** mündlich prüfen; **e. so. with regard to the matter** jdn zur Sache vernehmen; **e. thoroughly** auf Herz und Nieren prüfen (*fig*)
examined *adj* geprüft, untersucht; **individually e.** einzeln geprüft
examinee *n* Prüfling *m*, Examenskandidat(in) *m/f*
examiner *n* 1. Prüfer(in) *m/f*; 2. (*Pat.*) Vorprüfer *m*; 3. Prüfungsstelle *f*; **chief/primary e.**; **e.-in-chief** *n* (*Pat.*) Haupt-, Oberprüfer *m*, Hauptgutachter *m*
external examiner externer Prüfer; **medical e.** Vertrauensarzt *m*; **legally qualified/trained e.** rechtskundiger Prüfer; **reporting e.** (*Pat.*) Berichterstatter *m*; **technical e.** (*Pat.*) technisch vorgebildeter Prüfer
example *n* Beispiel *nt*, Vorbild *nt*, Muster *nt*, Exempel *nt*; **beyond e.** beispiellos; **by way of e.** um ein Beispiel zu geben; **to cite an e.** Beispiel anführen/geben; **to give an e.** Beispiel nennen; **to hold up as an e.** als Muster/Vorbild/Beispiel hinstellen; **to let so. be an e.** sich ein Beispiel an jdm nehmen; **to make an e. (of)** ein

to set an **example** 432

Exempel statuieren (an); **to set an e.** Zeichen setzen, sich vorbildlich verhalten; **~ a good e.** mit gutem Beispiel vorangehen, Vorbild sein; **numerical e.** Zahlenbeispiel *nt*; **perfect/prime e.** Schul-, Muster-, Paradebeispiel *nt*, Inbegriff *m*; **typical e.** Musterbeispiel *nt*
ex ante *adv* *(lat.)* vorab, im voraus
ex bond *adv* ⊖ ab Zollfreilager; **e. bonus** ex/ohne Gratisaktien; **e. cap(italization)** ex/ohne Bezugsaktien
ex|cavate *v/t* ⛏ ausschachten, (aus)graben, (aus)baggern; **e.cavation** *n* Ausbaggern *nt*, Ausbaggerung *f*, Ausgrabung *f*; **e. cavations** *pl* Erdarbeiten; **e.cavator** *n* Bagger *m*
exceed *v/t* überschreiten, übersteigen, hinausgehen über; **e.ing** *prep* mehr als, über; **not e.ing** höchstens, maximal, nicht höher als, bis zur Höhe von
excel *v/ti* 1. übertreffen; 2. sich auszeichnen; **e. o.s.** sich selbst übertreffen
excellence *n* Vortrefflichkeit *f*, Vorzüglichkeit *f*; **to aim at e.** auf Qualität setzen; **technological e.** technologische Spitzenleistung
excellent *adj* ausgezeichnet, hervorragend, vortrefflich, überragend, vorzüglich
excelsior *n* Holzwolle *f*
except *prep* ausgenommen, außer
except (from) *v/t* ausnehmen von, ausschließen (von); **e. for** mit Ausnahme von, vorbehaltlich, abgesehen von
excepting *prep* außer, mit Ausnahme von
exceptio doli *n* *(lat.)* [§] Einrede der Arglist
exception *n* 1. Ausnahme(regelung) *f*, (Risiko)Ausschluss *m*, Ausschließung *f*, Sonder-, Ausnahmefall *m*, A.erscheinung *f*; 2. [§] Rüge *f*, (Verfahrens)Einwand *m*, Einrede *f*, Vorbehalt *m*, Beanstandung *f*; **beyond e.** unanfechtbar; **by way of e.** ausnahmsweise, im Ausnahmefall; **with the e. of** mit Ausnahme von, unter Ausschluss von; **without e.** ohne Ansehen der Person, ohne Ausnahme, ausnahmslos
exception of fraud [§] Einrede der Arglist; **e. to the rule** Ausnahme/Abweichung von der Regel; **the e. proves the rule** die Ausnahme bestätigt die Regel; **e. stipulated in the contract** Ausnahmevorschrift *f*
to authorize an exception Abweichung zulassen; **to be an e.** Ausnahme bilden; **to make an e.** ausnehmen; **to take e. to** Anstoß nehmen an, beanstanden, monieren, sich an etw. stoßen *(fig)*
dilatory exception [§] hemmende Einrede; **general e.** Unschlüssigkeitseinrede *f*; **noteworthy e.** rühmliche Ausnahme; **peremptory e.** Klageleugnung *f*; **special e.** Formaleinwand *m*, Sondereinwendung *f*
exceptional *adj* un-, außergewöhnlich, Ausnahme-, ausnehmend, aus dem Rahmen fallend, ausgesucht; **e.ly** *adv* ausnahmsweise
exceptionals *pl* *(Bilanz)* außergewöhnliche Posten/Belastungen
exception clause Ausnahmeklausel *f*; **e. principle** Ausnahmeprinzip *nt*; **e. rate** Ausnahmetarif *m*
excerpt *n* Auszug *m*, Exzerpt *nt*, Extrakt *m*; **e. from a cadastral map** Katasterauszug *m*; **~ the commercial register** Handelsregisterauszug *m*; **~ the land register**

Grundbuchauszug *m*; **~ police records** polizeiliches Führungszeugnis
excerpt *v/t* exzerpieren, ausziehen aus
excess *n* 1. Übermaß *nt*; 2. Mehr(betrag) *nt/m*, Überschuss *m*, Überbetrag *m*, Überhang *m*; 3. *(Vers.)* Überdeckung *f*, Spitze *f*, Selbst-, Exzedentenbeteiligung *f*; 4. Ausschreitung *f*, Auswuchs *m*, Exzess *m*; **in e.** überzählig; **~ of** mehr als, über
excess of assets Überhang der Aktiva; **~ authority** Vollmachts-, Kompetenzüberschreitung *f*, Überschreitung der Vollmacht; **~ births over deaths** Geburtenüberschuss *m*, Überschuss der Geburten über die Todesfälle; **e. arising in consolidation** Konsolidierungsausgleichsposten *m*; **e. of debt over assets** Schuldenüberhang *m*; **~ demand** Nachfrageüberhang *m*, Übernachfrage *f*; **~ deposits over lendings** Einlagenüberhang *m*; **~ new deposits** *(Sparen)* Einzahlungsüberschuss *m*; **~ expenditure (over receipts)** Mehrausgaben *pl*, M.aufwand *m*; **~ imports** Einfuhrüberschuss *m*; **~ liabilities over assets** Überverschuldung *f*; **~ line** *(Vers.)* Exzedent *m*; **~ line reinsurance** Summenexzedentenrückversicherung *f*
excess of loss Exzedent *m*, Schaden(s)überschuss *m*, S.exzedent *m*, Überschaden *m*; **~ insurance** Schadensexzedentenabdeckung *f*, S.versicherung *f*; **~ reinsurance** Schadensexzedentenrückversicherung *f*, unbegrenzte Rückversicherung *m*; ; **~ loss contract** Schadensexzedentenvertrag *m*; **aggregate ~ insurance** Jahresüberschaden-, Gesamtschadenexzedentenrückversicherung *f*
in excess of current needs mehr als augenblicklich benötigt; **in ~ order** in Überschreitung der Bestellung; **~ outpayments** Auszahlungsüberschuss *m*; **~ production** Produktionsüberhang *m*; **~ purchasing power** Kaufkraftüberhang *m*; **~ receipts over expenditures** Mehreinnahmen *pl*, Einnahmeüberschuss *m*; **in ~ the agreed scale** übertariflich; **~ justifiable self-defence** [§] Überschreitung der Notwehr; **~ supply** Angebotsüberschuss *m*, A.überhang *m*; **e. (of) tare** Übertara *f*; **e. (of) weight** Mehrgewicht *nt*
to act in excess of authority Vertretungsmacht überschreiten; **to be in e. of** übersteigen, hinausgehen über
excess *adj* überschüssig, überbordend
excess baggage ✈ Übergewicht *nt*; **e. charge** 1. Nachgebühr *f*; 2. ✉ Nachporto *nt*; **e. clause** *(Vers.)* Sicherheitszuschlag *m*; **e. fare** 🚃 Nachlösegebühr *f*; **e. fat** Fettpolster *nt*
excessive *adj* übermäßig, übertrieben, überzogen, überschüssig, übersteigert, unverhältnismäßig, übertrieben/unangemessen hoch, zu hoch, überhöht, überspannt, überspitzt, maßlos; **e.ly** *adv* über Gebühr
excess postage ✉ Strafporto *nt*
exchange *n* 1. (Aus-/Ein-/Um)Tausch *m*, Tauschgeschäft *nt*; 2. Wechselkurs *m*; 3. Börse *f*, Markt *m*; 4. Devisen *pl*, Valuten *pl*, Währung *f*; 5. ☏ Vermittlung *f*, (Telefon)Zentrale *f*, Fernsprechamt *nt*; **e.s** Zahlungsausgleich unter Banken; **at the e.** an der Börse; **~ of** zum Kurs von; **in e. for** für, gegen, als Entgelt/Gegenleistung für, an Stelle von, als Ersatz/Eintausch für; **off the**

e. außerbörslich; **on the e.** an der Börse
exchange of accommodation bills/drafts *(Gefälligkeitswechsel)* Akzeptaustausch *m;* ~ **accounts outstanding** Forderungstausch *m;* ~ **assets** Tausch von Wirtschaftsgütern; ~ **blows** Schlagabtausch *m;* ~ **courtesies** Austausch von Höflichkeiten; ~ **data carriers** ▯ Datenträgertausch *m;* ~ **dollars** Dollarumtausch *m;* ~ **experience** Erfahrungsaustausch *m;* ~ **goods** Waren-, Güteraustausch *m;* ~ **goods and services** Leistungsaustausch *m,* Waren- und Dienstleistungsverkehr *m;* ~ **ideas** Gedankenaustausch *m;* ~ **information** Informations-, Nachrichtenaustausch *m,* Austausch von Informationen; ~ **information from judicial records** [§] Austausch von Strafunterlagen; ~ **the instruments of ratification** Austausch der Ratifikationsurkunden; ~ **letters** Schriftwechsel *m;* ~ **notes** *(Diplomatie)* Notenwechsel *m;* ~ **patents** Patentaustausch *m;* ~ **powers** Vollmachtsaustausch *m,* Austausch der Vollmachten; ~ **prisoners** Gefangenenaustausch *m,* Austausch von Gefangenen; ~ **pupils** Schüleraustausch *m;* **e. for the purchase and sale of waste** Abfallbörse *f;* **e. of shares** *[GB]* /**stocks** *[US]* Aktien(um)tausch *m,* A.austausch *m,* Wertpapiertausch *m;* ~ **telegrams** Telegrammaustausch *m;* ~ **territory** Gebiets(aus)tausch *m;* ~ **views** Meinungs-, Gedankenaustausch *m;* ~ **words** Wortwechsel *m*
current on exchange börsengängig; **first of e.** Wechselerstausfertigung *f,* W.prima *f;* **second of e.** Wechselzweitausfertigung *f,* W.sekunda *f,* W.kopie *f;* **third of e.** Wechselkopie *f,* W.tertia *f*
to be long of exchange *[US]* mit Devisen eingedeckt sein; **to benefit by the e.** Kursgewinne mitnehmen; **to give in e.** eintauschen, in Tausch geben; **to surrender for e.** zwecks/zum Umtausch übergeben; **to take in e.** in Tausch nehmen
automatic exchange ✎ automatische Vermittlung, Selbstwählamt *nt;* **commercial e.** Handelsaustausch *m;* **cross e.** Wechselarbitrage *f;* **current e.** Tageskurs *m,* T.preis *m;* **at the ~ e.** zum Tageskurs; **direct e.** *(Devise)* Mengenkurs *m,* fester Umrechnungskurs; **dry e.** fingiertes Tauschhandelsgeschäft; **fixed e.** *(Wechselkurs)* Mengennotierung *f*
foreign exchange Devisen *pl,* Fremdwährung *f,* Valuten *pl,* Sorten *pl,* ausländische Währung; **the ~ e.** Devisenmarkt *m;* **short of f. e.** devisenschwach; **to be ~ e.** devisenknapp sein; **to apply for f. e.** Devisen beantragen; **to deal in f. e.** agiotieren; **to declare f. e.** Devisen anmelden
blocked foreign exchange eingefrorene/blockierte Devisen; **forward f. e.** Termindevisen; **rate-hedged f. e.** kursgesicherte Devisen; **remaining f. e.** (nicht ausgenutzte) Devisenbeträge
foreign exchange acceptance credit Währungsrembours *m;* ~ **account** 1. Währungs-, Valuten-, Fremdwährungskonto *nt;* 2. Devisenbilanz *f,* D.konto *nt;* ~ **accounting** Währungs-, Devisenbuchhaltung *f;* ~ **accounting department** Währungsbuchhaltung *f;* ~ **act** Devisengesetz *nt;* ~ **adjustment** Devisenwertberichtigung *f;* ~ **adviser** Devisenberater *m;* ~ **agreement** Devisenabkommen *nt;* ~ **allocation** Devisenkontingentierung *f;* ~ **allowance** Devisenfreigrenze *f;* ~ **analyst** Devisenexperte *m;* ~ **arbitrage** Devisenarbitrage *f;* ~ **arrangements** Zahlungsverkehr mit dem Ausland; ~ **assets** Währungsguthaben *nt/pl;* ~ **authorities** Währungs-, Devisenbehörden; ~ **availability** Devisenverfügbarkeit *f;* ~ **balance** Währungsguthaben *nt,* Valutensaldo *nt;* ~ **bank** Wechselbank *f;* ~ **bill** Fremdwährungswechsel *m;* **official ~ bourse** amtliche Devisenbörse; ~ **broker** Devisenmakler *m;* ~ **budget** Devisenhaushalt *m;* ~ **burden** Devisenbelastung *f;* ~ **bureau** Wechselstube *f;* ~ **business** Devisen(handels)geschäft *nt,* D.handel *m,* Währungsgeschäft *nt;* **to transact ~ business** Devisengeschäfte durchführen, sich mit Devisengeschäften befassen; ~ **ceiling** Devisenplafond *m;* ~ **certificate** Devisenbescheinigung *f;* ~ **clearing** Devisenabrechnung *f;* ~ **clearing office** Devisenabrechnungsstelle *f;* ~ **commission** Sortenprovision *f;* ~ **commitments** Devisenengagements, D.verpflichtungen; ~ **consultant** Devisenberater *m;* ~ **control(s)** Devisenkontrolle *f,* D.bewirtschaftung *f,* D.kontingentierung *f,* D.zwangswirtschaft *f;* **to relax ~ controls** Devisenkontrollen lockern; ~ **counter** Wechselschalter *m;* ~ **cover** (Wechsel)Kurssicherung *f;* ~ **credit** Devisenkredit *m;* **multiple ~ currency** Multidevisenstandard *m;* ~ **deals** Devisenoperationen; **differential ~ deal(s)** Devisenarbitrage *f;* ~ **dealer** Devisen-, Sortenhändler *m;* ~ **dealings** Devisenhandel(sgeschäfte) *m/pl,* Sortenhandel *m,* S.geschäft *nt,* Valutengeschäft(e) *nt/pl;* ~ **dealings for own account** Deviseneigenhandel *m;* ~ **department** Währungs-, Devisenabteilung *f;* ~ **draft** Devisenwechsel *m;* ~ **earner** Deviseneinnahmequelle *f,* D.bringer *m;* ~ **earnings** Deviseneinkünfte, D.gewinn *m,* D.ertrag *m,* D.erlöse, Valutengewinn *m,* Währungsgewinne; **net ~ expenditure** Nettodevisenausgaben *pl;* ~ **exposure** nicht abgedeckte Währungsbeträge, Devisenposition *f;* ~ **futures** Termindevisen; ~ **futures market** Devisenterminmarkt *m;* ~ **guarantee** Währungsgarantie *f;* ~ **hedging** (Devisen)Kurssicherung *f;* ~ **hedging operation/transaction** Kurssicherungsgeschäft *nt;* ~ **holdings** Devisenguthaben *nt,* D.bestände, Währungsreserven; ~ **holding record book** Devisenkonto *nt;* ~ **journal** Devisenprimanota *f;* ~ **legislation** Devisengesetzgebung *f;* **net ~ liabilities** Nettodevisenverbindlichkeiten; ~ **limit** Devisenplafond *m;* ~ **list** Sortenliste *f,* S.zettel *m;* ~ **management** Währungsmanagement *nt;* ~ **margin** Devisenspielraum *m*
foreign exchange market Devisenmarkt *m,* D.börse *f,* D.handelsplatz *m;* **to intervene in the ~ m.** am Devisenmarkt intervenieren; **dual/split/two-tier ~ m.** gespaltener Devisenmarkt; **regulated ~ m.** geregelter Devisenmarkt
foreign exchange movement(s) Devisenbilanz *f;* ~ **permit** Devisengenehmigung *f,* D.erlaubnis *f;* ~ **position** Devisenlage *f,* D.position *f,* D.status *m,* D.haushalt *m;* **to open a ~ position** Devisenposition eingehen; ~ **prepayment** Devisenvorleistung *f;* ~ **proceeds** Deviseneinnahmen, D.erlös *m;* ~ **profits** Währungsgewin-

ne; **net ~ purchases** Devisenmehrankäufe; **~ quota** Devisenkontingent *nt*, D.quote *f*; **~ quotation** Devisennotierung *f*; **~ rate** Devisen-, Umrechnungs-, Währungs-, Wechselkurs *m*, Parität *f*; **fixed ~ rate** fester Wechselkurs; **~ rationing** Devisenkontingentierung *f*, D.quotierung *f*; **~ regulations** Devisenbestimmungen; **~ requirements** Devisenerfordernisse, D.anforderungen; **~ reserves** Devisenbestände, D.reserven, Währungsreserven; **~ restrictions** Devisenbeschränkungen, devisenrechtliche Beschränkungen; **~ risk** (Wechsel)Kurs-, Währungs-, Devisenrisiko *nt*; **~ settlement** Devisenabrechnung *f*; **~ shortage** Devisenknappheit *f*, D.mangel *m*; **~ speculation** Devisen-, Währungsspekulation *f*; **~ spot market** Devisenkassamarkt *m*; **~ spot transactions** Devisenkassahandel *m*; **~ squeeze** Devisenanspannung *f*; **~ standard** Devisenwährung *f*; **~ statement** Devisenabrechnung *f*; **~ stringency** Devisenmangel *m*; **~ surplus** Devisenüberschuss *m*; **~ swap** Devisenswapgeschäft *nt*; **two-tier ~ system** gespaltenes Wechselkurssystem; **~ trade/trading** Devisenhandel *m*, D.geschäft(e) *nt/pl*; **~ trader** Devisenhändler *m*
foreign exchange transaction Devisengeschäft *nt*, D.operation *f*, Währungs-, Valutengeschäft *nt*; **~ t.s** Devisenverkehr *m*, D.handel *m*; **~ t.s for customers** Devisenkommissionsgeschäft *nt*; **forward ~ t.** Devisentermingeschäft *nt*; **illegal ~ t.** Devisenschiebung *f*
foreign exchange value Devisenwert *m*; **~ working fund** Devisenbetriebsfonds *m*
forward exchange 1. Termindevise *f*, T.börse *f*; 2. Devisenterminmarkt *m*, D.geschäft *nt*; **~ cover(ing)** Kurssicherung am Devisenterminmarkt, Devisenkurssicherung *f*; **~ deal** Devisentermingeschäft *nt*; **~ dealings/trading** Devisentermingeschäfte, D.handel *m*; **~ market** Devisenterminmarkt *m*; **~ policy** Devisenterminpolitik *f*; **~ rate** Devisenterminkurs *m*; **~ transaction** Devisentermingeschäft *nt*; **~ transactions** Devisentermingeschäfte
incoming exchange|s *(Clearingstelle)* Scheckeingang *m*; **indirect e.** indirekte Devisenarbitrage; **industrial e.** Industriebörse *f*; **local e.** ⌧ Ortsvermittlung *f*, O.amt *nt*; **long e.** langfristiger Devisenwechsel; **manual e.** ⌧ Handvermittlung *f*; **pecuniary e.** Geldwirtschaft *f*; **private e.** Privatbörse *f*; **private-branch e.** ⌧ Hauszentrale *f*, private Vermittlungsanlage; **roundabout e.** Ringtausch *m*; **short e.** 1. kurzfristiger Devisenhandel; 2. kurzfristiges Kapitalmarktpapier; **special e.** Spezialbörse *f*; **three months' e.** Dreimonats-Termindevisen *pl*; **triangular e.** Devisenarbitrage *f* (in drei Währungen); **verbal e.** Wortwechsel *m*
exchange *v/t* (aus-/ein-/um)tauschen, (aus-/ein-/um)wechseln
exchange|ability *n* Austauschbarkeit *f*, Auswechselbarkeit *f*; **e.able** *adj* (aus-/um)tauschbar, auswechselbar, (aus)tauschfähig
exchange adjustment Wechselkursanpassung *f*; **e. agent** Börsenvertreter *m*; **e. arbitrage/arbitration** Währungs-, Devisen-, Wechselarbitrage *f*; **e. arrangements** Bestimmungen über den Zahlungsverkehr, Regelung des Devisenverkehrs, Währungsbeziehungen; **e. authorization** devisenrechtliche Genehmigung, Devisengenehmigung *f*; **e. bank** Devisen-, Wechselbank *f*; **e. board** Kurs(anzeige)tafel *f*; **e. broker** 1. Devisenmakler *m*; 2. Wechselmakler *m*; 3. Kurs-, Börsenmakler *m*; **e. business** Wechselgeschäft *nt*; **e. charges** Wechselkosten; **e. check** *[US]* /**cheque** *[GB]* Austauschscheck *m*; **e. clause** (Wechsel)Kurs-, Währungsklausel *f*; **e. clearing** Devisenclearing *nt*, D.verrechnung *f*; **~ agreement** Devisenverrechnungsabkommen *nt*; **e. commission** Wechselprovision *f*; **e. commitments** Devisenengagement *nt*; **e. compensation** Währungsausgleich *m*; **~ duty** ⊖ Währungsausgleichs-(zoll)zuschlag *m*
exchange control(s) Währungs-, Devisenkontrolle *f*, Devisen(zwangs)bewirtschaftung *f*, D.bewirtschaftungsmaßnahmen *pl*, D.restriktionen *pl*, Kontrollen des Zahlungsverkehrs; **to dismantle e. c.s** Devisen(zwangs)bewirtschaftung abbauen, Devisenbestimmungen aufheben; **e. c. regulations** Devisen(bewirtschaftungs)bestimmungen
exchange copy Tauschexemplar *nt*; **e. costs** Devisenaufwand *m*; **e. cover** Devisendeckung *f*; **~ facilities** Kurssicherungsfazilitäten; **e. credit** Fremdwährungs-, Valutakredit *m*; **e. crisis** Währungskrise *f*; **e. dealer** Devisenhändler *m*; **e. dealings** Devisenhandel *m*; **cross e. dealings** intervalutarischer Devisenhandel; **e. depreciation** Währungsabwertung *f*; **e. difference** Kursspanne *f*, K.differenz *f*; **e. economy** Tausch-, Verkehrswirtschaft *f*; **e. embargo** Devisensperre *f*
exchange equalization Währungs-, Valutaausgleich *m*; **~ account** Devisen-, Währungsausgleichskonto *nt*; **~ fund** Devisenausgleichs-, Währungsfonds *m*
exchange expenditure Devisenaufwand *m*; **e. fluctuations** Börsen-, Kursschwankungen; **e. function** Tausch(mittel)funktion *f*; **e. futures** Devisentermingeschäfte; **e. gain(s)** 1. Devisen-, (Fremd)Währungsgewinn *m*; 2. Kursgewinn *m*; 3. Tauschgewinn *m*; **e. guarantee** Währungsgarantie *f*, Devisenkurssicherung *f*; **~ agreement** Währungsgarantieabkommen *nt*; **e. hedging** *(Devisen)* Kurssicherung *f*; **e. holdings** Devisenbestände; **outside e. hours** außerbörslich; **e. instruments** Devisen; **e. intervention** Intervention am Devisenmarkt; **e. licence** Transferbewilligung *f*
bilateral exchange limit|s bilaterale Interventionspunkte; **lower e. limit** *(EWS)* Niedrigstkurs *m*; **upper e. limit** *(EWS)* Höchstkurs *m*
exchange line ⌧ (Telefon)Anschluss *m*; **~ rental** Telefongebühr *f*; **~ rental turnover** Einnahmen aus Telefongebühren; **e. list** (Devisen)Kurszettel *m*, Devisenkursliste *f*, D.bericht *m*, Sortenzettel *m*; **e. listing** Börsennotierung *f*; **e. loss** (Fremd)Währungs-, Wechselkurs-, Devisenverlust *m*, Kurseinbuße *f*, K.verlust *m*, Valutaverlust *m*, Verlust aus Kursschwankungen; **~ insurance** Kursverlustversicherung *f*
exchange market Devisenmarkt *m*; **two-tier e. m.** gespaltener Devisenmarkt, Zweistufenmarkt *m*; **e. m. activities** Devisenmarktgeschehen *nt*; **~ disturbances** Währungsunruhe *f*; **~ intervention** Devisenmarktin-

tervention f; ~ **rate** Devisenmarktkurs m
exchange mark-up Währungszuschlag m; **e. offset agreement** Devisenausgleichsabkommen nt; **e. optimum** Handelsoptimum nt; **e. parity** (Wechsel)Kursparität f; **e. price** 1. Kurswert m, Börsenkurs m; 2. Umtauschpreis m; **e. profits** Börsen-, Kurs-, Währungsgewinne; **e. proviso** Umtauschvorbehalt m; **e. quotation** 1. Börsenkursnotierung f; 2. (Wechsel)Kursnotierung f
exchange rate 1. Wechselkurs m; Devisen-, Sorten-, Valuta-, Umtausch-, Umrechnungs-, Währungskurs m; 2. Austausch-, Umtauschverhältnis nt; **stabilizing the e. r.** Wechselkursstabilisierung f; **supporting the e. r.** Kursstützung f; **to peg e. r.s** Wechselkurse in festen Paritäten halten

central exchange rate Leitkurs m; **dicriminatory e. r.s** diskriminierende Wechselkurse; **fixed e. r.** fixer/fixierter/fester/starrer Umrechnungskurs, ~ Wechselkurs; **legally ~ e. r.** gesetzlicher Kurs; **flexible/floating/fluctuating e. r.** freier/gleitender/flexibler/schwankender Wechselkurs; **freely floating/fluctuating e. r.** ungebundener Wechselkurs; **forward e. r.** *(Devisen)* Terminkurs m; **free e. r.** freier Devisenkurs; **green e. r.s** *(EU)* grüne Kurse; **historical e. r.s** historische Kurse; **multiple e. r.** multipler/mehrfacher/gespaltener Wechselkurs; **official e. r.** amtlicher Umtausch-/Wechsel-/Devisenkurs; **par e. r.** Parisatz m, P.kurs m, Wechselparität f, amtlicher Wechselkurs, Wechselkurssatz m; **pegged e. r.(s)** gestützter/fester/starrer Wechselkurs, künstlich gehaltene Parität(en); **stable e. r.** fester Wechselkurs; **trade-weighted e. r.** gewogener Außenwert einer Währung

exchange rate adaptation/adjustment/alignment Wechselkursanpassung f, Währungsangleichung f; ~ **advantage** Wechselkursvorteil m; ~ **change** Wechselkursänderung f; ~ **cover(ing)** Devisenkurs-, Wechselkursabsicherung f; ~ **depreciation** Wechselkursabwertung f; ~ **determination** Wechselkursfeststellung f; ~ **devaluation/down-valuation** Wechselkursabwertung f; ~ **differential** Kursgefälle nt; ~ **equation** Wechselkurs(gleichung) m/f; ~ **fixing** Devisenkursfeststellung f; ~ **fluctuations** Devisenkursschwankungen, Wechselkursausschläge, W.änderungen, Schwankung der Wechselkurse; ~ **forecast** Wechselkursprognose f; ~ **guarantee** (Wechsel)Kursgarantie f; ~ **hedging** Devisenkurssicherung f; ~ **r.-induced** adj wechselkursbedingt; **e. r. mechanism** Wechselkursmechanismus m; ~ **movement** Wechselkursänderung f; ~ **parity** Wechselkursparität f; ~ **pattern** Wechselkursgefüge nt; ~ **policy** Wechselkurspolitik f; ~ **quotations** Kurszettel m, (Devisen)Kursnotierung f; ~ **realignment** Wechselkursberichtigung f, W.anpassung f; ~ **regime** Wechselkursordnung f; ~ **relations** (Wechsel)Kursrelationen; ~ **risk** (Wechsel)Kursrisiko nt; ~ **stability** (Wechsel)Kursstabilität f; ~ **structure** Wechselkursgefüge nt, W.system nt; ~ **support** Stützung des Wechselkurses; ~ **system** Wechselkurssystem nt; **dual ~ system** zweistufiges Wechselkurssystem; ~ **table** Währungstabelle f; ~ **volatility** Kursschwankungen pl

exchange ratio Austauschrelation f, Austausch-, Umtausch-, Umrechnungs-, Bezugsverhältnis nt; **e. regime** Wechselkurskontrolle f; **e. regulations** Börsen-, Devisenbestimmungen; **e. requirements** Devisenanforderungen, D.erfordernisse; **e. reserves** Währungs-, Devisenreserven, D.polster nt *(fig)*; **e. restrictions** Devisen(verkehrs)-, Zahlungsbeschränkungen, devisenrechtliche Beschränkungen, Beschränkungen des Zahlungsverkehrs; ~ **on payments and transfers** Zahlungs-, und Transferbeschränkungen
exchange risk (Wechsel)Kurs-, Währungs-, Valutarisiko nt; **to protect o.s. against the e. r.** sich gegen das Kursrisiko schützen; **e. r. guarantee** Wechselkurs-, Währungsgarantie f
exchange rules 1. Devisenvorschriften; 2. Börsenregeln; **e. service** Vermittlungsdienst m; **e. shortage** Devisenknappheit f; **e. siding** ⛙ Übergabegleis nt; **e. speculation** Börsenspekulation f; **e. stabilization fund** Devisenausgleichs-, Währungsfonds m; **e. stability** Kurs-, Währungsstabilität f; **e. standard** Devisenwährung f; **e. stringency** Devisenknappheit f; **e. student** Austauschstudent(in) m/f; **e. supervision** Börsenaufsicht f; **e. surplus** Devisenüberschuss m; **e. table** Kurstabelle f; **e. telegram** Kursdepesche f; **e. trader** Devisenhändler m; **e. transaction** Devisen-, Börsen-, Kompensationsgeschäft nt; **e. transfer risk** Konvertierungsrisiko nt; **e. value** Markt-, Kurs-, Tausch-, Umrechnungswert m

exchequer n 1. Staatskasse f, Fiskus m; Finanzen pl, Geldvorrat m; 2. *(Firma)* Kasse f; **the E.** *[GB]* Schatzamt nt, Finanzministerium nt; **E. and Audit Department** *[GB]* oberster Rechnungshof; **to pay to the e.** an den Fiskus abführen; **e. account** Schatzkonto nt; **e. bill** *[GB]* (kurzfristige) verzinsliche Schatzanweisung, Schatzwechsel; **e. bond** *[GB]* (langfristige) Schatzanweisung, Staatsobligation f; **e. stock** *[GB]* Schatzanleihe f

excisable adj verbrauchssteuerpflichtig
excise n 1. Verbrauchs-, Waren-, Monopolsteuer f, Akzise f *(obs.)*, indirekte Steuer; 2. Finanzverwaltung f; **e. department** Amt für Verbrauchssteuern
excise duty 1. Waren-, Verbrauchssteuer f, V.abgabe f; 2. Schanksteuer f; **e. duties** Verbrauchsabgaben; **exempt from e. d.** verbrauchssteuerfrei; **liable to e. d.** verbrauchssteuerpflichtig; **e. d. on coffee** Kaffeesteuer f; ~ **matches** Zündwarensteuer f; ~ **salt** Salzsteuer f; ~ **sugar** Zuckersteuer f; ~ **tea** Teesteuer f; ~ **tobacco** Tabaksteuer f
excise licence Schanklizenz f, S.erlaubnis f, S.konzession f; **e.man** n *(obs.)* Steuereinnehmer m; **e. office** Amt für Verbrauchssteuern; **e. revenue(s)** Verbrauchssteueraufkommen nt
excise tax 1. Verbrauchs-, Verbraucher-, Waren-, Konsumsteuer f; 2. Verbrauchsabgabe f; ~ **on cigarettes** Zigarettensteuer f; ~ **heating oil** Heizölsteuer f
excise warehouse Steuerlager nt, S.depot nt
excite v/t auf-, erregen; **e.d** adj erregt, aufgebracht; **to get e.d** sich aufregen; ~ **about nothing** sich künstlich aufregen; **e.ment** n Er-, Aufregung f

exciting *adj* aufregend, anregend, packend, spannend
ex claim ohne Bezugsrecht
exclamation *n* Ausruf *m*; **e. mark** Ausrufezeichen *nt*
ex|cludable *adj* ausschließbar; **e.clude** *v/t* 1. ausschließen, ausklammern; 2. ausweisen, ausstoßen; **e.cluding** *prep* außer, unter Ausschluss von, ausgeschlossen, ausschließlich
exclusion *n* 1. Ausschließung *f*, Ausschluss *m*, Ausnahme *f*; 2. Versicherungsbegrenzung *f*, Haftungsausschluss *m*; **to the e. of** unter Ausschluss von
exclusion|s of aliens Einreiseverbot für Ausländer; **e. of benefits** *(Vers.)* Leistungsausschluss *m*; **e.s from gross income** steuerfreie Einkünfte; **e. of an inheritance** Erbausschließung *f*; **~ jurisdiction** Ausschluss des allgemeinen Gerichtsstandes; **~ land from local jurisdiction** Ausmarkung *f*; **e. from/of liability** Haftungsausschluss *m*; **e. of any liability** Ausschluss jeglicher Haftung; **contractual e. from liability** vertraglicher Haftungsausschluss; **e. due to limitation** anspruchsvernichtende Verjährung; **e. and ouster** Besitzentziehung *f*; **e. of prejudice** Nachteilsverbot *nt*; **~ the public** Ausschluss der Öffentlichkeit; **~ a right** Rechtsausschluss *m*; **~ risks** Risikoausschluss *m*; **contractual ~ set-off** Aufrechnungsverbot *nt*; **~ warranty** Garantieausschluss *m*
contractual exclusions vertraglich festgelegte Ausschlüsse
exclusion clause (Haftungs)Ausschlussklausel *f*; **e. method** *(Steuer)* Abzugsmethode *f*; **e. order** Aufenthaltsverbot *nt*; **e. principle** Ausschlussprinzip *nt*; **e. zone** Sperrzone *f*
exclusive *adj* ausschließlich, exklusiv, vornehm, Exklusiv-; **e.ness** *n* Ausschließlichkeit *f*
exclusivity stipulation *n* Wettbewerbsausschluss *m*
ex contractu *n* *(lat.)* aus Vertrag; **e. coupon** ex/ohne Kupon
exculpatory *adj* [§] entlastend
excursion *n* Ausflug *m*, Exkursion *f*, Sonderfahrt *f*, Tour *f*; **to make an e.** Tour unternehmen; **rural e.** Landpartie *f*; **e. day** *(Schule)* Wandertag *m*; **e. fare** Ausflugstarif *m*, Sonderfahrpreis *m*
excursionist *n* Ausflügler *m*
excursion rate Touristentarif *m*; **advanced purchasing e. tariff (APEX)** ✈ Vorausbuchungstarif *m*; **e. ticket** Ferienbillet *nt*, Ausflugsfahrkarte *f*; **e. train** 🚂 Sonderreise-, Ausflugszug *m*
excus|ability *n* Entschuldbarkeit *f*; **e.able** *adj* entschuldbar
excuse *n* 1. Entschuldigung(sgrund) *f/m*; 2. Ausrede *f*, Vorwand *m*, Ausflucht *f*; **without e.** unentschuldigt; **e. of necessity** [§] Notstand *m*; **all sorts of e.s** alle möglichen Ausflüchte; **to admit of no e.** unentschuldbar sein; **to offer an e.** sich entschuldigen, Entschuldigung vorbringen
blind/flimsy/lame/paltry excuse nichtiger Vorwand, faule/fadenscheinige Ausrede, unzureichende/fadenscheinige Entschuldigung; **without lawful e.** ohne Rechtfertigungsgrund; **legal e.** Schuldausschließungsgrund *m*; **poor e.** billige Ausrede; **reasonable e.** ausreichende Entschuldigung

excuse *v/t* 1. entschuldigen, verzeihen; 2. dispensieren; 3. [§] exkulpieren; **e. o.s.** sich entschuldigen; **e.d** *adj* entschuldigt
ex-directory *adj* [GB] ☏ nicht im Telefonbuch verzeichnet
ex distribution ohne Ausschüttung; **e. dividend (xd)** 1. ohne/ausschließlich/abzüglich/ex Dividende (eD), dividendenlos; 2. Börsenwert der Aktie ausschließlich der erklärten Dividende; **e. dock** ab Kai; **e. drawing** ex/ohne Ziehung; **e. due** ex/ohne Bezugsrecht
execut|able *adj* ausführbar, vollziehbar; **e.ant** *n* Vollzieher *m*, Ausführende(r) *f/m*
execute *v/t* 1. aus-, durchführen, vollstrecken, zur Ausführung bringen, abwickeln, ausüben, vollziehen; 2. *(Urkunde)* ausfertigen, unterzeichnen; 3. exekutieren, hinrichten; 4. 🖥 *(Befehl)* abarbeiten, ausführen
executed *adj* 1. ausgeführt; 2. ausgefertigt; **properly e.** rechtsverbindlich unterschrieben
execution *n* 1. Aus-, Durchführung *f*, Erledigung *f*, Vornahme *f*, Handhabung *f*; 2. (Zwangs)Vollstreckung *f*, Pfändung *f*, Vollzug *m*, Vollziehung *f*; 3. Hinrichtung *f*, Exekution *f*; 4. 🏛 Bauausführung *f*; 5. *(Urkunde)* Ausfertigung *f*, Unterzeichnung *f*; **exempt from e.** nicht der Zwangsvollstreckung unterliegend/unterworfen, unpfändbar; **subject to e.** pfändbar; **under an e.** auf Grund einer Vollmacht; **by way of e.** im Wege der Pfändung
execution of the articles of incorporation Feststellung der Satzung; **~ a bargain** Erfüllung eines Wertpapiergeschäfts; **e. on bond** Vollstreckung gegen Sicherheitsleistung; **e. of contract** 1. Vertrags-, Kontrakterfüllung *f*; 2. rechtswirksame Vertragsausfertigung; **~ juvenile court sentences** Jugendstrafvollzug *m*; **~ a death sentence** Vollstreckung eines Todesurteils, Hinrichtung *f*; **e. imposed on debtor's immovable property** Zwangsvollstreckung in das unbewegliche Vermögen; **e. of a deed** Unterzeichnung einer Urkunde; **~ a document** Ausstellung einer Urkunde; **~ duty** Erfüllung einer Amtspflicht, Ausübung einer Pflicht; **in the ~ one's duties** bei der Ausübung seines Amtes, in Ausübung seiner Pflicht; **e. upon real estate** Immobiliarvollstreckung *f*; **e. of/under a judgment** [§] (Zwangs-)Vollstreckung aus einem Urteil, Urteilsvollstreckung *f*; **e. of the letters rogatory** [§] Erledigung eines Rechtshilfeersuchens; **e. for a money debt** Beitreibung *f*; **e. of a mortgage; e. and registration of a mortgage** Hypothekenbestellung *f*, Bestellung einer Hypothek; **e. of an order** 1. Auftragsabwicklung *f*, A.ausführung *f*, A.erledigung *f*, Ausführung/Erledigung eines Auftrages; 2. [§] Durchführung einer Verfügung; **to advise the ~ order** Ausführung eines Auftrages anzeigen; **e. in part** Teilvollstreckung *f*; **e. of payments** Abwicklung des Zahlungsverkehrs; **~ a prison sentence** Haftvollzug *m*; **e. levied by seizure** Pfändung *f*, Mobiliarzwangsvollstreckung *f*; **e. of a sentence** Strafvollstreckung *f*, S.vollzug *m*; **e. by sequestration** Vollstreckung durch Herausgabe an den Gerichtsvollzieher; **~ shooting** Erschießung *f*; **e. of a will** Testamentsvollstreckung *f*, Vollstreckung eines Testaments; **e. by writ of delivery**

Zwangsvollstreckung durch Wegnahme; **e. of the works** 🏛 Bauaufführung *f*
execution returned Unpfändbarkeitsbescheinigung *f*; **liable to e.** der Zwangsvollstreckung unterliegend **to apply for execution** Vollstreckung beantragen; **to be subject to e.** der Vollstreckung unterliegen; **to issue/levy an e.** (Zwangs)Vollstreckung verfügen; **to levy an e. against so.** bei jdm pfänden lassen; **to pay in order to ward off an e.; to satisfy an e.** Zwangsvollstreckung durch Zahlung abwenden, zur Abwendung der Zwangsvollstreckung bezahlen; **to put into e.** ausführen; **to return an e. nulla bona** *(lat.)*/**unsatisfied** §️ (Zwangs)Vollstreckung mangels Masse einstellen; **to seek e.** Vollstreckung beantragen; **to stay the e.** Zwangsvollstreckung aufschieben/aussetzen/einstellen; **~ of a decision** Vollstreckung aussetzen; **~ of a decree** Beschluss aussetzen; **to suspend the e. of a sentence** Strafvollzug/S.vollstreckung aussetzen, Vollstreckung vorübergehend einstellen; **to take in e.** pfänden
due execution *(Testament)* Errichtung in gehöriger Form; **faulty e.** mangelhafte Ausführung; **fresh e.** erneute Pfändung; **general e.** Zwangsvollsteckung in das bewegliche Vermögen, Vollstreckung in bewegliche Sachen; **immediate e.** Sofortvollzug *m*; **partial e.** Teilausführung *f*; **special e.** 1. Vollstreckung an einem bestimmten Gegenstand; 2. vollstreckbare Ausfertigung; **unsatisfied e.** erfolglose Zwangsvollstreckung
execution commission Ausführungsprovision *f*; **e. costs** Pfändungskosten; **e. creditor** (Zwangs)Vollstreckungsgläubiger(in) *m/f*, gerichtlich anerkannte(r) Gläubiger(in); **e. debtor** Vollstreckungsschuldner(in) *m/f*; **e. deed** vollstreckbare Urkunde
executioner *n* 1. Henker *m*, Scharfrichter *m*; 2. Pfändungsbeamter *m*, Vollstrecker *m*
execution lien 1. Vollstreckungs-, Pfändungspfandrecht *nt*; 2. Arresthypothek *f*; **e. order** Ausführungsbeschluss *m*; **e. phase** Ausführungsphase *f*; **administrative e. procedure** Verwaltungszwangsverfahren *nt*; **e. proceedings** (Zwangs)Vollstreckungsverfahren *nt*; **e. sale** Zwangsversteigerung *f*, Vollstreckung durch Versteigerung; **e. slip** Ausführungsbogen *m*; **e. squad** Exekutionskommando *nt*; **e. time** Ausführungszeit *f*
executive *n* 1. leitende(r) Angestellte(r), Führungskraft *f*, Direktor(in) *m/f*, Vorstand(smitglied) *m/nt*, Geschäftsführer(in) *m/f*, Angestellte(r) in leitender Stellung, Mitglied der Unternehmensleitung, Leitungsbeauftragte(r)*f/m*; 2. Exekutive *f*; **e.s** Führungskräfte, F.personal *nt*, leitende Angestellte
chief executive 1. Vorstandsvorsitzender *m*, (Haupt-)Geschäftsführer *m*, Generaldirektor *m*, G.bevollmächtigter *m*; 2. *[GB]* Stadt-, Gemeindedirektor *m*, oberster Verwaltungsbeamter einer Gebietskörperschaft/Gemeinde; **~ candidate** Kandidat für den Vorstandsvorsitz; **~ designate** zukünftiger Vorstandsvorsitzender; **~ officer (CEO)** 1. Vorstandsvorsitzender *m*, V.sprecher *m*, Generaldirektor *m*; 2. Verwaltungsratsvorsitzender *m*; 3. Oberstadtdirektor *m*; **female e.** weibliche Führungskraft; **financial e.** Finanzvorstand *m*, F.chef *m*; **functional e.** Funktionsträger *m*; **industrial e.** *[US]* Gewerbeaufseher *m*; **junior e.** Nachwuchskraft *f*; **senior e.** leitender Angestellter; **top e.** Spitzenmanager *m*, S.kraft *f*, leitender Angestellter, Spitzenführungskraft *f*, Mitglied der Geschäftsführung; **young e.s** Führungsnachwuchs *m*
executive *adj* 1. geschäftsführend, (g.)leitend; 2. ausführend, ausübend, vollziehend
executive allowance Vergütung für leitende Angestellte; **e.s' representative body** *(Vorstand)* Sprecherausschuss *m*; **e. (brief)case** Diplomatenkoffer *m*; **e. chair** Chefsessel *m*; **e. desk** Chefschreibtisch *m*; **e. development** Weiterbildung von Führungskräften; **e. dining room** Geschäftsführerkantine *f*, Kasino *nt*; **e. duties** Führungsaufgaben; **e. employee** leitende(r) Angestellte(r); **e. floor** Vorstandsetage *f*, V.ebene *f*, Chefetage *f*; **e. function** Exekutiv-, Führungsaufgabe *f*, Leitungsfunktion *f*; **e. furniture** Büromöbel für Direktoren; **e. game** Unternehmensplanspiel *nt*; **e. jet** ✈ Privatjet für Manager; **to be e. material** das Zeug zum Manager haben; **e. offices** Hauptverwaltung *f*; **e. position/post** leitende Stellung, Spitzen-, Führungsposition *f*, Vorstandsamt *nt*; **e. recruiter** Vermittler von Führungspersonal/F.kräften; **e. recruitment** Anwerbung/Vermittlung von Führungskräften; **e. ruling** Verwaltungsverfügung *f*; **e. search** Suche nach Führungskräften; **~ consultant** Personal-, Unternehmensberater *m*, U.beratung *f*, Kopfjäger *m* *(coll)*; **e. staff** leitendes Personal, leitende Angestellte, Führungskräfte *pl*, F.personal *nt*; **e. suite** Vorstandsetage *f*; **e. team** Führungsgruppe *f*, F.mannschaft *f*; **e. time** Zeitaufwand von Führungskräften; **e. training** Aus-/Weiterbildung/Schulung von Führungskräften, Nachwuchsausbildung *f*, N.förderung *f*
executivitis *n* *(coll)* Managerkrankheit *f*
executor *n* 1. Vollzieher *m*, Vollstrecker *m*, Vollziehungsbeamter *m*; 2. Testamentsvollstrecker *m*, Nachlass-, Erbschaftsverwalter *m*, Nachlasspfleger *m*; **e. by substitution** Ersatztestamentsvollstrecker *m*; **e. de son tort** *(frz.)* nicht autorisierter Testamentsvollstrecker; **e. and trustee** Testamentsvollstrecker und Vermögensverwalter *m*; **~ department** Treuhandabteilung *f*; **e. nominate** testamentarisch bestellter Testamentsvollstrecker; **to appoint an e.** Testamentsvollstrecker bestellen/einsetzen
joint executor Mittestamentsvollstecker *m*; **limited e.** Testamentsvollstrecker mit beschränkten Befugnissen; **rightful e.** ordnungsgemäß eingesetzter Testamentsvollstrecker; **sole e.** alleiniger Testamentsvollstrecker; **special e.** gegenständlich beschränkter Gerichtsvollzieher
executor's bond Testamentsvollstreckerkaution *f*, Kaution des Testamentsvollstreckers; **~ decree** Testamentsvollstreckerbestellung *f*
executorship *n* 1. Testamentsvollstreckeramt *nt*; 2. Testamentsvollstreckung *f*; **e. account** Testamentsvollstreckerkonto *nt*; **e. law** Testamentsvollstreckerrecht *nt*
executory *adj* unvollzogen
executrix *n* (Testaments)Vollstreckerin *f*, T.verwalterin *f*

exemplary *adj* musterhaft, m.gültig, vorbildlich, exemplarisch, beispielhaft
exemplification *n* 1. Veranschaulichung *f*, Exemplifizierung *f*; 2. [§] Ausfertigung *f*
exemplify *v/t* 1. exemplifizieren, veranschaulichen; 2. [§] ausfertigen
exempt *v/t* befreien, ausnehmen, dispensieren, freistellen, verschonen; **e.(ed) from** *adj* frei von, ausgenommen; **to be e.(ed)** befreit sein, ausgenommen sein
exemption *n* 1. Befreiung *f*, Ausnahme(genehmigung) *f*, Dispens *m*, Sonderprivileg *nt*, Verschonung *f*, Tarifausnahme *f*, Nichterhebung *f*; 2. *(Steuer)* Freibetrag *m*, F.grenze *f*; **e.s pfändungsfreie Gegenstände**
exemption from attachment Pfändungsschutz *m*; ~ **charges** Kosten-, Gebührenfreiheit *f*; ~ **contributions** Beitragsbefreiung *f*, B.freiheit *f*, B.freistellung *f*; ~ **corporation tax** Körperschaftssteuerbefreiung *f*; ~ **costs** Kostenbefreiung *f*, K.erlass *m*; ~ **customs (duty); ~ duty** ⊖ Zollbefreiung *f*, Z.freistellung *f*, Z.freiheit *f*, Befreiung vom Zoll; ~ **dues** Gebührenfreiheit *f*, G.erlass *m*; ~ **duties and taxes** Befreiung von Abgaben; ~ **normal duties** *(Arbeit)* Freistellung *f*; ~ **judicial enforcement** [§] Vollstreckungsschutz *m*; **e. of export deliveries** Steuerbefreiung bei der Ausfuhr; **e. from execution** Unpfändbarkeit *f*; ~ **import duties** Einfuhrabgabenbefreiung *f*; ~ **imprisonment** Haftverschonung *f*; ~ **jurisdiction** Befreiung von der Gerichtsbarkeit; ~ **land tax** Grundsteuerbefreiung *f*; ~ **land transfer tax** Grunderwerbssteuerbefreiung *f*; ~ **liability** Haftungsausschluss *m*, H.freistellung *f*, H.befreiung *f*; ~ **liability for negligence** *(Haftung)* Schuldausschluss *m*; ~ **liability clause** Freizeichnungsklausel *f*; ~ **from marriage impediments** Ehedispens *m*; ~ **postage** Porto-, Gebührenfreiheit *f*; ~ **punishment** Straflosigkeit *f*; ~ **prospectus requirement** Prospektbefreiung *f*; ~ **prosecution** [§] Unverfolgbarkeit *f*; ~ **realty transfer tax** *[US]* Grunderwerbssteuerbefreiung *f*; ~ **criminal responsibility** [§] Ausschluss der strafrechtlichen Verantwortung, Indemnität *f*; ~ **sales tax** Umsatzsteuerfreiheit *f*, U.befreiung *f*; ~ **school fees** Schulgeldfreiheit *f*; ~ **seizure** Pfändungsfreibetrag *m*, P.freigrenze *f*; P.schutz *m*, Unpfändbarkeit *f*, Vollstreckungsschutz *m*; ~ **military/national service** ⚔ Wehrdienstbefreiung *f*; ~ **stamp duty** Stempelfreiheit *f*; ~ **tax(es)** Abgabenbefreiung *f*, A.freiheit *f*, Steuerbefreiung *f*, S.freiheit *f*; ~ **VAT (value added tax)** Mehrwertsteuerbefreiung *f*
to grant an exemption Befreiung bewilligen
blanket/flat exemption 1. pauschale Befreiung; 2. pauschaler Freibetrag, Pauschalfreibetrag *m*; **individual e.** Einzelausnahme *f*; **industry-wide e.** Bereichsausnahme *f*; **partial e.** teilweise Abgabenbefreiung; **personal e.** *[US]* persönlicher (Steuer)Freibetrag; **stimulative e.** Steuervergünstigung *f*; **total e.** vollständige Abgabenbefreiung
medical exemption certificate ärztliches Attest; **e. clause** Freistellungs-, Ausnahme-, Freizeichnungs-, Immunitäts-, Befreiungsklausel *f*; **e. limit** (Steuer)Freigrenze *f*; **e. order** Freistellungsverfügung *f*, Erlassbescheid *m*; **e. period** Freistellungszeit *f*; **e. privilege** Ausnahmevorrecht *nt*; **e. proceedings** Freistellungsverfahren *nt*; **e. provisions/rules** (Sonder)Befreiungsvorschriften, B.bestimmungen

exequies *pl* Totenfeier *f*
exercisable *adj* ausübbar, anwendbar
exercise *n* 1. Ausübung *f*, Wahrnehmung *f*, Anwendung *f*, Gebrauch *m*, Dienst-, Pflichterfüllung *f*; 2. Übungsaufgabe *f*; 3. Üben *nt*
exercise of authority Ausübung eines Rechts; ~ **public authority** Ausübung der öffentlichen Gewalt; ~ **a banking profession** Ausübung einer Banktätigkeit; ~ **discretion** Ermessensausübung *f*, E.gebrauch *m*, Ausübung des Ermessens; ~ **domination** Herrschaftsausübung *f*; ~ **a function** Ausübung eines Amtes; ~ **jurisdiction** Ausübung der Gerichtsbarkeit; ~ **an office** Ausübung/Verwaltung eines Amtes; ~ **an option** Optionsausübung *f*, Ausübung des Prämienrechts; ~ **power** Macht-, Vollmachtsausübung *f*; ~ **powers** Ausübung der Rechte; ~ **one's profession** Berufsausübung *f*; ~ **rights** Ausübung der Rechte, Rechtsausübung *f*; ~ **one's right** Genuss eines Rechts
abusive/improper/inadmissible exercise of a right unzulässige Rechtsausübung, Rechtsmissbrauch *m*; ~ **a subscription right** Ausübung des Bezugsrechts, Bezugsrechtsausübung *f*; ~ **taxing powers** Ausübung der Steuerhoheit; ~ **one's trade** Berufsausübung *f*; ~ **the voting right(s)** Stimmrechtsausübung *f*, Ausübung des Wahl-/Stimmrechts; ~ **one's will** Willensausübung *f*
cash-raising exercise Kapitalbeschaffungsmaßnahme *f*; **cost-cutting/cost-saving e.** Sparmaßnahme *f*, Unkostenverringerung *f*, (Kosten)Einsparungsnahme *f*, Einsparung von Kosten, Maßnahmen zur Kostensenkung; **fund-raising e.** Aktion zur Kapitalbeschaffung, (Durchführung einer) Kapitalerhöhung, K.beschaffungsmaßnahme *f*; **in-basket e.** *(Fallstudie)* Postkorbspiel *nt*; **physical e. (PE)** körperliche Ertüchtigung, Leibesübungen *pl*
exercise *v/t* 1. ausüben, anwenden, geltend machen; 2. üben
exercise book *(Schule)* (Schreib)Heft *nt*, Übungsbuch *nt*; **e day** *(Option)* Ausübungstag *m*; **e. price** Kurs bei Optionsausübung, Ausübungspreis *m*, Options-, Basispreis *m*; ~ **interval** Basispreisschritt *m*
exercising of an option *n* Optionsausübung *f*
exert *v/t* *(Druck)* ausüben; **e. o.s.** *v/refl* sich (über)anstrengen
exertion *n* (Kraft)Anstrengung *f*, Strapaze *f*; **e. of influence** Einflussnahme *f*; ~ **pressure** Druckausübung *f*; ~ **all one's strength** Einsatz aller Kräfte; **e.s of travelling** Reisestrapazen; **financial e.** finanzieller Kraftakt
ex factory ab Werk/Fabrik; ~ **price** Preis ab Werk
ex gratia *(lat.)* ohne Anerkennung einer Rechtspflicht, auf dem Kulanzwege, Kulanz-; ~ **payment** Gratifikation *f*, Sonderzahlung *f*, Entschädigungsleistung *f*
exhaust *v/t* 1. aus-, erschöpfen, aufbrauchen, ausreizen, (vollständig) verbrauchen, ermatten; 2. *(Geldmittel)* ganz ausgeben
exhaust *n* 🚗 Auspuff *m*; **e. air** Abluft *f*; **e. control** 🚗 Abgaskontrolle *f*; **e. duct** ✿ Abzugskanal *m*

exhausted *adj* ausgeschöpft, erschöpft, leer, fertig; **to be e.** *(Möglichkeiten)* ausgereizt sein; **utterly e.** zu Tode/völlig erschöpft
exhaust emission control ✪ Abgasentgiftung *f*; ~ **device** Abgasentgiftungsanlage *f*; ~ **standards** Abgasnormen, A.vorschriften; ~ **test** Abgastest *m*
exhaust fumes 🚗 Auspuff-, Abgase; **e. gas** Ab-, Auspuffgas *nt*
exhaust|able *adj* erschöpfbar; **e.ing** *adj* erschöpfend, aufreibend, anstrengend
exhaustion *n* 1. Erschöpfung *f*, Entkräftung *f*; 2. Ausschöpfung *f*; **e. of appellate instances** [§] Erschöpfung des Instanzenweges; ~ **(legal) remedies/rights** [§] Ausschöpfung/Ausnutzung/Erschöpfung des Rechtsweges, ~ Rechtsmittel; **complete e.** völlige Erschöpfung; **unconsidered e.** Raubbau *m*
exhaustive *adj* 1. erschöpfend, vollständig; 2. *(Betrieb)* Abbau-
exhaust nozzle 🚗 Auspuff(endrohr) *m*/*nt*; **e. pipe** Auspuffrohr *nt*; **e. pollution** (Umwelt)Verschmutzung durch Auspuffgase; **e. turbine** ✪ Abgasturbine *f*; **e. system** Auspuff *m*
ex heading Ex-Position *f*
exhibit *v/t* 1. *(Ware)* ausstellen, auslegen, zur Schau stellen; 2. *(Fertigkeiten)* unter Beweis stellen; **e. (goods) at a fair** (Waren) auf einer Messe ausstellen, Ausstellung beschicken
exhibit *n* 1. Ausstellungsstück *nt*, A.artikel *m*, A.gegenstand *m*, A.objekt *nt*, Exponat *nt*, ausgestellter Gegenstand, A.objekt *nt*, Schauobjekt *nt*; 2. [§] Beweisgegenstand *m*, B.mittel *nt*, Anlage *f*; **e.s** Ausstellungsgüter, Messegut *nt*
exhibition *n* 1. Ausstellung *f*, Schau *f*, Zurschaustellung *f*; 2. Vorführung *f*; 3. *(Urkunde)* Einreichung *f*, Vorlage *f*; 4. *[GB]* Stipendium *nt*; **special e. of the building trades** Fachschau des Baugewerbes; **e. of deeds** Vorlage von Urkunden; ~ **the food-processing industry** Nahrungs- und Genussmittelausstellung *f*
to be on exhibition ausgestellt sein; **to stage an e.** Messe/Ausstellung veranstalten
competitive exhibition Leistungsschau *f*; **flying/itinerant/travelling e.** Wanderausstellung *f*; **indecent e.** [§] sittenwidriges Zurschaustellen; **industrial e.** Industrie-, Gewerbeausstellung *f*, Industriefachmesse *f*; **instructive e.** Lehrschau *f*; **international e.** internationale Ausstellung; **joint e.** Kollektivschau *f*; **permanent e.** Dauerausstellung *f*; **special e.** Sonderausstellung *f*, S.schau *f*
exhibition advertising Ausstellungs-, Messewerbung *f*; **e. board** Ausstellungsbehörde *f*, A.leitung *f*; **e. booth** Ausstellungs-, Messestand *m*; **e. building** Ausstellungs-, Messegebäude *nt*; **e. enter** *[US]* /**centre** *[GB]* Messeplatz *m*, M.zentrum *nt*; **e. corporation** Messe-, Ausstellungsgesellschaft *f*; **e. costs** Ausstellungskosten; **e. goods** Ausstellungsgut *nt*; **e. grounds** Messe-, Ausstellungsgelände *nt*, A.platz *m*, A.park *m*; **e. hall** Messehalle *f*, M.gebäude *nt*, Ausstellungshalle *f*; **e. insurance** Ausstellungs-, Messeversicherung *f*
exhibition|ism *n* Exhibitionismus *m*; **e.ist** *n* Exhibitionist *m*

exhibition model Ausstellungs-, Messemodell *nt*; **e. priority** Ausstellungspriorität *f*; **e. regulations** Messeordnung *f*; **e. room** Ausstellungsraum *m*; **e. site** Ausstellungs-, Messegelände *nt*, Ausstellungsplatz *m*; **e. space** Stand-, Ausstellungsfläche *f*; **to rent e. space** Ausstellungsfläche mieten; **e. stand** Ausstellungs-, Messestand *m*
exhibitor *n* 1. Aussteller *m*, ausstellende Firma, Messeteilnehmer *m*, M.beschicker *m*, Schausteller *m*, Exponent *m*; 2. [§] Einreicher *m*; **total number of e.s** Messebeteiligung *f*; **foreign e.s** *(Messe)* Auslandsbeteiligung *f*; **individual e.** Einzelaussteller *m*; **e.'s identification/pass** Ausstellerausweis *m*
exhort *v/t* ermahnen; **e.ation** *n* Ermahnung *f*
ex|humation *n* Exhumierung *f*, Leichenausgrabung *f*; **e.hume** *v/t* exhumieren
exigence; exigency *n* Dringlichkeit *f*, dringender Fall, Not-, Zwangslage *f*, schwierige Lage, dringendes Erfordernis, Not *f*; **e. of a writ** [§] Tenor einer Gerichtsverfügung; **practical exigencies** praktische Bedürfnisse
exigent *adj* dringend, dringlich, zwingend
exiguous *adj* 1. klein, winzig; 2. *(Einkommen)* gering, dürftig
exile *n* 1. Exil *nt*, Verbannung *f*, Landesverweis(ung) *m*/*f*; 2. Verbannte(r) *f*/*m*; *v/t* des Landes verweisen, ins Exil schicken, verbannen, expatriieren
ex interest ohne Zinsen, ex Stückzinsen
exist *v/i* 1. existieren, vorhanden sein, bestehen, 2. existieren, leben; 3. vorkommen
existence *n* 1. Bestehen *nt*, Da-, Vorhandensein *nt*; 2. Existenz *f*, Leben *nt*; 3. Vorliegen *nt*; **in e.** bestehend, vorhanden; **ostensible e. of a right** Rechtsschein *m*
to call into existence ins Leben rufen; **to come into e.** entstehen; **to lead a drab e.** Schattendasein führen; **to pass out of e.** aufhören zu bestehen; **to remain in e.** weiter(hin) bestehen (bleiben); **to talk into e.** herbeireden
continued/ongoing existence (Weiter-/Fort)Bestand *m*, Fortführung *f*; **hand-to-mouth e.** unsichere Existenz; **independent e.** Eigenleben *nt*; **legal e.** Rechtsbestand *m*; **secure e.** gesicherte/sichere Existenz; **shadowy e.** Schattendasein *nt*
existent *adj* bestehend, gegenwärtig, vorhanden
existing *adj* bestehend, vorhanden, vorliegend, bisherig, alt, existent, gegeben, Alt-
exit *n* 1. Abgang *m*, Ausscheiden; 2. Ausgang *m*; 3. Ausreise *f*; 4. Ausstieg *m*; 5. *(fig)* Ausweg *m*; 6. (Autobahn)Ausfahrt *f*; **e. from the Community** ⊖ *(EU)* Austritt aus der Gemeinschaft; **green e.** ⊖ grüner Ausgang; **red e.** ⊖ roter Ausgang
exit *v/ti* 1. 🚗 *(Autobahn)* ausfahren; 2. 💻 verlassen
exit permit Ausreiseerlaubnis *f*; **e. point** 1. ⊖ Ausfuhrort *m*, Ausgangszollstelle *f*; 2. ⊖ Anschlussstelle *f*; **e. poll** Befragung von Wählern nach Stimmabgabe, ~ bei Verlassen des Wahllokals; **e. price** (Anlage)Wert bei Außerbetriebnahme; **e. statement** 💻 Leeranweisung *f*; **(current) e. value** Veräußerungspreis *m*, Liquidationswert *m*; **e. visa** Ausgangsbescheinigung *f*, Ausreisevisum *nt*

exitus *n (lat.)* ⚰ Tod *m*
ex-member *n* früheres Mitglied
ex mill ab Werk/Fabrik; **e. new** ohne Bezugsrecht
exodus *n* Massenflucht *f*; **e. of capital** Kapitalflucht *f*, K.abwanderung *f*, Abwanderung von Kapital; **e. from the cities** Stadtflucht *f*; **rural e.** Landflucht *f*
ex-offender *n* [§] Vorbestrafter *m*
ex officio *(lat.)* von Amts wegen, in amtlicher Eigenschaft, ex officio; **to act ex o.** amtlich tätig sein/werden
exogenous *adj* exogen, außen erzeugt
ex|onerate *v/t* [§] entlasten, freisprechen, exkulpieren, befreien; **e.onerating** *adj* entlastend; **e.oneration** *n* Freizeichnung *f*, Entlastung *f*, Befreiung *f*; ~ **clause** Freizeichnungsklausel *f*
exorbi|tance *n* Maßlosigkeit *f*, Wucher *m*; **e.tant** *adj* maßlos, überhöht, übermäßig, übertrieben, überzogen, unmäßig, unerschwinglich, zu hoch, horrend, exorbitant
exotic *adj* fremdländisch, f.artig, exotisch
expand *v/ti* 1. ausdehnen, ausweiten, erweitern, vergrößern, ausbauen; 2. expandieren, größer werden, zunehmen, sich entwickeln, auf Wachstumskurs sein; **e. on sth.** *(Gedanke)* weiter ausführen
expand|able *adj* erweiterbar, ausbaufhäig; **e.ed** *adj* ausgeweitet, vergrößert; **e.ing** *adj* expandierend
expansion *n* (Wirtschafts)Ausweitung *f*, Erweiterung *f*, Ausdehnung *f*, Ausbreitung *f*, Ausbau *m*, Expansion *f*, Vergrößerung *f*, Zunahme *f*, Wachstum *nt*
expansion of economic activity Konjunkturauftrieb *m*; ~ **entrepreneurial activity** Erweiterung der Unternehmenstätigkeit; **multiple ~ commercial bank money** multiple Giralgeldschöpfung; ~ **business** Geschäftsausdehnung *f*; ~ **business activity** Konjunktur-, Wirtschaftswachstum *nt*, konjunkturelles/wirtschaftliches Wachstum; ~ **capacity** Kapazitätsausbau *m*, K.ausweitung *f*, K.erweiterung *f*; ~ **capital stock** Kapitalaufstockung *f*; ~ **consumption** Verbrauchsexpansion *f*; ~ **credit** Kreditausweitung *f*; **multiple ~ credit/deposits** multiple Giralgeldschöpfung; ~ **demand** Nachfrageausweitung *f*, N.expansion *f*; ~ **the economy** Konjunktur-, Wirtschaftswachstum *nt*, wirtschaftliches/konjunkturelles Wachstum, Erweiterung des Wirtschaftskreislaufs; ~ **liquidity** Liquiditätsausweitung *f*; ~ **the money supply** Geldmengenwachstum *nt*, Kreditschöpfung *f*, monetäre Expansion; ~ **operations** Ausweitung der Aktivitäten; ~ **plant facilities** Kapazitäts-, Betriebs-, Fertigungs-, Produktionserweiterung *f*; ~ **production** Produktionsausweitung *f*, P.ausdehnung *f*; ~ **sales** Absatzausweitung *f*; ~ **turnover** Umsatzausweitung *f*; ~ **trade** Handelsausweitung *f*
cyclical expansion konjunktureller/wirtschaftlicher Aufschwung; **diagonal e.** diagonales Wachstum (durch Herstellung neuer Produkte auf vorhandenen Anlagen); **downstream e.** Erhöhung der Verarbeitungstiefe, Vorwärtsintegration *f*; **eastern e.** *(EU)* Osterweiterung *f*; **economic e.** Wirtschaftswachstum *f*, wirtschaftliche Ausweitung/Ausdehnung; **excessive e.** Hypertrophie *f*; **export-led e.** exportinduziertes/exportbedingtes Wachstum; **fiscal e.** Steuerausweitung *f*;

forced-draught e. beschleunigtes Wirtschaftswachstum; **horizontal e.** horizontale Integration; **industrial e.** Industrie-, Betriebsausweitung *f*, B.erweiterung *f*, industrielle Expansion; **monetary e.** Geldexpansion *f*, G.(mengen)ausweitung *f*, Liquiditätsausweitung *f*; **rapid e.** stürmisches Wachstum, stürmische Expansion; **southern e.** *(EU)* Süderweiterung *f*; **territorial e.** Gebietserweiterung *f*, G.vergrößerung *f*, territoriale Ausdehnung; **upstream e.** Rückwärtsintegration *f*; **vertical e.** vertikale Integration
expansionary *adj* expansiv, Wachstums-
expansion board 💻 Erweiterungsplatine *f*; **e. card** Erweiterungskarte *f*; **e. curb** Wachstums-, Expansionsbremse *f*; **e. curve** Expansionskurve *f*; **e. demand** Erweiterungsbedarf *m*; **e. forecast** Expansionsprognose *f*; **e. investment** Erweiterungsinvestition *f*
expansion|ism *n* Expansionspolitik *f*, E.drang *m*; **e.ist** *adj* expansionistisch, expansiv, expansionsfreudig; *n* Anhänger der Expansionspolitik
expansion multiplier Expansionsmultiplikator *m*; **e. pace** Expansionstempo *nt*; **e. path** Expansions-, Wachstumspfad *m*, Faktoranpassungskurve *f*, F.ausdehnungsfunktion *f*, F.pfad *m*; **e. scheme** Erweiterungsplan *m*, E.programm *nt*, E.maßnahme *f*; **e. signal** Wachstumssignal *nt*; **e. slot** Erweiterungssteckplatz *m*
expansive *adj* 1. expansionsfreudig, expansiv; 2. *(Person)* mitteilsam
ex parte *(lat.)* [§] von einer Partei kommend, einseitig, auf einseitigen Antrag (ohne Anhörung der Gegenseite)
expatriate *v/t* ausbürgern, expatriieren; *n* 1. Ausgebürgerte(r) *f/m*; 2. ausländischer Mitarbeiter; 3. im Ausland lebender Staatsbürger; **e. worker** ausländischer Arbeiter
expatriation *n* Ausbürgerung *f*, Expatriierung *f*, Aberkennung/Entziehung der Staatsangehörigkeit, ~ Staatsangehörigkeit
expect *v/t* 1. erwarten, annehmen; 2. erwarten, zumuten
expectancy *n* 1. Erwartung *f*; 2. Erfahrungswert *m*, subjektive Wahrscheinlichkeit; 3. Anwartschaft(srecht) *f/nt*; **e. of inheritance** Erbanwartschaft *f*
expectant *adj* 1. erwartungsvoll; 2. ⚰ schwanger
expectation *n* 1. Erwartung *f*, Aussicht *f*, Hoffnung *f*; 2. Erwartungswert *m*; **according to e.** erwartungsgemäß; **beyond (all) e.; contrary to all e.** wider alle Erwartungen; **e. of good faith** Grundsatz von Treu und Glauben; ~ **life** 1. Lebenserwartung *f*; 2. vermutete Lebensdauer; **complete ~ life** mittlere Lebenserwartung; ~ **loss** Schadenserwartung *f*
to answer expection|s; to be in line with e.s; to come up to e.s nach Wunsch ausfallen, den Erwartungen entsprechen; **to develop in line with e.s** sich den Erwartungen entsprechend entwickeln; **to exceed/surpass e.s** Erwartungen übersteigen/übertreffen; **to fall short of/below e.s** den Erwartungen nicht entsprechen, die Erwartungen nicht erfüllen, hinter den Erwartungen zurückbleiben; **to measure up to e.s** den Erwartungen entsprechen; **to run ahead of e.s** schneller steigen als erwartet; **to scale down e.s** Erwartungen zurücknehmen/z.schrauben

conditional expectation bedingter Erwartungswert; **entrepreneurial e.** Unternehmererwartung *f*; **great/high e.s** hochgespannte Erwartungen; **inflationary e.** Inflationserwartung *f*, inflationäre Tendenzen; **mathemetical e.** mathematische Erwartung; **pessimistic e.s** negative Erwartungen; **wildest e.s** kühnste Erwartungen
expectation hypothesis Erwartungshypothese *f*; **e. parameter** Erwartungsparameter *m*; **e. test** Erwartungstest *m*; **e. value** (mathematischer) Erwartungswert; **e. variable** Erwartungsvariable
expected *adj* erwartet, voraussichtlich, konjektural; **as e.** erwartungsgemäß; **e. to arrive (eta)** voraussichtliche Ankunftszeit; **~ complete (etc)** zu erwartendes Löschende; **~ sail (ets)** voraussichtliche Schiffsabfahrt
to be expecting Kind bekommen
expedience; expediency *n* Zweckdienlichkeit *f*, Z.mäßigkeit *f*, Ratsamkeit *f*, Sachdienlichkeit *f*, Opportunität *f*; **practical e.** praktische Zweckmäßigkeit
expedient *adj* (zweck)dienlich, angebracht, angemessen, vorteilhaft, ratsam, sinnvoll, zweckmäßig, sachdienlich; *n* Behelf(smittel) *m/nt*, Notbehelf *m*, geeignetes Mittel, Ausweg *m*; **temporary e.** Notbehelf *m*, Behelfslösung *f*
expedite *v/t* 1. beschleunigt abfertigen, expedieren; 2. beschleunigen; **e.r** *n* Terminjäger *m*, T.überwacher *m*
expediting *n* 1. Expedition *f*; 2. Terminüberwachung *f*; **e. control** Terminverfolgung *f*
expedition *n* 1. Expedition *f*; 2. Beschleunigung *f*, Eile *f*; **exploratory e.** Forschungs-, Entdeckungsreise *f*
expeditious *adj* schnell, flink, geschäftig; **e.ness** *n* prompte Erledigung
ex|pel *v/t* ausweisen, vertreiben, verweisen, ausschließen, ausstoßen, relegieren, (aus dem Saal/von der Schule) verweisen; **e.pelled** *adj* vertrieben, ausgewiesen, verdrängt; **e.pellee** *n* Flüchtling *m*, (Heimat)Vertriebene(r) *f/m*, Ausgewiesene(r) *f/m*
expend *v/t* aufwenden, ausgeben, verauslagen, verausgaben; **e.ed** *adj* aufgewendet
expend|ability *n* Entbehrlichkeit *f*, Überflüssigkeit *f*; **e.able** *adj* entbehrlich, überflüssig
expenditure(s) *n* (Geld-/Kosten)Aufwand *m*, Unkostenaufwand *m*, Aufwendungen *pl*, Ausgaben *pl*, Auslagen *pl*, (Un)Kosten *pl*, Verausgabung *f*, (Geld)Ausgabe *f*, Finanzaufwendungen *pl*, verausgabter Betrag
expenditure on assumption of losses Aufwendungen aus Verlustübernahme; **~ building** Bauinvestitionen *pl*; **public ~ building** öffentliche Bauaufwendungen; **~ consumption** konsumtive Ausgaben; **~ defence** Verteidigungsausgaben *pl*; **capital ~ defence** Verteidigungsinvestition(en) *f/pl*; **e. of energy** Energieverbrauch *m*, Aufwand an Energie; **public e. on goods and services** öffentlicher Verbrauch; **e. of the federal government** Bundesausgaben *pl*; **e. for improvements** werterhöhende Aufwendungen; **e. in kind** Sachaufwendungen *pl*; **e. due to loss assumption** Aufwendungen aus Verlustübernahme; **e. on machinery and equipment** Ausrüstungsinvestitionen *pl*; **~ materials** Stoffeinsatz *m*, S.aufwand *m*, sachliche Ausgaben; **~ raw materials** Aufwendungen für Rohstoffe; **~ operation** Aufwendungen für die Betriebsführung; **~ old-age pensions and benefits** Aufwendungen für Altersversorgung und Unterstützung; **~ personnel** Personalausgaben *pl*, P.kosten *pl*; **e. for plant and equipment** Anlageinvestitionen *pl*; **e. of the gross national product** Verwendung des Bruttosozialprodukts; **e. for cultural purposes** Kulturausgaben *pl*; **~ repairs** Instandsetzungskosten *pl*; **e. on services** Verbrauch von Dienstleistungen; **e. for severance pay** Abfindungskosten *pl*; **e. carried over** Auslaufausgabe *f*
to contain expenditure(s) Ausgaben begrenzen; **to control e.(s)** Ausgaben überwachen; **to cover the e.** Ausgaben decken; **to curb e.(s)** Ausgaben drosseln; **to curtail/cut e.(s)** Ausgaben reduzieren/beschneiden/verringern/einschränken; **to defray e.(s)** Ausgaben bestreiten/bezahlen, Kosten aufwenden/tragen; **to enter as e.** als Ausgabe/Unkosten buchen; **to incur e.(s)** sich in Ausgaben stürzen; **to itemize e.s** Ausgaben aufschlüsseln; **to reduce e.(s)** Ausgaben vermindern; **to stretch e.(s)** Ausgaben strecken
actual expenditure Istausgaben *pl*; **additional e.** Mehrausgaben *pl*, M.aufwand *m*, M.aufwendungen *pl*, M.kosten *pl*, Zusatzaufwand *m*, weitere Ausgaben; **~ order/vote** Mehrausgabebeschluss *m*; **administrative e.** Verwaltungsaufwand *m*, V.kosten *pl*, V.ausgaben *pl*, Unkosten der Verwaltung; **anticipatory e.** Vorgriff *m*; **asset-creating e.** vermögenswirksame Ausgaben; **total authorized e.** Ausgabenrahmen *m*; **budgeted e.** Sollausgaben *pl*, veranschlagte Ausgaben, Budgetkosten *pl*; **budgetary e.** Haushaltsausgaben; **capitalized e.** aktivierte Aufwendung(en), kapitalisierter Aufwand; **collective e.** Sammelaufwendung(en) *f/pl*; **compulsory e.** obligatorische Ausgaben; **corporate e.** Unternehmensaufwand *m*; **credit-financed e.** kreditfinanzierte Ausgaben; **current e.** laufende Ausgaben/Aufwendungen; **domestic e.** Inländerausgaben für Güter und Dienstleistungen; **excess e.** Ausgabenüberhang *m*, Mehrausgaben *pl*; **exhaustive e.** Summe aus Staatsverbrauch und öffentlichen Investitionen; **extra-budgetary e.** außerordentliche Ausgaben; **extraordinary e.** außerordentliche/außergewöhnliche Ausgaben, ~ Aufwendungen; **~ and outside e.** außerordentliche und betriebsfremde Unkosten; **extravagant e.** übermäßiger Aufwand; **federal e.** Bundesausgaben *pl*; **financial e.** Finanz-, Finanzierungsaufwand *m*; **fixed e.(s)** laufende Ausgabe(n); **followup e.** Folgeausgaben *pl*; **gross e.** Bruttoausgaben *pl*, Rohaufwand *m*; **incidental e.** Sonderausgaben *pl*; **input-related e.** vorleistungsbedingte Aufwendungen, Vorleistungen; **lump-sum e.s** Pauschalabgaben *pl*; **national e.** 1. Staatsausgaben *pl*, S.verbrauch *m*, öffentliche Ausgaben; 2. volkswirtschaftliche Gesamtausgaben; **gross ~ e.** Bruttosozialaufwand *m*; **necessary e.(s)** notwendige Ausgaben; **net e.** Reinauslagen, Nettoaufwand *m*; **non-compulsory/non-obligatory e.(s)** nicht obligatorische/vertraglich nicht festgelegte Ausgaben; **non-recurrent/non-recurring/one-off e.(s)** außerordentliche/außergewöhnliche Aufwendungen, einmalige Aufwendung(en)/Ausga-

ben(n), Einmalaufwand *m*; **ordinary e.** ordentliche/ laufende Ausgaben; **other e.** sonstige Aufwendungen/Ausgaben; **outside e.** externe Aufwendungen; **overall e.**(s) Gesamtausgaben *pl*, Ausgabenrahmen *m*; **own e.** Eigenausgaben *pl*; **personal e.** Privatausgaben *pl*; **planned e.**(s) Haushalts-, Etatansatz *m*; **pre-operating and start-up e.**(s) Anlauf-, Ingangsetzungskosten *pl*; **productive e.** werbende Ausgaben, Werbungskosten *pl*; **professional e.**(s) Werbungskosten *pl*; **projected e.**(s) geplante Ausgaben, Ausgabenansatz *m*; **promotional e.** Werbeaufwand *m*, W.aufwendungen *pl*; **public(-sector) e.** öffentliche Ausgaben, Staatsausgaben *pl*, Ausgaben der öffentlichen Hand; **total ~ e.** Gesamtausgaben der öffentlichen Hand; **pump-priming e.** 1. Anlaufkosten *pl*; 2. *(VWL)* Initialinvestition *f*, konjunkturfördernde Ausgaben; **qualifying e.** für Abschreibungen zugelassener Kostenaufwand; **residual e.** Auslaufausgabe *f*; **ship-operating e.** ⚓ Reedereiaufwendung(en) *f/pl*; **social e.**(s) Fürsorge-, Sozialaufwand *m*, S.ausgaben *pl*, S.leistung(en) *f/pl*, soziale Aufwendungen, Fürsorge-, Soziallasten *pl*; **~ ratio** Sozial(leistungs)quote *f*; **special e.** Sonderausgabe(n) *f/pl*; **start-up e.**(s) *(Unternehmen)* Einrichtungs-, Gründungskosten *pl*; **statutory e.** gesetzlich fixierte/vorgeschriebene Ausgaben; **subsequent e.** Folgeausgaben *pl*, F.lasten *pl*; **sundry e.**(s) sonstige Aufwendungen; **supplementary/surplus e.** Mehrausgaben *pl*; **surgical e.** ⚕ Operationskosten *pl*; **tax-favoured e.**(s) steuerlich begünstigte Aufwendungen; **total e.**(s) Gesamtausgaben *pl*, G.aufwendungen *pl*, Finanzvolumen *nt*; **turnover-related e.** umsatzbedingte Aufwendungen; **unbudgeted e.**(s) außerplanmäßige Ausgaben
domestic expenditure absorption Gesamtausgaben der Inländer für Güter und Leistungen; **e. approach** Verwendungsrechnung *f*; **e. appropriation** Finanzierungsermächtigung *f*, Ausgabenansatz *m*; **supplementary e. appropriation** Nachtragszuweisung *m*; **e. approval** Ausgabebeschluss *m*; **e. authorization** Ausgabebewilligung *f*; **accrued e. basis** Grundlage der Kapitalflussrechnung/Bewegungsbilanz; **e. ceiling** Ausgabenrahmen *m*, A.plafond *m*; **e. column** *(Bilanz)* Ausgabenseite *f*; **e.-conscious** *adj* ausgabenbewusst; **e.-consumption curve** Ausgaben-Konsum-Kurve *f*; **e. currency** Ausgabenwährung *f*; **e. cut(s)** Ausgabenabstrich *m*, A.beschränkung *f*, A.kürzung(en) *f/pl*, Drosselung/Einschränkung der Ausgaben; **e. dampening** Ausgabendämpfung *f*; **~ policies** Maßnahmen zur Ausgabendämpfung; **e. estimate(s)** Ausgabenvoranschlag *m*, A.ansatz *m*; **e. function** Ausgabenfunktion *f*; **e. growth/increase** Ausgabensteigerung *f*, A.anstieg *m*, A.wachstum *nt*; **e. item** Ausgabenposten *m*, A.position *f*, Aufwands-, Unkostenposten *m*; **e. journal** Ausgabenjournal *nt*; **e. management** Ausgabenwirtschaft *f*; **e. measure** Verwendungsrechnung *f*; **e. pattern** Ausgaben-, Aufwandsstruktur *f*; **e. plan** Ausgabenplan *m*; **e. rate** Unkostensatz *m*; **e. requirements** Aufgabenbedarf *m*; **to meet ~ requirements** Aufgabenbedarf decken; **e. relief** Sonderausgabenfreibetrag *m*; **e. shortfall** Minderausgaben *pl*; **e. side** Verwendungsseite *f*; **e. spread** Ausgabenverteilung *f*; **e. switching** Ausgabenumschichtung *f*; **e. tax** (allgemeine Verbrauchs- und) Ausgabensteuer

expense(s) *n* 1. Kosten, Ausgaben, Aufwendungen, (periodenbezogene) (Kosten)Aufwand; 2. Spesen, Auslagen, Kosten; **at the e. of** auf Kosten von, zum Schaden von; **at great e.** mit großen/hohen Kosten verbunden, mit großen (Geld)Aufwand; **at one's own e.** auf eigene Kosten; **at your e.** auf Ihre Kosten; **no/without e.** ohne Kosten
expense|s on returned bill of exchange *(Wechsel)* Vorspesen; **additional e.s for board** Mehraufwendungen für Verpflegung; **accrued e.s and deferred charges** *(Bilanz)* Rechnungsabgrenzung(sposten) *f/pl*; **additional e.s of maintaining two households** Mehraufwendungen für doppelte Haushaltsführung; **e.s for management and administration** Betriebs- und Verwaltungskosten; **e. of materials inspection** Materialprüfungskosten; **e.s of a provident nature** Vorsorgeaufwand *m*, V.aufwendungen; **e.s for professional necessities** *(Steuer)* Aufwendungen für Arbeitsmittel, Werbungskosten; **~ premises** Raumkosten; **e.s net of recoveries** *(Vers.bilanz)* Nettoaufwand zur Befriedigung von Regressforderungen; **e. of issuing shares** Kosten der Aktienemission; **e.s related to value of transaction** Wertkosten; **e.s of witnesses** Auslagen der Zeugen
expense|s advanced Spesen-, Kostenvorschuss *m*; **e.s covered** kostenfrei; **e.s deducted** nach Abzug der Kosten; **all e.s deducted** nach Abzug aller Kosten/Spesen; **e.s incurred** Kostenaufwand *m*, entstandene (Un)Kosten; **e.s paid** auf Geschäftskosten; **all e. paid** nach Abzug aller Unkosten; **after allowing for e.s** nach Spesenabzug; **cutting e.s** Einsparung *f*; **including e.s** unter Einschluss der Spesen; **less e.s** abzüglich (der) Kosten/Spesen; **plus e.s** zuzüglich Spesen; **blow the e.** *(coll)* egal was es kostet; **clear of all e.s** abzüglich aller Kosten
to account for expense|s Spesen abrechnen, Ausgaben belegen; **to allocate e.s** Unkosten verteilen; **to be an e.** Kosten verursachen; **to break down e.s** Unkosten/Spesen aufschlüsseln; **to cause e.(s)** Kosten verursachen
to charge expense|s Spesen in Rechnung stellen; **~ for e.s** mit Spesen belasten; **~ e.s forward** Spesen nachnehmen; **~ to e.(s)** als Aufwand verbuchen, auf Unkostenkonto belasten
to contribute to expense|s Kostenbeitrag leisten; **to cover e.s** Kosten/Ausgaben decken, ~ bestreiten; **to cut down (on) e.s** Spesen herabsetzen; **to deduct e.s** Spesen absetzen, Unkosten abziehen; **to defray e.s** Auslagen/Ausgaben/(Un)Kosten bestreiten, für die Kosten aufkommen, (Un)Kosten aufwenden; **~ so.'s e.s** jds Spesen bestreiten; **to enter as e.s** als Kosten abbuchen; **to go to great/a lot of e.** sich in (große) (Un)Kosten stürzen *(coll)*; **to incur e.s** Unkosten haben, sich in ~ stürzen *(coll)*; **~ some/great e.** sich in Unkosten stürzen *(coll)*; **to involve much e.** mit großen Kosten verbunden sein; **to itemize e.s** Einzelnachweis führen; **to land**

so. with the e.s *(coll)* jdm die Kosten aufbrummen *(coll)*; **to live at so.'s e.** sich aushalten lassen, jdm auf der Tasche liegen *(coll)*; **~ other people's e.** auf anderer Leute Kosten leben; **to maintain at public e.** aus öffentlichen Mitteln unterhalten; **to meet the e.s** Auslagen/Kosten tragen, für die Kostenaufkommen; **in order ~ e.s** zur Deckung der Unkosten; **to pare down e.s** Kosteneinsparungen vornehmen; **to pick up the e.** Ausgaben übernehmen; **to pool e.s** Unkosten zusammenlegen; **to put so. to great e.** jdm große Kosten verursachen; **to recover e.s** Ausgaben wiedereinbringen; **to reduce e.s** Kosten/Ausgaben verringern; **to refund/reimburse e.s** Auslagen/Ausgaben/Unkosten erstatten, Kosten/Spesen ersetzen, ~ vergüten, Auslagen zurückerstatten/vergüten/ersetzen, Spesen vergüten/ersetzen; **to reimburse so.'s e.s** jdm die Spesen ersetzen; **to retrench one's e.s** Einsparungen vornehmen, sich einschränken; **to save e.s** Kosten sparen; **to settle e.s** Spesen begleichen; **to spare no e.(s)** keine Kosten scheuen/sparen; **to travel on e.s** auf Spesen reisen
absorbed expense|s verrechnete Gemeinkosten; **accrued e.s** *(Bilanz)* antizipative Posten, Rechnungsabgrenzungsposten, antizipatorische Passiva, entstandene (aber noch nicht bezahlte) Verpflichtungen, passive Rechnungsabgrenzungsposten, Aktivantizipativa, aufgelaufene/erwachsene Spesen, noch nicht fällige Ausgaben; **additional e.s** Sonderausgaben, Nebenkosten; **administrative e.** Verwaltungs(gemein)kosten *pl*, V.ausgaben *pl*, V.aufwand *m*, V.unkosten *pl*; **~ grant** Verwaltungskostenzuschuss *m*; **allowable e.s** *(Steuer)* abzugsfähige Ausgaben/Aufwendungen; **anticipatory e.s** Ausgaben im Vorgriff; **attendant e.s** Nebenkosten; **budgeted e.** Spesenanschlag *m*; **capitalized e.** aktivierte Eigenleistungen/Ausgaben, kapitalisierte Unkosten/Aufwendungen; **casual e.s** gelegentliche Ausgaben; **clerical e.s** Bürokosten, Schreibauslagen; **closing-down e.s** Stilllegungskosten; **commercial e.s** Betriebsausgaben, Verwaltungs- und Betriebsgemeinkosten; **common e.** gemeinsam anfallende Kosten; **contingent e.s** unerwartete Ausgaben; **cover-requiring e.s** Bedarfsspanne *f*; **current e.s** 1. laufende (Un)Kosten, (fort)laufende Ausgaben; 2. laufende Spesen; **deductible e.s** absetzbare Ausgaben, abzugsfähige Spesen, (steuer)abzugsfähige Aufwendungen, absetzbare/abzugsfähige Unkosten; **deferred e.s** transitorische Aktiva/Posten, Rechnungsabgrenzungsposten, entstandene (aber noch nicht bezahlte) Verpflichtungen, Aufwandsrückstellung *f*; **departmental e.s** Abteilungskosten; **direct e.(s)** direkte/feste Kosten, Einzelkosten; **distribution-related e.s** Vertriebskosten; **educational e.s** 1. Aufwendungen für die berufliche Fortbildung, Kosten der Weiterbildung; 2. Schulausgaben; **executive and general administrative e.s** Geschäftsführungs- und allgemeine Verwaltungskosten; **expired e.s** erfolgswirksame Kosten, als Aufwand bewertete Kosten; **extra e.** Mehrausgabe *f*; **~ e.s** Sonderausgaben; **extraneous e.s** Fremdaufwendungen; **extraordinary e.s** außergewöhnliche Belastungen, außerordentliche Aufwendungen, außerordentlicher/neutraler Aufwand, Fremdaufwendungen; **extravagant e.** übertriebener Aufwand; **fictional e.s** fiktive Ausgaben; **financial e.** Finanzierungskosten *pl*; **fixed e.s** laufende Kosten; **general e.s** (Verwaltungs) Gemeinkosten, General-, Handlungs(un)kosten, allgemeine Unkosten; **~ and administrative e.** Verwaltungsgemeinkosten *pl*; **gross e.s** Rohaufwand *m*; **incidental e.s** Sonder-, Nebenausgaben, N.kosten, gelegentliche Ausgaben; **lump-sum ~ e.s** Nebenkostenpauschale *f*; **income-related e.s** Werbungskosten; **incurred e.s** angefallene Ausgaben, entstandene Kosten; **necessarily ~ e.s** notwendige Auslagen; **indirect e.s** indirekte (Un)Kosten, allgemeine Geschäftsunkosten; **initial e.s** 1. Anlaufkosten; 2. *(Vers.)* Abschlusskosten; **intangible e.** Aufwand für den Erwerb immaterieller Güter; **interest-related e.** zinsähnliche Aufwendungen
legal expenses Anwalts-, Rechtsberatungskosten; **~ (and court costs)** Anwalts- und Gerichtskosten; **~ cover/insurance** Rechtsschutzversicherung *f*; **~ policy** Rechtsschutzpolice *f*, R.versicherung *f*
local expense|s Platzspesen; **medical e.s** $ Behandlungs-, Heil-, Arztkosten; **minor e.s** kleinere Ausgaben; **miscellaneous e.** verschiedene Gemeinkosten, sonstige Aufwendungen; **non-operating e.s** betriebsfremde/neutrale Aufwendungen, neutraler/betriebsfremder Aufwand; **~ and non-recurring e.s** betriebsfremde und außerordentliche Aufwendungen; **non-recurring e.s** einmalige Ausgaben/(Un)Kosten/Aufwendungen/Spesen; **operative and ordinary e.s** betriebliche und ordentliche Aufwendungen; **ordinary e.s** gemeine/ordentliche Ausgaben, laufende Kosten, allgemeine Auslagen; **other e.** andere/betriebsfremde Aufwendungen, betriebsfremder Aufwand; **out-of-court e.s** außergerichtliche Kosten; **out-of-pocket e.s** Barauſwendungen, (bare) Unkosten; **outstanding e.** unbezahlte Ausgaben; **overhead e.s** Gemeinkosten, allgemeine Geschäftsunkosten; **~ credit** Verwaltungskredit *m*; **overnight e.s** Übernachtungskosten; **personal e.** Eigenaufwand *m*; **petty e.s** kleinere Auslagen/Spesen/(Un)Kosten; **postal e.** Portoauslagen *pl*, P.kosten *pl*, Postkosten *pl*; **preliminary e.** 1. Gründungs-, Vor(lauf)kosten *pl*, Kosten der Aktienemission; 2. bisherige Ausgaben; **pre-operating e.** Anlaufkosten; **prepaid e.s** *(Bilanz)* Rechnungsabgrenzungsposten, transitorische Aktiva, vorausbezahlte Aufwendungen; **private e.** persönliche Aufwendungen; **productive e.s** werbende Ausgaben, Werbungskosten; **professional e.s** *(Steuer)* Werbungskosten; **at public e.** aus öffentlichen Geldern, auf Kosten des Steuerzahlers/der Allgemeinheit/des Staates, auf Staatskosten; **reasonable e.s** angemessene Auslagen; **recurrent e.s** fortdauernde Ausgaben; **reimbursable e.s** erstattungsfähige Auslagen; **running e.s** laufende Ausgaben, Betriebsausgaben, B.aufwand *m*, B.kosten *pl*; **special e.s** Sonderausgaben; **fully deductible ~ e.s** voll abzugsfähige Sonderausgaben; **sundry e.s** verschiedene Kosten/Spesen/Ausgaben, außeror-

surgical **expenses**

dentlicher Aufwand, diverse Spesen, diverse/verschiedene Unkosten, ~ Extraausgaben; **surgical e.** ✂ Operationskosten *pl*; **tax-deductible e.s** abzugsfähige Ausgaben; **testamentary e.s** Testaments(un)kosten; **unallocated e.s** nicht zurechenbare Aufwendungen/Ausgaben; **unexpired e.** transitorische Aktiva; **unreasonable e.s** unverhältnismäßige Kosten; **variable e.s** leistungsabhängige/veränderliche Kosten; **volume-related e.s** Mengenkosten
expense *v/t* als Aufwand verrechnen/verbuchen
expense account Spesenkonto *nt*, S.(ab)rechnung *f*, Auslagenabrechnung *f*, Aufwands-, Unkostenkonto *nt*; **collective e. a.** Konto pro Diverse; **departmental e. a.** Kostenstellenkonto *nt*; **e. a. deductions** Spesenabzüge
operational expense accounting/costing Betriebskostenrechnung *f*
expense account rules Spesenrichtlinien; **~ traveller** Spesenritter *m (coll)*
expense allocation statement Abgrenzungsergebnis *nt*; **e. allowance** (Dienst)Aufwandsentschädigung *f*, Spesenzuschuss *m*, S.satz *m*, S.pauschale *f*; **e. budget** Spesen-, Unkostenetat *m*, Aufwandsbudget *nt*; **e. budgeting** Kostenplanung *f*; **e. card** Gemeinkostenkarte *f*; **e. centre** Kostenstelle *f*; **e. charge** Unkostenbelastung *f*; **e. claim** Erstattungsantrag *m*; **functional e. classification** Kostenstellengliederung *f*; **e. control** Spesen-, Kostenkontrolle *f*; **~ budget** flexibles Budget
expensed *adj* als Aufwand gebucht
expense distribution Kostenverrechnung *f*; **~ transfer** *(Kostenrechnung)* Anbauverfahren *nt*; **e. factor** Spesen-, Unkostenfaktor *m*; **e. form** Spesenabrechnungsformular *nt*; **e. fund** Spesen-, Unkostenfonds *m*; **e. item** *(Bilanz)* Aufwands-, Spesenposten *m*; **e.s ledger** Unkostenhauptbuch *nt*; **e. loading** *[US] (Vers.)* Spesenbelastung *f*, Unkostenzuschlag *m*, U.belastung *f*; **discrete e. payments** diskriminierende Spesenzahlungen; **e. rate** Spesensatz *m*; **e. ratio** Verhältnis Aufwand zu Umsatzerlös, Kostensatz *m*; **net e. ratio** Unkostenkoeffizient *m*, Bedarfsspanne *f*; **e. record/slip/sheet** Ausgaben-, Spesenzettel *m*, S.abrechnung *f*; **e. rise** Ausgaben-, Kostenanstieg *m*; **e.s side** Aufwandsseite *f*; **e. variance** Verbrauchsabweichung *f*; **e. voucher** Spesenbeleg *m*
expensive *adj* teuer, kostspielig, aufwändig, hoch im Preis; **to be frightfully e.** Unsummen kosten, sündhaft teuer sein *(coll)*; **to become more e.** sich verteuern; **awfully/shockingly e.** sündhaft teuer *(coll)*; **prohibitively e.** unbezahlbar
experience *n* 1. (Lebens)Erfahrung *f*, Erlebnis *nt*; 2. Erfahrung *f*, Praxis *f*, Routine *f*; 3. Erlebnis *nt*; 4. *(Vers.)* Schadensverlauf *m*; **according to e.** erfahrungsgemäß; **from (previous) e.** erfahrungsgemäß, nach den Erfahrungswerten; **e. in a line of business** Branchenkenntnisse *pl*; **e. of success** Erfolgserlebnis *nt*; **e. in trade** Geschäftserfahrung *f*, G.routine *f*; **e. acquired abroad** Auslandserfahrung *f*; **(empirical) e. shows** nach den Erfahrungswerten, erfahrungsgemäß
to gain/gather experience Erfahrungen sammeln; **to know from e.** aus Erfahrung wissen, selbst erlebt haben; **~ one's own e.** aus eigener Anschauung kennen; **to learn by e.** aus Erfahrung lernen
administrative experience Verwaltungserfahrung *f*; **aggregate e.** Schadensverlauf der Versicherer; **ample e.** reiche Erfahrung; **broad e.** umfassende Erfahrung; **clerical e.** Büroerfahrung *f*; **commercial e.** Berufs-, Geschäftserfahrung *f*, geschäftliche/kaufmännische Erfahrung; **demonstrable e.** nachweisliche Erfahrung; **educational e.** lehrreiche Erfahrung; **empirical e.** Empirie *f*; **entrepreneurial e.** unternehmerische Erfahrung; **in-depth e.** eingehende Erfahrung; **individual e.** Schadensverlauf eines Einzelversicherers; **industrial e.** Industrieerfahrung *f*; **international e.** Auslandserfahrung *f*; **managerial e.** Erfahrung in der Betriebsführung, Unternehmererfahrung *f*; **multi-industry e.** Erfahrung in mehreren Industriezweigen/Branchen; **occupational e.** Berufserfahrung *f*; **past e.** historische Erfahrung, die Vergangenheit; **post-qualification/post-qualifying e.** (erste) Berufserfahrung nach Abschluss der Ausbildung, ~ Ausbildungsende; **practical e.** praktische Erfahrung, Berufs-, Lebenserfahrung *f*; **previous e.** Vorkenntnisse *pl*; frühere Erfahrung; **professional e.** Berufserfahrung *f*, B.praxis *f*; **relevant ~ e.** einschlägige Berufspraxis; **proven e.** nachweisliche Erfahrung, Berufserfahrung *f*
experience *v/t* 1. erleben, erfahren, kennenlernen; 2. durchmachen, erleiden, miterleben, Erfahrung machen; **e. sth. personally** etw. am eigenen Leib verspüren
experience curve Erfahrungskurve *f*
experienced *adj* (berufs)erfahren, bewandert, versiert, geschäftskundig, geübt
guided experience method gelenkte Erfahrungsvermittlung; **e. rate** Erfahrungsrichtsatz *m*; **e. rating** *(Vers.)* Gefahrenklasse *f*, Prämienfestsetzung nach Schadensverlauf; **e. table** Sterblichkeitstabelle *f*
experiment *n* (Modell)Versuch *m*, Experiment *nt*; **as an e.** versuchsweise; **to carry out e.s** Versuche anstellen; **random e.** Zufallsexperiment *nt*; **repetitive e.** wiederholbarer Versuch
experiment *v/i* experimentieren
experimental *adj* experimentell, Versuchs-; *n* Versuchsauftrag *m*
expert *n* Experte *m*, Expertin *f*, Fachmann *m*, Autorität *f*, Kapazität *f*, Gutachter *m*, (Fach)Gelehrte(r) *f/m*, Sachverständige(r) *f/m*, Fachkraft *f*, F.kundige(r) *f/m*, Kenner(in) *m/f*, Spezialist(in) *m/f*; **according to the e.s** nach Ansicht der Sachverständigen; **among the e.s** in der Fachwelt; **by e.s** von Fachseite; **e. in the art of living** Lebenskünstler *m*; **e. on public finance** Finanzwissenschaftler *m*; **~ international law** Völkerrechtler *m*; **approved as an e.** als Sachverständiger zugelassen
to appoint an expert Sachverständigen bestimmen/bestellen; **to be an e.** vom Fach sein; **to call for/in an e.; to consult an e.** Sachverständigen/Gutachter beiziehen/zu Rate ziehen/hinzuziehen, Fachmann befragen/hinzuziehen; **to pose as an e.** sich als Fachmann ausgeben
officially appointed expert amtlicher Sachverständi-

ger; **publicly ~ e.** öffentlich bestellter Sachverständiger; **court-appointed e.** [§] Gerichtssachverständiger *m*, G.gutachter *m*, gerichtlich bestellter Sachverständiger; **development e.** Entwicklungsexperte *m*; **ecological e.** Umweltschutzexperte *m*, U.fachmann *m*, Umweltspezialist *m*, Ökologe *m*; **economic e.** Wirtschaftsexperte *m*, W.fachmann *m*, Konjunktursachverständiger *m*; **financial e.** Finanzsachverständiger *m*, F.experte *m*; **independent e.** neutraler Gutachter, Schiedsgutachter *m*; **legal e.** juristischer Sachverständiger, Rechtsexperte *m*; **monetary e.** Währungsfachmann *m*, W.experte *m*; **sworn e.** beeidigter Sachverständiger; **technical e.** Sachverständiger *m*; **vocational e.** Berufssachverständiger *m*
expert *adj* fachmännisch, f.gemäß, f.kundig, erfahren, geschickt, sachverständig, gutachterlich
expert advice fachmännische Beratung, fachmännischer Rat; **to seek/take e. a.** fachmännischen Rat einholen, fachmännisches Gutachten einholen
expert appraisal (Sachverständigen)Gutachten *nt*, fachmännische Begutachtung, Bewertung durch Sachverständige(n), gutachterliche Stellungnahme/Schätzung; **e. committee/group** Fachausschuss *m*, F.gremium *nt*, F.kommission *f*, Sachverständigengruppe *f*; **e. discussion** Fachgespräch *nt*; **e. evidence** Sachverständigenbeweis *m*; **e. guidance** sachkundige/fachmännische Beratung
expertise *n* 1. Fach-, Sachkenntnis *f*, S.verstand *m*, Fachwissen *nt*; 2. (Sachverständigen)Gutachten *nt*, Expertise *f*; **to ask for an e.** Gutachten einholen; **economic e.** ökonomischer Sachverstand; **legal e.** Rechtsgutachten *m*
expert knowledge Fachkenntnis *f*, F.wissen *nt*, Spezialwissen *nt*, Sachkenntnis *f*, S.verstand *m*, Detailkenntnisse *pl*
expert opinion (Sachverständigen-/Fach)Gutachten *nt*, S.bericht *m*, fachmännisches Urteil, gutachterliche Stellungnahme, Expertise *f*; **e. o. on hereditary factors** erbbiologisches Gutachten; **giving an e. o.** Abgabe eines Gutachtens; **to deliver an e. o.** begutachten; **decisive e. o.** Obergutachten *nt*; **favourable e. o.** positive Begutachtung; **negative e. o.** negative Begutachtung
expert promoter Fachpromoter *m*; **e.('s) report** fachmännisches Gutachten, Sachverständigen-, Fachgutachten *nt*; **e.('s) testimony** Aussage eines Sachverständigen, Sachverständigenaussage *f*; **e. tuition** Fachunterricht *m*; **e. valuation** Begutachtung *f*; **e. witness** sachverständiger Zeuge
expilation *n* Nachlassunterschlagung *f*
expiration *n* 1. Ende *nt*, Ablauf *m* (der Geltungsdauer), Fälligkeit *f*, Fälligwerden *nt*, Verfall *m*, Erlöschen *nt*; 2. (*Pat.*) Schutzablauf *m*; **at e.** bei Ablauf; **(up)on the e. of** nach Ablauf von, mit dem Ablauf von
expiration of contract Vertragsablauf *m*; **~ the deadline** Ablauf der Frist; **~ an insurance** Erlöschen der Versicherung; **~ the lease** Pachtablauf *m*, Ablauf des Pachtvertrages/Mietverhältnisses; **~ the notice period** Ablauf der Kündigungsfrist; **~ patent** Patentablauf *m*,

Ablauf/Erlöschen eines Patents; **~ a patent term** Ablauf der Schutzfrist; **~ period** Fristablauf *m*, Ablauf der Frist; **after ~ this period** nach Ablauf dieser Frist; **~ policy** Versicherungsablauf *m*, V.verfall *m*; **~ tenancy** Ablauf des Pacht-/Mietverhältnisses; **~ term** Fristablauf *m*; **on ~ the term** nach Ablauf der Frist; **~ time** Zeit-, Fristablauf *m*; **~ the validity of a patent** Ablauf eines Patents
expiration clause Verfallklausel *f*; **e. date** Verfallsdatum *nt*, V.tag *m*, Fälligkeitstag *m*; **e. list** Fälligkeitsliste *f*; **e. notice** Benachrichtigung über Fristablauf
expire *v/i* aus-, ablaufen, ungültig werden, fällig werden, außer Kraft treten, Gültigkeit verlieren, erlöschen, verfallen, enden, aus-, ablaufen, verstreichen; **e.d** *adj* 1. ungültig, abgelaufen, verstrichen; 2. (*Vers.*) erloschen
expiry *n* Ablauf *m*, Verfall *m*, Erlöschen *nt*, Ende *nt*, Auslaufen *nt*; **on e.** bei Erlöschen/Ablauf; **e. of enforcement** [§] Vollstreckungsverjährung *f*; **~ a patent** Erlöschen/Ablauf eines Patents; **~ period** Ablauf der Frist; **after the ~ such a period** bei Ablauf dieser Frist; **after ~ the stipulated period** nach Fristablauf; **~ the transitional period** Ende der Übergangszeit; **~ a policy** Ablauf der Police, Ende der Versicherung; **~ a term** Fristablauf *m*, Termin *m*; **upon the ~ the time limit** nach Ablauf der Frist
expiry date/day 1. Verfalltag *m*, V.sdatum *nt*, V.stermin *m*, V.szeit *f*, Auslaufdatum *nt*, Tag des Außerkrafttretens; 2. (*Option*) Ausübungstag *m*
explain *v/t* erklären, erläutern, darlegen, Aufschluss geben über, klarmachen, begründen, **e. o.s.** sich rechtfertigen
explanation *n* 1. Erklärung *f*, Erläuterung *f*, Begründung *f*, Darlegung *f*; 2. Buchungstext *m*; 3. Daten *pl*; **e. on rights of appeal** [§] Rechtsmittelbelehrung *f*; **requiring (further) e.** erklärungsbedürftig; **to call for an e.** erklärungsbedürftig sein; **to demand an e.** Rechenschaft verlangen; **to need no e.** keiner Erklärung bedürfen; **to owe so. an e.** jdm eine Erklärung schulden
official explanation offizielle Erklärung; **satisfactory e.** hinreichende Erklärung; **written e.** schriftliche Begründung; **e. column** Textspalte *f*
explanatory *adj* erklärend, erläuternd
expletive *n* 1. Füll-, Flickwort *nt*; 2. Kraftausdruck *m*
explicit *adj* deutlich, klar, eindeutig, ausdrücklich, konkret; **to be e.** sich konkret ausdrücken
explode *v/ti* 1. explodieren, zerplatzen, (*Bombe*) hochgehen, in die Luft fliegen; 2. (*fig*) explosionsartig steigen; 3. sprengen
exploit *v/t* 1. ausbeuten, ausnützen, instrumentalisieren; 2. ♛ ausbeuten, abbauen; 3. verwerten, (kommerziell) auswerten, ausschlachten, Kapital schlagen aus; **e. so.** jdn ausbeuten/ausnehmen; **e. fully** voll nutzen
exploit|ability *n* 1. Verwertbarkeit *f*, Verwertungsfähigkeit *f*; 2. ♛ Abbaubarkeit *f*, **e.able** *adj* 1. ♛ abbaufähig, a.würdig, ausbeutefähig; 2. nutz-, verwertbar; **commercially/economically e.able** wirtschaftlich abbaubar/verwertbar
exploitation *n* 1. Ausbeutung *f*, Ausnutzung *f*; 2. Nutzung *f*, Verwertung *f*; 3. ♛ Abbau *m*, Förderung *f*; 4.

exploitation of a country

(Pat.) Benutzung *f*; **e. of a country** Ausbeutung eines Landes; **~ mineral deposits** ⚒ Ausbeutung von Bodenschätzen; **capable of (industrial) e.** gewerblich anwendbar; **e. of a licence** Lizenzverwertung *f*; **~ a patent** Patentverwertung *f*, Auswertung/Verwertung eines Patents; **~ natural resources** Ausbeutung/Erschließung von Bodenschätzen; **~ workers** Ausbeutung der Arbeiter
monopolistic exploitation monopolistische Ausbeutung; **ruthless e.** rücksichtslose Ausbeutung; **wasteful e.** Raubbau *m*
exploitation contract Verwertungsvertrag *m*; **e. rights** 1. ⚒ Abbaurechte; 2. *(Pat.)* Verwertungsrechte; **e. technology** Abbautechnik *f*
exploit|ative *adj* ausbeuterisch; **e.er** *n* Ausbeuter *m*; **e.ing of the market situation** *n* Ausnutzung der Marktlage
exploration *n* Erforschung *f*, Untersuchung *f*, Erkundung *f*, Exploration *f*; **e. and mining lease** ⚒ Schürf- und Abbaukonzession *f*; **abortive e.** Fehlexploration *f*, F.bohrung *f*; **~ expenditure** Kosten der Fehlbohrung, ~ für Fehlbohrungen
exploration activity ⚒ Explorationstätigkeit *f*; **e. concession/licence** Bohrkonzession *f*, B.lizenz *f*; **e. drilling** Probebohrung *f*; **e. project** Explorationsvorhaben *nt*; **e. surcharge** Erschließungszuschlag *m*
exploratory *adj* 1. erkundend, sondierend, erforschend, untersuchend; 2. ⚒ Bohr-
explore *v/t* 1. erforschen, sondieren, erkunden, auskundschaften, durchforschen, ergründen; 2. ⚒ schürfen (nach)
to go exploring *adj* auf Entdeckungsreise gehen
explosion *n* 1. Explosion *f*, Sprengung *f*, Knall *m*; 2. zeitliche Aufteilung des Materialflusses; **e. graph** Auflösungsgraph *m*; **e. insurance** Explosionsversicherung *f*
explosive *adj* explosiv, brisant; **highly e.** hochexplosiv
explosive *n* Sprengstoff *m*; **e.ness** *n* Brisanz *f*
ex point of origin ab Werk
exponent *n* 1. Vertreter *m*, Exponent *m*, Repräsentant *m*, Typ *m*; 2. π Hochzahl *f*, Exponent *m*; **e.ial** *adj* 1. exponentiell; 2. sprunghaft ansteigend, überproportional; **e.iate** *v/t* π potenzieren; **e.iation** *n* Potenzierung *f*
export *n* 1. (Waren)Ausfuhr *f*, Export *m*; 2. Exportgut *nt*; **e.s** 1. Exporte, Exporttätigkeit *f*, Lieferungen ins Ausland; 2. Exportgüter, E.waren, Ausfuhr(waren) *f/pl*; **e.s to Eastern Europe** Ostexport(e) *m/pl*; **e. of capital** Kapitalausfuhr *f*, K.export *m*, Geldexport *m*; **~ commodities** 1. Ausfuhr von Waren; 2. ~ Rohstoffen; **net e.s of goods and services** Exportquote *f*; **e. of money** Geldausfuhr *f*
not affecting export|s exportneutral; **important for e.** exportwichtig; **intended for e.** für den Export bestimmt; **top-heavy in e.s** exportlastig
to hamstring exports Exporte behindern
agricultural export|s Agrarexporte, A.ausfuhren; **automotive e.s** Export von Autoteilen; **chief e.** Hauptausfuhrgut *nt*; **direct e.** unmittelbare Ausfuhr, direkter Export, Direktexport *m*; **increased e.s** Exportsteigerung *f*; **indirect e.(s)** indirekter Export, vorübergehende/mittelbare Ausfuhr; **industrial/manufactured e.s** gewerbliche Ausfuhr, Industrieausfuhr *f*, Ausfuhr/Export von Industriegütern, ~ Industrieerzeugnissen; **invisible e.s** unsichtbare Ausfuhren/Exporte; **overly large e.s** Exportüberhitzung *f*; **negative e.s** Einfuhren, Importe; **net e.s** Nettoexport *m*, Außen(handels)beitrag *m*; **temporary e.** vorübergehende Ausfuhr; **third-country e.** Transitausfuhr *f*; **total e.s** Ausfuhrvolumen *nt*, Gesamtausfuhr *f*; **unrequited e.** Export ohne Gegenleistung; **visible e.s** Warenausfuhr *f*, Güterexport *m*, sichtbare Ausfuhren/Exporte
export *v/t* ausführen, exportieren
export|ability *n* Exportfähigkeit *f*; **e.able** *adj* export-, ausfuhrfähig, zur Ausfuhr/zum Export geeignet
export achievement Exporterfolg *m*; **e. advance financing** Ausfuhrvorfinanzierung *f*; **e. advertising** Exportwerbung *f*; **e. agent** Exportvertreter *m*, E.makler *m*, E.agent *m*, Ausfuhragent *m*; **e. allocation** Exportzuteilung *f*; **e. approval** Ausfuhrbewilligung *f*, A.genehmigung *f*; **e. article** Export-, Ausfuhrartikel *m*; **e. association** Exportgemeinschaft *f*
exportation *n* (Waren)Ausfuhr *f*, Export *m*; **e. and importation of goods for processing purposes** Vered(e)lungsverkehr *m*; **temporary e. for (outward) processing** vorübergehende Ausfuhr zur passiven Vered(e)lung, (passiver) Vered(e)lungsverkehr; **prior e.** vorzeitige Ausfuhr; **temporary e.** vorübergehende Ausfuhr; **e. sheet** ⊖ Ausfuhrblatt *nt*
export authorization Ausfuhr-, Exportgenehmigung *f*; **e. ban** Ausfuhrverbot *nt*, A.sperre *f*, Exportsperre *f*, E.verbot *nt*; **e. bank** Außenhandelsbank *f*; **e. base** Exportbasis *f*; **e. berth** ⚓ Liege-/Ankerplatz für Exportverkehr; **e. bill** Exportwechsel *m*; **~ of lading** Ausfuhr-, Exportkonnossement *nt*; **~ collection** Exportinkasso *nt*; **e. bond** Ausfuhr-, Exportkaution *f*; **e. bonus** Export-, Ausfuhrprämie *f*, Export-, Ausfuhrbeihilfe *f*; **e. boom** Exportkonjunktur *f*; **e. bounty** Exportprämie *f*, (offene) Ausfuhrprämie; **hidden e. bounty** versteckte Ausfuhrprämie; **e. broker** Exportagent *m*, E.makler *m*; **e. business** Exportgeschäft *nt*; **e. capacity** Exportkraft *f*
export cargo packing declaration Exportversandliste *f*; **~ shipping instructions** Exportversandanweisungen; **consolidated ~ traffic** Exportsammelladungsverkehr *m*
export cartel Ausfuhr-, Exportkartell *nt*; **e. catalog(ue)** Ausfuhr-, Exportkatalog *m*; **e. ceiling** Ausfuhr-, Exporthöchstgrenze *f*; **e. certificate** Ausfuhrschein *m*, A.bescheinigung *f*, A.nachweis *m*, Exportbescheinigung *f*; **e. clearance** ⊖ Ausfuhr-, Exportabfertigung *f*; **e. clerk** Exportsachbearbeiter *m*; **e. commission agent/house** Ausfuhr-, Exportkommissionär *m*; **e. committee** Ausfuhr-, Exportausschuss *m*; **e. commodities** Ausfuhr-, Exportgüter; **e. compensation payment** Grenzausgleich *m*; **e. content** Ausfuhr-, Exportanteil *m*; **e. contract** 1.Auslands-, Exportauftrag *m*; 2. Ausfuhr-, Exportvertrag *m*; **e. control** Ausfuhrkontrolle *f*, A.überwachung *f*, Exportkontrolle *f*, E.überwachung *f*, Lenkung des Außenhandels; **e. controls** Ausfuhr-, Exportkontrollen, Ausfuhr-, Exportbeschränkungen; **statutory e. controls** gesetzliche

Exportbeschränkungen; **e. cost accounting** Ausfuhr-, Exportkalkulation *f*; **~ function** Exportkostenfunktion *f*; **e. cover account** Exportakkreditivdeckungskonto *nt*
export credit Export-, Ausfuhrkredit *m*; **~ arrangements** Ausfuhr-, Exportkreditvereinbarungen; **~ financing** Exportkredit-, Ausfuhrkredit-, Zielfinanzierung *f*; **~ guarantee** Exportkreditgarantie *f*, Hermes(exportkredit)bürgschaft *f [D]*; **E. C.s Guarantee Department (ECGD)** *[GB]* Ausfuhrkreditversicherungsanstalt *f*; **e. c. guarantee insurance** (staatliche) Export-/Ausfuhrversicherung; **~ insurance** Ausfuhr-, Exportkreditversicherung *f*, E.garantie *f*; **~ rate** Ausfuhr-, Exportkreditzins *m*; **~ restrictions** Ausfuhr-, Exportkreditlimitierung *f*; **~ risk** Ausfuhr-, Exportkreditrisiko *nt*
export customer Exportkunde *m*; **eligible e. debt obligations** refinanzierungsfähige Exportschuldtitel; **e. declaration** ⊖ Ausfuhr-, Zollerklärung *f*; **temporary e. declaration** Erklärung für die vorübergehende Ausfuhr; **e. deficit** Ausfuhr-, Exportdefizit *nt*; **e. delivery** Ausfuhr-, Exportlieferung *f*; **~ schedule** Ausfuhr-, Exportzeitplan *m*; **e. demand** Export-, Auslandsnachfrage *f*
export department Ausfuhr-, Exportabteilung *f*; **built-in/integrated e. d.** eingegliederte Exportabteilung; **divorced/separate e. d.** selbstständige Exportabteilung
export dependency Ausfuhr-, Exportabhängigkeit *f*; **e.-dependent** *adj* ausfuhr-, exportabhängig; **e. division** Ausfuhr-, Exportabteilung *f*; **e. document** Ausfuhrschein *m*, A.papier *nt*, A.dokument *nt*, Exportdokument *nt*, E.papier *nt*; **e. draft** Exporttratte *f*; **~ method** Exporttrattenverfahren *nt*; **e. drive** Exportanstrengung *f*, E.feldzug *m*, E.offensive *f*, offensive Exportbemühungen, Export(förderungs)kampagne *f*, Forcierung des Exports/der Ausfuhr; **e.-driven** *adj* exportbedingt; **e. dumping** Schleuderausfuhr *f*, Ausfuhr zu Schleuderpreisen
export duty ⊖ Ausfuhrzoll *m*, A.abgabe *f*, Ausgangszoll *m*, Exportabgabe *f*, E.steuer *f*, E.zoll *m*; **liable to e. d.** ausfuhr-, exportabgabenpflichtig; **e. duties and taxes** Ausgangsabgaben
export earner Exportartikel *m*, E.schlager *m (coll)*; **e. earnings** Ausfuhr-, Exporterlöse; **e. effort** Exportanstrengung *f*; **e. embargo** Ausfuhrembargo *nt*, A.sperre *f*, Exportsperre *f*; **e. enhancement** Export-, Ausfuhrförderung *f*
exporter *n* Exporteur *m*, Ausführer *m*, Exporthändler *m*, E.firma *f*, E.kaufmann *m*, **e.s** exportierende Wirtschaft, Export-, Ausfuhrwirtschaft *f*; **e. of agricultural goods** Agrarexporteur *m*; **approved e.** ermächtigter Exporteur/Ausführer
exporter's credit Exporteurkredit *m*; **~ guarantee** Exporteurgarantie *f*; **~ organization marketing overseas** Absatzorganisation des Exporteurs in Übersee, ~ im Ausland; **~ retention** *(Exportkredit)* Eigen-, Selbstfinanzierungsquote *f*, Selbstrisikoquote *f*, Exportselbstbehalt *m*, Risiko-/Haftungs-/Verlustbeteiligung des Exporteurs; **~ retention rate** *(Exportkredit)* Selbstfinanzierungsquote *f*

export expansion Ausfuhr-, Exportausweitung *f*; **e. factoring** Exportfactoring *nt*; **e. figures** Ausfuhr-, Exportziffern, Ausfuhr-, Exportzahlen; **e. finance** Ausfuhr-, Exportfinanzierung *f*, Finanzierung von Exportgeschäften; **e. financing instrument** Exportfinanzierungsinstrument *nt*, Instrument zur Exportfinanzierung; **e. firm** Exportfirma *f*, E.haus *nt*, Exporteur *m*; **e. fluctuations** Ausfuhr-, Exportschwankungen; **e. forwarding declaration** ⊖ Versandanmeldung Export; **e. fund** Exportfonds *m*; **e. gold point** oberer Goldpunkt; **e. goods** Exportgüter, E.waren, E.artikel, Ausfuhrwaren, A.artikel; **~ fair** Exportmesse *f*; **e. growth** Ausfuhr-, Exportwachstum *nt*; **constrained e. growth** gehemmtes Ausfuhr-/Exportwachstum; **e. guarantee** Ausfuhrbürgschaft *f*, A.garantie *f*, Exportbürgschaft *f*, E.garantie *f*; **e. house** Exportfirma *f*, E.gesellschaft *f*, E.vertreter *m*; **e. incentive** Ausfuhr-, Exportanreiz *m*; **~ scheme** Ausfuhr-, Exportförderungsprogramm *nt*; **e. income ratio** Ausfuhr-, Exportquote *f*; **e.-induced** *adj* ausfuhr-, exportbedingt; **e.-inducing** *adj* ausfuhr-, exportträchtig; **e. industry** Exportindustrie *f*, E.wirtschaft *f*
exporting *n* Exporttätigkeit *f*, Ausfuhr *f*; **direct e.** direkter Export, Direktexport *m*, D.ausfuhr *f*; **indirect e.** indirekter Export
exporting *adj* ausfuhr-, exportorientiert; **heavily e.** exportintensiv
export insurance Ausfuhr-, Exportversicherung *f*; **e. intelligence** Exportinformationen *pl*; **e. intensity** Ausfuhr-, Exportintensität *f*; **e.-intensive** *adj* ausfuhr-, exportintensiv; **e. intermediary** Exportmittler *m*; **e. item** Ausfuhr-, Exportartikel *m*; **major e. item** Exportschwerpunkt *m*, E.artikel *m*; **e.-led** *adj* exportbedingt, e.gestützt, e.induziert; **e. letter of credit** Exportakkreditiv *nt*, E.kreditbrief *m*; **e. levy** Ausfuhrabschöpfung *f*, A.abgabe *f*, Export-, Sonderumsatzsteuer *f*; **minimum e. levy** Mindestausfuhrabschöpfung *f*; **e. licence** *[GB]* /**license** *[US]* Ausfuhrgenehmigung *f*, A.bewilligung *f*, A.lizenz *f*, Exportgenehmigung *f*, E.bewilligung *f*, E.lizenz *f*; **~ procedure** Ausfuhrlizenzverfahren *nt*; **e. list** Ausfuhrliste *f*; **e. management company** Außenhandelsunternehmen *nt*; **e. manager** Exportleiter *m*, Leiter der Ausfuhr-/Exportabteilung, ~ des Exports; **e. manifest** ⚓ Exportversandliste *f*; **e. market** Ausfuhr-, Export-, Auslands-, Drittmarkt *m*, Exportabsatz *m*; **e. merchant** Exportkaufmann *m*, E.händler *m*; **e. merchanting** Abwicklung des Auslandsgeschäfts; **e. middleman** Exportmittler *m*; **e. model** Exportausführung *f*, E.modell *nt*; **e. multiplier** Exportmultiplikator *m*; **e. notification** ⊖ Ausfuhr(an)meldung *f*; **e. offer** Exportangebot *nt*; **e. opportunities** Exportmöglichkeiten
export order Export-, Ausfuhr-, Auslandsauftrag *m*, A.bestellung *f*; **e. o.s on hand** Bestand an Auslands-/Exportaufträgen; **~ booked** Auftragseingang aus dem Ausland; **e. o. book** (Bestand an) Auslands-/Exportaufträge(n)
export organization Ausfuhr-, Exportorganisation *f*; **e.-orient(at)ed** *adj* export-, ausfuhrorientiert; **e. outlet**

export pack(ag)ing

Exportmarkt *m*; **e. pack(ag)ing** Exportverpackung *f*; **e. pattern** Exportstruktur *f*; **e. performance** Exportleistung *f*, E.ergebnis *nt*; **e. permit** Ausfuhrgenehmigung *f*, A.bewilligung *f*, A.schein *m*, A.lizenz *f*, Exportgenehmigung *f*, E.bewilligung *f*; **e. plans** Exportabsichten; **e. point** oberer Goldpunkt; **e. policy** Ausfuhr-, Exportpolitik *f*; **e. position** Exportsituation *f*; **e. potential** Exportpotenzial *nt*; **e. practice** Ausfuhr-, Exportpraxis *f*; **e. prefinancing** Ausfuhr-, Exportvorfinanzierung *f*; **e. premium** Ausfuhrprämie *f*
export price Export-, Ausfuhrpreis *m*; **minimum e. p.** Ausfuhrmindestpreis *m*; **e. p. function** Exportpreisfunktion *f*; **~ index** Ausfuhrpreisindex *m*; **~ regulation** Ausfuhrpreisbestimmung *f*
export procedure ⊖ Ausfuhrverfahren *nt*; **e. proceeds** Export-, Ausfuhrerlös(e) *m/pl*; **~ notification** Ausfuhrerlösmeldung *f*; **e. product** Ausfuhr-, Exporterzeugnis *nt*, Ausfuhr-, Exportartikel *m*; **~ range** Exportsortiment *nt*; **e. profit** Exportgewinn *m*; **e. prohibition** Ausfuhrsperre *f*, A.verbot *nt*
export promotion Export-, Ausfuhrförderung *f*; **across-the-board e. p.** generelle Exportförderung; **e. p. credit** Exportförderungskredit *m*
export quota Export-, Ausfuhrkontingent *nt*, Export-, Ausfuhrquote *f*; **basic e. q.** Ausfuhrgrundquote *f*; **required e. q.** Exportauflage *f*
export rate Ausfuhrtarif *m*; **e. ratio** Exportintensität *f*, E.quote *f*, E.koeffizient *m*, Ausfuhrquote *f*; **e. rebate** Ausfuhrerstattung *f*; **e. receivables** Exportforderungen; **e. rebate** Export-, Ausfuhrrückvergütung *f*, Export-, Ausfuhrrückerstattung *f*, Exportrabatt *m*; **e. receipts** Export-, Ausfuhrerlöse, Export-, Ausfuhreinnahmen; **e. refund** Ausfuhr(rück)erstattung *f*, A.vergütung *f*, A.vergünstigung *f*, Exportvergütung *f*; **basic e. refund** Grundausfuhrerstattung *f*; **e. regulations** Ausfuhr-, Exportbestimmungen; **e. relations** Außenhandelsbeziehungen; **e. requirements** Exportbedürfnisse; **e. restitution** Exporterstattung *f*; **e. restraints** Ausfuhr-, Exportbeschränkungen; **voluntary e. restraint** freiwillige Exportbeschränkung, ~ Selbstbeschränkung im Export, Exportselbstbeschränkung *f*; **e. restriction(s)** Ausfuhrbeschränkungen, Exportrestriktionen, E.beschränkung *f*, Beschränkungen der Ausfuhr, ~ des Exports; **e. revenue(s)** Exporteinnahme *f*; **e. rights** Ausfuhr-, Exportrechte; **exclusive e. rights** ausschließliche Ausfuhrrechte
export risk Ausfuhr-, Exportrisiko *nt*; **~ guarantee** Ausfuhr-, Exportrisikogarantie *f*; **~ liability** Ausfuhr-, Exportrisikohaftung *f*
export sales Auslands-, Exportabsatz *m*; **e. section** Ausfuhr-, Exportabteilung *f*; **e. sector** Außen-, Exportwirtschaft *f*; **e. security** Ausfuhrkaution *f*; **e. settlement account** Ausfuhr-, Exportabwicklungskonto *nt*; **e. share** Ausfuhr-, Exportanteil *m*, Ausfuhr-, Exportquote *f*; **e. shipment** Exportlieferung *f*, E.sendung *f*; **e. specifications** Exportangaben *f*; **e. statistics** Ausfuhrzahlen, Ausfuhr-, Exportstatistik *f*; **e. subsidiary** *(Tochter)* Exportfirma *f*; **e. subsidy** Ausfuhr-, Exportsubvention *f*, Export-, Ausfuhrbeihilfe *f*, Exporterstattung *f*, E.bonus

m; **e. surplus** Ausfuhr-, Exportüberschuss *m*, aktive Handelsbilanz; **achieving an e. surplus** Aktivierung der Handelsbilanz; **e. targeting** exportfördernde Regierungsmaßnahme(n); **e. tariff** ⊖ Ausfuhrzoll(tarif) *m*; **e. tax** 1. Ausfuhr-, Exportsteuer *f*; 2. ⊖ Ausfuhrzoll *m*; **e. terms** Ausfuhr-, Exportbedingungen; **e. trade** Auslandsgeschäft *nt*, Ausfuhr-, Exportwirtschaft *f*, Außen-, Export-, Ausfuhrhandel *m*; **e. trader** Ausfuhrhändler *m*, Exporteur *m*; **e. trading company** Außenhandelsgesellschaft *f*, A.haus *nt*; **e. transaction** Ausfuhrgeschäft *nt*, A.abschluss *m*, Exportgeschäft *nt*; **to finance an e. transaction** Exportgeschäft finanzieren; **e. traveller** Auslandsvertreter *m*; **e. trend** Exportentwicklung *f*, Entwicklung der Ausfuhr; **e. turnover** Auslandsumsatz *m*; **~ tax** Ausfuhr-, Exportumsatzsteuer *f*; **e. underwriter** Exportversicherer *m*; **e. unit** Export-, Ausfuhreinheit *f*; **e. value** Ausfuhr-, Exportwert *m*; **e. viability** Ausfuhr-, Exportfähigkeit *f*; **e. volume** Außenhandels-, Exportvolumen *nt*; **e. world champion** Exportweltmeister *m*
expose *n* Exposé *nt*
expose *v/t* 1. aussetzen, exponieren; 2. enthüllen, aufdecken, bloßstellen, bloß-, freilegen, entlarven; 3. *(Film)* belichten; **e.d** *adj* 1. exponiert; 2. preisgegeben; 3. *(Wetter)* ungeschützt, ausgesetzt
exposition *n* Ausstellung *f*; **international/universal e.** Weltausstellung *f*
ex post *adv* *(lat.)* nachher, im Nachhinein
exposure *n* 1. Ausgesetztsein *nt*, Aussetzung *f*; 2. Bloßstellung *f*, Enthüllung *f*, Entlarvung *f*, Aufdeckung *f*; 3. Verschuldungsgrad *m*; 4. Forderungen *pl*; 5. *(Geld)* Engagement *nt* *(frz.)*, Anlagerisiko *nt*; 6. *(Ware)* Feilhalten *nt*, Vorführung *f*, Ausstellung *f*; 7. *(Vers.)* Risiko(umfang) *nt/m*, schädliche Einflüsse, Gefährdung *f*; 8. *(Film)* Belichtung *f*; **e. in a market** Marktpräsenz *f*, M.engagement *nt*; **e. to risks** Risikoanfälligkeit *f*; **to die of e.** erfrieren
cross-border exposure *(Kredit)* Risiken im Ausland, Auslandsrisiken *pl*; **heavy e.** starke Verschuldung; **indecent e.** [§] Erregung öffentlichen Ärgernisses, sittenwidrige Zurschaustellung, Exhibitionismus *m*; **e. draft** Diskussions-, Arbeitspapier *nt*; **e. hazard** *(Vers.)* Nachbargefahr *f*, gefahrerhöhende Nachbarschaft; **e. time** *(Film)* Belichtungsdauer *f*, B.zeit *f*; **e. value** *(Film)* Lichtwert *m*
expound *v/t* darlegen, erläutern
express *n* 1. ⊠ Eilzustellung *f*, durch Eilboten, Expressbrief *m*, Eilpost *f*, Express-, Eilgebühr *f*; 2. 🚆 Schnellzug *m*; **by e.** per Eilboten, als Eil-/Expressgut; **e. paid** Eilgebühr bezahlt, durch/per Eilboten bezahlt
express *v/t* 1. ausdrücken, äußern, vorbringen, zum Ausdruck bringen, aussprechen; 2. per Express/als Eilgut schicken; **e. o.s.** sich ausdrücken/artikulieren; **e. circuitously** verklausulieren
express *adj* bestimmt, ausdrücklich
express agent *[US]* Spediteur *m*
expressage *n* *[US]* 1. Eil(gut)-, Expresszustell-, Schnelldienstgebühr *f*, S.guttarif *m*, Expressgebühr *f*; 2. Eil(gut)fracht *f*, E.beförderung *f*

express authority ausdrückliche Vertretungsmacht; **e. bill of lading** Eilgutladeschein *m*; **e. car** *[US]* 🚃 Paketwagen *m*; **e. carriage** Eilgutbeförderung *f*; **e. company** Eilgutspedition *f*; **e. consignment** Expressgut *nt*
express delivery Eil-, Schnellpaket-, Eil(brief)zustellung *f*; **by e. d.** per Eilboten; **e. d. consignment** Eilbotensendung *f*
express elevator *[US]* Schnellaufzug *m*; **e. freight** Eilfracht *f*; **e. freighter** ⚓ Eilfrachter *m*; **e. goods** Eil-, Expressgut *nt*, Eilfracht *f*; **accelerated e. goods** beschleunigtes Eilgut/Expressgut
expression *n* 1. Ausdruck *m*, Äußerung *f*; 2. Ausdruck *m*, Redensart *f*, Redefloskel *f*; 3. Miene *f*; **e. of interest** Interessenbekundung *f*; **free ~ opinion** Meinungsfreiheit *f*; **e. of one's will** Willensäußerung *f*; **to find e. in** seinen Niederschlag finden in; **deadpan e.** Pokergesicht *nt*; **technical e.** Spezialausdruck *m*
expressis verbis *adv* *(lat.)* ausdrücklich
express letter *n* ✉ Eil-, Expressbrief *m*
expressly *adv* ausdrücklich, eigens; **e. or by implication** ausdrücklich oder stillschweigend
express|man *n* *[US]*; **e. messenger** ✉ Eilbote *m*; **e. office** *[US]* ✉ Paketannahmestelle *f*; **e. package** *[US]* /**parcel** *[GB]* ✉ Eilpaket *nt*, Expressgut *nt*, E.paket *nt*; **e. service** Schnelldienst *m*, S.verbindung *f*, Eildienst *m*, E.verbindung *f*; **e. tariff** Eilguttarif *m*; **e. train** 🚂 (Fern)Schnell-, Expresszug *m*
expressway *n* 🚗 Schnell(verkehrs)straße *f*; **urban e.** Stadtautobahn *f*; **e. network** Schnellstraßennetz *nt*
ex|promission *n* Schuldabtretung *f*; **e.promissor** *n* Schuldabtreter *m*
expropriate *v/t* enteignen, expropriieren
expropriation *n* (Zwangs)Enteignung *f*, Expropriierung *f*; **e. without compensation** entschädigungslose Enteignung; **e. of land** Grundstücksenteignung *f*; **e. for restitution purposes** Rückenteignung *f*; **e. act** Enteignungsgesetz *nt*; **e. compensation/payment** Enteignungsentschädigung *f*; **e. proceedings** Enteignungsverfahren *nt*
expropriatory *adj* Enteignungs-
expulsion *n* 1. Ausschluss *m*, Ausschließung *f*, Relegation *f*; 2. Aus-, Verweisung *f*, Vertreibung *f*; **e. of a member** Mitgliedsausschluss *m*; **e. from the party** Parteiausschluss *m*; **e. damage** Vertreibungsschaden *m*; **e. order** [§] Ausweisungsbefehl *m*
expurgate *v/t* *(Text)* säubern, zensieren
ex quay ab Kai
exquisite *adj* exquisit, erlesen
ex rights ohne/ex Bezugsrecht (xB); **to deal in e. r.** mit bezugsrechtslosen Aktien handeln; **e. r. markdown** Bezugsrechtsabschlag *m*
ex scrip ex Gratisaktien; **~ issue** Gratisaktienemission *f*
ex-serviceman *n* 🎖 Veteran *m*, entlassener/gedienter Soldat; **disabled e.-s.** Kriegsinvalide *m*
ex ship/steamer ab Schiff; **e. store** ab Lager
extant *adj* vorhanden; **still e.** noch bestehend
extem|pore *adj* aus dem Stegreif, unvorbereitet; **e.porize** *v/ti* unvorbereitet/aus dem Stegreif sprechen, extemporieren

extend *v/ti* 1. ausdehnen, ausweiten; 2. ausbauen, erweitern, verbreitern, vergrößern; 3. *(Frist)* verlängern, einräumen, gewähren, strecken, prolongieren; 4. sich erstrecken; **e. sth. to so.** jdm etw. gewähren; **e.ed** *adj* ausgedehnt, umfassend, erweitert, verlängert
extens|ibility *n* Ausbau-, Ausdehnungsfähigkeit *f*; **e.ible** *adj* ausdehnbar, ausbaufähig
extension *n* 1. Ausdehnung *f*, Erweiterung *f*, Ausbau *m*, Ausweitung *f* Vergrößerung *f*; 2. 🏛 Anbau *m*; 3. Prolongation *f*, (Zahlungs)Aufschub *m*, Frist *f*, Termin-, Fristverlängerung *f*, Stundung *f*; 4. *(Kredit)* Erneuerung *f*; 5. ☎ Nebenanschluss *m*, N.stelle *f*, N.apparat *m*, Durchwahl *f*
extension of contract Vertragsverlängerung *f*; **~ cover(age)** *(Vers.)* Erweiterung der Deckungszusage, Deckungserweiterung *f*; **~ credit** Kreditverlängerung *f*, K.gewährung *f*, K.prolongation *f*, Einräumung eines Zahlungsziels, Verlängerung der Kreditlaufzeit; **~ delivery period** Verlängerung der Lieferfrist; **~ demand** Nachfrageausweitung *f*; **~ holiday** Urlaubsverlängerung *f*; **~ a house** 🏛 (Haus)Anbau *m*; **~ judgments** [§] gegenseitige Vollstreckung ausländischer Urteile; **~ jurisdiction** Zuständigkeitsausweitung *f*, Z.erweiterung *f*; **~ liability** Haftungserweiterung *f*, H.verschärfung *f*, Erweiterung der Haftung; **~ a loan** Kreditbereitstellung *f*, Valutierung *f*; **~ patent** Patentverlängerung *f*; **e. for payment** Stundung *f*; **e. of the period of credit** Verlängerung des Zahlungsziels, Zahlungsaufschub *m*; **~ the plaintiff's claim** [§] Klageerweiterung *f*; **~ policy** Versicherungsverlängerung *f*; **~ residence permit**; **~ stay** Aufenthaltsverlängerung *f*; **~ tacit ~ tenancy** stillschweigende Mietverlängerung; **~ the original term** Nachfrist *f*
extension of time Frist(verlängerung) *f*, Nachfrist *f*, Verlängerung einer Frist; **to allow an ~ t.** Nachfrist gewähren; **to claim an ~ t.** Fristverlängerung beantragen; **~ t. for appeal** [§] Verlängerung der Rechtsmittelfrist; **~ t. for payment** Zahlungs(mittel)aufschub *m*
extension of validity Verlängerung einer Gültigkeitsdauer; **~ a visa** Visumsverlängerung *f*
to ask for/request an extension um Zahlungsaufschub/Stundung bitten; **to grant an e.** Frist verlängern, Aufschub gewähren
main extension ☎ Hauptanschluss *m*; **partial e.** Teilausbau *m*; **pull-out e.** *(Tisch)* Ausziehplatte *f*; **tacit e.** stillschweigende Verlängerung
extension agreement Stundungsvertrag *m*, Prolongationsabkommen *nt*; **e. cable/lead** ⚡ Verlängerungskabel *nt*, V.schnur *f*; **vocational e. certificate** Fachschulreife *f*; **e. fee** Kreditverlängerungsgebühr *f*; **e. ladder** ausziehbare Leiter, Ausziehleiter *f*; **double e. method** doppelte Lifo-Bewertung *f*; **e. number** ☎ Nebenschluss *m*, N.stelle *f*, N.apparat *m*, Durchwahl *f*, Apparat *m*; **e. period** Auslaufperiode *f*; **e. plan** Ausbauvorhaben *nt*; **e. policy** Verlängerungspolice *f*; **e. project** Erweiterungsplan *m*, E.programm *nt*; **vocational e. school** Berufsaufbauschule *f*; **agricultural e. service** landwirtschaftlicher Beratungsdienst, landwirtschaftliches Beratungswesen; **e. supplement** Ausdehnungszuschlag *m*; **e. table** ausziehbarer Tisch

extensive *adj* 1. ausgedehnt, umfassend, ausführlich, extensiv, weitgehend, weitverzweigt, (groß)flächig, groß angelegt; 2. ♃ flächig; **most e.**weitestgehend; **e.ly** *adv* in hohem Maße
extent *n* 1. Ausmaß *nt*, Umfang *m*, Größe *f*, Höhe *f*; 2. Ausdehnung *f*, Tragweite *f*; 3. *[US]* Zwangsverwaltung *f*; **to the e. of** bis zum Betrag von, in Höhe von; **~ that** insofern/insoweit als; **to a certain e.** bis zu einem gewissen Grade; **to the full e.** in vollem Umfang, völlig; **to some e.** einigermaßen; **to such an e.** in solchem Ausmaß, soweit
extent in chief Pfändung eines Staatsschuldners; **e. of cover(age)** Deckungsumfang *m*, Umfang des Deckungsschutzes; **~ damage/loss** Schadensausmaß *nt*, S.umfang *m*, S.höhe *f*, Umfang des Schadens; **~ demand** Intensität der Nachfrage; **~ the fault** Umfang des Verschuldens; **permissible ~ interpretation** Auslegungsfreiheit *f*; **~ liability** Haftungsumfang *m*, Umfang der Haftung; **~ liquidity** Liquiditätsdecke *f*; **~ power of attorney** Umfang der Vollmacht; **~ protection** sachlicher Schutzbereich; **~ utilization** Auslastung *f*; **~ warranty** Garantieumfang *m*, Umfang einer Garantie
to be liable to the extent of one's investment bis zur Höhe seiner Einlage haften; **~ property** mit seinem ganzen Vermögen haften
extenu|ate *v/t* mildern, mindern, beschönigen; **e.ating** *adj* [§] (straf)mildernd; **e.ation** *n* 1. Strafmilderung *f*; 2. Beschönigung *f*, Minderung *f*
exterior *adj* äußere(r,s), Außen-
exterior *n* das Äußere, Außenseite *f*; **smooth e.** *(Umgangsformen)* verbindliches Wesen
extermi|nate *v/t* ausrotten, vernichten; **e.natory service** *[US]* Kammerjäger *m*; **e.nation** *n* Ausrottung *f*, Vernichtung *f*; **e.nator** *n* 1. Kammerjäger *m*; 2. Vernichtungsmittel *nt*
external *adj* 1. äußere(r,s), Außen-; 2. außerbetrieblich, extern, (werk)fremd; 3. außenwirtschaftlich; 4. ausländisch; 5. ✠ äußerlich
externalities *pl* Externalitäten, externe Effekte; **negative e.** negative Externalitäten, ~ externe Effekte; **positive e.** positive Externalitäten, ~ externe Effekte; **technical externality** technologischer externer Effekt
externalize *v/t* nach außen projizieren, externalisieren
exterritorial *adj* exterritorial; **e.ity** *n* Exterritorialität *f*
extinct *adj* 1. ausgestorben; 2. *(Firma)* erloschen; **to become e.** aussterben
extinction *n* 1. Aussterben *nt*; 2. Auslöschung *f*, Tilgung *f*, Vernichtung *f*; 3. *(Firma)* Erlöschen *nt*; 4. *(Feuer)* Löschen *nt*; **threatened with e.** vom Aussterben bedroht; **e. of (entry for) previous convictions** [§] Straftilgung *f*, Löschung/Tilgung im Strafregister; **~ debts** Schuldentilgung *f*, Rückzahlung von Schulden; **~ the exercise of a right** [§] Präklusion *f*; **~ a mortgage** Löschung einer Hypothek; **~ a right** Erlöschen eines Rechts; **e. water damage** Löschwasserschaden *m*
extinguish *v/t* 1. *(Feuer)* löschen; 2. (aus)löschen, zum Erlöschen bringen; 3. *(Schuld)* tilgen; **e.able** *adj* löschbar; **e.ed** *adj* erloschen; **to become e.ed** erlöschen; **e.er** *n* Feuerlöscher *m*, Löschgerät *nt*

extinguishment *n* 1. [§] Aufhebung *f*; 2. Löschung *f*; 3. Tilgung *f*; 4. Erlöschen *nt*; **e. of a book account** Löschung einer Buchschuld; **~ copyright** Erlöschen des Urheberrechts; **~ a debt** Schuldenerlass *m*; **~ an easement** Erlöschen einer Grunddienstbarkeit; **~ a legacy** Unwirksamkeit eines Vermächtnisses; **~ a lien** Pfanduntergang *m*, Untergang eines Pfandes
extol *v/t* rühmen, preisen, überschwenglich loben
extort *v/t* erpressen, erzwingen
extortion *n* 1. Erpressung *f*; 2. Wucher *m*, Geldschneiderei *f*; **e. of a confession under duress** [§] Erpressung eines Geständnisses; **~ fees** unstatthafte Gebührenerhöhung; **e. by public officials** Erpressung im Amt; **e. of statements** Aussageerpressung *f*
extortion|ate *adj* 1. erpresserisch; 2. *(Preis)* (übermäßig) wucherisch, halsabschneiderisch, Wucher-; **e.er** *n* 1. Erpresser *m*; 2. Wucherer *m*
extra *adj/adv* 1. Sonder-, besonders; 2. Extra-, zusätzlich; 3. nebenberuflich; **to be charged e.** gesondert berechnet werden; **to pay e.** nachbezahlen; **to work e.** länger arbeiten
extra *n* 1. Zusatz-, Sonderleistung *f*, S.dividende *f*, Zuschlag *m*; 2. Drauf-, Beigabe *f*, Bonus *m*; 3. *(Film)* Komparse *m*, Statist *m*; **e.s** 1. Nebenausgaben, N.kosten, zusätzliche Kosten *pl*; 2. Extra-, Sonderausstattung *f*; **optional e.s** mögliche Zusatzausstattung
extra-budgetary *adj* haushaltsfremd
extract *v/t* 1. Auszug machen, ausziehen; 2. ✻ fördern; 3. herausholen, h.ziehen, gewinnen, extrahieren; 4. *(bei Verhandlungen)* herausschlagen; 5. ◉ entziehen
extract *n* 1. Auszug *m*, Abriss *m*, Exzerpt *nt*; 2. Extrakt *m*; 3. ⊖ Teillizenz *f*; **e. of account** Konto-, Rechnungsauszug *m*; **e.s from judicial records** [§] Strafregisterauszug *m*; **~ the register** Registerabschrift *f*, R.auszug *m*; **~ the commercial register** Auszug aus dem Handelsregister; **~ the land register** Grundbuchauszug *m*, Auszug aus dem Grundbuch; **~ the judicial records; ~ the register of (previous) convictions** Auszug aus dem Strafregister, Strafregisterauszug *m*; **~ the schedule of debts** Tabellenauszug *m*; **cadastral e.** Katasterauszug *m*
extracting plant *n* Gewinnungsanlage *f*
extraction *n* 1. Herkunft *f*, Abstammung *f*; 2. ✻ Abbau *m*, Gewinnung *f*, Ausbeutung *f*, Aufschluss *m*; **e. of raw materials** Rohstoffgewinnung *f*; **commercial ~ minerals and other deposits** gewerbliche Bodenbewirtschaftung; **e. cost** 1. ✻ Förderkosten *pl*; 2. ♃ Rückekosten *pl*; **e. plant** ✻ Förderanlage *f*; **e. rate** Fördermenge *f*
extractive *adj* herausziehend, rohstoffgewinnend
extractor *n* Sauganlage *f*; **e. fan** Sauglüfter *m*
extracurricular *adj* außerhalb der Schule, außerschulisch
extra|ditable *adj* [§] *(Person)* auslieferungsfähig; **e.dite** *v/t* ausliefern; **e.dited** *adj* ausgeliefert
extradition *n* [§] Auslieferung *f*; **e. of nationals** Auslieferung eigener Staatsangehöriger; **to refuse e.** Auslieferung ablehnen
Extradition Act *[GB]* Auslieferungsgesetz *nt*; **e. order**

Auslieferungsbefehl *m*; **to make out an e. order** Ausweisungsbefehl ausstellen; **e. proceedings** Auslieferungsverfahren *nt*; **e. treaty** Auslieferungsabkommen *nt*, A.vertrag *m*

extra|dotal *adj* nicht zur Mitgift gehörend; **e.judicial** *adj* außergerichtlich; **e.legal** *adj* außergesetzlich; **e.marital** *adj* außerehelich; **e.mural** *adj* außerschulisch, a.universitär, außerhalb der Schule/Universität

extraneous (to) *adj* 1. nicht gehörig zu, ohne Beziehung zu; 2. unwesentlich; 3. außerbetrieblich

extraordinary *adj* außerordentlich, besonders, un-, außergewöhnlich; **e.parliamentary** *adj* außerparlamentarisch; **e.periodic** *adj* überperiodisch

extra|polate *v/t* extrapolieren, annähernd berechnen, weiterführen, fortschreiben, hochrechnen; **e.polation** *n* Extrapolation *f*, Weiterführung *f*, Fortschreibung *f*, Hochrechnung *f*

extra|sensory *adj* übersinnlich; **e.terrestrial** *adj* außer-, überirdisch; **e.territorial** *adj* extraterritorial; **e.territoriality** *n* Extraterritorialität *f*

extra|vagance *n* Extravaganz *f*, Luxus *m*, Verschwendung(ssucht) *f*, Ausgabefreudigkeit *f*, Aufwand *m*; **e.vagant** *adj* luxuriös, aufwändig, extravagant, verschwenderisch

extreme *adj* äußerst, extrem; *n* Extrem *nt*; **e.s** 🏦 Ausreißer *m*; **to go to e.s** bis zum Äußersten gehen

extremism *n* Extremismus *m*, Radikalismus *m*; **left-wing e.** Linksextremismus *m*; **right-wing e.** Rechtsextremismus *m*

extremist *adj* extremistisch; *n* Radikale(r) *f/m*, Extremist(in) *m/f*; **left-wing e.** Linksradikaler *m*, L.extremist *m*; **right-wing e.** Rechtsradikaler *m*, R.extremist *m*

extremity *n* Not *f*, Notlage *f*

extricate o.s. (from sth.) *v/refl* sich (aus etw.) befreien

extrinsic *adj* äußerlich; **to be e. to sth.** in keinem direkten Zusammenhang mit etw. stehen

ex|trude *v/t* ✿ herauspressen; **e.trusion** *n* 🗋 Strangpressen *nt*, Extrusion *f*

exuber|ance *n* Übermut *m*; **e.ant** *adj* überschwenglich, übermütig, begeistert

exult *v/i* jauchzen; **e.ation** *n* Überschwang *m*

exurban *adj* [US] vorstädtisch; **e.ite** *n* Vorstädter *m*

exurbia *n* Villenvororte *pl*, Vorstadt(landschaft) *f*

ex warehouse ab Lager; **e. wharf** ab Kai; **e. works** ab Werk

eye *n* 1. Auge *nt*; 2. Blick *m*, Augenmerk *nt*; **with an e. to** im Hinblick auf; **the e. of the law** das Auge des Gesetzes; **~ a needle** Nadelöhr *nt*; **visible to the naked e.** mit dem bloßen Auge wahrnehmbar

to be all eye|s seine Augen überall haben; **to be up to one's e.s in debt** *(coll)* den Buckel voll Schulden haben *(coll)*; **~ the e.s in work** *(coll)* bis über beide Ohren in Arbeit stecken *(coll)*; **to hardly believe one's e.s** seinen Augen kaum trauen; **not to believe one's e.s** seinen Augen nicht trauen; **to cast an e. over sth.** Blick auf etw. werfen; **to catch the e.** 1. auffallen; 2. *(Blick)* einfangen; **~ so.'s e.** jds Aufmerksamkeit erregen; **to cry one's e.s out** sich die Augen aus dem Kopf weinen; **to do sth. with one's e.s shut** etw. mit der linken Hand tun *(fig)*; **to have an e. for sth.** Blick für etw. haben; **~ one's e.s on sth.** auf etw. reflektieren; **~ an e. to sth.** auf etw. achten, ein Auge ~ werfen; **~ the evil e.** bösen Blick haben; **to keep an e. on** im Auge behalten, scharf überwachen; **~ so.** jdm auf die Finger sehen; **~ sth./things** ein wachsames Auge auf etw. haben, Sache im Auge behalten; **to keep a beady e. (on so./sth.)** *(jdn/etw.)* genau beobachten; **(~)** streng überwachen; **to lower one's e.s** Blick senken; **to meet the e.** sichtbar sein, ins Auge fallen/stechen; **to open so.'s e.s** jdm die Augen öffnen, jdm die Binde von den Augen nehmen *(fig)*, jd mein Licht aufstecken *(fig)*; **to set e.s on sth.** etw. zu Gesicht bekommen; **to sleep with one's e.s open** mit offenen Augen schlafen; **to strain one's e.s** angestrengt schauen; **to strike the e.** ins Auge springen; **to turn a blind e.** ein Auge zudrücken, absichtlich wegsehen, hinwegsehen, ignorieren, gar nicht zur Kenntnis nehmen

black eye blaues Auge; **naked e.** bloßes Auge; **with the ~ e.** mit bloßem Auge; **private e.** (Privat)Detektiv *m*, Schnüffler *m (pej.)*; **prying e.s** neugierige Blicke

eye *v/t* betrachten, ins Auge fassen

eye|-appeal *n* Blickfang *m*; **e.brow** *n* Augenbraue *f*; **e.-catcher** *n* Aufmerksamkeitserreger *m*, Blickfang *m*, Zugartikel *m*; **e.-catching** *adj* auffallend, auffällig; **e. complaint** ♀ Augenleiden *nt*; **e. disease** ♀ Augenkrankheit *f*; **e.glass** *n* Monokel *nt*; **e.glasses** [US] Brille *f*; **e.let** *n* Öse *f*

eyelid *n* Lid *nt*; **not to bat an e.** nicht mit der Wimper zucken; **without batting an e.** ohne eine Miene zu verziehen, ohne mit der Wimper zu zucken

eye movement recording; ~ registration Blickaufzeichnung *f*, B.registrierung *f*; **to be an eye-opener for so.** *n (fig)* jdm die Augen öffnen *(fig)*; **that was an e.-opener** *(coll)* das hat mir die Augen geöffnet; **e. patch** Augenklappe *f*; **e. shade** Blendschirm *m*; **e.sight** *n* Augenlicht *nt*, Sehvermögen *nt*; **bad e.sight** Sehschwäche *f*; **e.sore** *n* unschöne Stelle, Unzierde *f*, Schandfleck *m*; **e. specialist** ♀ Augenarzt *m*, A.ärztin *f*; **e. stopper** Aufmerksamkeitserreger *m*; **e. strain** Überanstrengung der Augen; **e. test** Augenuntersuchung *f*; **e.wash** *n* Geschwätz *nt*, Spiegelfechterei *f*; **e.witness** *n* Augenzeuge *m*, A.zeugin *f*; *v/t* Augenzeuge sein; **~ account/report** Augenzeugenbericht *m*

F

fabric *n* 1. Stoff *m*, Gewebe *nt*; 2. 🏦 Gebäude *nt*, Bau *m*; 3. Gefüge *nt*, Struktur *f*, Substanz *f*; **f.s** Textilien, Textilwaren *f*; **f. of society; social f.** Gesellschafts-, Sozialstruktur *f*; **knitted f.s** *(Textil)* Maschenware *f*

fabricate *v/t* 1. herstellen, (ver)fertigen, fabrizieren; 2. erbauen, errichten; 3. erfinden, fälschen, erdichten

fabrication *n* 1. Fertigung *f*, Fabrikation *f*, Herstellung *f*, Bau *m*, Errichtung *f*; 2. Fälschung *f*, Lüge *f*; **pure f.** reine Phantasie, alles erschwindelt; **f. company** Herstellungsgesellschaft *f*; **f. order** Fertigungsauftrag *m*;

fabrication plant

f. plant Produktionsstätte *f*
fabricator *n* 1. Hersteller *m*, Fabrikant *m*, Verfertiger *m*; 2. Schwindler *m*, Fälscher *m*
fabric gloves Stoffhandschuhe; **f. printing** Stoffdruck *m*
facade *n* Fassade *f*
face *n* 1. Gesicht *nt*; 2. Vorderseite *f*; 3. Zifferblatt *nt*; 4. 🏛 Fassade *f*, Front *f*; 5. ⚒ Streb *m*; **in the f. of** angesichts; **~ difficulties** trotz der Schwierigkeiten; **f. of a policy** Versicherungssumme *f*; **f. to face** von Angesicht zu Angesicht; **fair on its f.** offenbar ohne Fehler; **on the f. of it** bei oberflächlicher/vordergründiger Betrachtung, auf den ersten Blick, allem Anschein nach, äußerlich, vordergründig betrachtet **to fall (flat) on one's face** *(fig)* auf die Nase fallen *(fig)*; **to fly in the f. of sth.** einer Sache zuwiderlaufen, einer Tatsache widersprechen, zu etw. in eklatantem Widerspruch stehen; **~ the law** das Recht mit Füßen treten; **to have the f.** *(coll)* die Stirn haben *(coll)*; **to keep a straight f.** ernste Miene bewahren; **to lie to so.'s f.** jdm ins Gesicht lügen; **to lose f.** *(fig)* das Gesicht verlieren *(fig)*; **to meet new f.s** neue Menschen kennenlernen; **to pull a long f.** langes Gesicht machen; **to put on a f.** Miene aufsetzen; **~ a bold/brave f. on sth.** sich nichts anmerken lassen, gute Miene zum bösen Spiel machen; **to save f.** das Gesicht wahren; **to set one's f. against sth.** *(fig)* sich gegen etw. stemmen; **to stare so. in the f.** jdm ins Gesicht starren; **to vanish from the f. of the earth** völlig/vom Erdboden verschwinden; **to work a f.** ⚒ Feld abbauen
blank face 📖 halbfette Schrift; **bold f.** Fettdruck *m*, F.schrift *f*; **in ~ f.** fett(gedruckt); **steep f.** Steilwand *f*
face *v/t* konfrontiert sein/werden mit, rechnen müssen mit, (etw.) gegenüberstehen; **f. sth. out** etw. durchstehen; **f. up to sth.** sich einem Problem stellen; **f. sth. calmly** einer Sache gelassen/ruhig ins Auge schauen, ~ sehen
face amount Nennwert *m*, N.betrag *m*, Nominalwert *m*, N.betrag *m*; **~ of a bill** Wechselbetrag *m*; **f. cloth** *[GB]* Waschlappen *m*
to be faced with sth. *adj* sich einer Sache gegenübersehen
face|-guard *n* Schutzmaske *f*; **f.-lift** Verschönerung *f*, Renovierung *f*, Erneuerung *f*, Modernisierung *f*, kosmetische Neuerung/Operation, Verjüngungskur *f*, Schönheitsoperation *f*; **f.-lifting** *n (Produkt)* Variaton des Äußeren; **f. par** Nennbetrag *m*, Nominalwert *m*, f. **rate** Nettosatz *m*; **f.-saver** *n* Prestigeverlust vermeidende Maßnahme; **f.-saving** *adj* das Gesicht/den Anschein wahrend, Prestigeverlust vermeidend
facet *n* Facette *f*, Aspekt *m*
face value *n* 1. Nenn-, Nominalwert *m*, N.betrag *m*, Nennbetrag *m*, Pari-, Neuwert *m*, scheinbarer Wert; 2. Versicherungssumme *f* **at f. v.** 1. wörtlich; 2. nominal, zu pari, zum Nennwert; **f. v. of a policy** Versicherungswert *m*; **to take sth. at f. v.** etw. für bare Münze nehmen *(fig)*; **aggregate/total f. v.** Gesamtnennbetrag *m*, G.nennwert *m*; **f. v. share** *[GB]* /**stock** *[US]* Aktie mit Nennwert
face worker ⚒ Gruben-, Streb-, Untertagearbeiter *m*, Hauer *m*

facile *adj* oberflächlich, seicht, leicht(fertig)
facilitate *v/t* 1. erleichtern, fördern; 2. *(Verhandlung)* unterstützen
facility *n* 1. (nützliche) Einrichtung, Möglichkeit *f*, Vorteil *m*; 2. (Betriebs)Anlage *f*, Betrieb(sstätte) *m/f*; 3. (Kredit)Fazilität *f*, Kredit(rahmen) *m*, K.linie *f*; **facilities** 1.Vergünstigungen, Vorteile, Erleichterungen, Möglichkeiten; 2. Anlagen, Einrichtungen; **~ for payment** Zahlungsmöglichkeiten; **special ~ for payment** besondere Zahlungsmöglichkeiten; **~ for resting** Ruheräume; **to grant so. every f.** jdm jede Erleichterung/Möglichkeit gewähren
advance facility Lombardfazilität *f*; **compensatory f.** kompensatorische Fazilität; **consular facilities** Konsulareinrichtungen; **cultural facilities** kulturelle Einrichtungen; **educational facilities** Bildungseinrichtungen, B.möglichkeiten; **financial facilities** Finanzierungsmöglichkeiten; **general facilities** allgemeine Einrichtungen; **hygienic facilities** sanitäre Anlagen/Einrichtungen; **idle facilities** stillliegende Betriebsanlagen; **industrial f.** Industrieanlage *f*, I.betrieb *m*; **infrastructural facilities** Infrastruktur(einrichtungen) *f/pl*; **interconnecting facilities** verkehrstechnische Anbindung; **loan-back f.** *(Vers.)* Beleihungsmöglichkeit *f*; **marginal f.** Kapazitätsobergrenzen; **military f.** militärische Anlage; **municipal f.** städtische Einrichtung, Kommunaleinrichtung *f*; **nuclear f.** Nuklearanlage *f*, kerntechnische Anlage; **operational f.** Betriebsstätte *f*, B.anlage *f*; **collectively owned f.** Gemeinschaftsanlage *f*; **productive f.** Produktionsanlage *f*; **public facilities** öffentliche Einrichtungen; **recreational facilities** Freizeit-, Erholungseinrichtungen; **roll-on/roll-off facilities** ⚓ Anlagen für Direktverladung, ~ kranlose Verladung; **sanitary facilities** sanitäre Einrichtungen; **shared facilities** gemeinsam genutzte (System)Einrichtungen; **social facilities** Fürsorge-, Sozialeinrichtungen; **special facilities** 1. *(IWF)* Sonderfazilitäten; 2. besondere Erleichterungen; **syndicated f.** Konsortialkredit *m*; **technical facilities** technische Einrichtungen; **undrawn facilities** nicht in Anspruch genommene Kredite
facility debts Verbindlichkeiten aus Kreditlinien; **f. expansion** Betriebsstättenerweiterung *f*; **f. location** Betriebsstandort *m*; **f. management** *(Immobilien)* Betreuungsdienst *m*, Standortbetreiberdienst *m*; **~ company** (Standort)Betreibergesellschaft
facing of an instrument *n* [§] Wortlaut einer Urkunde; **f. brick** 🏛 Fassadenstein *m*, Klinker *m*
facsimile *n* 1. Kopie *f*, genaue Nachbildung, Faksimile *nt*; 2. Faksimileübertragung *f*, Fax *nt*, Bildfunk *m*, B.telegrafie *f*; *v/t* faksimilieren, genau nachbilden
facsimile device Fax-, Faksimilegerät *nt*; **f. edition** Faksimileausgabe *f*; **f. print** Faksimiledruck *m*; **f. signature** 1. faksimilierte/vervielfältigte Unterschrift; 2. Unterschriftenprobe *f*; **f. stamp** Faksimile-, Namensstempel *m*; **f. telegraph** Bildfunktelegraf *m*; **f. teletype/teleprinter** Bildfunkschreiber *m*; **f. terminal** Fernkopierempfangsgerät *nt*, Telekopierer *m*; **f. transmitter** Bildsender *m*, Faxgerät *nt*

fact *n* 1. Tatsache *f*, Faktum *nt*; 2. [§] Tat(bestand) *f/m*; **f.s** 1. Daten, Sachverhalt *m*; 2. ⊖ *(Zollwert)* Tatsachen, Fakten; 3. [§] Tatbestand *m*; **after the f.** nach der Tat; **before the f.** vor der Tat; **contrary to the f.s** tatsachenwidrig; **in f.** tatsächlich, materiell, realiter *(lat.)*; **~ and in law** [§] tatsächlich und rechtlich, rechtlich und tatsächlich, in rechtlicher und tatsächlicher Hinsicht; **in view of the f.** angesichts der Tatsache; **there ist no hiding the f.** es lässt sich nicht verhehlen
the fact|s of the case [§] Tatumstände, Sachverhalt *m*; **considering ~ case; having considered ~ case** unter Berücksichtigung/bei Abwägung aller Umstände; **f.s and circumstances** Sachverhalt *m*, S.lage *f*; **f. of circumstantial evidence** [§] Indiz *nt*; **fresh f.s and evidence** neue Tatsachen und Beweismittel; **f.s and figures** quantitative Auskünfte; **f. of life** harte Tatsache; **the f.(s) of the matter** Sachverhalt *m*, Tatbestand *m*; **f. constituting an offence** [§] Straftatbestand *m*; **f. establishing a right** rechtsbegründende Tatsache
based on present fact|s gegenwartsbezogen; **establishing a legal f.** rechtserzeugende Wirkung; **except for the f. that** mit dem Unterschied, dass; **facing the f.s** auf dem Boden der Tatsachen; **given the f.** angesichts der Tatsachen; **f. of which the court has judicial knowledge** [§] gerichtsnotorische Tatsache
to acquaint o.s. with the fact|s sich mit der Sachlage vertraut machen; **to adduce new f.s** neue Tatsachen vorbringen; **to ascertain the f.s** [§] Tatbestand/Tatsachen feststellen, Tatbestand ermitteln; **to be in accordance with the f.s** den Tatsachen entsprechen; **~ blind to the f.s** sich den Tatsachen verschließen; **~ founded on f.** auf Tatsachen beruhen; **to conceal a f.** Tatsache verschweigen; **to deny the f.s** Tatsachen leugnen; **to disguise f.s** Tatsachen verschleiern; **to distort f.s** Tatsachen entstellen/verfälschen/verdrehen; **to establish a f.** Tatsache beweisen; **~ the f.s of a case** [§] Tatbestand aufnehmen; **to face (up to) the f.s** den Tatsachen ins Gesicht/Auge sehen, sich auf den Boden der Tatsachen stellen, sich mit etw./den Tatsachen abfinden, die Realitäten anerkennen; **to gather f.s** Tatsachen zusammentragen; **to know for a f.** genau wissen; **to (learn to) live with the f.s** sich mit den Tatsachen abfinden; **to misapprehend the f.s** Tatsachen verkennen; **to misrepresent the f.s** Tatsachen entstellen; **to pervert the f.s** Tatsachen verdrehen; **to piece together f.s** Tatsachenmaterial zusammenstellen/aneinander reihen; **to present as a f.** als Tatsache hinstellen; **to state f.s** Tatsachen anführen; **~ the f.s** Sachlage/S.verhalt darstellen, Tatsachenangaben machen, Darstellung des Tatbestandes geben; **to stick to the f.s** sich an die Tatsachen halten; **to suppress a f.** Tatsache unterdrücken/unterschlagen; **to swear to a f.** Tatsache beschwören; **to take down the f.s of the case** Tatbestand feststellen; **~ fresh f.s into consideration** neue Tatsachen berücksichtigen; **to wake up to a f.** sich einer (Tat)Sache bewusst werden
accessory fact [§] Indiz *nt*; **accomplished f.** vollendete Tatsache; **actual f.** Gegebenheit *f*; **admitted f.** zugestandene Tatsache; **ascertained f.** festgestellte Tatsache; **basic f.s** Grundsachverhalt *m*; **bare f.s** nüchterne Tatsachen; **basic f.(s)** grundlegende Tatsache(n); **cold f.s** nackte Wahrheit, ungeschminkte Tatsachen; **commercial f.s** ⊖ handelsmäßige Tatsachen; **constituent f.** [§] Tatbestandsmerkmal *nt*; **constitutive f.** [§] rechtsbegründende Tatsache; **contested f.** strittige Tatsache; **decisive f.** entscheidende Tatsache; **dispositive f.** [§] rechtsändernde Tatsache; **divestitive f.** [§] Tatsache, die den Verlust eines Rechts nach sich zieht; **economic f.** wirtschaftliche Tatsache; **empirical f.** Erfahrungstatsache *f*; **established f.** nachweisliche/unzweifelhafte/verbürgte/feststehende Tatsache; **evidentiary f.** [§] beweiserhebliche Tatsache; **exculpatory f.s** entlastende Tatsachen; **external f.s** äußere Umstände; **fabricated f.** falsche Tatsache; **hard f.** nackte/ungeschminkte/unumstößliche Tatsache; **immaterial f.** [§] unerhebliche/unwesentliche/nicht entscheidungserhebliche Tatsache; **incriminatory f.** [§] belastende Tatsache; **investitive f.** [§] rechtsbegründende Tatsache; **irrefutable f.** unbestreitbare Tatsache; **irrelevant f.** [§] unerhebliche/unwesentliche Tatsache; **jurisdictional f.s** [§] zuständigkeitsbegründender Sachverhalt; **leading f.** Haupttatsache *f*
material fact [§] rechtserhebliche/wesentliche Tatsache, objektiver Tatbestand; **to conceal ~ f.s** wesentliche Tatsachen unterdrücken; **to disclose all ~ f.s** alle rechtserheblichen Tatsachen offen legen
minor fact [§] untergeordnete (Beweis)Tatsache; **obvious f.** offenkundige Tatsache; **operative f.** *[US]* Tatbestandsmerkmal *nt*; **probative f.** [§] beweiserhebliche Tatsache; **proven f.** bewiesene Tatsache; **the real f.s** wirklicher Sachverhalt; **recognizable f.s** erkennbare Umstände; **relevant f.** [§] (rechts)erhebliche Tatsache, Tatbestandsmerkmal *nt*; **suspicious f.** Verdachtsmoment *nt*; **true f.s** wahrer Sachverhalt
fact finding Tatsachenfeststellung *f*, Tatbestandsaufnahme *f*; **f. gathering** Zusammenstellung der Fakten
faction *n* Partei(gruppe) *f*, P.gruppierung *f*, Splittergruppe *f*, Clique *f (frz.)*, Fronde *f (frz.)*; **f.alism** *n* Parteigeist *m*
factor *n* 1. Faktor *m*, Umstand *m*, Element *nt*, Moment *nt*; 2. Makler *m*, (Verkaufs)Kommissionär *m*, Handelsvertreter *m*, Agent *m*, Warenbevorschusser *m*; 3. Liegenschafts-, Gutsverwalter *m*; 4. Disponent *m*; 5. *(VWL)* Produktionsfaktor *m*; 6. π Faktor *m*, Verhältniszahl *f*, Berechnungs-, Einflussgröße *f*
factor of calculation Rechnungsgröße *f*; **~ change** Element des Wandels; **~ competition** Wettbewerbsfaktor *m*; **f. affecting/in costs** Kosteneinflussgröße *f*, K.faktor *m*; **f. of demand** Bedarfsfaktor *m*; **f.s of depreciation** Abschreibungsursachen, Entwertungsfaktoren; **f. of the economy** Wirtschaftsfaktor *m*; **~ evaluation** Bewertungsgröße *f*; **~ expense variability** Variator *m*; **~ performance** Erfolgsfaktor *m*; **~ personnel output** Personalleistungsfaktor *m*
factor of production Produktions-, Produktivfaktor *m*, Produzent *m*, produktiver Faktor, Kostengut *nt*; **f.s of p.** Produktionskräfte, Einsatzgüter; **basic f. of p.** Elementarfaktor *m*; **consumable f. of p.** Repetierfaktor *m*;

derived **factor of production** 454

derived f. of p. abgeleiteter Produktionsfaktor; **potential f. of p.** Potenzialfaktor *m*
factor of value Wertfaktor *m*
to take a factor into consideration Faktor in Rechnung stellen; **to throw up new f.s** neue Gesichtspunkte aufwerfen
adverse factor beeinträchtigender Faktor, Gegenkraft *f*; **bearish f.** *(Börse)* Baisse-, Belastungstendenz *f*; **behavioural f.** Verhaltensmerkmal *nt*; **causal/causative f.** Verursacher *m*, Kausalfaktor *m*; **chief f.** Hauptträger *m*; **constraining/constrictive f.** 1. Anspannungs-, Engpassfaktor *m*; 2. *(Börse)* Baisse-, Belastungsfaktor *m*; **contributory f.** Mitursache *f*, beitragendes Element; **to be a ~ f.** mit dazu beitragen; **corrective f.** Gegenkraft *f*; **critical f.** Engpassfaktor *m*; **crucial f.** entscheidende Rolle; **to be a ~ f.** entscheidende Rolle spielen; **cyclical f.** Konjunkturfaktor *m*, konjunktureller Faktor; **deciding/decisive f.** Ausschlag *m*, entscheidender Faktor, Entscheidungskriterium *nt*, Bestimmungsgrund *m*; **deflationary f.** Deflationsfaktor *m*; **delaying f.** retardierendes Moment; **depressive f.** Belastungs-, Baissefaktor *m*, B.moment *nt*; **determining f.** Bestimmungsfaktor *m*, B.größe *f*, maßgeblicher Umstand; **disruptive f.** Störfaktor *m*; **disturbing f.** Stör(ungs)faktor *m*; **dominant f.** Dominante *f*; **economic f.** Wirtschaftsfaktor *m*, konjunktureller (Bestimmungs)Faktor; **depending on/due to ~ f.s** konjunkturabhängig, k.bedingt; **environmental f.s** Umwelteinflüsse, Umgebungsfaktoren; **erratic f.** erratisches Element; **expansive f.s** Auftriebsfaktoren, A.kräfte; **external f.** außerbetrieblicher Faktor, Fremdfaktor *m*; **~ f.s** außenwirtschaftliche Umstände; **foreign f.** Auslandsvertreter *m*; **hereditary f.(s)** Erbanlage *f*; **human f.** menschlicher Faktor, menschliche Seite; **~ engineering** Ergonomie *f*; **inflationary f.** preistreibender Faktor, Inflations-, Auftriebsfaktor *m*, Inflationsmoment *nt*; **influencing f.** Einflussfaktor *m*; **inhibiting f.** Hemmschuh *m* *(fig.)*, hemmender Faktor; **judicial f.** [§] Gemeinschuldner(in) *m/f*; **limiting f.** Engpassfaktor *m*; **to be a ~ f.** Grenzen setzen; **liquidity-increasing f.** Verflüssigungsfaktor *m*; **locational f.** Standortfaktor *m*; **mitigating f.** mildernder Umstand; **loss-producing f.** Verlustfaktor *m*; **non-specific f.** alternativ einsetzbarer Produktionsfaktor; **one-off f.** einmaliger Faktor; **present-value f.** Barwertfaktor *m*; **price-raising f.** Preisauftriebsfaktor *m*; **primary f.** Grundfaktor *m*; **productive f.** Produktions-, Leistungsfaktor *m*, produktiver Faktor; **random f.s** Zufallseinflüsse; **recessionary f.** Rezessionsfaktor *m*; **residual f.** Residualfaktor *m*, dritter Produktionsfaktor; **revenue-load f.** Gesamtauslastung *f*, Auslastungsquote *f*; **scaling f.** Normierungsfaktor *m*; **stabilizing f.** *(Börse)* Kursstützungsfaktor *m*, stabilisierendes Element; **stimulating f.** Auftriebsimpuls *m*, A.kräfte *f*; **supplemental f.** Zusatzfaktor *m*; **suspicious f.** Verdachtsmoment *nt*; **unsettling f.** Störfaktor *m*; **vitiating f.s** Ungültigkeitsfaktoren
factor *v/t* 1. Schulden aufkaufen; 2. auf Kommissionsbasis verkaufen; **f. in** Rechnung (ein)buchen

factorage *n* Provision *f*, Kommissionsgebühr *f*, K.provision *f*, K.geschäft *nt*, K.handel *m*, Factoring-Entgelt *nt*, F.-Provision *f*
factoral *adj* faktoral
factor analysis Faktoren-, Dimensionsanalyse *f*; **f.-augmenting** *adj* faktorvervielfachend; **f. combination** Faktorkombination *f*; **basic f. combination** Elementarkombination *f*; **f.'s commission** Factoringgebühr *f*
factor comparison Merkmalsvergleich *m*; **~ method** Arbeitsbewertungsverfahren *nt*; **~ system** Rangreihenverfahren *nt*
factor cost(s) Faktorkosten *pl*; **marginal f. cost(s)** Faktorgrenzkosten *pl*; **f. curve** Faktorkurve *f*; **f. demand** Nachfrage nach Produktionsfaktoren *f*, Faktornachfrage *f*; **f. differential** Faktordifferenzial *nt*; **f. earnings** Faktoreinkommen *nt*; **f. endowment** Faktorausstattung *f*; **f. excess burden** Nettowohlfahrtsverluste *pl*; **f. flows** Faktorströme; **f. gap** Faktorlücke *f*; **f. income** Faktor-, Leistungseinkommen *nt*
factoring *n* Factoring(geschäft) *nt*, Aufkauf/Verkauf von Buch-/Warenforderungen, ~ Schulden, Debitorenverkauf *m*, Warenbevorschussung *f*; **f. of receivables** Factoring *nt*, Forderungsverkauf *m*; **f. without recourse; non-recourse/old-line f.** echtes Factoring; **non-notification f.** stilles Factoring
factoring business Forfaitierungs-, Faktorgeschäft *nt*; **f. company** Factoring-Institut *nt*, Faktorgesellschaft *f*; **f. institution** Faktorbank *f*; **f. transaction** à-forfait-Geschäft *nt*
factor input Faktoreinsatz *m*; **~ ratio** Faktorintensität *f*; **f. isoquant** Faktorisoquante *f*
factor|ization *n* Forderungsverkauf *m*; **f.ize** *v/t* faktorisieren, Forderungen aufkaufen/verkaufen
factor|'s lien 1. Kommissionärspfandrecht *f*; 2. *(Factoring)* Sicherungsrecht *f*, Pfandrecht am Konsignationslager; **f. loading** ▦ Faktorbewertung *f*; **f. market** Faktormarkt *m*; **f. mix** Faktorkombination *f*; **f. mobility** Substituierbarkeit der Produktionsfaktoren; **f. movements** Faktor-, Produktionsfaktorwanderungen; **f. payments** Faktoreinkommen *nt*, F.entlohnung *f*
factor price Faktorpreis *m*; **~ equalization** Faktorpreisausgleich *m*; **~ equilibrium** Faktorpreisgleichgewicht *nt*
factor productivity Faktorproduktivität *f*; **partial f.** partielle Faktorproduktivität; **total f. p.** Gesamtproduktivität *f*
factor proportions Faktorproportionen; **f. quality** Faktorqualität *f*; **f. rating** Leistungsbewertung nach Einzelfaktoren; **f.'s remuneration** Faktorentgelt *nt*; **f. returns** Faktorerträge; **implicit f. returns** kalkulatorischer Faktorertrag; **f. shares** funktionale Verteilungsquoten
factorship *n* 1. Agentur *f*, Agentenstelle *f*; 2. Domänenverwaltung *f*
factor substitution Faktorsubstitution *f*; **f. supply** Faktorangebot *nt*; **f. weighting** Faktorengewichtung *f*
factory *n* 1. Fabrik *f*, Werk *nt*, Betriebs-, Erzeugungs-, Fertigungsstätte *f*, Herstellerwerk *nt*, Manufaktur *f* *(obs.)*; 2. Fabrikgebäude *nt*; 3. Fabrik-, Werksgelände

nt; **ex f.** ab Werk/Fabrik; **~ clause** Fabrikklausel *f*; **straight from the f.** fabrikneu **to close a factory** Fabrik stilllegen/schließen; **to look over a f.** Fabrik besichtigen; **to open a f.** Fabrik/Werk in Betrieb nehmen; **to run a f.** Fabrik betreiben; **to take a f. on line** Fabrik in Betrieb nehmen; **~ off line** Fabrik stilllegen; **to tool up a f.** Fabrik mit Maschinen ausstatten **advance factory** *(Industrieansiedlung)* im Voraus errichtete Fabrik; **bonded f.** ⊖ Fabrik unter Zollverschluss, ~ (zur Verarbeitung von Waren) unter Zollaufsicht; **main f.** Hauptwerk *nt*; **subsidiary f.** Nebenbetrieb *m*

factory accounting Fabrik-, (Einzel)Betriebsbuchhaltung *f*; **F. Act** *[GB]* Arbeitsschutzgesetz *nt*, Gewerbeordnung *f*; **F. Acts** gewerbepolizeiliche Bestimmungen; **f. agreements** Verträge auf Werksebene; **f. building** Fabrik-, Werksgebäude *nt*, Werks-, Fabrikationshalle *f*; **f. buildings** Fabrikbauten; **f.-built** *adj* fabrikfertig; **f. burden** Fertigungsgemeinkosten *pl*; **f. canteen** Werkskantine *f*; **f. capacity** Werks-, Betriebskapazität *f*; **f. chickens** 🐓 Hühner in Intensivhaltung; **f. chimney** Fabrikschornstein *m*; **f. committee** Betriebsrat *m*; **f. construction** Fabrikerrichtung *f*; **f. costs** Herstellungs-, Fertigungskosten *f*; **f. cost price** Werksselbstkosten *pl*; **f. equipment** Fabrik-, Betriebseinrichtung *f*; **f. expense(s)** Fertigungsgemeinkosten *pl*; **f. extension** Betriebs-, Werkserweiterung *f*, Fabrikausbau *m*, F.ausweitung *f*; **f. farming** 🐓 1. Massentier-, Intensivhaltung *f*; 2. *(Boden)* Intensivbewirtschaftung *f*; **f. floor** Betrieb *m*; **f. foreman** Industrie-, Werkmeister *m* **factory gate** Werks-, Fabriktor *nt*; **~ output price** Preis ab Werk; **~ price** Erzeugerpreis *m*, Preis ab Werk; **~ price inflation** Erzeugerpreisinflation *f*

factory hand Fabrikarbeiter(in) *m/f*; **f. hooter** Fabriksirene *f*; **f. hours** Betriebszeit *f*; **after ~ hours** nach Betriebsschluss; **f. inspection** Gewerbeaufsicht *f*, Fabrik-, Werks-, Betriebsinspektion *f*, technische Überwachung, Betriebsüberwachung *f*; **f. and shop inspection** Gewerbeaufsicht *f*, G.inspektion *f*; **f. inspector** Gewerbeinspektor *m*, G.aufseher *m*, Gewerbeaufsichts-, Prüfbeamter *m*, Betriebsinspektor *m*; **f. inspectorate** Gewerbeaufsicht(samt) *f*/*nt*, G.aufsichtswesen *nt*, G.polizei *f*, Technischer Überwachungsverein (TÜV) *[D]*, Betriebsüberwachung(sbehörde) *f*; **f. installation** Einbau im Werk; **f. ledger** Fabrikationsbuch *nt*; **f. legislation** Arbeitsschutz-, Industriegesetzgebung *f*; **at f. level** auf Betriebs-/Werksebene; **f. management** Betriebs-, Werks-, Fabrikleitung *f*; **f. manager** Betriebs-, Werksleiter *m*, Werks-, Fabrikdirektor *m*; **f. meeting** Betriebsversammlung *f*; **f. occupation** Fabrik-, Werks-, Betriebsbesetzung *f*; **f. operating rate** Fabrik-, Betriebsauslastung *f*; **f. order** Innenauftrag *nt*; **f. outlet** Fabrikladen *m*, F.geschäft *nt*, betriebseigene Verkaufsfläche; **~ center** *[US]* /**centre** *[GB]* Fabrikverkaufszentrum *nt*; **f. output** Fabrikationsausstoß *m*, Industrieproduktion *f*

factory overhead(s) Betriebs-, Werks-, Fertigungsgemeinkosten *pl*; **fixed f. o.** fixe Fertigungsgemeinkosten; **variable f. o.** variable Fertigungsgemeinkosten

factory owner Fabrikbesitzer *m*, Fabrikant *m*, Betriebseigentümer *m*; **f.-packed** *adj* originalverpackt; **f. personnel** Fabrikpersonal *nt*; **f. pick-up** Fabrik-, Werksabholung *f*; **f. planning** Fabrikplanung *f*; **f. premises** 1. Fabrik-, Betriebs-, Werksgebäude *nt*; 2. Fabrik-, Betriebs-, Werksgelände *nt*; **f. price** Hersteller-, Fabrikpreis *m*, Preis ab Erzeuger/Fabrik/Werk; **f. read only memory** 🖥 Maskenprogrammierung *f*; **f. records** Betriebs-, Fabrikunterlagen; **f. regulations** Betriebs-, Werksordnung *f*; **f. rejects** Ausschuss(ware) *m/f*; **f. relocation** Betriebs-, Fabrikverlagerung *f*, Betriebsumsiedlung *f*; **f. representative** Werksvertreter *m*; **f. safety** Betriebssicherheit *f*; **f. security** Werksschutz *m*; **f. ship** Fabrikschiff *nt*, Fischverarbeitungsschiff *nt*; **f. sidetrack** *[US]* /**siding** *[GB]* 🚂 Werksanschluss(gleis) *m/nt*; **f. site** Fabrikareal *nt*, Fabrikgelände *nt*, Werks-, Industriegrundstück *nt*; **~ land** Betriebsgelände *nt*, B.grundstücke *pl*; **f. sit-in** Betriebs-, Fabrik-, Werksbesetzung *f*; **f. smokestack** Fabrikschornstein *m*; **f. space** Fabrik-, Produktionsfläche *f*; **f. stocks** Fabrikbestände; **f. store** Fabrikladen *m*; **f. supplies** Hilfs- und Betriebsstoffe, Betriebsmaterial *nt*; **f. system** Fabrikwesen *f*; **f. tour/visit** Betriebs-, Fabrik-, Werksbesichtigung *f*; **f. transport system** Werktransport *m*; **f. vessel** ⚓ Fabrikschiff *nt*, Fischverarbeitungsschiff *nt*; **f. wharf** werkseigene Kaianlage; **f. work** Fabrikarbeit *f*; **f. worker** Fabrikarbeiter(in) *m/f*; **f. yard** Fabrikhof *m*

factotum *n* Faktotum *nt*

factsheet *n* Tatsachendokument *nt*, Informationsblatt *nt*, I.broschüre *f*, Infoblatt *nt*

factual *adj* sachlich, faktisch, Sach-, Tatsachen-

faculty *n* 1. Können *nt*, Vermögen *nt*, Fähigkeit *f*, Talent *nt*; 2. Fakultät *f*, Lehrkörper *m*; **f. of arts** philosophische/geisteswissenschaftliche Fakultät; **~ engineering** ingenieurwissenschaftliche Fakultät; **~ judgment** Urteilskraft *f*; **~ law** rechtswissenschaftliche/juristische Fakultät, Rechtsfakultät *f*; **~ medicine** medizinische Fakultät; **~ science** naturwissenschaftliche Fakultät; **in full possession of one's faculties; with one's faculties unimpaired** im Vollbesitz seiner geistigen Kräfte; **medical faculty** medizinische Fakultät; **memorative f.** Erinnerungsfähigkeit *f*, E.vermögen *nt*; **mental f.** geistige Fähigkeit, Geistesgabe *f*; **perceptive f.** Auffassungsgabe *f*, Wahrnehmungsvermögen *nt*; **physical f.** körperliche Fähigkeit; **f. principle of taxation** Grundsatz der steuerlichen Leistungsfähigkeit

fad *n* Modetorheit *f*, M.welle *f*, Marotte *f (coll)*, Tick *m (coll)*, Spleen *m (coll)*; **passing f.** Eintagsfliege *f (fig)*

fade *v/ti* 1. *(Licht)* schwächer werden, verblassen; 2. *(Film)* überblenden; **f. away** 1. absinken, langsam verschwinden, dahinschwinden, nachlassen; 2. *(Hoffnung)* zerrinnen; **f. in** *(Film)* einblenden; **f. out** ausblenden

fade *n* *(Film)* Tonausblendung *f*

faded *adj* 1. verblasst; 2. *(Textilien)* verschossen, verblichen

fade-in; fading-in *n* *(Film)* (Programm)Einblendung *f*; **fade-out; fading-out** *n* 1. schrittweise Umwandlung

faeces

einer Mehrheits- in eine Minderheitsbeteiligung; 2. *(Film)* Abblende *f*, Ausblendung *f*
faeces *pl (lat.)* Kot *m*, Fäkalien
fag *n [GB] (coll)* Zigarette *f*, Glimmstengel *m (coll);* **f. end** Zigarettenkippe *f*
faggot *n* Holz-, Reisigbündel *nt*
fail *v/ti* 1. versagen, fehlschlagen, scheitern, misslingen, verfehlen, missraten, missglücken, fehlgehen, Misserfolg haben, nicht zu Stande kommen; 2. mangeln, fehlen; 3. nicht bestehen/durchkommen/reüssieren, durchfallen; 4. versäumen, unterlassen; 5. ✿/⚡ ausgehen, ausfallen, aussetzen, stocken; 6. Bankrott/Konkurs machen, fallieren, zusammenbrechen **bound to fail** aussichts-, chancenlos; **likely to f.** konkursverdächtig; **if all else f.s** wenn alle Stricke reißen *(fig);* **f. in sth.** etw. verabsäumen/vernachlässigen; **f. to appear** 1. nicht erscheinen; 2. [§] Gerichtstermin versäumen; **f. to do sth.** etw. unterlassen; ~ **see** übersehen; **f. completely** mit Sang und Klang durchfallen *(coll)*
fail *n (Prüfung)* Nichtbestehen *nt;* **without f.** auf jeden Fall
failed *adj* 1. *(Prüfung)* nicht bestanden; 2. gescheitert
failing *prep* mangels, in Ermangelung, im Falle des Ausbleibens; **f. which/that** andernfalls, sonst, widrigenfalls, im Unterlassungsfall
failing to stop after an accident *n* [§] Unfall-, Fahrerflucht *f*
fail-safe *adj* ausfall-, narrensicher, hundertprozentig/absolut sicher
failure *n* 1. Fehlschlag *m*, F.leistung *f*, Misslingen *nt*, Misserfolg *m*, Missgeburt *f (fig)*, Fiasko *nt*, Erfolglosigkeit *f*, Reinfall *m (coll)*; 2. Versäumnis *nt*, Unterlassung *f*, Verfehlung *f*; 3. ✿/⚡ Störung *f*, Panne *f*, Ausfall *m*, Versagen *nt*; 4. Bankrott *m*, Konkurs *m*, Zahlungseinstellung *f*, Fallieren *nt*, Faillissement *nt (frz.)*, Zusammenbruch *m*; 5. *(Person)* Versager *m*, gescheiterte Existenz; **f. of consideration** [§] Wegfall der Gegenleistung; ~ **crops** ✿ Missernte *f*, Ernteausfall *m*; ~ **issue** Erbenlosigkeit *f*; ~ **justice** Fehlurteil *nt*; ~ **negotiations** Scheitern der Verhandlungen; ~ **performance** [§] Nichterfüllung *f*, Erfüllungsmangel *m*; **doomed to f.** zum Scheitern verurteilt
failure to act Untätigkeit *f*; **wrongful ~ act** schuldhafte Unterlassung; ~ **agree** Nichteinigung *f*; ~ **appear** 1. $ Nichterscheinen *nt*; 2. Ausbleiben *nt*, Terminversäumnis *nt*; ~ **complete** Nichtfertigstellung *f*; ~ **comply with the/a contract** mangelnde Vertragserfüllung; ~ **comply with applicable customs regulations** Verletzung der Zollvorschriften; ~ **deliver** Lieferverzug *m*, Nichtabgabe *f*; ~ **deliver up the books** *(Konkurs)* Nichtausfolgung von Rechnungsbüchern; ~ **disclose** 1. Nichtoffenbarung *f*, fehlende/mangelnde Offenlegung *f*; 2. *(Vers.)* Nichtangabe *f*; ~ **do sth.** Unterlassen *nt*, Unterlassung *f*; ~ **fulfil conditions** Nichterfüllung der Bedingungen; ~ **function** Funktionsunfähigkeit *f*; ~ **grant (sth.)** Nichteinräumung *f*; ~ **honour (sth.)** Nichthonorierung *f*; ~ **inform** Nichtanzeige *f*; ~ **instruct** Unterlassung der Unterrichtung; ~ **keep the delivery date** Lieferfristüberschreitung *f*; ~ **meet the deadline;** ~ **ob-**

456

serve the time limit Fristüberschreitung *f*, Frist-, Terminversäumnis *nt*; ~ **meet an obligation** 1. Leistungsverzug *m*; 2. Pflichtversäumnis *nt*; ~ **muster a quorum** mangelnde Beschlussfähigkeit; ~ **pay** Nichtzahlung *f*; ~ **to perform** mangelnde Vertragserfüllung, Nichterfüllung *f*, N.leistung *f*; ~ **provide maintenance** Verletzung der Unterhaltspflicht; ~ **reach reconciliation** Scheitern des Sühneversuchs; ~ **register** unterlassene Registrierung; ~ **render aid/assistance** unterlassene Hilfestellung/H.leistung, Unterlassung der Hilfestellung/H.leistung; ~ **reply** Nichtbeantwortung *f*; ~ **report** Unterlassung der Meldung/Berichterstattung; ~ **report a criminal offence** [§] Unterlassung der Anzeige einer strafbaren Handlung; ~ **report sth. to the police** Nichtanzeige *f*; ~ **state full particulars** [§] mangelnde Substantiierung; ~ **stop after an accident** Fahrer-, Unfallflucht *f*; ~ **take delivery** Nichtannahme *f*; ~ **take the proper precautions** Unterlassung der erforderlichen Vorsichtsmaßregeln; ~ **utilize** Nichtausnutzung *f*
to be a complete failure völlig misslingen/versagen; **to result in f.** mit einem Misserfolg enden
black failure ⚡ Totalausfall *m*; **commercial f.** Konkurs *m*, Bankrott *m*, Zahlungseinstellung *f*; **complete f.** 1. völliges Versagen, totaler Misserfolg; 2. völliger Versager; **coronary f.** ✚ Herzversagen *nt*; **corporate f.** Unternehmenskonkurs *m*, U.pleite *f*, Firmenzusammenbruch *m*; **financial f.** finanzieller Zusammenbruch; **human f.** menschliches Versagen; **major f.** ▦ Hauptausfall *m*; **total/utter f.** völliger Fehlschlag, völliges Versagen
failure cause Ausfallursache *f*; **f. density** ▦ Ausfalldichte *f*; **f. frequency** Ausfallhäufigkeit *f*; **f. logging** Störungsaufzeichnung *f*; **f. mode** Ausfallart *f*; **f. rate** 1. Ausfallrate *f*, A.quote *f*; 2. *(Examen)* Durchfall-, Misserfolgsquote *f*; 3. Konkursquote *f*; **f. report** Störungsbericht *m*
faint *n* Ohnmacht *f*; *v/i* in Ohnmacht fallen/sinken, Bewusstsein verlieren, bewusstlos/ohnmächtig werden; *adj* schwach, leise, matt; **f.-hearted** *adj* kleinmütig
fainting fit *n* Ohnmachtsanfall *m*
faintness *n* Schwäche *f*
fair *n* 1. Messe *f*, (Verkaufs)Ausstellung *f*, Musterungsmesse *f*; 2. (Jahr)Markt *m*, Kirmes *f*; **at the f.** auf der Messe; **f. offering a large variety of exhibits** gut beschickte Messe
to attend a fair Messe/Ausstellung besuchen; **to hold a f.** Messe/Ausstellung veranstalten, ~ abhalten; **to open a f.** Messe/Ausstellung eröffnen; **to organize a f.** Messe veranstalten/aufziehen; **to participate in a f.** sich an einer Messe/Ausstellung beteiligen, Messe/Ausstellung beschicken; **to send goods to a f. for display** Messe/Ausstellung beschicken; **to visit a f.** Messe/Ausstellung besuchen
agricultural fair Landwirtschaftsausstellung *f*, L.schau *f*, L.messe *f*, landwirtschaftliche Ausstellung; **commercial f.** Handelsmesse *f*; **foreign f.** Auslandsmesse *f*; **industrial f.** Industriemesse *f*, I.ausstellung *f*, Gewerbeausstellung *f*; **outdoor f.** Messe im Freigelände; **specialized f.** Fachmarkt *m*, F.messe *f*, F.ausstellung *f*

fair *adj* 1. fair, anständig, redlich, lauter, kulant, gerecht; 2. *(Preis)* angemessen, reell, marktgerecht, m.gemäß, leistungsgerecht; 3. risikogerecht; 4. aussichtsreich; 5. ○ heiter, schön; 6. *(pej.)* mittelprächtig *(pej.)*; **f. and equitable/proper** recht und billig; **~ reasonable** § angemessen; **~ square** offen und ehrlich; **to be only f.** nicht mehr als billig sein
fair attendance Messe-, Ausstellungsbesuch *m*; **f. authority/authorities** Messebehörde *f*, M.amt *nt*, M.leitung *f*, Ausstellungsbehörde *f*, A.leitung *f*; **f. calendar** Messe-/Ausstellungskalender *m*; **f. corporation** Messe-, Ausstellungsgesellschaft *f*; **f. directory** Ausstellungsverzeichnis *nt*; **F. Employment Practise Act** *[US]* Gesetz gegen Diskriminierung bei der Einstellung; **f. exhibits** Messeangebot *nt*; **f. facilities** Messeeinrichtungen, M.technik *f*; **f.goer** *n* Ausstellungs-, Messebesucher *m*; **f.ground** *n* 1. Ausstellungs-, Messegelände *nt*; 2. Kirmes-, Festplatz *m*, F.wiese *f*; **f. and exhibition insurance** Messe- und Ausstellungsversicherung *f*; **F. Labor Standards Act** *[US]* Mindestlohngesetz *nt*
fairly *adv* 1. gerecht; 2. ziemlich; **f. and squarely** nach allen Regeln der Kunst
fair management Ausstellungs-, Messeleitung *f*
fair merchantable/middling (quality) (f. m.) gute Durchschnittsware/D.qualität
fairness *n* Angemessenheit *f*, Kulanz *f*, Gerechtigkeit *f*, Anständigkeit *f*, Fairness *f*; **in all f.** gerechterweise
fair office Messeamt *nt*, M.büro *nt*; **f. opening** Messebeginn *m*; **f. pass** Messeausweis *m*; **f. pavilion** Messehalle *f*; **f. restaurant** Messe-, Ausstellungsrestaurant *nt*; **f. season** Ausstellungssaison *f*; **f. site** Messe-, Ausstellungsgelände *nt*; **f.-sized** *adj* recht groß; **f. town** Messestadt *f*; **F. Trading Act** *[GB]* Gesetz gegen unlauteren Wettbewerb; **f. visitor** Messegast *m*, M.besucher *m*
fairway *n* ⚓ Fahrwasser *nt*, F.rinne *f*; **open f.** offenes Fahrwasser
fairy story/tale (Kinder)Märchen *nt*; **~ book** Märchenbuch *nt*
fait accompli *n (frz.)* vollendete Tatsache
faith *n* 1. Glaube *m*, Vertrauen *nt*; 2. Pflichttreue *f*; **f. in** Vertrauen zu; **full f. and credit** *(Urteil)* volle Gültigkeit; **to act in good f.** gutgläubig handeln, in gutem Glauben handeln; **~ breach of good f.** gegen Treu und Glauben verstoßen; **to acquire/buy/purchase in good f.** gutgläubig erwerben/kaufen; **to pin one's f. on** Vertrauen setzen auf; **to plead one's good f.** § sich auf seinen guten Glauben berufen
bad faith § schlechter/böser Glaube; **in ~ f.** unredlich, bösgläubig, in schlechtem Glauben, mala fide *(lat.)*; **good f.** § guter Glaube, Treu und Glauben, Redlichkeit *f*, Gutglauben *nt*; **in ~ f.** in gutem Glauben, auf Treu und Glauben, gutgläubig, redlich, bona fide *(lat.)*; **(the) utmost ~ f.** höchster guter Glaube, ~ Gutglauben, uberrimae fidei *(lat.)*, **~ taker** gutgläubiger Erwerber
the faithful *pl* die Getreuen
faithful *adj* gewissenhaft, pflichttreu, (ge)treu, genau; **yours f.ly** *adv (Brief)* mit freundlichen Grüßen, hochachtungsvoll; **f.ness** *n* 1. Treue *f*; 2. *(Übersetzung)* Genauigkeit *f*

faith healer Gesundbeter(in) *m/f*; **f. healing** Gesundbeterei *f*
fake *n* 1. (Ver)Fälschung *f*, Imitation *f*, Nachbildung *f*, Falsifikat *nt*, Nachahmung *f*; 2. Schwindler *m*
fake *v/t* fälschen, nachahmen, imitieren, nachbilden, fingieren, frisieren *(coll)*, abkupfern *(coll)*; **f.; f.d** *adj* gefälscht, nachgemacht, falsch, unecht, frisiert *(coll)*
faking *n* Fälschung *f*
fall *n* 1. Fall *m*, Sturz *m*; 2. Fallen *nt*, Rückgang *m*, Niedergang *m*, Sinken *nt*; 3. Kursabschwächung *f*, K.sturz *m*, K.einbruch *m*, Abschwächung *f*, Einbruch *m*, Rückbildung *f*; 4. *[US]* Herbst *m*
fall in the birth rate Geburtenabnahme *f*, G.rückgang *m*; **~ consumption** nachlassender Verbrauch, Verbrauchsrückgang *m*; **~ demand** Nachfrageeinbruch *m*, N.rückgang *m*; **~ exports** Exportrückgang *m*; **f. of the government** Regierungssturz *m*; **f. in interest rates** Zinsrückgang *m*; **~ output** Produktionsrückgang *m*; **~ population** Abnahme der Bevölkerung; **~ prices** Kursrückgang *m*, Absinken der Notierungen/Kurse/Preise, Baisse *f (frz.)*, Preisrückgang *m*; **sharp/sudden ~ prices** Preissturz *m*, P.einbruch *m*, Kurssturz *m*, K.einbruch *m*, K.rutsch *m*; **~ production** Produktionsrückgang *m*; **sharp ~ production** Produktionseinbruch *m*; **~ profits** Gewinnabnahme *f*, G.rückgang *m*, Erlöseinbuße *f*; **~ sales** Absatzeinbruch *m*, Verkaufsrückgang *m*; **~ sales revenues** Erlöseinbuße *f*; **~ stocks** Lagerabbau *m*; **sudden ~ temperature** Temperatur-, Wettersturz *m*; **~ the value of money** Geldentwertung *f*
to cushion the fall Kurssturz auffangen; **to go/operate for/speculate on a f.** auf Baisse spekulieren, kontreminieren; **to recover from an earlier f.** *(Börse)* Anfangsverluste ausgleichen
free fall freier Fall; **heavy/sharp f.** 1. starker/scharfer/drastischer Rückgang; 2. *(Börse)* Baisse *f (frz.)*
fall *v/i (Preis/Kurs)* nachgeben, fallen, zurückgehen, nachlassen, stürzen, sinken; **f. away** nachlassen, geringer werden; **f. apart** aus dem Leim gehen *(fig)*, sich auflösen, auseinander brechen; **f. back** zurückgehen, z.fallen; **~ on** zurückgreifen/z.kommen auf; **f. behind** 1. in Rückstand/ins Hintertreffen geraten, zurückbleiben; 2. *(Zahlung)* säumig werden; **f. below** zurückfallen hinter, unterschreiten; **f. down** umstürzen; **~ on sth.** an etw. scheitern; **f. due** fällig werden; **f. for sth.** auf etw. hereinfallen; **f. foul of sth.** mit etw. in Konflikt geraten; **f. in** mitmachen; **~ with** gleichziehen; **f. off** 1. abnehmen, abklingen, zurückgehen; 2. *(Nachfrage)* nachlassen; 3. sich verschlechtern/verringern; **f. out** sich (zer)streiten; **f. short of** zurückbleiben hinter, unzureichend sein, unter den Ansätzen bleiben; **f. through** nicht zu Stande kommen, sich zerschlagen, ins Wasser fallen *(fig)*, nicht klappen, platzen, fehlschlagen, scheitern; **f. upon** *(Kosten)* entfallen auf
fallacious *adj* irrig, abwegig
fallacy *n* Trug-, Fehlschluss *m*, Irrtum *m*, Abwegigkeit *f*; **naïve f.** Milchmädchenrechnung *f (coll)*; **popular f.** weit verbreiteter Irrtum; **statistical f.** statistischer Fehlschluss
fall-back *n* Rückgang *m*, Abschwächung *f*; **~ in demand** Nachfragerückgang *m*, N.abschwächung *f*

falling *adj* rückläufig, rückgängig, sinkend, fallend
fall-off *n* Rückgang *m*, Abnahme *f*, Verschlechterung *f*, Nachlassen *nt*; **f. in orders** Auftragsrückgang *m*, Verschlechterung der Auftragslage; **~ production** Produktionsrückgang *m*; **~ sales** Absatz-, Umsatzrückgang *m*
fallout *n* unerwartetes/zusätzliches Ergebnis; **radioactive f.** radioaktiver Fallout/Niederschlag
fallow *n* 🐾 Brache *f*, brachliegendes Land; *adj* brach(liegend); **to lie f.** brachliegen
false *adj* 1. unecht, falsch, künstlich, fehlerhaft; 2. unwahr, erlogen, wahrheitswidrig; **to play f.** trügerisches Spiel treiben; **to prove f.** sich nicht bestätigen
falsehood *n* [§] (vorsätzliche) Unwahrheit; **injurious f.** Rufschädigung *f*, Anschwärzung *f*, herabsetzende Feststellung; **malicious f.** böswillige Unwahrheit, Anschwärzung *f*
falsification *n* (Ver)Fälschung *f*, Falsifikat *nt*; **f. of accounts** Buch-, Bücher-, Kontenfälschung *f*, Fälschung von Rechnungsbüchern; **~ the balance sheet** Bilanzfälschung *f*; **~ a registry** Falschbeurkundung *f*
falsifier *n* Falschmünzer *m*, Urkundenfälscher *m*
falsify *v/t* 1. falsch darstellen, widerlegen, falsifizieren; 2. nachahmen, (ver)fälschen, nachdrucken, nachmachen
falsity *n* 1. Falschheit *f*; 2. Unrichtigkeit *f*
falter *v/i* 1. zögern, schwanken; 2. stocken, nachlassen, ins Stocken geraten; **f.ing** *adj* stockend, schwankend
fame *n* Ruhm *m*, Ruf *m*, Berühmtheit *f*, Renommee *nt (frz.)*; **to bask in one's f.** sich im Glanze seines Ruhmes sonnen; **to win f. for o.s.** sich einen Namen machen; **of ill f.** berüchtigt; **posthumous f.** Nachruhm *m*
familiar *adj* (alt)vertraut, bekannt, gewohnt, geläufig; **to be f. with** vertraut sein mit, kennen, sich auskennen in/mit; **to make o.s. f. with** sich vertraut machen mit; **to sound f.** vertraut klingen; **vaguely f.** irgendwie bekannt
familiar|ization *n* Einarbeitung *f*, Einweisung *f*, (Ein)Gewöhnung *f*; **~ period** Einarbeitungszeit *f*; **f.ity** *n* Vertrautheit *f*
familiarize *v/t* einweisen; **f. o.s. with sth.** sich mit etw. vertraut machen
family *n* Familie *f*; **f. of curves** Kurvenschar *f*; **~ languages** Sprachgruppe *f*; **~ nations** Völkerfamilie *f*; **~ parts** Teilefamilie *f*; **f. on relief** Unterhalt beziehende Familie; **f. of three** dreiköpfige Familie;
as one of the family mit Familienanschluss
to marry into a family in eine Familie einheiraten; **to return to the f.** an die Familie zurückfallen; **to run in the f.** in der Familie liegen; **to start a f.** Familie gründen; **to support a f.** Familie unterhalten/ernähren
typical average family Indexfamilie *f*; **extended/joint f.** Großfamilie *f*; **full f.** Vollfamilie *f*; **genteel f.** feine Familie; **from/of a good f.** aus guter Familie, aus gutem Hause; **immediate f.** engste Familie; **large f.** kinderreiche Familie; **linguistic f.** Sprachfamilie *f*; **needy f.** fürsorgebedürftige Familie; **nuclear f.** Klein-, Kernfamilie *f*; **one-parent/single-parent f.** Alleinstehende(r) mit Kind(ern), Alleinerzieher *m*, A.erziehende *f*; **respectable f.** angesehene Familie; **two-earner/two-income f.** Doppelverdiener(haushalt) *pl/m*

family accounting Familienhaushaltsrechnung *f*; **f. affair** Familienangelegenheit *f*; **f. allowance** Familienbeihilfe *f*, Kindergeld *nt*, K.zulage *f*, K.beihilfe *f*, Familienzuschlag *m*, F.zuschuss *m*, F.unterstützung *f*, Familien-, Sozialzulage *f*; **f. allowances** Familienleistungen; **f. allowance fund** Familienbeihilfekasse *f*; **f. arrangement** Familienübereinkommen *nt*; **f. assets** Familienvermögen *nt*; **f. assistance** Familienhilfe *f*; **f. background** Familienherkunft *f*, F.verhältnisse *pl*; **f. benefits** Familienleistungen; **f. brand** Dach-, Familienmarke *f*; **f. budget** Familienbudget *nt*, Haushaltskasse *f*; **f. business/concern** Familienbetrieb *m*, F.unternehmen *nt*; **f. care** Familienfürsorge *f*; **f. circle** Familienkreis *m*; **f. circumstances** Familienverhältnisse; **owing to ~ circumstances** aus familiären Gründen; **f. contract** Familienvertrag *m*; **f.-controlled** *adj* im Familienbesitz; **f. council** Familienrat *m*; **f. court/division** [§] *[GB]* 13 Familiengericht *nt*, F.senat *m*; **f. court judge** Familienrichter *m*; **f. credit** *[GB]* Familienbeihilfe *f*; **f. doctor** Hausarzt *m*; **f. dwelling** Familienwohnung *f*; **f. economy** Familienwirtschaft *f*; **f. enterprise** Familienunternehmen *nt*, F.betrieb *m*, Unternehmen im Familienbesitz; **f. equalization fund** Familienausgleichskasse *f*; **f. estate** Familiensitz *m*, F.gut *nt*, F.besitz *m*, F.vermögen *nt*; **f. farm** bäuerlicher/landwirtschaftlicher Familienbetrieb; **f. foundation** Familienstiftung *f*; **f. gathering** Familientreffen *nt*; **f. grant** Familienbeihilfe *f*; **f. head** Familienoberhaupt *nt*; **f. heirloom** Familienerbstück *nt*; **f. history** Familiengeschichte *f*; **f. home** Familieneigenheim *nt*; **f. hotel** Privatpension *f*, Familienhotel *nt*, F.pension *f*; **f. household** Familiengemeinschaft *f*, F.haushalt *m*; **standard f. household** Durchschnitts-, Indexfamilie *f*
family income Haushalts-, Familieneinkommen *nt*; **net f. i.** Haushaltsnettoeinkommen *nt*; **f. i. benefit policy** Familienvorsorge, Familienversorgungsversicherung *f*; **~ supplement** Familiensozialhilfe *f*, zusätzliche Familienbeihilfe
family insurance Familienversicherung *f*; **comprehensive f. insurance** Familienpauschalversicherung *f*; **f. interests** Familienbesitz *m*; **f. law** Familienrecht *nt*; **under f. law** familienrechtlich; **f. lawyer** Familienanwalt *m*; **f. life** Familienleben *nt*, Leben in der Familie; **f. likeness** Familienähnlichkeit *f*; **f. maintenance** Familienunterhalt *m*; **~ grant** Unterhaltsbeihilfe *f*; **f. man** Familienvater *m*; **to be a f. man** nur für seine Familie da sein; **f. matter** Familienangelegenheit *f*, häusliche Angelegenheit; **f. member** Familienangehörige(r) *f/m*, F.mitglied *nt*; **f. name** Eigen-, Zu-, Familien-, Nachname *m*; **f.-orient(at)ed** *adj* familienfreundlich; **f.-owned** *adj* im Familienbesitz, familieneigen; **f. pack** Groß-, Haushalts-, Familienpackung *f*; **f. partnership** Familiengesellschaft *f*, F.unternehmen *nt*; **f. pass** Familienausweis *m*; **f. pet** *(coll)* Nesthäkchen *nt (coll)*; **f. planning** Familienplanung *f*; **f. plot** Familiengrab *nt*; **f. policy** Familienpolitik *f*; **comprehensive f. policy** Familienpauschalversicherung *f*; **f. proceedings** [§] Verfahren in familienrechtlichen Angelegenheiten; **f. property** Familienbesitz *m*, F.vermögen *nt*; **f. protection**

policy Familienvorsorge-, Familienversorgungsversicherung *f*; **f. register** Familienregister *nt*, F.rechtssache *f*, Stammbuch *nt*; **f. resemblance** Familienähnlichkeit *f*; **f. responsibilities** Familienlasten; **f. residence** Einfamilienhaus *nt*; **f. row** Familienkrach *m*, F.streit *m*; **f. saga** Familienroman *m*; **f. savings** Ersparnisse der privaten Haushalte; **f. seat** Stammsitz *m*; **f. settlement** Erbvergleich *m*; **f. size** 1. Haushalts-, Familiengröße *f*; 2. Groß-, Familien-, Haushaltspackung *f*; **f. skeleton** *(fig)* Familienschande *f*; **f. status** Familien-, Personenstand *m*; **f. taxation** Familienbesteuerung *f*; **f. ticket** Familienfahrkarte *f*; **f. ties** Familienbande, familiäre Bande; **f. trading company** Familienhandelsgesellschaft *f*; **f. tree** (Familien)Stammbaum *m*; **f. trust** Familienstiftung *f*; **f. unit** Familieneinheit *f*; **f. vault** Familiengruft *f*; **f. wage** Familienstandslohn *m*; **in the f. way** *(coll)* in anderen Umständen *(coll)*; **to be ~ way** *(coll)* Kind bekommen/erwarten, Nachwuchs erwarten; **f. welfare** Familienfürsorge *f*

famine *n* 1. Hungersnot *f*; 2. Not *f*, Mangel *m*; **f. area** Hungergebiet *nt*; **f.-stricken** *adj* von Hungersnot geplagt/heimgesucht

famish *v/i* darben, verhungern

famous *adj* berühmt, renomiert, namhaft; **to become ~ overnight** über Nacht berühmt werden

fan *n* 1. ✿ Ventilator *m*, Lüfter *m*, Gebläse *nt*; 2. begeisterte(r) Anhänger(in), Schwärmer(in) *m/f*; *v/t* entfachen, schüren

fanatic *n* Fanatiker(in) *m/f*; *adj* fanatisch; **f.ism** n Fanatismus *m*

fan belt ⇔ Keilriemen *m*

fanciful *adj* phantastisch, abstrus

fancy *n* 1. Lust *f*, Laune *f*; 2. Phantasie *f*, Einbildung *f*; **to take the f. of the public** beim Publikum Anklang finden; **to tickle so.'s f.** jds Phantasie beflügeln

fancy *v/t* sich einbilden

fancy articles/goods Mode-, Geschenkartikel, Galanteriewaren; **f. dress** Kostüm *nt*; **f. name** Phantasiename *m*, P.bezeichnung *f*; **f. paper** Luxuspapier *nt*; **f. price** Liebhaber-, Phantasiepreis *m*, exotischer Preis; **f. value** Affektionswert *m*

fanfare *n* 1. Fanfare *f*; 2. *(fig)* Trara *nt (coll)*, großes Getue; *v/t* groß ankündigen

fanfold *n* *(Papier)* Zickzacklage *f*; **~ paper** Endlospapier *nt*; **continuous ~ paper** Endlospapier in Falzstapeln

fan heater Heizlüfter *m*

fanlight *n* 🏛 Oberlicht *nt*

fanout (into other accounts) *n* Kontenauflösung *f*, Auflösung eines Kontos in mehrere Konten

fan-shaped *adj* fächerförmig

fantastic *adj* 1. phantastisch; 2. grotesk, verstiegen

fantasy *n* 1. Phantasie *f*, Verstiegenheit *f*; 2. Hirngespinst *nt*

far *adj* weit (entfernt), fern; **as f. as bis**; **~ possible** nach Möglichkeit, so weit wie möglich; **by f.** bei weitem, mit Abstand; **in so f. as** insoweit als; **not f. from** unweit; **so f.** bisher, bis jetzt; **~ as ... goes** was ... betrifft; **f. and away** bei weitem; **~ wide** 1. landaus, landein; 2. landauf, landab; 3. weit und breit

fare *n* 1. Fahr-, Flugpreis *m*, Fahrgeld *nt*; 2. ⚓ Passagier-, Überfahrtsgeld *nt*; 3. (Personenbeförderungs)Tarif *m*, Beförderungsgebühr *f*, B.entgelt *nt*; 4. *(Taxi)* Fahrgast *m*, Fuhre *f*, Beförderungsfall *m*; 5. Kost *f*, Speise *f*, Essen (und Trinken) *nt*; **f.s** Verkehrsausgaben; **f. for a scheduled flight** ✈ Linienflugtarif *m*; **f. to work** Fahrgeld zum Arbeitsplatz; **please tender exact f.** Fahrgeld bitte abgezählt bereithalten; **to dodge the f.** schwarzfahren *(coll)*; **to pay the additional f.** nachlösen; **to pitch/set f.s** (Beförderungs)Tarife festlegen; **to tender the correct f.** Fahrgeld abgezählt bereithalten

basic fare Grundtarif *m*; **cheap f.** Billigtarif *m*; **concessionary f.** ermäßigter/vergünstigter Fahrpreis; **correct f.** passendes Fahrgeld; **cut-price/discounted f.** Billigflugpreis *m*, B.tarif *m*, ermäßigter Tarif; **excess f.** Nachlösegebühr *f*; **~ window** Nachlöseschalter *m*; **free f.** Nulltarif *m*; **full f.** voller Fahrpreis, Fahrkarte zum vollen Preis; **half f.** halber Fahrpreis; **meagre f.** knappe Kost/Mahlzeit, magere Kost; **off-peak f.** Talzeittarif *m*; **off-season f.** Tarif außerhalb der Saison; **plain f.** Hausmannskost *f*, einfache Kost; **promotional f.** Werbetarif *m*; **reduced f.** ermäßigte Fahrkarte, ermäßigter Fahrpreis/Tarif, Fahrpreisermäßigung *f*; **single f.** einfacher Fahrpreis, Einzelfahrpreis *m*; **supplementary f.** (Fahrpreis)Zuschlag *m*, Zuschlagsfahrpreis *m*; **~ ticket** Zuschlag(sfahr)karte *f*, Zusatzfahrkarte *f*

fare *v/i* sich befinden, (er)gehen; **f. badly** (jdm) schlecht ergehen, sich schlecht stehen

Far East Fernost *m*, Ferner Osten

fare cut Tarifsenkung *f*; **f. dodger** Fahrgeldpreller *m*, Schwarzfahrer *m (coll)*; **f. dodging/evasion** Fahrgeldhinterziehung *f*, Schwarzfahren *nt (coll)*; **f. increase/rise** Flugpreis-, Fahrpreis-, Tariferhöhung *f*; **f. payments** Fahr- und Wegegelder; **f. reduction** Fahrpreisermäßigung *f*; **f. refund** Fahrgelderstattung *f*; **f. schedule** Fahrpreisanzeiger *m*; **f. stage** Tarif-, Teilstrecken-, Zahlgrenze *f*, Fahrpreiszone *f*, Streckenabschnitt *m*, (Tarif)Teilstrecke *f*; **f. structure** Tarif-, Fahrpreisgefüge *nt*; **f. supplement** (Fahrpreis)Zuschlag *m*; **f.s war** Tarifkrieg *m*

farewell *n* Lebewohl *nt*; **f. celebration** Abschiedsfeier *f*; **f. dinner** Abschiedsessen *nt*; **f. letter** Abschiedsbrief *m*; **f. present** Abschiedsgeschenk *nt*

far-fetched *adj* an den Haaren herbeigezogen *(coll)*, weit hergeholt

farm *n* 🐄 1. (Bauern)Hof *m*, Gut *nt*; 2. landwirtschaftlicher Betrieb, landwirtschaftliches Anwesen; **f. paid for by terminable annuity** Rentengut *nt*; **f. held in share tenancy** Teil-, Halbpachtgut *nt*; **to enlarge existing f.s** Betriebe aufstocken; **to take a f. on lease** (Bauern)Hof pachten

agricultural farm landwirtschaftlicher Betrieb; **arable f.** Ackerbaubetrieb *m*; **big f.** Großbetrieb *m*; **collective f.** landwirtschaftliche Produktionsgenossenschaft (LPG) *[DDR]*, Kolchose *f [UdSSR]*; **cooperative f.** Bauernhof auf Genossenschaftsbasis, landwirtschaftliche Genossenschaft; **family-size f.** (landwirtschaftlicher) Familienbetrieb; **full-time f.** Voll(erwerbs)betrieb *m*, Haupterwerbsstelle *f*; **isolated f.** Einzelhof *m*,

E.gehöft *nt*, Einödhof *m*; **large f.** Großbetrieb *m*; **leased f.** verpachteter Hof; **medium(-sized) f.** Mittelbetrieb *m*; **part-time f.** landwirtschaftliche(r) Nebenbetrieb/ N.erwerb(sstelle), Zuerwerbsbetrieb *m*; **small f.** Kleinbetrieb *m*, K.bauernhof *m*; **very ~ f.** Zwergbetrieb *m*; **tenanted f.** verpachteter/gepachteter Bauernhof, Pachthof *m*, P.gut *nt*

farm *v/ti* Landwirtschaft betreiben, *(Land)* bebauen, bewirtschaften, kultivieren; **f. out** 1. verpachten, in Pacht geben; 2. *(Aufträge)* verdingen, nach außen/an Subunternehmer weitergeben, Unteraufträge/nach außerhalb vergeben

farm aid(s) Agrarsubventionen *pl*; **f. agreement** Agrarabkommen *nt*; **f. analyst** Agrarexperte *m*, A.fachmann *m*; **f. annuity** Ausgedinge *nt*; **f. bailiff** *[GB]* Gutsverwalter *m*; **f. budget** *(EU)* Agrarhaushalt *m*; **f. building** landwirtschaftliches Gebäude, Wirtschaftsgebäude *nt*; **f. commissioner** *(EU)* Agrar-, Landwirtschaftskommissar *m*; **f. cooperative** Agrargenossenschaft *f*, landwirtschaftliche (Produktions)Genossenschaft (LPG) *[DDR]*; **f. credit** Landwirtschafts-, Agrarkredit *m*, landwirtschaftliches Darlehen; **f. crisis** Agrarkrise *f*; **f. economist** Agronom *m*; **f. enterprise** landwirtschaftlicher Betrieb

farm equipment Betriebsmittel *pl*, landwirtschaftliche Maschinen; **~ and machinery** totes Inventar; **~ industry** Landmaschinenbranche *f*

farmer *n* Landwirt *m*, Bauer *m*, Farmer *m*, Landmann *m*; **arable f.** Ackerbauer *m*; **big/large f.** Großbauer *m*; **cooperative f.** Genossenschaftsbauer *m*; **full-time f.** Vollerwerbslandwirt *m*; **little/petty/small f.** Kleinbauer *m*, K.landwirt *m*; **new f.** Neulandwirt *m*; **organic f.** Bio-Bauer *m*; **part-time f.** Nebenerwerbslandwirt *m*, N.bauer *m*; **retired f.** Altbauer *m*; **young f.** Jungbauer *m*, J.landwirt *m*

farmers' association Bauernverband *m*, B.bund *m*; **~ bank** Bauernbank *f*; **~ cooperative** Erzeugergemeinschaft *f*, landwirtschaftliche Genossenschaft; **~ health insurance scheme** landwirtschaftliche Krankenkasse; **~ income** landwirtschaftliches Einkommen; **~ livelihood** Bauernexistenz *f*; **~ market** markthallenähnlicher Betrieb; **~ party** Agrarierpartei *f*; **~ strike** Bauernstreik *m*; **~ tax** Grundertragssteuer *f*; **~ union** Bauernverband *m*

farm estate Gut(sbetrieb) *nt/m*; **f. exports** Agrarexporte, A.ausfuhren; **f. gate price** Preis ab Hof, Agrarpreis *m*; **f.hand** *n* Landarbeiter *m*, landwirtschaftlicher Arbeiter, Knecht *m*; **f. holding** (Bauern)Hof *m*, Gut *nt*; **f.house** *n* Bauern-, Guts-, Wohnhaus *nt*; **f. implements** landwirtschaftliche Geräte; **f. imports** Agrarimporte, A.einfuhren; **f. income** Agrareinkommen *nt*, landwirtschaftliches (Betriebs)Einkommen, landwirtschaftliche Erträge

farming *n* Land-, Agrarwirtschaft *f*, Ackerbau *m*, Hofwirtschaft *f*, Landbau *m*, (Boden-/Land)Bewirtschaftung *f*; **full-time f.** Vollerwerbsbetrieb *m*; **intensive f.** Intensivbewirtschaftung *f*, I.kultur *f*; **joint f.** gemeinsame Bewirtschaftung; **mixed f.** Mischlandwirtschaft *f*, gemischte Agrarwirtschaft; **organic f.** biologischer/ökologischer Anbau, biologische Anbaumethode

farming development aid Agrarsubventionen *pl*, Entwicklungshilfe für die Landwirtschaft; **~ loan** landwirtschaftlicher Erschließungskredit; **f. income** Agrareinkommen *nt*; **f. market regime** landwirtschaftliche Marktordnung; **f. policy** Agrar-, Landwirtschaftspolitik *f*, agrarpolitischer Kurs; **f. population** Agrarbevölkerung *f*; **f. rotation** Fruchtfolge *f*, F.wechsel *m*; **f. stock** landwirtschaftliches Betriebsvermögen; **f. utensils** landwirtschaftliche Geräte

farm input landwirtschaftliche Betriebsmittel; **f. labourer** Landarbeiter *m*, Knecht *m* *(obs.)*; **f. labourer's cottage** Landarbeiterhaus *nt*, L.wohnung *f*

farmland *n* Ackerland *nt*, A.boden *m*, landwirtschaftliche Nutzfläche, Flur *f*, landwirtschaftlich genutzter Boden, bebautes/angebautes Land, landwirtschaftliches Nutzland; **abandoned f.** aufgegebene landwirtschaftliche Nutzfläche; **f. consolidation** Flurbereinigung *f*; **~ authority** Flurbereinigungsamt *nt*; **~ plan** Flurbereinigungsplan *m*; **~ proceedings** Flurbereinigungsverfahren *nt*; **~ tribunal** Flurbereinigungsgericht *nt*; **f. price** Preis für Ackerland/A.boden

farm lease Landpacht(vertrag) *f/m*, (landwirtschaftliche) Pacht(ung), Verpachtung *f*; **f. legislation** Agrargesetzgebung *f*

farm loan Agrar-, Landwirtschaftskredit *m*, landwirtschaftliches Darlehen; **~ bank** *[US]* landwirtschaftliche Genossenschaftsbank, Agrarkreditinstitut *nt*; **~ bond** landwirtschaftlicher Pfandbrief *m*

farm lobbyist Agrarfunktionär *m*; **f. machine** Landmaschine *f*, landwirtschaftliche Maschine; **f. machinery** landwirtschaftliche Maschinen, Landmaschinen *pl*; **~ cooperative** Maschinenring *m*; **f. management** landwirtschaftliche Betriebsführung, Führung/Verwaltung eines landwirtschaftlichen Betriebs; **f. manager** landwirtschaftlicher Betriebsleiter, (Guts)Verwalter *m*; **f. marketing** Vertrieb von Agrarprodukten; **f. mechanization** Mechanisierung der Landwirtschaft; **f. minister** Agrar-, Landwirtschaftsminister *m*; **f. mortgage** landwirtschaftliches Hypothekendarlehen, landwirtschaftliche Hypothek, Hypothek auf landwirtschaftlich genutzten Grundbesitz

farmout *n* Auftragsvergabe an Subunternehmer

farm overproduction landwirtschaftliche Überproduktion; **f. policy** Landwirtschafts-, Agrarpolitik *f*

farm price Agrarpreis *m*, landwirtschaftlicher Erzeugerpreis; **~ regime** *(EU)* Agrarpreisordnung *f*, A.regelung *f*, A.system *nt*; **~ review** *(EU)* Agrarpreisrunde *f*, A.erhöhung *f*; **~ settlement** *(EU)* Agrarpreisregelung *f*; **~ structure** Agrarpreisgefüge *nt*; **~ subsidy** Agrarpreissubvention *f*; **~ support** Agrarpreisstützung *f*; **~ system** Agrarpreissystem *nt*

farm produce/product(s) landwirtschaftliche(s) Erzeugnis(se)/Produkt(e), Agrarerzeugnis(se) *nt/pl*, A.produkt(e) *nt/pl*, landwirtschaftliche Güter; **f. production** Agrarproduktion *f*, landwirtschaftliche Erzeugung; **f. proprietor** selbstständiger Bauer; **f. rent** Pacht(zins) *f/m*; **~ control** Pachtschutz *m*; **f. report** Agrarbericht *m*; **f. road** Feldweg *m*; **f. servant** Magd *f*; **f. spending** Agrarausgaben *pl*; **f.stead** *n* (Bauern)Hof

m, Gehöft *nt*, Gut *nt*; **f. stock** landwirtschaftliches Inventar; **f. structure** Agrarstruktur *f*; **f. subsidy** Agrarsubvention *f*; **f. support** Agrarsubventionen *pl*; **~ price (EU)** Agrarstützpreis *m*; **f. surplus** landwirtschaftliche Überproduktion; **f. tax** Agrarsteuer *f*; **f. tenancy** Pacht *f*, Verpachtung *f*; **f. tenancies act** Landpachtgesetz *nt*; **f. unit** Gehöft *nt*, Hofeinheit *f*; **f. work** Feldarbeit *f*; **f. worker** Landarbeiter *m*; **f.yard** *n* Hof *m*; **free at f.yard** frei Hof; **f. year** Landwirtschaftsjahr *nt*
far|-off *adj* weit entfernt; **f.-reaching** *adj* folgenreich, f.schwer, weitreichend, tief-, durchgreifend, weitgespannt, w.gehend; **f.-seeing; f.-sighted** *adj* weitblickend, w.sichtig; **f.sightedness** *n* Weitblick *m*, W.sichtigkeit *f*
farthing *n* Heller *m*
fascicle *n* Faszikel *nt*
fasci|nate *v/t* faszinieren, fesseln; **f.nating** *adj* bestechend, faszinierend, fesselnd; **f.nation** *n* Faszination *f*
fashion *n* 1. Mode *f*, Zuschnitt *m*; 2. (Art und) Weise *f*; **after a f.** irgendwie, mehr schlecht als recht; **in f.** modern; **out of f.** altmodisch, veraltet
to come into fashion Mode werden; **to create a f.** Mode kreieren; **to dress after the latest f.** sich nach der neuesten Mode kleiden; **to follow the f.** sich nach der Mode richten; **to go out of f.** aus der Mode kommen; **to set a f.** Mode bestimmen
current fashion gegenwärtige Mode; **knitted f.** Strickmode *f*; **the latest f.** allerneueste Mode; **prevailing f.** herrschende Mode
fashion *v/t* formen, gestalten
fashionable *adj* modisch, elegant, in Mode, modern, vornehm; **to become f.** in Mode kommen
fashion accessories Modeartikel, Galanteriewaren; **f. adviser** Modeberater(in) *m/f*; **f. change** Modeänderung *f*; **f. clothing** Modekleidung *f*; **high f. clothing** hochmodische Kleidung; **f.-conscious** *adj* modebewusst; **f. designer** Modezeichner(in) *m/f*, M.schöpfer(in) *m/f*; **f. fabric** Modestoff *m*; **f. fair** Modemesse *f*; **f. goods** Modeartikel, M.waren; **f. house** Modehaus *nt*; **f. industry** Modeindustrie *f*; **f. jewellery** [GB] /**jewelry** [US] Modeschmuck *m*; **f. journal/magazine** Modeheft *nt*, M.journal *nt*, M.zeitschrift *f*, M.blatt *nt*; **young f. market** Markt für junge Moden; **f. model** 1. Mannequin *nt (frz.)*; 2. Dressman *m*; **f. parade/show** Modeausstellung *f*, M.(n)schau *f*; **f. producer** Modehersteller *m*; **f. share** [GB] /**stock** [US] favorisierte Aktie; **f. supplement** Modebeilage *f*; **f. trend** Modeentwicklung *f*; **to set f. trends** Mode beeinflussen/bestimmen; **f. wear** Modeartikel *pl*, Moden; **f. week** Modewoche *f*
fast *v/i* fasten
fast *adj* 1. schnell, flott, rapide, geschwind; 2. *(Textil)* farbecht, waschecht, dauerhaft; 3. fest; 4. *(Fotografie)* lichtstark; **f. as can (f.a.c.)** so schnell wie möglich; **~ as customary (f.a.c.a.c.)** so schnell wie platzüblich; **as f. as possible** so schnell wie möglich; **to go f.** reißenden Absatz finden; **to make f.** ⚓ vertäuen; **to pull a f. one on so.** *(coll)* jdn hereinlegen *(coll)*; **to stand f. by so./sth.** zu jdm/etw. stehen
fastback *n* 🚗 (Wagen mit) Fließheck *nt*

fasten *v/ti* 1. festmachen, (f.)klammern, befestigen, festschnallen, f.stecken; 2. *(Börse)* sich festigen
fastener; fastening *n* Halterung *f*, Verschluss *m*, Befestigung *f*; **fastenings** *(T.I.R.)* ⚓ Befestigungsmittel
fast-growing *adj* wachstumsstark
fastidious *adj* anspruchsvoll, pingelig *(coll)*, wählerisch
fast|-living *adj* schnelllebig; **f.-moving; f.-selling** *adj* (*Ware*) mit schnellem Umschlag, umsatz-, verkaufsstark, v.intensiv, gutgehend, leicht verkäuflich; **f.ness** *n (Farbe)* Echtheit *f*, Dauerhaftigkeit *f*, Haltbarkeit *f*; **f.-running** *adj* schnelllaufend; **f.-talking** *adj* beredt
fat *n* Fett *nt*; **to live on the f. of the land** *(coll)* herrlich und in Freuden leben, aus dem Vollen schöpfen *(coll)*, in Saus und Braus leben *(coll)*
fat *adj* fett, dick; **to get/grow f.** dick werden
fatal *adj* verhängnis-, unheilvoll, tödlich, fatal; **f.ism** *n* Fatalismus *m*; **f.istic** *adj* fatalistisch
fatality *n* Unglück *nt*, Todesopfer *nt*, Unglücks-, Todesfall *m*; **industrial f.** tödlicher Arbeits-/Betriebs-/Fabrikunfall; **f. rate** Todesfallziffer *f*
fate *n* Schicksal *nt*, Geschick *nt*; **as sure as f.** so sicher wie das Amen in der Kirche *(coll)*
to meet one's fate vom Schicksal heimgesucht werden; **to place one's f. in so.'s hands** sein Schicksal in jds Hände legen; **to seal so.'s f.** jds Schicksal besiegeln; **to suffer the same f.** jds Schicksal teilen; **to tempt f.** Schicksal herausfordern
fated *adj* unglückselig, zum Scheitern verurteilt
father *n* Vater *m*; **f. of the chapel** [GB] 🖨 Vertrauensmann der (Drucker)Gewerkschaft; **~ an illegitimate child** Kindesvater *m*; **adoptive f.** Adoptivvater *m*; **putative f.** mutmaßlicher Vater
Father Christmas Weihnachtsmann *m*; **F.'s Day** Vatertag *m*; **f. figure** Vaterfigur *f*; **f.hood** *n* Vaterschaft *f*; **f.-in-law** *n* Schwiegervater *m*; **f.ly** *adj* väterlich; **on the f.'s side** väterlicherseits; **related ~ side** väterlicherseits verwandt
fathom *n* 1. ⚓ Faden *m*; 2. 🚢 Klafter *m*; *v/t* loten, sondieren, ergründen
fatigue *n* 1. Müdigkeit *f*, Erschöpfung *f*, Abspannung *f*, Ermüdung *f*, Überarbeitung *f*; 2. Materialermüdung *f*; **excessive f.** Übermüdung *f*; **occupational f.** Überarbeitung *f*
fatigue allowance (REFA) Erholungszuschlag *m*; **f. curve** Ermüdungskurve *f*; **f. dress** ⚔ Arbeits-, Drillichanzug *m*; **f. duty** Arbeitsdienst *m*; **f. life** Dauerfestigkeit *f*; **f. party** ⚔ Arbeitskommando *nt*; **f. strength** Ermüdungsfestigkeit *f*; **f. test** Ermüdungsprobe *f*
fatstock *n* 🐂 Mast-, Schlachtvieh *nt*; **~ coming onto the market** Auffuhr *f*
fatten (up) *v/t* 🐂 mästen
fatty *adj* fett(haltig)
faucet *n* [US] 💧 (Leitungs-/Zapf)Hahn *m*
fault *n* 1. (Fabrikations-/Herstellungs)Fehler *m*, (Sach)Mangel *m*; 2. ⚙ Schaden *m*, Defekt *m*, Störung *f*, Fehlerstelle *f*; 3. Schuld *f*, Verschulden *nt*; 4. 🎾 Verwerfung *f*; **without f.** unverschuldet; **f. of/in construction** 🏛 Bau-, Konstruktionsfehler *m*; **f. in the intention**

fault of another party

[§] Willensmangel *m*; **f. of another party** fremdes Verschulden, Fremdverschulden *nt*
all fault|s Sachmängelausschluss *m*; **with ~ f.s** ohne Mängelgewähr, unter Ausschluss der Gewährleistung; **with ~ f.s and imperfections** mit allen Mängeln und sonstigen Fehlern; **one's own f.** Selbstverschulden *nt*; **through no f. of one's own** ohne eigenes Verschulden; **caused by f. of** verschuldet von; **it won't be my f.** *(coll)* an mir soll es nicht liegen *(coll)*; **the f. lies with so.** jemand ist schuld
to be at fault schuld sein, Schuld tragen/haben, verschulden; **to establish f.** Schuld/Verantwortlichkeit feststellen; **to find f.s** Mängel beanstanden; **~ f. with sth.** etw. auszusetzen haben an, ~ beanstanden/bemängeln/kritteln/monieren; **~ f. with everything** an allem etw. zu tadeln finden; **to overlook so.'s f.s** jdm seine Fehler nachsehen; **to remedy a f.** Störung abstellen/beheben; **to smooth over a f.** Fehler beschönigen/bemänteln
contributory fault Mitverschulden *nt*; **mechanical f.** Maschinenfehler *m*; **mutual f.** beiderseitiges Verschulden; **own f.** eigenes Verschulden; **principal f.** 1. Hauptschuld *f*; 2. Hauptfehler *m*; **program-sensitive f.** 🖳 programmabhängiger Fehler; **slight f.** geringfügiges Verschulden; **sole f.** Alleinverschulden *nt*; **structural f.** 🏛 Baufehler *m*; **technical f.** technische Störung
fault *v/t* etw. auszusetzen haben an
fault indicator Störungsanzeiger *m*
faultiness *n* Fehler-, Mangelhaftigkeit *f*
faultless *adj* fehler-, einwandfrei, fehlerlos; **f.ness of material and workmanship** *n* Fehlerfreiheit in Werkstoff und Werkarbeit
fault principle *(Scheidung)* Schuldprinzip *nt*; **f.-prone** *adj* fehleranfällig; **f. repair service** Störungsdienst *m*; **f. time** *(Maschine)* Ausfallzeit *f*; **f. tolerance** 🖳 Fehlertoleranz *f*; **f.-tolerant** *adj* fehlertolerant
faulty *adj* 1. fehlerhaft, nicht einwandfrei, defekt, mangelhaft, schadhaft; 2. schuldhaft; **to prove f.** Fehler aufweisen
favor *[US]*; **favour** *[GB]* *n* Gefallen *m*, Gefälligkeit *f*, Gunst(beweis) *f/m*, Vergünstigung *f*; **in f. of** zu Gunsten von; **in my/our f.** zu meinen/unseren Gunsten
to ask s.o. (for) a favo(u)r jdn um einen Gefallen bitten, ~ eine Gefälligkeit bitten; **to balance in f.** Saldo gutschreiben; **to be prepossessed in so.'s f.** für jdn eingenommen sein; **to challenge so. for f.** [§] jdn wegen Befangenheit ablehnen; **to count sth. a f.** etw. als Gefälligkeit betrachten; **to court so.'s f.**; **to curry f. with so.** um jds Gunst buhlen/werben, sich ~ bemühen, sich bei jdm anbiedern/einschmeicheln, ~ beliebt machen; **to do so. a f.** jdm einen Gefallen tun, jdm eine Gunst erweisen; **to fall out of f.** in Ungnade fallen, nicht mehr beliebt sein; **to find f. with so.** bei jdm Anklang finden; **~ in so's f.** [§] zu jds Gunsten entscheiden; **to gain so.'s f.** jdn für sich einnehmen; **to grant a f.** eine Gunst gewähren; **to heap f.s on so.** jdn mit Gunstbezeugungen überschütten; **to lose/forfeit so.'s f.** sich jds Gunst verscherzen; **to return a f.** Gefälligkeit erwidern; **to speak in f. of sth.** einer Sache das Wort reden; **to stand high**

462

in so.'s f. bei jdm gut angeschrieben sein *(fig)*; **to worm o.s. into so.'s f.** sich bei jdm lieb Kind machen *(coll)*, sich in jds Gunst einschleichen
favo(u)r *v/t* 1. befürworten, unterstützen, bevorzugen, favorisieren; 2. begünstigen
favo(u)rable *adj* 1. günstig, vorteilhaft; 2. vielversprechend, verheißungsvoll, aussichtsreich; 3. *(Zahlungsbilanz)* aktiv
favo(u)red *adj* bevorzugt; **most f.** ⊖ meistbegünstigt, Meistbegünstigungs-
favo(u)rite *n* 1. Favorit *m*, Liebling *m*, Günstling *m*; 2. *(Börse)* Spitzenwert *m*; **odds-on f.** *(Wette)* mit guten Gewinnchancen; **speculative f.** *(Börse)* begehrte Spekulationsaktie; *adj* beliebt, Lieblings-
favo(u)ritism *n* Günstlingswirtschaft *f*; **f. in office** Begünstigung im Amt
fawning *adj* schmeichlerisch
fax; FAX *n* *(coll)* → facsimile 1. Fax(sendung) *nt/f*; 2. Bildtelegrafie *f*; **to send by f.** faxen, als Fax senden; **f.** *v/t* faksimilieren, fernkopieren, faxen *(coll)*; **f. machine/ transmitter** Faksimile-, (Tele)Faxgerät *nt*, Fernkopierer *m*, Bildsender *m*; **f. message** Fax *nt*; **f. number** Faxnummer *m*; **f. shot** Werbemitteilung per Fax; **f. subscriber** Telefaxteilnehmer *m*
fear *n* Furcht *f*, Angst *f*, Befürchtung *f*; **for f. of** in der Befürchtung, dass, aus Angst/Furcht vor; **f. of competition** Konkurrenzangst *f*; **~ death** Todesangst *f*; **~ inflation** Inflationsangst *f*; **~ prejudice** Besorgnis der Befangenheit; **without f. or favo(u)r** ganz gerecht
to allay/dispel/quell fears Befürchtungen beschwichtigen/zerstreuen; **to fuel f.** Ängste schüren
constant fear ständige Angst; **existential f.** Existenzangst *f*; **inflationary f.s** Inflationsangst *f*, I.befürchtung *f*, I.besorgnis *f*
fear *v/t* (be)fürchten
fear|ful *adj* besorgt; **to be ~ of sth.** etw. befürchten; **f.less** *adj* furchtlos; **f.some** *adj* furchterregend
feasibility *n* Aus-, Durchführbarkeit *f*, Machbarkeit *f*, Gangbarkeit *f*, Möglichkeit *f*, Realisierbarkeit *f*; **commercial/economic f.** wirtschaftliche Durchführbarkeit/Vertretbarkeit *f*; **f. study** 1. Machbarkeits-, Verwendbarkeits-, Projekt-, Vorstudie *f*, Wirtschaftlichkeitsberechnung *f*, W.studie *f*, Durchführbarkeits-, Planungs-, Einsatzstudie *f*, Machbarkeitsuntersuchung *f*; 2. Vorprüfung *f*; **economic f. study** Wirtschaftlichkeitsstudie *f*, W.untersuchung *f*, W.analyse *f*
feasible *adj* 1. machbar, ausführbar, (praktisch) durchführbar, praktikabel, gangbar, realisierbar, möglich, wirtschaftlich tragbar; 2. wahrscheinlich; **not f.** unausführbar
feast *n* 1. Fest(essen) *nt*, Gelage *nt*; 2. Augenweide *f*; 3. Fest-, Feiertag *m*; **movable f.** bewegliches Fest, beweglicher Feiertag; **sumptuous f.** rauschendes Fest
feast *v/i* schlemmen, tafeln, prassen
feast and famine cycle 🐖 Schweinezyklus *m*
feat *n* Kunst-, Meisterstück *nt*, M.leistung *f*, Leistung *f*; **no mean f.** ganz ordentliches Ergebnis, Leistung, die sich sehen lassen kann; **f. of engineering** technische Errungenschaft/Leistung *f*; **to achieve a f.** Kunststück

vollbringen; **brilliant f.** Glanz-, Meisterleistung *f*, glänzende Leistung

feather *n* Feder *f*; **f. on one's cap** Feder am Hut; **fine f.s make fine birds** *(prov.)* Kleider machen Leute *(prov.)*; **to ruffle so.'s f.s** *(fig)* jdn verärgern, jdn gegen sich aufbringen

featherbed *v/t* *(fig)* 1. hätscheln, verwöhnen; 2. unnötige Arbeitskräfte anstellen/beschäftigen

featherbedding *n* *(fig)* 1. Beschäftigung unnötiger Arbeitskräfte, bezahltes Nichtstun, personelle Überbesetzung; 2. Erleichterungen zur Gewinnerzielung, Herabsetzung der Sollvorgaben, Subventionierung *f*

feature *n* 1. Eigenschaft *f*, Merkmal *nt*, Besonderheit *f*, Eigenheit *f*; 2. Aspekt *m*, Erscheinung *f*; **f.s of the contract** Vertragsmerkmale; **specific f. of an industry** industriespezifisches Merkmal; **f. of the invention** Merkmal der Erfindung; **essential ~ invention** erfindungswesentliches Merkmal; **to make a f. of sth.** etw. besonders hervorheben

alphabetic feature 🖳 Alphabeteinrichtung *f*; **basic f.** Grundzug *m*; **characteristic f.** charakteristischer Zug, Eigenart *f*, Charakteristikum *nt*; **common f.** Gemeinsamkeit *f*; **crucial f.** entscheidendes Merkmal; **distinct(ive)/distinguisting f.** Besonderheit *f*, (besonderes) Kennzeichen, Unterschieds-, Unterschieds-, Erkennungsmerkmal *nt*; **document-writing f.** 🖳 Schreibanschluss *m*; **essential f.** wesentlicher Bestandteil; **generic f.** Gattungsmerkmal *nt*; **facial f.** Gesichtszug *m*; **indispensible f.** wesentliche Eigenschaft; **main f.** Grund-, Hauptzug *m*, H.merkmal *nt*; **new f.** Novum *nt (lat.)*; **optional f.** (wahlweise) Zusatzeinrichtung; **permanent f.** Dauererscheinung *f*, D.einrichtung *f*, fester Bestandteil; **regularly recurring f.** Regelmäßigkeit *f*; **salient f.** hervorstechendes Merkmal; **special f.** 1. besonderes Merkmal, Kennzeichen *nt*; 2. *(Zeitung)* Sonderartikel *m*, Zusatz-, Sondereinrichtung *f*; **specific f.** Spezifikum *nt*; **standard f.** Standardeinrichtung *f*; **statutory f.s** gesetzliche Bestandteile; **striking f.** hervorstechendes Merkmal; **technical f.s** technische Merkmale; **typical f.** typisches Merkmal; **undesirable f.** Schattenseite *f*

feature *v/t* besonders herausstellen

feature film/picture Haupt-, Spielfilm *m*; **f. number** Ausrüstungsschlüssel *m*; **f. page** *(Zeitung)* Hauptseite *f*; **f. story** *(Zeitschrift)* Titelgeschichte *f*; **f. writer** Journalist *m* für Sonderbeiträge

feckless *adj* nutzlos

to be fed up with sth. *(coll)* etw. leid sein, etw. satt haben, die Nase von etw. voll haben *(coll)*, einer Sache überdrüssig sein

federal *adj* bundeseigen, b.staatlich, Bundes-, föderalistisch

Federal Advisory Council *[US]* Bundesbankbeirat *m*; **F. Archives** *[US]* Staatsarchiv *nt*; **F. Aviation Agency** *[US]* Luftfahrtministerium *nt*; **~ Authority (FAA)** *[US]* (Zivil)Luftfahrtbehörde *f*, Luftfahrtbundesamt *nt*; **F. Bank** Bundesbank *f [D]*; **~ Board** *[US]* Bundesaufsichtsamt für das Bankwesen; **~ Council** Bundesbankrat *[D]*; **F. Bureau of Investigation (FBI)** *[US]* Bundeskriminalamt (BKA) *nt [D]*; **F. Chancellor** Bundeskanzler *f [D]*; **F. Communication Administration** *[US]* Fernmeldeverwaltung *f*, F.behörde *f*; **F. Deposit Insurance Corporation (FDIC)** *[US]* Bundesversicherungsanstalt für Bankeinlagen; **F. Energy Administration** *[US]* Bundesenergiebehörde *f*; **F. Home Loan Bank** *[US]* Bausparkassenzentralbank *f*; **~ Board** *[US]* Bundesaufsichtsbehörde für das Bausparkassenwesen; **F. Housing Administration** *[US]* Bundesverwaltung für Wohnungsbau; **F. Income Tax Act** *[US]* Einkommensteuergesetz *nt*; **F. Insurance Contribution (FIC)** Pflichtversicherungsbeitrag *m*, gesetzlicher Sozialversicherungsbeitrag, **~ Act** *[US]* Sozialversicherungsgesetz *nt*

federal|ism *n* Föderalismus *m*; **f.ist** *adj* föderalistisch; *n* Föderalist *m*

Federal Maritime Commission *[US]* Bundesschifffahrtsbehörde *f*; **F. Mediation Service** *[US]* Bundesvermittlungsdienst *m*; **~ and Conciliation Service** *[US]* Schlichtungsbehörde *f*

Federal Open Market Committee *[US]* Offen-Markt-Ausschuss der US-Zentralbank; **f. parliament** Bundesparlament *nt*; **f. railways** (Deutsche/Österreichische/Schweizerische) Bundesbahn(en) (DB/ÖBB/SBB); **F. Register** *[US]* Staatsanzeiger *m*; **F. Republic (of Germany)** Bundesrepublik *f* (Deutschland)

Federal Reserve Act (1913) *[US]* Bundeszentralbankgesetz *nt*; **~ Bank** *[US]* Zentral(noten)bank der USA, amerikanische Zentralbank *f*, Bundesbank *f*; **~ Board** *[US]* Bundesschatzamt *nt*; **~ Chairman** *[US]* Zentralbankpräsident *m*; **~ System (FRS)** *[US]* Zentralbanksystem *nt*

Federal Rules of Criminal Procedure *[US]* Strafprozessordnung *f*; **F. Savings and Loan Insurance Corporation** *[US]* Bundesversicherungsanstalt für das Bausparkassenwesen; **F. Statistics/Statistical Office** Statistisches Bundesamt *[D]*; **F. Supreme Court** *[US]* Bundesgerichtshof *m*, oberstes Bundesgericht; **F. Trade Commission (FTC)** *[US]* Kartellamt *nt*; **F. Treasury** *[US]* Staatskasse *f*

federation *n* Verband *m*, Vereinigung *f*, Föderation *f*, Zusammenschluss *m*, Bund *m*, Wirtschaftsverband *m*; **F. of Small Businesses** *[GB]* Mittelstandsvereinigung *f*

federative *adj* föderativ

fee *n* Gebühr *f*, Honorar *nt*, Vergütung *f*, Entgelt *nt*, Gage *f*, Liquidation *f*; **f.s** Gebühren, Spesen; **for a f.** gegen Entgelt; **subject to a f.** gebührenpflichtig

fee for appeal [§] Beschwerdegebühr *f*; **~ awarding costs** Kostenfestsetzungsgebühr *f*; **legal f.s and charges** Rechtskosten; **f.s charged by the defence counsel** Strafverteidigerkosten; **f.s and expenses** Gebühren und Auslagen; **f. for the inspection of files/records** Gebühr für Akteneinsicht; **f. and life rent** Eigentum und Nießbrauch; **f.s on loans** Gebühren aus Kreditgeschäften; **f. for private patient treatment** $ Privathonorar *nt*; **~ further processing** Weiterbehandlungsgebühr *f*; **~ the re-establishment of rights** Wiedereinsetzungsgebühr *f*; **~ service** 1. Einzelhonorar *nt*; 2. [§]

Zustellgebühr *f*; **f. per unit of service rendered** leistungsabhängiges Honorar
fees due/payable fällige Gebühren, Honorarforderung *f*
to abate fees Gebühren niederschlagen; **to charge/ levy a f.** Gebühr erheben, Honorar liquidieren; **to collect a f.** Gebühr einziehen; **to fix f.s** Gebühren festsetzen; **to pay f.s** Gebühren entrichten; **to pocket a f.** *(coll)* Honorar einstreichen *(coll)*; **to rebate a f.** Gebühr erstatten; **to reduce f.s** Gebühren ermäßigen; **to refund a f.** Gebühr erstatten/rückvergüten; **to remit a f.** Gebühr erlassen
additional fee Gebührenzuschlag *m*, Nebengebühr *f*; **administrative f.** Verwaltungsgebühr *f*; **advance f.** vorauszahlbare Kreditbeschaffungsprovision *f*; **annual f.** Jahresgebühr *f*, J.honorar *nt*; **base f.** [§] auflösend bedingtes Eigentumsrecht an Grundstücken; **basic f.** Fixum *nt*, Grundgebühr *f*; **consular f.** Konsulats-, Konsulargebühr(en) *f/pl*; **contingent f.** Erfolgshonorar *nt*, erfolgsabhängiges Honorar; **daily f.** Tagesgage *f*; **flat f.** Pauschalgebühr *f*, P.honorar *nt*; **front-end f.** *(Konsortialkredit)* Führungs- und Teilnahmegebühr *f* (für beteiligte Banken); **individual f.** Einzelhonorar *nt*; **late f.** Späteinlieferungs-, Verzugsgebühr *f*; **legal f.** gesetzliche Gebühr; **~ f.s** Anwalts-, Gerichtsgebühren; **~ and consultant's f.s** Rechts- und Beratungskosten; **lump-sum f.** Pausch(al)gebühr *f*; **medical f.** Arzthonorar *nt*, ärztliches Honorar; **minimum f.** Mindestgebühr *f*; **notarial f.s** Notariatsgebühren; **per-unit f.** Stücklizenzgebühr *f*; **procedural f.s** Verfahrensgebühren; **professional f.** Honorar *nt*; **rental f.** Mietgebühr *f*; **safe-custody/safe-deposit f.** Safegebühr *f*, S.miete *f*, Depot-, Schließfachgebühr *f*; **for a small f.** gegen eine geringe Gebühr; **special f.** Sonderhonorar *nt*; **standard f.** Einheits-, Normalgebühr *f*; **supplementary f.** Sondergebühr *f*; **third-party f.s** fremde Spesen
fee agreement/arrangement Gebührenvereinbarung *f*, Honorarabrede *f*
feeble *adj* schwächlich, hinfällig, kläglich, kraftlos, matt, schwach; **f.-minded** *adj* geistesschwach; **f.ness** *n* Schwäche *f*, Kraftlosigkeit *f*
feed *n* 1. ◐ Futter *nt*; 2. *(Maschine)* Transport *m*, Zuführung *f*, Vorschub *m*, Eingabe *f*, Versorgung *f*; **compound f.** ◐ Mischfutter *nt*; **primary f.** 🖵 Erstkartenmagazin *nt*
feed *v/ti* 1. verpflegen, (er)nähren, be-, verköstigen; 2. versorgen, alimentieren; 3. ◐ (ver)füttern, mästen; 4. fressen; 5. ✿ speisen, zuführen, transportieren; 6. ✍ einspeisen; 7. 🖵 eingeben; **f. back** zurückleiten, rückkoppeln; **f. in** 🖵 einspeichern, einprogrammieren; **f. through** 1. (voll) durchschlagen (auf); 2. durchfüttern
feed|back *n* Rückkoppelung *f*, R.meldung *f*, R.beeinflussung *f*, Informationsrückfluss *m*; **~ of operational data** Betriebsdatenrückmeldung *f*; **~ control system** Regelkreis *m*; **f. check** 🖵 Zuführungs-, Transportprüfung *f*; **f. concentrate** ◐ Konzentratfutter *nt*; **f. cycle** 🖵 Zuführungsgang *m*
feeder *n* 1. Zubringer *m*, Z.straße *f*, Z.linie *f*; 2. Zufluss *m*, Bewässerungsgraben *m*, B.kanal *m*; **f. airline** Zubringerfluggesellschaft *f*; **f. cattle** ◐ Mastvieh *nt*; **f.**

equipment Zubringeranlage *f*; **f. line** Zubringerlinie *f*, Z.strecke *f*; **f. liner** ✈ Zubringerflugzeug *nt*; **f. pipe** Zuflussrohr *m*; **f. road** Zubringer(straße) *m/f*; **f. service** ✈ Zubringerdienst *m*; **f. traffic** Zubringerverkehr *m*
feed forward offene Steuerung; **f.grain(s)** *n* ◐ Futtergetreide *nt*; **f. hole** Vorschubloch *nt*; **f. hopper** 🖵 Kartenmagazin *nt*
feeding *n* 1. ◐ Mast *f*, Fütterung *f*; 2. Verköstigung *f*; **f. in(to the system)** ⚡ (Netz)Einspeisung *f*; **continuous f.** 🖵 fortlaufende Belegzufuhr; **f. stuffs** ◐ Futtermittel
feed instruction Vorschubbefehl *m*; **f. interlock** Kartenzuführungssperre *f*; **f.pipe** *n* ✿ (Zu)Leitungsrohr *nt*; **f. roll** Transportrolle *f*; **f. shortage** ◐ Futtermittelknappheit *f*; **f.stock(s)** *n* 1. Werkstoff *m*, Einsatzgut *nt*, E.material *nt*, E.stoff *m*, E.produkt *nt*; 2. ♻ Roh-, Vorstoff *m*, Vormaterial *nt*, Vorprodukt *nt*; **f.stuff(s)** *n* ◐ Futter *nt*; **f. trade** Futtermittelhandel *m*; **f.water** *n* ✿ Speisewasser *nt*
fee fund Gebührenfonds *m*; **f. income** Gebühreneinkommen *nt*, G.einnahmen *pl*
feel *v/ti* 1. (sich) fühlen; 2. empfinden; 3. glauben, den Eindruck haben; **f. bound to** sich verpflichtet fühlen; **f. like doing sth.** zu etw. Lust haben; **f. strongly about sth.** entschiedene Ansichten über etw. haben
feeler *n* Fühler *m*; **to put out f.s** *(fig)* vorsichtig sondieren, Fühler ausstrecken *(fig)*
feeling *n* 1. Gefühl *nt*, Eindruck *m*, Empfinden *nt*, Gespür *nt*; 2.Meinung *f*, Ansicht *f*; 3. Stimmung *f*; **f. of resentment** Ressentiment *nt* *(frz.)*; **~ solidarity** Zusammengehörigkeitsgefühl *nt*; **to have a vague f.** dumpfe Ahnung haben; **to hide one's f.s** sich verstellen; **to hurt so.'s f.s** jds Gefühle verletzen; **to vent one's f.s** seinem Herzen/seinen Gefühlen Luft machen
general feeling allgemeine/vorherrschende Ansicht; **hard f.** Ressentiment *nt (frz.)*, Groll *m*; **ill f.** Missstimmung *f*, Unwille(n) *m*, böses Blut *(fig)*; **intuitive f.** Fingerspitzengefühl *nt*; **with mixed f.s** mit gemischten Gefühlen, mit einem lachenden und einem weinenden Auge *(coll)*; **popular f.s** Volksstimmung *f*; **sinking/uncomfortable/uneasy f.** flaues/ungutes/unbehagliches Gefühl; **strong f.** ausgeprägte Meinung; **vague f.** unbestimmtes Gefühl; **wounded f.s** gekränkte Gefühle
fee scale Gebührenordnung *f*; **federal ~ regime** Bundesgebührenordnung *f [D]*; **f. schedule** Gebührenverzeichnis *nt*; **f. setting** Honorarfestsetzung *f*
fee simple [§] unbelastetes Grund(stücks)eigentum, Eigengut *nt*, unbeschränktes Eigentumsrecht (an Grundbesitz), Allodialgut *nt (obs.)*; **~ absolute in possession** höchstmögliches Grundeigentum; **~ estate** unbeschränkt vererbliches Grundeigentum; **~ and usufructuary right** Eigentum und Nießbrauch
fee splitting Honorarteilung *f*, Gebührenaufteilung *f*; **f. structure** Gebühren-, Honorarstruktur *f*
feet → **foot**
to be run/rushed off one's feet *(coll)* sich die Beine abgelaufen haben *(coll)*; **to drag one's f.** *(coll)* zögern, sich Zeit lassen, hinhaltend taktieren; **to get back on one's f.** *(fig)* wieder auf die Beine kommen *(fig)*, sich wieder hochrappeln *(coll)*; **to get sore f.** sich die Füße

wund laufen; **~ wet f.** nasse Füße bekommen; **to have both f. on the ground** *(fig)* mit beiden Beinen fest auf dem Boden stehen *(fig)*; **~ itchy f.** unten den Sohlen brennen; **to fall/land on one's f.** *(fig)* auf die Beine/Füße fallen *(fig)*, Glück haben; **to find one's f.** *(fig)* sich eingewöhnen, sich zurechtfinden; **to remain on one's f.** *(fig)* über die Runden kommen *(fig)*; **to stand on f. of clay** *(fig)* auf tönernen Füßen stehen *(fig)*; **to stand on one's own f.** *(fig)* auf eigenen Füßen stehen *(fig)*; **to trip over one's own f.** *(fig)* über die eigenen Füße stolpern *(fig)*; **cold f.** *(fig)* kalte Füße *(fig)*; **itchy f.** *(coll)* Reiselust *f*

fee tail [§] beschränkt vererblicher Grundbesitz, ~ verbliches/vererbbares Grundeigentum, Erbhof *m*, Fideikommiss *nt*

feign *v/t* simulieren, vortäuschen, fingieren, heucheln; **f.ed** *adj* fingiert

fell *v/t* 🪓 fällen, (ein)schlagen, roden, abholzen

felling (of trees) *n* 🪓 Fällen *nt*, Einschlag *m*, Rodung *f*; **excessive f.** Übereinschlag *m*; **secondary f.** Nachhieb *m*; **f. plan** Fällungsplan *m*; **f. rate** (Holz)Einschlag *m*

fellow *n* 1. Mann *m*, Kerl *m*; 2. Kamerad *m*; 3. (Berufs)Kollege *m*; 4. *(Gesellschaft)* Mitglied *nt*; 5. Stipendiat *m*; **poor f.** armer Hund *(coll)*; **strange/queer f.** komischer Typ/Kauz *(coll)*; **unlucky f.** Pechvogel *m* *(coll)*

fellow bank Schwesterinstitut *nt*; **f. board member** Vorstandskollege *m*; **f. branch** Schwesterfiliale *f*; **f. citizen** Mitbürger(in) *m/f*; **f. contractor** *(Konsortium)* Mitkonsorte *m*; **f. creature** Mitmensch *m*; **f. creditor** Mitgläubiger(in) *m/f*; **f. debtor** Mit-, Solidarschuldner(in) *m/f*; **f. director** Mitdirektor *m*; **f. disciple** Mitschüler *m*; **f. drawer** *(Wechsel)* Mitaussteller *m*; **f. employee** Kollege *m*, Kollegin *f*; **f. group** Schwestergruppe *f*; **~ member (company)** Schwestergesellschaft *f*; **f. human being** Mitmensch *m*; **f. inventor** Miterfinder *m*; **f. member** Mitkonsorte *m*; **f. partner** Mitgesellschafter(in) *m/f*; **f. party member** Parteifreund *m*, P.genosse *m*, P.genossin *f*; **f. passenger** Mitreisende(r) *f/m*, Mitfahrer(in) *m/f*, Reisegefährte *m*, R.gefährtin *f*; **f. prisoner** Mithäftling *m*, M.gefangene(r) *f/m*, Zellengenosse *m*, Z.genossin *f*; **f. student** Studienkollege *m*, S.kollegin *f*, Kommilitone *m*, Kommilitonin *f*, Studiengenosse *m*, S.genossin *f*; **f. subsidiary** Schwestergesellschaft *f*; **f. sufferer** Leidensgefährte *m*, L.gefährtin *f*, L.genosse *m*, L.genossin *f*; **f. tenant** *(Mieter)* Hausgenosse *m*, Mitbewohner(in) *m/f*; **f. traveller** 1. Reisende(r) *f/m*; 2. Mitläufer(in) *m/f*, Gesinnungsgenosse *m*, G.genossin *f*; **f. underwriter** *(Konsortium)* Mitkonsorte *m*; **f. worker** Arbeitskollege *m*, A.kollegin *f*, A.kamerad *m*, Kollege *m*, Kollegin *f*, Mitarbeiter(in) *m/f*

felon *n* [§] (Schwer)Verbrecher *m*

felonious *adj* verbrecherisch; **f.ly** *adv* in verbrecherischer Absicht

felony *n* [§] (Kapital)Verbrechen *nt*, gemeingefährliches Verbrechen; **felonies and misdemeanours against morality and decency** Verbrechen und Vergehen gegen die Sittlichkeit; **~ against public order** Verbrechen und Vergehen gegen die öffentliche Ordnung; **~ in office** Verbrechen und Vergehen im Amt; **substantive f.** selbstständiges Verbrechen

felt *n* Filz *m*; **tarred f.** Teerpappe *f*; **f. pad** Filzunterlage *f*; **f. pen** Filzschreiber *m*, F.stift *m*

female *n* Frau *f*; *adj* weiblich

feme *n* [§] Frau *f*; **f. covert** verheiratete Frau; **f. discovert** geschiedene/verwitwete Frau; **f. sole** ledige/allein stehende/unverheiratete Frau; **~ merchant/trader** Handels-, Kauffrau *f*, selbstständige Geschäftsfrau

femi|nine *adj* weiblich; **f.nist** *n* Frauenrechtlerin *f*; *adj* feministisch

femur *n* 🦴 Oberschenkelknochen *m*

fence *n* Zaun *m*, Umfriedung *f*, Umzäunung *f*; **to sit on the f.** *(fig)* neutral bleiben, sich ~ verhalten, nicht Partei ergreifen, es mit keiner Partei halten, unentschlossen sein

fence *v/i* fechten; **f. in** ein-, umzäunen, eingrenzen

fence mending *(fig)* Beilegung nachbarlicher Streitigkeiten

fencing Umzäunung *f*; **f. patent** *n* Umzäunungspatent *nt*

fend for o.s. *v/i* sich allein durchschlagen; **to have to ~ o.s.** auf sich selbst gestellt sein; **f. off** abwehren

fender *n* [US] 🚗 Kotflügel *m*, Schutzblech *nt*

feoffee in trust *n* [§] Fideikommisserbe *m*

ferment *v/i* gären; **f.ation** *n* Gärung *f*; **~ plant** Gäranlage *f*

ferret *n* *(fig)* Spitzel *m*, Spion *m*; *v/ti* spitzeln, herumstöbern, h.schnüffeln; **f. out** aufstöbern

ferriage *n* ⚓ Fähr-, Überfahrtsgeld *nt*

ferroconcrete *n* 🏛 Eisen-, Stahlbeton *m*

ferrous *adj* eisenhaltig

ferry|(boat) *n* ⚓ Fähre *f*, Fähr-, Trajektschiff *nt*; **roll-on/roll-off (Ro-Ro) f.** Fährschiff mit Auffahrrampe; **f. dues** Fährgeld *nt*; **f. franchise/licence** Fährgerechtigkeit *f*, F.konzession *f*; **f.man** Fährmann *m*; **f. operator** Fährgesellschaft *f*, F.unternehmen *nt*, F.unternehmer *m*; **f. service** Fährbetrieb *m*, F.dienst *m*, F.verkehr *m*, Trajekt *m/nt*; **f. traffic** Fährverkehr *m*

fertile *adj* fruchtbar, produktiv, ertragreich, ergiebig

fertility *n* 1. 🐂 Fruchtbarkeit *f*, Fertilität *f*; 2. Geburtenhäufigkeit *f*; **natural f.** natürliche Fruchtbarkeit; **f. rate** Fruchtbarkeitsziffer *f*

ferti|lization *n* 🐂 Befruchtung *f*, Düngung *f*; **f.lize** *v/t* düngen, fruchtbar machen

fertilizer *n* 1. 🐂 Düngemittel *nt*, (Kunst)Dünger *m*; **f.s** Düngemittelhersteller *pl*; 2. *(Börse)* Düngemittelwerte, D.aktien; **artificial/chemical/inorganic f.** Kunst-, Mineraldünger *m*; **compound f.** Volldünger *m*; **f. plant** Düngemittelfabrik *f*; **f. producer** Düngemittelhersteller *m*

fertilizing *n* Düngung *f* (mit Kunstdünger)

fervour *n* Inbrunst *f*; **speculative f.** Spekulationsleidenschaft *f*, S.fieber *n*

fester *v/i* 1. um sich fressen, nagen; 2. ⚕ eitern

festival *n* Fest *nt*, Festival *nt*, Festspiel *nt*; **public f.** Volksfest *nt*; **f. hall** Festhalle *f*

fes|tive *adj* festlich, feierlich, **f.tivity** *n* Festlichkeit *f*; **f.tivities** Feierlichkeiten

fetch v/t 1. (ab)holen; 2. *(Preis)* erzielen, erreichen, (ein-/er)bringen; n ▢ Speicherzugriff *m*, Abruf *m*; **f. protection** Speicherzugriffsschutz *m*
feticide *n* ⚥ Abtreibung *f*, Tötung der Leibesfrucht
fetter *n* Fessel *f*; v/t fesseln
in fine/good fettle *n (coll)* in guter Verfassung, in Form
feud *n* Fehde *f*; **sectarian f.** konfessioneller Streit
feudal *adj* feudal; **f.ism** *n* Feudalismus *m*, Feudalsystem *nt*
internal feuding *n* interne Auseinandersetzungen
fever *n* ⚥ Fieber *nt*; **hectic f.** Hektik *f*; **inflationary f.** Inflationsfieber *nt*; **scarlet f.** Scharlach *m*; **spotted f.** Fleckfieber *nt*; **yellow f.** Gelbfieber *nt*
fiancé *n (frz.)* Verlobter *m*; **f.e** *n* Verlobte *f*
fiasco *n* Misserfolg *m*, Fiasko *nt*, Panne *f*
fiat *(lat.)* Ermächtigung *f*, Anordnung *f*, (staatliches) Gebot; **joint f.** Konkurseröffnungsbeschluss gegen den Gesamtschuldner; **f. money** 1. Befehlsgeld *nt*, Papiergeld ohne Deckung; 2. *[US]* Rechnungsgeld *nt*; **f. standard** Papierwährung *f*
fib *n (coll)* Notlüge *f*; v/i flunkern *(coll)*
fiber *[US]*; **fibre** *n [GB]* 1. (Textil)Faser *f*, Faserstoff *m*; 2. *(fig)* Rückgrat *nt (fig)*; **man-made/synthetic f.** Kunst-, Chemiefaser *f*; **moral f.** moralisches Rückgrat, Charakterstärke *f*; **natural f.** Naturfaser *nt*; **optical f.** Licht-, Glasfaser *f*; ~ **communications** Glasfaserfernmeldeverbindungen; **raw f.** Rohfaser *f*; **f.board** *n* Kunststoff-, Kunstfaserkarton *m*, (Holz- /Hart)Faserplatte *f*; **f.glass** *n* Fiberglas *nt*, Glaswolle *f*; **f. optics** Faseroptik *f*; **f.-tip pen** *[GB]* Faserschreiber *m*
fibrous *adj* faserig, faserreich, f.artig
FICA (Federal Insurance Contribution Act) taxes *n [US]* Beiträge zur gesetzlichen Sozialversicherung
fickle *adj* unbeständig, launenhaft, wankelmütig
fiction *n* 1. Fiktion *f*; 2. Unterhaltungsliteratur *f*; 3. gefälschte Unterschrift; **f. of jurisprudence; f. in law; legal f.** gesetzliche/juristische Fiktion *f*, Gesetzesfiktion *f*, Rechtsschein *m*, R.fiktion *f*; **to engage in the f. that** sich einbilden, dass, sich der Illusion hingeben, dass; **f. purchase** Leerkauf *m*
fictitious *adj* 1. fiktiv, angenommen, fingiert, frei erfunden; 2. kalkulatorisch
fiddle *n* 1. Fiedel *f*, Geige *f*; 2. *(coll)* Manipulation *f*, Schiebung *f*, Mauschelei *f*, Kungelei *f (coll)*, krummes Ding *(coll)*; 3. *[GB]* Mittelkurs *m*; **(as) fit as a f.** *(coll)* quietschvergnügt *(coll)*, putzmunter *(coll)*, in bester Verfassung, kerngesund; **to be on the f.** *(coll)* faule Geschäfte machen, krumme Dinger drehen *(coll)*; **to play first f.** *(fig)* erste Geige spielen *(fig)*; ~ **second f.** *(fig)* zweite Geige spielen *(fig)*
fiddle v/t *(coll)* frisieren *(coll)*, manipulieren, beschwindeln, kungeln *(coll)*, Schmu machen *(coll)*; **f.r** *n (coll)* Schwindler *m*, Betrüger *m*
fiddlesticks *pl (coll)* dummes Zeug *(coll)*
fiddling *n (coll)* Kungelei *f (coll)*, Mauschelei *f*, Schmu *m (coll)*, Frisieren *nt (coll)*
fiddly *adj* mühselig, knifflig
fidelity *n* 1. Genauigkeit *f*; 2. Redlichkeit *f*, (Pflicht)Treue *f*; **conjugal f.** eheliche Treue; **contractual f.** Vertragstreue *f*; **high f. (hi-fi)** hohe Wiedergabequalität *f*, Ton-, Klangtreue *f*
fidelity bond Kautionsversicherung(spolice) *f*, Personengarantie-, Personenkautionsversicherung *f*, Kaution gegen Veruntreuung; **to enter a f. b.** Kaution stellen; **blanket f. b.** Vertrauensschadenversicherung *f*; **personal f. b.** Personenkautionsversicherung *f*
fidelity clause Vertrauensschutz *m*; **f. discount** Treuerabatt *m*
fidelity guarantee Personenkautions-, Personengarantieversicherung *f*, Verlässlichkeitskaution *f*; **official f. g.** Amtsbürgschaft *f*; **f. g. insurance** Veruntreuungsversicherung *f*; ~ **risk** Kautionsrisiko *nt*
fidelity insurance Kautionsgarantie-, Veruntreuungs-, Unterschlagungs-, Vertrauensschadens-, Personenkautions-, Personengarantieversicherung *f*, Haftpflichtversicherung gegen Veruntreuung; **f. rebate** Treuerabatt *m*
fiduciary *adj* 1. treuhänderisch, fiduziär, fiduziarisch; 2. *(Notenausgabe)* ungesichert; *n* Treuhänder *m*, (Vermögens)Verwalter *m*
field *n* 1. ⚘ Feld *nt*, Flur *f*; 2. Arbeits-, Fachgebiet *nt*, Bereich *m*, Gebiet *nt*, Sparte *f*, Fach *nt*, Sektor *m*, Sachgebiet *nt*; 3. ⚔/⚔ Feld *nt*; 4. ▢ Lochfeld *nt*; **in the f.** im Außendienst, an der Front *(fig)*; ~ **of** im Bereich von
field of action Arbeitsfeld *nt*; ~ **activity** Arbeits-, Betätigungsbereich *m*, B.feld *nt*, Tätigkeits-, Wirkungsbereich *m*; ~ **application** 1. Anwendungsfeld *nt*, A.bereich *m*, A.gebiet *nt*, Einsatzbereich *m*, E.gebiet *nt*, E.möglichkeit *f*, Verwendungsbereich *m*; 2. Sachgebiet *nt*; **main** ~ **application** 1. Hauptanwendungsgebiet *nt*; 2. Untersuchungsschwerpunkt *m*; ~ **attention** Gegenstandsbereich *m*, Arbeitsgebiet *nt*, A.bereich *m*; ~ **discretion** Ermessensbereich *m*; ~ **interest** Interessengebiet *nt*; ~ **jurisdiction** Sachbereich *m*; ~ **knowledge** Wissensgebiet *nt*; ~ **law** Rechtsgebiet *nt*; ~ **reference** Sachgebiet *nt*; ~ **research** Forschungsbereich *m*; ~ **responsibility** Kompetenzbereich *m*; ~ **specialization** Fachrichtung *f*; ~ **study** Forschungs-, Studiengebiet *nt*; ~ **vision** Sicht-, Gesichts-, Blickfeld *nt*; ~ **work** Arbeitsbereich *m*, A.gebiet *nt*, Sachgebiet *nt*
to lead the field an erster Stelle stehen; **to test in the f.** in der Praxis/vor Ort ausprobieren, Feldversuch machen; **to work the f.** *(Außendienst)* Kunden betreuen
highly competitive field wettbewerbsintensiver Markt; **educational f.** Lehrbuchsektor *m*; **green f.** *(Industrieansiedlung)* grüne Wiese; **magnetic f.** Magnetfeld *nt*; **multi-purpose f.** Mehrzweckfeld *nt*; **nuclear f.** Kerngebiet *nt*; **occupational f.** Berufsfeld *nt*; **ploughed** *[GB]* **/plowed** *[US]* **f.** Acker *m*; **newly ~ f.** Sturzacker *m*; **principal f.** Hauptsach-, Kerngebiet *nt*; **scattered f.s** landwirtschaftlicher Streubesitz; **special f.** Sach-, Spezialgebiet *nt*, Fachbereich *m*; **tilled f.** bestelltes Feld
field agent Vertreter im Außendienst; **f. allowance** Auslösung *f*
field assembly Außenmontage *f*; ~ **operations** Montagearbeiten; ~ **wages** Außenmontagelöhne
field auditing *(Steuer)* Außenprüfung *f*; **f. auditor**

precalculated **figures**

Außenrevisor *m*, A.prüfer *m*; **f. boundary** Feldmarkierung *f*; **f. code** ▦ Feldschlüssel *m*; **f. costs** 1. Außendienstkosten; 2. Plazierungskosten (eines Produkts); **f. crop** ⁊o Feld-, Ackerfrucht *f*, Bodenkultur *f*; **main f. crops** Großkulturen; **f. damage** Flurschaden *m*; **f. data** Einsatzdaten; **f. day** *(fig)* ereignisreicher Tag; **to have a f. day** einen großen Tag haben; **f. excursion** Studienfahrt *f*; **f. executive** Außendienstleiter *m*, leitender Angestellter der Außenstellen, Führungskraft im Außendienst; **f. expense(s)** Außendienstkosten *pl*; **f. experience** 1. praktische Erfahrung; 2. Erfahrung(en) im Außendienst; **f. hospital** ⚔ Feldlazarett *nt*; **f. inventories** Außenlager *nt*; **f. investigator** Marktbefrager *m*; **f. kitchen** ⚔ Feldküche *f*; **f. manual** ⚔ Felddienstordnung *f*; **f. map** Flurkarte *f*; **f. notes** Arbeits-, Beobachtungsnotizen; **f. office** Außen-, Geschäftsstelle *f*, Filiale *f*; **f. organization** Außen(dienst)organisation *f*, A.dienst *m*; **f. produce** ⁊o Feldfrüchte *pl*; **f. representative** Außendienstmitarbeiter(in) *m/f*, A.vertreter(in) *m/f*; **f. research** 1. Primärerhebung *f*, Feld-, Primärforschung *f*, Felduntersuchung *f*; 2. primäre Marktforschung *f*; **f. selection** ▣ (Loch)Feld(an)steuerung *f*
field service Außendienst(tätigkeit) *m/f*, A.organisation *f*, Felddienst *m*; **~ control** Außendienststeuerung *f*; **~ report** Außendienstbericht *m*; **~ technician** Außendiensttechniker *m*
field staff Außendienstpersonal *nt*, A.mitarbeiter *pl*, Außen(dienst)organisation *f*, Außen-, Kundendienst *m*, Verkaufsaußendienst *m*, Mitarbeiter/Personal/Vertreter im Außendienst, Frontkämpfer *pl (coll)*; **f. study** Feldstudie *f*; **f. survey** Marktforschung an Ort und Stelle; **open-f. system** ⁊o Flurzwang *m*; **three-f. system** ⁊o Dreifelderwirtschaft *f*; **f. telephone** ⚔ Feldtelefon *nt*, F.fernsprecher *m*; **f. value** Feldwert *m*; **f. warden** Feldhüter *m*; **f. warehouse** Außenlager *nt*; **f. warehousing loan** durch Warenlager gesicherter Kredit; **f. width** ▣ Datenfeldlänge *f*; **f. work** 1. Außendienst(tätigkeit) *m/f*, A.arbeit *f*, A.einsatz *m*; 2. (wissenschaftliche) Feldarbeit; **f. worker** Außendienstmitarbeiter *m*, Mitarbeiter/Verkäufer im Außendienst, Kundenkontakter *m*, Feldarbeiter *m*; **f. workers** Verkaufsaußendienst *m*
fiendish *adj* teuflisch, höllisch
fierce *adj* hart, scharf, wild, heftig
fieri facias *n (lat.)* §Pfändungs-, Vollstreckungsbefehl *m*
fiery *adj* feurig
FIFO (first in - first out) *(Bilanz)* Zuerstentnahme der älteren Bestände, Inventurbewertung nach dem 'first in - first out' Prinzip
fifty-fifty *adj (coll)* halbe-halbe *(coll)*
fight *n* Kampf *m*; **without a f.** kampflos; **f. against** Bekämpfung *f*; **~ crime** Verbrechensbekämpfung *f*; **f. to the finish** Kampf bis zum Letzten; **f. with the gloves off** *(fig)* Kampf bis aufs Messer; **f. against inflation** Inflationsbekämpfung *f*; **f. for survival** Kampf ums Überleben; **f. against terrorism** Terrorismusbekämpfung *f*; **~ unemployment** Bekämpfung der Arbeitslosigkeit; **to put up a f.** sich zur Wehr setzen; **~ good f.** sich tapfer schlagen; **counterinflationary f.** Kampf gegen die Inflation

fight *v/t* (be)kämpfen; **f. against sth.** gegen etw. ankämpfen/angehen; **f. back** zurückschlagen, sich zur Wehr setzen; **f. for** kämpfen um; **f. to get sth. through** etw. durchfechten
fighter *n* Kämpfer *m*, Streiter *m*; **f. plane** ⚔ Jagdflugzeug *nt*
to go down fighting *adj* mit fliegenden Fahnen untergehen *(fig)*, sich nicht kampflos ergeben; **f. chance** Gewinnchance *f*, Aussicht auf Erfolg; **f. spirit** Kampfgeist *m*
figment of imagination *n* Geschöpf der Phantasie, Phantasiegebilde *nt*; **legal f.** juristische/gesetzliche Fiktion
figurative *adj* bildlich, übertragen; **f.ly** *adv* im übertragenen Sinn
figure *n* 1. Figur *f*, Gestalt *f*; 2. π Ziffer *f*, Zahl *f*, Betrag *m*, Größe *f*, Wert *m*; **f.s** Zahlenmaterial *nt*, Z.werk *nt*, Ziffern, Werte, Zahlenangaben, Z.bild *nt*; **in f.s** in Zahlen, rein rechnerisch; **in terms of f.s** ziffernmäßig; **f. stated in the balance sheet** Wertansatz in der Bilanz; **f. of merit** nummerischer Wertkoeffizient; **~ speech** Redensart *f*, Redewendung *f*; **mere ~ speech** bloße Redensart; **recordable in f.s** zahlenmäßig erfassbar
to be good at figures ein guter Rechner sein, gut rechnen können; **to check f.s** Zahlen vergleichen; **to cut a fine f.** gute Figur machen; **~ poor/sorry f.** traurige/unglückliche Figur machen, jämmerliche/schlechte Figur abgeben, wie ein nasser Sack dastehen *(coll)*, armselige Rolle spielen, kläglichen Anblick bieten; **to express in round f.s** (ab-/auf)runden; **to get into double f.s** in zweistellige Beträge gehen; **to go over the f.s** durchrechnen; **to massage f.s** *(coll)* Zahlen frisieren *(coll)*; **to put a f. to sth.** etw. beziffern/quantifizieren; **to quote a f.** Zahl nennen; **to run into three f.s** in die Hunderte gehen; **to sell for a high f.** für eine hohe Summe verkaufen
actual figure Istzahl *f*; **approximate f.** ungefähre Zahl; **average f.** Durchschnittszahl *f*; **better-than-expected f.s** über den Erwartungen liegende Zahlen; **black f.s** *(Bilanz)* schwarze Zahlen; **to write ~ f.s** im Plus/in der Gewinnzone sein, mit schwarzer Tinte schreiben; **bracketed f.** 1. Klammerzahl *f*; 2. Saldo (+ oder -) *m*; **budgeted f.** Budgetsoll *nt*; **central f.** Hauptperson *f*; **comparative f.** Vergleichszahl *f*; **cumulative f.s** aufgelaufene Beträge, Kumulationswerte; **end-of-month f.s** Ultimo-, Monatsendstand *m*; **front-page f.** Titelfigur *f*; **full f.s** vollständige Zahlenübersicht; **half-year(ly) f.s** Zwischen-, Halbjahresergebnis *nt*, H.bilanz *f*, Zahlen für das erste Halbjahr; **hard f.s** konkrete Zahlen; **leading f.** 1. π Zahl vor dem Komma; 2. maßgebende Persönlichkeit; **interim f.s** Zwischenbericht *m*, Z.ergebnis *nt*; **ahead of ~ f.s** in Erwartung des Zwischenberichts, vor dem Zwischenbericht; **marginal/minor f.** Randfigur *f*; **massaged f.s** *(coll)* frisierte Zahlen *(coll)*, geschönte Statistik; **maximum f.** Höchstziffer *f*; **median f.** Mittelwert *m*; **minimum f.** Mindestzahl *f*; **monthly f.s** Monatsangaben; **odd f.** ungerade Zahl; **official f.s** amtliche Zahlen/Ziffern; **planned f.** Plan(ungs)zahl *f*; **precalculated f.s** Zahlen der Vorkal-

predicted **figure**

kulation; **predicted f.** Prognosezahl *f*, P.wert *m*; **provisional f.s** vorläufiges Ergebnis; **public f.** Persönlichkeit des öffentlichen Lebens; **quarterly f.s** Vierteljahreszahlen; **realistic f.s** glaubhafte Zahlen; **red f.s** rote Zahlen; **to write ~ f.s** rote Zahlen schreiben; **revised f.s** bereinigte Zahlen; **rough f.s** Überschlagszahlen; **round f.** glatte Zahl; **in ~ f.s** in runden Zahlen, (ab/auf)gerundet; **single f.** einstellige Zahl; **terminal f.** Schlussziffer *f*; **~ method** Schlussziffernverfahren *nt*
figure *v/ti* 1. *[US]* beziffern, kalkulieren; 2. erscheinen, eine Rolle spielen; **f. out** ausrechnen, herausbekommen; **f. prominently** bedeutende Rolle spielen
figure|head *n* Galions-, Repräsentationsfigur *f*, Strohmann *m*, vorgeschobene Person; **f.s shift** Ziffernumschaltung *f*
filament *n* 1. ⚡ (Glüh-/Heiz)Faden *m*, Leuchtdraht *m*; 2. Faser *f*. **f.al** *adj* linienförmig; **f. weaving** Filamentweben *nt*, F.weberei *f*; **f. yarn** Filamentgarn *nt*
filch *v/t* *(coll)* klauen *(coll)*, mausen *(coll)*, stibitzen *(coll)*
file *n* 1. Akte *f*, Vorgang *m*, Dossier *nt (frz.)*; 2. Ablage *f*, Unterlage *f*, Aktenordner *m*, Hefter *m*, (Sammel-/Heft)Mappe *f*, Liste *f*; 3. 🖳 Datei *f*; 4. ✪ Feile *f*; **f.s** 1. Akten, Archiv *nt*; 2. Ablage *f*, Bürounterlagen, Registratur *f*; **on f.(s)** bei/zu den Akten; **checking the f.s** Aktendurchsicht *f*
to close a file Akte schließen; **to examine the f.s** Einblick in die Akten nehmen; **to go through a f.** Akte durchgehen; **to inspect the f.s** Akten einsehen; **to keep f.s** Kartei/Akten führen; **to misplace f.s** Akten verlegen; **to obtain the f.s of another case** [§] Akten eines anderen Falles beiziehen; **to place/put on f.** zu den Akten legen/nehmen, in Vormerkung nehmen; **to present the f.s** Akten vorlegen
central file Zentral-, Kundenkartei *f*, Zentralablage *f*; **chained f.** gekettete Datei; **circulating/flip-flop f.** Umlaufmappe *f*; **classified f.** Geheimakte *f*; **follow-up f.** Wiedervorlagemappe *f*; **horizontal f.s** Horizontal-, Flachregistratur *f*, Horizontalablage *f*; **optional f.** Wahldatei *f*; **pending f.s** Unerledigtes *nt*; **permanent f.** permanente Datei; **personal f.** Personalakte *f*; **previous f.s** Vorakten; **primary f.** 🖳 Erstkartendatei *f*; **related f.** Beiakte *f*; **rotary f.** Drehkartei *f*; **shared f.** gemeinsam benutzte Datei; **standing f.** (Akten)Ordner *m*; **transparent f.** Klarsichthülle *f*; **visual f.** Sichtgerät *nt*; **wanted-persons f.** Fahndungsliste *f*, F.buch *nt*
file *v/t* 1. ablegen, ab-, einheften, einordnen, registrieren, einreichen, zu den Akten nehmen; 2. 🖳 speichern; 3. ✪ feilen; **f. away** ablegen, ad acta *(lat.)* legen, einsortieren; **f. with** einreichen bei; **f. jointly** gemeinsame Steuererklärung abgeben; **f. subsequently** nachreichen
file access control 🖳 Dateizugriffskontrolle *f*; **f. addition** (Datei)Zugang *m*; **f. clerk** Registrator *m*, Registraturangestellte(r) *f/m*; **f. control** 🖳 Steuereinheit *f*, Dateisteuerung *f*; **f. copy** Aktendoppel *nt*
to be filed *adj* zu den Akten
file delete program 🖳 Dateilöschprogramm *nt*; **f. editing** 🖳 Dateiaufbereitung *f*; **f. feed** Karteizuführung

f; **f. format/layout** 🖳 Dateiaufbau *m*; **f. identification** Dateibezeichnung *f*; **f. identifier** Dateikennzeichen *nt*; **f. index** Aktenverzeichnis *nt*; **f. layout** Dateiaufbau *m*; **f. maintenance** *(Datei)* Änderungsdienst *m*, Dateiwartung *f*, Fortschreibung *f*; **~ notice** Änderungsmitteilung *f*; **f. management** 1. Registratur *f*; 2. 🖳 Dateiverwaltung *f*; **f. manager** 🖳 Dateiverwaltungsprogramm *nt*; **f. mark** Eingangsvermerk *m*; **f. member** Dateiglied *nt*; **f. name** Dateibezeichnung *f*, D.name *m*; **f. number** Geschäfts-, Aktenzeichen *nt*; **f. serial number** Dateinummer *f*; **f. organization** Dateiorganisation *f*; **f. posting** Belegbuchhaltung *f*; **f. processing** Dateiverarbeitung *f*; **f. protection** Dateischutz *m*, Bandsicherung *f*; **f. retention period** Aufbewahrungszeitraum *m*; **f. sampling** Karteiauswahl *f*; **f. scan function** Datensuchen *nt*; **f. section** Dateiabschnitt *m*; **f. security** Dateischutz *m*; **f. serve** 🖳 File-Server *m*; **f. sharing** Mehrfachzugriff auf Daten; **f. signal** Kartenreiter *m*; **f. size** 🖳 Dateiumfang *m*; **f. system** 1. Dateiensystem *nt*; 2. Ablage *f*; **linked f. system** Dateiverbund *m*
filiation order *n* [§] Vaterschaftsurteil *nt*
filibuster *n* *[US]* Verzögerung eines Gesetzentwurfs durch Debattieren, Verzögerungsmanöver *nt*, Verschleppungstaktik *f*
filigree work *n* Filigranarbeit *f*
filing *n* 1. Registrierung *f*, Registratur *f*, Archivierung *f*; 2. Einreichung *f*, (Patent)Anmeldung *f*, Datum der Einreichung; **f. of the action** [§] Einreichung der Klage, Klageeinreichung *f*; **~ an application** Einreichung/Stellung eines Antrags, Antragstellung *f*; **~ a claim** Forderungsanmeldung *f*; **~ letters** Post-, Briefablage *f*; **~ an objection** Einspruchseinlegung *f*; **~ a patent application** (Einreichung einer) Patentanmeldung; **~ records** Aktenablage *f*; **~ joint returns** *(Steuer)* gemeinsame Steuererklärung/Veranlagung
alphabetical filing alphabetische Ablage; **horizontal f.** Flachablage *f*; **lateral f.** Stehablage *f*; **multiple f.** Mehrfachanmeldung *f*; **numerical f.** Nummernablage *f*; **original f.** *(Pat.)* Erstanmeldung *f*; **suspended f.** Hängeablage *f*; **vertical f.** Vertikalregistratur *f*, Steilablage *f*
filing basket Ablagekorb *m*; **f. box** Karteikasten *m*; **f. cabinet** Kartei-, Aktenschrank *m*, Register-, Kartothek-, Archivschrank *m*; **f. cabinets** Organisationsmöbel; **f. clerk** Registrator *m*, Archivar *m*, Registraturangestellte(r) *f/m*
filing date 1. Anmelde-, Einreichungsdatum *nt*, Abgabetermin *m*, A.frist *f*, Datum der Einreichung, Zeitpunkt der Anmeldung; 2. Ablagedatum *nt*; **latest f. d.** Anmeldeschluss *m*; **original f. d.** Erstanmeldedatum *nt*
filing department Registratur *f*; **central f. department** Zentralregistratur *f*, Z.archiv *nt*, Hauptablage *f*; **f. equipment** Ablage-, Registratureinrichtungen *pl*; **f. extension** Verlängerung der Abgabefrist; **f. fee** 1. Anmeldegebühr *f*; 2. Patent(anmelde)gebühr *f*; **f. office** Anmeldestelle *f*; **f. period** Anmeldefrist *f*, allgemeine Erklärungsfrist; **~ for taxpayers** Steuererklärungsfrist *f*, Abgabefrist für die Steuererklärung; **f. procedure** Antragsverfahren *nt*; **f. requirements** Publizitätserfordernisse; **formal f. requirements** Formvorschriften

für die Anmeldung; **f. stamp** Ablagevermerk *m*; **f. status** *[US]* Steuerklasse *f*
filing system 1. Registratur-, Ablagesystem *nt*, A.plan *m*; 2. Dateiensystem *nt*; **~ for written material** Schriftgutregistratur *f*; **loose-leaf f. s.** Loseblattablage *f*
filing tray Ablage(korb) *f/m*
to eat one's fill *n (coll)* sich satt/dick und rund *(coll)* essen; **partial f.** teilweie Auftragserfüllung
fill *v/t* 1. füllen; 2. *(Stelle)* besetzen; 3. $ *(Zahn)* plombieren; **f. in** verfüllen; **f. in** *[GB]* /**out** *[US] (Formular)* 1. ausfüllen; 2. einfüllen; **f. up** 1. 🚗 (voll)tanken; 2. auffüllen, zuschütten, nachfüllen; 3. *(Getränk)* nachschenken
filled-up *adj* 🚗 auf-, vollgetankt
filler *n* 1. Füllsel *nt*, Füllmasse *f*; 2. Programmfüller *m*; **f.s** Füllmaterial *nt*; **f. cap** 🚗 Tankverschluss *m*; **f. paper** Ersatzeinlage für Ringbücher
fill form Wechselformular *nt*
filling *n* 1. Füllung *f*, Einlage *f*; 2. $ *(Zahn)* Plombe *f*; **f. of an order** Auftragserledigung *f*; **~ established post** Besetzen einer Planstelle; **~ a vacancy** Stellenbesetzung *f*; **f. material** Füllmaterial *nt*, F.masse *f*
filling station 🚗 Tankstelle *f*; **coin-operated f. s.** Münztankstelle *f*; **independent f. s.** freie Tankstelle; **f. s. check** *[US]* Tankscheck *m*
fillip *n (coll)* Ansporn *m*, Anreiz *m*, Auftrieb *m*, Spritze *f (fig)*, Impuls *m*; **to give a f. (to)** anspornen, Anstoß/Auftrieb geben
film *n* 1. Film *m*; 2. Folie *f*, Schicht *f*; **to cut a f.** Film schneiden; **to develop a f.** Film entwickeln; **to expose a f.** Film belichten; **to produce a f.** Film herstellen; **to rewind a f.** Film zurück-/umspulen; **to shoot a f.** Film drehen; **to screen/show a f.** Film vorführen
adhesive film Klebefolie *f*; **animated f.** Trickfilm *m*; **blue f.** *(coll)* Pornofilm *m*; **documentary f.** Dokumentar-, Kulturfilm *m*; **educational f.** Lehrfilm *m*; **fast f.** lichtempfindlicher Film; **promotional f.** Werbefilm *m*; **reversible f.** Umkehrfilm *m*; **silent f.** Stummfilm *m*; **supporting f.** Beifilm *m*; **transparent f.** Klarsichtfolie *f*; **unexposed f.** unbelichteter Film
film *v/t* (ver)filmen, aufnehmen
film adaptation Filmbearbeitung *f*; **f. archive(s)** Filmarchiv *nt*; **f. cartridge** Filmkassette *f*; **f. censorship** Filmzensur *f*; **f. director** Filmregisseur *m*; **f. distributor** Filmverleih(er) *m*; **f. distribution** Filmverleih *m*; **f. festival** Filmfestival *nt*, F.festspiele *pl*; **f. footage** Filmlänge *f*; **f. ga(u)ge** Filmbreite *f*; **f. hire** Filmverleih *m*; **~ service** Bildstelle *f*; **f.ing** *n* Verfilmung *f*; **f. industry** Filmindustrie *f*, F.geschäft *nt*; **f. library** Filmarchiv *nt*; **f.-maker** *n* Filmemacher *m*, Filmschaffender *m*; **f. part** Filmrolle *f*; **f. premiere** Filmuraufführung *f*; **f. processing** Filmentwicklung *f*; **f. producer** Filmproduzent(in) *m/f*; **f. projector** Filmvorführgerät *nt*; **f. reel** Filmspule *f*; **f. rental** Filmverleih *m*; **f. report** Filmbericht *m*, F.reportage *f*; **f. review board** Filmprüfstelle *f*; **f. rights** Verfilmungs-, Filmrechte *pl*; **f. scanning** Filmabtastung *f*; **f. script** Filmmanuskript *nt*; **f.set** *v/t* 💾 im Fotosatz herstellen; **f.setting** *n* Fotosatz *m*; **f. show** Filmvorführung *f*; **f. speed** Bildfrequenz *f*; **f. strip** Film-, Bild-

streifen *m*; **f. studio** Filmatelier *nt*; **f. version** Filmfassung *f*, Verfilmung *f*
filter *n* Filter *m*, Blende *f*; **red f.** Rotfilter *m*
filter *v/t* durchsieben, filtern; **f. in** 🚗 sich einfädeln; **f. through** durchsickern, allmählich bekannt werden
filter center *[US]* /**centre** *[GB]* ✈ Flugmeldezentrale *f*
adaptive filtering *n* adaptives Filtern
filth *n* Schmutz *m*, Dreck *m*; **f.y** *adj* schmutzig, verdreckt, dreckig, schmuddelig
filtration *n* Filtration *f*; **f. plant** Filteranlage *f*
fin(e)able *adj* einer Geldstrafe unterliegend, bußgeldpflichtig
final *adj* 1. letzte(r, s), End-, Schluss, endgültig, schließlich; 2. [§] *(Urteil)* rechtswirksam, r.kräftig, nicht anfechtbar; **not f.** anfechtbar; **f. and conclusive** [§] rechtskräftig; **to become f. and absolute** [§] Rechtskraft erlangen
final|s *pl (coll)* Abschlussexamen *nt*; **to take one's f.s** seine Abschlussprüfung/sein Schlussexamen machen; **first-part f.(s)** *[GB]* Vorexamen *nt*, Vordiplom *nt*
final|ization *n* 1. Beendigung *f*; 2. endgültige Festlegung/Form; **f.ize** *v/t* 1. abschließen, beenden, zum Abschluss bringen; 2. letzte Vorbereitungen treffen; 3. abschließend beraten/behandeln; 4. *(Schriftstück)* abschließend formulieren
finality *n* Endgültigkeit *f*; **~ of a decision** Rechtskraft *f*
finance *n* 1. Finanzwesen *n*, F.wirtschaft *f*, Finanzen *pl*, Geldwesen *n*, G.wirtschaft *f*, Kreditwesen *nt*; 2. Finanzwissenschaft *f*; 3. Finanzierung *f*, Finanzausstattung *f*; 4. *(Börse)* Finanzwerte *nt*; **f.s** Einkünfte, Finanzen, Finanzlage *f*; **in charge of f.** für die Finanzen verantwortlich; **interim f. of a building** Bauzwischenfinanzierung *f*; **f. for new buildings** Neubaufinanzierung *f*; **~ expansion** Erweiterungsfinanzierung *f*
to check one's finance|s Kassensturz machen; **to raise f.** Geld aufnehmen
additional finance zusätzliche Geldbeträge/Finanz(ierungs)mittel; **to find ~ f.** nachfinanzieren; **corporate f.** 1. Unternehmensfinanzen, Finanzlage der Unternehmen, Betriebsfinanzen; 2. Unternehmensfinanzierung *f*; 3. betriebliche Finanzwirtschaft; **~ consulting** Finanzberatung *f*; **~ side** Firmenkundensparte *f*; **disordered/disorganized f.s** ungeregelte Finanzen, zerrüttete Finanzverhältnisse; **external f.** Fremdkapital *nt*, F.mittel *pl*; **fixed-rate f.** Festzinskredite *pl*; **fresh f.** zusätzliche Mittel; **functional f. (theory)** funktionelle Finanzwissenschaft(slehre); **governmental f.** Staatsfinanzwirtschaft *f*; **high f.** Hochfinanz *f*, Großkapital *nt*, G.finanz *f*; **initial f.** Anfangs-, Ursprungsfinanzierung *f*; **joint f.** Mitfinanzierung *f*; **local/municipal f.(s)** Gemeindehaushalte *pl*, G.finanzen *pl*; **national f.** staatliches Finanzwesen, staatliche Finanzwirtschaft; **~ f.s** Staatsfinanzen; **outside f.** Fremdfinanzierung *f*, F.mittel *pl*, Finanzierung durch Fremdmittel; **point-of-sale f.** Konsum-, Verbraucherkredite *pl*; **public f.(s)** öffentliches/staatliches Finanzwesen, öffentliche/staatliche Finanzwirtschaft, Staatsfinanzen *pl*, öffentliche Finanzen; **shattered f.s** zerrüttete Finanzen; **sound f.s** geordnete Finanz- und Kapitalverhältnisse, gesundes Fi-

nanzgebaren, gesunde Finanzen/Finanzlage; **start-up f.** Anschubfinanzierung *f*; **strained f.s** angespannte Finanzlage; **temporary f.** Zwischenfinanzierungsmittel *pl*; **unsound f.s** unsolide Finanzverhältnisse
finance *v*/*t* finanzieren, Kapital beschaffen, Mittel bereitstellen, Kosten bestreiten; **f. completely** durchfinanzieren; **f. at interim** zwischenfinanzieren; **f. jointly** mitfinanzieren
finance act Finanz(ierungs)-, Steuergesetz *nt*; **f. agreement** Finanzierungsvertrag *m*; **f. bill** 1. *[GB]* Steuervorlage *f*, S.gesetz *nt*, Haushaltsvorlage *f*, H.gesetz *nt*, Finanzgesetzesvorlage *f*; 2. Finanz(ierungs)-, Leer-, Mobilisierungswechsel *m*; **accepted f. bill** Finanzakzept *nt*; **f. broker** Finanzierungsvermittler *m*, F.makler *m*, Finanzmakler *m*; **f. budget** Finanzierungsetat *m*; **f. capital spending** Finanzmittelverwendung *f*; **f. charge** Finanzierungsaufschlag *m*, Finanzbelastung *f*, F.kosten *pl*, F.last *f*, Finanzierungskosten *pl*; **f. charges** Finanzierungsaufwand *m*; **f. chief** *(coll)* Finanzchef *m*, F.direktor *m*; **f. commissioner** *(EU)* Finanzkommissar *m*; **f. committee** Finanzausschuss *m*, F.kabinett *nt*
finance company 1. Finanz(ierungs)gesellschaft *f*, F.träger *m*, Teilzahlungs(kredit)bank *f*, Kundenkredit(finanzierungs)bank *f*, Kredit-, Finanzinstitut *nt*, Finanzierungsgesellschaft für Kleinkredite, Darlehensgesellschaft *f*; 2. Trustbank *f*, Factoringinstitut *nt*; **commercial f. c.** Kundenkreditbank *f*; **industrial f. c.** Industriefinanzierungsgesellschaft *f*, I.kreditbank *f*, gewerbliche Kreditgenossenschaft; **personal f. c.** Teilzahlungskreditinstitut *nt*
finance court Finanzgericht *nt*
fully financed *adj* voll finanziert; **privately f.** frei finanziert
finance debt Finanzschulden *pl*; **f. deficit** Finanzierungsdefizit *nt*; **f. department** 1. Finanzabteilung *f*; 2. *[US]* Finanzverwaltung *f*; 3. Kämmerei *f*; **f. director** Finanzvorstand *m*, F.direktor *m*, Leiter der Finanzabteilung; **f. division** Finanzabteilung *f*; **f. engineering** Finanzsteuerung *f*, Steuerung der Liquiditätsströme; **f. equipment leasing** Finanzmiete beweglicher Wirtschaftsgüter; **f. facility** Finanzierungsmöglichkeit; **f. function** Finanzierungsfunktion *f*; **f. gap** Finanzierungslücke *f*; **f. grant** Finanzierungszuschuss *m*; **f. group** Finanzkonzern *m*, F.gruppe *f*; **f. holding** Finanzierungsholding *f*; **f. house** Finanzierungsgesellschaft *f*, F.institut *nt*, Finanz-, Kreditinstitut *nt*, Teilzahlungs-, Kundenkreditbank *f*; **full-service global f. house** weltweit tätiges Allfinanzinstitut; **f. industry** Finanzwirtschaft *f*; **f. lease** Grundmietvertrag *m*; **f. leasing** Finanzierungsleasing *nt*, Lang(zeit)vermietung *f*; **f. loan** Finanzierungskredit *m*; **f. market** Finanzierungsmittel-, Finanzmarkt *m*; **f. minister** Finanzminister *m*, F.senator *m*; **f. ministry** Finanzministerium *f*, Ministerium der Finanzen; **f. officer** Kämmerer *m*; **chief regional f. officer** Oberfinanzpräsident *m* *[D]*; **f. package** Finanzierungspaket *nt*, F.instrument(arium) *nt*; **f. paper** Finanzierungstitel *m*, Solawechsel der Finanzinstitute; **managerial f. planning** betriebliche Finanzplanung; **f. potential** Finanzierungspotenzial *nt*; **f. requirements**

Finanzbedarf *m*; **external f. requirements** Außenfinanz-, Fremdmittelbedarf *m*; **f. stamp** *[GB]* Effektenstempel *m*; **f. stocks** *(Börse)* Finanz(ierungs)werte; **f. syndicate** Finanzkonsortium *nt*
financial *adj* Finanz-, finanziell, Geld-, geldlich, finanz(ierungs)technisch, f.wirtschaftlich, f.politisch, pekuniär; **f.ly** *adv* in finanzieller/materieller Hinsicht
small financials *pl* *(Finanzausstattung)* kleine Verhältnisse
Financial Services Act *[GB]* Gesetz über Finanzdienstleistungen; **F. Times Stock Exchange index (FT/FTSE index)** *[GB]* britischer Aktienindex, Börsen-, Effektenindex *m*, Index der Aktienkurse, Footsie *m (coll)*
financier *n* Finanzier *m*, Geld-, Kapitalgeber *m*, Kapitalist *m*; **corporate f.** Unternehmensfinanzier *m*
financing *n* Finanzierung *f*
financing by banks/through a bank bankmäßige Finanzierung, Bankfinanzierung *f*; **f. of borrowing costs** Kreditkostenfinanzierung *f*; **~ capital projects** Investitionsfinanzierung *f*; **~ cash requirements** Kassenfinanzierung *f*; **f. on second charge** zweitstellige Finanzierung; **f. to completion** Durch-, Endfinanzierung *f*; **f. of consignment stocks** Finanzierung von Konsignationslagern; **f. by customer advances** Vorauszahlungsfinanzierung *f*; **f. with internally generated funds** Finanzierung aus eigener Kraft; **f. of innovation** Innovationsfinanzierung *f*; **non-inflationary ~ investments** geldwertneutrale Finanzierung von Investitionen; **~ loans** Darlehensfinanzierung *f*; **f. from own resources** Eigenfinanzierung *f*; **f. of participations** Beteiligungsfinanzierung *f*; **~ production** Herstellerfinanzierung *f*; **~ purchasing** Einkaufsfinanzierung *f*; **~ reconstruction work** Umbaufinanzierung *f*; **~ rehabilitation** Aufbaufinanzierung *f*; **f. through securities** Effekten-, Wertpapierfinanzierung *f*; **f. of foreign trade** Außenhandelsfinanzierung *f*
eligible for financing finanzierungsfähig; **from the point of view of f. (methods)** finanzierungstechnisch
to procure adequate financing Finanzierung sichern
advance financing Vorfinanzierung *f*; **to provide ~ f.** vorfinanzieren; **backdoor f.** Finanzierung unter Umgehung gesetzlicher Vorschriften; **compensatory f.** *(IWF)* ausgleichende Finanzierung, kompensatorische Transferzahlungen; **complete f.** Voll-, Durchfinanzierung *f*; **continuous f.** Dauerfinanzierung *f*; **convertible f.** Finanzierung von Wandelschuldverschreibungen/Wandelobligationen; **corporate f.** Unternehmensfinanzierung *f*; **current f.** Umlaufhaushalt *m*; **direct f.** Direktkredite *pl*, Direkt-, Barfinanzierung *f*; **early-stage f.** Anlauffinanzierung *f*; **external f.** Außen-, Fremd-, Marktfinanzierung *f*, exogene Finanzierung; **~ limit** Verschuldungsgrenze *f*, Begrenzung der Außen-/Fremdfinanzierung; **follow-up f.** Anschlussfinanzierung *f*; **further f.** Nachfinanzierung *f*; **highly-geared f.** Finanzierung mit hohem Anteil von Fremdmitteln; **house-building f.** Wohnungsbaufinanzierung *f*; **indirect f.** Umwegfinanzierung *f*; **industrial f.** Industriefinanzierung *f*; **initial f.** Anfangs-, Erstfinanzierung *f*; **in-**

terim f. Zwischenfinanzierung *f*; **intermediate f.** 1. Zwischenfinanzierung *f*; 2. mittelfristige Finanzplanung (mifrifi) *[D]*; **internal f.** Selbst-, Eigen-, Innenfinanzierung *f*, endogene Finanzierung; **~ ability** Selbstfinanzierungskraft *f*; **joint f.** Gemeinschaftsfinanzierung *f*, Misch-, Kofinanzierung *f*, gemeinsame Finanzierung; **long-term f.** langfristige Finanzierung, Dauerfinanzierung *f*; **low-interest f.** zinsgünstige Finanzierung; **marginal f.** Grenzfinanzierung *f*; **medium-term f.** mittelfristige Finanzierung; **mixed f.** Mischfinanzierung *f*; **non-recourse f.** regresslose Finanzierung, Forfaitierung *f*; **outside f.** Fremdfinanzierung *f*, F.mittelaufnahme *f*, Markt-, Außenfinanzierung *f*; **100 p. c. ~ f.** Vollfinanzierung *f*; **own f.** Eigen-, Selbstfinanzierung *f*; **partial f.** Teil-, Scheibchenfinanzierung *f (coll)*; **peak f.** Spitzenfinanzierung *f*; **permanent f.** Endfinanzierung *f*, langfristige Hypothek; **preliminary f.** Vorfinanzierung *f*; **ready-to-wear f.** *(coll)* Standardfinanzierung *f*; **reduced-interest f.** zinsgünstige Finanzierung; **residual f.** Rest-, Spitzenfinanzierung *f*; **single-purchase f.** Einzelfinanzierung *f*; **short-term f.** kurzfristige Finanzierung, Zwischenfinanzierung *f*; **sole f.** Alleinfinanzierung *f*; **start-up f.** Anlauf-, Anschubfinanzierung *f*; **supplementary f.** Nachfinanzierung *f*; **total f.** Gesamtfinanzierung *f*; **wholesale f.** Großkreditgeschäft *nt*

financing activity Finanztätigkeit *f*; **f. agency** Finanzierungsgesellschaft *f*, F.organ *nt*; **f. agreement** Finanzierungsabkommen *nt*, Finanzvertrag *m*; **f. arrangements** Finanzierungsmodalitäten, F.maßnahmen; **official f. assistance** öffentliche Finanzierungshilfen; **f. authorization** Finanzierungsbewilligung *f*; **f. bonds** *(Börse)* Finanzierungsschätze; **f. burden** Finanzierungslast *f*; **f. business** Finanzierungsgeschäft *nt*; **f. charge(s)** Finanzierungsgebühr *f*, F.aufschlag *m*, F.kosten *pl*; **f. commitment** Finanzierungszusage *f*, F.obligo *nt*; **f. company** Finanzierungsgesellschaft *f*; **f. costs** Finanzierungskosten; **f. documents** Finanzierungsunterlagen

financing facility Finanzierungsfazilität *f*; **additional f. f.** zusätzliche Finanzierungsmöglichkeit; **cooperative f. f.** Gemeinschaftsfinanzierung *f*; **easy f. facilities** bequeme Finanzierung

financing funds Finanzierungsmittel; **f. institution** Finanzierungsträger *m*; **f. instrument** Finanzierungspapier *nt*, F.instrument *nt*, F.mittel *nt*; **f. limit** Finanzierungs-, Finanzrahmen *m*, F.volumen *nt*; **f. machinery** Finanzierungsinstrumente *pl*; **f. manual** Finanzierungshandbuch *nt*; **f. method** Finanzierungsart *f*, F.methode *f*, F.form *f*, Finanz(ierungs)verfahren *nt*; **f. mix** Kapitalstruktur *f*; **optimum f. mix** optimale Kapitalstruktur; **f. package** (Gesamt)Finanzierung *f*; **f. plan** Finanzierungsplan *m*; **f. policy** Finanzierungspolitik *f*; **f. power** Finanzierungsvermögen *nt*; **f. principle** Finanzierungsleitsatz *m*, F.grundsatz *m*; **f. problems** Finanzierungsschwierigkeiten; **tailor-made f. proposal** maßgeschneiderter Finanzierungsvorschlag

financing ratio Finanzierungskennzahl *f*; **f. r.s** finanzwirtschaftliche Kennzahlen; **internal/self-generated f. r.** Innenfinanzierungsquote *f*, I.rate *f*

financing requirements Finanzierungsbedarf *m*; **external f. requirements** Außen-, Fremdfinanzierungsbedarf *m*; **internal f. resources** Innenfinanzierungsmittel; **f. rule** Finanzierungsregel *f*; **f. rules** Finanzierungsregeln; **f. schedule** Finanzierungsplan *m*; **f. scheme** Finanzierungsplan *m*, F.programm *nt*; **f. sector** aufbringender Sektor; **f. service** Finanzierungsdienst *m*; **f. services** Finanzierungsfazilitäten; **f. sources** Finanzquellen; **f. statement** Finanzierungsnachweis *m*; **f. summary** Finanzierungsübersicht *f*; **internal f. surplus** Innenfinanzierungsüberschuss *m*; **f. syndicate** Finanzierungskonsortium *nt*; **f. terms** Finanzierungsmodalitäten; **f. transaction** Finanzierungsgeschäft *nt*, F.vorgang *m*, F.tätigkeit *f*

find *v/t* 1. finden, stoßen auf, entdecken, antreffen, ausfindig machen; 2. bemerken, feststellen, konstatieren; 3. [§] urteilen, für Recht erkennen/befinden; 4. *(Stelle)* verschaffen; **f. for so.** [§] zu jds Gunsten erkennen, sich **~ aussprechen; f. out** herausfinden, h.bekommen, sich informieren

find *n* (Fund)Gegenstand *m*, Entdeckung *f*, Fund *m*

finder *n* 1. Finder *m*; 2. Finanzmakler *m*; 3. *(Foto)* Sucher *m*; **directional f.** Peilsender *m*; **f.'s fee** Vermittlungsprovision *f*; **~ reward** Finderlohn *m*

finding *n* 1. [§] Erkenntnis *f*, Urteil(sspruch) *nt/m*; 2. Befund *m*; **f.s** Feststellungen, Ergebnisse, Befund *m*, Untersuchungsergebnis *nt*, Tatbestand *m*, Resultat *nt*, Wahrnehmungen

finding|s Untersuchungsergebnis *nt*; **~ of the court** [§] Rechtsfindung *f*; **legal ~ court** Entscheidungsbegründung *f*; **f.s of fact** im Urteil festgestellter Sachverhalt, Tatbestandsfeststellungen; **distributive f. of the issue** Quotenurteil *nt*; **f. of the jury** Geschworenenspruch *m*; **f.s of law** (Urteils)Begründung *f*, U.gründe *pl*; **f. of means** Geld-, Kapital-, Mittelbeschaffung *f*

alternative finding|s [§] Wahlfeststellungen; **interim f.s** Zwischenergebnis *nt*; **judicial f.** Richterspruch *m*, richterliche Feststellung; **legal f.** Rechtsfindung *f*; **~ f.s** rechtliche Feststellung

fine *n* (Geld)Buße *f*, Geldstrafe *f*, Bußgeld *nt*, (gebührenpflichtige) Verwarnung, Strafbefehl *m*, Ordnungs-, Strafgeld *nt*, Bußzahlung *f*; **in lieu of a f.** an Stelle einer Geldstrafe; **liable to a f.** bußgeldpflichtig, mit Geldstrafe bedroht; **f. for breach of contract** Konventionalstrafe *f*

to get off with a fine mit einer Geldstrafe davonkommen; **to impose a f.** Geldstrafe/G.buße auferlegen, auf eine Geldstrafe erkennen, Geldstrafe/Bußgeld verhängen, Geldbuße festsetzen; **~ on s.o.** jdm eine Geldstrafe aufbrummen *(coll)*; **to levy a f.** Geldstrafe erheben/auferlegen; **to pay a f.** (Geld)Strafe bezahlen; **to recover a f.** Geldstrafe beitreiben; **to remit a f.** Geldstrafe erlassen/niederschlagen

administrative/disciplinary fine Ordnungsstrafe *f*, O.geld *nt*, Bußgeld *nt*, Geldbuße *f*; **coercive f.** Zwangsgeld *nt*; **combined f.** Kollektivgeldstrafe *f*; **exemplary f.** Verwarnungsgeld *nt*; **heavy f.** hohe Geldbuße/ G.strafe; **light f.** milde Geldstrafe; **maximum f.** Höchststrafe *f*; **minimum f.** Mindeststrafe *f*; **nominal f.**

unbedeutende Geldstrafe; **non-criminal/regulatory f.** Geldbuße *f*; **unlimited f.** Geldstrafe in unbegrenzter Höhe

fine *v/t*   Geldstrafe verhängen, zu einer ~ verurteilen/verdonnern *(coll)*, mit einer ~ belegen, Sanktionen verhängen

fine *adj*   1. fein; 2. scharf; 3. prächtig, hervorragend; **to cut it f.** *(coll)* 1. es gerade noch schaffen; 2. *(fig)* knapp rechnen, genauestens kalkulieren; **~ too f.** *(fig)* zu knapp rechnen

fine-mesh *adj*   feinmaschig

fineness *n*   Feinheit(sgrad) *f/m*, Feingehalt *m*

fine proceedings   [§] Bußgeldverfahren *nt*

finesse *n*   1. Geschick *nt*, Gewandheit *f*; 2. Finesse *f*

fine-tune *v/t*   1. *(Konzept)* weiterentwickeln; 2. feinsteuern

finger *n*   1. Finger *m*; 2. *(Uhr)* Zeiger *m*; **to burn one's f.s** *(fig)* sich die Finger/Pfote verbrennen *(fig)*; **to get one's f. out** *(fig)* Nägel mit Köpfen machen *(fig)*; **to have a f. in the pie** *(fig)* seine Hand/Finger im Spiel haben *(fig)*, mitmischen; **~ in every pie** *(fig)* seine Finger überall drin haben *(fig)*, seine Nase in allem haben *(fig)*; **not to lift/stir a f.** keinen Finger krümmen/rühren/krumm machen; **to put one's f. on sth.** *(fig)* Finger auf etw. legen; **~ on so.'s weak spot** jds Schwäche erkennen; **to run through one's f.s** unter den Händen zerrinnen; **to slip through so.'s f.s** jdm durch die Lappen gehen *(coll)*; **to work one's f.s to the bone** *(fig)* sich totarbeiten; **to write until one's f.s ache** sich die Finger wund schreiben

fingering *n*   *(Waren)* Anfassen *nt*, Berühren *nt*

finger|mark *n*   Fingerabdruck *m*; **f. plate** ✎ Wählscheibe *f*

fingerprint *n*   Fingerabdruck *m*; **genetic f.** genetischer Fingerabdruck; **f. so.** *v/t* jds Fingerabdrücke nehmen

fingertip *n*   Fingerspitze *f*; **at one's f.s** parat, zur Hand; **to have sth. ~ f.s** bestens mit etw. vertraut sein, etw. ~ kennen

finish *n*   1. Schluss *m*, Ende *nt*; 2. Verarbeitung *f*, Ausführung *f*, End-, Fein-, Fertig-, Nach-, Schlussbearbeitung *f*, Oberflächenbehandlung *f*; 3. Verarbeitungsqualität *f*, Oberflächenbeschaffenheit *f*; 4. Börsenschluss *m*; **to fight to the f.** bis zum bitteren Ende kämpfen; **poor f.** schlechte Verarbeitung

finish *v/t*   1. erledigen, (ab)schließen, Schluss machen *(coll)*; 2. (be)enden, zu Ende bringen; 3. fertig bearbeiten, f.machen, f.stellen, (weiter)verarbeiten, veredeln, nach(be)arbeiten, den letzten Schliff geben, feinbearbeiten, abschließend behandeln; **f. off/up** vervollkommnen, veredeln, fertig machen, erledigen; **f. so. off** *(coll)* jdm den (letzten) Rest geben, jdn kaltmachen *(coll)*

finished *adj*   1. abgeschlossen, fertig; 2. verarbeitet; 3. lackiert, poliert; 4. *(Person) (coll)* erledigt *(coll)*, fix und fertig *(coll)*; **partly f.** unfertig; **utterly f.** *(Person)* völlig am Ende

finishing *n*   1. Vered(e)lung *f*, Fertigverarbeitung *f*, Zurichtung *f*, Fertigstellung *f*, Nachbearbeitung *f*, Nacharbeit *f*, Endverarbeitung *f*, End-, Fein-, Fertigbearbei-

tung *f*, Endfertigung *f*; 2. ✎ Ausrüstung *f*, Ausbau *m*; **f. industry** verarbeitende Industrie; **f.-off time** Arbeits(ab)schluss *m*, Dienstschluss *m*; **f. plant** ✎ Zurichterei *f*; **f. process** Vered(e)lungsverfahren *nt*, V.prozess *m*, Verarbeitungsverfahren *nt*, Enderzeugung *f*, E.fertigung *f*; **f. school** Mädchenpensionat *nt*; **f. shop** ✎ Zurichterei *f*; **to give/put the f. touches to sth.** letzte Hand an etw. legen; **f. trade** ✎ Ausbauhandwerk *nt*, A.gewerbe *nt*; **f. works** Vered(e)lungswerk *nt*; **interior f. work** ✎ Innenausbau *m*

finite *adj*   π endlich, begrenzt; **f.ness of fossile energy resources** *n* Endlichkeit der fossilen Energiequellen; **~ of space** Endlichkeit des Raumes

fink *n*   *[US] (coll)* Streikbrecher *m*

fir *n*   ♣ Tanne *f*

fire *n*   Feuer *nt*, Brand *m*; **f. caused by incendiarism** Feuer durch Brandstiftung; **causing f. by negligence** fahrlässige Brandstiftung; **damaged by f.** feuerbeschädigt; **setting f.** Brandstiftung *f*, Inbrandsetzen *nt* **to be on fire** in Flammen stehen; **to belch f.** Feuer speien; **to catch f.** Feuer fangen, in Brand geraten, sich entzünden; **to cease f.** ⚔ Feuer einstellen; **to come under f.** *(fig)* unter Beschuss geraten *(fig)*; **to extinguish a f.** Brand/Feuer löschen; **to fight a f.** Feuer bekämpfen; **~ f. with f.** *(fig)* mit gleichen Waffen kämpfen *(fig)*; **to hold one's f.** *(fig)* sich zurückhalten; **to open f.** ⚔ Feuer eröffnen; **to play with f.** *(fig)* mit dem Feuer spielen *(fig)*; **to set on f.** in Brand setzen/stecken; **~ f. to sth.** Feuer an etw. legen

big fire   Großfeuer *nt*, G.brand *m*; **commercial f.** Gewerbefeuerversicherung *f*, Feuerversicherung für Gewerbebetriebe; **friendly f.** Nutzfeuer *nt*; **harrassing f.** ⚔ Störfeuer *nt*; **hostile f.** Schadenfeuer *nt*; **incendiary f.** Feuer durch Brandstiftung; **industrial f.** *(Vers.)* Industriefeuergeschäft *nt*; **major f.** Großbrand *m*, G.feuer *nt*; **smouldering f.** Schwelbrand *m*

fire *v/t*   1. *(coll)* entlassen, rausschmeißen *(coll)*, an die Luft setzen *(coll)*, herauswerfen *(coll)*; 2. ⚡ zünden; 3. ⚔ feuern

fire account   Feuerversicherungsgeschäft *nt*; **f. adjuster** Brandschätzer *m*; **f. alarm** Feueralarm *m*, F.melder *m*, Feuermelde-, Feuerwarnanlage *f*, Brandmeldeeinrichtung *f*

firearm *n*   Feuer-, Schusswaffe *f*; **making use of f.s** Schusswaffengebrauch *m*; **small f.** Hand-, Faustfeuerwaffe *f*; **f.s certificate** Waffenschein *m*; **~ offence** [§] Verstoß gegen das Schusswaffengesetz

fire authority   Brandschutz-, Feuerschutzbehörde *f*; **f.bell** *n* Brand-, Feuerglocke *f*; **f.bomb** *n* ✦ Brandbombe *f*; **f.break** *n* Feuerschneise *f*, Brandmauer *f*; **f.brick** *n* Schamottestein *m*, feuerfester Ziegel; **f. brigade** Feuerwehr *f*, Löschzug *m*; **~ team** Feuerwehrmannschaft *f*; **f.bug** *n* *(coll)* Brandstifter *m*; **f. bulkhead** ⚓ Feuerschott *nt*; **f. cession** Feuerabgabe *f*; **f.clay** *n* Schamotte *f*; **f. code** *[US]* Feuerverhütungsvorschriften *pl*; **f. cover(age) (insurance)** Feuerschutzversicherung *f*, Versicherungsschutz für Feuer; **f. curtain** feuersicherer Vorhang, Feuervorhang *m*

fired *adj*   *(coll)* geschasst *(coll)*, gefeuert *(coll)*; **to be f.**

(coll) entlassen werden, (heraus)fliegen *(coll)*, gefeuert/gegangen werden *(coll)*
fire damage Brand-, Feuerschaden *m*, Brandbeschädigung *f*; **direct f. damage** unmittelbarer Feuerschaden; **f.-damaged** *adj* feuer-, brandbeschädigt; **f.damp** *n* ❦ Methan-, Grubengas *nt*, schlagende Wetter; **f. department** 1. Feuerschadens-, Feuerversicherungsabteilung *f*; 2. *[US]* Feuerwehr *f*; **f. detector** (automatischer) Feuermelder; **f. district** Feuerwehrbezirk *m*; **f. door** Feuer(schutz)tür *f*, feuerfeste Tür; **f. drill** Probe(feuer)alarm *m*, Feueralarm-, Feuerlösch-, Feuerwehrübung *f*; **f. engine** Feuerwehrauto *nt*, F.fahrzeug *nt*, F.wagen *m*, (Feuer)Löschfahrzeug *nt*, Motor-, Feuerspritze *f*; **f. escape** Feuerleiter *f*, F.treppe *f*, Nottreppe *f*, N.ausgang *m*, Rettungsweg *m*; **f. exit** *(Feuer)* Rettungsweg *m*, Notausgang *m*; **f. extinguisher** (Feuer)Löscher *m*, Feuerlöschgerät *nt*; **f. fighter** *[US]* Feuerwehrmann *m*, F.frau *f*; **f. fighting** Feuerbekämpfung *f*; ~ **unit** Löschzug *m*; **f. grate** Feuerrost *f*; **f.guard** *n* 1. Kamingitter *nt*; 2. Feuerschneise *f*; **f. hazard** Feuer-, Brandgefahr *f*, B.risiko *nt*; **f. hook** Feuerhaken *m*; **f. hose** Feuerwehrschlauch *m*; **f. house** *[US]* Feuerwache *f*, Feuerwehrzentrale *f*; **f. hydrant** Feuerhahn *m*, F.hydrant *m*
fire insurance *n* 1. Feuer(schutz)-, Brandversicherung *f*, B.kasse *f*, Feuerassekuranz *f*, Brandschadenversicherung *f*; 2. *(Vers.)* Feuersparte *f*; **industrial f. i.** Industrie-Feuerversicherung *f*, industrielle Feuerversicherung; **f. i. company** Feuerversicherungsgesellschaft *f*; ~ **premium** Feuerprämie *f*; ~ **risk** Feuerrisiko *nt*
fire insurer Feuerversicherer *m*; **f. ladder** Feuerwehrleiter *f*; **f. lane** Feuerwehrzufahrt *f*; **f. lighter** Feueranzünder *m*; **f. line** Feuerschneise *f*; **f. loss** Feuer-, Brandschaden *m*, Verlust durch Feuer; ~ **adjuster** Brandschätzer *m*; **f.man** *n* 1. Feuerwehrmann *m*; 2. 🜂 Heizer *m*; **f. manager** *(Vers.)* Leiter der Feuerabteilung; **f. office** Feuerversicherung(sgesellschaft) *f*, Brandkasse *f*; **f.place** *n* Feuerstelle *f*, Kamin *m*; **f.plug** *n* *[US]* Hydrant *m*
fire policy Feuerpolice *f*, Feuer-, Brandversicherungspolice *f*; **industrial f. p.** Industriefeuerversicherung *f*; **standard f. (insurance) p.** Einheitsfeuerversicherungspolice *f*
fire precautions Feuerschutz(maßnahmen) *m/pl*, F.vorkehrungen; **f. prevention** Feuer-, Brandverhütung *f*; **f.proof** *adj* feuerfest, f.sicher, f.beständig
fire protection Feuer-, Brandschutz *m*, B.verhütung *f*; ~ **authority** Feuerschutzbehörde *f*; ~ **expense** Feuerwehrkosten *pl*; ~ **tax** Feuerschutzsteuer *f*
fire raiser Brandstifter *m*; **f. raising** Brandstiftung *f*; **f. regulations** Feuer-, Brandverhütungsvorschriften, Feuervorschriften; **f. resistance** Feuerfestigkeit *f*; **f.-resistant/f.-resisting** *adj* feuerhemmend, f.fest, f.beständig, schwer entflammbar; **f.-retardant** *adj* feuerhemmend; **f. risk** Brand-, Feuergefahr *f*; **f. sale** Verkauf feuerbeschädigter Waren; **f. service** Feuerwehr *f*; **f. station** Feuerwache *f*, Spritzenhaus *nt*; **f.storm** *n* Feuersturm *m*; **f. support** ⚔ Feuerschutz *m*; **f. tongs** Feuerzange *f*; **f. trap** Feuerfalle *f*; **f. truck** Löschfahrzeug *nt*; **f. underwriters** Feuerversicherungsgesellschaft *f*, F.versicherer *pl*; **f. wall** Brand-, Feuerwand *f*, (Feuer)Schutzmauer *f*; **f. warden/watch** Feuer-, Brandwache *f*; **f.wood** *n* Brenn-, Kleinholz *nt*; **f.work** *n* Feuerwerkskörper *m*; **f.works** 1. Feuerwerk *nt*; 2. *(fig)* *(Börse)* plötzliche Hausse
firing *n* 1. Verbrennung *f*; 2. *(coll)* Rausschmiss *m*; **f. line** ∡ Schusslinie *f*; **in the f. line** im vordersten Schützengraben; **f. squad** Exekutions-, Erschießungskommando *nt*

firm *n* 1. Firma *f*, Personengesellschaft *f*, Betrieb *m*, Unternehmen *nt*, Unternehmung *f*; 2. Handelshaus *nt*; 3. Konzernbetrieb *m*
firm of auditors; ~ **licensed public accountants** Buchprüfungsgesellschaft *f*; ~ **builders and contractors** Bauunternehmen *nt*, B.unternehmung *f*; ~ **consultants** Unternehmensberatung(sfirma) *f*; ~ **engineers** Ingenieurbüro *nt*; ~ **exporters** Export(handels)unternehmen *nt*, E.firma *f*, E.gesellschaft *f*, E.haus *nt*; ~ **importers** Import(handels)unternehmen *nt*, I.firma *f*, I.gesellschaft *f*; ~ **good repute** renommierte Firma; ~ **solicitors** (Rechts)Anwaltsbüro *nt*, A.kanzlei *f*, (A.)Sozietät *f*, Rechtsanwaltsfirma *f*; **f. and style** Firma *f*
to be attached to a firm einer Firma angeschlossen sein; **to expunge a f.** Firma löschen; **to join a f.** in eine Firma/ein Unternehmen eintreten, bei einer Firma anfangen; ~ **as a partner** als Teilhaber in eine Firma eintreten; **to manage/run a f.** Unternehmen/Firma leiten; **to represent a f.** Firma vertreten; **to set up a f.** Firma gründen; **to take over a f.** Firma übernehmen; **to trade under a f.** firmieren; **to try another f.** es mit einer anderen Firma versuchen
ailing firm notleidende/kränkelnde/marode *(coll)* Firma, notleidendes/kränkelndes/marodes *(coll)* Unternehmen; **all-round f.** Universalunternehmen *nt*; **associated f.** verbundenes Unternehmen, Anschlussfirma *f*; **bogus f.** Schein-, Schwindelfirma *f*; **commercial f.** Handelsfirma *f*, H.haus *nt*; **competitive f.** Konkurrenzbetrieb *m*; **debt-collecting f.** Inkassounternehmen *nt*; **defunct f.** erloschene Firma; **derived f.** abgeleitete Firma; **domiciled f.** Sitzunternehmen *nt*; **dominant f.** marktbeherrschendes Unternehmen; **established f.** (alt)eingesessenes Unternehmen, (alt)eingesessene Firma, Markenfirma *f*; **extinct f.** gelöschte Handelsfirma; **high-payout f.** Unternehmen mit hoher Ausschüttung; **industrial f.** Industriefirma *f*, I.unternehmen *nt*; **international f.** multinationales Unternehmen; **large f.** Großbetrieb *m*, G.unternehmen *nt*; **leading f.** führende Firma, führendes Unternehmen/Haus; **local f.** ortsansässige Firma, örtliches Unternehmen; **marginal f.** Grenzproduzent *m*; **medium-sized f.** Mittelbetrieb *m*, mittlerer Betrieb, mittelständiges Unternehmen; **monopolistic f.** Monopolunternehmen *nt*; **multi-market f.** Mischkonzern *m*; **multi-product/multiple-product f.** Mehrproduktunternehmen *nt*; **old-established f.** alteingesessene Firma, alteingesessenes Unternehmen; **one-man f.** Personenfirma *f*, Einzelkaufmann *m*, E.unternehmen *nt*, Einmannbetrieb *m*, E.firma *f*; **postmerger f.** Unternehmen nach der Fusion; **principal f.** Stammhaus *nt*, S.firma *f*; **producing f.** Produktions-, Fabrikationsbetrieb *m*; **professional f.** Sozietät *f*; reg-

istered f. eingetragene Firma; **reliable f.** solide/reelle/seriöse Firma; **respectable f.** angesehene Firma, achtbares Haus; **shaky f.** unzuverlässige Firma; **single-product f.** Einproduktfirma f, E.unternehmen nt
small firm 1. kleiner Betrieb, Klein-, Zwergbetrieb m; 2. mittelständisches/kleines Unternehmen; ~ **(and medium-sized) f.s** Mittelstand m, mittelständische Unternehmen; ~ **f.s' cartel** Mittelstandskartell nt; ~ **f.s counselling service** Mittelstandsberatung f; ~ **f.s minister** [GB] Minister für den Mittelstand; ~ **f.s policy** Mittelstandspolitik f
solvent firm zahlungsfähiges Haus/Unternehmen, zahlungsfähige Firma; **sound f.** solide Firma, gut fundiertes Unternehmen; **supplying f.** Zulieferbetrieb m, Lieferfirma f; **surveyed f.** untersuchte Firma; **ultra-small f.** Kleinst-, Zwergbetrieb m, Kleinunternehmen nt; **unincorporated f.** [US] Personengesellschaft f; **unreliable f.** unsolide Firma; **well-established f.** alteingesessene/gut eingeführte Firma, gut eingeführtes Unternehmen; **well-reputed f.** renommiertes Unternehmen
firm v/i (Börse) sich (be)festigen, fest(er) werden, fester tendieren, anziehen, sich stabilisieren
firm adj 1. fest, sicher, beständig; 2. (Angebot) fest, verbindlich; **to be f.** (Börse) gut stehen; **to close f.** (Börse) fest schließen; **to hold/remain f.** 1. (Preis) stabil/fest bleiben; 2. (Börse) sich behaupten/halten, fest notieren; **to stand f.** fest bleiben; **quietly f.** (Börse) leicht befestigt
firmed adj (Börse) fester
slightly firmer (Börse) geringfügig fester
firming n 1. (Preis) Festigung f, Stabilisierung f; 2. (Börse) Anziehen nt, Befestigung f, Tendenzbesserung f; **f. of the economy** Stabilisierung der Konjunktur, Konjunkturfestigung f; ~ **interest rates** Anziehen der Zinssätze; ~ **the market/prices** Kurs(be)festigung f
firming-up n (Kurs) Anziehen nt, Ansteigen nt
firm name (Handels)Firma f, Firmenname m, Firmen-, Geschäftsbezeichnung f; **to have the ~ (of)** firmieren (als); **to sue and be sued in the f.'s n.** unter der Firma klagen und verklagt werden; **non-personal/objective f. n.** Sachfirma f; **personal f. n.** Namenfirma f
firmness n Festigkeit f, Stabilität f; **f. of the market** Marktfestigkeit f
firm|'s owner Betriebsinhaber m; ~ **policy** Unternehmenspolitik f; ~ **representative** Firmenvertreter m
first adj erste(r, s) **f.-in, f.-out (FIFO)** (Bilanz) Zuerstentnahme der älteren Bestände; **f. and foremost** adv zuallererst, in erster Linie, an erster Stelle, vornehmlich; **ranking f.** rangerst; **to come/rank f.** an erster Stelle stehen, ersten Rang einnehmen
first n Wechselprima f; **f.s erste Wahl; f. of exchange** erste Ausfertigung, Primawechsel m, (Wechsel)Prima f
first|-born adj erstgeboren; **f.-class** adj erstklassig, ausgezeichnet; **f. come, f. served** der Reihe nach, wer zuerst kommt, mahlt zuerst (prov.); **on a ~ basis** (Bestellung) in der Reihenfolge des Eingangs; ~ **method/principle** Reihenfolge-, Windhundverfahren nt, W.prinzip nt; **f.-comer** n Zuerstkommende(r) f/m; **f.-half** adj im ersten Halbjahr; **f.-hand** adj aus erster Hand, neu; **f.-mentioned** adj erstgenannt; **f.-placed**

adj erstplaziert; **f.-quarter** adj im ersten Quartal; **f.-rank** adj erststellig; **f.-rate** adj erstklassig, von erster Güte, ausgezeichnet, prima; **F. Secretary of State** [GB] Stellvertretender Premierminister; **f.-time** adj erstmalig; **f.-to-invent system** Erfinderprinzip nt
fisc n (obs.) Fiskus m
fiscal adj Fiskal-, steuerlich, fiskalisch, finanziell, steuerrechtlich, s.politisch, finanztechnisch, f.wirtschaftlich, f.politisch; n Geschäfts-, Finanz-, Haushalts-, Rechnungs-, Wirtschaftsjahr nt; **f.ism** n Fiskalismus m
fish n Fisch(e) m/pl; **neither f. nor flesh** nichts Halbes und nichts Ganzes; **to have other f. to fry** (fig) (etw.) Wichtigeres zu tun haben
fish v/t fischen, angeln; **f. for** (fig) aus sein auf; **f. out** herausfischen
fish dealer [US] Fischhändler m
fisherman n Fischer m, Angler m
fishery n 1. Fischerei f, Fischfang m; 2. Fischereizone f, F.gewässer nt; 3. Fischereirecht nt; **fisheries** Fischerei f; **common f.** Fischereigerechtigkeit f, F.gerechtsame f (obs.); **inshore fisheries** küstennahe Fischerei, Küstenfischerei f; **offshore fisheries** Hochseefischerei f
fishery agreement/convention Fang-, Fischereiabkommen nt; **fisheries conservation** Konservierung der Fischbestände; **f. factory ship** Fischereifabrikschiff nt; **f. laws** Fischereigesetze; **fisheries policy** Fischereipolitik f; **common ~ policy** (EU) gemeinsame Fischereipolitik; **f. protection** Fischereischutz m; ~ **vessel** Fischereischutzfahrzeug nt; **f. resources** Fischbestände
fish farm Fischzuchtbetrieb m, F.anlage f; **f. farming** Fischzucht f; **f. fingers** Fischstäbchen; **f. harvest** Fischertrag m; **f. hold ⚓** Fischladeraum m
fishing n Fischfang m, Fischerei f; **coastal/inshore/local f.** Küsten-, Nahfischerei f; **deep-sea/deep-water/offshore f.** Hochseefischerei f, H.fischfang m, Tiefseefischerei f, T.fischfang m; **industrial f.** gewerblicher Fischfang, Fischfang für gewerbliche Verwertung; **long-range f.** Fernfischerei f
fishing agreement Fischereiabkommen nt; **f. ban** Fangverbot nt; **f. boat** Fischereifahrzeug nt; **f. cutter** Fischkutter m; **f. fleet** Fischfang-, Fischereiflotte f; **f. ground(s)** Fangplatz m, Fisch-, Fanggrund m, Fischfanggrund m, Fischereidistrikt nt, F.gebiet nt; **f. industry** Fischwirtschaft f, F.industrie f, Fischerei(wirtschaft) f; **f. lease** Fischereipachtvertrag m; **f. licence** [GB]/**permit** [US] Fischerei-, Angelschein m; **f. limits** Fischereigrenzen; **f. net** Fischnetz nt; **f. population** Fischbestand m; **f. port** Fischereihafen m; **f. quota** Fischerei-, Fangquote f; ~ **allocation** Fangquotenaufteilung f, F.festlegung f; **f. regime** (EU) Fischereiordnung f; **f. restriction** Fangbeschränkung f; **f. rights** Fisch-, Fangrechte, Fischereirechte f, F.gerechtigkeit f, F.gerechtsame f (obs.); **f. rod** Angel f; **f. tackle** Angel-, Fischereigeräte pl; **f. vessel** Fangschiff nt, Fischerboot nt; **f. village** Fischerdorf nt; **f. year** Fischereiwirtschaftsjahr nt; **contiguous f. zone** Fischerei(anschluss)zone f
fish market Fischmarkt m; **f. meal** Fischmehl nt; **f.monger** n Fischhändler m; **f.monger's (shop)** Fischgeschäft nt; **f. oil** Fischöl nt; **f.pond** n Fischteich m; **f.**

preparation Fischzubereitung *f*; **f. processing** Fischverarbeitung *f*, F.zubereitung *f*; **f.-processing** *adj* fischverarbeitend; **f. processor** Fischverarbeiter *m*; **f. process worker** Beschäftigte(r) in der Fischverarbeitung; **f. products** Fischereierzeugnisse; **f. resources** Fischbestände; **to exhaust f. resources** aus-, leerfischen; **f. restaurant** Fischrestaurant *nt*; **f. shop** Fischgeschäft *nt*; **f. sticks** *[US]* Fischstäbchen; **f. scale** Federwaage *f*; **f. stocks** Fischbestände; **f. stocking rate** Fischbesatz *m*
fishy *adj* *(coll)* faul, verdächtig, nicht geheuer; **to be f. nicht mit rechten Dingen zugehen; to sound f.** verdächtig klingen
fishyback service *n* ⚓ Transport von LKW-Anhängern auf Fährschiffen, Ro-Ro-Verkehr *m*
fissile *adj* ☢ spaltbar
fission *n* ☢ Spaltung *f*; **nuclear f.** Kernteilung *f*, Atom-, Kernspaltung *f*; **f.able** *adj* spaltbar; **f.(able) material** spaltbares Material; **f. product** Spaltprodukt *nt*
fissure *n* Riss *m*, Spalte *f*
fist *n* Faust *f*; **to bang one's f. on the table** *n* mit der Faust auf den Tisch hauen; **to clench one's f.** Faust ballen; **clenched f.** geballte Faust; **mailed f.** *(fig)* Gewaltandrohung *f*
fit *n* 1. *(Kleidung)* genaues Passen, Sitz *m*; 2. Anfall *m*, Einfall *m*, Laune *f*, Anwandlung *f*; **f. of anger** Zornausbruch *m*; **f.s of morality** moralische Anwandlungen; **f. of temper** Jähzorn *m*, Wutanfall *m*; **by/in f.s and starts** stoß-, ruckweise, stockend, sprungweise, s.weise; **it is a bit of a tight f.** *(coll)* es geht/passt gerade noch; **to be a good f.** gut passen; **to have a f.** Zustände bekommen/kriegen *(coll)*; **to proceed by f.s and starts** kleckerweise vorankommen; **to work by f.s and starts** ungleichmäßig arbeiten; **best f.** ▦ beste Anpassung/Übereinstimmung; **epileptic f.** ✚ epileptischer Anfall; **perfect f.** vollkommener Sitz
fit *v/t* 1. ✪ einbauen, anbringen, aufstellen, installieren, montieren; 2. *(Kleidung)* passen, sitzen; **f. in** 1. *(sich)* eingliedern, unterbringen, einschieben; 2. *(Termine)* unter einen Hut bringen *(fig)*; **f. out/up (with)** ausrüsten, ausstaffieren, ausstatten, einrichten; **f. together** ineinander passen; **f. with** versehen mit
fit *adj* 1. passend, geeignet; 2. qualifiziert, tauglich, fähig; 3. gesund; 4. günstig, angebracht; **quite f. again** wieder ganz mobil; **to be f.** gut bei Kräften sein; **to make sth. f.** etw. passend machen; **to see/think f.** es für angemessen erachten, es für richtig/tunlich halten; **f. to be examined** §︎ vernehmungsfähig
fitness *n* 1. Eignung *f*, Tauglichkeit *f*; 2. gute körperliche Verfassung, Gesundheit *f*; **f. to plead** §︎ Verhandlungsfähigkeit *f*; **of reasonable f. and quality** von mittlerer Art und Güte; **f. for military service** ⚔ Wehrfähigkeit *f*; **~ storage** Lager(ungs)fähigkeit *f*; **~ the agreed use** Tauglichkeit zum vertragsmäßigen Gebrauch; **~ work** Erwerbs-, Arbeitsfähigkeit *f*; **physical f.** körperliche Leistungsfähigkeit/Tauglichkeit; **(~) f. training** körperliche Ertüchtigung, Konditionstraining *nt*; **f. test** Eignungsprüfung *f*
fitted *adj* eingebaut, Einbau-; **f. with** ausgerüstet/ausgestattet mit; **compulsorily f.** pflichtausgerüstet

fitter *n* Monteur *m*, Installateur *m*, (Maschinen)Schlosser *m*, Mechaniker *m*; **electrical f.** Elektromonteur *m*, E.installateur *m*
fitting *n* 1. Montage *f*, Installation *f*, Einbau *m*; 2. *(Kleidung)* Anprobe *f*; **f.s** 1. Armaturen, Beschläge, Ausstattung *f*, Zubehör *nt*, Ausrüstung(sgegenstände) *f/pl*, Einrichtung *f*, Inventar *nt*; 2. Installation *f*; **electrical f.s** Elektroinstallationen; **optional/special f.s** Sonderausstattung *f*
fitting instructions Einbauvorschriften; **f.-out** *n* Ausrüstung *f*; **f. room** Ankleideraum *m*, Kleiderkabine *f*; **f. shop** Montagewerkstatt *f*
five-and-ten *n* *[US]* Billigkaufhaus *nt*
five|-day *adj* fünftägig; **f.fold** fünffach
fiver *n* *(coll)* 1. *[GB]* Fünfpfundnote *f*; 2. *[US]* Fünfdollarnote *f*
fives *pl* *[US]* fünfprozentige Papiere
five|-year *adj* Fünfjahres-; **f.-week** *adj* fünfwöchig
fix *n* 1. *(coll)* Patsche *f (coll)*, Klemme *f*, Zwickmühle *f*; 2. ⚓ Peilung *f*, Position *f*; 3. abgekartete Sache; **in a f.** in der Zwickmühle; **to get into a f.** in Verlegenheit geraten/kommen; **~ so. into a f.** jdn in Schwulitäten bringen; **~ into a bad f.** in eine missliche Lage kommen; **quick f.** *(coll)* rasche Lösung, Patentlösung *f*; **technological f.** technisch-pragmatische Lösung
fix *v/t* 1. arrangieren, regeln, verabreden, anberaumen, festlegen; 2. anbringen, befestigen, reparieren, in Ordnung bringen; **f. permanently** zementieren *(fig)*; **f. up** *(Geschäft)* unter Dach und Fach bringen *(coll)*; **f. so. up** 1. jdn unterbringen/versorgen; 2. ✚ jdn verarzten/medizinisch versorgen; **f. it up with so.** es mit jdm regeln
fixation *n* 1. Besessenheit *f*; 2. ⌕ Fixierung *f*; **~ adjustment** intensitätsmäßige Anpassung
fixed *adj* 1. festgesetzt, ausgemacht, terminiert; 2. unbeweglich, unveränderlich, starr, unverrückbar; 3. *(Wechsel)* ohne Respekttage; **f.-interest(-bearing)** *adj* festverzinslich, mit einer festen Verzinsung/festem Zinssatz ausgestattet, feste Verzinsung *f*; **f.-location** *adj* stationär; **f.-priced** *adj* preisgebunden; **f.-yield** *adj* festverzinslich
fixer *n* 1. *(coll)* Macher *m (coll)*; 2. *(pej)* Schieber *m (pej)*; 3. ⌕ Fixiermittel *n*
fixing *n* 1. Festlegung *f*, F.schreibung *f*, F.setzung *f*; 2. amtliche Feststellung der Devisenkurse, Kursfeststellung *f*, K.festsetzung *f*, Fixing *nt*; 3. *[US]* Ausrüstungsgegenstände *pl*; 4. Montage *f*, Montieren *nt*; 5. ⚓ Peilung *f*; **f. of agreed pay/wage rates** Lohntariffestsetzung *f*; **~ the availability/value date** Valutierung *f*; **~ a deadline** Befristung *f*; **~ the dividend** Dividendenfestsetzung *f*; **~ export quotas** Exportkontingentierung *f*; **collusive ~ interest rates** Zinsabstimmung *f*; **~ an option** Optionsfixierung *f*; **~ quotas** Kontingentierung *f*, Kontingentfestsetzung *f*; **~ the official quotation** Feststellung des amtlichenKurses; **~ rents** Miet(preis)festsetzung *f*; **~ the sentence** §︎ Straffestsetzung *f*; **~ a time limit** Fristsetzung *f*; **advance f.** Voraussetzung *f*; **new f.** Neufestsetzung *f*; **official f.** *(Währung)* amtliche Kursfestsetzung, amtliches Fixing; **f. committee** Kurs-

feststellungsausschuss *m*; **f. level** Fixkurs *m*, Fixingpreis *m*, Höhe der Fixkurse
fixity of exchange rates *n* feste Wechselkurse
fixture *n* 1. (festes) Inventar, (feste) Anlage, Inventarstück *nt*, Ausstattungsgegenstand *m*, Armatur *f*; 2. festliegende Veranstaltung; 3. Grundstücksbestandteil *m*; **f.s** Inventar *nt*, Zubehör *nt*, Ausstattung *f*, Einbauten, Einrichtungsgegenstände, fest eingebaute Anlagen, unbewegliches Inventar; **~ and fittings** Einrichtung *f*, (Geschäfts)Ausstattung *f*, Einbauten (und Zubehör), bewegliche und unbewegliche Einrichtungsgegenstände; **~, fittings, tools and equipment** Betriebs- und Geschäftsausstattung *f*; **permanent f.** fest installierte/ bleibende Einrichtung; **to be a ~ f.** *(coll)* schon zum Inventar gehören *(coll)*; **weekly f.s** wöchentliches Geld, Geld auf eine Woche; **f. list** 1. Terminliste *f*; 2. *(Sport)* Veranstaltungs-, Spielkalender *m*
fizzle out *v/i* verpuffen, im Sand verlaufen *(fig)*
flag *n* 1. Fahne *f*, Flagge *f*; 2. Kennzeichen *nt*, Markierung *f*, Leitkode *m*; 3. 🏛 *(Boden)* (Stein)Platte *f*; **f. of convenience** ⚓ billige Flagge, Billig-, Gefälligkeitsflagge *f*; **~ truce** ⚔ Parlamentärsflagge *f*
to brandish the flag Fahne schwenken; **to dip the f.** ⚓ Fahne senken, Flagge dippen; **to display/show the f.** Flagge zeigen, seine Anwesenheit dokumentieren; **to fly a f.** flaggen, unter einer Flagge fahren, Flagge führen; **~ a f. at half-mast; to half-mast a f.** Flagge auf halbmast setzen, halbmast flaggen; **to haul down/ lower the f.** Flagge einziehen/einholen/niederholen; **to hoist/run up the f.** Fahne aufziehen/hissen; **to keep the f. flying** Fahne hochhalten, Stellung halten; **to put out the f.** Flagge heraushängen; **to transfer to a foreign f.** ⚓ ausflaggen; **to unfurl a f.** Flagge entrollen
diagnostic flag 💻 Prüfhinweis *m*; **federal f.** Bundesflagge *f*; **foreign f.** fremde Flagge; **national f.** National-, Landes-, Staatsflagge *f*; **red f.** Warnflagge *f*; **yellow f.** Quarantäneflagge *f*
flag *v/ti* 1. beflaggen; 2. kennzeichnen, markieren; 3. nachlassen, erlahmen, nachgeben, abklingen; 4. 🏛 *(Boden)* mit Platten auslegen; **f. down** *(Bus/Taxi)* anhalten; **f. out** ⚓ ausflaggen
flag book Flaggenbuch *nt*; **f. carrier (airline)** ✈ nationale Flug-/Luftverkehrsgesellschaft; **f. discrimination** Flaggendiskriminierung *f*; **f. fleet** nationale Schifffahrtsgesellschaft *f*
flagging *n* 1. Abflachen *nt* (der Konjunktur); 2. 🏛 Plattenbelag *m*; *adj* nachlassend, nachgebend, gedrückt, schwach, sich abschwächend; **f. out** ⚓ Ausflaggen *nt*, Ausflaggung *f*
flag law Flaggenrecht *nt*; **f.man** *n* 1. Signalgeber *m*; 2. ⚓ Signalgast *m*; **f.pole** *n* Fahnenmast *m*; **f. protectionism** Flaggenprotektionismus *m*
flagrant *adj* krass, eklatant, offenkundig, ungeheuerlich
flagrante delicto *(lat.)* §️ in flagranti, auf frischer Tat
flag rights Flaggenrechte *f*; **f. salute** Flaggengruß *m*; **f.ship** *n* 1. ⚓ Flaggschiff *nt*; 2. *(fig)* Aushängeschild *nt* *(fig)*, Paradepferd *nt (fig)*; **~ brand** führende Marke; **f. signal** Flaggensignal *nt*, F.zeichen *nt*; **f.staff** *n* Flag-

genstock *m*, F.mast *m*; **f. state** Flaggenstaat *m*; **f.stop** *n* *[US]* 🚌 Haltepunkt *m*, Bedarfshaltestelle *f*; **f. vessel** ⚓ Flaggschiff *nt*
flair *n* Gespür *nt*; **f. for business** Geschäftstalent *nt*
flake *n* 1. Flocke *f*, Splitter *m*; 2. *(fig)* risikoreicher Kredit; **f. off** *v/i* abblättern; **f. out** *(coll)* ohnmächtig werden, einem schwarz vor Augen werden
flamboy|ance *n* Extravaganz *f*; **f.ant** *adj* aufwändig, ostentativ, extravagant
flame *n* Flamme *f*; **to fan/kindle the f.s** *(fig)* Leidenschaften entfachen/entflammen/schüren, Öl ins Feuer gießen, Feuer anfachen/schüren; **to fan speculative f.s** Spekulation anheizen
flam|mability *n* Entflammbarkeit *f*, Entzündbarkeit *f*; **f.mable** *adj* leicht entzündbar/entzündlich, brennbar, feuergefährlich
flan *n* (Münz)Rohling *m*
flange *n* 1. ⚙ Flansch *m*; 2. 🚂 Spurkranz *m*
flank *n* Seite *f*, Flanke *f*; *v/t* flankieren; **f. protection** Flankenschutz *m*
flannel *n* Flanell *nt*; **f. ette** *n* Baumwollflanell *nt*
flap *n* 1. ⚙ (Verschluss)Klappe *f*; 2. (helle) Aufregung, Panik *f*; **adhesive f.** Adhäsionsverschluss *m*
flare *n* 1. Leuchtkugel *f*, L.signal *nt*, L.patrone *f*; 2. ✈ Leuchtfeuer *nt*; **f. off** *v/t* 🛢 abfackeln; **f. up** *(fig)* 1. *(Streit)* ausbrechen; 2. in Wut geraten; **~ again** wiederaufleben; **f. path** ✈ Leuchtpfad *m*; **f. pistol** Leuchtpistole *f*
flash *n* 1. Blitzstrahl *m*, Lichtblitz *m*; 2. *(Nachrichten)* Blitz-, Kurz-, Zwischenmeldung *f*; **in a f.** in Sekundenschnelle; **f. of inspiration** Geistesblitz *m*; **~ lightning** Blitzstrahl *m*; **f. in the pan** *(fig)* Strohfeuer *nt (fig)*; **electronic f.** Elektronenblitz *m*
flash *v/ti* blitzen, blinken, strahlen
flash|back *n* Rückblende *f*; **f. check** *[US]* /**cheque** *[GB]* vorsätzlich ausgestellter ungedeckter Scheck; **f. cube** *(Foto)* Blitzwürfel *m*; **f. decision** Blitzentscheidung *f*
flasher *n* 🚗 Lichthupe *f*
flash estimate Blitzschätzung *f*; **f. item** Artikel im Sonderangebot; **f.light** *n* 1. Blink-, Blitzlicht *nt*; 2. *[US]* Taschenlampe *f*; **f. message** Blitzmeldung *f*, B.telegramm *nt*; **f. point** 1. Krisenherd *m*, K.punkt *m*; 2. Flammpunkt *m*; **f. report** Vorabbericht *m*, Blitzmeldung *f*
flashy *adj* glitzernd, protzig, auffällig, großspurig
flask *n* Isolierflasche *f*, I.behälter *m*
flat *n* 1. (Etagen)Wohnung *f*; 2. einmalige Provision, Pauschbetrag *m*
to build flat|s for owner-occupation Eigentumswohnungen bauen; **to finance a f.** Wohnung finanzieren; **to furnish a f.** Wohnung einrichten/möblieren; **to let a f.** Wohnung vermieten; **to move into a f.** Wohnung beziehen; **to provide a f.** Wohnung beschaffen; **to rent a f.** Wohnung mieten; **to vacate a f.** Wohnung räumen
factory-owned flat Werkswohnung *f*; **freehold f.** Eigentumswohnung *f*; **furnished f.** möblierte Wohnung; **ground-floor f.** *[GB]* Parterrewohnung *f*; **high-rise f.** Hochhauswohnung *f*; **~ f.s** *[GB]* Wohnhochhaus *nt*, W.silo *nt (coll)*; **new/newly-built f.** Neubauwohnung *f*; **owner-occupied f.** Eigentumswohnung *f*; **private f.**;

privately owned f. Eigentums-, Privatwohnung *f*; **rented f.** Mietwohnung *f*; **self-contained f.** Einliegerwohnung *f*, abgeschlossene Wohnung, Wohnung mit separatem Eingang; **shared f.** Gemeinschaftswohnung *f*; **subsidized f.** Sozialwohnung *f*, öffentlich geförderte Wohnung; **vacant f.** leer stehende Wohnung
flat *adj* 1. flach, eben; 2. *(Börse)* schwach, flau, lust-, geschäftslos, gedrückt, matt; 3. *[US]* ohne Stückzinsen; 4. franko Zinsen; 5. 🚗 *(Reifen)* platt; **quoted f.** ohne Zinsen notiert; **f. out** *(coll)* mit Volldampf *(coll)*
flat-bed *adj* 🚗 Tiefbett-
flatcar *n* *[US]* 🚂 Plattform-, Flachwagen *m*
flat dweller Apartmentbewohner *m*
flat-growth *adj* wachstumsschwach
flat|-hunt *v/i* auf Wohnungssuche sein; **f. hunter** Wohnungssuchende(r) *f/m*; **f. hunting** Wohnungssuche *f*
flat|let *n* Klein(st)wohnung *f*; **f. letting** Wohnungsvermietung *f*; **f.ly** *adv* glatt-, kurzweg; **f. mate** Mitbewohner(in) *m/f*; **f.ness** *n* 1. Matt-, Flachheit *f*, Kontrastarmut *f*; 2. *(Börse)* matte Haltung, Flauheit *f*, Lustlosigkeit *f*; **f. owner** Wohnungseigentümer(in) *f/m*; **f.-rate** *adj* pauschal, Pauschal-; **f. swapping** Wohnungstausch *m*; **f.-top** *adj* abgeflacht
flatten (out) *v/ti* (sich) abflachen
flatter *v/t* schmeicheln; **f.er** *n* Schmeichler(in) *f/m*; **f.ing** *adj* 1. schmeichelhaft; 2. schmeichlerisch; **f.y** *n* Schmeichelei *f*
flat-type *adj* flach
flatware *n* 1. *[GB]* (Ess-/Tafel)Geschirr *nt*; 2. *[US]* Besteck *nt*; **f. chest** Besteckkasten *m*
flavour *n* Geschmack *m*; **f. of the month** *(coll)* in Mode
flaw *n* 1. Defekt *m*, Fehler *m*, Mangel *m*, fehlerhafte/schadhafte Stelle, Fabrikations-, Schönheitsfehler *m*, Fehler-, Schwachstelle *f*, Makel *m*; 2. [§] Formfehler *m*; **f. of character** Charakterfehler *m*; **f. in a title** [§] Rechtsmangel *m*
flawed *adj* fehlerhaft
flawless *adj* fehler-, makel-, tadellos, fehler-, einwandfrei, lupenrein
flax *n* 🌿 Flachs *m*; **f. growing** Flachsanbau *m*
flea *n* Floh *m*; **to put a f. in so.'s ear(s)** *(fig)* jdm eine Laus in den Pelz setzen *(fig)*, jdm einen Floh ins Ohr setzen *(fig)*; **f. market** Flohmarkt *m*
fully fledged *adj* *(fig)* voll entwickelt
fledgling *n* *(fig)* Grünschnabel *m* *(fig)*, unerfahrener Mensch; **f. company** neues/junges Unternehmen; **f. recovery** zögernde Erholung
flee *v/i* fliehen, flüchten
fleece *v/t* *(fig)* schröpfen *(fig)*, rupfen *(fig)*, prellen, neppen *(coll)*, bis aufs Hemd ausziehen *(fig)*, zur Ader lassen *(fig)*, Geld aus der Tasche ziehen *(coll)*
fleet *n* 1. Flotte *f*; 2. 🚗 Wagen-, Fahrzeug-, Fuhrpark *m*; **f. of companies** Versicherergruppe *f*; **~ lorries** *[GB]* / **trucks** *[US]* (LKW-)Fuhrpark *m*; **~ vehicles** Fuhrpark *m*; **deep-sea/deep-water/ocean-going f.** ⚓ Hochseeflotte *f*; **working f.** fahrende Flotte
fleet car Firmenfahrzeug *nt*; **f. expansion** Flottenvergrößerung *f*; **f. hire** Vermietung von Fuhrparks
fleeting *adj* vergänglich
fleet insurance Kraftfahrzeugsammelversicherung *f*; **f. leasing** Leasing des Wagenparks, ~ der Fahrzeugflotte, Vermietung von Fuhrparks, ~ eines Fahrzeugparks; **f. manager** Fuhrparkleiter *m*; **f. operating costs** Fuhrparkkosten; **own-f. operator** Firma mit eigenem Fuhrpark; **~ operation** Werksverkehr *m*, W.transport *m*; **f. sale** 🚗 Gruppenverkauf *m*
flesh *n* Fleisch *nt*; **in the f.** *(coll)* höchstpersönlich; **one's own f. and blood** sein eigenes Fleisch und Blut
flesh out *v/t* *(fig)* untermauern
flex *n* ⚡ Kabel *nt*, (Anschluss-/Leitungs)Schnur *f*, Litze *f*
flexibility *n* Flexibilität *f*, Beweglichkeit *f*, Spielraum *m*, Anpassungs-, Manövrierfähigkeit *f*, Nachgiebigkeit *f*, Elastizität *f*; **f. of demand** Nachfrageelastizität *f*; **f. in handling** flexible Handhabung; **to show f.** sich als beweglich erweisen; **built-in f.** automatischer Konjunkturstabilisator; **external f.** externe Flexibilität; **~ strategy** Strategie der externen Flexibilität; **internal f.** unternehmensinterne Flexibilität; **managed f.** Stufenflexibilität *f*
flexible *adj* flexibel, beweglich, nachgiebig, biegsam, elastisch, anpassungfähig
flexing *n* Budgetanpassung *f*
flex(i)time *n* flexible/gleitende Arbeitszeit, Gleitzeit *f*; **to be on f.** gleiten
flick through *v/prep* durchblättern
flicker of hope *n* Hoffnungsschimmer *m*; **not a ~ hope** hoffnungslos; **f.** *v/i* flimmern, flackern, unruhig brennen
flick knife *n* Klapp-, Schnappmesser *nt*
flier *n* 1. *(Börse)* Reinfall *m*; 2. *[US]* Flugblatt *nt*
flight *n* 1. ✈ Flug *m*, F.strecke *f*; 2. Flucht *f*
flight into real assets Flucht in die Sachwerte; **f. of capital** Kapitalflucht *f*; **f. from a currency** Flucht aus einer Währung; **f. of the dollar** Dollarflucht *f*, D.abwanderung *f*; **~ imagination** (geistiger) Höhenflug; **f. out of money** Abkehr von der Geldhaltung; **f. of outdoor steps** 🏛 Freitreppe *f*; **~ stairs** Treppenaufgang *m*, T.flucht *f*, Stiege *f*
to book a flight ✈ Flug buchen; **to call a f.** Flug aufrufen; **to cancel a f.** Flug stornieren; **to embark on a f.** Flug antreten; **to handle a f.** Flugzeug abfertigen; **to put so. to f.** jdn in die Flucht schlagen
connecting flight ✈ Anschluss(flug) *m*, Flugverbindung *f*; **direct f.** Direktverbindung *f*; **domestic/internal f.** Inlandsflug *m*; **empty f.** Leerflug *m*; **free f.** Freiflug *m*; **headlong f.** panikartige Flucht; **inaugural/maiden f.** Jungfern-, Eröffnungsflug *m*; **international/non-domestic f.** Auslandsflug *m*; **long-distance/long-haul f.** Langstrecken-, Fernflug *m*; **low-level f.** Tiefflug *m*; **non-scheduled f.** Nichtlinienflug *m*; **non-stop f.** Flug ohne Zwischenlandung, Nonstopflug *m*; **outward f.** Hinflug *m*; **~ and inward f.** Hin- und Rückflug *m*; **regular/scheduled f.** Linienflug *m*, planmäßiger Flug; **single f.** einfacher Flug; **through f.** Direktflug *m*; **transatlantic f.** Transatlantikflug *m*
flight attendant ✈ Flugbegleiter(in) *m/f*; **f. attendants** Flugbegleitpersonal *nt*; **f. cancellation** Flugstornierung *f*; **f. capital** Fluchtkapital *nt*; **f. connection** Flug-

flight control

anschluss *m*; **f. control** Flugleitung *f*; **f. coupon** Flugschein *m*, F.abschnitt *m*; **f. crew** Flugzeugbesatzung *f*, Flugpersonal *nt*, fliegendes Personal; **f. date** (Ab)Flugtermin *m*; **f. deck** Cockpit *nt*, Pilotenkanzel *f*; ~ **crew** Flugzeugbesatzung *f*, Flugpersonal *nt*, fliegendes Personal; **f. engineer** Bord-, Flugingenieur *m*; **f. handling** Flugabfertigung *f*
flighting *n (Werbung)* Periodisierung *f*
flight instructions Fluganweisung *f*; **f. instructor** Fluglehrer *m*; **f. insurance** Flugversicherung *f*; **f. log** Bordbuch *nt*; **f. manual** Flughandbuch *nt*; **f. mechanic** Bordmechaniker *m*; **f. movement** Flugbewegung *f*; **f. number** Flugnummer *f*; **f. passenger** Flugpassagier *m*; **f. path** Flugweg *m*, F.route *f*, F.bahn *f*, F.schneise *f*; **f. personnel** Flugzeugbesatzung *f*, Flugpersonal *nt*; **f. plan** Flug(ablauf)plan *m*; **f. recorder** Flug(daten)schreiber *m*; **f. reservation** Flugreservierung *f*; **f. route** Flugstrecke *f*; **f. stage** Flugetappe *f*; **f. test** Flugtest *m*, F.erprobung *f*; **f.-tested** *adj* flugerprobt; **f. ticket** Flugschein *m*, F.ticket *nt*; ~ **surcharge/tax** Flugscheingebühr *f*; **f. timetable** Flugplan *m*; **f. visibility** Flugsicht *f*
flimsy *adj* 1. dünn, dürftig, leicht gebaut; 2. fadenscheinig; *n* Durchschlagpapier *nt*
fling *n* 1. Wurf *m*; 2. *(coll)* Seitensprung *m (coll)*; *v/t* werfen; **f. away** vergeuden, verschwenden; **f. out** *(coll)* hinauswerfen, rausschmeißen
flint *n* Feuerstein *m*
flip *v/t* klappen, kippen; **f. through** durchblättern
flip chart Schaubild *nt*; **f.-flop** *n* 1. Umlegemappe *f*; 2. 🖵 Flipflop *m*; **f. pack** Klappschachtel *f*; **f. side** *(fig)* Kehrseite *f* (der Medaille), Schattenseite *f*; Nachteil *m*; **f. switch** Kippschalter *m*; **f. top** Klappdeckel *m*
flirt *v/i* kokettieren; **f.ation** *n* Liebelei *f*; ~ **with danger** gefährliches Spiel/Unterfangen
flit *v/i* flitzen, huschen, abhauen *(coll)*, bei Nacht und Nebel ausziehen
float *v/ti* 1. treiben, schwimmen; 2. schweben, umlaufen, im Umlauf sein; 3. *(AG)* gründen, an die Börse gehen; 4. *(Kurs)* freigeben, floaten; 5. *(Wertpapiere)* emittieren, begeben, auflegen; **f. off** 1. *(Arbeitskräfte)* abwandern; 2. *(AG)* ausgründen
float *n* 1. freies Schweben der Wechselkurse; 2. Börseneinführung *f*, Float *m*; 3. Startkapital *nt*, (Kassen)Vorschuss *m*; 4. Wechselgeld *nt*, kleine Kasse; 5. Schecks im Einzug, schwebende Überweisung und Inkasso; 6. *(Angeln)* Schwimmer *m*; **clean f.** sauberes Floaten; **common/joint f.** Gruppen-, Blockfloating *nt*, B.floaten *nt*; **dirty/filthy f.** schmutziges Floaten; **free f.** 1. *(OR)* freier Vorgangspuffer *m*; 2. *(Aktien)* handelsbare Stücke; **public f.** Gang an die Börse; **total f.** *(OR)* maximale/gesamte Pufferzeit
floatable *adj* börsengängig
floatation *n* 1. *(Anleihe/Aktie)* Ausgabe *f*, Auflegen *nt*, Auflegung *f*, Begebung *f*, Emission *f*; 2. *(AG)* Börseneinführung *f*; 3. *(Wechsel)* Begebung *f*; **f. of a company** Unternehmensgründung *f*
floater *n* 1. *(Vers.)* Abschreibepolice *f*, offene Police; 2. *(AG)* (Gesellschafts)Gründer *m*; 3. *(OR)* Vorgang mit Puffer; 4. erstklassiges Inhaberpapier; 5. Anleihe mit variabler Verzinsung; 6. Gelegenheitsarbeiter *m*; 7. Wechselwähler *m*; **perpetual f.** ewig laufender Zinswechsel; **f. policy** laufende Versicherung; **f. prospectus** Börsen-, Emissionsprospekt *nt*
float file Pendelmappe *f*
floating *adj* 1. schwankend; 2. fluktuierend, gleitend; 3. *(Schuld)* unfundiert, schwebend; 4. *(Geld)* umlaufend, in Umlauf befindlich; 5. *(Zins)* flexibel; 6. ⚓ schwimmend
floating *n (Währung)* (Kurs-/Paritäts)Freigabe *f*, Wechselkursfreigabe *f*, Floating *nt*, System flexibler Wechselkurse, Freigabe des Wechselkurses, Floaten *nt*; ~ **of a loan** Anleihebegebung *f*; **clean f.** Floaten ohne Staatsintervention; **controlled/managed f.** gesteuertes Floaten; **dirty/filthy f.** schmutziges Floaten; **free f.** Kursfreigabe *f*; **temporary f.** zeitweiliges Floaten
floating expenses *(AG)* Gründungskosten; **f.-rate** *adj* variabel verzinslich
floatI-off *n (AG)* Ausgründung *f*; **f. system** Kassenvorschusssystem *nt*; **f. time** *(OR)* Pufferzeit *f*
flock *n* Schwarm *m*, Herde *f*, Schar *f*; **f. in** *v/i (Personen)* hereinströmen
flog off *v/t (coll)* losschlagen, unter den Hammer bringen *(fig)*, verscherbeln *(coll)*, verramschen *(coll)*, verscheuern *(coll)*, verschauern *(coll)*
flood|(s) *n* 1. Flut(welle) *f*, Hochwasser *nt*, Überschwemmung *f*, Ü.flutung *f*; 2. *(fig)* Flut *f*, Schwall *m*; **f. of callers/visitors** Besucherstrom *m*, Strom von Besuchern; ~ **capital increases** Welle von Kapitalerhöhungen; ~ **demand** Nachfragestoß *m*, N.welle *f*, Konsumwelle *f*; ~ **donations** Spendenstrom *m*; ~ **imports** Einfuhr-, Importflut *f*; ~ **lawsuits** Prozesslawine *f*; ~ **money** Geldflut *f*; ~ **orders** Auftragsflut *f*; ~ **speculation** Spekulationswelle *f*
flood *v/ti* 1. überschwemmen, überfluten; 2. sich ergießen, strömen; 3. unter Wasser setzen; **f. in** hereinströmen
flood control Hochwasserschutz *m*; **f. damage** Hochwasser-, Überschwemmungsschaden *m*; **f. disaster** Flut-, Hochwasserkatastrophe *f*
flooded *adj* unter Wasser
floodgate *n* Schleusentor *nt*, (Flut-/Deich)Schleuse *f*; **to open the f.s** die Schleusen(tore) öffnen
flooding *n* Überschwemmung *f*; **f. insurance** Hochwasser-, Überschwemmungsversicherung *f*
floodlight|(s) *n* Flutlicht *nt*, Scheinwerfer *m*; *v/t* anstrahlen; **f. projector** Lichtstrahler *m*
floodlit *adj* von Scheinwerfern angestrahlt
flood plain Schwemmebene *f*; **f. risk** Hochwasser-, Überschwemmungsrisiko *nt*; **f.-tide** *n* Flut *f*
floor *n* 1. 🏠 (Fuß)Boden *m*; 2. Etage *f (frz.)*, Geschoss *nt*, Stockwerk *nt*; 3. Börsen-, Sitzungssaal *m*, (Börsen)Parkett *nt*; 4. 👞 Sohle *f*; 5. Untergrenze *f*, Mindestpreis *m*; 6. *(EWS)* unterer Interventionspunkt *m*; **f. (of the** *(Börse)* **auf dem Parkett; crossing the f. (of the House)** *[GB]* Fraktionswechsel *m*; **to admit so. to the f.** jdm das Wort erteilen; **to have the f.** das Wort haben; **to take the f.** das Wort ergreifen; **to trade off the f.** außer-

börslich handeln; ~ **from the f.** *(Börse)* auf eigene Rechnung spekulieren
bottom floor unterste Etage; **false f.** Doppel-, Zwischenboden *m*; **first f.** 1. *[GB]* erste Etage, Hochparterre *nt*; 2. *[US]* Erdgeschoss *nt*, Parterre *nt (frz.)*; **guaranteed f.** *(Zins)* garantierte Mindestzinshöhe; **mezzanine f.** Zwischen-, Halbgeschoss *m*; **second f.** *[US]* erste Etage; **upper f.** Obergeschoss *nt*; **top f.** oberstes/oberes Stockwerk, obere Etage, Obergeschoss *nt*; **wooden f.** Holzfußboden *m*
floor area 1. Bodenfläche; 2. *(Laden)* Verkaufsfläche *f*; **f.board** *n* Diele *f*, Bohle *f*
floor broker auf eigene Rechnung arbeitender Makler, Börsen-, Ringmakler *m*, Börsenhändler *m*, Parkettbroker *m*; **f. commission** *(Börse)* Maklercourtage *f*; **f. covering** Bodenbelag *m*; **f. discussion** Plenumsdiskussion *f*; **f. grid** Lattenrost *m*; **f. heating** Fußbodenheizung *f*; **f. indicator** Stockwerksanzeiger *m*
flooring *n* 🏛 Bodenbelag *m*
floor lamp Stehlampe *f*; **f.-layer** *n* 🏛 Bodenleger *m*; **f. manager** *(Laden)* Abteilungsleiter(in) *m/f*; **f. mat** Fußmatte *f*; **f. member** Börsenmitglied *nt*; **f. plan** Grundriss *m*, Raumaufteilung(splan) *f/m*, R.verteilungsplan *m*, R.anordnung *f*, R.plan *m*, Gebäudeplan *m*; **f. planning** Finanzierung eines Händlerlagers, hohe Beleihung langlebiger Konsumgüter; **f. polish** Bohnerwachs *m*; **f. price** Mindestpreis *m*, M.kurs *m*; **f. sales** Abschlüsse an Ort und Stelle; **f. slip** *(Börse)* Schlussnote *f*
floor space *n* 1. Flächeninhalt *m*; 2. Boden-, Grund-, Ausstellungs-, Aufstellungs-, Lager-, Geschäfts-, Laden-, Verkaufs-, Wohn-, Verbrauchsfläche *f*; **industrial f. s.** gewerbliche (Nutz)Fläche; **rented f. s.** Mietfläche *f*; **usable f. s.** Nutzfläche *f*
floor support point unterer Interventionspunkt; **f. trader** auf eigene Rechnung spekulierendes Börsenmitglied, freier Makler, Parkett-, Eigenhändler *m*; **f. trading** Handel im Börsensaal, Parketthandel *m*; **f.walker** *n* Ladenaufseher *m*, L.aufsicht *f*
flop *n* 1. *(coll)* Fehlschlag *m*, Misserfolg *m*, Durch-, Reinfall *m (coll)*, Pleite *f*, Scheitern *nt*, Flop *m (coll)*, Fiasko *nt*, Niete *f (coll)*, Schlag ins Wasser *(fig)*; 2. Versager *m*; **to be a f.** mit einem Fiasko enden, sich als Fehlschlag erweisen
flop *v/i* misslingen, missraten, Misserfolg/Reinfall sein, scheitern, fehlschlagen, versagen; **f. rate** Misserfolgs-, Ausfallquote *f*, Floprate *f*
flora *n* 🌿 Flora *f*
flori∥culture *n* 🌿 Blumenanbau *m*, B.zucht *f*; **f.culturist** *n* Blumenzüchter *m*
florin *n (obs.)* 1. *[GB]* Zweischillingstück *nt*; 2. Gulden *m [NL]*
florist *n* Blumenhändler(in) *f/m*; **f.'s (shop)** Blumengeschäft *nt*; ~ **trade** Blumenhandel *m*
flotation *n* → **floatation**
flotel *n* Hotelschiff *nt*, schwimmendes Hotel
flotilla *n* Flottille *f*
flotsam *n* Treibgut *nt*, Seetrift *f*, seetriftiges Gut; **f. and jetsam** Strand-, Treibgut *nt*

flounder *v/i* mühsam vorwärts kommen, sich abquälen, umhertappen, sich abstrampeln
flourish *n* Schnörkel *m*, Verzierung *f*; *v/i* (auf)blühen, florieren, gedeihen; **f.ing** *adj* blühend, gutgehend, florierend, schwunghaft
flout *v/t* missachten, sich hinwegsetzen über
flow *v/i* fließen, strömen; **f. back** zurückströmen, z.fließen; **f. by** vorbeifließen; **f. out** abfließen; **f. through** durchfließen
flow *n* (Durch)Fluss *m*, Umlauf *m*, Strom-, Strömungsgröße *f*
flow of capital Kapitalwanderung *f*, K.verkehr *m*; **free ~ capital** freier Kapitalverkehr *m*; ~ **monetary claims** Forderungsstrom *m*; ~ **commodities** Warenverkehr *m*,W.strom *m*; ~ **customers** Anzahl von Kunden, Kundenstrom *m*; ~ **dollars** Dollarfluss *m*; **~funds** Kapitalfluss *m*, K.abfluss *m*, K.zufluss *m*, Finanzierungs-, Geldstrom *m*, G.mittelbewegung *f*; ~ **foreign funds** Devisenzu-, Devisenabflüsse, D.ströme *pl*; ~ **funds analysis/data** (volkswirtschaftliche) Finanzierungsbilanz, F.rechnung *f*, Bewegungsbilanz *f*, Kapitalflussrechnung *f*, Geldstromanalyse *f*; ~ **funds statement** Finanzfluss-, Kapitalflussrechnung *f*, Verwendungsausweis des Volkseinkommens; ~ **goods** Warenstrom *m*, W.fluss *m*, Güterfluss *m*, güterwirtschaftliche Ströme; ~ **goods and services** Leistungs-, Güterstrom *m*; **circular ~ goods (and services)** Güterkreislauf *m*; ~ **imports** Import-, Einfuhrstrom *m*; **(circular)** ~ **income** Einkommenskreislauf *m*; ~ **information** Informations-, Nachrichtenfluss *m*, Informationsflut *f*; ~ **investment** Investitionsstrom *m*; ~ **material(s)** Materialfluss *m*; ~ **money** Geldstrom *m*, G.bewegung *f*; **circular ~ money** Geldkreislauf *m*; **speculative ~ money** vagabundierende Gelder; ~ **new orders** Auftragswelle *f*; ~ **records** Belegfluss *m*; ~ **resources** Ressourcenfluss *m*; ~ **services** Strom von Nutzungen; ~ **speech** Redefluss *m*; ~ **traffic** Verkehrsfluss *m*; ~ **work** Arbeitsanfall *m*; ~ **work chart** Arbeitsablaufplan *m*; ~ **work study** Arbeitsablaufstudie *f*; ~ **yields** Ertragsströme
bilateral flow∥s gegenläufige Güter- und Geldströme; **circular f.** (Wirtschafts)Kreislauf *m*; **stationary ~ f.** stationärer Kreislauf; ~ **scheme** Kreislaufschema *nt*, K.modell *nt*; ~ **theory** Kreislauftheorie *f*; **composite f.** *(Entwicklungshilfe)* privater und öffentlicher Kapitalfluss *m*; **financial f.** Finanzierungsstrom *m*, Geldstrom *m*; **internal f.s** interne Ströme; **in-plant/interplant f.** Betriebsablauf *m*; **migratory f.s** Wanderungsströme; **multi-commodity f.s** *(OR)* nichthomogene Flüsse; **net f.s** Nettoleistung *f*, N.kapitalleistungen; **private f.s** private Kapitalleistungen
flow chart/diagram(me) 1. Ablauf-, Flussdiagramm *nt*, F.bild *nt*, (Arbeits)Ablaufplan *m*, Arbeits-, Verarbeitungsdiagramm *nt*; 2. 🖥 Datenflussbahn *f*; **f. conditions** Strombedingungen; **f. control** Ablaufkontrolle *f*
flower *n* Blume *f*; **no f.s, please** *(Todesfall)* Kranzspende verbeten; **cut f.s** Schnittblumen
flower *v/i* blühen
flower arrangement Blumenarrangement *nt*, (Blumen)Gebinde *nt*; **f. bed** Blumenbeet *nt*; **f. garden** Blu-

flower grower

mengarten *m*; **f. grower** Blumenzüchter *m*; **f. market** Blumenmarkt *m*; **f. pot** Blumentopf *m*; **f. shop** Blumengeschäft *nt*, B.laden *m*; **f. show** Blumenausstellung *f*
flowery *adj* blumenreich
flow figure Bewegungszahl *f*; **f. graph** Flussgraph *m*; **f. heater** Durchlauferhitzer *m*
flowing *adj* 1. fließend; 2. *(Verkehr)* flüssig
flow item Flussgröße *f*; **f. line** Ablauf *m*, Flusslinie *f*; **f. principle** ▄ Prozessfolgeprinzip *nt*; **f. process** Fließverfahren *nt*, kontinuierliches Verfahren; ~ **chart** Arbeitsablaufbogen *m*, A.diagramm *nt*; **f. production** Fließfertigung *f*, F.arbeit *f*; **f. sheet** 1. Verarbeitungsdiagramm *nt*, Fließ-, Schaubild *nt*; 2. *(Material)* Stammbaum *m*; **f. shop (production)** Reihen-, Fließfertigung *f*; ~ **principle** Fließprinzip *nt*; **(financial) f. statement** Finanz-, Kapitalflussrechnung *f*, Bewegungsbilanz *f*; **f. structure** Ablaufstruktur *f*; **f. system** Bandmontage *f*, Fließbandfertigung *f*; **free f. system** *(Kantine)* freie Komponentenwahl; **f. time** Durchlaufzeit *f*; **f. variable** Strom-, Strömungsgröße *f*
flu *n* $ Grippe *f*
fluctuate *v/i* fluktuieren, schwanken, sich ständig ändern, steigen und fallen; **f. narrowly** *(Börse)* sich geringfügig nach beiden Seiten verändern; **f. widely** *(Börse)* weit ausschlagen, stark schwanken
fluctuating *adj* veränderlich, schwankend
fluctuation *n* 1. Fluktuation *f*, Schwanken *nt*, Schwankung *f*; 2. *(Preis)* Ausschlag *m*; **f.s** Marktbewegungen
fluctuation|s in activity Beschäftigungsänderungen; **f. of costs** Kostenbewegung *f*; **f.s of currencies** Währungsschwankungen; **f.s in demand** Nachfrageschwankungen; **f. in earnings** Ertragsschwankung *f*; **f.s in the exchange rate** (Wechsel)Kursschwankungen; **f. in interest rates** Zinsschwankung *f*; **f.s in prices** Preisschwankungen; ~ **quality** Qualitätsschwankungen; ~ **share/stock prices** Kursschwankungen; **f. in value** Wertschwankung *f*
to be subject to fluctuations Schwankungen unterworfen sein; **to cushion f.** Schwankungen auffangen
cyclical/economic fluctuation|s Konjunkturschwankungen, K.verlauf *m*, K.wellen, konjunkturelle Schwankungen; **end-of-month f.s** Ultimoausschläge; **intra-day f.s** Tagesschwankungen; **maximum f.** Schwankungsspitze *f*; **monetary f.s** Geldwert-, Währungsschwankungen *pl*; **seasonal f.** saisonale/jahreszeitlich bedingte Schwankung, Saisonschwankung *f*; **up and down f.s** *(Börse)* Veränderungen nach beiden Seiten; **wild f.s** starke Kursausschläge
fluctuation band *(Währung)* Bandbreite für Kursschwankungen; **f.-induced** *adj* fluktuationsbedingt; **f. inventory** Sicherheitsbestand *m*; **f. limit** Schwankungs-, Fluktuationsgrenze *f*; **f. margin** Band-, Schwankungsbreite *f*; **f. margins** *(IWF)* Bandbreiten; **f. reserve** Fluktuationsreserve *f*; **f.-sensitive** *adj* konjunkturreagibel
flue *n* ▄ Esse *f*, Luftkanal *m*, Kamin *m*, Rauchfang *m*; **f. ash** Flugasche *f*; **f. dust** Flugstaub *m*; **f. gas** Rauchgas *nt*; ~ **desulphurization** Rauchgasentschwefelung *f*; ~ **treatment**; **f. scrubbing** Rauchgasreinigung *f*

flu|ency (in) *n* fließende Beherrschung (von); **f.ent** *adj* flüssig, fließend
fluid *n* Flüssigkeit; *adj* flüssig; **f. level** Flüssigkeitspegel *m*
fluidity of labour *n* Arbeitskräftemobilität *f*
fluke *n* Glücksfall *m*
flume *n* *[US]* Mühlengraben *m*
fluo|rescence *n* Fluoreszenz *f*; **f.rescent** *adj* fluoreszierend
fluo|ridate *v/t* ◊ mit Fluor versetzen; **f. ridation** *n* Fluorzusatz *m*; **f. ride** *n* Fluorid *nt*; **f.rine** *n* Fluor *nt*; **f.rocarbon** *n* Fluorkohlenwasserstoff (FCKW) *m*
flurry *n* 1. Schneeschauer *m*; 2. *(Börse)* plötzliche Belebung; **f. of activity** Hektik *f*; ~ **buying** Kaufwelle *f*, kurze Belebung durch Kaufaufträge; **to evaporate in a f.** sich in Luft auflösen *(fig)*
flush *v/t* spülen; **f. out** herausspülen, säubern
flush *adj* 1. übervoll, reichlich, hochliquide; 2. 🄳 bündig, ohne Einzug; **f. left/right** links-, rechtsbündig
flutter *n* Unruhe *f*, Spekulation(sbewegung) *f*, Marktbeunruhigung *f*; **to have a (little) f.** *(coll)* Glücksspiel machen, wetten, sein Glück im Spiel versuchen, spekulieren
flux of money *n* Geldumlauf *m*; **to be in f.** im Fluss sein
fly *n* Fliege *f*; **f. in the ointment** *(fig)* Haar in der Suppe *(fig)*, Pferdefuß *m (fig)*; **ephemeral f.** Eintagsfliege *f*
fly *v/i* 1. ✈ fliegen, verkehren; 2. (be)fliegen; 3. *(Zeit)* vergehen, verfliegen; **fit to f.** flugtauglich; **to let f.** vom Leder ziehen *(fig)*; **f. high** *(fig)* sich hohe Ziele setzen; **f. in** einfliegen; **f. on** weiterfliegen; **f. off** abfliegen; **f. past** vorbeifliegen; **f. through** durchfliegen
fly|-back *n* *(coll)* wertloser Scheck; **f.-by-night** *n (fig)* 1. Nachtbummler *m*, N.vogel *m (fig)*; 2. zweifelhaftes Unternehmen; *adj* zweifelhaft, windig; **f.catcher** *n* Fliegenfalle *f*
flyer *n* 1. ✈ Flieger *m*; 2. Prospekt *m*
flying *n* ✈ Fliegerei *f*; *adj* fliegend
flying accident ✈ Flugunfall *m*; **f. allowance** Fliegerzulage *f*; **f. ban** Flugverbot *nt*; **f. boat** Flugboot *nt*; **f. condition** Flugzustand *m*; **f. conditions** Flugbedingungen; **f. crew/squad** *(Polizei)* mobile Einsatzgruppe; **f. deck** Flugdeck *nt*; **f. distance** Flugentfernung *f*; **f. empty** Leerflug *m*; **f. examination** Flugprüfung *f*; **f. experience** Flugerfahrung *f*, F.praxis *f*; **f. height** Flughöhe *f*; **f. hour** Flugstunde *f*; **f. instrument** Flug(überwachungs)instrument *nt*; **f. lane** (Ein)Flugschneise *f*; **f. lesson(s)** Flugunterricht *m*; **f. machine** Flugmaschine *f*, F.apparat *m*; **f. model** Flugmodell *nt*; **f. performance** Flugleistung *f*; **f. qualities** Flugeigenschaften; **f. range** Aktionsradius *m*, A.bereich *m*, Flugbereich *m*; **f. record** Flugleistung *f*; **f. safe deposit box** Flugzeugbehälter *m*; **f. school** Flug-, Fliegerschule *f*; **f. speed** Fluggeschwindigkeit *f*; **f. suit** Fliegeranzug *m*; **f. time** Flugzeit *f*; **f. unit** Flugverband *m*; **f. weather** Flugwetter *nt*; **f. weight** Fluggewicht *nt*
fly|leaf *n* 🄳 Deck-, Respekt-, Vorsatz-, Schmutzblatt *nt*; **f.over** *n* ▄ Hochstraße *f*, (Straßen)Überführung *f*; **f. paper** Fliegenfänger *m*, F.falle *f*; **f. pitch** mobiler Verkaufsstand; **f.-posting** *n* illegales Plakatkleben; **f. screen** Fliegengitter *nt*; **f.sheet** *n* 1. Gebrauchsanweisung *f*,

Anleitung f; 2. Flug-, Handblatt nt, H.zettel m; **f.-spray** n Fliegenspray m; **f.-swat(ter)** m Fliegenklatsche f; **f.-tipping** n illegales Müllabladen; **f.weight** n (Sport) Fliegengewicht nt; **f.wheel** n ✿ Schwungrad m

f. o. a. (free on airplane) frei Flugzeug

foam n Schaum m; v/i schäumen; **f. fire extinguisher; f. sprayer** Schaum(feuer)löscher m; **f. material** Schaumstoff m; **f. rubber** Schaumgummi nt

fob so. off v/t jdn mit leeren Versprechungen abspeisen; **f. sth. on so.** jdm etwas andrehen (coll)

f.o.b. (free on board) fob, frei an Bord; ~ **... airport** frei Abflughafen ...; ~ **charges** Fobkosten; ~ **clause** Fobklausel f; ~ **store** [US] frei Haus

focus n 1. Brenn-, Mittel-, (Tätigkeits)Schwerpunkt m, Blickpunkt m, Fokus m; **in f.** (Foto) scharf eingestellt; **out of f.** unscharf; **f. of activity/operation** Tätigkeitsschwerpunkt m; ~ **attention/interest** Brenn-/Schwerpunkt des Interesses; ~ **infection** ⚕ Infektionsherd m; **to come into f.** ins Blickfeld rücken

focus v/ti 1. in den Mittelpunkt rücken; 2. (Optik) bündeln, fokussieren; **f. on** 1. in den Brenn-/Mittelpunkt rücken; 2. sich konzentrieren auf; **f.ed on** adj ausgerichtet auf

focus strategy Fokussierungsstrategie f

focusing n Bildeinstellung f

fodder n 🐄 Futter(mittel) nt; **to use as f.** verfüttern; **dehydrated f.** Trockenfutter nt; **green f.** Grünfutter nt

fodder economics Futterhaushalt m; **f. industry** Futtermittelindustrie f; **f. plant** Futterpflanze f

foetus n ⚕ Foetus m, Leibesfrucht f

fog n Nebel m; **shrouded in f.** nebelverhangen; **freezing f.** Frostnebel m; **thick f.** dichter Nebel

fog alarm Nebelwarnung f; **f. bank** Nebelbank f; **f.-bound** adj durch Nebel festgehalten, wegen Nebel geschlossen; **f. buoy** ⚓ Nebelboje f

foggy adj nebelhaft, nebelig

fog|horn n Nebel(signal)horn nt; **f.light** n Nebellampe f, N.leuchte f, N.scheinwerfer m; **rear f.light** 🚗 Nebelschlussleuchte f; **f. signal** Nebelsignal nt

foil n Folie f; **adhesive/cling f.** Haftfolie f; **shrunk f.** Schrumpffolie f; **transparent f.** Klarsichtfolie f

foil v/t zunichte machen, vereiteln, verhindern, hintertreiben, einen Strich durch die Rechnung machen (fig)

foist v/t andrehen (coll), unterschieben; **f.ing of a child upon another** n Unterschieben eines Kindes

fold n 1. Knick m, Falz m, Falte f, Kniff m; 2. Pferch m; **to return to the f.** (fig) in den Schoß der Partei zurückkehren

fold v/ti 1. falten, knicken, falzen; 2. pleite gehen (coll), sich auflösen; **f. down** ➥ (Sitz) umklappen; **f. flat** zusammenfalten; **f. up** (coll) bankrott gehen, eingehen, zusammenbrechen, fallieren

folder n 1. Aktendeckel m, Mappe f, Schnellhefter m, Ordner m, Akte f; 2. Faltprospekt m, F.blatt nt, Prospekt m, Broschüre f; **transparent f.** Klarsichthülle f

folding adj (um-/zusammen)klappbar; **f. machine** Falzmaschine f; **f. money** Papiergeld nt; **f. rule** Gliedermaßstab m

fold mark indicator Faltmarke f

foliage n 🌿 Laub nt

folio n 1. 📖 Foliant m; 2. Folioblatt nt; 3. Folioformat nt; **f. column** Foliospalte f; **f. volume** Folioband m, Foliant m

folk n (coll) Leute pl; **plain/simple f.s** schlichte/einfache Leute; **f. hero** Volksheld m; **f.lore** n Folklore f, Brauchtum nt; **f. music** Volksmusik f; **f. song** Volkslied nt

follow v/ti 1. folgen; 2. (Beruf) ausüben; 3. sich ergeben, nachkommen; 4. verfolgen; 5. befolgen, sich anlehnen an, sich richten nach; **as f.s** wie folgt, nachstehend, folgendermaßen; **f. at once** auf dem Fuße folgen; **f. on** später kommen, nachkommen; **f. through** von Anfang bis Ende verfolgen; **f. up** nachstoßen, nachfassen, weiterverfolgen

follower n 1. Anhänger(in) m/f, Gefolgsmann m, Jünger m; 2. Verfolger m; **f.s** Gefolgschaft f

following adj (nach)folgend, unten-, nachstehend; n Gefolgschaft f, Gefolge nt; prep nach, im Anschluss an, im Gefolge von; **in the f.** nachstehend, im Nachstehenden; **to have a numerous f.** zahlreiche Anhänger haben

follow-up n nachfassende Tätigkeit/Untersuchung/Befragung, Überwachung f, Auswertung f, Nachfrage(aktion) f, Nachstoßen nt, Nachfassaktion f; **f. of invoices** Überwachung des Zahlungseingangs; ~ **orders** Terminüberwachung f; ~ **non-respondents** Nachfassen bei Nichtbeantwortung

follow-up adj (Werbung) nachfassend, Nachfass-, Anschluss-, Nachfolge-

folly n Torheit f, Verrücktheit f, Idiotie f; **sheer f.** der reinste Wahnsinn

foment v/t (Unruhe) schüren

to be fond of adj lieben; **to become f. of** liebgewinnen

fondness for experiments n Experimentierfreude f, E.freudigkeit f

font n 1. 📖 Schrift(art) f; 2. 🖥 Zeichensatz m

food n 1. Nahrung f, Essen nt, Speise f, Kost f, Ernährung f, Verpflegung f; 2. Nahrungs-, Lebensmittel nt; **f.s** 1. Nähr-, Nahrungs-, Lebensmittel; 2. (Börse) Nahrungsmittelwerte, N.aktien, Lebensmittelaktien, L.werte, Aktien von Nahrungsmittelherstellern

free food and accommodation freie Kost und Logis; **F. and Agriculture Organisation (FAO)** Ernährungs- und Landwirtschaftsorganisation f, Organisation für Ernährung und Landwirtschaft; **f., beverages and tobacco** Nahrungs- und Genussmittel; ~ **industry** Nahrungs- und Genussmittelindustrie f; **F. and Drug Act** [GB] Lebensmittelgesetz nt; ~ **Administration (FDA)** [US] Lebensmittelbehörde f; **f. for the journey** Reiseproviant m; ~ **thought** (fig) Stoff zum Nachdenken, Anregung f, Denkanstoß m; **to give/provide ~ thought** (fig) zu denken geben, Geist anregen

to adulterate food Nahrungsmittel verfälschen; **to dispense f.** Lebensmittel verteilen; **to draw f.** Essen fassen; **to hoard f.** Lebensmittel hamstern; **to preserve f.** Lebensmittel konservieren; **to ration f.** Lebensmittel rationieren/zuteilen; **to stint o.s. of f.** sich das Brot vom Munde absparen

added-value food|s (Fertig- bzw. Halbfertiggerichte) höherwertige Lebensmittel; **canned f.** [US] Dosen-,

Lebensmittelkonserven *pl*; **condensed f.** konzentrierte Lebensmittel; **dry f.s** *(Lebensmittel)* Trockensortiment *nt*
fast food Schnellgericht(e) *nt/pl*; ~ **business** Schnellimbiss(betrieb) *m*; ~ **franchise holder** Schnellrestaurantpächter *m*; ~ **outlet/restaurant** Schnellgaststätte *f*, S.restaurant *nt*, S.imbissstube *f*, S.imbisshalle *f*
fresh food Frischwaren *pl*; ~ **department** Frischwarenabteilung *f*
frozen/frosted food Tiefkühlkost *f*, tiefgekühlte Lebensmittel, Gefriergut *nt*, G.kost *f*; ~ **chain** Tiefkühlkette *f*; ~ **manufacturer** Tiefkühlnahrungsmittelbetrieb *m*
instant food Sofortgericht(e) *nt/pl*; **lousy f.** *(coll)* miserables Essen; **genetically manipulated/modified f.** gentechnisch veränderte Lebensmittel; **natural f.** Naturkost *f*; ~ **store** *[US]* Naturkostladen *m*, Reformhaus *nt*; **organic f.** Biokost *f*; ~ **shop** Bioladen *m*; **perishable f.** leicht verderbliche Lebensmittel; **plain f.** einfache Ernährung; **preserved f.** Konserven *pl*; **processed f.** verarbeitete Nahrungsmittel; **proprietary f.s** *[US]* Markennahrungsmittel *pl*; **revolting f.** ekelhaftes Essen; **seasonal f.** saisonbedingte Nahrungsmittel; **staple f.** Grund-, Hauptnahrungsmittel *pl*; **tinned f.** *[GB]* Dosen-, Lebensmittelkonserven *pl*; **uncooked f.** Rohkost *f*; **whole f.s** Vollwertkost *f*
Food Act *[GB]* Lebensmittelgesetz *nt*; **f. additive** Lebensmittelzusatz *m*; **f. adulteration** Lebensmittelfälschung *f*; **f. aid** Nahrungsmittelhilfe *f*; **f. allowance** 1. Nahrungsmittel-, Verpflegungszuschuss *m*; 2. Lebens-, Nahrungsmittelzuteilung *f*, Lebensmittelhilfe *f*; **f. analyst/chemist** Lebensmittel-, Nahrungsmittelchemiker *m*; **f. chain** 1. ♫ Ernährungs-, Nahrungskette *f*; 2. *(Handel)* Lebensmittel-, Nahrungsmittelkette *f*; **f. chemistry** Lebensmittel-, Nahrungsmittelchemie *f*; **f. conditions** Ernährungslage *f*; **f. consumption** Nahrungsmittelverbrauch *m*; **f. container** Lebensmittelbehälter *m*; **f. control** Lebensmittelüberwachung *f*, L.kontrolle *f*; **f. controller** Lebensmittelkontrolleur *m*; **f. coupon** Lebensmittelkarte(nabschnitt) *f/m*, L.marke(nabschnitt) *f/m*; **f. crop** ♫ Futterpflanze *f*; **f. cut** Nahrungsmittelkürzung *f*; **f. deficit country** Nahrungsdefizitland *nt*; **f. department** Lebensmittelabteilung *f*; **f. distribution** Lebensmittelvertrieb *m*; **f. donation** Lebensmittelspende *f*; **f. enrichment** Lebensmittelanreicherung *f*; **f. expenditure** Ausgaben für Lebensmittel; **f. exports** Lebensmittelausfuhr(en) *f/pl*, L.export(e) *m/pl*; **f. grain** ♫ Lebensmittel-, Brotgetreide *nt*; ~ **stocks** Lebensmittelgetreidevorrat *m*; **f. hamper** Proviantkorb *m*; **f. hygiene** Lebensmittel-, Nahrungshygiene *f*; **f. imports** Lebensmitteleinfuhr(en) *f/pl*, L.import(e) *m/pl*; **f. industry** Ernährungs-, Lebensmittel-, Nahrungsmittelindustrie *f*, N.sektor *m*, Ernährungswirtschaft *f*, E.gewerbe *nt*, Lebensmittel-, Nahrungsmittelbranche *f*; **f. and allied industries** Nahrungs- und Genussmittelindustrie *f*; **f. inspection** Lebensmittelüberwachung *f*; **f. inspector** Lebensmittelkontrolleur *m*, L.inspekteur *m*; **f. labelling** Lebensmittelauszeichnung *f*, L.kennzeichnung *f*; **f. logistics** Lebensmittellogistik *f*; **f. manufacturer** Lebensmittelfabrikant *m*, L.hersteller *m*; **f. manufac-**

turing Lebensmittelherstellung *f*; **f. mixer** *[GB]* Küchenmaschine *f*; **f. multiple** Lebensmittelfilialist *m*; **f. needs/requirements** Nahrungsmittelbedarf *m*; **f. packing** Lebensmittelverpackung *f*; **f. parcel** Lebensmittelpaket *nt*, Fresspaket *nt (coll)*; **f. plant** 1. ♫ Nahrungspflanze *f*; 2. Lebens-, Nahrungsmittelbetrieb *m*; **f. poisoning** ⚕ Lebens-, Nahrungsmittelvergiftung *f*; **f. preparation** Nahrungsmittelzubereitung *f*; **f. preservation** Lebensmittelkonservierung *f*; **f. price** Nahrungsmittelpreis *m*; **f. processing** Nahrungsmittelherstellung *f*, Lebensmittelverarbeitung *f*; ~ **industry** Nahrungs-, Lebensmittelindustrie *f*; **f. processor** 1. *(Lebensmittel)* Veredelungsbetrieb *m*; 2. Küchenmaschine *f*; **f. products** Lebens-, Nahrungsmittel; **natural f. production** ♫ biologische Anbaumethode; **f. ration** Nahrungsmittelration *f*; ~ **card** Lebensmittelkarte *f*; **f. rationing** Lebensmittelzwangswirtschaft *f*, L.rationierung *f*, L.bewirtschaftung *f*; **f. raw material** Nahrungsmittelrohstoff *m*; **f. retailer** Lebensmitteleinzelhändler *m*; **multiple f. retailer** Lebensmittelkette *f*, L.filialist *m*; **f. retailing** Lebensmitteleinzelhandel *m*; **f. section** Lebensmittelabteilung *f*; **f. sector** Lebensmittel-, Nahrungsmittel-, Ernährungssektor *m*; **f. shares** *[GB]* /**stocks** *[US]* Lebensmittelaktien, L.werte; **f. shop** *[GB]* /**store** *[US]* Lebensmittelladen *m*; **f. shortage** Lebensmittelknappheit *f*, L.mangel *m*, Nahrungsmangel *m*, N.mittelknappheit *f*; **f. source** Nahrungsquelle *f*; **f. spending** Ausgaben für Lebensmittel; **f. stamp** Lebens-, Nahrungsmittelgutschein *m*, Lebensmittelmarke *f*; **f. stocks** Lebensmittellager *nt*, L.vorräte; **f. storage** Lebensmittellagerung *f*; **f. store** Lebensmittelgeschäft *nt*; ~ **chain** Lebensmittelkette *f*
foodstuff(s) *n* Nahrungs-, Lebensmittel *pl*, Ernährungsgüter *pl*, Naturalien *pl*; **basic f.** 1. Nahrungsmittelrohstoff *m*, N.grundstoff *m*; 2. Grundnahrungsmittel *nt*; ~ **f.s** landwirtschaftliche Grundstoffe; **to preserve f.s** Nahrungsmittel haltbar machen; **f.s industry** Lebens-, Nahrungsmittelindustrie *f*
food subsidy Nahrungsmittelzuschuss *m*; **f. supplier** Lebensmittellieferant *m*; **f. supply** 1. Lebensmittelvorrat *m*; 2. Lebensmittel-, Nahrungsmittelversorgung *f*; 3. Verpflegung *f*; **f. supplies** 1. Nahrungs-, Lebensmittel; 2. Nahrungsmittelvorräte; **to lay in a f. supply** Lebensmittelvorrat anlegen; **f. surplus** Nahrungs-, Lebensmittelüberschuss *m*; **f. trade** Lebensmittel(groß)handel *m*, Nahrungsmittelhandel *m*; **f. value** Nährwert *m*
fool *n* Narr *m*, Närrin *f*, Dummkopf *m*, Idiot *m*, Tor *m*, Tölpel *m*; **to make a f. of o.s.** sich blamieren, sich lächerlich machen, sich wie ein Narr aufspielen, sich unmöglich/töricht benehmen; ~ **complete f. of o.s.** sich unsterblich blamieren; ~ **f. of so.** jdn zum Narren halten; **to play the f.** Possen reißen
foolhardy *adj* tollkühn
foolish *adj* dumm, töricht; **f.ness** *n* Dummheit *f*
fool's paradise Narrenparadies *nt*, Schlaraffenland *nt*; **to live in a ~ paradise** Illusionen nachhängen; ~ **profit** Scheingewinn *m*
fool-proof *adj* idioten-, narrensicher; **f.scap (paper)** *n* Kanzleibogen *m*, K.papier *nt*

foot *n* Fuß *m*; **at the f.** unten (auf der Seite); **on f.** zu Fuß, per pedes apostolorum *(lat.)*; **f. of a page** Ende einer Seite; **f. and mouth disease** ⚕ Maul- und Klauenseuche *f*; **to get off the right/wrong foot** *(fig)* einen guten/ schlechten Start haben; **to have one f. in the grave** *(fig)* mit einem Fuß im Grabe stehen *(fig)*; **~ a f. in both camps** *(fig)* auf zwei Hochzeiten tanzen *(fig)*; **to put one's f. down** *(fig)* ein Machtwort sprechen; **~ one's f. in it** *(fig)* ins Fettnäpfchen treten *(fig)*, sich den Mund verbrennen *(fig)*; **~ one's best f. forward** *(fig)* sich anstrengen; **to set on f.** in die Wege leiten; **to shoot o.s. in the f.** *(fig)* sich einen Bärendienst erweisen *(fig)*
flat foot ⚕ Plattfuß *m*
foot (up) *v/t* π addieren
footage *n* Filmlänge *f*
football *n* Fußball *m*; **f. match** Fußballspiel *nt*; **f. pitch** Fußballplatz *m*; **f. pools** (Fußball)Toto *nt*
foot brake 🚗 Fußbremse *f*; **f.bridge** *n* Fußgängerbrücke *f*; **f. control** 🚗 Fußschalter *m*; **f.-dragging** *n* *(fig)* Zaudern *nt*; **f.gear** *n* Fußbekleidung *f*; **~ industry** Schuhindustrie *f*; **f.hills** *pl* Vorgebirge *nt*
foothold *n* Halt *m*, Standbein *nt* *(fig)*, Stellung *f*, Stand *m*, Stützpunkt *m*; **f. in the market** sichere Marktposition; **to gain a f.** Fuß fassen; **to have a firm f.** festen Stand haben
footing *n* 1. Stand *m*, Halt *m*, sichere Stellung; 2. Basis *f*, Grundlage *f*, Verhältnis *nt*, Zustand *m*; 3. Eintritt *m*, Einstandsgeld *nt*; 4. π (Kolonnen)Addition *f*; **to gain a f.** Fuß fassen; **to put sth. on a f.** etw. auf eine Grundlage stellen; **~ healthy f.** etw. in Ordnung bringen; **on an equal f.** gleichgestellt, g.berechtigt, paritätisch; **firm f.** sichere Marktposition; **friendly f.** freundschaftliches Verhältnis
foot|lights *pl* 🎭 Rampenlicht *nt*; **f.loose** *adj* 1. ungebunden, unbeschwert, leichtfüßig; 2. *Gelder)* vagabundierend; **f.note** *n* Fußnote *f*, Anmerkung *f*; *v/t* mit Anmerkungen versehen; **f. passenger** ⚓ *(Fähre)* Passagier ohne Auto
footpath *n* Fußweg *m*; **private f.** Privatweg *m*; **public f.** öffentlicher Fußweg
foot|plate *n* 🚂 Führerstand *m*; **f.platemen** *n* Lokomotivführer *pl*, Lok(omotiv)personal *nt*; **f.print** *n* Fußabdruck *m*, F.spur *f*; **f. pump** Fußpumpe *f*; **f.rest** *n* Fußstütze *f*, F.raste *f*, F.bank *f*
Footsie *n* [GB] *(coll)* → **Financial Times Stock Exchange Index**
foot|sore *adj* ⚕ fußkrank; **f.step** *n* Schritt *m*, Tritt *m*; **f.stool** *n* Schemel *m*; **f.walk** *n* Laufgang *m*; **f.way** *n* Bürgersteig *m*
footwear *n* Schuhwerk *nt*, S.zeug *nt*, Fußbekleidung *f*; **f. industry** Schuhindustrie *f*
FOR (free on rail) frei Wagon
for and on behalf of *prep* in Vertretung, für
forage *n* ⚕ Viehfutter *nt*, Futtergetreide *nt*; **f. (around)** *v/i* wühlen, herumstöbern; **f. cereal** Futtergetreide *nt*; **f. plant** Futterpflanze *f*
foraging trip *n* Hamsterfahrt *f*
foray *n* Beute-, Raubzug *m*, R.überfall *m*; *v/ti* plündern, rauben

forbear *v/t* ablassen von, unterlassen, unterdrücken, sich enthalten; **f. from doing sth.** Abstand nehmen von; **f.ance** *n* 1. Nachsicht *f*, Geduld *f*, Langmut *f*; 2. Unterlassen *nt*, Unterlassung *f*; 3. Schonung *f*, Stundung *f*, Vorzugsgewährung *f*; 4. [§] beabsichtigte negative Handlung; **f.ing** *adj* geduldig, nachsichtig, langmütig
forbid *v/t* verbieten, untersagen; **f.den** *adj* verboten; **f.ding** *adj* abstoßend, hässlich, abschreckend
force *n* 1. Kraft *f*; 2. Gewalt *f*, Macht *f*, Zwang *m*; 3. [§] Geltung(sdauer) *f*, Gültigkeit *f*; 4. ⚓ (Wind)Stärke *f*; 5. ⚔ Streitmacht *f*; **by f.** gewaltsam, unter Anwendung von Gewalt; **in f.** in Kraft, geltend, gültig; **not in f.** außer Kraft; **f. of arms** Waffengewalt *f*; **~ circumstance** Druck der Verhältnisse; **~ demand** Nachfragedynamik *f*; **~ habit** Macht der Gewohnheit; **f.s of integration** Integrationsdynamik *f*; **f. of law** Gesetzeskraft *f*; **~ mortality** 1. *(Maschine)* Ausfallursache *f*, Ursache des Maschinenausfalls; 2. *(Vers.)* altersspezifische Sterbeintensität; **f.s of production** Produktionskräfte; **~ economic recovery** (konjunkturelle) Auftriebskräfte
ceasing to be in force Außer-Kraft-Treten *nt*; **coming into f.** In-Kraft-Treten *nt*; **remaining in f.** In-Kraft-Bleiben *nt*
to be in force [§] in Kraft sein, (Rechts)Kraft/Geltung haben, gelten, rechtsgültig sein; **not ~ f.** außer Kraft sein; **to come/enter into f.** in Kraft treten, Rechtskraft erlangen; **~ contractual f.** vertragswirksam sein; **to join f.s** sich verbinden, zusammenarbeiten, sich zusammenschließen/z.tun, zusammengehen; **to pool f.s** Kräfte gemeinsam einsetzen; **to put into f.** in Kraft setzen; **to remain in f.** in Kraft/gültig bleiben, Geltung behalten; **~ in full f. and effect** voll wirksam/verbindlich bleiben; **to resort to/use f.** Gewalt anwenden; **to yield to f.** der Gewalt weichen
actual force tatsächliche Gewalt; **armed f.s** ⚔ Militär *nt*, Streitkräfte; **binding f.** bindende Kraft, Verbindlichkeit *f*; **to have ~ f.** verbindlich sein; **brute f.** brutale/nackte/rohe Gewalt; **centrifugal f.** Fliehkraft *f*; **conclusive f.** [§] Beweiskraft *f*; **countervailing f.** Gegenkraft *f*, ausgleichende Kraft; **cyclical f.s** Konjunkturdynamik *f*, konjunkturelle Auftriebskräfte; **driving f.** treibende Kraft; **economic f.s** wirtschaftliche Kräfte; **effective f.** Wirkung *f*; **expansionary/expansive f.s** expansive Wirtschaftskräfte/Einflüsse; **explosive f.** Sprengkraft *f*; **inflationary f.s** Inflationskräfte, I.druck *m*, inflationäre Kräfte/Spannungen; **interest-rate-raising f.** Zinsauftriebskraft *f*
legal force [§] Rechtskraft *f*, R.wirksamkeit *f*, R.gültigkeit *f*, R.verbindlichkeit *f*, Gesetzeskraft *f*, Gültigkeit *f*, Wirksamkeit *f*; **to give ~ f. (to)** Gesetzeskraft verleihen; **to have ~ f.** rechtskräftig/juristisch verbindlich sein; **to obtain ~ f.** Rechtskraft erlangen
persuasive force [§] Überzeugungskraft *f*; **physical f.** physische/körperliche Gewalt; **potential f.s** Kräftepotenzial *nt*; **productive f.s** Produktivkräfte; **retroactive f.** [§] rückwirkende Kraft, Rückwirkung *f*; **self-regulating f.** Selbstheilungskraft *f*; **stimulating/stimulative f.** Auftriebselement *nt*, A.kraft *f*; **unifying f.** Integrationskraft *f*

force v/t 1. zwingen, nötigen; 2. erzwingen; forcieren; 3. aufbrechen; **f. down** (herunter)drücken; **f. in** hineinzwängen; **f. through** durchsetzen, durchdrücken; **f. up** nach oben/in die Höhe treiben, hochtreiben, hinaufschrauben; **f. upon** aufdrängen, aufzwingen
forced adj gezwungen, erzwungen; **to be f. to do sth.** etw. notgedrungen tun
force|-feed v/t zwangsweise ernähren; **f.-fed** adj zwangsernährt; **f.ful** adj energisch, stark, eindrucks-, wirkungsvoll, nachdrücklich, nachhaltig, massiv; **f.-fully** adv mit Nachdruck
force majeure (frz.) höhere Gewalt, unabwendbares Ereignis, Elementarereignis nt; **~ clause** (Vers.) Höhere-Gewalt-Klausel f
forcible adj 1. gewaltsam; 2. eindringlich
ford n Furt f; v/t durchqueren
to be to the fore n im Vordergrund/an der Spitze stehen; **to come to the f.** in den Vordergrund treten
fore|bearance to institute proceedings n [§] Unterlassung einer Klage; **f.bears** pl Ahnen, Vorfahren; **(dark) f.bodings** pl ungutes Gefühl, böse Vorahnung
forecast n 1. Vorher-, Voraussage f, V.planung f, V.schätzung f, V.schau f, Prognostik f, Prognose(bericht) f/m; 2. Voranschlag m, Vorschau(rechnung) f, Geschäftsprognose f, Prognoserechnung f; **f. of advertising effectiveness** Werbeerfolgsprognose f; **~ demand** Nachfrageprognose f; **~ market response** Wirkungsprognose f; **to give a f.** vorhersagen, einschätzen, prognostizieren
alternative forecast Alternativprognose f; **demographic f.** Bevölkerungsprognose f; **economic f.** Wirtschafts-, Konjunkturprognose f, konjunkturelle Prognose; **short-term ~ f.** kurzfristige Konjunkturprognose; **gloomy f.** düstere Prognose; **incorrect f.** Fehlprognose f; **intermediate-range f.** mittelfristige Prognose; **long-range/long-term f.** Langzeitprognose f, L.gutachten nt; **occupational f.** Berufsprognose f; **rolling f.** rollende Prognose; **sectoral f.** Branchenvorausschau f; **technological f.** technologische Vorhersage
forecast v/t 1. voraus-, vorhersagen, prognostizieren; 2. hoch-, vorausberechnen, v.schätzen; **f.able** adj vorhersagbar
forecaster n 1. Meteorologe m; 2. Konjunkturberater m, K.beobachter m, K.prophet m; 3. Prognostiker m, **economic f.** Konjunkturexperte m, K.beobachter m, K.prognostiker m
forecast error Prognose-, Vorhersagefehler m
forecasting n Geschäftsprognose f, Prognostik f; adj prognostisch; **f. of manpower requirements** Personal(bedarfs)planung f; **~ material requirements** Materialbedarfsvorhersage f
economic forecasting Konjunkturvorhersage f, K.prognose f, K.vorschau f; **financial f.** Finanzplanung f, F.vorschau f; **technological f.** technologische Prognose
forecasting department Planungsabteilung f; **f. equation** ▦ Prognosegleichung f; **f. error** Prognosefehler m, Vorhersageirrtum m; **f. institute** Konjunkturforschungs-, Prognoseinstitut nt; **f. method** Prognosemethode f; **f. model** Prognosemodell nt; **f. procedure** Prognoseverfahren nt
forecastle n ⚓ Vorderdeck nt
forecast period Vorhersage-, Prognosezeitraum m
fore|closable adj [§] kündbar, vollstreckbar, vollstreckungspflichtig; **f.close** v/t 1. aufkündigen, ausschließen, präkludieren; 2. (Hypothek) zwangsvollstrecken, für verfallen erklären, Zwangsvollstreckung betreiben
foreclosure n (Hypothek) Kündigung f, Verfallserklärung f, Aufhebung f, Zwangsvollstreckung f, (Rechts)Ausschließung f, Ausschluss m, Präklusion f, Subhastation f; **to be subject to f.** der Zwangsvollstreckung unterliegen; **statutory f.** gesetzliches Hindernis
foreclosure action [§] Zwangsvollstreckungs-, Ausschluss-, Hypothekenklage f, Klage auf Einleitung/Einführung des Zwangsvollstreckungsverfahrens; **f. clause** Zwangsvollstreckungsklausel f; **f. conveyance** Grundstücksübertragung in der Zwangsvollstreckung; **f. decree** Ausschlussurteil nt, Zwangsvollstreckungsanordnung f, Z.beschluss m; **f. notice in the land register** Zwangsversteigerungsvermerk m; **f. proceedings** Zwangsvollstreckungs-, Pfandverfalls-, Verfallserklärungsverfahren nt; **f. sale** Zwangsversteigerung f (aus einer Hypothek); **f. suit** hypothekarische Klage, Vollstreckungsabwehrklage f
fore|court n 1. 🏛 Vorhof m; 2. ⛽ (Tankstelle) Zapfsäulenbereich m; **f.date** v/t voraus-, vordatieren; **f.dating** n Vor-, Vorausdatierung f; **f.deck** n ⚓ Vorderdeck nt; **f.fathers** pl Vorväter; **f.front** n Vorderseite f, vorderste Reihe; **in the f.front** im Vorfeld
forego v/ti 1. voraus-, vorhergehen; 2. verzichten (auf), entäußern; **to have to ~ sth.** etw. entraten müssen; **f.ing** adj vorig, vorher-, vorübergehend, vorerwähnt
fore|ground n Vordergrund m; **f.hand** n Vorhand f; **f.head** n Stirn f; **to tap one's f.head** (jdm) den Vogel zeigen (fig)
foreign adj 1. ausländisch, auswärtig; 2. fremd, wesens-, systemfremd; **f.-born** adj im Ausland geboren
foreigner n 1. Ausländer(in) m/f; 2. Fremde(r) f/m; 3. ⚓ ausländisches Schiff; **f.s** (Börse) Auslandswerte, A.aktien, A.titel; **~ begin at ...** (coll) das Ausland beginnt bei ...; **to do a f.** (coll) schwarzarbeiten; **f.s' investments** ausländische Investitionen (im Inland)
foreign|-going adj ⚓ auf großer Fahrt; **f.-language** adj Fremdsprachen-; **f.-made** adj im Ausland hergestellt
Foreign Office [GB] Auswärtiges Amt, Außenministerium nt, Ministerium für auswärtige Angelegenheiten
foreign|-orient(at)ed adj auslandsorientiert; **f.-owned** adj in ausländischem Eigentum/Besitz; **f.-policy** adj außenpolitisch
Foreign Secretary [GB] Außenminister m, Minister für auswärtige Angelegenheiten
foreman n 1. 🔨 Vorarbeiter m, (Werk-/Betriebs)Meister m, Rottenführer m; 2. 🏛 Polier m; 3. [§] (Geschworene) Obmann m; **f. of the jury** Geschworenenobmann m; **functional f.** Funktionsmeister m; **general f.** Obermeister m; **petty f.** Vorarbeiter m

foreman's allowance Vorarbeiterzulage *f*; **~ certificate** Meisterbrief *m*; **~ qualifying examination** Meisterprüfung *f*
foremanship *n* Vorarbeiterstelle *f*
fore|mentioned; f.said *adj* vorerwähnt, vorhergenannt; **f.name** *n* Vor-, Rufname *m* **f.noon** *n* Vormittag *m*
forensic *adj* gerichtsmedizinisch
forerunner *n* 1. Vorbote *m*; 2. Vorgänger *m*, Vorläufer *m*
foresee *v/t* ab-, vorher-, voraussehen; **f.ability** *n* Voraussehbarkeit; **f.able** *adj* voraussichtlich, absehbar, voraussehbar, übersehbar, vorhersehbar
fore|shadow *v/t* ahnen lassen; **f.ship** *n* ⚓ Vorderschiff *nt*; **f.shore** *n* Küstenvorland *nt*; **f.sight** *n* Voraussicht *f*, Vorbedacht *m*, Weitsicht *f*
forest *n* Wald *m*, Forst *m*; **f.s Waldbestand** *m*; **coniferous f.** Nadelwald *m*; **deciduous f.** Laubwald *m*; **dying f.s** Waldsterben *nt*; **mixed f.** Mischwald *m*; **primeval f.** Urwald *m*; **private f.** Privatwald *m*
forest administration Forstverwaltung *f*
forestall *v/t* 1. zuvorkommen, vorbeugen, unterbinden, vereiteln, im Keim ersticken, einen Riegel vorschieben (*fig*); 2. aufkaufen; **f.er** *n* Aufkäufer *m*; **f.ing** *n* antizyklische Wirtschaftspolitik
forest area Waldfläche *f*
forestation *n* Aufforsten *nt*, Auf-, Beforstung *f*
forest authority Forstamt *nt*; **f. bye-laws/bylaws** Wald- und Forstordnung *f*; **f. conservancy** Forsterhaltung *f*; **f. cropping** Holzernte *f*; **f. division** forstwirtschaftliche Abteilung; **f. economics** Waldökonomie *f*; **f. damage** Wald-, Forstschaden *m*; **f. district** Forstrevier *nt*
forested *adj* bewaldet; **densely f.** waldreich; **sparsely f.** waldarm
forester *n* 1. (Revier)Förster *m*, Forstwirt *m*; 2. Waldbauer *m*
forest fire Waldbrand *m*; **f.icide** *n* Waldsterben *nt*; **f. inspector** Forstaufseher *m*; **f. inspectorate** Forstaufsicht *f*; **f. keeper** Forstwart *m*; **f. land** Waldland *nt*, W.bestand *m*; **f. law** Forstgesetz *nt*, F.recht *nt*; **f. path** Waldweg *m*; **f. pest** Forstschädling *m*; **f. police** Forstpolizei *f*; **f. product** Forstprodukt *nt*, forstwirtschaftliches Produkt; **f. property** forstwirtschaftliches Vermögen, Waldbesitz *m*; **f. ranger** [US] Revierförster *m*; **f. rent** Waldreinertrag *m*, W.rentierungswert *m*; **~ theory** Waldreinertragslehre *f*; **f. reserve** Waldschutzgebiet *nt*; **f. road construction** Waldwegebau *m*
forestry *n* Forstwirtschaft *f*, F.wesen *nt*, Waldnutzung *f*, W.wirtschaft *f*; **F. Commission** [GB] Forstbehörde *f*, F.kommission *f*; **f. official** Forstbeamter *m*; **f. operation** Forst(wirtschafts)betrieb *m*, forstwirtschaftlicher Betrieb; **f. policy** Forstpolitik *f*; **f. science** Forstwissenschaft *f*; **f. worker** Forst-, Waldarbeiter *m*
forest valuation Waldbewertung *f*; **f. warden** Forstaufseher *m*, F.wart *m*; **f. yield** Waldertrag *m*
fore|taste *n* Vorgeschmack *m*; **f.tell** *v/t* 1. voraussagen, andeuten; 2. wahrsagen; **f.thought** *n* Vorbedacht *m*; **f.warn** *v/t* vorwarnen; **f.woman** *n* Vorarbeiterin *f*, Aufseherin *f*; **f.word** *n* Vor-, Geleitwort *nt*
forex (foreign exchange) dealer Devisenhändler *m*; **f. dealings/trade** Devisen-, Sortenhandel *m*

forfait|er *n* Forfaitierer *m*, Forfaiteur *m* (*frz.*); **f.ing house** *n* Forfaitierer *m*, Forfaiteur *m* (*frz.*); **~ transaction** Forfaitierungsgeschäft *nt*; **à f. paper** Forfaitierungsmaterial *nt*
forfeit *v/t* verwirken, (als Pfand) verlieren, verlustig gehen
forfeit *n* [§] 1. Verwirkung *f*, Verlust *m* (eines Anspruchs), Verfall *m*, (Geld)Strafe *f*, Buße *f*; 2. verfallener Gegenstand, verfallenes/verwirktes Pfand; **to be f.(ed)** *adj* verfallen/verwirkt sein
forfeit|ability *n* Verfallbarkeit *f*; **f.able** *adj* konfiszierbar, verwirkbar, verfallbar; **f.ed** *adj* verwirkt, verfallen; **to declare f.ed** kaduzieren, für verlustig erklären
forfeit money Drauf-, Reugeld *nt*
forfeiture *n* [§] 1. (Anspruchs-/Rechts)Verwirkung *f*, Verfall *m*; 2. Kaduzierung *f*, Verlustigerklärung *f*
forfeiture of a bond Pfandverfall *m*, P.verwirkung *f*; **~ driver's license** [US] **/driving licence** [GB] Führerscheinentzug *m*, Einziehung des Führerscheins; **~ a lease** Pachtverfall *m*; **~ nationality** Aberkennung der Staatsangehörigkeit; **~ office** Amtsverlust *m*; **~ a patent** Patentlöschung *f*, Verfall eines Patents; **~ a penalty bond** Auslösung einer Vertragsstrafe; **~ a pension; ~ pension rights** Verlust des Pensionsanspruches, Rentenentziehung *f*; **~ priority/seniority** Rangverlust *m*; **~ a right** Rechtsverwirkung *f*, Verlust/Verwirkung eines Rechts; **~ the right to assume public office** Verlust der Fähigkeit zur Bekleidung öffentlicher Ämter; **~ civic rights** Entziehung/Verlust der bürgerlichen Ehrenrechte; **~ right of rescission** Verwirkungsrecht *nt*; **~ civil service status** Verlust der Beamtenrechte; **~ shares** [GB] **/stocks** [US] Aktienkaduzierung *f*, Kaduzierung von Aktien; **~ tenancy** Mietaufhebung *f*
forfeiture clause Verfall-, Verwirkungsklausel *f*; **f. notice** Verfallmitteilung *f*; **f. proceedings** Aufgebotsverfahren *nt*
forge *n* ⚒ Schmiede *f*, Hammerwerk *nt*
forge *v/t* 1. (ver)fälschen, nachmachen, nachahmen; 2. 🗐 nachdrucken; 3. ⚒ schmieden; **f. ahead** entschlossen fortfahren, Fortschritte machen, an Tempo gewinnen; **f.d** *adj* gefälscht, falsch, nachgemacht, verfälscht
forge|master *n* ⚒ Schmiedemeister *m*; **f.-proof** *adj* fälschungssicher
forger *n* (Ver)Fälscher *m*, Falschmünzer *m*, Urkundenfälscher *m*
forgery *n* 1. (Ver)Fälschung *f*, Falschmünzerei *f*; 2. Nachahmung *f*, Falsifikat *nt*, Imitation *f*, Nachbildung *f*; **f. of banknotes** Banknotenfälschung *f*; **~ bills** Wechselfälschung *f*; **~ checks** [US] **/cheques** [GB] Scheckfälschung *f*; **~ documents/instruments** Urkundenfälschung *f*; **~ an identification document** Ausweisfälschung *f*; **~ a signature** Unterschriftsfälschung *f*; **~ postal stamps** Fälschung von Postwertzeichen; **to commit f.** Fälschung begehen; **attempted f.** Fälschungsversuch *m*; **blank-document f.** Blankettfälschung *f*
forget *v/t* vergessen; **f. sth. completely** etw. völlig verschwitzen (*coll*); **f.ful** *adj* vergesslich; **f.fulness** Vergesslichkeit *f*, Nachlässigkeit *f*

forging *n* 1. Fälschung *f*; 2. ⌀ Schmiedestück *nt*; **f. of revenue stamps** Steuermarkenfälschung *f*; **f. furnace** ⌀ Schmiedeofen *m*; **f. press** Falschgelddruckerei *f*
forgive *v/t* 1. verzeihen, vergeben; 2. *(Schulden)* erlassen; **f.ness** *n* Gläubigerverzicht *m*, Schuldenerlass *m*
forisfamiliate *v/i* [§] auf weitere Erbansprüche verzichten, Erbteil aushändigen
fork *n* Gabel(ung) *f*; *v/i (Straße)* sich teilen; **f. off** abzweigen; **f. out** *(coll)* blechen *(coll)*, berappen *(coll)*, Geld herausrücken/lockermachen *(coll)*, hinblättern *(coll)*, etw. springen lassen *(coll)*; **to have to f. up** Haare lassen müssen *(fig)*
forlorn *adj* einsam und verlassen
form *n* 1. Form *f*; 2. Höflichkeitsform *f*; 3. Formular *nt*, Formblatt *nt*, Vordruck *m*, Schema *nt*, Fragebogen *m*; 4. (Schul)Klasse *f*; 5. *(Ausschreibung)* Angebotsformular *nt*, A.blankett *nt*; 6. formelle Beschaffenheit; 7. Gestaltungsform *f*; **as a matter of f.** der Form halber, ordnungshalber; **on a f.** formularmäßig
standard form of accounts Kontenrahmen *m*; **columnar f. of accounting** Tabellenbuchführung *f*; **f. of address** Anrede *f*; **~ application** 1. Antrags-, Anmeldeformular *nt*; 2. *(Aktien)* Zeichnungsschein *m*; **~ asset** Vermögensform *f*; **~ authority** Vollmachts-, Ermächtigungsformular *nt*, Vollmachtsvordruck *m*; **~ business/company/enterprise organization** Rechtsform der Unternehmung, Unternehmens-, Gesellschaftsform *f*; **f.s of civility** Höflichkeitsfloskeln; **f. of a contract** Vertragsform *f*; **f.s of court** gerichtliche Formalitäten; **f. of credit** Kreditform *f*, K.art *f*; **~ employment** 1. Beschäftigungsart *f*; 2. Einsatzform *f*; **~ enterprise** Unternehmensform *f*; **~ financing** Finanzierungsform *f*; **standard ~ financing** Standardfinanzierung *f*; **f. of government** Regierungsform *f*; **~ investment** (Geld)Anlageform *f*, A.art *f*; **f.s of life** Lebensformen; **enlightened f. of management** aufgeklärte Unternehmensführung; **set f. of an oath** vorgeschriebene Eidesformel; **f. of organization** Organisationsform *f*; **~ structure** Leitungs-, Kompetenzsystem *nt*; **~ payment** Zahlungsart *f*, Z.weise *f*, Z.modus *m*; **~ presentation** Darstellungsform *f*; **f.s of legal procedure** Rechtsverfahrensregeln; **~ return** *(Bilanz)* Ausweisschema *nt*; **contractual ~ saving** vertragsgebundene Sparform; **pyramiding f. of taxation** Kaskadenbesteuerung *f*; **f. of words** Fassung *f*; **legal ~ words** Gesetzesformel *f*
as a matter of form der Ordnung halber; **correct as to f.** formgerecht; **for f.'s sake** der Form halber; **in f. (but not in fact)** [§] formell; **~ and in fact** [§] formell und materiell; **in any f. whatsoever** gleich welcher Art
to appeal in due form and time [§] Berufung frist- und formgerecht einlegen; **to complete/fill in** *[GB]* **/out** *[US]* **a f.** Vordruck/Formular ausfüllen; **to exploit in a material f.** in körperlicher Form verwerten; **to put into concrete f.** konkretisieren; **~ in tabular f.** (auf)tabellieren; **to show strong f.** in guter Verfassung sein; **to state in solemn f.** [§] feierlich erklären
blank form (Blanko)Formular *nt*; **columnar f.** Tabellenform *f*; **continuous f.** Endlosformular *nt*, E.vordruck *m*; **corporate f.** Gesellschaftsform *f*; **customary f.** Bilanzkontoform *f*, Staffelform *f* (der Gewinn- und Verlustrechnung); **dead f.s** leere Formalitäten; **due f.** vorgeschriebene/gehörige Form; **in ~ f.** vorschriftsmäßig, ordnungsgemäß, in gültiger/gehöriger Form, förmlich, formgerecht; **in ~ f. and time** form- und fristgerecht; **hand-written f.** handschriftlich ausgefüllter Vordruck; **horizontal f.** Kontoform *f*; **legal f.** vorgeschriebene Form, Rechtsform *f*; **compulsory ~ f.** Formzwang *m*; **machine-written f.** mit Schreibmaschine ausgefüllter Vordruck; **multi-part f.** Vordrucksatz *m*, Mehrfachbeleg *m*, M.satz *m*; **narrative f.** Staffelform der Gewinn- und Verlustrechnung (GuV), Berichtsform *f*; **non-monetary f.** Sachform *f*; **notarial f.** notarielle Form; **official f.** amtlicher Vordruck; **open-item f.** offene Postenform; **organizational f.** Organisationsform *f*; **team-orient(at)ed ~ f.** teamorientierte Organisationsform; **prescribed f.** vorgeschriebene Form; **printed f.** Vordruck *m*, (gedrucktes) Formular; **standard ~ f.** Normenvordruck *m*; **in the proper f.** formgerecht; **reducing-balance f.** Staffelform der Gewinn- und Verlustrechnung (GuV); **requisite f.** gültige Form; **revised f.** Neuerscheinung *f*, N.fassung *f*, überarbeitete Fassung; **running f.** Staffelform der Gewinn- und Verlustrechnung (GuV); **single f.** Einzelbeleg *m*; **single-copy f.** Einfachformular *nt*; **special f.** Sondervordruck *m*; **standard f.** Einheitsformblatt *nt*, E.formular *nt*, E.vordruck *m*, Normvordruck *m*, Standardform(ular) *f/nt*; **statutory f.** gesetzliche Form, Gesetzesform *f*; **stringent f.** strenge Form; **tabular f.** *(Kostenplanung)* Stufen-, Tabellenform *f*; **in ~ f.** tabellarisch; **vertical f.** Stafettenform *f*
written form Schriftlichkeit *f*, Schriftform *f*; **statutory ~ f.** Schriftformpflicht *f*; **~ f. clause** Schriftformklausel *f*
form *v/ti* 1. formen, bilden, (be)gründen, 2. sich bilden/formieren
to sue in forma pauperis *n (lat.)* [§] im Armenrecht klagen
formal *adj* 1. formal, formgerecht, 2. förmlich, formell, unpersönlich, steif, feierlich; 3. offiziell, vorschriftsmäßig; **purely f.** rein formell
formal|ism *n* Formalismus *m*; **f.ization** *n* Formalisierung *f*
formality *n* Formalität *f*, Formvorschrift *f*, F.sache *f*, Förmlichkeit *f*, (vorgeschriebene) Form; **formalities** Formalitäten, Formalien; **exempt from formalities** formfrei; **without formalities** ohne (viel) Umstände, formlos; **formalities of a/the contract** Vertragsformalitäten; **strict f. of the law on bills** Wechselstrenge *f*; **formalities for the registration of aliens** Meldepflicht für Ausländer; **merely a f.** lediglich eine Formsache, eine reine Formsache; **to dispense with the formalities** auf Formalitäten verzichten; **to handle the formalities** Formalitäten erledigen; **to reduce formalities** Formalitäten vereinfachen; **administrative formalities** Verwaltungsformalitäten; **legal formalities** Rechtsformalitäten, gesetzliche Erfordernisse/Formalitäten

a mere formality lediglich eine Formsache, reine/bloße Formalität; **polite formalities** Höflichkeitsformeln, H.floskeln; **technical f.** technische Formalität

format *n* Format *nt*; **basic f.** Grundformat *nt*; **loose-leaf f.** Loseblattform *f*; **multi-line f.** Mehrzeilenformat *nt*; **small f.** Kleinformat *nt*; **standard f.** Einheits-, Standardformat *nt*; **vertical f.** Hochformat *nt*
format *v/t* ▫ formatieren; **f.(t)ing** *n* Formatierung *f*
formation *n* 1. (Be)Gründung *f*, Errichtung *f*, Entstehung *f*; 2. Bildung *f*, (Personal)Weiterbildung *f*; 3. Organisation *f*, Formation *f*, Ausgestaltung *f*
formation of tangible assets Sachvermögensbildung *f*; **f. on the basis of cash and non-cash contributions** Sach-Bargründung *f*; ~ **non-cash capital contributions** Sachgründung *f*; **f. of monetary capital** Geldkapitalbildung *f*; ~ **productive capital** Produktivkapitalbildung *f*; ~ **a cartel** Kartellbildung *f*
formation of a company Unternehmensgründung *f*, Errichtung/Gründung einer Gesellschaft; ~ **a new company** Neugründung *f*; **fictitious ~ a company** Gründungsschwindel *m*; ~ **a company on the basis of non-cash contributions** Sachgründung *f*; ~ **a (bare-)shell company** Mantel-, Fassongründung *f*
formation with non-cash contributions Illationsgründung *f*; **f. of fog** Nebelbildung *f*; **f. by founders' cash subscription** Bargründung *f*; **f. of freight rates** Frachtenbildung *f*; ~ **the government** Regierungsbildung *f*; ~ **groups** Gruppenbildung *f*; ~ **market prices** Marktpreisbildung *f*; ~ **prices** Preisbildung *f*; ~ **property** Eigentumsbildung *f*; ~ **rates** Kursbildung *f*; ~ **reserves** Bildung von Rücklagen, Rücklagenbildung *f*; ~ **savings** Sparbildung *f*; **f. by subscribers/subscription** Zeichnungsgründung *f*; **f. of trade blocs** handelspolitische Blockbildung *f*; ~ **wealth** Vermögensbildung *f*; ~ **material wealth** Sachvermögensbildung *f*
bogus/fictitious formation Scheingründung *f*; **large-lot f.** Paketbildung *f*; **single-step f.** Simultan-, Einheitsgründung *f*
formation audit Gründungsprüfung *f*; **f. auditor** Gründungsprüfer *m*; **f. cost(s)/expense(s)** *(Unternehmen)* Gründungs-, Errichtungskosten, Aufwendungen für die Errichtung und Erweiterung eines Unternehmens; **f. deed** Gründungsurkunde *f*; **f. formalities** Gründungsformalitäten; **f. report** Gründer-, Gründungsbericht *m*, G.bilanz *f*; **f. requirements** Gründungsvoraussetzungen
format identifier Formatkennzeichen *nt*; **f.ive** *adj* formend, bildend; **f. specification** Formatangabe *f*; **f.ting** *n* ▫ Formatierung *f*
form design Formular-, Vordruckgestaltung *f*
former *adj* früher, ehemalig, vorausgehend, vorig, vorherig
form feed ▫ Papier-, Seitenvorschub *m*, Formulartransport *m*; **f. feeding track** Formularbahn *f*; **f. filling** Aufsüllen eines Formulars, ~ von Formularen
formidable *adj* gewaltig, erheblich
forming *n* Formung *f*; **f. production** ◾ spanlose Fertigung
form layout Formular-, Vordruckgestaltung *f*
formless *adj* formlos; **f.ness** *n* Formlosigkeit *f*
form letter Form-, Schemabrief *m*; **f. master** Klassenlehrer *m*; **f. overflow** ▫ Formularüberlauf *m*; **f. requirement** Formerfordernis *nt*; **f. set** Belegsatz *m*; **multi-part f. set** Durchschreibesatz *m*

formula *n* Formel *f*, Schema *nt*, Vorschrift *f*, Rezept(ur) *nt/f*, Schlüssel *m*; **agreed f.** Vereinbarung *f*; **collective f.** Sammelformel *f*; **computational f.** Berechnungsformel *f*, B.schema *nt*, B.schlüssel *m*; **legal f.** Gesetzesformel *f*; **magic f.** Zauberformel *f*; **rough and ready f.** Faustformel *f*
formula cost(s) vorausgeschätzte Kosten; **f. flexibility** Formelflexibilität *f*, Indikatorenstabilität *f*; **f. investing** Kapitalanlage mit festem Mischungsverhältnis von Aktien und festverzinslichen Wertpapieren; **f. method** einstufige Kostenplanung
formulary *n* ₷ Formular-, Rezeptbuch *nt*
formul|ate *v/t* formulieren, auf eine Formel bringen, abfassen; **f.ation** *n* Formulierung *f*, Fassung *f*
form utility Nutzen aus Formveränderung
forswear *v/t* abschwören, entsagen
forte *n* *(ital.)* starke Seite
forth|coming *adj* 1. bevorstehend, in Kürze anstehend, im Erscheinen begriffen, unterwegs; 2. hilfreich, entgegenkommend, bereit; 3. mitteilsam, mitteilungs-, publizitätsfreudig; **to be f.** in Sicht sein *(fig)*; **f.right** *adj* offen, unverblümt, direkt, geradeheraus; **f.with** *adv* sofort, umgehend, unverzüglich, ohne Verzug
forti|fication *n* ◾ Befestigung *f*, Festungsanlage *f*, Verschanzung *f*; **f.fy** *v/t* (ver)stärken, verschanzen; **f.tude** *n* innere Kraft
fortnight *n* vierzehn Tage, zwei Wochen; **in a f.** in vierzehn Tagen; **f.ly** *adj* halbmonatlich, vierzehntägig
fortress *n* ◾ Festung *f*; **to dismantle a f.** Festung schleifen
fortu|itous *adj* zufällig, zufallsbedingt; **f.itousness; f.ity** *n* Zufall *m*, Zufälligkeit *f*
fortunate *adj* glücklich, günstig; **to be f.** Glück haben; ~ **enough** in der glücklichen Lage sein
fortune *n* 1. Vermögen *nt*, Besitz *m*, Reichtum *m*; 2. Schicksal *nt*; **the f.s have changed** das Blatt hat sich gewendet *(fig)*; **f.s of war** Kriegsglück *nt*
to amass a fortune ein Vermögen ansammeln; **to carve out a f. (for o.s.)** ein Vermögen machen; **to cost a f.** viel Geld kosten/verschlingen; **to dissipate one's f.** sein(en) Besitz/Vermögen verschleudern, ~ verschwenden; **to earn a f.** ein Vermögen verdienen; **to make a f.** ein Vermögen machen/erwerben, zu Reichtum gelangen, Reibach machen *(coll)*, sein Glück machen; **to marry a f.** reich heiraten; **to succeed to a f.** ein Vermögen erben
adverse fortune(s) unglückliches Schicksal; **great f.** großes Vermögen; **handsome/tidy f.** beträchtliches/hübsches *(coll)* Vermögen, schöne Stange Geld *(coll)*; **hard-won f.** mühsam erworbenes Vermögen; **ill f.** Missgeschick *nt*, Unglück *nt*; **ill-gotten f.** unrechtmäßig erworbenes Vermögen; **modest f.** bescheidenes Vermögen; **siz(e)able f.** erhebliches Vermögen; **small f.** kleines Vermögen
fortune|-hunter *n* Mitgift-, Glücksjäger *m*; **f.-teller** *n* Wahrsager(in) *m/f*; **f.-telling** *n* Wahrsagerei *f*
forum *n* Forum *nt*; **f. of choice** [§] Wahlgerichtsstand *m*; **f. contractus** *(lat.)* Gerichtsstand des Erfüllungsorts; **f.**

forum non conveniens

non conveniens *(lat.)* Nichtzuständigkeit des Gerichts; **f. of public opinion** Forum der Öffentlichkeit; **f. rei sitae** *(lat.)* Belegenheitsgerichtsstand *m*; **f. shopping** Gerichtsauswahl *f*
forward *v/t* ab-, weiter-, nach-, übersenden, expedieren, abschicken, weiterleiten, w.befördern; **please f.** ⊠ bitte nachsenden
forward *adv* 1. vorwärts, nach vorn; 2. auf Ziel/Zeit/Termin; **to bring f.** *(Zeit)* vorverlegen, vorlegen; **to buy f.** auf Lieferung/Termin kaufen; **to come f.** sich melden, an die Öffentlichkeit treten; **to go f.** Fortschritte machen, fortschreiten; **to sell f.** Termingeschäfte abwickeln
bought forward auf Termin gekauft; **brought/carried f.** Übertrag *m*
forwarded *adj* nachgesandt
forwarder *n* Spediteur *m*, Speditionsunternehmen *nt*, (Ab)Sender *m*, Ver-, Übersender *m*, Weiterverfrachter *m*, Verlader *m*; **f.s** Speditionsfirma *f*; **intermediate f.** Zwischenspediteur *m*; **occasional f.** Gelegenheitsspediteur *m*; **receiving f.** Empfangsspediteur *m*
forwarder's agent Speditionsagent *m*; **~ bill of lading** Speditionskonnossement *nt*; **~ through bill of lading** Spediteurdurchkonnossement *nt*; **~ certificate** Übernahmebescheinigung des Spediteurs; **~ commission** Speditionsprovision *f*; **~ collective consignment** Spediteursammelgut *nt*; **~ documents** Spediteurdokumente; **~ note (of charges)** Speditions-, Spediteurrechnung *f*; **~ offer** Speditionsofferte *f*; **~ receipt** Spediteur-, Speditionsübernahmebescheinigung *f*; **~ risk insurance** Speditionsversicherung *f*
forwarding *n* 1. Versand *m*, Verschickung *f*, Versendung *f*, Verladung *f*; 2. Weiterbeförderung *f*, W.gabe *f*, W.leitung *f*, Nachsendung *f*; **f. by rail** Bahnversand *m*; **f. address** 1. Versandadresse *f*, V.anschrift *f*; 2. Nachsendeanschrift *f*, N.adresse *f*; **f. advice** Versand-, Versendungsanzeige *f*; **f. agency** Spedition(sfirma) *f*, Versandunternehmen *nt*, V.büro *nt*, Durchfuhrspedition *f*, Güterexpedition *f*
forwarding agent 1. Spediteur *m*, Spedition(sagent) *f*/*m*, Durchfuhrspediteur *m*, D.spedition *f*; 2. Auslieferungsagent *m*; **international f. a.** internationale Spedition; **principal f. a.** Hauptspediteur *m*; **f. a.'s certificate of receipt (FCR)**; **~ receipt** internationales Spediteurdurchkonnossement, Spediteurübernahmebescheinigung *f*; **~ certificate of transport** Spediteurdurchfrachtpapier *nt*; **~ commission** Speditionsprovision *f*, **~ collective shipment** Spediteursammelgutverkehr *m*
forwarding business Speditionsgeschäft *nt*; **f. charge** Nachsendegebühr *f*; **f. charges** Versandspesen, V.kosten, V.gebühren, Speditionsgebühren, S.kosten, Expeditionsgebühren; **f. company** Spedition(sbetrieb) *f*/*m*; **f. commission** Speditionsprovision *f*; **f. company** Spedition(sunternehmen) *f*/*nt*; **f. conditions** Beförderungsbedingungen; **f. contract** Beförderungs-, Speditionsvertrag *m*; **f. declaration** ⊖ Versandanmeldung *f*; **f. department** Speditions-, Versand-, Expeditions-, Transportabteilung *f*; **f. document** Frachtdokument *nt*;

f. expense(s) Versandspesen; **f. instructions** 1. Liefer-, Versandvorschriften, V.anweisungen, Leitwegangaben, Transportvorschriften, T.anweisungen, Beförderungsvorschriften, B.anweisungen; 2. Nachsendeanweisungen; **f. insurance** Speditionsversicherung *f*; **~ cover(age)** Speditionsversicherung *f*; **~ policy** Speditionsversicherungsschein *m*; **f. merchant** Speditionskaufmann *m*; **f. note** Speditionsauftrag *m*, Frachtbrief *m*, Versandmitteilung *f*; **f. office** Speditionsbüro *nt*, Expedition(sbüro) *f*/*nt*, Güterabfertigung(sstelle) *f*, Weiterleitungsstelle *f*; **f. order** Transport-, Speditions-, Verkehrsauftrag *m*; **f. point** Absendeort *m*, A.stelle *f*; **f. regulations** Abfertigungsvorschriften; **f. route** Versandweg *m*; **f. schedule** Versandplan *m*; **f. service** Speditionsleistung *f*; **f. sheet** Speditionsbogen *m*; **f. station** 🚉 Versandbahnhof *m*; **f. trade** Speditionsgewerbe *nt*, S.verkehr *m*
forward|-looking *adj* 1. vorausschauend; 2. zukunftsorientiert, z.weisend, fortschrittlich, progressiv; **f.-pointing** *adj* zukunftsweisend
fossil *n* Fossil *nt*; **f.ize** *v/ti* versteinern, zum Fossil werden
foster *v/t* fördern, begünstigen, unterstützen, pflegen; **f.age** *n* Pfleg(ekind)schaftsverhältnis *nt*
foster child Pflegekind *nt*; **f. daughter** Pflegetochter *f*; **f. family** Pflegefamilie *f*; **f. father** Pflegevater *m*; **f. home** Pflegestelle *f*, P.heim *nt*
fostering *n* 1. Pflege *f*; 2. *(fig)* Förderung *f*
foster mother Pflegemutter *f*; **f. parents** Pflegeeltern; **f. son** Pflegesohn *m*
FOT (free on truck) frei LKW/Wagon
foul-up *n* (technische) Störung
foul *n* ⚓ Zusammenstoß auf See; *v/t* ⚓ zusammenstoßen; 2. verschmutzen
foul *adj* 1. übelriechend, stinkend; 2. unsauber, fehlerhaft, unrein, schlecht; **to fall f. of so.** jds Missfallen erregen; **~ one another** sich in die Haare geraten *(fig)*; **to fall/run f. of sth.** mit etw. in Konflikt geraten; **to play f.** *(fig)* unredlich handeln
found *v/t* 1. (be)gründen, stiften; 2. *(Theorie)* stützen
found committing [§] auf frischer Tat ertappt; **not f.** [§] kein ausreichender Tatverdacht
foundation *n* 1. (Be)Gründung *f*, Errichtung *f*; 2. Stiftung *f*, Schenkung *f*; 3. Basis *f*, Grund(stock) *m*, Sockel *m*, Fundierung *f*; 4. Anstalt *f*; **f.s** 🏛 Fundament *nt*, Grundmauer *f*, Unterbau *nt*; **f. of a business** Geschäftsgründung *f*; **~ a claim** Anspruchsgrundlage *f*, A.begründung *f*; **~ a club** Vereinsgründung *f*; **f. under public law** Stiftung des öffentlichen Rechts; **f. of a state** Staatsgründung *f*; **~ a subsidiary** Gründung einer Tochtergesellschaft; **f. in which founders take all shares** Übernahmegründung *f*
devoid of any foundation jeder Grundlage entbehrend; **to be ~/without any f.; to have no f.** jeder Grundlage entbehren
to create/set up a foundation Stiftung errichten; **to lay the f.s** Grundstock/Fundament legen, Voraussetzungen/Grundlagen schaffen; **~ for institutions** institutionelle Grundlagen schaffen

charitable foundation milde/mildtätige/wohltätige Stiftung; **educational f.** Studienstiftung *f*; **firm f.** solide Basis; **incorporated f.** Stiftung des bürgerlichen Rechts, rechtsfähige Stiftung; **legal f.** Rechtsgrundlage *f*, R.basis *f*; **new f.** Neugründung *f*; **non-profit f.** gemeinnützige Stiftung; **public f.** öffentlich-rechtliche Stiftung; **private f.** private Stiftung

foundation audit Gründungsprüfung *f*; **f. charter** Stiftungs-, Gründungurkunde *f*; **f. fund** (Vers.) Gründungsfonds *m*, G.stock *m*; **f. school** Stiftsschule *f*; **f. statute** Gründungsgesetz *nt*

foundation stone 🏛 Grundstein *m*; **to lay the f. s.** Grundstein legen; **laying of the f. s.** Grundsteinlegung *f*

foundation syndicate Gründungskonsortium *nt*; **f. work** Grundarbeit *f*

founder *n* (Be)Gründer *m*, Stifter *m*, Gründervater *m*, Gesellschaftsbegründer *m*; **f. of a company** Firmengründer *m*; **joint f.** Mitbegründer *m*

founder *v/i* 1. ⚓ auflaufen, auf Grund laufen, stranden; 2. (Gespräche) scheitern, zusammenbrechen; 3. stolpern, straucheln

founder|'s family Gründerfamilie *f*; **~ fee** Gründerlohn *m*; **~ liability** Gründerhaftung *f*; **~ subsequent liability** Gründernachhaftung *f*; **f.s' meeting** Gründungs-, Gründerversammlung *f*, konstituierende Versammlung; **f. member** Gründungsmitglied *nt*; **f.'s preference rights** Gründerrechte; **~ profit** Gründungsgewinn *m*; **~ share** Gründeraktie *f*, G.anteil *m*; **~ certificate** [GB]; **~ stock certificate** [US] Gründeranteilsschein *m*, G.aktie *f*; **f.'s successor in title** Gründerrechtsnachfolger *m*

founding family *n* Gründerfamilie *f*

foundry *n* ⚒ Gießerei(betrieb) *f*/*m*; **f. coke** Gießereikoks *m*; **f. iron** Gießereiroheisen *nt*; **f. proof** 🖨 Revisionsabzug *m*; **f. worker** Gießereiarbeiter *m*

fount *n* 🖨 Schriftart *f*

fountain *n* (Spring)Brunnen *m*, Quelle *f*; **f. pen** Füllfederhalter *m*, Füller *m*

four|-colour *adj* 🖨 vierfarben; **f.-column** *adj* vierspaltig; **f.-digit** *adj* π vierstellig; **f.fold** *adj* vierfach; **f.-lane** *adj* 🚗 vierspurig; **f.-page** *adj* vierseitig; **F.-Power** *adj* Viermächte-; **to go on all f.s** auf allen Vieren laufen; **f.-seater** *adj* 🚗 Viersitzer *m*

Fourth Directive (EU) 4. EG-Richtlinie, Bilanzrichtlinie *f*; **the F. Estate** der Vierte Stand; **f.-placed** *adj* viertplaziert; **f.-quarter** *adj* im vierten Quartal; **f.-rate** *adj* viertklassig

fowl *n* 🐓 Geflügel *nt*; **f. pest** Hühnerpest *f*

fox *n* Fuchs *m*; **to be as sly as a f.** es faustdick hinter den Ohren haben (coll); **to set the f. to keep the geese** (fig) den Bock zum Gärtner machen (fig); **old f.** schlauer Fuchs

fox *v/t* täuschen, reinlegen (coll)

foyer *n* 🏛 Foyer *nt*, Wandelgang *m*, Eingangs-, Vorhalle *f*

fractile *n* Fraktil *nt*

fraction *n* Bruch(teil) *m*, Teil *m*, T.abschnitt *m*; **f.s** π Bruchrechnung *f*; **f. of one per cent** Prozentbruchteil *m*; **at a ~ the cost** zu einem Bruchteil der Kosten; **~ an obligatorily debt** Teilschuldverhältnis *nt*; **a f. easier** (Börse) geringfügig schwächer/leichter; **to reduce a f.** π Bruch kürzen

compound fraction Doppelbruch *m*; **improper f.** unechter Bruch; **proper f.** echter Bruch; **simple f.** gewöhnlicher Bruch; **vulgar f.** gemeiner Bruch

fractional *adj* 1. π bruchteilig, Bruchteils-; 2. kleinestückelt; 3. unbedeutend, minimal

fraction bar/stroke π Bruchstrich *m*; **f. value** Teilwert *m*

fractious *adj* widerspenstig, schwierig, aufsässig

fracture *n* ⚕ (Knochen)Bruch *m*, Fraktur *f*, Bruchstelle *f*

fragile *adj* brüchig, zerbrechlich; **f. - with care** Vorsicht! zerbrechlich!

fragment *n* Bruchstück *nt*, B.teil *m*, Fragment *nt*, Überbleibsel *nt*, Scherbe *f*, Splitter *m*, Teilstück *nt*; *v/t* 1. auf-, zersplittern, zerschlagen, zerstückeln; 2. (Arbeit) in kleinste Schritte zerlegen

fragmentary *adj* bruchstückhaft, fragmentarisch, lückenhaft, unvollständig

fragmentation *n* 1. Zersplitterung *f*, Zerschlagung *f*, Zerstückelung *f*, Splitterwirkung *f*; 2. Aufteilung eines Kostenblocks; **f. of holdings** Besitzzersplitterung *f*; **~ production units** betriebliche Aufsplitterung

fragmented *adj* bruchstückhaft, auseinander gefallen, zersplittert

frail *adj* 1. schwach, zer-, gebrechlich, schwächlich, hinfällig; 2. zart; **f.ty** *n* Schwäche *f*, Gebrechlichkeit *f*

frame *n* 1. Rahmen *m*; 2. ⚙ Chassis *nt*; 3. 🎞 (Stichprobe) Erhebungs-, Auswahlgrundlage *f*; 4. 🖥 Datenübertragungsblock *m*; **f. of mind** Haltung *f*, Einstellung *f*, Gemütsverfassung *f*, Stimmung *f*, geistige Verfassung; **~ reference** Bezugssystem *nt*, B.rahmen *m*; **~ a writ** [§] Formen einer gerichtlichen Verfügung

backed frame 🖨 gerasterter Rahmen; **coordinate f.** π Koordinatennetz *nt*; **heavy f.** 🖨 Trauerrand *m*; **mortal f.** sterbliche Hülle; **ruled f.** 🖨 Linienumrandung *f*; **stippled f.** 🖨 punktierter Rand

frame *v/t* 1. einrahmen; 2. formen, entwerfen

frame guarantee Mantelgarantie *f*; **f.-up** *n* (coll) abgekartetes Spiel, Intrige *f*, Ränkespiel *nt*

framework *n* 1. (Bezugs)System *nt*, Gefüge *nt*, Rahmenprogramm *nt*, R.werk *nt*, grundlegende Struktur; 2. 🏛 Fachwerk *nt*, Gerüst *nt*; **within the f. of** im Rahmen von, nach Maßgabe von; **to come ~ the constitution** unter die Verfassung fallen; **economic f.** wirtschaftliche Rahmenbedingungen, Ordnungsmodell *nt*, Wirtschaftsgefüge *nt*; **legal f.** gesetzlicher Rahmen; **situational f.** Rahmenbedingungen

framework agreement Rahmenabkommen *nt*, R.vertrag *m*, Rahmen-, Mantel(tarif)vertrag *m*; **f. accord** Rahmenplan *m*; **f. law** Rahmengesetz *nt*; **f. legislation** Grundsatz-, Rahmengesetzgebung *f*; **f. provision** Rahmenbestimmung *f*

franc *n* Franc *m* [B/F/CH/L], Franken *m* [CH]; **French ~ area** Franczone *f*

franchise *n* 1. Konzession *f*, Lizenz *f*, (Integral)Franchise *f*, Agentur *f*, Alleinverkaufsrecht *nt*, Freibezirk *m*, Vorrecht *nt*; 2. 🏛 Gerechtsame *f* (obs.); 3. (AG) Gründungsbescheinigung *f*; 4. (aktives) Wahlrecht, W.berechtigung *f*, Stimmrecht *nt*; **subject to a f.** konzes-

sionspflichtig; **to apply for a f.** sich um eine Lizenz bewerben; **deductible/excess f.** *(Vers.)* Abzugsfranchise *f*; **general f.** staatlich verliehene Rechtsfähigkeit; **integral f.** Franchise *f*, Freiteil *m*
franchise *v/t* konzessionieren, verpachten
franchise agent Lizenzvertreter *m*; **f. agreement** Konzessionsvereinbarung *f*, Konzessions-, Franchisevertrag *m*; **f. bottler** Vertragsabfüller *m*; **f. broker** *[US]* Lizenzmakler *m*; **f. clause** *[GB]* Bagatell-, Franchise-, Selbstbehaltsklausel *f*; **f. company** Lizenzvergabegesellschaft *f*, Franchiseunternehmen *nt*; **f. consultant** *[US]* Lizenzberater *m*
franchisee *n* Konzessionsinhaber(in) *m/f*, Lizenz-, Konzessions-, Franchisenehmer(in) *m/f*, Konzessionär *m*
franchise holder Konzessionsinhaber(in) *m/f*, K.träger(in) *m/f*, Lizenzinhaber(in) *m/f*, L.nehmer(in) *m/f*; **f. partner** Vertragspartner(in) *m/f*
franchiser; franchisor *n* Franchisegeber(in) *m/f*, Konzessions(ver)geber(in) *m/f*, K.aussteller(in) *m/f*, K.erteiler *m*, Lizenzgeber(in) *m/f*
franchise registration Lizenzregistrierung *f*; **f. system** Vertragsverband *m*; **f. tax** Konzessionssteuer *f*, K.abgabe *f*; **f. territory** Konzessions-, Lizenzgebiet *nt*
franchising *n* 1. Konzessionierung *f*, Lizenzvergabe *f*, L.erteilung *f*, Konzessionsvergabe *f*, K.verleihung *f*, K.erteilung *f*, K.gewährung *f*, Überlassung von Verkaufsrechten; 2. Lieferung über Vertriebssystem; **f. agreement** Franchisevertrag *m*; **f. company** Lizenzgeber(in) *m/f*; **f. procedure** Konzessionsverfahren *nt*; **f. system** Franchisesystem *nt*
franco (fco) *adj* frei, franko Valuta; **f. à bord** *(frz.)* frei an Bord; **f. domicile/buyer's store/buyer's warehouse** frei Haus; **f. frontier** frei Grenze; **f. quay** frei längsseits Schiff; **f. wag(g)on** frei auf Wagon
frank *n* ⌧ Freivermerk *m*; *v/t* frankieren, freimachen, postfrei/portofrei machen, freistempeln
frank *adj* ehrlich, offen, freimütig, offenherzig; **to be f.** deutliche Sprache reden; **~ quite f. with so.** offene Aussprache mit jdm haben
franked *adj* 1. ⌧ freigesstempelt; 2. steuerbefreit
franking *n* 1. ⌧ Freistempelung *f*, Freimachung *f*; 2. *(Steuer)* Freistellung *f*; **f. machine** (Brief)Frankiermaschine *f*, (Post)Freistempler *m*, Frankierautomat *m*, Freimachungs-, Frankaturmaschine *f*; **f. privilege** *[US]* Portofreiheitsprivileg *nt*; **f. regulations** Frankaturvorschrift *f*
frankness *n* Offenheit *f*, O.herzigkeit *f*
frantic *adj* hektisch, krampfhaft
fraternity *n* Bruderschaft *f*, Zunft *f*; **legal f.** *(coll)* Anwaltschaft *f*
frater|nization *n* Verbrüderung *f*; **f.nize** *v/i* sich verbrüdern
fraud *n* [§] Betrug *m*, Unterschlagung *f*, (arglistige) Täuschung, Arglist *f*, Wirtschaftskriminalität *f*, Schwindel *m*, Defraudation *f*; **f. in law** arglistiger Rechtsmangel; **~ treaty** Eingehungsbetrug *m*; **to be guilty of f.** sich des Betrugs schuldig machen; **to commit f.** betrügen, Betrug begehen; **to obtain by f.** auf betrügerische Weise erlangen, sich erschleichen, betrügerisch erwerben, erschwindeln

attempted fraud Betrugsversuch *m*; **constructive f.** sittenwidriges Geschäft; **maritime f.** Betrug auf See; **petty f. due to need** Notbetrug *m*; **positive f.** arglistige Täuschung
fraud case Betrugsfall *m*; **Serious F. Office** *[GB]* Amt für schwere Wirtschaftskriminalität; **f. squad** *[GB]* Betrugsdezernat *nt*, Abteilung für Wirtschaftskriminalität
fraudster *n* Betrüger(in) *m/f*
fraud trial [§] Betrugsverfahren *nt*, B.strafsache *f*
fraudulent *adj* betrügerisch, arglistig, schwindelhaft, schwindlerisch; **f.ly** *adv* in betrügerischer Absicht
fraught with *adj* mit sich bringend, belastet mit
fray *n* Schlägerei *f*, Kampf *m*, Getümmel *nt*; **eager for the f.** kampflustig; **to join the f.** *(fig)* sich in das Gewühl/Schlachtgetümmel stürzen *(fig)*, in den Ring steigen *(fig)*
frayed *adj* 1. durchgescheuert; 2. *(Nerven)* angespannt
freak *n* 1. Laune *f*, Launenhaftigkeit *f*; 2. Zufall *m*; 3. Missbildung *f*; *adj* ungewöhnlich, seltsam, Zufalls-
free *adj* 1. frei; 2. umsonst, gratis; 3. ⌧ franko, befreit; 4. [§] unverbindlich; 5. dienstfrei; 6. *(Verkauf)* freihändig; 7. *(Raum)* unbelegt; 8. *(Forschung)* zweckfrei; **f. in (f. i.)** frei eingeladen; **~ and out (f. i. o.)** frei ein und aus; **~ and out stowed (f. i. o. s.)** frei ein und aus und gestaut; **f. out** frei aus; **to be f. and easy** sich zwanglos benehmen; **~ of all things** aller Dinge ledig sein; **to get sth. f.** etw. umsonst bekommen; **to give sth. away f.** etw. kostenlos abgeben; **to go f.** freigelassen werden; **to remain f. (to do sth.)** jdm freistehen; **to set f.** aus der Haft entlassen/befreien, in Freiheit setzen, freilassen
delivered free frei Haus; **f. and clear** frei und unbelastet, frei verfügbar; schuldenfrei; **~ unencumbered** hypothekenfrei; **~ unfettered** *(Wettbewerb)* ungehindert; **f. to move** freizügig
free on aircraft (f. o. a.) frei an Bord des Flugzeugs, frei Flugzeug; **f. from alongside (ffa; f. f. a.)** frei von längsseits des Schiffes; **f. alongside quay (f. a. q.)** frei Längsseite Kai (des Abgangshafens); **~ ship (f. a. s.)** (Lieferung) frei längsseits/Längsseite Schiff; **f. arrival wag(g)on** frei Ankunftswagon; **f. of average (f. o. a.; F. O. A.)** frei von Havarie; **~ all average (f. a. a.; F. A. A.)** frei von jeder Beschädigung, ~ allgemeiner Havarie; **~ particular average (f. p. a.; F. P. A.)** frei von (Schäden in) besonderer Havarie; **f. into barge (f. i. b.)** frei in Leichter; **f. board amidships** frei Bord mittschiffs; **f. on board (FOB; f. o. b.)** (Lieferung) frei an Bord, fob, franco Bord, frei Schiff, frei Bahnstation; **~ /f. off board (fob/fob)** frei an Bord und wieder frei von Bord; **~ and trimmed** an Bord gebracht und gestaut; **f. from breakage** frei von Bruch; **~ and damage** frei von Bruch und Beschädigung; **f. of broker's commission** franko Courtage *(frz.)*; **f. into bunkers (f. i. b.)** frei in Bunker; **f. buyer's store** frei Haus; **f. of capture and seizure (f. c. & s.)** frei von Beschlagnahme und Aufbringung, kein Versicherungsschutz bei Beschlagnahme; **~ , seizure, riots and civil commotion (f. c. s. r. & c. c.)** frei von jedem Risiko bei gewaltsamer Wegnahme, Beschlagnahme, Aufruhr und Revolution; **f. of**

charge (f. o. c.) kostenlos, gratis, kosten-, spesenfrei, franko Provision, frei von (den) Kosten, umsonst, unberechnet, ohne Berechnung, nicht berechnet, honorarfrei; **~ charges** lastenfrei; **~ all charges** frei aller Kosten, franko; **~ charge and postage paid** gratis und franko; **delivered ~ charge** kostenlose Lieferung; **~ commission** franko Provision; **~ damage (f. o. d.)** unbeschädigt; **~ deductions** frei von Abzügen; **f. delivered/destination** frei/franko Bestimmungsort; **~ domicile** frei Haus; **~ cleared through customs** ⊖ frei Bestimmungsort verzollt; **f. dock(s)** frei Hafen; **f. of duty** ⊖ zollfrei; **f. farmyard** frei Hof; **f. freight** franko Fracht; **~ and duty** ⊖ frachtfrei verzollt; **f. frontier** frei Grenze; **f. of income tax** einkommensteuerfrei; **f. overboard/overside** frei bis zur Entladung; **f. of payment** franko Valuta; **f. on quay (f. o. q.)** frei (auf) Kai; **f. on rail (FOR; f. o. r.)** frei (Eisen)Bahn, frei Wagon Abgangsort; **f. ship** neutrales Geschäft; **f. ex ship** frei ab Schiff; **f. on ship/steamer (FOS; f. o. s.)** frei (in) Schiff; **f. shipping port** frei (Verlade)Hafen; **f. site** frei Baustelle; **f. of stamp (duty)** börsenumsatzsteuerfrei; **f. (at) station** franko/frei Bahnhof; **f. on truck (FOT; f. o. t.)** 1. 🚚 frei Wagon/Güterwagen; 2. frei Lastwagen/LKW; **f. of value** franko Valuta; **f. in wag(g)on (f. i. w.)** frei in Eisenbahnwagen; **f. on wag(g)on (f. o. w.)** frei Wagon/Güterwagen; **f. at wharf** frei längsseits Schiff

free v/t 1. befreien, liberalisieren; 2. freilassen, entlassen, aus der Haft befreien

free|bee; f.bie n (coll) (kostenlose) Werbezeitung, Gratiszeitung f, Anzeigenblatt nt; **f.booter** n Freibeuter m, Seeräuber m

freedom n Freiheit f, Unabhängigkeit f, Freiraum m, Dispositionsmöglichkeit f

freedom of action Handlungs-, Aktions-, Betätigungs-, Bewegungsfreiheit f, Dispositionshoheit f; **f. from legal action** Prozessimmunität f; **f. of economic action** wirtschaftliche Bewegungsfreiheit; **~ the air** Freiheit des Luftraums; **~ legal arrangement** Gestaltungsfreiheit f; **~ assembly** Versammlungsfreiheit f; **~ association** Koalitions-, Vereinigungsfreiheit f; **f. from average** (Vers.) Integralfranchise f; **f. of collective bargaining** Tarifautonomie f; **~ belief** Glaubensfreiheit f; **f. from bias** Unvoreingenommenheit f; **f. of conscience** Gewissensfreiheit f; **~ establishing cartels** Kartellfreiheit f; **~ choice** Entscheidungsspielraum m, Wahlfreiheit f; **to have ~ choice** freie Wahl haben; **~ choice by consumers** freie Konsumwahl; **~ occupation or profession** freie Berufswahl; **~ competition** Wettbewerbsfreiheit f; **~ consumption** Konsumfreiheit f; **~ contract** Vertragsfreiheit f; **~ decision-making** Entscheidungsfreiheit f; **~ election** freie Stimmabgabe; **~ enterprise** Unternehmensfreiheit f; **~ entry** freier Marktzugang; **~ establishment** Niederlassungsfreiheit f, freie Niederlassung; **~ exchange movements/operations** Freizügigkeit des Devisenverkehrs, freier Devisenverkehr; **~ faith** Glaubensfreiheit f; **~ form** Formfreiheit f; **f. from hunger campaign** Welthungerhilfe f; **f. of the individual** persönliche Freiheit; **~ information** Informationsfreiheit f; **f. from the jurisdiction of the courts** Justizfreiheit f; **f. of management** unternehmerische Freiheit; **~ manoeuvre** Manövrierraum m; **~ movement** (Recht auf/der) Freizügigkeit; **~ movement for persons** freier Personenverkehr; **~ opinion** freie Meinungsäußerung; **~ the press** Pressefreiheit f; **~ price-fixing** Preishoheit f; **~ economic pursuit** Gewerbefreiheit f; **~ scope** Gestaltungsfreiheit f; **~ the (high) seas** Freiheit der Meere, Seefreiheit f; **~ settlement** Niederlassungsfreiheit f; **~ speech** Meinungsfreiheit f, Recht auf freie Meinungsäußerung, Freiheit der (öffentlichen) Meinungsäußerung; **~ speech and assembly** Rede- und Versammlungsfreiheit f; **f. from tax on interest** Zinssteuerfreiheit f; **~ trade** Freizügigkeit f, Gewerbe-, Handelsfreiheit f; **~ trade and industry** Handels- und Gewerbefreiheit f; **~ transit** Durchfuhrfreiheit f; **f. of will** Willensfreiheit f

freedom to choose a career Berufsfreiheit f; **~ choose between ports** Freizügigkeit der Hafenwahl; **~ construe** [§] Qualifikationsfreiheit f; **~ provide services** freier Dienstleistungsverkehr; **~ take up any profession or trade** Berufsfreiheit f, Freiheit der Berufswahl

commercial freedom unternehmerische Freiheit; **economic f.** wirtschaftliche Freiheit, Gewerbe-, Wirtschaftsfreiheit f; **editorial f.** redaktionelle Freiheit; **organizational f.** Dispositivität f, Gestaltungsfreiheit f; **personal f.** Freiheit der Person; **religious f.** Bekenntnis-, Glaubens-, Religionsfreiheit f

freedom fighter Freiheitskämpfer(in) m/f

free-enterprise adj marktwirtschaftlich

free-for-all n (coll) 1. freier/hemmungsloser/schrankenloser/unbeschränkter/ungeregelter/unkontrollierter Wettbewerb; 2. Anarchie f, anarchische Verhältnisse

free|hand drawing n Faustskizze f; **f.-handed** adj freigebig

freehold n unbeschränktes Eigentumsrecht an Grundbesitz, Grundbesitz im freien/dauernden Eigentum, Eigenbesitz m, E.gut nt, freier Grundbesitz; **customary f. Erbpachtbesitz m, E.gut nt**

freeholder n freier Guts-/Grund-/Hausbesitzer, uneingeschränkter Eigentümer, Grundeigentümer mit freiem und dauerndem Eigentum

freehold flat Eigentumswohnung f, Stockwerkseigentum nt; **f. property** freies Grundstück/Grundeigentum/Eigentum, Kaufeigentum nt, K.objekt nt, freier Grund (und Boden); **f. and equivalent real estate rights** Grundstücke und grundstücksgleiche Rechte

freeing of interest rates n Zinsfreigabe f; **~ prisoners** Gefangenenbefreiung f

freelance n freiberuflich Tätige(r), Freiberufler(in) m/f, freie(r) Mitarbeiter(in), Freischaffende(r) f/m; **to work f.** freiberuflich tätig sein

freelance adj freiberuflich (tätig), freischaffend; v/i freiberuflich praktizieren, als freie(r) Journalist(in) schreiben; **f.r** n freiberuflich Tätige(r) f/m

free|loader n [US] (coll) Schnorrer m (coll), Nassauer m (coll), Schmarotzer m, Trittbrettfahrer m (coll); **f.man of the city** n Ehrenbürger m; **f.-market** adj marktwirtschaftlich

freemason *n* Freimaurer *m*, Logenbruder *m*; **f.s' lodge** Freimaurerloge *f*; **f.ry** *n* Freimaurerei *f*
free|phone *n* ✆ gebührenfreier Anruf; **f.post** *adj* ✉ Gebühr bezahlt Empfänger; **f.-range** *adj* 🐓 Freiland-, aus Bodenhaltung; **f.-rider** *n* 1. Trittbrett-, Schwarzfahrer(in) *m/f*; 2. *[US] (Börse)* Konzertzeichner *m*; **f.sheet** *n* Gratiszeitung *f*, Anzeigenblatt *nt*; **f.-spending** *adj* ausgabe-, konsumfreudig; **f.-spoken** *adj* freimütig; **f.standing** *adj* 1. 🏚 freistehend; 2. unabhängig, selbstständig; **f.thinker** *n* Freidenker *m*; **f.way** *n* *[US]* 🛣 (gebührenfreie) Autobahn; **f.wheeling** *n (fig)* freies Handeln
freeze *v/ti* 1. (ge-/ein)frieren, einfrosten; 2. *(Kapital)* blockieren, binden, festlegen, stoppen, sperren; 3. *(Wunde)* ⚕ vereisen; **f. out** *(fig)* herausdrängen; **f. over** überfrieren, vereisen; **f. up** zufrieren, vereisen
freeze *n* 1. Frost *m*, Einfrieren *nt*; 2. (Lohn- und Preis)Stopp *m*; 3. *(Konto)* Sperrung *f*; **f. on new issues** Emissionspause *f*; **~ rents** Mietstopp *m*
to impose a freeze Sperrung verhängen; **quick f.** Schockgefrieren *nt*; **voluntary f.** *(Löhne)* Stillhalten *nt*
freeze|-drying *n* Gefriertrocknung *f*; **f.-dry** *v/t* gefriertrocknen, trockengefrieren
(deep) freezer *n* (Tief)Kühltruhe *f*, Tiefkühl-, Gefrierschrank *m*, G.fach *nt*, Gefriermaschine *f*; **f. cabinet** Gefrier-, (Tief)Kühltruhe *f*; **f. center** *[US]* /**centre** *[GB]* 1. Einkaufszentrum für Tiefkühlkost, Tiefkühlkostgeschäft *nt*; 2. Tiefkühlanlage *f*; **f. compartment** Tiefkühl-, Gefrierfach *nt*; **f. facility** Tiefkühlanlage *f*
freezing *adj* lausig kalt *(coll)*
freezing *n* 1. Einfrieren *nt*; 2. *(fig)* Bindung *f*; **f. of an account** Sperrung eines Kontos; **~ assets** Vermögenssperre *f*; **~ funds** Sperrung von Geldern; **f. compartment** Gefrier-, Kühlfach *nt*; **f. point** Gefrier-, Nullpunkt *m*; **f. process** Tiefkühlverfahren *nt*; **f. temperature** Gefriertemperatur *f*; **f.-up** *n* Vereisung *f*
freight *n* 1. Fracht(gut) *f*/*nt*, F.aufkommen *nt*, Ladung *f*, Lade-, Roll-, Transportgut *nt*; 2. Transport *m*; 3. Frachtentgelt *nt*, F.gebühr *f*, F.kosten *pl*, Fuhrlohn *m*; 4. (Schiffs)Gebühr *f*, Schiffsmiete *f*; **f.s** Schiffsfrachten, Frachtleistungen; **without f.** ohne Fracht; **f. and carriage** Seefracht und Landfracht; **f. by distance; f. pro rata** Distanzfracht *f*; **f. and demurrage** Fracht- und Liegegeld *nt*; **~ insurance** Fracht und Versicherung
freight all kinds (f. a. k.) tarifunabhängig von Warenart; **f. assessed on the basis of cubic measurement; ~ on a measurement basis** Raumfracht *f*; **~ according to the value of the goods** Wertfracht *f*; **~ by weight; f. on a weight basis** Gewichtsfracht *f*; **f. back and forth** aus- und eingehende Fracht, Hin- und Herfracht *f*; **f. (to) collect** Frachtkosten zu bezahlen, unfrei, Fracht zahlt der Empfänger, ~ per Nachnahme, zu bezahlende Frachtkosten; **f. forward (frt. fwd.)** unfrei, Fracht zahlt der Empfänger, ~ bei Ankunft der Ware zu bezahlen, ~ nachnehmen, ~ gegen Nachnahme; **f. in(ward)** Bezugskosten *pl*, Frachtspesen *pl*, Eingangsfracht *f*; **f. out** Frachtspesen *pl*, Versandkosten *pl*, Hin-, Ausgangsfracht *f*; **~ and home** Hin- und Her-/Rückfracht *f*; **f. outward** *(Verkauf)* Frachtspesen *pl*; **f. paid** frachtfrei, Fracht bezahlt, franko; **f. and carriage paid** frachtfrei; **~ charges paid** fracht- und spesenfrei; **f. payable at destination** am Bestimmungsort zahlbare Fracht, Frachtzahlung am Bestimmungsort; **f. prepaid (frt. ppd.)** Fracht vorausbezahlt, vorausbezahlte Fracht, Frachtvorlage *f*; **f. and charges prepaid** fracht- und spesenfrei; **f. as customary** in gewöhnlicher Fracht
to book freight Frachtraum belegen/buchen; **to charge (for) f.** Fracht(kosten) berechnen; **to group f.** Fracht/Sammelladung(en) zusammenstellen; **to handle f.** Fracht umschlagen; **to haul f.** Güter/Fracht befördern; **to prepay f.** Fracht im Voraus bezahlen; **to sail on f.** ⚓ auf Fracht fahren; **to send as f.** als Frachtgut schicken, verfrachten; **to transport f.** Güter befördern
additional freight Mehrfracht *f*; Frachtaufschlag *m*, F.zuschlag *m*; **advance f.** Frachtvorschuss *m*, F.vorlage *f*; **anticipated f.** in Aussicht stehende Fracht; **back f.** Rückfracht *f*; **bulky f.** Sperrgut *nt*; **consolidated f.** Sammelfracht *f*; **containerized f.** Containerfracht *f*; **dead f.** ⚓ Leer-, Taubfracht *f*, tote Fracht, Reu-, Fehl-, Faul-, Ballastfracht *f*; **domestic f.** Inlandsfracht *f*; **dry f.** Trockengut *nt*, T.fracht *f*, Schüttgut *nt*; **excess f.** Überfracht *f*, Frachtzuschlag *m*; **express f.** Eilgut *nt*, E.fracht *f*; **extra f.** Frachtaufschlag *m*, Zuschlagsfracht *f*; **fast f.** *[US]* Schnellgut *nt*, Eilfracht *f*, E.gut *nt*; **by ~ als Eilgut; ~ waybill** Eilfrachtbrief *m*; **flat-rate/lumpsum f.** Total-, Pauschalfracht *f*, Fracht in Bausch und Bogen; **general f.** Stückgut *nt*; **gross f.** Bruttofracht *f*, ganze Fracht; **homeward f.** Rückfracht *f*; **interline f.** von mehreren Spediteuren beförderte Fracht; **inward f.** eingehende Fracht, Herfracht *f*; **land-borne f.** Landfracht *f*; **marine f.** Seefracht *f*; **minimum f.** Mindest-, Minimalfracht *f*; **net f.** Nettofracht *f*; **~ f.s** Frachtbilanz *f*; **optional f.** freie/zusätzliche Fracht; **ordinary f.** normales Frachtgut; **original f.** Vor-, Originalfracht *f*; **outbound/outward f.** Ausgangs-, Hinfracht *f*, abgehende/ausgehende Fracht, Ausfracht *f*; **outward and inward f.** Hin- und Herfracht *f*; **prepaid f.** vorausbezahlte Fracht; **pro-rata f.** Distanzfracht *f*; **respited f.** gestundete Fracht; **rolling f.** rollende Ware; **sea-borne f.** Seefracht *f*; **by slow f.** als Frachtgut; **surplus f.** Zusatzfracht *f*; **through f.** Transit-, Durch(gangs)fracht *f*, durchgehende Fracht; **undeclared f.** ⊖ nicht deklarierte Fracht; **ad valorem (a. v.)** *(lat.)*; ⊖ Wertfracht *f*
freight *v/t* 1. beladen; 2. ver-, befrachten, befördern; 3. ⚓ chartern, verschiffen; **f. ad valorem (a. v.)** *(lat.)* nach Wert befrachten; **f. out** verchartern; **f. through** durchfrachten
freight absorption Frachtkostenübernahme *f*; **f. account** Frachtrechnung *f*, F.konto *nt*, Transportkostenrechnung *f*
freightage *n* 1. Fracht *f*, F.kosten *pl*, F.gebühren *pl*, F.spesen *pl*, F.lohn *m*, F.geld *nt*; 2. Befrachtung *f*; 3. Frachtbeförderung *f*, Verfrachtung *f*
freight agent Frachtenmakler *m*, F.agent *m*, Spediteur *m*; **f. authorization** Frachtfreigabe *f*; **f. bill** Frachtrechnung *f*, F.zettel *m*, F.note *f*, F.brief *m*, Güterbegleitschein *m*; **preliminary ~ of lading** Vorfrachtkonnossement *nt*; **f. booking** Frachtbuchung *f*, F.maklerge-

schäft nt, Belegung von Frachtraum; **f. broker/canvasser** Fracht(en)-, Transportmakler m; **f. brokerage** Vermittlung der Befrachtung; **f. bureau** Frachtausschuss m; **f. business** Frachtgeschäft nt
freight car [US] 🚃 Wagon m, Güterwagen m; **private f. c.** Privatgüterwagen m; **special-purpose f. c.** Spezialwagen m; **f. c. reservation** Wagonbestellung f
freight carried Frachtleistung f, F.aufkommen nt; **f. carrier** Frachtführer m, Spedition f, Transportunternehmen nt; **general f. carrier** Stückgutspediteur m; **f. category** Verladeklasse f; **f. center** [US] /**centre** [GB] Güterumschlagszentrum nt
freight charges Frachtkosten, F.gebühren, Transportkosten; **to commute f. c.** Frachtkosten bezahlen; **advance f. c.** Frachtvorlage f; **entailing high f. c.** transportkostenintensiv; **through f. c.** Durchgangsfrachtgebühren
freight claim Frachtanspruch m, F.forderung f; **f. clause** Frachtklausel f, F.vermerk m; **f. clerk** Speditionsangestellte(r) f/m; **f. commission** Frachtkommission f; **f. conference** Schifffahrtskonferenz f; **f. container** Fracht-, Transportbehälter m; **f. contract** Frachtvertrag m, F.kontrakt m; **tonnage-space f. contract** Raumfrachtvertrag m; **f. contracting** Befrachtung f; **f. control** Frachtenkontrolle f; **f. corporation** [US] Spedition f, Frachtunternehmen nt; **f. declaration** ⊖ Anmeldung der Ladung; **f. deferment** Frachtkredit m, F.stundung f; **f. delivery** Frachtzustellung f; **~ office** Güterausgabe f; **f. density** Verkehrsdichte im Güterverkehr; **f. depot** 1. [US] 🚃 Güterbahnhof m, G.schuppen m; 2. 🚛 Verkehrshof m; **f. differential** Frachtdifferenz f; **f. document** Fracht-, Transport-, Verladedokument nt, V.papier nt; **f. earnings** Frachtleistungen f; **f. elevator** [US] Lasten-, Güteraufzug m; **f. engagement** Frachtverabredung f, F.verpflichtung f; **f. equalization** Fracht(kosten)ausgleich m, Frachtenausgleich m
freighter n 1. ⚓ Frachter m, Frachtschiff nt, F.dampfer m, Lastschiff nt; 2. ✈ Frachtflugzeug nt; 3. Verlader m, (Schiffs)Befrachter m, Spediteur m, Transportunternehmer m
freight exchange Frachtbörse f; **f. forwarder** (Güter)Spediteur m, Spedition f, Sammelladungs-, Frachtspediteur m, F.führer m; **foreign f. forwarder** internationale Spedition; **f. guarantee** Frachtaval m/nt; **f. handling** Frachtabfertigung f, F.umschlag m, Transportabwicklung f; **~ facility** 1. Güterverkehrs-, Güterverladungsanlage f; 2. 🚃 Güterverkehrsknotenpunkt m; **~ operation** Umschlag(sgeschäft) m/nt; **f. home** Her-, Rückfracht f; **f. house** [US] Lagerhaus nt; **f. hub** 🚃 Güterverkehrsknotenpunkt m; **f. index futures** (Handels- und) Frachtterminkontrakte; **f. industry** Transportgewerbe nt, T.branche f
freighting n 1. Schiffsvermietung f; 2. Frachtgeschäft nt, Be-, Verfrachtung f; **f. on measurement** Maßfracht f; **general/mixed f.** Stückgutfrachtgeschäft nt, S.befrachtung f; **partial f.** Teilbefrachtung f
freight insurance Güter(transport)-, Frachtversicherung f; **~ value** Versicherungswert der Fracht; **f. kilometre** Frachtkilometer m; **f. liability** Frachtschuld f

freightliner service n 🚃 Containerexpresszugverbindung f; **f. terminal** Umschlagstelle für Containerexpresszüge; **f. traffic** Frachtverkehr m; **f. train** Containerexpresszug m
freight list (Ver)Ladeliste f, L.verzeichnis nt, Ladungsliste f; **f. mail center** [US] /**centre** [GB] Frachtpostzentrum nt; **f. management** Transportdisposition f; **f. market** Gütertransportmarkt m, Frachtenbörse f; **f. mile** Frachtmeile f; **f. note** Frachtbrief m; **f. offered** Frachtangebot nt, F.offerte f; **f. office** 1. Güterannahmestelle f; 2. [US] Güterabfertigungsstelle f; 3. Güterausgabe f; 4. Frachtbüro nt; **f. operator** Fuhrunternehmer m; **f. overcharge** zuviel erhobene Frachtgebühr; **f. penalty** Frachtzuschlag m, Straffracht f; **f. plane** ✈ Fracht-, Transportflugzeug nt; **~ service** Frachtflugverkehr m; **f. planning** Transportdispositionen pl; **f. policy** (Vers.) Frachtpolice f; **compulsory f. prepayment** Frankaturzwang m; **f. quotation** Fracht(kurs)notierung f, F.notiz f
freight rate Güter-, Beförderungs-, Transport-, Frachttarif m, F.satz m, F.rate f, Transportpreis m; **differential f. r.** Differenzialfracht f, Differenzfrachtsatz m; **heavy f. r.** Hochgewichtsrate f; **marine f. r.** Seefrachtrate f; **minimum f. r.** Mindest-, Minimalfracht(satz) f/m; **special f. r.** Spezialrate f
freight rebate (begrenzte) Frachtrückerstattung; **f. receipt** Frachtquittung f, F.empfangsbescheinigung f, Transportempfangsschein m; **f. receipts** Frachtertrag m; **f. reduction** Frachtvergünstigung f, F.ermäßigung f; **f. release** Güterfreigabe f; **f. requirements** Transportbedarf m; **f. revenue(s)** Frachteinkünfte pl; **f. route** Frachtweg m; **f. saving** Frachtkostenersparnis f
freight service Frachtverkehr m; **mulitmodal f. s.** kombinierter Verkehr; **scheduled f. s.** Frachtliniendienst m
freight shed Güterhalle f; **f. shipment** Frachtsendung f; **f. space** Fracht-, Transportraum m; **to book f. space** Frachtraum buchen/belegen; **f. station** 🚃 Güterbahnhof m; **f. storage** Güterlagerung f; **f. subsidy** Fracht(bei)hilfe f; **f. surcharge** Frachtzuschlag m, Zuschlagsfracht f; **f. tariff** Fracht-, Gütertarif m; **special f. tariff** Frachtsondertarif m; **f. terms** Transport-, Frachtbedingungen m; **to settle f. terms** Fracht bedingen; **f. ton** Gewichts-, Frachttonne f; **f. tonnage** Frachtraum m, Nutztragfähigkeit f, Güter-, Handelstonnage f
freight traffic Frachtumschlag m, Fracht-, Güterverkehr m, G.bewegung f, G.versand m; **intercity f. t.** zwischenstädtischer Güterverkehr; **domestic ~ f. t.** inländischer zwischenstädtischer Güterverkehr; **long-distance/long-haul f. t.** Güterfernverkehr m; **private f. t.** werkseigener Güterverkehr, Werksverkehr m; **short-distance/short-haul f. t.** Güternahverkehr m
freight train 🚃 Güterzug m; **by f. train** als Frachtgut nt; **f. transport(ation)** Gütertransport m, G.verkehr m, Frachtgutbeförderung f; **long-distance/long-haul f. transport(ation)** Güterfernverkehr m; **f. village** Frachtzentrum nt; **f. volume** Transportvolumen nt, Frachtaufkommen nt
freight waybill Frachtbrief m: **astray f. w.** Stückgutbegleitschein m

freight yard *[US]* 🚂 Güterbahnhof *m*
frequency *n* Frequenz *f*, Häufigkeit *f*; **f. of accidents** Unfallhäufigkeit *f*; **~ damaging events** Schadenshäufigkeit *f*; **~ deliveries/drops** Lieferfrequenz *f*; **~ distribution** 🎲 Verteilungsdichte *f*; **~ flights** Flugfrequenz *f*; **~ interaction** Interaktionshäufigkeit *f*; **~ occurrence** Vorkommens-, Eintrittshäufigkeit *f*; **~ ordering** Bestellhäufigkeit *f*; **absolute frequency** 🎲 absolute Häufigkeit, Besetzungszahl *f*, Anzahl in einer Klasse; **cumulative f.** Summenhäufigkeit *f*; **high f.** Hochfrequenz *f*; **very ~ f. (VHF)** Ultrakurzwelle (UKW) *f*; **low f.** Niederfrequenz *f*; **proportional f.** proportionale/relative Häufigkeit; **radio-directing f.** Leitfrequenz *f*; **relative f.** relative Häufigkeit
frequency allocation *(Radio)* Wellenverteilung *f*; **f. band** Frequenzband *nt*; **f. bar chart** Häufigkeitshistogramm *nt*; **f. chart** Häufigkeitstabelle *f*; **f. curve** Häufigkeitskurve *f*; **cumulative f. curve** kumulative Häufigkeitskurve; **f. density** Häufigkeitsdichte *f*
frequency distribution 🎲 Häufigkeitsverteilung *f*; **compound f. d.** überlagerte/zusammengesetzte Häufigkeitsverteilung; **cumulative f. d.** kumulative Häufigkeitsverteilung, Summenhäufigkeitsverteilung *f*
frequency drift Frequenzverschiebung *f*; **f. function** Häufigkeitsfunktion *f*; **f. modulation** Frequenzmodulation *f*; **f. moment** Häufigkeitsmoment *m*; **regular f. polygon** Histogramm *nt*; **f. range** Frequenzbereich *m*; **f. series** 🎲 Frequenzreihe *f*; **f. table** Häufigkeitstabelle *f*; **f. theory of probability** Häufigkeitstheorie der Wahrscheinlichkeit
frequent *adj* häufig; *v/t* frequentieren, regelmäßig besuchen/einkaufen; **f.er** *n* Stammgast *m*
fresh *adj* 1. frisch; 2. neu; **f. from the presses** 🖨 druckfrisch, frisch aus der Presse
freshen up *v/i* sich frisch machen
fres|her; f.man *n* Student(in) im ersten Semester, Erstsemester *nt*
fret *v/i* sich Sorgen machen; **f.ful** *adj* unruhig; **f.saw** *n* Laubsäge *f*
friction *n* 1. Reibung *f*; 2. *(fig)* Reibereien *pl*, Spannung *f*, Misshelligkeit *f*, Unstimmigkeit *f*; **adhesive f.** Haftreibung *f*
frictional *adj* fluktuationsbedingt
friction feed 🖨 Friktionsvorschub *m*; **f. tape** *[US]* Isolierband *nt*
fridge *n* *(coll)* Eis-, Kühlschrank *m*; **f.-freezer (unit)** *n* (Kühl- und) Gefrierkombination *f*
friend *n* Freund(in) *m/f*, Bekannte(r) *f/m*; **f. of the family** Hausfreund *m*; **f. and foe** Freund und Feind; **to become/make f.s** sich anfreunden/befreunden, Freundschaft schließen; **to have f.s in high quarters** Protektion genießen; **to make new f.s** seinen Freundeskreis erweitern
close friend|s dicke Freunde *(coll)*; **to be ~ f.s** eng befreundet sein; **next f.** [§] Prozessbeistand *m*
friend|liness *n* Freundlichkeit *f*, Wohlwollen *nt*; **f.ly** *adj* freundlich, befreundet, freundschaftlich, wohlwollend; **environmentally f.ly** umweltfreundlich, u.schonend; **f.ship** *n* Freundschaft *f*

frigate *n* ⚓/⚓ Fregatte *f*
fright *n* Schrecken *m*; **to give so. a f.** jdm einen Schrecken einjagen
frighten *v/t* (ver)ängstigen; **f. off** abschrecken; **f.ed** *adj* verschreckt; **f.ing** *adj* beängstigend
frills *pl* *(fig)* überflüssiges Beiwerk; **no f.** keine/ohne Extras, schlicht, ohne Kinkerlitzchen *(coll)*, keine Extraleistungen
fringe *n* 1. Rand(zone) *m/f*, R.gebiet *nt*, Peripherie *f*; 2. Franse *f*; **f. activity** Randgebiet *nt*, R.aktivität *f*; **f. bank** Teilzahlungsbank *f*; **f. banking** Teilzahlungskreditgeschäft *nt*; **f. benefits** Aufwandsentschädigungen, freiwillige Sozialleistungen, Sondervergünstigungen, zusätzliche Leistungen, Lohnnebenleistungen, L.kosten, Neben-, Zusatzvergünstigungen, Neben-, Zusatzleistungen, betriebliche Vergünstigungen/Sozialzulagen/Versorgungsleistungen, Personalnebenkosten, zusätzliche/freiwillige betriebliche Leistungen, Nebenbezüge; **~ package** Bündel von Sozialleistungen; **f. costs** Personal-, Lohnnebenkosten; **f. group** Randgruppe *f*; **f. line** Randsortiment *nt*; **f. location** Randlage *f*; **f. market** Neben-, Zusatzmarkt *m*; **f. meeting** *(Konferenz)* Veranstaltung am Rande; **f. party** Splitterpartei *f*; **f. population** Randbevölkerung *f*; **f. time** Gleitzeitbereich *m*
frisk *v/t* *(coll)* filzen *(coll)*, genau durchsuchen
fritter away *v/t* 1. vergeuden, leichtfertig ausgeben; 2. *(Zeit)* verbummeln
frivolous *adj* 1. leichtfertig; 2. [§] schikanös
from now on [§] ex nunc *(lat.)*; **f. ... to/till** von ... bis
front *n* 1. Vorderseite *f*, V.front *f*; 2. 🏛 Fassade *f*; 3. *(fig)* Strohmann *m*, Aushängeschild *nt*; 4. ⚔ Front *f*; 5. Liniensortiment *nt*; 6. ☁ Wetterfront *f*; **in f.** vor; **on the ... f.** was ... betrifft; **up f.** vorne; **f. of a building** Gebäudefront *f*
to be in front an der Spitze liegen; **to move up f.** nach vorne rücken; **to push to the f. of a line** *[US]* **/queue** *[GB]* sich vordrängeln; **to put a bold f. on it**; **to show a bold f.** 1. *(Börse)* feste Haltung zeigen; 2. die Stirn bieten, Mut zeigen; **to put sth. in f. of so.** jdm etw. vorsetzen; **~ up a f.** den Schein wahren
on a broad/wide front auf breiter Front/Linie; **cold f.** ☁ Kaltluftfront *f*; **false f.** Blendwerk *nt*, falsche Fassade; **on the monetary f.** auf monetärer Ebene; **popular f.** Volksfront *f*; **warm f.** ☁ Warmluftfront *f*
front *v/ti* 1. gegenüberstehen, g.liegen; 2. gegenüberstellen, konfrontieren
frontage *n* 🏛 Front(breite) *f*, F.länge *f*, Vorderfront *f*; **f. assessment** Straßenanliegergebühren *pl*; **f.r** *n* Straßenanlieser *m*
frontal *adj* frontal
front axle 🚗 Vorderachse *f*; **f. bench** *[GB]* *(Parlament)* vordere Bank (für Regierung bzw. Opposition), Regierungsbank *f*; **f. building** Vorderhaus *nt*; **f. counter** Kundenschalter *m*; **f. cover** 📖 Titelseite *f*; **f. desk** Empfang *m*, Rezeption *f*; **f. door** Haustür *f*; **f. elevation** 🏛 Frontansicht *f*, Fassadenaufriss *m*, Gebäudefront *f*; **f. end** 💻 Frontende *nt*; **f. garden** *[GB]* Vorgarten *m*
frontier *n* Grenze *f*; **close to the f.** grenznah; **delivered**

at f. (DAF) geliefert Grenze; **to violate the f.** Grenze verletzen
external frontier *(EU)* Außengrenze *f*; **internal f.** *(EU)* Binnengrenze *f*; **national f.** Landesgrenze *f*; **territorial f.** Hoheitsgrenze *f*
frontier adjustment Grenzbereinigung *f*; **f. agreement** Grenzabkommen *nt*; **f. area** Grenzgebiet *nt*; **f. clearance** ⊖ Grenzabfertigung *f*; **~ charge** Grenzabfertigungsgebühr *f*; **f.-crossing** *adj* grenzüberschreitend; **f. crossing point** Grenzübergang(sstelle) *m/f*, G.sort *m*; **f. customs clearance** ⊖ Grenzzollabfertigung *f*; **~ office** Grenzzollstelle *f*; **f. dispute** Grenzstreitigkeit *f*; **f. district** Grenzbezirk *m*; **f. pass** Grenzpassierschein *m*; **f. post** Grenzposten *m*; **f. region** Grenzregion *f*; **f. stamp** Grenzstempel *m*; **f. station** 🚂 Grenzbahnhof *m*
frontier surveillance Grenzaufsicht *f*; **~ officer** Grenzaufsichtsbeamter *m*; **~ post** Grenzaufsichtsstelle *f*
frontier town Grenzstadt *f*; **f. traffic** Grenzverkehr *m*; **local f. traffic** kleiner Grenzverkehr; **f. treaty** Grenzvertrag *m*; **f. worker** Grenzgänger *m*, Grenzarbeitnehmer *m*; **f. zone** Grenzzone *f*; **~ worker** Grenzgänger *m*, Grenzarbeitnehmer *m*
frontispiece *n* 📖 Titelbild *nt*
front line Frontlinie *f*; **~ state** Frontstaat *m*; **~ product** Hauptumsatzträger *m*
front loader Frontstapler *m*; **f. man** Strohmann *m*; **f. matter** *[US]* 📖 Titelei *f*; **f. money** Vorschuss *m*; **f. organization** Tarnorganisation *f*
front page 📖 Titelseite *f*, T.blatt *nt*, erste Seite; **to carry on the f. p.** auf der Titelseite bringen; **f.-p.** *adj* wichtig, aktuell
front|runner *n* aussichtsreiche(r) Bewerber(in)/Kandidat(in), erste(r) Anwärter(in), Favorit(in) *m/f*, Spitzenkandidat(in) *m/f*, S.reiter(in) *m/f*; **f. view** 🏠 Aufriss *m*, Front-, Vorderansicht *f*; **f. wall** 🏠 Stirnwand *f*; **f. yard** *[US]* Vorgarten *m*
frost *n* Frost *m*, Reif *m*; **mild f.** mäßiger Frost; **severe/sharp f.** beißender/klirrender/starker Frost; **white f.** Rauhreif *m*
frost|belt *n* *[US]* nördliche Staaten der U. S. A.; **f.bite** *n* ⚕ Frostbeule *f*; **f. damage** Frostschaden *m*; **f.-free** *adj* frostfrei; **f. insurance** Frost(schaden)versicherung *f*; **f. period** Frostperiode *f*; **f.-proof** *adj* frostbeständig, f.sicher; **f.-resistant** *adj* frostbeständig; **f. warning** Frostwarnung *f*
froth *n* Schaum *m*
frown *v/i* die Stirn runzeln; **f.ed upon** *adj* verpönt
frozen *adj* 1. (ein)gefroren, vereist; 2. blockiert, gesperrt; 3. (preis)gebunden
fructus naturales *pl* *(lat.)* [§] Bodenfrüchte *pl*
frugal *adj* sparsam, haushälterisch, einfach, spärlich; **f.ity** *n* Genügsamkeit *f*, Einfachheit *f*
fruit *n* 1. Obst *nt*, Frucht *f*, Früchte *pl*; 2. *(fig)* Gewinn *m*, Nutzen *m*, Erfolg *m*, Ergebnis *nt*, Wirkung *f*; **f.s and profits** Früchte und Nutzungen; **f.s of the earth** 🌾 Bodenfrüchte; **~ our labour** Ertrag unserer Arbeit; **collecting the f.s and benefits** Fruchtziehung *f*
to bear fruit 1. Früchte tragen; 2. *(fig)* Ergebnisse zeitigen

canned *[US]* /**tinned** *[GB]* **fruit(s)** Obstkonserve *f*; **dried f.(s)** Dörrobst *nt*; **fresh-picked f.** Frischobst *nt*; **malaceous f.(s)** Kernobst *nt*; **preserved f.(s)** Konservenobst *nt*, eingemachtes Obst; **soft f.(s)** Beerenobst *nt*; **stewed f.(s)** Kompott *nt*; **tropical and subtropical f.s** Südfrüchte
fruit|-bearing *adj* fruchttragend; **f. car** *[US]* 🚃 Obstwagon *m*; **f. diet** Obstkur *f*
fruiter *n* 1. ⚓ Fruchtschiff *nt*; 2. 🌳 (tragender) Obstbaum; **f.er** *n* Obsthändler *m*
fruit farm 🌳 Obstplantage *f*; **f. farmer** Obstbauer *m*; **f. farming/growing** Obstanbau *m*
fruitful *adj* ergiebig, fruchtbar, ertragreich, gedeihlich
fruit glut Obstschwemme *f*; **f. import business/trade** Obst-, Fruchtimporthandel *m*
fruition *n* Erfüllung *f*, Verwirklichung *f*, Gewinn *m*, Ergebnis *nt*; **to come to f.** sich verwirklichen/erfüllen, in Erfüllung gehen, reifen, zur Ausführung gelangen; **to reach f.** das Ziel erreichen
fruit jar Obstglas *nt*; **f. juice** Frucht-, Obstsaft *m*; **f.less** *adj* unnütz, frucht-, ergebnislos; **f.lessness** *n* Ergebnis-, Erfolglosigkeit *f*; **f. machine** *(coll)* Glücks(spiel)automat *m*; **f. picker** Obstpflücker *m*; **f. press** Saftpresse *f*; **f. processing** Obstverwertung *f*; **f. ranch** *[US]* 🌳 Obstfarm *f*, O.anbaubetrieb *m*, O.plantage *f*; **f. salad** Obstsalat *m*; **f. stall** Obststand *m*; **f. trade** Obsthandel *m*; **f. tree** Obstbaum *m*; **~ nursery** Obstbaumschule *f*; **f. truck** *[GB]* 🚃 Obstwagon *m*; **f. van** Obstwagen *m*; **f. vendor** Obstverkäufer *m*
frustrate *v/t* vereiteln, verhindern, enttäuschen, zunichte machen, frustrieren, *(Ziel)* durchkreuzen; **f.d** *adj* frustriert
frustration *n* 1. Vereitelung *f*; 2. Enttäuschung *f*, Frustration *f*; 3. [§] Leistungsstörung *f*, objektive Unmöglichkeit; **f. of attachment** Vereitelung der Zwangsvollstreckung; **~ (a) contract** 1. Fortfall/Wegfall/Änderung der Geschäftsgrundlage; 2. Unmöglichkeit der Vertragserfüllung, Leistungshindernis bei der Vertragserfüllung; **~ a writ of execution** Vollstreckungsvereitelung *f*; **initial/original f.** *(Vertrag)* ursprüngliche Unmöglichkeit; **subsequent/supervening f.** nachträgliche Unmöglichkeit; **f. claim** (Feststellungs)Klage *f* (, dass Vertragserfüllung durch von keiner Seite vorhergesehene Umstände unmöglich geworden ist)
small fry *n* *(coll)* kleine Fische *(coll)*, Kleinigkeiten *pl*, unbedeutende Person(en)
out of the frying pan into the fire *n* *(fig)* vom Regen in die Traufe *(fig)*
fuel *n* Treib-, Brenn-, Kraft-, Betriebsstoff *m*, Energieträger *m*, Brenn-, Heizmaterial *nt*, Sprit *m* *(coll)*; **to add f. to sth.** *(fig)* etw. verschärfen; **~ the flames** *(fig)* Leidenschaften entfachen/entflammen/schüren, Öl ins Feuer gießen, Feuer anfachen/schüren
alternative fuel alternative Energie; **compact f.** Festbrennstoff *m*, fester Treib-/Brennstoff; **domestic f.** Hausbrand *m*; **fossil f.** Verbrauch von mineralischem Brennstoff, fossiler Brennstoff; **~ levy** *[GB]* Kohlepfennig *m* *[D]*; **gaseous f.** gasförmiger Brennstoff;

leaded f. ⮕ verbleiter Kraftstoff, verbleites Benzin; **lead-free/unleaded f.** bleifreier/unverbleiter/nicht verbleiter Kraftstoff; **liquid f.** flüssiger Brennstoff, Flüssigbrennstoff *m*; **mineral f.** Mineralbrennstoff *m*, M.öl *nt*; **nuclear f.** Kernbrennstoff *m*; **primary f.** Primärenergieträger *m*; **residual f.** *[US]* Schweröl *nt*; **solid f.** Festbrennstoff *m*, fester Brenn-/Treibstoff
fuel *v/t* 1. (auf-/be)tanken; 2. ⚓ einbunkern; 3. *(fig)* anheizen, steigern, anfachen
fuel allocation Kraftstoffzuteilung *f*; **concessionary f. allowance** 1. ♥ Deputat(kohle) *nt/f*; 2. Freibenzin *nt*; **f. bill** Heizkosten-, Brennstoff-, Treibstoffrechnung *f*; **f. burn** Treib-, Brennstoffverbrauch *m*; **f. cell** Brennstoffzelle *f*; **f. conservation** Brennstoff-, Benzineinsparung *f*; **f. consumption** Brennstoff-, Kraftstoff-, Treibstoffverbrauch *m*; **f. costs** Treibstoff-, Heiz-, Energiekosten; **f. depot** Brennstoff-, Kraftstoff-, Tanklager *m*, Treibstoffdepot *nt*, T.lager *nt*; **f. dump** ⚓ Treibstofflager *nt*; **f. economy** Benzin-, Treibstoff-, Energieeinsparung *f*; **f.-efficient** energie-, brennstoff-, treibstoff-, benzinsparend, verbrauchsarm, sparsam; **f. flask** ☢ (Nuklear)Brennstoffbehälter *m*; **f. ga(u)ge** Tank-, Benzinuhr *f*, Kraftstoffanzeiger *m*; **f. industry** Brennstoffindustrie *f*; **f. injection** ⮕ Benzin-, Kraftstoff-, Treibstoffeinspritzung *f*
fuelling *n* (Be)Tanken *nt*; **f. station** *[US]* Tankstelle *f*; **f. stop** Tankpause *f*
fuel mixture Kraftstoffgemisch *nt*; **f. oil** Heizöl *nt*; **f. price** Benzin-, Kraftstoff-, Treibstoffpreis *m*; **f. pump** 1. Treibstoff-, Benzinpumpe *f*; 2. Zapfsäule *f*; **f. requirements** Brennstoff-, Treibstoffbedarf *m*; **f. reserves** Brennstoff-, Kraftstoffvorräte; **f. rod** ☢ Brennstab *m*; **spent f. rod** abgebrannter Brennstab; **f.-saving** *adj* treibstoffsparend; **f. savings** Brennstoff-, Treibstoffersparnis *f*; **f. shortage** Brennstoffknappheit *f*, Treibstoffverknappung *f*, T.knappheit *f*; **f. source** Energiequelle *f*; **f. stocks** Brennstoff-, Treibstoffvorräte; **f. stop** Tankpause *f*, T.aufenthalt *m*; **f. storage** Treibstofflagerung *f*; **f. substitute/substitution** Brennstoffersatz *m*; **f. supply** Brennstoff-, Treibstoffversorgung *f*; **f. tank** Kraftstoff-, Brennstoffbehälter *m*, Treibstofftank *m*; **f. tax** Treibstoffsteuer *f*
fugitive *n* Flüchtling *m*, Ausreißer(in) *m/f*; *adj* flüchtig, entflohen
fulcrum *n* Dreh- und Angelpunkt *m*
fulfil *[GB]*; **fulfill** *[US]* *v/t* ausführen, aus-, erfüllen, vollziehen, *(Bitte)* entsprechen, nachkommen; **to be f.(l)ed** *adj* in Erfüllung gehen
fulfil(l)ment *n* Erfüllung *f*, Ausführung *f*, Vollzug *m*; **f. of the condition** Erfüllung/Eintritt der Bedingung; **~ a contract** Vertragserfüllung *f*; **~ one's duty** Pflicht(en)erfüllung *f*
full *adj* 1. voll; 2. vollständig; 3. eingehend; **in f.** in voller Höhe, voll ausgeschrieben; **to use to the f.** voll ausnutzen
full-blown *adj* ausgewachsen; **f.-bodied** *adj (Wein)* schwer; **f.(y)-fledged** *adj* voll entwickelt, richtiggehend, ausgewachsen; **f.-length** *adj* in der ganzen Länge; **f.-page** *adj* 📄 ganzseitig; **f.-sawn** *adj* 🪚 gänzlich gesägt; **f.-scale** *adj* alles umfassend, in vollem Umfang; **f.-service** mit umfassendem/kompletten/vollem (Dienst)leistungsangebot; **f.-size** *adj* in voller Größe; **f.-time** *adj* hauptamtlich, h.beruflich, ganztägig (tätig), vollberuflich (tätig), voll(zeit)beschäftigt; **f.-timer** *n* hauptberuflich tätige Person, Vollzeitkraft *f*, V.beschäftigte(r) *f/m*; **f. up** *(coll)* voll besetzt; **f.-value** *adj* vollwertig
fully *adv* völlig, gänzlich; **f.-paid** *adj* voll eingezahlt
fume *v/i* 1. dampfen, rauchen; 2. *(fig)* wütend sein; **f.s** *pl* Dämpfe; **noxious f.s** schädliche Abgase, (Schadstoff)Emission *f*
fun *n* Spaß *m*; **(just) for the f. of it** (nur) zum Vergnügen/Spaß; **to make f. (of so./sth.)** (jdn/etw.) lächerlich machen; **to poke f. at so./sth.** sich über jdn lustig machen, ~ etw. mokieren, über jdn spotten, sich einen Spaß mit jdm machen; **to spoil so.'s f.** jdm die Suppe versalzen *(fig)*; **great f.** Mordsspaß *m (coll)*
function *n* 1. Funktion *f*; 2. Tätigkeit *f*, Rolle *f*, Aufgabe *f*, Obliegenheit *f*; 3. Veranstaltung *f*, Gesellschaft *f*, Feier *f*; 4. π Funktion *f*
functions of the federal administration Bundesaufgaben; **~ local authorities** Kommunal-, Gemeindeaufgaben; **f. of money** Geldfunktion *f*; **f.s of price** Preisfunktionen; **f.s in the sphere of law** öffentlich-rechtliche Aufgaben; **f.s of the distributive trade(s)** Handelsfunktionen
to be a function of obliegen; **to define f.s** *(Behörden)* Aufgaben abgrenzen; **to delegate f.s** Befugnisse übertragen; **to move into some other f.** andere Funktion übernehmen; **to perform a f.** Funktion erfüllen
additional function Nebenamt *nt*; **administrative f.** Verwaltungsfunktion *f*, V.tätigkeit *f*, V.aufgabe *f*, verwaltende Funktion; **advisory f.** beratende Funktion, Beratungsfunktion *f*; **allocative f.** Steuerungsfunktion *f*; **basic f.** Kernfunktion *f*; **computational f.** Rechenfunktion *f*; **contributive f.** Eingangsfunktion *f*; **custodial f.** Aufsicht *f*; **delegated f.s** Auftragsangelegenheiten; **distributive f.** Verteiler-, Ausgangs-, Distributionsfunktion *f*; **dual f.** Doppelfunktion *f*; **exponential f.** π Exponentialfunktion *f*; **generic f.** generische Funktion; **governmental f.s** hoheitsrechtliche Aufgaben; **honorary f.** Ehrenamt *nt*; **important f.** wichtige Rolle; **income-demand f.** Einkommens-Nachfragefunktion *f*; **income-consumption f.** Einkommens-Konsumfunktion *f*; **judicial f.** Richteramt *nt*, richterliche Funktion/Tätigkeit; **lagged f.** verzögerte Funktion; **main f.** Schwerpunktaufgabe *f*; **managerial f.** Führungs-, Management-, Unternehmerfunktion *f*; **monitoring/supervisory f.** Überwachungsaufgabe *f*; **official f.(s)** amtliche Funktion, Amtsgeschäfte; **price-demand f.** Preis-Nachfragefunktion *f*; **public f.** öffentliche Aufgabe; **regulative f.** Ordnungsfunktion *f*; **returns-to-scale f.** Ertragsfunktion bei Niveauvariation; **special f.** Sonderfunktion *f*; **social f.** gesellschaftliche Veranstaltung *f*; **sovereign f.** hoheitsrechtliche Funktion; **straight-line f.** lineare Funktion; **top-executive f.** Vorstandsfunktion *f*; **transformative f.** Transformationsfunktion *f*; **vertical f.s** vertikale Funktionssäule

function *v/i* arbeiten, fungieren, funktionieren; **f. properly** richtig funktionieren
function|al *adj* funktional, zweckbetont, funktionell; **f.ary** *n* Funktionär *m*
function chart Darstellung des Operationsablaufs, Funktionsschema *nt*, F.darstellung *f*, F.übersicht *f*; **f. code** Programmkode *m*
functioning *n* Funktionieren *nt*, Arbeitsweise *f*, Wirken *nt*; **f. of the economy** Funktionieren der Wirtschaft; **~ the international monetary system** Funktionieren des internationalen Währungssystems; **proper/smooth f.** reibungsloser Ablauf, reibungsloses Funktionieren; **subnormal f.** Unterfunktion *f*
function key Funktionstaste *f*; **f. room** *(Hotel)* Gesellschaftszimmer *nt*; **f. statement** Funktionsanweisung *f*
functus officio *n* *(lat.)* [§] Erlöschen einer Vollmacht oder sonstigen Befugnis zum Handeln durch Zweckerreichung
fund *n* (Anlage)Fonds *m*, Kapital *nt*, Geldsumme *f*, G.mittel *pl*, Vermögen(sstock) *nt/m*, zweckgebundene Mittel, Fundus *m* *(lat.)*; **f.s** 1. Gelder, Geldmittel, G.summe *f*, Kapital(ien) *nt/pl*, Vermögen *nt*, Guthaben *nt*; 2. Kapital-, Finanzmittel, flüssige Mittel, Liquiditätsüberschuss *m*; 3. Staatspapiere, Wertpapiere der öffentlichen Hand; **in f.s** *(Geld)* mit Mitteln ausgestattet, liquide; **out of/without f.s** mittellos, unbemittelt, unvermögend, ohne Guthaben
funds employed abroad Geldanlagen im Ausland; **f. obtained by borrowing** durch Anleihen aufgebrachte Mittel, aufgenommene Mittel, Kreditmittel; **f. for capital investments/purposes** Investitionsmittel, I.kapital *nt*; **f. available for capital spending** bereitgestellte Investitionsmittel; **~ credit transfer** Girogeld *nt*; **f. in court** bei Gericht hinterlegte Gelder; **f. created by the contracting state** vom Vertragsstaat errichtetes Sondervermögen; **fund of f.** Dachfonds *m*; **f. in/on hand** flüssige Mittel/Gelder; **f. available for investment** anlagefähige Mittel; **f. in portfolio investments** Portfoliokapital *nt*; **f. from loan issues** Anleihemittel; **~ operations** Umsatzüberschuss *m*; **f. raised in the market** Kapital-, Kreditmarktmittel; **f. for reimbursement** Deckungsmittel; **f. pledged as security** Sicherungsgelder; **f. on trustee accounts** Treuhandgelder; **f. subject to withdrawal restrictions** Guthaben mit Verfügungsbeschränkung
no funds (N/F) keine Deckung, kein/ohne Guthaben, mangels Masse; **short of f.** knapp (bei Kasse); **soaking up loose f.s** Bindung freier/vagabundierender Mittel
to advance funds Vorschüsse zahlen, Mittel vorschießen, in Vorlage treten; **to alienate f.** (Geld)Mittel zweckentfremden, Gelder/Mittel anderen Zwecken zuführen; **to allocate/allot/appropriate f.** Gelder bewilligen, (Geld)Mittel bereitstellen/bewilligen, ~ anweisen; **to attract f.** Geldmittel anziehen; **to be in f.** (gut) bei Kasse sein, liquide sein, finanziell gut dran sein, sich finanziell gut stehen; **~ low on f.** nicht gut bei Kasse sein; **to call in f.** Gelder abrufen, Kapital einfordern; **to commit f.** Mittel bereitstellen; **to earmark f.** Gelder zweckbestimmen, Geld für einen bestimmten Zweck bereitstellen; **to embezzle f.** Mittel/Gelder unterschlagen, ~ veruntreuen; **to endow a fund** Fonds dotieren/alimentieren; **~ /furnish with f.** mit Geldmitteln versehen; **to forward f.** Mittel durchleiten; **to launder f.** *(fig)* Geld waschen *(fig)*; **to liquidate a fund** Fonds auflösen; **to lock up f.** Mittel binden; **to misappropriate f.** Gelder unterschlagen/veruntreuen, Mittel unterschlagen, Kapital fehlleiten; **to mobilize f.** Mittel mobilisieren; **to place a fund in escrow** Treuhänderfonds errichten; **to pool f.** Geldmittel/Gelder zusammenlegen, gemeinsame Kasse machen; **to procure f.** Geldmittel beschaffen; **to provide f.** finanzieren, alimentieren, Mittel bereitstellen, mit Mitteln versehen; **to put in f.** mit Mitteln versehen; **~ so. in f.** jdn auszahlen; **to raise f.** Geld(mittel) aufbringen/beschaffen, Finanzierungsquellen erschließen, Geld herbeischaffen, Geld/Mittel/Kapital aufbringen, ~ beschaffen; **~ additional f.** *(AG)* Aktienkapital erhöhen; **to reestablish a fund** Fonds auffüllen; **to release/unfreeze f.** Mittel freigeben/freisetzen, Guthaben freigeben; **to relend f.** Mittel weitergeben; **to ring-fence f.** Mittel einfrieren; **to set aside f.** Geldmittel bereitstellen; **~ up a fund** Fonds bilden; **to siphon off f.** Mittel abschöpfen; **to slash f.** Mittel kürzen; **to switch f.** umfinanzieren; **to tamper with the f.** sich an der Kasse vergreifen; **to tie up f.** (Geld)Mittel binden, Mittel festlegen; **to vote a fund** Fonds bewilligen; **to withdraw f.** Gelder abziehen
accumulating fund thesaurierender Fonds, Wiederanlagefonds *m*; **ad hoc** *(lat.)* **f.** Zweckfonds *m*; **agricultural f.** Agrarfonds *m*; **common ~ f.** *(EU)* europäischer Agrarfonds; **allocated/appropriated f.s** bewilligte/bereitgestellte Mittel; **ample f.s** reichliche Mittel; **available f.s** liquide/flüssige/bereitstehende/verfügbare/greifbare Mittel, freies Kapital, verfügbares Guthaben/Kapital; **balancing f.** Stabilitätsfonds *m*; **basic f.** Grundkapital *nt*; **blended f.** [GB] zur Verteilung bestimmter Nachlass, einheitliches Geldvermögen; **borrowed f.s** Fremd-, Kreditmittel, Passivgelder, fremde/aufgenommene Mittel, Fremdfinanzierungsmittel, Holgeld *nt*; **budgetary f.s** Etat-, Haushaltsmittel, H.gelder, öffentliche Gelder; **cash-heavy f.** liquid(iert)er Fonds; **charitable f.** Sozialfonds *m*; **closed (-end) f.** geschlossener/gemischter (Investment)Fonds, Investmentfonds mit begrenzter Emissionshöhe; **collateral f.** Sicherheitsfonds *m*; **committed f.s** gebundene (Finanz)Mittel; **common f.** Gemeinschaftskasse *f*; **company-generated f.s** selbst erwirtschaftete Mittel, Eigenmittel *f*, eigene Mittel; **consolidated f.** 1. [GB] Staatskasse *f*; 2. unablösbare Anleihe; **contingent f.** Eventualfonds *m*, Sicherheitsrücklage *f*, Delkredererückstellung *f*, Rückstellung für unvorhergesehene Ausgaben; **contributory f.** Beitragsfonds *m*; **corporate f.s** [US] Firmen-, Gesellschaftsmittel; **counter-cyclical f.** Konjunkturausgleichsrücklage *f*; **covering f.s** Deckungsmittel; **cumulative f.** Wachstumsfonds *m*, thesaurierender (Investment)Fonds; **current f.s** flüssiges/verfügbares Geld, Aktiva, Umlaufvermögen *nt*, U.mittel, flüssige Mittel; **deposited f.s** Einlagen, De-

positen(kapital)*pl/nt*, D.gelder, D.einlagen; **diverted f.s** zweckentfremdete Mittel; **dormant f.s** stillgelegte Gelder, bei Gericht hinterlegte Gelder; **earmarked f.s** zweckgebundene Mittel/Gelder, gebundene/vorgesehene Mittel, Bereitstellungsfonds *m*; **external f.s** Fremdmittel; **federal f.s** *[US]* 1. Zentralbankguthaben *nt*; 2. fundierte Staatspapiere/S.schuld, Bundesmittel; **~ rate** amerikanischer Interbanken-Geldmarktzinssatz; **fixed f.** Fonds mit unveränderlichem Portefeuille; **flexible f.** (Investment)Fonds mit veränderlichem/auswechselbarem Portefeuille; **floating f.s** fluktuierendes Kapital; **footloose f.s** vagabundierende Gelder; **foreign f.s** Auslandskapital *nt*, A.geld *nt*; **frozen f.s** Sperrgeld *nt*, blockiertes/eingefrorenes Vermögen; **general f.** Rücklage-, Manipulationsfonds *m*, Steuern und sonstige Einkünfte; **internally generated f.s** Innen-, Eigen-, Selbstfinanzierungsmittel, Mittel aus Innenfinanzierung, eigenerwirtschaftete Mittel; **go-go f.** Wertzuwachsfonds *m*; **idle f.s** ungenützte Geldmittel, totes Kapital, nicht angelegte Gelder, brachliegendes Geld, anlagebereite/brachliegende Mittel; **inactive f.s** zinslose Gelder, totes/nicht arbeitendes Kapital; **indexed f.** dynamisierter (Renten)Fonds; **in-house f.** versicherungseigener Investmentfonds; **insufficient f.s (I/F)** ungenügende Deckung, nicht ausreichendes Guthaben, Unterdeckung *f*, unzureichende Mittel; **interbank f.s** Zwischenbankgelder; **internal f.s** Eigenmittel; **liable f.s** Haftkapital *nt*, haftendes (Eigen)Kapital; **liquid f.s** verfügbare/flüssige/liquide Mittel, Liquidität *f*, Barmittel, B.vermögen *nt*; **available ~ f.s** Gelddisponibilitäten; **long(er)-term f.s** langfristige Mittel, langfristiges Geld, Festgeld *nt*, feste Gelder; **loose f.s** frei verfügbare Mittel, vagabundierende Mittel; **managed f.** gemischte Fonds mit Lebensversicherungsdeckung, (Investment)Fonds mit auswechselbarem/veränderlichem Portefeuille; **misused f.s** zweckentfremdete Mittel; **mixed f.** gemischter Fonds; **monetary f.** Währungsfonds *m*; **mutual f.** 1. Gemeinschaftsfonds *m*; 2. *[US]* Kapitalanlagegesellschaft *f*, Investmentgesellschaft mit offenem Portefeuille, Investment-, Anlagefonds *m*; **~ share** Investment-, Fondsanteil *m*; **national f.** Staatsfonds *m*; **necessary f.s** erforderliche/benötigte Mittel; **no-dividend f.** thesaurierender Fonds, Wachstumsfonds *m*; **no-load f.s** gebührenfreier/aufgeldfreier (Investment)Fonds; **non-bank f.s** Nichtbankengelder; **non-dependable f.** unangreifbarer Fonds, Fonds, dessen Kapital nicht angegriffen werden darf; **offshore f.** im Ausland vertriebener Investmentfonds, Investmentgesellschaft mit Auslandssitz, Auslandsfonds/Investmentfonds/Investmenttrust mit Sitz in einer Steueroase; **offshore f.s** Geldanlagen im Ausland; **open-end(ed) f.** offener Investment-/Anlagefonds, Investmentfonds mit unbeschränkter Anteilsemission, offener (Investment)Fonds, Investmentgesellschaft mit unbeschränkter Emissionshöhe; **original f.** Grundstock *m*, Stammkapital *nt*; **outside f.s** Fremd(finanzierungs)mittel, Fremdkapital *nt*, F.gelder, fremde Gelder/Mittel; **overnight f.s** Tagesgelder, kurzfristige Kredite; **own f.s** Eigenmittel, eigene Mittel; **permanent f.s** eiserner Bestand; **political f.** Fonds/Geldmittel für politische Zwecke; **promised f.s** zugesagte Mittel; **provident f.** Fürsorge- und Hilfskasse *f*, Versorgungsfonds *m*, V.kasse *f*, V.vermögen *nt*, V.swerk *nt*, Unterstützungseinrichtung *f*, U.kasse *f*, Fürsorge-, Pensionsfonds *m*; **public f.s** öffentliche Mittel/Gelder, Staatsvermögen *nt*, S.gelder, S.mittel, Gelder der öffentlichen Hand, die öffentliche Hand, Publikums-, Wohlfahrtsfonds *m*, W.kasse *f*; **to misappropriate ~ f.** öffentliche Gelder missbrauchen; **regional f.** Regionalfonds *m*; **revolving f.** Umlauffonds *m*, sich automatisch auffüllender Fonds, sich stets erneuernder Fonds; **roving f.s** vagabundierende Gelder; **secret f.** Geheim-, Reptilienfonds *m*; **self-generated f.s** eigene Mittel; **semi-fixed f.** Investmentfonds mit begrenzt auswechselbarem Portefeuille; **short-term f.s** kurzfristige Mittel, kurzfristiges Geld
sinking fund Tilgungsfonds *m*, Amortisationskasse *f*, A.fonds *m*, Einlösungs-, Ablösungsfonds *m*, A.reserve *f*, Tilgungsrücklage *f*, T.kasse *f*, Rückstellung für Tilgungsfonds, Anleihe-, Staatsschuldentilgungsfonds *m*
sinking fund account Tilgungsfondskonto *nt*; **~ allocation** Zuweisung an den Tilgungsfonds; **~ assurance** *[GB]* /**insurance** *[US]* Tilgungsfondsversicherung *f*; **~ bond** Tilgungsanleihe *f*, Obligation mit Tilgungsplan, Schuldverschreibung eines Amortisationsplans; **~ calculation** Tilgungsrechnung *f*; **~ capital** Tilgungskapital *nt*; **first ~ date** erster Verlosungstermin *m*; **~ depreciation (method)** progressive Abschreibung; **~ income** Erträgnisse des Amortisationsfonds; **~ instalment** (Schulden)Tilgungsrate *f*; **~ instalment plan** Tilgungsplan *m*; **~ investment** Kapitalanlage von Tilgungsfondsmitteln; **~ loan** Tilgungsanleihe *f*, T.hypothek *f*; **~ method of depreciation** Abschreibungsmethode mit steigenden Quoten, Abschreibung unter Berücksichtigung der Zinseszinsen, Fundierungsmethode *f*; **~ redemption loan** Tilgungsfondshypothek *f*; **~ requirements** Rückzahlungsverpflichtungen; **~ reserve** Amortisations-, (Schulden)Tilgungsrücklage *f*, Rückstellung/Rücklage für Tilgungsfonds; **~ table** Amortisations-, Tilgungsplan *m*
social fund Sozialfonds *m*; **special f.** 1. Spezial-, Sonderfonds *m*, S.mittel *pl*, S.kasse *f*; 2. *(Konkurs)* Sondermasse *f*, Sondervermögen *nt*; **special-purpose f.** Zweckvermögen *nt*; **speculative f.s** Spekulationsgelder; **sufficient f.s** genügende/ausreichende Deckung, ausreichendes Guthaben, hinreichende Mittel; **surplus f.** Reserve-, Überschussfonds *m*, Ü.reserve *f*, Mittelüberhang *m*; **~ f.s** Liquiditätsüberschuss *m*, Überschüsse, überschüssige Mittel/Gelder, Überschussgelder; **surreptitious/unvouchered f.** Reptilien-, Geheimfonds *m*, schwarzer Fonds; **tied-up f.s** festliegende Mittel/Geldbeträge; **transitory/transmitted f.s** durchlaufende Gelder/Mittel, Durchleitgelder; **unappropriated f.s** nicht verteilte/frei verfügbare Mittel; **unemployed/unplaced f.s** brachliegendes Geld, vagabundierende (Geld)Mittel
fund *v/t* 1. aufbringen, finanzieren, fundieren, kapitalisieren, mit Geldmitteln versehen, Kapital aufbringen,

finanziell/mit Mitteln ausstatten; 2. (Schuld) konsolidieren/begleichen, umschulden
fundable *adj* kapitalisierbar
fund account Deckungs-, Fondskonto *nt*; **f.s accumulated** Ansparsumme *f*; **f. administration** Fonds-, Kapitalverwaltung *f*
fundamental *adj* grundlegend, wesentlich, grundsätzlich, substanziell
fundamental *n* 1. Grundlage *f*, G.prinzip *nt*, G.zug *m*, G.begriff *m*, Fundament *nt*; 2. Grundbedingung *f*, G.voraussetzung *f*; **f.s** Hintergrunddaten, Grundzüge, Elementarerkenntnisse; **economic f.s** wirtschaftliche Grundprinzipien
fundamentalist *n* 1. Fundamentalist(in) *m/f*; 2. langfristig denkender Anleger
fund assets Fondsvermögen *nt*; **f.s broker** Finanzmakler *m*
funded *adj* fundiert, kapitalisiert, konsolidiert, dotiert; **fully f.** voll abgesichert/finanziert; **well f.** kapitalkräftig, gut dotiert, finanziell/kapitalmäßig gut ausgestattet
funder *n* Finanzier *m*, Financier *m* *(frz.)*, Geldgeber *m*
extended fund facility *(IWF)* erweiterte Fondsfazilität; **f.s flow** Kapitalfluss *m*, K.ströme *pl*; **~ analysis/statement** Bewegungs-, Kapitalflussrechnung *f*; **f.holder** *n* Fondsbesitzer *m*; **small f.holder** Kleinrentner *m*; **f. holdings** Fondsbestände
funding *n* Konsolidierung *f*, Kapitalisierung *f*, (kapitalmäßige) Fundierung, Finanzierung *f*, Kapital-, Finanzausstattung *f*, Dotierung *f*, Mittelaufbringung *f*, finanzielle Ausstattung, Aufbringung *f* (von Finanzbeträgen), Deckung *f*; **f. of bank advances** Konsolidierung von Bankkrediten; **~ new buildings** Neubaufinanzierung *f*; **~ floating debts** Konsolidierung schwebender Schulden; **~ innovation** Innovationsfinanzierung *f*; **commercial funding** Kreditfinanzierung *f*; **external f.** Fremdmittelbeschaffung *f*, F.finanzierung *f*; **foreign f.** Auslandskapital *nt*; **initial f.** finanzielle Erstausstattung, Anlauf-, Anschubfinanzierung *f*; **long f.** Umwandlung (kurzfristiger) in langfristige Schulden; **own f.** Eigenbeteiligung *f*, Selbstfinanzierung *f*
funding armoury Arsenal an Finanzierungsmitteln; **f. arrangements** Kredit-, Finanzierungsvereinbarungen; **f. base** Finanzierungsbasis *f*, F.grundlage *f*; **f. body** Träger *m*; **f. bond** 1. projektgebundene Schuldverschreibung; 2. Umschuldungsanleihe *f*; **f. cost(s)** Finanzierungskosten; **aggregate f. costs** Gesamtfinanzierungskosten, G.aufwand *m*; **f. cutback** Mittelkürzung *f*; **f. issue** Fundierungsausgabe *f*, F.emission *f*; **f. level** Ausstattungsgrad *m*; **f. loan** Umschuldungs-, Fundierungs-, Kapitalisierungsanleihe *f*, Konsolidierungskredit *m*, K.anleihe *f*; **f. needs** Fremdmittel-, Kapitalbedarf *m*; **f. offer** Finanzierungsangebot *nt*; **f. operation** Umschuldungsaktion *f*, U.vorgang *m*, Fundierungstransaktion *f*; **f. potential** Finanzierungspotenzial *nt*; **f. practice(s)** Finanzierungspraxis *f*; **f. principle** 1. Kapitaldeckungsverfahren *nt*; 2. *(Sozialvers.)* Umlageverfahren *nt*; **f. program(me)** Finanzierungsplan *m*; **f. provision** Rückstellungen für Konsolidierungsaufgaben

funding requirement(s) Finanzierungs-, Kapitalbedarf *m*; **net f. r.** Nettofinanzierungsbedarf *m*; **short-term f. r.** kurzfristiger Finanzierungsbedarf
fund|s lent ausgeliehene Mittel; **f. management** Fonds-, Kapitalverwaltung *f*; **~ company** Fondsgesellschaft *f*, Kapitalanlagegesellschaft *f*; **f. manager** Fondsverwalter *m*, F.manager *m*, Verwalter eines (Geld)Vermögens; **f. mongering** Spekulation in Staatspapieren; **f. pool** Sammelfonds *m*; **net f. position** *(IWF)* Reserveposition *f*; **sufficient f.s proviso** Guthabenklausel *f*; **(total) f.s raised** aufgebrachte Mittel; **f. raiser** 1. Kapitalnehmer *m*, (Geld)Sammler *m*, Geldbeschaffer *m*; 2. Spendenbeschaffer *m*, S.sammler *m*; **f. raising** 1. Kapital-, Mittelbeschaffung *f*, M.aufbringung *f*, M.aufnahme *f*, Geld-, Kapitalmittelbeschaffung *f*, Aufnahme von Mitteln; 2. Spendenaktion *f*; **~ collection** Geldsammlung *f*, Aufbringung von Finanzbeträgen, Besorgung von Geld, Beschaffung von Geld(ern)/Mitteln; **f.s rate** *[US]* Kredit(zins)satz *m*; **f. rules** Kassensatzung *f*; **f.s statement** 1. Kapital-, Finanzflussrechnung *f*, Veränderungs-, Bewegungsbilanz *f*, Vermögensnachweis *m*; 2. Fondsrechnung *f*; **f. structure** Fondsstruktur *f*; **f. surplus** Fondsüberschuss *m*
funds transfer Mittelumschichtung *f*; **electronic f. t. (eft)** beleglose Überweisungsverkehr, elektronische Geldüberweisung, EDV-Überweisungsverkehr *m*; **~ at the point of sale (eftpos)** elektronische Geldüberweisung an der Ladenkasse; **f. t. business** Kapitalüberweisungsverkehr *m*; **direct f. t. system** *(Banken)* Datenfernübertragung(ssystem) *f/nt*
fund value Fondswert *m*
funeral *n* Beerdigung *f*, Begräbnis *nt*, Leichenbegängnis *nt*, Beisetzung *f*, Bestattung *f*; **f. association** Sterbekasse *f*; **f. benefit/grant** Begräbniszuschuss *m*, Sterbegeld *nt*; **f. costs/expenses** Beerdigungs-, Begräbnis-, Bestattungskosten; **f. (costs) insurance**; **f. expense assurance** Sterbe(geld)versicherung *f*; **f. director** (Leichen)Bestatter *m*, Bestattungsunternehmer *m*; **f. home** *[US]* / **parlour** *[GB]* 1. Beerdigungsinstitut *nt*; 2. Leichenhalle *f*; **f. letter** *[US]* Trauer-, Todesanzeige *f*; **f. meal** Leichenschmaus *m*; **f. oration** Grab-, Leichenrede *f*; **f. pile/pyre** Scheiterhaufen *m*; **f. procession** Leichen-, Trauerzug *m*; **f. rites/service** Trauerfeier *f*, T.gottesdienst *m*; **f. society** Sterbekasse *f*
funfair *n* Kirmes *f*, Volksfest *nt*
fungal *adj* Pilz-
fun|gibility *n* Fungibilität *f*, Vertretbarkeit *f*; **f.gible** *adj* (überall) marktgängig, fungibel, vertretbar; **f.gibles** vertretbare Sachen, Gattungsware *f*
fungicide *n* Pilzvernichtungsmittel *nt*, Fungizid *nt*, pilztötendes Mittel
fungus *n* Pilz *m*
funicular *n* Seilbahn *f*
to be in a blue funk *n* *(coll)* wahnsinnige Angst haben; **f. money** Fluchtgeld *nt*
funnel *n* 1. Trichter *m*; 2. Schlot *m*, Kamin *m*, Schornstein *m*; *v/t* kanalisieren; **f. into** konzentrieren auf, einschleusen
fur *n* Pelz *m*, Fell *nt*; **f.s** Pelzwaren, P.werk *nt*; **~ and hides** *(Pelze)* Rauchwaren; **to line with f.** mit Pelz

füttern; **to trim with f.** mit Pelz absetzen; **f. coat** Pelzmantel *m*; **f.-lined** *adj* pelzgefüttert; **f. shop** *[GB]* / **store** *[US]* Pelzgeschäft *nt*; **f. trade** Pelzhandel *m*
furious *adj* wütend
furlong *n* Achtelmeile *f (201,168m)*
furlough *n* *[US]* ↭ Urlaub *m*; *v/t* (zeitweilig) entlassen
furnace *n* ⌀ (Schmelz)Ofen *m*; **to charge a f.** Ofen beschicken; **direct-oxygen f.** LD-Tiegel *m*; **electric-arc f.** Lichtbogenofen *m*; **open-hearth f.** Siemens-Martin-Ofen *m*; **f. coke** Hochofenkoks *m*
furnish *v/t* 1. einrichten, ausstatten, möblieren; 2. bereit-, gestellen, versorgen, (be)liefern, versehen; 3. *(Dokumente)* beibringen, vorlegen, beschaffen; **f. o.s. with sth.** sich etw. besorgen
furnished *adj* 1. möbliert; 2. versehen, ausgestattet; **partly f.** teilmöbliert; **to let f.** möbliert vermieten
furnishing *n* 1. Einrichtung *f*, Ausstattung *f*, Möblierung *f*; 2. Erstellung *f*; **f.s** Hauseinrichtung(sgegenstände) *f/pl*, Einrichtungsgegenstände, Mobiliar *nt*; **f. of collateral/security** Sicherheitsleistung *f*, Bestellung von Sicherheiten; **f.s and fixtures** Inventar *nt*; **interior f.s** Inneneinrichtung *f*; **soft f.s**; **f. textiles** Dekorationsstoffe, Heimtextilien; **f. fabric** Dekorations-, Möbelbezugsstoff *m*
furniture *n* Möbel *pl*, Mobiliar *nt*, (Haus)Einrichtung *f*; **f. and equipment** *(Bilanz)* Geschäftsinventar *nt*, G.ausstattung *f*, Inventar *nt*; **~ expense** Aufwendungen für Einrichtungen und Geschäftsausstattung; **f. and fixtures** Betriebs- und Geschäftsausstattung *f*, Mobiliar und Zubehör, Büromobiliar und Einbauten; **to shift f. around** Möbel umstellen; **to store f.** Möbel lagern
fitted furniture eingebaute Möbel, Einbaumöbel *pl*; **flatpack/knockdown/sectional f.** zerlegbare Möbel, Anbau-, Aufbau-, Mitnahmemöbel *pl*; **wooden f.** Holzmöbel *pl*
furniture depository/depot *[US]* Möbellager *nt*; **f. exhibition** Möbelausstellung *f*, M.messe *f*; **f. factory** Möbelfabrik *f*; **f. fittings** Möbelbeschläge; **f. industry** Möbelindustrie *f*; **f. insurance** Mobiliarversicherung *f*; **f. manufacturer** Möbelfabrikant *m*, M.hersteller *m*; **f. remover** Möbelspediteur *m*; **f. shop** *[GB]* /**store** *[US]* Einrichtungshaus *nt*, Möbelgeschäft *nt*, M.laden *m*; **f. transport** Möbeltransport *m*; **f. units** Einbaumöbel; **f. van** Möbelwagen *m*; **f. warehouse** Möbellager *nt*
furor *[US]*; **furore** *[GB]* *n* Aufruhr *m*, Skandal *m*
furrier *n* Pelzhändler *m*, Kürschner *m*; **f.'s trade** Kürschnerhandwerk *nt*, Kürschnerei *f*
furrow *n* ↯ Furche *f*
further *adv* 1. weiter; 2. weiterhin, hinzukommend; **f. to** zusätzlich zu, im Anschluss an, im Nachgang zu; **f. afield** weiter draußen
further *v/t* fördern, mehren
furtherance *n* Unterstützung *f*, Förderung *f*; **in f. of** zur Unterstützung/Förderung von; **f. of commercial interests** Förderung gewerblicher Interessen; **~ progress** Förderung des Fortschritts
furthermore *adv* ferner, weiterhin, außerdem
furtive *adj* (klamm)heimlich, verstohlen; **f.ness** *n* Heimlichkeit *f*

fuse *v/ti* 1. verschmelzen, zusammenwachsen, fusionieren; 2. zusammenschließen
fuse *n* 1. ⚡ Sicherung *f*; 2. Lunte *f*, (Spreng)Zünder *m*, Zündschnur *f*; **to light the f.** Lunte legen; **to put in a f.** Sicherung einsetzen; **blown f.** durchgebrannte Sicherung; **main f.** Hauptsicherung *f*; **f. box** Sicherungskasten *m*
fuselage *n* ✈ (Flugzeug)Rumpf *m*
fuse wire ⚡ Sicherungsdraht *m*
fusion *n* Fusion *f*, Verschmelzung *f*; **nuclear f.** Kernfusion *f*, K.schmelze *f*; **f. reactor** Fusionsreaktor *m*, Schneller Brüter
fuss *n* 1. Theater *nt* *(fig)*, Umstände *pl*, Aufhebens *nt*, Wirbel *m*, Tamtam *nt* *(coll)*; 2. Umstandskrämer *m*; **to create/kick up/make a f.** Umstände machen, auf den Putz hauen *(coll)*, Krach schlagen; **~ about sth.** viel Lärm um etw. machen, Staatsaktion *(fig)* aus etw. machen
fuss *v/t* nervös machen
fussy *adj* kleinlich, übergenau, pingelig, betulich
futile *adj* vergebens, nutzlos, umsonst, sinn-, zweck-, frucht-, erfolglos, vergeblich, leer
futility *n* Nutz-, Aussichtslosigkeit *f*
future *n* Zukunft *f*; **f.s** *(Börse)* Lieferungs-, Liefergeschäfte, Lieferungskäufe, Termingeschäfte, T.handel *m*, T.kontrakte, T.werte; **to muse on the f.** über die Zukunft nachsinnen; **to predict the f.** wahrsagen; **to provide for the f.** für die Zukunft sorgen, Zukunftssicherungen treffen; **to see the f. through rose-coloured/ rose-tinted glasses** die Zukunft rosig malen
bright future rosige Zukunft; **in the distant f.** in weiter Ferne; **~ not too distant f.** in absehbarer Zeit
financial future Finanzterminkontrakt *m*; **f. f.s** *(Börse)* Geldtermingeschäfte, Finanztitel, F.terminkontrakte; **~ contract** Zinskontrakt *m*; **~ market** Finanzterminbörse *f*, F.markt *m*; **~ operation** Geldtermingeschäft *nt*
in the foreseeable future in absehbarer Zeit; **grim f.** düstere Zukunft; **in the near f.** in der nahen/näheren Zukunft
future *adj* zukünftig, in Zukunft
extended futures account verlängerte Terminposition; **f. buyer** Terminkäufer *m*; **f. buying** Terminkauf *m*; **f. commission broker** Terminkommissionär *m*; **future commodity** Terminware *f*; **f. contract/deal** *(Börse)* Lieferungsvertrag *m*, Termin-, Zeitgeschäft *nt*, (Waren)Terminkontrakt *m*, T.abschluss *m*, T.vertrag *m*, Abschluss auf künftige Lieferung, Vorkontrakt *m*; **~ settlement price** Abrechnungspreis des Terminkontrakts; **future deal** Fixkauf *m*; **future delivery** Terminlieferung *f*; **f. exchange** (Waren)Terminbörse *f*; **f. exchange transaction** Devisentermingeschäft *nt*; **f. hedging** Terminsicherung *f*; **f. gambling** Terminspekulation *f*, Spielgeschäft *nt*; **future interest** *(Vers.)* Anwartschaft *f*; **conditional ~ interest** bedingte Anwartschaft; **f. market** Lieferungs-, (Waren)Terminmarkt *m*, Markt für Termingeschäfte; **f. month** Terminmonat *m*; **f. operation** Termingeschäft *nt*; **f. order** Terminlieferungsauftrag *m*; **f. price** Terminkurs *m*, T.(kontrakt)preis *m*; **future prospects** Zukunftsaussichten,

Z.chancen, Z.erwartung *f*, Aussichten für die Zukunft; **f. quotation** Terminnotierung *f*; **f. rate** Kurs für Termingeschäfte; **f. rates** Terminsätze; **f. sale** Terminverkauf *m*; **f. speculation** Terminspekulation *f*; **f. trader** Terminkalender *m*; **f. trading** Börsentermin-, (Waren)Terminhandel *m*, Termin-, Liefergeschäft *nt*; **f. transaction** Termingeschäft *nt*
future trend(s) zukünftige Entwicklung
futur|ological *adj* futurologisch; **f. ologist** *n* Futurologe *m*, Futurologin *f*, Zukunftsforscher(in) *m/f*; **f.ology** *n* Futurologie *f*, Zukunftsforschung *f*
fuze *[US]* → **fuse** *[GB]*
fuz|zy *adj* unscharf; **f.ziness** Unschärfe *f*
FX (foreign exchange) expert Währungsspezialist *m*

G

gable *n* 🏛 Giebel *m*; **pointed g.** Spitzgiebel *m*
gadget *n* Gerät *nt*, Apparat *m*, Vorrichtung *f*; **g.ry** *n* technische Spielereien, Kinkerlitzchen *pl (coll)*
gaffe *n* Fauxpas *m (frz.)*
gaffer *n* *[GB] (coll)* Vorarbeiter *m*, Chef *m*
gag *n* 1. Knebel *m*; 2. besonderer Einfall; *v/t* knebeln, mundtot machen, freie Meinungsäußerung unterdrücken
gage *n* *[US]* → **gauge** *[GB]* 1. (Eich)Maß *nt*; 2. 🚃 Spur(weite) *f*
gain *n* 1. (Zu)Gewinn *m*, Zuwachs *m*, Zunahme *f*, Kursgewinn *m*, Plus *nt*, (Wert)Steigerung *f*, Vergrößerung *f*, Erhöhung *f*; 2. Profit *m*, Vorteil *m*, Nutzen *m*, **g.s** Einkommen *nt*, Verdienst *m*, Einnahmen, Gewinn(e) *m/pl*, Erträge, Ausbeute *f*; 3. *(Wahl)* Stimmengewinne; **for g. erwerbsmäßig**
gain|s from the alienation of property Gewinn aus der Veräußerung von Vermögen; **g. without legal cause** ungerechtfertigte Bereicherung; **g. on the day** *(Börse)* Tagesgewinn *m*; **~ disposal** Veräußerungsgewinn *m*; **g. in efficiency** Produktivitätsgewinn *m*, P.steigerung *f*, P.zuwachs *m*; **g.s from exchange** Tauschgewinne; **g. from foreign exchange transactions** Wechselkursgewinn *m*; **g. in prestige** Prestigegewinn *m*; **g.s from increased prices** Kurswertgewinn *m*; **g. in productivity** Produktivitätszuwachs *m*, P.steigerung *f*; **g. on redemption** Tilgungs-, Einlösungsgewinn *m*; **~ on repayment** Rückzahlungsgewinn *m*; **g. on securities** Wertpapiergewinn *m*; **~ takeover** Übernahmegewinn *m*; **g. of time** Zeitgewinn *m*; **g. in volume** Mengenzuwachs *m*, M.wachstum *nt*; **g. from writing back secret reserves** Gewinn aus der Auflösung stiller Reserven **to consolidate gain|s** Kursgewinne sichern; **to do sth. for g.** etw. aus Berechnung/des Geldes wegen tun; **to make g.s** Gewinne verzeichnen; **to manage a small g.** *(Kurs)* sich leicht erholen
across-the-board gain|s *(Börse)* Kursgewinne auf breiter Front; **accrued g.** Zugewinn *m*; **chargeable g.** *(Steuer)* kapitalertragsteuerpflichtiger/veranlagungspflichtiger Gewinn; **clear g.** Netto-, Reingewinn *m*; **competitive g.** Wettbewerbs-, Konjunkturgewinn *m*; **early g.s** *(Börse)* Anfangsgewinne; **extra g.** 1. Überverdienst *m*; 2. Nebengewinn *m*; **extraordinary g.(s)** außerordentliches Einkommen, außerordentlicher Ertrag; **fractional g.** *(Börse)* bruchteiliger Gewinn; **fresh g.s** neue Gewinne; **lost g.** indirekter Schaden; **marginal g.** geringer Zuwachs, Spitzengewinn *m*; **material g.s** beträchtliche/ansehnliche/wesentliche Gewinne; **monetary g.** geldwerter Vorteil; **net g.** Netto-, Reingewinn *m*, Gewinn per Saldo; **non-recurring/one-off/one-time g.s** Einmalerträge; **pecuniary g.** geldwerter Vorteil; **for ~ g.** zwecks Erlangung eines Vermögensvorteils, aus Gewinnstreben; **published g.** Plusankündigung *f*; **realized g.s** realisierte/tatsächliche Gewinne; **scattered g.s** *(Börse)* vereinzelte Kursgewinne; **sordid g.** unlauterer Gewinn; **speculative g.** Spekulationsgewinn *m*; **taxable g.** steuerpflichtiger/zu versteuernder/besteuerungsfähiger Gewinn; **top g.** Spitzengewinn *m*; **unfair g.** unlauterer Gewinn; **unrealized g.** nicht realisierter Gewinn; **weekly g.** Wochengewinn *m*; **yesterday's g.** *(Börse)* Vortagsgewinn *m*
gain *v/t* 1. gewinnen, erlangen, verdienen; 2. *(Börse)* anziehen, zulegen; 3. Vorteil haben
gainful *adj* gewinnbringend, ertragreich, einträglich
gain matrix *(OR)* Gewinnmatrix *f*; **g.say** *v/t* leugnen, widersprechen, in Abrede stellen, bestreiten; **there is no g.saying** es lässt sich nicht bestreiten/leugnen; **g.sharing** *n* Gewinnbeteiligung *f*, Prämiensystem mit degressiver Produktionsprämie; **g.s tax** Gewinnabgabe *f*
gala *n* Gala *f*; **g. performance** 🎭 Festaufführung *f*, F.vorstellung *f*; **g. week** Festwoche *f*
gale *n* 🌬 Orkan *m*, Sturm(wind) *m*; **g. force** Orkan-, Windstärke *f*; **g. warning** Sturmwarnung *f*
gall bladder *n* 💊 Galle(nblase) *f*
gallery *n* 1. Galerie *f*; 2. ⛏ Stollen *m*, Strecke *f*; 3. 🎭 oberster Rang; **to play to the g.** *(fig)* nach Effekt haschen, sich in Szene setzen
galley *n* 1. ⚓ Schiffs-, Bordküche *f*, Kombüse *f*; 2. 📄 Fahnen-, Korrektur-, Spaltenabzug *m*; **g. proof** 📄 Fahnen-, Korrektur-, Spaltenabzug *m*, Druck-, Korrekturfahne *f*
galling *adj* (sehr) ärgerlich
gallon *n* Gallone *f* *(0,4546 l) [GB] /(0,3785 l) [US]*; **imperial g.** britische Gallone; **liquid g.** Flüssiggallone *f*
galore *adv* *[Scot.] (coll)* im Überfluss, in Hülle und Fülle
galvanize *v/t* 1. verzinken, galvanisieren; 2. *(fig)* begeistern, motivieren, elektrisieren *(fig)*
gambit *n* Schachzug *m*
gamble *n* Spekulation(sgeschäft) *f/nt*, gewagtes Unternehmen, Risiko *nt*, Hasard-, Glücksspiel *nt*; **to be a g.** riskante Sache sein; **to take a g. on sth.** etw. riskieren; **calculable g.** kalkulierbares Risiko
gamble *v/i* spielen, riskieren, spekulieren, wetten, gewagte Geschäfte machen; **g. away** verspielen; **g. with sth.** etw. aufs Spiel setzen
gambler *n* 1. (Börsen)Spekulant *m*; 2. Spieler *m*, Glücks-, Hasardspieler *m*, Hasardeur *m*

gambling *n* 1. Spielen *nt*, Wetten *nt*, Glücksspiel *nt*; 2. Spekulation *f*; **g. on the exchange** Börsenspekulation *f*; **g. in futures** Terminspekulation *f*, T.geschäft *nt*, Differenzgeschäft *nt*; **to be addicted to g.** dem Spiel verfallen sein; **to try one's luck at g.** sein Glück im Spiel versuchen
gambling club Spielclub *m*; **g. contract** Spiel-, Wettvertrag *m*; **g. debt** Spielschuld *f*; **g. den/joint** Spielhöhle *f*, S.hölle *f*; **g. duty** Spiel- und Wettsteuer *f*; **g. hall** Spielsalon *m*, S.lokal *nt*; **g. house** Spielbank *f*; **g. loss** Spielverlust *m*; **g. passion** Spielleidenschaft *f*; **g. profit** Spielgewinn *m*; **g. table** Spieltisch *m*
game *n* 1. Spiel *nt*; 2. Wild(bret) *nt*, jagdbare Tiere, Jagdwild *nt*; **g. of cards** Kartenspiel *nt*; ~ **chance** Glücksspiel *nt*; ~ **skill** Geschicklichkeitsspiel *nt*
to be on the g. *(coll) (Prostitution)* anschaffen gehen *(coll)*; **to beat so. at his own g.** jdn mit seinen eigenen Waffen schlagen *(fig)*; **to lose a g.** Partie verlieren; **to play so.'s g.** *(fig)* jdm in die Hände spielen *(fig)*; ~ **the g.** sich an die Spielregeln halten, fair spielen; ~ **a dangerous g.** gefährliches Spiel treiben; **to see through so.'s (little) g.** jdm auf die Schliche kommen *(coll)*, jds Spiel durchschauen; **to spoil the g.** Spiel verderben; **to work on the g. for so.** *(coll) (Prostitution)* für jdn anschaffen gehen *(coll)*
away game *(Sport)* Auswärtsspiel *nt*; **big g.** Groß-, Hochwild *nt*; **competitive g.** Konkurrenzspiel *nt*; **constant-sum g.** Fixsummenspiel *nt*; **cooperative g.** *(OR)* kooperatives Spiel; **double g.** Doppelspiel *nt*; **easy g.** leichtes Spiel; **to be ~ for so.** leichtes Spiel für jdn sein; **fair g.** 1. jagdbares Wild; 2. *(fig)* Freiwild *nt*; **friendly g.** Freundschaftsspiel *nt*; **hazardous g.** Vabanquespiel *nt*; **losing g.** 1. von vornherein verlorenes Spiel; 2. Verlustgeschäft *nt*; **operational g.** Unternehmensplanspiel *nt*; **rectangular g.** *(OR)* Matrixspiel *nt*; **unlawful g.** verbotenes Glücksspiel; **zero-sum g.** Nullsummenspiel *nt*
game|keeper *n* Wildhüter *m*, Jagdaufseher *m*; **g. law** Jagdrecht *nt*; **g. laws** Jagdgesetze; **g. licence** Jagdschein *m*; **g.s master** Spielleiter *m*; **g. park** Wildpark *m*; **g. reserve** Jagd-, Wildgehege *nt*, W.park *m*, W.reservat *nt*, W.schutzgebiet *nt*; **g.s software** Software für Computerspiele; **g. tenant** Jagdpächter *m*; **g. theory** Spieltheorie *f*; **g. trespass** Jagdvergehen *nt*; **g. warden** Jagdaufseher *m*, Wildhüter *m*
gaming *n* Spiel(en) *nt*; **g. and wagering** Spiel und Wette; **g. duty** Spielsteuer *f*; **g. machine** Spielautomat *m*; **g. room** Spielsalon *m*; **g. table** Spieltisch *m*
gamma distribution *n* ▣ Gammaverteilung *f*; **g. ray** Gammastrahl *m*
gamut *n* *(fig)* Ton-, Stufenleiter *f*, Skala *f*; **to run the whole g.** ganze Skala durchlaufen *(fig)*
gang *n* 1. (Arbeits)Kolonne *f*, Schicht *f*, Rotte *f*, Arbeitsgruppe *f*, Trupp *m*; 2. (Verbrecher)Bande *f*; **g. of burglars** Einbrecherbande *f*; ~ **construction workers** Baukolonne *f*; ~ **criminals** Verbrecherbande *f*; ~ **smugglers** Schmuggelbande *f*; ~ **thieves** Diebesbande *f*
gang up *v/i* sich zusammenrotten; **g. boss/leader** Vorarbeiter *m*, Kolonnen-, Rottenführer *m*

ganger *n* Vorarbeiter *m*, Rottenführer *m*
gang job card Gruppenakkordkarte *f*; **automatic g. punch** ▣ Schnellstanzer *m*; **g. punching** Folgestanzen *nt*; **g. rates** Gruppenlöhne
gangrene *n* ⚕ (Wund)Brand *m*
gangster *n* Gangster *m*, Bandit *m*, Bandenmitglied *nt*; **g.ism** *n* Gangstertum
gang system Kolonnensystem *nt*; **g. theft** Bandendiebstahl *m*; **g. warfare** Bandenkrieg *m*
gangway *n* ⚓ Landungsbrücke *f*, Fallreep *nt*
gang work Kolonnenarbeit *f*
gantry *n* Verladebrücke *f*; **g. crane** Portal-, Brückenkran *m*
Gantt chart Balkendiagramm *nt*
gaol *n* Gefängnis *nt*, Haftanstalt *f*; **g.er** *n* Gefangenenaufseher *m*
gap *n* 1. Lücke *f*, Diskrepanz *f*, Loch *nt*, Spalt *m*, Abstand *m*; 2. Schere *f* *(fig)*; 3. 🏛 Baulücke *f*; 4. ▣ Durchlasszone *f*
gap between parked cars Parklücke *f*; **g. in earnings** Ertragsloch *nt*; **inflationary ~ the factor market** Faktorlücke *f*; **inflationary ~ the goods market** Güterlücke; ~ **interest rates** Zinsgefälle *nt*; ~ **the law** Rechts-, Gesetzeslücke *f*; ~ **the market** Markt-, Angebotslücke *f*; ~ **one's memory** Erinnerungslücke *f*; **g. between productivity levels** Produktivitätsgefälle *nt*; **g. in the provisions of the agreement** Regelungslücke *f*; ~ **the substitution chain** Substitutionslücke *f*; ~ **yields** Renditedifferenz *f*
to bridge the gap Lücke schließen, Kluft überbrücken; ~ **a g. in the market** Marktlücke schließen; **to close the g.** Kluft/Lücke schließen; **to fill/plug/stop the g.** Loch stopfen, Lücke füllen/schließen; **to narrow the g.** Kluft verringern; **to widen the g.** Kluft verbreitern/vertiefen
deflationary gap deflatorische Lücke, Deflations-, Nachfragelücke *f*, Angebotsüberhang *m*; **demand-supply g.** Differenz zwischen Angebot und Nachfrage; **financial g.** Finanzloch *nt*; **inflationary g.** inflatorische Lücke, Inflationslücke *f*; **jurisdictional g.** Zuständigkeitslücke *f*; **technological g.** technischer Rückstand, technologische Lücke; **wage-earnings g.** Lohndrift *m*; **yawning g.** (tief) klaffende Lücke
gap analysis Marktlückenanalyse *f*; **g. digit** Füllziffer *f*
gapless *adj* lückenlos
gapology *n* Lückenlehre *f*
gap phasing Ablaufplan mit Einzelphasen
garage *n* 1. Garage *f*; 2. Kraftfahrzeugreparaturwerkstätte *f*, (Autoreparatur)Werkstatt *f*; 3. Tankstelle *f*; 4. kleiner Börsensaal; **attached g.** angebaute Garage; **authorized g.** Vertragswerkstatt *f*; **public g.** *[US]* Parkhaus *nt*, öffentliche Garage
garage *v/t* in einer Garage abstellen, in eine Garage (ein)stellen
garage attendant 1. Garagenwärter *m*; 2. Tankwart *m*; **g. forecourt** Tankstelle(nhof) *f/m*, Zapfsäulenbereich *m*; **g. mechanic** Kfz-Mechaniker *m*; **g. proprietor** Garagen-, Tankstellenbesitzer *m*; **g. rent** Garagenmiete *f*
garbage *n* *[US]* Müll *m*, Abfall *m*, Unrat *m*; **domestic g.** Hausmüll *m*; **g. can** Müllkasten *m*, M.tonne *f*; **g. chute**;

g. disposal unit Müllschlucker *m*; **g. collection**; **g. removal** Müllabfuhr *f*; **g. collector**; **g. man** Müllarbeiter *m*, M.werker *m*, M.fahrer *m*; **g. collectors** Müllabfuhr *f*; **g. incineration plant** Müllverbrennungsanlage *f*; **g. truck** Müllwagen *m*, M.fahrzeug *nt*
gar|ble *v/t* verstümmeln; **g.bling** *n* Einschmelzen von Münzen
garbology *n* Müllkunde *f*, Abfallwirtschaft *f*
garden *n* Garten *m*; **to lay out a g.** Garten anlegen; **back g.** Hausgarten *m*; **botanic g.** botanischer Garten; **public g.s** öffentliche Anlagen
garden *v/i* im Garten arbeiten, gärtnern; **g.er** *n* Gärtner(in) *m/f*
garden flat *[GB]* 🏛 Souterrainwohnung *f*
gardening *n* Gartenbau *m*, G.arbeit *f*; **g. tools** Gartengeräte
garden gnome Gartenzwerg *m*; **g. hose** Gartenschlauch *m*; **g. party** Gartenfest *nt*; **to lead so. up the g. path** *(fig)* jdn an der Nase herumführen, sein Spielchen mit jdm treiben, jdm etw. vorgaukeln; **g. plot** Gartengrundstück *nt*; **g. produce** Gartengemüse *nt*, G.obst *nt*; **g. wall** Gartenmauer *f*
garlic *n* 🧄 Knoblauch *m*
garment *n* Kleidungsstück *nt*, Kleid *nt*, Bekleidung(sartikel) *f/m*; **outdoor g.s** Straßenkleidung *f*; **g. industry** Bekleidungs-, Konfektionsindustrie *f*, Bekleidungssektor *m*; **g. market** Bekleidungsmarkt *m*; **g. rack** *[US]* Kleiderablage *f*
garner *n* *(obs.)* 🌾 Getreidespeicher *m*, Kornkammer *f*, Vorratslager *nt*; *v/t* sammeln
garnish *v/t* 1. garnieren, verzieren; 2. [§] vorladen, zitieren; 3. (jdm) einen Pfändungsbescheid zukommen lassen, mit Beschlag belegen, (drittschuldnerisch) pfänden, Forderungspfändung durchführen, Forderung beim Drittschuldner pfänden
garnishee *n* 1. [§] Vorgeladene(r) *f/m*; 2. Drittschuldner(in) *m/f*, Empfänger(in) eines Pfändungsbeschlusses; 3. Anspruch/Forderung auf Herausgabe
garnishee *v/t* vorladen, vor Gericht laden; **g. account** *(Forderungspfändung)* Sperrguthaben *nt*
garnishee order [§] Pfändungs- und Überweisungsbeschluss *m*, Pfändungs-, Pfandverfügung *f*, Leistungsverbot an Drittschuldner, Zahlungs-, Verfügungsverbot *nt*; **~ absolute** endgültiges Zahlungsverbot; **~ nisi** *(lat.)* vorläufiges Zahlungsverbot
garnishee proceedings Verfahren für Pfändungspfändungen
garnisher *n* [§] 1. Forderungs(pfand)gläubiger(in) *m/f*, Pfand-, Pfändungsgläubiger(in) *m/f*; 2. *(Forderungspfändung)* Vollstreckungsgläubiger(in) *m/f*
garnishment *n* [§] Zahlungsverbot *nt*, Beschlagnahmung einer Forderung, Pfändung eines Drittschuldners, ~ einer Forderung, Forderungspfändung *f*, Vorladung *f* (eines Drittschuldners), Verbot der Leistung von Zahlungen an einen Dritten, Beschlagnahme beim Drittschuldner; **exempt from g.** unpfändbar; **g. of an account** Kontopfändung *f*; **collective g.s of future claims** Vorratspfändung *f*; **g. of incomes** Einkommenspfändung *f*; **~ a pension** Rentenpfändung *f*; **~ a**

salary; **~ salary claims** Gehaltspfändung *f*; **~ a wage** Lohnpfändung *f*, Pfändung des Lohns
equitable garnishment Forderungspfändung *f*; **provisional g.** Vorpfändung *f*; **g. order** Pfändungs- und Überweisungsbeschluss *m*; **g. proceedings** Verfahren in Forderungspfändungen
garret *n* 🏛 Mansarde(nzimmer) *f/nt*, Boden-, Dachkammer *f*
garrison *n* ⚔ Garnison *f*
gas *n* 1. Gas *nt*; 2. *[US]* Benzin *nt*, Sprit *m (coll)*; 3. Gaswirtschaft *f*; **to flare off g.** Gas abfackeln; **to step on the g.** *[US]* ⛽ (Voll)Gas geben, auf die Tube drücken *(coll)*; **to turn off the g.** Gas abdrehen; **~ on the g.** Gas aufdrehen
combustible gas Brenngas *nt*; **domestic g.** Haushaltsgas *nt*; **industrial g.** Industriegas *nt*; **liquefied (petroleum) g. (LPG)** Flüssiggas *nt*, verflüssigtes Erdgas; **on low g.** *(fig)* auf Sparflamme *(fig)*; **mine-produced g.** Zechengas *nt*; **natural g.** Erdgas *nt*; **liquefied ~ g. (LNG)** Flüssiggas *nt*, verflüssigtes Erdgas; **noxious g.es** schädliche Abgase; **rare g.** ♆ Edelgas *nt*
gas *v/t* vergiften, vergasen
gas bill Gasrechnung *f*; **g. board** *[GB] (obs.)* staatlicher Gasversorger; **g. burner** Gasbrenner *m*; **g. bracket** Gasanschluss *m*; **central g. heating** Gaszentralheizung *f*; **g. chamber** Gaskammer *f*; **g. comsumption** 1. Gasverbrauch *m*; 2. *[US]* ⛽ Benzinverbrauch *m*; **g. condensate** Gaskondensat *nt*; **g. cylinder** Gasflasche *f*; **g. deposit** Gasvorkommen *nt*; **g. engine** Gasmotor *m*; **g. engineering** Gastechnik *f*
gaseous *adj* gasförmig
gaseteria *n* *[US]* ⛽ Selbstbedienungstankstelle *f*
gas field Gaslager(stätte) *nt/f*, Erdgasfeld *nt*, E.vorkommen *nt*; **g. fire** Gasofen *m*; **g.-fired** *adj* gasbefeuert, mit Gas beheizt; **g. firing** Gasfeuerung *f*; **g. fitter** Gasinstallateur *m*; **g. fitting** Gasinstallation *f*; **g. fittings** Gasgeräte; **g. grid** Gasverbundnetz *nt*; **g. guzzler** *[US] (coll)* ⛽ Benzinfresser *m*, Schluckspecht *m (coll)*; **g.-heated** *adj* gasbeheizt; **g. heater** Gasofen *m*; **g. heating** Gasfeuerung *f*, G.heizung *f*; **g. holder** Gasometer *m*, Gasbehälter *m*
gasi|fication Vergasung *f*; **g.fy** *v/t (Kohle)* vergasen
gas industry Gasindustrie *f*, G.wirtschaft *f*; **g. jet** 1. Gasflamme *f*; 2. Gasdüse *f*
gasket *n* ⚙ Dichtung *f*
gas lamp 1. Gaslampe *f*; 2. Gaslaterne *f*; **g. leak(age)** Gasaustritt *m*; **g.light** *n* 1. Gaslicht *nt*; 2. Gaslampe *f*; 3. Gaslaterne *f*; **g. lighter** Gasanzünder *m*; **g. lighting** Gasbeleuchtung *f*; **g. line** Gasleitung *f*; **g.-lit** *adj* mit Gas beleuchtet; **g. main(s)** Gasleitung *f*, G.anschluss *m*; **g.-making** *n* Gaserzeugung *f*, G.produktion *f*; **g. man** Gasableser *m*, G.mann *m*; **g. mantle** Glühstrumpf *m*; **g. mask** Gasmaske *f*; **g. meter** Gasuhr *f*, G.zähler *m*; **g. oil** leichtes Öl, Diesel-, Gasöl *nt*
gasoline *n* *[US]* ⛽ Benzin *nt*, Kraftstoff *m*; **high-octane g.** klopffestes Benzin; **leaded g.** bleihaltiges/verbleites Benzin; **non-leaded/unleaded g.** bleifreies/unverbleites Benzin; **regular g.** Normalbenzin *nt*
gasoline allowance Kraftstoffzuteilung *f*; **g. can** Ben-

gasoline engine

zinkanister *m*; **g. engine** Benzinmotor *m*; **g. price** Benzinpreis *m*; **g. pump** Tank-, Zapfsäule *f*; **g. shortage** Benzinknappheit *f*; **g. tax** Benzin-, Mineralölsteuer *f*
gasometer *n* Gasometer *m*, Gasbehälter *m*
gas|-operated *adj* mit Gas betrieben; **g. oven** Gasofen *m*
gasp *v/i* keuchen
gas pedal *[US]* ⇌ Gaspedal *nt*; **g. pipe** Gasrohr *nt*, G.leitung *f*; **g. pipeline** Ferngasleitung *f*; **long-distance ~ grid** Ferngasnetz *nt*; **g. pistol** Gaspistole *f*; **g. poisoning** ⚠ Gasvergiftung *f*; **g. pressure** Gasdruck *m*; **g. production** Gaserzeugung *f*; **g. pump** *[US]* ⇌ Zapfsäule *f*; **g. ring** Gasbrenner *m*
gas station *[US]* ⇌ Tankstelle *f*; **coin-operated g. s.** Münztankstelle *f*; **g. s. attendant** Tankwart *m*; **~ owner** Tankstellenbesitzer *m*
gas stove Gasherd *m*; **g. supply** Gasversorgung *f*; **~ industry** Gaswirtschaft *f*; **~ system** Gasnetz *nt*; **g. tank** 1. *[US]* ⇌ Benzintank *m*; 2. Gasbehälter *m*; **g. tap** Gashahn *m*; **g. tariff** Gastarif *m*; **g.-tight** *adj* gasdicht
gas|tritis *n* ⚕ Gastritis *f*, Magenschleimhautentzündung *f*; **g.troenteritis** *n* Magen-Darm-Entzündung *f*
gastro|nomic *adj* gastronomisch; **g. nomy** *n* Gastronomie *f*
gas turbine Gasturbine *f*; **g.works** *n* Gaswerk *nt*, G.anstalt *f*, G.fabrik *f*
gate *n* 1. Tor *nt*, Pforte *f*; 2. ✈ Flugsteig *m*; 3. 🚇 Sperre *f*, Ausgang *m*; 4. *(Foto)* Filmfenster *nt*; 5. 🖳 Schaltglied *nt*; 6. *(Sport)* Zuschauerzahl *f*; **main g.** Haupt(eingangs)tor *nt*; **g. array** 🖳 Gattermatrix *f*
gate|crash *v/i* ohne Einladung hereinplatzen, eindringen, uneingeladen erscheinen; **g.crasher** *n* Eindringling *m*, ungebetener Gast; **g.house** *n* Pförtnerhaus *nt*; **g.keeper** *n* 1. Informationsregulator *m*, Person mit Informationsfiltereigenschaft; 2. 🚇 Schrankenwärter *m*; **g. money** *(Sport)* Einnahmen *pl*; **g. road** 🛣 Abbaustrecke *f*; **g.way** *n* 1. Toreinfahrt *f*, T.durchfahrt *f*, Eingangstor *nt*; 2. *(fig)* Tor *nt*; **~ airport** Luftverkehrsknotenpunkt *m*; **g.ways** *(Kartell)* Rechtfertigungsgründe
gather *v/ti* 1. (auf)sammeln, auflesen, erfassen; 2. folgern, entnehmen, schließen, annehmen; 3. sich versammeln; **g. in** 1. einsammeln; 2. *(Steuern)* einziehen; **g. together/up** zusammennehmen
gatherer *n* Sammler *m*
gathering *n* 1. Zusammenkunft *f*, Zu-, Beisammensein *nt*, Versammlung *f*, Treffen *nt*; 2. Sammlung *f*; **g. of people** Menschenansammlung *f*; **social g.** geselliges Beisammensein, geselliger Kreis, gesellschaftliches Zusammensein
gauge *n* *[GB]* 1. Richt-, Eichmaß *nt*; 2. Messlehre *f*, M.gerät *nt*, M.instrument *nt*, M.vorrichtung *f*; 3. 🚇 Spurweite *f*; **being out of g.** Lademaßüberschreitung *f*; **broad/wide g.** 🚇 Breitspur *f*; **narrow g.** Schmalspur *f*; **standard g.** 1. Normal-, Regelspur *f*, normale Spurweite; 2. Normaleichmaß *nt*; **variable g.** Variablennotierung *f*
gauge *v/t* (ab)messen, abschätzen
gauger *n* Eichmeister *m*; **g.'s certificate** Eichschein *m*
gauging *n* Eichung *f*; **g. office** Eichamt *nt*; **g. rod** Eichstab *m*

gauntlet *n* Fehdehandschuh *m*; **to run the g.** Spießruten laufen; **to throw down the g.** den Fehdehandschuh hinwerfen
gauze *n* Netzgewebe *nt*
gavel *n* 1. *(Auktion)* Hammer *m*; 2. *[US]* 🔨 *(Richter)* Hammer *m*
gay *adj* 1. lustig; 2. *(coll)* schwul *(coll)*
gaze *n* Blick *m*; *v/i* stieren, starren
gazette *n* 1. Amts-, Gesetz-, Verordnungsblatt *nt*; 2. Zeitung *f*, Anzeiger *m*, Publikationsorgan *nt*, Gazette *f*, Mitteilungsblatt *nt*; **Commercial G.** Handelsamtsblatt *nt*; **federal g.** Bundesanzeiger *m*; **financial g.** Börsenzeitung *f*; **legal g.** Bundesgesetzblatt *nt*; **official g.** Amts-, Pflichtblatt *nt*, Staatsanzeiger *m*, amtliches/offizielles Organ, amtliches Mitteilungsblatt, amtliche Zeitung, Pflichtblatt an den Börsenplätzen
gazette *v/t* im Staatsanzeiger/amtlich bekanntgeben
gazump *v/ti* *[GB]* *(coll)* *(Immobilie)* trotz vorhergehender Zusage an Höherbietenden verkaufen, Kaufpreis vor Abschluss des Kaufvertrages erhöhen; **g.ing** *n* nachträglicher Verkauf an Höherbietenden (trotz vorheriger Zusage), Kaufpreiserhöhung vor Abschluss des Kaufvertrages
GDP (gross domestic product) Bruttoinlandsprodukt; **~ growth** Wachstum des Bruttoinlandsproduktes
gear *n* 1. ⇌ Gang *m*, Getriebe *nt*; 2. ⚙ Zahnrad *nt*; 3. *(coll)* (Werk)Zeug *nt*, Gerät *nt*; 4. *(coll)* Kluft *f*; **g.s** Räderwerk *nt*; **to change g.** ⇌ (um)schalten, Gang wechseln; **to engage a g.** Gang einlegen; **to get into top g.** *(fig)* auf volle Touren kommen *(fig)*
first gear erster Gang; **forward g.** Vorwärtsgang *m*; **in low g.** im ersten Gang; **in top g.** im höchsten Gang
gear (to) *v/i* abstimmen, abstellen auf, anpassen an, angleichen, ausrichten; **g. up** 1. *(Produktion)* hochfahren; 2. sich bereitmachen, sich einstellen auf, sich vorbereiten
gearbox ⇌ Getriebe *nt*, Schaltung *f*; **automatic g.** automatisches Getriebe, Automatik *f*; **four-speed g.** Vierganggetriebe *nt*
gear change *[GB]* /**shift** *[US]* (Gang)Schaltung *f*; **floor-mounted g. change/shift** Knüppelschaltung *f*; **manual g. change/shift** Handschaltung *f*
geared *adj* übersetzt; **g. to** zugeschnitten auf, ausgerichtet auf; **highly g.** mit hohem Fremdkapitalanteil; **to be ~ g.** 1. überkapitalisiert sein, mit hohem Anteil an Fremdkapital und Vorzugsaktien ausgestattet sein; 2. übertourig fahren *(fig)*
gearing *n* 1. Verschuldungsgrad *m*; 2. Verhältnis von Eigen- zu Fremdkapital, **~ langfristigem verzinslichen** Kapital zu Eigenkapital; 3. ⚙ Übersetzungsverhältnis *nt*; 4. Orientierung *f*; **g. towards** Ausrichtung auf; **financial g.** Kapitalausstattung *f*, K.intensität *f*; **high g.** Überkapitalisierung *f*, hoher Fremdkapitalanteil; **low g.** Unterkapitalisierung *f*, geringer Fremdkapitalanteil, knappe Kapitalausstattung, zu kurze Kapitaldecke; **net g.** Nettoverschuldung(sgrad) *f/m*; **improved ~ g.** verringerte Nettoverschuldung; **reduced g.** Verringerung des Vorrangkapitalanteils; **g. ratio** Verhältnis von bevorrechtigtem Kapital zu Stammaktien

gear lever ⇄ (Gang)Schalthebel *m*, S.knüppel *m*; **g. ratio** (Getriebe)Übersetzung *f*, Übersetzungsverhältnis *nt*; **g. wheel** ✪ Zahnrad *m*
Geiger counter *n* ☢ Geigerzähler *m*
gel *n* Gel *nt*; *v/i* gelieren
gem *n* 1. Edelstein *m*, Juwel *nt*, Schmuckdiamant *m*; 2. *(fig)* Kleinod *nt*, Prachtstück *nt*; **g.stone** *n* Edelstein *m*; **uncut g.stone** ungeschliffener Edelstein
gender *n* Geschlecht *nt*; **g.-neutral** *adj* geschlechtsneutral
gene *n* 🧬 Gen *nt*
genea|logist *n* Genealoge *m*; **g.logy** *n* Geschlechterfolge *f*, Genealogie *f*, Ahnenforschung *f*
general *adj* allgemein (verbreitet), üblich, generell, Gesamt-, allgemeingültig, General-, durchgängig, übergreifend, landläufig, gesamtwirtschaftlich; **in g.** im Allgemeinen; **G. Accounting Office (GAO)** *[US]* (Bundes)Rechnungshof *m*; **G. Agreement to Borrow (GAB)** *(IWF)* Allgemeine Kreditvereinbarungen; **~ on Tariffs and Trade (GATT)** Allgemeines Zoll- und Handelsabkommen; **G. Business Conditions** Allgemeine Geschäftsbedingungen; **G. Customs Procedures Committee** *(EU)* Ausschuss für allgemeine Zollregelungen; **G. Delivery** *[US]* ✉ postlagernd; **G. Medical Council** *[GB]* britische Ärztekammer; **G. Post Office (GPO)** britische Post; **G. Rate Act** *[GB]* Gemeindeabgabengesetz *nt*
generality *n* Allgemeingültigkeit *f*
generalization *n* Verallgemeinerung *f*, Generalisierung *f*; **sweeping g.** grobe/pauschale Verallgemeinerung, Pauschalurteil *nt*
generalize *v/t* verallgemeinern, generalisieren; **g.ed** *adj* verallgemeinert
general-purpose *adj* Allzweck-, Universal-, Mehrzweck-
generate *v/t* 1. erwirtschaften, hervorbringen, hervorrufen; 2. ⚡ erzeugen
generating plant/station ⚡ Kraft-, Elektrizitätswerk *nt*, Stromversorgungsanlage *f*; **nuclear g. station** Atomkraftwerk (AKW) *nt*, Kernkraftwerk (KKW) *nt*
generation *n* 1. Generation *f*, Menschen(zeit)alter *nt*; 2. ⚡ Erzeugung *f*; **new g. of academics** wissenschaftlicher Nachwuchs; **g. of electricity/power** Strom-, Krafterzeugung *f*, Erzeugung elektrischer Energie; **future g.s** spätere Generationen; **new g.** neue Generation, Nachwuchs *m*
generation data group Gruppe von Dateigenerationen; **g. gap** Generationsproblem *nt*; **g. number** ▦ Erstellungsnummer *f*; **g. unit** ⚡ Kraftwerk *nt*
generator *n* 1. ⚡ Generator *m*, Lichtmaschine *f*; 2. *(Unternehmen)* Stromerzeuger *m*; **g. country** Herkunftsland *nt*
generic *adj* 1. artmäßig, allgemein, typisch; 2. *(Produkt)* nicht geschützt, markenlos, generisch; **g.s** *pl* ⚕ Generika
generosity *n* Freigebigkeit *f*, Großzügigkeit *f*, Freizügigkeit *f*, Liberalität *f*; **to show g.** sich nobel zeigen
generous *adj* 1. großzügig, freigebig, freizügig, nobel, kulant; 2. reichlich (bemessen)

genesis *n* Entstehung *f*, Genese *f*
genetic *adj* 1. genetisch; 2. gentechnisch; **g.s** *n* Genetik *f*; **human g.** Humangenetik *f*
genius *n* Genie *nt*, Koryphäe *f*; **natural g.** geborenes Genie
genteel *adj* vornehm
genitals *pl* ⚕ Genitalien
gentle *adj* 1. lind, schonend, sanft; 2. liebenswürdig, freundlich; **g.folk** *n* vornehme Leute; **g.man** *n* Herr *m*, Kavalier *m*; **g.men's agreement** 1. Vereinbarung auf Treu und Glauben, Gentlemen's Agreement *nt*; 2. Frühstückskartell *nt*; **~ outfitter** Herrenausstatter *m*, Herrenausstattungs-, Herrenartikelgeschäft *nt*
(landed) gentry *n* Landadel *m*
gents' outfitter Herrenausstatter *m*
genuine *adj* 1. echt, rein, unverfälscht, solide, gediegen, authentisch; 2. aufrichtig; **warranted g.** garantiert echt; **g.ness** *n* Echtheit *f*
geo|grapher *n* Geograf(in) *m/f*; **g.graphic(al)** *adj* geografisch, räumlich, örtlich
geography *n* Geografie *f*, Erdkunde *f*; **commercial/economic g.** Wirtschaftsgeografie *f*; **political g.** politische Geografie; **rural g.** Agrargeografie *f*
geo|logist *n* Geologe *m*, Geologin *f*; **g.logy** *n* Geologie *f*; **g.metric** *adj* geometrisch; **g.metry** *n* Geometrie *f*; **solid g.metry** Körperberechnung *f*; **g.nomics** *n* Wirtschaftsgeografie *f*; **g.physical** *adj* geophysikalisch; **g.physics** *n* Geophysik *f*; **g.thermal** *adj* 1. geothermal; 2. *(Kraftwerk)* mit Erdwärme betrieben
geriatric *adj* ⚕ Alters-; **g. s** *n* Altersheilkunde *f*, Geriatrie *f*
germ *n* 🧬/⚕ Keim *m*, Bakterie *f*, (Krankheits)Erreger *m*; **g. of decomposition** Fäulniserreger *m*
German *adj* deutsch; *n* Deutsche(r) *f/m*; **ethnic G.** Volksdeutsche(r) *f/m*; **G. bund market** Markt für deutsche Staatsanleihen; **G. commercial code** Handelsgesetzbuch (HGB) *nt*; **G. constitutional court** Bundesverfassungsgericht (BVG) *nt*; **G. counter-intelligence service** Bundesnachrichtendienst (BND) *m*
germane to *adj* von Belang für, passend zu, gehörig zu
German Employers' Federation Arbeitgeberverband *m* *[D]*; **G. Federal Debt Administration** Bundesschuldenverwaltung *f*; **~ Post Office** Deutsche Bundespost (DBP) *f*; **~ Railways** Deutsche Bundesbahn (DB) *f*; **G. (Con)Federation of Industry** Bundesverband der deutschen Industrie (B.D.I.); **G. Federation of Trade Unions** Deutscher Gewerkschaftsbund (DGB); **G. Industrial Standards** Deutsche Industrie-Normen (DIN); **G. social insurance code** Reichsversicherungsordnung (RVO) *f*; **within the G. states** innerdeutsch; **G. Union of Salaried Workers** Deutsche Angestellten-Gewerkschaft (DAG)
german|ization *n* Eindeutschung *f*; **g.ize** *n* eindeutschen
germ|-free *adj* keimfrei; **g.icide** *n* keimtötendes Mittel; **g.inate** *v/i* keimen, sich entwickeln; **g.ination** *n* Keimen *nt*, Entwicklung *f*
gerrymandering *n* Wahlschiebung *f*
gestate *v/i* reifen
gestation *n* Reifwerden *nt*, Reifungsprozess *m*; **g. period** Ausreifungszeit des Kapitals, Reife-, Entwick-

lungszeit *f*; **long g. project** Projekt mit langer Fertigstellungszeit
gesticulate *v/i* gestikulieren
gesture *n* Geste *f*, Gebärde *f*; **g.s** Gestik *f*; **g. of goodwill** Geste des guten Willens; **to make a symbolic g.** ein Zeichen setzen; **threatening g.** Drohgebärde *f*
get *v/t* 1. bekommen, kriegen; 2. holen, sich besorgen; **g. sth. for nothing** etw. umsonst/kostenlos bekommen; **g. about** sich herumsprechen; **g. ahead of** überflügeln; **g. along** zurechtkommen, wirtschaften; ~ **nicely/well** sich gut miteinander stehen; **g. around** unter die Leute kommen; **g. away** davonkommen; ~ **with sth.** *(coll.)* sich etw. erlauben können, ungeschoren/ungestraft davonkommen; **g. back** zurückbekommen; **g. one's own back** etw. heimzahlen; **g. better** sich erholen; **g. broken** kaputtgehen; **g. by** zurechtkommen; **g. down** herunterhandeln; ~ **to doing sth.** *(Arbeit)* zupacken; **g. in** 1. einsteigen; 2. hereinbekommen; **g. into sth.** einsteigen bei, in etw. hineingeraten; **g. nowhere** nicht vom Fleck kommen; **g. off** 1. loseisen; 2. aussteigen, 3. *(Verkehrsmittel)* absteigen; ~ **cheaply** billig davonkommen; ~ **lightly** glimpflich davonkommen, mit einem blauen Auge davonkommen *(fig)*; **g. on** 1. vorankommen; 2. Erfolg haben, vorwärtskommen; ~ **at so.** jdm auf den Pelz rücken *(fig)*; ~ **to so.** sich hinter jdn klemmen; ~ **with each other;** ~ **well with so.** sich vertragen, sich gut mit jdm verstehen; ~ **well with sth.** gut zurechtkommen mit etw.; **g. out** 1. herausholen; 2. aussteigen, **g. sth. out of so.** etw. aus jdm herausbekommen; **g. over** verwinden, hinwegkommen über; **g. sth. over (and done) with** etw. hinter sich bringen; **g. rid of** loswerden, sich entledigen, sich vom Halse schaffen; **g. somewhere** etw. erreichen, weiterkommen; **g. there** es schaffen; **g. through** 1. durchkommen; 2. ✆ Verbindung/Anschluss bekommen; 3. verbrauchen; **g. together** sich zusammensetzen, sich zusammenschließen, sich zusammenkommen, sich verbünden; **g. up** 1. auf die Beine bringen/stellen, organisieren; 2. sich erheben
getaway *n* Flucht *f*, Entkommen *nt*; **g. car** Fluchtauto *nt*
to be getting too much for so. *(Arbeit)* jdm über den Kopf wachsen
get-together *n* Treffen *nt*, Zusammenkunft *f*, Z.sein *nt*, Konferenz *f*; **informal g.** zwangloses Treffen
get-up *n* *(Ware)* Aufmachung *f*, Ausstattung *f*; **g. of a book** Buchausstattung *f*; ~ **the trademark** Ausstattung *f*; **overall g.** Gesamtausstattung *f*
geyser *n* Heißwassergerät *nt*, Warmwasserboiler *m*, W.gerät *nt*, Gasbadeofen *m*
ghetto *n* Ghetto *nt*; **g.ization** *n* Ghettobildung *f*
ghost *n* Geist *m*, Gespenst *nt*; **to give up the g.** *(fig)* seinen Geist aufgeben *(fig)*; **not a/the g. of a chance** *(coll)* nicht die geringste Aussicht; **g. city/town** verlassene Stadt, Geisterstadt *f*; **g. driver** ⇄ Geisterfahrer *m*; **g. exports** Phantomexporte; **g.ly** *adj* gespenstisch, schauderhaft, grässlich; **g. train** Geisterbahn *f*; **g.write** *v/i* (für jdn) anonym schreiben; **g.writer** *n* Redenschreiber *m*
giant *n* Riese *m*, Gigant *m*, Koloss *m*; **chemical giant** Chemieriese *m*; **commercial g.** Handelsriese *m*; **corporate g.** Riesenunternehmen *nt*, Unternehmensgigant *m*; **industrial g.** Industriegigant *m*; **slumbering g.** schlafender Riese
giant *adj* riesig, riesengroß
giant combine Riesenkonzern *m*; **g. concern/enterprise/firm** Mammut-, Riesenunternehmen *nt*, Firmengigant *m*; **g. merger** Elefantenhochzeit *f* *(fig)*; **g. packet** Riesenpackung *f*
gibberish *n* 1. Kauderwelsch *nt*; 2. Quatsch *m*
gibe *n* Seitenhieb *m*; *v/i* sticheln, verhöhnen, verspotten
giblets *pl* Geflügelinnereien
giddiness *n* Taumel *m*
giddy *adj* 1. schwindelig; 2. schwindelerregend
gift *n* 1. Geschenk(artikel) *nt/m*, Präsent *nt*, Festgabe *f*; 2. Schenkung *f*, unentgeltliche Überlassung; 3. Spende *f*; 4. Begabung *f*, Talent *nt*, Veranlagung *f*; **by way of a g.** schenkungsweise
gift under apprehension of death Schenkung in Erwartung des Todes; **g. subject to a burden** Schenkung unter Auflagen; **g. of the gab** *(coll)* Redegabe *f*, Zungenfertigkeit *f*, Gabe der Beredsamkeit; **to have the** ~ **gab** *(coll)* nicht auf den Mund gefallen sein *(fig)*; **g. for languages** Sprachtalent *nt*; **to have a ~ languages** sprachbegabt sein; **g. between the living; g. inter vivos** *(lat.)* Schenkung unter Lebenden; **g. of money** Geldgeschenk *nt*, G.zuwendung *f*; **g. mortis causa** *(lat.)* Geschenk von Todes wegen, Schenkung in Erwartung des Todes; **g. sub modo** *(lat.)* Schenkung unter Auflagen, bedingte Schenkung
to have a gift for Talent haben zu; **to make ~ (of)** Schenkung machen, schenken; **to shower so. with g.s;** ~ **g.s on so.** jdn mit Geschenken überhäufen, jdn reichlich beschenken
charitable gift milde Gabe, wohltätige Spende, karitative/mildtätige/wohltätige Schenkung; **executed/manual g.** Handschenkung *f*; **free g.** Werbe-, Reklamegeschenk *nt*, Zugabe, Reklame-, Werbeartikel *m*, (Gratis)Geschenk *nt*, Zugabe *f*; **as a ~ g.** geschenk-, schenkungsweise; **intellectual g.** Geistesgabe *f*; **introductory g.** Einführungsgeschenk *nt*; **natural g.s** geistige Anlagen; **outright g.** bedingungslose/vorbehaltlose/sofort vollzogene Zuwendung, bedingungslose Schenkung; **prestigious g.** Repräsentationsgeschenk *nt*; **private g.** private Schenkung; **promotional g.** Werbeartikel *m*, Präsent *nt*; **remunerative g.** remuneratorische Schenkung; **residual g.** Restvermächtnis *nt*; **taxable g.** steuerpflichtige Zuwendung/Schenkung; **tax-free g.** steuerfreie Schenkung; **testamentary g.** testamentarische/letztwillige Schenkung, Schenkung von Todes wegen; **vested g.** vollzogene Schenkung
gift advertising Zugabewerbung *f*; **g. check [US] / cheque [GB]** Geschenkscheck *m*; **g. coupon** Geschenkgutschein *m*; **free g. coupon** Zugabeschein *m*; **g. department** Geschenkabteilung *f*
gifted *adj* begabt, talentiert, veranlagt; **highly g.** hochbegabt; **less g.** minderbegabt
gift item Geschenkartikel *m*; **g. loan** zinsloses Darlehen; **g.-loan** *v/t* als geschenktes Darlehen geben; **g. package/parcel** Geschenkpaket *nt*, G.sendung *f*; **g. shop** Geschenkartikel-, Andenken-, Souvenirladen *m*; **g. subscription** Geschenkabonnement *nt*

gift tax Schenkungssteuer *f*; **federal g. t.** *[US]* Bundesschenkungssteuer *f*; **g. t. return** Schenkungssteuererklärung *f*
gift token/voucher Geschenkgutschein *m*; **g. transfer** Schenkung *f*; **g.ware** *n* Geschenkartikel *pl*; **g.-wrap** *v/t* als Geschenk verpacken; **g.-wrapped** *adj* in Geschenkpapier verpackt; **g. wrapping** Geschenkpackung *f*, G.papier *nt*
giga|byte *n* 🖥 Gigabyte *nt*; **g.hertz** *n* Gigahertz *nt*
gigantic *adj* gigantisch, riesenhaft, r.groß, riesig, Riesen-
gigawatt *n* ⚡ Gigawatt *nt*, eine Milliarde Watt
gilded *adj* vergoldet
gill *n* Viertelpint *nt (0,148 l)*
gilt|s *pl* Staatspapiere, S.anleihen, goldgeränderte/mündelsichere Wertpapiere, mündelsichere Effekten/Anlagen; **long-dated g.** *(Anlage)* Langläufer *m*; **g.-edged** *adj* 1. *(Wertpapier)* mündelsicher; 2. erstklassig; 3. *(Buch)* goldgerändert; **g. fund** Fonds für Staatsanleihen; **g. sale** Verkauf von Staatsanleihen/Festverzinslichen
gimcrack *adj* billig, minderwertig
gimmick *n* *(coll)* Mätzchen *nt (coll)*, Trick *m*, Sensationswerbung *f*
ginger|bread *n* Lebkuchen *m*; **g. group** *[GB]* Arbeitsgruppe *f*
gingivitis *n* 🦷 Zahnfleischentzündung *f*
gipsy *n* Zigeuner(in) *m/f*
girder *n* 🏭 (Stahl)Träger *m*
girl *n* Mädchen *nt*; **to court a g.** einem Mädchen den Hof machen; **old g.** *(Schule)* Ehemalige *f*; **working g.** Arbeiterin *f*, Fabrikmädchen *nt*
girl apprentice Lehrmädchen *nt*; **g.s' boarding school** Mädchenpensionat *nt*; **g. Friday** *(coll)* Sekretärin *f*, Schreibkraft *f*; **g.friend** *n* Freundin *f*; **g.s' grammar/ high school** Lyzeum *nt*
giro *n* *[GB]* Postscheckdienst *m*, P.verkehr *m*, Giro *nt*; **to pay by g.** durch Postscheck bezahlen; **postal g.** Postscheckverkehr *m*
giro account Giro-, Postscheckkonto *nt*; ~ **balance** Giroguthaben *nt*; **g. association** Giroverband *m*; **g. balance** Postscheckguthaben *nt*; **g. business** Girogeschäft *nt*; **g. card** Postscheckkarte *f*; **g. centre** Girostelle *f*; **g. cheque** *[GB]* 1. Post(bar)scheck *m*; 2. Sozialhilfeüberweisung *f*; **crossed g. cheque** Verrechnungsscheck *m*; **g. credit advice** Girozettel *m*; **g. department** Giroabteilung *f*; **g. deposits** Giroeinlagen *f*; **g. standing order** Postscheckdauerauftrag *m*; **g. services** Postscheckeinrichtungen; **g. slip** Überweisungsformular *nt*; **g. system** Girokehr *m*, G.system *nt*, bargeldloser Zahlungsverkehr; **g. transactions** Giroverkehr *m*
giro transfer *[GB]* Post(scheck)-, Banküberweisung *f*; **distant g. t.s** Ferngiroverkehr *m*; **incoming g. t.** Giroeingang *m*; **outgoing g. t.** Giroausgang *m*; **postal g. t.** Postgiro *nt*
giro transfer business Giroverkehr *m*; **g. t. department** Überweisungsabteilung *f*; ~ **form** Zahlkarte *f*; ~ **order** Postüberweisungsauftrag *m*; ~ **system** Verrechnungssystem *nt*, Überweisungsverkehr *m*, Girowesen *nt*; **postal ~ system** Postscheckdienst *m*, P.verkehr *m*

gist *n* Hauptsache *f*, Kern(punkt) *m*; **the g.** das Wesentliche; ~ **of it** *(coll)* langer Rede kurzer Sinn *(coll)*; ~ **the matter** des Pudels Kern *(fig)*
give and take *n* Geben und Nehmen
give *v/ti* 1. geben; 2. schenken, spenden; 3. *(Vers.)* zedieren; 4. *(Börse)* auf Talfahrt sein *(fig)*; 5. *(Auskunft)* erteilen; **g. so. sth.** jdm etw. angedeihen lassen; **g. away** verschenken, gratis verteilen; **g. back** zurückgeben; **g. freely** reichlich spenden; **g. in** nachgeben, einlenken, die Segel streichen *(fig)*; **not to g. in** nicht lockerlassen; **g. up** aufgeben, preisgeben; **g. o.s. up** *(Polizei)* sich (freiwillig) stellen; **g. sth. up** auf etw. verzichten, etw. an den Nagel hängen *(fig)*; **g. way** *(Kurs)* abnehmen, zurückgehen, nachgeben, abbröckeln
give|away *n* 1. Zugabe *f*, Geschenk *nt*; 2. Werbeartikel *m*, kostenloser Artikel; 3. Schenkung *f*; 4. Gratiszeitung *f*; **g.-back** *n* *[US] (Gewerkschaft)* freiwillige Lohnkürzung, Verzicht auf Ansprüche aus dem Arbeitnehmerverhältnis
given (the fact) *prep* in Anbetracht (der Tatsache), angesichts, gegeben, bei, vorausgesetzt, wenn man davon ausgeht; *adj* bestimmt, festgesetzt, vorgegeben; **to be g. to sth.** zu etw. neigen
giver *n* 1. Schenker *m*, Spender(in) *m/f*; 2. Verkäufer(in) *m/f*; 3. *(Wechsel)* Aussteller(in) *m/f*; 4. *(Börse)* Reportnehmer(in) *m/f*; **g. of an allowance** Zuschussgeber *m*; **g. for a call** Vorprämienkäufer *m*; **g. of more** Käufer eines Nochgeschäfts; ~ **an option** Prämienkäufer *m*, Optionsgeber *m*, O.gewährer *m*, Nachsteller *m*; ~ **option money** *(Börse)* Prämiengeber *m*; **g. for a put** Rückprämienverkäufer *m*; **g. of the rate** Prämienzahler *m*; **g.s and receivers** Geber und Nehmer
giver-on *n* *[GB] (Börse)* Kostgeber *m*
give-way sign *n* *[GB]* 🚸 Vorfahrtszeichen *nt*
giving for a call *n* Erwerb einer Kaufoption; **corporate g.** Firmenspende *f*; **g.-up** *n* 1. Hingabe *f*; 2. (Geschäfts)Aufgabe *f*
glacier *n* Gletscher *m*
glad *adj* froh, freudig
glade *n* Lichtung *f*, Schneise *f*
gladly *adv* gerne
glamo(u)r *n* Zauber *m*, Glanz *m*; **g. stock** *[US]* spekulative Wachstumsaktie, spekulativer W.wert, lebhaft gefragte Aktie, ausgesuchter Anlagewert, Börsenliebling *m*, Glamourpapier *nt*; **g.ous** *adj* glamourös, glanzvoll
glance *n* Blick *m*; **to have a g. at sth.** kurzen Blick auf etw. werfen; **to see at a g.** auf den ersten/mit einem Blick sehen; **to steal a g.** ein Auge riskieren
brief/cursory glance flüchtiger Blick; **furtive g.** verstohlener Blick; **knowing g.** bedeutsamer Blick
glance *v/i* flüchtig blicken; **g. at sth.** sich kurz etw. ansehen; **g. over** *(Text)* überfliegen
gland *n* 🧬 Drüse *f*; **thyroid g.** Schilddrüse *f*
glare *n* grelles Licht; **g.-free** *adj* blendfrei
glaring *adj* grell
glass *n* Glas *nt*; **of g.** gläsern; **g., handle with care!** Vorsicht! Glas!; **bullet-proof g.** kugelsicheres Glas, Panzerglas *nt*; **commercial g.** Gebrauchsglas *nt*; **fire-proof g.** feuersicheres Glas; **frosted g.** Milchglas *nt*; **lami-**

nated g. Verbundglas *nt*; **magnifying g.** Lupe *f*, Leseglas *nt*; **to look for sth. with a ~ g.** mit der Lupe nach etw. suchen; **salvaged/waste g.** Altglas *nt*; **shatterproof g.** splittersicheres Glas; **smoked/tinted g.** Rauchglas *nt*
glass blower Glasbläser; **g. blowing** Glasbläserei *f*; **g. breakage** Glas(bruch)schaden *m*; **~ insurance** Glas(bruch)versicherung *f*; **g. case** Vitrine *f*; **g. containers** Behälterglas *nt*; **g. cutter** 1. Glasschneider *m*; 2. *(Person)* Glasschleifer *m*; **g. cuttings** Bruchglas *nt*
glasses *pl* Brille *f*; **dark g.** Sonnenbrille *f*; **reading g.** Lesebrille *f*; **rimless g.** randlose Brille; **g. case** Brillenetui *nt*
glass fiber *[US]* **/fibre** *[GB]* Glasfaser *f*; **~ technology** Glasfasertechnik *f*
Glass' Guide ™ *[GB]* Preisliste für Gebrauchtwagen, Schwacke-Liste *f* ™ *[D]*
glass house *[GB]* Gewächshaus *nt*; **g. industry** Glasindustrie *f*; **g. insurance** Glasversicherung *f*; **g.maker** *n* Glasmacher *m*, G.hersteller *m*; **g. paper** Glaspapier *nt*; **g. partition** Trennscheibe *f*; **g. recycling** Altglasverwertung *f*; **g. structure** Glasbau *m*; **g.ware** *n* Glas(waren) *nt/pl*; **g. wool** Glaswolle *f*; **g. works** Glashütte *f*, G.fabrik *f*
glaucoma *n* $ grüner Star
glaze *n* Glasur *f*, Lasur *f*; *v/t* 1. satinieren, glasieren, lasieren; 2. ver-, einglasen
glazier *n* Glaser *m*; **g.'s workshop** Glaserei *f*
glazing *n* 1. Verglasung *f*; 2. Fensterglas *nt*; **automotive g. (business)** Autoverglasung *f*; **double g.** ▦ Doppel-, Isolierverglasung *f*
gleam *n* Schimmer *m*; **g. of hope** Hoffnungsschimmer *m*; **~ light** Lichtschimmer *m*, L.schein *m*
gleam *v/i* glimmen; **g.ing** *adj* funkelnd
glean *v/t* 1. ⚶ nachlesen, 2. *(fig)* erkunden, ausfindig machen, herausbekommen; **g. from sth.** einer Sache entnehmen
gleaning *n* Nachlese *f*; **g.s** *(fig)* Blütenlese *f*
glee *n* Schadenfreude *f*
glide *v/i* gleiten; **g. path** Gleitbahn *f*; **g.r** *n* ✈ Segelflugzeug *nt*
glimmer *n* Schimmer *m*; **g. of hope** Hoffnungsschimmer *m*
glimpse *n* flüchtiger Blick; **to catch a g. of sth.** etw. für einen Moment sehen
glitch *n* *(coll)* 1. Störung *f*, Panne *f*; 2. ▢ Funktionsstörung *f*
glitter *n* Tand *m*, Prunk *m*, Glitzern *nt*; **the g. has gone** *(fig)* der Lack ist ab *(fig)*
gloat over sth. *v/i* sich mit etw. brüsten, sich hämisch über etw. freuen, sich an etw. weiden
global *adj* global, weltumfassend, w.umspannend, w.weit (tätig); **g.ize** *v/t* weltweit ausdehnen, globalisieren; **g.ization** *n* Globalisierung *f*, weltweite Ausdehnung; **~ of markets** Globalisierung der Märkte
globe *n* Erde *f*, Erdball *m*, (E.)Kugel *f*, Globus *m*, Weltkugel *f*
gloom *n* Pessimismus *m*, Schwermut *f*, Trübsinn *m*, gedrückte Stimmung, Trübsal *f*; **g. and doom** *(coll)* Pessimismus *m*; **g.iness** *n* Düsterkeit *f*, Pessimismus *m*; **g.y** *adj* 1. finster, dunkel; 2. pessimistisch, trübsinnig, flau, gedrückt
glory *n* Ruhm *m*, Glanz *m*; **to cover o.s. with g.** sich mit Ruhm bedecken
gloss *n* 1. (Hoch)Glanz *m*; 2. Beschönigung *f*, Bemäntelung *f*; 3. [§] erläuternde Ergänzungen; **marginal g.** Randglosse *f*
gloss over *v/t* schönfärben, beschönigen, verbrämen, bemänteln
glossary *n* Glossar *nt*, Wörterverzeichnis *nt*
glossing over *n* Schönfärberei *f*, Beschönigung *f*
gloss paint (Glanz)Lackfarbe *f*
glossy *adj* auf Glanzpapier gedruckt, (Hoch)Glanz-
glove *n* Handschuh *m*; **with the g.s off** *(fig)* schonungslos, ohne Rücksicht auf Verluste, mit harten Bandagen *(fig)*; **to fight ~ off** sich einen erbarmungslosen Kampf liefern; **to fit like a g.** wie angegossen passen/sitzen; **g. box/compartment** 🚗 Handschuhfach *nt*
glow *n* Glühen *nt*, Leuchten *nt*, Schein *m*; *v/i* glühen, leuchten
glue *n* Klebstoff *m*, Leim *m*, Klebemittel *nt*; *v/t* leimen, kleben; **g. in** einkleben; **g. dispenser** Gummi-, Gummierstift *m*; **g. pot** Leimtopf *m*
glut *n* (Markt)Sättigung *f*, Schwemme *f*, Fülle *f*, Überangebot *nt*, Überfluss *m*, Überhang *m*, Überhäufung *f*, Übersättigung *f*; **g. in the market** Marktschwemme *f*; **g. of money** Geldflut *f*, G.lawine *f*, G.überhang *m*, G.fülle *f*, G.reichtum *m*, G.schwemme *f*
glut *v/t* übersättigen, überfüllen, überschwemmen; **g.ting** *n (Markt)* Übersättigung *f*; **g.ton** *n* Völler *m*, Nimmersatt *m*, Schlemmer *m*, Vielfraß *m*; **g.tonous** *adj* verfressen; **g.tony** *n* Völlerei *f*
gnomes of Zurich *pl* *(coll)* Zürcher Finanzexperten/Finanzwelt
go *n* *(coll)* Mumm *m* *(coll)*, Tatkraft *f*; **at one g.** mit einem Ruck/Zug, in einer Tour/Schicht; **no g.** *(coll)* kein Erfolg, aussichtslos; **to be all the g.** der letzte Schrei sein; **~ always on the g.** immer auf Trab sein, dauernd in Bewegung sein; **to have a g. (at sth.)** etw. versuchen, ausprobieren, auf gut Glück versuchen, Versuch anstellen/unternehmen; **~ another g. at sth.** etw. noch einmal versuchen; **~ a g. at a market** Vorstoß auf einen Markt machen; **to keep so. on the g.** jdn in Bewegung/auf Trab *(coll)* halten; **to let so. have a g.** jdn dranlassen; **to make a g. of sth.** etw. zum Erfolg verhelfen/machen, etw. mit Erfolg betreiben
go *v/i* 1. gehen; 2. fahren; 3. weggehen, verschwinden; **g. about** in Angriff nehmen, sich machen an, anpacken, herangehen an, *(Geschäft)* nachgeben; **g. after** anstreben, es absehen auf; **g. against** ungünstig verlaufen; **g. ahead** vorangehen; **~ with sth.** etw. in die Tat umsetzen, ~ Wege leiten; **g. all out** alles daransetzen, sich ganz einsetzen, sich ins Zeug legen *(fig)*, aufs Ganze gehen; **g. along with** akzeptieren, zustimmen, sich anschließen, mitmachen, übereinstimmen mit; **to have to ~ with** mitspielen müssen; **g. awry** schiefgehen; **g. back on** 1. (jdn) im Stich lassen; 2. *(Wort)* zurücknehmen, nicht halten; **g. between** vermitteln; **g. beyond**

hinausgehen über, überschreiten, übersteigen, ausufern; **g. by** sich richten nach; **g. down** 1. *(Preis)* nachlassen, nachgeben, fallen, heruntergehen, sinken; 2. *(Bestände)* abnehmen, zurückgehen, weniger werden, sich lichten; ~ **well** positiv aufgenommen werden, gut ankommen; **g. downhill** *(fig)* bergab gehen; **g. far** es weit bringen; **g. too far** zu weit gehen; **g. for** aus sein/zielen auf, fördern, sich bemühen um, setzen auf, fliegen auf; **g. forward** vorangehen; **g. in for** optieren, befürworten, anstreben, sich verlegen auf; ~ **with** sich zusammentun mit; **g. into** genau untersuchen, sich befassen mit, eingehend prüfen; **g. off** 1. weggehen; 2. Absatz finden; gelingen, Erfolg haben; 3. Interesse verlieren an; 4. *(Lebensmittel)* verderben; ~ **at half cock** *(fig)* ein Schuss in den Ofen sein *(coll)*; ~ **smoothly** wie am Schnürchen klappen *(coll)*; ~ **well** klappen; **g. on** 1. fortdauern, weitergehen, w.machen, w.fahren; 2. *(Betrieb)* weiterlaufen; **to have nothing to g.** on keine Anhaltspunkte haben, sich auf nichts stützen können; **g. over** 1. durchgehen, durchsuchen, durchsehen; 2. überwechseln; **g. round** reichen, genug sein; **g. slow** (bei der Arbeit) bummeln, im Bummelstreik stehen; **g. smoothly** reibungslos über die Bühne gehen *(fig)*, ungestört/glatt/reibungslos verlaufen; **g. through** 1. durchgehen, durchfahren; 2. *(Maßnahme)* durchkommen; 3. *(Geschäft)* zu Stande kommen; 4. *(Akten)* durchforsten; ~ **with** durchziehen, ausführen; **g. together** zusammenpassen; **g. up** 1. *(Preis)* (an)steigen, teurer werden, in die Höhe gehen; 2. hinaufgehen; **g. with** passen/gehören zu; **g. without** verzichten auf, auskommen ohne; **it g.es without saying** selbstverständlich, es versteht sich von selbst; **g. wrong** *(Uhr)* falschgehen

goaf *n* ♥ alter Mann

go-ahead *n* 1. Zustimmung *f*, grünes Licht *(fig)*, freie Bahn *(fig)*; 2. Unternehmungsgeist *m*; **to give the g.** Startzeichen/grünes Licht/Startschuss geben; **to be given/receive the g.** grünes Licht/freie Bahn erhalten, Genehmigung bekommen

go-ahead *adj* modern, progressiv, fortschrittlich

goal *n* 1. Ziel(setzung) *nt/f*, Zweck *m*; 2. *(Sport)* Tor *nt*; **g. in life** Lebensziel *nt*; **defined g.s and objectives** Zielvorgaben; **public-service ~ objectives** Zielvorgaben der öffentlichen Finanzwirtschaft

to accomplish/attain a goal Ziel realisieren; **to pursue a g.** Ziel verfolgen; **to score a g.** *(Sport)* Tor erzielen

compatible/complementary goal|s Zielharmonie *f*, Z.kompatibilität *f*, Z.komplementarität *f*; **competing/conflicting g.s** konkurrierende Ziele, Zielantinomie *f*, Z.konflikt *m*; **corporate g.** Unternehmensziel *nt*; **top ~ g.s** oberste Unternehmensziele; **distant g.** Fernziel *nt*; **economic g.** wirtschaftspolitisches Ziel; **overall ~ g.s** gesamtwirtschaftliche Ziele; **environmental g.** Umweltschutzziel, U.vorgaben; **financial g.** finanzielles Ziel; **formal g.** Formalziel *nt*; **individual g.** Einzelziel *nt*; **long-standing g.** altes Ziel; **long-run/long-term g.** langfristiges Ziel; **organizational g.s** Organisationsziele; **own g.** *(Sport)* Eigen-, Selbsttor *nt*; **prime/prior g.** vorrangiges/wichtigstes Ziel; **profit-making g.** Gewinnerzielungsabsicht *f*; **proximate g.** mittelbares Ziel; **short-run/short-term g.** kurzfristiges Ziel; **substantive g.** Sachziel *nt*; **targeted g.** Planzahl *f*; **ultimate g.** Endziel *nt*, mittelbares Ziel

goal analysis Zielanalyse *f*; **g. conflict** Zielkonflikt *m*; **g. constraint** Zielrestriktion *f*; **g. content** Zielinhalt *m*; **g. formation process** Zielplanung *f*, Z.entscheidungsprozess *m*; **g. fulfilment** Zielerfüllung *f*; **g.keeper** *n* *(Sport)* Torhüter *m*; **g. period** zeitlicher Bezug; **g. programming** Zielprogrammierung *f*; **g. review** Zielüberprüfung *f*; **g. search** Zielsuche *f*; **g. setting** Zielsetzung *f*, Z.bildung *f*, Z.festlegung *f*, Festsetzung von Zielen; **g. succession** Zielnachfolge *f*; **g. system** Zielkatalog *m*; **g. variable** Zielvariable *f*

gobble *v/t* *(Essen)* schlingen; **g. up** (gierig) verschlingen

go-between *n* Vermittler *m*, Mittelsmann *m*, Unterhändler *m*, Mittler *m*, Zwischenträger *m*; **to act as a g.** als Verbindungsmann agieren/fungieren

god|child *n* Patenkind *nt*; **g.father** *n* Patenonkel *m*, (Tauf)Pate *m*; **to be g.father** *(Kind)* Pate stehen; **g.-forsaken** *adj* gottverlassen; **g.mother** *n* Patentante *f*, (Tauf)Patin *f*; **g.parent** *n* Pate *m*, Patin *f*; **g.send** *n* *(fig)* Gottesgeschenk *nt* *(fig)*, Glücksfall *m*, Geschenk des Himmels *(fig)*

go|-getter *n* Draufgänger *m*; **g.-getting** *adj* unternehmungslustig, draufgängerisch

goggle|s *pl* Motorrad-, Schutzbrille *f*; **g.box** *n* *(coll)* [GB] Fernseher *m*, Flimmerkiste *f* *(coll)*, Glotze *f* *(coll)*

going *adj* gehend, in Gang, in Betrieb; **g., g., gone!** *(Auktion)* zum Ersten, zum Zweiten, zum Dritten!

to find the going hard *n* es schwer finden; **to get g. in** Gang kommen, in Schwung bringen, sich auf die Socken machen *(coll)*; ~ **so. g.** jdn auf Trab bringen *(coll)*; ~ **sth. g.** etw. in Bewegung setzen; **to have much g. for** ir viel dafür sprechen; **to keep g.** in Betrieb/Gang/Schwung/Bewegung halten, weitermachen; ~ **so. g.** jdn auf Trab halten; **to set g.** in Gang bringen, Betrieb setzen

going over Unter-, Durchsuchung *f*; **g. short** Baissespekulation *f*

gold *n* Gold *nt*; **g. and foreign exchange balance** Gold- und Devisenbilanz *f*; **g. or foreign exchange cover** Gelddeckung *f*; **g. and foreign exchange reserves** Gold- und Devisenbestände/Devisenreserven; **backed by g.** goldgedeckt; **secured by g.** goldgesichert; **to buy g. as a hedge against inflation** Gold als Sicherheit gegen Inflation kaufen; **to strike g.** Goldader entdecken

alloyed gold legiertes Gold; **base g.** Gold mit geringem Feingehalt; **black g.** *(Kohle)* schwarzes Gold; **common g.** 18-karätiges Gold; **fine/pure g.** reines Gold, Feingold *nt*; ~ **content** Feingoldgehalt *m*; **monetary g.** Währungsgold *nt*; **old g.** Altgold *nt*; **rolled g.** Golddoublé *nt*, Doublégold *nt*; **solid g.** Massivgold *nt*, gediegenes Gold; **standard g.** Münz-, Feingold *nt*; **sterling g.** echtes Gold; **white g.** Weißgold *nt*

gold alloy Goldlegierung *f*; **g. annuity** Goldrente *f*; **g. arbitrage** Goldarbitrage *f*; **g. auction** Goldauktion *f*; **g.-backed** *adj* goldgedeckt; **g. backing** Golddeckung *f*; ~ **requirements** Golddeckungsvorschriften; **g. bar**

gold-based

Goldbarren *m*; **g.-based** *adj* auf Goldbasis; **g. block** Goldblock *m*; **g. bond** Goldobligation *f*, G.pfandbrief *m*, G.anleihe *f*, auf Gold lautende Schuldverschreibung; **g. brick** *(coll)* falscher Goldbarren, Schwindel *m*; **g.bug** *n (coll)* Befürworter einer Goldwährung; **g. bullion** Barrengold *nt*, ungemünztes Gold, Goldbarren *m*; **~ standard** Gold(kern)währung *f*; **g. buying price** Goldankaufspreis *m*, G.kurs *m*; **g. certificate** 1. Goldzertifikat *nt*; 2. *[US]* in Gold zahlbare Banknote; **g. clause** Gold(wert)klausel *f*
gold coin Goldmünze *f*; **~ and bullion** Münz- und Barrengold *nt*; **~ standard** Goldmünzwährung *f*
gold content Goldgehalt *m*; **g. contribution** *(IWF)* Goldeinlage *f*; **g. convertibility** Goldkonvertibilität *f*; **g. cover** Golddeckung *f*; **~ requirements** Golddeckungsvorschriften; **g. currency** Goldwährung *f*, G.devise *f*, goldwertige Valuta; **g. and silver currency** Gold- und Silberwährung *f*; **g. deposits** Goldvorkommen *pl*; **g.-digger** *n* Goldgräber *m*; **g.-digging** *n* Goldgräberei *f*; **g. dollar** Golddollar *m*; **g. drain** Goldabzug *m*; **g. dust** Goldstaub *m*
golden *adj* golden, aus Gold
gold euphoria Goldeuphorie *f*; **g. exchange standard** Golddevisenstandard *m*, G.währung *f*; **g. export(s)** Goldausfuhr *f*; **g. export point** oberer Goldpunkt, G.ausfuhr-, G.exportpunkt *m*; **g. field** Goldfeld *nt*; **g.finch** *n [GB] (coll)* Goldstück *nt*, Sovereign *m*; **g. fixing** Festsetzung des Goldpreises; **g. florin** Goldgulden *m*; **g. flow** Goldbewegungen *pl*; **g. foil** Goldblech *nt*, Rauschgold *nt*; **g. fund** Goldfonds *m*; **g.-guaranteed** *adj* goldgesichert; **g. hoarding** Goldhort(ung) *m/f*; **g. holdings** Goldbestand *m*, G.reserve *f*; **g. import point** unterer Goldpunkt, Goldeinfuhr-, Goldimportpunkt *m*; **g. influx** Goldzufluss *m*; **g. ingot** Goldbarren *m*; **g. ingots** Stangengold *nt*; **g. leaf** Blattgold *nt*; **g. lettering** 🕮 Golddruck *m*; **g. loan** Goldanleihe *f*; **g. mark** Goldmark *f*
gold market Goldmarkt *m*; **free-tier g. m.** freier Goldmarkt; **two-tier g. m.** gespaltener Goldmarkt
gold medal Goldmedaille *f*; **g. mine** 1. Goldgrube *f*, G.bergwerk *nt*, G.mine *f*; 2. *(fig)* Goldgrube *f*, Bombengeschäft *nt (coll)*, glänzend gehendes Geschäft; **g. mines** Goldminenaktien, G.werte; **g.-mining** *n* Goldabbau *m*, G.gewinnung *f*; **g. movements** Goldbewegungen; **g. note** *[US]* in Gold zahlbare Banknote; **g. panic** Goldpanik *f*; **g. parity** Goldparität *f*; **g. piece** Goldstück *nt*; **g.-plate** *v/t* vergolden; **g.-plating** *n* Vergoldung *f*; **g. point** Gold(einfuhr)punkt *m*; **g. pool** Goldpool *m*; **g. premium** Goldagio *nt*, G.aufgeld *nt*; **g. price** Goldpreis *m*; **two-tier g. price** gespaltener Goldpreis; **g. print** 🕮 Golddruck *m*; **g. printing** Goldprägung *f*; **g. production** Goldproduktion *f*; **g. quota** Goldtranche *f*; **g. quotation/rate** Goldnotierung *f*, G.kurs *m*
gold reserve Goldbestand *m*, G.reserve *f*; **g. and foreign currency/exchange r.s** Gold- und Währungsreserven; **g. and dollar r.s** Gold- und Dollarreserven
gold rush Goldfieber *nt*, G.rausch *m*; **g. settlement fund** *[US]* Goldausgleichsfonds *m*; **g.smith** *n* Goldschmied *m*; **g. specie** Münzgold *nt*; **~ standard** reine Gold(umlauf)währung
gold standard Goldstandard *m*, G.(kurs)währung *f*; **g. and silver s.** Gold- und Silberwährung *f*; **to abandon/go off the g. s.** Goldstandard abschaffen/verlassen/aufgeben; **to return to the g. s.** zur Goldwährung zurückkehren; **full g. s.** Goldumlaufwährung *f*
gold sterilization Stillegung von Goldbeständen; **g. stocks** Goldvorrat *m*; **g. strike** Goldfund *m*; **g. subscription** Goldeinzahlung *f*; **g. supply** Goldvorrat *m*; **two-tier g. system** gespaltener Goldpreis; **g. trade** Goldhandel *m*; **g. tranche** Goldtranche *f*; **~ rights** Goldtranchenziehungsrechte; **g. transfer** Goldübertragung *f*
gold value clause Goldwertklausel *f*; **(outright) g. v. guarantee** (volle) Goldwertgarantie; **to carry a g. v. guarantee** goldwertgesichert sein
gold vein ♀ Goldader *f*
golf *n (Sport)* Golf *m*; **g. ball** *(fig) (Schreibmaschine)* Kugelkopf *m*
gondola *n* (Einkauf-/Waren)Gondel *f*; **g. car** *[US]* 🚃 offener (Güter)Wagen
good *n* Gut *nt*; **g.s** 1. Güter, Waren, Handelsware *f*, H.gut *nt*; 2. Fracht *f*, Güterladung *f*; **no g.s** Pfändungsversuch erfolglos
goods (sent) on approval Ware zur Ansicht, Ansichtsware *f*; **g. in bond** ⊖ Zollgut *nt*, unter Zollverschluss liegende Ware; **g. of a non-commercial character** Ware nichtkommerzieller Art; **g. and chattels** [§] bewegliche/fahrende Habe, Fahrnis *f/nt*, Hab und Gut, bewegliches Vermögen; **g. in free circulation** Freigut *nt*, Ware im freien Verkehr; **g. on commission** Konsignationsgüter, Kommissionsartikel, K.ware *f*, K.gut *nt*; **g. in/on/out on consignment** Konsignationsgüter, K.ware *f*, Kommissionsware *f*, K.artikel, K.gut *nt*; **g. held on consignment** Konsignationsdepot *nt*; **g. for consumption** Verbrauchs-, Konsumgüter; **g. from third countries** Drittlandsware *f*; **g. in customs transit** ⊖ Zollversandgut *nt*; **g. to declare** ⊖ anmeldepflichtige Ware; **g. by description** Gattungsware *f*; **g. for dispatch** Versandgut *nt*; **g. on display** Dekorationsware *f*; **g. dealt on the exchange** börsenmäßig gehandelte Ware; **g. for export** Exportwaren, E.güter; **g. displayed at a fair** Ausstellungsgüter; **g. on hand** Lager-, Warenbestand *m*, Vorräte, lieferbare Ware; **g. in bad order (g. b. o.)** Waren in schlechtem Zustand; **g. of the first order** Verbrauchs-, Konsumgüter; **g. on order** bestellte Ware; **g. sent by post** Postsendung *f*; **g. in process/progress** Halbfabrikate, halbfertige Erzeugnisse, Halbzeug *nt*; **g. for process** ⊖ Waren für Zollgutveredelung; **g. subject to further processing** Waren zur weiteren Bearbeitung; **g. of first class quality** erstklassige Ware, Qualitätsware *f*; **g. subject to a quota** kontingentierte Waren; **~ official regulations** Auflagegüter; **g. (purchased) for resale** Handelsware *f*; **g. for sale** (ver)käufliche/angebotene/zum Verkauf stehende Ware; **g. on sale or return** Kommissionsware *f*; **g. and services** Güter und Dienstleistungen; **~ for own account** eigene Leistungen; **g. for shipment** Verschif-

fungsware *f*; **g. in the unaltered state** unveredelte Ware; **g. (carried) in stock** Lagergut *nt*, L.bestand *m*, Warenbestände, W.vorräte; **g. fit for/in storage** Lagergut *nt*; **g. in general supply** gängige Ware(n); **~ short supply** Mangelware *f*; **~ transit** Transit(handels)gut *nt*, T.güter, T.ware(n) *f/pl*, Durchgangsware *f*, Durchfuhrgut *nt*, unterwegs/auf dem Transport befindliche/rollende Ware(n), **~ Güter**; **~ transit insurance** Gütertransportversicherung *f*; **g. for tran(s)shipment** Umladegut *nt*; **g. in common use** Gebrauchsartikel; **~ warehouse** eingelagerte Ware; **g., wares and merchandise** Erzeugnisse aller Art
handling stolen goods Hehlerei *f*; **holding g. back** Warenzurückhaltung *f*; **receiving stolen g. (for gain)** (gewerbsmäßige) Hehlerei; **setting off with equivalent g.** Äquivalenzverkehr *m*; **shipped on one bill of lading** Konnossementsladung *f*; **g. for basic needs** Grundnutzensortiment *nt*; **g. withdrawn from warehouse for consumption** ⊖ aus dem Zolllager zum freien Verkehr abgefertigte Ware(n); **g. are at buyer's risk** der Käufer trägt die Gefahr; **the g. shall remain the property of the seller until full payment** die Ware bleibt bis zur vollen Bezahlung Eigentum des Verkäufers; **~ are far below sample** die Qualität der Ware liegt weit unter der des Musters
for his own good zu seinem eigenen Vorteil
to abandon goods ⊖ auf Waren Verzicht leisten; **to accept g.** Ware(n) abnehmen; **to admit g. duty-free** ⊖ Waren zollfrei einlassen, zollfreie Wareneinfuhr gewähren; **to appropriate g.** Güter konkretisieren; **~ a contract** Eigentum konkretisieren; **to assign g.** War(en) übereignen; **to book g. to so.'s account** jdm Waren in Rechnung stellen; **to carry g.** Fracht führen; **to clear g.** ⊖ Ware(n) verzollen; **~ through customs** Ware(n) zollamtlich behandeln; **to confiscate g.** Ware(n) beschlagnahmen; **to consign g.** Ware(n) versenden; **~ to so.** 1.Ware an jdn schicken; 2. jdm Ware(n) in Konsignation geben; **to declare g.** ⊖ Ware(n) zur Verzollung anmelden; **to deliver g.** Ware(n) ausliefern; **~ the g.** *(fig)* Erwartungen/Vertrag erfüllen, Leistungen erbringen; **to dispatch/forward g.** Ware(n) versenden; **to display g.** Ware(n) auslegen; **~ at a fair** Ware(n) auf einer Messe ausstellen; **to distrain on g.** Ware(n) pfänden/beschlagnahmen; **to dump g.** Ware(n) zu Schleuderpreisen verkaufen, **~** billig auf den Markt werfen; **to enter g. for consumption** Ware(n) zum freien Verkehr einführen; **to examine g.** Ware(n) beschauen; **to grade g.** Ware(n) einstufen; **to handle g.** Ware(n) umschlagen/führen; **to inspect g.** Ware(n) prüfen; **to land g.** ⚓ Güter löschen; **to obtain g.** Ware(n) beziehen; **to order g.** Ware(n) bestellen; **to price g.** Ware(n) auszeichnen; **to procure g.** Ware(n) beziehen; **to recover g.** Güter bergen; **to return g.** Waren zurückschicken; **to release g.** Ware(n) freigeben
to sell goods Ware(n) absetzen; **~ for one's own account** Ware(n) für eigene Rechnung verkaufen; **~ on a consignment basis** Ware(n) in Kommission verkaufen; **~ fraudulently** Ware(n) betrügerisch in Verkehr bringen; **~ by retail** im Einzelhandel verkaufen; **~ and services** Leistungen umsetzen

to sell off goods Ware(n) abstoßen; **to send g. cash on delivery (c. o. d.)** Ware(n) per Nachnahme schicken; **~ to a market** Markt beschicken; **to ship g.** Ware(n) versenden; **~ on consignment** Ware(n) konsignieren; **to stock g.** Ware(n) führen; **to store g.** Ware(n)/Güter lagern; **to supply g.** Ware(n) liefern; **to take away all leviable g. by execution** kahlpfänden; **to trade in g.** Warengeschäfte machen; **to transact g.** Ware(n) eintauschen; **to unload g.** ⚓ Güter löschen; **to value g.** Ware(n) bewerten; **to withdraw g. from a warehouse** Ware(n) auslagern
actual goods (for immediate delivery) Effektivware *f*; **advised g.** avisierte Ware(n); **affluent-society g.** Wohlstandsgüter; **analogous g.** *(Spedition)* analog einzustufende Güter; **ascertained good** [§] individualisierter Vertragsgegenstand, Speziessache *f*; **barrelled g.** Fassware(n); **basic g.** Grundstoffe; **~ industry** Grundstoffindustrie *f*; **~ sector** Grundstoffwirtschaft *f*; **black g.** bestreikte Ware(n); **bonded g.** ⊖ Zollgut *nt*, Z.verschlussware(n), Güter/Ware(n) unter Zollverschluss, unter Zollverschluss liegende Ware(n), unverzollte Ware(n); **bought-in g.** bezogene Ware(n), Betriebsstoffe; **branded g.** Markenartikel, M.fabrikate, M.ware(n); **brown g.** ⚡ braune Ware; **bulky g.** Sperrgut *nt*, sperriges Gut, sperrige Güter/Ware(n); **~ surcharge** Sperrigkeitszuschlag *m*; **canned g.** Konserven; **carted g.** Rollgut *nt*; **cleared g.** ⊖ verzollte Ware(n); **close g.** Güter in enger Substitutionskonkurrenz; **collected g.** Sammelgut *nt*; **collective g.** *(VWL)* Gemeinschafts-, Kollektivgüter; **colonial g.** Kolonialwaren; **comestible g.** Nahrungsmittel; **commercial g.** Handelsware(n)
common good (All)Gemeinwohl *nt*, Interesse der Allgemeinheit; Gemeinnutz *m*
comparable goods ⊖ vergleichbare Ware(n); **compensating g.** ⊖ Ersatzgüter; **competing/competitive g.** Konkurrenzgüter, K.ware(n); **complementary g.** Komplementärgüter; **conforming g.** vertragsgerechte Ware(n), vertragsgemäße Güter; **consigned g.** Konsignations-, Kommissionsware(n); **consular g.** Konsulargut *nt*; **consumable g.** Verbrauchsgüter; **corporeal g.** [§] körperliche Gegenstände; **counterfeit(ed) g.** nachgemachte Waren, Imitationen; **cut-price** *[GB]* **/cut-rate** *[US]* **g.** reduzierte Ware(n), Billig-, Schleuderware *f*; **damaged g.** 1. verdorbene/beschädigte Ware(n); 2. ⚓ Havarieware(n)
dangerous goods Gefahrgut *nt*; **~ commissioner/officer** Gefahrgutbeauftragter *m*; **~ declaration** Gefahrguterklärung *f*; **~ logistics** Gefahrgutlogistik *f*; **~ manual** Gefahrguthandbuch *nt*
debentured goods ⊖ Rückzollgüter; **defective g.** Ausschuss(ware) *m/f*, fehlerhafte/mangelhafte Ware(n); **displayed g.** Schaufensterware *f*; **distrained g.** gepfändete Ware(n)
dry goods 1. *[US]* Textilwaren, Textilien, Stoffe, Kurzwaren; 2. trockene Ladung; **~ business** Stoff-, Textilhandel *m*; **~ dealer** Stoffhändler *m*; **~ store** Tuch-, Textilgeschäft *nt*, T.laden *m*
dumped goods Dumpingware(n); **duplicable g.** vermehrbare Güter; **durable g.** haltbare/dauerhafte Güter,

(langlebige) Gebrauchs-, Nutzungsgüter; ~ **sector** Gebrauchsgütersparte *f*; **dutiable g.** ⊖ Zollgut *nt*, zollpflichtige Ware(n)/Güter, steuerpflichtige Ware(n); ~ **list** Negativliste *f*; **duty-bearing g.** zollpflichtige Ware(n); **duty-free g.** zollfreie Ware(n), Freigut *nt*; **economic good** Wirtschaftsgut *nt*, ökonomisches/wirtschaftliches Gut; **electrical g.** Elektroartikel; ~ **fair** Elektromesse *f*; **essential g.** lebensnotwendige/lebenswichtige Güter, Notwendigkeitsgüter, lebenswichtige Ware(n), Güter des täglichen Bedarfs; **ethical g.** patentgeschützte Ware(n)
express goods Expressgut *nt*; ~ **operations/traffic** Expressgutverkehr *m*
fast goods Eilgut *nt*; **fast-moving/fast-selling g.** leichtverkäufliche/leicht absetzbare Ware, Ware mit hoher Umsatzgeschwindigkeit; **faulty g.** fehlerhafte Ware
finished goods Fertigerzeugnisse, F.fabrikate, F.güter, F.war(en), fertige Erzeugnisse, fertiggestellte Ware; ~ **industry** Fertiggüterbranche *f*; ~ **inventory** Vorrat an Fertigerzeugnissen, Fertigwarenlager *nt*, F.bestand *m*; ~ **warehouse** Warenausgangslager *nt*
floating goods schwimmende Ware; **foreign g.** Auslandsgüter, Ware ausländischer Herkunft; **fragile g.** zerbrechliche Ware(n); **free g.** ⊖ freie Güter, zollfreie Ware(n); **frozen g.** Tiefkühlware *f*; **fungible g.** vertretbare Sachen/Güter, fungible Ware(n), Gattungssachen, Fungilien; **generic g.** Gattungsware *f*, G.sachen; **hard g.** Gebrauchsgüter, Hartwaren; **hazardous g.** Gefahrstoffe, gefahrbringende Güter, gefährliche Ware(n); ~ **container** Gefahrgutgebinde *nt*, G.container *m*, G.behälter *m*; ~ **management** Gefahrgutmanagement *nt*
heavy goods Schwergut *nt*; ~ **transport** Schwer(last)transport *m*; ~ **vehicle (HGV)** (schwerer) Lastkraftwagen
heterogeneous goods heterogene Güter; **high-grade/high-quality g.** hochwertige Güter/Ware(n), erstklassige Ware(n), Qualitätsware(n); **high-priced g.** Ware(n) der gehobenen Preislage; **hoarded g.** Hamsterware *f*; **home-made/home-produced g.** heimische Ware(n)/Fabrikate, Ware(n) aus inländischen Produktionsquellen, Inlandsprodukte; **homogeneous g.** homogene Güter; **hot g.** *(fig)* heiße Ware *(fig)*; **imported g.** Importgüter, I.artikel, Einfuhrwaren, Einfuhren; **incoming g.** eingehende Ware, Wareneingang *m*; ~ **department** Wareneingang(sabteilung) *m*/*f*, W.annahme *f*; **individual g.** Individualgüter; **industrial g.** 1. Industrie-, Investitionsgüter, Industriewaren, I.erzeugnisse, I.produkte, gewerbliche Erzeugnisse; 2. Anlageinvestitions-, Produktionsgüter; ~ **advertising** Industriegüterwerbung *f*; **inferior g.** minderwertige Ware(n)/Güter, schlechte Ware(n); **inflation-prone g.** inflationsempfindliche Ware(n); **inherited g.** Erbschaftsgut *nt*; **innocent g.** ⊖ unverdächtige/nicht geschmuggelte Ware; **instrumental g.** Kapital-, Anlageinvestitionsgüter; **intangible g.** *(Bilanz)* immaterielle Güter; **intermediate g.** Zwischenprodukte, Z.erzeugnisse, Halbfabrikate; **inventoriable g.** lagerfähige Güter; **invoiced g.** fakturierte Ware; **jettisoned g.** ⚓ geworfene Güter; **joint g.** Komplementärgüter, komplementäre Güter; **(price-)labelled g.** ausgezeichnete Ware; **light g.** Leichtgut *nt*; **loose g.** lose Ware(n); **lost g.** ⊖ untergegangene Ware(n); **low-price(d) g.** Billigpreis-, Niedrigpreisware(n), Ware(n) der niedrigeren Preislage; **manufactured g.** Industrieartikel, I.erzeugnisse, I.ware(n), Fertigware(n), F.erzeugnisse, F.fabrikate, Manufakturware(n), fabrikmäßig hergestellte Ware(n), Fabrikarbeit *f*, F.ware(n) *f*; **hazardous maritime g.** Seegefahrgut *nt*; **marketable g.** Handelsware *f*, gängige Ware; **mass-produced g.** Dutzendware *f*; **material g.** Sachgut *nt*; **medium-priced g.** Ware(n) mittlerer Preislage/Preisklasse; **merchantable g.** fungible/vertretbare Ware(n), Verkehrsgüter; **mixed g.** gemischte Ware(n), Mischgüter; **movable g.** bewegliches Vermögen, Mobiliarvermögen *nt*, bewegliche Güter; **neutral g.** neutrale Güter; **nominal g.** Nominalgüter; **no-name g.** weiße Ware
non-bulk goods Nichtmassengut *nt*; **non-contractual g.** nicht vertragsgemäße Ware(n); **non-duplicable g.** unvermehrbare Güter; **non-durable g.** (kurzlebige) Verbrauchsgüter, kurzlebige Ware(n); **non-economic g.** immaterielle Güter; **non-essential g.** nichtlebensnotwendige Güter, Nichtnotwendigkeitsgut *nt*; **non-originating g.** Ware(n) ohne Ursprungseigenschaft; **non-rival g.** spezifisch öffentliche Güter
optical goods optische Geräte/Instrumente; **original g.** Naturgüter; **outgoing g.** Warenausgang *m*; ~ **customs office** ⊖ Abgangs-, Grenzzollstelle *f*; **packaged g.** abgepackte Ware(n); **palletized g.** palettierte Güter; **panic-bought g.** Hamsterware *f*; **perishable g.** (leicht) verderbliche Ware(n), verderbliche Güter, kurzlebige Verbrauchsgüter, instabile Ware; **photographic g.** Fotoartikel; **physical g.** Sachgüter, physische Ware; **pirated g.** Piratenware *f*; **positional g.** Statusgüter; **printed g.** 1. Druckerzeugnisse, D.waren; 2. bedruckte Stoffe; **private g.** private Güter, Individualgüter; **preserved g.** Dauerware *f*; **processed g.** verarbeitete/veredelte Ware(n); **internally produced g.** Eigenerstellung *f*; **wholly produced g.** vollständig hergestellte Waren; **productive g.** Produktivgüter; **proprietary g.** Markenartikel, M.ware *f*
public good Gemeinwohl *nt*, G.nutz *m*, öffentliches Wohl; **conducive to the ~ good** im öffentlichen Interesse (liegend); ~ **g.s** öffentliche Güter, Kollektivgüter
quasi-collective goods quasi-öffentliche Güter; **quasi-private g.** meritorische Güter; **rationed g.** bewirtschaftete Artikel/Güter/Ware(n), kontingentierte Artikel/Güter/Ware(n); **regulated g.** Marktordnungsgüter; **reimported g.** ⊖ Reimporte, Nachholgut *nt*; **reserved g.** Vorbehaltsware *f*; **returned g.** Rückwaren, Retouren; **sacrificed g.** ⚓ *(Havarie)* aufgeopferte Güter; **the same g.** die gleiche Güterart; **scarce g.** Mangelware(n), knappe Ware(n); **seaborne g.** Seehandels-, Seefrachtgüter; **seasonal g.** Saisonware(n), S.artikel; **secondary g.** Komplementärgüter; **second-hand g.** Gebrauchtware(n); **seized g.** beschlagnahmte Ware; **selected g.** auserlesene Ware(n); **semi-finished/semi-manufactured g.** Halbfabrikate, H.(fertig)waren, H.zeug *nt*, halbferti-

ge Ware(n), unfertige Erzeugnisse; **semi-luxury g.** Güter des gehobenen Bedarfs; **sensitive g.** 1. sensible Güter, empfindliche/schwierige Ware(n); 2. ⊖ schmuggelunfähige Ware; **series-produced g.** Seriengüter; **~ business** Seriengeschäft *nt*; **shipwrecked g.** Schiffbruchgüter; **slow-moving/slow-selling g.** schwer verkäufliche/absetzbare Ware(n), Ware(n) mit geringer Umsatzgeschwindigkeit; **smuggled g.** Schmuggelware *f*, S.gut *nt*; **social g.** geborene öffentliche Güter; **soft g.** Textilware(n), Textilien, Stoffe, Webware(n); **specific g.** konkrete Güter; **specified good** [§] individualisierter Vertragsgegenstand, Speziessache *f*; **standard(ized) g.** Standardware(n) *f/pl*, genormte Güter; **staple g.** Standard-, Stapelware *f*, S.güter, Haupthandelsartikel; **sterling g.** gediegene Ware **stolen goods** Diebes-, Raubgut *nt*, gestohlenes Gut, heiße Ware *(fig)*, Hehlerware *f*; **to receive ~ g.** Hehlerei begehen; **receiving ~ g.** Hehlerei *f* **storable goods** lagerfähige Ware(n); **stored g.** gelagerte Ware(n), eingelagerte Waren/Güter; **strategic g.** kriegswichtige Güter/Ware, kriegswichtiges Material; **substandard g.** unterdurchschnittliche Ware; **substitute g.** Ersatzware *f*, Substitute, Substitutionsgüter; **surplus g.** Überschussgüter; **tangible g.** materielle Güter; **technical g.** technische Güter; **top-quality g.** Ware(n) erster Wahl, erstklassige Ware; **unaltered g.** unveredelte Ware(n); **unascertained/unspecified g.** Gattungsware(n), G.sachen, Genussachen, G.ware *f*; **unbranded g.** weiße Ware; **unclaimed g.** herrenloses Gut; **uncollected g.** nicht abgeholte Ware; **undeclared g.** Schmuggelware *f*; **unentered g.** ⊖ unverzollte Ware; **unfair g.** nicht von Gewerkschaftsmitgliedern hergestellte Ware(n); **unpaid g.** unbezahlte Ware(n); **unrivalled g.** konkurrenzlose Artikel/Erzeugnisse/Ware(n); **unsolicited g.** unbestellte Ware(n); **unsound g.** schlechte/verdorbene Ware(n); **unsubsidized g.** freie Ware(n); **unsal(e)able g.** unverkäufliche Ware(n); **warehoused g.** eingelagerte Ware(n); **wet g.** flüssige Ware; **white g.** Haushaltsgeräte, weiße Ware; **worldly g.** irdische Güter, Hab und Gut *nt*; **zero-rated g.** *(Mehrwertsteuer)* unbesteuerte Ware(n)

good *adj* 1. gut; 2. solide, sicher, solvent, reell, zahlungsfähig, z.kräftig, kreditfähig; 3. rechtschaffen, redlich; 4. [§] rechtsgültig, r.kräftig, hinreichend; **G. Friday** Karfreitag; **g. for** *(Wechsel)* über einen Betrag von; **for g.** endgültig, auf Dauer; **to the g.** 1. *(Börse)* verbessert um; 2. *(Bank)* im Guthaben, auf der Kreditseite; **too g. to be true** zu schön, um wahr zu sein; **g. till cancelled/countermanded** bis auf Widerruf; **g. and valid** rechtsgültig; **a g. many** eine beträchtliche Anzahl

to be good enough so freundlich sein; **~ for** *(Kredit)* gut sein für; **~ for nothing** (zu) nichts taugen; **to be up to no g.** nichts Gutes im Sinn haben, im Schilde führen, ~ vorhaben; **to do g.** 1. Gutes tun; 2. nützen; **to look g.** günstig sein, sich gut ausnehmen; **to make g.** 1. ersetzen, kompensieren, (wieder) gutmachen, ausgleichen; 2. ein-, aufholen; 3. aufkommen (für); **to separate the g. from the bad** die Spreu vom Weizen trennen *(fig)*; **to settle sth. for g.** Schlussstrich unter etw. ziehen *(fig)*

goods account Material(bestands)konto *nt*; **g. income and expenditure account** Warenerfolgskonto *nt*; **g. advance** Warenlombard *m*; **g. afloat** schwimmende Ware(n); **g. agent** Bahnspediteur *m*; **g. bought ledger** Wareneingangs-, Wareneinkaufsbuch *nt*; **g. declaration inwards/outwards** ⊖ Anmeldung der Warenein-fuhr/Warenausfuhr; **Good Delivery List** *[GB]* *(Edelmetallhandel)* Liste für gute Lieferung; **g. department** Güterabfertigungsstelle *f*; **g. depot** 1. Güterspeicher *m*, G.halle *f*, G.depot *nt*, Frachtniederlage *f*; 2. 🚆 Güterbahnhof *m*; **g. distribution** Warenverteilung *f*; **~ center** *[US]***/centre** *[GB]* Warenumschlagplatz *m*; **g. flow** Güterstrom *m*

goods freight payment office Güterkasse *f*; **g. handling** Güterumschlag *m*, G.verladung *f*; **g. inward(s) office** Wareneingangsstelle *f*, W.annahme *f*; **~ inspection** Wareneingangsprüfung *f*; **g. inward** Wareneingang *m*; **g. issued note** Warenausgangsmeldung *f*

good-looking *adj* gut aussehend

goods management Warendisposition *f*; **g. manifest** ⚓ Ladungsverzeichnis *nt*, Warenmanifest *nt*; **g. market equilibrium** Gleichgewicht am Gütermarkt; **g. and capital movement(s)** Güter- und Kapitalverkehr *m*

good|-neighbourly *adj* gutnachbarschaftlich; **g.ness** *n* Güte *f*; **~ of fit** Güte der Anpassung

goods offered at reduced prices reduzierte Ware; **g. office** Güterabfertigung *f*, G.ausgabe *f*; **g. production** (Sach)Gütererzeugung *f*, warenproduzierendes Gewerbe; **g. purchased** (Waren)Bezüge, bezogene Ware; **~ abroad** Auslandsbezug *m*

goods received Wareneingang *m*; **~ note** Warenannahmeschein *m*, W.eingangsmeldung *f*; **g. receiving department** Warenannahme *f*, W.eingangshalle *f*; **g. receipt** Warenempfangsschein *m*

goods required Warenbedarf *m*; **g. returned** (Waren)Retouren, Rücksendungen, Retourwaren, zurückgesandte Waren; **~ journal** Rückwarenbuch *nt*; **g. sector** Güterwirtschaft *f*; **g. shed** Güterschuppen *m*; **g. and services sold** umgesetzte Leistungen; **g. station** 🚆 Güterbahnhof *m*; **g. storage** Güterlagerung *f*; **g. survey** Warentest *m*; **g. tariff** Gütertarif *m*; **g. terminal** Güterumschlagstelle *f*; **g. trade** Warenverkehr *m*; **g. traffic** Güter-, Frachtverkehr *m*, Güterversand *m*; **long-distance/long-haul g. traffic** Güterfernverkehr *m*

goods train 🚆 Güterzug *m*; **by g. t.** als Frachtgut; **express g. t.** Güterschnellzug *m*; **fast g. t.** Eilgüterzug *m* **goods transport** Güterverkehr *m*; **commercial g. transport** gewerblicher Güterverkehr; **g. truck** 🚚 Güterwagen *m*

goods turnover Waren-, Güterumschlag *m*; **~ financing credit** Warenumschlagskredit *m*; **~ ratio** Warenumschlagsziffer *f*

goods van 🚆 Güterwagen *m*, Wagon *m*; **g. vehicle** 🚚 Nutz-, Lastfahrzeug *nt*; **heavy g. vehicle (HGV)** Schwerlaster *m*, S.lastwagen *m*, S.transporter *m*, Lastkraftwagen (LKW) *m*

goods wag(g)on 🚆 Güterwagen *m*; **providing g. w.s** Gestellung von Güterwagen; **open g. w.** offener Wagen **goodwill** *n* 1. (immaterieller) Firmen-, Geschäfts-, Fas-

goodwill of a firm sonwert, ideeller Wert, Goodwill *m*; 2. (Stamm)Kundschaft *f*, Klientel *f*; 3. Wohlwollen *nt*, Freundschaft *f*, Gunst *f*; **g. of a firm** ideeller Wert einer Firma; **to acquire the g.** Kundschaft übernehmen
acquired goodwill derivativer Firmenwert; **consolidated g.** konsolidierter Firmenwert, Firmenwert eines Konzerns; **created/developed/self-generated/unpurchased g.** originärer Firmenwert; **negative g.** *(Firma)* schlechter Ruf
goodwill advertising Image-, Vertrauenswerbung *f*; **g. allowance** Vergütung für den Firmenwert; **g. amortization** Firmenwertabschreibung *f*; **g. gift** Werbegeschenk *nt*; **g. write-off** Abschreibung von Goodwill
goods yard 🚂 Güterbahnhof *m*
to cook so.'s goose *n (fig)* jds Pläne vereiteln, jdm die Suppe versalzen *(fig)*; **golden g.; the g. that lays the golden eggs** *(fig)* goldene Gans *(fig)*, Dukatenesel *m (fig)*; **g. pimples** ⚤ Gänsehaut *f*
Gordian knot gordischer Knoten
gorge *n* Schlucht *f*; **g. o.s. with sth.** *v/refl. (Essen)* sich mit etw. vollstopfen
go-slow *n* Bummelstreik *m*, Arbeit nach Vorschrift, Streik durch Verlangsamung der Arbeit, Arbeitsverlangsamung *f*, A.verzögerung *f*
gospel *n* Evangelium *nt*, Bibel *f*; **to take sth. for g. truth** etw. für bare Münze nehmen
gossip *n* Klatsch *m*, Gerede *nt*, Getratsche *nt*, Tratsch *m (coll)*, Gemunkel *nt*; *v/i* klatschen, tratschen *(coll)*, Klatsch verbreiten; **g. column** Klatschspalte *f*; **g. factory** Gerüchteküche *f*; **g. monger** Klatschmaul *nt (coll)*; **g. writer** Klatschkolumnist *m*
Gothic *n* 𝔇 Fraktur *f*, Bruchschrift *f*
gour|mand *n (frz.)* Prasser *m*; **g.met** *n (frz.)* Genießer *m*
gout *n* ⚤ Gicht *f*
govern *v/ti* 1. herrschen, regieren, verwalten; 2. *(Gesetz)* bestimmen, regeln; 3. *(Text)* maßgeblich sein
govern|ability *n* Regierbarkeit *f*; **g.able** *adj* regierbar, lenkbar
governance *n* Regierungsform *f*, R.system *nt*; **corporate g.** Unternehmensführung *f*, U.lenkung *f*, U.verfassung *f*
to be governed (by) maßgebend sein, (unter ein Gesetz) fallen, unterstehen, unterliegen
governess *n* Hauslehrerin *f*, Gouvernante *f*, Kinderfräulein *nt*, Erzieherin *f*
governing *adj* 1. leitend, regierend; 2. entscheidend, bestimmend
government *n* 1. Regierung *f*; 2. Herrschaft *f*, Kontrolle *f*; 3. Regierungsform *f*, Staatsführung *f*, Obrigkeit *f*; 4. öffentliche Haushalte; 5. Verwaltung *f*
the government Staat *m*, Vater Staat *(coll)*; **the g. of the day** die jeweilige Regierung; **g. of state** Staatsregierung *f*; **to bring down/overthrow a g.** Regierung stürzen/zu Fall bringen; **to form a g.** Regierung bilden; **to leave the g.** aus der Regierung ausscheiden; **to recognize a g.** Regierung anerkennen; **to take over the g.** Regierung übernehmen
central(ized) government Zentralregierung *f*; **civilian g.** Zivilregierung *f*; **colonial g.** Kolonialregierung *f*; **constitutional g.** verfassungsmäßige Regierung; **contracting g.** Vertragsregierung *f*, vertragschließende Regierung; **de jure** *(lat.)* **g.** rechtmäßige Regierung; **depository g.** Verwahrerregierung *f*; **federal g.** Bundesregierung *f*, Bund *m*; **incoming g.** neue Regierung; **insurgent g.** aufständische Regierung; **interim g.** Interimsregierung *f*; **legitimate g.** rechtmäßige Regierung
local government Gemeinde-, Stadt-, Kreis-, Kommunalverwaltung *f*, Gemeinde *f*, örtliche Gebietskörperschaft; **~ association** *[GB]* Kommunalverband *m*; **~ authority** Kommunalbehörde *f*, kommunale Verwaltungseinheit; **~ supervisory authority** Gemeindeaufsichtsbehörde *f*; **~ body** Kommune *f*; **~ bond (issue)** Kommunalanleihe *f*, K.obligation *f*, K.schuldschein *m*, K.schuldverschreibung *f*, kommunale Schuldverschreibung, Gemeindeanleihe *f*, G.obligation *f*; **~ borrowing requirements** Kreditbedarf der Kommunen; **~ budget** kommunaler Haushalt; **to put under ~ control** kommunalisieren; **~ district** Gemeindebezirk *m*; **~ election** Kommunal-, Gemeinderatswahl *f*; **~ employee** Kommunal-, Gemeindebedienstete(r) *f/m*, G.angestellte(r) *f/m*; **~ enterprise** Kommunalbetrieb *m*, öffentliches Unternehmen; **~ guarantee** Kommunalbürgschaft *f*; **exclusive ~ jurisdiction** Gemeindehoheit *f*; **~ law** Kommunal-, Gemeinderecht *nt*; **~ matters** Kommunal-, Gemeindeangelegenheiten; **~ office** Gemeindeamt *nt*, Bezirksamt *nt*; **~ officer** Gemeinde(verwaltungs)-, Kommunal-, Magistratsbeamter *m*, städtischer Beamter; **~ policy** Gemeinde-, Kommunal-, Lokalpolitik *f*; **~ reform** Kommunal-, Gemeinde-, Gebietsreform *f*, kommunale Neuordnung; **~ reorganization** kommunale Neuordnung; **~ statute(s)** Gemeindeverordnung *f*; **~ stock** Kommunalanleihe *f*, K.obligation *f*, Gemeindeanleihe *f*, G.obligation *f*, städtische/kommunale Anleihe, Stadtanleihe *f*, kommunale Obligation; **~ transactions** *(Bank)* Kommunalgeschäft *nt*; **~ unit** Gemeinde *f*, Kommune *f*
municipal government *[US]* Stadt-, Kommunalverwaltung *f*, örtliche Gebietskörperschaft; **national g.** Nationalregierung *f*; **non-signatory g.** Nichtunterzeichnerregierung *f*; **outgoing g.** ausscheidende/demissionierende Regierung; **parliamentary g.** parlamentarische Regierung; **participating g.** Teilnehmerregierung *f*; **provincial g.** Provinzregierung *f*; **provisional g.** Interims-, Übergangsregierung *f*; **regional g.** Bezirksregierung *f*; **subnational g.** nachgeordnete Gebietskörperschaft; **territorial g.** Territorialregierung *f*
government accounting kameralistische Buchführung; **g. action** staatliche Maßnahme; **g. activity** staatliches Handeln; **~ rate** Staatsausgabenquote *f*; **g. actuary** *[GB]* amtlicher Versicherungsmathematiker; **g. agency** Regierungsbehörde *f*, R.stelle *f*, staatliche Stelle/Organisation/Behörde, öffentliche Stelle, Behörde *f*; **~ issue** öffentliche Anleihe; **g. aid** Regierungs-, Staats(bei)hilfe *f*, S.förderung *f*, Subvention *f*, staatliche Förderung/Unterstützung
governmental *adj* Regierungs-, Staats-, staatlich, regierungsamtlich
government allocation Staatszuweisung *f*; **g. annuity**

Staatsanleihe *f*, S.rente *f*; **g. appointment** Staats(an)stellung *f*; **g. approval** staatliche Genehmigung; **g. arbitration** staatliche Schlichtung; ~ **board** staatliche Schlichtungsstelle; **g. arbitrator** staatlicher Schlichter; **g. assets** staatliche Vermögenswerte; **g. assistance** Staatshilfe *f*, staatliche Förderung/Hilfeleistung/Unterstützung; **g. authorization** staatliche Genehmigung; **g. authority** staatliche Behörde/Stelle, Regierungsbehörde *f*, R.stelle *f*; **g. backing** staatliche Unterstützung; **g. bank** Staatsbank *f*; **g. banker** Zentralbank *f*; **g. bench** *(Parlament)* Regierungsbank *f*; **g. bill** Regierungsentwurf *nt*, R.vorlage *f*; **g. bills** kurzfristige Staatspapiere; **g. body** Regierungsbehörde *f*, R.stelle *f*; **g. bond** 1. Staats-, Regierungsanleihe *f*, Staatsschuldverschreibung *f*, S.titel *m*, S.obligation *f*, S.papier *nt*; 2. Staatsbürgschaft *f*, Behördenkaution *f*; **g. borrowing** staatliche/öffentliche Kreditaufnahme, Kreditaufnahme der öffentlichen Hand, staatliche Schuldenaufnahme; ~ **requirements** staatlicher Kreditbedarf; **g. broker** amtlicher Makler, staatlicher Börsenvertreter; **budget** Staatshaushalt *m*; ~ **deficit** Deckungslücke im Staatshaushalt; **g. capital expenditure** Regierungs-, Verwaltungsinvestitionen, Investitionen der Regierung/öffentlichen Hand, öffentliche/staatliche Investitionen; ~ **market policy** staatliche Kapitalmarktpolitik; **g. circles** Regierungskreise; **g. clearance** staatliche Genehmigung; **g. coalition** Regierungskoalition *f*; **g. commission** Regierungskommission *f*; **g. committee** Regierungs-, Kabinettsausschuss *m*; **g. communiqué** Regierungsmitteilung *f*, R.verlautbarung *f*; **g. consumption** Staatsverbrauch *m*, öffentlicher/staatlicher Verbrauch; **g. contract** öffentlicher Auftrag, Regierungs-, Staatsauftrag *m*; **g. contracting** Vergabe von Staatsaufträgen; **g. contractor** Staatslieferant *m*; **g. control** staatliche Leitung/Kontrolle/Bewirtschaftung/Lenkung/Aufsicht/Beaufsichtigung, Staatskontrolle *f*, S.lenkung *f*, fiskalische Lenkung/Kontrolle; **g. corporation** staatliches Unternehmen, Körperschaft des öffentlichen Rechts; **g. coupon security** Staatsanleihe *f*; **g. credit aid** staatliche Kredithilfe; **g. crisis** Regierungskrise *f*; **g. debt** Staatsschuld(en) *f*, öffentliche Verschuldung; ~ **issue** staatliche Schuldenaufnahme; **g. decree** behördliche Anordnung; **g. deficit funding needs** Kreditbedarf der öffentlichen Hand; **g. demand** staatliche Nachfrage; **g. department** Behörde *f*, Ministerium *nt*, Regierungs-, Ministerialabteilung *f*, Ressort *nt*; ~ **statistics** *(Ministerium)* Ressortstatistik *f*; **g. depository** staatliche Kapitalsammelstelle; **g. deposits** Einlagen der öffentlichen Hand; **g. documents** Staatsdokumente; **g. employment office** *[US]* Arbeitsvermittlungsstelle *f*; **g. enterprise** Regie-, Staatsbetrieb *m*, staatliches Unternehmen

government expenditure(s) öffentliche Ausgaben, Staatsausgaben; **direct g. e.** unmittelbare Staatsausgaben; **current g. e. on goods and services** Staatsverbrauch *m*; **g. e. rate** Staatsquote *f*

government expert Regierungssachverständiger *m*; **g. export credit insurance** staatliche Ausfuhrkreditversicherung; **g. expropriation** staatliche Enteignung; **g.**

financing staatliche Finanzierung, Staatsfinanzierung *f*; **g. funding** Finanzierung der Staatsausgaben; **g. funds** staatliche Mittel, fundierte Staatspapiere, Staatsanleihen; **g. grader** *(Rohstoffe)* regierungsamtlicher Prüfer; **g. grant** staatliche Subvention, staatlicher Zuschuss, Regierungsbeihilfe *f*, R.zuschuss *m*, unentgeltliche staatliche Leistung; **g. guarantee** staatliche Garantie, Staatsgarantie *f*, Regierungsbürgschaft *f*; **g. guidelines** staatliche Richtlinien; **g. help** staatliche Hilfe; **g. house** Regierungsgebäude *nt*; **g. information office** Presseamt *nt*; **g. inspection** amtliche (Güte)Prüfung; **g. institution** staatliche Einrichtung; **accessory g. institution** Nebenfiskus *m*; **g. interference** restriktiver Eingriff; **g. intervention** staatliche Intervention, staatlicher/öffentlicher Eingriff, Staatsintervention *f*, Eingreifen des Staates; **g. investment** Regierungsinvestitionen *pl*, staatliche Investition; **g. leader** Regierungschef(in) *m/f*; **g. level** Regierungsebene *f*; **g. liability** Staatshaftung *f*

government loan Staatsanleihe *f*; **perpetual g. l.** Rentenanleihe *f*; **g. l. market** Staatsanleihenmarkt *m*

government machinery Regierungsapparat *m*, Staatsmaschinerie *f*, S.apparat *m*; **g. majority** Regierungsmehrheit *f*; **g. measure** Regierungsmaßnahme *f*, staatliche Maßnahme; **g. mediator** staatlicher Schlichter; **g. monopoly** 1. Staatsmonopol *nt*, staatliches Monopol; 2. staatliche Monopolverwaltung; **g. note** (Staats-)Schuldschein *m*; **g. office** Regierungsbüro *nt*, R.amt *nt*, amtliche Stelle; **g. officer** (Staats)Beamter *m*; ~ **on probation** Beamter auf Probe; **g. official** Regierungs-, Verwaltungsbeamter *m*, Staatsfunktionär *m*; **senior official** (leitender) Regierungsdirektor; **g. order** Staatsauftrag *m*; **g. organ** Staatsorgan *nt*; **g. organization** Staatsorganisation *f*, staatliche Organisation; **g.-owned** *adj* in Staatsbesitz, staatseigen; **g. ownership** Staatsbesitz *m*; **g. papers** Staatsdokumente; **g. permission/permit** staatliche Erlaubnis/Genehmigung; **g. policy** Regierungspolitik *f*; **g. power** Staatsgewalt *f*; **g. powers** staatliche Vollmachten; **g. price controls** staatliche Preisadministrierung; **G. Printing Office** *[US]* Bundes-, Staatsdruckerei *f*; **g. procurement** öffentliches/staatliches Beschaffungswesen, staatliche Beschaffungsmaßnahmen; **g. promotion** staatliche Förderung, Staatsförderung *f*; **g. property** Staatsvermögen *nt*, S.eigentum *nt*, fiskalisches Eigentum/Vermögen; **g. protection** staatlicher Schutz; **g. purchases of goods and services** öffentliches Beschaffungswesen; **g. purchasing authority** Beschaffungsamt *nt*; **g.-recognized** *adj* staatlich anerkannt; **g. regulation** behördliche Anordnung; **g. regulations** staatliche Vorschriften; **g. representative** Regierungsvertreter *m*; **g. reshuffle** Regierungsumbildung *f*; **g. revenue(s)** Staatseinnahme(n) *f/pl*, öffentliche Einnahmen; **g.-run** *adj* Regie-; **g. savings** Ersparnisse der öffentlichen Haushalte; **g. sector** Sektor öffentliche Haushalte; **security** Staatspapier *nt*, S.anleihe *f*, S.titel *m*

government spending Regierungs-, Staatsausgaben *pl*, Aufwand der öffentlichen Hand, öffentliche Ausgaben; ~ **cuts** Etatkürzungen, Kürzung der Staatsausga-

government spending equation

ben; ~ **equation** Staatsausgabengleichung *f*; ~ **multiplier** Staatsausgabenmultiplikator *m*; ~ **program(me)** staatliches Ausgabenprogramm
government spokesman Regierungssprecher *m*; **g. spokesperson** Regierungssprecher(in) *m/f*; **g. spokeswoman** Regierungssprecherin *f*; **g.-sponsored** *adj* staatlich gefördert; **g. stock** öffentliche Anleihe, Staatspapier *nt*, S.anleihe *f*, S.obligation *f*; **g. storage agency** staatliche Vorratsstelle; **g. subsidy** öffentlicher/staatlicher Zuschuss, (staatliche) Subvention; **g. supervision** Staatsaufsicht *f*, staatliche Aufsicht *f*; **g. support** staatliche Unterstützung; **g. transfers; g. transfer payments** staatliche (Einkommens)Übertragungen, Transferzahlungen (des Staates); **g. unit** staatliche Behörde/Stelle, Gebietskörperschaft *f*; **g. use** staatliche Inanspruchnahme; **g. warehouse** staatliches Lagerhaus
governor *n* 1. Gouverneur *m*, Statthalter *m*; 2. *(Gefängnis)* Direktor *m*; 3. ⚙ Geschwindigkeitsregler *m*, G.begrenzer *m*; **G. of the Bank of England** *[GB]* Gouverneur der Bank von England, Notenbankchef *m*, N.gouverneur *m*, N.präsident *m*; **g. general** Generalgouverneur *m*; **g.ship** *n* Statthalterschaft *f*
gown *n* Talar *m*, Ornat *nt*, Robe *f*
G. P. (general practitioner) ⚕ praktischer Arzt
grab *n* 1. Zupacken *nt*, (unrechtmäßiges) Ansichreißen; 2. ⚙ Greifer *m*; **up for g.s** *(coll)* zu haben; **to be ~ g.s** für den Meistbietenden zu verkaufen sein
grab *v/t* 1. greifen, (gierig) packen; 2. unrechtmäßig an sich reißen, sich aneignen; 3. ergattern, (weg)schnappen, erhaschen; 4. *(Geld)* raffen; **g. raid** Raub(überfall) *m*
grace *n* 1. Aufschub *m*, (Nach-/Zahlungs)Frist *f*, Zurückstellung *f*; 2. Gnade *f*; **by way of g.** [§] auf dem Gnadenweg; **to be in so.'s good g.s** in jds Gunst stehen; **to grant g.** Nachfrist gewähren; **with bad g.** unwillig, murrend, widerwillig; **with good g.** bereitwillig, anstandslos, gern; **g. period** 1. (Zahlungs)Aufschub *m*, (Nach-/Zahlungs)Frist *f*; 2. tilgungsfreie Zeit, Freijahre *pl*, F.periode *f*; 3. Bedenkfrist *f*, B.zeit *f*; 4. Gnadenfrist *f*; ~ **on repayments** tilgungsfreie Jahre
gradate *v/t* abstufen, stufenweise übergehen lassen
gradation *n* Gradeinteilung *f*, Stufenleiter *f*, (Sortiments)Abstufung *f*; **g. in value** Wertabstufung *f*
grade *n* 1. Sorte *f*, (Handels-/Güte)Klasse *f*, Güte *f*, Qualität(sklasse) *f*, Grad *m*; 2. Gattung *f*, Rang *m*; 3. Zensur *f*, Note *f*, Benotung *f*; 4. (Lohn-/Gehalts)Gruppe *f*, Tarif-, Vergütungs-, Besoldungsgruppe *f*; 5. Dienstbezeichnung *f*, Stufe *f*, Position *f*, Stellung *f*; 6. *(Metall)* Gehalt *m*; 7. ▩ Rangordnungsgrad *m*; **g. A** feinste Sorte; **g. of hardness** ⚙ Härtegrad *m*; ~ **ore** ⛏ Erzgehalt *m*; ~ **seniority** Dienstaltersstufe *f*
to make the grade es schaffen; ~ **from ... to** den Sprung schaffen von ... nach/zu
average grade 1. Durchschnittsqualität *f*; 2. Durchschnittsnote *f*, Notendurchschnitt *m*; **basic g.** Standardsorte *f*; **higher g.** 1. Oberstufe *f*; 2. gehobener Dienst; **lower g.** einfacher Dienst; **standard g.** 1. Standard *m*, Typen-, Klassenmuster *nt*; 2. Standard-, Einheitssorte *f*; **superior g.** Qualitätssorte *f*; **top g.** beste Qualität, feinste Sorte, Spitzensorte *f*, S.klasse *f*

grade *v/t* 1. ab-, einstufen, sortieren, ordnen, in Güteklassen einstufen, (nach Qualität) ordnen, (nach Sorten) einteilen, klassifizieren, gradieren, staffeln, eingruppieren; 2. benoten, zensieren
grade creep versteckte Lohnerhöhung durch Höherstufung; **g. crossing** *[US]* 🚆 (schienengleicher) (Bahn)Übergang
graded *adj* gestaffelt, abgestuft, sortiert
grade|s index Sortenliste *f*; **g. label** Qualitätskennzeichen *nt*; **g. labelling** Güte-, Qualitätskennzeichnung *f*, Güteklassenbezeichnung *f*; **g. one** erste Wahl
grader *n* 1. Sortierer *m*; 2. Sortiergerät *nt*; 3. Planierraupe *f*, P.gerät *nt*
grade school *[US]* Grundschule *f*; **g. selection** Sortenwahl *f*; **g. three** dritte Wahl; **g. two** zweite Wahl
gradient *n* Steigung *f*, Gefälle *nt*, Neigung *f*; **steep g.** starke Neigung; **g. method** Gradientenverfahren *nt*
grading *n* 1. Klassifizierung *f*, Einstufung *f*, Klasseneinteilung *f*, Staffelung *f*, Sortieren *nt*, Sortierung *f*, Sortenwahl *f*, Güte(klassen)einteilung *f*, Abstufung *f*, Hierarchie *f*, Eingruppierung *f*; 2. Benotung *f*, (Be)Wertung *f*; **g. of interest rates** Zinshierarchie *f*; ~ **premiums** *(Vers.)* Beitrags-, Prämienstaffelung *f*; **g. down** Abgruppierung *f*; **g. structure** Güteklassenstruktur *f*, G.skala *f*, Klassifizierungssystem *nt*
gradual *adj* allmählich, schritt-, stufenweise, s.artig, graduell, langsam steigend/fallend; **g.ly** *adv* Schritt für Schritt
graduand *n* Diplomand *m*
graduate *n* 1. Hochschulabgänger(in) *m/f*, Absolvent(in) *m/f*, Graduierte(r) *f/m*, Inhaber(in) eines akademischen Grades, Student(in) mit Examen, examinierte(r) Student(in), Diplominhaber(in) *m/f*; 2. *[US]* Abiturient(in) *m/f*; **g. in business administration** (Diplom)Betriebswirt *m*, D.kaufmann *m*; ~ **economics** Diplomökonom *m*, D.volkswirt *m*; ~ **industrial engineering** Diplomwirtschaftsingenieur *m*; **agricultural g.** Diplomlandwirt *m*
graduate *v/i* (Hochschulprüfung) absolvieren, akademischen Grad erlangen, graduieren, promovieren, Abschlussexamen/A.prüfung machen; ab-, einstufen, staffeln
graduate calibre (Bewerber) mit Hochschulabschluss; **g. career** Laufbahn für Hochschulabsolventen
graduated *adj* 1. graduiert, mit abgeschlossenem Examen; 2. gestaffelt, abgestuft, progressiv, Staffel-; **g. according to** gestaffelt nach
graduate employment Beschäftigung(smöglichkeit) für Hochschulabsolventen; **g. recruit** *(Einstellung)* Hochschulabsolvent(in) *m/f*; **g. recruitment** Anwerbung/Einstellung von Hochschulabsolventen, ~ Hochschulabgängern; **g. unemployment** Arbeitslosigkeit bei Hochschulabsolventen, Akademikerarbeitslosigkeit *f*
graduation *n* 1. Graduierung *f*, Promotion *f*; 2. Abstufung *f*, Staffelung *f*; **g. of earnings** Verdienststaffelung *f*; ~ **prices** Preisstaffelung *f*
graffiti *pl* Graffiti, Wandschmiereien, W.gekritzel *nt*
graft *n* *[US]* Korruption *f*, Schiebung *f*, Bestechung *f*,

Schmier-, Bestechungsgeld *nt*, Schiebungsgeschäft *nt*
hard g. Knochenarbeit *f*
graft *v/ti* 1. ergaunern, schieben; 2. hart arbeiten, schuften, malochen *(coll)*; **g. on** ☞ aufpfropfen, veredeln
grafter *n* 1. Gauner *m*; 2. Arbeitstier *nt*
graft money Schmiergeld *nt*; **to pay g. m.** schmieren
grain *n* 1. Korn *nt*, Getreide *nt*; 2. Gran *nt*, Körnchen *nt*; 3. (Holz)Maserung *f*, Faserrichtung *f*, *(Stoff)* Strich *m*; **against the. g.** *(fig)* gegen den Strich *(fig)*; **not a g. of hope** nicht die geringste Hoffnung; **a g. of truth** ein Körnchen Wahrheit; **to go against one's g.** gegen den Strich/die Natur gehen; **coarse g.** Industriegetreide *nt*; **fine g.** *(Foto)* Feinkorn *nt*; **standing g.** Getreide auf dem Halm; **staple g.** wichtigste Getreidesorte (für die Ernährung), Hauptgetreidesorte *f*
grain alcohol Äthylalkohol *m*; **g. bill** Getreidewechsel *m*, auf Getreidelieferungen gezogener Wechsel; **g. carry-over** *(Erntejahr)* Ernte-, Getreideüberhang *m*; **g. crop** 1. Getreideernte *f*; 2. Getreidefrucht *f*; 3. Getreidesorte *f*; **g. dealer** Getreidehändler *m*; **g. distillery** Kornbrennerei *f*
grained *adj* *(Leder)* genarbt
grain elevator/silo Getreidesilo *nt*; **g. exchange/pit** Getreidebörse *f*; **g. farming/growing** Getreideanbau *m*; **g. futures** Getreidetermingeschäfte, G.kontrakte; **g. harvest** Getreideernte *f*; **g. import and storage agency** Getreideeinfuhr- und Vorratsstelle *f*; **g. market** Getreidemarkt *m*; **g. merchant** Getreidehändler *m*; **g. mill** Getreidemühle *f*; **g. price** Getreidepreis *m*; **g. storage** Getreidelagerung *f*; **g. store** Getreidespeicher *m*; **g. terminal** Getreideumschlagstelle *f*; **g. trade** Getreidehandel *m*; **g. size** Körnung *f*
grammar *n* Grammatik *f*; **g. school** *[GB]* Gymnasium *nt*; **~ teacher** Studienrat *m*, Studienrätin *f [D]*
grammatical *adj* grammatisch
gram(me) *n* Gramm *nt*
granary *n* Getreide-, Korn-, Vorratsspeicher *m*, Kornkammer *f*
grand *n* 1. *(Musik)* Flügel *m*; 2. *(coll) [US]* 1000 Dollar; *adj* imposant, großartig, hochfliegend, herrlich; **g. thing** tolle Sache
grande vitesse (g. v.) *(frz.)* Eilgut *nt*
grandfather *n* Großvater *m*; **g. clock** Standuhr *f*; **g. cycle** 🖳 Großvaterzyklus *m*; **g.ing** *(fig)* Verschachtelung *f*
grandiloquent *adj* großspurig
grandiose *adj* grandios
grand|mother *n* Großmutter *f*; **g.parent** *n* Großelternteil *m*; **g.parents** *pl* Großeltern; **g.stand** *n (Sport)* Haupttribüne *f*
grange *n* Gutshof *m*, Landsitz *m*
granite *n* Granit *m*
granny bond *n [GB] (coll)* indexgebundener Sparbrief; **g. flat** *[GB] (coll)* 🏠 Einliegerwohnung *f*
grant *n* 1. Gewährung *f*, Bewilligung *f*, Erteilung *f*; 2. Zuschuss *m*, Subvention *f*, Beihilfe *f*, Unterstützung(sleistung) *f*; 3. Stipendium *nt*, Studien-, Erziehungsbeihilfe *f*; 4. [§] Übertragung(surkunde) *f*; **eligible for a g.** zuschussfähig, z.berechtigt, bezuschussungsfähig

grant of allowances Gewährung von Frei-/Pauschbeträgen; **~ legal assistance** Armenrecht *nt*; **~ consent for entry in the register** Eintragungsbewilligung *f*; **g. by deed** [§] urkundliche Übereignung; **g. of delay** Stundung *f*; **~ discharge** Entlastung *f*; **g.s to government-owned enterprises** Zuschüsse an Staatsbetriebe; **g. of an injunction** [§] Erlass einer einstweiligen Verfügung; **~ land** Landzuweisung *f*; **~ a lease** Pachtgewährung *f*; **~ a new lease** Neuvermietung *f*; **~ a licence** Lizenzerteilung *f*, Erteilung einer Lizenz; **~ a loan** Darlehensgewährung *f*; **~ a mortgage** Hypothekenbewilligung *f*, H.bestellung *f*; **~ an option** Optionserklärung *f*; **~ a patent** Eintragung/Erteilung eines Patents; **~ probate** [§] Erbschein *m*, Testamentsvollstreckerzeugnis *nt*, gerichtliche Testamentsbestätigung; **~ usufruct** Einräumung von Nutzungsrechten, Nießbrauchbestellung *f*
to get a grant Stipendium/Zuschuss/Beihilfe erhalten; **to lie in g.** [§] nur urkundlich übertragbar sein; **to negotiate a g.** über einen Zuschuss verhandeln
additional grant Neubewilligung *f*, Ergänzungszuweisung *f*; **annual g.** Jahreszuschuss *m*; **deficient g.** Ausgleichszuweisung *f*; **educational g.** Erziehungsbeihilfe *f*; **exceptional g.** Ausnahmebewilligung *f*; **federal g.** Bundesbeihilfe *f*, B.zuschuss *m*; **general g.** *[GB]* Pauschalzuweisung *f*; **increased g.** erhöhter/zusätzlicher Zuschuss; **irrevocable/non-repayable/outright g.** verlorener Zuschuss; **long-service g.** Zuschuss für lange Dienstzeit; **matching g.** Finanzzuweisung bei Eigenbeteiligung; **operational g.** Betriebskostenzuschuss *m*; **price-reducing g.** Verbilligungszuschuss *m*; **rate-deficiency g.** *[GB]* Zuweisung an finanzschwache Gemeinden; **rate-support g.** *[GB]* Schlüsselzuweisung *f*; **regional g.** Regionalbeihilfe *f*; **specific g.** Zweckzuweisung *f*; **structural g.** Strukturzuschuss *m*; **supplementary g.** Nachbewilligung *f*, Ergänzungszuweisung *f*
grant *v/t* 1. bewilligen, gewähren, erteilen; 2. konzedieren, einräumen, zulassen, stattgeben, erlauben; 3. zubilligen; **g. additionally** nachbewilligen
grant|able *adj* 1. übertragbar; 2. verleihbar; **g.-aided** *adj (Schule)* subventioniert; **g.-back clause** Rückübertragungsklausel *f*; **~ licence** *[US]* Rücklieferungslizenz *f*
granted *adj* bewilligt, erteilt; **to take for g.** als selbstverständlich betrachten/hinnehmen/annehmen
grantee *n* 1. (Schenkungs-/Zuschuss)Empfänger(in) *m/f*, Bedachte(r) *f/m*, Privilegierte(r) *f/m*, Zessionar(in) *m/f*; 2. Rechtsnachfolger(in) *m/f*; 3. Lizenznehmer(in) *m/f*, Konzessionär(in) *m/f*; 4. Erwerber(in) *m/f*, (Grundstücks)Käufer(in) *m/f*; **g. of an option** Optionsberechtigte(r) *f/m*, O.empfänger(in) *m/f*; **voluntary g.** freiwillige(r) Zedent(in)
granter; grantor *n* 1. Gewährer(in) *m/f*, Verleiher(in) *m/f*, Bewilliger(in) *m/f*, Zedent(in) *m/f*; 2. Rechtsvorgänger(in) *m/f*; 3. Lizenzgeber(in) *m/f*; 4. *[US]* Stifter(in) *m/f*; **g. of a licence** Lizenzgeber(in) *m/f*; **~ an option** Optionsgeber(in) *m/f*, O.gewährer(in) *m/f*
grant-in-aid *n* *[US]* (öffentlicher) Zuschuss, Zuweisung *f*, Beihilfe *f*; **federal g.** Bundeszuschuss *m*

granting of aids *n* Gewährung von Beihilfen; ~ **an allowance** Gewährung einer Zulage; ~ **asylum** Asylgewährung *f*; ~ **cash benefits** Gewährung von Geldleistungen; ~ **credit** Kreditgewährung *f*, K.einräumung *f*, K.hergabe *f*, Einräumung eines Zahlungsziels, Gewährung von Krediten; ~ **funds** Bereitstellung von Mitteln; ~ **guarantees** Übernahme von Bürgschaften; ~ **a licence** Lizenzgewährung *f*, L.vergabe *f*, Ausstellung einer Lizenz, Einräumung eines Nutzungsrechts; ~ **a loan** Kredit-, Darlehensgewährung *f*; ~ **loans against security** Lombardieren *nt*; ~ **a mortgage** Bestellung einer Hypothek, Hypothekenbestellung *f*; ~ **a patent** Patentierung *f*, Patenterteilung *f*, Erteilung eines Patents; ~ **a pension** Rentenbewilligung *f*; ~ **a permit** Erteilung einer Genehmigung; ~ **a privilege** Gewährung eines Vorrechts; ~ **probate** [§] Erbscheinerteilung *f*; ~ **subsidies** Subventionsvergabe *f*
granting procedure Genehmigungs-, Erteilungsverfahren *nt*
grantor *m* Schenkungsgeber *m*
grant scheme Stipendienprogramm *nt*; **g. system** Beihilferegelungen *pl*
granu|larity *n* (*Film*) Körnung *f*; **g.late** *n* Granulat *nt*; *v/t* körnen, granulieren
granule *n* Körnchen *nt*
grape *n* (Wein)Traube *f*; **g.fruit** *n* Pampelmuse *f*; **g. harvest** Weinlese *f*, W.ernte *f*; **g. juice** Traubensaft *m*; **g.-vine** *n* (*coll*) Gerüchteküche *f*, interne Kanäle; **to hear on the g.vine** (etw.) unter der Hand erfahren
graph *n* 1. Graph *m*, Kurve *f*; 2. Diagramm *nt*, Schaubild *nt*, grafische/tabellarische Darstellung, Grafik *f*, Kurvendarstellung *f*, K.blatt *nt*, K.diagramm *nt*; **dual g.** dualer Graph; **hatched g.** schraffierte Grafik; **high-low g.** ▦ Spannweitendarstellung *f*; **profit-volume g.** Gewinn-Umsatz Schaubild *nt*
graphic *adj* 1. grafisch; 2. anschaulich, plastisch, bildlich; **g.s** *pl* 1. (*Zeitung*) Grafiken; 2. 🖳 Grafik *f*; **g.al** *adj* 1. zeichnerisch; 2. grafisch
graphite *n* Grafit *m*
grapho|logist *n* Grafologe *m*, Handschriftendeuter *m*, Schriftsachverständiger *m*; **g.logy** *n* Grafologie *f*, Handschriftendeutung *f*
graph paper Millimeter-, Zeichenpapier mit Maßeinteilung; **g. theory** Grafentheorie *f*
grap|ple with *v/prep* ringen/kämpfen mit; **g.pling hook/iron** *n* ⚓ Enterhaken *m*
grasp *n* 1. Griff *m*; 2. Begriffsvermögen *nt*, Fassungskraft *f*; **to be beyond one's g.** jds Fassungskraft übersteigen; **to have a good g. of a subject** Fach gut beherrschen; **intuitional g.** Einfühlungsvermögen *nt*
grasp *v/t* 1. raffen, an sich reißen, ergreifen; 2. verstehen, begreifen, kapieren, (er)fassen
grass *n* Gras *nt*; **to hear the g. grow** (*fig*) das Gras wachsen hören (*fig*); **to let g. grow under one's feet** (*fig*) etw. auf die lange Bank schieben (*fig*)
grassland *n* 🐄 Grün-, Grasland *nt*, Weide(land) *f/nt*, Grasfläche *f*, G.land *nt*; **g. farming/utilization** Grün-, Weidewirtschaft *f*
grasson; grassum *n* [§] (*Pachtbesitz*) Übertragungsgebühr *f*

grassroots *pl* (*fig*) (Partei)Basis *f*; **g. business** Grundgeschäft *nt*; **at g. level** an der Basis; **g. opinion** Stimme des Volkes
grass verge Grünstreifen *m*; **g. widow(er)** Strohwitwe(r) *f/m*
grate *n* (*Ofen*) Rost *m*
grateful *adj* dankbar, erkenntlich; **immensely g.** maßlos dankbar
graticule *n* (*Karte*) Quadratnetz *nt*, Koordinatensystem *nt*
grati|fication *n* 1. Befriedigung *f*, Genugtuung *f*; 2. Gratifikation *f*, Belohnung *f*; **g.fy** *v/t* befriedigen, erfreuen; **g.ing** *adj* erfreulich
gratis *adv* gratis, kostenlos
gratitude *n* Dank(barkeit) *m/f*; **to express one's g.** Dank zollen; **to show one's g.** sich erkenntlich zeigen
gratuitous *adj* unentgeltlich, frei, kostenlos, gratis, freiwillig, unverlangt, ohne Gegenleistung, umsonst; **g.ly or for a consideration** entgeltlich oder unentgeltlich; **g.ness** *n* Unentgeltlichkeit *f*
gratuity *n* 1. Zuwendung *f*, Gratifikation *f*, Sondervergütung *f*, S.zuwendung *f*; Bedienungs-, Trinkgeld *nt*; 2. Dienstprämie *f*, Abfindung(ssumme) *f*, A.zahlung *f*
grave *n* Grab *nt*; **to dig a g.** Grab ausheben; ~ **one's own g.** (*fig*) sein eigenes Grab schaufeln (*fig*); **to have one foot in the g.** (*fig*) mit einem Fuß im Grabe stehen (*fig*); **to sink into the g.** ins Grab sinken; **to turn in one's g.** (*fig*) sich im Grabe umdrehen (*fig*)
grave *adj* bedenklich, ernst, schwerwiegend, gravierend
gravedigger *n* Totengräber *m*
gravel *n* Kies *m*; **g. path** Kiesweg *m*; **g. pit** Kiesgrube *f*; **g. plant** Kieswerk(e) *nt/pl*
graveyard *n* Friedhof *m*; **g. shift** (*coll*) Nachtschicht *f*
graving dock *n* ⚓ Trockendock *nt*
gravity *n* 1. Schwerkraft *f*; 2. Schwere *f*, Ernst *m*, Bedeutung *f*, Wichtigkeit *f*; 3. (*Bier*) Stammwürzgehalt *m*; **specific g.** spezifisches Gewicht
gravy *n* Sauce *f*; **g. job** (*coll*) lukrativer Posten; **g. train** (*fig*) Futterkrippe *f* (*fig*); **the ~ is rolling** (*coll*) der Rubel rollt (*coll*)
grayout *n* ⚡ teilweiser Stromausfall
graze *n* 1. Schürfwunde *f*, Hautabschürfung *f*; 2. Streifschuss *m*; *v/t* 🐄 (*Vieh*) hüten; weiden, grasen
grazier *n* Viehzüchter *m*
grazing (land) *n* Weide-, Beweidungsland *nt*, Grünfläche *f*; **g. right** Weiderecht *nt*
grease *n* ✲ (Schmier)Fett *nt*; *v/t* (ab)schmieren, (ein)fetten, (mit Fett) einschmieren; **g. gun** Fettpresse *f*; **g. mark/stain** Fettfleck *m*; **g. pencil** Fettstift *m*; **g.-proof** *adj* fettdicht; **g. remover** Fettlösungsmittel *nt*; **g. wool** Schweißwolle *f*
greasy *adj* schmierig, beschmiert, ölig, fettig
great *adj* groß, beträchtlich, wichtig, bedeutend; **G. Depression** Weltwirtschaftskrise *f* (*1929*); **G.er London** Groß-London; **g.est possible** größtmöglich; **G. Ledger** *[GB]* Staatsschuldbuch *nt*
greed *n* (Hab-/Raff)Gier *f*, Habsucht *f*; **g. for gain** Profitgier *f*; ~ **money** Geldgier *f*; ~ **profit** Gewinnstreben *nt*

greed|iness *n* (Hab)Gier *f*; **g.y** *adj* habsüchtig, (raff)gierig
green *adj* 1. grün; 2. unreif; **bilious g.** giftgrün
green *v/t* auf umweltfreundliche Technik umstellen
greenback *n* [US] Dollarnote *f*
greenfield *n* unerschlossenes Land; **g. company** neu zu gründendes Unternehmen; **g. development** Baumaßnahme auf der grünen Wiese; **g. site** Standort/Baugrundstück auf der grünen Wiese
green|grocer *n* Obst- und Gemüsehändler *m*; **g.grocer's shop** [GB] /**store** [US]; **g.grocery** *n* Obst- und Gemüsehandlung *f*, ~ Gemüsegeschäft *nt*, G.laden *m*; **g.horn** *n* (coll) Grünschnabel *m* (coll)
greenhouse *n* 🌱 Gewächs-, Treibhaus *nt*; **g. gas** Treibhausgas *nt*; ~ **emission** Treibhausgasemission *f*; ~ **emissions cut** Minderung/Senkung/Reduzierung der Treibhausgasemission; **g. effect** Treibhauseffekt *m*
Green Insurance Card Grüne Versicherungskarte; **G. paper** [GB] Grünbuch *nt*; **G. Pool** Grüne Union
greenshoots of economic recovery *pl* erste Anzeichen konjunktureller Erholung
Greenwich (Mean) Time (GMT) Normalzeit *f*, Westeuropäische Zeit (WEZ)
greet *v/t* grüßen, empfangen, willkommen heißen
greeting *n* Begrüßung *f*; **g.s** Grüße, Empfehlungen; **seasonal g.s** Grüße zum Fest; **g.s card** Glückwunschkarte *f*; **g.s telegram(me)** Glückwunsch-, Schmuckblatttelegramm *nt*
greyhound *n* Windhund *m*; **g. principle** ⊖ Windhundprinzip *nt*; **g. quota** Windhundkontingent *nt*
grid *n* 1. Raster *m*, Planquadrat *m*, Gitter *nt*, Koordinatennetz *nt*; 2. ⚡ Versorgungs-, (Überland)Leitungsnetz *nt*; 3. Rost *m*, Schutzgitter *nt*; **g. of central rates** Leitkursraster *nt*; **electric(al) g.** Stromverbund *m*, S.(versorgungs)netz *nt*; **local g.** ⚡ Ortsnetz *nt*; **managerial g.** Verhaltensgitter *nt*; **national g.** ⚡ Überlandnetz *nt*
grid|-connected ⚡ an das Netz angeschlossen; **g. installation** ⚡ Verbundanlage *f*; **g. method** Gitter-, Rasterverfahren *nt*; **g. operation** ⚡ Verbundbetrieb *m*; **g. parities** Paritätenraster *nt*; **g. reference** Planquadratangabe *f*; **g. sampling** ▦ Gitter-, Stichprobenverfahren *nt*; **g. system** ⚡ Verbundnetz *nt*
grief *n* Kummer *m*, Schmerz *m*, Leid *nt*, Trauer *f*, Gram *f*; **to come to g.** zu Schaden kommen, Unfall haben; **to be weighed down with g.** vom Kummer gebeugt sein; **g.-stricken** *adj* vom Leid gebeugt
grievance *n* Missstand *m*, Beschwerde(grund) *f/m*, Übel(stand) *nt/m*, Klage(grund) *f/m*; **to air/voice a g.** sich beschweren, Beschwerde vorbringen; **to redress/remedy a g.** Beschwerde abstellen, einem Übelstand/Missstand abhelfen; **to review a g.** Beschwerde überprüfen; **social g.** sozialer Missstand
grievance committee Beschwerde-, Schlichtungsausschuss *m*, Konfliktkommission *f*; **g. procedure** [US] (Arbeitsrecht) Beschwerdeverfahren *nt*
grieve *v/ti* 1. bekümmern, betrüben, Schmerzen, Kummer bereiten; 2. trauern
grievous *adj* [§] schwer(wiegend)
grill *n* Rost *m*, Grill *m*; *v/t* 1. grillen; 2. *(fig)* verhören, ausquetschen

grille *n* (frz.) 1. 🏛 Fenstergitter *nt*; 2. 🚗 (Kühler) Grill *m*
grilling *n* (coll) Verhör *nt*
grim *adj* 1. unerbittlich, eisern; 2. grimmig
grime *n* Schmutz *m*
grimness *n* Härte *f*, Unerbittlichkeit *f*
grin *v/i* grinsen; **g. and bear it** gute Miene zum bösen Spiel machen
grind *v/t* mahlen, schleifen; **the daily g.** *n* (coll) tägliches Einerlei (coll); **g.er** *n* (fig) Leuteschinder *m*; **g.ing** *n* Schleifen *nt*; **g.stone** *n* Schleifstein *m*
grip *n* 1. (Halte)Griff *m*; 2. Halt *m*; 3. Herrschaft *f*, Gewalt *f*; **in the g. of vice** in den Klauen des Lasters **to break the grip** *(fig)* Macht brechen; **to ease the g.** *(fig)* Zügel lockern *(fig)*; **to come/get to g.s with** sich auseinander setzen mit, in den Griff/unter Kontrolle bekommen; ~ **a problem** Problem in den Griff bekommen; **to get a g. on sth.** etw. in den Griff bekommen, mit etw. fertig werden; ~ **to g.s** handgreiflich werden; **to have a g. on sth.** etw. unter Kontrolle haben; **to keep a g. on the money supply** Geldmenge knapp halten; **to lose one's g.** Herrschaft verlieren; **to tighten the g.** die Zügel anziehen *(fig)*
grip *v/t* greifen
gripe *n* (coll) Meckerei *f* (coll), (Grund zur) Beschwerde; *v/i* (coll) meckern *(coll)*, murren, nörgeln
gripping *adj* packend
grit *n* 1. Streusand *m*; 2. Splitt *m*; **g. in the works** *(fig)* Sand im Getriebe *(fig)*
grit *v/t* *(Straße)* streuen
groan *v/i* stöhnen; **g.ing (and moaning)** *n* Stöhnen *nt*
grocer *n* Lebensmittel(einzel)händler *m*, Gemischtwarenhändler *m*, Krämer *m*; **multiple g.** Lebensmittelfilialist *m*; **g.'s shop** [GB] /**store** [US] Lebensmittelgeschäft *nt*, L.laden *m*
groceries *pl* Lebensmittel, Gemischt-, Kolonialwaren
grocery outlet *n* Lebensmittelladen *m*, L.geschäft *nt*; **g. price index** Lebensmittelpreisindex *m*; **g. retailing** Lebensmitteleinzelhandel *m*; **g. shop** [GB] /**store** [US] Lebensmittelgeschäft *nt*, L.laden *m*, Krämer-, Gemischtwarenladen *m*, Kolonialwarengeschäft *nt*; **g. trade** Lebensmittelhandel *m*
groin *n* ⚕ Leiste(ngegend) *f*
groom *v/t* 1. pflegen; 2. (jdn) auf eine Führungsaufgabe vorbereiten, (jdn) aufbauen (für)
grope *v/i* tasten
gross *n* Gros *nt* (12 Dutzend)
gross *adj* 1. brutto, Brutto-, gesamt, roh; 2. [§] schwerwiegend; **in the g.** 1. im Ganzen; 2. [§] an der Person haftend; **g. for net** brutto für netto
gross *v/t* brutto verdienen/ausmachen/erbringen; **g. up** Bruttobetrag errechnen; **g.ing up** *n* Bruttoberechnung *f*
grotesque *adj* grotesk; *n* [GB] 🖋 Bruchschrift *f*
grouch *n* (coll) 1. Klage *f*; 2. Muffel *m* (coll)
ground *n* 1. Grund, Ursache *f*; 2. Grundbesitz *m*, Boden *m*, Gebiet *nt*, Gelände *nt*, Terrain *nt*; 3. [US] ⚡ Erde *f*; **g.s** 1. Begründung *f*; 2. Grund und Boden, Gartenanlagen *pl*; **above g.** ⛏ über Tage, oberirdisch; **on the g.(s) of/that** auf Grund von, wegen, mit der Begründung

ground|s for appeal [§] Beschwerde-, Revisionsgrund *m*, Berufungsgründe; **g. for avoidance** [§] Anfechtungsgrund *m*; **~ complaint** Beschwerdegrund *m*; **g.s of conscience** Gewissensgründe; **g.s for discharge/dismissal** Entlassungs-, Kündigungsgrund *m*; **statutory ~ dissolution** Auflösungsgründe; **~ divorce** [§] (Ehe)Scheidungsgrund *m*; **~ exemptions** Befreiungsgründe; **on the g.s of expediency** aus Zweckmäßigkeitsgründen; **g.s for mitigation** Strafmilderungsgründe; **~ a motion** Begründung eines Antrags; **g. for nullity** Nichtigkeitsgrund *m*; **g.s for opposition** *(Pat.)* Einspruchsbegründung *f*; **~ revocation** *(Pat.)* Nichtigkeitsgründe; **~ suspicion** Verdachtsgründe; **reasonable ~ s.** hinreichender Verdacht; **g. for winding up** Liquidationsgrund *m*
thick on the ground *(fig)* zahlreich vertreten; **thin on the g.** *(fig)* spärlich vorhanden, dünn gesät; **there are g.s** es besteht Anlass
to be on firm ground *(fig)* festen Boden unter den Füßen haben *(fig)*; **~ shaky g.** *(fig)* auf schwachen Füßen stehen *(fig)*; **~ slippery g.** *(fig)* sich auf gefährlichem Boden bewegen*(fig)*; **to break fresh/new g.** *(fig)* etw. Neues unternehmen, neue Wege beschreiten, Neuland erschließen/betreten; **to clear the g.** *(fig)* den Weg ebnen *(fig)*; **to cover a lot of g.** *(fig)* eine Menge Dinge behandeln; **to cut the g. from under so.'s feet** *(fig)* jdm den Boden unter den Füßen wegziehen *(fig)*, jdm das Wasser abgraben *(fig)*; **to dash to the g.** niederschmettern; **to fall on fertile g.** *(fig)* auf fruchtbaren Boden fallen *(fig)*; **to gain g.** *(fig)* Boden/Terrain gewinnen *(fig)*, ~ gutmachen, Platz greifen; **to get off the g.** *(fig)* 1. in Gang kommen; 2. in Gang bringen, realisieren, auf den Weg bringen *(fig)*; **to go over the g.** *(fig)* etw. durchsprechen; **to hold one's g.** *(fig)* sich behaupten (können), standhalten; **to keep on the g.** *(fig)* auf dem Teppich bleiben *(fig)*; **to lose g.** *(fig)* Gelände/Terrain/an Boden verlieren *(fig)*, zurückgehen; **to meet on even g.** *(fig)* mit gleichen Chancen kämpfen; **~ neutral g.** an einem neutralen Ort zusammenkommen; **to prepare the g.** *(fig)* den Boden bereiten *(fig)*, anbahnen, Startlöcher graben *(fig)*; **~ for a deal** Geschäft anbahnen; **to raze to the g.** dem Erdboden gleichmachen; **to recover/regain lost g.** *(fig)* aufholen, Boden (wieder) gutmachen *(fig)*, verlorenes Terrain wiedergewinnen/zurückerobern *(fig)*; **to stand one's g.** *(fig)* sich tapfer schlagen, sich behaupten/durchsetzen, seinen Mann stehen
common ground gemeinsame Basis/Grundlage, Gemeinsamkeit *f*, Verbindendes *nt*; **on compassionate g.s** aus familiären/sozialen Gründen; **~ familiar g.** auf vertrautem Gefilde; **~ humanitarian g.s** aus Gründen der Menschlichkeit; **legal g.s** gesetzliche Handhabe; **on ~ g.s** aus rechtlichen Gründen; **level g.** ebenes Gelände; **lost g.** verlorenes Terrain; **to make up (for)/recover/regain ~ g.** *(fig)* Boden/verlorenes Terrain wiedergewinnen *(fig)*, ~ zurückerobern *(fig)*, verlorenen Boden wieder gutmachen *(fig)*, aufholen, Versäumtes nachholen; **new g.** Neuland *nt*; **open g.** freies/unbebautes Gelände; **on ~ g.** im Freien; **open-air g.** Freigelände *nt*; **procedural g.(s)** verfahrensrechtlicher Grund, Verfahrensgründe; **on ~ g.s** aus verfahrensrechtlichen Gründen; **public g.s** öffentliche Anlagen; **reasonable g.s** hinreichende Gründe; **rising g.** ansteigendes Gelände; **substantial g.s** erhebliche Gründe; **sufficient g.s** hinreichende Gründe

ground *v/t* 1. gründen, errichten; 2. *(Personal)* einführen, einweisen; 3. ⚓ stranden, auflaufen (lassen); 4. ✈ Startverbot erteilen; 5. *[US]* ⚡ erden
groundage *n* ⚓ Hafengeld *nt*
ground annual Jahrespacht *f*; **g. cable** *[US]* ⚡ Massekabel *nt*; **g. conditions** Geländeverhältnisse; **g. control** ✈ Bodenkontrolle *f*; **g. cover** Bodenvegetation *f*; **g. crew** ✈ Bodenpersonal *nt*
grounded *adj* 1. ⚓ auf Grund gelaufen; 2. ✈ am Abflug gehindert, mit Startverbot belegt; 3. *[US]* ⚡ geerdet
ground equipment ✈ Bodengeräte *pl*; **g. facilities** Bodenanlagen
ground floor *[GB]* 🏛 Erdgeschoss *nt*, Parterre *nt*; **on the g. f.** zu ebener Erde; **raised g. f.** Hochparterre *nt*
ground fog Bodennebel *m*; **g. frost** Bodenfrost *m*; **g. handling** ✈ Flugzeugabfertigung *f*; **g. infrastructure facilities** ✈ Bodeninfrastruktureinrichtungen
grounding *n* 1. 🏛 Unterbau *m*, Fundament(ierung) *nt/f*; 2. ⚓ Stranden *nt*, Auflaufen *nt*; 3. Anfangsunterricht *m*, Einführung *f*; 4. ✈ Startverbot *nt*; 5. *[US]* ⚡ Erdung *f*; **g. order** ✈ Startverbot(sverfügung)*nt/f*
ground|keeper *[US]* *n* Platzwart *m*; **g. lease** Grundstückspacht *f*; **g.less** *adj* unbegründet, grundlos
ground level 1. ✈ Bodennähe *f*; 2. 🏛 Bodenhöhe *f*; **at g. level** zu ebener Erde, ebenerdig; **g.nut** *n* 🥜 Erdnuss *f*; **g. organization** Bodenorganisation *f*; **g. plan** 🏛 Grundplan *m*, G.riss *m*, Lageplan *m*; **g. rent** Boden-, Grundrente *f*, G.last *f*, G.pacht *f*, Reallast *f*, Pacht-, Bodenzins *m*, Erb(pacht)zins *m*, Nutzungsentgelt *nt*; **g. rules** *(fig)* Spielregeln *pl*; **g. service(s)** ✈ Bodendienst *m*; **g.sman** *n* *[GB]* Platzwart *m*; **g. staff** ✈ Bodenpersonal *nt*; **g.swell** *n* *(fig)* Grundwelle *f(fig)*, G.strömung *f(fig)*; **g. temperature** Bodentemperatur *f*; **g. traffic** Bodenverkehr *m*; **g. transport** Transport zu Land; **~ operations** Transportgeschäft zu Land; **g. water** Grundwasser *nt*; **~ level** Grundwasserspiegel *m*; **g. wire** *[US]* ⚡ Erdungskabel *nt*
groundwork *n* 1. 🏛 Erdarbeit *f*, Fundament *nt*, Unterbau *m*; 2. Vorarbeit(en) *f/pl*, Grundlagenarbeit *f*; **to do the g.** Vorarbeit tun; **~ so.'s g.** jdm zuarbeiten; **to lay the g.** Fundamente legen
group *n* 1. Gruppe *f*, Gemeinschaft *f*, Ring *m*; 2. Gruppe *f*, Klasse *f*, Kategorie *f*, Staffel *f*; 3. Konzern(verbund) *m*, Unternehmensgruppe *f*; 4. 🏛 Ausprägung *f*; **within the g.** konzernintern
group of assets *(Anlagevermögen)* Sachgesamtheit *f*; **~ asset valuation** Gruppenbewertung *f*; **~ banks** Bankengemeinschaft *f*, B.gruppe *f*, B.konsortium *nt*; **~ buildings** Gebäudekomplex *m*; **~ capital goods producers** Investitionsgütergruppe *f*; **~ collaborators** Mitarbeiterstab *m*, Stab von Mitarbeitern; **~ companies** Konzern(verbund) *m*, Unternehmensverbund *m*; **~ affiliated companies** Konzern *m*; **coordinated ~**

affiliated companies Koordinationskonzern *m*; **~ integrated companies** Organgemeinschaft *f*; **~ reporting companies** Berichtskreis *m*; **large g.s of consumers** breite Nachfrageschichten; **g. of building contractors** Baukonsortium *nt*; **~ countries** Ländergruppe *f*, L.komplex *m*; **~ customers** Kundengruppe *f*; **~ prospective customers** Nachfragegruppe *f*; **~ employees** Beschäftigtengruppe *f*; **~ experts** Fachgremium *nt*; **~ industries** Gewerbegruppe *f*; **~ people** Personenkreis *m*; **~ shareholders *[GB]* /stockholders *[US]*** Aktionärsgruppe *f*; **~ subjects** Sachgruppe *f*; **G. of Ten *(IWF)*** Zehnergruppe *f*, Z.club *m*, Pariser Club; **~ Twenty *(IWF)*** Zwanziger-Ausschuss *m*
held by the group im Konzernbesitz
to form group|s Gruppen bilden; **to steer a g.** Konzern steuern
advisory/consultative group Beratergruppe *f*, B.gremium *nt*, B.stab *m*; **affiliated g.** Konzern *m*; **automotive g.** Automobilkonzern *m*; **breakaway g.** abgespaltene Gruppe; **chemical g.** Chemiekonzern *m*; **civic g.** Bürgerinitiative *f*; **combined g.** Gesamtkonzern *m*, Konzernverbund *m*; **consolidated g.** Konzern(gruppe) *m/f*, Konsolidierungskreis *m*; **contractual g.** Vertragskonzern *m*; **coordinated/uniformly directed/horizontal g.** Horizontal-, Gleichordnungskonzern *m*, einschichtiger Konzern; **de-facto** *(lat.)* **g.** faktischer Konzern; **domestic g.** Inlandskonzern *m*; **electrical g.** Elektrokonzern *m*; **entire g.** Gesamtunternehmen *nt*; **environmental g.** Umweltschutzgruppe *f*; **ethnic g.** Volksgruppe *f*; **experimental g.** ▧ Versuchsgruppe *f*; **financial g.** Finanzgruppe *f*, F.konzern *m*; **government-owned g.** Staatskonzern *m*; **high-risk g.** Risikogruppe *f*; **industrial g.** Industriekonzern *m*; **diversified ~ /mixed g.** Mischkonzern *m*; **vertically integrated g.** Unterordnungskonzern *m*; **leading g.** Spitzengruppe *f*; **low-wage g.** Leichtlohngruppe *f*; **major g.** Großkonzern *m*; **multi-division g.** mehrspartige Unternehmensgruppe; **multi-level g.** mehrstufiger Konzern; **multi-media g.** Multimedia-, Medienkonzern *m*; **multinational g.** multinationaler Konzern, Multi *m* *(coll)*; **occupational g.** Berufsgruppe *f*; **operational g.** Geschäftsbereich(sgruppe) *m/f*; **parliamentary g.** (Parlaments)Fraktion *f*; **professional g.** 1. Berufsgruppe *f*; 2. Fachgruppe *f*; **public g.** Staatskonzern *m*; **self-help g.** Selbsthilfegruppe *f*; **service-rendering g.** Leistungsgruppe *f*; **single-tier g.** einschichtiger Konzern; **special g.** Fachgruppe *f*; **subordinated/subordinative/vertical g.** Subordinations-, Unterordnungs-, Vertikalkonzern *m*, mehrschichtiger Konzern; **top g.** Spitzengruppe *f*; **top-name g.** Spitzenunternehmen *nt*; **transnational g.** grenzüberschreitender Konzern; **voluntary g.** *(Einzelhandel)* Einkaufsverband *m*, E.vereinigung *f*; **whole g.** Gesamtkonzern *m*
group *v/t* 1. (ein)gruppieren, klassifizieren, in Gruppen einteilen; 2. *(Ladung)* zusammenstellen, zusammenfassen; 3. *(Informationen)* bündeln; **g. together** kombinieren
group accident insurance Sammelunfallversicherung *f*

group account Konzernkonto *nt*; **g. a.s** Konzernbilanz *f*, Konzern-, Gruppenabschluss *m*, Konzernbuchhaltung *f*, K.buchführung *f*, konsolidierte Bilanz, konsolidierter Abschluss; **g. annual a.s** Konzernbilanz *f*, K.abschluss *m*; **g. consolidated profit and loss a.** konsolidierte Gewinn- und Verlustrechnung
group accountant Konzernbuchhalter *m*; **g. accounting** Konzernbuchhaltung *f*, K.buchführung *f*, K.rechnungslegung *f*, Rechnungslegung im Konzern; **g. activity** Konzerntätigkeit *f*; **g. activities** Konzerngeschäfte; **g. advertising** Kollektiv-, Sammelwerbung *f*
groupage *n* Gruppierung *f*; **g. agent** Sammelgutspediteur *m*; **g. bill of lading** Sammelkonnossement *nt*; **g. consignment** Sammelladung *f*, S.gut *nt*; **g. freight** Sammelfracht *f*, S.ladungsgeschäft *nt*; **g. rate** Tarif für Sammelladungen, Gruppentarif *m*, Sammelladungstarif *m*; **g. service/traffic** Sammel(gut)verkehr *m*, S.ladungsverkehr *m*
group agreement Konzernvereinbarung *f*; **g. annuity** Gemeinschaftsrente *f*; **~ insurance/pension plan** Gruppenrentenversicherung *f*, kollektive Leibrentenversicherung; **g. appraisal** *(Personal)* Gruppenbeurteilung *f*; **g. assets** Konzernguthaben *nt*, K.vermögen *nt*; **g. assurance** *[GB]* *(Lebensvers.)* Gruppenversicherung *f*; **g. auditor** Konzernabschlussprüfer *m*; **g. autonomy** Gruppenautonomie *f*; **g. consolidated balance sheet** konsolidierte Konzernbilanz; **g. balance sheet total** Konzernbilanzsumme *f*; **g. banking** 1. Filialbankwesen *nt*; 2. *[US]* Groß-, Holdingbankwesen *nt*, Bankkonzerngeschäfte *pl*; **g.-based** *adj* gruppenspezifisch
group (executive) board Konzernvorstand *m*; **g. supervisory b.** Konzern-, Gesamtaufsichtsrat *m*; **g. b. member** Mitglied des Konzernvorstands/K.aufsichtsrats
group bonus Gruppenprämie *f*; **~ system** Gruppenprämiensystem *nt*; **g. booking** Gruppenbuchung *f*, G.reservierung *f*; **g. buyer** Gemeinschafts(ein)käufer *m*; **g. buying** Gemeinschafts(ein)kauf *m*, Sammeleinkauf *m*, Gemeinschaftsbeschaffung *f*; **g. canvassing** Kolonnenwerbung *f*; **g. capacity** Gruppenkapazität *f*; **g. capital investment** Konzerninvestition(en) *f/pl*; **g. cash flow statement** Konzernkapitalflussrechnung *f*; **g. charter rate** Reisegesellschaftstarif *m*; **g. coffers** Konzernkasse *f*; **g. executive committe** Konzernvorstand *m*, K.führungskreis *m*; **g. collection** Sammelinkasso *nt*; **g. company** Konzernunternehmen *nt*, K.gesellschaft *f*, K.betrieb *m*; **~ council** Konzernbetriebsrat *m*, K.unternehmensrat *m*; **g. confinement** Gemeinschaftshaft *f*; **g. consignment** Sammelladung *f*; **~ forwarder** Sammelladungsspediteur *m*; **g. contract** Firmengruppenversicherung *f*; **g. culture** Konzernkultur *f*, K.stil *m*; **g. deliveries** Konzernumsatz *m*; **g. depreciation** Pauschal-, Sammel-, Gruppenabschreibung *f*; **g. director** Mitglied des Konzernvorstands; **g. discount** Gruppenermäßigung *f*; **g. distributor** Gruppenverteiler *m*; **g. division** Unternehmens-, Konzernbereich *m*, K.sparte *f*; **g. discussion** Gruppendiskussion *f*; **g. dynamics** Gruppendynamik *f*; **g. election** Gruppenwahl *f*; **g. en-**

dowment policy Gruppenversicherung auf den Todes- und Erlebensfall; **g. excursion** Gesellschafts-, Gemeinschaftsreise f; **g. executive** leitender Konzernangestellter m; **g. chief executive** Vorstandsvorsitzender des Konzerns, Konzernchef m; **g. exemption** Gruppenausnahme f, G.freistellung f; **g. factor** Gruppenfaktor m; **g. farming** ✍ Gruppenbewirtschaftung f; **g. financing** Gemeinschaftsfinanzierung f; **g. funds** Konzerneigenmittel, K.kasse f; **g. goal** Gruppenziel nt; **g. head** Kontaktgruppenleiter m, Leiter einer Kontaktgruppe; **g. heading** 🖳 Gruppenüberschrift f; **g. head office/headquarters** Konzernverwaltung f, K.zentrale f, Stammsitz m; **g. holdings** Konzernbeteiligungen; **g. holding company** Konzern-Holding f; **g. net income** Konzerngewinn m; **~ statement** konsolidierte Gewinn- und Verlustrechnung; **g. indebtedness** Konzernverbindlichkeiten pl; **g. index** Gruppenindex m
grouping n 1. Gruppenbildung f, Zusammenschluss m, (Ein)Gruppierung f, Einteilung in Gruppen, Anordnung f, Gruppeneinteilung f, Zusammenfassung f; 2. (Fracht) Zusammenstellung f, Bündelung f; **g. into classes** Klassenbildung f; **g. of shares** [GB] /**stocks** [US] Zusammenlegung von Aktien; **~ taxes** Steuerklassifikation f
functional grouping funktionelle Untergliederung, Trennung nach Funktionsmerkmalen; **voluntary g.** freiwilliger Zusammenschluss; **g. agent** Sammelladungsspediteur m; **g. sheet** Sammelblatt nt
group instruction Gemeinschaftsunterricht m
group insurance 1. Gemeinschafts-, Kollektiv-, Gruppen-, Sammelversicherung f, Gruppenversicherungsvertrag m; 2. Kollektivversicherung für Darlehensnehmer ungedeckter Kredite; **contributory g. i.** Gruppenversicherung mit Beitragsleistung der Versicherten; **non-contributory g. i.** Gruppenversicherung ohne Beitragsleistung der Versicherten; **g. i. policy** Gruppenversicherungspolice f, G.schein m
group integration Konzernverflechtung f; **g. interest** Organisationsinteresse nt; **g. interests** Interessenegoismus m; **serving g. interests** gruppennutzig; **g. item** 1. (Bilanz) Sammelposten m; 2. 🖳 Datengruppe f; **g. liabilities** Konzernverbindlichkeiten, Verbundschulden; **g. life assurance** [GB] /**insurance** [US] Gruppen-, Kollektiv-, Sammellebensversicherung f; **g. loss** Konzernverlust m; **g. management** Konzernleitung f, K.spitze f, K.verwaltung f; **g. manager** Gruppenleiter m; **g. manufacturing** Gruppenfertigung f; **g. mark** 🖳 Gruppenmarke f; **g. member** Gemeinschafter m; **g. merger** Konzernfusion f; **g. nationalization/naturalization** Sammeleinbürgerung f; **g. operating profit** Konzernbetriebsergebnis nt; **g. order books/bookings/intake** Konzernauftragseingang m; **g. payment** Gruppenlohn m; **g. performance** Konzernergebnis nt; **g. photograph** Gruppenaufnahme f; **g. piece(work) rate** Gruppenakkordlohn m, G.satz m; **g. piecework** Gruppenakkord m; **g. policy** (Vers.) Gruppenvertrag m, G.versicherung f, Sammelpolice f; **g. practice** ⚕ Gemeinschaftspraxis f; **g. printing** 🖳 Sammelgang m; **g. profit** Konzerngewinn m; **g. pre-tax profits** Konzerngewinn vor Steuern; **g. profitability** Konzernrentabilität f; **g. purchasing** Gemeinschaftsbeschaffung f; **g. rate** Sammel(ladungs)tarif m, Einheitsfrachtrate f; **g. relationship** Konzern-, Organverhältnis nt; **g. relief** Steuernachlass im Konzernverbund; **g. replacement** Gruppenersatz m; **~ policy** (Anlage)Gruppenersatzpolitik f; **g. annual report** Konzerngeschäftsbericht m, K.lagebericht m; **part g. report** Teilkonzerngeschäftsbericht m; **g. reporting** Konzernberichtswesen nt; **small g. research** Kleingruppenforschung f; **g. result** Konzernergebnis nt
group sales Konzernabsatz m, K.umsatz m, Gruppenumsatz m; **g. external s.** Konzernaußenumsatz m; **g. s. revenue** Unternehmenserlös m
group saving Kollektivsparen nt; **g. scheme** Gruppenakkord m, G.leistungslohn m; **g. services** Konzerndienste; **g. legal services** Gruppenrechtsschutz m; **g. set-up** Konzernverbund m; **g.'s own shares** [GB] /**stocks** [US] konzerneigene Anteile; **g. sorting** 🖳 Leitkartensortierung f; **g.-specific** adj (ziel)gruppenspezifisch; **g. standard** Gruppennorm f
group statement 1. Konzernausweis m, K.bilanz f; 2. konsolidierte Bilanz; **g. financial s.** 1. Konzernabschluss m, K.bilanz f; 2. konsolidierte Bilanz, konsolidierter Abschluss; 3. Fusionsbilanz f
group strategy Konzernstrategie f; **g. tax audit** (Steuer) Konzern(betriebs)prüfung f; **g. teaching/tuition** Gruppen-, Gemeinschaftsunterricht m; **g. technology** Fertigung durch Arbeitsgruppen, Werkstattfertigung f; **g. term life assurance** [GB] /**insurance** [US] Gruppenlebensversicherung f; **g. test** Gruppenprüfung f; **g. therapy** ⚕ Gruppentherapie f; **g. thinking** Gruppendenken nt; **g. trading** Konzernhandel m; **g. training** Gruppenausbildung f; **g. transport** Sammelverkehr m, S.transport m; **g. travel** Gemeinschafts-, Gesellschaftsreisen pl; **g. trip** Gesellschafts-, Gruppenreise f; **g. external turnover** Konzernaußenumsatz m; **g. valuation** (Abschreibung) Pauschal-, Gruppen-, Sammelbewertung f; **g. wage** Gruppenleistungslohn m; **g. work** Gruppenarbeit f; **g. working** Werkstattfertigung f; **g. works council** Konzernbetriebsrat m, K.unternehmensrat m; **g. yield** Gruppenrendite f
grouse n (coll) Klage f
grove n Gehölz nt, Waldung f, Wäldchen nt
grow v/ti 1. ✍ anbauen, züchten; 2. (an)wachsen, zunehmen, sich entwickeln; **likely to g.** wachstumsträchtig; **g. again** nachwachsen; **g. apart** sich auseinander entwickeln; **g. into sth.** in etw. hineinwachsen; **g. old** ergrauen; **g. out of** entwachsen; **g. up** heranwachsen
grower n ✍ (An)Bauer m, Pflanzer m, Züchter m
growing n ✍ Anbau m, Züchtung f; **g. area** ✍ Anbaugebiet nt; **g. methods** ✍ Anbauverfahren nt, A.methoden; **g. pains** ⚕ Wachstumsschmerzen
growing adj wachsend, ansteigend; **rapidly g.** wachstumsintensiv; **to be g.** auf Wachstumskurs sein
fully grown adj ausgewachsen; **g.-up** erwachsen
growth n 1. Wachstum nt, Zunahme f, Zuwachs m, (Aufwärts)Entwicklung f, Entfaltung f, Dynamik f, Anwachsen nt; 2. ⚕ Geschwulst nt, Gewächs nt

growth in economic activity Konjunkturbelebung *f*; ~ **asset volume** Substanzzuwachs *m*; **g. of balances** Guthabenanreicherung *f*; ~ **the balance sheet total** Bilanzsummenwachstum *nt*; ~ **business** Geschäftszuwachs *m*, G.zunahme *f*; ~ **business assets** Betriebsvermögensmehrung *f*; ~ **capital expenditure** Wachstumsinvestition *f*; **g. in consumption** Konsumsteigerung *f*; **g. of credit** Kreditzuwachs *m*; ~ **debts** Debitorensteigerung *f*; ~ **demand** Nachfrageausweitung *f*, N.entfaltung *f*, N.belebung *f*; **overall** ~ **the national economy** volkswirtschaftliches Wachstum; ~ **employment; g. in the number employed** Steigerung der Beschäftigung, Beschäftigungswachstum *nt*; **g. of public expenditure** Anwachsen der öffentlichen Ausgaben; ~ **exports** Exportausweitung *f*, E.wachstum *nt*, E.zunahme *f*; ~ **income(s)** Einkommensentwicklung *f*, E.zuwachs *m*, E.fortschritt *m*, E.verbesserung *f*; ~ **investment** Investitionswachstum *nt*; ~ **lending** Kreditexpansion *f*, K.ausweitung *f*; ~ **the money supply** Geldmengenwachstum *nt*, G.expansion *f*, G.ausweitung *f*; ~ **output** Ausstoßzuwachs *m*, A.wachstum *nt*; **g. in percentage terms** prozentualer Anstieg; **g. of premium income** *(Vers.)* Beitragszuwachs *m*; **g. in sales** Umsatzsteigerung *f*, U.zunahme *f*; ~ **savings deposits** Spareinlagenzuwachs *m*, S.zugang *m*
detrimental to growth wachstumsschädlich; **formed by natural g.** organisch gewachsen; **in line with g.** wachstumsgerecht; **in terms of g.** wachstumspolitisch
to boost growth Wachstum fördern; **to cramp/crimp g.** Wachstum beeinträchtigen; **to generate/stimulate g.** Wachstum anregen/ankurbeln; **to register/witness g.** Wachstum/Zuwachs verzeichnen
accelerated growth beschleunigtes/rasches (Wirtschafts)Wachstum; **annual g.** Jahreswachstum *nt*; **automatic g.** Selbststeigerung *f*; **average g.** durchschnittliches Wachstum; **balanced g.** Gleichgewichtswachstum *nt*, harmonisches Wachstum; **brisk g.** stürmisches Wachstum; **corporate g.** Unternehmenswachstum *nt*; **cyclical g.** zyklisches Wachstum; **demand-led g.** nachfragegesteuertes Wachstum
economic growth Wirtschaftswachstum *nt*, wirtschaftliches/konjunkturelles Wachstum; **to increase/promote** ~ **g.** Wirtschaftswachstum ankurbeln/fördern; **rapid** ~ **g.** intensives Wirtschaftswachstum; **slower** ~ **g.** verlangsamtes Wachstum
exponential growth exponentielles Wachstum; **export-led g.** exportinduziertes/e.bedingtes Wachstum; **external g.** externes Wachstum; **immiserizing g.** Verarmungswachstum *nt*; **industrial g.** Wirtschaftswachstum *nt*, industrielles Wachstum, Wachstum der Industrie; **internal g.** Binnenwachstum *nt*; **minus g.** negatives Wachstum; **monetary g.** Geldmengenwachstum *nt*, G.ausweitung *f*, Geldzuwachs *m*; **negative g.** Negativ-, Minuswachstum *nt*, Schrumpfung *f*; **net g.** bereinigtes/reales Wachstum; **nil g.** Nullwachstum *nt*; **non-inflationary g.** inflationsfreies Wachstum; **optimum g.** optimales Wachstum; **overall g.** Gesamtzuwachs *m*; **planned g.** gezieltes Wachstum; **prudent g.** vorsichtiges/gedämpftes Wachstum; **quickening** ~ zunehmende Intensivierung; **rapid g.** rasantes/rasches Wachstum; **real g.** reales Wachstum; **restrained/restricted/slowed-down g.** gedämpftes/verhaltenes/gebremstes/gedrosseltes Wachstum, gebremster Zuwachs; **sectoral g.** Branchenentwicklung *f*; **secular g.** Langzeitwachstum *nt*, langfristiges Wachstum; **self-generated/self-propelling g.** Wachstum aus eigener Kraft, selbsttragendes Wachstum; **slow/sluggish g.** geringes/langsames Wachstum; **slower g.** verlangsamtes Wachstum; **steady(-state)/sustained g.** stetiges/anhaltendes/gleichmäßiges/gleichgewichtiges Wachstum, Wachstumsgleichgewicht *nt*; **unbalanced/uneven/unsteady g.** ungleichgewichtiges Wachstum; **vertical g.** vertikales Wachstum; **year-to-year g.** Jahressteigerung *f*; **zero g.** Nullwachstum *nt*
growth account Zuwachskonto *nt*; **g. area** Entwicklungsgebiet *nt*, Wachstumsfeld *nt*, W.gebiet *nt*, Expansionsgebiet *nt*; **g. bracket** Steigerungskorridor *m*; **g. center** *[US]* /**centre** *[GB]* Wachstumszentrum *nt*, Entwicklungsschwerpunkt *m*; **g. company** Wachstumsgesellschaft *f*; ~ **flo(a)tation** Börsengang eines Wachstumswertes; ~ **market** Markt für Wachstumswerte; **g.-conforming** *adj* wachstumsgerecht; **g. curve** Wachstumskurve *f*; **g. cycle** Wachstumszyklus *m*; **g. differential** Wachstumsgefälle *nt*; **g. euphoria** Wachstumsrausch *m*; **g. expectation** Wachstumserwartung *f*; **g. factor** Zunahme-, Wachstumsfaktor *m*; **main g. factor** Triebfeder des Wachstums; **g. figure** Wachstumsziffer *f*; **effective g. figure** Realwachstumsziffer *f*; **g. forecast** Wachstumsprognose *f*, W.vorausschätzung *f*; **g. fund** Wachstums-, Thesaurierungsfonds *m*; **g. hormone** ⚕ Wachstumshormon *nt*; **g.-impeding; g.-inhibiting** *adj* wachstumshemmend; **g. impulse** Wachstumsimpuls *m*; **g.-induced** *adj* wachstumsbedingt; **g. industry** Wachstumsindustrie *f*, W.branche *f*, W.sektor *m*, zukunftsträchtige Branche; **g.-intensive** *adj* wachstumsintensiv; **g. leader** Hauptwachstumsträger *m*; **g. limit** Wachstumsgrenze *f*; **g. limits** Grenzen des Wachstums; **g. market** Wachstums-, Zuwachsmarkt *m*; **g. model** Wachstumsmodell *nt*; **g. myth** Wachstumsmythos *m*; **g. objective** Wachstumsziel *nt*; **g. opportunity** Wachstumschance *f*, W.möglichkeit *f*; **reduced g. opportunities** verringerte Wachstumschancen; **g.-orient(at)ed** *adj* wachstumsorientiert
growth path Wachstumspfad *m*; **to continue on the g. p.** Aufwärtsbewegung fortsetzen; **to be set on a g. p.** auf Wachstumskurs sein
growth period Wachstumsperiode *f*; **g. phase** Wachstumsphase *f*; **g. perspective** Wachstumsperspektive *f*; **g. point** Wachstumsschwerpunkt *m*; **g. policy** Wachstumspolitik *f*; **g. potential** Wachstumsfähigkeit *f*, W.potenzial *nt*, W.trächtigkeit *f*, W.möglichkeiten *pl*, W.spielraum *m*, Entwicklungs-, Expansionsmöglichkeit *f*; **g.-producing** *adj* wachstumsfördernd; **g. projection** Wachstumsprojektion *f*; **g.-promising** *adj* zuwachsträchtig; **g. promoter** wachstumsfördernde Mittel; **g.-promoting** *adj* wachstumsfördernd; **g. prospects** Wachstumsaussichten, W.chancen

growth rate Zuwachs-, Steigerungsrate f, Wachstumstempo nt, W.rate f, W.plus nt, Zunahme-, Fortschrittsrate f; **~ of the economy** Wirtschaftswachstum nt; **~ of investment** Zuwachsrate der Investitionen
annual growth rate Jahreszuwachsrate f; **negative g. r.** rückläufige Wachstumsrate; **real g. r.** Realwachstumstempo nt; **g. r. table** Wachstumstabelle f; **~ target** Wachstumsziel nt
growth ratio Wachstumskoeffizient m; **year-to-year g. ratio** jährliche Zuwachsrate; **g. record** Wachstumsnachweis m; **g. reserve** Wachstumsreserve f; **g. sector** Wachstumsbranche f, W.industrie f, W.sektor m; **g. share** *[GB]* Wachstumsaktie f; **g. spiral** Wachstumsspirale f; **g. stage** Wachstumsphase f; **g. stimulus** Wachstumsanstoß m; **g. stock** 1. Wachstumspapier nt, W.wert m; 2. *[US]* Wachstumsaktie f; **g. strategy** Wachstumsstrategie f; **g. target** Wachstumsziel nt; **monetary g. target** quantitatives geldpolitisches Ziel; **g. track** *(fig)* Wachstumspfad m *(fig)*; **g. trend** Wachstumstrend m

grudge n Groll m; **to harbour/nurse a g. (against so.)** Groll hegen/nähren, (jdm etw.) nachtragen, (jdm) gram sein

gruelling adj aufreibend, zermürbend

grumble n Murren nt, Meckerei *(coll)* f; v/i murren, murmeln, meckern *(coll)*, maulen; **g.r** n Meckerer m *(coll)*

guarantee *[GB]*; **guaranty** *[US]* n 1. Garantie f, Bürgschaft f, Gewähr(leistung) f; 2. Kaution f, 3. Versicherung f, Zusicherung f, Haftungszusage f; 4. Garantie(schein) f/m, Aval nt, Delkredere nt; 4. Bürgschaftsgläubiger(in) m/f, Garantienehmer(in) m/f; **without/no g.** unter Ausschluss der Gewährleistung, ohne Gewähr (o. G.)
guarantee of acceptance Abnahmegarantie f; **~ access to the courts** Rechtsweggarantie f; **~ a bill of exchange** Aval nt, Wechselbürgschaft f; **~ collection** *[US]* Ausfall-, Schadlosbürgschaft f; **~ competition** Wettbewerbsschutz m; **g. for the continuation of operations at present levels** Bestandsgarantie f; **g. of durability** Haltbarkeitsgarantie f; **~ freight payment** Frachtenaval nt; **g. under hand** einfaches/schriftliches Bürgschaftsverhältnis; **g. furnished by a land** Landesbürgschaft f *[D]*; **g. with direct liability as co-debtor** selbstschuldnerische Bürgschaft; **g. to secure a loan** Kreditbesicherungsgarantie f; **g. against defective material and workmanship** (Gewähr)Leistungsgarantie f, Lieferungs- oder Erfüllungsgarantie f; **g. in the nature of a commercial transaction** Handelsbürgschaft f; **g. of payment** Zahlungsgarantie f, selbstschuldnerische Bürgschaft; **g. against price decline** Garantie gegen Preisverfall; **g. to purchase** Abnahmegarantie f; **g. of quality** Qualitätsgarantie f; **~ receivables outstanding** Forderungsgarantie f; **constitutional g.s of civil rights** Grundrechtsgarantien; **g. under seal** notarielles Bürgschaftsversprechen; **g. of tender** Submissionsgarantie f; **~ warranty** Haftung f
the guarantee expires die Garantie läuft ab/erlischt; **no g. against breakage** keine Gewähr für Bruch; **in substitution of the old g.** anstelle der alten Garantie; **limited by g.** *(Gesellschaft)* mit beschränkter Nachschusspflicht
to accept a guarantee (for) Gewähr übernehmen; **to amend a g.** Garantie ergänzen; **to call (up) a g.** Garantie/Sicherheit in Anspruch nehmen; **to cancel a g.** Garantie annullieren/aufheben; **to establish a g.** Garantie erstellen; **to furnish a g.** Garantie leisten/übernehmen, Sicherheit leisten; **to give a g.** Garantie übernehmen; **~ of payment** selbstschuldnerisch bürgen; **to honour/implement a g.** einer Garantiepflicht/Gewährleistungspflicht nachkommen, Garantie(zusage) ausfüllen/erfüllen; **to invoke a g.** sich auf eine Garantie berufen; **to issue a g.** Garantie ausstellen/erstellen; **to make a g. stick** Garantieanspruch durchsetzen; **to offer g.** Delkredere anbieten; **to put up a g.** Bürgschaft übernehmen; **to release so. under a g.** jdn aus einer Garantie(verpflichtung) entlassen; **to rescind a g.** Garantieversprechen für ungültig erklären; **to stand g. for** haften für; **to substitute a g.** Garantie ersetzen; **to withdraw a g.** Garantie zurückziehen/zurücknehmen
absolute guarantee selbstschuldnerische Bürgschaft; **additional g.** Nachbürgschaft f; **advance g.** Anzahlungsgarantie f; **back-to-back g.** Rückgarantie f, R.bürgschaft f; **blanket g.** Mantelgarantie f; **cast-iron g.** 100-prozentige Garantie; **collateral g.** Schadlos-, Solidarbürgschaft f; **comprehensive g.** Gesamtbürgschaft f; **conditional g.** gewöhnliche Bürgschaft, Ausfallbürgschaft f; **constitutional g.** Verfassungsgarantie f; **continuing g.** fortlaufende Kreditbürgschaft, Dauergarantie f; **contractual g.** Vertragsgarantie f, vertragliche Garantie; **cross g.s** wechselseitige Garantien; **directly enforceable g.** selbstschuldnerische Bürgschaft; **expired g.** abgelaufene Garantie; **federal g.** Bundesbürgschaft f, B.deckung f, B.garantie f; **flat-rate g.** Pauschalbürgschaft f; **forward g.** Kurssicherung f; **general g.** Globalgarantie f, unbeschränkte Garantie; **implied g.** stillschweigend zugesicherte/stillschweigende Gewähr; **index-linked g.** Indexgarantie f; **individual g.** Einzelbürgschaft f; **institutional g.** institutionelle Garantie; **iron-clad g.** absolut sichere Garantie; **joint g.** Mit-, Gesamtbürgschaft f; **~ and several g.** Solidarbürgschaft f, gesamtschuldnerische Bürgschaft; **legal g.** Rechtsgarantie f; **limited g.** Höchstbetragsbürgschaft f, beschränkte Nachschusspflicht; **money-back g.** Rückvergütungs-, Rückerstattungsgarantie f, bei Nichtgefallen Geld zurück; **no-quibble g.** Umtausch jederzeit möglich; **overall g.** Pauschalgarantie; **secondary g.** 1. Ausfallbürgschaft f, einfache Bürgschaft; 2. Nachbürge f; **specific g.** *[US]* Garantievertrag m; **statutory g.** gesetzliche Garantie; **~ pay** gesetzlicher Mindestlohn; **third-party g.** Bürgschaft Dritter; **total g.s** Bürgschaftsvolumen nt; **trustworthy g.** einwandfreie Bürgschaft; **12-month g.** Jahresgarantie f; **unconditional g.** unbedingte Garantie; **unlimited g.** unbeschränkte Nachschusspflicht

guarantee *[GB]*; **guaranty** *[US]* v/t garantieren, (ver)bürgen, gewährleisten, zusichern, einstehen (für), verbriefen, avalieren, Bürgschaft/Garantie/Gewähr leisten/übernehmen

guarantee collateral account Garantiesicherheitskonto *nt*; **g. agreement** Garantievertrag *m*; **g. amendment** Garantieergänzung *f*; **g. association** Kautionsversicherungsgesellschaft *f*, Garantiegemeinschaft *f*, G.verband *m*; **g. authority** *(Kommune)* Gewährverband *m*, G.sträger *m*; **g. authorization** Garantiezusage *f*; **g. bailor** Bürgschaftsnehmer *m*; **g. bond** Garantie-, Sicherheitserklärung *f*; **g. business** Garantiegeschäft *nt*; **g. capital** haftendes Kapital; **g. card** ⊖ Bürgschaftskarte *f*; **g. ceiling** Bürgschaftsobergrenze *f*, B.plafond *m*, B.linie *f*, Garantierahmen *m*; **g. certificate** Bürgschaftsbescheinigung *f*; **g. chain** Bürgschaftskette *f*; **g. claim** Avalforderung *f*; **g. clause** Bürgschafts-, Delkredereklausel *f*; **g. collateral** Garantiesicherstellung *f*, G.sicherheit *f*; **g. commission** Garantie-, Delkredereprovision *f*; **g. commitment** Garantieverpflichtung *f*, Kautionsengagement *nt*; **g. company** Garantiegesellschaft *f*, Garantieversicherungs-, Kautionsversicherungsgesellschaft *f*; **g. contract** Bürgschaftsvertrag *m*; **g. cooperative** Garantie-, Haftungsgenossenschaft *f*; **g. coupon** Garantieschein *m*; **g. cover(age) account** Garantiedeckungskonto *nt*; ~ **amount** Garantiedeckungsbetrag *m*; **g. creditor** Bürgschaftsnehmer(in) *m/f*
guaranteed *adj* garantiert, unter Gewähr; **to be g.** Garantie haben; **federally g.** bundesverbürgt; **unconditionally g.** mit bedingungsloser Garantie
guarantee deed Bürgschaftsschein *m*, B.urkunde *f*; **g. department** Garantieabteilung *f*; **g. deposit** Garantie-, Sicherheitshinterlegung *f*, Leistungsgarantie *f*, Kaution(sdepot) *f/nt*, K.shinterlegung *f*; **initial g. deposit** *(Vers.)* Anfangskaution *f*; **g. effect** Garantieeffekt *m*; **g. fee** Garantieentgelt *nt*; **g. form** Bürgschaftsformular *nt*; **g. fund** Bürgschafts-, Feuerwehr-, Garantie-, Haftungs-, Rücklagefonds *m*, Deckungs-, Haftungsmasse *f*, Deckungskapital *nt*, Garantiemittel *pl*, haftende Mittel; **g. holder** Garantienehmer(in) *m/f*; **g. indebtedness** Bürgschaftsschuld *f*; **g. insurance** Bürgschafts-, Garantie-, Kautionsversicherung *f*; **commercial g. insurance** Vertrauensschaden(s)-, Veruntreuungsversicherung *f*; **g. limit/line** Bürgschaftsobergrenze *f*, B.plafond *m*, B.linie *f*, B.rahmen *m*; **g. mark** Güte-, Gewährszeichen *f*; **g. obligation** Garantieverpflichtung *f*; **g. operations** Bürgschaftsgeschäfte *f*; **g. period** Gewährleistungsfrist *f*, Garantiezeit *f*; **g. provision** Garantierückstellung *f*; **g. risk** Bürgschaftsrisiko *nt*; **g. securities** Kautionseffekten; **g. security account** Garantiedeckungskonto *nt*; **g. syndicate** Avalkonsortium *nt*; **g. terms** Garantiebestimmungen; **g. transaction** Garantiegeschäft *nt*; **g. undertaking** Garantieversprechen *nt*, Garantie-, Haftungszusage *f*; **g. voucher** Sicherheitstitel *m*
guarantor *n* 1. (Aval-/Wechsel)Bürge *m*, Garant *m*, Gewährleister *m*; G.sträger *m*, Avalist *m*, Garantiegeber *m*, G.schuldner *m*, G.träger *m*, Kautionsnehmer *m*; 2. ⊖ Zollbürge *m*; **g. of collection** Ausfallbürge *m*; ~ **credit** Kreditbürge *m*; **as ~ payment** *(Wechsel)* per Aval
absolute guarantor bedingungslos haftender/selbstschuldnerischer Bürge; **additional/collateral g.** Nachbürge *m*; **chief g.** Hauptbürge *m*; **conditional g.** bedingt haftender Bürge; **joint g.** Mitbürge *m*; ~ **g.s** Bürgen-, Garantiegemeinschaft *f*, Gesamtbürgen; ~ **and several g.s** gesamtschuldnerische Bürgen; **primary liable g.** selbstschuldnerischer Bürge
guarantor corporation Kautionsgesellschaft *f*; **g.'s liability/obligation** Gewährsträgerhaftung *f*, Garantenpflicht *f*
guaranty *n* [US] → **guarantee**; **g. of payment** selbstschuldnerische Bürgschaft; **commercial g. insurance** Vertrauensschaden(s)versicherung *f*; **g. stock** Sicherheitshinterlegung von Aktien; ~ **savings and loan association** [US] Bausparkasse *f*
guard *n* 1. Bewachung *f*, Wache *f*; 2. Wachposten *m*, Wächter *m*, Bewacher *m*, Wärter *m*, Aufseher *m*; 3. 🚂 Zugführer *m*, Schaffner *m*; **g.s** Wachmannschaft *f*, Wachpersonal *nt*; **g. of honour** Ehrengarde *f*, E.wache *f*, Spalier *nt*; **to be on g.** Wache stehen; auf der Hut sein; ~ **on one's g.** auf der Hut sein; ~ **under g.** bewacht werden; **to mount g.** Wache beziehen; **to put so. on g. against** jdn warnen vor
guard *v/t* (be)wachen, hüten, beaufsichtigen, schützen; **g. against** (sich) absichern gegen
guard digit 🖳 Schutzziffer *f*; **g. dog** Wachhund *m*; **g. duty** Bewachungs-, Wachdienst *m*; **to be on g. duty** Wache haben/schieben *(coll)*; **g. house** Wachhaus *nt*
guarded *adj* 1. bewacht; 2. *(Äußerung)* vorsichtig, zurückhaltend
guardian *n* 1. Wächter *m*, Bewacher *m*, Hüter *m*; 2. [§] Vormund *m*, Erziehungs-, Sorgeberechtigte(r) *f/m*, Pfleger(in) *m/f*; 3. Kurator *m*; **g. ad litem** *(lat.)* [§] Prozesspfleger *m*, P.beistand *m*, Amtsvormund *m*; **g. of the currency** Währungshüter *m*; ~ **the law** Hüter des Gesetzes, Gesetzeshüter *m*; ~ **public order;** ~ **the peace** Ordnungshüter *m*; ~ **the public purse** Träger der finanziellen Schlüsselgewalt; **g. and ward** [§] Vormund und Mündel; **to appoint a g.** Pfleger/Vormund bestellen; **legally appointed g.** gesetzlicher Vormund; **joint g.** Gegen-, Mit-, Nebenvormund *m*; **natural g.** natürlicher Vormund; **official g.** Amtsvormund *m*, A.pfleger *m*; **statutory g.** gesetzlicher Vormund, Amtspfleger *m*; **g.'s allowance** Vormundschaftsbeihilfe *f*, Pflegegeld *nt*, Freibetrag für den Vormund; **g. angel** Schutzengel *m*
guardianship *n* Vormundschaft(samt) *f/nt*, Mündelverhältnis *nt*, Kuratel *f*, Pflegschaft *f*; **to place under g.** entmündigen; **ex officio** *(lat.)* **g.** Amtspflegschaft *f*, A.vormundschaft *f*; **joint g.** Gegen-, Mit-, Nebenvormundschaft *f*; **G. Act** [GB] Vormundschaftsgesetz *nt*; **g. case** [§] Vormundschaftssache *f*; **g. court** Vormundschaftsgericht *nt*; **g. department** Vormundschaftsabteilung *f*
guard|rail *n* Schutzgeländer *nt*; **g.room** *n* Wachstube *f*, W.lokal *nt*; **g.'s van** 🚂 Gepäckwagen *m*
guerilla *n* Partisan *m*, Freischärler *m*; **g. strikes** Teilaktionen; **g. war(fare)** Kleinkrieg *m*
guess *n* Vermutung *f*, Annahme *f*; **to hazard/venture a g.** Vermutung(en) anstellen/äußern; **it's anybody's g.** es ist reine Vermutung, es steht in den Sternen; **at a rough g.** über den Daumen gepeilt, grob geschätzt; **shrewd g.** gezielte Vermutung; **wild g.** reine/wilde Vermutung

guess v/t Mutmaßungen anstellen, schätzen, (er)raten
guesswork n *(coll)* Schätzung f, Raterei f
guest n (Haus)Gast m; **g. of honour** Ehrengast m; **paying guest** zahlender Gast, Ferien-, Urlaubs-, Zahlgast m, Pensionär m; **g. appearance** ⚓ Gastspiel nt; **to make a g. appearance** gastieren; **g. check** Gästerechnung f; **g.house** n Gästehaus nt, Beherbergungsbetrieb m, Pension f; **g. lecture** Gastvortrag m; **g. list** Gästeliste f; **g. part** ⚓ Gastrolle f; **g. room** Fremdenzimmer nt; **g. worker** Gastarbeiter m; **g. writer** Gastautor m
guestimate n *(coll)* grobe Schätzung, Daumenschätzung f; v/t grob (voraus)schätzen, über den Daumen peilen *(fig)*
guidance n (An)Leitung f, Führung f, Unterweisung f, Belehrung f, Rat m, Beratung f, Orientierung f; **for so.'s g.** zu jds Orientierung; **to give so. g.** jdn beraten
educational guidance Ausbildungs-, Erziehungsberatung f; **in-depth g.** ausführliche Beratung; **occupational/vocational g.** Berufsberatung f, Beratung in Berufsfragen; **~ service** Berufsberatungsdienst m; **g. and guarantee fund** *(EU)* Ausrichtungs- und Garantiefonds m; **Agricultural G. and Guarantee Fund** *(EU)* Agrargarantiefonds m; **g. officer** Arbeitsberater m; **g. price** Richtpreis m; **g. system** Steuerungssystem m
guide n 1. Führer(in) m/f; 2. Wegweiser m, Leitfaden m, Handbuch nt, Hinweis m; 3. Anhaltspunkt m, Richtschnur f; **official g.** amtlicher (Reise)Führer; **rough g.** grobe Richtschnur
guide v/t (an)leiten, führen, lenken, steuern; **g. through** 🔄 durchlotsen
guide beam Leitstrahl m; **g. board** Wegweisertafel f; **g. book** Reiseführer m, R.handbuch nt; **g. card** Leitkarte f
to be guided by sth. adj etw. zu Grunde legen, sich leiten lassen von
guide dog Blindenhund m; **g. edge** 💻 Führungsrand m; **g. flag** Markierflagge f; **g. hole** Führungsloch nt
guideline n Richtlinie f, R.schnur f, R.wert m, R.größe f, Leitlinie f, Orientierungshilfe f, O.größe f; **g.s** Orientierungsrahmen m, O.richtlinien; **to keep within the g.s** sich innerhalb der Richtlinien halten
binding guidelines obligatorische Richtlinien; **environmental g.** Umweltrichtlinien; **wage-price g.** Orientierungsdaten
guideline datum Orientierungsgröße f; **g. figure** Richtzahl f, Richtlinienziffer f; **g. limit** Richtliniengrenze f; **g. limitations on credit** Kreditplafond m; **g. lives** *(Vers.)* Abschreibungstabellen; **g. service life** geschätzte Nutzungsdauer
guide plate Führungsklappe f; **g.post** n Wegweiser m; **g. price** Orientierungs-, Richt-, Leit-, Zielpreis m; **g. rail** Führungsschiene f; **g. rope** Halteseil nt
guild n Zunft f, Gilde f, (Handels-/Handwerks)Innung f
guilder n Gulden m *[NL]*
guild|hall n 1. Innungshaus nt; 2. Stadthalle f; **g. member** Zunftgenosse m, Innungsmitglied nt; **g. regulations** Zunftordnung f; **g. socialism** Innungssozialismus m; **g. system** Zunft-, Innungswesen nt
guile n Tücke f, Arglist f
guilt n Schuld f; **to admit g.** Schuld zugeben; **to deny any g.** jede Schuld von sich weisen/schieben; **to establish so.'s g. beyond reasonable doubt** jds Schuld hinreichend beweisen; **to prove so.'s g.** jdn überführen; **collective g.** Kollektivschuld f; **criminal g.** strafrechtliches Verschulden
guiltless adj schuldlos
guilty adj schuldig; **not g.** nicht schuldig, unschuldig, schuldlos; **to be g. of** *(Verfehlung)* begehen; **to find (not) g.** [§] für (un)schuldig erklären/erkennen/befinden; **to plead g.** [§] sich (für) schuldig bekennen, geständig sein, Schuld anerkennen; **~ not g.** sich (für) nicht schuldig bekennen, Schuld leugnen, ~ nicht anerkennen, sich für unschuldig erklären
guinea n *[GB] (obs.)* Guinee f, Guinea f *(£ 1.05)*; **g.-pig** n *(fig)* Versuchskaninchen nt
guise n Gestalt f, Vorwand m
gulf n 1. Golf m; 2. Kluft f, Trennung f; **wide g.** klaffender Abgrund; **widening g.** sich vergrößernde Kluft
gullet n 💊 Speiseröhre f; **to stick in one's g.** im Halse steckenbleiben
gul|libility n Leichtgläubigkeit f; **g.lible** adj leichtgläubig
gully n 1. Rinne f; 2. Sinkkasten m
gum n 1. Klebstoff m; 2. *(Briefmarke)* Gummierung f; **g.s** 💊 Zahnfleisch nt
gum v/t gummieren; **g. down** aufkleben; **g.boot** n Gummistiefel m; **g.med** adj gummiert; **to be up the g.-tree** n *[GB] (coll)* in großen Schwierigkeiten sein
gun n 1. Feuerwaffe f, Büchse f; 2. Kanone f, Geschütz nt; **to be going great g.s** *(coll)* gut in Schuss sein *(coll)*, wie geschmiert laufen *(coll)*; **to beat/jump the g.** *(fig)* 1. Aktien vor öffentlicher Notierung zum Verkauf anbieten, Wertpapiere vor Emission an Private verkaufen; 2. *(fig)* sich einen unfairen Vorteil verschaffen; **to draw a g.** Pistole ziehen; **to point a g. at so.** Waffe auf jdn richten; **to spike so.'s g.s** *(fig)* jdm den Wind aus den Segeln nehmen *(fig)*; **to stick to one's g.s** *(coll)* auf seiner Meinung bestehen, bei seiner Meinung/Ansicht bleiben; **to tote a g.** Gewehr mit sich führen
gun down v/t über den Haufen schießen; **g. for sth.** *(fig)* Jagd auf etw. machen *(fig)*
gung-ho adj *(chines.)* wild (auf etw.)
gunning for stocks n Börsenmanöver der Baissiers
gun licence Waffenschein m; **at g.point** n mit vorgehaltener Waffe; **g.runner** n Waffenschmuggler m; **g.running** n Waffenschmuggel m, illegaler W.handel m; **g.smith** n Büchsenmacher m; **g. stapler** Heftpistole f
guru n Vordenker m, Guru m
gush n Strahl m, Schwall m; v/i strömen, sprudeln, sich ergießen
gust (of wind) n Windstoß m, (Wind)Bö f
gusto n Begeisterung f
gusty adj böig
guts n *(coll)* Mumm m, Schneid m; **to hate so.'s g.** *(coll)* jdm spinnefeind sein *(coll)*; **to sweat one's g. out** *(coll)* sich zu Tode schuften
gutter n 1. 🏠 (Dach-/Regen-/Wasser)Rinne f; 2. Rinnstein m, Gosse f; **g. paper** Skandalblatt nt; **g. pipe** 🏠 Fallrohr nt; **g. press** Skandal-, Boulevard-, Schmutz-, Asphaltpresse f, Journaille f

guttering *n* 🏛 Abfluss-, Regenrinne *f*
guy *n* *(coll)* Bursche *m*, Kerl *m*; **nice g.** netter Kerl
gym|(nasium) *n* Turn-, Sporthalle *f*; **g.nastics** *n* Gymnastik *f*, Leibesübungen *pl*
gyp *n* *[US] (coll)* Nepp *m*; *v/t* neppen
gypsum *n* Gips *m*
gyrate *v/i* kreisen
directional gyro *n* Richtkreisel *m*; **g.plane** *n* Autogiro *m*; **g.scope** *n* Kreisel(kompass) *m*; **g.stabilizer** *n* ⚓ Schiffskreisel *m*

H

habeas corpus *(lat.)* **(proceedings)** *n* [§] gerichtliche Anordnung eines Haftprüfungstermins, Haftprüfungsverfahren *nt*
haberdasher *n* 1. *[GB]* Kurzwarenhändler *m*; 2. *[US]* Herrenausstatter *m*; **h.'s shop** *[GB]* Kurzwarengeschäft *nt*; **h.y** *n* 1. *[GB]* Kurzwaren *pl*; 2. Kurzwarengeschäft *nt*, K.abteilung *f*; 3. Herren(mode)artikel *pl*, H.bekleidung *f*; 4. *[US]* Herrenausstattungsgeschäft *nt*, H.(mode)artikelgeschäft *nt*
habit *n* (An)Gewohnheit *f*; **from/out of h.** aus Gewohnheit; **h.s of consumption** Konsum-, Verbrauchsgewohnheiten; **h. of mind** Geisteshaltung *f*
to become a habit zur Gewohnheit werden; **to get into a h.** sich angewöhnen; **to kick a h.** *(coll)* mit einer Gewohnheit brechen, sich etw. abgewöhnen, Gewohnheit aufgeben/ablegen; **to make a h. out of sth.** etw. zur Gewohnheit machen
bad habit Untugend *f*, Unsitte *f*, Unart *f*; **dietary h.** Ernährungsgewohnheit *f*, E.weise *f*; **regular h.s** geordnete Lebensweise; **social h.s** gesellschaftliche Umgangsformen
habit|ability *n* Bewohnbarkeit *f*; **h.able** *adj* bewohnbar
habitat *n* *(lat.)* 🌿 Lebensraum *m*; **endangered h.** gefährdeter Lebensraum; **h. loss** Verlust von Lebensraum
habitation *n* Wohnstätte *f*, Behausung *f*, Wohnung *f*; **fit for h.** bewohnbar; **unfit for h.** unbewohnbar; **human h.** menschliche Behausung; **unfit for ~ h.** unbewohnbar, für Wohnzwecke ungeeignet
habit persistence Anhalten von Konsumgewohnheiten, kontinuierliche Konsumgewohnheiten; **~ hypothesis** Hypothese kontinuierlicher Konsumgewohnheiten; **h. survey** Untersuchung über Verbrauchergewohnheiten
habitual *adj* gewohnt, gewohnheitsmäßig, gewöhnlich, üblich
to become habitu|ated to sth. *adj* sich an etw. gewöhnen; **h.ation** *n* Gewöhnung *f*
hack *n* Zeilenschinder *m*, Schreiberling *m*
hacker *n* 💻 Hacker *m*
hackie *n* *[US] (coll)* Taxifahrer(in) *m/f*
to raise so.'s hackles *pl* *(fig)* jdn in Rage bringen
hackney cab/carriage *[GB]* Taxi *nt*
hack work eintönige (Lohn)Arbeit, Routinearbeit *f*; **h. writing** Lohnschreiberei *f*

not to be had nicht erhältlich sein
haemo|globin *n* 🩸 Blutfarbstoff *m*; **h.philia** *n* Bluterkrankheit *f*; **h.philiac** *n* Bluter *m*
haemorrhage *n* 🩸 Bluterguss *m*, B.sturz *m*, Ausbluten *nt*; **cerebral h.** Gehirnblutung *f*
haggle *v/i* feilschen, handeln; *n* Gefeilsche *nt*, Schacherei *f*
haggling *n* Gefeilsche *nt*, Feilschen *nt*, Feilscherei *f*, Handeln *nt*
Hague Conference Haager Friedenskonferenz; **H. Convention(s)** Haager Abkommen/Konvention(en); **H. rules bill of lading** auf den Haager Regeln basierendes Konnossement; **H. Tribunal** Haager Schiedsgericht(shof); **H. Warfare Convention** Haager Landkriegsordnung
hail *n* Hagel(schlag) *m*; *v/i* hageln
hail *v/t* 1. preisen; 2. zurufen, sich melden, begrüßen
hail damage Hagelschaden *m*
hailing distance *n* Rufweite *f*; **within h. d.** in Rufweite
hail insurance Hagelversicherung *f*; **h.stone** *n* Hagelkorn *nt*; **h.storm** *n* Hagelschlag *m*, H.schauer *nt*
hair *n* Haar *nt*; **to make so.'s h. stand on end** *(fig)* jdm die Haare zu Berge stehen lassen *(fig)*; **to split h.s** *(fig)* Haarspalterei treiben *(fig)*; **to tear one's h.** *(fig)* sich die Haare raufen *(fig)*
hair|-band *n* Haarband *nt*; **by a h.'s breadth** um Haaresbreite; **h.cut** *n* Haarschnitt *m*; **h.dresser** *n* Friseur(in) *m/f*, Friseuse *f*; **h.dresser's** *n* Friseurladen *m*; **h.drier**; **h.dryer** *n* Trockenhaube *f*, Haartrockner *m*; **h.line crack** *n* ⚙ Haarriss *m*; **h.pin bend** *n* 🚗 Haarnadelkurve *f*, Kehrschleife *f*; **h.-raising** *adj* haarsträubend; **h.shirt** *n* Büßerhemd *nt*; **h.-splitter** *n* *(fig)* Haarspalter *m* *(fig)*; **h.-splitting** *n* *(fig)* Haarspalterei *f* *(fig)*; **h.style** *n* Frisur *f*
hairy *adj* *(coll)* gefährlich, brenzlig
halcyon days *n* Schönwettertage, Schonzeit *f*
still hale and hearty *adj* immer noch mobil, gesund und munter
half *n* Hälfte *f*, Halbzeit *f*, H.jahr *nt*, Semester *nt*; **first/second h. of the session** erste/zweite Börsenhälfte; **h. of financial year** Rechnungshalbjahr *nt*; **h. and h.** halbe-halbe; **to cut by h.** auf die Hälfte herabsetzen, um ~ kürzen/senken; **~ in h.** halbieren; **in the first/second h.** in der ersten/zweiten Jahreshälfte; **lawful h.** Pflichtterbteil *nt*
half *adj* halb, zur Hälfte
half-adjust *v/t* aufrunden; **h.-baked** *adj (Plan)* unausgegoren; **h.-binding** *n* 📘 Halblederband *m*; **h.-board** *n* Halb-, Teilpension *f*; **h.-bound** *adj* 📘 Halbfranz *m*; **h.-breed**; **h.-caste** *n* Mischling *m*, Halbblut *nt*; **h.-brother** *n* Halbbruder *m*; **h.-circle** *n* Halbkreis *m*; **h.-cloth** 📘 Halbleinen *nt*; **h.-commission man** *n (Effekten)* Nachweismakler *m*; **h.-cover** *n (Vers.)* Halbbelegung *f*, H.deckung *f*; **h.-crown** *n [GB] (obs.)* Halbkronenstück *nt (12.5 pence)*; **h.-dead** *adj* halbtot, völlig erschöpft, fix und fertig *(coll)*; **h.-hourly** *adj* halbstündlich; **h.-life** *n* ☢ Halbwertzeit *f*; **h.-listen** *v/i* mit halbem Ohr hinhören; **h.-mast** *n* Halbmast *m*; **at h.-mast** halbmast, auf Halbmast; **h.-pay** *n* halber Lohn, halbes Gehalt;

halfpenny post

h.penny post *n [GB] (obs.)* Päckchenpost *f*; **(at) h.-price** *adj* zum halben Preis; **to go h.-share** *adj* kostenmäßig zur Hälfte beteiligt sein, halbe-halbe machen *(coll)*; **h.-sister** *n* Halbschwester *f*; **h.-size** *n* Zwischengröße *f*; **h.-timbered** *adj* 🏛 Fachwerk-; **h.-time** *n* 1. *(Sport)* Halbzeit *f*; 2. halbe Arbeitszeit; ~ **job** Halbtagsarbeit *f*, H.beschäftigung *f*, H.stelle *f*; **h.-timer** *n* 1. Halbtagskraft *f*, H.beschäftigte(r) *f/m*; 2. *(coll)* Halbjahresergebnis *nt*, H.bericht *m*; **h.-tone** *n (Foto)* Halbton *m*; ~ **printing** 🗎 Rasterdruck *m*; **h.-truth** *n* Halbwahrheit *f*; **h.-volume** *n* 🗎 Halbband *m*

halfway *adj* halbwegs, auf halbem Wege, in der Mitte, auf halber Höhe; **to be h. (between)** in der Mitte liegen; **to meet so. h.** jdm auf halbem Wege entgegenkommen

half|-weekly *adj* halbwöchentlich; **h.-wit** *n* Schwachsinniger *m*; **h.-year** *n* Halbjahr *nt*; ~ **under review** Berichtshalbjahr *nt*

half-year *adj* Halbjahres-; **h.-y.ly** *adj* halbjährlich, h.jährig, jedes halbe Jahr, im Halbjahresrhythmus

halitosis *n* 💲 (schlechter) Mundgeruch

hall *n* 1. Diele *f*, (Haus)Flur *m*, Korridor *m*; 2. Halle *f*, Saal *m*, Aula *f*; 3. Schalterraum *m*; **h. of fame** Ruhmeshalle *f*; ~ **residence** (Studenten)Wohnheim *nt*; **central h.** ⌧ Schalterhalle *f*

hallmark *n* 1. Güte-, Kennzeichen *nt*, Symbol *nt*; 2. *(Edelmetall)* Feingehaltsstempel *m*; *v/t* mit einem Feingehaltsstempel versehen

hall plan Hallenplan *m*; **h. stand** *[GB]* /**tree** *[US]* Garderobenständer *m*, Flurgarderobe *f*

hallucination *n* Halluzination *f*, Wahnvorstellung *f*; **to suffer h.s** an Verfolgungswahn leiden

hallway *n* Hausflur *m*, Korridor *m*

halt *n* 1. Pause *f*, Stillstand *m*, Stopp *m*; 2. 🚉 Haltepunkt *m*; **to bring sth. to a h.** etw. lahmlegen, ~ zum Stillstand/Stehen bringen; **to call a h. to sth.** einer Sache ein Ende bereiten; **to come to a h.** 1. ins Stocken geraten, zum Stehen kommen; 2. 🚗 *(Verkehr)* zusammenbrechen; **to grind to a h.** langsam zum Stillstand kommen, sich festfahren, geräuschvoll zum Stehen kommen; **cyclical h.** Konjunkturstockung *f*

halt *v/ti* 1. (auf-/an)halten, stoppen, einstellen, zum Halten kommen/bringen; 2. (einer Sache) Einhalt gebieten; **h. instruction** 🖥 Halt-, Stoppbefehl *m*; **h. sign** 🚸 Halte-, Stoppschild *nt*; **h. signal** 🚦 Stoppsignal *nt*

halve *v/t* halbieren

to do sth. by halves *pl* halbe Arbeit leisten, etw. nur auf halbem Wege tun; **to go h.** halbe-halbe machen *(coll)*, Hälfte der Kosten übernehmen, sich die Kosten teilen

halving *n* Halbierung *f*; **h. agreement** Halbe-Halbe-Vereinbarung *f*

hamfisted *adj* ungeschickt, ungelenk

hamlet *n* Weiler *m*, Flecken *m*, Dörfchen *nt*

hammer *n* Hammer *m*; **h. and sickle** Hammer und Sichel; **to come under the h.** *(Auktion)* unter den Hammer kommen; **to go at it h. and tongs** *(fig)* mit aller Kraft darauf losgehen; **pneumatic h.** Presslufthammer *m*

hammer *v/t* 1. hämmern; 2. *(fig)* vernichtend schlagen; 3. *(Börse)* für zahlungsunfähig erklären; **h. out** *v/t (Vorschlag)* ausarbeiten

hammer beam 🏛 Stichbalken *m*; **h. drill** Schlagbohrmaschine *f*

hammering *n* *[GB] (Börse)* Bekanntgabe eines Maklerverzugs; **to get/take a h.** *(coll)* (arg) gebeutelt werden

hammock *n* Hängematte *f*

hamper *n* Geschenk-, Reisekorb *m*; *v/t* hemmen, (be-, ver)hindern, erschweren

hamstring *v/t* lähmen, handlungsunfähig machen

hand *n* 1. Hand *f*; 2. Handschrift *f*; 3. (Uhr)Zeiger *m*; 4. (angelernte(r)) Arbeiter(in), Arbeitskraft *f*; 5. ⚓ Besatzungsmitglied *nt*; **h.s** Belegschaft *f*; **by h.** 1. manuell; 2. durch Boten; **in h.** unter Kontrolle; **off h.** lapidar; **on h.** vorrätig, vorliegend; **out of h.** außer Kontrolle, ~ Rand und Band *(coll)*

hand over fist/hand Zug um Zug, in rascher Folge; **h. and seal** Unterschrift und Siegel; **under/given** ~ **seal** unterschrieben und versiegelt, unter Brief und Siegel; **given under my** ~ **seal** eigenhändig von mir unterschrieben

hand|s down spielend, mühelos; **for one's own h.** auf eigene Rechnung, zum eigenen Vorteil; **of/with one's own h.** eigenhändig; **left on h.** auf Lager geblieben; **on the one h.** einerseits; ~ **other h.** andererseits; **under one's own h.** schriftlich; **short of h.s** knapp an Arbeitskräften; **h.s wanted** Arbeits-/Hilfskräfte gesucht

to be close at hand unmittelbar bevorstehen; ~ **in h.** in Arbeit sein; ~ **lost with all h.s** ⚓ mit Mann und Maus untergehen *(coll)*, mit der gesamten Mannschaft/Besatzung untergehen; ~ **on h.** 1. *(Person)* zur Verfügung stehen, verfügbar sein; 2. auf Lager sein; ~ **short of h.s** Leute brauchen; **to beat so. h.s down** *(coll)* jdn mit Leichtigkeit schlagen; **to bind so. hand and foot** jdn an Händen und Füßen binden; **to change h.s** Inhaber/Eigentümer/Besitzer wechseln; **to dismiss oth. out of h.** etw. kurz abtun; **to come to h.** anfallen; **to fall into the wrong h.s** in die falschen Hände geraten; **to force so.'s h.** jdn in Zugzwang bringen; **to get one's h.s on sth.** etw. in die Finger bekommnen; ~ **out of h.** außer Kontrolle geraten, ~ Rand und Band geraten *(coll)*; ~ **the upper h.** (Oberhand) gewinnen; **to give so. a free h.** jdm freie Hand lassen; ~ **a helping h.** jdm auf die Sprünge helfen; **to have a h. in it/sth.** seine Hand/Finger im Spiel haben, an einer Sache beteiligt sein; ~ **a bad hand** *(fig)* schlechte Karten haben *(fig)*; ~ **everything in h.** alles unter Kontrolle haben; ~ **two left h.s** *(fig)* zwei linke Hände haben *(fig)*; ~ **sth. in h.** sich verbinden; **to keep to h.** bereithalten; **to lend a helping h.** Hand anlegen, zur Hand gehen, behilflich sein, mithelfen; **to lift one's h. against so.** Hand gegen jdn erheben; **to live from h. to mouth** *(fig)* von der Hand in den Mund leben *(fig)*; **to make by h.** in Handarbeit herstellen; **to obtain (at) first h.** direkt beziehen; **to place a matter into so.'s h.s of the solicitor** etw. dem Rechtsanwalt übergeben; **to play a lone h.** *(fig)* etw. im Alleingang tun; ~ **into one another's h.s** einander in die Hände spielen; ~ **into so.'s h.s** jdm in die Hände arbeiten; **to produce by h.** in

Handarbeit herstellen; **to put a matter in h.** Auftrag bearbeiten, etw. in Angriff nehmen; **~ one's h. to the plough** *(fig)* Hand ans Werk legen *(fig)*; **~ sth. into the h.s of the receiver** etw. dem Konkursverwalter übertragen; **~ up one's h.** sich melden; **to rub one's h.s** sich die Hände reiben; **to rule with a heavy h.** strenges Regiment führen; **to show one's h.** seine Karten aufdecken *(fig)*, Farbe bekennen *(fig)*; **to stay so.'s h.s** *(fig)* jdm in den Arm fallen *(fig)*; **to take on h.s** Leute einstellen; **~ sth. off so.'s h.s** jdm etw. abkaufen; **to throw up one's h.s** Hände über dem Kopf zusammenschlagen; **to turn one's h. to sth.** geschickt/praktisch veranlagt sein; **to wait on so. h. and foot** jdn wie einen Pascha bedienen; **to wash one's h.s of it/sth.** seine Hände in Unschuld waschen; **to wave one's h.s about** in der Luft herumfuchteln; **to win h.s down** gewinnen, ohne eine Hand zu rühren, haushoch gewinnen, leichten Sieg davontragen; **to work h. in glove with so.** *(fig)* Hand in Hand mit jdm arbeiten *(fig)*, harmonisch/eng mit jdm zusammenarbeiten; **to wring one's h.s** die Hände ringen; **to write a good h.** schöne Handschrift haben; **~ legible h.** leserlich schreiben
all hand|s ⚓ gesamte Schiffsmannschaft; **with ~ h.s** ⚓ mit Mann und Maus *(coll)*; **bad h.** schlechte Schrift; **a big h.** 👏 reicher Beifall; **clear h.** deutliche Handschrift; **commercial h.** kaufmännische Handschrift; **dead h.** §tote Hand; **in firm h.s** in festen Händen; **first h.** unmittelbar, aus erster Hand/Quelle, direkt; **free h.** freie Hand; **good h.** *(fig)* gutes Blatt *(fig)*; **with a high h.** selbstherrlich, hochmütig; **hired h.** Lohnarbeiter(in) *m/f*; **leading h.** Vorarbeiter(in) *m/f*; **luminous h.** *(Uhr)* Leuchtzeiger *m*; **old h.** *(coll)* alter Hase *(coll)*, Routinier *m*, Fachmann *m*; **running h.** ausgeschriebene/flüssige Handschrift; **(at) second h.** aus zweiter Hand; **short h.** Kurzschrift *f*; **slanting/sloping h.** Schrägschrift *f*; **small h.** gewöhnliche Korrespondenzschrift; **uplifted h.** Schwurhand *f*; **upper h.** Oberhand *f*; **willing h.** dienstbarer Geist
hand *v/t* (über)geben, reichen; **h. back** heraus-, zurückgeben, zurückreichen; **h. down** 1. §*(Urteil)* verkünden; 2. überliefern; **h. in** einreichen, einhändigen, eingeben, einliefern, abgeben; **~ later** nachreichen; **~ personally** eigenhändig abgeben; **h. on** weitergeben; **h. out** (gratis) aus-, verteilen, verschenken; **h. over** aushändigen, übergeben, überreichen, abliefern, überstellen, ausfolgen; **h. round** herumreichen; **h. sth. to so.** jdm etw. aushändigen/überreichen
hand assembly 🖐 manuelle Fertigung; **h.bag** *n* (Damen)Handtasche *f*; **h. baggage** *[US]* Hand-, Kabinengepäck *nt*; **h.barrow** *n* Schubkarre *f*; **h.bill** *n* 1. Reklame-, Handzettel *m*, Reklame-, Werbeprospekt *m*, Flugblatt *nt*; 2. Schuldverschreibung *f*; **h.book** *n* Leitfaden *m*, Handbuch *nt*, Kompendium *nt*; **h.brake** *n* 🛑 Handbremse *f*; **h. brush** Handfeger *m*; **h.cart** *n* Handkarren *m*, H.wagen *m*, Leiterwagen *m*; **h. composition** 🖨 Handsatz *m*, handgesetzter Schriftsatz *m*; **h. compositor** Handsetzer *m*; **h.crafted** *adj* kunstgewerblich, handgemacht, h.gefertigt
handcuffs *pl* Handschellen; **golden h.** *(fig)* finanzieller Anreiz zum Verbleib im Unternehmen, goldene Fesseln *(fig)*
handed down *adj* überliefert
hand|-finish *v/t* mit der Hand nacharbeiten; **h.ful** *n* 1. Handvoll *f*; 2. *(coll)* lästige Person; **h. grenade** 💣 Handgranate *f*; **h.grip** *n* Handgriff *m*; **h.gun** *n* Handfeuerwaffe *f*; **h.held** *n* Handgerät *nt*, tragbares Gerät; **non-h.held** fahrbares Gerät; **h.-hot** *adj* handwarm
handicap *n* 1. Behinderung *f*; 2. Belastung *f*, Benachteiligung *f*, Erschwerung *f*, Nachteil *m*, Hindernis *nt*; **mental h.** geistige Behinderung, Geistesschwäche *f*
handicap *v/t* benachteiligen, geistig/körperlich behindern
handicapped *adj* 1. behindert; 2. benachteiligt; **suitable for the h.** behindertengerecht; **educationally h.** lernbehindert; **mentally h.** geistig behindert, geistesschwach; **physically h.** körperlich behindert, körperbehindert
handicraft *n* 1. (Kunst)Handwerk *nt*, H.(werks)arbeit *f*; 2. handwerklicher Beruf, handwerkliches Gewerbe; **to exercise a h.** Handwerk ausüben
handicraft business/enterprise Handwerksbetrieb *m*, handwerklicher Betrieb, Dienstleistungshandwerk *nt*; **h.s code** Handwerksordnung *f*; **h.s fair** Handwerksmesse *f*; **h.s instruction** Werkunterricht *m*; **h.sman** *n* Handwerker(in) *m/f*, Kunstgewerbler(in) *m/f*; **h. production** handwerkliche Fertigung; **h.s register** Handwerksrolle *f*; **h.(s) school** Handwerks-, Kunstgewerbeschule *f*; **h. trade** handwerkliche Tätigkeit
handiman *n* Faktotum *nt*
handing back *n* Heraus-, Rückgabe *f*; **h. in** Einlieferung *f*, Einreichung *f*, Einhändigung *f*; **h. over** Übergabe *f*, Aushändigung *f*, Überstellung *f*
handkerchief *n* Taschentuch *nt*
hand-knitting yarn *n* Handstrickgarn *nt*
handle *n* 1. (Hand)Griff *m*, Haltegriff *m*, Hebel *m*; 2. *(fig)* Handhabe *f*; **to fly/go off the h.** *(coll)* in Wut geraten, aus der Haut fahren *(fig)*
handle *v/t* 1. anfassen, berühren; 2. handhaben, umgehen mit; 3. bearbeiten, erledigen, abfertigen, bewältigen; 4. *(Güter)* umladen, umschlagen; **easy to h.** gut verarbeitbar; **h. easily** sich leicht handhaben lassen; **h. skilfully** geschickt manipulieren; **h. smoothly** geräuschlos erledigen
handlebar(s) *n* *(Fahrrad)* Lenker *m*, Lenkstange *f*
handler of stolen goods *n* Hehler *m*
handling *n* 1. Handhabung *f*, Erledigung *f*, Bewältigung *f*; 2. Abfertigung *f*; 3. Beförderung *f*, Umschlag *m*, Umladen *nt*, Umstauen *nt*, Ladetätigkeit *f*; 4. Durchführung *f*, Behandlung *f*, (Sach)Bearbeitung *f*; 5. Handhabungstechnik *f*
handling of business Geschäftsabwicklung *f*; **~ calls** 📞 Gesprächsabwicklung *f*; **~ a case** Prozessführung *f*; **h. and conveyance** Umfuhr *f*; **h. of expenditure** Ausgabegebaren *nt*; **~ flights** ✈ Flugabfertigung *f*; **~ goods** Güterumschlag *m*; **~ goods in storage** Lagerbehandlung *f*; **~ stolen goods** § Hehlerei *f*; **~ loan business** Kreditgebaren *nt*; **~ mail** Postbearbeitung *f*; **~ payments** Zahlungsverkehrsabwicklung *f*; **~ policies** Bearbeitung von Versicherungsverträgen

to require careful handling Takt erfordern
dishonest handling [§] Hehlerei *f*; **improper h.** 1. unsachgemäße Behandlung, unsachgemäßer Umgang; 2. *(Maschine)* falsche Bedienung; **internal h.** Innentransport *m*; **manual h.** manuelle Bearbeitung; **negligent h.** nachlässige Behandlung; **ordinary h.** normale Abfertigung; **physical h.** Lagerhaltung und Versand; **practical h.** technische Handhabung; **proper h.** sachgemäße Behandlung; **relaxed h.** liberalisierte Handhabung; **rough h.** grobe Behandlung; **unitized h.** Transport per Container
handling capacity Umschlagskapazität *f*; **h. charge(s)** 1. Verwaltungs-, Bearbeitungskosten; 2. Abfertigungs-, Manipulationsgebühr *f*; **h. commission** Bearbeitungs-, Abwicklungsprovision *f*; **h. costs** Bearbeitungs-, Abwicklungskosten; **h. equipment** Transportanlage *f*, T.system *nt*, Fördersystem *nt*, Verladeeinrichtung *f*; **mechanical h. equipment** Fördermittel *nt*; **h. facilities** Umschlaganlagen, U.einrichtungen; **h. fee** Bearbeitungs-, Besorgungs-, Verwaltungsgebühr *f*; **h. machine** Fördergerät *nt*; **h. method** Umschlagsmethode *f*; **h. qualities** ⇔ Fahreigenschaften; **h. specifications** Benutzungsanleitung *f*; **h. technique/technology** 1. Handhabungstechnik *f*; 2. Fördertechnik *f*; **h. time** *(Auftrag)* Abwicklungszeit *f*, Bearbeitungsdauer *f*
handloom *n* Handwebstuhl *m*; **h. textiles** handgewebte Textilien
hand luggage [GB] ✈ Hand-, Kabinengepäck *nt*; **h.made** *adj* 1. handgearbeitet, von Hand gefertigt; 2. *(Papier)* handgeschöpft; **h.-me-down** *n (coll)* gebrauchtes Kleidungsstück, gebrauchter Anzug; **h.-operated** *adj* handbedient, h.betrieben, manuell betrieben; **h.-out** *n* 1. Hand-, Werbezettel *m*, Prospekt *m*, Broschüre *f*, Skript *nt*, Tischvorlage *f*; 2. *(Geld)* Almosen *nt*, Unterstützung *f*, Zuwendung *f*, Geschenk *nt*; **indiscriminate h.-outs** Gießkannenprinzip *nt*; **h.-over** *n* Übergabe *f*; **h.-picked** *adj* handverlesen; **h. print** ⌨ Handabzug *m*; **h. pump** Handpumpe *f*; **h. sale** Kaufabschluss durch Handschlag; **h.sel** *n* Begrüßungsgeschenk *nt*, Handgeld *nt*; **h.set** *n* ☏ Handapparat *m*; **h.shake** *n* Handschlag *m*, Händedruck *m*; **golden h.shake** *(coll)* (großzügige) Abfindung, Entlassungsabfindung *f*, E.geld *nt*, Zahlung bei Ausscheiden; **h. signal** ⇔ Handzeichen *nt*; **h.signed** *adj* handsigniert; **h.s-off** *adj* interventionsfrei, nicht interventionistisch; **h.some** *adj* ansehnlich, stattlich
hands-on *adj* 1. straff geführt, interventionistisch; 2. praktisch, praxisbezogen
hand|sorting method *n* Legeverfahren *nt*; **h. tools** Handwerkszeug *nt*; **h. weapon** Handwaffe *f*; **h.work** *n* Handarbeit *f*
handwriting *n* (Hand-, Schreib)Schrift *f*
atrocious handwriting miserable Schrift; **illegible h.** unleserliche Schrift; **legible h.** leserliche Schrift; **neat h.** saubere Handschrift; **scrawling h.** kritzelige Handschrift; **sloping h.** liegende Handschrift; **spidery h.** krakelige Schrift; **sprawling h.** gespreizte Handschrift
forensic handwriting examiner Schriftsachverständige(r) *f/m*; **h. specimen** Handschriftenprobe *f*

handwritten *adj* handschriftlich, h.geschrieben, eigenhändig, in Langschrift
handy *adj* 1. handlich, praktisch; 2. greifbar, griffbereit; **to come in h.** sich als nützlich erweisen; **to have h.** zur Hand haben
handyman *n* Gelegenheitsarbeiter *m*, Handlanger *m*, Heimwerker *m*, Mann für alles, Faktotum *nt*
hang *n* *(coll)* Dreh *m (coll)*; **to get the h. of sth.** den Bogen/Dreh herausbekommen *(coll)*, die Kurve weghaben *(coll)*, etw. endlich packen/kapieren, auf den Trichter kommen *(coll)*; **to let things go h.** *(coll)* sich den Teufel um etw. kümmern *(coll)*
hang (o.s.) *v/t/v/refl* (sich) erhängen; **h. it all!** *(coll)* in drei Teufels Namen! *(coll)*; **h. around** sich herumtreiben, herumlungern; **h. on** *(coll)* ☏ am Apparat bleiben; **~ to sth.** bei etw. bleiben, an etw. festhalten; **h. up** ☏ *(Hörer)* auflegen
hangar *n* ✈ (Flugzeug)Halle *f*, F.schuppen *m*, Hangar *m*
hanger *n* Kleiderbügel *m*, Aufhänger *m*; **h. card** Hängeplakat *nt*
hang glider *n* ✈ Drachenflieger *m*; **h. gliding** Drachenfliegen *nt*
hanging *n* Erhängen *nt*; **h.s** Wandbehang *m*; **h. file** Hängeordner *m*
hang|man *n* Henker *m*; **h.over** *n* Kater(stimmung) *m/f*, Katzenjammer *m*; **h.-up** *n* Komplex *m*, Besessenheit *f*
hap|hazard *adj* zufällig, vom Zufall bestimmt, planlos, unkontrolliert; **h.less** *adj* unglücklich, glücklos
happen *v/i* sich ereignen, vorkommen, passieren, geschehen, vorfallen
happening *n* Ereignis *nt*, Vorfall *m*, Geschehen *nt*; **h. of the contingency** Eintritt der Bedingung
happenstance *n* [US] Zufall *m*
happiness *n* Glück *nt*
happy *adj* glücklich, (glück)selig; **h.-go-lucky** *adj* unbekümmert, sorglos; **h.-go-spending** *adj* ausgabefreudig
harangue *n* Tirade *f*, Rede ans Volk, Appell *m*; *v/t* Reden ans Volk halten, lange Reden halten
harass *v/t* bedrängen, belästigen, drangsalieren, schikanieren; **h.ing** *adj* schikanös
harassment *n* Belästigung *f*, Schikanierung *f*; **h. of tenants** Mieterbelästigung *f*; **sexual h.** sexuelle Belästigung
harbinger *n* Vorbote *m*
harbor [US]; **harbour** [GB] *n* → **port** ⚓Hafen *m*; **h. of refuge** Nothafen *m*; **h. and terminal** Hafen und Umschlaganlagen
to call at/enter a harbo(u)r Hafen anlaufen; **to leave h.** Hafen verlassen; **to put into h.** in den Hafen einlaufen
artificial harbo(u)r künstlicher Hafen; **inner h.** Binnenhafen *m*, Innenhafen *m*; **natural h.** natürlicher Hafen; **outer h.** Vor-, Außenhafen *m*, A.reede *f*; **tidal h.** Flut-, Gezeitenhafen *m*
harbo(u)r *v/t* [§] Unterschlupf/Zuflucht gewähren
harbo(u)rage *n* Zuflucht *f*, Schutz *m*
harbo(u)r basin Hafenbecken *nt*; **h. board** Hafen(meister)amt *nt*, H.behörde *f*; **h. commissioner** Hafenmeister *m*; **h. craft** Hafenfahrzeug *nt*; **h. dues** Hafenge-

bühren, H.kosten *pl*, H.geld *nt*, H.abgaben; **h. entrance** Hafeneinfahrt *f*; **h. facilities** Hafenanlagen; **h. light(s)** Hafen-, Leuchtfeuer *nt*; **h. lock** Hafenschleuse *f*; **h.master** *n* Hafenkapitän *m*, H.meister *m*, H.aufseher *m*, H.kommissar *m*; **h. police** Hafenpolizei *f*, H.wache *f*; **h. railway** *[GB]* /**railroad** *[US]* Hafenbahn *f*; **h. regulations** Hafenordnung *f*; **h. station** (See)Hafenbahnhof *m*; **h. tug** Hafenschlepper *m*

hard *adj* 1. hart; 2. mühevoll, mühsam, schwierig, schwer; **h. and fast** eindeutig, unumstößlich, verbindlich; **h. to digest** schwer verdaulich; ~ **please** schwer zu befriedigen; ~ **place** *(Arbeitsloser)* schwer vermittelbar/zu vermitteln; ~ **sell** schlecht verkäuflich; **h. of hearing** schwerhörig

to be hard up kaum Geld haben, knapp bei Kasse sein *(coll)*; ~ **at it** schwer arbeiten; ~ **done by** ungerecht behandelt werden; ~ **going** schwierig sein; ~ **put (to do sth.)** sich schwertun; **to find it h.** schwerfallen; **to make it h. for so.** es jdm schwer machen

hard|back *n* 🕮 gebundene Ausgabe, fester Einband; **h.-bitten** *adj (Manager)* knallhart; **h.board** *n* Hartfaserplatte *f*; **h.-boiled** *adj (fig)* ausgekocht *(fig)*; **h.core** *adj* hartnäckig, Kern-; **h.-currency** *adj* valutastark, Hartwährungs-; **h.-earned** *adj* schwer/redlich/sauer *(coll)* verdient

harden *v/ti* 1. *(Preise)* anziehen, fester tendieren, sich festigen; 2. härten, verfestigen

hardening *n* 1. *(Börse)* Befestigung *f*; 2. (Ver)Härtung *f*, Verstärkung *f*, Versteifung *f*; **h. of interest rates** Zinsbefestigung *f*; ~ **the market;** ~ **prices** Kursfestigung *f*; **h. agent** ☻ Härter *m*

hard|-finished *adj* fest verarbeitet; **h.liner** *n* Verfechter eines harten Kurses, ~ einer harten Linie, Falke *m (fig)*; **h.ness** *n* Härte *f*; ~ **test** Härtetest *m*; **h.-nosed** *adj [US] (fig)* hart; **h.-pressed** *adj* in schwerer Bedrängnis, (schwer) bedrängt, notleidend, in Not geraten; **to be h.-pressed** in Bedrängnis/Schwierigkeiten sein, stark beansprucht sein

hardship *n* Bedrängnis *f*, Härte *f*, (wirtschaftliche) Not(lage), Elend *nt*; **to relieve h.** Härte lindern; **financial h.** finanzielle Misere; **inequitable/undue/unreasonable h.** unzumutbare/unbillige Härte; **unnecessary h.** unnötige Härte

hardship allowance Härteausgleich *m*, H.zulage *f*, Lastenbeihilfe *f*, L.zuschuss *m*, Bedürftigkeitszuschlag *m*; **special h. allowance** Beihilfe in besonderen Fällen, Sozialhilfe *f*; **h. case** Härte-, Sozialfall *m*; **h. clause** Härteklausel *f*; **h. grant** Härtebeihilfe *f*; **h. pay** Erschwerniszulage *f*, Härteausgleich *m*; **h. post** Härteposten *m*

hardtack *n* Schiffszwieback *m*
hard-up *adj (coll)* knapp/schlecht bei Kasse
hardware *n* 1. Metall-, Eisen-, Hart-, Haushaltswaren *pl*; 2. 🖥 Hardware *f*, Apparatur *f*, Gerät(e) *nt/pl*; 3. Maschinenausrüstung *f*; 4. Beschläge *pl*; **basic h.** 🖥 Grundausrüstung *f*; **h. check** Geräteprüfung *f*; **h. failure** Maschinenstörung *f*; **h. fair** Eisenwarenmesse *f*; **h. industry** *[US]* Metallwarenindustrie *f*; **h. malfunction** Maschinenfehler *m*; **h.man** *n [US]* Metallwarenhändler *m*; **h. manufacturer** Beschlägehersteller *m*; **h. merchant** Eisenwarenhändler *m*; **h. representation** 🖥 maschinengebundene Darstellung; **h. shop** *[GB]* /**store** *[US]* Haushalts-, Metallwarengeschäft *nt*, Metallwaren-, Eisenhandlung *f*

hard-wearing *adj* strapazierfähig, verschleißfest; **h.-won** *adj* schwer erkämpft; **h.wood** *n* Hartholz *nt*; **h.-working** *adj* fleißig

hardy *adj* 1. widerstandsfähig; 2. 🌿 winterfest
to run with the hare and hunt with the hounds *n (fig)* es mit beiden Seiten halten; **h.lip** *n* 🩺 Hasenscharte *f*
hark back to *v/i* in Erinnerung rufen
harm *n* 1. ⚖/§ Verletzung *f*; 2. Schaden *m*, Schädigung *f*, Nachteil *m*; **out of h.'s way** in Sicherheit; **to do h.** Schaden anrichten; ~ **to so.** jdm eine Verletzung/einen Schaden zufügen; ~ **more h. than good** mehr schaden als nützen; **to intend/mean no h.** nichts Böses vorhaben, ~ im Sinn haben; **to keep/stay out of h.'s way** der Gefahr aus dem Weg gehen; **to see no h. in sth.** nichts dabei finden; **to suffer h.** Schaden erleiden

(actual) bodily harm § Körperverletzung *f*; **grievous ~ h.** gefährliche/schwere Körperverletzung; **negligent ~ h.** fahrlässige Körperverletzung; **consequential h. caused by a defect** Mangelfolgeschaden *m*; **untold h.** ungeahnter Schaden

harm *v/t* 1. verletzen; 2. schaden, schädigen, abträglich sein, beeinträchtigen

harmful *adj* 1. gefährlich, (gesundheits)schädlich; 2. abträglich, nachteilig; **ecologically h.** umweltfeindlich, u.belastend, u.schädlich; **h.ness** *n* Schädlichkeit *f*

harmless *adj* 1. ungefährlich, gefahrlos, unschädlich, unverträglich, harmlos; 2. umweltfreundlich, u.verträglich; **to hold h.** *(Vers.)* schadlos halten

harmonious *adj* harmonisch, spannungsfrei
harmonization *n* Harmonisierung *f*, Angleichung *f*, Vereinheitlichung *f*; **h. of conditions of competition** Angleichung der Wettbewerbsbedingungen; ~ **customs duties** Zollharmonisierung *f*; ~ **laws** *(EU)* Rechtsangleichung *f*, R.vereinheitlichung *f*; ~ **rates and tariffs** Tarifharmonisierung *f*; ~ **legal stipulations** Harmonisierung der Rechtsvorschriften; ~ **taxation/taxes** Steuervereinheitlichung *f*, S.harmonisierung *f*; ~ **turnover tax** Umsatzsteuerharmonisierung *f*

harmonize *v/t* harmonisieren, vereinheitlichen, angleichen, in Übereinstimmung/Einklang bringen, aufeinander abstimmen

Harmonized System Committee *n* *(EU) (Brüsseler Zollrat)* Ausschuss für das harmonisierte System
harmony *n* Harmonie *f*, Eintracht *f*, Gleichklang *f*; **prestabilized h.** prästabilierte Harmonie
harness *n* 1. Geschirr *nt*, Gurt *m*, Ausrüstung *f*; 2. ⚡ Kabelbaum *m*; **in h.** *(fig)* in der täglichen Arbeit; **to die in h.** in Ausübung seines Berufes sterben, in den Sielen sterben *(fig)*

harness *v/t* 1. anschirren, einspannen; 2. nutzen, nutzbar machen

harnessable *adj* nutzbar; **economically h.** wirtschaftlich ausbeutbar

harp on sth. *v/i* auf etw. herumreiten *(fig)*

harpoon *n* Harpune *f*
harrow *n* ⚒ Egge *f*
harsh *adj* *(Kritik)* hart, herb; **h.ness** *n* Härte *f*, Strenge *f*
harvest *n* ⚒ Ernte(zeit) *f*, E.ertrag *m*, Lese *f*; **lean h.** magere Ernte; **poor h.** Missernte *f*; **rich h.** Erntesegen *m*; **second h.** Nachlese *f*
harvest *v/t* *(Ernte)* einbringen, einfahren, (ab)ernten; **h. cut** Abtriebsnutzung *f*
harvester *n* 1. Erntearbeiter(in) *m/f*; 2. Erntemaschine *f*, Mähdrescher *m*
harvest festival Erntedankfest *nt*
harvesting *n* 1. Ernte(arbeit) *f*, E.einbringung *f*; 2. *(fig) (Marketing)* Melkstrategie *(fig)*; **h. machinery** Erntemaschinen *pl*; **h. method** Ernteverfahren *nt*; **h. plan** ⚒ Fällungsplan *m*
harvest prospects Ernteaussichten; **h. shortfall** Ernteausfall *m*; **h. time** Erntezeit *f*; **h. worker** Erntearbeiter(in) *m/f*; **h. yield** Ernteergebnis *nt*
hash *n* 1. Mischmasch *m*; 2. Murks *m (coll)*; **to make a h. of things** Murks machen *(coll)*, etw. vermasseln *(coll)*
hash up *v/t* verpfuschen, vermasseln *(coll)*
hash organization ⌨ Hashverfahren *nt*
hassle *n* Mühe *f*, Theater *nt (fig)*
haste *n* Eile *f*, Hast *f*; **more h. less speed** *(prov.)* Eile mit Weile *(prov.)*; **to require h.** *(Sache)* eilig sein; **indecent h.** unziemliche Hast, Schweinsgalopp *m (coll)*
hasten *v/ti* (sich be)eilen, beschleunigen
hasty *adj* hastig, übereilt
hat *n* Hut *m*; **at the drop of a h.** *(coll)* auf der Stelle, ohne weiteres; **to pass the h. round** *(fig)* den Hut herumgehen lassen *(fig)*, (Geld)Sammlung veranstalten, Sammelaktion starten, Spenden sammeln, für etw./jdn sammeln; **to raise one's h.** den Hut lüften; **to talk through one's h.** *(coll)* Blech reden *(coll)*, dummes/konfuses Zeug reden
hard hat ⛑ Schutzhelm *m*; **old h.** *(coll)* alter Hut, kalter Kaffee *(coll)*, Schnee von gestern *(coll)*; **top h.** Zylinder(hut) *m*
hatch *n* ⚓ (Schiffs)Luke *f*; **to batten down the h.es** *(fig)* die Luken dichtmachen *(fig)*
hatch *v/t* 1. ausbrüten, aushecken; 2. ▢ schraffieren; **h. out** ausbrüten; **h.back (car/model)** *n* 🚗 Hecktürmodell *nt*
hat check Garderobenmarke *f*
hatched *adj* ▢ schraffiert
hatchet *n* *(fig)* Kriegsbeil *nt (fig)*; **to bury the h.** *(fig)* sich versöhnen; **h. man** *(coll)* Sparkommissar *m*, rigoroser Sanierer
hatching *n* ▢ Schraffur *f*
hate *n* Hass *m*; *v/t* hassen; **h.d** *adj* verhasst
hatred *n* Hass *m*; **racial h.** Rassenhass *m*; **stirring up ~ h.** Rassenhetze *f*
hat|maker's (shop) *n* Hutgeschäft *nt*; **h. money** Primgeld *nt*; **h.rack** *n* Hutablage *f*; **h. shop** Hutgeschäft *nt*, H.laden *m*; **h. stand** *[GB]* /**tree** *[US]* Hut-, Garderobenständer *m*
hatter *n* Hutmacher *m*
haul *n* 1. Transport(weg) *m*; 2. Beute(zug) *f/m*, Fang *m*,

Fischzug *m*; **long h.(s)** Güterfernverkehr *m*; **short h.(s)** Nahtransport *m*, N.verkehr *m*
haul *v/t* 1. befördern, transportieren; 2. ziehen, zerren
haulage *n* 1. Beförderung *f*, Transport(geschäft) *m/nt*; 2. Transportkosten *pl*, Speditionsgebühren *f/pl*; **heavy h.** Schwerguttransport *m*; **long-distance h.** Güterfern-, Fernfrachtverkehr *m*, F.lastverkehr *m*, F.transport *m*, Überlandtransport *m*; **road-rail h.** Rollfuhrdienst *m*; **short-distance h.** Güternahverkehr *m*
haulage business Transport-, Fuhr-, Speditionsgeschäft *nt*, Fuhrunternehmen *nt*, F.betrieb *m*, Straßengüterverkehr *m*; **h. capacity** ⚒ Transportkapazität *f*, T.leistung *f*; **h. charges** Überführungskosten; **h. company** Fracht-, Fuhr-, (LKW-)Transportunternehmen *nt*, T.gesellschaft *f*, T.firma *f*, Spedition(sfirma) *f*, S.sbetrieb *m*, Kraftverkehrsspedition *f*; **h. contractor** Fracht-, Fuhr-, Transport-, Beförderungs-, Verkehrsunternehmer *m*, Spediteur *m*, Spedition *f*, *(LKW)* Frachtführer *m*, Transport-, Verkehrs-, Frachtfuhrternehmen *nt*; **h. cost(s)** Speditions-, Transportkosten *pl*; **h. distance** Transportentfernung *m*; **h. firm** Speditions-, Frachtunternehmen *nt*; **h. fleet** Fahrzeugpark *m*; **h. industry/trade** Transport-, Speditions-, Lastwagengewerbe *nt*, Straßengüterverkehr *m*, Speditionshandel *m*; **h. insurance** Speditionsversicherung *f*; **h. level** ⚒ Fördersohle *f*; **h. operation** Fuhrbetrieb *m*, F.geschäft *nt*; **h. rate/tariff** Transporttarif *m*, Speditionssatz *m*, S.rate *f*; **regular h. service** Liniendienst *m*; **h. roadway** ⚒ Förderstrecke *f*; **h. trade tax** Straßengüterverkehrssteuer *f*
average haul distance mittlere Transportentfernung *f*
hauler; haulier *n* Frachtführer *m*, Spediteur *m*, Spedition(sfirma) *f*, Transport-, Rollfuhr-, LKW-, Fracht-, Fuhrunternehmer *m*, Fuhr-, Transport-, Speditions-, Frachtfuhr-, Straßenverkehrsunternehmen *nt*; **heavy h.** Schwerguttransportunternehmer *m*
hauling plant *n* Förderanlage *f*
have *v/t* haben, verfügen über, besitzen; **h. sth. out** etw. durchfechten/ausdiskutieren; **h. it out with so.** Streit mit jdm austragen; **h. and to hold** § besitzen
have-been *n* Mann von gestern
haven *n* *(fig)* Hafen *(fig)*, Zufluchtsstätte *f*; **h. of refuge; safe h.** sicherer Hafen, sichere Zuflucht
haversack *n* Ranzen *m*
have-not *n* Habenichts *m*
havoc *n* Verwüstung *f*, Verheerung *f*, Zerstörung *f*; **to cause/wreak h.** Verwüstung/schweren Schaden anrichten, Durcheinander/schwere Zerstörung verursachen, Unruhe/Verwirrung stiften, verwüsten
hawk *n* 1. Habicht *m*; 2. *(fig)* Scharfmacher *m*, *(fig)* Falke *m (fig)*, Verfechter einer harten Linie; 3. Hausierer *m*, Klinkenputzer *m*; *v/t* hausieren, (ver)hökern, propagieren, (Tür)Klinken putzen *(coll)*
hawker *n* fliegender/umherziehender Händler, Straßenhändler *m*, Hausierer *m*, Höker *m (obs.)*; **h.'s licence** Hausier-, Legitimationsschein *m*
hawking *n* Hausieren *nt*, Straßenverkauf *m*
hawkish *adj* *(fig)* scharfmacherisch
hawser *n* ⚓ Trosse *f*, Fangleine *f*

hay *n* 🌾 Heu *nt*; **to make h. while the sun shines** *(fig)* das Eisen schmieden, solange es heiß ist *(fig)*, die Gelegenheit beim Schopf nehmen, die Gunst der Stunde nutzen; **h.cock; h.rick; h.stack** *n* Heumiete *f*, H.haufen *m*; **h. fever** ⚕ Heuschnupfen *m*; **h.maker** *n* Heumacher *m*, H.wender *m*; **h.making** *n* Heuen *nt*, Heuernte *f* **to go haywire** *n* *(coll)* aus der Fasson geraten, verrückt werden/spielen, durchdrehen

hazard *n* Gefahr *f*, Risiko *nt*, Wagnis *nt*; **h.s not covered (Vers.)** ausgeschlossene Risiken; **h. to traffic** Verkehrsgefährdung *f*; **h.s of war** Kriegsgefahr *f*, K.risiko *nt* **catastrophic hazard** Katastrophenwagnis *nt*; **insurance** Katastrophenversicherung *f*; **commercial h.** Unternehmerwagnis *nt*; **ecological/environmental h.** Umweltgefahr *f*, U.risiko *nt*; **legal h.** juristisches Risiko; **moral h.** subjektives Risiko; **non-occupational h.** Nichtberufsrisiko *nt*; **occupational h.** Berufs-, Arbeitsplatzrisiko *nt*, berufliches Risiko, betriebliche Unfallgefährdung; **ordinary ~ h.** normale Berufsgefahr; **operational h.** Betriebsgefahr *f*, B.risiko *nt*; **physical h.** objektives Risiko; **special h.** Sonderrisiko *nt*; **unavoidable h.s** unvermeidbare Risiken

hazard *v/t* riskieren, wagen, aufs Spiel setzen

hazard bonus Risikoprämie *f*, Erschwernis-, Gefahrenzulage *f*

hazardous *adj* gefahrgeneigt, g.bringend, gefährlich, riskant, risikoreich

hazard rate of failure bedingte Störungsrate; **h. warning flashers** ♦ Warnblinkanlage *f*; **~ panel** ♦ Gefahren-, Warntafel *f*, Gefahrgutkennzeichen *nt*

haze *n* Dunst(schleier) *m*, feiner Nebel

hazy *adj* 1. nebelig, diesig, dunstig; 2. nebelhaft, unscharf, verschwommen

head *n* 1. Kopf *m*; 2. (Ober)Haupt *nt*, Chef(in) *m/f*, Direktor(in) *m/f*, (Schul)Leiter(in) *m/f*; 3. 📖 Schlagzeile *f*, Titel(kopf) *m*, Überschrift *f*, Kopfleiste *f*; 4. *(Bier)* (Schaum)Krone *f*; 5. *(Vieh)* Stück *nt*; **h.s** *(Münze)* Kopf-, Wappenseite *m*

by a head um Kopfeslänge; **down by the h.** ⚓ vorlastig; **from h. to foot** vom Scheitel bis zur Sohle; **off one's own h.** auf dem eigenen Mist gewachsen *(coll)*; **on this h.** in dieser Hinsicht; **on your h. be it** auf Ihre Verantwortung/Kappe *(coll)*; **over one's h.** über jds Kopf; **per h.** pro Kopf/Person

head of accounting; ~ the accounting department; ~ bookkeeping Leiter der Buchhaltung/Abteilung Rechnungswesen, Buchhaltungschef *m*, B.leiter(in) *m/f*; **~ administration** Chef/Leiter der Verwaltung, Verwaltungsdirektor *m*; **~ the advertising department** Leiter der Werbeabteilung, Werbeleiter *m*; **~ an agreement** Hauptpunkt eines Vertrages; **~ a public authority** Behördenleiter *m*; **~ the business** Firmenchef(in) *m/f*; **~ the buying department** Einkaufsleiter *m*; **~ cattle** Stück (Rind)Vieh; **~ the cartel office** Leiter der Kartellbehörde; **~ communications** Leiter der Abteilung für Öffentlichkeitsarbeit; **~ the customs office** Zollamtsvorsteher *m*; **~ (the) delegation** Chefdelegierter *m*, Delegationsleiter *m*; **~ (the) department** 1. Referats-, Abteilungs-, Fachbereichs-, Amts-, Ressortleiter *m*, Dezernent *m*, Referent *m*, Ministerialdirektor *m*, Ressort-, Rayonchef *m*, Abteilungsvorstand *m*; 2. *(Schule)* Fachleiter(in) *m/f*, Studiendirektor(in) *m/f*; **~ division** Abteilungs-, Spartenleiter *m*; **~ the export department** Exportleiter *m*; **~ the family** Familienvorstand *m*, F.(ober)haupt *nt*; **~ the firm** Firmenchef(in) *m/f*; **the h. and front** das Wesentliche, die Hauptsache; **h. of government** Regierungschef *m*; **~ a government agency** Behördenleiter *m*; **~ the organizational group** Gruppenleiter *m*; **h. over heels** Hals über Kopf; **h. of the household** Haushalt(ungs)vorstand *m*; **~ the legation** Missionschef *m*; **at the ~ the list** oben auf der Liste; **~ personnel** Personalleiter *m*, P.chef *m*; **~ purchasing; ~ the purchasing department** Einkaufsleiter *m*; **~ the sales department** Verkaufsleiter *m*, Leiter des Verkaufs/der Verkaufsabteilung; **~ section** Referent *m*; **assistant ~ section** Hilfsreferent *m*; **h. and shoulders above the rest** einsame Spitze, haushoch überlegen; **h. of state** Staatsoberhaupt *nt*, S.chef *m*; **h.s of state and government** Staats- und Regierungschefs; **h. of steam** 1. Dampfdruck *m*; 2. *(fig)* Dampf *m* *(fig)*, Druck *m*; **h.s or tails** *(Münze)* Kopf oder Zahl; **h. of local tax office** Finanzamtsleiter *m*; **~ the transport department** Transportleiter *m*, Leiter der Transportabteilung; **h. of water** Wassersäule *f*

head first kopfüber

to be head over heels in debt tief/bis über den Kopf in Schulden stecken, Schulden wie Sand am Meer haben; **~ love** über beide Ohren verliebt sein; **to be h. and shoulders above so.** jdn haushoch überragen, jdm turmhoch überlegen sein; **to bite so.'s h. off** *(fig)* jdm den Kopf abreißen *(fig)*; **to bring matters to a h.** Entscheidung erzwingen; **to bury one's h. in the sand** *(fig)* Kopf in den Sand stecken *(fig)*, Vogelstraußpolitik betreiben; **to come to a h.** sich zuspitzen, *(Krise)* Höhepunkt erreichen, zur Entscheidung/Krise kommen; **to cost so.'s h.** jds Kopf kosten; **to drag by h. and shoulders** *(fig)* an den Haaren herbeiziehen *(fig)*; **to get one over the h.** eins über den Schädel bekommen *(coll)*; **to give so. his h.** jdn an der langen Leine laufen lassen *(coll)*; **to go over so.'s h.** über jds Kopf hinweggehen; **to hang one's h. in shame** sein Haupt verhüllen; **to have a h. for business** kaufmännisch gewandt sein; **to keep one's h.** *(fig)* nicht den Kopf verlieren *(fig)*; **~ one's h. above water** *(fig)* sich über Wasser halten *(fig)*; **~ one's h. down** sich bedeckt halten; **~ a clear h.** *(fig)* sich den Blick nicht trüben lassen *(fig)*; **~ a cool h.** *(fig)* kühlen Kopf bewahren *(fig)*; **to lose one's h.** *(fig)* Kopf verlieren *(fig)*; **to make h.** rasch fortschreiten, weiterkommen; **not to be able ~ or tail of sth.** sich keinen Vers auf etw. machen können, aus etw. nicht schlau werden; **to nod one's h.** mit dem Kopf nicken; **to put sth. out of one's h.** sich etw. aus dem Kopf schlagen; **to shake one's h.** den Kopf schütteln; **to talk one's h. off** *(coll)* sich den Mund fusselig reden *(coll)*; **to turn sth. on its h.** etw. auf den Kopf stellen

combined head Leseschreibkopf *m*; **cool h.** kühler Kopf; **departmental h.** Abteilungsleiter(in) *m/f*; **magnetic/read h.** Magnetkopf *m*; **running h.** 📖 Ko-

lumnenleiste *f*; **by a short h.** *(Rennen)* um Nasenlänge *(coll)*
head *v/t* 1. leiten, (an)führen, lenken, an der Spitze stehen, vorstehen, den Vorsitz haben; 2. 📖 mit einem Titel versehen, betiteln; 3. *(Sport)* köpfen; **h. back** zurückfahren; **h. for/towards** zusteuern auf, lossteuern/zufahren/zuhalten auf, sich zubewegen auf, Kurs nehmen/haben auf, ansteuern; **h.off** abwehren, abwenden, abfangen, abblocken
head account Hauptrechnung *f*
headache *n* 1. ✚ Kopfschmerzen *pl*, K.weh *nt*; 2. *(fig)* Kopfzerbrechen *nt (fig)*; **splitting h.** heftige/starke/wahnsinnige Kopfschmerzen; **to be a h.** Kopfzerbrechen bereiten; **to give so. a h.** jdm Kopfzerbrechen bereiten
head agency Generalvertretung *f*; **(regional) h. branch** Kopf-, Hauptfiliale *f*; **h. buyer** Chef-, Haupteinkäufer *m*, erster Einkäufer, Einkaufschef *m*; **h. charter** Hauptfrachtvertrag *m*; **h. clerk** Büro-, Kanzleivorsteher *m*; **h. count** Kopfzählung *f*; **~ reduction** *[US]* Personalabbau *m*; **h. doctor** ✚ Chefarzt *m*, C.ärztin *f*; **h.dress** *n* Kopfbedeckung *f*
headed *adj* 1. geführt, geleitet; 2. 📖 betitelt, überschrieben; **h. by** unter der Führung von
header *n* 1. Sockel *m*, Vorsatz *m*; 2. Kopfsprung *m*; 3. 💻 Kennung *f*; 4. Kopfzeile *f*; **h. information** Vorlaufinformation *f*; **h. record** Vorlaufkarte *f*
head forester Oberförster *m*; **h.gear** *n* Kopfbedeckung *f*, K.bekleidung *f*; **h.-hunt so.** *(fig)* jdn abwerben; **h.-hunt(ing)** *n (fig)* Jagd auf Führungspersonal, Personalabwerbung *f*, Kopfjagd *(fig)*, Abwerbung von Führungspersonal; **h.-hunter** *n* Kopfjäger *m*, Abwerber *m*
heading *n* 1. Briefkopf *m*; 2. 📖 Überschrift *f*; 3. Titel(kopf) *m*, T.zeile *f*, Betitelung *f*, Kopfüberschrift *f*; 4. Kategorie *f*, Position *f*, Rubrik *f*, Rubrum *nt*, Gesichtspunkt *m*, Thema *nt*; **h.s in the customs tariff** ⊖ Positionen des Zolltarifs; **to classify under various h.s** nach verschiedenen Gesichtspunkten gliedern; **to come under a h.** unter einen Begriff fallen; **to put under a h.** rubrizieren
to be heading for Kurs haben/nehmen auf, auf dem besten Wege sein
capital heading Haupttitel *m*; **empty h.** Leerposten *m*; **general h.** Sammelüberschrift *f*; **statistical h.** statistische Stelle
head injury ✚ Kopfverletzung *f*; **h.land** *n* Landspitze *f*, L.vorsprung *m*; **h. lease** Hauptmietvertrag *m*, H.pachtvertrag *m*; **h.less** *adj* kopflos; **h. lessee** Hauptmieter *m*, H.pächter *m*
headlight(s) *n* 🚗 Scheinwerfer *m*, Fernlicht *nt*; **to dip one's h.s** abblenden; **dipped h.s** Abblendlicht *nt*; **h. flasher(s)** Lichthupe *f*
headline *n* 1. Schlagzeile *f*, Überschrift *f*, Kolumnentitel *m*, Titelzeile *f*, T.kopf *m*, T.überschrift *f*; 2. schlagzeilenartige Meldung; **to catch/hit/make the h.s** Schlagzeilen machen/liefern
headline *v/t* mit Schlagzeilen versehen; **h. figure** veröffentlichter Betrag/Wert

head||long *adj* blindlings, fluchtartig, kopfüber, überstürzt; **h.man** *n* 1. Führer *m*, Vorsteher *m*; 2. *[GB]* Vorarbeiter *m*; **h. margin** 📖 oberer Rand; **h.master** *n* Schulleiter *m*, S.direktor *m*, S.vorsteher *m*, S.meister *m*, (S.)Rektor *m*, Oberstudiendirektor *m*; **h.mistress** *n* (Schul)Leiterin *f*, (S.)Direktorin *f*, S.vorsteherin *f*, Rektorin *f*, Oberstudiendirektorin *f*; **h. money** Kopfgeld *nt*; **h. note** [§] Kurzfassung eines Urteils; **h. nurse** ✚ Ober-, Stationsschwester *f*
head office Zentrale *f*, Direktion *f*, Sitz *m*, Hauptverwaltung *f*, H.büro *nt*, H.geschäftsstelle *f*, H.geschäftssitz *m*, H.niederlassung *f*, H.sitz *m*, Verwaltungssitz *m*, Firmen-, Schaltzentrale *f (fig)*, Generaldirektion *f*; **regional h. office** Bezirksdirektion *f*; **h. o. building** zentrales Verwaltungsgebäude; **~ expenditure(s)** Unkosten der Zentrale
head-on *adj* frontal
head organization Dach-, Gesamt-, Spitzenverband *m*, Spitzen-, Dachorganisation *f*; **h. packer** Hauptpacker *m*, Packmeister *m*; **h.phone(s)** *n* Kopfhörer *m*; **h.piece** *n* Kopfstück *m*; **h. platform** Schreib-, Lesekopfabdeckplatte *f*; **h. porter** *(Hotel)* Empfangschef *m*; **h.quartered in** *adj* mit Hauptsitz/Firmensitz/der Zentrale in
headquarters *n* 1. Hauptverwaltung *f*, H.geschäftsstelle *f*, H.niederlassung *f*, H.sitz *m*, Zentrale *f*, Firmen-, Unternehmenssitz *m*, (General)Direktion *f*, (oberste) Geschäftsleitung *f*; 2. Zentral-, Hauptbüro *nt*, H.kontor *nt*; 3. ✚ Haupt-, Stabsquartier *nt*; **to relocate h.** Sitz verlegen; **corporate h.** Unternehmenszentrale *f*, Firmenhauptquartier *nt*, Hauptverwaltung *f*; **h. staff** Stammhauspersonal *nt*, Personal in der Hauptverwaltung
head rest/restraint 🚗 Kopf-, Nackenstütze *f*; **h.room** *n* lichte Höhe, Durchfahrts-, Kopfhöhe *f*; **h.ship** *n* 1. oberste Leitung/Stelle, Vorstand *m*, Vorsitz *m*; 2. Schulleiter-, Direktorenstelle *f*, Rektorat *nt*; **h.stand** *n* Kopfstand *m*; **h. start** (Start)Vorsprung *m*, Vorgabe *f*; **h.stone** *n* Grabstein *m*; **h. tax** *[US]* Kopfsteuer *f*; **h. teacher** Schulleiter(in) *m/f*; **h. teller** Hauptkassierer(in) *m/f*; **h. waiter** Ober-, Zahlkellner *m*; **h.waters** *pl* (Fluss)Oberlauf *m*, Quellgebiet *nt*; **h.way** *n* ⚓ Geschwindigkeit *f*, Fahrt (voraus) *f*; **to make h.way** 1. (zügig) vorankommen, Fortschritte machen, vorwärtskommen; 2. ⚓ Fahrt machen; **h. waiter/waitress** Oberkellner(in) *m/f*; **h.wear** *n* Kopfbekleidung *f*, K.bedeckung *f*; **h.wind** *n* Gegenwind *m*; **h.word** *n* *(Nachschlagewerk)* Stich-, Titelwort *nt*, Kopfeintrag *m*
heal *v/ti* 1. ✚ heilen, kurieren; 2. aus-, verheilen; 3. *(fig) (Streit)* beilegen, schlichten
heal||ing *adj* heilend; *n* Heilung *f*; **h. profession** Heilberuf *m*; **h. power(s)/property** Heilkraft *f*
health *n* Gesundheit *f*, Befinden *nt*; **h. of the market** Marktverfassung *f*; **your h.** Prosit!; **for reasons of h.** aus Gesundheitsgründen, gesundheitshalber; **in the best of h.** bei bester Gesundheit; **bursting with h.** kraftstrotzend; **good for (so.'s) h.** gesund, gesundheitsfördernd
to be in exuberant/rude health vor Gesundheit strotzen; **to drink/propose so.'s h.** auf jds Gesundheit/

Wohl trinken, ~ anstoßen; **to nurse so. back to h.** ⚕ jdn gesund pflegen, jdn wieder aufpäppeln *(coll)*; **to regain one's h.** gesunden; **to restore to h.** wieder gesund machen
environmental health Umwelthygiene *f*; **~ office** Umwelthygieneamt *nt*; **general h.** Allgemeinbefinden *nt*; **good/sound h.** einwandfreier Gesundheitszustand; **industrial h.** betriebliches Gesundheitswesen; **ill h.** schlechter Gesundheitszustand, schlechte Gesundheit; **due to/for reasons of ~ h.** krankheitshalber; **mental h.** Geisteszustand *m*; **~ care** Betreuung geistig Behinderter; **national h.** Volksgesundheit *f*; **in perfect h.** in bester Verfassung; **poor h.** schlechter Gesundheitszustand; **public h.** Volksgesundheit *f*, Sozialhygiene *f*, öffentliches Gesundheitswesen, öffentliche Gesundheit(spflege); **ruined h.** zerrüttete Gesundheit
health authority Gesundheitsbehörde *f*; **local h. a.** Gesundheitsamt *nt*; **public h. a.** Sanitäts-, Gesundheitsbehörde *f*
health care Gesundheitsfürsorge *f*, Krankenpflege *f*; **industrial h. c.** betriebliches Gesundheitswesen; **primary h. c.** medizinische Grundversorgung; **h. c. facilities** Gesundheitseinrichtungen; **~ market** Gesundheitsmarkt *m*; **~ insurance** Krankenversicherung *f*; **~ system** Gesundheitswesen *nt*
health centre *[GB]* Gemeinschaftspraxis *f*; **h. certificate** Gesundheitsattest *nt*, G.nachweis *m*, G.pass *m*, G.zeugnis *nt*; **h. circle** Gesundheitszirkel *m*; **h. club** Fitnessstudio *nt*; **h. and safety code** Gesundheits- und Sicherheitsbestimmungen *pl*; **h. control** gesundheitsrechtliche Kontrolle; **h. costs** Krankheitskosten; **h. crank/freak** *(pej.)* Gesundheitsapostel *m (pej.)*; **H. Department** *[US]* Gesundheitsamt *nt*; **H. and Welfare Department** *[US]* Sozialamt *nt*; **h.-economic** *adj* gesundheitsökonomisch; **h. economics** Gesundheitsökonomie *f*; **adverse h. effects** gesundheitsschädigende Wirkungen; **h. facilities** Gesundheitseinrichtungen; **h. food shop** *[GB]* /**store** *[US]* Naturkostladen *m*, Reformhaus *nt*; **h. hazard** Gesundheitsrisiko *nt*, G.gefährdung *f*, gesundheitliche Gefahr; **h.iness** *n* Gesundheit *f*; **veterinary h. inspection** tierärztliche Untersuchung; **~ issues** viehseuchenrechtliche Fragen
health insurance Krankenversicherung *f*, K.kasse *f*
catastrophic health insurance Versicherung gegen hohe Krankheitskosten, ~ schwere Krankheiten; **comprehensive h. i.** Krankheitskostenvollversicherung *f*; **governmental h. i.** staatliche Krankenversicherung; **non-governmental h. i.** private Krankenversicherung; **local h. i.** (Allgemeine) Ortskrankenkasse (AOK); **permanent h. i.** unbegrenzte Versicherung im Krankheitsfall; **private h. i.** Privatkrankenkasse *f*; **social h. i.** soziale Krankenversicherung; **statutory h. i.** gesetzliche Krankenkasse, Krankenpflichtversicherung *f*, Pflichtkrankenkasse *f*; **~ fund/scheme** gesetzliche Krankenversicherung
health insurance contribution Krankenkassenbeitrag *m*; **~ fund** Krankenkasse *f*; **alternative/substitutional ~ institution/scheme** Ersatz(kranken)kasse *f*; **local ~ office** (Allgemeine) Ortskrankenkasse (AOK); **~ scheme**

Krankenkasse *f*; **local ~ scheme** örtliche Krankenkasse, (Allgemeine) Ortskrankenkasse (AOK)
health maintenance organization (HMO) *[US]* vom Arbeitgeber getragene Krankenversicherung; **h. office** Gesundheitsbehörde *f*; **h. officer** Gesundheitsbeamter *m*; **h. problem** Gesundheitsgefährdung *f*; **h. protection** Gesundheitsschutz *m*; **h. provision** medizinische Vorsorgung; **h. provisions** gesundheitstechnische Vorschriften; **for h. reasons** aus gesundheitlichen Gründen; **h. regulations** Gesundheitsbestimmungen, G.vorschriften; **h. resort** (Heil-/Luft)Kur-, Erholungsort *m*, Heilbad *nt*; **h. risk** Gesundheitsrisiko *nt*, G.gefährdung *f*
health and safety legislation Arbeitsschutzgesetze *pl*, A.gesetzgebung *f*; **~ regulations** Arbeitsschutzbestimmungen; **H. and S. at Work Act** *[GB]* Arbeitsschutzgesetz *nt*
health service benefit Krankenkassenleistung *f*; **~ charge** Krankenkassengebühr *f*; **~ cheque** *[GB]* /**check** *[US]* /**voucher** Krankenschein *m*; **~ doctor** *[GB]* Kassenarzt *m*, K.ärztin *f*; **~ patient** *[GB]* Kassenpatient(in) *m/f*
health shop Reformhaus *nt*, Naturkostladen *m*; **h. spending** Gesundheitsausgaben; **h. visitor** Sozialarbeiter(in) *m/f* (in der Gesundheitsfürsorge)
healthy *adj* gesund(heitsfördernd), bekömmlich
heap *n* Haufen *m*, (Abfall)Halde *f*; *v/t* häufen
hear *v/t* 1. (an)hören, vernehmen; 2. §️ *(Gericht)* anhören, verhandeln; 3. erfahren; **h. about sth.** von etw. Kenntnis erhalten; **not to want to h. of sth.** von etw. nichts wissen wollen; **to be sorry to h.** zu seinem Bedauern hören; **h. from** Nachricht bekommen/erhalten; **h. so. out** jdn ausreden lassen; **h. in private** §️ nichtöffentlich verhandeln, unter Ausschluss der Öffentlichkeit verhandeln
hearing *n* 1. §️ Termin *m*, Verhandlung *f*, Sitzung *f*, Anhörung(sverfahren) *f/nt*, Einvernahme *f*; 2. Audienz *f*; 3. ⚕ Gehör *nt*
hearing before a criminal court §️ Strafverhandlung *f*; **h. of an appeal** Revisions-, Berufungsverhandlung *f*, Verhandlung einer Berufungssache; **~ application** Verhandlung über einen Antrag; **h. in camera** *(lat.)* Verhandlung unter Ausschluss der Öffentlichkeit, nichtöffentliche Verhandlung; **h. of the case** Verhandlung des Falles; **~ in open court** Entscheidung in offener Verhandlung; **h. of evidence** Beweisaufnahme *f*, B.erhebung *f*, Zeugeneinvernahme *f*; **h. at the site** Ortstermin *m*; **h. of witnesses** Zeugeneinvernahme *f*, Z.vernehmung *f*
(un)able to follow the hearing verhandlungs(un)fähig
to adjourn/defer/postpone a hearing Termin verlegen/absetzen, Anhörung/Verhandlung vertagen; **to fail to appear at a h.** zu einem Termin nicht erscheinen; **to appoint/fix a h.** Verhandlung/Termin anberaumen, Anhörung ansetzen; **to assign for a h.** zur Verhandlung ansetzen; **to attend a h.** einer Verhandlung beiwohnen; **to cancel a h.** Verhandlung absetzen; **to close the h.** Verhandlung schließen; **to condemn so. without a h.** jdn ohne Anhörung verurteilen; **to conduct a h.** münd-

lich verhandeln, Vernehmung/Abhörung durchführen; **to gain a h.** angehört werden, sich Gehör verschaffen; **to give both sides a h.** beide Seiten anhören; **to grant so. a h.** jdn anhören; **to preside at a h.** bei einer Verhandlung den Vorsitz führen; **to request a h.** um eine Audienz nachsuchen; **to suspend a h.** Verhandlung unterbrechen **closed hearing** nichtöffentliche Anhörung; **conciliatory h.** Güteverhandlung *f*; **deferred h.** vertagte Verhandlung; **fair/full h.** rechtliches Gehör; **final h.** Schlussverhandlung *f*; **further h.** neue mündliche Verhandlung; **main h.** Hauptverhandlung *f*; **non-contentious h.** nichtstreitige Verhandlung; **preliminary h.** Voruntersuchung *f*, erster Termin; **private h.** nichtöffentliche Anhörung/Verhandlung; **public h.** öffentliche Vernehmung/Anhörung/Verhandlung

hearing aid ⚕ Hörgerät *nt*; **h. date** 1. [§] Anhörungstermin *m*; 2. *(Konkurs)* Vergleichstermin *m*; **h. defect** ⚕ (Ge)Hörfehler *m*; **h. distance** Hörweite *f*; **h. test** Hörprobe *f*

hearsay *n* Hörensagen *nt*; **h. account** Bericht aus zweiter Hand; **h. evidence** auf Hörensagen beruhende Zeugenaussage

hearse *n* Leichenwagen *m*

heart *n* 1. Herz *nt*; 2. *(fig)* Kern(stück) *m/nt*; **by h.** auswendig; **h. of the dispute** Kern der Auseinandersetzung; **in his ~ h.s** im Grunde seines Herzens; **~ the matter** Kern der Angelegenheit; **to get to the ~ the matter** der Sache auf den Grund kommen; **with h. and soul** mit Leib und Seele, mit Lust und Liebe **to be at the heart of sth.** Kern einer Sache sein; **to break so.'s h.** jdm das Herz brechen; **to disburden one's h.** sein Herz ausschütten; **to find the h. (to do sth.);** ~ **it in one's h.** es/etw. übers Herz bringen; **not ~ it in one's h.** es nicht über sich bringen, ~ übers Herz bringen, nicht den Mut aufbringen; **to have a h.** ein Herz/Erbarmen haben; ~ **the h.** Mut haben, es/etw. übers Herz bringen; ~ **one's h. in it** mit Lust und Liebe dabei sein; ~ **sth. at h.** etw. auf dem Herzen haben, etw. hegen; **to learn by h.** auswendig lernen; **to lose h.** Mut verlieren; **to open one's h. to so.** sich jdm eröffnen; **to put one's h. and soul into sth.** mit Leib und Seele dabei sein; **to take h.** sich ein Herz fassen, Mut fassen, neuen Mut schöpfen; ~ **sth. to h.** sich etw. zu Herzen nehmen; **to wear one's h. upon one's sleeve** *(fig)* aus seinem Herzen keine Mördergrube machen *(fig)*

heart activity ⚕ Herztätigkeit *f*; **h. attack** Herzanfall *m*; **h.beat** *n* Herzschlag *m*; **h.burn** *n* Sodbrennen *nt*; **h. complaint** Herzfehler *m*, H.beschwerde *f*; **h. condition** Herzleiden *nt*; **to one's h.'s content** nach Herzenslust; **h. defect** Herzfehler *m*; **h. disease** Herzkrankheit *f*

heartening *adj* herzerfrischend, ermutigend

heart failure Herzversagen *nt*, H.infarkt *m*

hearth *n* 1. Feuerstelle *f*, F.stätte *f*; 2. *(Schmiede)* Esse *f*

heart|land *n* 1. Kernland *nt*; 2. Hauptabsatzgebiet *nt*; **h. muscle** ⚕ Herzmuskel *m*; **h. pacemaker** Herzschrittmacher *m*; **h. surgery** Herzchirurgie *f*; **to do a lot of h.-searching** *n* mit sich selbst zu Rate gehen; **h. transplant** Herztransplantation *f*; **h. trouble** Herzbeschwerden *pl*; **h. valve** Herzklappe *f*

hearty *adj* herzhaft, herzlich

heat *n* Wärme *f*, Hitze *f*; **in the h. of the moment** im Affekt, im Eifer/in der Hitze des Gefechts; **to create political h.** politischen Druck erzeugen; **to take the h. out of sth.** etw. entschärfen **combined heat and power** Kraft-Wärme-Kopplung *f*; **dead h.** *(fig)* totes Rennen *(fig)*; **exotherm/waste h.** Abwärme *f*, Abhitze *f*; **searing/scorching h.** glühende/sengende Hitze, Bruthitze *f*; **white h.** Weißglut *f*

heat (up) *v/t* (ein)heizen, erwärmen, beheizen

heatable *adj* heizbar

heat conductor Wärmeleiter *m*; **h. consumption** Wärmeverbrauch *m*; **h. content** Wärmegehalt *m*; **h. death** Hitzetod *m*

heated *adj* 1. be-, geheizt; 2. *(fig)* erhitzt, hitzig

heat emission Wärmeabgabe *f*, W.ausstrahlung *f*, W.emission *f*

heater *n* 1. Heizgerät *nt*, H.ofen *m*, H.apparat *m*; 2. 🚗 Glühkerze *f*; **electric h.** elektrischer Heizofen, Heizstrahler *m*

heath *n* Heide *f*

heating *n* Heizung *f*; **central h.** Zentralheizung *f*; **hot-air h.** Warmluftheizung *f*; **h. addition/allowance** Heizkostenbeihilfe *f*, H.zuschuss *m*; **h. coil** Heizschlange *f*; **h. costs** Heiz-, Beheizungskosten; **h. element** Heizelement *nt*; **h. engineer** Heizungsinstallateur *m*, H.monteur *m*; **h. engineering** Heizungstechnik *f*; **h. fuel** Hausbrand *m*; **h. oil** Heizöl *nt*; ~ **duty** Heizölsteuer *f*; **h. pad** Heizkissen *nt*; **h. period** Heizperiode *f*; **h. plant** Heizkraftwerk *nt*, H.(ungs)anlage *f*; **h. power** Heizkraft *f*; **h. surface** Heizfläche *f*; **h. system** Heizanlage *f*; **solar h. system** Solarheizsystem *nt*

heat insulation Wärmedämmung *f*; **h. loss** Wärmeverlust *m*; **h. pump** Wärmepumpe *f*; **h. rash** ⚕ Hitzeausschlag *m*; **h.-proof; h.-resistant** *adj* hitze-, wärmebeständig; **h.-seal** *v/t* einschweißen; **h.-sensitive** wärmeempfindlich; **h. stroke** ⚕ Hitzschlag *m*; **(commercial) h. suppliers** Wärmewirtschaft *f*; **h. supply system** Wärmewirtschaft *f*; **h. technology** Wärmetechnik *f*; **h. treatment** Wärmebehandlung *f*; **h. wave** Hitzewelle *f*

heave and set *v/i* ⚓ stampfen; **h. to** beidrehen

heaven *n* Himmel *m*; **on earth** *(fig)* Paradies auf Erden *(fig)*; **for h.'s sake** *(coll)* um Himmels willen *(coll)*; **good h.s** *(coll)* ach du liebe Zeit *(coll)*; **to move h. and earth** *(coll)* Himmel und Hölle in Bewegung setzen *(coll)*; **to stink to high h.** *(coll)* wie die Pest stinken *(coll)*

heavy *adj* 1. schwer; 2. beträchtlich, bedeutend, groß, massiv

heavy|-duty *adj* strapazier-, hochleistungsfähig, Hochleistungs-; **h.-handed** *adj* ungeschickt, schwerfällig

heavyweight *n* Schwergewicht *nt*; **industrial h.** Groß-, Mammutkonzern *m*, Großunternehmen *nt*; **intellectual h.** Intelligenzbestie *f* *(coll)*

heckle *v/t* durch Zwischenrufe stören; **h.r** *n* Zwischenrufer *m*

hectare (ha.) *n* 🌾 Hektar *(10 000 m²)*; **h. yield** Hektarertrag *m*

hectic *adj* hektisch

hectograph n Hektograph m, Vervielfältiger m; v/t hektographieren, vervielfältigen
hedge n 1. Hecke f; 2. (Preis-/Kurs)Absicherung f, Deckungs-, (Preis-/Kurs)Sicherungs-, Gegengeschäft nt; 3. Deckungsgegenstand m; **h. against inflation** Absicherung gegen die Inflation, Inflationssicherung f, I.schutz m; **~ risks** Risikoausgleich m; **long h.** Terminkaufabsicherung f, T.(kauf)deckungsgeschäft nt; **short h.** Termin(verkauf)deckungsgeschäft nt, Verkaufshedge f
hedge (against) v/ti 1. (sich) absichern, *(Risiko)* eingrenzen, sich vor Verlust schützen, sich gegen das Kursrisiko schützen; 2. *(Börse)* abdecken, Sicherungsgeschäft abschließen
hedge buying 1. Deckungs-, Sicherungskauf m; 2. *(Börse)* Vorratskäufe pl; **h. clause** Kurssicherungs-, Schutzklausel f; **h. fund** *(Investment)* spekulativer Fonds; **h. pricing** Preisfestsetzung mit Berücksichtigung der Inflation
hedger n Kursabsicherer m
hedge selling Deckungs-, Sicherungsverkauf m; **h. transaction** Hedgegeschäft nt, Kurs-, Preis(ab)sicherungsgeschäft nt
hedging n 1. Kurs-, Preis(ab)sicherung(sgeschäft) f/nt, Risiko-, Termin(ab)sicherung f, Abschluss von Deckungsgeschäften; 2. *(Börse)* Abdeckung f; **cross h.** wechselseitige Kurssicherung; **financial h.** Finanzhedging nt; **h. operation** (Kurs-/Preis(ab))Sicherungsgeschäft nt, S.kauf m, Wechselkurs-, Termin(ab)sicherung f; **h. order** *(Börse)* Auftrag zur Risikoabdeckung; **h. principle** goldene Finanzierungsregel; **h. sale** Deckungsverkauf m; **h. strategy** *(Börse)* Absicherungsstrategie f; **h. tool** Sicherungsinstrument nt
hedonist n Genussmensch m
heed n Aufmerksamkeit f, Sorgfalt f, Beachtung f; **to pay h. to so.** jdm Beachtung schenken
heed v/t beachten, beherzigen, aufpassen, Acht geben, Beachtung schenken
heedless adj leichtsinnig, unbesonnen, achtlos, rücksichtslos, fahrlässig; **h.ness** n Fahrlässigkeit f
heel n 1. ⚓ Krängung f, Seitenneigung f; 2. *(Schuh)* Absatz m; **hard/hot on so.'s h.s** *(fig)* dicht auf jds Fersen *(fig)*; **to bring so. to h.** *(fig)* jdn auf Vordermann bringen *(fig)*, jdn disziplinieren; **to dig one's h.s in** *(fig)* sich auf die Hinterbeine stellen *(fig)*, sich stur stellen, sich auf etw. versteifen; **to show a clean pair of h.s** *(fig)* sich aus dem Staube machen *(fig)*, Fersengeld geben *(fig)*; **to take to one's h.s** *(fig)* sein Heil in der Flucht suchen, Hals über Kopf davonlaufen, Flucht ergreifen, Reißaus nehmen, sich aus dem Staube machen *(fig)*, das Weite suchen, stiften gehen *(coll)*
heel (over) v/i ⚓ krängen, auf die Seite legen
hefty adj 1. schwer, groß, kräftig, stark; 2. deutlich
hegemony n Hegemonie f, Vormachtstellung f
height n 1. (Körper)Höhe f; 2. *(fig)* Höhe f; **the h. of fashion** der letzte Schrei; **h. above rail** 🚃 Höhe über Schienenoberkante f; **commanding h.(s)** *(fig)* Feldherrnhügel m *(fig)*; **~ hs. of industry** Schaltstellen der Wirtschaft; **interior h.** lichte Höhe

height-adjustable adj höhenverstellbar
heighten v/ti 1. erhöhen, vergrößern, steigern, vermehren; 2. wachsen, zunehmen
heir n Erbe m, Erbin f, Erbberechtigte(r) f/m; **h. and assign** Rechtsnachfolger(in) m/f; **h. of the body** leiblicher/direkter Erbe; **~ first degree** Erbe erster Ordnung; **h.-at-law** *[US]*; **h. by operation of law; ~ intestate succession** gesetzlicher Erbe, Intestat-, Vertragserbe m; **h. to property** Immobilienerbe m; **~ the throne** Thronanwärter(in) m/f; **h. entitled under a will** testamentarischer Erbe
to be heir of beerben; **to declare o.s. h.** sich zum Erben erklären; **to designate an h.** Erben bestimmen; **to devolve upon one's h.; to pass to one's h.** auf den Erben übergehen; **to disown an h.** Erben nicht anerkennen; **to own as h.** als Erben anerkennen
alternate heir Ersatzerbe m; **apparent h.** Erbanwärter(in) m/f; **beneficiary h.** Erbe mit Beschränkung auf das Nachlassverzeichnis; **bodily h.** Leibeserbe m, leiblicher Erbe; **collateral h.** Seitenerbe m, aus der Seitenlinie stammender Erbe; **conventional h.** Erbvertragserbe m, Erbe auf Grund des Erbvertrages; **expectant h.** Erb(schafts)anwärter m; **female h.** Erbin f; **fiduciary h.** fiduziarischer Erbe; **final h.** Schlusserbe m; **first h.** Vorerbe m, nächster Erbberechtigter; **forced h.** Pflichtteilsberechtigte(r) f/m, pflichtteilsbeteiligter Erbe; **immediate h.** nächster Erbe; **joint h.** Miterbe m; **~ h.s** Erbengemeinschaft f; **last h.** 1. letzter Erbe; 2. *[GB]* Staat als Erbe; **lawful/legal/mandatory h.** rechtmäßiger/gesetzlicher Erbe, Not-, Intestaterbe m, Erbberechtigte(r) f/m; **lineal h.** direkter Erbe; **male h.** männlicher Erbe; **natural h.** Erbe durch Geburtsrecht; **presumptive h.** vermeintlicher/mutmaßlicher Erbe; **principal h.** Haupterbe m; **provisional h.** Vorerbe m; **reversionary h.** Nach-, Schlusserbe m; **rightful h.** rechtmäßiger/gesetzlicher Erbe, N.erbe m; **second h.** Nacherbe m; **sole h.** Allein-, Gesamt-, Universalerbe m; **statutory h.** gesetzlicher Erbe, Gesetzeserbe m; **substitute h.** Ersatzerbe m; **suppositious h.** falscher Erbe; **testamentary h.** testamentarischer Erbe, Testamentserbe m; **universal h.** Gesamt-, Alleinerbe m
heir apparency unzweifelhaftes Erbrecht; **h. apparent** 1. Erbanwärter(in) m/f, zukünftiger/mutmaßlicher Erbe; 2. Thronerbe m, T.folger m; **h. bodily** Leibeserbe m; **h. collateral** Erbe in der Seitenlinie
heiress n Erbin f
heir general Universalerbe m; **h.less** adj erblos, ohne Erben; **h.loom** n Erbstück nt; **h. presumptive** mutmaßlicher Erbe; **h.ship** n Erbschaft f, E.recht nt, E.berechtigung f, E.(en)eigenschaft f; **forced h.ship** *[US]* Pflichtteilsanspruch m, P.recht nt; **h. testamentary** testamentarisch bestimmter Erbe
held adj §️ erkannt; **officially h.** *(Gold)* in staatlichem Besitz
heli|copter n Hubschrauber m; **~ pilot** Hubschrauberpilot m; **h.drome; h.pad; h.port** n Hubschrauberlandeplatz m
helio|graph n Lichtschreibgerät nt; **h.type** n 🖨 Lichtdruck m

hell *n* Hölle *f*; **h. on earth** Hölle auf Erden; **a h. of a job** *(coll)* eine Heidenarbeit *(coll)*; **~ problem** ein Riesenproblem; **come h. or high water** *(coll)* auf Biegen und Brechen *(coll)*; **let's get the h. out of here** *[US]* *(coll)* nichts wie raus *(coll)*; **the way to h. is paved with good intentions** *(prov.)* der Weg zur Hölle ist mit guten Vorsätzen gepflastert *(prov.)*; **all h. is let loose** *(coll)* der Teufel ist los *(coll)*; **to give so. h.** *(coll)* jdm die Hölle heiß machen *(coll)*, jdm aufs Dach steigen *(coll)*; **to go to h.** *(coll)* zum Teufel gehen *(coll)*; **to raise h.** *(coll)* Mordskrach schlagen *(coll)*; **h.-bent on** *adj (coll)* versessen auf; **to be ~ sth.** *(coll)* wie der Teufel hinter etw. her sein *(coll)*
golden hello *n* *(fig)* Begrüßungs-, Handgeld *nt*; **h. girl** *(coll)* ✆ Telefonfräulein *nt*
helm *n* ⚓ Ruder *nt*, Steuer *nt*; **at the h.** *(fig)* am Ruder *(fig)*; **to be ~ h.** am Ruder sein, beherrschen; **to take (over) the h.** Ruder/Steuer übernehmen
helmet *n* Helm *m*; **protective h.** Schutzhelm *m*; **tropical h.** Tropenhelm *m*
helmsman *n* ⚓ Steuermann *m*
help *n* 1. Hilfe *f*, Unterstützung *f*, Beihilfe *f*, Beistand *m*, Förderung *f*; 2. Gehilfe *m*, Gehilfin *f*, Hilfsdienst *m*, H.personal *nt*, H.kraft *f*, Stütze *f*; **beyond h.** rettungslos **to appeal (to so.) for help** (jdn) um Hilfe anrufen/bitten; **to ask/call for h.** um/zu Hilfe rufen; **to be of h.** behilflich sein, nützen; **to deserve h.** Hilfe verdienen; **to enlist so.'s h.** sich jds Hilfe versichern, jdn einspannen *(fig)*; **to request/summon h.** um Hilfe ersuchen, Hilfe anfordern
trained clerical help Bürofachkraft *f*; **domestic h.** Haushaltshilfe *f*, H.gehilfin *f*; **~ allowance** *(Steuer)* Freibetrag für Beschäftigung einer Haushaltshilfe; **extra h.** zusätzliche Kraft/Kräfte; **extraneous/outside h.** zusätzliche Arbeitskräfte, fremde Hilfe; **neighbourly h.** Nachbarschaftshilfe *f*; **positive h.** praktische Hilfe; **secretarial h.** 1. Schreib-, Bürohilfe *f*; 2. Bürogehilfin *f*, B.gehilfe *m*; **tied h.** gebundene Hilfe; **unstinting h.** großzügige Hilfe
help *v/t* 1. helfen, beistehen, unterstützen, fördern, Hilfe bringen; 2. nicht umhin können; **we cannot h. feeling** wir können uns des Eindrucks nicht erwehren, wir haben einfach den Eindruck; **h. o.s. (to sth.)** sich bedienen, zugreifen, sich etw. nehmen, zulangen; **h. so.** jdm (weiter)helfen; **~ escape** jdm zur Flucht verhelfen; **h. out** aushelfen, aus der Not helfen, einspringen; **h. so. out** jdm unter die Arme greifen
helper *n* Helfer(in) *m/f*, Gehilfe *m*, Gehilfin *f*, Stütze *f*; **h.s** Hilfspersonal *nt*
help file 🖥 Hilfsdatei *f*
helpful *adj* nützlich, dienlich, hilfreich, behilflich, gefällig, zuvorkommend; **to be h.** nutzen; **h.ness** *n* Gefälligkeit *f*
help function 🖥 Hilfsfunktion *f*
helping *n* Portion *f*; **second. h.** Nachschlag *m*, zweite Portion
helpless *adj* 1. hilflos, unselbstständig; 2. machtlos, ohnmächtig; **h.ness** *n* Hilflosigkeit *f*, Unselbstständigkeit *f*, Ohnmacht *f*

helpline *n* ✆ 1. Notruf *m*; 2. Info-Telefon *nt*
help panel 🖥 Hilfstextanzeige *f*; **h. screen** Hilfsbildschirm *m*
help wanted ad Stellenanzeige *f*
helter-skelter *adv* *(coll)* Hals über Kopf *(coll)*
hem *n* Saum *m*; **h. in** *v/t* einengen
hemi|plegia *n* ⚕ halbseitige Lähmung; **h.plegic** *adj* halbseitig gelähmt
hemisphere *n* Hemisphäre *f*, Halbkugel *f*; **lower-case h.** *(Schreibmaschine)* Typenkopfhälfte mit Kleinbuchstaben; **upper-case h.** Typenkopfhälfte mit Großbuchstaben
hemp *n* Hanf *m*
hen *n* Huhn *nt*, Henne *f*; **h. battery** 🐓 Legebatterie *f*
hence *adv* 1. von hier/jetzt an; 2. daher, folglich, deshalb; **h.forth; h.forward** *adv* fortan
hen party *(coll)* Kaffeekränzchen *nt (coll)*
hepatitis *n* ⚕ Leberentzündung *f*
herald *v/t* ankündigen, melden; **h.ry** *n* Wappenkunde *f*
herb *n* Gewürzpflanze *f*, Kraut *nt*; **mixed h.s** Gewürzmischung *f*; **medicinal h.** Heilkraut *nt*
herbal Kräuter-
herbi|cide *n* Unkrautvernichtungsmittel *nt*, Pflanzengift *nt*, Herbizid *nt*; **h.vore** *n* Pflanzenfresser *m*; **h.vorous** *adj* pflanzenfressend
herd *n* Herde *f*; **h. of cattle** 🐄 Rinder-, Viehherde *f*; **national h.** Viehbestand *m*; **h. book** Herd-, Stamm-, Zuchtbuch *nt*; **h. instinct** Herdeninstinkt *m*
here and there *adv* stellenweise, partiell, gelegentlich; **neither h. nor there** *(coll)* belanglos; **h., there and everywhere** *(coll)* an allen Ecken und Kanten *(coll)*; **h.after** *adv* hiernach, zukünftig; **h.by** *adv* hierdurch, hiermit
here|ditability *n* Erbfähigkeit *f*, E.lichkeit *f*, Vererbarkeit *f*; **h.ditable** *adj* vererbbar, erbfähig
hereditaments *pl* vererbliche Vermögensgegenstände, im Erbgang übertragbares Vermögen; **corporeal h.** vererbliche Gegenstände/Rechte, bewegliche Erbschaftsgegenstände; **incorporeal h.** unbewegliche Erbschaftsgegenstände
hereditary *adj* angestammt, erblich, vererbbar
here|in *adv* hierin, im Folgenden, unten; **h.inabove; h.inbefore** *adv* vorstehend, oben; **h.inafter; h.under** *adv* im Folgenden, nachstehend, nachfolgend, hiernach; **h.of** *adv* dessen, hiervon; **h.to** *adv* beiliegend; **h.tofore** *adv* bis hierher, bis dahin; **h.with** *adv* hierdurch, hiermit
heritable *adj* 1. erblich; 2. vererbbar; **not h.** unvererblich
heritage *n* Erbe *nt*, Erbgut *nt*, E.schaft *f*, Nachlass *m*, Hinterlassenschaft *f*; **fair h.** angemessene Erbschaft; **joint h.** Miterbschaft *f*; **national h.** nationales Erbe/Kulturgut
heri|tor *n* Erbe *m*, Grund-, Erbschaftsbesitzer *m*; **h.trix** Erbin *f*, Erbschaftsbesitzerin *f*
Her Majesty's (H.M.) Customs *[GB]* Zollbehörde *f*, Z.verwaltung *f*; **~ Stationery Office (HMSO)** *[GB]* Staatsdruckerei *f*
hernia *n* ⚕ (Leisten)Bruch *m*

herpes *n* ⚕ Herpes *m*
herring *n* Hering *m*; **pickled h.** eingelegter Hering; **red h.** *(fig)* Finte *f*, falsche Spur/Fährte, Ablenkungs-, Täuschungsmanöver *nt*; **h.bone pattern** *n (Anzug)* Grätenmuster *nt*
hesistant *adj* zurückhaltend, zögernd, schwankend
hesitate *v/i* zögern, zaudern, Bedenken haben; **to make so. h.** jdn stutzig machen
hesitation *n* Zögern *nt*; **without h.** anstandslos
hetero|geneous *adj* heterogen, inhomogen; **h.nomous** *adj* fremdbestimmt; **h.nomy** *n* Fremdbestimmung *f*; **h.scedastic** *adj* ▨ streuungsungleich; **h.scedasticity** *n* Streuungsungleichheit *f*
heuristic *adj* heuristisch; **h.s** *n* Heuristik *f*
heyday *n* Blüte-, Glanzzeit *f*, Höhe-, Gipfelpunkt *m*; **to be past one's h.s** die beste Zeit hinter sich haben
hiatus *n* Lücke *f*, Einschnitt *m*; **h. in demand** Nachfragelücke *f*
hiber|nate *v/i* Winterschlaf halten, überwintern; **h.-nation** *n* Winterschlaf *m*
hiccough; hiccup *n* 1. ⚕ Schluckauf *m*; 2. *(fig)* Störung *f*, Unterbrechung *f*
hick *n [US] (coll)* Hinterwäldler *m*; **h. town** Kuhdorf *m (coll)*
hidden *adj* 1. versteckt; 2. *(Rücklagen)* still
hide *n* 1. Haut *f*; 2. Fell *nt*, Leder *nt*; **h.s and skins** Häute und Felle; **h. of land** Feldmaß *nt (ca. 48 ha)*; **to play h.-and-seek** *[GB]* ; ~ **h.-and-go-seek** *[US]* Versteck(en) spielen; **to save one's h.** *(fig)* seine Haut retten *(fig)*; **to tan so.'s h.** *(fig)* jdm das Fell gerben *(fig)*
hide *v/ti* 1. verstecken, kaschieren, verbergen, verdecken, verhehlen, verheimlichen, verschweigen; 2. sich verstecken/verkriechen *(coll)*; **h. away** (sich) verstecken; **to have nothing to h.** nichts zu verbergen haben
hide|away *n* Versteck *nt*; **h.bound** *adj* engstirnig, borniert
hide-hunter *n* Pelzjäger *m*
hideous *adj* hässlich, schrecklich, grauenhaft
hideout *n* Versteck *nt*, Schlupfwinkel *m*
hiding *n* *(coll)* Prügel *pl*; **to get a h.** Prügel beziehen; **good h.** (ordentliche) Tracht Prügel
hiding place Schlupfwinkel *m*, Versteck *nt*, Zufluchtsort *m*; **specially contrived h. p.** nachträglich eingebautes Versteck; **natural h. p.** baubedingtes Versteck
hierarchic(al) *adj* hierarchisch
hierarchy *n* Rangordnung *f*, Hierarchie *f*; **h. of authority** Entscheidungshierarchie *f*; ~ **goals** Rangordnung der Ziele, ~ von Zielen, Zielsystem *nt*; ~ **needs** Präferenzordnung *f*, Bedürfnispyramide *f*, B.hierarchie *f*; **administrative h.** Verwaltungshierarchie *f*; **corporate h.** betriebliche Hierarchie, Unternehmenshierarchie *f*; **decision-making h.** Entscheidungshierarchie *f*; **departmental h.** Abteilungshierarchie *f*; **means-end h.** Zweck-Mittel-Hierachie *f*; **official h.** Amtshierarchie *f*
hierachy level Hierachieebene *f*
hi-fi (equipment) *n* Stereoanlage *f*; ~ **industry** Phonobranche *f*
higgle *v/i* feilschen

higgledy-piggledy *adv* *(coll)* kunterbunt durcheinander, wie Kraut und Rüben *(coll)*
high *adj* hoch, groß; **h. and dry** *(coll)* auf dem Trockenen *(fig)*; **from on h.** von oben herab
high *n* Höchstkurs *m*, H.stand *m*, höchster Jahreskurs; **to reach/hit a (new) h.** Höchstkurs verbuchen, alle Rekorde schlagen, neuen Höhepunkt erreichen
all-time high absoluter/historischer Höchststand, H.kurs *m*, Spitzenstand *m*, Rekord(höhe) *m/f*; **to be at an ~ h.** höher denn je stehen, auf Rekordhöhe stehen; **all-year/yearly h.** Jahreshöchststand *m*, J.kurs *m*, J.preis *m*; **interim h.** Zwischenhoch *nt*; **intra-day h.** Tageshöchststand *m*; **postwar h.** Nachkriegsrekord *m*, N.höchststand *m*; **record h.** Höchstkurs *m*, H.stand *m*, Spitzenstand *m*
High Authority *(EU)* Hohe Behörde
high-bay *n* Hochregal *nt*; ~ **store** Hochlager *nt*; **h.-calibre** *adj* hochqualifiziert, h.karätig; **H. Commission** *(EU)* Hohe Kommission; **H. Commissioner** Hoch-, Oberkommissar *m*; **H. Contracting Parties** [§] Hohe Vertragsparteien; **h.brow** *n* Intellektuelle(r) *f/m*, Schöngeist *m*; *adj* intellektuell, schöngeistig; **h.-class** *adj* erstklassig; **h.-cost** *adj* 1. kostenintensiv; 2. hochwertig; **h.-coupon** *adj* h.-earning; **h.-yield(ing)** *adj* hochverzinslich, hochrentierlich; **h.-earning** *adj* hochbezahlt, hochdotiert; **h.-efficiency** *adj* Hochleistungs-; **h.-end** *[US] adj* im oberen Marktsegment
higher *adj* höher; **next h.** nächsthöher; **slightly h.** *(Börse)* leicht erholt; **h.-coupon; h.-yield(ing)** *adj* höherverzinslich; **the h.-paid** *n* Besserverdienende *pl*; **h.-priced** *adj* 1. teurer; 2. *(Aktie)* höher bewertet; **h.-ranking** *adj* höherstehend; **h.-value** *adj* übergeordnet, höherwertig, übergeordnet
highest *adj* höchst; **h.-bidding** *adj* meistbietend; **h. possible** *adj* höchstmöglich; **h.-ranking** *adj* ranghöchst
high-fat *adj* fettreich
high-fiber *[US]*; **high-fibre** *[GB] adj* faserreich
high|flier; h.flyer *n* *(fig)* 1. Ehrgeizling *m*, Senkrechtstarter *m (fig)*, Überflieger *m*; 2. Akkordbrecher *m*; 3. Börsenfavorit *m*, favorisierte Aktie; **h.-flown** *adj* 1. *(Ziel)* hochgesteckt; 2. *(Plan)* hochfliegend; **h.-freight** *adj* frachtintensiv; **h.-grade** *adj* erstklassig, hochwertig, prima, hochgradig, hochkarätig; **h.-handed** *adj* anmaßend, eigenmächtig, von oben herab, hochfahrend, arrogant, überheblich; **h.-handedness** *n* Anmaßung *f*, Willkür *f*, Eigenmächtigkeit *f*, Arroganz *f*; **h.-income** *adj* hochrentierlich, einkommensstark; **h.- interest (-yielding)** hochverzinslich
high-jack *v/t* → hijack
high|land *n* Hochland *nt*; **h.-level** *adj (Gespräche)* auf höchster Ebene
highlight *n* Glanzlicht *nt*, Höhepunkt *m*; **corporate h.s** wichtigste Jahresergebnisse/Daten des Unternehmens
highlight *v/t* hervorheben, betonen, verdeutlichen, unterstreichen, herausstellen, illustrieren, veranschaulichen, (Schlag)Licht werfen auf; **h.er** *n* Markier-, Leuchtstift *m*
high|-margin *adj* gewinnträchtig, lukrativ; **h.-minded** *adj* hochherzig; **h.-mindedness** *n* Hochherzigkeit *f*; **h.-**

octane adj ⚙ *(Benzin)* klopffest; **h.-performance** adj 1. leistungsstark, Hochleistungs-; 2. hochrentierlich; **h.-powered** adj hochkarätig *(fig)*, leistungsstark, hochleistungsfähig, Hochleistungs-; **h.-pressure** adj *(Verkauf)* reißerisch; v/t *(Kunden)* bearbeiten; **h.-priced** adj 1. teuer, kostspielig, hoch im Preis; 2. *(Börse)* hochstehend, hoch bewertet; 3. *(Aktie)* schwer; **h.-rofile** adj profiliert; **h.-proof** adj *(Alkohol)* hochprozentig; **h.-protein** adj eiweißreich; **h.-quality** adj hochwertig, qualitativ, von guter Qualität, gediegen; **h.-ranking** adj hochstehend, h.gestellt, von hohem Rang/Stand; **h.-rated** adj hochtarifiert; **h.-resolution** *(Bildschirm)* hochauflösend; **h.-return** adj hochrentierlich; **h.-rise** adj 🏛 *(Wohn)Hochhaus-*; n Hochhaus nt, Wolkenkratzer m; **h.-risk** adj risikoreich, r.behaftet, hochriskant; **h.road** n Landstraße f; **h.-security** adj Hochsicherheits-; **h.-sounding** adj hochtrabend, h.tönend, klangvoll; **h.-speed** adj Hochgeschwindigkeits-, Schnell-, schnell laufend; **h.-strung** adj *[US]* hochgespannt; **h.-tech (hi-tech)** n Hoch-, Spitzentechnologie f; adj technologisch hochwertig, Hochtechnologie-; **h.-tension** adj ⚡ Hochspannungs-; **h.-tensile** adj ⚙ *(Stahl)* zug- und biegefest; **h.-up** adj *(Person)* hochgestellt; n hohes Tier *(coll)*; **h.-value** adj hochwertig; **h.-volume** adj umsatzstark; **h.-wage** adj lohnintensiv, Hochlohn-
highway n 1. ⚙ Fahr-, Fern-, Land-, Bundesstraße f, Chaussee f *(frz.)*; 2. 🖥 Vielfachleitung f; **federal h.** Bundesfernstraße f *[D]*; **oncoming h.** *[US]* Gegenfahrbahn f; **public h.** öffentliche Straße
highway authority Straßen(bau)behörde f; **h. code** Straßenverkehrsordnung (StVO) f; **h. construction department; h.s department** Straßenbauverwaltung f, S.amt nt, S.behörde f; **h. engineer** Straßenbauingenieur m; **h. engineering** Straßenbau(wesen) m/nt; **h.man; h. robber** n Straßenräuber m, Wegelagerer m; **h. robbery** Straßenraub m, Wegelagerei f; **h.s superintendent** Straßenmeister m; **h. (user) tax** *[US]* Straßenbenutzungsgebühr f
high-yield(ing) adj hochrentierlich, h.verzinslich, rendite(n)stark, r.trächtig, ertragsgünstig, e.stark, ergiebig, ertragreich, mit hoher Rendite
hijack v/t entführen, kapern; **h.ing** n *(Flugzeug)Ent*führung f, Luftpiraterie f
hike n 1. Wanderung f; 2. *(coll)* Steigerung f, Preisanstieg m, P.erhöhung f; **h. in interest rates** Zinsanhebung f; v/ti 1. wandern; 2. *(Preise)* anheben
hiker n Wanderer m
hiking n Wandern nt; **h. boots** Wanderstiefel
hill n Hügel m; **up h. and down dale** über Berg und Tal, über Stock und Stein; **h. and dale** 🎵 Ablaufberg m; **h.billy** n *[US] (coll)* Hinterwäldler m
hill|ock n kleiner Hügel; **h.side** n Hang m; **h.y** adj hügelig
to the hilt n *(fig)* vollständig, bis zur Halskrause *(coll)*
hinder v/t (be-/ver)hindern, hemmen; **h. and delay** § Vollstreckung hindern
hindmost adj letzte(r, s)
hindrance (to) n Hindernis nt, Behinderung (für) f, Erschwernis f; **to be a h.** hinderlich sein

hindsight n zu späte Einsicht; **with (the benefit of) h.** bei rückblickender/nachträglicher Betrachtung, im Nachhinein
hinge n 1. Scharnier nt, Türangel f; 2. *(fig)* Angelpunkt m, kritischer Punkt; **h. on** v/ti 1. sich drehen um, abhängen von, hängen an; 2. abhängig machen von
hint n 1. Andeutung f, Anspielung f; 2. Wink m, Anregung f, Hinweis m, Ratschlag m; 3. Börsentip m; **at the first h. of danger** bei der leisesten Gefahr; **to drop/give a h.** Wink geben, (jdm) etw. stecken *(coll)*, etw. andeuten, Hinweis geben, durch die Blume zu verstehen geben *(fig)*; **to take a h.** es sich gesagt sein lassen, Wink verstehen, Tip befolgen; **big h.** Wink mit dem Zaunpfahl *(fig)*
hint v/t andeuten, einen Wink geben, einfließen/durchblicken lassen; **h. at** anspielen auf
hinterland n Hinterland nt, Landesinnere nt
hip n 🦴 Hüfte f; **h. bath** Sitzbadewanne f; **h. joint** Hüftgelenk nt
hire n 1. *(Sach)*Miete f, Mietpreis m; 2. *(Arbeits)*Lohn m, Heuer f; 3. Vermietung f, Verleih(ung) m/f; **for h.** zu (ver)mieten, mietbar; **off h.** unvermietet, frei; **on h.** vermietet, mietweise; **to let for h.** mietweise überlassen; **to take sth. on h.** sich etw. (aus)leihen
hire v/t 1. (an)mieten, pachten; 2. *(Personal)* einstellen, (an)heuern, in Dienst/Sold nehmen, dingen, beauftragen; 3. ✈ chartern; **h. out** verleihen, vermieten, verpachten, ausleihen, zur Miete geben; **h. o.s. out** sich verdingen; **h. and fire** (an)heuern und feuern
hireage n Vermietung f
hire agreement Mietvertrag m; **h. business** Verleih m; **h. car** Mietauto nt; **h. charge** Miete f, Benutzungsgebühr f; **h. charges/costs** 1. ⚙ Leihgebühr f; 2. 🚂 Wagonmiete f; **h. company** Verleiher m; **h. contract** Mietvertrag m
hired adj gedungen, eingestellt, gemietet
hire firm n Verleiher m
hireling n Mietling m
hire purchase (H.P., h.p.) n *[GB]* Abzahlungs-, Miet-, Kredit-, Teilzahlungs-, Ratenzahlungs-, Raten(ein)kauf m, Teil-, Abzahlungsgeschäft nt, (Ver)Kauf auf Abzahlungsbasis; **to buy on h. p.** auf Abzahlung/Teilzahlung kaufen; **to sell on h. p.** auf Abzahlung verkaufen
hire purchase account Abzahlungskonto nt; **H. P. Act** *[GB]* Abzahlungs-, Mietkauf-, Ratenzahlungsgesetz nt; **h. p. agreement/contract** Abzahlungs-, Ratenkredit-, Teilzahlungsvertrag m, Ratenvereinbarung f; **~ arrears** Ratenverzug m, R.rückstände f; **~ bill** *[GB]* Ratenzahlungswechsel m; **~ business** Ratenzahlungsgeschäft nt; **~ buyer** Mietkäufer m; **~ charges** Abzahlungskosten; **~ commitments** Abzahlungs-, Ratenzahlungsverpflichtungen; **~ company** Abzahlungsgesellschaft f; **~ controls** Mietkaufbeschränkungen, Beschränkungen des Teilzahlungsgeschäfts; **~ credit** Abzahlungs-, Teilzahlungs-, Teilfinanzierungs-, Raten(zahlungs)kredit m, R.darlehen nt; **~ customer** Mietkäufer m, Teilzahlungskunde m; **~ debts** Abzahlungsverpflichtungen; **~ finance** Finanzierung von Ab-

zahlungsgeschäften; ~ **finance company/house** Abzahlungsbank *f*, Teilzahlungskreditbank *f*, T.institut *nt*; ~ **form** Abzahlungsformular *nt*; ~ **hazard** Abzahlungsrisiko *nt*; ~ **instalment** Teilzahlungs-, Abzahlungsrate *f*; ~ **loan** Raten-, Teilzahlungskredit *m*; ~ **paper** Abzahlungswechsel *m*; ~ **payment** Ratenzahlung *f*; ~ **plan** Teil-, Abzahlungsplan *m*; ~ **price** Abzahlungs-, Raten-, Teilzahlungspreis *m*; ~ **regulations** Abzahlungsbestimmungen; ~ **repayment** Rückführung eines Abzahlungsvertrags; ~ **restriction** Teilzahlungsbeschränkung *f*; ~ **sale** Abzahlungsgeschäft *nt*, Ratenzahlungsverkauf *m*; ~ **system** Teilzahlungssystem *nt*; ~ **terms** Raten(kredit)-, Teilzahlungs-, Abzahlungsbedingungen; ~ **transaction** Teilzahlungsgeschäft *nt*
hirer *n* Mieter(in) *m/f*
hiring *n* 1. Anmietung *f*; 2. (Personal)Einstellung *f*; **h. on probation** Anstellung auf Probe; **preferential h.** Einstellung unter Bevorzugung bestimmter Gruppen
hiring age Einstellungsalter *nt*; **maximum h. age** Höchsteinstellungsalter *nt*; **h. charge** Mietgebühr *f*; **h. cost(s)** Einstellkosten *pl*; **h. contract** Anstellungsvertrag *m*; **h. discrimination** Diskriminierung bei der Einstellung; **h. interview** Einstellungsgespräch *nt*; **h. out** Ausleihung *f*, Verleih *m*; ~ **of employees** Arbeitnehmerverleih *m*, A.überlassung *f*; **h. practice(s)** Einstellungspraxis *f*; **h. procedure** Einstellungsverfahren *nt*; **h. rate** Einstell(ungs)quote *f*
histogram *n* ▦ Säulendarstellung *f*, S.grafik *f*, Stab-, Säulen-, Treppendiagramm *nt*, Staffelbild *nt*, Histogramm *nt*
history *n* (Vor)Geschichte *f*, Werdegang *m*, Entwicklung *f*, Vergangenheit *f*; **h. of business cycles** Konjunkturgeschichte *f*; ~ **civilization** Kulturgeschichte *f*; ~ **economic thought** Geschichte der ökonomischen Theorie, Dogmengeschichte *f*; ~ **law** Rechtsgeschichte *f*; ~ **loading** Last-Zeit-Verbindung *f*; **to go down in h.** in die Geschichte eingehen
constitutional history Verfassungsgeschichte *f*; **contemporary h.** Zeitgeschichte *f*; **economic h.** Wirtschaftsgeschichte *f*; **legal h.** Rechtsgeschichte *f*; **medical h.** Krankenheits-, Leidensgeschichte *f*; **monetary h.** Währungsgeschichte *f*; **natural h.** Naturgeschichte *f*; **past h.** Vorleben *nt*; **personal h.** Lebenslauf *m*; ~ **form** Personalfragebogen *m*; **social h.** Sozialgeschichte *f*
histrionics *pl* Effekthascherei *f*
hit *n* 1. Treffer *m*; 2. *(fig)* Renner *m*, Publikumserfolg *m*, Schlager *m*, Knüller *m*; **h. and/or miss** aufs Geratewohl; **to score a h.** Treffer erzielen; **direct h.** Volltreffer *m*; **lucky h.** Glückstreffer *m*
hit *v/t* 1. schlagen; 2. treffen; 3. (auf)prallen; 4. beeinträchtigen, **h. back** zurückschlagen; **h. it off (well) with so.** *(coll)* sich gut mit jdm vertragen, ~ miteinander stehen, mit jdm gut auskommen
hit *adj* getroffen; **to be h.** betroffen sein, beeinträchtigt werden; **hardest hit** am stärksten betroffen; **worst h.** am schlimmsten betroffen; **the ~ h. is/are ...** am stärksten trifft es ...
hitch *n* *(coll)* Stockung *f*, (technische) Störung, Schwierigkeit *f*, Haken *m (fig)*; **without a h.** reibungslos; **to go**

no holds barred

off without a h. *(coll)* wie am Schnürchen klappen/laufen, reibungslos/glatt (über die Bühne) gehen, ohne Störung/störungsfrei verlaufen; **last-minute h.** Störung im letzten Moment; **technical h.** technische Schwierigkeit, technisches Problem
hitch to *v/t* ankoppeln an
hitchhike *v/i* als/per Anhalter fahren, trampen; **h.er** *n* Anhalter(in) *m/f*
hi-tech *n* *(coll)* Spitzen-, Zukunftstechnologie *f*, modernste Technologie
hitherto *adv* bisher, bislang, bis dato
hit list *(fig)* Abschussliste *f (fig)*; **h. parade** Schlagerparade *f*
hive off *v/t* verkaufen, abstoßen, ausgliedern, teil-, reprivatisieren, (in eine neue Gesellschaft) ausgründen
hiving-off *n* Ausgliederung *f*, Ausgründung *f*, organisatorische Verselbstständigung; ~ **agreement** Ausgründungsvertrag *m*
hoard *n* Hort *m*, Schatz *m*, (heimlicher) Vorrat; **h. of gold** Goldschatz *m*; ~ **money** (Geld)Schatz *m*, gehortetes Geld
hoard *v/t* horten, anhäufen, hamstern *(coll)*
hoarding *n* 1. Anschlag-, Reklametafel *f*, R.fläche *f*, R.wand *f*, Anschlag-, Plakatwand *f*, P.fläche *f*, Maueranschlag *m*; 2. Bau-, Bretterzaun *m*; 3. Hortung *f*, Horten *nt*, Thesaurierung *f*, Anhäufung *f*, Hamstern *nt* *(coll)*; **h. of money** Geldhortung *f*; **h. purchase** Hortungskauf *m*
hoax *n* Falschmeldung *f*, (Zeitungs)Ente *f*
hobble *v/ti* 1. humpeln; 2. fesseln, behindern, aufhalten
hobby *n* Hobby *nt*, Liebhaberei *f*, Steckenpferd *nt*; **h. horse** Steckenpferd *nt*; **to be on/ride one's h. horse** bei seinem Lieblingsthema sein, sein Steckenpferd reiten
hobo *n* *[US] (coll)* 1. Wanderarbeiter *m*; 2. Vagabund *m*, Penner *m (coll)*
hock *n* *[US] (coll)* Pfand *nt*; **in h.** verpfändet, verschuldet
hock *v/t* *(coll) (Pfand)* versetzen
hocuspocus *n* Hokuspokus *m*, Schwindel *m*
hod *n* 🏛 Tragmulde *f*, Speisvogel *m (coll)*
hodge-podge *n* *[US]* → **hotch-potch**
hoe *n* 🛠 Hacke *f*
hog *n* *[US]* 🐖 Mast-, Schlachtschwein *nt*; **to go the whole h.** *(coll)* ganze Arbeit leisten *(coll)*, aufs Ganze gehen; **fat h.** Mastschwein *nt*; **h. breeding** Schweinezucht *f*; **h. cycle** Schweinezyklus *m*
hogshead *n* Oxhoft *nt*, großes Fass
hoi polloi *pl (coll)* Lumpengesindel *nt*, Volk *nt*, Pöbel *m*
hoist *n* Lastenaufzug *m*, Hebezeug *nt*, Aufzugsvorrichtung *f*; *v/t* 1. anheben, hochziehen, h.winden; 2. steigern; 3. *(Flagge)* hissen
hoisting cable *n* ⚓ Förderseil *nt*; **h. cage** Förderkorb *m*; **h. device** Hubvorrichtung *f*; **h. gear** 1. Förderturm *m*; 2. Hebezeug *nt*; **h. unit** Hebezeug *nt*; **h. winch** Hebewinde *f*
hokum *n* *[US] (coll)* Quatsch *m*, Mumpitz *m (coll)*
hold *n* 1. ⚓ Raum *m*, (Ver)Lade-, Schiffs(lade)-, Stau-, Frachtraum *m*; 2. Einfluss *m*, Macht *f*, Gewalt *f*; 3. Griff *m*; **on h.** bereitgestellt; **no h.s barred** *(coll)* 1. uneingeschränkt, unkontrolliert; 2. freimütig

to get hold of auftreiben, ergattern, an Land ziehen *(fig)*; **~ sth.** einer Sache habhaft werden; **to get a h. on sth.** etw. in seine Macht bekommen; **to have a h. upon so./sth.** Macht über jdn/etw. haben, jdn/etw. beherrschen, ~ in der Gewalt haben; **to keep one's h. on the market** sich auf dem Markt (weiter) behaupten; **to lose one's h.** Halt verlieren; **to put on h.** verschieben; **~ so. on h.** ⚓ jdn auf Warteliste schalten; **to strengthen one's h. on the market** Marktposition stärken; **to take h. of sth.** sich einer Sache bemächtigen; **to trim the h.** ⚓ seemäßig stauen
hold *v/ti* 1. halten; 2. besitzen; 3. fassen, Platz bieten für; 4. *(Amt)* bekleiden, innehaben, versehen; 5. *(Versammlung)* abhalten; 6. [§] für Recht erkennen, befinden, meinen, urteilen, entscheiden, ansehen; **h. so.** *(Polizei)* jdn festhalten; **~ to sth.** etw. von jdm einfordern; **h. sth. against so.** jdm etw. verübeln/vorwerfen/verargen, ~ zur Last legen; **h. back** (sich) zurückhalten, einbehalten; **h. beneficially** *(Wertpapiere)* in Eigenbesitz haben; **h. concurrently** gemeinschaftlich berechtigt sein; **h. down** niedrig halten, unter Kontrolle halten; **h. forth** 1. bieten; 2. Rede schwingen; **h. off** 1. fern halten; 2. *(Entscheidung)* zurückstellen; **h. on (to)** 1. warten, ausharren, festhalten an, nicht aufgeben; 2. ⚓ dran bleiben; **h. one's own** sicht (gut) behaupten; **h. out** 1. durchhalten; 2. *(Angebot)* bieten, machen; **~ against** sich behaupten gegen; **h. o.s. out as sth.** sich als etw. ausgeben/darstellen; **h. over** verschieben, prolongieren, stunden, zurück(be)halten, verzögern; **h. up** 1. aufhalten; 2. hochhalten; 3. stützen, verzögern, konstant/ stabil bleiben; 4. überfallen; 5. *(Preis/Nachfrage)* sich halten; **~ well** sich gut behaupten/halten
hold|all *n* Reise-, Tragetasche *f*; **h.back** *n* 1. Hindernis *m*; 2. *(Tür)* Stopper *m*; **~ pay** *[US]* einbehaltene Lohngelder
holder *n* 1. Besitzer(in) *m/f*, Berechtigte(r) *m/f*, Inhaber(in) *m/f*, Halter(in) *m/f*; 2. *(Effekten)* Eigentümer(in) *m/f*; 3. *(Titel)* Träger(in) *m/f*
holder of the authorization Bewilligungsinhaber(in) *m/f*; **~ a bank account** Kontoinhaber(in) *m/f*, Inhaber(in) eines Bankkontos; **~ a bill** Wechselinhaber(in) *m/f*; **~ business assets** Betriebsvermögensinhaber(in) *m/f*; **~ a chair** Lehrstuhlinhaber(in) *m/f*; **~ a check** *[US]* / **cheque** *[GB]* **card** Scheckkarteninhaber(in) *m/f*; **~ a claim** Forderungsinhaber(in) *m/f*; **h. in due course** 1. rechtmäßiger Inhaber/Eigentümer/Besitzer, legitimierter Inhaber; 2. *(Effekten)* Eigner(in) *m/f*, Eigentümer(in) *m/f*; **h. of a driver's license** *[US]* /**~ driving licence** *[GB]* Führerscheininhaber(in) *m/f*; **~ employee stocks** *[US]* Belegschaftsaktionär(in) *m/f*; **principal ~ equity securities** Hauptaktionär(in) *m/f*; **h. in bad faith** böswilliger Besitzer/Inhaber; **~ good faith** gutgläubiger Besitzer/Inhaber; **h. of an interest** Anteilsinhaber(in) *m/f*, Miteigentümer(in) *m/f*; **~ a land charge** Grundschuldgläubiger(in) *m/f*; **~ a letter of credit** Kreditbriefinhaber(in) *m/f*; **~ a licence** Konzessionsinhaber(in) *m/f*; **h. for life** Besitzer auf Lebenszeit; **h. of a qualified minority** Schachtelaktionär(in) *m/f*; **~ a pledge** Pfandbesitzer(in) *m/f*, P.inhaber(in) *m/f*, P.nehmer(in) *m/f*, P.gläubiger(in) *m/f*; **~ a power of attorney** Vollmachtinhaber(in) *m/f*; **joint ~ property** Gesamthänder *m*; **h. of a right** Rechtsträger(in) *m/f*; **~ beneficiary rights** Genussberechtigte(r) *f/m*; **~ a safe custody account** Depotinhaber(in) *m/f*; **~ securities** Effekten-, Wertpapierinhaber(in) *m/f*; **~ a securities account** Depotberechtigte(r) *f/m*; **~ shares** *[GB]* /**stocks** *[US]* Aktienbesitzer(in) *m/f*, A.inhaber(in) *m/f*, Aktionär(in) *m/f*; **~ staff shares/stocks** Belegschaftsaktionär(in) *m/f*; **~ convertible stock** Inhaber von Wandelschuldverschreibungen; **h. on trust** Treuhänder(in) *m/f*; **h. for value (of a bill)** Inhaber einer Wechselgutschrift
bona-fide holder gutgläubiger Inhaber/Besitzer; **indirect h.** mittelbarer Besitzer; **joint h.** 1. Mitinhaber(in) *m/f*; 2. Mitaktionär(in) *m/f*; **lawful h.** rechtmäßiger/legitimer Besitzer, ~ Inhaber; **mala-fide** *(lat.)* **h.** bösgläubiger Inhaber; **previous/prior h.** 1. Vorbesitzer(in) *m/f*; 2. *(Wechsel)* Vor(der)mann *m*; **principal h.** Hauptaktionär(in) *m/f*; **registered h.** eingetragener Inhaber; **sole h.** Alleininhaber(in) *m/f*; **subsequent h.** Nachmann *m*, nachfolgender Inhaber, Besitznachfolger(in) *m/f*; **titular h.** Lizenzhalter(in) *m/f*; **true h.** rechtmäßiger Inhaber
holder's right Recht des Wechselinhabers; **~ to call** Gläubigerkündigungsrecht *nt*
hold function 🖳 Festhaltefunktion *f*; **h. harmless clause** Schadloshaltungsklausel *f*
holding *n* 1. Anteil *m*, Beteiligung *f*; 2. (Aktien)Besitz *m*, A.paket *nt*, Schachtel(besitz) *f/m*, Portefeuille *nt* *(frz.)*; 3. Grundbesitz *m*, (Land)Gut *nt*, Pachtgut *nt*; 4. Lager *nt*, Vorrat *m*; **h.s** 1. Effektenportefeuille *nt*, Beteiligungen, Beteiligungsvermögen *nt*, Anteile, Aktienbesitz *m*; 2. Grund-, Landbesitz *m*; **h. in productive capital** Produktivkapitalbeteiligung *f*; **h.s of currency/foreing exchange** Währungsreserven, Devisen-, Währungsbestände; **~ gold** Goldbestand *m*, G.reserve *f*; **~ securities** Wertpapierbestand *m*; **~ stocks** Lagerhaltung *f*
to dilute a holding Beteiligung verwässern; **to increase/ top up a h.** Beteiligung aufstocken; **to shuffle h.s** Beteiligungen umschichten/umstellen; **to take a h. (in)** Beteiligung erwerben (an)
aggregate holding Gruppenbeteiligung *f*; **agricultural h.** (Bauern)Hof *m*, Gut *nt*; **beneficial h.s** Wertpapiere in Eigenbesitz; **collateral h.s** Lombardbestände; **controlling h.** Mehrheitsbeteiligung *f*; **diversified h.s** Streubesitz *m*; **domestic h.s** *(Wertpapiere)* Inlandsbestand *m*; **financial h.** Finanzholding *f*; **~ h.s** (finanzielle) Beteiligungen; **foreign h.s** Auslandsbesitz *m*, A.beteiligungen, *m/f*; **immaterial h.** unwesentliche Beteiligung; **indirect h.** mittelbare Beteiligung, Unterbeteiligung *f*; **industrial h.** Industriebeteiligung *f*, industrielle Beteiligung; **institutional h.s** Aktienbesitz von Banken und Versicherungen; **interlocking h.s** kapitalmäßige Verflechtung; **intermediary h.s** Beteiligungen über Strohmänner; **joint h.** Rechtsgemeinschaft *f*; **long-term h.** langfristige Anlage; **maximum h.** Höchstbesitz *m*, H.bestand *m*; **minimum h.** Mindestbesitz *m*, M.bestand *m*; **monetary h.s** Geldbestand

m; **net h.s** Nettoguthaben *nt*, N.bestände; **nominal h.s** anonymer Aktienbesitz; **overseas h.s** Auslandsbesitz *m*, A.beteiligungen; **own h.** Eigenbesitz *m*, E.bestand *m*, Nostrobestand *m*; **permanent h.** Dauerbesitz *m*; **quasi-money h.s** Quasigeldbestand *m*; **residual h.** 1. Restbestand *m*; 2. *(Aktien)* Restpaket *nt*; **scattered h.s** Streubesitz *m*, Besitzersplitterung *f*; **small h.** ᛞ Klein-, Nebenerwerbsbetrieb *m*, landwirtschaftlicher Kleinbesitz; **very ~ h.** Zwergbetrieb *m*; **speculative h.s** spekulative Anlagen, Spekulationskasse *f*

holding abroad Auslandsbeteiligung *f*; **h. account** Asservatenkonto *nt*; **h. action** Aufhalteaktion *f*; **h. charge** Depotgebühr *f*

holding company Beteiligungs-, Holding-, Dach-, Ober-, Mutter-, Vorschalt-, Kontrollgesellschaft *f*, Besitzholding *f*, Konzernspitze *f*; **intermediate/minor h. c.** Zwischenholding *f*; **major h. c.** übergeordnete Holding; **operating h. c.** tätige Holding; **pure h. c.** reine Holding

holding costs Lagerhaltungskosten; **h. down of wages** Dämpfung der Lohnentwicklung; **h. firm** Besitzfirma *f*; **h. fund** Dachfonds *m*; **h. gains** Wertzuwachs *m*, nicht realisierter Vermögenswertzuwachs *m*; **h. level** Lagerbestand *m*; **h. limits** Bestandsbegrenzung *f*; **h. out as a utility-patented article** Gebrauchsmusterberühmung *f*; **h. over** verzögerte Räumung; **h. pattern** ✈ Warteschleife *f*; **h. period** Sperrfrist *f*; **h. time** 1. Abfertigungs-, Bearbeitungszeit *f*; 2. ✪ Belegungszeit *f*, B.dauer *f*

hold order Arbeitsunterbrechungsanweisung *f*; **h.over** *n* 1. übertragene Konzession; 2. *[US]* nicht einlösbares Papier; 3. Übriggebliebenes *nt*; 4. im Amt Verbliebener; 5. Besitz nach Vertragsablauf; **~ credit** Zwischenkredit *m*

hold-up *n* 1. Verzögerung *f*, Stockung *f*, Betriebsstörung *f*, B.stockung *f*; 2. (Rück)Stau *m*, Stauung *f*; 3. Raub-, Straßenüberfall *m*; **h. in building** Baupause *f*; **~ payments** Zahlungsstockung *f*; **~ tax assessment** Veranlagungspause *f*; **personal h. insurance** *[US]* Überfallversicherung *f*

hole *n* Loch *nt*, Öffnung *f*; **h. in the ozone layer** Ozonloch *nt*; **to plug a h.** Loch stopfen; **to punch a h.** Loch stanzen; **dry h.** ⚒ Fehlbohrung *f*; **god-foresaken h.** *(coll)* gottverlassenes Nest *(coll)*

hole *v/t* durchlöchern

hole count check ▫ Lochzahlprüfung *f*; **h. puncher** Locher *m*

holiday *n* 1. Urlaub *m*, Ferien *pl*, Erholungsaufenthalt *m*, E.urlaub *m*; 2. Fest-, Ferien-, Urlaubs-, Feiertag *m*, freier Tag *m*; **on h.** in den Ferien, im Urlaub; **on h.s** feiertags; **h. on interest and capital repayments** zins- und tilgungsfreie Jahre

to be on holiday frei/Ferien/Urlaub haben; **to cut one's h. short** Urlaub abbrechen/vorzeitig beenden; **to extend a h.** Urlaub verlängern; **to go on h.; to take a h.** Urlaub antreten, Ferien/Urlaub machen, auf/in Urlaub gehen, in Ferien fahren; **to grant a h.** Urlaub genehmigen/gewähren; **to have a h.** freien Tag haben; **to increase a h.** Urlaub verlängern; **to stagger (one's) h.s** Urlaub aufteilen; **to take one's h.(s)** seinen Urlaub nehmen

(collectively) agreed holiday|s Tarifurlaub *m*, tariflicher Urlaub; **annual h.** Jahresurlaub *m*, jährlicher Erholungsurlaub, (alljährliche) Betriebsferien; **compassionate h.** Urlaub aus familiären/sozialen Gründen; **extended h.** Langzeiturlaub *m*, längerer Urlaub; **extra h.** Zusatzurlaub *m*; **half h.** halber Feiertag, freier Nachmittag; **language-learning h.** Sprachurlaub *m*, S.reise *f*; **legal h.** gesetzlicher Feiertag; **longer h.s** verlängerter Urlaub; **statutory minimum h.** gesetzlicher Mindesturlaub; **mov(e)able h.** beweglicher Feiertag; **national/official h.** gesetzlicher/staatlicher Feiertag, Staatsfeiertag *m*; **paid h.** Tarifurlaub *m*, bezahlter/tariflicher Urlaub, bezahlte Freizeit; **public/statutory h.** allgemeiner/gesetzlicher/öffentlicher Feiertag; **short (-break) h.** Kurzurlaub *m*

holiday abroad Auslandsurlaub *m*; **h. accommodation** Urlaubs-, Ferienquartier *m*, F.unterbringung *f*, F.unterkunft *f*; **h. address** Ferienadresse *f*, Urlaubsanschrift *f*; **h. allowance** Urlaubsgeld *nt*, U.zuschlag *m*; **h. application** Urlaubsgesuch *nt*, U.antrag *m*; **h. area** Urlaubs-, Feriengebiet *nt*; **h. arrangements** Urlaubsplanung *f*; **h. booking** Ferien-, Urlaubsreservierung *f*; **h. break** Urlaubspause *f*; **h. budget** Ferien-, Urlaubsbudget *nt*, U.etat *m*; **h. camp** Ferienkolonie *f*, F.lager *nt*; **h. center** *[US]* /**centre** *[GB]* Ferienzentrum *nt*; **h. chalet** *(frz.)*/**cottage** Ferienhaus *nt*; **h. closing** Feiertagsruhe *f*; **h. country** Urlaubs-, Reiseland *nt*; **h. course** Ferienkurs *m*; **h. cruise** Ferienkreuzfahrt *f*; **h. deputy** Ferien-, Urlaubsvertreter(in) *m/f*; **h. entitlement** *[GB]* Urlaubsanspruch *m*, U.berechtigung *f*; **h. express** 🚆 Ferienreisezug *m*; **h. facilities** Urlaubseinrichtungen; **h. flat** Ferienwohnung *f*; **h. funds** Reisegeld *nt*, R.kasse *f*; **h. guest** Feriengast *m*; **h. guide** Ferienführer *m*; **h. home** Ferienhaus *nt*, F.wohnung *f*, F.domizil *nt*; **h. industry** Ferien-, Urlaubsindustrie *f*; **h. insurance** Ferien-, Urlaubsversicherung *f*; **h. job** Ferienarbeit *f*, F.tätigkeit *f*, F.job *m*; **h. length** Ferien-, Urlaubsdauer *f*; **h. let(ting)** Vermietung für Ferienzwecke; **h.maker** *n* Urlauber(in) *m/f*, Ferien-, Urlaubsreisende(r) *f/m*, Ferien-, Urlaubsgast *m*; **h. money/pay/remuneration** 1. Urlaubs-, Feriengeld *nt*, Ferien-, Urlaubsvergütung *f*, U.lohn *m*, U.bezahlung *f*; 2. Feiertagslohn *m*, F.zuschlag *m*; **accrued h. pay** Urlaubsgeldrückstände *pl*; **h. period** Ferien-, Urlaubs-, Reisezeit *f*; **h. plan** Urlaubsplan *m*; **h. provisions** Urlaubsregelung *f*; **h. reading** Ferienlektüre *f*; **h. replacement** Ferien-, Urlaubsvertretung *f*; **h. resort** Ferien-, Urlaubsort *m*; **h. rush** Ferien-, Urlaubsandrang *m*; **h. schedule** Ferien-, Urlaubsordnung *f*; **h. season** Ferien-, Urlaubszeit *f*, Ferien-, Urlaubssaison *f*; **h. shutdown** ferienbedingte/urlaubsbedingte Schließung; **h. souvenir** Reisemitbringsel *nt*, R.andenken *nt*; **h. stay** Ferien-, Urlaubsaufenthalt *m*; **h. tariff** Ferientarif *m*; **h. ticket** Ferien-, Urlaubsfahrkarte *f*; **h. time** Urlaubs-, Ferien-, Reisezeit *f*; **h. trade** Feriengewerbe *nt*, Ferien-, Urlaubsindustrie *f*; **h. traffic** Ferien-, Urlaubs-, Reiseverkehr *m*; **h. train** 🚆 Ferienreisezug *m*; **h. travel** Ferien-, Urlaubsreisen *pl*; **~ com-**

holiday village   544

pany Reiseveranstalter *m*; **h. village** Feriendorf *nt*; **h. work** Ferienarbeit *f*
Hollerith machine *n* Hollerith-, Lochkartenmaschine *f*
hollow *n* Höhle *f*, Hohlraum *m*; *adj* hohl, leer, wertlos, sinnlos; **h.ware** *n* Hohl-, Behälterglas *nt*
holograph *n* eigenhändiges Schriftstück, eigenhändig geschriebene Urkunde; **h.ic** *adj* eigenhändig, holographisch, privatschriftlich
homage *n* Huldigung *f*, Ehrerbietung *f*; **to pay h. (to so.)** (jdm) huldigen, (jdm) Ehre erweisen
home *n* 1. Heim *nt*, Haus *nt*, Wohnung *f*, Zuhause *nt*, (ständiger) Wohnort, W.stätte *f*, Aufenthaltsort *m*; 2. *(Institution)* Heim; **at h.** 1. im Lande, im Inland; 2. daheim, zu Hause; **~ and abroad** im In- und Ausland; **not at h.** aushäusig; **h. for the blind** Blindenanstalt *f*, B.heim *nt*; **~ single persons** Ledigenheim *nt*; **bringing h.** Heimführung *f*, Repatriierung *f*; **running two h.s** doppelte Haushaltsführung; **h. and dry** *(coll)* unter Dach und Fach *(coll)*
to be home and dry *(coll)* Spiel gewonnen haben *(fig)*; **to bring h.** repatriieren, heimführen; **~ sth. h. to so.** jdm etw. klarmachen; **to drive h.** unterstreichen, klarmachen; **~ sth. h. to so.** jdm etw. ins Stammbuch schreiben *(fig)*; **to feel at h.** sich heimisch fühlen; **~ quite at h.** sich völlig eingewöhnt haben; **to find so. at h.** jdn zu Hause antreffen; **to see so. h.** jdn nach Hause begleiten/bringen; **to stay at h.** zu Hause bleiben/hocken, auf der Stube hocken *(fig)*; **to travel h.** heimreisen
geriatric home Alten(pflege)heim *nt*, Altersheim *nt*; **matrimonial h.** eheliche Wohnung, Familienheim und Mobiliar; **mental h.** Irrenhaus *nt*; **mobile h.** ⚙ Wohnmobil *nt*; **multi-family h.** Mehrfamilienhaus *nt*; **owner-occupied h.** Eigenheim *nt*, eigengenutztes Haus; **parental h.** Eltern-, Vaterhaus *nt*; **permanent h.** ständiger Wohnsitz, ständige Wohnstätte; **principal h.** Erstwohnung *f*; **private h.** Eigenheim *nt*; **residential h.** 1. Wohnung *f*; 2. Wohnheim *nt*; **second h.** Zweitwohnung *f*, zweites Eigenheim; **single-family h.** Einfamilienhaus *nt*; **two-family h.** Zweifamilienhaus *nt*
home in *v/i* ↓ zum Heimatflughafen zurückkehren; **~ on sth.** *(fig)* sich auf etw. einschießen *(fig)*
home *adj* Binnen-, Inlands-, Landes-, inländisch, einheimisch
home address *n* Heimatadresse *f*, Heimat-, Privatanschrift *f*, P.adresse *f*; **h. affairs** innere Angelegenheiten, Innenpolitik *f*; **h. arrest** Zimmerarrest *m*; **h. banking** elektronisches Banking; **h. base** Sitz *m*; **h.-based** *adj* heimisch, inländisch; **h. bill** Inlandswechsel *m*; **h.-bound** *adj* ↓ auf der Heimfahrt (befindlich); **h. building; h. construction** Eigenheimbau *m*; **~ and loan association** *[US]* Bausparkasse *f*; **h. buyer** Hauskäufer *m*, Eigenheimerwerber *m*; **h. care** häusliche Betreuung; **h. comfort** Wohnkomfort *m*; **h.coming** *n* Heimkehr *f*; **h. computer** Heimrechner *m*, H.computer *m*; **h. consumption** einheimischer/inländischer Verbrauch, ~ Konsum, Landesbedarf *m*, Verbrauch im Inland; **for h. consumption** ⊖ für eigenen/einheimischen Gebrauch; **h. contents insurance** Hausratversicherung *f*; **h. correspondent** Inlandskorrespondent(in) *m/f*; **H.**

Counties *[GB]* Grafschaften im Einzugsbereich von London; **h. country** Inland *nt*, Domizilland *nt*; **h.croft** *n [GB]* Heimstätte *f*, Arbeitersiedlung *f*; **h.crofter** *n* Heimstättenbesitzer(in) *m/f*; **h. currency** Landeswährung *f*, inländische Währung; **h. delivery** Hauszustellung *f*; **h. demand** Inlandsbedarf *m*, Inlands-, Binnennachfrage *f*; **h. economy; h. economics** Hauswirtschaft(slehre) *f*; **h. factor** Inlandsvertreter(in) *m/f*; **h. financing** Eigenheimfinanzierung *f*; **h. freezer** Gefrierschrank *m*, G.truhe *f*; **on the h. front** *(fig)* im eigenen Betrieb, zu Hause; **h. furnishings** Einrichtungsgegenstände, Heimtextilien, H.ausstattung *f*; **h. game** *(Sport)* Heimspiel *nt*; **h. ground** Heimatboden *m*; **to be on h. ground** *(fig)* sich auf vertrautem Terrain bewegen; **h.-grown** *adj* 🌱 im Lande erzeugt, selbstgezogen; **h. help** Haushaltshilfe *f*, H.gehilfin *f*; **h. improvement** Hausmodernisierung *f*; **~ grant** *[GB]* Renovierungs-, (Haus)Modernisierungsbeihilfe *f*, M.zuschuss *m*; **~ loan** *(Haus)* Instandsetzungs-, Modernisierungs-, Renovierungsdarlehen *nt*, Hausmodernisierungskredit *m*; **h. income plan** Rente auf Hypothekenbasis, Hypothekenrente *f*; **h. industry** 1. einheimische Industrie; 2. Heimarbeit *f*; **h. insurance** Hausversicherung *f*; **h.land** *n* Heimat(land) *f/nt*; **h. leave** Heimaturlaub *m*; **h. lender** Hypothekenbank *f*
homeless *adj* 1. heimatlos; 2. wohnungs-, obdachlos; **intentionally h.** [§] vorsätzlich obdachlos; **h. relief** Obdachlosenfürsorge *f*; **h.ness** *n* 1. Obdachlosigkeit *f*; 2. Heimatlosigkeit *f*
home loan 1. Eigenheimhypothek *f*, Wohnungsbaudarlehen *nt*, Immobilienkredit *m*; 2. Inlandsanleihe *f*; **~ and savings contract** Bausparvertrag; **h.-made** *adj* 1. selbst-, hausgemacht; 2. *(Essen)* nach Hausmacherart; 3. inländisch, einheimisch; **h.maker** *n* Hausfrau *f*, H.mann *m*
home market Binnen-, Inlandsmarkt *m*, inländischer/heimischer Markt; **supplying the h. m.** Inlandsbelieferung *f*; **h. m. orders** Inlandsbestellungen, Auftragseingänge aus dem Inland
home medicine ⚕ Hausmittel *nt*; **h. mortgage** Eigenheimhypothek *f*; **H. Office** *[GB]* Innenministerium *nt*, Ministerium des Inneren; **h. office** Hauptbüro *nt*, Zentrale *f*, Stammhaus *nt*
homeopath(ist) *n* ⚕ Heilpraktiker(in) *m/f*
home order Inlands-, Binnenauftrag *m*; **h. owner** Haus(eigentums)-, Eigenheimbesitzer(in) *m/f*, Hauseigentümer(in) *m/f*; **h. ownership** Eigenheim-, Hausbesitz *m*, Wohnungseigentum *nt*; **h. page** 🖥 Homepage *f*; **to create a h. page** Homepage einrichten; **h. patent** Inlandspatent *nt*; **h. phone** ☎ Privatanschluss *m*; **h. port** ↓ Heimathafen *m*; **h. position** 🖥 Grundstellung *f*; **h. produce** 🌱 Landeserzeugnisse, L.produkte, einheimische (Agrar)Erzeugnisse; **h.-produced** *adj* im Inland/Lande erzeugt; **h. purchase** Hauskauf *m*, Eigenheimerwerb *m*; **h. register** Lokaldatenregister *nt*; **h. registration** *(Warenzeichen)* Ursprungseintragung *f*; **h. requisites** Wohnbedarf *m*; **h. reversion (scheme)** Eigentumsumwandlung *f*; **h. rule** Autonomie *f*, Selbstregierung *f*, S.verwaltung *f*; **h. sales** Inlandsgeschäft *nt*,

I.umsätze; **H. Secretary** *[GB]* Innenminister *m*, Minister des Inneren; **h. securities** *(Börse)* Inlandswerte; **h. service (insurance) man** Hausvertreter(in) *m/f*; **h. shopping** 1. Telekauf *m*; 2. Katalogkauf *m*, Versandhandel *m*; **h.sick** *adj* heimwehkrank; **h.sickness** *n* Heimweh *nt*
homestead *n* 1. ⚒ Gehöft *nt*; 2. *[US]* Heimstätte *f (ca. 160 acres)*; 3. Eigenheim *nt*; **h. association** *[US]* Bausparkasse *f*; **h. lease** *[US]* auf 28 Jahre vergebene Pacht
home stock exchange Heimatbörse *f*; **h. telephone** ✆ Privatanschluss *m*, P.telefon *nt*; **h. textiles** Heimtextilien; **h. town** Vaterstadt *f*; **h. trade** 1. Binnenwirtschaft *f*, Binnen-, Inlandshandel *m*; 2. ⚓ kleine Fahrt, Küstenhandel *m*; **~ bill** Inlandswechsel *m*; **h. truth** *(coll)* Binsenwahrheit *f*, bittere/herbe Wahrheit; **to clear for h. use** ⊖ zum freien Verkehr abfertigen; **h.ward** *adj* heimwärts, in Richtung Heimat; **~ -bound** ⚓ auf der Heimfahrt/Heimreise/Rückreise (befindlich), nach der Heimat bestimmt; **h.ware** *n* Haushaltswaren *pl*; **h. waters** Hoheitsgewässer *nt*
homework *n* 1. Heimarbeit *f*; 2. Haus-, Schulaufgabe(n) *f*, S.arbeit(en) *f*; **to do one's h.** 1. Schulaufgaben machen; 2. *(fig)* sich gut präparieren
home|worker *n* Heimarbeiter(in) *m/f*; **h.working** *n* Heimarbeit *f*
homicide *n* [§] Mord *m*, Totschlag *m*, Tötung *f*; **h. by necessity** rechtlich notwendige Tötung; **h. in self-defence** Tötung in Notwehr; **to commit h.** Totschlag verüben; **~ in self-defence** in Notwehr töten; **attempted h.** Totschlagsversuch *m*; **culpable h.** Mord *m*; **felonious h.** Tötungsverbrechen *nt*; **justifiable h.** gerechtfertigte Tötung, Tötung bei Vorliegen von Rechtfertigungsgründen; **negligent h.** fahrlässige Tötung; **wilful h.** vorsätzliche Tötung; **h. attempt** Tötungsversuch *m*; **h. commission/division** *[US]* **/squad** *[GB]* Morddezernat *nt*, M.kommission *f*; **h. trial** Mordprozess *m*
homme sole *(frz.)* [§] Einzelkaufmann *m*
cultureal homogenation *n* kulturelle Anpassung/Angleichung
homo|geneity *n* Homogenität *f*; **h.geneous** *adj* homogen, einheitlich, gleichartig; **h.logate** *v/t* [§] homologieren, gutheißen, beglaubigen; **h.logation** *n* [§] Genehmigung *f*, Beglaubigung *f*, Homologation *f*; **h.scedastic** *adj* ▦ einheitlich in der Streuung; **h.sexual** *n* Homosexueller *m*; *adj* homosexuell, schwul *(coll)*
hone *v/t* ✿ schleifen, schärfen; **finely h.d** *adj (fig)* hochentwickelt
honest *adj* 1. ehrlich, redlich, aufrichtig, anständig, rechtschaffen; 2. redlich erworben; **to be h. with one another** offen miteinander reden
honesty *n* Ehrlichkeit *f*, Aufrichtigkeit *f*, Ehrbarkeit *f*, Rechtschaffenheit *f*
honey *n* Honig *m*; **h.moon** *n* Flitterwochen *pl*, Hochzeitsreise *f*; *v/i* Hochzeitsreise machen; **~ trip** Hochzeitsreise *f*
honorarium *n (lat.)* Honorar *nt*
honorary *adj* ehrenamtlich, unbesoldet
honor *[US]*; **honour** *[GB]* *n* 1. Ehre *f*; 2. Ehrung *f*, Auszeichnung *f*; **h.s** *[GB] (Examen)* mit Auszeichnung; **in h. of** zu Ehren von, in ehrendem Andenken; **Your H.** [§] *(Anrede)* Hohes Gericht
to be bound in hono(u)r es seiner Ehre schuldig sein; **to confer an h. on so.** jdm eine Auszeichnung verleihen; **to consider it an h.** es als Ehre betrachten; **to forfeit one's h.** seiner Ehre verlustig gehen; **to have the h.** sich beehren; **to pass with first-class h.s** mit Auszeichnung bestehen; **to pay so. the last h.s** jdm die letzte Ehre erweisen, jdm das letzte Geleit geben, jdn zur letzten Ruhe geleiten; **to shower h.s upon so.** jdn mit Ehrungen überhäufen
academic hono(u)r akademische Auszeichnung; **professional h.** Berufs-, Standesehre *f*
hono(u)r *v/t* 1. *(Scheck/Wechsel)* akzeptieren, einlösen, erfüllen, honorieren, respektieren, bezahlen; 2. (be)ehren
hono(u)rable *adj* ehrenvoll, e.wert, e.haft, lauter
hono(u)rs (hons) degree Prädikatsexamen *nt*
hono(u)r|ed *adj* 1. *(Scheck/Wechsel)* bezahlt; 2. verehrt; **h.ing** *n (Scheck/Wechsel)* Einlösung *f*, Honorierung *f*; **~ a bill (of exchange)** Aufnahme einer Tratte, Wechseleinlösung *f*
hood *n* 1. *[US]* 🚗 Kühler-, Motorhaube *f*; 2. Verdeck *nt*; **h.lum** *n* Raufbold *m*, Strolch *m*, Rowdy *m*, Rüpel *m*; **h.wink** *v/t (coll)* hintergehen, (he)reinlegen, hinters Licht führen, täuschen
hoof *n* Huf *m*; **on the h.** *(Tiere)* lebend; **h. and mouth disease** *[US]* ⚒ Maul- und Klauenseuche *f*
hook *n* Haken *m*; **by h. or by crook** *(coll)* auf Biegen und Brechen *(coll)*, unter allen Umständen, mit allen Mitteln; **to get off the h.** *(fig)* noch einmal davonkommen; **~ so. off the h.** *(fig)* jdn erlösen/herausreißen, jdm aus der Klemme/Verlegenheit helfen; **to let so. off the h.** jdn aus der Klemme/Verlegenheit helfen
hook on *v/ti* ⚓ einhaken
hooked *adj (coll) (Drogen)* abhängig, süchtig
hook-up *n* 1. ⚡/*(Gas)*/💧 Anschluss *m*; 2. *(Radio)* Ringsendung *f*, Konferenzschaltung *f*; **h. fee** Anschlussgebühr *f*; **h. machine** Ergänzungs-, Komponentmaschine *f*
to play hooky *n* *[US] (coll)* Unterricht schwänzen
hooligan *n* Krawallmacher *m*, Rowdy *m*, Randalierer *m*, Raufbold *m*; **h.ism** *n* Rowdytum *nt*
hoop *n* Fassreifen *m*; **h. iron** Bandeisen *nt*
not to care a hoot about sth.; **~ give a h. for sth.** *n (coll)* sich einen Teufel/Dreck um etw. kümmern *(coll)*
hoot *v/i* tuten, pfeifen; **h.er** *n* Hupe *f*, Horn *nt*, (Fabrik)Sirene *f*
hoover ™ *n* Staubsauger *m*; *v/t* staubsaugen
hop|(s) *n* 1. Sprung *m*; 2. ⚒ Hopfen *m*; **to catch so. on the h.** *(coll)* jdn überraschen/überrumpeln; **to pick h.s** Hopfen ernten
hop *v/i* hüpfen; **h. it** *(coll)* eine Mücke machen *(coll)*, verschwinden, türmen *(coll)*
hop growing ⚒ Hopfenanbau *m*; **h.-picker** *n* Hopfenpflücker(in) *m/f*
hope *n* Hoffnung *f*, Zuversicht *f*; **beyond all h.** hoffnungs-, aussichtslos; **fond h.s are coming true** die

Blütenträume reifen; **lost without h.** ⚓ hoffnungslos verloren
to abandon all hope alle Hoffnung fahren lassen; **to cherish a h.** sich einer Hoffnung hingeben; **to dash (so.'s) h.s** (jds) Hoffnungen zunichte machen/zerstören; **to generate h.** Hoffnung wecken; **to have high h.s of sth.** sich viel von etw. versprechen; **to hold out h.s** Hoffnungen machen; **~ of sth.** etw. in Aussicht stellen; **to nurture h.s** Hoffnung(en) hegen; **~ false h.s** sich in falschen Hoffnungen wiegen; **to pin one's h.s on** (Hoffnungen) setzen auf, sich etw. versprechen von; **to scupper h.s** Hoffnungen zunichte machen; **to waver between h. and fear** zwischen Furcht und Hoffnung schwanken
economic hope|s Konjunkturhoffnungen; **faint/slender/slim h.** schwache/leise Hoffnung; **forlorn/vain h.** vergebliche Hoffnung; **high h.s** hochgespannte/hochgesteckte Erwartungen; **legitimate h.** berechtigte Hoffnung
hope v/ti hoffen; **h. for** erhoffen
hoped-for adj erhofft
hope|ful adj vielversprechend, hoffnungsvoll; **h.fully** adv 1. hoffnungsvoll; 2. hoffentlich; **h.less** adj hoffnungs-, aussichtslos, unter aller Kritik; **h.lessness** n Aussichts-, Hoffnungslosigkeit f
hopper n 1. Einfülltrichter m; 2. Fahrzeug für Schnellentladung; **h. car** [US] 🚃 Schüttgut-, Fallbodenwagon m
horizon n 1. Horizont m; 2. (fig) Gesichtskreis m; **economic h.** Konjunkturhorizont m, K.himmel m
horizontal adj horizontal, liegend, waagerecht
hormone n ✚ Hormon nt; **h. treatment** Hormonbehandlung f
horn n 1. Horn nt; 2. (Auto)Hupe f, Signalhorn nt, Schalltrichter m; **on the h.s of a dilemma** (fig) in der Zwickmühle (fig); **to be (caught) on the ~ dilemma** in eine schwierige Lage geraten; **h. of plenty** Füllhorn nt; **two-tone h.** 🚗 Zweiklanghorn nt; **to draw in one's h.s** (fig) Rückzieher machen; **to sound one's h.** 🚗 hupen
hornet n Hornisse f; **h.s' nest** (fig) Wespennest nt (fig); **to stir up a ~ nest** (fig) in ein Wespennest stechen (fig)
horoscope n Horoskop nt
hor|rendous adj (Preis) horrend; **h.rible** adj schrecklich; **h.rid** adj schrecklich, abscheulich; **h.rific** adj 1. schrecklich; 2. (Preis) horrend; **h.rified** adj entsetzt
horror n 1. Schrecken m, Greuel m, Horror m; 2. Entsetzen nt, Grau(s)en nt; **h.s of war** Kriegsgreuel, Schrecken des Krieges; **h. of sth.** Abscheu/Abneigung gegen etw.; **to have a ~ the knife** (coll) ✚ sich vor der Operation fürchten; **h. news** Schreckensbotschaft f, S.nachricht f; **h. story** Schauergeschichte f; **h.-stricken** adj entsetzt
horse n Pferd nt, Ross nt; **h. and cart** Lastfuhrwerk nt; **h.s for courses** (fig) das richtige Mittel zur rechten Zeit; **to back a h.** auf ein Pferd setzen/wetten; **~ the right h.** auf das richtige Pferd setzen; **~ the wrong h.** aufs falsche Pferd setzen, auf die falsche Karte setzen (fig); **to be on one's high h.** (fig) auf dem hohen Ross sitzen (fig); **to flog a dead h.** (fig) Zeit verschwenden, aussichtslose Sache verfolgen; **to put one's bets on one h.** (fig) alles auf ein Pferd setzen (fig); **to work like a h.** wie ein Pferd arbeiten
dark horse (fig) Außenseiter(in) m/f, unbekannter Kandidat/Mitbewerber, unbeschriebenes Blatt (fig); **Trojan h.** (fig) 1. trojanisches Pferd; 2. 💻 Computervirus m
horse|back n Pferderücken m; **on h.back** zu Pferde; **h. breeder** Pferdezüchter m; **h. breeding/husbandry** Pferdezucht f; **h. dealer** Pferdehändler m; **straight from the h.'s mouth** (coll) aus berufenem Mund, aus erster Quelle; **h.play** n Alberei f; **h. power (HP)** 🚗 Pferdestärke (PS) f; **h. race** Pferderennen nt; **h.shoe** n Hufeisen nt; **h.-trader** n (fig) Rosstäuscher m (fig); **h.-trading** n (fig) Kuhhandel m (fig)
horti|cultural adj gärtnerisch, Gartenbau-; **h.culture** n (Landschafts-, und) Gartenbau m
hose(pipe) n (Wasser)Schlauch m
hosier n Strumpf-, Wirkwarenhändler m; **h.y** n Strumpf-, Wirkwaren pl, Trikotagen pl
hospice n 1. Hospiz nt; 2. ✚ (Pflege)Heim für unheilbar Kranke
hospitable adj gastlich, gast(freund)lich
hospital n ✚ Krankenhaus nt, K.anstalt f, Klinik f, Spital nt; **to be discharged from h.** aus dem Krankenhaus entlassen werden; **to discharge so. from h.** jdn aus dem Krankenhaus entlassen
acute hospital Unfall-, Akutkrankenhaus nt, Krankenhaus für akute Krankenbehandlung nt; **convalescent h.** Genesungsheim nt; **general h.** allgemeines Krankenhaus; **licensed h.** zugelassene Krankenanstalt; **local h.** Gemeindehospital nt [A]; **mental h.** [GB] Irren(heil)anstalt f; **to commit so. to a ~ h.** jdn in eine Anstalt verbringen; **military h.** Lazarett nt; **municipal h.** städtisches Krankenhaus; **private h.** Privatkrankenhaus nt; **psychiatric h.** psychiatrische Klinik, Nervenheilanstalt f, Landeskrankenhaus nt; **public h.** öffentliches Krankenhaus
hospital accommodation (costs) Krankenhauskosten pl; **h. administration** Krankenhausverwaltung f; **h. administrator** Verwaltungsangestellte(r) im Krankenhaus; **h. admission** Krankenhauseinweisung f; **h. bed** Krankenhausbett nt; **h. benefit insurance** Versicherung für stationäre Krankenhausbehandlung, Krankenhausversicherung f; **h. bill** Krankenhausrechnung f; **h. building** Krankenhausbau m; **h. care** Krankenhauspflege f; **h. charges** Krankenhauspflegekosten; **h. and nursing charges** Pflegekosten; **h. per-diem** (lat.) **charge** Krankenhauspflegesatz m; **h. consultant** Beleg-, Krankenhausfacharzt m; **h. cost(s)/expense(s)** Krankenhauskosten pl; **h. discharge** Krankenhausentlassung f; **h. doctor** Beleg-, Krankenhausarzt m, K.ärztin f; **h. entrance** Krankenhauseinfahrt f; **h. facilities** 1. Krankenhauseinrichtungen; 2. Krankenanstalten
hospitality n 1. Gastlichkeit f, G.freundschaft f; 2. Bewirtung f; **to trespass on so.'s h.** jds Gastfreundschaft missbrauchen; **h. industry** Beherbungs-, Hotelgewerbe nt
hospitalization n 1. Krankenhausaufnahme f, Einweisung in ein Krankenhaus; 2. Krankenhausaufenthalt m;

h. benefit insurance *[US]* Versicherung für stationäre Krankenhausbehandlung; **h. contract** *[US]* Krankenhausvertrag *m*; **h. cost(s)/expenses** Krankenhauskosten *pl*; **h. insurance** Krankenhaus(kosten)versicherung *f*
hospitalize *v/t* in ein Krankenhaus aufnehmen/einweisen
hospital management Krankenhausverwaltung *f*; **h. nurse** Krankenhausschwester *f*, K.pfleger *m*; **h. order** 1. *(Krankenhaus)* Einweisungsverfügung *f*; 2. §] Unterbringungsbefehl *m*; **h. porter** 1. Krankenpfleger *m*; 2. Krankenhauspförtner *m*; **h. provision** Krankenhausversorgung *f*; **h. services** Krankenhausleistungen; **h. ship** Lazarettschiff *nt*; **h. staff** Krankenhauspersonal *nt*; **h. stay** Krankenhausaufenthalt *m*
hospital treatment Krankenhausbehandlung *f*; **in-patient h. t.** stationäre (Krankenhaus)Behandlung; **out-patient h. t.** ambulante (Krankenhaus)Behandlung; **h. t. allowance** Beihilfe für Krankenhausbehandlung
hospital visit Krankenhausbesuch *m*; **h. ward** Krankensaal *m*, Station *f*
host *n* 1. Gastgeber *m*, Hausherr *m*; 2. Menge *f*, Masse *f*; **a h. of** eine Menge von, ein Heer von
host *v/t* 1. bewirten, Gastgeber sein (bei); 2. *(Veranstaltung)* ausrichten
hostage *n* Geisel *f*; **h.-taker** *n* Geiselnehmer(in) *m/f*; **h.-taking** *n* Geiselnahme *f*
host city gastgebende Stadt, Ausrichtungsort *m*; **h. computer** 🖳 Arbeits-, Dienstleistungs-, Vorrechner *m*; **h. country** Aufnahme-, Empfänger-, Gast(geber)land *nt*, gastgebendes/ausrichtendes Land
hostel *n* Herberge *f*, (Wohn)Heim *nt*; **h. for the homeless** Obdachlosenasyl *nt*; **h. assistance** Heimförderung *f*; **h.ry** *n* Herberge *f*
hostess *n* 1. Stewardess *f*; 2. Gastgeberin *f*, Hausherrin *f*; 3. Empfangsdame *f*; 4. Hostess *f*
hostile *adj* feindselig, (lebens)feindlich
hostility *n* Feindschaft *f*, Feindseligkeit *f*, Abneigung *f*; **hostilities** kriegerische Ereignisse; **to resume hostilities** Feindseligkeiten erneuern; **to start hostilities** Feindseligkeiten eröffnen; **overt h.** offene Feindseligkeit
host language 🖳 Trägersprache *f*; **h. state** Aufnahmestaat *m*
hot *adj* heiß, hitzig; **piping h.** kochend heiß; **to be h.** schwitzen; **to become too h.** *(fig)* heißes Pflaster werden *(fig)*; **to make it/things h. for so.** *(fig)* jdm die Hölle heiß machen *(fig)*, jdm tüchtig einheizen *(coll)*
hot up *v/t* ⟵ frisieren, tunen
hotbed *n* *(fig)* Brutstätte *f*, Nährboden *m (fig)*, Tummelplatz *m (fig)*; **h. of corruption** Korruptionssumpf *m*; ~ **rumours** Gerüchteküche *f*
hotchpotch *n* *[GB]* Mischmasch *m*, Durcheinander *nt*, Sammelsurium *nt*, Kuddelmuddel *m/nt*; **h. rule** §] Verfahrensregel bei der Verteilung von Nachlässen unter Berücksichtigung der Vorausempfänger
hotel *n* Hotel *nt*, Beherbergungsbetrieb *m*; **h.s and restaurants** Hotel- und Gaststättengewerbe *nt*; **to book so. into a h.** jdm ein Hotelzimmer reservieren lassen; **to**

check in/register at a h. sich in einem Hotel anmelden, Hotelmeldezettel ausfüllen; **to put up at a h.** in einem Hotel absteigen; **to run a h.** Hotel bewirtschaften
commercial *[GB]* /**transient** *[US]* **hotel** Hotel für Geschäftsreisende; **de luxe/first-class h.** Luxushotel *nt*; **large h.** Großhotel *nt*; **residential h.** Familienhotel *nt*, F.pension *f*, Hotel garni *nt (frz.)*
hotel accommodation Hotelquartier *nt*, H.unterbringung *f*, Unterbringung im Hotel; ~ **contract** Hotelaufnahmevertrag *m*; **h. account/bill** Hotel-, Gästerechnung *f*; **h. annex** 🏛 Hotelanbau *m*; **h. bed** Hotelbett *nt*; **h. booking** Hotel-, Zimmerreservierung *f*, Z.bestellung *f*; **h. business** Hotellerie *f*, Hotelgewerbe *nt*; **h. chain** Hotelkette *f*; **h. detective** Hoteldetektiv *m*; **h. directory** Hotelanzeiger *m*, H.führer *m*; **h. expenses** Hotelspesen, Übernachtungskosten; **h. fraud** Zechprellerei *f*, Beherbergungsbetrug *m*; **h. guide** Hotelführer *m*, H.verzeichnis *nt*
hotelier *n* Hotelier *m*, Hotelbesitzer(in) *m/f*
hotel industry Hotel-, Beherbergungsgewerbe *nt*, Hotellerie *f*; **h. keeper** Hotelier *m*, Hotelbesitzer(in) *m/f*; **h. lobby** Hotelhalle *f*; **h. management** 1. Hoteldirektion *f*; 2. Hotelfach *nt*; **h. manager** 1. Hoteldirektor *m*; 2. Hotelfachmann *m*; **h. manageress** 1. Hoteldirektorin *f*; 2. Hotelfachfrau *f*; **h. operation** Hotelbetrieb *m*; **h. porter** Hoteldiener *m*, H.portier *m*; **h. register** 1. Hotelnachweis *m*, H.verzeichnis *nt*; 2. Hotel-, Übernachtungsregister *nt*, Fremdenbuch *nt*; **h. regulations** Gäste-, Haus-, Hotelordnung *f*; **h. reservation** Hotel-, Zimmerreservierung *f*, Z.bestellung *f*; **h. room** Hotelzimmer *nt*; **h. safe deposit** Hotelaufbewahrung *f*; **h. staff** Hotelangestellte *pl*, H.personal *nt*; **h. thief** Hoteldieb(in) *m/f*; **h. trade** Hotelgewerbe *nt*; **h. and catering trade** Hotel- und Gaststättengewerbe *nt*
hot|head *n* Hitzkopf *m*; **h.house** *n* 🌿 Gewächs-, Treibhaus *nt*; **h.line** *n* heißer Draht, Telefonberatung *f*, Info-Telefon *nt*; **h.plate** *n* ⚡ Kochstelle *f*, K.platte *f*; **h.rod** *n (coll)* frisiertes Auto; **h.pot** *n* Eintopf *m*; **h.-selling** *adj (Verkauf)* reißend weggehend; **h.shot** *adj [US] (coll)* erstklassig; **h.-tempered** *adj* jähzornig, hitzig
hound *n* (Jagd)Hund *m*; **h. down** *v/t (Verbrecher)* zur Strecke bringen; **h. out** vertreiben
hour *n* Stunde *f*; **after h.s** 1. nach Betriebsschluss/Feierabend; 2. nach Geschäfts-, Ladenschluss; 3. nach Börsenschluss, nachbörslich; **at all h.s** zu jeder (Tages- und Nacht)Zeit; **before h.s** vorbörslich; **by the h.** stundenweise; **for h.s (on end)** stundenlang; **on the h.** zur vollen Stunde; **out of h.s** außerhalb der Arbeits-/Dienstzeit; **per h.** pro Stunde
hour|s of attendance Präsenz-, Anwesenheitszeit *f*; ~ **business** 1. Schließungs-, Öffnungs-, Geschäftszeiten, G.stunden; 2. *(Bank)* Schalter-, Kassenstunden; **h.s per h.** Zeitlohnstundenanteil *m*; **h.s on incentive** Akkordstundenanteil *m*; **h.s of work** Arbeitszeit *f*; **scheduled ~ work** festgesetzte/geregelte Arbeitszeit, festgelegte Arbeitsstunden
until the early hours of the morning bis spät in die Nacht; **into the small ~ morning** bis in den frühen Morgen; **h. absent** Fehlstunden; **an hour('s) paid**

work Lohnstunde *f*; **h. worked** verfahrene Stunden, Arbeitsstunden; **actual h. worked** tatsächliche Arbeitszeit **to be paid by the hour** stundenweise bezahlt werden; **to drop in for an h.** auf eine Stunde vorbeikommen; **to pay by the h.** stundenweise bezahlen; **to put in a few h.s** ein paar Stunden arbeiten; **to revel into the small h.s of the morning** bis in die Puppen feiern *(coll)*; **to run every h.** stündlich/jede Stunde verkehren; **to talk for h.s on end** stundenlang reden; **to wait a full h.** eine geschlagene Stunde warten; **to work long h.s** lange arbeiten; **~ short h.s** kurzarbeiten
actual hour|s (tatsächliche) Arbeitsstunden; **agreed/contractual h.s** tariflich festgelegte Arbeitszeit; **at the appointed h.** zur verabredeten Stunde; **early h.s** Frühe *f*; **at the eleventh h.** *(fig)* knapp/kurz vor Toresschluss *(fig)*; **every h.** stündlich; **flexible h.s** Gleitzeit *f*; **at a late h.** zu vorgerückter Stunde; **long h.s** lange Arbeitszeit; **nominal h.s (of work)** tarifliche Arbeitszeit; **normal h.s** normale/betriebsübliche Arbeitszeit; **official h.s** Amts-, Börsenstunden, B.zeit *f*; **after ~ h.s** nach Börsenschluss, nachbörslich; **before ~ h.s** vor Börsenbeginn, vorbörslich; **peak h.s** 1. Hauptgeschäfts-, Hauptverkehrs-, Hauptsende-, Stoßzeit *f*; 2. ⚡ Spitzenbelastungszeit *f*; **~ h. traffic** Berufsverkehr *m*; **off-peak h.s** 1. verkehrsschwache Zeit/Stunden; 2. ⚡ Talzeit *f*; **reduced h.s** verkürzte Arbeitszeit; **regular h.s** Normal(arbeits)stunden; **shortened h.s** Kurzarbeit *f*; **shorter h.s** kürzere/gekürzte Arbeitszeit; **small h.s** frühe Morgenstunden; **standard h.s** Tarif-, Vorgabestunden, normale Arbeitszeit; **twenty-four-h.** *adj* durchgehend; **at an unearthly/ungodly h.** *(coll)* zu einer unmöglichen (Tages)Zeit/Stunde, ~ unchristlichen Zeit *(coll)*, in aller Herrgottsfrühe *(coll)*; **unsocial h.s** unzumutbare Zeit
hour|glass *n* Sanduhr *f*; **h. hand** *(Uhr)* Stundenzeiger *m*; **h.ly** *adj/adv* stundenweise, stündlich, einstündig, Stunden-; **h.s reduction** Arbeitszeitverkürzung *f*
house *n* 1. Haus *nt*, Wohnung *f*; 2. Familie *f*, Dynastie *f*; **as safe as h.s** *(coll)* so sicher wie das Amen in der Kirche *(coll)*
House of Commons *[GB]* Unterhaus *nt*; **~ Commons Committee** Unterhausausschuss *m*; **~ ill fame/repute** Stundenhotel *nt*, öffentliches Haus; **~ Keys** *[GB]* Unterhaus der Insel Man; **~ Lords** *[GB]* Oberhaus *nt*; **H.s of Parliament** *[GB]* Parlamentsgebäude *nt*; **H. of Representatives** *[US]* Repräsentantenhaus *nt*; **~ worship** Gotteshaus *nt*
to break into a house in ein Haus einbrechen; **to bring the h. down** 🎭 das Publikum von den Sitzen reißen, ~ begeistern; **to build a h.** Haus bauen; **to clean h.** *(fig)* Wertpapierbestand bereinigen; **to furnish a h.** Haus einrichten; **to keep h.** 1. Haushalt führen/besorgen; 2. *(fig)* sich vor seinen Gläubigern verstecken; **~ (an) open h.** gastfreundlich sein, offenes Haus haben; **to look over a h.** Haus besichtigen; **to manage a h.** Haus verwalten; **to mortgage a h.** Hypothek auf ein Haus aufnehmen; **to move h.** Wohnung wechseln, umziehen; **to move into a h.** in eine Haus einziehen, Haus beziehen; **to play to an empty h.** 🎭 vor leeren Bänken spielen; **to prorogue the H.** *[GB]* Parlament vertagen; **to put one's h. in order** *(fig)* seine Angelegenheiten ordnen, ~ in Ordnung bringen, sein Haus bestellen *(fig)*, ~ in Ordnung bringen *(fig)*; **~ first** *(fig)* zuerst vor der eigenen Tür kehren *(fig)*; **to rent a h.** Haus mieten; **to requisition a h.** Haus beschlagnahmen; **to sell a h. for break-up value** Haus auf Abriss verkaufen; **to set up h.** Hausstand gründen; **to vacate a h.** Haus räumen
adjacent/adjoining house Neben-, Nachbarhaus *nt*; **associated h.** verbundenes Unternehmen; **commercial h.** Handels-, Geschäftshaus *nt*, Firma *f*; **contiguous h.** angrenzendes Haus; **controlled h.** der Mieterschutzgesetzgebung unterliegendes Haus; **detached h.** freistehendes (Einfamilien)Haus, Einzelhaus *nt*; **energy-efficient/energy-saving h.** Niedrigenergiehaus *nt*, wärmeisoliertes Haus; **financial h.** Finanzierungs-, Geld-, Kreditinstitut *nt*, Finanzbank *f*; **free h.** brauereifreies Wirtshaus; **full h.** 🎭 volles Haus; **furnished h.** möbliertes Haus; **half-timbered h.** Fachwerkhaus *nt*; **halfway h.** *(fig)* Zwischenstadium *nt*, Z.station *f*, Z.stufe *f*, Kompromiss auf halbem Wege; **licensed h.** *[GB]* Lokal mit Schankerlaubnis, Schankwirtschaft *f*, S.lokal *nt*; **lower h.** *(Parlament)* erste Kammer, Unterhaus *nt*; **mercantile h.** Handelsgeschäft *nt*, H.firma *f*; **newly-built h.s** Neubauvolumen *nt*; **occupied h.** bewohntes Haus; **owner-occupied h.** Eigenheim *nt*; **prefabricated h.** Fertighaus *nt*; **public h.** *[GB]* Gaststätte *f*, Lokal *nt*, Wirtshaus *nt*, Schank-, (Gast)Wirtschaft *f*; **self-contained/single h.** (freistehendes) Einfamilienhaus, alleinstehendes Haus; **semi-detached h.** *[GB]* Doppelhaus(hälfte) *nt/f*; **shared h.** Gemeinschaftswohnung *f*; **small h.** Häuschen *nt*; **terraced h.** *[GB]* Reihenhaus *nt*, R.eigenheim *nt*; **tied (public) h.** brauereigebundene Gaststätte, Brauerei-, Vertragsgaststätte *f*; **upper h.** *(Parlament)* zweite Kammer, Oberhaus *nt*; **vacant h.** leer stehendes Haus

house *v/t* unterbringen, beherbergen, Wohnung beschaffen
house agency Hausagentur *f*; **h. agent** *[GB]* Häusermakler *m*; **h. agreement** unternehmensspezifischer Tarifvertrag, konzerninterne Vereinbarung; **h. arrest** Hausarrest *m*; **h. bank** Hausbank *f*; **h. bill** Filialwechsel *m*, auf die eigenen Geschäftsstelle gezogener Wechsel; **~ of lading** Haus-Konnossement *nt*; **h.boat** *n* Hausboot *nt*; **h.bound** *adj* ans Haus gefesselt; **h. brand** Haus-, Eigenmarke *f*; **h.breaker** *n* Einbrecher *m*; Abbruchunternehmer *m*
housebreaking *n* 1. Einbruch(sdiebstahl) *m*; 2. Abbruch *m*; **h. and theft** Einbruchsdiebstahl *m*; **h. tools** Einbruchswerkzeug *nt*
house-broken *adj* *[US]* *(Tier)* stubenrein
house builder Bauherr(in) *m/f*; **H. Builders' Federation** *[GB]* Verband/Vereinigung der Wohnungsbauunternehmer; **h. builders' scheme** Bauherren-, Bauträgermodell *nt*
housebuilding *n* Haus-, Wohn(ungs)bau *m*, W.raumerstellung *f*; **publicly assisted h.** öffentlich geförderter Wohnungsbau; **privately financed h.** frei finanzierter

Wohnungsbau; **private-enterprise h.** gewerblicher Wohnungsbau; **private(-sector) h.** privater Wohnungsbau; **public(-sector) h.** sozialer/öffentlicher Wohnungsbau; **h. activity** Wohn(ungs)bautätigkeit *f*; **h. output** Wohn(ungs)bauleistung *f*
house|-burning *n* Brandstiftung *f*; **h. buyer** Hauserwerber(in) *m/f*; **h.-buying** *n* Hauskauf *m*; **h. call** ⚕ Hausbesuch *m*; **h. cleaning** Hausputz *m*, H.reinigung *f*; **h. construction** Hauserrichtung *f*, Wohnungsbau *m*
house contents Hausrat *m*; **~ insurance** Hausratsversicherung *f*; **~ premium/rate** Hausratsversicherungsprämie *f*
house conversion Hausumbau *m*; **h. counsel** Hausjurist(in) *m/f*, Justiziar *m*; **h. detective** Hausdetektiv *m*; **h. fittings** Installationsartikel; **~ industry** Beschlagindustrie *f*; **h. flag** ⚓ Reedereiflagge *f*; **h. furnisher** Möbelhändler(in) *m*, Dekorateur(in) *m/f*; **h. furniture** Wohnmöbel *pl*
household *n* Haushalt *m*, Hausgemeinschaft *f*; **to break up one's h.** Haushalt auflösen; **to form a h.** Hausstand gründen; **to look after a h.** Haushalt versehen
common household häusliche Gemeinschaft, gemeinsamer Haushalt, gemeinsame Haushaltsführung; **composite h.** mehrere Generationen umfassender Haushalt; **private h.** Privathaushalt *m*, privater Haushalt; **single-person h.** Einzel-, Einpersonenhaushalt *m*; **two-or-more-member h.** Mehrpersonenhaushalt *m*
household account (Vers.) Hausratsversicherungssparte *f*; **h. allowance** Haushaltsfreibetrag *m*
household appliance Haushaltsgerät *nt*; **h. a.s exhibition** Haushaltswarenmesse *f*; **~ manufacturer** Haushaltsgerätehersteller *m*; **~ trade fair** Haushaltswarenmesse *f*
household articles Haushaltswaren; **h. budget** Haushaltskasse *f*, Haushaltungsbudget *nt*; **h. census form** (Befragung) Haushaltsliste *f*; **h. coat of arms** Familienwappen *nt*; **h. commodity** Haushaltsgerät *nt*, H.gegenstand *m*; **h. consumer** Haushalt als Verbrauchseinheit; **h. contents insurance/policy** Hausratsversicherung *f*; **h. department** Teilhaushalt *m*; **h. durables** Haushaltsgeräte; **h. edition** 📖 Familienausgabe *f*; **h. effects** Hausrat *m*, H.haltsgegenstände *pl*; **~ in the course of removal** Umzugsgut *nt*; **h. employee** Hausangestellte(r) *f/m*; **h. equipment compensation** Hausratsentschädigung *f*
householder *n* Hausinhaber(in) *m/f*, H.halt *m*, H.halt(ung)svorstand *m*, Wohnungsinhaber(in) *m/f*; **single h.** Ein-Personen-Haushalt *m*; **h.'s account** Hausratsversicherung(ssparte) *f*; **h.'s comprehensive insurance** Hausratsversicherung *f*, verbundene Wohngebäudeversicherung; **h.'s policy** Hausratsversicherung *f*
household expenditure/expenses Haushaltungs-, Haushaltskosten *pl*, Ausgaben für den Wohnungsbau; Kosten für Haushaltsführung; **h. fuel bill** private Energierechnung; **h. furnishings** 1. Wohnungseinrichtung *f*; 2. Heimtextilien; **h. goods** Hausrat *m*, H.haltsartikel, H.waren; **h. income** Haushaltseinkommen *nt*; **h. industry** Haushaltsbranche *f*; **h. insurance** Hausrats-, Haushaltsversicherung *f*; **h. and personal effects insurance/policy** Hausratsversicherung *f*; **h. management** Haushaltung *f*; **h. name** (fig) geläufiger/überall bekannter Name, Allerweltsname *m*; **h. products** Haushaltsartikel; **~ business** Geschäft mit Haushaltsartikeln; **h. record(s)** Haushaltsbuch *nt*; **h. refuse** Haushaltsmüll *m*; **h. remedy** ⚕ Hausmittel *nt*; **h. requirements** Haus(halts)bedarf *m*; **h. research** Haushaltsforschung *f*; **h. sample** ▦ Haushaltsstichprobe *f*; **h. sector** Sektor Privathaushalte; **h. tariff** ⚡ Privat-, Haustarif *m*; **h. utensils** Haushaltsutensilien, H.waren; **h. word** (Werbung) Gattungsbegriff *m*
house|-hunt *v/i* auf Wohnungssuche sein; **h.-hunter** *n* Wohnungssuchende(r) *f/m*; **h.-hunting** *n* Wohnungs-, Haussuche *f*; **h.husband** *n* Hausmann *m*; **h. insurance** Gebäudeversicherung *f*; **h. journal** Firmenzeitung *f*, Betriebszeitschrift *f*; **h.keeper** *n* Haushälter(in) *m/f*, Wirtschafter(in) *m/f*, Hausdame *f*; **~ allowance/relief** Steuerfreibetrag für Hausangestellte/Haushaltshilfe
housekeeping *n* Haushaltsführung *f*, H.haltung *f*, H.wirtschaft *f*; **double h.** doppelte Haushaltsführung; **good h.** sparsame Haushaltsführung
housekeeping account Haushaltsrechnung *f*, H.haltungsbuch *nt*; **corporate h. activities** gesellschaftlicher Finanzhaushalt; **h. allowance** Haushaltsgeld *nt*; **h. book** Haushalt(ung)sbuch *nt*; **h. expenses** Haushaltungskosten; **h. functions** 🖥 Verwaltungsfunktion *f*; **h. money** Haushalt(ung)s-, Wirtschaftsgeld *nt*; **h. purpose** Haushaltszweck *m*
house lawyer Firmenanwalt *m*, Syndikus *m*; **h.-letting** *n* Hausvermietung *f*; **h. loan** Wohnungsbaudarlehen *nt*; **h.maid** *n* Dienstmädchen *nt*; **h.man** *n [GB]* ⚕ Assistenzarzt *m*, Medizinalassistent *m*; **h. management** Hausverwaltung *f*; **h. meeting** Hausversammlung *f*; **h. mover** *[US]* Möbelspediteur *m*; **h. number** Hausnummer *f*; **junior h. officer** *[GB]* Arzt im Praktikum; **senior h. officer** *[GB]* Assistenzarzt *m*; **h. organ** Kunden-, Haus-, Werks-, Betriebszeitschrift *f*; **h. owner** Hauseigentümer(in) *m/f*; **h. owner's liability** Gebäudehaftung *f*; **h. physician** Anstaltsarzt *m*; **h. price** 1. Hauspreis *m*; 2. *[GB]* Börsenpreis *m*; **h. property certificate** Hausbesitzbrief *m*
house purchase Hauserwerb *m*, Eigenheim-, Hauskauf *m*; **~ insurance** Restkaufversicherung *f*; **~ scheme** Hypotheken(lebens)-, Tilgungsversicherung *f*
house rent *n* Hausmiete *f*; **h. rules** Hausordnung *f*; **h. sale** Hausverkauf *m*; **h. search** Haus(durch)suchung *f*; **h. tax** Gebäudesteuer *f*; **h. telephone** Haustelefon *nt*; **h.top** *n* Dach *nt*; **h.-trained** *adj [US]* (Tier) stubenrein; **h. union** Betriebsgewerkschaft *f*, gelbe Gewerkschaft (pej.); **h.wife** *n* Hausfrau *f*; **full-time/mere h.wife** Nurhausfrau *f*; **h.work** *n* Hausarbeit *f*, häusliche Tätigkeit; **to do the h.work** sich um den Haushalt kümmern
housing *n* 1. Unterbringung *f*, U.kunft *f*, Wohnung *f*; 2. Wohnungswesen *nt*, W.sbau *m*, W.beschaffung *f*; 3. Lagerung *f*; **to control h.** Wohnungsmarkt bewirtschaften
assisted housing Hilfe bei der Wohnraumbeschaffung; **publicly ~ h.** öffentliche/staatliche Wohnungsfürsor-

ge, öffentlich geförderter Wohnungsbau; **newly constructed h.** Wohnungsneubau(ten) *m/pl*; **controlled h.** Wohnraumbewirtschaftung *f*, bewirtschafteter Wohnraum; **federal-financed low-cost h.; public h.** *[US]* 1. öffentlicher/sozialer Wohnungsbau; 2. Sozialwohnungen; **privately financed h.** freier/frei finanzierter Wohnungsbau; **high-density h.** verdichtete Bauweise; **low-density h.** aufgelockerte Bauweise; **new h.** Zugang an Wohnungen; **publicly provided h.** staatliche/öffentliche Wohnungsversorgung, ~ Wohnungsfürsorge; **public-sector h.** sozialer Wohnungsbau; **rented h.** Mietwohnungen *pl*; **residential h.** Wohnungsbau *m*; **scattered h.** Splittersiedlung *f*; **sheltered h.** Seniorenwohnungen *pl*; **social h.** sozialer Wohnungsbau; **subsidized h.** subventioniertes Wohnungswesen, Sozialwohnungen *pl*

housing accommodation Wohnmöglichkeiten *pl*; **h. act** Wohnungsbaugesetz *nt*; **h. activity** Wohn(ungs)bautätigkeit *f*; **h. administration** Wohnungsverwaltung *f*; **public h. agency** Wohnungsamt *nt*; **h. allocation** Wohnungszuweisung *f*, Wohnraumzuteilung *f*; **h. allowance** Miet-, Wohnungszuschuss *m*, W.beihilfe *f*, Wohngeld *nt*; **h. assistance** Wohnraumhilfe *f*; **h. association** Wohnungsbau()-, Siedlungsgenossenschaft *f*, Siedlerverein *m*, Wohn-, Siedlungsgesellschaft *f*, wohnungswirtschaftlicher Verband; ~ **trust** Wohnungsbaugenossenschaft *f*; **h. authority** Wohnungsamt *nt*, W.behörde *f*; **h. benefit** Mietzuschuss *m*, Wohn(ungs)geld *nt*; **h. bonus** Wohnungsbauprämie *f*; **h. boom** Wohnungsbaukonjunktur *f*; **h. census** Wohnungserhebung *f*; **h. committee** Wohnungsausschuss *m*; **h. company** Wohnungsunternehmen *nt*, Siedlungsgesellschaft *f*; **h. conditions** Wohnverhältnisse *f*

housing construction Wohnungsbau(tätigkeit) *m/f*; **social h. c.** sozialer Wohnungsbau *m*; **subsidized h. c.** öffentlich geförderter Wohnungsbau

housing control Wohnungszwangswirtschaft *f*; **h. cooperative** Wohnungs(bau)genossenschaft *f*; **h. costs** Wohnungskosten *pl*; **h. credit association** *[Malaysia]* Bausparkasse *f*; **h. crisis** Wohnungskrise *f*; **h. demand** Wohnraumbedarf *m*, Nachfrage nach Wohnraum; **h. density** Wohn-, Besiedlungsdichte *f*; **h. department** Wohnungsamt *nt*

housing development Wohnsiedlung *f*; **H. D. Act** *[GB]* Siedlungsgesetz *nt*; **h. d. institution** Wohnungsbauförderungsanstalt *f*; ~ **program(me)/scheme** Wohnungsbauprogramm *nt*

housing directory Wohnungsanzeiger *m*

housing estate Wohn(haus)komplex *m*, (Wohn)Siedlung *f*; **large h. e.** Großsiedlung *f*; **new h. e.** Neubaugebiet *nt*, N.siedlung *f*; **small h. e.** Kleinsiedlung(sgebiet) *f/nt*; **suburban h. e.** (Stadt)Randsiedlung *f*

housing finance Haus-, Wohnungs(bau)finanzierung *f*; **h. fund** Wohn(ungs)baufonds *m*; **h. funds** Wohnungsbauvermögen *nt*; **h. improvement** Verbesserung der Wohnverhältnisse; **h. industry** Wohnungswirtschaft *f*; **h. investment(s)** Wohnungsbauinvestition *f*, Investitionen im Wohnungsbau; **h. land** Land für Wohnbebauung; **h. loan** Wohnungsbaudarlehen *nt*, W.baukredit *m*; **h. management** Wohnungsverwaltung *f*; **h. manager** Wohnungsverwalter(in) *m/f*; **h. market** Wohnungsmarkt *m*; **controlled h. market** bewirtschafteter Wohnungsmarkt; **h. office** Wohnungsamt *nt*; **total h. output** (Volumen der) Wohnungsbauleistung *f*, Wohnungsbauvolumen *nt*; **h. policy** Wohnungsbaupolitik *f*; **h. problem** Wohnungsproblem *nt*; **h. procurement** Wohnraumbeschaffung *f*; **h. program(me)** Wohnungs(bau)programm *nt*; **governmental h. program(me)** staatliches Wohnungsbauprogramm; **h. project/scheme** Wohnungs(bau)projekt *nt*, geplante Wohnsiedlung; **for h. purposes** für Wohnzwecke; **h. quality** Wohn(ungs)qualität *f*; **h. record** Ruf in Bezug auf Wohnraumbeschaffung; **h. requirements** Wohnungsbedarf *m*; **h. scheme** geplante Wohnsiedlung; **h. sector** Wohnungsbausektor *m*; **h. shortage** Wohnungsnot *f*, W.knappheit *f*, W.defizit *nt*, W.mangel *m*, Wohnraummangel *m*, Mangel an Wohnungen; **h. situation** Wohnungssituation *f*; **(non-profit-making) h. society** gemeinnütziges Wohnungsunternehmen; **h. start** *(Haus)* Baubeginn *m*, Wohnungsneubau *m*; **h. statistics** Wohnungsstatistik *f*; **h. stock** Bau-, Haus-Wohnungsbestand *m*; **h. subsidy** Wohnungsbaubeihilfe *f*; **h. unit** Wohn(ungs)einheit *f*; **privately financed h. unit** frei finanzierte Wohnung

houseware *n* Haushaltswaren *pl*

hover *v/i* schweben, pendeln, sich bewegen; **h. about/around** *(Preise)* schwanken bei, pendeln um

hover|craft *n* Luftkissenfahrzeug *nt*; L.boot *nt*; **h.port** *n* Anlegestelle für Luftkissenboote; **h.train** *n* Schwebezug *m*

howl of anguish *n* Schrei der Verzweiflung; ~ **indignation** Schrei der Entrüstung; **h.(s) of protest** Protestgeschrei *nt*

howl *v/i* heulen; **h. down** niederschreien

howler *n* Heuler *m*, Stilblüte *f*, grober Schnitzer; **to make a real h.** sich einen Hammer leisten *(coll)*

hub *n* 1. ✪ (Rad)Nabe *f*; 2. *(fig)* Angelpunkt *m*; 3. Verkehrsknotenpunkt *m*, V.drehscheibe *f*; 4. verkehrsgeografischer Mittelpunkt *m*; **h. airport** ✈ Luft(dreh)kreuz *nt*, Flugdrehscheibe *f*, Luftverkehrsknotenpunkt *m*; **h.cap** *n* ⊛ Radkappe *f*

huckster *n* *(coll)* 1. Hausierer *m*, Straßenverkäufer *m*; 2. *[US]* Reklamefritze *m (coll)*; *v/ti* verhökern, hausieren

hue *n* Färbung *f*, (Farb)Schattierung *f*, Farbton *m*; **h. and cry** Zeter und Mordio; **h. of death** Totenblässe *f*; **h.s of the rainbow** Regenbogenfarben

huff *n* *(coll)* Verärgerung *f*

hug *n* Umarmung *f*; *v/t* umarmen

huge *adj* riesige, gewaltig

hulk *n* ⚓ 1. (Schiffs)Rumpf *m*; 2. Wrack *nt*; 3. 🏛 Ruine *f*

hull *n* 1. ⚓ (Schiffs)Rumpf *m*, S.kasko *m*, S.körper *m*; 2. ✈ Rumpf *m*; **h. and machinery** Kasko und Maschinen

hullabaloo *n* *(coll)* Spektakel *nt*

hull coverage/insurance (Luft-/Schiffs)Kaskoversicherung *f*; **h. coverage marine insurance; marine h. insurance** Schiffs-, Seekaskoversicherung *f*; **partial h.**

insurance Teilkasko(versicherung) *m/f*; **h. interest** Kaskointeresse *nt*; **h. policy** Kaskopolice *f*; **h. portfolio**; **h. underwriting account** Bestand an Schiffskaskoversicherungen; **h. underwriter** (Schiffs)Kaskoversicherer *m*; **h. valuation** Kaskotaxe *f*
hum *v/t* summen; **to make things h.** *(coll)* Schwung in den Laden bringen *(coll)*; **h. and haw** *(coll)* nicht mit der Sprache herausrücken wollen, drucksen *(coll)*
human *adj* menschlich, Human-; **h.e** *adj* human, menschenfreundlich; **h.itarian** *n* Philanthrop *m*, Menschenfreund *m*; *adj* philanthropisch, humanitär, menschenfreundlich
humanity *n* 1. Menschheit *f*; 2. Menschlichkeit *f*, Humanität *f*; **the humanities** Geisteswissenschaften
humanization *n* Humanisierung *f*, Vermenschlichung *f*; **h. of jobs** Humanisierung der Arbeitsplätze; **~ work** Humanisierung der Arbeit
humanize *v/t* humanisieren, vermenschlichen
human|kind *n* Menschengeschlecht *nt*; **H. Rights Commission** Menschenrechtskommission *f*
humble *adj* bescheiden
hum|bug *n* Humbug *m*, Mumpitz *m (coll)*; **h.drum** *n* Routine *f*; **h.ly** *adj* langweilig, eintönig, monoton, alltäglich
humid *adj* feucht, nass; **h.ifier** *n* Befeuchter *m*; **h.ify** *v/t* befeuchten; **h.ity** *n* (Luft)Feuchtigkeit *f*, F.sgehalt *m*
humili|ate *v/t* demütigen, erniedrigen; **h.ating** *adj* blamabel, demütigend, erniedrigend; **h.ation** *n* Demütigung *f*, Erniedrigung *f*, Blamage *f*
to be humming (with activity) *adj* auf Hochtouren laufen, brummen *(coll)*
humor *[US]*; **humour** *[GB]* *n* Humor *m*, Stimmung *f*; Komik *f*; **ill h.** Missmut *m*; **h.ous** *adj* komisch
hump *n* 1. Buckel *m*, Höcker *m*; 2. 🚂 Ablaufberg *m*
humus *n* Humus *m*
hunch *n (coll)* (Vor)Ahnung *f*, unbestimmtes Gefühl
hundredfold *adj* hundertfach; **to increase a h.** (sich) verhundertfachen
to run into the hundreds *pl* in die Hunderte gehen
hundredweight *n (50,8 kg) [GB]/(45,4 kg) [US]* Zentner *m (50 kg) [D]/(100 kg) [A/CH]*; **long h.** englischer Zentner *(50,8 kg)*
hunger *n* Hunger *m*; **to die of h.** an Hunger sterben; **h. strike** Hungerstreik *m*
hungry *adj* hungrig; **to be/feel h.** hungern
hunt *n* 1. Jagd *f*, Jägerei *f*; 2. *(Polizei)* Fahndung *f*; 3. Jagdgebiet *nt*, (Jagd)Revier *nt*; **h. for criminals** Verbrecherjagd *f*
hunt *v/t* jagen, fahnden; **h. high and low** *(coll)* überall/wie nach einer Stecknadel suchen; **h. down** Jagd, zur Strecke bringen; **h. out** aufstöbern, ausfindig machen; **h. up** forschen nach, Nachforschungen anstellen
hunter *n* Jäger(in) *m/f*
hunting *n* Jagd *f*, Jägerei *f*; **h. expedition** Jagdausflug *m*; **h. grounds** Jagdgelände *nt*, J.gründe *f*, J.revier *nt*; **h. licence/permit** Jagderlaubnis *f*, J.berechtigung *f*, J.schein *m*; **h. lodge** Jagdhütte *f*; **h. party** Jagdgesellschaft *f*; **h. right** Jagdrecht *nt*; **h. and fishing rights** Jagd- und Fischereirechte *pl*; **h. season** Jagdzeit *f*; **h. tax** Jagdsteuer *f*

hurdle *n* Hürde *f*, Hindernis *nt*, Klippe *f*; **h. in the negotiations** Verhandlungshürde *f*; **h. rate of return** erwartete Mindestrendite; **to clear/take a h.** Hürde nehmen/überwinden; **~ all h.s** *(fig)* alle Klippen überwinden *(fig)*, **~** Hindernisse nehmen; **antitrust h.** *[US]* Kartellhürde *f*, kartellrechtliche Hürde
hurricane *n* Hurrikan *m*, Wirbelwind *m*, W.sturm *m*, Orkan *m*; **h. lamp** Sturm-, Windlaterne *f*
hurried *adj* eilig, hastig, fluchtartig
hurry *n* Eile *f*, Hast *f*, Hetze *f*; **in a h.** auf die schnelle Tour *(coll)*; **to be in a h.** es eilig haben, unter den Schuhen brennen *(fig)*; **~ no h.** keine Eile haben
hurry *v/ti* 1. (sich be)eilen, hasten; 2. hetzen, zur Eile antreiben, beschleunigen
hurt *v/ti* 1. schmerzen; 2. verletzen, verwunden; 3. kränken; 4. schaden, schädigen; *adj* 1. verletzt; 2. gekränkt
husband *n* (Ehe)Mann *m*, Gatte *m*, Gemahl *m*; **h. and wife** Eheleute *pl*; **common-law h.** Lebensgefährte *m*; **hen-pecked h.** Pantoffelheld *m (coll)*; **working h.** mitarbeitender Ehegatte
husband *v/t* haushalten, sparsam/pfleglich umgehen mit, vorsichtig einsetzen; **h.age** *n* Schiffsagentengebühr *f*; **h.ly** *adj* sparsam, haushälterisch; **h.man** *n* 🌾 Landwirt *m*, Bauer *m*
husbandry *n* 1. 🌾 (Boden)Bewirtschaftung *f*, Acker-, Landbau *m*, L.wirtschaft *f*; 2. Sparsamkeit *f*, Wirtschaftlichkeit *f*; **alternate h.** 🌾 Wechselwirtschaft *f*; **good h.** gute Wirtschaftsführung/Bewirtschaftung
hush up *v/t* vertuschen, geheimhalten; **h. money** *(coll)* Schweigegeld *nt*; **h. project** *(coll)* Geheimprojekt *nt*
husk *n* wertlose Hülle
hustings *pl* Wahlkampf(veranstaltung) *m/f*
hustle and bustle *n* rege Geschäftigkeit, reges Treiben
hustle *v/t* energisch vorantreiben
hustler *n [US] (coll)* 1. Arbeitstier *nt (coll)*; 2. Prostituierte *f*
hut *n* Hütte *f*, Bude *f*, Schuppen *m*, Baracke *f*
hybrid *n* Mischform *f*; *adj* gemischt, Misch-, Hybrid-
hydrant *n* Hydrant *m*
hydraulic *adj* hydraulisch; **h.s** *n* 1. Hydraulik *f*; 2. Wasserwirtschaft *f*, Wasserbau(wesen) *m/nt*
hydro|biology *n* Hydrobiologie *f*; **h.carbon** *n* ⚗ Kohlenwasserstoff *m*; **chlorinated h.carbon** Chlorkohlenwasserstoff *m*; **h.carbon oil** Kohlenwasserstofföl *nt*; **h.cele** *n* ⚕ Wasserbruch *m*; **h.electric** *adj* hydroelektrisch; **h.foil** *n* ⚓ Gleit-, Tragflächenboot *nt*
hydrogen *n* ⚗ Wasserstoff *m*; **h.ation of coal** *n* Kohlehydrierung *f*; **h. bomb (H bomb)** Wasserstoffbombe *f*; **h. sulphide** Schwefelwasserstoff *m*
hydro|graphic *adj* hydrographisch; **h.graphy** *n* Wasser-, Gewässerkunde *f*
hydor|phobia *n* ⚕ Tollwut *f*; **h.plane** *n* ✈ Wasserflugzeug *nt*; **h.scope** *n* Feuchtigkeitsanzeiger *m*; **h.sphere** *n* Hydrosphäre *f*
hygiene *n* Hygiene *f*, Gesundheitspflege *f*, G.schutz *m*; **industrial/occupational h.** Arbeits-, Betriebs-, Gewerbe-, Industriehygiene *f*; **personal h.** Körperpflege *f*; **public h.** Sozialhygiene *f*; **h. factors** Hygienefaktoren

hygienic *adj* hygienisch, sanitär
hygrometer *n* Feuchtigkeitsmesser *m*
hype *n* *(coll)* Werberummel *m*, W.spektakel *nt*, übertriebene Werbung, Superlativwerbung *f*; **h. (up)** *v/t* hochjubeln *(coll)*
hyper|active *adj* übermäßig aktiv; **h.bola** *n* π Hyperbel *f*; **h.bole** *n* sprachliche Übertreibung; **h.critical** *adj* überkritisch; **h.employment** *n* Übervollbeschäftigung *f*; **h.inflation** *n* galoppierende/übermäßige Inflation, Hyperinflation *f*; **h.market** *n* Verbraucher(groß)-, Einkaufsmarkt *m*; **h.sensitive** *adj* überempfindlich; **h.somnia** *n* ✚ Schlafsucht *f*; **h.tension** *n* ✚ erhöhter Blutdruck
hyphen *n* Bindestrich *m*; **h.ate** *v/t* mit Bindestrich versehen
hyp|nosis *n* Hypnose *f*; **h.notic** *adj* hypnotisch; **h.notize** *v/t* hypnotisieren
hypo *n* *[US]* *(coll)* Konjunkturspritze *f*; **h.crisy** *n* Heuchelei *f*, Scheinheiligkeit *f*; **h.crite** *n* Heuchler(in) *m/f*, Scheinheilige(r) *f/m*; **h.critical** *adj* heuchlerisch, scheinheilig
hypothec *n* *[Scot.]* Hypothek *f*; **h.ary** *adj* hypothekarisch, pfandrechtlich; **h.ate** *v/t* 1. *(Grundstück)* dinglich belasten, beleihen, hypothekisieren; 2. *[US]* verpfänden, lombardieren; 3. ⚓ verbodmen; 4. *(Steuer)* für einen bestimmten Zweck vorsehen
hypothecation *n* 1. (Grundstücks)Beleihung *f*, Hypothekarisierung *f*; 2. *[US]* Verpfändung *f*, Lombardierung *f*; 3. ⚓ Verbodmung *f*; 4. *(Steuer)* Zweckbindung *f*; **h. of goods** Warenverpfändung *f*; **h. bond** Pfandbestellung *f*; **h. certificate** *[US]* Lombardschein *m*; **h. letter** Hypothekenbrief *m*; **h. value** *[US]* Lombard-, Beleihungs-, Verpfändungswert *m*
hypothecator *n* Hypothekenschuldner(in) *m/f*
hypothermia *n* ✚ Tod durch Erfrieren, Unterkühlung *f*, Kältetod *m*, Auskühlen *nt*
hypothesis *n* (Hypo)These *f*, Vermutung *f*, Annahme *f*; **to put forward a h.** Hypothese aufstellen; **composite h.** zusammengesetzte Hypothese; **equal-chance h.** Gleichverteilungshypothese *f*; **null h.** Null-Hypothese *f*
hypo|thesize *v/ti* Hypothese aufstellen, voraussetzen, annehmen; **h.thetical** *adj* hypothetisch
hysterectomy *n* ✚ Sterilisation der Frau

I

ibid. (ibidem) *(lat.)* ebenda
ice *n* (Glatt)Eis *nt*; **to be (treading) on thin i.** *(fig)* sich aufs Glatteis begeben (haben) *(fig)*; **to break the i.** *(fig)* den Bann brechen; **to cut no i. with so.** *(fig)* keinen Eindruck auf jdn machen, jdm nicht imponieren, bei jdm nicht damit landen/verfangen; **to put on i.** *(fig)* zurückstellen; **to skate on thin i.** *(fig)* sich auf dünnes Eis wagen *(fig)*
black ice 🚗 überfrorene Nässe, Glatteis *nt*, Eisglätte *f*; **floating i.** ⚓ Treibeis *nt*; **polar i.** Polareis *nt*

ice (up) *v/i* vereisen
ice age Eiszeit *f*; **i.berg** *n* Eisberg *m*; **i.bound** *adj* ⚓ vom Eis eingeschlossen, zugefroren, vereist; **to be i.bound** im (Pack)Eis festsitzen; **i.box** *n* *[US]* Eis-, Kühlschrank *m*; **i.breaker** *n* ⚓ Eisbrecher *m*; **i. cellar** Eiskeller *m*; **i.-cold** *adj* eiskalt; **i. compartment** Kühlfach *nt*; **i.-cooled** *adj* eisgekühlt
ice-cream *n* Eiscreme *f*, Speiseeis *nt*; **i. man** *[GB]* Eismann *m*, E.verkäufer *m*; **i. parlour** Eisdiele *f*
ice cube Eiswürfel *m*; **i. drift** ⚓ Eisgang *m*, E.treiben *nt*; **i. floe** ⚓ Eisscholle *f*; **i.-free** *adj* eis-, vereisungsfrei; **i. machine** Kältemaschine *f*, Gefrierapparat *m*; **i.man** *n* *[US]* Eismann *m*, E.verkäufer *m*; **i. pack** 1. Packeis *nt*; 2. Eisbeutel *m*; **i. pilot** ⚓ Eislotse *m*; **i. rink** Eislaufbahn *f*; **i.-skate** *n* Schlittschuh *m*
icicle *n* Eiszapfen *m*
icing *n* 1. Vereisung *f*; 2. Zuckerguss *m*; **i. sugar** Puderzucker *m*
icon *n* 🖥 Piktogramm *nt*, Symbol *nt*
icy *adj* 1. eisig; 2. vereist
ID (identity) card *n* Personal-, Dienstausweis *m*
idea *n* 1. Idee *f*, Gedanke *m*, Einfall *m*; 2. Vorstellung *f*, Ahnung *f*; 3. Konzept *nt*, Anregung *f*; 4. Meinung *f*, Ansicht *f*; **full of i.s** ideenreich; **lacking in i.s** ideenarm
to air an idea Idee ventilieren/verbreiten; **to bandy an i. about** Idee verbreiten; **to bubble with i.s** voller Ideen stecken; **to cash in on an i.** Idee ausnutzen, aus einer ~ Kapital schlagen; **to cherish an i.** an einer Idee festhalten; **to commit one's i.s to paper** seine Gedanken zu Papier bringen; **to discount an i.** einen Gedanken verwerfen; **to disseminate i.s** Ideen verbreiten; **to entertain an i.** sich mit einem Gedanken tragen; **to espouse an i.** sich eine Idee zu Eigen machen; **to float an i.** Gedanken zur Debatte stellen; **to form an i.** sich einen Begriff machen (von), sich etw. vorstellen; **to get an i. into one's head** sich etw. in den Kopf setzen; **to give an i. a good airing** einen Gedanken verbreiten; **not to have the faintest/foggiest** *(coll)*/**slightest i.** nicht die geringste Idee haben, ~ leiseste Ahnung haben, keinen (blassen) Schimmer haben *(coll)*; **to hit upon an i.** auf eine Idee kommen/verfallen, auf den Gedanken kommen; **to lack i.s** phantasielos sein; **to moot an i.** etw. zur Sprache bringen, Gedanken zur Diskussion stellen; **to be obsessed with an i.** von einer Idee besessen sein; **to preempt an i.** Idee mit Beschlag belegen; **to put an i. into so.'s head** jdn auf einen Gedanken bringen; **to relinquish an i.** Idee fallen lassen; **to seize on an i.** Idee aufgreifen; **to toy with an i.** mit einer Idee/einem Gedanken spielen, mit etw. liebäugeln
basic idea Grund-, Leitgedanke *m*, tragende Idee, Grundidee *f*; **brilliant i.** phantastische Idee; **creative i.** schöpferischer Gedanke; **European i.** Europagedanke *m*; **faint i.** schwache Vorstellung; **fundamental i.** Grundbegriff *m*; **general i.** ungefähre Vorstellung; **to get the ~ i.** eine ungefähre Vorstellung bekommen; **good i.** guter Einfall; **half-baked i.** unausgegorene Idee; **inventive i.** Erfindungsgedanke *m*; **main i.** Hauptgedanke *m*; **nutty i.** Schnapsidee *f* *(coll)*; **rough i.** ungefähre Vorstellung; **vague i.** verschwommene/ungenaue Vorstellung

ideas man *n* [GB] (Werbung) Ideenanreger *m*, I.gestalter *m*, I.spezialist *m*
ideal *n* Ideal *nt*, I.vorstellung *f*, Wunschbild *nt*, hohes Ziel; *adj* ideal, vollkommen
ideallize *v/t* idealisieren; **i.ized** *adj* schematisiert; **i.ism** *n* Idealismus *m*; **i.ist** *n* Idealist(in) *m/f*; **i.istic** *adj* idealistisch
identical *adj* identisch, gleichnamig, g.bedeutend, (genau) gleich, der(die-/das)selbe
identifiable *adj* feststellbar, identifizierbar, erkennbar, kenntlich; **i. with** zurechenbar
identification *n* 1. Identifizierung *f*, Identifikation *f*, Erkennung *f*, Identitäts-, Personenfeststellung *f*, Namhaftmachung *f*; 2. Kennzeichnung *f*, Kennung *f*; 3. Legitimation *f*, Ausweis *m*; **i. of goods** Warenbeschreibung *f*, W.bezeichnung *f*; **~ the inventor** (Pat.) Erfindernennung *f*; **~ a witness** Feststellung der Personalien eines Zeugen; **incomplete i.** ▦ Nichtidentifizierbarkeit *f*; **(plastic) i. badge** Ausweiskarte *f*, (Plastik)Ausweis *m*, Kennmarke *f*
identification (ID) card (Personal-/Dienst)Ausweis *m*, Kenn-, Legitimationskarte *f*; **official i. c.** Dienstausweis *m*; **public i. c.** [US] Personalausweis *m*; **i. c. reader** Ausweisleser *m*
identification character Kennung *f*; **i. department** Erkennungsdienst *m*; **i. disc/disk** Erkennungs-, Kennmarke *f*; **i. division** Erkennungsteil *m*; **i. document** Ausweispapier *nt*; **i. evidence** [§] Identitätsbeweismittel *nt*; **i. field** ▣ Feld für Problembezeichnung; **i. initials** Diktatzeichen *nt*; **i. letter** Kennbuchstabe *m*; **i. mark** 1. Erkennungs-, Identitäts-, Merkzeichen *nt*; 2. ⊖ Nämlichkeitszeichen *nt*; **special i. method** Lifo-Methode auf Mengenbasis; **personal i. number (PIN)** (Bargeldautomat) Geheimzahl *f*, persönliche Kennnummer; **i. paper** Legitimations-, Ausweispapier *nt*; **i. parade** (Polizei) Gegenüberstellung *f*; **i. plate** ✪ Typenschild *nt*; **i. register** Erkenntniskartei *f*; **i. tag** Erkennungsmarke *f*, Identifizierungszeichen *nt*; **i. test** Identifikationstest *m*; **i. word** Buchstabierwort *nt*
identifier *n* 1. Name *m*, Bezeichnung *f*; 2. ▣ Kennzeichnung *f*, Bezeichner *m*; **i. list** ▣ Namensliste *f*
identify *v/t* 1. identifizieren, feststellen, ermitteln, herausfinden, genau bestimmen, Identität bestätigen/feststellen; 2. bezeichnen, kennzeichnen, kenntlich/namhaft machen; 3. (Güter) konkretisieren; **i. o.s.** sich ausweisen; **i. with** zurechnen; **~ so.** 1. sich in jdn hineinversetzen; 2. sich mit jdm solidarisch erklären
identikit *n* Phantombild *nt*
identity *n* 1. Identität *f*; 2. (Personen)Gleichheit *f*, Übereinstimmung *f*; 3. Nämlichkeit *f*, Identitätsgleichung *f*; 4. (Pat.) Wesensgleichheit *f*; **i. of currencies** Währungskongruenz *f*; **~ goals** Zielidentität *f*; **~ interests** Interessenkongruenz *f*; **~ maturities** Fristen-, Laufzeitkongruenz *f*; **~ personality** Personengleichheit *f*; **~ the subject matter** Nämlichkeit des Versicherungsgegenstandes
to conceal one's identity Identität verheimlichen; **to determine the i.** Nämlichkeit feststellen; **to disclose one's i.** sich zu erkennen geben; **to establish so.'s i.** jds Identität nachweisen/feststellen; **~ one's i.** sich ausweisen; **to mistake so.'s i.** sich in der Person irren; **to prove one's i.** sich ausweisen/legitimieren; **~ so.'s i.** jds Identität nachweisen

corporate identity einheitliches äußeres (und inneres) Erscheinungsbild einer Unternehmung, Firmenpersönlichkeit *f*, Unternehmensstil *m*, U.erscheinungsbild *nt*; **of known i.** [§] von Person bekannt; **mistaken i.** Irrtum über die Person, Personenverwechslung *f*, Identitätsirrtum *m*

identity (ID) card Ausweis(karte) *f*, Dienst-, Personalausweis *m*, Erkennungs-, Kenn-, Identitätskarte *f*, I.ausweis *m*; **~ check/control** Ausweiskontrolle *f*, Überprüfung der Personalien; **i. certificate** Nämlichkeitszeugnis *nt*; **i. disc/disk** Identitäts-, Erkennungsmarke *f*; **personal i. number** Geheimnummer *f*; **i. paper(s)** Ausweis(papiere) *m/pl*; **i. unit** ▣ Identitätsglied *nt*

ideollogist *n* Ideologe *m*, Ideologin *f*; **i.logy** *n* Ideologie *f*, Weltanschauung *f*; **materialistic i.logy** materialistische Weltanschauung
id est (i.e.) (lat.) das heißt
idiocy *n* Idiotie *f*, Schwachsinn *m*
idiom *n* Idiom *nt*, idiomatische Redewendung/R.weise
idiosynchrasy *n* Idiosynchrasie *f*
idiot *n* Idiot(in) *m/f*, Irre(r) *f/m*, Schwachkopf *m*; **i.ic** *adj* idiotisch
idle *adj* 1. träge, faul, müßig, arbeitsscheu; 2. ◀ inaktiv, untätig, unproduktiv, unbeschäftigt, ungebraucht, brachliegend, außer Betrieb; 3. (Kapital) ungenutzt, nicht angelegt; **to be i.** ungenutzt bleiben, still-, brachliegen, stillstehen, außer Betrieb sein; **to remain i.** untätig bleiben; **to run i.** ✪ im Leerlauf fahren
idle *v/i* 1. faulenzen; 2. ✪ leerlaufen
idleness *n* 1. Arbeitsscheu *f*, Faulheit *f*, Nichtstun *nt*, Müßiggang *m*, Faulenzen *nt*, Faulenzerei *f*; 2. ◀ Stillstand *m*, Untätigkeit *f*, Unproduktivität *f*; **i. is the root of all sin** (prov.) Faulheit ist aller Laster Anfang (prov.)
idler *n* 1. Faulenzer *m*, F.pelz *m* (coll), Nichtstuer *m*, Bummelant *m*, Müßiggänger *m*; 2. ◀ [US] leerer Wagon
idling *n* Bummelei *f*; *adj* ✪ leerlaufend; **i. cycle** 1. Leerlaufgang *m*; 2. ▣ Leerdruck *m*
idol *n* Abgott *m*, Idol *nt*, Götze *m*; **i.ize** *v/t* abgöttisch verehren, vergöttern
idyll *n* Idylle *f*; **i.ic** *adj* idyllisch
i. e. → id est
I/F (insufficient funds) ungenügende Deckung
ignite *v/ti* 1. an-, entzünden; 2. zünden, explodieren
ignition 1. ◀ Zündung *f*; 2. (Feuer) Entzündung *f*; **to adjust/time the i.** Zündung/Zündzeitpunkt einstellen; **to advance the i.** Zündung/Zündzeitpunkt vorstellen; **to retard the i.** Zündung/Zündzeitpunkt zurückstellen; **retarded i.** Spätzündung *f*
ignition coil ◀ Zündspule *f*; **i. key** Zündschlüssel *m*; **i. lead** Zündkabel *nt*; **i. lock** Zündschloss *nt*; **i. sequence** Zündfolge *f*; **i. system** Zündanlage *f*; **i. timing** Zünd(zeitpunkt)einstellung *f*

ignorance *n* Unwissenheit *f*, Unkenntnis *f*, Nichtkenntnis *f*; **i. of the facts** Unkenntnis tatsächlicher Umstände; **i. of the law** Unkenntnis des Gesetzes, Rechtsunkenntnis *f*; **~ is no defence; ~ is no excuse (for crime)** Unkenntnis (des Gesetzes) schützt vor Strafe nicht; **to betray one's i.** sich ein Armutszeugnis ausstellen *(fig)*; **to plead i.** sich auf Unwissenheit/Unkenntnis berufen, Unwissenheit vorschützen, ~ als Grund vorbringen, sich mit ~ entschuldigen, Unkenntnis vorgeben; **~ of the law** sich auf Unkenntnis (des Gesetzes)/Gesetzesunkenntnis berufen, Unkenntnis (des Gesetzes)/Rechtsunsicherheit vorschützen, ~ vortäuschen, ~ vorgeben; **to pretend i.** Unkenntnis vorschützen
accidental ignorance Unkenntnis nebensächlicher Umstände; **complete i.** völlige Unkenntnis; **culpable i.** schuldhafte Unkenntnis; **essential i.** Unkenntnis wesentlicher Umstände
ignorant *adj* 1. ungebildet; 2. unwissend, unkundig, nicht informiert, nichtwissend; **to be i. of sth.** etw. nicht wissen/kennen
ignorantia juris haud excusat *n* *(lat.)* [§] Unkenntnis des Rechts entschuldigt nicht
ignore *v/t* 1. missachten, übersehen, überhören, nicht beachten, ignorieren, hinwegsehen, übergehen, nicht berücksichtigen, vernachlässigen, links liegen lassen *(fig)*, keine Notiz nehmen von; 2. *(Signal)* überfahren
ill *n* Übel *nt*, Unglück *nt*, Missstand *m*; **to cure i.s** Krankheiten kurieren, Remedur schaffen
ill *adj* 1. krank; 2. schlecht, schlimm, übel, widrig, ungünstig; **to be taken/fall i.** erkranken, krank werden; **fatally/incurably/terminally i.** todkrank, unheilbar/hoffnungslos krank; **mentally i.** geistig krank, geisteskrank
ill|-adapted *adj* schlecht passend, ungeeignet; **i.-advised** *adj* schlecht beraten, unklug, unratsam, inopportun, unüberlegt; **i.-assorted** *adj* zusammengewürfelt, schlecht zusammenpassend; **i.-at-ease** *adj* unbehaglich; **i.-balanced** *adj* einseitig, unausgewogen; **i.-bred** *adj* schlecht erzogen; **i.-considered** *adj* unbesonnen, unüberlegt, unbedacht; **i.-disposed** *adj* 1. übelgesonnen; 2. voreingenommen
ill-effect *n* nachteilige Folge
illegal *adj* illegal, außer-, ungesetzlich, rechts-, gesetzeswidrig, verboten, widerrechtlich, unrechtmäßig, rechtlich unzulässig, gesetzlos, ordnungswidrig; **i.ity** *n* Ungesetzlichkeit *f*, Rechts-, Gesetzeswidrigkeit *f*, Illegalität *f*, Unrechtmäßigkeit *f*, gesetzwidrige Handlung; **~ of purpose** Ungesetzlichkeit des Vertragszwecks
illeg|ibility *n* Unleserlichkeit *f*; **i.ible** *adj* unleserlich
illegitimacy *n* 1. Illegitimität *f*, Unzulässigkeit *f*, Unrechtmäßigkeit *f*; 2. Nicht-, Unehelichkeit *f*; **i. ratio** Anteil der unehelich Geborenen
illegitimate *adj* 1. illegitim, unzulässig, unerlaubt, unrechtmäßig, ungesetzlich; 2. nichtehelich/unehelich/außerehelich (geboren)
ill|-equipped *adj* schlecht gerüstet/ausgestattet; **i.-fated** *adj* unglücklich, ungünstig, unter einem schlechten Stern stehend, verhängnisvoll; **i.-fated** *adj* zum Scheitern verurteilt; **i.-founded** *adj* unbegründet, fragwürdig,

schlecht begründet, unerwiesen; **to be i.-founded** auf schwachen Füßen stehen *(fig)*; **i.-gotten** *adj* unrechtmäßig erworben; **i.-housed** *adj* schlecht untergebracht
illicit *adj* ungesetzlich, unerlaubt, gesetz-, rechtswidrig, verboten, illegal, widerrechtlich
ill-informed *adj* schlecht informiert, wenig sachkundig
illiquid *adj* illiquide, nicht flüssig; **to make i.** illiquidisieren
illiqidity *n* mangelnde Liquidität, Illiquidität *f*; **increasing i.** Illiquidisierung *f*; **temporary i.** Zahlungsstockung *f*
illiteracy *n* Analphabetentum *nt*, Analphabetismus *m*; **i. rate** Analphabetenquote *f*
ill-judged *adj* unvernünftig, unbedacht, unklug; **i.-mannered** *adj* unhöflich; **i.-natured** *adj* bösartig
illness *n* Krankheit *f*, Erkrankung *f*, Leiden *nt*; **in case of i.** im Erkrankungsfall; **to die of an i.** infolge einer Krankheit sterben; **to fake/feign/sham (an) i.** Krankheit vorschützen/vortäuschen/simulieren, Kranken mimen/simulieren, sich krank stellen, simulieren; **to survive an i.** Krankheit überstehen
critical illness kritische Erkrankung; **~ cover/insurance** Versicherung gegen kritsche Erkrankung; **fatal i.** Todeskrankheit *f*; **geriatric i.** Alterskrankheit *f*; **lingering i.** Siechtum *nt*; **major i.** ernsthafte Krankheit; **mental i.** seelisches Leiden, Geisteskrankheit *f*; **protracted i.** lange Krankheit; **severe i.** schwere Erkrankung/Krankheit; **terminal i.** unheilbare Krankheit, Todeskrankheit *f*
illness frequency rate Krankheitshäufigkeitsziffer *f*
ill|-mannered *adj* ungesittet, ungezogen; **i.-matched** *adj* schlecht (zusammen)passend; **i.-omened** *adj* unter einem schlechten Stern stehend; **i.-planned** *adj* schlecht geplant; **i.-prepared** *adj* schlecht vorbereitet; **i.-qualified** *adj* ungeeignet; **i.-reputed** *adj* übelbeleumundet, anrüchig, verschri(e)en, berüchtigt; **i.-sorted** *adj* schlecht zusammengefügt/zusammenpassend; **i.-starred** *adj* unter einem schlechten Stern; **i.-suited** *adj* unpassend; **i.-tempered** *adj* übelgelaunt
illth *n* schädliche Konsumgüter und Dienste
ill|-timed *adj* zur falschen Zeit, zur Unzeit, ungelegen, unpassend, schlecht abgestimmt/abgepasst, zu einer ungünstigen Zeit; **i.-treat** *v/t* misshandeln, schlecht behandeln, schinden; **i.-treatment** *n* Misshandlung *f*
illumi|nate *v/t* er-, be-, ausleuchten, illuminieren, erhellen; **i.nating** *adj* erhellend, aufschlussreich; **~ value** Leuchtwert *m*; **i.nation** *n* Be-, Er-, Ausleuchtung *f*, Licht *nt*, Lichterglanz *m*; **i.nations** Leuchtkörper *pl*, L.anlage *f*, (Fest)Beleuchtung *f*; **i.nator** *n* Markierstift *m*
ill-use *v/t* schlecht behandeln, ~ umgehen mit
illusion *n* Illusion *f*, Täuschung *f*; **to be under an i.** einer Täuschung unterliegen, sich Illusionen machen; **~ no i.** keine Illusionen haben, sich nichts vormachen; **to cherish an i.; to labour under an i.** sich einer Illusion/Täuschung hingeben, einer Illusion nachhängen; **optical i.** optische Täuschung; **rosy i.** Wunschbild *nt*
illusory *adj* illusorisch, trügerisch
illustrate *v/t* 1. bebildern, illustrieren, abbilden, mit Abbildungen versehen, bildlich darstellen; 2. erläutern,

veranschaulichen, erklären, **i.d** *adj* bebildert, illustriert, **richly i.d** reich illustriert

illus|tration *n* 1. Abbildung *f*, Beispiel *nt*, Illustration *f*, Bebilderung *f*, Anschauungsmaterial *nt*, bildliche Darstellung; 2. Erläuterung *f*, Erklärung *f*; **i.lustrator** *n* Illustrator(in) *m/f*, Grafiker(in) *m/f*

ILO (International Labour Organisation) Internationale Arbeitsorganisation

image *n* 1. Ab-, (Eben)Bild *nt*; 2. Image *nt*, Erscheinungsbild *nt*; **to cultivate/promote an i.** Image pflegen, Imagewerbung betreiben

battered image angeschlagenes/ramponiertes Image; **corporate i.** *(Firma)* äußeres Erscheinungsbild, Firmen-, Unternehmensimage *nt*; **distorted i.** Zerrbild *nt*, Z.spiegel *m (fig)*; **external i.** *(Unternehmen)* Fremdbild *nt*; **green i.** grünes Image; **internal i.** *(Unternehmen)* Eigenbild *nt*; **mental i.** geistige Vorstellung, Vorstellungsbild *nt*; **occupational i.** Berufsbild *nt*; **projected i.** Projektionsbild *nt*; **public i.** Erscheinungsbild in der Öffentlichkeit

image advertisement Repräsentationsinserat *nt*; **i. advertising** Prestige-, Repräsentationswerbung *f*; **i. building** Imagebildung *f*, I.pflege *f*; **i. communication** Bildübertragung *f*; **i.-conscious** *adj* imagebewusst; **i. consultant** Imageberater *m*; **i. converter** ⚡ Bildwandler *m*; **i. master** Schriftbildträger *m*; **i. neurosis** Profilneurose *f*; **i. polishing** Imagepflege *f*; **i. processing** Bildverarbeitung *f*; **i. promotion** Imagewerbung *f*; **i. research** Imageforschung *f*; **i. scanner** 🖥 Abtaster *zur* Bildeingabe; **i. test** Imagetest *m*; **optical i. unit** 🖥 optische Datenerfassungsstation

imagin|able *adj* vorstellbar; **i.ary** *adj* imaginär, frei erfunden, nur in der Einbildung vorhanden

imagination *n* Phantasie *f*, Vorstellungskraft *f*, V.vermögen *nt*, Einbildung *f*; **to fire so.'s i.** jds Phantasie beflügeln; **to lack i.** einfallslos/phantasielos sein; **lacking i.** phantasie-, einfallslos; **fertile i.** reiche Phantasie; **vivid i.** blühende/lebhafte/rege Phantasie

imaginative *adj* phantasie-, einfalls-, ideenreich, erfinderisch

imagine *v/t* 1. sich vorstellen; 2. sich einbilden; 3. annehmen, vermuten

imaging *n* 🖥 Bildverarbeitung *f*, elektronische Dokumentenerfassung

imbalance *n* Ungleichheit *f*, Unausgeglichenheit *f*, U.gewogenheit *f*, Missverhältnis *nt*; **i. of investment** ungleichgewichtige Kapitalbestandsvergrößerung; **~ the market** Marktungleichgewicht *nt*; **i. in payments** unausgeglichene Zahlungsbilanz

budgetary imbalance Haushaltsungleichgewicht *nt*, unausgeglichener Haushalt; **commercial i.** Ungleichgewicht der Handelsbilanz; **external i.** außenwirtschaftliches Ungleichgewicht; **structural i.s** strukturelle Ungleichheiten/Unausgewogenheiten

IMF (International Monetary Fund) Internationaler Währungsfonds (IWF)

imitate *v/t* nachahmen, nachbauen, nachmachen, nachbilden, imitieren, kopieren, abkupfern *(coll.)*; **i.d** *adj* nachgemacht

imitation *n* Nachahmung *f*, Nachbildung *f*, Fälschung *f*, Kopie *f*, Falsifikat *nt*; **i. of trademarks** Nachahmung von Warenzeichen; **coloured i.** *(Warenzeichen)* geringfügige Veränderung; **illegal/unlawful i.** rechtswidrige Nachahmung, widerrechtliche Nachbildung, unerlaubter Nachbau; **improper/unfair i.** unlautere Nachahmung

imitation firearm Imitations-, Spielzeugwaffe *f*; **i. fur** Webpelz *m*; **i. goods** Nachahmungen, nachgemachte Waren, Talmiware *f*; **i. jewellery** *[GB]* **/jewelry** *[US]* Imitationsschmuck *m*, unechter Schmuck; **i. leather** Kunstleder *nt*; **i. pearl** Perlenimitation *f*

imita|tive *adj* nachahmend, imitierend; **i.tor** *n* Imitator *m*, Nachahmer *m*

immaculate *adj* makel-, tadellos, einwandfrei, tipptopp *(coll)*, picobello *(coll)*

immaterial *adj* 1. unwesentlich, belanglos, unerheblich, nebensächlich, unwichtig; 2. rechts-, beweisunerheblich, nicht zur Sache gehörig; **to be i.** keine Rolle spielen

imma|ture *adj* unreif, unausgereift, unausgegoren, nicht ausreichend gelagert; **i.turity** *n* Unreife *f*

immeasur|ability *n* Unmessbarkeit *f*; **i.able** *adj* 1. nicht messbar; 2. unermesslich

immediate *adj* unverzüglich, sofortig, umgehend

immense *adj* immens, riesig, enorm, ungeheuer (groß)

immerse *v/t* eintauchen; **~ o.s. in** sich vertiefen in; **i.d** *adj* versunken

immersion *n* Eintauchen *nt*; **i. heater** 1. ⚡ Tauchsieder *m*; 2. Heißwassergerät *nt*

immigrant *n* Einwanderer *m*, Immigrant(in) *m/f*, Eingewanderte(r) *f/m*; **i. remittances** (Geld)Überweisungen von Einwanderern

immigrate *v/i* einwandern, immigrieren

immigration *n* Ein-, Zuwanderung *f*, Immigration *f*; **i. authority** Einwanderungsbehörde *f*; **i. ban** Einwanderungssperre *f*, E.verbot *nt*; **i. control(s)** 1. Einwanderungskontrolle *f*; 2. Passkontrolle *f*; **i. department** Einwanderungsabteilung *f*; **i. office** Einwanderungsbehörde *f*; **i. officer** Einwanderungs-, Grenz-, Passbeamter *m*; **i. permit** Einwanderungserlaubnis *f*, E.genehmigung *f*, E.bewilligung *f*; **i. proceedings** Einwanderungsverfahren *nt*; **i. quota** Einwanderungskontingent *nt*; **i. restrictions** Einwanderungsbeschränkungen; **i. rules** 1. Einwanderungsbestimmungen; 2. Einreisebestimmungen; **i. visa** Einwanderungsvisum *nt*

immi|nence *n* Bevorstehen *nt*; **i.nent** *adj* (unmittelbar/nahe) bevorstehend, (unmittelbar) drohend, akut; **to be i.nent** unmittelbar bevorstehen

immiser(iz)ation *n* Verelendung *f*

immo|bile *adj* unbeweglich; **i.bility** *n* Immobilität *f*, Unbeweglichkeit *f*

immobilization *n* 1. Immobilisierung *f*, Lahmlegung *f*, Stilllegung *f*; 2. *(Kapital/Geld)* Festlegung *f*, Bindung *f*; **i. of capital** Kapitalfestlegung *f*, K.bindung *f*; **~ funds** Mittelfestlegung *f*; **~ money** Geldstilllegung *f*; **~ tax receipts** Stilllegung von Steuereinnahmen; **i. period** *(Kapital)* Festlegungsdauer *f*, Sperrfrist *f*; **i. requirement(s)** Festlegungspflicht *f*

immobilize v/t 1. lahmlegen, immobilisieren; 2. *(Geld)* aus dem Verkehr ziehen, binden, festlegen; 3. *(Verkehr)* lahm-, stilllegen, zum Erliegen bringen; **i.d** *adj* stillgelegt; **to be i.d** stillliegen

immoderate *adj* maßlos, unmäßig, übertrieben, überzogen

immodest *adj* unbescheiden; **i.y** *n* Unbescheidenheit *f*

immoral *adj* sittenwidrig, unmoralisch, unsittlich; **i.ity** *n* Sittenwidrigkeit *f*, Unmoral *f*, Unsittlichkeit *f*

immortal *adj* unvergänglich, unsterblich; **i.ize** v/t verewigen

immovable *adj* unbeweglich, unverrückbar; **i.s** *pl* Immobilien, Liegenschaften, unbewegliche Habe/Sachen, unbewegliches Gut/(Anlage)Vermögen

immune *adj* 1. § immun; 2. geschützt, unempfindlich (gegen); 3. [§] befreit; **to be i.** Immunität genießen; **i. deficiency** § Immunschwäche *f*; **~ syndrome** Immunschwächesyndrom *nt*; **i. system** Immunsystem *nt*

immunity *n* 1. § Immunität *f*; 2. [§] Immunität *f*, Befreiung *f*, Straflosigkeit *f*; 3. Unempfindlichkeit *f*

immunity from attachment Nichtpfändbarkeit *f*; **~ error** Unfehlbarkeit *f*; **immunities and privileges** Immunitäten und Vorrechte; **i. from prosecution/punishment** [§] strafrechtliche Immunität, Straffreiheit *f*; **~ seizure** Unpfändbarkeit *f*; **~ taxation/taxes** Abgabenbefreiung *f*, A.freiheit *f*, Steuerimmunität *f*, S.freiheit *f*

vested with immunity mit Immunität ausgestattet

to enjoy immunity Immunität genießen; **to grant i.** Immunität gewähren; **to waive i.** Immunität aufheben

absolute immunity absolute Immunität; **conditional i.** bedingte Immunität; **diplomatic i.** diplomatische Immunität, diplomatisches Vorrecht; **fiscal i.** Steuerfreiheit *f*; **jurisdictional i.** rechtliche/gerichtliche Immunität, Befreiung von der Gerichtsbarkeit; **parliamentary i.** Parlaments-, Abgeordnetenimmunität *f*, parlamentarische Immunität; **public-interest i.** Geheimhaltung im öffentlichen Interesse; **statutory i.** gesetzlich bedingte Immunität

immunity clause Immunitätsklausel *f*; **i. laws** Immunitätsgesetze

immunize v/t immunisieren

impact *n* 1. (Ein-/Aus-/Stoß)Wirkung *f*, Druck *m*; 2. Folge *f*, Wucht *f*, Stoßkraft *f*, Belastung *f*, Wirksamkeit *f*, Aufprall *m*, Aufschlag *m*

impact on demand Nachfrageeffekt *m*; **~ the economy** konjunkturpolitischer Effekt; **~ employment** Beschäftigungseffekt *m*, B.wirkung *f*; **i. of inflation** Folge der Inflation; **with a positive i. on jobs** beschäftigungswirksam; **i. on the market** Marktbelastung *f*; **~ productivity** Produktivitätseffekt *m*; **i. of tax** Steuerbelastung *f*

to make an impact on sich (deutlich) auswirken auf

environmental impact Umwelteinfluss *m*, U.einwirkung *f*, Auswirkung auf die Umwelt; **~ reduction** Verringerung der Umweltbeeinträchtigung; **expansionary i.** expansiver Impuls; **inflationary i.** inflatorische Kräfte; **profound i.** nachhaltige Wirkung; **visual i.** optischer Eindruck; **widespread i.** Breitenwirkung *f*

impact v/t *[US]* beeinflussen, sich auswirken auf, Wirkung haben; **i. on** 1. sich auswirken auf; 2. aufprallen

impact advertising Stoßwerbung *f*; **i. analysis** Wirkungs-, Werbewirksamkeitsanalyse *f*; **cross i. analysis** Interaktionsanalyse *f*; **i. effect** Anstoßwirkung *f*; **i. incidence** 1. (Werbe)Wirkungsintensität *f*; 2. Inzidenz des Steueranstoßes; **i. lag** Wirkungsverzögerung *f*; **i. multiplier** Wirkungsmultiplikator *m*; **i. pattern** Wirkungsmuster *nt*; **i. printer** mechanischer Drucker; **i. research** Wirkungsforschung *f*; **i.-resistant** *adj* kerbschlagfest; **i. study** Untersuchung der Werbewirksamkeit; **i. test** (Werbe)Wirksamkeitsprüfung *f*, W.test *m*

impair v/t beeinträchtigen, schädigen, schwächen, nachteilig beeinflussen, schmälern, vermindern; **to be i.ed** einbüßen

impairment *n* 1. Beeinträchtigung *f*, Schmälerung *f*, Schädigung *f*, Schwächung *f*, Verminderung, Einbuße *f*, Verschlechterung *f*; 2. *(Rechte)* Eingriff *m*; 3. *(Kapital)* Überschuldung *f*; **i. of earning capacity** Beeinträchtigung/Minderung der Erwerbsfähigkeit; **~ capital** Überschuldung *f*, Gefährdung des Eigenkapitals; **~ rights** Beeinträchtigung der Rechte (anderer); **~ vested rights** Besitzstandseinbuße *f*; **~ value** Wertbeeinträchtigung *f*

impartial *adj* 1. unabhängig, unparteiisch; 2. unvoreingenommen, objektiv, unbefangen, vorurteilslos; **i.ity** 1. Unparteilichkeit *f*; 2. Unvoreingenommenheit *f*, Unbefangenheit *f*, Objektivität *f*, Sachlichkeit *f*

im|passable *adj* unpassierbar, unbefahrbar, unwegsam; **i.passe** *n* Sackgasse *f*, ausweglose/verfahrene Situation, toter Punkt; **to end the i.passe** aus der Sackgasse herauskommen, toten Punkt überwinden

impa|tience *n* Ungeduld *f*; **i.tient** *adj* ungeduldig

impawn v/t verpfänden, versetzen

impeach v/t [§] (wegen Amtsmissbrauchs) anklagen; **i.ment** *n* Anklage wegen Amtsvergehens, Parlaments-, Minister-, Amtsanklage *f*; **i.ment of a judge** Richteranklage *f*; **~ waste** *(Pächter)* Mangelklage *f*, Instandhaltungsverpflichtung *f*, Haftung für Schäden aus dem Mietgegenstand; **i.ment proceedings** *[US]* Präsidentenanklage *f*

impec|cability *n* Makel-, Fehlerlosigkeit *f*; **i.cable** *adj* untadelig, tadellos, einwandfrei, lupenrein, fehler-, makellos; **i.cably** *adv* picobello *(coll)*

impecunious *adj* mittellos, unvermögend, verarmt, unbemittelt, vermögenslos, unbegütert; **i.ness** *n* Mittellosigkeit *f*, Geldmangel *m*

impede v/t (be)hindern, beeinträchtigen, hemmen, entgegenstehen

impediment *n* 1. [§] Hindernis *nt*, Hemmnis *nt*, Hinderungsgrund *m*; 2. Erschwernis *f*, Ver-, Behinderung *f*, Hemmschuh *m (fig)*; **i. to an action** Prozesshindernis *nt*; **~ growth** Wachstumsbremse *f*; **i.s to imports** Einfuhrhemmnisse; **i. to marriage** absolutes/trennendes Ehehindernis; **diriment ~ marriage** trennendes Ehehindernis, Ehenichtigkeitsgrund *m*; **i.s to trade** Handelshemmnisse

diriment impediment Ehenichtigkeitsgrund *m*; **legal i.** gesetzliches/rechtliches Hindernis, gesetzliches Ehehindernis

impel v/t veranlassen, nötigen; **i.lent of economic activity** n Konjunkturmotor m; **i.ler** n *(Turbine)* Schaufelrad nt

impend v/i 1. bevorstehen; 2. drohen; **i.ing** adj 1. bevorstehend; 2. drohend

impen|etrable adj undurchsichtig, undurchdringlich; **i.etrability** n 1. Undurchdringlichkeit f; 2. Undurchschaubarkeit f; **i.etration agreement** n Marktabgrenzungsabkommen nt

imperative adj 1. unerlässlich, geboten, unbedingt erforderlich; 2. [§] zwingend

imperceptible adj nicht wahrnehmbar, unmerklich

imperfect adj 1. fehler-, mangelhaft; 2. unvollkommen, unvollständig; 3. [§] nicht rechtswirksam, undurchsetzbar; **slightly i.** mit kleinen Fehlern, zweite Wahl; **i.ion** n 1. Mangel-, Fehlerhaftigkeit f; 2. Unvollständigkeit f, Unvollkommenheit f

imperi|alism n Imperialismus m; **social i.** Sozialimperialismus m; **i.alist** n Imperialist m; **i.alist(ic)** adj imperialistisch

imperil v/t gefährden; **i.led** adj gefährdet; **i.ment** n Gefährdung f; **~ of the law** Rechtsgefährdung f

impermeable adj undurchdringlich

imperson|al adj unpersönlich; **i.ation** n Identitätstäuschung f

imperti|nence n Unverschämtheit f, Ungehörigkeit f, Frechheit f; **i.nent** adj unverschämt, frech, ungehörig

impervious adj unempfindlich, undurchdringlich

impetus n An-, Auftrieb m, Schwung m, Impuls m; **fresh i.** neuer Impuls; **to give ~ to the market** der Börse Impulse verleihen

impinge on v/t 1. zusammenstoßen mit, anstoßen an; 2. [§] einschränken; **i.ment on** n 1. Auswirkung f, Einfluss m; 2. Eingriff in, Übergriff auf

implacable adj unnachgiebig, unversöhnlich, unerbittlich

implant n ⚕ Implantat nt; v/t einpflanzen, implantieren; **i.ation** n Implantation f

implau|sibility n Unwahrscheinlichkeit f, Unglaubwürdigkeit f; **i.sible** adj unglaubwürdig

implead v/t *[US]* [§] 1. verklagen; 2. anklagen; **i.er** n Streitverkündigung f

implement n 1. (Arbeits)Gerät nt, Werkzeug nt; 2. *(Vertrag)* Ausführung f, Erfüllung f, Durchsetzung f; **i.s Utensilien, Zubehör** nt, Gerätschaften; **i.s and machinery** Inventar nt; **i.s of war** Kriegsmaterial nt; **agricultural i.** landwirtschaftliches Gerät

implement v/t 1. aus-, durchführen, zur Ausführung/Durchführung bringen, realisieren, vollziehen, in die Tat umsetzen; 2. erfüllen, in Kraft setzen, durchsetzen

implementable adj praktisch anwendbar

implementation n 1. Ausführung f, (praktische) Durchführung, Anwendung f, Einführung f, Handhabung f, Verwirklichung f, Realisierung f, Implementierung f; 2. Vollzug m, Durchsetzung f, Erfüllung f

implementation of an agreement Durchführung eines Abkommens; **~ the budget** Ausführung des Haushalts; **~ a contract** Durchführung/Erfüllung eines Vertrages; **~ decisions** Entscheidungsvollzug m; **~ a guarantee** Erfüllung einer Garantiepflicht, Inanspruchnahme einer Garantie; **~ a plan** Plandurchführung f; **~ monetary policy** Durchführung der Geldpolitik; **~ economic targets** Realisierung wirtschaftlicher/wirtschaftspolitischer Ziele

implementation clauses Durchführungsbestimmungen; **i. order** Durchführungserlass m, D.verordnung f; **i. phase/stage** Aus-, Durchführungsphase f

to be implemented adj zur Ausführung gelangen

implementing agreement n Durchführungsabkommen nt; **i. instruction** Ausführungsanweisung f; **i. law** Durchführungs-, Ausführungsgesetz nt; **i. order/ordinance** Ausführungs-, Vollzugsanordnung f, Durchführungsverordnung f; **i. regulations/rules** Ausführungs-, Durchführungsbestimmungen, D.vorschriften; **i. transaction** Ausführungsgeschäft nt

implicate v/t mit sich bringen, zur Folge haben; **i. so.** [§] jdn verwickeln/belasten/verstricken

implication n 1. Auswirkung f, Begleiterscheinung f, Folge f, Folgerung f, Konsequenz f, Implikation f; 2. [§] Verwicklung f, Verstrickung f; 3. Unterstellung f; **i.s** Bedeutung f, Tragweite f; **by i.** stillschweigend; **having wide i.s** von großer Tragweite; **to stipulate by i.** stillschweigend vereinbaren; **legal i.** Rechtsfolgerung f; **profound i.s** tiefgreifende Wirkungen

implicit; implied adj stillschweigend (einbegriffen/verabredet), unausgesprochen (enthalten), impliziert, konkludent

implode v/t implodieren

im|plore v/t inständig bitten, (an)flehen, beschwören; **i.ploring** adj flehentlich

imply v/t 1. beinhalten, in sich schließen, stillschweigend voraussetzen, besagen, implizieren, bedeuten, mit sich bringen, einbeziehen; 2. andeuten, zu verstehen geben, unterstellen, durchblicken lassen

impolite adj unhöflich; **i.ness** n Unhöflichkeit f

im|ponderabilia *(lat.)*; **i.ponderables** pl Unwägbarkeiten, Imponderabilien, unberechenbare Umstände; **i.ponderability** n Unwägbarkeit f; **i.ponderable** adj unwägbar

import n 1. Einfuhr f, Import m; 2. Einfuhr-, Importgut nt; 3. Wichtigkeit f; **i.s** Import-, Einfuhrartikel, Importgüter, I.ware(n) f, Einfuhrgüter, E.ware(n) f, Auslandsbezüge, Lieferungen des Auslands

import on joint account Einfuhr auf Partizipationsrechnung; **i. of capital** Kapitalimport m, K.einfuhr f; **i.s for cash against documents** Einfuhr im Inkassoweg; **i.s from state-trading countries** Einfuhr aus Staatshandelsländern; **i.s on credit** kreditierte Importe; **i.s and exports** Einfuhr und Ausfuhr f, Außenhandel m, Waren(aus)tausch m; **invisible ~ exports** Dienstleistungsverkehr m, D.bilanz f; **i.s plus exports** Außenhandelsumsatz m; **i. in substantive law** [§] materiellrechtliche Bedeutung f; **i. subject to licensing** genehmigungspflichtige Einfuhr; **i. not subject to licensing** genehmigungsfreie Einfuhr; **i.s of crude oil** (Roh)Öleinfuhren; **i. against payment** entgeltliche Einfuhr; **i. free of payment** unentgeltliche Einfuhr; **i. eligible for preferential treatment** präferenzbegünstigte Einfuhr

to curb/reduce import|s Import(e)/Einfuhr drosseln; **to decontrol i.s** Importe/Einfuhr liberalisieren; **to impost i.s** *[US]* ⊖ Importware zwecks Zollfestsetzung klassifizieren; **to restrict i.s** Import/Einfuhr beschränken
agricultural import|s Agrarimporte, A.einfuhren; **bonded i.s** ⊖ Importe unter Zollvormerkschein; **cheap i.s** Billigimporte, B.einfuhr *f*; **commercial i.s** kommerzielle Einfuhren; **~ and industrial i.s** gewerbliche Einfuhr; **conditional i.s** bedingte Einfuhr; **cut-price i.s** Einfuhr von Billigwaren, Billigimporte, B.einfuhr *f*; **direct i.** Direktimport *m*, D.einfuhr *f*; **dumped i.s** Dumpingeinfuhr *f*; **duty-free i.s** zollfreie Importe/Einfuhren; **extended i.s** verlängerte Einfuhr; **invisible i.s** unsichtbare Einfuhren/Importe; **liberalized i.s** erleichterte Einfuhr; **low-cost i.s** Billigimporte, B.einfuhr *f*; **minor i.s** Kleineinfuhr *f*; **non-quota i.s** kontingentfreie Einfuhren/Importe, nicht kontingentierte Einfuhrartikel; **own i.s** Eigeneinfuhr *f*; **preferential i.s** ⊖ (präferenz)begünstigte Einfuhr, Präferenzeinfuhr *f*; **protected i.s** ⊖ mit Schutzzöllen belegte Einfuhren/Importe; **rising i.s** Importsteigerung *f*; **small i.s** Jedermann-, Kleineinfuhr *f*; **temporary i.** vorübergehende Einfuhr; **third-country i.s** Transiteinfuhr *f*; **total i.s** Einfuhr-, Importvolumen *nt*, Einfuhr-, Importrechnung *f*, Gesamteinfuhr *f*; **visible i.s** sichtbare Einfuhr/Importe
import *v/t* 1. einführen, importieren; 2. ⊖ einbringen, verbringen; 3. *(Inflation)* einschleusen; 4. bedeuten, beinhalten; **i. freely** ungehindert einführen
import|ability *n* Einführbarkeit *f*; **i.able** *adj* einführ-, importierbar, zur Einfuhr geeignet
import agency Einfuhrstelle *f*; **i. and stockpiling/storage agency** *(EU)* Einfuhr- und Vorratsstelle *f*; **i. agent** Importagent *m*, I.vertreter *m*; **i. agreement** Einfuhrvertrag *m*; **i. allocation** Einfuhrzuteilung *f*
importance *n* Bedeutung *f*, Wichtigkeit *f*, Gewicht *nt*, Rolle *f*, Stellenwert *m*, Belang *f*; **i. of foreign trade** Bedeutung/Intensität des Außenhandels; **to attach i. (to)** Bedeutung/Gewicht beimessen, Wert legen auf
crucial importance entscheidende/außerordentliche Bedeutung, ungeheure Wichtigkeit/Bedeutung; **economic i.** wirtschaftliche Bedeutung; **of great i.** von nennenswerter Bedeutung; **immediate i.** Aktualität *f*; **lesser i.** Nachrangigkeit *f*; **of ~ i.** nachrangig; **of little/minor/secondary i.** von geringer/untergeordneter Bedeutung, von geringem Interesse, nicht so wichtig; **overriding i.** überragende Bedeutung; **of ~ i.** von überragender Bedeutung; **of paramount/premier/primary/prime i.** von äußerster/größter/höchster Wichtigkeit, äußerst wichtig
important *adj* wichtig, bedeutend, einflussreich, gravierend, wesentlich
import application Einfuhr-, Importantrag *m*; **i. arrangements** Einfuhrdispositionen, E.regelungen
importation *n* 1. Import *m*, Einfuhr *f*; 2. ⊖ Verbringung von Waren in das Zollgebiet; **i. in bond** ⊖ Einfuhr unter Zollverschluss/Z.vormerkschein; **i. of goods** Wareneinfuhr *f*; **temporary i. with partial payment of duty** vorübergehende Verwendung bei teilweiser Abgabenerhebung; **i. after outward processing** Einfuhr nach passiver Veredelung; **temporary i. for processing** (aktiver Lohn)Veredelungsverkehr; **i. by sea** Einfuhr auf dem Seewege
duty-free importation zollfreie Einfuhr; **duty and tax-free i.** abgabenfreie Einfuhr; **outright/permanent i.** endgültige Einfuhr; **temporary i.** vorübergehende Einfuhr; **~ document** Zollpapier für die vorübergehende Einfuhr
import authorization Einfuhrgenehmigung(sverfahren) *f/nt*, E.bewilligung *f*; **i. ban** Import-, Einfuhrverbot *nt*, Importembargo *nt*, I.sperre *f*; **temporary i. ban** Importschonfrist *f*; **i. barrier** Importhemmnis *nt*, Einfuhr-, Importhindernis *nt*, Einfuhrbarriere *f*, E.schranke *f*; **hidden/technical i. barrier** Einfuhrschikane *f*; **i. bill** Importvolumen *nt*, Höhe der Einfuhren; **i. bonus** Einfuhrprämie *f*; **i. branch office** Importniederlassung *f*; **i. broker** Einfuhrmakler *m*; **i. business** Importgeschäft *nt*; **i. calendar** Einfuhr(frei)liste *f*; **i. capacity** Importaufnahmefähigkeit *f*; **i. cartel** Einfuhr-, Importkartell *nt*; **i. ceiling** Einfuhrplafond *m*; **i. certificate** Einfuhr-, Importbescheinigung *f*, I.zertifikat *nt*, Einfuhrschein *m*, E.unbedenklichkeitsbescheinigung *f*; **i. charge** Einfuhrabgabe *f*, E.belastung *f*; **i. clearance** ⊖ Einklarierung *f*, Einfuhrabfertigung *f*; **i. commerce** Passivhandel *m*; **i. commission agent/merchant** Einfuhr-, Importkommissionär *m*; **i. advisory committee** Einfuhrausschuss *m*; **i. company** Einfuhrgesellschaft *f*; **i. compensation payment** Grenzausgleich *m*; **i. competition** Importkonkurrenz *f*; **i. consignment** Einfuhrsendung *f*; **i. controls** Einfuhr-, Importkontrolle *f*, Einfuhrbeschränkungen, E.restriktionen, Einfuhr-, Importbewirtschaftung *f*; **i. control declaration** Einfuhrkontrollmeldung *f*, E.mitteilung *f*; **i. cover ratio** Importdeckungsquote *f*; **i. credit** Einfuhr-, Importkredit *m*; **i. customs office** Eingangszollstelle *f*; **i. cut** Einfuhrkürzung *f*; **i. cuts** Einfuhr-, Importbeschränkungen, Einfuhrrestriktionen; **i. declaration** ⊖ Import(zoll)deklaration *f*, I.erklärung *f*, Einfuhr(zoll)erklärung *f*, E.anmeldung *f*; **temporary i. declaration** Erklärung über die vorübergehende Einfuhr; **i. decontrol** Einfuhr-, Importliberalisierung *f*; **i. demand** Importnachfrage *f*, Einfuhr-, Importsog *m*; **i. department** Einfuhr-, Importabteilung *f*; **i. dependency** Einfuhr-, Importabhängigkeit *f*; **i. deposit** Importdepot *nt*, Einfuhrabgabe *f*, Einfuhr-, Importhinterlegungssumme *f*, Sicherheitsleistung *f*; **i. document** Einfuhrpapier *nt*, E.dokument *nt*; **i. documentation** Einfuhrbeglaubigung *f*; **i. dues** Einfuhrabgaben
import duty ⊖ Einfuhr-, Importzoll *m*, I.steuer *f*, Einfuhrtarif *m*, E.abgabe *f*; **i. duties and taxation/taxes** Eingangsabgaben; **maximum i. d.** Höchstzoll bei der Einfuhr; **protective i. d.** Schutzzoll *m*
imported *adj* eingeführt, importiert
import elasticity Importelastizität *f*; **i. embargo** Einfuhrembargo *nt*; **i. entry** ⊖ Einfuhrdeklaration *f*; **i. equalization** Import-, Einfuhrausgleich *m*; **~ levy** Import-, Einfuhrausgleichsabgabe *f*
importer *n* 1. Importeur *m*, Einfuhr-, Importhändler *m*, I.firma *f*, Einführer *m*, Einfuhragent *m*, E.gesellschaft *f*;

2. Importland *nt*; **outside i.** freier Importeur; **rogue i.** wilder Importeur; **sole i.** Alleinimporteur *m*
importer|'s bank Importeurbank *f*; ~ **bonded warehouse** ⊖ Zolleigenlager *nt*; **i.-wholesaler stage** Einfuhrgroßhandelsstufe *f*
import excise tax *[US]* Import-, Einfuhr(umsatz)steuer *f*, E.verbrauchsabgabe *f*; **i.-export trade** Außenhandel *m*; **i. figures** Einfuhrziffern, E.zahlen; **i. finance** Einfuhr-, Importfinanzierung *f*; **i. formalities** Einfuhrformalitäten, E.förmlichkeiten; **i. gold point** Goldeinfuhrpunkt *m*; **i. guarantee** Importgarantie *f*; **i. handicap** Einfuhrhemmnis *nt*; **i. incentive** Importanreiz *m*
importing *n* Einfuhr *f*, Importtätigkeit *f*; **i. on credit** Kreditimport *m*; **direct i.** Direktimport *m*, D.einfuhr *f*, direkter Import, direkte Einfuhr
importing *adj* importierend, einführend; **heavily i.** importintensiv
importing capacity Einfuhrpotenzial *nt*; **i. company/firm/house** Einfuhr-, Importfirma *f*, Einfuhr-, Importgesellschaft *f*, I.haus *nt*, I.firma *f*, I.unternehmen *nt*; **i. country** Einfuhr-, Import-, Käuferland *nt*; **i. industry** Importindustrie *f*
import-intensive *adj* importintensiv; **i. letter of credit** Import-, Einfuhrkredit(brief) *m*, Importakkreditiv *nt*
import levy ⊖ (Einfuhr)Abschöpfung *f*, Importzoll *m*, Einfuhrabgabe *f*, E.umsatzsteuer *f*; **price-adjusting i. levies** Abschöpfungssystem *nt*; **variable i. l.** variable Einfuhrabschöpfung *f*, E.abgabe *f*
import liabilities Einfuhrverbindlichkeiten
import licence Einfuhrgenehmigung *f*, E.lizenz *f*, E.erlaubnis *f*, E.bewilligung *f*, Importlizenz *f*, I.genehmigung *f*, I.bewilligung *f*; **to apply for an i. l.** Einfuhrerlaubnis/E.lizenz beantragen; **to grant an i. l.** Einfuhrerlaubnis/E.lizenz erteilen
import licensing Einfuhrgenehmigungsverfahren *nt*, Erteilung von Einführungsgenehmigungen/Einfuhrlizenzen; ~ **scheme** Einfuhrbewilligungsverfahren *nt*; **i. list** Einfuhrliste *f*; **i. free list** ⊖ Einfuhrfreiliste *f*; **i. mark-up** Einfuhr-, Importaufschlag *m*, Aufschlag auf den Importpreis; **i. merchant** Einfuhr-, Importhändler *m*, Importeur *m*, Importkaufmann *m*; **i. and export merchant** Außenhandelskaufmann *m*; **i. merchants** Außenhandelsunternehmen *nt*; **i. mix** Importstruktur *f*; **i. monopoly** Import-, Einfuhrmonopol *nt*; **i. notification** Einfuhranmeldung *f*; **i. operation** Einfuhrvorgang *m*; **i. outlet** Einfuhr-, Importventil *nt*; **i. penetration** Importanteil *m*; ~ **ceiling** Importquote *f*; **i. permit** Einfuhrgenehmigung *f*, E.erlaubnis *f*, E.lizenz *f*, E.bewilligung *f*, Importlizenz *f*, I.genehmigung *f*, I.bewilligung *f*; **i. policy** Einfuhr-, Importpolitik *f*
import price Einfuhr-, Importpreis *m*; **minimum i. p.** *(EU)* Mindesteinfuhrpreis *m*; **i. p. adjustment** Einfuhr-, Importausgleich *m*; ~ **elasticity** Importpreiselastizität *f*
import procedure ⊖ Einfuhr-, Importverfahren *nt*; **to carry out i. p.s** einfuhrrechtlich abfertigen; **to ease i. p.s** Einfuhrverfahren/Importverfahren vereinfachen; **temporary i. p.** Vormerkverfahren *nt*
import prohibition Einfuhr-, Importverbot *nt*; **i. promotion** Importförderung *f*; **i. pull** Einfuhr-, Importsog *m*

import quota Einfuhr-, Importkontingent *nt*, Einfuhr-, Importquote *f*, mengenmäßige Einfuhrbeschränkung, kontingentierte Einfuhr; **i. q.s** kontingentierte Importe/Einfuhr; **imposing i. q.s** Einfuhrkontingentierung *f*; **to apportion i. q.s** Einfuhrkontingente/E.quoten verteilen; **to fix i. q.s** Importe/Einfuhr kontingentieren
import ratio Importquote *f*; **i.-GNP ratio** Importquote *f* (im Verhältnis zum Bruttosozialprodukt); **i. regulations** Import-, Einfuhrbestimmungen, E.vorschriften; **to tighten up i. regulations** Einfuhrbeschränkungen verschärfen; **i. requirements** Import-, Einfuhrbedarf *m*
import restriction Import-, Einfuhrbegrenzung *f*, E.beschränkung *f*, Importrestriktion *f*, Einschränkung der Einfuhr; **i. r.s** Importbewirtschaftung *f*, Einfuhrrestriktionen, E.beschränkungen; **to impose i. r.s** die Einfuhrbremse ziehen *(fig)*
import rights Einfuhrrechte; **exclusive i. rights** ausschließliche Einfuhrrechte; **i. rules** Einfuhrregelungen; **i. sluice** *(fig)* Einfuhrschleuse *f (fig)*; **i. stimulant** Einfuhrimpuls *m*; **i. subsidy** Importbeihilfe *f*, Import-, Einfuhrsubvention *f*; **i. substitution** Importersatz *m*, I.substitution *f*; **i. surcharge** ⊖ (Import)Sonderzoll *m*, Einfuhrsonderzoll *m*, E.zusatzabgabe *f*, E.steuer *f*, Importabgabe *f*, Zusatzzoll *m*; **i. surplus** Einfuhr-, Importüberschuss *m*, I.überhang *m*; **i. tap** *(fig)* Einfuhrventil *nt (fig)*; **i. tariff** ⊖ Einfuhr-, Importzoll *m*, Einfuhrabgabe *f*, E.tarif *m*; ~ **quota** Einfuhrzollkontingent *nt*; **i. tax** Einfuhr-, Importsteuer *f*; **i.s total** Gesamteinfuhr *f*, G.import *m*; **i. trade** Einfuhr-, Import-, Passivhandel *m*, Importwirtschaft *f*, I.geschäft *nt*, Einfuhr(geschäft) *f/nt*; **i.-export trade** Ein- und Ausfuhr *f*, Außenhandel *m*; **i. transaction** Einfuhr-, Importgeschäft *nt*; **i.-export transaction** Außenhandelsgeschäft *nt*; **i. turnover tax** Einfuhrumsatzsteuer *f*; **i. unit** Einfuhreinheit *f*; **i. value** Import-, Einfuhrwert *m*; **i. volume** Import-, Einfuhrumfang *m*, Import-, Einfuhrvolumen *nt*
impor|tunate *adj* aufdringlich; **i.tune** *v/t* belästigen; **i.tunity** *n* Auf-, Zudringlichkeit *f*
impose *v/t* 1. verhängen, erheben, anwenden, 2. aufbürden, auferlegen; [§] *(Strafe)* verhängen, zuerkennen; ~ **on** (sich) aufdrängen
imposition *n* 1. Verhängung *f*, Auferlegung *f*, Abgabe *f*, Auflage *f*, Erhebung *f*, Belastung *f*; 2. Zumutung *f*, Aufdrängen *nt*; 3. Anmaßung *f*, Betrug *m*
imposition of customs fines and penalties ⊖ Verhängung von Zollstrafen; ~ **duties** Abgabenerhebung *f*; ~ **import quotas** Importkontingentierung *f*; ~ **quotas** Kontingentierung *f*; ~ **a sentence** [§] Verhängung einer Strafe; ~ **taxes** Besteuerung *f*; ~ **taxes on importation** Einfuhrbesteuerung *f*
mandatory imposition Zwangsabgabe *f*
impossibility *n* Unmöglichkeit *f*; **i. of fact** tatsächliche Unmöglichkeit; **i. of performance** [§] Unmöglichkeit der Erfüllung, objektive Unmöglichkeit, unmögliche Leistung; **subsequent ~ performance** nachträgliche Unmöglichkeit; ~ **performance of a contract** Unmöglichkeit der Vertragserfüllung; ~ **service** [§] Unzustellbarkeit *f*

absolute impossibility absolute/tatsächliche Unmöglichkeit; **initial/original i.** ursprüngliche Unmöglichkeit; **physical i.** absolute/materielle/faktische Unmöglichkeit; **relative i.** relative Unmöglichkeit; **supervening i.** nachfolgende/nachträgliche Unmöglichkeit
impossible *adj* unmöglich, unerfüllbar; **well-nigh i.** so gut wie/praktisch unmöglich; **physically i.** objektiv unmöglich
impost *n* 1. Abgabe *f*, Steuer *f*; 2. ⊖ (Einfuhr)Zoll *m*, zolltarifliche Klassifizierung von Importen; **petty i.** Zwergsteuer *f*
impost *v/t* *[US]* ⊖ (Importe) wegen Zollfestsetzung klassifizieren
impos|tor *n* Hochstapler(in) *m/f*, Schwindler(in) *m/f*, Betrüger(in) *m/f*, Scharlatan *m*; **i.ture** *n* Betrug *m*, Hochstapelei *f*, Identitätstäuschung *f*
impound *v/t* [§] beschlagnahmen, mit Beschlag belegen, in B. nehmen, pfänden, in gerichtliche Verwahrung nehmen, sicherstellen, einziehen; **i.age; i.ing** *n* Pfandverwahrung *f*, Beschlagnahmung *f*, gerichtliche Verwahrung
impoverish *v/ti* 1. arm machen; 2. verarmen; **i.ed** *adj* verarmt; **i.ment** *n* Verarmung *f*, Verelendung *f*
impracti|cability *n* Impraktikabilität *f*, Unbrauchbarkeit *f*, Undurchführbarkeit *f*, Unausführbarkeit *f*, Praxisferne *f*; **i.cable** *adj* impraktikabel, unpraktisch, untunlich, unausführbar, undurchführbar; **i.cal** *adj* unpraktisch
impreg|nable *adj* uneinnehmbar, unerschütterlich, unüberwindlich; **i.nate** *v/t* 1. imprägnieren; 2. ⚤ schwängern; **i.nation** *n* 1. Imprägnierung *f*, Durchdringung *f*; 2. Schwängerung *f*
impresario *n* 🕮 Direktor *m*, Impresario *m*
imprescrip|tibility *n* [§] Unersitzbarkeit *f*; **i.tible** *adj* unersitzbar
impress *v/t* beeindrucken, einprägen, Eindruck machen; **i. so.** jdm imponieren; **i. sth. on so.** jdm etw. einschärfen; **i. (up)on** aufdrücken, aufprägen, eindrücken, einprägen
impression *n* 1. Eindruck *m*, Vermutung *f*; 2. 🕮 (Ab-, Nach)Druck *m*; 3. Impressum *nt*, Druckvermerk *m*; **i. of a seal** Siegelabdruck *m*; **to create/give an i.** Eindruck vermitteln; **to make an i.** Wirkung zeigen; **~ a bad i.** unangenehm auffallen
false impression falsche Optik; **favourable i.** angenehmer/positiver Eindruck; **first i.** erster Eindruck; **general i.** Gesamteindruck *m*; **lasting i.** bleibender Eindruck; **mat i.** 🕮 Mattdruck *m*; **mixed i.** zwiespältiger Eindruck; **profound i.** tiefer Eindruck; **wrong i.** falsches Bild
impressionable *adj* leicht zu beeindrucken, beeindruckbar
impression control Aufschlagstärkeregler *m*
impressive *adj* beeindruckend, eindrucksvoll, imposant, imponierend, stattlich
impressment of a seal *n* Siegelung *f*
imprest *n* Kassen-, Spesenvorschuss *m*, Vorschuss aus öffentlichen Mitteln, Darlehen *nt*; **i. account** Vorschusskonto *nt*; **i. cash fund** Kasse/Bankkonto mit festem Bestand; **i. fund** Sonderfonds *m*, Spesen-, Portokasse *f*, kleine Kasse; **i. system** Kassenvorschusssystem *nt*
imprimatur *n* *(lat.)* 🕮 Druckerlaubnis *f*, D.genehmigung *f*
imprint *n* 1. (Stempel)Aufdruck *m*, Stempel *m*, Einprägung *f*; 2. Abdruck *m*; 3. Impressum *nt*, Erscheinungsvermerk *m*, *(Buch)* Pflichteindruck *m*, Verlagszeichen *nt*, 4. Eindruck *m*; *v/t* 1. auf-, bedrucken, auf-, einprägen, ein-, andrucken, Stempel aufdrücken; 2. *(fig)* einprägen
imprison *v/t* [§] ins Gefängnis stecken, gefangen setzen, inhaftieren, einsperren, internieren; **i.able** *adj* mit Freiheits-/Gefängnisstrafe bedroht; **to be i.ed** einsitzen
imprisonment *n* 1. Inhaftierung *f*, Einsperren *nt*, Gefangennahme *f*, Strafarrest *m*, Internierung *f*; 2. (Gefängnis)Haft *f*, Gefangenschaft *f*, Freiheitsstrafe *f*, F.entzug *m*, Gefängnis-, Haftstrafe *f*, Strafvollzug *m*; **i. for failure to pay a fine; i. in default of payment of a fine** ersatzweise verhängte Freiheitsstrafe, Ersatzfreiheitsstrafe *f*; **i. in the second degree** Strafhaft *f*; **i. for life** lebenslängliche Freiheitsstrafe, lebenslänglich Kerker; **i. before/pending trial** Untersuchungshaft *f*; **false i.** widerrechtliches Einsperren, ungesetzliche Haft/Freiheitsberaubung
improb|ability *n* Unwahrscheinlichkeit *f*; **i.able** *adj* unwahrscheinlich
impromptu *adj* *(frz.)* improvisiert, aus dem Stegreif
improper *adj* 1. unregel-, unvorschriftsmäßig, unzulässig; 2. unsachgemäß; 3. missbräuchlich; 4. ungeeignet, unpassend; 5. unschicklich, unziemlich, unanständig, ungehörig, ungebührlich; **i.ly** *adv* unzulässigerweise
impropriety *n* 1. ordnungswidriges Verhalten, Unregelmäßigkeit *f*; 2. Ungebühr *f*, ungebührliches Benehmen, Unanständigkeit *f*, Unschicklichkeit *f*, Ungehörigkeit *f*; **procedural i.** Verstoß gegen Verfahrensregeln
improve *v/ti* 1. auf-, verbessern; 2. besser werden, sich (ver)bessern/erholen/kräftigen, (im Kurs) steigen, Besserung zeigen; 3. ausbauen; 4. 🖙 meliorieren, erschließen
improvement *n* 1. Verbesserung *f*, Vervollkommnung *f*, (Auf)Besserung *f*, Fortschritt *m*; 2. *(Kurs)* Erholung *f*, Steigerung *f*; 3. *(Land)* Erschließung *f*; 4. *(Bilanz)* Aufwand für Verlängerung der Nutzungsdauer; **i.s** Verschönerungsarbeiten
improvement in the arts *(Pat.)* technischer Fortschritt; **~ design** konstruktive Verbesserung; **i. of earnings** Ertragsverbesserung *f*; **~ efficiency** Rationalisierungserfolg *m*; **~ interest rates** *(Zins)* Konditionenverbesserung *f*; **~ liquidity** Verflüssigung *f*; **~ market sentiment** *(Börse)* Stimmungsbesserung *f*; **i. in margins** Verbesserung der Zins-/Handelsspanne; **i. of materials** Materialveredelung *f*; **~ a patent** Patentverbesserung *f*; **i. in pay** Gehaltsaufbesserung *f*; **~ prices** Preis-, Kursaufbesserung *f*, Preis-, Kursanstieg *m*; **i. of process efficiency** 🖙 Rationalisierung des Verfahrens; **i. in productivity** Produktivitätsfortschritt *m*; **~ profitability** Rentabilitätsverbesserung *f*; **i. of profits** Ergeb-

nisverbesserung *f;* **external i.**s **of a property** Erstellung von Außenanlagen; **i. in quality** Qualitätsverbesserung *f;* **i. of risks** Risiko(ver)minderung *f;* **~ the economic situation** konjunktureller Aufschwung; **~ terms** Konditionenverbesserung *f;* **i. in value** Werterhöhung *f*
capable of improvement verbesserungsfähig; **incapable of i.** nicht verbesserungsfähig
to make improvements Verbesserungen machen
capitalized improvement aktivierte Verbesserung; **constant/continuous i.** stetige/kontinuierliche Verbesserung; **cost-reducing i.**s kostensparende Maßnahmen; **environmental i.** Umweltverbesserung *f;* **fundamental i.** grundlegende Verbesserung; **general i.** allgemeine Verbesserung; **holistic i.** ganzheitliche Verbesserung; **marginal i.** geringfügige Verbesserung; **marked i.** offensichtliche/sichtbare/deutliche/ nachhaltige Besserung, merkliche Verbesserung; **operational i.** Verbesserung des Betriebsablaufs, betriebliche Verbesserung; **organizational i.** organisatorische Verbesserung; **overall i.** allgemeine Verbesserung; **patentable i.** patentfähige Verbesserung; **public i.**s Erschließungsanlagen; **recent i.** vor kurzem eingetretene Verbesserung; **significant i.** durchgreifende/ nennenswerte Verbesserung; **structural i.** 1. 🏛 bauliche Verbesserung; 2. Strukturverbesserung *f;* **sustained i.** anhaltende/nachhaltige Verbesserung; **technical i.** technische Verbesserung; **technological i.** technischer Fortschritt, technische Verbesserung
improvement area Erschließungsgebiet *nt;* **industrial i. area** industrielles Sanierungsgebiet; **i. benefit** ⚖ Meliorationswertzuwachs *m;* **i. bond** *[US]* Schuldverschreibung mit steigender Verzinsung; **annual i. factor** *(Lohn)* Tariferhöhung auf Grund von Produktivitätssteigerungen; **i. grant** 1. Modernisierungsbeihilfe *f,* Instandsetzungszuschuss *m;* 2. ⚖ Meliorationszuschuss *m;* **i. invention** Verbesserungserfindung *f;* **i. lease** ⚖ mit Meliorationsaufgaben verbundene Pacht; **i. loan** Meliorationskredit *m,* M.darlehen *nt;* **i. patent** Ausbau-, Zusatz-, Verbesserungs-, Vervollkommnungspatent *nt;* **mutual i. society** Fortbildungsverein *m*
improver *n* Praktikant(in) *m/f,* Volontär(in)*m/f,* Anlernling *m*
improvi|dence *n* 1. Unbedachtsamkeit *f,* Leichtsinn *m;* 2. mangelnde Vorsorge; **i.dent** *adj* unvorsichtig, leichtsinnig, sorglos, unbedacht
improvi|sation *n* 1. Improvisation *f;* 2. Provisorium *nt;* **i.se** *v/t* improvisieren, aus dem Boden stampfen *(fig)*
impru|dence *n* Unvorsichtigkeit *f;* **i.dent** *adj* unvorsichtig, unklug, unüberlegt
impu|dence *n* Unverfrorenheit *f,* Unverschämtheit *f,* Frechheit *f;* **to have the ~ (to do sth.)** sich unterstehen, die Stirn haben *(fig);* **i.dent** *adj* unverfroren, frech, unverschämt, dreist
impugn *v/t* 1. [§] anfechten, bestreiten; 2. in Zweifel ziehen; **i.ment of a claim** *n* Leugnen einer Forderung
impulse *n* Impuls *m,* Trieb *m,* Anstoß *m;* **on i.** impulsiv, spontan; **to act on i.** unter einem Impuls handeln; **to buy on i.** spontan kaufen; **uncontrollable/emotional i.**

1. Affekt *m,* 2. [§] *(Strafrecht)* unwiderstehliche Reaktion; **initial i.** Initialzündung *f (fig)*
impulse buy/purchase Impulsiv-, Spontankauf *m,* spontaner Kauf; **i. buyer** Spontankäufer *m;* **i. buying** Stimmungs-, Spontankäufe *pl,* spontanes/plötzliches und unmotiviertes Kaufen; **i. goods/items** Impuls- (kauf)gegenstände, I.güter, spontan gekaufte Ware; **i. market** Markt für Impulswaren; **i. selling** *(Börse)* Stimmungsabgabe(n) *f/pl*
impul|sion *n* Anstoß *m,* Antrieb *m,* Stoß *m;* **i.sive** *adj* impulsiv, leidenschaftlich
impunity *n* [§] Straffreiheit *f,* S.losigkeit *f;* **with i.** ungestraft, straflos
im|pure *adj* unsauber, unrein; **i.purity** *n* Unreinheit *f*
imput|ability *n* Zurechenbarkeit *f;* **i.able** *adj* anrechenbar, zuschreibbar, zurechenbar; **~ to** anlastbar
imputation *n* 1. Anschuldigung *f,* Vorwurf *m,* Unterstellung *f,* Beschuldigung *f,* Bezichtigung *f;* 2. Zuschreibung *f,* Zu-, Anrechnung *f;* **i.s kalkulatorische Kosten; **i.s on so.'s character** Beschuldigung des Leumunds; **i. of corporation tax** Körperschaftssteueranrechnung *f;* **i. period** Zurechnungszeit *f;* **i. system** 1. Zurechnungs-, Zuschreibungsverfahren *nt;* 2. *(Steuer)* Anrechnungssystem *nt,* A.verfahren *nt*
impute *v/t* 1. zuschreiben, beimessen; 2. [§] zur Last legen; 3. bezichtigen; **i. sth. to so.** jdm etw. unterstellen/ unterschieben; **i.d** *adj* zugeschrieben, kalkulatorisch
in *adv* *(coll)* in Mode; **to be i.** 1. vorliegen; 2. Mode sein; **~ for it** *(coll)* sich etw. gefasst machen (können) *(coll);* **i. and out** *(Börse)* Kauf und späterer Verkauf; **the i.s and outs** *pl* Feinheiten, Besonderheiten; **~ of a question** alle Seiten einer Frage; **to know ~ (of a matter)** genau Bescheid wissen, (etw.) in allen Verästelungen/Einzelheiten kennen, (etw.) in- und auswendig kennen, sich in einer Sache (gut) auskennen, (etw.) im Schlaf beherrschen
inability *n* Unfähigkeit *f,* Unvermögen *nt;* **i. to act** Unfähigkeit der Amtsausübung; **~ attend the proceedings** [§] Verhandlungsunfähigkeit *f;* **~ furnish proof** [§] Beweisnot *f;* **~ pay** Zahlungsunfähigkeit *f;* **~ perceive a legal wrong** fehlendes Unrechtsbewusstsein; **~ perform** subjektive Unmöglichkeit, Unvermögen *nt;* **~ take delivery** Annahmeverhinderung *f*
inaccessible *adj* unzugänglich, unerreichbar
inaccu|racy *n* 1. Ungenauigkeit *f;* 2. Unrichtigkeit *f;* **i.rate** *adj* 1. ungenau; 2. unrichtig
inaction *n* Untätigkeit *f,* Passivität *f*
inactive *adj* 1. untätig, tatenlos, passiv, inaktiv, ruhend, nicht aktiv; 2. *(Börse)* flau, lustlos; **to be i.** *(Börse)* sich in ruhigen Bahnen bewegen
inactivity *n* Untätigkeit *f,* Nichtstun *nt*
inadequacy *n* Unangemessenheit *f,* Unzulänglichkeit *f,* verminderte Verwendbarkeit
inadequate *adj* unangemessen, unzulänglich, unzureichend, unvollständig, mangelhaft; **wholly/woefully i.** völlig unzulänglich, unzureichend
inadmis|sibility *n* [§] Unzulässigkeit *f,* Unstatthaftigkeit *f;* **i.sible** *adj* unzulässig, unstatthaft, nicht zulässig; **to declare sth. i.sible** etw. für unzulässig erklären

in adversum *(lat.)* [§] streitig gegen eine Partei
inadvertent *adj* versehentlich, unbeabsichtigt, unabsichtlich, ungewollt; **i.ly** *adv* aus Versehen
inadvis|ability *n* Unklugheit *f*, Unratsamkeit *f*; **i.able** *adj* nicht ratsam/empfehlenswert, unratsam
inalien|ability *n* [§] Unübertragbarkeit *f*, Unabtretbarkeit *f*, Unveräußerlichkeit *f*; **i.able** *adj* 1. unübertragbar, unabtretbar, unveräußerlich, unverkäuflich, nicht übertragbar; 2. unverzichtbar
inappealable *adj* [§] nicht berufungsfähig, unanfechtbar
inappli|cability *n* Unanwendbarkeit *f*, Unbrauchbarkeit *f*; **i.cable** *adj* 1. nicht anwendbar, unbrauchbar, unanwendbar; 2. nicht zutreffend, unzutreffend; **to be i.** entfallen
inappropriate *adj* unangebracht, unangemessen, unpassend, verfehlt; **i.ness** *n* Unangemessenheit *f*
inarticulate *adj* wenig wortgewandt, sprachlich unbeholfen; **to be i.** sich schlecht ausdrücken können
inasmuch as *conj* insofern/insoweit als
inattentive *adj* unaufmerksam
inaugurate *v/t* einweihen, (feierlich) eröffnen, inaugurieren, aus der Taufe heben *(fig)*
inauguration *n* 1. Amtseinführung *f*; 2. Einweihung *f*, (feierliche) Eröffnung/Einführung, Eröffnungsfeier *f*; **i. address** Antrittsrede *f*; **i. ceremony** Einweihungsfeier *f*
inauspicious *adj* unter ungünstigem Vorzeichen
inboard *adj* ⚓ binnenbords
inbound *adj* ⚓ auf der Heim-/Rückfahrt (befindlich)
in-breeding *n* Inzucht *f*
in-built *adj* 1. eingebaut, integriert; 2. systemimmanent
incalculable *adj* unabsehbar, unkalkulierbar, unschätzbar
incapability *n* Unfähigkeit *f*, Unvermögen *nt*; **i. of forming intent** [§] Unzurechnungsfähigkeit *f*; **~ holding public office** Unfähigkeit zur Bekleidung eines öffentlichen Amtes
incapable *adj* 1. unfähig, untauglich, untüchtig; 2. nicht im Stande, außer Stande; 3. ungeeignet; 4. rechtsunfähig, **i. of contracting** geschäftsunfähig; **~ working** arbeitsunfähig; **to declare so. legally i.** jdn entmündigen; **contractually i.** vertragsunfähig
incapacitate *v/t* 1. unfähig/untauglich machen; 2. [§] entmündigen, für rechtsunfähig erklären
incapacitated *adj* 1. behindert, arbeits-, geschäfts-, berufs-, erwerbsunfähig; 2. [§] entmündigt; **i. for work** arbeitsunfähig; **partially i.** teilarbeitsunfähig; **temporarily i.** vorübergehend nicht arbeitsfähig
incapacitation *n* [§] Aberkennung der Rechtsfähigkeit, Entmündigung *f*
incapacity *n* 1. Unvermögen *nt*, Unfähigkeit *f*; 2. Erwerbs-, Geschäfts-, Berufsunfähigkeit *f*; 3. Invalidität *f*; 4. [§] Rechtsunfähigkeit *f*, mangelnde Geschäftsfähigkeit
incapacity to contract Geschäftsunfähigkeit *f*; **~ inherit** Erbunfähigkeit *f*; **~ sue (as the proper party)** [§] mangelnde Aktivlegitimation, (aktive) Prozessfähigkeit; **~ be sued** (passive) Prozessunfähigkeit; **~ testify** Zeugnisunfähigkeit *f*; **i. for work** Arbeitsunfähigkeit *f*

contractual incapacity Geschäftsunfähigkeit *f*; **criminal i.** [§] Strafunmündigkeit *f*; **legal i.** 1. mangelnde Geschäftsfähigkeit, G.unfähigkeit *f*; 2. Unzurechnungs-, Rechtsunfähigkeit *f*, mangelnde Rechtsfähigkeit; **mental i.** 1. Geschäftsunfähigkeit wegen Geisteskrankheit/ G.schwäche; 2. ⚕ geistige Unzurechnungsfähigkeit; **partial i.** Teilinvalidität *f*; **premature i.** vorzeitige Arbeitsunfähigkeit; **procedural i.** [§] Prozessunfähigkeit *f*; **senile i.** altersbedingte Unzurechnungsfähigkeit; **supervening i.** Eintritt der Geschäftsunfähigkeit; **testamentary i.** Testierunfähigkeit *f*; **total i.** Vollinvalidität *f*
incar|nate *adj* leibhaftig; **i.nation** *n* Inkarnation *f*, Verkörperung *f*, Inbegriff *m*
incautious *adj* unvorsichtig, leichtsinnig
incen|diarism *n* Pyromanie *f*; **i.diary** *n* Brandstifter(in) *m/f*, Feuerteufel *m (coll)*; *adj* Brand-; **~ device** Brandsatz *m*, B.bombe *f*
incense *v/t* erzürnen, verärgern, erbittern; **i.d** *adj* verärgert, aufgebracht
incentive *n* 1. (Leistungs)Anreiz *m*, Ansporn *m*, Motivation *f*, Antrieb *m*, Impuls *m*; 2. Förderungsinstrument *nt*; **i. to buy** Kaufanreiz *m*; **~ invest** Investitionsimpuls *m*, I.anreiz *m*; **~ save** Sparanreiz *m*; **~ work** Arbeitsanreiz *m*
to lack incentive *(Börse)* lustlos sein; **to offer an i.** Anreiz bieten
accelerating incentive progressiver Leistungslohn; **competitive i.** wettbewerblicher Anreiz; **contractual i.** vertraglicher Anreiz; **economic i.** Arbeits-, Produktionsanreiz *m*; **financial i.** finanzieller Anreiz; **fiscal i.** Steueranreiz *m*; **moral i.** moralischer Anreiz; **selective i.** gezielte Förderung
incentive bonus 1. Anreiz-, Leistungsprämie *f*, Leistungszulage *f*; 2. Förderungszuschlag *m*; **i. contribution theory** Anreiz-Beitrags-Theorie *f*; **i. fee** Erfolgs-, Anreizhonorar *nt*; **i. pay** Leistungs-, Erfolgslohn *m*, leistungsbezogene Entlohnung; **~ agreement** Leistungslohnabkommen *nt*; **i. payment** 1. Gratifikation *f*, Erfolgsprämie *f*; 2. Leistungslohn *m*; **i. plans** Prämienlohnformen; **i. profit** Gewinn aus dem Incentivegeschäft; **i. scheme/system** Leistungszulagenwesen *nt*, L.system *nt*, (Leistungs)Anreizsystem *nt*; **i. time** Vorgabe-, Akkordzeit *f*; **i. trip** Incentivereise *f*
incentive wage Prämien-, Leistungslohn *m*, Sonderzulage *f*, Leistungsentlohnung *f*, leistungsbezogene Entlohnung; **monetary i. w.** Geldakkord *m*; **i. w. earner** Leistungslohnempfänger *m*; **~ plan/system** Leistungsentlohnung *f*, L.lohnsystem *nt*
inception *n* 1. Beginn *m*, Anfang *m*; 2. Gründung *f*; **from/since the i.** von Anfang an; **i. of the lease** Mietbeginn *m*; **~ a period** Fristbeginn *m*; **~ the proceedings** [§] Prozessbeginn *m*; **i. date** Versicherungsbeginn *m*
incessant *adj* unablässig
incest *n* [§] Inzest *m*, Inzucht *f*, Blutschande *f*; **i.uous** *adj* 1. inzestuös, blutschänderisch; 2. *(fig) (Beziehung)* allzu eng
inch (in) *n* Zoll *m (0,0254 m)*; **within an i.** *(fig)* um ein Haar *(fig)*; **not an i.** *(fig)* kein Fingerbreit *(fig)*; **not to**

budge/yield an i. *(fig)* nicht von der Stelle weichen, keinen Fingerbreit nachgeben *(fig)*; ~ Zentimeter von der Stelle weichen, ~ Fußbreit weichen *(fig)*; ~ **trust so. an i.** *(fig)* jdm nicht über den Weg trauen; **i. ahead/forward** *v/i (fig)* langsam vorwärts kommen, allmählich ansteigen

inchoate *adj* 1. beginnend; 2. unvollständig, nicht vollendet

incidence *n* 1. Vorkommen *nt*, Auftreten *nt*, Verbreitung *f*, (statistische) Häufigkeit; 2. Vorkommnis *nt*, Inzidenz *f*; **i. of customs duties** ⊖ Zollbelastung *f*; ~ **damage** Schadensniveau *nt*, S.quote *f*; ~ **light** Lichteinfall *m*; ~ **loss** Schadenshäufigkeit *f*, S.anfall *m*, S.eintritt *nt*, S.frequenz *f*; ~ **pest** 🐛 Schädlingsbefall *m*; ~ **restrictions** Auswirkung von Beschränkungen; ~ **taxation** Verteilung der Steuerlast, Steuerbelastung *f*, S.inzidenz *f*; ~ **usage** Einsatzhäufigkeit *f*; **formal i.** formale Inzidenz

incident *n* 1. Vorfall *m*, Zwischenfall *m*; 2. Ereignis *nt*, Geschehnis *nt*; 3. Nebenumstand *m*; **i.s of a bankruptcy case** Rechtswirkungen eines Konkurses; **inevitable i.** unabwendbares Ereignis

incidental *adj* 1. zufällig, gelegentlich; 2. akzessorisch; 3. beiläufig; **i. to** verbunden/im Zusammenhang mit, gehörig zu; **to be i. to** gehören zu

incidental *n* Nebenumstand *m*, N.sächlichkeit *f*; **i.s** 1. Nebenausgaben, N.kosten, N.spesen, gelegentliche Ausgaben; 2. Lohnnebenkosten

incidentally *adv* übrigens, nebenbei bemerkt

incident case method Vorfallmethode *f*; **i. report** technischer Arbeitsbericht

inciner|ate *v/t* 1. verbrennen; 2. einäschern; **i.ating plant** *n* (Müll)Verbrennungsanlage *f*; **i.ation** *n* 1. Verbrennung *f*; 2. Einäscherung *f*; ~ **plant** (Müll)Verbrennungsanlage *f*; **i.ator** *n* Verbrennungsanlage *f*, V.ofen *m*

incipient *adj* anfänglich, beginnend

inci|sion *n* 💲 Einschnitt *m*; **i.sive** *adj* prägnant, scharfsinnig, treffend

incite *v/t* anstiften, aufhetzen, aufwiegeln

incitement *n* 1. 📖 Anstiftung *f*, Aufforderung *f*, Aufhetzung *f*, Aufwiegelung *f*; 2. Anreiz *m*, Ansporn *m*; **i. to commit a crime** Verleitung zur strafbaren Handlung; ~ **disaffection** ⚔ Wehrkraftzersetzung *f*; ~ **racial hatred** Aufhetzung zum Rassenhass, Rassenhetze *f*; ~ **commit perjury** Verleitung zum Meineid; ~ **pervert the course of justice** Anstiftung, den Lauf der Gerechtigkeit zu hemmen; ~ **riot** Anstiftung zum Aufruhr

inclemency of the weather *n* Unbilden des Wetters

inclination *n* 1. Hang *m*, Neigung *f*, Geneigtheit *f*, Vorliebe *f*, Veranlagung *f*; 2. Gefälle *nt*; 3. ⚙ Neigungswinkel *m*; **i. to buy** Kauflust *f*, K.neigung *f*; ~ **invest** Investitionsfreudigkeit *f*; ~ **redeem/repurchase** Rückkaufneigung *f*; ~ **sell** *(Börse)* Abgabebereitschaft *f*

incline *n* Steigung *f*, Gefälle *nt*, Abhang *m*

incline *v/t* (sich) neigen; **i. to/towards** hinneigen zu; **i.easier** *(Börse)* leichter tendieren

inclined *adj* geneigt, wohlwollend, veranlagt; **to be i. to** zu etw. neigen, Neigung haben; **i. to buy** kaufwillig

include *v/t* 1. einschließen, beinhalten, enthalten, umfassen; 2. einbeziehen, aufnehmen, hinzufügen, hinzurechnen, einarbeiten, mit einkalkulieren; **i.ed** *adj* ein-, inbegriffen, (mit) eingeschlossen; **not i.d** ungerechnet; **to be i.d** einfließen in

includible *adj* [US] einbeziehbar; **i.cluding (incl.)** *prep* einschließlich, inklusive, inbegriffen, unter Einschluss von, darunter; **up to and i.cluding** bis einschließlich

inclusion *n* 1. Einbeziehung *f*, Einschluss *m*, Berücksichtigung *f*; 2. Hinzurechnung *f*, Aufnahme *f*, Einarbeitung *f*; **i. as assets** *(Bilanz)* Aktivierung *f*; **mandatory i. (as assets)** Aktivierungspflicht *f*; **optimal i. (as assets)** Aktivierungswahlrecht *nt*; **prohibited i. (as assets)** Aktivierungsverbot *nt*

inclusive *adj* einschließlich, inbegriffen, einschließend, eingeschlossen, eingerechnet, einbezogen, einbegriffen, Inklusiv-, Pauschal-; **i. of** mit Einschluss von, inklusive

incognito *adv* inkognito, unter fremdem Namen, unerkannt

incoher|ence *n* Zusammenhanglosigkeit *f*, Widersprüchlichkeit *f*; **i.ent** *adj* unzusammenhängend, zusammenhanglos, widersprüchlich, unlogisch

income *n* 1. Einkommen *nt*, Einkünfte *pl*, Bezüge *pl*, Verdienst *m*; 2. Erträge *pl*, Gewinn *m*, Ertrag(süberschuss) *m*

income from abroad ausländische Einkünfte; ~ **affiliates** Organertrag *m*; **i. in arrears** rückständige Einkünfte; **i. from business** Gewinn aus Gewerbebetrieb; **i. from capital** Einkünfte aus Kapitalvermögen; **i. paid under contract** vertragsbestimmtes/kontraktbestimmtes Einkommen, Kontrakteinkommen *nt*; **i. liable to contribution** beitragspflichtiges Einkommen; **i. from the disposal of dividend warrants** Einnahmen aus der Veräußerung von Dividendenscheinen; ~ **employment** Erwerbs-, Arbeitseinkommen *nt*, A.ertrag *m*, A.verdienst *m*; ~ **employment and enterprise** Arbeits- und Unternehmungsertrag *m*; ~ **paid employment** Einkünfte/Einkommen aus nichtselbstständiger Arbeit, unselbstständiges Einkommen; ~ **entrepreneurship** Einkommen aus Unternehmertätigkeit, Unternehmereinkommen *nt*; **i. and expenditure** Einnahmen und Ausgaben; ~ **expense(s)** Aufwendungen und Erträge; **marginal i. per scarce factor** Bruttogewinn pro Einheit der Engpassbelastung, Plannutzenkennziffer *f*, spezifischer Kostenbeitrag; **i. from interest** Zinseinnahmen *pl*, Z.einkünfte *pl*, Einkünfte aus Kapitalbesitz; **net ~ interest and commissions** Überschuss aus Zinsen und Provisionen; ~ **participating interests**; ~ **investments in affiliated companies**; ~ **participations** Erträge aus Beteiligungen; ~ **investments** Kapitalerträge, Erträge aus Beteiligungen; ~ **other financial investments** Erträge aus anderen Finanzanlagen; ~ **investment shares** Erträge aus Investmentanteilen; **i. paid in kind** Naturaleinkommen *nt*, N.einkünfte *pl*, Sachbezüge *pl*; **i. from lettings** Mieteinnahmen *pl*, M.einkünfte *pl*; ~ **loan discounts** Disagiogewinn *m*; ~ **loss absorption** Ertrag aus Verlustübernahme; **i. of a period** Periodenerfolg *m*; **i. from profit-pooling**

agreements Erträge aus Gewinngemeinschaften; ~ **profit-transfer agreements** Erträge aus Gewinnabführungsverträgen; **i., profit and net worth** Einkommen, Ertrag und Vermögen; **i. from property** Ertrag aus Grund und Boden, ~ Vermögen, Besitzeinkommen *nt*; **~ improved properties** Einkünfte aus bebauten Grundstücken; **~ unimproved properties** Einkünfte aus unbebauten Grundstücken; **~ rent and lease** Einkommen aus Vermietung und Verpachtung; **~ royalties** Lizenzeinnahmen *pl*; **~ sales** Erträge aus Warenverkäufen, Warenertrag *m*; **net ~ sales** Umsatzgewinn *m*; **~ securities/security holdings** Wertpapiererträge *pl*, Einkommen aus Wertpapieren, Einkünfte aus Wertpapiervermögen, Gewinn aus Wertpapieranlagen; **i. liable to social security contributions** sozialversicherungspflichtes Einkommen; **i. from/derived in respect of professional services** Betriebseinnahmen aus freiberuflicher Tätigkeit, Einkünfte aus einem freien Beruf; **i. per share** Gewinn pro Aktie; **i. from sources other than employment; secondary sources** Nebeneinkünfte *pl*; **~ public sources** Sozialeinkommen *nt*; **i. from subsidiaries** Organ(schafts)ertag *m*, Erträge aus Beteiligungen an Tochtergesellschaften; **~ and associates** Beteiligungsertrag *m*
income after tax Einkommen nach (Abzug der) Steuern; **i. before tax** 1. Bruttoeinkommen *nt*; 2. Gewinn vor (Abzug der) Steuern
income from transmissions ⚡ Stromdurchleitungserträge *pl*; **i. for the year** Jahresarbeitsentgelt *nt*, J.arbeitsverdienst *m*
no income to speak of keine nennenswerten Einnahmen; **not affecting i.** ergebnisneutral
to augment one's income seine Einkünfte aufbessern; **to cut/pare/whittle down i.** Einkommen verringern; **to declare one's i.** sein Einkommen angeben; **to draw an i.** Einkommen beziehen; **to generate i.** Gewinn erwirtschaften; **to live beyond one's i.** über seine Verhältnisse leben; **~ on so.'s i.** jdm auf der Tasche liegen *(coll)*; **to set aside (a) part of one's i.** einen Teil seines Einkommens zurücklegen; **to source i.** Einkünfte beziehen aus; **to supplement one's i.** sein Einkommen aufbessern, zusätzlich verdienen; **to tax i.** Einkommen besteuern
accrued income *(Bilanz)* antizipative Aktiva/Aktivposten, aktive Rechnungs-/Jahresabgrenzung, Rechnungsabgrenzungsposten *m*, Aktivantizipation *f*; **accumulated i.** nicht ausgeschütteter Gewinn, Bilanzgewinn *m*, Gewinnvortrag *m*; **additional i.** Nebeneinnahmen *pl*, N.verdienst *m*, N.erlös *m*, Zusatzeinkommen *nt*, zusätzliches Einkommen; **aggregate i.** 1. Gesamteinkommen *nt*, G.betrag der Einkünfte; 2. *(VWL)* Volkseinkommen *nt*; **agricultural i.** Agrareinkommen *nt*; **~ and forestry i.** land- und forstwirtschaftliches Einkommen; **annual i.** Jahreseinkommen *nt*, jährliches Einkommen; **assessable i.** veranlagungspflichtiges Einkommen; **assured i.** sicheres Einkommen; **attributable i.** zuzurechnendes Einkommen, zurechenbare Einkünfte; **available i.** frei verfügbares Einkommen; **average i.** Durchschnitts-, Normaleinkommen *nt*; **basic i.** 1. Grundeinkommen *nt*; 2. Exportbasiseinkommen *nt*, exportabhängiges Einkommen; **chargeable i.** steuerbares Einkommen; **clear i.** Reinertrag *m*; **combined i.** gemeinsames Einkommen; **contractual i.** vertraglich vereinbares Einkommen, Kontrakteinkommen *nt*, kontraktbestimmtes Einkommen; **corporate i.** Einkommen einer AG, Gewinne einer Kapitalgesellschaft; **current i.** Periodenertrag *m*, laufende Erträge; **deferred i.** *(Passivseite)* antizipatorisches/vorweggenommenes Einkommen, im Voraus eingegangene Erträge, passive Rechnungsabgrenzung, transitorische Passiva/Posten, Passivposten der Rechnungsabgrenzung, (Rechnungs)Abgrenzungsposten *pl*; **dependable i.** verlässliches Einkommen, **derived i.** abgeleitetes Einkommen; **differential i.** Differenzialeinkommen *nt*; **discretionary/disposable i.** (frei) verfügbares/disponibles/freies Einkommen, Verfügungs-, Nettoeinkommen *nt*; **gross national disposable i.** verfügbares Bruttovolkseinkommen; **personal disposable i.** verfügbares Einkommen der privaten Haushalte, persönlich verfügbares Einkommen, **real disposable i.** frei verfügbares Einkommen, verfügbares Realeinkommen; **domestic i.** inländische Einkünfte, inländisches Einkommen, Inlandseinkünfte *pl*
earned income 1. Arbeits-, Erwerbs-, Berufseinkommen *nt*, Arbeitsverdienst *m*, Erwerbseinkünfte *pl*, Einkünfte aus selbstständiger und unselbstständiger Arbeit, Einkommen/Einkünfte aus nichtselbstständiger Arbeit, ~ Tätigkeit, erarbeitetes/unfundiertes Einkommen, berufliche Einkünfte; 2. realisierter/verdienter Gewinn; **~ allowance** (Einkommen)Steuerfreibetrag für Arbeitnehmer, Arbeitnehmerfreibetrag *m*; **~ before deductions** Bruttoarbeitseinkommen *nt*; **~ credit (EIC)** *[US]* Steuergutschrift für Arbeitseinkommen, Arbeitnehmerfreibetrag *m*, A.pauschale *f*; **~ relief** Freibetrag für Arbeitseinkünfte, Arbeitnehmerfreibetrag *m*, Steuerfreibetrag für Berufstätige, Steuerermäßigung/S.erleichterung auf Arbeitseinkommen
economic income ökonomischer Gewinn; **effective i.** tatsächliches Einkommen; **eligible i.** versicherungspflichtiges Entgelt; **entrepreneurial i.** Unternehmereinkommen *nt*, U.lohn *m*, Einkommen aus Unternehmertätigkeit; **contractual ~ i.** Einkommen angestellter Unternehmer; **estimated i.** geschätztes Einkommen; **external i.** Außenhandelseinkommen *nt*; **extra i.** Nebenverdienst *m*, Zubrot *nt*; **extraneous i.** Fremdertrag *m*; **extraordinary i.** Sondereinkünfte *pl*, S.erträge *pl*, S.einnahmen *pl*, Fremdertrag *m*, außerordentliche Einkünfte/Einnahmen; **fair i.** angemessenes Einkommen; **family-based i.** Familienlohn *m*; **federal i.** Bundeseinkommen *nt*; **financial i.** Finanzerträge *pl*; **fixed i.** festes/ständiges Einkommen; **foreign(-sourced) i.** ausländische Einkünfte, Auslandseinkünfte *pl*; **franked i.** Dividendenerträge nach Steuern; **freelance i.** Einkommen aus freiberuflicher Tätigkeit; **gross i.** 1. Brutto-, Roheinkommen *nt*, Bruttoeinkünfte *pl*; 2. Bruttogewinn *m*; **adjusted ~ i.** Gesamtbetrag der Einkünfte; **~ i. margin** Bruttoverdienst-, Bruttoertragsspanne *f*; **guaranteed i.** Verdienst-, Einkommensgarantie *f*; **imputed**

i. fiktives/zurechenbares Einkommen; **high i.** hohes Einkommen; **~ earner** Großverdiener *m*; **increased i.** Mehreinkommen *nt*; **individual i.** persönliches Einkommen, Individualeinkommen *nt*; **industrial i.** gewerbliches Einkommen; **interest-related i.** zinsbezogene Erträge; **low i.** niedriges Einkommen; **~ earner** Kleinverdiener *m*; **~ earners** die Einkommensschwachen; **joint i.** gemeinsames Einkommen; **very low i.** Kleinsteinkommen *nt*; **marginal i.** (Kosten)Deckungsbeitrag *m*, Bruttogewinnspanne *f*, Grenzergebnis *nt*; **maximum i.** Höchsteinkommen *nt*; **medium/middle (-bracket) i.** mittleres Einkommen; **~ earner** Person mit mittlerem Einkommen; **minimum i.** Mindesteinkommen *nt*; **miscellaneous i.** sonstige Einkünfte, Einkommen verschiedener Art; **mixed i.** Einkommen aus Arbeit und Kapital; **moderate i.** mäßiges Einkommen; **monthly i.** Monatseinkommen *nt*, monatliche Bezüge
national income National-, Volkseinkommen *nt*, Nettosozialprodukt zu Faktorpreisen, volkswirtschaftlicher Ertrag; **gross ~ i.** Bruttovolkseinkommen *nt*; **~ i. theory** volkswirtschaftliche Einkommenstheorie; **net ~ i.** Nettovolkseinkommen *nt*; **real ~ i.** reales Volkseinkommen
negative income negative Einkünfte
net income 1. Netto-, Reingewinn *m*, Netto-, Reinertrag *m*, Betriebsergebnis *nt*, (Bilanz)Jahresüberschuss *m*, Bilanzgewinn *m*; 2. Netto-, Reineinkommen *nt*, Netto-Reinverdienst *m*, Verfügungseinkommen *nt*, freies/verfügbares Einkommen; **~ retained in the business** einbehaltener/theoraurierter Gewinn; **~ after tax** Jahresüberschuss nach Steuern; **~ before tax** Jahresüberschuss vor Steuern; **~ from operations** Unternehmensgewinn *m*; **affecting ~ i.** ertrags-, ergebniswirksam; **annual ~ i.** Jahresreingewinn *m*; **combined ~ i. of spouses** Summe der Einkünfte beider Ehegatten; **residual ~ i.** Residualgewinn für Stammaktionäre; **unappropriated ~ i.** Ergebnisvortrag *m*; **~ determination** Erfolgs-, Gewinnermittlung *f*, G.feststellung *f*; **~ method** Einnahme-, Überschussrechnung *f*; **~ percentage of sales** Umsatzrendite *f*
net-gross income Netto-Bruttoeinkommen *nt*; **nominal i.** Nominaleinkommen *nt*, symbolisches/nominelles Einkommen, Proformabezüge *pl*; **non-franked i.** *[GB]* Kapitalerträge vor Steuerabzug; **non-operating i.** betriebsfremde Erträge/Erträgnisse/Einnahmen, betriebsneutrale/sonstige Erträge, neutraler Ertrag/Erfolg; **non-recurring i.** einmalige Bezüge/Einnahmen/Erträgnisse, außerordentlicher/einmaliger Ertrag; **non-taxable i.** steuerfreie Einnahmen, steuerfreies Einkommen; **non-wage i.** Nichtarbeitseinkommen *nt*; **notional i.** fiktives Einkommen; **ordinary i.** normale Einkünfte; **other i.** sonstige Erträge/Einkünfte; **outside i.** betriebsfremde Erträge; **overseas i.** *[GB]* Auslandseinkommen *nt*, überseeische Einkünfte; **peak i.** Spitzeneinkommen *nt*; **pensionable i.** ruhegehaltsfähiges Einkommen; **per-capita i.** Pro-Kopf-Einkommen *nt*, Einkommen pro Kopf der Bevölkerung; **personal i.** persönliches Einkommen; **~ distribution** private Einkommensverteilung *f*; **post-tax i.** Gewinn nach Steuern;

preferred i. einkommen(s)steuerfreies Einkommen; **prepaid i.** *(Bilanz)* transitorische Passiva; **pre-tax i.** Vorsteuereinkommen *nt*, unversteuertes Einkommen, Einkommen/Gewinn vor Steuerabzug; **primary i.** Primäreinkommen *nt*, originäres Einkommen; **~ distribution** Primäreinkommensverteilung *f*; **principal i.** Haupteinkommen *nt*; **private i.** Privateinkommen *nt*, P.rente *f*, P.einkünfte *pl*; **pro-forma i.** Pseudoeinkommen *nt*; **productive i.** Leistungseinkommen *nt*; **professional i.** Einkommen aus freier Berufstätigkeit, Einkünfte aus freiberuflicher Tätigkeit, freiberufliche Einkünfte; **pure-cycle i.** *(VWL)* Sozialprodukt ohne Budgeteinfluss; **qualified i.** *[US]* steuerpflichtiges Einkommen; **real i.** effektives/tatsächliches/reales Einkommen, Realeinkommen *nt*; **gross ~ i.** Bruttorealeinkommen *nt*; **regular i.** festes/ständiges/regelmäßiges Einkommen, feste Einkünfte, Dauereinkommen *nt*; **relevant i.** maßgebliches Einkommen; **rental i.** Einkünfte aus Vermietung und Verpachtung, Mieterträge *pl*, M.einkünfte *pl*, vereinnahmte Mieten, Pachtvertrag *m*; **residual i.** Nettoeinkommen *nt*; **retained i.** Gewinnrücklage *f*, thesaurierter/nicht entnommener Gewinn; **safe i.** sicheres Einkommen; **scanty i.** kümmerliches Einkommen; **second(ary) i.** Zweiteinkommen *nt*, Nebenverdienst *m*, Zubrot *nt*; **secured i.** gesichertes Einkommen; **self-employed (earned) i.** Einkommen aus selbstständiger Arbeit; **small i.** kleines Einkommen; **~ relief** Steuererleichterung für kleine Einkommen; **spendable i.** disponibles/frei verfügbares Einkommen; **stable i.** festes Einkommen; **steady i.** stetiges Einkommen; **sufficient i.** ausreichendes Einkommen; **supplementary i.** Nebenverdienst *m*, N.einkommen *nt*, Zubrot *nt*; **surplus i.** Mehrertrag *m*, **take-home i.** Nettoeinkommen *nt*; **targeted (net) i.** geplantes Betriebsergebnis; **taxable i.** 1. steuerpflichtiges/zu versteuerndes/besteuerungsfähiges/steuerbares Einkommen, steuerliche Einkünfte, Steuereinkommen *nt*, S.einkünfte *pl*; 2. steuerlicher Gewinn, Steuerbilanzgewinn *m*; **taxed i.** versteuertes Einkommen; **tax-exempt i.** steuerfreies Einkommen, steuerfreie Einkünfte; **tax-reduced i.** geringer besteuertes Einkommen; **intercompany ~ i.** Schachtelertrag *m*; **top i.** Spitzeneinkommen *nt*; **total i.** Gesamt-, Masseneinkommen *nt*; **transferred i.** Transfereinkommen *nt*, abgeleitetes Einkommen; **transitory i.** transitorisches Einkommen; **unappropriated i.** nicht vorkalkulierter Ertragsüberschuss; **unbudgeted i.** außerplanmäßige Einnahmen; **unearned i.** Einkommen aus Vermögen, Einkünfte aus Kapitalvermögen/K.besitz, Besitz-, Kapital-, Renten-, Vermögenseinkommen *nt*, arbeitsloses/nicht erarbeitetes/fundiertes Einkommen, leistungslose Einkünfte; **unfranked i.** unversteuerte Dividendenerträge; **unspent i.** Einkommensrücklage *f*, **yearly i.** Jahreseinkommen *nt*, J.einkünfte *pl*
income account Ertrags-, Einnahme-, Einkommenskonto *nt*, Einnahmeseite *f*, Aufwendungen und Erträge; **i. and expenditure a.** Gewinn- und Verlustrechnung (GuV) *f*; **~ expense a.s** Erfolgskonten; **national i. a.s/a.ing** volkswirtschaftliche Gesamtrechnung, Volksvermögensrechnung *f*

direct income aid *(EU)* Einkommenstransfer *m*
income analysis Einkommens- und Beschäftigungstheorie *f*; **i. averaging** 1. Durchschnittsbesteuerung *f*; 2. Einkommensverteilung auf mehrere Jahre; **i. balance** Erfolgssaldo *m*; **i. band** Einkommens-, Gehaltsstufe *f*; **i. bond** *[US]* Gewinnobligation *f*, G.schuldverschreibung *f*, Besserungsschein *m*; **i. and adjustment bond** Besserungsschein *m*; **i. bondholder** Besserungsscheininhaber *m*; **i.-boosting** *adj* einkommenssteigernd
income bracket Einkommenskategorie *f*, E.stufe *f*, E.gruppe *f*, E.klasse *f*, E.schicht *f*, E.bereich *m*; Einkommenssteuerklasse *f*, (Steuer)Gruppe *f*, **lower i. b.** niedrige Einkommensgruppe; **top i. b.**s (Bezieher von) Spitzeneinkommen
income ceiling Höchsteinkommen *nt*; ~ **for statutory insurance** Pflichtversicherungsgrenze *f*; **i. claim inflation** einkommenanspruchbedingte Inflation; **i. creation** Einkommensschöpfung *f*; **i. component** Einkommensbestandteil *m*, E.komponente *f*; **i. cycle** Einkommenskreislauf *m*; **i. debenture** Obligation mit Gewinnbeteiligung; **i. deductions** neutrale Aufwendungen; **i. determination** Gewinnfeststellung *f*, Einkommens-, Erfolgsermittlung *f*; **i. development** Einkommensentwicklung *f*
income distribution 1. Einkommensverteilung *f*, Verteilung der Einkommen; 2. Gewinnausschüttung *f*; **functional i. d.** funktionelle Einkommensverteilung
income dividend *(Fonds)* Ertragsausschüttung *f*; **i. earner** Einkommensbezieher(in) *m/f*; **i. effect** Einkommenseffekt *m*; **i.-elastic** *adj* einkommenselastisch; **i. elasticity** Einkommenselastizität *f*; ~ **of demand** Einkommenselastizität der Nachfrage; **i. element** Einkommenselement *nt*; **i. enhancement** Einkommensverbesserung *f*; **i. equalization** Einkommensnivellierung *f*, E.ausgleich *m*, Nivellierung der Einkommen; **i. (and expenditure) equation** *(VWL)* Volkseinkommensgleichung *f*; **i. estimate** Einkommensschätzung *f*; **i. expenditure approach** Einkommen-Ausgaben-Modell *nt*; **i. factor** Einkommensfaktor *m*; **i. flexibility of demand** Einkommenselastizität der Nachfrage; **i. flow** Einkommensstrom *m*; **circular i. flow** Einkommenskreislauf *m*; **i. formation** Einkommensbildung *f*, **i. fund** *[US]* Einkommensfonds *m*; **i. gain** Einkommens-, Ertrags-, Gewinnzuwachs *m*, Einkommensverbesserung *f*; **i. gap** Einkommensabstand *m*, E.schere *f*, Realeinkommenslücke *f*; **i. gearing** Fremdkapitalwirkung auf Eigenkapitalrentabiliität
income group Einkommensklasse *f*, E.gruppe *f*, E.schicht *f*, E.kategorie *f*; **lower i. g.** untere Einkommensgruppe; **middle i. g.** mittlere Einkommensgruppe
income growth Ertragszunahme, E.wachstum *nt*; **i.-increasing** *adj* einkommenssteigernd; **i. increment** (automatische) Einkommenssteigerung; **i.-induced** *adj* einkommensbedingt; **i. inflation** Einkommensinflation *f*; **i. item** *(Bilanz)* Ertragsposten *m*; **deferred i. items** Sollabgrenzungsposten; **i. level** Einkommenshöhe *f*, E.niveau *nt*; **i. levels** Einkommensverhältnisse
income limit Einkommensgrenze *f*; **i. l. for contributions** Beitragsbemessungsgrenze *f*; ~ **statutory insurance contributions** Sozialversicherungsgrenze *f*
income loss Einkommensverlust *m*, Verdienstausfall *m*; **i. maintenance** Einkommenssicherung *f*; **i. measure** Verteilungsrechnung *f*; **i. note** Gewinnschein *nt*; **i. pie** *(fig)* Einkommenskuchen *m* *(fig)*; **i.s policy** Lohn- und Einkommenspolitik *f*, Einkommens-, Lohnpolitik *f*; **i. producer** Einkommensfaktor *m*; **i.-producing** *adj* ertragbringend; **i. productivity** Ertragfähigkeit *f*; **i. protection** Einkommenssicherung *f*; **i. pyramid** Einkommenspyramide *f*; **marginal i. ratio** Deckungsbeitragsverhältnis *nt*; **i. receipts** ausgezahlte Einkommen; **i. receiver/recipient** Einkommensempfänger(in) *m/f*, E.bezieher(in) *m/f*, E.träger(in) *m/f*; **i. redistribution** Einkommensumverteilung *f*; **i.-reducing** *adj* einkommensmindernd; **i.-related** *adj* lohnbezogen, einkommensabhängig, ertragsorientiert; **i. retention** Gewinneinbehaltung *f*, (Gewinn)Thesaurierung *f*; **i. return** *[US]* Rendite *f*; **i. schedule** Einkommens-, Einkunftstabelle *f*; **i. sheet** Einkommen(s)steueraufstellung *f*; **i. shift** Einkommensverschiebung *f*, E.verlagerung *f*; **i. side** Einkommensseite *f*; **i. situation** Einkommenssituation *f*, **i. splitting** Einkommensaufteilung *f*; **i. squeeze** Einkommensbelastung *f*; **i. standards** Einkommensverhältnisse *f*
income statement *[US]* 1. *(Steuer)* Einkommenserklärung *f*, Einkommens-, Ertragnisaufstellung *f*; 2. Gewinn und Verlustrechnung (GuV) *f*, Aufwands- und Ertragsrechnung *f*, Ertrags-, Erfolgsrechnung *f*; **i. and earned surplus** s. Gewinn- und Verlustrechnung (GuV) *f*; **i. s. for a given period** Periodenerfolgsrechnung *f*
all-inclusive income statement Einkommensübersicht *f*; **comparative i. s.** *[US]* vergleichende Gewinn- und Verlustrechnung; **consolidated i. s.** gemeinsame Gewinn- und Verlustrechnung, Konzernerfolgs-, Konzernertragsrechnung *f*; **extrapolated i. s.** hochgerechnete Erfolgsrechnung; **gross i. s.** Bruttoerfolgsrechnung *f*; **monthly i. s.** monatliche Erfolgsrechnung, **monthly/quarterly/weekly i. s.** kurzfristige Erfolgsrechnung; **national i.s.** volkswirtschaftliche Gesamtrechnung, Nationalbudget *nt*; **net(ted) i. s.** Netto(erfolgs)rechnung *f*
income statement charges to reserves Rücklagenvortrag in der Gewinn- und Verlustrechnung; **minimum i. s. content** Mindestgliederung der Gewinn- und Verlustrechnung
income statistics Einkommensstatistik *f*; **i. stock** *[US]* 1. Einkommensaktie *f*; 2. hochrentierliches Wertpapier; **i. stratification** Einkommensschichtung *f*; **new i. streams** neue Einnahmequellen; **i. supplement** *(EU)* Einkommensbeihilfe *f*, E.zuschuss *m*; **i. support** *[GB]* Sozial-, Einkommensbeihilfe *f*, E.zuschuss *m*; **i. surtax** Mehreinkommen(s)steuer *f*; **i. switching** Einkommensverlagerung *f*
income tax 1. Einkommens(s)-, Lohnsteuer *f*; 2. Ertrags-, Körperschaftssteuer *f*, ertragsabhängige/gewinnabhängige Steuer; **i. t. on wages (and salaries)** Lohnsteuer *f*; **deductible from i. t.** einkommen(s)steu-

erabzugsfähig; **exempt from/free of i. t.** einkommen(s)-, lohn-, ertragssteuerfrei; **liable for/to i. t.; subject to i. t.** lohn-, einkommen(s)steuerpflichtig; ertragssteuerpflichtig
to assess income tax Einkommen(s)steuer festsetzen; ~ **for i. t.** einkommen(s)steuermäßig veranlagen, zur Einkommen(s)steuer veranlagen; **to avoid i. t.** Einkommen(s)steuer (legal) umgehen; **to be liable for i. t.** der Einkommen(s)steuer unterliegen; **to charge i. t.** Einkommen(s)steuer erheben; **to evade i. t.** Einkommen(s)steuer hinterziehen; **to exempt from i. t.** von der Einkommen(s)steuer befreien; **to graduate i. t.** Einkommen(s)steuer staffeln; **to impose i. t.** Einkommen(s)steuer erheben; **to withhold i. t.** Einkommen(s)steuer einbehalten
applicable income tax Ertragssteuer *f*; **assessed i. t.** veranlagte Einkommen(s)steuer; **corporate i. t.** *[US]* Körperschaftssteuer *f*; **deferred i. t.** Rückstellung für Einkommen(s)steuer, aufgeschobene Einkommen(s)steuerverbindlichkeit, zurückgestellte Einkommen(s)steuer; **earned i. t.** Arbeitsertragssteuer *f*; **evaded i. t.** hinterzogene Einkommen(s)steuer; **federal i. t.** *[US]* (Bundes)Einkommen(s)s-, Körperschaftssteuer *f*; **graduated i. t.** gestaffelte Einkommen(s)steuer; **individual i. t.** *[US]* veranlagte Einkommen(s)steuer; **personal i. t.** (persönliche) Einkommen(s)steuer; **progressive/sliding-scale i. t.** progressive Einkommen(s)steuer; **reverse i. t. (R. I. T.)** umgekehrte/negative Einkommen(s)steuer; **unified i. t.** einstufige Einkommen(s)steuer
income tax accounting Einkommen(s)steuerbuchführung *f*; **I. T. Act** *[GB]* Einkommen(s)steuergesetz *nt*; **(annual) i. t. adjustment** Lohnsteuer(jahres)ausgleich *m*; **i. t. allowance** Einkommen(s)steuerfreigrenze *f*, Lohn-, Einkommen(s)steuerfreibetrag *m*; ~ **amendment** Einkommen(s)steuernovelle *f*, E.änderung *f*; ~ **assessment** Lohn-, Einkommen(s)steuerveranlagung *f*, E.bescheid *m*, E.festsetzung *f*, E.bemessung *f*, Lohnsteuerbemessung *f*; **to make an ~ assessment** zur Lohn-/Einkommen(s)steuer veranlagen; ~ **balance sheet** Einkommen(s)steuerbilanz *f*; ~ **base** Lohn-, Einkommen(s)steuerbemessungsgrundlage *f*; ~ **bill** Lohn-, Einkommen(s)steuerbescheid *m*; ~ **bracket** Lohn-, Einkommen(s)steuerstufe *f*, E.gruppe *f*; ~ **burden** Lohn-, Einkommen(s)steuerbelastung *f*; ~ **computation** Lohn-, Einkommen(s)steuerberechnung *f*; ~ **concession** Lohn-, Einkommen(s)steuermäßigung *f*; ~ **credit** *[US]* 1. Lohn-, Einkommen(s)steuererleichterung *f*, E.freibetrag *m*; 2. Körperschaftsteuergutschrift *f*; ~ **cut** Lohn-, Einkommen(s)steuerkürzung *f*; ~ **deduction** Lohn-, Einkommen(s)steuerabzug *m*; ~ **directives/guidelines** Lohn-, Einkommen(s)steuerrichtlinien; ~ **dodger/evader** Steuerhinterzieher *m*; **end-of-year ~ equalization** Lohnsteuerjahres-, Jahreslohnsteuerausgleich *m*; ~ **evasion** Einkommen(s)steuerhinterziehung *f*; ~ **form** Lohn-, Einkommen(s)steuerformular *nt*; ~ **indexation** *[AUS]* Indexbindung der Einkommen(s)steuer; ~ **law** Lohn-, Einkommen(s)steuerrecht *nt*; ~ **liability** Einkommen(s)steuerschuld *f*, Lohnsteuerpflicht *f*; **non-resident's ~ liability** beschränkte Einkommen(s)steuerpflicht; **~ load** Lohn-, Einkommen(s)steuerbelastung *f*; **~ loss** Lohn-, Einkommenssteuerverlust *m*; **~ payer** Lohn-, Einkommen(s)steuerbezahler *m*; **~ payment** Einkommen(s)steuerzahlung *f*; **i. t.-privileged** *adj* ertragssteuerbegünstigt; **~ progression** *adj* Lohn-, Einkommen(s)steuerprogression *f*; **~ rate** Lohn-, Einkommen(s)steuertarif *m*, E.satz *m*; **personal ~ rate** individueller Einkommen(s)steuersatz; **top ~ rate** Spitzensteuersatz *m*; **for ~ reasons** aus Einkommen(s)steuergründen; **i. t. rebate/refund** Lohn-, Einkommen(s)steuerrückerstattung *f*; **~ reform** Lohn-, Einkommen(s)steuerreform *f*; **~ regime** Lohn-, Einkommen(s)steuerdurchführungsverordnung *f*, E.bestimmung *f*; **i. t. relief** Lohn-, Einkommen(s)steuerermäßigung *f*, E.vergünstigung *f*, E.freibetrag *m*, E.erleichterung *f*; **~ reserve** Einkommen(s)steuerrückstellung *f*
income tax return Lohn-, Einkommen(s)steuererklärung *f*; **to file an ~ r.** Lohn-/Einkommen(s)steuererklärung aufsetzen/ausfüllen; **annual ~ r.** jährliche Lohn-/Einkommen(s)steuererklärung; **federal ~ r.** *[US]* Lohn-, Einkommen(s)steuer-, Körperschaftsteuererklärung *f*; **~ r. form** Formular für die Lohn-/Einkommen(s)steuererklärung
income tax revenues Lohn-, Einkommen(s)steueraufkommen *nt*
income tax scale Lohn-, Einkommen(s)steuertabelle *f*, E.tarif *m*; **joint marital ~ s.** Lohn-, Einkommen(s)steuer-Splittingtabelle *f*
income tax schedule *[US]* Lohn-, Einkommen(s)steuerformular *nt*; **~ splitting** Familiensplitting *nt*; **~ standard rate** Mindesteinkommen(s)steuersatz *m*
income tax statement *[US]* Lohn-, Einkommen(s)steuererklärung *f*; **to file an ~ s.** Lohn-/Einkommen(s)steuererklärung abgeben; **to prepare an ~ s.** Lohn-/Einkommen(s)steuererklärung aufsetzen, ~ ausfüllen
income tax surcharge Ergänzungs-, Ausgleichsabgabe *f*, Lohn-, Einkommen(s)steuerzuschlag *m*; **~ system** Einkommen(s)steuersystem *nt*; **~ table** Lohn-, Einkommen(s)steuer(berechnungs)tabelle *f*; **~ threshold** Lohn-, Einkommen(s)steuerschwelle *f*; **~ treatment** Einkommen(s)steuerbehandlung *f*
income terms of trade Einkommensaustauschverhältnis *nt*; **absolute i. theory** absolute Einkommenshypothese; **i. threshold** 1. Einkommensschwelle *f*; 2. Versicherungspflicht-, Beitragsbemessungsgrenze *f*, **i. transfer** (öffentliche) Einkommensübertragung, E.verteilung *f*; **i. trend** Einkommenstendenz *f*; **i. unit** Anteil eines ausschüttenden Fonds; **i. value** Ertragswert *m*; **~ appraisal method** Ertragswertansatz *m*; **sensitive to i. variations** einkommensreagibel; **i. velocity of circulation** Einkommenskreislaufgeschwindigkeit *f*; **~ money equation** Quantitäts-, Verkehrsgleichung *f*; **i. year** Bemessungszeitraum *nt*; **i. yield** Einkommensertrag *m*; **i.-yielding** *adj* ertragbringend, rentierlich

incoming *adj* 1. einlaufend, ankommend; 2. entstehend, nachfolgend; **i.s** *pl* 1. Eingänge; 2. Einkünfte, Einkommen; **i.s and outgoings** Ein- und Ausgänge
incommensurate with *adj* unvereinbar mit
incommunicado *adj* (*span.*) ohne Verbindung zur Außenwelt; **~ confinement (of the prisoner)** [§] Kontaktsperre *f*, Haft ohne Sprecherlaubnis
in-company *adj* innerbetrieblich, betriebs-, firmenintern
incomparable *adj* unvergleichlich, nicht vergleichbar
incompat|ibility *n* Unvereinbarkeit *f*, Inkompatibilität *f*; **i.ible (with)** *adj* unvereinbar (mit), unverträglich (mit), inkompatibel (mit); **to be i.ible** sich gegenseitig ausschließen
incompetence; incompetency *n* 1. (Geschäfts)Unfähigkeit *f*, Untauglichkeit *f*; 2. Unzuständigkeit *f*; Nichtzuständigkeit *f*; **to betray one's i.** sich ein Armutszeugnis ausstellen (*fig*); **to plead i.** [§] Zuständigkeit bestreiten; **legal i.** Geschäftsunfähigkeit *f*
incompetent *adj* 1. (geschäfts)unfähig, untauglich, inkompetent, ungeeignet, unqualifiziert, nicht geschäftsfähig; 2. nicht zuständig; 3. [§] unzulässig, inkompetent; **to adjudge so. i.** jdn für geschäftsunfähig erklären; **legally i.** nicht geschäftsfähig
incomplete *adj* 1. unvollendet, unvollkommen, unfertig, nicht vollendet; 2. unvollständig, lückenhaft, nicht vollzählig, unvollzählig; **i.ness** *n* Unvollständigkeit *f*; **~ of a contract** Unvollständigkeit eines Vertrages
incomprehensible *adj* unverständlich, unbegreiflich
inconceivable *adj* unfassbar, unvorstellbar, unbegreiflich
inconclusive *adj* 1. ergebnislos; 2. unschlüssig, nicht schlüssig; **i.ness** *n* Unschlüssigkeit *f*, mangelnde Schlüssigkeit, Mangel an Beweiskraft, Widerlegbarkeit *f*
incongru|ity *n* Missverhältnis *nt*, Inkongruenz *f*; **i.ous** *adj* nicht zusammenpassend, widersinnig
inconnector *n* ▢ Eingangsstelle
inconsider|able *adj* unbeträchtlich; **i.ate** *adj* rücksichtslos
inconsistency *n* 1. Widersprüchlichkeit *f*, innerer Widerspruch, Unstimmigkeit *f*, Unvereinbarkeit *f*, Ungereimtheit *f*, Inkongruenz *f*; 2. Unbeständigkeit *f*; **i. of goals/targets** Zielwidersprüchlichkeit *f*, Z.konflikt(e) *m/pl*
inconsistent *adj* 1. widersprüchlich, inkonsequent, unverträglich, unvereinbar, ungereimt; 2. unbeständig, uneinheitlich; **i. with** unvereinbar mit; **to be i. (with)** im Widerspruch stehen (zu)
inconspicuous *adj* unauffällig, unscheinbar
incontest|ability *n* Unanfechtbarkeit *f* **~ clause** Unanfechtbarkeitsklausel *f*; **i.able** *adj* 1. unleugbar, unbestreitbar, nicht bestreitbar; 2. (*Pat.*) nicht anfechtbar/angreifbar, unanfechtbar
inconvenience *n* Unannehmlichkeit *f*; *v/t* Unannehmlichkeiten bereiten/verursachen, belästigen, stören
inconvenient *adj* lästig, störend, unpassend, ungelegen, ungünstig
inconvert|ibility *n* Nichtkonvertierbarkeit *f*; **i.ible** *adj* unkonvertierbar, inkonvertibel, nicht einlösbar

incorporate *v/t* 1. gründen; 2. integrieren, vereinigen; 3. *[US]* als AG eintragen, im Handelsregister eintragen, als (Kapital)Gesellschaft organisieren; 4. [§] (Recht) verankern, Rechtsfähigkeit verleihen; 5. eingemeinden, eingliedern, einbeziehen; 6. einbauen, einarbeiten
incorporated *adj* *[US]* (handelsgerichtlich/amtlich) eingetragen, angemeldet, inkorporiert, registriert; **to be i.** Körperschaftsstatus erhalten
incorporation *n* 1. Einschluss *m*, Eingliederung *f*, Aufnahme *f*; 2. [§] Errichtung *f*, Gründung *f*; 3. *[US]* Gesellschaftsgründung *f*, (handelsgerichtliche) Eintragung (als AG); 4. Eingliederung *f*, Eingemeindung *f*; 5. Einbau *m*, Einarbeitung *f*; **i. of a company** Handelsregistereintragung *f*, Registrierung einer Gesellschaft; **new i.** *[US]* Neugründung einer AG/GmbH; **i. certificate** Gründungsurkunde *f*; **i. fee** Eintragungsgebühr *f*; **i. procedure** Gründungsvorgang *m*
incorporator *n* *[US]* Gründer *m*, Gründungsmitglied *nt*; **~ of a stock company** Gründer einer (Kapital)Gesellschaft
incorporeal *adj* [§] körperlos, unkörperlich, immateriell
incorrect *adj* 1. ungenau, unrichtig, falsch, irrig, missbräuchlich; 2. (*Verhalten*) nicht einwandfrei, inkorrekt, formwidrig; **to prove i.** sich als falsch herausstellen; **i.ness** *n* Unrichtigkeit *f*, Inkorrektheit *f*, Sachwidrigkeit *f*
incorrigible *adj* unverbesserlich
incorrupt|ibility *n* Unbestechlichkeit *f*; **i. ible** *adj* unbestechlich
Incoterms (International Commercial Terms) *n* international anerkannte/vereinbarte Lieferklauseln
increase *n* 1. Zunahme *f*, Zuwachs *m*, Anwachsen *nt*, Anstieg *m*, (An)Steigen *nt*, Belebung *f*, Plus *nt*, Mehr *nt*; 2. Erhöhung *f*; 3. Vergrößerung *f*, Aufstockung *f*, Intensivierung *f*; 4. (*Bilanz*) Zugang *m*, Einstellung *f*, Aktivierung *f*
increase of the amount covered (*Vers.*) Vertragserhöhung *f*; **i. in total assets and liabilities** Bilanzverlängerung *f*; **~ the balance sheet total** Bilanzsummenwachstum *nt*; **~ the central bank's monetary reserves** Zunahme der Währungsreserven der Notenbank; **~ the bank rate** Diskonterhöhung *f*, Erhöhung des Diskontsatzes; **~ bank base rates** Leitzinsanhebung *f*, L.erhöhung *f*; **~ the birth rate** Geburtenzuwachs *m*; **~ building output** Bauleistungssteigerung *f*; **~ business activity** Konjunkturbelebung *f*; **~ capacity** Kapazitätserweiterung *f*
increase in/of capital Kapitalerhöhung *f*, K.aufstockung *f*, K.vermehrung *f*; **to approve an ~ capital** Kapitalerhöhung genehmigen; **conditional ~ c.** bedingte Kapitalerhöhung; **~ c. employed** Kapitalintensivierung *f*
increase in capital investments Erweiterungsinvestitionen *pl*; **~ the c. stock** Kapitalerhöhung *f*, K.aufstockung *f*; **~ charges** Gebührenerhöhung *f*, G.anhebung *f*; **~ commodity prices** Rohstoffverteuerung *f*; **~ comsumption** Verbrauchssteigerung *f*; **~ costs** Kostensteigerung *f*, K.erhöhung *f*, K.zunahme *f*, K.anstieg

m; **to absorb i.s in cost(s)** Kostensteigerungen auffangen; **i. in operating cost(s)** Betriebskostenerhöhung *f*; **~ the cost(s) of money** Geldverteuerung *f*; **~ credit cost(s)** Kreditverteuerung *f*; **~ customs duties** ⊖ Zollerhöhung *f*; **~ demand** Nachfragesteigerung *f*, N.belebung *f*, Intensivierung der Nachfrage, Mehrbedarf *m*; **~ the discount rate** Diskonterhöhung *f*; **~ earnings** Ertrags-, Ergebnis-, Erlössteigerung *f*; **~ earning capacity/power** Rentabilitätszuwachs *m*; **~ efficiency** Effizienzsteigerung *f*; **~ employment cost(s)** Personalkostenanstieg *m*; **~ energy/fuel prices** Energieversteuerung *f*; **~ equity (capital)** Eigenkapitalmehrung *f*, E.erhöhung *f*, E.stärkung *f*; **~ expenditure(s)** Ausgabenzuwachs *m*; **~ exports** Exportausweitung *f*, Ausfuhrwachstum *nt*, A.belebung *f*, Belebung der Exportkonjunktur; **~ freight rates** Frachterhöhung *f*; **~ net funds** Erhöhung liquider Mittel; **~ imports** Importausweitung *f*, I.wachstum *nt*; **i. in income** Einkommenszuwachs *m*, E.wachstum *nt*; **~ real income** Realeinkommenszuwachs *m*; **~ interest rates** Zinssteigerung *f*, Z.erhöhung *f*; **~ inventories** Bestandszuwachs *m*, B.aufbau *m*, B.aufstockung *f*; **~ investment** Investitionszuwachs *m*; **~ (the number of) jobs** Erhöhung der Zahl der Arbeitsplätze, Stellenvermehrung *f*; ~ **labour costs** Lohnkostensteigerung *f*; **~ the labour force** Personalaufstockung *f*, P.ausweitung *f*, Neuzugang an Arbeitskräften; **~ the money supply; ~ money volume** Geldausweitung *f*, G.(mengen)vermehrung *f*; **~ orders** Auftragsplus *nt*, A.anstieg *m*, A.zuwachs *m*; **~ ordering activity** Auftragsbelebung *f*; **~ output** betriebliche Leistungssteigerung, Produktionszuwachs *m*, P.ausweitung *f*, Ausstoßplus *nt*; **~ output volume** Mengenausweitung *f*; **~ overheads** Betriebskostensteigerung *f*; **~ agreed pay rates** Lohntariferhöhung *f*; **~ percentage terms** prozentualer Anstieg; **~ pithead stocks** ♥ Aufhaldung *f*, Erhöhung der Haldenbestände; **~ the population** Bevölkerungszuwachs *m*, B.zunahme *f*; **~ portfolio holdings** *(Wertpapiere)* Bestandsaufstockung *f*
increase in prices Preisanstieg *m*, P.erhöhung *f*; **explosive ~ p.** Preisexplosion *f*; **steep ~ p.** sprunghafter Preisanstieg
increase in production Produktionssteigerung *f*, P.zuwachs *m*; **~ production capacity** Ausbau der Fertigungskapazität; **~ productivity** Produktivitätssteigerung *f*, P.fortschritt *m*, P.zuwachs *m*; **~ purchasing power** Kaufkraftgewinn *m*, K.zuwachs *m*, K.steigerung *f*, K.erhöhung *f*; **~ base/prime rates** Leitzinsanhebung *f*, L.erhöhung *f*; **~ receipts** Mehreinnahme(n) *f/pl*; **~ minimum reserves** Mindestreservenerhöhung *f*; **~ the risk** Gefahr-, Risikoerhöhung *f*; **~ sales** Absatzplus *nt*, A.belebung *f*, A.erhöhung *f*, Umsatzbelebung *f*, U.anstieg *m*, (positive) Umsatzentwicklung; **~ savings** Zunahme der Spartätigkeit; **~ the share capital** Erhöhung des Aktienkapitals, Kapitalerhöhung *f*, K.aufstockung *f*; **~ the standard of living** Steigerung des Lebensstandards; **~ stocks** Bestandserhöhung *f*; B.vermehrung *f*, B.aufstockung *f*, Lagerzugänge *pl*, Erhöhung der Bestände; **~ stock prices** *(Börse)* Kurssteigerung *f*, K.anstieg *m*; **~ real terms** realer Zuwachs; **~ traffic** Verkehrszuwachs *m*; **~ turnover** Umsatzsteigerung *f*, U.wachstum *nt*, U.ausweitung *f*; **~ unit costs** Kostenprogression *f*; **~ value** Wertzuwachs *m*, W.steigerung *f*, W.erhöhung *f*, W.schöpfung *f*; **~ the volume of traffic** erhöhtes Verkehrsaufkommen, Verkehrsbelebung *f*; **~ weight** Gewichtszunahme *f*; **~ working hours** Verlängerung der Arbeitszeit; **~ net worth** Vermögensvermehrung *f*, V.anreicherung *f*; **~ combinded net worth** Zugewinn *m*
to be on the increase steigen, im Steigen begriffen sein; **to register/show an i.** Zunahme verzeichnen, Erhöhung aufweisen; **to succeed in obtaining an i.** *(Lohn)* Erhöhung durchsetzen
across-the-board-increase lineare/pauschale/allgemeine Erhöhung, ~ Anhebung; **annual i.** 1. jährliche Erhöhung; 2. Jahreszuwachs *m*; **annualized i.** Zuwachs aufs Jahr berechnet; **appreciable i.** spürbare Erhöhung; **average i.** Durchschnittsplus *nt*; **creeping i.** schleichende Erhöhung; **cyclical i.** konjunkturell bedingte Zunahme; **eightfold i.** Verachtfachung *f*; **fivefold i.** Verfünffachung *f*; **flat-rate i.** Pauschalerhöhung *f*; **fourfold i.** Vervierfachung *f*; **hefty i.** starker Anstieg, saftige Erhöhung *(coll)*; **inflationary/inflation-based i.** inflationsbedingte Steigerung, inflationsbedingter Zuwachs; **minor/slight i.** geringfügige/leichte Zunahme; **net i.** 1. Nettoerhöhung *f*; 2. *(Vers.)* Nettogeschäft *nt*; **one-shot i.** einmalige Erhöhung; **overall i.** Gesamtsteigerung *f*; **promotional i.** Gehaltserhöhung bei Beförderung; **sevenfold i.** Versiebenfachung *f*; **sixfold i.** Versechsfachung *f*; **staggered i.** stufenweise Erhöhung; **steady i.** ständige Zunahme; **tenfold i.** Verzehnfachung *f*

increase *v/ti* 1. erhöhen, vergrößern, erweitern; 2. *(Gehalt)* erhöhen, aufbessern, aufstocken; 3. zunehmen, zulegen, größer werden, wachsen, sich erhöhen; 4. *(Preis)* in die Höhe gehen, steigen, anziehen; 5. anheben, hinauf-, heraufsetzen, verstärken, heraufschrauben; 6. sich verstärken, sich verschärfen; **i. eightfold** (sich) verachtfachen; **i. fivefold** (sich) verfünffachen; **i. fourfold** (sich) vervierfachen; **i. sevenfold** (sich) versiebenfachen; **i. sixfold** (sich) versechsfachen; **i. tenfold** (sich) verzehnfachen
increased *adj* vergrößert, erhöht, vermehrt, gestiegen
increasing *adj* zunehmend, steigend; **i.ly** *adv* in zunehmendem Maße
incred|ible *adj* 1. unglaublich; 2. unglaubhaft; **i.ulous** *adj* skeptisch, ungläubig; **i.ulity** *n* Skeptizismus *m*, Ungläubigkeit *f*; **to counter/meet sth. with ~ and malicious joy** etw. mit Unverständnis und Schadenfreude quittieren
increment *n* 1. (Wert)Zuwachs *m*, Zunahme *f*, Steigerung *f*, S.smenge *f*; 2. (automatische) Gehaltserhöhung, G.steigerung *f*, Zulage *f*; **annual i.** 1. Jahreszuwachs *m*, jährlicher Zuwachs; 2. jährliche Gehaltssteigerung; **marginal i.** 1. Mindestwerterhöhung *f*; 2. Grenzschicht *f*, Aufnahmegrenze *f*; **unearned i.** 1. unverdienter Wertzuwachs; 2. *(Grundbesitz)* Wertsteigerung *f*; **voluntary i.s** *(Lohn/Gehalt)* übertarifliche Leistungen
incremental *adj* 1. automatisch steigend; 2. Grenz-,

Zuwachs-, Wachstums-; 3. *(Geld/Finanzpolitk)* inkremental, regelgebunden
increment factor Steigerungs-, Valorisierungsfaktor *m*; **i. income tax** Gewinnzuwachs-, Mehreinkommen(s)steuer *f*; **i. rate** Steigerungs-, Zuwachsrate *f*; **i. value** Wertzuwachs *m*, Teuerungswert *m*, Mehrwert *m*; **~ duty** Wertzuwachssteuer *f*
incrimi|nate *v/t* [§] be-, anschuldigen, belasten, bezichtigen, inkriminieren; **i.nating; i.natory** *adj* belastend; **i.nation** *n* Be-, Anschuldigung *f*, Inkriminierung *f*
incrustation *n* Verkrustung *f*
incuba|tion *n* ⚶ 1. Inkubation *f*; 2. Ausreifen *nt*; **~ period** Inkubationszeit *f*; **i.tor** *n* Brutkasten *m*
incul|cate *v/t* einprägen, einschärfen; **i.cation** *n* Einprägung *f*
incul|pate *v/t* [§] verstricken, beschuldigen; **i.pation** *n* Verstrickung *f*, Beschuldigung *f*; **i.patory** *adj* belastend
incum|bency *n* Obliegenheit *f*; **i.bent** *n* Amtsinhaber(in) *m/f*, Stellen-, Pfründen-, Positionsinhaber(in) *m/f*; **~ (on/upon)** *adj* obliegend, zufallend; **to be ~ so.** jdm obliegen
incur *v/t* eingehen, erleiden, auf sich nehmen
incurable *adj* 1. ⚶ unheilbar; 2. *(fig)* unverbesserlich
incurred *adj (Kosten)* entstanden
incursion *n* [§] *(Völkerrecht)* Übergriff *m*, Eindringen *nt*
indebted *adj* 1. verschuldet; 2. verpflichtet; **to be i.** schuldig sein; **~ i. to so.** 1. Schulden haben bei jdm; 2. jdm zu Dank verpflichtet sein, jdm Dank schulden; **~ contingently i.** Giroverbindlichkeiten schulden; **~ deeply i. to so.** tief in jds Schuld stecken; **~ greatly i.** großen Dank schulden; **~ heavily i.** stark verschuldet sein; **highly i.** hochverschuldet
indebtedness *n* 1. Verschuldung *f*, Schuld(en) *f/pl*, Verbindlichkeiten *pl*; 2. Dankesschuld *f*; **i. on documentary acceptance credit** Remoursverbindlichkeit *f*; **i. to affiliates** Forderungen von Konzernunternehmen; **~ banks** Bankschulden *pl*; **~ several creditors** Mehrfachverschuldung *f*; **i. secured by property** durch Vermögen gesicherte Forderungen; **to reduce i.** entschulden
bonded indebtedness Anleiheschuldenlast *f*; **corporate i.** Unternehmensverschuldung *f*; **excessive i.** Überschuldung *f*; **net external i.** Nettoauslandsverschuldung *f*; **foreign i.** Auslandsverbindlichkeiten *pl*; **fiscal i.** Steuerschuld *f*; **joint i.** Gesamtschuldverhältnis *nt*; **long-term i.** langfristige Kredite/Verbindlichkeiten; **mutual i.** doppelseitiges Schuldverhältnis; **net i.** Nettoverschuldung *f*, reine Schuld, Verschuldungssaldo *m*; **per-capita i.** Pro-Kopf-Verschuldung *f*; **public i.** öffentliche Verschuldung; **total i.** Gesamtverschuldung *f*
indecency *n* 1. Anstößigkeit *f*, Unsittlichkeit *f*, Unanständigkeit *f*; 2. [§] Unzucht *f*; **i. with dependants/dependents** Unzucht mit Abhängigen; **~ minors** Unzucht mit Minderjährigen; **gross i.** grobe/schwere Unzucht
indecent *adj* schamlos, anstößig, unsittlich, unanständig
indecipherable *adj* unentzifferbar

indeci|sion *n* Entscheidungsschwäche *f*; **i.decisive** *adj* unschlüssig, unentschlossen, entscheidungsschwach, schwankend
indefatigable *adj* unermüdlich, rastlos
indefeas|ibility *n* [§] Unverletzlichkeit *f*, Unanstastbarkeit *f*, Unveräußerlichkeit *f*, Unwiderruflichkeit *f*; **i.ible** *adj* unverletzbar, unverletzlich, unantastbar, unveräußerlich, unwiderruflich, unanfechtbar, rechtskräftig
indefensible *adj* nicht vertretbar, unvertretbar
indefin|able *adj* unbestimmbar; **i.ite** *adj* unbegrenzt, unbestimmt, unbefristet, auf unbestimmte Zeit
indelible *adj* unlöschbar
indelicate *adj* taktlos, ungehörig, geschmacklos
indemnification *n* 1. Entschädigung(sleistung) *f*, Ersatzleistung *f*, Wert-, Schaden(s)ersatz(leistung) *m/f*, Schadloshaltung *f*, Abfindung *f*, Wiedergutmachung *f*, Abgeltung *f*; 2. Sicherstellung *f*, Abstandsgeld *nt*; **i. in crash** Barabfindung *f*, B.abgeltung *f*; **i. for loss** Schaden(s)vergütung *f*; **governmental i.** staatliche Entschädigung; **partial i.** Teilentschädigung *f*
indemnification agreement Freistellungsvertrag *m*, Entschädigungsabkommen *nt*; **i. bond** Entschädigungsschuldverschreibung *f*; **i. debt** Entschädigungsschuld *f*; **i. guarantee** Freistellungsgarantie *f*; **i. panel/tribunal** Entschädigungskammer *f*
indemnificatory *adj* sicherstellend, entschädigend, Entschädigungs-
indemnify (against/from) *v/t* 1. abgelten, entschädigen, (wieder) gutmachen, Schaden(s)ersatz leisten, schadlos halten, schadensfrei stellen; 2. sicherstellen, sichern (gegen), 3. *(Ausgaben)* erstatten, vergüten, entgelten; **liable to i.** schaden(s)ersatzplichtig
indemnitee *n* Schaden(s)ersatz-, Entschädigungsberechtigte(r) *f/m*, E.empfänger(in) *m/f*, E.nehmer(in) *m/f*, Entschädigte(r) *f/m*
indemnitor *n* Entschädiger *m*, Regressschuldner(in) *m/f*, R.pflichtige(r) *f/m*, Entschädigende(r) *f/m*, Entschädigungsleistende(r) *f/m*, Haftungsschuldner(in) *m/f*
indemnity *n* 1. Schaden(s)ersatz *m*, Entschädigung *f*, Wiedergutmachung *f*, Abfindung *f*, Vergütung *f*, Schadloshaltung *f*; 2. Entschädigungsbetrag *m*, E.summe *f*, Abfindungs-, Abstandssumme *f*, A.geld *nt*; 3. Risikogarantie *f*, Sicherstellung *f*, Indemnität *f*; 4. *(Vers.)* Leistung *f*, Garantieversprechen *nt*; 5. *(Börse)* Prämiengeschäft *nt*; **i. for costs** Kostensicherheit *f*; **i. against liability** Haftungsausschluss *m*, Freistellung von Haftung; **i. for loss of income** Entschädigung für entgangene Einnahmen; **~ wear and tear** Verschleißentschädigung *f*; **to pay an i.** Schaden(s)ersatz leisten; **to sue for i.** auf Schaden(s)ersatz klagen
aggregate indemnity maximale Schadens(ersatz)leistung; **commercial i.** Schaden(s)ersatz des Verkehrswertes; **double i.** *(Lebensvers.)* Summenverdopp(e)lung bei Unfalltod, doppelte Versicherungssumme, Verdopp(e)lung der Lebensversicherungssumme bei Tod; **~ clause** Doppelversicherungsklausel *f*; **financial i.** Kapitalabfindung *f*; **monetary i.** Geldabfindung *f*; **professional i. (cover)** Berufshaftplichtversicherung *f*; **third-party i. (cover)** (gesetzliche) Haft-, Regresspflicht

indemnity account Abfindungskonto *nt*; **i. act** Abfindungs-, Abgeltungsgesetz *nt*; **i. agreement** Gewährleistungsvertrag *m*, Abfindungserklärung *f*, **i. benefits** Entschädigungsgewinn *m*, E.vorteil *m*; **i. bond** Ausfall-, Schadlosbürgschaft *f*, Garantieverpflichtung *f*, G.erklärung *f*, Garantie auf Schadloshaltung; **i. case** [§] Haftpflichtprozess *m*; **i. claim** Ersatz-, Entschädigungs-, Schaden(s)ersatzanspruch *m*, Entschädigungsforderung *f*; **i. clause** Ausfall-, Haftungsfreistellungsklausel *f*; **i. company** Konkursversicherungsgesellschaft *f*; **i. contract** Entschädigungsvertrag *m*, Garantievereinbarung *f*, Schuldübernahmevertrag *m*; **i. fund** Entschädigungskasse *f*, E.fonds *m*, Streitkasse *f*; **i. insurance** Schadens(ersatz)-, Haftpflichtversicherung *f*; **i. loan** Tilgungsschuld *f*; **i. obligation** Freistellungsverpflichtung *f*; **i. payment** Versicherungsleistung *f*, Abstand(sleistung) *m/f*; **i. period** [US] Leistungs-, Haftungsdauer *f*, Dauer der Haftung
indent *n* 1. Auslandsbestellung *f*, A.auftrag *m*; 2. Einkaufsauftrag *m*, E.order *f*, Indentgeschäft *nt*, Kontrakt *m*, Kaufauftrag *m*; 3. [§] Vertrag(surkunde) *m/f*; 4. ⌐ (Zeilen)Einzug *m*, Einrückung *f*; **closed/specific i.** Auslandsbestellung für ein Markenprodukt; **hanging i.** ⌐ eingerückter Satz; **open i.** Auslandsbestellung ohne Markenspezifizierung
indent *v/t* 1. (jdn) als Lehrling verpflichten; 2. Vertragsurkunde in mehrfacher Ausfertigung aufsetzen; 3. *(Waren)* bestellen, Order ausschreiben; 4. [§] förmlich vereinbaren; 5. ⌐ einrücken, Zeile einziehen; **i. on so. for sth.** etw. bei jdm bestellen
indentation *n* ⌐ Einrücken *nt*, (Zeilen)Einzug *m*
indent contract Indentvertrag *m*
indented *adj* 1. vertraglich/durch Kontrakt verpflichtet; 2. im Lehr(lings)verhältnis; 3. ⌐ eingerückt, eingezogen
indent house/merchant Indentkaufmann *m*; **i. number** Baugruppennummer *f*
indentor *n* Käufer in Übersee, überseeischer Käufer
indenture *n* 1. Vertrag (in doppelter Ausfertigung) *m*, V.surkunde *f*, Kontrakt *m*; 2. Lehr-, (Berufs)Ausbildungs-, Dienstverpflichtungsvertrag *m*, Lehrbrief *m*; **under an i.** auf Grund eines Vertrages; **i. of apprenticeship** Lehr(lings)vertrag *m*, Lehrbrief *m*; **~ assumption** Übernahmevertrag *m*; **~ lease** Pachtvertrag *m*; **~ mortgage** Hypothekenbewilligungsurkunde *f*; **to take up one's i.** ausgelernt haben
indenture *v/t* 1. in die Lehre nehmen, durch Lehrvertrag binden; 2. vertraglich verpflichten; **i.d** *adj* im Lehr(lings)verhältnis; **to be i.d with** in die Lehre gehen bei
indenture deed 1. Vertrag(surkunde) *m/f*; 2. Lehrvertrag *m*, Lehrbrief *m*
independence *n* Selbstständigkeit *f*, Unabhängigkeit *f*, Eigenständigkeit *f*; **i. of the courts** Unabhängigkeit der Gerichte; **~ goals** Zielunabhängigkeit *f*; **judicial i.** richterliche Unabhängigkeit; **i. movement** Unabhängigkeitsbewegung *f*
independent *adj* 1. unabhängig, selbstständig, eigenständig; 2. fraktions-, parteilos; 3. konzernfrei, ungebunden; **to be i.** auf eigenen Füßen stehen *(fig)*; **to become i.** sich verselbstständigen
independent *n* Parteilose(r) *f/m*, Unabhängige(r) *f/m*, Fraktionslose(r) *f/m*; **i.s** Außenseiter *pl* (ohne Verbandszugehörigkeit)
independently *adv* in eigener Regie; **i. of** unabhängig von
in-depth *adj* detailliert, eingehend, gründlich, vertieft
indestructible *adj* unzerstörbar, unverwüstlich
indetermi|nable *adj* unbestimmbar, undefinierbar; **i.nate** *adj* unbestimmt, unklar, ungewiss
index *n* 1. Kartei *f*, Tabelle *f*, Verzeichnis *nt*, Register *nt*, Liste *f*, Inhalts-, Namensverzeichnis *nt*; 2. Index *m*, Richt-, Kennzahl *f*, Messziffer *f*, M.zahl *f*, Koeffizient *m*
index of weighted aggregates gewogener Summenindex; **~ general business activity** Konjunkturindex *m*; **~ concentration** Konzentrationsindex *m*; **~ consumer sentiment** Index des Verbraucherverhaltens; **~ dispersion** Dispersionsindex *m*; **~ weekly earnings** Wochenlohnindex *m*; **~ total gains from trade** Index des gesamten Handelsgewinns; **~ coincident indicators** Index gleichlaufender Indikatoren; **~ labour productivity** Index der Arbeitsproduktivität; **~ members** [GB] Gesellschafter-, Teilhaberverzeichnis *nt*; **~ names** Namensverzeichnis *nt*; **~ orders booked** Auftragsindex *m*, Index des Auftragseingangs; **~ net industrial output** Index der industriellen Nettoproduktion; **~ manufacturing prices** Index der Erzeugerpreise; **~ industrial producer prices** Index der Erzeugerpreise für industrielle Produkte; **~ industrial production** industrieller Produktionsindex, Index der industriellen Produktion; **~ profitability** Rentabilitätsindex *m*; **~ retail prices** Einzelhandels(preis)index *m*, Index der Lebenshaltungskosten; **~ shares** [GB] **/stocks** [US] Aktien(markt)index *m*; **~ street names** Straßenverzeichnis *nt*; **~ volume** Beschäftigungsindex *m*; **~ wholesale prices** Großhandels(preis)index *m*
to compile an index Register zusammenstellen
adjusted index bereinigter Index; **seasonally ~ i.** saisonbereinigter Index; **advance-decline i.** Aktien(markt)index *m*; **aggregate i.** kombinierter Index; **annual i.** Jahresmesswert *m*; **classified i.** Sachgruppenindex *m*; **cost-of-living i.** Lebenshaltungs(kosten)index *m*; **cyclical i.** Konjunkturindex *m*; **fixed-base i.** ▦ Mengenindex mit fester Basis; **industrial i.** Industrieindex *m*; **overall i.** Gesamtindex *m*; **quantitative/quantum i.** Mengenindex *m*; **seasonal i.** Saisonindex *m*; **trade-weighted i.** nach Handelsvolumen gewichteter Index; **unweighted i.** ungewichteter Index; **upper i.** hochgestellter Index; **weighted i.** Bewertungsindex *m*, gewichteter Index
index *v/t* 1. dynamisieren, indexieren, an den Index binden; 2. mit Inhaltsverzeichnis versehen
indexation *n* 1. Indexierung *f*; 2. *(Sozialleistungen)* Dynamisierung *f*, Indexbindung *f*; 3. *(Vers.)* (automatische) Summenanpassung; **i. of pensions** Rentendynamik *f*; **i. agreement** Indexierungsvertrag *m*; **i. system** Indexsystem *nt*; **i. uplift** indexgebundene Wertsteigerung, indexgebundener Wertzuwachs, Dynamisierung *f*

index-based *adj* indexiert, indexgebunden, i.gekoppelt, Index-; **i. card** Karteikarte *f*; **i. clause** Gleit-, Index-, Wertsicherungsklausel *f*
indexed *adj* → **index-based**
index entry Eintragung im Index; **i. error** Indexfehler *m*; **i. figure** Mess-, Indexziffer *f*; **i. file** Kartei *f*, Kartothek *f*, Indexdatei *f*; **i. finger** $ Zeigefinger *m*; **i. fund** an den Aktienindex gekoppelter Investmentfonds; **i. gain** Indexgewinn *m*; **i. household** Indexhaushalt *m*
indexing *n* 1. Indexierung *f*, Indexbindung *f*; 2. Katalogisierung *f*; **updating i.** Vorwärtsanalyse *f*; **i. feature** 🖥 Indexregister *nt*; **i. system** Dokumentationssystem *nt*
index letter Anfangsbuchstabe *m*; **i. level** Indexstufe *f*; **i.-linked** *adj* Index-, indexiert, dynamisiert, *(Rente)* dynamisch, indexgekoppelt, i.gebunden, i.bezogen; **i.-linking** *n* 1. Dynamisierung *f*, Indexierung *f*, I.kopplung *f*, I.verknüpfung *f*, I.bindung *f*; 2. *(Vers.)* (automatische) Summenanpassung; **i. loan** Indexanleihe *f*; **i. make-up** Indexschema *nt*; **i. marker** Indexpunkt *m*; **i. number** Katalog-, Kennummer *f*, Kenn-, Indexziffer *f*, I.zahl *f*, Leitzahl *f*; **composite i. number** 🖩 zusammengesetzter Index; **i. performance** Indexentwicklung *f*; **i. register** Indexregister *nt*, I.liste *f*; **i. rise** Indexgewinn *m*; **i. slip** Karteizettel *m*; **i. stability** Indexstabilität *f*; **i. theory** Indextheorie *f*; **i. tracker (fund)** Indexfonds *m*, dynamischer Fonds; **i. weight** Indexgewicht *nt*; **i. word** Stich-, Indexwort *nt*
indicate *v/t* 1. bezeichnen, zeigen, angeben, hinweisen auf; 2. andeuten, darauf hindeuten; 3. signalisieren, zum Ausdruck bringen; 4. $ indizieren
indicated *adj* 1. angegeben; 2. *(Kurs)* gesprochen; **as i.** wie angegeben
indication *n* 1. Anzeichen *nt*, Hinweis *m*, Anhaltspunkt *m*, Zeichen *nt*, Indiz *nt*; 2. ✪ Anzeige *f*; **i. of (the country of) origin** Ursprungsangabe *f*, U.bezeichnung *f*; **~ interest** *(Börse)* provisorisches Kaufangebot; **~ weight** Gewichtsangabe *f*; **remote i.** Fernanzeige *f*; **some i.** Orientierungshilfe *f*
indicative (of) *adj* bezeichnend (für), symptomatisch (für); **to be i. of** anzeigen, hindeuten auf, auf etw. schließen lassen
indicator *n* 1. ✪ (Richtungs)Anzeiger *m*; 2. Indikator *m*; 3. Indiz *nt*; 4. Konjunkturindikator *m*; 5. Kennziffer *f*, Barometer *nt*, Gradmesser *m*; 6. 🚗 Fahrtrichtungsanzeiger *m*, Blinker *m*; **i. of divergence** *(EWS)* Abweichungsindikator *m*; **~ growth** Wachstumsindikator *m*; **~ performance** Erfolgsmaßstab *m*
coincident indicator synchroner Konjunkturindikator, Präzisindikator *m*; **cyclical i.** Konjunkturindikator *m*; **~ i.s** Konjunkturdaten; **early/forward i.** Frühindikator *m*; **economic i.** Wirtschafts-, Konjunkturbarometer *nt*, K.indikator *m*, (volks)wirtschaftlicher Indikator; **environmental i.** Umweltindikator *m*; **illuminated i.** Leuchtschirm *m*; **lagging/late i.** nachhinkender Indikator, Spätindikator *m*; **leading i.** Frühindikator *m*, vorlaufender/wichtiger Konjunkturindikator, vorauseilender Indikator; **long-term ~ i.** Langzeit-, Langfristindikator *m*; **short-term ~ i.** Kurzzeit-, Kurzfristindikaktor *m*; **partial i.** Teilindikator *m*; **social i.** sozialer/gesellschaftlicher Indikator

indicator board Anzeigetafel *f*; **i. diagram** Leistungsdiagramm *nt*; **i. light** Anzeigelampe *f*; **i. panel** Anzeigetafel *f*; **i. price** Richt-, Orientierungspreis *m*
economic indices *pl* *(lat.)* Konjunkturziffern
indict (for) *v/t* §anklagen, unter Anklage stellen; **i.able** *adj* anklagbar, strafrechtlich verfolgbar, belangbar, der Anklage unterworfen, strafwürdig, anklagefähig; **to be/stand i.ed** *adj* unter Anklage stehen
indictment *n* §Anklage(schrift) *f*, A.verfügung *f*, A.erhebung *f*, A.beschluss *m*; **drawing up the i.** Abfassung der Anklageschrift; **to be an i. of sth.** *(fig)* ein Armutszeugnis für etw. sein; **to bring find/lay down an i. against so.** Anklage erheben gegen jdn; **to quash the i.** Eröffnung des Hauptverfahrens ablehnen, Anklage verwerfen
indifference *n* 1. Gleichgültigkeit *f*, Interessen-, Teilnahmslosigkeit *f*, Indifferenz *f*; 2. Mittelmäßigkeit *f*; **i. of goals** Zielindifferenz *f*, Z.neutralität *f*; **blithe i.** völlige Gleichgültigkeit
indifference analysis Indifferenzanalyse *f*; **i. curve** Indifferenzkurve *f*; **i. function** Indifferenzfunktion *f*; **i. map** Indifferenzkurvensystem *nt*; **i. quality** Indifferenz-, Prüfungs-, Kontrollpunkt *m*; **i. surface** Indifferenzebene *f*
indifferent *adj* 1. gleichgültig, uninteressiert, teilnahmslos; 2. mittelmäßig, durchschnittlich
indigence *n* Armut *f*, (Hilfs)Bedürftigkeit *f*
indig|enization *n* 📈 Umstellung auf (verstärkten) Inlandsanteil/I.bezug/I.produktion, Erhöhung des einheimischen Fertigungsanteils; **i.enize** *v/t* (verstärkt) auf Inlandsbezug/I.produktion umstellen; **i.enous** *adj* (ein)heimisch, bodenständig
indigent *adj* (hilfs)bedürftig, unterstützungsbedürftig, notleidend, arm
indigest|ible *adj* *(Nahrung)* unbekömmlich, unverdaulich; **i.ion** *n* $ Verdauungsstörung *f*
indignant *adj* entrüstet, empört, ungehalten, aufgebracht, indigniert; **to be/wax i.** sich entrüsten/empören
indignation *n* Entrüstung *f*, Empörung *f*
indirect *adj* indirekt, mittelbar; **i.ly** *adv* auf Umwegen
indiscipline *n* Disziplinlosigkeit *f*
indiscreet *adj* indiskret, taktlos
indiscretion *n* 1. Indiskretion *f*; 2. Taktlosigkeit *f*; **to commit an i.** Indiskretion begehen
indiscriminate *adj* wahl-, kritiklos, blind, ohne Unterschied, willkürlich, unterschiedslos
indispens|ability *n* Unabdingbarkeit *f*, Unerlässlichkeit *f*; **i.able** *adj* 1. unentbehrlich, unerlässlich, unverzichtbar, unabdingbar, unbedingt notwendig; 2. *(Person)* unabkömmlich
indisposed *adj* unwohl, unpässlich; **to feel i.** sich unwohl fühlen
indisposition *n* Unpässlichkeit *f*, Unwohlsein *nt*
indisputable *adj* unbestreitbar, unanfechtbar, unleugbar
indissoluble *adj* 1. unauflöslich; 2. unauflösbar
indistinguishable *adj* 1. nicht zu unterscheiden; 2. nicht wahrnehmbar/erkennbar
individual *adj* einzeln, persönlich, individuell

individual *n* Individuum *nt*, Einzelmensch *m*, E.wesen *nt*, Privatperson *f*, natürliche Person; **i.s** Private; **nasty i.** übles Subjekt; **private i.** Privatperson *f*, P.kunde *m*
individual|ist *n* Einzelgänger *m*, Individualist *m*; **i.ity** *n* Individualität *f*; **i.ization** *n* Individualisierung *f*
indivis|ibility *n* Unteilbarkeit *f*; ~ **of factors** Unteilbarkeit der (Produktions)Faktoren; **i.ble** *adj* unteilbar
indoor *adj* Innen-, Hallen-; **i.s** *adv* drinnen, im Hause; **to stay i.s** zu Hause bleiben
in|dorsable *adj* → **endorsable** begebbar, indossabel, indossierbar, girierbar; **i. dorsation** *n* → **endorsation** Indossament *nt*, Indossierung *f*, Giro *m*, Bestätigung *f*; **i.dorse** *v/t* → **endorse** indossieren, unterzeichnen; **i.dorsed** *adj* → **endorsed** mit Giro versehen, indossiert; **i. dorsee** *n* → **endorsee** Indossatar *m*, Giratar *m*; **i.dorsement** *n* → **endorsement** Indossament *nt*, Giro *nt*; **forged i.dorsement** gefälschtes Indossament; **qualified i.dorsement** Indossament ohne Obligo; **i.dorser** *n* → **endorser** Indossant *m*, Girant *m*, Garantieschuldner(in) *m/f*
in|duce *v/t* 1. bewegen, veranlassen, dazu bringen, verleiten; 2. bewirken, herbeiführen; ~ **so. to do sth.** jdn zu etw. veranlassen; **cyclically i.duced** *adj* konjunkturbedingt; **domestically i.duced** inlandsbedingt; **i.ducing so. to commit a criminal offence** *n* Anstiftung zu einer kriminellen Handlung
inducement *n* Beweggrund *m*, Anlass *m*, (Leistungs)Anreiz *m*, Veranlassung *f*; **i. to buy** Kaufanreiz *m*; ~ **invest** Investitionsanreiz *m*; **fraudulent i.** betrügerisches Zustandekommen eines Vertrages; **i. article** Anreizartikel *m*; **i. contribution theory** Anreiz-Beitrags-Theorie *f*; **i. rate** attraktiver/günstiger Satz
induction *n* 1. (Amts)Einführung *f*; 2. Einarbeitung(szeit) *f*; **i. course** Einführungslehrgang *m*; **i. interview** Einführungsgespräch *nt*; **i. order** *[US]* ⚔ Gestellungsbefehl *m*; **i. program(me)** Einführungskurs *m*, E.programm *nt*; **i. training** (Mitarbeiter)Einweisung *f*
inductive *adj* induktiv
indulge *v/t* gewähren, nachsichtig sein; **i. in sth.** sich etw. leisten/gönnen, in etw. schwelgen, einer Sache frönen
indulgence *n* 1. Duldung *f*, Einwilligung *f*, Nachsicht(igkeit) *f*; 2. (Wechsel)Stundung *f*, (Zahlungs)Aufschub *m*; 3. Luxus *m*, Genuss *m*; **to ask so.'s i.** jdn um Nachsicht bitten
indulgent *adj* nachsichtig
industrial *adj* 1. industriell, gewerblich, fertigungs-, gewerbsmäßig, gewerblich tätig/genutzt; 2. arbeitsrechtlich; **large (-scale) i.** großindustriell, g.technisch
industrial *n* Industrieller *m*; **i.s** *(Börse)* Industriepapiere, I.werte, I.aktien; **heavy i.s** Aktien der Schwerindustrie
Industrial Arbitration Board *[GB] (Tarifkonflikt)* Schlichtungsstelle *f*; **I. Development Authority (IDA)** *[IRL]* Behörde für Industrieansiedlung; **I. and Provident Society Act** *[GB]* Genossenschaftsgesetz *nt*; **I. Training Board** *[GB]* Ausbildungskammer *f*
industrialist *n* Fabrikant *m*, (Groß)Industrieller *m*, (Privat)Unternehmer(in) *m/f*, Gewerbetreibende(r) *f/m*, Industriekapitän *m*
industrial|ization *n* Industrialisierung *f*; **i.ize** *v/t* industrialisieren, zum Industriestaat machen; **highly i.ized** *adj* hochindustrialisiert
industrious *adj* fleißig, eifrig, arbeitsam, strebsam, geschäftig; **i.ness** *n* Eifer *m*, Geschäftigkeit *f*
industry *n* 1. Industrie(sparte) *f*, Branche *f*, Gewerbe *nt*, G.zweig *m*, Geschäfts-, Industrie-, Wirtschafts-, Produktionszweig *m*, Wirtschaftssektor *m*, Bereich *m*, die Wirtschaft; 2. Fleiß *m*; **both/the two sides of i.** Arbeitgeber und Arbeitnehmer; **i. and commerce** Wirtschaft und Handel; **common in i.** industrieüblich; **having little i.** industrieschwach; **relating to the same i.** branchengleich; **i. is fortune's right hand** *(prov.)* sich regen bringt Segen *(prov.)*
to affect all industries quer durch alle Branchen gehen; **to be organized by industry** nach dem Prinzip der Industrieverbände aufgegliedert sein; **to control an i.** Industrie beherrschen; **to make i. lean** Industrie gesundschrumpfen lassen; **to nanny an i.** Industrie gängeln/bevormunden; **to nationalize an i.** Industrie verstaatlichen; **to promote an i.** Industrie fördern; **to relocate an i.** Industrie verlagern; **to revive an i.** Industrie beleben; **to work in i.** in der Industrie tätig sein
agricultural industry 1. Landwirtschaft *f*; 2. Agroindustrie *f*; **ailing i.** notleidende Branche, notleidender Wirtschaftszweig/Sektor; **aircraft-making i.** Flugzeugindustrie *f*; **airfreight i.** Luftfrachtbranche *f*; **allied i.** verwandte Industrie; **ancillary i.** Zulieferindustrie *f*, Z.betriebe *pl*, Zubringergewerbe *nt*, Z.industrie *f*; **automotive i.** Automobil-, Kraftfahrzeugindustrie *f*, Fahrzeugbau *m*; **base/basic industries** Grundstoffgütergewerbe *nt*, G.industrie *f*, Schlüssel-, Grundindustrie *f*, Grundstoffwirtschaft *f*, G.bereich *m*, G.sektor *m*; **big i.** Großindustrie *f*; **capital-intensive i.** kapitalintensive Industrie; **chemical i.** chemische Industrie, Chemieindustrie *f*; **coal-based ~ i.** Kohle(n)chemie *f*; **large-scale ~ i.** Großchemie *f*; **competing i.** Konkurrenzindustrie *f*; ~ **industries** miteinander konkurrierende Industrien/Gewerbezweige/Branchen; **crisis-ridden i.** Krisenbranche *f*; **cyclical i.** konjunkturabhängiger Wirtschaftszweig; **decaying/declining i.** niedergehende/absterbende/schrumpfende Industrie; **environmentally destructive i.** umweltzerstörende Industrie; **domestic i.** 1. Haus-, Heimindustrie *f*; 2. (ein)heimische Industrie; **downstream i.** 1. weiterverarbeitende/nachgelagerte Industrie; 2. weiterverarbeitende Branche, weiterverarbeitender/nachgelagerter Industriezweig; **electrical i.** elektrotechnische Industrie, Elektroindustrie *f*; **established i.** eingesessene Industrie; **expanding i.** Wachstumsindustrie *f*, W.branche *f*; **export-orient(at)ed i.** exportintensive Industrie; **extractive i.** Abbauwirtschaft *f*, Bergbau *m*, Grundstoffsektor *m*, Rohstoffindustrie *f*, Industrie zur Gewinnung von Naturprodukten, rohstoffgewinnende Industrie, Gewinnungs-, Urproduktionsbetriebe *pl*, Betriebe der Urproduktion; **finishing i.** Veredelungsindustrie *f*; **flat-growth i.** wachstumsschwache Branche; **fledg-**

flourishing **industry** 574

ling/infant i. junge/schutz(zoll)bedürftige Industrie, junger Wirtschaftszweig, Industrie in den Kinderschuhen *(fig)*; **flourishing i.** blühende Industrie; **food-retailing i.** Lebensmitteleinzelhandel *m*; **footloose i.** nicht standortgebundene Industrie, ~ standortgebundener Wirtschaftszweig; **food-processing i.** Nahrungs- und Genussmittelindustrie *f*, Lebensmittelindustrie *f*; **graphical i.** grafische Industrie, grafisches Gewerbe; **heavy i.** Schwerindustrie *f*; **high-tech i.** Hochtechnologieindustrie *f*, H.branche *f*, moderne Industrie; **high-wage i.** Hochlohnindustrie *f*; **house-building i.** Wohnungsbauwirtschaft *f*; **in-bond i.** ⊖ Industrie im Zollfreigebiet; **incoming i.** neue Industrie; **indigenous i.** (ein)heimische Industrie; **instrumental industries** Produktionsgütergewerbe *nt*; **intermediate i.** verarbeitendes Gewerbe; **iron-working i.** eisenverarbeitende Industrie; **labour-intensive i.** lohnintensive/arbeitsintensive Industrie; **leading i.** führende Industrie; **leather-processing i.** lederverarbeitende Industrie; **light i.** Leicht-, Kleinindustrie *f*; ~ **product** leichtindustrielles Erzeugnis; **local i.** ortsansässige/örtliche/heimische Industrie; **major/main i.** Haupt-, Schwerpunktindustrie *f*; **maladaptive i.** Industrie mit Anpassungsschwierigkeiten; **medium-sized i.** mittlere Industrie; **metal-processing/metal-working i.** metallverarbeitende Industrie, metallverarbeitendes Gewerbe; **minor i.** kleiner Industriezweig; **nascent i.** junge Industrie, Industrie in der Gründungsphase; **nationalized i.** verstaatlichter Wirtschaftszweig, verstaatlichte Industrie; **nationwide i.** sich über das ganze Land erstreckende Industrie; **new i.** neuer Wirtschaftszweig, Zukunftsbranche *f*; **non-manufacturing/non-productive i.** Dienstleistungsgewerbe *nt*, D.sektor *m*; **nuclear(-based) i.** Atom-, Kernkraftindustrie *f*, Atomwirtschaft *f*, atomare Wirtschaft; **optical i.** optische Industrie; **paper-processing i.** papierverarbeitende Industrie; **petrochemical i.** Petrochemie *f*, petrochemische Industrie; **pharmaceutical i.** Pharmaindustrie *f*, Arnei(mittel)hersteller *pl*, pharmazeutische Industrie; **photographic i.** Fotoindustrie *f*; **plastics-processing i.** kunststoffverarbeitende Industrie; **plastics-producing i.** kunststofferzeugende Industrie; **primary i.** Grundstoffindustrie *f*, primäre Industrie, Industrie zur Gewinnung von Naturprodukten; **private(-sector) i.** Privatindustrie *f*, P.wirtschaft *f*; ~ **i.'s propensitiy to invest** private Investitionsneigung; **producing i.** produzierendes Gewerbe; **regulated i.** staatlich kontrollierte Industrie; **seasonal i.** saisonbedingte Industrie, Saisonindustrie *f*; **secondary i.** weiterverarbeitende Industrie, Weiterverarbeitung *f*; **sheltered i.** (durch Zölle) geschützter Industriezweig/Handel; **small(-scale) i.** Kleinindustrie *f*, unbedeutender Wirtschaftszweig; **space-intensive i.** bodenintensive Industrie; **stagnant i.** wachstumsschwache Industrie/Branche; **staple i.** Hauptindustriezweig *m*; **state-owned/state-sector i.** Staatsindustrie *f*, staatliche Industrie, Industrie in Staatsbesitz; **steel-using i.** stahlverarbeitende Industrie; **supplying i.** Zuliefer-, Zulieferungsindustrie *f*; **tertiary i.** Tertiärsektor *m*, Dienstleistungsbereich *m*, D.gewerbe *nt*; **tim-

ber-based/wood-based i.** Holzindustrie *f*, H.wirtschaft *f*; **upstream i.** vorgelagerte Industrie/Branche, vorgelagerter Industriezweig, Vorleistungsbereich *m*; **vital i.** lebenswichtige Industrie; **watchmaking i.** Uhrenindustrie *f*; **wood-processing/wood-working i.** holzverarbeitende Industrie
industry accident Arbeits-, Betriebsunfall *m*; **i. accounting** industrielles Rechnungswesen; **i. analyst** Branchenkenner *m*; **i. average** Branchendurchschnitt *m*; **i. capital spending program(me)** Investitionsprogramm der gewerblichen Wirtschaft; **i. chief** *(coll)* Industrieboss *m* *(coll)*; **i. code** Branchenkode *m*, B.schlüssel *m*; **i. commissioner** *(EU)* Wirtschaftskommissar *m*; **single i. cycle** Branchenzyklus *m*; **I. Department** *[GB]* Wirtschafts-, Industrieministerium *nt*; **i. expert** Branchenkenner *m*; **leading i. figure** führender Industrieller; **i. fund** Branchenfonds *m*; **i. grouping** Industriegruppe *f*; **single i. index** Branchenindex *m*; **i. labour guidelines** Lohnleitlinien; **i. leader** Branchenführer *m*, B.erster *m*; **i. location** Industriestandort *m*; **average i. margin** Branchenspanne *f*; **i. observer** Branchenkenner *m*; **i. official** Branchen-, Industrievertreter *m*; **i.-orient(at)ed** *adj* auf die Industrie ausgerichtet; **i. output** Industrieproduktion *f*; **i. overcapacity** branchenweite Überkapazität, branchenweiter Kapazitätsüberhang; **i. portfolio** *[GB]* *(Ministerium)* Wirtschaftsressort *nt*; **i. position** Branchenposition *f*; **i. price rise** Anstieg der Industriepreise; **i. problem** Problem der Branche; **i. publication** Branchenorgan *nt*, B.zeitschrift *f*; **i. quota objectives** Branchenquotenziele; **i. ratio** Branchenkennziffer *f*, B.kennzahl *f*, B.koeffizient *m*; **i. regulator** Aufsichtsamt für einen Wirtschaftszweig; **i. representative** Industrie-, Branchenvertreter *m*; **i. revenues** Branchenerlös(e) *m/pl*; **I. Secretary** Wirtschafts-, Industrieminister *m*; **i.-specific** *adj* industriespezifisch; **i. standard** Industrienorm *f*; **i. statistics** Branchenstatistik *f*; **i. study/survey** Branchenuntersuchung *f*, B.analyse *f*; **i. survey and appraisal** Branchenbeobachtung *f*; **i.-wide** *adj* branchenweit, in einem Wirtschaftszweig, überbetrieblich
in|ebriate *v/t* berauschen; **i.ebriated** *adj* (be)trunken; **total i.ebriation** *n* Volltrunkenheit *f*
inedible *adj* ungenießbar
ineffective *adj* 1. unwirksam, untauglich, erfolg-, folgen-, wirkungslos, unergiebig, ineffektiv; 2. [§] rechtsunwirksam; **to become i.** außer Kraft treten; **provisionally i.** schwebend unwirksam; **i.ness** *n* Unwirksamkeit *f*, Erfolgs-, Wirkungs-, Nutzlosigkeit *f*, Ineffektivität *f*, Unergiebigkeit *f*; ~ **as between the parties** [§] relative Unwirksamkeit
in|effectual *adj* unwirksam, erfolg-, kraftlos, schwach; **i.effectualness** *n* Wirkungs-, Nutzlosigkeit *f*; **i.efficacy** *n* Wirkungslosigkeit *f*
inefficiency *n* 1. Ineffizienz *f*, Unwirtschaftlichkeit *f*, mangelnde Produktivität, Unproduktivität *f*, Schlendrian *m* *(coll)*; 2. Wirkungslosigkeit *f*, Unzulänglichkeit *f*
inefficiencies of scale Größennachteil(e) *m/pl*
inefficient *adj* 1. ineffizient, unwirtschaftlich, unpro-

duktiv, ineffizient, unrationell; 2. unwirksam, wirkungslos, unzulänglich, leistungsschwach
inelastic *adj* starr, unelastisch
inelasticity *n* Un-, Inelastizität *f*, Mangel an Flexibilität; **complete i.** vollständige Unelastizität von Angebot und Nachfrage; **perfect i.** vollständige Uneleastizität
ineligibility *n* 1. Nichtberechtigtsein *nt*; 2. Unwählbarkeit *f*, Nichtwählbarkeit *f*; 3. Untauglichkeit *f*, **i.ible** *adj* 1. nicht (teilnahme)berechtigt, ~ qualifiziert, ~ in Frage kommend; 2. nicht wählbar, unwählbar; 3. nicht diskontfähig; 4. untauglich, ungeeignet
ineluctability *n* Unvermeidbarkeit *f*, Unabwendbarkeit *f*; **i.able** *adj* unvermeidlich, unabwendbar
inept *adj* 1. ungeeignet, unpassend; 2. unbeholfen, ungeschickt, unfähig; **i.itude** *n* Unbeholfenheit *f*, Unfähigkeit *f*
inequality *n* Ungleichheit *f*; **~ of bargaining power** ungleiche Verhandlungsmacht; **i. principle** *(Bilanz)* Imparitätsprinzip *nt*
inequation *n* π Ungleichung *f*
inequitable *adj* ungerecht, unbillig; **i.equity** *n* Ungerechtigkeit *f*, Unbilligkeit *f*
ineradicable *adj* unausrottbar
inert *adj* träge, schwerfällig
inertia *n* Trägheit *f*, Beharungsvermögen *nt*; **in-built i.** systemimmanente Trägheit; **i. factor** *(Verkauf)* Trägheitsfaktor *m*; **i. reserve** Trägheitsreserve *f*; **i. selling** Verkauf (durch Versand) ohne Bestellung, ~ durch Zusendung unverlangter Ware(n), Trägheitsverkauf *m*
inescapable *adj* unvermeidbar, unabwendbar
inevitability *n* Unvermeidbarkeit *f*, Unabwendbarkeit *f*, Unumgänglichkeit *f*, Unvermeidlichkeit *f*; **i.table** *adj* unvermeidlich, unausweichlich, zwangsläufig, unabwendbar, notwendig, unvermeidbar, unumgänglich, unweigerlich; **to bow/submit to the i.table** sich in das Unvermeidliche schicken, ~ sein Schicksal fügen
inexcusable *adj* unentschuldbar
inexorable *adj* unaufhaltsam, unausweichlich, unerbittlich, erbarmungslos, unumstößlich
inexpediency *n* Unzweckmäßigkeit *f*; **i.ent** *adj* unzweckmäßig, untunlich
inexpensive *adj* billig, nicht teuer, preiswert
inexperience *n* Unerfahrenheit *f*; **i.d** *adj* unerfahren, unbedarft, ohne Erfahrung, grün *(fig)*; **~ in business** geschäftsunkundig
inexpert *adj* unfachmännisch, unsachgemäß
inexplicable *adj* unerklärlich
inextricable *adj* unentwirrbar
infallibility *n* Unfehlbarkeit *f*; **i.ble** *adj* unfehlbar
infamous *adj* berüchtigt, verrufen, niederträchtig, infam
infancy *n* 1. Kindesalter *nt*, Kinderjahre *pl*, Minderjährigkeit *f*; 2. *(fig)* Anfangsstadium *nt*; **in its i.** *(fig)* in den Kinderschuhen *(fig)*; **to be ~ i.** in den Kinderschuhen stecken; **i. status** Minderjährigkeitsstellung *f*
infant *n* 1. Säugling *m*, Kleinkind *nt*; 2. § Minderjährige(r) *f/m*, Unmündige(r) *f/m*; *adj* in den Kinderschuhen steckend; **i.icide** *n* Kindestötung *f*, K.mord *m*; **i.ile** *adj* kindlich, infantil
infant mortality Kinder-, Säuglingssterblichkeit *f*; ~

rate Kindersterblichkeitsrate *f*; **i. nurse** ♰ Säuglingsschwester *f*; **i. prodigy** Wunderkind *nt*
infantry *n* ⚔ Infanterie *f*
infant school Vorschule *f*; **i. welfare** Säuglingsfürsorge *f*
cardiac infarction *n* ♰ Herzinfarkt *m*
infect *v/t* 1. ♰ infizieren, anstecken, verseuchen; 2. *(fig)* anstecken; **i.ed** *adj* infiziert, verseucht; **i.ion** *n* Ansteckung *f*, Verseuchung *f*, Infektion *f*; **~ period** Infektionszeit *f*; **i.ious** *adj* ansteckend, übertragbar
infeeding *n* *(fig)* Eigenverbrauch von Gütern und Dienstleistungen
infer (from) *v/t* schließen, folgern, ab-, herleiten, Schlussfolgerung ziehen
inference *n* 1. Rückschluss *m*, (Schluss)Folgerung *f*; 2. ▦ Inferenz *f*; **to make i.s** Schlüsse ziehen aus; **causal i.** kausaler Schluss; **inductive i.** induktiver Schluss; **statistical i.** statistische Kausalforschung
inferential *adj* Schluss-, Folgerungs-
inferior *adj* 1. gering-, minderwertig, geringer, minder, schlecht, nachrangig, unterlegen, nicht vollwertig; 2. ▯ unter der Schriftlinie; **to be i.** nachstehen; **to rank i. to sth.** hinter etw. zurücktreten
inferior *n* Untergebene(r) *f/m*
inferiority *n* 1. Minderwertigkeit *f*, Unterlegenheit *f*; 2. untergeordnete Stellung; **i. complex** Minderwertigkeitsgefühl *nt*, M.komplex *m*; **i. gradient** Intensitätsabnahme *f*
infernal *adj* höllisch
infertile *adj* unfruchtbar, ertragsarm; **i.tility** *n* Unfruchtbarkeit *f*
infest *v/t* ✣ befallen; **i.ation** *n* Befall *m*
infidelity *n* *(Ehe)* Treuebruch *m*, Untreue *f*
in-fighting *n* innerer Zwist, interner Machtkampf
infiltrate *v/ti* 1. einsickern; 2. infiltrieren, unterwandern; 3. sich einschleichen; **i.tration** *n* Infiltration *f*, Unterwanderung *f*
infinite *adj* unendlich, endlos
infirm *adj* hinfällig, gebrechlich, altersschwach; **i.ary** *n* ♰ Krankenabteilung *f*, K.anstalt *f*, K.haus *nt*
infirmity *n* ♰ Gebrechlichkeit *f*, Schwäche *f*; **infirmities of age** Altersbeschwerden; **i. of purpose** Unentschlossenheit *f*; **legal i.** § Rechtsmangel *m*; **mental i.** Geistesschwäche *f*; **physical i.** Gebrechen *nt*
inflamed *adj* ♰ entzündet; **to become i.** sich entzünden
inflammable *adj* entzündbar, (leicht) entzündlich, (ver)brennbar, entflammbar, feuergefährlich; **highly i.ble** Vorsicht Feuergefahr !, leicht brennbar/entflammbar/entzündlich; **i.tion** *n* ♰ Entzündung *f*; **i.tory** *adj* aufrührerisch
inflatable *adj* aufblasbar; *n* Schlauchboot *nt*
inflate *v/t* 1. *(Preise)* steigern, übersteuern; 2. *(Währung)* aufblähen; 3. *(Geldumlauf)* in die Höhe treiben, inflationieren; 4. *(Reifen)* aufpumpen; **i.d** *adj* 1. aufgebläht, geschwollen; 2. inflatorisch
inflation *n* 1. Inflation *f*, Teuerung *f*, (Geld)Entwertung *f*; 2. *(Währung)* Aufblähung *f*; **after i.** inflationsbereinigt; **i. due to disproportionate income rises** einkommensbedingte Inflation; **i. of credit** Kreditinflation *f*; **adjusted for i.** inflationsbereinigt

to boost inflation Inflation anheizen/antreiben; **to check i.; to get i. under control; to slow down i.** Inflation unter Kontrolle bekommen/bringen, ~ in den Griff bekommen, ~ abbremsen; **to combat/counter/fight i.** Inflation bekämpfen; **to curb/contain/dampen i.** Inflation eindämmen/drosseln/dämpfen/zügeln/bremsen, auf die Inflationsbremse treten *(fig)*; **to fuel/rev up/stoke i.** *(coll)* Inflation anheizen; **to halt i.** der Inflation Einhalt gebieten; **to rise ahead of i.** stärker als die Inflation steigen; **to squeeze out i.** der Inflation den Nährboden entziehen; **to stoke up i.** Inflation anheizen
absolute inflation absolute Inflation; **accelerating i.** steigende/sich beschleunigende Inflation; **adaptive i.** Anpassungsinflation *f*; **administered i.** administrierte Inflation; **camouflaged/concealed i.** verdeckte/versteckte/unsichtbare Inflation; **cantering i.** galoppierende Inflation; **controlled i.** gesteuerte Inflation; **cost-induced/cost-push i.** Kosten(druck)inflation *f*, (lohn)kosteninduzierte/kostenbedingte Inflation; **creeping i.** schleichende Inflation; **deferred i.** graduelle Inflation; **demand-pull/demand-induced i.** (Über)Nachfrageinflation *f*, N.soginflation *f*, durch Nachfrage ausgelöste Inflation, nachfrageüberhangbedingte/nachfrageinduzierte Inflation; **public ~ i.** Budgetinflation *f*; **demand-shift i.** Nachfrageinflation *f*, durch Nachfrageverschiebung(en) ausgelöste Inflation; **carefully dosed i.** wohldosierte Inflation; **double-digit i.** zweistellige Inflation(srate); **embedded i.** tiefverwurzelte Inflation; **galloping/headlong i.** zügellose/trabende/galoppierende Inflation; **general i.** allgemeine Inflation; **hidden/masked i.** unsichtbare/versteckte Inflation; **home-gown/home-made/internal i.** hausgemachte Inflation; **imported i.** importierte Inflation; **income-share i.** Einkommensverteilungsinflation *f*; **latent i.** schleichende Inflation; **monetary i.** Geld-, Währungsinflation *f*; **pent-up i.** aufgestaute/verdeckte/zurückgestaute/gestoppte Inflation; **persistent i.** Dauerinflation *f*; **price-frozen i.** preisgestoppte Inflation; **profit-push i.** Gewinndruckinflation *f*; **put-up i.** gesteuerte Inflation; **raging/rampant/runaway/snowballing i.** zügellose/trabende galoppierende Inflation; **recurrent i.** wiederaufflackernde Inflation, Hyperinflation *f*, außer Kontrolle geratene Inflation; **relative i.** relative Inflation; **repressed i.** verdeckte/gestoppte/zurückgestaute Inflation; **riproaring i.** ungezügelte Inflation; **rising i.** steigende Inflation; **sectoral i.** sektorale Inflation; **secular i.** säkulare Inflation; **single-figure i.** einstellige Inflation; **spiralling i.** Inflationsspirale *f*; **spontaneous i.** Kosteninflation *f*; **structural i.** strukturelle Inflation; **struggle-for-income i.** konfliktinduzierte Inflation; **supply-push i.** Angebotsinflation *f*; **suppressed i.** verdeckte/gestoppte/zurückgestaute Inflation; **tax-push i.** steuerbedingte Inflation; **true i.** absolute/echte Inflation; **uncontrolled/wild i.** ungezähmte Inflation; **underlying i.** zu Grunde liegende Inflation; **undisguised i.** offene Inflation; **wage-fuelled/wageled/wage-push i.** durch Lohnsteigerung angeheizte Inflation, lohninduzierte Inflation, Lohndruckinflation *f*; **year-on-year i.** Inflation im Jahresvergleich
inflation accounting inflationsneutrale/inflationsbereinigte Rechnungslegung, ~ Bilanzierung, Substanzerhaltungsrechnung *f*, Bilanzierung unter Berücksichtigung der Inflation; **i.-adjusted** *adj* inflationsbereinigt
inflationary *adj* inflationär, inflatorisch, inflationistisch, preistreibend, Inflations-
inflation boom Inflationskonjunktur *f*, inflationistische Konjunktur; **i.-conscious** *adj* inflationsbewusst; **i. danger** Inflationsgefahr *f*; **i.-deflation cycle** Zyklus Inflation-Deflation; **i. differential(s)** Inflationsgefälle *nt*, I.unterschied *m*; **international i. differential(s)** internationales Inflationsgefälle; **i.-driven** *adj* inflationsbedingt; **i. factor** ▓ Hochrechnungsfaktor *m*; **i. figures** Inflationszahlen; **i.-free** *adj* nicht inflationär; **i. gain** Inflationsgewinn *m*; **i. hedge** Absicherung gegen die Inflation; **i. hysteria** Inflationshysterie *f*; **i. index** Inflations-, Geldentwertungsindex *m*; **i.-induced** *adj* inflationsbedingt
inflationism *n* inflatorische Wirtschaftspolitik, Inflationismus *m*, Inflationspolitik *f*
inflationist *n* Inflationist *m*, Inflationsanhänger *m*; *adj* inflatorisch, inflationistisch, inflationär, preistreibend, Inflations-
inflation league Inflationsgeleitzug *m (fig)*; **i. mentality** Inflationsmentalität *f*; **i. peak** Inflationshöhepunkt *m*; **i. peril** Inflationsgefahr *f*; **i. policy** Inflationspolitik *f*; **i. potential** inflatorisches Potenzial; **i. premium pricing** Preisgestaltung unter Berücksichtigung der Inflationsentwicklung; **i. pressure** Inflationsdruck *m*; **i.-proof** *adj* inflationssicher, wertstabil; **i.-proofed** *adj* inflationsgeschützt, i.sicher, dynamisiert; **i. proofing** Absicherung gegen die Inflation, Sicherung gegen Geldwertschwund, Dynamisierung *f*; **i.-prone** *adj*, inflationsanfällig; **i. rate** Inflations-, Teuerungs-, Preissteigerungsrate *f*; **to peg sth. to i. rate** etw. dynamisieren; **i. relief** Inflationsausgleich *m*; **i. reserve** Substanzerhaltungsrücklage *f*; **i. spiral** Inflationsspirale *f*, I.schraube *f*, Lohn-Preis-Spirale *f*; **i. surcharge** Teuerungszuschlag *m*; **i.-torn** *adj* inflationsgeschüttelt; **i. trigger** Inflationsauslöser *m*; **i. valve** Inflationsventil *nt*; **i.-vulnerable** *adj* inflationsempfindlich
inflex|ibility *n* Unnachgiebigkeit *f*, Starrheit *f*, Inflexibilität *f*; **downward ~ of prices** Preisstarrheit nach unten; **i.ible** *adj* unnachgiebig, starr, unbeugsam, inflexibel
inflict *v/t* *(Strafe)* verhängen, zumessen; **~ sth. on so.** jdm etw. zufügen; **i.ion** *n* Zufügung *f*, Auferlegung *f*, Verhängung *f* (einer Strafe), Zumessung *f*; **~ of damage** Schadenszufügung *f*
in-flight *adj* ✈ in der Luft, Bord-
inflow *n* Zufluss *m*, Zustrom *m*, Zuzug *m*
inflow of capital Kapitalzufluss *m*, K.zustrom *m*; **net ~ capital** Nettokapitalzufluss *m*; **~ foreign currency/exchange** Devisenzuflüsse *pl*, D.eingänge *pl*; **~ deposits** Einlagenzuflüsse *pl*; **net ~ foreign exchange** Nettodevisenzugang *m*, Devisenbilanz *f*; **~ export orders** Auftragseingang aus dem Ausland; **~ funds** Mittelzu-

fluss m, M.aufkommen nt, Liquiditätsstoß m; **~ liquid funds/money** Geldeingang m, G.zufluss m; **~ liquidity** Liquiditätszufuhr f, L.zugang m; **~ orders** Auftragseingang m; **continuous ~ orders** laufender Bestelleingang; **~ foreign orders** Auslandsauftragseingang m **financial inflow** Zufluss finanzieller Mittel; **invigorating i.** Blutauffrischung f (fig); **net monetary i.s** Nettoeinzahlungen
influence n Einfluss m, Einwirkung f, Beeinflussung f; **without i.** einflusslos; **i. of alcohol/drink** Alkoholeinwirkung f; **i.(s) on the market** Markteinflüsse pl; **depending on foreign i.s** auslandsabhängig; **exercising undue i. on witnesses** [§] Beeinflussung von Zeugen **to bring one's influence to bear; to exercise/exert/use one's i.** seinen Einfluss geltend machen, Einfluss ausüben, einwirken auf, eingreifen; **to gain i.** Einfluss gewinnen; **to wield i.** Einfluss ausüben
bearish influence (Börse) Baisseeinfluss m; **coordinating i.** koordinierender Einfluss; **cyclical i.** Konjunktureinfluss m; **decisive i.** (tendenz)bestimmender Einfluss; **deflationary i.s** deflationistische Einflüsse; **environmental i.s** Umwelteinflüsse; **improper i.** sittenwidrige Beeinflussung; **limited i.** begrenzter Einfluss; **monetary i.s** Währungseinflüsse; **outside i.s** äußere Einflüsse; **recessionary i.** Rezessionseinfluss m; **seasonal i.** saisonbedingter Einfluss; **sensitive to ~ i.s** saisaonreagibel; **subject to ~ i.s** saisonabhängig; **undue i.** ungebührliche/unzulässige Beeinflussung; **upward i.** (Konjunktur) Antriebskraft f
influence v/t beeinflussen, einwirken auf; **i. adversely** negativ beeinflussen
influential adj einflussreich, maßgebend, gewichtig
influenza n $ Grippe f; **i. epidemic** Grippewelle f
influx n Zustrom m, Zufluss m, Zuzug m; **i. of capital** Kapitalzustrom m, K.zufluss m; **~ foreign currency/exchange** Devisenzufluss m, D.zugänge pl; **~ money** Geldzufluss m
inform v/t mitteilen, informieren, unterrichten, benachrichtigen, Bescheid/Kenntnis geben, in Kenntnis setzen, melden, avisieren, belehren; **this is to i. you** hiermit teilen wir Ihnen mit; **i. o.s.** sich Kenntnis verschaffen, sich sachkundig machen; **i. against so/so.** Anzeige gegen jdn erstatten, jdn denunzieren; **i. so. confidentially of sth.** jdm etw. vertraulich mitteilen; **i. by/in writing** schreiben, schriftlich mitteilen
informal adj 1. formlos, informell, zwanglos; 2. ungezwungen, unkonventionell; **i.ity** n Formlosigkeit f, F.freiheit f, Zwanglosigkeit f, Ungezwungenheit f
informant n Gewährsmann m, Informant m, Auskunftgeber m, A.person f, Befragter m, Hinterbringer m
informatics n Informatik f, Informationswissenschaft f; **applied i.** angewandte Informatik; **economic/commercial i.** Wirtschaftsinformatik f
information n 1. Information f, Auskunft f, Aufschluss m, Kenntnis f, Benachrichtigung f, Unterrichtung f, Bescheid m, Nachricht f, Mitteilungen pl, Auskünfte pl; 2. [§] (Straf)Anzeige f; 3. [US] (Telefon)Auskunft f; **for i.** nachrichtlich
according to the best of my information and belief nach bestem Wissen und Gewissen; **i. in the nature of a quo warranto** (lat.) [§] Verfahren wegen Konzessionserschleichung; **i. about a criminal offence committed by persons unknown** Anzeige gegen Unbekannt; **~ applicable remedies** [§] Rechtsbehelfsbelehrung f; **i. in writing** schriftliche Mitteilung; **according to the latest i.** nach den letzten Meldungen; **entitled to receive i.** auskunftsberechtigt; **for your i.** zu Ihrer Orientierung; **liable to provide i.** auskunftspflichtig; **ready to provide i.** mitteilungsfreudig
to cancel information 🖳 Informationen löschen; **to check up i.** Information(en) nachprüfen; **to circulate i.** Informationen verbreiten; **to collect i.** Informationen sammeln, Nachrichten beschaffen; **to convey i.** Informationen übermitteln; **to declassify i.** Geheimschutz aufheben; **to disclose/divulge i.** Auskünfte/Information(en) preisgeben; **to elicit/extract i. from so.** jdm Informationen entlocken, Informationen aus jdm herausholen; **to exchange i.** Informationen austauschen; **to feed in i.** Informationen einspeisen; **to furnish/give i.** Auskunft erteilen; **~ false i.** falsche Auskünfte erteilen; **to gather i.** Erkundigungen einziehen/einholen, sich erkundigen, Material sammeln, Informationen einholen, sich ~ verschaffen; **to input i.** 🖳 Information(en) eingeben/einfüttern; **to lay an i.** [§] Anzeige erstatten, anzeigen; **to leak i.** Informationen durchsickern lassen; **to obtain i.** Informationen/Auskunft erhalten; **to process i.** 🖳 Informationen verarbeiten; **to provide i.** Auskunft geben; **to receive i.** Meldung erhalten; **to request i.** um Auskunft bitten; **to retrieve i.** 🖳 Daten abrufen; **to secure i.** sich informieren, Informationen beschaffen; **to supply i.** Auskunft erteilen; **to suppress i.** Informationen vorenthalten/zurückhalten; **to swap i.** Informationen austauschen; **to transmit i.** Informationen übermitteln; **to treat i. confidentially** Informationen vertraulich behandeln; **to withhold i.** Informationen vorenthalten
additional information Zusatzinformation f, ergänzende Mitteilung; **advance i.** Vorab-, Vorausinformation f, V.benachrichtigung f, vorherige Mitteilung; **ancillary i.** Zusatzinformation(en) f/pl; **authentic i.** zuverlässige Information; **available i.** Informationsangebot nt; **bottom-up i.** Informationen von unten nach oben; **classified i.** (geheime) Verschlusssache, unter Geheimschutz gestellte/stehende Information, gesperrtes Informationsmaterial, Geheimsache f; **confidential i.** vertrauliche Information, Privatinformation f; **continued i.** laufende Information; **criminal i.** [§] Strafanzeige f; **to prefer a ~ i.** Strafanzeige stellen/erstatten; **detailed i.** Einzelheiten pl, ausführliche Informationen/Angaben, genaue Auskunft; **distorted i.** entstellte Angaben; **erroneous/false i.** Falschauskünfte pl, falsche Auskunft; **factual i.** Sachinformation(en) f/pl; **~ and misleading i.** falsche und entstellte Auskünfte; **favourable i.** günstige Auskunft; **final i.** endgültiger Bescheid; **financial i.** Geschäftsinformationen pl, Wirtschaftsauskunft f; **first-hand i.** Nachricht/Information(en) aus erster Hand; **inadequate i.** unzureichende Information(en); **in-depth i.** detailllierte Infor-

mationen; **inside i.** Interna *pl*, Insiderinformation(en) *f/pl*, Information(en) über betriebsinterne Vorgänge; **intermediate i.** Zwischeninformation *f*; **latent i.** Latenzinformation *f*; **legal i.** Rechtsauskunft *f*; **official i.** amtliche (statistische Angaben); **pertinent i.** zweckdienliche Angaben/Auskünfte, sachdienliche Mitteilungen/Auskünfte/Angaben; **pinpointed i.** gezielte Aufklärung; **price-sensitive i.** kursbeeinflussende Information; **private i.** Privatauskunft *f*; **proprietary i.** vertrauliche Unterlagen; **relevant i.** sachdienliche/ rechtserhebliche Auskünfte; ~ Angaben, zweckdienliche Auskunft; **secondary i.** Sekundärmaterial *nt*; **secret i.** Geheiminformation *f*; **specialist i.** Fachinformation *f*; **textual i.** Textinformation *f*; **top-down i.** Informationen von oben nach unten; **unfavourable i.** ungünstige Auskunft; **up-to-date i.** aktuelle Daten; **useful i.** sachdienlicher Hinweis, sachdienliche Angaben; **vague i.** unbestimmte Auskunft; **volatile i.** veränderliche Information(en); **written i.** Schriftinformation *f*; **wrong i.** falsche Auskunft
information agreement Preisinformationsabsprache *f*, Vereinbarung über den Austausch von Submissionsinformationen; **i. bank** Daten-, Informationsbank *f*; **i.-based** *adj* informationsgestützt; **i. bureau** Auskunft *f*, Auskunftsbüro *nt*, Informationsstelle *f*, I.büro *nt*; **i. campaign** Aufklärungsaktion *f*, A.kampagne *f*; **i. carrier** Informationsträger *m*; **i. center** *[US]* /**centre** *[GB]* Verkehrsamt *nt*, Auskunftsbüro *nt*, Nachrichten-, Informationszentrale *f*, Evidenzzentrale *f*; **i. content** Informationsgehalt *m*; **average i. content** Entropie *f*; **i. department** Auskunftsabteilung *f*; **i. desk** Auskunft *f*, Auskunftsschalter *m*, Information(sschalter) *f/m*; **to report to the i. desk** sich bei der Information melden; **i. disclosure** Informationsweitergabe *f*; **i. display** 🖥 Bildanzeige *f*; **~ matrix** Informationstafel *f*; **i. document** Auskunftsblatt *nt*; **i. flow** Informationsfluss *m*; **i. format** Informationsanordnung *f*; **i. gap** Informationsdefizit *nt*, I.lücke *f*; **i. gathering** Informationsbeschaffung *f*, I.gewinnung *f*; **i. input** 🖥 Programmeingabe *f*; **i. management** *(Unternehmen)* Informationspolitik *f*; **~ system (IMS)** Datenverwaltungssystem *nt*; **i. material** Informationsmaterial *nt*; **i. medium** Informationsträger *m*; **i. media** Informationsmittel *pl*, Nachrichtenorgane *pl*; **i. needs** Informationsbedarf *m*, I.bedürfnisse *pl*; **i. office** Pressestelle *f*, P.amt *nt*, Auskunftei *f*, Auskunftsbüro *nt*, Auskunfts-, Informationsstelle *f*, I.büro *nt*, I.amt *nt*; **i. overload** Informationsüberschuss *m*, I.überlastung *f*, **i. procedure** Informationsverfahren *nt*; **i. process** Informationsprozess *m*; **i. processing** 🖥 Informations-, Datenverarbeitung *f*; **i. provider** Informations-, Datenlieferant *m*; **for i. purposes** informationshalber; **i. resource management** Datenverwaltung *f*; **i. retrieval** 🖥 Datenabruf *m*, Informationswiedergabe *f*, I.erschließung *f*, I.wiedergewinnung *f*, Wiederauffinden von Informationen/Daten; **~ system** Datenabrufverfahren *nt*, Informationsabrufsystem *nt*, I.gewinnungssystem *nt*; **i. sciences(s)** Informatik *f*, Informationswissenschaft *f*; **i. scientist** Informatiker(in) *m/f*; **i. search** Informationsbeschaffung *f*; **i. seeker** Informationssucher *m*, informationsaktiver Verbraucher; **i. service** Auskunfts-, Informationsdienst *m*; **walk-in i. service** Informationsdienst für Laufkundschaft; **i. sharing** Informationsaustausch *m*; **i. sheet** Auskunfts-, Informationsblatt *nt*; **i. signal** 🖥 Nutzsignal *nt*; **i. slip** Auskunftsschein *m*; **i. source** Nachrichtenquelle *f*; **i. stand** Info-Stand *m*; **i. superhighway** Datenautobahn *f*; **i. supply** Informationsversorgung *f*; **~ network system** Informationsversorgungssystem *nt*; **i. swap** Informationsaustausch *m*
information system Informationssystem *nt*; **computer-based/computerized i. s.** automatisches/rechnergestütztes Informationssystem; **on-line i. s.** Sofortinformationssystem *nt*
information technology (IT) Informationstechnik *f*, I.technologie *f*, I.systeme *pl*, Informatik *f*; **i. text** erschließendes Dokumentationssystem; **i. theory** Informations-, Kommunikationstheorie *f*; **i. transfer** Informationsübertragung *f*, I.übermittlung *f*; **i. value** Informationswert *m*; **i. volume** Informationsvolumen *nt*
informative *adj* aufschlussreich, informativ, aussagekräftig, instruktiv
informed *adj* fach-, sachkundig, unterrichtet, informiert; **to be i.** Bescheid erhalten; **~ better i.** Informationsvorsprung haben; **~ well i.** Bescheid wissen; **to keep o.s. i.** auf dem Laufenden bleiben; **~ so. i.** jdn auf dem Laufenden halten
informer *n* *(Polizei)* Informant(in) *m/f*, Denunziant(in) *m/f*; **common i.** Spitzel *m*
infoswitch *n* 🖥 Datentausch *m*
infotainment *n* Infotainment *nt*
infraction *n* [§] Verletzung *f*, Zuwiderhandlung *f*; **i. of rules** Regelverletzung *f*
infra|-red *adj* infrarot; **i.structure** *n* Infrastruktur(einrichtungen) *f/pl*; **~ policy** Infrastrukturpolitik *f*; **i.structural** *adj* infrastrukturell, Infrastruktur-
infringe *v/t* 1. beeinträchtigen; 2. [§] *(Gesetz)* brechen, *(Vertrag)* verletzen, verstoßen gegen, übertreten, zuwiderhandeln
infringement *n* 1. Beeinträchtigung *f*; 2. [§] (Rechts)Bruch *m*, (Rechts)Verletzung *f*, Eingriff *m*, Zuwiderhandlung *f*, Verstoß *m*, Übergriff *m*, Übertretung *f*
infringement of the agreement Vertragsverletzung *f*; **~ bonos mores** *(lat.)* Verstoß gegen die guten Sitten; **~ the charter** Satzungsverletzung *f*; **~ the constitution** Verfassungsbruch *m*; **~ a contract** Vertragsbruch *m*, V.verletzung *f*, V.widrigkeit *f*; **~ a copyright** Verletzung des Urheberrechts; **~ customs regulations** Zollübertretung *f*, Z.vergehen *nt*; **~ discount and rebate regulations** Rabattgesetzverstoß *m*; **~ a registered design** Verletzung eines Gebrauchsmusters; **~ duty to exercise due care/diligence** Sorgfaltspflichtverletzung *f*; **~ the law** Gesetzesbruch *m*, G.übertretung *f*, G.verletzung *f*, Ordnungswidrigkeit *f*; **~ personal liberty** Beeinträchtigung der persönlichen Freiheit; **~ a patent** Patentverletzung *f*, P.bruch *m*; **~ a collective pay agreement** Tarifbruch *m*, T.verstoß *m*; **~ privacy** Verletzung der Intimsphäre; **~ domestic privacy** Hausfriedensbruch *m*; **~ property rights** Eigentums-

störung *f*; ~ **procedural requirements** Verletzung von Formvorschriften; ~ **a right** Rechtsverletzung *f*; ~ **trade customs** Handelsmissbrauch *m*; ~ **a trademark** Warenzeichen-/Schutzmarkenverletzung *f*, Verletzung von Warenzeichen; ~ **valuation rules** Bewertungsverstoß *m*
contributory infringement mittelbare Patentverletzung, Mitwirkung an einer Patentverletzung; **i. action/suit** (Patent)Verletzungsklage *f*, Klage wegen Verletzung vertraglicher Abmachungen
infringer of a patent *n* Patentverletzer *m*; **assumed i.** vermeintlicher Patentverletzer
infuri|ate (so.) *v/t* (jdn) in Harnisch bringen, verärgern, wütend machen, (jdn) auf die Palme bringen *(coll)*; **i.ating** *adj* ärgerlich
infusion *n* 1. *(Kapital)* Einschuss *m*; 2. Infusion *f*, Beimischung *f*, Beimengung *f*; 3. $ Infusion *f*; **i. of management talent** Zuführung von potenziellen Führungskräften; ~ **money** Geldzufluss *m*, G.zufuhr *f*, G.spritze *f*
ingathering *n* Einsammeln *nt*
ingen|ious *adj* 1. erfinderisch, einfallsreich; 2. geistreich, genial; **i.uity** *n* Erfindungsgabe *f*, Einfalls-, Erfindungsreichtum *m*, Findigkeit *f*, Geschicklichkeit *f*
ingest *v/t* *(Nahrung)* aufnehmen; **i.ion (of food)** *n* Nahrungsaufnahme *f*
inglorious *adj* ruhmlos, unrühmlich
INGO (International Non-Government Organization) *[GB]* übernationale halbstaatliche Organisation
ingoing *adj* ⊠ eingehend
ingot *n* ⌂ (Roh)Block *m*, Barren *m*; **i. of gold** Goldbarren *m*; ~ **steel** Stahlblock *m*; **i. gold** Barrengold *nt*
ingrained *adj* tief verwurzelt; **to be deeply i.** fest eingewurzelt sein
ingrati|ate o.s. with so. *v/refl* sich bei jdm beliebt machen, ~ anbiedern/einschmeicheln, ~ lieb Kind machen *(coll)*; **i.ation** *n* Anbiederung *f*
ingredient *n* Bestandteil *m*, Zutat *f*, Inhaltsstoff *m*; **chief i.** Hauptbestandteil *m*, **primary i.** Grundbestandteil *m*
ingress (into) *n* Eintritt (in) *m*, Zutritt (zu) *m*, Eintrittsrecht *nt*; **i., egress and regress** Recht der freien Zufahrt; **free i. and egress** ⊖ freier Eintritt und Auslauf
inhabit *v/t* bewohnen, bevölkern; **i.ant** *n* Einwohner(in) *m/f*, (Orts)Bewohner(in) *m/f*, Hausbewohner(in) *m/f*; **local i.ant** (Orts)Ansässige(r) *f/m*; **i.ed** *adj* bewohnt
inherent (in) *adj* eigen, innewohnend, zugehörend, inhärent
inherit *v/t* (be)erben; **i. (sth.) from so.** jdn beerben; **i. (con)jointly** zusammen erben, miterben; **entitled to i.** erbberechtigt
inheritable *adj* erblich, erbfähig, im Erbwege übertragbar, vererbbar
inheritance *n* Erbe *nt*, Nachlass *m*, Erbschaft *f*, E.anfall *m*, E.gut *nt*, E.besitz *m*, Hinterlassenschaft *f*; **by i.** im Erbwege/E.gang; **in case of i.** im Erbfall; **entitled to an/the i.** erbberechtigt; **to accept an i.** Erbe antreten; **to come into/enter upon an i.** Erbschaft machen/antreten; **to disclaim/refuse an i.** Erbschaft/Erbe ausschlagen; **to parcel out an i.** Erbschaft verteilen; **to relinquish an i.** auf eine Erbschaft verzichten

collateral inheritance Erbfolge in der Seitenlinie; **rightful i.** rechtlich einwandfreie Erbschaft; **several i.** getrennter Nachlass
inheritance law Erbrecht *nt*; **substituted i. right** Erbersatzanspruch *m*; **i. tax** Erbschafts(anfall)steuer *f*, Nachlass-, Vermächtnissteuer *f*; **i. transfer** Übertragung durch Erbschaft
inherit|ed *adj* ererbt, erblich; **i.ing** *n* Beerbung *f*; **i.or** *n* Erbe *m*, Erbberechtigter *m*; ~ **of real estate** Immobiliarerbe *m*; **i.ress; i.rix** *n* *(lat.)* Erbin *f*, Erbberechtigte *f*
inhibit *v/t* 1. hemmen, behindern; 2. ⊠ blockieren; **i.ed** *adj* (psychologisch) gehemmt; **i.ion** *n* 1. Hemmung *f*; 2. Sperrvermerk *m* (in einem Register); **to have no i.ions** vor nichts zurückschrecken; **i.ory** *adj* verbietend; **i. pulse** ⊠ Blockierimpuls *m*
inhospitable *adj* 1. ungastlich; 2. unwirtlich
in-house *adj* (inner)betrieblich, haus-, betriebsintern, b.eigen, firmeneigen, (firmen)intern, im eigenen Bereich; **to get sth. i.-h.** etw. intern beschaffen
inhuman *adj* unmenschlich, menschenunwürdig
inimitable *adj* unnachahmbar
initial *adj* anfänglich, ursprünglich, Anfangs-, Ausgangs-; *v/t* abzeichnen, paraphieren, mit Initialien versehen
initial *n* 1. Initiale *f*, Paraphe *f*; 2. Anfangsbuchstabe *m*; 3. Monogramm *nt*; **i.s** 1. Anfangsbuchstaben, Namenszeichen *nt*; 2. *(fig)* Handschrift *f*; **to append one's i.s.** paraphieren; **i.ling** *n* Signierung *f*, Paraphierung *f*; ~ **of a treaty** Paraphierung *f*; **i.ly** *adv* anfänglich, zuerst
initiate *v/t* 1. anregen, einleiten, in die Wege leiten, initiieren, beginnen, anbahnen; 2. Anstoß/Initialzündung *(fig)* geben, in Gang setzen, veranlassen; **i.d** *adj* eingeweiht
initiation *n* 1. Einleitung *f*, Beginn *m*; 2. Initiierung *f*; **i. of a crime** Herbeiführung einer Straftat; ~ **distribution** Aufnahme des Vertriebs; ~ **a transaction** Geschäftsanbahnung *f*
initiative *n* Initiative *f*, Schwung *m*, Unternehmungsgeist *m*, Initiativrecht *nt*, Anstoß *m*; **on the i. of** auf Veranlassung von; ~ **one's own i.** unaufgefordert; **to seize/take the i.** den ersten Schritt tun, die Initiative ergreifen, von sich aus tätig werden
financial initiative Initiative bei Finanzgesetzen, ~ zur Finanzgesetzgebung; **legislative i.** Gesetzesinitiative *f*; **own i.** Eigeninitiative *f*; **on one's ~ i.** aus eigenem Entschluss; **private i.** persönliche Initiative, Privatinitiative *f*
initiator *n* Initiator(in) *m/f*, Urheber(in) *m/f*, Veranlasser(in) *m/f*
inject *v/t* 1. $ injizieren, (ein)spritzen; 2. ⊕ einspritzen; 3. *(Kapital)* zuführen, einschießen
injection *n* 1. $ Injektion *f*, Spritze *f*; 2. ⊕ Einspritzung *f*; 3. *(Kapital)* Zuführung *f*; **i.s** Zuführeffekte; **i. of capital** Kapitalzufuhr *f*, K.spritze *f*; **continuous ~ capital** dauernde Investitionen; ~ **capital spending** Investitionsstoß *m*; ~ **new equity capital/finance** Zuführung von neuem Eigenkapital, Eigenkapitalzufuhr *f*; ~ **(fresh/new) funds** Kapital-, Mittelzuführung *f*, Finanzspritze *f*; ~ **public funds to support the economy**

Konjunkturspritze *f*; ~ **money** Geld-, Finanzspritze *f*; **single i.** Investitionsstoß *m*; **i. moulding** Spritzguss *m*
injudicious *adj* unklug, unbesonnen
injunction *n* [§] (einstweilige/richterliche/gerichtliche) Verfügung, ~ Anordnung, gerichtliches/richterliches Verbot, Untersagung *f*, Verpflichtungsurteil *nt*, Gerichtsbefehl *m*, gerichtliche Verwarnung; **to grant an i.** (einstweilige) Verfügung erlassen; **to lift an i.** Verfügung aufheben; **to obtain an i.** einstweilige/gerichtliche Verfügung erwirken; **to reverse an i.** einstweilige Verfügung aufheben; **to seek an i.** auf Verfügung klagen, Verfügung beantragen; **to serve an i. on so.** jdm eine gerichtliche Verfügung zustellen
blanket injunction Rahmenverbot *nt*, globale einstweilige Verfügung; **final i.** endgültiges Unterlassungsurteil; **holding/interlocutory/interim i.** einstweilige Verfügung, vorläufiges Urteil; **negative i.** Unterlassungsverfügung *f*, gerichtliches Verbot; **permanent i.** Dauerverfügung *f*; **preliminary/provisional i.** einstweilige Verfügung/Anordnung, vorläufige Verfügung, Unterlassungsanordnung *f*, U.befehl *m*, Vorausklage *f*; **preventive i.** vorbeugendes Unterlassungsurteil; **prohibitive/prohibitory/restraining i.** (Verbots)Verfügung auf Unterlassung, Unterlassungsverfügung *f*, gerichtliches Verbot; **to apply for/seek a ~ i.** auf Unterlassung klagen; **temporary i.** befristete richterliche Verfügung
injunction bond Verpflichtung zur Sicherheitsleistung; **i. proceedings** negatorische Klage, Unterlassungsklage *f*, Verfahren zwecks Erlass einer einstweiligen Verfügung; **i. procedure** Verfügungsverfahren *nt*; **i. suit** Unterlassungsklage *f*, Klage auf Erlass einer einstweiligen Verfügung, ~ Unterlassung
injure *v/t* 1. $ verletzen, verwunden; 2. verletzen, kränken; 3. schaden, (be)schädigen, beeinträchtigen
injured *adj* 1. $ verletzt, versehrt, verwundet; 2. ge-, beschädigt; **i. party/person** Benachteiligte(r) *f/m*, Geschädigte(r) *f/m*; **seriously i. person** Schwerverletzte(r) *f/m*; **badly i.** schwer beschädigt; **fatally i.** tödlich verwundet
injurious *adj* nachteilig, benachteiligend, schädlich
injury *n* 1. $ Verletzung *f*, (Personen)Schaden *m*, Verwundung *f*; 2. Nachteil *m*, Schädigung *f*
injury due to frostbite Erfrierung *f*; **i. to health** Gesundheitsschaden *m*, G.schädigung *f*; **personal i. committed by means of a dangerous instrument** Körperverletzung mittels eines gefährlichen Werkzeuges; **i. to life and property** Personen- und Sachbeschädigung *f*; **personal i. caused by an officer of the law** [§] Körperverletzung im Amt; **i. to a person** Personenschaden *m*; **~ property** Sachschaden *m*, S.beschädigung *f*
inflicting personal injury with consent Körperverletzung mit Einwilligung
to die as a result of injuries (sustained) seinen Verletzungen erliegen; **to inflict injury** Schaden zufügen; **to suffer/sustain i.** sich Verletzungen zuziehen
accidental injury 1. Unfallverletzung *f*; 2. fahrlässiger Schaden; **bodily/corporeal i.** Körperverletzung *f*; **bodily i. insurance** private Unfallversicherung; **civil i.**
einklagbarer Schaden; **compensable i.** ersetzbarer Schaden; **critical injuries** lebensgefährliche Verletzungen; **external i.** äußere Verletzung; **~ and visible i.** sichtbare, durch äußere Einwirkung entstandene Verletzung; **fatal i.** Verletzung mit Todesfolge, tödliche Verletzung
industrial injury Berufsunfall *m*, B.schaden *m*, Betriebsunfall *m*, Arbeitsunfall(verletzung) *m/f*; **~ benefit** Berufs-, Betriebsunfallrente *f*, Arbeitsunfallentschädigung *f*; **~ compensation** Arbeitsunfallentschädigung *f*; **~ insurance** Arbeits-, Berufs-, Betriebsunfallversicherung *f*; **~ pension** Berufsunfähigkeitsrente *f*
internal injury innere Verletzung; **malicious i.** vorsätzliche Körperverletzung; **material i.** 1. Sachschaden *m*; 2. erhebliche Schädigung; **mental i.** Nervenschaden *m*; **minor i.** geringfügige Verletzung; **occupational i.** Arbeits-, Berufsunfall *m*; **permanent i.** 1. Dauerschaden *m*; 2. lebenslängliche Körperschädigung
personal injury (Körper)Verletzung *f*, Personenschaden *m*, Gesundheitsschädigung *f*; **dangerous ~ i.** gefährliche Körperverletzung; **p. i. by means of a weapon** Körperverletzung mittels einer Waffe; **~ with fatal outcome** Körperverletzung mit Todesfolge
personal injury action/case Verkehrsunfallprozess *m*; **~ cover** Einzelunfallversicherung *f*; **~ policy** Personenversicherungspolice *f*; **~ protection** Insassenhaftpflicht *f*, Unfallversicherung *f*, U.schutz *m*
physical injury Körperverletzung *f*, K.schaden *m*, Personenschaden *m*; **intentional ~ i.** vorsätzliche Körperverletzung; **relative i.** [§] mittelbare Rechtsverletzung; **self-inflicted i.** Selbstverstümmelung *f*; **serious i.** schwere Verletzung; **verbal i.** [§] Verbalbeleidigung *f*, V.injurie *f*; **visible i.** sichtbare Verletzung; **wilful i.** vorsätzliche Verletzung
injury accident Unfall mit Verletzten; **i. benefit** Unfallgeld *nt*, U.beihilfe *f*, Schmerzens-, Verletzungsgeld *nt*; **i. damages** Schmerzensgeld *nt*; **i. time** *(Sport)* Nachspielzeit *f*
injustice *n* Ungerechtigkeit *f*, Unrecht *nt*; **flagrant/manifest i.** schreiende Ungerechtigkeit; **gross i.** grobe Ungerechtigkeit
ink *n* Tinte *f*, Stempelfarbe *f*; **to write with black i.** *(fig)* schwarze Zahlen schreiben *(fig)*; **~ red i.** *(fig)* rote Zahlen schreiben *(fig)*; **to show heavy ~ i.** tiefrote Zahlen schreiben
drawing/Indian [GB] /India [US] ink (Auszieh-) Tusche *f*; **electrographic i.** leitfähige Tinte; **indelible i.** dokumentenechte/urkundenechte/unauslöschbare Tinte, Urkunden-, Kopiertinte *f*; **invisible i.** Geheimtinte *f*, unsichtbare Tinte; **magnetic i.** Magnettinte *f*; **~ document** Magnetschriftbeleg *m*; **~ font** 🖳 Magnetschrift *f*
ink *v/t* 🖋 einschwärzen
ink blot Tintenklecks *m*; **i. bottle** Tintenglas *nt*; **i. eraser** Tintenradiergummi *m*
ink|ing pad Farb-, Stempelkissen *nt*; **~ roller** Farbwalze *f*; **i. jet printer** 🖳 Tintenstrahldrucker *m*
inkling *n* Ahnung *f*; **to give so. an i.** jdm eine gewisse

Vorstellung vermitteln; **not to have an i.** nicht die leiseste Ahnung haben

ink pad Stempelkissen *nt*; **i. pencil** Tintenstift *m*; **i. pot** Tintenfass *m*; **fluorescent i. printing** Leuchtdruck *m*; **i. ribbon** Farbband *nt*; **i. stain** Tintenklecks *m*; **i.stand** *n* Schreib(tisch)garnitur *f*; **i.well** *n* Tintenfass *(ins Pult eingelassen)*

inland *adj* Binnen-, Inland-, binnen-, inländisch; *adv* landeinwärts, ins Landesinnere; **i. call** ✆ Inlandsgespräch *nt*; **I. Revenue (Departement)** *[GB]* (Einkommen)Steuerbehörde *f*, Finanzamt *nt*, die Steuer *(coll)*; **i. waterway** Binnenwasserstraße *f*; **~ transport** Binnenschifffahrt *f*

in-law *n* *(coll)* Schwager *m*, Schwägerin *f*, verschwägerte Person, verschwägerte(r)/angeheiratete(r) Verwandte(r)

inlay (work) *n* 1. Intarsie *f*, Einlegearbeit *f*; 2. ⚕ *(Zahn)*Füllung *f*, Plombe *f*

inlet *n* 1. Meeres-, Flussarm *m*; 2. ✿ Zuleitung *f*; **i.s** *(Container)* Innenauskleidung *f*

inline *prep* *[US]* gemäß

inmate *n* (Heim)Insassse *m*, (Heim)Insassin *f*, Hauspartei *f*, H.genosse *m*, H.genossin *f*, Bewohner(in) *m/f*

inn *n* Gasthaus *nt*, G.stätte *f*, G.hof *m*, Beherbungsbetrieb *m*, Wirtshaus *nt*, (Gast)Wirtschaft *f*; **to frequent an i.** (regelmäßig) in einem Gasthaus verkehren; **to put up/stop at an i.** in einem Gasthaus absteigen, in ein Gasthaus einkehren

innards *pl* ⚕ Eingeweide, Innereien

innate *adj* angeboren

inner-city *adj* innerstädtisch

innkeeper *n* Gaststättenbesitzer *m*, Wirt *m*; **i.'s insurance** Gastwirteversicherung *f*; **~ liability** Gastwirtshaftung *f*; **~ lien** Gastwirtpfandrecht *nt*, Pfand des Gastwirts

innocence *nt* 1. Unschuld *f*; 2. Unkenntnis *f*, Arglosigkeit *f*; **aware of one's i.** im Bewusstsein der Unschuld; **to pretend i.** Unschuld vorschützen; **to proclaim/protest one's i.** seine Unschuld beteuern/versichern; **proven i.** erwiesene/bewiesene Unschuld

innocent *adj* 1. unschuldig, schuldlos; 2. gutgläubig; **to play the i.** Unschuldige(n) mimen; **to presume so. to be i.** jdn für unschuldig halten

innocuous *adj* unscheinbar, harmlos

innominate *adj* nicht klassifiziert, unbenannt, namenlos

innovate *v/t* Neuerung(en) einführen

innovation *n* Neuheit *f*, Neuerung *f*, Neuentwicklung *f*, Innovation *f*; **i.s** neue Faktorkombinationen; **receptive to i.(s)** innovationsfreudig; **incremental i.** stufenweise Verbesserung/Weiterentwicklung; **legal i.** Rechtsschöpfung *f*; **technical/technological i.** technische Neuerung

innovation capability/capabilities/potential Innovationsfähigkeit *f*, I.potenzial *nt*, Fortschrittsmöglichkeit *f*; **i. diffusion** Innovationsbreite *f*, I.spektrum *nt*; **i.-orient(at)ed** *adj* innovationsorientiert; **i. ratio** Innovationsgrad *m*, I.quote *f*; **i. research** Innovationsforschung *f*; **i. risk** Innovationsrisiko *nt*

innovative *adj* innovationsfreudig, innovativ; **to be i.** Neuerungen entwickeln

innovator *n* Neuerer *m*, Innovator *m*

innuendo *n* Unterstellung *f*, (versteckte) Andeutung

innumerable *adj* zahllos

inocu|late *v/t* ⚕ impfen; **i.lation** *n* Impfung *f*; **compulsory i.** Impfzwang *m*, I.pflicht *f*; **i. certificate** Impfschein *m*; **i.lator** *n* Impfarzt *m*, I.ärztin *f*

inoffensive *adj* harmlos

inoperable *adj* 1. impraktikabel, betriebsunfähig, nicht praktizierbar; 2. ⚕ inoperabel

inoperative *adj* 1. §§ (rechts)unwirksam, ungültig; 2. ✿ funktionsunfähig, nicht in Betrieb, außer Betrieb; **to be i.** nicht funktionieren; **to become i.** außer Kraft treten; **to render i.** außer Betrieb setzen

inopportune *adj* unangebracht, inopportun, zur Unzeit

inordinate *adj* unmäßig (viel)

inorganic *adj* ⚗ anorganisch

inpatient *n* ⚕ stationär behandelter Patient; *adj* stationär; **~ treatment** stationäre Behandlung

inpayment *n* Zahlungseingang *m*, Einzahlung *f*, Dotierung *f*; **last i.** Schlusszahlung *f*; **net i.s** Zugang auf Sparkonten; **single i.** Einmal(spar)betrag *m*; **i. flow** Einzahlungsstrom *m*; **i. form** Einzahlungsformular *nt*

in-plant *adj* innerbetrieblich, werksintern

input *n* 1. (Energie-/Material)Einsatz(menge) *m/f*, Faktoreinsatz(menge) *m/f*, Betriebsmittel *pl*, Input *m*, Arbeitseinsatz *m*, A.aufwand *m*, Vorleistung *f*, Zugang(seinheit) *m/f*; 2. ⚡ Einspeisung *f*; 3. 🖥 Eingabe *f*; 4. *(Vers.)* Alimente *pl*; **i.s** Faktoreinsatzmengen, Produktionsfaktoren; **i. of goods** Warenansatz *m*; **~ resources** Faktoreinsatz(menge) *m/f*

acoustic input 🖥 akustische Eingabe; **continuous i.** fortlaufender Faktoreinsatz; **current i.** laufender Faktoreinsatz; **direct i.** Direkteingabe *f*; **fixed i.s** fixe Faktormengen, Produktionsfaktoren mit konstantem Einsatzverhältnis; **industrial i.** ⚡ Industrieeinspeisung *f*; **intermediate i.** Vorleistung *f*; **manual i.** 🖥 manuelle Eingabe; **~ device** Gerät zur manuellen Eingabe; **primary i.** Primäraufwand *m*; **remote i.** 🖥 Ferneingabe *f*; **variable i.s** Produktionsfaktoren mit variablem Einsatzverhältnis

input *v/t* 1. 🖥 eingeben; 2. einsetzen

input area/block 🖥 Eingabebereich *m*; **i. bill** Faktor-, Produktionsgemeinkosten *pl*; **i. buffer** Eingabepuffer *m*; **i. card** Eingabekarte *f*; **i. coefficient** Vorleistungskoeffizient *m*; **optimum i. combination** optimale Faktorkombination; **i. cost(s)** Einstands-, Einsatzkosten *pl*; **i. credit** Vorsteuerabzug *m*; **i. data** Eingabedaten *pl*; **i. device** Eingabegerät *nt*; **i. distribution** Aufteilung der Einsatzfaktoren; **i. expansion path** Faktorexpansionspfad *m*; **i. factor** Einsatzfaktor *m*; **~ storage** Eingabespeicher *m*; **i. file** Eingabedatei *f*; **i. function** 1. *(OR)* Eingangsfunktion *f*; 2. Faktor-, Verbrauchsfunktion *f*; **i. impulse** Eingabe-, Eingangsimpuls *m*; **i. key** Eingabetaste *f*; **i. level** Faktorwert *m*, Einsatzniveau *nt*; **i. market** Beschaffungs-, Faktormarkt *m*; **i. material** Vorprodukt *nt*; **i. materials** Einsatz-, Vormaterial *nt*, Vorstoffe, Einsatzgüter, E.material *nt*, E.stoffe, Roh-

stoffe; **total i. matrix** Gesamtbedarfsmatrix *f*; **i. medium** Eingangsinformations-, Datenträger *m*; **i. minimization** Faktorminderung *f*
input-output adapter 📖 Eingabe- und Ausgabesteuerung *f*; **~ coefficient** Verflechtungskoeffizient *m*; **~ control** Eingabe- und Ausgabesteuerung *f*; **~ medium** Datenträger *m*; **~ ratio** Betriebskoeffizient *m*; **~ resolution** Anspruchwert *m*; **~ statement** Eingabe- und Ausgabeanweisung *f*; **~ table** volkswirtschaftliche Verflechtungsmatrix; **~ unit** Eingabe- und Ausgabeeinheit *f*
input price Einstands-, Faktor-, Kostengüterpreis *m*; **i. process** 📖 Eingabevorgang *m*; **i. processor** Eingabeprozessor *m*; **i. program** Leseprogramm *nt*; **i. quality** Produktionsfaktorqualität *f*; **i. reader** Eingabeleser *m*; **i. station** Eingabestation *f*; **i. system** Produktionsfaktorsystem *nt*
input tax *[GB] (Mehrwertsteuer)* Vorsteuer *f*; **~ amount** Vorsteuerbetrag *m*; **~ deduction** Vorsteuerabzug *m*
input unit 📖 Eingabeeinheit *f*, E.stelle *f*; **i. weight** Einsatzgewicht *nt*
inquest *n* 1. §Obduktion *f*, Leichenschau *f*, gerichtliche Untersuchung der Todesursache; 2. *(fig)* Manöverkritik *f (fig)*; **i. of lunacy** Entmündigungsverfahren *nt*; **to hold an i.** Leichenschau abhalten, obduzieren
inquire (into) *v/i* → **enquire** 1. (nach)fragen, sich erkundigen, anfragen; 2. untersuchen
inquirendo *n (lat.)* § Nachfrageermächtigung *f*
inquirer *n* Anfragende(r) *f/m*
inquiry *n* → **enquiry** 1. Anfrage *f*, Erkundigung *f*; 2. Untersuchung *f*, Er-, Nachforschung *f*, Ermittlung *f*, Recherche *f (frz.)*; 3. Umfrage *f*, Erhebung *f*; 4. 📖 Abfrage *f*; **inquiries** Ermittlungen; **on/upon i.** auf Nachfrage/Anfrage; **without i.** *(Börse)* nicht gesucht; **i. about prices** Preisanfrage *f*; **i. by questionnaire** Umfragetest *m*; **i. into the stock exchange** Börsenenquete *f*
to address an inquiry to Anfrage richten an; **to be swamped with inquiries** sich der Anfragen kaum erwehren können; **to hold an i.** Untersuchung vornehmen; **to make inquiries** Erkundigungen einziehen, Erhebungen/Untersuchungen/Ermittlungen/Nachforschungen/Recherchen anstellen, sich informieren/erkundigen/umhören, nachfragen; **~ unofficial inquiries** sich unter der Hand erkundigen; **to order an i.** Untersuchung anordnen; **to set up an i.** Untersuchung einleiten
due inquiry ordnungsgemäße Untersuchung; **ex officio** *(lat.)* **i.** § Ermittlung von Amts wegen; **extensive i.** umfassende Untersuchung; **further inquiries** nähere Erkundigungen; **judicial i.** gerichtliche Untersuchung, Ermittlungsverfahren *nt*, Wahrheitsfindung *f*; **to hold a ~ i.** Ermittlungsverfahren einleiten; **official i.** amtliche Untersuchung/Erhebung(en), Ermittlung von Amts wegen, Enquete *f (frz.)*; **preliminary i.** Voranfrage *f*; **preparatory i.** Voruntersuchung *f*; **public i.** öffentliche Untersuchung/Nachprüfung; **remote i.** 📖 Fernanfrage *f*; **social i.** Sozialenquete *f*; **special i.** Sondererhebung *f*; **statistical i.** statistische Erhebung

inquiry agency (Handels)Auskunftei *f*; **i. agent** Privatdetektiv *m*; **i. control** 📖 Abfragesteuerung *f*; **i. facilities** Abfragemöglichkeit *f*; **i. office** Auskunftei *f*, Auskunftsbüro *nt*; **i. station/terminal** Abfragestation *f*; **i. team** Untersuchungsausschuss *m*, U.kommission *f*; **i. unit** Abfrageeinheit *f*
inquisi|tion *n* § Verhör *nt*; **i.tive** *adj* neugierig, wissbegierig, **i.tiveness** *n* Neugier *f*, Wissbegierde *f*; **i.torial** *adj* Untersuchungs-
in rem *(lat.)* mit dinglicher Wirkung
inroad *n* 1. ⚔ Einfall *m*; 2. § Eingriff *m*; **i.s** plötzliches Eindringen; **i. on/upon** Eingriff in; **i. into the market** Markteinbruch *m*, Einbruch in den Markt; **to make i.s into/on** angreifen, Einbrüche erzielen, Boden/Marktanteile gewinnen, Fuß fassen; **~ into a market** Marktanteile erobern, in einen Markt eindringen; **~ in the export market** Eroberungen auf dem Exportmarkt machen
insane *adj* 1. geisteskrank, g.gestört; 2. irre, wahn-, irrsinnig, verrückt, unzurechnungsfähig; **to declare so. i.** jdn für unzurechnungsfähig/geisteskrank erklären; **asylum/ward** *[US]* Irren(heil)anstalt *f*
insanitary *adj* unhygienisch
insanity *n* Geistenkrankheit *f*, Irr-, Wahnsinn *m*; **to plead i.** § Einwand der Unzurechnungsfähigkeit erheben/vorbringen; **incurable i.** unheilbare Geisteskrankheit
insatiable *adj* unersättlich
inscribe *v/t* einzeichnen, beschriften, eingravieren; **i.d** *adj* eingetragen, registriert, auf den Namen lautend
inscription *n* 1. Auf-, Inschrift *f*, Legende *f*, Beschriftung *f*; 2. Widmung *f*; 3. Eintragung *f*; 4. Registrierung von Aktien; 5. *[GB]* Ausgabe von Namensaktien; **i.s** Namensaktien
inscrutable *adj* hintergründig, unergründlich
insect *n* Insekt *nt*; **i. bite** Insektenstich *m*; **i. control** Schädlingsbekämpfung *f*
insecticide *n* Insektenbekämpfungsmittel *nt*, Insektizid *nt*
insect pest Insektenplage *f*; **i. powder** Insektenpulver *nt*; **i. repellent** Mückensalbe *f*
in|secure *adj* unsicher, prekär; **i.security** *n* Unsicherheit *f*
insemi|nate *v/t* (künstlich) befruchten; **i.nation** *n* 1. 💲 Schwängerung *f*; 2. 🐄 Befruchtung *f*, Besamung *f*; **artificial i.nation** künstliche Befruchtung
insensi|ble *adj* 1. (schmerz)unempfindlich; 2. bewusstlos; **i.tive** *adj* 1. gefühllos; 2. unempfindlich; **i.tivity** *n* Gefühllosigkeit *f*
insepara|bility *n* Untrennbarkeit *f*; **i.ble** *adj* untrennbar
insert *n* 1. Inserat *nt*, Anzeige *f*; 2. Bei-, Einlage *f*; 3. ✿ Einsatzstück *nt*; **loose i.** lose Beilage
insert *v/t* 1. *(Anzeige)* einrücken lassen, aufgeben, inserieren; 2. einsetzen, einfügen, einschieben, beilegen; 3. *(Münze)* einwerfen
insertion *n* 1. Anzeigenplatzierung *f*, A.naufgabe *f*; 2. Einrücken *nt*, Einfügen *nt*, Beilegen *nt*; 3. *(Münze)* Einwurf *m*; **i. of a clause** Aufnahme/Einsetzung einer Klausel; **i. allowance** Insertionszuschuss *m*; **i. character** Einfügungszeichen *nt*; **i. sequence** Einschiebungsfolge *f*

insert key 🖮 Eingabetaste *f*; **i. mode** Einfügemodus *m*; **i. sheet** Einlegebogen *m*
inset *n* 1. Ein-, Beilage *f*; 2. Nebenkarte *f*
inshore *adj* küstennah, küsteneinwärts, an der Küste, Küsten-, in Küstennähe
inside *n* Innenseite *f*; **to be on the i.** an der Quelle sitzen *(fig)*; **i. and contents unknown** innere Beschaffenheit und Inhalt unbekannt
inside *adj* innen, (betriebs)intern
insider *n* Eingeweihte(r) *f/m*, Insider *m*; **i. dealings** Insidergeschäfte, I.handel *m*; **i. information** vertrauliche Information(en), Insiderwissen *nt*, I.kenntnis *f*; **i. rules** Insiderregeln; **i. trading** *(Börse)* Aktienhandel auf Grund von innerbetrieblichen Informationen, Insiderhandel *m*
insidious *adj* heimtückisch, hinterhältig, h.listig; **i.ness** *n* Hinterlist *f*
insight *n* Einblick *m*, Einsicht *f*; **to gain an i. into** Einsicht/Einblick gewinnen in; **keen i.** Scharfblick *m*; **the latest i.s** allerneueste Erkenntnisse
insignia *n* *(lat.)* Amts-, Ehrenzeichen *pl*; **i. of rank** Rang(ab)zeichen *pl*
insignifi|cance *n* Bedeutungs-, Belanglosigkeit *f*, Geringfügigkeit *f*; **i.cant** *adj* bedeutungslos, geringfügig, unwichtig, unbedeutend
insin|cere *adj* unaufrichtig, unehrlich; **i.cerity** *n* Unaufrichtigkeit *f*
insinu|ate *v/t* 1. anspielen auf, unterstellen; 2. einschmuggeln; **i.ation** *n* Anspielung *f*, Unterstellung *f*; **~ of a will** Testamentsvorlage *f*
insist *v/i* nicht locker lassen, insistieren; **~ on** bestehen/beharren auf; **i.ence** *n* Halsstarrigkeit *f*, Nachdruck *m*, Drängen *nt*, Beharrlichkeit *f*, Hartnäckigkeit *f*, Beharren *nt*; **i.ent** *adj* nachdrücklich, beharrlich, hartnäckig
inso|lence *n* Unverschämtheit *f*, Frechheit *f*; **i.lent** *adj* frech, unverschämt
insolvency *n* Insolvenz *f*, Zahlungsunfähigkeit *f*, Konkurs *m*, Bankrott *m*, Fallissement *nt (frz.)*, Zahlungseinstellung *f*, Illiquidität *f*; **in case of i.** bei Zahlungsunfähigkeit; **to declare one's i.** Konkurs anmelden; **financial i.** Zahlungsunfähigkeit *f*; **fraudulent i.** betrügerischer Bankrott; **open i.** Nichteröffnung des Konkursverfahrens mangels Masse, Konkurs mit Inanspruchnahme des Bürgen
insolvency act Bankrott-, Insolvenzgesetz *nt*; **i. estate** Konkursmasse *f*; **i. firm** auf Insolvenzen spezialisierte Anwaltskanzlei; **i. (guarantee) fund** Insolvenzfonds *m*; **i. insurance** Insolvenzversicherung *f*; **i. law** Insolvenzrecht *nt*; **i. petition** Konkursantrag *m*; **to file an i. petition** Konkursantrag stellen; **i. proceedings** Vergleichsverfahren *nt*, Vergleichs- und Sanierungsverfahren *nt*; **i.-prone** *adj* insolvenzanfällig; **i. protection** Insolvenzschutz *m*; **i. rate** Insolvenzrate *f*, I.quote *f*; **i. risk** Insolvenzrisiko *nt*
insolvent *adj* insolvent, zahlungsunfähig, brankrott, nicht liquide, illiquide, konkursreif, in Konkurs; **to become i.** Konkurs machen, in ~ gehen; **to declare o.s. i.** sich für zahlungsunfähig erklären, seine Zahlungsunfähigkeit anmelden

insolvent *n* Zahlungsunfähige(r) *f/m*
insomnia *n* Schlaflosigkeit *f*
inspect *v/t* 1. prüfen, begehen, untersuchen, beschauen, begutachten, abnehmen; 2. sichten, einsehen, besichtigen, Einsicht nehmen, inspizieren, nachsehen; 3. kontrollieren, beaufsichtigen; **as i.ed** wie besehen; **on i.ing** bei Durchsicht
inspection *n* 1. Einsicht(nahme) *f*, Sichtung *f*, Inaugenscheinnahme *f*; 2. (Über)Prüfung *f*, Begehung *f*, Beschau *f*, Inspektion *f*, Begutachtung *f*, Untersuchung *f*, Revision *f*; 3. Kontrolle *f*, Aufsicht *f*, Beaufsichtigung *f*; 4. Qualitätskontrolle *f*; 5. ⊖ Beschau *f*; 6. ✿ Abnahme *f*; 7. ⚕ Visitation *f*; **for i.** zur Ansicht/Einsicht; **on i.** bei Prüfung
inspection and approval Gebrauchsabnahme *f*; **i. by attributes** 🖮 Attributenprüfung *f*; **i. of (the) books (and records)** Einsicht in Bücher, Buch-, Büchereinsicht *f*, Revision/Prüfung der Geschäftsbücher; **~ documents** Urkundenprüfung *f*, U.einsicht *f*; **~ files** Akteneinsicht *f*, Einsichtnahme in die Akten; **~ goods** Warenkontrolle *f*; **~ incoming goods/merchandise; ~ lots received** Wareneingangskontrolle *f*, Überwachung des Wareneingangs; **physical ~ goods** ⊖ Beschau von Waren; **~ the land register** Grundbucheintragung *f*; **~ incoming material** Materialprüfung *f*; **~ mines** ⚒ Grubenaufsicht *f*; **~ records** Akteneinsicht *f*; **~ the register** Registereinsicht *f*; **~ the commercial register** Handelsregistereinsicht *f*; **~ the scene of a crime** Besichtigung des Tatorts; **i. in toto** *(lat.)* hundertprozentige Prüfung; **i. by variables** Variablenprüfung *f*; **i. of a vessel** ⚓ Schiffsinspektion *f*
for your kind inspection zur gefälligen Durchsicht; **open for i.** zur Besichtigung/Einsichtnahme freigegeben, zu besichtigen; **~ to i. by the public** dem Publikum zur Einsicht offen; **ready for i.** abnahmefähig; **subject to i.** (über)prüfungspflichtig, Nachprüfung/Besichtigung vorbehalten
to be available for inspection 1. zur Einsicht ausliegen; 2. *(Handelsregister)* öffentlich sein; **~ open to/for (public) i.** zur (öffentlichen) Einsicht ausliegen; **~ subject to i.** der Prüfung unterliegen; **to buy ~ i.** auf Besicht kaufen; **to submit for i.** zur Einsicht vorlegen; **to witness an i.** einer Abnahme beiwohnen
close inspection nähere Besichtigung, eingehende Prüfung; **on close(r) i.** bei näherer Prüfung/Betrachtung, bei näherem Hinsehen; **cursory i.** oberflächliche Prüfung/Untersuchung; **curtailed i.** abgebrochene Prüfung; **final i.** 1. Endprüfung *f*, E.kontrolle *f*, E.abnahme *f*, Schlussprüfung *f*; 2. 🏠 (Bau)Abnahme *f*, **follow-up i.** Nachschau *f*, N.prüfung *f*; **hurried i.** eilige Besichtigung; **in-process i.** Zwischenabnahme *f*; **internal i.** innerbetriebliche Prüfung; **judicial i.** [§] gerichtliche Besichtigung, Besichtigung durch das Gericht, richterlicher Augenschein; **local i.** Ortsbesichtigung *f*; **obligatory i.** Pflichtprüfung *f*; **on-site i.** Besichtigung an Ort und Stelle, Prüfung am Aufstellungsort; **original i.** Erstgüterprüfung *f*; **pre-operation i.** Prüfung vor Inbetriebnahme; **preventive i.** vorbeugende Prüfung; **public i.** Einsichtnahme durch die Öffentlichkeit, öffent-

liche Auslegung; **regular i.** laufende Kontrolle; **sampling i.** Teilprüfung *f*; **on second i.** bei nochmaliger Durchsicht; **statutory i.** Prüfungspflicht *f*; **thorough i.** eingehende Prüfung; **visual i.** Sichtprüfung *f*, Beschau *f*
inspection agency/authority Prüfstelle *f*, P.organ *nt*; **i. certificate** Prüf(ungs)-, Abnahmebescheinigung *f*, Prüfattest *nt*, Prüf(ungs)schein *m*; **i. and test certificate** Güteprüfbescheinigung *f*; **i. chamber** 🏛 Mann-, Einstiegsloch *nt*, Revisionsschacht *m*; **i. committee** Prüfungskommission *f*; **i. company** Abnahmegesellschaft *f*; **i. copy** Prüf-, Ansichtsexemplar *nt*, Prüfstück *nt*; **i. costs** Prüfkosten; **i. date** Prüfungstermin *m*; **i. department** Prüf(ungs)abteilung *f*; **i. diagram** Prüfungsdiagramm *nt*; **i. fee** Prüfungsgebühr *f*; **i. and analysis fee** ⊖ Untersuchungs- und Analysekosten; **i. hole** Schauloch *nt*; **i. item** Prüfungsposten *m*; **i. lamp** Handleuchte *f*; **i. lot** Prüflos *nt*, P.posten *m*; **i. office** Prüf(ungs)stelle *f*; **i. officer** Prüfungsbeamter *m*, Kontrolleur *m*; **i. order** Prüfungsauftrag *m*, Prüfanweisung *f*; **i. procedure** Kontrollverfahren *nt*; **i. program(me)** Prüfungsprogramm *nt*; **i. report** Abnahmeprotokoll *nt*; **i. sample** Ansichtsmuster *nt*; **i. staff** Prüfungspersonal *nt*; **i. stamp** Kontrollmarke *f*, Kontroll-, Prüfstempel *m*, Prüf(ungs)siegel *nt*, Qualitätsstempel *m*, Q.siegel *nt*; **i. standards** Prüfnormen; **i. test** Abnahme-, Güteprüfung *f*; **good-defective i. test** Gut-Schlecht-Prüfung *f*; **i. ticket** Prüfzettel *m*; **i. tour** Besichtigungsfahrt *f*
inspector *n* 1. Inspektor *m*, Prüfer *m*, Prüf-, Kontrollbeamter *m*, Inspizient *m*, Revisor *m*; 2. Aufseher *m*, Kontrolleur *m*; 3. ✿ Abnahmebeauftragter *m*, A.ingenieur *m*; 4. *(Fleisch)* Beschauer *m*; 5. *[CAN] (Vers.)* Bezirksvertreter *m*; **i. of factories** Gewerbeaufsicht *f*; **~ mines** 🏭 Bergwerksinspektor *m*; **~ schools** *[GB]* (Ober)Schulrat *m*; **~ taxes** Steuerinspektor *m*, Einkommen(s)steuerprüfer *m*, Finanzbeamter *m*; **officially approved by i.s.** 🏛 baupolizeilich genehmigt
chief inspector Oberamtmann *m*, Chefinspektor *m*; **marine i.** Schiffsinspektor *m*; **sanitary i.** Inspektor der Gesundheitsbehörde; **senior i.** Oberinspektor *m*
inspectorate *n* Aufsichtsamt *nt*
inspector|'s district Aufsichtsbezirk *m*; **i. general** General-, Oberinspektor *m*; **i.'s report** Abnahme-, Besichtigungs-, Prüf(ungs)bericht *m*
inspiration *n* Eingebung *f*, Inspiration *f*
inspire *v/t* erwecken, auslösen, anregen, Anregungen geben, inspirieren, beflügeln
inst. (instant) d. M. (dieses Monats)
instability *n* Instabilität *f*, Unbeständigkeit *f*; **cyclical i.** konjunkturelle Instabilität; **currency-induced i.** währungsbedingte Instabilität; **monetary i.** Währungsturbulenz *f*
instable *adj* instabil, unbeständig
install *v/t* 1. installieren, montieren, einbauen; 2. *(Amtsinhaber)* einsetzen
installation *n* 1. Montage *f*, Einbau *m*, Installation *f*; 2. Anlage *f*, Einrichtung *f*; 3. Amtseinsetzung *f*, A.einführung *f*; **i. of machinery** Maschinenaufstellung *f*; **distributive i.** Verteilungseinrichtung *f*; **disturbing i.s.** störende Anlagen; **interior i.** Innenausbau *m*

installation assistance Einrichtungshilfe *f*; **i. charges** Montagekosten; **i. commission** Aufstellungsprovision *f*; **i. costs** Aufstellungs-, Installations-, Einbaukosten; **i. insurance** Montageversicherung *f*; **i. loan** Einrichtungskredit *m*, E.darlehen *nt*; **i. wages** Montagelöhne
instalment *[GB]*; **installment** *[US]* *n* 1. Teil-, Raten-, Abschlagszahlung *f*, Abschlag *m*, Rate *f*, Teilbetrag *m*, Abzahlung *f*, abschlägliche Zahlung; 2. Teillieferung *f*; 3. Folge *f*, Fortsetzung *f*, Dosis *f*; 4. Amtseinsetzung *f*; **in i.s** auf/in Raten, ratenweise, auf Teilzahlung
insta(l)lment in arrears rückständige Rate; **i.s at short intervals** kurzfristige Raten; **i. of a levy** Abgaberate *f*; **payable in i.s** zahlbar in Raten
to fall behind with one's instal(l)ment|s mit seinen Raten in Rückstand geraten; **to meet the i.s** Teilzahlungen einhalten; **to pay an i.** Rate zahlen, Ratenzahlung leisten; **~ in i.s** abzahlen, in Raten (be)zahlen, auf Abschlag zahlen, abstottern *(coll)*
annual instal(l)ment Jahresrate *f*; **final i.** Schlussrate *f*, Abschluss-, Restzahlung *f*, letzte Rate; **first i.** Anzahlung *f*, erste Rate; **monthly i.** Monatsrate *f*, M.zahlung *f*, monatliche Teilzahlung; **in ~ i.s** in monatlichen Raten; **in equal ~ i.s** zu gleichen Monatsraten; **outstanding i.** rückständige Rate; **past-due i.** überfällige Rate; **semi-annual i.** Halbjahresrate *f*, **timed i.s** zeitlich gestaffelte Teilbeträge
instal(l)ment account Abzahlungskonto *nt*; **i. agreement** Abzahlungsvertrag *m*; **i. arrears** Ratenrückstand *m*, R.verzug *m*; **i. bill** Abzahlungswechsel *m*; **i. bond** serienweise rückzahlbare Obligation; **i. business** Abzahlungs-, Raten-, Teil-, Ratenzahlungsgeschäft *nt*; **i. buying** Abzahlungskauf *m*, A.geschäft *nt*, Raten(ein)kauf *m*, R.zahlungsgeschäft *nt*, Teilzahlungskauf *m*, T.geschäft *nt*, Kauf auf Teilzahlung/Abzahlung; **i. charges** Abzahlungskosten; **i. collection** Inkasso von Ratenzahlungen; **i. commitments** Abzahlungsverpflichtungen; **i. contract** Abzahlungs-, Raten-, Teilzahlungsvertrag *m*, Ratenvereinbarung *f*, Teillieferungsvertrag *m*; **total ~ price** Teilzahlungspreis *m*; **i. coupon** Ratenschein *m*
instal(l)ment credit Abzahlungskredit *m*, A.darlehen *nt*, Teilzahlungs-, Raten(zahlungs)-, Finanzierungskredit *m*, Ratenzahlungsdarlehen *nt*; **~ business** Kreditkauf *m*; **~ institution** Teilzahlungsbank *f*, T.institut *nt*, Warenkreditbank *f*; **~ insurance** Teilzahlungskreditversicherung *f*; **~ terms** Teilzahlungsbedingungen
instal(l)ment debts Abzahlungsverpflichtungen; **i. debtors** Teilzahlungsforderungen; **i. finance** Teilzahlungsfinanzierung *f*, Finanzierung von Ratengeschäften; **i. house** *[US]* Kundenkreditbank *f*; **i. land sales** Grundstücksverkäufe auf Abzahlungsbasis; **i. loan** Abzahlungsdarlehen *nt*, Raten(zahlungs)kredit *m*, R.anleihe *f*; **add-on i. loan** Teilzahlungskredit mit Zinsaufschlag; **fixed i. method of depreciation** lineare Abschreibung, gleichmäßige Abschreibung vom Anschaffungswert; **i. mortgage** Abzahlungs-, Amortisations-, Raten-, Annuitätshypothek *f*; **i. note** 1. *[US] (Teilzahlung)* Schuldschein mit Unterwerfungsklausel; 2. in Raten fälliger Eigenwechsel; **i. payment** Ra-

tenzahlung f; **i. plan** Abzahlungs-, Raten-, Teilzahlungssystem nt, T.plan m, T.finanzierung f; **to buy on the i. plan** auf Ab-/Teil-/Ratenzahlung kaufen; **i. price** Teilzahlungs-, Abzahlungs-, Ratenpreis m; **i. purchase** Ratenkauf m, Kauf auf Raten; **~ contract** Ratenzahlungs-, Teilzahlungs-, Ratenkaufvertrag m
instal(l)ment rate Amortisationsquote f, A.rate f; **first i. r.** Ratenbeginn m; **fixed i. r.** linearer Abschreibungssatz
instal(l)ment receivables *[US] (Bilanz)* ausstehende Teilzahlungen, Teil-, Ratenzahlungsverträge; **i. restrictions** Teilzahlungsbeschränkungen
instal(l)ment sale Ab-, Teil-, Ratenzahlungsgeschäft nt, Teil-, Ratenzahlungsverkauf m, Ratenkauf m, Verkauf auf Abzahlungsbasis; **~ finance bill** *[US]* Teil(zahlungs)wechsel m; **~ finance** Ankaufsfinanzierung f; **i. s.s finance** Absatz-, Konsumfinanzierung f
instal(l)ment saving Ratensparen nt; **i. system** Teilzahlungssystem nt; **to buy on the i. system** auf Raten kaufen; **i. terms** Ratenzahlungsbedingungen; **i. transaction** Ab-, Raten-, Teilzahlungsgeschäft nt
instance n 1. [§] (Gerichts)Instanz f, Rechtszug m; 2. Fall m, Beispiel nt; 3. Ersuchen nt, dringende Bitte; **at the i. of** auf Betreiben/Veranlassung/Anordnung/Initiative von; **for i.** zum Beispiel (z.B.); **i.s of multiple functions** Funktionsüberschneidungen; **in many i.s** in vielen Fällen
to pass through all instance|s [§] alle Instanzen durchlaufen; **to quote an i.** Beispiel anführen
appellate instance 1. [§] Berufungs-, Revisionsinstanz f; 2. Beschwerdeinstanz f; **first i.** erste Instanz; **in the ~ i.** 1. erstinstanzlich, in der ersten Instanz; 2. in erster Linie, an erster Stelle, erstens, zunächst; **higher i.** obere/höhere Instanz, Berufungs-, Revisionsinstanz f; **isolated i.** Einzelbeispiel nt, E.fall m, E.erscheinung f, vereinzelter Fall; **last i.** höchste/letzte Instanz; **in the ~ i.** in letzter Instanz; **lower i.** untere Instanz; **second i.** Berufungs-, Revisionsinstanz f
instant n Augenblick m, Moment m; adj 1. sofort(ig), unmittelbar, Sofort-; 2. *(Getränke)* tassenfertig, löslich
instantaneous adj sofortig, unmittelbar; **to be i.** sofort einsetzen/eintreten
in statu quo ante *(lat.)* [§] im vorigen Stand
instigate v/t anstiften, anzetteln, (auf)hetzen, anstacheln
instigation n Anstiftung f, Auf-, Verhetzung f, Hetze f, Verleitung f, Veranlassung f, Anstachelung f; **at the i. of** auf Betreiben/Veranlassung von
instigator n 1. Anstifter(in) m/f; 2. Initiator(in) m/f
instinct n Instinkt m, Trieb m, Fingerspitzengefühl nt; **from/by i.** instinktiv; **i. for business** Geschäftssinn m; **~ selling** Verkaufsinstinkt m; **to follow one's i.s** der Stimme der Natur folgen; **acquisitive i.** Erwerbsinstinkt m; **base i.s** niedrige Instinkte
instinctive adj instinktiv; **i.ly** adv instinktiv
institute n 1. Institut nt, Anstalt f; 2. Gesellschaft f; **i. for the blind** Blindenheim nt, B.anstalt f; **~ business cycle research** Konjunkturforschungsinstitut nt; **~ the deaf and dumb** Taubstummenanstalt f; **federal i. of health and safety** Bundesanstalt für Arbeitsschutz *[D]*

endowed institute Stiftung f; **hydographic i.** Seewarte f; **polytechnic i.** Polytechnikum nt
institute v/t 1. einsetzen, einrichten; 2. an-, verordnen, einleiten, in Gang setzen; 3. [§] *(Prozess)* anstrengen
institute cargo clause *(Vers.)* Klausel für Seeschaden(s)versicherung, zusätzliche Frachtdeckungsklausel; **i. library** Seminarbibliothek f
institution n 1. Einrichtung f, Institution f, Anstalt f, Organ nt, Institut nt; 2. Einrichtung f, Einleitung f; 3. *(Börse)* institutioneller Anleger, Kapitalsammelstelle f; **i. of an action** [§] Klageerhebung f; **~ an agreement** Abschluss einer Vereinbarung; **~ bankruptcy proceedings** Einleitung/Eröffnung des Konkursverfahrens, (Konkurs)Verfahrenseröffnung f; **~ composition proceedings** Eröffnung des Vergleichsverfahrens, Vergleichseröffnung f; **to petition for ~ composition proceedings** Vergleich anmelden; **~ a customs union** Bildung einer Zollunion; **I.s of the European Communities** Organe der Europäischen Gemeinschaften; **i. of (legal) proceedings** [§] Klageerhebung f, Erhebung einer Klage, Einleitung gerichtlicher Schritte, ~ eines gerichtlichen Verfahrens; **~ a prosecution** Einleitung eines Strafverfahrens; **~ restrictions** Einführung von Beschränkungen
central institution zentrales Organ; **charitable i.** Wohltätigkeitsinstitution f, W.einrichtung f, gemeinnützige/karitative/mildtätige Einrichtung; **chief i.** Hauptträger m; **cooperating i.** beteiligtes Finanzierungsinstitut; **deposit-taking i.** Kapitalsammelstelle f; **licensed ~ i.** konzessionierte Kapitalsammelstelle; **educational i.** Bildungsstätte f, B.einrichtung f, B.träger m, Lehranstalt f; **federal i.** Bundesanstalt f; **financial i.** 1. Finanz(ierungs)-, Kredit-, Geldinstitut nt, Finanzierungseinrichtung f; 2. *(Börse)* Finanzwert m; **monetary ~ i.s** Banken; **non-bank ~ i.** intermediäres Finanzinstitut; **geriatric i.** Alten(pflege)heim nt; **governmental i.** staatliche Institution; **legal i.** Rechtsinstitut nt, R.einrichtung f; **mercantile i.** Handelsinstitut nt; **monetary i.** Währungseinrichtung f, W.behörde f; **new i.** Neueinrichtung f; **non-profit(-making) i.** gemeinnützige Institution/Einrichtung, gemeinnütziger Träger m; **penal i.** (Straf)Vollstreckungsanstalt f, (Justiz)Vollzugsanstalt (JVA) f; **pension-paying i.** Versorgungs-, Rententräger m; **permanent i.** ständige Einrichtung, Dauereinrichtung f; **provident i.** Unterstützungseinrichtung f; **public/(incorporated) public-law/public-sector i.** öffentliche/öffentlich-rechtliche Anstalt, Anstalt des öffentlichen Rechts, öffentliche Institution; **secure i.** geschlossene Anstalt; **social i.** Sozialwerk nt; **specialized i.** Sonderinstitut nt; **supporting i.** Patronatsinstitut nt, Träger m; **transmitting i.** Weiterleitungsinstitut nt
institutional adj institutionell, Institutions-, Instituts-; **i.ism** n Institutionalismus m; **i.ist** n Institutionalist m; **i.ization** n 1. Institutionalisierung f; 2. Heimunterbringung f; **i.ize** v/t institutionalisieren
institutor n Gründer(in) m/f
instruct v/t 1. unterrichten, lehren, ausbilden, schulen, anleiten, unter-, einweisen, instruieren, einarbeiten; 2.

(be)auftragen, verfügen, anweisen, Anweisungen geben; 3. informieren
as instructed vorschrifts-, weisungs-, auftragsgemäß
instruction *n* 1. Unterricht(ung) *m/f*; Schulung *f*, Ein-, Unterweisung *f*, Anleitung *f*; 2. Auftrag *m*, Befehl *m*, Anordnung *f*, (An)Weisung *f*, Direktive *f*, Beauftragung *f*, Vorschrift *f*, Dienstanweisung *f*; 3. ▫ Instruktion *f*, Maschinenbefehl *m*; **i.s** 1. Richtlinien; 2. Bedienungsanleitung *f*
in accordance with/in compliance with/according to your instructions gemäß/entsprechend Ihren Anweisungen, ~ Anordnungen, auftragsgemäß; **according to/in compliance with/as per i.s** weisungs-, vorschrifts-, auftrags-, befehlsgemäß, laut Disposition, den Weisungen entsprechend; **contrary to i.s** auftragswidrig; **on i.s** befehlsgemäß; **pending i.** bis zum Eintreffen von Anweisungen; **~ further i.s** bis auf weitere Anweisungen; **pursuant to your i.s** gemäß Ihren Weisungen/Instruktionen
instruction to a bank Bankauftrag *m*; **in the absence of i.s to the contrary** mangels gegenteiliger Weisung; **i.s for delivery** Lieferungsanweisungen; **~ dispatch** Versandanweisungen; **i.s about the right appeal** ▫ Rechtsmittelbelehrung *f*; **i.s for use** Gebrauchsanweisung *f*, G.anleitung *f*, Anwendungs-, Gebrauchsvorschrift *f*, Packungsbeilage *f*; **i.s to open a documentary acceptance credit** Remboursauftrag *m*; **i. to pay** Zahlungsanweisung *f*
to act according to instructions auf Befehl/weisungsgemäß handeln; **~ contrary to i.s** den Anordnungen zuwiderhandeln; **to ask for i.s** Instruktionen/Weisungen einholen; **to await i.s** Anweisungen abwarten; **to be bound by i.s** an Weisungen gebunden sein; **to comply with i.s** Anordnungen befolgen, den ~ nachkommen, sich nach Anweisungen richten, den Anweisungen Folge leisten; **to disregard i.s** gegen Weisungen handeln; **to execute i.s** Anweisungen ausführen; **to give/issue i.s** Anordnungen erlassen/treffen, Weisungen erteilen; **to leave i.s** Anweisungen hinterlassen; **to observe i.s** Anweisungen befolgen/einhalten; **to transcend one's i.s** seine Anweisungen überschreiten
additional instruction Zusatzbefehl *m*; **administrative i.** Verwaltungsanordnung *f*; **amending i.s** Nachtragsverfügung *f*, nachträgliche Verfügung; **basic i.** ▫ Grund(aufbau)befehl *m*; **cautionary i.** ▫ Belehrung zum Schutz der/des Beschuldigten; **executive i.** Ausführungsbefehl *m*; **general i.** allgemeine Anordnung; **implementing/regulatory i.** Durchführungsbestimmung *f*, Ausführungsvorschrift *f*; **initial i.** ▫ Startbefehl *m*; **logical i.** ▫ Verknüpfungsbefehl *m*; **programmed i.** programmierte Unterweisung, programmierter Unterricht; **remedial i.** Förderunterricht *m*; **standing i.** Dienstanweisung *f*; **strict i.** ausdrückliche Anweisung; **technical i.** Fachunterricht *m*; **verbal i.** mündliche Anweisung
instruction book(let) Gebrauchsanweisung *f*, Bedienungsanleitung *f*; **i. chain** ▫ Befehlskette *f*; **i. code** Befehlskode *m*, B.schlüssel *m*; **i. cycle** Instruktionsphase *f*; **i. form** Weisungsformular *f*; **i. format** Befehlsaufbau *m*; **i. leaflet** Beipackzettel *m*; **i. list** Befehlsliste *f*; **i. manual** 1. Bedienungsanleitung *f*; 2. Handbuch für Ausbildungsfragen; **i. material** Schulungsunterlagen *pl*; **i. processing unit** Befehlseinheit *f*; **i. register** Befehlsregister *nt*; **i. statement** Instruktionsanweisung *f*; **i. word** Befehlswort *nt*
instructive *adj* aufschluss-, lehrreich, instruktiv
instructor *n* 1. Ausbilder(in) *m/f*; 2. Lehrer(in) *m/f*, Lehrmeister(in) *m/f*; 3. [US] Dozent(in) *m/f*; **chief i.** Lehrgangsleiter *m*; **technical i.** Gewerbelehrer *m*
instrument *n* 1. Instrument *nt*; 2. Schriftstück *nt*, Dokument *nt*; 3. ▫ (Vertrags)Urkunde *f*; 4. Vertrag *m*, urkundliche Abmachung, Übereinkunft *f*; 5. Rechtstitel *m*; 6. ▫ Organ, (Rechts)Träger *m*; 7. Mittel *nt*; **i.s** Instrumentarium *nt*
instrument of acceptance Annahmeurkunde *f*; **~ accession** Beitrittsurkunde *f*; **~ appeal** ▫ Berufungsschrift *f*; **~ approval** Genehmigungsurkunde *f*; **~ assignment** Abtretungs-, Zessionsurkunde *f*; **i. (payable) to bearer** Inhaberpapier *nt*, auf den Inhaber lautendes Papier; **i. of competition** Wettbewerbsinstrument *nt*; **~ control** Kontrollinstrument *nt*; **i.s of credit control/policy** kreditpolitisches Instrumentarium; **i. in escrow** hinterlegte Vertragsurkunde; **to place an i. in escrow** Urkunde einem Treuhänder übergeben, Urkunde hinterlegen; **i. of evidence** Beweisurkunde *f*, B.dokument *nt*; **~ indebtedness** Schuldtitel *m*, S.urkunde *f*; **~ lease** Pachturkunde *f*; **~ notification** Notifikationsurkunde *f*; **i. (made out/payable) to order** Orderpapier *nt*; **~ unless otherwise stated** geborenes Orderpapier; **i. of economic policy** wirtschaftspolitische Maßnahmen, wirtschaftspolitisches Instrumentarium; **~ monetary policy** währungspolitisches Instrumentarium; **~ personnel policy** personalpolitisches Instrumentarium; **~ procedural policy** ▫ prozesspolitisches Mittel; **~ regulatory policy** ordnungspolitische Mittel; **i. of privilege** Schutzrechtsurkunde *f*; **~ ratification** Ratifikations-, Ratifizierungsurkunde *f*; **to deposit an ~ ratification** Ratifikationsurkunde hinterlegen; **~ signature** Unterzeichnungsurkunde *f*; **~ surrender** Kapitulationsurkunde *f*; **~ title** Eigentumstitel *m*; **collective ~ title** Sammelzertifikat *nt*; **~ transfer** Überlassungs-, Übertragungsurkunde *f*; **executed ~ transfer** unterzeichnete Überlassungs-/Übertragungsurkunde; **i. in writing** beurkundeter Vertrag
to deliver an instrument Urkunde übergeben; **to draw up an i.** Urkunde aufsetzen; **to forge an i.** Urkunde (ver)fälschen; **to present i.s** Dokumente vorlegen
assignable instrument Orderpapier *nt*, übertragbare Urkunde, begebbares Wertpapier; **blank i.** Blankopapier *nt*; **collective i.** Sammelurkunde *f*; **commercial i.** Urkunde des Handelsverkehrs, kaufmännisches Wertpapier; **complete i.** ausgefüllte Urkunde; **conditional i.** zur Sicherung eines Vorbehalts ausgestellte Urkunde; **constituent i.** Gründungsakt *m*; **corporate i.** [US] Wertpapier *nt*; **distant-reading i.** Fernanzeigegerät *nt*; **(macro)economic i.** wirtschaftspolitisches Mittel; **effective i.** gültige Urkunde; **enforceable i.** 1. vollstreckbare Urkunde; 2. ▫ (vollstreckbarer) Titel; **false/forged/**

fictitious i. verfälschte/gefälschte Urkunde; **federal i.s** Kreditpapiere des Bundes; **financial i.** Finanzierungs-, Kreditinstrument *nt*; **fiscal i.** fiskalisches Mittel; **high-yield i.** hochverzinsliches Wertpapier; **inchoate i.** Blankoinstrument *nt*, B.akzept *nt*, einstweilig unterzeichneter Vertrag, unvollständige Urkunde; **legal i.** Rechtsdokument *nt*; **managerial i.** Führungsinstrument *nt*; **mere i.** willenloses Werkzeug; **monetary i.** Geldmarktpapier *nt*; **musical i.** Musikinstrument *nt* **negotiable instrument** verkehrsfähiges Papier, Wertpapier *nt*, begebbares/übertragbares/verkäufliches/ umlauffähiges (Wert)Papier; ~ **Handelspapier, begebares Instrument/Inhaberpapier, Orderpapier *nt*, handelsfähiges/indossables Papier, begebbare/übertragbare Urkunde; ~ i.s** Effekten; **commercial ~ i.** kaufmännisches Orderpapier; ~ **i.s law concerning checks** *[US]* /**cheques** *[GB]* Scheckrecht *nt* **non-negotiable instrument** nicht begebbares/übertragbares Wertpapier, ~ Handelspapier, ~ Rektapapier; **notarial i.** notorielle Urkunde; **obligating i.** Verpflichtungsurkunde *f*; **optical i.** optisches Gerät/Instrument; **original i.** Stammpapier *nt*; **principal i.** Haupturkunde *f*; **private i.** Privaturkunde *f*; **quasi-negotiable i.** unechtes/quasi-begebbares Orderpapier; **scientific i.s** wissenschaftliche Geräte; **short-term i.** kurzfristige Anlageform; **statutory i.** Verwaltungserlass *m*, Rechts-, Ausführungsverordnung *f*, Verordnung *f* (mit Gesetzeskraft), (gesetzliche) Verfügung *f*; **surgical i.s** $ ärztliches Besteck; **testamentary i.** Testamentsurkunde *f*; **title-conferring i.** Förderungspapier *nt*; **transferable ~ i.** Dispositions-, Traditionspapier *nt*; **title-evidencing i.** Legitimationspapier *nt*; **transferable i.** Namens-, Rektapapier *nt*; **useful i.** nützliches Mittel; **written i.** Urkunde *f*
instrument *v/t* durch-, ausführen
instrumental *adj* behilflich, mitwirkend; **to be i.** (wesentlich) beitragen, beteiligt sein, (entscheidende) Rolle spielen
instrumentality *n* Mitwirkung *f*, Mithilfe *f*, Nützlichkeit *f*, Zweckdienlichkeit *f*
instrumentation *n* Instrumentierung *f*; **i. engineer** Mess- und Regeltechniker *m*; **i. technology** Mess-und Regeltechnik *f*, Leittechnik *f*
instrument board Armaturenbrett *nt*; **i.(s) engineering** Mess- und Regeltechnik *f*, Apparate-, Instrumentenbau *m*; **i. flight/flying** ✈ Instrumenten-, Blindflug *m*; **i. landing** Instrumenten-, Blindlandung *f*; **i. lighting** Instrumentenbeleuchtung *f*; **i. making** (Musik)Instrumentenbau *m*; **i. panel** 1. Kontroll-, Instrumententafel *f*; 2. 🚗 Armaturenbrett *nt*; **i. variable** Instrumentvariable *f*
insubordi|nate *adj* unbotmäßig, aufsässig; **i.nation** *n* Gehorsamsverweigerung *f*, Verweigerung des Gehorsams, Aufsässigkeit *f*, Unbotmäßigkeit *f*
insubstantial *adj* 1. geringfügig; 2. immateriell; 3. *(Behauptung)* gegenstandslos
insufficiency *n* 1. Knappheit *f*, Mangel *m*; 2. Unzulänglichkeit *f*, Unvollständigkeit *f*; **i. of form** Formmangel *m*; **cardiac i.** $ Herzschwäche *f*

insuffi|cient *adj* 1. nicht ausreichend, ungenügend; 2. unzulänglich, untauglich
insular *adj* Insel-; **i.ity** *n* Insellage *f*, isolierte Lage
insu|late *v/t* 1. isolieren, abschotten, abschirmen; 2. 🏠 dämmen; 3. ⚡ isolieren; **i.lating effect** *n* Abschottungseffekt *m*; **i.ation** *n* 1. 🏠/⚡ Isolierung *f*; 2. Abkapselung *f*; ~ **material** Isolierstoff *m*; **i.lator** *n* ⚡ Isolator *m*
insult *v/t* beleidigen, beschimpfen, kränken; **i.ing** *adj* beleidigend, kränkend
insult *n* Beleidigung *f*, Kränkung *f*, Beschimpfung *f*, Affront *m*; **i. by physical act** [§] Realinjurie *f*; **i. against the legislative organs** Beleidigung der Gesetzgebungsorgane; **to add i. to injury** die Sache/das Ganze noch schlimmer machen; **to heap i.s upon so.** jdn mit Schmähungen überhäufen; **gross/verbal i.** [§] Verbalbeleidigung *f*, V.injurie *f*, Formalbeleidigung *f*; **studied i.** vorsätzliche Beleidigung
insuperable *adj* unüberwindbar, unübertrefflich
insur|ability *n* Versicherungsfähigkeit *f*, Versicherbarkeit *f*; **i.able** *adj* versicherbar, versicherungsfähig
insurance *n* 1. Versicherung *f*; 2. Versicherungswirtschaft *f*, Assekuranz *f*; **i.s** *(Börse)* Versicherungswerte, V.aktien
insurance for one's own account Eigenversicherung *f*, Versicherung auf eigene Rechnung; ~ **the account of a third party** Versicherung für fremde Rechnung; **i. against breakage** Bruchschadenversicherung *f*; **i. for legal costs** Rechts(schutz)versicherung *f*; ~ **fluorescent fittings** Leuchtröhrenversicherung *f*; ~ **goods in transit by land** Landtransportversicherung *f*; **i. against loss** Ausfall-, Schaden(s)versicherung *f*; ~ **by redemption** Kursverlustversicherung *f*; **i. of merchandise** Frachtversicherung *f*; **i. with limited premiums** Versicherung mit abgekürzter Prämienzahlung; **i. of movable property** Fahrnisversicherung *f*; **i. against all risks** Versicherung gegen alle Gefahren; ~ **future risks** Vorsorgeversicherung *f*; **i. of sales representative's merchandise** Reiselagerversicherung *f*; ~ **fixed sums** Summenversicherung *f*; **i. against theft** Diebstahlversicherung *f*; **i. of value** Wert-, Valoren-, Wertsendungsversicherung *f*; **i. at full value** Vollwertversicherung *f*; **i. of the vessel** Schiffsversicherung *f*
exempt from insurance versicherungsfrei; **the i. attaches** die Versicherungszeit beginnt
to apply for insurance Versicherungsantrag stellen; **to arrange/buy/contract i.** (sich) versichern lassen, Versicherung abschließen; **to carry an i.** Versicherung aufrechterhalten; **to cover i.** Versicherung decken; **to effect an i.** Versicherungsabschluss tätigen, Versicherung besorgen/geben/gewähren, versichern; **to place i.** Versicherungsgeschäft unterbringen; **to procure i.** (sich) versichern lassen, Versicherung abschließen; **to renew an i. (policy)** Versicherung verlängern; **to sell i.** als Versicherungsvertreter tätig sein; **to take out an i.** Versicherung abschließen, (sich) versichern lassen; **to trade i.** Versicherung anbieten; **to write i.** Versicherung geben/gewähren, versichern, als Versicherer tätig sein, Versicherung betreiben, Abschluss tätigen
accompanying insurance Mitversicherung *f*; **addi-**

tional i. Zusatz-, Neben-, Nach-, Extraversicherung *f*; **all-in i.** Gesamt-, General-, Global-, Pauschalversicherung *f*; **all-line i.** Allbranchenversicherer *m*, A.versicherung *f*; **all-loss i.** Global-, Gesamt(schadens)versicherung *f*; **all-risk(s) i.** Einheits-, Global-, Omnibusversicherung *f*, Versicherung gegen alle Gefahren/Risiken; **assigned i. (policy)** abgetretene Versicherung; **automotive and liability i.** ⁓ Kaskoversicherung *f*; **blanket i.** Kollektiv-, Pauschal-, Global-, Gruppenversicherung *f*; **collateral i.** Neben-, Zusatzversicherung *f*; **collective i.** Gruppen-, Kollektiv-, Sammelversicherung *f*; **combined i.** gebündelte Versicherung; **commercial i.** 1. Vertrauensschaden-, Garantieversicherung *f*; 2. *[GB]* Privatversicherung *f*; 3. *[US]* Unfall- und Krankenversicherung für Angestellte; **complementary i.** Ergänzungsversicherung *f*; **composite i.** Komposit-, Universalversicherung *f*; **comprehensive i.** 1. Universal-, Gesamt-, General-, Global-, Pauschal-, Vollwertversicherung *f*, kombinierte Versicherung; 2. ⁓ (Voll)Kaskoversicherung *f*; **all-risks ⁓ i.** Gesamtversicherung *f*; **fully ⁓ i.** ⁓ Haftpflichtversicherung mit Vollkaskoversicherung; **compulsory i.** Pflicht-, Zwangsversicherung *f*, obligatorische Versicherung, Versicherungspflicht *f*; **contingent i.** bedingte Versicherung; **continued i.** Weiterversicherung *f*; **contributory i.** Betragsversicherung *f*, Versicherung mit Selbsthaft; **convertible i.** *[US]* Umtauschversicherung *f*; **direct i.** Erst-, Direkt-, Hauptversicherung *f*, direkte Versicherung; **double i.** Doppelversicherung *f*; **equity-linked i.** fondsgebundene Lebensversicherung; **excess i.** Franchise *f*, Selbstbehalt *m*; ⁓ **policy** (*Rückvers.*) Exzedentenvertrag *m*; **excess-loss i.** Schaden(s)exzedenten-, S.rückversicherung *f*; **exempting i.** Befreiungsversicherung *f*; **extended i.** aufgestockte Versicherung; **extended-term i.** Wahlrecht auf beitragsfreie Lebensversicherung; **external i.** Außenversicherung *f*; **first-loss i.** Erstrisikoversicherung *f*; **fixed-sum i.** Summenversicherung *f*; **fractional-value i.** Bruchteilversicherung *f*; **free i.** beitragsfreie Versicherung; **full-value i.** Vollversicherung *f*; **furniture-in-transit i.** Umzugsversicherung *f*; **general i.** kurzfristige Versicherungen, kurzfristiges Versicherungsgeschäft; **⁓ company** Universalversicherungsgesellschaft *f*; **global i.** Pauschalversicherung *f*; **home-foreign i.** Korrespondenzversicherung *f*; **increased i.** Höherversicherung *f*; **increased-value i.** Mehrwertversicherung *f*; **index-linked i.** Indexversicherung *f*; **individual i.** Einzel-, Individualversicherung *f*; **industrial i.** Gewerbeunfall-, Arbeitgeberhaftpflicht-, Industrie-, Arbeits-, Arbeiterversicherung *f*; **joint i.** 1. Gemeinschaftsversicherung *f*; 2. wechselseitige Überlebensversicherung; **legal i.** Rechtsschutzversicherung *f*; **loss-of-trade i.** Geschäftsausfallversicherung *f*; **lump-sum i.** Kapitalversicherung *f*
marine insurance 1. Seetransport-, Schifffahrts-, Schiffs-, See(schadens)-, Seeschadentransportversicherung *f*; 2. Seeassekuranz *f*; 3. *[US]* Transportversicherung *f*; **inland m. i.** (Binnen)Transportversicherung *f*, **m. i. broker** Seeversicherungs-, Schiffsversicherungsmakler *m*; **⁓ company/underwriter** Seeversicherungsgesellschaft *f*; **⁓ contract** See(transport)versicherungsvertrag *m*; **⁓ law** Seeversicherungsrecht *nt*; **⁓ policy (M.I.P.)** See(versicherungs)police *f*; **⁓ premium** See(versicherungs)prämie *f*; **⁓ underwriting** Seeversicherungsgeschäft *nt*
maritime insurance Seeversicherung *f*; **matured i.** fällige Versicherung
medical insurance Krankenversicherung *f*, Krankenkasse *f*; **private m. i.** private Krankenkasse/K.versicherung; **m. i. contribution** Krankenkassenbeitrag *m*; **⁓ scheme** Krankenkasse *f*
minimum insurance Mindestversicherung *f*; **mixed i.** gemischte Versicherung; **multi(ple)-line i.** 1. Mehrspartengeschäft *nt*; 2. Kompositversicherung *f*; **multiple i.** Mehrfachversicherung *f*; **mutual i.** Versicherung auf Gegenseitigkeit, gegenseitige Versicherung
national insurance *[GB]* Sozialversicherung *f*; **⁓ benefits** Sozialversicherungsleistungen; **⁓ card** Sozialversicherungsausweis *m*; **⁓ contribution (NIC)** Sozialversicherungsabgabe *f*, S.beitrag *m*, Rentenversicherungsbeitrag *m*; **⁓ contributor** Sozialversicherungspflichtige(r) *f/m*; **⁓ fund** Sozialversicherungsstock *m*; **⁓ number** Sozialversicherungsnummer *f*; **⁓ provisions** Sozialversicherungsbestimmungen; **⁓ surcharge** Sozialversicherungszuschlag *m*; **⁓ stamp** Sozialversicherungsmarke *f*
new-for-old insurance Neuwertversicherung *f*; **no-fault i.** 1. Versicherung für Personenschäden; 2. *[US]* Vollkaskoversicherung *f*; **non-life i.** Sach(wert)versicherung *f*; **non-medical i.** Lebensversicherung ohne ärztliche Untersuchung; **optional i.** freiwillige/fakultative Versicherung; **original i.** Direkt-, Erstversicherung *f*; **overseas i.** Überseeversicherung *f*; **paid-up i.** beitragsfreie/prämienfreie Versicherung; **fully ⁓ i.** voll eingezahlte Versicherung; **partial i.** Teilversicherung *f*; **participating i.** Versicherung mit Gewinnbeteiligung, ⁓ Selbstbehalt, ⁓ Barausschüttung der Dividende, gewinnbeteiligte Versicherung; **personal i.** Individual-, Personen-, Einzelversicherung *f*; **policy-based i.** Vertragsversicherung *f*; **prepaid i.** vorausbezahlte Versicherung; **pre-treaty i.** Vorwegabdeckung *f*; **previous i.** Vorversicherung *f*; **primary i.** Erstversicherung *f*; **principal i.** Hauptversicherung *f*; **private i.** Individual-, Privatversicherung *f*; **professional i.** Berufsversicherung *f*; **proprietary i.** Prämienversicherung *f*; **reciprocal i.** Versicherung auf Gegenseitigkeit, Reziprozitäts-, Gegenseitigkeitsversicherung *f*; **reporting i.** Inventarversicherung mit der Auflage von Veränderungsmeldungen; **residual-value i.** Restwertversicherung *f*; **retroactive i.** Haftpflichtversicherung für ein unbekannt abgebliebenes Schiff; **single-term i.** Einzelversicherung *f*; **single-life i.** (*Lebensvers.*) Individualversicherung *f*
social insurance Sozialversicherung *f*; **regional s. i. appeals tribunal** Landessozialgericht *nt [D]*; **s. i. assembly elections** Sozialwahl *f [D]*; **⁓ benefit** Sozialversicherungsleistung *f*; **⁓ (funding) body** Sozialversicherungsträger *m*; **⁓ contribution** Sozialversiche-

rungsbeitrag *m*, Beitrag zur gesetzlichen Rentenversicherung; ~ **institution** Sozialversicherungsträger *m*, S.anstalt *f*, öffentlich-rechtlicher Versicherungsträger, Träger der Sozialversicherung; ~ **number** *[US]* Sozialversicherungsnummer *f*; ~ **payment** Sozialleistung *f*; ~ **pension** Sozialrente *f*; ~ **pensioner** Sozialrentner(in) *m/f*; ~ **sector** Sozialversicherungshaushalt *m*; ~ **tax** *[US]* Sozialversicherungssteuer *f*; **supreme ~ tribunal** Bundessozialgericht *nt [D]*; ~ **tribunal judge** Sozialrichter *m*
special insurance Spezialversicherung *f*; **statutory i.** Pflichtversicherung *f*; **stop-loss i.** Gesamtschaden(s)exzedentenrück-, Jahresüberschaden(s)rückversicherung *f*; **subsequent i.** Nachversicherung *f*; **supplementary i.** Nach-, Höher-, Zusatzversicherung *f*, zusätzliche Versicherung; **temporary i.** *[US]* Risiko(lebens)versicherung *f*, kurzfristige Todesfallversicherung; **third-party i.** (private) Haftpflichtversicherung, Fremd-, Regressversicherung *f*; **voluntary i.** freiwillige Versicherung, **continued ~ i.** freiwillige Weiterversicherung, **with-profits/without-profits i.** Lebensversicherung mit/ohne Gewinnbeteiligung
insurance administrator Versicherungssachbearbeiter(in) *m/f*; **i. agency** Versicherungsagentur *f*, V.vertretung *f*; **i. agent** Versicherungsvertreter *m*, V.agent *m*, Vertreter *m*, Akquisiteur *m*; **cooperactive i. association** Versicherungsgenossenschaft *f*; **mutual i. association** Versicherungsverein auf Gegenseitigkeit (VvaG); **i. auditor** Versicherungsprüfer *m*, V.revisor *m*; **i. supervisory authority** Versicherungsaufsichtsbehörde *f*; **i. benefit** Versicherungsleistung *f*; **standard i. benefits** Pflichtleistungen; **i. binder** Deckungszusage *f*; **i. branch** Versicherungszweig *m*, V.sparte *f*; **i. broker** Versicherungsmakler *m*, V.mittler *m*, V.kaufmann *m*; **i. brokerage/broking** Versicherungsvermittlung *f*, Vermittlung von Versicherungen
insurance business Versicherungswirtschaft *f*, V.geschäft *nt*, V.gewerbe *nt*; **to transact i. b.** Versicherungsgeschäft betreiben; **to write i. b.** Versicherungsabschlüsse tätigen; **new i. b.** Versicherungsneugeschäft *nt*; **prime i. b.** Erstversicherungsgeschäft *nt*; **i. b. management** Versicherungsbetriebslehre *f*
insurance canvasser Versicherungsagent *m*, V.vertreter *m*, V.akquisiteur *m*; **international i. card** ⇔ grüne Versicherungskarte; **i. carrier** Versicherungsträger *m*, V.geber *m*, V.unternehmer *m*, Versicherer *m*; **i. case** Versicherungsfall *m*; **i. certificate** Versicherungsschein *m*, V.zertifikat *nt*, V.urkunde *f*, V.bescheinigung *f*, Einzelpolice *f*; **fractional i. certificate** Versicherungsanteilschein *m*; **i. charge** Versicherungsgebühr *f*; **i. charges** Versicherungskosten
insurance claim Versicherungs-, Schadensanspruch *m*, Anspruch auf Versicherungsleistung; **to adjust/settle an i. c.** Versicherungsanspruch regulieren; **i. c.(s) adjuster** Versicherungssachverständiger *m*, V.inspektor *m*, Schadensregulierer *m*
insurance class Versicherungssparte *f*; **i. clause** Versicherungsklausel *f*; **i. clerk** Versicherungsangestellte(r) *f/m*; **qualified i. clerk** Versicherungskaufmann *m*,

V.kauffrau *f*; **i. commission** Versicherungsprovision *f*; **I. Commissioner** *[US]* Bundesaufsicht(samt) für das Versicherungswesen, Versicherungsaufsichtsbehörde *f*
insurance company Versicherungsgesellschaft *f*, V.unternehmen *nt*, V.unternehmung *f*, V.anstalt *f*, Versicherer *m*; **i. companies** Versicherungssektor *m*; **all-lines insurance company** Allbranchenversicherer *m*; **captive i. c.** unternehmenseigene/firmeneigene Versicherungsgesellschaft, unternehmenseigner/firmeneigner Versicherer; **composite/general i. c.** Universalversicherung(sgesellschaft) *f*, Kompositversicherer *m*, K.gesellschaft *f*; **joint-stock i. c.** Versicherungsaktiengesellschaft *f*; **mutual i. c.** Versicherungsverein/V.gesellschaft mit Gegenseitigkeit (VvaG), Gegenseitigkeitsversicherung *f*; **public i. c.** *[US]* staatliche Versicherung(sgesellschaft)
Insurance Companies Act *[GB]* Versicherungsgesetz *nt*
General Insurance Conditions allgemeine Versicherungsbedingungen, **i. consumer** Versicherungsnehmer *m*
insurance contract Versicherungsvertrag *m*, V.verhältnis *nt*, **general i. c.** Rahmenversicherungsvertrag *m*, **one-time i. c.** einmaliger Versicherungsvertrag, **i. c. law** Versicherungsvertragsrecht *nt*
insurance contribution Solidar-, Versicherungsbeitrag *m*; **i. control(s)** Versicherungsaufsicht *f*; **i. corporation** *[US]* Versicherungsgesellschaft *f*; **i. coupon** Kuponpolice *f*
insurance cover(age) Deckungs-, Versicherungsschutz *m*, Schadensversicherungssumme *f*, Versicherungsdeckung *f*; **extended i. c.** erweiterter Versicherungsschutz; **fixed i. c.** Höchstsumme *f*
insurance cycle Versicherungszyklus *m*; **i. department** Versicherungsabteilung *f*; **i. draft** Versicherungswechsel *m*; **i. duty** Versicherungssteuer *f*; **i. economics** Versicherungswirtschaftslehre *f*; **i. expenses** Versicherungskosten; **i. expense exhibit** Erfolgsrechnung für einzelne Versicherungszweige; **i. expert** Versicherungsfachmann *m*; **i. facility** Versicherungseinrichtung *f*; **i. fee** Versicherungsgebühr *f*; **i. fraud** Versicherungsbetrug *m*; **i. fund** Versicherungsstock *m*, V.fonds *m*, V.kasse *f*; **i. group** Versicherungskonzern *m*; **i. holder** Versicherungsnehmer *m*; **i. industry** Assekuranz *f*, Versicherungswirtschaft *f*, V.gewerbe *nt*, V.industrie *f*, V.branche *f*, V.sektor *m*; **i. inspector** Versicherungsinspektor *m*; **i. instal(l)ment** Versicherungsrate *f*; **i. institution** Versicherungsunternehmen *nt*, V.träger *m*; **i. intermediary** Versicherungsmittler *m*; **i. law** Versicherungsrecht *nt*; **i. lawyer** Versicherungsjurist *m*, V.anwalt *m*, auf Versicherungssachen spezialisierter Rechtsanwalt; **compulsory/statutory i. limit** Versicherungspflichtgrenze *f*; **i. line** Versicherungszweig *m*; **i. market** Versicherungsbörse *f*, V.markt *m*; **i. marketing** Versicherungsmarketing *nt*; **i. money** Versicherungsprämie *f*; **i. note** vorläufiger Versicherungsschein; **i. number** Versicherungsnummer *f*; **i. office** Versicherungsbüro *nt*, V.gesellschaft *f*, V.anstalt *f*; **i. officer** Versicherungsanstellte(r) *f/m*; **i. option** Kapital- oder Rentenzahlung *f*; **i. overheads** Versiche-

rungsspesen; **i. package** Versicherungspaket *nt*; **i. papers** Versicherungsunterlagen; **i. payout** Versicherungsleistung *f*
insurance policy (Versicherungs)Police *f*, V.schein *m*, V.urkunde *f*; **to effect/take out an i. p.** Versicherung abschließen/besorgen, sich versichern (lassen) **all-risks insurance policy** globale Risikoversicherungspolice; **assignable i. p.** abtretbare Versicherungspolice; **collective i. p.** Kollektivversicherungspolice *f*; **comprehensive i. p.** Kasko(versicherungs)police *f*; **expired i. p.** abgelaufende Versicherungspolice; **(transferable) marine i. p.** (übertragbare) Seeversicherungspolice; **paid-up i. p.** beitragsfreie/prämienfreie Versicherungspolice; **participating i. p.** Versicherungspolice mit Gewinnbeteiligung; **transferable i. p.** übertragbare Versicherungspolice
insurance portfolio Versicherungsbestand *m*; **i. practitioner** Versicherungspraktiker *m*; **i. premium** Versicherungsprämie *f*, V.beitrag *m*, V.entgelt *nt*; **liable to pay i. premiums** beitrags-, versicherungspflichtig; **i. protection** Deckungs-, Versicherungsschutz *m*; **i. rate** *[US]* Versicherungstarif *m*, V.satz *m*, V.prämie *f*; **~ regulation** *(Vers.)* Tarifaufsicht *f*; **i. records** Versicherungsunterlagen; **i. recovery** Versicherungsentschädigung *f*; **~ gain** Versicherungsentschädigungsgewinn *m*; **i. regulator(s)** Versicherungsaufsicht(samt) *f/nt*; **i. reinstatement policy** Neuwertversicherung *f*; **i. relationship** Versicherungsverhältnis *nt*; **i. relief** *(Steuer)* Freibetrag für Versicherungen; **i. renewal** Erneuerung der Versicherung; **i. requirements** Versicherungsbedarf *m*; **i. reserve** Deckungsrücklage *f*, Selbstversicherungsrücklage *f*; **i. revalorization** Versicherungsaufwertung *f*; **i. salesman** Versicherungsvertreter *m*, V.agent *m*; **i. scheme** Versicherung(smöglichkeit) *f*; **statutory i. scheme** Pflichtversicherung *f*; **i. science** Versicherungswissenschaft *f*; **i. sector** Assekuranz *f*, Versicherungssektor *m*, V.markt *m*, V.wirtschaft *f*; **i. services** Dienstleistungen der Versicherungen; **i. share** *[GB]* /**stock** *[US]* Versicherungsaktie *f*; **i. slip** Versicherungsformular *nt*, V.abschlussbeleg *m*; **mutual i. society** Versicherungsverein auf Gegenseitigkeit (VvaG); **i. stamp** Versicherungsmarke *f*; **i. statistics** Versicherungsstatistik *f*; **i. stock** Versicherungskapital *nt*; **i. stocks** Versicherungswerte, V.aktien; **i. stock corporation** *[US]* Versicherungsaktiengesellschaft *f*; **i. system** Versicherungswesen *nt*, V.system *nt*; **i. tariff** Prämientarif *m*; **i. tax** Versicherungssteuer *f*; **i. terms and conditions** Versicherungsbedingungen; **i. ticket** Versicherungspolice *f*; **i. traveller** Versicherungsreisender *m*; **i. underwriter** Versicherer *m*, Versicherungsgeber *m*, V.gesellschaft *f*; **i. value** Versicherungswert *m*
insure *v/ti* 1. versichern, gewährleisten, garantieren, verbürgen, sicherstellen; 2. assekurieren, sich versichern (lassen), Versicherung abschließen, Versicherung nehmen; **i. o.s.** *[US]* sich lebensversichern
insured *n* 1. Versicherungs-, Deckungs-, Garantienehmer(in) *m/f*, Versicherte(r) *f/m*; 2. Solidargemeinschaft *f*
insured *adj* versichert; **to be i. with** versichert sein bei; **compulsorily/obligatorily/statutorily i.** pflichtversichert; **fully i.** voll versichert; **medically i.** krankenversichert; **partially i.** teilversichert; **each item separately i.** jedes Kollo eine Taxe
insured's age Versicherungsalter *nt*; **i.'s (legal) liability** Haftpflicht des Versicherten; **i.'s retention** 1. Haftungs-/Risiko-/Verlustbeteiligung des Garantienehmers; 2. Eigen-, Selbstbeteiligung *f*
insuree *n* Versicherungsnehmer(in) *m/f*, Versicherte(r) *f/m*
insurer *n* 1. Versicherer *m*, Versicherungsgeber *m*, V.träger *m*, V.gesellschaft *f*; 2. Garantiegeber *m*; **alien/foreign i.** ausländische Versicherungsgesellschaft, ausländischer Versicherer; **captive i.** konzerneigenes/unternehmenseigenes/firmeneigenes Versicherungsunternehmen; **composite i.** Universalversicherer *m*; **direct/original/primary i.** Erst-, Direkt-, Hauptversicherer *m*; **individual i.** Einzelversicherer *m*; **marine i.** Seeversicherer *m*; **private i.** Privatversicherer *m*
insurgence; insurgency *n* Auflehnung *f*, Rebellion *f*, Aufruhr *m*, Aufstand *m*
insurgent *n* Aufständischer *m*, Rebell *m*, Aufrührer *m*; *adj* aufrührerisch, aufständisch
insurmountable *adj* unüberwindbar
insurrection *n* Aufruhr *m*, Aufstand *m*, Rebellion *f*, Revolte *f*, Auflehnung *f*; **i.ist** *n* Aufrührer *m*; *adj* aufrührerisch
intact *adj* 1. ganz, heil, intakt, unbeschädigt; 2. ⊖ unverletzt, unversehrt
intaglio press *n* ⬚ Tiefdruckmaschine *f*
intake *n* 1. Auf-, Abnahme *f*, Zufuhr *f*; 2. *(Aufträge)* Eingang *m*; **i. of food** Nahrungsaufnahme *f*; **~ funds** Einlagenhöhe *f*; **~ (new) orders** Auftragseingang *m*; **per capita i.** Pro-Kopf-Verbrauch *m*; **i. class** Anfängerklasse *f*; **i. interview** Aufnahmeinterview *nt*, A.gespräch *nt*; **i. valve** ✿ Einlass-, Einströmventil *nt*
intangible *adj* 1. immateriell, nicht greifbar, ideell; 2. vage, unbestimmt; **i.s** *pl* immaterielle Anlagen/Vermögenswerte, Immaterialgüter
integer *n* π ganze Zahl; *adj* ganzzahlig
integral *adj* integriert, integral; *n* π Integral *nt*
integrate *v/t* integrieren, eingliedern, zusammenschließen, z.fügen, vernetzen, verflechten, vervollständigen, kombinieren, einbinden; **i.d** *adj* gleichmäßig, einheitlich, eingegliedert, eng verflochten, eingebunden; **to become i.d** zusammenwachsen
integration *n* Integrierung *f*, Integration *f*, Eingliederung *f*, Verflechtung *f* (von Unternehmen), Vernetzung *f*, Einbindung *f*, Vereinigung *f*, Zusammenschluss *m*, Z.fassung *f*, Konzentration *f*, Einbau *m*; **i. into the labour force** Eingliederung ins Erwerbsleben, ~ in den Arbeitsprozess, berufliche Eingliederung; **i. of markets** Marktverflechtung *f*; **~ international markets** Verflechtung internationaler Märkte; **~ world markets** Verflechtung der Weltmärkte; **favouring i.** integrationsfreundlich; **opposed to i.** integrationsfeindlich
backward integration Eingliederung von Unternehmen, vertikale Integration der vorgelagerten Produktionsstufe, Rückwärtsintegration *f*, Konzentration in

vorgelagerte Produktionsstufen; **downstream/forward i.** Vorwärtsintegrator f, Integration in nachgelagerte Produktionsstufen; **economic i.** wirtschaftliche Eingliederung/Verflechtung, wirtschaftlicher Zusammenschluss; **~ and monetary i.** Wirtschafts- und Währungsintegration f; **financial i.** finanzielle Eingliederung; **horizontal/lateral i.** horizontale Konzentration/Integration, Verschmelzung gleichartiger Firmen; **international i.** internationale Verflechtung; **occupational i.** Eingliederung in den Arbeitsprozess, ~ ins Erwerbsleben; **organizational i.** organisatorische Eingliederung; **progressive i.** schrittweise Eingliederung; **upward i.** vertikale Integration/Konzentration; **vertical i.** Vertikalverflechtung f, V.konzentration f, Verbundwirtschaft f, vertikaler Zusammenschluss, vertikale Konzentration/Verflechtung/Integration; **forward ~ i.** vertikale Vorwärtsintegration
integration aid/assistance Eingliederungshilfe f; **i. loan** Eingliederungsdarlehen nt, E.kredit m; **i. model** Integrationsmodell nt; **i. period** Integrationsperiode f; **i. process** Integrationsprozess m
integrity n 1. Integrität f, Unbescholtenheit f, Lauterkeit f, Rechtschaffenheit f, Redlichkeit f; 2. Integrität f, Unversehrtheit f; **physical i. of the person** körperliche Integrität; **territorial i.** territoriale Unversehrtheit
intellect n Geist m, Intellekt m, Verstand m
intellectual adj geistig, intellektuell, verstandesmäßig; n Intellektuelle(r) f/m
intelligence n 1. Intelligenz f, Klugheit f, (rasche) Auffassungsgabe, Verstand m; 2. Informationen pl, Nachricht(en) f/pl, Mitteilungen pl, Auskunft f; **to give i.** Auskunft geben; **artificial i.** künstliche Intelligenz; **telegraphic i.** telegrafische Nachricht
intelligence activity Informationsbeschaffung f, I.sammlung f; **i. bureau** Nachrichtendienst m; **i. department** Nachrichten-, Auskunftsabteilung f; **i. officer** ◢ Nachrichtenoffizier m; **i. quotient (I.Q.)** Intelligenzquotient m; **i. satellite** Nachrichtensatellit m; **i. service** Nachrichten-, Geheim-, Sicherheitsdienst m, Verfassungsschutz m [D]; **i. test** Intelligenztest m; **i. work** Informationstätigkeit f
intelligent adj intelligent, klug
intellig|ibility n Verständlichkeit f, Transparenz f; **i.ible** adj verständlich, transparent
intend v/t beabsichtigen, fest vorhaben, den Vorsatz haben, **i. to do sth.** etw. vorhaben, sich etw. vornehmen, etw. im Sinne haben; **i. to defraud** in Betrugsabsicht handeln
intended for adj bestimmt für
in|tense adj 1. intensiv, stark, heftig; 2. *(Wettbewerb)* (knall)hart; 3. *(Optik)* lichtstark; **i.tensification** n Verschärfung f, Verstärkung f, Verdichtung f, Intensivierung f, Aktivierung f; **~ of consumption** Verbrauchsintensivierung f; **i.tensify** v/ti 1. steigern, verstärken, intensivieren, verschärfen, verdichten, aktivieren; 2. *(Konflikt)* sich verschärfen
intensity n 1. Intensität f, Stärke f; 2. Heftigkeit f; **i. of interference** Eingriffsintensität f; **atmospheric i.** ◌ Luftdichte f; **luminous i.** Lichtstärke f

intensive adj intensiv
intent n [§] Absicht f, Wille m, Vorsatz m, Dolus m *(lat.)*; **with i.** vorsätzlich, mit Vorbedacht; **~ to** mit der Absicht zu, mit dem Vorsatz zu; **without i.** ohne Vorbedacht
intent on adj bedacht auf
intent to cause damage Schädigungsabsicht f, S.vorsatz m; **~ deceive** Täuschungsabsicht f; **with ~ deceive** zum Zweck der Täuschung; **~ defraud** Betrugsabsicht f, in betrügerischer Absicht; **~ enrich o.s.** Bereicherungsabsicht f; **~ kill** [§] Tötungsabsicht f, T.vorsatz m; **~ realize a profit** Gewinnerzielungsabsicht f, Absicht der Gewinnerzielung
established by intent gewillkürt; **to all i.s and purposes** im Endeffekt, im Grunde (genommen), praktisch (gesehen), de facto *(lat.)*
avaricious intent gewinnsüchtige Absicht; **conditional/contingent i.** bedingter Vorsatz, dolus eventualis *(lat.)*; **corporate i.** Organwille m; **criminal/felonious i.** [§] verbrecherische Absicht, Vorsatz m; **with criminal i.** in verbrecherischer Absicht, mit Vorsatz und Überlegung; **formative i.** Gestaltungswille m; **fraudulent i.** betrügerische Absicht; **with ~ i.** in betrügerischer Absicht; **gainful i.** Gewinnabsicht f; **legislative i.** Wille des Gesetzgebers; **malicious i.** böswillige Absicht; **with ~ i.** in böswilliger Absicht; **murderous i.** Mordabsicht f, M.vorsatz m; **overall i.** Gesamtvorsatz m; **specific i.** konkreter Vorsatz; **subversive/treasonable i.** verfassungsfeindliche Absicht; **suicidal i.** Selbstmordabsicht f; **uncommunicated i.** nicht zugegangene Willenserklärung
intention n Absicht f, Vorhaben nt, Vorsatz m, Plan m, Willen(srichtung) m/f
intention to acquire a stake (in sth.) Beteiligungsabsicht f; **i. of appropriating sth.** Zueignungsabsicht f; **~ benefiting so.** Begünstigungsabsicht f; **i. to buy** Kaufabsicht f; **~ cause harm/injury** Verletzungsabsicht f; **~ deceive** Täuschungsabsicht f; **~ delay proceedings** [§] Verzögerungsabsicht f; **~ go on strike** Streikabsicht f; **~ kill** [§] Tötungsabsicht m; **i. of the law** gesetzliche Absicht; **~ the parties** [§] Parteiwille m, Wille/Absicht der Parteien; **~ the parties to the contract** Vertragswille m; **implied ~ the parties** mutmaßlicher Parteiwille; **i. to possess** Besitzwille m
with the best of intentions in der besten Absicht; **incapable of criminal i.s** [§] unzurechnungsfähig; **without i. or negligence** ohne Verschulden; **to be so.'s i.** in jds Absicht liegen; **to display an i.** Absicht dartun; **to harbour i.s** Absichten hegen
declared intention erklärter Wille; **definite i.** bestimmte Absicht; **evil i.** böse Absicht; **implied i.** stillschweigende Absicht/Willenserklärung
intentional adj absichtlich, vorsätzlich, beabsichtigt, bewusst, wissentlich
inter v/t beerdigen, begraben
interact v/i sich gegenseitig beeinflussen; **i.ion** n Wechselwirkung f, Zusammenspiel nt, Interaktion f; **mutual i.ion** Wechselwirkung f; **i.ion matrix** Interaktionsmatrix f

inter|agency *n* Vermittlung *f*; **i.agent** *n* Vermittler *m*, Mittelsmann *m*
inter alia *(lat.)* unter anderem
Inter-American Development Bank Interamerikanische Entwicklungsbank
interbank *adj* unter Banken, interbankmäßig
intercalate *v/t* einlegen
intercede *v/t* eintreten für, intervenieren für, vermitteln; ~ **on so.'s behalf** für jdn ein gutes Wort einlegen
intercept *v/t* *(Brief)* abfangen; **i.ion of calls** *n* ✆ Abhören von Telefonaten
interces|sion *n* Fürsprache *f*, Vermittlung *f*, Interzession *f*; **i.sor** *n* Fürsprecher *m*, Vermittler *m*
interchange *n* 1. Austausch *m*; 2. Kreuzung *f*, Schnittstelle *f*, S.punkt *m*; *v/t* austauschen, auswechseln
interchange|ability *n* Austauschbarkeit *f*; **i.able** *adj* austauschbar, auswechselbar
intercom(munication) (system) *n* (Wechsel-/Gegen)Sprechanlage *f*, Bord-, Haussprechanlage *f*, H.telefon *nt*
intercompany *adj* konzernintern, zwischen-, überbetrieblich
interconnect *v/t* 1. untereinander/miteinander verbinden; 2. ⚡ durchleiten, zusammenschalten; **i.ion** *n* 1. wechselseitiger Anschluss, Zusammenhang *m*, Querverbindung *f*, Q.verbund *m*, Verflechtung *f*; 2. ✆ (Telefon)Anschluss *m*; 3. ⚡ Durchleitung *f*
intercontinental *adj* interkontinental
intercorporate *adj* konzern-, unternehmensintern
intercourse *n* *(Beziehungen)* Verkehr *m*; **to have i.** verkehren; **sexual i.** Geschlechtsverkehr *m*, geschlechtliche Beziehungen; **social i.** gesellschaftlicher Verkehr/Umgang
intercropping *n* 🌱 Fruchtwechsel *m*
intercurrency *adj* intervalutarisch
interdenominational *adj* interkonfessionell
interdepartmental *adj* ressort-, abteilungs-, bereichsübergreifend, interministeriell, mehrere Abteilungen betreffend
interdependence *n* 1. Interdependenz *f*, Verflechtung *f*, gegenseitige/wechselseitige Abhängigkeit; 2. (innerer) Zusammenhang, Verzahnung *f*; **i. of foreign trade** außenwirtschaftliche Verflechtung; **economic i.** Wirtschaftsverflechtung *f*
interdependent *adj* 1. wechselseitig abhängig; 2. eng ineinandergreifend
interdict *n* Verbot *nt*; *v/t* untersagen; **i.ion** *n* Verbot *nt*
interdisciplinary *adj* fachübergreifend, interdisziplinär
internecine *adj* für beide Teile verlustreich, mörderisch
interest *n* 1. Interesse *nt*; 2. Belang *m*; 3. Vorteil *m*, Nutzen *m*, Anspruch *m*, Nutzungsrecht *m*; 4. Zins(fuß) *m*, Verzinsung *f*, Zinsen *pl*, Zins-, Kapitalertrag *m*; 5. (Gesellschafts)Beteiligung *f*, (Geschäfts)Anteil *m*, Kapital-, Unternehmensbeteiligung *f*; 6. Versicherungsgegenstand *m*, versichertes Gut; **i.s** 1. Interessen; 2. Belange; 3. Geschäfte; 4. Interessenten, Interessengemeinschaft *f*; 5. Beteiligungen, Engagement *nt*; 6. Zinsen

cum interest mit Stückzinsen; **devoid of any i.** uninteressant; **ex/without i.** ohne (Stück)Zinsen/Zinsschein; **free of i.** zinsfrei, nicht verzinslich; **in the i. of** im Interesse von; **of i.** interessant; **on i.** auf Zinsen; **out at i.** verzinslich/auf Zinsen ausgeliehen
interest on current account Kontokorrentzinsen *pl*; ~ **delinquent/overdue a.s.**; ~ **arrears** 1. Verzugs-, Verspätungszinsen *pl*, Zinsaußenstände *pl*; 2. Säumniszuschlag *m*; ~ **bonds** Zinsen aus Teilschuldverschreibungen, Anleihe-, Obligationszinsen *pl*; ~ **borrowings** Schuld-, Kreditzinsen *pl*; **i. for building finance** Bauzinsen; **i. on capital** Kapitalzinsen *pl*, K.verzinsung *f*; ~ **borrowed capital** Fremdkapitalzinsen *pl*; ~ **capital investment/outlay** Anlagezinsen *pl*, Verzinsung des eingesetzten Kapitals, ~ der Kapitalanlagen, ~ Anschaffungskosten; **(material) i. in a company** (wesentliche) Beteiligung an einer Gesellschaft; **not in the i. of the consumer** verbraucherfeindlich; **i. on credits** Kreditzinsen *pl*; ~ **credit balances** Haben-, Passivzins *m*; **i. after due date** Fälligkeitszinsen *pl*; **i. on debit balances** Debet-, Sollzinsen *pl*, Aktivzins *m*; ~ **current debts** Verzinsung der laufenden Schulden; ~ **fixed/long-term debt** Dauerschuldzinsen *pl*; **i. for default** Verzugszinsen *pl*; **i. on deposits** 1. Einlagenzinsen *pl*, Haben-, Passiv-, Depositenzins *m*; 2. Zinsen auf Verbindlichkeiten und Einlagen; **i. on fixed-term deposits** Festgeldzinsen *pl*; ~ **savings deposits** Sparzinsen *pl*, Verzinsung von Spareinlagen; **i. for time deposits** Termingeldzinsen *pl*; **i. on equity (capital)** Eigenkapitalverzinsung *f*, E.zinsen *pl*; **fictitious/imputed** ~ **equity** kalkulatorische Eigenkapitalzinsen; **i.s in equity shares** Kapitalbeteiligungen; **i. and related/similar expenditure(s)** Zinsen und (zins)ähnliche Aufwendungen; **expectant i. of a reversionary heir** Nacherbenrecht *nt*; **i. on indebtedness** Schuldzinsen *pl*; ~ **investment** Zinsen aus Kapitalanlagen; **i.s at issue** beteiligte Interessen; **legal i. in a declaratory judgment** Feststellungsinteresse *nt*; **i. in kind** Naturalzins *m*; ~ **land** Recht an einem Grundstück; **beneficial** ~ **land** Nießbrauch an einem Grundstück; **i. on loans**; ~ **loan capital** Bank-, Darlehens-, Kreditzinsen *pl*; **i. at market rates** marktüblicher Zinssatz, marktübliche Verzinsung; **i. on borrowed money** Zinsen auf aufgenommene Gelder; **i. from mortgages and encumbrances** Zinsen aus Hypotheken und Grundschulden; **i. on overdraft** Überziehungs(kredit)zinsen *pl*; **i. or no** (*Vers.*) Verzicht auf Nachweis eines versicherbaren Interesses; **i. in patent exploitation** Beteiligung an der Patentverwertung; **i. for delayed payment** Stundungszinsen *pl*; **i. in property** vermögensrechtlicher Anspruch; **equitable** ~ **property** beschränkt dingliches Recht; **i. at the rate of** Zins zum Satz von; **computed i. on receivables** kalkulatorische Verzinsung von Debitoren; **i. and repayments (of principal)** Zinsen und Tilgung; **outside i. in the result** Gewinnanteile Dritter, Dritten zustehender Gewinn; **i. on savings** Sparzinsen *pl*; ~ **savings with building societies** Zinsen aus Bausparguthaben; **i.s of security** Sicherheitsinteressen; **i. on securities** Effektenzinsen *pl*, Zinserträge aus

Wertpapieren; **i. in selling** Verkaufsinteresse *nt*; **~ shares [GB] /stocks [US]** Börseninteresse *nt*; **in the i. of shareholders [GB] /stockholders [US]** aktionärsfreundlich; **i.s in subsidiaries and consolidated companies** konsolidierte Beteiligungen; **i. in a vessel** Schiffsbeteiligung *f*

all the interest sämtliche Rechte; **and i. plus Stückzinsen; as i.** zinsweise; **detrimental to our i.s** unseren Interessen abträglich; **i.s times earned** Deckung der Anleihezinsen durch den Gewinn; **legitimate i. to take legal action** Rechtsschutzbedürfnis *nt*

acquiring an interest Beteiligung(serwerb) *f/m*, Engagement *nt (frz.)*; **bearing/yielding i.** verzinslich, zinsbringend; **~ i. at a rate of** verzinslich mit; **~ no i.; free of i.** zinsfrei, z.los

to acquire an interest Beteiligung erwerben, sich beteiligen; **~ in a firm** sich an einer Firma beteiligen; **to affect so.'s i.** jds Interesse wecken/erregen; **to ascertain i.** Zinsen errechnen; **to attend to so.'s i.s** jds Interessen wahrnehmen; **to be in so.'s i.** in jds Interesse liegen; **~ alive to one's i.s** seine Interessen im Auge haben; **~ prejudicial to so.'s i.s** jds Interessen schädigen; **to bear/carry i.** Zinsen (ein)bringen/abwerfen/tragen, sich verzinsen, verzinslich sein; **to calculate the i.** Zinsen berechnen; **to charge i.** Zinsen belasten/berechnen/erheben; **to compound/compute the i.** Zinsen berechnen; **to credit the i.** Zinsen gutschreiben; **to draw/earn i.** Zinsen bringen, sich verzinsen; **to express i.** Interesse bekunden; **to further so.'s i.s** jds Interesse fördern; **to generate i.** 1. Zinsen tragen; 2. Interesse erregen; **to guard so.'s i.** jds Interessen wahrnehmen; **to harm so.'s i.s** jds Interessen schaden; **to have an i. (in sth.)** teilhaben, partizipieren, (an etw.) beteiligt sein; **~ in a company** an einem Unternehmen/einer Firma beteiligt sein; **~ in an estate** erb(anteils)berechtigt sein; **to impair so.'s i.s** jds Interessen beeinträchtigen; **to invest i.** verzinslich anlegen; **to lend/loan on i.** auf Zinsen ausleihen; **to look after one's i.** (nur) im eigenen Interesse handeln, seinen eigenen Vorteil wahren; **to lose i.** Interesse verlieren; **to offer so. an i.** jdm eine Beteiligung anbieten; **to mark up for (accrued) i.** aufzinsen; **to pay i.** Zinsen zahlen; **~ i. on deposits** Einlagen verzinsen; **to produce i.** Zinsen abwerfen; **to protect (one's) i.s** (seine) Interessen wahren; **to purchase an i.** Kapitalanteil kaufen; **to put out at i.** verzinslich/zinsbringend/zinstragend anlegen, zur Verzinsung ausleihen; **to raise the i.** Zinsfuß erhöhen; **to rank for i.** zinsberechtigt sein; **to represent so.'s i.s** jds Interessen wahrnehmen, jds Belange vertreten; **to safeguard so.'s i.s** jds Interessen wahrnehmen; **to secure an i.** Beteiligung erwerben; **to sell off an i.** Beteiligung abgeben/verkaufen; **to serve so.'s i.s** jds Interesse dienen; **to show i.** Interesse bekunden; **to take an i. in sth.** sich für etw. interessieren, Interesse an etw. haben; **to uphold so.'s i.s** jds Interessen wahrnehmen; **to yield i.** Zinsen tragen/(ein)bringen/abwerfen, sich verzinsen

absolute interest absolutes Recht; **accrued i.** aufgelaufene/angesammelte/angefallene Zinsen, Stückzinsen *pl*; **accruing i.** anfallende Zinsen; **accurate i.** auf der Basis von 365 Tagen berechnete Zinsen; **additional i.** Zinszuschlag *m*, Z.bonifikation *f*; **advance i.** Vorschusszins *m*; **affiliated i.s** Konzernbeteiligungen; **annual i.** Jahreszins *m*; **assurable i.** versicherbares Interesse; **average i.** Durchschnittszins(en) *m/pl*; **back i.** rückständige Zinsen; **beneficial i.** 1. Nutznießung *f*, Nießbrauch(recht) *m/nt*; 2. Versicherungsanspruch *m*; 3. Eigentum an ausstehenden Aktien, treuhänderisches Eigentum; **in the best i.** im wohlverstandenen Interesse; **broken-paid i.** Bruch-, Rektazins *m*; **capitalized i.** kapitalisierte Zinsen; **chief i.** Hauptinteresse *nt*; **clashing i.s** kollidierende Interessen; **collective i.** öffentliches Interesse; **~ i.s** Gesamtinteressen; **commercial i.** 1. geschäftliches/kaufmännisches/wirtschaftliches Interesse, Handels-, Geschäftsinteresse *nt*; 2. handelsübliche Verzinsung; **legitimate ~ i.s** berechtigte Wirtschaftsinteressen; **common i.** allgemeines Interesse; **of ~ i.** von gemeinsamen Interesse; **compelling i.** zwingendes Interesse; **competing i.s** konkurriende Interessen; **compound i.** Zinses-, Staffelzinsen *pl*; **~ depreciation method** Abschreibung unter Berücksichtigung der Zinseszinsen; **computed i.** kalkulatorische Verzinsung; **conflicting i.s** entgegenstehende/gegensätzliche/kollidierende/konkurrierende/widerstreitende Interessen; **contingent i.** bedingtes Recht; **continuous i.** fortlaufende Verzinsung; **contributing i.s** Havariegenossen, Gefahrengemeinschaft *f*

controlling interest maßgebliche Beteiligung, Kapitalmehrheit *f*, Mehrheits-, Majoritätsbeteiligung *f*, ausschlaggebender Kapitalanteil, maßgeblicher Geschäftsanteil, maßgebliches Kapitalinteresse; **to acquire a ~ i.** Kapitalmehrheit übernehmen; **~ majority i.** Aktienmehrheit/A.majorität übernehmen

conventional interest üblicher Zins, vertragsgemäßer Zinssatz; **continuous convertible i.** Momentan-, Augenblickverzinsung *f*, stetige/kontinuierliche Verzinsung; **cumulative i.** Zins und Zinseszins; **current i.** Marktzins *m*, laufende Zinsen; **daily i.** Tageszinsen *pl*; **deferred i.** transitorische Zinsen, antizipatorische Zinsabgrenzung *f*; **deficient i.** Defektivzinsen *pl*; **determinable i.** auflösend bedingtes Recht an Grundbesitz; **devolved i.** übertragener Anspruch; **direct i.** unmittelbares Interesse; **dominating i.** beherrschender Einfluss; **economic i.** 1. wirtschaftliches Interesse; 2. *(Unternehmen)* wirtschaftliches Eigentum; **~ i.s** wirtschaftliche Interessen/Belange, Wirtschaftsinteressen, W.belange; **effective i.** effektiver Jahreszins, Effektivzins *m*, E.verzinsung *f*; **entailed i.** Erbrente *f*; **equitable i.** billiger Anspruch, Rückübereignungsanspruch des Sicherheitsgebers; **~ i.s** Billigkeitsrechte; **equated i.** Staffelrechnung *f*; **exact i.** Zinsen auf 365 Tage-Basis, auf der Basis von 365 Tagen berechnete Zinsen; **excessive/exorbitant i.** Wucherzins *m*, überhöhte Zinsen; **executory i.** [§] aufschiebend bedingt dingliches Recht; **expectant i.** zukünftiges Recht; **extra i.** Zusatzverzinsung *f*; **fiduciary i.** treuhänderischer Anteil; **financial i.** finanzielles Interesse; **~ i.s** finanzielle Beteiligung, materielle Interessen, Finanz-, Kapitalinteresssen, **fis-**

fixed(-rate) **interest** 594

cal i. Steuerinteresse *f*; **fixed(-rate) i.** Festzins *m*; **flagging i.** nachlassendes Interesse; **foreign i.s** Auslandsbeteiligungen, ausländische Beteiligungen; **fractional i.s** Teilrechte aus Ansprüchen auf Gratisaktien; **general i.** allgemeines Interesse; **graduated i.** Staffelzinsen *pl*; **gross i.** Bruttozins(en) *m/pl*; **guaranteed i.** Zinsgarantie *f*; **heightened i.** erhöhtes/verstärktes Interesse; **illegal i.** ungesetzlicher Zins, Wucherzins *m*; **implicit i.** kalkulatorische Zinsen; **imputed i.** fiktive Zinsen; **inhibitory i.** prohibitive Zinsen; **insurable i.** 1. Versicherungsgegenstand *m*, V.objekt *nt*, V.interesse *nt*, versicherbares/versicherungsfähiges Interesse, versicherbarer Gegenstand; 2. versicherbarer Zins; **insured i.** versicherte Sache, versichertes Interesse; **intercalary i.** Interkalarzinsen *pl*; **interim i.** Zwischenzins *m*, **interlocking i.** Schachtelbesitz *m*, S.beteiligung *f*, Interessenverflechtung *f*; **internal i.** interne Zinsen; **intra-group i.** Konzernzins *m*; **justified i.** berechtigtes Interesse; **keen i.** reges/lebhaftes/starkes Interesse, rege Anteilnahme; **the landed i.s** die Land-, Gutsbesitzer; **lawful/legal i.** 1. rechtliches Interesse, Anrecht *nt*; 2. gesetzlicher Zinssatz; **legitimate i.** schutzwürdiges/schutzfähiges/berechtigtes/rechtmäßiges Interesse, schutzwürdiger Belang; **limited i.** beschränktes Recht; **lively i.** reges Interesse; **lost i.** entgangene Zinsen, Zinsverlust *m*; **main i.** Hauptinteresse *nt*; **material i.** wesentliche/erhebliche Beteiligung; **mercantile i.s** kaufmännische Interessen; **mesne i.** Zwischenzins *m*; **minor i.** [§] Rechte niederer Ordnung, untergeordnetes Interesse; **moneyed i.s** Finanzwelt *f*, Großfinanz *f*, Kapitalisten; **mutual i.s** gegenseitiges Interesse, gemeinsame Interessen; **national i.** Staatsräson *f*, S.wohl *nt*, Landesinteresse *nt*; **negative i.** 1. Minus-, Negativ-, Straf-, Vorschusszins *m*, Negativkommission *f*; 2. Vertrauensschaden *m*; **net i.** Nettozinsen *pl*; **~ i. clause** Nettozinsklausel *f*; **nominal i.** Nominalzins(fuß) *m*; N.beteiligung *f*; **non-commutable i.** nicht ablösbare Kapitalanlage; **non-core i.** Beteiligung außerhalb des Kerngeschäftes; **notional i.** Anerkennungszinsen *pl*; **occupational i.** Berufsinteresse *nt*; **one-third-i.** Drittbeteiligung *f*; **open i.** *(Börse)* offene/ungedeckte Posten, ~ Positionen; **ordinary i.** Zinsen auf 360 Tage-Basis, gewöhnlicher Zins; **outside i.** außerhalb des Berufs liegende Interessen; Fremdanteil *m*, F.beteiligung *f*; **outstanding i.** unbezahlte (Aktiv)Zinsen; **overdue i.** Zinsrückstände *pl*; **overlapping i.s** sich überschneidende Posten; **overriding i.** ausschlaggebendes/vorrangiges Interesse; **overseas i.s** überseeische Interessen; **own i.** Eigeninteresse *nt*; **participating i.s** Beteiligungen; **pecuniary i.** finanzielles Interesse; **penal i.** Verzugszinsen *pl*, Negativ-, Strafzins *m*; **positive i.** positives Interesse, Erfüllungsinteresse *nt*; **possessory i.** ~ Interesse am Besitz; **predatory i.** Übernahmeinteresse *nt*; **preferential i.** Vorzugszins *m*; **prepaid i.** im voraus vor(weg)genommener Zinsabzug; **private i.** Neben-, Privatinteresse *nt*, eigenes Interesse; **professional i.** berufliches Interesse, Berufsinteresse *nt*; **prohibited i.** nicht versicherungsfähiges Interesse; **prohibitive i.** prohibitive Zinsen; **proprietary i.** 1. Ei-

gentums-, Vermögensrecht *nt*; 2. Eigenanteile *pl*, E.kapitalanteil *m*; **proximate i.** mittelbares Interesse; **public i.** öffentliches Interesse/Wohl, öffentlicher Belang, allgemeiner Nutzen, Gemeininteresse *nt*, G.wohl *nt*; **in the ~ i.** gemeinnützig, im Interesse der Allgemeinheit, im allgemeinen Nutzen, im öffentlichen Interesse; **contrary to the ~ i.** gegen das öffentliche Interesse verstoßend; **pure i.** reiner Zins, Netto-, Rohzins *m*; **reserved i.** zweifelhafte Zinszahlung; **reversionary i.** Anwartschafts-, Nacherbschafts-, Rückfallrecht *nt*, R.anspruch *m*; **rolled-up i.** aufgelaufene Zinsen; **running i.** Stückzinsen *pl*, laufende Zinsen; **sectional i.** Partial-, Gruppeninteresse *nt*; **short i.** *(Börse)* Baisse-Engagement *nt (frz.)*; **simple i.** einfacher Zins; **sliding-scale i.** Staffelzinsen *pl*; **special i.** *[US]* (sonderbegünstigte) Sparzinsen; **~ account** Sparkonto *nt*; **~ department** Sparkassenabteilung *f*; **speculative i.** Spekulationsinteresse *nt*; **standard i.** normaler Zinssatz, Eckzins *m*; **statutory i.** gesetzlicher Zinssatz, gesetzliche Zinsen; **stipulated i.** Konventionalzinsen *pl*; **sub-marginal i.** Zinssatz unter der Inflationsrate; **subordinate i.** untergeordnetes Interesse; **substantial i.** maßgebliche Beteiligung; **of sufficient i.** von hinreichendem Interesse; **third-party i.** Drittbeteiligung *f*; **true i.s** wohlverstandene Interessen; **ultimate i.** unmittelbare Interesse; **unaccrued i.** Rediskont *m*; **undivided i.** Nutznießung zur gesamten Hand; **unearned i.** *(Bilanz)* transitorische Zinserträge; **unpaid i.** rückständige Zinsen; **unquantified i.** Beteiligung in ungenannter Höhe; **usurious i.** Wucherzinsen *pl*, Zinswucher *m*; **variable i.** Gleitzins *m*; **vested i.** 1. Eigeninteresse *nt*, ureigenes Interesse; 2. anerkanntes Grundstücksrecht, verbrieftes Recht, Recht auf zukünftige Nutzung, wohlerworbenes (An)Recht; **vital i.s** wesentliche/lebenswichtige/berechtigte Interessen, Lebensinteressen; **wholly-owned i.** 100-prozentige Beteiligung
interest *v/t* interessieren
interest account 1. Zins-, Prozentrechnung *f*; 2. Zins(en)konto *nt*; **equated i. a.** Staffel(zins)rechnung *f*
internal interest accounting interne Zinsrechnung; **i. accruals** Zinssollstellung *f*; **i. accrued** angelaufene Zinsen, laufender Zins; **i. adjustment** Zinsregulierung *f*; **i. arbitrage** Zinsarbitrage *f*; **i. arrears** Zinsrückstände; **i. balance** Zinssaldo *m*; **i.-bearing** *adj* zinstragend, z.bringend, z.pflichtig, verzinslich; **i. bill** Zinsrechnung *f*, Z. aufwand *m*, Z.aufwendungen *pl*, Z.kosten *pl*; **i. bond** Gratisobligation *f*; **i. burden** Zinsbelastung *f*, Z.last *f*; **net i. burden** Nettozinsbelastung *f*
interest calculation Zinsrechnung *f*; **continuous i. c.** permanente Zinsrechnung; **progressive i. c.** progressive Zinsrechnung; **i. c. list** Zinsstaffel *f*
interest ceiling Zinsobergrenze *f*; **i. certificate** Zinsvergütungsschein *m*
interest charge(s) Zinskosten *pl*, Z.belastung *f*, Z.aufwendungen *pl*, Z.endienst *m*, (Aufwands-/Soll)Zinsen *pl*; **excessive i. c.** Wucherzinsforderung *f*, **fictitious/imputed i. c.** kalkulatorische Zinsen; **implict i. c.s for the inventory period** Lagerzins *m*
interest charged franko Zinsen; Aktivzins *m*; **i. clause**

(Wechsel) Zinsklausel *f*, Z.versprechen *nt*; **i. component** Zinsbestandteil *m*; **i. computation** Zinsberechnung *f*; **i. concession** Zinsermäßigung *f*; **i.-conscious** *adj* zinsbewusst; **i. conversion** Zinskonversion *f*; **i. cost(s)** Schuldzinsen, Zinsaufwand *m*, Z.kosten *pl*; **i. cost rate** Zinsselbstkostensatz *m*
interest coupon 1. Zinsschein *m*, Z.abschnitt *m*, Z.coupon *m*, Z.kupon *m*, Renten-, Ertragsschein *m*; 2. *(Obligationen)* Kupon *m*; **i. c. payable to bearer** Inhaberzinsschein *m*; **collective i. c.** Sammelzinsschein *m*; **yearly i. c.** Jahreszinsschein *m*, Kupon mit jährlicher Zinszahlung
interest cover(age) Verhältnis zwischen Vorsteuergewinn und Zinsaufwand, Zinsdeckung *f*; **i. credit mechanism** Zins-Kredit-Mechanismus *m*; **i. date** Zins(zahlungs)termin *m*; **annual i. date** Jahreskupontermin *m*; **i. day** Zinstag *m*; **i. deferral** Zinsaufschub *m*; **i. differential(s)** Zinsdifferenz *f*, Z.gefälle *nt*, Z.unterschied(e) *m/pl*, Z.diskrepanz *f*; **uncovered i. differential(s)** Bruttozinsdifferenz *f*; **i. divisor** Zinsdivisor *m*; **i.(s) due** fällige Zinsen, Passiv-, Schuldzinsen *pl*, Kreditzins *m*, Zinsanspruch *m*, Z.forderung *f*; ~ **date** Zinstermin *m*; **i. earned** Zinsertrag *m*, Haben-, Ertragszinsen *pl*
interest earnings Zinseinkünfte, Z.erträge; **net i. e.** Zinsgewinn *m*; **i. e. balance sheet total** Zinsertragsbilanzsumme *f*
interested *adj* 1. interessiert; 2. beteiligt; **keenly i.** äußerst interessiert; **to be i. in** 1. beteiligt sein an; 2. reflektieren auf; **to become financially i. in** sich finanziell beteiligen an; **not nearly as i.** bei weitem nicht so interessiert
interest|-elastic *adj* zinselastisch; **i. elasticity** Zinselastizität *f*; **i. element** Zinsanteil *m*; **i. equalization tax** Zinsausgleichsteuer *f*; **i. escalation clause** Zinsgleitklausel *f*; **i. expenditures/expense** Zinslast *f*, Z.aufwand *m*, Z.belastung *f*, Z.aufwendungen *pl*, Z.endienst *m*, Soll-, Aufwandszinsen *pl*; **accrued i. expense** Abgrenzung vom Zinsaufwand; **average i. expense** durchschnittlich anfallende Zinskosten; **i. floor** Zinsuntergrenze *f*; **i. flows** Zinsströme; **i.-free** *adj* zinslos, z.frei, unverzinslich; **i. freeze** Zinsstopp *m*; **i. guarantee** Zinsgarantie *f*; **i. group** Interessengruppe *f*; **i.s held** Beteiligungen *pl*, Beteiligungsverhältnisse *pl*, B.portefeuille *nt*; **i. holiday** zinsfreie Zeit
interest income Zinsaufkommen *nt*, Z.ertrag *m*, Z.erträgnisse *pl*, Z.einkünfte *pl*; **net i. i.** Zinsergebnis *nt*; **other i. i.** sonstige Zinsen; **i. i. statement** Zinsertragsbilanz *f*, Z.erfolgsrechnung *f*
interest|-induced *adj* zinsbedingt, z.induziert; **i.-inelastic** *adj* zinsunelastisch; **i. inflation** Zinsinflation *f*
interesting *adj* interessant
interest|-insensitive *adj* zinsunempfindlich; **i. instalment** Zinsrate *f*; **i. interview** *(Personal)* Interessentest *m*; **i.-like** *adj* zinsähnlich; **i. load** Zinsbelastung *f*; **graduated i. loan** Treppenkredit *m*; **i. loss/lost** Zinsausfall *m*, Z.verlust *m*; **i. loss risk** Zinsausfallrisiko *nt*
interest margin Zinsspanne *f*; **gross i. m.** Bruttozinsspanne *f*; **net i. m.** Nettozinsspanne *f*; **sectional i. m.** Teilzinsspanne *f*; **squeezed i. m.s** gedrückte Zinsspan-

nen; **i. m. accounting** Zinsspannenrechnung *f*
interest maximization Zinsmaximierung *f*; **i. minimization** Zinsminimierung *f*
interest owing Sollzinsen *pl*; **i. paid** Aufwandzinsen *pl*, Zinsaufwand *m*; ~ **for borrowed funds** Refinanzierungszinsen; **net i. paid**; **i. paid net** Zinsnetto-, Nettozinsaufwand *m*; **i. parity** Zinsparität *f*; **i. payable** Haben-, Passiv-, Aufwandzinsen *pl*, Zinsaufwand *m*, Z.verbindlichkeiten *pl*; ~ **for borrowed funds** Refinanzierungszinsen *pl*
interest payment Zinszahlung *f*; **i. and amortization p.s** Zins- und Tilgungsdienst *m*; **to defer i. p.s** Zinszahlung verschieben; **retarded i. p.** Spätverzinsung *f*; **i. p. date** Zinszahlungstermin *m*; ~ **guarantee** Zinsgarantie *f*; **i. and amortization p.s** Zins- und Amortisationsdienst *m*
interest and dividend payout business Zahlstellengeschäft *nt*; **i. penalty** Strafzins *m*; **i. period** Zinsperiode *f*, Z.zeitraum *m*; **i. policy** verzinslicher Versicherungsschein, Police mit versicherbarem Interesse; **i. portion** Ertragsanteil *m*; **i. premium** Zinsbonus *m*; **and i. price** Erwerbskurs plus aufgelaufene Zinsen; **i. pro and contra** Soll- und Habenzinsen *pl*; **i. profit** Zinsgewinn *m*
interest rate Zinssatz *m*, Z.rate *f*, Z.fuß *m*, Kreditzins *m*, Geldsatz *m*; ~ **on a loan** Kredit-, Darlehenszinssatz *m*; **i. r.s for mortgages** Hypothekenzinsen; **i. r. of return** interner Zinsfuß; ~ **for savings accounts**; ~ **on savings deposits** Sparzinsen *pl*, S.einlagenzinsfuß *m*, Zinssatz für Spareinlagen; ~ **in real terms** Realzins *m*; **distorting i. r.s** zinsverfälschend; **subsidizing i. r.s** Zinsverbilligung *f*
to bring down/cut/decrease/lower interest rate(s) Zinsen/Zinssätze senken, ~ herabsetzen; **to carry an i. r. of ...** mit einem Zins(satz) von ... ausgestattet sein; **to increase/put up/raise the i. r.** Zinssatz/Zinsen erhöhen; **to tighten (up) i.r.s** Zinsschraube anziehen *(fig)*
all-in interest rate Einstands-, Endzinssatz *m*; **attractive i. r.s** attraktive Zinsen, Zinsanreiz *m*; **average i. r.s** Durchschnittsverzinsung *f*; **basic i. r.** Leitzins *m*; **commercial i. r.** handelsüblicher Zinssatz; **composite i. r.** Mischzins *m*; **concessionary/preferential i. r.** Vorzugszins *m*; **effective i. r.** Effektzins *m*, Einstandszinssatz *m*; **fixed i. r.** Festzinssatz *m*; **at** ~ **r.s** zu Festzinsbedingungen/F.konditionen; **fixed-period i. r.** Festzinsen *m*, Zinssatz für Festgelder/Termin(geld)einlagen; **floating i. r.** variabler Zinssatz, schwankender Zins; **high i. r.** hoher Zinssatz; ~ **policy** Hochzinspolitik *f*; **at identical i. r.s** zinskongruent; **increasing i. r.** steigender Zinssatz; **long-term i. r.** Kapitalzins *m*; **low i. r.** niedriger Zinssatz; ~ **policy** Niedrig-, Billigzinspolitik *f*; **natural i. r.** natürlicher Zins; ~ **on savings** Nettosparzins *m*; **overnight interbank i. r.s** Tagesgeldzinssatz unter Banken; **prevailing i. r.** Kalkulationszinsfuß *m*, Marktzins *m*; **real i. r.** Effektiv-, Realzins(satz) *m*; **negative** ~ **i. r.** negativer Realzins; **at a reduced i. r.** zinsverbilligt; **rising i. r.** steigender Zinssatz; **special i. r.** Sonderzins *m*; **stable i. r.** gleichbleibender Zins; **at** ~ **i. r.s** zinskon-

stant; **steep i. r.s** hohe Zinsen; **stipulated i.r** Kalkulationszinsfuß *m*; **three-month i. r.** Dreimonatsgeldsatz *m*; **tiered i. r.s** Staffelzinsen, gestaffelte Zinssätze; **top i. r.** Höchstzins(satz) *m*; **uncontrolled i. r.s** freie Zinsen; **variable i. r.** Gleitzins *m*; **at ~ i. r.s** zinsvariabel
interest rate adjustment Zinsanpassung *f*; **~ agreement** Zinsabkommen *nt*; **~ arbitrage** Zinsarbitrage *f*; **~ dealings** Zinsarbitragegeschäft *nt*; **~ arbitrage(u)r** Zinsarbitragist *m*; **~ bulge** Zinsbuckel *m*; **day-to-day ~ calculation** Staffelzinsrechnung *f*; **~ category** Zinsbereich *m*; **~ ceiling** Maximalzins *m*, obere Zinsgrenze, Zinshöchstsätze *pl*; **insensitive to ~ changes** zinsrobust; **~ charges** Zinsnebenkosten; **~ climate** Zinsklima *nt*; **~ competition** Zinswettbewerb *m*; **~ control(s)** Zinsregulierung *f*, Z.bindung *f*; **to alter ~ controls** Zinsbindung aufheben; **~ cut** Zinssenkung *f*; **~ cycle** Zinszyklus *m*; **~ decontrol/deregulation** Zinsfreigabe *f*; **~ development** Zinsentwicklung *f*, Z.bildung *f*; **~ differential** Zinsunterschied *m*, Z.gefälle *nt*, Z.abstand *m*, Z.differenz *f*; **covered ~ differential** Nettozinsdifferenz *f*; **inverse ~ differential** inverses Zinsgefälle; **~ effect** Zinseffekt *m*; **~ elasticity** Zinselastizität *f*; **~ escalation** Zinseskalation *f*; **~ euphoria** Zinseuphorie *f*; **~ expectation** Zinserwartungen; **~ exposure** Zinsänderungsrisiko *nt*; **~ flexibility** Zinsflexibilität *f*; **~ fluctuation** Zinsschwankung *f*; **~ futures (contracts)** Zins(termin)kontrakte; **~ gap** Zinsgefälle *nt*, Z.schere *f*; **~ guarantee** Zinsgarantie *f*, Z.festschreibung *f*; **~ incidentals** Zinsnebenkosten; **~ level** Zinsniveau *nt*; **~ margin** Zinsmarge *m*; **~ maximization** Zinsmaximierung *f*; **~ minimization** Zinsminimierung *f*; **~ move** Zinsbewegung *f*; **independent ~ movement** Zinsabkopplung *f*; **~ peak** Zinsgipfel *m*
interest rate policy (Kapital)Zinspolitik *f*; **independent ~ p.** Zinsabkopplung *f*
interest rate prospects Zinsvorausschau *f*; **~ -raising** *adj* zinstreibend; **~ reduction** Zinssenkung *f*; **~ through conversion** Zinskonversion *f*; **~ regimentation** Zinslenkung *f*; **~ regulation** Zinskontrolle *f*; **~ relief** Zinsvergünstigung *f*; **~ rise** Zinsanstieg *m*; **~ risk** Zinsrisiko *nt*; **turning the ~ screw** *(fig)* Drehen an der Zinsschraube *(fig)*; **~ situation** Zinssituation *f*; **~ slump** Zinsrückschlag *m*; **~ spread** Zinsgefälle *nt*, Z.fächer *m*; **~ stabilization** Zinsstabilisierung *f*; **~ structure** Zinsgefüge *nt*, Z.struktur *f*; **inverse ~ structure** inverse Zinsstruktur; **~ swap** Zinstausch *m*; **~ trough** *(fig)* Zinstal *nt (fig)*; **~ type** Zinstyp *m*; **~ war** Zinswettlauf *m*; **~ weapon** Zinsinstrument *nt*
interest rebate Zinsnachlass *m*, Z.verbilligung *f*; **i. rebound** Zinsumkehr *f*, Z.umschwung *m*; **i. receipts** Zinseingänge, Z.einnahmen, Z.ertrag *m*; **i. receivable** Ertrags-, Soll-, Aktivzinsen *pl*, Zinsforderung *f*; **i. received** Zinseinnahmen *pl*, Z.einkünfte *pl*, Z.ertrag *m*, Ertragszinsen *pl*; **net i. received** Zinsüberschuss *m*, Z.mehrertrag *m*, Z.nutzen *m*; **i. reduction** Zinsnachlass *m*; **i. relief** Steuererleichterung für Zinsaufwendungen; **gross i. return** Bruttoverzinsung *f*; **net i. return** Nettoverzinsung *f*; **i. revenue(s)** Zinsertrag *m*, Z.einnahmen *pl*, Z.erträgnisse *pl*; **i.-sensitive** *adj* zinsempfindlich, z.reagibel; **i. sensitivy** Zinsreagibilität *f*; **i. service** Zinsendienst *m*; **i. and amortization service** Zins- und Amortisationsdienst *m*; **i. set aside** gebundene Zinsbeträge; **i. share** Beteiligungsquote *f*; **i. spread** Zinsspanne *f*; **i. statement** Zinsaufstellung *f*, Z.abrechnung *f*, Z.note *f*; **day-to-day i. statement** Zinsstaffel *f*; **vested i. stock** Interessentenpapier *nt*; **i.-subsidized** *adj* zinsverbilligt, z.begünstigt, **i. subsidy** Zinssubvention *f*, Z.zuschuss *m*, Z.beihilfe *f*; **i. and redemption subsidy** Aufwendungsbeihilfe *f*; **i. surplus** Zinsüberschuss *m*; **i. table** Zinsstaffel *f*, Z.tabelle *f*; **compound i. table** Zinseszinstabelle *f*; **i. terms** Zinsbedingungen, Z.ausstattung *f*; **dynamic i. theory** dynamische Zinstheorie; **i. ticket** Zinsschein *m*; **i. trend reversal** Zinsumkehr *f*, Z.umschwung *m*; **i. vessel** versichertes Schiff; **i. waiver** Zinsverzicht *m*; **i. warrant** Zinscoupon *m*, Z.kupon *m*, Z.(auszahlungs)schein *m*, Z.gutschrift *f*
interest yield Zinsertrag *m*, Z.rendite *f*; **i. y. on loans** Zinserträge aus Darlehen; **aggregate/total i. y.** Gesamtverzinsung *f*; **effective annual i. y.** Effektivverzinsung *f*
interest-yielding *adj* verzinslich, zinstragend, z.bringend
interface *n* 1. 💾 Interface *nt*, Anpassschaltung *f*, Schnitt-, Nahtstelle *f*; 2. Grenzbereich *m*; **home-work i.** Verhältnis von Familie und Beruf
interface *v/t* 💾 koppeln; **i. with** *v/i* zueinander passen, aufeinander abgestimmt sein
interfere *v/i* 1. eingreifen, sich einmischen, intervenieren; 2. behindern, dazwischenkommen, d.treten, stören, kollidieren; 3. *(Pat.)* (Prioritätsrecht) geltend machen; **i. with** (be)hindern
interference *n* 1. (störender) Eingriff, Eingreifen *nt*, Einmischung *f*; 2. Dazwischentreten *nt*, Störung(seinfluss) *f/m*; 3. Patenteinspruch(sverfahren) *m/nt*, P.verfahren *nt*, P.streit *m*; 4. Rundfunkstörung *f*
interference with attachment [§] Verstrickungsbruch *m*; **unauthorized ~ ballot papers** Verletzung des Wahlgeheimnisses; **~ interest rates** Zinsintervention *f*; **without any i. by third parties** ohne Beeinträchtigung durch Dritte; **i. with possession** [§] Besitzstörung *f*; **unlawful ~ possession** verbotene Eigenmacht; **~ private property** Eingriff in das Privateigentum; **~ so.'s rights** Beeinträchtigung der Rechte (anderer); **wilful ~ the safety of others** vorsätzliche Gefährdung anderer Personen
illegitimate interference verbotene Eigenmacht; **outside i.** Einmischung von außen; **public i.** öffentlicher Eingriff; **regulatory i.** Eingriff durch die Aufsichtsbehörde
interference allowance 🔧 Zuschlag für Brachzeiten bei Mehrmaschinenbedienung; **i. frequency** Störfrequenz *f*; **i. proceedings** Patenteinspruchsverfahren *nt*, Prioritätsstreit(verfahren) *m/nt*, Verfahren zur Feststellung eines Prioritätsrechts; **i. threshold** Eingriffsschwelle *f*; **i. time** Brachzeit bei Mehrstellenarbeit
interfering *adj* störend, lästig
intergovernmental *adj* unter/zwischen den Regierungen, zwischenstaatlich; **I. Maritime Consultative Or-**

ganization (IMCO) Zwischenstaatliche Beratende Schifffahrtsorganisation
intergroup *adj* konzernintern
interim *n* 1. Zwischenzeit *f*, Interim *nt*; 2. Abschlags-, Zwischendividende *f*, Dividendenabschlag *m*; **to pass the i.** Zwischendividende ausfallen lassen; **to pay an i.** Zwischendividende zahlen
interim *adj* inzwischen, vorläufig, einstweilig, zwischenzeitlich, Zwischen-
interindustry *adj* Interbranchen-
interior *adj* innere(s), Innen-
interior *n* Innere *nt*, Innenraum *m*; **i. of the earth** Erdinneres *nt*; **landscaped i.** Wohnlandschaft *f*; **I. Department** *[US]* Innenministerium *nt*
interjurisdictional *adj* [§] im zwischenstaatlichen Rechtsverkehr
interlacing *n* Verzahnung *f*; **i. of capital interests** Kapitalverflechtung *f*
inter|leaf *n* 𝔻 Durchschuss *m*; **i.leave** *v/t* 1. durchschießen; 2. überlappen, verzahnen; **i.leaving** *n* Verzahnung *f*
inter|line *v/t* zwischen die Zeilen schreiben; **i.linear** *adj* zwischenzeilig. interlinear
interlink *v/ti* 1. verzahnen, verflechten; 2. ineinandergreifen; **i.age** *nt* Verflechtung *f*; **i.ed** *adj* verflochten; **i.ing** *n* Verflechtung *f*
interlock *v/ti* 1. verschachteln, miteinander verzahnen; 2. ineinander greifen; **i.ed** *adj* verflochten
interlock *n* Verriegelung *f*, Verschluss *m*; **corporate i.** Überkreuzverflechtung *f*
interlocking *adj* ineinander greifend, verkettet, verschachtelt
interlocking *n* Verschachtelung *f*, Verkettung *f*; **i. of capital** Kapitalverflechtung *f*; **tight i.** enge Verflechtung
interlocutor *n* Gesprächspartner(in) *m/f*; **i.y** *adj* 1. ins Gespräch eingeflochten, Gesprächs-; 2. [§] vorläufig, Vor-, Zwischen-
interlope *v/i* 1. sich einmischen; 2. wilden Handel treiben; **i.r** *n* Eindringling *m*
interlude *n* Zwischenspiel *nt*; **musical i.** musikalische Einlage
intermediary *adj* dazwischenliegend, vermittelnd, Zwischen-
intermediary *n* (Ver)Mittler(in) *m/f*, Mittelsmann *m*, M.person *f*, Zwischenhändler *m*, Verbindungsmann *m*, Vermittlungsstelle *f*, Unterhändler(in) *m/f*; **to act as i.** als (Ver)Mittler auftreten, ~ tätig sein, vermitteln; **financial i.** Finanzmakler *m*, F.(inter)mediär *m*, Geld- und Kapitalvermittler *m*, intermediäres Finanzinstitut; **domestically located i.** Mittelsmann im Inland; **non-financial/non-monetary intermediaries** paramonetäre Finanzierungsinstitute; **i. capacity** Vermittleramt *nt*; **i.'s commission** Vermittlungsprovision *f*; **i.'s interest** Zwischenzins *m*
intermediate *adj* mittelfristig, dazwischenliegend, Zwischen-; *n* Zwischenprodukt *nt*; **i.-range** *adj* mittelfristig
interministerial *adj* interministeriell, ressortübergreifend

inter|mission *n* 🎭 (Spiel)Pause *f*, Sendepause *f*, Unterbrechung *f*; **i.mittent** *adj* periodisch auftretend, stoßweise, sporadisch, hin und wieder, mit Unterbrechungen
intermixture *n* [§] Vermischung *f*
intermodal *adj* 🚚/🚂 multimodal, kombiniert
intern *n* *[US]* ⚕ Medizinalassistent *m*, Praktikant(in) *m/f*
intern *v/t* internieren
internal *adj* 1. innere(r,s); 2. Binnen-, Inlands-, einheimisch; 3. innerkonzernlich, i.betrieblich, (bereichs-/betriebs)intern; 4. *(EU)* innergemeinschaftlich; **I. Revenue Service (IRS)** *[US]* (Einkommen)Steuerbehörde *f*, Steuerverwaltung *f*, Finanzbehörde *f*, F.amt *nt*, die Steuer *(coll)*
international *adj* international; **i.s** internationale Wertpapiere, international gehandelte Papiere
International Agreement on Railway Freight Traffic Internationale Übereinkunft über den Eisenbahnfrachtverkehr; **I. Air Transport Association (IATA)** Internationaler Luftverkehrsverband; **I. Association for the Protection of Industrial Property** Internationale Vereinigung zum Schutz gewerblichen Eigentums; **~ Public Opinion Research** Internationaler Verband für Meinungsforschung; **~ Vocational Guidance** Internationaler Verband für Berufsberatung; **I. Atomic Energy Agency (IAEA)** Internationale Atomenergiekommission; **I. Bank for Economic Cooperation (IBEC)** Internationale Bank für wirtschaftliche Zusammenarbeit; **~ for Reconstruction and Development (IBRD)** Internationale Wiederaufbaubank, Internationale Bank für Wiederaufbau und Entwicklung, Weltbank; **I. Bar Association** Internationale Anwaltsvereinigung; **I. Bureau of Chambers of Commerce (IBCC)** Internationales Büro der Handelskammern (IBCC); **~ Weights and Measures** Internationales Büro für Maße und Gewichte; **I. Centre for the Settlement of Investment Disputes** Internationales Zentrum zur Beilegung von Investitionsstreitigkeiten; **I. Chamber of Commerce (ICC)** Internationale Handelskammer (IHK); **~ Shipping** Internationale Schifffahrtskammer; **I. Civil Aviation Organization (ICAO)** Internationale Zivilluftfahrtorganisation ; **I. Code of Signals** ⚓ Internationales Signalbuch; **I. Coffee Agreement (ICA)** Internationales Kaffeeabkommen; **I. Commodity Agreement** Internationales Rohstoffabkommen; **I. Confederation of Free Trade Unions (ICFTU)** Internationaler Bund Freier Gewerkschaften; **I. Cooperative Alliance** Internationaler Genossenschaftsverband; **I. Court of Justice** Internationaler Gerichtshof; **I. Criminal Police Organisation (Interpol)** Internationale Kriminalpolizeiliche Organisation (Interpol); **I. Development Association (IDA)** Internationale Entwicklungsorganisation; **I. Energy Agency (IEA)** Internationale Energieagentur; **I. Exhibition Office** Internationales Ausstellungsamt; **I. Federation of Christian Trade Unions** Internationaler Bund Christlicher Gewerkschaften; **~ Trade Unions** Internationale Gewerkschaftsvereinigung; **I. Finance Corporation (IFC)** Internationale Finanzie-

rungsgesellschaft; **I. Hotel Association** Internationaler Hotelverband; **I. Inland Shipping Union** Internationale Binnenschifffahrtsunion; **I. Institute for the Unification of Private Law** Internationales Institut für die Vereinheitlichung des Privatrechts
international|ization *n* Internationalisierung *f*; **i.ize** *v/t* internationalisieren
International Labour Conference Internationale Arbeitkonferenz, Weltarbeitskonferenz *f*; ~ **Office/Organization (ILO)** Internationales Arbeitsamt, Weltarbeitsamt *nt*; **I. Law Commission (ILC)** Internationale Rechtskommission (IRK), Völkerrechtskommission *f*; **I. Marketing Association (IMA)** Internationale Absatzwirtschaftliche Vereinigung; **I. Monetary Fund (IFM)** Internationaler Währungsfonds (IWF), Weltwährungsfonds *m*; **I. Narcotics Control Board** Internationales Suchtstoffkontrollamt; **I. Office of Epizootics** Internationales Tierseuchenamt; **I. Organization of Employers (IOE)** Internationale Arbeitgeberorganisation; ~ **for Standardization** Internationaler Normenausschuss; **I. Patent Classification** Internationale (Patent)Klassifikation; ~ **Institute** Internationales Patentinstitut; ~ **Office (The Hague)** Internationales Patentamt (Den Haag); **I. Police Association (IPA)** Internationaler Polizeiverband; **I. Red Cross** Internationales Rotes Kreuz; **I. Refugee Organization** Weltflüchtlingsorganisation *f*; **I. Savings Banks Institute** Internationales Institut der Sparkassen; **I. Seamen's Code** Internationale Seemannsordnung; **I. Searching Authority** *(Pat.)* Internationale Recherchenbehörde; **I. Shipping Federation** Internationaler Reederverein; **I. Standard Classification of all Economic Activities** Internationale Systematik der Wirtschaftszweige der Vereinten Nationen; ~ **Classification of Occupations (ISCO)** Internationale Standardklassifikation der Berufe, Internationale Berufssystematik; ~ **Industrial Classification of all Economic Activities** Internationale Wirtschaftszweigsystematik; **I. Standards Organization (ISO)** Internationale Standardorganisation, Internationaler Normenausschuss; **I. Sugar Council** Internationaler Zuckerrat; **I. Telecommunications Union (I.T.U.)** Internationaler Fernmeldeverein; **I. Tin Council** Internationaler Zinnrat; **I. Trade Conference** Internationale Wirtschaftskonferenz; ~ **Organisation (ITO)** Internationale Handelsorganisation; **I. Union of Marine Insurers** Internationaler Transportversicherungsverband, Internationale Vereinigung der Seeversicherer; ~ **for the Protection of Industrial Property** Internationaler Verband zum Schutz des gewerblichen Eigentums; ~ **for the Publication of Customs Tariffs** Internationaler Verband für die Veröffentlichung der Zolltarife; **I. Wheat Agreement** Internationales Weizenabkommen; ~ **Council** Internationaler Weizenrat; **I. Working Men's Association** Internationale Arbeitervereinigung; **I. Youth Hostel Federation** Internationaler Jugendherbergsverband
internee *n* Internierte(r) *f/m*
internet *n* Internet *nt*; **to surf in the i.** im Internet surfen; **i. connection** Internetverbindung *f*

internist *n* *[US]* ✣ Internist(in) *m/f*
internment *n* Internierung *f*; **i. camp** Internierungslager *nt*; **i. order** Internierungsbefehl *m*
internship *n* 1. ✣ Praktikum *nt*, Famulatur *f*; 2. Praktikumsplatz *m*; **i. phase** Praktikumszeit *f*
interoffice *adj* innerbetrieblich
interparliamentary *adj* interparlamentarisch; **I. Union** Interparlamentarische Union
interparty *adj* interfraktionell
interpel|lant; i.lator *n* Interpellant *m*; **i.late** *v/i* Anfrage richten an, interpellieren; **i.lation** *n* Interpellation *f*, Anfrage *f*, Einspruch *m*
interpenetrating *adj* ineinander greifend
interpenetration *n* Verflechtung *f*, gegenseitige Durchdringung; **i. of national economies** Verflechtung von Volkswirtschaften; **financial i.** finanzielle Verflechtung
interplant *adj* über-, zwischenbetrieblich
interplay *n* Wechselspiel *nt*, W.wirkung *f*
interplead *v/i* [§] 1. miteinander prozessieren; 2. *(Zivilprozess)* Streit verkünden
interpleader *n* [§] 1. Zwischenfeststellungs-, Interventionsklage *f*, Streitverkündigung *f*, Hauptintervention *f*, Indizienfeststellungsverfahren *nt*; 2. Nebenintervention *f*, Drittwiderspruchsklage *f*; 3. Drittkläger(in) *m/f*, Nebenintervenient *m*; **i. issue** Prätendentenstreit *m*; **i. proceedings** Streitverkündigungs-, Nebeninterventionsverfahren *nt*
inter|polate *v/t* *(Text)* einschieben; **i.polation** *n* Einschiebung *f*, Einschub *m*, Interpolation *f*; **i.polator** *n* 🖳 (Loch)Kartenmischer *m*
inter|pose *v/ti* 1. [§] Einrede geltend machen/vorbringen; 2. dazwischenkommen; **i.position** *n* Dazwischen-, Zwischenschaltung *f*
interpret *v/t* 1. auslegen, interpretieren, deuten, auffassen, (aus)werten; 2. dolmetschen; **i. liberally/widely** großzügig/weit auslegen; **i. restrictively** eng auslegen
interpretation *n* 1. Deutung *f*, Auslegung *f*, Erklärung *f*, Interpretation *f*, Lesart *f*, Auswertung *f*; 2. *(Konzert)* Wiedergabe *f*; **i. of (a) contract** Vertragsauslegung *f*; ~ **the law** Gesetzesauslegung *f*; **to give a broad i.** großzügig/weit auslegen; ~ **different/new i.** umdeuten; ~ **narrow i.** einschränkend/eng auslegen
authoritative interpretation maßgebliche/verbindliche Auslegung; **broad/extensive i.** weitgehende/ausdehnende Auslegung; **conceptual/doctrinal i.** begriffliche Auslegung; **divergent i.** abweichende Auslegung; **judicial i.** richterliche Interpretation/Auslegung; **legal i.** Rechtsauslegung *f*; **literal i.** buchstäbliche/wörtliche Auslegung; **logical i.** sinngemäße Auslegung; **misleading i.** sinnwidrige Auslegung; **official i.** amtliche Auslegung; **restrictive i.** einschränkende Interpretation; **rigorous i.** strenge Auslegung; **statutory i.** [§] (rechts)verbindliche Auslegung; **uniform i.** einheitliche Auslegung
interpretation clause Auslegungsbestimmung *f*, Interpretationsklausel *f*
interpreter *n* 1. Dolmetscher(in) *m/f*; 2. Interpret(in) *m/f*; 3. 🖳 Interpreter *m*, Lochschriftenübersetzer *m*; **to**

act as i. dolmetschen; **alphabetic i.** Lochschriftübersetzer *m*; **certified i.** Diplomdolmetscher(in) *m/f*; **sworn i.** beeideter/vereidigter Dolmetscher
interpreting facility Dolmetschanlage *f*
interrelate *v/t* miteinander verbinden, in gegenseitige Beziehung bringen; **i.d** *adj* zusammenhängend, miteinander verbunden
interrelation *n* Wechselbeziehung *f*, Verflechtung *f*; **domestic economic i.s** binnenwirtschaftliche Verflechtung; **financial i.** Kapitalverflechtung *f*; **i.ship** *n* Verflechtung von Unternehmen
interrogate *v/t* verhören, ausfragen, (ein)vernehmen, befragen; **i. feature** ▢ Abfrageeinrichtung *f*; **i.e** *n* Vernommene(r) *f/m*
interrogation *n* Verhör *nt*, Einvernahme *f*, Vernehmung *f*, Befragung *f*; **i. of experts** Vernehmung von Sachverständigen; **~ a party** [§] Parteieinvernahme *f*, P.vernehmung *f*; **i. in private** Einzelvernehmung *f*; **i. facility** ▢ Abfragemöglichkeit *f*; **i. records** Vernehmungsprotokoll *nt*
interrogator *n* 1. Fragesteller(in) *m/f*; 2. Vernehmungsbeamter *m*
interrupt *v/t* unterbrechen; **~ so. rudely** jdm über den Mund fahren *(fig)*; **i.ed** *adj* unterbrochen
interruption *n* 1. (Arbeits)Unterbrechung *f*, (Betriebs)Störung *f*, Stockung *f*, Stillstand *m*, (Entwicklungs)Bruch *m*; 2. Zwischenruf *m*; **without i.** ununterbrochen, in einer Schicht
interruption of business Betriebs-, Geschäftsunterbrechung *f*; **~ business insurance** Geschäftsunterbrechungsversicherung *f*; **~ earnings** Verdienstausfall *m*; **~ the limitation period** [§] Unterbrechung der Verjährung; **~ sentence** [§] Strafunterbrechung *f*; **~ service** Betriebsstörung *f*; **~ the sitting** [§] Unterbrechung des Verfahrens; **~ the statute(s) of limitation** [§] Unterbrechung der Verjährung; **i. in supply** Lieferunterbrechung *f*; **i. of term; ~ the period of time** Fristunterbrechung *f*; **~ trading** *(Börse)* Geschäftsunterbrechung *f*
interruption insurance Betriebsunterbrechungsversicherung *f*
intersect *v/ti* 1. kreuzen, (über)schneiden; 2. sich kreuzen/(über)schneiden; **i.ion** *n* 1. Überschneidung *f*, Schnittpunkt *f*, S.menge *f*; 2. Straßenkreuzung *f*; **i.oral** *adj* intersektoral
intersperse *v/t* verteilen, einstreuen
interstate *adj* [US] zwischen den Bundesstaaten
intersupplies *pl* konzerninterne Lieferungen
intertemporal *adj* im Zeitablauf, intertemporal
intertwined *adj* miteinander verflochten
interunion *adj* zwischengewerkschaftlich
interurban *adj* Überland-
interval *n* 1. (Zeit)Abstand *m*, Zwischenraum *f*, Pause *f*, Zeitabschnitt *f*, Intervall *nt*, Unterbrechung *f*; 2. Sendepause *f*; **at i.s** ab und zu, periodisch, in Abständen
decent interval Anstandsfrist *f*; **at hourly i.s** jede Stunde, stündlich; **~ irregular i.s** in zwangloser Folge, in unregelmäßigen Abständen; **long i.** große Pause; **at ~ i.s** in langen Zeitabständen; **lucid i.s** *(coll)* lichte Momente *(coll)*; **recessive i.** Stockungspause *f*; **at regular i.s** 1. in regelmäßigen (Zeit)Abständen; 2. 🚆 im Taktverkehr; **at weekly i.s** in wöchentlichen Abständen
interval availability ✿ *(Maschine)* wahrscheinlicher Nutzungsgrad; **i. estimation** Intervallabschätzung *f*; **i. timer** Zeitgeber *m*
inter|vene *v/i* einschreiten, eingreifen, sich einschalten/einmischen, intervenieren; **i.vener; invenor** *n* 1. Vermittler(in) *m/f*; 2. [§] (Neben)Intervenient *m*; **principal i.ener/i.venor** Hauptintervenient *m*
intervention *n* 1. Eingreifen *nt*, Einschreiten *nt*, Einmischung *f*, Vermittlung *f*, Intervention *f*; 2. [§] Einspruch(serhebung) *m/f*, Prozessbeitritt *m*, Nebenintervention *f*; **i. in the capital market** Kapitalmarktintervention *f*; **~ market** Markteingriff *m*; **~ open market** Intervention am freien Markt; **i. to smooth price fluctuations** kursglättende Intervention; **i. supra protest** Ehrenintervention *f*; **to confine i. to smoothing operations** Interventionen auf den Spitzenausgleich beschränken
armed intervention bewaffnete Intervention; **governmental i.** staalicher Eingriff; **intra-marginal i.** intermarginale Intervention; **joint i.** *(Devisenmarkt)* abgestimmte Intervention; **judicial i.** gerichtliches Eingreifen
intervention agency/authority/board *(EU)* Interventionsstelle *f*; **i. appropriations** Interventionsmittel; **i. boards for agricultural produce** *(EU)* Einfuhr- und Vorratsstelle für landwirtschaftliche Erzeugnisse; **i. buying** Interventions-, Stützkäufe *pl*; **i. currency** Interventionswährung *f*; **i. expenditure** *(EU)* Interventionsausgaben *pl*, I.kosten *pl*; **i. holdings** *(Geldmarkt)* Interventionsmasse *f*, I.bestände
intervention|ism *n* Interventionismus *m*; **i.ist** *adj* interventionistisch
intervention limit Interventionsgrenze *f*; **i. mechanism** Interventionsmechanismus *m*; **i. point** Interventionspunkt *m*; **lower/upper i. point** unterer/oberer Interventionspunkt; **i. policy** Interventionspolitik *f*
intervention price 1. *(EU)* Ankaufs-, Interventionspreis *m*, garantierter Mindestpreis; 2. *(IWF)* Interventionskurs *m*; **basic i. p.** Grundinterventionspreis *m*; **derived i. o.** abgeleiteter Interventionspreis
intervention rate Interventionskurs *m*; **i. rules** Interventionsregeln *f*; **i. stocks** Interventionslager *nt*, I.bestände *pl*; **i. system** Interventionsregelung *f*; **compulsory i. system** Pflichtinterventionssystem *nt*
interview *n* 1. Vor-, Einstellungsgespräch *nt*; 2. Interview *nt*, Unterredung *f*, (persönliche) Befragung, Gespräch *nt*; **to grant so. an i.** jdm eine Unterredung gewähren
focused interview zentriertes Interview; **follow-up i.** Nachfassinterview *nt*; **informal i.** formlose Befragung; **initial i.** Aufnahmeinterview *nt*; **multi-stage i.** Mehrstufenbefragung *f*; **permissive i.** weiches Interview; **point-of-purchase i.** Kaufortinterview *nt*; **pretest i.** Test-, Probeinterview *nt*; **qualitative i.** Tiefen-, Intensivinterview *nt*, offenes Interview; **unstructured i.** freies Interview
interview *v/t* 1. interviewen, (persönlich) befragen; 2. Vorstellungsgespräch (mit jdm) führen

interview assessment Auswertung des Vorstellungsgespräches
interviewee *n* Befragte(r) *f/m*, Interviewte(r) *f/m*, Proband(in) *m/f*, befragte Person
interviewer *n* Fragesteller(in) *m/f*, Befrager *m*, Interviewer *m*, Rechercheur *m (frz.)*; **i. bias** Verfälschung durch den Befrager
interview expenses Vorstellungskosten; **i. guide/outline** Leitfaden für die Befragung
interwar *adj* Zwischenkriegs-
inter vivos *(lat.)* [§] unter Lebenden
interworks *adj* Werks-
intestable *adj* nicht testierfähig
intestacy *n* [§] Fehlen eines Testaments, Sterben ohne Hinterlassung eines Testaments, Intestat *nt*; **i. distribution** Intestaterbfolge *f*
intestate *n* Intestaterblasser *m*; *adj* ohne Testament, ohne Hinterlassung eines Testaments, testamentlos; **to die i.** ohne Testament/Erbregelung sterben, ohne Hinterlassung eines Testaments sterben
intes|tinal *adj* ♯ Darm-; **i.testine** *n* Darm *m*
inti|macy *n* Intimität *f*, Vertrautheit *f*; **i.mate** *adj* 1. intim, vertraut, vertraulich, persönlich; 2. geheim
inti|mate *v/t* andeuten, zu verstehen geben, anklingen/ durchblicken lassen, mitteilen; **i.mation** *n* Hinweis *m*, Andeutung *f*, Wink *m*
intimidate *v/t* einschüchtern, (ver)ängstigen
intimidation *n* Einschüchterung *f*; **i. of members of parliament** Nötigung von Parlamentsmitgliedern; **~ a witness** Zeugennötigung *f*
intoler|able *adj* untragbar, unerträglich; **i.ance** *n* Intoleranz *f*, Unduldsamkeit *f*; **i.ant** *adj* intolerant, unduldsam
intoxi|cant *n* berauschendes Mittel, Rauschmittel *nt*; **i.cate** *v/t* berauschen, betrunken machen; **i.cated** *adj* (be)trunken; **fully i.cated** volltrunken
intoxication *n* Trunkenheit *f*, Rausch *m*; **alcoholic i.** Alkoholvergiftung *f*; **total i.** Volltrunkenheit *f*, V.rausch *m*
intoximeter *n* Alkoholtestgerät *nt*
intra|-bloc *adj* Binnen-; **i.-brand** *adj* markenspezifisch; **i.-class** *adj* innerhalb der Klassen; **i.-Community** *adj (EU)* innergemeinschaftlich; **i.-company** *adj* innerbetrieblich
intrac|tability *n* Unlenksamkeit *f*, Widerspenstigkeit *f*; **i.table** *adj* 1. unlenkbar, halsstarrig, widerspenstig, eigensinnig, schwer zu handhaben; 2. *(Problem)* hartnäckig
intra|-department(al) *adj* abteilungsintern; **i.-European** *adj* inner-, intereuropäisch; **i.-firm** *adj* Innen-, innerbetrieblich, unternehmensintern; **i.-German** *adj* innerdeutsch; **i.-government** *adj* regierungsintern; **i.-group** innerkonzernlich, konzernintern; **i.-industry** *adj* branchenintern, intrasektoral
intra muros *(lat.)* [§] nichtöffentlich
intransi|gence; i.gency *n* Kompromisslosigkeit *f*, Unnachgiebigkeit *f*; **i.gent** *n* Radikale(r) *f/m*; *adj* kompromisslos, unversöhnlich, unnachgiebig, starr
intra|-plant *adj* werksintern, innerbetrieblich; **i.-sectoral** *adj* innersektoral; **i.-state** *adj* innerstaatlich, staatsintern; **i.-system** *adj* innerhalb des Systems

intra vires *(lat.)* [§] im Rahmen der Satzung, satzungsgemäß
in-tray *n* (Post)Eingangskorb *m*
intri|cacy *n* Kompliziertheit *f*, Verworrenheit *f*, Finesse *f*; **i.cate** *adj* verwickelt, verworren, komplex, kompliziert, ausgeklügelt, verzweigt, ausgetüftelt, knifflig, verzwickt
intrigue *n* Intrige *f*, Machenschaft *f*, Ränkespiel *nt*; **i.s** Intrigen, Ränke
intrigue *v/t* 1. intrigieren, Ränke schmieden; 2. faszinieren, neugierig machen; **i.r** *n* Intrigant(in) *m/f*, Ränkeschmied *m*
intrinsic *adj* innere(r,s), innerlich, eigentlich, innewohnend, immanent
introduce *v/t* 1. einführen, in Verkehr bringen; 2. einleiten, hineinbringen, einfügen; 3. bekannt machen, vorstellen; 4. *(Parlament)* einbringen; 5. [§] in Kraft setzen; **i. o.s.** sich vorstellen; **i. to** bekannt machen mit, vorstellen
introduced *adj* eingeführt; **to be i.** auf den Markt kommen
introduction *n* 1. Einführung *f*; 2. *(Person)* Vorstellung *f*; 3. Vorwort *nt*, Vorbemerkung *f*, Leitfaden *m*; 4. Einleitung *f*; 5. Börseneinführung *f*; **by way of i.** zur/als Einführung; **i. of the bill** *(Parlament)* Vorlage des Gesetzesentwurfs; **~ a computer system** Systemeinführung *f*; **~ goods into the customs territory** *(EU)* ⊖ Verbringen von Waren in das Zollgebiet; **~ a new model** Modelleinführung *f*; **~ a new product** Produktneueinführung *f*; **~ a provision** Erlass einer Vorschrift; **~ securities to the stock exchange** Börseneinführung *f*
provisional introduction vorläufige Inkraftsetzung
introduction charges Vermittlungsgebühr *f*; **i. price** Einführungskurs *m*, E.preis *m*; **i. stage** Einführungsphase *f*; **i. syndicate** Einführungskonsortium *nt*
introductory *adj* einleitend, Einleitungs-, einführend, Einführungs-
intromission *n* Kommissionsgeschäft *nt*
introspection *n* Selbstprüfung *f*
intrude *v/i* sich aufdrängen, eindringen, **i. upon so.** jdm lästig fallen; **i.r** *n* Eindringling *m*, Störenfried *m*, Störer *m*, ungebetener Gast
intrusion *n* 1. Störung *f*, Eindringen *nt*; 2. Aufdrängen *nt*, Einmischung *f*; 3. gesetzwidrige Besitznahme, Verletzung *f*, Eingriff *m*; **environmental i.** Umweltbeeinträchtigung *f*
intrusive *adj* 1. aufdringlich, zudringlich; 2. störend
intui|tion *n* Intuiton *f*, Vorahnung *f*; **i.tive** *adj* intuitiv
inun|date *v/t* überfluten, überschwemmen; **i.dation** *n* Überflutung *f*, Überschwemmung *f*
invalid *v/t* zum Invaliden machen; **i. so. out** jdn wegen Dienstuntauglichkeit entlassen/pensionieren
invalid *adj* 1. invalide, körperbehindert; 2. ungültig, nichtig, kraftlos, ohne Rechtswirkung, (rechts)unwirksam, rechtsungültig, hinfällig; **to become i.** verfallen; **to make/render i.** invalidieren, ungültig/rechtsunwirksam machen; **provisionally i.** schwebend unwirksam
invalid *n* Invalide *m*, Körperbehinderte(r) *f/m*, Versehrte(r) *f/m*

invalidate v/t 1. außer Gebrauch/Kraft setzen, annullieren, für kraftlos/ungültig/nichtig erklären, entwerten, hinfällig/ungültig/unwirksam machen; 2. *(Vertrag)* auflösen; 3. *(Argumente)* entkräften
invalidating clause n Anfechtungsklausel f
invalidation n Annullierung f, Aufhebung f, Kraftloserklärung f, Ungültigmachung f, Entwertung f, Außerkraftsetzung f; **i. suit** [§] Nichtigkeitsverfahren nt
invalid car Invalidenkraftfahrzeug nt; **i. care allowance** Pflegegeld nt; **i. chair** Roll-, Krankenstuhl m
invalidity n 1. Invalidität f; 2. Ungültigkeit f, Nichtigkeit f, Rechtsunwirksamkeit f; R.ungültigkeit f, Unwirksamkeit f; **partial i.** 1. Teilinvalidität f; 2. Teilunwirksamkeit f; **permanent i.** Dauerinvalidität f; **total i.** Totalinvalidität f
invalidity allowance Invalidenfreibetrag m, I.geld nt; **i. benefit** Arbeitsunfähigkeits-, Invaliditätsbeihilfe f; **i. pension** Invaliden-, Berufsunfähigkeitsrente f, Ruhegeld wegen Dienstunfähigkeit
invaluable adj unschätzbar, unbezahlbar, von unschätzbarem Wert
invari|able adj beständig, unveränderlich, gleichbleibend; **i.ably** adj ausnahmslos, stets, immer
invasion f; **i. of personal liberty** Beeinträchtigung der persönlichen Freiheit; **~ privacy** Verletzung der Intimsphäre
invective n Schmähung f, Schmährede f, Schimpfwort nt
inveigle v/t verleiten
invent v/t erfinden, Erfindung machen
invention n Erfindung(sgegenstand) f/m, erfinderische Leistung; **in accordance with/according to the (present) i.** erfindungsgemäß; **i. made available to the employer** gebundene Erfindung; **~ under contract** Auftragserfindung f
to claim an invention Anspruch auf eine Erfindung geltend machen; **to disclose an i. clearly and completely** Erfindung deutlich und vollständig offenbaren; **to exploit an i.** Erfindung (be)nutzen/verwerten; **to implement an i.** Erfindung ausführen/umsetzen
additional invention Zusatzerfindung f; **anticipated i.** vorweggenommene Erfindung; **cognate i.** verwandte Erfindung; **commissioned i.** Auftragserfindung f; **exploited i.** verwertete Erfindung; **free i.** freie Erfindung; **in-house i.** Betriebserfindung f; **interfering i.** kollidierende Erfindung; **joint i.** Gemeinschaftserfindung f, gemeinschaftliche Erfindung; **main i.** Haupterfindung f; **obligatory i.** Obliegenheitserfindung f; **patentable i.** patentierbare Erfindung; **prior i.** ältere Erfindung, Vorerfindung f; **scandalous i.** gegen die guten Sitten verstoßende Erfindung; **tied i.** gebundene Erfindung; **uncommitted i.** freie Erfindung; **unexploited i.** nicht verwertete Erfindung
invention value Erfindungswert m
inventive adj erfinderisch, schöpferisch; **to become i.** erfinderisch tätig werden; **i.ness** n Ideen-, Einfallsreichtum m, Erfindungsgeist m, E.reichtum m
inventor n Erfinder m; **independent i.** freier Erfinder; **individual i.** Einzel-, Privatanmelder m; **joint i.s** gemeinsame Erfinder; **original i.** eigentlicher Erfinder,

Erfinder der Haupterfindung; **preceding/prior i.** früherer Erfinder, Vorerfinder m; **sole i.** Einzelerfinder m, alleiniger Erfinder
inventor award system i; **i. compensation scheme** Erfindervergütungssystem nt; **i.'s certificate** Erfinder-, Urheberschein m, Erfindernennungsschein m; **i.'s consultant** Patentanwalt m
invent|oriable adj inventarisierbar; **i.orial** adj inventarmäßig
inventor's right Erfinderrecht nt; **safeguarding i.s' rights** Erfinderschutz m; **i.'s royalties** Lizenz-, Patentgebühr f
inventorship n Erfindereigenschaft f
inventory n 1. Inventar nt, (Lager-/Waren)Bestand m, Vorräte pl, Vorratsvermögen nt, V.lager nt; 2. Bestandsaufnahme f, Ist-Aufnahme f; 3. Bestandsbuch nt, B.liste f, B.nachweis m, Stück-, Sachverzeichnis nt, Lagerbestandsverzeichnis nt, (Inventar)Liste f, Aufstellung f; **inventories** Vorratsvermögen nt, Lagerbestände, Warenbestand m, W.vorräte, W.lager nt, Vorräte
inventory of current assets umlaufende Betriebsmittel; **excess ~ assets** Überbestand m; **i. at cost** Inventar zum Anschaffungspreis; **i. of finished goods** Fertigwarenlager nt, Bestand an fertigen Erzeugnissen; **~ semi-finished goods** Bestand an unfertigen Erzeugnissen; **average i. on hand** mittlerer Lagerbestand; **i. of property** (Konkurs)Masseverzeichnis nt; **i. held in storage** Lager nt
to build up an inventory Vorräte aufstocken; **to compile an i.** Lagerbestand aufnehmen; **to cut/deplete/liquidate/reduce an i.; ~ inventories** Lager/Bestände abbauen; **to draw up/prepare an i.** Inventur machen, Bestandsliste/Inventar aufstellen, inventarisieren; **to rebuild/replenish inventories** Lager auffüllen/aufstocken; **to take i.** Inventur machen, inventarisieren, Bestand aufnehmen
accounted inventory buchmäßiger (Lager)Bestand; **annual i.** Jahresinventur f; **basic i.** *(Waren)* Normalbestand m; **beginning/initial i.** Anfangsbestand m, anfängliches Inventar; **card file-monitored i.** karteimäßige Bestandsaufnahme; **closing i.** End-, Schlussbestand m, S.inventur f; **continuous i.** fortlaufende/permanente Inventur; **decentralized i.** dezentrales Lager; **ending/end-of-period i.** 1. Schluss-, Stichtagsinventur f; 2. Schlussbestände pl; **excess i.** Überbestände pl; **gross i.** Bruttobestand m, brutto verfügbarer Bestand; **incoming i.** (Lager)Zugang m; **industrial i.** Fabrikinventar nt, F.lager nt; **in-process i.** Bestand an unfertigen Gütern/Erzeugnissen; **intermediate i.** fertigungsorientierte Lagerbildung; **lean inventories** geringe Lagerbestände; **maximum i.** Höchstbestand m, Maximalbestand an Vorräten, maximaler Bestand, Bestandsobergrenze f; **minimum i.** Mindestinventar nt, M.bestand m (an Vorräten); **multi-echelon i.** Mehrphasen-Lagerhaltung f; **nominal i.** Sollbestand m; **obsolete i.** obsoleter/veralteter (Lager)Bestand; **opening/original i.** Anfangs(waren)bestand m, Eröffnungsbestand m, E.inventar nt; Eröffnungsinventur f; **overflow i.** Überfließlager nt; **periodical i.** Stichtagsinventur f

permanent/perpetual/running inventory permanente Inventur, laufende Bestandsaufnahme/Inventur, Skontration f, Bestandsfortschreibung f; **~ card** Material(bestands)karte f, Lagerkarte f; **~ file** laufende Bestandskartei; **~ records** laufende Bestandskartei/Inventuraufzeichnungen; **~ system** permanente Inventur, Buchinventur f, Bestandsfortschreibung f
physical inventory 1. Bestands-, Lageraufnahme f, effektive Inventur; 2. tatsächlich aufgenommenes Inventar, Vorratsinventar nt; **annual ~ i.** körperliche Jahresüberschussinventur; **~ i. list** Inventurvorbereitungsliste f; **prescribed i.** Sollbestand m; **protective i.** Sicherheits-, Mindest-, Meldebestand m; **standard i.** Durchschnittbestand m
inventory v/t inventarisieren, in einem Inventar verzeichnen, Bestand aufnehmen
inventory account Inventar-, Vorrats-, Lager-, (Waren)Bestands-, Sachkonto nt, Lagerabrechnung f; **i. accounting** Lagerabrechnung f, L.bestands(buch)-führung f, L.buchführung f, Bestandsbuchführung, B.abfrage f, Magazin-, Sachkontenbuchhaltung f; **~ department** Lagerbuchhaltung f; **i. accumulation** Lageraufbau m, L.auffüllung f; **i. additions** Materialzugang m, M.eingang m
inventory adjustments Bestandsberichtigungen; **~ for finished goods** Abschreibung auf Fertigerzeugnissen; **~ for raw materials and supplies** Abwertung auf Roh-, Hilfs- und Betriebsstoffe
inventory analysis Lagerhaltungsanalyse f; **~ and classification** ABC-Analyse f; **i. asset account** Lager-, Inventar-, Inventurprüfung f, Prüfung der Vorräte; **i. availability** Lieferbereitschaft f; **i. balance** Lager-, Bestands-, Inventurbilanz f; **i. book** Lagerbestandsbuch nt; **i. budget** Lager-, Vorratsplan m; **i. and purchases budget** Etat/Haushalt für Materialbeschaffung, Budget des Materialbereichs; **i. buffer/cushion** Sicherheitsbestand m; **i. build-up** Lagerauffüllung f, L.aufstockung f, Bestandszuwachs m, Vorratsbildung f, V.aufstockung f, Erhöhung der Bestände, Aufbau/Auffüllung von Lagerbeständen, Zunahme der Lagerbestände; **involuntary i. build-up** ungewollte Lagerbildung; **i. change** Bestands-, Vorratsänderung f; **i. check** Inventarkontrolle f; **i. certificate** Inventarprüfungsbescheinigung f; **i. checker** Bestandsprüfer m; **i. clearance** Lagerräumung f, Räumung des Lagers; **i. clerk** Lagersachbearbeiter m, L.verwalter m; **i. clerks** Lagerpersonal nt; **i. control** Bestands-, Lager(haltungs)kontrolle f, L.überwachung f, L.bestandsführung f, Bestandssteuerung f, Vorratswirtschaft f; **~ system** Lagerhaltungs-, Warenwirtschaftssystem nt; **i. (carrying) cost(s)** Lager(haltungs)kosten pl; **i. costing** Kostenbewertung von Vorräten
cyclical inventory count Periodeninventur f; **physical i. c.** körperliche Bestandsaufnahme der Warenvorräte; **rotating i. c.** permanente Inventur
inventory cut-off periodengerechte Erfassung der Vorräte; **i. cutting** Lagerabbau m; **i. cycle** Lager(haltungs)zyklus m; **i. damage** Lagerschaden m; **i. data** Bestands-, Lagerdaten pl, Bestandsdatei f; **i. date** Inventurstichtag m; **i. decline/decrease** Lagerabbau m, L.ausgang m, Bestands(ver)minderung f, B.verringerung f; **i. discrepancy** Bestands-, Inventurdifferenz f; **i. disinvestment** Bestandsabbau m, negative Vorratsinvestitionen; **i. figures** Bestandszahlen; **i. file** Bestandskartei f; **i. financing** Lagerfinanzierung f; **i. flow** Lagerfluss m; **i. fluctuations** Lagerhaltungs-, Bestandsschwankungen; **i. forecasting** Bedarfsvorhersage f; **i. function** Lagerfunktion f; **i. growth** Bestandszuwachs m, B.zunahme f, Lagereingang m; **i. increase** Lageraufstockung f, Bestandserhöhung f, B.mehrung f, Erhöhung der Bestände; **i. index** Lagerbestandskarte f
inventorying n Inventarisierung f
inventory insurance Vorräteversicherung f; **i.-intensive** adj vorratsintensiv; **i. investment** Bestands-, Lager-, Vorratsinvestition(en) f/pl, V.bildung f; **~ cycle** Lagerzyklus m; **i. item** Lagerbestandsposten m, Inventargegenstand m, I.posten m, Posten des Bestandsverzeichnisses; **inactive/slow-moving i. item** Ladenhüter m (coll); **i. journal** Lagerjournal m; **i. lead time** Beschaffungszeit f
inventory level Lagerbestand m, L.größe f, Inventarbestand m; **~ as a function of time** Zeitmengenbestand m; **excessive i. ls** Lagerdruck m; **maximum i. l.** Maximaleindeckung f, M.bestand m; **minimum i. l.** Mindest-, Sicherheitsbestand m, eiserner Bestand
inventory liquidation Lagerabbau m, Abbau der Vorräte; **i. list** Warenbestandsliste f, Vorratsverzeichnis nt; **i. loan** Inventarkredit m; **i. location** Lagerort m; **i. loss** Bestands-, Inventar-, Lagerverlust m; **i. management** Lagerhaltung f, L.disposition f, L.verwaltung f, Material-, Lagerwirtschaft f, Materialverwaltung f, Vorratsbewirtschaftung f, V.haltung f, V.wirtschaft f; **split i. method** Lagerhaltungsmodell nt; **i. monitoring** Lagerbestandsführung f, L.überwachung f; **i. movements** Lagerbewegungen; **i. number** Inventarnummer f; **i. order** Vorratsauftrag f; **i. period** Inventurfrist f; **i. pile-up** Zunahme der Lagebestände; **i. planning** Bestands-, Lager(haltungs)planung f, Materialdisposition f; **i. policy** Lager(haltungs)politik f; **i. price** Inventarpreis m; **i. pricing** Vorratsbewertung f; **i. profit** Lager-, Buch-, Bestandsgewinn m, Scheingewinn aus der Vorratsbewertung; **i. range** Reichweite der Materialvorräte; **i. recession** Lagerhaltungsrezession f; **i. reconciliation list** Inventurabstimmungsliste f
inventory record Lagerkartei f, Inventurverzeichnis nt; **i. r.s** Lagerbuchhaltung f; **i. r. card** Bestandskarte f
inventory reduction Lager-, Inventar-, Bestand-, Vorratsabbau m, Bestandsverringerung f, B.reduzierung f; **i. register** Inventurbuch nt; **i. replenishment** Lagerauffüllung f; **i. requisition** Lageranforderung f; **i. reserve(s)** 1. Sicherheits-, Mindestbestand m; 2. Wertberichtigung auf das Vorratsvermögen; **i. revaluation** Neubewertung des Vorratsvermögens; **periodic i. review system** Bestellrhythmussystem nt; **i. risk** Bestandsrisiko nt; **i. roll-forward** Bestandsfortschreibung f; **i. rules** Inventurrichtlinien; **i. rundown/runoff** Abbau von Lagerbeständen, Lagerabbau m; **i. safety stock(s)** Mindest-, Sicherheitsbestand m, **i. sale** Inven-

turverkauf *m*; **i. sales ratio** Lagerumschlag *m*, Umschlagshäufigkeit des Lager-/Warenbestandes, Verhältnis von Lagerhaltung zu Umschlag; **i. scheduling** Lagerhaltungsplanung *f*; **i. sheet** Inventar-, Bestandsverzeichnis *nt*, Inventar-, Lageraufstellung *f*, Inventaraufnahmeliste *f*; **i. shortage** Lagerdefizit *nt*, L.knappheit *f*, Bestands-, Inventarfehlbetrag *m*; **i. shrinkage/ shrinking** 1. Bestandsverlust *m*; 2. *(Bestände)* Schwund *m*; **i. size** Lagergröße *f*; **i. statistics** Lagerstatistik *f*; **i. status report** Lagerbestandsaufstellung *f*, L.liste *f*, L.verzeichnis *nt*; **i. stocks** Vorräte, Bestände; **i. strategy** Lagerhaltungsstrategie *f*; **i. tag** Inventurzettel *m*; **i. taking** Inventur *f*, Lager-, Bestandsaufnahme *f*, B.ermittlung *f*; **i. theory** Lagerhaltungs-, Bevorratungstheorie *f*; **i. transactions** Lageverkehr *m*
inventory turnover Lagerumschlag *m*, L.hausumsatz *m*, Umschlagshäufigkeit des Warenbestandes; ~ **rate** Lagerumschlagsrate *f*, Bestandsumschlagshäufigkeit *f*; ~ **ratio** Lagerumschlagquote *f*, L.kennzahl *f*, L.ziffer *f*
inventory unit cost(s); ~ **cost rate** Lagerkostenumsatz *m*; ~ **value** Bestandsstückwert *m*, B.einheitswert *m*; **i. update/updating** Bestandsfortschreibung *f*
inventory valuation Vorrats-, Lager(bestands)-, Bestands-, Inventarbewertung *f*; ~ **at acquisition or production cost** Bestandsbewertung zur Anschaffungs- oder Herstellungskosten; ~ **at average prices** Durchschnittsbewertung *f*, D.methode *f*; ~ **adjustment** Wertberichtigung auf Vorratsvermögen, ~ des Lagerbestandes; ~ **method** Bestandsbewertungsmethode *f*
inventory value Inventar-, Lager(bestands)wert *m*, wertmäßiger Lagerbestand; **i. verification** Lagerbestandsprüfung *f*; **i. volume** Vorratsvolumen *nt*; **i. write-down** Warenbestands-, Inventar-, Bestandsabschreibung *f*, Abschreibung auf Warenbestände/Inventar
in|verse *adj* umgekehrt, invers; **i.version** *n* Umkehrung *f*; **i.vert** *v/t* umkehren, auf den Kopf stellen
invest *v/t* anlegen, investieren, Investitionen vornehmen; **ready to i.** investitionsfreudig; **wishing to i.** investitionswillig; **i. in** sich engagieren in; **i. advantageously** vorteilhaft anlegen/investieren; **i. long-term** langfristig anlegen; **i. safely** sicher anlegen; **i. short-term** kurzfristig anlegen; **i. temporarily** *(Geld)* parken *(fig)*
investable *adj* anlagebereit
invested *adj* investiert, angelegt; **fully i.** 1. *(Bank)* ohne Überschussreserven; 2. *(Fonds)* voll angelegt; **safely i.** sicher angelegt
investee *n* Investitionsempfänger(in) *m/f*; **i. currency** Währung des Empfängerlandes
investigate *v/t* ermitteln, prüfen, durchleuchten, untersuchen, nach-, er-, ausforschen, Untersuchungen/Ermittlungen anstellen, fahnden, eruieren; **i. a matter** einer Sache nachgehen
investigation *n* Er-, Nachforschung *f*, Nachfrage *f*, Untersuchung *f*, Ermittlung *f*, Überprüfung *f*, Durchleuchtung *f*, Suche *f*, Recherche *f* *(frz.)*, Erkundigung *f*, Fahndung *f*; **i. by special examiners** Nachforschungen der Sonderprüfer
to arrest pending further investigation|s in Untersuchungshaft nehmen; **to be under i.** überprüft werden, sich in Untersuchungshaft befinden; **to carry out i.s** Ermittlungen anstellen; **to complete an i.** Untersuchung abschließen; **to conduct/make an i.; ~ i.s** Untersuchung(en) anstellen, Ermittlungen/Erhebungen durchführen; **to drop i.s** Ermittlungen einstellen, **to evade i.s** sich den Nachforschungen entziehen; **to start i.s** Ermittlungen aufnehmen
anti-dumping investigation Antidumping-Untersuchung *f*; **close i.** eingehende/gründliche Untersuchung, **continuous i.** Reihenuntersuchung *f*; **disciplinary i.** Disziplinaruntersuchung *f*; **impartial i.** objektive Untersuchung; **judicial i.** gerichtliche Untersuchung; **official i.** amtliche Untersuchung, Amtsermittlung *f*; **partial i.** Teiluntersuchung *f*; **preliminary i.** Voruntersuchung *f*, Vorerhebung *f*, Ermittlungsverfahren *nt*; **recurrent i.** Reihenuntersuchung *f*; **special i.** Sonderprüfung *f*; **systematic i.** systematische Untersuchung
private investigation agency Detektei *f*, Detektivbüro *nt*; **i. committee** Untersuchungsausschuss *m*; **i. costs** Untersuchungskosten; **criminal i. department (C.I.D.)** *[GB]* Kriminalpolizei *f*; **i. method** Erhebungstechnik *f*; **i. officer** Fahndungsbeamter *m*; **i. period** Ermittlungszeitraum *m*; **i. procedure/process** Untersuchungsverfahren *nt*; **i. records** Ermittlungsakten; **i. schedule** Auftragsschema *nt*
investigative *adj* Untersuchungs-
investigator *n* 1. (Schadens)Ermittler *m*; 2. Ermittlungsbeamter *m*; 3. Forscher *m*; 4. *(Zeitung)* Rechercheur *m* *(frz.)*; 5. Befrager *m*; **private i.** Privatdetektiv *m*; **social i.** Sozialforscher(in) *m/f*; **special i.** Sonderbeauftragter *m*, Untersuchungsbeamter *m*; **i.'s instruction** Befragungsinstruktion *f*
investigatory matter *adj* Untersuchungsfall *m*
investing *n* Wertpapieranlage *f*, Investieren *nt*, Tätigung von Investitionen, **defensive i.** konservative Wertpapieranlage, Anlage in Witwen- und Waisenpapieren; **i. institution** institutioneller Anleger; **general i. public** breites Anlegerpublikum
investiture *n* Amtseinführung *f*, Investitur *f*
investment *n* 1. (Geld-/Kapital)Anlage *f*, Investition(en) *f/pl*, (Kapital)Einschuss *m*, Einlage *f*, Einsatz *m*, Investitionstätigkeit *f*, I.maßnahme *f*, Anlagedisposition(en) *f/pl*, Investierung *f*, Investitionsausgaben *pl*; Engagement *nt (frz.)*; 2. (Geld-/Kapital)Anlage *f*, Beteiligung(en) *f/pl*, Anlagen *pl*, Wertpapier *nt*; 3. Anlagemöglichkeit *f*; **i.s** *(Bilanz)* Beteiligungen, Effekten, Wertpapiere (des Anlagevermögens), Beteiligungsvermögen *nt*, B.portefeuille *nt*, Portefeuillebestände
investment in accounts receivable Kapitalbindung in Debitoren; ~ **agriculture** Agrarinvestition(en) *f/pl*, Investitionen in der Landwirtschaft; **i.s held as current assets** Wertpapiere des Umlaufvermögens; **i. in financial assets** Finanzanlageinvestition(en) *f/pl*; ~ **fixed assets** (Sach)Anlageinvestition(en) *f/pl*; **gross ~ assets** Bruttoanlageinvestiton(en) *f/pl*; **net ~ assets** Nettoanlageinvestition(en) *f/pl*; **i.s in material assets** Real-, Sach-, Anlageinvestitionen; **i. in new assets** Anlageinvestitionen *pl*; ~ **real and financial assets** Vermögensbildung *f*; ~ **bonds** Rentenanlage *f*, Anlage in Obliga-

investment in buildings

tionen/Rentenwerten/Schuldverschreibungen; ~ **buildings** bauliche Investitionen, **i.s in residential building(s)** Investitionen im Wohnungsbau; **i. of capital funds** 1. Ausgaben für Investitionsgüter; 2. Anlage aus Eigenmitteln; **i. in capital goods** Anschaffung von Investitionsgütern; ~ **companies** 1. Beteiligung an Gesellschaften; 2. Beteiligungsbestand *m*; ~ **affiliated companies** Beteiligungen *pl*; **i.s at amortized cost** Beteiligungen zum Buchwert; **i.(s) in foreign countries** Auslandsinvestition(en) *f/pl*, A.anlage *f*, A.beteiligung *f*, Investitionen im Ausland; **i. in depth** Investitionen zur Erhöhung der Produktivität; **i. to increase efficiency** Rationalisierungsinvestition *f*; **i. by enterprises/firms** Investitionen der Unternehmer/Privatwirtschaft; **i. in other enterprises** Fremdinvestitionen *pl*; **i. by public enterprises** Investitionen der öffentlichen Unternehmen; **i. in expansion** Erweiterungsinvestition *f*; **short-dated/temporary i. of funds** kurzfristige Kapitalanlage, **i. of surplus funds** Anlage überschüssiger Mittel; **i. in government bonds** Anlage in Staatspapieren; ~ öffentlichen Anleihen; ~ **infrastructure** Infrastruktur-, Grundlageninvestitionen *pl*; **sundry i.s and interests** verschiedene Beteiligungen; **i. in inventories** Lager-, Vorratsinvestitionen *pl*; ~ **kind** Sacheinlage *f*; ~ **know-how** Know-how-Investitionen *pl*; ~ **movables** Kauf von beweglichen Anlagegütern; ~ **plant and equipment** Neuinvestitionen *pl*; **private ~ plant and equipment** Anlageinvestitionen der gewerblichen Wirtschaft; ~ **property** Immobilienanlage *f*; **net ~ property, plant and equipment** Buchwert des Anlagevermögens; **i. in human resources** Humankapitalinvestitionen *pl*; **i. from (one's) own resources** Anlage aus Eigenmitteln, Eigenfinanzierung von Investitionen; **i. in securities** Effekten-, Wertpapiereinlage *f*; ~ **fixed-interest securities** Anlage in Obligationen/Rentenwerten, ~ festverzinslichen Wertpapieren; ~ **foreign securities** Anlage in ausländischen Wertpapieren; ~ **public securities** Anlage in öffentlichen Anleihen; ~ **shares** *[GB]* Aktienanlage *f*, Anlage in Aktien; ~ **stocks** 1. Vorratsinvestitonen *pl*; 2. *[US]* Aktienanlage *f*, Anlage in Aktien; **additional ~ subsidiaries** Zugänge bei Beteiligungen; **i.s in subsidiaries and associated companies** Beteiligungen; **i. in the educational system** Bildungsinvestition *f*; **i. in unit trusts** Investmentanlage *f*; ~ **venture capital** Risikoinvestition *f*
investment to clear a bottleneck Engpassinvestition *f*; ~ **diversify operations** Diversifizierungsinvestition *f*; ~ **ensure future development** Zukunftsinvestition *f*; **i.s to improve the infrastructure** Infrastrukturinvestitionen
ready for investment anlagebereit; **seeking i.** *(Mittel)* anlagebereit; **stimulating i.** investitionsanregend; **suitable for i.** zur Kapitalanlage geeignet; **in terms of i.** anlagebezogen
to authorize investment|s Investitionen genehmigen; **to be liable to the extent of one's i.** bis zur Höhe der Einlage haften; **to check/curb i.** Investitionen/Investitionstätigkeit bremsen; **to cut/curtail/slash i.s** Investitionen kürzen; **to cut back on i.** Investitionstätigkeit verringern; **to defer i.s** Investitionen zurückstellen; **to effect/make i.s** Investitionen vornehmen/durchführen/tätigen, investieren; **to encourage i.** Investitionen ankurbeln; **to finance i.** Investitionen finanzieren; **to make i.s** Geld anlegen; ~ **good i.s** vorteilhaft investieren; **to promote i.s** Investitionen fördern; **to starve (sth.) of i.** notwendige Investitionen unterlassen, unzureichend investieren; **to step up i.s** Investitionen erhöhen
additional investment Neuinvestition *f*; **alluring i.** verlockende Anlage; **alternative i.** Anlagealternative *f*; **anti-pollution i.** Umweltinvestitionen *pl*; **attractive i.** attraktive Kapitalanlage; **authorized i.** genehmigte Investition; **bad i.** Fehlinvestition *f*; **capital-forming i.** vermögenswirksame Anlage; **choice i.** erstklassige/ausgesuchte Kapitalanlage; **collective i.s** gemeinsame/kollektive Anlagen, ~ Investitionen; **complementary i.s** Komplementärinvestitionen; **corporate i.** Firmen-, Unternehmensinvestitionen *pl*, Investitionstätigkeit der Unternehmen, Geldanlage in der Industrie; **covering i.** Deckungsstockanlage *f*; **crisis-proof i.** krisensichere Anlage; **cross i.** Investitionsverflechtung *f*, investive Verflechtung; **cross-border i.** Auslandsinvestition(en) *f/pl*; **current i.** vorübergehende Anlagen, laufende Investitionen, Wertpapiere des Umlaufvermögens; **deepening i.** Verbesserungsinvestitionen *pl*; **defensive i.** defensive Investitionspolitik; **direct i.** Direkt-, Beteiligungsinvestition(en) *f/pl*, direkte Investition; **foreign ~ i.** ausländische Direktinvestition(en); **diversified i.s** gestreute Anlagen; **domestic i.s** Inlandsinvestitionen, binnenwirtschaftliche Investitionstätigkeit, Investitionen im Inland; **gross ~ i.** Bruttoinlandsinvestitionen *pl*; **gross private ~ i.** private Bruttoinlandsinvestitionen; **net private ~ i.** Nettoinlandsinvestitionen der Privatanleger; **downstream i.s** Investitionen in nachgelagerte(n) Produktionen, ~ auf nachgelagerte Wirtschaftsstufen; **duplicated i.** Doppelinvestition *f*; **eligible i.** *[US]* besonders sichere/empfehlenswerte Anlage, mündelsichere (Kapital)Anlage; **equity-based i.** Aktienanlage *f*; **excessive i.s** Überinvestitionen, übermäßige Investitionen, **export-promoting i.** Exportinvestitionen *pl*; **external i.** Fremdinvestition *f*; **falling i.** nachlassende Investitionstätigkeit; **financial i.(s)** Kapitalanlage *f*, K.investition(en) *f/pl*, Finanzanlage(n) *f/pl*, F.investition(en) *f/pl*, F.anlagevermögen *nt*, Geldmarktanlage *f*, G.vermögensbildung *f*, Geld- und Kapitalanlage *f*, Beteiligungen *pl*, Beteiligungsaktivitäten *pl*; **net ~ i.** Finanzierungssaldo *m*; **first-class i.(s)** Spitzenanlage *f*, hochrentierliche Anlage; **fixed i.** Real-, Anlage-, Sachinvestition *f*, feste/langfristige Kapitalanlage, Anlagevermögen *nt*; **non-residential ~ i.** Neu- und Ersatzinvestitionen von gebietsfremden Unternehmen; **non-residential private ~ i.** Anlageinvestitionen von gebietsfremden Personen; **~ i. expenditure** Ausgaben für Anlageinvestitionen; **fixed-deposit i.s** Termingeldanlagen; **fixed-interest (-bearing)/fixed-yield i.** fest verzinsliche Investition/Anlage, Anlage/Investition mit festem Ertrag, Kapitalanlage/Investition mit fester Rendite; **follow-up i.**

investment analysis

(Nach)Folgeinvestition f; **foreign i.** 1. Auslandsanlage(n) f/pl, A.investition(en) f/pl, A.engagement nt, Investition(en) im Ausland; 2. Auslandsbeteiligung f, Ausländeranlage f; **direct ~ i.** ausländische Direktinvestition(en); **net ~ i.** Nettoauslandsinvestition(en) f/pl, N.auslandsvermögen nt; **gilt-edged [GB] /high-grade [US] i.** erstklassige/(mündel)sichere (Kapital)Anlage, ~ Investition, ~ Wertpapiere; **good i.** vorteilhafte (Kapital)Anlage; **gross i.** Bruttoinvestition(en) f/pl, B.sachvermögensbildung f; **high-quality i.**s erste Anlagen; **huge i.**s Mammutinvestitionen; **human i.** Investitionen in Menschen, ~ Humankapital; **humped i.** verlagerte Investitionen; **indirect i.**s indirekte Investitionen; **induced i.** induzierte Investition; **industrial i.** 1. gewerbliche Investitionstätigkeit, gewerbliche/industrielle Investitionen, Industrie-, Unternehmensinvestitionen pl; 2. (Vermögens)Anlage in Industriewerten; **inflation-proof i.** inflationssichere Kapitalanlage; **initial i.** Start-, Anfangskapital nt, A.investition f, Anschaffungskosten pl; **innovative i.** Innovationsinvestition f; **institutional i.** institutionelle Kapitalanlage; **intangible i.** immaterielle Investition(en), Kapitalanlage in immateriellen Werten; **intended i.** geplante Investitionen; **intensive i.** Investitionen zur Erhöhung der Produktivität; **interest-bearing/interest-earning i.** verzinsliche/zinsbringende Kapitalanlage; **interim i.** Zwischenanlage f; **internal i.** Eigeninvestition f; **international i.** Auslandsinvestitionen pl; **inward i.** Investition(en) von Ausländern, Ausländeranlage f; **job-creating i.**(s) Investition(en) zur Schaffung von Arbeitsplätzen; **lasting i.** Daueranlage f; **legal i.**s [US] mündelsichere Anlagepapiere/Kapitalanlage/Wertpapiere; **liquid i.**s liquide Anlagen; **long-term i.** feste/langfristige (Kapital)Anlage, Daueranlage f, langfristige Investition/Finanzanlage; **lucrative i.** 1. hochrentierliche Investition; 2. Renditeobjekt nt, hochrentierliches Objekt; **major i.** 1. Großinvestition f; 2. größere Anschaffung; **marginal i.** Zusatzinvestition f; **medium-term i.** mittelfristige Investition/(Kapital)Anlage; **minimum i.** Mindestanlage f; **misdirected i.** Kapitalfehlleitung f, Fehlinvestition f; **mutual i.** wechselseitige Beteiligung; **negative i.** Desinvestition f; **net i.**(s) Nettokapitalanlage f, N.geldanlage f, N.investition f; **new i.** Neuanlage f, N.investition f; **gross ~ i.**s Bruttoneuanlage f; **non-cash i.** Sacheinlage f; **non-monetary i.**s Anlage in Sachwerten; **non-productive i.** nichtproduktive Investition; **non-resident i.**s Geld-, Kapitalanlagen von Gebietsfremden, ~ Ausländern; **obligatory i.** Pflichteinlage f; **offshore i.**(s) Auslandsinvestition(en) f/pl, A.kapitalanlage f, Kapitalanlage im Ausland; **one-off i.** Einmalanlage f; **original i.** Gründungseinlage f, Start-, Anfangskapital nt, Anschaffungskosten pl, ursprünglicher Kapitaleinsatz; **other i.**s sonstige Finanzanlagen; **outside i.** außerbetriebliche Kapitalanlage; **outward i.** (Kapital)Anlage im Ausland; **direct ~ i.** ausländische Direktinvestitionen; **overseas i.** Übersee-, Auslandsinvestition f; **own i.** Eigeninvestition f; **paying i.** gewinnbringende (Kapital)Anlage/Investition, produktive Anlage; **per-capita i.** Pro-Kopf-Investition f; **actual ~ i.** faktische Pro-Kopf-Investition; **required ~ i.** erforderliche Pro-Kopf-Investition; **permanent i.**s 1. langfristige (Kapital)Anlagen, Dauer-, Finanzanlage(n) f/pl; 2. Wertpapiere des Anlagevermögens; **personal i.** persönliche Beteiligung; **planned i.** geplante Investition; **plant-expanding i.** Erweiterungsinvestition f; **poor i.** ungünstige Kapitalanlage; **popular i.**s bevorzugte Anlagewerte, Publikumsanlage f; **prime i.** erstkassige Kapitalanlage; **private i.** private Kapitalanlage/Investition; **private-sector i.** Privatinvestition(en) f/pl, Investitionen der Privatwirtschaft; **productive i.** Produktionsinvestition(en) f/pl, Realkapital, Sachvermögensbildung f; **directly ~ i.**s unmittelbar produktive Investitionen; **profitable i.** werbende/rentierliche Anlage, gewinnbringende/vorteilhafte/lohnende Investition, ~ Kapitalanlage; **promising i.** viel versprechende Anlage; **public-sector i.** staatliche Investitionstätigkeit, Investitionen der öffentlichen Hand; **quoted i.** Beteiligungen an börsennotierten Unternehmen; **real i.** Real-, Sachinvestition f, S.anlage f; **net ~ i.** Nettorealinvestition f; **realized i.** Summe Bruttoanlage- und Lagerinvestition; **remaining i.** Restkapital; **remunerative i.** lohnende Investition; **residential i.**s Investitionen im Wohnungsbau; **safe i.** sichere (Kapital)Anlage; **scattered i.**s gestreute Anlagen; **secure i.**s sichere Kapitalanlagen; **short-term i.** kurzfristige (Kapital)Anlage/Investition/Geldanlage; **social i.**s soziale Investitionen; **sound i.** solide Kapitalanlage, sichere Anlage/Investition; **speculative i.** spekulative Anlage; **stable i.**s Anlagen in Dauerbesitz; **structural i.** strukturelle Investition; **substantial i.** wesentliche Beteiligung; **temporary i.** vorübergehende Kapitalanlage, kurzfristige Anlage(n), Wertpapiere des Umlaufvermögens; **total i.**s Anlage-, Kapitalanlagevolumen nt, gesamtes Anlagevermögen; **unprofitable i.** Fehlinvestition f; **unproductive i.** nichtproduktive Investition; **upstream i.**s Investitionen auf der vorgelagerten Wirtschaftsstufe, ~ im vorgelagerten Produktionsbereich; **socially useful i.**s Sozialinvestitionen; **variable-yield i.**s Anlagen mit variabler Verzinsung; **widening i.** Erweiterungsinvestition f

investment abroad Auslands(kapital)anlage f, A.investition f, A.beteiligung f, Investitionen im Ausland; **i. account** Anlage-, Investitions-, Einlage-, Beteiligungs-, Vermögensveränderungskonto nt, Konto für Beteiligungen; **i. accounting** Anlagebuchführung f

investment activity/activities Anlage-, Investitionstätigkeit f, I.konjunktur f; **brisk i. a.** rege Investitionstätigkeit; **domestic i. activities** binnenwirtschaftliche Investitionstätigkeit

investment advice Effekten-, (Kapital)Anlage-, Vermögensberatung f; **i. adviser/advisor** Effekten-, (Kapital)Anlagen-, Vermögens-, Effektenanlageberater m; **i. affiliate** abhängige Kapitalanlagegesellschaft; **i. aid** Investitionsbeihilfe f; **i. allowance** 1. Investitionsabschreibung f, I.freibetrag m, I.vergünstigung f, I.zulage f; 2. (Steuer) Abschreibung für Investitionen; **i. analysis** Anlage-, Finanz-, Effekten-, Vermögens-, In-

investment analyst

vestmentanalyse *f*; **i. analyst** Anlage-, Portefeuille-, Vermögensberater *m*, Anlagefachmann *m*, Wertpapieranalytiker *m*, W.analyst *m*; **i. appraisal** Anlagebewertung *f*, Investitions-, Wirtschaftlichkeits-, Rentabilitätsrechnung *f*, Prüfung der Investitionsvorhaben, Beurteilung der Anlagemöglichkeiten
investment assistance Investitions(bei)hilfe *f*; ~ **act** Investitionshilfegesetz *nt*; ~ **levy** Investitionshilfeabgabe *f*; ~ **security** Investitionshilfewertpapier *nt*
investment backlog Investitionsstau *m*; **i. ban** Investitionsverbot *nt*; **i. bank** 1. Effekten-, Anlage-, Investitions-, Beteiligungs-, Finanzierungs-, Investment-, Wertpapierspezialbank *f*, Anlageinstitut *nt*; 2. *(Effekten)* Emissionsbank *f*, E.haus *nt*; **i. banker** Effektenbankier *m*; **i. banking** Anlage-, Emissions-, Finanz-, Investitions-, Plazierungs-, Konsortial(bank)-, Effektenbankgeschäft *nt*, Bankgeschäft in Anlagewerten; **i. base** Beteiligungsbasis *f*; **i. behaviour** Anlage-, Investitionsverhalten *nt*; **i. bill** bis zur Fälligkeit nicht eingelöster Wechsel; **i. bond** festverzinsliches Anlagepapier; **i. bonus** Investitionszulage *f*; **i. boom** Investitionsboom *m*, I.konjunktur *f*; **i. boost** Investitionsanreiz *m*; **i. broker** Wertpapierhändler *m*, W.makler *m*; **i. budget** Investitionshaushalt *m*; **i. business** Anlagegeschäft *nt*; **i. buying** Anlagekauf *m*, A.käufe *pl*; **public i. buying** Anlagekäufe des Publikums
investment capital Investitionskapital *nt*, Kapitalanlage *f*; **gross i. c.** Bruttoanlageinvestitionen *pl*; **i.c. funds** Kapitalanlage(n) *f/pl*
investment center *[US]* **/centre** *[GB]* Anlagezentrum *nt*; **i. charges** Anlagekosten, A.spesen; **i. client** Anleger *m*; **i. climate** Investitionsklima *nt*, I.bedingungen *pl*, Anlagebedingungen *pl*, A.klima *nt*; **i. coefficient** Investitionskoeffizient *m*; **i. committee** Investitions-, Anlageausschuss *m*
investment company 1. Investment-, (Kapital)Anlage-, Beteiligungs-, Fonds-, Kapitalverwaltungsgesellschaft *f*; 2. Investmentbank *f*; **closed-end i. c.** Investmentgesellschaft mit beschränkter Emissionshöhe, geschlossene Investmentgesellschaft; **open-end(ed) i. c.** Investmentgesellschaft mit unbeschränkter Emissionshöhe, offene Investmentgesellschaft; **i. c. act** Investitionsgesetz *nt*; ~ **portfolio** Wertpapierbestand der Kapitalanlagegesellschaft
investment confidence Anlage-, Investitionsbereitschaft *f*; **i. consideration** Anlageerwägung *f*; **i. consultant** Anlage-, Wertpapier-, Effektenberater *m*; **i. contract** Verwaltungsvertrag *m*; **i. control** Investitionskontrolle *f*, Kapitalsteuerung *f*, K.lenkung *f*; **i. corporation** *[US]* Kapitalanlagegesellschaft *f*; **i. costs** Investitionsaufwand *m*, I.kosten; **i. counsellor** Anlageberater *m*; **i. counselling** Effekten-, Vermögens-, (Wertpapier)Anlageberatung *f*; **i. credit** Anlage-, Investitionskredit *m*; ~ **insurance** Investitionskreditversicherung *f*; **i. criteria** Anlage-, Investitionskriterien *f*; **i. criterion** Anlage-, Investitionskriterium *nt*; **i. currency** Anlagewährung *f*, A.devisen *pl*; ~ **premium** Aufschlag für Anlagedevisen; **i. cut(back)** Investitionskürzung *f*, I.drosselung *f*; **i. cycle** Investitionszyklus *m*;

i. dealer Wertpapierhändler *m*, W.makler *m*; **i. decision** Anlage-, Investitionsentscheidung *f*, Anlagedisposition *f*; **i. deficit** Investitionslücke *f*; **i. demand** Investitionsnachfrage *f*, Anlegerinteresse *nt*; **pent-up i. demand** Investitionsnachholbedarf *m*; **i. department** Effektenabteilung *f*; **i. depreciation** Vorgriffsabschreibung *f*, Sonderabschreibung für Investitionen; **i. disincentive** Investitionshemmnis *nt*; **i. diversification** Anlagestreuung *f*; **i. drive** Investitionsschub *m*; **i.-driven** *adj* investitionsinduziert; **i. earnings** Anlage-, Kapitalerträge, Beteiligungsertrag *m*, B.gewinn *m*, Erträge aus Beteiligungen; **i. evaluation** Aktienbewertung *f*; **i. expansion** Ausweitung der Investitionen; **i. expenditure** Investitionsaufgaben *pl*, I.aufwand *m*, Investitionen *pl*, investive Ausgaben; **proposed i. expenditure** geplante Investition; **i. experience** Anlage-, Investitionserfahrung *f*, Erfahrungen im Anlagegeschäft; **i. expert** Anlageexperte *m*, A.fachmann *m*; **i. failure** Fehlinvestition *f*; **i. favourite** Anlagefavorit *m*; **i. finance/financing** Investitions-, Anlagefinanzierung *f*; **i. flow** Investitionsstrom *m*; **i. forecast** Investitionsprognose *f*; **i. form** Anlageform *f*, **i. fraud** Kapitalanlagebetrug *m*; **i. fruition period** Investitionsperiode *f*; **i. function** Investitionsfunktion *f*; **lagged i. function** verzögerte Investitionsfunktion
investment fund 1. (Anlage-/Beteiligungs-/Investitions-/Investment)Fonds *m*, (Kapital)Anlage-, Beteiligungs-, Investitions-, Investmentgesellschaft *f*; 2. Fonds einer Kapitalanlagegesellschaft; **i. f.s** Anlagemittel; **closed-end i. f.** geschlossener Investmentfonds; **open-end(ed) i. f.** offener Investmentfonds; **i. f. business** Investmentgeschäft *nt*; **i. f. certificate** Investmentpapier *nt*
investment gap Investitionslücke *f*; **i.-geared** *adj* investitionsorientiert; **i. gestation period** Investitionsperiode *f*; **i. goal** Anlage-, Investitionsziel *nt*; **i. goods** Investitions-, Kapitalgüter; **consumer-type i. goods** verbrauchsnahe Investitionsgüter; **i. grant** Investitionsbeihilfe *f*, I.zuschuss *m*; ~ **levy** Investitionshilfeabgabe *f*; **i. growth** Investitionswachstum *nt*; **i. guidelines** Investitionsrichtlinien; **i. holdings** Anlagebesitz *m*, A.nbestand *m*, Effektenportefeuille *nt*; **i. house** Anlageberatungsfirma *f*; **i. impediment** Investitionshindernis *nt*; **i. incentive** Investitionsanreiz *m*
investment income 1. Kapitaleinkommen *nt*, K.einkünfte *pl*, K.erträge *pl*, Einkünfte aus Kapitalanlagen, Beteiligungsertrag *m*; 2. *(Vers.)* Zinserträge *pl*, Nettoanlageeinkommen *nt*, N.einkünfte *pl*, Einkommen aus Kapitalgewinnnen/K.vermögen, Erträge aus Finanzanlagen/Beteiligungen, Vermögenseinkommen *nt*, V.erträgnisse *pl*; **franked i. i.** befreite/körperschaftsteuerfreie Kapitaleinkünfte, ~ Kapitalerträge; **net i. i.** ordentlicher Ertragsüberschuss, Kapitalertragsbilanz *f*; **unfranked i. i.** *[GB]* der Körperschaftsteuer unterliegende Kapitalerträge; **i. i. ratio** Investitionsquote *f*; ~ **surcharge** Zusatzsteuer auf Zinseinkünfte, Ergänzungsabgabe auf Kapitaleinkünfte, Steuerzuschlag für Kapitaleinkünfte/K.erträge; ~ **tax** Kapitalertragsteuer *f*; ~ **transfer** Ertragnistransfer *m*

investment|-led *adj* investitionsbedingt, i.induziert; **i. letter** Börseninformationsbrief *m*; **i. level** Investitionsniveau *nt*; **i. loan** Investitionsanleihe *f*, I.darlehen *nt*, I.kredit *m*; **i. loss** Anlage-, Investitionsverlust *m*
investment management Anlage-, Effekten-, Vermögens-, Wertpapierverwaltung *f*, Verwaltung von Kapitalanlagen, Investitionsabwicklung *f*, Abwicklung von Investitionen; **financial i. m.** Finanzdisposition *f*; **i. m. company** Vermögensverwaltungsgesellschaft *f*; ~ **service** (Abteilung für) Anlageberatung, Effektenverwaltung *f*
investment manager Anlageberater *m*, A.experte *m*, A.manager *m*, Vermögensverwalter *m*; **chief i. manager** Leiter der Vermögensverwaltung; **i. market** Anlagemarkt *m*, Markt für Anlagewerte; **i. materials** Investitionsgüter; **i. mathematics** Finanzmathematik *f*; **i. medium** Anlageinstrument *nt*; **i. mentality** Anlagementalität *f*; **i. middleman** Anlagevermittler *m*; **i. mix** Anlagestruktur *f*; **i. multiplier** Investitionsmultiplikator *m*; **i. needs** Investitionsbedarf *m*; **i. object** Anlageobjekt *nt*; **i. objective** Anlagezweck *m*, A.ziel *nt*; **main i. objective** Anlageschwerpunkt *m*; **i. officer** Anlageberater *m*; **i. operation** 1. Investitionsvorgang *m*; 2. (Börse) Anlagekauf *m*; **i. opportunity** Investitionsmöglichkeit *f*, I.chance *f*; **i. opportunities** Anlage-, Investitionsmöglichkeiten; **i. opportunity line** Investitionsmöglichkeitskurve *f*; **i.-orient(at)ed** *adj* investitionsorientiert; **i. outlay** Anschaffungsausgabe *f*; **i. outlet** Anlage-, Investitionsmöglichkeit *f*; **i. partner** Beteiligungspartner *m*; **i. performance** Anlageergebnis *nt*, A.erfolg *m*, Investitionsleistung *f*; **i. period** Anlagezeitraum *m*; **equivalent mean i. period** durchschnittliche Nutzungsdauer; **i. plan** Anlage-, Investitionsvorhaben *nt*, Kapitalanlageplan *m*, Sparvertrag *m*; **i. planning** Investitions-, Investmentplanung *f*; **central i. planning** zentrale Investitionsplanung; **i. policy** Anlage-, Investitionspolitik *f*; **i. portfolio** Effektenportefeuille *nt*, E.bestand *m*, Beteiligungs-, Wertpapierbestand *m*, W.besitz *m*, W.portefeuille *nt*, W.vermögen *nt*, Bestand an Wertpapieren, Vermögensausweis *m*, Beteiligungsportefeuille *nt*, B.sondervermögen *nt*; **i. possibility** Investitionsmöglichkeit *f*, I.chance *f*; **i. potential** Anlagepotenzial *nt*; **i. premium** Investitionszulage *f*; **i. priority** Investitionsschwerpunkt *m*; **i. process** Investitionsvorgang *m*; **i. productivity** Kapitalproduktivität *f*; **average i. productivity** durchschnittliche Kapitalproduktivität; **i. profit** Gewinn aus Beteiligungen; **i. program(me)** Investitionsprogramm *nt*; **i. project** Investitionsvorhaben *nt*, I.projekt *nt*, I.objekt *nt*
investment promotion Investitionsförderung *f*; ~ **agreement** Investitionsförderungsabkommen *nt*, I.vertrag *m*; ~ **measure** Investitionsförderungsmaßnahme *f*
investment proposal Investitionsantrag *m*; **i. prospect** Investitionschance *f*; **i. prospects** Perspektive für die Investitionstätigkeit, Investitionsaussichten; **i. protection** Investitionsschutz *m*; ~ **committee** Wertpapierschutzvereinigung *f*; **i. purchase** Kauf zu Anlagezwecken; **i. purpose** Anlage-, Investitionszweck *m*, Anlage-, Investitionsziel *nt*; **for i. purposes** als Kapitalanlage; **i. quota** Investitionsquote *f*; **minimum i. rate** Minimalverzinsung *f*; **i. rating** Anlagebewertung *f*
investment ratio Investitionsquote *f*, I.rate *f*; **gross i. r.** Bruttoinvestitionsquote *f*; **net i. r.** Nettoinvestitionsquote *f*
investment receipts Investitionseinnahmen; **i. recovery** Rückgewinnung des investierten Kapitals; **i. regulations** Anlagevorschriften; **i. requirements** Anlage-, Investitionsbedarf *n*; **i. reserve** (*Vers.*) Kurs(verlust)rücklage *f*, Rücklage für Kursverluste und Kursschwankungen, Wertberichtigung auf Beteiligungen, Kapitalreserve *f*, Reservekapital *nt*; ~ **fund** Kursverlustreserve *f*; **i. resources** Anlage-, Investitionsmittel; **i. restrictions** Anlagebeschränkungen; **i. return** Anlageertrag *m*, Kapitalrendite *f*, K.verzinsung *f*; ~ **ratio** Renditeverhältnis *nt*; **i. revenue(s)** Kapitaleinkommen *nt*, K.einkünfte *pl*, K.verzinsung *f*; **i. risk** Anlage-, Investitionsrisiko *nt*; **i. rules** Anlagerichtlinien, A.vorschriften, Investitionsrichtlinien; **i. sales drive** Werbefeldzug für Kapitalanlagen; **i. saver** Effekten-, Wertpapiersparer *m*; **i. saving** Effekten-, Wertpapier-, Investment-, Beteiligungssparen *nt*; ~ **plan** Investmentsparplan *m*; **i. scheme** Investitionsplan *m*, I.programm *nt*, Anlageprogramm *nt*, A.vorhaben *nt*; **i. securities** Anlagewerte, A.papiere, Wertpapiere des Anlagevermögens, Portfolioinvestitionen; **i.-seeking** *adj* anlagehungrig; **i. services** Anlagefazilitäten, Anlage-, Investitionsdienstleistungen; **i. advisory service** Anlageberatung *f*; **i. share** Investmentzertifikat *nt*; ~ **of the budget** Investitionsanteil *m*; **i. shock** Anlagestoß *m*
investment spending investive Ausgaben, Investitionsausgaben *pl*, I.aufwand *m*, Kapitalinvestition(en) *f/pl*; ~ **of (private) enterprises** Investitionsaufwand der Privatwirtschaft; ~ **curve** Investitionssparkurve *f*
investment standards Anlagegrundsätze; **i. statistics** Vermögensanlagenstatistik *f*; **i. stock** [*US*] zu Anlagezwecken geeignete Aktie; **i. stocks** Anlagepapiere; **i. strategy** Anlagepolitik *f*, A.strategie *f*; **i. subsidy** Investitionszuschuss *m*; **i. sum** Investitionsbetrag *m*; **i. support** Investitionsförderung *f*; ~ **policy** Politik zur Investitionsförderung; **i. surcharge** Investitionshilfeabgabe *f*; **i. surge** Investitionsschub *m*, I.stoß *m*; **i. surplus** Investitionsüberhang *m*; **i. survey** Investitionserhebung *f*, I.übersicht *f*; **i. talent** Anlagetalent *nt*; **i. target** Anlage-, Investitionsziel *nt*
investment tax Investitionsabgabe *f*, I.steuer *f*; **temporary i. t.** Steuer auf Selbstverbrauch; **i. t. credit** Investitionsprämie *f*, I.steuergutschrift *f*, I.steuerfreibetrag *f*, Steuergutschrift/Steuererleichterung/Steuervergünstigungen/steuerliche Erleichterungen für Investitionen
investment tool Anlageinstrument *nt*; **i. total** Investitionsbestand *m*; **i. trap** Investitionsfalle *f*; **to slip into an i. trap** in eine Investitionsfalle tappen; **i. trend** Investitionstendenz *f*
investment trust Investmentgesellschaft *f*, I.trust *m*, I.fonds *m*, Kapitalanlage-, (Effekten)Anlage-, Effektenfinanzierungsgesellschaft *f*; **closed-end i. t.** Kapital-/Investmentgesellschaft mit konstantem Anlageka-

pital, geschlossener Investmentfonds; **fixed i. t.** *[US]* Fonds mit unveränderlichem Portefeuille, Kapital-/Investmentgesellschaft mit festgelegtem Effektenbestand; **open-end(ed) i. t.** Kapital-/Investmentgesellschaft mit unbegrenztem Anlagekapital, offener Investmentfonds; **i. t. certificate** Investmentzertifikat *nt*; **~ company** Kapitalanlagegesellschaft *f*; **~ security** Anlagefondsanteilschein *m*; **~ unit** Investmentanteil *m*
investment turnover 1. Verhältnis von Umsatz zu Eigenkapital und Schuldverschreibungen; 2. Kapitalumschlag *m*; **i. upturn** Investitionsaufschwung *m*, I.belebung *f*, Belebung der Investitionstätigkeit; **i. value** Anlage-, Investitionswert *m*, Wert der Anlage/Beteiligung; **i. vehicle** Anlageform *f*, A.medium *nt*, A.instrument *nt*; **offshore i. vehicle** Medium für Auslandsinvestitionen; **i. volume** Gesamthöhe der Investitionen, Investitionsvolumen *nt*; **i. write-down** Abschreibung auf Investitionen; **i. yield** Wertpapierrendite *f*, (intensive) Kapitalrendite, Anlagegewinn *m*, Kapitalertrag *m*, K.verzinsung *f*, Anlageerfolg *m*, A.verzinsung *f*
investor *n* (Geld-/Kapital)Anleger *m*, Investitionsträger *m*, Investor *m*, Investmentanleger *m*, Kapitalgeber *m*, Wertpapierkunde *m*; **i.s** Anlagepublikum *nt*, A.-kundschaft *f*, Anlegerkreise, Kapitaleinleger, Zeichner; **i. at the margin** *(Anlage)* Grenzanbieter *m*, G.abnehmer *m*, (den Kurs bestimmender) Kleinaktionär; **i.s in securities** Effektenkundschaft *f*; **i. in shares** *[GB]* /**stocks** *[US]* Aktienanleger *m*, A.sparer *m*; **big i.** Großanleger *m*; **capital-seeking i.** Kapitalnachfrager am Markt; **commercial i.** Kapitalanlagestelle *f*; **foreign i.** ausländischer Anleger; **individual/non-institutional/private i.** Einzel-, Privatanleger *m*; **institutional i.** Kapitalsammelstelle *f*, institutioneller Anleger; **inward i.** ausländischer Anleger/Investor; **locked-in i.** Anleger ohne Gewinnrealisierungsmöglichkeit; **long-term i.** Daueranleger *m*; **non-resident i.** gebietsfremder (Kapital)Anleger; **private i.s** Privatpublikum *nt*; **potential/prospective i.** Anlageinteressent *m*, möglicher/potenzieller Anleger; **prudent i.** vorsichtiger Anleger; **small i.** kleiner Anleger, Privat-, Kleinanleger *m*; **substantial i.** Großanleger *m*; **trusting i.** vertrauensvoller Anleger
investor confidence Vertrauen/Zuversicht der Anleger; **in the i.'s own custody** eigenverwahrt; **i.s' guide** Wertpapierinformation *f*; **i. interest** Anleger-, Anlageinteresse *nt*; **i. nervousness** Unruhe unter Kapitalanlegern; **i. protection** Anleger-, Kapitalschutz *m*; **~ society** Kapitalanlegerschutzverband *m*; **i. relations** Aktionärspflege *f*; **i.'s own resources** Selbstfinanzierungsanteil *m*; **i.s' restraint/strike** Anlegerzurückhaltung *f*, Zurückhaltung der Anleger; **i.'s risk** Anlegerrisiko *nt*; **i. sentiment** Börsenstimmung *f*, Stimmung in Anlegerkreisen/beim Anlagepublikum
invigi|late *v/t* Aufsicht führen/haben; **i.lated** *adj* unter Aufsicht; **i.lation** *n* (Prüfungs)Aufsicht *f*, Aufsichtsführung *f*; **i.lator** *n* Aufsichtsführende(r) *f/m*
invigor|ate *v/t* beleben; **i.ating** *adj* belebend; **i.ation of industry** *n* Belebung der Wirtschaft

inviolability *n* Unverletzlichkeit *f*, Unantastbarkeit *f*; **i. of letters** Briefgeheimnis *nt*; **territorial i.** territoriale Integrität
invio|lable *adj* unverletzlich, unantastbar; **i.lacy of parliament** *n* Parlamentsfrieden *m*
invisible *adj* unsichtbar; **i.s** *pl* unsichtbare Einkünfte/Leistungen, unsichtbarer Handel, Dienstleistungen, (unsichtbare) Ein- und Ausfuhren; **net i.s** Dienstleistungsbilanz *f*
invitation *n* 1. Einladung *f*; 2. Ausschreibung *f*, Aufforderung *f*; **at the i. of** auf Einladung von
public invitation to advance claims *(Pat.)* Aufgebot *nt*; **i .to apply/bid** Ausschreibung *f*, Submission *f*; **~ subscribe** Zeichnungs-, Subskriptionsaufforderung *f*; **i. for general subscription** öffentliche Auflegung; **i. to submit an offer** Aufforderung zur Abgabe eines Angebots, Ausschreibung *f*
invitation to tender Ausschreibung *f*, Aufforderung zur Abgabe/Unterbreitung eines Angebots, Angebots-, Submissionsaufforderung *f*, Angebotseinholung *f*, Submission *f*; **individual i. to t.** Einzelausschreibung *f*; **limited/resticted i. to t.** beschränkte Ausschreibung; **partial i. to t.** *(EU) (Agrarerzeugnisse)* Teilausschreibung *f*; **public i. to t.** öffentliche Ausschreibung; **standing i. to t.** Dauerausschreibung(sverfahren) *f/nt*
invitation to treat Aufforderung zur Angabe eines Angebots
to accept/take up an invitation einer Einladung Folge leisten, Einladung annehmen; **to decline an i.** Einladung ablehnen; **standing i.** Dauereinladung *f*; **i. card** Einladungskarte *f*
in|vite *v/t* 1. einladen; 2. ausschreiben, auffordern; **i.-vitee** *n* Eingeladene(r) *f/m*; **i.viting** *adj* einladend
invocation of an article *n* [§] Berufung auf einen Artikel
invoice *n* (Einkaufs-/Waren)Rechnung *f*, Faktura *f*, Nota *f*; **as per i.** laut Rechnung/Faktura; **i. in duplicate** Rechnung in doppelter Ausfertigung; **as per i. enclosed** gemäß beigefügter Rechnung
to check an invoice Rechnung (über)prüfen; **to draw up an i.** Rechnung aufmachen; **to follow up i.s** Zahlungseingang überwachen; **to handle/process the i.** Rechnung bearbeiten; **to legalize an i.** Faktura beglaubigen; **to make out an i.** Rechnung/Faktura ausstellen, ~ aufsetzen, ~ ausfertigen, ~ schreiben, fakturieren; **to order against i.** auf Rechnung bestellen; **to settle an i.** Rechnung begleichen/ausgleichen
amended invoice abgeänderte Rechnung; **bogus i.** Scheinrechnung *f*, getürkte Rechnung; **certified i.** beglaubigte Rechnung; **collective i.** Sammelrechnung *f*; **commercial i.** Handelsfaktura *f*, H.rechnung *f*, Warenrechnung *f*; **consular i. (C.I.)** Konsular-, Konsulatsfaktura *f*, K.rechnung *f*; **corrected i.** berichtigte Rechnung; **duplicate i.** Rechnungsabschrift *f*, R.doppel *nt*, Duplikatrechnung *f*; **incoming/inward i.** eingehende/einlaufende Rechnung; **legalized i.** beglaubigte Faktura; **original i.** Originalfaktura *f*, O.rechnung *f*; **outstanding i.** unbezahlte/offene Rechnung; **paid i.** bezahlte Rechnung

pro-forma invoice vorläufige/fingierte Rechnung, ~ Faktura, Proformarechnung f, P.faktura f, Konsignationsfaktura f, Vor(aus)faktura f, Scheinfaktura f, S.-rechnung f; **to make out a ~ i.** vorläufige Rechnung ausstellen, Rechnung zum Schein ausstellen
provisional invoice vorläufige Rechnung; **standard i.** Normalrechnung f; **supplementary i.** Zusatzrechnung f; **unpaid i.** unbezahlte/offene Rechnung, nicht regulierte Rechnung; **valid i.** gültige Rechnung
invoice v/t 1. Rechnung ausstellen/schreiben, Faktura ausstellen/erteilen; 2. fakturieren, ab-, berechnen, in Rechnung stellen
invoiceable adj abrechenbar
invoice amount Faktura-, Rechnungsbetrag m, Gesamtbetrag (der Rechnung); **i. apron** Rechnungstalon m, R.abschnitt m; **i. book** Rechnungs-, Faktura-, Eingangsfakturenbuch nt; **i. clerk** Fakturist(in) m/f; **i. copy** Rechnungskopie f, R.doppel nt; **i. cost** Rechnungspreis m (minus Rabatt)
invoiced adj in Rechnung gestellt, berechnet; **as i.** wie fakturiert, laut Faktura
invoice date Rechnungsdatum nt, Tag der Rechnungsstellung; **i. department** Fakturierabteilung f; **i. discounting** Bevorschussung von Rechnungen; **i. filing** Rechnungsablage f; **i. journal** Kreditorenjournal nt; **i. number** Rechnungsnummer f; **i. price** (Einkaufs)Rechnungs-, Fakturapreis m; **net i. price** Nettorechnungswert m; **i. processing** Fakturierung f; **i. register** Rechnungsausgangsbuch nt; **i. stamp** Fakturastempel m; **i. total** (Gesamt)Rechnungsbetrag m, Gesamtbetrag m (der Rechnung); **i. value** Rechnungs-, Fakturenwert m; **net i. value** Nettofakturenwert m
invoicing n Fakturieren nt, Fakturierung f, Rechnungs(aus)stellung f, R.erstellung f, Ausstellen einer Rechnung; **post-delivery i.** Nachfakturierung f
invoicing amount Rechnungsbetrag m; **i. computer** Fakturiercomputer m; **i. currency** Rechnungs-, Fakturenwährung f; **i. department** Fakturierabteilung f; **i. form** Rechnungsformular nt
invoke v/t [§] (Gesetz/Vertrag) zitieren, sich berufen/stützen auf, geltend machen.
involuntary adj unfreiwillig, Zwangs-
involve v/t 1. zur Folge haben, verbunden sein mit, mit sich bringen, in sich schließen, nach sich ziehen; 2. verwickeln; **~ so. in sth.** jdn in etw. verwickeln/hineinziehen
involved adj 1. kompliziert, verworren; 2. (Unfall) beteiligt, verwickelt; **not i.** unbeteiligt; **to be i.** beteiligt/verwickelt sein, mitwirken; **to become/get i.** mitmachen (coll)
in|volvement n Verwicklung f, Beteiligung f, Engagement nt (frz.), Beteiligtsein nt, Mitwirkung f, Verstrickung f; **corporate i.** unternehmerisches Engagement
invulnerable adj unverwundbar, unverletzbar
inward adj/adv 1. einwärts, inländisch; 2. innerlich; **~ -bound** adj ⚓ auf der Heim-/Rückreise (befindlich); **i.-orient(at)ed** adj binnenorientiert
iota n Jota nt, Kleinigkeit f, Quäntchen nt; **not to swerve one i.** kein Jota abweichen

IOU (I owe you) n Schuldschein m, deklaratorisches Schuldanerkenntnis
ipso jure (lat.) [§] kraft Gesetzes, ipso jure
Irish dividend Nachschussaufforderung f
irksome adj ärgerlich, lästig
iron n Eisen nt; **to have a few i.s in the fire** (fig) mehrere Eisen im Feuer haben (fig); **to put so. in i.s** jdn in Ketten legen; **to strike the i. while it is hot** (prov.) das Eisen schmieden, solange es heiß ist (prov.)
corrugated iron Wellblech nt; **crude i.** Roheisen nt; **flat i.** Bügel-, Plätteisen nt; **old i.** Alteisen nt; **rolled i.** Walzeisen nt; **rotary i.** Heißmangel f, Bügelmaschine f, B.automat m; **wrought i.** Schmiedeeisen nt
iron v/t bügeln; **i. out** (fig) Schwierigkeiten beseitigen/bereinigen, ausbügeln (fig); **i. things out** die Wogen glätten (fig)
iron alloy Eisenlegierung f; **i.-bearing** adj ❄ eisenhaltig; **i. casting** ✪ Eisengussstück nt; **i. castings industry** Gusseisenindustrie f; **i. constitution** eiserne Gesundheit/Natur; **to have an i. constitution** zäh wie Leder sein (coll); **i. deficiency** ✚ Eisenmangel m; **i. content** Eisengehalt m; **i. dross** ✪ Hochofenschlacke f; **i. exchange** Eisenbörse f; **i. foundry** ✪ Eisengießerei f; **i. hand** eiserne Zucht; **i. horse** (fig) 🚂 Dampfross nt (fig)
ironic(al) adj ironisch
iron industry eisenschaffende Industrie; **small i. i.** Kleineisenindustrie f; **i. and steel(-producing) i.** Eisen- und Stahlindustrie f, eisenschaffende Industrie, Hüttenindustrie f
iron law of wages ehernes/eisernes Lohngesetz (Lasalle); **i.master** n Eisenhüttenbesitzer m; **i. mine** Erzbergwerk nt; **i.monger** n Eisenwaren-, Metallwarenhändler m; **i.monger's shop** Eisenwaren-, Metallwarenhandlung f, Eisenwarengeschäft nt; **i.mongery** n [GB] Metallwarenindustrie f
iron ore ❄ Eisenerz nt; **~ deposits** Eisenerzvorkommen; **~ mine** Eisenerzgrube f; **~ mining** Eisenerzbergbau m
combined iron and steel plant kombiniertes Hüttenwerk; **i. processing** Eisenverarbeitung f; **i. production** Eisenerzeugung f; **i. pyrite** ✪ Eisenkies m; **i. ration** eiserne Ration; **i.smith** n Grobschmied m; **i. and steel-using** adj eisenverarbeitend; **i.ware** n Eisenwaren pl; **i. wire** Eisendraht m; **wrought i.work** n Kunstschmiedearbeit f; **i.work handicraft** Eisenkunst f; **i.worker** n Hüttenarbeiter m; **i.works** n Eisenhütte(nwerk) f/nt; **i. and steel works** Hüttenwerk nt
irradi|ate v/t ❄ bestrahlen; **i.ated** adj verstrahlt; **i.ation** n 1. Bestrahlung f; 2. Strahlungsintensität f
irrebuttable adj unwiderlegbar, nicht widerlegbar
irreconcilable adj unvereinbar, unverträglich, unversöhnlich, unüberbrückbar
irrecoverable adj uneinbringbar, uneintreibbar, unwieder-, uneinbringlich, unersetzlich, nicht wieder gutzumachen(d), (für immer) verloren
irredeem|ability n Untilgbarkeit f, Unkündbarkeit f; **i.able** adj nicht einlösbar/tilgbar, uneinlösbar, uneinbringlich, nicht rückkaufbar, untilgbar, unkündbar, nicht rückzahlbar, unablösbar, uneinlöslich

irreducible *adj* nicht reduzierbar
irrefu|tability *n* Unwiderlegbarkeit *f*; **i.table** *adj* unwiderlegbar, nicht widerlegbar, unabweisbar
irregular *adj* 1. unregelmäßig, ungleichmäßig, uneinheitlich; 2. regel-, vorschrifts-, form-, ordnungswidrig, irregulär, unstatthaft, nicht vorschriftsmäßig
irregularity *n* 1. Unregelmäßigkeit *f*, Uneinheitlichkeit *f*; 2. Regel-, Ordnungswidrigkeit *f*, Zuwiderhandlung *f*, Verstoß *m*, Unstatthaftigkeit *f*, Vorschrifts-, Dienstwidrigkeit *f*, Formmangel *m*, F.fehler *m*, F.widrigkeit *f*; 3. ▦ belangloser Fehler; **irregularities in the mail service** Störung des Postverkehrs; **~ the notification** Zustelllungsmängel; **to be accused of serious irregularities** schwerer Missbräuche beschuldigt sein; **to vote to waive an i.** [§] Formfehler im Beschlussweg heilen; **suspected i.** Verdacht der Unregelmäßigkeit
irrelevance; irrelevancy *n* Nebensächlichkeit *f*, Irrelevanz *f*, Unerheblichkeit *f*, Bedeutungslosigkeit *f*
irrelevant *adj* 1. irrelevant, belanglos, gegenstandslos, nebensächlich, unwesentlich, unsachlich, nicht zur Sache gehörig, sachfremd; 2. [§] (beweis-/rechts-/prozess)unerheblich; **to be i.** nicht mitzählen; **to become i.** Makulatur werden *(fig)*; **legally i.** ohne rechtliche Bedeutung
irreparable *adj* nicht wiederherzustellen/wieder gutzumachen, unwiederbringlich
irreplaceable *adj* unersetzbar
irrepleviable *adj* *(Bürgschaft)* uneinlösbar
irreproachable *adj* einwandfrei, untadelig
irresistible *adj* unwiderstehlich
irrespective of unbeschadet, ohne Rücksicht auf, ungeachtet, unabhängig von
irrespon|sibility *n* Verantwortungslosigkeit *f*, Unverantwortlichkeit *f*; **i.sible** *adj* 1. verantwortungslos, unverantwortlich; 2. [§] unzurechnungsfähig
irretriev|ability *n* Unersetzbarkeit *f*, Unwiederbringlichkeit *f*; **i.able** *adj* unwiederbringlich, unersetzbar, unersetzlich, nicht wieder gutzumachen(d)
irreverent *adj* respektlos
irreversible *adj* unabänderlich, unumstößlich, nicht umkehrbar, unumkehrbar, irreversibel, unwiderruflich
irrevo|cability *n* Unwiderruflichkeit *f*; **i.cable** *adj* unwiderruflich, unabänderlich, unumstößlich
irrig|able *adj* bewässerbar; **i.ate** *v/t* bewässern, berieseln
irrigation *n* (künstliche) Bewässerung, Berieselung *f*; **i. canal** Bewässerungskanal *m*; **i. channel** Bewässerungsgraben *m*; **i. engineer** Bewässerungsingenieur *m*; **i. scheme** Bewässerungsprojekt *nt*; **i. system** Bewässerungssystem *nt*; **i. works** Bewässerungsanlag(en) *f/pl*
irri|table *adj* reizbar, gereizt, nervös; **i.tant** *n* 1. Ärgernis *nt*; 2. Reizmittel *nt*, R.stoff *m*; **i.tate** *v/t* irritieren, (ver)ärgern, aufregen, reizen, verdrießen; **i.tated** *adj* verärgert; **i.tating** *adj* ärgerlich, lästig; **i.tation** *n* Ärger *m*, Verärgerung *f*, Unmut *m*; **~ of the throat** ✚ Hustenreiz *m*
island *n* Insel *f*; **i. counter** Verkaufsinsel *f*; **i. state** Inselstaat *m*
islander *n* Inselbewohner(in) *m/f*

iso|cost *n* Isokosten *pl*; **~ curve/line** Isokostenkurve *f*, I.linie *f*; **i.elastic** *adj* isoelastisch; **i.expenditure line** *n* Budgetgerade *f*
isolate *v/t* 1. isolieren, abdichten; 2. absondern; 3. *(Problem)* identifizieren; **i.ed** *adj* 1. einsam, vereinzelt; 2. ⌂ abgelegen
isolation *n* Isolierung *f*, Absonderung *f*; **i. hospital** ✚ Isolierhospital *nt*, Infektionskrankenhaus *nt*, Quarantänelazarett *nt*
isolation|ism *n* Isolationimus *n*; **i.ist** *n* Isolationist *m*; *adj* isolationistisch
isolation ward ✚ Isolier-, Quarantänestation *f*, Infektionsabteilung *f*
iso|metric *adj* isometrisch; **i.nomy** *n* Gesetzesgleichheit *f*; **i.-outlay curve** Isokostenkurve *f*; **i.phores** *pl* Isophoren; **i.-product curve; i.quant** *n* Isoquante *f*; **i.-profit curve/line; i.-revenue curve** Isogewinnkurve *f*, I.linie *f*; **i.-utility curve** Indifferenzkurve *f*
issuable *adj* *(Wertpapier)* emittierbar, emissionsfähig, begebbar
issuance *n* 1. *(Wertpapier)* Emission *f*, Begebung *f*; 2. *(Lizenz/Genehmigung)* Vergabe *f*; 3. Materialausgabe *f*; 4. *(Befehl)* Ausgabe *f*; 5. Austeilung *f*
issuance of debt Ausgabe von Schuldverschreibungen; **~ a letter of credit** Akkreditiveröffnung *f*; **~ a licence** Lizenzerteilung *f*; **~ material** Materialausgabe *f*; **~ a patent** Erteilung/Eintragung eines Patents; **~ a policy** Abschluss einer Versicherung; **~ stocks** *[US]* Aktienemission *f*
issue *n* 1. (Sach-/Streit)Frage *f*, Kernpunkt *m*, Belang *m*, Problem *nt*; 2. *(Akkreditiv)* Ausstellung *f*, Ausfertigung *f*; 3. (Wertpapier)Emission *f*, Auflegung *f*, Begebung *f*, Inverkehrbringen *nt*; 4. (Material)Ausgabe *f*; 5. *(Lizenz)* Erteilung *f*; 6. Ausgang *m*, Ende *nt*, Ergebnis *nt*; 7. *(Zeitschrift)* Heft *nt*, Ausgabe *f*, Nummer *f*; 8. Nachkommenschaft *f*, Nachkommen *pl*; **at i.** 1. zur Entscheidung anstehend; 2. zur Sache gehörig; 3. [§] streitig; **without i.** ohne Nachkommen, kinderlos
issue of banknotes Emission/Ausgabe von Banknoten, Notenemission *f*; **other ~ my body** [§] sonstige Nachkommen; **~ bonus shares** Ausgabe von Gratis-/Berichtigungs-/Zusatzaktien; **~ a certificate** Erteilung einer Urkunde; **i. at a discount** Unterpariemission *f*; **free i. and entry** freies Kommen und Gehen; **i. of a guarantee** Erstellung einer Garantie; **i. at hand** anstehendes Problem; **i. at/in/of law** rechtliche Streitfrage, Rechtsfrage *f*; **i. of a letter of credit** Akkreditiveröffnung *f*, Kreditbriefausstellung *f*; **~ a licence** Konzessionsvergabe *f*, K.erteilung *f*; **~ a loan** Begebung einer Anleihe; **~ notes** Banknotenemission *f*, Notenausgabe *f*; **i.s on offer** Emissionsangebot *nt*; **i. of paper money** Papiergeldumlauf *m*; **i. above par; i. at a premium** Überpariausgabe *f*; U.emission *f*; **i. at par** Pariausgabe *f*, P.emission *f*; **i. below par** Unterpariausgabe *f*, U.emission *f*; **i. of a patent** Patenterteilung *f*, Patentierung *f*, Eintragung eines Patents; **~ legal relevance** rechtserhebliche Frage; **~ securities** Ausgabe/Emission von Wertpapieren, Effektenemission *f*; **~ shares** *[GB]* /**stocks** *[US]* Ausgabe von Aktien, Aktienausgabe *f*,

A. emission *f*; **~ stamps** Briefmarkenausgabe *f*; **~ a statement** Abgabe einer Erklärung, Verlautbarung *f*; **i. for stock** Vorratsemission *f*; **i. of additional stock** Kapitalaufstockung *f*; **i. from stock(s)** Lagerabgang *m*; **i. in tail** [§] erbberechtigte Nachkommen(schaft); **i. by tender** Emission durch Submissionsverfahren, ~ auf dem Submissionswege; **i. of voting tickets** *(HV)* Stimmkartenausgabe *f*; **~ a visa** Visumausstellung *f*; **~ a writ** [§] Erlass einer einstweiligen Verfügung
irrelevant to the issue rechtsunerheblich, rechtlich unerheblich; **relevant to the i.** entscheidungserheblich
to accommodate an issue Anleihe aufnehmen/unterbringen; **to address an i.** Problem/Thema angehen, ~ behandeln; **to be at i.** strittig sein; ankommen auf, zur Debatte stehen; **~ at i. with so.** mit jdm im Streit liegen, uneinig sein; **~ an explosive i.** Zündstoff bergen; **to bring sth. to an i.** Entscheidung in etw. herbeiführen; **to deal with the i.** sich mit dem Problem befassen; **to define an i.** Streitgegenstand festsetzen; **to die leaving i.** Nachkommen hinterlassen; **~ without i.; to leave no i.** ohne Nachkommen/Leibeserben sterben, keine Erben hinterlassen, kinderlos sterben; **to duck** *(coll)* /**evade an i.** ausweichen, Problem umgehen, einem Problem aus dem Wege gehen, sich vor etw. drücken, sich einer Sache entziehen; **to float/launch an i.** Anleihe/Emission begeben, ~ auflegen; **to force the i.** Entscheidung erzwingen, ~ mit Gewalt herbeiführen; **to join i.** [§] sich in der Klage zur Hauptsache einlassen; **to manage an i.** Anleihekonsortium führen, Emission federführend zeichnen; **to place an i.** Emission plazieren/unterbringen; **to purchase an i. outright** Emission fest übernehmen; **to raise an i.** Thema ansprechen; **to sell prior to i.** vorverkaufen; **to take i. with so.** jdm widersprechen gegen, anderer Meinung sein als jd; **~ an i. to court** Fall vor Gericht bringen; **to underwrite an i.** Emission garantieren/fest übernehmen
active issue|s *(Börse)* stark gehandelte Werte; **most ~ i.s** meist gehandelte Werte; **authorized i.** zur Ausgabe zugelassene Aktie; **central i.** Hauptproblem *nt*, H.punkt *m*; **closed i.** unveränderliche Anleihe; **commemorative i.** ⌧ *(Briefmarken)* Gedenkausgabe *f*; **constant i.** Daueremission *f*; **contentious i.** strittiger Fall, Streitfrage *f*; **corporate i.** *[US]* Emission einer AG; **crucial i.** Kernproblem *nt*; **current i.** *(Zeitschrift)* neueste Ausgabe; **defensive i.** *(Börse)* nach unten abgesicherter Wert; **direct i.** Direktemission *f*; **domestic i.** 1. Inlandsemission *f*; 2. innenpolitische Frage; **double i.** *(Zeitschrift)* Doppelheft *nt*, D.nummer *f*; **environmental i.** Umweltfrage *f*, U.problem *nt*; **mark-down-ex bonus i.** *(Börse)* Zusatzabschlag *m*; **explosive i.** brisantes Thema, heißes Eisen *(fig)*; **factual i.** Sachproblem *nt*; **fiduciary i.** ungedeckte Notenausgabe, fiduziarische Emission, Notenausgabe ohne Deckung; **five-year i.** Anleihe mit einer Laufzeit von fünf Jahren; **fixed-interest (-bearing) i.s** festverzinsliche Wertpapiere, Festverzinsliche; **fixed-rate i.** Festzinsemission *f*; **floating-rate i.** Emission mit Zinsanpassung, ~ variablem Zinssatz; **follow-up i.** Nachemission *f*; **foreign i.** Auslandssemission *f*; **fresh i.** Neuemission *f*; **functional i.** prozessuales Problem; **fund-raising i.** Emission zur Kapitalbeschaffung; **high-coupon i.** hochverzinslicher Wert; **hot i.** Spekulationswert *m*, heiße Aktie, spekulative Neuemission; heißen Thema/Eisen *(fig)*; **industrial i.** Industrieemission *f*; **internal/national i.** Inlandsemission *f*; **joint i.** Gemeinschaftsemission *f*; **junior i.** Ausgabe geringen Ranges, nachrangige Emission; **legal i.** Rechtsfrage *f*; **legitimate i.** [§] eheliche Nachkommen; **main i.** Hauptproblem *nt*, H.frage *f*, H.sache *f*, H.streitpunkt *m*; **to plead on the ~ i.** [§] in der Hauptsache verhandeln; **male i.** [§] männliche Nachkommen(schaft); **minor i.** Nebenfrage *f*; **municipal i.** Kommunalemission *f*
new issue Neuemission *f*, N.begebung *f*, N.plazierung *f*; **unsold n. i.s** Emissionsüberhang *m*
new issue business (Neu)Emissions-, Primärgeschäft *nt*; **~ calendar** Emissions(fahr)plan *m*, E.programm *nt*; **~ market** (Neu)Emissionsmarkt *m*; **~ policy** Emissionspolitik *f*; **~ rate (for bonds)** Emissionsrendite *f* (für Pfandbriefe); **~ statistics** Emissionsstatistik *f*; **~ underwriting** Emissionsübernahme(geschäft) *f*/*nt*; **~ window** Emissionsfenster *nt*
non-paying issue unverzinsliche Anleihe; **one-off i.** Einmalemission *f*; **outstanding i.** fällige Emission; **to retire an ~ i.** fällige Emission zurückkaufen; **par i.** Pariemission *f*, Emission zum Nennwert; **partial i.** Teilemission *f*; **pending i.** [§] anhängige Klage; **pivotal i.** Grundsatzfrage *f*; **political i.** Politikum *nt*; **pre-launch i.** *(Zeitschrift)* Nullnummer *f*; **privileged i.** Emission von Vorzugsaktien, ~ Schuldverschreibungen mit Umtausch/Bezugsrechten; **public(-authority) i.** öffentliche Emission; **real i.** eigentliches Problem; **related i.** damit zusammenhängendes Problem; **rising i.** *(Börse)* höher notierter Wert; **seasoned i.s** favorisierte Emissionen/Anleihen; **seasoned—quality i.** gut eingeführtes/erstklassiges Wertpapier; **secondary i.** *(Börse)* Nebenwert *m*; **sensitive i.** heikler Punkt, heikles Thema; **short-dated i.** Kurzläufer *m*; **slated i.s** geplante Emissionen; **special i.** *(Zeitschrift)* Sonderheft *nt*, S.nummer *f*; **speculative i.** Spekulationswert *m*; **vexed i.** vertracktes Problem; **vital i.** wesentliche Frage
issue *v/t* 1. *(Dokument)* ausstellen; 2. *(Geld)* herausgeben, in Umlauf setzen; 3. *(Wertpapier)* emittieren, begeben, auflegen; 4. *(Wechsel/Kreditbrief)* ausfertigen; 5. *(Material)* ausgeben; 6. *(Lizenz)* erteilen; 7. *(Dividende)* ausschütten; **i. from** entstammen; **i. so. with** ausgeben an jdn, jdn ausrüsten/ausstatten mit
issue account Verrechnungskonto *nt*; **i. area** Problembereich *m*, Fragenkomplex *m*; **i. bank** Noten-, Emissionsbank *f*; **i. broker** Emissionsmakler *m*; **i. calendar** Emissionskalender *m*, E.plan *m*; **ancillary i. cost** Emissionsnebenkosten *pl*
issued *adj* 1. *(Material)* ausgegeben; 2. *(Dokument)* ausgestellt; 3. *(Lizenz)* erteilt; 4. *(Anleihe)* aufgelegt; 5. *(Dividende)* ausgeschüttet, verteilt; **i. to** lautend auf; **when i.** *(Börse)* bei/per Erscheinen; **to be i.** 1. *(Börse)* zur Emission kommen; 2. *(Zeitschrift)* erscheinen; 3. *(Verordnung)* ergehen; **i. retrospectively** nachträglich ausgestellt

issue debtor Emissionsschuldner(in) *m/f*; **i. department** Emissionsabteilung *f*, Notenausgabestelle *f*, Abteilung für Notenausgabe; **i. desk** Ausgabeschalter *m*; **original i. document (OID)** *[US]* Emissionsprospekt *m*; **i. market** Emissionsmarkt *m*; **i. par** Emissions-, Ausgabekurs *m*; **i. permit** Emissionsgenehmigung *f*; **i. premium** Emissionsagio *nt*, E.aufgeld *nt*; **i. price** Abgabe-, Ausgabe-, Ausgangs-, Emissions-, Zeichnungspreis *m*, Ausgabe-, Emissions-, Bezugs-, Erstausgabe-, Zeichnungskurs *m*, Ausgabe(kurs)wert *m*; **i. project** Emissionsvorhaben *nt*; **i. prospectus** Zeichnungsprospekt *m*

issuer *n* 1. *(Wertpapier)* Emittent *m*; 2. *(Dokument)* Aussteller *m*; **constant i.** Daueremittent *m*; **domestic i.** inländischer Emittent; **occasional i.** Gelegenheits-, Einmalemittent *nt*; **public i.** öffentlicher Emittent

issuer's liability *(Akkreditiv)* Ausstellerhaftung *f*; **i.'s standing** Ausgeberkredit *m*

issue value Ausgabewert *m*; **i. volume** Emissionsvolumen *nt*; **i. yield** Emissionsrendite *f*

issuing *n* Ausgabe *f*; **i. (of) a check** *[US]* /**cheque** *[GB]* Scheckausstellung *f*; **i. of licences** Erteilung von Genehmigungen; **~ a policy** Policenausfertigung *f*

issuing activity Emissionstätigkeit *f*; **i. agency** Emissionsstelle *f*; **i. bank** Emissions-, Ausgabebank *f*; **i. broker** Emissionsbroker *m*, E.makler *m*; **i. business** Emissionsgeschäft *nt*; **i. commission** Emissionsvergütung *f*; **i. company** Emissionshaus *nt*, E.gesellschaft *f*, emittierende Gesellschaft; **i. counter** Ausgabeschalter *m*; **i. costs** Emissions-, Begebungskosten; **i. creditor** Emissionsgläubiger(in) *m/f*; **i. currency** Ausstellungs-, Emissionswährung *f*; **i. date** Ausstellungstag *m*; **i. debtor** Emissionsschuldner(in) *m/f*; **i. department** Emissionsabteilung *f*; **i. discount** Emissionsdisagio *nt*, E.abgeld *nt*; **i. fee** *(Vers.)* Ausfertigungsgebühr *f*; **i. group** Begebungskonsortium *nt*; **i. house** (Effekten)Emissions-, Finanzbank *f*, Emissionsinstitut *nt*, E.haus *nt*; **i. limit** Umlaufgrenze *f*; **i. office** Ausgabestelle *f*, ausstellende Dienststelle; **i. premium** Emissionsaufgeld *nt*, E.agio *nt*, Ausgabeaufschlag *m*; **i. price** Emissions-, Ausgabekurs *m*, Begebungspreis *m*; **~ spead** Spanne der Emissionspreise; **i. proceeds** Emissionserlös *m*, **i. prospectus** Emissionsprospekt *m*; **i. share** Konsortialquote *f*; **i. transaction** Emissionsgeschäft *nt*

isthmus *n* Landenge *f*, L.brücke *f*

italic *adj* ⓘ kursiv; **i.s** *n* ⓘ kursive Schrift, Schrägdruck *m*, S.schrift *f*, Kursivschrift *f*; **in i.s** schräg/kursiv gedruckt; **to print in i.s** kursiv drucken; **i.ized** *adj* kursiv (gedruckt)

item *n* 1. (Buchungs-/Rechnungs)Posten *m*, Position *f*, Titel *m*; 2. Objekt *nt*, Stück *nt*, (Waren)Einheit *f*, Verkaufsgegenstand *m*; 3. (Programm-/Tagesordnungs)Punkt (TOP) *m*, Verhandlungsgegenstand *f*; 4. 🗔 Datenfeld *nt*, D.wort *nt*; **i. on the account** Rechnungsposition *f*, R.posten *m*; **i. of/on the agenda** Programm-, Tagesordnungspunkt (TOP) *m*, Punkt/Gegenstand der Tagesordnung; **i. free of charge** Frei-, Frankoposten *m*; **equalizing i. on consolidation** Konsolidierungsausgleichsposten *m*; **i. of equipment** Anlagegut *nt*; **i.s on hand for collection** Inkassobestand *m*; **i. in a table** Tabellenposition *f*; **~ transit** Durchlauf-, Durchgangsposten *m*, durchlaufender Posten; **i.s in transit** Inkassopapiere; **i. of monetary value** geldwertes Papier

special item including reserves Sonderposten mit Rücklagenanteil; **i. with can be included in the balance sheet** bilanzierungsfähiger Posten; **i. carried forward** Vortragsposten *m*; **i. made to order** Sonder(an)fertigung *f*; **i.s sent for collection** Einzugs-, Inkassopapiere; **i. serving as collateral/security** Sicherungsgegenstand *m*, S.gut *nt*; **i. to be written off** abschreibungsfähiges Objekt

to allow an item of an account Rechnungsposten anerkennen; **to balance one i. against another** Posten gegenseitig aufrechnen; **to book an i.** Posten buchen/eintragen; **~ omitted i.s** Posten nachtragen; **to cancel/delete an i.** Posten austragen/löschen/tilgen/stornieren/streichen; **to carry over/forward an i.** Posten übertragen/vortragen; **to credit an i.** gutschreiben, Posten kreditieren; **to debit an i.** Posten belasten; **to deduct i.s from an account** Rechnungsposten abziehen; **to enter an i. in the ledger** Posten im Hauptbuch verbuchen, ~ ins Hauptbuch eintragen; **to pass an i. to an account** Posten auf einem Konto verbuchen; **to post an i.** Posten buchen/eintragen; **to reconcile i.s** Posten vergleichen; **to tick off an i.** Posten abhaken/abstreichen; **to verify i.s of an account** Rechnungsposten kontrollieren

above-the-line item|s 1. *(Bilanz)* periodengerechte Posten; 2. Posten im ordentlichen Haushalt; **accommodating i.s** Restposten, Saldo nicht aufgliederbarer Transaktionen; **accrued (and deferred) i.s** Rechnungsabgrenzungsposten; **~ and deferred i.s account** Abgrenzungskonto *nt*; **accruing i.s** entstandene, noch nicht fällige Posten; **adjusting i.** Abgrenzungs-, Korrektur-, Ausgleichsposten *m*; **ancillary i.s** Nebenkosten; **any other i.s** *(Tagesordnung)* Verschiedenes *nt*; **balancing i.** Rest-, Differenzposten *m*; **below-the-line i.s** periodenfremde Aufwendungen/Erträge; **big-ticket i.** *[US]* 1. teures Konsumgut; 2. wichtiges Thema; **blank i.** Leerposition *f*; **budgetary i.** Etatposten *m*, E.titel *m*; **captive i.s** Erzeugnisse für den Eigenbedarf; **clear i.s** spesenfreie Posten; **collective i.** Sammelposten *m*; **commercial i.** ✉ Geschäftsdrucksache *f*; **compensating i.** Ausgleichsposten *m*; **contiguous i.** 🗔 abhängiges Datenwort; **contributed i.s** eingebrachte Sachen; **counterfeit i.** Falschstück *nt*; **customized/custom-made i.** Sonderfertigung *f*; **defective i.** Mangel-, Schlechtstück *nt*, fehlerhaftes Stück; **defective i.s** Ausschuss(ware) *m/f*; **deferred i.** Rechnungsabgrenzungs-, Erfolgsregulierungs-, Übergangsposten *m*, transitorischer Posten; **~ i.s** Periodenabgrenzungsposten; **discontinued i.** Auslaufprodukt *nt*; **elementary i.** 🗔 Datenelement *nt*; **end-of-year i.** Abschlussposten *m*; **erratic i.** Sonderposten *m*, S.einfluss *m*, Ausreißer *m* *(coll)*; **essential i.** Kernposten *m*; **exceptional i.** außergewöhnlicher Posten, außergewöhnliche Belastung; **expendable i.s** Verbrauchsmaterial *nt*; **extraordinary**

i. Sonderposten *m*; ~ **i.s** 1. außerordentliche Positionen, außergewöhnliche Posten; 2. einmalige Erträge, Sondererträge; **fast-growth i.** Wachstumsrenner *m*; **fast-moving/fast-selling i.** gutgehende Waren, gutgehender gängiger Artikel, Selbstläufer *m*, Schnelldreher *m (coll)*; **final i.** *(Tagesordnung)* letzter Punkt; **finished i.** Fertigstück *nt*; **free i.s** spesenfreie Inkasso, gebührenfreie Posten; **hard-to-sell i.** schwer verkäuflicher Artikel; **high-value i.** hochwertiges Gut; **high-volume/hot i.** absatzstarkes Produkt, Umsatzrenner *m (coll)*; **important i.** wichtiger Punkt; **imputed i.** kalkulatorischer Posten; **in-process i.s** unfertige Güter; **intercompany i.s** Rechnungsposten einer Organgesellschaft; **invisible i.s** 1. unsichtbare Bilanzposten; 2. *(Handel)* unsichtbare Ein- und Ausfuhren; **loose i.s** lose/nicht abgepackte Ware; **low-price i.** kleinpreisiger Artikel; ~ **i.s** Billigware *f*; **low-value i.** geringwertiges/geringfügiges Wirtschaftsgut; **main i.** Hauptposten *m*, H.position *f*; **mass-produced i.(s)** Dutzendware *f*; **miscellaneous i.s** 1. verschiedene Posten; 2. *(Tagesordnung)* Verschiedenes *nt*; **missing i.** fehlende Sendung; **monitory i.** *(Bilanz)* Merkposten *m*; **non-cash i.** Unbarposten *m*; **non-current i.s** mittel- und langfristige Bilanzposten; **non-fungible i.s** nicht vertretbare Sachen; **non-moving i.** Ladenhüter *m*; **non-recurring i.** einmaliger (Rechnungs)Posten; **offsetting i.** Verrechnungsposten *m*; **mutually** ~ **i.s** wechselseitige Verrechnungsposten; **off-the-line i.** Sonderposten *m*; **open i.** 1. offener Posten, offene Position; 2. *(Rechnung)* offenstehender Betrag; **outgoing i.** Defizit-, Ausgangsposten *m*; **out-of-stock i.** ausgegangener Artikel; **outstanding i.** offener Posten; **patented i.** Patentgegenstand *m*; **pledged i.** Pfand(gegenstand) *nt/m*; **profit-reducing i.** negative Erfolgskomponente; **reconciling i.** Ausgleichs-, Differenzposten *m*; **recorded i.** eingetragener Posten; registered i.s ⊠ eingeschriebene Sendung; **residual i.** 1. Restposten *m*; 2. statistische Differenz; **retired i.s** ausgetragene Posten; **self-balancing i.** Durchlaufposten *m*; **separate i.** gesonderte Position; **single i.** 1. Einzelbetrag *m*, E.posten *m*; 2. Einzelstück *nt*, E.objekt *nt*; **single-use i.s** Betriebsstoffe; **slow-moving i.s** Restanten; **special i.** Sonderposten *m*; **standard i.** Standarderzeugnis *nt*, S.fabrikat *nt*; **strategic i.s** strategisch wichtige Erzeugnisse; **surplus i.** Überschussposten *m*; **top-selling i.** Verkaufsschlager *m*, (Umsatz)Renner *m (coll)*, Umsatzspitzenreiter *m*; **transitory/transmitted i.** durchlaufender Posten, Durchleitungs-, Durchlauf-, Durchgangsposten *m*; **transitory i.s** durchlaufende Mittel; **uncleared i.s** nicht verrechnete Schecks; **uncollected i.s** *(Bilanz)* Inkassoforderungen; **unique i.** Unikat *nt*; **unpaid i.** offener Posten; **valuable i.** Wertgegenstand *m*, W.objekt *nt*; **visible i.s** sichtbare Ein- und Ausfuhren
item analysis Artikel-, Indikatorenanalyse *f*; **i. battery** Merkmalsbatterie *f*; **i. card** Artikelkarte *f*; **i. charge** Postengebühr *f*; **i. cost** Artikeleinstandswert *m*; **i. costing** Posten-, Stück(kosten)kalkulation *f*; **i. covered/insured** Versicherungs-, Deckungsgegenstand *m*
itemization *n* Spezifierung *f*, (Posten)Aufgliederung *f*, Aufschlüsselung *f*, Spezifikation *f*, Einzelaufführung *f*, E.aufzählung *f*, Detaillierung *f*; **i. of costs** Aufgliederung der Kosten
itemize *v/t* aufgliedern, (einzeln) auflisten, einzeln angeben/verzeichnen/aufführen, spezifizieren, aufgliedern, aufschlüsseln, detaillieren, näher angeben
itemized *adj* spezifiziert, aufgeschlüsselt
standardized item listing Polaritätenprofil *nt*; **i. match list** Ausziffernungsliste *f*; ~ **number** Ausziffernungsnummer *f*; **i.-by-i. method** Postenmethode *f*; **i. numbering** Belegnummerierung *f*; **i. statistics** Postenmethode *f*
iteration test *n* ▦ Iterationstest *m*
itinerant *adj* ambulant, fahrend, umherziehend, Wander-
itinerary *n* Fahrstrecke *f*, Weg *m*, (Reise)Route *f*
ivory *n* Elfenbein *nt*; **i. tower** *(fig)* Elfenbeinturm *m (fig)*

J

jab *n (coll)* ⚕ Spritze *f*
jack *n* 1. 🚗 Wagenheber *nt*; 2. ⚓ Bugflagge *f*; **j. of all trades** Hansdampf in allen Gassen, Faktotum *nt*, Alleskönner *m*, Tausendsassa *m (coll)*; **cheap J.** *(coll)* billiger Jakob *(coll)*
jack up *v/t* 1. *(Preis)* erhöhen; 2. 🚗 aufbocken; 3. unterstützen
jackassing *n (coll)* ⚙ umständlicher Materialdurchfluss
jacket *n* 1. Jackett *nt*; 2. 📄 Umschlag *m*, Schutzhülle *f*; 3. *(Wertpapier)* Streifband *nt*; **j. custody** Streifbanddepotverwahrung *f*; **j. deposit** Streifbanddepot *nt*
jacking equipment *n* ⚙ Hebebühne *f*, H.zeug *nt*
jackknife *n* Taschenmesser *nt*; *v/i* 🚛 *(Sattelzug)* sich querstellen
jackpot *n (Lotterie)* Hauptgewinn *m*, H.treffer *m*, Jackpot *m*, großes Los; **to hit the j.** das große Los ziehen, Hauptgewinn erzielen
jack screw ⚙ Schraubenwinde *f*, Hebeschraube *f*
jactitation of marriage *n* [§] Vorspiegelung des Bestehens einer Ehe; **j. suit** negative Feststellungsklage, Prozess wegen Berührung
jaded *adj* erschöpft, verbraucht; **to look j.** müde aussehen
jail *n* Gefängnis, Haft-, Straf-, Gefangenen-, Justizvollzugsanstalt (JVA) *f*; **to put in j.** inhaftieren; **to release from j.** aus dem Gefängnis entlassen
jail|bird *n (coll)* Zuchthäusler *m*, Knastbruder *m (coll)*; **j. break** *n (Gefängnis)Ausbruch *m*
jailer *n* Gefängniswärter(in) *m/f*
jail||house *n [US]* Gefängnis *nt*; **j. sentence** Freiheits-, Gefängnis-, Haftstrafe *f*
jam *n* 1. 🚗 Stau(ung) *m/f*, (Verkehrs)Stockung *f*; 2. Störung *f*, Verstopfung *f*, Blockieren *nt*; 3. Klemme *f*, missliche Lage; 4. Konfitüre *f*; **to get into a j.** ins Gedränge kommen, Schwierigkeiten haben
jam *v/t* 1. blockieren, klemmen, verstopfen; 2. *(Radiosendung)* stören

jammed *adj* überfüllt; **to be j.** 1. 🚗 *(Verkehr)* stillstehen; 2. *(Schußwaffe)* Ladehemmung haben
jamming wave *n* Störwelle *f*; **j. station** Störsender *m*, S.funk *m*
jam resistance *n* Störwiderstand *m*
jangle *v/i* *(Metall)* klirren, klimpern
jani|tor *n* Pförtner *m*, Hausmeister *m*, H.besorger *m [A]*; **j.tress** *n* Hausmeisterin *f*; H.besorgerin *f [A]*
jar *n* Gefäß *nt*, Glas *nt*, Krug *m*
jar *n* Ruck *m*, Stoß *m*; *v/i* schlagen, stoßen
jargon *n* Jargon *m*, Berufs-, Fachsprache *f*; **commercial j.** Handelssprache *f*; **economic j.** Wirtschaftssprache *f*; **in-house j.** Firmenjargon *m*; **legal j.** Rechtssprache *f*; **occupational j.** Fachjargon *m*, Berufs-, Fachsprache *f*; **technical j.** Fachjargon *m*, F.chinesisch *nt (coll)*
Jason clause *n* ⚓ Versicherung gegen verborgene Mängel
jaundice *n* ⚕ Gelbsucht *f*
jaunt *n* Vergnügungsausflug *m*, Spritztour *f*
jaw *n* ⚕ Kiefer *m*; **j.s** Mund *m*, Öffnung *f*; **to sock so. on the j.** *(coll)* jdm eines auf die Schnauze geben *(coll)*; **to snatch so. from the j.s of death** jdn dem Tod entreißen
jaw|bone economics *n* Amateurökonomie *f*; **j.boning** *n (coll) (Wirtschaftspolitik)* Seelenmassage *f*
jaywalking *n* [§] Unachtsamkeit des Fußgängers
jazzed up *adj (coll)* aufgemotzt *(coll)*
jealous *adj* eifersüchtig, missgünstig, neidisch; **j. of** besorgt um, bedacht auf
jealousy *n* Eifersucht *f*, Missgunst *f*, Neid *m*; **professional j.** Konkurrenzneid *m*
jeep ™ *n* 🚗 Jeep *m*, Kübelwagen *m*
jeopardize *v/t* gefährden, in Gefahr bringen, aufs Spiel setzen
jeopardy *n* Gefahr *f*, Risiko *nt*; **to put in j.; to throw into j.** gefährden; **double j.** [§] doppelte Strafverfolgung eines Täters wegen derselben Tat, Gefahr einer erneuten Verurteilung; **~ clause** Verbot der Doppelbestrafung
jerk *n* plötzlicher Stoß, Ruck *m*, Zug *m*; **by j.s** ruckweise; **to stop with a j.** ruckartig anhalten
jerk *v/t* rütteln, stoßen, rucken; **j.y** *adj* ruckartig
jerque *v/t* ⊖ zollamtlich untersuchen; **j. note** Ladefreigabe *f*, Eingangszollschein *m*
jerry|builder *n (coll)* 🏛 unseriöser Bauunternehmer; **j.-built** *adj* unsolide gebaut; **j.can** *n (coll)* (Sprit)Kanister *m*
jersey *n* 1. Pullover *m*; 2. *(Sport)* Trikot *nt*
jest *n* Spaß *m*, Witz *m*; *v/i* spaßen; **j.er** *n* Narr *m*, Spaßmacher *m*, S.vogel *m*; **j.ing** *adj* scherzhaft
jet *n* 1. Strahl *m*; 2. ✿ Düse *f*; 3. ✈ Düsenflugzeug *nt*, Jet *m*; **corporate j.** Firmenflugzeug *nt*; **short-haul j.** Kurzstreckendüsenflugzeug *nt*
jet aircraft Düsenflugzeug *nt*; **j. airliner** Düsenverkehrsflugzeug *nt*; **j. engine** Düsen-, Strahltriebwerk *nt*; **j. freightage** Düsenfracht *f*; **j. freighter** Düsenfrachtflugzeug *nt*; **j.lag** *n* Jetlag *m*, Biorhythmusproblem *m*; **j.liner** *n* Düsen(verkehrs)flugzeug *nt*; **j. plane** Düsen-, Strahlflugzeug *nt*; **j.-propelled; j.-powered** *adj* düsengetrieben, mit Düsenantrieb; **j. power unit** Düsentriebwerk *nt*; **j. propulsion** Düsenantrieb *m*

jetsam (of cargo) *n* ⚓ über Bord geworfene Ladung, Seewurf *m*
jettison *n* ⚓ See-, Not(ab)-, Notauswurf *m*, Überbordwerfen *nt*, Abwurf *m*; **j. of cargo** Seewurf *m*
jettison *v/t* ⚓ *(Ladung/Güter)* über Bord werfen, abwerfen; **j.able** *adj* über Bord zu werfen, wegwerfbar, abwerfbar
jetty *n* ⚓ Anlege-, Landebrücke *f*, Pier *m*, Mole *f*, Anlegestelle *f*, Landesteg *m*, Hafendamm *m*, Ponton *m*
jewel *n* Juwel *nt*, Edelstein *m*, Kleinod *nt*; **studded with j.s** juwelenbesetzt; **the j. in the crown** *(fig)* das kostbarste Stück
jeweler *[US]*; **jeweller** *[GB]* *n* Juwelier(geschäft) *m/nt*; Schmuckhändler *m*, Goldschmied *m*; **j.'s shop** *[GB]* Schmuckgeschäft *nt*
jewellery *[GB]*; **jewelry** *[US]* *n* Schmuck(waren) *m/f*, S.gegenstände *pl*, Juwelen *pl*; **j. and trinkets** Bijouterie *f (frz.)*; **j. box** Schmuckkassette *f*; **j. industry** Schmuckwarenindustrie *f*; **j. store** *[US]* Juwelier-, Schmuckgeschäft *nt*
jib boom ⚓ Klüverbaum *m*; **j. crane** Auslegerkran *m*, Kran mit Dreharm; **j. range** Schwenkbereich *m*
in a jiffy *(coll)* im Nu; **J. bag** ™ *n* Versandtasche *f*
jingle *n* 1. Geklingel *nt*, Klimpern *nt*, Geklimper *nt*; 2. Werbelied *nt*; *v/i* 1. klimpern, 2. *(Metall)* klirren
jingo(ist) *n* Chauvinist *m*, Nationalist *m*, Hurrapatriot *m*; **j.ism** *n* Chauvinismus *m*, Nationalismus *m*, Hurrapatriotismus *m*; **j.istic** *adj* chauvinistisch
jitney *n* *[US] (coll)* 1. Fünf-Cent-Münze *f*; 2. billiger Bus
jitters *pl* Nervosität *f*, Angst *f*, das große Zittern, Bammel *m (coll)*; **to have the j.** eine Heidenangst haben *(coll)*
job *n* 1. Arbeit(splatz) *f/m*, A.sstelle *f*, A.sverhältnis *nt*, Beruf(stätigkeit) *m/f*, Beschäftigung(sverhältnis) *f/nt*, Position *f*, Stelle *f*, Posten *m*; 2. Aufgabe *f*, Pflicht *f*; 3. (Fertigungs)Auftrag *m*, Geschäft *nt*, Operation *f*, Arbeitsvorgang *m*; 4. *(coll)* Produkt *m*, Ding *nt*; **in a j.** berufstätig; **~ my j.** beruflich; **near the j.** arbeitsplatznah; **on the j.** am Arbeitsplatz, bei der Arbeit; **out of a j.** *adj* arbeits-, stellen-, stellungslos, ohne Stellung/Beschäftigung
job|s for the boys *(coll)* Stellen für die Anhänger; **j.s past due** überfällige Aufträge; **j. in industry** Industriearbeitsplatz *m*; **j. for life** Lebens(zeit)stelle *f*, L.stellung *f*, Stelle auf Lebenszeit; **j. in a million** Bombenstelle *f*, Traumberuf *m*; **j.s on offer** freie/offene Stellen, Stellen-, Arbeitsplatzangebot *nt*; **j.s for women** Frauenarbeitsplätze
to accept a job Arbeit/Stelle/Stellung annehmen; **to add j.s** (neue) Arbeitsplätze schaffen; **to advertise a j.** Stelle ausschreiben; **to apply for a j.** sich um eine Stelle/Stellung bewerben, ~ bemühen, sich für eine Stelle melden; **to axe a j.** Arbeitsplatz/Stelle streichen; **to be paid by the j.** pro Auftrag bezahlt werden; **~ out of a j.** stellungslos/ohne Stellung sein; **~ good at one's job** sein Geschäft verstehen; **~ up to a j.** einer Aufgabe gewachsen sein; **to butcher/cut j.s** Arbeitsplätze streichen/einsparen/abbauen; **to change j.s** Stelle/Arbeits-

platz/Beschäftigung/Beruf wechseln, anderen Beruf ergreifen, umsatteln; **to come with the j.** Teil der Vergütung sein; **to complete a j.** Arbeit/Auftrag erledigen; **to cost a j.** Kostenaufwand berechnen; **~ so.'s j.** jds Kopf kosten *(fig)*; **to create (new) j.**s (neue) Arbeitsplätze schaffen; **to cut j.**s Belegschaft abbauen/verringern, Arbeitsplätze streichen; **to deprive so. of his j.** jdm den Arbeitsplatz wegnehmen; **to destroy j.**s Arbeitsplätze vernichten; **to devote o.s. to one's j.** sich mit voller Hingabe seinem Beruf widmen; **to do a j.** 1. Arbeit verrichten, Arbeitstätigkeit ausüben; 2. *(coll)* Ding drehen *(coll)*; **~ one's j.** seine Arbeit tun, seiner Arbeit nachgehen, seinen Dienst verrichten; **~ a first-class/first-rate j.** ausgezeichnete Arbeit leisten; **~ good j.** gute Arbeit leisten; **~ a thorough j.** ganze Arbeit leisten; **to fail in one's j.** beruflich versagen; **to fall down on a j.** einer Aufgabe nicht gewachsen sein; **to fill a j.** Arbeitsplatz besetzen; **to find/get a j.** Anstellung finden, Stelle/Stellung bekommen; **~ for so.** jdn vermitteln; **to free a j.** Arbeitsplatz freimachen; **to find/get so. a j.; to fix so. up with a j.** Stelle/Stellung für jdn finden, jdm eine Stelle nachweisen/besorgen/verschaffen, jdn unterbringen; **to get on in one's j.** beruflich vorankommen; **to give up a j.** Tätigkeit aufgeben; **to go with the j.** im Zusammenhang mit dem Arbeitverhältnis stehen; **to grab a j.** Stellung ergattern; **to have a j.** Arbeit haben; **~ first-rate j.** erstklassige Stelle/Stellung haben; **to hold a j.** Stelle innehaben; **~ down a j.** Arbeitsplatz/Stelle/Stellung (be)halten; **to know one's j.** sein Handwerk verstehen/beherrschen; **to land a j.** *(coll)* sich eine Stelle besorgen, Stelle/Stellung finden; **to look for a j.** Arbeit/Stelle suchen, sich nach einer Stelle/Stellung umsehen; **to lose one's j.** Stelle/Stellung verlieren; **to make the best of a bad j.** retten, was zu retten ist; **~ a bad j. of sth.** etw. verpatzen; **~ a good j. of sth.** etw. gut erledigen, Nägel mit Köpfen machen *(coll)*; **~ a proper/thorough j. of it** ganze Arbeit leisten; **to move j.**s *(häufiger)* seinen Arbeitsplatz wechseln; **to offer so. a j.** jdm einen Arbeitsplatz anbieten; **to price o.s. into a j.** seine Lohnansprüche reduzieren; **~ out of a j.** Arbeitsplatz durch überhöhte Lohnforderungen verlieren; **to provide j.**s Arbeitsplätze schaffen; **to pull a j.** (krummes) Ding drehen *(coll)*; **to pursue a j.** einem Beruf nachgehen; **to quit one's j.** Dienst quittieren, seine Stelle/Stellung aufgeben; **to redesign a j.** Arbeitsplatz umgestalten; **to safeguard j.**s Stellen/Arbeitsplätze sichern; **to see the last of a j.** mit einer Sache endlich fertig werden; **to shed/slash/trim j.**s Arbeitskräfte freisetzen/abbauen, Personal/Stellen abbauen, Belegschaft verringern/abbauen, Arbeitsplätze aufgeben/abbauen; **to start on a j.** Stelle/Stellung antreten; **to stay on/in the j.** Stellung beibehalten; **to swap j.**s Stellen/Arbeitsplätze tauschen; **to tackle a j.** an eine Arbeit herangehen; **to take up a j.** Beruf ergreifen; **to train for a j.** sich auf einen Beruf vorbereiten; **to be trained on the j.** praxisorientiert ausgebildet werden; **to turn down a j.** Stelle/Stellung ablehnen; **to undertake a j.** Arbeit übernehmen; **to upgrade a j.** Arbeitsplatz aufwerten

additional job|s zusätzliche Arbeitsplätze; **arduous j.** 1. schwierige Aufgabe; 2. anstrengende Arbeit; **available j.** verfügbare Stelle, verfügbarer Arbeitsplatz; **bad j.** Pfusch(arbeit) *m/f*, Pfuscherei *f*, krumme Sache, Fehlschlag *m*; **bleached-collar j.** in eine Angestelltenposition umgewandelte Arbeiterposition; **blind-alley/dead-end j.** Stellung/Beruf ohne Aufstiegsmöglichkeiten, aussichtsloser Beruf; **blue-collar j.** gewerblicher Arbeitsplatz/Beruf, Industriearbeitsplatz *m*; **botched-up j.** Pfusch(arbeit) *m/f*; **casual j.** Gelegenheitsarbeit *f*; **clerical j.** Büroarbeitsplatz *m*; **commercial j.** kaufmännischer Beruf; **cushy j.** *(coll)* bequeme Stellung/Arbeit, bequemer/ruhiger Posten, Druck-, Ruheposten *m*; **to have a ~ j.** *(coll)* eine ruhige Kugel schieben *(coll)*; **dangerous j.** gefährlicher Arbeitsplatz; **extra j.** Nebenarbeit *f*, N.beruf *m*; **~ j.**s neue/zusätzliche Stellen, ~ Arbeitsplätze; **fat j.** *(coll)* bequeme Stellung; **full-time j.** Ganztagsbeschäftigung *f*, G.arbeit *f*, ganze Stelle, hauptamtliche Beschäftigung/Tätigkeit; **hard j.** 1. schwerer Beruf; 2. schwere Arbeit; **high-pressure j.** Stelle mit hohen Anforderungen; **hot j.** *(coll)* 1. brandeiliger Auftrag; 2. heiße Sache *(coll)*; **industrial j.** gewerblicher Arbeitsplatz; **knock-on j.** Folgearbeitsplatz *m*; **menial j.** einfache Arbeit; **new j.** neuer Arbeitsplatz; **~ investment tax credit** Steuerfreibetrag für Arbeitsplatzbeschaffung; **non-key j.** sonstige Tätigkeit; **odd j.** 1. Gelegenheitsauftrag *m*; 2. Gelegenheitsbeschäftigung *f*, G.arbeit *f*; **~ j.**s Kleinkram *m*; **outdoor j.** Außenarbeit *f*, A.beruf *m*; **highly/well paid j.** hochdotierte Stellung, gutbezahlte Stelle/Arbeit; **part-time j.** Teilzeit-, Halbtagsbeschäftigung *f*, H.arbeit *f*, H.stelle *f*, Nebenamt *nt*, N.erwerbsstelle *f*, nebenberufliche Beschäftigung; **permanent j.** Dauerarbeitsplatz *m*, D.stelle *f*; **plum j.** *(coll)* begehrenswerte Stellung, Traumberuf *m*; **professional j.** fachmännische Arbeit; **profitable j.** einträglicher Beruf; **put-up j.** *(coll)* abgekartete/verabredete Sache, abgekartetes Spiel; **rush j.** Sofort-, Eil-, Expressauftrag *m*; **safe j.** sichere Stelle/Stellung, sicherer Arbeitsplatz; **scarce j.** Mangelberuf *m*; **seasonal j.** Saisonstellung *f*, S.arbeitsplatz *m*; **second j.** Nebenberuf *m*; **single-place j.** Einstellenarbeit *f*; **soft j.** *(coll)* Druckposten *m*, bequeme Arbeit; **spare-time j.** Nebenbeschäftigung *f*, N.erwerb *m*, N.tätigkeit *f*, Freizeitarbeit *f*; **temporary j.** Aushilfsstelle *f*, befristete Tätigkeit, Zeitarbeit *f*; **~ sector** Arbeitsmarkt für Aushilfskräfte/Teilzeitbeschäftigte, T.kräfte; **terminal j.** Beruf/Stelle/Stellung ohne Aufstiegsmöglichkeiten, aussichtsloser Beruf; **tough j.** schweres Stück Arbeit, schwierige Arbeit, harter Brocken *(coll)*; **trendy j.** Modeberuf *m*; **unfilled/vacant j.** offene Stelle; **white-collar j.** Angestelltenstelle *f*, Büroarbeitsplatz *m*

job *v/ti* 1. Gelegenheitsarbeiten verrichten; 2. *(Börse)* mit Aktien handeln, makeln, im Zwischenhandel verkaufen, spekulieren, gewagte Geschäfte machen; **j. out** *(Arbeit)* in Auftrag geben, an Subunternehmer vergeben

job action Schwerpunktstreik *m*; **j. administration** Auftragsverwaltung *f*; **j. advertisement** Stellenanzei-

job advertiser

ge f, S.ausschreibung f; **j. advertiser** Stellenanbieter m; **j. allocation** Arbeits-, Aufgabenzuweisung f, A.verteilung f; **j. analysis** Tätigkeits-, Arbeits(platz)analyse f, A.zerlegung f, A.wertstudie f, Berufsbild nt; **j. applicant** Stellenbewerber(in) m/f, Arbeitsuchende(r) f/m; **j. application** Stellen-, Arbeitsgesuch nt, Bewerbung f; **j. apprehensions** Arbeitsplatzsorgen; **j. assignment** Arbeitsaufgabe f; **j. bank** private Stellen-/Arbeitsvermittlung; ~ **network** Arbeitsvermittlungssystem nt; **j. behaviour** Arbeitsverhalten nt

jobber n 1. *(Börse)* Aktien-, Eigen-, Effektenhändler m (auf eigene Rechnung), Börsenmakler m, B.spekulant m, Börsianer m, Fondshändler m, Jobber m; 2. Zwischen-, Partiewarenhändler m, Detailverkäufer m; 3. *(pej.)* Schieber m *(pej.)*, Veruntreuer m; 4. Tagelöhner m, Akkord-, Gelegenheitsarbeiter m; **j. in bills** Wechselreiter m, W.arbitrageur m; **first j.** Berufsanfänger m; **second j.** Person mit Berufserfahrung; **j. trade** Großhandelsgewerbe nt; **j.'s turn** Kursgewinn des Effektenhändlers

jobbery n 1. *(Börse)* Maklerei f; 2. *(pej.)* Unterschlagung f, Schiebung f *(pej.)*, Veruntreuung f, Amtsmissbrauch m, Korruption f, Misswirtschaft f

jobbing n 1. *(Börse)* Maklergeschäft nt, Effekten-, Börsenhandel m, B.spekulation f, Agiotage f; 2. Groß-, Zwischenhandel m; 3. *(pej.)* Schiebung f *(pej.)*, Wucher m, Spekulationsgeschäfte pl, Geschäftemacherei f; 4. Gelegenheits-, Akkord-, Stückarbeit f; **j. in bills** Wechselreiterei f; **international j.** aktiver/passiver/gebrochener/ungebrochener Transithandel; **j. man** Gelegenheitsarbeiter m, Tagelöhner m; **j. production** Auftragsfertigung f, Kleinserienproduktion f; **j. work** Auftrags-, Akzidenzarbeit f

job boredom Arbeitsunlust f; **j. breakdown** Arbeitsunterteilung f; **j. card** Arbeitszettel m, A.abrechnungskarte f, Auftragslohnschein m; **j. census** Arbeitsstättenzählung f; **j. center** *[US]* /**centre** *[GB]* Stellenbörse f, S.nachweis m, Arbeitsamt nt, A.vermittlung(sstelle) f; **j. change** Berufs-, Stellen-, Arbeitsplatzwechsel m; **j. changeover** Auftragswechsel m; ~ **allowance** Zuschlag bei Auftragswechsel; **j. changer** Stellenwechsler m; **j. characteristic** Tätigkeits-, Berufsmerkmal nt, B.kennzeichen nt; **j. choice** Arbeitsplatzwahl f; **j. classification** Arbeits-, Berufsklassifizierung f, B.eingruppierung f; ~ **method** Lohngruppenverfahren nt; **j. cluster** Tätigkeitsgruppe f; **j. commitment** Berufsengagement m; **j. conservation measure** Maßnahmen zur Erhaltung von Arbeitsplätzen; **j. content** Arbeitsinhalt m; ~ **factors** Motivatoren; **j. context** Arbeitsumgebung f; ~ **factors** Arbeitsplatzfaktoren; **j. contract** Lohn(fertigungs)auftrag m; **j. control** Auftragssteuerung f; ~ **language** 🖳 Programmsteuersprache f

job cost(s) Auftragskosten pl; ~ **estimate** Auftragskalkulation f; ~ **sheet** (Auftrags)Kostensammelblatt nt; ~ **summary** Auftragskostenhauptbuch nt; ~ **system** Kostenrechnung für auftragsweise Fertigung, Zuschlagskalkulation f

job costing Auftragskostenrechnung f, A.kalkulation f, A.berechnung f; **j. counselling** Berufsberatung f; **j.**

counsellor Berufsberater(in) m/f; **j. cover plan** Stellenbesetzungsplan m

job|-creating adj arbeitsplatzschaffend; **j. creation** Arbeitsbeschaffung f, A.platzschaffung f, Schaffung von Arbeitsplätzen; ~ **campaign** Beschäftigungsoffensive f; ~ **program(me)/scheme** Beschäftigungs-, Arbeitsbeschaffungsprogramm nt, A.maßnahme (ABM) f, A.projekt nt, Programm zur Schaffung von Arbeitsplätzen

job cuts Stellenstreichung f, S.kürzung f, S.abbau m, Arbeitsplätze-, Beschäftigungsabbau m, B.minderung f, Abbau von Arbeitsplätzen; **j. data** Arbeitsplatzdaten pl; **j. description** Tätigkeits-, Stellen-, Arbeits(platz)beschreibung f; **j. design** 1. Arbeitsgestaltung f, Strukturierung der Arbeitsaufgaben; 2. Personalorganisation f; **j. destruction** Arbeitsplatzvernichtung f, Vernichtung von Arbeitsplätzen; **j. dilution** Überspezialisierung f; **j. discrimination** Benachteiligung im Arbeitsleben, Diskriminierung am Arbeitsplatz, berufliche Diskriminierung; **j. dislocation** Arbeitsplatzverlust durch Fortschritt; **j. displacement** 1. Arbeitsplatzvernichtung f; 2. Arbeitsplatzverlagerung f; **j.-displacing** adj arbeitsvernichtend; **j. dissatisfaction** Arbeitsunlust f, Unzufriedenheit am Arbeitsplatz; **j. duty** Arbeitspflicht f; **j. efficiency profile** Leistungsfähigkeitsprofil nt; **j. element** Teilvorgang m, Vorgangselement nt; **j. engineering** Arbeitsplatzgestaltung f; **j. enhancement scheme** *[GB]* Vorruhestandsregelung bei voller Rentenzahlung ab 55 Jahren; **j. enlargement** horizontale Tätigkeitsausweitung, Arbeitsausweitung f, A.platzerweiterung f, Aufgabenvergrößerung f, A.erweiterung f, Vergrößerung des Tätigkeitsbereichs, Erweiterung des Aufgabenbereichs, ~ der Arbeitsaufgaben; **j. enrichment** Arbeits(platz)-, Aufgabenbereicherung f, vertikale Tätigkeitsausweitung (in vor- bzw. nachgelagerte Bereiche), Arbeitsplatzaufwertung f, Anreicherung der Aufgaben-/Tätigkeits-/Arbeitsinhalte, Tätigkeitserweiterung f, Erweiterung des Arbeitsinhalts, Humanisierung des Arbeitsplatzes; **j. entrant** Berufsanfänger(in) m/f

job entry 🖳 Programmaktivierung f; **remote j. e. (R.J.E.)** 1. dezentrale Datenverarbeitung; 2. Stapelfernverarbeitung f, Schubverarbeitung von externen Zwischenspeichern; **conversational j. e.** dialogmäßige Auftragserteilung

job environment Arbeitsumgebung f, A.umfeld nt, berufliches Umfeld

job evaluation Arbeits(platz)-, Berufsbewertung f, Leistungseinstufung f; **analytic j. e.** analytische (Methode der) Arbeitsbewertung; **non-analytic j. e.** summarische (Form der) Arbeitsbewertung; **j. e. scale** Schlüssel zur Arbeitsplatzbewertung; ~ **study** Arbeitswertstudie f

job expectations Karriereerwartungen; **j. experience** Berufserfahrung f; **relevant j. experience** einschlägige Berufspraxis; **j. export** Arbeitsplatzexport m; **basic j. factor point** Grundarbeitsbewertungspunkt m; **j. familiarization** Einarbeitung f; ~ **allowance** Einarbeitungszuschuss m; **j. file** *(Auftrag)* Vorgang m; **j. fostering**

Arbeitsbeschaffung f; **j. freeze** Einstellungssperre f; **j. generation** Schaffung von Arbeitsplätzen; **j. goal** Berufsziel nt; **j. grade** Lohngruppe f; **~ system** Lohngruppenverfahren nt; **j. grading** berufliche Einstufung; **j. growth** Beschäftigungszuwachs m; **j. guarantee** Arbeitsplatz-, Beschäftigungsgarantie f; **j. history** beruflicher Werdegang, Berufsverlauf m; **j. holder** 1. Stelleninhaber(in) m/f, Festangestellte(r) f/m; 2. *[US]* Staatsangestellte(r) f/m; **dual j. holder** Doppelverdiener m; **j.-hop** v/i *(coll)* häufig Arbeitsplatz/Stelle/Stellung wechseln; **j. hopper** Springer m; **j. hopping** häufiger Arbeitsplatz-/Stellenwechsel; **j. hunt(ing)** Stellen-, Stellungs-, Arbeits(platz)suche f, Stellenjagd f, Suche nach Arbeit; **j. hunter** Arbeit-, Stellungs-, Stellensuchende(r) f/m, S.sucher m, S.jäger m; **to go j. hunting** auf Arbeitssuche gehen; **j. identification** Arbeits-, Berufsbezeichnung f; **j. improvement** Arbeitsplatzaufwertung f; **j. inspection** Auftragskontrolle f; **j. instruction** Arbeitsanweisung f, A.unterweisung f; **j. interview** Bewerbungs-, Vorstellungs-, Einstellungsgespräch m, persönliche Vorstellung; **j. killer** Arbeitsplatzvernichter m; **j. killing** Vernichtung von Arbeitsplätzen, Stellenabbau m; **j. ladder** Karriere-, Berufsleiter f; **j. layout** Arbeitsplatzgestaltung f; **j. leader** Projektleiter m; **j. leasing** Zeitarbeit f; **j. ledger** Abrechnungs-, Auftrags(haupt)buch nt

jobless adj arbeits-, erwerbs-, stellenlos, ohne Beschäftigung/Stellung; **to make j.** arbeits-/beschäftigungslos machen

the jobless pl Arbeits-, Erwerbs-, Stellungslose pl; **j. army** Arbeitslosenheer nt; **j. count** Arbeitslosenzahl f

joblessness n Arbeits-, Beschäftigungslosigkeit f; **structural j.** strukturelle Arbeitslosigkeit

jobless pay Arbeitslosenunterstützung f; **j. rate** Arbeitslosenzahl f, A.ziffer f, A.quote f, A.rate f; **j. total** Gesamtzahl der Arbeitslosen

job liability Arbeitspflicht f; **j. list** Stellenverzeichnis nt; **j. loss** Arbeitsplatzverlust m, Verlust von Arbeitsplätzen; **voluntary j. loss** freiwilliger Arbeitsplatzverlust

job lot 1. Fabrikationspartie f, Partieware f, Kleinserie f; 2. Warenposten mit kleinen Fehlern, **~ zweiter Wahl**, Ramschpartie f; **to buy as a j. l.** als Partie kaufen; **j. l. buying** Ramschkauf m; **~ control** beständelose Beschaffungswirtschaft f; **~ system** Zuschlagskalkulation f; **~ trade** Partiewarenhandel m, P.geschäft nt

job loyalty Firmentreue f; **j. market** Stellen-, Arbeitsmarkt m; **j. mobility** berufliche Mobilität; **j. mover** Stellenwechsler m; **j. number** (Arbeits)Auftragsnummer f; **j. objective** Berufswunsch m; **j. offer**; **j.s offered** Beschäftigungs-, Stellen-, Arbeitsplatzangebot nt; **j. opening** Arbeitsplatz m, Beschäftigungs-, Arbeitsmöglichkeit f, offene Stelle; **j. opportunity** Arbeitsplatz-, Beschäftigungs-, Erwerbsmöglichkeit f, Einstellungs-, Berufschance f

job order Arbeits-, Innen-, Fabrikationsauftrag m, Auftragsarbeit f; **~ calculation** Einzelkalkulation f; **~ code** Auftragskennzeichen nt

job order cost(s) Auftragskosten pl; **~ cost(s) billed in advance** vorverrechnete Auftragskosten; **estimated ~ costs** kalkulierte Auftragskosten; **~ cost accounting** Stückkosten(erfolgs)-, Auftragsbe-, Auftragsab-, Arbeitsauftragskostenrechnung f, Einheitsbuchführung f; **~ cost sheet** Kostenrechnungsblatt nt; **~ cost system** Kostenträger-, Einheits-, Auftragsabrechnungsverfahren nt

job order costing Stückkostenrechnung für Einzelfertigung, Zuschlagskalkulation f; **~ manufacturing/production** Auftragsfertigung f; **~ planning** Auftragsplanung f; **~ plant** Betrieb für Auftragsfertigung, ~ mit Kundenauftragsfertigung; **~ set-up** Auftragszusammensetzung f

job organization Arbeitsgestaltung f; **j. orient(at)ed** adj aufgaben-, projektorientiert; **j. outline** Berufsbild nt; **j. outlook** Beschäftigungsaussichten pl; **j. performance** Arbeits-, Berufsleistung f, berufliche Leistung; **j. perspectives** Arbeitsmarktaussichten pl; **j. placement** Stellenvermittlung f, Arbeitsplatzzuweisung f; **~ monopoly** Stellenvermittlungsmonopol nt; **in-house j. posting** interne Stellenausschreibung; **j. preparation** Berufsausbildung f; **j. preservation** Erhaltung von Arbeitsplätzen; **j. press** ⬚ Akzidenz-, Auftragsdruckerei f; **j. pricing** Lohnkostenkalkulation f; **j. printer** ⬚ Akzidenz-, Auftragsdrucker m; **j. printing** Akzidenz-, Auftragsdruck m; **j. processing** 1. Auftragsabwicklung f; 2. Lohnvered(e)lung f; **j. production** Einzel-, Stückfertigung f; **j. profile** Arbeits-, Tätigkeitsprofil nt, Stellenbeschreibung f; **j. promotion** Arbeitsplatzförderung f; **j. prospects** Beschäftigungschancen, B.perspektiven, Beschäftigungs-, Berufs-, Arbeitsmarktaussichten; **j. protection** Sicherung des Arbeitsplatzes, Arbeitsplatzsicherung f; **j. ranking** Einstufung der Tätigkeit; **~ method/system** Rangfolgeverfahren nt; **j. rate** 1. Tarifgrundlohn m; 2. Akkordlohnsatz m; **total j. rate** Tarifgrundlohn m; **j. rating** Arbeits(platz)bewertung f, Berufseinstufung f, Bewertung einer Arbeit; **industrial j. ratio** Industriebesatz m; **j. rationalization** Arbeitsvereinfachung f; **j. record** berufliche Vergangenheit; **j.-related** adj arbeitsplatzbezogen; **j. release scheme** *[GB]* Vorruhestandsregelung f; **j. relocation** Verlagerung von Arbeitsplätzen, Arbeitsplatzumschichtung f; **j. report** Arbeitsbericht m; **j. requirements** Stellen-, Tätigkeits-, Arbeits(platz)-, Positionsanforderungen, Berufserfordernisse, Anforderungskriterien, Anforderungsprofil am Arbeitsplatz; **j. responsibility** berufliche Verantwortung; **j. restrictions** Berufseinschränkungen; **j. result** Arbeitsergebnis nt; **j. retraining** Umschulung f; **j. risk** Arbeitsplatzrisiko nt, A.gefährdung f; **j. rotation** Stellenrotation f, S.tausch m, (systematischer) Arbeitsplatzwechsel, A.rotation f, Aufgabenbereicherung f, A.wechsel m; **j. safety** Sicherheit am Arbeitsplatz, Arbeitsschutz m, Arbeits(platz)sicherheit f; **~ provisions** Arbeitsschutzvorschriften; **j. satisfaction** berufliche Zufriedenheit, Zufriedenheit im Beruf; **j. scarcity** Arbeits(platz)mangel m; **j. scene** Berufssituation f; **j. scheduling** Arbeitsplanung f; **j. search** Arbeitsplatz-, Stellensuche f; **j. security** Arbeitsplatzgarantie f, A.sicherheit f, berufliche

job seeker

Sicherheit, Sicherheit des Arbeitsplatzes; **j. seeker** Arbeits-, Stellungssuchende(r) *f/m*, S.sucher(in) *m/f*; **entry-level/first-time j. seeker** erstmalig Arbeitssuchende(r); **j.-seeking** *adj* stellen-, erwerbssuchend; **j. segment** Aufgabenbereich *m*; **major j. segment** Hauptaufgabenbereich *m*; **j. seniority** Seniorität *f*, Dienstalter *nt*; **j. sequence** Arbeitsfolge *f*; **j. setting** Arbeitsplatzprofil *nt*; **j. sharing** Arbeitsplatzteilung *f*, Aufteilung der verfügbaren Arbeit; **j. shedding** Abbau/Vernichtung von Arbeitsplätzen, Arbeitsplatzvernichtung *f*, A.abbau *m*, (Stellen)Freisetzung *f*; **j. sheet** Arbeitsanweisung *f*

job shop Betrieb für Auftragsfertigung; **~ order** Werkstattauftrag *m*; **~ production** Werkstattfertigung *f*; **continuous ~ production** Werkstattfließfertigung *f*; **~ schedule** Maschinenbelegungsplan *m*; **~ scheduling** Maschinenbelegungsplan *m*, Ablauf-, Reihenfolgeplanung *f*; **~ sequencing** Arbeitsfolge der Werkstattfertigung, Maschinenbelegung *f*; **~ system** Einzelfertigung *f*

job|-short *adj* knapp an Arbeitsplätzen; **j. shortage** Arbeits(platz)mangel *m*, A.verknappung *f*

job site Baustelle *f*; **~ accounting** Baustellenbuchhaltung *f*; **~ production** Baustellenfertigung *f*

job situation Beschäftigungslage *f*, Beschäftigungs-, Arbeitsplatzsituation *f*; **j. skills** Arbeitsplatzanforderungen; **j.-specific** *adj* arbeitsplatz-, berufsspezifisch; **j. specification** Anforderungsprofil *nt*, Stellen-, Arbeits(platz)beschreibung *f*; **j. splitting** 1. Arbeitsplatzteilung *f*; 2. Auftragsteilung *f*; **j. spoiler** Akkordbrecher(in) *m/f*; **j. standardization** Berufsnormung *f*; **j. start** Berufsbeginn *m*; **~ scheme** *[GB]* Berufsvorbereitungsprogramm *nt*; **j. status** Berufsstatus *m*; **j. structure** Arbeitsstruktur *f*; **j. structuring** Aufgabenstrukturierung *f*; **j. study** Arbeitsanalyse *f*; **j. subsidy** Arbeitsplatzsubvention *f*; **j. success** Berufserfolg *m*; **j. supply** Stellen-, Arbeitsplatzangebot *nt*; **j. switch** Arbeitsplatz-, Stellenwechsel *m*; **j. tape** 🖫 Arbeitsband *nt*; **j. tax credit** Steuerermäßigung für die Schaffung von Arbeitsplätzen; **j. ticket** 1. Akkordzettel *m*, A.karte *f*, Arbeits(lauf)zettel *m*, Laufkarte *f*; 2. Auftragslohnschein *m*, Auftrags-, Stückzeit *f*; **total j. time** gesamte Auftragszeit; **j. title** Arbeitsplatz-, Berufs-, Stellenbezeichnung *f*; **j. tracking** Auftragsverfolgung *f*; **j. training** Berufsausbildung *f*, berufliche Bildung; **j. turn(a)round** 1. Wende am Arbeitsmarkt; 2. 🖫 Programmwechsel *m*; **j. union** Berufsgewerkschaft *f*; **j. vacancy** offene/freie Stelle, unbesetzter Arbeitsplatz, Vakanz *f*; **j. wage** Akkord-, Gedinglohn *m*; **j. work** 1. Akkordarbeit *f*; 2. Einzelanfertigung *f*; 3. 🗐 Akzidenzdruck *m*; **j. worries** Arbeitsplatz-, Beschäftigungssorgen

Joe Public/Sixpack *n* *[US] (coll)* Otto Normalverbraucher

john *n* *[US] (coll)* Klo *nt (coll)*, stilles Örtchen *(coll)*

Johnny-on-the-spot *n* *[US]* Hansdampf in allen Gassen

join of sets *n* π Vereinigungsmenge *f*

join *v/t* 1. (sich) anschließen, bei-, eintreten, Mitglied werden, Mitgliedschaft erwerben, sich zugesellen, hinzukommen; 2. (miteinander) verbinden, zusammenfügen, koppeln, kuppeln; **j. so.** sich zu jdm gesellen; **j. in** sich anschließen/mitbeteiligen, mitmachen; **j. up** 🚗 Soldat werden

joinder *n* Verbindung *f*, Zusammenfügung *f*; **j. of actions** [§] Prozess-, Klageverbindung *f*, K.häufung *f*, Verbindung von Klagen; **~ causes of action** objektive Klagehäufung; **~ error** *(Strafrecht)* Revisionserwiderung *f*; **~ issue** Prozessbeitritt *m*, Einlassung zur Hauptsache; **~ offences** Tatmehrheit *f*; **~ parties** Streitgenossenschaft *f*, subjektive Klagehäufung; **compulsory j.** notwendige Streitgenossenschaft

joined in rem *(lat.)* [§] dringlich mit dem Grundstück verbunden

joiner *n* Tischler *m*, Schreiner *m*; **j.'s bench** Hobelbank *f*; **j.'s (work)shop** Tischlerei *f*, Zimmereibetrieb *m*

joinery *n* 1. *(Produkt)* Tischlerarbeit *f*; 2. Tischlerhandwerk *nt*

joining *n* *(Organisation)* Ein-, Beitritt *m*; **j. fee** Beitrittsgebühr *f*

joint *n* 1. ✿/$ Gelenk *nt*, Verbindung(sstück) *f/nt*; 2. 🏛 Fuge *f*; 3. *(pej.)* Spelunke *f*, Nachtlokal *nt*; 4. Braten *m*; **out of j.** aus den Fugen; **rip-off j.** Nepplokal *nt*; **universal j.** 🚗 Kardangelenk *nt*

joint *adj* gemeinsam, gemeinschaftlich, Gemeinschafts-, Solidar-, kollektiv, verbunden, vereinigt, gesamthänderisch; **j. and separate** korporativ; **~ several** gesamtschuldnerisch, g.solidarisch, Gesamt-; **J. Nuclear Research Centre** *(EU)* gemeinsame Kernforschungsstelle; **J. Standard Accounting System** Gemeinschaftskontenrahmen *m*

jointing compound *n* Klebstoff *m*

jointly (and severally) *adv* gemeinsam, zusammen, zur ungeteilten/gesamten Hand, in Gemeinschaft mit; **held j.** zur gesamten Hand

jointure *n* Witwenanteil *m*, Wittum *nt*, Nießbrauchrecht der Witwe

joist *n* 🏛 Balken *m*, Träger *m*

joke *n* Witz *m*, Scherz *m*, Ulk *m*; **to carry a j. too far** einen Scherz auf die Spitze treiben; **to make j.s about** sich lustig machen über; **to play a j.** sich einen Scherz erlauben; **not to be able to take a j.** keinen Spaß verstehen; **dirty/smutty j.** schmutziger Witz; **practical j.** Streich *m*

this is not a joking matter *n* damit ist nicht zu spaßen; **j. apart** Spaß/Scherz beiseite

jolly *adj* lustig, vergnügt

jolt *n* Ruck *m*, Stoß *m*, Schock *m*; *v/ti* 1. rütteln, holpern, schaukeln; 2. einen Ruck geben

jostle *n* Gedränge *nt*; *v/ti* 1. zusammenstoßen; 2. sich drängeln; 3. anrempeln

jot down *v/t* flüchtig notieren, schnell aufschreiben, (sich) Notiz(en) machen; **j.ter** *n* Notiz-, Stenoblock *m*

jouissance *(frz.)* **right/share** *n* Genussaktie *f*, G.schein *m*

journal *n* 1. (Fach)Zeitschrift *f*, Zeitung *f*; 2. Journal *nt*, Kladde *f*, Tage-, Log-, Bord-, Grundbuch *nt*, Memorial *nt*; 3. Primanote *f*

two-column/multi-column journal Zwei-, Mehrspaltenjournal *nt*; **federal j.** Bundesanzeiger *m [D]*; **gene-**

ral j. Haupt-, Tagebuch *nt*, Grund-, Sammeljournal *nt*; **monthly j.** Monatsschrift *f*; **official j.** *(EU)* Amts-, Pflichtblatt *nt*; **professional/specialist/technical j.** Fachblatt *nt*, F.zeitschrift *f*
journal entry 1. Journal-, Grundbuchung *f*; 2. Tagebucheintragung *f*; **adjusting j. entry** Berichtigungsbuchung *f*; **compound j. entry** Sammelbuchung *f*; **j. number** laufende Buchungsnummer; **j. printer** ⌂ Journaldrucker *m*; **j. roll** *(Kasse)* Streifenrolle *f*; **j. voucher** Journal-, Buchungsbeleg *m*
journal|ese *n* Zeitungsstil *m*, Z.sprache *f*, Journalistenjargon *m*; **~ j.ize** *v/ti* ins Journal eintragen, Journal führen
journalism *n* Journalismus *m*, Presse-, Zeitungswesen *nt*, Publizistik *f*; **muckraking j.** Enthüllungsjournalismus *m*
journalist *n* Journalist(in) *m/f*, Publizist(in) *m/f*; **freelance j.** freier Journalist/Mitarbeiter
journal|istic *adj* journalistisch, publizistisch; **j.ization** *n* Journaleintragung *f*
journey *n* Reise *f*, Fahrt *f*; **j. there and back** Hin- und Rückreise/R.fahrt *f*; **j. by air** Flug-, Lufreise *f*; **to break a/one's j.** Reise/Fahrt unterbrechen, Station machen; **to go on/make a j.** verreisen, Reise/Fahrt unternehmen; **to set out on/start a j.** zu einer Reise aufbrechen, Fahrt/Reise antreten; **to wish so. a happy j.** jdm eine gute Reise/Fahrt wünschen
empty journey Leerfahrt *f*; **inward j.** Rück-, Heim-, Herfahrt *f*; **laden j.** Lastfahrt *f*, L.lauf *m*; **long j.** große Reise; **outward j.** Hin-, Ausreise *f*, Hinfahrt *f*; **~ and return j.** Hin- und Rückreise/Rückfahrt *f*; **whole j.** Gesamtbeförderung *f*
journeyman *n* Geselle *m*, Handwerksbursche *m*, Facharbeiter *m*; **~ wage** Facharbeiterlohn *m*
journey order Vertreterauftrag *m*
joy *n* Freude *f*, Entzücken *nt*; **j. of life** Lebensfreude *f*; **to leap with j.** vor Freude hüpfen; **j. ride** Spritztour *f*, Vergnügungsfahrt *f*; **j.rider** *n* Schwarz-, Trittbrettfahrer *m*; **j.-riding** *n* Schwarzfahren *nt*; **j.stick** *n* ✈ Steuerknüppel *m*
jubilee *n* Jubiläum *nt*; **j. year** Jubiläumsjahr *nt*
judder *v/i* ✪ vibrieren, erzittern
judge *n* 1. [§] Richter(in) *m/f*, Kadi *m (coll)*; 2. (Preis-, Punkt)Richter(in) *m/f*
judge in bankruptcy Konkursrichter *m*; **~ chambers** im Büroweg entscheidender Richter; **j. of character** Menschenkenner *m*; **j. at a conciliation hearing** Sühnerichter *m*; **~ an administrative court** Verwaltungsrichter *m*; **~ a commercial court** Handelsrichter *m*; **~ a guardianship court** Vormundschaftsrichter *m*; **j. for life** Richter auf Lebenszeit; **~ a limited period** Richter auf Zeit; **j. on probation** Richter auf Probe
challenging a judge on a suspicion of prejudice Ablehnung eines Richters wegen (Besorgnis der) Befangenheit
to appoint a judge zum Richter ernennen; **to be brought before the j.** dem Richter vorgeführt werden, vor den Richter kommen; **to bring/haul before the j.** (dem Richter) vorführen, vor den Kadi schleppen *(coll)*; **to challenge/object to a j.** Richter (wegen Befangenheit)

ablehnen; **to disqualify a j.** vom Richteramt ausschließen
ad hoc *(lat.)* **judge** Richter auf Zeit; **alternate j.** Ersatzrichter *m*; **appellate j.** Berufungs-, Revisionsrichter *m*, Richter in der Rechtsmittelinstanz; **biased j.** parteiischer Richter; **chief j.** Gerichtspräsident *m*, vorsitzender Richter; **commissioned j.** kommissarischer/beauftragter Richter, Richter kraft Auftrags; **competent j.** zuständiger Richter; **even-handed j.** gerechter Richter; **federal j.** Bundesrichter *m*; **full-time/permanent j.** hauptamtlicher Richter, Berufsrichter *m*; **impartial j.** unvoreingenommener Richter; **junior j.** Assessor *m*; **lay/non-professional j.** Laienrichter *m*, ehrenamtlicher Richter; **alternate ~ j.** Ersatzschöffe *m*; **partial j.** befangener/parteiischer Richter; **part-time j.** nebenamtlicher Richter; **presiding j.** (Gerichts)Vorsitzender *m*, G.präsident *m*, vorsitzender Richter, Vorsitzender des Gerichts, Kammervorsitzender *m*; **probate j.** Richter in Nachlassangelegenheiten; **professional j.** Berufsrichter *m*; **puisne j.** 1. *[GB]* einfacher Richter am Landgericht; 2. *[US]* beisitzender Richter; **regular j.** ordentlicher Richter; **reporting j.** berichterstattender Richter; **retiring j.** ausscheidender Richter; **single/sole j.** Einzelrichter *m*; **summary j.** Ermittlungsrichter *m*; **supervising j.** aufsichtsführender Richter; **unfair j.** parteiischer Richter
judge *v/ti* 1. (be)urteilen, sich ein Urteil bilden, bewerten, befinden, einschätzen, ermessen; 2. [§] richten, zu Gericht sitzen, Urteil fällen, Recht sprechen; **able to j.** urteilsfähig
Judge Advocate General *[GB]* Chef der Militärjustiz; **j.'s decision** Richterspruch *m*; **j.-enforced** *adj* richterlich/gerichtlich erzwungen, ~ verfügt; **j.'s office** Richterzimmer *nt*; **~ order** richterlicher Beschluss im Büroweg; **j. ordinary** 1. *[GB]* Vorsitzender des Gerichtshofes für Familiensachen; 2. *[US]* ordentlicher Richter;
J.s' Rules *[GB]* Verhörrichtlinien für die Polizei
judgeship *n* Richteramt *nt*
judge's warrant richterlicher Befehl, richterliche Anordnung
judg(e)ment *n* 1. [§] (Prozess-/Gerichts)Urteil *nt*, Strafe *f*, Rechts-, Richterspruch *m*, richterliche Entscheidung, richterliches Urteil; 2. Entscheidungsfähigkeit *f*, Erkenntnis *f*; 3. Ermessen *nt*, Berurteilung *f*, Meinung *f*, Befinden *nt*, Einschätzung *f*
judg(e)ment in absentia *(lat.)* Abwesenheitsurteil *nt*, A.erkenntnis *f*; **j. rendered in the absence of the defendant** Kontumazialurteil *nt*; **j. for remedial action** Folgenbeseitigungsurteil *nt*; **j. subject to appeal** noch nicht rechtskräftiges Urteil; **j. on appeal; j. of the appeal court** Berufungs-, Revisionsurteil *nt*, Urteil in der Berufung/Revision; **j. in a civil case** Zivilurteil *nt*; **j. of character** Menschenkenntnis *f*; **j. for costs** Kostenbeschluss *m*, K.entscheidung *f*, K.urteil *nt*; **j. with costs** kostenpflichtige Verurteilung; **j. of the court of appeal** Urteil in der Berufung; **j. by the court of the first instance** erstinstanzliches Urteil; **j. for damages** Verurteilung zu/Urteil auf Schaden(s)ersatz; **j. by default** (Klageabweisung durch) Versäumnisurteil *nt*; **to move**

judg(e)ment in default

that a ~ **default be rendered** Versäumnisurteil beantragen; **j. in default** Abwesenheits-, Kontumazialurteil *nt*; **j. concerning descent** Abstammungsurteil *nt*; **j. of filiation** gerichtliche Feststellung der Vaterschaft; **j. on procedural grounds** Verfahrensentscheidung *f*; **j. of the first instance** erstinstanzliches Urteil, Ausgangsurteil *nt*; **j. establishing new law** Präzedenzurteil *nt*; **j. on the merits** Sachurteil *nt*; **j. of nonsuit** klageabweisendes Urteil; **j. in personam** *(lat.)* schuldrechtliches Urteil; **j. against the plaintiff** Klageabweisung *f*; **j. for the plaintiff** Urteil zu Gunsten des Klägers; ~ **recovery of a debt** Schuldurteil *nt*; **j. granting affirmative relief** Leistungsurteil *nt*; **j. affecting a legal relationship**; **j. changing legal status** Gestaltungsurteil *nt*, rechtsgestaltendes Urteil; **j. in rem** *(lat.)* Urteil betreffend dinglicher Ansprüche

rendering a judg(e)ment Erlass eines Urteils; **according to one's best j.**; **to the best of one's j.** nach pflichtgemäßem/bestem Ermessen; **contrary to one's better j.** wider besseres Wissen; **ready/ripe for j.** urteils-, entscheidungsreif

to accept/acquiesce in a judg(e)ment sich mit einem Urteil abfinden/bescheiden; **to alter a j.** Urteil abändern; **to amend a j.** Urteil ergänzen; **to appeal (against) a j.** Rechtsmittel/Revision (gegen ein Urteil) einlegen, Urteil anfechten; **to arrest j.** Verfahren/Urteilsfällung aussetzen; **to award by j.** durch Urteil zuerkennen; **to be rash in one's j.** vorschnell urteilen, mit seinem Urteil rasch bei der Hand sein; **to come up for j.** verhandelt werden; **to confirm a j.** Urteil bestätigen; **to deliberate on a j.** über ein Urteil beraten; **to deliver a j.** Urteil fällen/bekanntgeben, urteilen; **to enforce a j.** aus einem Urteil vollstrecken, Urteil vollstrecken (lassen), Vollstreckung betreiben; **to enter j.** Urteil verkünden; **to execute a j.** Urteil vollstrecken; **to form a j.** sich ein Urteil bilden; **to give j. (on sth.)** Sache entscheiden, Urteil sprechen; ~ **one's j.** seine Meinung äußern; ~ **j. on the main issue** in der Hauptsache entscheiden; **to hand down a j.** Urteil verkünden; **to have had j. passed against o.s.** rechtskräftig verurteilt sein; **to invalidate a j.** Urteil für nichtig erklären; **to obtain (a) j.** Urteil erwirken/erlangen, Titel erwirken; **to pass j. (against)** Urteil erlassen/fällen, bestrafen, erkennen; **to pronounce j. (on)** Urteil sprechen/verkünden (über); **to quash a j.** Urteil umstoßen/aufheben/kassieren, ~ für ungültig erklären; **to recover j. against the defendant** Urteil gegen den Beklagten erwirken; **to render (a) j.** Urteil (aus)sprechen/erwirken, Entscheidung erlassen/fällen; **to reserve a j.** Urteilsverkündung aussetzen; ~ **one's j.** mit dem Urteil abwarten, sich mit dem Urteil/seiner Meinung zurückhalten; **to reverse a j.** Urteil aufheben; **to review a j.** Urteil überprüfen; **to satisfy a j.** einem Urteil nachkommen; **to secure j.** Urteil erwirken; **to serve j.** Urteil zustellen; **to sit in j. (on a case)** zu Gericht sitzen, richten, (Fall) verhandeln; **to suspend j.** Urteilsfällung aussetzen; **to uphold a j.** Urteil bestätigen/aufrechterhalten; **to use one's best j.** nach bestem Ermessen handeln

all-embracing judg(e)ment Globalurteil *nt*; **altering/amending j.** abänderndes Urteil, Abänderungsurteil *nt*; **appealable j.** revisibles Urteil; **balanced j.** ausgeglichenes Urteil; **biased j.** parteiisches Urteil; **cautionary j.** Sicherheitsurteil *nt*; **civil j.** zivilrechtliches Urteil; **commercial j.** kaufmännisches Urteilsvermögen; **conditional j.** bedingtes Urteil; **declaratory j.** Feststellungsurteil *nt*, deklaratorisches Urteil; **interlocutory** ~ **j.** Zwischenfeststellungsurteil *nt*; **non-appealable** ~ **j.** rechtskräftiges Urteil; **dissenting j.** abweichendes Urteil; **dormant j.** nicht vollstrecktes Urteil; **enforceable j.** vollstreckbares Urteil; **provisionally** ~ **j.** vorläufig vollstreckbares Urteil; **enforced j.** vollstrecktes Urteil; **erroneous j.** irriges/rechtsfehlerhaftes Urteil; **exclusory j.** Ausschlussurteil *nt*; **favourable j.** obsiegendes Urteil; **false j.** Fehlurteil *nt*; **final j.** letztinstanzliches/rechtskräftiges/endgültiges Urteil, Schluss-, Endurteil *nt*; **harsh j.** hartes Urteil; **impaired j.** eingeschränktes Urteilsvermögen; **interlocutory j.** Zwischenurteil *nt*; **irrevocable j.** unumstößliches Urteil; **non-appealable j.** rechtskräftiges Urteil; **objective j.** sachliches Urteil; **original j.** Ausgangsurteil *nt*; **part j.** Teilurteil *nt*; **previous/prior j.** früheres Urteil; **provisional j.** Vorbehaltsurteil *nt*; **rash j.** vorschnelles/unüberlegtes Urteil; **reserved j.** ausgesetzte Urteilsverkündung; **sober j.** nüchternes Urteil; **sound j.** gesundes Urteil; **subjective j.** subjektives Urteil; **summary j.** 1. Urteil im abgekürzten/summarischen Verfahren, Mahnbescheid *m*; 2. *[US]* ⊖ abgekürztes Zollverfahren; **sweeping j.** Pauschalurteil *nt*; **unbiased j.** objektives Urteil; **void j.** nichtiges Urteil; **voidable j.** anfechtbares Urteil

judg(e)ment book Urteilsregister *nt*; **j. claim** Urteilsforderung *f*; **j. creditor** Urteils-, Vollstreckungs-, Pfändungsgläubiger(in) *m/f*, gerichtlich festgestellte(r)/anerkannte(r) Gläubiger(in); **j. date** Verkündungstermin *m*; **j. debt** Urteils-, Vollstreckungsschuld *f*, vollstreckbare/eingeklagte/titulierte Forderung, gerichtlich anerkannte/festgestellte Schuld, Urteils-, Vollstreckungsforderung *f*; **j. debtor** Urteils-, Vollstreckungsschuldner(in) *m/f*; **j. execution** vollständige Urteilsausfertigung; **j. note** Schuldanerkenntnis-, Unterwerfungsurkunde *m*, U.urkunde *f*, Schuldschein/Eigenwechsel mit Unterwerfungsklausel; **by j. note** im Wege des Mahnverfahrens; **j. over** *[US]* Regressurteil *nt*; **j. portion** pfändbarer Teil; **j. rate** *(Feuervers.)* nach eigenem Ermessen festgesetzte Prämie; **j. sample** subjektiv ausgewählte Stichprobe, Urteilsstichprobe *f*; **j. summons** 1. gerichtliche Vorladung wegen Nichtzahlung der Urteilsschuld; 2. *[GB]* Konkursandrohung *f*

judgeship *n* Richteramt *nt*, richterliche Würde

judicable *adj* rechts-, verhandlungs-, gerichtsfähig

judicatory *adj* richterlich, gerichtlich

judicature *n* 1. Rechtsprechung *f*, R.spflege *f*, Justiz *f*, Judikatur *f*, Gerichtswesen *nt*, G.barkeit *f*; 2. Richterstand *m*; **J. Act** *[GB]* Gerichts-, Justizverfassungs-, Richtergesetz *nt*

judicial *adj* gerichtlich, rechtlich, richterlich, judikatorisch; **j. and extrajudicial** gerichtlich und außergerichtlich

judiciary *n* 1. richterliche/rechtsprechende Gewalt, Justiz(wesen) *f/nt*, J.gewalt *f*, Gerichtssystem *nt*, G.wesen *nt*, G.verfassung *f*; 2. Richterstand *m*, R.schaft *f*; *adj* richterlich, gerichtlich

judicious *adj* vernünftig, umsichtig, weise, abgewogen, einsichtsvoll

jug *n* 1. Krug *m*, Kanne *f*; 2. *(coll)* Kittchen *nt (coll)*, Knast *m (coll)*

juggernaut *n* 1. Moloch *m*; 2. *(coll)* 🚛 übergroßer Lastzug, Schwerlaster *m*, dicker Brummer *(coll)*; **j. marriage** *(fig)* Elefantenhochzeit *f (fig)*, Mammutfusion *f*

juggle *v/ti* 1. jonglieren, manipulieren, frisieren *(coll)*; 2. beschwindeln, betrügen

juggler *n* Schwindler *m*, Jongleur *m (frz.)*, Taschenspieler *m*, Betrüger *m*, Gaukler *m*; **j.y** *n* Gaukelspiel *nt*

juggling *n* 1. Jonglieren *nt*, Gaukelei *f*, Gaukelspiel *nt*; 2. *(Börse)* Kursbeeinflussung *f*; **j. with figures** Zahlenakrobatik *f*, Z.spiel(erei) *nt/f*

juice *n* 1. Saft *m*; 2. *(fig)* Sprit *m (coll)*; 3. *(fig)* ⚡ Strom *m*, Saft *m*; **gastric j.** 🍴 Verdauungssaft *m*

juicy *adj* saftig

jukebox *n* Musik-, Plattenautomat *m*

jumble *n* Trödel *m*; **j. sale** Flohmarkt *m*, Wohltätigkeits-, Ramschverkauf *m*

jumbo *n* 1. Jumbo *m*; 2. 💻 *(coll)* Prozessor *m*; **j. credit/loan** Großkredit *m*; **j. deal** Groß-, Riesengeschäft *nt*; **j. issue** Großemission *f*; **j. jet** ✈ Jumbojet *m*; **j. merger** Groß-, Mammutfusion *f*, Elefantenhochzeit *f (fig)*; **j. risk** Großrisiko *nt*; **j. scheme** Großprojekt *nt*

jump *n* 1. Sprung *m*, Satz *m*; 2. sprunghafter Anstieg, Schub *m*; 3. 📄 Zeilensprung *m*

jump in so.'s career Karrieresprung *m*; ~ **costs** Kostensprung *m*; ~ **a curve** Bruch in einer Kurve; ~ **earnings** sprunghafter Ertragsanstieg; ~ **exports** Exportanstieg *m*; ~ **imports** Importanstieg *m*; ~ **interest rates** scharfer Zinsanstieg, Zinssprung *m*; ~ **orders** Auftragsanstieg *m*; ~ **prices** 1. sprunghafter Preisanstieg; 2. *(Börse)* Hausse *f (frz.)*, starker Kursanstieg; ~ **sales/turnover** Umsatzsprung *m*; ~ **the tax scale** *(Steuer)* Tarifsprung *m*

conditional jump 💻 bedingter Sprung

jump *v/ti* 1. (über)springen; 2. auslassen; 3. sprunghaft (an)steigen, in die Höhe schnellen, anschwellen; **j. at sth.** sofort zugreifen, etw. begeistert aufgreifen, etw. beim Schopf ergreifen *(fig)*

jump ahead Entwicklungssprung *m*; **j. instruction** Sprungbefehl *m*; **j. lead** 🚗/⚡ Überbrückungs-, Starthilfe-, Verbindungskabel *nt*

jumper *n* 1. *[GB]* Pullover *m*; 2. Springer *m*; 3. 💻 Steck-, Drahtbrücke *f*; **j. cables** 🚗/⚡ Starthilfekabel *nt*

junction *n* 1. 🚗 Kreuzung *f*, Anschlussstelle *f*; 2. 🚂 Knotenpunkt *m*, Abzweig *m*; 3. ⚙ Verbindungsstück *nt*; 4. ⚡ Anschluss(stelle) *m/f*; **main j.** Hauptknotenpunkt *m*; **j. box** ⚡ Kabel-, Verteilerkasten *m*, V.dose *f*; **j. line** Verbindungsbahn *f*

juncture *n* kritischer Punkt, Stand der Dinge, Augenblick *m*, Zeitpunkt *m*; **at this j.** zu diesem Zeitpunkt, an dieser Stelle, beim gegenwärtigen Stand der Dinge

jungle *n* 1. Dschungel *m*, Urwald *m*; 2. *(fig)* Durcheinander *nt*; **to weed out the j.** Dschungel durchforsten

junior *adj* 1. jüngere(r,s); 2. Junior-, niedriger, untergeordnet; 3. *(Hypothek)* zweit-, nachstellig, nachrangig; *n* Jüngere(r) *f/m*, jüngeres Semester *(coll)*

junk *n* 1. Plunder *m*, Ramsch *m*, Gerümpel *nt*, Kram *m*, Trödel(waren) *m/pl*, Schrott *m*, Klimbim *m*, wertloses Zeug; 2. ⚓ Dschunke *f*; *v/t* zu Schrott erklären

junk bond hochriskante (private) Schuldverschreibung, ungesicherter Schuldschein; **j. dealer** Ramschhändler *m*, Trödler *m*

junket *n* Schmaus *m*, Gelage *nt*

junk food ungesundes Essen

junking *n* Ersatz veralteter Maschinen, Verschrottung *f*

junk mail *n* Papierkorbpost *f*, Postwurf-, Reklamesendung(en) *f/pl*; **j.man** *n [US]* Lumpensammler *m*; **j. shop** Kram-, Ramsch-, Trödelladen *m*, T.geschäft *nt*; **j. value** Schrottwert *m*; **j.yard** *n* Schrottplatz *m*

juratory *adj* [§] eidlich

jura in re aliena *pl (lat.)* [§] Rechte an fremder Sache

juridical *adj* juristisch, Rechts-

jurisconsult *n* Jurist(in) *m/f*, Rechtsgelehrte(r) *f/m*

jurisdiction *n* 1. Gerichtsbarkeit *f*, Rechtsprechung *f*; 2. Gerichtsstand *m*, G.hoheit *f*, G.zuständigkeit *f*, Gerichts-, Rechtsbezirk *m*, R.hoheit *f*, Jurisdiktion *f*; 3. Kompetenz-, Verantwortungs-, Macht-, Verwaltungs-, Aufgabenbereich *m*, Zuständigkeit(sbereich) *f/m*, Kompetenz *f*; 4. Entscheidungs-, Weisungsbefugnis *f*, Entscheidungs-, Herrschaftsgewalt *f*; **subject to the j. of** der Gerichtsbarkeit unterstellt von

jurisdiction of the administrative courts Verwaltungsgerichtsbarkeit *f*, V.rechtsprechung *f*; ~ **civil courts** Zuständigkeit der Zivilgerichte; ~ **local courts** Zuständigkeit der örtlichen Gerichte; **j. for social insurance litigation** Sozialgerichtsbarkeit *f*; **j. over juveniles** Jugendgerichtsbarkeit *f*; **j. at the place of performance** Gerichtsstand des Erfüllungsortes; **j. in probate matters** Gerichtsbarkeit in Nachlasssachen; **(federal) j. on constitutional questions** (Bundes)Verfassungsgerichtsbarkeit *f*; **j. in rem** *(lat.)* sachliche Zuständigkeit, j. **of the state** Herrschaftsausübung *f*; **j. over a subject matter** sachliche Zuständigkeit; **j. of the tax courts** Steuergerichtsbarkeit *f*; ~ **tax office** Zuständigkeit des Finanzamtes; **j. of professional tribunals** Standesgerichtsbarkeit *f*; ~ **special tribunals** Sondergerichtsbarkeit *f*

to agree to submit sth. to the jurisdiction of a court die Zuständigkeit eines Gerichts für etw. vereinbaren; **to be subject to (a) j.** (einer)/der Gerichtsbarkeit unterstehen/unterliegen; **to come under the j. of** unter die Zuständigkeit fallen von; ~ **within the j. of a court** der Zuständigkeit eines Gerichts unterliegen; **to decline/disclaim/deny j.** sich für unzuständig erklären, Zuständigkeit bestreiten; **to establish j.** Zuständigkeit begründen; **to exercise j.** Gerichtsbarkeit ausüben; **to give j. to** Zuständigkeit übertragen an; **to have j.** zuständig sein; **to stipulate j.** Gerichtsstand vereinbaren

administrative jurisdiction Verwaltungsgerichtsbarkeit *f*; **appellate j.** Rechtsprechung der Berufungsinstanz, Berufungsgerichtsbarkeit *f*, Zuständigkeit in Be-

rufungssachen, ~ als Rechtsmittelinstanz; **arbitral j.** Schiedsgerichtsbarkeit *f*, Schlichtungswesen *nt*; **coexistent j.** nebeneinander bestandsfähige Rechtsprechung; **commercial j.** Handelsgerichtsbarkeit *f*; **comprehensive j.** Allzuständigkeit *f*; **compulsory j.** obligatorische Gerichtsbarkeit; **concurrent j.** konkurrierende Zuständigkeit/Gerichtsbarkeit, Wahlgerichtsstand *m*, nichtausschließliche Gerichtsbarkeit; **consular j.** Konsulargerichtsbarkeit *f*; **contentious j.** strittige/streitige Gerichtsbarkeit, Gerichtsbarkeit in Streitsachen; **coordinate j.** gleichrangige Gerichtsbarkeit; **criminal j.** Strafgerichtsbarkeit *f*, S.zuständigkeit *f*, Zuständigkeit in Strafsachen; **cumulative j.** zusätzliche Gerichtsbarkeit; **delegated j.** übertragene Gerichtsbarkeit; **direct j.** unmittelbare Zuständigkeit; **disciplinary j.** Disziplinar-, Ehrengerichtsbarkeit *f*; **domestic j.** 1. inländische Gerichtsbarkeit; 2. Hoheitsbereich *m*; **domiciliary j.** Gerichtsbarkeit des Wohnsitzes; **ecclesiastical j.** kirchliche/geistliche Gerichtsbarkeit; **exclusive j.** ausschließliche Gerichtsbarkeit/Zuständigkeit, ausschließlicher Gerichtsstand; **to have ~ j.** ausschließlich zuständig sein; **federal j.** Bundeszuständigkeit *f*, B.gerichtsbarkeit *f*; **fiscal j.** Steuer-, Finanzhoheit *f*, F.gerichtsbarkeit *f*; **foreign j.** ausländische Gerichtsbarkeit; **general j.** allgemeine/unbeschränkte Zuständigkeit; **industrial j.** Arbeitsgerichtsbarkeit *f*; **limited j.** Sondergerichtsbarkeit *f*, beschränkte Gerichtsbarkeit; **lacking j.** mangelnde Zuständigkeit; **local j.** örtliche Gerichtsbarkeit/Zuständigkeit; **mandatory j.** obligatorische Gerichtsbarkeit; **maritime j.** Seegerichtsbarkeit *f*; **matrimonial j.** Zuständigkeit in Ehesachen; **non-contentious j.** freiwillige Gerichtsbarkeit; **ordinary j.** ordentliche Gerichtsbarkeit; **original j.** erstinstanzliche Rechtsprechung/Gerichtsbarkeit/Zuständigkeit, Rechtsprechung der ersten Instanz, Zuständigkeit in erster Instanz; **penal j.** Strafgerichtsbarkeit *f*, S.hoheit *f*; **probate j.** Zuständigkeit in Nachlass- und Vormundschaftssachen; **prorogated j.** Prorogation *f*; **special j.** Sonder-, Ausnahmegerichtsbarkeit *f*; **summary j.** einzelgerichtliche Zuständigkeit, Schnellgerichtsbarkeit *f*; **supervisory j.** Aufsichtsinstanz *f*, Kontrollgerichtsbarkeit *f*; **territorial j.** örtliche Zuständigkeit, Gerichtshoheit *f*, Territorialgerichtsbarkeit *f*; **voluntary j.** freiwillige Gerichtsbarkeit
jurisdiction agreement Prorogationsvertrag *m*
jurisdictional *adj* gerichtlich, die Rechtsprechung betreffend
jurisprudence *n* Rechtswissenschaft *f*, R.kunde *f*, R.lehre *f*, R.gelehrsamkeit *f*, Jura *pl*, Jurisprudenz *f*; **j. of interests** Interessenjurisprudenz *f*; **comparative j.** vergleichende Rechtswissenschaft, Rechtsvergleichung *f*; **medical j.** Gerichtsmedizin *f*
jurisprudential *adj* rechtswissenschaftlich
jurist *n* Jurist(in) *m/f*, Rechtswissenschaftler(in) *m/f*, R.kundige(r) *f/m*, R.gelehrte(r) *f/m*
juristic *adj* juristisch
juror *n* 1. [§] Geschworene(r) *f/m*, Schöffe *m*, Schöffin *f*; 2. Preisrichter(in) *m/f*; **j. in a juvenile case** Jugendschöffe *m*; **bribing j.s** Geschworenenbestechung *f*;

challenging j.s Geschworenenablehnung *f*; **alternate/substitute j.** Ersatzgeschworene(r) *f/m*, E.schöffe *m*, E.schöffin *f*
jury *n* 1. [§] Schöffen(bank) *pl/f*, Geschworene *pl*, Geschworenenausschuss *m*, G.gericht *nt*; 2. Preisgericht *nt*, Jury *f*; 3. Sachverständigenausschuss *m*; **challenging the j.** Geschworenenablehnung *f*; **to be/serve/sit on the j.** auf der Geschworenenbank sitzen, Schöffe/Geschworener sein; **to direct/instruct the j.** Geschworene belehren; **to empanel a j.** Geschworenenliste zusammenstellen; **hung j.** blockiertes Geschworenengericht; **impartial j.** unvoreingenommene Geschworene; **special j.** Sonderjury *f*
jury award [§] Geschworenenspruch *m*; **j. box** Geschworenenbank *f*; **j. fixing** Geschworenenbestechung *f*; **j. list** Geschworenenliste *f*; **j.man** *n* Geschworener *m*, Schöffe *m*; **j. mast** ⚓ Notmast *m*; **j. panel** Geschworenenliste *f*, G.verzeichnis *nt*; **j. service** Schöffenamt *nt*, Geschworenentätigkeit *f*; **j. trial** Geschworenengericht *nt*, Schwurgerichtsverfahren *nt*; **j. verdict** Urteil des Schwurgerichts, Geschworenenurteil *nt*; **j. vetting** Überprüfung der Geschworenen, Geschworenenauslese *f*; **j.woman** *n* Schöffin *f*, Geschworene *f*
jus gentium *n* (*lat.*) [§] Völkerrecht *nt*; **j. sanguinis** (*lat.*) Abstammungsprinzip *nt*; **j. soli** (*lat.*) Boden-, Territorialitätsprinzip *nt*; **j. tertii** (*lat.*) Recht einer dritten Person
just *adj* (ge)recht, angemessen; **j. and equitable** recht und billig; **~ proper** gerecht und angemessen; **socially j.** sozial (gerecht)
justice *n* 1. Gerechtigkeit *f*; 2. Gerichtsbarkeit *f*, Justiz *f*; 3. Richter(in) *m/f*; 4. [US] Verfassungsrichter *m*; **equal j. under the law** Gleichheit vor dem Gesetz; **j. of appeal** Berufungsrichter *m*; **J. of the Peace (J.P.)** Schiedsmann *m*, Friedensrichter *m*
to administer justice Recht anwenden/sprechen, Rechtspflege ausüben, judizieren; **to bring to j.** vor den Richter bringen; **to deal out j.; to dispense j.** Recht sprechen, judizieren; **to deviate from j.** Recht beugen; **to do j.** Gerechtigkeit walten lassen; **~ to so./sth.** jdm/einer Sache gerecht werden, jdm/etw. Gerechtigkeit widerfahren lassen, jdm/etw. voll Rechnung tragen, jdn/etw. zu würdigen wissen, einer Sache Genüge tun; **to evade j.** sich der gerichtlichen Verfolgung/Strafverfolgung entziehen; **to obtain j.** Gerechtigkeit erfahren, sich Recht verschaffen; **to pervert (the course of) j.** Recht beugen; **to surrender o.s. to j.** sich der Gerechtigkeit anheim geben; **to temper j. with mercy** Gnade für Recht ergehen lassen
associate justice beigeordneter Richter; **arbitrary j.** Willkürjustiz *f*; **chief j.** 1. [GB] Oberrichter *m*; 2. [US] Oberster Bundesrichter; **civil j.** Zivilgerichtsbarkeit *f*; **corrupt j.** käufliche Justiz; **criminal j.** Strafgerichtsbarkeit *f*, S.justiz *f*, S.rechtspflege *f*; **distributive j.** ausgleichende Gerechtigkeit; **natural j.** natürliche Gerechtigkeit; **penal j.** Strafjustiz *f*; **poetic j.** ausgleichende/poetische Gerechtigkeit; **social j.** soziale Gerechtigkeit; **substantial/substantive j.** Gerechtigkeit in der Sache selbst, materielle Gerechtigkeit

justice|s' clerk *[GB] (Amtsgericht)* beisitzender Jurist; **j. ministry** Justizministerium *nt*; **j.ship** *n* Richteramt *nt*, R.würde *f*
justiciable *adj* justiziabel
justifiability *n* Vertretbarkeit *f*
justifiable *adj* gerechtfertigt, vertretbar, berechtigt; **economically j.** wirtschaftlich vertretbar; **legally j.** rechtlich vertretbar
justification *n* 1. Rechtfertigung *f*, Berechtigung *f*, Begründung *f*, Wahrheitsbeweis *m*; 2. ▫ Randausgleich *m*; **j. and privilege** Wahrnehmung berechtigter Interessen; **requiring j.** begründungspflichtig; **legal j.** Rechtfertigungsgründe *pl*, Rechtsgrund *m*; **without ~ j.** ohne rechtlichen Grund; **reasonable j.** Begründetheit *f*; **societal j.** gesellschaftliche Rechtfertigung
justified *adj* begründet, berechtigt, gerechtfertigt; **legally j.** rechtlich begründet
justify *v/t* 1. rechtfertigen, berechtigen, begründen, vertreten; 2. ▫/▫ ausrichten, justieren; **j. o.s.** Rede und Antwort stehen, sich rechtfertigen
just-in-time *adj* ▪ anlieferungs-, einsatz-, produktionssynchron
justness *n* Gerechtigkeit *f*
jute *n* Jute *f*; **j. bag** Jutesack *m*
juvenile *n* Jugendliche(r) *f/m*; *adj* Jugend-; **j. court** [§] Jugendgericht *nt*; **j. crime** Jugenddelikt *nt*, J.straftat *f*; **j. welfare service** Jugendhilfe *f*
juxtaposition *n* Nebeneinander(stellung) *nt/f*, Juxtaposition *f*

K

k *n (Abkürzung)* Tausend
kaffirs *pl (coll) (Börse)* Aktien südafrikanischer Bergbauunternehmen
kangaroo court *n [GB] (Gewerkschaft)* Femegericht *nt*
kaolin *n* ☝ Kaolin *nt/m*
karat *n* → **carat**
keel *n* ⚓ Kiel *m*; **to be on an even k.** *(fig)* im Lot/ausgeglichen sein; **k. over** *v/i* umkippen
keelage *n* ⚓ Hafen-, Kielgeld *nt*
keen *adj* 1. eifrig, erpicht, einsatzfreudig; 2. scharf, stechend; 3. *(Preis)* knapp kalkuliert; **to be k. on sth.** scharf/versessen auf etw. sein
keep *n* (Lebens)Unterhalt *m*; **to earn one's k.** seinen Unterhalt bestreiten/verdienen; **to work for one's k.** gegen freie Station arbeiten
keep *v/ti* 1. (be-/er)halten, (auf)bewahren, verwahren; 2. unterhalten, versorgen; 3. *(Bücher)* führen; 4. *(Waren)* auf Lager halten; 5. *(Wertpapiere)* im Bestand halten; 6. *(Lebensmittel)* sich halten; **k. so.** jdn bei der Stange halten *(coll)*; **k. ahead** vorn bleiben; **k. away** fern halten; **k. back** 1. zurück(be)halten, einbehalten; 2. verschweigen; **k. down** niedrig/unter Kontrolle halten; **k. sth. from so.** jdm etw. vorenthalten; **k. on** weiter beschäftigen; **~ at sth.** auf etw. herumreiten *(fig)*; **k. out** sich heraushalten; **k. to** sich halten an; **k. together** zusammenhalten; **k. up** 1. aufrechterhalten, beibehalten; 2. hochhalten, pflegen; **~ with the Joneses** *(coll)* mit den Nachbarn Schritt halten; **k. dry** Trocken aufbewahren!; **k. fresh** frisch halten; **k. going** in Bewegung bleiben, in Gang halten, sich dranhalten *(coll)*
keeper *n* 1. Verwahrer(in) *m/f*, Halter(in) *m/f*, Hüter(in) *m/f*; 2. Wärter(in) *m/f*, Pfleger(in) *m/f*; **k. of an account** Kontoführer *m*; **~ an animal** Tierhalter *m*; **~ (the) records** 1. Archivar *m*, Archivbeamter *m*; 2. Registerführer *m*, Urkundenbeamter *m*
keeping (up) *n* Beibehaltung *f*, Aufbewahrung *f*; **in k. with** *n* in Einklang/Übereinstimmung mit, konform mit; **k. of animals** Tier-, Viehhaltung *f*; **~ cattle** Viehhaltung *f*; **k. in line** Parallelschalten *nt (fig)*; **k. (of) the minutes** Protokollführung *f*; **k. of records** 1. Register-, Urkundenführung *f*; 2. Führung von Geschäftsbüchern; **k. for sale** Feilhalten *nt*; **k. in stock** Lagerhaltung *f*; **k. period** Aufbewahrungsfrist *f*
for keeps *n (coll)* nicht veräußerlich
keepsake *n* Andenken *nt*
keg *n* Fass *nt*, Fässchen *nt*
kennel *n* Hundezwinger *m*, H.hütte *f*; **k.s** Hundepension *f*
kerb *n [GB]* → **curb** *[US]* 1. Bord-, Randstein *m*; 2. Nach-, Straßenbörse *f*; **to sell on the k.** außerbörslich verkaufen, an der Vor-/Nachbörse verkaufen; **in the late k.** nachbörslich, in nachbörslichem Freiverkehr; **k. broker** Freiverkehrsmakler *m*; **k. exchange/market** Frei(verkehrs)börse *f*, F.handel *m*, F.markt *m*, Börsenfreiverkehr *m*, Nachbörse *f*, inoffizielle Börse, unnotierter Markt; **on the k. market** im freien Verkehr, außerbörslich; **k. (market) price** außerbörslicher/vorbörslicher/nachbörslicher Kurs, Freiverkehrskurs *m*; **k.stone** *n* Bord-, Randstein *m*
kerosene *n* 1. ✈ Kerosin *nt*, Flugbenzin *nt*; 2. *[US]* Petroleum *nt*
kettle *n* (Wasser)Kessel *m*; **fine/pretty k. of fish** *(coll)* hübsche/nette/reizende/schöne Bescherung *(coll)*
key *n* 1. Schlüssel *m*; 2. Zeichenerklärung *f*, Z.schlüssel *m*, Lösung *f*, Legende *f*; 3. Kennziffer *f*, K.wort *nt*, Chiffre *f (frz.)*; 4. *(Musik)* Stimmlage *f*, Tonart *f*; 5. ▫ Kennbegriff *m*; 6. Taste *f*; **k.s of the city** Stadtschlüssel *m*; **k. of ratings** Bewertungsschlüssel *m*; **k. to symbols** Zeichenerklärung *f*; **to hold the k. to one's own fate** sein Schicksal in den eigenen Händen halten; **to leave the k. in the lock** Schlüssel (im Schloss) stecken lassen; **to mislay a k.** Schlüssel verlegen; **to take out the k.** Schlüssel abziehen
concatenated key ▫ verketteter Schlüssel; **constant k.** Konstanttaste *f*; **dead k.** Tottaste *f*; **duplicate k.** Nachschlüssel *m*; **overrriding k.** Durchlauftaste *f*; **primary k.** Primärschlüssel *m*; **program(me)-level k.** Programm(auswahl)taste *f*; **repositioning k.** Positionsfinder *m*; **safe-deposit k.** Tresorschlüssel *m*; **secondary k.** Sekundärschlüssel *m*; **share-out k.** Verteiler(schlüssel) *m*; **telegraphic k.** Telegrammschlüssel *m*
key (in) *v/t* 1. ▫ eingeben, eintippen, (ein)tasten; 2. mit Kennziffern versehen
key account *(Werbung)* Haupt-, Großkunde *m*; **k. ap-**

pointment Besetzung einer Schlüsselposition *m*; **k. area** Hauptbereich *m*; **k. bank** ▭ Tastenreihe *f*; **k. bit** Schlüsselbart *m*
keyboard *n* 1. ▭ Tastatur *f*, Tasten-, Bedienungsfeld *nt*; 2. Schlüsselbrett *nt*; **full k.** Volltastatur *f*; **multifunctional k.** Multifunktionstastatur *f*; **numeric k.** Zehnertastatur *f*; **k. entry/input** Tastatur-, Handeingabe *f*, manuelle Eingabe
keyboard|er *n* ▭ Texterfasser(in) *m/f*; **k.ing** *n* Texterfassung *f*, T.eingabe *f*
key button ▭ Tastenknopf *m*; **k. change** wichtigste Veränderung; **k. code system** Schlüsselsystem *nt*; **k. concept** Leit-, Schlüssel-, Zentralbegriff *m*; **k. control** Tastensteuerung *f*; **k. costs** Haupt(un)kosten *pl*; **k. industrial country** führendes Industrieland; **k. currency** Schlüssel-, Leitwährung *f*, L.devise *f*; ~ **country** Leitwährungsland *nt*; **k. customer** wichtiger Kunde; **k. data** Eckwerte, Schlüsselziffern, Stamm-, Eckdaten; **k. economic data** (gesamt)wirtschaftliche Eckdaten; **k. date** Berichtszeit(punkt) *f/m*, Stichtag(sdatum) *m/nt*; ~ **for the balance sheet** Bilanzstichtag *m*; **k. decision** bedeutsame Entscheidung; **k. depression** Eintastung *f*; **k. determinant** wichtigster Faktor, ausschlaggebendes Element; **k. dimension** Hauptdimension *f*; **k. drawback** Hauptnachteil *m*
keyed *adj* chiffriert, verschlüsselt
key employee leitende(r) Angestellte(r); **k. entry area** ▭ Eintastbereich *m*; **k. factor** 1. wichtigster Faktor/Umstand; 2. Haupt-, Schlüsselzahl *f*; **k. feature** Hauptmerkmal *nt*; **k. figure** 1. Schlüsselfigur *f*, führende Persönlichkeit; 2. Schlüsselzahl *f*; **k. function** Kernfunktion *f*; **k. goal** Hauptziel *nt*; **k. holding** Schlüsselbeteiligung *f*; **k.hole** *n* Schlüsselloch *nt*; **to peep through the k.hole** durchs Schlüsselloch gucken; **k. identification** ▭ Schlüsselkennzeichnung *f*; **k. indicator** Primärindikator *m*, primärer/maßgeblicher Indikator; **k. industry** Schlüsselindustie *f*, S.branche *f*; **k. information** Schlüsselinformation *f*
keying (of advertisements) *n* Kennwort-, Kennziffermethode *f*; **k. of advertising** *[US]* Werbeerfolgskontrolle *f*; **k. in** ▭ Eingabe *f*, Eintasten *nt*; **k. error/mistake** (Ein)Tast-, Tippfehler *m*; **k. speed** Eingabe-, Eintastgeschwindigkeit *f*
key installations Schlüsseleinrichtungen; **k. interest rate** Leitzins *m*, Marktrichtsatz *f*; **k. issue** Grundsatzfrage *f*; **k. job** 1. Richtarbeitsplatz *m*; 2. Schlüsselarbeit *f*, S.tätigkeit *f*; ~ **rate** Schlüssellohnsatz *m*; **k. lever** *(Schreibmaschine)* Tastenheber *f*, T.hebel *m*; **k. life insurance** Lebensversicherung für Führungskräfte; **k. line** *(Handel)* Eckartikel *m*; **k. link** Hauptverbindung *f*; **k. man** Schlüsselfigur *f*, Hauptperson *f*; **k. measure** wichtiger Maßstab; **k. money** 1. Abstandsgeld *nt*, A.summe *f*, A.zahlung *f*; 2. Mietanzahlung *f*, M.ablösung *f*, M.kaution *f*, M.vorauszahlung *f*, M.vorschuss *m*; 3. *(Pacht)* Handgeld *nt*
Keynesian *adj (VWL)* keynesianisch
keynote *n* 1. Schwerpunkt *m*, Grundgedanke *m*; 2. *(Werbung)* Hauptgedanke *m*; **to set the k.** Ton angeben; **k. idea** 1. Grundidee *f*; 2. *(Werbung)* Hauptmotiv

nt; **k. speech** Grundsatzreferat *nt*, G.rede *f*, programmatische/grundsätzliche Rede
key number Erkennungszahl *f*, Kontrollnummer *f*; **k. objective** Hauptziel *nt*; **k.-operated** *adj* ▭ mit Tastenbedienung; **k. operating area** Hauptgeschäftsbereich *m*; **k. operation** Tastenbedienung *f*; **k. organ** Schlüsselorgan *nt*; **k.pad** *n* (tragbare) Tastatur, (tragbares) Tastenfeld; **k. part** Schlüsselrolle *f*; **k. period rate** Schlüsselzins für Termingelder; **k. person** Hauptperson *f*, Schlüsselfigur *f*; **k. personnel** Schlüsselpersonal *nt*, Kernbelegschaft *f*; **k. plant** Schlüsselbetrieb *m*; **k. point** Haupt-, Schlüsselpunkt *m*, wesentlicher/wichtigster Punkt
key position Schlüsselposition *f*, S.stellung *f*, führende Stelle; **to earmark so. for a k. p.** jdn für eine Schlüsselstellung vorsehen; **to get into a k. p.** Schlüsselposition erreichen
key problem Kernproblem *nt*; **k. provisions** Schlüsselbedingungen *pl*; **k. punch** (Streifen-/Hand)Locher *m*, Locher mit Tastatur; ~ **operator** Locher(in) *m/f*; **k.-punch** *v/t* (Lochkarte) ablochen; **k. qualification** Schlüsselqualifikation *f*; **k. quality** wichtige Eigenschaft; **k. question** Hauptfrage *f*; **k. rate** 1. *[GB]* Leitzins(satz) *m*; 2. *(Vers.)* Grundprämie *f*; **k. ratio** Spitzenkennzahl *f*; **k. responsibility area** Hauptverantwortungsbereich *m*; **k. ring** Schlüsselring *m*; **k. role** Schlüsselrolle *f*; **to play a ~ in the recovery of economic activity** konjunkturwirksam sein; **k. route** Hauptstrecke *f*; **k. sales message** Verkaufsslogan *m*; **k. sector** Schwerpunktsektor *m*; **k. service** Schlüsseldienst *m*; **k. staff** Schlüsselpersonal *nt*, Kernbelegschaft *f*; **k.stone** *n* 1. ▭ Schlussstein *m*; 2. *(fig)* Grundlage *f*, Hauptgedanke *m*; **k. strike** Schwerpunktstreik *m*; **k. stroke** (Tasten)Anschlag *m*; **k. technology** Schlüsseltechnologie *f*; **k. title** ▭ führender Titel; **k. topic** Haupt-, Schwerpunktthema *nt*; **k. variable** Schlüsselvariable *f*; **k. witness** [§] Kron-, Hauptzeuge *m*; **k.word** *n* Stich-, Schlüssel-, Schlagwort *nt*; ~ **index** Stichwortverzeichnis *nt*; **k. work center** *[US]* /**centre** *[GB]* Schwerpunktarbeitsplatz *m*; **k. worker** Schlüsselarbeiter(in) *m/f*, Arbeiter(in) in Schlüsselposition
kick *n* (Fuß)Tritt *m*; **to get a k. out of sth.** Spaß an etw. haben
kick *v/ti* treten; **k. off** *(Fußball)* anstoßen; **k. out** *(coll)* hinauswerfen, rausschmeißen *(coll)*; **k. upstairs** fortloben
kickback *n* *[US] (coll)* 1. Schmiergeld *nt*; 2. erzwungene Provision(steilung); 3. Nebeneinnahme *f*; 4. Auswirkung *f*
I could have kicked myself *(coll)* ich hätte mich ohrfeigen können *(coll)*; **to be k. upstairs** *(coll)* die Treppe herauffallen *(coll)*
kickoff *n* *(Fußball)* Anstoß *m*
kid gloves *pl* *(fig)* Glacéhandschuhe *(fig)*; **to handle so. with k. g.** jdn mit Glacéhandschuhen anfassen, jdn vorsichtig behandeln
kidnap *v/t* entführen, verschleppen; **k.per** *n* (Kindes)Entführer(in) *m/f*, Menschenräuber(in) *m/f*, Erpresser *m*; **k.ping** *n* (Kindes)Entführung *f*, Menschenraub *m*

kidney *n* ⚕ Niere *f*; **k. machine** künstliche Niere; **k. stone** Nierenstein *m*
kill *v/t* 1. töten, tot-, erschlagen, umbringen; 2. *(Vorlage)* zu Fall bringen; **k. so.** jdn umbringen; **k. off** ausrotten, vernichten
kill *n* 1. Tötung *f*; 2. (Jagd)Strecke *f*, J.beute *f*
killer *n* Mörder(in) *m/f*, Totschläger *m*; **hired k.** gedungener Mörder; **k. squad** Mordkommando *nt*
killing *n* 1. Tötung *f*; 2. Jagdbeute *f*, (J.)Strecke *f*; 3. *(fig)* hoher (Schein)Gewinn; **k. by misadventure** § unverschuldete Tötung; **~ gross negligence** grobfahrlässige Tötung; **k. in self-defence** Tötung in Notwehr; **to make a k.** *(coll)* Riesen-/Bombengeschäft *(coll)*/Reibach *(coll)*/Spekulationsgewinn machen, glänzende Geschäfte machen; **wilful k.** § vorsätzliche Tötung
killjoy *n (coll)* Spielverderber *m*
kiln *n* (Brenn-/Röst-/Trocknungs)Ofen *m*; **k.-dried** *adj* ofengetrocknet
kilo|byte *n* Kilobyte *nt*; **k.(gram)** *n* Kilo(gramm) *nt*
kilometer *[US]*; **kilometre** *[GB] n* Kilometer *m*; **k.s per hour** Stundenkilometer *m*; **k. rate** Kilometersatz *m*
kilowatt-hour *n* ⚡ Kilowattstunde *f*
kin *n* Sippe *f*, Familie *f*, Verwandschaft *f*
kind *n* 1. Art *f*, Sorte *f*, Gattung *f*, Sache *f*; 2. Naturalien *pl*, Waren *pl*; **in k.** in natura *(lat.)*, in Naturform/Naturalien/Sachwerten; **to pay in k.** 1. in Naturalien/Sachwerten/Ware (be)zahlen, als Sachleistung zahlen; 2. *(fig)* Gleiches mit Gleichem vergelten; **to respond in k.** mit gleicher Münze heimzahlen *(fig)*
all kind|s of damage Schaden jeder Art; **k. of goods** Güterart *f*; **of average k. and quality** (von) mittlerer Art und Güte; **equal in k. and quality** von gleicher Art und Güte; **one of a k.** einmaliges Stück; **of the worst k.** von der schlimmsten/übelsten Sorte; **~ same k.** gleichartig
kind *adj* liebenswürdig, gut, gütig
kindle *v/ti* 1. anzünden, entfachen; 2. entflammen, Feuer fangen
kindling *n* Kleinholz *nt*
kindness *n* 1. Gefallen *m*, Gefälligkeit *f*; 2. Freundlichkeit *f*, Liebenswürdigkeit *f*, Güte *f*
kindred *n* Verwandtschaft *f*; *adj* verwandt
king *n* König *m*; **k.dom** *n* Königreich *nt*; **to postpone/put off until ~ come** *(coll)* auf unbestimmte Zeit verschieben, auf die lange Bank schieben *(fig)*; **k.maker** *n* Königsmacher *m*; **k.pin** *n* 1. ✪ Drehzapfen *m*; 2. ⚙ Achsschenkelbolzen *m*; 3. *(fig)* Angelpunkt *m*; **k. size** Übergröße *f*, Großformat *nt*
kink *n* Schlaufe *f*, Knick *m*; **k. in a curve** Kurvenknick *m*
kinship *n* (An)Verwandt-, Sippschaft *f*, Verwandtschaftsbeziehung *f*, V.verhältnis *nt*, verwandtschaftliche Beziehung
kins|man *n* Verwandter *m*; **k.woman** *n* Verwandte *f*
kiosk *n* Verkaufspavillon *m*, (Zeitungs)Kiosk *m*, (Z.)Bude *f*
kip down *v/i (coll)* pennen *(coll)*
kiss *n* Kuss *m*; **k.-and-drive** *n [US]* 🚗/🚌 Pendlerstation ohne Parkmöglichkeit
kit *n* 1. Ausrüstung *f*; 2. Werkzeug *nt*; 3. Bausatz *m*; **k. of components** Bausatz *m*; **to assemble a k.** Bausatz montieren; **to pack one's k.** *(fig)* sein Bündel schnüren *(fig)*; **add-on k.** Nachrüstsatz *m*; **k.bag** *n* Kleider-, Seesack *m*
kitchen *n* Küche *f*; **built-in/fitted k.** Einbauküche *f*; **mobile k.** Küchenwagen *m*
kitchen appliance Küchengerät *nt*; **k. area** Kochecke *f*; **k. cabinet** Küchenschrank *m*; **k.-cum-living room** Wohnküche *f*; **k.ette** *n* Kochnische *f*, Kleinküche *f*; **k. garden** Küchen-, Haus-, Gemüse-, Nutzgarten *m*; **k. help** Küchenhilfe *f*; **k. refuse/scraps** Küchenabfall *m*; **k. scales** Küchen-, Haushaltswaage *f*; **k. sink** Spüle *f*; **k. staff** Küchenpersonal *nt*; **k. stove** Küchenherd *m*; **k. table** Küchentisch *m*; **k. unit** Küchenschrank *m*; **k. utensil** Küchengerät *nt*; **k.ware** *n* Haushaltswaren *pl*; **~ department** *(Kaufhaus)* Haushaltswarenabteilung *f*
kite *n* 1. (Papier)Drache *m*; 2. *(fig)* Versuchsballon *m*; 3. Gefälligkeits-, Keller-, Reitwechsel *m*; 4. ungedeckter Scheck, Scheck ohne Deckung; **to fly a k.** Versuchsballon steigen lassen
kite *v/t (Wechsel)* fälschen
kite check *[US]* **/cheque** *[GB]* ungedeckter Scheck; **k. flying** Wechselreiterei *f*; **k. mark** *[GB]* Standardnormstempel *m*, Standard-, Qualitäts-, Gütezeichen *nt*, G.siegel *nt*
kith and kin *n* eigenes Fleisch und Blut; **with k. and k.** mit Kind und Kegel
kiting *n* Wechselreiterei *f*; **k. of stocks** Kurstreiberei *f*
kitty *n (coll)* gemeinsame/kleine/schwarze *(coll)* Kasse, Gemeinschafts-, Speil-, Privatkasse *f*
klepto|mania *n* Stehlsucht *f*, Kleptomanie *f*; **k.maniac** *n* Kleptomane *m*, Kleptomanin *f*; *adj* kleptomanisch
knack *n (coll)* Kniff *m*, Trick *m*, Handgriff *m*, Dreh *m*; **to have the k. of sth.** etw. im Griff haben, die Kurve weghaben *(coll)*, Masche heraushaben *(coll)*; **uncanny k.** unheimliches Geschick
knacker *n [GB]* 1. Abdecker *m*, Tierkörperverwerter *m*; 2. 🏭 Abbruchunternehmer *m*; **k.ed** *(coll) adj* fix und fertig; **k.'s yard** Abdeckerei *f*
knapsack *n* Tornister *m*, Ranzen *m*, Rucksack *m*
knead *v/t* kneten
knee *n* ⚕ Knie *nt*; **k. breeches** Bundhose *f*; **k.cap** *n* Kniescheibe *f*; **k.-deep** *adj* knietief, k.hoch; **k. joint** Kniegelenk *nt*
kneel *v/i* knien
knee pad Knieschützer *m*
to ring the knell of sth. *n (fig)* etw. zu Grabe tragen *(fig)*
knickknack *n (coll)* Krimskrams *m (coll)*, Kinkerlitzchen *nt (coll)*; **k.s** Nippsachen *f*
knife *n* Messer *nt*; **serrated k.** Sägemesser *nt*; **on k. edge** *(fig)* auf (des) Messers Schneide *(fig)*
white knight *n (fig)* Retter in höchster Not, rettender Engel
closely/firmly knit *adj* 1. festgefügt; 2. *(Konzern)* straff organisiert
knitting *n* 1. Stricken *nt*; 2. Strickerei *f*; **k. department** Wirkerei *f*; **k. industry** Strickwarenindustrie *f*; **k. machine** Strickmaschine *f*; **k. mill** 🏭 Strickerei *f*, Wirkerei *f*; **k. needle** Stricknadel *f*; **k. wool** Strickwolle *f*

knitwear *n* Strickwaren *pl*, Maschenoberbekleidung *f*, Trikotagen *pl*; **k. factory** Strickerei *f*, Wirkerei *f*; **k. industry** Strickwarenindustrie *f*
knob *n* (Dreh)Knopf *m*, Griff *m*; **k.stick** *n (coll)* Streikbrecher *m*
knock *n* 1. Schlag *m*, Stoß *m*, Klopfen *nt*; 2. Klopfzeichen *nt*; 3. *(fig)* Schlag *m*; **to take a k.** schweren (finanziellen) Schlag abbekommen; **to be able ~ (or two) etw. vertragen können**
knock *v/ti* 1. (an)klopfen, pochen; 2. schlagen, stoßen; 3. *(coll)* (he)runtermachen; **k. about** *(coll)* 1. unstetes Leben führen; 2. ramponieren, beschädigen; **k. down** 1. *(Auktion)* zuschlagen, zusprechen; 2. *(Kurs)* drücken; 3. 🏛 einreißen; 4. niederstrecken, n.schlagen, zu Boden schlagen; **k. so. down** jdn zu Boden strecken; **k. off** *(coll)* 1. Schluss/Feierabend *(coll)*/Schicht *(coll)* machen; 2. *(Preis)* ab-, nachlassen, senken, reduzieren, Nachlass gewähren, abziehen; **k. over** 1. umstoßen; 2. überfahren; **k. up** *(coll)* 1. zurechtzimmern, improvisieren; 2. *(Kilometer)* fahren; 3. *(Überstunden)* machen
knock-down *n (Auktion)* Zuschlag(serteilung) *m/f*; **k. to the highest bidder** Zuschlag an den Meistbietenden
knock-down *adj* zusammen-, zerlegbar
knock-down price 1. *(Auktion)* Mindestpreis *m*; 2. Schleuderpreis *m*; **k. rate** *(Zins)* extrem niedriger Satz
knocked down (k.d.) *adj* zerlegt; **completely k. d. (c.k.d.)** vollständig zerlegt, demontiert; **partly k. d. (p.k.d.)** teilweise zerlegt
knock-for-knock *n (Vers.)* gegenseitige Aufrechnung; **k. agreement** Übernahme des Schadens durch die jeweilige Versicherungsgesellschaft
knock|ing down *n (Auktion)* Zuschlag(serteilung) *m/f*; **k.-off** *n (Preis)* Abschlag *m*, Senkung *f*; **k.-on** *n (Preis)* Aufschlag *m*
knot *n* 1. Knoten *m*; 2. *(fig)* Schwierigkeit *f*, Problem *nt*, Verwicklung *f*; 3. ⚓ Knoten, Seemeile pro Stunde *(1,853 Km/h)*; *v/ti* 1. knüpfen, verknoten; 2. sich verknoten
knotty *adj* 1. schwierig, kompliziert, verwickelt; 2. *(Holz)* astreich, knorrig
in the know *n* eingeweiht; **to be ~ k.** Mitwisser(in) sein
know *v/t* 1. kennen; 2. wissen; 3. erleben; 4. unterscheiden (können); **k. all men** [§] hiermit sei kundgetan; **k. all about it** gründlich Bescheid wissen; **k. sth. backwards** *(coll)* etw. im Schlaf beherrschen *(coll)*; **k. for certain** mit Bestimmtheit wissen, bestimmt wissen; **k. full well** nur zu gut/sehr genau wissen; **k. the ins and outs of sth.; k. sth. inside out** etw. genauestens kennen, etw. wie seine Hosentasche kennen *(coll)*; **to get to k. sth. on the quiet** etw. unter der Hand erfahren; **k. a thing or two** *(coll)* kein Dummkopf sein; **not to k. the first thing about it** nicht die Bohne davon verstehen *(coll)*; **k. what's what** *(coll)* den Durchblick haben *(fig)*, durchblicken *(fig)*
know-all *n* Alles-, Besserwisser *m*
know-how *n* 1. Know-how *nt*, Fach-, Erfahrungswissen *nt*, Fach-, Spezial-, Sachkenntnisse *pl*, S.verstand *m*, Erfahrungen *pl*, technisches/fachmännisches Können; technische Kenntnisse, (industrielles) Wissen; 2. *(Bilanz)* nicht patentierte Erfindungen; **to lack k.** nicht über Fachwissen verfügen, kein Fachwissen haben; **industrial k.** 1. Betriebserfahrung *f*; 2. Herstellungs-, Produktionsverfahren *nt*; **k. agreement** Lizenzvertrag *m*
knowingly *adv* [§] 1. wissentlich; 2. absichtlich, bewusst
knowledge *n* 1. (Fach)Kenntnis(se) *f/pl*; 2. Wissen *nt*; 3. Erfahrung *f*; 4. Erkenntnis *f*; 5. Durchblick *m*
to the best of my knowledge and belief nach bestem Wissen und Gewissen; **with so.'s k. and consent** mit jds Wissen und Willen; **with full k. of the factual circumstances** in Kenntnis der Tatumstände; **k. of the facts** Sachkenntnis *f*; **~ goods** Warenkenntnisse *pl*; **~ languages** Sprachkenntnisse *pl*; **usual ~ a man skilled in the art** fachmännisches/fachliches Können; **~ the subject** Fachwissen *nt*; **~ the trade** Branchenkenntnisse *pl*
having local knowledge ortskundig; **to my k.** meines Wissens; **without my k.** ohne mein Wissen
to be beyond so.'s knowledge sich jds Kenntnis entziehen; **to come to so.'s k.** jdm zu Ohren kommen; **to deny any k.** jegliche Kenntnis abstreiten; **to have little k. of** wenig wissen von; **to improve one's k.** sich fortbilden
basic knowledge Grundkenntnisse *pl*; **commercial k.** Wirtschaftskenntnisse *pl*; **common k.** Allgemeingut *nt*; **of ~ k.** [§] gerichtsnotorisch; **to be ~ k.** der Öffentlichkeit bekannt sein, offenes Geheimnis sein; **comprehensive k.** umfassende Kenntnisse; **confidential k.** vertrauliche Kenntnisse; **constructive k.** [§] zurechenbare Kenntnis; **detailed k.** Detailkenntnisse *pl*; **extensive k.** umfassende Kenntnisse; **first-hand k.** unmittelbare Erfahrung/Kenntnis; **from ~ k.** aus eigener Kenntnis; **full k.** genaue Kenntnisse; **general k.** Allgemeinwissen *nt*, A.bildung *f*; **guilty k.** [§] Unrechts-, Schuldbewusstsein *nt*; **having ~ k.** im Bewusstsein der Schuld; **imputed k.** [§] unterstellte Kenntnis, Fiktion des Kennens; **in-depth k.** gründliche Kenntnisse; **industrial k.** gewerbliche Kenntnisse; **judicial k.** [§] Kenntnis des Gerichts; **local k.** Platzkenntnis *f*; **operational k.** verfügbares Wissen; **practical k.** praktische Kenntnisse, Erfahrung *f*; **previous k.** 1. Vorkenntnisse *pl*; 2. Vorwissen *nt*; **profound k.** profundes Wissen; **rudimentary k.** Elementarkenntnisse *pl*; **scanty k.** dürftige/geringe Kenntnisse; **slight k.** oberflächliche Kenntnisse; **spezialized k.** Fachwissen *nt*, Spezialkenntnisse *pl*; **technical k.** 1. *(Sprache)* Grundkenntnisse *pl*; 2. technische Kenntnisse, Fachwissen *nt*; **thorough k.** Beschlagenheit *f*; **working k.** 1. *(Sprache)* Grundkenntnisse *pl*; 2. verwertbare Kenntnisse
knowledgeable *adj* kenntnisreich, kundig, bewandert, erfahren
knowledge industry Informationsindustrie *f*
known *adj* 1. bekannt; 2. anerkannt; 3. notorisch, ruchbar; **(also) k. as** alias; **as is k.** bekanntlich; **to become k.** ruchbar werden, sich herumsprechen; **~ publicly k.** unter die Leute kommen, an die Öffentlichkeit dringen/kommen; **to let sth./it be k.** etw. verlauten lassen; **to make k.** bekanntgeben, b.machen; **best k.** bestbekannt; **internationally k.** weltbekannt

knuckle *n* ♘ (Finger)Knöchel *m*; **to rap so. over the k.s** *(coll)* jdm auf die Finger klopfen *(coll)*, jdn zurechtweisen
knuckle down *v/i* nachgeben, sich beugen/unterwerfen; **~ to doing sth.** zupacken; **k. under** kuschen, klein beigeben; **k.-duster** *n* Schlagring *m*; **k. joint** 1. ♘ Knöchelgelenk *nt*; 2. ✿ Kreuzgelenk *nt*
kotow *n* Kotau *m*; *v/i* dienen, katzbuckeln *(coll)*, Kotau machen
kraft paper *n* Kraftpapier *nt*, festes braunes Papier
krona *[IS/S]*; **krone(r)** *[DK/N]* *n* (Währung) Krone *f*
krypton *n* ☞ Krypton *nt*
kudos *n* Ansehen *nt*, Ruhm *m*, Ehre *f*

L

label *n* 1. Etikett *nt*, (Aufschrift)Zettel *m*, Schild(chen) *nt*, Aufkleber *m*, Paketzettel *m*, Anhänger *m*; 2. Kennzeichnung *f*, Beschriftung *f*, Bezeichnung *f*; 3. (Schutz-)Marke *f*; 4. (Schall)Plattenfirma *f*; **adhesive/gummed l.** Haftetikett *nt*, (Auf)Klebezettel *m*; **environmental l.** Umweltzeichen *nt*, U.engel *m*; **identifying l.** Kennsatz *m*; **own/private l. (product)** Eigen-, Hausmarke *f*, eigene Marke; **self-adhesive l.** Selbstklebezettel *m*; **tie-on l.** Anhängezettel *m*, A.adresse *f*
label *v/t* 1. kennzeichnen, beschriften, etikettieren, beschildern, kenntlich machen, auszeichnen, klassifizieren, markieren, mit einem Schild/Etikett versehen; 2. *(fig)* bezeichnen
label information Etikettangaben *pl*
labelled *adj* gekennzeichnet
labelling *n* (Preis-/Waren)Auszeichnung *f*, Etikettierung *f*, Kennzeichnung *f*, Kenntlichmachung *f*, Markierung *f*, Beschriftung *f*; **descriptive l.** ausführliche Kennzeichnung; **environmental l.** Umweltkennzeichnung *f*; **false/fraudulent l.** Etikettenschwindel *m*, E.fälschung *f*; **informative l.** 1. informative Kennzeichnung; 2. Herkunftsbezeichnung *f*; **special l.** Sonderkennzeichnung *f*; **l. instructions/provisions/regulations/requirements/rules** Auszeichnungs-, Kennzeichnungsbestimmungen, K.vorschriften, Markierungsvorschriften; **l. method** Markierungsverfahren *nt*
label number Kennsatznummer *f*
labor *n* *[US]* → **labour** *[GB]*
laboratory (lab) *n* Labor(atorium) *nt*; **photographic l.** Fotolabor *nt*
laboratory assistant Laborant(in) *m/f*; **medical l. a.** medizinisch-technische(r) Assistent(in) (MTA); **physical l. a.** physikalisch-technische(r) Assistent(in) (PTA)
laboratory equipment Laborausstattung *f*; **l. findings** Laborbefund *m*; **l. results** Laborwerte *pl*; **l. sample** Laborprobe *f*; **l. stage** Versuchsstadium *nt*; **l. test** Laboruntersuchung *f*, L.versuch *m*; **l. worker** Laborant(in) *m/f*

labor *[US]*; **labour** *[GB]* *n* 1. Arbeit *f*, Anstrengung *f*, Mühe *f*; 2. (VWL) Produktionsfaktor Arbeit; 3. Arbeiter *pl*, Arbeitskräfte *pl*; 4. Arbeiterschaft *f*, Arbeitnehmer *pl*; 5. die Gewerkschaften; **L.** *[GB]* die Labour Partei; **l. and management** Tarifpartner *pl*, T.parteien *pl*, Sozialpartner *pl*; **~ material(s)** Löhne und Materialkosten; **taking on new l.** Neueinstellungen *pl*
to acquire by labo(u)r erarbeiten; **to allocate l.** Arbeitskräfte zuweisen; **to dilute l.** ungelernte Arbeitskräfte einstellen; **to charge (for) l.** Arbeitsstunden berechnen; **to employ l.** Arbeitskräfte einsetzen/einstellen; **to hire/recruit/take on l.** Arbeitskräfte einstellen; **to hoard l.** Arbeitskräfte horten; **to redeploy l.** Arbeitskräfte umgruppieren/umsetzen; **to save l.** 1. Arbeitskräfte einsparen; 2. Arbeitsaufwand reduzieren; **to seek l.** Arbeitskräfte suchen; **to shed l.** Arbeitskräfte freisetzen/abbauen, Personal abbauen; **to waste one's l.** umsonst arbeiten, sich umsonst bemühen
agricultural labo(u)r Landarbeit *f*; **auxiliary l.** Hilfslöhne *pl*; **black l.** 1. Schwarzarbeit *f*; 2. Schwarzarbeiter *pl*; **casual l.** 1. Gelegenheitsarbeit *f*, gelegentliche Beschäftigung; 2. Gelegenheits-, Aushilfsarbeiter *pl*; 3. Leih(arbeits)kräfte *pl*, L.personal *nt*; 4. Leiharbeit *f*; **cheap l.** billige Arbeitskräfte; **~ area** Niedriglohngebiet *nt*; **clandestine l.** 1. Schwarzarbeit *f*; 2. Schwarzarbeiter *pl*
direct labo(u)r Fertigungs-, Fabrikationslohn *m*, Lohneinzelkosten *pl*, Einzelkostenlohn *m*, unmittelbarer Arbeitsaufwand, Fertigungs-, Einzellöhne *pl*; **actual d. l. (costs)** angefallene Fertigungslöhne; **planned d. l.** Sollfertigungszeit *f*; **d. l. slip** Fertigungslohnzettel *m*
female labo(u)r 1. Frauenarbeit *f*; 2. weibliche Arbeitskräfte; **forced/hard l.** 1. Zwangsarbeit *f*; 2. Arbeitszwang *m*; **foreign l.** ausländische Arbeiter/Arbeitskräfte, Gast-, Fremdarbeiter *pl*; **free l.** nicht organisierte Arbeiterschaft; **hired l.** Fremdarbeitskräfte *pl*; **human l.** menschliche Arbeitsleistung; **indentured l.** zwangsverpflichtete Arbeitskräfte; **indigenous/native l.** einheimische Arbeiter/Arbeitskräfte; **indirect/nonproductive l.** Gemeinkostenlohn *m*, Fertigungsgemeinkosten *pl*, allgemeine Personalkosten; **lost l.** vergebliche Mühe; **manual l.** Handarbeit *f*, körperliche Arbeit; **non-union(ized) l.** (gewerkschaftlich) nicht organisierte Arbeitnehmer(schaft); **occasional l.** 1. Gelegenheitsarbeit *f*; 2. Gelegenheitsarbeiter *pl*; **organized/unionized l.** gewerkschaftlich organisierte Arbeitnehmer/Arbeitskräfte, organisierte Arbeiterschaft, Gewerkschaften *pl*, gewerkschaftlich organisierte Arbeiter, Arbeitnehmerorganisationen *pl*; **outside l.** Fremdarbeitskräfte *pl*; **permanent l.** ständige Arbeitskräfte, fest angestelltes Personal; **productive l.** Fertigungslöhne *pl*, Einzellohnkosten *pl*; **qualified l.** geschulte Arbeitskräfte; **redundant l.** Arbeitskräfteüberschuss *m*, überzähliges Personal; **seasonal l.** Saisonarbeiter *pl*; **semi-skilled l.** angelernte Arbeitskräfte; **skilled l.** ausgebildete Arbeitskräfte, Facharbeiter *pl*, F.kräfte *pl*, F.personal *nt*, Spezialkräfte *pl*; **~ shortage** Facharbeitermangel *m*; **slack l.** unterbeschäftigte Arbeitskräfte, unproduktives Arbeitskräftepotenzial;

surplus l. Arbeitskräfte-, Personalüberhang *m*, Arbeiterüberschuss *m*, Überhang an Arbeitskräften, überschüssige Arbeitskräfte; **sweated l.** Sklavenarbeit *f (fig)*; **~ system** Antreibersystem *nt*; **temporary l.** Leih(arbeits)kräfte *pl*; **unskilled l.** Hilfsarbeiter *pl*, ungelernte Arbeiter/Arbeitskräfte
labo(u)r *v/i* schwer arbeiten, Schwerarbeit verrichten, sich abarbeiten
(collective) labo(u)r agreement Kollektivarbeitsvertrag *m*, Tarifvertrag *m*, Lohn- und Gehaltstarifabkommen *nt*; **collective ~ requiring consent** zustimmungspflichtiger Tarifvertrag; **l. arbitration** Schlichtung in Arbeitsstreitigkeiten; **l. availability** Verfügbarkeit von Arbeitskräften; **l. bank** *[US]* Arbeiter-, Gewerkschaftsbank *f*, G.seite *f*; **l. bargaining** Tarifverhandlungen *pl*; **l. bottleneck** Arbeitskräfteengpass *m*; **l. budget** Lohn- und Gehaltsetat *m*, Personalplan *m*; **l. camp** Arbeitslager *nt*; **l. charge(s)** 1. Lohnkosten(anteil) *pl/m*, L.aufwand *m*, L.belastung *f*; 2. Macherlohn *m*; **l. chit** Arbeitsauftrag *m*, A.zettel *m*; **l. conditions** Arbeitsmarktbedingungen; **l. conflict** Arbeitskonflikt *m*, A.kampf *m*, Lohnstreitigkeiten *pl*, Tarif-, Sozialkonflikt *m*; **l. content** 1. Lohn(kosten)anteil *m*; 2. Arbeitsintensität *f*; **l. contract** *[US]* Arbeits-, Tarifvertrag *m*, T.abschluss *m*, Lohn-, Gehaltstarifabkommen *nt*
labo(u)r cost(s) Arbeits-, Lohn-, Personalkosten *pl*, Arbeitslöhne *pl*, Lohn- und Gehaltskosten *pl*, Arbeits-, Personalaufwand *m*; **~ per unit of output** Lohnkosten je Ausbringungseinheit; **additional l. c.(s)** Personalzusatzkosten, P.kostenmehraufwand *m*; **direct l. c.(s)** Fertigungslohn *m*, F.löhne *pl*, direkte Arbeitskosten, unmittelbare Lohnkosten, unmittelbarer Arbeitsaufwand; **hourly l. c.(s)** Stundenlöhne *pl*; **indirect l. c.(s)** indirekte Arbeitskosten, Lohnnebenkosten *pl*, Gemeinkostenlöhne *pl*; **pro-rata l. c.(s)** anteilige Personalkosten, Personalkostenanteil *m*; **total l. c.(s)** Lohnvollkosten
labo(u)r cost advantage Lohnkostenvorteil *m*; **low ~ economy** Niedriglohnwirtschaft *f*; **~ level** Lohnkostenniveau *nt*; **~ pressure** Lohn-, Personalkostendruck *m*; **~ ratio** Verhältnis der Standardlohneinzelkosten zu Istkosten; **~ subsidy** Lohnkostenzuschuss *m*; **~ theory** Arbeitskostentheorie *f*; **~ theory of value** Arbeitswerttheorie *f*
labo(u)r council Betriebsrat *m*
labo(u)r court Arbeitsgericht *nt*; **appellate/higher/regional l. c.** Landesarbeitsgericht *nt [D]*; **federal l. c.** Bundesarbeitsgericht *nt [D]*; **l. c.s act** Arbeitsgerichtsgesetz *nt*; **l. c. judge** Arbeitsrichter *m*; **~ jurisdiction** Arbeitsgerichtsbarkeit *f*
labo(u)r cutback Arbeitsplatzabbau *m*; **L. Day** *[US]* Tag der Arbeit; **L. Department** *[US]* Arbeitsministerium *nt*, Ministerium für Arbeit; **l. deployment** Personaleinsatz *m*, Einsatz von Arbeitskräften; **l. director** Arbeitsdirektor *m [D]*; **l. dispute** 1. Ausstand *m*, Arbeitskampf *m*, Arbeits-, Lohnstreitigkeit *f*, Tarifkonflikt *m*, arbeitsrechtliche Auseinandersetzung/Streitigkeit; 2. Streitigkeit aus dem Arbeitsvertrag; **l. economics** 1. Arbeitsökonomie *f*, A.wissenschaft *f*; 2. Arbeitsmarkttheorie *f*, A.forschung *f*

labo(u)r efficiency Arbeitsproduktivität *f*; **~ standard** Arbeitszeitvorgabe *f*; **~ variance** Einzellohn-, Arbeitszeit-, Arbeitsleistungsabweichung *f*
labo(u)rer *n* (ungelernter) Arbeiter, Hilfsarbeiter *m*, Handlanger *m*; **agricultural l.** Land-, Feldarbeiter *m*, landwirtschaftlicher Arbeiter; **casual l.** Gelegenheitsarbeiter *m*, Tagelöhner *m*; **manual l.** Handarbeiter *m*; **l.'s wage** Hilfsarbeiterlohn *m*
Labour Exchange *[GB] (obs.)* Arbeitsamt *nt*, A.vermittlung(sstelle) *f*; **to sign on at the L. E.** sich arbeitslos melden
labo(u)r explosion Arbeitsablaufdiagramm *nt*
labo(u)r force 1. Arbeitskräfte *pl*, Belegschaft *f*, Personalbestand *m*, die Beschäftigten, Beschäftigtenzahl *f*, Zahl der Beschäftigten; 2. Erwerbsbevölkerung *f*, Arbeitskräftepotenzial, die Erwerbstätigen, E.personen *pl*; **joining the l. f.** Eintritt ins Erwerbsleben; **to join the l. f.** ins Erwerbsleben eintreten; **to leave the l. f.** aus dem Erwerbsleben ausscheiden; **to reduce/trim the l. f.** Arbeitskräfte abbauen, Belegschaft/Personal abbauen, ~ verringern; **dependent l. f.** abhängige Erwerbspersonen; **potential l. f.** die Erwerbsfähigen, Erwerbstätigen-, Beschäftigten-, Beschäftigungspotenzial *nt*; **seasonal l. f.** Saisonbelegschaft *f*, S.arbeitskräfte *pl*; **total l. f.** 1. Gesamtbelegschaft *f*, Personalstärke *f*; 2. Gesamterwerbstätigenzahl *f*; **wage-earning l. f.** Arbeiterbelegschaft *f*
labo(u)r force statistics Arbeitsmarkt-, Arbeitskräfte-, Erwerbsstatistik *f*; **~ survey** Arbeitsmarkterhebung *f*
labo(u)r grading Arbeitsbewertung *f*; **l. hoarding** Horten von Arbeitskräften
labo(u)ring class Arbeiterklasse *f*, A.schaft *f*; **l. job** Hilfsarbeitertätigkeit *f*
labo(u)r input 1. Arbeitsaufwand *m*, A.kräfteeinsatz *m*, Personaleinsatz *m*; 2. Lohnkosten *pl*; **l. intensity** Arbeitsintensität *f*; **l.-intensive** *adj* arbeits(kosten)-, beschäftigungs-, personal-, lohnintensiv, arbeitsaufwändig
labo(u)rious *adj* mühsam, mühselig, schwierig, arbeitsintensiv; **l.ness** *n* Schwerfälligkeit *f*
labo(u)r item Lohnposten *m*; **l. law** Arbeitsrecht *nt*, A.gesetz(gebung) *nt/f*; **l. leader** Arbeiter-, Gewerkschaftsführer *m*; **l. legislation** Arbeitsrecht *nt*, A.gesetzgebung *f*, arbeitsrechtliche Gesetzgebung; **protective l. legislation** Arbeitsschutzgesetzgebung *f*
(joint) labo(u)r-management committee gemeinsamer Betriebsausschuss; **~ consultations** sozialer Dialog; **~ contract** Betriebsvereinbarung *f*; **~ relations** Arbeitgeber-Arbeitnehmerverhältnis *nt*, Verhältnis der Tarifpartner, industrielle Beziehungen; **~ relations act** Betriebsverfassungsgesetz *nt [D]*
labo(u)r market Arbeitsmarkt *m*; **internal l. m.** (inner)betrieblicher Arbeitsmarkt; **regional l. m.** regionaler Arbeitsmarkt; **regular l. m.** regulärer Arbeitsmarkt; **sectoral l. m.** Teilarbeitsmarkt *m*; **tight l. m.** angespannter/leerer Arbeitsmarkt, Arbeitskräftemangel *m*; **l. m. adjustment** Arbeitsmarktanpassung *f*; **~ authorities** Arbeitsverwaltung *f*; **~ behaviour** Arbeitsmarktverhalten *nt*; **~ data** Arbeitsmarktdaten *pl*; **~ disequi-**

librium/imbalance Arbeitsmarktungleichgewicht *nt*; **~ equalization** Arbeitsmarktausgleich *m*; **~ equilibrium** Arbeitsmarktgleichgewicht *nt*; **~ levy** Arbeitsmarktabgabe *f*; **~ policy** Arbeitsmarktpolitik *f*; **from the point of view of ~ policy** arbeitsmarktpolitisch
labo(u)r market research Arbeitsmarktforschung *f*; **external ~ r.** externe Arbeitsmarktforschung; **internal ~ r.** interne Arbeitsmarktforschung
labo(u)r market segment Arbeitsmarktausschnitt *m*; **~ situation** Arbeitsmarktsituation *f*, A.bilanz *f*, Beschäftigungssituation *f*; **~ statistics** Arbeitsmarktstatistik *f*; **~ theory** Arbeitsmarkttheorie *f*
labo(u)r mix Verhältnis von Arbeitern und Angestellten; **l. mobility** Mobilität der Arbeitskräfte, Arbeitsmobilität *f*; **horizontal l. mobility** horizontale Arbeitsmobilität; **vertical l. mobility** vertikale Arbeitsmobilität; **l. monopoly** *(Gewerkschaft)* Arbeitsmarktmonopol *nt*; **l. movement** 1. Arbeiter-, Gewerkschaftsbewegung *f*; 2. *[GB]* Labourbewegung *f*; **l. negotiations** Lohn- und Tarifverhandlungen
labo(u)r office Arbeitsamt *nt*, A.verwaltung *f*; **federal l. o.** Bundesanstalt für Arbeitsvermittlung und Arbeitslosenversicherung (BfA) *[D]*; **l. o. district** Arbeitsamtsbezirk *m*
labo(u)r organization Gewerkschafts-, Arbeiter-, Arbeitnehmerorganisation *f*; **l. orientation** Arbeitsorientierung *f*; **standard l. output** Arbeitsnorm *f*; **l. output ratio** Arbeitskoeffizient *m*; **labor pact** *[US]* Tarifabkommen *nt*, T.vertrag *m*
Labour Party *[GB]* Arbeiterpartei *f*; **l. performance standard** Arbeitszeitvorgabe *f*; **l. permit** Arbeitsgenehmigung *f*, A.erlaubnis *f*, A.pass *m*, A.bewilligung *f*; **l. piracy/poaching** Abwerbung von Arbeitskräften; **l. pool** Arbeitskräftereserve *f*; **l. potential** Arbeits-, Beschäftigungspotenzial *nt*; **l. problems** Personalprobleme; **l. productivity** Arbeitsproduktivität *f*, A.leistung *f*; **l. protection** Arbeitsschutz *m*; **~ committee** Arbeitsschutzorganisation *f*; **l. quantity standard** Arbeitszeitvorgabe *f*; **l. question** Arbeiterfrage *f*; **l. rates** Lohnkosten; **l. rate standard** Lohnsatzvorgabe *f*; **~ variance** Einzellohnsatzabweichung *f*; **l. recruitment** Anwerbung von Arbeitskräften; **l. regulations** arbeitsrechtliche Bestimmungen/Vorschriften
labo(u)r relations Verhältnis zwischen den Sozialpartnern/Tarifparteien, Arbeitgeber-, Arbeitnehmerverhältnis *m*, soziales Klima, Beziehungen zwischen Arbeitgebern und Arbeitnehmern, betriebliche Sozialbeziehungen; **peaceful l. r.** Arbeitsfrieden *m*; **l. r. legislation** Arbeitsgesetzgebung *f*; **~ manager** Arbeitsdirektor *m [D]*
labo(u)r report Arbeitsbericht *m*; **l. representation** Arbeitervertretung *f*; **l. representative** Arbeitervertreter *m*; **l. requirements** (Arbeits)Kräftebedarf *m*, Kräftenachfrage *f*; **l. reserve(s)** Arbeits(kraft)reserve *f*, Reserve an Arbeitskräften; **l. resources** verfügbare Arbeitskräfte; **L. and Human Resources Committee** *[US]* Ausschuss für Arbeit; **l. rundown** Personalabbau *m*, Abbau von Arbeitskräften; **l. saving** Arbeitsersparnis *f*; **l. savings** Personaleinsparungen; **l.-saving** *adj* ar-

beits(kräfte)sparend; **l. service** Arbeitsdienst *m*; **l. share of income/total output** Lohnquote *f*; **l. shedding** Arbeitskräfte-, Personal-, Beschäftigten-, Beschäftigungsabbau *m*; **l. shortage** Mangel an Arbeitskräften, Personal-, (Arbeits)Kräftemangel *m*, Personalengpass *m*, Verknappung am Arbeitsmarkt, Knappheit an Arbeitskräften/Personal, Arbeitskräfteverknappung *f*, A.defizit *nt*; **l. side** Arbeitnehmerseite *f*, A.vertreter *pl*; **l. situation** Arbeitsmarktlage *f*; **l. standards** Arbeitsnormen, arbeitsrechtliche Normen; **l. statistics** Arbeits(markt)statistik *f*, Arbeitsmarktzahlen; **l. struggle** Arbeitskampf *m*; **l. supply** verfügbare Arbeitskräfte, Arbeitskräftepotenzial *nt*, A.angebot *nt*; **~ curve** Arbeitsangebotskurve *f*; **l. surplus** Arbeitskräfteüberangebot *nt*, A.überhang *m*, A.überschuss *m*, Überschuss an Arbeitskräften; **l. only system** Kolonnensystem *nt*; **l. theory of value** Arbeitswertlehre *f*; **l. time standard** Arbeitszeitvorgabe *f*; **~ variance** Einzellohn-, Arbeitszeit-, Arbeitsleistungsabweichung *f*; **l. troubles** 1. Arbeitskämpfe, A.unruhen; 2. Personalprobleme; **l. turnover** (Personal)Fluktuation *f*, P.wechsel *m*, Arbeitsplatzwechsel *m*, A.kräftebewegung *f*, A.kräftefluktuation *f*; **~ rate** Fluktuationsrate *f*
labor union *[US]* (Arbeiter)Gewerkschaft *f*; **united l. u.** Einheitsgewerkschaft *f*; **l. u. functionary/official** Gewerkschaftsfunktionär *m*
labo(u)r unrest Arbeiterunruhen *pl*; **l. value theory** Arbeitswertlehre *f*; **l. wastage** Personal-, Arbeitskräfteabgang *m*
labyrinth *n* Labyrinth *nt*; **l.ine** *adj* labyrinthartig
lac *n* →**lakh**
lace *n* 1. *(Textil)* Spitze *f*; 2. Schnürsenkel *m*; 3. *(Alkohol)* Zusatz *m*; *v/t* 1. schnüren; 2. *(Alkohol)* zusetzen
laceration *n* $ Riss-, Fleischwunde *f*
laches *n* [§] Unterlassung/Versäumnis in der Geltendmachung eines Anspruchs, fahrlässiges Versäumnis, Nachlässigkeit bei der Geltendmachung von Rechten; **l. of entry** Nichtantritt einer Erbschaft; **l. in bringing suit** Klagewirkung *f*
lack *n* 1. Mangel *m*, Fehlen *nt*; 2. Unterangebot *nt*; **for l. of** in Ermangelung von, aus Mangel an, mangels
lack of ability mangelnde Eignung; **~ agreement** Dissens *m*, Einigungsmangel *m*; **open ~ agreement** offener Dissens; **~ air** Luftmangel *m*; **~ supporting arguments** mangelnde Begründung; **~ authority** mangelnde Vertretungsmacht/Vollmacht; **~ backbone** *(fig)* mangelnde Standfestigkeit; **~ (any) legal basis** Mangel im Recht, Fehlen einer gesetzlichen Grundlage; **~ buying orders** *(Börse)* Käufermangel *m*; **~ follow-through buying** *(Börse)* Mangel an Anschlussaufträgen; **~ capital** Kapitalmangel *m*, Mangel an Kapital; **~ care** mangelnde Sorgfalt, Verletzung der Sorgfaltspflicht; **~ cash** Liquiditätsknappheit *f*; **~ commitment** Mangel an Engagement; **~ competence** Unzuständigkeit *f*; **~ confidence** mangelndes Vertrauen; **~ conformity with the contract** Vertragswidrigkeit *f*; **~consideration** 1. Rücksichtslosigkeit *f*; 2. [§] fehlende/mangelnde Gegenleistung; **~ demand** fehlende/mangelnde Nachfrage, mangelndes Kaufinteresse; **owing**

lack to ~ **demand** mangels Nachfrage; ~ **delivery** Mangel des Erfüllungsgeschäftes; ~ **due diligence** mangelnde Sorgfalt; ~ **discernment** mangelnde Einsicht; ~ **distinctiveness** mangelnde Unterscheidungskraft; ~ **endorsement** fehlendes Giro; ~ **evidence** [§] Beweismangel *m*, B.not *f*; **to acquit for** ~ **evidence** mangels Tatverdacht freisprechen; ~ **exercise** Bewegungsmangel *m*; ~ **foreign exchange** Devisenknappheit *f*, D.mangel *m*; ~ **experience** Unerfahrenheit *f*; ~ **form** Formmangel *m*; ~ **funds** Mangel an Geld(mitteln), Geldnot *f*, fehlende Geldmittel, Mittel-, Vermögenslosigkeit *f*; **for** ~ **funds** mangels Barmittel/Deckung, aus Mangel an Mitteln; ~ **housing** Wohnungsnot *f*; ~ **ideas** Ideenarmut *f*; ~ **impartiality** Befangenheit *f*; ~ **information** Informationsdefizit *nt*; ~ **interest** Desinteresse *nt*, Interesselosigkeit *f*, fehlendes Interesse; ~ **invention** fehlende Erfindungseigenschaft; ~ **inventiveness** mangelnde Erfindungshöhe; ~ **alternative investments** Mangel an Anlagealternativen; ~ **jobs** Arbeitsplatzmangel *m*; ~ **judgment** mangelnde Urteilskraft
lack of jurisdiction [§] Unzuständigkeit *f*; ~ **over the subject matter** sachliche Unzuständigkeit; ~ **over the type of case** funktionelle Unzuständigkeit; **l. of local jurisdiction** örtliche Unzuständigkeit
lack of knowledge Nichtkenntnis *f*; ~ **leadership** Führungsschwäche *f*; ~ **liquidity** mangelnde Liquidität; ~ **money** Geldmangel *m*, G.knappheit *f*; ~ **novelty** Neuheitsmangel *m*, mangelnde Neuheit; ~ **opportunity/opportunities** mangelnde Möglichkeit(en); ~ **orders** Auftrags-, Ordermangel *m*, Auftragslücke *f*; ~ **patentability** mangelnde Patentfähigkeit; ~ **proof** Unerwiesenheit *f*; ~ **purpose** Richtungs-, Ziellosigkeit *f*; ~ **qualifications** Qualifikationsmängel; ~ **promised quality** Fehlen der zugesicherten Eigenschaft; ~ **quorum** (*lat.*) Beschlussunfähigkeit *f*; ~ **respect** Respektlosigkeit *f*; ~ **responsibility** Unverantwortlichkeit *f*; ~ **sales** Absatzmangel *m*; ~ **sleeping accommodation** Bettenmangel *m*; ~ **space** Platz-, Raummangel *m*; ~ **stamina** mangelnde Standfestigkeit; ~ **supervision** mangelnde Aufsicht; ~ **support** mangelnde Unterstützung; ~ **tact** Taktlosigkeit *f*; ~ **taste** Geschmacklosigkeit *f*; ~ **time** Zeitmangel *m*; ~ **title** [§] Rechtsmangel *m*, mangelnder Rechtsanspruch/R.titel; ~ **transport** fehlende/mangelnde Transportmöglichkeiten; ~ **unity of invention** (*Pat.*) mangelnde Einheitlichkeit; ~ **work** Arbeitsmangel *m*; ~ **skilled workers** Fachkräfte-, Facharbeitermangel *m*
lack *v/ti* 1. vermissen lassen, mangeln; 2. fehlen
lackadaisical *adj* desinteressiert, lasch
lack-all *n* Habenichts *m*
lackey *n* Lackai *m*
lacking *adj* fehlend, mangelnd; **to be found l.** einer Sache nicht gewachsen sein
lackluster *[US]*; **lacklustre** *[GB] adj* 1. glanzlos, matt, lust-, farblos; 2. (*Leistung*) schwach, bescheiden
lacquer *n* Lack *m*; *v/t* lackieren
lad *n* Bursche *m*, Junge *m*, Knabe *m*; **bright l.** (*coll*) fixer Junge (*coll*)
ladder *n* Leiter *f*; **l. of achievement** (*fig*) Erfolgsleiter *f* (*fig.*); **l. of/to success** (*fig*) Karriere-, Erfolgsleiter *f* (*fig*), (Stufen)Leiter zum Erfolg (*fig*); **aerial l.** Feuerwehrleiter *f*; **corporate l.** industrielle Hierarchie; **social l.** gesellschaftlicher Aufstieg
lade *v/t* beladen, (ver)laden, Ladung übernehmen
fully laden *adj* voll beladen; **heavily l.** schwer beladen, hochbeladen
lading *n* 1. Ver-, Beladung *f*, Laden *nt*, Befrachten *nt*; 2. Ladung *f*, Fracht *f*; **l. charges** Ladungs-, Schiffsverladekosten; **l. port** Verlade-, Versandhafen *m*
ladle *n* (Schöpf)Kelle *f*; *v/t* löffeln; **l. out** austeilen
ladies' fashion Damenmode *f*; **l. outerwear** *n* Damenoberbekleidung *f*; **l. wear** Damenbekleidung *f*
lady of the house *n* Hausherrin *f*; **l. demonstrator** Vorführ-, Werbedame *f*; **l. friend** Freundin *f*, Damenbekanntschaft *f*; **l.-in-waiting** *n* Hofdame *f*, (Kammer-)Zofe *f*; **l.'s maid** Kammerzofe *f*; **l.killer**; **l.'s man** *n* (*coll*) Schürzenjäger *m* (*coll*)
lag *n* (Wirkungs)Verzögerung *f*, Zeitabstand *m*, Z.differenz *f*, Rückstand *m*, Zurückbleiben *nt*
administrative/instrumental/intermediate lag durchführungsbedingte (Zeit)Verzögerung, Durchführungsverzögerung *f*; **diagnostic l.** diagnosebedingte Erkennungsverzögerung; **distributed l.** verteilte zeitliche Verzögerung; **geometric l.** geometrischer Lag; **inside l.** betrieblich bedingte Verzögerung, politisch bedingte (Zeit)Verzögerung; **one-period l.** Verzögerung um eine Periode; **operational l.** (durchsetzungsbedingte) Wirkungsverzögerung; **outside l.** wirkungsbedingte (Zeit)Verzögerung; **prognostic l.** prognosebestimmte Erkennungsverzögerung; **rational l.** rationaler Lag
lag *v/ti* 1. zurückbleiben, nachhinken; 2. ✪ (*Leitung*) verkleiden, isolieren; **l. behind** hinterherhinken, zurückbleiben
lagan *n* durch Boje markiertes Strandgut
lag distribution Verzögerungsverteilung *f*
lager *n* helles Bier; **l. lout** Randalierer *m*
laggard *n* 1. Nachzügler *m*, Trödler *m*, Bummler *m*, Zurückgebliebener *m*; 2. Spätindikator *m*; *adj* saumselig, träge, langsam
lagged *adj* 1. verzögert; 2. ✪ verkleidet, wärmeisoliert
lagger *n* 1. Spätindikator *m*, nachlaufender Konjunkturindikator; 2. ✪ Isolierer *m*
lagging *n* 1. ✪ Isolierung *f*, (*Leitung*) Verkleidung *f*, Ummantelung *f*, 2. Isoliermaterial *nt*; *adj* spätzyklisch
lag length Verzögerungsdauer *f*
to be laid off *adj* Feierschichten fahren/machen, feiern müssen; ~ **up** ⚓ auf-, stillliegen
laissez-faire *n* (*frz.*) Laisser-faire *nt*, wirtschaftlicher Liberalismus; ~ **school** liberalistische Richtung
laisser-passer *n* (*frz.*) Ausweis *m*
lake *n* See *m*; **l.side** *n* Seeufer *nt*; ~ **promenade** Seepromenade *f*
lakh *n* [*Indien*] einhunderttausend (*Rupien etc.*)
lamb *n* 1. Lamm *nt*; 2. Lammfleisch *nt*; 3. (*fig*) unerfahrener Spekulant; **as meek as a l.** lammfromm
lambast *v/t* heftig/scharf kritisieren, scharf tadeln
lambda sensor *n* ➾ Lambdasonde *f*
lamb meat regime (*EU*) Lammfleischordnung *f*; **l.skin** *n* Lammfell *nt*; **l.swool** *n* Lammwolle *f*

lame *adj* 1. lahm; 2. *(fig)* schwach, wenig überzeugend; 3. *(Wertpapier)* schwerfällig; **to be l.** lahmen
lament *n* 1. Klage *f*; 2. *(fig)* Klagelied *nt*; *v/ti* 1. klagen, jammern, lamentieren; 2. beklagen, bejammern; **l.able** *adj* bedauerlich, beklagenswert, erbärmlich, bejammernswert; **l.ation** *n* Jammer(n) *m/nt*, Klagen *nt*
lami|nate *v/t* 1. beschichten; 2. *(Papier)* kaschieren; **l.nated** *adj* beschichtet; **l.nation** *n* Beschichtung *f*
lamp *n* Lampe *f*; **fluorescent l.** Leuchtstofflampe *f*; **incandescent l.** Glühlampe *f*; **standard l.** Stehlampe *f*
lampoon *n* Schmähschrift *f*; *v/t* verhöhnen, verspotten
lamp post Laternenpfahl *m*, Lichtmast *m*; **between you and me and the l. post** *(coll)* ganz im Vertrauen; **l.-shade** *n* Lampenschirm *m*
lance *v/t* ⚕ öffnen, aufschneiden
land *n* 1. Land *nt*; 2. Grund und Boden, Land *nt*, (Produktionsfaktor) Boden *m*, Grundbesitz *m*, G.vermögen *nt*, G.stück *nt*; 3. *(Bilanz)* Grundstücke *pl*; **l.s** Ländereien; **by l.** zu Lande, auf dem Landweg
Land *n* (Bundes)Land *nt [D]*
land outside local authority jurisdiction gemeindefreies Gebiet; **l. and buildings** *(Bilanz)* Grundstücke und Gebäude, Grundbesitz *m*, Grundstücke und Bauten/Gebäude, unbebaute und bebaute Grundstücke; **l., buildings and machinery** *[GB] (Bilanz)* Sachanlagegüter *pl*; **l. ready for building** baureifes Land; **l. without buildings** *(Bilanz)* unbebaute Grundstücke; **l. held for future building** Vorratsland *nt*; **l. for industrial building** gewerbliche Baufläche; **l. and chattels** [§] Liegenschaften und bewegliche Sachen, Grundeigentum/G.vermögen und bewegliche Sachen; **l. for residential development** Land für Wohnbebauung; **l. and improvements** *(Bilanz)* Grundstücke und Verbesserungen; **l. on lease** Pachtland *nt*; **l. of milk and honey** Schlaraffenland *nt*
touching and concerning the land [§] das Land berührend und betreffend; **running with the l.** 1. [§] dinglich mit dem Grundstück verbunden; 2. *(Grundstück)* dingliche Verbindung/Wirkung; **up and down the l.** landauf, landab; **l. made redundant** freigezogenes Land
to acquire land Land erwerben; **to allow l. to lie fallow** 🚜 Land brachliegen lassen; **to amortize l.** Grundstück an die tote Hand veräußern; **to assign l.** Land zuweisen; **to bring l. under tillage** 🚜 Land unter den Pflug nehmen; **to convey l.** [§] Grundstück auflassen; **to cultivate l.** Land urbar machen; **to develop l.** Bauland/Grundstück erschließen; **to dispose of l.** Land veräußern; **to farm l.** Hof/Land bewirtschaften; **to hold l. (in demesne)** Grundeigentum besitzen, Grundstückseigentümer sein; **~ in fee (simple)** [§] Land zu Eigen haben; **to know how the l. lies** *(coll)* wissen, wie der Hase läuft *(coll)*, ~, woher der Wind weht *(coll)*; **to lease l.** Grundstück pachten; **to levy on l.** Grundbesitz besteuern; **to make l.** ⚓ Land sichten; **to mortgage l.** Grundstück (hypothekarisch) belasten; **to open up new l.** Bauland erschließen; **to own l.** Land besitzen; **to parcel l. out** Land parzellieren; **to reclaim l.** (Neu)Land gewinnen; **to rehabilitate l.** Land rekultivieren; **to release l.** Land freigeben/freiziehen; **to see how the l. lies** *(coll)* Lage erkunden/peilen, Terrain sondieren, sehen, wie der Hase läuft *(coll)*; **to survey l.** Grundstück/Land vermessen; **to take l. on lease** Grundstück in Pacht nehmen; **to travel by l.** zu Lande reisen; **to work the l.** 🚜 Land bebauen
agricultural land landwirtschaftlich genutztes Gelände/Land, ~ genutzter Boden, landwirtschaftliche Anbau-/Nutzfläche; **alluvial l.** Schwemmland *nt*; **arable l.** 1. Ackerland *nt*, A.boden *nt*, anbaufähiges Land, Anbaufläche *f*, Kulturland *nt*, K.boden *m*; 2. landwirtschaftliche Nutzfläche; **adjacent l.** Nachbargrundstück *nt*, angrenzendes Grundstück; **available l.** verfügbarer Boden; **bare l.** unbebautes/unkultiviertes Land; **built-up l.** bebautes Land; **common l.** Gemeindeland *nt*, öffentlicher Grundbesitz, Allmende *f (obs.)*; **cultivated l.** Kulturland *nt*, K.boden *m*, landwirtschaftlich genutztes/bestelltes Land, Anbaufläche *f*; **derelict l.** Brachfläche *f*, Brache *f*; **~ clearance** Sanierung von Altlasten/brachliegendem Land; **developable l.** Bauerwartungsland *nt*, erschließbares Land; **developed l.** erschlossenes Gelände/Grundstück, baureifes Grundstück/Land; **enclosed l.** abgeschlossenes/eingefriedetes Grundstück; **extended l.** Grundstück, in das Zwangsvollstreckung betrieben wird; **fallow l.** Brachland *nt*, Brache *f*; **freehold l.** Grundstück/Land ohne Eigentumsbeschränkung; **high-rent l.** teures Pachtland; **idle l.** unbebautes Gelände; **improved l.** 🚜 melioriertes Land; **industrial l.** gewerblich genutzte Fläche, ~ genutztes Grundstück; **derelict ~ l.** Industriebrache *f*, industrielle Altlast; **~ l. contamination** industrielle Altlast; **leased l.** Pachtland *nt*, verpachtetes Land; **life-tenure l.** auf Lebenszeit gepachtetes Land; **low-rent l.** billiges Pachtland; **marginal l.** Grenzertragsboden *m*, G.land *nt*, marginaler Boden, an der Rentabilitätsgrenze liegendes Land; **native l.** Heimatland *nt*; **no man's l.** Niemandsland *nt*; **institutionally owned l.** Grundstücke im Besitz von Kapitalsammelstellen; **owner-occupied l.** eigengenutztes Grundstück; **public(ly owned) l.** öffentlicher Grundbesitz, Land im Besitz der öffentlichen Hand, Staatsdomäne *f*; **public l.s** Staatsländereien; **registered l.** eingetragener Grundbesitz; **serviced l.** 🏛 erschlossenes Land; **servient l.** [§] dienendes Grundstück; **tenemental l.** Pachtgut *nt*; **third-party l.** *(Bilanz)* fremde Liegenschaften; **tilled l.** 🚜 Ackerland *nt*; **tribal l.** Stammesland *nt*; **undulating l.** wellenförmiges Gelände; **unimproved l.** unbebautes Land; **unregistered l.** nicht im Grundbuch eingetragener Grundbesitz; **unused/waste l.** Brache *f*, Brachland *nt*, B.fläche *f*, Ödland *nt*, öde Fläche
land *v/ti* 1. anlegen, ankommen, landen; 2. löschen, ausladen, ausschiffen, an Land bringen; 3. *(Fisch)* anlanden; 4. *(fig)* an Land ziehen *(fig)*; **l. so. with sth.** jdm etw. einbrocken *(coll)*
land acquisition Land-, Grunderwerb *m*, Grundstücks-, Bodenbeschaffung *f*; **l. agency** *[US]* Immobilienbüro *nt*, I.firma *f*; **l. agent** 1. *[US]* Grundstücks-, Flächenmakler *m*; 2. *[GB]* Gutsverwalter *m*; 3. ⚓ (See)Hafenspediteur *m*; **l. appraisal** Bodenbewertung *f*, Grund-

land area 632

stücks-, Bodenschätzung *f*; **l. area** Grundstücksfläche *f*; **l. availability** Verfügbarkeit von Land; **l. bank** 1. Bodenkreditanstalt *f*, Hypotheken-, Grund-, Immobilienkreditbank *f*; 2. Pfandbriefinstitut *nt*; 3. *[US]* Landwirtschaftsbank *f*, landwirtschaftliche Kreditbank; 4. Vorratsland *nt*, V.grundstücke *pl*, Boden-, Grundstücksvorrat *m*, G.bestand *m*; **l.-based** *adj* an Land stationiert, landgestützt; **l. border** ⊖ grüne/trockene Grenze; **l. bridge** Landbrücke *f*; **l. budget** Armeehaushalt *m*; **l. carriage** Landtransport *m*, L.fracht *f*, Transport zu Lande; **by l. carriage** per Achse; **l. certificate** *[GB]* Grundbuchauszug *m*, G.bescheinigung *f*
land charge [§] Reallast *f*, Grunddienstbarkeit *f*, G.schuld *f*, G.(stücks)belastung *f*, G.(stücks)last *f*; ~ **not repayable until called** Kündigungsgrundschuld *f*; ~ **for third parties** Fremdgrundschuld *f*; **to register a l. c.** Grundschuld bestellen
cautionary land charge Sicherungsgrundschuld *f*; **certified l. c.** Briefgrundschuld *f*; **collective ~ l. c.** Gesamtbriefgrundschuld *f*; **collective/comprehensive l. c.** Gesamtgrundschuld *f*; **debt-securing l. c.** Sicherungsgrundschuld *f*; **fixed-date l. c.** Fest-, Fälligkeitsgrundschuld *f*; **local l. c.** behördlich auferlegte Grundstücksbelastung; **registered l. c.** Buchgrundschuld *f*, B.hypothek *f*; **aggregate/total ~ l. c.** Gesamtbuchgrundschuld *f*; **senior l. c.** erststellige Grundschuld
land charge certificate Grundschuldbrief *m*; **~ claim** Grundschuldforderung *f*; **~ deed** Grundschuldbrief *m*; **L. C.s Department** *[GB]* zentrale Erfassungsstelle für Grundstücksbelastungen; **l. c.s register** *[GB]* Register für nicht im Grundbuch erfaßte Grundstücksbelastungen, Hypothekenregister *nt*
land claim 1. Anspruch auf Land; 2. *[US]* Rechtsanspruch auf staatlichen Grundbesitz; **l. classification and appraisal** Bonitierung *f*; **l. clearing** Rodung *f*; **l. company** *[US]* Grundstücksgesellschaft *f*; **l. consolidation** Flurbereinigung *f*; **l. contamination** Bodenverseuchung *f*; **industrial l. contamination** Bodenverseuchung durch Industrie; **l. contract** Grundstückskaufvertrag *m*; **l. instalment contract** Grundstückskaufvertrag mit Ratenzahlungen; **l. credit** Grundstücks-, Immobiliarkredit *m*; **l. degradation** Bodendegradation *f*; **l. depreciation** Grundstücksabschreibung *f*
land development Bauland-, Gelände-, Grundstücks-, Landerschließung *f*, Erschließung von Bauland, Flächennutzung *f*, Grundstücksentwicklung *f*, G.verwertung *f*; **l. and water d.** Kulturbautechnik und wasserwirtschaftliche Erschließung; **l. d. plan** Bebauungsplan *m*, Grundstückserschließungsplan *m*; **~ tax** Landerschließungssteuer *f*
land drainage Bodenentwässerung *f*; **l. economics** Agronomie *f*
landed *adj* 1. *(Ladung)* gelöscht; 2. grundbesitzend
land exchange Landtausch *m*; **l. expropriation** Landenteignung *f*; **l.fall** *n* ⚓ Sichten von Land
landfill *n* (Auffüll)Deponie *f*, Gelände-, Bodenanfüllung *f*; **l. gas** Deponiegas *nt*; **~ plant** Deponiegaswerk *nt*; **l. site** Deponiestandort *m*
landfill *v/t* *(Abfall)* deponieren; **l.ing** *n* Deponierung *f*

land frontier 1. Landgrenze *f*; 2. ⊖ grüne Grenze; **l. fund** Bodenfonds *m*; **l. grabber** (spekulativer) Landaufkäufer; **l. grabbing** spekulativer Landaufkauf
land grant *[US]* staatliche Landzuteilung/L.zuweisung, L.bewilligung *f*, L.schenkung *f*, Übertragung von öffentlichem Eigentum auf Privatpersonen; **~ bond** Bodenanleihe *f*; **~ university** *[US]* staatlich unterstützte Hochschule
land hoarding Grundstückshortung *f*; **~ charge/tax** Baulandsteuer *f*; **l.holder** *n* Grundbesitzer *m*, G.eigentümer *m*; **l.-holding(s)** *n* Land-, Grundbesitz *m*; **large-scale l.-holding(s)** Großgrundbesitz *m*; **l. improvement** (Grundstücks)Melioration *f*, Boden-, Landverbesserung *f*, Kulturbau *m*; **l. improvements** Aufschließungsmaßnahmen, Erschließungsanlagen, Grundstücksverbesserungen
landing *n* 1. ✈ Landen *nt*, Landung *f*; 2. ⚓ (An)Landen *nt*, Ausladen *nt*, Löschen *nt*, Verbringung an Land; 3. ⚓ Anlegeplatz *m*; 4. 🏛 Treppenabsatz *m*; **aborted l.** abgebrochener Landungsversuch, Fehllandung *f*; **forced l.** Notlandung *f*; **smooth l.** weiche Landung
landing agent ⚓ *(Reederei)* Anlandevertreter *m*; **l. bill** Landungsrolle *f*; **l. book** Löschungsbuch *nt*; **l. card** Ausschiffungskarte *f*; **l. certificate** Lande-, Löschschein *m*, L.bescheinigung *f*, Löschungsbescheinigung *f*, L.schein *m*; **l. charges** 1. Lande-, Landungsgebühr *f*, Landekosten; 2. Ausschiffungs-, Landungs-, Löschungskosten; **l. fee(s)** Landegebühren *pl*; **l. field/ground** ✈ Landeplatz *m*, Rollfeld *nt*; **l. gear** ✈ Flugzeugfahrgestell *nt*; **l. notice** ⚓ Fracht(eingangs)benachrichtigung *f*; **l. order** 1. Löscherlaubnis *f*; 2. ⊖ Zollpassierschein *m*; **l. path** ✈ Einflugschneise *f*; **l. permit** 1. ⚓ Löscherlaubnis *f*; 2. ✈ Landeerlaubnis *f*; **l. place** Landeplatz *m*; **l. rates** Löschkosten; **l. right(s)** Landeerlaubnis *f*, L.recht *nt*; **l. slot** ✈ (festgelegte) Landezeit; **l. stage** 1. ⚓ Anlande-, Landungs-, Anlegebrücke *f*, (Schiffs)A.platz *m*, (Schiffs)A.stelle *f*, Landungs-, Lande-, Bootssteg *m*; 2. ✈ Flugbrücke *f*; **l. strip** ✈ (Lande)Piste *f*, Rollfeld *nt*; **l. surveyor** *[GB]* ⊖ Oberzollaufseher *m*; **l. system** Landesystem *nt*; **l. ticket** Lande-, Landungskarte *f*; **l. track** ✈ Piste *f*
land investment Grundstücksanlage *f*, G.investition *f*; **l. jobber** Immobilien-, Boden-, Güterspekulant *m*; **l. jobbing** Grundstücksspekulation *f*; **l.lady** *n* 1. (Zimmer)Vermieterin *f*, Zimmer-, Pensionswirtin *f*, (Haus)Wirtin *f*, Hausbesitzerin *f*, H.eigentümerin *f*; 2. *(Gaststätte)* Wirtin *f*; **l. law** Boden-, Grundstücksrecht *nt*; **l.less** *adj* ohne Grund-/Landbesitz, grundbesitzlos; **l. link** Landverbindung *f*; **l.-locked** *adj* landumschlossen, ohne Zugang zum Meer, vom Land umschlossen
landlord *n* 1. Grund-, Hauseigentümer *m*, Grund-, Guts-, Hausbesitzer *m*, Guts-, Miets-, Pachtherr *m*, Hauswirt *m*, Zimmervermieter *m*; 2. Gaststätteninhaber *m*, Pensionswirt *m*, Kneipier *m* *(coll)*; **l. and landlady** Wirtsleute *pl*; **~ tenant** Vermieter und Mieter, Verpächter und Pächter; **L. and Tenant Act** *[GB]* Mieterschutzgesetz *nt*; **l. and tenant law** Mietrecht *nt*; **absentee l.** abwesender Grundbesitzer/Vermieter; **resident l.** mitbewohnender Vermieter; **l.'s liability** Ver-

mieterhaftpflicht *f*; **~ lien** Vermieterpfandrecht *nt*, Pfandrecht des Vermieters
landlubber *n (coll)* Landratte *f (coll)*
landmark *n* 1. Grenzstein *m*, G.pfahl *m*, G.zeichen *nt*, Markstein *m*; 2. *(fig)* Wendepunkt *m (fig)*, Meilenstein *m (fig)*; 3. Wahrzeichen *nt*; **l. case** [§] grundlegender Fall; **l. decision/judg(e)ment/ruling** [§] Grundsatz-, Leitentscheidung *f*
land market Boden-, Grundstücksmarkt *m*; **l. mortgage bank** Bodenkreditbank *f*; **l. nationalization** Verstaatlichung von Grund und Boden; **l. office** *[US]* Grundbuch-, Liegenschaftsamt *nt*
landowner *n* Grund-, Landbesitzer *m*, Grund-, Grundstückseigentümer *m*, G.besitzer *m*, Gutsbesitzer *m*; **adjoining l.** Grundstücksnachbar *m*; **big/great l.** Großgrundbesitzer *m*
landownership *n* Grundbesitz(ertum) *m/nt*; **institutional l.** institutioneller Grundbesitz; **l. certificate** Grundbuchauszug *m*
land-owning *adj* grundbesitzend
land price Boden-, Grundstückspreis *m*; **l. purchase** Grundstückskauf *m*, G.erwerb *m*, Land(an)kauf *m*, L.erwerb *m*; **l. reclamation** 1. ⚓ (Neu)Landgewinnung *f*, Urbarmachung *f*; 2. ⚙ Altlastenbeseitigung *f*, Bodensanierung *f*; **l. records** Grundstücksregister *nt*; **~ office** Grundbuchamt *nt*; **l. recycling** Landreaktivierung *f*; **l. reform** Boden-, Landreform *f*
land register Grundbuch *nt*, Kataster *nt*; **~ files** Grundakten; **~ folio** Grundbuchblatt *nt*; **~ notice** Grundbuchvermerk *m*
land registration Grundbucheintragung *f*, Eintragung ins Grundbuch, ~ von Grundbesitz; **L. R. (Charges) Act** *[GB]* Grundbuchordnung *f*; **l. r. office** Grundbuch-, Katasteramt *nt*
land registry Grundbuch-, Katasteramt *nt*; **L. R. certificate** *[GB]* Grundbuchauszug *m*; **secured by l. r. charge** grundbuchlich gesichert; **l. r. fee** Grundbuchgebühr *f*; **~ judge** Grundbuchrichter *m*; **~ law** Grundbuchrecht *nt*; **~ proceedings** Grundbuchverfahren *nt*
land renewal Bodenerneuerung *f*; **l. rent** Grundpacht *f*; **l. reserve policy** Bodenvorratspolitik *f*; **l. retirement program(m)e** ⚙ landwirtschaftliches Stilllegungsprogramm; **l. revenue(s)** Grundstückseinkünfte *pl*, Domäneneinnahme *f*; **l. rights** Bodenrechte; **l. risk** Landtransportrisiko *nt*; **l. route** Landweg *m*; **l. sale** Grundstücksverkauf *m*, Veräußerung von Land
landscape *n* Landschaft(sbild) *f/nt*; **economic l.** *(fig)* Wirtschaftslandschaft *f (fig)*; **industrial l.** Industrielandschaft *f*; **natural l.** Naturlandschaft *f*
landscape *v/t* landschaftlich gestalten
landscape architect Landschaftsarchitekt(in) *m/f*; **l. architecture** Landschaftsgestaltung *f*; **l. gardener** Gartenarchitekt(in) *m/f*, Landschaftsgestalter(in) *m/f*, L.gärtner(in) *m/f*; **l. gardening** Landschaftsgärtnerei *f*, L.gestaltung *f*; **l. painter** Landschaftsmaler(in) *m/f*; **l. plan** Landschaftsplan *m*; **l. protection** Landschaftsschutz *m*; **~ ordinance** Landschaftsschutzverordnung *f*
landscaping *n* Landschaftsgestaltung *f*, L.entwicklung *f*
land scrip *[US]* Landzuweisungsschein *m*

land settlement Siedlung *f*, (ländliches) Siedlungswesen; **~ (financing) loan** Siedlungskredit *m*, Kredit für Landerschließung; **~ scheme** Siedlungsprogramm *nt*; **~ society** Siedlungsgenossenschaft *f*
land|slide *n* 1. Erd-, Bergrutsch *m*; 2. *(fig)* Erdrutsch *m*; **~ victory** überwältigender (Wahl)Sieg; **l.slip** *n* Erdrutsch *m*
land speculation Grundstücks-, Bodenspekulation *f*; **~ tax** Bodenspekulationssteuer *f*; **l. speculator** Boden-, Grundstücksspekulant *m*
land survey Landvermessung *f*, L.aufnahme *f*; **cadastral l. s.** Kataster *nt*; **l. s. office** Katasteramt *nt*; **l. s.ing** Landvermessung *f*; **l. s.or** Land(ver)messer *m*, Katasterbeamter *m*
land swap Landtausch *m*; **l. tax** Grund(stücks)steuer *f*, Grundvermögens-, Grund(wert)abgabe *f*; **l. tenancy/tenure** Grundstücks-, Landpacht *f*, ländliche Besitzverhältnisse *pl*; **l. transfer tax** Grunderwerbssteuer *f*; **l. transport(ation)** Landtransport *m*, L.verkehr *m*, Transport auf dem Landwege; **L.s Tribunal** *[GB]* Grundstückstribunal *nt (für Entschädigungen bei Enteignung)*, Gericht für Grundstücksstreitigkeiten; **l. trust** Grundstücksgenossenschaft *f*; **l. use/utilization** Boden-, Flächen-, Grundstücks-, Landnutzung *f*, Flächenverbrauch *m*; **authorized l. use** Landnutzungsrecht *nt*; **l. valuation** Grundstücksbewertung *f*, G.schätzung *f*; **l. value** Boden-, Grundstücks-, Katasterwert *m*; **~ tax** Bodenwertzuwachssteuer *f*; **l.ward** *adj* ⚓ land(ein)wärts, landwärtig; **l. warrant** *[US]* 1. Landzuweisungsschein *m*; 2. Grundbuchauszug *m*; **l. zoning** Flächennutzungsplanung *f*
lane *n* 1. 🚗 Fahrbahn, F.streifen *m*, F.spur *f*; 2. Gasse *f*, Pfad *m*; 3. ⚓ Schifffahrtsweg *m*; 4. ✈ Flugroute *f*; **to change l.s** Fahrbahn/Spur wechseln; **to get into a l.** sich einordnen; **central l.** mittlere Fahrbahn; **fast l.** Überhol-, Schnellfahrspur *f*; **inside l.** innere Fahrbahn, Überholspur *f*; **offside l.** äußere Fahrbahn; **l. marking(s)** Fahrbahnmarkierung *f*
language *n* Sprache *f*; **l. of contract** verbindliche Sprachregelung; **official l. used in court** Gerichtssprache *f*; **l. of instruction** Unterrichtssprache *f*; **l. used for negotiations** Verhandlungssprache *f*; **l. of the proceedings** Verfahrenssprache *f*; **~ treaties** Wortlaut von Verträgen
to couch in a ... language formulieren; **to master a l.** Sprache beherrschen, einer ~ mächtig sein; **to use bad/foul l.** Schimpfworte gebrauchen, sich unflätig ausdrücken
abusive/bad/filthy/foul language ausfallender Ton, Schimpfworte *pl*, Beschimpfung *f*, schmutzige Redensarten, Kraftausdrücke *pl*, unflätige Sprache; **ancient l.** alte Sprache; **authentic l.** verbindliche Sprachregelung; **coded l.** verschlüsselte Sprache; **commercial l.** Geschäfts-, Handelssprache *f*; **computer-orient(at)ed l.** ⌨ maschinenorientierte Programmiersprache; **conversational l.** ⌨ Dialogsprache *f*; **dead l.** tote Sprache; **deaf-and-dumb l.** Taubstummen-, Fingersprache *f*
foreign language Fremdsprache *f*; **~ correspondent**

foreign language lessons

Fremdsprachenkorrespondent(in) *m/f*; ~ **lessons/teaching/tuition** Fremdsprachenunterricht *m*
improper language unanständige Redeweise; **inflated l.** schwülstige Sprache; **interactive l.** 🖳 Dialogsprache *f*; **legal l.** Rechts-, Gesetzes-, Juristensprache *f*; **measured l.** gemäßigter Ton; **metaphorical l.** Bildersprache *f*; **couched in ~ l.** bildlich ausgedrückt; **modern l.** neuere/lebende Sprache; **national l.** Landessprache *f*; **native l.** Muttersprache *f*; **numerical l.** Ziffernsprache *f*; **official l.** Amts-, Geschäfts-, Verkehrssprache *f*; **in plain l.** 1. unmissverständlich; 2. einfach ausgedrückt; **second l.** 1. Zweit-, Sekundärsprache *f*; 2. erste Fremdsprache; **special/technical l.** Fachsprache *f*; **spoken l.** gesprochene Sprache; **standard l.** Gemeinsprache *f*; **strong l.** Kraftausdrücke *pl*, starke Worte; **symbolic l.** 🖳 symbolische Programmiersprache; **temperate l.** maßvolle Sprache; **universal l.** Weltsprache *f*
language allowance Sprachzulage *f*; **l. area** Sprachraum *m*; **l. barrier** Sprachbarriere *f*; **l. border** Sprachgrenze *f*; **l. center** *[US]* /**centre** *[GB]* (Fremd)Sprachenzentrum *nt*; **l. class** Sprachenklasse *f*; **l. course** Sprachkurs *m*; **l. department/service** Sprachendienst *m*; **l. laboratory** Sprachlabor *nt*; **l. learning** Spracherwerb *m*, Sprachenlernen *nt*; **l. level** Sprachniveau *nt*; **l. problem** Sprachenproblem *nt*; **l. proficiency** Sprachbeherrschung *f*; **l. school** Sprachschule *f*; **l. statement** 🖳 Sprachanweisung *f*; **l. teacher** Sprachlehrer(in) *m/f*; **l. teaching** Sprachunterricht *m*; **computer-aided l. translation** rechnergestützte Sprachübersetzung
languid *adj* interesselos, gleichgültig, schlapp, matt, gelangweilt
languish *v/i* darniederliegen, (hin)schmachten, (hin)siechen, stagnieren
lantern *n* Laterne *f*, Leuchte *f*; **l. slide** Lichtbild *nt*
lap *n* 1. Schoß *m*; 2. 📖 *(Buchbinden)* Falz *f*; 3. *(Wettkampf)* Runde *f*, Etappe *f*; **to drop into so.'s l.** jdm wie eine reife Frucht in den Schoß fallen; **to live in the l. of luxury** im Reichtum schwelgen
lapel *n* *(Kleidung)* Revers *m/nt*
lap phasing Anlaufplanung mit Phasenüberlappung
lapping *n* Aufschieben von Kasseneinnahmen
lapse *n* 1. Versehen *nt*, Irrtum *m*, Versäumnis *nt*, Lapsus *m* *(lat.)*, Entgleisung *f* *(fig)*; 2. Heimfall *m*, Wegfall *m*; 3. *(Vers.)* Erlöschen *nt*, Verfall *m*; 4. Zeitspanne *f*, Z.raum *m*; **l. of a contract** Erlöschen eines Vertrages; **~ duty** Pflichtversäumnis *nt*; **~ justice** Justizirrtum *m*; **~ memory** Gedächtnisschwund *m*; **~ a patent** Ablauf/Erlöschen eines Patents; **~ a policy** Policenverfall *m*, Verfall einer Police; **~ a right; ~ title** Rechtsverlust *m*; **l. in standards** Niveauverlust *m*, N.abfall *m*; **l. of time** Zeit-, Fristablauf *m*; **to plead ~ time** [§] Einrede der Verjährung erheben; **~ ... years** Zeitspanne von ... Jahren
lapse *v/i* 1. weg-, ent-, verfallen, erlöschen, verstreichen, ablaufen, außer Kraft treten; heimfallen; 2. *(Angebot)* gegenstandslos werden; **l.d** *adj* abgelaufen, verfallen, verstrichen, verjährt
lapse notice Verfallsmitteilung *f*; **l. profit** Stornogewinn *m*; **l. provision** Stornoklausel *f*

lapsing of a legacy *n* Legatsverfall *m*
laptop *n* 🖳 Laptop *m*
larboard *n* ⚓ Backbord *nt*
larceny *n* [§] Diebstahl *m*; **l. of baggage** Reisegepäckdiebstahl *m*; **petty ~ consumables** Mundraub *m*, Genussmittelentwendung *f*; **l. by finder/finding** Fundunterschlagung *f*; **petty l. out of need** Notentwendung *f*
to commit larceny stehlen
compound/grand larceny schwerer Diebstahl; **petty l.** kleiner Diebstahl, Entwendung *f*, Bagatell-, Kleindiebstahl *m*, Mundraub *m*; **simple l.** einfacher Diebstahl; **violent l.** räuberischer Diebstahl
larch *n* 🌲 Lärche *f*
lard *n* Schmalz *nt*, Fett *nt*; **l.er** *n* Vorrats-, Speisekammer *f*
large *adj* 1. groß; 2. *(Familie)* kinderreich; **at l.** auf freiem Fuß, flüchtig; **to be at l.** *(Verbrecher)* frei herumlaufen, auf freiem Fuß sein; **to loom l.** eine große Rolle spielen; **exceptionally/excessively/unusually l.** überdimensioniert, von außergewöhnlichem Umfang
large-format *adj* großformatig
largely *adv* in hohem Maße, weitgehend, größtenteils
large|-mesh *adj* grobmaschig; **l.-scale** *adj* in großem Maßstab, umfangreich, groß angelegt, umfassend, großflächig, g.technisch, Groß-; **l.-size(d)** *adj* groß (formatig)
largesse *n* *(frz.)* Freigebigkeit *f*, Großzügigkeit *f*
largest-selling *adj* meistverkauft
lark *n* 1. Ulk *m*; 2. unseriöses Geschäft
lar|yngitis *n* 🩺 Kehlkopfentzündung *f*; **l.ynx** *n* Kehlkopf *m*
laser *n* Laser *m*; **l. identification** Lasererkennung *f*; **l. printer** 🖳 Laserdrucker *m*
lash down *v/t* ⚓ festbinden, f.zurren; **l. out** *(fig)* verschwenden, (großzügig) ausgeben, sich in Unkosten stürzen; **~ wildly** wild um sich schlagen
lashing *n* 1. Verschnüren *nt*; 2. ⚓ Tau *nt*
lassitude *n* Trägheit *f*, Mattigkeit *f*
last *adj* letzte(r,s)
last *v/i* (an)dauern, anhalten, von Bestand sein; **l. out** durchhalten
last|-ditch *adj* allerletzt, in letzter Minute; **l. in first out (lifo)** *(Bilanz)* Lifo-Methode *f*, Zuerstentnahme der neueren Bestände
lasting *adj* anhaltend, (an)dauernd, bleibend, beständig, dauerhaft
Last Judgment Jüngstes Gericht; **l.-mentioned** *adj* letzterwähnt, l.genannt; **l.-minute** *adj* in letzter Minute; **l. possible** letztmöglich
latch *n* Riegel *m*; *v/t* verriegeln; **l. onto sth.** *(fig)* sich einer Sache anschließen, etw. kopieren; **l.key** *n* Hausschlüssel *m*; **~ child** Schlüsselkind *nt*
late *adj* 1. spät, zu spät (eingetroffen), verspätet; 2. verstorben; **of l.** in letzter Zeit, seit kurzem; **to be l.** sich verspäten, Verspätung haben
late|comer *n* Zuspätkommende(r) *f/m*, Nachzügler(in) *m/f*, N.kömmling *m*; **l.ly** *adv* in jüngster Zeit, in der letzten Zeit, seit kurzem
latency *n* Latenz *f*, Verborgenheit *f*; **l. time** 🖳 Zugriffs-, Wartezeit *f*

lateness *n* 1. Verspätung *f*; 2. spätes Stadium
latent *adj* latent, verborgen, versteckt (liegend), unsichtbar
later *adv* später, postnumerando, nachträglich; **not l. than** innerhalb der Frist
lateral *adj* seitlich, Seiten-
latest *adj* 1. vorläufig letzte(r,s); 2. (aller)neuest, modernst; **at the l.** spätestens
latex *n* Kautschukmilch *f*
lath *n* Latte *f*; **l. and plaster** 🏠 Putzträger und Putz
lathe *n* ✿ Drehbank *f*; **l. operator** Dreher *m*
lather *n* Schaum *m*; **to get into a l.** (about sth.) (*fig*) sich aufregen
lath wood Lattenholz *nt*; **l.work** *n* Lattengerüst *nt*
Latin *n* Latein *nt*; **L. America** Lateinamerika; **L. American** lateinamerikanisch; **~ Free Trade Association (LAFTA)** Lateinamerikanische Freihandelszone
latitude *n* 1. Breite *f*; 2. Handlungsspielraum *m*
latrine *n* Latrine *f*
the latter *adj* letztere(r,s), letztgenannte(r,s); **l.-day** *adj* modern; **l.ly** *adv* in letzter/in der letzten Zeit
lattice *n* Gitter *nt*; **l. design** Gitter(versuchs)plan *m*; **l. door** Gatter *nt*; **l. sampling** ▦ Gitterauswahl-, Stichprobenverfahren im Gittermuster; **l.work** *n* 1. Lattenzaun *m*, L.verschlag *m*; 2. Gitterzaun *m*
laud *v/t* loben, rühmen; **l.able** *adj* löblich, lobenswert; **l.atory** *adj* lobend
laugh *n* Lachen *nt*; **the l. is always on the loser** (*prov*.) wer den Schaden hat, braucht für den Spott nicht zu sorgen (*prov*.)
laugh *v/i* lachen; **l. all the way** (*coll*) sich ins Fäustchen lachen (*coll*); **~ to the bank** (*coll*) keine Geldsorgen haben
laughable *adj* lächerlich
laughing gas *n* Lachgas *nt*; **l. stock** lächerliche Figur, Spottfigur *f*; **no l. matter** eine ernste Angelegenheit
laughter *n* Gelächter *nt*, Lachen *nt*; **to cry with l.** Tränen lachen; **to double up with l.** sich schieflachen/totlachen; **to roar with l.** schallend lachen; **derisive l.** Hohngelächter *nt*; **roaring l.** dröhnendes Gelächter
launch *n* 1. (*Produkt*) (Neu)Einführung *f*; 2. (*Firma*) Gründung *f*; 3. Starten *nt*, Ingangsetzen *nt*, I.setzung *f*; 4. (*Rakete*) Abschuss *m*; 5. ⚓ Stapellauf *m*; 6. ⚓ Barkasse *f*; **l. of a company** Firmengründung *f*
launch *v/t* 1. auf den Markt bringen, einführen; 2. (*Firma*) gründen; 3. (*Anleihe*) auflegen, begeben; 4. in Gang setzen, in die Wege leiten, lancieren, starten, beginnen, in Angriff nehmen; 5. ⚓ vom Stapel lassen
launch ad Einführungsanzeige *f*; **l. advertising** Einführungswerbung *f*; **l. aid** Starthilfe *f*; **l. capital** Startkapital *nt*; **l. customer** Erst-, Pilotkunde *m*; **l. date** Einführungsdatum *nt*
to be launched 1. ⚓ vom Stapel laufen; 2. (*Produkt*) auf den Markt kommen
launching *n* 1. (*Produkt*) Einführung *f*; 2. Start *m*, Ingangsetzen *nt*, Starten *nt*, Anlaufen *nt*; 3. ⚓ Stapellauf *m*; **l. of a brand** Markeneinführung *f*; **~ a loan** Begebung einer Anleihe; **~ new products** Einführung neuer Produkte

launching aid Starthilfe *f*; **l. ceremony** ⚓ Schiffstaufe *f*; **l. costs** Anlauf-, Startkosten; **l. finance** Anschubfinanzierung *f*; **l. pad** (*Rakete*) Startrampe *f*
launder *v/t* waschen; **l.er** *n* (*fig*) Geldwäscher *m* (*fig*); **l.ette** *n* [GB] Waschsalon *m*, (Selbstbedienungs)Wäscherei *f*; **l.ing (of money)** *n* (Geld)Wäsche *f*; **~ facility** (Geld)Waschanlage *f*
laundromat *n* [US] Waschsalon *m*, Münzwäscherei *f*
laundry *n* 1. Wäsche *f*; 2. Wäscherei *f*, Waschanstalt *f*; **l. bag** Wäschebeutel *m*; **l. basket** Wäschekorb *m*; **l. list** (*fig*) Wunschliste *f*; **l. room** Waschküche *f*
laurel *n* 🌿 Lorbeer(baum) *m*; **l.s** Lorbeeren; **to rest on one's l.s** (*fig*) sich auf seinen Lorbeeren ausruhen (*fig*)
lavatory *n* Toilette *f*, Klo(sett) *nt*; **l. attendant** Toilettenwärter(in) *m/f*
lavish *adj* verschwenderisch, reichlich, freigebig, üppig, großzügig, opulent
lavish *v/t* verschwenden, verschwenderisch ausgeben; **l. sth. on so.** jdm mit etw. überhäufen/überschütten
law *n* 1. § Recht *nt*, Gesetz *nt*; 2. § Rechtswissenschaft *f*, R.studium *nt*, Jura *pl* (*lat*.); 3. § Rechtssystem *nt*; 4. (*allg*.) Gesetz *nt*; **l.s** Rechtsvorschriften, R.ordnung *f*
above the law über dem Gesetz stehend; **in accordance with the l.** nach (Recht und) Gesetz, dem Gesetz entsprechend, gesetzmäßig; **according to the l.** nach dem Gesetz, von Rechts wegen; **~ l. and justice** nach Recht und Billigkeit; **~ l. as it stands** nach geltendem Recht; **at l.** vor Gericht, gerichtlich; **before the l.** vor dem Gesetz; **by l.** von Rechts/Gesetzes wegen, gesetzlich, rechtens; **contrary to l.** rechts-, gesetzwidrig, ungesetzmäßig; **enshrined in l.** gesetzlich verankert; **in l.** rechtlich, gesetzlich; **~ or in fact** rechtlich oder tatsächlich; **outside the l.** außerhalb des Gesetzes, ~ der Legalität, außergesetzlich; **under the l.; by virtue of l.** nach dem Gesetz, laut Gesetz; **versed in the l.** gesetzeskundig
law against terrorist activity Terroristengesetz *nt*; **l. of comparative advantage** Gesetz des komparativen Vorteils; **~ agency** Recht der Vertretung, Makler-, Stellvertretungsrecht *nt*; **~ international agreements** Völkervertragsrecht *nt*; **~ associations** Gesellschaftsrecht *nt*; **l. of averages** Gesetz der großen Zahl; **~ collective bargaining** Tarifvertragsrecht *nt*; **public l. concerning religious bodies** Staatskirchenrecht *nt*; **l. of carriage by sea** Seefahrtsrecht *nt*; **~ causality; ~ causation; ~ cause and effect** Kausal(itäts)gesetz *nt*; **~ checks** [US] /**cheques** [GB] Scheckrecht *nt*; **l. relating to public limited companies** Aktienrecht *nt*; **l. of competition** Wettbewerbsrecht *nt*; **l. against unfair competition** Gesetz gegen unlauteren Wettbewerb; **l. of conflicts** (internationales) Konfliktrecht; **~ contract** Vertrags-, Schuld-, Obligationenrecht *nt*, Recht der Schuldverhältnisse; **~ comparative costs** (*VWL*) Gesetz der komparativen Kosten; **~ decreasing costs** Gesetz der Kostendegression; **~ the country** Land(es)recht *nt*, staatliches Recht; **~ damages** Recht des Schaden(s)ersatzes; **~ demand** Nachfragegesetz *nt*; **l. relating to divorce** (Ehe)Scheidungsrecht *nt*; **l. of domicile** 1. Recht des Wohnsitzes; 2. Domizilstatut *nt*; **~ economics** ökonomisches Gesetz; **~ employment**

Arbeitsrecht *nt*; **l. relating to employment (contracts)** Arbeitsvertragsrecht *nt*; **l. of enforcement** Vollstreckungsrecht *nt*; **l. and equity** Recht und Billigkeit; **l. of equity** Billigkeitsrecht *nt*; **~ establishment** Niederlassungsrecht *nt*; **l. of evidence** Beweisrecht *nt*, Recht der Beweisführung; **~ exchange** Wechselrecht *nt*; **~ rising public expenditure** *(VWL)* Gesetz der wachsenden Staatsausgaben; **~ public finance** Finanzrecht *nt*; **l. relating to food processing and distribution** Lebensmittelrecht *nt*; **l. in force** geltendes Recht; **under the ~ force** nach geltendem Recht; **l. concerning foreigners** Ausländerrecht *nt*; **l. on foundations and endowments** Stiftungsrecht *nt*; **l. pertaining/relating to notarial functions** Notariatsrecht *nt*; **~ hazardous goods** Gefahrgutrecht *nt*; **~ groups of companies** Konzernrecht *nt*; **l. of indifference** *(VWL)* Indifferenzgesetz *nt*, Gesetz der Unterschiedslosigkeit der Preise; **~ inheritance** Erbrecht *nt*; **~ academic institutions** Hochschulrecht *nt*; **l. on the judiciary** Gerichtsverfassungsrecht *nt*; **l. of the jungle** Faustrecht *nt*; **~ labour disputes** Arbeitskampfrecht *nt*; **the ~ the land** geltendes Recht, Land(es)recht *nt*, geltende Rechtsnormen; **~ landlord and tenant** Miet- und Pachtrecht *nt*; **l. concerning costs** (Gerichts)Kostenrecht *nt*; **~ liability** Haftungsrecht *nt*; **l. of mandate** Auftragsrecht *nt*; **~ the market** *(VWL)* Marktgesetz *nt*; **private international l. on marriage, parenthood and childhood** internationales Ehe- und Kindschaftsrecht; **l. of marque** Retorsionsrecht *nt*; **~ mass production** *(VWL)* Gesetz der Massenproduktion; **~ mortgages** Hypothekenrecht *nt*; **~ nationality and citizenship** Staatsangehörigkeitsrecht *nt*; **~ nations** Völkerrecht *nt*, internationales/zwischenstaatliches Recht; **~ nature** Naturgesetz *nt*; **~ negligence** Recht der fahrlässigen Handlung; **~ large numbers** Gesetz der großen Zahl; **~ obligations** Obligationen-, Schuldrecht *nt*; **under the ~ obligations** schuldrechtlich; **l. and order** Sicherheit und Ordnung, Recht und Ordnung, öffentliche Ordnung, Rechtsfrieden *m*, R.sicherheit *f*; **l. concerning/governing organizations** Organisationsrecht *nt*; **l. of partnerships and corporations** Gesellschaftsrecht *nt*; **l. concerning persons** Personenrecht *nt*; **l. of the place of performance** Recht des Erfüllungsortes; **l. on planning** Planungsrecht *nt*; **l. of pledge** Pfandrecht *nt*; **l. imposed by the occupying power** Besatzungsrecht *nt*; **l. of precedent; l. based on precedents** auf früheren Entscheidungen beruhendes Recht, Fall-, Präjudizienrecht *nt*; **l. of prison administration** Strafvollzugsrecht *nt*; **~ procedure** Prozess-, Verfahrensrecht *nt*, formelles Recht; **~ civil procedure** Zivilprozessrecht *nt*, Z.ordnung *f*; **~ criminal procedure** Strafprozessordnung, Strafprozess-, Strafverfahrensrecht *nt*, formelles Strafrecht; **~ diminishing marginal productivity**; **~ variable proportions** *(VWL)* Ertragsgesetz *nt*, Gesetz des/vom abnehmenden Ertragszuwachs(es), Gesetz des/vom abnehmenden Bodenertrag(s); **l. of property** Sachen-, Eigentums-, Grundstücks-, Liegenschafts-, Vermögensrecht *nt*; **~ matrimonial property (rights)** (eheliches/gesetzliches) Güterrecht; **l. applicable to matrimonial property** Güterrechtsstatut *nt*; **l. on criminal prosecution of tax offenders** Steuerstrafrecht *nt*; **l. regulating radio communications** Funkrecht *nt*; **l. of diminishing marginal rates of substitution** *(VWL)* Gesetz der abnehmenden Grenzrate der Substitution; **l.s and regulations** Gesetze und Verordnungen; **l. concerning the residence of aliens** Aufenthaltsrecht *nt*; **l. of restitution** Rückerstattungsrecht *nt*; **~ diminishing/non-proportional returns** *(VWL)* Gesetz vom abnehmenden (Boden)Ertrag, **~** Ertragszuwachs, Ertragsgesetz *nt*, Gesetz der fallenden Profitrate; **~ equimarginal returns** Gesetz vom Grenznutzenausgleich; **~ the road** 1. Straßenverkehrsrecht *nt*; 2. *[GB]* Linksfahrgebot *nt*; **~ sales; ~ the sale of goods** Kauf(vertrags)recht *nt*, Recht des Kaufvertrages; **~ satiation/satiety** *(VWL)* Gesetz vom abnehmenden Grenznutzen, Sättigungsgesetz *nt*, Gesetz der Bedürfnissättigung; **l. of the sea** Seerecht *nt*; **international ~ sea** Seevölkerrecht *nt*; **L. of the Sea Convention** Seerechtsabkommen *nt*, internationale Seerechtskonvention; **~ tribunal** Seerechtsgericht *nt*; **l. of cooperative societies** Genossenschaftsrecht *nt*; **~ staple** Marktrecht *nt*; **~ legal status** Personenstandsrecht *nt*; **l. governing stock exchange transactions** Börsenrecht *nt*; **~ succession** Erbrecht *nt*; **~ entailed succession of agricultural estates** Höferecht *nt*; **~ testamentary succession** testamentarisches Erbrecht; **~ supply** Angebotsgesetz *nt*; **~ supply and demand** *(VWL)* Gesetz von Angebot und Nachfrage; **~ taxation** Steuerrecht *nt*; **international ~ taxation** internationales Steuerrecht; **l. governing telecommunications** Fernmelderecht *nt*; **l. of tenancy/tenantry** Miet-, Pacht-, Wohnungsrecht *nt*; **~ incorporeal things** Immaterialgüterrecht *nt*; **~ torts** Recht der unerlaubten Handlungen, Schaden(s)ersatzrecht *nt*; **~ diminishing marginal utility** *(VWL)* Gesetz vom abnehmenden Grenznutzen; **brazen/iron ~ wages** ehernes Lohngesetz *(Lasalle)*; **~ naval warfare** Seekriegsrecht *nt*; **l. concerning water** Wasserrecht *nt*; **~ wreckage** Strandungsordnung *f*

law as amended Gesetz in geänderter Fassung; **~ revised on ...** Gesetz in der Fassung vom ...; **the l. applies** das Gesetz findet Anwendung; **as the l. stands; under the l. as it stands** nach geltendem Recht, nach der Rechtslage

binding in law rechtsverbindlich; **not ~ l.** (rechts)unwirksam; **bound by l.** gesetzlich verpflichtet; **capable of acting in l.** geschäftsfähig; **effective in l.** rechtswirksam; **legally incapable of acting in (the) l.** geschäftsunfähig; **enshrined in (the) l.** gesetzlich verankert; **forbidden by l.** gesetzlich verboten; **good in l.** rechtlich zulässig, rechtsgültig; **pending at l.** rechtshängig; **permitted by l.** gesetzlich/rechtlich zulässig; **prescribed by l.** gesetzlich vorgeschrieben/bestimmt; **protected by l.** gesetzlich geschützt (ges. gesch.); **provided by l.** gesetzlich bestimmt; **recoverable by l.** (ein)klagbar; **relevant in l.** rechtserheblich; **as required by l.** den gesetzlichen Bestimmungen gemäß; **skilled in the l.** rechtsgelehrt; **valid in l.** rechtsgültig; **versed/wise in (the) l.** gesetzes-, rechtskundig, r.gelehrt; **not versed in (the) l.** rechtsunkundig

to abide by the law Gesetz befolgen/einhalten/beachten, dem Gesetz Folge leisten; **to abrogate a l.** Gesetz aufheben; **to administer the l.** Recht sprechen; **to amend a l.** Gesetz novellieren/abändern; **to apply the l.** Gesetz/Recht anwenden; **to be l.** Gesetzes-/Rechtskraft haben; **~ a l. unto o.s.** *(fig)* sich über alle Konventionen hinwegsetzen; **~ in the l.** Jurist sein; **~ amenable to the l.** dem Gesetz unterliegen; **~ good in l.** zu Recht bestehen, rechtsgültig sein; **~ subject to the l.** dem Gesetz unterliegen; **to become l.** Rechts-/Gesetzeskraft erlangen, Gesetz werden; **to bend the l.** Recht beugen; **to breach a/the l.** Gesetz übertreten/verletzen; **to circumvent a l.** Gesetz umgehen; **to come under a l.** unter ein Gesetz fallen; **to comply with the l.** Gesetz befolgen/beachten, dem ~ genügen, sich an die gesetzlichen Vorschriften halten; **to conform to a l.** sich dem Gesetz unterwerfen; **to construe a l.** Gesetz auslegen; **to contravene the l.** Gesetz übertreten, gegen das ~ verstoßen; **to create l.** Recht schaffen; **to elude/evade a l.** Gesetz umgehen; **to embody/enshrine in l.** gesetzlich verankern; **to enact l.s** Gesetze erlassen; **to enforce a/the l.** Recht durchsetzen/anwenden/durchführen, Gesetz durchsetzen/anwenden/durchführen, dem Recht Wirksamkeit verleihen; **to err in l.** rechtsfehlerhaft entscheiden; **to fall foul of the l.** mit dem Gesetz in Konflikt geraten; **to get the l. onto so.** jdm die Polizei auf den Hals hetzen; **to go to l.** vor Gericht gehen, Rechts-/Klageweg beschreiten, Gericht anrufen; **to have the l. on one's side** das Recht auf seiner Seite haben, im Recht sein; **to implement a l.** Gesetz durchführen; **to infringe a l.** Gesetz verletzen, rechtswidrig handeln, gegen ein Gesetz verstoßen; **to invalidate a l.** Gesetz außer Kraft setzen; **to lay down the l.** *(fig)* Machtwort sprechen; **to mandate by l.** gesetzlich vorschreiben; **to observe a l.** Gesetz beachten/befolgen/einhalten; **to offend against a l.** Gesetz übertreten; **to pass a l.** Gesetz verabschieden/durchbringen; **~ into l.** Gesetz werden, Gesetzeskraft erhalten; **to practise l.** als Anwalt tätig sein; **to promulgate a l.** Gesetz erlassen/verkünden; **to provide for by l.** gesetzlich regeln; **to put a l. into force** Gesetz in Kraft setzen; **~ operation** Gesetz zur Anwendung bringen; **to read/study l.** Recht(swissenschaft)/Jura studieren; **to repeal a l.** Gesetz aufheben/außer Kraft setzen; **to revise a l.** Gesetz überprüfen/abändern; **to run foul of the l.** mit dem Gesetz in Konflikt geraten; **to stretch the l.** es mit dem Recht nicht so genau nehmen, Recht zu weit auslegen; **to subvert a l.** Gesetz umstoßen; **to sue so. at l.** jdn belangen/verklagen; **~ under a l.** auf Grund eines Gesetzes klagen; **to take the l. into one's hands** Faustrecht ausüben, eigenmächtig vorgehen, zur Selbsthilfe schreiten, sich selbst Recht verschaffen; **to twist the l.** Recht verdrehen; **to violate a l.** Gesetz übertreten
absolute law ranghöchstes/uneingeschränktes Recht; **adjective law** formelles Recht, Verfahrensrecht *nt*; **in ~ and substantive l.** formell und materiell; **administrative l.** Verwaltungsrecht *nt*; **agricultural l.** Agrarrecht *nt*; **amending l.** Gesetzesnovelle *f*, (Ab)Änderungs-, Ergänzungsgesetz *nt*; **ancient l.** altes Recht; **anti-cartel/anti-trust l.** Kartellgesetz *nt*, Wettbewerbs-, Antitrustrecht *nt*, A.gesetz *nt*, Gesetz gegen Wettbewerbsbeschränkungen; **~ l.s** Kartellgesetzgebung *f*; **applicable l.** 1. anwendbares/geltendes Recht; 2. einschlägiges Gesetz; **Basic L.** Grundgesetz *[D]*; **binding l.** bindendes/zwingendes Recht; **budgetary l.** Finanzgesetzgebung *f*, Haushaltsrecht *nt*; **pursuant to ~ l.** haushaltsrechtlich; **civil l.** Zivil-, Privatrecht *nt*, bürgerliches Recht; **under ~ l.** bürgerlich-rechtlich, privatrechtlich; **codified l.** kodifiziertes Recht; **cogent l.** zwingendes Recht; **commercial l.** 1. Handels-, Gewerbe-, Wirtschaftsrecht *nt*; 2. Handelsgesetz *nt*; **in (terms of) ~ l.** handelsrechtlich; **common l.** allgemein anerkanntes Recht, Land-, Gewohnheits-, Zivilrecht *nt*, gemeines/bürgerliches Recht, gemeines Landrecht; **relating to civil/common l.** gewohnheitsrechtlich; **comparative l.** vergleichendes Recht, Rechtsvergleichung *f*; **constitutional l.** 1. Staats-, Verfassungsrecht *nt*; 2. Verfassungsgesetz *nt*; **contractual l.** Recht der Schuldverhältnisse, vertragliches Recht; **corporate l.** 1. Unternehmensrecht *nt*; 2. (Gesellschafts)Satzung *f*
criminal law Strafrecht *nt*; **substantive c. l.** materielles Strafrecht *nt*
current law geltendes Recht; **under ~ l.** nach geltendem Recht; **customary l.** Gewohnheitsrecht *nt*; **disciplinary l.** Disziplinarrecht *nt*; **domestic l.** nationales/inländisches/innerstaatliches Recht; **ecclesiastical l.** Kirchenrecht *nt*; **economic l.** 1. Wirtschaftsrecht *nt*; 2. *(VWL)* ökonomisches/volkswirtschaftliches Gesetz; **~ l.s** Wirtschaftsgesetzgebung *f*; **electoral l.** Wahlrecht *nt*; **formally enacted l.** formelles Gesetz; **environmental l.** Umwelt(schutz)recht *nt*; **equitable l.** Billigkeitsrecht *nt*; **established l.** geltendes/anerkanntes Recht; **European l.** Europarecht *nt*; **existing l.** geltendes Recht; **under ~ l.** nach geltendem Recht
federal law 1. Bundesrecht *nt*; 2. Bundesgesetz *nt*; **according to f. l.** bundesrechtlich; **f. l. supersedes state l.** Bundesrecht bricht Landesrecht *[D]*
feudal law Lehnsrecht *nt*; **financial l.** Finanzrecht *nt*; **fiscal l.** Finanz-, Steuerrecht *nt*; **flexible l.** dispositives Recht; **foreign l.** fremdes/ausländisches Recht; **fundamental l.** Grundrecht *nt*; **general l.** allgemein anerkanntes Recht; **global l.** Rahmen-, Blankettgesetz *nt*; **governing l.** anwendbares/herrschendes Recht; **impartial l.** objektives Recht; **implementing l.** Durchführungsgesetz *nt*; **inalienable l.** unveräußerliches/ranghöchstes Recht; **industrial l.** Arbeits-, Gewerberecht *nt*; **interim l.** Vorschaltgesetz *nt*
international law Völkerrecht *nt*, internationales/zwischenstaatliches Recht; **under i. l.** völkerrechtlich; **contrary to i. l.** völkerrechtswidrig; **conventional i. l.** internationales Vertragsrecht; **customary i. l.** internationales Gewohnheitsrecht, Völkergewohnheitsrecht *nt*; **private i. l.** internationales Privatrecht
judge-made law Rechtsschöpfung *f*, Richterrecht *nt*; **local/municipal l.** Gemeinde-, Orts-, Kommunalrecht *nt*; **maritime l.** See(handels)-, Schifffahrtsrecht *nt*
martial law Kriegs-, Standrecht *nt*; **under m. l.** standrechtlich; **to impose/proclaim m. l.** Kriegsrecht/

Standrecht verhängen; **to try under m. l.** vor ein Kriegsgericht stellen
matrimonial law Eherecht *nt*; **mercantile law** Handelsrecht *nt*; **military l.** Wehrrecht *nt*; **moral l.** Sittengesetz *nt*; **national l.** 1. innerstaatliches/inländisches/nationales Recht; 2. *(EU)* einzelstaatliches Recht; **natural l.** 1. Naturrecht *nt*; 2. Naturgesetz *nt*; **naval l.** Marinerecht *nt*; **objective l.** objektives Recht; **obsolete l.** überholtes Gesetz; **operative l.** geltendes Recht; **paramount l.** ranghöchstes Recht; **penal l.** 1. Strafrecht *nt*; 2. Strafgesetz *nt*; **pertinent l.** einschlägiges Recht; **positive l.** positives Recht; **postal l.** Postrecht *nt*; **precarious l.** widerruflich gewährtes Recht; **preventive/preventing l.** vorbeugendes Recht
private law Privat-, Zivilrecht *nt*, privates/persönliches/bürgerliches Recht; **under p. l.** privatrechtlich; **international p. l.** internationales Privatrecht
procedural law Verfahrens-, Prozessrecht *nt*, formelles Recht; **protective l.** Schutzgesetz *nt*; **provisional l.** Übergangsgesetz *nt*; **public l.** staatliches/öffentliches Recht, Staatsrecht *nt*; **under ~ l.** öffentlich-rechtlich; **real l.** Sachen-, Güterrecht *nt*; **regulatory l.** Ordnungsrecht *nt*; **related l.** verwandtes Recht; **relevant l.** einschlägiges Gesetz; **remedial l.** Verfahrensrecht *nt*; **rental l.** Mietrecht *nt*; **retroactive l.** rückwirkendes Gesetz; **revocable l.** widerruflich gewährtes Recht; **Roman l.** römisches Recht; **similar l.** verwandtes Recht; **special l.** Spezialgesetz *nt*, Sonderstatut *nt*; **statutory l.** geschriebenes Recht, Gesetzes-, Satzungsrecht *nt*; **strict l.** strenges Recht/Gesetz; **subsidiary l.** subsidiär geltendes Recht; **substantive l.** sachliches/materielles Recht; **sumptuary l.** verbrauchsbeschränkendes Gesetz; **supplementary l.** (Gesetzes-)Novelle *f*; **transitional/transitory l.** Überleitungs-, Übergangsgesetz *nt*; **unconstitutional l.** verfassungswidriges Gesetz; **underlying l.** Rechtsgrundlage *f*; **unwritten l.** Gewohnheitsrecht *nt*, ungeschriebenes Recht; **valid l.** geltendes/bestehendes/gültiges Recht, ~ Gesetz; **written l.** geschriebenes Recht, Gesetzesrecht *nt*
law|-abiding *adj* gesetzestreu, rechtschaffen; **l. adjective** formelles Recht; **l. agent** Rechtsvertreter *m*; **l. association** Juristenvereinigung *f*; **l.book** *n* Rechtsbuch *nt*; **l.breaker** *n* Rechtsbrecher *m*, R.verletzer *m*, Gesetz(es)brecher(in) *m/f*, G.verletzer *m*, G.übertreter *m*; **l.breaking** *n* Gesetzesübertretung *f*, Rechtsverletzung *f*; **l. case** Rechtsfall *m*, R.sache *f*; **l. clerk** Justizangestellte(r) *f/m*, Gerichtsgehilfe *m*, G.gehilfin *f*; **L. Commission** *[GB]* Rechtskommission *f*; **l. committee** Rechtsausschuss *m*; **l. congress** Juristentag *m*; **l. cost(s)** Kosten des Rechtsstreits/der Rechtsverfolgung; **l. court** Gericht(shof) *nt/m*, ordentliches Gericht; **l.-creating** *adj* rechtsschöpferisch, r.begründend; **l. enforcement** Zwangsvollstreckung *f*, Gesetzesvollzug *m*, Rechtsdurchsetzung *f*; **~ officer** Vollzugs-, Polizeibeamter *m*, Polizist *m*, Ordnungs-, Gesetzeshüter *m*; **l. faculty** Rechtsfakultät *f*, juristische Fakultät; **l. firm** (Rechts)Anwaltssozietät *f*, A.büro *nt*, A.kanzlei *f*, A.firma *f*, Sozietät *f*
lawful *adj* recht(lich), gesetzlich (zulässig/erlaubt), gesetzmäßig, legal, rechtmäßig, r.sbeständig, mit dem Gesetz vereinbar; **l.ly** *adv* rechtens; **l.ness** *n* Gesetz-, Rechtmäßigkeit *f*, R.sgültigkeit *f*, Legalität *f*, Gesetzlichkeit *f*
law gazette Gesetzblatt *nt*; **federal ~ gazette** Bundesgesetzblatt *nt [D]*; **l.giver; l.maker** *n* Gesetzgeber *m*; **l.giving; l.making** *n* Gesetzgebung *f*, Rechtssetzung *f*, R.schöpfung *f*; *adj* gesetzgebend; **~ system** Rechtssetzung *f*; **judicial l.making** Rechtschöpfung durch die Gerichte; **l.less** *adj* gesetzlos, g.widrig, rechtlos; **l.-lessness** *n* Recht-, Gesetzlosigkeit *f*, Gesetzwidrigkeit *f*; **l. list** Anwaltsverzeichnis *nt*; **L. Lord** *[GB]* Oberhausmitglied mit Richterfunktion; **l. merchant** Handelsrecht *nt*
lawn *n* Rasen *m*; **to water the l.** Rasen sprengen; **l. furniture** Gartenmöbel *pl*; **l. mower** Rasenmäher *m*
law office *[US]* (Rechtsanwalts)Kanzlei *f*, Anwaltsbüro *nt*, Advokatur *f*; **l. officer** *[GB]* Rechtsberater der Krone, Justizbeamter *m*; **l. officers of the Crown** *[GB]* Kronanwaltschaft *f*; **L. Officers' Department** *[GB]* Justizverwaltung *f*; **l. partnership** (Rechts)Anwaltssozietät *f*; **l. practice** Anwaltspraxis *f*, anwaltliche Tätigkeit, Advokatur *f*; **l. reform** Rechtsreform *f*; **l. reports** Entscheidungs-, Fall-, Rechtsprechungssammlung *f*; **l. school** Rechtsfakultät *f*, juristische Fakultät; **L. Society** *[GB]* (Rechts)Anwaltskammer *f*, Anwaltsverein *m*; **l. student** Rechts-, Jurastudent(in) *m/f*
lawsuit *n* Klage *f*, Gerichtsverfahren *nt*, Prozess *m*, Rechtsstreit *m*, gerichtliche Auseinandersetzung, Klage(sache) *f*, gerichtliches Verfahren, Streitfall *m*, S.-sache *f*; **pending the l.** für die Dauer des Prozesses, solange der Prozess schwebt
to be defeated in a lawsuit in einem Prozess unterliegen; **to carry on/conduct a l.** Prozess betreiben/führen; **to file a l.** klagen, Prozess anstrengen, Verfahren einleiten; **to gain by sth. l.** etw. erstreiten; **to involve so. in a l.** jdn in einen Prozess verwickeln; **to be involved in a l.** in einen Rechtsstreit/Prozess verwickelt sein; **to land so. with a l.** *(coll)* jdm einen Prozess an den Hals hängen *(coll)*; **to protract a l.** Prozess verschleppen; **to win a l.** Prozess gewinnen, in einem ~ obsiegen
environmental lawsuit Prozess wegen Umweltverschmutzung; **pending l.** unerledigter/anhängiger/schwebender Prozess, ~ Rechtsstreit
law term 1. Sitzungs-, Gerichtsperiode *f*; 2. juristischer Ausdruck; **l. trainee** Gerichtsreferendar(in) *m/f*
lawyer *n* 1. (Rechts)Anwalt *m*, (Rechts)Anwältin *f*; 2. Jurist(in) *m/f*, Rechtsgelehrte(r) *f/m*; **l. commissioned as a notary** Anwaltsnotar *m*; **l. conducting a lawsuit** prozessführender Anwalt; **l. specializing in tax matters** Steueranwalt *m*, Anwalt für Steuersachen; **practising as a l.** anwaltschaftlich tätig
to brief/instruct a lawyer Anwalt bestellen/anweisen; **to consult a l.** sich mit einem Anwalt beraten, Anwalt zu Rate ziehen; **to employ/engage/retain a l.** Anwalt mandieren/nehmen/beauftragen/verpflichten/in Anspruch nehmen; **to put the matter into the hands of a l.** Sache einem Rechtsanwalt übergeben; **to set up as a l.** sich als Rechtsanwalt niederlassen

anti-trust lawyer Kartelljurist *m*, K.anwalt *m*; **commercial l.** Wirtschaftsjurist *m*, W.anwalt *m*; **corporate l.** Firmen-, Konzernjurist *m*, (Firmen-/Konzern)Syndikus *m*, Firmenanwalt *m*; **criminal l.** Strafverteidiger *m*, Anwalt für Strafsachen; **industrial l.** Wirtschaftsjurist *m*; **in-company/in-house l.** Justiziar *m*, Firmenjurist *m*, F.anwalt *m*; **opposing l.** gegnerischer Anwalt; **pettifogging l.** *(pej.)* Winkeladvokat *m (pej.)*; **practising l.** praktizierender (Rechts)Anwalt; **fully qualified l.** Volljurist(in) *m/f*; **slick l.** *(pej.)* raffinierter Anwalt; **specialized l.** Fachanwalt *m*; **standing l.** mit der ständigen Vertretung beauftragter Rechtsanwalt; **fully trained l.** Volljurist *m*

lawyer's clerk Anwaltsgehilfe *m*; **~ fee** (Rechts)Anwaltsgebühr *f*; **~ office** Anwaltskanzlei *f*

lax *adj* lasch, lax, schlaff, locker; **l.ative** *n* ⚚ Abführmittel *nt*; **l.ity** *n* Laschheit *f*, Nachlässigkeit *f*

lay *v/t* 1. legen; 2. ▦ *(Leitung/Fliesen)* verlegen; **l. aside ad acta** *(lat.)* legen, zurücklegen, z.stellen; **~ down** 1. bestimmen, vorschreiben, festsetzen, besagen, niederlegen, festlegen, statuieren; 2. ⚓ auf Stapel legen; **~ in** (ein)lagern; **~ off** vorübergehend entlassen, freisetzen, kündigen; **~ on** 1. *(Steuer)* auferlegen; 2. *(Gas/Wasser)* anschließen; 3. arrangieren, organisieren; 4. übertreiben, zuviel des Guten tun; **~ out** 1. auslegen, ausgeben, verausgaben; 2. gestalten, aufmachen; 3. aufbahren; **~ up** ⚓ auflegen, aus der Fahrt ziehen, stilllegen, einmotten

lay *adj* laienhaft, Laien-

lay|about *n* Herumlungerer *m*; **l.by** *n* 🅿 Rastplatz *m*, Parkbucht *f*; **l. days** ⚓ Lösch(ungs)tage, Löschzeit *f*, Liegetage, L.zeit *f*; **extra l. days** Überliegezeit *f*

layer *n* 1. Schicht *f*, Lage *f*; 2. 🥚 Legehenne *f*; **in l.s** lagenweise; **l. of air** Luftschicht *f*; **~ dust** Staubschicht *f*; **~ ice** Eisschicht *f*; **~ hierachy** Hierarchiebene *f*, H.stufe *f*; **~ management** Führungs-, Leitungsebene *f*, **second ~ management** zweite Führungsebene *f*; **l. of soil** Bodenschicht *f*

atmospheric layer Luftschicht *f*; **physical l.** 🖳 Bitübertragungsschicht *f*; **protective l.** Schutzschicht *f*; **top l.** Oberschicht *f*

layette *n* Babyausstattung *f*

laying *n* *(Leitung)* Verlegung *f*; **l. days** ⚓ Lösch(ungs)tage; **l. hen** 🥚 Legehenne *f*; **l.-up** *n* ⚓ Stilllegung *f*

layman *n* Laie *m*, Nichtfachmann *m*

lay-off *n* vorübergehende Entlassung, zeitweise Freistellung (von der Arbeit), Personalfreisetzung *f*; **permanent l.** Entlassung *f*; **temporary l.** zeitweise Beurlaubung

layoff benefit Entlassungsentschädigung *f*, E.abfindung *f*, E.geld *nt*; **l. notice** Entlassungsschreiben *nt*; **l. period** Feierschicht *f*; **l. rate** Entlassungsquote *f*

layout *n* 1. Anordnung *f*, Anlage *f*, Gestaltung *f*, Schema *nt*, Aufmachung *f*; 2. Entwurf *m*, Planung *f*, Ideen-, Gestaltungsskizze *f*, Gliederung *f*, Layout *nt*; 3. *(Anzeige)* Aufriss *m*, Komposition *f*; 4. ▦ Raumplan *m*; 5. ▰ Produktionsvorbereitung *f*, Disposition *f*; **l. of the annual accounts** Gliederung des Jahresabschlusses; **~ the annual balance sheet** Gliederung der Jahresbilanz; **~ a letter** Briefgestaltung *f*, B.anordnung *f*; **~ the consolidated financial statements** Gliederung des Konzernabschlusses; **~ storage area** Lageranordnung *f*; **~ the workplace** Gestaltung des Arbeitsplatzes, Arbeitsplatzgestaltung *f*

complete layout Komplettauflösung *f*; **experimental l.** ▦ Versuchsanordnung *f*; **general l.** Gesamtplanung *f*, G.anordnung *f*; **intra-plant l.** ▰ Raumplanung *f*; **new l.** Neugestaltung *f*; **organizational l.** Organisation(sstruktur) *f*; **standard l.** *(Bilanz)* Gliederung *f*; **typological l.** 🗎 Satzanordnung *f*

layout circuit ⚡ Schaltplan *m*; **l.er** *n* Layouter *m*, Layout-, Anzeigengestalter *m*, Entwurfsgrafiker *m*; **l. plan** Lageplan *m*, Übersichts-, Dispositionszeichnung *f*

layover *n* *[US]* Aufenthalt *m*

lay time ⚓ Liegezeit *f*

lay-up *n* ⚓ Auflegung *f*; **l. risk** Stillliegerisiko *nt*; **l. time** Stillliegen *nt*

laze about *v/i* faulenzen, sich einen lauen Lenz machen *(coll)*

lazaret *n* ⚓/⚚ Quarantänestation *f*

lazy *adj* faul, träge, bequem; **l.bones** *n (coll)* Faulenzer *m*, Faulpelz *m (coll)*, fauler Hund *(coll)*

L/C (letter of credit) Akkreditiv *nt*, Kreditbrief *m*; **open L/C** Inhaberkreditbrief *nt*, I.akkreditiv *nt*

leach *v/t* 🜄 auslaugen, filtern; **l.ate** *n* (Deponie)Sickerwasser *nt*

lead *v/t* (an)führen, führend sein, leiten, an der Spitze stehen; **l. so. to do sth.** jdn bewegen/veranlassen etw. zu tun; **l. astray** in die Irre führen *(fig)*, korrumpieren; **l. away** [§] abführen; **l. to** 1. zur Folge haben; 2. heranführen; 3. einmünden; **l. up to** überleiten auf

lead 1. ⬣ Blei *nt*; 2. *(Bleistift)* Mine *f*; **to swing the l.** *(fig)* simulieren, Krankheit vortäuschen

lead *n* 1. Führung *f*, Leitung *f*, Spitze(nposition) *f*; 2. Vorsprung *m*; 3. Vorbild *m*, Beispiel *nt*; 4. Hinweis *m*, Anhaltspunkt *m*, Fingerzeig *m*, Spur *f*; 5. (Hunde)Leine *f*; 6. *(Zeitung)* Aufmacher *m*; 7. ⚡ Schnur *f*, Leitungsdraht *m*, L.kabel *nt*, Zuleitung *f*; **in the l.** an der Spitze, in Führung; **l. in efficiency** Produktivitäts-, Leistungsvorsprung *m*; **l.s and lags** 1. Phasenverschiebung *f*; 2. Zahlungsmodalitäten; 3. *(Außenhandel)* kurzfristige Änderungen der Zahlungsgewohnheiten; 4. *(Zahlungsbilanz)* Verschiebungen; **~ lags of trade** Schwankungen im Handelsverkehr; **cyclical ~ lags** konjunkturbedingter Vor- und Nachlauf; **l. in performance** Leistungsvorsprung *m*

to follow the lead dem Beispiel folgen; **to give a l.** mit gutem Beispiel vorangehen; **to take the l.** Führung übernehmen, an die Spitze treten, (mit gutem Beispiel) vorangehen

competitive lead Wettbewerbsvorsprung *m*; **developmental l.** Entwicklungsvorsprung *m*

lead bank *(Banken)* Konsortialführerin *f*, führende Bank, führendes Konsortialmitglied, Führungsbank *f*

lead coffin Bleisarg *m*; **l. content** Bleigehalt *m*

lead contractor Generalunternehmer *m*

leaded *adj* verbleit

leader *n* 1. (An)Führer *m*, Leiter *m*, Führungspersön-

lichkeit *f*; 2. federführendes Konsortialmitglied; 3. Vor-, Spitzenreiter *m*; 4. *(Börse)* Spitzenwert *m*, Standardaktie *f*; 5. Lockvogel *m (fig)*, Lock-, Spitzenartikel *m*; 6. Frühindikator *m*, vorauseilender Konjunkturindikator; 7. *(Zeitung)* Leitartikel *m*; 8. 🖵 Vorlauf *m*; **l. of a consortium** Konsortialführerin *f*, führendes Konsortialmitglied, führende Bank, Führungsbank *f*; **~ delegation** Missionschef *m*; **~ gang** Rädelsführer *m*; **L. of the House** *[GB]* Fraktionsführer der Regierungspartei; **~ the Opposition** *[GB]* Oppositionsführer *m*; **l. of the parliamentary party** Fraktionsführer *m*, F.vorsitzender *m*; **to choose so. as l.** jdn auf den Schild heben *(fig)*
born leader Führerpersönlichkeit *f*; **civic l.s** führende Vertreter von Rat und Verwaltung, kommunale Spitzenpolitiker; **industrial l.** 1. *(Börse)* führender Industriewert, führende Industrieaktie; 2. Wirtschaftsführer *m*, Unternehmensleiter *m*, führender Industrieller
leader article Anreiz-, Lockartikel *m*; **l. card** Kopfkarte *f*
leader|ette *n [GB]* kurzer Leitartikel; **l. label** Kopfetikett *nt*; **l.less** *adj* führer-, führungslos
leadership *n* Führerschaft *f*, Führung(sspitze) *f*, Leitung *f*, Menschenführung *f*; **under the l. of** unter der (Stab-/Feder)Führung von; **to give l.** Führungsprofil zeigen; **collective/joint l.** Führer-, Führungskollektiv *nt*; **economic l.** Wirtschaftsführung *f*; **indecisive l.** Führungsschwäche *f*; **strong l.** Führungsstärke *f*
leadership abilities Führer-, Führungseigenschaften, F.qualitäten; **l. attitude** Führungsverhalten *nt*; **l. principle** Führerprinzip *nt*; **l. qualities** Führungseigenschaften; **l. role** Führungsfunktion *f*; **l. style** Führungsstil *m*; **team-focused l. style** teamorientierter Führungsstil
leader writer Leitartikler *m*
lead-free *adj* bleifrei, unverbleit
leading *adj* (feder)führend, tonangebend
lead hand Vorarbeiter *m*; **l.-manage** *v/t* Konsortialführung haben, Konsortialführer(in) sein, federführend abwickeln/sein
lead-management Feder-, Konsortialführung *f*; **~ clause** *(Vers.)* Führungsklausel *f*; **~ group** Führungsgruppe *f*
lead manager Konsortialführer(in) *m/f*, führende Bank im Konsortium, Hauptkonsorte *m*, Führungsbank *f*, federführende Konsortialbank, Federführer(in) *m/f*; **to arrange as l. m.** federführend abwickeln; **joint l. m.** Mitkonsortialführer(in) *m/f*; **regional l. m.** Regionalkonsortialführer *m*; **l. m.'s commitment** *(Anleihe)* Quote des Konsortialführers, ~ der Konsortialführerin
lead ore 🜍 Bleierz *nt*; **l. paint** Bleifarbe *f*; **l. pencil** Blei-, Grafitstift *m*; **l. poisoning** 🜍 Bleivergiftung *f*; **l. pollution** Bleiverseuchung *f*; **l. seal** Plombe *f*; **l. smelter** ⚒ Bleihütte *f*
lead story *(Zeitung)* Hauptartikel *m*; **l. time** *(Produkt)* 1. Entwicklungs-, Vorlaufzeit *f*; 2. Liefer-, Beschaffungszeit *f*; **~ inventory** Grundbestand *m*; **l. underwriter** Erstversicherer *m*, Versicherungsführerin *f*; **l.-up (period)** *n* Vorbereitungsphase *f*
leaf *n* Blatt *nt*; **to take a l. out of so.'s book** *(fig)* sich von jdm eine Scheibe abschneiden *(fig)*, sich an jdm ein Beispiel nehmen, sich jdn zum Vorbild nehmen, jds

Beispiel folgen; **to turn over a new l.** *(fig)* neue Seite aufschlagen *(fig)*, Strich unter etw. ziehen *(fig)*, neuen Anfang machen; **loose l.** loses Blatt
leaf through *v/t* (durch)blättern
leafage *n* 🌿 Laub *nt*
leaflet *n* Broschüre *f*, (Werbe)Prospekt *m*, Merk-, Flug-, Faltblatt *nt*, Reklame-, Faltprospekt *m*, Reklame-, Werbezettel *m*; **l.ting campaign** *n* Flugblattaktion *f*
leaf spring ✪ Blattfeder *f*
leaf tobacco Blatttabak *m*; **raw l. t.** Rohtabak *m*
league *n* Liga *f*, Bündnis *nt*, Bund *m*, Verband *nt*; **L. of Nations** Völkerbund *m*; **commercial l.** Handelsunion *f*; **marine l.** große Seemeile *(3 sm)*; **l. table** 1. Tabelle *f*, Rangfolge *f*; 2. *(Sport)* Liga *f*
leak *n* 1. Leck *nt*, undichte Stelle, Loch *nt*; 2. *(fig)* Indiskretion *f*; 3. *(Gas/Flüssigkeit)* Ausströmen *nt*, Austritt *m*; **to spring a l.** leck werden/schlagen
leak *v/ti* 1. lecken, auslaufen, versickern, tropfen, undicht sein; 2. *(fig)* durchsickern (lassen), in die Öffentlichkeit dringen, Indiskretion begehen; 3. *(Gas/Flüssigkeit)* ausströmen, entweichen; **l. out** 1. auslaufen; 2. *(fig)* durchsickern, bekannt werden
leakage *n* 1. (Auslauf)Verlust *m*, Schwund *m*, Leckschaden *m*, Leckage *f*, Auslaufen *nt*, Lecken *nt*, Sickerquote *f*, Versickern *nt*, Rinn-, Sicker-, Schwundverlust *m*, Verlust durch Auslaufen; 2. Vergütung für Schwund (durch Ausströmen); 3. *(Geld)* unerklärtes Verschwinden; **free from l.** frei von Leckage; **l. and breakage** Leckage und Bruch; **l. of information** Bekanntwerden/B.machen von Informationen; **internal l.** Personaldiebstahl *m*; **marginal l.** marginale Sickerquote; **l. allowance** Leckageabzug *m*; **l. clause** Leckageklausel *f*; **l. current** ⚡ Kriechstrom *m*
leak-proof *adj* lecksicher
leaky *adj* undicht, leck, durchlässig
lean *v/ti* neigen; **l. on** sich anlehnen an; **~ so.** 1. sich auf jdn stützen; 2. *(fig)* sich auf jdn verlassen; 3. *(fig)* Druck auf jdn ausüben
lean *adj* 1. mager, dünn; 2. dürftig, Spar-; **to make l.er** verschlanken
leaning *n* Hang *m*, Neigung *f*; **artistic l.s** künstlerische Neigungen; **criminal l.s** verbrecherische Anlagen
lean-to *n (coll)* 🏠 (Behelfs)Anbau *m*, Wetterschutz *m*
leap *n* Sprung *m*; **l. ahead** Wachstumssprung *m*; **by l.s and bounds** sprungartig, s.weise, s.haft; **to progress ~ bounds** mit Riesenschritten vorankommen; **to rise ~ bounds** sprunghaft ansteigen; **l. in the career** Karrieresprung *m*; **~ the dark** *(fig)* Sprung ins Ungewisse; **l. forward** Sprung nach vorn; **l. in sales** Umsatzsprung *m*
leap *v/i* springen, hüpfen; **l. ahead** emporschnellen, sprunghaft ansteigen; **l. at sth.** sich auf eine Gelegenheit stürzen, sofort zugreifen, etw. begeistert aufgreifen; **l. up** scharf/sprunghaft ansteigen
leap day Schalttag *m*; **l.frog** *v/ti* 1. überspringen, übergehen, sich gegenseitig überbieten; 2. [§] *(Gericht)* Instanzen überspringen; **l.frogging** *n* 1. [§] Sprungrevision *f*; 2. *(Lohn)* Hinaufschaukeln *nt*; 3. Überspringen *nt*, Übergehen *nt*; **l. year** Schaltjahr *nt*
learn *v/t* 1. (er)lernen; 2. erfahren, hören, in Erfahrung

bringen; 3. ersehen; **l. about sth.** von etw. Kenntnis erhalten; **to be sorry to l.** zu seinem Bedauern hören; **l. authoritatively** aus zuverlässiger Quelle erfahren; **l. it the hard way** Lehrgeld zahlen *(fig)*; **it was learnt** es wurde bekannt

learn|able *adj* erlernbar; **l.ed** *adj* gelehrt, gebildet

learner *n* 1. Lernende(r) *f/m*, Anlernling *m*; 2. 🚗 Fahrschüler(in) *m/f*; **slow l.** lernschwacher Schüler; **l. allowance** Einarbeitungszuschlag *m*; **l. driver** 🚗 Fahrschüler(in) *m/f*; **l.ship** *n* Ausbildungs-, Anlernverhältnis *nt*

learning *n* 1. (Er)Lernen *nt*; 2. Bildung *f*, Gelehrsamkeit *f*; **computer-aided l.** computergestütztes Lernen; **programmed l.** programmiertes Lernen

learning ability Lernfähigkeit *f*; **l. curve** Lernkurve *f*; **l. function** Lernfunktion *f*; **l. goal** Lernziel *nt*; **l. process** Lernprozess *m*

leas|ability *n* Vermietbarkeit *f*; **l.able** *adj* vermietbar, leasingfähig

lease *n* Miete *f*, Pacht *f*, P.zeit *f*, P.verhältnis *nt*, P.vertrag *m*, P.brief *m*, P.urkunde *f*, Mietkontrakt *m*, M.verhältnis *nt*, Leasingvertrag *m*; **on l.** zur Miete, mietweise

lease of land Grundstückspacht *f*; **~ life** *(fig)* Lebensfrist *f*; **to give so./sth. a new ~ life** jdm/einer Sache neuen Auftrieb/Schwung geben; **~ a patent** Verpachtung eines Patents; **l. in perpetuity** Erbpacht *f*, E.baurecht *nt*; **l. with a purchase option** Miete mit Kaufoption, Kaufleasing *nt*

to assign a lease Pachtrecht übertragen, Rechte und Pflichten aus einem Pachtvertrag übertragen; **to cancel/rescind a l.** Pacht/Mietverhältnis aufheben; **to draw up a l.** Pachtvertrag aufsetzen; **to enter into/sign a l.** Mietvertrag abschließen; **to extend/prolong/renew a l.** Mietverhältnis/Pachtvertrag verlängern, Pacht erneuern; **to grant a l.** Pachtbesitz einräumen; **to have on/hold under a l.** in Pacht haben; **to let on/put out to l.** verpachten, vermieten; **to surrender a l.** Pachtrecht übertragen; **to take sth. on l.; ~ a l. on sth.** etw. mieten/pachten, etw. in Pacht nehmen, Pacht eingehen; **to terminate a l.** Miet-, Pachtvertrag kündigen, Miet-/Pachtverhältnis aufheben

commercial lease 1. Miet-/Pachtvertrag für gewerblich genutzte Räume; 2. gewerbliche Vermietung/Verpachtung; **compulsory l.** Zwangsverpachtung *f*, Verpachtungszwang *m*; **concurrent l.** gleichzeitig abgeschlossene Pacht, Oberminetverhältnis *nt*; **conditional l.** bedingter Pachtvertrag; **fixed(-term) l.** Miet-/Pachtvertrag mit festem Zins, Zeitpacht *f*; **flat/straight l.** Miet-/Pachtvertrag mit gleichbleibendem Zins; **full-payout l.** Vollamortisations-, Finanzierungsleasing *nt*; **funded l.** eigenmittelfinanziertes Leasing; **interim l.** zwischenzeitliche Vermietung/Verpachtung; **irreversible l.** unkündbarer Pachtvertrag; **leveraged l.** fremdfinanziertes Leasing; **long(-term) l.** langfristiger Miet-/Pachtvertrag, Dauermiete *f*; **parol l.** mündlich abgeschlossener Miet-/Pachtvertrag; **pastoral l.** 🐑 Weidepacht *f*; **percentage l.** Umsatzpacht *f*; **perpetual l.** unkündbare Pacht, Erbpacht *f*; **registered ~ /proprietary l.** Dauernutzungsrecht *nt*; **(perpetually) re-**

newable **l.** Erbpacht *f*; **reversionary l.** Nachlass-, Anschlusspacht *f*, auflösend bedingtes Pachtrecht; **short(-term) l.** Miet-/Leasingvertrag mit kurzer Laufzeit, kurzfristiger Mietvertrag; **special l.** Sonderpachtverhältnis *nt*; **standard-form l.** Formularmietvertrag *m*; **temporary l.** kurzfristige Vermietung; **written l.** schriftlicher Miet-, Pachtvertrag

lease *v/t* 1. pachten, (an)mieten; 2. vermieten, verpachten, verleihen; **l. out** verpachten, vermieten, verlassen

lease agreement/deed Pachtvereinbarung *f*, P.vertrag *m*, Mietvertrag *m*; **l. arrangement** Pachtabkommen *nt*; **l.back** *n* Wiederanmietung *f*, Rückverpachtung *f*, R.vermietung *f*; 2. Verkauf bei gleichzeitiger Rückmiete; **l. broker** Pachtmakler *m*, P.kommissionär *m*; **l. brokerage** Grundstückspachtvermittlung *f*; **l. deed** Miet-, Pachtvertrag *m*; **l. department** Pachtabteilung *f*

leaser *n* 1. Verpächter(in) *m/f*, Vermieter(in) *m/f*; 2. Pächter(in) *m/f*, Mieter(in) *m/f*

leasehold *n* (Zeit)Pacht *f*, Pachtbesitz *m*, P.grundstück *nt*, Erbpacht *f*, E.baurecht *nt*, Mietbesitz *m*, M.grundstück *nt*; **l.s** Miet- und Pachtrechte; **unexpired l.** noch nicht abgelaufener Pachtvertrag

leasehold appraisal Pachtvertragstaxe *f*; **l. area** Pachtgebiet *nt*; **l. building** Miet-, Pachtgebäude *nt*, Gebäude auf fremdem Grundstück; **l. claim** Mietanspruch *m*; **l. contract** Erbbau(rechts)vertrag *m*; **l. cost** Aufwendungen des Mieters für Mietgegenstände; **l. deed** Pacht-, Mietvertrag *m*; **l. enfranchisement** Pachtablösung *f*

leaseholder *n* 1. Mieter(in) *m/f*, Pächter(in) *m/f*, Pachtbesitzer(in) *m/f*, Zeitpächter(in) *m/f*; 2. Erbbauberechtigte(r) *f/m*, E.pachtbesitzer(in) *m/f*, E.pachtberechtigte(r) *f/m*

leasehold estate Pachtgut *nt*; **l. financing** Finanzierung durch Einräumung eines Erbbaurechtes; **l. improvement(s)** Einbauten in gemietete Räume; **l. insurance** Pachtausfallversicherung *f*; **l. interest** Pachtanspruch *m*, P.recht *nt*; **l. land** Pachtland *nt*; **~ and buildings** gemietete Grundstücke und Gebäude; **l. mortgage** Verpfändung eines Pachtgrundstücks; **l. plot** Mietgrundstück *nt*; **l. property** gepachtetes Grundstück *m*, Mietwohngrundstück *nt*, (Erb)Pachtgrundstück *nt*, P.besitz *m*; **l. reform** Mietrechtsreform *f*; **l. rent** Pachtzins *m*; **l. right** Pachtrecht *nt*; **l. tenure** Pachtdauer *f*; **l. territory** Pachtgebiet *nt*

lease inception Beginn der Miet-/Pachtzeit; **l. interest** Landpachtzinsen *pl*; **l.less** *adj* ohne Pachtverhältnis; **l.monger** *n* Pachtmakler *m*; **l. payment** Pachtzahlung *f*; **l. period** Mietzeit *f*; **l. renewal** Miet-, Pachtverlängerung *f*; **~ option** Mietverlängerungsoption *f*; **l. store/warehouse** Mietspeicher *m*

leasing *n* 1. Verpachtung *f*, Vermietung *f*; 2. Leasing *nt*, Anmietung *f*, Anpachtung *f*, Kaufmiete *f*; **l. of capital assets** Anmietung/Vermietung von Industriegütern; **cross-border l.** grenzüberschreitendes Leasing; **financial l.** Finanzierungsleasing *nt*, mittel- und langfristiges Leasing; **second-hand l.** Zweithandleasing *nt*

leasing activities Mietanlagengeschäft *nt*; **l. agreement** Pacht-, Mietvertrag *m*; **l. business/operation** Leasing-, Mietanlagen-, Vermietungsgeschäft *nt*; **l. company**

*[GB] /***corporation** *[US]* Pacht-, Miet-, Vermietungs-, Leasinggesellschaft *f*; **l. equipment** Mieteinrichtung *f*; **l. finance** Leasingfinanzierung *f*; **l. industry** Leasinggewerbe *nt*; **l. out** Verpachtung *f*; **l. rate** Leasingrate *f*; **l. rental** Pachtertrag *m*; **l. transaction** Leasinggeschäft *nt*

least *adj* geringst, mindest, am wenigsten; **at l.** mindestens; **to say the l.** um es gelinde auszudrücken *(coll)*

leather *n* Leder *nt*; **l.s** Lederarten; **full l.** Ganzleder *nt*; **real l.** echtes Leder

leather|-bound *adj* in Leder gebunden; **l. dressing** Lederverarbeitung *f*; **l.ette** *n* Kunstleder *nt*; **l. goods** Lederwaren; **~ fair** Lederwarenmesse *f*; **l. industry** Lederindustrie *f*; **l. upholstry** Lederpolster *nt*; **l.ware** *n* Lederwaren *pl*; **l.work** *n* Lederarbeit *f*

leathery *adj* ledern

leave *n* 1. Erlaubnis *f*, Bewilligung *f*, Genehmigung *f*; 2. Urlaub *m*, Ferien *pl*, Dienstbefreiung *f*; 3. [§] Zulassung *f*; **by l. of** mit Erlaubnis/Genehmigung von; **on l.** beurlaubt

leave of absence Beurlaubung *f*, genehmigter Urlaub; **to be on ~ absence** entschuldigt fehlen/fernbleiben; **l. to appeal** [§] Zulassung der Revision, ~ eines Rechtsmittels, Rechtsmittelzulassung *f*, zugelassene Berufung; **to grant ~ appeal** Berufung/Revision zulassen; **to refuse ~ appeal** Berufung versagen; **l. of court** gerichtliche Erlaubnis/Genehmigung; **by ~ court** mit gerichtlicher Erlaubnis, mit Genehmigung des Gerichts; **l. to institute legal proceedings** Zulässigkeit des Rechtsweges; **l. with pay** bezahlter Urlaub; **l. for training** Fortbildungsurlaub *m*; **l. without pay** unbezahlter Urlaub, Karenzurlaub *m*; **l. to remain** Aufenthaltserlaubnis *f*, A.genehmigung *f*

by your leave mit Ihrer Erlaubnis; **l. to appeal denied/refused** [§] Revisionsantrag abgelehnt, Rechtsmittel ist nicht gegeben

to apply for leave Urlaub beantragen, Antrag auf Beurlaubung stellen; **to ask l. to speak** sich zu Wort melden; **to be on l.** auf Urlaub sein, Urlaub haben; **to be absent without l.** unentschuldigt fehlen/fernbleiben; **to get l.** frei bekommen; **to go on l.** Urlaub antreten, in Urlaub gehen; **to grant l.** 1. beurlauben; 2. [§] für zulässig erklären; **to have taken l. of one's senses** von Sinnen sein; **to seek l.** Urlaub beantragen; **to take (one's) l.** sich empfehlen/verabschieden, Abschied nehmen; **~ French l.** *(coll)* sich heimlich davonmachen, sich unerlaubt entfernen

additional/extra leave zusätzlicher Urlaub, Sonderurlaub *m*; **annual l.** Jahresurlaub *m*; **casual/compassionate l.** (Sonder)Urlaub aus sozialen/familiären Gründen; **compulsory l.** Zwangsbeurlaubung *f*; **educational l.** Bildungsurlaub *m*; **full-pay l.** voll bezahlter Urlaub; **indefinite l.** unbegrenzter Urlaub; **one-day l.** Tagesurlaub *m*; **paid l.** bezahlter Urlaub; **parental l.** Erziehungs-, Mutterschaftsurlaub *m*; **prenatal l.** Schwangerschaftsurlaub *m*; **recreational l.** Erholungsurlaub *m*; **sick l.** Krankheits-, Krankenurlaub *m*; **on ~ l.** wegen Krankheit beurlaubt, krankgeschrieben; **six months' l.** Halbjahresurlaub *m*; **special l.** Sonderurlaub *m*, Arbeitsbefreiung *f*; **terminal l.** Entlassungs-, Resturlaub *m*

leave *v/ti* 1. (be)lassen, liegen lassen; 2. vererben, vermachen; 3. abfahren, abfliegen, abreisen; 4. (fort)gehen, fortziehen, sich entfernen; 5. Stelle aufgeben; **l. sth. (well) alone** *(coll)* Finger von etw. lassen *(coll)*, etw. in Ruhe lassen; **l. aside** beiseite lassen, ausklammern; **l. it at that** es dabei (bewenden) lassen, ~ belassen; **l. behind** 1. zurück-, liegen lassen; 2. hinterlassen; 3. hinter sich lassen, übertreffen; **l. for** abfahren nach; **l. off** weglassen; **l. on** anlassen; **l. out** nicht berücksichtigen, aus-, weglassen, übersehen, übergehen; **l. over** übrig lassen; **l. undone** unterlassen; **l. sth. up to so.** jdm etw. freistellen; **l. sth. with so.** etw. bei jdm lassen; **l. without paying** Zeche prellen

leave bonus Urlaubsgeld *nt*; **l. book** Urlaubsliste *f*; **l. claim/entitlement** Urlaubsanspruch *m*

leaven *v/t* 1. säuern; 2. *(fig)* mäßigen, auflockern

leaver|s *pl* (Personal)Abgänge; **early l.** Frührentner *m*

leaves *pl* Laub *nt*

leaving *n* 1. Fort-, Weggang *m*; 2. Belassung *f*; **l.s** 1. Abfall *m*; 2. Überbleibsel, Restanten; **l. certificate** Abgangs-, Abschlusszeugnis *nt*; **l.-off time** *n* Arbeitsabschluss *m*; **l. present** Abschiedsgeschenk *nt*

lectern *n* Lesepult *nt*

lecture *n* 1. Vortrag *m*; 2. Vorlesung *f*, Unterrichtsveranstaltung *f*; **l.s** *(Hochschule)* Vorlesungs-, Lehrbetrieb *m*; **to attend a l.** Vorlesung besuchen; **to deliver/give a l.** Vortrag/Vorlesung halten; **inaugural l.** Antrittsvorlesung *f*; **introductory l.** Einführungsreferat *nt*, E.vorlesung *f*

lecture *v/i* 1. dozieren, Vortrag halten; 2. lehren; 3. *(fig)* tadeln, abkanzeln

lecture course Vortragsreihe *f*; **l. fee** Vortragshonorar *nt*; **l. hall/theatre** Hör-, Vortragssaal *m*; **l. notes** (Vortrags)Manuskript *nt*

lecturer *n* Dozent(in) *m/f*, Lehrbeauftragte(r) *f/m*, Lektor(in) *m/f*, Vortragende(r) *f/m*; **visiting l.** Gastdozent *m*

lecture room Unterrichts-, Vortragsraum *m*, Hörsaal *m*

lecturership *n* Lektorenstelle *f*, (Gast)Dozentur *f*

lecture tour Vortragsreise *f*

lecturing *n* Vortragstätigkeit *f*

ledger *n* Haupt-, Geschäftsbuch *nt*; **l.s** Geschäftsbücher, kaufmännische Bücher; **to balance the l.** Hauptbuch saldieren/(ab)schließen; **to enter/post into the l.** ins Hauptbuch eintragen; **to keep the l.** Hauptbuch führen; **to post up the l.** im Hauptbuch vollständig nachtragen

auxiliary/subsidiary/supporting ledger Skontration *f*, Hilfs-, Nebenbuch *nt*; **general l.** Haupt-, Handels-, Rechnungsbuch *nt*, Register *nt*; **impersonal l.** (Sach-)Hauptbuch *nt*; **loose-leaf l.** Loseblatthauptbuch *nt*; **private l.** Hauptbuch *nt (nur zur Einsicht durch Geschäftsführer)*, Geheimbuch *nt*

ledger abstract Hauptbuchauszug *m*; **l. account** Haupt(buch)-, Sachkonto *nt*; **basic/general l. accounting** Haupt-, Grundbuchhaltung *f*; **l. card** Karteikarte *f*; **magnetic ~ computer** Magnetkartencomputer *m*; **l. clerk** Hauptbuchführer *m*, H.halter *m*, Buchhalter *m*, Kontenführer *m*; **bought l. clerk** Kreditorenbuchhalter *m*; **l. control** Hauptbuchkontrolle *f*; **l. fee** Kontoführungsgebühr *f*; **l. item** Hauptbuchposten *m*, Pos-

ten im Hauptbuch; **l. keeper** Hauptbuchführer m; **l.less** adj kontoblattlos, kontenlos; **l. machine** Buchhaltungsmaschine f; **l. paper** gutes Schreibpapier; **l. posting** Hauptbucheintragung f, Übertragung ins Hauptbuch; **l. records** Hauptbücher; **l. sheet** Kontenblatt nt; **general l. test** Hauptprobe f; **main l. trial balance** Hauptabschlussübersicht f
lee n ⚓ Lee f, Windschatten m
leech n 1. Blutegel m; 2. (fig) Parasit m
lee|side n ⚓ Leeseite f; **l.ward** adj leewärts; **l.way** n (fig) Dispositionsmöglichkeit f, Spielraum m, Bewegungsfreiheit f, Aktionsradius m; **to get more l.way** mehr Spielraum erhalten/gewinnen
left adj links; **the L.** die Linke; **l., right and centre** (coll) nach Strich und Faden (coll); **to keep to the l.** ⚘ sich links halten
left adj vermacht; **to be l.** zurückbleiben; **~ over** übrig bleiben; **~ with** sitzen bleiben auf; **all that is l.** der klägliche Rest
flush left; l.-aligned; l.-justified adj ▯ linksbündig; **l.-hand** adj ⚘ links; **l.-handed** adj linkshändig; **l. oblique** Schrägstrich m
leftovers pl 1. (Essen) Rest(e) m/pl, Überbleibsel, Überreste, Übriggebliebenes nt; 2. (Effekten) Restanten
left|-wing adj linksstehend, Links-; **extreme l.-w.** adj linksradikal; **l.-w.er** n Linke(r) f/m
leg n 1. Bein nt; 2. Etappe f, Abschnitt m, Teil(Strecke) m/f; **on one's last l.s** (fig) kurz vor dem Zusammenbruch; **to be ~ l.s** (fig) aus dem letzten Loch pfeifen (coll), nicht mehr lange halten; **l. of lamb** Lammkeule f **to be weak in the legs** (fig) schwach auf den Beinen sein (fig); **to give so. a l. up** (fig) jdm wieder auf die Beine helfen (fig), jdm Hilfestellung leisten; **not to have a l. to stand on** 1. sich nicht herausreden können; 2. (fig) keine Aussicht auf Erfolg haben; **to pull so.'s l.** (fig) jdn auf den Arm nehmen (fig); **to be run o.s. off one's l.s** (fig) sich die Sohlen ablaufen (fig); **to shake a l.** (coll) Tanzbein schwingen (coll); **to shoot o.s. in the l.** (fig) sich selbst schaden; **to stretch one's l.s** sich die Füße vertreten
broken leg ⚕ Beinbruch m
legacy n § Vermächtnis nt, Hinterlassenschaft f, Erbschaft f, Legat nt, testamentarische Zuwendung; **l. of usufruct** Nutzungsvermächtnis nt
to abate a legacy   Legat kürzen; **to admeasure/bequeath/grant a l.** Vermächtnis aussetzen/hinterlassen; **to disclaim/refuse to accept a l.** Vermächtnis ausschlagen; **to subtract a l.** Legat einbehalten
absolute legacy unbedingtes Vermächtnis; **alternate l.** Wahlvermächtnis nt; **civil-law l.** Damnationslegat nt; **comprehensive l.** Gesamtvermächtnis nt; **conditional/contingent l.** bedingtes Vermächtnis, Vermächtnis unter Auflagen; **cumulative l.** Zusatzvermächtnis nt; **deferred l.** betagtes Vermächtnis; **demonstrative l.** beschränktes Gattungsvermächtnis, aus bestimmten Mitteln zu erfüllendes Geldvermächtnis; **general l.** Gattungsvermächtnis nt, generelles Vermächtnis; **indefinite l.** Pauschalvermächtnis nt, generelles Vermächtnis; **joint l.** gemeinschaftliches Vermächtnis; **pecuniary l.** Geldvermächt-

nis nt, Vermächtnis in Geld; **preferential l.** Vorausvermächtnis nt, Prälegat nt; **residuary l.** Restvermächtnis nt, letztwillige Zuwendung eines Restnachlasses, Vermächtnis nach Abzug der Nachlassverbindlichkeiten; **reversionary l.** Nachvermächtnis nt; **specific l.** Einzel-, Speziesvermächtnis nt, besonderes Vermächtnis; **statutory l.** Pflichtteil m; **substitutional l.** Ersatzvermächtnis nt; **universal l.** Universalsukzession f, Universal-, Gesamtvermächtnis nt; **unqualified l.** unbedingtes Vermächtnis; **usufructuary l.** Nießbrauchvermächtnis nt; **vested l.** unabdingbares Vermächtnis
legacy duty/tax Erbanteils-, Erbschaftssteuer f; **l. hunter** Erbschleicher m; **l. hunting** Erbschleicherei f, E.erschleichung f
legal adj 1. gesetzlich, g.mäßig, legal, rechtsgültig; 2. juristisch, gerichtlich, rechtlich, gesetzlich/rechtlich zulässig, judikatorisch, Rechts-; **L. Aid Fund** [GB] Armenrechtskasse f
legalese n (coll) Juristensprache f, J.jargon m, juristische Fachsprache/Ausdrucksweise, Gesetzessprache f
legal|ism n Rechtsformalismus m; **l.ist** n Paragrafenreiter m (coll); **l.istic** adj legalistisch
legality n Legalität f, Rechtmäßigkeit f, R.sgültigkeit f; **l. of official acts** Rechtmäßigkeit der dienstlichen Handlungen
legalization n 1. Legalisierung f; 2. (amtliche/gerichtliche) Beglaubigung/Beurkundung; **l. of a consular invoice** Beglaubigung/Legalisierung einer Konsulatsfaktura; **l. fee** Beglaubigungsgebühr f
legalize v/t 1. rechtskräftig machen, Rechtsgültigkeit verleihen, legalisieren; 2. amtlich/notariell/öffentlich beglaubigen, ~ bescheinigen, ~ bestätigen
legally adv 1. auf legalem Wege; 2. von Rechts wegen
legate n 1. Vermächtnis nt, Legat nt, testamentarische Zuwendung; 2. Gesandter m
legatee n Vermächtnisnehmer(in) m/f, Legatar m, Erbe m, Erbin f, bedachte Person, Vermächtnisempfänger(in) m/f, V.erbe m, V.erbin f, V.berechtigte(r) f/m, testamentarisch Bedachte(r); **general l.** Generalvermächtnisnehmer(in) m/f; **joint l.** Mitvermächtnisnehmer(in) m/f; **prospective l.** Bedachte(r) f/m; **residuary/reversionary l.** Nachvermächtnisnehmer(in) m/f; **sole/universal l.** Gesamt-, Haupt-, Universalerbe m, Gesamt-, Haupt-, Universalerbin f, Gesamtvermächtnisnehmer(in) m/f
legation n 1. Gesandtschaft f, Vertretung f, Legation f; 2. Gesandtschaftsgebäude nt; 3. Mission f
legator n Vermächtnisgeber(in) m/f, Testator m, Erblasser(in) m/f; **l.ial** adj erblasserisch
legend n 1. Legende f, Sage f; 2. Umschrift f, Zeichenerklärung f; **l.ary** adj legendär, berühmt
leggings pl Gamaschen
leg|ibility n Leserlichkeit f; **l.ible** adj lesbar, leserlich
legislate v/i Gesetze erlassen, gesetzgeberisch tätig sein
legislation n 1. Gesetzgebung(swerk) f/nt, Rechtssetzung f; 2. (gegebene) Gesetze; **l. on competition** Wettbewerbsgesetze pl; **l. in force** gesetzliche Vorschriften; **to be subject to l.** gesetzlich/durch Gesetz geregelt sein; **to enact l.** Gesetz(e) erlassen, Gesetzgebung in

Kraft setzen; **to implement l.** Gesetz(e) ausführen; **to introduce l.** Gesetz(e) einbringen; **to pass l.** Gesetz(e) verabschieden
anti-cartel legislation Kartellgesetzgebung *f*; **anti-dumping l.** Gesetz(e) gegen wildes Müllabladen; **anti-pollution l.** Gesetz(e) gegen Umweltverschmutzung; **anti-strike l.** Antistreikgesetzgebung *f*; **anti-trust l.** (Anti)Kartell-, Antitrustgesetzgebung *f*; **anti-union l.** gewerkschaftsfeindliche Gesetzgebung; **autonomous l.** autonome Satzung; **civil l.** Zivilgesetzgebung *f*; **concurrent l.** konkurrierende/gleichzeitige Gesetzgebung, Parallelgesetzgebung *f*; **debtor-relief l.** Vertragshilferecht *nt*; **delegated l.** delegierte Gesetzgebung, Gesetzgebung auf dem Verordnungswege; **domestic l.** inländische Gesetzgebung; **economic l.** Wirtschaftsgesetzgebung *f*; **enabling l.** Ermächtigungsgesetze *pl*; **environmental l.** Umweltschutzgesetzgebung *f*; **exclusive l.** ausschließliche Gesetzgebung; **federal l.** Gesetzgebung des Bundes, Bundesgesetzgebung *f*; **financial l.** Finanzgesetzgebung *f*; **fiscal l.** Steuer-, Finanzgesetzgebung *f*; **industrial l.** Arbeits-, Gewerbe-, Industriegesetzgebung *f*, arbeitsrechtliche Gesetzgebung; **national l.** *(EU)* einzelstaatliches/innerstaatliche Gesetze; **parallel l.** Parallelgesetzgebung *f*; **penal l.** Strafgesetzgebung *f*; **proscriptive l.** Verbotsgesetzgebung *f*; **pro-union l.** gewerkschaftsfreundliche Gesetzgebung; **racial l.** Rassengesetzgebung *f*; **regional l.** regionale Gesetzgebung; **retroactive/retrospective l.** rückwirkende Gesetzgebung; **secondary l.** Gesetzgebung auf dem Verordnungsweg; **social l.** Sozialgesetzgebung *f*; **special l.** Sondergesetzgebung *f*; **specific l.** Sondervermächtnis *nt*; **subordinate l.** Verordnungsrecht *nt*, delegierte Gesetzgebung; **unicameral l.** Einkammergesetzgebung *f*
legislative *n* gesetzgebende Gewalt, Legislative *f*; *adj* gesetzgeberisch, g.gebend, legislativ
legislator *n* 1. Gesetzgeber *m*, Legislatur *f*, gesetzgeberische Gewalt; 2. Parlamentarier *n*; **federal l.** Bundesgesetzgeber *m*
legislature *n* Legislative *f*, gesetzgeberisches Organ, Legislatur *f*, Gesetzgebung *f*, G.geber *m*; **federal l.** Bundesgesetzgeber *m*
legitimacy *n* 1. Gesetzlichkeit *f*, Legitimität *f*, Gesetz-, Rechtmäßigkeit *f*, Berechtigung *f*; 2. rechtmäßige Nachfolge, Ehelichkeit *f*; **l. as the proper party** Sachlegitimation *f*
legitimate *v/t* 1. legitimieren, sanktionieren, für gesetzmäßig/rechtmäßig erklären, gesetzmäßig machen; 2. *(Kind)* für ehelich erklären
legitimate *adj* 1. gesetzlich, berechtigt, legitim, gesetzlich zulässig/erlaubt, recht(mäßig); 2. *(Kind)* ehelich
legitimation *n* 1. Legitimation *f*, Legitimierung *f*, Sanktionierung *f*; 2. Ausweis *m*
legitimize *v/t* 1. legitimieren, sanktionieren, für gesetzmäßig/rechtmäßig erklären, gesetzmäßig machen; 2. *(Kind)* für ehelich erklären
legman *n* *[US]* Lokalreporter *m*; **l.room** *n (Beine)* Bewegungsfreiheit *f*
legumes *pl (frz.)* ❧ Hülsenfrüchte

leisure *n* Freizeit *f*, Muße *f*; **to examine at l.** in aller Ruhe prüfen
leisure activity Freizeitgestaltung *f*; **l. amenities/facilities** Freizeitangebot *nt*, F.einrichtungen; **l. center** *[US]* /**centre** *[GB]* Freizeitzentrum *nt*; **l. clothes** Freizeitkleidung *f*; **l. company/enterprise** Freizeitgesellschaft *f*; **l. economics** Freizeitökonomik *f*; **l. group** Freizeitkonzern *m*; **l. industry** Freizeitindustrie *f*; **l.ly** *adj* gemächlich, gemütlich; **l. market** Freizeitsektor *m*, F.markt *m*; **l. shares** *[GB]* /**stocks** *[US]* Aktien von Freizeitunternehmen
leisure time Frei-, Mußezeit *f*; ~ **activities/pursuit(s)** Freizeitgestaltung *f*, F.beschäftigung *f*; ~ **products** Freizeitartikel, F.erzeugnisse
leisurewear *n* Freizeitkleidung *f*, F.artikel *pl*
lemon *n* 1. ❧ Zitrone *f*; 2. *(coll) (Produkt)* Niete *f (coll)*; **l.ade** *n* Limonade *f*
lend *v/t* 1. (aus)leihen, verleihen, leihweise überlassen; 2. Darlehen gewähren, Kredit auslegen/gewähren; **ready to l.** kreditbereit; **l. long(-term)** langfristig ausleihen; **l. out** ausleihen; **l. short(-term)** kurzfristig ausleihen
lendable *adj* verleihbar
lender *n* 1. Aus-, Verleiher *m*; 2. Darlehens-, Geld-, Kreditgeber *m*, kreditgebende Stelle, Fremdkapitalgeber *m*; 3. Darlehens-, Hypothekenbank *f*; **l. on bottomry** Bodmereigeber *m*; **l. of capital** Kapital-, Geldgeber *m*; **l. holding a claim** forderungsberechtigter Kreditgeber; **l. with participation in debtor's profits** partialischer Darlehensgeber; **l. of last resort** *[GB]* letztinstanzlicher Kapitalgeber, Refinanzierungsinstitut der letzten Instanz, Zentralbank *f*, Bundesbank *f [D]*; **to act as ~ resort** Rediskontkontingente zur Verfügung stellen; **marginal l.** Grenzanbieter von Kapital; **l. credit** Leihkredit *m*
lending *n* 1. (Aus-, Ver)Leihen *nt*, Ausleihung *f*, Verleih *m*; 2. Kreditgewährung *f*, K.vergabe *f*, Darlehensbewilligung *f*, Aktivfinanzierung *f*, A.kredit *m*, Liquiditätshilfe *f*, Mittelüberlassung *f*; 3. Beleihungs-, Debitoren-, Leihgeschäft *nt*, debitorisches Geschäft, Kreditgewährungspraxis *f*; **l.s** 1. Ausleihungen, ausgeliehene Mittel; 2. *(Kredit)* Geldabgabe *f*; 3. *(Bank)* Aktivgeschäft *nt*
lending to local authorities Kommunalgeschäft *nt*; **l. on bills** Wechsellombard *m*; **l. to foreign borrowers** Auslandsobligo *nt*; **l. on collateral** Gewährung eines Gewährleistungskredits; **l. to other credit institutions** Zwischenbankeinlagen *pl*; **l.s to customers** Kundenkreditvolumen *nt*; **l. to non-bank customers** Kundenkredite *pl*; **l. on goods** Warenlombard *m*, W.beleihung *f*, W.kredit *m*; **l. to house-builders** Wohnungsbaudarlehen *pl*, Kreditgewährung an den Wohnungsbau; **l. without recourse** Kreditvergabe ohne Rückgriffsmöglichkeit auf den Schuldner; **l. on securities** (Wertpapier)Lombard *m*, Kredit gegen Wertpapierlombard, Lombardgeschäft *nt*; ~ **ships** Schiffskredit *m*, Bodmerei *f*
industrial collateral lending gewerbliche Beleihung; **conditional l.** Kreditgewährung mit Auflagen; **corporate l.** *(Bank)* Firmen-, Unternehmenskreditgesell-

schaft *nt*; **direct l.(s)** Direktkredite *pl*; **fixed-rate l.(s)** Ausleihungen zum festen Zinssatz; **foreign/international 1. l.(s)** Auslandskredite *pl*; 2. internationaler Kreditverkehr, Auslandskreditgeschäft *nt*; **gross l.(s)** Bruttokreditvergabe *f*; **initial l.** Erstausleihung *f*; **interbank l.** Bank-an-Bank-Kredite/Ausleihungen *pl*; **large-scale l.** Großkreditgeschäft *nt*; **long-term l.(s)** langfristige Ausleihungen; **net l.(s)** Nettokreditvergabe *f*; **new l.(s)** Neukreditgeschäft *nt*, N.ausleihungen *pl*; **outstanding l.(s)** Ausleihungen *pl*; **personal l.** Kleinkredite *pl*, Ausleihungen an Privatkunden; **short-term l.(s)** kurzfristige Kredite/Ausleihungen, Kassenkredite *pl*; **straight l.** unmittelbare Kreditvergabe; **syndicated l.(s)** Konsortial(kredit)geschäft *nt*, K.kredite *pl*; **total l.(s)** Kreditportefeuille *nt*, K.volumen *nt*, Gesamtausleihungen *pl*, Darlehens-, Ausleihungsstock *m*; **usurious l.** Kreditwucher *m*
lending activity Kreditgeschäft *nt*; **l. agency** Kreditinstitut *nt*; **l. authority** Kreditvollmacht *f*; **l. body** Darlehens-, Kreditgeber *m*; **l. business** 1. Kredit-, Darlehens-, Leih-, Aktivgeschäft *nt*; 2. Kreditwesen *nt*; **l. capacity** Kreditkapazität *f*, K.potenzial *nt*, K.spielraum *m*; **l. ceiling/limit/line** Beleihungsgrenze *f*, Kreditlinie *f*, K.grenze *f*; **l. commitment** 1. Darlehens-, Kreditzusage *f*; 2. Ausleihungen *pl*, (Kredit)Engagement *nt*; **l. control(s)** Kreditbeschränkung *f*; **l. country** Gläubigerland *nt*; **l. demand** Kreditnachfrage *f*; **l. fee** Leihgebühr *f*; **l. freeze** Beleihungs-, Darlehensstopp *m*; **l. guidelines** Kreditrichtlinien, Richtlinien für die Kreditvergabe; **l. institution** Kreditinstitut *nt*; **l. library** Buchverleih *m*, Ausleihbücherei *f*, (Aus)Leihbibliothek *f*; **l. margin** *(Bank)* Kreditrendite *f*, K.zinsen *pl*, Zinsmarge bei Ausleihungen; **l. obligation** Ausleihe-, Kreditverpflichtung *f*; **l. operation(s)** Darlehensgeschäft *nt*, Kreditgewährung *f*; **l. period** Leih-, Kapitalüberlassungsfrist *f*; **l. policy** Kredit(vergabe)politik *f*, K.gebaren *nt*; **l. potential** Kreditspielraum *m*; **l. power** 1. Ausleihungsbefugnis *f*; 2. Kreditgewährungsfähigkeit *f*, K.potenzial *nt*; **l. principles** Beleihungsgrundsätze *pl*; **l. program(me)** Kreditprogramm *nt*
lending rate Darlehenszinsen *pl*, Kreditzins *m*, Lombardzinssatz *m*, Zins(satz) *m* (für Ausleihungen), Beleihungs-, Ausleihungs-, Debitorensatz *m*, Debetzins *m*; **base l. r.** Mindestzinssatz *m*, Eckzins der Clearingbanken für Ausleihungen, Basiszins(satz) *m*; **fixed l. r.s** Festkonditionen; **minimum l. r. (MLR)** *[GB]* Mindestdiskontsatz *m*, M.zinssatz *m*, Kreditekzins *m*; **prime l. r.** Sollzins(fuß) für sehr Adressen, Primarate *f*, Kreditzins für erstklassige Kunden, Leitzins *m*
lending ratio Ausleih(ungs)quote *f*; **l. resources** Kreditvergabepotenzial *nt*; **l. restrictions** Kreditbeschränkungen; **l. rights** 1. Verleihrecht *nt*; 2. Bibliotheksantiemen; **l. scheme** Kreditaktion *f*, K.operation *f*; **l. society** Vorschussverein *m*; **l. statistics** Kreditstatistik *f*; **l. target** geplantes Kreditvolumen; **l. terms** Zinskonditionen, Kreditbedingungen; **l. volume** Beleihungshöhe *f*
lend-lease *n* Leihpacht *f*; *v/t* in Leihpacht überlassen; **L.-L. Act** *[US]* Pacht- und Leihgesetz *nt*

length *n* Dauer *f*, Länge *f*; **at l.** ausführlich, in allen Einzelheiten, lang und breit, ungekürzt
length over all Länge über alles; **~ buffers** 🚂 Länge über Puffer; **l. of life** Lebensdauer *f*, L.erwartung *f*; **~ loading platform** Ladelänge *f*; **~ quay** ⚓ Kailänge *f*; **~ service** (Firmen-/Betriebs)Zugehörigkeit *f*, Dienstalter *nt*, D.zeit *f*, Beschäftigungs-, Zugehörigkeitsdauer *f*, Dauer der Betriebszugehörigkeit/Beschäftigung; **~ pensionable service** Versorgungsdienstalter *nt*; **~ stay** Verweildauer *f*; **~ time** Zeitspanne *f*; **reasonable ~ time** angemessene Zeit; **for an unforeseeable ~ time** auf unabsehbare Zeit; **~ unemployment** Dauer der Arbeitslosigkeit
to go to great length|s sich viel Mühe geben, sich sehr bemühen; **overall l.** Gesamtlänge *f*
lengthen *v/ti* 1. verlängern; 2. länger werden
lengthy *adj* 1. lang andauernd, langwierig; 2. langatmig, umständlich, weitschweifig
leni|ency *n* Nachsicht *f*, Milde *f*; **l.ent** *adj* nachsichtig, milde
lens *n* 1. *(Optik)* Linse *f*; 2. *(Foto)* Objektiv *nt*
lep|er *n* ⚕ Leprakranke(r) *f/m*, Aussätzige(r) *f/m*; **l.rosy** *n* Lepra *f*, Aussatz *m*; **l.rous** *adj* leprakrank, leprös
lesbian *n* Lesbierin *f*, Lesbe *f* *(coll)*; *adj* lesbisch
less *adv* weniger, abzüglich, unter Abzug von, minus; **in l. than** vor Ablauf; **no l. than** mindestens, sage und schreibe *(coll)*
lessee *n* (An)Mieter *m*, Pächter *m*, Leasingnehmer *m*; **main l.** Hauptmieter(in) *m/f*
lessen *v/ti* 1. verringern, (ver)mindern; 2. abmildern, nachlassen, (sich) abschwächen
lessening *n* 1. Nachlassen *nt*, Rückgang *m*, Abnahme *f*; 2. *(Nachfrage)* Beruhigung *f*
lesson *n* 1. (Unterrichts-/Lehr-/Schul)Stunde *f*, Unterrichtsveranstaltung *f*; 2. Lektion *f*, Lehre *f*; **l.s** Unterweisung *f*, Unterricht *m*; **to draw l.s from** lehrreiche Schlüsse ziehen aus; **to give l.s** Unterricht erteilen/geben, Stunden geben; **to have/take l.s** Unterricht erhalten/nehmen; **to teach so. a l.** *(fig)* jdm einen Denkzettel verpassen *(fig)*, jdm eine Lektion erteilen *(fig)*; **private l.s** Nachhilfestunden, N.unterricht *m*, Privatstunden, P.unterricht *m*, Einzelunterricht *m*
lessor *n* Verpächter *m*, Vermieter *m*, Pachtherr *m*, Erbverpachter *m*, Leasinggeber *m*; **l. of equipment** Gerätevermieter *m*; **l. and lessee** Pächter und Verpächter; **to revert to the l.** dem Erbverpächter zufallen; **l. company** *[GB]* /**corporation** *[US]* verpachtende Gesellschaft; **l's lien** Pfandrecht des Vermieters, Verpächterpfandrecht *nt*; **l. margin** Gewinnspanne des Leasinggebers; **l's retention** Haftungs-/Verlust-/Risikobeteiligung des Leasinggebers
less|-than-carload (l. c. l.) *n* *[US]* 🚂 Stückgutfracht *f*, S.ladung *f*, Partiefracht *f*; **l.-than-truckload** *n* *[US]* LKW-Teilladung *f*
let *n* 1. Vermietung *f*, Verpachtung *f*, Vermieten *nt*; 2. Mietdauer *f*, M.zeit *f*; 3. Mietobjekt *nt*; **without l. or hindrance** §§ ungehindert, ohne jede Behinderung, unverzüglich
let *v/t* 1. (zu)lassen, erlauben; 2. vermieten, verpachten, mietweise überlassen, zur Miete geben, verchartern; **to**

let alone

l. *(Anzeige)* zu vermieten; l. **alone** geschweige denn, ganz zu schweigen von; l. **so. down** jdn im Stich lassen; l. **in** einschleusen, durch-, einlassen; l. **so. in on sth.** jdn in etw. einweihen; l. **o.s. in** sich Zugang verschaffen; ~ **for sth.** sich auf etw. einlassen; l. **so. off sth.** jdm etw. durchgehen lassen; ~ **through** jdn durchlassen; l. **up** nachlassen, aufhören; l. **well** sich gut vermieten lassen; l. **so. know** jdn wissen lassen
let *adj* vermietet; **to become l.** vermietet werden
let accommodation vermietete Wohnung/Unterkunft, vermietetes Haus, Mietobjekt *nt*
let-down *n* 1. Enttäuschung *f*; 2. Rückgang *m*, Abnahme *f*; l. **in sales** Absatzrückgang *m*
lethal *adj* lebensgefährlich, tödlich
lett|ability *n* Vermietbarkeit *f*; l.**able** *adj* vermietbar
letter *n* 1. Buchstabe *m*; 2. Schreiben *nt*, Brief(sendung) *m/f*, Zuschrift *f*; l.**s** Korrespondenz *f*; **by l.** brieflich, schriftlich; **to the l.** buchstabengetreu, b.stäblich, peinlich genau
letter of acceptance Annahmeschreiben *nt*, A.erklärung *f*; **renounceable ~ acceptance** *(Aktie)* widerrufbare Annahmeerklärung; ~ **accreditation** Akkreditierungsbrief *m*; ~ **acknowledgment** 1. Anerkenntnis-, Bestätigungsschreiben *nt*; 2. Dank(es)brief *m*; l.**s of administration** [§] Nachlass(verwalter)-, Testamentsvollstreckerzeugnis *nt*, Urkunde über die Einsetzung eines Erbschaftsverwalters; l. **of advice** Benachrichtigungs-, Ankündigungsschreiben *nt*, Versandanzeige *f*; ~ **allocation/allotment** *(Aktie)* Bezugsrechtsmitteilung *f*, Zuteilungsanzeige *f*, Z.schein *m*; **renounceable ~ allocation/allotment** widerrufbare/widerrufliche Mitteilung über die Zuteilung, ~ Zuteilungsmitteilung, widerrufbarer/widerruflicher Zuteilungsschein; l. **of announcement** Ankündigung *f*, Meldung *f*; ~ **apology** Entschuldigungsschreiben *nt*; ~ **application** Bewerbungsschreiben *nt*; **to write a ~ application** Bewerbung schreiben, sich schriftlich bewerben; ~ **appointment** Ernennungs-, Bestallungsurkunde *f*; ~ **appraisal** Referenz-, Empfehlungsschreiben *nt*; ~ **approbation/approval** Genehmigungsschreiben *nt*; ~ **attorney/authorization** Vollmacht(surkunde) *f*, Bevollmächtigungsschreiben *nt*; ~ **authority** 1. Vollmachtserklärung *f*, Ermächtigungsschreiben *nt*, Prozessvollmacht *f*; 2. Akkreditivermächtigung, A.auftrag *m*, Negoziierungskredit *m*; ~ **awareness/comfort** Patronats-, Wohlwollenserklärung *f*, Bürgschaft *f*; ~ **business** *[GB]* Gewerbeberechtigung *f*, G.schein *m*; ~ **charge** *[GB]* Hinterlegungsnachweis *m*; ~ **complaint** Beschwerdeschreiben *nt*, B.brief *m*, Mängelrüge *f*, M.anzeige *f*, schriftliche Beschwerde, Reklamationsbrief *m*, R.schreiben *nt*; ~ **condolence** Beileidsbrief *m*, B.schreiben *nt*, Kondolenzschreiben *nt*; ~ **safe conduct** Geleit-, Schutzbrief *m*; ~ **confirmation** Bestätigungsbrief *m*, B.schreiben *nt*, schriftliche Bestätigung; ~ **countermart** ⚓ Gegenkaperbrief *m*; ~ **credence** Beglaubigungs-, Empfehlungsschreiben *nt*
letter of credit (L/C) Akkreditiv *nt*, Kreditbrief *m*; **opening a ~ c.** Eröffnung/Gestellung eines Akkreditivs, Akkreditivstellung *f*, Kreditbrieferöffnung *f*

to cancel a letter of credit Akkreditiv annullieren; **to confirm a l. of c.** Akkreditiv bestätigen; **to draw on a l. of c.** Akkreditiv in Anspruch nehmen; **to issue a l. of c.** Akkreditiv/Kreditbrief ausstellen; **to notify a l. of c.** Akkreditiv anzeigen; **to open a l. of c.** Akkreditiv eröffnen/gestellen; ~ **in so.'s favour** jdm ein Akkreditiv eröffnen/einräumen; **~ a l. of c. by cable** Akkreditiv telegrafisch eröffnen; **to revoke a l. of c.** Akkreditiv zurückziehen
ancillary letter of credit Hilfsakkreditiv *nt*, H.kreditbrief *m*, Unterakkreditiv *nt*; **circular l. of c.** Reise-, Zirkularkreditbrief *m*; **clean l. of c.** einfaches Akkreditiv, Akkreditiv ohne Dokumente; **commercial l. of c.** 1. (Waren)Akkreditiv *nt*, Handels-, Warenkreditbrief *m*, Dokumentenakkreditiv *nt*; 2. *(Bank)* Rembours(kredit) *m*; **confirmed l. of c.** bestätigter Kreditbrief, bestätigtes Akkreditiv; **direct l. of c.** Kreditbrief an eine bestimmte Bank, an eine bestimmte Bank gerichteter Kreditbrief; **documentary l. of c.** (dokumentarischer) Kreditbrief, Dokumentenkredit *m*, D.akkreditiv *nt*, Akkreditiv mit Dokumentenaufnahme, dokumentäres Akkreditiv; **invalid l. of c.** ungültiges Akkreditiv; **irrevocable l. of c.** unwiderrufliches Akkreditiv, unwiderruflicher Kreditbrief; **confirmed ~ l. of c.; ~ and confirmed l. of c.** bestätigtes unwiderrufliches Akkreditiv, unwiderruflich gültiges und bestätigtes Akkreditiv, unwiderrufliches und bestätigtes Dokumentenakkreditiv; **marginal l. of c.** Wechselkreditbrief *m*; **negotiable l. of c.** begebbares Akkreditiv; **non-commercial l. of c.** Reisekreditbrief *m*; **open l. of c.** Inhaberkreditbrief *m*, l.akkreditiv *nt*; **revocable l. of c.** widerrufliches Akkreditiv, widerruflicher Kreditbrief; **revolving l. of c.** sich automatisch erneuerndes Akkreditiv; **straight l. of c.** bestätigtes unwiderrufliches Akkreditiv; **unconfirmed l. of c.** unbestätigtes Akkreditiv
letter of credit account Akkreditivkonto *nt*; ~ **clause** Akkreditivklausel *f*
letter of delegation 1. Ermächtigungsschreiben *nt*; 2. Inkassoermächtigung *f*, I.vollmacht *f*; ~ **deposit** Hinterlegungsurkunde *f*; ~ **dismissal** Kündigungsschreiben *nt*; l. **to the editor** Leserbrief *m*, L.zuschrift *f*; l. **of enquiry/inquiry** Anfrage *f*, Auskunftsersuchen *nt*; l. **in set form** Formschreiben *nt*; l. **of grant** Bewilligungsschreiben *nt*, B.bescheid *m*; ~ **guarantee** *[GB]* / **guaranty** *[US]* Garantiebrief *m*, G.schreiben *nt*; l.s **of guardianship** Bestallung eines Vormunds; l. **of hypothecation** Verpfändungs-, Pfandurkunde *f*, P.brief *m*, P.verschreibung *f*, Hypothekenbrief *m*; ~ **indemnity** (schriftliche) Garantieerklärung, G.schreiben *nt*, Ausfallbürgschaft *f*, Bürgschafts-, Indemnitätsbrief *m*, (Konnossements)Revers *m/nt*, Konnossementsgarantie *f*, Schaden(s)ersatzerklärung *f*; **to give a ~ indemnity** Ausfallbürgschaft übernehmen; ~ **instruction** (Inkasso)Auftrag *m*; ~ **intent** Kaufzusage *f*, (Kauf)Absichts-, Bereitschaftserklärung *f*, (schriftliche) Willenserklärung; ~ **introduction** Einführungs-, Empfehlungsschreiben *nt*; ~ **invitation** Aufforderungs-, Einladungsschreiben *nt*
letter of the law Buchstabe des Gesetzes; **in accord-**

ance with the ~ l. formalrechtlich; **to stick to the ~ l.** am Buchstaben des Gesetzes kleben
letter of licence 1. Erlaubnis zur Geschäftsführung; 2. *(Gläubiger)* Stillhalteerklärung *f*, Vergleichsvertrag *m*, V.urkunde *f*, Urkunde über die Gewährung von Zahlungsaufschub; **~ lien** Sicherungsübereignungsvertrag *m*, Pfand-, Verpfändungsurkunde *f*; **~ marque/mart; ~ mart and countermart** ⚓ Kaperbrief *m*; **~ notification** Ankündigungs-, Benachrichtigungsschreiben *nt*; **l. of postponement** Rangrücktrittserklärung *f*; **~ preparedness** Absichts-, Verhandlungsbereitschaftserklärung *f*; **~ protection** Moratorium(surkunde) *nt/f*; **~ protest** Protestschreiben *nt*; **~ recommendation** Empfehlungsschreiben *nt*, E.brief *m*, Befürwortungsschreiben *nt*; **~ rectification** Berichtigungsschreiben *nt*; **~ referral** Überweisungsschein *m*; **~ regret** Absagebrief *m*; **~ remittance** Rimessenbrief *m*; **~ renunciation** 1. Abtretung von Bezugsrechten; 2. Verzichterklärung *f*; **~ resignation** Rücktrittsschreiben *nt*, R.gesuch *nt*, Entlassungsgesuch *nt*, Austrittserklärung *f*; **~ respite** Stundungsvertrag *m*, S.vereinbarung *f*, S.verlängerung *f*, Nachsichtbrief *m*, Moratorium(surkunde) *nt/f*; **~ responsibility/sponsorship/support** Patronatserklärung *f*; **l. admitting/claiming responsibility** Bekennerbrief *m*; **l. to shareholders** *[GB]* **/stockholders** *[US]* Aktionärsbrief *m*; **by l. and spirit** dem Buchstaben und Inhalt nach; **l. of subrogation** *(Vers.)* Abtretungserklärung *f*; **~ subscription** Zeichnungsurkunde *f*; **~ tender** *(Ausschreibung)* Offerte *f*; **~ thanks** Danksagung *f*, D.schreiben *nt*; **~ transmittal** 1. *(Dokumenteninkasso)* Inkassoauftrag *m*; 2. Begleit-, Übersendungsschreiben *nt*, Übertragungsvordruck *m*; **~ understanding** Vorvertrag *m*; **~ undertaking** Verpflichtungserklärung *f*
referring to your letter bezugnehmend auf Ihr Schreiben; **l.s to be called for** postlagernde (Brief)Sendungen; **l. to follow** Brief folgt
to abide by sth. to the letter etw. buchstabengetreu erfüllen; **to answer a l.** Brief beantworten; **to call for a l.** Brief abholen; **to close/end a l.** Brief (ab)schließen; **to collect l.s** Briefe einsammeln; **~ the l.s** Briefkasten leeren; **to confirm by l.** brieflich bestätigen; **to date a l.** Brief mit Datum versehen/datieren; **to dead a l.** Brief für unzustellbar erklären; **to deliver a l.** Brief zustellen; **~ l.s** Briefe austragen, Post zustellen/austragen; **to direct a l. to so.** Brief an jdn richten; **to dispatch a l.** Brief abschicken/absenden; **to draft a l.** Brief aufsetzen; **to exchange l.s** Briefe austauschen, korrespondieren; **to file a l.** Brief ablegen/abheften; **~ l.s** Korrespondenz ablegen/abheften; **to forward a l.** Brief nachsenden; **to frank a l.** Brief freimachen; **to hand so. a l.** jdm einen Brief aushändigen; **to intercept a l.** Brief abfangen; **to keep a l.** Brief aufbewahren; **to learn from a l.** (aus) einem Brief entnehmen; **to mail** *[US]* **/post** *[GB]* **a l.** Brief aufgeben/einwerfen/abschicken/zur Post bringen/absenden; **to misdirect a l.** Brief fehlleiten; **to open l.s** Post aufmachen; **to postdate a l.** Brief mit späterem Datum versehen; **to read into a l.** einem Schreiben entnehmen; **to receive a l.** Brief erhalten; **to remit by l.** brieflich überweisen; **to scribble a l.** Brief hinhauen *(coll)*; **to seal a l.** Brief verschließen; **to sort (out) l.s** Briefe sortieren/einordnen; **to suppress a l.** Brief unterschlagen; **to trace a l.** Brief ausfindig machen; **to understand from a l.** (aus) einem Brief entnehmen
letter *v/t* beschriften
accompanying letter Begleitschreiben *nt*, B.brief *m*; **anonymous l.** anonymer Brief; **avocatory l.** Rückberufung *f*; **back l.** Revers *m/nt*; **black l.** 𝔉 Fraktur *f*; **certified l.** *[US]* ✉ Einschreibebrief *m*, Einschreiben *nt*; **circular l.** Rundschreiben *nt*, Umlauf *m*; **closed l.** geschlossener Brief; **commercial l.** Handels-, Geschäftsbrief *m*; **compound l.** Doppelbuchstabe *m*; **confidential l.** vertraulicher Brief; **congratulatory l.** Glückwunsch-, Gratulationsschreiben *nt*; **covering l.** Begleitschreiben *nt*, B.brief *m*, Anschreiben *nt*; **dead l.** unbestellbarer/unzustellbarer Brief; **defamatory l.** Schmähbrief *m*; **dunning l.** Mahnschreiben *nt*, Mahnung *f*; **enclosed l.** beiliegender Brief; **express l.** Eilbrief *m*; **fictitious l.** fingiertes Schreiben; **financial l.** Finanzbrief *m*; **follow-up l.** Folge-, Nachfassbrief *m*, Nachfass-, Erinnerungsschreiben *nt*, nachfassender Werbebrief; **formal l.** förmliches Schreiben; **formless l.** formloses Schreiben; **handwritten l.** Handschreiben *nt*; **illuminated l.** Leuchtbuchstabe *m*; **incoming l.s** Briefeingang *m*; **inland l.** Inlandsbrief *m*; **insured l.** Wertbrief *m*, Brief mit Wertangabe; **introductory l.** Einführungsbrief *m*, E.schreiben *nt*, Empfehlungs-, Gefälligkeitsschreiben *nt*; **legal l.** Abmahnung *f*; **libellous/poison-pen l.** Schmähbrief *m*, beleidigendes Schreiben, beleidigender Brief; **live l.** Tageskopie *f*; **local l.** Stadt-, Ortsbrief *m*; **official l.** amtliches Schreiben, Dienstschreiben *nt*, Amtsbescheid *m*; **open l.** offener Brief; **overseas l.** *[GB]* Auslandsbrief *m*; **overweight l.** Doppelbrief *m*; **personal/private l.** persönlicher/vertraulicher Brief; **poison-pen l.** Schmähbrief *m*; **prepaid l.** frankierter Brief; **previous l.** vorhergehender Brief; **printed l.** Druckbuchstabe *m*; **to write in ~ l.s** in Druckschrift schreiben; **recommendatory l.** Empfehlungsschreiben *nt*; **rectifying l.** Berichtigungsschreiben *nt*; **registered l.** Einschreibebrief *m*, eingeschriebener Brief, Einschreiben *nt*; **sealed l.** versiegelter Brief; **separate l.** getrenntes Schreiben, Sonderschreiben *nt*; **set-form/set-pattern l.** Formschreiben *nt*, Schemabrief *m*; **small l.** Kleinbuchstabe *m*; **to write with a ~ l.** kleinschreiben; **sponsoring l.** Patronatsbrief *m*; **stamped l.** frankierter Brief; **standard l.** Einheits-, Standard-, Serien-, Normalbrief *m*; **teletex l.** Telebrief *m*; **threatening l.** Drohbrief *m*; **unclaimed l.** nicht abgeholter Brief; **undated l.** undatierter Brief; **unregistered l.** gewöhnlicher Brief; **unpaid l.** unfrankierter Brief; **upper-case l.** Großbuchstabe *f*; **urgent l.** dringendes Schreiben; **strongly worded l.** geharnischter Brief

letter bag Briefbeutel *m*, B.sack *m*; **l. bomb** Briefbombe *f*; **l. book** Brieftagebuch *nt*, B.kopierbuch *m*, B.buch *nt*
letterbox *n* Briefkasten *m*, B.einwurf *m*, Hausbriefkasten *m*; **l. company** Basis-, Briefkastengesellschaft *f*, B.firma *f*

letter-card *n* Briefkarte *f*, Kartenbrief *m*; **l. case** 1. Briefmappe *f*; 2. ⌕ Setzkasten *m*; **l.s citatory** [§] schriftliche (Vor)Ladung, Ladungsschreiben *nt*; **~ credential** Beglaubigungsschreiben *nt*; **~ dispatched book** Briefausgangsbuch *nt*
lettered *adj* 1. beschriftet; 2. (literarisch) gebildet
letter file Briefordner *m*, B.ablage *f*, Schnellhefter *m*; **l. founding** ⌕ Schriftguss *m*; **l.head** *n* 1. Briefkopf *m*, Kopf eines Briefes; 2. Firmenaufdruck *m*, Geschäfts-, Kopfbogen *m*; **l. holder** Ablagemappe *f*
lettering *n* Aufdruck *m*, Beschriftung *f*, Schriftzug *m*, Buchstabenform *f*
letter missive 1. Vorlageschein an höheres Gericht; 2. *[GB]* Vorladung an Oberhausmitglieder; **l. opener** Brieföffner *m*; **l. pad** Briefblock *m*; **l.s page** *(Zeitung)* Leserbriefspalte *f*; **l. paper** Briefpapier *nt*; **l.s patent** 1. Patent *nt*, P.brief *m*, P.urkunde *f*, P.schrift *f*, Erfindungspatent *nt*; 2. Freibrief *m*; 3. Berufungs-, Bestallungs-, Ernennungsurkunde *f*; **protected by ~ patent** patentrechtlich geschützt; **l. post** Briefpost *f*; **l.press** *n* ⌕ Druck-, Kopierpresse *f*, Hochdruck *m*; **l. punch** Locher *m*; **l. quality** Schön-, Korrespondenzschrift *f*, Briefqualität *f*; **l. rate** Briefporto *nt*, B.gebühr(ensatz) *f*/*m*; **l.s received** Briefeingang *m*, B.einlauf *m*, Posteingang *m*; **~ book** Briefeingangsbuch *nt*; **l.s rogatory** [§] Amts-, Rechtshilfeersuchen *nt*, gerichtliches Gesuch, Zeugen zu vernehmen, richterliches Ersuchen; **l. scales** Briefwaage *f*; **l. spacing** ⌕ Sperren *nt*, Sperrung *f*; **l. stock** *[US]* zum Handel nicht offiziell zugelassene Aktie, nicht börsengängige Aktie; **l. tariff** ✉ Briefgebühr(ensatz) *f*/*m*, B.porto *nt*; **l. telegram** Brieftelegramm *nt*; **by l. telegram** brieftelegrafisch; **l.s testamentary** [§] Erbschein *nt*, Testamentsvollstreckungs-, Nachlassverwalterzeugnis *nt*, Vollmacht zur Testamentsvollstreckung, testamentarische Vollmacht, Urkunde über die Einsetzung eines Testaments-/Nachlassverwalters, Bestallung als Nachlasspfleger; **l. transmission** Zeichenübertragung *f*; **l. writer** Briefverfasser(in) *m*/*f*, B.schreiber(in) *m*/*f*
letting *n* Vermieten *nt*, Vermietung *f*, Verpachtung *f*; **l. (out) of contract** Auftragserteilung *f*, A.vergabe *f*, Vergabe *f*; **l. of safe deposit facilities** Tresorvermietung *f*; **l. and leasing** Vermietung und Verpachtung; **residential l.** Vermietung von Wohnraum
letting business Vermietungsgeschäft *nt*; **l. conditions** Mietbedingungen; **l. expenses** Vermietungsaufwand *m*; **l. market** Vermietungsmarkt *m*; **l. profit** Gewinn aus Vermietung; **l. time** Mietdauer *f*; **l. value** Mietwert *m*
lettuce *n* 🥬 (Kopf)Salat *m*
let-up *n* Nachlassen *nt*, Mäßigung *f*, Entspannung *f*; **without l.** ohne Unterlass/Rast; **l. in monetary restraint** Lockerung der restriktiven Geldpolitik
leuk(a)emia *n* ⚕ Leukämie *f*, Blutkrebs *m*
level *adj* 1. eben, flach, waagerecht; 2. auf gleicher Höhe; **to be l.** gleichauf liegen; **to draw l.** gleichziehen; **to remain l.** gleich bleiben, auf dem gleichen Niveau verharren
level *n* 1. Niveau *nt*, Höhe *f*, Ebene *f*; 2. Stand *m*, Stufe *f*; 3. Gehalt *m*, Anteil *m*; 4. 🏛 Geschoss *nt*; 5. Schicht *f*; **on a l.** auf gleicher Ebene/Stufe

level of ability Qualifikation *f*; **~ absenteeism** Abwesenheits-, Ausfallquote *f*, Fehlschichten *pl*; **~ accounts receivable** Debitorenbestand *m*
level of activity Beschäftigungsgrad *m*, Kapazitätsausnutzung *f*, K.auslastung *f*, Prozess-, Produktionsniveau *nt*; **budgeted ~ a.** geplante Auslastung/Beschäftigung; **optimum ~ a.** Optimalbeschäftigung *f*; **~ economic a.** Konjunkturniveau *nt*, Wirtschaftsstand *m*; **general ~ economic a.** Gesamtkonjunktur *f*; **high ~ economic a.** intensive Wirtschaftstätigkeit
level of administration Verwaltungsebene *f*, V.stufe *f*; **~ alcohol** Alkoholspiegel *m*; **~ aspiration/attainment** Anspruchsniveau *nt*; **~ authority** Instanz *f*, Hierarchie-, Kompetenzstufe *f*; **~ capacity utilization** Ausnutzungsgrad *m*, Kapazitätsauslastung *f*; **~ charge** Gebührenhöhe *f*; **~ claims** *(Vers.)* Schadenshöhe *f*; **~ commission** Provisionshöhe *f*; **~ commodity prices** Rohstoff-, Rohwarenpreisniveau *nt*; **~ competition** Wettbewerbsgrad *m*; **~ concentration** Konzentrationsgrad *m*; **~ consolidation** Verdichtungsebene *f*, Konsolidierungsstufe *f*; **~ consumption** Verbrauchs-, Konsumniveau *nt*; **~ contribution** Beitragshöhe *f*; **~ costs** Kostenhöhe *f*; **~ cost effectiveness** Kostendeckungsgrad *m*; **~ debt** Verschuldungsgrad *m*, Schuldsumme *f*; **~ demand** Nachfragevolumen *nt*, Bedarfsspiegel *m*; **~ detail** Plantiefe *f*; **~ dividend** Dividendenhöhe *f*; **~ earnings** 1. Einkommenshöhe *f*; 2. Ertragsniveau *nt*; **~ education** Bildungsstand *m*, B.grad *m*, B.niveau *nt*; **~ employment** Beschäftigungsstand *m*, B.lage *f*, B.grad *m*; **higher ~ employment** Mehrbeschäftigung *f*; **~ female employment** Frauenerwerbsquote *f*; **~ expectations** Erwartungshorizont *m*; **~ generality** Abstraktionsniveau *nt*; **nominal ~ growth** nominale Wachstumsrate; **~ hierachy** Hierachieebene *f*; **~ income** Einkommenshöhe *f*, E.niveau *nt*; **break-even ~ income** Basiseinkommen des Haushalts; **minimum ~ income** Grundsicherung *f*; **~ indebtedness** Schuldenstand *m*; **normal ~ indebtedness** Normalverschuldung *f*; **~ indigenization** einheimischer Fertigungsanteil; **~ inflation** Inflationsrate *f*, I.niveau *nt*; **~ information** Informationsstand *m*; **~ interest (rates)** Zinsniveau *nt*, Z.höhe *f*; **desolate ~ interest rates** Zinsmisere *f*; **high ~ interest rates** Zinsplateau *nt*, Hochzinsniveau *f*; **~ invention** Erfindungshöhe *f*; **~ knowledge** Wissensstand *m*; **~ management** Leitungsebene *f*, Stufe der Unternehmensführung, Regiestufe *f*; **~ the market** Kursniveau *nt*; **~ marketing activities** Aktivitätsniveau *nt*; **~ mistakes** Fehlerquote *f*; **~ orders** Auftragsbestand *m*, Orderaufkommen *nt*; **~ incoming orders** Auftragslage *f*; **high ~ order backlog** hoher Auftragsbestand; **~ output** Produktionsniveau *nt*, Beschäftigungsgrad *m*; **optimum ~ output** optimale Beschäftigung; **~ performance** Leistungsstufe *f*, Qualifikationsebene *f*; **~ pollution** Verunreinigungsgrad *m*, Schadstoffbelastung *f*, S.gehalt *m*; **~ preparation** Vorbereitungsgrad *m*; **~ prices** Preis-, Kursniveau *nt*, Stand der Preise/Kurse; **general ~ prices** allgemeines Preisniveau; **stable ~ prices** stabiles Preisniveau; **~ process** *(OR)* Prozessniveau *nt*; **~ production** Produktionsni-

veau *nt*, P.höhe *f*, P.stufe *f*, P.stand *m*; ~ **productivity** Produktivitätsniveau *nt*, P.intensität *f*, Leistungsstand *m*; ~ **profitability** Rentabilitätsniveau *nt*; ~ **prosperity** Wohlstandsniveau *nt*; **basic ~ protection** Grundsicherung *f*; ~ **qualification** Qualifikation(sebene) *f*; ~ **radioactivity** Gehalt an Radioaktivität; ~ **relief** Unterstützungshöhe *f*; ~ **sales** Absatz *m*; ~ **satisfaction** Nutzenniveau *nt*, Versorgungsgrad *m*; ~ **significance** Irrtumswahrscheinlichkeit *f*; ~ **supply** Versorgungsniveau *nt*, V.grad *m*; ~ **taxation** Höhe der Besteuerung, Steuersatz *m*, S.lastquote *f*; ~ **technology** Stand der Technik; ~ **time** Zeithorizont *m*; ~ **training** Ausbildungsstand *m*; ~ **unemployment** (Grad der) Arbeitslosigkeit *f*; ~ **unionization** (gewerkschaftlicher) Organisationsgrad; ~ **utility** Nutzenniveau *nt*, Versorgungsgrad *m*

at all level|**s** auf allen Ebenen; **on a l. (with)**; **on the same l. (as)** auf gleicher Höhe (mit); **to adjust the level** (herauf-/herunter)schleusen; **to be on a l. with so.** auf gleicher Stufe mit jdm stehen; **~ at last year's l.** sich auf Vorjahresniveau bewegen; **to find a l.** sich einpendeln; **to hold sth. flat at its present l.(s)** etw. auf dem gegenwärtigen Niveau halten

acceptable level annehmbares/akzeptables Maß, ~ Niveau; **allowable l.** zulässiger Gehalt; **average l.** Durchschnittsniveau *nt*, D.höhe *f*; **closing l.** *(Börse)* Schlusskurse *pl*, S.notierungen *pl*; **commercial l.** Handelsstufe *f*; **competitive l.** wettbewerbsfähiges Niveau, Wettbewerbsniveau *nt*; **corporate l.** Unternehmensebene *f*; **economic l.** Wirtschaftsstufe *f*; **educational l.** Bildungsstand *m*, B.grad *f*; **at federal l.** auf Bundesebene; **high l.** hohes Niveau, hoher Stand; **~ languages** höhere Programmiersprachen; **highest l.** Höchststand *m*, H.marke *f*; **at its ~ l.** auf dem höchsten Stand; **at the ~ l.** auf höchster Ebene; **intermediate l.** Zwischenstufe *f*; **inventive l.** Erfindungshöhe *f*; **low l.** niedriger Stand; **lower l.** nachgeordnete Ebene; **managerial l.** Führungsebene *f*, F.etage *f*; **maximum l.** Höchstgrenze *f*; **at ministerial l.** auf Ministerebene; **at national l.** auf Landes-/Bundesebene; **normal l.** Normalstand *m*; **overnight l.** *(Börse)* Vortagsniveau *nt*; **above/below ~ l.** über/unter Vortagsniveau; **peak l.** *(Börse)* Spitzenstand *m*; **pre-recession l.** Stand vor der Rezession; **present l.** jetziger Stand; **prescribed l.** vorgeschriebene Höhe; **prior l.** Vorrangebene *f*; **same l.** Gleichstand *m*; **top l.** Höchstniveau *nt*, H.stand *m*, Spitzenebene *f*; **at ~ l.** auf höchster Ebene; **underlying l.** Grundtendenz *f*; **yesterday's l.** Vortagsstand *m*; **below ~ l.** unter dem Vortagsstand

level *v/ti* 1. nivellieren, (ein)ebnen, gleichmachen; 2. planieren; **l. at** abzielen auf; **l. down** nach unten ausgleichen, auf ein tieferes Niveau herabdrücken, senken; **l. off** 1. sich abflachen; 2. *(Preise)* sich abschwächen; 3. sich stabilisieren; 4. *(Nachfrage)* abflauen, plafondieren, ausebnen, verflachen; **l. out** sich einpendeln/ausgleichen, verflachen; **l. up** 1. *(Preise)* hinaufschrauben; 2. *(Löhne)* erhöhen, nach oben ausgleichen, auf ein höheres Niveau heben

level|**-adjusting system** Schleusensystem *nt*; **to do one's l. best** sein Bestmögliches tun; **l. crossing** 🚗/🚆 höhengleiche Kreuzung, schienengleicher (Bahn-)Übergang, (Eisen)Bahnübergang *m*; **l.-headed** *adj* nüchtern; **l. indicator** Stufenbezeichnung *f*

leveller *n* Gleichmacher *m*

levelling *n* 1. Nivellierung *f*; 2. Planierung *f*; 3. (Belastungs)Ausgleich *m*; **l. of incomes** Einkommensnivellierung *f*; **l. down** Gleichmacherei *f*; **l. off** Abschwächung *f*, Abflachen *nt*, Abflachung *f*, Stabilisierung auf hohem/niedrigen Niveau; **~ of economic activity** konjunkturelle Abflachung; **~ the differences** Ausgleich der Unterschiede; **l. system** Nivellierungsmethode *f*

level payments gleichbleibende Zahlungen/Raten; **l.-peg** *v/i* auf gleicher Höhe sein, gleichauf liegen; **l. pegging** stabilisierter Kursstand; **l. printing** 📄 Flachdruck *m*

lever *n* 1. (Umschalt)Hebel *m*; 2. *(fig)* Handhabe *f*; 3. Hebebalken *m*.

leverage *n* 1. Hebelwirkung *f*, H.effekt *m*; 2. *(fig)* Macht *f*, Einfluss *m*, Druckmittel *nt*; 3. Verhältnis von Eigen- zu Fremdkapital, Fremdfinanzierungsgrad *m*, F.quote *f*, Leverage *f*, Verschuldungsgrad *m*; **l. on price levels** Einfluss auf das Preisniveau; **to use as l.** als Druckmittel ausnutzen

financial leverage finanzwirtschaftliche Hebelwirkung, finanzwirtschaftliches Risiko, Kapitalstrukturrisiko *nt*; **fiscal l.** finanzpolitischer Spielraum/Hebel; **negative l.** negativer Leverage-Effekt

leveraged *adj* fremdfinanziert, mit hohem Fremdkapitalanteil; **to be highly l.** hohen Verschuldungsgrad/Fremdkapitalanteil aufweisen

leverage earnings Erhöhung der Eigenkapitalrentabilität (durch Ausgabe von Schuldverschreibungen und Vorzugsaktien); **l. effect** Hebelwirkung *f*, H.effekt *m*; **l. factor** Leveragefaktor *m*; **l. fund** Investmentfonds mit Leihkapital; **l. ratio** Kapitalstrukturkennziffer *f*; **l. risk** Kapitalstruktur-, Verschuldungsrisiko *nt*

leviable *adj* 1. pfändbar; 2. *(Hebesatz)* anwendbar

levy *n* 1. (Steuer)Abgabe *f*, Beitrag *m*, (Steuer)Erhebung *f*, Steuer *f*, Belastung *f*; 2. (Aufbringungs)Umlage *f*, Auflage *f*, Abschöpfung *f*; 3. Nachschussaufforderung *f*; 4. Beschlagnahme *f*; **exempt from l.** abschöpfungsfrei

levy on material assets Substanzabgabe *f*; **~ operating assets** Abgabe auf das Betriebsvermögen; **~ capital** Vermögen(s)steuer *f*; **l. of costs** Kostenerhebung *f*; **l. of distress** Pfändung *f*; **~ duty** Erhebung einer Abgabe; **l. on real estate** Abgabe auf das Grundvermögen, Grundbesitzabgabe *f*

levy of execution Pfändung *f*, Zwangsvollstreckung *f*, Vollstreckung in bewegliche Sachen; **~ by private creditors** Privatpfändung *f*; **~ on movable property** Zwangsvollstreckung in das bewegliche Vermögen

anticipated levy of execution Vorwegpfändung *f*; **renewed l. of e.** Nachpfändung *f*; **unproductive l. of e.** fruchtlose Pfändung

levy in kind Naturalabgabe *f*; **l. on mortgage gains** Hypothekengewinnabgabe *f*; **~ storage** Lagerkostenabgabe *f*

to impose a levy Abgabe/Umlage erheben
additional levy Zusatzabschöpfung *f*; **agricultural l.** (Agrar)Abschöpfung *f*; **compensatory l.** *(EU)* Ausgleichsabgabe *f*, A.abschöpfung *f*, Anteilzoll *m*; **compulsory/obligatory l.** Pflichtumlage *f*, Zwangsabgabe *f*, Z.beitrag *m*; **co-responsibility l.** *(EU)* Mitverantwortungsabgabe *f*; **environmental l.** Umweltabgabe *f*; **lump-sum l.** Pauschalabgabe *f*; **nuclear l.** *[GB]* ⅓ Atompfennig *m [D]*; **one-off l.** einmalige Umlage; **other levies** Abgaben mit gleicher Wirkung; **political l.** *[GB] (Gewerkschaft)* Parteiumlage *f*; **special l.** Sonder-, Ergänzungsabgabe *f*, Sonderabschöpfung *f*, S.umlage *f*; **statutory l.** gesetzliche Abgabe; **supplementary l.** Ergänzungsabgabe *f*, Nacherhebung *f*
levy *v/t* 1. beschlagnahmen, pfänden; 2. *(Abgaben/Steuer)* erheben, belegen mit; 3. ⊖ abschöpfen
levying of tax *n* Besteuerung *f*, Erhebung von Steuern; **l. period** Erhebungszeitraum *m*
levy rate Abschöpfungssatz *m*, A.tarif *m*; **l. system** Abschöpfungsregelung *f*
lex contractus *n (lat.)* § Vertragsstatut *nt*; **l. fori** *(lat.)* § Recht des Gerichtsortes/G.standes; ~ **contractus** Recht des Vertragsortes
lexicographer *n* Wörterbuchverfasser *m*, W.autor *m*, Lexikograf *m*
lex loci actus *n (lat.)* § Recht des Ortes der Handlung, Rechtsordnung der Vornahme der Handlung; **l. patriae** *(lat.)* Heimatrecht *nt*; **l. situs** *(lat.)* Recht der belegenen Sache, Ortsrecht *nt*
liability *n* 1. Haftung(sverhältnis) *f/nt*, Haftpflicht *f*, Verbindlichkeit *f*, (zivilrechtliche) Verpflichtung, Obligo *nt*, Schuld(verpflichtung) *f*; 2. Beeinträchtigung *f*, Belastung *f*; 3. *(Vers.)* Leistungspflicht *f*; 4. *(Bilanz)* Passivum *nt*, Passivposition *f*; **liabilities** Verbindlichkeiten, Passiva, Schulden, Schuldenmasse *f*, Passivpositionen, P.masse *f*, P.bestand *m*; **without any l.** ohne Gewähr
liabilities on (account of) acceptances Wechselhaftung *f*, Verbindlichkeiten aus Akzeptverpflichtungen; **l. from the acceptance of bills** Verbindlichkeiten aus der Annahme gezogener Wechsel; **liability on current account** Kontokorrentverbindlichkeit *f*; ~ **for acts** Handlungshaftung *f*; ~ **for animals** Tierhalterhaftung *f*; **l. to banks** Verbindlichkeiten gegenüber Kreditinstituten
liability on/under a bill Wechselhaftung *f*, W.verpflichtung *f*, W.obligo *nt*
liabilities on bills discounted Verbindlichkeiten aus diskontierten Wechseln; **l. for negotiated bills** Verbindlichkeiten für weitergegebene Wechsel; ~ **negotiated foreign bills** Verbindlichkeiten für weitergegebene Auslandswechsel
liability for breach of warranty Gewährleistungshaftung *f*; **l. of the building principal** Bauherrenhaftung *f*; **l. for business debts** Haftung für Geschäftsschulden; **contingent ~ calls** Einzahlungsverpflichtung *f*; ~ **further calls** Nachschusspflicht *f*; ~ **remaining calls** Resteinzahlungsverpflichtung *f*; **l. of the common carrier** Verkehrshaftpflicht *f*; **l. based on causation; l. for the consequences** Kausalhaftung *f*; **l. without cause** Haftung ohne Verschulden; **l. as co-guarantor** Mithaftung *f*; **l. arising out of collateral for third parties** Haftung aus der Bestellung von Sicherheiten für fremde Verbindlichkeiten; **l. to pay compensation** Entschädigungs-, (Schadens)Ersatzpflicht *f*; **l. in contract** vertragliche Haftung; **l. to pay contributions** Beitrags-, Nachschusspflicht *f*; **l. of a contributory** Nachzahlungspflicht *f*; **limited l. for additional contributions** beschränkte Nachschusspflicht; **unlimited l. for additional contributions** unbedingte Nachschusspflicht; **l. for corporation tax** Körperschaftsteuerpflicht(igkeit) *f*; ~ **costs** Kostenhaftung *f*; **l. on credits opened** Akkreditivverbindlichkeit *f*
liability for damages; ~ **to pay damages** Haftung auf Schaden(s)ersatz, Schaden(s)ersatzverpflichtung *f*, S.pflicht *f*, S.haftung *f*, Entschädigungspflicht *f*; **l. for damage caused** Erfolgshaftung *f*; ~ **damage through negligence** Verschuldenshaftung *f*; ~ **debts** Schuldenhaftung *f*; ~ **defects;** ~ **(material) deficiencies** (Sach)Mängelhaftung *f*, Haftung für Mängel
liabilities payable on demand täglich fällige Verbindlichkeiten; **l. to depositors** Verbindlichkeiten aus Einlagen
liability of the drawer Ausstellerhaftung *f*; **l. on account of/for endorsement** Indossamentsverbindlichkeit *f*, Verbindlichkeit aus Giroverpflichtung
liabilities and equity *(Bilanz)* Verbindlichkeiten und Eigenmittel
liability for fortuitous events Zufallshaftung *f*; **l. in excess of assets** Überschuldung *f*; **liabilities on forward exchange contracts** Verbindlichkeiten aus Währungstermingeschäften; **l. for faults** Mängel-, Verschuldenshaftung *f*; **l. regardless of fault** Gefährdungshaftung *f*; **l. without fault** verschuldensunabhängige Haftung; **l. to raise funds** Aufbringungsschuld *f*; **l. on/under a guarantee** Garantiehaftung *f*, Haftung/Verbindlichkeit aus einer Bürgschaft; **contingent l. on guarantees** Haftungspflicht *f*, H.obligo *nt*; **liabilities arising from guarantee and warranty contracts** *(Bilanz)* Verbindlichkeiten aus Bürgschaften und Gewährleistungsverträgen; **l. for income tax** Einkommen(s)ssteuerpflicht(igkeit) *f*; **liabilities arising from an inheritance** Nachlassverbindlichkeiten; **liabilities from the issue and endorsement of bills** *(Bilanz)* Verbindlichkeiten aus der Begebung und Übertragung von Wechseln; **l. at law** gesetzliche Haftung; **l. under civil law** zivilrechtliche Haftung; ~ **a letter of credit** Akkreditivverpflichtung *f*; **l. for losses; l. to make good a loss** Schaden(s)ersatzpflicht *f*, Schadenshaftung *f*; **l. to provide maintenance** *[GB]* /**support** *[US]* Unterhaltspflicht *f*; **uncalled l. of members** Haftsummenverpflichtung *f*; **l. because of/for negligence** zu vertretende Fahrlässigkeit, Verschuldungshaftung *f*; **liabilities to non-residents** Auslandsverbindlichkeiten; ~ **outsiders** Fremdkapital *nt*, Verbindlichkeiten/Verpflichtungen gegenüber Dritten; **l. of partners** Haftung der Gesellschafter; **l. to make payment** Zahlungsverpflichtung *f*; ~ **a constributory payment** Nachzah-

lungspflicht *f*; **l. on guaranteed payments** Avalobligo *nt*; **liabilities for pension rights** Verbindlichkeiten aus Pensionsansprüchen; **l. for property** Vermögenshaftung *f*; **l. to recourse** Regresshaftung *f*, R.pflicht *f*, Rückgriffshaftung *f*; **l. on rediscounts** Rediskontobligo *nt*; **l. in rem** *(lat.)* dingliche Haftung; **liabilities to residents** Inlandsverbindlichkeiten; **l. for risks arising from property** Sachhaftung *f*; **l. of the seller** Haftung des Verkäufers; **uncalled liabilities on share capital** *[GB]* /**capital stock** *[US]* ausstehende Einlagen; **direct l. of controlling shareholder** *[GB]* /**stockholder** *[US]* Durchgriffshaftung *f*; **liabilities and shareholders'** *[GB]* /**stockholders'** *[US]* **equity** Verbindlichkeiten und Eigenkapital; **liabilities payable at sight** Sichtverbindlichkeiten; **l. of the state** Amtshaftung *f*; **~ states** Staatenhaftung *f*; **l. of the supplier** Lieferantenverpflichtung *f*; **l. for tax/taxation**; **l. to pay tax** Steuerpflicht(igkeit) *f*, Abgabepflicht *f*; **liabilities with a term of ...** Verbindlichkeiten mit einer Laufzeit von ...

liability in tort Haftung aus unerlaubter Handlung, Delikt-, Verschuldenshaftung *f*; **strict ~ tort** verschuldungsunabhängige Haftung; **vicarious ~ tort** Haftung für den Erfüllungs-/Verrichtungsgehilfen

liability of the registered owner of a vehicle 🚗 Halterhaftung *f*; **liabilities under warranties** Verbindlichkeiten aus Gewährleistungsverträgen

carrying (items) as liabilities *(Bilanz)* Passivierung *f*; **discharged from liability** von der Haftung befreit; **not to be ~ liability** von der Haftung nicht entbunden sein

to absolve o.s. from liability sich selbst aus der Haftung entlassen; **~ so. from l.** jdn aus der Haftung entlassen; **to accept/assume a l.** Haftung/Verbindlichkeit übernehmen, haften; **~ l. as a debtor** als Schuldner eintreten; **to accept l. for a loss** für einen Schaden eintreten; **to be released from l.** aus der Haftung ausscheiden; **to carry as liabilities** *(Bilanz)* passivieren, als Passiva behandeln, auf der Passivseite führen; **to contract a l.** Haftung eingehen; **~ liabilities** (vertragliche) Verpflichtungen eingehen; **to create l.** Haftung begründen; **to cover (one's) liabilities** (seinen) Verpflichtungen nachkommen, Verbindlichkeiten erfüllen; **to decline l.** 1. *(Vers.)* Haftpflicht ablehnen; 2. Haftung ablehnen; **to deny l.** Haftung bestreiten; **to disclaim l.** Deckung/Schaden(s)ersatzpflicht ablehnen; **to discharge a l./one's liabilities** einer Verbindlichkeit nachkommen, seine Verpflichtungen erfüllen, seine Schulden bezahlen; **~ from l.** von der Haftung/Haftpflicht befreien; **to escape l.** nicht haftbar gemacht werden; **to exclude l.** Haftung ausschließen; **to exempt from l.** von der Haftung ausnehmen; **~ o.s. from a l.** sich freizeichnen; **to have (un)limited l.** (un)beschränkt haften; **to honour liabilities** Verbindlichkeiten honorieren/begleichen, seinen Verbindlichkeiten nachkommen; **to incur a l.** Verpflichtung eingehen/auf sich nehmen/übernehmen, Schuld eingehen; **to limit l.** Haftung beschränken; **to meet a l.** Verpflichtung erfüllen, einer Verpflichtung/Verbindlichkeit nachkommen, Verbindlichkeit abdecken; **to negate l.** Haftpflicht ausschließen; **to preclude l. for damages** Ersatzpflicht ausschließen; **to refuse (to accept) l.** Haftung ablehnen; **to release so. from a l.**; **to relieve so. of a l.** jdn einer Schuld entheben, jdn von einer Haftpflicht befreien; **~ der Haftung befreien**; **to rule out l.** Haftung ausschließen; **to satisfy liabilities** Verpflichtungen erfüllen, Schulden tilgen; **to show as liabilities** *(Bilanz)* passivieren

absolute liability Gefährdungshaftung *f*, Haftung ohne Verschulden; **accrued liabilities** *(Bilanz)* antizipative Schulden/Passiva, entstandene/noch nicht fällige Verbindlichkeiten, aufgelaufene Verpflichtungen/Verbindlichkeiten; **actual l.** tatsächliche Verpflichtung; **aggregate/collective l.** Kollektivhaftung *f*, Gesamtschuld *f*, G.haftung *f*; **assumed l.** Schuldübernahme *f*, übernommene Schuldverpflichtung; **civil l.** zivilrechtliche Haftung; **commercial liabilities** Geschäftsverbindlichkeiten

contingent liability bedingte Verpflichtung/Verbindlichkeit, Eventualverbindlichkeit *f*, E.haftung *f*, E.verpflichtung *f*, Anfallhaftung *f*, anfällige Verpflichtung; **c. liabilities** Haftungsverbindlichkeiten, H.verhältnisse, ungewisse/mögliche/bedingte Verbindlichkeiten, ~ Schulden; **~ in respect of acceptances** Verpflichtungen aus geleisteten Akzepten; **~ in respect of bills endorsed and in circulation** *(Bilanz)* Wechselobligo *nt*, W.verbindlichkeiten; **c. l. claim** Eventualanspruch *m*, bedingte Forderung

contractual liability vertragliche Haftpflicht/Haftung, Vertragsverbindlichkeit *f*, V.haftung *f*, Haftung aus dem Vertrag; **corporate l.** Gesamt-, Gesellschafts-, Firmen-, Unternehmenshaftung *f*, Haftung einer AG/GmbH; **~ liabilities** Gesellschaftsverbindlichkeiten, Verbindlichkeiten juristischer Personen; **criminal l.** strafrechtliche Haftung/Verantwortung; **cross l.** gegenseitige/wechselseitige Haftung, wechselseitiges Haftungsverhältnis; **cumulative l.** kumulative Haftung; **current liabilities** kurzfristige/laufende Verbindlichkeiten, ~ Verpflichtungen, kurzfristige Passiva/Nettoverbindlichkeiten, kurzfristiges Fremdkapital; **net ~ liabilities** kurzfristige Verbindlichkeiten; **declared liabilities** ausgewiesene Verbindlichkeiten; **deferred l.** langfristige Verbindlichkeit; **~ liabilities** gestundete Schulden, transitorische Passiva, passivierte Einnahmen; **delictual l.** [§] Haftung aus unerlaubter Handlung; **direct l.** unbestimmte und unbedingte Verbindlichkeit; **~ and primary l.** Simultanhaftung *f*; **domestic liabilities** Inlandsverbindlichkeiten; **double l.** Nachschusspflicht in doppelter Höhe, doppelte Haftung; **eligible liabilities** mindestreservepflichtige Einlagen; **external liabilities** Auslandsverbindlichkeiten, A.passiva; **federal l.** Bundeshaftung *f*; **fictitious liabilities** fiktive Kreditoren; **financial l.** Vermögenshaftung *f*; **fiscal liabilities** Steuerschulden; **fixed liabilities** feste/gleichbleibende/langfristige Verbindlichkeiten, langfristiges Fremdkapital; **floating l.** aufschiebend bedingte/kurzfristige Verbindlichkeit; **foreign l.** Auslandsverbindlichkeit *f*; **reserve-carrying ~ liabilities** mindestreservepflichtige Auslands-

formal **liability**

verbindlichkeiten; **formal l.** formelle Haftung; **full l.** volle/unbedingte/unbeschränkte Haftung; **funded liabilities** fundierte/langfristige/konsolidierte Verbindlichkeiten; **gross l.** Gesamtverpflichtung *f*; **hazardous l.** Zufallshaftung *f*; **imperfect l.** unvollkommene Verbindlichkeit; **indeterminate-term liabilities** Verbindlichkeiten mit unbestimmten Fälligkeiten; **individual l.** persönliche Haftung, Individualhaftung *f*; **initial liabilities** Anfangsschuld *f*; **intercompany/intra-group liabilities** Konzernverbindlichkeiten, Verbindlichkeiten gegenüber Konzerngesellschaften; **interest-bearing liabilities** verzinsliche Passiva/Verbindlichkeiten; **joint (and several) l.** solidarische Haftung/Haftpflicht/Verbindlichkeit, Mit-, Kollektiv-, Gesamt-, Solidar-, Gemein(schafts)haftung *f*, Gesamtverbindlichkeit *f*, G.schuldnerschaft *f*, gemeinsame/gesamtschuldnerische Verbindlichkeit, ~ Haftung; ~ **scheme** Haftungsverbund *m*; **legal l.** (gesetzliche) Haftpflicht, Haftungspflicht *f*, gesetzliche Haftung
limited liability beschränkte Haftung/Haftpflicht, Teilhaftung *f*, Haftungsbeschränkung *f*; **to have l. l.** beschränkt haften; **l. l. capital** haftendes Kapital, Kommanditkapital *nt*; ~ **company** *[GB]* 1. Aktiengesellschaft (AG) *f*; 2. Gesellschaft mit beschränkter Haftung (GmbH); ~ **company with a dormant partner** GmbH und Still; ~ **shareholder** Kommanditaktionär *m*
long-term liabilities langfristige Verbindlichkeiten, langfristiges Fremdkapital; **current** ~ **l.** kurzfristiger Anteil langfristiger Verbindlichkeiten
matured liability fällige Schuld/Verbindlichkeit; **maximum l.** Haftpflichthöchstgrenze *f*, Höchsthaftung *f*, H.grenze der Versicherungspflicht; **minimum l.** Haftpflichtmindestgrenze *f*; **monetary l.** monetäre Verbindlichkeiten
net liabilities Nettoverbindlichkeiten, Passivsaldo *m*; **no-fault l.** strenge Haftung, Gefährdungshaftung *f*; **non-contract(ual) l.** außervertragliche Haftung; **notional l.** fiktive Verbindlichkeit; **original l.** ursprüngliches Schuldverhältnis
other liabilities sonstige Verbindlichkeiten/Verpflichtungen; **outstanding liabilities** ausstehende Verbindlichkeiten; **partial l.** Teilhaftung *f*; **penal l.** *[US]* strafrechtliche Verantwortlichkeit, Strafbarkeit *f*; **personal/private l.** persönliche/volle Haftung, Individualhaftung *f*; **personal liabilities** Privatschulden, private Verbindlichkeiten; ~ **insurance** (Privat)Haftpflichtversicherung *f*; **primary l.** primäre/unmittelbare/direkte/selbstschuldnerische Haftung, Voraushaftung *f*, unmittelbare Haftpflicht/Verpflichtung, Hauptverbindlichkeit *f*; **pro-rata l.** anteilmäßige Haftung/Haftpflicht
public liability 1. Staats-, Amts-, Beamtenhaftung *f*; 2. (gesetzliche) Haftpflicht, Haftung gegenüber der Öffentlichkeit; **subject to p. l.** haftpflichtig; **p. l. act** Haftpflichtgesetz *nt*; ~ **motor insurance** Kraftfahrzeug-, Autohaftpflichtversicherung *f*
quick liabilities kurzfristige Verbindlichkeiten, kurzfristig rückzahlbare Schulden; **reserve-carrying l.** (mindest)reservepflichtige Verbindlichkeiten; **secondary liability** sekundäre/subsidiäre Haftung, Nach(fol-

ge)-, Sekundär-, Mithaftung *f*, M.sschuld *f*, mittelbare Haftpflicht; ~ **l.** Eventualverbindlichkeiten; **secured l.** abgesicherte/besicherte Verbindlichkeiten; **short-term l.** laufende/kurzfristige Verbindlichkeiten, kurzfristiges Fremdkapital, kurzfristige Passivgelder; **simultaneous liability** Simultanhaftung *f*; **single liability** Einzelhaftpflicht *f*; **stated l.** Buchschulden, in der Bilanz ausgewiesene Verbindlichkeiten
statutory liability gesetzliche Haftung/Haftpflicht; **strict l.** Gefährdungshaftung *f*, Haftung ohne Verschulden, strenge Haftung; **subordinated l.** nachrangige Haftung; ~ **liabilities** im Rang nachgestellte Verbindlichkeiten; **sundry liabilities** sonstige Verbindlichkeiten
third-party liability Fremdverantwortung *f*, Haftung gegenüber Dritten; ~ **liabilities** fremde Verbindlichkeiten; **insured against** ~ **l.** haftpflichtversichert; ~ **l. car insurance** Kraftfahrzeug-, Autohaftpflichtversicherung *f*; ~ **l. claims** Haftungsansprüche Dritter
tortious liability deliktische Haftung, Verschuldens-, Delikthaftung *f*, Haftung aus unerlaubter Handlung; **capable of** ~ **l.** deliktfähig; **total l.** Gesamtverpflichtung *f*; ~ **liabilities** *(Bilanz)* Summe Verbindlichkeiten; ~ **l. insurance** Haftung gegenüber Dritten; **unadjusted liabilities** schwebende Verbindlichkeiten
uncalled liability Haft(pflicht)summe *f*; **unfunded liabilities** *(Altersversorgung)* nicht fundierte Verbindlichkeiten; **unlimited l.** unbeschränkte Haftung/Haftpflicht, Vollhaftung *f*, absolute Haftpflicht, volle Haftung; **unrecorded liabilities** unverbuchte Verbindlichkeiten; **unsecured l.** ungesicherte Verbindlichkeit; **vicarious l.** Haftung für fremdes Verschulden, ~ den Erfüllungsgehilfen, stellvertretende Haftung, Organ-, Repräsentationshaftung *f*
liability account Passivkonto *nt*; **l. accounting** Obligobuchführung *f*; **l. association** Haftpflichtverband *m*; **l. bond** Haftungserklärung *f*, Haftpflichtanerkenntnis *f*; **l. business** Haftpflichtgeschäft *nt*; **l. capital** Hafteinlage *f*, H.kapital *nt*; **l. case** Haftpflichtprozess *m*; **l. claim** Haftpflicht-, Haftungsanspruch *m*; **l. clause** Haftungsklausel *f*; **l. composition** Verhältnis von Termin- und Spareinlagen zu Gesamteinlagen; **l. contract** Haftungsvertrag *m*; **l. cover(age)** Haftungssumme *f*, Haftpflichtdeckung *f*, H.umfang *m*, H.schutz *m*, H.masse *f*; **maximum l. cover(age)** Höchsthaftungssumme *f*; **l. dividend** Dividende in Form von Schuldurkunden; **l. exemption clause** Haftungsbeschränkungsklausel *f*; **l. fund** Haftungsfonds *m*; **liabilities incurred** (eingegangene) Verbindlichkeiten
liability insurance Haftpflicht-, Schadenersatzversicherung *f*; ~ **for builder-owners** Bauherrenhaftpflichtversicherung *f*; **legal l. i.** (gesetzliche) Haftpflichtversicherung; **marine l. i.** Seehaftpflichtversicherung *f*; **personal l. i.** (Privat)Haftpflichtversicherung *f*; **professional l. i.** Haftpflichtversicherung der freien Berufe, Berufshaftpflichtversicherung *f*; **public l. i.** Haftpflichtversicherung *f*; **statutory l. i.** Haftpflichtzwangsversicherung *f*, H.versicherung bis zur Höhe der gesetzlichen Haftung; **l. i. act** Haftpflichtgesetz *nt*

liability insured Deckungsumfang *m*; **maximum l. insured** Deckungssumme *f*; **l. item** *(Bilanz)* Schuld-, Passsivposten *m*; **l. limit** Haftungsgrenze *f*; **maximum l. limit** Höchsthaftungssumme *f*; **l. loss** Haftungsschaden *m*; **l. management** Verschuldungspolitik *f*; **l. policy** Haftpflicht(versicherungs)police *f*; **general l. policy** allgemeine Haftpflicht(versicherungs)police; **l. provisions** Haftungsvorschriften, H.bestimmungen; **l. reserves** Rücklagen für ungewisse Verbindlichkeiten; **to form/set up a l. reserve** Rücklagen bilden; **l. restriction** Haftpflichtbeschränkung *f*; **l. risk** Haftungsrisiko *nt*

liabilities side *(Bilanz)* Passivseite *f*; **on the l. s.** passivisch; **to enter/include/show on the l. s. (of the balance sheet)** passivieren; **l. s. business** Passivgeschäft *nt*; ~ **financing** Passivfinanzierung *f*

liability suit Haftpflicht-, Haftungsprozess *m*; ~ **surcharge** Haftungszuschlag *m*; ~ **underwriter** Haftpflichtversicherer *m*; ~ **waiver clause** Haftungsverzichtklausel *f*

liable *adj* 1. haftend, (finanziell) haftbar, h.pflichtig, haftungsfähig; 2. verantwortlich; 3. verpflichtet; 4. voraussichtlich; **to be l.** haften, haftpflichtig sein; ~ **for** verantwortlich sein für, einstehen (müssen) für; ~ **to** der ... unterliegen; **to be contingently l.** bedingt haften; ~ **directly l.** unmittelbar haften; ~ **fully l.** im vollem Umfang/uneingeschränkt haften; ~ **jointly (and severally) l.** mithaften, solidarisch/gemeinsam/als Gesamtschuldner/gesamtschuldnerisch haften; ~ **personally l.** persönlich haften; ~ **secondarily l.** subsidiär haften; ~ **strictly and absolutely l.** aus Gefährdung haften; ~ **vicariously l.** für das Verschulden Dritter einstehen müssen, für den Erfüllungsgehilfen haftbar sein; **to hold o.s. l.** sich verantwortlich halten (für), haften; ~ **so. l.** jdn haftbar/haftpflichtig machen, jdn zur Verantwortung ziehen; **to make/render jointly and severally l.** gesamtschuldnerisch/als Streitgenossen haftbar machen; **to render o.s. l.** sich haftpflichtig/(schaden)ersatzpflichtig/haftbar machen

liable in the second degree subsidiär haftbar

absolutely liable unbeschränkt haftbar; **criminally l.** strafrechtlich belangbar; **directly l.** selbstschuldnerisch (haftbar); **fully l.** voll haftbar/haftend; **jointly (and severally) l.** gemeinsam/gesamtschuldnerisch (haftbar); **legally l.** haftbar; **personally l.** persönlich haftbar/haftend; **primarily l.** *[US]* unmittelbar haftpflichtig/haftbar; **secondarily l.** *[US]* mittelbar haftpflichtig; **severally l.** individuell haftbar

liaise *v/i* als Verbindungsmann/Kontaktperson fungieren, ~ agieren, Verbindung aufnehmen, Kontakt halten

liaison *n* Verbindung *f*, Kontakt *m*, Zusammenarbeit *f*; **l. committee** Verbindungsausschuss *m*; **l. office** Verbindungs-, Kontaktstelle *f*, K.büro *nt*, Verbindungsbüro *nt*; **l. officer** 1. Verbindungsmann *m*; 2. ⚔ Verbindungsoffizier *m*; **(home-school) l. teacher** Verbindungslehrer(in) *m/f*

liar *n* Lügner(in) *m/f*; **to call so. a l.** jdn der Lüge bezichtigen; **arrant/inveterate l.** notorischer Lügner

libel *n* [§] (schriftliche) Verleumdung, (verleumderische) Beleidigung, Verunglimpfung *f*, üble Nachrede, schriftliche (Verbal)Beleidigung, Ehrverletzung in schriftlicher oder anderer dauerhafter Form, ehrenrührige Schrift; **blasphemous l.** Gotteslästerung *f*; **criminal l.** strafbare Verleumdung/Beleidigung; **seditious l.** aufrührerische Schmähschrift

libel *v/t* verleumden, verunglimpfen; **l. action** Verleumdungsprozess *m*, Beleidigungsklage *f*; **l. case** Verleumdungsklage *f*, Ehrensache *f*; **l. damages** Schaden(s)ersatz wegen übler Nachrede

libellous *adj* ehrenrührig, verleumderisch

libel suit Verleumdungsklage *f*; **l. trial** Beleidigungsprozess *m*

liberal *n* Liberale(r) *f/m*; *adj* aufgeschlossen, liberal, großzügig, freiheitlich, freizügig

liberalization *n* Liberalisierung *f*; **l. of imports** Einfuhrliberalisierung *f*; ~ **the movement of capital** Kapitalverkehrslockerung *f*; ~ **trade** Handelsliberalisierung *f*, Liberalisierung des Handels; **l. code** Liberalisierungskodex *m*; **l. list** Liberalisierungsliste *f*

liberalize *v/t* freigeben, liberalisieren; **l.ism** *n* Liberalismus *m*; **l.ity** *n* Freizügigkeit *f*, Liberalität *f*; **l.-minded** *adj* weltoffen, freiheitlich gesinnt

liber|ate *v/t* befreien; **l.ation** *n* Befreiung *f*

liberty *n* 1. Freiheit *f*; 2. Ermessensspielraum *m*; **at l.** frei, in Freiheit, auf freiem Fuß

liberty of action Handlungsfreiheit *f*; **full l. to act** völlige Handlungsfreiheit; **l. to appeal** [§] Berufungsmöglichkeit *f*; **l. of conscience** Gewissensfreiheit *f*; **l. to (enter into a) contract** Kontrahierungsfreiheit *f*; **l. of the press** Pressefreiheit *f*; ~ **quotation** Entlehnungsfreiheit *f*

with all liberties mit allen Rechten

to be at liberty to do (sth.) Erlaubnis haben, etw. zu tun, etw. tun dürfen; **to surrender one's l.** auf seine Freiheit verzichten; **to take the l.** sich erlauben, sich die Freiheit nehmen; ~ **liberties** sich Freiheiten/viel herausnehmen

civil liberty (staats)bürgerliche Freiheit, Bürger-, Grundrecht *nt*; **natural l.** natürliche Freiheit; **occupational l.** Berufsfreiheit *f*; **personal l.** persönliche Freiheit; **political liberties** Bürgerrechte

liberties clause Sonderrechtsklausel *f*

LIBOR *n* → **London Interbank Offer Rate**

librarian *n* Bibliothekar(in) *m/f*

library *n* 1. Bibliothek *f*, Bücherei *f*; 2. 💾 Datenbank *f*; **L. of Congress** *[US]* Nationalbibliothek *f*

circulating library Leihbücherei *f*, L.bibliothek *f*; **departmental l.** Abteilungs-, Seminarbibliothek *f*; **mobile l.** Fahrbücherei *f*, Wanderbibliothek *f*, W.-bücherei *f*, Bücherbus *m*; **municipal l.** Stadtbücherei *f*, S.bibliothek *f*; **open-earn l.** Handbibliothek *f*; **photographic l.** Fotothek *f*; **private l.** Hausbibliothek *f*; **public l.** Volks-, Stadtbücherei *f*, öffentliche Bibliothek; **rental l.** *[US]* Leihbibliothek *f*, L.bücherei *f*; **specialized l.** Fachbücherei *f*, F.bibliothek *f*

library ticket Leser-, Bibliotheks-, Benutzerausweis *m*

licence *[GB]*; **license** *[US]* *n* 1. Erlaubnis(bescheid) *f/m*, (Nutzungs)Lizenz *f*, Zulassung(serteilung) *f*, Genehmigung *f*, Konzession *f*, Benutzungs-, Verkaufs-

subject to a **licence**

recht *nt*, Berechtigung(snachweis) *f/m*, Legitimation(sschein) *f/m*; 2. ⇔ Führerschein *m*; 3. ⚕ Approbation *f*; 4. Schankerlaubnis *f*, S.recht *nt*; **subject to a l.** konzessionspflichtig; **under l.** mit Genehmigung
licence to do business Geschäftslizenz *f*, G.führungsgenehmigung *f*, Gewerbebefugnis *f*, G.schein *m*, Zulassung zum Geschäftsbetrieb, Handelskonzession *f*, H.erlaubnis *f*; **l. to exhibit** Messekonzession *f*; **l. to manufacture** Produktionslizenz *f*, P.erlaubnis *f*, P.konzession *f*, Herstellungslizenz *f*; **~ hold a meeting** Versammlungsgenehmigung *f*; **~ operate** Betriebsgenehmigung *f*; **~ practise as a physician** ⚕ ärztliche Zulassung, Approbation *f*; **~ print** 🛇 Druckerlaubnis *f*, D.genehmigung *f*, D.bewilligung *f*, Imprimatur *nt (lat.)*; **~ sell** Verkaufserlaubnis *f*, V.konzession *f*; **~ operate a taxi** Taxikonzession *f*; **~ trade** Gewerbeschein *m*; **~ use** Benutzungslizenz *f*
requiring a licence lizenz-, genehmigungspflichtig; **r. no l.** lizenzfrei; **taking (out) a l.** Lizenznahme *f*
to apply for a licence Konzession/Lizenz beantragen; **to award/grant/issue a l.** Lizenz gewähren/erteilen/vergeben, Konzession erteilen/bewilligen/vergeben, konzessionieren, Erlaubnis erteilen; **to build/manufacture under l.** in Lizenz bauen, nachbauen; **to cancel a l.** Lizenz entziehen; **to endorse a l.** ⇔ Eintragung auf dem Führerschein machen/vornehmen; **to hold a l.** Konzession/Lizenz besitzen, ~ haben; **to offer (to grant) a l.** Lizenz anbieten; **to refuse a l.** Erlaubnis versagen; **to release on l.** bedingt entlassen; **to renew a l.** Lizenz erneuern/verlängern; **to revoke/withdraw a l.** Lizenz/Konzession zurückziehen, ~ entziehen, ~ zurücknehmen; **to suspend a l.** Lizenz zeitweilig außer Kraft setzen; **to take out a l.** Lizenz/Zulassung erwerben, Lizenz nehmen, Genehmigung/Konzession einholen, sich eine Lizenz/Konzession beschaffen, ~ verschaffen
broadcast-receiving licence Radioempfangserlaubnis *f*; **broadcast-transmitting l.** Sendeerlaubnis *f*; **contractual l.** vertragliche Lizenz/Erlaubnis; **cross l.s** gegenseitige Lizenzen; **~ l. agreement** Patentaustauschabkommen *nt*, P.vertrag *m*; **exclusive l.** ausschließliche Lizenz, Exklusiv-, Einzelkonzession *f*, E.genehmigung *f*, Alleinlizenz *f*; **partially ~ l.** teilweise ausschließliche Lizenz; **executory l.** Konzession für später; **expired l.** erloschene Konzession/Lizenz; **general l.** Generallizenz *f*, Sammel(ausfuhr)genehmigung *f*; **open ~ l.** *(Einfuhr)* allgemeine Rahmeneinfuhrgenehmigung; **implied l.** stillschweigend genehmigte Lizenz; **individual l.** Einzellizenz *f*; **interim/preliminary l.** vorläufige Konzession, Vorlizenz *f*; **legal l.** gesetzliche Lizenz; **multiple l.** Mehrfachlizenz *f*; **non-exclusive l.** einfache/nicht ausschließliche Lizenz; **non-restricted/plenary l.** unbeschränkte Lizenz, uneingeschränkte Erlaubnis; **off l.** Lizenz für Alkoholverkauf zum Verzehr außerhalb des Ladens; **official l.** behördliche Genehmigung; **open l.** Rahmenlizenz *f*; **personal l.** Privatlizenz *f*; **poetic l.** dichterische Freiheit; **professional l.** Genehmigung zur Ausübung eines Berufes; **revocable l.** widerrufliche Genehmigung; **sole l.** Al-

leinlizenz *f*; **special l.** Sondererlaubnis *f*, Sonder-, Ausnahmegenehmigung *f*, besondere Erlaubnis; **statutory l.** gesetzliche Lizenz; **unlimited l.** Vollkonzession *f*
licence agreement Lizenzvertrag *m*, L.vereinbarung *f*, L.abkommen *nt*, Gestattungsvertrag *m*; **l. application** Konzessionsantrag *m*; **l. award** Konzessions-, Lizenzvergabe *f*; **l. contract** Lizenzvertrag *m*, L.vereinbarung *f*
licence dodger *(Fernsehen/Radio)* Schwarzseher *m*, S.hörer *m*; **l. duty** 1. Lizenzgebühr *f*, Konzessionsabgabe *f*; 2. ⇔ Kfz-Steuer *f*; **l. fee** Lizenz-, Konzessionsgebühr *f*, K.abgabe *f*, Genehmigungsgebühr *f*; **l. holder** Lizenzinhaber(in) *m/f*, L.nehmer(in) *m/f*, L.halter(in) *m/f*, Konzessionär *m*, Konzessionsinhaber(in) *m/f*; **l. income/proceeds** Lizenzerträge *pl*, L.einnahmen *pl*; **l.s network** Lizenzverbund *m*; **l. number/plate** *[US]* ⇔ Autonummer *f*, Auto-, Kraftfahrzeugkennzeichen *nt*, polizeiliches/amtliches Kennzeichen, Nummern-, Zulassungsschild *nt*; **l. proceedings/procedure** Genehmigungs-, Lizenzverfahren *nt*; **individual l. procedure** Einzelgenehmigungsverfahren *nt*; **l. renewal** Lizenzerneuerung *f*, L.verlängerung *f*; **l. royalties** Lizenz-, Konzessionsgebühren; **l. tax** 1. Lizenzgebühr *f*, Konzessionssteuer *f*, K.abgabe *f*; 2. ⇔ Kfz-Steuer *f*
licensable *adj* lizenzfähig
license *v/t* lizenzieren, konzessionieren, (amtlich) genehmigen, zulassen, ermächtigen
licensed *adj* konzessioniert, lizensiert, zugelassen, verbrieft; **fully l.** voll konzessioniert; **generally l.** allgemein genehmigt
licensee *n* 1. Lizenzinhaber(in) *m/f*, L.träger(in) *m/f*, L.nehmer(in) *m/f*, Konzessionsinhaber(in) *m/f*, K.nehmer(in) *m/f*, Konzessionär *m*; 2. Inhaber(in) einer Schankerlaubnis; **general l.** Generallizenznehmer(in) *m/f*; **joint l.** *(Lizenz)* Mitinhaber(in) *m/f*
licenser; licensor *n* Konzessions-, Lizenz(ver)geber(in) *m/f*
licensing *n* Zulassung(serteilung) *f*, Konzessionsgewährung *f*, K.erteilung *f*, K.vergabe *f*, K.verleihung *f*, Genehmigung *f*, Konzessionierung *f*, Lizenzbewilligung *f*, L.gewährung *f*, L.erteilung *f*, L.einräumung *f*, L.vergabe *f*, Lizensierung *f*; **exempt from l.** genehmigungsfrei; **subject to l.** lizenzpflichtig
licensing act Schank-, Gaststättengesetz *nt*; **l. agency** Genehmigungsstelle *f*; **l. agreement** Lizenz-, Gestattungsvertrag *m*, Lizenz-, Konzessionsabkommen *nt*; **l. application** 1. Zulassungsantrag *m*; 2. Antrag auf Schankerlaubnis; **l. arrangement** Lizenzvereinbarung *f*; **l. associate** Lizenzpartner *m*; **l. authority** Genehmigungs-, Konzessionsbehörde *f*, Bewilligungsstelle *f*; **l. certificate** Zulassungsurkunde *f*; **l. contract** Lizenzvertrag *m*; **l. hours** (Aus)Schankzeiten; **l. income** Lizenzeinnahmen *pl*; **l. law** Schankrecht *nt*; **l. policy** Lizenzpolitik *f*; **l. practice(s)** Genehmigungspraxis *f*; **l. procedure** Bewilligungs-, Lizensierungs-, Konzessions-, Genehmigungs-, Zulassungsverfahren *nt*; **l. provisions** Lizenzvorschriften, Zulassungsbestimmungen; **l. regulations/rules** Zulassungsregeln, Z.regelung *f*, Z.ordnung *f*, Konzessionsbestimmungen; **l. requirements** Genehmigungserfordernis *f*, G.vor-

schriften, G.pflicht *f*, G.aufwand *m*, Zulassungserfordernis *f*, Voraussetzung für die Genehmigung; **l. restrictions** Lizenzauflagen, L.beschränkungen
licensure *n* [US] Lizenz-, Erlaubniserteilung *f*, Genehmigung(sverfahren) *f/nt*
lid *n* Deckel *m*, Klappe *f*; **to blow the l.** *(fig)* Skandal enthüllen; **to keep a l. on prices** *(fig)* Preiserhöhungen unterbinden; **~ the l. on sth.** *(fig)* etw. unter Kontrolle halten; **to put a l. on spending** *(fig)* Ausgaben kürzen/drosseln; **that puts the l. on it** *(coll)* das schlägt dem Fass den Boden aus *(coll)*; **hinged l.** Klappdeckel *m*
lie *n* 1. Lage *f*, Position *f*; 2. Lüge *f*; **l.s and deception** Lug und Trug; **the l. of the land** *(fig)* Sachlage *f*; **l.s have short wings** *(prov.)* Lügen haben kurze Beine *(prov.)*; **to give so. the l.** jdn Lügen strafen, jdn widerlegen; **~ the l. to sth.** etw. widerlegen; **to tell a l.** lügen
barefaced lie dreiste Lüge; **big l.** faustdicke Lüge; **blatant/brazen/whacking l.** unverschämte/faustdicke/plumpe Lüge; **downright/outright l.** glatte Lüge; **white l.** Notlüge *f*
lie *v/i* 1. liegen; 2. lügen; **l. around** herumliegen; **l. behind sth.** hinter etw. stecken; **l. down** sich hinlegen; **l. off ⚓** vor Anker liegen vor; **l. over** *(Wechsel)* überfällig sein; **l. up ⚓** aufliegen; **l. with so.** in jds Macht liegen
lie-abed *n* Langschläfer(in) *m/f*
lie detector Lügendetektor *m*, Polygraf *m*
to have a lie-in *n* sich ausschlafen
lien *n* Pfand(recht) *nt*, P.sicherheit *f*, P.objekt *nt*, P.haft *f*, Zurückbehaltungsrecht *nt*, beschränktes dingliches Recht
lien by agreement Vertragspfand(recht) *nt*; **~ attachment** Pfändungspfandrecht *nt*; **l. on movable chattels** Mobiliarpfandrecht *nt*; **l. (up)on real estate/(real) property**; **l. secured by property** Grund(buch)pfandrecht *nt*, dingliche Sicherheit; **l. on the fruits of the land** Früchtepfandrecht *nt*; **statutory l. of lessee** Pächterpfandrecht *nt*; **l. by operation of the law** gesetzliches Zurückbehaltungsrecht/Pfandrecht; **l. of record** Registerpfandrecht *nt*, eingetragenes Pfandrecht; **l. on tenants' working assets** Pächterinventarpfandrecht *nt*
to constitute a lien Pfandrecht begründen; **to create a l.** Pfandrecht bestellen; **to enforce a l.** Pfandrecht erzwingen; **to exercise a l.** Pfandrecht ausüben; **to have a l. upon a cargo** Frachtführerpfandrecht haben; **to lay a l. on sth.** Zurückbehaltungsrecht/Pfandrecht auf eine Sache geltend machen; **to vacate a l.** Pfandrecht aufheben; **to waive the l.** auf das Pfandrecht verzichten, auf die Ausübung des Pfandrechts verzichten
agricultural lien Erntepfandrecht *nt*; **charging l.** Sicherungs(pfand)recht *nt*; **concurrent l.** gleichrangiges Pfandrecht; **consummate l.** Pfandrecht auf Grund eines rechtskräftigen Titels; **contractual/conventional l.** Vertragspfand(recht) *nt*, rechtsgeschäftliches Pfandrecht; **equitable l.** Sicherungs- Treuhandgut *nt*, T.eigentum *nt*, Billigkeitspfand *nt*, sicherungsübereignete Gegenstände, treuhänderisches Eigentum, besitzloses Pfandrecht; **first l.** erststelliges Pfandrecht, erstrangiges Pfand-/Zurückbehaltungsrecht; **general l.** allgemeines Zurückbehaltungsrecht; **implied l.** gesetzlich vermutetes Pfandrecht; **inchoate l.** Pfandrecht auf Grund eines (noch) nicht rechtskräftigen Titels; **junior l.** nachstehendes/nachrangiges/jüngeres Pfandrecht; **maritime l.** Seepfandrecht *nt*, S.rückbehaltungsrecht *nt*, Schiffsgläubigerrecht *nt*, S.pfandrecht *nt*; **mercantile l.** kaufmännisches Zurückbehaltungsrecht; **municipal l.** städtische Reallast; **non-possessory l.** besitzloses Pfandrecht; **paramount l.** vorrangiges Pfandrecht; **particular l.** Pfandrecht an einem bestimmten Gegenstand; **possessory l.** Zurückbehaltungs-, Besitzpfandrecht *nt*; **prior/senior l.** bevorrechtigtes Pfandrecht/Zurückbehaltungsrecht, Vorzugspfandrecht *nt*, vorrangiges/bevorzugtes/älteres/rangmäßig vorgehendes Pfandrecht; **prior l. loan** Darlehen an erster Stelle; **second l.** nachrangiges Pfandrecht; **secret l.** Eigentumsvorbehalt *m*; **special/specific l.** Pfandrecht/Zurückbehaltungsrecht an einem bestimmten Gegenstand; **statutory l.** gesetzliches Pfandrecht
lien bond Schuldverschreibung *f*, Obligation *f*; **first l. b.** erstrangig gesicherte Schuldverschreibung; **junior l. b.** durch nachrangige Hypothek gesicherte Obligation; **prior/senior l. b.** durch Vorranghypothek gesicherte Obligation, erstrangig gesicherter Pfandbrief
lien claimant Pfändungsberechtigte(r) *f/m*; **l. creditor** Pfandinhaber(in) *m/f*, P.gläubiger(in) *m/f*, Inhaber(in) eines (Zu)Rückbehaltungsrechts
lien|ee *n* Pfandschuldner(in) *m/f*; **l.holder** *n* Pfandgläubiger(in) *m/f*; **maritime l.holder** Schiffsgläubiger(in) *m/f*
lienor *n* Pfandinhaber(in) *m/f*, P.gläubiger(in) *m/f*, Inhaber(in) eines (Zu)Rückbehaltungsrechts; **maritime l.** Schiffsgläubiger(in) *m/f*
in lieu of *n* anstelle von; **l. bonus** Leistungsausgleich *m*
life *n* 1. (Menschen)Leben *nt*; 2. Lebenserwartung *f*; 3. Nutzungs-, Lebensdauer *f*, Haltbarkeit *f*; 4. Gültigkeitsdauer *f*; 5. *(Pat.)* Geltungsdauer *f*; 6. *(Anleihe)* Laufzeit *f*; 7. *(Parlament)* Legislaturperiode *f*; *adj* § lebenslänglich; **during the l.** während des Bestehens, ~ der Gültigkeitsdauer; **for l.** auf Lebenszeit, für den Rest des Lebens, lebenslänglich; **from l.** nach der Natur
life of a company Totalperiode *f*; **~ (a) contract** Vertragsdauer *f*; **during the ~ a contract** während der Dauer eines Vertrages; **l. of ease** müheloses Leben; **~ a lease** Mietvertrags-, Pachtdauer *f*; **~ a letter of credit** Gültigkeitsdauer/Laufzeit eines Akkreditivs; **l. and limb** Leib und Leben; **to escape with ~ limb** (nur) das nackte Leben retten; **l. of a loan** Kredit-, Anleihelaufzeit *f*, Darlehensdauer *f*, Dauer/Laufzeit einer Anleihe; **~ luxury** Luxusleben *nt*, süßes Leben; **~ its own** Eigenleben *nt*; **~ a parliament** Legislaturperiode *f*; **~ a patent** (Geltungs)Dauer/Laufzeit eines Patents, Patentdauer *f*, Schutzfrist *f*; **~ a policy** Versicherungslaufzeit *f*, Versicherungs-, Police(n)dauer *f*, P.laufzeit *f*, Laufzeit einer Police; **~ a receivable** Forderungslaufzeit *f*; **l. at sea** Seemannsleben *nt*; **the l. and soul of a party** Stimmungskanone *f (coll)*; **l. of a transaction** *(Geschäft)* Vertragsdauer *f*
all my life mein Lebtag, zeitlebens; **drawn from l.** lebensnah; **employed for life** auf Lebenszeit angestellt;

full of l. voller Leben(skraft); **tenable for l.** *(Stelle)* auf Lebenszeit; **true to l.** lebensecht, l.getreu, l.nah; **not for the l. of me** *(coll)* beim besten Willen nicht, ums Verrecken nicht *(coll)*, mit mir nicht *(coll)*; **you can bet your l. on it** *(coll)* darauf kannst du Gift nehmen *(coll)*; **to appoint for life** auf Lebenszeit anstellen/ernennen; **to be after so.'s l.** jdm nach dem Leben trachten; **to begin l.** *(Anleihe)* erstmals gehandelt werden; **to breathe new l. into sth.** *(fig)* etw. mit neuem Leben erfüllen, (neuen) Schwung in etw. bringen; **to bring so. back to l.** jdn ins Leben zurückrufen; **to come to l.** zum Leben erweckt werden; **to cost one's l.** den Kopf kosten; **to dedicate one's l. to sth.** es sich zur Lebensaufgabe machen; **to end one's l. in peace** sein Leben in Frieden beschließen; **to forfeit one's l.** sein Leben verwirken; **to galvanize into l.** neu beleben; **to inject l. into sth.** etw. beleben; **to insure one's l.** sein Leben versichern; **to lead a fast l.** unsolides Leben führen; **~ secluded l.** ruhiges Leben führen; **~ steady l.** solides Leben führen; **to live an outdoor l.** in der freien Natur leben; **to make a new l. for o.s.** sich eine (neue) Existenz aufbauen; **to owe one's l.** sein Leben verdanken; **to put l. into sth./enterprise** Leben in die Bude bringen *(coll)*, Auftrieb geben; **~ new l. into sth.** etw. sanieren; **to risk one's l.** sein Leben riskieren/einsetzen/aufs Spiel setzen, seine Haut zu Markte tragen *(fig)*; **to spare so.'s l.** jdm das Leben schenken; **to struggle through l.** sich durchs Leben schlagen; **to take one's l.** sich das Leben nehmen, sich töten, Selbstmord begehen
academic life Universitätsleben *nt*, Wissenschaftsbetrieb *m*; **actual l.** tatsächliche Nutzungsdauer; **agreed l.** *(Darlehen)* vereinbarte Laufzeit; **assured l.** *[GB]* versichertes Leben; **average l.** Durchschnittslaufzeit *f*, durchschnittliche Laufzeit/Lebensdauer/Nutzungsdauer, mittlere Lebensdauer, betriebsgewöhnliche Nutzungsdauer; **anticipated ~ l.** erwartete mittlere Nutzungsdauer; **bad l.** *(Vers.)* unterdurchschnittliche Lebenserwartung; **civil l.** bürgerliches Leben, Zivilleben *nt*; **colo(u)rful l.** bewegtes Leben; **conjugal l.** Eheleben *nt*; **contemplative l.** beschauliches Leben; **cultural l.** Kulturleben *nt*, kulturelles Leben; **domestic l.** Familienleben *nt*; **double l.** Doppelleben *nt*; **drab l.** stumpfsinniges Leben; **economic l.** (wirtschaftliche) Nutzungsdauer; **optimum ~ l.** optimale Nutzungsdauer; **eternal l.** ewiges Leben; **everyday l.** Alltag *m*; **in ~ l.** im täglichen Leben; **expected l.** geschätzte/gewöhnliche Nutzungsdauer; **half l.** Halbwertzeit *f*; **high l.** Luxusleben *nt*; **impaired l.** *(Lebensvers.)* erhöhtes Risiko; **inner l.** Innenleben *nt*; **insured l.** versichertes Leben; **intellectual l.** Geistesleben *nt*; **joint lives** *(Lebensvers.)* verbundene Leben; **during their ~ lives** *(Lebensvers.)* solange sie beide leben; **legal l.** gesetzlich festgelegte Nutzungsdauer; **limited l.** begrenzte Lebensdauer; **long l.** *(Anleihe)* lange Laufzeit; **marine l.** Meeresfauna und –flora *f*; **married l.** eheliches Leben, Eheleben *nt*; **mean l.** 1. Durchschnittslaufzeit *f*; 2. mittlere Lebensdauer; **military l.** Soldatenleben *nt*; **minimum l.** *(Waren)* Mindesthaltbarkeit *f*; **optimum l.** optimale Lebensdauer; **outdoor l.** Leben in freier Natur; **physical l.** technische Nutzungsdauer, Lebens-, Gesamtnutzungsdauer *f*; **private l.** Privatleben *nt*; **probable l.** voraussichtliche/mutmaßliche Lebensdauer, wahrscheinliche Restnutzungsdauer; **professional l.** Berufs-, Arbeitsleben *nt*; **public l.** öffentliches Leben; **to retire from ~ life** sich aus dem öffentlichen Leben zurückziehen; **remaining l.** Restlaufzeit *f*, R.nutzungsdauer *f*, restliche Laufzeit; **slovenly l.** Lotterleben *nt*; **social l.** Geselligkeit *f*, soziales Leben; **standard l.** *(Lebensvers.)* durchschnittliche Lebensdauer; **substandard l.** unterdurchschnittliche Lebensdauer; **total l.** Gesamt(nutzungs)dauer *f*, G.laufzeit *f*; **unexpired l.** Restlebens-, R.nutzungsdauer *f*

useful life (betriebsgewöhnliche) Nutzungsdauer, Gesamtnutzungsdauer *f*, (wirtschaftliche) Lebensdauer; **average ~ l.** durchschnittliche (betriebsgewöhnliche) Nutzungsdauer; **estimated ~ l.** geschätzte Nutzungsdauer; **expected ~ l.** erwartete/voraussichtliche Nutzungsdauer; **ordinary ~ l.** betriebsgewöhnliche Nutzungsdauer; **remaining ~ l.** Restnutzungs-, R.lebensdauer *f*

life annuitant Leibrentner(in) *m/f*, Leibrentenempfänger(in) *m/f*

life annuity Lebens-, Leibrente *f*, lebenslängliche Rente/Annuität/Versorgung; **to settle a l. a.** Leibrente aussetzen; **deferred l. a.** aufgeschobene Leibrente; **joint l. a.** Verbindungsrente *f*; **temporary l. a.** abgekürzte Leibrente; **l. a. company** Rentenanstalt *f*; **~ insurance** Leibrentenversicherung *f*

life assurance *[GB]* **/insurance** Lebens-, Sterbefallversicherung *f*; **l. a./i. with profits** Lebensversicherung mit Gewinnbeteiligung; **to buy a l. a./i.** Lebensversicherung(svertrag) abschließen; **to write l. a./i.** Lebensversicherungsabschlüsse machen

deferred life assurance/insurance aufgeschobene Lebensversicherung; **exempt l. a./i.** befreiende Lebensversicherung; **extended l. a./i.** beitraglos gestellte Lebensversicherung; **industrial l. a./i.** Kleinlebens-, Volksversicherung *f*; **joint/mutual l. a./i.** wechselseitige/gegenseitige (Über)Lebensversicherung, Lebensversicherung auf Gegenseitigkeit; **limited payment l. a./i.** Lebensversicherung mit abgekürzter Prämienzahlung; **mutual l. a./i. company** Lebensversicherungsgesellschaft/L.verein auf Gegenseitigkeit; **non-participating l. a./i.** Lebensversicherung ohne Gewinnbeteiligung; **ordinary l. a./i.** Großlebensversicherung *f*, Lebensversicherung auf den Todesfall; **paid-up l. a./i.** prämienfreie Lebensversicherung; **participating l. a./i.** Lebensversicherung mit Gewinnbeteiligung; **single l. a./i.** Einzelkapitalversicherung *f*; **straight l. a./i.** Todesfall-, Gesamtlebensversicherung *f*; **temporary l. a./i.** Risikolebens-, Wagnis-, Kurzversicherung *f*, kurze Todesfallversicherung; **unit-linked l. a./i.** Lebensversicherung mit Anlage in Investmentzertifikaten; **variable l. a./i.** fondsgebundene Lebensversicherung; **whole l. a./i.** (Lebens)Versicherung auf Todesfall, (normale) Todesfallversicherung, Todesausfallversicherung *f*; **wholesale l. a./i.** globale Lebensversicherung; **with-profits life a./i.** Lebensversicherung mit Gewinnbeteiligung

life assurance/insurance benefits to widows and orphans Witwen- und Waisengeld *nt*; **~ company** Lebensversicherungsgesellschaft *f*; **~ contract** Lebensversicherungsvertrag *m*; **~ industry** Lebensversicherungsgewerbe *nt*; **~ policy** Lebensversicherungspolice *f*; **with profits ~ policy** gewinnbeteiligte Lebensversicherungspolice; **~ premium** Lebensversicherungsprämie *f*; **~ relief** Lebensversicherungsfreibetrag *m*, Steuerfreibetrag für Lebensversicherung; **~ savings scheme** Lebensversicherungsplan *m*
life assurer *[GB]* **/insurer** Lebensversicherung(sgesellschaft) *f*
life belt Rettungs-, Schwimmgürtel *m*, Rettungsring *m*; **l. buoy** Rettungsboje *f*, R.ring *m*; **l. beneficiary** lebenslänglicher Nutznießer; **l.blood** *n (fig)* Lebensenergie *f*, L.nerv *m*; **l.boat** *n* 1. Rettungsboot *nt*, R.schiff *nt*; 2. *(fig)* Auffanggesellschaft *f*; **l. branch** Lebensversicherungsabteilung *f*; **l. business** Lebensversicherungsgeschäft *nt*; **l. company** Lebensversicherungsgesellschaft *f*; **industrial l. company** Kleinlebensversicherungsgesellschaft *f*; **l. contingency** Lebensrisiko *nt*, von der Lebensdauer abhängiges Risiko; **l. contract** 1. Lebensversicherung(svertrag) *f/m*; 2. lebenslänglicher Vertrag, Vertrag auf Lebenszeit; **to convert a ~ into an annuity contract** Lebensversicherung in eine Rentenversicherung umwandeln; **l. cover(age)** Lebensversicherungsschutz *m*
life cycle 1. Lebensablauf *m*, L.zyklus *m*; 2. Produkt(lebens)zyklus *m*; **~ analysis (LCA)** Ökobilanz *f*; **~ balance** Ausgleich der Produkt(lebens)zyklen; **~ costs** *(Produkt)* Lebenszykluskosten
life director lebenslänglich bestelltes Vorstandsmitglied
life estate (Liegenschafts)Nießbrauch *m*; **to create a l. e.** Nießbrauch bestellen; **to own a l. e.** lebenslänglichen Nießbrauch haben
life expectancy 1. Lebenserwartung *f*, (erwartete/mutmaßliche/wahrscheinliche/voraussichtliche) Lebensdauer; 2. geschätzte Nutzungsdauer; **average l. e.** durchschnittliche Lebenserwartung, Erlebenswahrscheinlichkeit *f*; **reduced l. e.** abgekürzte Lebenserwartung; **remaining l. e.** Restlebensdauer *f*; **useful l. e.** betriebsgewöhnliche Nutzungsdauer
life expectation Lebenserwartung *f*; **l.guard** *n* Lebensretter *m*, Rettungs-, Strandwächter *m*; **l. history** Lebens-, Entwicklungsgeschichte *f*, Werdegang *m*; **l.holder** *n* lebenslänglicher Nießbraucher; **l. imprisonment** lebenslänglich Zuchthaus/Gefängnis, lebenslängliche Freiheitsstrafe/Zuchthausstrafe; **to sentence so. to l. imprisonment** jdn zu lebenslanger Freiheitsstrafe verurteilen; **l. income** lebenslängliches Einkommen
life insurance → life assurance
life insurer Lebensversicherer *m*, L.versicherungsgesellschaft *f*
life interest 1. Leibrente *f*; 2. lebenslänglicher Nießbrauch, Nutzungsrecht auf Lebenszeit, lebenslängliche Nutznießung/Nutzung; **~ to survivor** Nießbrauch für den überlebenden Ehegatten; **determinable l. i.** auflösend bedingtes lebenslängliches Nutzungsrecht

life|jacket *n* Schwimmweste *f*; **l. land** auf Lebenszeit gepachtetes Land; **l.less** *adj* leblos, unbelebt, tot; **l.like** *adj* lebensgetreu, l.echt; **l.line** *n* 1. Rettungsleine *f*, R.anker *m*; 2. Lebensader *f*; **to throw a ~ to so.** *(fig)* jdm aus einer Verlegenheit helfen; **l.long** *adj* lebenslang, l.länglich, zeitlebens; **l. manager** Leiter der Lebensversicherungsabteilung; **l.mate** *n* Lebensgefährte *m*, L.gefährtin *f*; **l. member** Mitglied auf Lebenszeit; **l. membership** lebenslängliche Mitgliedschaft; **composite l. method** Gruppenwertabschreibung *f*; **l. net** *[US]* *(Feuerwehr)* Sprungtuch *nt*; **l. office** Lebensversicherungsbüro *nt*, L.gesellschaft *f*, L.versicherer *m*; **l. owner** lebenslänglicher Eigentümer, Eigentümer auf Lebenszeit; **l. pension** lebenslängliche Pension/Versorgung, Pension auf Lebenszeit; **l.-period method** arithmetisch-degressive Abschreibung, Digitalabschreibung *f*
life policy Lebensversicherung(spolice) *f*; **to take out a l. p.** Lebensversicherung abschließen; **dynamic l. p.** dynamische Lebensversicherung; **industrial l. p.** Kleinlebensversicherungspolice *f*; **joint l. p.** verbundene Lebensversicherung; **limited-payment l. p.** Lebensversicherung mit abgekürzter Prämienzahlung
life premium Lebensversicherungsprämie *f*; **l. preserver** *[US]* Schwimmweste *f*; **l. profit reserve** Überschussrückstellung *f*
lifer *n (coll)* Lebenslängliche(r) *f/m*
life raft Rettungsfloß *nt*; **l. rate** *(Lebensvers.)* Prämiensatz *m*; **l. rent** *[Scot.]* Nießbrauch auf Lebenszeit; **l. renter** lebenslänglicher Nießbraucher; **l.-saver** *n* Lebensretter *m*, Rettungsschwimmer *m*, Strandwächter *m*; **l. saving** Lebensrettung *f*; **l. science(s)** Biowissenschaft(en) *f/pl*; **l. sentence** [§] lebenslängliche (Freiheits-/Haft)Strafe; **l. size** Lebensgröße *f*; **l.-size(d)** *adj* lebensgroß, in natürlicher/voller Größe; **above l. size** überlebensgroß; **l. span** *n* 1. Lebenszeit *f*, L.spanne *f*, L.erwartung *f*; 2. Laufzeit *f*; **average l.span** *f* 1. durchschnittliche Lebensdauer/L.zeit/L.erwartung; 2. durchschnittliche Laufzeit; **l.style** *n* Lebensstil *m*, L.art *f*, L.führung *f*; **l. subscription** einmaliger Beitrag auf Lebenszeit; **l.-support** *adj* ⚕ lebenserhaltend; **~ machine** Herz-Lungenmaschine *f*
life table *(Lebensvers.)* Sterblichkeitstabelle *f*, Sterbetafel *f*, S.ordnung *f*; **abridged l. t.** abgekürzte Sterbetafel, Sterbetafel nach abgekürzter Berechnung; **active l. t.** Aktivitätsordnung *f*; **graduated l. t.** Sterbetafel *f*; **observed l. t.** Absterbeordnung *f*
life tenancy Vitalpacht *f*, Pacht auf Lebenszeit, lebenslängliche Nutznießung, lebenslängliches Nießbrauchrecht; **to hold the ~ of a house** Nießbrauch an einem Haus haben; **l. tenant** (lebenslänglicher) Nießbraucher, lebenslänglicher Nutznießer, Mieter/Pächter auf Lebenszeit; **l. tenure** lebenslängliche Anstellung, unkündbare Stellung, Amt auf Lebenszeit, Lebensstellung *f*; **l. test** ✪ Lebensdauertest *m*; **l.-threatening** *adj* lebensbedrohend
lifetime *n* 1. Lebenszeit *f*, Menschenleben *nt*, M.alter *nt*; 2. *(Anleihe)* Laufzeit *f*; **during the l.** zu Lebzeiten; **l. of a parliament** Wahlperiode *f*; **long l.** lange Lebensdauer; *adj* zu Lebzeiten, auf Lebenszeit

lifetime employment Lebenszeitbeschäftigung f; **l. exemption** *(Steuer)* Freibetrag auf Lebenszeit; **l. gifts** Geschenke/Schenkungen zu Lebzeiten; **l. income** Lebenseinkommen nt; **l. yield** Lebensleistung f; **average l. yield** Lebensdurchschnittsleistung f
life underwriter Lebensversicherer m
lifo; LIFO (last in first out) *(Vorratsbewertung)* Lifo-Methode f; **l.-pool** n *(bei Lifo-Bewertung)* Vorrats-, Bestandsgruppe f
lift n 1. (Personen)Aufzug m, Lift m; 2. ⚓ (Mit)Fahrgelegenheit m; 3. ⚓ (Schiffs)Hebewerk nt; 4. ✈ Auftrieb m, Aufwind m, Steigen nt; **to give so. a l.** jdn mitnehmen; **to thumb a l.** als Anhalter fahren
heavy lift Schwergut nt; **~ charge** Schwergutaufschlag m; **~ crane** Schwerlastkran m; **~ transport** Schwerguttransport m
high-speed lift Schnellaufzug m
lift v/t 1. (auf-/an-/er)heben; 2. *(Dividende)* erhöhen; 3. 🥔 *(Kartoffeln)* ausmachen, abernten, roden; 4. *(Öl)* fördern; 5. *(Beschränkung)* aufheben, beseitigen; 6. steigern, hinaufsetzen; 7. Plagiat begehen; **l. up** auf-, hochheben; **L. here** Hier anheben
lift attendant/boy *[GB]* Fahrstuhlführer m; **l. bridge** Hubbrücke f; **l. cage** 1. Fahrstuhl m; 2. ⚒ Förderkorb m
lifter n ⚓ Hebebaum m
lifting n 1. *(Öl)* Förderung f; 2. 🥔 *(Bodenfrüchte)* Ernte, Rodung f; 3. ⚓ Hebung f; 4. *(Beschränkung)* Aufhebung f, Beseitigung f; **l. of controls** Liberalisierung f, Freigabe f; **~ exchange controls** Aufhebung der Devisenkontrollen; **~ an injunction** [§] Aufhebung einer Verfügung; **~ restrictions** Beseitigung/Aufhebung von Beschränkungen
lifting capacity *(Kran)* Tragfähigkeit f; **l. costs** ⚒ Förderkosten; **l. device/equipment/gear** Hebe-, Hubvorrichtung f, H.gerät nt, Hebegeschirr nt, H.zeug nt; **l. jack** ⚙ Hebewinde f, H.vorrichtung f, H.gerät nt; **l. time** 🥔 *(Bodenfrüchte)* Erntezeit f
lift|-off n ✈ Abheben nt, Start m; **l. shaft** Aufzugschacht m; **l. truck** n Hubwagen m, H.stapler m
light n 1. Licht nt; 2. Lampe f; 3. *(Rauchen)* Feuer nt; **l.s** 1. Beleuchtung; 2. ⚓/✈ **in (the) l. of** angesichts, im Hinblick auf; **l. and shade** Licht und Schatten; **averse to l.** lichtscheu; **insensitive to l.** lichtunempfindlich
to appear in a new light in neuem Licht erscheinen; **~ an unfavourable l.** ins Zwielicht geraten sein; **to bring to l.** zu Tage fördern, ans (Tages)Licht/an den Tag an die Öffentlichkeit bringen; **to come to l.** entdeckt/aufgedeckt werden, an den Tag/ans (Tages)Licht/zum Vorschein kommen, sich herausstellen; **to give so. a l.** jdm Feuer geben; **to hide one's l. under a bushel** *(fig)* sein Licht unter den Scheffel stellen *(fig)*; **to jump the l.s** ⚓ bei Rotlicht durchfahren; **to put o.s. in a good l.** sich ins rechte Licht setzen; **~ in its true l.** ins rechte Licht rücken; **to see the l. of day** das Licht der Welt erblicken, realisiert werden; **~ in a different l.** in einem anderen Licht sehen; **to shed l. on sth.** *(Vorgang)* etw. aufklären; **to shun the l. (of day)** das (Tages)Licht scheuen; **to switch/turn off the l.** Licht ausschalten; **~ on the l.** Licht einschalten; **to throw l. upon sth.** Licht auf etw. werfen, Aufschluss über etw. geben, Licht in eine Sache/etw. bringen
ancient light|s [§] Fensterrecht nt; **artificial l.** künstliches Licht, Kunstlicht nt; **back-up** *[US]* **/reversing** *[GB]* **l.(s)** ⚓ Rückfahrscheinwerfer m; **diffuse l.** diffuses Licht; **electric l.** elektrisches Licht; **fixed l.** ⚓ Festfeuer nt; **fluorescent l.** Neonlicht nt; **green l.** *(fig)* grünes Licht *(fig)*, Zustimmung f, freie Fahrt; **to give the ~ l.** grünes Licht geben; **leading l.** 1. ⚓ Leitfeuer nt; 2. *(fig)* Koryphäe f; **naked l.** offenes Licht; **rear l.(s)** ⚓ Rück-, Schluss-, Hecklicht nt, H.leuchte f; **red l.** Rotlicht nt; **~ district** Rotlichtbezirk m; **soft l.** gedämpftes Licht; **top l.** ⚓ Schiffslaterne f
light v/t 1. (an-/ent)zünden; 2. beleuchten; **l. up** aufleuchten
light adj 1. hell, licht; 2. leicht; **to make l. of sth.** sich nichts/wenig aus etw. machen, etw. auf die leichte Schulter nehmen, etw. bagatellisieren; **to return l.** ohne Ladung/unbeladen zurückkehren
light barrier Lichtschranke f; **l. beacon** ⚓/✈ Leuchtfeuer nt, L.bake f; **l. bulb** 💡 Glühbirne f; **l. buoy** ⚓/✈ Leuchtboje f; **l. conditions** Lichtverhältnisse; **l. dues** ⚓ Leuchtfeuergebühren, L.abgaben
lighten v/t 1. ausladen, löschen (lassen); 2. erleichtern
lighter n 1. ⚓ Leichter(schiff) m/nt, Lastkahn m, Prahm m, Schute f; 2. Feuerzeug nt; **to discharge into l.s** auf Leichter umladen
lighter v/i auf Leichter umladen, (ab)leichtern
lighterage n ⚓ 1. Leichtergeld nt, L.lohn m, Schutengeld nt; 2. Ableichtern nt, Löschen durch Leichter, Leichterung f, Schutentransport m; **l. charges** Leichterungskosten, Leichtergebühr f, Kosten der Leichterung
lighter clause ⚓ Leichterklausel f; **l. hire** Leichtermiete f; **l.-aboard-ship (lash) method** Lash-Verfahren nt
lighter|ing n ⚓ Leichtern nt; **l.man** n ⚓ Leichterschiffer m; **l. risk** Leichtergefahr f
light|face n 📖 Dünndruck, magere Schrift; **l.-fast** adj lichtfest; **l. filter** Lichtfilter m; **l.-fingered** adj 1. geschickt; 2. langfingrig, diebisch; **l. fittings/fixtures** Beleuchtungskörper, Lichtinstallation f; **l. flux** Lichtstrom m; **l.-footed** adj leichtfüßig; **l.-headed** adj leichtfertig; **l.-heartedly** adv leichten Herzens; **l.house** n ⚓ Leuchtturm m; **revolving l.house** Drehfeuer nt; **l.house keeper** Leuchtturmwärter m
lighting n 1. Beleuchtung f, Leuchtanlage f; 2. ⚓/✈ Befeuerung f; **artificial l.** künstliche Beleuchtung; **electric l.** elektrische Beleuchtung; **fluorescent l.** Neonlicht nt, Beleuchtung mit Leuchtstoffröhren; **indirect l.** indirekte Beleuchtung; **interior l.** Innenbeleuchtung f
lighting conditions Lichtverhältnisse; **l. costs** Beleuchtungskosten; **l. engineer** Beleuchtungsingenieur m, B.techniker m; **l. equipment industry** Beleuchtungsindustrie f; **l. fixture** Beleuchtungskörper m; **l. gas** Leuchtgas nt; **l. installation** Licht-, Beleuchtungsanlage f; **l. regulations** Beleuchtungsvorschriften; **l. system** Beleuchtungs-, Lichtanlage f; **l.-up time** n festgelegte Zeit zur Einschaltung von Straßen- und Fahrzeugbeleuchtung, (offizielle) Dämmerungszeit; **l. wire** Lichtleitung f

light meter Licht-, Belichtungsmesser *m*
lightness *n* Leichtheit *f*, geringes Gewicht
lightning *n* Blitz(schlag) *m*; **to be struck by l.** vom Blitzschlag getroffen werden; **like greased l.** *(coll)* wie ein geölter Blitz *(coll)*
lightning call Blitzgespräch *nt*; **l. check** Blitzprüfung *f*; **l. clause** Blitzschlagklausel *f*; **l. conductor** Blitzableiter *m*; **l. damage** Blitzschaden *m*; **l. insurance** Blitzschlagversicherung *f*; **at l. speed** in Blitzesschnelle; **l. strike** spontane/plötzliche Arbeitsniederlegung, spontaner Streik, Überraschungs-, Blitzstreik *m*, Streik ohne vorherige Ankündigung; **l. telegram** Blitztelegramm *nt*
light pen Lichtstift *m*, L.griffel *m*; **l.-proof** *adj* lichtbeständig, l.undurchlässig; **l.-resistant** *adj* lichtbeständig; **l.ship** *n* Feuerschiff *nt*; **l. signal** Lichtsignal *nt*; **l. switch** Lichtschalter *m*; **l. threshold** Lichtschwelle *f*; **l. trap** Lichtschleuse *f*; **l. wave** Lichtwelle *f*
lightweight *n* Leichgewicht *nt*; *adj* leicht; **l. suitcase** Luftkoffer *m*
light year Lichtjahr *nt*
lignite *n* Braunkohle *f*; **l. mining** Braunkohlenförderung *f*; **opencast** *[GB]* /**strip** *[US]* **l. mining** Braunkohlentagebau *m*
lik(e)able *adj* sympathisch, einnehmend
like *n* Neigung *f*, Vorliebe *f*
like *v/t* lieben, mögen, gefallen; **to come to l. sth.** an etw. Geschmack finden; **l. it or not** *(coll)* ob man es mag oder nicht
like *conj* wie
like-for-like *adj* entsprechend, analog, vergleichbar
like-kind *adj* *[US]* ähnlich
likelihood *n* Wahrscheinlichkeit *f*, Mutmaßlichkeit *f*; **l. of damage** Schadenswahrscheinlichkeit *f*; **~ thunderstorms** Gewitterneigung *f*; **l. function** Modellfunktion *f*; **concentrated l. function** konzentrierte Modellfunktion *f*; **maximum l. method** Methode der größten Dichte
likely *adj* wahrscheinlich, voraussichtlich; **most l.** höchstwahrscheinlich, nächstliegend
like-minded *adj* gleichgesinnt
liken *v/t* vergleichen
like|ness *n* Ab-, Ebenbild *nt*, Duplizität *f*; **l.wise** *adv* desgleichen, ebenso, gleichfalls
liking *n* Vorliebe *f*, Neigung *f*; **to one's l.** zusagend; **to take a l. to sth.** Vorliebe für etw. bekommen
lilo ™ *n* Luftmatratze *f*
limb *n* Glied *nt*; **out on a l.** sehr im Nachteil, auf sich allein gestellt; **artificial l.** Prothese *f*
limbo *n* Vakuum *nt*, Übergangs-, Zwischenstadium *nt*; **to be in a (sort of) l.** in der Luft hängen *(fig)*
lime *n* 1. Kalk *m*; 2. Limone *f*; **hydrated/slaked l.** Löschkalk *m*, gelöschter Kalk; **l.-green** *adj* lindgrün; **l. kiln** Kalkofen *m*
limelight *n* Rampenlicht *nt*; **in the l.** im Mittelpunkt/Blickpunkt, im Lichte der Öffentlichkeit; **to be ~ l.** im Licht der Öffentlichkeit stehen, im Brennpunkt/ Scheinwerferlicht stehen; **to put o.s. ~ l.** sich in Szene setzen; **to steal so.'s l.** jdm die Schau stehlen

lime pit Kalkgrube *f*; **l.stone** *n* Kalkstein *m*; **~ quarry** Kalksteinbruch *m*; **l. twig** Leimrute *f*; **l. works** Kalkwerke
limit *n* 1. (Preis)Grenze *f*, Limit *nt*, Höchstbetrag *m*, Plafond *m*, Maximalbetrag *m*, Rahmen *m*, Höchsthaftungssumme *f*; 2. Begrenzung *f*, Beschränkung *f*; 3. *(Funktion)* Grenzwert *m*; **l.s** Grenzbereich *m*; **over the l.** zu viel, zu lange; **to the l.** bis zum Äußersten; **within l.s** in Grenzen, mit Maß, maßvoll; **~ the l.s** innerhalb der Bandbreite; **~ the l.s of** nach Maßgabe von; **without l.s** unbegrenzt, unbeschränkt, schrankenlos
limit|s of authority Vollmachtsgrenzen; **within the ~ their authorities** im Rahmen ihrer Befugnisse; **l. of compensation** Höchstentschädigung *f*; **~ credit** Kredit-, Beleihungsgrenze *f*; **~ exemption from execution** Pfändungsfreigrenze *f*; **~ indemnity** Haftungs-, Entschädigungsgrenze *f*; **l. for (statutory) social insurance** Sozialversicherungsgrenze *f*; **l. of jurisdiction** Zuständigkeitsgrenze *f*; **l. for knock-for-knock agreements** *(Vers.)* Regressverzichtsgrenze *f*; **l. of liability** Haftungsgrenze *f*, H.begrenzung *f*; **aggregate ~ liability** Haftungshöchstbetrag *m*; **maximum l. for payment(s)** Zahlungsobergrenze *f*; **l. of performance** Leistungsgrenze *f*; **l. of plant capacity** Kapazitätsgrenze *f*; **within the l.s of their powers** im Rahmen ihrer Befugnisse; **~ provided for** in den vorgesehenen Grenzen; **l. for submission** Vorlagefrist *f*; **l.s of taxation** Grenzen der Besteuerung; **~ variation** Streugrenzen; **l. of visibility** Sichtgrenze *f*
that's the limit *(coll)* das ist der Gipfel *(coll)*, das ist (ja) das Letzte *(coll*
to declare off limit|s zum Sperrgebiet erklären; **to exceed/go beyond/overshoot the l.** Limit überschreiten; **to fix a l.** Limit (fest)setzen; **to go beyond the usual l.s; ~ the l.s of established practice** den Rahmen des Üblichen sprengen, über das übliche Maß hinausgehen; **to keep within a l.** Limit einhalten; **~ limits** in Grenzen halten; **to lower/reduce a l.** Limit ermäßigen; **to place l.s on** Beschränkungen festlegen für; **to put/set a l. on sth.** etw. beschränken/begrenzen/plafondieren; **to raise a l.** Limit erhöhen; **to reach a l.** Limit erreichen
aggregate limit *(Vers.)* Schaden(s)ersatzlimit *nt*; **elastic/flexible l.** dehnbare Grenze, dehnbares Limit; **feasible l.s** angemessene Grenzen; **fiduciary l.** Höchstgrenze für ungedeckte Notenausgabe; **financial l.s** finanzieller Spielraum, finanzielle Möglichkeiten; **indicative l.** Richtgrenze *f*, oberster Wert; **inferior l.** untere Grenze; **jurisdictional l.s** Kompetenzabgrenzung *f*; **legal l.** *(Vers.)* Deckungsgrenze *f*; **lower l.** untere Grenze, unteres Limit, Untergrenze *f*, unterer Grenzwert; **maximum l.** obere Grenze, oberes Limit, Höchstgrenze *f*, H.summe *f*; **minimum l.** untere Grenze, unteres Limit, Bagatell-, Mindestgrenze *f*; **narrow l.s** enge Grenzen; **quantitative l.** Mengengrenze *f*; **special l.** Sonderplafond *m*; **statutory l.** Pflichtgrenze *f*, gesetzlich zulässiges Maß; **superior l.** spätestmöglicher Zeitpunkt, obere Grenze; **tax-free l.** Steuerfreigrenze *f*; **territorial l.s** Territorialgrenzen; **three-mile**

l. ⚓ Dreimeilenzone *f*; **top/upper l.** Höchst-, Obergrenze *f*, obere Grenze, oberer Grenzwert, oberes Limit, Leistungsgrenze *f*, Maximalbetrag *m*; **twelve-mile l.** ⚓ Zwölfmeilenzone *f*; **upper and lower l.s** Interventionspunkte ; **utmost l.** äußerste Grenze
limit v/t begrenzen, beschränken, befristen, einengen, einschränken, festlegen, limitieren, Limit vorschreiben
limitable *adj* beschränkbar
limitation *n* Ein-, Beschränkung *f*, Begrenzung *f*, Limitierung *f*, Befristung *f*
limitation of action [§] Klageausschlussfrist *f*, (Klage)Verjährung *f*, Verjährbarkeit *f*; ~ **actions for debt** Verjährung von Geldforderungen; ~ **authority** Zuständigkeits-, Vollmachtsbeschränkung *f*; ~ **claims** Anspruchsverjährung *f*; ~ **consumption** Konsumbeschränkung *f*; ~ **imports** Einfuhrbeschränkung *f*; ~ **indemnity** Deckungssummenbegrenzung *f*; ~ **jurisdiction** Zuständigkeitsbeschränkung *f*, Z.begrenzung *f*; **l. in law** gesetzliche Begrenzung; **l. of liability** Haftungsbegrenzung *f*, H.beschränkung *f*, H.einschränkung *f*; ~ **in time** Verjährung *f*; **territorial l. of the patent** territoriale Begrenzung des Patents; **voluntary ~ production** freiwillige Produktionsbeschränkung; ~ **(criminal) prosecution** [§] Verjährung der Strafverfolgung, (Straf)Verfolgungsverjährung *f*; ~ **the range of goods** Angebotseinengung *f*, A.begrenzung *f*; ~ **risks clause** Risikobegrenzungsklausel *f*; ~ **spending** Ausgabenbegrenzung *f*, A.beschränkung *f*; ~ **stay** Aufenthaltsbeschränkung; **l. as to/in time** zeitliche Begrenzung/Beschränkung; **l. of time** [§] Strafverjährung *f*; ~ **transfer** Vinkulierung *f*; **l.s of use** Inanspruchnahmebegrenzung *f*
to expire by limitation [§] verjähren
collateral limitation bedingtes Nutzungsrecht; **statutory l.** [§] Verjährung *f*
Limitation Act *[GB]* [§] Verjährungsgesetz *nt*; **partial l. clause** Selbstbeteiligungsklausel *f*; **l. period** [§] Verjährungs-, Klagefrist *f*, Verjährungszeit(raum) *f/m*; **to suspend the l. period** Verjährung hemmen/unterbrechen; **l. provisions** Verjährungsvorschriften, V.bestimmungen; **l.s table** Verjährungstabelle *f*
limit axiom ▦ Grenzwertaxiom *nt*; **l. book** Limitbuch *nt*; **l. ceiling** Limitkurs *m*
limited *adj* 1. limitiert, begrenzt, beschränkt, befristet, eingeschränkt, knapp bemessen, in begrenzter Höhe, überschaubar; 2. mit beschränkter Haftpflicht/Haftung; **to be l. to** beschränkt sein auf; ~ **very l.** sich in engen Grenzen halten
limiting *n* Plafondierung *f*
limitless *adj* grenzenlos
limit order *(Börse)* limitierter Auftrag, Limitauftrag *m*, Kurs-/Preisgrenze für den Wertpapierhandel; **approximate l. order** Zirkaauftrag *m*; **l. price/rate** Limitkurs *m*, L.preis *m*, Eintrittssperrenpreis *m*; **l. priority** ▫ Grenzvorrang *m*; **l. theorem** Grenzwertsatz *m*; **l. up/down** von der Börsenaufsicht festgelegte maximale Kursschwankung pro Börsentag
linage *n* Zeilenhonorar *nt*
line *n* 1. Leine *f*; 2. Linie *f*, Strich *m*, Zeile *f*; 3. Reihe *f*, Kette *f*; 4. Politik *f*, Taktik *f*; 5. ▦ Strecke *f*, Trasse *f*, Gleisstrang *m*; 6. ▫ Leitung *f*; 7. Maximum *nt*, (Zeichnungs)Obergrenze *f*, 8. *(Lloyd's)* Versicherungshöchstgrenze *f*; 9. (Artikel-/Waren)Sortiment *nt*, Kollektion *f*, Sorte *f*, Artikelgruppe *f*, Fertigungs-, Lieferprogramm *nt*; 10. Partie *f*, Posten *m*; 11. (Arbeits-/Fach)Gebiet *nt*, Branche *f*, Tätigkeitsfeld *nt*; 12. *[US]* Schlange(stehen) *f/nt*; **the l.** *(Personal)* Linienkräfte *pl*; **l.s** 1. ▫ Lineatur *f*; 2. *(Schule)* Strafarbeit *f*; **below the l.** unter dem Strich, Reingewinn *m*; **by the l.** zeilenweise; **down the l.** nachgeordnet; **in a l.** in einer Reihe; **in the l.** in der Branche; **in l. with** in Übereinstimmung mit, im Einklang mit, parallel zu, in gleichem Maße wie; **off l.** ▦ außer Betrieb, stillgelegt; **on l.** in Betrieb; **out of l.** nicht ausgerichtet, abweichend; ~ **with** nicht konform mit; **up the l.** vorgeordnet
line of acceptance Akzeptlimit *nt*, A.(kredit)linie *f*, A.kreditrahmen *m*; ~ **action** Vorgehen(sweise) *nt/f*, Handlungsweise *f*; ~ **advancement** Laufbahn *f*, innerbetrieblicher Aufstieg; **long-term l.s of approach** langfristige Unternehmenspolitik; **l. of argument** Argumentation(skette) *f*; ~ **attack** *(fig)* Vorgehensweise *f*, Taktik *f*; **l.(s) of authority** Rangordnung *f*, Leitungsstruktur *f*, Kompetenzverteilung *f*, Struktur der Weisungsbeziehungen; **conflicting l.s of authority** Kompetenzstreitigkeit *f*; **unbroken l. of authority and instruction** Einheit der Auftragserteilung
line of business (Industrie)Sparte *f*, Geschäftszweig *m*, (G.)Branche *f*, G.art *f*, G.typ *m*, G.sparte *f*, Erwerbs-, Wirtschaftszweig *m*, Handelsfach *nt*, H.zweig *m*; **in my ~ b.** in meinem Fach, in meiner Branche; **in the same ~ b.** branchengleich; **customary in this ~ b.** branchentypisch; **experienced in the ~ b.** branchenerfahren; **special ~ b.** Sondersparte *f*; ~ **b. reporting** Branchenberichterstattung *f*
line of command Leitungsstruktur *f*, Führungshierarchie *f*, Befehlsweg *m*, B.kette *f*; ~ **communication** 1. Nachrichtenverbindung *f*; 2. Verbindungslinie *f*, Verkehrsweg *m*; **internal l.s of communication** innerbetriebliche Kommunikationswege; **l. of conduct** Lebenswandel *m*; ~ **credit** Kreditlinie *f*, K.spielraum *m*, K.rahmen *m*, K.betrag *m*, K.plafond *m*, K.fazilität *f*, K.möglichkeit *f*, Höchstkredit *m*, eingeräumter Kredit, Beleihungsgrenze *f*; ~ **defence** Verteidigungslinie *f*; ~ **deposit** *(Konto)* durchschnittlicher Einlagensaldo *m*; ~ **development** Entwicklungsrichtung *f*; ~ **discount** durchschnittliche Höhe des Diskontkredits; ~ **goods/merchandise** Artikelserie *f*, (Waren)Sortiment *nt*, W.gattung *f*; ~ **guarantee** Avallinie *f*; ~ **insurance (business)** Versicherungssparte *f*; ~ **production** Geschäftszweig *m*, Produktionssparte *f*, P.zweig *m*; **on the l.s of the proposal** im Sinne des Vorschlags; **l. of reasoning** Denkmodell *nt*, Argumentation *f*; ~ **resistance** Widerstandslinie *f*, Weg des geringsten Widerstands; **to take the ~ least resistance** Weg des geringsten Widerstandes gehen; ~ **retreat** Rückzugslinie *f*; ~ **sight** Blickrichtung *f*; ~ **succession** Erbfolge *f*; ~ **thought** Denkrichtung *f*; ~ **vehicles** Fahrzeugkolonne *f*; **l.s of worry** Sorgenfalten

all along the line auf der ganzen Linie; **below the l.** unter dem Strich; **down the l.** Untergebene *pl*; **on the same l.s as** in Anlehnung an; **~ these l.s** nach diesen Grundsätzen; **l. busy** *[US]* /**engaged** *[GB]* ⌕ Nummer besetzt; **sure of one's l.s** ⚓ rollenfest
to be in line vorgesehen sein; **~ in l. for** Aussichten haben auf; **~ in l. for promotion** zur Beförderung anstehen; **~ in the l. of fire** in der Schusslinie stehen; **~ in l. with** übereinstimmen mit; **~ out of l. with** nicht übereinstimmen mit, nicht in Einklang stehen mit; **to bring in(to) l. with** gleichschalten, anpassen, in Einklang bringen, angleichen, harmonisieren; **to close a l.** ▄▄ Bahnlinie/Strecke stilllegen; **to come off the l.** ▄▄ vom Band rollen; **~ on l.** in Betrieb gehen; **to credit above the l.** gutschreiben; **to delegate down the l.** nach unten delegieren; **to discontinue a l.** etw. aus der Produktion nehmen; **to draw a l.** *(Buchhaltung)* Einschnitt machen; **~ the line somewhere** die Kirche im Dorf lassen *(fig)*; **~ in broken l.s** strichlen; **to drop so. a l./a few l.s** jdm ein paar Zeilen schreiben; **to fall into l. (with sth.)** sich einer Sache/dem Trend anschließen, einschwenken (auf), sich anschließen (an), sich einordnen, konform gehen mit, sich konformistisch verhalten; **~ out of l.** ausscheren; **to get out of l.** außer Kontrolle geraten; **to go on l.** in Betrieb gehen; **to hold the l.** ⌕ am Apparat bleiben, in der Leitung bleiben; **to indent a l.** 🗋 Zeile einrücken; **to insert a l.** Zeile einfügen; **to lay out a l.** ▄▄ Strecke abstecken; **to read between the l.s** zwischen den Zeilen lesen; **to show below the l.** unter dem Strich ausweisen; **to specialize in a l.** sich (auf eine Artikelgruppe) spezialisieren; **to stand/wait in l.** *[US]* Schlange stehen, in einer ~ warten; **to stay in l.** sich konform verhalten, Schulterschluss wahren *(fig)*, bei der Stange bleiben *(coll)*; **to step out of l.** ausscheren, aus der Reihe tanzen *(fig)*; **to take a l.** *(Vers.)* (Teil)Risiko übernehmen; **~ a strong l.** bestimmt auftreten; **~ the l.** argumentieren; **to toe the l.** sich unterwerfen/einfügen; sich an die (Partei)Linie/Beschlüsse halten, parieren

additional line ▄▄ zweites Bein *(fig)*; **ascending l.** aufsteigende Linie; **base l.** *(Werbung)* Schlussaussage *f*; **blank l.** 🗋 blinde Zeile; **to leave a ~ l.** Zeile aussparen; **bottom l.** Hauptsparte *f*, H.umsatzträger *m*, Kerngeschäft *nt*; **~ performance** Ertragskraft im Kerngeschäft; **broad l.s** *(Politik)* Grundlinien; **broken l.** gestrichelte Linie, Strichlinie *f*; **busy** *[US]* /**engaged** *[GB]* ⌕ besetzte Leitung; **cheap l.** zweitklassige Partie; **clear l.** klares Konzept; **without a ~ l.** konzeptionslos; **coded/coding l.** Kodierzeile *f*; **collateral l.** *(Verwandtschaft)* Seitenlinie *f*; **related in the ~ l.** in der Seitenlinie verwandt; **along commercial l.s** nach kommerziellen Erwägungen; **committed l.** Kreditrahmen *m*; **connecting l.** ▄▄ Verbindungslinie *f*; **cross-country l.** ⚡ Überlandleitung *f*; **dead l.** ⌕ tote Leitung; **descending l.** absteigende Linie; **direct l.** 1. ⌕ Hauptanschluss *m*; 2. direkte Linie; **related in the ~ l.** in gerader Linie verwandt; **discontinued l.** ausgelaufenes Sortiment, ausgelaufener Artikel, Auslaufmodell *nt*; **dividing l.** Trennlinie *f*; **domestic l.** ⌕ Privatanschluss *m*; **dotted l.** punktierte/gestrichelte Linie, Punktlinie *f*; **to sign on the ~ l.** (blind) unterschreiben, seinen Friedrich-Wilhelm/Karl-Otto unter etw. setzen *(coll)*, formell zustimmen; **female l.** *(Erbrecht)* weibliche Linie; **hard l.** harte Linie; **to take a ~ l.** harte Haltung/Linie verfolgen, harten Kurs steuern *(fig)*; **high-speed l.** ▄▄ Hochgeschwindigkeits-, Schnellfahrstrecke *f*; **horizontal l.** 1. Waagerechte *f*; 2. Querspalte *f*; **hot l.** *(fig)* ⌕ heißer Draht *(fig)*; **indented l.** 🗋 eingerückte Zeile; **initial l.** Anfangszeile *f*; **isocost l.** Isokostengerade *f*; **isoquant l.** Isoquantebene *f*; **isorevenue l.** Isogewinngerade *f*; **last l.** Schlusszeile *f*; **lead l.** umsatzstarke Artikelgruppe; **leased l.** ⌕ Mietleitung *f*; **point-to-point ~ l.** Miet-, Standleitung *f*, festgeschaltete Punkt-zu-Punkt-Leitung; **~ network** Mietleitungsnetz *nt*; **load-water l.** ⚓ höchste Wasserlinie; **long-distance l.** Fernleitung *f*; **~ network** Fernleitungsnetz *nt*; **long-tail l.s** *(Vers.)* langfristige Policen; **main l.** 1. Hauptsparte *f*, P.anschluss *m*; 2. Hauptleitung *f*, H.linie *f*; 3. ⌕/⚡ Netzleitung *f*; 4. ▄▄ Fern-, Hauptstrecke *f*, Fernbahn *f*; **~ l.s** Breitengeschäft *nt*; **maternal l.** *(Erbrecht)* mütterliche Linie; **median l.** Mittellinie *f*; **multipoint l.** Netzkonfiguration *f*; **net l.** Höchstgrenze des Selbstbehalts; **newly-built l.** ▄▄ Neubaustrecke *f*; **orderly l.s** *(fig)* geordnete Bahnen *(fig)*; **organizational l.s** betriebliche Instanzen; **overhead l.** 1. ⚡ Freileitung *f*, oberirdische Leitung; 2. ▄▄ Oberleitung *f*; **par l. (of stock)** Aktienmittelwert *m*; **private/residential l.** ⌕ Hausanschluss *m*, Privatleitung *f*, P.anschluss *m*; **on the same l.s** 1. mit dem gleichen Zuschnitt; 2. auf gleicher Linie (liegend); **single l.** 1. ⌕ Einzelanschluss *m*; 2. ▄▄ eingleisige Strecke; **soft l.** *(fig)* weiche Welle *(fig)*; **special l.** 1. Spezialfach *nt*; 2. Sonderplafond *m*; **standard l.** Standardartikel(gruppe) *m/f*; **straight l.** Strahl *m*; **on a ~ basis** *(Abschreibung)* linear; **substituted l.** Ersatzlinie *f*; **suburban l.** ▄▄ Vorortbahn *f*; **surplus l.** bei Rückversicherung vorgesehene Versicherungssumme; **~ market** Rückversicherungsmarkt *m*; **syndicated l.** Konsortialplafond *m*; **total l.** Summenzeile *f*; **tough l.** harte Linie/Haltung; **to take a ~ l.** energisch vorgehen; **unbalanced l.** ▄▄ nicht ausgetaktetes Montageband; **undulating/wavy l.** Wellenlinie *f*; **upgraded l.** ▄▄ Ausbaustrecke *f*; **heavily used l.** ▄▄ stark befahrene Strecke; **vacant l.** ⌕ freie Leitung; **vertical l.** senkrechte Linie; **well-running l.** gutgehendes Produkt/Sortiment

line *v/t* 1. linieren; 2. *(Kiste)* füttern, auskleiden, einfassen, ausschlagen; **l. up** 1. Schlange stehen, (in einer Reihe) anstehen, aufstellen, aufreihen, sich anstellen; 2. etw. auf die Beine stellen, planen

line activity Linientätigkeit *f*; **l. adapter** 🖳 Privatleitungsanschluss *m*

lineage *n* 1. Abkunft *f*, Familie *f*, Abstammung *f*, Stamm *m*; 2. *(Werbung)* Zeilengebühr *f*

line ahead ⚓ Kiellinie *f*

linear *adj* linear, geradlinig

line balancing ▄▄ Fließband-, Taktabstimmung *f*, Bandabgleichung *f*; **l. block** 🗋 Strichklischee *nt*; **l. border** Linienumrandung *f*; **new l. character** Zeilenvorschubzeichen *nt*; **l. charge** ⌕ Telefongrundgebühr *f*; **l.**

line chart/diagram/drawing Linienschaubild *nt*, L.diagramm *nt*, Strichzeichnung *f*; **l. closure** 🚇 Streckenstilllegung *f*, Stilllegung einer Bahnlinie; **l. command** 💻 Zeilenbefehl *m*; **l. construction** 🚇 Streckenbau *m*; **l. control** Leitungssteuerung *f*; **l. correction** 💻 Fehlerkorrektur bei Fernverarbeitung; **l. count(er)** 💻 Zeilenstandanzeige *f*, Z.zähler *m*; **l. cut** ✂ Strich(el)klischee *nt*
lined *adj* gefüttert, liniert
line data channel 💻 Ferndatenkanal *m*; **l. drawing** Zeichnung *f*; **l. drop** ⚡ Spannungsabfall *m*, S.verlust *m*; **l. editor** 💻 Zeileneditor *m*; **l. etching** ✂ Strichätzung *f*; **l. expansion** 💻 Leitungserweiterung *f*; **l. fault** ⚡ Leitungsstörung *f*; **additional l. feature** 💻 zusätzlicher Leitungsanschluss; **l. feed** 💻 Zeilenvorschub *m*; **l. function** Linienfunktion *f*, direkte Funktion; **l. graph** Liniendiagramm *nt*; **l. group** 💻 Erweiterungsgruppe *f*, Leitungsbündel *nt*; **l. inspection** 1. 🚇 Streckenbegehung *f*; 2. 🔧 Zwischenprüfung *f*; **l. limit** Zeilengrenze *f*; **l.man** [US] *n* 🚇 Streckenläufer *m*, S.aufseher *m*; **l. management** Fachgebietsleitung *f*; **l. manager** Fachgebietsleiter *m*, Linienmanager *m*, L.vorgesetzter *m*; **first l. manager** Werksleiter *m*; **l. measure** 📏 Zeilenmaß *nt*
linen *n* Leinen *nt*, (Bett)Wäsche *f*, Weißzeug *nt*; **dirty l.** *(fig)* schmutzige Wäsche *(fig)*; **l. cupboard** Wäscheschrank *m*; **l. draper** Leinen-, Weißwarenhändler *m*; **l. mill** Leinenweberei *f*; **l. room** Wäschekammer *f*; **l. trade** Leinwarenhandel *m*; **l. weaver** Lein(e)weber *m*
line number Zeilennummer *f*; **l. occupancy** 📞 Leitungsbelegung *f*; **l. operative** Beschäftigte(r) in Linienfunktion; **l. organization** Linien-, Skalarorganisation *f*, Linien- und Staborganisation *f*; **l. and staff organization** Stablinienorganisation *f*, Linien- und Staborganisation *f*; **l. personnel** *(Bank)* Schalterpersonal *nt*; **l. position** Linienstelle *f*; **l. posting** Zeileneinstellung *f*; **l.-only principle** Nur-Linie-Prinzip *nt*; **l. printer** 💻 Zeilendrucker *m*; **l. printing** Zeilendruck *m*; **selective l. printing** automatische Zeilenwahl; **l. printout** Zeilenausdruck *m*; **l. production** Linien-, Straßenfertigung *f*; **l. rate** 1. Zeilensatz *m*, Z.preis *m*; 2. 🚇 Streckentarif *m*
liner *n* 1. ⚓ Linienschiff *nt*, L.dampfer *m*, L.carrier *m*, im Linienverkehr fahrendes Schiff, Überseedampfer *m*; 2. ⚙ (Zylinder)Buchse *f*; **l. company** Linienreederei *f*; **l. conference** Linien-, Schifffahrtskonferenz *f*; **l. (freight) rates** Linien(fracht)raten
line register 💻 Ferndatenregister *nt*
liner service Liniendienst *m*, L.verkehr *m*; **l. terms** Linienschifffahrtsbestimmungen; **l. trade/traffic** Linienfahrt *f*, L.verkehr *m*, L.schifffahrt *f*; **l. transport** Linienverkehr *m*; **l. waybill** Linienfrachtbrief *m*
line sampling ▦ Linienstichprobenverfahren *nt*; **l. section** Linieninstanz *f*; **l. skipping** Zeilensprung *m*
linesman *n* 1. *(Sport)* Linienrichter *m*; 2. 🚇 Streckenläufer *m*, S.wärter *m*; 3. ⚡/📞 Störungssucher *m*
line spacing Zeilenabstand *m*; **l. speed** 1. 📶 Band-, Leitungsgeschwindigkeit *f*; 2. 🚇 Reisegeschwindigkeit *f*; **l.-staff relationship** Stab-Linien-Verhältnis *nt*; **l.-and-staff principle** Stablinienprinzip *nt*; **l. start** Zeilenanfang *m*; **l. subordinate** Mitarbeiter(in) in der Linie; **l. switch** 💻 Hauptschalter *m*; **l. telegraphy** Drahttelegrafie *f*; **l.-up** *n* 1. Aufstellung *f*, (Warte)Schlange *f*; 2. *(Polizei)* Gegenüberstellung *f*; **l. width** 1. Zeilenlänge *f*; 2. Strichstärke *f*, Schreibweite *f*, S.breite *f*
lingerie *n* *(frz.)* (Damen)Unterwäsche *f*
lingo *n* Fachjargon *m*
linguist *n* 1. Linguist(in) *m/f*, Sprachwissenschaftler(in) *m/f*, S.forscher(in) *m/f*; 2. Sprachkundige(r) *f/m*; **l.ic** *adj* sprachlich; **l.ics** *n* Linguistik *f*, Sprachwissenschaft *f*
lining *n* 1. *(Kiste)* Einsatz *m*, Einlage *f*, Auskleidung *f*, Wattierung *f*; 2. *(Textil)* (Innen)Futter *nt*; ~ **material** Futterstoff *m*; **l.-up** *n* Aneinanderreihung *f*
link *n* 1. (Binde-/Ketten)Glied *nt*; 2. Verbindung *f*, Junktim *nt*, Verbund *m*, Beziehung *f*, Zusammenhang *m*; **l.s** Beziehungen; **l. in the chain** Glied der Kette; ~ **of distribution** Abnehmerstufe *f*; ~ **of evidence** Glied der Beweiskette; **to form l.s** Beziehungen anknüpfen; **to sever a l.** Verbindung lösen
close link enge Verbindung/Beziehung; **commercial l.** Geschäftsbeziehung *f*; **connecting l.** Binde-, Verbindungsglied *nt*; **direct l.** 1. Direktverbindung *f*; 2. unmittelbarer Zusammenhang; **economic l.s** Wirtschaftsbeziehungen; **cross-border** ~ **l.s** grenzüberschreitende Wirtschaftsbeziehungen; **international** ~ **l.s** internationale Wirtschaftsbeziehungen; **financial l.s** finanzielle Verflechtung; **industrial l.** Industrieverbindung *f*; **missing l.** fehlendes Glied; **private l.s** persönliche Bindungen; **vertical l.** Vertikalverbund *m*
link *v/t* verflechten, verknüpfen, an-, verbinden; **l. to** koppeln an; **l. together** (miteinander) verbinden; **l. up** 1. verketten, vernetzen; 2. sich zusammenschließen; ~ **with** zuschalten
link address 💻 Anschlussadresse *f*
linkage *n* Verflechtung *f*, Verkettung *f*, Verbindung *f*, Verknüpfung *f*, Nexus *m*; **l. between capital markets** Kapitalmarktverflechtung *f*; **l. of risks** Risikoverbindung *f*; **backward l.** Verflechtung mit vorgelagerten Sektoren, Rückverkettung *f*; **economic l.** wirtschaftliche Verflechtung; **forward l.** Verflechtung mit nachgelagerten Sektoren/Wirtschaftszweigen; **functional l.** funktionelle Verbindung; **organizational l.** Organisationsverbund *m*
linkage editor 💻 Binder *m*; **l. effect** Kopplungswirkung *f*, K.effekt *m*
linked *adj* indexiert, gekoppelt; **l. with** angeschlossen an, verknüpft mit; **to be l. with** in Zusammenhang stehen mit; **inseparably l.** untrennbar
linking *n* Verkettung *f*; **l. to productivity** *(Lohn)* Produktivitätsbindung *f*; ~ **the share** [GB] /**stock** [US] **price** Bindung an den Aktienkurs; **l. transaction** Transaktion zum Zwecke des Zusammenschlusses
link relative Gleitziffer *f*; **l.-up** *n* 1. Verbindung *f*, Verknüpfung *f*, Anschluss *m*, Vernetzung *f*, Zusammenschluss *m*, Fusion *f*; 2. *(Radio/Fernsehen)* Konferenzschaltung *f*, Ringsendung *f*
lino(leum) *n* Linoleum *nt*; **l. cut** Linolschnitt *m*; **l. printing** Linoleumdruck *m*
linotype *n* 📇 Linotype *f*
linseed *n* 🌱 Leinsaat *f*, L.samen *m*; **l. oil** Leinöl *nt*
lion *n* Löwe *m*; **l.'s den** *(fig)* Höhle des Löwen *(fig)*; **l.'s share** Haupt-, Löwenanteil *m*

lionize v/t (jdn) feiern, (jdn) zum Helden machen
lip n Lippe f; **on everybody's l.** s in aller Leute Mund; **to keep a stiff upper l.** (fig) die Ohren steif halten (fig); **l. service** Lippenbekenntnis nt; **to pay ~ to sth.** Lippenbekenntnis ablegen für etw.; **l.stick** n Lippenstift m
lique|faction n ◊ Verflüssigung f; **l.fied** adj Flüssig-, verflüssigt; **l.fy** v/t verflüssigen
liqueur n Likör m
liquid adj 1. flüssig; 2. kapitalkräftig, liquide, solvent; **highly l.** höchst liquide
liquid n Flüssigkeit f; **l.s - do not tilt** Flüssigkeit - nicht kippen; **l. container** Flüssigkeitsbehälter m
liquidate v/t 1. liquidieren, Schulden abtragen/tilgen, saldieren; 2. (Börse/Konto) abrechnen; 3. verflüssigen, flüssig machen, gegen bar verkaufen, auflösen, abwickeln; **l. fully** ausliquidieren
liquidated adj (Schaden) geregelt
liquidating dividend n Liquidationsdividende f; **l. value** Liquidationswert m
liquidation n 1. Abrechnung f, Liquidation f; 2. Tilgung f, Glattstellung f; 3. Abwicklung f, Auflösung f (der Konkursmasse), Realisierung f, Realisation f, Liquidierung f, Flüssigmachen nt, Verflüssigung f (von Vermögenswerten); **in l.** in Abwicklung/Liquidation
liquidation by arrangement gütliche/außergerichtliche Liquidation; **l. of a bankrupt's estate** Konkursabwicklung f; **~ commitments** Positionsauflösung f; **~ damage** Schadensliquidation f; **~ debts** Schuldenbegleichung f; **~ a fund** Fondsauflösung f; **~ inventories/stocks** Lagerabbau m, L.auflösung f; **~ a speculative position/speculative positions** (Börse) Glattstellung f; **~ reserves** Rücklagen-, Rückstellungsauflösung f
to come in for heavy liquidation (Börse) umfangreichen Glattstellungen unterworfen sein; **to go into l.** in Liquidation treten; **to put into l.** liquidieren
compulsory/enforced/forced/involuntary liquidation Zwangsauflösung f, Z.liquidation f, Z.vergleich m; **definitive l.** Abschlusszahlung f; **formal l.** offizielle Liquidation; **general l.** (Börse) Glattstellung f; **joint l.** Gesamtliquidation f; **juridical l.** gerichtliche Abwicklung; **long l.** (Börse) Glattstellung einer Hausseposition; **short l.** (Börse) Glattstellung einer Baisseposition; **voluntary l.** stille/freiwillige Liquidation, Selbstauflösung f, Eigenliquidation f
liquidation account (Bilanz) Abschlussrechnung f, Glattstellungs-, Abwicklungskonto nt; **l. balance sheet** Liquidationsbilanz f; **l. certificate** Liquidationsanteilschein m; **l. costs** Liquidationskosten m; **l. dividend** Vergleichs-, Schlussquote f; **l. fee** Abwicklungsgebühr f; **l. gain** Realisations-, Verwertungsgewinn m; **l. loss** Liquidationsverlust m; **l. payment** Tilgungszahlung f; **l. period** Abwicklungs-, Liquidationszeitraum m; **l. plan** Liquidationsplan m; **l. procedure** Abwicklungsverfahren nt; **l. rights** (Konkurs) Liquidationsansprüche m; **l. sale** Verkauf wegen Geschäftsaufgabe, Realisationsverkauf m; **l. value** Liquidationswert m, L.erlös m, Veräußerungs-, Realisierungs-, Abwicklungs-, Vergleichswert m
liquidator n Liquidator m, (Konkurs)Abwickler m, Masseverwalter m; **l. in bankruptcy** Konkursverwalter m; **to appoint a l.** Abwickler bestellen; **official l.** gerichtlich bestellter Abwickler; **l.'s accounts** Abrechnung des Konkursabwicklers
liquidity n (Geld)Flüssigkeit f, Zahlungsbereitschaft f, Liquidität(sstatus) f/m, Geldmenge M1; **l. of a bank** Überschusskasse f; **~ the economy** Wirtschaftsliquidität f; **~ money** Liquidität f, Flüssigkeit des Geldes; **~ last resort** liquide Titel höchster Ordnung
affecting liquidity liquiditätswirksam, l.politisch; **not ~ l.** liquiditätsunwirksam, l.neutral; **due to l.** liquiditätsbedingt
to absorb/mop up/soak up liquidity Liquiditätsabschöpfung vornehmen, Liquidität absaugen/abschöpfen; **to clamp down on l.** Liquiditätsbestimmungen verschärfen; **to cut l.** Liquidität verknappen; **to drain l. out of the banking system** bei den Banken Liquidität abschöpfen; **to increase l.** Liquidität anreichern, liquidisieren; **to reconstitute l.** Liquiditätsreserven auffüllen; **to tighten l.** Liquidität beschränken
conditional liquidity bedingt verfügbare Liquidität; **corporate l.** Liquidität einer AG/GmbH, Firmen-, Unternehmensliquidität f; **excess/surplus l.** Liquiditätsüberhang m, L.reserve f, Überliquidität f; **falling l.** Liquiditätsabnahme f; **immobilized l.** gebundene Mindestreserven; **increased l.** Liquiditätszunahme f; **increasing l.** Liquiditätsanreicherung f, Verflüssigung des Geldmarkts; **instant l.** (Geldanlage) sofortige Verfügbarkeit; **marginal l.** Grenzliquidität f; **minimum l. (ratio)** Mindestliquidität f; **overall l.** Gesamtliquidität f; **primary l.** Primärliquidität f, Liquidität erster Klasse; **reduced l.** Liquiditätsrückgang m; **secondary l.** Sekundärliquidität f; **sufficient l.** Liquiditätsdecke f; **unconditional l.** 1. bedingungslos verfügbare Liquidität; 2. (IMF) uneingeschränkte Liquidität
liquidity|-absorbing adj liquiditätsabschöpfend; **l. afflux** Liquiditätszugang m; **l. aid** Liquiditäts(aus)hilfe f; **initial l. allocation** erste Liquiditätsausstattung; **l. arrangement** Liquiditätsabsprache f; **l. arrangements** Liquiditätsdispositionen; **l. audit** Liquiditätsprüfung f; **(net) l.balance** Liquiditätsbilanz f, L.saldo m; **l. base** Liquiditätsgrundlage f; **net l. base** Bilanz auf Nettoliquiditätsbasis f; **l. bridge** Liquiditätshilfe f; **l. build-up** Liquiditätsanstieg m; **l. ceiling** Liquiditätsrahmen m; **l. constriction** Liquiditätsbeengung f; **l. control(s)** Liquiditätskontrolle f; **l. creation** Geld-, Liquiditätsschöpfung f; **l. crisis** Liquiditätskrise f; **l. crunch** Zahlungsstockung f; **l. determinant** liquiditätsbestimmender Faktor; **l. differential** Liquiditätsgefälle nt; **l. drain** Liquiditätsentzug m; **l. equalization** Liquiditätsausgleich m; **l. flow** Liquiditätsstrom m; **l.-generating** adj liquiditätserzeugend; **l. guarantee** Liquiditätsgarantie f; **l. improvement** Liquiditätsverbesserung f; **l.-induced** adj liquiditätsinduziert, l.bedingt; **l. injection** Liquiditätshilfe f; **net l. inflow** Nettoliquiditätszufluss m; **l. level** Liquiditätsniveau nt; **l. loss** Liquiditätsentzug m; **l. maintenance** Liquiditätsgebaren nt; **l. management** Liquiditätssteuerung f, L.politik f, L.dispositionen pl, L.gebaren nt; **l. manager** Geld-, Liquiditäts-

disponent *m*; **l. margin** Liquiditätsspielraum *m*, L.spanne *f*; **l. measures** Liquiditätsmaßnahmen; **l. mechanism** Liquiditätsmechanismus *m*; **l. needs** Liquiditätsbedarf *m*; **l. paper** Liquiditätspapier *nt*; **l. participant** Kreidt-, Kapitalgeber *m*; **l. planning** Liquiditätsplanung *f*; **l. policy** Liquiditätspolitik *f*; **l. pooling** *(Konzern)* Liquiditätsausgleich *m*; **l. position** Liquiditätsposition *f*, L.lage *f*, L.status *m*; **l. preference** Liquiditätsneigung *f*, L.vorliebe *f*, L.streben *nt*, L.präferenz *f*; **~ theory** Liquiditätstheorie *f*; **l. premium** Liquiditätsprämie *f*; **l. quality** Liquiditätsqualität *f*
liquidity ratio Liquiditätskennzahl *f*, L.ziffer *f*, L.grad *m*, L.koeffizient *m*, L.verhältnis *nt*, L.quote *f*, Deckungsgrad *m*; **l. r. of the economy** volkswirtschaftliche Liquiditätsquote; **absolute l. r.** Liquidität ersten Grades
liquidity-reducing *adj* liquiditätsmindernd, l.abschöpfend; **~ effect** illiquidisierende Wirkung; **l. requirements** Liquiditätsbedarf *m*, L.erfordernisse, L.vorschriften
liquidity reserve Liquiditätspolster *nt*, L.reserve *f*; **standby l. r.** Liquiditätsrückhalt *m*; **l. r. balance** Liquiditätsreserveguthaben *nt*; **~ management** Liquiditätsreservehaltung *f*
liquidity reservoir Liquiditätssammelbecken *nt*; **l. risk** Liquiditätsrisiko *nt*; **l. rules** Liquiditätsrichtlinien, L.grundsätze; **to relax l. rules** die Liquiditätsschraube lockern *(fig)*; **to tighten l. rules** die Liquiditätsschraube anziehen *(fig)*; **l. safeguard(ing)** Liquiditätssicherung *f*; **l.-sensitive** *adj* liquiditätsempfindlich; **l. shortage** Liquiditätsknappheit *f*, L.enge *f*, L.defizit *nt*, L.engpass *m*, eingeengte/mangelnde Liquidität; **l. shortfall** Liquiditätsdefizit *nt*; **tight l. situation** Kapitalknappheit *f*, K.klemme *f*, Liquiditätsengpass *m*; **l. squeeze** Liquiditätsbeengung *f*, L.engpass *m*, L.klemme *f*; **l. support (measures)** Liquiditätsstützen *pl*; **l. surplus** Liquiditätsüberhang *m*; **l. switch** Liquiditätsumschichtung *f*; **l. target** Liquiditätsziel *nt*; **l. trap** *(Keynes)* Liquiditätsfalle *f*; **recurring l. trend** Liquiditätsrhythmus *m*
liquor *n* Alkohol *m*, Branntwein *m*, Schnaps *m (coll)*; **l.s** Spirituosen; **hard l.** hochprozentiger Schnaps; **intoxicating l.** (hochprozentiges) alkoholisches Getränk
free liquor allowance *(Brauereiwesen)* Haustrunk *m*; **l. bottle** Schnapsflasche *f*; **l. excise duty** Steuer auf alkoholische Getränke, Branntweinsteuer *f*; **l. licence** Schankerlaubnis *f*, Lizenz für Alkoholverkauf; **l. shop** [GB] /**store** [US] Spirituosengeschäft *nt*, S.handlung *f*
lis alibi pendens *n (lat.)* [§] Einwand der Rechtshängigkeit; **l. pendens** anhängige/schwebende (Rechts)Sache, anhängiger Rechtsstreit, schwebender Fall
list *n* 1. (Einkaufs)Liste *f*, Aufstellung *f*, Aufzählung *f*, Auflistung *f*, Verzeichnis *nt*; 2. Liste der börsenfähigen Wertpapiere; 3. Adressenliste *f*; 4. Verlagsprogramm *nt*; 5. ⚓ Schlagseite *f*, Krängung *f*, (Seiten)Neigung *f*, Schräglage *f*; **off l.** Nachlass zum Listenpreis; **on the l.** auf der Liste
list of accidents Unfallverzeichnis *nt*; **~ applicants** Bewerber-, Interessentenliste *f*; **~ arrivals** Einfuhrliste *f*; **~ assets** Vermögensverzeichnis *nt*, V.aufstellung *f*; **~ balances** Saldenliste *f*, S.bilanz *f*; **~ adjudicated bankrupts** Konkursschuldnerverzeichnis *nt*; **~ candidates** Bewerber-, Kandidaten-, Wahlliste *f*; **~ charges** Gebührenverzeichnis *nt*, G.tarif *m*; **~ commitments** Obligoliste *f*; **~ contributories** Tabelle der unbedingt Nachschusspflichtigen; **~ previous convictions** [§] Vorstrafenliste *f*, V.register *nt*; **~ creditors** Gläubiger-, Kreditorenverzeichnis *nt*; **~ creditors' claims** Konkurstabelle *f*; **the crew** ⚓ Musterrolle *f*; **~ customers** Kundenkartei *f*; **~ defects/faults** Mängelliste *f*; **~ drawings** Ziehungs-, Auslosungsliste *f*; **~ events** Veranstaltungskalender *m*, Messeprogramm *nt*; **~ (foreign) exchange** Wechselkursliste *f*, W.zettel *m*, Devisenkurszettel *m*, D.blatt *nt*; **~ exhibitors** Ausstellerverzeichnis *nt*
list of goods Warenaufstellung *f*, W.liste *f*; **fixed ~ g.** Warenkorb *m (fig)*; **~ non-liberalized g.** ⊖ Negativliste *f*; **~ tax-free g.** ⊖ Freiliste *f*
list of investments Vermögensaufstellung *f*; **~ items** Stückeverzeichnis *nt*, Stückliste *f*; **~ market quotations** Markt-, Börsenzettel *m*; **~ materials** Materialverzeichnis *nt*; **~ measurements** Aufmaßliste *f*; **~ members** Mitgliederliste *f*; **~ names** Namensliste *f*, N.verzeichnis *nt*, N.register *nt*; **~ offers** Angebotsverzeichnis *nt*; **~ orders** Bestellliste *f*; **~ participants** Teilnehmerliste *f*; **~ paying agents** Zahlstellenverzeichnis *nt*; **~ persons entitled to vote** Wählerverzeichnis *nt*; **~ prices** Preisliste *f*, P.verzeichnis *nt*; **~ priorities** Dringlichkeitsliste *f*; **~ liberalized products** Liberalisierungsliste *f*; **~ quotations** Börsenkursblatt *nt*, (Wertpapier)Kurszettel *m*; **~ deposited securities** Depotübersicht *f*, D.aufstellung *f*; **~ shareholders** [GB] /**stockholders** [US] 1. *(AG)* Aktionärsverzeichnis *nt*, A.register *nt*, Verzeichnis der Aktionäre; 2. *(GmbH)* Gesellschafterliste *f*; **~ signatures** Unterschriftenliste *f*, U.verzeichnis *nt*; **~ source material/references** Quellennachweis *m*, Fundstellenverzeichnis *nt*; **~ speakers** Rednerliste *f*; **~ subscribers** Zeichnerliste *f*; **~ suppliers** Lieferantenliste *f*, Anbieterverzeichnis *nt*; **~ tariffs** Gebührenliste *f*, Tarifaufstellung *f*; **~ the unemployed** Arbeitslosenregister *m*; **~ variants** Variantenstückliste *f*; **~ voters** Wählerverzeichnis *nt*
to add to a list in eine Liste aufnehmen; **to be back in the l.s** *(fig)* wieder im Rennen sein *(fig)*; **to compile a l.** Liste zusammenstellen, Verzeichnis anlegen; **to draw up a l.** Liste anlegen/aufstellen; **to figure in a l.** auf einer Liste stehen; **to head a l.** Liste anführen/eröffnen, obenan stehen, oben auf der Liste stehen; **to keep a l.** Liste/Verzeichnis führen; **to pay l.** Listenpreis zahlen; **to record in a l.** listenmäßig erfassen; **to run down the l.** Liste durchgehen; **to strike off the l.** von der Liste streichen; **to verify a l.** Richtigkeit einer Aufstellung bestätigen
annual list Jahresverzeichnis *nt*; **basic l.** Stammliste *f*; **black l.** 1. schwarze Liste; 2. *(Banken)* Kredit-, Insolventenliste *f*; **blue l.** Liste von angebotenen Wertpapieren der öffentlichen Hand; **chained l.** verknüpfte Liste; **collective l.** Sammelaufstellung *f*; **commercial l.** Liste der Handelssachen; **computerized l.** EDV-Liste *f*; **de-**

tailed l. Einzelaufstellung *f*; **dutiable l.** ⊖ Liste zollpflichtiger Güter; **electoral l.** Wählerverzeichnis *nt*, Stimmliste *f*; **exclusive l.** Exklusivliste *f*; **free l.** ⊖ (Zoll)Frei-, Zollbegünstigungs-, Liberalisierungsliste *f*, Liste zollfreier Waren; **itemized l.** Einzelaufstellung *f*; **legal l.** amtliche Liste mündelsicherer Wertpapiere; **a long l. of** eine ganze Liste von; **official l.** amtliche Börsennotierung, amtlicher Kurszettel, Verzeichnis börsengängiger Wertpapiere; **daily ~ l.** Kurszettel *m*; **positive/specific l.** Positivliste *f*; **principal l.** Stammliste *f*; **recommended l.** Empfehlungs-, Vorschlagsliste *f*; **short l.** engere Wahl, Liste der zur engeren Wahl Stehenden; **single l.** Einheitsliste *f*; **to-do l.** Erledigungsliste *f*; **unquoted l.** *(Börse)* Freiverkehrsnotierung *f*; **yellow l.** *(Börse)* Liste der im Freiverkehr gehandelten Schuldverschreibungen

list *v/t* 1. aufführen, verzeichnen, aufzählen, auflisten, listenmäßig erfassen; 2. *[US] (Börse)* einführen, zulassen, (amtlich) notieren, quotieren, kotieren; 3. ⚓ Schlagseite haben, krängen

listable *adj* *[US]* 1. notierbar, börsen-, kursfähig; 2. steuerpflichtig

list broker Adressenverlag *m*, A.listenmakler *m*

listed *adj* 1. auf der Liste; 2. *[US]* börsengängig, b.fähig, b.notiert, an der Börse gehandelt/zugelassen/eingeführt; 3. registriert; **to be l.** 1. *(Börse)* notiert werden, im Kurs stehen, zur Notierung kommen; 2. unter Naturschutz stehen; **~ consecutively** fortlaufend notiert werden; **officially l.** amtlich zugelassen/notiert

listen *v/i* (zu)hören, Gehör schenken, horchen, lauschen; **l. in** ☏ mithören, abhören

listener *n* Hörer(in) *m/f*, Zuhörer(in) *m/f*; **l.'s letter** Hörerbrief *m*

listening post *n* Horchposten *m*

list entry Posteneingang *m*

listing *n* 1. Auflistung *f*, Aufführung *f*; 2. *[US]* Börsenzulassung *f*, B.einführung *f*, B.notierung *f*, B.notiz *f*, amtliche Notierung, Quotierung *f*, Kotierung *f*; 3. Protokoll *nt*, Aufnahme in die Kundenliste, Kundenregistrierung *f*; **l. of assets and liabilities** *(Bilanz)* Inventar *nt*; **~ problems** Problemauflistung *f*

to obtain a listing zur Notierung/zum Börsenhandel zugelassen werden; **to seek a l.** an die Börse gehen, Notierung beantragen

consecutive listing fortlaufende Notierung; **general/multiple l.** Notierung an mehreren Börsen; **official l.** offizielle Notierung, offizielle Zulassung zum Börsenhandel; **open l.** Maklervertrag ohne Alleinverkaufsrecht

to be listing *adj* ⚓ krängen, Schlagseite haben

listing application (Börsen)Zulassungsantrag *m*; **l. charge** (Börsen)Zulassungsgebühr *f*; **l. commission** (Börsen)Einführungsprovision *f*; **l. committee** (Börsen)Zulassungsausschuss *m*, Z.stelle *f*, Notierungsausschuss *m*; **l. contract** Maklervertrag *m*; **l. form** *(Bank)* Sammelaufgabeformular *nt*; **automatic l. and bookkeeping machine** Registrierbuchungsautomat *m*; **l. notice** *(Börse)* Zulassungsbescheid *m*; **l. order** Zulassungsbeschluss *m*; **l. procedure** (Börsen)Zulassungsverfahren *nt*; **l. prospectus** Einführungs-, Zulassungsprospekt *m*; **l. requirements** Zulassungsbedingungen

listless *adj* *(Börse)* lustlos, schwunglos; **l.ness** *n* Lust-, Teilnahmslosigkeit *f*

list price Listen-, Katalogpreis *m*; **to pay the l. p.** Listenpreis zahlen; **basic l. p.** Listengrundpreis *m*

list processing Listenbearbeitung *f*; **l. structure** Listenbild *nt*

poorly lit *adj* spärlich beleuchtet, lichtarm

litany *n* Litanei *f*

liter *n* *[US]* Liter *m/nt*

literacy *n* Lese- und Schreibfähigkeit *f*; **l. and numeracy** Schreiben und Rechnen; **l. campaign** Alphabetisierungskampagne *f*; **l. test** Lese- und Schreibtest *m*

literal *adj* 1. buchstäblich, wortgetreu, (wort)wörtlich; 2. 🖳 literal; **l.ly** *adv* buchstäblich, im wahrsten Sinne des Wortes; **to take sth. l.ly** etw. für bare Münze nehmen

literary *adj* literarisch, schriftstellerisch

literate *adj* 1. des Lesens und Schreibens kundig; 2. literarisch gebildet

literature *n* 1. Schrifttum *nt*; 2. (Fach)Literatur *f*, Drucksachen *pl*; 3. Prospekte *pl*, Informations-, Prospektmaterial *nt*; **descriptive l.** Informationsmaterial *nt*; **economic/industrial l.** Wirtschaftsschrifttum *nt*; **free l.** kostenloses Informationsmaterial; **obscene l.** Schmutz-, Schundliteratur *f*; **pertinent l.** einschlägige Literatur; **promotional l.** Verkaufsliteratur *f*, Werbematerial *nt*; **seditious l.** verfassungsfeindliche/staatsgefährdende Schriften; **special l.** Fach-, Spezialliteratur *f*

lithograph *n* 🗋 Lithografie *f*, Steindruck *m*; *v/t* lithografieren; **l.ic** *adj* lithografisch; **l.y** Lithografie *f*, Steindruck(verfahren) *m/nt*

litigability *n* §Justiziabilität *f*; **l.able** *adj* § streitig, justiziabel

litigant *n* § (Prozess)Partei *f*, streitende/prozessführende Partei; **joint l.** Streitgenosse *m*; **successful l.** obsiegende Partei; **vexatious l.** Prozesshansel *m (coll)*

litigant *adj* prozessführend, streitend

litigate *v/i* § prozessieren, Rechtsstreit/Prozess führen

litigation *n* § Klage(weg) *f/m*, Prozess *m*, Streit-, Klagesache *f*, Rechtsstreit *m*, R.sweg *m*, R.streitigkeit *f*, Streitfall *m*, Prozessieren *nt*, streitiges Verfahren, gerichtliche Auseinandersetzung; **by l.** im Wege der Klage, auf dem Klagewege; **in l.** streitbefangen, im Streit befangen

to avoid litigation Prozess vermeiden; **to decide by l.** ausklagen; **to gain by l.** erstreiten; **to refrain from l.** Klage unterlassen; **to resort to l.** Klageweg beschreiten; **to risk l.** es auf einen Prozess ankommen lassen

civil litigation Zivilstreitigkeiten *pl*; Z.prozess *m*; **malicious l.** Prozessmissbrauch *m*; **non-contentious l.** nichtstreitige Gerichtsbarkeit; **l. risk** Prozessrisiko *nt*

litigator *n* § Partei eines Rechtsstreits, Prozesspartei *f*

litigious *adj* § strittig, streitig, prozesshängig; **l.ness** *n* Prozesssucht *f*

litmus test 1. ⚗ Lackmustest *m*; 2. *(fig)* Nagelprobe *f (fig)*

litre *n* *[GB]* Liter *m*
litter *n* Unrat *m*, (Papier)Abfall *m*; **to discard l.** Abfall wegwerfen
litter *v/t* verstreuen
litter bin/basket Abfallkorb *m*, Abfallbehälter *m*; **l. bug** Schmutzfink *m (coll)*, Dreckspatz *m (coll)*
to be littered with sth. *adj* voll von etw. sein, übersät sein mit etw.
litter lout *(coll)* Schmutzfink *m (coll)*, Dreckspatz *m (coll)*; **l.-strewn** *adj* mit Abfall übersät
little *adj* klein, gering(fügig), unbedeutend; **l. by l.** nach und nach, scheibchenweise; **every l. helps** Kleinvieh macht auch Mist *(prov.)*; **precious l.** *(coll)* herzlich wenig *(coll)*; **to get l. out of it** nur geringen Nutzen haben; **to make l. of sth.** etw. herunterspielen, etw. bagatellisieren
live *v/i* 1. leben; 2. wohnen, hausen; **l. and let l.** leben und leben lassen; **l. apart** getrennt leben; **l. sth. down** über etw. hinwegkommen, Gras über etw. wachsen lassen *(fig)*; **l. in** am Arbeitsplatz wohnen; **l. off** zehren von; **l. on** fortleben; **~ sth.** von etw. leben, sich ~ ernähren, ~ zehren; **to have enough to l. on** eine auskömmliche Existenz haben; **l. up to** erfüllen, den Erwartungen entsprechen/gerecht werden; **to have nowhere to l.** keine Bleibe haben, kein Dach über dem Kopf haben; **l. it up** in Saus und Braus leben *(coll)*, die Puppen tanzen lassen *(coll)*
live *adj* 1. lebend; 2. *(Sendung)* direkt; 3. ⚡ unter Spannung, unter Strom stehend, stromführend; **to go l.** *(Radio/Fernsehen)* auf Sendung gehen
liv(e)able *adj* wohnlich, bewohnbar
livelihood *n* (Lebens)Unterhalt *m*, L.grundlage *f*, Auskommen *nt*, Existenz(grundlage) *f*, *(Existenz)* Fortkommen *nt*, Lohn und Brot, Erwerbsgrundlage *f*; **able to earn a l.** erwerbsfähig; **to deprive so. of his l.** jdn um Lohn und Brot bringen; **to earn one's l.** seinen (Lebens)Unterhalt verdienen; **to have no secure l.** keine sichere Existenz haben
live|liness *n* 1. Leben *nt*, Lebhaftigkeit *f*, Lebendigkeit *f*; 2. Dynamik *f*; **l.ly** *adj* lebhaft, munter, lebendig, temperamentvoll
liven up *v/t* 1. beleben, mit Leben erfüllen; 2. lebendig/munter werden
liver *n* ♃ Leber *f*; **l. disorder/trouble** Leberleiden *nt*; **l. sausage** Leberwurst *f*
livery *n* Livrée *f (frz.)*, Amtstracht *f*; **l. of seisin** [§] Übertragung von Landbesitz; **l. company** *[GB]* Handwerksgilde *f*, Zunft *f*; **l. horse** Mietpferd *nt*; **l. stable** Mietstall *m*
lives of five to fifteen years *pl* *(Anleihe)* mittlere Fälligkeiten; **to claim l.** Menschenleben fordern; **joint l.** *(Lebensvers.)* Gesamtlebensdauer *f*, verbundene Leben
livestock *n* 🐄 Vieh *nt*, V.bestand *m*, lebendes Inventar
livestock disease Viehseuche *f*; **l. farming** Viehzucht *f*, V.wirtschaft *f*, V.haltung *f*, Tierzucht *f*, T.produktion *f*; **l. fattening** Tiermast *f*; **l. figures/level** Tier-, Viehbestand *m*; **l. insurance** Vieh-, Tierversicherung *f*; **l. lease** Viehpacht *f*; **l. market** Viehmarkt *m*; **l. products** tierische Produkte; **l. production** Vieh-, Tierzucht *f*; **l. scales** Viehwaage *f*; **l. share tenant** Viehteilpächter *m*; **l. trade** Viehhandel *m*; **l. trader** Viehhändler *m*
liveware *n* 💻 *(coll)* (Computer)Personal *nt*
living *adj* 1. lebend; 2. wohnend; **l. separate and apart** *(Steuer)* getrennt lebend; **l. together** nicht getrennt lebend
living *n* 1. Fortkommen *nt*, (Lebens)Unterhalt *m*, Existenz *f*; 2. Aufenthalt *m*, Wohnen *nt*; **for a l.** als Broterwerb; **l. off immoral earnings; l. on the earnings of prostitution** [§] Zuhälterei *f*
to earn/gain one's living seinen Lebensunterhalt verdienen/bestreiten, sich sein Brot selbst verdienen, seinem Erwerb nachgehen, seine Brötchen verdienen *(coll)*; **to earn a bare l.** nackten Lebensunterhalt verdienen; **~ an honest l.** sein Brot ehrlich verdienen; **to eke out a (scanty) l.** notdürftiges/kümmerliches/kärgliches Leben fristen, kärgliches Auskommen haben, sein Leben fristen, sich (schlecht und recht) durchschlagen, kümmerliches Dasein fristen; **to jeopardize so.'s l.** jds Existenz gefährden; **to make a l. (somehow or other)** sich durchs Leben schlagen, sein Fortkommen finden; **~ a l. out of sth.** seinen Lebensunterhalt mit etw. verdienen, von etw. leben; **~ an honest l.** sich ehrlich durchbringen; **~ a precarious l.** unsichere Existenz haben; **to scrape a l.** sich kümmerlich durchbringen; **~ for one's l.** sich für seinen Lebensunterhalt abrackern *(coll)*; **to work for one's l.** für seinen (Lebens)Unterhalt arbeiten; **~ hard for a l.** sich sein Brot schwer verdienen; **to wrest a l. from the soil** dem Boden seinen Lebensunterhalt abringen
extravagant living aufwendige Lebenshaltung; **fat l.** fette Pfründe; **gracious l.** vornehme Lebensart; **high l.** Wohlleben *nt*; **plain/simple l.** schlichte Lebensweise, einfache Lebensführung; **sumptuous l.** aufwendige Lebensführung
living allowance Tage-, Abordnungsgeld *nt*; **l. conditions** 1. Lebens-, Existenzbedingungen, E.verhältnisse; 2. Wohnverhältnisse; **l. costs/expenses** 1. Lebenshaltungskosten; 2. Aufenthaltskosten; **l. environment** Wohnumfeld *nt*; **l. quarters** Wohnung(en) *f/pl*, Unterkunft *f*, Wohngebäude *nt*, W.quartier *nt*; **free l. quarters** *(Steuer)* freie Wohnung; **l. room** Wohnzimmer *nt*; **~ suite** Polstergarnitur *f*; **l. space** 1. Wohnfläche *f*; 2. Lebensraum *m*; **l. standard** Lebensstandard *m*; **l. trust** lebenslängliche Treuhandverwaltung; **l. wage** ausreichender Lohn, Existenzminimum *nt*
LNG (liquefied natural gas) Flüssiggas *nt*
load *n* 1. Gewicht *nt*, Last *f*, Belastung *f*, Ladung *f*, Ladungs-, Ladegewicht *nt*, L.menge *f*, Fracht *f*, Traglast *f*; 2. Last *f*, Bürde *f*; 3. *(Investmentfonds)* Provisionsbelastung *f*; 4. ⚡ Leistung *f*; **l. of responsibility** Verantwortung *f*; **~ work** Packen/Stapel Arbeit; **~ wood** Tracht Holz; **to take a l. off so.'s mind** jdm einen Stein vom Herzen nehmen *(fig)*
additional load Zu-, Beiladung *f*
base/constant load ⚡ Grundlast *f*; **~ capacity** Grundlastkapazität *f*; **~ range** Grundlastbereich *m*; **~ supply** Grundlastversorgung *f*

broad load langfristige Materialbeschaffung; **complete l.** geschlossene Ladung, Komplettladung *f*; **constant l.** 1. ⚡ Grundlast *f*; 2. ⚙ Dauerbelastung *f*; **critical l.** Grenzbelastung *f*; **daily l.** Tagesbelastung *f*; **dead l.** tote Last, Totlast *f*, totes Gewicht, Eigenbelastung *f*, E.gewicht *nt*, schwere Last; **effective l.** Nutzlast *f*; **excess l.** Mehrbelastung *f*; **front-end l.** hohe Anfangsbelastung; **full l.** 1. volle Ladung, Komplettladung *f*; 2. ⚡ **Volllast** *f*; 3. ⚙ Volllauf *m*; **gross l.** Bruttobelastung *f*, Rohlast *f*; **heavy l.** Groß-, Schwertransport *m*, schwere Last; **insecure l.** nicht befestigte Ladung; **less-than-car l.** (lcl) 🚃 Wagenteilladung *f*, Partiefracht *f*; **light l.** Leichtlast *f*; **live l.** in Arbeit befindliche Aufträge; **main l.** Hauptlast *f*; **maximum l.** 1. Höchstladegewicht *nt*, H.last *f*, Maximalgewicht *nt*, Last-, Beladungsgrenze *f*, Grenzlast *f*; 2. Höchstbeanspruchung *f*, höchstzulässige/ äußerste Belastung; **minimum l.** geringste Belastung; **net l.** Nutzlast *f*; **part(ial) l.** Teilladung *f*, Partiefracht *f*, Stückgut *nt*; **part l. traffic** Stückgutverkehr *m*; **peak l.** 1. Höchst-, Maximal-, Spitzenbelastung *f*, Belastungsspitze *f*; 2. ⚡ Höchst-, Spitzenlast *f*; ~ **business** Stoßgeschäft *nt*; ~ **planning** Spitzenlastplanung *f*; **permanent l.** ⚙ Dauerbelastung *f*, D.beanspruchung *f*; **maximum permissible l.** Höchstlast *f*, höchst zulässige Belastung; **rated l.** Nennlast *f*; **safe l.** zulässige Belastung; **total l.** Gesamtbelastung *f*; **unitized l.** Einheitsladung *f*; **maximum useful l.** Höchstzuladung *f*

load *v/t* 1. laden, be-, auf-, ein-, verladen; 2. bepacken, belasten, befrachten; 3. *(Börse)* stark kaufen; 4. *(Vers.) (Prämie)* mit einem Aufschlag versehen, zusätzlich belasten; 5. 💾 laden, *(Diskette)* einlegen; **l. in** ein-, zuladen; **l. out** ausladen; **l. up** aufladen

loadable *adj* 💾 ladefähig

load address 💾 Ladeadresse *f*; **l.-bearing** *adj* 🏛 tragend; **l. capacity** 1. Trag-, Ladefähigkeit *f*, maximale Nutzlast; 2. ⚡ Belastung *f*; **l. carrier** Ladungsträger *m*; **l.-carrying** *adj* tragfähig; **l. chart** Auslastungskontrollkarte *f*, Balkenplan *m*; **l. compartment** *(LKW)* Laderaum *m*; **l. curve (of a day)** Tagesgangkurve *f*; ~ **week** Wochengangkurve *f*; **l. displacement** ⚓ Ladeverdrängung *f*, L.tonnage *f*, Wasserverdrängung bei voller Beladung; **l. draft** *[US]* /**draught** *[GB]* ⚓ (Lade)Tiefgang *m*

loader *n* (Be-/Auf)Lader *m*, Verladearbeiter *m*; **absolute l.** 💾 absoluter Lader; **chief l.** Lademeister *m*, Verladeaufseher *m*; **low l.** 🚚 Tieflader *m*; **semi-low l.** Tiefladewagen *m*

load factor 1. Lade-, Belastungsfaktor *m*, Ausnutzungsgrad *m*, A.quote *f*, Kapazitätsnutzungsgrad *m*, K.auslastung *f*, K.faktor *m*; 2. Belastungsfähigkeit *f*; **l. fund** Investmentfonds mit Gebührenabrechnung beim Verkauf

loading *n* 1. (Auf-/Ein)Laden *nt*, Be-, Verladung *f*, Ladungsanfall *m*; 2. Unkostenzuschlag *m*; 3. *(Vers.)* Zuschlag für Verwaltungskosten und Gewinn, Prämienaufschlag *m*; 4. *(Lebensvers.)* Sicherheitszuschlag *m*; 5. Addition von Gemeinkosten zur Summe der Einzelkosten, Verwaltungskostenzuschlag *m*; 6. ⚖ Gewichtung *f*, Zuschlag zur Erzielung eines gewichteten Index; **l. for contingencies** *(Vers.)* Sicherheitszuschlag *m*; ~ **expenses** Betriebskostenzuschlag *m*; **l. and unloading** Be- und Entladen *nt*, Laden und Löschen *nt*, Ein- und Ausladen *nt*, Ladegeschäft *nt*, L.tätigkeit *f*; **ready for l.** ladefertig, l.bereit; **l. effected by sender** Selbstverladung *f*

base loading Grundauslastung *f*; **front-end l.** 1. Provisionsbelastung bei Ersterwerb von Investmentzertifikaten, Ausgabekostenaufschlag *m*; 2. Durststrecke bei Neuinvestitionen; **off-peak l.** Talzeitauslastung *f*

loading area Ladefläche *f*; **l. bay** Ladeplatz *m*; **l. berth** ⚓ Ladeplatz *m*, L.stelle *f*, Verladekai *m*; **l. board** Maschinenbelegungsübersicht *f*; **l. bridge** (Ver)Ladebrücke *f*; **l. broker** Lademakler *m*; **l. business** Ladegeschäft *nt*; **l. capacity** (Be)Ladefähigkeit *f*, Ladevolumen *nt*; **l. charge/fee** 1. *(Fondsanteil)* Ausgabe-, Verkaufsgebühr *f*; 2. *(Vers.)* Sicherheitszuschlag *m*; **l. charges** Verladungskosten, Be-, Verladegebühr *f*, Ladespesen, L.kosten, L.gebühren, L.geld *nt*; **l. conditions** Verladebedingungen; **l. cost(s)** Verlade-, Beladungskosten *pl*; **l. crew** Verlademannschaft *f*; **l. date** Beladetermin *m*; **l. days** Ladefrist *f*; **l. dock** 1. Ladebühne *f*; 2. ⚓ Ladedock *nt*; **l. equipment** Ladegerät *nt*, L.hilfsmittel *pl*; **l. documents** Verladedokumente; **l. facility** Verladeeinrichtung *f*, V.vorrichtung *f*; **l. facilities** (Ver)Ladeanlage *f*, L.einrichtungen; **l. function** Ladefunktion *f*; **l. ga(u)ge** 🚃 Lademaß *nt*, lichtes Profil; **l. gear** Ladevorrichtung *f*, L.geschirr *nt*, Verladevorrichtung *f*, V.gerät *nt*, V.einrichtung *f*; **l. hatch** Ladeluke *f*; **l. height** Ladehöhe *f*; **l. instructions** Verladeanweisungen; **l. list** Lade-, Schiffsliste *f*; **l. officer** Lademeister *m*, Verladeaufseher *m*; **l. operation** Ladevorgang *m*, L.geschäft *nt*; **l. pallet** Ladepalette *f*; **l. period** (Be-/Ver)Ladefrist *f*, Verschiffungszeitraum *m*; **l. permit** Ladeerlaubnis *f*; **l. personnel** Verladepersonal *nt*; **l. plant** Verladebetrieb *m*; **l. platform** (Ver)Laderampe *f*, L.bühne *f*, L.gestell *nt*, Verladegerät *nt*, Hebebühne *f*; **l. point** (Container)Bereitschaftsplatz *m*, (Ver)Ladestelle *f*; **l. port** ⚓ Ladehafen *m*; **l. profit** Unkostenersparnis *f*, Verwaltungskostengewinn *m*; **l. quay/wharf** ⚓ (Ver)Ladekai *m*; **l. ramp** (Ver)Laderampe *f*, L.bühne *f*; **l. regulations** (Ver)Ladebestimmungen; **l. risk** (Ver)Laderisiko *nt*; **l. space** Ladefläche *f*, L.raum *m*; **l. supervisor** Lademeister *m*, Verladeaufseher *m*; **l. surface** Ladefläche *f*; **l. tackle** Ladevorrichtung *f*, L.geschirr *nt*; **l. test** Belastungsprobe *f*; **l. time** Ladefrist *f*, L.zeit *f*, Verladedauer *f*, V.zeit *f*; **l. weight** (Ver)Ladegewicht *nt*

load instruction 💾 Ladeanweisung *f*, L.befehl *m*; **l. limit** Beladungsgrenze *f*; **l. line** ⚓ Lade(wasser)linie *f*, L.marke *f*; ~ **convention** Freibordabkommen *nt*; ~ **mark** Lademarke *f*; **l. link** 💾 Lastverbund *m*; **l. module** 💾 Lademodul *nt*; **l. planning** Planung für die Verladung; **l. platform** Ladefläche *f*; **l. point** Ladeadresse *f*, L.punkt *m*; **l. program** Lader *m*; **l. ratio** Belastungsquote *f*; **l. run** Nutzfahrt *f*; **l. situation** Belastungssituation *f*; **l. unit** Ladeeinheit *f*

loaf *v/i* faulenzen; **l. about** (herum)lungern, gammeln; **l.er** *n* Faulenzer *m*, Faulpelz *m (coll)*, Herumlungerer *m*; **l.ing (about)** *n* Bummelei *f*

loam *n* Lehm *m*
loan *n* → **credit** 1. Darlehen *nt*, Kredit *m*, Ausleihung *f*, Geld-, Liquiditätsdarlehen *nt*, Leihgelder *pl*; 2. Leihgabe *f*; 3. Anleihe *f*; **l.s** Verbindlichkeiten, Ausleihungen, Fremdmittel; **as a l.**; **on l.** leihweise, als Leihgabe, zur Leihe, geliehen
loan on joint account Metakredit *m*; **l. for third-party a.** Treuhandkredit *m*; **l.s and advances to banks** Bankendebitoren; **~ on insurance policies** Beleihung von Versicherungspolicen; **l. en bloc** *(frz.)* Globaldarlehen *nt*; **l. on bond** Schuldscheindarlehen *nt*, Beleihung von festverzinslichen Wertpapieren; **l. against borrower's note** Solawechselkredit *m*; **l. on bottomry** ⚓ Bodmereikredit *m*; **l.s to business** Wirtschaftskredite; **l.s to small businesses** Mittelstandskredite; **l. at call** Darlehen mit täglicher Kündigung; **l. to finance a capital project** Investitionskredit *m*; **l. secured by chattel mortgage** Darlehen gegen Pfandbestellung; **l. against/on collateral** Beleihungskredit *m*, besichertes Darlehen, Darlehen gegen Pfand; **l. on credit** Kreditanleihe *f*; **l. to customers** Kundendarlehen *nt*; **l. repayable at a fixed date** Zinsanleihe *f*; **granted l. plus released deposit** zugeteilte Bausparsumme; **l.s and discounts** Lombard- und Diskontgeschäft *nt*; **additional l.** Disagiozusatzdarlehen *nt*; **l. to cover discount** Disagiozusatzdarlehen *nt*; **l. to employees** Arbeitnehmerdarlehen *nt*; **l. by the employer** Arbeitgeberdarlehen *nt*; **l. secured by a personal guarantee** Bürgschaftsdarlehen *nt*, verbürgtes Darlehen; **l.s to industry** Industriekredite; **l. repayable by instalments** Amortisationskredit *m*; **~ in equal instalments** Ratenanleihe *f*; **l. from an insurance company** Versicherungsdarlehen *nt*, V.kredit *m*; **l. on interest** verzinsliches Darlehen; **l. for the maintenance of liquidity** Liquiditätskredit *m*; **l. on movables**; **~ personal property** Mobiliarkredit *m*; **l. against promissory note** Schuldscheindarlehen *nt*; **l. at notice** kündbares Darlehen; **l. on overdraft** Kontokorrentkredit *m*, offener Kredit; **l. to participators** Gesellschafterdarlehen *nt*; **l. made by a partner** Gesellschafterdarlehen *nt*; **l. against pledge**; **l. secured by a pledge** dinglich gesicherter Kredit, (Faust)Pfandkredit *m*; **l. on premium** Prämienobligation *f*, P.pfandbrief *m*, P.anleihe *f*; **l. repayable at a premium** Wachstumsanleihe *f*; **l. with profit participation** partialisches Darlehen; **l.s less provisions** Darlehensforderungen abzüglich Wertberichtigungen; **l. to finance purchase(s)** Einkaufskredit *m*; **l. of subsequent rank** nachrangiges Darlehen; **l. with a fixed repayment date** Kredit mit fester Fälligkeit/Kündigung; **l. and savings bank** Spar- und Darlehensbank/D.kasse *f*; **l. against/on securities** Bevorschussung von Wertpapieren, Effektenlombard(kredit) *m*, E.kredit *m*, Lombarddarlehen *nt*, Wertpapierlombard *m*; **l. against securities in custodian account** Depotkredit *m*; **l. on the security of accounts receivable** durch Forderungsabtretung gesichertes Darlehen; **~ collateral securities** Wertpapierdarlehen *m*, Lombardkredit *m*, L.darlehen *nt*, abgesicherter Kredit; **l. against specific security** Objektkredit *m*; **l. to purchase stock** Effektenkredit *m*; **l. against surety** Kredit gegen Bürgschaft; **l.s for a term of ...** Ausleihungen mit einer Laufzeit von ...; **l.s to trade and industry** gewerbliche Kredite; **l. in transit** durchlaufender Kredit; **l. on treasury bills** Schatzwechselkredit *m*; **l. for use** Gebrauchsüberlassung *f*, Leihvertrag *m*
obtaining a loan by false pretences Darlehensbetrug *m*; **raising a l.** Darlehens-, Kreditaufnahme *f*; **~ against securities** Lombardinanspruchnahme *f*, Kreditaufnahme *f*
to accommodate so. with a loan jdm ein Darlehen gewähren; **to agree/approve a l.** Kredit bewilligen/genehmigen; **to apply for a l.** Kredit/Darlehen beantragen; **to arrange a l.** Kredit vermitteln/bereitstellen/aushandeln/aufnehmen; **to award a l.** Anleihe gewähren; **to book a l.** Darlehen verbuchen; **to call (in)/draw in a l.** Anleihe/Darlehen/Kredit kündigen; **to collateralize a l.** Kredit besichern; **to contract a l.** Kredit/Darlehen aufnehmen; **to convert a l.** Anleihe umwandeln/konvertieren; **~ l.s into equity** Anleihen in Eigenkapital umwandeln; **to cover a l.** Darlehen/Kredit besichern; **to declare a l. overdue** Kredit für notleidend erklären; **to disburse a l.** Kredit auszahlen; **to draw a l.** sich einen Kredit auszahlen lassen; **to exhaust a l.** Kredit ausschöpfen; **to extend a l.** 1. Kredit verlängern; 2. Darlehen gewähren; **to float a l.** Anleihe auflegen/begeben/lancieren; **to fund a l.** Kredit finanzieren, Anleihe konsolidieren; **to grant a l.** Anleihe/Kredit/Darlehen gewähren, Kredit einräumen, Darlehen geben; **to issue/launch a l.** Anleihe auflegen/begeben/emittieren; **to issue a l. in instalments** Anleihe in Tranchen auflegen; **to liquidate a l.** Kredit abwickeln; **to negotiate a l.** Anleihe unterbringen/vermitteln/plazieren/kontrahieren/aushandeln; **to obtain a l.** Kredit/Darlehen aufnehmen; **to offer a l. for subscription** Anleihe zur Zeichnung auflegen; **to oversubscribe a l.** Anleihe überzeichnen; **to pay off/repay a l.** Kredit/Darlehen zurückzahlen, ~ tilgen; **to place a l.** Anleihe plazieren/unterbringen; **to process a l.** Kredit abwickeln; **to procure a l.** Darlehen beschaffen; **to raise a l.** Kredit/Darlehen/Anleihe aufnehmen; **to recall a l.** Kredit/Darlehen kündigen; **to redeem/retire a l.** Anleihe/Darlehen tilgen, Kredit zurückzahlen, Anleihe einlösen/zurückkaufen; **to refloat a l.** Anleihe neu auflegen; **to renew a l.** Kredit erneuern; **to secure/take out/take up a l.** Kredit/Darlehen/Anleihe aufnehmen; **to service a l.** Anleihe/Kredit bedienen; **to source a l.** Anleihe unterbringen; **to subscribe a l.** Anleihe zeichnen/übernehmen; **to supplement a l.** Ergänzungskredit gewähren; **to syndicate a l.** Anleihe-/Kreditkonsortium zusammenbringen; **to withdraw a l.** Kredit entziehen
actuarial loan Versicherungsdarlehen *nt*; **adjustable-rate l.** Kredit mit variablem Zins(satz); **agricultural l.** Agrar-, Landwirtschaftskredit *m*, landwirtschaftliches Darlehen; **amortizable l.** Tilgungsanleihe *f*, T.darlehen *nt*; **anticipatory l.** Vorausdarlehen *nt*; **back-to-back l.** Rückkredit *m*; **bad l.** notleidender Kredit, notleidende Anleihe; **below-market l.** *[US]* zinsverbilligter Kredit; **bilateral l.** zweiseitiger Kredit; **blanket l.**

Globalanleihe *f*, G.darlehen *nt*; **bonded l.** verbriefte Anleihe; **bridging l.** Überbrückungsdarlehen *nt*, Ü.kredit *m*, Zwischenfinanzierungskredit *m*; **budgeted l.s** etatisierte Kreditmittel; **callable l.** (täglich) kündbares Darlehen, ~ kündbare Anleihe, kündigungsreife Anleihe; **carryover l.s** Lombarddebitoren; **cheap l.** Billigkredit *m*; **civil l.** *[US]* öffentliche Anleihe, öffentlicher Kredit
collateral(ized) loan Lombard-, Sach-, Real-, Wertpapier-, Kautionskredit *m*, Pfand-, Lombarddarlehen *nt*, L.anleihe *f*, Darlehen gegen Pfandbestellung, Kredit gegen Wertpapierlombard, besichertes Darlehen, gesicherte Anleihe, abgesicherter Kredit; **collateral l. agreement** Lombardvertrag *m*; ~ **business** (Bank) Lombardgeschäft *nt*, L.verkehr *m*, Lombard *m*; ~ **debtors** Lombarddebitoren
collective loan Konsortialkredit *m*
commercial loan Geschäfts-, Warenkredit *m*, kommerzieller/geschäftlicher/gewerblicher/kaufmännischer Kredit; **consolidated l.** konsolidierte/fundierte Anleihe, Konsolidierungskredit *m*; **contractual l.** Vereinbarungsdarlehen *nt*, vereinbartes Darlehen; **convertible l.** Wandelanleihe *f*, W.obligation *f*, W.schuldverschreibung *f*; **corporate l.** 1. Firmen-, Industrie-, Wirtschaftskredit *m*; 2. Industrieschuldverschreibung *f*, Firmenanleihe *f*; ~ **business** Industriekreditgeschäft *nt*; **covered l.** besicherter/gesicherter Kredit; **covering l.** Deckungsdarlehen *nt*; **day-to-day l.** Tagesgeld *nt*, täglich fälliges/tägliches Geld, ~ kündbares Darlehen, ~ fälliger Kredit; **dead l.** Anleihe ohne Verfallfrist; **delinquent l.** notleidender Kredit; **direct l.** Direktkredit *m*, gebundener Kredit; ~ **l.s** Direktausleihungen; **domestic l.** Inlandsanleihe *f*; **downstream l.** Darlehen an eine Tochtergesellschaft; **excess l.** Zusatzdarlehen *nt*; **external l.** Währungs-, Auslandsanleihe *f*, ausländische Anleihe; **federal l.** Bundesanleihe *f*; **fiduciary l.** ungesichertes Darlehen, ungedeckte Anleihe, ungesicherter/ungedeckter (Personal)Kredit; **financial l.** Finanzierungsdarlehen *nt*, Finanzkredit *m*; **fixed l.** langfristiges Darlehen; **fixed-interest/fixed-rate l.** Fest(zins)darlehen *nt*, F.kredit *m*, zinsgebundener Kredit; **low ~ l.** zinsgünstiger Festkredit; **fixed-term l.** Kredit mit fester Laufzeit; **floating-rate l.** Kredit mit variabler Verzinsung, ~ Zinsanpassung; **follow-up l.** Anschlusskredit *m*; **foreign l.** Auslandsanleihe *f*, ausländische Anleihe; **fortnightly l.s** Mediogeld *nt*; **free l.** zinsfreies Darlehen; **frozen l.** eingefrorener Kredit; **funded l.** Konsolidierungsanleihe *f*; **graduated-interest l.** Staffelanleihe *f*; **guaranteed l.** Bürgschaftskredit *m*; **high-coupon l.** hochverzinsliche Anleihe; **high-denomination l.** Globalanleihe *f*; **hydroelectric l.** Wasserkraftanleihe *f*; **immediate l.** Sofortdarlehen *nt*; **index-linked l.** Indexanleihe *f*; **industrial l.** Industriekredit *m*, I.anleihe *f*, gewerblicher Kredit; ~ **company** gewerbliche Kreditgenossenschaft; **infrastructure-financing l.** Infrastrukturkredit *m*; **interbank l.s** Bankan-Bank-Kredite, Zwischenbankkredite; **intercompany/intergroup l.** Konzernkredit *m*, K.darlehen *nt*; **interest-bearing l.** verzinsliche Anleihe, verzinsliches Darlehen, Zinsdarlehen *nt*; **special ~ l.** verzinsliches Sonderdarlehen; **interest-only l.** tilgungsfreies Darlehen, Darlehen ohne Rückzahlung; **interim l.** Zwischenkredit *m*; **internal l.** Inlandsanleihe *f*; **intra-entity l.** Organkredit *m*; **inventory-financing l.** Vorratskredit *m*; **irredeemable l.** unkündbare Anleihe; **job-creating l.** Arbeitsbeschaffungskredit *m*; **joint l.** Sammelanleihe *f*; **jumbo/massive l.** Jumbo-Anleihe *f*, Großkredit *m*; **junior(-ranking) l.** nachrangiges Darlehen; **large-scale l.** Großkredit *m*; **liquid l.** Liquiditätskredit *m*; **local l.** Gemeindekredit *m*; **long-sighted/long-term l.** langfristige Anleihe, langfristiges Darlehen, Dauerkredit *m*; **long-term l.s** langfristige Verbindlichkeiten; **low-interest l.** niedrig verzinsliche Anleihe, zinsverbilligter Kredit; **low-start l.** Kredit mit niedriger Anfangsbelastung; **lump-sum l.** Globaldarlehen *nt*; **marginal l.** risikogehafteter Kredit; **maritime l.** Bodmereibrief *m*, B.darlehen *nt*, B.kredit *m*; **matrimonial l.** Ehestandsdarlehen *nt*; **maturing l.** fällig werdender Kredit; **medium-term l.** mittelfristige Anleihe, mittelfristiger Kredit; ~ **l.s** mittelfristige Verbindlichkeiten; **mismatched l.s** inkongruente Darlehen; **monthly l.s** Monatsgeld *nt*; **mortgaged l.** hypothekarisch besicherte Anleihe; **municipal l.** Kommunalanleihe *f*, K.kredit *m*, K.darlehen *nt*, Gemeindeanleihe *f*; **national l.** Nationalanleihe *f*; **ninety-days l.** Dreimonatsgeld *nt*; **no-interest l.** zinslose/unverzinsliche Anleihe, zinsloser/unverzinslicher Kredit; **non-accrual** *[US]* /**non-performing** *[GB]* **l.** notleidender Kredit; **non-instalment l.** Nichtratenkredit *m*; **non-interest-bearing l.** unverzinsliche Anleihe; **non-recourse l.** projektgebundenes Darlehen, nicht kündbarer/unkündbarer Kredit; **optional l.** Optionsdarlehen *nt*; **other l.s** sonstige Ausleihungen; **outside l.** im Freiverkehr gehandelte Anleihe; **outstanding l.s** Kreditbestand *m*; **overnight l.** Tagesgeld *nt*, kurzfristiger Überziehungskredit; **overseas l.** Auslands-, Überseedarlehen *nt*; **oversubscribed l.** überzeichnete Anleihe; **fully paid-out l.** vollständig ausgezahlter Kredit; **parallel l.** Parallelanleihe *f*; **participating l.** Konsortialkredit *m*
personal loan Klein-, Personal-, Privatkredit *m*, P.darlehen *nt*, persönlicher (Bar)Kredit, Anschaffungsdarlehen *nt*, Gehalts-, Einzelkredit *m*; **medium-sized p. l.** Anschaffungskredit *m*; **small p. l.** (persönlicher) Kleinkredit, (persönliches) K.darlehen *m*; **p. l. broker** Geldmakler für Privatkredite; ~ **business** Kleinkreditgeschäft *nt*; ~ **company** *[US]* Abzahlungsgesellschaft *f*; ~ **department** Kleinkreditabteilung *f*
postal loan Postanleihe *f*; **precarious l.** unsicheres Darlehen; **preliminary l.** Vorschaltdarlehen *nt*, Vorkredit *m*; **premium-carrying l.** Wachstumsanleihe *f*; **primary l.** Hauptkredit *m*; **privileged l.** steuerbegünstigte Anleihe; **production-financing l.** Produktivkredit *m*; **project-related/project-tied l.** 1. projektgebundene Anleihe/Schuldverschreibung; 2. projektgebundener Kredt; **public(-authority) l.** 1. öffentliche Anleihe, Staatsanleihe *f*; 2. staatliches Darlehen; **purchase-financing l.** Kaufkredit *m*; **quoted l.** notierte Anleihe; **redeemable l.** ablösbare/kündbare Anlei-

rescheduling **loan**   670

he, Tilgungsdarlehen *nt*; **rescheduling l.** Umschuldungsdarlehen *nt*, Tilgungsstreckungsdarlehen *nt*, T.kredit *m*; **residual l.** Restdarlehen *nt*, R.kredit *m*; **respondentia l.** Kredit gegen Verpfändung der Schiffsfracht; **roll-over l.** revolvierender Kredit; **seasonal l.** Saisonkredit *m*; **secondary l.** nachrangige Anleihe; **secured l.** 1. gedeckter/(ab)gesicherter/besicherter Kredit, gesichertes Darlehen, Bürgschaftskredit *m*; 2. (ab)gesicherte Anleihe; **short l.** Überbrückungskredit *m*; **short-term l.** 1. Kurzkredit *m*, kurzfristiger Kredit, kurzfristiges Darlehen; 2. kurzfristige Anleihe; **sinking-fund l.** Tilgungsanleihe *f*; **six-month l.** Halbjahresgeld *nt*; **small l.** Klein-, Teilzahlungskredit *m*; ~ **business** Kleindarlehens-, Kleinkreditgeschäft *nt*; **soft l.** Kredit zu verbilligtem Zinssatz, Billigkredit *m*, (zins)verbilligter/weicher/niedrig verzinslicher Kredit, Kredit zu günstigen Bedingungen; **special l.** Sonderdarlehen *nt*, S.kredit *m*; **standby l.** Beistandskredit *m*, verbindlich zugesagter Kredit; **start-up l.** Anlaufkredit *m*, Existenzgründungsdarlehen *nt*; **straight l.** Kredit mit gleichbleibendem Zins, Anleihe mit unveränderlichem Zins, auf einmal in voller Höhe fälliges Darlehen; **structural l.** Strukturkredit *m*; **subordinated l.** nachrangiger Kredit, nachrangig besicherter Darlehen; **syndicated l.** Konsortialkredit *m*; ~ **l.s** Konsortialverbindlichkeiten; **floating-rate ~ l.** Konsortialkredit mit variablem Zinssatz; **tax-exempt/tax-free l.** steuerfreie Anleihe; **tax-favoured l.** steuerbegünstigte Anleihe; **tied l.** 1. zweckgebundener/auftragsgebundener Kredit, projektgebundenes Darlehen, objektgebundene Kreditmittel, Kredit mit Warenbindung; 2. (zweck-/projekt)gebundene Anleihe; **tight l.** knapper Kredit; **transmitted l.** Durchleit-, Verwaltungskredit *m*, durchlaufender/weitergeleiteter Kredit; **uncallable l.** unkündbares Darlehen, unkündbare Anleihe; **uncovered l.** Blankokredit *m*; **undersubscribed l.** nicht voll gezeichnete Anleihe; **unsafe l.** unsicherer Kredit; **unsecured l.** 1. unbesicherte/nicht gesicherte Anleihe; 2. unbesichertes/ungesichertes Darlehen, offener Kredit, Personalkredit *m*; **floating-rate ~ l.** ungesicherter Kredit mit variablem Zins; **upstream l.** Darlehen der Tochter an Konzernmutter; **usurious l.** Wucherdarlehen *nt*; **variable-interest l.** Kredit mit variabler Verzinsung, ~ Zinsanpassung; **vast l.** Riesenkredit *m*
loan *v/t* 1. (aus)leihen, verleihen; 2. als Darlehen/Kredit gewähren
loanable *adj* aus-, verleihbar
loan accommodation Darlehensgewährung *f*; **l. account** Darlehens-, Kreditkonto *nt*; **special l. account** Kreditsonderkonto *nt*; **l. agent** Darlehens-, Kreditmakler *m*, Darlehensvermittler *m*
loan agreement Kredit-, Darlehensvereinbarung *f*, D.vertrag *m*, Anleihe-, Kreditvertrag *m*, K.übereinkommen *nt*; **to conclude a l. a.** Kreditvertrag abschließen; **preliminary l. a.** Darlehensvorvertrag *m*
loan allotment Anleihezuteilung *f*; **l. amount** Darlehensbetrag *m*, D.summe *f*, Kreditsumme *f*; **l. applicant** Kreditantragsteller *m*, K.sucher *m*, K.suchender *m*; **l. application** Kreditantrag *m*, K.gesuch *nt*, K.ersuchen

nt, Darlehensgesuch *nt*, D.antrag *m*, Antrag auf ein Darlehen; **to process a l. application** Kredit(antrag) bearbeiten; **l. apportionment** Hypothekenzuteilung *f*; **l. appraisal** Kreditprüfung *f*; **to complete l. arrangements** Kredit abwickeln; **l. arrangement fee** Kreditbereitstellungsgebühr *f*; **l. asset ratio** *(Bank)* Verhältnis zwischen Kreditvolumen und Aktiva; **l. association** Darlehenskasse(nverein) *f/m*, Kreditgenossenschaft *f*; **mutual l. association** *[US]* genossenschaftliche Bausparkasse; **l. ban** Kreditsperre *f*; **l. bank** Kreditanstalt *f*, Darlehensbank *f*, D.kasse *f*, Kredit-, Lombardbank *f*; **l. book** *(fig)* Kreditrahmen *m*; **l. broker** Darlehens-, Kreditvermittler *m*, Finanz-, Darlehensmakler *m*; **l. business** 1. Darlehens-, Anleihe-, Lombard-, Debitoren-, Leihgeschäft *nt*; 2. *(Bank)* Aktivgeschäft *nt*; **l. and overdraft b.** debitorisches Geschäft; **l. capital** Fremd-, Anleihe-, Darlehens-, Leihkapital *nt*; **l. category** Kreditart *f*, Beleihungsbereich *m*; **l. ceiling** Kreditplafond *m*; **l. certificate** Darlehens-, Anleiheschein *m*, Darlehensurkunde *f*; **l. charges** Kreditgebühr *f*, K.lasten, Darlehenskosten; **l. charge-off ratio** Forderungsausfallquote *f*; **l. claims** Kreditforderungen; **l. collection** *(Museum)* Leihgaben *pl*
loan commitment 1. Kredit-, Darlehens-, Finanzierungs-, Bereitschaftszusage *f*, Anleiheverpflichtung *f*; 2. *(Bausparkasse)* Zuteilung *f*; **l. c.s** Kreditobligo *nt*; **to reduce l. c.s** Kredit zurückführen; **new l. c.s** Neuengagement *nt*, N.ausleihungen; **outstanding l. c.s** offene Kredit-/Darlehenszusagen
loan committee Kredit-, Anleiheausschuss *m*; **l. company** Finanzierungsgesellschaft *f*; **l. consignment** Leihlieferung *f*; **l. containers** Leihemballagen; **l. contract** Kredit-, Darlehens-, Leihvertrag *m*; **l. conversion** Anleihekonversion *f*, A.umwandlung *f*, Umwandlung/Konversion einer Anleihe; **l. covenant** Kreditzusage *f*, K.vertrag *m*, K.vereinbarung *f*; **l. creditor** Kreditgeber *m*, Anleihe-, Darlehensgläubiger(in) *m/f*; **l. debt** Darlehens-, Anleiheschuld *f*; **l. debtor** Anleihe-, Darlehensschuldner(in) *m/f*; **defaulting l. debtor** zahlungsunfähiger Anleiheschuldner; **l. decision** Kreditvergabeentscheidung *f*; **l. demand** Kreditnachfrage *f*, Anleihebedarf *m*; **short-term l. demand** kurzfristige Kreditnachfrage; **l. department** Kreditabteilung *f*, K.büro *nt*; **l. deposit ratio** Kredit-Einlagen-Relation *f*; **l. discount** (Kredit)Disagio *nt*, Darlehensabgeld *nt*; **l. diversification** Kreditstreuung *f*; **l. documents** Finanzierungsunterlagen *f*; **l. documentation** Beschaffung von Kreditunterlagen; **l. drawdown** Darlehens-, Kreditinanspruchnahme *f*
loanee *n* Darlehensnehmer(in) *m/f*
loan embargo Kreditsperre *f*; **l. employment** Leiharbeit(sverhältnis) *f/nt*
loaner *n* 1. Darlehensgeber *m*; 2. Verleiher *m*
loan exposure Kreditengagement *nt*; **l. extension** Kreditgewährung *f*, K.vergabe *f*; **joint l. extension** Verbunddarlehen *nt*; **l. facility** Kreditrahmen *m*, K.linie *f*, K.fazilität *f*; **l. fee** Kreditbearbeitungsgebühr *f*; **l. finance/financing** Fremd-, Anleihefinanzierung *f*, Kreditmittel *pl*; **l. freeze** Kreditsperre *f*; **l. function**

(Bank) Aktiv-, Kreditgeschäft *nt*; **l. fund** Anleihefonds *m*; **l. funds** Darlehens-, Kreditmittel; **l. funding** Kredit-, Darlehensfinanzierung *f*; **l. guarantee** 1. Darlehens-, Kreditbürgschaft *f*; 2. Anleihegarantie *f*; **federal l. guarantee** Bundesbürgschaft *f*; **l. guarantee scheme** 1. Anleihegarantiemodell *nt*; 2. *[GB]* Staatsbürgschaft für Firmengründer; **l.holder** *n* Anleihe-, Hypothekengläubiger(in) *m/f*; **l. indebtedness** Anleiheverschuldung *f*; **l. insurance** Kreditversicherung *f*; **l. interest rate** 1. Darlehens-, Kredit-, Leihzins *m*; 2. Anleihezinsen *pl*, A.verzinsung *f*; **l. issue** Anleiheemission *f*; **joint l. issue** Sammelanleihe *f*; **l. issue policy** Anleihepolitik *f*; **l. levy** rückzahlbarer Steuerzuschlag *f*; **l. liabilities** Darlehensverbindlichkeiten

loan loss Kreditverlust *m*; **~ provisions** *(Bilanz)* Wertberichtigung auf den Kreditbestand, Kreditausfallrückstellung *f*, Rückstellung für Kreditverluste; **~ ratio** Kreditausfallquote *f*; **~ reserve(s)** Rückstellungen für Kreditverluste/Kreditausfälle; **~ risk** Kreditverlustrisiko *nt*

loan management Kreditabwicklung *f*; **l. manager** Leiter der Kreditabteilung; **l. mandate** Kreditauflagen *pl*; **l. maturity** Kreditlaufzeit *f*; **l. money** Leihgelder *pl*, Kreditvaluta *pl*; **l. moratorium** Kreditstundung *f*; **l. mortgage** Darlehenshypothek *f*, Hypothekendarlehen *nt*; **l. note** Schuldschein *m*; **l. notification** Kreditanzeige *f*; **l. office** Darlehens-, Vorschusskasse *f*, Pfandleihgeschäft *nt*, Anleiheabteilung *f*; **l. officer** Kredit(sach)bearbeiter(in) *m/f*; **l. operations** Kredit-, Darlehensgeschäft *nt*; **(new) l. origination** Kreditbereitstellung *f*; **l. origination fee** Kreditbereitstellungsprovision *f*; **l. package** 1. Anleihebündel *nt*; 2. gebündelter Kredit; **l. participation** Anleihebeteiligung *f*; **l. payout** Kreditauszahlung *f*; **l. placement** Anleiheunterbringung *f*; **l. policy** Darlehenspolitik *f*; **l. portfolio** 1. Kreditplafond *m*, K.volumen *nt*, Darlehens-, Kreditbestand *m*; 2. Anleihenportefeuille *nt*; **l. portion** Kredittranche *f*; **l. premium** Anleihe-, Darlehensagio *nt*; **l. pricing** Ermittlung der Anleiherendite; **l. principal** Darlehensbetrag *m*, D.summe *f*; **l. proceeds** Anleiheerlös *m*, (Darlehens)Valuta *f*, Auszahlungswert *m*; **net l. proceeds** Auszahlungsbetrag *m*; **l. processing** Kreditbearbeitung *f*; **~ charge/fee** Kreditgebühr *f*, K.bearbeitungsprovision *f*; **l. procurement fee** Kreditbereitstellungsgebühr *f*; **l. profitability** Anleiheertrag *m*; **l. quotation** Anleihekurs *m*; **l. rate (of interest)** Darlehens(zins)satz *m*, Kredit-, Anleihezinssatz *m*, Marktzins *m*, Ausleihungssatz *m*; **l. rationing** Kreditrationierung *f*; **l. redemption** Anleiheablösung *f*, A.tilgung *f*; **l. refusal** Ablehnung eines Darlehensantrag; **l. repayment** Darlehensrückzahlung *f*, D.tilgung *f*, Kreditrückzahlung *f*, K.tilgung *f*, K.abbau *m*, K.rückfluss *m*; **l. rescheduling** Anleiheumschuldung *f*; **l. sale** 1. Kreditverkauf *m*; 2. *(Bank)* Kreditvermittlung *f*; **l. seeker** Kreditsuchende(r) *f/m*; **l. service/servicing** Zinsendienst *m*, Anleiheverzinsung *f*, A.(zinsen)dienst *m*; **l. shark** *(pej.)* Kredithai *m (pej.)*, (Zins)Wucherer *m*, wucherischer Geldverleiher *m*; **~ rates** Wucherzinsen

loan society Kredit-, Darlehensverein *m*, D.gesellschaft *f*, D.kasse *f*, Vorschussverein *m*; **industrial l. s.** gewerblicher Kreditverein *m*; **mutual l. s.** *[GB]* Kreditgenossenschaft *f*; **remedial l. s.** gemeinnütziger Kreditverein

loan stock Anleihe *f*, A.papier(e) *nt/pl*, festverzinsliche Wertpapiere; **convertible l. s.** Wandelanleihe *f*, W.obligation *f*, W.schuldverschreibung *f*; **secured l. s.** besicherte Anleihe; **profit-sharing l. s.** Gewinnschuldverschreibung *f*; **subordinated l. s.** nachrangige Verbindlichkeiten; **unsecured l. s.** ungesicherte/nicht besicherte (Teil)Schuldverschreibung, ~ Anleihe; **l. s. interest** Anleihezinsen *pl*

loan subscriber Anleihezeichner(in) *m/f*, A.nehmer(in) *m/f*; **l. subscription** Anleihezeichnung *f*; **~ price/rate** Anleihezeichnungskurs *m*

loan syndicate Anleihe-, Kreditkonsortium *nt*; **federal l. s.** Bundesanleihekonsortium *nt*; **standing l. s.** Dauerkonsortium *nt*

loan teller Kreditsachbearbeiter(in) *m/f*; **l. terms** 1. Kredit-, Darlehensbedingungen; 2. Anleihebedingungen, A.ausstattung *f*, Konditionen einer Anleihe; **l. transactions** Kreditgeschäft *nt*; **l. undertaking** Kredit-, Finanzierungs-, Darlehenszusage *f*, D.versprechen *nt*; **l. underwriting** Anleiheübernahme *f*; **l. value** Anleihe-, Beleihungs-, Lombardwert *m*; **maximum l. value** höchster Beleihungswert; **l. worker** Leiharbeitnehmer(in) *m/f*, L.arbeiter(in) *m/f*; **l. write-offs** Debitorenausfälle; **l. yield** Anleiherendite *f*

to be loath to do *adj* ~ abgeneigt/nicht willens sein, zu tun
loathe *v/t* hassen, verabscheuen; **l.d** *adj* verhasst
loathing *n* Ekel *m*, Abscheu *m*
lobby *n* 1. Lobby *f*, Interessengruppe *f*, I.verband *m*, I.vertretung *f*; 2. 🏛 Foyer *nt*, (Eingangs-/Hotel-/Wandel)Halle *f*, Vorraum *m*, V.saal *m*; 3. *[US]* Schalterhalle *f*; **environmental l.** Umweltlobby *f*
lobby for sth. *v/i (Politik)* auf etw. drängen; **l. so.** *v/t (Parlament)* jdn beeinflussen (wollen), auf jdn Einfluss nehmen (wollen)
lobby fodder *(pej.) (Parlament)* Stimmvieh *nt (pej.)*
lobbyist *n* Lobbyist *m*, Interessenvertreter(in) *m/f*
local *adj* örtlich, ortsansässig, hiesig, lokal, ortsgebunden, o.üblich, loco *(lat.)*, vor Ort, (ein)heimisch, Orts-
local *n* 1. Einheimische(r) *f/m*; 2. *[US]* regionale Zweigstelle einer Gewerkschaft, Ortsgruppe *f*; 3. *[GB]* Stammkneipe *f*
locality *n* 1. Örtlichkeit *f*, Lokalität *f*, Fundort *m*; 2. Gegend *f*; **in the same l.** am Ort; **customary in the l.** ortsüblich
localization *n* Lokalisierung *f*, Dezentralisierung *f*; **l. of a fault** 1. Fehlereingrenzung *f*, F.ortung *f*; **~ industry** regionale/örtliche Konzentration von Industrien; 2. Industrieansiedlung *f*
localize *v/t* lokalisieren, örtlich beschränken/begrenzen, dezentralisieren; **l.d** *adj* 1. örtlich begrenzt; 2. partiell, teilweise
locally *adv* am Ort, an Ort und Stelle
locate *v/ti* 1. ermitteln, Lage bestimmen, ausfindig machen, (auf)finden, lokalisieren, anpeilen, orten; 2. *(Industrie)* ansiedeln, sich niederlassen/ansiedeln

located *adj* gelegen, ansässig; **to be l.** liegen, ansässig sein; **favourably l.** standortgünstig
locating *n* Ansiedlung *f*; **interested in l.** ansiedlungswillig
location *n* 1. Lage *f*, Platz *m*, Standort *m*, Stelle *f*, Sitz *m*; 2. Ansiedlung *f*; 3. Ortung *f*, Positionsbestimmung *f*; 4. *(Film)* Drehort *m*; **due to l.** standortbedingt; **l. of industry** 1. Industriestandort *m*; 2. Industrieansiedlung *f*; **safeguarding/securing a l.** Standortsicherung *f*
central location verkehrsgünstige Lage; **chief l.** Hauptstandort *m*; **city-centre l.** City-Lage *f*; **edge-of-town l.** Stadtrandlage *f*; **industrial l.** industrieller Standort, Wirtschafts-, Industriestandort *m*; **intra-company l.** innerbetrieblicher Standort; **isolated l.** Insellage *f*; **new l.** Neuansiedlung *f*; **non-metropolitan l.** Standort außerhalb des Zentrums, ~ in der Provinz; **peripheral l.** Randlage *f*; **prime l.** 1a-, Spitzenlage *f*; **residential l.** Wohnlage *f*; **spatial l.** 1. räumliche Bestimmung; 2. Standortentscheidung *f*
locational *adj* standortbedingt, s.mäßig
location analysis Standortanalyse *f*; **l. card** Lagerplatzkarte *f*; **~ index** Lagerplatzkartei *f*; **l. factor** Standortfaktor *m*; **l. policy** Standortpolitik *f*; **l. preference** Standortpräferenz *f*; **l. rent/value** Lagerente des Bodens; **l.-specific** *adj* standortspezifisch; **l. study** Standortuntersuchung *f*; **l. theory** Standorttheorie *f*
lock *n* 1. Schloss *nt*, Verschluss *m*, Sperre *f*; 2. ⚓ Schleuse *f*; 3. 🚗 Wendekreis *m*; **under l. and key** hinter Schloss und Riegel; **to keep ~ key** unter Verschluss halten, im Panzerschrank aufbewahren; **l., stock and barrel** *(coll)* mit allem Drum und Dran; **to fit a l.** 1. Schloss einbauen; 2. in ein Schloss passen; **to pick a l.** Schloss mit einem Dietrich öffnen; **line-end l.** Zeilenendsperre *f*
lock *v/ti* 1. ab-, verschließen, verriegeln; 2. *(Rad)* blockieren; **l. away** wegschließen; **l. down** ⚓ hinabschleusen; **l. in** 1. einsperren, einschließen; 2. *(Zinssatz)* sich sichern; **l. o.s. in** sich einschließen; **l. out** aussperren; **l. through** ⚓ durchschleusen; **l. up** 1. verschließen, versperren, weg-, zu-, ein-, abschließen, einsperren; 2. *(Geld)* festschreiben, binden, festlegen; 3. ⚓ hinaufschleusen
lockable *adj* ab-, verschließbar
lockage *n* ⚓ Schleusengeld *nt*
lock basin ⚓ Schleusenkammer *f*; **l. charges/dues** Schleusengeld *nt*, S.gebühr *f*
locked *adj* verschlossen; **l. in** eingeschlossen; **l. out** *(Arbeiter)* ausgesperrt; **l. up** 1. abgeschlossen; 2. *(Geld)* festgelegt
locker *n* 1. Schließfach *nt*, Schrank *m*, Spind *m/nt*; 2. *[US]* Gefrierfach *nt*; 3. Schließer *m*; **l. room** Umkleideraum *m*
lock gate ⚓ Schleusentor *nt*
central locking *n* 🚗 Zentralverriegelung; **l.-in effect** *n* mobilitätshemmende Wirkung; **l.-up** *n* *(Geld)* Festschreibung *f*, F.legung *f*; **~ of capital** Kapitalfestlegung *f*, K.bindung *f*, Festlegung von Kapital; **~ of money** Geldstilllegung *f*; **maximum ~ period** Höchstfestlegungsdauer *f*; **~ requirements** Festlegungspflicht *f*

lockjaw *n* ⚕ Wundstarrkrampf *m*
lock-keeper *n* Schleusenwärter *m*, S.meister *m*
locknut *n* ⚙ Gegen-, Kontermutter *f*
lockout *n* Aussperrung *f*; **area-wide l.** Flächenaussperrung *f*; **defensive l.** Abwehraussperrung *f*; **general l.** Massenaussperrung *f*; **sympathetic l.** Sympathieaussperrung *f*
locksmith *n* Schlosser *m*; **l.'s shop** Schlosserei *f*
lockup *n* 1. (kleiner) Laden, Geschäft *nt*; 2. 🚗 Garage *f*; 3. Gefängnis *nt*; 4. Daueranlage *f*, eingefrorenes Kapital; 5. prolongiertes Papier; **l. note** erneuerter Schuldschein
loco *adv* *(lat.)* loco, ab hier, ab Werk; **l. citato (l. c.)** am angegebenen Ort (a. a. O.); **l. price** Lokopreis *m*
locomotive *n* Lokomotive *f*; **economic l.** *(fig)* Konjunkturlokomotive *f (fig)*; **electric l.** E-Lok *f*
locum *n* *(lat.)* ⚕ *(Arzt/Apotheker)* (Ferien)Vertreter(in) *m/f*, (Ferien)Vertretung *f*
locus *(lat.)* **of minimum cost per unit** *n* optimaler Kostenpunkt *m*; **~ decision-making** Entscheidungszentrum *nt*; **~ indifference** Indifferenzort *m*; **l. standi** *(lat.)* [§] Recht, gehört zu werden, Postulationsfähigkeit *f*
lode|manage *n* ⚓ Lotsengeld *nt*; **l.star** *n* Leit-, Polarstern *m*; **l. stone** *n* ⚙ Magnetit *m*, Magneteisenstein *m*
lodge *n* Loge *f*, Pförtnerhaus *f*, P.loge *f*, (Jagd)Hütte *f*; **masonic l.** Freimaurerloge *f*
lodge *v/ti* 1. einquartieren, unterbringen, beherbergen; 2. (zur Miete) wohnen, logieren; 3. *(Geld)* deponieren, einlegen; 4. *(Gegenstand)* hinterlegen, in Verwahrung geben, unterbringen, einbringen; 5. *(Antrag/Beschwerde)* anmelden, anbringen, einreichen, erheben
lodger *n* (Unter)Mieter(in) *m/f*, Einlieger *m*, Kostgänger *m*, möblierter Herr; **to take in l.s** (Unter)Mieter aufnehmen
lodging *n* 1. Unterkunft *f*, Wohnung *f*; 2. *(Beschwerde)* Einlegung *f*; **l.s** möbliertes Zimmer, Mietwohnung *f*, Logis *nt* *(frz.)*; **l. of an appeal** [§] Einlegung eines Rechtsmittels; **~ a claim** Erhebung eines Anspruchs; **~ a legal remedy** Einlegung eines Rechtsmittels/R.behelfs; **~ a security** Hinterlegung einer Sicherheit; **to take l.s** sich einmieten, Quartier nehmen; **free l.** freies Wohnen; **l. agent** Hinterlegungsstelle *f*; **l. allowance** Wohngeld(zuschuss) *nt/m*; **l. house** Pension *f*, Logierhaus *nt*; **common l. house** Absteige(quartier) *f/nt*, Obdachlosenasyl *nt*
lodgment *n* 1. Deponierung *f*, Hinterlegung bei Gericht; 2. *(Klage)* Einreichung *f*; **l. of coupons** Kuponhinterlegung *f*; **~ the customs declaration** ⊖ Abgabe der Zollerklärung; **l. order** Hinterlegungsverfügung *f*; **l. voucher** Einlieferungsbeleg *m*
loft *n* 🏠 Dachboden *m*, D.speicher *m*
lofty *adj* hochfliegend, h.trabend
log *n* 1. 🌳 (Baum)Stamm *m*, Klotz *m*, Scheit *m*; 2. (Schiffs)Tagebuch *nt*, Protokoll *nt*; Aufzeichnungen *pl*; **l.s** Knüppel-, Rundholz *nt*; **to keep a l. of sth.** über etw. Buch führen, registrieren
log *v/t* 1. aufzeichnen, (in das Logbuch) eintragen; 2. *(Strecke/Zeit)* fliegen, fahren, zurücklegen; 3. 🌳 fällen; **l. on** 💻 sich einwählen

logarithm *n* π Logarithmus *m*; **l.ic** *adj* logarithmisch
log book 1. ⚓ Log-, Bordbuch *nt*; 2. ✈ Flugbuch *nt*; 3. 🚗 Fahrtenbuch *nt*, 4. ✎ *(Maschine)* Betriebsbuch *nt*, Lebensakte *f*; 5. *(Polizei)* Dienstbuch *nt*; **l. cabin** Blockhaus *nt*, B.hütte *f*; **l. data** Journaldaten *pl*
logger *n* 1. Schreibgerät *nt*, Registriereinrichtung *f*, R.gerät *nt*; 2. ⚒ Holzfäller *m*; 3. Holztransporter *m*
to be at loggerheads (with so.) *n (fig)* sich in den Haaren liegen *(coll)*, Streit haben, auf Kriegsfuß stehen *(fig)*, im Streit liegen, sich (mit jdm) in der Wolle haben *(coll)*
logging *n* ⚒ Holzfällen *nt*, H.einschlag *m*, H.transport *m*; **l. device** 💻 Protokolleinheit *f*; **l. operation** Holzernte *f*
logic *n* Logik *f*; **l.cal** *adj* logisch, schlüssig, folgerichtig
logistic *adj* logistisch
logistics *n* Logistik *f*, Nachschubwesen *nt*; **l. of distribution** Vertriebs-, Distributionslogistik *f*; **~ a firm** logistisches System; **~ production** Produktionslogistik *f*
corporate logistics Unternehmenslogistik *f*; **industrial l.** betriebliche Logistik; **reverse l.** Rückhollogistik *f*
environmentally oriented logistics (approach) umweltbewusste/umweltorientierte Logistik; **overall l. function** zentrale Einsatzsteuerung; **l. company/operator** Logistikunternehmen *nt*; **l. costs** Logistikkosten; **l. industry** Logistikbranche *f*; **l. service provider/supplier** Logistikdienstleister *m*, Anbieter von Logistikdienstleistungen; **l. strategy** Logistikstrategie *f*
logjam *n* Stillstand *m*, toter Punkt, Stau *m*; **l. of resources** Mittelstau *m*
logo *n* Logo *nt*, (Firmen)Emblem *nt*
logo(type); logograph *n* Namens-, Firmenschriftzug *m*, F.symbol *nt*, F.zeichen *nt*, Wort-, Kennzeichen *nt*, Logo *nt*
log on 💻 Benutzeridentifizierung *f*; **l. road** Knüppeldamm *m*; **l. slate** Logtafel *f*
lolly *n (coll) [GB]* Moneten *pl (coll)*, Moos *nt (coll)*, Mäuse *pl (coll)*
special lombard advance *n* Sonderlombard(kredit) *m*; **(special) l. facility/window** (Sonder)Lombardfenster *nt*; **l. lending rate** Lombardzinssatz *m*; **l. list** Lombardverzeichnis *nt*; **l. loan** Lombardkredit *m*; **l. loans** Lombardforderungen; **l. rate** Lombardsatz *m*, L.zins *m*; **L. Street** *[GB]* Londoner Geldmarkt
Lomé Agreement *(EU)* Lomé-Abkommen *nt*
London allowance Londoner Ortszuschlag; **L. Bankers' Clearing House** Londoner Girozentrale; **L. Commodity Exchange (LCE)** Londoner Rohstoff-/Produktenbörse; **L. Debt Agreement** Londoner Schuldenabkommen; **L. equivalent** Londoner Parität; **L. International Financial Futures Exchange (LIFFE)** Londoner Finanzterminmarkt; **L. interbank offered rate (LIBOR)** Angebotszinssatz unter Londoner Banken, Zinssatz unter Londoner Banken, Londoner Interbankenzinssatz; **L. Metal Exchange (LME)** Londoner Metallbörse; **L. Stock Exchange (LSE)** Londoner Börse
long *adj* lang(fristig), auf lange Sicht; **before l.** binnen kurzem; **as l. as** solange; **very l.** ellenlang *(coll)*; **to be l.** *(Börse)* eingedeckt sein; **~ in doing** lange brauchen; **to go l. (of the market)** *(Börse)* auf Hausse spekulieren, sich mit Material eindecken
long *n (Börse)* 1. langfristige Anleihe, Langläufer *m*; 2. Haussespekulant *m*, Haussier *m (frz.)*; **l.s and shorts** 1. Hausse- und Baissegeschäfte; 2. *(Anleihen)* Kurz- und Langläufer; **the l. and the short of it** *(coll)* um es kurz zu sagen, langer Rede kurzer Sinn; **high-coupon l.s** hochverzinsliche Langläufer
long for sth. *v/i* sich nach etw. sehnen
long|-dated *adj* langfristig, mit langer Laufzeit; **l.-distance** *adj* Langstrecken-; **l.-drawn(-out)** *adj* langatmig, ausgedehnt
longer-term *adj* längerfristig
longest-serving *adj* dienstältest
long-established *adj* alteingesessen
long|-forgotten *adj* längst vergessen; **l.hand** *n* gewöhnliche Handschrift, Lang-, Schreibschrift *f*; **to write (in) l.hand** mit der Hand schreiben
longevity *n* lange Lebensdauer; **l. pay** altersbedingter Gehaltszuschlag, Prämie für langjährige Betriebszugehörigkeit
longitude *n (Geografie)* Länge(ngrad) *f/m*
long|-lasting *adj* dauerhaft, haltbar; **to be l.-lasting** von Dauer sein; **l.-life** *adj* langlebig, haltbar; **l.-lived** *adj* langlebig; **l.-mooted** *adj* lange diskutiert; **l.-range** *adj* 1. langfristig, auf weite Sicht, Langzeit-; 2. weitreichend Langstrecken-; **l.-run** *adj* langzeitig, l.fristig; **l.-running** *adj* lang anhaltend, andauernd; **l.shoreman** *n [US]* ⚓ Kai-, Hafen-, Dockarbeiter *m*, Schauermann *m*; **l.-standing** *adj* alt(hergebracht), seit langer Zeit bestehend, langjährig, angestammt; **l.-suffering** *adj* schwer geprüft; **l.-term** *adj* langfristig, längerfristig, auf lange Sicht, Langfrist-, Langzeit-; **l.-ways** *adv* längs; **l.-wearing** *adj* haltbar; **l.-winded** *adj* langwierig, l.atmig, umständlich, weitschweifig; **l.-windedness** *n* Langatmigkeit *f*
loo *n (coll)* Klo(sett) *nt*, stilles Örtchen *(coll)*
look *n* 1. Blick *m*; 2. Aussehen *nt*, Anschein *m*; **to give sth. a second l.** etw. nochmals/genauer ansehen; **to have a l. round** sich umsehen; **to put on a martyred l.** Leidensmiene aufsetzen; **to take a fresh l. at sth.** etw. erneut überprüfen
dirty look giftiger Blick; **new l.** neue Linie, neues Gesicht; **slim l.** schlanke Mode; **vacant l.** ausdrucksloser Blick
look *v/i* 1. blicken, sehen, schauen, suchen, nachsehen; 2. aussehen; **l. about** sich umsehen/vorsehen; **l. after** sich kümmern um, versorgen; **~ o.s.** für sich selbst sorgen; **~ sth.** sich um etw. kümmern, etw. betreuen, etw. schonen; **~ no. 1** *(coll)* seinen eigenen Vorteil zu wahren wissen; **l. ahead** vorausschauen; **l. around (for)** (sich) umschauen/umsehen/umtun (nach); **l. askance at so.** jdn schief ansehen; **l. at** betrachten, prüfen, in Betracht ziehen, zusehen; **l. away** wegsehen; **l. back** zurückschauen; **l. down** 1. hinuntersehen; 2. *(Preis)* fallen, sich verschlechtern, sinken; **~ on** herabsehen auf; **l. for** suchen, erwarten, Ausschau halten nach; **l. forward** in die Zukunft blicken; **~ to** entgegensehen,

look in (up)on sich freuen auf; **l. in (up)on so.** bei jdm einen kurzen Besuch machen; **l. into sth.** etw. untersuchen, prüfen, in etw. Einblick nehmen, einsehen; **l. out** 1. hinausschauen; 2. aufpassen; **~ for** sich umsehen nach; **l. over** durchsehen, (über)prüfen, mustern; **l. round** sich umsehen; **l. through** durchsehen, sichten, (über)prüfen; **l. to so. to do sth.** etw. von jdm erwarten, sich auf jdn verlassen; **l. up** 1. *(Preis)* steigen, sich bessern; 2. nachsehen, nachschlagen; **l. so. up and down** jdn von oben bis unten mustern; **l. the worse for wear** lädiert aussehen

lookalike *n* Doppelgänger(in) *m/f*

looked after by *adj* in der Obhut von; **to be well l. after** es gut haben

look-in *n* 1. kurzer Besuch, Stippvisite *f*; 2. Chance *f*

looking ahead *n* Kapazitätsvorsorge *f*; **l. back** bei rückblickender Betrachtung; **l. through** Sichtung *f*, Durchsicht *f*

look-out *n* 1. Aussichten *pl*; 2. Um-, Ausschau *f*, Wacht *f*, Wache *f*, Beobachtungsstelle *f*, B.posten *m*; **to be on the l.** Schmiere stehen *(coll)*; **~ for** Ausschau halten nach, auf der Suche sein nach, Umschau halten; **l. institution** Institut der Zukunftsforschung

look-over *n* oberflächliche/flüchtige Prüfung

loom *n* Webstuhl *m*

loom *v/i* 1. *(Unheil)* drohen, sich abzeichnen/zusammenbrauen; 2. *(Börsenhorizont)* sich verdunkeln; **l. large** große Rolle spielen, von großer Bedeutung sein

looming *adj* drohend

loop *n* Schleife *f*, Schlinge *f*, Zyklus *m*; **closed l.** Rückkoppelungsschleife *f*; **closed-l./open-l. process** ☯/☪ Verfahren mit geschlossenem/offenem Kreislauf; **closed-l. system** 1. Kreislaufsystem *nt*, geschlossenes System; 2. Blockdiagramm *nt*; **digital l. test** 🖳 Digital-Schleifentest *m*; **disjoint l.** getrennte Schleife; **self l.** *(OR)* Locke *f*

loop *v/i* *(Straße)* sich schlängeln, sich winden

loophole *n* Ausweg *m*, Hintertür(chen) *f/nt*, Schlupfloch *nt*; **l. in a/the contract** Vertragslücke *f*; **~ the law** Gesetzeslücke *f*, Lücke im Gesetz; **to find a ~ the law** durch die Maschen des Gesetzes schlüpfen; **to plug a l.** *(fig)* Loch stopfen

loose *adj* 1. los; 2. lose, offen, unverpackt; 3. locker; **to let l.** loslassen; **to work l.** sich lockern/lösen; **l. or in packages** lose oder verpackt

loose *v/t* 1. losmachen; 2. lockern

loose-leaf *n* Einlege-, Einlageblatt *nt*; *adj* Loseblatt-

loosen *v/t* (auf)lockern, lösen

loosening *n* Auflockerung *f*; **l. of the monetary log jam** *n* Entkrampfung am Geldmarkt

to be loose-tongued *adj* loses Maul haben

loot *n* Raub(gut) *m/nt*, Beute *f*, Diebesgut *nt*; **to share out the l.** Raub aufteilen

loot *v/t* (aus)plündern, brandschatzen; **l.er** *n* Plünderer *m*; **l.ing** *n* Plünderung *f*, Plünderei *f*

lop (off) *v/t* abhacken, kürzen, kappen

lopsided *adj* mit Schlagseite, schief, nach einer Seite hängend, einseitig

loquacious *adj* redselig, geschwätzig

lord *n* Herr *m*

the Lord|s of Appeal in Ordinary *[GB]* [§] Oberster Gerichtshof; **l. of the manor** Gutsherr *m*, Herr im Haus; **good L.!** *(coll)* ach, du meine Güte! *(coll)*; **My L.** *[GB]* [§] *(Anrede im High Court)* Hohes Gericht; **the L.** Herrgott *m*; **feudal l.** Feudal-, Lehnsherr *m*; **possessory l.** Grundbesitzer *m*, G.herr *m*

lord it *v/t* wie ein Herr/Fürst/Pascha leben, verschwenderisch/auf großem Fuß leben

Lord Advocate *[Scot.]* [§] General(staats)anwalt *m*; **L. Chamberlain** *[GB]* Hofmarschall *m*; **L. Chancellor** *[GB]* Lordkanzler *m*, Justizminister *m*; **L. Chancellor's Department** *[GB]* Justizministerium *nt*; **L. Justice** *[GB]* Lordrichter *m* (am Berufungsgericht); **L. Chief Justice** *[GB]* Lordoberrichter *m*; **l. mayor** *[GB]* ; **l. provost** *[Scot.]* Oberbürgermeister *m*; **L. Privy Seal** *[GB]* Lordsiegelbewahrer *m*

Lorenz curve *n* Lorenzkurve *f*

loro account *n* Lorokonto *nt*; **l. balance** Loroguthaben *nt*; **l. liability** Loroverbindlichkeit *f*

lorry *n* *[GB]* → **truck** 1. 🚚 Lastkraftwagen (LKW) *m*, Liefer-, Lastwagen *m*, Laster *m*; 2. 🚃 Lore *f*; **by l. per/mit LKW**; **articulated l.** *[GB]* Sattelschlepper *m*, S.zug *m*, Gelenkfahrzeug *nt*; **flat-bed l.** Tieflader *m*; **long-distance l.** Fernlastwagen *m*, F.laster *m*, F.lastzug *m*

lorry depot *[GB]* Lastwagendepot *nt*; **l. driver** LKW-, Lastwagenfahrer *m*; **long-distance l. driver** Fernfahrer *m*, Kapitän der Landstraße *(coll)*; **l. fleet** Lastwagen-, Fuhrpark *m*, Lastwagenflotte *f*; **l. load** (Last)Wagenladung *f*; **l. toll** Straßenbenutzungsgebühr für LKW

lose *v/ti* 1. verlieren; 2. zurückgehen, im Wert fallen; **l. out (on sth.)** den Kürzeren ziehen *(coll)*

loser *n* (Kurs)Verlierer *m*; **a born l.** ein geborener Verlierer

loss *n* 1. *(allg.)* Verlust *m*, 2. Verlust *m*, (Kurs)Einbuße *f*, Ausfall *m*, Mindererlös *m*, M.ertrag *m*, Minus *nt*; 3. (Versicherungs)Schaden *m*, Schadensfall *m*; 4. *(Hypothek)* Damnum *nt*, Wertminderung *f*; 5. ⚓ Untergang *m*; **l.es** Abgänge, negative Einkünfte; **at a l.** 1. mit Verlust; 2. verlegen; **wholly at a l.** völlig konsterniert; **in the event of l.** bei Eintritt des Schadensfalls, im Schadensfall; **to the l. of** zum Schaden von; **without l.** verlustfrei

loss of amenity Wertminderung durch Landschaftsveränderung; **~ assets** Vermögensverlust *m*; **~ baggage** *[US]* Gepäckverlust *m*; **l. due to bankruptcy** Konkursverlust *m*; **l. of business** Einnahme-, Absatz-, Geschäftsverlust *m*; **l.es in business volume** Volumenverluste; **l. of capacity** Kapazitätsverlust *m*; **~ capital** Kapitalverlust *m*; **~ cargo** Ladungsverlust *m*, Verlust der Ladung; **~ a client** *(Anwalt)* Mandatsverlust *m*; **~ confidence** Vertrauensverlust *m*, V.schwund *m*; **~ consortium** [§] Verlust der Lebensgemeinschaft mit dem Ehegatten; **l.es of creditors** Gläubigerverlust *m*; **l. of custom** Kundenschwund *m*, K.verlust *m*; **l. or damage** Schaden jeder Art; **actual ~ damage** Vermögenseinbuße *f*; **l.es from/on bad debts** Kundenausfälle, Forderungsverluste; **l. on disposal** Veräußerungsverlust *m*; **l.es due to disposal of current assets** Verluste aus dem Abgang von Gegenständen des Umlaufvermögens; **l. of earnings** 1. Einkommensverlust *m*, Lohn-, Verdienstausfall *m*; 2. Gewinn-, Ertragsausfall *m*, E.verlust *m*, Gewinnentgang *m*; **~ earning capacity/power** 1. Verlust der Arbeits-/Erwerbsfähigkeit; 2. Rentabilitätseinbuße *f*, R.rückgang *m*; **~ earnings insurance** Verdienstausfallversicherung *f*; **~ employment** Verlust des Arbeitsplatzes; **l. on exchange** Kursverlust *m*, K.einbuße *f*, Währungs-, Wechselkursverlust *m*; **l.es of foreign exchange** Devisenverluste; **l. on the foreign exchange market** *(Devisen)* Kursverlust *m*; **l. of export income** Exporterlösausfall *m*; **~ face** Prestigeverlust *m*; **~ fees** Gebührenverlust *m*; **~ feedstock** Werkstoffverlust *m*; **l. by fire** Brandschaden *m*, durch Brand verursachter Verlust; **direct ~ fire** unmittelbarer Feuerschaden; **~ friction** Reibungsverlust *m*; **l. and gain** Gewinn und Verlust; **l. of goods** ⚓ Untergang von Sachen; **~ growth** Wachstumsverlust *m*; **~ hearing** $ Verlust des Hörvermögens; **~ heat** Hitze-, Wärmeverlust *m*; **~ image** Imageverlust *m*; **~ income** Einkommensverlust *m*, E.einbuße *f*, E.minderung *f*, E.ausfall *m*, Einnahmeverlust *m*, E.ausfall *m*; **l. through inflation** Inflationsverlust *m*; **l. of interest** Zinsverlust *m*; **~ (a) job** Arbeitsplatzverlust *m*; **~ jobs** Verlust von Arbeitsplätzen, Arbeitsplatz-, Beschäftigungseinbuße *f*; **l. by leakage** Verlust durch Auslaufen, Leckageverlust *m*; **l. of life** 1. Verluste an Menschenleben; 2. *(Vers.)* Tod *m*; **~ limb** *(Vers.)* Verlust eines Gliedes; **~ one's livelihood** Existenzverlust *m*; **~ livestock** 🐄 Viehverlust *m*; **l.es on loans** Wertberichtigungen im Kreditgeschäft; **l. of luggage** *[GB]* Gepäckverlust *m*; **~ manhours** Arbeitsausfall *m*; **~ market share(s)** Marktanteilsverlust *m*, M.einbuße *f*; **~ materials** Materialverlust *m*; **~ memory** Gedächtnisschwund *m*; **to suffer from ~ memory** an Gedächtnisschwäche leiden; **~ money** Geldverlust *m*; **~ nationality** Verlust der Staatsangehörigkeit; **~ office** Amtsverlust *m*; **~ public offices** Verlust der öffentlichen Ämter; **~ output** Produktionseinbuße *f*, P.ausfall *m*; **~ ownership** Eigentumsverlust *m*; **~ pay** Lohn-, Verdienstausfall *m*, Lohneinbuße *f*; **without ~ pay** bei vollem Lohnausgleich; **~ pension** entgangene Rente; **~ possession** Besitzverlust *m*; **~ prestige** Prestigeverlust *m*; **~ priority** Rangverlust *m*; **~ production** Produktionseinbuße *f*, P.verlust *m*, Produktions-, Betriebsausfall *m*; **~ productivity** Produktivitätsverlust *m*, Leistungsausfall *m*; **~ profit** Gewinnausfall *m*; **~ profits insurance** Gewinnausfall-, Betriebsunterbrechungsversicherung *f*; **~ property** Besitz-, Eigentumsverlust *m*, Vermögenseinbuße *f*, V.verlust *m*; **~ purchasing power** Kaufkraftminderung *f*, K.verlust *m*; **~ receivables** Forderungsausfall *m*; **estimated ~ receivables** vermuteter Forderungsausfall; **~ rent** Mietausfall *m*, M.verlust *m*; **~ rent compensation** Mietgeldentschädigung *f*; **~ reputation** Reputationsverlust *m*; **~ expected returns** entgangener Gewinn; **~ a right** Rechtsverlust *m*, Verlust eines Rechts; **~ the right to manage one's estate** Verlust/Entzug des Rechts der Vermögensverwaltung; **~ vested rights** Besitzstandsverlust *m*; **~ sale** Veräußerungsverlust *m*; **~ sales** Umsatzrückgang *m*, U.ausfall *m*; **estimated ~ service life** geschätzter Wertminderungsverlust; **extraordinary ~ service life** außergewöhnlicher Verschleiß; **~ serviceability** Wert-, Brauchbarkeitsminderung *f*; **~ a ship at sea** Schiffsverlust *m*; **~ shipping** Tonnageverlust *m*; **~ sight** $ Verlust des Sehvermögens; **~ status** Statusverlust *m*; **~ substance** Substanzverlust *m*; **l. on takeover** Übernahmeverlust *m*; **l. of takings** Einnahmeausfall *m*; **~ territory** Gebietsverlust *m*; **~ time** Zeitverlust *m*; **~ tonnage** Tonnageverlust *m*; **l. in transit** Verlust auf dem Transport(wege); **~ use** 1. Nutzungsausfall *m*, N.schaden *m*, N.entgang *m*; 2. 🚗 Mietausfall *m*; **~ use insurance** Betriebsunterbrechungsversicherung *f*; **ordinary ~ utility** gewöhnlicher Verschleiß; **l. on valuation** Bewertungsverlust *m*; **l. in/of value** Wertminderung *f*, W.einbuße *f*, W.verlust *m*; **~ upon resale** Verlust bei Veräußerung; **l. of volume** Mengenverlust *m*; **~ wage** Lohn-, Verdienstausfall *m*; **~ weight** Gewichtsabgang *m*, G.verlust *m*, G.einbuße *f*, G.schwund *m*, G.abnahme *f*; **~ workers due to natural wastage** Fluktuationsabgang *m*; **~ working hours** Arbeits(zeit)ausfall *m*; **l. for the year** Ergebnis des Geschäftsjahres; **~ the financial year** Verlust des Geschäftsjahres, Jahresfehlbetrag *m*, Bilanzverlust *m*

loss brought/carried forward; l. carried over (steuerlicher/handelsrechtlicher) Verlustvortrag, vorgetragene Verluste, Ergebnisvortrag *m*; **prior year's ~ forward** Verlustvortrag aus dem Vorjahr; **total l. only (t. l. o.)** nur bei Totalschaden, nur gegen Totalverlust versichert; **free from l.** schadlos; **resulting from a l.** schadensbedingt

to absorb loss|es Verluste auffangen; **to accept a l.** Verlust in Kauf nehmen; **to answer for a l.** für einen Schaden eintreten; **to ascertain a l.** Verlust ermitteln, Schaden feststellen; **to assess a l.** Versicherungsschaden aufnehmen, Schaden berechnen, Verlust abschätzen/berechnen; **to average one's l.es** 1. Schadensbetrag anteilsmäßig aufgliedern; 2. *(Börse)* Verluste reduzieren; **to avert a l.** Verlust abwenden; **to be at a l.** sich überhaupt nicht mehr auskennen; **~ at a l. to understand** (etw.) nicht verstehen können; **~ never at a l. (for an answer)** niemals (um eine Antwort) verlegen sein, immer Rat wissen; **~ accountable/liable for a l.** für einen Verlust/Schaden haften, ~ aufkommen; **~ insured against a l.** gegen einen Verlust gedeckt sein; **to bear a/the l.** Verlust/Schaden tragen; **to buy at a l.** mit Verlust kaufen; **to carry back a l.** Verlustrücktrag vornehmen, Verlust zurückführen; **~ forward a l.** Verlust vortragen; **to cause (a) l.** Schaden verursachen, Verlust zufügen; **to chalk up a l.** Verlust erwirtschaften, in die roten Zahlen geraten, ins Defizit geraten; **to close at a l.** mit Verlust abschließen; **to compensate so. for a l.** jdn für einen Verlust entschädigen; **to contain l.es** Verluste in Grenzen halten/unter Kontrolle bringen; **to cover a l.** Verlust (ab)decken, Defizit abdecken; **to cushion l.es** Verluste auffangen; **to cut l.es** Verluste abbauen/abschreiben/verhüten/vermindern/reduzieren; **~ one's l.es** Verluste beschränken/abbuchen, Verlustquelle(n) stilllegen, rechtzeitig (zu spekulieren)

aufhören, Schaden begrenzen; **to eliminate l.es** Verluste beseitigen/ausgleichen; **to estimate a l.** Verlust/Schaden bewerten; **to experience a l.** Verlust/Schaden erleiden; **to get off without a l.** ohne Schaden davonkommen, sich salvieren; **~ over a l.** Verlust verschmerzen; **to halt l.es** Verluste eindämmen; **to incur a l.** Verlust/Schaden erleiden; **to inflict a l.** Verlust/Schaden zufügen; **to insure sth. against l.** etw. gegen Schaden versichern; **to make a l.** mit Verlust arbeiten; **~ good a l.; ~ up for a l.; to offset a l.** Verlust ausgleichen/ersetzen/abdecken/tilgen, Schaden vergüten/ersetzen, für einen Verlust aufkommen; **to occasion a l.** Schaden verursachen; **to operate/run at a l.** mit Verlust arbeiten/betreiben; **to pay for the l.es** für die Verluste aufkommen; **to post a l.** Verlust ausweisen; **to protect against l.** gegen Verlust schützen; **to put a l. at ...** Schaden/Verlust auf ... beziffern; **to record l.es** Verluste verzeichnen; **to recoup a l.** Verlust ausgleichen/(her)einholen/wieder gutmachen; **~ one's l.es** sich schadlos halten; **to report a l.** Verlustmeldung machen; **to report/return/show a l.** Verlust ausweisen, passiv/mit Verlust abschließen; **to result in a l.** Verlust ergeben; **to retrieve a l.** Verlust wettmachen; **to run up l.es** Verluste auflaufen lassen; **to secure o.s. against a l.** sich vor Verlust schützen; **to sell at a l.** mit Verlust verkaufen/unterbringen/absetzen, mit Schaden verkaufen; **to share the l.** Verlust/Schaden teilen; **to stem l.es** Verluste eindämmen/verhindern; **to strike a l.** Verlust erleiden; **to substantiate a l.** Schadensnachweis erbringen; **to suffer/sustain a l.; ~ l.es** 1. Verlust/Schaden erleiden, Einbußen hinnehmen, Schaden haben; 2. Verlust(e) haben/machen; 3. *(Börsennotiz)* zurückgehen; **~ heavy l.es** Haare lassen müssen *(fig)*; **to take a l.** Verlust in Kauf nehmen; **to trade at a l.** mit Verlust arbeiten; **to trim a l.** Verlust abbauen/reduzieren; **to turn in a l.** Verlust einfahren/machen; **to work at a l.** mit Verlust/Unterbilanz arbeiten; **to write sth. off as a (total) l.** etw. in den Schornstein/Kamin schreiben *(coll)*
accidental loss 1. Unfallschaden *m*, U.verlust *m*, unfallbedingter Schaden/Verlust, zufälliger/fahrlässiger Schaden; 2. ⚓ zufälliger Untergang; **accumulated l.** Bilanzverlust *m*, Verlustvortrag *m*, Defizit *nt*; **actionable l.** einklagbarer Schaden; **actual l.** tatsächlicher/eingetretener Verlust, konkreter/eigentlicher/tatsächlich entstandener/physischer Schaden, Sachschaden *m*; **after-tax l.** Verlust nach Steuern; **allowable l.** steuerlich anerkannter Verlust, ~ absetzbarer Verlust; **annual l.** Jahres-, Bilanzverlust *m*; **anticipated l.** erwarteter Verlust; **appreciable l.** fühlbarer Verlust; **attributable l.** anrechenbarer Verlust; **awardable l.** entschädigungspflichtiger Versicherungsfall; **clear l.** Nettoverlust *m*, reiner Verlust; **compensable l.** ersetzbarer Schaden
consequential loss Folgeschaden *m*, Schadensfolge *f*, mittelbarer Verlust; **~ insurance** Folge-, Vermögensschadensversicherung *f*, Betriebsunterbrechungs-, Schadensfolgeversicherung *f*; **~ policy** Folgeschädenversicherung *f*
consolidated loss (negatives) Konzernergebnis, K.verlust *m*; **constructive l.** fingierter Schaden, in Geld abzulösender Schaden; **contingent l.(es)** voraussichtlicher Ausfall; **corporate l.** Unternehmens-, Gesellschaftsverlust *m*; **cumulative l.es** aufgelaufener Verlust; **current l.** laufender Verlust; **dead l.** Totalschaden *m*, T.verlust *m*, unwiederbringlicher/absoluter Verlust; **deductible l.** Verlustabzug *m*; **direct l.** unmittelbarer Verlust; **downstream l.** Verlust in der (Weiter)Verarbeitung; **early l.es** Anfangsverluste; **economic l.** wirtschaftlicher Schaden, Vermögensschaden *m*; **estimable l.** abschätzbarer Schaden; **excess l.** Schadensexzedent *m*; **~ insurance** (Schadensreserve- und) Exzedentenrückversicherung *f*; **total expected l.** Gesamterwartungsschaden; **extraordinary l.** außerordentliches Ergebnis; **fictitious l.** Scheinverlust *m*; **financial l.** Geldverlust *m*, Vermögensschaden *m*, finanzieller Verlust; **frictional l.** Reibungsverlust *m*; **gross l.** 1. Bruttoschaden *m*; 2. Bruttoverlust *m*, Rohverlust *m*, R.ergebnis *nt*; **heavy l.** 1. schwerer Verlust; 2. erheblicher Schaden; **immaterial/intangible l.** ideeller Schaden; **impending l.** drohender Verlust; **incalculable l.** 1. unübersehbarer Verlust; 2. unermesslicher Verlust; **incendiary l.** Brandschaden *m*; **increased l.es** Verluststeigerung *f*; **incurred l.** eingetretener Verlust; **indirect l.** Folgeschaden *m*; **initial l.** Anlaufverlust *m*; **insignificant l.** unbedeutender Verlust; **insured l.** *(Vers.)* gedeckter Verlust, versicherter Schaden; **intercompany l.** Organverlust *m*; **irrecoverable/irreparable/irretrievable l.** 1. uneinbringlicher/unersetzbarer/nicht ersetzbarer/nicht wieder gutzumachender Schaden; 2. unwiederbringlicher/unersetzlicher/uneinbringlicher Verlust; **major l.** großer Verlust; **marginal l.** Verlustspitze *f*; **marine l.** Verlust im Seeversicherungsgeschäft, ~ auf See; **material l.** Substanzschaden *m*; **maximum l.** Höchstschaden *m*; **probable ~ l.** wahrscheinlicher Höchstschaden; **midway l.** Verlust in der ersten Jahreshälfte; **minor l.** 1. Bagatell-, Kleinschaden *m*; 2. unbedeutender Verlust; **mounting l.es** steigende/wachsende Verluste; **negative l.** negativer Verlust; **net l.** 1. Rein-, Netto-, Bilanz-, Barverlust *m*, Per-Saldo-Verlust *m*, reiner/saldierter Verlust; 2. Reinergebnis *nt*; 3. *(Bilanz)* Jahresfehlbetrag *m*; **no-load l.** Leerlaufverlust *m*; **non-operating l.** Verlust im nichtoperativen Geschäft, neutrales Ergebnis; **non-recurring l.** einmaliger Verlust; **normal l.** Normalschaden *m*; **operational l.** Betriebsverlust *m*; **outright l.** 1. totaler Verlust; 2. Totalschaden *m*; **overall l.** Gesamtverlust *m*; **partial l.** 1. Teil-, Partialverlust *m*; 2. Teil-, Partialschaden *m*; 3. ⚓ teilweiser Untergang; **pecuniary l.** 1. Vermögensverlust *m*; 2. Vermögensschaden *m*, V.nachteil *m*, in Geld feststellbarer/finanzieller/geldwerter Schaden, finanzielle Nachteile; **~ insurance** Veruntreuungsversicherung *f*; **petty l.** Bagatellschaden *m*; **permanent l.** Dauerverlust *m*; **physical l.** physischer Schaden; **maximum possible l.** *(Vers.)* Höchstschadensmöglichkeit *f*; **previous l.** Vorschaden *m*; **proportional l.** anteiliger Verlust; **protracted l.** lang anhaltender Schaden; **quarterly l.** Quartalsverlust *m*; **recoverable l.** 1. erstattungsfähiger Schaden; 2. er-

setzbarer Verlust; **rental l.** Verlust im Mietgeschäft; **reported l.** ausgewiesener Verlust; **resulting l.** Folgeschaden *m*; **serious l.** empfindlicher/ernstlicher Schaden; **severe l.** 1. schmerzlicher/empfindlicher/schwerer/harter/großer Verlust, empfindliche Einbuße; 2. (Vers.) Großschaden *m*; **short-term l.** kurzfristiger Verlust; **speculative l.** Spekulationsverlust *m*; **start-up l.es** Anlaufverluste; **sustained l.** 1. erlittener Verlust; 2. erlittener Schaden; **terminal l.** endgültiger Verlust, Stilllegungsverlust *m*; **~ relief** *[GB]* Verlustabsetzung für die letzten drei Geschäftsjahre

total loss Totalschaden *m*, T.verlust *m*, T.ausfall *m*, Gesamtverlust *m*, G.schaden *m*; **~ only (t. l. o.)** nur gegen Totalverlust/Totalschaden; **actual t. l.** wirklicher Totalverlust, tatsächlicher Gesamtverlust; **constructive t. l.** 1. angenommener/fingierter Totalverlust; 2. konstruktiver Totalschaden, als Totalverlust geltender Schaden

transferred loss|es Verlustübernahme *f*; **trivial l.** Bagatellschaden *m*; **uninsured l.** 1. nicht versicherter Schaden; 2. ungedeckter Verlust; **unrealized l.** nicht realisierter Verlust; **unsecured l.** 1. ungedeckter Verlust; 2. nicht versicherter Schaden; **weather-induced l.** wetterbedingter Ausfall; **yesterday's l.(es)** *(Börse)* Vortagseinbuße *f*

loss adjuster *(Vers.)* Schadens(sach)bearbeiter *m*, S.feststeller *m*, S.regulierer *m*, Regulierungsbeauftragter *m*; **l. adjustment** Schadensaufmachung *f*, S.aufstellung *f*, S.abwicklung *f*, S.regulierung *f*, S.bearbeitung *f*, S.bereinigung *f*, Dispache *f* (*frz.*); **~ cost(s)/expenses** Schadensregulierungskosten, S.bearbeitungskosten, S.bereinigungskosten; **l. allocation** Verlustzuweisung *f*, V.zurechnung *f*; **l. apportionment** Verlustaufteilung *f*, V.umlage *f*; **l. appraisal/assessment** Schadensbegutachtung *f*, S.abschätzung *f*; **l. assessor** 1. Schadens-, Regulierungsbeauftragter *m*; 2. ⚓ Havarieexperte *m*, H.sachverständiger *m*; **l. assumption** Verlustübernahme *f*; **~ agreement** Verlustübernahmevertrag *m*; **l. carry-back** Verlustrücktrag *m*; **l. carry-forward/carry-over** Verlustvortrag *m*; **net l. carry-over** Verlustabzug *m*; **l. certificate** Verlustschein *m*; **l. cover(age)** Verlustdeckung *f*; **l. cumulation** Schadenshäufung *f*; **l. and damage claim** Transportschadensforderung *f*; **l. department** Schadensabteilung *f*; **l. elimination** Ausschaltung von Verlusten, Beseitigung von Verlustquellen; **l. equalization reserve** Schwankungsrückstellung *f*, S.reserve *f*; **l. evaluation** Schadensbewertung *f*; **l. excess cover(age)** Schaden(s)exzedentendeckung *f*; **l. expenditure** Verlustaufwand *m*; **l. experience** Schadensanfall *m*, S.erfahrung *f*, S.verlauf *f*; **l. exposure** Risiko *nt*; **l. function** ▥ Verlustfunktion *f*; **l. incidence** Schadensanfall *m*; **l. incurred** eingetretener/entstandener Schaden, Schadensfrequenz *f*, S.häufigkeit *f*

loss leader Lockartikel *m*, L.vogel(angebot) *m/nt*, Verlust-, Zugabeartikel *m*, Schleuderware *f*; **~ price** Lock-, Reklamepreis *m*; **~ sales promotion; ~ selling** Verkauf zu Schleuderpreisen, Lockvogelwerbung *f*

loss limit Schaden(s)maximum *nt*; **upper l. limit** Verlustobergrenze *f*; **l. limitation** Verlustbegrenzung *f*; **l.-maker** *n* Verlustträger *m*, V.bringer *m*; **l.-making** *adj* verlustreich, v.bringend, defizitär, unrentabel; **heavily l.-making** verlustreich; **l. measure** Verlustmaßstab *m*; **l.-payable clause** Schaden(s)ersatzklausel *f*; **l. potential** Verlustpotenzial *m*; **l. prevention** Schadensverhütung *f*; **l. provisions** Verlustrückstellungen; **to strengthen l. provisions** Verlustrückstellungen erhöhen; **l. rate** (Kredit)Ausfallquote *f*

loss ratio Verlust-, Schadensquote *f*, S.satz *m*, durchschnittliche Schadenshöhe; **expected l. r.** Risikoprämie *f*; **net l. r.** Nettoschadensquote *f*

loss records Schadensakte *f*; **l. reduction** Verlustabbau *m*; **automatic l. reinstatement** automatische Weiterversicherung (nach Schadensfall); **l. relief** Verlustabzug *m*, V.anrechnung *f*; **l. repartition** Schadensverteilung *f*; **l. report** Schadensbericht *f*; **l. reserve** Schadensreserve *f*, Verlustrücklage *f*, Rücklage für laufende Risiken; **l. retention** Schaden(s)selbstbehalt *m*; **l. selling** Verlustverkauf *m*; **l. settlement** Schadensregulierung *f*; **l. sharing** Verlustbeteiligung *f*; **l. side** Verlustseite *f*; **l.-stricken** *adj* von Verlusten geplagt, (chronisch) defizitär; **l. takeover/transfer** Verlustübernahme *f*; **l.es wedge** *(Diagramm)* Verlustzone *f*

lost *adj* 1. verloren(gegangen), futsch *(coll)*; 2. ⚓ untergegangen; **l. or not l.** *(Vers.)* ohne Rücksicht auf die Ladung; **to be l.** 1. abhanden kommen; 2. ⚓ untergehen; **~ on so.** keinen Eindruck auf jdn machen, jdn kalt lassen *(coll)*; **to get l.** abhanden kommen; **l. and found department** *[US]* Fundbüro *nt*

lot *n* 1. Los(größe) *nt/f*; 2. (Liefer-/Waren)Posten *m*, Partie *f*, Sendung *f*, Handelseinheit *f*, Liefermenge *f*; 3. Bau-, Fertigungslos *nt*; 4. Bauplatz *m*, Flur-, Grundstück *nt*, Parzelle *f*; 5. Aktien-, Effektenpaket *nt*; 6. Los *nt*, Schicksal *nt*; **by l.** durch Losentscheid; **l.s of debts** *(coll)* Berge von Schulden *(coll)*; **~ money** *(coll)* Masse Geld *(coll)*, Geld wie Heu *(coll)*, viel Geld; **~ room/space** *(coll)* viel Platz; **~ time** *(coll)* massig Zeit *(coll)*; **to take a ~ time** viel Zeit kosten, großen Zeitaufwand erfordern

callable by lot auslosbar; **determined by l.** durch Los bestimmt; **the l.** *(coll)* alles, das Ganze; **in l.s; l. by l.** posten-, los-, partienweise, in Partien; **in small l.s** in kleinen Posten

to be fed up with the lot *(coll)* den ganzen Laden satt haben *(coll)*; **to call out the l.s** Lose aufrufen/ausrufen; **to cast l.s losen; to choose by l.** durch Los wählen/bestimmen; **to cost a l.** an den Beutel gehen, ins Geld gehen; **~ an awful l.** schrecklich viel Geld kosten; **to distribute by l.s** auslosen; **to draw (by) l.s** (aus)losen, durch Los entscheiden; **to have a l. going for it** viel dafür sprechen; **~ on one's hands** *(coll)* viel um die Ohren haben *(coll)*; **to knock down a l.** *(Auktion)* Zuschlag erteilen; **to leave a l. of questions unanswered** eine Menge Fragen offen lassen; **to pay a l. sth.** etw. für teures Geld kaufen; **~ the l.** *(coll)* etw. bis auf den letzten Pfennig/alles bezahlen *(coll)*; **to quarrel with one's l.** mit seinem Schicksal hadern; **to redeem by l.** zur Rückzahlung auslosen; **to salt away a l. of money** *(coll)* viel Geld auf die hohe Kante legen *(coll)*; **to sell**

in l.s partieweise verkaufen; **to share so.'s l.** jds Los teilen

back lot *[US]* Lagerbestand *m*; **broken l.** nicht handelsübliche Losgröße; **even/round l.** *(Börse)* voller Schluss, Abschlusseinheit *f*; **fractional l.** *(Börse)* Paket von weniger als 100 Aktien; **full l.** voller Börsenschluss, (Börsen)Abschlusseinheit *f*; **incoming l.** eingehende Ware; **lazy l.** *(coll)* faules Pack *(coll)*; **less-than-carload l. (LCL)** *[US]* 🚛 Stückgut *nt*, Partiefracht *f*, Teilwagonladung *f*; **~ rate(s)** Stückguttarif *m*; **minimum l.** *(Börse)* Mindestschluss *m*; **noisy l.** *(coll)* Rasselbande *f* *(coll)*; **odd l.** 1. ungerade/gebrochene Menge, ungerade Partie/Stückzahl, Spitze *f*, Restpartie *f*, weniger als handelsübliche Menge; 2. *(Börse)* ungerader Aktienbetrag unter 100 Stück, Bruchschluss *m*, gebrochener Schluss; **~ l.s** Restanten; **to buy in ~ l.s** *(Aktien)* in kleinen Mengen kaufen; **outgoing l.** ausgehende Ware; **purchased l.** Einkaufslos *nt*; **rejected l.** zurückgewiesene Lieferung; **regular l.** *(Börse)* Normal-, Handelseinheit *f*; **round l.** *(Börse)* 100 Stück Aktien, (Mindest)Schluss *m*, runde Menge, runder Schluss; **split l.** Teilgröße *f*; **substandard l.** Untersortiment *nt*; **the whole l.** *(coll)* alles

lot out *v/t* parzellieren, in Partien aufteilen

lot acceptance sampling 🔲 Annahmekontrolle durch Stichproben; **l. book** Flur-, Katasterbuch *nt*; **l. completion** *(Buchhandel)* Partieergänzung *f*; **incoming l. control** Wareneingangskontrolle *f*; **outgoing l. control** Warenausgangskontrolle *f*; **l. item** *(Buchhandel)* Partiestück *nt*; **l. number** Losnummer *f*; **optimum l. number** optimale Auflegungszahl; **l. order production** Serienfertigung *f*

lot size 1. Losumfang *m*, L.größe *f*; 2. *(Produktion)* Auflage *f*, **economic/optimum l. s.** optimale Losgröße, rationelle Stückzahl; **l. s. calculation** Losgrößenbestimmung *f*; **economic ~ model** Losgrößenmodell *nt*

lot tolerance per cent defective 🔲 Ausschussgrenze *f*

lottery *n* Lotterie *f*, Verlosung *f*; **national l.** Staatslotterie *f*

lottery bond Los-, Lotterie-, Prämien-, Auslosungsanleihe *f*, auslosbares Wertpapier; **l. collector** Lotterieeinnehmer *m*; **l. draw** Auslosung *f*, Losziehung *f*; **l. drum** Lostrommel *f*; **l. gambling** Lotteriespiel *nt*; **l. loan** Los-, Prämien-, Lotterieanleihe *f*; **l. office** Lotterieannahmestelle *f*; **l. sample** 🔲 Lotteriestichprobe *f*; **l. sampling** Urnen-, Lotterieauswahl *f*; **l. tax** Lotteriesteuer *f*; **l. ticket** (Lotterie)Los *nt*

lotto *n* Lotto *nt*; **l. coupon** Lottoschein *m*

loud *adj* 1. laut; 2. reißerisch, aufdringlich; **l. and clear** laut und deutlich

loud|hailer *n* Megafon *nt*, Flüstertüte *f* *(coll)*, Lautsprecher *m*; **l.speaker** *n* Lautsprecher *m*; **~ van** Lautsprecherwagen *m*

lounge *n* 1. Salon *m*, (Warte)Halle *f*, Hoteldiele *f*; 2. Gesellschaftsraum *m*, Wohnzimmer *nt*; **l. about** *v/i* müßig herumstehen, (herum)lungern

lounger *n* Bummler *m*, Müßiggänger *m*

lounge suit Geschäfts-, Straßenanzug *m*

louse *n* Laus *f*

lousy *adj* *(coll)* unter aller Kanone/Sau *(coll)*, lausig *(coll)*, saumäßig *(coll)*, hundsmiserabel; **to feel l.** *(coll)* sich mies fühlen *(coll)*

lout *n* Flegel *m*, Lümmel *m*, Rüpel *m*; **l.ish** *adj* lümmel-, rüpel-, flegelhaft

love *n* Liebe *f*; **l. of adventure** Abenteuerlust *f*; **~ gain** Profitgier *f*; **l. at first sight** Liebe auf den ersten Blick; **in need of l.** liebesbedürftig; **not to be had for l. or money** *(coll)* weder für Geld noch für gute Worte käuflich sein *(coll)*; **to fall in l. with so./sth.** sich in jdn/etw. verlieben

love *v/t* lieben; **l. doing sth.** etw. für sein Leben gern tun

love affair Liebesabenteuer *nt*, L.affäre *f*; **l.less** *adj* lieblos; **l. letter** Liebesbrief *m*; **l.ly** *adj* lieblich; **l. match** Liebesheirat *f*

lover *n* Liebhaber(in) *m/f*

loving *adj* liebevoll

low *adj* 1. nieder, niedrig; 2. *(Vorrat)* knapp; 3. tief; **to be l.** *(Kurs)* niedrig stehen

low *n* 1. Tief *nt*, T.stand *m*, T.punkt *m*, Tiefstkurs *m*, Talsohle *f* *(fig)*, Wellental *nt* *(fig)*; 2. Stimmungstief *nt*; **to hit/reach a l.** Tiefstand erreichen/verbuchen; **all-time l.** absoluter/historischer/äußerster Tiefststand *m*, Tiefst-, Niedrigstkurs *m*, Rekordtief(st)stand *m*; **cyclical/economic l.** Konjunkturmulde *f*, K.tief *nt*; **interim l.** Zwischentief *nt*; **seasonal l.** Saisontief *nt*; **yearly l.** Jahrestiefstkurs *m*

low|-budget *adj* preiswert, billig; **l.-calorie** *adj* kalorienarm, k.reduziert; **l.-concentration** *adj* schwachkonzentriert; **l.-cost** *adj* wirtschaftlich, kostengünstig, k.sparend, billig, preiswert; **l.-coupon** *adj* niedrigverzinslich, mit niedrigem Zinssatz ausgestattet; **l.down** *n* *(coll)* Information *f*; **to give so. the ~ on sth.** *(coll)* jdn über etw. aufklären; **l.-duty** *adj* 1. niedrig besteuert; 2. ⊖ mit niedrigem Zollsatz; **l.-emission** *adj* schadstoffarm; **l.-end** *adj* *[US]* im unteren Marktsegment

lower *v/t* 1. senken, reduzieren, herabsetzen, verbilligen, heruntersetzen, ermäßigen, vermindern; 2. *(Ansprüche)* herunterfahren; **l. progressively** laufend senken

lower *adj* 1. niedriger, tief; 2. *(Börse)* gedrückt, leichter notierend; **to be broadly l.** auf breiter Front niedriger notieren; **marginally l.** geringfügig niedriger; **slightly l.** leicht abgeschwächt

lower-class *adj* Unterschicht-

lower of cost or market principle *(Bilanz)* Niederstwertprinzip *nt*; **~ rule as an upper ceiling** begrenzendes Niederstwertprinzip; **~ rule as fixed value** Fixwertprinzip *nt*, fixierendes Niederstwertprinzip

lower|-cost *adj* kostengünstiger; **l.-grade** *adj* minderwertig

lowering *n* Reduzierung *f*, Senkung *f*, Ermäßigung *f*, Drosselung *f*, Herabsetzung *f*; **l. of the bank/discount rate** Diskontsenkung *f*, Herabsetzung/Senkung des Diskontsatzes; **~ interest rates** Zinssenkung *f*; **~ minimum reserve ratio** Mindestreservesenkung *f*; **~ the retirement age** Herabsetzung der Altersgrenze; **~ trade barriers** Abbau der Handelsschranken

lower-priced *adj* billiger, preiswerter, verbilligt

low|-fat *adj* fettarm; **l.-freight** *adj* frachtgünstig; **l.-geared; l.-lever(ag)ed** *adj* mit niedrigem Anteil an Fremdkapital (und Vorzugsaktien), mit geringem Volumen an bevorrechtigtem Kapital, kapitalknapp, unterkapitalisiert; **l.-grade** *adj* minder-, geringwertig, von minderer Qualität; **l.-income** *adj* einkommensschwach; **l.-interest** *adj* niedrig-, geringverzinslich, zinsgünstig, mit niedrigem Zinssatz ausgestattet; **l.-key** *adj* unaufdringlich, gedämpft, zurückhaltend; *v/t* herunterspielen; **l.land** *n* Flachland *nt*, Tiefebene *f*; **l.-level** ☼ leicht radioaktiv; **l.-loader** *n* Tieflader *m*; **l.-margin** *adj* scharf/knapp kalkuliert; **l. paid** *adj* gering-, niedrig-, schlecht bezahlt; **the l.-paid** *pl* Beziehung niedriger Einkommen, untere Einkommensgruppen; **l.-performing** *adj* leistungsschwach; **l.-pollutant; l.-pollution** *adj* schadstoffarm, umweltschonend; **l.-power** *adj* ⚡ Schwachstrom-; **l.-pressure** *adj* Tiefdruck-; **l.-price(d)** *adj* 1. preisgünstig, billig, zu einem niedrigen Preis; 2. *(Börse)* niedrig bewertet/notierend/notiert, leicht; **to be l.-priced** niedrig notieren; **l.-profit** *adj* profitarm, mit geringer/niedriger Gewinnspanne; **l.-profitability** *adj* rentabilitätsschwach; **l.-protein** *adj* eiweißarm; **l.-quality** *adj* minderwertig; **l.-radiation** *adj* ☼ schwach radioaktiv, strahlungsarm; **l.-rated** *adj* niedrig bewertet; **l.-residue; l.-waste** *adj* abfallarm; **l.-revenue** *adj* einnahmeschwach; **l.-rise** *adj* 🏢 niedrig gebaut; **l.-risk** *adj* risikoarm; **l.-season** *adj* Nebensaison-; **l.-spirited** *adj* niedergeschlagen; **l.-tax(ed)** *adj* niedrig besteuert/besteuert; **l.-tech** *adj* mit einfacher Technik ausgestattet; **l.-tension** *adj* ⚡ Niederspannungs-; **l.-value** *adj* gering-, minder-, unterwertig; **l.-volume** *adj* umsatzarm; **l.-yield(ing)** *adj* niedrigrentierlich, ertragsschwach

loyalty *n* Loyalität *f*, Treue(pflicht) *f*; **l. bonus** Treueprämie *f*, Prämie für langjährige Firmenzugehörigkeit; **l. card** Kundenkarte *f*; **l. discount/rebate** Treuerabatt *m*; **l. package** Sonderangebot für treue Kunden

L. P. (long-playing record) *n* Langspielplatte *f*

lubri|cant *n* ✿ Schmiermittel *nt*, S.stoff *m*, Schmiere *f*; **l.cate** *v/t* schmieren, ölen; **l.cating allowance** *n* ⚙ Schmierzuschlag *m*; **~ oil** Schmier-, Maschinenöl *nt*; **l.cation** Schmierung *f*, Schmieren *nt*, Schmierdienst *m*

lucid *adj* licht, klar, anschaulich, präzise, transparent; **l.ity** *n* Klarheit *f*, Anschaulichkeit *f*, Verständlichkeit *f*

luck *n* Glück *nt*; **l. of the draw** Losglück *nt*; **as l. would have it** durch eine glückliche Fügung, wie es der Zufall wollte; **to be in l.** Glück/Schwein *(coll)* haben; **to keep for l.** als Glücksbringer aufbewahren; **to try one's l.** sein Glück versuchen; **hard/ill l.** Pech *nt*; **sheer l.** unerhörtes Glück; **l.less** *adj* glücklos

lucrative *adj* rentabel, einträglich, lukrativ, gewinnbringend, ertrag-, gewinnreich, vorteilhaft, ergiebig; **l.ness** *n* Einträglichkeit *f*

lucre *n* *(pej.)* 1. Gewinn *m*, Profit *m*; 2. sittenwidrige Bereicherung; **filthy l.** schnöder Mammon

lucrum cessans *n* *(lat.)* § entgangener Gewinn

Luddite *n* [GB] (obs.) Maschinenstürmer *m*

ludicrous *adj* lächerlich, grotesk, haarsträubend, lachhaft

luff (up) *v/i* ⚓ leeven, aufluven

luggage *n* [GB] → **baggage** (Passagier-/Reise)Gepäck *nt*, Passagiergut *nt*; **to collect l.** Gepäck abholen; **to deliver l.** Gepäck zustellen; **to register l.** Gepäck aufgeben

diplomatic luggage Diplomatengepäck *nt*; **excess l.** Gepäck mit Übergewicht, Mehr-, Übergepäck *nt*; **~ charge** Gewichtszuschlag *m*, Überlastentgelt *nt*; **left l.** Aufbewahrungsgepäck *nt*; **~ office** (Hand)Gepäckaufbewahrung *f*; **~ ticket** Gepäckaufbewahrungsschein *m*; **registered l.** aufgegebenes Gepäck

luggage allowance ✈ Freigepäck *nt*; **l. carrier** Gepäckträger *m*; **l. check** 1. Gepäckkontrolle *f*; 2. Gepäckschein *m*; **l. check-in** ✈ Gepäckaufgabe *f*, G.annahme(stelle) *f*; **l. compartment** 🚗 Kofferraum *m*; **l. conveyor belt** Gepäckband *nt*; **l. counter** Gepäckschalter *m*; **l. guard** [GB] 🚂 Fahrladeschaffner *m*; **l. handler** Gepäckabfertiger *m*; **l. handling** Gepäckabfertigung *f*; **l. hold** ✈ Laderaum *m*; **l. insurance** (Reise)Gepäckversicherung *f*; **l. label/tag** Gepäckzettel *m*, G.anhänger *m*, G.adresse *f*, Kofferanhänger *m*; **l. locker** Gepäckschließfach *nt*; **l. office** Gepäckabfertigung(sstelle) *f*, G.schalter *m*; **l. rack** 1. Gepäcknetz *nt*, G.ablage *f*; 2. 🚗 Gepäckträger *m*; **l. receipt** Gepäckaufbewahrungsschein *m*; **l. reclaim** Gepäckausgabe(stelle) *f*; **l. stand** Gepäckständer *m*; **l. sticker** Gepäckaufkleber *m*; **l. ticket** Gepäckschein *m*; **l. traffic** Gepäckverkehr *m*; **l. transport unit** Gepäckförderanlage *f*; **l. trolley** Handgepäckwagen *m*, Gepäckkarren *m*, Kofferkuli *m*; **l. van** 🚂 Packwagen *m*

lukewarm *adj* lauwarm

lull *n* 1. Flaute *f*, (Wind)Stille *f*, Abklingen *nt*, Pause *f*, Stagnation *f*; 2. *(Börse)* Umsatzschwäche *f*; **l. in activity** *(Börse)* Umsatzschwäche *f*, Geschäftsflaute *f*; **~ economic activity** Konjunkturflaute *f*, Wachstumsstockung *f*; **~ business** Geschäftsflaute *f*

lumbago *n* ⚕ Hexenschuss *m*

lumber *n* 1. [US] 🪵 (Bau-/Nutz-/Schnitt)Holz *nt*; 2. *(coll)* Plunder *m* *(coll)*, Gerümpel *nt* *(coll)*

lumber car 🚂 [US] Langholzwagen *m*; **l. carrier** ⚓ Holztransportschiff *n*

to be lumbered with sth. *adj* etw. am Hals haben

lumber industry Holzwirtschaft *f*, H.industrie *f*; **l.jack** *n* Wald-, Holzarbeiter *m*, H.fäller *m*; **l.man** *n* Holzhändler *m*; H.fäller *m*; **l. mill** Sägewerk *nt*, S.mühle *f*; **l. room** Rumpelkammer *f*, Abstellraum *m*; **l. stock/supply** Holzbestand *m*; **l. trade** Holzhandel *m*; **l.yard** *n* Holzlager *m*

luminary *n* *(coll)* Koryphäe *f*, Leuchte *f* *(coll)*

lumi|nosity *n* Helligkeit *f*, Leuchtkraft *f*; **l.nous** *adj* Leucht-, leuchtend

lump *n* 1. Brocken *m*, Kloß *m*, Klumpen *m*; 2. Masse *f*, Menge *f*; 3. 💰 Knoten *m*; **in the l.** pauschaliert; **l. of gold** Batzen Gold; **~ sugar** Stück Zucker; **to have a l. in one's throat** *(fig)* vor Aufregung nicht sprechen können, Kloß im Halse haben *(fig)*; **big l.** dicker Brocken

lump (everything) together *v/t* (alles) in einen Topf werfen *(fig)*

lump allowance Pauschalabschreibung *f*; **l. bargain** 🤝 Stückgedinge *nt*; **l. freight** Pauschalfracht *f*

lumpen proletariat *n* Lumpenproletariat *nt*
lump labour nicht registrierte Arbeitskräfte, Schwarzarbeiter *pl*; **l. payment** Pauschalbezahlung *f*, einmalige (Be)Zahlung; **l. purchase** Handkauf *m*; **l. sugar** Würfelzucker *m*
lump sum Pauschalbetrag *m*, P.summe *f*, Pauschbetrag *m*, Pauschale *f*, einmaliger Betrag, einmalige Zahlung, Kostenpauschale *f*, Einmalbetrag *m*, einmalige Summe; ~ **of capital** pauschaler Kapitalbetrag; ~ **for administrative costs** Verwaltungskostenpauschale *f*; **voted as a l. s.** global bewilligt; **to vote as a l. s.** global bewilligen; **l.-s.** *adj* pauschaliert, Pauschal-
lunacy *n* Irr-, Wahnsinn *m*
lunatic *n* Irr-, Wahnsinnige(r) *f/m*; *adj* geisteskrank; **l. asylum** Irren-, Verrücktenanstalt *f*
lunch *n* (Mittag)Essen *nt*, Mittagsmahlzeit *f*, Imbiss *m*, Gabelfrühstück *nt*, zweites Frühstück; **closed for l.** mittags geschlossen; **to have l.** zu Tisch gehen; **packed l.** *[GB]* Lunchpaket *nt*
lunch *v/i* (zu) Mittag essen; **l. out** auswärts/im Restaurant essen
lunch break Mittagspause *f*; **l. hour** Mittagszeit *f*, M.pause *f*
luncheon *n* (Mittag)Essen *nt*, Mittagsmahlzeit *f*, Gabelfrühstück *nt*, zweites Frühstück, Imbiss *m*; **l. engagement** Verabredung zum Mittagessen; **l. facilities** Möglichkeiten zu verbilligtem Mittagessen; **l. meeting** Arbeitsessen *nt*, Mittagsverabredung *f*; **l. voucher (LV)** *[GB]* Essenmarke *f*, E.bon *m*, E.sgutschein *m*, Mittagessensgutschein *m*
lunch time Mittagszeit *f*; **at l. t.** mittags
lung|(s) *n* Lunge(nflügel) *f/pl*; **black l.** Staublunge *f*; **l. cancer** Lungenkrebs *m*
lupin *[US]*; **lupine** *[GB]* *n* Lupine *f*
lurch *n* Schlingern *nt*, Rollen *nt*; *v/i* taumeln, torkeln, schlingern
lure *n* Lockmittel *nt*, L.artikel *f*, L.vogel *m (fig)*, Köder *m*, Verlockung *f*; *v/t* ködern, anlocken, (ver)locken; **l. away** abwerben, weglocken
lurid *adj* 1. *(Farbe)* grell; 2. *(Sprache)* reißerisch
lurk *v/i* lauern; **l.ing** *adj* 1. heimlich; 2. *(Zweifel)* nagend
lush *adj* luxuriös, üppig
lustre *n* Glanz *m*; **to lose some of the l.** etw. an Glanz verlieren
luxuri|ance *n* üppiger Reichtum, Überfluss *m*, Fülle *f*, Üppigkeit *f*; **l.ant** *adj* üppig; **l.ate** *v/i* im Reichtum schwelgen; **l.ous** *adj* luxuriös, aufwendig, Luxus-
luxury *n* Luxus *m*, Aufwand *m*, Pracht *f*, Komfort *m*; **luxuries** Luxusartikel, L.güter; **to live in l.** ein Luxusleben führen; ~ **the lap of l.** im Überfluss schwimmen; **to wallow in l.** im Luxus schwelgen
luxury cruise ship Luxusdampfer *m*; **l. flat** Komfort-, Luxuswohnung *f*; **l. goods** Luxusgüter, L.artikel, Güter des gehobenen Bedarfs; ~ **industry** Luxusgüterindustrie *f*; **l. hotel** Hotel der Spitzenklasse; **l. tax** Luxussteuer *f*; **l. train** Luxuszug *m*; **l. vehicle** Luxusfahrzeug *nt*
L V → **luncheon voucher**
lye *n* Lauge *f*

lying by *n* [§] Nachlässigkeit bei der Geltendmachung von Rechten
lymph *n* Lymphe *f*; Gewebeflüssigkeit *f*; **l. gland** Lymphdrüse *f*; **l. node** Lymphknoten *m*

M

M. A. → **Master of Arts**
mac *n* *[GB] (coll)* Regenmantel *m*
macadam *n* *(Straße)* Schotter- (und Teer)belag *m*
chemical mace *n* *(Polizei)* chemische Keule
machinable *adj* maschinell (durch spanabhebende Fertigung) bearbeitbar
machinations *pl* Umtriebe, Intrigen, Machenschaften
machine *n* Maschine *f*, Apparat *m*
to design a machine Maschine konstruieren; **to install a m.** Maschine aufstellen; **to maintain a m.** Maschine warten; **to operate/tend a m.** Maschine bedienen; **to put a m. into operation** Maschine in Betrieb nehmen; **to replace a m.** Maschine ersetzen; **to service a m.** Maschine warten; **to stop a m.** Maschine abstellen; **to tool up a m.** Maschine einrichten
agricultural machine Landmaschine *f*; **auxiliary m.** Ergänzungs-, Hilfsmaschine *f*; **numerically controlled m.** NC-Maschine *f*; **duplicating m.** Vervielfältigungsgerät *nt*; **fiscal m.** Finanzapparat *m*; **heart-lung m.** Herz-Lungenmaschine *f*; **labour-saving m.** arbeitssparende Maschine; **land-clearing m.** Rodemaschine *f*; **letter-opening m.** automatischer Brieföffner; **letter-sealing m.** Anfeuchter *m*, Briefverschlussmaschine *f*; **multi-purpose m.** Mehrzweck-, Universalmaschine *f*, U.gerät *nt*; **political m.** Parteiapparat *m*; **punched-card m.** Lochkarten-, Hollerithmaschine *f*; **special-purpose m.** Spezialmaschine *f*, S.gerät *nt*; **statistical m.** Statistikmaschine *f*
machine *v/t* (maschinell) bearbeiten/(spanabhebend) fertigen/herstellen/verarbeiten
machine accounting/bookkeeping Maschinenbuchhaltung *f*, M.buchführung *f*; **m. age** Maschinenzeitalter *nt*; **m. attendant** Maschinenwärter *m*; **m. attention time** Überwachungszeit *f*; **m. burden unit** Platz-, Maschinenkostensatz *m*, M.buchungssatz *m*; **m. code** Maschinenbefehl *m*; **m. composition** Maschinensatz *m*, maschinengesetzter Schriftsatz; **m. compositor** Maschinensetzer *m*; **m. cycle** Maschinenzyklus *m*; **m. downtime** (störungsbedingte) Stillstandzeit; **m. effectiveness variance** Leistungs-, Intensitätsabweichung *f*; **m. efficiency** Maschinenproduktivität *f*; **m. failure** Maschinenausfall *m*, M.störung *f*, Anlagenausfall *m*; **m. fault** Maschinenstörung *f*; **m.-finished** *adj* maschinell hergestellt; **m. guarantee insurance** Maschinengarantieversicherung *f*; **m. gun** Maschinengewehr *nt*
machine hour Maschinen-, Betriebsstunde *f*; **standard m. h.** Standardmaschinenstunde *f*; **m. h. accounting** Maschinenstundenrechnung *f*; ~ **rate** Maschinenstundensatz *m*

machine idle time ablaufbegingte Brachzeit; **m.-independent** *adj* maschinenunabhängig; **m. instruction code** Maschinenbefehl *m*; **m. insurance** Maschinenversicherung *f*; **m. intelligence** künstliche Intelligenz; **m. language** Maschinensprache *f*

machine load Maschinenbelastung *f*; **m. loading** Maschinenbelastung *f*, M.auslastung *f*, M.belegung *f*, Kapazitätsauslastung *f*; **~ and scheduling** Maschinenbelegung *f*; **m. load planning** Maschinenbelegungsplanung *f*; **~ record** Maschinenbelegungsplan *m*

machine|-made *adj* maschinell hergestellt; **m. malfunction** Maschinenstörung *f*; **m. minder/operator** Maschinist *m*, Maschinenarbeiter *m*; **m. operation** Maschinenoperation *f*; **m.-orient(at)ed** *adj* ⌨ maschinennah; **m. overhead rate** Maschinenkostensatz *m*; **m. part** Maschinenteil *nt*; **m. posting** maschinelle Buchhaltung; **m. processing** maschinelle Verarbeitung; **subsequent ~ processing** maschinelle Weiterverarbeitung; **m. product** Maschinenerzeugnis *nt*; **m. production** maschinelle Produktion; **m. program(me)** Maschinenprogramm *nt*; **m. proof** 🗋 Maschinenabzug *m*; **m.-readability** *n* Maschinenlesbarkeit *f*; **m.-readable** *adj* computer-, maschinenlesbar, maschinell lesbar; **m. renewal/replacement** Maschinenerneuerung *f*; **~ account** Maschinenerneuerungskonto *nt*; **m. rental** Maschinenmiete *f*; **m. requirements** erforderliche Maschinenausrüstung; **m. run** Maschinen(durch)lauf *m*

machinery *n* 1. Maschinen(park) *pl/m*, Maschinerie *f*, Maschinenanlage *f*, maschinelle Anlagen; 2. *(fig)* Räderwerk *nt (fig)*, Mechanismus *m*, Apparat *m*; 3. *(fig)* Verfahren *nt*; **m. and equipment** *(Bilanz)* Maschinen- und (Betriebs)Ausrüstung *f*, Ausrüstung und maschinelle Anlagen, Ausrüstungsgüter *pl*; **m. of government** Regierungsapparat *m*; **~ taxation** Steuersystem *nt*; **administrative m.** Verwaltungs-, Organisationsapparat *m*

agricultural machinery landwirtschaftliche Maschinen, Land-, Bodenbearbeitungsmaschinen *pl*; **appropriate m.** geeignetes Verfahren; **consultative m.** Konsultationseinrichtungen *pl*, K.verfahren *nt*; **disciplinary m.** Disziplinarverfahren *nt*, D.ordnung *f*; **electrical m.** elektrische Maschinen/Geräte; **judicial m.** Justizapparat *m*; **mechanical m.** Maschinenanlage *f*, maschinelle Einrichtung; **metal-working m.** Metallbearbeitungsmaschinen; **official m.** Behördenapparat *m*; **procedural m.** Verfahren *nt*; **second-hand m.** Gebrauchsgerät *nt*; **self-regulatory m.** Selbstregulierungsmechanismus *m*; **surplus m.** überschüssige Maschinen

machinery account Maschinenanlagekonto *nt*; **m. breakdown** Maschinendefekt *m*, M.ausfall *m*, Anlagenausfall *m*; **~ insurance** Maschinenbetriebsversicherung *f*; **m. fair** technische Messe, Maschinenmesse *f*; **m. insurance** Maschinen(haftpflicht)versicherung *f*; **m. replacement** Maschinenerneuerung *f*

machine scheduling Maschinenbelegung *f*; **m. serial number** Maschinennummer *f*; **m. setter** Einrichter *m*; **m. set-up** Einrichtung *f*; **~ time** Betriebsmittelrüstzeit *f*; **m. shop** 1. Maschinenhalle *f*, M.saal *m*; 2. (Reparatur)Werkstatt *f*; **m.-stitch** *v/t* maschinell nähen; **m. tabulation** ▦ mechanische Tabulierung

machine time 1. Maschinen(lauf)-, Nutzungszeit *f*; 2. ⌨ Rechenzeit *f*; **available m. t.** Betriebsmittelzeit *f*, nutzbare Maschinenzeit; **controlled m. t.** Nutzungshauptzeit *f*, beeinflussbare Maschinenzeit

machine ancillary time Nebenzeit *f*; **m. down/idle time** Maschinenausfall- , Maschinenstillstandszeit *f*, Brachzeit wegen Störung, störungsbedingte Brachzeit; **m. maximum time** maximale Maschinen-/Nutzungszeit; **m. running time** Haupt-, Lauf-, Betriebszeit *f*

machine tool Werkzeugmaschine *f*; **m. t.s** *(Börse)* Werkzeugmaschinenhersteller; **m. t. exhibition** Werkzeugmaschinenausstellung *f*; **~ industry** Werkzeug(maschinen)industrie *f*; **~ manufacturer** Werkzeugmaschinenhersteller *m*

machine translation maschinelle Übersetzung; **m. utilization** Maschinenauslastung *f*, M.belastung *f*; **m.-washable** *adj* waschmaschinenfest; **m. wear** Maschinenabnutzung *f*; **m. word** ⌨ Maschinenwort *nt*; **m. work** Maschinenarbeit *f*; **multiple m. work** Mehrstellenarbeit *f*

machining *n* maschinelle/spanabhebende Bearbeitung, Maschinenbearbeitung *f*; **m. centre** Bearbeitungszentrum *nt*; **m. equipment** Bearbeitungsmaschinen; **m. process** Bearbeitungsprozess; **m. production** spanabhebende Fertigung; **m. time** Arbeitszeit einer Maschine, Durchlaufzeit *f*

machinist *n* 1. ⚒ Maschinenschlosser *m*; 2. ⚓ Maschinist *m*

mackintosh *n* Regenmantel *m*

macro *n* ⌨ Makro *nt*

macrodynamic *adj* makrodynamisch

macroeconomic *adj* gesamt-, volkswirtschaftlich, makroökonomisch; **m.s** *n* Volkswirtschaftslehre (VWL) *f*, Makroökonomie *f*

macromagnitude *n* Makrogröße *f*

mad *adj* irr-, wahnsinnig, verrückt; **to drive so. m.** jdn verrückt machen

madam *n* *(Anrede/Brief)* gnädige Frau

made *adj* hergestellt; **freshly m.** frisch aus der Küche; **m. out to** *(Wechsel)* ausgestellt/lautend auf; **m.-to-order** *adj* kundenspezifisch, auf Bestellung/in Einzelfertigung hergestellt

mad|man *n* Wahn-, Irrsinniger *m*, Verrückter *m*; **m.ness** *n* Wahn-, Irrsinn *m*; **sheer/utter m.ness** reiner/heller/glatter Wahnsinn, reiner Irrsinn, Wahnwitz *m*

magazine *n* 1. (Waren)Speicher *m*, W.lager *nt*, Vorratsraum *m*, Magazin *nt*; 2. Zeitschrift *f*, Illustrierte *f*, (Nachrichten)Magazin *nt*; **in-house m.** Firmen-, Werkszeitung *f*, Firmen-, Werkszeitschrift *f*; **professional/technical m.** Fachzeitschrift *f*; **quarterly m.** Vierteljahres(zeit)schrift *f*; **m. subscription** Zeitschriftenabonnement *nt*

maggot *n* Made *f*

magic *n* Magie *f*, Zauberei *f*, Zauberkunst *f*; *v/t* hexen; **m.(al)** *adj* magisch, zauberhaft; **m.ian** *n* Zauberer *m*, Zauberkünstler *m*

magistracy *n* Amtsrichterschaft *f*

magistrate *n* *[GB]* [§] 1. *(England)* Amts-, Einzel-, Friedens-, Haft-, Schnell-, Verkehrsrichter *m*, Schiedsmann *m*; 2. *[Scot.]* Bürgermeister *m*; **committing/examining/investigating m.** Ermittlungs-, Haft-, Untersuchungs-, Vernehmungsrichter *m*; **lay m.** Amts-, Laienrichter *m*, ehrenamtlicher Richter; **stipendiary m.** Berufsrichter *m*, besoldeter Amtsrichter; **m.s' court** Amtsgericht *nt*

maglev (magnetic levitation) *n* *(coll)* Magnetschwebebahn *f*

magna|nimity *n* Großmut *m*; **m.nimous** *adj* groß-, edelmütig, großherzig

magnate *n* Magnat *m*; **industrial m.** Großindustrieller *m*, Industriebaron *m*

magnet *n* Magnet *m*; **m.ic** *adj* 1. magnetisch; 2. *(fig)* unwiderstehlich; **m.ism** *n* 1. Magnetismus *m*; 2. Anziehungskraft *f*, Ausstrahlung *f*

magneto|phone *n* Magnetofon *nt*; **m.graphy** *n* 🖳 Magnetografie *f*

magni|fication *n* Vergrößerung *f*; **m.ficence** *n* Großartigkeit *f*, Pracht *f*; **m.ficent** *adj* feudal, herrlich, prächtig, großartig; **m.fier** *n* 1. Vergrößerungsglas *nt*; 2. Verstärker *m*; **m.fy** *v/t* vergrößern; **m.fying glass** Vergrößerungsglas *nt*, Lupe *f*

magnitude *n* Ausmaß *nt*, Größe(nordnung) *f*; **intensive m.** ▦ homograde Größe; **planned m.** Plangröße *f*

mahogany *n* ♣ Mahagoni *nt*

maid *n* Magd *f*, Haus-, Zimmer-, Dienstmädchen *nt*, Hausangestellte *f*; **m. of all work** *(fig)* Mädchen für alles *(fig)*; **old m.** alte Jungfer; **m.-servant** *n* Dienstmädchen *nt*, Hausangestellte *f*

maiden *adj* Jungfern-; **m. name** Mädchenname *m*

mail *n* Post *f*, P.sendung *f*; **by m.** per Post; **by return of m.** mit umgehender Post, umgehend, postwendend; **by the same m.** mit gleicher Post

to carry mail Post befördern; **to collect one's own m.** Selbstabholer sein; **to deliver m.** Post zustellen/austragen; **to despatch/dispatch m.** Post absenden; **to order by m.** mit der Post bestellen; **to receive m.** Post bekommen; **to remit by m.** brieflich überweisen; **to send by m.** mit der/per Post schicken; **to tamper with (the) m.** Post heimlich öffnen

certified mail *[US]* Einschreibesendung *f*; **daily m.** Tagespost *f*; **~ ledger** Brieftagebuch *nt*

direct mail Reklamepost *f*, Postwurf-, P.werbesendung *f*; **~ advertising** (Werbung durch) Postwurfsendung, P.versandwerbung *f*, Drucksachen-, Postwerbung *f*, P.streuung *f*

domestic/inland mail Inlandspost *f*; **electronic m.** elektronische Post, elektronischer Briefverkehr; **express m.** Eilsendung *f*; **first m.** Frühpost *f*; **first-class m.** bevorzugt abgefertigte Briefpost; **incoming/inward m.** (Brief-/Post)Eingang *m*, eingehende Post, (Brief)Einlauf *m*; **interoffice m.** Hauspost *f*; **local m.** Ortssendung *f*; **metered m.** *[US]* durch Freistempler freigemachte Post; **misdirected m.** Irrläufer *m*; **official m.** Dienstpost *f*; **ordinary m.** gewöhnliche Post; **outgoing m.** Ausgangspost *f*, Post-, Briefausgang *m*, abgehende/(her)ausgehende Post; **overland m.** Überlandpost *f*; **registered m.** Einschreibesendung *f*; **~ insurance** Postwertversicherung *f*; **second-class m.** nicht bevorzugt abgefertigte Briefpost; **by separate m.** mit getrennter Post

mail *v/t* zur Post geben, (Post) aufgeben/einwerfen, mit der Post schicken/befördern, einliefern, zu-, versenden, zu-, verschicken, auf die Post geben

mailable *adj* postversandfähig

mail|bag *n* *[GB]* Postsack *m*, P.tasche *f*, Post-, Briefbeutel *m*; **m. ballot** Briefwahl *f*; **m. boat** ⚓ Postschiff *nt*, P.boot *nt*; **m.box** *n [US]* Brief-, Post-, Hausbriefkasten *m*; **electronic m.box** 🖳 elektronischer Briefkasten; **m.car** *n [US]*; **m. coach** *[GB]* 🚂 Postwagen *m*; **m. carrier** *[US]* Postbote *m*, P.botin *f*; **m. credit** *[US]* Postlaufakkreditiv *nt*, P.kredit *m*; **m. delivery** Brief-, Postzustellung *f*; **m. distribution** Postvertrieb *m*; **~ company** Postvertriebsunternehmen *nt*; **m. drop** *[US]* 1. Briefannahme(stelle) *f*; 2. Briefeinwurf *m*, B.schlitz *m*

mailer *n* 1. Versender *m*, Adressenschreiber *m*; 2. Frankierautomat *m*, Freistempler *m*; 3. Adressiermaschine (Adrema) *f*

mail fraud Postbetrug *m*, Irreführung der Post; **m.gram** *n [US]* Telebrief *m*

mailing *n* 1. (Post)Einwurf *m*, (P.)Einlieferung *f*, (P.)Aufgabe *f*, Versendung *f*; 2. Werbebrief *m*, Rundschreiben *nt*, Wurf-, Werbesendung *f*; **m. of a letter** Aufgabe eines Briefes, Briefaufgabe *f*; **follow-up m.** Erinnerungspostwurfsendung *f*; **unsolicited m.** Zusendung ohne Aufforderung

mailing address Post-, Zustellanschrift *f*, Zustell(ungs)adresse *f*; **temporary m. address** Nachsendeadresse *f*, N.anschrift *f*; **m. bag** Musterbeutel *m*; **m. card** *[US]* Postkarte *f*; **m. carton** Versandkarton *m*; **m. clasp** Musterklammer *f*; **m. code** Versandortschlüssel *m*; **m. date** Postaufgabedatum *nt*, Datum des Versands; **m. department** Postabteilung *f*; **m. house** Postvertriebsunternehmen *nt*; **m. list** Verteiler-, Adressen-, Postliste *f*, Verteilerschlüssel *m*, Anschriftenverzeichnis *nt*, A.karte *f*, Adressenverzeichnis *nt*; **m. machine** Postbearbeitungs-, Freimachungsmaschine *f*, Freistempler *m*, Frankierautomat *m*; **m. office** Aufgabepostamt *nt*; **m. rates** Porto-, Postgebühren; **m. tube** (Post)Versandrolle *f*

mail interview briefliche Befragung; **m.man** *n [US]* Post-, Briefbote *m*, B.träger *m*, B.zusteller *m*; **m. matter** *[US]* Briefpost *f*, B.sendung *f*, Postgut *nt*; **m. merge** 🖳 Mailmerge *f*; **~ program** Datenmischprogramm *nt*

mail order Postversand(auftrag) *m*; **m.-o. advertising** Versandhauswerbung *f*; **~ book trade** Versandbuchhandel *m*; **~ business** Versandhandel *m*, V.unternehmen *nt*, Versand-, Katalog-, Postversandgeschäft *nt*, Distanzhandel *m*; **~ buying** Versandbestellung *f*; **~ catalog(ue)** Versand(haus)-, Postversandkatalog *m*; **~ firm** Versandhaus *nt*, V.geschäft *nt*; **~ group** Versandhauskonzern *m*; **~ house** Versandhaus *nt*, V.geschäft *nt*, Postversandfirma *f*, P.unternehmen *nt*; **special-line ~ house** Spezialversender *m*; **~ industry** Versandhandel *m*, V.industrie *f*; **~ merchandising** *(Verkauf)* Fernbedienung *f*; **~ selling** Versandhandel *m*, V.verkauf *m*,

Postversandverkauf *m*, P.geschäft *nt*, Postvertrieb *m*; **~ trade** Versandhandel *m*; **~ wholesaler** Versandgroßhändler *m*
mail-out *n* Postwurfwerbekampagne *f*
mail payment briefliche Überweisung; **m. plane** ✈ Postflugzeug *nt*; **m.pouch** *[US]*; **m.sack** *n* Postsack *m*, P.tasche *f*, Post-, Briefbeutel *m*; **m. privilege** *[US]* Portovergünstigung *f*; **m. processing** Postbearbeitung *f*; **m. rate** Briefgebühr(ensatz) *f*/*m*; **m. rerouting** Postnachsendung *f*; **m. robbery** Postraub *m*; **m.room** *n* Poststelle *f*; **m. route** Postroute *f*; **m. routing** Postlauf *m*; **m. service** Postdienst *m*; **m. services** Postverkehr *m*; **(direct) m.shot** *n* Direktwerbung *f*, (Post)Wurfsendung *f*; **m. station** *[US]* Postamt *nt*; **m. steamer** ⚓ Postschiff *nt*, P.dampfer *m*, Paketboot *nt*; **m. tariff** Post-, Briefgebührensatz *m*; **m. teller** Kassierer für Postüberweisungen; **m. theft** Postdiebstahl *m*; **m. train** 🚂 Postzug *m*
mail transfer briefliche Auszahlung, ~/postalische Überweisung, Postüberweisung *f*, Überweisung durch die Post; **electronic m. t.** elektronische Postüberweisung; **m. t. order** *[US]* Postüberweisungsauftrag *m*
mail tube Versand-, Papprolle *f*; **m. van** 1. Postauto *nt*; 2. *[GB]* 🚂 Bahnpostwagen *m*
maim *v*/*t* ⚓ verstümmeln, zum Krüppel machen
main *adj* hauptsächlich, Haupt-
main *n* Hauptleitung *f*, H.kabel *nt*, H.rohr *nt*; **the M.** ⚓ die hohe See; **circular collecting m.s** Sammelkanal *m*
mainframe (computer) *n* 💻 Groß-, Zentral-, Universalrechner *m*, Groß(rechen)anlage *f*, Zentralrecheneinheit *f*
mainland *n* Festland *nt*; **m. Europe** europäisches Festland, Kontinentaleuropa
mainly *adv* größtenteils, vorwiegend, hauptsächlich
mainpernable *adj* [§] kautionsfähig
mainspring *n* (Haupt)Triebfeder *f*; **~ of growth** Triebfeder des Wachstums
mains *n* 1. ⚡ Haupt(strom)leitung *f*, (Strom)Netz *nt*; 2. ♦/(Gas) Versorgungsnetz *nt*; **to connect to the m.** an das Leitungsnetz anschließen; **rising m.** Steigleitung *f*
mains cock/tap Haupthahn *m*; **m. connection** ⚡/(Gas)/♦ Netzanschluss *m*, Haus-, Hauptanschluss *m*; **m. frequency** ⚡ Netzspannung *f*, N.frequenz *f*; **m. failure** Leitungsausfall *m*; **m. input** Netzeinspeisung *f*; **m. loss** Leitungs-, Netzverlust *m*; **m. plug** ⚡ Netzstecker *m*; **m. system** ⚡/(Gas)/♦ Leitungsnetz *nt*
mainstay *n* Hauptstütze *f*, Rückgrat *nt* (*fig*), (tragende) Säule; **m. of the business** Stütze des Geschäfts; **~ sales** (Haupt)Umsatzträger *m*
mainstream *n* Hauptrichtung *f*; *adj* der Hauptrichtung angehörend, Normal-; **m. product** Hauptprodukt *nt*
mains unit ⚡ Netzteil *nt*; **m water** Leitungswasser *nt*
maintain *v*/*t* 1. aufrechterhalten, er-, beibehalten; 2. (*Preis*) stabil halten; 3. ✿ in Stand halten, warten, pflegen; 4. gewährleisten, garantieren; 5. versorgen, unterhalten; 6. behaupten, Auffassung vertreten; **liable to m.** unterhaltspflichtig
maintain|ability *n* Wartungsfreundlichkeit *f*, Pflegbarkeit *f*; **m.able** *adj* haltbar, verfechtbar; **m.ed** *adj* (*Börse*) gehalten

maintenance *n* 1. Beibehaltung *f*, Aufrechterhaltung *f*; 2. ✿ Unterhalt(ung) *m*/*f*, Wartung *f*, Instandhaltung *f*, Aufwendungen für Instandhaltung; 3. Unterhalt *m*, Alimentation *f*, Versorgung *f*
maintenance of agreements Beibehaltung von Übereinkünften; **~ assets**; **~ the asset base**; **~ real asset values** Substanz-, Vermögenserhaltung *f*; **~ capital** Kapitalerhaltung *f*; **~ nominal capital** nominale Kapitalerhaltung; **~ real capital** reale Kapitalerhaltung; **~ equity** substanzielle/reale Kapitalerhaltung; **~ a family** Unterhalt einer Familie; **~ the gold value** Goldwertsicherung *f*; **~ two households** doppelte Haushaltsführung; **~ liquidity** Liquiditätsvorsorge *f*, L.erhaltung *f*; **~ money capital** Geldkapitalerhaltung *f*; **~ prices** Preisbehauptung *f*; **~ profit levels** Gewinnerhaltung *f*; **~ purchasing power** Erhaltung der Kaufkraft; **m. and repairs** Instandhaltung und Reparaturen, Unterhalt(ung) und Instandsetzung, Ausbesserungen; **m. of value** Werterhaltung *f*; **~ way** *[US]* 🚂 Streckenunterhaltung *f*
entitled to maintenance unterhalts-, versorgungsberechtigt; **liable to provide m.** unterhaltsverpflichtet, u.pflichtig; **providing m.** Bestreitung des Unterhalts; **requiring m.** unterhaltsbedürftig
to award maintenance [§] Unterhalt zuerkennen; **to claim m.** Unterhaltsanspruch geltend machen, Unterhalt fordern; **to provide m.** Unterhalt gewähren; **to sue for m.** auf Unterhalt klagen
current maintenance laufende Instand-/Unterhaltung; **deferred m.** unterlassene Wartung und Instandhaltung; **inadequate m.** mangelhafte Wartung; **matrimonial m.** ehelicher Unterhalt, Ehegattenunterhalt *m*; **planned/preventive m.** vorbeugende Wartung/Instandhaltung; **remote m.** 💻 Fernwartung *f*; **rental m.** Wartung von Mietgegenständen; **legally required m.** gesetzlicher Unterhalt; **separate m.** Unterhaltszahlung *f*; **third-party m.** Wartung durch Fremdfirmen
maintenance agreement Wartungsvertrag *m*; **m. allowance** Unterhaltsbetrag *m*, U.rente *f*, U.leistung *f*, U.geld *nt*; **educational ~ allowance** Erziehungsbeihilfe *f*, E.geld *nt*; **m. arrears** Unterhaltsrückstände *pl*; **m. assessment** Instandhaltungsumlage *f*; **m. assistance** Unterhaltshilfe *f*; **m. award** Unterhaltszuschuss *m*; **m. bond** 1. *[US]* (Gewähr)Leistungsgarantie *f*; 2. Unterhaltszusage *f*; 3. kaufmännischer Garantieschein, Garantie der Herstellerfirma; **m. budget** Wartungsetat *m*, Budget der Wartungskosten; **m. case** [§] Unterhaltssache *f*, **m. charges** 1. Wartungs-, Unterhaltskosten(umlage) *pl*/*f*; 2. *[US]* Kontoführungsgebühren; **m. claim** [§] Unterhaltsanspruch *m*, Alimentationsforderung *f*; **m. clause** (*Testament*) Versorgungsbestimmung *f*; **m. contract** Wartungs-, Instandhaltungsvertrag *m*, I.auftrag *m*; **m. control panel** 💻 Wartungsfeld *nt*; **m. cost(s)** 1. Instandhaltungskosten *pl*, I.aufwand *m*, Wartungskosten *pl*, W.aufwand *m*; 2. Unterhaltskosten *pl*, U.aufwand *m*; 3. Erhaltungsaufwand *m*, E.aufwendungen *pl*; 4. Kosten der Kapitalausstattung; **regular m. cost** gewöhnliche Erhaltungskosten; **m. crew** Wartungsmannschaft *f*; **m. cycle** Wartungs-, Unterhaltungszyklus *m*; **m. department** Instandhaltungs-, Instandset-

maintenance engineer

zungs-, Wartungsabteilung f, W.dienst m; **m. engineer** Wartungstechniker m, W.ingenieur m, Betriebsschlosser m; **m. expenditure** Erhaltungsaufwand m, E.aufwendungen pl; **m. expense account** Instandhaltungs-, Instandsetzungs-, Unterhaltsaufwandskonto nt; **m. facilities** Wartungsanlage f; **m. fitter** Betriebsschlosser m; **m.-free** adj wartungsfrei, pflegeleicht; **m. grant** [§] Unterhaltszuschuss m; **m. guarantee** (Gewähr)Leistungsgarantie f; **m. instructions** Instandhaltungsvorschriften; **m. interval** Wartungsintervall nt, W.zeitraum m; **m. leasing** Wartungsmiete f; **m. man** Wartungstechniker m; **m. manager** Haus-, Betriebsinspektor m, Leiter der Instandhaltungsabteilung; **m. manual** Wartungshandbuch nt; **m. men** Wartungspersonal nt, W.monteure; **m. obligation** [§] Unterhaltspflicht f; **m. order** [§] Unterhaltsurteil nt, einstweilige Anordnung auf Unterhaltszahlung; **m. parts** Wartungsteile; **m. payment** Unterstützungs-, Unterhaltszahlung f, U.leistung f, Unterstützung f; **~ order** [§] Alimentenbeschluss m; **m. proceedings** [§] Alimentenprozess m, Unterhaltsverfahren nt; **m. program(me)** Wartungsprogramm nt; **evaluated m. programming** Planung vorbeugender Wartung; **m. rate** Wartungszeitraum m, Versorgungssatz m; **m. recipient** Unterhaltsempfänger(in) m/f; **m. requirements** Instandhaltungsbedarf m; **m. reserve** Instandsetzungsrücklage f; **m. selling** Erhaltung des gegenwärtigen Abschlussniveaus; **m. service** Wartungsdienst m, (Maschinen)Wartung f; **corrective m. service** Änderungsdienst m; **m. shift** Reparaturschicht f; **m. shop** Reparaturwerkstatt f, Wartungshalle f; **m. staff** Instandhaltungs-, Wartungspersonal nt; **m. subsidy** Erhaltungssubvention f; **m. suit** [§] Unterhaltsklage f, Klage auf Unterhalt; **m. time** Wartungszeit f; **m. vehicle** Werkstattwagen m; **m. wage** Wartungslohn m; **m. work** Instandhaltungsarbeit(en) f/pl

maisonette n 🏠 Kleinwohnung f, Apartment nt, Häuschen nt, Zweietagenwohnung f

maize n 🌽 Mais m

majestic adj majestätisch, erhaben, würdevoll, stattlich

majesty n Majestät f; **on His/Her M.'s service (O.H.M.S.)** [GB] ✉ gebührenfreie/portofreie Dienstsache

major adj 1. groß, bedeutend, größer, hauptsächlich, wesentlich, Haupt-; 2. mündig, volljährig; 3. 🚗 (Straße) vorfahrtsberechtigt

major n 1. Großunternehmen nt; 2. [§] Groß-, Volljährige(r) f/m; 3. [US] (Universität) Hauptfach nt; 4. ⚔ Major m; **chemical m.** Chemieriese m, C.gigant m; **industrial m.** (Börse) führender Industriewert

major in sth. v/i [US] etw. als Hauptfach studieren

majority n 1. Mehrheit f, M.zahl f, Majorität f, Gros nt; 2. Voll-, Großjährigkeit f, Mündigkeit f; **by a m.** mehrheitlich; **in the m.** in der Überzahl; **m. in the amount(s)** kapitalmäßige Mehrheit/Majorität; **m. of interests** anteilmäßige Mehrheit/Majorität; **~ one** Einstimmenmehrheit f; **~ parliament** parlamentarische Mehrheit; **~ plaintiffs** [§] Streitgenossenschaft f; **~ the population** überwiegender Teil der Bevölkerung; **~ shares** [GB] **/stocks** [US] Aktien-, Kapital-, Anteilsmehrheit f, Mehrheitsbeteiligung f; **with the ~ shares/stocks** (HV) mit Stimmenmehrheit

majority of votes Stimmenmehrheit f; **with the ~ v.** mit Stimmenmehrheit; **to control a ~ v.** über eine Stimmenmehrheit verfügen; **to lay down by a ~ v.** mit Mehrheit bestimmen; **qualified ~ v.** qualifizierte Stimmenmehrheit; **relative ~ v.** relative Stimmenmehrheit; **simple ~ v.** einfache Stimmenmehrheit

carried by a majority (of votes) mit Mehrheit beschlossen

to act by a majority of votes cast mit Mehrheit beschließen/bestimmen; **to be in the m.** in der Mehrzahl sein, Mehrheit besitzen; **to command a m.** über eine Mehrheit verfügen; **to drum up/secure a m.** Mehrheit zu Stande bringen; **to have the m. on one's side** die Stimmenmehrheit haben, über die Mehrheit verfügen; **to obtain a m.** Mehrheit erreichen; **to pass by a m.** mit Mehrheit verabschieden

absolute majority absolute Mehrheit; **bare m.** knappe Mehrheit; **comfortable m.** sichere Mehrheit; **controlling m.** (Aktien) Kontrollmehrheit f, Mehrheitspaket nt; **crushing/overwhelming m.** überwältigende/erdrückende Mehrheit, überwiegende Mehrheit; **flimsy m.** hauchdünne Mehrheit; **large m.** große Mehrheit; **narrow m.** knappe Mehrheit; **numerical m.** zahlenmäßige Mehrheit; **overall m.** absolute Mehrheit; **parliamentary m.** Parlamentsmehrheit f; **proportionate m.** anteilmäßige Mehrheit; **qualified m.** qualifizierte Mehrheit; **relative m.** relative Mehrheit; **required/requisite m.** erforderliche Mehrheit; **silent m.** schweigende Mehrheit; **simple m.** einfache/relative Mehrheit; **by a small m.** mit knapper Mehrheit; **three-quarters m.** Dreiviertelmehrheit f; **tiny m.** hauchdünne Mehrheit; **two-thirds m.** Zweidrittelmehrheit f; **working m.** arbeitsfähige Mehrheit

majority approval Zustimmung der Mehrheit; **m. decision** Mehrheitsentscheidung f, M.beschluss m; **m. holding** Mehrheitsbeteiligung f, M.besitz m; **to have a ~ (in)** Aktienmehrheit halten; **m. interest(s)** Mehrheitsanteil m, M.beteiligung f, Aktienmehrheit f, maßgebendes Kapitalinteresse; **m. opinion** 1. Mehrheitsansicht f; 2. Mehrheitsvotum nt; **m.-owned** adj im Mehrheitsbesitz; **to be ~ by** im Mehrheitsbesitz sein von; **m. ownership** Mehrheitsbesitz m; **m. participation** Mehrheitsbeteiligung f; **m. partner** Mehrheitsgesellschafter(in) m/f; **m. report** Mehrheitsbericht m; **m. representation** Mehrheitsvertretung f; **m. rule** Mehrheitsgrundsatz m, M.prinzip nt, M.herrschaft f, M.system nt; **m. shareholder** [GB] **/stockholder** [US] Mehrheitsaktionär m, M.gesellschafter m, Inhaber/Besitzer der Aktienmehrheit; **m. shareholding(s)** [GB] **/stake/stockholding(s)** [US] Mehrheitsbeteiligung f, M.anteil m; **m. joint venture** Joint Venture mit Mehrheitsbeteiligung; **m. verdict** [§] von der Mehrheit getragenes Urteil; **m. vote** Mehrheitsbeschluss m

majuscule n 🅰 großer Anfangsbuchstabe, Großbuchstabe m

make v/t 1. machen, herstellen, (an)fertigen, fabrizieren; 2. (Geld) verdienen, (Gewinn) erzielen, erwirtschaften; 3. ausmachen; 4. schaffen, erreichen, tätigen; 5. *(Beschluss)* fassen; 6. *(Kleidung)* konfektionieren; **m. as if** Anstalten machen, so tun als ob; **m. away with** auf die Seite bringen *(fig)*; **m. do** sich behelfen; **~ with/without sth.** mit/ohne etw. auskommen; **m. for** 1. beitragen zu; 2. ⚓ Kurs haben auf, auf ~ liegen, zustreben/zuhalten auf, ansteuern; **m. of sth.** etw. deuten/verstehen; **m. sth. of sth.** etw. von etw. denken, ~ interpretieren; **not to know what to m. of sth.** aus etw. nicht klug/schlau werden; **m. sth. o. s.** etw. in Eigenproduktion herstellen; **m. off** *(coll)* sich davonmachen *(coll)*; **m. out** 1. *(Scheck)* ausstellen, ausschreiben, ausfertigen; 2. *(Liste)* aufstellen, ausfertigen; 3. glaubhaft machen; **~ to** aus-/anfertigen für, ausfertigen auf den Namen von, ausstellen auf; **~ in blank** blanko ausstellen; **m. over** 1. abtreten, übertragen, übereigen, vermachen; 2. *(Besitz)* überschreiben; **m. up** 1. bilden; 2. zusammensetzen, z.stellen, packen); 3. ausgleichen, wettmachen, ersetzen, vergüten; 4. verfassen, ausfertigen, erstellen; 5. vervollständigen, vollständig machen; 6. 🖨 Umbruch machen, umbrechen; 7. erdenken, erdichten; **m. it up** sich wieder vertragen; **m. o.s. up** sich schminken; **m. up for** auf-, nachholen, ausgleichen, ersetzen, nacharbeiten, sühnen; **to be made up of** sich zusammensetzen aus; **m. it** es schaffen; **barely m. it** es mit Mühe und Not schaffen; **m. good** 1. wettmachen, ausgleichen, Schaden(s)ersatz leisten; 2. *(Verbindlichkeit)* erfüllen

make *n* Marke *f*, Fabrikat *nt*, Ausführung *f*, Typ *m*, Bauart *f*, Ausfertigung *f*, Sorte *f*; **m. or break** kritisch, entscheidend; **~ buy** Eigenfertigung oder Fremdbezug; **foreign m.** ausländische Marke, ausländisches Produkt; **own m.** Eigenfabrikat *nt*, Eigen-, Selbstanfertigung *f*; **popular m.** gut eingeführte Marke; **standard m.** Markenartikel *m*

make-believe *n* Illusion *f*, Phantasie *f*

makeover *n* *[US]* 🏛 Umbau *m*

maker *n* 1. Erzeuger *m*, Hersteller *m*; 2. *(Wechsel)* Aussteller *m*, Wechselgeber *m*, Trassant *m*; **m. of a check** *[US]* /**cheque** *[GB]* Scheckaussteller *m*; **~ draft** Aussteller eines Wechsels; **drawn by the m.** *(Wechsel)* eigentrassiert; **prime m.** Aussteller eines Wertpapiers; **m.'s certificate** ✪ Typenbescheinigung *f* (des Herstellers)

makeshift *n* Behelf *m*, Übergangs-, Notlösung *f*, N.maßnahme *f*, N.behelf *m*, Ersatz *m*, Lückenbüßer *m*, L.füller *m*; *adj* behelfsmäßig, provisorisch, notdürftig, improvisiert, Behelfs-, Not-

make-to|-order *n* Auftragsfertigung *f*; **m.-stock** *n* Lagerfertigung *f*

make-up *n* 1. Aufbau *m*, Zusammensetzung *f*, Ausstattung *f*, Ausstaffierung *f*, (Ver)Packung *f*, Struktur *f*, Zusammenstellung *f*; 2. Schminke *f*; **~ of a balance** Zusammensetzung eines Saldos; **to put on m.** sich schminken; **genetic m.** Erbgut *nt*; **m. artist** 🎭 Maskenbildner(in) *m/f*; **m. day** *[GB]* *(Terminbörse)* Report-, Prämienerklärungstag *m*

make-weight *n* 1. Gewichtszugabe *f*; 2. unwesentliches (Zusatz)Argument; *adj* um Gewicht bemüht

make-work *n* unproduktive Tätigkeit, unproduktiver Arbeitsplatz; **~ policies** (überflüssige) Arbeitsbeschaffungsmaßnahmen; **~ program(me)** Arbeitsbeschaffungsmaßnahme (ABM) *f*; **~ project** Arbeitsbeschaffungsprojekt *nt*

making *n* Herstellung *f*, Produktion *f*, Zubereitung *f*; **in the m.** im Entstehen, in der Entstehung, noch nicht fertig gestellt; **of one's own m.** *(Problem)* hausgemacht; **m. of a contract** Vertragsschluss *m*; **to be (still) in the m.** noch im Entstehen sein, in der Mache sein *(coll)*; **to have the m.s of sth.** das Zeug zu etw. haben; **m.-over** *n* Übereignung *f*, Übermachung *f*; **m.-up day** *n* *[GB]* *(Terminbörse)* Report-, Prämienerklärungstag *m*, zweiter Liquidationstag, ~ L.termin, letzter Abrechnungstag; **~ price** Abrechnungskurs *m*

maladjusted *adj* verhaltens-, milieu-, umweltgestört

maladjustment *n* 1. Fehlanpassung *f*, Unausgeglichenheit *f*; 2. Verhaltens-, Milieu-, Umweltstörung *f*; **cyclical m.** konjunkturelle Fehlanpassung; **social m.** soziales Fehlverhalten; **structural m.** strukturelle Fehlanpassung

mal|administer *v/t* schlecht verwalten; **m.administration** *n* schlechte Verwaltung, Misswirtschaft *f*

maladroit *adj* ungeschickt; **m.ness** *n* Ungeschicklichkeit *f*

malady *n* Leiden *nt*, Krankheit *f*; **social m.** gesellschaftliches Übel

mala fide *adj* *(lat.)* § bös-, schlechtgläubig, unredlich

malaise *n* *(frz.)* Unbehagen *nt*, ungutes Gefühl

malcontent *adj* missvergnügt, unzufrieden; *n* Missvergnügte(r) *f/m*, Unzufriedene(r) *f/m*

male *adj* männlich

male|faction *n* § Missetat *f*; **m.factor** *n* Täter(in) *m/f*; **m.volence** *n* Böswilligkeit *f*, Arglist *f*; **m.volent** *adj* arglistig

mal|feasance *n* § Amtsdelikt *nt*, Dienstvergehen *nt*, gesetzeswidrige/rechtswidrige/unerlaubte Handlung, Pflichtverletzung *f*, Verletzung der Amtspflicht, dienstliches Verschulden; **~ in office** Amtsvergehen *nt*, Verletzung der Dienstpflicht, Missbrauch/Verfehlung im Amt; **m.feasant** *adj* kriminell, gesetzeswidrig

mal|formation *n* Missbildung *f*; **m.formed** *adj* missgebildet

mal|function *n* (Funktions)Störung *f*, Defekt *m*; *v/t* Defekt haben, schlecht funktionieren; **~ indicator** Störungsanzeiger *m*; **m.functioning** *adj* schlecht funktionierend

malice *n* § Bösartigkeit *f*, Böswilligkeit *f*, Arglist *f*, Dolus *m* *(lat.)*, Tücke *f*, böse Absicht, Bosheit *f*; **m. aforethought** vorbedachte böse Absicht; **with ~ aforethought** in böswilliger/böser/verbrecherischer Absicht, vorsätzlich; **constructive m.** vermuteter/unterstellter (Verbrechens)Vorsatz; **transferred m.** Fehlgehen der Tat

malicious 1. arg-, böswillig, boshaft; 2. § böswillig, mutwillig; **m.ly** *adv* in böser Absicht

malign *v/t* verunglimpfen, verleumden, schmähen; **much m.ed** *adj* viel geschmäht

malignant *adj* ⚕ bösartig

malinger v/i Krankheit vortäuschen/vorschützen, sich krank stellen, simulieren; **m.er** n Simulant(in) m/f, Scheinkranke(r) f/m; **m.ing** adj scheinkrank
malinvestment n Fehlinvestition f
mall n [US] Fußgängerbereich m, F.zone f, Ladenstraße f, überdachte Einkaufsstraße; **pedestrian m.** Fußgängerzone f
malleable adj geschmeidig, formbar
mallet n Holzhammer m
mal|nourished adj unterernährt; **m.nutrition** n Fehl-, Unterernährung f
malperformance n Schlechterfüllung f
malpractice n [§] 1. (Amts)Missbrauch m, A.vergehen nt, Untreue f (im Amt), Berufsvergehen nt, Standeswidrigkeit f, standeswidriges Verhalten; 2. gesetzwidrige Handlungsweise; 3. ⚖ Kunstfehler m; **m. in office** Amtsdelikt nt; **legal m.** standeswidriges Verhalten eines Anwalts, schwere Verletzung anwaltschaftlicher Berufspflichten; **medical m.** ärztlicher Kunstfehler; **professional m.** Kunstfehler m; **m. insurance** 1. Haftpflichtversicherung für freie Berufe; 2. ⚖ Versicherung gegen Kunstfehler; **m. suit** Verfahren wegen Kunstfehler
maltreat v/t misshandeln; **m.ment** n schlechte Behandlung, Misshandlung f
malversation n Veruntreuung f, Unterschlagung im Amt, standeswidriges Verhalten, Amtsmissbrauch m, A.unterschlagung f, korruptes Verhalten
mammal n Säugetier nt
mammon n Mammon m
mammoth n Mammut nt; adj kollosal, riesig; **m. company** Mammutgesellschaft f; **m. group** Riesenkonzern m
man n 1. Mensch m; 2. Mann m
man of action Tatmensch m, Macher m; ~ **business** Geschäftsmann m; **the m. on the Clapham omnibus** [GB] (coll) Mann auf der Straße; **m. of enterprise** Mann mit Unternehmungsgeist; **wise men of Gotham** [GB] Schildbürger pl; **m. of honour** Ehrenmann m; ~ **letters** Gelehrter m, Literat m, Schriftsteller m; ~ **independent/private means** Privatier m; ~ **property** vermögender/begüteter Mann; ~ **straw** Strohmann m, vorgeschobene Person; **the m. in the street** der Mann auf der Straße, der einfache/kleine Mann; **m. of war** (obs.) ⚓ Kriegsschiff nt; ~ **the world** Mann von Welt, Weltmann m, Lebenskenner m
every man for himself jeder für sich; **the right m. in the right place** der richtige Mann am richtigen Platz; **as tall as a m.** mannshoch
to be a hard man knallhart sein; **to feel a new m.** sich wie neugeboren fühlen; **to live as m. and wife** wie Mann und Frau zusammenleben; **to talk to so. as m. to m.** mit jdm von Mensch zu Mensch sprechen
average man Durchschnittsbürger m; **best m.** Trauzeuge m; **blind m.** Blinder m; **dollar-a-year m.** [US] Eindollarmann m; **economic m.** homo oeconomicus (lat.); **educated m.** gebildeter Mensch; **little m.** (coll) unerfahrener Kleinanleger; **married m.** Verheirateter m; ~ **m.'s allowance** Einkommen(s)steuerfreibetrag für Verheiratete; **medical m.** Mediziner m, Sanitäter m;

odd-job m. Gelegenheits-, Aushilfsarbeiter m, Faktotum nt; **old m.** Greis m; **practical m.** Mann der Praxis; **professional m.** Fachmann m, freiberuflich Tätiger; **reasonable m.** vernünftiger Mensch; **right-hand m.** die rechte Hand; **single/unmarried m.** Alleinstehender m, Junggeselle m; **strong-arm m.** Kraftmeier m (coll)
man v/t 1. bemannen; 2. (Arbeitsplatz) besetzen; **m. down/up** Belegschaft reduzieren/erhöhen
manacles pl Handfesseln, H.schellen
manage v/t 1. leiten, führen, verwalten, bewirtschaften, betreiben, dirigieren, managen, (Geschäftsführung) ausüben, vorstehen; 2. fertig-, zu Stande bringen, bewerkstelligen, ermöglichen, es einrichten; 3. bewältigen, verkraften, es schaffen, sich behelfen, durch-, zurechtkommen, sich durchbringen; **not to m.** nicht zu Rande kommen; **m. somehow (or other)** irgendwie hinbiegen (coll), ~ **klarkommen** (coll); **we'll m. somehow** wir werden das Kind schon schaukeln (coll); **to have to m. with sth.** auskommen müssen mit; **m. without sth.** etw. entbehren
difficult to manage schwer zu handhaben; **easy to m.** leicht handhabbar
manageable adj handhabbar, überschaubar, handlich, leicht zu handhaben/regulieren, lenkbar, machbar, manipulierbar, verwaltbar
managed adj 1. geführt, geleitet, betrieben; 2. (Preis) manipuliert; **efficiently m.** rationell geführt
management n 1. (Betriebs-/Geschäfts-/Unternehmens)Führung f, (Betriebs-/Geschäfts-/Unternehmens)Leitung f, (Unternehmens)Vorstand m, (Betriebs-/Unternehmens)Verwaltung f, (General)Direktion f, (Geschäfts)Vorstand m, Management nt; 2. Regie f, Steuerung f, Konsortialführung f; 3. Handhabung f, Handlungsweise f, Besorgung f
management of affairs without mandate Geschäftsführung ohne Auftrag; ~ **the business of the company** Führung der Gesellschaft, Geschäftsführung f; ~ **change** Veränderungsmanagement nt; **m. by delegation** (Unternehmens)Führung durch Aufgabendelegation; **m. of (aggregate) demand** (VWL) Globalsteuerung f, (gesamtwirtschaftliche) Nachfragelenkung, N.steuerung f; ~ **the economy** Wirtschaftslenkung f; **m. by exception** Führung nach dem Ausnahmeprinzip; **m. of finances** Finanzgebaren nt; **m. and labour/unions** Sozial-, Tarif(vertrags)partner pl, T.parteien pl, soziale Partnerschaft, Arbeitgeber und A.nehmer pl; **m. of the money supply** (VWL) Geldmengensteuerung f, G.regulierung f; **m. by motivation** Führung durch Mitarbeitermotivation; ~ **objectives** (Betriebs-/Unternehmens)Führung durch Zielvereinbarung/Zielvorgaben, zielgesteuerte Unternehmensführung; ~ **perception** Unternehmensführung durch Erkenntnis; **m. of property** Vermögensverwaltung f; **m. by results** (Unternehmens)Führung durch Erfolgsmessung, ergebnisorientierte Betriebsführung; **m. of stock(s)** Bestandsverwaltung f
joining the management Eintritt in die Geschäftsführung; **run by the same m.** in Personalunion geführt

to entrust so. with the management jdn mit der Geschäftsführung beauftragen; **~ of one's affairs** jdn mit der Wahrnehmung der Geschäfte beauftragen; **to participate/take part in the m.** sich an der Geschäftsführung beteiligen; **to take over the m.** Geschäftsleitung übernehmen; **to trim the m.** Führungsmannschaft verkleinern
administrative management oberste Unternehmensleitung, Verwaltungsmanagement *nt*; **agricultural m.** landwirtschaftliche Betriebsführung; **central m.** 1. Zentralleitung *f*, Z.verwaltung *f*, Hauptverwaltung *f*; 2. einheitliche Leitung; **collegiate m.** Kollegialführung *f*; **commercial m.** kaufmännische Geschäftsführung; **competitive m.** operatives Management; **cooperative m.** gemeinschaftliche Unternehmensleitung; **corporate m.** Firmen-, Geschäfts-, Gesellschaftsleitung *f*, G.führung *f*, Unternehmensführung *f*; **divisional m.** 1. Bereichs-, Abteilungs-, Spartenleitung *f*; 2. Bereichsvorstand *m*, Divisionsmanagement *nt*; **dual m.** Führungsdual *nt*, Kohäsionsführung *f*; **economic m.** *(VWL)* Konjunkturlenkung *f*, K.steuerung *f*; **editorial m.** redaktionelle Leitung; **executive m.** 1. Geschäftsleitung *f*; 2. Leitung einer Behörde; **fiduciary m.** Treuhandverwaltung *f*; **financial m.** Finanzgebaren *nt*, F.verwaltung *f*, F.wirtschaft *f*, Mittelbewirtschaftung *f*, Finanzmanagement *nt*, Haushaltsführung *f*, Ausgabengestaltung *f*, A.gebaren *nt*; **sound ~ m.** Wirtschaftlichkeit der Haushaltsführung; **first-line m.** unterste Führungs-/Leitungsebene; **functional m.** Mehrlinien-, Funktionsmeistersystem *nt*; **front-line m.** operative Führungsebene; **general m.** Gesamtgeschäftsführung *f*, G.vorstand *m*, allgemeine Verwaltung; **indoor m.** *(Unternehmen)* Regelung des Innenverhältnisses; **industrial m.** 1. Betriebswirtschaft(slehre) (BWL) *f*; 2. Betriebsführung *f*; **joint m.** gemeinsame Leitung/Bewirtschaftung, Gesamtgeschäftsführung *f*, Verwaltungs-, Betriebsführungsgemeinschaft *f*, paritätische Selbstverwaltung; **junior m.** 1. Führungsnachwuchs *m*, Nachwuchskräfte *pl*; 2. untere Führungsebene; **lean m.** schlanke Verwaltung; **lower m.** untere Leitungsebene; **macroeconomic m.** Konjunktursteuerung *f*; **middle(-level) m.** mittlere Führungsebene/Führungsschicht/Leitungsebene; **multiple m.** mehrstufige (Betriebs)Führung, mehrgleisige Unternehmensführung; **negligent m.** fahrlässige Geschäftsführung; **under new m.** unter neuer Leitung, neu eröffnet; **to be ~ m.** neue Leitung haben; **operational m.** 1. Betriebsführung *f*; 2. Leitung der Geschäftsbereiche; **operative m.** Projektleitung *f*; **environmentally oriented m.** umweltbewusste Unternehmensführung; **outside m.** Fremdgeschäftsführung *f*; **professional m.** fachkundige/fachmännische Leitung; **prudent m.** umsichtige Leitung; **regional m.** Bezirksdirektion *f*; **scientifc m.** wissenschaftliche Betriebsführung; **senior m.** obere Leitungsebene/Führungsschicht/Führungskräfte, Geschäftsleitung *f*; **supervisory m.** leitendes Personal, leitende Angestellte; **thrifty m.** Sparsamkeit *f*; **top m.** oberste (Geschäfts)Leitung/Leitungsinstanz/L.ebene, Unternehmensleitung *f*, Führungs-, Gesellschafts-, Verwaltungs-, Unternehmensspitze *f*, oberste Führungskräfte/F.ebene; **unified/uniform m.** einheitliche Leitung

certified management accountant geprüfter Unternehmensberater; **m. accounting** Betriebs-, Firmenrechnungswesen *nt*, internes Rechnungswesen, Rechnungswesen für Zwecke der Unternehmensleitung, Unternehmensrechnung *f*, Berichtswesen *nt*; **m. action** unternehmerisches Handeln; **m. attitudes** Führungsstil *m*; **m. audit** Geschäftsprüfung *f*, Prüfung der Geschäftsführung und Organisation; **m. authority** Geschäftsführungsbefugnis *f*; **m. board** (geschäftsführender) Vorstand, Vorstandsgremium *nt*, V.kollegium *nt*, Führungsgremium *nt*, Verwaltungsrat *m*, V.komitee *nt*; **m. body** Geschäftsführungs-, Leitungsorgan *nt*, leitendes Organ; **m. bonus** Tantieme *f*; **m. buy-in** Firmenaufkauf durch externe Führungskräfte

management buyout Firmenaufkauf durch Führungspersonal, Aufkauf durch die Geschäfts-/Betriebs-/Firmenleitung, Übernahme durch das Management, Managementbuyout *nt*; **leveraged m. buyout (LBO)** fremdfinanzierter Firmenaufkauf durch Führungspersonal

management chain of command Leitungssystem *nt*; **m. change(s)** Vorstandswechsel *m*, Veränderungen/-Wechsel im Vorstand, ~ in der Führungsspitze, Stühlerücken auf der Vorstandsetage *(fig)*; **m. charge(s)** Verwaltungs-, Bearbeitungs-, Konsortialgebühr *f*, Verwaltungshonorar *nt*; **m. committee** 1. Direktions-, (Geschäfts)Führungsausschuss *m*; 2. *(EU)* Verwaltungsausschuss *m*; **m. company** Verwaltungs-, Betriebsführungsgesellschaft *f*, Managementunternehmen *nt*; **m. concept** Führungskonzeption *f*

management consultancy Unternehmensberatungsfirma *f*; **m. consultant** Betriebs-, Unternehmens-, Vorstandsberater *m*, Berater der Geschäftsführung; **m. consulting** Betriebs-, Unternehmens-, Managementberatung *f*

management contract Vorstands-, Verwaltungs-, Bewirtschaftungsvertrag *m*; **m. control** Unternehmenssteuerung *f*, Aufsichts-, Kontrollfunktion *f*; **~ system** Unternehmensentscheidungssystem *nt*; **m. costs** Geschäftsführungs-, Bewirtschaftungskosten; **general m. cost(s)** Firmenleitungskosten *pl*; **m. course** Managerkurs *m*; **m. crisis** Führungskrise *f*; **m. decision** Vorstands-, Direktionsbeschluss *m*, Führungs-, Verwaltungs-, Unternehmensentscheidung *f*, unternehmerische Entscheidung; **~ game** Unternehmensplanspiel *nt*; **m. department/division** Stabsabteilung *f*, Vorstandsressort *nt*; **general m. department/division** Hauptabteilung *f*; **m. development** Weiterbildung von Führungskräften, Entwicklung des Führungskräftepotenzials; **m. duty** Führungsfunktion *f*, F.aufgabe *f*; **m. efficiency** Leitungseffizienz *f*; **m. engineering** Industrial Engineering *nt*; **m. expenses** 1. Verwaltungskosten; 2. Unkosten der Geschäftsführung; **m. expense ratio** Verwaltungskostenanteil *m*, V.satz *m*; **m. expert** Betriebswirt *m*; **m. expertise** Führungskunst *f*; **m. fee** 1. Vorstandsvergütung *f*; 2. Verwaltungskosten *pl*,

V.gebühr *f*; 3. *(Konsortialkredit)* Führungsprovision *f*; 4. *(Anleihe)* Managementprovision *f*, Bonifikation *f*; Geschäftsführungshonorar *nt*; ~ **bonus** *(Kapitalanlagegesellschaft)* Verwaltungsprämie *f*; **m. floor** Vorstands-, Chefetage *f*; **m. game** Planspiel *nt*; **general m. game** Planspiel über alle Unternehmensbereiche; **m. group** Konsortium *nt*, Führungsgremium *nt*; **m. guide** Handbuch für die Geschäftsführung; **m. guidelines** Führungsrichtlinien, F.anweisungen; **m. hierarchy** Betriebs-, Führungshierarchie *f*; **m. income** Verwaltungsertrag *m*; **m. inertia** Untätigkeit der Unternehmensführung; **m. information** Führungsinformation *f*; ~ **system** Managementinformationssystem *nt*; **m. instrument** Führungsinstrument *nt*; **m. investment company** Investmentgesellschaft mit offener Anlagepolitik; **m. level** Führungs-, Leitungsebene *f*, L.schwelle *f*; **subordinate m. level** nachgeordnete Hierarchieebene; **top m. level** Führungsetage *f*; **m. literature** Fachliteratur für Führungskräfte; **m. model** Führungsmodell *nt*; **m. objective** Betriebsziel *nt*; **m. office** 1. Verwaltungsbüro *nt*; 2. Amt in der Verwaltungsbehörde; **m. organ** Stabs-, Leitungsorgan *nt*; **m. organization** Verwaltungs-, Betriebsorganisation *f*; **m. overheads** Verwaltungsgemeinkosten; **long-term m. plan** langfristiger Wirtschaftsplan; **m. planning** Betriebs-, Unternehmensplanung *f*; **m. policy** Betriebspolitik *f*; **m. position** Führungsposition *f*, leitende Stellung; **top ~ position** Spitzenposition *f*; **m. practice** Betriebsführungspraxis *f*, Erfahrung in der Betriebsführung; **m. principle** (Betriebs)Führungsgrundsatz *m*; **m. problem** Organisations-, Führungsproblem *nt*; **m. process** Managementprozess *m*; **m. proposal** *(HV)* Verwaltungsvorschlag *m*; **m. qualities** Führungsbefähigung *f*, F.eigenschaften; **m. ratios** betriebswirtschaftliche Kennzahlen

management report Vorstandsbericht *m*, Bericht über die Führung der Gesellschaft; **m. reporting** Berichtswesen *nt*; ~ **system** betriebliches Informationssystem; **m. representation** Vertretung der Betriebsführung; **m. research** Unternehmensforschung *f*; **m. resources** Führungskräftepotenzial *nt*; **m. review** Überprüfung der Managementfunktion; **m. rewards** Vorstands-, Managementbezüge; **m. roundabout** *(fig)* Manager-, Managementkarussel *nt (fig)*; **m. science** Betriebswirtschaft(slehre) (BWL) *f*, Betriebs-, Leitungswissenschaft *f*, Führungslehre *f*, Wissenschaft der Unternehmensführung; **m. secretary** Direktionsassistent(in) *m/f*; **m. shares** *[GB]* /**stocks** *[US]* Vorstands-, Verwaltungs-, Mehrstimmrechtsaktien; **m. side** Arbeitgeberseite *f*; **m. skill** Führungskunst *f*; **m. staff** Führungsstab *m*, F.personal *nt*; **m. statistics** Betriebsstatistik *f*; **m. (and control) structure** Führungs-, Leitungsstruktur *f*, Betriebshierarchie *f*; **m. studies** Betriebswirtschaft(slehre) (BWL) *f*

management style Führungsstil *m*; **abrasive/authoritarian m. s.** autoritärer Führungsstil; **formal m. s.** formeller Führungsstil; **participative m. s.** mitarbeiterfreundlicher Führungsstil, Führung durch Beteiligung

decentralized management system dezentralisiertes Führungssystem; **m. takeover** Übernahme durch das Management, ~ die Geschäftsleitung; **m. task** Führungsaufgabe *f*; **m. team** Führungsgruppe *f*, F.mannschaft *f*; **to appoint a m. team** Geschäftsführung einsetzen; **m. technique** Führungsinstrument *nt*, Betriebsführungsverfahren *nt*, Managementtechnik *f*; **m. threshold** Managementschwelle *f*; **m. time** Planungszeit *f*; **m. tool(s)** Führungsinstrument *nt*, unternehmenspolitisches Instrumentarium, Führungsmittel *nt/pl*; **m. trainee** (Führungs)Nachwuchskraft *f*; **m. training** Weiter-/Ausbildung von Führungskräften; **m. trust** Kapitalanlagegesellschaft mit offener Anlagepolitik, ~ mit Anlageverwaltung; **general m. trust** Investmentfonds mit unbeschränkter Anlagepolitik; **m. union** Verband der leitenden Angestellten; **m. wages** 1. Vorstandsbezüge; 2. Unternehmerlohn *m*

manager *n* 1. Geschäftsführer *m*, (Unternehmens)Leiter *m*, Direktor *m*; 2. Betriebs-, Geschäfts-, Abteilungs-, Filial-, Spartenleiter *m*; 3. Führungskraft *f*, (Betriebs)Verwalter *m*, Manager *m*, Vorsteher *m*; 4. Disponent *m*, Prokurist *m*; 5. (Be)Wirtschafter *m*; 6. Konsortialführer(in) *m/f*; **m. in bankruptcy** Konkursverwalter *m*; ~ **charge** geschäftsführender Leiter; **m. of an estate** Vermögensverwalter *m*; **m. with sole power of representation** alleinvertretungsberechtigter Geschäftsführer; **to appoint a m.** Geschäftsführer bestellen

acting manager verantwortlicher Leiter; **administrative m.** Verwaltungschef *m*, V.direktor *m*; **assistant m.** *(Einzelhandel)* Substitut(in) *m/f*; **co-lead m.** Konsortialmitführer(in) *m/f*; **commercial m.** kaufmännisches Vorstandsmitglied, kaufmännischer Leiter/Direktor; **departmental m.** Abteilungsleiter *m*, Leiter der Abteilung; **divisional m.** Abteilungs-, (Geschäfts)Bereichs-, Spartenleiter *m*, Bereichsvorstand *m*, Divisionsmanager *m*; **executive m.** Generalbevollmächtigter *m*; **financial m.** Finanzleiter *m*, F.direktor *m*, F.chef *m*, F.verwalter *m*, Leiter des Finanzwesens; **first-line m.** Führungskraft der untersten Ebene; **functional m.** Funktionsmanager *m*, fachliche Führungskraft, funktionaler Leiter; **general m.** Generaldirektor *m*, G.bevollmächtigter *m*, (Haupt)Geschäftsführer *m*, H.betriebsleiter *m*; **commercial ~ m.** kaufmännischer Geschäftsführer; **graduate m.** Führungskraft mit Hochschulabschluss, akademisch ausgebildete Führungskraft; **industrial m.** Industriekaufmann *m*, I.kauffrau *f*; **joint m.** Mitleiter *m*; **junior m.** Nachwuchskraft *f*, N.mann *m*; **marine m.** Leiter des Seeversicherungsgeschäfts; **middle m.** Führungskraft auf der mittleren Ebene; **operational m.** Betriebsleiter *m*; **parliamentary m.** parlamentarischer Geschäftsführer; **principal m.** Konsortialführer(in) *m/f*; **regional m.** 1. Bezirksdirektor *m*, Gebietsleiter *m*; 2. *(Vers.)* Bezirksinspektor *m*; **senior m.** obere Führungskraft; **technical m.** technischer Leiter/Direktor; **top m.** Spitzenmanager *m*

manager's commission (Konsortial)Führungsprovision *f*; ~ **interests** Vorstandsbeteiligungen

manageress *n* 1. (Geschäfts)Leiterin *f*, G.führerin *f*; 2. Betriebs-, Filialleiterin *f*; 3. Direktorin *f*, Direktrice *f*; 4. Bewirtschafterin *f*

managerial *adj* 1. leitend, Direktions-, (geschäfts)führend; 2. betriebswirtschaftlich, verwaltungsmäßig; 3. unternehmerisch
manager-owner of a ship *n* Korrespondenzreeder *m*
managership *n* 1. Geschäftsführertätigkeit *f*, Amt des Geschäftsführers/Direktors; 2. Managertum *nt*
managing *adj* leitend, (geschäfts)führend; **m. member** geschäftsführendes Mitglied
Manchester capitalism Frühkapitalismus *m*; **M. school** Manchesterschule *f*, liberalistische Richtung
mandamus *n* (*lat.*) [§] richterliche Verfügung zur Vornahme oder Unterlassung einer Handlung
mandarin *n* (*coll*) hoher Funktionär, Bonze *m* (*coll*)
mandatary *n* Mandatar *m*, Beauftragte(r) *f/m*, Bevollmächtigte(r) *f/m*; **joint m.** Mitbeauftragter *m*
mandate *n* 1. Vollmacht *f*, Ermächtigung *f*, Bevollmächtigung *f*; 2. (*Anwalt*) Mandat *nt*, (Vertretungs-/Mandats)Auftrag *m*; 3. Bankvollmacht *f*; 4. Wählerauftrag *m*; 5. [§] Geschäftsbesorgungsvertrag *m*; 6. (*UN*) Mandatsgebiet *nt*; **under a m.** auftragsweise; **without m.** [§] auftragslos, ohne Auftrag/Vollmacht
mandate *v/t* 1. ermächtigen, beauftragen; 2. (*Geld*) überweisen
mandate of protest Wechselprotestanzeige *f*; **continuing m.** Dauermandat *nt*; **dual m.** Doppelmandat *nt*; **parliamentary m.** Parlamentsmandat *nt*; **statutory m.** gesetzlicher Auftrag; **m. form** Vollmachts-, Mandatsformular *nt*
mandator *n* Vollmacht-, Auftraggeber(in) *m/f*, Mandatsherr *m*
mandatory *adj* obligatorisch, zwingend, verbindlich, verpflichtend, pflichtgemäß, unabdingbar, (verbindlich) vorgeschrieben, Pflicht-; **not m.** abdingbar; **to make sth. m.** etw. zur Auflage machen; **~ upon so.** jdm etw. vorschreiben
man|-day *n* 1. Arbeitstag *m*; 2. (*Arbeitseinheit*) Tagewerk *nt*; **m.-days of strike** Streiktage; **M. Friday** (*coll*) persönlicher Referent
manganese *n* ♛ Mangan *nt*; **m. nodule** Manganknolle *f*
mangel *n* ⚜ Rübe *f*
mangle *n* (Wäsche)Mangel *f*; **steam-heated m.** Heißmangel *f*
mangle *v/t* mangeln
manhandle so. *v/t* jdn grob/unsanft behandeln
manhole *n* Einsteige-, Mannloch *nt*, Kabel-, Kanalschacht *m*; **m. cover** Kanaldeckel *m*
manhood *n* Mannesalter *nt*
man-hour *n* Arbeiter-, Arbeits-, Beschäftigungs-, Mann-, Erwerbstätigenstunde *f*; **actual m.s** Iststunden; **total m.s** Arbeitsvolumen *nt*; **~ lost** Ausfallstunden, verlorene Arbeitsstunden; **m. output** Produktionsleistung je Arbeitsstunde; **m. rate** Arbeitsstundensatz *m*
manhunt *n* Großfahndung *f*, Menschenjagd *f*
mania *n* Sucht *f*, Besessenheit *f*, Manie *f*; **m.c** *n* Besessene(r) *f/m*
manifest *adj* offenkundig, augenscheinlich, handgreiflich, offensichtlich, sichtbar, offenbar, nicht verborgen, ersichtlich, evident, sinnfällig
manifest *n* 1. ⚓ (Schiffs-/Ladungs)Manifest *nt*, (Schiffs)Ladungsverzeichnis *nt*, Waren-, Ladeverzeichnis *nt*, Lade-, Frachtliste *f*, F.brief *m*, Wagenladeschein *m*; 2. ⚓ Passagierliste *f*; 3. ⊖ Zolldeklaration *f*; **m. of cargo** Ladungsmanifest *nt*; **bonded m.** ⊖ Freigutliste *f*; **commercial m.** kommerzielles Manifest; **inward m.** ⊖ Zolleinfuhrerklärung *f*
manifest *v/t* 1. offenbaren, kundtun, zeigen, bekunden; 2. ⚓ Ladungsverzeichnis anmelden, im ~ aufführen; **m. itself** in Erscheinung treten, sich zeigen
manifest straight ⊖ beim Zoll vorzulegende Exportsendung; **m. ton** Ladungstonne *f*
manifestation *n* 1. Bekundung *f*; 2. Anzeichen *nt*, Erscheinungsform *f*, deutlicher Beweis; 3. Kundgebung *f*, Demonstration *f*; **m. of intent** Willenserklärung *f*; **implicit ~ intent** stillschweigende Willenserklärung; **unilateral ~ intent** einseitige Willenserklärung; **passive ~ will** schlüssiges/mittelbares Verhalten
manifesto *n* Manifest *nt*, Wahlaufruf *m*
manifold *adj* mannigfaltig, vielfach, mannig-, mehrfach; **highly m.** breit gefächert
manifold *v/t* hektographieren, vervielfältigen
manil(l)a (paper) *n* Manilakarton *m*, festes Packpapier, Hartpapier *nt*; **m. envelope** brauner (Brief)Umschlag
manipulate *v/t* 1. (künstlich) beeinflussen, manipulieren, deichseln (*coll*), schieben (*coll*); 2. handhaben
manipulation *n* 1. (*Börse*) (Kurs)Beeinflussung *f*; 2. Manipulation *f*, Manipulierung *f*, Machenschaft *f*; 3. Handhabung *f*; **m. of accounts** Falschbuchungen *pl*, Kontenfälschungen *pl*; **~ a currency** Währungsmanipulation *f*; **~ a witness** Zeugenmanipulation *f*; **fiscal m.** Steuermanipulation *f*; **fraudulent m.** betrügerisches Geschäftsgebaren, betrügerische Manipulation
manipulator *n* Manipulierer *m*; **m.y** *adj* manipulierend
manit (man-minute) *n* Arbeitsminute *f*
man|kind *n* Menschheit *f*; **m.load planning** *n* Arbeitseinsatzplanung *f*; **m.ly** *adj* mannhaft; **m.-made** *adj* von Menschenhand (geschaffen), künstlich; **m.-month** *n* Mannmonat *m*
mannequin *n* Mannequin *nt*, Modell *nt*; **m. parade** Modenschau *f*
manner *n* 1. Weise *f*, Art (und Weise) *f*; 2. Art *f*; **m.s** Manieren, Benehmen *nt*, Auftreten *nt*, Betragen *nt*, Umgangsformen, Anstand *m*
in the manner specified by law in der vom Gesetz vorgeschriebenen Form; **m. of packing** Verpackungsart *f*; **~ payment** Zahlungsart *f*, Z.weise *f*; **~ pursuing economic affairs** Wirtschaftsweise *f*; **~ shipment** Beförderungs-, Versandart *f*; **in a ~ speaking** sozusagen, gewissermaßen; **~ work** Arbeitsstil *m*
to forget one's manners sich daneben benehmen; **to have engaging m.** einnehmendes Wesen haben; **to mend one's m.** sich bessere Manieren zulegen; **to teach so. m.** jdm Mores lehren (*coll*)
bad/ill manner|s schlechte Umgangsformen/Manieren; **good m.s** gute Umgangsformen; **know-all m.** allwissende Miene, ~ Art und Weise; **polite m.s** höfliches Benehmen; **refined m.s** feine Manieren
manning *n* 1. (personelle) Besetzung, Personalausstattung *f*, Arbeitskräfteeinsatz *m*; 2. ⚓ Bemannung *f*; **m.**

manning costs

costs 1. Lohnaufwand *m*, Personalkosten; 2. ⚓ Heueraufwendung *f*; **m. cut** Stellenstreichung *f*, S.kürzung *f*; **m. level** 1. Personalausstattung *f*, P.(be)stand *m*, P.stärke *f*, verfügbares/vorhandenes Personal, Besetzungsumfang *m*; 2. Industriebesatz *m*; **m. rule** Bemannungsvorschrift *f*; **m. table** Stellen(besetzungs)plan *m*

manoeu|vrability *n* Manövrierfähigkeit *f*, Wendigkeit *f*, Steuerbarkeit *f*; **m.vrable** *adj* manövrierfähig, wendig, steuerbar; **m.vre** *n* Manöver *nt*, Winkel-, Feld-, Schachzug *m*; *v/i* manövrieren, taktieren, lavieren

manor *n* 1. *[GB]* Gutshof *m*, Herrensitz *m*, H.haus *nt*, Guts-, Landhaus *nt*, Land-, Rittergut *nt*; 2. *[US]* Pachtgut *nt*; **m. farm** ⚓ Gut(sbetrieb) *nt/m*; **m. house** Guts-, Herrenhaus *nt*

manpower *n* 1. (menschliche) Arbeitskraft, A.leistung *f*; 2. verfügbare Arbeitskräfte, Personal(bestand) *nt/m*; **as regards m.** in personeller Hinsicht; **to cut m.** Stellen/Personal abbauen; **to provide m.** Arbeitskräfte bereitstellen; **to recruit m.** Arbeitskräfte/Personal einstellen

available manpower Arbeitskräfteangebot *nt*, freie Kräfte; **budgeted m.** Personalsollbestand *m*; **expatriate m.** im Ausland tätige Arbeitskräfte; **surplus m.** überschüssige Arbeitskräfte, überschüssiges Personal, Überangebot an Arbeitskräften

manpower administration Arbeitsverwaltung *f*; **m. analysis** Mitarbeiteranalyse *f*; **m. assignment** Personalanweisung *f*; **m. bill** Personalausgaben *pl*, P.aufwand *m*; **m. bottleneck** Arbeitskräfteengpass *m*; **m. budget** Personaletat *m*, P.plan *m*; **m. budgeting** Personalplanung *f*; **m. changes** personelle Veränderungen *f*; **m. costs** Personalkosten; **m. cut(back)** Arbeitskräfte-, Belegschafts-, Personal-, Stellenabbau *m*; **m. deficit** Personallücke *f*; **m. dislocation** Personalum(be)setzung *f*, Umsetzung von Arbeitskräften; **m. input** Arbeitsaufwand *m*; **m.-intensive** *adj* personal-, lohnintensiv; **m. level(s)** Personalbestand *m*; **m. loading report** Arbeitskräftebedarfsbericht *m*; **m. management** 1. Arbeits(kräfte)einsatz *m*; 2. Personalverwaltung *f*; **m. market** Arbeitsmarkt *m*; **m. mobility** Mobilität der Arbeitskräfte; **m. needs/requirements** (Arbeits)Kräfte-, Personalbedarf *m*, Bedarf an Arbeitskräften; **m. planner** Personalplaner *m*; **m. planning** Personal(bedarfs)-, Arbeitskräfteplanung *f*; **m. policy** Personal-, Beschäftigungspolitik *f*; **m. problem** Personalproblem *nt*; **m. reduction** Arbeitskräfte-, Belegschafts-, Personal-, Stellenabbau *m*; **m. reserve(s)** Arbeitskräfte-, Beschäftigungsreserve *f*, Arbeitskräfte-, Menschenreservoir *nt*; **m. resources** Arbeitskräftepotenzial *nt*, Bestand an Arbeitskräften, verfügbare Arbeitskräfte; **m. scheduling** personelle Terminplanung *f*; **M. Services Commission** *[GB]* Arbeitsbeschaffungsamt *f*; **m. shortage** Arbeitskräftemangel *m*, A.knappheit *f*, Personalmangel *m*, P.fehlbestand *m*, Mangel/Knappheit/Fehlbestand an Arbeitskräften, Arbeitskräfteverknappung *f*; **m. situation** Arbeitsmarktlage *f*; **m. statistics** Personal-, Erwerbspersonen-, Arbeitskräftestatistik *f*; **m. strength** Belegschaftsstärke *f*; **m. structure** Beschäftigungsstruktur *f*; **m. studies** Arbeitswissenschaft *f*; **m. supply** Arbeitskräfteangebot *nt*; **m. surplus** Arbeitskräfteüberschuss *m*; **m. training** (Personal)Ausbildung *f*; **m. turnover** Fluktuation *f*

mansion *n* 1. Herrensitz *m*, H.haus *nt*, Villa *f*, herrschaftliches Wohnhaus; 2. *[GB]* Wohnblock *m*, Mietshaus *nt*

manslaughter *n* [§] Totschlag *m*, Körperverletzung mit tödlichem Ausgang; **attempted m.** Totschlagsversuch *m*; **constructive m.** Totschlag kraft gesetzlicher Vermutung; **involuntary m.** fahrlässige/zufällige Tötung; **negligent m.** grobfahrlässige Tötung; **voluntary m.** Tötung im Affekt

manticulate *v/t* Taschendiebstahl begehen

mantle *n* 1. *(Firma)* Mantel *m*; 2. *(Gas)* Glühstrumpf *m*; **to inherit so.'s m.** *(fig)* in jds Rolle schlüpfen

mantrap *n* Fußeisen *nt*

manual *adj* manuell, handwerklich, Hand-

manual *n* Handbuch *nt*, Leitfaden *m*, technische Anleitung, Führer *m*, Kompendium *nt*; **operating m.** Betriebsanleitung *f*; **organizational m.** Organisationshandbuch *nt*

manualization *n* Übergang zur Handarbeit/Handfertigung *f*

manually *adv* von Hand

manufactory *n* *(obs.)* Fabrik *f*, Herstellungsbetrieb *m*

manufacture *n* 1. (fabrikmäßige/maschinelle) Herstellung, Produktion *f*, (An)Fertigung *f*, Fabrikation *f*, Herstellung *f*, Erzeugung *f*; 2. Fabrik-, Gewerbeerzeugnis *nt*, gewerbliches Erzeugnis, Fabrikat *nt*, Artikel *m*; **m.s** Industrieprodukte, I.güter, I.waren, I.erzeugnisse, Fertigwaren, F.erzeugnisse, F.fabrikate, gewerbliche Produkte/Erzeugnisse, fabrikmäßig hergestellte Waren, Industrieartikel, Fabrikware *f*; **m. under licence** Lizenzfertigung *f*, L.produktion *f*; **m. to order** Bestellproduktion *f*; **m. of paper and cardboard** Papier- und Papperzeugung *f*; **~ parts/sub-assemblies** Teilefertigung *f*

direct-marketing manufacture Fabrikhandel *m*; **domestic m.s** Inlands-, Landeserzeugnisse, einheimische Erzeugnisse; **finished m.s** Fertigwaren; **foreign m.** Fremderzeugnis *nt*, F.fabrikat *nt*; **large-scale m.** Massenherstellung *f*, Großserienproduktion *f*, großtechnische Herstellung; **licensed m.** Lizenzfertigung *f*; **local m.** einheimische Produktion, Herstellung/Produktion vor Ort; **on-the-spot m.** Herstellung/Produktion vor Ort; **semi-finished m.s** halbfertige Erzeugnisse, Halbzeug *nt*; **serial m.** Serienherstellung *f*; **special m.** Spezialanfertigung *f*

manufacture *v/t* (fabrikmäßig/maschinell/in Serie) herstellen, produzieren, an-, verfertigen

manufactured *adj* (fabrikmäßig/in Serie) hergestellt, ~ angefertigt

manufacturer *n* Hersteller(firma) *m/f*, Fabrikant *m*, Produzent *m*, Industrieller *m*, Erzeuger *m*, (Weiter)Verarbeiter *m*, Verfertiger *m*; **by/from the m.** werksseitig; **m. of goods** Güterhersteller *m*; **~ office machines** Büromaschinenhersteller *m*; **~ proprietary goods** Markenartikelhersteller *m*; **m. and retailer** Selbstverkäufer *m*

commercial manufacturer gewerblicher Erzeuger; **direct-selling m.** direkt absetzender Hersteller; **domestic m.** einheimischer Erzeuger/Hersteller, Inlandserzeuger *m*; **leading m.** führender/maßgeblicher Hersteller; **major m.** Großproduzent *m*, G.erzeuger *m*; **sole m.** Alleinhersteller *m*

manufacturer|'s agent Fabrik-, Werks-, Handelsvertreter *m*; **m.s' association** Hersteller-, Produzentenverband *m*; **m.'s brand** Hersteller-, Fabrikmarke *f*, F.zeichen *nt*; **m.s' cartel** Produzentenkartell *nt*; **~ cost prices** Industrievertriebskosten; **m.'s export agent** Exportvertreter *m*; **~ guarantee** Garantie des Herstellers; **~ inspection**; **~ quality control** Werksprüfung *f*, W.kontrolle *f*; **~ liability** Produzentenhaftpflicht *f*, P.haftung *f*, Herstellerhaftung *f*, Haftung der Hersteller; **~ price** Erzeugerpreis *m*; **~ rebate** Werksrabatt *m*; **~ risk** Herstellerrisiko *nt*; **~ sales branch** Werksvertretung im Handel; **~ own shop** betriebseigene Verkaufsfiliale, Verkaufsfiliale eines Fabrikationsbetriebs; **~ warranty** Garantie der Herstellerfirma, Herstellergarantie *f*

manufacturing *n* Fertigung *f*, Herstellung *f*, Fabrikation *f*, Produktion *f*, Fertigungsunternehmen *nt*, F.sprozess *m*; **m. under licence** Lizenzfertigung *f*, L.produktion *f*, lizenzmäßige Herstellung; **m. in series** Serienproduktion *f*

automated manufacturing automatische Fertigung; **computer-aided/computer-assisted m. (CAM)** computergestütze Fertigung/Produktion; **farmed-out m.** Lohnfabrikation *f*, L.produktion *f*; **heavy m.** Schwerindustrie *f*; **industrial m.** industrielle Fertigung/Verarbeitung; **light m.** Leichtindustrie *f*; **multi-product m.** Mehrproduktfertigung *f*; **near-market m.** marktnahe Fertigung; **parallel m.** Parallelproduktion *f*; **subsequent m.** Weiterverarbeitung *f*

manufacturing *adj* (güter)produzierend, gewerblich, herstellend, fertigungstechnisch, f.wirtschaftlich

manufacturing abroad Auslandsfertigung *f*; **m. account** Herstellkonto *nt*; **m. activity** Fabrikations-, Produktionstätigkeit *f*; **m. agreement** Produktions-, Herstellungsvertrag *m*; **m. barometer** Produktionsbarometer *nt*; **m. base** 1. Produktionsbasis *f*, P.stätte *f*; 2. industrielle Basis, Industriebasis *f*; **foreign m. base** Produktionsstätte im Ausland; **m. belt** Industriegürtel *m*; **m. bill** Fertigungsablaufplan *m*; **~ of materials** Fertigungsstückliste *f*; **m. branch** Industrie-, Produktions-, Fabrikationszweig *m*; **m. budget** Budget der Fertigung, Teilbudget des Fertigungsbereichs; **m. burden** Fertigungsgemeinkosten *pl*; **m. capability** Produktionspotenzial *nt*; **m. capacity** Produktions-, Fertigungskapazität *f*; **m. center** *[US]* **/centre** *[GB]* Fabrikations-, Industrie-, Produktionszentrum *nt*; **m. company** Herstellungsfirma *f*, Hersteller *m*; **m. conditions** Produktions-, Fertigungsbedingungen; **m. control** Fertigungssteuerung *f*

manufacturing cost(s) Fabrik-, Herstellungs-, Produktions-, Fabrikations-, Fertigungs-, Erzeugnis-, Verarbeitungs-, Werkskosten *pl*; **final m. c.** Herstellungskosten *pl*, Kosten bis dahin; **m. c. center** *[US]* **/centre** *[GB]* Fertigungshauptkostenstelle *f*; **~ control** Fertigungs-, Produktionskostenkontrolle *f*; **~ margin** Verarbeitungsspanne *f*

manufacturing country Herstellungs-, Produktionsland *nt*; **m. cycle** Fertigungszeit *f*; **m. data sheet** Fertigungsablaufplan *m*; **m. defect** Fertigungs-, Fabrikations-, Herstellungs-, Produktionsfehler *m*; **m. department/division** 1. Produktions-, Fertigungs-, Fabrikations-, Herstellungsabteilung *f*, Produktions-, Erzeugungsbereich *m*; 2. Hauptkostenstelle *f*; **subsidiary m. department** Fertigungshilfsstelle *f*; **m. directions** Produktionsvorschriften; **m. district** Industrieviertel *nt*; **m. documents** Fertigungsunterlagen; **m. efficiency** Produktionsleistung *f*; **m. enterprise** Produktions-, Fabrikations-, Fertigungsbetrieb *m*, F.unternehmen *nt*; **m. establishment** gewerblicher Betrieb, Fertigungsbetrieb *m*; **m. expense** Fertigungskosten *pl*; **m. experience** Erfahrung in der Fertigung; **m. exports** Ausfuhr von Industrieerzeugnissen; **m. facility** Werk *nt*, Fabrik *f*, Fertigungs-, Produktionsstätte *f*, Produktions-, Werks-, Fabrikationsanlage *f*, Industriebetrieb *m*, gewerblicher Betrieb, gewerbliche Betriebsstätte; **m. fault** Fabrikations-, Herstellungs-, Verarbeitungsfehler *m*; **m. firm** Herstellerfirma *f*; **m. group** Herstellergruppe *f*; **m. imports** Einfuhr von Industrieerzeugnissen/Fertigwaren; **m. industry** verarbeitende Industrie, gewerbliche Wirtschaft, produzierendes Gewerbe, Fertigungs-, Verarbeitungs-, Fertigwarenindustrie *f*; **m. inspection** Fertigungskontrolle *f*; **m. inventory** Lagerbestände im Fertigungsbetrieb; **m. investment** gewerbliche Investition(en), Investition(en) im Produktionsbereich; **foreign m. investment** 1. Investition(en) in Fertigungsbetriebe im Ausland; 2. ausländische Investition(en) in der gewerblichen Industrie; **m. job** Industriearbeitsplatz *m*; **m. know-how** Produktionserfahrung *f*; **m. labour costs** Fertigungslöhne, Fabrikationslohnkosten; **m. lead time** Vorlaufzeit der Fertigung; **m. licence** Herstellungslizenz *f*; **m. location** Produktionsstandort *m*; **m. loss** Betriebsverlust *m*; **m. lot** Fertigungslos *nt*; **m. management** Produktionsleitung *f*; **m. margin** Deckungsbeitrag *m*; **m. operation** 1. Fabrikationsbetrieb *m*; 2. Bearbeitungsvorgang *m*; 3. herstellerische Tätigkeit; **m. order** Fertigungs-, Fabrikauftrag *m*; **m. output** Fabrik-, Produktionsausstoß *m*, Industrieproduktion *f*

manufacturing overheads Fertigungs-, Herstellungs-, Fabrikations-, Herstellergemeinkosten; **fixed m. o.** fixe Fertigungsgemeinkosten; **variable m. o.** variable Fertigungsgemeinkosten

manufacturing plant Industrie-, Herstellungs-, Produktions-, Fabrikationsbetrieb *m*, F.anlage *f*, F.stätte *f*, Produktionsstätte *f*, Produktions-, Verarbeitungsbetrieb *m*; **m. price** Fabrikations-, Verarbeitungspreis *m*, Macherlohn *m*; **m. process** Herstellungsprozess *m*, H.verfahren *nt*, H.methode *f*, H.gang *m*, Produktionsprozess *m*, Fertigungsdurchlauf *m*, F.ablauf *m*, F.verfahren *nt*, Fabrikationsverfahren *nt*, F.gang *m*, F.-methode *f*; **m. production** gewerbliche Erzeugung, -Industrieproduktion *f*; **m. profit** Fabrikations-,

Produktionsgewinn *m*; **m. program(me)** Produktions-, Fertigungs-, Herstellungsprogramm *nt*; **m. project** Herstellungsprojekt *nt*; **economic m. quantity** optimale Fertigungsmenge; **minimum m. quantity** Mindestlosgröße *f*, minimale Losgröße *f*; **m. quarter** Industrieviertel *nt*; **indirect m. rate** Zuschlagssatz *m*; **m. regulations** Produktionsvorschriften; **m. requirements** Produktions-, Fabrikationsanforderungen; **m. restriction(s)** Produktionsbegrenzung *f*, P.beschränkung *f*; **m. rights** Herstellungs-, Fabrikationsrechte; **m. risk** Fertigungsrisiko *nt*; **m. schedule** Fertigungsprogramm *nt*; **m. secret** Herstellungsgeheimnis *nt*; **m. sector** gewerbliche Wirtschaft, Produktionssektor *m*, P.wirtschaft *f*, verarbeitender Bereich, Industriezweig *m*, Fertigungsbereich *m*; **m. site** Produktionsstandort *m*; **m. space** Fabrikationsfläche *f*; **m. stage** Fertigungsstand *m*; **m. statement** Herstellungsbilanz *f*; **m. structure** Produktionsgliederung *f*; **m. superintendent** *[US]* Produktionsleiter *m*; **m. supplies** Hilfs-, Betriebsstoffe; **m. tag** Laufkarte *f*; **m. technique** Bearbeitungsmethode *f*; **m. technology** Fertigungstechnik *f*; **m. town** Industriestadt *f*; **m. trend** Produktionsentwicklung *f*; **m. unit** Herstellungs-, Produktionsbetrieb *m*, P.einheit *f*, P.stätte *f*, Fabrik *f*, Fabrikationskomplex *m*, Fertigungsbetrieb *m*; **m. wage(s)** Fertigungslohn *m*, Produktionslöhne; **bonded m. warehouse** ⊖ Fabrik zur Bearbeitung von Waren unter Zollaufsicht/Z.verschluss, Lagerhaus unter Zollverschluss mit angeschlossener Produktionsstätte; **m. worker** gewerblicher Arbeitnehmer, Industriearbeiter *m*; **m. yield** Produktionsertrag *m*

manure *n* ⚡ (Natur)Dünger *m*, Mist *m*; **artificial m.** Kunstdünger *m*; **liquid m.** Jauche *f*; **semi-liquid m.** Gülle *f*

manure *v/t* düngen; **m. cart** Jauchewagen *m*

manuscript *n* 📖 Manuskript *nt*, Druck-, Satzvorlage *f*; **to cast off a m.** Manuskript absetzen

man|way *n* ⚒ Fahrschacht *m*; **m.-week** *n* Arbeitswoche *f*

many-coloured *adj* bunt, vielfarbig

man-year of work *n* jährliche Arbeitsleistung pro Person, Mannjahr *m*

map *n* (Land)Karte *f*, Katasterplan *m*; **on the m.** *(fig)* von Bedeutung, beachtenswert; **m. of the city** Stadtplan *m*; **~ world** Weltkarte *f*

aerial map Luftbildkarte *f*; **cadastral m.** Flurbuch *nt*, Katasterkarte *f*; **general m.** Übersichtskarte *f*; **linguistic m.** Sprachenatlas *m*; **marine m.** Seekarte *f*

map *v/t* vermessen; **m. out** (im Voraus) planen, entwerfen, ausarbeiten, vermessen, Karte anfertigen, vorzeichnen

map case Kartenbehälter *m*, K.tasche *f*; **m. grid** Kartengitter *nt*

mapping *n* 1. Kartenaufnahme *f*, K.zeichnen *nt*, Kartierung *f*, Kartografie *f*, Abbildung *f*; 2. 💻 Abbildung *f*

map projection Kartenprojektion *f*, Netzentwurf *m*; **m. reading** Kartenlesen *nt*; **m. records** Grundbuch *nt*; **m. scale** Kartenmaßstab *m*; **m. sheet** Kartenblatt *nt*

marathon *n* Marathon *m*; **m. runner** Marathonläufer *m*; **m. session** Marathonsitzung *f*

maraud *v/t* rauben, plündern; **m.er** *n* Plünderer *m*

marble *n* Marmor *m*

march *n* Marsch *m*, Demonstration *f*; **to steal a m. on so.** *(coll)* jdm ein Schnippchen schlagen *(coll)*, jdm die Schau stehlen *(coll)*, jdm zuvorkommen

march *v/i* marschieren

marching order Marschbefehl *m*; **to get one's m. o.s** *(fig)* seine Papiere bekommen, gegangen werden *(coll)*

Mardi Gras *n* *[US] (frz.)* Faschingsdienstag *m*, Karneval *m*

margarine *n* Margarine *f*

margin *n* 1. Marge *f*, Spanne *f*, Spielraum *m*, Differenz *f*, Bandbreite *f*; 2. Kursunterschied *m*; 3. Gewinn-, Handels-, Zinsspanne *f*, Überschuss *m*, Bruttogewinn *m*; 4. Rentabilitätsgrenze *f*; 5. Einschuss(zahlung) *m/f*, Bar(geld)einschuss *m*; 6. *(Börse)* Hinterlegungs-, Sicherheitssumme *f*, Sicherheitsleistung *f*, Hinterlegungsbetrag *m*, Pflichteinschuss *m*, Deckung(sbetrag) *f/m*; 7. 📖 (Seiten)Rand *m*; 8. *(Vers.)* Zuschlag für Verwaltungskosten und Gewinn

margin of spare capacity ungenutzte Kapazität; **~ underutilized capital** ungenutzter Produktionsspielraum; **m. for cash lending** Kassenkreditspielraum *m*; **m. over costs** Gewinnspanne *f*; **m. on transmitted credit** Durchleit(ungs)marge *f*; **m. of cultivation** 🌾 Kultivierungsgrenze *f*; **m. between debit and credit interest rates** Zinsspanne *f*, Z.marge *f*; **m. of discount** Rabattspanne *f*; **~ dumping** Dumpingspanne *f*; **~ error** 1. Fehlerbereich *m*, F.grenze *f*, F.marge *f*, F.spanne *f*, F.spielraum *f*; 2. 🔲 Sicherheitsspanne *f*, Schätzunsicherheit *f*; **to allow for a ~ error** Fehler einkalkulieren; **~ fluctuation** Band-, Schwankungsbreite *f*; **~ income** Einkommensgrenze *f*; **m. for interest rate cuts** Zinssenkungspotenzial *nt*; **~ new issues** Emissionsspielraum *m*; **~ lending** Kreditspielraum *m*; **m. of loading** Verwaltungskostenzuschlag *m*; **~ preference** Präferenzspanne *f*, P.marge *f*; **maximum ~ preference** Präferenzhöchstspanne *f*; **m. between principal and amount paid out** Auszahlungsspanne *f*; **m. of productivity** Produktivitätsspanne *f*; **~ profit** Gewinn-, Zins-, Verdienstspanne *f*, Ertragsgrenze *f*, Gewinnmarge *f*; **~ unutilized resources** Kapazitätsauslastung *f*; **~ risk** Risikomarge *f*; **~ safety** Sicherheitsfaktor *m*, S.koeffizient *m*, S.zuschlag *m*; **~ taxation** Besteuerungsgrenze *f*; **~ uncertainty** Unsicherheitsmarge *f*; **m. available for wage increases** Lohnerhöhungsspielraum *m*; **m. between yields** Renditendifferenz *f*

by a narrow margin knapp; **indicated/named in the m.** nebenstehend erwähnt/vermerkt; **a m. above/below** geringfügig über/unter

to buy on margin *(Wertpapiere)* gegen Sicherheitsleistung kaufen, auf Kredit/Einschuss kaufen; **to cut m.s** Handels-/Gewinnspanne senken, Gewinneinbußen hinnehmen; **~ to the bone** Spannen auf ein Minimum senken; **to erode m.s** Gewinnspannen drücken; **to leave a m.** 1. Gewinn abwerfen; 2. 📖 Rand lassen; **to pay/put up a m.** Nachschuss(zahlung) leisten; **to raise the m.** *(Wertpapierkauf auf Kredit)* Einschuss(betrag) erhöhen; **to sell on m.** *(Börse)* gegen Sicherheit(sleis-

tung) verkaufen; **to slash m.s** Gewinn-/Handelsspannen kürzen; **to trade on m.** reportieren
additional margin zusätzlicher Einschuss; **contracting m.** schrumpfende Zins-/Handelsspanne; **deflationary m.** Deflationsmarge *f*; **distributive m.** Verteilungsspielraum *m*; **financial m.** Finanzierungsspielraum *m*; **forward m.** Swapsatz *m*; **further m.** *(Effektenlombard)* Nachschuss(zahlung) *m/f*; **gross m.** Bruttomarge *f*, B.gewinnspanne *f*, B.(verdienst)-, Handels-, Beitragsspanne *f*, Rohgewinn(spanne) *m/f*, Bruttoaufschlag *m*, Warenrohgewinn *m*, Rohüberschuss *m*; **variable ~ margin** Deckungsbeitrag *m*, Grenzkostenergebnis *nt*; **inflationary m.** Inflationsrate *f*, I.marge *f*; **initial m.** *(Option)* Originaleinschuss *m*; **inner m.** ⌐ Innenrand *m*; **intensive m.** Nullpunkt des Grenzertrages; **item-related m.** Wareneinzelspanne *f*; **with a low m.** knapp/scharf kalkuliert; **maximum m.** Höchst(gewinn)spanne *f*; **minimum m.** Mindest(gewinn)spanne *f*; **narrow m.** 1. geringe Spanne; 2. knappes Wahlergebnis; **net m.** Reinertrag *m*, Nettomarge *f*, N.gewinnspanne *f*; **reflationary m.** Reflationsmarge *f*; **required m.** Bedarfsspanne *f*; **restricted m.** gebundene Spanne; **top m.** ⌐ oberer Rand
margin *v/t* 1. durch Einschuss decken; 2. ⌐ mit einem Rand versehen
marginable *adj (Wertpapier)* beleihbar
margin account Einschuss-, Effektenkreditkonto *nt*; **~ balance** Saldo des Einschusskontos
marginal *adj* 1. geringfügig, knapp; 2. Grenz-, Rand-; 3. gerade noch rentabel, kostendeckend, zum Selbstkostenpreis
marginalization *n* Marginalisierung *f*
marginalize *v/t* 1. mit Randbemerkungen versehen, am Rande vermerken; 2. an den Rand drücken, marginalisieren
margin analysis *(Kalkulation)* Abweichungsanalyse *f*; **m. benefits** *(Handel)* Einsparungen; **m. business** (Effekten)Differenzgeschäft *nt* (mit Einschuss), Differenzhandel *m*; **m. buying** Wertpapierkauf auf Einschuss, Margenkauf *m*; **m. call** Einschussaufforderung *f*, Nach(schussauf)forderung *f*, Nachschuss *m*, Aufforderung zur Erhöhung der Einschusszahlung; **m. convenience yield** marginale Gewinnerzielung; **m. costing** Zinsspannenrechnung *f*; **m. debt** Nachschussverbindlichkeit *f*; **m. expansion** Ausweitung der Handelsspanne/Zinsspanne; **m. indicator** *(Schreibmaschine)* Randanzeiger *m*; **m. liability** Nachschussverbindlichkeit *f*; **m. loan** Effektenbeleihung *f*, E.lombard(kredit) *m*, E.kredit *m*; **m. maintenance call** Ein-, Nachschussaufforderung *f*; **m. offset** *(Börse)* Einschussverrechnung *f*; **m. payment** Nachschussleistung *f*; **m. policy** *(Zins)* Margenpolitik *f*; **m. rate** Margentarif *m*; **m. release** *(Schreibmaschine)* Randlöser *m*, R.auslösung *f*; **m. requirements** 1. Einschussbedarf *m*, E.forderung *f*, E.pflicht *f*; 2. *(Effektengeschäft mit Einschuss)* Mindestgeschäft(sbetrag) *nt/m*; 3. *(Börse)* Sicherheitserfordernisse; **minimum m. requirement** Mindesteinschuss *m*, M.deckung *f*; **m. reset key**; **m. set lever**; **m. stop** *(Schreibmaschine)* Randstellhebel *m*, R.setzer *m*;

m. rules Kreditbeschränkungsbestimmungen; **m. setting** *(Schreibmaschine)* Randeinstellung *f*; **m. system** *[US]* Effektenkauf mit Sicherheitsleistung; **m. tariff** Margentarif *m*; **m. trading** Effektendifferenzgeschäft *nt*, Wertpapierkauf auf Kredit
Black Maria *n (coll)* grüne Minna *(coll)*
marijuana *n* Marihuana *nt*
marina *n* ⚓ Bootshafen *m*
marine *adj* 1. See-, Meeres-; 2. seerechtlich
marine *n* Marine *f*; **merchantile m.** Handelsmarine *f*; **M. Insurance Act** *[GB]* Seetransportversicherungsgesetz *nt*
mariner *n* Matrose *m*, Seefahrer *m*, S.mann *m*; **m.'s portage** Beifracht *f*
marital *adj* ehelich
maritime *adj* Schifffahrts-, See-, seefahrend, maritim
mark *n* 1. (Kenn-/Waren)Zeichen *nt*, Stempel *m*, Be-, Kennzeichnung *f*, Druckstelle *f*, (Waren)Auszeichnung *f*, (charakteristisches) Merkmal; 2. Markierung(sstrich) *f/m*; 3. Klecks *m*, Fleck *m*, Mal *nt*; 3. (Handels-/Schutz)Marke *f*; 4. Preisangabe *f*, Kursfestsetzung *f*; 5. Note *f*, Zensur *f*; **below the m.** unterdurchschnittlich; **up to the m.** einer Sache gewachsen, den Erwartungen entsprechend
mark of confidence Vertrauensbeweis *m*; **~ favour** Gunstbezeigung *f*; **m.s and numbers** Zeichen und Nummern; **m. of origin** Herkunfts(kenn)zeichen *nt*, H.bezeichnung *f*, Ursprungszeichen *nt*, U.bezeichnung *f*; **~ quality** Qualitätsmarke *f*, Gütezeichen *nt*; **~ respect** Zeichen der Hochachtung
quick off the mark reaktionsschnell; **to be ~ m.** schnell handeln/reagieren; **wide off the m.** weit am Ziel vorbei, nicht zur Sache gehörig; **to be ~ m.** sich gewaltig irren *(coll)*
to bear a mark Stempel tragen; **to have good m.s** gute Noten haben; **to hit the m.** ins Schwarze treffen *(fig)*; **to leave one's m.** seine Spuren hinterlassen *(fig)*, seinen Stempel aufdrücken *(fig)*; **to make one's m.** sich profilieren; **to miss the m.** Ziel verfehlen; **to overshoot the m.** zu weit gehen
adjusting mark Einstellmarke *f*; **black m.** Minuspunkt *m*, Tadel *m*; **collective m.** Kollektiv-, Verbandsmarke *f*; **deceptive/misleading m.** irreführendes Waren-/Kennzeichen; **distinctive/distinguishing m.** Unterscheidungs-, Merk-, Kennzeichen *nt*; **full m.s** uneingeschränktes Lob; **high-water m.** 1. ⚓ Tiefgangsmarke *f*; 2. Hochwasserzeichen *nt*, H.marke *f*, Flutlinie *f*; **indelible m.s** dauerhafte Beschriftung; **low-water m.** Niedrigwassermarke *f*; **poor m.s** schlechte Noten; **slanted m.** schräge Markierung; **standard m.** Feingehaltsstempel *m*; **unprotected m.** Freizeichen *nt*
mark *v/t* 1. kenntlich machen, ein-, kennzeichnen, beschriften, markieren, bezeichnen, ankreuzen, signieren, stempeln; 2. signalisieren; 3. benoten, zensieren; **m. down** 1. *(Preis)* billiger auszeichnen/machen, herabsetzen/ermäßigen/senken, niedriger bewerten; 2. *(Börsenkurs)* zurücknehmen, heruntersetzen, tiefer/niedriger notieren; **m. off** 1. *(Grenze)* markieren; 2. *(Bereich)* abgrenzen; **m. out** 1. aussehen, bestim-

mark up men, kennzeichnen; 2. abstecken; **m. up** 1. *(Preis)* erhöhen/anheben/heraufsetzen, mit einem höheren Preis auszeichnen, aufschlagen; 2. *(Börse)* höher notieren
mark-down *n* 1. Preissenkung *f*, P.nachlass *m*, P.ermäßigung *f*, Herunterzeichnung *f*; 2. *(Börse)* Kurs-, Wertabschlag *m*, Minuskorrektur *f*; 3. Abschreibung *f*, Kalkulationsabschlag *m*; **ex-dividend m.** Dividendenabschlag *m*; **sharp m.** Minusankündigung *f*
marked *adj* 1. markiert, gekennzeichnet, bezeichnet, gebrandmarkt; 2. auffällig, deutlich, merklich, drastisch, ausgesprochen, bemerkenswert, ausgeprägt, nachhaltig; **to be m. by** im Zeichen stehen von; **m. down** *(Preis)* heruntergesetzt, reduziert
marker *n* 1. Marke *f*; 2. Lesezeichen *nt*; 3. Wendepunkt *m*; 4. Wegweiser *m*, W.marke *f*; 5. Aufschreiber *m*, Markiergerät *nt*, M.stift *m*; 6. Korrektor *m*; **to put m.s down** *(fig)* 1. Zeichen setzen; 2. Ansprüche geltend machen; **m. buoy** ⚓ Markierboje *f*, Wegetonne *f*; **m. flag** Markierflagge *f*; **m. pen** Markierstift *m*; **m. price** Orientierungs-, Richt-, Bezugspreis *m*; **m. pulse** 🖳 Markierimpuls *m*
market *n* 1. Markt(platz) *m*, M.halle *f*; 2. Markt *m*, Absatzbereich *m*, A.gebiet *nt*, Absatz-, Verkaufs-, Beschaffungsmarkt *m*; 3. (Handels)Platz *m*, Wirtschaftsraum *m*, W.gebiet *nt*; 4. Absatz *m*, Verkauf *m*; 5. Nachfrage *f*; 6. Markt-, Wirtschaftslage *f*; **m.s** Marktverhältnisse; **at the m.** 1. zum Börsenkurs/ Marktpreis, unlimitiert; 2. *(Verkauf)* bestens; 3. *(Kauf)* billigst; **in the m.** auf dem Markt; **in line with the m.** marktkonform; **out of line with the m.** marktwidrig
market for bucket-shop air tickets grauer Flugscheinmarkt; ~ **future delivery** Terminmarkt *m*, Markt für Termingeschäfte; ~ **farm products** Agrarmarkt *m*; **m. after official hours** Nachbörse *f*; **m. before official hours** Vorbörse *f*; **m. for office space** Büroflächenmarkt *m*; ~ **rolling stock** 🚃 Schienenfahrzeugmarkt *m*; **m. for securities outstanding** Umlaufmarkt *m*; **m. short of stock** enger/leergefegter Markt
banging the market *(Börse)* massive Baisseverkäufe; **close to the m.** marktnah; **conforming to the m.** marktgemäß, m.gerecht, m.konform; **controlling the m.** marktbeherrschend; **determining the m.** marktbestimmend; **disturbing the m.** marktstörend; **evening out the m.** *(Börse)* Marktausgleich *m*; **opening (up) a m.** Markterschließung *f*, Erschließung eines Marktes; **probing the m.** Markterkundung *f*; **ready for the m.** marktreif; **rigging the m.** *(Börse)* Kursmanipulation *f*, Manipulation der Kurse; **sealing off the m.** Marktabschottung *f*; **sounding out the m.** Markterkundung *f*; **splitting the m.** Marktspaltung *f*; **supplying the m.** Marktbelieferung *f*; **supporting the m.** Markt-, Preis-, Kursstützung *f*; **tapping a new m.** Markterschließung *f*; **usual in the m.** marktüblich
to adress the market auf/in einem Markt tätig sein; **to apportion a m.** einen Markt aufspalten; **to attack a m.** in einen Markt einzudringen (ver)suchen; **to bang the m.** *(coll)* Markt durch anhaltende Verkäufe drücken; **to be in the m. for** Bedarf haben an, etw. kaufen (wollen), als Käufer auftreten, Ausschau halten nach, Abnehmer sein von, benötigen; ~ **in and out of the m.** kurzfristiges Börsengeschäft machen; ~ **on the m.** auf dem Markt sein, im Handel sein, zu haben sein, angeboten werden; ~ /**go long of the m.** Waren/Wertpapiere in Erwartung steigender Preise/Kurse zurückhalten, Positionen aufbauen; **to bear the m.** Kurse/Preise drücken, Baisse herbeiführen; **to boom the m.** Kurse/Preise in die Höhe treiben, ~ steigern; **to brick up a m.** Markt abschotten; **to bring to m.** vermarkten; **to buck the m.** sich nicht marktkonform verhalten; **to bull the m.** auf Hausse kaufen, (Börsen)Kurse hochtreiben; **to buy in/on the m.** am Markt/zu Marktpreisen beschaffen; **to calm the m.** Markt beruhigen; **to capture/conquer a m.** einen Markt erobern; **to come into/on(to) the m.** auf den Markt/in den Handel kommen, herauskommen; **to command the m.** Markt beherrschen/kontrollieren; **to corner the m.** *(Spekulation)* Markt kaufen, ~ unter Kontrolle bekommen; **to create a m.** (Absatz)Markt schaffen, Nachfrage erzeugen; **to crowd so. out of the m.** jdn aus dem Markt verdrängen; **to cultivate a m.** Markt pflegen; **to depress the m.** *(Börse)* Kurse drücken, (auf den) Markt drücken; **to divide up a m.** Markt aufteilen; **to dominate the m.** Markt beherrschen; **to drop out of the m.** aus dem Markt ausscheiden; **to engross the m.** Markt monopolisieren; **to enter (into) a m.** Vorstoß auf einen Markt machen, auf den Markt kommen, als Konkurrent auftreten, auf dem Markt Fuß fassen; **to establish o.s. in the m.** sich am Markt durchsetzen; **to explore the m.** Markt abtasten; **to find a m.** Absatz finden, sich verkaufen lassen; ~ **no m.** keine(n) Abnehmer finden; ~ /**have/meet with a ready m.** sich gut/rasch verkaufen lassen, gut/rasch/ laufend/schnell Absatz finden, gut gehen, Käufer/Anklang finden, gefragt sein; **to flood/glut a m.** Markt überschwemmen/überhäufen/sättigen; **to force so. out of the m.** jdn vom Markt verdrängen; **to forestall the m.** durch Aufkauf den Markt beherrschen; **to ga(u)ge the m.** Marktbeurteilung vornehmen, Markt beurteilen; **to go to m. for capital** neues Kapital über die Börse beschaffen; **to hammer the m.** *(fig)* Kurse durch Leerverkäufe drücken; **to hold a m.** einen Markt abhalten; ~ **the m.** Markt beherrschen, Stützungskäufe unternehmen; **to introduce on the m.** auf den Markt bringen/einführen; **to know the m.** Markt(potenzial) genau kennen; **to lead a m.** einen Markt beherrschen; **to limit m.s** Absatz einschränken; **to make a m.** in Aktien handeln, geordneten Markt in Gang halten; ~ **of sth.** Kurse hochtreiben, künstlich Nachfrage erzeugen, etw. losschlagen/verschachern *(coll)*; **to manipulate a m.** einen Markt beeinflussen; **to mark a m.** *(Option)* zu Abrechnung-/Marktpreisen bewerten; **to milk the m.** *(fig)* Markt ausplündern; **to monopolize the m.** Markt monopolisieren; **to move into a m.** sich auf einen Markt begeben; **to nurse a m.** Markt pflegen; **to open (up) a m.** Absatzmarkt eröffnen/erschließen, Markt erschließen; ~ **new m.s** neue Märkte erobern, ~ Absatzmärkte/Verkaufsgebiete erschließen; **to operate in the m.** am Markt sein; **to oust from the m.** vom Markt verdrängen/vertreiben, aus dem Markt drängen; **to out-**

perform the m. sich überdurchschnittlich gut entwickeln, sich besser als der Marktdurchschnitt entwickeln; **to overhang the m.** im Überfluss vorhanden sein; **to overstay the m.** den günstigsten Verkaufszeitpunkt verpassen; **to overstock the m.** Markt überschwemmen; **to partition a m.** einen Markt aufteilen; **to peg the m.** Kurse künstlich hochhalten, Kursstützung vornehmen, Kurse/Markt pflegen; **to penetrate a m.** in einen Markt eindringen, Markt durchdringen; **to pioneer a m.** einen Markt erschließen; **to place in/on the m.** 1. auf den Markt bringen; 2. *(Anleihe)* am Markt unterbringen; **to play the m.** (an der Börse) spekulieren; **to price o.s. out of the m.** sich durch Preisfestsetzung aus dem Markt katapultieren/nehmen, wettbewerbsunfähig werden, sich vom Markt ausschließen, Kundschaft vertreiben; ~ **sth. out of the m.** etw. durch überhöhte Preisgestaltung um seine Marktchancen bringen; **to pull out of a m.** sich aus einem Markt zurückziehen; **to push onto the m.** auf den Markt werfen; **to put on the m.** auf den Markt bringen, zum Verkauf anbieten, *(Artikel)* einführen, herausbringen, in den Handel bringen, vermarkten; **to quit the m.** Markt aufgeben; **to reconquer a m.** einen Markt zurückerobern; **to relieve the m.** Markt entlasten; **to rescue the m.** Markt stützen; **to rig the m.** Markt manipulieren/beeinflussen, Kurse unzulässig beeinflussen, ~ in die Höhe treiben; **to rush sth. on(to) the m.** etw. eilig auf den Markt werfen; **to saturate the m.** Markt sättigen/überschwemmen; **to segment a m.** Markt segmentieren; **to sell in the m.** am Markt unterbringen; **to shore up the m.** Markt stützen; **to skim the m.** Markt abschöpfen; **to sound the m.** Markt abtasten/sondieren; **to stag the m.** *(Börse)* Markt durch Konzertzeichnungen beeinflussen; **to stimulate the m.** Markt beleben; **to study the m.** Markt erkunden; **to suit the m.** auf den Markt zugeschnitten sein; **to supply a m.** einen Markt bedienen/beschicken/versorgen/beliefern; **to swamp the m.** Markt überschwemmen; **to sweep the m.** Markt leerfegen; **to take off the m.** aus dem Markt/Handel nehmen/ziehen; **to tap the m.** 1. Markt erschließen/anzapfen; 2. *(Geld)* Markt in Anspruch nehmen; **to throw sth. back into the m.** wieder auf den Markt werfen; **to underperform the m.** *(Börse)* sich unterdurchschnittlich entwickeln, sich schlechter entwickeln als der Markt; **to undersell the m.** *(Börse)* Baisse vorwegnehmen; **to upset the m.** *(Börse)* deroutieren; **to venture into a m.** Vorstoß auf einen Markt machen; **to wait out the m.** sich abwartend verhalten; **to watch the m.** Markt verfolgen/beobachten; **to withdraw from the m.** sich aus dem Markt zurückziehen; **to work a m.** Markt bearbeiten

active market 1. lebhafter Markt; 2. lebhafte Umsätze/Börse; **actual m.** Kassamarkt *m*; **advancing m.** feste Börse; **agitated m.** bewegte Börse; **agricultural m.** Agrarmarkt *m*; ~ **regime** Agrarmarktordnung *f*; **international ~ m.** Weltagrarmarkt *m*; **ancillary m.** Nebenmarkt *m*; **at-home m.** Haushaltsmarkt *m*; **balanced m.** ausgeglichener Markt; **bearish m.** (Aktien-/Effekten)Baisse *f*, Baissemarkt *m*

black market Schwarzmarkt *m*, S.handel *m*, schwarzer Markt; **to sell in/on the b. m.** (Waren) verschieben; **b. m. operation** Schwarzmarktgeschäft *nt*; ~ **operator** Schwarz(markt)händler *m*, Schieber *m*; ~ **price** Schwarzmarktpreis *m*; ~ **purchase** Schwarzmarktkauf *m*; ~ **rate** Schwarzmarktkurs *m*, S.preis *m*

bearish market *(Börse)* Baissemarkt *m*, gedrückter Markt; **before-hours m.** Vorbörse *f*; **brisk m.** 1. lebhafter Markt; 2. lebhafte Börse/Umsätze; **broad m.** lebhaftes Geschäft, lebhafte Umsätze, aufnahmefähiger/umfangreicher Markt; **bullish m.** Aktien-, Effekten-, Börsenhausse *f*, Haussemarkt *m*, haussierender Markt, Hausse(situation) *f*, H.börse *f*, steigende Kurse; **buoyant/burgeoning m.** 1. expandierender/freundlicher Markt, Wachstumsmarkt *m*; 2. feste/steigende Börse; **calm m.** ruhiger Markt; **captive m.** monopolisierter Markt, Markt eines monopolistischen Anbieters, ~ Monopolanbieters; **central m.** (Erzeuger)Großmarkt *m*, Hauptmarkt *m*; **cheerful m.** 1. lebhafter/freundlicher Markt; 2. freundliche Börse, freundliches Börsenklima; **chief m.** Hauptabsatzgebiet *nt*; **closed m.** geschlossener Markt; **colonial m.** *(Börse)* Markt für Kolonialwerte; **commercial m.** 1. Waren- und Dienstleistungsmarkt *m*; 2. ✚ ziviler Bereich; **common m.** gemeinsamer Markt; **competitive m.** umkämpfter/freier/wettbewerbsintensiver/offener Markt, Wettbewerbsmarkt *m*; **highly ~ m.** heiß umkämpfter/dicht besetzter/wettbewerbsintensiver Markt; **continuous m.** *(Börse)* fortlaufender Handel; **covered m.** Markthalle *f*, überdachter Markt; **dead m.** 1. lustloser/flauer Markt; 2. lustlose/umsatzschwache Börse; **declining m.** 1. fallender Markt; 2. *(Börse)* nachlassende/rückläufige/nachgebende Kurse; **demoralized m.** sehr gedrückter Markt; **depressed m.** 1. gedrückter Markt, marktschwache Zeit; 2. gedrückte Börse; **disorderly m.** ungeregelter Markt; **disturbed m.** bewegte Börse; **DIY (do-it-yourself) m.** Heimwerker-, Baumarkt *m*; **domestic m.** Binnen-, Inlandsmarkt *m*, heimischer/inländischer (Absatz)Markt; **door-to-door m.** Hausverkauf *m*; **down m.** unteres Marktsegment, unterer Marktbereich; **downstream m.** Nachmarkt *m*; **dull m.** 1. flauer/lustloser Markt; 2. unbelebte/flaue Börse, Börsenflaute *f*; **empty m.** *(Börse)* ausgetrockneter/leergefegter Markt, Materialmangel *m*; **environmental m.** Markt für Umweltschutzgeräte; **estimated m.** *(Börse)* Schätzkurs *m*; **expansive m.** dynamischer Markt, Wachstumsmarkt *m*; **extensive m.** Großwirtschaftsraum *m*, G.raumwirtschaft *f*; **external m.** Auslands-, Außenmarkt *m*; **final m.** Schlussbörse *f*; **financial m.** Finanzwirtschaft *f*, F.markt *m*, monetärer Markt; ~ **m.s** Finanz-, Kreditmärkte; **firm m.** fester Markt, feste Börse/Marktverfassung, Markt mit stabilen Preisen/Kursen, ~ stabiler Kurs-/Preisentwicklung; **fixed-interest m.** Rentenmarkt *m*; **flat m.** 1. lustloser/umsatzloser Markt; 2. flaue/lustlose Börse; **foreign m.** 1. Auslandsabsatz *m*, A.markt *m*, Drittmarkt *m*, ausländischer Markt; 2. *(Börse)* Markt für Auslandswerte; **forward m.** Terminkauf *m*, T.markt *m*, T.börse *f*; ~ **for loans** Termingeld-, Kapitalmarkt *m*; **fragmented m.** zersplitterter Markt

free market freie Marktwirtschaft, freier/offener Markt; ~ **and open m.** Wettbewerbsmarkt *m*; **f. m. price** Freiverkehrskurs *m*, F.handelspreis *m*; **contrary to ~ principles** marktwidrig; ~ **system** marktwirtschaftliche Ordnung
German market 1. deutscher Markt; 2. Markt für deutsche Werte; **glutted m.** übersättigter Markt; **gray/grey m.** grauer Markt; **heavy m.** gedrückter Markt; **homogeneous m.** homogener Markt; **ideal m.** vollkommener Markt; **imperfect m.** unvollkommener Markt; **inactive m.** 1. umsatzschwacher/umsatzloser Markt; 2. lustlose Börse; **indicated m.** *(Börse)* unbestätigte Kursangabe; **individual m.** Elementarmarkt *m*; **industrial m.** 1. gewerblicher Markt, Investitionsgüter-, Industriemarkt *m*; 2. *(Börse)* Markt für Industriewerte; **inofficial m.** Frei(verkehrs)-, Nachbörse *f*, Freiverkehrsmarkt *m*; **institutional m.** 1. Markt für kurzfristige Mittel und Geldmarktpapiere; 2. Großabnehmer *pl*; **interbank m.** Bankenmarkt *m*; **interbroker m.** *(Börse)* ungeregelter Freiverkehr; **internal m.** Binnen-, Inlandsmarkt *m*; **international m.** 1. Weltmarkt *m*; 2. *(Börse)* Markt für international gehandelte Wertpapiere; **inverted m.** umgekehrter Markt; **jumpy m.** Markt mit starken Schwankungen, stark schwankender Markt; **lacklustre/lifeless/listless m.** lustlose Börse; **liquidating m.** schwache Börse infolge von Glattstellungen; **main m.** Hauptabsatzmarkt *m*, H.gebiet *nt*; **mature m.** gesättigter/reifer Markt; **miscellaneous m.** *(Börse)* Markt für verschiedene Werte; **narrow m.** begrenzter/enger Markt, Marktenge *f*; **having a ~ m.** *(Börse)* markteng; **national m.** *(EU)* Inlands-, Binnenmarkt *m*, heimischer/inländischer Markt; **new m.** neue Absatzquelle; **nominal m.** fast umsatzlose Börse; **nonexchange m.** außerbörslicher Markt; **off-board m.** Freiverkehr *m*; **official m.** *(Börse)* amtlicher/öffentlicher/offizieller Markt, Markt mit amtlicher Notierung, (Börsen)Parkett *nt*; **oligopolistic m.** oligopolistisch strukturierter Markt
open market *(Börse)* freier/offener Markt, Freiverkehr *m*, freier/außerbörslicher Verkehr, freier Kapitalmarkt, Offenmarkt *m*; **in the o. m.** im Freiverkehr, freihändig, im freien Handel; **to purchase ~ m.** im Markt kaufen; **to sell ~ m.** am offenen Markt verkaufen, frei(händig) verwerten
open-market committee Offenmarktausschuss *m*; ~ **deal** Offenmarktgeschäft *nt*; ~ **loan** Offenmarktkredit *m*; ~ **operation** Geschäft am offenen Markt, ~ im Freiverkehr, Transaktion am freien Markt, Offenmarktgeschäft *nt*; **eligible for ~ operations** offenmarktfähig; ~ **paper** im Freiverkehr gehandeltes Wertpapier, Offenmarktpapier *nt*; ~ **policy** Offenmarktpolitik *f*; **contractionary ~ policy** kontraktive Offenmarktpolitik; **expansionary ~ policy** expansive Offenmarktpolitik; ~ **price** freier Wettbewerbs-/Marktpreis; ~ **rent** freie Miete; ~ **sale** Verkauf am offenen Markt, freihändiger Verkauf, freie Veräußerung; ~ **transaction** Offenmarktgeschäft *nt*, offenmarktpolitische Operation
open-air market im Freien abgehaltener Markt; **open-outcry m.** *(Börse)* Parketthandel *m*; **orderly m.** geord-neter/geregelter Markt; **out-of-town m.** *[US]* Provinzbörse *f*; **outside m.** 1. Drittmarkt *m*; 2. *(Börse)* Freiverkehr *m*, freier Markt; **overbought m.** nicht mehr aufnahmefähiger Markt; **over-the-counter (OTC) m.** *(Börse)* außerbörslicher Markt/Verkehr, halbamtlicher Verkehr, Schalterverkehrsmarkt *m*, Freiverkehr(shandel) *m*, freier Markt, Verkauf im Freiverkehr, Markt im Telefonverkehr und am Schalter; **regulated ~ m.** geregelter Freiverkehr; **overcrowded m.** überbesetzter Markt; **overnight m.** Tagesgeld-, Pensionsmarkt *m*, Markt für Tagesgeld; **overseas m.** Auslands-, Überseemarkt *m*, überseeischer Markt; **oversold m.** *(Börse)* leerer/leergefegter Markt; **overtapped m.** überbeanspruchter (Kapital)Markt; **parallel m.** Neben-, Parallel(devisen)markt *m*, freier Devisenmarkt; **pegged m.** gestützter Markt, im engen Rahmen gehaltener Markt; **perfect m.** vollkommener Markt; **physical m.** Kassamarkt *m*, tatsächlicher Markt; **political m.** Markt für öffentliche Güter; **polypolistic m.** polypolistischer Markt; **poor m.** schleppender Absatz; **potential m.** Absatzchancen *pl*, A.möglichkeit *f*, potenzieller/möglicher Markt; **present m.** konkreter/tatsächlicher Markt; **primary m.** *(Börse)* Haupt-, Primärmarkt *m*, Markt für Neuemissionen; **prime/principal m.** Haupt(absatz)markt *m*; **promising m.** günstiger (Absatz)Markt, vielversprechender Markt; **public m.** öffentlicher Markt; **ready m.** aufnahmefähiger Markt, schneller Absatz; **receding m.** rückläufiger (Aktien)Markt; **regular m.** organisierter/geordneter/geregelter Markt; **relevant m.** relevanter Markt; **representative m.** repräsentativer Markt; **residential m.** Wohnungsmarkt *m*; **resistant m.** 1. widerstandsfähiger Markt; 2. widerstandsfähige Börse; **restricted m.** (eng) begrenzter Markt; **rigged m.** manipulierter Markt; **rising m.** Kursanstieg *m*, steigender Markt, anziehende Kurse; **sagging m.** nachgebender/abgeschwächter Markt, nachgebende/abgeschwächte Kurse; **saturated m.** gesättigter Markt; **secondary m.** 1. Sekundär-, Zweit-, Nebenmarkt *m*, Markt zweiter Ordnung, untergeordneter Markt, Umlaufmarkt *m*; 2. Nebenbörse *f*; **second-hand m.** Gebrauchtwarenmarkt *m*; **sensitive m.** 1. schwankender Markt; 2. empfindlich/leicht reagierende Börse; **short m.** Baissemarkt *m*; **Single M.** *(EU)* einheitlicher Markt (ohne Grenzkontrollen *(seit1.1.1993)*; **shrinking m.** 1. schrumpfender Markt; 2. rückläufiger Aktienmarkt; **sick/slack/sluggish m.** uneinheitlicher/lustloser/flauer Markt; **slackening/soft m.** nachgebende/rückläufige Kurse, rückläufiger Aktienmarkt; **specialized m.** Spezialmarkt *m*; **stagnant m.** 1. stagnierender Markt; 2. stagnierende Kurse; **stale m.** flauer Markt; **standard m.** tonangebende Börse; **steady m.** feste/gehaltene/stabile Börse, ~ Kurse, fester Markt; **straight m.** Markt für normale Festzinsanleihen/Festverzinsliche; **strong m.** fester Markt; **subdued m.** gedrückte Börsenstimmung; **terminal m.** Schlussbörse *f*, S.markt *m*; **territorial m.** Marktgebiet *nt*; **thin m.** schwacher/begrenzter Markt; **third m.** 1. dritter Markt, Drittmarkt *m*; 2. *(Börse)* Telefonverkehr *m*; **tight m.** begrenzter/enger Markt; **top-

heavy m. *(Börse)* überhöhte Kurse; **tough m.** schwieriger Markt; **traditional m.** klassischer Geschäftsbereich, Traditionsmarkt *m*; **uniform m.** einheitlicher Markt; **unofficial m.** *(Börse)* Freiverkehr *m*, F.smarkt *m*, F.sbörse *f*, außerbörslicher Verkehr/Markt, freier Markt, Kulisse *f*; **unsaturated m.** ungesättigter Markt; **untapped m.** unerschlossener Markt, M.lücke *f*; **up (-scale) m.** oberes Marktsegment, oberer Marktbereich, Markt für hochwertige Güter; **used-car m.** Gebrauchtwagenmarkt *m*; **variable-price m.** variabler Markt; **volatile m.** unübersichtliche Marktverhältnisse, (stark) schwankender/unbeständiger Markt, schwankende Kurse, Schwankungsmarkt *m*; **weak m.** 1. schwacher Markt, marktschwache Zeit; 2. Kursabschwächung *f*, schwache Börse/Marktverfassung; **weekly m.** Wochenmarkt *m*; **whole m.** Universum *nt*; **workout m.** Kursangabe vorbehaltlich Bestätigung

market *v/ti* 1. vermarkten, auf den Markt bringen, absetzen, vertreiben, Handel treiben, handeln mit, (auf dem Markt) verkaufen, in Verkehr bringen; 2. sich verkaufen/absetzen lassen

marketability *n* Verkehrs-, Börsen-, Marktfähigkeit *f*, M.reife *f*, M.gängigkeit *f*, Verkäuflichkeit *f*, Verkaufs-, Absatzfähigkeit *f*, Absetz-, Handelbarkeit *f*, Gängigkeit *f*, Umlauffähigkeit *f*, Verwertbarkeit *f*, Gangbarkeit *f*, Fungibilität *f*; **ready m.** *(Produkt)* gute Absatzfähigkeit

marketable *adj* absetzbar, (ver)marktbar, marktgängig, m.reif, verkäuflich, vermarktungs-, absatz-, markt-, börsenfähig, b.gängig, käuflich, fungibel, gängig, handels-, umlauf-, verkaufs-, verkehrsfähig, umsetz-, realisier-, verwert-, handelbar; **easily m.** (leicht) realisierbar

market acceptance Marktaufnahme *f*, M.akzeptanz *f*, Absatzfähigkeit *f*; **m. access** Marktzugang *m*, M.zutritt *m*; **~ ban** Marktzutrittsverbot *nt*; **m. activities** Markt-, Börsengeschehen *nt*; **flat m. activity** lustlose Börse; **guarded m. activities** *(Börse)* vorsichtige Dispositionen; **m. adjustment** Marktbereinigung *f*, M.anpassung *f*; **automatic m. adjustment** Marktautomatik *f*

market agreement Marktabsprache *f*; **orderly m. a.** Marktordnungsabkommen *nt*

market analysis 1. Markt-, Absatzanalyse *f*, Marktbeurteilung *f*, M.untersuchung *f*, M.studie *f*, M.erkundung *f*; 2. Börsenanalyse *f*; **m. analyst** 1. Marktanalyst *m*, M.analytiker *m*, M.beobachter *m*; 2. Börsenbeobachter *m*, Wertpapierexperte *m*, W.fachmann *m*; **m. anticipations** Markterwartungen *f*; **m. approach** Marktauftritt *m*; **m. area** Absatzregion *f*, Wirtschaftsraum *m*; **m. assessment** 1. Marktbewertung *f*, M.einschätzung *f*; 2. Börsenbewertung *f*; **m. audit** Marktuntersuchung *f*; **m. average** Mittel-, Durchschnittskurs *m*, D.preis *m*, durchschnittliche Kursentwicklung; **m. averages** *(Börse)* Durchschnittswerte; **m. bank** Marktbank *f*; **m. barometer** Börsenbarometer *nt*; **m. basket** Warenkorb *m*; **m. behaviour** Marktverhalten *nt*; **m. bellwether** *(fig)* Marktführer *m*; **m. bid price** *(Börse)* Geldkurs *m*; **m. supervisory body** Marktkontrollausschuss *m*; **m. boom** (Börsen)Hausse *f*; **m. borrowing** Inanspruchnahme der Kreditmärkte; **m. capacity** Marktaufnahmefähigkeit *f*, Ergiebigkeit des Marktes; **m. capitalization** Markt-, Börsenkapitalisierung *f*, Markt-, Börsenwert *m* (eines Unternehmens); **~ value** Kapitalisierungsmarktwert *m*; **m. cart** Marktkarren *m*; **m. channel** Absatzweg *m*, A.kanal *m*; **m. clearing** Mengen-Preis-Kombination *f*; **m. climate** Börsenklima *nt*; **m. collapse** 1. Marktzerrüttung *f*, M.verfall *m*; 2. Börsensturz *m*; **central m. committee** Zentralmarktausschuss *m*; **m. competition** marktwirtschaftlicher Wettbewerb

market condition(s) 1. Marktzustand *m*, M.verfassung *f*, M.klima *nt*, M.konstellation *f*, M.bedingungen, M.umfeld *nt*, M.verhältnisse, Absatzbedingungen; 2. Börsenklima *nt*; **in line with m. c.s** marktgemäß, m.gerecht, m.konform; **adverse m. c.s** schwierige Marktverhältnisse; **easy m. c.s** flüssige Marktverhältnisse; **orderly m. c.s** geordnete Marktverhältnisse

market|-conforming *adj* marktkonform; **m. conformity** Marktkonformität *f*; **m.-conscious** *adj* marktbewusst; **m. constraints** Marktzwänge; **m. cost(s)** Anschaffungswert *m*, Niederstwertprinzip *nt*; **m. coverage** Absatzbereich *m*, A.anteil *m*, Marktanteil *m*; **m. creaming** *(Vers.)* positive Risikoauslese; **m. crier** Marktschreier *m*, M.ausrufer *m*; **m. crisis** Marktkrise *f*, Krisenverfassung der Märkte; **m. cultivation** Marktpflege *f*; **m. dabbler** Börsendilettant *m*; **m. data** Marktdaten *pl*; **m. day** 1. Markttag *m*; 2. Börsentag *m*; **m. dealings** Börsenhandel *m*, B.geschehen *nt*; **m. demand** Marktnachfrage *f*, M.bedarf *m*, Gesamtnachfrage *f*; **~ curve** Markt-, Gesamtnachfragekurve *f*; **m. depression** 1. Preisdruck *m*; 2. *(Börse)* Baisse *f*; **m. determinant** Marktbestimmungskraft *f*; **m. development** Marktentwicklung *f*, M.erschließung *f*; **~ measure** Markterschließungsmaßnahme *f*; **m. differential** Marktabstand *m*, M.gefälle *nt*; **m. differentiation** Marktdifferenzierung *f*; **m. direction** *(Börse)* Kursentwicklung *f*; **m. discipline** Marktdisziplin *f*; **m. discount** [GB] Privatdiskont *m*; **m. disengagement** Abkopplung vom Markt; **m. disruption** Marktzerrüttung *f*; **m.-distorting** *adj* marktverzerrend; **m. distortion** Marktzerrüttung *f*, M.verzerrung *f*; **m. disturbance** Marktstörung *f*; **m. diversification** Marktdiversifizierung *f*; **m. dominance/domination** Marktbeherrschung *f*; **m.-dominating** *adj* marktbeherrschend; **m. drag** Marktbelastung *f*; **m. dues** Markt(stand)gebühren, M.abgaben; **m. dullness** Börsenflaute *f*, gedrückte (Markt) Stimmung, gedrücktes Börsenklima; **m. economics** Marktwirtschaftstheorie *f*

market economy Markt-, Wettbewerbswirtschaft *f*, liberale Wirtschaftsordnung; **free m. e.** freie Wettbewerbs-/Marktwirtschaft; **consistent with the free m. e.** marktwirtschaftlich, m.wirtschaftskonform; **socially orient(at)ed m. e.** soziale Marktwirtschaft

to be marketed *adj* in den Handel kommen, vermarktet werden

marketeer *n* Verkäufer *m*, Händler *m*, Marktteilnehmer *m*; **black m.** Schwarz-, Schleichhändler *m*; **free m.** Anhänger/Verfechter der freien Marktwirtschaft

black marketeering *n* Schwarzmarktgeschäfte *pl*
market elasticity Marktelastizität *f*; **m. entrant** Marktneuling *m*; **m. entry** Markteintritt *m*; **~ costs** Markteintrittskosten; **~ strategy** Markteintrittsstrategie *f*; **m. equilibrium** Marktgleichgewicht *nt*, marktwirtschaftliches Gleichgewicht
marketer *n* Verkäufer *m*, Vermarkter *m*, Vertreiber *m*, Anbieter *m*
market estimates Börsenerwartungen, B.schätzungen; **m. events** Marktvorgänge; **m. exchange rate** Marktkurs *m*; **m. exhaustion level** Marktausschöpfungsgrad *m*; **m. exit** Marktaustritt *m*; **~ threshold** Marktaustrittsschwelle *f*; **m. expert** Marktkenner *m*; **m. exploration** Markterkundung *f*; **m. extension** Markterweiterung *f*; **~ merger** Markterweiterungsfusion *f*; **m. factor** Marktfaktor *m*; **m. facts** Marktdaten, M.gegebenheiten; **m. favourite** Börsenfavourit *m*, B.liebling *m*; **m. flexibility** Marktelastizität *f*; **m. float/flo(a)tation** Börsengang *m*, öffentliche Plazierung; **m. fluctuation(s)** Konjunkturbewegung *f*, K.schwankung *f*, Marktschwankungen *pl*
market force Markteinfluss *m*; **m. f.s** Marktkräfte, Kräfte des Marktes; **sensitive to m. f.s** marktreagibel
market forecast Marktvorschau *f*, M.programm *nt*, M.voraussage *f*; **m. forecasting** Börsenprognose *f*; **m. form** Marktform *f*; **m. fragmentation** Marktzersplitterung *f*; **m. funds** Marktmittel; **m. gap** Markt-, Verkaufslücke *f*
market garden *[GB]* Gartenbau-, Gemüseanbaubetrieb *m*, (Handels)Gärtnerei *f*, Gemüsegärtnerei *f*; **m. gardener** Handels-, Gemüsegärtner *m*, G.(an)bauer *m*; **m. gardening** Betrieb einer Handelsgärtnerei, Gemüseanbau *m*, (Erwerbs)Gartenbau *m*
market grouping (Ver)Käufer-, Abnehmer-, Anbietergruppe *f*; **m. guide** Marktführer *m*; **m. hall** Markthalle *f*; **m. happenings** Marktgeschehen *nt*; **m. hours** Börsensitzung *f*; **efficient m. hypothesis** Hypothese von der Kapitalmarkteffizienz; **m. improvement** Marktverbesserung *f*; **m. indebtedness** Kreditmarktverschuldung *f*; **m. indicator** Börsen-, Marktbarometer *nt*; **m. indicators** Marktindizien; **m.-induced** *adj* marktbedingt; **sensitive to m. influences** marktreagibel; **m. information** Markt-, Börseninformation(en) *f/pl*
marketing *n* 1. Marketing *nt*, Absatz(wesen) *m/nt*, A.förderung *f*, A.wirtschaft *f*, A.planung *f*, Vertrieb *m*, Vermarktung *f*, Absatzmethode *f*, A.politik *f*, A.kunde *f*, Absatz und Vertrieb, Vertriebslehre *f*, V.swesen *nt*, V.skunde *f*, Inverkehrbringen *nt*; 2. Verwertung *f*; **m. of farm products** Agrarvermarktung *f*; **~ goods** Warenabsatz *m*; **m. at two price levels** zweigleisiger Vertrieb; **m. of securities** Effekteneinführung *f*; **fraudulent ~ shares** *[GB]* /**stocks** *[US]* Aktienschwindel *m*; **m. by telephone** Telefonabsatz *m*, Telefonverkauf *m*
agricultural marketing Vertrieb landwirtschaftlicher Erzeugnisse; **conversional m.** Konversionsmarketing *nt*; **cooperative m.** Genossenschaftsverkauf *m*, G.vertrieb *m*, Absatzgenossenschaft *f*, genossenschaftlicher Absatz/Vertrieb; **direct m.** Direktabsatz *m*, D.vertrieb *m*, direkter Absatz; **exclusive m.** Alleinvertrieb *m*;

hell-for-leather m. *(coll)* aggressives Marketing; **industrial m.** Industrie-, Investitionsgüter-, Anlagenmarketing *nt*; **joint m.** Gemeinschaftsvertrieb *m*
marketing activity Vertriebstätigkeit *f*, Absatzaktivität *f*; **m. agency** 1. Absatzstützpunkt *m*, A.organisation *f*, A.stelle *f*; 2. Marktvertretung *f*; **m. agent** Absatzmittler *m*; **m. agreement** Vertriebs-, Absatz-, Verkaufsabkommen *nt*, Marktabsprache *f*, Vertriebs-, Marktvereinbarung *f*; **orderly ~ agreement/arrangement** Selbstbeschränkungsabkommen *nt*; **m. aid** Absatzhilfe *f*; **m. analysis** Vertriebsanalyse *f*; **m. analyst** Absatzanalytiker *m*; **m. area** Absatz-, Verkaufs-, Vertriebsgebiet *nt*; **principal m. area** Hauptabsatzgebiet *nt*; **m. arrangement** Marktabrede *f*, M.absprache *f*
marketing association Markt-, Absatzverband *m*, A.vereinbarung *f*, A.genossenschaft *f*, Verkaufsgemeinschaft *f*, V.verband *m*; **agricultural m. a.** landwirtschaftliche Absatzorganisation; **cooperative m. a.** Absatzgenossenschaft *f*
marketing board Einfuhr- und Vorratsstelle *f*, Absatzausschuss *m*, Verteiler-, Verteilungsstelle *f*, Handelsorganisation *f*; **m. budget** Werbeetat *m*; **m. campaign** Absatzfeldzug *m*, Werbekampagne *f*; **m. cartel** Verkaufs-, Vertriebs-, Marketingkartell *nt*; **m. center** *[US]* / **centre** *[GB]* Handelsplatz *m*; **m. chain** Handelskette *f*; **m. channel** Absatzweg *m*, A.kanal *m*; **m. company** Vertriebs-, Verkaufsorganisation *f*, Vertriebs-, Verkaufsgesellschaft *f*; **m. concept** Vertriebs-, Marketingkonzept *nt*, M.konzeption *f*; **m. conditions** Vertriebs-, Absatzbedingungen; **m. consultant/counsellor** Vertriebs-, Absatz-, Marketingberater *m*, Berater für Absatzfragen; **m. contract** Vertriebsvertrag *m*; **m. control** Vertriebssteuerung *f*; **m. cooperative** Vertriebs-, Verkaufs-, Absatz-, Verwertungsgenossenschaft *f*, Liefergemeinschaft *f*; **m. cost(s)** Absatz-, Marketing-, Vertriebskosten *pl*; **m. credit** Kredit zur Absatzförderung; **m. cycle** Marketingzyklus; **m. department** Vertrieb(sabteilung) *m/f*, Marketingabteilung *f*; **m. difficulties** Absatzschwierigkeiten, Vertriebsprobleme; **m. director** Vertriebsleiter *m*, Leiter der Vertriebsabteilung, Marketingmanager *m*; **m. division** Marketingabteilung *f*; **m. efforts** Absatzbemühungen; **intensified m. efforts** verstärkte Absatzbemühungen; **m. enterprise** Distributionsbetrieb *m*; **m. environment** Marketingumfeld *nt*; **m. executive** Leiter der Marketingabteilung, Führungskraft im Marketing; **m. exercise** Verkaufsaktion *f*; **m. expense(s)** Verkaufs-, Vertriebskosten *pl*; **m. experience** Absatz-, Verkaufserfahrung(en); **m. expert** Marktsachverständiger *m*, Verkaufs-, Absatzfachmann *m*; **m. function** Vertriebsfunktion *f*; **m. goal** Marketingziel *nt*; **m. guarantee** Vermarktungsgarantie *f*; **m. head** Vertriebsleiter *m*; **m.-inspired** *adj* absatzorientiert; **m. institution** Absatzstelle *f*; **m. intermediary** 1. Absatzmittler *m*; 2. Konzernvertriebsgesellschaft *f*; **m. literature** Marketingliteratur *f*; **m. logistics** Marketinglogistik *f*; **m. machinery** Marktmechanismus *m*, M.instrumentarium *nt*; **m. man** Marketingfachmann *m*; **m. manager** Absatz-, Marketing-, Vertriebsleiter *m*, V.direktor *m*, Leiter der Abteilung Ab-

satzförderung; **m. margin** Vermarktungsspanne *f*; **m. method** Absatz-, Vertriebsmethode *f*; **m. mix** Marketinginstrumentarium *nt*, Mischstrategie *f*; **m. model** Marketingmodell *nt*; **m. network** Vertriebsnetz *nt*; **m. objective** Absatz-, Marketingziel *nt*; **m. operations** Vertrieb(saktivitäten) *m/pl*; **m. opportunities** Marktchancen; **m. organization** 1. Vertriebsapparat *m*, Absatz-, Vertriebsorganisation *f*; 2. Marktvereinigung *f*; **m.-orient(at)ed** *adj* absatzorientiert; **m. outlet** Verkaufsstelle *f*, V.stätte *f*; **m. overhead(s)** Vertriebsgemeinkosten; **m. philosophy** Marketingphilosophie *f*; **m. plan** Marketing-, Vertriebsplan *m*; **m. ploy** Marketinggag *m*; **m. policy** Vertriebs-, Verkaufs-, Absatzpolitik *f*, A.erwägungen; **m. power** Schlagkraft im Vertrieb; **m. practices** Vermarktungspraktiken; **m. problem(s)** Verkaufsproblem *nt*, Absatzschwierigkeiten; **m. procedure** Vertriebsverfahren *nt*; **m. process** Absatzprozess *m*; **m. program(me)** Absatz-, Verkaufsprogramm *nt*; **overall m. program(me)** Gesamtabsatzplan *m*; **m. provisions** Vermarktungsbestimmungen; **m. quota** Verkaufskontingent *nt*; **m. ratio** absatzwirtschaftliche Kennzahl; **m. record** Absatzbilanz *f*, Verkaufsleistung *f*, V.ergebnis *nt* (in der Vergangenheit); **proven m. record** nachgewiesene Verkaufsleistung *f*, nachweisbares V.ergebnis; **m. regulations** Absatz-, Marktordnung *f*; **m. requirements** Markterfordernisse; (Zoll)Kennzeichnungsvorschriften; **m. research** (Absatz)Marktforschung *f*, Absatz-, Verkaufsforschung *f*; **~ company** Marktforschungsgesellschaft *f*; **m. rights** Vermarktungsrechte; **exclusive m. rights** ausschließliche Vermarktungsrechte; **m. risk** Vertriebsrisiko *nt*; **m. scheme** Verkaufsplan *m*; **m. science** Absatzlehre *f*; **m. segment** Absatzsegment *nt*; **m. service** Marketingdienstleistung *f*, Dienstleistung im Marketingbereich; **m. specialist** Verkaufsspezialist *m*, Absatzforscher *m*, Vertriebs-, Marketingfachmann *m*, Fachmann für Absatzförderung; **m. stage** Handelsstufe *f*; **m. standards** Vermarktungsnormen; **m. strategy** Absatz-, Marketing-, Vertriebsstrategie *f*; **m. study** Markt-, Vertriebsstudie *f*; **m. subsidiary** Vertriebstochter *f*, Tochtervertriebsgesellschaft *f*; **m. subsidy** Vermarktungsprämie *f*; **m. support center** *[US]* /**centre** *[GB]* Verkaufsförderungszentrum *nt*; **m. syndicate** Verwertungskonsortium *nt*, Vertriebsgemeinschaft *f*

marketing system Vertriebssystem *nt*; **contractual vertical m. s.** vertragliches vertikales Vertriebssystem

marketing task Vertriebs-, Absatzaufgabe *f*; **m. technique** Vertriebs-, Absatztechnik *f*, Marketingmethode *f*; **m. territory** Absatzregion *f*; **m. theory** Absatzlehre *f*; **m. tie(s)** Absatzbindung *f*

marketing tool Vertriebs-, Marktinstrument *nt*; **m. t.s** Marketinginstrumentarium *nt*, Vertriebsmittel *pl*; **competitive m. t.** absatzwirtschaftliches Wettbewerbsinstrument

marketing training Vertriebsschulung *f*; **m. year** Wirtschafts-, Vermarktungsjahr *nt*

market initiative Marktinitiative *f*; **m. inquiry** Marktanalyse *f*, M.untersuchung *f*, M.beobachtung *f*; **m. intelligence service** Marktbeobachtung *f*; **m. interest rate risk** Marktzins(satz)risiko *nt*; **m. intervention** 1. Marktintervention *f*; 2. Marktpflege *f*; **m. investigation** Marktbeobachtung *f*; **m. knowledge** Marktkenntnis *f*; **m. lead** 1. Marktführerschaft *f*; 2. Tagesübersicht über die Marktlage; **m. leader** 1. Markt-, Branchenführer *m*; 2. *(Börse)* führender Wert, Spitzenreiter *m*; **m. leadership** Marktführerschaft *f*; **m. letter** 1. Marktbericht *m*; 2. Börsenbrief *m*, B.bericht *m*; **m. level** Marktniveau *nt*; **m. liberalization** Marktöffnung *f*; **m. loss** Markteinbuße *f*, M.verlust *m*; **m. maker** 1. Marktmacher *m*, Börsenhändler *m*, B.makler *m*, Kurs-, Wertpapiermakler *m*, Wertpapier-, Aktien-, Effektenhändler *m*; 2. Gegenspekulant *m*, Kurstreiber *m*, K.festsetzer *m*; **m. making** 1. Markterschließung *f*; 2. Gegenspekulation *f*; **m. man** Verkäufer *m*, Käufer *m*, Marktbesucher *m*, M.teilnehmer *m*; **m. manipulation** Kursmanipulation *f*; **m. manipulator** Kursspekulant *m*; **m. maturity** Marktreife *f*; **m. mechanism** Marktmechanismus *m*; **m. member** Marktpartner *m*, M.teilnehmer *m*; **single m. model** Elementarmarkt *m*; **m. monopoly** Marktmonopol *nt*; **m. mood** Börsenklima *nt*; **m. needs** Markterfordernisse, M.bedürfnisse, M.lücke *f*; **to match the m. needs** den Markterfordernissen entsprechen; **m. news** Marktnachrichten; **m. niche** Marktlücke *f*, M.nische *f*; **to carve out a m. niche** Marktnische erobern, Fuß fassen; **m. observer** Marktbeobachter *m*; **m. off** *(Börse)* Kurse/Markt abgeschwächt, abgeschwächter Markt; **m. offering** Markt-, Materialangebot *nt*; **m. operator** Börsianer *m*, Berufsspekulant *m*, Marktteilnehmer *m*, M.techniker *m*; **m. opportunities** Marktchancen; **m. opt-out clause** Austrittsklausel im Konsortialvertrag; **m. order** *(Börse)* 1. *(Verkauf)* Best(ens)auftrag *m*, B.order *f*, Verkaufsauftrag zum Marktpreis; ~ zur sofortigen Ausführung zum nächstgünstigen Preis; 2. *(Kauf)* Billigstauftrag *m*, B.order *f*; **m. organization** Marktordnung *f*, M.organisation *f*; **m. orientation** Marktorientierung *f*; **m. orient(at)ed** *adj* marktorientiert; **m. outlet** Absatzventil *nt*; **m. outlook** Marktaussichten *pl*; **m. overt** organisierter/offener Markt; **m. participant** Marktteilnehmer(in) *m/f*; **m. partner** Marktpartner(in) *m/f*, M.beteiligte(r) *f/m*; **m. pattern** Marktmodell *nt*; **m. penetration** Marktdurchdringung *f*, M.anteil *m*; **blanket m. penetration** weitreichende Marktdurchdringung; **m. performance** 1. Markt-, Absatzleistung *f*, M.entwicklung *f*, M.ergebnis *nt*; 2. Börsenentwicklung *f*; **m. period** laufende Wirtschaftsperiode; **m. phase** Marktphase *f*

marketplace *n* Markt *m*; **in the m.** auf dem/am Markt; **competitive m.** wettbewerbsintensiver Markt; **financial m.** Finanzmarkt *m*; **global m.** Weltmarkt *m*

market planning Marktplanung *f*; **m. pointer** Tipp für den Markt, Börsentipp *m*, Marktbarometer *nt*

market policy Marktpolitik *f*; **by means of m. p.** marktpolitisch; **agricultural m. p.** Agrarmarktpolitik *f*

market pool Gebietskartell *nt*; **m. portfolio** Marktportefeuille *nt*

market position Marktstellung *f*, M.position *f*, Wettbewerbsposition *f*; **to maintain one's m. p.** Wettbewerbsposition halten; **to regain a m. p.** Marktposition

zurückerobern; **dominant m. p.** beherrschende Marktstellung, marktbeherrschende Stellung; **eminent/ overriding m. p.** überragende Marktstellung; **net m. p.** Nettomarktposition *f*, Marktbilanz *f*
to be attuned to market possibilities Marktpotenzial genau kennen; **m. potential** Marktpotenzial *nt*, Absatzmöglichkeit *f*, Kapazität eines Marktes; **to exhaust the m. potential** Absatzmöglichkeiten ausschöpfen; **m. power** Marktmacht *f*; **discretionary m. power** *(Konzern)* Preisbestimmungsposition *f*; **m. power inflation** marktmacht bedingte Inflation; **m. practices** Börsenpraxis *f*; **m. presence** Marktpräsenz *f*; **m. pressure** Marktdruck *m*
market price 1. Marktpreis *m*, M.kurs *m*, M.wert *m*, Tageskurs *m*, T.preis *m*, T.satz *m*, T.wert *m*, Handelspreis *m*, H.wert *m*, handelsüblicher/laufender Preis; 2. (Börsen)Kurs *m*, Kurswert *m*, letzter Kurs; 3. *(Bilanz)* Wert nach dem Niederstwertprinzip, Beschaffungsmarktpreis *m*
current market price Börsen- oder Marktpreis *m*; **at the ~ p.** zum Tageskurs; **fair m. p.** marktgerechter Preis; **going m. p.** gängiger Marktpreis; **middle m. p.** Mittelkurs *m*; **official m. p.** amtlicher Mittelkurs; **ordinary m. p.** üblicher Marktpreis
market pricing Festsetzung von Marktpreisen; **m. process** Marktgeschehen *nt*; **EU m. products** EU-Marktordnungswaren; **m. production** Marktproduktion *f*; **m. professional** *(Börse)* Berufshändler *m*; **m. profile** Marktprofil *nt*; **m. profit** 1. *(Börse)* Kursgewinn *m*; 2. Konjunkturgewinn *m*; **m. prospects** Absatzerwartungen, Marktperspektiven, M.aussichten, M.chancen; **m. proximity** Marktnähe *f*; **m. psychology** Marktpsychologie *f*; **m. quota** Absatzkontingent *nt*
market quotation Börsennotierung *f*, B.notiz *f*, B.kurs *m*, Aktien-, Marktkurs *m*, Kursnotierung *f*; **after m. q.** nachbörsliche Notierung; **middle m. q.** Durchschnitts-, Mittelkurs *m*, durchschnittlicher Kurs
market rally 1. Markterholung *f*; 2. *(Börse)* Erholung (am Aktienmarkt), Kurserholung *f*
market rate 1. Marktpreis *m*, M.satz *m*, M.tarif *m*; 2. Kurswert *m*, Börsen-, Tageskurs *m*; 3. Effektivverzinsung *f*, E.zins *m*; **m. closing r.** Schlusskurs *m*; **m. r. of interest** Geldmarktsatz *m*, Marktzins *m*, effektiver Zins; **floating m. r.** flexibler Marktzinssatz *m*; **free m. r.** Freiverkehrskurs *m*, F.kurs *m*, F.marktkurs *m*
market rating Börsenbewertung *f*; **m. ratio** Marktverhältnis *nt*; **m. reaction** Börsenreaktion *f*; **m. realities** Marktwirklichkeit *f*; **m. recovery** Kurs-, Markterholung *f*, M.gesundung *f*, M.sanierung *f*; **m. regime** *(EU)* Marktordnung *f*, M.regulierung *f*; **agricultural m. regime** Agrarmarktordnung *f*; **m.-regulating** *adj* marktregulierend
market regulation Marktregulierung *f*, M.regelung *f*; **m. r.s** Marktordnung *f*; **agricultural m. r.** Agrarmarktordnung *f*; **m. r. arrangements** Marktregulierung *f*
market regulator Aufsichtsbehörde *f*; **m.-related** *adj* marktbezogen; **m. report** 1. Preis-, Marktbericht *m*; 2. Kurs-, Börsenbericht *m*, B.kurszettel *m*, B.analyse *f*; **m. representative** *(Börse)* Ringvertreter *m*; **m. requirement** Markterfordernis *nt*; **in line with m. requirements** marktgerecht
market research Markt-, Absatzforschung *f*, M.untersuchung *f*, M.erkundung *f*; **industrial m. r.** Marktforschung für Industriegüter; **syndicated m. r.** gemeinsame Marktforschung
market research agency Marktforschungsinstitut *nt*; **~ analysis** Marktforschungsanalyse *f*; **~ data** Marktforschungsdaten *pl*; **~ department** Marktforschungsabteilung *f*; **~ institute** Marktforschungsinstitut *nt*; **~ specialist** Marktforscher *m*
market researcher Marktforscher *m*; **m. resistance** Marktwiderstand *m*; **m. resources** (Kredit)Marktmittel; **m. response** 1. Marktreaktion *f*; 2. Reaktion (an) der Börse; **m. review** Markt-, Börsenbericht *m*; **m. rigging** Kurs-, Börsenmanipulation *f*, Kurstreiberei *f*, Börsenmanöver *nt*; **m. risk** Markt-, Kursrisiko *nt*; **m. rules** Marktgesetze; **m. rumour** Börsen-, Marktgerücht *nt*; **m. saturation** Markt(über)sättigung *f*, Sättigung des Marktes; **m. scale** Markttarif *m*; **m. scrutiny** Marktüberwachung *f*; **m. sector/segment** Teilmarkt *m*, Marktsegment *nt*, Bereich des Marktes, Absatzbereich *m*; **marginal m. segment** Randmarkt *m*; **m. segmentation** Marktaufteilung *f*, M.aufspaltung *f*, M.aufsplitterung *f*, M.segmentierung *f*, Segmentierung des Marktes, Absatzsegmentierung *f*; **~ approach** Marktsegmentierungsansatz *m*; **m.-sensitive** *adj* marktempfindlich; **m. sentiment** Börsenstimmung *f*, B.klima *nt*; **basic m. sentiment** Grundhaltung *f*; **m. set- up** Marktstruktur *f*
market share Marktanteil *m*; **to build up m. s.(s)** Marktanteil aufbauen; **to chase m. s.s** Marktanteilen nachjagen; **to maintain the m. s.** Marktanteil halten; **to retrieve/win back one's m. s.** Marktanteil wiedergewinnen/zurückerobern; **domestic m. s.** inländischer Marktanteil; **qualifying m. s.** maßgebender Marktanteil
market sharing Marktaufteilung *f*, Aufteilung der Märkte; **~ agreement** Marktaufteilungsabrede *f*, M.sabkommen *nt*, Gebietskartell *nt*, Vereinbarung über die Marktaufteilung; **~ cartel** Marktaufteilungs-, Gebietskartell *nt*, Syndikat *nt*
market shift Marktveränderung *f*; **m. situation** Markt-, Absatzlage *f*, Börsen-, Marktsituation *f*, Absatz-, Marktverhältnisse *pl*; **m. size** Marktgröße *f*, M.umfang *m*, M.volumen *nt*; **m. softness** Marktschwäche *f*; **m. specialist** 1. Marktkenner *m*; 2. Börsenfachmann *m*; **m. stagnation** Absatzflaute *f*, A.stockung *f*; **m. stall** Marktstand *m*, M.bude *f*; **m. standard** Marktrichtwert *m*; **m. standing** Marktgeltung *f*; **m. statistics** Marktstatistik *f*; **m. strategist** Marktstratege *m*; **m. strategy** Marktstrategie *f*; **world-wide m. strategy** Weltmarktstrategie *f*; **m. strength** 1. Marktfestigkeit *f*, Festigkeit des Marktes; 2. haussierende Börse, feste Börsentendenz; **m. structure** Marktstruktur *f*, M.gefüge *nt*, M.aufbau *m*; **~ analysis** Marktstrukturanalyse *f*; **m. study** Markt-, Absatz-, Verkaufsstudie *f*; **m. supervision** Marktkontrolle *f*, M.überwachung *f*; **m. supply** Marktversorgung *f*, M.angebot *nt*; **~ curve** Marktangebotskurve *f*

market support 1. Marktstützung *f*, M.pflege *f*; 2. *(Börse)* Kursstützung *f*, K.pflege *f*; **~ buying** Markt-, Kursstützungskäufe *pl*; **~ operations** Markt-, Kursstützungsmaßnahmen

market survey Marktanalyse *f*, M.beobachtung *f*, M.übersicht *f*, M.erhebung *f*; **initial m. survey** Markteingangsstudie *f*; **m. swing** 1. Marktschwankung *f*; 2. Kursschwankung *f*; **m. target** Absatz-, Käuferzielgruppe *f*, Marktziel *nt*; **~ price** Marktrichtpreis *m*; **m. tendency → m. trend; m. tension** Markt(an)spannung *f*; **m. test(ing)** Markttest *m*; **m. tone** Markt-, Börsenklima *nt*; **m. town** *[GB]* Marktflecken *m*, M.städtchen *nt*, M.ort *m*; **m. trader** 1. Markthändler *m*; 2. Börsenhändler *m*; **m. trading** 1. Markthandel *m*; 2. Börsenhandel *m*; **m. transparency** Markttransparenz *f*

market trend 1. Markt-, Absatz-, Preistendenz *f*, Marktentwicklung *f*, M.bewegung *f*; 2. Börsentendenz *f*, B.klima *nt*, Kursentwicklung *f*; **conforming to m. t.s** marktkonform; **steady m. t.** stetige Preistendenz; **sensitive to m. t.s** marktregibel

market upturn 1. Markterholung *f*; 2. Kurs-, Börsenaufschwung *m*, Kurserholung *f*; **m. user** Marktteilnehmer *m*; **m. valuation** 1. Bewertung zum Verkehrswert, marktgerechte Schätzung/Bewertung; 2. Börsenbewertung *f*

market value 1. Markt-, Gemein-, Verkehrs-, Handels-, Kauf-, Verkaufswert *m*; 2. objektiver/gängiger/gemeiner Wert; 3. Börsen-, Kurswert *m*; **to adjust to m. v.** auf den Marktwert herunterschreiben/heraufschreiben

common/current market value (gemeiner/üblicher/gängiger) Handels-/Marktwert, Tageswert *m*; **fair m. v.** Marktwert *m*, gemeiner Wert, angemessener Marktwert/M.preis, Verkehrswert *m*; **~ and reasonable m. v.** gemeiner Marktwert; **appraised ~ m. v.** geschätzter Marktwert; **fluctuating m. v.** veränderlicher/variabler Kurswert; **reduced m. v.** merkantiler Minderwert; **sound m. v.** *(Transportvers.)* Gesundmarktwert *m*; **taxable m. v.** Steuerkurswert *m*; **total m. v.** Gesamtkurswert *m*

market value appraisal Verkehrswertermittlung *f*; **m. volatility** (Börsen)Kursschwankungen *pl*; **m. volume** Marktvolumen *nt*, M.umfang *m*, M.aufkommen *nt*; **m. wares** Marktware *f*; **m. watchdog** Marktaufsichtsbehörde *f*, Kartellamt *nt*; **m. weakness** Marktschwäche *f*; **m. year** Marktjahr *nt*; **m. yield** Marktgewinn *m*, M.rendite *f*; **m. zoning** Abgrenzung von Teilmärkten

marking *n* 1. Ein-, Kennzeichnung *f*, Beschriftung *f*, Markierung *f*, (Waren)Auszeichnung *f*, Signieren *nt*, Signierung *f*; 2. Benotung *f*, Korrektur *f*; **m.s** 1. Börsenumsätze, Kursaufzeichnungen; 2. ✧ Erkennungs-, Kennzeichen *nt*; **m. and notification** *(Pat.)* Berührmung *f*; **permanent m.** dauerhafte Beschriftung; **special m.** Sonderkennzeichnung *f*

marking board *(Börse)* Kurstafel *f*; **m. buoy** ⚓ Markierboje *f*; **m. crayon** Signierkreide *f*; **m. device** 🖥 Umdruckmarkierung *f*; **m.-down** *n (Preis)* Senkung *f*, Zurücknahme *f*; **m. label** Beschriftungsschild *nt*; **m. pencil** Markier-, Signierstift *m*; **m. requirements** Kennzeichnungs-, Markierungsvorschriften; **m.-up** *n (Preis)* Anhebung *f*, Heraufsetzung *f*

mark-on *n* Brutto-, Preisaufschlag *m*; **additional m.-on** zusätzlicher Aufschlag; **average m.-on** durchschnittlicher Preisaufschlag

mark pulse 🖥 Markierimpuls *m*; **m. reading** Markierungslesen *nt*; **~ form** Markierungsbeleg *m*; **~ station** Markierungslesestation *f*; **m. scanning/sensing** Zeichenabfühlung *f*; **m. sense card** Markierungslochkarte *f*; **m. sheet** Markierungsbeleg *m*; **m. signature** Unterschrift durch Handzeichen, ~ eines Analphabeten

marksman *n* (Scharf)Schütze *m*

mark-up *n* 1. *(Preis)* Heraufsetzung *f*, (Preis)Erhöhung *f*, P.aufschlag *m*, höhere Auszeichnung, Aufgeld *nt*, Zuschlag *m*; 2. Aufschlag(sgewinn) *m*, (Gewinn)Spanne *f*, Kalkulations-, (Roh)Gewinnaufschlag *m*, Gewinnzuschlag *m*, Bruttoverdienstspanne *f*; 3. *(Börse)* (Plus)Korrektur *f*, Kursaufschlag *m*; **~ for small-volume purchases** Mindermengenzuschlag *m*; **~ on selling price** Handelsspanne *f*; **additional m.-up** zusätzlicher Aufschlag; **free m.-up** freie Spanne; **gross m.-up** Bruttoaufschlag *m*; **maintained m.-up** Betriebshandelsspanne *f*

mark-up inflation Inflation durch Erhöhung der Gewinnspanne; **~ percentage** Kalkulationsquote *f*; **~ pricing** Vollkostenkalkulation *f*; **~ pricing inflation** Gewinninflation *f*; **graduated ~ scheme** Staffelspannen *pl*

marl *n* Mergel *m*

maroon *adj* kastanien-, rotbraun

maroon *v/t* ⚓ aussetzen; **m.ed** *adj* von der Außenwelt abgeschnitten

marque *n* *(frz.)* 🚗 (Auto)Marke *f*

marquee *n* *(frz.)* (Fest)Zelt *nt*

marriage *n* Trauung *f*, Hochzeit *f*, Vermählung *f*, Heirat *f*, Ehe(schließung) *f*; **by m.** angeheiratet, verschwägert; **m. of convenience** Geldheirat *f*, Vernunftehe *f*; **procuring m. by deceit** Täuschung bei der Eheschließung; **m. by proxy** Ferntrauung *f*; **related by m.** verschwägert

to annul a marriage Ehe annullieren, ~ für ungültig/nichtig erklären; **to be legitimized by subsequent m.** durch nachfolgende Eheschließung ehelich werden; **to consummate a m.** Ehe vollziehen; **to contract a m.** Eheschließung vornehmen, Ehe eingehen; **to dissolve a m.** Ehe (auf)lösen; **to enter into (a) m.** Ehe schließen; **to have a m. nullified** Ehe für nichtig erklären lassen; **to solemnize a m.** Trauung vollziehen

bigamous marriage Doppelehe *f*; **broken-down/dead m.** zerrüttete Ehe/Familienverhältnisse; **civil m.** standesamtliche Trauung, Zivilehe *f*, Z.trauung *f*, bürgerliche/standesamtliche Eheschließung, ~ Hochzeit; **common-law m.** freie/wilde Ehe; **compassionate m.** Onkelehe *f*; **consummated m.** vollzogene Ehe; **corporate m.** Firmenhochzeit *f*; **fictitious m.** Scheinehe *f*; **of/from the first m.** aus erster Ehe; **lawful/legal m.** (rechts)gültige Ehe; **mercenary m.** Geldheirat *f*; **mixed m.** Mischehe *f*, gemischte Ehe; **mock m.** Scheinehe *f*; **morganatic m.** morganatische Ehe; **nominal m.** Namensehe *f*; **non-existing m.** Nichtehe *f*; **plural m.** Mehrehe *f*, Polygamie *f*; **putative m.** Putativehe *f*; **val-**

void **marriage**

id m. rechtsgültige Ehe; **void m.** nichtige/ungültige Ehe, Nichtehe *f*; **voidable m.** anfechtbare Ehe; **wrecked m.** zerüttete Ehe
marriageable *adj* heirats-, ehefähig
marriage agency Heiratsvermittlung *f*; **m. agreement** Heiratsvertrag *m*; **m. allowance** 1. Heiratszulage *f*, H.zuschuss *m*; 2. *(Steuer)* Ehegattenfreibetrag *m*; **m. articles** Ehevertrag *m*; **m. bond** Ehebund *m*; **m. brok(er)age** Heiratsvermittlung *f*, Eheanbahnung *f*; **m. broker** Heiratsvermittler *m*; **m. broking** Heiratsvermittlung *f*, Eheanbahnung *f*; **m. bureau** Heiratsvermittlung *f*, Eheanbahnungsinstitut *nt*; **m. ceremony** Trauzeremonie *f*; **m. certificate** Trauschein *m*, Ehe-, Heirats-, Eheschließungsurkunde *f*; **m. contract** Ehevertrag *m*; **m. date** Hochzeitsdatum *nt*; **m. grant** Ehestandsdarlehen *nt*, E.beihilfe *f*, Heiratsbeihilfe *f*
marriage guidance Eheberatung *f*; **~ counselling** Eheberatung *f*; **~ counsellor** Eheberater(in) *m/f*
marriage law Eherecht *nt*; **m. licence** *[GB]* /**license** *[US]* 1. Trauschein *m*; 2. Heirats-, Eheerlaubnis *f*, E.genehmigung *f*; **~ bureau** *[US]* Standesamt *nt*; **m. lines** Trauschein *m*; **m. loan** Ehestandsdarlehen *nt*; **m. portion** Heiratsgut *nt*, Mitgift *f*, eingebrachtes Gut der Ehefrau; **~ insurance** Mitgiftversicherung *f*; **m. property law** Ehegüterrecht *nt*; **~ register** Güterrechtsregister *m*; **m. rate** Zahl der Eheschließungen, E.schließungsrate *f*; **age-specific m. rate** altersspezifische Heiratsziffer; **m. register** Heiratsregister *nt*; **m. settlement** Güterrechts-, Heirats-, Ehevertrag *m*, vertraglicher Güterstand; **m. tie** Eheband *nt*, E.bund *m*; **m. vow(s)** Ehegelöbnis *nt*
married *adj* verheiratet, getraut; **to be m.** sich trauen lassen; **to get m.** Ehe eingehen, heiraten, sich verheiraten; **~ at the registry office** standesamtlich heiraten, sich ~ trauen lassen
marrow *n* $ (Knochen)Mark *nt*; **to the m.** bis ins Mark
marry *v/ti* 1. heiraten, verehelichen, vermählen; 2. heiraten, Ehe schließen; **m. into** einheiraten, **m. off** verheiraten, unter die Haube bringen *(fig)*
marshal *n* *[US]* 1. Gerichtsbote *m*, G.diener *m*, G.vollzieher *m*, Ordner *m*; 2. Polizeidirektor *m*; *v/t* 1. gliedern, anordnen, ordnungsgemäß aufstellen, ordnen; 2. *(Forderungen)* rangieren; 3. 🚂 rangieren
marshalling *n* *(Forderungen)* Rangieren *nt*; **m. of assets** Rangordnung der Sicherheiten, Rangfolge von Konkursgegenständen; **~ creditors** Rangbestimmung von Gläubigern; **~ liens** Erfassung von Pfandobjekten, Rang-/Reihenfolge von Pfandrechten; **~ preferences** Aufstellung einer Präferenzordnung; **~ remedies** Gläubigerbeschränkung *f*; **~ securities** *(Konkurs)* Ordnung/Rangfolge der Sicherheiten
marshalling operation 🚂 Rangiervorgang *m*; **m. sequence** 1. Rangierablauf *m*; 2. Sortierfolge *f*; **m. yard** Rangier-, Verschiebebahnhof *m*
marshland *n* Moor *nt*, Sumpfland *nt*, sumpfiges Gelände, Feuchtgebiet *nt*
mart *n* 1. Markt *m*; 2. Auktionsraum *m*; 3. Handelszentrum *nt*
marx|ism *n* Marxismus *m*; **m.ist** *n* Marxist(in) *m/f*; *adj* marxistisch

masculine *adj* männlich
mask *n* Maske *f*; **protective m.** Schutzmaske *f*
mask *v/t* verbergen, verdecken, verschleiern, maskieren; **m. out** 🖥 ausblenden
masked *adj* 1. maskiert; 2. mit falschen Papieren gedeckt
masking *n* Markierung *f*
mason *n* Maurer *m*; **m.ry** *n* Mauerwerk *nt*
masquerade *n* Maskerade *f*; **m. as** *v/i* sich ausgeben als
mass *n* Masse *f*, Menge *f*, Hauptteil *m*; **m.es** Masse *f*, Unmenge *f*; **m. of cold air** kalte Luftmassen; **~ jobless/unemployed** Arbeitslosenheer *nt*
mass advertising Massenwerbung *f*, M.reklame *f*
massage *n* Massage *f*; *v/t* 1. massieren; 2. *(Bilanz)* frisieren *(coll)*; **m. parlour** Massagesalon *m*
mass appeal Massenanreiz *m*; **m. approach** Massenansprache *f*; **m. arrests** Massenverhaftungen; **m. business** Massen-, Mengengeschäft *nt*; **m. circulation** *(Zeitung)* Massenauflage *f*; **~ (news)paper** Massenblatt *nt*; **m. communication** Massenkommunikation *f*; **~ media** Massenmedien, M.kommunikation *f*; **m. construction** 🏛 Serienbau *m*; **m. consumption** Massenkonsum *m*; **m. consumer/consumption goods** Massenverbrauchsgüter, M.konsumgüter; **m. crime** Massenverbrechen *nt*; **m. dismissal** Massenentlassung *f*, M.kündigung *f*; **m. display** Massenauslage *f*
en masse *n* *(frz.)* massiert
mass effect Massenwirkung *f*; **m. hysteria** Massenwahn *m*; **m. income** Masseneinkommen *nt*
massive *adj* massiv, gewaltig, massig, wuchtig, klotzig
mass layoff (zeitweilige) Massenentlassung; **m. leave** *(Indien)* Arbeitsniederlegung *f*; **m. market** Massenmarkt *m*, Markt für Massenartikel; **~ product** Massenprodukt *nt*; **m. marketing** Vertrieb von Massenprodukten; **m. media** Massenmedien; **m. meeting** 1. Massenkundgebung *f*, Vollversammlung *f*; 2. Betriebsversammlung *f*; 3. *(Konkurs)* Massversammlung *f*, Versammlung der Masse; **m. merchandising** Warenhandel in großen Mengen; **m. movement** Massenbewegung *f*; **m. murder(s)** Massenmord *m*; **m. murderer** Massenmörder *m*; **m. phenomenon** Massenphänomen *nt*; **m. picketing** großes Streikpostenaufgebot
mass-produce *v/t* fabrikmäßig/in großen Mengen/serienmäßig herstellen, in Serie/Massen produzieren, ~ herstellen; **m.-produced** *adj* in Serienproduktion/serienmäßig/fabrikmäßig/in Serie hergestellt; **m. producer** Massenhersteller *m*, M.produzent *m*; **m.-producible** *adj* in Serie herstellbar; **m. product** Massenprodukt *nt*, Serienerzeugnis *nt*
mass production Massenanfertigung *f*, M.herstellung *f*, M.fabrikation *f*, M.produktion *f*, Serienfabrikation *f*, Großserienherstellung *f*, G.fertigung *f*, Großfabrikation *f*, Herstellung am laufenden Band, Reihen(an)fertigung *f*, R.fabrikation *f*, fabrikmäßige Herstellung/Produktion; **alternative m. p.** wechselnde Massenfertigung; **parallel m. p.** parallele Massenfertigung; **standardized m. p.** Fließarbeit *f*
mass purchasing power Massenkaufkraft *f*; **m. psychology** Massenpsychologie *f*; **m. rally** Großkund-

gebung *f*, G.veranstaltung *f*; **m. redundancies** Massenentlassungen; **m. response** Massenzuspruch *m*; **m. saving effect** Massenspareffekt *m*; **m. screening** ⚕ Reihenuntersuchung *f*; **m. selling** Massenabsatz *m*, M.verkauf *m*, M.vertrieb *m*; **m. society** Massengesellschaft *f*; **m. storage (device)** 🖫 Massenspeicher *m*; **m. tax** Massensteuer *f*; **m. tourism** Massentourismus *m*; **m. transit** *[US]* öffentlicher Nah-/Personenverkehr; **m. transportation facilities** Massenverkehrsmittel; **m. unemployment** Massenarbeitslosigkeit *f*; **m. unit** Masseneinheit *f*

mast *n* ⚓ (Schiffs)Mast *m*

master *n* 1. (Handwerks-/Lehr)Meister *m*, Lehrherr *m*; 2. Betriebs-, Werkmeister *m*; 3. *(obs.)* Dienstherr *m*, Vorsteher *m*, Chef *m*, Prinzipal *m*; 4. Direktor *m*, Geschäftsführer *m*; 5. *(obs.)* (Fabrik)Besitzer *m*, Eigentümer *m*, Arbeitgeber *m*, 6. ⚓ Kapitän *m*, Schiffsführer *m*; 7. § protokollführender Gerichtsbeamter *m*

Master of Agrarian Economics Diplom-Agrarökonom *m*; ~ **Agriculture** Diplom-Landwirt *m*; ~ **Arts (M.A.)** *(Geisteswissenschaft)* Magister *m*; ~ **Arts (Sociology)** Diplom-Soziologe *m*; **M.s of the Bench** *[GB]* § Vorstandsmitglieder der vier Inns of Court; **M. of Business Administration (M.B.A.)** Diplom-Betriebswirt *m*, Diplom-Kaufmann *m*; **m. of ceremonies** Zeremonienmeister *m*; **m. in chancery** § Rechtspfleger *m*; **M. of Economics** Diplom-Volkswirt *m*; **m. of the house** Hausherr *m*, Herr im Hause; **m.s and men** *(obs.)* Arbeitgeber und Arbeitnehmer; **m. of one's mind** § zurechnungsfähig; **M. of Political Science** Diplom-Politologe *m*; ~ **the Rolls** *[GB]* § höchter Richter in Zivilsachen und Oberarchivar; ~ **Science (M.Sc.)** *(Naturwissenschaft)* Magister *m*; ~ **Science (Industrial Engineering)** Diplom-Wirtschaftsingenieur *m*; ~ **Social Science** Diplom-Soziologe *m*; **m. and servant** *(obs.)* Arbeitgeber und Arbeitnehmer, Herr und Diener

one's own master sein eigener Herr; **to be ~ m.** unabhängig sein, sein freier/eigener Herr sein, Geschäft betreiben; **old m.** *(Kunst)* alter Meister

master *v/t* meistern, (souverän) beherrschen, bewältigen

master account *(Kunde)* Stammnummer *f*; **m. agreement** Rahmen-, Mantelvertrag *m*; **m.-at-arms** *n* ⚓ Schiffsprofos *m*; **m. antenna** *[US]* Gemeinschaftsantenne *f*; **m. bill of materials** Stückliste *f*; **m. block** 🗋 Orginalklischee *nt*; **m. bricklayer** Maurermeister *m*; **m. bond** *[US]* Unternehmerkaution *f*; **m. budget** Gesamtetat *m*, G.haushalt *m*, G.budget *nt*, **m. builder** Baumeister *m*, B.unternehmer *m*; **m. card** Haupt-, Grund-, Leit-, Stamm-, Matrizenkarte *f*; **punched m. card** Matrizenkarte *f*; **m. carton** Master-, Umkarton *m*; **m. certificate** Stammversicherungsschein *m*; **m.'s certificate** ⚓ Kapitäns-/Schiffspatent *nt*; **m. clock** Normaluhr *f*; **m. company** Muttergesellschaft *f*, beherrschende Firma; **m. computer** Leitrechner *m*; **m. contract** Mantelvertrag *m*; **m. copy** Original *nt*, maßgebliches Exemplar; **M.'s Copy (of a B/L)** Konnossement für den Kapitän, Kapitänskopie *f*; **m. craftsman** (Handwerks)Meister *m*; **m. data** Stammdatei *f*, S.daten *pl*; **m. disk** 🖫 Hauptplatte *f*; **m. file** Haupt-, Stammdatei *f*, S.datensatz *m*, Haupt-, Zentralkartei *f*, Z.register *nt*; **m. fitter** Schlossermeister *m*; **m. freight agreement** Rahmenfrachtabkommen *nt*

master guarantee agreement Rahmengarantievertrag *m*; **m. hand** Meister *m*, Fachmann *m*, Spezialist *m*; **m. index** Hauptindex *m*; **m. key** Passepartout *nt (frz.)*, Haupt-, General-, Nach-, Universalschlüssel *m*; **m. lease** Hauptmietvertrag *m*; **m. lessee** Hauptmieter *m*; **m. lessor** Hauptvermieter *m*; **m. machine** 🖫 Hauptmaschine *f*; **m. mariner** ⚓ Kapitän auf großer Fahrt; **m. mason** Maurermeister *m*; **m. mechanic** Vorarbeiter *m*, Werkmeister *m*; **m.mind** *n* Köpfchen *nt (coll)*, Geistesgröße *f*; *v/t* hinter den Kulissen wirken, steuern; **m. operations list** Fertigungs(ablauf)plan *m*; **m. paper** Umdruck-Originalpapier *nt*; **m. parts list** Stückliste *f*; **m. patent** Grundpatent *nt*; **m.piece** *n* Meisterstück *nt*, M.leistung *f*, M.werk *nt*; **m. plan** Haupt-, Gesamt-, Rahmen-, Grundplan *m*; **m. planning** Globalplanung *f*; **m. policy** *(Vers.)* Haupt-, Gruppen-, Stamm-, Rahmenpolice *f*, Stammversicherungsschein *m*; **m. universal product order file** *[US]* Artikelnummerndatei *f*; **m.'s protest** ⚓ Seeprotest *m*, Verklarung *f*; **m. record** Haupt-, Bestandsatz *m*; **m. sample** ▦ feste Ausgangsstichprobe; **m.schedule** Fertigungsterminübersicht *f*, Gesamtplan *m*; **m. stroke** Bravour-, Glanzstück *nt*, Meisterleistung *f*, M.zug *m*, M.stück *nt*; **m.'s supplement** Meisterzuschlag *m*; **m. switch** ⚡ Hauptschalter *m*; **m. tailor** Schneidermeister *m*; **m. tape** 1. Originalband *nt*; 2. 🖫 Bestands-, Stammband *nt*, **m. tenant** Hauptmieter *m*; **m. touch** letzter Schliff; **m. tradesman** (Handwerks)Meister *m*; **m. valve** Haupthahn *m*; **m.'s wages** 1. ⚓ Kapitänsheuer *f*; 2. Meisterlohn *m*; **m.work** *n* Meisterstück *nt*

mastery *n* 1. Beherrschung *f*, Können *nt*; 2. Vorherrschaft *f*, Kontrolle *f*

masthead *n* 1. ⚓ Mastkorb *m*; 2. 🗋 Titelleiste *f*, T.zeile *f*; ~ **flag** Toppflagge *f*

mat *n* 1. Matte *f*; 2. *(coll)* 🗋 Matrize *f*; *adj* matt, glanzlos; **m. board** Matrizenkarton *m*

match *n* 1. Streich-, Zündholz *nt*; 2. *(Sport)* Spiel *nt*; 3. *(Heirat)* (gute) Partie

to be a match for so. jdm gewachsen sein, sich mit jdm messen können; ~ **more than a m. for so.** sich nicht mit jdm messen können, jdm nicht gewachsen sein; ~ **a closer m.** besser passen; **to make a m.** Ehe stiften, Heirat vermitteln; ~ **good m.** gute Partie machen; **to meet one's m.** seinen Meister/seinesgleichen finden; **to strike a m.** Streichholz entzünden

friendly match Freundschaftsspiel *nt*

match *v/t* 1. (genau) entsprechen, passen zu; 2. gleichkommen, g.ziehen; 3. verbinden, zusammenbringen, ab-, vergleichen, in Einklang bringen; **m. up** zusammenpassen

match|able *adj* vergleichbar; **m.box** *n* Streichholzschachtel *f*; **m.ed** *adj* paarig, passend

matching *adj* (zusammen)passend; *n* Zusammenbringen *nt*; **m. of buyer and seller** Zusammenbringen von Käufer und Verkäufer; ~ **data** Datenabgleich *m*; ~ **in-**

matching of maturities come and expense periodisch vergleichbare Abgrenzung von Aufwand und Ertrag; ~ **maturities** Laufzeiten-, Fristenkongruenz *f*, F.abstimmung *f*
matching field Vergleichsfeld *nt*; **m. principle** *(Bilanz)* Prinzip der sachlichen Abgrenzung
match|less *adj* einzigartig, beispiellos, unvergleichlich; **m.maker** *n* 1. Zündholzfabrikant *m*, Z.hersteller *m*; 2. Ehestifter(in) *m/f*, Heiratsvermittler(in) *m/f*, Kuppler(in) *m/f (pej.)*; **m.making** *n* Eheanbahnung *f*, E.vermittlung *f*, Heiratsvermittlung *f*, Kuppelei *f (pej.)*; **m.stick** *n* Streichholz *nt*; ~ **industry** Zündholzindustrie *f*; **m.wood** *n* Kleinholz *nt*
mate *n* 1. Geselle *m*, Arbeitskollege *m*, Kumpel *m (coll)*, Gehilfe *m*; 2. ⚓ Steuermann *m*, Maat *m*; **first m.** Obersteuermann *m*; **m.'s certificate** Steuermannspatent *nt*; **m.'s receipt (M/R)** ⚓ Verlade-, Bordbescheinigung *f*, Steuermannsquittung *f*, Verladebestätigung *f*, Schiffs-, Bordempfangsschein *m*, B.bescheinigung *f*
material *n* 1. Material *nt*, (Bau-/Werk)Stoff *m*, Zubehör *nt*; 2. *(Textil)* Stoff *m*; **m.s** Roh-, Verbrauchsstoffe, Sachmittel; **m.s and labour** *(Bilanz)* Material und Arbeitslöhne; **m.s on hand** Materialbestand *m*; ~ **on order** bestelltes Material; **m.s not in stock** Auftragsmaterial *nt*; **m.s and supplies** (Roh-,) Hilfs- und Betriebsstoffe
material chargeable to overheads Gemeinkostenmaterial *nt*; **receiving m.s** Materialeingang *m*
to pool material Material gemeinsam einsetzen; **to provide/supply m.s** Material beistellen; **to sift m.** Material sichten; **to utilize m.** Material einsetzen
allocated/allotted/apportioned/assigned material auftragsgebundenes Material; **alternative m.** Ersatzwerkstoff *m*; **auxiliary m.** Hilfs- und Betriebsstoffe *pl*, Hilfsstoffe *pl*; **recycled ~ m.** Kreislaufmaterial *nt*; **available m.** frei verfügbare Lagerbestände
basic material Grundstoff *m*, Ausgangsmaterial *nt*; **b. m.s industry** Grundstoffindustrie *f*; **b. m. price** Grundstoffpreis *m*
blank material Blindmaterial *nt*; **bought-in m.s** fremdbezogene Stoffe, Fremdbezüge; **classified m.** (geheime) Verschlusssache; **combustible m.** brennbares Material; **dangerous m.** Gefahrgut *nt*; **defective/faulty m.** fehlerhaftes Material, Materialfehler *m*, M.schaden *m*; **descriptive m.** Prospektmaterial *nt*
direct material(s) Materialeinzelkosten, (Einzel)Fertigungsmaterial *nt*, Fertigungsmaterialkosten, Produktionsmaterial *nt*, Einzelmaterialkosten, E.stoffkosten; **actual d. m.** tatsächlicher Fertigungsverbrauch; **d. m. budget** Materialdisposition *f*; ~ **inventory** Werkstoffbestand *m*
earmarked material zweckgebundenes Material; **excess m.** Überschussmaterial *nt*; **exonerating m.** [§] entlastendes Material; **explosive m.** Zündstoff *m*; **faulty m. and workmanship** Material- und Herstellungsfehler *pl*; **fibrous m.** Faserstoff *m*; **fissionable m.** ☢ Spaltmaterial *nt*; **foreign m.** Fremdstoff *m*; **hazardous m.** Gefahrgut *nt*; **imported m.s** Importgüter; **incoming m.** Materialeingänge *pl*, eingehendes Material; **incriminating m.** [§] belastendes Material; **indirect m.** Materialgemeinkosten *pl*, (Fertigungs)Gemeinkostenmaterial *nt*; **inferior m.** 1. minderwertiges Material; 2. 🏛 schlechte Baustoffe; **informative m.** Dokumentation *f*; **industrial m.s** Industriestoffe *pl*; **insulating m.** Isolierstoff *m*, I.material *nt*; **intermediate m.s** Zwischenmaterial *nt*; **long lead-time m.s** Material mit langen Beschaffungszeiten; **loose m.** Schüttgut *nt*; **mortgaged/obligated m.** auftragsgebundenes Material; **non-productive m.** Hilfsstoffe *pl*; H.material *nt*; **nuclear m.s** Kernstoffe; **nutritive m.** Nährstoff *m*; **obsolete m.** veraltetes Material; **photographic and film m.** Bildmaterial *nt*; **primary m.** Vormaterial *nt*, Rohstoff *m*; **~ m.(s) production** Rohstoffproduktion *f*; **processed m.** Fertigstoff *m*; **promotional m.** Werbeunterlagen *pl*, W.beilage *f*, Reklamematerial *nt*; **purchased m.** Fremdmaterial *nt*, F.bezüge *pl*
raw material 1. Grund-, Rohstoff *m*, R.material *nt*, Ausgangsmaterial *nt*; 2. ♦ Vorstoff *m*; ~ **for capital goods** Investitionsgüterrohstoff *m*; **r. m.s** Rohstoffe; ~ **and consumables** Roh-, Hilfs- und Betriebsstoffe; **r. m. for industry** Industriegrundstoff *m*; ~ **used in the production of foodstuffs** Nahrungsmittelgrundstoff *m*; **r. m.s. and supplies** *(Bilanz)* Roh-, Hilfs- und Betriebsstoffe
energy-producing raw material Energierohstoff *m*; **indigenous r. m.s** einheimische/inländische Rohstoffe; **industrial r. m.** Industrierohstoff *m*; **primary ~ r. m.** Primärrohstoff *m*; **recycled/secondary r. m.** Sekundärrohstoff *m*; **secondary r. m.s extraction** Sekundärrohstoffgewinnung *f*; **sensitive r. m.** sensibler Rohstoff
raw material base/basis Rohstoffbasis *f*; ~ **content** Rohstoffgehalt *m*; ~ **cost(s)** Kosten für Rohstoffe; ~ **country** Rohstoffland *nt*; ~ **credit business** Rohstoffkreditgeschäft *nt*; ~ **deposit** Rohstoffvorkommen *nt*; ~ **exports** Rohstoffexport *m*, R.ausfuhr *f*; ~ **imports** Rohstoffimport *m*, R.einfuhr *f*; ~ **intensity** Rohstoffintensität *f*; **r. m.(s)-intensive** *adj* rohstoffintensiv; **r. m.s inventory** Rohstoffbestände *pl*; **r. m. market** Rohstoffmarkt *m*; ~ **purchases** Rohstoffkäufe; ~ **requirements** Rohstoffbedarf *m*; **r. m.s requisition** Rohmaterialanforderung *f*; **r. m. stocks** Rohstoffbestände; ~ **stores** Rohmateriallager *nt*; ~ **supplies** Rohstoffvorräte; ~ **used** Rohstoffverbrauch *m*
recoverable/recyclable/reusable material Wertstoff *m*; **unadulterated ~ m.** sortenreiner Wertstoff; **reliable m.** bewährtes Material; **reserved m.s** auftragsgebundenes Material; **sensitive m.** vertrauliche Unterlagen; **statistical m.** statistisches Material; **original ~ m.** statistisches Urmaterial; **substitute m.** Ersatzstoff *m*; **sundry m.s** (diverses) Kleinmaterial; **third-country m.s** Bestandteile aus Drittländern; **toxic m.** Giftstoff *m*; **visual m.** Bildmaterial *nt*
material *adj* 1. [§] (beweis-/rechts)erheblich, relevant, zur Sache gehörig, (vertrags)wesentlich, substanziell, von Belang/Gewicht, ausschlag-, maßgebend; 2. materiell, dinglich, körperlich
material|s abstract Materialverbrauchsstatistik *f*; **m.s account** Materialrechnung *f*; **m.(s) accounts** Materialbestandskosten; **m.s accounting** Materialabrechnung

f, M.buchführung *f*, M.nachweis *m*; ~ **system** Materialabrechnungsverfahren *nt*; **m.(s) allowance** Materialzuschlag *m*; **m.(s) budget** Materialkostenplan *m*, M.budget *nt*, Werkstoffbedarfsplanung *f*; **m.s budgeting** Materialbedarfs-, Bedarfsmengenplanung *f*; **usage-based m.s budgeting** verbrauchsgebundene Bedarfsmengenplanung; **m.s buyer** Materialeinkäufer *m*; **m. code** Materialschlüssel *m*; **m.s consumed** verwendetes Material; **m.(s) consumption** Materialverbrauch *m*; **m.(s) consumption record sheet** Verbrauchsbogen *m*

materials control Materialsteuerung *f*, M.kontrolle *f*, interne Materialwirtschaft *f*; ~ **supervisor** Leiter der Materialprüfstelle; ~ **system** Materialwirtschaft *f*

material cost(s) Material-, Sachkosten *pl*, Materialaufwand *m*, sächliche Ausgaben; **direct m. c.s** unmittelbarer Materialaufwand; **indirect m. c.s** Werkstoffgemeinkosten; **m. c. burden rate** Materialgemeinkostenzuschlag *m*, M.satz *m*; **m.s c. center** *[US]* / **centre** *[GB]* Material(kosten)stelle *f*

material(s) costing Materialkostenermittlung *f*

materials cost pressure Materialkostendruck *m*; ~ **structure** Sachkostenstruktur *f*

material|s credit slip Rückgabeschein *m*; **m.s cycle** Materialkreislauf *m*; **m. damage** Sachschaden *m*, materieller Schaden; **m. delivery verification** Materialeingangskontrolle *f*; **m.(s) depletion** Erschöpfung der Rohstoffe; **m.s distribution** Stoffwirtschaft *f*; **m.s engineer** Werkstoffingenieur *m*; **m.s engineering** Werkstofftechnik *f*; **m.s exchange** Materialbörse *f*; **m. expenditure(s)/expense(s)** Sachaufwand *m*, S.kosten, S.aufwendungen; **m.s explosion** zeitliche Aufgliederung des Materialflusses; **m. fatigue** Material-, Werkstoffermüdung *f*, Material-, Werkstoffmüdigkeit *f*

materials flow Werkstoffdurchlauf *m*, Materialfluss *m*; ~ **control** Materialflusskontrolle *f*; ~ **layout** Materialflussgestaltung *f*; ~ **methods** Materialflusstechniken; ~ **planning** Materialflussplanung *f*; ~ **system** Materialflusssystem *nt*

materials handling Materialbehandlung *f*, M.wirtschaft *f*, M.transport *m*, innerbetriebliches Transport- und Lagerwesen; **ideal/optimal m. h.** materialwirtschaftliches Optimum; **intra-plant m. h.** innerbertriebliches Transportwesen; **m. h. department** Transportabteilung *f*; ~ **equipment** Maschinen für die Materialbeförderung, Transportanlage *f*; ~ **function** Transportfunktion *f*; ~ **overhead(s)** Materialgemeinkosten *pl*

materials input Werkstoff-, Stoffeinsatz *m*, S.verbrauch *m*, Materialaufwand *m*; **additional m. i.** Materialmehraufwand *m*; **m. i.-output statement** Materialbilanz *f*

material|s inspection department Materialprüfstelle *f*; **m.-intensive** *adj* materialintensiv; **voucher-based m.s inventory** belegmäßige Bestandsaufnahme

materials issue Materialausgabe *f*, M.ausgang *m*; ~ **analysis sheet** Materialverbrauchsstatistik *f*; ~ **counter** Materialausgabe *f*; ~ **slip** Materialausgabeschein *m*

materialism *n* Materialismus *m*; **dialectical m.** dialektischer Materialmaus; **historical m.** historischer Materialismus

materialist *n* Materialist(in) *m/f*; **m.ic** *adj* materialistisch

materiality *n* 1. *(Bilanz)* Wesentlichkeitsgrundsatz *m*, Prinzip der Wesentlichkeit; 2. relative Bedeutung, Wichtigkeit *f*, Wesentlichkeit *f*

materialize *v/i* (greifbare) Gestalt annehmen, zu Stande kommen, sich erfüllen, sich verwirklichen, konkrete Formen annehmen, Wirklichkeit werden

material|s list Materialliste *f*; **m.s management** Stoff-, Materialwirtschaft *f*, M.verwaltung *f*, Steuerung des Materialdurchlaufs, Logistik *f*; **m.s and logistics management** Materialwirtschaft *f*; ~ **area** Materialbereich *m*; **m.s manager** Leiter der Materialverwaltung *f*; **m.s mix** Materialmischung *f*; **m.s movement** Materialbewegung *f*, M.transport *m*; **in-plant m.s movement** innerbetrieblicher Materialtransport; **m.s order** Materialentnahmeschein *m*; **m.(s) overheads** Materialgemeinkosten; **m.s overhead rate** Materialgemeinkostensatz *m*, M.(gemeinkosten)zuschlag *m*; **m.s planning** Werkstoff-, Materialplanung *f*; **consumption-driven ~ planning** verbrauchsgesteuerte Disposition; ~ **planning file** Dispositionskartei *f*

materials price Materialpreis *m*; ~ **increase** Materialpreisanstieg *m*; ~ **variance** (Einzel)Materialpreisabweichung *f*

material|s purchases Materialbezüge; **m.s purchase budget** Materialbeschaffungsplan *m*; **m.s purchasing** Materialeinkauf *m*, M.käufe *pl*, M.beschaffung *f*; ~ **plan** Rohstoffeindeckungsplan *m*; ~ **policy** Materialbeschaffungspolitik *f*; **m.s quantity variance** (Einzel)Materialverbrauchsabweichung *f*, M.mengenabweichung *f*; **m.s received note** Materialempfangsbescheinigung *f*; **m.s receiving** Materialannahme *f*; **m.s records** Materialbelege, M.aufzeichnungen; **m.s requirement** Material-, Werkstoffbedarf *m*; ~ **management/planning** Bedarfsmengen -, Materialbedarfsplanung *f*, M.steuerung *f*, Lagerplanung *f*, L.wirtschaft *f*; **m.s requisition** Material-, Werkstoffanforderung *f*, Materialentnahme *f*; ~ **slip/sheet** Material-, Werkstoffentnahmeschein *m*; **m.s research** Materialforschung *f*; **m.s saving** Materialeinsparung *f*; **m.s science** Werkstoffkunde *f*; **m.s specification** Materialangaben *pl*; **m.s status evaluation** Materialbestandsrechnung *f*; **in-process m. stores** Zwischenlager *nt*; **m. supplies** Materialvorrat *m*; **m.s tester** Werkstoffprüfer *m*; **m.s testing** Material-, Werkstoffprüfung *f*, Material-, Werkstoffkontrolle *f*; ~ **office** Materialprüfungsamt *nt*, M.prüfstelle *f*; **m.s throughput** Materialdurchfluss *m*; **m.s transfer note** Materialübertragungschein *m*; **m.s usage** Materialverbrauch *m*, M.einsatz *m*; ~ **variance** Materialverbrauchsabweichung *f*; **m. used** Materialaufwand *m*; ~ **budget** Materialkostenplan *m*; **m. value** Sachwert *m*; ~ **loan** Sachwertanleihe *f*; ~ **rating** Substanzkurs *m*; **m. yield** Materialausbeute *f*

maternal *adj* mütterlich

maternity *n* Mutterschaft *f*; **m. aid/allowance** 1. Entbindungs-, Mutterschaftsbeihilfe *f*; 2. *[GB]* Mutterschaftsgeld *nt*; **m. benefit/grant** Geburtsbeihilfe *f*, G.zuschuss *m*, Entbindungsgeld *nt*, E.beihilfe *f*, Mut-

maternity payment

terschaftsgeld *nt*, M.zuschuss *m*, Schwangerschafts-, Mütterbeihilfe *f*, Wochengeld *nt*; ~ **payment** Wochengeldleistung *f*; **m. care** Entbindungsfürsorge *f*; **m. center** *[US]* /**centre** *[GB]* Mütterberatungsstelle *f*; **m. home/hospital** Entbindungsanstalt *f*, E.heim *nt*; **m. insurance** Mutterschaftsversicherung *f*; **m. leave** Entbindungs-, Mutterschaftsurlaub *m*; **(statutory) m. pay (SMP)** *[GB]* Mutterschaftsgeld *nt*; **m. period** Mutterschaftsschutzfrist *f*; **m. protection** Mutter(schafts)schutz *m*; ~ **act** Mutterschaftsschutzgesetz *nt [D]*; **m. relief** Wochenhilfe *f*; **m. rights** Mutterschaftsschutz *m*; **m. unit/ward** $ Entbindungs-, Wöchnerinnenstation *f*, Entbindungsabteilung *f*; **m. welfare service** Mütterberatungsdienst *m*

mathemati|cal *adj* mathematisch; **m.cian** *n* Mathematiker(in) *m/f*

mathematics *n* Mathematik *f*; **abstract m.** reine Mathematik; **actuarial m.** Versicherungsmathematik *f*; **applied m.** angewandte Mathematik; **commercial m.** kaufmännisches Rechnen

matinee *n* *(frz.)* Matinee *f*, Frühvorstellung *f*

matricu|late *v/ti* *(Universität)* (sich) einschreiben/immatrikulieren; **m.lation** *n* Immatrikulation *f*, Immatrikulierung *f*, Einschreibung *f*

matrimonial *adj* ehelich; **M. Causes Act** *[GB]* Ehescheidungsgesetz *nt*

matrimony *n* Ehe(stand) *f/m*, eheliche Verbindung/Gemeinschaft

matrix *n* 1. Matrix *f*; 2. Mater *f*, Matrize *f*; ~ **of opportunity costs** Opportunitätskostenmatrix *f*; **inverse m.** Umkehrmatrix *f*

matrix balance sheet Bilanz in Matrizenform, ~ über Kreuz; **m. board** Maternpappe *f*; **m. calculus** Matrizenrechnung *f*; **m. memory** Matrixspeicher *m*; **m. notation** Matrizenschreibweise *f*; **m. organization** Matrixorganisation *f*, M.management *nt*; **m. principle** Matrixprinzip *nt*; **m. row** Matrizenzeile *f*; **m. service** Materndienst *m*; **m. structure** Matrixstruktur *f*; **m. theory** Matrixtheorie *f*

matron *n* 1. $ Oberschwester *f*; 2. Aufseherin *f*, Heimleiterin *f*

matter *n* 1. Sache *f*, Angelegenheit *f*, Gegenstand *m*; 2. Materie *f*, Stoff *m*, Substanz *f*; 3. Belang *m*, Fall *m*; **in the m. of** bezüglich, was ... anbelangt, in Sachen

matter of aggravation [§] erschwerender Umstand; **m. for arbitration** Schiedssachangelegenheit *f*; **m. of arrangement** Vergleichssache *f*; **m. of concern** Anlass zur Sorge; **m.s of common concern** gemeinsame Belange, Angelegenheiten von allgemeinem/gemeinsamem Interesse; ~ **public concern** öffentliche Belange; **m. of confidence** vertrauliche Sache; **to treat sth. as a ~ confidence** etw. vertraulich/mit Diskretion behandeln; **m. for legal consideration** Rechtsangelegenheit *f*; **m. in controversy** Streitsache *f*, S.gegenstand *m*; **m. of course** Selbstverständlichkeit *f*; ~ **discretion** Ermessenssache *f*; **m. for/in/of dispute** 1. Streitfrage *f*, S.sache *f*, S.gegenstand *m*, S.objekt *nt*; 2. [§] Prozessstoff *m*, P.gegenstand *m*; **as a m. of fact** in Wirklichkeit, tatsächlich; **to become a m. of fact** aktenkundig werden; **m. of form** Formsache *f*, F.frage *f*, Verfahrensfrage *f*, Formalien *pl*; **as a ~ form** aus formellen Gründen, pro forma *(lat.)*; ~ **habit** Gewohnheitssache *f*; **m. in hand** eigentliches Thema, vorliegende Sache; **m. of honour** Ehrensache *f*, E.angelegenheit *f*; ~ **inheritance** Erbschaftsangelegenheit *f*; ~ **instinct** Gefühlssache *f*; ~ **public interest** Gegenstand öffentlichen Interesses; ~ **interpretation** Auslegungssache *f*; **m. at issue** Streit-, Verhandlungsgegenstand *m*; **m. of law** Rechtsangelegenheit *f*; ~ **life and death** Schicksals-, Existenz-, Lebensfrage *f*; **to be a ~ life and death** um Kopf und Kragen gehen *(fig)*, um Leben und Tod gehen, ums Überleben gehen; **m. for litigation** streitige Angelegenheit; **m. of luck** Glückssache *f*; ~ **negotiation** Verhandlungssache *f*; ~ **opinion** Ansichtssache *f*; ~ **principle** Prinzipienfrage *f*; **as a ~ principle** aus Prinzip; ~ **record** verbürgte/belegte Tatsache; ~ **substance** materiell-rechtliche Frage; ~ **taste** Geschmackssache *f*, G.sache *f*; ~ **time** Zeitfrage *f*, Frage der Zeit; ~ **trust** Vertrauenssache *f*; ~ **urgency** Eil-, Dringlichkeitssache *f*, dringliche/dringende Angelegenheit

matter apart Sache für sich; **m. arising in an appeal** [§] Gegenstand des Berufungsverfahrens; **m.s handled by the judges** richterliche Geschäfte; ~ **upon request** Auftragsangelegenheiten; **m.s spiritual and temporal** *[GB]* geistliche und weltliche Angelegenheiten/Dinge; **no small m.** keine Kleinigkeit; **no m. what** ganz gleich, was passiert; **as m.s stand** wie die Dinge liegen, nach Lage der Dinge

to act on the matter in der Sache tätig werden; **to clear up a m.** Angelegenheit klären; **to close a m.** Sache abschließen; **to discuss a m.** Angelegenheit/Sache besprechen; **to expedite m.s** Dinge vorantreiben; **to go into a m. again** eine Sache erneut prüfen; **to let a m. drop** eine Sache fallen lassen; **to look into a m.** einer Sache nachgehen, sich eine Sache ansehen, Angelegenheit prüfen; **not to mince m.s** kein Blatt vor den Mund nehmen *(fig)*, reden, wie einem der Schnabel gewachsen ist *(coll)*; **to put a m. into so.'s hands** jdm eine Sache zur Erledigung übertragen; ~ **in the hands of an attorney** Angelegenheit einem Anwalt übergeben; **to raise a m.** Angelegenheit zur Sprache bringen; **to represent so. in judicial m.s** jdn gerichtlich vertreten; **to settle a m.** Angelegenheit erledigen/bereinigen/in Ordnung bringen/regeln; **to take a m. in hand** sich einer Sache annehmen; ~ **up a m. (with so.)** sich wegen einer Angelegenheit an jdn wenden, Angelegenheit (mit jdm) besprechen

administrative matter Verwaltungsangelegenheit *f*; **budgetary m.s** Haushaltsfragen; **classified m.** geheime Dienstsache; **commercial m.s** Handelsfragen, H.sachen; **confidential m.** vertrauliche Angelegenheit; **controversial m.** streitige Angelegenheit; **day-to-day m.s** laufende Angelegenheiten; **dead m.** 1. tote Materie; 2. abgelegter Satz; **defamatory m.** beleidigendes Material; **in economic m.s** auf wirtschaftlichem Gebiet; **federal m.** Bundesangelegenheit *f*; **financial m.s** Finanzangelegenheiten; **foreign m.** Fremdstoff *m*; **immediate m.** Sofortsache *f*; **insured**

m. versicherter Gegenstand; **legal m.** Rechtssache *f*, R.vorgang *m*, R.angelegenheit *f*; **~ m.s** Rechtsverkehr *m*; **non-contentious ~ m.** nichtstreitige Rechtssache; **live m.** 🖙 druckfertiger Satz; **maritime m.** Seerechtssache *f*, Schifffahrtsangelegenheit *f*; **minor m.** Nebensache *f*; **monetary m.s** Geldangelegenheiten; **personal m.** persönliche Angelegenheit, Privatangelegenheit *f*; **postal m.** Postsache *f*, P.gut *nt*; **primary m.** Urstoff *m*; **printed m.** 1. 🖙 Druckerzeugnis *nt*; 2. ✉ Briefdrucksache *f*; **to send (by) ~ m.** ✉ als Drucksache verschicken; **private m.** persönliche Angelegenheit, Privatsache *f*; **procedural m.** Verfahrensangelegenheit *f*; **residual m.** ♻ Rückstand *m*; **secret m.** Geheimsache *f*; **settlable m.** Sinkstoff *m*; **solid m.** Feststoff *m*; **suspended m.** Schwebestoff *m*; **trivial m.** Kleinigkeit *f*, Klacks *m* *(coll)*; **vital m.** Schicksalsfrage *f*; **volatile m.** ♻ flüchtige Bestandteile; **written m.** Schriftsache *f*
matter *v/i* ins Gewicht fallen, von Bedeutung sein
matter-of-fact *adj* prosaisch, sachlich, nüchtern
mature *v/i* 1. (aus)reifen; 2. fällig werden, verfallen, auslaufen; **m. severally** einzeln abrufen; **as it m.s** bei Fälligkeit
mature(d) *adj* 1. reif, erwachsen, ausgereift, abgelagert; 2. fällig
maturing *adj* mit kurzer Laufzeit; **m. on** fällig werdend am; **m. grounds** *(Fischerei)* Aufwuchsgründe
maturity *n* 1. Fälligkeit(sdatum) *f/nt*, Verfall(zeit) *m/f*, Laufzeit *f*; 2. *(Anleihe)* Laufzeit(en)bereich *m*; 3. Wechsel-, Zahlungsfälligkeit *f*; 4. *(Vers.)* Endalter *nt*, Ablauf(frist) *m/f*; 5. 🖙 Reife *f*; **at/on/upon m.** bei Fälligkeit/Verfall, bei Ablauf (des Wechsels); **before m.** vorzeitig; **prior to m.** vor Fälligkeit; **m. of a bill** Ablauf eines Wechsels; **of ... months' m.** mit einer Laufzeit von ... Monaten; **paid at m.** bei Fälligkeit/termingerecht bezahlt; **payable at m.** zahlbar bei Fälligkeit/Verfall; **with ... years remaining to m.** mit einer Restlaufzeit von ... Jahren
to defer maturity Fälligkeit aufschieben; **to mismatch maturities** Laufzeiten/Fälligkeiten nicht aufeinander abstimmen; **to pay at m.** bei Fälligkeit zahlen; **~ before m.** vorzeitig/vor Fälligkeit zahlen; **to repay before m.** vorzeitig zurückzahlen
concordant maturity kongruente Laufzeit; **of ~ m.** laufzeit(en)kongruent; **of conformable m.** laufzeit(en)konform; **current m.** *(Obligation)* innerhalb eines Jahres fälliger Teil; **~ maturities (of long-term debts)** innerhalb eines Jahres fällige langfristige Verbindlichkeiten; **final m.** Endfälligkeit *f*; **fixed m.** feste Laufzeit; **of identical m.** laufzeit(en)konform, l.kongruent; **intermediate m.** Zwischentermin *m*; **long(-dated) maturities** Langläufer *m*; **matching maturities** Laufzeitkongurenz *f*; **with ~ maturities** fristenkongruent; **maximum m.** Höchstlaufzeit *f*; **minimum m.** Mindestlaufzeit *f*; **original m.** ursprüngliche Laufzeit *f*; **previous m.** Vortermin *m*; **remaining m.** Restlaufzeit *f*; **serial m.** Serienfälligkeit *f*
maturity basis Fälligkeitsgrundlage *f*; **m. category** Fristenkategorie *f*; **m. claim** Fälligkeitsanspruch *m*; **m. code** Fälligkeitsschlüssel *m*; **m. date** Fälligkeitsdatum *nt*, F.tag *m*, F.termin *m*, Ende der Laufzeit, Skadenz *f*; **m. distribution** *(Anleihen)* Laufzeitenstruktur *f*; **m. dividend** *(Lebensvers.)* fällige Prämienbeteiligung; **m. factoring** Factoring mit (Kreditrisiko- und) Forderungsverwaltung; **m. file** Verfallkartei *f*; **m. index** Verfallindex *m*, V.buch *nt*; **maturities mismatch** Inkongruenz *f* (der Fälligkeitstermine/Laufzeiten); **m. mix/pattern/structure** Fristigkeitsstruktur *f*, Laufzeiten-, Fristen-, Fälligkeitsstruktur *f*, F.verteilung *f*; **m. period** Laufzeit *f*; **maturities planning** Abstimmung der Fälligkeiten; **m. range** Fristenraum *m*; **m. risk** Laufzeitenrisiko *nt*; **m.s schedule** Fälligkeitsplan *m*; **m. stage** Reifephase *f*; **m. tickler** *(Akzepte)* Verfallbuch *nt*; **m. transformation** Fristentransformation *f*; **m. value** Fälligkeitswert *m*; **m. yield** Rendite einer langfristigen Anlage
maul *v/t* grob behandeln, übel zurichten; **to be m.ed** *adj* Federn lassen *(fig)*
maverick *n* 1. Einzelgänger(in) *m/f(fig)*; 2. 🐄 Ausreißer *m*
maxim *n* Maxime *f*, Erfahrungs-, Grundsatz *m*; **m. of equity** Grundsatz der Billigkeit, billigkeitsrechtlicher Grundsatz; **legal m.** Rechtsgrundsatz *m*, R.maxime *f*; **political m.** Staatsmaxime *f*
maximization *n* Maximierung *f*; **m. of assets at the end of the planning period** Endvermögensmaximierung *f*; **~ withdrawals** Entnahmemaximierung *f*; **constrained m.** Maximierung mit Nebenbedingungen; **unconstrained m.** Maximierung ohne Nebenbedingungen
maximize *v/t* maximieren, das Beste herausholen/machen aus, maximalisieren
maximum *n* Höchstmaß *nt*, H.satz *m*, H.betrag *m*, Maximum *nt*; **up to a m. of** bis zu einer Höhe von; **fixing a m. for new issues** Emissionskontingentierung *f*
maximum *adj* maximal, größtmöglich, Höchst-
max-min system Bestellpunktsystem *nt*
May Day *[GB]* Tag der Arbeit
Mayday *n* ⚓ Funknotsignal *nt*, SOS *nt*, Seenotruf *m*
mayhem *n* 1. Chaos *nt*; 2. *[US]* § (schwere) Körperverletzung
mayor *n* Bürgermeister *m*, Gemeindevorsteher *m*; **m.'s office** Bürgermeisteramt *nt*; **m.alty** *n* Bürgermeisteramt *nt*; **m.ess** *n* Bürgermeisterin *f*, Gemeindevorsteherin *f*
maze *n* Gewirr *nt*, Labyrinth *nt*, Irrgarten *m*
MBA → **Master of Business Administration**
M.D. Doktor der Medizin
meadow *n* Wiese *f*, Weide *f*
meagre *adj* dürftig, kärglich
meal *n* 1. Mahlzeit *f*, Mahl *nt*, Essen *nt*; 2. 🖙 (Schrot)Mehl *nt*; **m.s on wheels** Essen auf Rädern; **to make a m. of sth.** *(fig)* etw. übertreiben, ~ sehr umständlich angehen; **to polish off a m.** *(coll)* Mahlzeit vertilgen *(coll)*; **to prepare a m.** Mahlzeit zubereiten
chief/main meal Hauptmahlzeit *f*; **free m.s** Freitisch *m*, unentgeltliche Mahlzeiten; **frozen m.** Tiefkühlgericht *nt*; **frugal m.** kärgliches Mahl; **hot m.** warme Mahlzeit; **opulent/sumptuous m.** üppiges Mahl, reichliches Essen, reichliche Mahlzeit; **pre-cooked/processed/ready-to-serve m.** Fertiggericht *nt*; **skimpy m.** mickri-

substantial **meal**

ges Essen; **square m.** volle/solide Mahlzeit; **substantial m.** kräftige Mahlzeit; **takeaway** *[GB]* /**takeout** *[US]* **m.** Fertigmahlzeit *f* (zum Mitnehmen)
meal allowance/subsidy Essensgeld *nt*, E.zuschuss *m*; **m. ticket** *[US]* (Mittag)Essensbon *m*, E.gutschein *m*, E.marke *f*; **m.time** *n* Essenszeit *f*
mean *n* π/▥ Mittel(wert) *nt/m*, Durchschnitt(szahl) *m/f*, Mitte *f*
arithmetic mean Durchschnitt *m*, arithmetisches Mittel, arithmetischer Mittelwert; **assumed m.** provisorischer Mittelwert, provisorisches Mittel; **adequated m.** Durchschnittslaufzeit *f*; **extreme m.** größter/kleinster Mittelwert; **geometric m.** geometrisches Mittel; **golden/happy m.** Mittelweg *m*, goldene Mitte; **harmonic m.** harmonisches Mittel; **monthly m.** Monatsmittel *nt*; **quadratic m.** quadratisches Mittel; **progressive m.** fortschreitendes Mittel; **unharmonic m.** antiharmonisches Mittel; **weighted m.** gewogener Mittelwert
mean *v/t* 1. bedeuten; 2. beabsichtigen; 3. meinen, besagen; **m. little** wenig Aussagekraft haben
mean *adj* 1. durchschnittlich; 2. kleinlich, geizig, knausrig; 3. *(fig)* niedrig; 4. armselig; 5. bösartig; **to be m.** geizen, knausern
meander *v/i* 1. *(Fluss)* sich winden; 2. *(fig)* vom Thema abschweifen
meaning *n* Sinn *m*, Bedeutung *f*, Begriffsinhalt *m*; **within the m. of** im Sinne von; **m. of the law** Sinn des Gesetzes; **to distort the m.** Sinn entstellen; **to give the general m.** sinngemäß übersetzen; **deeper m.** Hintersinn *m*; **legal m.** rechtliche Bedeutung, Rechtssinn *m*; **literal m.** wörtliche Bedeutung; **original/primary m.** Haupt-, Grundbedeutung *f*; **proper m.** eigentliche Bedeutung; **secondary m.** Nebenbedeutung *f*
meaningful *adj* bedeutungs-, sinnvoll, aussagekräftig; **m.less** *adj* nichtssagend
meanness *n* 1. Geiz *m*, Knauserigkeit *f*; 2. Gemeinheit *f*, Bösartigkeit *f*; 3. Armseligkeit *f*
means *n* 1. (Geld)Mittel *pl*, Einkommen *nt*, Kapital *nt*, Vermögen *nt*; 2. (Hilfs)Mittel *nt*, Instrument *nt*, Möglichkeiten *pl*, Medium *nt*; **according to one's m.** seinen Möglichkeiten entsprechend; **beyond so.'s m.** zu teuer; **by m. of** durch, auf dem Wege von, (ver)mittels; **~ all m.** selbstverständlich, auf jeden Fall; **~ fair m.** auf ehrliche Weise; **~ no m.** keineswegs; **~ this m.** hierdurch; **within one's m.** im Rahmen seiner Möglichkeiten, erschwinglich; **without m.** ohne Geld, unversorgt, mittellos
indirect means of action indirekte Maßnahmen; **m. of advertising** Werbemittel *nt/pl*; **~ borrowing** Kreditinstrument *nt*; **~ coercion** Zwangsmittel *nt*; **~ communication** Verkehrs-, Kommunikationsmittel *nt*; **~ consumption** Verbrauchsgüter *pl*; **~ conveyance** Beförderungsmittel *nt*; **~ defence** Verteidigungsmittel *nt/pl*; **~ distribution** Vertriebsmittel *nt*; **m. to an end** Mittel zum Zweck; **m. of exchange** Tauschmittel *nt*; **~ financing** Finanzierungsinstrument(e) *nt/pl*; **~ identification** 1. Ausweis *m*; 2. [§] Nämlichkeitsmittel *nt*; **~ inspection** Prüfumfang *m*; **~ living** Erwerbsmittel *nt*, E.quelle *f*; **~ payment** Zahlungsmittel *nt*; **chief ~ payment** Hauptzahlungsmittel *nt*; **~ preservation** Konservierungsmittel *nt*; **~ production** Produktionsmittel *nt*; **~ protection** Schutzmittel *nt*; **~ legal redress** Rechtsmittel *nt*; **~ refrigeration** Kühlmittel *nt*; **~ security** Sicherungsmittel *nt*; **~ subsistence** Unterhaltsmittel *nt*; **~ transport** *[GB]* /**transportation** *[US]* Beförderungsmittel *nt*, B.system *nt*, Transport-, Verkehrsmittel *nt*, V.träger *m*; **international ~ transport** grenzüberschreitende Transportmittel; **~ local transport** Nahverkehrsmittel *nt*; **~ mass transportation** Massenbeförderungsmittel *nt*
to be beyond one's means die finanziellen Möglichkeiten übersteigen; **~ within one's m.** im Rahmen der finanziellen Möglichkeiten liegen, seinen Verhältnissen entsprechen; **to exceed one's m.** seine Mittel überschreiten; **to have m.** über Mittel verfügen; **~ considerable m.** bedeutendes Vermögen haben; **to live beyond one's m.** über seine Verhältnisse leben; **~ within one's m.** seinen Verhältnissen entsprechend leben, mit seinem Geld auskommen; **to resort to ... m.** zu ... Mitteln greifen
ample means beträchtliche/reichliche/umfangreiche Mittel; **to have ~ m.** kapitalkräftig sein; **available m.** verfügbare Mittel; **all ~ m.** alle zu Gebote stehenden Mittel; **constitutional m.** verfassungsmäßige Mittel; **effective m.** durchgreifendes Mittel; **financial m.** Kapitalmittel *pl*; **by honest m.** auf ehrliche Weise; **improper m.** unlautere Mittel; **by indirect m.** auf Umwegen; **insufficient m.** nicht ausreichende Mittel; **by judicial m.** auf gerichtlichem Wege; **~ lawful m.** mit legalen Mitteln, legal; **limited m.** bescheidene/beschränkte Mittel; **by peaceful m.** auf friedlichem Wege; **private m.** Privatvermögen *nt*, persönliches Vermögen; **public m.** öffentliche Gelder, Gelder der öffentlichen Hand; **scarce m.** knappe Mittel; **sufficient m.** ausreichende/hinreichende Mittel
means-ends dichotomy Zielmitteldichotomie *f*; **~ relation** Zweck-Mittelbeziehung *f*
mean-square *adj* mittlere(r,s)
means test(ing) 1. *[GB]* Bedürftigkeitsnachweis *m*, B.prüfung *f*, B.ermittlung *f*; 2. Kreditprüfung *f*; 3. Einkommens-, Vermögensveranlagung *f*, Mittelnachweis *m*; **m. and purposes test** Kreditwürdigkeits- und Verwendungstest *m*
means-test *v/t* Bedürftigkeit überprüfen; **m.-t.ed** *adj* einkommensabhängig, e.bezogen, nach erfolgter Prüfung der Vermögensverhältnisse
meant for *adj* bestimmt für
in the mean|time *n*; **m.while** *adv* in der Zwischenzeit, zwischenzeitlich, inzwischen, mittlerweile
measles *pl* $ Masern; **German m.** Röteln
measly *adj* mickrig
measur|ability *n* Messbarkeit *f*; **m.able** *adj* messbar, fassbar
measure *n* 1. Maß *nt*; 2. Maßnahme *f*, Eingriff *m*; 3. Maßgabe *f*, M.stab *m*, M.einheit *f*, M.regel *f*; 4. Ausmaß *nt*, Größe *f*; **for good m.** sicherheitshalber, zur Sicherheit; **without m.** ohne Maßen, sehr reichlich
measure|s of adjustment Anpassungsmaßnahmen; **m.s**

of aid Fördermaßnahmen; **m. taken by the central bank** Notenbankmaßnahme *f*; **m.s to promote small businesses** Mittelstandsförderung *f*; **m. of capacity** Hohlmaß *nt*; **insulating m.s against capital inflows** Abwehrmaßnahmen gegen Kapitalzuflüsse; **m.s taken under cartel law** kartellrechtliche Maßnahmen; **m. of concentration** Konzentrationsmaß *nt*; **~ constraint** Zwangsmaßnahme *f*; **administrative ~ constraint** Zwangsmaßnahme der Verwaltungsbehörden; **legal ~ constraint** gerichtliche Zwangsmaßnahme, Zwangsmaßnahme des Gerichts; **m.s of correlation** Korrelationsmaße; **m.s to increase demand** Nachfrageprogramm *nt*; **m. of dispersion** ▦ Streuungsmaß *nt*; **m.s of distribution** Verteilungsmaße; **m. of frequency** Häufigkeitsmaß *nt*; **m.s for improvement and correction** Besserungsmaßregeln; **m. of total income** Gesamteinkommensgröße *f*; **~ indemnity** Entschädigungsmaß *nt*; **m. to improve the infrastructure** Infrastrukturmaßnahme *f*; **~ procure liquidity** Liquiditätsbeschaffungsmaßnahme *f*; **m. of location** Lagemesszahl *f*; **m. to open up a market** Markterschließungsmaßnahme *f*; **~ maintain public order** Ordnungsmaßnahme *f*; **m. of performance** Leistungsgröße *f*; **~ production** Maßgröße der Produktion; **~ relaxation** Lockerungsmaßnahme *f*; **quartile m. of skewness** ▦ Quartilschiefemaß *nt*; **m. of short-term solvency** kurzfristiger Liquiditätsgrad; **~ success** Erfolgsmaßstab *m*; **m.s to protect trade** handelspolitische Schutzmaßnahmen; **m. of value** Wertmaßstab *m*, W.messer *m*; **~ variation** Abweichnungs-, Schwankungsmaß *nt*

made to measure maßgeschneidert, m.gefertigt, m.gearbeitet, nach Maß gefertigt; **beyond all m.** über alle Maßen, außerordentlich; **for good m.** sicherheitshalber; **in some m.** bis zu einem gewisssten Grade; **on all m.s** in jeder Hinsicht; **governmental m.s imposed to ensure standards of quality and efficiency** staatliche Maßnahmen zur Durchsetzung bestimmter Qualitäts- und Leistungsnormen

to abolish measure|s Maßnahmen aufheben; **to afford each other the widest m. of mutual assistance** sich gegenseitig soweit wie möglich Rechtshilfe leisten; **to amend m.s** Maßnahmen ändern; **to buy to m.** nach Maß kaufen; **to enact m.s** Maßnahmen ergreifen; **to give short m.** *(Getränk)* zu wenig einschenken; **to introduce/take m.s** Maßnahmen ergreifen/treffen, Vorkehrungen/Regelungen treffen, alles Erforderliche/ Nötige veranlassen; **to put m.s in hand** Maßnahmen einleiten; **to resort to m.s** zu Maßnahmen Zuflucht nehmen; **to sell by m.** nach Maß verkaufen; **to use direct m.s** unmittelbar eingreifen

arbitrary measure Willkürmaßnahme *f*; **absolute m.** ▦ dimensionslose Maßzahl; **accompanying m.** flankierende Maßnahme, Begleitmaßnahme *f*; **ad hoc** *(lat.)* **m.** Einzelmaßnahme *f*; **administrative m.** verwaltungstechnische/behördliche Maßnahme; **anti-cyclical m.** konjunkturdämpfende/antizyklische Maßnahme, aktive Konjunkturpolitik; **anti-dumping m.** Antidumpingmaßnahme *f*; **associated m.s** flankierende Maßnahmen; **belt-tightening m.** Sparmaßnahme *f*; **coercive m.** Zwangsmaßnahme *f*; **confidence-building m.** vertrauensbildende Maßnahme; **contraceptive m.s** ⚕ Maßnahmen zur Geburtenkontrolle; **corrective m.** Abhilfemaßnahme *f*; **cost-cutting/cost-saving m.** kostensenkende/kostendämpfende Maßnahme, Kostensenkungsmaßnahme *f*, Sparmaßnahme *f*; **counteractive m.** Gegenmaßnahme *f*; **countervailing m.** Ausgleichsmaßnahme *f*; **court-enforced m.** gerichtliche Vollstreckungsmaßnahme; **credit-tightening m.** Maßnahme zur Kreditverknappung, Anziehen der Kreditschraube *(fig)*; **cubic m.** π Raummaß *nt*; **cyclical m.** konjunkturpolitische/maßkonforme Maßnahme; **defensive m.** Abwehr-, Schutz-, Verteidigungsmaßnahme *f*; **deflationary m.** konjunkturdämpfende Maßnahme, Deflationsmaßnahme *f*; **derestrictive m.** Lockerungsmaßnahme *f*; **dirigist(ic) m.** dirigistische Maßnahme; **disciplinary m.** Maßregelung *f*, Disziplinarmaßnahme *f*; **internal ~ m.s** Betriebsjustiz *f*; **draconian m.** drakonische Maßnahme; **drastic m.** eingreifende/radikale/strikte/strenge Maßnahme, Gewaltmaßnahme *f*; **to take ~ m.s** (rigoros/scharf) durchgreifen; **educational m.** Bildungsmaßnahme *f*; **effective m.** wirkungsvolle Maßnahme; **energy-saving m.** Energiesparmaßnahme *f*; **environmental m.** Umweltschutzmaßnahme *f*; **as an exceptional m.** ausnahmsweise; **expansionary m.** Ankurbelungsmaßnahme *f*; **extreme m.** äußerste Maßnahme; **fiscal m.** steuerliche/steuerpolitische Maßnahme; **full m.** 1. *(Anzeige)* voller Spaltensatz; 2. gerüttelt Maß *(coll)*; **good m.** reichhaltige Menge, gerütteltes Maß *(coll)*; **governmental m.** staatliche Maßnahme; **half m.** Halbheit *f*, Kompromiss *m*; **hygienic m.** sanitäre Maßnahme; **immediate/instantaneous m.** Sofortmaßnahme *f*; **incisive m.** einschneidende Maßnahme; **initial m.** Anlaufmaßnahme; **interim m.** einstweilige/vorläufige Anordnung, ~ Maßnahme; **labour-saving m.(s)** Rationalisierung *f*; **liquid m.** Flüssigkeitsmaß *nt*; **long m.** Längenmaß *nt*; **monetary m.(s)** geldpolitische Maßnahme, Währungsmaßnahmen; **precautionary m.** Vorsichts-, Vorsorgemaßnahme *f*, Sicherheitsmaßregel *f*, vorsorgliche Maßnahme; **preliminary/preparatory m.** vorbereitende Maßnahme, Vorwegmaßnahme *f*; **preventive m.** Vorbeuge-, Vorsichts-, Gegen-, Verhütungsmaßnahme *f*, vorbeugende Maßnahme; **pro-cyclical m.** konjunkturfördernde Maßnahme; **promotional m.** Maßnahme zur Absatzförderung, verkaufsfördernde Maßnahme; **prompt m.** Sofortmaßnahme *f*; **protectionist m.** handelspolitische Schutzmaßnahme; **protective m.** Schutzmaßnahme *f*, Sicherungsvorkehrung *f*, vorbeugende Maßnahme; **provisional m.** vorläufige Maßnahme; **as a ~ m.** vorläufig; **radical m.** drastische Maßnahme; **reflationary m.** Konjunkturförderungsmaßnahme *f*, Maßnahme zur Konjunkturförderung; **regulatory m.** Ordnungs-, Lenkungsmaßnahme *f*; **remedial m.** Abhilfsmaßnahme *f*; **required m.** erforderlicher Schritt; **restrictive m.** Drosselungs-, Restriktionsmaßnahme *f*, kontraktive Maßnahme; **to adopt ~ m.s** auf Restriktionskurs gehen; **retaliatory m.** Retorsions-, Vergeltungsmaßnahme *f*, Repressalie

f; **short m.** Untermaß *nt*; **short-term m.** kurzfristige Maßnahme; **special m.** Sondermaßnahme *f*; **square/superficial m.** π Flächenmaß *nt*; **standard m.** Originalmaß *nt*; **stop-gap m.** Behelf(slösung) *m/f*, vorläufige Maßnahme; **strong m.** drastische Maßnahme; **structural m.** Strukturmaßnahme *f*; **supporting m.** flankierende Maßnahme; **sweeping m.** durchgreifende/einschneidende Maßnahme; **temporary m.** vorübergehende Maßnahme, Behelf(slösung) *m/f*, Hilfskonstruktion *f*; **urgent m.** Eilmaßnahme *f*; **veterinary m.** veterinärrechtliche Maßnahme; **violent m.** Gewaltmaßnahme *f*; **wealth-creating m.** vermögensbildende Maßnahme
measure *v/ti* 1. (ver-/ab-/be)messen, Maß nehmen, Messungen vornehmen; 2. messen, betragen; **m. off** abmessen; **m. out** 1. ausmessen; 2. dosieren; **m. up** 1. Maß nehmen; 2. 🏛 Aufmaß nehmen; **~ to** [§] Tatbestand erfüllen; **~ favourably** günstig abschneiden
measured *adj* 1. gemessen; 2. *(Äußerung)* wohl überlegt
measurement *n* 1. Maß *nt*, Messwert *m*, M.zahl *f*; 2. (Ver)Messung *f*; 3. ⚓ Tonnengehalt *m*; **m.s** Abmessungen, Ausmaße, Größe(nangeben) *f/pl*, Maße, Maßangaben; **m. and control engineering** Mess- und Regeltechnik *f*; **m. of pollutants**; **~ noxious substances** Schadstoffmessung *f*; **~ results** Erfolgsmessung *f*
to take (the) measurements Maß nehmen, messen
measurement account Maßrechnung *f*; **on a cubic m. basis** nach Maß (cbm); **m. goods** Maßgüter, nach Maß berechnete Waren; **m. scale** Messtabelle *f*; **m. ton** Frachttonne *f*
measuring *n* Messen *nt*; **m. apparatus** Messgerät *nt*, M.vorrichtung *f*; **m. and controlling devices** Mess- und Regelgeräte; **m. jug** Messbecher *m*; **m. means** Messglied *nt*, M.ort *m*; **m. out** Dosierung *f*; **m. point** Messort *m*, M.punkt *m*, M.stelle *f*; **m. range** Messbereich *m*; **m. rod** Messlatte *f*, Maßstab *m*; **m. tape** Bandmaß *nt*, Maßband *nt*, M.schnur *f*; **m. technology** Messtechnik *f*; **m. unit** Messgerät *nt*
meat *n* (essbares) Fleisch; **to put m. onto the skeleton** *(fig)* (etw.) mit Inhalt füllen; **one man's m. is another man's poison** *(prov.)* was dem einen s(e)in Uhl, ist dem anderen s(e)in Nachtigall *(prov.)*
canned *[US]* **/tinned** *[GB]* **meat** Büchsen-, Konservenfleisch *nt*, Fleischkonserve *f*; **easy m.** *(coll)* leichte Beute; **fresh m.** Frischfleisch *nt*; **frozen m.** Kühl-, Gefrierfleisch *nt*; **ground m.** *[US]* Hackfleisch *nt*; **red m.** Rind- bzw. Schweinefleisch *nt*; **smoked m.** Rauchfleisch *nt*; **white m.** Geflügelfleisch *nt*
meat axe reduction *(fig)* pauschale Kürzung; **m. chopper/mincer** Fleischwolf *m*; **m. coupon** Rationierungsmarke für Fleisch; **m. department** Fleischabteilung *f*; **m. dish** Fleischgericht *nt*; **m. industry** Fleischwirtschaft *f*, F.warenindustrie *f*; **m. inspection** Fleischbeschau *f*; **m. inspector** Fleischbeschauer *m*; **m.man** *n* *[US]* Metzger *m*; **m. preparations** Fleischpräparate, F.produkte *f*; **m. preserve** Fleischkonserve *f*; **m.-processing** *adj* fleischverarbeitend; **m. products** Fleisch- und Wurstwaren; **m. safe** Fliegenschrank *m*; **m. store** *[US]* Metzger-, Fleischerladen *m*, Fleischerei *f*, Metzgerei *f*; **m. supply** Fleischanfall *m*

mechanic *n* Mechaniker *m*, Monteur *m*; **m.'s lien** gewerbliches Zurückbehaltungsrecht
mechanical *adj* 1. mechanisch, technisch; 2. maschinell, maschinenmäßig, 3. gewohnheitsmäßig; **m.ly** *adv* mechanisch, nach der Schablone, schablonenhaft
mechanics *n* 1. *(Phys.)* Mechanik *f*; 2. Maschinenbau *m*; 3. Mechanismus *m*; **applied m.** angewandte Mechanik; **practical m.** Maschinenlehre *f*
mechanism *n* Maschinerie *f*, Mechanismus *m*, Vorrichtung *f*; **allocative m.** Allokationsmechanismus *m*; **compensatory m.** Ausgleichsmechanismus *m*; **faulty m.** defekter Mechanismus; **monetary m.** Währungsapparat *m*, W.mechanismus *m*; **procedural m.** Verfahrensweg *m*; **regulatory m.** Interventionsmechanismus *m*; **transitional m.** Übergangsmechanismus *m*
mechanization *n* Automatisierung *f*, Mechanisierung *f*, Technisierung *f*
mechanize *v/t* mechanisieren, automatisieren, auf maschinellen Betrieb/Maschinenbetrieb umstellen
mechanized *adj* mechanisiert, automatisiert; **fully m.** vollmechanisch; **highly m.** hochtechnisiert
medal *n* Ehrenzeichen *nt*, Plakette *f*, Orden *m*, Medaille *f*; **m.s and decorations** Orden- und Ehrenzeichen
meddle (in) *v/i* sich einmischen; **m.some** *adj* lästig
media *pl* Medien; **to work in the m.** im Mediensektor tätig sein; **outdoor m.** Medien der Außenwerbung
media advertising Medienwerbung *f*; **m. adviser** Medienberater(in) *m/f*; **m. allocation** Aufteilung auf verschiedene Werbeträger; **m. analysis** Werbeträgeranalyse *f*, Analyse der Werbeträger; **m. broker** Medienmakler *m*; **m. campaign** Medienfeldzug *m*, M.kampagne *f*; **m. coverage** Berichterstattung *f*, Berücksichtigung in den Medien; **m. department** Medienabteilung *f*; **m. discount** Medienrabatt *m*; **m. environment** Medienlandschaft *f*; **m. evaluation** Werbeträgerbewertung *f*, Streuprüfung *f*; **m. event** Medienereignis *nt*; **m. giant** Mediengigant *m*; **m. grid** Medienverbund *m*; **m. group** Medienkonzern *m*; **m. layout** Werbemittelgestaltung *f*; **m. manager** Medienleiter *m*; **m. mix planner** Mediaplaner *m*
median *n* 1. π Zentralwert *m*, Mittel(wert) *nt/m*; 2. 🏛 Halbwert *m*; 3. *[US]* 🚗 Mittelstreifen *m*; *adj* durchschnittlich, mittlere(r,s), Mittel-
media plan Medienplan *m*; **m. planner** Medienplaner *m*; **m. planning** Medienplanung *f*; **m. policy** Medienpolitik *f*; **m. public** Umworbene *pl*; **m. reach** Medienreichweite *f*; **m. research** Werbe(träger)-, Medienforschung *f*; **m. scheduling** Werbestreuung *f*; **m. selection** Werbeträger-, Medienauswahl *f*; **m. specialist** Medienfachmann *m*; **m. studies** Medienwissenschaft *f*; **m. target group** Medienzielgruppe *f*
mediate *v/ti* vermitteln
mediating committee *n* Vermittlungsausschuss *m*
mediation *n* Vermittlung *f*, Fürsprache *f*; **m. board/committee** Vermittlungs-, Schlichtungsausschuss *m*, Vermittlungsgremium *nt*, Schiedsgericht *nt*; **m. clause** Schiedsklausel *f*; **m. offer** Schlichtungsangebot *nt*, S.vorschlag *m*; **m. period** Vermittlungszeit *f*; **m. proposal** Schlichtungsvorschlag *m*; **m. provisions**

Schlichtungsbestimmungen; **m. rules** Schlichtungsordnung *f*
mediator *n* (Ver)Mittler *m*, Schlichter *m*, Unterhändler *m*, Fürsprecher *m*; **m.ship** *n* Vermittlung *f*, Mittleramt *nt*
mediatory *adj* vermittelnd
media tycoon Werberiese *m*, Medienzar *m*
Medicaid *n* [US] staatlicher Gesundheitsdienst für bedürftige Bürger, ~ Einkommensschwache
medical *adj* ärztlich, medizinisch; *n (coll)* ärztliche Untersuchung
Medical Preparations Act [GB] Arzneimittelgesetz *nt*
medicament *n* Medikament *nt*, Arzneimittel *nt*, Medizin *f*
Medicare *n* [US] staatlicher Gesundheitsdienst/staatliche Krankenversicherung für Bürger über 65 Jahre
medicate *v/t* (medizinisch) behandeln, kurieren
medication *n* 1. medizinische Behandlung; 2. *(Arznei)* Verordnung *f*; 3. Medikamente *pl*
medicinal *adj* heilend, heilkräftig
medicine *n* 1. Medizin *f*, Arznei(mittel) *f/nt*, Medikament *nt*; 2. Medizin *f*, Heilkunde *f*; **to administer a m.** Arznei verabreichen; **to practise m.** den Arztberuf ausüben; **to take one's m.** seine Medizin einnehmen
forensic medicine Gerichtsmedizin *f*; **geriatric m.** Altersheilkunde *f*; **human m.** Humanmedizin *f*; **industrial/occupational m.** Arbeits-, Betriebsmedizin *f*; **preventive m.** Gesundheitsvorsorge *f*, Präventivmedizin *f*; **proprietary m.** nicht rezeptpflichtige/verschreibungspflichtige Arzneimittel; **socialized m.** staatlicher Gesundheitsdienst; **veterinary m.** Tierheilkunde *f*, Veterinärmedizin *f*
medicine cabinet Medikamenten-, Arzneimittelschrank *m*; **m. chest** Haus-, Reiseapotheke *f*; **m.-man** *n* Medizinmann *m*
medicolegal *adj* gerichtsmedizinisch
medi|ocre *adj* mittelmäßig; **m.ocrity** *n* Mittelmäßigkeit *f*, M.maß *nt*
medi|tate *v/ti* 1. meditieren, nachsinnen; 2. planen, erwägen; **m.tation** *n* Meditation *f*
Mediterranean (Sea) *n* Mittelmeer *nt*; *adj* Mittelmeer-
medium *(pl* **media)** *n* 1. Medium *nt*; 2. Mittel *nt*, Organ *nt*; 3. mittelfristige Anleihe; **m.s** *(Anleihe)* mittlere Fälligkeiten; **m. for industrial advertising** Industriewerbemittel *nt*; **m. of exchange** (Zwischen)Tauschmittel *nt*, Valuta *f*; **common ~ exchange** Generaltauschmittel *nt*; **~ instruction** Unterrichtssprache *f*; **~ investment** Anlageinstrument *nt*
circulating medium Umlauf-, Tauschmittel *nt*; **commissionable m.** provisionspflichtiges Medium; **secondary m.** ◻ Sekundärträger *m*
medium *adj* mittlere(r,s), mittelmäßig, Mittel-; **m.-grade** *adj* von mittlerer Qualität, mittelfein; **m.-priced** *adj* in der mittleren Preisklasse/P.lage; **m.-range** *adj* 1. in der mittleren Preisklasse; 2. ✈ Mittelstrecken-; 3. mittelfristig; **m.-run; m.-term** *adj* mittelfristig; **m.-size(d)** *adj* mittelgroß, mittlere(r,s) von mittlerer Größe
medley *n* Gemisch *nt*, Mischmasch *m*
meet *v/ti* 1. sich treffen, tagen, Sitzung abhalten, zusammenkommen, sich versammeln; 2. (an)treffen, begegnen, kennenlernen; 3. *(Person)* abholen; 4. *(Aufgaben/Ansprüche)* erfüllen, befriedigen, nachkommen, entsprechen; **m. again** erneut zusammentreten; **m. up** sich treffen; **m. with** 1. finden, stoßen auf; 2. [US] treffen, zusammenkommen
meeting *n* 1. Sitzung *f*, Konferenz *f*, Besprechung *f*; 2. Versammlung *f*, Treffen *nt*, Beratung *f*, Tagung *f*, Veranstaltung *f*, Begegnung *f*
meeting to approve the balance sheet Bilanzsitzung *f*; **m. of the board of directors** Sitzung des Verwaltungsrates; **~ the executive board** Vorstandssitzung *f*; **~ the supervisory board** Aufsichtsratssitzung *f*; **~ costs** Kostendeckung *f*, Deckung der Kosten; **~ creditors** Gläubigerversammlung *f*; **~ the directors** Sitzung des Verwaltungsrates; **m. behind closed doors** geschlossene Sitzung, Sitzung hinter verschlossenen Türen; **m. of incorporators** [US] Gründerversammlung *f*; **~ manpower requirements** Personalbedarfsdeckung *f*; **~ the members of a cooperative society** Genossenschaftsversammlung *f*; **~ minds** 1. Willenseinigung *f*; 2. [§] gemeinsamer Rechtsgeschäftswille; **general ~ a mining company** Gewerkenversammlung *f (obs)*; **~ partners** Gesellschafterversammlung *f*; **~ requirements** Bedarfsdeckung *f*; **~ shareholders** [GB] /**stockholders** [US] Haupt-, Aktionärsversammlung *f*; **annual (general) ~ shareholders** [GB] /**stockholders (AGM)** [US] 1. ordentliche Hauptversammlung der Aktionäre (HV); 2. *(GmbH)* Gesellschafterversammlung *f*; **~ the works council** Betriebsratssitzung *f*
to adjourn a meeting Sitzung unterbrechen/verlegen/vertagen, Versammlung vertagen; **~ general m.** Generalversammlung vertagen; **to arrange a m.** Zusammentreffen vermitteln; **to attend a m.** an einer Sitzung/Versammlung teilnehmen, einer ~ beiwohnen, eine Versammlung besuchen; **to ban a m.** Versammlung untersagen/verbieten; **to break off a m.** Sitzung abbrechen; **~ up a m.** Versammlung/Sitzung sprengen; **to call/convene a m.** Sitzung/Versammlung einberufen, ~ anberaumen; **to call a m. of creditors** Gläubigerversammlung einberufen; **~ shareholders** [GB] / **stockholders** [US] Hauptversammlung einberufen; **to call a special m.** Sondersitzung einberufen/anberaumen; **to chair a m.** Versammlung/Sitzung leiten; **to close/end a m.** Sitzung aufheben/schließen; **to conduct a m.; to preside at/over a m.** Versammlung/Sitzung leiten; **to dissolve a m.** Versammlung auflösen; **to hold a m.** Treffen/Tagung veranstalten, Tagung/Sitzung/Versammlung/Zusammenkunft abhalten, tagen; **to open a m.** Tagung/Sitzung eröffnen; **to schedule a m.** Sitzung ansetzen; **to terminate a m.** Sitzung beenden
adjourned meeting vertagte Sitzung; **annual m.** Jahres-, Haupt-, Aktionärs-, Generalversammlung *f*, Jahrestagung *f*, J.hauptversammlung *f*; **clandestine m.** heimliche/geheime Zusammenkunft, Geheimversammlung *f*; **closed-door m.** Klausurtagung *f*; **constitutive m.** Gründungsversammlung *f*; **corporate m.** [US] 1. Vorstandssitzung *f*; 2. Gesellschafterversammlung *f*; **departmental m.** Abteilungsversammlung *f*;

early m. baldige Zusammenkunft; **extraordinary m.** Sondersitzung f, außerordentliche Versammlung/Sitzung/Hauptversammlung; **final m.** Schlussbesprechung f, S.versammlung f; **full m.** Vollversammlung f
general meeting General-, Haupt-, Voll-, Mitgliederversammlung f; **to call/summon a ~ m.** General-/Hauptversammlung einberufen; **to hold a ~ m.** Generalversammlung abhalten
annual general meeting (AGM) (Jahres)Hauptversammlung (HV) f, Aktionärs-, Generalversammlung f; **extraordinary ~ m. (EGM) of shareholders** [GB] / **stockholders** [US] außerordentliche General-, Hauptversammlung; **ordinary ~ m.** ordentliche Hauptversammlung; **statutory ~ m.** satzungsgemäße Hauptversammlung
inaugural meeting Gründungsversammlung f; **informal m.** informelles Treffen, zwanglose Zusammenkunft; **kick-off m.** (coll) Eröffnungsveranstaltung f; **last m.** Schlusssitzung f; **lawful m.** zulässige Versammlung; **ministerial m.** Ministertreffen nt; **open-air m.** Versammlung unter freiem Himmel; **opening m.** Eröffnungssitzung f; **packed m.** überfüllte Versammlung; **personal m.** persönliche Zusammenkunft; **plenary m.** Voll-, Plenarversammlung f; **preliminary m.** Vorversammlung f, V.besprechung f; **preparatory m.** Vorbereitungstreffen nt; **private m.** persönliche Zusammenkunft; **public m.** öffentliche Versammlung, Volksversammlung f; **quorate m.** beschlussfähige Versammlung; **secret m.** Geheimsitzung f; **shop-floor m.** Betriebs-, Personalversammlung f; **special m.** Sondersitzung f, außerordentliche (Haupt)Versammlung; **statutory m.** 1. ordentliche (General)Versammlung, gesetzlich vorgeschriebene Versammlung, satzungsmäßig vorgeschriebene Hauptversammlung; 2. Gründer-, Gründungsversammlung f; **tumultuous m.** stürmische Versammlung; **unlawful m.** ungesetzliche Versammlung
meeting documents Sitzungsunterlagen; **m. place** Treffpunkt m, Tagungs-, Versammlungsort m; **to arrange a m. place** Treffpunkt vereinbaren; **m. point** Treffpunkt m
megabuck n [US] (coll) eine Million Dollar; **m.byte** n 💻 Megabyte nt; **m.deal** n Riesengeschäft nt; **m.lomania** n Größenwahn m, Megalomanie f, Gigantomanie f; **m.lomaniac** n Gigantomane m; **m. merger** Groß-, Mammutfusion f, Elefantenhochzeit f (fig), Jumboehe f (fig); **m.out** adj (coll) altmodisch; **m.phone** n Megafon nt, Sprachrohr nt, Schalltrichter m; **m.ton** n Megatonne f; **m.volt** n ⚡ Megavolt nt; **m.watt** n Megawatt nt
melee n (frz.) 1. Handgemenge nt; 2. Gewühl nt, Gedränge nt
meliorate v/t 🔧 meliorieren
melon n 1. Melone f; 2. [US] (fig) riesiger Profit, Riesendividende f, außerordentliche Dividende; **to cut a m.** Riesendividende ausschütten
melt v/ti schmelzen, (auf)tauen; **m. away** zerrinnen, zerfließen; **m. down** einschmelzen
meltdown n ❄ Kernschmelze f
melter n (Edelmetall) Raffineur m

melting n Schmelze f; **m. down** Einschmelzen nt; **m. point** Schmelzpunkt m; **m. pot** (fig) Schmelztiegel m (fig)
member n 1. Mitglied nt, Gesellschafter(in) m/f, Konsorte m; 2. Angehörige(r) f/m; 3. Abgeordnete(r) f/m, Vertreter(in) m/f; 4. Glied nt; **from among their m.s** aus ihrer Mitte
member of an assembly Versammlungsmitglied nt; **~ an association** Verbandsmitglied nt; **~ the board** Aufsichtsrats-, Vorstands-, Verwaltungsratsmitglied nt; **to appoint a ~ the board** Vorstandsmitglied bestellen; **~ a cartel** Kartellmitglied nt; **~ a company** Gesellschafter m; **M. of Congress** [US] Kongressmitglied nt, K.abgeordnete(r) f/m; **m. of the managing board** Vorstandsmitglied nt; **~ a cooperation** Genosse(nschaftler) m; **~ the local council** Gemeinderatsmitglied nt, Stadtrat m, S.verordnete(r) f/m; **~ a course** Lehrgangsteilnehmer(in) m/f; **~ a delegation** Delegationsmitglied nt; **~ the directorate** Mitglied des Direktoriums; **~ an equation** π Seite einer Gleichung; **~ the factory committe** Betriebsratsmitglied nt; **~ the family** Familienangehörige(r) f/m ; **~ a gang** Bandenmitglied nt; **M. of the House of Commons** [GB] Mitglied des Unterhauses, Unterhausabgeordnete(r) f/m; **m. of the government** Regierungsmitglied nt; **~ the household** Haushaltsangehörige(r) f/m; **~ the jury** [§] Schöffe m, Schöffin f, ehrenamtliche(r) Richter(in), Geschworene(r) f/m, Juror m; **~ the management board** Vorstandsmitglied nt, Mitglied der Geschäftsführung; **~ the market** (Lloyd's) Marktteilnehmer m; **~ an organization** Organisationsmitglied nt; **~ parliament** 1. (Parlaments)Abgeordnete(r) f/m, P.mitglied nt, Parlamentarier m, Volksvertreter(in) m/f; 2. [GB] Mitglied des Unterhauses, Unterhausabgeordnete(r) f/m, U.mitglied nt; **m. as of right** Mitglied kraft Amtes; **m. of the sales staff** Verkaufsmitarbeiter(in) m/f; **~ a cooperative society** Genossenschaftsmitglied nt; **~ staff** Belegschaftsmitglied nt, Mitarbeiter(in) m/f; **~ the commercial staff** kaufmännische(r) Angestellte(r); **~ the stock exchange** Börsenmitglied nt; **~ the works council** Betriebsratsmitglied nt
to admit a member Mitglied aufnehmen; **to become a m.** beitreten, Mitgliedschaft erwerben; **to designate so. from among their m.s** jdn aus ihrer Mitte ernennen; **to elect additional m.s** zuwählen; **to expel a m.** Mitglied ausschließen; **to suspend a m.** Mitglied vorübergehend ausschließen
advisory member beratendes Mitglied, Beisitzer(in) m/f; **alternate/alternative m.** stellvertretendes Mitglied, Ersatzmitglied nt; **associate m.** angeschlossenes/assoziiertes/auswärtiges/passives Mitglied; **card-carrying m.** eingetragenes/eingeschriebenes Mitglied; **constituent m.** konstituierendes Mitglied; **contributing m.** zahlendes Mitglied; **co-opted m.** hinzugewähltes Mitglied; **enrolled m.** eingetragenes Mitglied; **executive m.** Mitglied des Vorstandes; **ex officio** (lat.) **m.** Mitglied kraft Amtes; **external m.** passives Mitglied; **full/fully-fledged m.** Vollmitglied nt, ordentliches/vollberechtigtes Mitglied; **honorary m.** Ehrenmitglied nt, ehrenamtliches Mitglied; **inactive**

m. 1. passives Mitglied; 2. nicht aktives Börsenmitglied; **individual m.** Einzelmitglied *nt*; **managing m.** Gesellschafter als Geschäftsführer; **new m.** Neumitglied *nt*; **non-working m.** 1. freigestelltes Mitglied; 2. *(Lloyd's)* passives Mitglied; **oldest m.** *(Parlament)* Alterspräsident(in) *m/f*; **paying m.** zahlendes Mitglied; **permanent m.** ständiges Mitglied; **principal m.** Hauptaktionär *m*; **private m.** Abgeordnete(r) *f/m*; ~ **m.'s bill** Gesetzentwurf eines Abgeordneten; **registered m.** eingetragenes Mitglied; **retiring m.** ausscheidendes Mitglied; **simultaneous m.** Doppelgesellschafter *m*; **sponsoring m.** förderndes Mitglied; **substitute m.** stellvertretendes Mitglied, Ersatzmitglied *nt*; **voting m.** stimmberechtigtes Mitglied; **working m.** aktives Mitglied
member bank Mitgliedsbank *f*, dem Clearingsystem angeschlossene Bank; ~ **of a consortium** Konsortialbank *f*; **m.'s card** Mitgliedskarte *f*, Teilnehmerausweis *m*; **m.s' club** Idealverein *m*; **m. country** Verbands-, Mitglieds-, Partnerland *nt*, Teilnehmer-, Mitgliedsstaat *nt*; **m. currency** Teilnehmerwährung *f*; **m. firm** Mitgliedsfirma *f*; **m. government** Regierung eines Mitgliedsstaates; **m.s' holiday** Gesellschafteranteil *m*; **m.'s liability** Haftung des Gesellschafters; **m.s' voluntary liquidation** Eigenliquidation *f*; **m.s' loan** Gesellschafterdarlehen *nt*; **m.s' meeting** Mitglieder-, Gesellschafter-, Vertreterversammlung *f*; **m.s' representative board** Mitgliedervertretung *f*; **m.'s share** Konsortialquote *f*; **m.s' shareholding** Gesellschafteranteil *m*
membership *n* Mitgliedschaft *f*, Zugehörigkeit *f*; **m. of an insurance scheme** Versicherungszugehörigkeit *f*; **eligible for m.** mitgliedschaftsfähig; **to renew one's m.** seine Mitgliedschaft erneuern; **to shiphon off m.** Mitglieder abjagen; **to withdraw from m.** als Mitglied ausscheiden
associate membership assoziierte/außerordentliche Mitgliedschaft; **compulsory m.** Zwangs-, Pflichtmitgliedschaft *nt*, Beitrittspflicht *f*, B.zwang *m*; **declining m.** Mitgliederschwund *m*; **dual m.** Doppelmitgliedschaft *f*; **external m.** passive Mitglieder; **free m.** freie Mitgliedschaft; **full m.** Vollmitgliedschaft *f*; **honorary m.** Ehrenmitgliedschaft *f*; **paid-in/paid-up m.** zahlende Mitglieder; **total m.** Mitgliederbestand *m*
membership application Mitgliedschaftsantrag *m*; **m. card** Mitgliedskarte *f*, M.ausweis *m*, Parteibuch *nt*; **m. committee** Aufnahmeausschuss *m*; **m. drive** Mitgliederwerbeaktion *f*, Werbung von Mitgliedern; **m. dues** Mitgliedsbeiträge; ~ **to trade or professional organizations** Beiträge zu Berufsverbänden; **m. fee** Mitgliedsbeitrag *m*; **annual m. fee** Jahresbeitrag *m*; **m. interest** Mitgliedsanteil *m*; **m. list** Mitgliederverzeichnis *nt*, M.kartei *f*; **m. negotiations** *(EU)* Beitrittsverhandlungen; **m. number** Mitgliedsnummer *f*; **m. requirement** Zulassungsvoraussetzung *f*; **m. rights** Gesellschafts-, Mitgliedschaftsrechte; **m. roll** Mitgliederliste *f*; **m. terms** Mitgliedschaftsbedingungen
member state Mitglieds-, Glied-, Teilnehmerstaat *m*, Mitgliedsland *nt*; ~ **of destination** *(EU)* Bestimmungsmitgliedsstaat *m*; ~ **of entry** Eingangsmitgliedsstaat *m*; **original m. s.** ursprünglicher Mitgliedsstaat

member|'s subscription Mitgliedsbeitrag *m*; **m.s' voluntary winding-up** freiwillige Abwicklung
memo *n* *(coll)* 1. (Gesprächs)Notiz *f*, (innerbetriebliche) Mitteilung, Kurzbrief *m*, (kurze) Notiz, 2. Memorandum *nt*, Promemoria *nt (lat.)*; 3. Buchungstext *m*; **internal/interdepartmental/interoffice m.** Hausmitteilung *f*, innerbetriebliche Mitteilung; **m. book** Kladde *f*, Vormerkbuch *nt*; **m. calendar** Vormerkkalender *m*; **m. card index** Vormerkkartei *f*; **m. pad** Notizblock *m*
memorable *adj* denkwürdig
memorandum *n* (*pl* **memoranda**) 1. Mitteilung *f*, Aktennotiz *f*, A.vermerk *m*, Notiz *f*; 2. Bericht *m*, Aufzeichnung *f*; 3. Bordereau *m/nt (frz.)*; 4. Denkschrift *f*, Memorandum *nt*, Exposé *nt (frz.)*; 5. Vertrag(surkunde) *m/f*; 6. Rechnung *f*, Promemoria *nt (lat.)*, Nota *f*, Kommissionsschein *m*, K.note *f*
memorandum of the agreement Vertragsniederschrift *f*, schriftlich abgefasste Vereinbarung, Niederschrift des Vertrages; ~ **appearance** [§] Einlassungserklärung *f*; ~ **association** Gründungsurkunde *f*, G.protokoll *nt*, Satzung *f*, Gesellschafts-, Gründungsvertrag *m*; **m. and articles (of association)** Statut *nt*, Satzung *f*; **m. of deposit** Depot-, Hinterlegungsvertrag *m*, H.urkunde *f*; ~ **deposits** Depotverzeichnis *nt*; ~ **satisfaction** [§] *(Grundbuch)* Löschungsantrag *m*, L.bewilligung *f*, löschungsfähige Quittung; **m. of understanding** Absichtserklärung *f*; **m. in writing** [§] Vermerk über einen Vertrag
to send on a memorandum basis *(Juwelen)* in Kommission senden, mit Rückgaberecht verkaufen
in-house memorandum Hausmitteilung *f*; **urgent m.** Dringlichkeitsvermerk *m*
memorandum account Promemoriakonto *nt*; **m. articles** *(Vers.)* vom Versicherungsschutz ausgeschlossene Gegenstände; **m. billing** Ausstellung eines Frachtbriefes; **m. book** Notiz-, Vormerkbuch *nt*, Kladde *f*; **m. buying** Kauf mit Rückgaberecht; **m. card index** Vormerkkartei *f*; **m. check** *[US]* /**cheque** *[GB]* vordatierter Scheck, als Sicherheit ausgestellter Scheck; **m. clause** Ausschlussklausel *f*, Haftungsausschluss für leicht verderbliche Ware; **m. collection** Frachtannahme *f*; **m. copy of a bill of lading** Konnossementskopie *f*; **m. goods** *[US]* Kommissionsware *f*; **m. item** Erinnerungs-, Merkposten *m*; **as a m. item** nachrichtlich; **m. sale** *[US]* Konsignationsgeschäft *nt*, K.verkauf *m*, Kommissionsverkauf *m*
memorial *n* Gedenk-, Gedächtnisstätte *f*, Ehrenmal *nt*; **M. Day** *[US]* Volkstrauertag *m*
memorize *v/t* 1. auswendig lernen; 2. 🖳 speichern
memory *n* 1. Gedächtnis *nt*, Erinnerung(svermögen) *f/nt*; 2. 🖳 (Dauer)Speicher *m*; 3. ✆ Nummernspeicher *m*; **from m.** aus dem Gedächtnis/Kopf; **m. for faces** Personengedächtnis *nt*; ~ **names** Namensgedächtnis *nt*; **engraved on one's m.** ins Gedächtnis eingeprägt
to be fresh in one's memory (etw.) noch gut in Erinnerung haben; **to commit sth. to m.** sich etw. einprägen; **to dwell in so.'s m.** in jds Gedächtnis haften; **to erase sth. from one's m.** etw. aus dem Gedächtnis tilgen; **to escape/slip one's m.** (dem Gedächtnis) entfallen/ent-

fliehen; **to imprint sth. on one's m.** sich etw. ins Gedächtnis einprägen; **to jog/prod so.'s m.** jds Gedächtnis nachhelfen/auffrischen; **to overtax one's m.** sein Gedächtnis überfordern; **to refresh one's m.** sein Gedächtnis auffrischen; **to stick in one's m.** im Gedächtnis haften bleiben; **to stir up old memories** alte Erinnerungen wachrufen; **to task one's m.** sein Gedächtnis belasten
bad/defective/poor memory kurzes/schlechtes Gedächtnis; **distributive m.** 💻 Summenspeicher *m*; **dynamic m.** dynamischer Speicher; **extended m.** Zusatzspeicher *m*; **external m.** Extern-, Fremdspeicher *m*; **internal m.** Internspeicher *m*; **in living m.** seit Menschengedenken; **magnetic m.** Magnetspeicher *m*; **main m.** Arbeits-, Haupt-, Zentralspeicher *m*; **programmable m.** Programmspeicher *m*; **read-only m. (ROM)** Nur-Lesespeicher *m*, Festwertspeicher *m*; **short-term m.** Kurzspeicher *m*; **weak m.** Gedächtnisschwäche *f*
memory access 💻 Speicherzugriff *m*; **m. address** Speicheradresse *f*; **m. aid** Gedächtnisstütze *f*, G.hilfe *f*; **m. allocation** Speicherzuordnung *f*; **m. bank** Datenspeicher *m*, D.bank *f*, Speicherbank *f*; **m. buffer** Speicherpuffer *m*; **m. capacity** Speichergröße *f*, S.kapazität *f*; **m. chip/device** Speicher(chip) *m*; **m. dump** Speicherabzug *m*; **m. expansion** Speichererweiterung *f*; **~ card** Speichererweiterungskarte *f*; **m. lapse** Gedächtnisschwund *m*; **m. link** Speicherkopplung *f*; **m. location** Speicherplatz *m*; **m. management** Speicherverwaltung *f*; **m. occupancy** Speicherbelegung *f*; **m. protection** Speicherschreibsperre *f*; **m.-resident** *adj* speicherresident; **m. retention** Gedächtnisspeicherung *f*; **m. size** Speicherkapazität *f*; **m. storage** (Kern)Speicher *m*; **m. technology** Speichertechnik *f*; **(communicating) m. typewriter** (kommunikationsfähige) Speicherschreibmaschine
five wise men die fünf Weisen *[D]*; **m.'s ready-to-wear clothes** Herrenkonfektion *f*; **m.'s (clothing) shop/outfitter** *[GB]* /**furnishing store** *[US]* Herrenausstatter *m*, Herrenausstattungs-, Herrenartikelgeschäft *nt*; **m.'s fashion** Herrenmode *f*; **m.swear** *n* Herrenbekleidung *f*
menace *n* Drohung *f*; **to demand with m.s** erpressen; **ecological m.** Umweltbedrohung *f*
men|ace *v/t* bedrohen; **m.acing** *adj* drohend
mend *n* Flickstelle *f*, ausgebesserte Stelle; **on the m.** auf dem Wege der Besserung
mend *v/ti* 1. flicken, beheben, reparieren, nach-, ausbessern; 2. 💲 (ver)heilen
men|dacious *adj* verlogen; **m.dacity** *n* Verlogenheit *f*
mending *n* Ausbessern *nt*, Flickarbeiten *pl*; **invisible m.** Kunststopfen *nt*
menial *adj* niedrig, untergeordnet, einfach
meningitis *n* 💲 Hirnhautentzündung *f*, Meningitis *f*
meniscus *n* 💲 Meniskus *m*
menopause *n* 💲 Wechseljahre *pl*, Klimakterium *nt*, Menopause *f*
mens rea *n* *(lat.)* [§] Schuldbewusstsein *nt*, subjektiver Tatbestand
mental *adj* 1. gedanklich, geistig; 2. geistig umnachtet

mentality *n* Mentalität *f*; **inflationary m.** Inflationsmentalität *f*
mention *n* 1. Erwähnung *f*; 2. Belobigung *f*; **m. of the inventor** Erfindernennung *f*; **worthy of m.** erwähnenswert; **to give individual m.** einzeln erwähnen; **to make m. of** erwähnen, anführen
mention *v/t* erwähnen, an-, aufführen; **don't m. it!** *(coll)* das ist doch selbstverständlich! *(coll)*
mentioned *adj* erwähnt; **m. above** oben erwähnt; **m. below** unten erwähnt; **save as m.** außer dem Genannten
mentioning of a date/deadline Terminangabe *f*; **worth m.** der Rede wert; **not to be ~ m.** nicht der Rede wert sein
menu *n* 1. Menü *nt*, (Speise)Karte *f*; 2. 💻 Inhaltsverzeichnis *nt*, Menü *nt*; **m. display** Menüanzeige *f*; **m.-driven** *adj* 💻 menügesteuert; **m. line** Menüzeile *f*; **m. system** Menüsystem *nt*
mercantile *adj* geschäftlich, kaufmännisch, handeltreibend, merkantil, Handels-
mercan|tilism *n* Merkantilismus *m*; **m.tilist** *n* Merkantilist *m*; **m.tilistic** *adj* merkantilistisch
mercenary *n* ⚔ Söldner *m*; *adj* geldgierig
mercer *n* Schnittwarenhändler *m*, Seiden- und Textilienhändler *m*; **m.y** *n* Seiden-, Schnittwarenhandel *m*
merchandise *n* (Handels)Ware *f*, Gut *nt*, Güter *pl*, Handels-, Transportgut *nt*, H.güter *pl*, H.artikel *pl*, Kaufmannsgut *nt*, Verkaufsgegenstand *m*, Wirtschaftsgüter *pl*; **m. on hand** Warenbestand *m*, W.vorräte *pl*, Bestände *pl*; **m. for resale** Handelsware *f*; **m. in transit** Transitwaren *pl*, T.gut *nt*, Durchfuhrgut *nt*, unterwegs befindliche Handelsware; **to store m.** Ware lagern
basic merchandise Grundbedarf *m*; **branded m.** Markenerzeugnis *nt*; **competing m.** Konkurrenzware(n) *f/pl*; **distressed m.** notleidende Ware(n); **general m.** Gemischtwaren *pl*; **~ mail-order house** Sortimentsversender *m*; **~ warehouse** Lager für Waren aller Art; **imported m.** Importware(n) *f/pl*; **incoming m.** Wareneingang *m*; **inferior m.** minderwertige Ware(n), Schund *m* *(coll)*; **outgoing m.** Warenausgang *m*; **~ inventory** Warenausgangslager *nt*; **returned m.** Retouren *pl*; **up-to-date m.** modische Ware(n), Neuheiten *pl*
merchandise *v/t* handeln, vermarkten, Handel treiben, kaufen und verkaufen
merchandise account Warenkonto *nt*; **mixed m. account** gemischtes Warenkonto; **m. accounting** Warenbuchhaltung *f*; **m. balance** Warenbilanz *f*; **m. broker** Handels-, Produkten-, Warenmakler *m*; **m. exports** Warenexporte, W.ausfuhr(en) *f/pl*; **m. finance** Warenfinanzierung *f*; **m. function** Warenfunktion *f*; **m. imports** Wareneinfuhr *f*, W.importe; **m. information system** Warenwirtschaftssystem *nt*; **m. inventory** Warenbestand *m*, W.lager *nt*, (Handels)Warenvorräte, Bestand von Handelswaren; **international m. jobbing** Transithandel *m*; **m. management** Warenwirtschaftssystem *nt*; **m. manager** 1. Leiter der Einkaufs- und Verkaufsabteilung; 2. *(Warenhaus)* kaufmännischer Leiter; **gross m. margin** Betriebshandelsspanne *f*; **m. mark** *[US]* Waren(kenn)zeichen *nt*; **M. Marks Act** *[US]* Warenzeichengesetz *nt*; **m. movements** Waren-

verkehr *m*; **m. planning and control system** Warenwirtschaftssystem *nt*; **m. procurement cost** Warenbeschaffungskosten *pl*; **m. purchases book** Wareneingangsbuch *nt*; **~ records** Aufzeichnungen über Wareneingang

merchandiser *n* 1. Experte für Verkaufsförderung; 2. *[US]* beratender Verkäufer; **general m.** Großhändler mit breitem Sortiment

merchandise sales account Warenverkaufskonto *nt*; **~ records** Aufzeichnungen über Warenausgang; **m. sample** Warenprobe *f*; **m. technology** Warenkunde *f*; **m. testing office** Warenprüfstelle *f*; **m. trade** Warenhandel *m*, Güter-, Warenverkehr *m*; **m. turnover** Warenumsatz *m*, Lagerumschlag *m*; **~ period** Lagerumschlagszeit *f*; **m. underwriter** Warenversicherer *m*

merchandising *n* Warendarbietung *f*, W.gestaltung *f*, Absatz-, Verkaufsförderung *f*, V.politik *f*, Angebotsoptimierung *f*

aggressive merchandising aggressive Verkaufspolitik; **scrambled m.** *[US]* Gemischtwarenhandel *m*; **visual m.** erlebnisgerechte Warenpräsentation

merchandising chain Vertriebskette *f*; **m. costs** Vertriebskosten; **m. fair** Warenmesse *f*; **m. group** Handelskonzern *m*; **gross m. margin** Bruttospanne ohne Skontoabzug; **m. methods** Verkaufs-, Absatzmethoden; **m. organization** Handelsunternehmen *nt*; **m. risk** Absatzrisiko *nt*

merchant *n* Kaufmann *m*, Händler *m*, Groß-, Außenhändler *m*; **m.s** Handel(sstand) *m*; **female m.** Handels-, Kauffrau *f*; **general m.** Vollkaufmann *m*; **ostensible m.** Scheinkaufmann *m*; **small m.** Minderkaufmann *m*; **wholesale m.** Großhändler *m*

merchantability *n* Verkäuflichkeit *f*, Marktgängigkeit *f*, Verkaufs-, Verkehrsfähigkeit *f*, Gangbarkeit *f*

merchantable *adj* verkäuflich, marktgängig, handels-, verkaufsfähig, zum Verkauf/für den Handel geeignet, absatz-, markt-, verkehrsfähig, handelbar, gangbar, gängig, fungibel; **not m.** unverkäuflich, nicht absetzbar; **m.ness** *n* handelsübliche Brauchbarkeit, Verkäuflichkeit *f*, Gängigkeit *f*

merchant adventurer Überseespekulant *m*; **m. appraiser** ⊖ Schätzungsbeamter *m*; **m. bank** Akzept-, Diskonthaus *nt*, Handels-, Außenhandels-, Remboursbank *f*, R.kreditinstitut *nt*; **m. banker** Handelsbank *f*, (kaufmännisches) Akzepthaus *nt*; **m. banking** Rembours(kredit)geschäft *nt*; **m. class** Handel(sstand) *m*; **m.'s clerk** Handlungsgehilfe *m*; **m.'s credit** Negozierungsakkreditiv *nt*; **m. discount** Nachlass für Kreditkartengesellschaften

merchante(e)r *n* *[US]* Kaufmann *m*, Händler *m*

merchant flag Handelsflagge *f*; **m. fleet** Handelsflotte *f*; **m. guild** Kaufmannsgilde *f*, K.innung *f*

merchanting *n* *[GB]* Transithandel *m*; **m. activity** Transithandelsaktivitäten; **m. country** Transithandelsland *nt*; **m. trade** Transithandel *m*, T.geschäft *nt*, T.verkehr *m*; **interrupted m. trade** gebrochener Transithandel; **~ proceeds** Transiterlöse *m*; **m. transaction** Transit(handels)geschäft *nt*

merchant law Handels-, Wirtschaftsrecht *nt*; **m.'s letter of credit** Händlerakkreditiv *nt*; **~ lien** Händler-, Unternehmerpfandrecht *nt*; **m.man** *n (obs.)* ⚓ Handels-, Kauffahrteischiff *nt*, Kauffahrer *m*; **m. marine company** Seespediteur *m*; **m. middleman** Zwischenhändler *m*; **m. navy** Handelsflotte *f*, H.marine *f*; **m. prince** *(obs.)* Kaufherr *m*; **m. seaman** Handelsschiffer *m*, Matrose der Handelsmarine; **m. service** Handelsschiffahrt *f*, H.marine *f*; **m. ship/vessel** Handelsschiff *nt*; **m. shipbuilding** Handelsschiffbau *m*; **m. shipper** Export-, Importzwischenhändler *m*; **(interrupted) m. trade** (gebrochener) Transithandel

merchant shipping Handelsschiffsverkehr *m*, H.schifffahrt *f*; **M. S. Act** *[GB]* Schifffahrtsgesetz *nt*; **m. s. fleet** Handelsflotte *f*, H.marine *f*

merchant status Kaufmannseigenschaft *f*; **m. wholesaler** Großhandelsunternehmen *nt*, Großhändler auf eigene Rechnung

mercury *n* ☿ Quecksilber *nt*

mercy *n* Gnade *f*, Mitleid *nt*, Erbarmen *nt*; **at the m. of** ausgeliefert; **to be at so.'s m.** jdm schutzlos ausgeliefert sein, jds Willkür ausgeliefert sein; **to plead for m.** um Gnade bitten; **m. killing** Gnadentod *m*; **m. mission** Hilfsaktion *f*

merge *v/ti* 1. verschmelzen, fusionieren, zusammenlegen; 2. vereinigen, zusammenfassen, z.schließen, z.legen, aufgehen lassen in; 3. 🖥 (Dateien) mischen; **m. in** einmünden; **m. into** in etw. übergehen, umwandeln; **m. with** sich verschmelzen/vereinigen mit, aufgehen in

merged *adj* verflochten; **to be(come) m. in/with** *(Gesellschaft)* aufgehen in

merge program 🖥 Mischprogramm *nt*

merger *n* 1. (Gesellschafts)Fusion *f*, Vereinigung *f*, (Firmen)Zusammenschluss *m*, Geschäfts-, Unternehmenszusammenschluss *m*, Konzernbildung *f*, Verschmelzung *f*, Auf-, Zusammengehen *nt*; 2. (Kapital)Zusammenlegung *f*; **m.s and acquisitions** Unternehmenskauf *m*; **m. of charges on property** § Konfusion von Grundstückslasten und -rechten; **~ companies** Firmenverschmelzung *f*, F.zusammenschluss *m*, Fusion *f*; **~ contract** § Novation *f*; **m. in different lines** branchenfremde Fusion

conglomerate merger Fusion/Zusammenschluss branchenfremder Unternehmen; **corporate m.** Gesellschaftsfusion *f*, Zusammenschluss/Fusion von (Aktien)Gesellschaften; **downstairs m.** Fusion der Muttermit der Tochtergesellschaft; **forced m.** Zwangsfusion *f*; **giant/megadollar m.** *[US]* Mammutfusion *f*, Jumbo-Ehe *f (fig)*, Elefantenhochzeit *f (fig)*; **horizontal m.** horizontaler Zusammenschluss, horizontale Fusion/Integration/Konzentration; **industrial m.** Konzentrationsvorgang *m*; **projected m.** Fusionsplan *m*; **total m.** Totalfusion *f*; **vertical m.** vertikaler Zusammenschluss, vertikale Fusion/Integration/Konzentration; **backward ~ m.** Rückwärtsintegration *f*; **forward ~ m.** Vorwärtsintegration *f*

merger accord/agreement Fusionsvertrag *m*, F.vereinbarung *f*, Verschmelzungsvertrag *m*, V.vereinbarung *f*; **m. arrangement** Fusionsabkommen *nt*; **m. auditor** Verschmelzungsprüfer *m*; **m. bid** Fusionsan-

merger broker

gebot *nt*; **m. broker** Unternehmensmakler *m*; **minor m. clause** 1. Toleranzklausel *f*; 2. *(Kartell)* Bagatellrechnung *f*; **m. clearance** *[US]* Konzentrationsgenehmigung *f*; **m. company** fusionierende Gesellschaft; **m. contest** Übernahmeschlacht *f*; **m. control** Fusions-, Zusammenschlusskontrolle *f*; **pre-emptive m. control** vorbeugende Fusionskontrolle; **m. details** Einzelheiten des Zusammenschlusses; **m. directive** *(EU)* Fusionsrichtlinie *f*; **m. fever** Fusionsfieber *nt*; **m. offer** Fusionsangebot *nt*; **m. partner** Fusionspartner *m*; **m. project** Fusions-, Zusammenschlussvorhaben *nt*; **m. speculator** Fusionsspekulant *m*; **m. statistics** Konzentrationsstatistik *f*; **m. talks** Fusionsgespräche, F.verhandlungen; **m. terms** Fusionsbedingungen; **m. vetting** Fusionskontrolle *f*
merge run 🖳 Mischdurchlauf *m*
merger wave Fusionswelle *f*
merge sorting 🖳 Mischsortieren *nt*
merging *n* Zusammenlegung *f*, Verschmelzung *f*, Fusion *f*; **m. of operations** Zusammenlegung von Betriebsabteilungen
merit *n* 1. Verdienst *nt*, Leistung *f*; 2. Vorzug *m*, Wert *m*; **m.s** Meriten; **(up)on its m.s** 1. für sich allein (betrachtet), sachgerecht; 2. §️ nach materiellem Recht, sachlich, materiell-rechtlich; **with m.s** *(Examen)* mit Auszeichnung; **m.s of a case** 1. wesentliche Punkte eines Falles; 2. §️ Tatbestandsmerkmale, Wesen eines Streitfalls; **m.s and demerits** Vor- und Nachteile *pl* **to be judged according to one's merit**|**s** nach seinem Verdienst eingeschätzt werden; **to decide/judge sth. on its m.s** etw. nach Lage der Akten/Dinge entscheiden, etw. sachgemäß beurteilen; **to decide on the m.s of each particular case** von Fall zu Fall entscheiden; **to detract from so.'s m.s** jds Verdienste schmälern; **to discuss the m.s of a case** das Für und Wider einer Sache erörtern; **to examine the m.s of a claim** §️ die Schlüssigkeit eines Anspruchs prüfen; **to have m.** dafür sprechen; **~ no m.s** §️ *(Klage)* nicht schlüssig sein; **to plead/refer to the m.s of a case** §️ zur Sache selbst ausführen, sich zur Sache äußern; **to treat sth. on its m.s** etw. nach seinem eigentlichen Wert behandeln
commercial merits gewerblicher/kommerzieller Nutzen
merit *v/t* verdienen, einer Sache wert sein
merit award/bonus/rate Leistungszulage *f*; **excess m. bonus** übertarifliche Leistungszulage; **m. factor** Merkmal der Leistungsbeurteilung; **m. good** meritorisches Gut; **~ goods** gekorene öffentliche Güter; **m. increase** (übertarifliche) Leistungs-/Sonderzulage, leistungsbezogene Gehaltssteigerung/G.erhöhung
meritocracy *n* Leistungsgesellschaft *f*, Meritokratie *f*
meritorious *adj* verdienstvoll, Anerkennung verdienend, lobenswert
merit pay(ment) Leistungslohn *m*, L.entlohnung *f*; **m. principle** Leistungsprinzip *nt*; **m. rating** *[US]* 1. Leistungsurteil *nt*, Personal-, Leistungsbeurteilung *f*, L.einstufung *f*, L.ermittlung *f*, L.bewertung *f*; 2. *(Vers.)* Prämienfestsetzung nach Schadensverlauf; **m. system** Leistungssystem *nt*; **m. wants** meritorische Bedürfnisse

mesalliance *n* *(frz.)* Missheirat *f*
mesh *n* Masche *f*; **m.es of the law** *(fig)* Paragrafengestrüpp *nt*, *(fig)* Schlingen des Gesetzes *(fig)*; **to become entangled in the m. of intrigues** sich im Netz von Intrigen verfangen
mesmerize *v/t* faszinieren, hypnotisieren
mesne *n* §️ Zwischenzeit *f*; *adj* in der Zwischenzeit, dazwischentretend
mess *n* 1. Durcheinander *nt*, Unordnung *f*, ungeordnete Verhältnisse; 2. Schwierigkeiten *pl*, Schlamassel *m/nt* *(coll)*; 3. 🍴 Kasino *nt*, Messe *f*; **m. of pottage** *(Bibel)* Linsengericht *nt*
to be in a mess 1. unordentlich aussehen; 2. verkorkst sein *(coll)*; **to clear up the m.** den Karren aus dem Dreck ziehen *(fig)*, für Ordnung sorgen; **to get into a m.** in die Klemme geraten; **to make a m. of sth./things** *(coll)* den Karren in den Dreck fahren *(fig)*, etw. vermasseln/verpfuschen/verkorksen *(coll)*
complete mess heilloses Durcheinander; **pretty m.** schöne Geschichte *(coll)*
mess about/around *v/i* herumpfuschen *(coll)*; **m. up** durcheinanderbringen, in Unordnung bringen
message *n* Meldung *f*, Mitteilung *f*, Nachricht *f*, Durchsage *f*, Botschaft *f*
to carry/deliver a message Nachricht/Meldung überbringen, ~ übermitteln; **to do/get one's m.s** *[Scot.]* einkaufen (gehen); **to get the m.** *(coll)* etw. richtig aufnehmen/verstehen, kapieren; **to leave a m.** Mitteilung/Nachricht hinterlassen; **~ for so.** jdm etw. ausrichten lassen; **to take a m.** 1. etw. ausrichten, Nachricht/Botschaft ausrichten; 2. Mitteilung entgegennehmen; **to telephone a m.** etw. telefonisch durchgeben; **to transmit a m.** Botschaft übermitteln
coded message verschlüsselte Meldung/Mitteilung; **incoming m.** eingehende Nachricht; **personal m.** Reiseruf *m*; **private m.** private Mitteilung; **telegraphic m.** telegrafische Mitteilung; **urgent m.** eilige Nachricht, dringende Meldung; **verbal m.** mündliche Mitteilung
message format Nachrichtenaufbau *m*; **m. handling system** 🖳 Mitteilungsübermittlungssystem *nt*; **m. processing** Nachrichtenverarbeitung *f*; **m. switching** Nachrichtenverteilung *f*
messenger *n* (Kassen)Bote *m*, Läufer *m*, Bürobote *m*, Kurier *m*; **communicating m.** Erklärungsmittler *m*, E.bote *m*; **express** *[GB]* /**special** *[US]* **m.** ✉ (Eil)Kurier *m*, E.zusteller *m*, Expressbote *m*; **female m.** Botin *f*; **m. boy** Botenjunge *m*; **m.'s fee** Botenlohn *m*; **m. service** Botendienst *m*
Messrs. (Messieurs) *n* *(frz.)* *(Anrede in Anschrift an Personengesellschaft)* Fa.
messuage *n* §️ Anwesen *nt*, Wohnhaus mit Nebengebäuden (und Landbesitz)
messy *adj* durcheinander, unordentlich
metabolism *n* 💲 Stoffwechsel *m*
metage *n* Mess- und Warengeld *nt*
metal *n* 1. Metall *nt*; 2. *(Straße)* Kiesfüllung *f*, Beschotterung *f*; **m.s** 🚂 (Eisenbahn)Schienen; **base/ignoble m.** Nichtedelmetall *nt*, unedles Metall; **basic m.** Grundmetall *nt*; **crude m.** Rohmetall *nt*; **finished m.**

Fertigmetall *nt*; **forward m.** Terminmetall *nt*; **gold-plated m.** Golddoublé *m*; **gray m.** Gusseisen *nt*; **hard m.** Hartmetall *nt*; **heavy m.** Schwermetall *nt*
light metal Leichtmetall *nt*; **l. m.(s) industry** Leichtmetallindustrie *f*; **l. m. construction** Leichtmetallbau *m*
monetary metal Währungsmetall *nt*; **noble m.** Edelmetall *nt*; **~ catalyst** ❧ Edelmetallkatalysator *m*
non-ferrous metal Nichteisen-, Buntmetall *nt*, NE-Metall *nt*; **~ industry** NE-Metallindustrie *f*; **~ market** Buntmetallmarkt *m*; **~ production** NE-Metallerzeugung *f*
precious metal Edelmetall *nt*; **~ m.(s) business** Edelmetallgeschäft *nt*; **~ m. dealing for own account** Edelmetalleigenhandel *m*; **~ m.(s) market** Edelmetallbörse *f*, E.markt *m*; **~ trading** Edelmetallhandel *m*
primary metal Primär-, Grundmetall *nt*; **rolled m.** ⌀ Walzblech *nt*; **secondary m.** (*Börse*) Nebenmetall *nt*, Sekundär-, Umschmelzmetall *nt*; **special m.** Sondermetall *nt*; **standard m.** Währungsmetall *nt*; **white m.** Neusilber *nt*
metal band/strap Bandeisen *nt*; **m.-banded** *adj* durch Bandeisen gesichert; **m. bar** Metallbarren *m*; **m. basher(s)** *(coll)* ❧ Blechschmiede *f (coll)*; **m. blinds** Blechrollladen *pl*; **m. block** ⌂ Metallklischee *nt*; **m. box/can** (Blech)Dose *f*; **m. content** Metallgehalt *m*; **m. drum** Metalltrommel *f*; **m. exchange** Metallbörse *f*; **m. fatigue** ✪ Metallermüdung *f*; **m. forming** Metallformung *f*; **m. goods** Metallwaren *f*; **m. industry** Metallindustrie *f*, M.branche *f*
metallic *adj* metallisch, metallen, Metall-
metal|lism *n* Metallismus *m*; **m.list** *n* Verfechter der Metallwährung
metallur|gist *n* ⌀ Hüttenfachmann *m*, H.ingenieur *m*, Metallurge *m*; **m.gy** *n* Hüttenkunde *f*, Metallhüttentechnik *f*, Metallurgie *f*
metal manufacturer Metallverarbeiter *m*; **m. manufactures** Metallwaren; **m. plate** ⌀ (Grob)Blech *nt*; **m.-plated** *adj* metallbeschlagen; **m. plating** Metallschicht *f*, M.beschichtung *f*; **m. polish** Metallpolitur *f*; **m. price** Metallpreis *m*, M.notierung *f*; **m. processing** Metallverarbeitung *f*, M.bearbeitung *f*; **m.-processing** *adj* metallverarbeitend; **m. processor** Metallverarbeiter *m*; **m. producer** Metallerzeuger *m*; **m. seal** (Metall)Plombe *f*; **m. sheet** ⌀ (Fein)Blech *nt*; **m. sign** Metallschild *nt*; **m.-strapped** *adj* durch Bandeisen gesichert; **m. strapping** Bandeisensicherung *f*, B.verschluss *m*; **m. tape** Metallband *nt*; **m. token** Metallmarke *f*; **m. trade** Metallbranche *f*, M.handel *m*; **m. trading** Metallhandel *m*; **m.-using** *adj* metallverarbeitend; **m. value** (*Münze*) Stoffwert *m*; **m.work** *n* Metallarbeit *f*; **m.worker** *n* Metallarbeiter *m*; **m.workers' union** Metallarbeitergewerkschaft *f*; **m.working** *n* Metallverarbeitung *f*; **m. works** Metallhütte *f*
metaphor *n* Metapher *f*; **couched in (a) m.** metaphorisch ausgedrückt
metayage *n* Halb-, Teilpacht *f*
metayer *n* Halb-, Teilpächter *m*; **m. contract** Naturalpachtvertrag *m*; **m. system** Naturalwesen *nt*
mete *n* [§] Grenze *f*; **m.s and bounds** Grenzlinien; **m. out** *v/t* zuteil werden lassen, austeilen

meteorolo|gical *adj* meteorologisch; **m.gist** *n* Meteorologe *m*, Meteorologin *f*; **m.gy** *n* Meteorologie *f*
meter *n* 1. Zähler *m*, Zählwerk *nt*, Z.uhr *f*; 2. ❧ Parkuhr *f*; 3. *[US]* Meter *m/nt*; **to read the m.** Zähler ablesen; **coin-operated m.** Münzzähler *m*; **electric m.** Stromzähler *m*
meter *v/t* auf Zählermessung umstellen; **m. rate** ⚡ Tarif für Normalverbraucher; **m. reader** Zählerableser *m*; **m. reading** Zählerstand *m*
methane *n* ⚗ Methan
method *n* Methode *f*, System *nt*, Arbeitsweise *f*, Technik *f*, Verfahren *nt*, Schema *nt*
completed contract method of accounting Methode der Kostenrealisierung bei Vertrags-/Arbeitsende; **m. of application** Anwendungsverfahren *nt*; **~ assessment** Veranlagungsmethode *f*; **~ assistance** Förderungsmodus *m*; **composite ~ building** ⌂ Verbundbau *m*; **~ calculation** Berechnungsart *f*, B.methode *f*; **~ comparing alternative projects** Investitions-, Wirtschaftlichkeitsrechnung *f*; **~ comparison** Vergleichsverfahren *nt*; **~ compensation** Ausgleich(ung)srechnung *f*; **~ construction** Konstruktionsverfahren *nt*; **~ conversion** Umrechnungsmethode *f*; **conventional m.s of credit control** (*Kreditpolitik*) klassische Steuerungstechnik; **m. of cultivation** 🌱 Anbau-, Kultivierungsmethode *f*
method of depreciation Abschreibungsart *m*, A.methode *f*; **composite-life ~ d.** Pauschal-, Gruppenabschreibung *f*; **reducing-/declining-/decreasing-balance ~ d.** Buchwertabschreibung *f*, Abschreibung vom Restwert, degressive Abschreibung; **direct ~ d.** direkte Abschreibungsmethode; **double declining ~ d.** degressive Doppelratenabschreibung; **flat-rate ~ d.** lineare Abschreibung; **increasing-balance ~ d.** steigende Abschreibung; **indirect ~ d.** indirekte Abschreibungsmethode, passive Abschreibung; **reducing-fraction ~ d.** Restwertabschreibungsmethode *f*, degressive Abschreibung; **sinking-fund ~ d.** progressive Abschreibung; **straight-line ~ d.** lineare Abschreibung, Abschreibung vom Anschaffungswert; **variable-charge ~ d.** Leistungsabschreibung *f*
method of determining taxable profit Gewinnermittlungsart *f*; **~ digestion** ▦ Aufschlussmethode *f*; **~ employment** Einsatzform *f*; **~ estimation** Schätzmethode *f*; **prescribed ~ evaluation for duty purposes** ⊖ vorgeschriebenes Verfahren für die Zollwertermittlung; **~ extraction** ⚒ Aufschluss-, Abbaumethode *f*; **~ finance/financing** Finanzierungsweise *f*, F.methode *f*; **~ identification** Identifikationsmethode *f*; **~ indemnification** Schaden(s)ersatzverfahren *nt*; **~ investigation** Untersuchungsmethode *f*; **~ scientific investigation** Technik wissenschaftlichen Arbeitens; **~ itemization** Gliederungsschema *nt*; **~ maximum likelihood** ▦ Methode der größten Dichte; **m.s affecting liquidity** liquiditätspolitische Mittel; **m. of manufacture** Herstellungs-, Fertigungsverfahren *nt*, Verfahren zur Herstellung; **~ measurement** Messmethode *f*; **~ moments** ▦ Momentenmethode *f*; **~ payment** Zahlungsweise *f*, Z.modus *m*; **more convenient ~ payment** Zahlungserleichterung *f*;

method of net presentation

~ net presentation Nettomethode *f;* **m.s and procedures** Ablauforganisation *f;* **m. of allocating joint product costs** Proportionalitätsmethode *f;* **~ production** Produktionsweise *f,* Herstellungsmethode *f;* **~ selling** Verkaufsmethode *f;* **~ shipment/transport** Versandart *f,* V.weise *f,* Art der Beförderung; **~ least squares** Methode der kleinsten Quadrate; **~ taxation** Besteuerungsverfahren *nt;* **~ work** Arbeitsmethode *f*
to acquire sth. by legitimate methods etw. rechtmäßig erwerben
actuarial method Tafelmethode *f;* **analytical m.** analytisches Verfahren, analytische Methode; **bottom-up m.** Aggregationsmethode *f;* **coercive m.s** Zwangsmittel; **commodity-service m.** Entstehungsrechnung *f;* **completed-contract m.** Schlussabrechnungsverfahren *nt;* **consistent m.** einheitliche Methode; **consumption-savings m.** Verwendungsrechnung *f;* **contraceptive m.** ⚕ Maßnahme zur Empfängnisverhütung; **cost-plus m.** Kostenaufschlags-, Selbstkostenpreismethode *f;* **dilatory m.** [§] Prozessverschleppung *f;* **distribution-free m.** verteilungsunabhängiges Verfahren; **dubious m.s** obskure Methoden; **empirical m.** empirisches Verfahren, Probiermethode *f;* **first-in-first-out (FIFO) m.** *(Bilanz)* Realisationsprinzip *nt,* FIFO-Methode *f;* **free-hand m.** ▦ Freihandverfahren *nt;* **high-low points m.** mathematische Kostenauflösung; **indirect m.** Umweg *m;* **linear m.** lineare (Abschreibungs)Methode; **modal m.** *(REFA)* Häufigkeitswertverfahren *nt;* **obsolete m.** veraltete Methode; **operational m.** Arbeitsmethode *f;* **practicable m.** anwendbare Methode; **proportional m.** ⊖ Methode der anteilmäßigen Aufteilung; **proven m.** bewährte Methode; **quantitative m.** quantitative Methode; **sophisticated m.** hoch entwickelte Methode; **split-half m.** Halbierungsmethode *f;* **straight-line m. (of depreciation)** lineare Abschreibung, gleichmäßige Abschreibung vom Anschaffungswert, Abschreibung mit konstanten Quoten, lineares Abschreibungsverfahren; **strong-arm m.s** Zwangsmaßnahmen; **time-adjusted m.** 1. dynamische Methode, dynamisches Verfahren; 2. finanzmathematische Methode; **underhand m.** hinterhältige Methode; **unfair m.** unsaubere Methode
method bank Methodenbank *f*
methodical *adj* methodisch, planvoll, systematisch
methodology *n* Methodenlehre *f;* **organizational m.** Organisationsmethodik *f*
method studies Arbeitsablaufstudien; **m.s time measurement (MTM)** *(REFA)* Elementarzeitbestimmung *f,* Arbeitszeitermittlung *f,* Methodenzeitmessung *f*
methylate *v/t* ● 1. methylieren; 2. *(EU)* denaturieren, verspriten *(coll)*
meticulous *adj* peinlich genau, penibel, minuziös, genauestens, übergenau, hyperkorrekt
metre *n* *[GB]* Meter *m;* **by the m.** meterweise; **cubic m.** Fest-, Raummeter *m;* **~ price** Raummeterpreis *m;* **running m.** laufender Meter; **square m.** Quadratmeter *m*
metric *adj* metrisch; **to go m.** (sich) auf das metrische System umstellen; **m.ation** *n* Einführung des metrischen Systems

metro|polis *n* Metropole *f,* Haupt-, Weltstadt *f;* **commercial m.polis** Handelsmetropole *f;* **m.politan** *adj* hauptstädtisch
mezzanine *n* 🏛 Zwischengeschoss *nt*
micro *n* 1. Mikro-; 2. Kleinst-, Mikrocomputer *m;* **m.-card** *n* Mikrokarte *f;* **m.census** *n* Stichprobenzählung *f,* Mikrozensus *m;* **m.chip** *n* 🖳 Mikrochip *m,* M.prozessor *m;* **m.circuit** *n* Mikroschaltkreis *m;* **m.computer (MC)** *n* Kleinst-, Mikrocomputer *m;* **m.copy** *n* Mikrokopie *f; v/t* mikrokopieren; **m.copying apparatus** *n* Mikrokopiergerät *nt;* **m.cosm** *n* Mikrokosmos *m;* **m.credit** *n* Kleinkredit *m;* **m. diskette** *n* Mikrodiskette *f;* **m.economic** *adj* mikroökonomisch, betriebswirtschaftlich; **m.economics** *n* Betriebswirtschaftslehre (BWL) *f,* Mikroökonomie *f,* M.theorie *f;* **m.electronics** *n* Mikroelektronik *f;* **m.fiche** *n* Mikrofiche *f,* M.karte *f;* **m.film** *n* Mikrofilm *m; v/t* auf Mikrofilm aufnehmen, mikroverfilmen; **m.graph** *n* mikrofotografische Darstellung; **m.instruction** *n* 🖳 Mikrobefehl *m;* **m.light** *n* ✈ Ultraleichtflugzeug *nt;* **m.meter** *n* Mikrometerschraube *f;* **m.meter [US]; m.metre [GB]** *n* Mikrometer *m;* **m.motion analysis** *n* Mikrobewegungsanalyse *f;* **m.organism** *n* Mikroorganismus *m,* kleinstes Lebewesen
microphone *n* Mikrofon *nt;* **to plant a m.** versteckes Mikrofon anbringen; **m. amplifier** Mikrofonverstärker *m;* **m. key** Mikrofonsprechtaste *f;* **m. rest** Mikrofongabel *f*
micro|photographic *adj* mikrofotografisch; **m.photography** *n* Mikrofotografie *f;* **m.print** *n* Mikrokopie *f,* M.druck *m;* **m.processor** *n* 🖳 Mikroprozessor *m,* kleines Datenverarbeitungsgerät; **m.program storage** Mikroprogrammspeicherung *f;* **m.scope** *n* Mikroskop *nt;* **m.scopy** *n* Mikroskopie *f;* **m.second** *n* Mikrosekunde *f;* **m.spacing** *n* 🖳 Feinausgleich *m;* **m.structure** *n* Feingefüge *nt,* F.struktur *f;* **m.surgery** *n* ⚕ Mikrochirugie *f;* **m.transmitter** *n* Mikrosender *m;* **m.wave** *n* Mikrowelle *f;* **~ oven** Mirkowellenherd *m*
(in) mid-air *n* ✈ in der Luft
to have the Midas touch *n* aus allem Geld machen (können)
mid|-channel *n* ⚓ Schifffahrtsrinne *f;* **m.day** *n* Mittag *m;* **~ break** Mittagspause *f*
middle *n* Mitte *f,* mittlerer Teil; **in the m. of** mitten, in der Mitte; **m. of the month** Monatsmitte *f,* Medio *m;* **~ the river** Flussmitte *f;* **~ the road** 1. Mitte der Straße; 2. *(fig)* gemäßigt; **to stick to the ~ the road** *(fig)* Mittelkurs halten *(fig);* **~ the year** Jahresmitte *f*
middle *adj* mittlere(r,s)
middle|-aged *adj* mittleren Alters; **M. America** die amerikanische Mittelschicht; **m.-brow** *adj* für den Durchschnitts-/Normalverbraucher
middle class Mittelstand *m,* M.schicht *f,* M.klasse *f,* Bürgertum *nt;* **lower m. c.** Kleinbürgertum *nt,* untere Mittelschicht; **upper m. c.** Großbürgertum *nt,* gehobene Mittelschicht; **m.-c.** *adj* bürgerlich, mittelständisch
to follow a middle course mittlere Linie einschlagen; **m. distance** mittlere Entfernung; **M. East** Naher/Mittlerer Osten, Nah-, Mittelost *m;* **m. layer** Mittelschicht

f; **m. load** ⚡ Mittellast *f*
middleman *n* 1. (Ver)Mittler *m*, Makler *m*, Mittelsmann *m*, M.person *f*; 2. Groß-, Zwischenhändler *m*, Wiederverkäufer *m*, Vermittlungsagent *m*, Partiewarenhändler *m*, Warenvermittler *m*; **to cut out/eliminate the m.** Zwischenhandel ausschalten, Großhändler umgehen; **m. engaged in transit trade** Transithändler *m*; **m.'s profit** Zwischengewinn *m*
middle name zweiter Vorname
middle-of-the-road *adj (fig)* 1. durchschnittlich, Durchschnitts-; 2. maßvoll, gemäßigt
middle price Mittel-, Durchschnittskurs *m*, D.preis *m*, Einheitskurs *m*; **m. range** Mittelfeld *nt*; **m. rate** Mittelkurs *m*; **m.-sized** *adj* von mittlerer Größe
middling *adj* mittelfein, m.mäßig; **good m.** gute Durchschnittsqualität
midget firm Zwergbetrieb *m*; **m. supermarket** kleines Freiwahlgeschäft, kleiner Selbstbedienungsladen, Westentaschenselbstbedienungsgeschäft *nt*
midl-life *n* mittleres Lebensalter; **m.-market** *adj* im mittleren Marktsegment; **m.-month** *n* Medio *m*; **m.night** *n* null Uhr, Mitternacht *f*; **to burn the ~ oil** *(fig)* bis spät in die Nacht arbeiten, ganze Nacht durcharbeiten; **m.point** *n* mittlerer Punkt; **at m.point** zur Jahresmitte; **m.-price** *adj* in der mittleren Preisklasse/P.kategorie; **m.-range** *adj* Spannweitenmitte *f*; **m.ships** *adv* ⚓ mittschiffs; **m.-sized** *adj* mittelgroß
midst *n* Mitte *f*; **in our m.** in unserer Mitte
midlstream *n* (in der) Flussmitte; *adv* auf halber Strecke; **m.summer** *n* Hochsommer *m*; **m.-term** *n* Mitte des Semesters/Schulhalbjahres; **m.-value** *n* Klassenmitte *f*; **m.way** *n* Hälfte des Weges; *adv* auf halbem Wege/halber Strecke; **m.week** *adv* in der Wochenmitte; **m.wife** *n* ⚕ Hebamme *f*, Geburtshelferin *f*; **m.winter** *n* tiefster Winter; **m.year** *n* Jahresmitte *f*, Halbjahres-, Semesterultimo *m*
might *n* Macht *f*, Kraft *f*; **with all my m.** mit all meinen Kräften; **with m. and main** mit aller/voller Kraft, mit aller Macht, mit allen Lebenskräften, unter Aufgebot aller Kräfte
migraine *n* ⚕ Migräne *f*
migrant *n* 1. Wanderarbeiter *m*; 2. Gastarbeiter *m*; **economic m.** Wirtschaftsflüchtling *m*; **m.'s effects** Übersiedlungsgut *nt*; **~ remittance** Gastarbeiterüberweisung *f*; **m. worker** 1. Wanderarbeiter *m*; 2. Gastarbeiter *m*
migrate *v/i* (ab)wandern, fortziehen
migration *n* (Ab)Wanderung *f*, Wanderungsbewegung *f*, Landflucht *f*; **m. of capital** Kapitalabwanderung *f*; **~ companies** Ab- und Zuzug von Unternehmen; **m. into suburban districts** Stadtrandwanderung *f*; **m. of labour** Arbeitskräftewanderung *f*, Wanderung der Arbeitskräfte; **~ nations** Völkerwanderung *f*; **external m.** Außenwanderung *f*; **internal m.** Binnenwanderung *f*; **net m.** Wanderungsgewinn *m*; **outward m.** Abwanderung *f*; **seasonal m.** Saisonwanderung *f*, saisonbedingte Wanderung; **m. balance** Wanderungssaldo *m*; **m. gain** Wanderungsgewinn *m*; **m. loss** Wanderungsverlust *m*

migratory *adj* wandernd, Wander-
mike *n (coll)* → **microphone**
milage → **mileage**
milch-cow *n* 🐄 Milchkuh *f (auch fig)*
mildew *n* 1. Schimmel *m*; 2. 🌱 Mehltau *m*; **m.y** *adj* 1. verschimmelt; 2. von Mehltau befallen
mile *n* Meile *f*; **m. of track** 🚂 Streckenmeile *f*; **m.s apart** Meilen auseinander; **~ away** meilenweit (entfernt); **m.s per gallon (mpg)** 🚗 Treibstoffverbrauch *m*; **freight-ton m.** Frachttonnenmeile *f*; **nautical m.** Seemeile *f*, nautische Meile *(1852 m)*; **statutory m.** gesetzliche Meile *(1609,34 m)*
mileage *n* 1. Meilenzahl *f*, Fahrleistung *f*; 2. Fahrpreis per Meile; 3. *(fig)* (potenzieller) Nutzen; **mail-ton m.** Posttonnenmeile *f*; **m. allowance** Fahrgeldpauschale pro Meile; **m. book** *[US]* Fahrscheinheft *nt*; **m. expenses** Fahrgeld(erstattung) pro Meile; **m. ga(u)ge** 🚗 Meilenzähler *m*; **m. rate** Meilentarif *m*; **flat m. rate** Pauschalerstattung pro Meile; **m. recorder** Meilenzähler *m*; **m. ticket** *[US]* Fahrkarte eines Fahrscheinheftes
mil(e)ometer *n* Meilenzähler *m*; **m. reading** Meilenstand *m*
milestone *n* 1. Meilenstein *m*; 2. *(fig) (Netzplan)* Eckdatum *nt*; **m. method** Terminplanungsmethode *f*; **m. payment** Zahlung nach Bau-/Herstellungsfortschritt, Fortschrittszahlung *f*; **to make ~ payments** nach Baufortschritt zahlen; **m. report** Fortschritts-, Meilensteinbericht *m*
milieu *n* Milieu *nt*
militancy *n* Militanz *f*; **shop-floor m.** Militanz der Basis
militant *adj* streitbar, militant
military *n* Militär *nt*; *adj* militärisch, soldatisch
militate against *v/i* sich ungünstig/nachteilig auswirken für, gegen etw. sprechen
militia *n* Miliz *f*, Land-, Bürgerwehr *f*
milk *n* Milch *f*; **bottled m.** Flaschenmilch *f*; **canned** *[US]* /**tinned** *[GB]* /**evaporated m.** Büchsen-, Dosenmilch *f*; **condensed m.** kondensierte Milch, Büchsen-, Dosen-, Kondensmilch *f*; **low-fat**/ **skimmed m.** entrahmte Milch, Magermilch *f*; **powdered m.** Trockenmilch *f*; **unskimmed m.** Vollmilch *f*
milk *v/t* 1. melken; 2. *(fig)* ausbeuten, schröpfen *(coll)*
milk bar Milchbar *f*; **m. can/churn** *[GB]* Milchkanne *f*; **m. cart** Milchwagen *m*; **m. chocolate** Milchschokolade *f*; **m. consumption** Milchverbrauch *m*
milker *n* Melker *m*, Schweizer *m*; **mechanical m.** Melkmaschine *f*
milk float *[GB]* Milchwagen *m*
milking *n (fig)* Ausbeutung *f*, Ausnutzung *f*; **m. machine** Melkmaschine *f*
milk lake *(EU)* Milchsee *m*; **m.man** *n* 1. Milchmann *m*; 2. Melker *m*; **m. powder** Milchpulver *nt*; **m. processing** Milchverarbeitung *f*, M.verwertung *f*; **m. product** Molkerei-, Milcherzeugnis *nt*, M.produkt *nt*; **m. quote** *(EU)* Milchquote *f*; **m. run** *(coll)* ✈ Routineflug *m*; **m. shake** Milchmischgetränk *nt*; **m.sop** *n (coll)* Muttersöhnchen *nt (coll)*, Schlappschwanz *m (coll)*, Waschlappen *m (coll)*; **m. yield** Milchertrag *m*

Milky Way Milchstraße f
mill n 1. Mühle f; 2. Fabrik f, Werk nt; 3. ⌂ Hütten-, Walzwerk nt; 4. Spinnerei f, Weberei f; **ex m.** ab Fabrik; **to be grist to so.'s m.** (fig) Wasser auf jds Mühlen sein (fig); **to put so. through the m.** (fig) jdn durch die Mangel drehen (fig); **cold (-roll) m.** ⌂ Kaltwalzwerk nt; **wire-drawing m.** ⌂ Drahtzieherei f, D.straße f
mill v/t 1. (Korn) mahlen; 2. ✿ fräsen; 3. ⌂ walzen; **m. about/around** umherlaufen
mills and factory allowance Abschreibung auf Fabrikgebäude
mill|board n starke Pappe; **m. certificate** Werksbescheinigung f, W.zeugnis nt; **standard m. cost** Standardselbstkosten pl
millenni|al adj tausendjährig, Jahrtausend-; **m.um** n 1. Jahrtausend nt; 2. J.wende f
miller n Müller m
millet n 🌾 Hirse f
mill|feeds n 🌾 Mühlenfutterprodukte; **m. girl** Fabrikmädchen nt; **m. hand** Mühlen-, Fabrik-, Spinnerei-, Webereiarbeiter(in) m/f
milli|bar n [GB] Milliarde f
milli|bar n Millibar nt; **m. gram(me)** n Milligramm nt; **m.liter** [US]; **m.litre** [GB] n Milliliter m; **m.meter** [US]; **m.metre** [GB] n Millimeter m
milline n [US] (Anzeigen) Tausendsatz m
milliner n Putzmacher(in) m/f, Modistin f; **m.y** n Putzwaren pl, Hüte pl
milling n 1. Mahlen nt; 2. ✿ Fräsen; 3. (Münze) Rändeln nt; **m. industry** Mühlenindustrie f; **m. machine** ✿ Fräse f
million n Million f; **m.s of unemployed** Millionenheer der Arbeitslosen; **it will sell a m.** es wird ein Riesenerfolg; **to run into m.s** (Vermögen) nach Millionen zählen; **thousand m.** Milliarde f
millionaire(ss) n Millionär(in) m/f
mill owner 1. (Textil)Fabrikant m; 2. Mühlenbesitzer m; **m.pond** n Mühlteich m; **m.race** n [GB] Mühlengraben m; **m.stone** n Mühlstein m; **~ round one's neck** (fig) Klotz am Bein (fig); **m.stream** n Mühlbach m; **m. train** ⌂ Walzstraße f; **m. wheel** Mühlrad nt
mimeograph n Vervielfältigungsgerät nt, V.apparat m, V.maschine f, Vervielfältiger m; v/t vervielfältigen; **m. paper** Abzug-, Saugpost f; **m.y** n Vervielfältigung f
mind n 1. Geist m, Verstand m; 2. Meinung f, Empfinden m, Gemüt nt; **out of one's m.** von allen guten Geistern verlassen (coll); **to my m.** nach meiner Meinung/Auffassung; **m. and matter** Geist und Materie; **of sound ~ memory** [US] § im Vollbesitz seiner geistigen Kräfte; **bearing in m. (that)** eingedenk; **engraved on so.'s m.** ins Gedächtnis eingeprägt; **to be in one's right mind** bei klarem Verstand sein; **~ in two m.s** (zwischen zwei Meinungen) schwanken, unschlüssig sein, sich nicht im Klaren sein; **~ of one m. with so.** mit jdm im Einklang stehen; **~ of one and the same m.** gleicher Meinung sein; **~ out of one's m.** von Sinnen sein; **to bear in m.** berücksichtigen, bedenken, nicht vergessen, daran denken, mit einkalkulieren; **to bring to m.** in Erinnerung rufen; **to broaden one's m.**

seinen Horizont erweitern; **to call sth. back to m.** sich etw. ins Gedächtnis rufen; **~ to (one's) m.** (sich) an etw. erinnern; **to change one's m.** seine Meinung/Ansicht ändern, sich eines anderen besinnen; **to close one's m. to sth.** sich einer Sache verschließen; **to come to m.** in den Sinn kommen; **to cross one's m.** einem durch den Kopf gehen, jdm plötzlich in den Sinn kommen; **to give so. a piece of one's m.** (coll) jdm kräftig/gründlich die Meinung sagen; **to have in m.** sich mit einem Gedanken tragen, denken an, sich vorstellen, jdm vorschweben; **~ a creative m.** schöpferisch veranlagt sein; **~ half a m. (to do sth.)** weitgehend dazu neigen; **~ a lot on one's m.** seinen Kopf voll haben; **~ an open m.** aufgeschlossen/unvoreingenommen sein; **~ practical m.** praktisch denken; **~ sth. on one's m.** etw. auf dem Herzen haben; **to improve one's m.** sich bilden; **to keep an open m.** sich nicht festlegen (wollen), ~ festnageln lassen, keine vorgefasste Meinung haben; **to make up one's m.** Entschluss fassen, sich entschließen/entscheiden, sich schlüssig werden, zu einem Entschluss kommen; **to put sth. out of one's m.** sich etw. aus dem Sinn schlagen; **to read so.'s m.** jds Gedanken lesen; **to ring in one's m.** im Gedächtnis haften bleiben; **to speak one's m.** offen seine Meinung sagen, seinen Mund aufmachen, aus seinem Herzen keine Mördergrube machen (fig), mit seiner Meinung nicht hinter dem Berg halten, kein Blatt vor den Mund nehmen (fig), reden, wie einem der Schnabel gewachsen ist (coll); **to spring to m.** sich (plötzlich) an etw. erinnern; **to weigh on one's m.** bedrücken; **~ heavily/heavy on one's m.** schwer im Magen/auf der Seele liegen (fig)
creative mind schöpferischer Geist; **keen m.** scharfer Verstand; **little m.s** kleine Geister; **lucid m.** klarer Kopf; **petty m.** kleiner Geist; **in one's right m.** im Besitz seiner Sinne; **of sound m.** § im vollen Besitz/Vollbesitz seiner geistigen Kräfte, zurechnungsfähig; **~ and disposing m.** [US] testierfähig; **to be ~ m.** bei vollem Verstand sein; **of unsound m.** geisteskrank, g.gestört, unzurechnungsfähig, nicht zurechnungsfähig
mind v/t 1. aufpassen, Acht geben; 2. betreuen, sich kümmern um
mind-boggling adj irrsinnig
minded adj gesinnt, gesonnen; **industrially m.** auf Industrie ausgerichtet; **practically m.** praktisch veranlagt/eingestellt; **progressively m.** fortschrittlich eingestellt
minder n Wärter(in) m/f, Aufseher(in) m/f
mind|ful of adj bedacht auf; **m.less** adj sinnlos; **m.-reader** n Gedankenleser m; **m.-reading** n Gedankenlesen nt
mine n 1. ⛏ Bergwerk nt, Zeche f, Grube f, Mine f, Schachtanlage f; 2. ⚓ Mine f; **m.s** (Börse) Montanwerte, M.papiere, Bergwerksaktien, Kuxe (obs.); **ex m.** ab Zeche; **m. of information** Fundgrube an Wissen, wandelndes Lexikon, reichhaltige Informationsquelle
to close a mine Zeche stilllegen/schließen; **to go down a m.** in eine Grube einfahren; **to keep a m. on a care and maintenance basis** Bergwerk im betriebsfähigem Zustand erhalten; **to measure out/survey a m.** Berg-

werk markscheiden; **to work down the m.** unter Tage arbeiten
deep/underground mine Untertagebetrieb m; **drift m.** Stollenbetrieb m; **opencast/open-pit m.** im Tagebau betriebene Grube, Tagebau(grube) m/f; **workable m.** produktionsreife Grube
mine v/t abbauen, gewinnen, fördern; **m. for sth.** nach etw schürfen
min(e)|ability n Abbaufähigkeit f; **m.able** adj abbaufähig, a.würdig
mine chamber Sprengkammer f; **m. closure** ♛ Zechen-, Grubenschließung f, G.stillegung f; **m. crater** Sprengtrichter m; **m. detector** Minensuchgerät nt; **m.field** n Minenfeld nt; **m. fire** Grubenbrand m; **m. foreman** Obersteiger m; **m. hoist** Fördermaschine f; **m. operation** Schachtbetrieb m; **m. operator** Bergbauunternehmer m; **m.-owned** adj zecheneigen; **m. owner** Zechenbesitzer m
miner n ♛ Bergarbeiter m, B.mann m, Gruben-, Zechenarbeiter m; **m.s' accident insurance** Bergbauberufsgenossenschaft f; **m.s' bonus** Bergmannsprämie f; **m.s' estate** Bergarbeitersiedlung f; **m.s' provident fund** Knappschaftskasse **m.s' (social) insurance** Knappschaft(sversicherung) f; **m.s' lamp** Gruben-, Sicherheitslampe f; **m.s' (old age) pension** Bergmanns-, Knappschaftsrente f; **m.s' strike** Bergarbeiterstreik m; **m.s' union** Knappschaftsverband m, Bergarbeitergewerkschaft f
mineral n Mineral nt; **m.s** Mineralien, Bodenschätze, Erze; **non-metallic m.s** Steine und Erden
mineral adj mineralisch
minerals extraction Abbau von Bodenschätzen, Erzabbau m; **m. field** Mineral-, Erzlager nt
mineralization n Erzbildung f, Vererzung f
mineralo|gist n Mineraloge m; **m.gy** n Mineralogie f
mineral rights Mineralgewinnungs-, Schürfrechte; **~ duty** [GB] Mineraliensteuer f; **~ holder** Inhaber von Schürfrechten
mineral spring Mineralquelle f, M.brunnen m; **m. springs/spa** Mineralbad nt
mine safety ♛ Grubensicherheit f; **m. survey** Grubenvermessung f, Markscheidung f; **m. surveyor** Markscheider m; **m. surveying** Markscheidekunst f; **m. tubbing** Grubenverschalung f; **m. ventilation** Grubenbewetterung f, Wetterführung f; **m.worker** n Berg-, Zechenarbeiter m; **m. workings** Stollen pl
mini|-airliner n ✈ Kleinverkehrsflugzeug nt; **m.-truck** n 🚐 Kleinlaster m
miniature n Miniatur f; **in m.** im Klein-/Westentaschenformat; **m. camera** Kleinbildkamera f; **m. size** Kleinstformat nt; **m. version** Miniaturausgabe f
miniatur|ization n Miniaturisierung f; **m.ize** v/t verkleinern
mini|-budget n [GB] Nachtragshaushalt m; **m.bus** n Klein(omni)bus m; **m. cab** n Kleintaxi m; **m.car** n Kleinwagen m; **m.-care** adj pflegeleicht; **m.cassette** n Minikassette f; **m.(frame) computer** n 💻 Kleincomputer m
minimal adj kleinst, Mindest-, minimal, äußerst gering

minimax adj Minimax-; **m. theorem** Sattelpunktsatz m
minimization n Minimierung f; **m. of waiting time** Wartezeitminimierung f; **constrained m.** Minimierung unter Nebenbedingungen
minimize v/t 1. minimieren, auf ein Minimum bringen, gering halten; 2. bagatellisieren, verniedlichen, herunterspielen
minimum n Mindestbetrag m, Minimum nt, Mindestmaß nt, M.zahl f; **m. of absolute/average total costs** Betriebsoptimum nt, Gewinnschwelle f; **~ average variable costs** Betriebsminimum nt, Produktionsschwelle f; **to reduce to a m.** minimieren, auf ein Minimum zurückführen
adverse minimum durchschnittlicher Verfahrensnachteil; **legal m.** gesetzlicher Mindestlohn; **obligatory m.** Mindestsatz m; **statutory m.** gesetzliches Minimum
minimum adj minimal, Mindest-
mining n ♛ Bergbau m, Grubenabbau m, Bergwerksbetrieb m; **m. of the seabed; deep-sea m.** Meeres(boden)-, Tiefseebergbau m; **deep/underground m.** Untertagebetrieb m; **opencast m.** Tagebau(betrieb) m; **deep ~ m.** Tiefsttagebau m
mining academy ♛ Bergakademie f; **m. activity** Abbautätigkeit f; **m. area** Bergbaugebiet nt, Grubendistrikt nt, Revier nt; **m. association** bergbaubetreibende Vereinigung; **m. authority** Bergbehörde f, (Ober)Bergamt nt; **m. board** Grubenvorstand m; **m. claim** Schürf-, Mutungsrecht nt, M.anspruch nt; **m. company** Zechen-, Bergbau-, Bergwerksgesellschaft f, bergrechtliche Gesellschaft/Gewerkschaft, Bergbauunternehmen nt, B.verein m; **~ register** Gewerkenbuch nt; **m. concern** Bergbau-, Montanunternehmen nt; **m. concession/franchise** Abbaukonzession f, A.recht nt, Berg(werks)gerechtigkeit f; **m. corporation** [US] Bergbaugesellschaft f, B.unternehmen nt, Bergwerksverein m; **m. damage** Bergschaden m; **m. disaster** Bergwerks-, Grubenunglück nt; **m. district** Kohlenrevier nt, Zechendistrikt nt; **m. engineer** Berg(bau)ingenieur m; **m. equipment** Grubenausrüstung f; **m. group** Bergbaukonzern m; **m. industry** Bergbau(industrie) m/f, Montan-, Grubenindustrie f; **m. investment** Bergbauinvestition f; **m. law** Berg(werks)recht nt; **m. lease** Pacht eines Bergwerksrechtes; **m. licence** Bergwerks-, Abbau-, Bergbaukonzession f; **m. market** (Börse) Markt für Montanwerte; **m. operation** Bergwerks-, Abbau-, Bergbauaktivitäten; **m. operations** Bergbauaktivitäten; **m. output** Förderung f, Bergbauproduktion f; **m. register** Berggrundbuch nt; **m. regulations** bergrechtliche Regelungen; **m. revenues** Bergbauerlöse pl; **m. right** Abbaurecht nt, A.gerechtigkeit f, Mineralgewinnungs-, Bergwerksrecht nt; **sovereign m. right** Bergjoheit f; **m. royalty** Bergregal nt, Berg-werks-, Förderabgabe f; **m. shaft** Förderschacht m
mining share [GB] /**stock** [US] (Börse) ♛ Bergwerks-, Montanaktie f, Kux m (obs.), Minenwert m; **m. and steel s.s** Montanwerte; **registered m. s.** Bergwerksanteil m; **m. s. certificate** Kuxschein m
mining shareholder Kuxinhaber m; **m. subsidiary** Bergbautochter f; **m. system** Abbau-, Gewinnungsme-

thode *f*; **m. technology** Bergbau-, Abbautechnik *f*; **m. timber** Grubenholz *nt*; **m. town** Bergarbeiterstadt *f*; **m. village** Bergarbeiterdorf *nt*; **m. works** Gruben(anlagen)
minion *n* 🗍 Mignon *f*; **double m.** Mittelschrift *f*
mini-recession *n* Minirezession *f*; **m.scule** *adj* verschwindend gering/klein
minister *n* Minister *m*; **m. of economic affairs** Wirtschaftsminister *m*; ~ **foreign affairs** Außenminister *m*, Minister für auswärtige Angelegenheiten; ~ **agriculture** Landwirtschaftsminister *m*; **M. of Agriculture and Fisheries** *[GB]* Minister für Landwirtschaft und Fischerei; **m. of defence** Verteidigungsminister *m*; ~ **education** Erziehungs-, Kultus-, Unterrichtsminister *m*; ~ **employment** Arbeitsminister *m*; ~ **the environment** Umweltminister *m*; ~ **finance** Finanzminister *m*, Minister für Finanzen; ~ **health** Gesundheitsminister *m*; ~ **housing** Minister für Wohnungswesen, Wohnungsbauminister *m*; ~ **the interior** Innenminister *m*; ~ **justice** Justizminister *m*; ~ **labour** Arbeitsminister *m*; **m. without portfolio** Minister ohne Geschäftsbereich, Sonderminister *m*; **m. of research and science** Forschungsminister *m*; ~ **state** Staatsminister *m*; ~ **trade** Handelsminister *m*; ~ **transport** Verkehrsminister *m* **departmental minister** Ressortminister *m*; **federal m.** Bundesminister *m [D]*; **interior m.** Innenminister *m*; **junior m.** Staatssekretär *m*, S.minister *m*
ministerial *adj* amtlich, ministeriell, Regierungs-, Minister-
ministry *n* 1. Ministerium *nt*; 2. Ministeramt *nt*, M.-posten *m*; **m. of economic affairs** Wirtschaftsministerium *nt*; ~ **foreign affairs** Außenministerium *nt*, Auswärtiges Amt *[D]*, Ministerium für auswärtige Angelegenheiten; ~ **agriculture** Landwirtschaftsministerium *nt*; ~ **defence** Verteidigungsministerium *nt*; ~ **education** Erziehungs-, Kultus-, Unterrichtsministerium *nt*; ~ **employment** Arbeitsministerium *nt*, Ministerium für Arbeit; ~ **the environment** Umweltministerium *nt*; ~ **finance** Finanzministerium *nt*; ~ **health** Gesundheitsministerium *nt*; ~ **housing** Wohnungsbauministerium *nt*; ~ **the interior** Innenministerium *nt*, Ministerium des Inneren; ~ **labour** Arbeitsministerium *nt*, Ministerium für Arbeit; ~ **research** Forschungsministerium *nt*; ~ **science** Wissenschaftsministerium *nt*; ~ **town and country planning** Städtebauministerium *nt*; ~ **transport** Verkehrsministerium *nt*; **M. of Transport (M.O.T.) test** *[GB]* Kraftfahrzeugabnahme *f*
federal ministry Bundesministerium *nt*, B.ressort *nt*; **interior m.** Innenministerium *nt*
mini-truck *n* 🚚 Kleinlaster *m*
minor *n* 1. Minderjährige(r) *f/m*, Unmündige(r) *f/m*, minderjähriges Kind; 2. *[US] (Universität)* Nebenfach *nt*; *adj* 1. klein(er), geringfügig; 2. minderjährig, unmündig; 3. untergeordnet; **m. in sth.** *v/t [US]* etw. als Nebenfach studieren
minority *n* 1. Minderheit *f*, Minorität *f*; 2. Minderjährigkeit *f*, Unmündigkeit *f*, Kindesalter *nt*; **m. of votes** Stimmenminderheit *f*; **to be in the m.** in der Minderheit sein; **blocking/vetoing m.** Sperrminorität *f*; **linguistic m.** Sprachminderheit *f*

minority equity Anteil der Minderheitsaktionäre am Eigenkapital; **m. government** Minderheitsregierung *f*; **m. group** Minderheitsgruppe *f*; **m. holder** Minderheitsaktionär *m*; **m. holding** Minderheitsbeteiligung *f*; **qualifying m. holding** Schachtelbesitz *m*, S.beteiligung *f*; **m. interest** Minderheits-, Minoritätsbeteiligung *f*, Fremdanteil *m*; **m. interests** *(Bilanz)* Anteile/Gewinnansprüche Dritter, (Ausgleichsposten für) ~ in Fremdbesitz, Fremdbeteiligung *f*, Minderheitsanteil *m*, M.beteiligung *f*; **m. interest in the profit** konzernfremden Gesellschaften zustehender Gewinn; **m. participation** Minderheitsbeteiligung *f*; **m. partner** Minderheitsgesellschafter *m*; **m. report** Minderheitsbericht *m*, Sondergutachten *nt*; **m. rights** Minderheitsrechte; **m. safeguards** Minderheitenschutz *m*; **m. shareholder** *[GB]* /**stockholder** *[US]* Minoritäts-, Minderheitsaktionär *m*, M.gesellschafter *m*; **m. stake** Minderheitsbeteiligung *f*, M.anteil *m*; **qualifying m. stake** Schachtel(paket) *f/nt*; **m. joint venture** Joint Venture mit Minderheitsbeteiligung; **m. view** Minderheitsansicht *f*; **m. vote** Stimmenminderheit *f*
mint *v/t* (aus)münzen, (aus)prägen
mint *n* Münz-, Prägeanstalt *f*, Münze *f*, Münzamt *nt*, M.platz *m*, M.stätte *f*; **in m. condition** *(fig)* funkelnagelneu *(coll)*, in tadellosem/makellosem Zustand, wie neu
mintage *n* 1. Ausprägung *f*, Ausmünzung *f*; 2. Prägegebühr *f*, P.lohn *m*; 3. Münzen *pl*
minted *adj (Münze)* geprägt; **freshly m.** *(coll)* frisch gebacken *(coll)*
minting *n* Prägen *nt*, (Münz)Prägung *f*; **m. press** Prägepresse *f*; **m. quota** Prägekontingent *nt*
mint mark Münzstempel *m*, M.zeichen *nt*; **m. par/parity/rate** Münzparität *f*; ~ **of exchange** Münzpari *nt*; **m. price** Münzpreis *m*; **m. ratio** Austauschverhältnis Geld gegen Silbermünzen
minus *n* Minus(zeichen) *nt*; *prep* abzüglich, minus, weniger; **m. amount** Fehlbetrag *m*; **m. coefficient** negativer Koeffizient
minuscule *adj* sehr klein, winzig; *n* 🗍 Kleinbuchstabe *m*
minus difference Passivdifferenz *f*; **m. growth** negatives Wachstum; **m. item** negativer Faktor; **m. sign** π Minuszeichen *nt*; **m. tick** *(coll)* Minusankündigung *f*
minute *n* 1. Minute *f*; 2. Bericht *m*, Vermerk *m*, Entwurf *m*, Notiz *f*; **at the last m.** in letzter Minute; **up to the m.** hochaktuell, auf dem neu(e)sten Stand; **standard m.** ⌐ Vorgabeminute *f*; **a m. to spare** eine Minute Zeit; **commercial m.** *(Radio/Fernsehen)* Werbeminute *f*
minute *v/t* protokollieren, Protokoll führen, zu ~ nehmen; **m.d** *adj* protokolliert
minute *adj* sehr klein, winzig
minute book Protokoll-, Verhandlungsbuch *nt*; **m. hand** *n (Uhr)* Minutenzeiger *m*; **m. rate** *(Lohn)* Minutenfaktor *m*; **a m.'s silence** Gedenkminute *f*
minutes *pl* Niederschrift *f*, (Sitzungs)Protokoll *nt*, S.bericht *m*; **m. of the examination of a witness** § Aussageprotokoll *nt*; ~ **investigation** Untersuchungsprotokoll *nt*; ~ **meeting** Sitzungsbericht *m*, S.niederschrift *f*,

Versammlungs-, Ergebnisprotokoll *nt*, Verhandlungsniederschrift *f*; **m. from memory** Gedächtnisprotokoll *nt*; **m. of the proceedings** 1. Verhandlungsniederschrift *f*, V.protokoll *nt*, Beratungsprotokoll; 2. [§] Prozessprotokoll *nt*; **~ shareholders'/stockholders' meeting** Niederschrift der Hauptversammlung
to attach the minutes Protokoll beifügen; **to draw up the m.** Protokoll aufsetzen; **to keep the m.** (Sitzungs)Protokoll führen; **to read (out) the m.** Protokoll verlesen; **to record in the m.** im Protokoll vermerken; **to take (down the) m.** Niederschrift anfertigen, protokollieren, Protokoll aufnehmen; **to write the m.** Protokoll abfassen
keeping the minutes Protokollführung *f*, Führung des Protokolls
corporate minutes Gesellschafts-, Generalversammlungsprotokoll *nt*
miracle *n* Wunder *nt*; **to work/perform m.s** Wunder wirken; **economic m.** Wirtschaftswunder *nt*; **m. cure** Wunderheilung *f*; **m. drug** Wunderdroge *f*
mirage *n* Trug-, Scheinbild *nt*, Fata Morgana *f*
mire *n* Schlamm *m*, Morast *m*; **to be in the m.** *(fig)* in der Patsche/Tinte sitzen *(fig)*
mirror *n* Spiegel *m*; **as smooth as a m.** spiegelglatt; **concave m.** Hohlspiegel *m*; **inside m.** 🚗 Innenspiegel *m*; **rear m.** 🚗 Rückspiegel *m*
mirror *v/t* (wieder)spiegeln
mirror image Spiegelbild *nt*; **m. writing** Spiegelschrift *f*
mis|address *v/t* falsch adressieren; **m.adventure** *n* Unglück *nt*, U.sfall *m*, Unfall *m*; **m.advise** *v/t* schlecht beraten; **m.alignment** *n* Disparität *f*
misallocation of capital *n* Kapitalfehlleitung *f*; **~ resources** Faktorfehlleitung *f*, Fehlleitung von Ressourcen, Fehlallokation von Produktionsfaktoren/Ressourcen; **~ productive resources** Fehlleitung volkswirtschaftlicher Produktivkräfte
misapplication *n* 1. falscher Gebrauch; 2. Veruntreuung *f*, Unterschlagung *f*; **m. of funds** Fehlleitung/F.lenkung von Kapital
misapprehend *v/t* missverstehen, verkennen
misapprehension *n* Missverständnis *nt*, Irrtum *m*, Verkennung *f*; **~ of the facts** Tatsachenverkennung *f*; **to labour under a m.** sich im Irrtum/in einem Missverständnis befinden, sich einer Illusion hingeben
misappropriate *v/t* veruntreuen, unterschlagen, entwenden, beiseite schaffen, sich (etw.) widerrechtlich aneignen, zweckentfremden
misappropriation *n* Zweckentfremdung *f*, Unterschlagung *f*, Veruntreuung *f*, Entwendung *f*, betrügerische/widerrechtliche Aneignung, unrechtmäßige/widerrechtliche Verwendung, Fehlverwendung *f*; **m. of funds** missbräuchliche Mittelverwendung, Unterschlagung von Geld; **~ budget funds** Missbrauch von Haushaltsmitteln; **~ public funds** Veruntreuung von öffentlichen Geldern; **~ deposited items** Depotunterschlagung *f*; **m. by a public official** Amtsunterschlagung *f*, Veruntreuung im Amt
mis|behave *v/i* sich danebenbenehmen/schlecht benehmen, sich ungebührlich betragen; **m.behaviour** *n* schlechte Führung, Fehlverhalten *nt*, schlechtes/ungehöriges Benehmen
misbranding of goods *n* Falschbezeichnung von Waren
miscalcu|late *v/t* sich verrechnen/verkalkulieren, falsch (be)rechnen, kalkulieren/einschätzen, sich verschätzen/verspekulieren; **m.lation** *n* Fehlberechnung *f*, F.kalkulation *f*, F.einschätzung *f*, F.disposition *f*, F.rechnung *f*, Rechen-, Kalkulationsfehler *m*, falsche Berechnung
miscarriage *n* 1. ⚕ Fehlgeburt *f*; 2. *(fig)* Scheitern *nt*; 3. ✉ Fehlleitung *f*; **m. of a justice** Justizirrtum *m*, Fehlurteil *nt*, F.spruch *m*, Rechtsbeugung *f*; **to procure a m.** ⚕ abtreiben; **criminal m.** [§] Abtreibung *f*
miscarry *v/i* 1. ⚕ Fehlgeburt haben; 2. misslingen, fehlschlagen, danebengehen; 3. ✉ fehlgeleitet werden
miscellaneous *adj* verschieden(artig), divers, mannigfaltig, sonstig; *n* 1. *(Tagesordnung)* Verschiedenes, Sonstiges; 2. *(Bilanz)* sonstige Aufwendungen/Erträge
mischance *n* unglücklicher Zufall
mischief *n* 1. Unfug *m*, Unsinn *m*; 2. Unruhestiftung *f*; **to be full of m.** immer auf Dummheiten aus sein; **to do m.** Unheil/Schaden anrichten; **criminal m.** [§] Unruhestiftung *f*; **public m.** grober Unfug; **m. maker** Unruhestifter *m*, Störenfried *m*
mischievous *adj* bösartig
misconceive *v/t* falsch auffassen, verkennen, sich eine falsche Vorstellung machen; **m.d** *adj* missverstanden, irrig
misconception *n* Fehlannahme *f*, Irrtum *m*, falsche Vorstellung *f*, irrige Meinung/Annahme *f*; **~ of the law** Rechtsirrtum *m*
misconduct *n* 1. Fehlverhalten *nt*, ungehöriges Verhalten, ungebührliches/schlechtes Benehmen, Fehltritt *m*; 2. schlechte (Amts)Führung; 3. standeswidriges Verhalten, Standeswidrigkeit *f*, Berufsvergehen *nt*; **criminal m.** [§] strafwidriges Fehlverhalten; **gross m.** schwere Verfehlung, grobes Fehlverhalten; **professional m.** Berufspflichtverletzung *f*, B.vergehen *nt*, berufswidriges/standeswidriges Verhalten
misconduct *v/t* schlecht verwalten
miscon|struction *n* Fehlinterpretation *f*, Missdeutung *f*, falsche Auslegung; **~ of the law** [§] Rechtsbeugung *f*; **m.strue** *v/t* falsch auslegen/verstehen, missdeuten
miscount *n* Fehlkalkulation *f*, Rechenfehler *m*, fehlerhafte Zählung; *v/t* sich verrechnen/verzählen, falsch berechnen/zählen
mis|date *v/t* falsch datieren; **m.dating** *n* falsche Datumsangabe
misdeliver *v/t* falsch liefern; **m.y** *n* 1. Fehlablieferung *f*; 2. ✉ Fehlzustellung *f*
misdemeanour *n* 1. Fehlverhalten *nt*; 2. [§] (leichtes) Vergehen, Übertretung *f*; **m. in office** Amtsvergehen *nt*, Vergehen/Verbrechen im Amt; **electoral m.** Wahlvergehen *nt*; **petty m.** *[US]* geringfügiges Vergehen
misdirect *v/t* 1. ✉ fehlleiten, falsch adressieren; 2. [§] falsch belehren; **m.ed** *adj* fehlgeleitet
misdirection *n* 1. ✉ falsche Adressierung, Fehl-, Irreleitung *f*; 2. [§] unrichtige Belehrung; **m. of capital** Kapitalfehlleitung *f*; **~ goods** Fehlverladung *f*

mis|enter v/t falsch buchen/eintragen; **m.entry** n Falschbuchung f, falsche Buchung/Eintragung, falscher Eintrag
miser n Geizhals m (coll), G.kragen m (coll)
miserable adj jämmerlich, kümmerlich, ärmlich, armselig, erbärmlich, elend(ig)
miser|liness n Geiz m; **m.ly** adj geizig
misery n Elend nt, Not f, Misere f, Jammer m; **to live in m. and want** in jämmerlichen/kümmerlichen Verhältnissen leben; **to put an end to so.'s m.** jds Leiden ein Ende bereiten
mis|estimation n Fehlschätzung f; **m.feasance** n [§] unzulässige Ausführung einer rechtmäßigen Handlung; **m.feed** n ▫ Transport-, Zuführungsfehler m; **m.file** v/t falsch ablegen/abheften; **m.fire** v/i 1. ⟿ fehlzünden; 2. (fig) misslingen, danebengehen, fehlschlagen, Schuss in den Ofen sein (coll); **m.fit** n 1. nicht passendes Stück; 2. Außenseiter(in) m/f
misfortune n Missgeschick nt, Unglück(sfall) nt/m, Pech nt; **dogged by m.** vom Pech verfolgt; **great m.** Schicksalschlag m
misgiving(s) n Bedenken nt, Unbehagen nt, Befürchtung f, ungutes Gefühl; **I have (certain) m.s** mir schwant nichts Gutes (coll)
misgotten adj unrechtmäßig erworben
mis|guidance n Irreführung f; **m.guide** v/t irreführen, i.leiten; **m.guided** adj irregeleitet, i.geführt
mis|handle v/t falsch/schlecht handhaben; **m.handling** n falsche Handhabung
mishap n Missgeschick nt, Pech nt, unglücklicher Zufall, Malheur nt (frz.); **slight ~** kleines Malheur
misinform v/t falsch informieren/unterrichten; **m. against so.** [§] falsch gegen jdn aussagen; **m.ation** n falsche Auskunft, Fehlinformation f, unrichtige Berichterstattung; **m.ed** adj falsch unterrichtet/informiert, fehlinformiert
misinterpret v/t missdeuten, falsch auslegen/verstehen/auffassen; **m.ation** n Miss-, Fehldeutung f, F.auslegung f, F.interpretation f, falsche/sinnwidrige Auslegung, falsche Interpretation
misinvestment n Fehlinvestition f
misjoinder of actions n [§] unzulässige Klageverbindung; **~ parties** unzulässige Streitgenossenschaft
misjudge v/t verkennen, falsch einschätzen/beurteilen, sich verschätzen; **m.ment** n Fehlentscheidung f, F.beurteilung f
to be mis|laid adj abhanden kommen; **m.lay** v/t verlegen
mislead v/t irreführen, (hinweg)täuschen, verleiten; **m.ing of consumers** n Konsumentenirreführung f; **m.leading** adj irreführend
mismanage v/t schlecht verwalten/wirtschaften; **m.ment** n schlechte Verwaltung, Misswirtschaft f, schlechte Betriebsführung/(Geschäfts)Führung, Missmanagement nt, unternehmerische Fehlleistung; **financial m.ment** finanzielle Misswirtschaft
mismatch n Fehlanpassung f; **m. of maturities** Fristeninkongruenz f; **m.ed** adj (Finanzierung) inkongruent

misnomer n Fehlbenennung f, F.bezeichnung f, falsche Benennung/Bezeichnung
misperformance n [§] Schlechterfüllung f
misplace v/t verlegen; **m.d** adj fehl am Platze
misplead v/i [§] falsch plädieren, schlecht verteidigen
misprice v/t mit falschem Preis ausstatten/auszeichnen
misprint n ▫ Druck-, Satzfehler m, Fehldruck m; v/t ver-, fehldrucken
misprision n [§] Unterlassung einer Anzeige; **negative m.** pflichtwidrige Unterlassung einer Anzeige
mispro|nounce v/t falsch aussprechen; **m.nunciation** n falsche Aussprache
misquote v/t falsch zitieren
misread v/t missdeuten, falsch lesen
misrecital n [§] falsche Präambel
misrepresent v/t falsch/ungenau darstellen, verdrehen, nicht richtig vertreten, unrichtige Angabe machen
misrepresentation n falsche Darstellung, Verdrehung f, Entstellung f, falsche/unrichtige Angabe, Falschanzeige f, F.darstellung f, arglistige Täuschung; **m. of facts** [§] Vortäuschung/Entstellung von Tatsachen, Vorspiegelung falscher Tatsachen; **fraudulent m.** (arglistige) Täuschung, wissentlich falsche Angaben; **innocent m.** unabsichtlich gemachte/unwissentlich falsche Angabe(n), fahrlässige/schuldlose Falschdarstellung; **material m.** Verschweigen wichtiger Umstände
misrouting n Fehlleitung f
miss v/t 1. verpassen; 2. übersehen; 3. (ver)missen; **m. out on sth.** etw. verpassen; **m. sth. badly** etw. schmerzlich vermissen
miss-sell so. sth. v/t jdm etw. andrehen (coll)/aufschwatzen (coll)
missing adj vermisst, verschollen, verschwunden, verloren(gegangen); **to be m.** abhanden gekommen sein, fehlen; **to report so. m.** Vermisstenanzeige erstatten
mission n 1. Auftrag m, Aufgabe f; 2. Gesandtschaft f, Botschaft f; **on a ... mission** im Auftrage von; **m. of inquiry** Erkundungsreise f; **m. in life** Lebensaufgabe f
accredited mission beglaubigte Vertretung; **commercial m.** Handelsmission f; **consular m.** konsularische Vertretung; **corporate m.** Unternehmensleitlinien pl; **diplomatic m.** (auswärtige/diplomatische) Vertretung; **fact-finding m.** Erkundungstour f; **official m.** offizieller Auftrag; **on a special m.** mit besonderem Auftrag; **diplomatic m. abroad** Auslandsvertretung f
missionary n Missionar m; **m. salesman** Werksvertreter m; **m. society** Missionsgesellschaft f; **m. work** Missionstätigkeit f
mission budgeting aufgabenorientierte Budgetaufstellung; **m. staff** Missionsangehörige pl; **m. statement** (Unternehmen) Grundsatzerklärung f, G.papier nt; **corporate m. statement** Unternehmensleitsätze pl, U.philosophie f
missive n (obs.) Schreiben nt, Brief m
misspell v/t falsch buchstabieren/schreiben
mist n (feiner) Nebel, Dunst m; **wrapped in m.** in Nebel gehüllt, nebelverhangen; **early m.** Frühnebel m
mistake n Fehler m, Irrtum m, Versehen nt, Unrichtig-

keit *f*, Fehl-, Missgriff *m*, Fehlleistung *f*; **by m.** irrtümlich, aus Versehen, versehentlich
mistake in the declaration itself [§] Erklärungsirrtum *m*; **~ exercise of discretion** Ermessensfehler *m*; **m. of fact** Tat(sachen)irrtum *m*, sachlicher Irrtum; **m. in the inducement** *[US]* Motivirrtum *m*; **m. in/of the law** rechtlicher Irrtum, Rechtsirrtum *m*; **m. of law in a criminal case** Strafrechtsirrtum *m*; **inadvertent m. on the part of the court** Justizirrtum *m*; **m. as to the punishment of an act** Irrtum über die Strafbarkeit; **m. on the subject matter; ~ an important quality** *(Pat.)* Irrtum über eine wesentliche Eigenschaft; **m. as to the subject matter of the contract** Irrtum über den Vertragsgegenstand; **~ the type of offence** Tatbestandsirrtum *m* **and no mistake** *(coll)* ohne Zweifel
to be full of mistake|s; to teem with m.s vor Fehlern strotzen, voller Fehler stecken; **to commit/make a m.** Fehler begehen/machen, sich versehen; **to correct a m.** Fehler verbessern; **to mark m.s** Fehler anstreichen; **to repair a m.** Scharte auswetzen *(fig)*
bad mistake grober Irrtum; **careless m.** Flüchtigkeitsfehler *m*; **common m.** [§] *(Vertrag)* gemeinsamer/allgemein verbreiteter Irrtum; **excusable m.** entschuldbarer Irrtum; **factual m.** Tatbestandsirrtum *m*; **fatal m.** verhängnisvoller Irrtum; **glaring m.** haarsträubender Fehler; **legal m.** Rechtsfehler *m*; **mutual m.** beiderseitiger Irrtum; **negligible m.** Bagatellfehler *m*; **operative m.** beachtlicher Irrtum; **legally relevant m.** rechtserheblicher Irrtum; **serious m.** schwerer Fehler; **substantial m.** erheblicher Fehler; **unilateral m.** einseitiger Irrtum
mistake *v/t* 1. missverstehen, falsch verstehen; 2. sich irren, verwechseln
mistaken *adj* irrig, irrtümlich, unrichtig, falsch, fälschlich; **to be m.** sich im Irrtum befinden
misstate *v/t* falsch darstellen/angeben; **m.ment** *n* falsche Darstellung/Angabe; **~ of facts** falsche Sachdarstellung
mistime *v/t* falschen/ungünstigen Zeitpunkt wählen; **m.d** *adj* zur falschen Zeit
mistranscription *n* falsche Übertragung
mistrans|late *v/t* falsch übersetzen; **m.lation** *n* Fehlübersetzung *f*, falsche Übersetzung
mistreat *v/t* schlecht behandeln, misshandeln; **m.ment** *n* 1. schlechte Behandlung, Misshandlung *f*; 2. *[US]* unsachgemäße Behandlung, unsachgemäßer Umgang
mistrial *n* [§] fehlerhaftes Prozessverfahren
mistrust *n* Misstrauen *nt*; *v/t* misstrauen
misty *adj* dunstig, diesig
mistype *v/t* vertippen
misunderstand *v/t* missverstehen, verkennen, falsch verstehen
misunderstanding *n* Missverständnis *nt*; **to clear up a m.** Missverständnis bereinigen/beseitigen; **to preclude any m.** jedem Missverständnis vorbeugen; **in order ~ m.** um jedes Missverständnis auszuschließen
misuse *n* Missbrauch *m*, Zweckentfremdung *f*, missbräuchliche/unsachgemäße Benutzung, ~ Verwendung *f*; **m. of authority** Amtsmissbrauch *m*, Missbrauch der Amtsgewalt; **~ public funds** Missbrauch öffentlicher Gelder; **~ confidential information** Missbrauch vertraulicher Informationen; **~ a name** Namensmissbrauch *m*; **~ (discretionary) powers** Missbrauch der Ermessensfreiheit, E.missbrauch *m*; **~ a legal right** missbräuchliche Rechtsausübung
misuse *v/t* missbrauchen, zweckentfremden, missbräuchlich anwenden/benutzen
mite *n* *(coll)* Obolus *m (coll)*, Schärflein *nt (coll)*; **to contribute one's m.** sein Schärflein beitragen
miti|gate *v/t* lindern, mildern, abschwächen, entschärfen; **m.gating** *adj* [§] (straf)mildernd
mitigation *n* Linderung *f*, Milderung *f*, Abschwächung *f*; **m. of damage** Verlust-, Schadensminderung *f*, S.minderung *f*; **~ hardship for innocent debtors** [§] Schuldnerschutz *m*; **~ punishment** Strafmilderung *f*; **to consider in m.** strafmildernd berücksichtigen; **to plead for/in m.** auf Milderung/für Strafmilderung plädieren, strafmindernde Umstände vortragen
mitigative; mitigatory *adj* mildernd
mitten *n* Fausthandschuh *m*
mittimus *n (lat.)* [§] Hafteinweisung *f*
mix *n* Mischung *f*, Zusammensetzung *f*; **m. of services** (Dienst)leistungsangebot *nt*; **fiscal and monetary m.** Bündel geld- und steuerpolitischer Maßnahmen, Maßnahmenbündel der Geld- und Steuerpolitik
mix *v/t* mixen, vermischen, mengen; **m. up** verquicken, durcheinander mischen, ~ bringen, verwechseln; **m. up** vertauschen, sich einlassen
mixed *adj* 1. ge-, vermischt, Misch-; 2. gesamtwirtschaftlich; 3. *(Börse)* uneinheitlich; **to be m.** *(Börse)* sich uneinheitlich entwickeln; **~ narrowly m.** *(Börse)* leicht uneinheitlich tendieren; **to finish narrowly m.** *(Börse)* zum Schluss leicht verändert notieren; **to get m. up with so.** sich mit jdm einlassen; **~ sth.** sich auf etw. einlassen
mixer *n* Mischgerät *nt*, M.pult *nt*; **m. tap** *[GB]* ♦ Mischbatterie *f*
mixing *n* (Ver)Mischung *f*; **m. and tying arrangements** Verwendungszwang *m*; **m. process** Mischverfahren *nt*; **m. pump** Mischpumpe *f*; **m. quota** Verhältnis von Auslands- und Inlandsproduktbestandteilen
mixture *n* Mischung *f*, Gemisch *nt*, Gemenge *nt*; **lean m.** ⬥ Mager-, Spargemisch *nt*; **m. subvariance** Einzelmaterialmischungsabweichung *f*; **~ for labour** Lohnsatzmischungsabweichung *f*
mix-up *n* 1. Vertauschung *f*, Verwechs(e)lung *f*; 2. Schlamassel *nt (coll)*; **m. variance** Mischungsabweichung *f*
moan *v/i* lamentieren, stöhnen; **m.ing and groaning** *n* Gejammer *nt*, Jammern *nt*
mob *n* 1. Pöbel *m*, Mob *m*; 2. Pack *nt*, Haufen *m*, Horde *f*
mobile *adj* (orts)beweglich, mobil, fahrbar; *n* ✆ Funktelefon *nt*, Handy *nt*
mobility *n* Beweglichkeit *f*, Mobilität(sbereitschaft) *f*; **m. of labour** berufliche Mobilität, Arbeitsmobilität *f*, Mobilität der Arbeitskräfte; **~ production factors** Faktormobilität *f*
downward mobility Abstiegsmobilität *f*; **executive/managerial m.** Mobilität von Führungskräften; **geo-**

graphic(al) m. geografische/räumliche Mobilität; **~ and occupational m.** örtliche und berufliche Mobilität/Freizügigkeit; **horizontal m.** horizontale Mobilität; **industrial m.** wirtschaftliche Mobilität, Freizügigkeit der Arbeitnehmer; **interplant m.** zwischenbetriebliche Mobilität; **occupational m.** berufliche Mobilität/Freizügigkeit/Beweglichkeit, Arbeitsmobilität *f*, Mobilitätsbereitschaft *f*; **social m.** soziale Mobilität; **spatial m.** räumliche Mobilität; **substainable m.** dauerhaft umweltverträgliche Mobiliät; **unrestricted m.** Freizügigkeit *f*; **upward/vertical m.** vertikale Mobilität, soziale Aufstiegsmöglichkeit(en)
mobility allowance 1. Fahrtkostenzuschuss *m*, Fahrgeldbeihilfe *f*, Mobilitätszuschuss *m*, M.hilfe *f*; 2. Umzugsbeihilfe *f*; **m. bonus** Mobilitätsprämie *f*
mobilizable *adj* mobilisierbar
mobilization *n* 1. *(Kapital)* Verflüssigung *f*, Aktivierung *f*, Mobilisierung *f*, Flüssigmachen *nt*; 2. ⚔ Mobilmachung *f*; **m. of the equalization claim** Mobilisierung der Ausgleichsforderung; **general m.** Generalmobilmachung *f*; **m. instruments/papers** Mobilisierungspapiere, M.titel; **m. quota** Mobilisierungskontingent *nt*
mobilize *v/t* 1. *(Kapital)* flüssig machen, in Umlauf setzen; 2. mobilisieren; 3. aktivieren; 4. ⚔ mobil machen
mob law Lynchjustiz *f*; **m. rule** Pöbelherrschaft *f*, Herrschaft des Pöbels; **m. violence** Massenausschreitungen *pl*
mock *v/t* verspotten; **m. at sth.** sich über etw. mokieren
mock *adj* falsch, unecht, Schein-
mockery *n* 1. Gespött *nt*, Hohn *m*, Spott *m*; 2. Farce *f*; **to make a m. of sth.** etw. lächerlich machen
mock-up *n* 1. (Lehr)Modell *nt*; 2. Simulation *f*, simulierte Bedingungen
modality *n* Modalität *f*; **modalities of payment** Zahlungsmodalitäten
all mod. cons. *pl (coll)* alle Schikanen *(coll)*
mode *n* 1. Methode *f*, Verfahren *nt*, Art und Weise *f*, Modus *m*; 2. ▦ dichtester/häufigster Wert, Modalwert *m*
mode of allocation Zuteilungsmodus *m*; **~ calculation** Berechnungsart *f*; **~ carriage/conveyance** Beförderungs-, Versand-, Transportart *f*; **~ dispatch/forwarding/shipment** Versendungsform *f*, Versandart *f*, V.-form *f*; **~ freight payment** Frachtzahlungsweise *f*; **~ life** Lebensweise *f*; **~ operation** Funktions-, Wirkungsweise *f*; **sequential ~ operation** sequenzieller Ablauf; **~ optimization** Optimierungsmodell *nt*; **~ payment** Zahlungsweise *f*, Z.modus *m*; Z.art *f*; **~ procedure** Verfahrensart *f*, V.modus *m*; **~ speaking** Redeweise *f*; **~ transport** Beförderungs-, Versand-, Transportart *f*, Beförderungs-, Transportmittel *nt*
conversional mode 🖳 Dialogbetrieb *m*, Datenverarbeitung *f*; **interactive m.** interaktive Arbeitsweise, Bildschirmdialog *m*, Dialogbetrieb *m*, D.verkehr *m*; **operating m.** 🖳 Betriebsart *f*; **program-sort m.** programmabhängiger Betrieb
model *n* 1. Modell *nt*, Typ *m*; 2. Muster *nt*, Ausführung *f*, Baureihe *f*, B.muster *nt*; 3. Leit-, Vorbild *nt*, Vorlage *f*; **on the m. of** nach dem Muster/Modell von

model of the business cycle Konjunkturmodell *nt*; **m. of disequilibrium dynamics** dynamisches Ungleichgewichtsmodell; **~ interrelationship** Verbundmodell *nt*; **~ technocracy** Technokratiemodell *nt*; **m. under a utility patent** Gebrauchsmusterodell *nt*
to develop a model Modell entwickeln; **to serve as a m.** als Muster/Vorlage/Vorbild dienen, Schule machen *(fig)*
aggregative model makroökonomisches Modell; **behavioural m.** Verhaltensmodell *nt*; **competitive m.** Konkurrenzmodell *nt*; **comprehensive m.** Totalmodell *nt*; **conceptual m.** Denkmodell *nt*, konzeptionelles Modell; **cyclical m.** Konjunkturmodell *nt*; **de luxe m.** Luxusmodell *nt*, L.ausführung *f*; **demographic m.** Bevölkerungsmodell *nt*; **dynamic m.** dynamisches Modell; **economic m.** ökonomisches Modell; **end-of-range m.** auslaufendes Modell, Auslaufmodell *nt*; **experimental m.** Versuchsmodell *nt*; **generating m.** ▦ erzeugendes Modell; **macroeconomic m.** makroökonomisches Modell; **male m.** Dressman *m*, Vorführmann *m*; **mixed m.** gemischtes Modell; **multi-station m.** *(OR)* Mehrkanalmodell *nt*; **naive m.** nichtformales Modell; **overall/total m.** Totalmodell *nt*; **partial m.** Partialmodell *nt*; **queuing-line/waiting-line m.** Warteschlangenmodell *nt*; **special m.** Spezialausführung *f*; **standard m.** 1. Standard-, Serien-, Einheitsmodell *nt*; 2. Normal-, Regel-, Serien-, Standardausführung *f*; **static m.** statisches Modell; **technocratic m.** Technokratiemodell *nt*; **top(-of-the-line/of-the-range) m.** Spitzenmodell *nt*
model *v/t* modellieren; **m. on sth.** nach dem Muster/Vorbild von etw. gestalten, ~ formen
model agreement Mustervertrag *m*, M.abkommen *nt*, Modellabkommen *nt*; **m. analysis** Modellanalyse *f*; **m. balance sheet** Bilanz(ierungs)schema *nt*; **m. calculation** Modell-, Beispielrechnung *f*; **m. case** Modellfall *m*; **m. code** ☯/⚙ Typenbezeichnung *f*; **m. company** Modellfirma *f*; **m. conduct** musterhaftes Betragen; **m. costing account** Kalkulationsschema *nt*; **m. employment contract** Musterarbeitsvertrag *m*; **m. factory** Musterbetrieb *m*; **m. farm** ✿ (landwirtschaftlicher) Musterbetrieb, Mustergut *nt*, M.hof *m*, M.farm *f*
model form Musterformblatt *nt*; **~ of contract** Formularvertrag *m*; **~ of employment contract** Formulararbeitsvertrag *m*
model house Modell-, Musterhaus *nt*; **m. launch** ⚙ Einführung/Vorstellung eines neuen Modells *m*; **m. letter** Musterbrief *m*, Briefmuster *m*; **m. lesson** Anschauungsunterricht *m*
modelling *n* Modellierung *f*, Modellplanung *f*; **financial m.** Finanzplanung *f*, finanzwirtschaftliche Modellbildung; **theoretical m. study** Modelluntersuchung *f*
model maker *n* Modellbauer *m*; **m. performance** Musterleistung *f*; **m. plane** 1. Modellflugzeug *nt*; 2. Flugzeugmodell *nt*; **m. plant** Musterbetrieb *m*; **m. policy** ⚙ Modellpolitik *f*; **m. railway** Modelleisenbahn *f*; **m. range** Modellreihe *f*; **m.set-up** Mustereinrichtung *f*
modem *n* 🖳 Modem *nt*; **m. card** Modemkarte *f*
moderate *adj* 1. gemäßigt; 2. niedrig, gering, bescheiden; *n (Politik)* Gemäßigte(r) *f/m*, Mann der Mitte; *v/t/i*

1. mäßigen, dämpfen; 2. moderieren, Versammlung leiten, den Vorsitz führen; 3. vermitteln; 4. sich abschwächen, nachlassen
moderation *n* Mäßigung *f*, Maßhalten *nt*; **in m.** in Maßen; **to practise m.** Maß halten
moderator *n* Diskussionsleiter(in) *m/f*
modern *adj* modern
modernization *n* 1. Modernisierung *f*, Rationalisierung *f*; 2. 🏛 Altbausanierung *f*; **m. aid** Modernisierungsbeihilfe *f*; **m. investment** Modernisierungs-, Rationalisierungsinvestition(en) *f/pl*; **m. measure** Modernisierungs-, Rationalisierungsmaßnahme *f*; **m. program(me)** Modernisierungsprogramm *nt*, M.vorhaben *nt*, Rationalisierungsprogramm *nt*, R.vorhaben *nt*
modernize *v/t* modernisieren, mit technischen Neuerungen versehen, rationalisieren, nachrüsten
modest *adj* 1. bescheiden, genügsam, anspruchslos; 2. bescheiden, mäßig
modesty *n* Bescheidenheit *f*, Anspruchslosigkeit *f*; **to carry m. too far** seine Bescheidenheit übertreiben; **false/misplaced m.** falsche Bescheidenheit
mode switch 💻 Sortierschalter *m*
modicum *n* kleine Menge, ein bisschen, Quäntchen *nt*
modifiable *adj* änderungsfähig, änderbar, abdingbar, modifizierbar
modification *n* (Ab-/Ver)Änderung *f*, Umstellung *f*, Modifizierung *f*, Modifikation *f*, Umbau *m*, Umgestaltung *f*; **m. of (a) contract** Vertragsänderung *f*; **~ a collective pay agreement** Lohn- und Gehaltstarifänderung; **subject to m.s; m.s reserved** Änderungen vorbehalten; **to make m.s** Änderungen vornehmen; **minor m.s** geringfügige Veränderungen; **m. note/notice** Veränderungsnachweis *m*, Änderungsmitteilung *f*; **m. rating** (Vers.) Prämiendifferenzierung *f*
modi|fied *adj* modifiziert, (ab)geändert; **genetically m.fied (GM)** genetisch modifiziert; **m.fier** *n* Modifizierfaktor *m*
modify *v/t* (ab-/ver-/um)ändern, umstellen, modifizieren, anpassen, umgestalten, umbauen
modiste *n* (frz.) Modistin *f*
modular *adj* modular, Baukasten-; **m.ity** *n* Baukastenprinzip *nt*; **m.ization** *n* Modularisierung *f*; **m.ize** *v/t* modularisieren
modu|late *v/t* modulieren; **m.lation** *n* Modulation *f*
module *n* 1. Baustein *m*, B.einheit *f*, B.element *nt*, B.teil *nt*; 2. 💻 Modul *nt*
modulus of precision *n* 💻 Präzisionsmaß *nt*
moiety *n* [§] Hälfte *f*, Halbteil *m*
moist *adj* feucht; **m.en** *v/t* be-, anfeuchten
moisture *n* Feuchtigkeit *f*, Nässe *f*; **m. certificate** Feuchtigkeitsbescheinigung *f*; **m. content/level** Feuchtigkeitsgehalt *m*
molar *n* 🦷 Backenzahn *m*
mold *n* [US] →; **mould**; **m.** *v/t* → **mould**
mole *n* ⚓ Mole *f*, Hafendamm *m*
molecular molekular
molecule *n* Molekül *nt*
molest *v/t* belästigen, behelligen; **m.ation** *n* Belästigung *f*, Behelligung *f*

mollycoddle *v/t* (coll) verwöhnen, verhätscheln
social mollifier *n* Mittel zur Entschärfung sozialer Konflikte
mollify *v/t* beschwichtigen
moment *n* 1. Moment *m/nt*, Augenblick *m*; 2. Bedeutung *f*; **at the/this m. (in time)** zurzeit (zz., zzt.), gegenwärtig; **m. of inertia** Trägheitsmoment *nt*; **~ shock** Schrecksekunde *f*; **not to hesitate a m.** keinen Augenblick schwanken
critical/crucial moment entscheidender Augenblick/Moment; **great m. (in history)** Sternstunde *f*; **at the last m.** im letzten Moment/Augenblick, kurz vor Toresschluss *(fig)*; **lucid m.** lichter Augenblick; **multivariate m.** 💻 Produktmoment *nt*; **at the right m.** im richtigen Augenblick; **in an unguarded m.** in einem unbedachten Augenblick; **untimely m.** ungünstiger Augenblick; **in a weak m.** in einer schwachen Stunde
at a moment's notice jederzeit (kündbar), sofort, kurzfristig
momentary *adj* augenblicklich, vorübergehend
momentous *adj* (ge)wichtig, bedeutend, folgenschwer, von großer Tragweite
momentum *n* Schwung(kraft) *m/f*, Wucht *f*, Stoßkraft *f*, Eigendynamik *f*; **m. of growth** Wachstumsdynamik *f*
to gain/gather momentum an Fahrt/Schwung gewinnen, Stoßkraft gewinnen, in Schwung/Gang/Fahrt kommen, in Bewegung geraten, Tritt fassen; **to lose m.** Schwung(kraft)/Dynamik verlieren, aus dem Tritt geraten; **to maintain the m.** Schwungkraft bewahren
continued momentum anhaltender Auftrieb; **own m.** Eigendynamik *f*; **personal m.** Persönlichkeitsstärke *f*; **upward m.** Aufwärtsschwung *m*, Auftrieb(stendenz) *m/f*
monadic *adj* π eingliedrig, einstellig
Monday *n* Montag *m*
monetarism *n* Monetarismus *m*
monetarist *n* Monetarist *m*, Geld-, Währungstheoretiker *m*; *adj* monetaristisch
monetary *adj* 1. monetär, geldwirtschaftlich, währungspolitisch; 2. geldwert, finanziell, Geld-, pekuniär
monetization *n* Monetisierung *f*, Münzprägung *f*; **m. of debt** Monetisierung der Staatsschuld
monetize *v/t* zum gesetzlichen Zahlungsmittel machen, Geldwert beilegen, zu Münzen prägen, monetisieren
money *n* 1. Geld *nt*, Zahlungsmittel *nt*; 2. Geldsorte *f*; 3. Vermögen *nt*, Reichtum *m*; 4. (Börse) (Kurszettel) Nehmer *pl*; **against/for m.** für Geld; **at the m.** (Börse) zum Geld-, Kassakurs; **for m.** 1. gegen Entgelt; 2. (Börse) netto Kasse; **in the m.** (Börse) im Geld; **out for m.** auf Geld erpicht; **~ of m.** 1. (Börse) aus dem Geld; 2. (Option) ohne eigentlichen Wert; **with m. to spend** kaufkräftig
money in account Buch-, Giral-, Girogeld *nt*, bargeldlose Zahlungsmittel; **m. of account** Landes-, Rechnungs-, Schuldwährung *f*, Rechnungsmünze *f*, R.geld *nt*, bargeldlose Zahlungsmittel; **m. on account** Guthaben *nt*; **m. back** Geldrückgabe *f*; **~ if not satisfied; ~ guarantee** bei Nichtgefallen Geld zurück; **m. from banks; monies received from other banks** Bankengelder; **m. at call** Tagesgeld *nt*, täglich/jederzeit fälli-

ges Geld, täglich kündbares/abrufbares Geld, Geld auf Abruf; ~ **and short notice** *[GB]* kurzfristiges Geld; **m. in cash** Kassenbestand *m*, Bargeld *nt*; ~ **circulation** Geldumlauf *m*, umlaufendes Geld; **m. (put aside) for a rainy day** Notgroschen *m*; **m. on deposit** (Kunden)Einlagen *pl*, Depositengelder *pl*; **m. down the drain** (zum Fenster) hinausgeworfenes Geld *(coll)*; **m. and finance** Geld- und Kreditwirtschaft *f*; **m. on/in hand** Bargeld *nt*, Kassenbestand *m*, verfügbare(s) Geld(er); **m. due under a loan** Darlehensforderung *f*; **m. lent on first mortgage** erststellige Mittel; **m. at notice** Kündigungsgeld *nt*, Geld auf Kündigung; ~ **short notice** kurzfristig fällige Gelder; **m. of payment** Zahlungswährung *f*; **m. deposited as security** Pfandgeld *nt*; **monies at long term** langfristige Gelder; ~ **medium term** mittelfristige Gelder; ~ **short term** kurzfristige Gelder; **m. in trust** Treuhandgelder *pl*; **m. and other valuables** Geld und andere Werte
there is money in it das ist lukrativ; **m. isn't everything** Geld ist nicht alles; **m. (is) no object** Kosten spielen keine Rolle, Geld spielt keine Rolle, auf Geld wird nicht gesehen, egal was es kostet; **the m. is rolling in** *(coll)* die Kassen klingeln *(coll)*; **m. with no strings attached** bedingungsloses/frei verfügbares Geld
money invested Beteiligung *f*; **monies paid out** Auszahlungen; **m. put aside** erspartes Geld; **m. received** Geldeingang *m*; ~ **and expended** vereinnahmte und verausgabtes Geld
awash/flush with money gut bei Kasse, (hoch)liquide, im Geld schwimmen, um Geld nicht verlegen, mit Geld wohl versehen; **expensive of m.** (finanziell) kostspielig; **hard-pressed for m.** in Geldnot, knapp bei Kasse; **lavish of/with one's m.** freigebig mit seinem Geld; **pushed for m.** knapp bei Kasse *(coll)*; **rolling in m.** *(coll)* steinreich *(coll)*; **short of m.** knapp/schlecht bei Kasse, verlegen um Geld, knapp an Geld, geldknapp
to accommodate so. with money jdm Geld ausleihen; **to advance m.** Geld (aus)leihen/vorstrecken/vorschießen, Vorschuss leisten; ~ **on sth.** etw. beleihen; ~ **on goods** Geld auf Waren leihen; ~ **on securities** Effekten beleihen/lombardieren; **to appropriate m.** Geld bereitstellen/zuweisen; **to ask for m.** die Hand aufhalten *(fig)*; ~ **for one's m. back** sein Geld zurückverlangen; **to back with m.** finanziell unterstützen; **to be awash with m.** im Geld schwimmen *(coll)*, flüssig sein, Geld im Überfluss haben; ~ **in the m.** *(Option)* inneren Wert haben; ~ **in the m.**; ~ **coining m.**; ~ **flush with m.**; ~ **rolling in m.** *(coll)* im Geld schwimmen *(coll)*, Geld scheffeln, Überfluss an Geld haben, Geld in Hülle und Fülle haben, ~ wie Heu haben *(coll)*; ~ **pinched/pushed for m.**; ~ **short of m.** in Geldverlegenheiten sein, knapp bei Kasse sein; ~ **keen on m.** sehr aufs Geld sehen; **to bleed m.** *(fig)* Geld verlieren, Verluste machen; **to borrow m.** Geld aufnehmen/aufbringen/borgen/leihen, Kredit aufnehmen; **to bring in m.** Geld einbringen; **to buy for ready m.** gegen bar kaufen; **to call in m.** Geld kündigen/einziehen; **to change m.** Geld wechseln; **to come by/into m.** zu Geld kommen, Vermögen erben; **to contribute m.** Geld zuschießen/einschießen; **to convert into m.** zu Geld machen, realisieren, versilbern *(coll)*; **to cost m.** Kosten verursachen; **to counterfeit m.** Geld fälschen; **to create m.** Geld schöpfen; **to deposit m.** Geld einzahlen/hinterlegen; **to disburse m.** Geld verauslagen; **to divert m.** Geld abzweigen; **to donate m.** Geld spenden; **to draw m.** Geld abheben/entnehmen; ~ **on so. for m.** jdn um Geld angehen; **to earn m.** Geld verdienen; ~ **good m.** gut verdienen; **to embark m.** Geld investieren; **to embezzle m.** Geld unterschlagen; **to extract m.** Geld herausschinden; **to find m.** Geld beschaffen/aufbringen/auftreiben; **to fork out m.** *(coll)* Geld herausrücken *(coll)*; **to furnish m.** Geld(er) beschaffen/aufbringen; **to get one's m.** an sein Geld kommen; ~ **one's m.'s worth** etw. für sein Geld bekommen, auf seine Kosten/Rechnung kommen; ~ **so. to part with his m.** jdm das Geld aus der Tasche ziehen *(coll)*; **to grant m.** Geld bewilligen; **to have m. in the bank** Geld auf der Bank haben; ~ **m. to burn** *(coll)* Geld wie Mist/Heu haben *(coll)*; ~ **m. on one** Geld bei sich haben; ~ **m. under one's belt** *(fig)* Geld in der Tasche haben *(fig)*; ~ **m. owing** Geld ausstehen haben; ~ **no m. at risk** keine Haftung haben; **to hoard m.** Geld horten; **to immobilize m.** Geld stilllegen; **to invest m.** Geld investieren/anlegen/hineinstecken; ~ **to good account** Geld rentabel anlegen; ~ **in a lawsuit** Geld für einen Prozess aufbringen; **to keep m. with the bank** Geld bei der Bank haben; ~ **one's m. under the mattress** *(fig)* im Strumpf sparen *(fig)*; ~ **so. short of m.** jdn knapp (bei Kasse) halten; **to launder m.** *(fig)* Geld waschen *(fig)*; **to leave m. to so.** jdm Geld vermachen; ~ **one's m. to charity** sein Vermögen für karitative Zwecke bestimmen; **to lend/loan m.** Geld (aus)leihen; **to lend so. m.** jdm Geld leihen/pumpen *(coll)*; ~ **m. at interest** Geld auf/gegen Zinsen (ver)leihen; ~ **m. against security** Geld gegen Sicherheit ausleihen; ~ **securities** Effekten beleihen, Wertpapiere beleihen/lombardieren; ~ **without security** ungedeckten Kredit gewähren; ~ **on shares** *[GB]* /**stocks** *[US]* Aktien lombardieren; **to live on one's m.** von seinem Geld leben; **to lose m.** Geld verlieren, Verlust machen; ~ **on sth.** draufzahlen; **to make m.** 1. Geld verdienen/machen, (ab)kassieren *(coll)*; 2. *(Anlage)* etw. einbringen, sich rentieren; ~ **m. out of sth.** etw. in klingende Münze umsetzen *(coll)*; ~ **one's m. spin out** sein Geld strecken; ~ **off with the m.** mit dem Geld durchbrennen; **to marry m.** reiche Partie machen, Geldheirat eingehen; **to neutralize m.** Geld stilllegen; **to nominate m.** Geld spenden; **to owe m.** Geld schulden; **to part with one's m.** sein Geld hergeben; **not ~ m.** auf seinem Geld sitzen *(fig)*; **to pay back m.** Geld zurückerstatten; ~ **in m.** Geld einzahlen; **to pocket m.** Geld einkassieren/einstecken; **to pool m.** Geld zusammenwerfen/z.legen; **to press so. for m.** jdn um Geld angehen, von jdm Geld erpressen; **to procure m.** Geld beschaffen/aufbringen; **to provide m.** Geld bereitstellen
to put money by (for a rainy day) Geld auf die Seite schaffen/legen, ~ hohe Kante legen *(coll)*; ~ **down the**

m. bar zahlen; ~ m. into sth. Geld in etw. anlegen/(hinein)stecken/investieren; ~ m. into circulation Geld unter die Leute bringen *(coll)*; ~ m. out at interest Geld verzinslich anlegen, ~ zinstragend investieren, ~ für sich arbeiten lassen; ~ up/raise m. Geld aufnehmen/aufbringen/beschaffen/bereitstellen/auftreiben/besorgen
to receive money Geld bekommen/erhalten; to reduce m. Devisen umrechnen; to refund m. Geld zurückerstatten; to remit m. Geld überweisen; ~ by telegram telegrafisch Geld überweisen; to repatriate m. Geld (ins Heimat-/Ursprungsland) zurücktransferieren; to require m. Geld kosten; to run into m. kostspielig sein; ~ out of m. *(Geld)* ausgehen, illiquide werden; to salt m. away *(coll)* Geld beiseite schaffen; to save m. Geld sparen; to scare up m. *(coll)* Geld auftreiben; to scramble up m.; to scrape m. together Geld zusammenkratzen; to send m. Geld schicken; ~ under advice Geld mit Avis überweisen; to settle m. on so. jdm Geld überschreiben/übertragen; to shell out m. *(coll)* Geld herausrücken *(coll)*; to sink m. into sth. Geld in etw. anlegen/hineinstecken/investieren; ~ a project Geld in ein Vorhaben stecken; to skim off m. Geld abschöpfen; to spend m. Geld aufwenden/ausgeben/investieren; ~ like water Geld mit vollen Händen ausgeben *(fig)*; to squander m. Geld verschwenden; to squeeze m. out of so. jdm Geld abknöpfen *(coll)*, jdn schröpfen *(coll)*; to stake m. on sth. Geld auf etw. setzen, ~ einsetzen/aufs Spiel setzen; to stint m. mit Geld knausern *(coll)*; to stop m. out of wages Geld vom Lohn einbehalten; to stretch one's m. mit Mark und Pfennig rechnen *(coll)*; to stump up m. *(coll)* Geld lockermachen *(coll)*, löhnen *(coll)*; to take m. out of circulation der Wirtschaft Geld entziehen; ~ from the till Geld aus der Ladenkasse (ent)nehmen; to tap/touch so. for m. *(coll)* jdn anpumpen *(coll)*, jdn um Geld angehen; to throw m. about mit Geld um sich schmeißen *(coll)*; ~ good m. after bad Fehlinvestition(en) tätigen; ~ one's m. around Geld verschwenden; ~ m. down the drain *(coll)* Geld zum Fenster hinauswerfen *(coll)*, ~ aus dem Fenster werfen *(coll)*, ~ zum Schornstein hinausjagen *(coll)*; to tie up m. Geld fest anlegen/binden/festlegen; ~ liquid monies liquide Mittel binden; to transfer m. Geld überweisen; to turn into m. zu Geld machen, in Geld umsetzen, realisieren, versilbern, monetisieren; to unlock m. Geld freimachen; to wallow in m. *(coll)* im Geld schwimmen *(coll)*; to waste (one's) m. Geld durchbringen/verschwenden, ~ zum Fenster hinauswerfen *(fig)*; ~ m. on so. jdm Geld in den Rachen werfen *(fig)*; to wheedle m. out of so. Geld aus jdm herauslocken; to withdraw m. Geld abheben
active money umlaufende (Geld)Mittel; bad/base m. Falschgeld *nt*, schlechtes Geld; bogus m. Falschgeld *nt*; barren m. totes/brachliegendes Kapital; big m. *(coll)* das große Geld *(coll)*; black m. Schwarzgeld *nt*, durch Schwarzarbeit verdientes Geld, schwarzes Geld; borrowed m. Fremdgeld *nt*, F.mittel *pl*, aufgenommene(s) Geld(er), geliehenes Geld
cheap money billiges Geld, billige Geldsätze; ~ credit Kredit zu günstigen Bedingungen; ~ policy Billig-, Niedrigzinspolitik *f*, Politik des leichten Geldes, Liquiditätspolitik *f*
close money teures Geld; coined m. Hartgeld *nt*; consigned m. Depositengeld *nt*; consolidated m. Festgeld *nt*; convertible m. frei konvertierbares Geld
counterfeit money Falschgeld *nt*, falsches/gefälschtes Geld; putting ~ into circulation Verbreitung von Falschgeld/falschem Geld; making and uttering of c. m. Falschmünzerei *f*; uttering of c. m. Inverkehrbringen von Falschgeld; to pass c. m.; to put c. m. into circulation Falschgeld in Umlauf bringen, ~ in den Verkehr setzen/bringen
current money Bar-, Kurant-, Umlaufgeld *nt*, kursierendes Geld; daily/day-to-day m. tägliches Geld, Tagesgeld *nt*, täglich fälliges/abrufbares/kündbares Geld, Geld auf Abruf; dead/dormant m. totes/brachliegendes Kapital; dear m. teures/knappes Geld; ~ policy Hochzinspolitik *f*, Politik des teuren Geldes, restriktive Geldpolitik; depreciating m. Schwundgeld *nt*; disposable m. verfügbares Geld; easy m. billiges Geld, billige Mittel/Geldsätze; leicht verdientes Geld; ~ policy Niedrig-, Billigzinspolitik *f*, Politik des leichten Geldes, expansive Kreditpolitik, flüssige Geldpolitik, Liquiditätspolitik *f*; effective m. Bargeld *nt*; electronic m. Computergeld *nt*; excess m. Geldüberschuss *m*; facultative m. fakultatives Geld; false m. Falschgeld *nt*; federal m. Bundesgeld *nt*; fiat m. *[US]* fiduziarische Währung, ungedecktes Geld; fiduciary m. fiduziarische Währung, ungedecktes Geld, Kreditgeld *nt*; floating/footloose m. vagabundierendes Geld
foreign money Auslandsgeld *nt*, ausländisches Geld, Sorten *pl*; buying and selling of f. m. Sortengeschäft *nt*; f. m. department Sortenabteilung *f*, S.kasse *f*
forfeit money Abstandsumme *f*; forged m. Falschgeld *nt*; fractional m. Wechsel-, Kleingeld *nt*; fresh m. zusätzliche/neue Mittel; funk m. Fluchtgeld *nt*; good m. richtiges Geld; hard m. 1. *[US]* Hart-, Münzgeld *nt*; 2. harte Währung; hard-earned m. schwer verdientes Geld; heavy m. ungemünztes Geld; high-powered m. Zentralbankgeld *nt*
hot money *(coll)* Fluchtgeld *nt*, heißes *(coll)*/vagabundierendes/schwarzes/spekulatives Geld, fluktuierendes Geld/Kapital, Fluchtkapital *nt*, vagabundierende Mittel/Gelder; ~ flows Fluchtgeldströme *pl*
idle/inactive money brachliegendes/inaktives/gehortetes Geld, freies/nicht angelegtes/totes Kapital, Überschussreserven *pl*; inside m. Innengeld *nt*, endogenes Geld; institutional m. disponible Mittel institutioneller Anleger; safely invested m. sicher angelegtes Geld; laundered m. gewaschenes Geld; lawful m. *[US]* gesetzliche(s) Zahlungsmittel, gesetzliche/geltende Währung, Geld mit Zwangskurs; locked-up m. festgelegtes Geld, fest angelegtes/stillgelegtes Geld; long-term m./monies langfristige Mittel/Gelder; loose m. policy Politik des leichten Geldes; low-powered m. Geld/Kredit mit niedrigem Geldschöpfungsmultiplikator; medium-term monies mittelfristige Gelder; near m. Quasigeld *nt*, Geldsurrogat *nt*, G.substitut *nt*;

neutral m. neutrales Geld; **non-physical** m. Geldsurrogat *nt*; **one-month's** m. Monatsgeld *nt*; **one-year** m. Jahresgeld *nt*; **outside** m. Außengeld *nt*; **outstanding** m. Geldforderung *f*, ausstehendes Geld; **overnight** m. Tagesgeld *nt*; **plastic** m. Plastikgeld *nt*; **primary** m. Primärgeld *nt*, Währungseinheit *f*, exogenes Geld; **public monies** Staats-, Steuer-, Haushaltsgelder, öffentliche Gelder, fiskalische Mittel; **ready** m. Bargeld *nt*, flüssige Mittel/Gelder, bares/frei verfügbares Geld; **without ~ m.** bargeldlos; **real** m. 1. klingende Münze *(coll)*; 2. Gold- und Silbermünzen *pl*; **regular** m. gutes Geld; **representative** m. Zeichengeld *nt*, Geldsurrogat *nt*, Papiergeld mit Metalldeckung; **seven-day** m. Einlagen mit siebentägiger Kündigungsfrist; **short-term** m. kurzfristige Mittel, kurzfristiges Geld; **short-time** m. Kurzarbeitergeld *nt*; **six-month** m. Halbjahres-, Sechsmonatsgeld *nt*; **soft** m. Papiergeld *nt*; **sound** m. stabiles Geld; **spare** m. überschüssiges/erübrigtes Geld, Notgroschen *m*; **speculative** m. Spekulationsgeld *nt*; **stable** m. stabile Währung; **standard** m. Währungsgeld *nt*; **steady** m. ruhiges Geld; **substitute** m. Geldersatz(mittel) *m*/*nt*, G.surrogat *nt*; **surplus** m. überschüssiges Geld; **three-month** m. Dreimonats-, Vierteljahresgeld *nt*; **tied-up** m. Festgeld *nt*, fest angelegtes/stillgelegtes Geld; **tight** m. knappes Geld; **~ conditions** Situation des knappen Geldes; **~ policy** kontraktive/restriktive Geld(markt)politik, Politik des teuren/knappen Geldes; **transmitted monies** Durchleitgelder; **twelve-month** m. (Ein)Jahresgelder *pl*; **two-day** m. Zweitagesgeld *nt*

money|-absorbing *adj* geldabsorbierend; **m. access centre** Geld(ausgabe)automat *m*; **m. account** Geldrechnung *f*; **m.age** *n* Münzgerechtigkeit *f*; **m. allowance** Geldzuschuss *m*; **from the m. angle** geldseitig; **m. aristocracy** Geldadel *m*, G.aristokratie *f*; **m. a-round** Ultimogeld *nt*; **m. asset** Geldwert *m*; **m.-back guarantee** Geldrückgabezusicherung *f*, Rückerstattungsgarantie *f*, bei Nichtgefallen Geld zurück; **m. bag** Geldbeutel *m*, G.sack *m*, G.tasche *f*; **m.bags** *n* *(coll)* Geldsack *m* *(coll)*; **mandatory m. base requirement** vorgeschriebene Mindestreserve, vorgeschriebener Mindestreservesatz; **m. bill** *(Parlament)* Finanzvorlage *f*, F.gesetzentwurf *m*, Geldbewilligungsantrag *m*; **m. lent and lodged book** Kontokorrentbuch *nt*; **m.box** *n* 1. Sparbüchse *f*, S.dose *f*; 2. Geldkassette *f*; **m. broker** Finanz-, Kredit-, Geldmakler *m*, G.vermittler *m*, Finanzierungsvermittler *m*, Finanzier *m*; **m. broking** Geldhandel *m*; **m. capital** Geld-, Finanzkapital *nt*, flüssiges Vermögen; **m. center** *[US]* 1. Finanz-, Geldzentrum *nt*; 2. Bank im Einkaufszentrum; **m.changer** *n* Geldwechsler *m*; **m. changing** Geldwechsel *m*; **m. chest** Geldkiste *f*, G.kassette *f*; **m. circulation** Geldkreislauf *m*, G.umlauf *m*; **m. claim** Bar-, Geldforderung *f*, Geldanspruch *m*; **enforceable m. claim** titulierte Geldforderung; **m. compensation** Barabfindung *f*, B.lohn *m*; **m. constraint** Liquiditätsengpass *m*, finanzielle Restriktion; **m. consumption** monetärer Konsum; **m. cost(s)** Geld(beschaffungs)kosten; **~ of factor input** monetäre Kosten

money creation Geldschaffung *f*, G.schöpfung *f*; **~ through credit** kreditäre Geldschöpfung; **net ~ c.** Geldschöpfungssaldo *m*; **m. c. coefficient** Geldschöpfungskoeffizient *m*; **~ multiplier** Geldschöpfungsmultiplikator *m*

money crunch Geldknappheit *f*; **m. dealer** Geld-, Devisenhändler *m*, Geldwechsler *m*; **m. dealings** Geldgeschäfte, G.handel *m*, G.disposition *f*; **~ department** Gelddispositionsabteilung *f*; **m. debt(s)** Geldschuld *f*, Finanzschulden; **m. deposited** Hinterlegungssumme *f*, H.betrag *m*; **m. desk** Geldstelle *f*; **m. drain** Geldentzug *m*, G.abfluss *m*; **m. drawer** Geldschublade *f*; **m. due** Geldforderung *f*, ausstehendes Geld; **m. earner** Geldbringer *m*; **m. economy** Geld(tausch)wirtschaft *f*

moneyed *adj* vermögend, begütert

money equivalent monetärer Gegenwert, Gegenwert in Geld; **m. exchange business** Geldwechselgeschäft *nt*; **m. expert** Geldfachmann *m*; **m. factor** Geld-, Nominalfaktor *m*; **m. flow** Geldstrom *m*, Kapitalfluktuation *f*; **~ analysis** Bewegungsbilanz *f*, Kapitalflussrechnung *f*, Geldstromanalyse *f*, gesamtwirtschaftliche Finanzierungsrechnung; **m. fund** Geldfonds *m*; **m. gift** Geldspende *f*; **m. growth** Geldzuwachs *m*, G.zunahme *f*, G.mengenwachstum *nt*; **m.-grubber** *n* Geldraffer *m*, Raffke *m* *(coll)*; **to be a m.-grubber** hinter dem Geld her sein; **m.-grubbing** *n* Gelder, Raffgier *f*; *adj* geld-, raff-, profitgierig; **m. hoarder** Geldhamsterer *m*; **m. holdings** Geldbestände, Kassenhaltung *f*, gesamter Geldbestand; **m. illusion** Geldillusion *f*; **m. income** Geldeinkommen *nt*; **m. inflow** Geldzufluss *m*; **one-way m. inflow** einseitiger Geldzufluss; **m. instrument** Geldpapier *nt*; **m. interest** Geldzins *m*; **m. jobber** Geldmakler *m*, G.vermittler *m*, G.händler *m*; **m. judgment** Urteil auf Zahlung; **m. land** testamentarisch zum Verkauf vorgesehenes Grundvermögen; **m. laundering** Geldwäsche *f*; **~ outfit** Geldwaschanlage *f*; **m.-lender** *n* Geldverleiher *m*, Kapital-, Geldgeber *m*, Darleiher *m*, Geldhändler *m*, G.ausleiher *m*, Finanzier *m*, Finanzmann *m*; **m.lending** *n* Geldverleih, G.ausleihung *f*; **m.less** *adj* mittellos, unvermögend, verarmt; **m. letter** *[US]* Geld-, Wertbrief *m*; **m. loan** Geldkredit *m*, Kassendarlehen *nt*, K.kredit *m*; **~ business** Geldleihverkehr *m*; **m. loser** Verlustquelle *f*; **m.-losing** *adj* verlustbringend, defizitär; **m. machine** *(coll)* Dukatenesel *m* *(coll)*; **m.-mad** *adj* geldsüchtig; **m.maker** *n* 1. Geldverdiener *m*; 2. einträgliche Sache; 3. *(Ware)* Verkaufserfolg *m*, Umsatzrenner *m*, Kassenschlager *m*; **m.making** *n* Gelderwerb *m*, G.verdienen *nt*; *adj* gewinnbringend, einträglich; **m. management** Geld-, Kassendisposition *f*, Finanzverwaltung *f*; **~ instrument** *(VWL)* Instrument der Geldpolitik; **m. manager** Gelddisponent *m*

money market Finanz-, Geld(anlagen)-, Kapitalmarkt *m*, Markt für Tagesgeld, Finanzplatz *m*; **m. and capital m.** Kreditmarkt *m*; **eligible for the m. m.** kapital-, geldmarktfähig; **to tap the m. m.** Geldmarkt in Anspruch nehmen

active money market lebhafter Geldmarkt; **easy m. m.** flüssiger Geldmarkt; **fluctuating m. m.** schwankender

Geldmarkt; **interbank m. m.** (Inter)Bankengeldmarkt *m*; **intercompany m. m.** Nichtbankengeldmarkt *m*; **open m. m.** freier Kapitalmarkt; **tight m. m.** angespannter Geldmarkt, Verknappung am Geldmarkt, Verengung des Geldmarktes; **two-tier m. m.** gespaltener Geldmarkt; **unstable m. m.** schwankender Geldmarkt; **wholesale m. market** Geldmarkt für Großanleger
money market bill Geldmarktwechsel *m*; ~ **borrowing/lending** Geldmarktkredite *pl*; ~ **business** Geld(markt)geschäft *nt*, G.handel *m*, G.gewerbe *nt*; ~ **committee** Kapitalmarktausschuss *m*; ~ **control** Geldmarktsteuerung *f*, G.regulierung *f*; ~ **deposit** Geldmarkteinlage *f*, Einlage zu Geldmarktzinsen; ~ **equalization** Geldmarktausgleich *m*; ~ **fund** Geldmarktfonds *m*; ~ **indebtedness** Geldmarktverschuldung *f*; ~ **instrument** Geldmarkttitel *m*; ~ **interest rate** Geldmarktzins *m*; ~ **investment** Geldmarktanlage *f*; ~ **liquidity** Geldmarktliquidität *f*, Flüssigkeit des Geldmarktes; ~ **loan** Geldmarktkredit *m*; ~ **paper** Geldmarktpapier *nt*; **first-rate ~ paper** Primapapier *nt*; ~ **rate** Geldmarktsatz *m*, G.zins *m*; **interbank ~ rates** Geld(markt)sätze unter Banken, Bankengeldmarktsätze; ~ **regulator** Aufsichtsamt für den Kapitalmarkt; ~ **report** Kapital-, Geldmarktbericht *m*; ~ **securities** Geldmarktpapiere; ~ **squeeze** Geldmarktverknappung *f*; ~ **trading** Geldmarktdispositionen *pl*; ~ **transaction** Geldmarktoperation *f*, G.transaktion *f*
money match Geldheirat *f*
money matters Geldangelegenheiten, G.dinge, G.sachen, G.fragen, G.wesen *nt*; **to be remiss in m. m.** in Geldsachen nachlässig sein; ~ **scrupulous in m. m.** in Geldsachen genau sein
money monger Geldverleiher *m*, Wucherer *m*; **m. multiplier** Verhältnis Geldmenge zu Geldbasis; **m.ness** *n* Geldähnlichkeit *f*; **m. office** Kassenabteilung *f*
money order (M.O) *[GB]* ✉ Zahlungs-, Post-, Geldanweisung *f* (in fester Stückelung); **inland m. o.** Inlandspostanweisung *f*; **international/overseas m. o.** Auslandspostanweisung *f*, internationale Postanweisung; **telegraphic m. o.** telegrafische Postanweisung/Geldüberweisung; **trade-charge m. o.** Nachnahmepostanweisung *f*
money|-orient(at)ed *adj* materiell ausgerichtet; **m. outflow** Mittelabfluss *m*; **m. owing** Schuld *f*; **m. paid in** Einzahlung *f*, Geldeinschuss *m*; **m. panic** Währungspanik *f*; **m. parcel** Geldpaket *nt*, G.rolle *f*; **m. piece rate** Geldakkord *m*; **m. pinch** zeitweilige Geldknappheit; **m. policy** Geldpolitik *f*; **m. pool** Kapitalbereitstellungsgemeinschaft *f*; **m. press** Geld-, Notenpresse *f*; **m. printing machine** Geldpresse *f*; **m. prize** Geldpreis *m*; **m. pull** Geldsog *m*; **m. raising** Geldbeschaffung *f*, **m. rate** 1. *(Zins)* Geldkurs *m*, G.satz *m*, Kursmarktzins *m*; 2. Stückgeldakkord *m*; **m. relief** Geldunterstützung *f*; **m. rent** Geldrente *f*; **m. reserve** Geldreserve *f*; **m. scarcity** Geldknappheit *f*, G.(markt)verknappung *f*; **m. shop** Teilzahlungsbank *f*, T.kreditinstitut *nt*; **m. source** Geldquelle *f*; **m.-spinner** *n* 1. Kassen-, Verkaufsschlager *m*, Gewinnbringer *m*, einträgliche Sache, Dukatenesel *m (coll)*, gewinnbringende Tätigkeit; 2. erfolgrei-

cher Spekulant; **m. squeeze** Geldmangel *m*, G.knappheit *f*, Liquiditätsbeschränkung *f*; **m. standard** Währung *f*; **m.-starved** *adj* knapp/schlecht bei Kasse; **m. stock** Geldbestand *m*, G.menge *f*; **m. stringency** Geldknappheit *f*
money supply *(VWL)* Geldmenge *f*, G.volumen *nt*, G.umlauf *m*, Geldmengengröße *f*; **to control the m. s.** die Geldmenge steuern
narrowly defined money supply Geldmenge M1 *(nur Bargeld)*; **elastic m. s.** elastische Geldmenge; **excess m. s.** Kaufkraft-, Geldüberhang *m*
money supply aggregate Geldmengen-, Geldversorgungsaggregat *nt*; ~ **control** Geldmengenkontrolle *f*, G.steuerung *f*; ~ **expansion** Geldschöpfung *f*, G.mengenausweitung *f*; ~ **growth** Geldmengenwachstum *nt*, G.zuwachs *m*; **basic ~ measure** fundamentale Geldmengensteuerungsmaßnahme, fundamentaler G.maßstab; ~ **price mechanism** Geldmengen-Preismechanismus *m*; ~ **(growth) target** Geldmengenvorgabe *f*, G.ziel *nt*, geplantes Geldmengenwachstum; ~ **trend** Geldmengenentwicklung *f*
mixed money system Mischgeldsystem *nt*; **m. talks** Währungsgespräche; **m. tap** *(fig)* Geldhahn *m (fig)*; **to turn off the m. tap** den Geldhahn zudrehen; **quantitive m. target** Geldmengenziel *nt*, G.vorgabe *f*; **in m. terms** in Geld ausgedrückt, zu jeweiligen Preisen, in finanzieller Hinsicht; **m. theorist** Geldtheoretiker *m*; **m. token** Ersatzgeld *nt*; **m. trade/trading** Geldhandel *m*; **international m. trade** internationaler Geldhandel; **m. trading department** Geldhandelsabteilung *f*; **m. transaction** Geld-, Effektivgeschäft *nt*, Finanztransaktion *f*; **m. transactions** Geldverkehr *m*
money transfer Zahlungsverkehr *m*, Geldtransfer *m*, G.verkehr *m*, G.überweisung *f*, bargeldlose Zahlung/Überweisung; **cashless/non-cash m. t.** bargeldloser Zahlungsverkehr, bargeldlose Überweisung; **rapid m. t.** Eilüberweisung *f*; **m. t. business** Überweisungsverkehr *m*; **postal m. t. system** Postzahlungsverkehr *m*
money transmission Geldüberweisung *f*, G.verkehr *m*; **non-cash m. transmission** bargeldloser Zahlungsverkehr; **m. transport** Geldtransport *m*; **m. tray** Zählbrett *nt*; **m. troubles** Geldsorgen; **m. turnover** Geldumsatz *m*; **m. value** Geld-, Kauf-, Kurswert *m*; **m. vault** Geld-, Kassenschrank *m*; **m. wage** Nominal-, Geld-, Barlohn *m*, nominaler Lohn; ~ **rate** nomineller Lohnsatz; **m.-wise** *adv* was das Geld betrifft, in geldlicher Hinsicht; **m.'s worth** Geld(es)wert *m*, monetärer Gegenwert; **to get one's m.'s worth** etw. für sein Geld bekommen
monitor *n* 🖵 Bildschirm *m*, Monitor *m*; *v/t* (laufend) beobachten/kontrollieren/überwachen, ständig prüfen
monitoring *n* (laufende) Überwachung/Kontrolle; **m. of the environment** Umweltbeobachtung *f*; ~ **receipts and expenditures** Kontrolle von Einnahmen und Ausgaben; **financial m.** Finanzkontrolle *f*
monitoring body Kontrollorgan *nt*; **m. device** Überwachungsvorrichtung *f*, Kontrollmechanismus *m*; **m. facilities** Kontroll-, Überwachungseinrichtungen; **m. station** Messwarte *f*; **m. task** Überwachungsaufgabe *f*; **m. system** Überwachungs-, Kontrollsystem *nt*

monkey *n* 1. Affe *m*; 2. *[US] (coll)* $ 500; **m. around with sth.** *v/i (coll)* sich an etw. zu schaffen machen
mono|chrome *adj* ▱ monochrom(atisch); **m.culture** *n* ▱ Monokultur *f*; **m.graph** *n* Monografie *f*, Einzeldarstellung *f*; **brief m.graph** Kurzmonografie *f*; **m.lith** *n* monolitischer Block; **m.metallism** *n* Monometallismus *m*, Einzelwährung *f*; **m.plane** *n* ✈ Eindecker *m*
monopo|lism *n* Monopolwirtschaft *f*; **m.list** *n* Monopolist *m*, M.herr *m*; **m.listic** *adj* marktbeherrschend, monopolartig, monopolistisch, monopolkapitalistisch; **m.lization** *n* Monopolisierung *f*, Monopolkapitalbildung *f*; **m.lize** *v/t* Monopol an sich reißen, monopolisieren, allein beherrschen
monopoly *n* Monopol *nt*, Alleinherstellungsrecht *nt*, A.handel *m*, A.verkaufsrecht *nt*, A.vertrieb *nt*, A.betriebsrecht *nt*, Regie *f*, Ausschlussrecht *nt*, ausschließliche Gewerbeberechtigung
monopoly of banknote issue; ~ issuing banknotes Monopol der (Bank)Notenausgabe, Banknotenmonopol *nt*; **~ issuing money** Münzmonopol *nt*; **~ learning** Bildungsmonopol *nt*; **~ production** Produktionsmonopol *nt*; **~ supply** Angebotsmonopol *nt*
to grant a monopoly Monopol verleihen; **to hold a m.** Monopol besitzen; **~ on sth.** Alleinverkaufsrecht für etw. haben, Monopolstellung halten
absolute monopoly vollständiges Monopol; **collective m.** Kollektivmonopol *nt*; **commercial m.** Handelsmonopol *nt*; **domestic m.** Inlands-, Binnenmonopol *nt*; **financial m.** Finanzmonopol *nt*; **fiscal m.** Steuer-, Finanzmonopol *nt*; **industrial m.** Industrie-, Wirtschaftsmonopol *nt*, Kartell *nt*; **note-issuing m.** Banknotenmonopol *nt*; **outright m.** vollständiges Monopol; **perfect m.** totales Monopol; **partial/shared m.** Teilmonopol *nt*; **postal m.** Postmonopol *nt*; **pure m.** echtes (Angebots)Monopol, homogenes Monopol; **regional m.** Gebietsmonopol *nt*; **revenue-producing m.** Steuer(erhebungs)monopol *nt*
monopoly abuse Missbrauch der Monopolstellung; **m. administration** Monopolverwaltung *f*; **m. agreement** Monopolabsprache *f*, M.abkommen *nt*, M.vereinbarung *f*, Kartellabsprache *f*, K.abkommen *nt*; **m. authority** Monopolbehörde *f*; **m. buyer** Nachfragemonopolist *m*; **m. capital** Monopolkapital *nt*; **m. capitalism** Monopolkapitalismus *m*; **m. charge** *[GB]* Kartell(amts)verfahren *nt*, K.klage *f*; **Monopolies and Mergers Commission (MMC)** *[GB]* Monopolkommission *f*, Kartellamt *nt*, K.(aufsichts)behörde *f*; **m. company** Monopolgesellschaft *f*; **m. enterprise** Monopolunternehmen *nt*; **m. holder** Monopolbesitzer *m*, M.inhaber *m*; **m. industry** Monopolbereich *m*; **m. legislation** Monopolgesetzgebung *f*; **m. market** Monopolmarkt *m*; **m. office** Monopolamt *nt*; **m. position** Monopolstellung *f*; **m. power** Monopolmacht *f*, M.stellung *f*; **m. price** Monopolpreis *m*; **m. privilege** Monopolrecht *nt*; **m. profits** Monopolgewinne; **m. provider** Monopolanbieter *m*; **m. rent** Monopolrente *f*; **m. right** Ausschließlichkeitsrecht *nt*; **m. situation** Marktbeherrschung *f*, Monopolsituation *f*; **m. tax** Monopolabgabe *f*

monopso|nist *n* Nachfragemonopolist *m*; **m.nistic** *adj* monopsonistisch; **m.ny** *n* Nachfragemonopol *nt*, Monopson *nt*
mono|rail *n* 🚝 Einschienenbahn *f*; **m.structure** *n* Monostruktur *f*; **economic m.structure** wirtschaftliche Monostruktur
monotype *n* ▱ Monotype *f*
monoxide *n* ▱ Monoxid *nt*
monsoon *n* Monsun *m*
month *n* Monat *m*; **by the m.** monatlich; **every two m.s** zweimonatlich, im Zweimonatsrhythmus; **per m.** im Monat; **within a m.** binnen Monatsfrist
month(s) after date (m/d) Monat(e) nach Datum; **m.(s) after payment (m/p)** Monat(e) nach Zahlung; **m. of prepayment** Vorauszahlungsmonat *m*; **within a ~ receipt** einen Monat nach Erhalt/Eingang; **m. under review** Berichtsmonat *m*; **m.(s) after sight (m/s)** Monat(e) nach Sicht
same month last year Vorjahresmonat *m*; **~ a year ago; ~ in the previous year** Vergleichsmonat im Vorjahr, Vorjahresmonat *m*; **for the third m. running** drei Monate hintereinander
three months' contracts *(Rohstoffbörse)* Dreimonatsmaterial *nt*, D.ware *f*; **one m.'s notice** monatliche Kündigung; **at three m.s' notice** drei Monat dato; **one m.'s period** Monatsfrist *f*; **a m.'s supply** Monatsvorrat *m*, M.bedarf *m*; **in twelve m.s' time** binnen/in Jahresfrist
to have a month to run noch einen Monat gültig sein; **to give a m.'s notice** zum nächsten Ersten kündigen, mit Monatsfrist kündigen
current month laufender Monat; **each m.** monatlich; **every six m.s** halbjährlich; **intervening m.** Zwischenmonat *m*; **last m.** letzter/voriger Monat, im Vormonat; **next m.** 1. nächster Monat; 2. im nächsten Monat; **early ~ m.** Anfang nächsten Monats; **overlap/subsequent m.** Nachmonat *m*; **previous m.** Vormonat *m*; **relevant m.** Stichmonat *m*
month-end *n* Monatsultimo *m*; **~ equalization** Monatsabgrenzung *f*
monthly *adj* monatlich; *adv* jeden Monat; *n* Monatszeitschrift *f*
monument *n* Denkmal *nt*, Monument *nt*; **ancient/architectural m.** Baudenkmal *nt*
mood *n* 1. Stimmung *f*; 2. Börsenstimmung *f*, Marktverfassung *f*; 3. Geschäftsklima *nt*; **m. of business crisis** Krisenstimmung *f*; **general ~ the market** allgemeine Marktstimmung/M.verfassung; **in the m. to work** zur Arbeit aufgelegt
to be in the mood in der richtigen Stimmung sein, (zu etw.) aufgelegt sein; **~ a foul m.** schlechte Laune haben; **~ a generous m.** die Spendierhosen anhaben *(fig)*
bad mood Missmut *m*; **bearish m.** *(Börse)* Baissestimmung *f*, flaue Stimmung, schwache Verfassung, Schwächeneigung *f*; **bullish m.** *(Börse)* Haussestimmung *f*, feste (Börsen)Tendenz, optimistische Stimmung, gute Verfassung; **in a cautionary m.** *(Börse)* abwartend; **cheerful m.** *(Börse)* freundliche Stimmung; **to put so. in a ~ m.** jdn fröhlich stimmen; **confident m.** zuversichtliche Stimmung; **depressed m.**

gedrückte Stimmung; **dull m.** zurückhaltende Stimmung; **festive m.** Feststimmung *f*, festliche Stimmung; **generous m.** Geberlaune *f*; **lethargic m.** *(Börse)* Lustlosigkeit *f*; **prevailing m.** 1. vorherrschende Stimmung; 2. *(Börse)* Grundton *m*; **underlying m.** Grundstimmung *f*, G.tendenz *f*, G.verfassung *f*
mood|iness *n* Launenhaftigkeit *f*; **m.y** *adj* launenhaft, launisch
moon *n* Mond *m*; **once in a blue m.** *(coll)* alle Jubeljahre *(coll)*; **to happen ~ m.** *(coll)* einmal in hundert Jahren/alle Jubeljahre vorkommen; **to be over the m.** *(coll)* überglücklich sein; **to cry for the m.** *(fig)* nach dem Mond greifen *(fig)*, nach Unmöglichem verlangen; **to promise the m.** *(coll)* das Blaue vom Himmel versprechen *(coll)*
full moon Vollmond *m*; **new/waxing m.** zunehmender Mond; **old/waning m.** abnehmender Mond
moonlight *n* Mondschein *m*; *v/t (coll)* schwarzarbeiten *(coll)*, Schwarzarbeit verrichten *(coll)*, Nebenbeschäftigung ausüben; **m. economy** *(coll)* Schattenwirtschaft *f*; **m.lighter** *n (coll)* Schwarzarbeiter *m*, Nebenberufler *m*, Doppelverdiener *m*; **m.ing** *n (coll)* Schwarzarbeit *f (coll)*, Ausüben einer Nebenbeschäftigung, Freizeiterwerb *m*; **to do a m. flit** *(coll)* bei Nacht und Nebel ausziehen; **m.shiner** *n (coll)* Schwarzbrenner *m*
moor *v/t* ⚓ vertäuen, festmachen; **m.age** *n* 1. Anlege-, Liegeplatz *m*; 2. Anlegegebühren *pl*; **to be m.ed** *adj* vertäut liegen
mooring *n* ⚓ Vertäuung *f*; **m. buoy** Festmacheboje *f*; **m. dues** Anlegegebühren, Liegeplatzgebühr *f*; **m. line/rope** Ankertau *nt*, A.trosse *f*, Festmacheleine *f*
moot *v/t* (etw.) zur Sprache bringen, vorbringen
mop *n* Mopp *m*; **m. up** *v/t* 1. aufnehmen, säubern, aufwischen; 2. *(fig) (Profit)* einstreichen *(coll)*, abschöpfen, schlucken *(coll)*, kassieren; 3. *(Rest)* absorbieren
moped *n* Moped *nt*, Kleinkraftrad *nt*
mopping up *n* Abschöpfung *f*; **m.-up operation** Säuberungsaktion *f*
moral *n* Moral *f*; **m.s** Sittenlehre *f*; **m. of a story** Moral einer Geschichte; **lax m.s** lasche Moral; **public m.s** gute Sitten
moral *adj* moralisch, sittlich
morale *n* Moral *f*; **to boost so.'s m.** Arbeitsmoral heben, jdm Auftrieb geben; **to destroy so.'s m.** jdn entmutigen
moralist *n* Moralist *m*, Moralapostel *m*
morass *n* Morast *m*, Sumpf *m*
moratorium *n* Stundung *f*, Zahlungsaufschub *m*, Moratorium *nt*, Stundungsvergleich *m*, Stillhalteabkommen *nt*, S.vereinbarung *f*; **m. on principal and interest payments** Aussetzung des Schuldendienstes, Schuldendienstmoratorium *nt*, S.unterbrechung *f*; **to grant a m.** stillhalten; **m. instructions** Stillhalteanordnung *f*; **m. interest** Stundungszinsen *pl*
morbid *adj* krankhaft, morbid; **m.ity** *n* Erkrankungsziffer *f*; **~ table** Krankenstatistik *f*
morgue *n* Leichenschauhaus *nt*, Leichen-, Totenhalle *f*
moribund *adj* marode, zum Scheitern/Untergang verurteilt
morning *n* Morgen *m*, Vormittag *m*; **m. break** Früh-

stückspause *f*; **m. curb** *[US]* /**kerb** *[GB]* vorbörslicher Telefonverkehr, Vormittagsbörse *f*; **early m. call service** Weckdienst *m*; **m. dress/suit** Konferenzanzug *m*; **m. edition** Morgenausgabe *f*; **m. gift** Morgengabe *f*; **m. loan** Tagesgeld *nt* (gegen ungesicherten Schuldschein); **m. mail/post** Früh-, Vormittags-, Morgenpost *f*; **m. paper** Morgenzeitung *f*, M.blatt *nt*; **m. room** Frühstückszimmer *nt*; **m. shift** Früh-, Morgenschicht *f*, Frühdienst *m*; **m. train** 🚆 Frühzug *m*
morse *v/t* morsen; **m. alphabet/code** Morsealphabet *nt*; **m. key** Morseschlüssel *m*
morsel *n* Happen *m*, winziges Stück, Bissen *m*, Stückchen *n*
morse lamp Morselampe *f*; **m. telegraph** Morseapparat *m*, M.telegraf *m*, M.schreiber *m*
mortal *adj* 1. sterblich; 2. tödlich, todbringend; *n* Sterbliche(r) *f/m*, Erdenbürger(in) *m/f*
mortality *n* 1. Sterblichkeit *f*; 2. Todesfälle *pl*, Sterblichkeitsziffer *f*, Mortalität *f*; 3. Wertminderung *f* (durch Zeitablauf oder Gebrauch); **excess m.** Sterblichkeitsüberhang *m*, Sterbefallüberschuss *m*, Übersterblichkeit *f*; **expected m.** Sterblichkeitserwartung *f*, Sterbewahrscheinlichkeit *f*; **light m.** Untersterblichkeit *f*; **neonatal m.** Frühsterblichkeit *f*; **occupational m.** Sterblichkeit nach Berufsgruppen
mortality chart Sterbetafel *f*; **m. curve** 1. Sterblichkeits-, Sterbekurve *f*; 2. *(Vers.)* Abgangskurve *f*; **m. experience** Sterblichkeitsverlauf *m*, Verlauf der Sterblichkeit; **m. profit** Sterblichkeitsgewinn *m*; **m. rate** Sterblichkeitsrate *f*, S.ziffer *f*, Sterbehäufigkeit *f*, S.ziffer *f*, Mortalität *f*; **crude m. rate** allgemeine Sterbeziffer (pro 1000 Personen); **m. ratio** Sterblichkeitsquotient *m*; **m. risk** Sterblichkeitsrisiko *nt*; **m. statistics** Sterbestatistik *f*; **m. table** Sterblichkeits-, Sterbetafel *f*, Abgangstabelle *f*, A.ordnung *f*
mortgage *n* Hypothek *f*, Grundschuldbrief *f*, Grund(buch)-, Immobilienpfandrecht *nt*, hypothekarische Belastung; **as a m.; by (way of) m.** hypothekarisch
mortgage as collateral for m. bonds Pfandbriefhypothek *f*; **legal m. by way of demise** Vermieter-, Verpfänderpfandrecht *nt*; **m. on real estate** Hypothek auf unbeweglichem Grundstück; **~ industrial sites** Industriehypothek *f*; **m. of a vessel** Schiffshypothek *f*
mortgage registered to enforce payment Zwangshypothek *f*; **burdened/encumbered with a m.** hypothekarisch/mit Hypotheken belastet; **free of m.** lasten-, hypothekenfrei; **secured by m.** grundpfandrechtlich/hypothekarisch gesichert
to assign a mortgage Hypothekenforderung abtreten; **to assume a m.** *[US]* Hypothek aufnehmen/übernehmen; **to borrow on m.** auf Hypothek leihen; **to call in a m.** Hypotheken-/Pfandschuld kündigen; **to cancel a m.** Hypothek löschen; **to charge by/create/deliver a m.** Hypothek bestellen; **to discharge/extinguish a m.** Hypothek tilgen; **to encumber with a m.** hypothekarisch belasten, mit einer Hypothek/einem Grundpfandrecht belasten; **to foreclose on a m.** Hypothek kündigen/für verfallen erklären, aus einer Hypothek (zwangs)vollstrecken, Hypothek/Pfandschuld lö-

schen, Zwangsvollstreckung aus einer Hypothek betreiben; **to give in m.** verpfänden; **to grant a m.** Hypothek bewilligen; **to lend on m.** auf Hypothek leihen; **to pay off a m.** Hypothek zurückzahlen/tilgen/ablösen/amortisieren; **to place a m. on a property** Grundstück mit einer Hypothek belasten; **to pool/tack m.s** Hypotheken vereinigen/zusammenfassen; **to raise a m.** Hypothek aufnehmen; **to record a m.** Hypothek eintragen; **to redeem/repay/satisfy a m.** Hypothek tilgen/ablösen/zurückzahlen/amortisieren/abzahlen; **to register a m.** Hypothek im Grundbuch eintragen lassen, ~ bestellen; **to release a m.** Hypothek löschen; **to secure by m.** hypothekarisch/dinglich sichern; **to take out a m.** Hypotheken aufnehmen; **to take up a m.** Hypothek aufnehmen
adjustable-rate mortgage Hypothek mit variablem Zinssatz, ~ Zinsanpassung; **aggregate m.** Gesamthypothek *f*; **bearer-type m.** Inhaberhypothek *f*; **blanket m.** Gesamt-, Globalhypothek *f*; **cautionary m.** Kautions-, Sicherungshypothek *f*; **collective ~ m.** Gesamtsicherungshypothek *f*; **certificated/certified m.** Briefhypothek *f*; **claim-securing m.** Sicherungshypothek *f*; **closed m.** Hypothek ohne Erhöhungsmöglichkeit, Höchstbetragshypothek *f*, eingelöste Hypothek; **collective/comprehensive/consolidated m.** *[US]* Gesamthypothek *f*; **common-law m.** gewöhnliche Hypothek, Verkehrshypothek *f*; **contributory m.** für mehrere Gläubiger bestellte Hypothek; **covering m.** Sicherungshypothek *f*; **cutthroat m.** Hypothek zu sittenwidrigen Bedingungen; **defaulted m.** notleidende/verfallene Hypothek; **deferred-interest m.** Hypothek mit aufgeschobener Zinszahlung; **deferred-payment m.** Hypothek mit aufgeschobener Tilgung; **direct-redemption m.** Hypothek mit direkter Tilgung; **discharged m.** gelöschte Hypothek; **discounted m.** verbilligte Hypothek; **domestic m.** Eigenheim-, Wohnungshypothek *f*; **equitable m.** Billigkeitspfand *nt*, zu Sicherheitszwecken hinterlegter Eigentümergrundschuldbrief, obligatorischer Pfändungsvertrag, hypothekenähnliches Sicherungsrecht; **first m.** erststellige/erstrangige/bevorrechtigte/erste Hypothek, Prioritäts-, Ersthypothek *f*, erstrangiges Grundpfandrecht; **fixed m.** Fest(geld)hypothek *f*; **fixed-rate m.** Festzinshypothek *f*; **floating m.** Gesamthypothek *f*; **foreclosed m.** verfallene Pfandverschreibung; **general m.** Kautions-, Gesamthypothek *f*, Pfandrecht am gesamten Vermögen; **industrial m.** gewerbliche Hypothek; **interest-bearing m.** Zinshypothek *f*; **interest-only m.** tilgungsfreie Hypothek, Hypothek ohne Tilung; **irredeemable m.** unablösliche/unkündbare Hypothek; **junior m.** nachrangige/zweitstellige/nachstellige Hypothek, Nachgangs-, Zweithypothek *f*; **secured by ~ m.** nachrangig besichert; **legal m.** 1. gesetzliche/rechtsgültige Hypothek, gesetzliches Grundpfandrecht; 2. *[GB]* erststellige Hypothek; **loan-securing m.** Darlehenshypothek *f*; **low-start m.** Hypothek mit Tilgungsstreckung, ~ niedriger Anfangsbelastung; **maximum-sum m.** Maximalhypothek *f*; **non-recourse m.** Grundschuld *f*; **open-end m.** offene Hypothek; **ordinary m.**

Verkehrshypothek *f*; **paid-off m.** abgelöste Hypothek; **participating m.** mehreren Gläubigern zustehende Hypothek; **prior/senior m.** erststellige/erstrangige/(im Rang) vorangehende/erste/vorrangige/bevorrechtigte Hypothek, Ersthypothek *f*; **puisne m.** *[GB]* nachrangige Hypothek, Nachrangshypothek *f*; **recorded m.** *[US]* eingetragene Hypothek; **redeemable m.** Tilgungshypothek *f*; **refunding m.** Ablösungsschuldhypothek *f*; **registered m.** Buchhypothek *f*, eingetragene Hypothek; **residential m.** Eigenheim-, Wohnungs(bau)hypothek *f*; **revalorized m.** aufgewertete Hypothek; **second(ary)/subordinated/subsequent m.** nachrangige/zweitrangige/nachfolgende/zweite Hypothek, Zweithypothek *f*, nächstrangiges Pfandrecht; **self-certified m.** Hypothek ohne Einkommensnachweis; **statutory m.** rechtsgültige/gesetzliche Hypothek; **tacit m.** stillliegende/stillschweigende/gesetzliche Hypothek; **technical m.** formgerechte Hypothek; **third m.** drittrangige Hypothek; **uncertificated/uncertified m.** Buchhypothek *f*; **underlying m.** Vorranghypothek *f*; **unregistered m.** Briefhypothek *f*; **variable m.** variable Hypothek
mortgage *v/t* hypothekarisch belasten/verpfänden, mit einer Hypothek belasten, Hypothek bestellen/aufnehmen auf, hypothekisieren
mortgageable *adj* hypothekarisch belastbar, hypothekisierbar, hypothekenfähig, *(Grundstück)* pfändbar, mit Hypotheken belastbar
mortgage account Hypothekenkonto *nt*; **m. advance** hypothekarischer Kredit, Hypothek(endarlehen) *f*/*nt*, Hypothekenauszahlung *f*; **m. agreement** Hypothekenvertrag *m*; **m. application** Antrag auf Hypothekendarlehen; **m. approval** Bewilligung einer Hypothek; **m. arrears** rückständige Hypothekenzahlungen; **m. assets** Hypothekenbestand *m*; **m. assignment** Hypothekenabtretung *f*, Abtretung einer Hypothek; **m. assumption** Hypothekenübernahme *f*; **m.-backed** *adj* hypothekarisch/durch Hypothek gesichert; **m. balance(s)** Hypothekenbestand *m*
mortgage bank Hypotheken-, Boden(kredit)-, Grundkredit-, Immobilienbank *f*, Grundkredit-, Bodenkredit-, Hypotheken-, Pfandbriefanstalt *f*, Realkredit-, Immobiliar-, Hypothekarinstitut *nt*; **agricultural m. b.** landwirtschaftliche Rentenbank; **public m. b.** öffentlich-rechtliche Grundkreditanstalt; **joint-stock m. b.** Hypothekenaktienbank *f*; **m. b.s act** Hypothekenbankgesetz *nt*
mortgage banking Hypotheken(bank)geschäft *nt*
mortgage bond (Hypotheken)Pfandbrief *m*, Boden-, Grundpfandbrief *m*, hypothekarische Obligation, hypothekarisch gesicherte Schuldverschreibung, Hypothekar-, Bodenkreditpfandbrief *m*, Hypothekar-, Hypotheken-, Grundschuldverschreibung *f*, Hypothekeninstrument *nt*, hypothekarisch gesicherter Pfandbrief; **m. b.s in circulation** trockene Stücke; **m. b. saver** Pfandbriefsparer *m*
agricultural mortgage bond Landwirtschaftspfandbrief *m*; **collateral m. b.** hypothekarisch gesicherte Obligation, Hypothekenzertifikat *nt*, H.schuldverschrei-

bung *f*; **converted m. b.** Umtauschpfandbrief *m*; **first m. b.** durch erststellige Hypothek gesicherte Anleihe, hypothekarisch gesicherter Pfandbrief; **30 years' fixed m. b.** Hypothekarpfandbrief mit 30-jähriger Laufzeit; **general m. b.** Sammelschuldverschreibung *f*, durch Gesamthypothek gesicherte Anleihe; **guaranteed m. b.** Hypothekenpfandbrief *m*; **registered m. b.** Namenspfandbrief *m*; **unearmarked m. b.** freier Pfandbrief; **unified m. b.** Einheitshypothek *f*

mortgage bond/holder Hypothekenpfandbriefinhaber *m*; **m. b. issue** Pfandbriefanleihe *f*; **~ privilege** Pfandbriefprivileg *nt*; **~ saver** Pfandbriefsparer *m*; **~ terms** Pfandbriefausstattung *f*

mortgage book *(Bank/Bausparkasse)* Hypothekenbestand *m*; **m. borrowing** Hypothekarverschuldung *f*; **m. broker** Hypothekenmakler *m*, H.vermittler *m*; **m. broker's fee** Hypothekenvermittlungsgebühr *f*; **m. business** Hypothekengeschäft *nt*, H.verkehr *m*, Realkreditgeschäft *nt*; **m. buying** Hypothekenanlagenkäufe *pl*; **m. capital** Hypothekensumme *f*; **~ repayment** Darlehens-, Hypothekenrückzahlung *f*; **m. caution** Hypothekenvormerkung *f*; **m. certificate** Grundpfand-, Hypothekenbrief *m*, H.schein *m*; **m. charge** hypothekarische Belastung; **m. claim** Grundpfand-, Hypothekenforderung *f*, hypothekarische Forderung, Aktivhypothek *f*; **to have a prior m. claim** (jdm) im Grundbuch vorgehen; **m. clause** Hypotheken-, Pfandklausel *f*; **open m. clause** Höchstbetragshypothekenklausel *f*; **m. commitment** 1. Hypothekenzusage *f*, H.zuteilung *f*; 2. hypothekarische Verpflichtung; **for delivery in 30 days** Hypothekenzusage für 30 Tage fest; **m. company** Hypothekengesellschaft *f*; **m. contract** Hypothekenbestellung *f*, H.vertrag *m*; **agricultural m. corporation** Bodenkreditanstalt *f*, B.institut *nt*; **m. credit** Hypothekar-, Hypothekenkredit *m*, hypothekarischer Kredit, Hypothekendarlehen *nt*, Hypothek *f*; **m. creditor** Hypothekengläubiger(in) *m/f*, H.inhaber(in) *m/f*, Hypothekargläubiger(in) *m/f*, hypothekarisch gesicherter Gläubiger

mortgaged *adj* dinglich/hypothekarisch belastet, verpfändet, mit einer Hypothek belastet; **heavily m.** überschuldet

mortgage debenture Hypothekenpfandbrief *m*, H.schuldverschreibung *f*, hypothekarisch gesicherte Schuldverschreibung/Obligation, hypothekarische Obligation; **~ stocks** Hypothekenpfandbriefe; **m. debt** (Grund)Pfand-, Hypothekenschuld *f*, hypothekarische Schuld/Belastung/Verbindlichkeit, hypothekarisch gesicherte Forderung, Passivhypothek *f*; **m. debtor** Hypothekenschuldner(in) *m/f*; **m. deed** Pfandverschreibung *f*, (Hypotheken)Pfandbrief *m*, Hypotheken(bestellungs)urkunde *f*, H.schein *m*, Grundschuldbestellungsurkunde *f*, Pfandvertrag *m*, Schuld-, Verpfändungsurkunde *f*; **m. demand** Hypothekennachfrage *f*; **m. department** Hypothekenabteilung *f*; **m. discount** Hypothekendamnum *nt*, H.disagio *nt*; **m. dues** Kreditoren aus Hypotheken

mortgagee *n* Hypothekar *m*, Pfand-, Hypotheken-(pfand)gläubiger(in) *m/f*, Sicherungsnehmer(in) *m/f*,

hypothekarisch gesicherte(r) Gläubiger(in), Hypothekenbesitzer(in) *m/f*, H.eigentümer(in) *m/f*

mortgage endowment scheme Hypothekengewährung gegen Abtretung einer Versicherung für den Erlebensfall; **m. famine** Mangel an Hypotheken; **m. finance/financing** Hypotheken-, Hypothekarfinanzierung *f*; **m. foreclosure** Zwangsvollstreckung aus einer Hypothek; **m. form** Hypothekenformular *nt*; **m. fund** Hypothekenfonds *m*; **m. guarantee** Hypothekengarantie *f*; **~ insurance** Hypothekarversicherung *f*; **m. holder** Hypothekengläubiger(in) *m/f*; **m. idemnity insurance** Hypotheken(ausfall)versicherung *f*; **~ insurer** Hypothekenausfallversicherer *m*; **m. instrument** Hypothekenurkunde *f*

mortgage interest Darlehens-, Hypothekenzinsen *pl*; **~ insurance** *(Zinssatz)* Hypothekengläubigerversicherung *f*; **~ payment** Hypothekenzinszahlung *f*; **~ rate** Hypothekenzinssatz *m*; **~ (tax) relief (at source)** (MIRAS) *[GB]* Steuerentlastung für Hypothekenzinsen

mortgage lender Hypothekengeldgeber(in) *m/f*; H.bank *f*, Bausparkasse *f*

mortgage lending Hypothekenausleihung *f*, H.geschäft *nt*, Aktivhypotheken *pl*, Hypothekenanlagen *pl*; **~ business** Hypothekenkreditgeschäft *nt*; **~ portfolio** (Umfang der) Hypothekenausleihungen *pl*, H.stock *m*

mortgage lien Hypothekenpfandrecht *nt*

mortgage loan Hypothek *f*, Hypothekenkredit *m*, H.darlehen *nt*, Hypothekarkredit *m*, H.darlehen *nt*, Grund(stücks)kredit *m*,G.pfanddarlehen *nt*, Hypotheken-, Pfandbriefanleihe *f*, P.darlehen *nt*, hypothekarisch gesichertes/hypothekarisches Darlehen, hypothekarisch gesicherte Anleihe; **~ repayable after having been duly called** Kündigungshypothek *f*; **qualifying for m. l.s** beleihungsreif

direct mortgage loan Direkthypothek *f*; **first m. l.** erststellige/erstrangige Hypothek, erststelliges Hypothekendarlehen; **fixed-date m. l.** Fälligkeits-, Festhypothek *f*; **interim m. l.** Hypothekenzwischenkredit *m*

mortgage loan application Hypothekenantrag *m*; **~ insurance** Hypothekenkreditversicherung *f*; **~ money** Hypothekengeld *nt*; **~ office** Hypothekenbüro *nt*; **~ portfolio** Hypothekenstock *m*; **~ proceeds** Hypothekenvaluta *f*; **~ rate** Hypothekarsatz *m*, Hypothekenzins *m*

mortgage loss Hypothekenausfall *m*; **m. market** Hypothekenmarkt *m*; **second(ary) m. market** Markt für nachrangige Hypotheken; **m. money** Hypothekenvaluta *f*; **m. note** Schuldbrief *m*, hypothekarisch gesicherte Schuldurkunde *f*; **m.s payable** *(Bilanz)* Hypothekenschulden, Hypotheken und Grundschulden, hypothekarische Verpflichtungen/Verbindlichkeiten; **m. period** Hypothekenlaufzeit *f*; **m. profit levy** Hypothekengewinnabgabe *f*; **m. protection policy** Hypotheken(lebens)-, (Hypotheken)Tilgungsversicherung *f*

mortgager *n* Pfand-, Hypotheken-, Grundschuldner(in) *m/f*, H.nehmer *m*, Verpfänder *m*; **m. of real estate** Grundpfandbesteller(in) *m/f*; **~ principal** Hauptschuldner(in) *m/f*

mortage rank Hypothekenstelle *f*; **m. rate** Hypothekenzinssatz *m*; **variable m. rates** variable Hypothe-

mortgage receivables

kenzinsen; **m. receivables** *(Bilanz)* Hypothekenforderungen
mortgage redemption Hypothekenablösung *f,* H.tilgung *f;* **~ (life) insurance** Hypothekentilgungs-, Tilgungslebensversicherung *f,* zur Hypothekenrückzahlung abgeschlossene Lebensversicherung
mortgage register Grundbuch *nt,* Hypothekenbuch *nt,* H.register *m,* H.verzeichnis *nt;* **m. registration** Hypothekeneintragung *f;* **m. registry** Grundbuchamt *nt;* **m. relief** steuerliche Abzugsfähigkeit/Anerkennung von Hypothekenzinsen; **m. repayment** Hypothekentilgung *f;* **m. revalorization** Hypothekenaufwertung *f;* **m. sales** Hypothekenabschlüsse; **m. security** hypothekarische Sicherheit; **against m. security** gegen hypothekarische Sicherheit; **m. tax relief** Steuererleichterung für Hypothekenschulden; **m. term** Laufzeit einer Hypothek; **m. valuation** Beleihungswertermittlung *f*
mortgaging *n* (hypothekarische) Pfandbestellung, Belastung *f,* Verpfändung *f;* **m. of land** Grundstücks(ver)pfändung *f*
mortgagor → **mortgager**
mortician *n* [US] Leichenbestatter *m,* Bestattungsunternehmer *m*
mortis causa *n (lat.)* [§] von Todes wegen
mortise lock *n* Steckschloss *nt*
mortmain *n* [§] tote Hand, öffentliche Hand; **in m.** im Vermögen der toten Hand; **to alienate in m.** *(Grundstück)* in die tote Hand veräußern/verkaufen
mortuary *n* Leichenschauhaus *nt,* Leichen-, Totenhalle *f;* **m. dividend** [US] *(Vers.)* Todesfallprämie *f,* T.bonus *m*
most-favoured-nation clause *n* ⊖ Meistbegünstigungsklausel *f;* **(un)conditional ~ clause** (un)bedingte Meistbegünstigungsklausel; **(un)restricted ~ clause** (un)beschränkte Meistbegünstigungsklausel; **~ principle** Meistbegünstigungsprinzip *nt;* **~ rate** Meistbegünstigungssatz *m;* **~ status** Meistbegünstigungsstellung *f;* **~ tariff** Meistbegünstigungszoll *m;* **~ treatment** Meistbegünstigung(sklausel) *f*
M.O.T. (Ministry of Transport) (test) [GB] ⇔ Fahrzeug-, TÜV-Untersuchung *f,* TÜV *m (coll)*
motability allowance *n (Invalidität)* Beihilfe für die Haltung eines Kraftfahrzeuges
motel *n* Motel *nt*
moth *n* Motte *f;* **m.ball** *n* Mottenkugel *f;* **in m.balls** eingemottet
mothball *v/t* 1. einmotten; 2. ⚓ außer Dienst stellen, stilllegen
moth|balled *adj (fig)* stillgelegt; **to be m.balled** ⚓ stillliegen; **m.balling** *n* Einmottung *f,* Stilllegung *f;* **m.-eaten** *adj* von Motten zerfressen
mother *n* Mutter *f;* **related on the m.'s side** mütterlicherseits verwandt; **adoptive m.** Adoptivmutter *f;* **expectant m.** werdende Mutter; **nursing m.'s allowance** Stillgeld *nt;* **surrogate m.** Leihmutter *f;* **unmarried m.** ledige Mutter; **working m.** berufstätige Mutter
motherboard *n* 🖳 Mutter-, Hauptplatine *f;* **m. company** Mutter(gesellschaft) *f;* **m. country** Vater-, Mutterland *nt;* **M.'s Day** [US] Muttertag *m*

motherhood *n* Mutterschaft *f*
Mothering Sunday *n* [GB] Muttertag *m*
mother|-in-law *n* Schwiegermutter *f;* **m.ly** *adj* mütterlich; **m.-of-pearl** *n* Perlmutt *nt*
moth|powder *n* Mottenpulver *nt;* **m.-proof** *adj* mottensicher; **m. repellent** Mottenschutzmittel *nt*
mother ship ⚓ Mutterschiff *nt;* **m. superior** Oberin *f;* **m.-to-be** *n* werdende Mutter; **m. tongue** Muttersprache *f*
motif *n (frz.)* 1. *(Thema)* Motiv *nt,* Leitgedanke *m,* Strukturprinzip *nt,* 2. *(Textil)* Muster *nt*
motion *n* 1. Bewegung *f,* Antrieb *m;* 2. Antrag *m,* Entschließung(santrag) *f/m,* Resolution *f*
motion of adjournment [§] Antrag auf Einstellung des Verfahrens, ~ Vertagung; **m. in arrest of judgment** [§] Aufhebungsantrag *m;* **m. of censure** *(Parlament)* Tadelsantrag *m;* **~ no confidence** Misstrauensantrag *m;* **m. in court** Klageantrag *m;* **~ error** [§] Revisionsschrift *f;* **m. to hear evidence** Beweisantrag *m;* **m. for judgment** Sach-, Klageantrag *m,* Antrag auf gerichtliche Entscheidung; **m. on a point of order** Antrag zur Geschäftsordnung; **m. for a new trial** Antrag auf Wiederaufnahme des Verfahrens, Wiederaufnahmeantrag *m*
motion to dismiss the action/complaint Antrag auf Klageabweisung *f;* **~ lift immunity** Antrag auf Aufhebung der Immunität; **~ remit a case to another court** Verweisungsantrag *m;* **~ take evidence** Beweisantrag *m*
to adopt a motion Antrag annehmen; **to bring forward/in a m.** Antrag einbringen/stellen; **to carry a m.** Antrag annehmen/beschließen; **to defeat a m.** Antrag ablehnen/überstimmen/zu Fall bringen; **to draft a m.** Antrag aufsetzen; **to file a m. for a new trial** Wiederaufnahmeverfahren beantragen; **to get a m. adopted** Antrag durchbringen; **to go through the m.s** *(coll)* sich einer Pflichtübung unterziehen, (etw.) der Form halber tun; **to pass a m.** Resolution annehmen/verabschieden, einem Antrag stattgeben; **to propose/put down a m.** Antrag stellen/einbringen; **to put a m. to the vote** über einen Antrag abstimmen lassen; **to reject a m.** Antrag/Resolution ablehnen; **to second/support a m.** Antrag unterstützen; **to set sth. in m.** etw. in Gang setzen; **to sustain a m.** einem Antrag stattgeben; **to swing into m.** in Gang/Schwung kommen; **to table a m.** Antrag stellen/einbringen; **to withdraw a m.** Antrag zurücknehmen/zurückziehen
basic motion Elementarbewegung *f;* **~ time system** System vorbestimmter Zeiten; **challenging m.** Ablehnungsantrag *m;* **dilatory m.** Verzögerungsantrag *m;* **formal/interlocutory m.** [§] Prozessantrag *m;* **precautionary m.** [§] Hilfsantrag *m;* **privileged m.** Dringlichkeitsantrag *m;* **procedural m.** Verfahrens-, Geschäftsordnungsantrag *m,* Antrag zur Geschäftsordnung; **quick m.** *(Film)* Zeitraffer *m;* **secondary m.** Eventualantrag *m;* **slow m.** *(Film)* Zeitlupe *f;* **supplementary m.** Zusatzantrag *m*
motion analysis Bewegungsstudie *f;* **simultaneous m. cycle chart** Beidhanddiagramm *nt;* **m.less** *adj* bewegungslos

motion picture *[US]* (Spiel)Film *m*; ~ **advertising** Filmwerbung *f*; ~ **censorship** Filmzensur *f*; ~ **industry** Filmindustrie *f*; ~ **studio** Filmatelier *nt*
motion series Bewegungsreihe *f*; **m. study** Bewegungsstudie *f*
moti|vate *v/t* motivieren; **m.vation** *n* Motivation *f*, Leistungsbereitschaft *f*, Motivierung *f*; **m.vational** *adj* Motivations-
motivation study Motivstudie *f*; **m. survey** Motivanalyse *f*
motivator *n* motivierendes Element; **m.s** Motivatoren
motive *n* Beweggrund *m*, Motiv *nt*, Grund *m*; **m. for the crime** Tatmotiv *nt*; **m. of lucre** gewinnsüchtige Absicht
base motive|s niedrige Beweggründe; **precautionary m.** Vorsichtsmotiv *nt*; **prime m.** Hauptmotiv *nt*; **secondary m.** Nebenabsicht *f*; **ulterior m.** Hintergedanke *m*, tieferer Beweggrund
motley *adj* zusammengewürfelt, kunterbunt
motor *n* 1. Motor *m*; 2. *(fig)* Triebkraft *f*; **m.s** *(Börse)* Fahrzeug-, Automobilwerte, A.aktien, Autoaktien, Motorenwerte; **to dismantle/strip a m.** Motor auseinandernehmen; **to overhaul a m.** Motor überholen; **to switch off the m.** Motor abschalten/abstellen
economic motor *(fig)* Konjunkturmotor *m (fig)*, K.lokomotive *f (fig)*; **electric m.** Elektromotor *m*
motor *v/i* mit dem Auto fahren
motor accident Auto-, Kraftfahrzeugunfall *m*; **m. account** Kraftfahrzeugverkehr(ssparte) *f*
motorail (train) *n [GB]* 🚂 Autoreisezug *m*
motor|bike *n* Motor-, Kraftrad *nt*; **m.boat** *n* Motorboot *nt*; **m.cade** *n* Autokonvoi *m*, A.korso *m*
motorcar *n* Kraftfahrzeug (Kfz) *nt*, Auto(mobil) *nt*; **to register a m.** Kraftfahrzeug/Auto anmelden; **wrecked m.** Autowrack *nt*
motorcar dealer Auto-, Kraftfahrzeughändler *m*; **m. insurance** Auto-, Kraftfahrzeugversicherung *f*
motor claim Kraftfahrzeughaftpflichtschaden *m*; **m. claims department** Kraftfahrzeugschaden(s)abteilung *f*; **m.coach** *n (obs.)* (Kraft)Omnibus *m*, Überlandomnibus *m*; **m. components industry** Autozulieferindustrie *f*; **m.cycle** *n* Motor-, Kraftrad *nt*; **m.cyclist** *n* Motorradfahrer *m*; **m. division** Auto(mobil)abteilung *f*; **m.-driven** *adj* motorgetrieben, mit Motorantrieb; **by m. freight** *[US]* per LKW; **m. group** Automobilkonzern *m*; **m.home** *n [US]* Wohnmobil *nt*; **m. industry** Automobil-, Kraftfahrzeug-, Autoindustrie *f*, A.branche *f*
motoring *n* Autofahren *nt*
motoring accident Autounfall *m*; ~ **case** Verkehrsunfallprozess *m*, V.strafsache *f*; **m. association** Automobilclub *m*; **m. atlas** Autoatlas *m*; **m. conviction** [§] Bestrafung wegen eines Verkehrsdelikts; **m. information** Verkehrsinformation *f*; **m. offence** *[GB]* /**violation** *[US]* Verkehrsdelikt *nt*, V.vergehen *nt*, V.widrigkeit *f*, Straßenverkehrsdelikt *nt*, Verstoß gegen die Straßenverkehrsordnung/Verkehrsvorschriften
motor inn/lodge *[GB]* Motel *nt*
motor insurance Automobil-, (Kraft)Fahrzeugversicherung *f*, Kfz.-Versicherung *f*; **comprehensive m. i.** Automobil-, Kfz.-Vollkaskoversicherung *f*; **third-party m. i.** Automobil-, Kfz.-Haftpflichtversicherung *f*; **m. i. company** Kraftfahrzeugversicherungsgesellschaft *f*; ~ **policy** Kraftfahrzeug(versicherungs)police *f*; ~ **rate/tariff** Kraftfahrzeugversicherungstarif *m*
motor insurer Kraftfahrzeug-, Automobilversicherer *m*
motorist *n* Auto-, Kraftfahrer(in) *m/f*, Fahrzeughalter(in) *m/f*
motor|ization *n* Motorisierung(sgrad) *f/m*; **m.ize** *v/t* motorisieren
motor launch ⚓ Motorbarkasse *f*; **m. third-party liability insurance** Automobil-, Kraftfahrzeughaftpflichtversicherung *f*; **m. lorry** *[GB]* Lastkraftwagen (LKW) *m*; **m.man** *n* 1. 🚂 Triebwagenführer *m*; 2. *[US]* Straßenbahnfahrer *m*; **m. manufacturer** Kraftfahrzeug-, Automobilhersteller *m*; **m. mechanic** (Kraft)Fahrzeugmechaniker *m*, Auto-, Kraftfahrzeug-, Motorschlosser *m*, Automechaniker *m*, Kfz.-Schlosser *m*; **m. nerve** ⚕ motorischer Nerv; **m. number** Motornummer *f*; **m. output** Motorleistung *f*; **m. pool** *[US]* Fuhrpark *m*, Fahrbereitschaft *f*; **m. racing** Rennsport *m*; **m. road** Auto-, Schnellstraße *f*; **m. saw** Motorsäge *f*; **m. scooter** Motorroller *m*; **m. shares** *[GB]* /**stocks** *[US]* Fahrzeug-, Automobilwerte, A.aktien; **m. ship/vessel (MS/MV)** ⚓ Motorschiff *nt*; **m. show** Automobilsalon *m*, A.ausstellung *f*, Kraftfahrzeugausstellung *f*; **m. sport** Automobilsport *m*; **m. tax** Kfz.-Steuer *f*; **m. tractor** 1. Zugmaschine *f*; 2. 🚜 Schlepper *m*, Traktor *m*; **m. trade** (Kraft)Fahrzeug-, Automobilhandel *m*; **m. trader** (Kraft)Fahrzeug-, Automobilhändler *m*; **m. traffic** Auto-, Kraftfahrzeugverkehr *m*
motor transport Kraftverkehr *m*, Straßentransport *m*; **commercial m. t.** gewerblicher Kraftverkehr *m*; **m. t. industry** Straßen-, Autotransportgewerbe *nt*; ~ **service** Kraftfahrdienst *m*
motor truck *[US]* Lastkraftwagen (LKW) *m*; **m. underwriting** *(Vers.)* Kraftfahrzeugsparte *f*, K.versicherung(sgeschäft) *f/nt*, Automobilversicherung *f*; **m. van** Liefer-, (Klein)Lastwagen *m*
motor vehicle Auto(mobil) *nt*, Kraftfahrzeug *nt*, K.wagen *m*; **operating a m. v.** Führen eines Kraftfahrzeuges; **to operate a m. v.** Kraftfahrzeug führen; **to register a m. v.** Kraftfahrzeug anmelden
motor vehicle density Fahrzeugdichte *f*; ~ **documents** Kraftfahrzeugpapiere *f*; ~ **(excise) duty** Kraftfahrzeugsteuer *f*; ~ **industry** Automobil-, Kraftfahrzeugindustrie *f*; ~ **insurance** Kraftfahrzeugversicherung *f*; ~ **insurance premium** Kraftfahrzeugversicherungsprämie *f*; ~ **third-party liability** Kraftfahrzeughaftpflicht *f*, K.haftung *f*; ~ **licence** Kraftfahrzeugzulassung *f*; ~ **licensing** Zulassung von (Kraft)Fahrzeugen; ~ **passenger insurance** (Kraft)Fahrzeuginsassenversicherung *f*; ~ **registration** Kraftfahrzeuganmeldung *f*, Zulassung eines Kraftfahrzeugs; ~ **registration certificate** Kraftfahrzeugschein *m*
motorway *n [GB]* Autobahn *f*; **orbital m.** Autobahnring *m*; **urban m.** Stadtautobahn *f*

motorway construction Autobahnbau *m*; **m. exit** Autobahnausfahrt *f*; **m. feeder (road)** Autobahnzubringer *m*; **m. link** Autobahnverbindung *f*; **m. network** Autobahnnetz *nt*; **m. toll** Autobahngebühr *f*
M.O.T. (Ministry of Transport) test *[GB]* Fahrzeugüberprüfung *f*, F.abnahme *f*, F.untersuchung *f*, TÜV-Untersuchung *f*
mould *n* 1. (Guss)Form *f*; 2. ⌂ Mater *f*, Matrize *f*; 3. Schimmel *m*; **to break the m.** *(fig)* neue Wege gehen; **cast in the same m.** *(fig)* aus demselben Holz geschnitzt *(fig)*
mould *v/ti* 1. formen, gießen, modellieren; 2. ⌂ matern; 3. (ver)schimmeln
moulder *n* Former *m*, Formgießer *m*
mouldy *adj* verschimmelt; **to go m.** verschimmeln
mound *n* 1. (Erd)Hügel *m*; 2. Haufen *m*, Stapel *m*; **m.s of paper** Berge von Papier, Papierflut *f*
mount *v/ti* 1. montieren, aufstellen, befestigen; 2. steigen, zunehmen, sich verschärfen; 3. organisieren; 4. *(Spekulation)* sich verdichten; **m. up** zusammenkommen, sich summieren
mountain *n* Berg *m*; **m. of short-term debt** hohe kurzfristige Verschuldung; **to make a m. out of a molehill** aus einer Mücke einen Elefanten machen; **to move m.s** *(fig)* Berge versetzen *(fig)*
mountain bike Mountain-Bike *nt*; **m. dweller** Gebirgsbewohner *m*
mountaineer *n* Bergsteiger *m*; **m.ing** *n* Bergsteigen *nt*
mountain gorp *[US] (coll)* Studentenfutter *nt (coll)*; **m. guide** Bergführer *m*; **m. hut** Berg-, Schutzhütte *f*; **m. railway** Berg-, Gebirgsbahn *f*; **m. range** Gebirge *nt*; **m. rescue (service)** Bergwacht *f*; **m. ridge** Gebirgsrücken *m*; **m. sickness** ✞ Höhenkrankheit *f*; **m.side** *n* Hang *m*; **m. village** Bergdorf *nt*
mountebank *n* Gaukler *m*, Scharlatan *m*
mounted *adj* 1. montiert, aufgestellt; 2. gerahmt; 3. *(Edelstein)* gefasst
mounting *adj* ansteigend, zunehmend
mounting *n* 1. Montage *f*, Montieren *nt*; 2. Rahmen *nt*; **m. frame** Montagerahmen *m*
mourn *v/ti* (be)trauern, beklagen; **m.er** *n* Trauergast *m*
mourning *n* Trauer *f*; **to be in m.** Trauer tragen; **to come out of m.** Trauer ablegen; **to get into m.** Trauer anlegen; **national/public m.** Staatstrauer *f*; **m. apparel** Trauerkleidung *f*; **m. band** Trauerflor *m*
mouse *n* 1. Maus *f*; 2. 🖱 Maus *f*; **m.hole** *n* Mauseloch *nt*; **m.trap** *n* Mausefalle *f*
mouth *n* 1. Mund *m*; 2. Öffnung *f*; 3. *(Fluss)* Mündung *f*; 4. ⚓ *(Hafen)* Ausfahrt *f*
to be down in the mouth *(coll)* niedergeschlagen/deprimiert sein; **to have a big m.** *(coll)* große Schnauze haben *(coll)*; **to keep one's m. shut** *(coll)* seinen Mund halten *(coll)*; **to live from hand to m.** von der Hand in den Mund leben; **to make so.'s m. water** jdm das Wasser im Munde zusammenlaufen lassen, jdm den Mund wässrig machen; **to pass from m. to m.** von Mund zu Mund gehen; **to put sth. into so.'s m.** jdm etw. in den Mund legen; **to spread from m. to m.** *(Gerücht)* überall die Runde machen

mouth|ful *n* Happen *m*; **m.piece** *n* 1. ✆ Sprechmuschel *f*; 2. *(fig)* Sprachrohr *nt*; **m.wash** *n* Mundwasser *nt*; **m.-watering** *adj (fig)* verlockend, appetitlich
movability *n* 1. Beweglichkeit *f*; 2. Transportfähigkeit *f*
movable *adj* 1. beweglich; 2. verschieb-, verstellbar; 3. transportfähig; **m.s** *pl* 1. bewegliche Sachen, Mobiliar *nt*; 2. [§] bewegliches Anlagevermögen/Eigentum/Gut/Sachvermögen, bewegliche/fahrende Habe, Mobilien, Fahrnis *f*, Mobiliar(vermögen) *nt*; **m.s leasing** Mobilienleasing *nt*
move *n* 1. Maßnahme *f*, Schritt *m*, Schach(zug) *nt/m*, Versuch *m*, Bemühung *f*; 2. Umzug *m*, Umziehen *nt*, Fortzug *m*; 3. (Stellen)Wechsel *m*; 4. Bewegung *f*; **m. into market** Vorstoß auf einen Markt; **m.(s) towards** Annäherung an; **m. up and down** Auf- und Abbewegung *f*; **m.s to prevent damage** Schadensbekämpfung *f*; **explosive m. in the stock market** Explosion der Börsenkurse
to be always on the move immer auf Trab sein; **to get a m. on** *(coll)* sich in Bewegung setzen, voranmachen *(coll)*; **to initiate m.s** Schritte einleiten; **to make a m.** aufbrechen; **~ the first m.** den ersten Schritt tun; **to trigger a m.** Reaktion auslösen
clever move schlauer/geschickter/kluger Schachzug; **cost-cutting m.** kostensenkende Maßnahme; **legal m.** rechtlicher Schritt; **shrewd m.** geschickter Schachzug; **wrong m.** falscher Zug
move *v/ti* 1. bewegen, betreiben, transportieren; 2. sich bewegen/regen; 3. umziehen, umsiedeln, verziehen, Wohnsitz verlegen/aufgeben; 4. versetzen, verlegen, verlagern; 5. Maßnahmen ergreifen, tätig werden; 6. vorschlagen, beantragen, Antrag einbringen/stellen; 7. *(Waren)* sich absetzen lassen, Absatz finden; **m. ahead** schneller steigen; **m. briskly ahead** *(Kurs)* schnell steigen; **m. away** 1. Wohnsitz aufgeben, wegziehen; 2. *(Arbeitsplatz)* wechseln; **m. back** 1. *(Stelle)* zurückversetzen; 2. *(Firmensitz)* zurückverlegen; **m. down** *(Kurs)* zurückgehen; **m. down-market** sich ins untere Marktsegment bewegen; **m. erratically** sich sprunghaft bewegen; **m. forward** vorrücken, sich vorwärts bewegen; **m. freely** sich rühren; **m.** 1. aktiv werden; 2. ein-, beziehen; **~ on so.** jdm auf den Pelz rücken *(coll)*; **ready to ~ in** bezugsfertig, beziehbar; **m. narrowly** *(Kurs)* sich geringfügig ändern; **m. on** rücken, weiterziehen; **m. over** Platz machen; **m. up** 1. auf-, nachrücken; 2. *(Preis)* in die Höhe gehen, anziehen; **~ sharply** *(Preise)* stark ansteigen; **m. swiftly** sich beeilen, rasch handeln; **m. up-market** sich ins obere Marktsegment begeben; **m. violently** *(Börse)* heftig reagieren
moveable → **movable**
move card innerbetrieblicher Transportauftrag; **m. downwards** *(Börse)* Abwärtsbewegung *f*
moved *adj* 1. ergriffen; 2. *(Personal)* versetzt; **to be m. up** *(Schule)* versetzt werden
movement *n* 1. Bewegung *f*, Entwicklung *f*; 2. Abwanderung *f*; 3. Warenbewegung *f*, W.versand *m*; 4. *(Güter)* Beförderung *f*; 5. Umsatz *m*; **m.s** 1. ▦ Bewegungskomponenten; 2. Umsätze

movement of accounts Kontenbewegung f; **m. by air** Lufttransport m; **m. of capital** Kapitalverkehr m, K.bewegung f; **free ~ capital** freizügiger/freier Kapitalverkehr, Freizügigkeit des Kapitalverkehrs; **net m. on capital account** Kapitalbilanzsaldo m; **m. in cash position** Kassenentwicklung f, kassenmäßige Entwicklung; **m. of deposits** Einlagenentwicklung f; **~ exchange rates** Wechselkursentwicklung f; **~ freight** Güterverkehr m; **~ goods** Gütertransport m, Warenverkehr m, W.beförderung f; **free ~ goods** freier Warenverkehr, Freizügigkeit im Warenverkehr; **~ goods and capital** Waren- und Kapitalverkehr; **~ goods and services** Waren- und Dienstleistungsverkehr m; **free ~ labour** Freizügigkeit f, freie Wahl des Arbeitsplatzes; **cyclical m.s in agricultural markets** Agrarkonjunktur f; **free m. of persons** freier Personenverkehr; **m. of prices** 1. *(Börse)* Kursgeschehen nt, K.entwicklung f; 2. Preisentwicklung f; **hectic ~ prices/quotations** hektische Kursbewegung/K.ausschläge; **irregular ~ prices/quotations** uneinheitliche Kursbewegung, Kursausschläge nach beiden Seiten; **unfavourable ~ prices** ungünstige Kurs-/Preisentwicklung; **net ~ savings** Bilanz f des Sparverkehrs; **m.s of services** Dienstleistungsströme; **~ ships** Schiffsbewegungen; **free m. of workers** Freizügigkeit der Arbeitnehmer; **cyclical m.s in world trade** Welthandelskonjunktur f; **accommodating movement|s** induzierte Transaktionen; **alternating m.** Pendelschlag m; **backward m.** Rückentwicklung f; **bearish m.** *(Börse)* Baissebewegung f; **contrary m.** Gegenbewegung f; **cooperative m.** Genossenschaftsbewegung f, G.wesen nt; **cyclical m.s** Konjunkturverlauf m, K.bewegung f, K.schwankung f, zyklische Entwicklung; **deflationary m.** Deflationsbewegung f; **downward(s) m.** Abwärtsbewegung f, rückläufige Bewegung, rezessive Entwicklung, Abschwung m, Baissebewegung f; **ecological m.** Umweltschutzbewegung f; **economic m.** Wirtschafts-, Konjunkturentwicklung f, Wirtschaftsdynamik f; **elemental m.** Elementar-, Kleinstbewegung f; **environmental m.** Umweltschutzbewegung f; **expansionary m.** Expansionsprozess m, expansiver Prozess; **migratory m.** (Schub)Wanderung f; **monetary m.s** Geldverkehr m; **net m.** Bilanz f; **popular m.** Volksbewegung f; **post-end-of-month/post-end-of-year m.** Nachultimobewegung f; **retrograde m.** *(Börse)* rückläufige Bewegung, Rückwärtsbewegung f; **normal seasonal m.** ▨ Saisonnormale f; **recurring ~ m.** Saisonrhythmus m; **speculative m.** Spekulationsbewegung f; **subversive m.** Umsturzbewegung f; **underlying m.** Grundtendenz f; **undulating m.** Wellenbewegung f; **upward m.** Aufwärtsbewegung f, A.tendenz f, A.entwicklung f, A.trend m, Kurssteigerung f; **week-to-week m.** wochenweise Entwicklung
movement certificate Waren(verkehrs)bescheinigung f; **m. data** Bewegungsdaten; **m. document** *(EU)* Versandpapier nt; **m. forward** Fortschritt m
move mode 🖳 Übertragungsmodus m
mover n 1. Macher m; 2. Antragsteller(in) m/f, antragstellende Partei; 3. Möbelpacker m, M.spediteur m;

fast m. *(Produkt)* Schnelldreher m, S.läufer m *(coll)*; **prime m.** Triebfeder f, T.kraft f
move ticket innerbetrieblicher Transportauftrag; **m. time** Transportzeit f; **m. upwards** *(Börse)* Aufwärtsbewegung f
movie n *[US]* Film m; **drive-in m.** Autokino nt; **full-length m.** abendfüllender Film; **in-flight m.** ✈ während des Fluges gezeigter Film; **silent m.** Stummfilm m
movie advertising Kinoreklame f, K.werbung f; **m. camera** Filmkamera f; **m. cartridge** Filmkassette f; **m. footage** Filmlänge f; **m.goers** pl Kinobesucher, Filmpublikum nt; **m. industry** Filmindustrie f, F.geschäft nt; **m. performance** Kinovorstellung f; **m. script** Filmmanuskript nt; **m. star** Filmstar m
moving adj 1. beweglich; 2. rollierend; 3. gleitend; 4. rührend; **to start m.** sich in Bewegung setzen
moving n Bewegung f; **m. expense(s)** Umzugskosten; **m. man** *[US] (Umzug)* Packer m; **m. plan** innerbetrieblicher Warenbewegungsplan
mow v/t 🐄 mähen; **m.-binder** n Mähbinder m; **m.er** n Mähmaschine f
much adj viel; **as m. as** sage und schreibe *(coll)*; **to be too m. for so.** jds Kräfte übersteigen
much|-bought/-purchased adj vielgekauft; **m.-heralded** adj häufig angekündigt; **m.-needed** adj dringend benötigt; **m.-sought-after** adj heißbegehrt; **m.-vaunted** adj vielgepriesen
mucilage n *[US]* flüssiger Leim
muck in v/i *(coll)* mit anpacken
muck|rake v/i *(fig)* im Schmutz herumrühren *(fig)*; **m.raker** n Sensationshai m *(coll)*, Enthüllungsjournalist m; **m.-spread** v/t Mist streuen; **m. out** 🐄 ausmisten
muc|ous adj ⚕ schleimig, Schleim-; **m.us** n Schleim m
mud n Matsch m, Schlamm m, Schlick m; **to be stuck in the m.** im Schlamm festsitzen/stecken(bleiben); **to drag through the m.** *(fig)* in den Schmutz zerren *(fig)*; **to get bogged down in the m.** im Schlamm versinken; **to sling m. at so.** *(fig)* jdn mit Schmutz/Dreck bewerfen
muddle n Kuddelmuddel m/nt *(coll)*, Durcheinander nt; **to get into a m. with sth.** mit etw. nicht klarkommen; **m. (up)** v/t durcheinander bringen, verwechseln; **m. through** sich durchlavieren/durchwursteln *(coll)*, weiterwursteln *(coll)*
muddled adj konfus, verfahren, undurchsichtig
muddy adj matschig, schlammig
mud flap 🚗 Schmutzfänger m; **m.flat(s)** n Watt(enmeer) nt; **m.guard** n *[GB]* 🚗 Kotflügel m, Schutzblech nt; **m. hut** Lehmhütte f; **m.-slinging** n *(fig)* Schlammschlacht f *(fig)*, Schlechtmacherei f
muffle v/t dämpfen; **m.r** n *[US]* 🚗 Schall-, Geräuschdämpfer m, Auspufftopf m
mug v/t überfallen und ausrauben; **m.ger** n Straßenräuber m; **m.ging** n Straßenraub m, (Raub)Überfall m
mulct [§] Geldstrafe f, Buße f; v/t mit einer Geldstrafe belegen
mule n Maultier nt, Maul-, Packesel m; **m. track** Saumpfad m
mull over sth. v/i etw. überdenken

multi|- viel-, mehr-, multi-; **m.-access** *n* 🖳 Mehrfachzugriff *m*; **m.-address system** *n* 🖳 Mehradresssystem *nt*; **m.-addressing** *n* Mehrfachadressierung *f*; **m.-colour(ed)** *adj* viel-, mehrfarbig; **m.-constituency** *adj* interessenpluralistisch; **m.-digit** *adj* π mehrstellig; **m.-faceted** *adj* vielschichtig; **M.fibre Agreement (MFA)** Multifaserabkommen *nt*; **m.-forecasting** *n* Prognose oberer und unterer Grenzwerte; **m.-form** *adj* vielgestaltig; **m.-functional** *adj* funktionsübergreifend, multifunktional, Multifunktions-; **m.grade** *adj* 🚗 *(Öl)* Mehrbereich-; **m.-industry** *adj* mehrere Branchen umfassend; **m.-lane** *adj* 🚗 mehrspurig; **m.lateral** *adj* mehr-, vielseitig, multilateral; **m.lateralism** *n* Mehr-, Vielseitigkeit *f*, Multilateralismus *m*, M.lateralität *f*; **m.-layered** *adj* vielschichtig; **m.-level** *adj* mehrschichtig; **m.lingual** *adj* viel-, mehrsprachig; **m.-lingualism** *n* Mehrsprachigkeit *f*; **m.-media** *adj* multimedial; **m.millionaire** *n* Multimillionär *m*; **m.modal** *adj* ✈ mehrgipflig; **m.modality** *n* Mehrgipfligkeit *f*; **m.national** *adj* multinational; *n* multinationaler Konzern, Multi *m (coll)*; **m.pack** *n* Mehrfach-, Mehrstückpackung *f*, Multipack *nt*; **m.-part** *adj* mehrteilig; **m.-party** *adj* Mehrparteien-; **m.-phase** *adj* Mehrphasen-, mehrphasig; **m.-period** *adj* mehrperiodig, Mehrperioden-
multiple *adj* viel-, mehrfach, mannigfaltig, mehrteilig, gespalten, Mehrfach-, Vielfach-
multiple *n* 1. Filialist *m*, Filial-, Kettenunternehmen *nt*; 2. π das Vielfache; 3. ⚡ Parallelschaltung *f*; **price-earnings m.** Kursertragsmultiplikator *m*
multiplication *n* π Multiplikation *f*; **m. table(s)** Einmaleins *nt*
multiplicity *n* Vielzahl *f*, Fülle *f*, Vielfalt *f*; **m. of claims** Anspruchshäufung *f*; **~ tasks** Aufgabenvielfalt *f*
multiplier *n* π Multiplikator *m*; **compound m.** zusammengesetzter Multiplikator; **marginal m.** Grenzmultiplikator *m*; **m. effect** Multiplikatoreffekt *m*, M.wirkung *f*, Multiplikationseffekt *m*
multiply *v/ti* 1. π multiplizieren; 2. sich (ver)mehren
multi|processing *n* 🖳 Rechnerverbundbetrieb *m*, Datenverarbeitung mit mehreren Prozesoren, verzahnt ablaufende Verarbeitung; **~ system** Mehrrechnerbetrieb *m*; **m.-programming** *n* 🖳 Mehrfach-, Multiprogrammierung *f*, Mehrprogrammbetrieb *m*, Programmverzahnung *f*; **m.-purpose** *adj* Mehrzweck-, Vielzweck-, vielseitig verwendbar; **m.-skilled** *adj (Person)* vielseitig; **m.-stage** *adj* Mehrstufen-, Mehrphasen-, mehrstufig; **m.-stor(e)y** *adj* 🏢 mehrstöckig, m.geschossig; **m.-tier** *adj* mehrstufig; **m.-track** *adj* 🚆 mehrspurig; **m.tude** *n* Menge *f*, Vielzahl *f*; **m.-unionism** *n* Viel-, Mehrgewerkschaftssystem *nt*; **m.-user system** *n* 🖳 Mehrbenutzer-, Mehrplatzsystem *nt*; **m.-valued** *adj* ▦ mehrwegig, m.wertig; **m.-variate** *adj* ▦ mehrdimensional; **m.-volume** *adj* 📖 mehrbändig; **m.-year** *adj* mehr-, langjährig
mum *adj (coll)* mucksmäuschenstill *(coll)*; **to keep m.** totschweigen, dichthalten *(coll)*, Schweigen bewahren, Stillschweigen wahren, nichts verlauten lassen, verschwiegen sein

mundane *adj* weltlich, irdisch, banal
municipal *adj* städtisch, kommunal, gemeindeeigen, Kommunal-, Gemeinde-, Stadt-
municipalization *n* Überführung in städtischen Besitz, Kommunalisierung *f*
municipalize *v/t* unter städtische Verwaltung bringen, kommunalisieren
municipality *n* Stadt *f*, S.gemeinde *f*, S.verwaltung *f*, S.behörde *f*, Kommunalbehörde *f*, Gemeinde *f*, Kommune *f*; **m. of situs** *(lat.)* [§] Belegenheitsgemeinde *f*
muni|ficence *n* Freigiebigkeit *f*, Großzügigkeit *f*; **m.-ficent** *adj* großzügig
muniments *pl* [§] Eigentumsurkunde *f*, (urkundlicher) Rechtstitel
murder *n* [§] Mord *m*, Ermordung *f*; **m. of a child** Kindesmord *m*, K.tötung *f*; **m. in conjunction with robbery**; **m. and robbery** Raubmord *m*; **m. in the second degree** *[US]* Totschlag *m*; **m. by poisoning** Giftmord *m*; **m. will out** *(prov.)* die Sonne bringt es an den Tag *(prov.)*
to charge so. with murder [§] jdn des Mordes anklagen; **to commit m.** Mord begehen, morden; **to cry/scream blue m.** *(coll)* Zeter und Mordio schreien *(coll)*, wie am Spieß schreien *(coll)*; **to get away with m.** *(coll)* sich alles erlauben können
attempted murder Mordversuch *m*, M.anschlag *m*, versuchter Mord; **cold-blooded m.** Meuchelmord *m*; **court-sanctioned/judicial m.** Justizmord *m*; **premeditated/wilful m.** vorsätzlicher Mord; **ritual m.** Ritualmord *m*; **suspected m.** Mordverdacht *m*
murder *v/t* (er)morden, umbringen
murder case [§] Mordfall *m*; **m. charge** Mordanklage *f*
murder|er *n* Mörder *m*; **m.ess** *n* Mörderin *f*; **m.ing** *n* Ermordung *f*; **m.ous** *adj* mörderisch
murder squad *[GB]* Morddezernat *nt*, M.kommission *f*; **m. suspect** Mordverdächtige(r) *f/m*; **m. trial** [§] Mordprozess *m*, Verfahren wegen Mordes; **m. weapon** Tat-, Mordwaffe *f*, M.instrument *nt*
muscle *n* 1. 💲 Muskel *m*; 2. *(fig)* Kraft *f*, Macht *f*; **to flex one's m.(s)** die Muskeln spielen lassen; **to have enough m.** *(fig)* über genügend Durchsetzungsvermögen verfügen; **to use one's m.** *(fig)* seine Kraft voll nutzen
aching muscle|s Muskelkater *m*; **cardiac m.** 💲 Herzmuskel *m*; **financial m.** *(fig)* Finanzstärke *f*, F.kraft *f*, Kapitalkraft *f*; **industrial m.** 1. *(Gewerkschaft)* Durchsetzungsvermögen *nt*; 2. wirtschaftlicher Einfluss
museum *n* Museum *nt*; **m. piece** Museumsstück *nt*
mushroom *n* Pilz *m*; *v/i* (wie Pilze) aus dem Boden schießen
music *n* Musik *f*; **to face the m.** *(coll)* die Folgen/Konsequenzen auf sich nehmen, ~ tragen, die Suppe auslöffeln *(coll)*, dafür geradestehen; **to play from m.** nach Noten spielen; **to set to m.** vertonen
musical *adj* musikalisch; *n* Musical *nt*
music hall *[GB]* 🎭 Varieté(theater) *nt*
musician *n* Musiker(in) *m/f*
music center *[US]* /**centre** *[GB]* Kompaktanlage *f*; **m. lover** Musikfreund *m*; **m. recording** Musikaufnahme *f*;

m. rights Aufführungsrecht; **m. shop** Musikalienhandlung *f*
must *n* Muss *nt*, unbedingtes Erfordernis, Notwendigkeit *f*; **to be a m.** unerlässlich sein; **absolute m.** absolute Notwendigkeit
muster *n* ⚓ Appell *m*, Sammeln *nt*; **to pass m.** *(fig)* den Ansprüchen genügen, Kriterien erfüllen
muster *v/ti* 1. zusammenbringen, aufbieten; 2. (sich) versammeln, zusammenkommen, sich einfinden
muster roll ⚓ (Schiffs)Musterrolle *f*, Passagierliste *f*; **m. station** ⚓ Sammelpunkt *m*, S.station *f*, S.stelle *f*
mute *adj* stumm; **m.d** *adj* gedämpft, verhalten
mutilate *v/t* verstümmeln, beschädigen; **m.d** *adj* verstümmelt, beschädigt
mutilation *n* Verstümmelung *f*, Beschädigung *f*; **m. of a telegram(me)** Telegrammverstümmelung *f*
mutineer *n* Meuterer *m*; *v/i* meutern
mutinous *adj* meuternd
mutiny *n* Meuterei *f*; **m. of prisoners** Gefangenenmeuterei *f*; **to quell a m.** Meuterei ersticken
mutiny *v/i* meutern
mutton *n* Hammelfleisch *nt*
mutual *adj* wechsel-, gegenseitig, beid(er)seitig
mutuality *n* 1. Gegenseitigkeit *f*; 2. Gemeinnützigkeit *f*; **m. principle** Gegenseitigkeitsprinzip *nt*
mutualize *v/t* 1. Gegenseitigkeitsverhältnis schaffen; 2. *(Unternehmen)* als gemeinnützig organisieren
muzzle *n* Maulkorb *m*; *v/t* mundtot machen, Maulkorb umhängen *(fig)*
m-way search *n* 💻 M-Wege-Suche *f*
mysterious *adj* geheimnisvoll, rätselhaft, mysteriös, schleierhaft
mystery *n* Geheimnis *nt*, Rätsel *nt*; **to hold a m.** Geheimnis bergen; **shrouded in m.** geheimnisumwittert; **complete m.** Buch mit sieben Siegeln *(fig)*; **m.-monger** *n* Geheimniskrämer *m*; **m. tour/trip** Fahrt ins Blaue
mysti|fication *n* Verwunderrung *f*; **m.fy** *v/t* vor ein Rätsel stellen; **I am mystified** es ist mir völlig rätselhaft
myth *n* Mythos *m*

N

N/A (no account) kein Konto
n/a (not applicable) entf. (entfällt)
nadir *n* Tiefpunkt *m*, T.stand *m*
nag *v/ti* 1. nörgeln; 2. keine Ruhe lassen; **n.ger** *n* Nörgler(in) *m/f*; **n.ging** *n* Nörgelei *f*; *adj* nörglerisch
nail *n* Nagel *m*; **on the n.** auf der Stelle, sofort; **to pay ~ n.** sofort/prompt/bar zahlen, auf der Stelle bezahlen, bar auf den Tisch zahlen; **to the n.** bis ins Letzte, vollkommen; **as hard as n.s** zäh wie Leder, knallhart; **to hit the n. on the head** *(fig)* den Nagel auf den Kopf treffen
nail *v/t* 1. nageln; 2. *(fig)* ertappen, erwischen; **n. down** festnageln; **n. up** ver-, zunageln
nail wrench Kistenöffner *m*

name *n* 1. Name *m*; 2. Bezeichnung *f*; 3. Name *m*, Ruf *m*, Renommee *nt (frz.)*; **N.** *(Lloyd's)* Versicherer *m*; **by n.** namentlich, dem Namen nach; **~ the n. of** unter dem Namen von
name of account Kontenbezeichnung *f*; **~ the bearer** Name des Inhabers; **n. at birth** Geburtsname *m*; **n. of the company** Firma einer Gesellschaft/AG, Firmenname *m*; **n. and description** Angaben zur Person; **n. of a firm** Firmen-, Handelsname *m*, Firma *f*; **n. to follow** *(Börse)* Aufgabe vorbehalten; **that's the n. of the game** *(coll)* darum geht es; **n. of the maker** *(Wechsel)* Name des Ausstellers; **~ a ship** Schiffsname *m*; **~ the town** Ortsnagabe *f*
in name only nur dem Namen nach; **of the same n.** gleichnamig; **in one's own n. and on one's own account** im eigenen Namen und auf eigene Rechnung; **n. written in full** voll ausgeschriebener Name
to address so. by name jdn mit Namen anreden; **to adopt/assume a n.** sich einen Namen zulegen, Namen annehmen; **to ask so. his/her n.** jdn nach seinem Namen fragen; **to be made out in the n. of** auf den Namen lauten; **to bear a n.** einen Namen führen; **to call so. n.s** jdn mit Schimpfnamen belegen; **to change the n.** umfirmieren; **to come across a n.** auf einen Namen stoßen; **to contract in one's own n.** in eigenem Namen abschließen; **to expunge a n.** Namen streichen; **to give one's n.** seinen Namen nennen; **~ o.s. a different n.** sich einen anderen Namen zulegen; **~ the n.s of witnesses** [§] Zeugen nennen; **to go by/under the n. of** unter dem Namen bekannt sein/laufen; **to have a n. for sth.** bekannt sein für etw.; **to know by n.** dem Namen nach kennen; **to leave so.'s n. out** jdn aus dem Spiel lassen *(fig)*; **to lend one's n.** seinen Namen hergeben; **to make a n. for o.s.** sich einen Namen machen, ~ Ruf erwerben, sich profilieren; **to mention by n.** namentlich erwähnen; **to name n.s** Ross und Reiter nennen *(fig)*; **to protect one's n.** seinen Ruf wahren
to put one's name down sich eintragen/einschreiben, sich anmelden für, sich einzeichnen, sich vormerken lassen; **~ so.'s n. down** jdn vormerken; **~ one's n. to sth.** etw. absegnen/gutheißen; **~ one's n. to a letter** Namen unter einen Brief setzen
to refer to so. by name jdn namentlich erwähnen; **to sign one's n.** unterschreiben; **to strike off a n.** Namen streichen; **to sue in one's own n.** [§] in eigenem Namen klagen; **to take down a n.** Namen notieren; **~ so.'s n. and address** jds Namen und Adresse notieren; **to tick off n.s** Namen abhaken; **to trade under a n.** (unter einem Namen) firmieren; **~ in/under one's own n.** Firma unter eigenem Namen betreiben, unter eigener Firma auftreten; **to travel under a false n.** unter falschem Namen reisen; **to write one's n. in full** seinen Namen ausschreiben
assumed name fremder/falscher/angenommener Name; **bad n.** schlechter Ruf; **to get a ~ n.** in Verruf kommen; **Christian** *[GB]* /**given** *[US]* **n.** Vor-, Tauf-, Rufname *m*; **collective n.** Sammelname *m*, S.begriff *m*; **corporate n.** *[US]* Firma einer AG, Firmen-, Gesellschaftsname *m*, handelsgerichtlich eingetragener Na-

me; **double-barrelled n.** Doppelname *m*; **false/fictitious n.** falscher Name; **first n.** Rufname *m*; **first-class n.** erste Adresse; **full n.** Vor- und Zuname *m*, vollständiger Name; **generic n.** Gattungsbezeichnung *f*, G.name *m*; **geographical n.** Ortsbezeichnung *f*; **good n.** Unbescholtenheit *f*; **last n.** Zuname *m*; **legal n.** gesetzlicher Name; **married n.** Ehename *m*; **misleading n.** irreführende Bezeichnung; **non-working N.** *(Lloyd's)* stiller/passiver Versicherer; **maiden n.** *(Ehefrau)* Geburts-, Mädchenname *m*; **personal n.** Personenname *m*; **prime n.** erste Adresse; **proper n.** Eigenname *m*; **proprietary n.** Markenname *m*, gesetzlich geschützter Name; **real n.** richtiger Name; **registered n.** *[GB]* handelsgerichtlich eingetragener Name; **second-class n.** zweite Adresse; **specific n.** Gattungsname *m*; **true n.** richtiger Name
name *v/t* 1. (mit Namen) nennen, benennen; 2. ernennen; 3. bezeichnen
name|-board *n* Schriftschild *nt*; **n. brand** Markenartikel *m*
named *adj* genannt
name day 1. *(Börse)* Abrechnungs-, Skontierungstag *m*; 2. Namenstag *m*; **n.-dropping** *n* Angeberei mit Namen von berühmten Bekannten; **n.less** *adj* namenlos; **n.ly** *adv* nämlich; **n.plate** *n* 1. (Firmen-/Namens-/Tür) Schild *nt*; 2. ✿ Typenschild *nt*; **n.sake** *n* Namensvetter *m*; **n. supplier** Adressenlieferant *m*; **n. tag** Namensschildchen *nt*; **n.tape** *n* Wäschezeichen *nt*; **n. test** *(Werbung)* Namenstest *m*; **n. ticket** *(Börse)* Abrechnungsblatt *nt*
naming *n* 1. Namensgebung *f*; 2. Nennung *f*; **n. of the inventor** Erfindernennung *f*
nanny *n* Kinderfräulein *nt*, K.mädchen *nt*; **n. state** *[GB] (coll)* Versorgungs-, Wohlfahrtsstaat *m*
nanosecond *n* Nanosekunde *f*
nap *n* Nickerchen *nt*, Schläfchen *nt*; **to go n.** alles riskieren, ~ auf eine Karte setzen *(fig)*; **to have/take a n.** Nickerchen machen, Mütze Schlaf nehmen *(coll)*, sich aufs Ohr legen *(coll)*
naphta *n* ♦ Naphta; **n.lene** *n* Naphtalin *nt*
napkin *n* Serviette *f*; **sanitary n.** *[US]* ⚥ Monatsbinde *f*
nappy *n* *[GB] (coll)* Windel *f*
narc *n* *[US] (coll)* Drogen-, Rauschgiftfahnder *m*
narcotic *n* Rauschgift *nt*; **n.s** Narkotika, Betäubungsmittel, Drogen; ~ **agent** Drogen-, Rauschgiftfahnder *m*; ~ **offence** [§] Rauschgiftvergehen *nt*; ~ **squad** Rauschgiftdezernat *nt*; ~ **tax** Rauschmittelsteuer *f*; ~ **trade** Rauschgifthandel *m*
narration *n* 1. Erzählung *f*; 2. *(Buchhaltung)* Erläuterung *f*
narrative *n* 1. Erzählung *f*; 2. Verbalbeschreibung *f*; **full n.** *(Buchhaltung)* Volltext *m*
narrow *adj* eng, knapp, schmal
narrow *v/ti* 1. ver-, einengen, einschränken; 2. enger werden; **n. down to** 1. beschränken auf; 2. hinauslaufen auf
narrow|s *pl* ⚓ Meerenge *f*; **n.-ga(u)ge** *adj* 🚂 Schmalspur-, schmalspurig
narrowing *n* Ein-, Verengung *f*; **n. of claims** Beschränkung der Ansprüche; ~ **interest rate differentials** Abflachung des Zinsgefälles; ~ **margins** Verengung der Ertragsspanne
narrow|-minded *adj* engstirnig, kleinkariert; **n.-mindedness** *n* Engstirnigkeit *f*; **n.ness** *n* Enge *f*; ~ **of the market** Marktenge *f*
NASDAQ (National Association of Securities Dealers Automatic Quotation) *[US]* computergestützte Kursnotierung aller am Freiverkehrsmarkt beteiligten Makler *(Geld- und Briefkurse)*
natality *n* Geburtsziffer *f*
nation *n* Nation *f*, Volk *nt*; **n. of shopkeepers** Krämervolk *nt*, K.nation *f*
agricultural nation Agrarstaat *m*, A.land *nt*; **bimetallic n.** Land mit Doppelwährung; **civilized n.** Kulturvolk *nt*; **developing n.** Entwicklungsland *nt*; **friendly n.** befreundete Nation, befreundeter Staat; **industrial n.** Industrienation *f*, I.staat *m*; **maritime n.** Schiffahrtsnation *f*; **non-aligned n.** blockfreier Staat; **trading n.** Handelsnation *f*
national *adj* 1. national, staatlich; 2. einheimisch, inländisch; 3. landesweit, gesamtwirtschaftlich; 4. *(EU)* einzelstaatlich
national *n* Staatsbürger(in) *m/f*, S.angehörige(r) *f/m*, Inländer(in) *m/f*, Bürger(in) *m/f*; **dual n.** Doppelstaatler *m*; **foreign n.** ausländischer Staatsangehöriger, Ausländer *m*; **multiple n.** Mehrstaatler *m*
National Assistance Board *[US]* Wohlfahrtsbehörde *f*; **N. Audit Office** *[GB]* (staatlicher) Rechnungshof; **N. Bankruptcy Act** *[US]* Konkursordnung *f*; **N. Bureau of Economic Research** *[US]* statistisches Bundesamt; **N. Coal Board (NCB)** *[GB] (obs.)* Nationale Kohlengesellschaft; **N. Consumer Council** *[GB]* Verbraucherzentrale *f*, V.verband *m*, nationaler Verbraucherrat; **N. Debt Register** *[US]* Staatsschuldbuch *nt*; **N. Enterprise Board (NEB)** *[GB] (obs.)* staatliche Unternehmensverwaltung; **N. Farmers' Union (NFU)** *[GB]* Bauernverband *m*; **N. Food Bill** *[US]* Lebensmittelgesetz *nt*; **N. Giro** *[GB]* Postscheckdienst *m*; ~ **account** Postgiro-, Postscheckkonto *nt*; ~ **Office** Postscheckamt *nt*; ~ **Transfer Form** Postscheck *m*; **n.-government** *adj* bundeseigen *[D]*; **N. Guard** *[US]* Miliz *f*; **N. Health Service (NHS)** *[GB]* staatlicher Gesundheitsdienst; **N. Industrial Conference Board** *[US]* Spitzenverband amerikanischer Arbeitgeber
National Insurance *[GB]* staatliche (Sozial)Versicherung; ~ **Act** *[GB]* Sozialversicherungsgesetz *nt*; ~ **Card** *[US]* Sozialversicherungskarte *f*; ~ **Commission** *[GB]* Sozialversicherungsaufsichtsamt *nt*; ~ **contribution (NIC)** *[GB]* Sozialversicherungsbeitrag *m*; **liable for ~ contributions** sozialversicherungspflichtig; ~ **number** Sozialversicherungsnummer *f*
nationalization *n* Verstaatlichung *f*, Sozialisierung *f*, Vergesellschaftung *f*, Nationalisierung *f*
nationalize *v/t* verstaatlichen, sozialisieren, vergesellschaften, nationalisieren, in Staatseigentum/Staatsbesitz/Gemeineigentum überführen
nationalism *n* Nationalismus *m*; **economic n.** Wirtschaftsnationalismus *m*

nationalist *n* Nationalist(in) *m/f*; **n.(ic)** *adj* nationalistisch
nationality *n* Staatsangehörigkeit *f*, Nationalität *f*, Landes-, Staats-, Volkszugehörigkeit *f*; **n. by birth** durch Geburt erworbene Staatsangehörigkeit; **n. of a product** Ursprung einer Ware; **to deprive so. of his n.** jdm die Staatsangehörigkeit aberkennen; **to renounce one's n.** Staatsangehörigkeit aufgeben
dual nationality doppelte Staatsbürgerschaft/S.angehörigkeit, Doppelstaatsangehörigkeit *f*; **effective n.** gültige Staatsangehörigkeit
Nationality Act *[GB]* Staatsangehörigkeitsgesetz *nt*; **n. plate** ⚓ Nationalitätenkennzeichen *nt*, nationales Kennzeichen; **n. principle** Nationalitätenprinzip *nt*; **n. statistics** ⚓ Flaggenstatistik *f*
National Radiological Protection Board *[GB]* Strahlenschutzbehörde *f*
National Savings bond *[GB]* steuerfreies Anleihezertifikat; **~ certificate** *[GB]* Sparbrief *m*; **~ System** *[GB]* staatliches Sparförderungsprogramm
National Tax Association *[US]* Verband der Steuerzahler; **N. Trust** *[GB]* Nationalstiftung *f*
nation state Nationalstaat *m*; **n.wide** *adj* landesweit, bundesweit, überregional
native *adj* inländisch, heimisch, bodenständig, heimatlich, gebürtig; **n. of** beheimatet
native *n* Inländer(in) *m/f*, Einheimische(r) *f/m*, Eingeborene(r) *f/m*; **n.s** Urbevölkerung *f*; **to be a n. of a city/town** aus einer Stadt stammen
NATO (North Atlantic Treaty Organization) Nordatlantikpakt *m*, Nato *f*
natural *adj* 1. natürlich; 2. angeboren
naturalization *n* Einbürgerung *f*, Naturalisierung *f*, Naturalisation *f*; **n. papers** Einbürgerungsurkunde *f*; **n. proceedings** Einbürgerungsverfahren *nt*
naturalize *v/t* einbürgern, naturalisieren; **n.d** *adj* eingebürgert, naturalisiert; **to become n.d** Staatsangehörigkeit erwerben
nature *n* 1. Natur *f*; 2. Art *f*, Charakter *m*, Wesen *nt*, Beschaffenheit *f*, Eigenschaft *f*; **n. of the goods** Beschaffenheit der Ware(n); **~ ground** Geländebeschaffenheit *f*; **true to n.** wirklichkeitsgetreu; **to be in the n. of things** in der Natur der Dinge liegen; **to become second n.** zur zweiten Natur werden, in Fleisch und Blut übergehen *(fig)*; **to pervert the n. (of sth.)** denaturieren
not of a commercial nature gemeinnützig, ohne kommerzielle Erwägungen, nicht gewinnorientiert; **dangerous/perilous n.** Gefährlichkeit *f*; **fiscal n.** fiskalischer Charakter; **human n.** menschliche Natur; **to be ~ n.** in der menschlichen Natur liegen; **kindred n.s** verwandte Seelen; **legal n.** Rechtscharakter *m*; **particular n.** Eigenart *f*; **problematic n.** Problematik *f*; **stimulative n.** *(Werbung)* Aufforderungscharakter *m*; **subsidiary n.** Subsidiarität *f*
nature conservancy Natur-, Umweltschutz *m*; **n. reserve** Landschafts-, Naturschutzgebiet *nt*, N.reservat *nt*; **n. trail** Naturlehrpfad *m*
nausea *n* 1. ☤ Übelkeit *f*; 2. *(fig)* Ekel *m*; **n.ting** *adj* 1. ekelerregend; 2. ekelhaft

nautical *adj* nautisch, See-
naval *adj* Marine-, Flotten-
navicert (navigation certificate) *n* ⚓ Navicert *nt*, Warenpass *m*, Unbedenklichkeitsbescheinigung *f* (über das Nichtvorhandensein von Konterbandegütern in der Schiffsladung)
navi|gability *n* Schiffbar-, Befahrbar-, Passierbarkeit *f*; **n.gable** *adj* schiffbar, befahrbar, passierbar
navigate *v/ti* 1. steuern, be-, durchfahren; 2. navigieren, fahren
navigating officer *n* Navigationsoffizier *m*
navigation *n* 1. Navigation(skunde) *f*, Nautik *f*, Schifffahrtskunde *f*; 2. Schiff-, Seefahrt *f*; 3. Schiffsverkehr *m*, **aerial n.** Luftschifffahrt *f*; **commercial n.** Handels-, Kauffahrteischifffahrt *f*; **inland/interior/internal n.** Binnenschifffahrt *f*; **maritime n.** Seeschifffahrt *f*; **negligent n.** fahrlässige Schiffsführung
Navigation Act *[GB]* Schifffahrtsgesetz *nt*; **n. agreement** Schifffahrtsabkommen *nt*
navigational *adj* Navigations-
navigation channel Fahrwasser *nt*; **n. court** Schifffahrtsgericht *nt*; **n. dues** Schifffahrts-, Schiffsabgaben; **n. head** 1. Endhafen *m*; 2. Schiffbarkeitsgrenze *f*; **n. law** Schifffahrtsrecht *nt*; **n. lights** Positionslichter; **n. and river regulations** Schifffahrts- und Flussordnung *f*; **n. risk** Schifffahrtsrisiko *nt*; **n. rules** (See)Schifffahrtsstraßenordnung *f*; **n. traffic** Schiffsverkehr *m*
navigator *n* 1. ⚓ Navigationsoffizier *m*; 2. 🚗 Navigator *m*
navvy *n* *[GB] (obs.)* (Tief)Bauarbeiter *m*
navy *n* Marine *f*; **to join the n.** in die Marine eintreten; **n. certificate** Seegeleitschein *m*; **N. Department** *[US]* Marineministerium *nt*; **n. estimates** Marinehaushalt *m*; **n. yard** *[US]* Marinewerft *f*
the nays have it *pl* *[GB] (Parlament)* der Antrag ist abgelehnt
near|-balance *n* Beinahe-Ausgeglichenheit *f*; **n.by** *adv* in der Nähe, nahe(gelegen); **to be n.by** in der Nähe liegen; **n.-collapse** *n* Beinahezusammenbruch *m*; **n.-collision**; **n.-miss** *n* ⚓/✈/✈ Beinahezusammenstoß *m*; **n.-consumer** *adj* konsum-, verbrauchernah; **N. East** Nahost *m*, Naher Osten; **n.-fatal** *adj* nahezu tödlich; **n.-market** *adj* marktnah; **n.-money** *n* Beinahegeld *nt*, Geldsurrogat *nt*; **n.-monopoly** *n* Quasimonopol *nt*; *adj* monopolähnlich; **n.ness** *n* Nähe *f*; **n.-operating** *adj* betriebsnah; **n.-recession** *n* Minirezession *f*; **n.side** *n* 🚗 Beifahrerseite *f*; **n.-standstill** *n* 🚗 zäh fließender Verkehr
neat *adj* 1. sauber, gepflegt, adrett, rein; 2. *(Getränk)* unverdünnt, unvermischt; **n. and tidy** ordentlich
necessaries *pl* Bedarfsgüter, B.gegenstände, Güter/Gegenstände des täglichen Bedarfs; **the n.** das Notwendige; **~ of life** Lebensbedürfnisse, lebensnotwendiger Bedarf
necessary *adj* 1. nötig, notwendig, erforderlich; 2. unausweichlich; **if/where n.** nötigenfalls, falls erforderlich; **to deem sth. n.** etw. für nötig/notwendig erachten; **to prove n.** sich als erforderlich erweisen
necessitate *v/t* erfordern, erforderlich/notwendig machen

necessitous *adj* (be)dürftig, armselig, notleidend, unterhaltsbedürftig
necessity *n* 1. Notwendigkeit *f*, Erfordernis *nt*; 2. Not *f*, Armut *f*; **necessities** Notwendigkeitsgüter, Güter des täglichen Bedarfs; **from/out of n.** aus Not; **in case of n.** im Notfall; **necessities of life** Lebensbedürfnisse, L.bedarf *m*, materielle Bedürfnisse; **the bare ~ life** das Notwendigste (zum Leben); **n. is the mother of invention** *(prov.)* Not macht erfinderisch *(prov.)*; **n. knows no law** *(prov.)* Not kennt kein Gebot *(prov.)*; **to do sth. out of n.** etw. der Not gehorchend tun; **to live in n.** Not leiden, in Armut leben; **to plead n.** [§] Notwendigkeit vorschützen
absolute necessity unbedingtes Erfordernis; **dire n.** dringende Notwendigkeit; **extra-statutory n.** übergesetzlicher Notstand; **flagrant n.** [§] strafrechtlicher Notstand; **imaginary n.** [§] Putativnotstand *m*; **inherent n.** Sachzwang *m*; **moral n.** sittliche Notwendigkeit; **operational n.** Betriebsnotwendigkeit *f*; **prime n.** oberstes Gebot; **public n.** öffentliches Bedürfnis; **stringent n.** zwingende Notwendigkeit; **urgent n.** dringende Notwendigkeit; **vital n.** Lebensnotwendigkeit *f*

neck *n* Hals *m*; **by a n.** *(fig)* um (eine) Nasenlänge *(fig)*; **n. of a bottle** Flaschenhals *m*; **~ land** Landzunge *f*, L.enge *f*; **n. and n.** Kopf-an-Kopf; **he is up to his n. in it** *(fig)* das Wasser steht ihm bis zum Hals *(fig)*
to be up to one's neck in trouble *(fig)* in tausend Nöten stecken; **~ work** *(fig)* bis zum Hals/tief in Arbeit stecken *(fig)*; **to break so.'s/one's n.** *(fig)* jdm/sich das Genick/den Hals brechen *(fig)*; **not ~ one's n.** *(fig)* sich kein Bein ausreißen *(fig)*; **to breathe down so.'s n.** *(fig)* jdn unter Druck setzen, jdn nötigen, jdm im Genick sitzen *(fig)*; **to crane one's n.** langen Hals machen, sich den Hals verrenken; **to get sth. off one's n.** *(fig)* sich einer Last entledigen; **to put one's n. on the block** *(fig)* sich exponieren; **to risk one's n.** *(fig)* Kopf und Kragen riskieren *(fig)*; **to seize so. by the (scruff of the) n.** jdn am Nacken packen; **to stick one's n. out** etw. riskieren, sich exponieren, den Kopf herhalten *(fig)*, sich zu weit vorwagen
neck|lace *n* Halskette *f*; **n.tie** *n [US]* Krawatte *f*
née *adj* *(frz.)* geborene
need *n* 1. Notwendigkeit *f*, Erfordernis *nt*; 2. Bedarf *m*, Bedürfnis *nt*; 3. Not *f*, Mangel *m*, Notlage *f*; **n.s** Erfordernisse, Bedürfnisse; **in n.** hilfsbedürftig; **in case of n.** nötigenfalls, im Notfall, im Bedarfsfall; **n. for action** Handlungsbedarf *m*; **in n. of assistance** fürsorge-, hilfsbedürftig; **in permanent n. of care** dauernd pflegebedürftig; **n. for change** Veränderungsbedarf *m*; **in n. of completion** ergänzungsbedürftig; **~ repair** reparatur-, erneuerungsbedürftig
if the need arises; if n. be im Not-/Bedarfsfall, nötigen-, gegebenenfalls; **a friend in n. is a friend indeed** *(prov.)* Freunde in der Not gehen Tausend auf ein Lot *(prov.)*
to be in need of sth. etw. dringend nötig haben, ~ benötigen; **~ dire/urgent n. of** nötig brauchen, dringend benötigen/brauchen; **to cater/provide for the n.s** die Bedürfnisse befriedigen; **to gear to the n.s** den Bedürfnissen anpassen; **to have no n. of sth.** etw. nicht brauchen; **to meet the n.s** 1. Bedarf decken, Bedürfnis befriedigen; 2. den Erfordernissen entsprechen; **to obviate the n. for sth.** etw. unnötig machen; **to satisfy a n.** Bedarf decken, Bedürfnis befriedigen; **to suit the n.s** den Anforderungen/Bedürfnissen entsprechen; **to supply n.s** Bedarf decken
accumulated need|s Nachholbedarf *m*; **basic n.s** Grundbedarf *m*, G.bedürfnisse *pl*; **budgetary n.s** Haushaltsbedürfnisse; **collective n.s** kollektive Bedürfnisse; **dire n.** dringende Not(wendigkeit), bittere Not; **to live in ~ n.** in äußerster Armut leben; **domestic n.s** einheimischer Bedarf; **educational n.s** Bildungsanforderungen; **financial n.** Geldnot *f*, G.knappheit *f*, G.bedarf *m*; **immediate n.** Sofortbedarf *m*; **individual n.** Individualbedürfnis *nt*; **to tailor to ~ n.s** auf individuelle Bedürfnisse abstellen; **local n.s** örtlicher Bedarf; **material n.s** materielle Bedürfnisse; **peacetime n.s** Friedensbedarf *m*; **personal n.s** Privat-, Selbstbedarf *m*; **pressing n.** dringende Not(wendigkeit); **urgent n.** dringender Bedarf, dringendes Bedürfnis
need *v/t* bedürfen, benötigen, erfordern; **~ badly** dringend nötig haben
needs allowance Bedürftigkeitsbeihilfe *f*; **personal n. a.** persönliche Verteilzeit
physical needs break Arbeitspause zur Erledigung menschlicher Bedürfnisse, Pinkelpause *f (coll)*
needed *adj* erforderlich, nötig; **urgently n.** dringend benötigt
the needful *n* das nötige Kleingeld *(coll)*
neediness *n* Bedürftigkeit *f*, Armut *f*
needle *n* 1. Nadel *f*; 2. ⚕ Spritze *f*; **n. and cotton** Nadel und Faden
needle *v/t* *(fig)* antreiben, anstacheln, sticheln
needle|woman *n* Näherin *f*; **n.work** *n* Hand-, Nadelarbeit *f*, Stickerei *f*
needy *adj* (hilfs-/unterstützungs)bedürftig, arm, notleidend; **to be n.** darben
ne|gate *v/t* 1. verneinen; 2. zunichtemachen; **n.gation** *n* Verneinung *f*, Negation *f*, Negierung *f*
negative *adj* negativ, verneinend, abschlägig; *n* 1. Verneinung *f*, Negierung *f*; 2. *(Foto)* Negativ *nt*; **to answer in the n.** abschlägige Antwort geben, verneinen
negative *v/t* 1. verneinen; 2. widerlegen
neglect *n* 1. Vernachlässigung *f*, Nachlässigkeit *f*; 2. Unterlassung *f*, Nichtbefolgung *f*, Versäumnis *nt*, (pflichtwidriges) Unterlassen; **n. of duty** Pflicht-, Dienstpflichtverletzung *f*, Pflichtvergessenheit *f*, P.versäumnis *nt*; **~ official duties** Vernachlässigung der Amtspflicht; **~ supervisory duties** Vernachlässigung der Aufsichtspflicht; **~ maintenance** Vernachlässigung der Unterhaltspflicht, Unterhalts(pflicht)verletzung *f*
culpable neglect [§] grobe Fahrlässigkeit, schuldhafte Vernachlässigung/Unterlassung; **parental n.** Vernachlässigung der elterlichen Pflichten; **wilful n.** [§] vorsätzliche Unterlassung
neglect *v/t* 1. vernachlässigen; 2. unterlassen, versäumen; **n.ed** *adj* vernachlässigt; **to be n.ed** brachliegen,

liegen bleiben; **n.ful** *adj* nachlässig, unachtsam, pflichtvergessen
negligence *n* 1. Nachlässigkeit *f*, Unachtsamkeit *f*, Versehen *nt*; 2. [§] Fahrlässigkeit *f*, (fahrlässiges) Verschulden; 3. [§] Sorgfaltspflichtverletzung *f*, Verletzung der Sorgfaltspflicht; **without n.** unverschuldet; **n. in contracting** Verschulden bei Vertragsabschluss; **n. per se** *(lat.)* Nachlässigkeitshaftung ohne Schuldnachweis
actionable negligence [§] fahrlässige Schädigung, schaden(s)ersatzpflichtige Nachlässigkeit, rechtserhebliche Fahrlässigkeit; **active n.** fahrlässiges Handeln; **comparative n.** (anspruchsmindernes) Mitverschulden; **conscious n.** bewusste Fahrlässigkeit; **contributory n.** Mitverschulden *nt* (des Geschädigten), konkurrierendes/mitwirkendes Verschulden; **concurrent ~ n.** schuldhafte Nichtabwendung einer bekannten Gefahr; **mutual ~ n.** beiderseitiges Verschulden; **criminal n.** 1. sträflicher Leichtsinn; 2. [§] strafbare Fahrlässigkeit; **culpable n.** schuldhafte Fahrlässigkeit; **gross n.** schwere/grobe Fahrlässigkeit; **~ or intentional misconduct** grobfahrlässiges oder vorsätzliches Handeln; **imputed n.** zurechenbare/zu vertretende Fahrlässigkeit; **legal n.** rechtserhebliche/konkrete Fahrlässigkeit; **ordinary n.** leichte/gewöhnliche Fahrlässigkeit; **passive n.** schuldhaftes Unterlassen, fahrlässige Unterlassung; **professional n.** 1. berufliche Nachlässigkeit, Berufspflichtverletzung *f*; 2. $ Kunstfehler *m*; **slight n.** leichte Fahrlässigkeit; **statutory n.** Verletzung einer gesetzlichen Sorgfaltspflicht; **wanton n.** grobe Fahrlässigkeit; **wilful n.** vorsätzliche Fahrlässigkeit
negligence claim Schaden(s)ersatzforderung wegen Fahrlässigkeit, Klage auf Schaden(s)ersatz wegen Fahrlässigkeit; **n. clause** Nachlässigkeitsklausel *f*
negligent *adj* nachlässig, fahrlässig, unachtsam; **to be n. of sth.** etw. außer Acht lassen, ~ vernachlässigen; **grossly n.** grob fahrlässig
negligible *adj* unerheblich, geringfügig, minimal, nebensächlich, unbedeutend
negotiability *n* 1. Umlauf-, Verkehrsfähigkeit *f*, Handelbarkeit *f*; 2. Börsen-, Bankfähigkeit *f*; 3. *(Wertpapier)* Begebbarkeit *f*, Begebungsfähigkeit *f*; 4. *(Wechsel)* Indossier-, Negoziierbarkeit *f*; **to affect the formal n.** die formelle Begebbarkeit beeinträchtigen; **n. clause** Begebbarkeitsklausel *f*
negotiable *adj* 1. *(Anzeige)* Verhandlungsbasis *f*, (aus-/ver)handelbar; 2. handelsfähig, verkäuflich, marktfähig; 3. *(Wertpapier)* bank-, börsenfähig, begeb-s, girier-, plazierbar; 4. *(Wechsel)* akzeptfähig, abtretbar, übertragbar, indossierbar; **not n.** nicht übertragbar, nur zur Abrechnung/Verrechnung; **N. Instruments Act** *[US]* Wertpapier-, Wechselgesetz *nt*
negotiate *v/ti* 1. aus-, verhandeln, unterhandeln; 2. *(Vertrag)* abschließen; 3. (an)kaufen, kaufen; 4. übertragen; 5. *(Wechsel)* unterbringen, negoziieren; 6. *(Wertpapier)* vermitteln; 7. *(Hindernis)* überwinden, passieren; **difficult to n.** *(Wechsel)* schwer unterzubringen
to be negotiating *adj* in Verhandlung stehen
negotiating agency/agent *n* Negoziierungsstelle *f*; **n. basis** Verhandlungsbasis *f*; **n. body** Verhandlungsprämium *nt*; **n. brief** Verhandlungsmandat *nt*; **joint n. committee** gemeinsamer Verhandlungsausschuss; **n. experience** Verhandlungserfahrung *f*; **n. group** Verhandlungsgruppe *f*; **n. hand** Verhandlungsposition *f*; **n. machinery** Verhandlungsprozedur *f*; **n.mandate/power** Verhandlungsauftrag *m*, V.mandat *nt*, V.(voll)macht *f*; **n. package** Verhandlungspaket *nt*; **n. partner** Verhandlungspartner *m*; **n. party** Verhandlungspartei *f*; **n. position** Verhandlungsposition *f*; **n. range** Verhandlungsspielraum *m*; **n. right** Verhandlungsrecht *nt*; **exclusive n. right** ausschließliches Verhandlungsrecht; **n. round/session** Verhandlungs-, Tarifrunde *f*; **n. skill** Verhandlungstalent *nt*, V.geschick *nt*, V.kunst *f*; **n. strength** Verhandlungsstärke *f*; **n. success** Verhandlungserfolg *m*; **n. table** Verhandlungstisch *m*; **at the n. table** am grünen Tisch *(fig)*; **n. tactics** Verhandlungstaktik *f*; **n. team** Verhandlungsdelegation *f*, V.team *nt*
negotiation *n* 1. Verhandlung *f*, Unterhandlung *f*, Aushandeln *nt*; 2. *(Wechsel)* Übertragung *f*, Diskontierung *f*, Negoziierung *f*; 3. *(Wertpapier)* Begebung *f*, Unterbringung *f*; **by (way of) n.** auf dem Verhandlungswege, durch Verhandlungen; **pending n.s** während der Verhandlungen; **under n.** in Verhandlung; **n.s are underway** Verhandlungen finden statt
negotiation of bills (of exchange) Wechseldiskontierung *f*, W.begebung *f*; **~ business transactions** Vermittlung von Geschäften; **n. on/at call** *(Börse)* Schluss auf Abruf; **n. of a draft** Trattenankauf *m*; **~ a loan** Plazierung/Übernahme/Vermittlung einer Anleihe
to adjourn negotiations Verhandlungen unterbrechen/vertagen; **to begin/commence n.** Verhandlungen aufnehmen/beginnen; **to break off n.** Verhandlungen abbrechen; **to conclude n.** Verhandlungen abschließen; **to conduct n.** Verhandlungen führen; **to delay n.** Verhandlungen verschleppen; **to determine by n.** durch Verhandlungen festsetzen; **to enter into n.** in Verhandlungen eintreten, Verhandlungen aufnehmen/einleiten; **to obtain by negotiation** heraushandeln, h.schlagen; **to open n.** Verhandlungen einleiten/eröffnen; **to resume n.** Verhandlungen wieder aufnehmen; **to settle by negotiation** durch Verhandlung beilegen; **to start n.** Verhandlungen aufnehmen/beginnen; **to terminate n.** Verhandlungen beenden; **to undertake n.** Verhandlungen aufnehmen
collective negotiations Tarif-, Kollektivverhandlungen, Verhandlungen zwischen den Sozialpartnern/Tarifparteien; **commercial n.** Handelsbesprechungen; **further negotiation** *(Wechsel)* Weiterbegebung *f*; **loan-rescheduling n.** Umschuldungs-, Schuldübernahmeverhandlungen; **ongoing n.** laufende Verhandlungen; **out-of-court n.** außergerichtliche Verhandlungen; **preliminary n.** Vorverhandlungen; **private n.** geheime Verhandlungen; **protracted n.** langwierige Verhandlungen; **tough n.** zähe Verhandlungen; **top-level n.** Verhandlungen auf höchster Ebene
joint negotiation council gemeinsamer Verhandlungsausschuss; **n. credit** Negoziierungsakkreditiv *nt*, N.kredit *m*, Trattenankaufskredit *m*; **n. price** Übernah-

mekurs *m*, Ü.preis *m*; **n. process** Verhandlungsprozess *m*, V.ablauf *m*
negotiator *n* 1. Unterhändler *m*, Vermittler *m*; 2. Verhandlungspartner *m*, V.bevollmächtigter *m*; **n. of deals** Vermittlungsgehilfe *m*; **to call so. in as n.** jdn als Vermittler einschalten; **authorized n.** Verhandlungsbevollmächtigter *m*; **chief/senior n.** Haupt-/Chefunterhändler *m*, Verhandlungsführer *m*
neighbor *[US]*; **neighbour** *[GB]* *n* Nachbar(in) *m/f*; **immediate/next-door n.** Angrenzer *m*, nächster Nachbar
neighbo(u)rhood *n* 1. Nachbarschaft *f*; 2. (Wohn)Gegend *f*, Viertel *nt*; **in the n. of** *(fig)* in der Gegend von *(fig)*, etwa, ungefähr; **fashionable n.** feine Gegend; **genteel n.** bessere Gegend
neighbo(u)rhood area benachbarte Gegend; **n. center** *[US]* /**centre** *[GB]* Neben-, Sekundärzentrum *nt*; **n. court** Grenzscheidungsgericht *nt*; **n. effect** Nachbarschaftseffekt *m*; **n. effects** Externalitäten; **n. shop** Nachbarschaftsladen *m*; **old n. store** *[US]* Tante-Emma-Laden *m (coll)*; **n. watch** Bürgervereinigung zur Verhinderung von Straftaten
neighbo(u)ring *adj* angrenzend, benachbart, umliegend
(good) neighbo(u)r|liness *n* (gut)nachbarliches Verhältnis; **n.ly** *adj* (gut)nachbarlich
neo|liberalism *n* Neoliberalismus *m*; **n.logism** *n* Neologismus *m*, Wort(neu)schöpfung *f*; **n.mercantilism** *n* Neomerkantilismus *m*; **n.mercantilist** *adj* neomerkantilistisch
neon advertising *n* Leuchtwerbung *f*; **n. light(s)** 1. Neonbeleuchtung *f*; 2. Leuchtwerbemittel *nt*, Neonreklame *f*; ~ **advertising**; **n. sign (advertising)** Licht-, Neonreklame *f*, N.beleuchtung *f*; **n. lighting** Neonbeleuchtung *f*; **n. tube** Neonröhre *f*
nepotism *n* Nepotismus *m*, Vetternwirtschaft *f*
nerve *n* Nerv *m*; **to be all n.s** ein Nervenbündel sein *(fig)*; **to get on so.'s n.s** jdm auf die Nerven gehen; **to have the n. (to do sth.)** die Frechheit besitzen, sich erdreisten; ~ **n.s of steel** eiserne Nerven haben; **to jar on so.'s n.s** an jds Nerven zerren; **to touch so.'s raw n.** jdn an einer empfindlichen Stelle treffen
cranial nerve ♪ Gehirnnerv *m*; **shattered n.s** zerrüttete Nerven; **strong n.s** starke Nerven
nerve center *[US]* /**centre** *[GB]* 1. ♪ Nervenzentrum *nt*; 2. *(fig)* Schaltzentrale *f*; **n.-racking** *adj* entnervend
nervous *adj* nervös; **n.ness** *n* Nervosität *f*; ~ **about the economic outlook** Konjunkturnervosität *f*
nest *n* 1. Nest *nt*; 2. ⊟ Schachtelung *f*; **to feather one's n.** *(fig)* seine Schäfchen ins Trockene bringen *(fig)*; **to foul up one's own n.** *(fig)* das eigene Nest beschmutzen *(fig)*
nested *adj* 1. π geordnet; 2. ⊟ geschachtelt
nest egg *(fig)* Notgroschen *m*, finanzielles Polster, Sparpfennig *m*, S.groschen *m*, Rücklagen *pl*; **to build up a n. egg** finanzielle Reserven anlegen
nesting *n* ⊟ (Ver)Schachtelung *f*
net *n* 1. (Fang)Netz *nt*; 2. Reingewinn *m*, R.ertrag *m*, Nettoeinkommen *nt*; 3. Nettogewicht *nt*; **social n.** soziales Sicherheitsnetz

net *v/t* 1. Reingewinn haben/erzielen von, (Rein)Gewinn abwerfen, rein/netto einbringen, ~ gewinnen; 2. netto verdienen; **n. out** saldieren; **n. with** verrechnen mit
net *adj* netto, Netto-, frei von Abzügen, ohne Rabatt/Abschlag, netto Kasse ohne Abzug; **n. of** abzüglich, nach Abzug von; **strictly n.** ohne jeglichen Abzug; **to pay n.** netto (be)zahlen
net|back *n* Umrechnung/Rückrechnung von brutto auf netto; **N. Book Agreement (NBA)** *[GB]* Preisbindungsvereinbarung des Buchhandels; **n.like** *adj* netzartig; **n. price** Nettopreis *m*
netting out *n* Saldierung *f*; **n. of positions** Verrechnung von Positionen; **n. process** Saldierung *f*, Verrechnung *f*
to grasp the nettle *n* *(fig)* in den sauren Apfel beißen *(fig)*
netto netto (n. n.) frei von Abzügen
network *n* 1. Netz *nt*, Netz-, Maschenwerk *nt*; 2. Verteiler-, Leitungs-, Verbindungs-, Übertragungsnetz *nt*; 3. Netzplan *m*; **n. of air routes** ✈ Luft-, Flug(verkehrs)netz *nt*; ~ **branches**; ~ **branch offices** Filialnetz *nt*, Zweig-, Niederlassungs-, Geschäftsstellennetz *nt*; ~ **canals** Kanalnetz *nt*; ~ **correspondents** Korrespondentennetz *nt*; ~ **cycleways** Radewegenetz *nt*; ~ **distribution** Verteilungsnetz *nt*; ~ **information** Informationsnetz *nt*; ~ **deposit-taking institutions** Sparstellennetz *nt*; ~ **railways** *[GB]* /**railroads** *[US]* Eisenbahnnetz *nt*; ~ **roads** Straßennetz *nt*; ~ **samples** ▦ mehrstufige Stichprobe
capacitated network Netz mit Kapazitätsangaben; **cascaded n.** Kaskaden-Netzwerk *nt*; **cellular n.** Mobilfunknetz *nt*; **closed n.** geschlossenes Netzwerk; **domestic n.** Inlandsnetz *nt*; **fixed n.** ✆ Festnetz *nt*; **foreign n.** Auslandsnetz *nt*; **generalized n.** (OR) Netzplan mit Entscheidungsereignissen; **global n.** weltumspannendes Netz; **in-house n.** ▢ internes Netz; **leased-line n.** Mietleitungsnetz *nt*; **mixed n.** ▢ Verbundnetz *nt*; **multicomputer n.** Rechnerverbundsystem *nt*; **old-boy n.** *(coll)* Beziehungen *pl*, Vitamin B *(coll)*; **private-line n.** ✆ privates Fernsprechnetz; **public n.** öffentliches Fernsprechnetz *nt*; **self-dialling n.** ✆ Direktrufnetz *nt*; **social n.** soziales Sicherheitsnetz *nt*
network *v/t* vernetzen
network analysis Netzplananalyse *f*; **n. configuration** Netzaufbau *m*; **n. data model** Netzwerkmodell *nt*; **n. diagram** Netzwerkdiagramm *nt*
networking *n* Vernetzung *f*, Rechnerverbund *m*; **n. capability** Vernetzungsfähigkeit *f*
network layer Vermittlungsschicht *f*; **n. layout** Netzaufbau *m*; **n. management system**; **n. technique** Netzplantechnik *nt*; **n. manager** ▢ Netzplantechniker *m*; **n. operator** Netzbetreiber *m*; **n. operating system** ▢ Netzbetriebssystem *nt*; **n. structure** Netzaufbau *m*; **n. topology** Netzwerktopologie *f*
neural|gia *n* ♪ Neuralgie *f*; **n.gic** *adj* neuralgisch
neuro|logist *n* ♪ Nervenarzt *m*; **n.sis** *n* Neurose *f*
neutral *adj* neutral, unparteiisch; **to be n.** es mit keiner Partei halten; **cyclically n.** konjunkturneutral
neutral *n* 1. ⚙ Leerlauf(gang) *m*; 2. ✪ Ausgangs-, Ruhestellung *f*; 3. Parteilose(r) *f/m*, Neutrale(r) *f/m*

neutrality n Neutralität f; **n. of money** Neutralität des Geldes; ~ **taxation** Neutralität der Besteuerung; **to infringe/violate n.** Neutralität verletzen; **armed n.** bewaffnete Neutralität; **permanent n.** ewige/ständige Neutralität; **strict n.** strikte Neutralität; **n. agreement** Neutralitätsabkommen nt

neutralization n 1. Neutralisation f; 2. Aufhebung f; 3. Unschädlichmachung f; 4. (Geld) Stilllegung f

neutralize v/t 1. neutralisieren; 2. aufheben; 3. unschädlich machen

never adv niemals; **on the n.-n.** n (coll) auf Abzahlung/Pump (coll)/Stottern (coll); **to buy sth. on the n.-n. (system)** etw. abstottern (coll), ~ auf Abzahlung/Stottern (coll)/Teilzahlung kaufen

new adj neu; **as (good as) n.** wie/fast neu, neuwertig; **n. for old** neu für alt

new|comer n Neu(ankömm)ling m; ~ **to the stock exchange** Börsenneuling m; **n.-fangled** adj (coll) (neu)modisch, hypermodern; **n.-fashioned** adj modern, (neu)modisch; **n.-found** adj (Hoffnung) neugeschöpft; **n.go** n (Börse) Geschäft zur Abrechnung im nächsten Liquidationstermin; **n.lyweds** pl Neuvermählte; **N. Manchester School** Neoliberalismus m; **n.ly-rich** adj neureich

news n Nachricht(en) f/pl, Neuigkeit(en) f/pl, Mitteilung(en) f/pl; **n. in brief** Kurznachrichten; **n. of the day** Tagesnachrichten; ~ **success** Erfolgsmeldung f **to be in the news** von sich reden machen; **to break the n. to so.** jdm etw. eröffnen/mitteilen, jdm die Nachricht beibringen; ~ **gently to so.** jdm die Nachricht schonend beibringen; **to broadcast n.** Nachrichten senden; **to edit n.** Nachrichten aufbereiten; **to hit/make the n.** Schlagzeilen machen; **to propagate/spread n.** Nachrichten verbreiten; **to publish n.** Nachrichten veröffentlichen

agricultural news Agrar-, Landwirtschaftsnachrichten; **bad n.** schlechte Nachricht, Hiobsbotschaft f (fig); **false n.** Falschmeldung f, falsche Nachricht; **financial n.** Wirtschaftsnachrichten, Börsen-, Wirtschaftsbericht m, Nachrichten aus der Finanzwelt; **front-page n.** Titelnachricht f; **good m.** Erfolgsmeldung f, frohe Botschaft; **latest n.** letzte Nachrichten; **local n.** Lokalteil m, L.nachrichten; **market-moving n.** (Börse) marktbeeinflussende Nachricht; **sad n.** traurige Nachricht; **stop-press n.** neueste Pressenachricht; **unofficial n.** unbestätigte Nachricht

news agency Nachrichtenagentur f, N.dienst m, Pressedienst m, P.agentur f; **n.agent** n [GB]; **n.dealer** n [US] Zeitschriften-, Zeitungshändler m; **n.agent's (shop)** Zeitungsladen n; **n. ban** Nachrichtensperre f; **illuminated n. band** Leuchtschrift f; **n. blackout** Nachrichtensperre f; **n. bulletin** Kurznachrichten pl, Bulletin nt; **n.cast** n Nachrichtensendung f; **n.caster** n Nachrichtensprecher(in) m/f; **electric n.caster** Leuchtschreiber m; **n. conference** Pressekonferenz f; **n. coverage** Berichterstattung f; **n. editor** Nachrichtenredakteur m; **n. embargo** Nachrichtensperre f; **n. flash** Blitz-, Eilkurzmeldung f; **n. headlines** Kurznachrichten; **n. item** Nachricht f, (Zeitungs)Notiz f, Pressenotiz f, P.meldung f, P.nachricht f, Nachrichtenmeldung f, Zeitungsnachricht f; **n.letter** n Informationsblatt nt, I.brief m, Rundschreiben nt, R.brief m; **n. magazine** Nachrichtenmagazin nt; **n. medium** Nachrichtenmedium nt, N.organ nt; **n.monger** n Kolporteur m

newspaper n Zeitung f; **n.s** Zeitungspresse f; **to publish a n.** Zeitung verlegen; **to stop a n.** Zeitung abbestellen; **to subscribe/take in a n.** Zeitung beziehen/abonnieren; **commercial n.** Börsenblatt nt, Wirtschaftszeitung f; **daily n.** Tageszeitung f; **national n.** überregionale Zeitung; **provincial n.** [GB] Regionalzeitung f

newspaper advertisement Zeitungsannonce f, Z.anzeige f, Z.inserat nt; **n. advertising** Zeitungs-, Pressewerbung f; **n. announcement** Pressenotiz f; **n. article** Presse-, Zeitungsartikel m; **n. boy/girl** Zeitungsbote m, Z.botin f; **n. circulation** (Zeitungs)Auflage f; **n. clipping/cutting** Zeitungs-, Presseausschnitt m; **n. column** Zeitungsspalte f; **n. correspondent** Zeitungskorrespondent(in) m/f; **n. disclosure** Presseenthüllung f; **n. distribution** Zeitungsvertrieb m; **n. editor** Zeitungsredakteur m; **n. group** Zeitungskonzern m; **n. hoax** Zeitungsente (fig); **n. interview** Zeitungsinterview nt; **n. office** Redaktion f; **n. post** ✉ Zeitungsdrucksache f; **n. printing** Zeitungsdruck m; **n. proprietor/publisher** Zeitungsverleger m; **n. publishing company** Zeitungs-, Presseverlag m, P.unternehmen nt; ~ **group** Pressekonzern m; **n. rack** Zeitungsständer m; **n. rate** ✉ Zeitungsporto nt; **n. report** Zeitungs-, Pressebericht m; **n. reporter** Zeitungsreporter(in) m/f; **to do a n. round** Zeitung(en) austragen; **n. stall/stand** Zeitungsstand m, Z.kiosk m; **n. story** Bericht m; **n. strike** Zeitungsstreik m; **n. subscription** Zeitungsabonnement nt, Z.bezug m, Bezug einer Zeitung; **n. supplement** Zeitungsbeilage f; **n. syndicate** Zeitungs-, Pressesyndikat nt; **n. title** Zeitungstitel m; **n. tycoon** Presse-, Zeitungszar m

news|print n Zeitungs-, Rotationspapier nt; **n.reader** n Nachrichtensprecher(in) m/f; **n.reel** n Wochenschau f **n.room** n Nachrichtenredaktion f, N.studio nt, N.zentrale f; **local n.room** Lokalredaktion f; **n. service** Nachrichtendienst m; **n.sheet** n Mitteilungs-, Informationsblatt nt

new-style adj neuartig

news value Neuigkeitswert m; **n. vendor** Zeitungsverkäufer m; **n.worthy** adj berichtenswert

New Year Neujahr nt; **N. Y.'s Day** Neujahrstag m; **N. Y. resolution** guter Vorsatz für das neue Jahr

next adj (Folge) nächste(r,s); **n.-door** adj/adv nebenan; **n.-of-kin** pl nächste Verwandte pl

nexus n Verknüpfung f

N/F (no funds) (Konto) keine Deckung

nibble v/t nagen, knabbern; ~ **at sth.** (fig) sich an etw. interessiert zeigen; ~ **a bit** naschen

NIC (National Insurance contribution) [GB] Sozialversicherungsbeitrag m

nice adj 1. nett, sympathisch; 2. fein, subtil

nicety n Feinheit f, Genauigkeit f, Finesse f; **niceties** kleine Unterschiede, Details; **to stand (up)on niceties** es genau nehmen; **not ~ niceties** nicht so pingelig sein (coll)

niche *n* Nische *f*; **n. in the market** Marktnische *f*; **to carve ~ a market** sich eine Marktnische suchen; **~ out a n. for o.s.** sich eine Nische schaffen; **specialist n.** Marktnische für Spezialanbieter; **n. car** Nischenauto *nt*; **n. market** Nischenmarkt *m*
nick *n* Kerbe *f*; **in the n. of time** *(coll)* gerade noch zur rechten Zeit, im rechten Augenblick; **in good n.** *(coll)* in guter Verfassung, gut in Schuss *(coll)*
nick *v/t* *(coll)* klauen *(coll)*, mitgehen lassen
nickel *n* 1. Nickel *nt*; 2. *[US]* Fünfcentstück *nt*; **n.-and-dime standard** *[US]* *(coll)* bescheidener Maßstab; **n.-plate** *v/t* vernickeln; **n.-plated** *adj* vernickelt
nickname *n* Spitzname *m*; *v/t* Spitznamen geben
nicotine *n* Nikotin *nt*; **n. poisoning** *n* 💲 Nikotin-, Tabakvergiftung *f*
niggard|liness *n* Knauserei *f*; **n.ly** *adj* 1. knauserig; 2. kümmerlich, armselig
niggle *v/i* nörgeln, meckern
niggling *n* Nörgelei *f*; *adj* übertrieben pedantisch, pingelig *(coll)*
night *n* 1. Nacht *f*; 2. Abend *m*; **n.s** nachts; **at/by n.** nachts; **open all n.** die ganze Nacht geöffnet; **to make a n. of it** sich die Nacht um die Ohren schlagen *(coll)*, durchfeiern; **to put up for the n.** übernachten; **to spend the n.** nächtigen; **to stay the n.** übernachten, die Nacht über bleiben; **to turn n. into day** die Nacht zum Tag machen; **to work n.s** nachts arbeiten; **first/opening n.** 🎭 Eröffnungsvorstellung *f*, Erstaufführung *f*
night bell *n* Nachtglocke *f*; **n.-blind** *adj* nachtblind; **n. call** Nachtruf *m*; **n.cap** *n* 1. Schlafmütze *f*; 2. Schlaf-, Schlummertrunk *m*; **n.club** *n* Nachtklub *m*, N.lokal *nt*; **n. counter** Nachtschalter *m*; **n. depository** Nachttresor *m*, N.safe *m*; **n. desk** Nachtschalter *m*; **n. duty** Nachtdienst *m*, N.schicht *f*; **n. editor** *(Zeitung)* Nachtschriftleiter *m*; **n. exposure** *(Foto)* Nachtaufnahme *f*; **at n.fall** *n* bei Einbrechen/Einbruch/Eintritt der Dunkelheit, ~ Nacht; **late n. final** *(Zeitung)* Nacht-, Spätausgabe *f*; **n. flight** ✈ Nachtflug *m*; **n.gown** *n* Nachthemd *nt*, N.gewand *nt*; **n. lamp** Nachtlampe *f*; **n. letter(gram)** *[US]* ✉ Nachttelegramm *nt*; **n.life** *n* Nachtleben *nt*; **a n.'s lodging** Quartier/Unterbringung für die Nacht, Nachtquartier *nt*; **n.ly** *adj* nächtlich; **n. mail** 1. Nachtpost *f*; 2. 🚂 Nacht(post)zug *m*; **n.man** *n* Nachtarbeiter *m*, Arbeiter auf Nachtschicht; **n.mare** *n* Alptraum *m*, Schreckgespenst *nt*; **n. number** 📞 Nachtanschluss *m*, N.ruf *m*; **n. porter** Nachtportier *m*; **n. rate** Nachtgebühr *f*, N.tarif *m*; **cheap n. rate** 📞 Nacht-, Mondscheintarif *m*; **n.'s rest** Nachtruhe *f*; **n. safe** Nachtsafe *m*, N.tresor *m*
night school Abend-, Fortbildungs-, Volkshochschule *f*; **~ class** Volkshochschulkurs *m*; **~ education** zweiter Bildungsweg
night service Nachtdienst *m*; **n. shelter** Nacht-, Obdachlosenasyl *nt*
night-shift *n* Nacht-, Spätschicht *f*; **~ bonus** Nachtschichtvergütung *f*; **~ hours** Nachtschichtstunden
night|'s sleep Nachtschlaf *m*; **n. sleeper** *[GB]* 🚂 Nacht-, Schlafwagenzug *m*; **n.stick** *n* *[US]* Polizeiknüppel *m*; **n. storage heater** ⚡ Nachtstromspeicher *m*;

n.-time *n* Nacht(zeit) *f*; **n. train** 🚂 Nachtzug *m*; **n.-watch** *n* Nachtwache *f*; **n.-watchman** *n* Nachtwächter *m*; **n.wear** *n* Nachtzeug *nt*, N.wäsche *f*; **n. work** Nachtarbeit *f*; **~ bonus** Nachtarbeitszuschlag *m*
nil *n* Null *f*; *adj* null, nichts; **n. advice** Leermeldung *f*; **n. increase** Nullwachstum *nt*, N.zuwachs *m*; **n.-paid** *adj* gratis, unbezahlt; **n. rate/tariff** Nulltarif *m*; **n.-report**; **n.-return** *n* Fehlanzeige *f*, Leermeldung *f*
nimble *adj* hurtig, flink; **n.-fingered** *adj* fingerfertig
NIMEXE (nomenclature of goods for external trade statistics of the Community and statistics of trade between the member states) *(EU)* NIMEXE (Warenverzeichnis für die Statistik des Außenhandels der Gemeinschaft und des Handels zwischen ihren Mitgliedsstaaten)
to talk nineteen to the dozen *n* *(coll)* in einer Tour reden *(coll)*, ohne Punkt und Komma reden *(coll)*
nine-to-five *adj* *(Beruf)* Büro-; **n.-t.-f.r** *n* *(coll)* Bürohengst *m*
nisi prius *[US]* *(lat.)* §§ erste Instanz
nit-picking *adj* *(fig)* kleinlich, pingelig *(coll)*
nitre *[GB]*; **niter** *[US]* *n* ⚗ Salpeter *m*
nitrogen *n* ⚗ Stickstoff *m*; **n. monoxide** Stickstoffmonoxid *nt*; **n. oxide** Stickoxid *nt*; **~ reduction (De-Nox)** Entstickung *f*; **~ reduction plant** Entstickungsanlage *f*
the nitty-gritty (business) *n* *(coll)* Kleinarbeit *f*
no *adv* nein; *n* Nein *nt*; **n.-action clause** Nichtausübungsklausel *f*
nobble *v/t* *(coll)* *(Geld)* einsacken *(coll)*
Nobel Prize Nobelpreis *m*; **~ winner** Nobelpreisträger(in) *m/f*
noble *adj* 1. adlig; 2. nobel, edel, vornehm; 3. großmütig; 4. ⚗ Edel-; **n.man** *n* Adliger *m*
no|-certificate *adj* stückelos; **n.-claim(s)** *n* *(Vers.)* *adj* schaden(s)frei; **~ bonus** Schaden(s)freiheitsrabatt *m*; **n.-competition clause** Konkurrenz-, Wettbewerbsklausel *f*
nocturnal *adj* nächtlich
nod *n* (Kopf)Nicken *nt*; **to get the n.** *(fig)* grünes Licht bekommen *(fig)*; **to give the n.** *(fig)* grünes Licht geben *(fig)*
nod *v/i* nicken; **n. off** einnicken; **n. through** 1. ⊖ durchwinken; 2. abnicken
nodal *adj* knotenartig, Knoten-
nodding acquaintance *n* oberflächliche Bekanntschaft
node *n* (OR) Ecke *f*, Knoten *m*; **terminal n.** Zielknoten *m*; **n. event** Knotenereignis *nt*
no-fault *adj* *[US]* *(Vers.)* Vollkasko-
no-frills *adj* ✈ ohne Sonderleistungen, einfach
noise *n* Lärm *m*, Geräusch *nt*; **sensitive to n.** geräuschempfindlich; **to be drowned by the n.** im Lärm untergehen; **to make a n.** Krach machen; **~ about sth.** viel Aufhebens um etw. machen; **disturbing n.** störendes Geräusch; **industrial n.** Gewerbe- und Industrielärm *m*
noise abatement Lärmbekämpfung *f*, L.(ver)minderung *f*, L.schutz *m*, L.dämmung *f*, Schallminderung *f*, Geräuschbekämpfung *f*; **~ measure** Lärmschutzmaßnahme *f*; **~ zone** Lärmschutzbereich *m*; **n. absorber/baffle** Lärmschlucker *m*, L.schutzeinrichtung *f*; **n. bar-**

rier Lärmschutzwand *f;* **n.less** *adj* geräuschlos; **n. level** Stör-, Schall-, Lärmpegel *m,* L.schwelle *f,* L.intensität *f,* Geräuschpegel *m,* G.wert *m;* **maximum n. level** Höchstschallpegel *m;* **n. limit** Fongrenze *f;* **n. measurement** Geräuschmessung *f;* **n. nuisance** Lärmbelästigung *f;* **n. pollution** Lärmbelästigung *f,* L.belastung *f,* Umweltlärm *m;* **n. prevention** Lärmbekämpfung *f;* **n. protection** Lärmschutz *m;* ~ **embankment** Lärmschutzwall *m;* **n. reduction** Schalldämpfung *f,* S.minderung *f;* **n. suppression** Lärm-, Störschutz *m*
noisy *adj* lärmend, lautstark
nolle prosequi *n* (*lat.*) [§] Einstellung wegen Geringfügigkeit
nolo contendere *n* (*lat.*) [§] Schuldigerklärung *f*
no-man's-land *n* Niemandsland *nt*
nom de plume *n* (*frz.*) Schriftstellername *m*
nomenclature *n* 1. Terminologie *f,* Nomenklatur *f,* Namensgebung *f,* Benennungssystem *nt;* 2. ⊖ (Zoll) Tarifschema *nt,* (Zoll)Nomenklatur *f;* **n. of goods for the external trade statistics of the Community and statistics of the trade between Member States (NIMEXE)** *(EU)* Warenverzeichnis für die Statistik des Außenhandels der Gemeinschaft und des Handels zwischen Mitgliedsstaaten (NIMEXE); **official n.** offizielle Bezeichnung; **N. Committee** *(EU)* Nomenklaturausschuss *m,* Ausschuss für das Zolltarifschema
nominal *adj* 1. nominal, nominell; 2. namentlich, (nur) dem Namen nach; 3. *(Teilhaber)* nicht aktiv; **n.ism** *n* Nominalismus *m*
nominate *v/t* 1. benennen, (zur Wahl) vorschlagen; 2. berufen, ernennen, bestimmen; 3. spenden
nomination *n* 1. (Be)Nennung *f,* Nominierung *f,* Aufstellung *f,* (Wahl)Vorschlag *m;* 2. Berufung *f,* Ernennung *f,* Einsetzung *f;* **n. of a beneficiary** *(Lebensvers.)* Einsetzung eines Begünstigten; ~ **candidates** Kandidatenaufstellung *f;* **to accept the n.** die Kandidatur annehmen; **regular n.** vorschriftsmäßige/rechtmäßige Ernennung; **n. committee** Ernennungsausschuss *m*
nominator *n* Spender(in) *m/f*
nominee *n* 1. Kandidat(in) *m/f,* Vorgeschlagene(r) *f/m;* 2. Strohmann *m;* 3. Bevollmächtigte(r) *f/m;* 4. Spenden-, Zuschussempfänger(in) *m/f,* Begünstigte(r) *f/m;* **n. account** *[GB]* Treuhänder-, Treuhand-, Ander-, Nummernkonto *nt,* anonymes Konto; **to hold sth. in a n. account** etw. treuhänderisch verwalten; **n. company** Briefkastengesellschaft *f,* Strohmännerfirma *f,* S.gesellschaft *f;* **n. holder** Fremdbesitzer *m;* **n. shareholder** *[GB]* /**stockholder** *[US]* (als Aktionär vorgeschobener) Strohmann; **n. (share/stock)holding** Aktien in treuhänderischem Besitz, Strohmannbeteiligung *f,* anonymer Aktienbesitz
nomogram *n* π Netztafel *f*
non|-acceptability *n* Nichtakzeptanz *f;* **n.-acceptable** *adj* nicht akzeptabel
non-acceptance *n* 1. Nichtannahme *f,* Abnahme-, Annahmeverweigerung *f,* Verweigerung der Annahme; 2. *(Wechsel)* Akzept-, Annahmeverweigerung *f;* **for n.-a.** mangels Akzepts/Annahme; **protested for n.-a.** mangels Akzepts protestiert; **returned for n.-a.** mangels Akzepts/Annahme zurück; **n.-a. cover(age)** Deckung des Annahmerisikos
non|-access *n* [§] *(Eherecht)* Nichtbeiwohnung *f;* **n.-accountable** *adj* [§] strafunmündig; **n.-achievement rate** *n* ⊞ Ausfallrate *f;* **n.-actionability** *n* [§] Unklagbarkeit *f;* **n.-actionable** *adj* nicht klagbar; **n.-adjustable** *adj* ✡ nicht verstellbar; **n.-administration of the oath** *n* [§] Nichtvereidigung *f;* **n.-admissible** *adj* nicht zulässig, unzulässig; **n.-admission** *n* Nichtzulassung *f,* Zulassungsverweigerung *f;* **n.-admitted** *adj* nicht zugelassen; **n.-affiliated** *adj* nicht angeschlossen
nonage *n* [§] Minderjährigkeit *f,* Unmündigkeit *f;* **n.d** *adj* minderjährig
non|-agreement country *n* Nichtabkommensland *nt;* **n.-alcoholic** *adj* alkoholfrei; **n.-alienation** *n* [§] Nichtveräußerung *f*
no-name *adj* 1. namenlos; 2. *(Ware)* weiß
non|-appealability *n* [§] formelle Rechtskraft, Unanfechtbarkeit *f;* **n.-appealable** *adj* unanfechtbar, unanhebbar, formal rechtskräftig; **to be n.-appealable** Rechtskraft besitzen; **n.-appearance** *n* [§] *(Gericht)* Nichterscheinen *nt,* N.einlassung *f,* Terminversäumnis *nt;* **n.-applicability** *n* Nichtanwendbarkeit *f;* ~ **of spent convictions** [§] Rückfallverjährung *f;* **n.-application** *n* Nichtanwendung *f;* **n.-appropriability of goods** *n* Unteilbarkeit von Gütern; **n.-arrival** *n* 1. *(Dienst)* Nichterscheinen *nt;* 2. ⊠ Nichteintreffen *nt;* 3. 🚆 Ausbleiben *nt;* **n.-assessable** *adj* 1. nicht steuerpflichtig/veranlagungspflichtig, steuerfrei; 2. nichts-auss-, abgabenfrei, nicht nachschusspflichtig; **n.-asset-creating** *adj* nicht vermögenswirksam; **n.-assignability** *n* Unabtretbarkeit *f;* **n.-assignable** *adj* unabtretbar; **n.-attachable** *adj* unpfändbar; **n.-attendance** *n* Nichterscheinen *nt* (zum Dienst), Fernbleiben *nt,* Ausbleiben *nt,* Nichtteilnahme *f,* N.anwesenheit *f;* **n.-attendant** *n* Nichterschienene(r) *f/m;* **n.-authorized** *adj* unentschuldigt, unerlaubt; **n.-automatic** *adj* nicht automatisch; **n.-availability** *n* 1. Unerhältlichkeit *f,* Nichtverfügbarkeit *f;* 2. Unabkömmlichkeit *f;* ~ **of credit** Kreditknappheit *f,* K.mangel *m;* **n.-available** *adj* 1. nicht erhältlich; 2. unabkömmlich; **n.-bailable** *adj* ohne Kautionsverpflichtung; **n.-banks** *pl* Nichtbanken(sektor) *pl/m;* **n.-bank customers** Nichtbankkundschaft *f;* ~ **financial institutions** intermediäre Finanzinstitute; **n.-banking** *adj* bankfremd; **n.-binding** *adj* nicht bindend; **n.-bonded** *adj* nicht verbrieft; **n.-bookkeeping** *adj* nicht buchführungspflichtig; **n.-branded** *adj* markenfrei; **n.-business** *adj* nicht geschäftlich; **n.-callable** *adj* *(Anleihe)* nicht (vorzeitig) kündbar, unkündbar; **n.-calling period** *n* Kündigungssperre *f,* K.sperrfrist *f;* **n.-cancellable** *adj* nicht stornierbar, unkündbar; **n.-capital-forming** *adj* nicht vermögenswirksam; **n.-capitalized** *adj* nicht aktivierungspflichtig; **n.-cash** *adj* 1. unbar, bargeldlos; 2. durch Sachleistungen; **n.-certificated; n.-certified** *adj* (staatlich) nicht anerkannt, (amtlich) nicht zugelassen, nicht beglaubigt; **n.-chargeable** *adj* *(Steuer)* umsatzsteuerfrei; **n.claim** [§] verwirktes Klagerecht; **n.-clearer** *n [GB] (Bank)* Nichtabrechnungsteilnehmer *m;* **n.-collectable** *adj* nicht ein-

treibbar; **n.-collegiate** *adj (Studien)* nicht akademisch; **n.-commercial** *adj* nichtkommerziell, n.gewerblich; **n.-commissioned** *adj* nicht bevollmächtigt; **n.-committal** *adj* unverbindlich; **to be n.-committal** sich eine Stellungnahme vorbehalten; **n.-competence** *n* Unzuständigkeit *f*; **n.-competing** *adj* nicht konkurrierend; **n.-competition clause** *n* Wettbewerbsabrede *f*; **n.-competitive** *adj* unter Ausschluss der Konkurrenz; **n.-completion** *n* Nichtbeendigung *f*, N.fertigstellung *f*
non-compliance *n* Nichterfüllung *f*, Zuwiderhandlung *f*, Z.handeln *nt*, Nichteinhaltung *f*, N.beachtung *f*, N.befolgung *f*; **in case/in the event of n.-c.** im Übertretungs-/Unterlassungsfall; **n.-c. with a court order** Nichtbeachtung einer richterlichen Auflage; ~ **the required form;** ~ **the procedure** Formmangel *m*, F.verletzung *f*, Verletzung der Formvorschriften; ~ **a time limit** Terminüberschreitung *f*
non compos mentis *adj (lat.)* [§] unzurechnungsfähig, nicht zurechnungsfähig, geisteskrank; **n.-compulsory** *adj* nicht obligatorisch; **n.-condensable** *adj* nicht kondensierbar; **n.-conductor** *n* ⚡ Nichtleiter *m*; **n.-confinement facility** *n* [§] offener Strafvollzug, offene Vollzugsanstalt; **n.-conforming** *adj (Ware)* nicht vertragsgemäß; **n.conformism** *n* Nonkonformismus *m*; **n.conformist** *adj* Nonkonformist(in) *m/f*; **n.-conformity with matters in the record(s)** *n* Aktenwidrigkeit *f*; **n.-consideration** *n* Nichtberücksichtigung *f*; **n.-consumption** *n* Konsumverzicht *m*; **n.-contagious** *adj* 🕱 nicht ansteckend; **n.-contentious** *adj* [§] nicht streitig, unstreitig; **n.-continuous** *adj* unterbrochen, nicht fortlaufend; **n.-contractual** *adj* außervertraglich; **n.-contribution clause** *n (Vers.)* nur die Ersthypothek begünstigende Versicherungsklausel; **n.-contributory** *adj* nicht beitragspflichtig, beitragsfrei, ohne Eigenbeteiligung/Beitragsleistung; **n.-controllable** *adj* nicht beeinflussbar; **n.-controversial** *adj* nicht kontrovers, unumstritten; **n.-convertibility** *n* Nichteinlösbarkeit *f*, N.konvertierbarkeit *f*; **n.-convertible** *adj* nicht konvertierbar/einlösbar/umtauschbar/konvertibel/umtauschfähig; **n.-cooperation** *n* Verweigerung der Mitarbeit, unkooperative Haltung; **n.-cooperative** *adj* die Mitarbeit verweigernd; **n.-core** *adj* nicht zum Kerngeschäft gehörend, peripher; **n.-corroding** *adj* korrosionsfrei; **n.-creasing** *adj* nicht knitternd; **n.-creditable** *adj (Steuer)* nicht anrechenbar; **n.-cumulative** *adj* nicht kumulativ, ohne Nachzahlungsverpflichtung; **n.-current** *adj* nicht im Umlauf; **n.-cyclical** *adj* azyklisch; **n.-deductibility** *n (Steuer)* Nichtabzugsfähigkeit *f*; **n.-deductible** *adj* nicht absetzbar/abzugsfähig, unabsetzbar; **n.-defaulting** *adj* vertragstreu; **n.-degradable** *adj* nicht abbaubar; **n.-delivery** *n* 1. Nicht(aus)lieferung *f*, N.erfüllung *f*, N.übergabe *f*, N.zustellung *f*, N.abgabe *f*, N.ausfolgung *f*, N.aushändigung *f*, N.ablieferung *f*, Lieferausfall *m*; 2. *(Börse)* Liefersperre *f*; **in case of n.-delivery** ✉ im Fall der Unzustellbarkeit; **n.-denial** *n* Nichtbestreiten *nt*; **n.-denominational** *adj* bekenntnisfrei, konfessionslos; **n.-departure** *n* Ausfall eines Fluges/Zuges; **n.descript** *adj* 1. nicht klassifizierbar, schwer zu beschreiben, unbestimmbar; 2. *(Person)* un-

scheinbar, unauffällig; **n.-destructive** *adj* 💻 nichtlöschend; **n.-detachable** *adj* 1. ✪ fest angebracht; 2. *(Papier)* nicht abreißbar/abtrennbar; **n.-dirigistic** *adj* nicht dirigistisch; **n.-discharge** *n* Nichterledigung *f*; **n.-disclosure** *n* Nichtangabe *f*, N.anzeige *f*, N.offenbarung *f*, Verschweigen *nt*, fehlende/mangelnde Offenlegung, Verletzung der Anzeigepflicht, Unterlassung einer Mitteilung; **material n.-disclosure** Verschweigen wesentlicher Tatsachen; **n.-discretionary** *adj* nicht willkürlich; **n.-discrimination** *n* Nichtdiskriminierung *f*, Gleichbehandlung *f*; **n.-discriminatory** *adj* nicht diskriminierend; **n.-distributed** *adj (Gewinn)* unverteilt; **n.-diversifiable** *adj (Risiko)* nicht streuungsfähig; **n.-driver** *n* 🚗 Nichtfahrer *m*; **n.-domestic** *adj* nicht heimisch; **n.-duplicable** *adj (Güter)* unvermehrbar; **n.-durable** *adj (Ware)* kurzlebig, nicht dauerhaft; **n.-durables** *pl* kurzlebige Verbrauchsgüter; **n.-dutiable** *adj* ⊖ unverzollbar; **n.-economic** *adj* nicht wirtschaftlich, immateriell, außerökonomisch; **n.-effective** *adj* wirkungslos; **n.-efficient** *adj* 🕮 nicht genügend ausgebildet; **n.-eligible** *adj* 1. nicht berechtigt; 2. nicht wählbar; **n.-employed** *adj* nicht beschäftigt, ~ berufstätig; **n.-employee** *n* Unbeschäftigte(r) *f/m*, Nichtarbeitnehmer(in) *m/f*; **n.-enforceability** *n* Nichtdurchsetzbarkeit *f*, N.einklagbarkeit *f*, N.vollstreckbarkeit *f*; **n.-enterprise** *n* Nichtunternehmen *nt*; **n.-entitled party** *adj* Nichtberechtigte(r) *f/m*; **n.entity** *n* unbedeutende Person; **n.-entrepreneur** *n* Nichtunternehmer(in) *m/f*; **n.-erasable** *adj* 💻 unlöschbar; **n.essential** *adj* nicht lebenswichtig, unwesentlich, nebensächlich; **n.essentials** *pl* nicht lebensnotwendige Güter, fakultative/unwesentliche Erfordernisse

non|-European *adj* nichteuropäisch; **n.-event** *n* Nichtereignis *nt*, Reinfall *m (coll)*, Pleite *f (coll)*, Schlag ins Wasser *(coll)*; **n.-evidenced** *adj* nicht verbrieft; **n.-excisable** nicht verbrauchssteuerpflichtig, verbrauchssteuerfrei; **n.-executable** *adj* nicht ausführbar; **n.-execution** *n* Nichtdurchführung *f*, N.ausführung *f*; **n.-executive** *adj* ohne Geschäftsbereich; *n* Mitglied des Aufsichtsrates; **n.-exempt** *adj* 1. pfändbar; 2. *(Steuer)* nicht befreit; **n.-exercise** *n* Nichtausübung *f*; **n.-exhaustion of domestic remedies** *n* [§] Nichtschöpfung des innerstaatlichen Rechtsweges; **n.-existence** *n* Nichtbestehen *nt*, N.vorhandensein *nt*, N.existenz *f*, Abwesenheit *f*; **n.-existent** *adj* nicht vorhanden/existierend; **n.-expert** *n* Nichtfachmann *m*; **n.-exportable** *adj* nicht ausführbar; **n.-exportation** *n [US]* Exportverweigerung *f*; **n.-factor** *adj* faktorunabhängig; **n.-fading** *adj (Textil)* lichtecht; **n.-fat** *adj* fettlos; **n.feasance** [§] (pflichtwidrige) Unterlassung, pflichtwidriges Unterlassen; **n.-ferrous** *adj* nicht eisenhaltig, Nichteisen- (NE); **n.-fiction book** *n* Sachbuch *nt*; **n.-financial** *adj* nichtfinanziell, paramonetär; **n.-firm** *n* Nichtunternehmer *m*; **n.-flammable** *adj* nicht entzündbar; **n.-foods** *pl* Verbrauchsgüter, Waren außer Lebensmittel

non|-forfeitability *n* [§] Unpfändbarkeit *f*, Unverfallbarkeit *f*; **n.-forfeitable** *adj* unpfändbar, unverfallbar, nicht verwirkbar/einziehbar; **n.-forfeiting** *adj* der Anspruchswirkung nicht unterworfen; **n.-forfeiture** *n*

Unverfallbarkeit f, Nichtverwirkung f; ~ **clause** *(Vers.)* Prolongationsklausel f
non|-free *adj* *(Aktie)* unfrei; **n.-freezing** *adj* kältebeständig
non-fulfilment *n* Nichterfüllung f; ~ **of contractual obligations** Nichterfüllung von Vertragsverpflichtungen; ~ **of production targets** Nichterfüllung des Plans
non|-glare *adj* blendfrei; **n.-governmental** *adj* 1. nichtstaatlich, n.amtlich; 2. *(Vers.)* privat; **n.-hereditary** *adj* nicht vererbbar; **n.-icing** *adj* eissicher; **n.-impairment of vested rights** *n* Besitzstandswahrung f; **n.-importation** *n [US]* Einfuhrverweigerung f; **n.-industrial** *adj* nicht industriell; **n.-infectious** *adj* ✚ nicht ansteckend; **n.-inflammable** *adj* nicht feuergefährlich; **n.-inflationary** *adj* inflationsneutral, nicht inflationär; **n.-instalment credit** *n* pauschal rückzahlbarer Kredit; **n.-insurable** *adj* nicht versicherungsfähig/versicherbar; **n.-insurance** *n* Nichtversicherung f; *adj* versicherungsfremd; **n.-intercourse** *n [US]* Aufhebung der Handelsbeziehungen; **n.-interference; n.-intervention** *n* Nichteinmischung f, N.eingreifen *nt*; **n.-interest-bearing** *adj* zinslos, unverzinslich, zinsfrei, nicht zinstragend; **n.-involvement** *n* Nichtengagement *nt*; **n.-iron** *adj (Textil)* bügelfrei; **n.joinder** *n* § *(Gericht)* Nichtbeitritt *m*; **n.-juror** *n* Eidesverweigerer *m*; **n.-lapsable** *adj* unverfallbar; **n.-legal** *adj* ungesetzlich; **n.-leviable** *adj* unpfändbar; **n.-liability** *n* Freizeichnung f, Haftungs-, Haftpflichtausschluss *m*, Ausschluss der Haftung, Nichthaftung f; ~ **clause** Haftungsausschließungs-, Haftungsausschluss-, Freizeichnungs-, Angstklausel f; **n.-liable** *adj* mit Ausschluss der Haftung; **n.-licensed** *adj* ohne Konzession, unkonzessioniert, nicht zugelassen; **n.-lien** *n* Pfandrechtsausschluss *m*; **n.-linear** *adj* nicht linear; **n.-liquid** *adj* illiquide, nicht flüssig; **n.-local** *adj* ortsfremd; **n.-manufactures** *pl* Rohstoffe; **n.-marketable** *adj* nicht börsenfähig/börsengängig/marktfähig; **n.-material** *adj* ideell
non|-member *n* Nichtmitglied *nt*; **open to n.-members** Gäste willkommen; **n.-membership** *n* Nichtmitgliedschaft f
non|-military *adj* zivil; **n.-monetary** *adj* nicht-, paramonetär, güter-, realwirtschaftlich; **n.-mortgageable** *adj (Grundstück)* nicht pfändbar; **n.-moving** *adj* stationär; **n.-national** *n* Ausländer(in) *m/f*
non|-negotiability *n* Nichtübertragbarkeit f; ~ **notice** Nichtübertragbarkeitsvermerk *m*; **n.-negotiable** *adj* nicht übertragbar/negoziierbar/begebbar/handelsfähig/handelbar/bankfähig/girierbar/börsenfähig/veränderlich, ~ an Order, unübertragbar, unverwertbar, verkehrsunfähig
non-notification *n* Nichtbenachrichtigung f, N.anzeige f; ~ **factoring** verdecktes Factoring
non-nuclear *adj* ☢ weich, nicht nuklear (erzeugt)
non-obligatory *adj* freiwillig
non-observance *n* Nicht(be)achtung f, N.erfüllung f, N.befolgung f, N.einhaltung f; ~ **of an incidental obligation** Obliegenheitsverletzung f; ~ **of Sunday** Verletzung der Sonntagsruhe

non|-occupational *adj* berufsfremd, außerberuflich; **n.-occurrence** *n* Nichteintreffen *nt*, N.eintritt *m*; ~ **of a contingency** Nichteintritt einer Bedingung; **n.-official** *adj* inoffiziell; **n.-operating** *adj* 1. betriebsfremd, b.neutral; 2. stillgelegt; **n.-operational** *adj (Ausgaben)* außerbetrieblich; **n.-oscillatory** *adj* ✪ schwingungslos; **n.-par** *adj* nennwertlos; **n.-parametric** *adj* parameterfrei; **n.-pareil** *adj (frz.)* unerreicht; **n.-participant** *n* Nichtteilnehmer(in) *m/f*; **n.-participating** *adj* *(Vers.)* nicht gewinnbeteiligt/gewinnberechtigt/teilhabend, ohne Gewinnbeteiligung/Überschussbeteiligung; **n.-participation** *n* 1. Nichtbeteiligung f; 2. *(Vers.)* ohne Gewinnbeteiligung; **n.-partisan; n.-party** *adj* unparteiisch, keiner Partei angehörend, überparteilich
non-payment *n* Nichterfüllung f, Zahlungsverweigerung f, Nicht(be)zahlung f, N.einlösung f, Ausbleiben der Zahlung; ~ **of the postage** Portohinterziehung f; **to protest for n.** mangels Annahme protestieren
non|-pensionable *adj* nicht pensionsberechtigt
non|-performance *n* Nichterfüllung f, N.leistung f, Unterlassung f, Lieferausfall *m*, Schlechterfüllung f, Nichtvollziehung f, N.ausführung f; ~ **of a (contract of) sale** Nichterfüllung eines Kaufvertrages; **n.-performing** *adj (Kredit)* notleidend, verloren
non|-perishable *adj* dauerhaft, (unbegrenzt) haltbar, nicht verderblich; **n.-permanent** *adj* flottant, befristet; **n.-placet** *n (lat.)* Verweigerung der Zustimmung, Misstrauensvotum *nt*; *v/t* Vorschlag ablehnen
non|plus *n* Klemme f, Verlegenheit f, Nichtweiterkönnen *nt*; *v/t* total überraschen, verblüffen, irremachen, in die Enge treiben; **n.plussed** *adj* verlegen, verdutzt, verblüfft
non|-poisonous *adj* ungiftig; **n.-political** *adj* unpolitisch; **n.-polluting** *adj* umweltfreundlich, u.schonend, u.verträglich, schadstofffrei; **n.-possessory** *adj* besitzlos; **n.-potable** *adj* untrinkbar; **n.-preferential; n.-preferred** *adj* nicht bevorrechtigt; **n.-prescription** *n* ⚕ rezeptfrei; **n.-price** *adj* außerpreislich; **n.-privileged** *adj* nicht bevorrechtigt; **n.-productive** *adj* unproduktiv, nicht an der Produktion beteiligt; **n.-productiveness** *n* Unproduktivität f; **n.-professional** *adj* nicht fachmännisch/sachverständig
non|-profit(able); n.-profit-earning; n.-profit-making *adj* gemeinwirtschaftlich, g.nützig, nicht gewerbsmäßig/kommerziell, nicht auf Erwerb/Gewinn gerichtet; **to be n.-profit-making** keinen Erwerbszweck verfolgen
non|-proprietor *n* Nichteigentümer(in) *m/f*; **n.-publication** *n* Nichterscheinen *nt*; **n.-qualification** *n* Nichteignung f; **n.-quota** *adj* nicht kontingentiert, kontingentfrei; **n.-quotation** *n* Kursstreichung f; **n.-quoted** *adj (Börse)* Kurs gestrichen; **n.-random** *adj* nicht zufällig; **n.-reciprocal** *adj* nicht auf Gegenseitigkeit; **n.-recognition** *adj* Nichtanerkennung f; **n.-recourse** *adj* regresslos; **n.-recurrent; n.-recurring** *adj* 1. einmalig, außergewöhnlich, aperiodisch, Einmal-; 2. *(Steuer)* nicht laufend veranlagt; **n.-redemption** *n* Nichteinlösung f; **n.-refillable** *adj* Wegwerf-; **n.-refundable** *adj*

non-proliferation act
Atomwaffensperrvertrag

non-registration

nicht erstattungsfähig; **n.-registration** *adj* Nichteintragung *f*, unterlassene Registrierung; **n.-renewable** *adj (Rohstoff)* nicht erneuerbar, endlich; **n.-renewal** *n* Nichterneuerung *f*, N.verlängerung *f*; **n.-repayable** *adj* nicht erstattungsfähig/rückzahlbar/rückzahlungspflichtig; **n.-repealable** *adj* [§] unaufhebbar; **n.-residence** *n* Nichtansässigkeit *f*
non-resident *adj* orts-, gebietsfremd, nicht ansässig
non-resident *n* 1. Gebietsfremde(r) *f/m*, Nichtansässige(r) *f/m*; 2. (Devisen)Ausländer(in) *m/f*; ~ **for tax purposes** Steuerausländer(in) *m/f*; ~ **in terms of foreign exchange regulations** Devisenausländer(in) *m/f*; **open to n.-r.s** auch Nichthotelgäste willkommen
non-resident|s' special account Ausländerkonto *nt*; ~ **coupon tax** Fremdenkuponsteuer *f*; ~ **deposits** Auslandseinlagen; ~ **holdings** Guthaben Gebietsfremder; ~ **investments** ausländische Investitionen; **n.-r.s' pension** Auslandsrente *f*; ~ **purchases** Erwerb durch Gebietsfremde; ~ **tax** Fremdensteuer *f*
non|-resistance *n* blinder Gehorsam; **n.-resistant** *adj* widerstandslos; **n.-response** *n* Nichtbeantwortung *f*; **n.-returnable** *adj* 1. Wegwerf-, Einweg-; 2. nicht umtauschbar; **n.-retroactivity** *n* Nichtrückwirkung *f*; **n.-revenue** *adj* nicht fiskalisch; **n.-reversibility** *n* [§] formelle Rechtskraft; **n.-reversible** *adj* 1. irreversibel, nicht umkehrbar; 2. [§] keine Berufung zulassend, formell rechtskräftig; **n.-sal(e)able** *adj* unverkäuflich; **n.-satisfied** *adj* fruchtlos gepfändet; **n.-scale** *adj (Papier)* ohne Maßeinteilung; **n.-schedule(d)** *adj* un-, außerplanmäßig, unprogrammgemäß, nicht fahrplanmäßig; **n.-seasonal** *adj* 1. außersaisonal; 2. saisonunabhängig, ganzjährig; **n.-selective** *adj* einheitlich, Einheits-; **n.-seller** *n* Ladenhüter *m*
nonsense *n* Unsinn *m*, Quatsch *m*, dummes Zeug; **to make a n. of sth.** etw. ad absurdum *(lat.)* führen; **to talk n.** Unsinn reden; **utter n.** völliger Unsinn
non|-shareholder *[GB]*; **n.-stockholder** *[US]* *n* Nichtaktionär *m*; **n.-shrink** *adj (Textil)* nicht einlaufend; **n.-signatory** *n* Nichtunterzeichner(in) *m/f*; **n.-singular** *adj* nicht singulär; **n.-skid** *adj* rutsch-, schleudersicher, rutschfest; **n.-smoker** *n* Nichtraucher(in) *m/f*; **n.-solvency** *n* Zahlungsunfähigkeit *f*, Insolvenz *f*; **n.-solvent** *adj* insolvent, zahlungsunfähig; **n.-specialist** *n* Nichtfachmann *m*; **n.-specie** *adj* nicht in Hartgeld einlösbar; **n.-specific** *adj* unspezifisch, nicht zweckgebunden; **n.-standard** *adj* nicht üblich, normwidrig, nicht der (allgemeinen) Norm entsprechend; **n.-standardized** *adj* ungenormt, nicht vereinheitlicht; **n.-starter** *n (coll)* aussichtslose Sache, aussichtsloses Unterfangen, Blindgänger *m (fig)*; **to be a n.-starter** zum Scheitern verurteilt sein; **n.-stationary** *adj* nicht stationär; **n.-stick** *adj* nicht klebend; **n.-stop** *adj* 1. pausenlos, am laufenden Band; 2. durchgehend, ohne Zwischenaufenthalt, Nonstopp-; **n.-structured** *adj* frei, nicht strukturiert; **n.-success** *n* Fehlschlag *m*, Misserfolg *m*
nonsuit *n* [§] Abweisung(sbescheid) *f/m*, Klagezurückweisung *f*, K.rücknahme *f*, Prozessbeendigung *f*; **voluntary n.** Klagerücknahme *f*

nonsuit *v/t* [§] abweisen, Klage nicht zulassen; **n.ed** *adj* abgewiesen
non|-support *n* *[US]* Nichterfüllung/Vernachlässigung/Verletzung der Unterhaltspflicht; **n.-tariff** *adj* ⊖ nicht-, paratarifär, außertariflich, nicht zolltariflich; **n.-task** *adj* nicht aufgabenorientiert
non|-tax *adj* nicht steuerlich; **n.-t.able** *adj* steuerfrei, nicht besteuerbar, nichtsteuerpflichtig, von der Steuer befreit; **n.-t.ation** *n* Nichtbesteuerung *f*; **n.-t.payer** Nichtsteuerzahler(in) *m/f*, N.steuerpflichtige(r) *f/m*, Steuerbefreite(r) *f/m*, S.freie(r) *f/m*; **n.-t.paying** *adj* nicht steuerpflichtig, steuerlich nicht veranlagt
non|term *n* [§] Gerichtsferien *pl*; **n.-trader** *n* Nichtkaufmann *m*, N.kauffrau *f*; **n.-trading** *adj* nicht kaufmännisch/gewerblich tätig
non-transfer expenditures *n* Leistungsentgelte der öffentlichen Hand, Personal- und Sachausgaben des Staates; **n.-t.ability** *n* 1. Nicht-, Unübertragbarkeit *f*; 2. Nichtversetzbarkeit *f*; **n.-t.ferable** *adj* nicht übertragbar, unabtretbar, unübertragbar
non-transparent *adj* undurchsichtig
non|-union(ized) *adj* nicht organisiert, gewerkschaftsfrei, keiner Gewerkschaft zugehörig, unorganisiert; **n.-unionism** *n* Gewerkschaftsgegnerschaft *f*; **n.-unionist** *n* Nichtgewerkschaftler(in) *m/f*, Gewerkschaftsgegner(in) *m/f*
non-usage *n* Nichtgebrauch *m*, N.ausübung *f*, N.benutzung *f*; **n.-use** *n* 1. Nichtverwendung *f*; 2. Nichtgebrauch eines Rechts; **n.-utilization** *n* Nichtgebrauch *m*; **n.-variable** *adj (Kosten)* fix, fest, unbeweglich; **n.-verbal** *adj* nichtverbal; **n.-violence** *n* Gewaltlosigkeit *f*; **n.-violent** *adj* gewaltlos, g.frei; **n.-vocational** *adj* nicht berufsorientiert; **n.-volume** *adj* mengen-, beschäftigungsunabhängig; **n.-voter** *n* Nichtwähler(in) *m/f*; **n.-voting** *adj* nicht stimmberechtigt, stimmrechtlos, ohne Stimmrecht; **n.-warranty** *n* Haftungsausschluss *m*, Ausschluss der Gewährleistung; ~ **clause** Freizeichnungsklausel *f*; **n.-working** *adj* 1. dienstfrei; 2. nicht erwerb-/berufstätig
nook *n* (Schlupf)Winkel *m*, Ecke *f*; **in every n. and cranny** *(coll)* in allen Ecken und Winkeln *(coll)*; **to look/search ~ cranny** in allen Ecken (und Winkeln) suchen; **quiet n.** stiller Winkel
noon *n* Mittag *m*; **n. edition** *(Zeitung)* Mittagsausgabe *f*
noose *n* Schlinge *f*, Fallstrick *m*; **to put the n. around so.'s neck** jdm die Schlinge um den Hals legen
no|-par *adj* ohne Nennwert, nennwertlos; **n.-quotation** *n* Kurs gestrichen
Nordic *adj* nordisch
norm *n* Norm *f*; **n.s of competition** Wettbewerbsnormen; ~ **and types** Normen und Typen; **behavioural n.s** Verhaltensnormen; **environmental n.s** Umweltnormen; **judicial/legal n.** Rechtsnorm *f*, R.satz *m*; **organizational n.** organisatorische Regelung; **procedural n.** [§] Verfahrensnorm *f*, V.ordnung *f*; **structural n.** Strukturnorm *f*
normal *adj* normal, üblich; **n.** ⊕ Ruhestellung *f*, Normalstand *m*; **to be back to n.** wieder im Lot sein *(fig)*, ~ in geraden Bahnen verlaufen *(fig)*; **to return to n.** sich normalisieren

normalcy; normality *n* Normalität *f*, Normalzustand *m*; **to return to n.** sich normalisieren
normal|ization *n* Normalisierung *f*; **n.ize** *v/t* normalisieren
normally *adv* für gewöhnlich, in der Regel, im Regelfall
normative *adj* normativ
norm price *n* *(EU)* ⊖ Zielpreis *m*
north *n* Norden *m*; *adv* nach Norden; **true n.** geografischer Nordpol; **N. Atlantic Council** Nordatlantikrat *m*; **n.bound; n.wards** *adj/adv* nach/in Richtung Norden; **N. Pole** Nordpol *m*; **N. Sea** Nordsee *f*; **N.-South dialogue** Nord-Süd-Dialog *m*; **~ divide** Nord-Süd-Gefälle *nt*
nose *n* 1. Nase *f*; 2. ✈ Bug *m*; **by a n.** *(coll)* um Nasenlänge *(coll)*; **right under so.'s n.** direkt vor jds Nase **to bite/cut off one's n. to spite one's face** *(fig)* sich ins eigene Fleisch schneiden *(fig)*; **to follow one's n.** seinem Instinkt folgen; **to get one's n. punched** eins auf die Nase kriegen *(coll)*; **to have a n. for sth.** Nase für etw. haben; **~ a good n. for sth.** guten Riecher haben *(coll)*, gutes Gespür haben; **~ sth. right in front of one's n.** etw. direkt vor der Nase haben; **to lead so. by the n.** *(fig)* jdn an der Nase herumführen *(fig)*; **to pay through the n.** *(coll)* schwer für etwas bluten müssen *(fig)*, sich dumm und dämlich zahlen *(coll)*, viel blechen *(coll)*, zu teuer bezahlen, Wucherpreis zahlen; **to have ~ n.** *(coll)* schwer in die Tasche greifen müssen, Haare lassen müssen *(coll)*; **to poke/stick one's n. into sth.** seine Nase in etw. (hinein)stecken; **to rub so.'s n. in sth.** jdn mit der Nase auf etw. stoßen; **to screw/turn up one's n.** seine Nase rümpfen
running nose ⚕ Schnupfen *m*
nose around *v/i* (herum)schnüffeln, h.spionieren; **n. downward** abrutschen; **n. out** aufspüren
nosebleed *n* ⚕ Nasenbluten *nt*
nose-dive *n* ✈ Sturzflug *m*; **n. of interest rates** Zinssturz *m*; **~ prices** Kurssturz *m*, K.rutsch *m*; Preissturz *m*; *v/i (fig)* rapide/stark fallen, stürzen
nose-heavy *adj* ✈ frontlastig
no-show *n* ✈ nicht erschienener Fluggast
nostal|gia *n* Nostalgie *f*; **n.gic** *adj* nostalgisch
no-strike clause *n* Streikverbotsklausel *f*
nostrifi|cate *v/t* ausländischen akademischen Grad anerkennen, nostrifizieren; **n.cation** *n* Anerkennung eines ausländischen akademischen Grades, Nostrifizierung *f*
nostro account *n* Nostroguthaben *nt*; **n. liabilities** Nostroverpflichtungen, N.verbindlichkeiten
nostrum *n* Patentrezept *nt*, Geheimmittel *nt*
nota|bility *n* bedeutende Persönlichkeit; **n.ble** *adj* beachtens-, bemerkens-, nennenswert, wichtig, beträchtlich, beachtlich, namhaft, auffallend
notarial *adj* [§] notariell
notarization of a deed *n* notarielle Beurkundung
notarize *v/t* notariell beglaubigen/bescheinigen/beurkunden, öffentlich beglaubigen; **n.d** *adj* öffentlich/notariell beglaubigt
notary (public) *n* Notar *m*, Urkundsbeamter *m*; **recorded by a n.** notariell beurkundet; **to authenticate by n.** notariell beglaubigen; **~ public or by court** öffentlich beglaubigen; **attesting n.** Notar für Eigentumsübertragungen; **officiating/recording n.** amtierender/beurkundender Notar
notary's authentication notarielle Beglaubigung; **n.'s clerk** Notariatsgehilfe *m*; **~ fees** Notariatsgebühren; **~ file** notarielle Akte; **~ office** Notariat *nt*, N.sbüro *nt*, N.skanzlei *f*; **~ trust account** Notaranderkonto *nt*
notation *n* 1. Schreibweise *f*, Zeichensystem *nt*; 2. Vermerk *m*, Aufzeichnung *f*; **n. of a bill** *(Wechsel)* Protestvermerk *m*; **decimal n.** π Dezimalschreibweise *f*; **digital n.** Zifferndarstellung *f*; **literal n.** Buchstabenbezeichnung *f*
notch *n* Kerbe *f*, Einschnitt *m*; **n. up** *v/ti* 1. verzeichnen, markieren; 2. (hoch)klettern, zulegen
note *n* 1. Notiz *f*, Aufzeichnung *f*, Mitteilung *f*, Vermerk *m*; 2. Briefchen *nt*, Nachricht *f*, Zettel *m*; 3. Note *f*; 4. Kennzeichen *nt*, Merkmal *nt*; 5. Rechnung *f*, Note *f*; 6. Banknote *f*, (Geld)Schein *m*; 7. Wechsel(abschnitt) *m*; 8. *[US]* Schuldschein *m*; **n.s (to sth.)** (Abschluss)Erläuterungen; **as per n.** laut Nota; **worthy of n.** beachtenswert
note of acceptance *(Wechsel)* Annahmevermerk *m*; **n.s on/to the accounts** Erläuterungen zur Bilanz und zur Gewinn- und Verlustrechnung, ~ zum Jahresabschluss, Anhang *m*, Erläuterungsbericht *m*, Bilanzvermerk *m*, B.posten *m*; **n.s to the annual accounts** Anhang zum Jahresabschluss/Geschäftsbericht; **n. of approval** Genehmigungsbescheid *m*, Votum *nt*; **n.s payable to banks** 1. Wechselverbindlichkeiten gegenüber Banken; 2. *(Bilanz)* Akzepte; **n.s called in for cancellation** aufgerufenes Bargeld; **n. to ensure future cancellation** *(Grundbuch)* Löschungsvormerkung *f*; **n. of caution** Vorsichtshinweis *m*; **n. ... to chapter ...** *(Brüsseler Erläuterungen)* Vorschrift ... zu Kapitel ...; **n. of charge** *(Grundbuch)* Verpfändungsvermerk *m*; **~ charges** Gebühren-, Kostenrechnung *f*
notes in circulation (Bank)Noten-, Papiergeldumlauf *m*; **remaining ~ circulation** Restumlauf *m*; **n.s withdrawn from circulation** aufgerufene Banknoten
note|s and coins Zahlungsmittel *nt*, Stückgeld *nt*, Geldsorten *pl*; **~ in circulation** Bargeldvolumen *nt*; **foreign n.s and coins** Sorten, ausländische Banknoten und Münzen; **~ business** Sortengeschäft *nt*; **~ holding ledger** Sortenkonto *nt*; **hoarded n.s and coins** Strumpfgeld *nt*; **n. and coin circulation** (Bar)Geldumlauf *m*, Bargeldmenge *f*
note of disbursements Auslagenrechnung *f*; **~ dispatch** Versandanzeige *f*; **~ exchange** Kursblatt *nt*, K.zettel *m*; **~ fees** Gebühren(ab)rechnung *f*, Liquidation *f*; **~ hand** Eigen-, Solawechsel *m*, eigener Wechsel, Hand-, Schuldschein *m*; **n. in the minutes** Protokollnotiz *f*; **n.s payable to third parties** Schuldwechsel gegenüber Dritten; **n. of prepayment** Frankovermerk *m*; **n. concerning presentation** Vorlegungsvermerk *m*; **n. for protest** *(Wechsel)* Vormerkung zum Protest; **n. of protest** Protestnote *f*, P.anzeige *f*, P.urkunde *f*; **~ purchase** Kassenzettel *m*, K.bon *m*, K.beleg *m*; **~ receipt** Vereinnahmungsvermerk *m*; **marginal n. for receipt** *(Bank)*

Teilquittung *f*; **n. of specie** Sortenverzeichnis *nt*; **n. to the financial statement** Bilanzvermerk *m*, Erläuterungsbericht *m*, Erläuterungen zum Jahresabschluss, ~ zur Bilanz und Gewinn- und Verlustrechnung; **n.s payable to trade** Wechselverbindlichkeiten aus Lieferungen und Leistungen
note|s due *[US]* fällige Wechsel; **n.s payable** 1. Wechselverbindlichkeiten, W.schulden, Schuldwechsel, fällige Wechsel; 2. *[US]* Verbindlichkeiten aus der Ausstellung eigener Wechsel; **n.s receivable** Besitzwechsel, Wechselforderungen, Rimessen
to back note|s Noten decken; **to call in n.s** Banknoten aufrufen; **to close on a dull n.** *(Börse)* lustlos schließen; **to compare n.s** Erfahrungen/Gedanken austauschen, Notizen vergleichen; **to consult one's n.s** seine Notizen heranziehen; **to deliver a n.** Note überreichen; **to exchange n.s** Noten austauschen; **to go over one's n.s** seine Notizen durchgehen; **to leave so. a n.** jdm ein paar Zeilen hinterlassen; **to make a n. of sth.** sich etw. vormerken/notieren; **to open on a firm n.** *(Börse)* fest eröffnen; ~ **a quiet n.** *(Börse)* ruhig eröffnen; **to pay in n.s** in Noten zahlen; **to reopen on a lower n.** *(Börse)* auf niedrigerem Niveau eröffnen; **to reject a n.** Note zurückweisen; **to sound a n. of alarm** besorgten Ton anschlagen; ~ **caution** diskret warnen; **to sound/strike a n. of warning** warnen; **to speak without n.s** frei sprechen; **to strike a false n.** falschen Ton anschlagen; ~ **a n. of caution** zur Vorsicht mahnen; **to take n.s** (sich) Aufzeichnungen/Notizen machen, mitschreiben; ~ **n. of sth.** etw. zur Kenntnis nehmen, etw. berücksichtigen, von etw. Notiz nehmen; **to transcribe n.s** Diktat übertragen; **to withdraw n.s from circulation** Banknoten aus dem Verkehr ziehen
advance note Heuernote *f*; **cautionary n.** Warnklausel *f*; **collateral n.** dinglich gesicherter Schuldschein, durch Sicherheiten gedeckter Eigenwechsel; **commercial n.** Handels-, Warenwechsel *m*; **confirmatory n.** *[US]* Übernahmebescheinigung *f* (des Spediteurs); **convertible n.** mittelfristige Optionsanleihe; **counterfeit/falsified n.** Falschgeldnote *f*, gefälschte/verfälschte Note; **covering n.** 1. *(Vers.)* vorläufige Deckungszusage, Deckungsbescheid *m*, D.schein *m*; 2. Begleitschreiben *nt*; **despondent n.** *(Börse)* pessimistische Tendenz/Haltung; **discounted n.** abgezinster Schuldschein, diskontierter Solawechsel, Diskontabrechnung *f*; **(approved) endorsed n.** zusätzlich girierter Solawechsel; **explanatory n.s** Erläuterung *f*, erläuternde Anmerkungen, Begründung *f*; **false/forged n.** falsche/gefälschte Note; **federal n.** Bundesschuldschein *m*; **final n.** *(Börse)* Schlusshaltung *f*, S.tendenz *f*; **financial n.** Finanzmitteilung *f*; **floating-rate n.** Schuldschein mit Zinsanpassung, ~ variabler Verzinsung, ~ variablem Zinssatz, Anleihe mit variablem Zins, ~ variabler Verzinsung; **identical n.** Mantelnote *f*; **individual n.** eigener Wechsel mit einer Unterschrift; **ironclad n.** erstklassig abgesicherter Schuldschein; **jarring n.** Misston *m*; **joint n.** eigener Wechsel mit zwei oder mehr Unterschriften; ~ **and several n.** gesamtschuldnerisches Zahlungsversprechen; **junior n.** nachrangiger Schuldschein; **lost n.s** verlorene Noten; **marginal n.** Randbemerkung *f*, Marginalie *f*, Glosse *f*; **negotiable n.** begebbares Papier; **non-negotiable n.** Namens-, Rektapapier *nt*; **numerical n.** Nummernaufgabe *f*; **postal n.** *[US]* Postanweisung *f*, P.zahlschein *m*; **prefatory/preliminary n.** Vorbemerkung *f*; **general ~ n.s** allgemeine Vorbemerkungen; **principal n.** hypothekarisch gesicherter Schuldschein
promissory note (P/N) Promesse *f*, Schuldschein *m*, Sola-, Eigenwechsel *m*, E.akzept *nt*, schriftliches Schuldversprechen, eigener/trockener Wechsel, eigenes Akzept, kaufmännischer Verpflichtungsschein; **joint p. n.** Gesamtschuldschein *m*; **joint and several p. n.** gesamtschuldnerischer Solawechsel
prompt note Mahnung *f*, Mahnschreiben *nt*, M.zettel *m*, Warennote *f*; **quick n.** Kurzbrief *m*; **ready-for-shipment n.** Versandmeldung *f*, V.avis *nt*; **renewed n.** verlängerter Schuldschein; **retaining n.** schriftlicher Eigentumsvorbehalt, Eigentumsvorbehaltsklausel *f*; **returned n.** nicht honorierter Solawechsel; **secured n.** (lombard)gesicherter Schuldschein; **short n.** kurzfristiger Schuldschein; **short-term n.** kurzfristige Kassenobligation, kurzfristiger Wechsel/Schuldschein; **spoiled n.** Makulaturnote *f*; **straight n.** ungesicherter Schuldschein; **on a subdued n.** *(Börse)* in gedrückter Stimmung; **subordinated n.** nachrangiger Schuldschein, nachrangig besicherter Schuldschein; **tax-exempt n.** *[US]* steuerfreier Schuldschein/Gutschein; **unsecured n.** ungesicherter Schuldschein; **registered ~ n.s** festverzinsliche Bezugsrechtsscheine; **urgent n.** Dringlichkeitsvermerk *m*
note *v/t* 1. bemerken, feststellen, beobachten; 2. zur Kenntnis nehmen, notieren, aufzeichnen; 3. anmerken; 4. beachten; ~ **down** vormerken, notieren, an-, aufschreiben; **n. from sth.** einer Sache etw. entnehmen
notebook *n* 1. Notizbuch *nt*, N.heft *nt*, Kladde *f*, (Schreib-, Kolleg)Heft *nt*, Vormerkbuch *nt*; 2. ⌨ Notebook *nt*; **loose-leaf n.** Loseblatt-, Ringbuch *nt*
note broker *[US]* Wechselmakler *m*, W.händler *m*, W.agent *m*, Diskontgeber *m*, D.makler *m*, D.wechselhändler *m*; **n.case** *n* Brief-, Geldscheintasche *f*; **n. cover** Notendeckung *f*
noted (for) *adj* bekannt, berühmt (für), anerkannt; **not to be n.** *[GB]* *(Wechsel)* ohne Protest
note forger Banknotenfälscher *m*; **n.holder** *n* 1. Schuldscheininhaber *m*, Inhaber eines Schuldscheins; 2. *[US]* Wechselbesitzer *m*; **n. issuance facility (NIF)** *[US]* Schuldschein-Rahmenarrangement *nt*; **n. issue** (Bank) Notenausgabe *f*, Ausgabe von Banknoten; ~ **limit** Notenkontingent *nt*; **n. issuing right** Notenrecht *nt*; **n. loan** Schuldscheindarlehen *nt*; **n.pad** *n* Notizblock *m*; **n.paper** *n* Briefpapier *nt*, B.bogen *m*; Schreibpapier *nt*; **headed n.paper** Briefpapier mit aufgedrucktem Firmenkopf; **n. press** (Bank)Notenpresse *f*, (Bank)Notendruckerei *f*; **n.s receivable** (zu erwartende) Eingänge aus Akzepten/Wechseln; ~ **ledger** *[US]* Trattenkopierbuch *nt*; **n. shaver** *(coll)* wucherischer Diskontmakler; **n. size** Kleinformat *nt*; **n. verbale** *(frz.) (Diplomatie)* Verbalnote *f*; **n.worthy** *adj* beachtens-, berichtens-, bemerkenswert

nothing *pron* nichts; **for n.** umsonst; **not ~ n.** nicht von ungefähr; **next to n.** gleich null, fast nichts; **there was n. else for it** *(coll)* es ließ sich nicht umgehen; **n. to speak of; n. to write home about** *(coll)* nichts Welterschütterndes *(coll)*, ~ Bedeutendes, ~ von Bedeutung; **n. doing** *(coll)* 1. Fehlanzeige *f*; 2. nichts zu machen, das kommt nicht in Betracht **to be nothing to so.** jdn kalt lassen; **to come to n.** sich zerschlagen, ins Leere laufen, erfolglos bleiben; **to do n. of the kind** es schön bleiben lassen *(coll)*; **to have n. to go by** keine Anhaltspunkte haben
notice *n* 1. Bekanntmachung *f*, B.gabe *f*, Anzeige *f*, Aushang *m*, Anschlag *m*; 2. Nachricht *f*, Benachrichtigung *f*, Mitteilung *f*; 3. Kündigung *f*; 4. Voranmeldung *f*, Vorbestellung(szeit) *f*; 5. Warnung *f*, Drohung *f*; **subject to n.** kündbar; **under n.** *(Personal)* gekündigt; **until further n.** bis auf weiteres; **without n.** 1. fristlos, ohne Kündigungsfrist; 2. ohne vorherige Benachrichtigung, unangemeldet
notice of abandonment ⚓ Aufgabe-, Verzichtserklärung *f*, Abandon(erklärung) *nt/f*; ~ **action** [§] Klagemitteilung *f*, K.benachrichtigung *f*, K.ankündigung *f*, Zustellungsbescheinigung *f*; **public ~ adjudication in bankruptcy** öffentliche Bekanntmachung der Konkurseröffnung; ~ **allowance** [§] Mitteilung der Rechtsmittelzulassung; **to give ~ appeal** [§] Berufung einlegen, Einspruch anmelden; ~ **appearance** [§] Ladungsfrist *f*; ~ **apportionment** *(Steuer)* Zerlegungsbescheid *m*; ~ **arrival** Eingangsbestätigung *f*, Eingangs-, Ankunftsanzeige *f*; ~ **assessment** 1. *(Steuer)*Festsetzungs-, Veranlagungs-, Feststellungsbescheid *m*; 2. ⊖ Zollbescheid *m*; **final ~ assessment** endgültiger Steuerbescheid; ~ **assignment** Abtretungs-, Übertragungsanzeige *f*; **preliminary ~ attachment** Vorpfändung *f*; ~ **cancellation** 1. *(Auftrag)* Kündigung(smitteilung) *f*, K.sbenachrichtigung *f*; 2. *(Wertpapier)* Wandlungserklärung *f*; ~ **(a) claim** Schadensanzeige *f*, Anmeldung einer Forderung; ~ **conversion** Umtauscherklärung *f*, Wandlungsmitteilung *f*; ~ **damage** Schadensmeldung *f*, S.anzeige *f*, S.mitteilung *f*; **n. of defect (in quality)** Mängelanzeige *f*, M.rüge *f*, Beanstandung *f*; ~ **deficiency** *[US]* Bescheid über unrichtige Angaben in der Steuererklärung; ~ **delivery** *[US]* Zustellungsurkunde *f*, Empfangsbestätigung *f*, Ablieferungsanzeige *f*, A.bescheid *m*; ~ **denial** Ablehnungsbescheid *m*; ~ **departure** Abmeldung *f*; ~ **deposit** Hinterlegungsbescheid *m*; ~ **desire to sever** Teilungsbegehren *nt*; ~ **disclaimer** Verzichtserklärung *f*; ~ **dishonour** *(Wechsel)* Notifikation *f*, Notanzeige *f*, Protesterklärung *f*; ~ **dismissal** (reguläre/ordnungsgemäße) Kündigung, Entlassungsschreiben *nt*; ~ **dismissal with option of reengagement on changed conditions** Änderungskündigung *f*; ~ **dividend** Dividendenbekanntmachung *f*, D.ankündigung *f*; ~ **drawing** Auslosungsanzeige *f*; ~ **election** Wahlbekanntmachung *f*; ~ **engagement** Verlobungsanzeige *f*; ~ **error** Berichtigungsanzeige *f*; ~ **exemption** *(Steuer)* Freistellungsbescheid *m*; ~ **foreclosure** Pfandverfallsankündigung *f*, endgültiger Pfandverfall nach einer Ausschlussfrist; ~ **a fine** Bußgeldbescheid

m; **public n. to trace heirs** Erbenaufgebot *nt*; **n. of intent** *[US]* Antrag auf Erteilung einer Bankkonzession; ~ **intention** Absichtserklärung *f*; ~ **intention to deliver** Andienungszettel *m*; ~ **intervention** [§] Antrag auf Beitritt; ~ **judgment** 1. Mitteilung über den Verkündungstermin; 2. *(Urteil)* Zustellungsbescheinigung *f*; ~ **liability** Haftungsbescheid *m*; ~ **lien** Pfandbenachrichtigung *f*, Pfändungsanzeige *f*, Benachrichtigung von der Geltendmachung des Zurückbehaltungsrechts; ~ **(a) loss** Verlustanzeige *f*, Schadensmeldung *f*, S.anzeige *f*; ~ **meeting** Einberufungsbekanntmachung *f*, Einberufung der/Einladung zur Hauptversammlung; ~ **nonliability for tax** Freistellungsbescheid *m*; ~ **objections** Spezifizierung von Patentansprüchen; ~ **opposition** Einspruchseinlegung *f*, E.erhebung *f*, Spezifizierung von Patentansprüchen; **n. to pay** Zahlungsaufforderung *f*, Z.befehl *m*; **n. of performance** Erledigungsvermerk *m*; **n. to plead** [§] Einlassungsfrist *f*; **n. of protest** *(Wechsel)* Protestanzeige *f*, P.benachrichtigung *f*
notice to quit 1. Kündigung *f* (des Mietverhältnisses/Pachtverhältnisses), Miet(auf)kündigung *f*, Kündigungsbescheinigung *f*, K.mitteilung *f*, Pachtkündigung *f*, Kündigung einer Wohnung, ~ des Vermieters/Verpächters; 2. (Dienst)Aufkündigung *f*; ~ **quit for cause** außerordentliche Kündigung; **legal ~ quit** gesetzliche Kündigung
notice of readiness Bereitschaftserklärung *f*; ~ **receipt** Empfangsanzeige *f*, E.bestätigung *f*, E.bescheinigung *f*, Eingangsanzeige *f*, E.vermerk *m*; ~ **redemption** 1. Kündigung von Wertpapieren, Rückkaufankündigung *f*; 2. Hypothekenaufkündigung *f*; ~ **reference** 1. *(Kartell)* Klageerhebung *f*; 2. Benachrichtigung über Anhängigkeit beim Schiedsgericht; ~ **rejection** Ablehnungsbescheid *m*; ~ **removal** Umzugsanzeige *f*; ~ **renunciation** Verzichtsanzeige *f*; ~ **repayment** Erstattungsbescheid *m*; ~ **repudiation of contract** *(Vertrag)* Rücktrittserklärung *f*; ~ **requisitioning** Requisitionsbescheid *m*; ~ **rescission** *(Vertrag)* Rücktrittserklärung *f*; ~ **resignation** Kündigung des Arbeitsverhältnisses durch den Arbeitnehmer; ~ **revocation** Widerrufsanzeige *f*, W.erklärung *f*; ~ **rights** Bezugsrechtsankündigung *f*; ~ **satisfaction** Mitteilung über aufgehobene Belastungen; ~ **tax prepayment** Vorauszahlungsbescheid *m*
notice to terminate; n. of termination Kündigung(sschreiben) *f/nt*; **n. to terminate a contract; n. of termination of contract** Vertragskündigung *f*, Kündigung eines Vertrages; **n. of termination of employment** Kündigung eines Arbeitsverhältnisses; ~ **pending a change of contract** Änderungskündigung *f*; **legal/statutory n. of termination** gesetzliche Kündigung
notice of transfer Überleitungsanzeige *f*
notice of withdrawal 1. Rückzahlungsankündigung *f*, Kündigung zur Rückzahlung; 2. Kündigung(sbenachrichtigung) *f*, K.schreiben *nt*, K.nachricht *f*, Rücktrittserklärung *f*, R.mitteilung *f*; 3. *(Spareinlage)* Kündigungsfrist *f*, Kündigung eines Guthabens; 4. Aufkündigung der Mitgliedschaft, Austrittsanzeige *f*; ~ **of funds** Kündigung von Einlagen; **written n. of w.** schriftliche

Rücktrittserklärung; **to give n. of w.** *(Spargelder)* kündigen; **n. of w. of deposits** Einlagen kündigen; **~ period** Kündigungssperrfrist *f*
notice in writing schriftliche Mahnung/Kündigung, Kündigungsschreiben *nt*
available at short notice kurzfristig verfügbar; **pending further n.** bis auf weiteres, ~ weitere Anweisung; **subject to n. on either side** beiderseitig kündbar, mit gegenseitiger Kündbarkeit; **until/till further n.** bis auf weiteres, ~ weitere Anordnung, bis zum Erhalt einer neuen Nachricht; **without further n.** ohne weitere Ankündigung/Anzeige
to bring to so.'s notice jdm zur Kenntnis bringen; **to discharge/dismiss without n.** fristlos entlassen/kündigen, sofort entlassen, ohne Einhaltung der Kündigungsfrist entlassen; **to escape one's n.** der Aufmerksamkeit entgehen, unbemerkt/unbeobachtet bleiben; **not ~ n.** nicht verborgen bleiben
to give notice 1. Kündigung einreichen; 2. *(Arbeitsverhältnis/Stelle)* kündigen, *(Dienst)* aufkündigen; 3. Kündigung aussprechen; 4. in aller Form benachrichtigen; **~ due n.** ordnungsgemäß/fristgemäß/rechtzeitig (an)kündigen; **~ the employer n.** dem Arbeitgeber kündigen, Kündigung einreichen; **~ n. of sth.** von etw. Nachricht geben, etw. ankündigen; **~ n. of claim** Schaden anmelden; **~ n. of distraint** [§] Pfändungsbeschluss zustellen; **~ n. of an opposition** [§] Einspruch einlegen; **~ n. of protest** *(Wechsel)* Protest anzeigen; **~ n. to quit** Miete/Pacht kündigen; **~ n. of termination** aufkündigen, (ordentlich) kündigen; **~ written n.; ~ n. in writing** schriftlich kündigen; **~ official/public n.** öffentlich bekannt machen, aufrufen; **~ short n.** nicht viel Zeit lassen; **n. is hereby given** wir geben hiermit bekannt, hiermit wird bekannt gegeben; **n. to be given on both sides** Kündigungsfrist für beide Seiten
to hand in notice Kündigung einreichen; **to post/put up a n.** Anschlag machen, Mitteilung/Bekanntmachung anschlagen; **to put so. on n.** [§] jdn mahnen; **to receive n.** Nachricht erhalten; **to serve n. on so.** 1. [§] jdn (gerichtlich) vorladen; 2. jdm (schriftlich) kündigen, jdm die Kündigung zustellen; 3. jdn abmahnen, jdn förmlich benachrichtigen; **~ so. with n. of legal action** gerichtliche Schritte ankündigen; **~ n. of contribution and indemnity** Streit wegen mitwirkenden Verschuldens verkünden; **~ formal n. of default** jdn in Verzug setzen; **~ n. of distraint** [§] Pfändungsbeschluss zustellen; **to take n. of sth.** etw. beachten, Notiz nehmen von etw., etw. zur Kenntnis nehmen; **~ no n. of sth.** etw. unbeachtet lassen, sich nicht kümmern/kehren um etw.; **~ judicial n.** [§] *(Gericht)* als offenkundig anerkennen; **not ~ the slightest n.** überhaupt nicht reagieren; **to terminate without n.** fristlos kündigen; **to waive n.** auf Einhaltung der Kündigungsfrist verzichten; **to withdraw one's n.** Kündigung zurücknehmen
actual notice formelle Mahnung; **advance n.** Vorankündigung *f*, Voranzeige *f*, Voranmeldung *f*, Vorwarnung *f*, Vorausinformation *f*, Vorabbescheid *m*, V.bericht *m*, V.information *f*, vorherige Benachrichtigung/Ankündigung, frühzeitiger Bescheid; **agreed n.**

vereinbarte Kündigungsfrist; **arbitrary n.** einseitige/willkürliche Kündigung; **constructive n.** [§] gesetzlich vermutete Kenntnis, zurechenbare Kenntnis; **seven days' n.** wöchentliche Kündigung(sfrist) *f*
due notice 1. rechtzeitige Benachrichtigung/Nachricht/Unterrichtung; 2. fristgerechte/rechtzeitige/termingerechte/ordnungsgemäße Kündigung; 3. satzungsgemäße Benachrichtigung/Einberufung/Ladung, erforderliche Mitteilung(sfrist); **to give (so.) ~ n.** 1. (jdm) ordnungsgemäß/termingerecht/fristgemäß kündigen; 2. ordnungsgemäß anmelden, formgerecht mitteilen; **~ and proper n.** 1. ordnungsgemäße Kündigung, ordnungsgemäß zugestellte Kündigung; 2. frist- und formgerechte Mitteilung
express notice ausdrückliche Mitteilung; **final n.** letzte Aufforderung, Heranziehungsbescheid *m*; **general n.** Mitteilung über mögliche Interessenkollisionen; **immediate n.** *(Vers.)* unverzügliche Anzeige, sofortige Benachrichtigung/Schadensanzeige; **judicial n.** Kenntnis des Gerichts, Gerichtskenntnis *f*; **lawful n.** ordnungsgemäße Kündigung; **legal n.** 1. gesetzliche Kündigungsfrist; 2. gerichtliche Ankündigung; **~ n.s** Gerichtsbekanntmachungen; **a month's n.** monatliche Kündigung(sfrist); **subject to one ~ n.** mit monatlicher Kündigung; **six months' n.** halbjährige Kündigung; **three months' n.** vierteljährliche Kündigung; **subject to ~ n.** mit dreimonatiger Kündigungsfrist; **non-negotiability n.** Sperrvermerk *m*; **obituary n.** Todesanzeige *f*; **official n.** amtliche Notiz; **premature n.** vorzeitige Kündigung, **prepaid n.** Freivermerk *m*; **prior n.** Vorbescheid *m*, Voranzeige *f*, vorherige Kündigung/Benachrichtigung/Mitteilung; **without ~ n.** ohne vorherige Ankündigung/Mitteilung/Nachricht/Unterrichtung; **proper n.** vorschriftsmäßige Kündigung; **public n.** 1. öffentliche Bekanntmachung/Kundmachung, amtliche Bekanntmachung, Aufruf *m*; 2. *(Eheschließung)* Aufgebot *nt*; **reasonable n.** 1. angemessene/termingerechte Kündigung(sfrist); 2. langfristige Vorwarnung; **restricted n.** Sperrvermerk *m*; **short n.** 1. kurze Frist; 2. kurzfristige Kündigung; **at ~ n.** kurzfristig (kündbar); auf Abruf; **special n.** 1. *(HV)* Mitteilung über die Einberufung zur Hauptversammlung, besondere Ankündigung/Einberufung; 2. [§] qualifizierte Ladungsfrist; **by ~ n.** durch besondere Mitteilung; **statutory n.** gesetzliche Kündigung(sfrist); **third n.** [§] Beteiligung Dritter am Rechtsstreit; **third-party n.** [§] Streitverkündigung *f*; **one week's n.** wöchentliche Kündigung(sfrist); **written n.** schriftliche Kündigung, Kündigungsbrief *m*, K.schreiben *nt*
notice *v/t* 1. (be)merken, feststellen; 2. zur Kenntnis nehmen, konstatieren; 3. anzeigen, melden
noticeable *adj* bemerkenswert, merklich, auffällig, nennenswert, auffallend, spürbar
notice account Konto mit Kündigungsfrist; **n.-board** *n* Anschlagtafel *f*, Schwarzes Brett, Aushang *m*, Anschlagbrett *nt*, Informationstafel *f*; **n. deposit(s)** *[US]* Kündigungsgeld *nt*, Spareinlagen *pl*; **n. period** Kündigungsfrist *f*; **n. provisions** Kündigungsvorschriften
notifiable *adj* (an)melde-, anzeigepflichtig

notification *n* 1. Benachrichtigung(sschreiben) *f/nt*, Bescheid *m*, Mitteilung *f*, Meldung *f*, Avis *nt*, Unterrichtung *f*, Verständigung *f*; 2. Bekanntmachung *f*, B.gabe *f*, Ankündigung *f*; 3. [§] Vorladung *f*, Zustellung *f*; **after/on/upon due n.** nach gehöriger Bekanntgabe; **exempt from n.** anzeigefrei
notification of acceptance Akzeptmeldung *f*; **~ accident** Unfallanzeige *f*; **~ approval** Bewilligungsbescheid *m*; **~ birth** Geburtsanmeldung *f*; **~ a claim** Schadensmeldung *f*; **~ credit** Akkreditivanzeige *f*; **n. by delivery by hand** Zustellung durch unmittelbare Übergabe; **n. of dividend** Dividendenbekanntmachung *f*, D.ankündigung *f*; **~ foreign exchange received** Deviseneingangsanmeldung *f*; **~ extension** Verlängerungsanmeldung *f*; **~ illness/sickness** Krankmeldung *f*; **~ loss** Schaden(san)meldung *f*, S.anzeige *f*; **n. by post** Zustellung durch die Post; **n. of residence** Aufenthaltsanzeige *f*; **n. by the stock exchange authorities** Bekanntmachung der Börsenorgane
to send written notification schriftlich mitteilen
advance notification Vorankündigung *f*, vorherige Mitteilung; **late/subsequent n.** Nach(an)meldung *f*; **official n.** amtlicher Bescheid, Amtsbescheid *m*; **oral n.** mündliche Benachrichtigung; **post-merger n.** Anmeldung nach dem Zusammenschluss; **pre-merger n.** Anmeldung vor dem Zusammenschluss; **provisional n.** Zwischenbescheid *m*; **public n.** öffentliche Zustellung, Aufruf *m*; **verbal n.** mündliche Mitteilung; **written n.** schriftlicher Bescheid
notification factoring offenes/notifiziertes Factoring; **n. form** Anmeldeschein *m*, Benachrichtigungsformular *nt*; **n. period for defects** Mängelfrist *f*
notify *v/t* benachrichtigen, mitteilen, melden, informieren, verständigen, avisieren, in Kenntnis setzen, unterrichten, anzeigen; **~ promptly in writing** unverzüglich schriftlich benachrichtigen
notify address Benachrichtigungsadresse *f*; **n. party** Benachrichtigungsadresse *f*
noting of a bill *n* *(Wechsel)* Protestaufnahme *f*; **n. and protest** Protesterhebung *f*; **no n.** (Wechsel)Protest nicht möglich
notion *n* Begriff *m*, Vorstellung *f*, Idee *f*; **n.s** *[US]* Kurzwaren
notional *adj* angenommen, fiktiv, symbolisch, imaginär, theoretisch, begrifflich, ideell
notori|ety *n* traurige Berühmtheit; **n.ous** *adj* berüchtigt, notorisch
notwithstanding *prep* trotz, ungeachtet, unbeschadet; **~ any provisions to the contrary** ungeachtet gegenteiliger Bestimmungen
nought *n* Null *f*; **to come to n.** sich zerschlagen
nourish *v/t* (er)nähren; **n.ing** *adj* nahrhaft; **n.ment** *n* 1. Ernährung *f*; 2. Nahrung *f*, Speise *f*; **to take n.ment** Nahrung zu sich nehmen
nouveau-riche *n* *(frz.)* Neureiche(r) *f/m*; *adj* neureich
no-value *adj* wertlos
novation *n* [§] Novation *f*, Umschuldung *f*, Schuldumwandlung *f*
novel *adj* neu(artig)

novel *n* 1. Roman *m*; 2. [§] Novelle *f*, Nachtragsgesetz *nt*; **to read like a n.** wie ein Roman anmuten; **serialized n.** Fortsetzungsroman *m*; **trashy n.** Trivialroman *m*
novelist *n* Romanautor(in) *m/f*
novelty *n* 1. Neuartigkeit *f*, Neuigkeit *f*; 2. Neuheit *f*, neuer/neu eingeführter Artikel; 3. Novum *nt*; **novelties** modische Ware(n), Neuheiten; **prejudicial to n.** neuheitsschädlich; **to present novelties** Neuheiten präsentieren; **promotional n.** Werbeneuheit *f*; **n. search** *(Pat.)* Neuheitsprüfung *f*, N.recherche *f*, Prüfung der Neuheit
novice *n* Anfänger(in) *m/f*, Neuling *m*, Novize *m*, Novizin *f*
no-vote *n* Gegen-, Neinstimme *f*
now *adv* jetzt; **as from n.** fortan, von Stund an; **n. for then** rückwirkend
nowadays *adv* heutzutage
nowhere *conj* nirgends; **to appear from n.** aus dem Nichts auftauchen
noxious *adj* 1. schädlich; 2. umweltbelastend, gesundheitsgefährdend, giftig; **ecologically n.** umweltfeindlich, u.belastend; **n.ness** *n* Schädlichkeit *f*
nr. (near) *prep* bei
n/r (no risk) ohne Risiko
nubbly *adj* *(Textil)* genoppt
nu|bile *adj* *(Frau)* ehemündig, heirats-, ehefähig, im heiratsfähigen Alter; **n.bility** *n* Ehefähigkeit *f*, E.mündigkeit *f*
nuclear *adj* nuklear, Atom-, atomar, Kern-; **n.-powered** *adj* atomgetrieben, mit Atomantrieb
nucleus *n* Kern(zelle) *m/f*, *(fig)* Keimzelle *f*; **~ town** Kernstadt *f*
nudge *v/t* 1. stupsen, (heimlich) anstoßen; 2. einen Wink geben; 3. *(fig)* fast erreichen
nudge *n* Wink *m*, Andeutung *f*; **to give so. a n.** *(fig)* jdn in die Rippen stoßen
nud|ism *n* Freikörperkultur *f* (FKK); **n.ist beach** *n* Nacktbadestrand *m*
nugatory *adj* [§] (rechts)unwirksam, nichtig
nugget *n* (Gold)Klumpen *m*, Brocken *m*
nuisance *n* 1. Ärgernis *nt*, Belästigung *f*, Missstand *m*, Beeinträchtigung *f*, Störung *f*; 2. *(Person)* Nervensäge *f* *(coll)*, Quälgeist *m* *(coll)*; **n. by an adjacent owner** nachbarliche Belästigung; **n. per se** *(lat.)* rechtswidrige Störung; **to abate a n.** Beeinträchtigung/Ärgernis/Missstand abstellen, ~ beseitigen, Störung abstellen/beheben; **to become a n.** lästig werden; **to commit a n.** Ärgernis erregen
actionable nuisance [§] rechtserhebliche Störung, Eigentumsstörung *f*; **common n.** grober Unfug; **environmental n.** Umweltbeeinträchtigung *f*; **permanent n.** ständige Gefahrenquelle; **private n.** [§] verbotene Eigenmacht, nachbarliche Besitzstörung; **public n.** öffentliches Ärgernis, grober Unfug, Landplage *f*
nuisance parameter ▦ lästiger Parameter; **n. rates** ⊖ Bagatellzölle; **n. tax** Bagatellsteuer *f*; **n. value** Wert der Beeinträchtigung; **to have ~ value** als Störfaktor wirken
null *adj* [§] unwirksam, ungültig; **n. and void** (null und) nichtig, unwirksam, kraftlos; **to declare ~ void** für

to render sth. **null** and void

kraftlos/null und nichtig erklären; **to render sth. ~ void** etw. null und nichtig machen
nulla bona *(lat.)* [§] Pfändungsversuch erfolglos, fruchtlose Pfändung, fruchtlos gepfändet; **n. poena sine lege** *(lat.)* [§] keine Strafe ohne Gesetz
null drift Nullpunktabweichung *f*
nulle terre sans seigneur *(frz.)* [§] kein Boden ohne Herr
null hypothesis Nullhypothese *f*
nullification *n* [§] 1. Aufhebung *f*, Annullierung *f*, Nichtig(keits)erklärung *f*, Ungültigmachung *f*; 2. *[US]* unterlassene Rechtshilfe/Amtshilfe
nullify *v/t* 1. [§] aufheben, nichtig machen, für (null und) nichtig erklären, ungültig machen, annullieren; 2. zunichte machen
nullity *n* [§] Ungültigkeit *f*, Nichtigkeit *f*, Unwirksamkeit *f*; **n. of a marriage** Ehenichtigkeit *f*; **absolute n.** Nichtigkeit *f*; **curable n.** heilbare Nichtigkeit; **partial n.** Teilnichtigkeit *f*, teilweise Nichtigkeit; **relative n.** relative Nichtigkeit, Anfechtbarkeit *f*
nullity appeal *(Ehe)* Nichtigkeitsantrag *m*, N.beschwerde *f*; **n. clause** Nichtigkeitsklausel *f*; **n. proceedings** Nichtigkeitsverfahren *nt*; **n. suit** 1. (Ehe)Nichtigkeitsantrag *m*, N.klage *f*; (Ehe)Aufhebungs-, Auflösungsklage *f*; 2. Patentnichtigkeitsklage *f*; 3. Klage auf Vertragsannullierung
numb *adj* (vor Kälte) taub, abgestorben, empfindungslos, betäubt; *v/t* betäuben
number *n* 1. Zahl *f*, Ziffer *f*, Nummer *f*; 2. Stück-, Anzahl *f*; 3. *(Zeitschrift)* Exemplar *nt*, Heft *nt*, Ausgabe *f*; 4. Lieferung *f*, Appoint *nt*; 5. Reihe *f*; **from among their n.** aus ihrer Mitte
number of undisclosed cases Dunkelziffer *f*; **~ children** Kinderzahl *f*; **~ legitimate children** Zahl der ehelichen Geburten; **~ classes** Klassenanzahl *f*; **~ new contracts** Zahl der Neuabschlüsse; **~ employees** Belegschaft *f*, Zahl der Beschäftigten; **shrinking ~ enterprises** Betriebsschwund *m*; **~ founders** Gründerzahl *f*; **~ inhabitants** Einwohnerzahl *f*; **~ items** Stückzahlen; **~ items carried** Frachtaufkommen *nt*, Beförderungsfälle *pl*; **~ layoffs** negativer Personalnettobedarf; **~ marriages** Zahl der Eheschließungen; **~ members** Mitgliederbestand *m*; **~ passengers carried**; **~ passenger journeys** 1. Fahrgastaufkommen *nt*, Beförderungsfälle *pl*; 2. ✈ Fluggastaufkommen *nt*; **~ people/persons employed** Beschäftigtenzahl *f*, Personalstand *m*, Erwerbstätigenzahl *f*, Beschäftigungsstand *m*; **~ pensions (awarded)** Rentenfälle *pl*; **~ persons** Kopfzahl *f*; **~ persons insured** Versichertenbestand *m*; **~ persons liable** Pflichtigenzahl *f*; **actual ~ personnel** Personalistbestand *m*; **~ revolutions** ⚙ Dreh-, Tourenzahl *f*; **~ revolutions per minute (rpm)** Umdrehungen pro Minute (UpM); **~ seats** Platzzahl *f*; **~ overnight stays** Übernachtungsziffer *f*; **n.s of times** unzählige Male; **n. of transactions** Buchungspostenzahl *f*, Anzahl der Buchungsposten; **~ units** Stückzahl *f*; **~ variates in a class** ▦ Klassenbesetzung *f*; **~ vehicles** Fahrzeugbestand *m*; **~ visitors** Besucherfrequenz *f*, B.zahl *f*; **~ votes (cast)** Stimmenzahl *f*; **~ working days lost through industrial action** verlorene Streiktage; **~ years' service in a**

firm Firmenzugehörigkeit; **~ years of expected life** Zahl der geschätzten Nutzungsjahre
establishing the number of those present Präsenzfeststellung *f*; **superior in n.** zahlenmäßig überlegen, in der Übermacht
to allocate a number eine Nummer vergeben; **to assign a n. to** Nummer zuweisen; **to dial a n.** ✆ Rufnummer wählen; **~ the wrong n.** falsch wählen, sich verwählen; **to diminish in n.s** weniger werden, zahlenmäßig abnehmen; **to drop a n.** Zahl auslassen; **to establish the n. of those present** Präsenz feststellen; **to look after/take care of n. one** *(coll)* seine eigenen Interessen im Auge haben, Privatinteressen verfolgen, nur im eigenen Interesse handeln; **to raise to the full n.** komplettieren
absolute number absolute/unbenannte Zahl; **actual n.** Effektivzahl *f*; **average n.** Durchschnittszahl *f*; **back n.** *(Zeitschrift)* altes Exemplar; **basic n.** π Grundzahl *f*; **binary n.** 🖳 Binärzahl *f*; **cadastral n.** Katasternummer *f*; **cardinal n.** π Grund-, Kardinalzahl *f*; **collective n.** *[US]* ✆ Sammelanschluss *m*; **complimentary n.** *(Zeitschrift)* Werbenummer *f*; **composite n.** π zusammengesetzte Zahl; **consecutive n.** fortlaufende Zahl; **customs-assigned n.** ⊖ Zollnummer *f*; **dead/inactive n.** nicht mehr benutzte Nummer; **even n.** π gerade Zahl; **ex-directory n.** ✆ Geheimnummer *f*; **fair n.** stattliche Anzahl; **final n.** Endziffer *f*; **fixed-point n.** Festkommazahl *f*; **floating-point n.** Gleitkommazahl *f*; **fractional n.** π Bruchzahl *f*; **integral n.** π ganze Zahl; **large n.s** große Stückzahlen; **in ~ n.s** in großer Anzahl, in großen Mengen, reihenweise; **leading n.** ⊖ Warenpartienummer *f*; **main n.** ✆ Sammelnummer *f*; **maximum n.** Höchstzahl *f*; **minimum n.** Mindest(an)zahl *f*; **odd n.** 1. π ungerade Zahl; 2. *(Zeitung)* Einzelexemplar *nt*; **opposite n.** *(Person)* Gegenüber *nt*, G.spieler *m*, Pendant *nt (frz.)*, Amtskollege *m*; **ordinal n.** π Ordinal-, Ordnungszahl *f*; **outside n.** ✆ Außenanschluss *m*; **prime n.** π Primzahl *f*; **random n.s** ▦ Zufallszahlen; **relative n.** Beziehungszahl *f*; **in round n.s** in ganzen Zahlen; **running n.** laufende Zahl; **self-checking n.** 🖳 Prüfnummer *f*, P.ziffer *f*; **serial n.** 1. laufende Nummer, Fabrikations-, Stück-, Lauf-, Reihennummer *f*; 2. Notennummer *f*; 3. Serienstückzahl *f*; **square n.** Quadratzahl *f*; **tax-identifying n.** Steuernummer *f*; **total n.** Gesamtzahl *f*; **~ of votes cast** Gesamtstimmenzahl *f*; **uneven n.** π ungerade Zahl; **unlisted n.** *[US]* ✆ Geheimnummer *f*, nicht im Telefonbuch verzeichnete Nummer; **vast n.** Unzahl *f*; **winning n.** Gewinnzahl *f*; **wrong n.** ✆ falsch verbunden
number *v/t* nummerieren, zählen; **n. off** durchzählen; **n. consecutively/serially** (fort)laufend nummerieren, durchnummerieren
number account Nummernkonto *nt*; **n.s attending** Präsenzzahl *f*; **consecutive n. control device** fortlaufende Nummernkontrolle; **n. cruncher** *(coll)* Zahlenfetischist *m*; **n. detector** 🖳 Nummernsucher *m*; **n.s drawn** Auslosungsnummern; **n.s game/pool** (Zahlen)Lotto *nt*, Zahlenspiel *nt*
numbering *n* Nummerierung *f*, Bezifferung *f*; **consecutive/serial n.** fortlaufende (Beleg)Nummerierung;

machine 🖨 Paginiermaschine *f*; **n. stamp** Nummern-, Nummerierungsstempel *m*
numberless *adj* unzählig, zahllos
number notation Zeichendarstellung *f*; **n. one** *(coll)* das eigene Ich; **n.plate** *n* [GB] ⇔ Nummern-, Zulassungsschild *nt*, polizeiliches/amtliches Kennzeichen; **n.s present** Präsenz *f*; **n. system** Zahlensystem *nt*; **hexadecimal n. system** Hexadezimalsystem *nt*; **random n. table** 🎲 Zufallszahlentafel *f*; **n. two** *(fig)* Stellvertreter(in) *m/f*
numeral *n* Ziffer *f*; **n. language** Ziffernsprache *f*; **Roman n.s** römische Zahlen
numerate *v/t* aufzählen; *adj* des Rechnens kundig, sicher im Rechnen, rechenkundig
numerator *n* π Zähler *m*
numerical *adj* nummerisch, zahlen-, ziffernmäßig, Zahlen-
numerous *adj* zahlreich
numismatics *n* Münzkunde *f*, Numismatik *f*
nuptiality (rate) *n* Heiratshäufigkeit *f*, H.ziffer *f*
nurse *n* (Kranken)Pfleger(in) *m/f*, (Kranken)Schwester *f*; **assistant n.** Hilfsschwester *f*; **male n.** Krankenpfleger *m*; **professional/(state)registered n.** staatlich geprüfte Krankenschwester, ~ geprüfter Krankenpfleger; **wet n.** Amme *f*
nurse *v/t* 1. pflegen, hegen, pfleglich behandeln; 2. *(Säugling)* stillen; 3. *(Markt)* pflegen
nursery *n* 1. Kinderzimmer *nt*, K.tagesstätte *f*; 2. 🌱 Gärtnerei *f*, Baumschule *f*, Schonung *f*; **n. factory** ⚙ kleine Fabrik, Modellbetrieb *m*; **n. finance** Kredite an junge Unternehmen; **n. garden** 🌱 Baumschule *f*; **n.man** *n* Handelsgärtner *m*, Pflanzenzüchter *m*, Inhaber einer Baumschule; **n. rhyme** Kindervers *m*; **n. school** Kindergarten *m*; ~ **teacher** Kindergärtnerin *f*; **n. slope** *(Skisport)* Idiotenhügel *m (coll)*; **n. unit** ⚙ Kleinbetrieb *m*
nursing *n* 1. Pflege(dienst) *f/m*, Krankenpflege *f*; 2. Schonung *f*; **careful n.** sorgfältige Pflege
nursing allowance Pflegezulage *f*, P.geld *nt*; **n. auxiliary** Schwesternhelferin *f*; **n. benefit** Stillgeld *nt*; **n. care** Krankenpflege *f*; **n. expenses/fees** Pflegekosten; **n. help** Pflegehilfe *f*; **n. home** Sanatorium *nt*, Pflegeheim *nt*, Privatklinik *f*, Heilanstalt *f*; **n. insurance** Pflege(kosten)versicherung *f*; **n. profession** Pflegeberuf *m*; **n. rate** Pflegesatz *m*
nurture *v/t* (hegen und) pflegen
nut *n* 1. Nuss *f*; 2. ✿ (Schrauben)Mutter *f*; **n.s** Schalenobst *nt*; **hard n. to crack** *(fig)* schwieriges Problem; **n.s and bolts operation(s)** *(fig)* tagesaktuelles Geschäft; ~ **spending** *(fig)* Aufwand für den laufenden Betrieb; **n.s and raisins** Studentenfutter *nt*; **tough n. (fig)** 1. *(Problem)* harte Nuss *(fig)*, zäher Brocken; 2. schwierige Person
nutrient *adj* nahrhaft; *n* Nährmittel *nt*, N.stoff *m*; **n. concentration** Nährstoffkonzentration *f*
nutriment *n* Nährmittel *nt*, Nahrung *f*; **n. supply** Nährstoffversorgung *f*
nutrition *n* Ernährung *f*; **n.al** *adj* Ernährungs-
nutrition|list; n. expert *n* Ernährungsberater(in) *m/f*;

E.fachmann *m*, E.sachverständige(r) *f/m*, E.wissenschaftler(in) *m/f*; **n. science** Ernährungswissenschaft *f*; **n. standard** Ernährungsstandard *m*; **n. unit** Nährstoffeinheit *f*
nutritious; nutritive *adj* nahrhaft
nutshell *n* Nussschale *f*; **in a n.** *(fig)* kurz gesagt, in aller Kürze; **to put it in a n.** um es knapp auszudrücken, ~ kurz zu sagen, mit einem Satz, kurz und gut
nylon *n* Nylon *n*

O

oasis *n* Oase *f*
oats *pl* 🌾 Hafer *m*
oath *n* Eid *m*, Schwur *m*; **in lieu of an o.** eidesstattlich, an Eides statt; **on/under o.** unter Eid, eidlich (verpflichtet); **not ~ o.** nicht-, uneidlich
oath of allegiance Loyalitäts-, Treueeid *m*; ~ **disclosure** [GB] /**manifestation** [US] Offenbarungseid *m*; **to swear an ~ disclosure** [GB] /**manifestation** [US] Offenbarungseid leisten; **o. in litem** *(lat.)* [§] Partei-, Prozesseid *m*; **o. of office** Dienst-, Amts-, Beamteneid *m*; **o. taken by a witness** Zeugeneid *m*
after an oath has been taken nach Eidesleistung
to administer an oath jdm den Eid abnehmen, jdn schwören lassen, jdn beeiden; **to affirm by/upon o.** eidlich versichern, durch Eid bekräftigen; **to be bound by o.** durch einen Eid gebunden sein; **~ on/under o.** unter Eid stehen; **to bind so. by o.** jdn eidlich verpflichten; **to break one's o.** Eid brechen; **to confirm by/on o.** beeiden, eidlich erklären; **to declare on/under o.; to depose on o.** eidlich aussagen, unter Eid erklären; **to lie on o.** Meineid schwören; **to put on o.** Eid auferlegen, vereidigen; **to release so. from his o.** jdn von seinem Eid entbinden; **to state on/under o.** eidlich erklären; **to swear an o.** Eid leisten/schwören, Schwur leisten, beeiden; **to take the o.** vereidigt werden; **~ on one's testimony** seine Angaben beschwören; **to take on o.** beeiden, auf seinen Eid nehmen; **to testify on/under o.** unter Eid bezeugen; **to violate an o.** Eid verletzen
assertory oath eidliche Versicherung/Beteuerung; **decisive o.** Schieds-, Parteieid *m*; **extrajudicial o.** außergerichtlicher Eid; **false o.** Falscheid *m*, falscher Eid; **judicial o.** gerichtlicher/richterlicher Eid; **official o.** Amtseid *m*; **parliamentary o.** Abgeordneteneid *m*; **promissory o.** Verpflichtungs-, Voreid *m*; **purgative o.** Reinigungseid *m*; **qualified o.** beschränkter Eid; **solemn o.** feierlicher Eid; **suppletory o.** Ergänzungs-, Erfüllungs-, Parteieid *m*
oath|bound *adj* eidgebunden; **o.breaking** *n* Eidbruch *m*; *adj* eidbrüchig; **o.maker** *n* Eidesleister *m*; **o.worthiness** *n* Eidesfähigkeit *f*; **o.worthy** *adj* eidesfähig
obedience *n* Gehorsam *m*; **o. to the law** Gehorsam gegen das Gesetz, Gesetzestreue *f*; **to owe o.** Gehorsam schulden
absolute obedience unbedingter Gehorsam; **blind/ser-**

vile/unquestioning o. blinder Gehorsam, Kadavergehorsam *m (coll)*; **pre-emptive o.** vorauseilender Gehorsam
obedient *adj* folgsam, gehorsam
obey *v/t* gehorchen, befolgen, Folge leisten
obfus|cate *v/t* verwirren, vernebeln, verschleiern; **o.-cation** *n* Verwirrung *f*, Vernebelung *f*, Verschleierung *f*
obiter dictum *n (lat.)* [§] beiläufige Bemerkung
obituary *n* Nachruf *m*, Nekrolog *m*; **o. notice** Trauer-, Todesanzeige *f*
object *n* 1. Sache *f*, Ding *nt*, Gegenstand *m*, Objekt *nt*; 2. Ziel *nt*, Absicht *f*, Zweck *m*; 3. Hinderungsgrund *m*; 4. *(Gram.)* Objekt *n*; **o.s** Sachmittel
object of the company Unternehmens-, Gesellschafts-, Geschäfts-, Betriebszweck *m*, Gegenstand des Unternehmens, ~ der Gesellschaft; **~ the contract** Vertragsgegenstand *m*; **~ the enterprise** Unternehmensziel *nt*; **~ exchange** Tauschgegenstand *m*; **~ the excercise** *(coll)* Sinn der Sache *(coll)*; **~ (the) invention** Erfindungsgegenstand *m*, E.aufgabe *f*; **~ the present invention** Ziel der vorliegenden Erfindung; **o. at issue** Streitgegenstand *m*; **o. covered/protected by the licence** Lizenzgegenstand *m*; **o. involved in the litigation** [§] streitbefangener Gegenstand; **o. of negotiations** Verhandlungsmaterie *f*, V.gegenstand *m*; **~ social policy** gesellschaftspolitische Zielsetzungen; **~ punishment** Strafzweck *m*; **~ purchase/sale** Kaufgegenstand *m*, K.sache *f*; **~ value** Wertgegenstand *m*
to defeat one's own object sich selber schaden; **to make sth. one's o.** sich etw. zum Ziel setzen; **to succeed in one's o.** sein Ziel erreichen; **to treat so. like an o.** jdn wie eine Sache behandeln
bought object Kaufsache *f*; **corporeal o.** körperlicher Gegenstand; **flying o.** Flugkörper *m*; **unidentified ~ o. (U.F.O.)** unbekannter Flugkörper; **found o.** Fund(gegenstand) *m*, F.sache *f*; **leased o.** Pachtgegenstand *m*, P.objekt *nt*; **movable o.** beweglicher Gegenstand; **offending o.** Stein des Anstoßes *(fig)*; **particular o.** bestimmtes Objekt; **pawned/pledged o.** Pfandsache *f*, verpfändeter Gegenstand; **precious o.** Kostbarkeit *f*; **secondary o.** Nebenabsicht *f*, N.zweck *m*; **seized o.** gepfändeter Gegenstand; **statutory o.** Satzungszweck *m*, S.ziel *nt*; **taxable o.** steuerpflichtiger Gegenstand, Steuereinheit *f*
object (to) *v/i* einwenden, Einspruch/Widerspruch erheben, Einwand vorbringen, protestieren, widersprechen, entgegenhalten, missbilligen
object|s clause 1. Gewerbezweck-, Zweckbestimmungsklausel *f*; 2. *(Satzung)* Kompetenzartikel *m*; **o. cost** Kosten als bewerteter Mengenverzehr
objecti|fication *n* Versachlichung *f*, Objektivierung *f*; **o.fy** *v/t* versachlichen, objektivieren
object insured Versicherungsobjekt *nt*, V.gegenstand *m*
objection *n* 1. [§] Einrede *f*, (Rechts)Einwand *m*, Ein-, Widerspruch *m*, Bedenken *nt*, Einwurf *m*, Entgegnung *f*, Einwendung *f*; 2. Beanstandung *f*, Reklamation *f*, Beschwerde *f*; 3. Hinderungsgrund *m*
objection to an administrative act Widerspruchsverfahren *nt*; **o. on the grounds of procedural error** Verfahrensrüge *f*; **~ malice** Einrede der Arglist; **o. to a judge** Richterablehnung *f*; **~ the jurisdiction** Zuständigkeitseinwand *m*; **~ the jury** Geschworenenablehnung *f*; **~ payment** Zahlungseinwand *m*; **~ a witness** Zeugenablehnung *f*
objection overruled dem Einspruch wird nicht stattgegeben; **the o. is sound** der Einwand ist berechtigt
to allow an objection einem Einspruch stattgeben; **to disallow an o.** einem Einspruch nicht stattgeben, Einspruch verwerfen; **to file/lodge an o.** Einspruch/Widerspruch einlegen, ~ erheben; **to foreclose an o.** Einwand übergehen; **to have an/no o.** etw./nichts einzuwenden haben, ~ dagegen haben; **to make o.s** Einwände vorbringen; **to meet an o.** einem Einspruch abhelfen; **~ so's o.s** jds Bedenken entgegenkommen; **to overrule an o.** Einspruch verwerfen/zurückweisen/ nicht gelten lassen, Einwand zurückweisen; **to preclude o.s** Einwände vorwegnehmen; **to raise an o.** Einwand machen/vorbringen; **~ o.s** Einwände/Einwendungen erheben; **to refute an o.** Einwand widerlegen; **to sustain/uphold an o.** einem Einspruch stattgeben; **to withdraw an o.** Einspruch zurückziehen/zurücknehmen
chief/main objection Haupteinwand *m*; **conscientious o.** Kriegdienst-, Wehrdienstverweigerung *f*; **good/ justifiable o.** berechtigter Einwand; **pettifogging o.s** schikanöse Einwendungen; **rooted o.s** grundsätzliche Einwände; **technical o.** formaler Einwand, Form-(al)einwand *m*; **valid o.** rechtserhebliche Einwendung; **well-founded o.** begründeter Einspruch/Widerspruch
objectionability *n* Unannehmbarkeit *f*; **o. test** ⊖ Unbedenklichkeitsprüfung *f*
objectionable *adj* unannehmbar, anstößig, unangenehm, nicht einwandfrei, störend
objective *adj* objektiv, sachlich, unbefangen, vorurteilslos
objective *n* Zweck *m*, Ziel *nt*, Z.setzung *f*, Z.vorstellung *f*, Unternehmens-, Operations-, Lernziel *nt*; **o. of the audit** Prüfungsziel *nt*; **o.s of financial decisions** Finanzierungsziele; **to establish an/one's o.** sich (etw.) vornehmen; **not to achieve the o.** ins Leere laufen *(fig)*; **to attain the o.** Ziel erreichen/verwirklichen; **to lay down an o.** Ziel festlegen
corporate objective(s) *[US]* Unternehmensziel *nt*, Gesellschaftszweck *m*, Ziel der Unternehmung; **demand-channelling o.** *(BWL/VWL)* Bedarfslenkungsziel *nt*; **demand-covering o.** *(BWL/VWL)* Bedarfdeckungsziel *nt*; **economic o.s** wirtschaftliche Zielsetzung; **educational o.** Bildungsziel *nt* **financial o.** Finanzziel *nt*; **fiscal o.** fiskalisches Ziel; **formal o.** Formalziel *nt*; **immediate/short-term o.** Nahziel *nt*; **managerial o.s** Führungsziele; **operational o.** Betriebs-, Operationsziel *nt*; **organizational o.s** Organisationsziele; **overall o.** Gesamtziel *nt*; **paramount/top o.** Oberziel *nt*; **primary/prime o.** Primärziel *nt*, vorrangiges Ziel, Hauptaugenmerk *nt*; **social o.(s)** soziale Zielsetzung; **specific o.** operatives Ziel; **stated/targeted o.** Zwecksetzung *f*, Planziel *nt*
objective function Zielfunktion *f*

objectiveness; objectivity *n* Objektivität *f*, Sachlichkeit *f*, Unbefangenheit *f*
object language Objektsprache *f*; **o. lesson** Muster-, Paradebeispiel *nt*, eindrucksvolles Beispiel, Anschauungsunterricht *m*; **o.-linked** *adj* objektgebunden
objector *n* Gegner(in) *m/f*, Opponent(in) *m/f*, Einspruchserhebende(r) *f/m*; **conscientious o.** Kriegsdienst-, Wehrdienstverweigerer *m*; ~ **doing community service** Zivildienstleistender *m*
object program 🖳 Maschinenprogramm *nt*; **o. teaching** Anschauungsunterricht *m*; **o. time** 🖳 Ausführungszeit *f*; **during o. time** während des Programmablaufs
objet d'art *n* *(frz)* Kunstgegenstand *m*
obligant *n* Forderungsberechtigte(r) *f/m*
obligate *v/t* [§] verpflichten/zwingen/binden; **to be o.d** *v/t* verpflichtet sein
obligation *n* 1. Verpflichtung *f*, Bindung *f*, Obliegenheit *f*, Obligo *nt*, Auflage *f*, Verbindlichkeit *f*, (Leistungs) Pflicht *f*; 2. [§] Schuld(verhältnis) *f/nt*; **no/without o.** freibleibend, unverbindlich, kein Kaufzwang, ohne Obligo; **under an o.** pflichtig
obligation to accept Annahmepflicht *f*; ~ **advertise vacancies** Stellenausschreibungspflicht *f*; ~ **attend** Anwesenheitspflicht *f*; **o.s arising from a contract of employment** arbeitsvertragliche Verpflichtungen; **o. to buy** Bezugspflicht *f*, Kaufverpflichtung *f*, K.zwang *m*; **with no** ~ **buy** ohne Kaufzwang; **o.s of the buyer** Pflichten des Käufers; **o. to carry** Beförderungspflicht *f*, B.zwang *m*; ~ **carry identification papers** Ausweispflicht *f*; ~ **carry as a liability** *(Bilanz)* Passivierungspflicht *f*; ~ **certify** Beglaubigungspflicht *f*; ~ **compensate** Schaden(s)ersatzpflicht *f*; ~ **contract** Kontrahierungszwang *m*; **o. under a contract** rechtsgeschäftliches Schuldverhältnis; **o. to deliver** Liefer(ungs)pflicht *f*; ~ **deposit** Depotpflicht *f*; ~ **disclose** Anzeige-, Publizitäts-, Auskunfts-, Notifikationspflicht *f*; ~ **disclose as a liability** *(Bilanz)* Passivierungspflicht *f*; **o. arising from one's official duties** Amtspflichten; **o. to discuss a case** Erörterungspflicht *f*; ~ **extradite** Auslieferungsverpflichtung *f*; ~ **file for bankruptcy** Konkursantragspflicht *f*; **legal** ~ **file tax returns** Steuermeldepflicht *f*; ~ **furnish evidence/proof** Beweispflicht *f*
obligation to give evidence Zeugnispflicht *f*; ~ **information** Auskunftspflicht *f*; ~ **reasons** Begründungszwang *m*
obligation to grant credit Kreditverpflichtung *f*; ~ **inspect the balance sheet** Bilanzeinsichtspflicht *f*; ~ **insure** Versicherungspflicht *f*; **exempt from** ~ **insure** versicherungsfrei; ~ **invite tenders** Ausschreibungspflicht *f*; ~ **issue a prospectus** Prospektzwang *m*; **legal** ~ **keep (books and) records** Buchführungs-, Aufzeichnungspflicht *f*; ~ **keep/preserve business records** Aufbewahrungspflicht *f*; **o. in kind** Gattungs-, Sachschuld *f*; **o. under public law** öffentlich-rechtliche Verpflichtung; **o. to maintain** Unterhaltspflicht *f*; ~ **maintain secrecy** Verschwiegenheits-, Geheimhaltungspflicht *f*; ~ **mark goods with prices** Preisangabe-, P.auszeichnungspflicht *f*; **o.s of membership** Mitgliederpflichten; **o. to minimize the loss** Schaden(s)min-

derungspflicht *f*; ~ **notify** Anzeige-, Melde-, Mitteilungs-, Benachrichtigungs-, Notifikationspflicht *f*; ~ **offer for sale** Angebotspflicht *f*; ~ **offer for sale to existing shareholders** *[GB]* **/stockholders** *[US]*; ~ **offer to the official buyer** *(Aktien)* Andienungspflicht *f*; **statutory** ~ **operate** *(Versorgungsbetrieb)* Betriebspflicht *f*
obligation to pay Zahlungspflicht *f*, Z.verpflichtung *f*, Leistungsverpflichtung *f*, Obligo *nt*; **under** ~ **pay** zahlungsverpflichtet; **financial** ~ **pay** Zahlungsverpflichtung *f*, Obligo *nt*; ~ **pay in line with a collective pay agreement** Tarifbindung *f*; ~ **pay compensation** Ersatzpflicht *f*; ~ **pay contributions** Beitragspflicht *f*; ~ **pay up shares** *[GB]* **/stocks** *[US]* *(Aktie)* Einzahlungspflicht *f*; ~ **pay tax** Steuerpflicht *f*
obligation to perform Erfüllungs-, Leistungspflicht *f*; ~ **perform an act** Verpflichtung zur Vornahme einer Handlung; **o. to petition for bankruptcy proceedings** Konkursantragspflicht *f*; ~ **plead** Erklärungspflicht *f*; ~ **present** Vorlage-, Vorlegungspflicht *f*; ~ **present the case to the court** Darlegungspflicht *f*; ~ **preserve secrecy** Schweigepflicht *f*; ~ **prevent a loss** Schaden(s)abwendungspflicht *f*; ~ **provide alimony/maintenance** Unterhaltsverpflichtung *f*; ~ **provide further cover** Nachdeckungspflicht *f*; ~ **provide information** Auskunftspflicht *f*; ~ **provide for the welfare of employees** *(Arbeitgeber)* Fürsorgepflicht *f*; ~ **provide welfare services** *(Staat)* Fürsorgepflicht *f*; ~ **publish** Publizitäts-, Veröffentlichungspflicht *f*; ~ **redeem bank notes** Noteneinlösungspflicht *f*; ~ **refrain from competition** Verpflichtung, nicht in Wettbewerb zu treten; ~ **refund/reimburse/repay** Rückgewähr(ungs)-, Rückerstattungspflicht *f*; ~ **remedy defects** Nachbesserungspflicht *f*; **legal** ~ **remove snow** Schneeräumpflicht *f*; ~ **render compensation** Ersatzpflicht *f*; ~ **render a decision** Entscheidungspflicht *f*; ~ **repair** Nachbesserungspflicht *f*; ~ **restore/surrender possession** Herausgabepflicht *f*; **o. of secrecy** Geheimhaltungs-, Schweigepflicht *f*; **o. to supply** Lieferungsverpflichtung *f*, A.pflicht *f*; ~ **take delivery** Annahmeverpflichtung *f*, A.pflicht *f*; ~ **tell the truth** Wahrheitspflicht *f*; ~ **tolerate** Duldungspflicht *f*; **o. under a warranty** Gewährleistungspflicht *f*; **o. to work** Arbeitspflicht *f*
charged with/encumbered by obligations mit Auflagen belastet; **incurring an o.** Begründung einer Schuld **to accept/assume an obligation** Verpflichtung übernehmen, Verbindlichkeit eingehen; **to adhere to/comply with an o.** Verpflichtung einhalten; **to carry out o.s** Verpflichtungen erfüllen; **to default on one's o.s** seinen (Zahlungs)Verpflichtungen nicht nachkommen; **to discharge an o.** Verpflichtung abgelten/erfüllen, einer Verbindlichkeit nachkommen, sich einer Verpflichtung entledigen, Verbindlichkeit erfüllen; **to discharge so. from his o.s** jdn von seiner Verpflichtung befreien; **to dispute an o.** Verpflichtung anfechten; **to elude an o.** sich einer Verpflichtung entziehen; **to enter o.s on a bill of exchange** Wechselverbindlichkeiten eingehen; **to fail in one's o.s** seinen Verpflichtungen nicht nachkommen; **to fulfil/honour o.s**

to impose an **obligation**

Schulden/Verbindlichkeiten begleichen. Verpflichtungen erfüllen/einhalten; **to impose an o.** Verpflichtung auferlegen; **to incur an o.** Verpflichtung/Verbindlichkeit übernehmen, ~ eingehen; **to meet one's o.s** seinen Verpflichtungen/Verbindlichkeiten/Pflichten nachkommen, Verpflichtungen erfüllen; **to nullify an o.** Verpflichtung/Verbindlichkeit aufheben; **to perform an o.** Schuld erfüllen; **to put under o.** verpflichten; **to release so. from/to relieve so. of an o.** jdn von einer Verpflichtung befreien/entbinden; **to retire/satisfy an o.** einer (Zahlungs)Verpflichtung nachkommen, Verbindlichkeit erfüllen; **to settle o.s** Verpflichtungen erfüllen, Schulden begleichen, den Verpflichtungen nachkommen; **to take on o.s** Verbindlichkeiten eingehen
absolute obligation unabdingbare Verpflichtung, Pflichtaufgabe *f*; **abstract o.** abstrakte Verpflichtung; **accessory o.** Nebenverpflichtung *f*, N.pflicht *f*; **special administrative o.s** besondere Auflagen der Verwaltung; **alternative o.** Alternativverpflichtung *f*, Wahlschuld *f*; **blanket o.** Globalverpflichtung *f*; **call-in o.** *(Aktie)* Einzahlungsverpflichtung *f*; **civil o.** schuldrechtliche Verpflichtung; **conditional/contingent o.** bedingte Verbindlichkeit; **continuous o.** Dauerverbindlichkeit *nt*; **contractual o.** vertragliche Verpflichtung(en)/Leistung/Verbindlichkeit, Kontraktbindung *f*, (rechtsgeschäftliches) Schuldverhältnis, Vertragspflicht *f*, V.verbindlichkeit *f*, V.verpflichtungen, obligatorische Haftung, vertraglich geschuldete Leistung; **defined o.** Stückschuld *f*; **delictual o.** Schuldverhältnis aus unerlaubter Handlung; **depositary o.s** Einzahlungsverpflichtung(en) *f/pl*; **determinate o.** Gattungs-, Spezies-, Stückschuld *f*; **enforceable o.** rechtlich durchsetzbare/einklagbare Verpflichtung; **express o.** ausdrückliche Pflicht; **fiduciary o.** Treuhandpflicht *f*; **financial o.s** finanzielle Verpflichtungen, Verpflichtung zur Zahlung; **formal o.** Verpflichtungserklärung *f*; **generic o.** Gattungs-, Genusschuld *f*; **heritable o.** Nachlassverbindlichkeit *f*, vererbliches Schuldverhältnis; **imperfect o.** nicht einklagbare Verpflichtung, Naturalobligation *f*, unvollkommene Verbindlichkeit; **implied o.s** stillschweigend vereinbarte Leistungspflichten; **incidental o.** Obliegenheit *f*; **individual o.** Einzelschuldverhältnis *nt*; **joint (and several) o.** Gesamt(hands)verpflichtung *f*, G.verbindlichkeit *f*, G.schuld *f*, Solidarverpflichtung *f*, S.haftung *f*; **legal o.** Rechtspflicht *f*, R.verpflichtung *f*, gesetzliche Pflicht, rechtliche Bindung; **long-term o.** langfristige Verbindlichkeit; **marital o.** eheliche Pflicht; **moral o.** moralische Verpflichtung, Anstandsgefühl *nt*; **mutual o.** Gegenseitigkeitsverpflichtung *f*, gegenseitige Verpflichtung; **non-actionable o.** nicht einklagbare Verpflichtung; **onerous o.** lästige Pflicht; **outstanding o.s** ausstehende Verbindlichkeiten/Obligationen; **partial o.** Teilschuldverhältnis *nt*; **pecuniary o.** Zahlungspflicht *f*; **penal o.** [§] Schuld mit Konventionalstrafklausel, bewehrte Schuld; **perfect o.** rechtlich durchsetzbare Verpflichtung; **permanent o.s** Dauerverpflichtungen; **personal o.** persönliche Schuld (verpflichtung); **primary o.** 1. Hauptpflicht *f*, H.leistung *f*; 2. *(Wechsel)* primäre Haftung; **principal o.** Hauptpflicht *f*, H.verbindlichkeit *f*; **professional o.** Berufspflicht *f*; **public-service o.** *(Verkehr/Post/Versorgungsbetriebe)* Beförderungs-, Leistungspflicht *f*; **real o.** dingliche Schuld/Verpflichtung; **reciprocal o.** gegenseitige Verpflichtung; **regularly renewed o.** Wiederkehrschuldverhältnis *nt*; **secondary o.** Ersatzverpflichtung *f*; **subsidiary o.** Nebenleistungspflicht *f*; **severable o.** aufteilbare Schuld; **several o.** Eigenschuldverhältnis *nt*; **social o.** 1. gesellschaftliche Verpflichtung; 2. Sozialpflichtigkeit *f*; **specific o.** Spezies-, Stückschuld *f*; **statutory o.** gesetzliche Pflicht/Verpflichtung; **permanent ~ o.s** gesetzliche Dauerverpflichtungen; **undetermined o.** Gattungs-, Genusschuld *f*; **unenforceable o.** nicht einklagbare Obligation; **unilateral o.** einseitige Verpflichtung
obligations restricting competition wettbewerbsbeschränkende Verpflichtungen
obligatory *adj* verpflichtend, bindend, (rechts)verbindlich, obligatorisch; **to make sth. o.** etw. vorschreiben
oblige *v/ti* 1. verpflichten, binden, zwingen; 2. gefällig sein, jdm einen Gefallen tun
obliged *adj* 1. verpflichtet, gehalten; 2. dankbar; **o. to disclose** auskunfts-, publizitätspflichtig; **to be o.** gezwungen/verpflichtet/dankbar sein, müssen; **~ for** danken für; **to feel o.** sich bemüßigt fühlen; **~ morally o.** sich moralisch verpflichtet fühlen
obligee *n* (Forderungs)Berechtigte(r) *f/m*, Gläubiger(in) *m/f*, Kreditor *m*
obliging *adj* gefällig, verbindlich, zuvor-, entgegenkommend, **legally o.** rechtlich bindend
obligor *n* Schuldner(in) *m/f*, Leistungsschuldner(in) *m/f*, Verpflichtete(r) *f/m*, Haftende(r) *f/m*; **primary o.** selbstschuldnerischer Bürge, Selbst-, Hauptschuldner(in) *m/f*
oblique *adj* schräg; *n* 🄳 Schrägstrich *m*
oblit|erate *v/t* 1. auslöschen, ausradieren *(fig)*; 2. 🄳 unleserlich machen; **o.eration** *n* 1. Vernichtung *f*; 2. Unkenntlichmachen *nt*
oblivion *n* Vergessen *nt*, Vergessenheit *f*; **to fall into o.** in Vergessenheit geraten
oblong *adj* länglich, rechteckig; *n* Rechteck *nt*
ob|scene *adj* obszön, unflätig, unanständig, unzüchtig; **o.scenity** *n* Obszönität *f*, Lüsternheit *f*, Unanständigkeit *f*, Unzüchtigkeit *f*
obscure *v/ti* vernebeln, verdunkeln, sich verfinstern; *adj* 1. dunkel; 2. undurchsichtig, unscharf; 3. unklar, unverständlich, obskur,
obscurity *n* 1. Dunkelheit *f*; 2. Unklarheit *f*, Unverständlichkeit *f*; **to retire into o.** sich vom öffentlichen Leben zurückziehen; **to rise from o.** aus dem Nichts auftauchen; **to sink into o.** in Vergessenheit geraten
obsequies *pl* Leichenbegängnis *nt*, Trauerfeier *f*, Bestattungsfeierlichkeiten, feierliches Begräbnis
obsequious *adj* unterwürfig, servil, willfährig; **o.ness** *n* Unterwürfigkeit *f*
observance *n* Beachtung *f*, Befolgung *f*, Einhaltung *f*; **o. of the contract** Vertragstreue *f*; **~ the deadline** Frist-

wahrung *f*; ~ **the law** Einhaltung der Gesetze; ~ **the proprieties** Wahrung des Anstands ~ **secrecy** Geheimhaltung *f*; **strict o.** strikte/strenge Befolgung, ~ Einhaltung, ~ Beachtung; **o. variable** ▫ beobachtbare Variable
observant *adj* 1. aufmerksam; 2. vertragstreu
observation *n* 1. Beobachtung *f*; 2. Bemerkung *f*, Äußerung *f*; 3. ▬ statistische Einheit, beobachteter/beobachtbarer Wert; **o.s** Äußerungen, Ausführungen; **to make/present o.s** Beobachtungen anstellen, Ausführungen machen; **to place under o.** unter Beobachtung stellen; **written o.s** schriftliche Stellungnahme
observation car 🚃 Aussichts-, Panoramawagen *m*; **o. deck** 1. Aussichtsplattform *f*; 2. ⚓ Sonnendeck *nt*; **o. form** Beobachtungsbogen *m*; **o. lounge** Aussichtsrestaurant *nt*; **o. period** 1. Beobachtungszeitraum *m*; 2. *(Schule)* Eingangsstufe *f*; **o. post** Beobachtungsposten *m*; **o. ratio method** Multimomentaufnahme *f*; **o. tower** Aussichtsturm *m*; **o. ward** ✚ Beobachtungsstation *f*
observatory *n* 1. Wetterwarte *f*; 2. Observatorium *nt*, Sternwarte *f*
observe *v/t* 1. beobachten, überwachen, observieren; 2. wahrnehmen, bemerken; 3. feststellen, konstatieren, sich äußern; 4. einhalten, befolgen, beachten, erfüllen; **o. strictly** genau befolgen/einhalten, streng beachten
observer *n* 1. Beobachter(in) *m/f*; 2. ▬ Ermittler(in) *m/f*; **economic o.** Wirtschaftsbeobachter *m*; **industrial o.** Branchenbeobachter *m*; **keen o.** scharfer Beobachter; **o. status** Beobachterstatus *m*
obsessed *adj* besessen; **to be o. with sth.** in etw. verrannt sein
obsession *n* fixe Idee, Besessenheit *f*, Zwangsvorstellung *f*, Z.idee *f*
obsolescence *n* Überalterung *f*, (technische) Veralterung, (vorzeitiges) Veralten, (geplanter) Verschleiß, Entwertung durch technischen Fortschritt; **o. of stocks** Lagerveralterung *f*; **built-in/planned o.** geplante Veralterung, geplanter Verschleiß, geplantes Veralten; **economic o.** wirtschaftliches Veralten; **physical o.** technische Überholung
obsolescent *adj* veraltend
obsolete *adj* 1. veraltet, überholt, abgenützt, obsolet, unbrauchbar; 2. altmodisch, antiquiert, überlebt, überaltert; 3. verbraucht, außer Gebrauch; **to become o.** veralten; **o.ness** *n* Überlebtheit *f*
obstacle *n* 1. Hindernis *nt*, Hürde *f*; 2. *(fig)* Behinderung *f*, Hinderungsgrund *m*; **o. to delivery** Ablieferungshindernis *nt*; **~ performance** Erfüllungshindernis *nt*; **to brush aside all o.s** sich über alle Hindernisse hinwegsetzen; **to overcome an o.** Hindernis nehmen; **chief o.** Haupthindernis *nt*; **legal o.** gesetzliches Hindernis
obstetrics *n* ✚ Geburtshilfe *f*
obsti|nacy *n* Starrsinn *m*, Hartnäckigkeit *f*, Sturheit *f*; **o.nate** *adj* hartnäckig, stur
obstreperous *adj* widerspenstig, aufmüpfig; **o.ness** *n* Aufmüpfigkeit *f*
obstruct *v/t* (be)hindern, blockieren, (ver)sperren
obstruction *n* 1. Behinderung *f*, Hemmung *f*, Obstruktion *f*, Blockierung *f*; 2. (Verkehrs)Hindernis *nt*, Hemmnis *nt*

obstruction of acceptance Annahmeverhinderung *f*; **~ bankruptcy** Behinderung des Konkursverfahrens; **~ criminal execution** Strafvereitelung *f*; **~ justice** Behinderung der Rechtspflege; **~ members; ~ parliamentary procedures** Parlamentsnötigung *f*; **~ an officer** Widerstand gegen die Staatsgewalt; **~ traffic** Verkehrsbehinderung *f*; **~ view** Sichtbehinderung *f*
to cause an obstruction Verkehr behindern; **to practise o.** Obstruktion betreiben
visual obstruction Sichtbehinderung *f*
obstruction|ism *n* Obstruktionspolitik *f*; **o.ist** *n* Obstruktionspolitiker *m*, Quertreiber *m*
obstructive *adj* hinderlich, hemmend, obstruktiv; **to be o. to** (etw.) behindern, Schwierigkeiten bereiten/machen, sich querstellen/querlegen
obtain *v/ti* 1. erhalten, bekommen, erlangen, gewinnen, erzielen; 2. beziehen, erwerben, sich verschaffen; 3. *(Genehmigung/Gutachten)* einholen; 4. *(Auftrag)* hereinholen; 5. § gelten, zutreffen, üblich sein, vorherrschen; **o. lawfully** rechtmäßig erwerben; **o. surreptitiously** (sich) erschleichen; **difficult to o.** schwer erhältlich
obtainable *adj* erhältlich, beziehbar, zu erhalten (bei)
obtainment *n* Erlangung *f*; **surreptitious o. of a patent** Patenterschleichung *f*
obverse *n* *(Münze)* Vorder-, Zahlseite *f*
obviate *v/t* 1. vermeiden, verhindern, umgehen, vorbeugen, Vorsichtsmaßnahmen ergreifen (gegen); 2. hinfällig/unnötig machen, erübrigen
obvious *adj* 1. offensichtlich, klar, augenfällig, sichtbar, ersichtlich, evident, eindeutig; 2. nahe-, nächstliegend; **to be o.** auf der Hand liegen, klar sein, sich von selbst verstehen; **all-too o.** unübersehbar; **o.ness** *n* Offenkundigkeit *f*
occasion *n* 1. Gelegenheit *f*, Anlass *m*; 2. Möglichkeit *f*; 3. Grund, Veranlassung *f*; 4. Ereignis *nt*, Veranstaltung *f*; **o.s** Geschäfte, Angelegenheiten; **on o.** gelegentlich, wenn nötig; **on the o. of** aus Anlass von, anlässlich; **to be equal/rise to the o.** der Lage gewachsen sein, sich einer Situation/Lage gewachsen zeigen; **if the o. arises** gegebenenfalls (ggf.); **to celebrate/mark the o.** zur Feier des Tages; **to give o. to sth.** Anstoß zu etw. geben, etw. veranlassen; **to go about one's o.s** seinen Geschäften nachgehen; **special o.** besondere Gelegenheit
occasion *v/t* veranlassen, verursachen
occasional *adj* gelegentlich, zufällig
occasioned by *adj* verursacht/hervorgerufen durch
occidental *adj* abendländisch, westlich
occlusion *n* ✚ Verschluss *m*
occult *adj* okkult
occupancy *n* 1. Belegung *f*, Wohndauer *f*, Inanspruchnahme *f*; 2. Besitz *m*, Innehaben *nt*; 3. Aneignung *f*, Besitzergreifung *f*; **o. of space** Inanspruchnahme von Raum; **ready for o.** schlüsselfertig; **gross o.** Bruttobelegungsquote *f*; **multiple o.** Mehrfachbelegung *f*
occupancy charge Benutzungsentgelt *n*, B.gebühr *f*; **o. expense(s)** *(Haus)* Instandhaltungs-, Nutzungskosten *pl*; **o. insurance** Besitzversicherung *f*; **o. level/rate**

occupancy problems

Auslastung(squote) *f*, Auslastungs-, Belegungsrate *f*, Belegquote *f*, B.rate *f*, Übernachtungszahl *f*; **o. problems** ▥ Besetzungsprobleme; **o. right** Besitzrecht *nt*; **permanent o. right** Dauerwohnrecht *nt*
occupant *n*   1. Besitzer(in) *m/f*, Inhaber(in) *m/f*; 2. Besitzergreifer *m*; 3. (Haus)Bewohner(in) *m/f*, Wohnpartei *f*, Wohnungsnutzer(in) *m/f*; 4. ⬌ Mitfahrer(in) *m/f*, Insasse *m*, Insassin *f*; **beneficial o.** Nießbrauchberechtigte(r) *f/m*
occupation *n*   1. Besetzung *f*, Besitz(ergreifung) *m/f*, Inbesitznahme *f*; 2. Beschäftigung *f*, Beruf *m*, (Berufs)Tätigkeit *f*, Gewerbe *nt*; 3. ⚔ Besatzung *f*; **by o.** von Beruf; **in o.** bewohnt; **outside one's o.** berufsfremd; **without o.** beschäftigungslos; **ready for o.** ▥ bezugs-, schlüsselfertig
occupation of a factory   Fabrik-, Betriebsbesetzung *f*; **organized by o.** nach Berufen (auf)gegliedert; **ready for o.** ▥ bezugs-, schlüsselfertig, einzugsbereit; **to have no regular o.** keiner geregelten Tätigkeit nachgehen; **to pursue an o.** Beruf ausüben, einer Tätigkeit nachgehen
apprenticeable occupation Lehr(lings)-, Ausbildungsberuf *m*; **chief o.** Hauptberuf *m*, H.beschäftigung *f*; **clerical o.** Büroberuf *m*; **commercial o.** Kaufmanns-, Büroberuf *m*, kaufmännische Tätigkeit; **crowded o.** überfüllter Beruf; **equivalent o.** gleichwertige Beschäftigung; **female o.** Frauenarbeit *f*; **full-time o.** Ganztagsbeschäftigung *f*; **gainful o.** entgeltliche Berufstätigkeit, einträgliche Beschäftigung; **hazardous o.** gefährlicher Beruf, gefahrgeneigte Beschäftigung; **(for) immediate o.** ▥ sofort zu beziehen, bezugs-, schlüsselfertig; **indoor o.** Nichtaußenberuf *m*; **industrial o.** gewerblicher Beruf/Arbeitsplatz; **light o.** leichte Beschäftigung; **main o.** 1. Hauptberuf *m*; 2. Haupttätigkeit *f*; **manufacturing o.** gewerbliche Tätigkeit, gewerblicher Beruf; **mercantile o.** kaufmännischer Beruf; **multiple o.** Mehrfachbelegung *f*; **non-insurable o.** nicht versicherungspflichtige Beschäftigung; **outdoor/outside o.** Außenberuf; **outside o.** 1. Außenberuf *m*; 2. außerberufliche Beschäftigung; **professional o.s** freie/akademische Berufe; **regular o.** ständiger/fester/regelmäßig ausgeübter Beruf, regelmäßige Beschäftigung; **as a/in ~ o.** hauptberuflich; **remunerative o.** Erwerbstätigkeit *f*; **seasonal o.** Saisonbeschäftigung *f*; **secondary o.** Nebenerwerb *m*, N.beruf *m*, N.tätigkeit *f*; **as a/in ~ o.** nebenberuflich, n.amtlich; **secretarial o.** Sekretärinnentätigkeit *f*; **sedentary o.** sitzende Tätigkeit/Beschäftigung; **semi-skilled o.** Anlernberuf *m*; **skilled o.** Facharbeiterberuf *m*; **temporary o.** zeitweilige Beschäftigung; **usual o.** gewöhnliche Beschäftigung; **white-collar o.** Angestellten-, Büroberuf *m*, Angestellten-, Bürotätigkeit *f*
occupational *adj*   beruflich, Berufs-, berufsbedingt, b.mäßig
occupation category   Erwerbsklasse *f*; **o. code** Berufsgruppenschlüssel *m*; **o. costs** ⚔ Besatzungskosten; **o. profile** Beschäftigungsprofil *nt*; **o. statute** ⚔ Besatzungsstatut *nt*
occupied *adj*   1. beschäftigt; 2. besetzt, belegt, reserviert, bewohnt; **to become o.** ▥ bezogen werden; **fully o.** 1. voll besetzt/belegt; 2. ausgelastet; **well o.** gut beschäftigt/ausgelastet
occupier *n*   1. Besitzer(in) *m/f*, (Wohnungs)Inhaber(in) *m/f*, Bewohner(in) *m/f*, Pächter(in) *m/f*, Grundstückseigentümer(in) *m/f*; 2. Besetzer *m*, Besitzergreifer *m*; **contiguous o.** Anlieger *m*; **o.'s liability** Grundstückshaftung *f*, Haftung des Grundstückseigentümers
occupy *v/t*   1. besetzen, Besitz ergreifen, beziehen, okkupieren, in Besitz nehmen; 2. besitzen, bewohnen; 3. *(Stelle)* innehaben, versehen; 4. beschäftigen, verwenden; **o. o.s. with sth.** sich mit etw. befassen/beschäftigen
occur *v/i*   1. geschehen, eintreten, auftreten, erfolgen, stattfinden; 2. vorkommen, sich zutragen; 3. *(Fehler)* unterlaufen; **o. to so.** jdm einfallen, jdm in den Sinn kommen; **o. frequently** häufig eintreten/vorkommen
occurrence *n*   Geschehen *nt*, Ereignis *nt*, Vorfall *m*; 2. Vorkommen *nt*, Auftreten *nt*; **o. of the event** Ereigniseintritt *m*, Eintritt der Bedingung, ~ des Ereignisses; **~ the damaging event** Schadenseintritt *m*; **~ the event insured against** Eintritt des Versicherungsfalls; **~ loss/risk** Schadensfall *m*, S.eintritt *m*, Eintritt des Versicherungs-/Schadensfalls
accidental occurrence Zufälligkeit *f*, Zufall *m*; **common/everyday o.** alltägliches Ereignis, alltägliche Erscheinung; **exceptional o.** außergewöhnliches Ereignis; **isolated o.** Einzelerscheinung *f*, E.fall *m*; **loss-entailing o.** Schaden(s)ereignis *nt*; **natural o.** Naturereignis *nt*
ocean *n*   Ozean *m*, (Hoch)See *f*, Weltmeer *nt*; **to cross the o.** übers Meer fahren
ocean bed Meeresboden *m*; **o. bill of lading** Seekonnossement *nt*, S.frachtbrief *m*, S.ladeschein *m*, Verschiffungskonnossement *nt*; **on-board ~ lading** Bordkonnossement *nt*; **o. chart** See-, Meereskarte *f*; **o. climate** See-, Meeresklima *nt*; **o. container berth** Liegeplatz für Hochsee-Containerschiffe; **~ terminal** Umschlagstelle für Hochsee-Containerschiffe; **o. current** Meeresströmung *f*; **o. deep/depth** Tiefe des Ozeans, Meerestiefe *f*; **(deep) o. floor** Tiefseeboden *m*; **o. freight** (Über)See-, Transatlantikfracht *f*; **~ broker** Hochseeschiffsmakler *m*; **~ rate** Seefrachtsatz *m*; **o.-going** *adj* Hochsee-, hochseetüchtig, h.tauglich; **o. greyhound** Schnelldampfer *m*; **o. hull business** Seekaskogeschäft *nt*; **~ insurance** Seekaskoversicherung *f*
oceanic *adj*   ozeanisch, Meeres-
ocean marine insurance See(schadens)-, S.transportversicherung *f*; **o. lane** Schifffahrtsroute *f*, Seestraße *f*; **o. liner** Ozean-, Passagierdampfer *m*; **o. navigation** Überseeschifffahrt *f*; **o. pollution** Meeresverschmutzung *f*; **o. port** (Über)Seehafen *m*; **o. route** Schiffahrtsweg *m*; **packed for o. shipment** seemäßig verpackt; **o. shipper** Seespediteur *m*; **o. shipping (industry/trade)** Hochseeschifffahrt *f*, Seefrachtgeschäft *nt*; **o. space** Meeres-, Seeraum *m*; **o. station** Ozeanstation *f*; **o. technology** Meerestechnik *f*; **o. terminal** Tiefseehafen *m*; **o. trade** See(fracht)handel *m*; **o. traffic** Seeverkehr *m*; **o. transport(ation)** (Über)Seetransport *m*,

S.verkehr *m*, S.gütertransport *m*, S.beförderung *f*, S.verkehrswirtschaft *f*, Transatlantikverkehr *m*; **o. vessel** Hochseeschiff *nt*; **o. voyage** (Über)See-, Schiffs-, Ozeanreise *f*, große Fahrt
octane *n* ⇨ Oktan *nt*; **o. number/rating** Oktanzahl *f*
octavo *n* ⌐ Oktav(format) *nt*; **large o.** Großoktav *nt*
octu|ple; o.plicate *v/t* (sich) verachtfachen; **o.plication** *n* Verachtfachung *f*
odd *adj* 1. π ungerade; 2. restlich, überzählig; 3. einzeln, gelegentlich; 4. seltsam, eigenartig, merkwürdig, kurios; 5. *(Betrag)* krumm; **... o.** etw. über ..., ... und ein paar Gequetschte *(coll)*; **to be the o. man/one out** aus dem Rahmen fallen
oddment *n* Rest *m*, Überbleibsel *nt*, Einzelstück *nt*; **o.s** 1. Reste(waren), Restposten, Abfälle, Ramschware *f*; 2. ⌐ Titelei *f*; **o.s market** Ramschmarkt *m*; **o.s sale** Ramschverkauf *m*; **o.s store** Resteladen *m*
odds *pl* (Gewinn)Chancen; **above/over the o.** überdurchschnittlich; **against all the o.** trotz aller widrigen Umstände; **at o. with** im Streit mit; **o. and ends** *(coll)* 1. Krimskrams *m (coll)*, Kram *m (coll)*; 2. Reste, Abfälle; **the o. are that** alles spricht dafür, dass **to be at odds with** uneins sein mit, im Gegensatz/Widerspruch stehen zu, im Streit liegen mit (jdm); **~ so. over sth.** sich mit jdm über etw. streiten; **to lay long o.** größeren Einsatz machen; **to pay over the o.** zu viel zahlen, mehr zahlen als notwendig
fixed odds begrenztes Risiko; **long o.** geringe Gewinnchancen; **short o.** hohe Gewinnchancen
odd-come-shorts *pl* Reste, Überbleibsel, Abfälle
odds-on *adj* aussichtsreich
odometer *n* [US] ⇨ Kilometerzähler *m*
odor [US]; **odour** [GB] *n* Geruch *m*, Duft *m*; **nauseating o.** Geruchsbelästigung *f*
off *adv* billiger; *adj (Lebensmittel)* verdorben; **10% o.** abzüglich 10%
offal *n* Innereien *pl*
off|-beat *adj* unkonventionell, ausgefallen; **o.-carriage** *n* Nachlauf *m*; **o.-centre** *adj* nicht genau ausgerichtet, außermittig; **on the o.-chance** *n* auf gut Glück, auf Verdacht; **o.-duty** *adj* dienstfrei, außerdienstlich
offence [GB]; **offense** [US] *n* 1. § Vergehen *nt*, Verstoß *m*, Rechtsverletzung *f*, Rechts-, Ordnungswidrigkeit *f*, Delikt *nt*, strafbare Handlung, Straftat(bestand) *f/m*; 2. Anstoß *n*, Beleidigung *f*, Affront *m*
offence by commission Begehungs-, Tätigkeitsdelikt *nt*; **o. committed abroad** Auslandsstraftat *f*; **~ by negligence** Fahrlässigkeitsdelikt *f*; **~ in the state of intoxication** Rauschtat *f*; **~ against customs regulations** Zollzuwiderhandlung *f*; **~ forest laws** Waldfrevel *m*; **o. under international law** völkerrechtliches Delikt; **o. against law and order** Verletzung der öffentlichen Ruhe und Ordnung; **~ morality** Sittlichkeitsdelikt *nt*; **~ public order and decency** Erregung öffentlichen Ärgernisses; **~ passport regulations** Passvergehen *nt*; **~ the person** Straftat gegen Leib und Leben; **~ price regulations** Preisvergehen *nt*; **o. of false swearing** Eidesdelikt *nt*
offence punishable by a fine mit Geldstrafe bedrohte Straftat

no offence (meant) *(coll)* nichts für ungut *(coll)*
to commit an offence Straftat/strafbare Handlung/Übertretung begehen, sich strafbar machen; **to constitute an o.** strafbare Handlung darstellen, Tatbestand erfüllen; **to establish an o. on the grounds that** § Einrede begründen; **to give o.** Anstoß erregen; **to report an o.** Strafanzeige stellen/erstatten, Straftat anzeigen; **to take o.** Anstoß nehmen, beleidigt sein
absolute offence § unbedingtes Vergehen; **accessory o.** Nebentat *f*; **accomplished/completed o.** vollendete Tat, vollendetes Vergehen; **aggravated o.** schweres Vergehen; **alleged o.** zur Last gelegte (Straf)Tat; **arrestable o.** mit Freiheitsentzug bestraftes Vergehen; **bailable o.** kautionsfähige Straftat; **capital o.** Kapitalverbrechen *nt*; **commercial o.s** Wirtschaftskriminalität *f*; **construed o.** angenommener/hypothetischer Strafbestand; **continued/continuing o.** fortgesetzte Straftat, festgesetztes Delikt, Dauer-, Fortsetzungsdelikt *nt*; **criminal o.** Straftat *f*, strafbare Handlung; **~ by a public official** Amtsdelikt *nt*; **disciplinary o.** Dienst-, Disziplinarvergehen *nt*; **drink-drive o.** Trunkenheit am Steuer; **environmental o.** Umweltvergehen *nt*; **extraditable o.** auslieferungsfähige strafbare Handlung, **~ Straftat**; **fin(e)able o.** mit Geldstrafe bedrohtes Vergehen; **first(-time) o.** strafbare Handlung/Straftat eines Ersttäters, erste/erstmalige Straftat, Ersttat *f*; **fiscal o.** Zoll-, Steuervergehen *nt*, S.delikt *nt*; **hit-and-run o.** Fahrerflucht *f*; **imaginary o.** Putativdelikt *nt*; **inchoate o.** unvollendete Straftat; **incidental o.** Nebentat *f*; **indictable o.** Verbrechen *nt*, Straftat *f*, strafbares/schweres Vergehen; **joint o.** gemeinsam begangene Straftat; **juvenile o.s** Jugendkriminalität *f*; **kindred o.s** verwandte Delikte; **legal o.** strafbare Handlung; **matrimonial o.** Verletzung der ehelichen Pflichten; **constituting a ~ o.** ehewidrig; **minor/petty o.** Bagatelldelikt *nt*, B.strafsache *f*, geringes/geringfügiges/leichtes Vergehen, geringfügige Straftat, geringfügiges Delikt, Übertretung *f*; **negligent o.** fahrlässige Straftat; **political o.** politisches Delikt/Vergehen; **premeditated o.** vorsätzliche Tat; **prior o.** Vortat *f*; **public-order o.** Ordnungswidrigkeit *f*; **punishable o.** strafbare Handlung; **to be a ~ o.** unter Strafe stehen; **to make sth. a ~ o.** etw. unter Strafe stellen; **regulatory o.** *(Wirtschaft)* Ordnungswidrigkeit *f*; **repeated/second o.** Rückfall(tat) *m/f*, R.vergehen *nt*, Straftat im Rückfall; **subsequent o.** Nachtat *f*; **serious o.** schwere Straftat; **sexual o.** Sexual-, Sittlichkeitsdelikt *nt*, S.vergehen *nt*, Unzucht *f*; **statutory o.** strafbare Handlung, Gesetzesverstoß *m*, Tatbestand einer strafbaren Handlung, gesetzlicher/gesetzlich normierter Strafbestand; **summary o.** Bagatell(straf)-, Bußgeldsache *f*, Übertretung *f*, leichte Straftat (die im summarischen Verfahren behandelt wird); **technical o.** Formaldelikt *nt*, Verstoß *m*; **trivial o.** Kavaliersdelikt *nt*; **venial o.** entschuldbarer Irrtum; **wilful o.** vorsätzliches Vergehen
offend *v/t* 1. beleidigen, verletzen, vor den Kopf stoßen, kränken; 2. § zuwiderhandeln, verstoßen gegen
offender *n* (Straf)Täter(in) *m/f*, Rechtsbrecher(in) *m/f*, Deliquent(in) *m/f*, Zuwiderhandelnde(r) *f/m*; Gesetzes-

übertreter(in) *m/f*; **to resettle o.**s Straffällige eingliedern
actual offender unmittelbarer Täter; **chief o.** Haupttäter *m*; **drink-drive o.** Trunkenheitstäter *m*; **environmental o.** Umweltsünder *m*; **first(-time) o.** Erst(straf)täter *m*, nicht vorbestrafter Täter, erstmaliger Verbrecher, Ersttäter *m*, noch nicht Vorbestrafte(r), erstmalig Straffällige(r); **habitual o.** Hangtäter *m*, Gewohnheitsverbrecher *m*; **infrequent o.** Gelegenheitstäter *m*, G.verbrecher *m*; **joint o.** Teilnehmer an einer strafbaren Handlung; **juvenile o.** jugendlicher (Straf)Täter; **major o.** Hauptschuldiger *m*; **multiple/repeat o.** Mehrfachtäter *m*; **old o.** alter Sünder; **persistent o.** rückfälliger Täter, Wiederholungstäter *m*; Gewohnheitsverbrecher *m*; **principal o.** Haupttäter *m*; **second and subsequent o.** Wiederholungs-, Rückfalltäter *m*, rückfälliger Täter/Verbrecher; **teenage o.** jugendlicher Straftäter
offensive *n* Offensive *f*; **to take the o.** in die Offensive gehen
offensive *adj* 1. offensiv; 2. anstößig, anstoßerregend, verletzend
offer *n* 1. (An)Gebot *nt*, Offerte *f*, (Leistungs)Anerbieten *nt*; 2. (Preis)Aussetzung *f*; 3. *(Börse)* Briefkurs *m*; **on o.** angeboten, im Angebot, verkäuflich, zu verkaufen
offer and acceptance Angebot und Annahme; **o. of assistance** Unterstützungsangebot *nt*; ~ **bail** Kautionsangebot *nt*; **o. in blank** Blankooffertef; **o. to buy** Kaufofferte *f*, K.angebot *nt*; **o. subject to confirmation**; **o. without engagement** freibleibendes Angebot; **o. subject to confirmation by a specified future date** befristetes Angebot; **o. of composition** Abfindungs-, Vergleichsangebot *nt*; **o. to conclude a contract** Antrag auf Abschluss eines Vertrages; **o. at below cost price** Angebot unter Selbstkostenpreis; **o. of employment** Stellenangebot *nt*; ~ **evidence/proof** [§] Beweisangebot *nt*, Antritt von Beweisen; ~ **help** Hilfsangebot *nt*; **o. in/at issue** strittiges Angebot; **o. of marriage** Heiratsantrag *m*; ~ **mediation** Vermittlungsvorschlag *m*, V.angebot *nt*; ~ **money** Geldangebot *nt*; **o. to negotiate** Verhandlungsangebot *nt*; ~ **perform** Leistungsangebot *nt*; **o. of a reward** Aussetzung einer Belohnung; **o. for sale** Verkaufsangebot *nt*; ~ **by competitive bidding** Ausschreibung *f*; ~ **by tender** Ausschreibung im Tenderverfahren, ~ zu einem variablen Kurs; **o. of security** Bürgschaftsangebot *nt*; ~ **service** Dienstangebot *nt*; ~ **settlement** Vergleichsvorschlag *m*; ~ **new shares** Bezugsangebot *nt*; **o. for subscription** Zeichnungsangebot *nt*; **o. to supply** ... Lieferangebot *nt*; **o. open for a limited time** befristetes Angebot; **o. transmitted by word of mouth** mündliches Angebot; **o. in writing** schriftliches Angebot
no offer|s ohne Gebote; **submitting an o.** Abgabe eines Angebots
to accept an offer Angebot annehmen, auf ein ~ eingehen; **to avail o.s. of an o.** von einem Angebot Gebrauch machen, Angebot nutzen; **to be on o.** angeboten werden; ~ **open to o.s** mit sich handeln lassen; **to decline an o.** Angebot ablehnen; **to entertain an o.** Angebot in Betracht ziehen; ~ **offers for sth.** etw. ausschreiben, Ausschreibung für etw. veranstalten; **to hold open an o.** Angebot aufrechterhalten; **to invite an o.** zur Abgabe einer Offerte auffordern; **to leap/jump at an o.** sich auf ein Angebot stürzen; **to maintain an o.** Angebot aufrechterhalten; **to make an o.** Angebot abgeben/machen/unterbreiten; **to prepare an o.** Angebot ausarbeiten; **to refuse an o.** Angebot ablehnen; **to reject an o.** Angebot ablehnen/ausschlagen/verwerfen/zurückweisen; **to respond to an o.** auf ein Angebot eingehen; **to revoke/withdraw an o.** Angebot/Offerte widerrufen, ~ zurückziehen; **to solicit o.s** Angebote einholen; **to submit an o.** Angebot unterbreiten/abgeben/einreichen, Offerte abgeben/unterbreiten; **to take up an o.** von einem Angebot Gebrauch machen
all-inclusive/comprehensive offer Pauschal-, Globalangebot *nt*; **alternative o.** Alternativangebot *nt*; **attractive o.** günstiges/reizvolles/verlockendes Angebot; **best o.** Höchst-, Meistgebot *nt*; **binding o.** festes/bindendes/verbindliches Angebot, verbindliche Offerte, Festangebot *nt*; **not ~ o.** unverbindliches/freibleibendes Angebot; **bona-fide** *(lat.)* **o.** solides Angebot; **buried o.** verstecktes Angebot; **cabled o.** Kabelangebot *nt*; **competing/competitive o.** 1. Konkurrenzofferte*f*, K.angebot *nt*; 2. preisgünstiges Angebot; **concentrated o.** *(Börse)* Stoßangebot *nt*; **conditional o.** freibleibendes Angebot; **contractual o.** Vertragsofferte *f*, V.angebot *nt*; **customized o.** maßgeschneidertes Angebot; **cut-price/cut-rate o.** Billig-, Schleuderangebot *nt*; **exceptional o.** außergewöhnliches Angebot; **express o.** Eilangebot *nt*; **favourable o.** günstiges/vorteilhaftes Angebot; **final o.** letztes Angebot; **firm o.** bindendes/festes/verbindliches Angebot, Fest(an)gebot *nt*, F.offerte *f*, verbindliche Offerte; **to make/submit a ~ o.** (etw.) fest anbieten; **flat** *[US]* /**open** *[GB]* **o.** freibleibendes/unverbindliches Angebot, freibleibende/unverbindliche Offerte; **free o.** 1. Gratis-, Geschenkangebot *nt*; 2. freibleibendes Angebot; **highest o.** Höchst(an)gebot *nt*; **implied o.** stillschweigendes Angebot; **initial o.** erstes Angebot; **introductory o.** Einführungsangebot *nt*; **lowest o.** Mindest(an)gebot *nt*; **optimum o.** optimales Angebot; **oral o.** mündliches Angebot; **original o.** ursprüngliches Angebot; **preferential o.** Vorzugsangebot *nt*; **aggressively priced o.** Kampfofferte *f*; **qualified o.** abgeändertes Angebot; **sealed o.** verschlossenes Angebot; **short o.** *(Börse)* Baisseangebot *nt*; **special o.** Sonderangebot *nt*; **extra ~ o.** Sondervorzugsangebot *nt*; **standing o.** gleichbleibendes Angebot; **subject o.** freibleibendes/unverbindliches/nicht bindendes Angebot, Angebot ohne Festpreis; **tailor-made o.** maßgeschneidertes Angebot; **tempting o.** verlockendes Angebot; **time-limited o.** befristetes Angebot; **top o.** Spitzenangebot *nt*; **unconditional o.** vorbehaltloses Angebot; **unsolicited o.** unverlangtes Angebot; **valid o.** gültige Offerte; **verbal o.** mündliches Angebot; **voluntary o.** spontanes Angebot; **written o.** schriftliches Angebot
offer *v/t* 1. (an)bieten, offerieren; 2. Gebot machen, sich

erbieten; **o. subject to confirmation** freibleibend anbieten; **o. firm** fest anbieten; **o. to resign** Rücktritt anbieten
offer book Angebotsbuch *nt*; **o. curve** Tauschkurve *f*; **o. document** Angebotsunterlage *f*; **o. documents** *(Aktie)* Emissionsprospekte, E.unterlagen
offered *adj* 1. angeboten; 2. *(Preis)* ausgesetzt; 3. *(Börse)* Briefkurs *m*
offeree *n* Adressat(in) *m/f*, Angebotsempfänger(in) *m/f*, A.nehmer(in) *m/f*
offerer → **offeror**
offering *n* (Emissions)Angebot, Anerbieten *nt*; **o.s** *(Börse)* Angebot *nt*, (Umlauf)Material *nt*, Aktien; **large o. of stock** *(Börse)* Materialfülle *f*; **to encounter scattered o.s** vereinzelt angeboten werden
direct offering 1. freihändiger Verkauf; 2. Direktemission *f*; **massive o.** Stoßangebot *nt*; **new/primary o.** (zum Verkauf angebotene) Neuemissionen, Angebot junger Aktien; **private o.** private Plazierung; **public o.** öffentliches (Zeichnungs)Angebot, öffentliche Auflegung, Zeichnungsofferte *f*, öffentlich begebene Emission; **initial ~ o.** Börsengang *m*; **revived o.s** *(Börse)* vermehrtes Materialangebot; **secondary o.** Plazierung außerhalb der Börse, Zweitemission *f*; **two-part o.** Anleiheemission in zwei Tranchen; **unabsorbed o.s** Angebotsüberhang *m*
offering circular Angebotsrundschreiben (mit Angabe der Anleihemodalitäten), Kurzprospekt *m*; **o. discount** Ausgabeabgeld *nt*, Emissionsdisagio *nt*; **o. premium** Ausgabeaufgeld *nt*, Emissionsagio *nt*; **o. price** 1. Angebotspreis *m*; 2. *(Investmentzertifikat)* Ausgabe-, Verkaufspreis *m*, Emissions-, Verkaufs-, Zeichnungskurs *m*; **initial (public) o. price** Emissions-, (Erst)Ausgabekurs *m*; **o. prospectus** *(Börse)* Verkaufs-, Zeichnungsprospekt *m*; **o. terms** Emissionsbedingungen
offeror *n* Anbieter *n*, Anbietender *m*, Offerent *m*, Angebotssteller *m*
offer price 1. Angebots-, Verkaufspreis *m*, gebotener Preis; 2. *(Börse)* (Brief)Kurs *m*; **daily o. p.** Tagesangebotspreis *m*; **minimum o. p.** Mindestangebotspreis *m*
offer quotation Briefkurs *m*, B.notiz *f*; **interbank o. rate** Briefsatz unter Banken; **o. timing** Angebotsterminierung *f*
off-gas *n* Abgas *nt*; **industrial o.** Industrieabgas *nt*
offhand *adj* spontan, unvorbereitet, auf Anhieb, aus dem Stand
office *n* 1. Büro *nt*, Dienst-, Geschäfts-, Arbeitszimmer *nt*, Kanzlei *f*; 2. Amt *nt*, (Dienst)Stelle *f*, Geschäfts-, Zweigstelle *f*, Z.niederlassung *f*; 3. Amt *nt*, Stelle *f*, Position *f*; 4. Funktion *f*, Stellung *f*; 5. Aufgabe *f*, Pflicht *f*; 6. Versicherungsgesellschaft *f*, V.unternehmen *nt*; **at the o.** im Büro; **in o.** *(Politik)* an der Macht, im Amt
office of destination ⊖ Bestimmungszollstelle *f*; **~ final destination** letzte Bestimmungszollstelle; **O. of District Attorney** *[US]* Staatsanwaltschaft *f*; **~ Education** *[US]* Erziehungs-, Unterrrichtsministerium *nt*; **o. of entry en route** *(frz.)* ⊖ Eingangs-, Durchgangszollstelle *f*; **~ exit** ⊖ Ausgangszollstelle *f*; **O. of Fair Trading (O.F.T.)** *[GB]* Wettbewerbs(aufsichts)behörde *f*, Kartellamt *nt*, K.behörde *f*, Zentrale zur Bekämpfung des unlauteren Wettbewerbs; **o. of (a) judge** Richteramt *nt*; **o. under public law** öffentlich-rechtliches Amtsverhältnis; **o. of mediator** Vermittlerrolle *f*, V.amt *nt*; **~ posting** ⊠ Einlieferungspostamt *nt*; **O. for Official Publications of the European Union** Presse- und Informationsamt der EU; **o. of president** Präsidialamt *nt*; **~ state** Staatsamt *nt*; **~ trustee** Treuhänderamt *nt*; **local o. for waterways and shipping** Wasser- und Schifffahrtsamt *nt*; **O. of Weights and Measures** *[GB]* Eichamt *nt*, E.verwaltung *f*
ineligible to hold an office unfähig für ein Amt; **since taking o.** seit Amtsantritt; **by virtue of his o.** Kraft seines Amtes; **weary of o.** amtsmüde
to accede to/come into office Amt antreten/übernehmen; **to appoint so. to an o.** jdn in eine Stellung berufen; **to assume (an) o.** Amt übernehmen; **to be in o.** im Amt sein; **~ disqualified from holding (an) o.** von einem Amt ausgeschlossen sein; **to continue in o.** im Amt (ver)bleiben; **to depose/dismiss so. from o.; to deprive so. of his o.** jdn seines Amtes entheben; **to hold (an) o.** Amt/Stellung bekleiden, **~** innehaben, Amt wahrnehmen/versehen/verwalten; **to leave o.** ein Amt niederlegen, zurücktreten, aus dem Amt (aus)scheiden; **to maintain an o.** Büro unterhalten; **to oust/remove so. from o.** jdn seines Amtes entheben, jdn aus dem Dienst/Amt entfernen, jdn entlassen; **to release so. from o.** jdn von einem Amt entbinden; **to remain in o.** im Amt (ver)bleiben; **to report in the o.** sich im Büro melden; **to resign from one's o.** sein Amt/Mandat niederlegen, aus dem Amt (aus)scheiden, von seinem Amt zurücktreten, Amt/Mandat zur Verfügung stellen; **to run for o.** *(Wahl)* sich um ein Amt bewerben; **to solicit an o.; to stand for o.** sich um ein Amt bemühen/bewerben; **to stay in o.** im Amt bleiben; **to supersede so. in o.** jdm im Amt folgen; **to suspend so. from o.** jdn vorläufig des Amtes entheben, jdn von seinen Dienstpflichten entbinden; **to take o.** Amt antreten
administrative office Verwaltungsstelle *f*, V.büro *nt*, V.amt *nt*; **~ o.s** Verwaltungssitz *m*; **general ~ o.** Hauptamt *nt*; **advisory o.** Beratungsstelle *f*; **ancillary o.(s)** zugehöriger Büroraum; **back o.** hinten gelegenes Büro, vom Publikumsverkehr getrenntes Büro; **cadastral o.** Katasteramt *nt*; **cellular o.** kleines Büro; **central o.** Zentrale *f*, Hauptverwaltung *f*, H.amt *nt*, Zentralstelle *f*; **composite o.** Universal-, Kompositversicherer *m*, in verschiedenen Sparten tätige Versicherung; **coordinating o.** Koordinierungsstelle *f*; **corporate o.** *[US]* Sitz einer Gesellschaft, Gesellschafts-, Firmensitz *m*; **designated o.** Bestimmungsamt *nt*; **distributing o.** Verteilerstelle *f*; **editorial o.** 1. (Zeitungs)Redaktion *f*; 2. (Verlags)Lektorat *nt*; **main ~ o.** Chefredaktion *f*; **elected/electoral o.** Wahlamt *nt*; **environmental o.** Umweltamt *nt*, U.behörde *f*; **federal o.** Bundesamt *nt*, B.anstalt *f*; **good o.s** Freundschaftsdienst *m*, gute Dienste, Vermittlung(sdienste) *f/pl*; **through the ~ o.s of** durch Vermittlung von; **to use one's ~ o.s** vermitteln; **honorary o.** Ehrenamt *nt*; **joint-stock o.** Aktiengesellschaft (AG) *f*; **judicial o.** Richteramt *nt*, richter-

liches Amt; **landscaped o.** Bürolandschaft *f*; **leading o.** *(Vers.)* federführendes Konsortialmitglied; **(municipal) legal o.** Rechtsamt *nt*; **local o.** örtliche Behörde/Niederlassung; **lucrative o.** einträgliches Amt; **main o.** Hauptverwaltung *f*, H.niederlassung *f*, H.amt *nt*; **regional ~ o.** Bezirksfiliale *f*; **menial o.s** niedrige Dienste; **meteorological o.** Wetteramt *nt*; **ministerial o.** 1. Ministeramt *nt*; 2. Amt in der Verwaltungsbehörde; **municipal o.** städtisches Amt; **open(-plan) o.** Großraumbüro *nt*; **originating o.** federführendes Amt; **outer o.** Vorzimmer *nt*; **panoramic o.** Bürolandschaft *f*; **permanent o.** ständiges Büro; **principal o.** Hauptgeschäftsstelle *f*, Zentrale *f*; **private o.** Privatkontor *nt*; **public o.** 1. öffentliches Amt, öffentliche Dienststelle; 2. Staatsanstellung *f*, Amtsstelle *f*; **receiving o.** Güterannahme(stelle) *f*; **regional o.** Bezirksdirektion *f*, B.verwaltung *f*; **registered o.** Sitz (der Gesellschaft/Firma), satzungsmäßiger/eingetragener/juristischer Sitz, Firmen-, Verwaltungssitz *m*, (eingetragener) Geschäftssitz, ~ Gesellschaftssitz, eingetragene Geschäftsstelle/Niederlassung; **representative o.** Repräsentanz *f*, Vertreterbüro *nt*, Niederlassung *f*, Verbindungsbüro *nt*, Agentur *f*; **~ abroad** Auslandsrepräsentanz *f*, A.vertretung *f*; **secondary o.** Nebenamt *nt*; **statistical o.** statistisches Amt; **supervisory o.** Aufsichtsamt *nt*; **federal ~ o.** Bundesaufsichtsamt *nt*; **subordinate o.** weisungsgebundenes Amt; **technical o.** technisches Büro, Fachstelle *f*

office accommodation *(Immobilienmarkt)* Büroraum *m*; **o. activity** Bürotätigkeit *f*; **o. appliances/articles** Bürobedarf(sartikel) *m/pl*; **o. apprentice** Bürolehrling *m*; **o. area** Bürobereich *m*; **o. automation** Büroautomatisierung *f*, B.automation *f*, Automatisierung im Büro; **o. bearer** Amtsinhaber(in) *m/f*, A.träger(in) *m/f*, Beamter *m*, Beamtin *f*, Funktionär(in) *m/f*; **o. block** Geschäftshaus *nt*, Bürohochhaus *nt*, B.gebäude *f*, B.komplex *m*, B.turm *m*; **o. boy** Laufjunge *m*, L.bursche *m*, Bürobote *m*, B.gehilfe *m*; **o. and administration budget** Verwaltungshaushalt *m*; **o. building** Bürogebäude *nt*, B.haus *nt*, Verwaltungsgebäude *nt*, Geschäftshaus *nt*, G.gebäude *nt*; **o. chair** Bürostuhl *m*; **o. clerk** Kontorist(in) *m/f*, Handlungsgehilfe *m*, H.gehilfin *f*, Kanzleibeamter *m*; **o. closing time** Büroschluss *m*; **o. communication** Bürokommunikation *f*; **o. computer** Bürocomputer *m*; **o. copy** 1. amtliche Ausfertigung/Abschrift; 2. Dienstexemplar *nt*; **o. costs** Bürokosten; **o. developer** Ersteller von Büroraum; **o. development** Büroprojekt *nt*, Neubau von Büroraum; **o. duty** Innendienst *m*; **o. equipment** 1. Büroeinrichtung *f*, B.ausstattung *f*, Büro- und Geschäftseinrichtung *f*, G.ausstattung *f*; 2. Büroartikel *pl*, B.maschinen *pl*; **~ and furnishings** Büroausstattung *f*; **o. expenditure(s)/expense(s)** Kosten der Bürounterhaltung, Büroaufwand *m*, B.unkosten, Geschäftskosten; **o. fixtures** Büroinventar *nt*, B.gegenstände; **o. furniture** Büromöbel *pl*; **~ and equipment** (Büro)Inventar *nt*, Büromobiliar und -maschinen; **o. girl** Büromädchen *nt*, B.gehilfin *f*; **o. gossip** Büroklatsch *m*; **o. holder** Amtsinhaber(in) *m/f*; **interim o. holder** Platzhalter *m*

office hour|s Amts-, Büro-, Dienst-, Schalterstunden, Büro-, Geschäfts-, Arbeitszeit *f*; **after o. h.s** nach Büroschluss; **to work o. h.s** normale Arbeitszeiten haben; **o. h. traffic** Berufsverkehr *m*

office hunter Pöstchen-, Stellenjäger *m (pej.)*; **o. job** Büroberuf *m*, B.tätigkeit *f*, B.arbeitsplatz *m*, B.stelle *f*; **o. jobbing** Ämterhandel *m*; **o. junior** Bürogehilfe *m*, B.gehilfin *f*; **o. landscape** Großraumbüro *m*, Bürolandschaft *f*; **o. landscaping** Bürogestaltung *f*; **o. lawyer** *[US]* beratender Rechtsanwalt; **o. machine** Büromaschine *f*; **o. machines** Bürotechnik *f*; **o. and computing machines** Büro- und Rechenmaschinen; **o. management** Büroverwaltung *f*, B.organisation *f*, B.wirtschaft *f*; **o. manager(ess)** Bürovorsteher(in) *m/f*, B.leiter(in) *m/f*; **o. market** Markt für Büroraum; **o. materials** Bürobedarf *m*; **o. messenger** Büro-, Kanzleibote *m*; **o. personnel** Büroangestellte *pl*, B.personal *nt*; **o. planner** Büroraumgestalter *m*; **o. planning** Büroplanung *f*, B.gestaltung *f*; **o. procedures** Bürotechnik *f*; **o. productivity** Büroproduktivität *f*

officer *n* 1. Beamter *m*, Angestellter *m*; 2. Vorstandsmitglied *nt*, leitender Angestellter, Mitglied der Unternehmensleitung; 3. Amts-, Funktionsträger *m*; 4. ⚓ Offizier *m*; **o.s** Präsidium *nt*, Vorstand *m*

officer with general authority Generalbevollmächtigter *m*; **o. in charge** Sachbearbeiter *m*, zuständiger Beamter; **o. of a company** *[GB]* /**corporation** *[US]* Vorstandsmitglied *nt*; **o.s of a company** *[GB]* /**corporation** *[US]* Vorstand/Geschäftsleitung einer Gesellschaft; **o.s and crew** ⚓ Offiziere und Mannschaften; **o. of the day** diensthabender Offizier; **due from o.s and employees** Darlehensforderungen an Betriebsangehörige; **o. of the watch** ⚓ wachhabender Offizier

administrative officer (Verwaltungs)Beamter *m*, (V.)Beamtin *f*; **appraising o.** ⊖ Schätzer *m*; **authorizing o.** weisungsbefugte Person; **budgetary o.** *[US]* Haushaltsreferent *m*; **chief o.** 1. ⚓ Erster Offizier *m*; 2. leitender Beamter; **civil o.** *[US]* Staatsbeamter *m*, S.beamtin *f*, Staatsbedienstete(r) *f/m*; **consular o.** Konsular-, Konsulatsbeamter *m*; **divisional o.** *(Gewerkschaft)* Bezirksleiter *m*; **executive o.** Vollzugsbeamter *m*; **chief ~ o. (CEO)** 1. (Vorstands)Vorsitzender *m*, Hauptgeschäftsführer *m*, Generaldirektor *m*, Vorstandssprecher *m*; 2. (Ober)Stadtdirektor *m*; **junior ~ o.** Assessor *m*; **federal o.** Bundesbeamter *m*; **financial o.** Kämmerer *m*; **inspecting o.** Kontrollbeamter *m*; **investigating o.** Ermittler *m*, Ermittlungsbeamter *m*; **judicial o.** Rechtspfleger *m*; **junior ~ o.** Gerichtsassessor *m*; **medical o. (of health)** Amts-, Kreisarzt *m*; **ministerial o.** (Ministerial)Beamter *m*; **municipal o.** *[US]* Kommunalbeamter *m*, städtischer Beamter; **naval o.** ⚓ Marine-, See-, Schiffsoffizier *m*; **non-commissioned o. (N.C.O.)** ⚓ Unteroffizier *m*; **petty o.** ⚓ Maat *m*; **plain-clothes o.** *(Polizei)* Zivilbeamter *m*; **regional o.** Bezirkssekretär *m*; **retired o.** pensionierter Offizier *m*; **senior o.** 1. höherer Offizier; 2. leitender Angestellter; 3. vorgesetzter Beamter, Beamter des höheren Dienstes

office rate Mietpreis für Büroraum; **o. rationalization** Bürorationalisierung *f*
officer's commission ⚔ Offizierspatent *nt*
office relocation Büroumsiedlung *f*; **o. rent** Büro-, Lokalmiete *f*; **o. requisites** Büroartikel; **o. reunion** Belegschaftstreffen *nt*; **o. technological revolution** bürotechnologische Revolution
officers' mess ⚔ (Offiziers)Kasino *nt*, Offiziersmesse *f*
office routine Geschäftspraxis *f*; **o. seeker** Stellensucher *m*, Pöstchen-, Postenjäger *m (pej.)*; **o. space** Bürofläche *f*, B.raum *m*; **surplus o. space** Bürohalde *f (fig)*; **o. staff** Büro-, Kanzleipersonal *nt*, Büroangestellte *pl*, kaufmännisches Personal; **junior o. staff** untergeordnetes Büropersonal; **o. stationery** Bürobedarf *m*, B.material *nt*; **o. supervisor** Bürovorsteher *m*, B.leiter *m*; **o. supplies** Bürozubehör *nt*, B.bedarf *m*, B.material *nt*, B.artikel *pl*; **o. technology** Bürotechnologie *f*, B.technik *f*, Büro- und Organisationstechnik *f*, mittlere Datentechnik; **o. telephone** Büro-, Dienstanschluss *m*; **o. teleprinter** Bürofernschreiber *m*; **o. terminal** 🖳 Bürobildschirmgerät *nt*; **o. theft** Bürodiebstahl *m*; **o. tower** Bürohochhaus *nt*; **o. trainee** Bürolehrling *m*; **o. typewriter** Büroschreibmaschine *f*; **for o. use** 1. für Bürozwecke; 2. *(Formular)* für behördliche Vermerke; **o. wall** Bürowand *f*; **o. wing** Bürotrakt *m*; **o. work** Büroarbeit *f*, B.tätigkeit *f*, Innendienst *m*, Schreibtischtätigkeit *f*; **o. worker** (Büro)Angestellte(r) *f/m*, Bürokraft *f*, Innendienstmitarbeiter(in) *m/f*; **o. workers** Büropersonal *nt*; **o. workers' union** Angestelltengewerkschaft *f*
official *n* Beamter *m*, Funktionär *m*, Angehörige(r) des öffentlichen Dienstes
public official on limited appointment Beamter auf Zeit; **o. in charge** zuständiger/federführender/diensttuender Beamter; **o. of the administrative class** Beamter des höheren Dienstes; **~ executive class** Beamter des höheren Dienstes; **~ subclerical class** Beamter des einfachen Dienstes; **o. of honorary rank** Ehrenbeamter *m*; **o. on recall** Beamter auf Widerruf
to remove an official Beamten ablösen/absetzen; **to suspend an o.** Beamten suspendieren
active official Beamter im aktiven Dienst; **administrative o.** Verwaltungsbeamter *m*; **authenticating o.** Urkundsbeamter *m*; **elected o.** Wahlbeamter *m*; **federal o.** Bundesbeamter *m*, B.bediensteter *m*; **high(-ranking) o.** hoher Beamter; **minor/petty o.** kleiner/untergeordneter Beamter; **notarial o.** Urkundsbeamter *m*; **permanent o.** Beamter auf Lebenszeit; **public o.** Beamter *m*, Beamtin *f*, öffentlich-rechtlicher Amtsträger; **insulting a ~ o.** Beamten-, Amtsbeleidigung *f*; **senior o.** höherer Beamter, Spitzenbeamter *m*, Beamter im höheren Dienst; **top(-level) o.** Spitzenfunktionär *m*, S.beamter *m*
official *adj* 1. behördlich, amtlich, offiziell, dienstlich; 2. ✉ gebühren-/portofrei; **to be o.** amtlichen Charakter haben
officialdom *n* 1. Beamtenschaft *f*, B.stand *m*, (Berufs)Beamtentum *nt*; 2. Bürokratismus *m*, B.kratie *f*; **o.s' draft** Referentenentwurf *m*; **o.s' emoluments** Beamtenbesoldung *f*, B.bezüge

officialese *n* Amts-, Behördensprache *f*, B.deutsch *nt*, Beamtenchinesisch *nt (coll)*, Kanzlei-, Amts-, Behördensprache *f*; **o.ism** *n* Paragraphenreiterei *f (coll)*
Official List *[GB] (Börse)* amtliches Kursblatt
officially *adv* von Amts wegen, offiziell
officiate *v/i* amtieren, Amt versehen, seines Amtes walten, fungieren; **o.ating** *adj* amtierend
officious *adj* dienstbeflissen, übereifrig; **o.ness** *n* Dienstbeflissenheit *f*, Übereifer *m*
in the offing *n* in Sicht, zu erwarten, (kurz) bevorstehend; **to be in the o.** sich anbahnen, zu erwarten sein
off-licence *n* *[GB]* Bier-, Wein- und Spirituosengeschäft *nt*, S.handlung *f*; **o.-line** *adj* 🖳 off-line, unabhängig, im Inselbetrieb; **o.list** *n* Nachlass vom Listenpreis; **o.load** *v/t* 1. abladen, entladen; 2. *(fig)* loswerden, abstoßen; **o.loading** *n* Entladen *nt*; **o.-lying** *adj* abseits gelegen/liegend; **o.-market** *adj* außerbörslich; **o.-patent** *adj* nicht mehr dem Patentschutz unterliegend; **o.-peak** *adj* außerhalb der Spitzen(belastungs)zeit/Stoßzeiten, verkehrsschwach; **o. position** ⚙ Ruhestellung *f*; **o.-print** *n* 🖨 Sonder-, Separatdruck *m*; **o.-season** *n* Vor- und Nachsaison *f*; **in the o.-season** außerhalb der Saison
offset *n* 1. Ausgleich *m*, Verrechnung *f*, Aufrechnung *f*, Kompensation *f*, Kompensierung *f*; 2. 🖨 Offsetdruck *m*
offset *v/t* 1. ausgleichen/aufheben; 2. auf-, an-, gegenverrechnen; 3. kompensieren, wettmachen, aufwiegen; 4. *(Börse)* glattstellen; **o. against** verrechnen mit, aufrechnen gegen
offsettable (against) *adj* absetzbar (gegen), ausgleichsfähig (durch), anrechenbar, kompensationsfähig, verrechenbar
offset account Verrechnungskonto *nt*; **~ balance** Verrechnungsbilanz *f*; **o. agreement** Verrechnungsabkommen *nt*; **o. balance** Verrechnungssaldo *m*; **o. clause** Verrechnungsklausel *f*; **o. deal** Kompensationsgeschäft *nt*; **o. dollar** Verrechnungsdollar *m*; **o. paper** 🖨 Umdruckpapier *nt*; **o. payments** 1. Ausgleichszahlungen; 2. Devisenausgleich *m*; **o. plea** [§] Verrechnungseinrede *f*; **o. printing** 🖨 Offsetdruck *m*; **o. privilege** Kompensationsprivileg *nt*; **o. tax** Kompensationssteuer *f*
offsetting *n* 1. Auf-, Verrechnung *f*, Saldierung *f*, Rückwärtsterminierung *f*; 2. Devisenausgleich *m*; **o. of claims** Verrechnung von Ansprüchen; **~ losses** Verlustausgleich *m*; **obligatory o.** Pflichtkompensation *f*
offsetting calculation Ausgleichskalkulation *f*; **o. contribution** Deckungsbeitrag *m*; **o. item** Korrektur-, Verrechnungsposten *m*; **o. transaction** Kompensations-, Gegen-, Verrechnungsgeschäft *nt*, kompensatorische Transaktion
off-shade *n* Fehlfarbe *f*; **o.shoot** *n (fig)* 1. Ableger *m*, Zweig *m*, Sprössling *m (fig)*; 2. Tochter *f (fig)*, Konzern-, Tochtergesellschaft *f*; **overseas o.shoot** Auslandstochter *f*, A.filiale *f*; **o.shore** *adj* 1. küstennah, von der Küste ab, vor der Küste gelegen, (der Küste) vorgelagert; 2. im Ausland, Auslands-; **o.-site** *adj* 🏗 außerhalb der Baustelle; **o.spring** *n* Nachwuchs *m*, Nachkommen *pl*, Abkömmlinge *pl*, Sprössling *m*; **illegiti-**

mate o.spring nichteheliche Abkömmlinge/Kinder; **o.-stage** *adj* hinter der Szene; **o.take** *n* 1. Abzug *m*; 2. (Waren)Einkauf *m*, Abnahme *f*, Kauf *m*; **o.-the-board** *adj* außerbörslich; **o.-the-job** *adj* außerbetrieblich
oft-mooted *adj* häufig vorgebracht/aufgeworfen
oil *n* 1. Öl *nt*; 2. Erdöl *nt*; **o.s** *(Börse)* (Erd)Ölwerte, Ö.aktien; **to extract o.** (Erd)Öl fördern; **to pour o. on troubled waters** *(fig)* die Wogen glätten *(fig)*, Öl auf die Wogen gießen *(fig)*; **to prospect for o.** nach Öl bohren/suchen; **to strike o.** (öl)fündig werden, auf (Erd)Öl stoßen, Ölquelle entdecken
crude oil Erd-, Rohöl *nt*; ~ **parity price** rohölbezogener Referenzpreis; ~ **processing** Erdölverarbeitung *f*; **heavy o.** Schweröl *nt*, schweres Öl; **heavy-duty o.** Hochleistungsöl *nt*; **light o.** Leichtöl *nt*, leichtes Öl; **lubricating o.** Schmieröl *nt*
mineral oil 1. *[GB]* Erd-, Mineralöl *nt*; 2. *[US]* ⚕ Rizinus(öl) *nt*; ~ **industry** Mineralölindustrie *f*, M.wirtschaft *f*
refined oil Raffinerieöl *nt*; **vegetable oil** Pflanzenöl *nt*, pflanzliches Öl; **volatile o.s** ätherische Öle
oil *v/t* 1. ölen, (mit) Öl schmieren; 2. *(Möbel)* einölen
oil-based *adj* auf Ölbasis; **o.-bearing** *adj* ⚕ ölhaltig; **o. burner** Ölbrenner *m*; **o.cake** *n* Ölkuchen *m*; **o.can** *n* Ölkanne *f*; **o. change** ⚙ Ölwechsel *m*; **o.cloth** *n* Wachstuch *nt*; **o. company** (Mineral)Ölgesellschaft *f*; **o. and chemical company** Erdölchemieunternehmen *nt*; **o. concession** Ölkonzession *f*; **o. consumer** Ölverbraucher *m*; **o. consumption** Ölverbrauch *m*; **o. crisis** Ölkrise *f*; **o. crop** ⚕ Öl-, Fettpflanze *f*; **o. deposit** Ölvorkommen *nt*, Ö.lagerstätte *f*; **o. dipstick** ⚙ Ölpeilstab *m*; **o. disaster** Ölkatastrophe *f*; **o. drum** Ölfass *nt*; **o. embargo** Ölembargo *nt*; **o. exploration** Ölsuche *f*; ~ **technology** Ölbohrtechnologie *f*; **o. export** Ölexport *m*, Ö.ausfuhr *f*; **o.-exporting** *adj* erdölexportierend; **o. extraction** Ölförderung *f*
oilfield *n* (Erd)Ölfeld *nt*; **marginal o.** weniger ergiebiges Ölvorkommen; **offshore o.** in Küstennähe gelegenes Ölfeld; **operative o.** in der Ausbeutung befindliche Öllagerstätte
oil find Ölfund *m*; **o.-fired** *adj* mit Öl befeuert, ölbefeuert; **o. firing** Ölfeuerung *f*; **o. fuel** Brenn-, Heizöl *nt*; **o. funds** Ölgelder; **o. futures market** Ölterminmarkt *m*; **o. glut** Ölschwemme *f*; **o. group** Ölkonzern *m*; **o. heater** Öl(heiz)ofen *m*; **o.(-fired) heating** Ölheizung *f*; **o. imports** Ölimporte, Öleinfuhren; **o.-importing** *adj* (erd)ölimportierend; **o. industry** (Erd-/Mineral)Ölindustrie *f*
oiliness *n* aalglattes Verhalten
oil interests (Erd)Ölbeteiligungen; **o. issues** (neue) Ölaktien; **o. level** ⚙ Ölstand *m*; **o.man** *n* 1. Ölhändler, Unternehmer in der Ölbranche; 2. Erdölarbeiter *m*; **o. market** Erdölmarkt *m*; **o. merchant** Ölhändler *m*; **o. mill** Ölmühle *f*; ~ **industry** Ölmühlenindustrie *f*; **o. output** Ölförderung *f*, Ölproduktion *f*; **o. paint** Ölfarbe *f*; **o. painting** Ölgemälde *nt*, Ö.malerei *f*; **o. paper** Ölpapier *nt*; **o. plant** ⚕ Öl-, Fettpflanze *f*; **(offshore) o. platform** Bohrinsel *f*; **o. pollution** Ölverschmutzung *f*, Ö.pest *f*, Verschmutzung durch Öl

oil price Ölpreis *m*; ~ **explosion** Ölpreisexplosion *f*; ~ **shock** Ölpreisschock *m*
oil processing Erdöl-, Mineralölverarbeitung *f*; **o.-producing** *adj* (erd)ölproduzierend; **o. production** (Erd)Ölförderung *f*, (Erd)Ölgewinnung *f*, Ölproduktion *f*; **o.-proof** *adj* ölundurchlässig; **o. prospector** Ölsucher *m*; **o. refining** Erdölverarbeitung *f*; **o. refinery** Erd-, (Mineral)Ölraffinerie *f*; **o. reservoir** Ölvorkommen *nt*, ölführende Schicht; **o.-rich** *adj* ölreich; **o. rig** Bohrinsel *f*; **o. sands** Ölsände; **o. seed** ⚕ Ölsaat *pl*; **o. shale** Ölschiefer *m*; **o. shares** *[GB]* /**stocks** *[US]* (Erd)Ölaktien; **o. sheik(h)** Ölscheich *m*; **o. shock** Ölkrise *f*, Ölschock *m*; **o. skins** *pl* Ölanzug *m*, Ö.kleidung *f*; **o. slick** Ölllache *f*, Ö.teppich *m*, Ö.spur *f*, Ö.schlick *m*; **o. spill** Ölllache *f*, Ö.verschmutzung *f*, Auslaufen von Öl; **accidental o. spill** Ölunfall *m*; **o. spring** (Erd-/Mineral)Ölquelle *f*; **o. stove** Ölofen *m*; **o. strike** Ölfund *m*; **o. supply** Öllieferung *f*; **o. tank** Öltank *m*; **o. tanker** ⚓ Öltanker *m*; **o. taxation** Ölbesteuerung *f*; **o. terminal** Ölhafen *m*, Ö.umschlagstelle *f*; **o.-tight** *adj* öldicht; **o. well** (Erd)Ölquelle *f*; ~ **drilling installation** Erdölbohranlage *f*
okay *v/t [US]* gutheißen, billigen, genehmigen
Old Age, Survivors, Disability and Health Insurance (OASDH) *[US]* Sozialversicherung *f*; **o.-established** *adj* alteingeführt, a.eingesessen, traditionsreich, alt(hergebracht); **o.-fashioned** *adj* altmodisch, aus der Mode gekommen, unmodern; **O. Lady of Threadneedle Street** *[GB] (coll)* Bank von England; **o.-line** *adj* der alten Schule angehörend, konservativ; **o.-timer** *n* langjähriges Mitglied, alt(erfahren)er Fachmann
oleo- Öl-
olfactory *adj* olfaktorisch, Geruchs-
oligarch *n* Oligarch *m*; **o.ic** *adj* oligarchisch; **o.y** *n* Oligarchie *f*
oligopolist *n* Oligopolist *m*; **o.ic** *adj* oligopolistisch
oligopoly *n* Oligopol *nt*, Preiskontrolle (durch kleine Anzahl von Anbietern); **heterogeneous o.** heterogenes Oligopol; **pure o.** homogenes Oligopol
oligopsony *n* Oligopson *m*
olive *n* Olive *f*; **o.oil** Olivenöl *nt*
ombudsman *n* Ombudsmann *m*, Beschwerde-, Schiedsstelle *f*, Bürgerbeauftragter *m*
omen *n* Omen *nt*, (Vor)Zeichen *nt*; **to regard sth. as a good o.** etw. als günstiges Zeichen betrachten
ominous *adj* ominös, verdächtig, bedrohlich
omission *n* 1. Unterlassung(sdelikt) *f/nt*, Versäumnis *nt*, Weg-, Auslassung *f*; 2. §§ unbeabsichtigte negative Handlung, Unterlassen *nt*; 3. *(Dividende)* Ausfall *m*; **careless o.** fahrlässige Unterlassung
omit *v/t* 1. unterlassen, ver(ab)säumen, aus-, weglassen; 2. *(Dividende)* ausfallen lassen; **to be o.ted** unterbleiben
omnibus *n* 1. (Omni)Bus *m*; 2. 📖 Sammelausgabe *f*, Anthologie *f*; **o. account** Gemeinschafts-, Sammelkonto *nt*; **o. act/bill** Mantelgesetz(entwurf) *nt/m*, Rahmengesetz(entwurf) *nt/m*; **o. clause** General-, Sammel-, Einschlussklausel *f*, umfassende Bestimmung; **o. deposit** Girosammeldepot *nt*; **o. edition** 📖 Gesamtausga-

be *f*; **o. item** Sammelposten *m*; **o. survey** Mehrthemen-, Omnibusbefragung *f*; **o. volume** Sammelband *m*
omni|potent *adj* allmächtig; **o.presence** *n* Allgegenwart *f*; **o.present** *adj* allgegenwärtig
omnium *n* [GB] (*lat.*) Gesamtanleihewert *m*, G.wert einer Anleihe; **o. gatherum** (*coll*) Sammelsurium *nt*
on *adj* ⚡ eingeschaltet; **o. and off** hin und wieder, in Intervallen; **o.-board** *adj* 1. ⚓/✈ Bord-; 2. (*Wertpapier*) börsennotiert; **o.-carriage** *n* 1. Weiterbeförderung *f*, Nachtransport *m*; 2. 🚂 Nachlauf *m*; **o.-carrier** *n* Anschlussfrachtführer *m*, A.reeder *m*, A.carrier *m*, übernehmender Spediteur, Weiterförderer *m*, W.verfrachter *m*
once *adv* einmal; **at o.** auf Anhieb; **o. (and) for all** ein für alle Mal, zum ersten und letzten Mal, einmalig; **o.-only** *adj* Einmal-, einmalig; **o.-over** *n* flüchtige Überprüfung
on|coming *adj* 1. bevorstehend; 2. (*Verkehr*) entgegenkommend; **o.cost** *n* [GB] Regie-, Gemeinkosten *pl*, Kostenzuschlag *m*, Folgekosten, allgemeine (Un)Kosten, indirekte Kosten; ~ **charge** Gemeinkostenzuschlag *m*; **o.-debiting** *n* Weiterbelastung *f*
one by one *adv* Punkt für Punkt; **to be at o. with so.** mit jdm einer Meinung sein; ~ **o. up on so.** jdm voraus sein
one|-day *adj* eintägig; **o. digit**; **o.-figure** *adj* π einstellig; **o.-line** *adj* 📘 einzeilig; **o.-man** *adj* Einmann-; **o.-month** *adj* einmonatig; **o.-off** *adj* einmalig, Einmal-; **o.-piece** *adj* einteilig; **o.-room** *adj* Einzimmer-
onerous *adj* drückend, lästig, beschwerlich, schwer
for oneself *pron* pro domo (*lat.*); **to be o. again** wieder obenauf sein; **not ~ o.** sich nicht wohl fühlen
one|-shot *adj* einmalig; **o.-sided** *adj* einseitig; **o.-sidedness** *n* Einseitigkeit *f*; **o.-stop** *adj* [US] an Ort und Stelle; **o.-time** *adj* einmalig, nicht wiederkehrend; **o.-trip** *adj* 1. (*Fahrkarte*) einfach; 2. Wegwerf-; **o.-way** *adj* (*Fahrkarte*) einfach; **o.-week** *adj* einwöchig
on|going *adj* fortlaufend, kontinuierlich; **o.handing** *n* Weiterleitung *f*
onion *n* 🧅 Zwiebel *f*; **to know one's o.s** (*coll*) sein Geschäft verstehen
on|-lend *v/t* weiterleihen; **o.-lending** *n* Weiterverleih(ung) *m*/*f*; **o.-line** *adj* 🖥 abhängig, online; **to keep o.-line** gespeichert halten; **to work o.-line** online arbeiten; **o.loading** *n* Beladen *nt*; **o.looker** *n* Zuschauer(in) *m*/*f*, Zaungast *m*
only *adj* lediglich, nur, einzig
on-sale *n* Weiterverkauf *m*
onset *n* 1. Angriff *m*, Attacke *f*; 2. Beginn *m*, Ausbruch *m*, Anfang *m*, Einsetzen *nt*; **at the o.** anfangs, anfänglich; **from the o.** von Anbeginn/Anfang an; **o. of a disease** Krankheitsbeginn *m*; **at the first o.** beim ersten Anlauf
on-shipment *n* Weiterversand *m*
onshore *adj* an Land, landwärts, nach dem Land, auf dem Binnen-/Festland, Land-, Binnen-; (*Bank*) heimisch
on-site *adj* 1. vor Ort; 2. 🏗 auf der Baustelle
onslaught *n* Angriff *m*, Ansturm *m*, (Massen)Andrang *m*

on-trade *n* Weiterverkauf *m*, Zwischenhandel *m*
onus *n* Last *f*, Verpflichtung *f*; **o. of adducing evidence**; **o. probandi** (*lat.*); **o. of proof** [§] Beweislast *f*, Last der Beweisführung; **o. of presentation** Darlegungspflicht *f*; **to place the o. on so. to do sth.** jdn verpflichten, etw. zu tun; **to shift the o. for sth. onto so.** jdm die Verantwortung für etw. zuschieben
onward|(s) *adv* vorwärts, weiter; **o.-carriage** *n* Nachlauf *m*
ooze away *v/i* versickern; **o. out** heraussickern
open *adj* 1. offen, geöffnet; 2. (*Geschäft*) dienstbereit, offen, geöffnet; 3. frei, offen, unverhüllt; 4. (*Gebäude/Straße*) freigegeben, eröffnet; 5. (*Markt*) frei, offen, 6. (*Stelle*) frei, offen; 7. (*Frage*) offen, ungeklärt; 8. aufrichtig, freimütig; 9. aufgeschlossen, zugänglich; 10. (*Gebiet*) frei (zugänglich); 11. (*Akkreditiv*) nicht dokumentär; 12. (*Scheck*) Bar-; **in the o.** im Freien; **o. to** aufgeschlossen/zugänglich für; **wide o.** sperrangelweit offen (*coll*); **to be o.** 1. gelten, gültig sein, Gültigkeit haben; 2. (*Geschäft*) aufhaben; ~ **to so.** jdm offen stehen; **to come out into the o.** seine Karten aufdecken (*fig*), sein wahres Gesicht zeigen, etw. offen legen, Farbe bekennen (*fig*); **to force so. out into the o.** jdn zwingen, Farbe zu bekennen (*fig*); **to lay o.** bloß-, freilegen; **to leave o.** offen halten, o.lassen, dahingestellt lassen; **to remain/stay o.** geöffnet bleiben, aufbleiben
open *v/ti* 1. öffnen, aufmachen; 2. eröffnen, freigeben; 3. (*Gebiet*) erschließen; 4. [§] (*Prozess*) eröffnen; 5. (*Geschäft*) eröffnen; 6. (*Geschäft*) aufmachen, öffnen, **o. here** hier öffnen; **o. up** 1. anbahnen, erschließen, aufschließen; 2. aufmachen; **o. cautiously** (*Börse*) vorsichtig eröffnen; **o. firm** fest eröffnen; **o. higher** auf höherem Niveau eröffnen; **o. irregularly** uneinheitlich eröffnen; **o. lower** leichter eröffnen; **o. steady** fest eröffnen
open|-air *adj* unter freiem Himmel, im Freien; **o. cast operations** *adj* ⛏ Tagebau(betrieb) *m*; **o.-dated** *adj* ✈ Rückreisetag offen
opened up *adj* ⛏ aufgeschlossen; **newly o.** neu eröffnet
open-end(ed) *adj* unbegrenzt, offen
opener *n* Öffner *m*
open|-eyed *adj* mit offenen Augen, wachsam; **o.-handed** *adj* freigebig, großzügig; **o.-handedness** *n* Freigebigkeit *f*, Großzügigkeit *f*; **o.-hearted** *adj* offenherzig, aufrichtig
opening *n* 1. Öffnung *f*, Loch *nt*; 2. offene/freie Stelle, Einstellungschance *f*; 3. (Verkaufs)Möglichkeit *f*, Gelegenheit *f*; 4. (Brief)Anfang *m*, einleitender Teil; 5. Eröffnung *f*, Inbetriebnahme *f*, I.setzung *f*, Einrichtung *f*
opening of an account Kontoeröffnung *f*; **o. for business** gute Geschäftsmöglichkeiten; **o. of a business** Geschäftseröffnung *f*; ~ **composition proceedings** [§] Vergleichseröffnung *f*; ~ **a credit** Eröffnung/Gestellung eines Akkreditivs, Krediteröffnung *f*, K.bereitstellung *f*; **to arrange for the ~ a credit** Eröffnung eines Akkreditivs veranlassen; ~ **a crossing** (*Scheck*) Öffnung einer Kreuzung; ~ **hostilities** Eröffnung der Feindseligkeiten; ~ **a letter of credit** Eröffnung eines Akkreditivs; **unauthorized ~ mail** Verletzung des

opening of a market

Briefgeheimnisses; ~ **a market** Markterschließung *f*, M.öffnung *f*; ~ **the market** Börsenanfang *m*, B.eröffnung *f*, B.beginn *m*; ~ **parliament** Parlamentseröffnung *f*; ~ **the season** Saisoneröffnung *f*; ~ **tariff preferences** ⊖ Öffnung von Zollpräferenzen; ~ **tenders** Öffnung von Angeboten; ~ **the trial** [§] Beginn der Hauptverhandlung; ~ **a will** Testamentseröffnung *f*
firm opening *(Börse)* feste Eröffnung; **immediate o.** sofort zu besetzende Stelle; **late o.** Abendverkauf *m*; **official o.** Einweihung(sfeier) *f*
opening balance Anfangssaldo *m*, Eröffnungsbestand *m*, E.bilanz *f*; **o. bid** Eröffnungsgebot *nt*, erstes Gebot; **o. capital** Anfangskapital *nt*; **o. ceremony** Eröffnungsfeier(lichkeiten) *f/pl*; **o. date** Submissionstermin *m*; **o. entry** Anfangs-, Eröffnungsbuchung *f*; **o. hours** Laden-, Öffnungszeit(en) *f/pl*, Publikumsverkehr *m*, Geschäfts-, Schalterstunden, Schalter-, Verkaufszeiten; **o. inventory** Anfangsbestand *m*; **o. levels** *(Börse)* Eröffnungskurse, E.notierungen; **o. months** Anfangsmonate; **o. offer** Einführungsangebot *nt*; **o. price/quotation/rate** Anfangs-, Eröffnungskurs *m*, E.preis *m*, E.notierung *f*, E.notiz *f*, erster Kurs; **o. round** Eröffnungsrunde *f*; **o. session** Eröffnungssitzung *f*; **o. speech** Eröffnungsrede *f*; **o. stock** Anfangs-, Eröffnungsbestand *m*; **o. time** Öffnungszeit *f*; **o.-up** *n* Erschließung *f*; **o. week** Eröffnungswoche *f*
open-item *adj* kontenlos
openly *adv* in der Öffentlichkeit, offen
open|-market *adj* offenmarktfähig, Offenmarkt-; **o.-minded** *adj* aufgeschlossen, unvoreingenommen, vorurteilslos; **o.-mindedness** *n* Aufgeschlossenheit *f*; **o.ness** *n* Offenheit *f*; **o.-plan** *adj (Büro)* Großraum-; **o.-price system** *adj* Preismeldeverfahren *nt*, P.meldeverbund *m*; **O. University** *[GB]* Fernuniversität *f*; ~ **course** Fernstudium *nt*
operable *adj* praktizierbar
operand *n* π Rechengröße *f*, Operand *m*; **direct o.** 🖳 Direktoperand *m*; **o. part** Operandenteil *m*
operate *v/ti* 1. ✿ bedienen; 2. praktizieren, betreiben; 3. *(Kran)* führen; 4. *(Konto)* verfügen über; 5. funktionieren; 6. ⚭ operieren; **o. against** sich ungünstig auswirken für; **o. on so.** ⚭ jdn operieren; **o. at break-even** kostendeckend arbeiten; **o. in favour of** sich günstig auswirken für; **o. mechanically** mechanisch betätigen; **o. profitably** in der Gewinnzone arbeiten; **o. properly** *(Maßnahme)* richtig greifen/funktionieren; **safe to o.** betriebssicher
operated *adj* betrieben; **electrically o.** elektrisch betrieben; **manually o.** von Hand betrieben; **pneumatically o.** mit Druckluft angetrieben/betrieben
operating *adj* 1. tätig, betrieblich, in Betrieb befindlich; 2.Betriebs-; **globally o.** weltweit tätig; **to keep o.** in Betrieb halten; **to start o.** Betrieb aufnehmen
operating account Betriebsrechnung *f*, B.konto *nt*, Kontokorrent-, Erfolgskonto *nt*; **o. activity** Betriebstätigkeit *f*; **o. agency** Betriebsverwaltung *f*; **o. area** Betriebsgebiet *nt*, Geschäftsbereich *m*, G.feld *nt*; **o. assets** produktives Betriebsvermögen; **gross o. assets** Bruttobetriebsvermögen *nt*; **o. authority** Betriebsvollmacht

f; **o. budget** Betriebsbudget *nt*, B.haushaltsplan *m*, Haushalt(sansatz) für Betriebsmittel, Verwaltungshaushalt *m*, operativer Rahmenplan; **(full) o. capacity** (volle) Betriebskapazität, B.leistung *f*; **o. capital** Betriebskapital *nt*, betriebsbedingtes Kapital; **o. cash reserve** Betriebsmittelrücklage *f*, Rücklagen für das Betriebskapital; **o. centre** Betriebseinheit *f*, Operationsbasis *f*, O.einheit *f*; **o. characteristic** 1. Arbeitsweise *f*; 2. ▦ Operationscharakteristik *f*, Annahmewahrscheinlichkeit *f*; **o. charges** → **o. costs**; **o. company** Betreiber(gesellschaft) *m/f*, Betriebs(kapital)gesellschaft *f*; **o. condition** ✿ einsatzbereiter Zustand; **o. condition(s)** Betriebsfähigkeit *f*, B.daten *pl*, B.verhältnisse *pl*
operating cost(s) Betriebskosten, Kosten der Betriebsführung, betriebliche Aufwendungen; ~ **and revenue accounting** Betriebsabrechnung *f*; ~ **and revenue statement** *(Abschluss)* Betriebsabrechnung *f*; **current o. c.** laufende Betriebskosten; **partial-capacity o. c.** Betriebskosten bei Unterbeschäftigung
operating costing Stückkostenrechnung für (Serien- und) Sortenfertigung
operating cost ratio Verhältnis betriebliche Aufwendungen zu Nettoerlösen; **o. current** ϟ Betriebsstrom *m*; **o. cycle** Betriebs-, Geschäftszyklus *m*, Betriebskreislauf *m*, betriebliche Durchlaufzeit, Ablaufprogramm *nt*; **o. data** Betriebsdaten *pl*, B.kennzahlen, betriebswirtschaftliche Daten; **o. deficit** Betriebsverlust *m*; **o. delays** Verlustzeit durch Fehlbedienung; **o. department/division** Betriebs-, Fach-, Produktionsabteilung *f*; **o. details** Einzelheiten zur Betriebsweise; **o. earnings** Betriebsertrag *m*, B.einnahmen *pl*; **o. efficiency** betriebliche Leistungsfähigkeit, Gesamtrentabilität *f*; **o. environment** Betriebskonfiguration *f*; **o. error** Bedienungsfehler *m*, Fehlbedienung *f*; **o. estimate** Betriebsvoranschlag *m*
operating expenditure/expense(s) Betriebsausgaben *pl*, B.aufwand *m*, B.aufwendungen *pl*, B.kosten *pl*, betriebliche/betriebsbedingte Ausgaben, ~ Aufwendungen, laufende Aufwendungen, Sachaufwand *m*, S.aufwendungen *pl*; **general o. expense(s)** Vertriebs- und Verwaltungsgemeinkosten; **other o. expenses** *(Bilanz)* sonstige Aufwendungen; **o. expense ratio** Betriebskennzahl *f*
operating experience Betriebserfahrung *f*; **o. facilities** Betriebs-, Bedienungseinrichtungen; **o. factors** Betriebsfaktoren; **o. figures** Betriebskennzahlen; **o. frequency** Betriebsfrequenz *f*; **o. function** vollziehende Funktion; **o. fund** Betriebsfonds *m*, B.gelder *pl*, B.mittel *pl*; **o. grant** Betriebs(mittel)zuschuss *m*; **o. hour** Betriebsstunde *f*
operating income Betriebseinkommen *nt*, B.ergebnis *nt*, B.erträge *pl*, B.gewinn *m*, betriebliche Erträge; **current o. i.** laufende Erträge; ~ **concept** *(BWL)* Prinzip des periodenechten Aufwands- und Erfolgsausweises; **net o. i.** Nettobetriebserfolg *m*, N.betriebsgewinn *m*, Betriebsreingewinn *m*; **other o. i.** *(Bilanz)* sonstige Erträge; **total o. i.** Summe laufender Erträge; **o. i. statement** Betriebsergebnisrechnung *f*
operating inferiority Intensitätsnachteil *m*; **o. instruc-**

tions Betriebsanleitung *f*, Betriebs-, Bedienungsanweisung *f*, B.vorschriften, Betriebs-, Arbeitsanleitung *f*; o. investment Bruttobetriebsvermögen *nt*; o. language ⌨ Betriebssprache *f*; o. lease ⚖ Abbaukonzession *f*; o. level Kapazitätsauslastung *f*; o. leverage leistungswirtschaftliche Hebelwirkung, leistungswirtschaftliches Risiko, Produktionsstrukturrisiko *nt*, Umsatzleverage *f*; o. licence Betriebsgenehmigung *f*, B.erlaubnis *f*
operating life Betriebs-, Nutzungsdauer *f*; **potential o. l.** Nutzungspotenzial *nt*; **o. l. expectancy** erwartete wirtschaftliche Nutzungsdauer
operating list Arbeitsliste *f*; **o. loan** Betriebs-(mittel)kredit *m*
operating loss betriebsbedingter/betriebswirtschaftlicher/operativer Verlust, Betriebsverlust *m*, B.defizit *nt*, negatives Betriebsergebnis, negatives Ergebnis des laufenden Geschäfts; **net o. l.** Nettobetriebsverlust *m*; ~ **deduction** Abzugsmöglichkeit für Nettobetriebsverluste
operating manager Betriebsleiter *m*; **o. manual** Betriebsanleitung *f*, B.handbuch *nt*; **o. margin** (Betriebs)Handels-, Gewinnspanne *f*; ~ **of profit ratio** Verhältnis Umsatzerlös zu Betriebsgewinn; **o. materials** Betriebsstoffe; **o. mechanism** Wirkungsmechanismus *m*; **o. method** Betriebsweise *f*; **o. monopoly** Alleinbetriebsrecht *nt*; **chief o. officer** 1. Betriebsdirektor *m*, B.leiter *m*; 2. Hauptgeschäftsführer *m*; **o. overheads** Betriebs(gemein)kosten
operating performance Betriebsleistung *f*; **total o. p.** Gesamtleistung *f*; **o. p. income statement** *(BWL)* Gewinn- und Verlustrechnung ohne betriebsfremde und neutrale Aufwendungen und Erträge; ~ **level** Leistungsergebnisgrad *m*
operating period Betriebszeit *f*, B.dauer *f*, B.periode *f*, Anlaufzeit *f*; **o. permission** Betriebserlaubnis *f*; **o. personnel** Betriebs-, Bedienungspersonal *nt*; **o. principles** Arbeitsweise *f*; **o. plan** Geschäftsplan *m*
operating procedure/process Betriebsweise *f*, Arbeitsprozess *m*, A.verfahren *nt*; **automatic o. p.** automatischer Arbeitsprozess; **standard o. p.** Standardverfahren *nt*
operating profit(s) Betriebsergebnis *nt*, B.(rein)gewinn *m*, betriebsbezogener/gewerblicher Gewinn, Gewerbeertrag *m*, Ergebnis des laufenden Geschäfts, Gewinne aus dem operativen/laufenden Geschäft; **firsthalf o. p.** Halbjahresbetriebsergebnis *nt*; **full o. p.** Konzernbetriebsergebnis *nt*; **partial o. p.** Teilbetriebsergebnis *nt*; **taxed o. p.** versteuerter Betriebsgewinn
operating rate Beschäftigungs-, Kapazitätsausnutzungs-, (K.)Auslastungsgrad *m*, A.quote *f*; **minimum o. r.** Mindestkapazität *f*; **peak o. r.** maximale Kapazitätsauslastung *f*; **preferred o. r.** optimale Kapazitätsauslastung
operating ratio Betriebs-, Wirtschaftlichkeitskoeffizient *m*, Leistungsgrad *m*, Erfolgskennziffer *f*, E.kennzahl *f*, betriebliche Kennzahlen, Verhältnis veränderlicher Geschäftsunkosten zu Roheinnahmen, Betriebs-wirtschaftlichkeit *f*; **o. receipts** Betriebseinnahme(n) *f/pl*; **o. records** Betriebstagebuch *nt*; **o. report** innerbetrieblicher Bericht über Budget-Istkosten, Geschäftsbericht *m*; **o. requirement(s)** Betriebserfordernis *nt*, B.anforderungen *pl*; **o. reserves** Betriebsreserve *f*, Rücklagen für Wertberichtigung/Betriebsreserven, Ausgleichsrücklage *f*; **general o. reserve** Dispositionsreserve *f*; **o. resources** Betriebsmittel
operating result(s) Betriebs-, Geschäfts-, Leistungs-, Abschlussergebnis *nt*, Betriebserfolg *m*, B.daten, Reingewinn *m*, R.verlust *m*; **not affecting the o. r.** erfolgsneutral; **gross o. r.** Bruttobetriebsergebnis *nt*; **net o. r.** bereinigter Betriebserfolg, Nettobetriebsergebnis *nt*; **partial o. r.** Teilbetriebsergebnis *nt*
operating retrenchment taktischer Rückzug; **o. return** Rentabilität des Betriebes, Betriebsrentabilität *f*; **o. revenue(s)** Betriebseinnahmen *pl*, betriebsbedingter/betrieblicher Ertrag, Gewerbeeinkünfte *pl*; **gross o. revenue(s)** betriebliche Bruttoerträge; **o. right** ⚖ Ausbeutungsrecht *nt*; **o. risk** Betriebsrisiko *nt*; **o. sequence** Arbeitsgang *m*, Arbeits-, Reihenfolge *f*; **gross o. spread** Betriebshandelsspanne minus Warenbeschaffungskosten; **o. staff** Betriebspersonal *nt*; **o. stage** Betriebs-, Arbeitsstufe *f*; **o. statement** Betriebsbilanz *f*, B.(ergebnis)rechnung *f*, Erfolgsrechnung *f*, Gewinn- und Verlustrechnung (GuV) *f*; **o. statistics** Betriebsstatistik *f*; **o. subsidy** Betriebs(mittel)zuschuss *m*; **o. supplies** Betriebsstoffe; **o. surplus** Betriebsgewinn *m*, B.überschuss *m*; **o. system** Betriebssystem *nt*; **o. tax** Betriebssteuer *f*; **o. theatre** ⚕ Operationssaal *m*; **o. time** Arbeits-, Durchlauf-, Schaltzeit *f*
operating unit Betriebsanlage *f*, B.einheit *f*, B.stätte *f*, B.teil *nt*, B.einheit *f*, Kostenstelle *f*; **principal o. u.** Hauptbetriebseinheit *f*; **o. u. status report** Kostenstellenlagebericht *m*
operating voltage ⚡ Betriebsspannung *f*; **o. year** Betriebsjahr *nt*
operation *n* 1. Betrieb *m*, Unternehmen(sbereich) *nt/m*; 2. Geschäft *nt*, Unternehmung *f*, Betätigungs-, Tätigkeitenfeld *nt*, Betreibung *f*, Transaktion *f*; 3. Arbeits(vor)gang *m*, A.prozess *m*, Verfahren *nt*; 4. Anwendung *f*, Einsatz *m*; 5. Bedienung *f*, Handhabung *f*; 6. *(Börse)*Kassageschäft *nt*; 7. ⚖ Geltung *f*; 8. ⚕ Operation *f*, (chirurgischer) Eingriff; **o.s** 1. Betriebszweig *m*; 2. Geschäfte; 3. Arbeitsablauf *m*, betriebliche Prozesse; 4. operatives Geschäft; **by o. of** kraft; **in o.** in Betrieb; **out of o.** außer Betrieb, nicht einsatzfähig
operation|s of associated companies Beteiligungsaktivitäten; **~ investment companies** Investmentgeschäft *nt*; **o. by law** Wirkung kraft Gesetzes; **o. of a law** Anwendbarkeit eines Gesetzes; **by ~ the law** ex lege *(lat.)*, gesetzlich, kraft Gesetzes; **~ a rule** Regelanwendung *f*; **o. in securities** Effekten-, Wertpapierrechte; **forward o. in securities** Effektentermingeschäft *nt*; **o. of ships and aircraft** Betrieb von Schiffen und Luftfahrzeugen
putting into operation 1. Inbetriebsetzung *f*, I.nahme *f*, Ingangsetzen *nt*, I.setzung *f*; 2. ⚖ Inkraftsetzung *f*; **ready for o.** betriebsfertig

to be in operation in Kraft sein; **to begin** o.s Betrieb aufnehmen; **to bring into** o. 1. in Betrieb/Gang setzen; 2. [§] in Kraft setzen; **to cease** o.s Betrieb/Geschäftsverkehr einstellen; **to come into** o. 1. in Gang kommen; 2. [§] in Kraft treten, zur Anwendung kommen; **to contract** o.s geschäftliche Aktivitäten zurückschrauben; **to expand/extend** o.s Betrieb ausdehnen, Kapazität erweitern; **to go into** o. 1. in Betrieb gehen; 2. ⚡ ans Netz gehen; **to have an** o. ⚘ sich einer Operation unterziehen; **to hive/spin off** o.s Betriebsteile ausgliedern, Unternehmensteile abstoßen; **to limit/pare** o.s Aktivitäten beschränken/einschränken/zurückschrauben; **to move** o.s Betrieb verlegen; **to put into** o. 1. in Betrieb setzen/nehmen; 2. [§] in Kraft setzen; **~ out of** o. außer Betrieb setzen; **to resume** o.s Geschäftsverkehr/Betrieb wieder aufnehmen; **to streamline** o.s *(Betrieb)* rationalisieren; **to take into** o. Betrieb aufnehmen, in ~ nehmen; **~ out of** o. außer Betrieb nehmen; **to undergo an** o. ⚘ sich einer Operation unterziehen; **to have an** o. unters Messer müssen *(coll)*
arithmetic operation π Rechenoperation *f*; **automatic** o. ☏ Selbstwählverkehr *m*; **fully ~** o. Vollautomatik *f*, vollautomatisierter Betrieb; **back-door** o. indirekte (Geldmarkt)Intervention, Sanierung *f*, Rettungsaktion *f*; **bearish** o. *(Börse)* Baissespekulation *f*; **bona-fide** *(lat.)* o. Handeln in gutem Glauben; **capital-raising** o. Kapitalerhöhung *f*, Maßnahme zur Kapitalaufnahme; **clean-up** o.(s) Aufräumungsarbeiten *pl*; **clerical** o.s Büroarbeit(en) *f/pl*; **commercial** o. 1. geschäftliche Unternehmung, Erwerbsbetrieb *m*; 2. Geschäft *nt*, Transaktion *f*; **compound** o. Verbundbetrieb *m*; **concurrent** o. Parallelarbeit *f*; **continental** o. *[GB]* Geschäftstätigkeit auf dem Kontinent; **continuing** o. laufendes Geschäft; **continuous** o. Dauer-, Durchlaufbetrieb *m*, durchgehender/kontinuierlicher Betrieb; **current** o.s laufendes Geschäft; **day-to-day** o.(s) laufender Geschäftsbetrieb, Tagesgeschäft *nt*; **to handle the ~** o. Tagesgeschäft führen; **domestic** o.s Inlandsgeschäft *nt*, I.aktivitäten; **downstream** o.s Weiterverarbeitung *f*, nachgeschaltete Aktivitäten; **economic** o. sparsamer/wirtschaftlicher Betrieb, wirtschaftliche Betriebsführung; **exploratory** o. ⚘ Explorationsoperation *f*, Explorativlaparotomie *f*; **external** o.s Auslandsaktivitäten; **financial** o. Finanz-, Geldgeschäft *nt*, Finanztransaktion *f*; **forward/future** o.s Termingeschäfte, T.handel *m*; **four-shift** o. Vierschichtenbetrieb *m*; **interactive** o. ☐ Dialogtransaktion *f*; **interbank** o. Interbankgeschäft *nt*; **interconnected/linked** o. Verbundbetrieb *m*; **international** o.s Auslandsgeschäft *nt*, internationales Geschäft; **joint** o. Betriebsgemeinschaft *f*, Gemeinschaftsbetrieb *m*; **large-scale** o. 1. Großbetrieb *m*; 2. *(Polizei)* Großeinsatz *m*; **legal** o. [§] Rechtswirkung *f*; **loss-making** o. Verlust-, Zuschussbetrieb *m*; **mainstream** o.s Haupttätigkeitsgebiet *nt*, Haupt-, Kerngeschäft *nt*; **major** o. 1. Großbetrieb *m*; 2. ⚘ größere Operation; 3. Staatsaktion *f (coll)*; **manual** o. Handbetrieb *m*, H.bedienung *f*, manueller Betrieb; **manufacturing** o. Herstellung *f*, Produktion *f*; **mechanical** o. Maschinenbetrieb *m*; **menu-driven** o. ☐ Menüführung *f*; **multi-job** o. ☐ Mehrfachbetrieb *m*; **multi-product** o. Mehrproduktbetrieb *m*; **multiple-shift** o. (Mehr)Schichtbetrieb *m*; **multi-user** o. ☐ Mehrplatzoperation *f*; **no** o. ☐ Nulloperation *f*; **off-line** o. ☐ indirekter Betrieb, Inselbetrieb *m*; **one-man** o. (O.M.O); one-person o. (O.P.O.) Einmannbetrieb *m*; **one-shot** o. ☐ Einzelschrittbetrieb *m*; **overseas** o.s Auslandsgeschäft *nt*, A.aktivitäten; **own-fleet** o. *(LKW)* Werksverkehr *m*; **parallel** o. Parallelbetrieb *m*; **price-regulating** o.s Kurspflege *f*; **primary** o. Schwerpunktarbeitsgang *m*; **profitable** o. rentabler/ wirtschaftlicher Betrieb; **progressive** o. Fließfertigung *f*, F.arbeit *f*; **public-authority** o.s Dispositionen der öffentlichen Haushalte; **push-button** o. Drucktastenbedienung *f*; **real-time** o. ☐ Realzeitverarbeitung *f*, Echtzeitbetrieb *m*; **scheduled** o.s Liniendienst *m*; **serial** o. ☐ Folge-, Serienbetrieb *m*; **single-shift** o. einschichtiger Betrieb; **single-step/step-by-step** o. Einzelschrittbetrieb *m*; **speculative** o. Spekulationsgeschäft *nt*, spekulativer Kauf; **subsidiary** o. Tochter-, Zweigbetrieb *m*; **synchronous** o. ☐ synchrone Verarbeitung; **three-shift** o. Dreischichtenbetrieb *m*; **triangular** o. Dreiecksgeschäft *nt*; **trouble-free** o. störungsfreier Betrieb; **unattended** o. bedienungsfreier Betrieb; **uninterrupted** o. störungsfreier Betrieb

operational *adj* 1. betrieblich, betriebsbezogen, b.technisch, b.bedingt, b.wirtschaftlich, Betriebs-; 2. einsatz-, betriebsbereit, b.fähig, b.fertig, operational, funktionstüchtig; 3. in Betrieb; **to be** o. in Betrieb sein; **~ fully** o. voll in Betrieb sein; **to become** o. einsatzbereit/betriebsbereit werden; **fully** o. voll einsatzfähig/betriebsfähig/funktionsfähig; voll in Betrieb

operation|s analysis 1. Betriebsanalyse *f*, B.untersuchung *f*, Arbeitsanalyse *f*; 2. Unternehmensforschung *f*

operationalize *v/t* operationalisieren

operation|s area Betriebsbereich *m*; **~ audit** Unternehmensbewertung *f*; **o. card** Laufkarte *f*; **o. chart** Fertigungsablaufplan *m*; **o. checkout** Funktionsprüfung *f*; **o. code** ☐ Betriebs-, Befehlskode *m*; **o. control** ☐ Operationssteuerung *f*; **~ computer** Betriebsführungsrechner *m*; **o.s cost system** Bezugsgrößenkalkulation *f*; **o. credit** Betriebskredit *m*; **o. cycle** Arbeitszyklus *m*; **o.s department** Führungsabteilung *f*; **~ director** Betriebsleiter *m*; **~ engineer** Arbeitsvorbereiter *m*; **o. flow chart** Arbeitsflussdiagramm *nt*; **o. layout** Arbeitsplan *m*; **o.s management** Betriebsleitung *f*, Produktionssteuerung *f*; **~ manager** Betriebsleiter *m*; **o. manual** Betriebsanleitung *f*, B.handbuch *nt*; **o. part** Operationsteil *m*; **o.s planning** Ablauf-, Operationsplanung *f*, Produktionsvorbereitungen *pl*; **~ and process planning** Arbeitsvorbereitung *f*

operations research (OR) (betriebliche) Verfahrens-, Planungs-, Unternehmensforschung, Optimalplanung *f*, Optimierungskunde *f*, Operations Research; **~ unit** betriebswirtschaftliche Planungsabteilung

operation|s room ⚔ Befehlszentrale *f*, Leitstelle *f*, Hauptquartier *nt*; **~ routing sheet** Arbeitsdurchlaufkarte *f*; **~ schedule** Betriebsplan *m*; **~ scheduling** Arbeits-, Produktionsvorbereitung *f*; **o. sequencing** Be-

triebsablaufsplanung *f*; **o. sheet** 1. Betriebsabrechnungsbogen *m*; 2. Fertigungsablaufplan *m*; **basic o. system** *(OR)* Grundbetriebssystem *nt*; **o. ticket** Arbeitsauftrag *m*
operation time Bearbeitungs-, Operationszeit *f*; **standard o. t.** Vorgabezeit *f*; **o. t. standard** Arbeitszeitvorgabe *f*
(non-standard) operation variance Arbeitsablauf-, Verfahrensabweichung *f*
operative *adj* 1. betriebsfähig; 2. tätig, beschäftigt; 3. wirkend; 4. (rechts)wirksam, gültig; 5. operativ, instrumentell; **o. from** [§] in Kraft seit; **to be o.** Geltung haben, gelten; **to become o.** in Kraft treten, wirksam werden; **to make o.** in Kraft treten lassen; **legally o.** rechtsgestaltend
operative *n* Arbeiter(in) *m/f*, Fabrik-, Maschinenarbeiter(in) *m/f*
operator *n* 1. Betreiber *m*, (Reise)Veranstalter *m*, Betriebsführer *m*, *(Kran)* Führer *m*, Unternehmer *m*; 2. Maschinenarbeiter *m*, M.bediener *m*, Techniker *m*; 3. *(Börse)* Marktteilnehmer *m*, Börsenmakler *m*, B.spekulant *m*; 4. ✆ (Telefon)Vermittlung *f*, Fernamt *nt*; **o.s** Bedienungspersonal *nt*; **o.s for a fall** *(Börse)* Baissepartei *f*, B.clique *f (frz.)*; **o. in a market** *(Börse)* Marktteilnehmer *m*, Spekulant *m*, **o. of a motor vehicle** Kraftfahrzeugführer *m*, K.halter *m*; **easier with o.s sidelined** *(Börsenkurs)* leichter bei zurückhaltenden Aktivitäten; **to call the o.** ✆ Telefonzentrale anrufen
independent operator|s *(Börse)* Kulisse *f*; **multiple o.** Filialkette *f*, F.betrieb *m*, Einzelhandelskette *f*; **small o.s** kleine und mittlere Betriebe; **smooth o.** *(pej.)* Schlawiner *m (pej.)*, Schlitzohr *nt (pej.)*
operator('s) console; o.('s) control panel 🖵 Bedienungskonsole *f*, B.feld *nt*; **o. console station** Bedienungsplatz *m*; **o. instructions** Bedienungsanleitung *f*; **o.'s licence** 1. Betriebsgenehmigung *f*; 2. Speditionskonzession *f*, S.lizenz *f*; **o.('s) panel** Schalt-, Bedienungstafel *f*, **o. performance** *(REFA)* Leistung(sergebnisgrad) *f/m* (des Arbeitnehmers); **o. prompting** 🖵 Bedienerführung *f*; **o. request** Bedienungsaufruf *m*
ophthalmologist *n* ✚ Augenarzt *m*, A.ärztin *f*
opinion *n* 1. Meinung *f*, Ansicht *f*, Auffassung *f*; 2. Stellungnahme *f*, Aussage *f*, (Fach-/Rechts)Gutachten *nt*; 3. *(Bilanz)* Bestätigungsvermerk *m*, Testat *nt*; 4. Meinungsbild *nt*, Votum *nt*; **o. of counsel** [§] Rechtsgutachten *nt*; **in the ~ counsel** nach Ansicht des Rechtsberaters; **~ the court** Ansicht des Gerichts, Urteilsbegründung *f*; **contrary to the generally held o. in the industry** entgegen landläufiger Branchenmeinung; **o. of a specialist in forensic medicine** gerichtsmedizinisches Gutachten; **in my o.** meines Erachtens; **contrary to received o.** entgegen landläufiger Meinung; **to advance an opinion** Meinung vorbringen; **to ask for an o.** Stellungnahme einholen; **~ expert o.** (etw.) durch einen Sachverständigen begutachten lassen; **to deliver an o.** Stellungnahme abgeben; **to endorse so.'s o.** jds Meinung beipflichten; **to form an o.** sich eine Meinung bilden; **to furnish an o.** Gutachten erstellen; **to give an o.** Stellung nehmen, Stellungnahme/Urteil abgeben, (etw.) begutachten; **~ one's opinion on a subject** sich zu einem Thema äußern/auslassen; **to have a high o. of so.** große Stücke auf jdn halten *(coll)*; **to maintain one's o.** bei seiner Meinung bleiben; **to obtain an o.** Meinung/Gutachten einholen; **to offer an o.** sich äußern; **~ one's o. for what it is worth** *(coll)* seine Meinung zum Besten geben *(coll)*; **to refrain from giving one's o.** sich eines Urteils enthalten; **to render/submit an o.** Gutachten erstatten/abgeben; **to voice an o.** Ansicht äußern, Stellung beziehen

adverse opinion ablehnendes Gutachten; **advisory o.** Gutachten *nt*, (gutachterliche) Stellungnahme; **authoritative o.** kompetente/maßgebliche Meinung; **biased o.** Interessentenmeinung *f*; **contrary o.** gegenteilige Meinung; **disclaimed o.** *(Bilanz)* versagter Bestätigungsvermerk, versagtes Testat; **dissentient o.** [§] abweichende Meinung; **dissenting o.** abweichende/ablehnende Stellungnahme, ~ Meinung, abweichendes/ablehnendes Urteil, Minderheits-, Sondervotum *nt*, Gutachten der Minderheit; **favourable o.** positive Stellungnahme; **to deliver a ~ o.** (etw.) befürworten; **widely held o.** weit verbreitete Meinung; **judicial o.** Meinung des Gerichts; **lay o.** öffentliche Meinung, Öffentlichkeit *f*; **legal o.** [§] Rechtsgutachten *nt*, R.auffassung *f*; **local o.** öffentliche Meinung vor Ort; **medical o.** medizinisches Gutachten; **opposing o.** Gegengutachten *nt*; **outside o.** Meinung eines/von Außenstehenden; **personal/private o.** Privatmeinung *f*, persönliche Meinung; **piecemeal o.** *(Bilanz)* teilweise eingeschränkter Prüfvermerk; **popular o.** Volksmeinung *f*; **preconceived o.** vorgefasste Meinung; **prevailing o.** (vor)herrschende Meinung/Lehre; **psychiatric o.** psychiatrisches Gutachten

public opinion öffentliche Meinung, Stimme des Volkes; **p. o. survey** Meinungsumfrage *f*; **to conduct a ~ survey** Meinungsumfrage durchführen

qualified opinion *(Bilanz)* eingeschränkter Bestätigungsvermerk, eingeschränktes Testat; **received o.** allgemeine/landläufige Meinung; **reasoned o.** mit Gründen versehene Stellungnahme; **second o.** Zweitgutachten *nt*; **to seek a ~ o.** ein Zweitgutachten einholen; **shop-floor o.** Meinung der Arbeiter/Belegschaft; **technical o.** technisches Gutachten; **unanimous o.** einhellige Meinung; **unfavourable o.** negative Stellungnahme; **unqualified o.** *(Bilanz)* uneingeschränkter Bestätigungsvermerk, uneingeschränktes Testat; **with-the-exception-of o.** *(Bilanz)* eingeschränkter Bestätigungsvermerk, eingeschränktes Testat

opinionated *adj* selbstherrlich, rechthaberisch
opinion book/list *[GB]* Auskunftsbuch über Kunden, Kundenauskunftsbuch *nt*; **o. former** Meinungsbildner *m*; **o.-forming** *adj* meinungsbildend; **o. leader** Meinungsführer *m*, M.bildner *m*, M.macher *m*
opinion poll Meinungsbefragung *f*, M.umfrage *f*, M.forschung *f*, repräsentative Befragung, Test-, Volksbefragung *f*; **to conduct an o. p.** Meinungsbefragung durchführen/veranstalten; **public o. p.** demoskopische Untersuchung; **o. p. data** Umfragedaten *pl*; **~ rating** Umfrageergebnis *nt*

opinion pollster Demoskop *m*; **o. rating** Meinungsbewertung *f*; **(public) o. research** Meinungsforschung *f*, Demoskopie *f*; **o. research institute** Meinungsforschungsinstitut *nt*, demoskopisches Institut; **o. scale** Meinungsskala *f*; **o. survey** Meinungsbefragung *f*, M.forschung *f*; **o. test** Meinungstest *m*
opium *n* Opium *nt*; **o. den** Opiumhöhle *f*
opponent *n* (Prozess)Gegner(in) *m/f*, Antragsgegner(in) *m/f*, gegnerische Partei, Opponent(in) *m/f*, Widersacher(in) *m/f*; **to knock an o. out of the ring** *(fig)* Gegner aus dem Felde schlagen; **professional o.** Berufsopponent *m*
opportune *adj* gelegen, günstig, opportun
opportun|ism *n* Opportunismus *m*; **o.ist** *n* 1. Opportunist *m*; 2. Konjunkturritter *m (pej.)*; **o.istic** *adj* opportunistisch
opportunity *n* 1. Gelegenheit *f*; 2. Möglichkeit *f*, Chance *f*
opportunity of being heard rechtliches Gehör; **o. to borrow** Verschuldungsmöglichkeit *f*; **~ buy** Kaufgelegenheit *f*; **o. for development** Entwicklungschance *f*; **~ professional development** berufliche/fachliche Entwicklungsmöglichkeit; **~ improvements** Verbesserungspotenzial *nt*; **opportunities for upward mobility**; **~ promotion** Aufstiegsmöglichkeiten, A.chancen; **o. to earn/of earning money** Verdienstmöglichkeit *f*; **o. for work** Arbeitsgelegenheit *f*
an opportunity arises eine Gelegenheit bietet sich; **at your earliest o.** *(Brief)* bei erster/nächster Gelegenheit; **at the first o.** bei erstbester Gelegenheit
to avail o.s. of an opportunity Gelegenheit nutzen/ergreifen, Möglichkeit wahrnehmen; **to let an o. slip** Gelegenheit ungenutzt verstreichen lassen; **to make the most of an o.** Möglichkeit optimal nutzen, mit seinen Pfunden wuchern *(fig)*; **to miss/neglect an o.** Chance/Gelegenheit versäumen, ~ verpassen, sich eine Chance entgehen lassen; **to seize/take an o.** Gelegenheit/Chance ergreifen, ~ wahrnehmen, ~ ausnutzen; **to wait one's o.** auf eine passende Gelegenheit warten
ample opportunity hinreichend Gelegenheit; **educational opportunities** Bildungsmöglichkeiten, B.chancen; **endless opportunities** unbegrenzte Möglichkeiten; **equal opportunities** Chancengleichheit *f*, gleiche Chancen; **golden/splendid o.** glänzende Gelegenheit; **lost o.** verpasste Gelegenheit; **occupational opportunities** Berufsmöglichkeiten, berufliche Möglichkeiten; **unique o.** einmalige Gelegenheit; **wasted o.** vertane Möglichkeit
opportunity cost(s) *(BWL)* Alternativ-, Opportunitäts-, Substitutions-, Wartekosten *pl*, alternative Kosten, Mindestproduktionspreis *m*; **o. curve** Bilanz-, Budgetgerade *f*
oppose *v/t* 1. sich widersetzen, entgegentreten, Widerstand leisten; 2. einwenden, Widerspruch erheben, widersprechen; 3. gegenüberstellen
to be opposed to sth. *adj* gegen etw. sein, einer Sache ablehnend gegenüberstehen; **diametrically/directly o.** genau/diametral entgegengesetzt
opposer *n* Opponent(in) *m/f*

opposing *adj* 1. gegnerisch, opponierend; 2. entgegengesetzt, gegensätzlich
opposite *n* Gegenteil *nt*, G.satz *m*; **the very o.** genau das Gegenteil, das genaue Gegenteil; *adj* 1. gegenüber(liegend); 2. entgegengesetzt, gegenteilig, g.sätzlich; 3. gegnerisch
opposition *n* 1. Opposition *f*, Widerstand *m*, Gegnerschaft *f*; 2. Gegensatz *m*; 3. Gegenüberstellung *f*; 4. Gegenpartei *f*; 5. *(pol.)* Opposition *f*; **without o.** widerstandslos; **o. for lack of inventiveness** *(Pat.)* Einspruch der mangelnden Erfindungshöhe; **~ novelty** Einspruch wegen mangelnder Neuheit; **o. to a patent** Patenteinspruch *m*
to drop one's opposition Widerstand aufgeben; **to lodge an o.** Einspruch einlegen; **to meet with o.** auf Widerspruch stoßen; **to reject an o.** *(Pat.)* Einspruch verwerfen/zurücknehmen; **to run into o.** auf Widerstand stoßen; **to withdraw an o.** Einspruch zurücknehmen
belated opposition *(Pat.)* nachträgliches Einspruchsverfahren; **extra-parliamentary o.** außerparlamentarische Opposition; **late o.** verspäteter Einspruch; **official o.** Amtswiderspruch *m*; **post-grant o.** nachgeschobenes Einspruchsverfahren; **stiff o.** hartnäckiger Widerstand; **third-party o.** Drittwiderspruch *m*
Opposition benches *(Parlament)* Oppositionsbank *f*; **o. division** *(Pat.)* Einspruchsstelle *f*, E.abteilung *f*; **o. fee** Einspruchs-, Widerspruchsgebühr *f*; **o. patent** Einspruchspatent *nt*; **o. period** Einspruchsfrist *f*; **o. proceedings** Einspruchsverfahren *nt*
opt (for) *v/prep* wählen, sich entscheiden (für), optieren (für); **o. in** *(Vertrag)* beitreten; **o. out** 1. auf das Optionsrecht verzichten, sich freizeichnen; 2. sich gegen etw. entscheiden, optieren gegen; 3. abspringen, aussteigen *(fig)*
opti|cal *adj* optisch; **o.cian** *n* Optiker(in) *m/f*
optics *n* Optik *f*; **o. industry** optische Industrie
optimal *adj* optimal
optimality *n* Optimalität *f*; **o. principle** Optimalitätsprinzip *nt*; **o. test** Optimalitätstest *m*
optimalization *n* Optim(alis)ierung *f*; **o. of operations** Betriebsoptimierung *f*
optimism *n* Optimismus *m*; **o. about the future** Zukunftsoptimismus *m*; **o. with regard to the economic trend** Konjunkturoptimismus *m*; **to spread o.** Optimismus verbreiten; **calculated o.** Zweckoptimismus *m*; **facile o.** leichtfertiger Optimismus; **guarded o.** vorsichtiger/gedämpfter Optimismus
optimist *n* Optimist(in) *m/f*; **o.ic** *adj* zuversichtlich, optimistisch
optimization *n* Optimierung *f*; **o. of materials flow system** Materialflussoptimierung *f*; **~ operations** Betriebsoptimierung *f*; **linear o.** lineare Optimierung; **o. calculation** Optimierungsrechnung *f*; **o. criterion** Optimierungskriterium *nt*
optimize *v/t* optimieren
optimum *n* Bestfall *m*, B.wert *m*, Optimum *nt*; **corporate o.** Unternehmensoptimum *nt*
optimum *adj* best(möglich), günstigst, optimal
opting out *n* 1. *[GB] (Gewerkschaft)* Parteibeitragsfreiheit *f*; 2. Austritt *m*; 3. Freizeichnung *f*

option *n* 1. Option(sgeschäft) *f/nt*; 2. Options-, Bestimmungs-, Bezugs-, Vorkaufsrecht *nt*, Kaufanwartschaft *f*; 3. befristetes Eintrittsrecht *nt*; 4. Börsentermingeschäft *nt*; 5. Wahl(freiheit) *f*, W.möglichkeit *f*, W.recht *nt*; 6. Extraausstattung *f*, Zusatzeinrichtung *f*; **at the o. of** nach Wahl von; **o. to buy/purchase** Kaufoption *f*; **~ convert** Umtauschrecht *f*; **o. of delivery** *(Wertpapier)* Auslieferungsmöglichkeit *f*; **o. to double** Nochgeschäft *nt*; **o. of fine in lieu of imprisonment** [§] Ersatzgeldstrafe *f*; **o. to purchase freehold** Ankaufsoption auf Grundeigentum; **~ renew tenancy** Nachmietrecht *nt*; **o. of repayment** Rückzahlungsoption *f*; **o. for new shares** *[GB]* ; **o. on new stocks** *[US]*; **o. to subscribe for shares** *[GB]* **/stocks** *[US]* Bezugs(rechts)option *f*, B.recht auf neue/junge Aktien, Aktienoption *f*; **o. between alternative valuation bases; ~ different values** Bewertungswahlrecht *nt*; **o. for waiver of warranty** Verzicht auf Gewährleistungsrecht; **o. of withdrawal** Rücktrittsvorbehalt *m*
at your option zu Ihrer Wahl
to abandon an option Optionsrecht nicht ausüben; **to call an o.** *(Börse)* Prämiengeschäft eingehen; **to cancel an o.** Option aufgeben/streichen; **to convert an o. into a firm contract** Option in einen Festauftrag umwandeln; **to deal in o.s** Prämiengeschäfte machen; **to declare o.s** 1. *(Differenzgeschäft)* sich erklären; 2. *(Börse)* Prämie erklären; **to exercise an o.** *(Börse)* Option ausüben, Bezugs-/Options-/Prämienrecht ausüben; **to grant an o.** Option/Wahlrecht/W.möglichkeit einräumen; **to have no o.** keine Wahl haben; **to keep/leave one's o.s open** sich noch nicht festlegen, sich freie Hand lassen, sich alle Möglichkeiten offen lassen; **to let an o. slide** Option verfallen lassen; **to reserve the o. (to acquire)** sich das Vorkaufsrecht sichern; **to sell at o.** 1. auf Prämie verkaufen; 2. *(Prämiengeschäft)* stillhalten; **to take an o.** Option abschließen; **~ out an o.** Option erwerben; **~ up an o.** Bezugs-/Optionsrecht/(Kauf)Option ausüben, ~ wahrnehmen, von einer Option Gebrauch machen
call-of-more option *(Börse)* Nochgeschäft *nt* (nach Wahl des Käufers); **compulsory o.** Wahlpflicht *f*; **double o.** *(Optionshandel)* Stellage(geschäft) *f/nt*, Kauf- und Verkaufsoption *f*, Terminkauf und -verkauf *m*; **exclusive o.** Ausschlussoption *f*; **financial o.** 1. Finanzterminkontrakt *m*; 2. *(Börse)* Finanzoption *f*; **joint o.** gemeinsam ausgeübte Option; **put-of-more o.** *(Börse)* Nochgeschäft *nt* (nach Wahl des Verkäufers); **qualified o.** bedingte Option; **soft o.** *(coll)* Weg des geringsten Widerstandes; **standard o.** *(Maschine)* Standardausführung *f*; **traded o.** gehandelte/handelbare Option; **~ market** Optionssekundärmarkt *m*; **unexercised o.** *(Börse)* nicht ausgeübtes Prämiengeschäft
option agreement Optionsvertrag *m*
optional *adj* fakultativ, wahlweise, w.frei, freigestellt, beliebig, freiwillig
option bond *n* Bezugsrechtsobligation *f*, Optionsanleihe *f*, O.schuldverschreibung *f*, Schuldverschreibung mit Bezugsrecht auf Aktien; **o. business** Optionshandel *m*, Prämien-, Distanzgeschäft *nt*, bedingtes Termingeschäft; **o. buyer** *(Börse)* Prämienkäufer *m*; **o. certificate** Bezugsrechtsschein *m*; **o. clause** Options-, Fakultativklausel *f*; **o. combination** *(Börse)* Optionskombination *f*; **o. contract** Prämienbrief *m*, Option(s)geschäft *f/nt*, O.sschluss *m*; **o. (declaration) day** Erklärungstag für Optionen, Prämienerklärungstag *m*; **o. deal** Prämiengeschäft *nt*, Optionskontrakt *m*; **o. dealer** Options-, Prämienhändler *m*; **o. dealings** Options-, Prämiengeschäft *nt*; **o. department** Terminabteilung *f*; **o. deposit** Optionseinlage *f*
optionee *n* Optionsberechtigter *m*, O.empfänger *m*, O.käufer *m*
optioner *n* Optionsgeber *m*, O.gewährer *m*
option|s exchange Options-, Terminbörse *f*, T.markt *m*; **o. fee** Optionsgebühr *f*, O.geld *nt*; **o. holder** Optionsberechtigter *m*; **o. list** Optionsliste *f*; **o. loan** Optionsdarlehen *nt*
options market *(Börse)* Options-, Prämienmarkt *m*; **secondary o. m.** Sekundärmarkt für Optionen
option money *(Börse)* Abstands-, Prämien-, Reugeld *nt*, Prämie *f*; **o. mortgage** verbilligte Hypothek *f*; **o. operator** *(Börse)* Prämienspekulant *m*; **o. order** Auftrag auf Abruf; **o. payment** Optionszahlung *f*; **o. period** Optionsdauer *f*, O.frist *f*, O.zeit *f*; **o. price/rate** Optionspreis *m*, Prämienkurs *m*, P.satz *m*; **o. purchase** Prämienkauf *m*; **o. put and call** Prämiengeschäft *nt*; **o. right** Optionsrecht *nt*; **o. sale** Prämienverkauf *m*; **o. stocks** Prämienwerte; **o. taker** Optant *m*; **o. terms** Optionsbedingungen; **o.s trader** Options-, Terminhändler *m*; **o.(s) trading** Terminhandel *m*, T.geschäft *nt*, Prämien-, Optionshandel *m*, O.geschäft *nt*; **o. warrant** Options-, Bezugsrechtsschein *m*, Optionsanleihe *f*
opulence *n* Wohlhabenheit *f*, Reichtum *m*, Überfluss *m*, Üppigkeit *f*; **to live in o.** im Überfluss leben
opulent *adj* 1. begütert, reich, wohlhabend; 2. üppig
oral *adj* 1. mündlich; 2. $ Oral-; *n* mündliche Prüfung; **o.ity** *n* Mündlichkeit *f*; **o.ly** *adv* in mündlicher Form
orange *n* Orange *f*, Apfelsine *f*; **o. juice/squash** Orangensaft *m*
orator *n* Sprecher *m*; **o.ical** *adj* rednerisch
orbit *n* Erdumkreisung *f*, Kreisbahn *f*, (Satelliten)Flugbahn *f*, Umlaufbahn *f*; *v/t* (die Erde) umkreisen
orchard *n* 🍎 Obstgarten *m*; **o.ing** *n* Obstbau *m*; **o.ist** *n* Obstzüchter *m*
orchestra *n* Orchester *nt*
orchestrate *v/t* 1. *(fig)* inszenieren *(fig)*; 2. *(Maßnahmen)* aufeinander abstimmen; **o.d** *adj* von langer Hand vorbereitet, konzertiert *(fig)*
orchestration *n* *(fig)* Inszenierung *f (fig)*
ordain *v/t* verfügen, anordnen, bestimmen, dekretieren, verordnen
ordeal *n* Belastungs-, Feuer-, Zerreißprobe *f*, Tortur *f*, schwere Prüfung, Schicksalsprüfung *f*; **to suffer an o.** Prozedur über sich ergehen lassen
order *n* 1. (Geschäfts)Auftrag *m*, Bestellung *f*, Kommission *f*, Order *f*; 2. Befehl *m*, Erlass *m*, Anweisung *f*, Verfügung *f*, Weisung *f*, Gebot *nt*, Anordnung *f*, Kommando *nt*; 3. Vorschrift *f*, Verordnung *f*; 4. (Reihen)Folge *f*, (Größen)Ordnung *f*; 5. Ordnung *f*, Zu-

stand *m*; 6. Rang *m*, Grad *m*, Sorte *f*; 7. Klasse *f*; 8. [§] Bescheid *m*
against/contrary to order|s befehlswidrig; **on account of my o.** aus meinem Auftrag; **by o.** im Auftrag (i.A.), auf Befehl, durch Verordnung, auftragsweise; **~ of** auf Anweisung/Order von; **~ and for account of** im Auftrag und für Rechnung von; **in o.** 1. in Ordnung, zulässig, in Übereinstimmung mit der Geschäftsordnung; 2. der Reihe nach, in der richtigen Reihenfolge; **in the o. of** in der Größenordnung von; **in o. to** zwecks; **in compliance with your o.** gemäß Ihrer Order; **of the o. of** circa; **on o.** 1. auf/bei Bestellung; 2. bestellt, in Bestellung; **~ the o. of** auf Bestellung/Befehl von; **~ o.s from** auf Weisung von; **out of o. ✪** außer Betrieb, defekt, kaputt *(coll)*, betriebsunfähig; **(as) per o.** auftragsgemäß, laut Bestellung/Auftrag; **till further o.s** bis auf weiteren Befehl, ~ weitere Weisung; **to o.** auftragsgemäß, auf Bestellung, nach Maß; **to the o. of** an die Order von, für; **with o.** bei Auftragserteilung
order from abroad Auslandsorder *f*, A.auftrag *m*; **o. of adjudication (in bankruptcy)** [§] Beschluss über die Eröffnung des Konkursverfahrens, Konkurseröffnungsbeschluss *m*; **o. in advance** Vorausbestellung *f*; **judicial o. to appear in person** [§] Anordnung des Erscheinens; **o. of arrest** Haftanordnung *f*, Arrestverfügung *f*; **to appeal against an ~ arrest** Haftbeschwerde einlegen; **~ attachment** Pfändungsbeschluss *m*, P.anordnung *f*; **~ of debts** Beschlagnahme *f*; **o. for the transfer of a garnished claim** Pfändungs- und Überweisungsbeschluss *m*; **o. of battle** ⚔ Schlachtordnung *f*; **o. to bear the costs of the proceedings** [§] Verurteilung zu den Kosten; **o. at best** *(Börse)* Bestensauftrag *m*, unlimitierter Auftrag; **o. of business** Tagesordnung *f*; **o. subject to cancellation** Auftrag mit Rückgaberecht; **o. of certiorari** *[GB] (lat.)* [§] Anweisung zur Übersendung von Prozessakten; **o. in chambers** [§] richterlicher Beschluss im Büroweg; **o. for collection** Inkassoauftrag *m*; **o. of command** Befehlshierarchie *f*; **o. for pre-trial confinement** [§] Anordnung der Untersuchungshaft; **o. at below-cost price** Verlustauftrag *m*; **o. in council** *[GB]* Kabinettsorder *f*; **o. of the court** [§] Gerichtsbeschluss *m*, gerichtliche Verfügung/Anordnung; **by ~ court** auf Grund gerichtlicher Verfügung, von Gerichts wegen, auf Anordnung des Gerichts
order of the day 1. ⚔ Tagesbefehl *m*; 2. an der Tagesordnung; 3. das Übliche, Mode *f*; **to be the ~ day** an der Tagesordnung sein
order of discharge 1. [§] Freispruch *m*; 2. gerichtliche Aufhebung des Konkursverfahrens; **o. to dismiss** [§] Beschluss auf Verwerfung eines Rechtsmittels; **~ effect a transaction** Geschäftsbesorgungsauftrag *m*; **o. of enforcement** [§] Vollstreckungsbefehl *m*; **next in ~ entitlement** nächstberechtigt(e,r); **o.s in excess of** Bestellungen von mehr als; **o. granting leave to appeal** [§] Revisionszulassung *f*; **o. of guardianship** [§] Entmündigungsbeschluss *m*; **(total) o.s on hand** Auftragsbestand *m*, Bestand an Aufträgen; **o. of magnitude** Größenordnung *f*; **o. for maintenance work** Instandhaltungsauftrag *m*; **o. of mandamus** *(lat.)* [§] gerichtliche Verfügung an untere Instanz; **o. at the market** *(Börse)* 1. *(Kauf)* Billigstensauftrag *m*, B.order *f*; 2. *(Verkauf)* Bestensauftrag *m*, B.order *f*; **o. of merit** 1. Reihenfolge der Wichtigkeit; 2. Verdienstorden *m*; **~ merit rating** Methode zur Feststellung der Werbewirkung; **o. to negotiate** Negoziierungsauftrag *m*, Ankaufsermächtigung *f*; **~ open a credit** Akkreditivauftrag *m*; **to o. of a third party** an fremde Order; **o. to pay** Zahlungsbefehl *m*, Z.anweisung *f*, Z.anordnung *f*; **~ bill** Wechselzahlungsbefehl *m*; **~ costs** [§] Kostenbeschluss *m*; **o. for payment against documents** Dokumentenauftrag *m*; **~ the payment of money** Zahlungsanweisung *f*; **o. of precedence** Rangordnung *f*, R.folge *f*; **~ preference** Präferenzordnung *f*, Rangverhältnis *nt*, R.folge *f*; **~ presentation** *(Bilanz)* Reihenfolge der Aufführung; **o. at the best price** *(Börse)* 1. *(Verkauf)* Bestensauftrag *m*, B.order *f*; 2. *(Kauf)* Billigstensauftrag *m*, B.order *f*; **o. of summary punishment** [§] Strafbefehl *m*; **o. to purchase** Kaufauftrag *m*; **o. of rank** Rangordnung *f*; **in ~ receipt** in der Reihenfolge des Einlaufs; **o. to refrain** [§] Unterlassungsanordnung *f*; **o. of registration** Reihenfolge der Eintragungen; **o. to relinquish the floor** Wortentziehung *f*; **~ remand so. in custody** [§] Anordnung der Untersuchungshaft; **o. of removal** [§] Ortsverweis *m*; **o. for the return of a record** [§] Akteneinforderung *f*; **o. of revivor** *(lat.)* [§] Beschluss auf Wiederaufnahme eines ruhenden Verfahrens; **~ sequence** Reihenfolge *f*; **according to the ~ sequence** der Reihe nach, turnusmäßig; **o. of succession** Erbfolge(ordnung) *f*; **legal ~ succession** gesetzliche Erbfolge; **~ survival** *(Lebensvers.)* Absterbeordnung *f*; **peremptory ~ time** gerichtliche Fristsetzung; **o. for transfer of action** [§] Verweisungsbeschluss *m*; **o. to view** Besichtigungsverfügung *f*; **negotiable o. of withdrawal (NOW)** begebbare Abhebungsauftrag, negoziierbare Auszahlungsanweisung; **~ (NOW) account** *[US]* laufendes Konto mit Zinsertrag (bei vereinbarter Festeinlage); **o. in writing** schriftliche Verfügung/Anweisung, schriftlicher Auftrag
by order and for account of im Auftrag und für Rechnung von, auf Order und Rechnung von, auf Weisung und für Rechnung von; **formally in o.** förmlich in Ordnung; **acting under (superior) o.s** Befehlsnotstand *m*; **made out to o.** an Order ausgestellt, an die Order lautend; **~ to o.** auf Bestellung angefertigt; **not in o.** nicht in Ordnung; **not to o.** nicht an Order; **payable to o.** zahlbar an Order, an Order lautend; **placing an o.** Auftragserteilung *f*, Bestellung *f*; **on/when ~ the order** bei Bestellung/Auftragserteilung; **in the o. specified** in der angegebenen Reihenfolge
to accept an order Auftrag/Bestellung annehmen; **to acknowledge an o.** Auftrag bestätigen; **to be in o.** stimmen, gültig sein; **~ out of o. ✪** nicht funktionieren; **~ called to o.** Ordnungsruf erhalten; **~ (a clerk) in holy o.s** *[GB]* dem geistlichen Stand angehören; **~ made out to o.** an Order lauten; **to book an o.** Auftrag buchen/vormerken/notieren/annehmen, Bestellung vormerken/aufnehmen; **to call to o.** zur Ordnung rufen, Ordnungsruf erteilen; **to cancel an o.** Auftrag/Bestellung

stornieren, ~ annullieren, ~ rückgängig machen, ~ zurücknehmen, ~ widerrufen, ~ streichen, Order annullieren; **to canvass o.s** Aufträge hereinholen, akquirieren; **to carry out an o.** 1. Auftrag/Bestellung ausführen; 2. Weisung/Befehl ausführen; **to change an o.** umbestellen; **to clear up early o.s** *(Börse)* erste Aufträge erledigen; **to clinch an o.** *(coll)* Auftrag hereinholen, ~ unter Dach und Fach bringen *(coll)*; **to collect o.s** Aufträge hereinholen; **to complete an o.** Bestellung ausführen; **to comply with an o.** 1. dem Auftrag entsprechen; 2. Anordnung befolgen; **to confirm an o.** Auftrag bestätigen; **to contravene an o.** befehlswidrig handeln; **to countermand an o.** Auftrag stornieren/zurückziehen/widerrufen, Bestellung widerrufen; **to deal with an o.** Bestellung ausführen; **to decline an o.** Bestellung ablehnen; **to discharge an o.** [§] Beschluss/Verfügung aufheben; **to enter an o.** Auftrag/Bestellung vormerken; **to execute an o.** 1. Auftrag/Bestellung/Order abwickeln, ~ ausführen, ~ bearbeiten, ~ erledigen; 2. Befehl ausführen; **to favour so. with an o.** jdn mit einem Auftrag beehren/begünstigen, jdm einen Auftrag erteilen; **to fill an o.** *[US]* Auftrag ausführen/abwickeln/bearbeiten, Bestellung erledigen; **to give an o.** 1. Befehl geben; 2. Auftrag erteilen, Bestellung aufgeben; **~ so. the o. of the boot** *(coll)* jdn rausschmeißen *(coll)*/feuern *(coll)*; **to be given the o. of the boot** *(coll)* gegangen werden *(coll)*; **to grant/issue an o.** [§] Verfügung/Anordnung treffen, ~ erlassen; **to keep o.** Ordnung halten; **~ sth. in o.** etw. in Ordnung halten, ~ in Stand halten; **to land an o.** *(fig)* Auftrag hereinholen; **to maintain o.** Ordnung aufrechterhalten; **to make (out) an o.** [§] Anordnung/Verfügung erlassen; **~ an o. on a petition** [§] Verfügung auf Antrag erlassen; **to make/manufacture to o.** auf Bestellung (an)fertigen/produzieren, nach Auftrag/Maß anfertigen, auftragsgemäß produzieren; **~ up an o.** Auftrag zusammenstellen; **to meet an o.** Auftrag ausführen/erledigen, einer Bestellung nachkommen; **to negotiate an o.** über einen Auftrag verhandeln; **to pay by o.** per Zahlungsanweisung zahlen/begleichen; **~ to so.'s o.** an jds Order zahlen; **to petition for an o.** [§] Verfügung beantragen; **to place an o.** bestellen, Auftrag/Bestellung/Order aufgeben, ~ erteilen, ~ vergeben; **to pool o.s** Aufträge zusammenfassen; **to process an o.** Auftrag bearbeiten; **to put in o.** regeln, in Ordnung bringen; **~ an o. in hand** Bestellung in Auftrag geben; **~ sth. in the right o.** etw. ordnen; **to refuse an o.** Befehl verweigern; **~ (to accept) an o.** Auftrag/Bestellung ablehnen; **to rescind/reverse an o.** Auftrag stornieren/zurücknehmen/annullieren, Order/Bestellung annullieren; **to restore o.** (öffentliche) Ordnung wiederherstellen; **to rule out of o.** [§] nicht zulassen, für regelwidrig erklären; **to secure an o.** Auftrag hereinholen/(ver)buchen/sichern/erhalten; **to send for o.s** Bestellungen entgegennehmen; **to serve an o.** [§] Urteil/Verfügung zustellen; **to set in o.** ordnen; **to slash o.s** Bestellungen/Aufträge einschränken; **to solicit o.s** um Aufträge werben, akquirieren; **to supply to (an) o.** auf (Grund einer) Bestellung liefern; **to take (in) an o.** Auftrag hereinnehmen/entgegennehmen, Bestellung annehmen; **~ o.s** Anweisungen entgegennehmen; **to transmit an o.** Auftrag/Bestellung übermitteln; **to win an o.** Auftrag hereinholen/erhalten; **to work to o.** auf Bestellung arbeiten

additional order Zusatzauftrag *m*, Z.bestellung *f*; **administrative o.** Verwaltungsanweisung *f*, V.anordnung *f*, behördliche Anweisung/Anordnung, Rechtsverordnung *f*; **advance o.** Vor(aus)bestellung *f*; **alphabetical o.** alphabetische Reihenfolge; **in ~ o.** alphabetisch geordnet, in alphabetischer Reihenfolge; **to arrange in ~ o.** alphabetisch anordnen; **alternative o.** *(Börse)* Zug-um-Zug-Order *f*; **ascending o.** aufsteigende Reihenfolge; **back o.** nicht rechtzeitig ausgeführter Auftrag, ausstehende Restlieferung; **~ o.s** Auftragsbestand *m*, rückständige Aufträge; **in bad o.** in schlechtem Zustand, nicht in Ordnung; **big o.** Großauftrag *m*; **big-ticket o.** *(Börse)* Großauftrag *m*; **billed o.** angekündigte Kommissionsware; **binding o.** 1. fester Auftrag, verbindliche Bestellung; 2. [§] bindender Beschluss; **blank o.** Blankoauftrag *m*; **blanket o.** Dauer-, Blankoauftrag *m*; **cease and desist o.** *[US]* [§] Unterlassungsanordnung *f*, U.befehl *m*, U.verfügung *f*; **chronological o.** Zeitfolge *f*, zeitliche Reihenfolge; **in ~ o.** in zeitlicher Reihenfolge, chronologisch geordnet; **circular o.** Runderlass *m*, R.verfügung *f*; **collective o.** Sammelauftrag *m*, S.bestellung *f*; **comprehensive o.** [§] Sammelverfügung *f*; **conditional o.** bedingter/freibleibender Auftrag, freibleibende Order; **confiscatory o.** Beschlagnahmeverfügung *f*; **constitutional o.** verfassungsmäßige Ordnung; **contingent o.** 1. *(Börse)* limitierter Auftrag; 2. gekoppelter Auftrag; **converting o.** Deckungsauftrag *m*, D.order *f*; **cross(ed) o.** Selbsteintrittsangebot *nt*, Kompensationsorder *f*; **descending o.** absteigende Reihenfolge; **discretionary o.** *(Börse)* Bestensauftrag *m*, B.order *f*; **domestic o.** Inlandsbestellung *f*, I.auftrag *m*; **economic o.** Wirtschaftsordnung *f*; **international ~ o.** Weltwirtschaftsordnung *f*; **either-or o.** Alternativauftrag *m*; **exclusive o.** *(Makler)* Alleinauftrag *m*; **executive o.** Ausführungs-, Durchführungsverordnung *f*, Vollzugsanordnung *f*; **exempting o.** Befreiungsverordnung *f*; **express o.** Eilbestellung *f*, E.auftrag *m*; **external o.** Fremdauftrag *m*; **falling o.s** Auftragsrückgang *m*, nachlassende Aufträge; **fictitious o.** fingierte Order; **fill-or-kill o.** *(Börse)* Sofortauftrag *m*; **final o.** [§] endgültige Verfügung, Schlussverfügung *f*; **firm o.** fester Auftrag, Festbestellung *f*, F.auftrag *m*, Fixauftrag *m*, feste Order; **first o.** Erstbestellung *f*; **of the ~ o.** ersten Ranges; **~ o. forecast** Prognose erster Ordnung; **fiscal o.** Steuerverordnung *f*; **flagging o.s** nachlassender Bestell-/Auftragseingang *m*; **follow-on/follow-up o.** Anschluss-, Folge-, Nachauftrag *m*, N.order *f*, N.bestellung *f*; **urgent ~ o.** kurzfristige Nachbestellung; **foreign o.** Auslandsorder *f*, A.auftrag *m*, A.bestellung *f*; **forward o.** Terminauftrag *m*; **pending further o.s** bis auf weitere Order/Anweisungen; **general o.s** [§] Verfahrensanweisungen; **in good o.** in gutem/ordnungsgemäßem Zustand, wohlerhalten; **~ and condition** in gutem/ordentlichen Zustand, in guter Verfassung; **to maintain ~ and condition** in Stand halten; **apparent ~ and condition** äußerlich gute Beschaffenheit, ~ guter Zustand, einwandfreier äußerer Zustand; **good-till-cancelled o.** Auftrag gültig bis zum Widerruf; **not held o.** Auftrag mit interessewahrender Ausführung; **of a high o.** von hohem Rang; **immediate o.** Auftrag mit 1 Tag Gültigkeit; **~ or cancel o.** *(Börse)* Auftrag zur sofortigen Ausführung; **incoming o.s** Bestell-, Auftragseingang *m*, Eingang von Aufträgen; **individual o.** Einzelauftrag *m*; **initial o.** Erstauftrag *m*, Erst-, Anfangsbestellung *f*, erster Auftrag; **interim o.** 1. [§] einstweilige Verfügung/Anordnung; 2. Vorbescheid *m*, Zwischenverfügung *f*, Vorentscheidung *f*, vorläufige Anordnung; **to make an ~ o.** einstweilige Verfügung erlassen; **interlocutory o.** [§] Zwischenurteil *nt*; **declaratory ~ o.** Feststellungszwischenurteil *nt*; **internal o.** Innenauftrag *m*; **judicial o.** [§] richterliche Anordnung/Verfügung; **large-scale/large-volume o.** Großauftrag *m*; **limited(-price) o.** begrenzter/limitierter Börsenauftrag, limitierter Auftrag, Limitauftrag *m*, limitierte Order; **matched o.** Börsenauftrag für gleichzeitigen Kauf und Verkauf, Kauf- und Verkaufsauftrag für das gleiche Wertpapier; **matrimonial o.** *[GB]* [§] eherechtliche Verfügung; **minimum o.** Mindestbestellung *f*; **ministerial o.** ministerieller Erlass; **special ~ o.** Verordnung mit Gesetzeskraft; **monastic o.** Mönchsorden *m*; **monetary o.** Währungs-, Geldordnung *f*, G.wesen *nt*; **multicopy o.** *(Bücher)* Sammelbestellung *f*; **natural o.** natürliche Ordnung; **naval o.** Schiffsbauauftrag *m*; **new o.** Neuauftrag *m*, N.abschluss *m*; **~ o.s** Auftrags-, Bestelleingang *m*, neue Abschlüsse; **non-appealable o.** [§] rechtskräftiger Beschluss; **numerical o.** Zahlen-, Nummernfolge *f*; **in ~ o.** nach Nummern geordnet; **official o.** Dienstbefehl *m*; **offshore o.** Auslandsauftrag *m*, A.bestellung *f*, A.order *f*; **off-the-shelf o.** Bestellung auf Abruf, Abrufauftrag *m*; **omnibus o.** Sammelbestellung *f*; **one-off o.** Einzelauftrag *m*; **open o.** 1. freihändiger Auftrag, unbefristete Order, bis auf Widerruf gültige Order, Limitauftrag bis auf Widerruf; 2. unerledigter Auftrag; **~ file** Auftragsbestandskartei *f*; **outstanding o.s** offener Auftragsbestand, unerledigte Aufträge; **oral o.** mündliche Bestellung, mündlich erteilter Auftrag; **to confirm an ~ o. in writing** mündliche Bestellung schriftlich bestätigen; **overseas o.** Überseeauftrag *m*, Bestellung aus Übersee, Auslandsbestellung *f*, A.auftrag *m*; **to our own o.** an unsere eigene Order; **penal o.** [§] Strafverfügung *f*; **peremptory o.** [§] zwingender Beschluss; **perfect o.** musterhafte/perfekte Ordnung; **to leave sth. in ~ o.** etw. in perfekter Ordnung hinterlassen; **postal o.** Postanweisung *f* (für kleine Beträge), P.barscheck *m*, Brieffüberweisung *f*, postalische Überweisung, Zahlungsanweisung *f*, Zahlkarte *f*; **prerogative o.** *[GB]* [§] Anweisung eines höheren Gerichts an ein unteres Gericht bzw. an eine Verwaltungsstelle; **procedural o.** [§] Verfahrensbeschluss *m*; **prohibitory o.** [§] gerichtliches Verbot; **provisional o.** [§] einstweilige Anordnung/Verfügung, Ausnahmeverfügung *f*, Notverordnung *f*

public order öffentliche Ordnung; **to restore p. o.** öffentliche Ordnung (wieder)herstellen; **p. o. offence** [§] Vergehen gegen die öffentliche Ordnung, Ordnungswidrigkeit *f*; **random order** Zufallsanordnung *f*; **reverse o.** umgekehrte Reihenfolge; **in running o.** ✪ betriebsbereit, funktionsfähig; **second o.** Nachbestellung *f*; **separate o.** Einzelauftrag *m*; **shoot-to-kill o.** Schießbefehl *m*; **short o.** *(Restaurant)* Schnellgericht *nt*; **in ~ o.** sofort, schnell; **single-batch o.** Einzelbeschaffung *f*; **slackening o.s** nachlassender Bestell-/Auftragseingang; **social o.** Gesellschafts-, Sozialordnung *f*, soziale Ordnung; **special o.** Sonderauftrag *m*, S.bestellung *f*; **in the specified o.** in der angegebenen Reihenfolge; **split o.** 1. Börsenorder in mehreren Abschnitten; 2. gesplittete Anlieferung; **spoiled-work o.** Nachbesserungsauftrag *m*; **standing o.** 1. *(Börse)* Dauerauftrag; 2. Fest-, Generalauftrag *m*, laufende Bestellung/Anweisung, fester Auftrag, laufende/ständige Order; **collective ~ o.** Sammeldauerauftrag *m*; **statutory o.** *[GB]* [§] Anordnung mit Gesetzeskraft, (Vorschrift durch) Rechtsverordnung *f*; **stop-gap o.** Füllauftrag *m*; **stop-loss o.** Stoploss-Auftrag *m*; **stop-payment o.** Auszahlungssperre *f*; **strict o.** strikter Befehl; **subcontracting o.** Zulieferauftrag *m*; **subsequent o.** Folgeauftrag *m*, Nachbestellung *f*; **subsidiary o.** Zuleitungsauftrag *m*; **substantial o.** Großauftrag, umfangreicher Auftrag; **superior o.** höherer Befehl, Befehl eines Vorgesetzten, Anordnung/Erlass von höherer Stelle; **supplementary o.** 1. Nachbestellung *f*; 2. [§] Ergänzungsverordnung *f*; **supporting o.** *(Bank)* Interventions-, Stützungsauftrag *m*; **tall o.** Großauftrag *m*; **a ~ o.** *(coll)* ziemlich viel verlangt; **temporary o.** [§] einstweilige Verfügung; **third-party o.** Leistungsverbot an Drittschuldner; **unconditional o.** unbedingte Anweisung; **unfilled o.s** Auftragsbestand *m*, A.überhang *m*, A.rückstand *m*, unerledigte Aufträge/Bestellungen; **~ list** Rückstandsliste *f*; **unlimited o.** Wertpapierauftrag ohne Limit; **urgent o.** Eilauftrag *m*, E.bestellung *f*; **written o.** 1. schriftliche Bestellung, schriftlich erteilter Auftrag, Auftragsschreiben *nt*; 2. schriftliche Anordnung; **in working o.** funktionsfähig

order *v/t* 1. bestellen, ordern, kommissionieren, Bestellung aufgeben, Auftrag vergeben/erteilen; 2. anweisen, anordnen, befehlen, verordnen, verfügen; 3. gliedern, ordnen, regeln; **o. sth. from so.** etw. von jdm bestellen; **o. in advance** vor(aus)bestellen; **o. back** zurückbeordern; **o. in** zur Lieferung ins Haus bestellen; **o. (so.) to leave** (jdn) aus dem Saal verweisen, ausweisen; **o. less than normal** unterdisponieren; **o. orally** mündlich bestellen

order accounting Auftragsabrechnung *f*; **internal ~ accounting** Innenauftragsabrechnung *f*; **o. administration** Auftragsabwicklung *f*; **o. amendment** Auftragsnachtrag *m*; **o. backlog** Auftragsbestand *m*, A.polster *nt*, A.reserven *pl*, A.rückstand *m*, A.überhang *m*, Lieferrückstand *m*; **o. bill (of exchange)** Orderpapier *nt*, O.wechsel *m*; **~ of lading** Orderkonnossement *nt*, O.frachtbrief *m*, O.ladeschein *m*, an Order ausgestell-

tes Konnossement; ~ **of materials** Materialbestimmungskarte *f*; **o. blank** Bestellformular *nt*; **o. bond** Orderschuldverschreibung *f*
order book 1. Auftrags-, Bestell-, Kommissions-, Konsignations-, Orderbuch *nt*; 2. *(fig)* Auftragsbestand *m*, A.polster *nt*; **to hold an ~ of** Auftragsbestand von ... haben; **declining/thinner o. b.** schwindendes Auftragspolster, schwächerer Auftragseingang; **lengthening o. b.** wachsender Auftragsbestand; **long/strong o. b.** dickes Auftragsbuch/A.polster, hoher Auftragsbestand; **thin/weak o. b.** niedriger/geringer Auftragsbestand, schlechte Auftragslage; **well-filled o. b.s** prall gefüllte Auftragsbücher, reichlicher Auftragsbestand
orders booked Auftragseingang *m*, A.bestand *m*; **new o. b.** neue Abschlüsse
order booking Auftragsbuchung *f*; **o. b.s** Auftrags-, Bestelleingang *m*; **new o. b.s** Neuabschlüsse, neue Abschlüsse; **o. b. office** Auftragsannahmestelle *f*, Bestellannahme *f*
order book position Auftragslage *f*; ~ **value** Auftragsbestandswert *m*; **o. boom** Auftragsschwemme *f*; **o. card** Auftrags-, Bestellkarte *f*; **o. checking** Auftragsprüfung *f*; **o. check** [US] /**cheque** [GB] Orderscheck *m*
order clause *(Wechsel)* Orderklausel *f*, O.vermerk *m*; **negative o. c.** negative Orderklausel; "not to o." c. negative Orderklausel
order clerk Auftragsbuchhalter *m*; **o. code** 1. Bestellnummer *f*; 2. ⌨ Befehlssprache *f*; **o. completion report** Fertigmeldung *f*; **o. control** Auftragsüberwachung *f*
fixed order cost bestellfixe Kosten; **o. c. and proceeds summary** Auftragsabrechnung *f*; **(specific) o. c. system** Zuschlagskalkulation *f*
order coupon Bestellabschnitt *m*; **o. cycle** Auftragszyklus *m*, Bestellrhythmus *m*; **o. cycling system** Bestellrhythmussystem *nt*; **o. date** Bestell-, Auftragsdatum *nt*; **o. deadline** Bestellfrist *f*; **o. department** Auftragsabteilung *f*
ordered *adj* bestellt; **as o.** 1. laut Auftrag/Order; 2. befehlsgemäß; **it is hereby o. and adjudged** § hiermit wird zu Recht erkannt; ~ **o. and decreed as follows** es ergeht folgender Beschluss; **o. and pronounced as follows** beschlossen und verkündet
order ex parte *(lat.)* § Beschluss auf einseitigen Antrag; **o. file** Auftragsdatei *f*, A.kartei *f*; **o. filling** Auftragserledigung *f*, A.abwicklung *f*; ~ **costs** Kosten der Auftragsabwicklung; **o. finance** Auftragsfinanzierung *f*; **o. flow** Bestell-, Auftragseingang *m*; **o. form** Auftragsformular *nt*, A.schein *m*, A.zettel *m*, Bestellformular *nt*, B.schein *m*, B.zettel *m*, Bezugs-, Orderformular *nt*; **o. frequency** Auftragshäufigkeit *f*; **o. handling (system)** Auftrags-, Bestellabwicklung *f*; **o. index** Bestellindex *m*; **o. inflow** Bestell-, Auftragseingang *m*; **current o. inflow** laufender Bestelleingang
ordering *n* Bestellabwicklung *f*, B.verkehr *m*, B.wesen *nt*, Auftragsdisposition *f*, Ordertätigkeit *f*, Dispositionen des Handels; **on/when o.** bei Bestellung/Auftragserteilung/Bezug; **o. of preferences** Aufstellen einer Präferenzordnung
advance ordering Vorausdisposition *f*; **causal o.** Kau-

salkette der Beziehungen; **fictitious o.** Leerbestellung *f*; **hand-to-mouth o.** kurzfristige Dispositionen; **periodic o.** Lagerhaltung mit gleichbleibenden Bestellintervallen, Bestellrhythmussystem *nt*; **timed o.** terminierte Bestellungen
ordering activity Bestell-, Ordertätigkeit *f*; **brisk o. activity** rege Bestelltätigkeit; **o. costs** Bestellkosten; **o. department** Bestellabteilung *f*; **o. intervals** Bestellabstände; **o. levels** 1. Auftragshöhe *f*; 2. Messegeschäft *nt*; **o. policy** Bestellpolitik *f*; **o. program(me)** Bestellprogramm *nt*; **o. quantity** Bestellmenge *f*; **economic o. quantity** optimale Bestellmenge; **o. system** Bestellwesen *nt*, B.system *nt*; **consumption-oriented o. system** verbrauchsorientiertes Bestellsystem
order instrument Orderpapier *nt*
order intake Bestell-, Auftragseingang *m*, A.hereinnahme *f*, A.zugang *m*, Hereinnahme von Aufträgen; **domestic o. i.** Inlandsauftragseingang *m*; **expected o. i.** Auftragserwartungen *pl*; **new o. i.** Auftragseingang *m*; **slack o. i.** Auftragsflaute *f*; **o. i. chart** Auftragskurve *f*
order level Auftragshöhe *f*; **o. limit book** Limitbuch *nt*
orderliness *n* Ordentlichkeit *f*
orderly *adj* ordentlich, geregelt, geordnet
orderly *n* ⚕ Pfleger *m*; **medical o.** Krankenpfleger *m*; **o. room** ⚔ Schreibstube *f*
order management/monitoring Bestellüberwachung *f*; **o. nisi** *(lat.)* § *(Ehescheidung)* vorläufige Gerichtsentscheidung, vorläufiger G.beschluss; **o. note** Auftragsmeldung *f*; **o. number** Auftrags-, Bestell-, Kommissionsnummer *f*
order pad Bestellblock *m*; **o. paper** 1. Tages-, Sitzungsprogramm *nt*; 2. *(Parlament)* Tagesordnung *f*; 3. Orderpapier *nt*; ~ **by transaction of the party** gekorenes Orderpapier; **original o. p.** geborenes Orderpapier
order picking Akquisition *f*, Kommissionieren *nt*; **o. placing** Auftragsvergabe *f*, A.erteilung *f*, Vergabepraxis *f*; **free o. placing** freihändige Auftragsvergabe; **o. planning** Auftragsplanung *f*; **o. point** Bestellpunkt *m*, Meldemenge *f*, kritischer Lagerbestand; ~ **system** Bestellpunktsystem *nt*; **o. portfolio** Auftragsbestand *m*; **o. position** Auftragslage *f*; **improved o. position** verbesserte Auftragslage; **o. procedure/processing** Auftragsbearbeitung *f*, A.ausführung *f*, Bestell-, Auftragsabwicklung *f*; **central o. processing (system)** zentrale Auftragsbearbeitung
order quantity Bestellmenge *f*; **fixed o. q.** festgelegte Bestellmenge; **optimal/optimum o. q.** optimale Bestellmenge; **variable o. q.** variable Bestellmenge
order|s received Auftrags-, Bestelleingang *m*, einlaufende Bestellungen; **o. record book** *(Börse)* Maklerbuch *nt*; **o. register** Auftragskartei *f*, Auftrags-, Bestellbuch *nt*; **o.-related** *adj* auftragsabhängig, a.bezogen; **o. recording/reporting** Auftragserfassung *f*; **o. result** Auftragsergebnis *nt*; **o. routing** Bestellweg *m*; **o. schedule** Auftragsfahrplan *m*; **o.s secured** *(Aufträge)* Geschäftsabschlüsse; **o. service** Bestelldienst *m*; **o. servicing** Auftragsbearbeitung *f*; **o. sheet** Bestellformular *nt*, B.schein *m*; **o. shortage** Auftragsmangel *m*; **o. situation** Auftragslage *f*

order size Auftragsgröße *f*, Beschaffungs-, Bestellmenge*f*; **dynamic o. s.** dynamische Beschaffungsmenge; **optimal/optimum o. s.** optimale Auftragsgröße/ Bestellmenge
order slip Bestell-, Orderzettel *m*, Bestellschein *m*; **o. statistic** Ranggröße*f*; **o. statistics** Bestell(ungs)-, Auftragsstatistik *f*; **o. status** Auftragsstatus *m*; **~ information** Auftragsbestandsübersicht*f*; **o. stock** Auftragsbestand *m*; **o. system** Bestellsystem *nt*; **fixed o. system** Bestellsystem mit Fixgrößen; **o. test** ▦ Anordnungstest *m*
order value Auftrags-, Bestellwert *m*; **final o. v.** Bestellendwert *m*; **total o. v.** Gesamtauftragswert *m*
order writing Bestellschreibung*f*
ordinance *n* Ver-, Anordnung*f*, Verfügung*f*, (Verwaltungs)Erlass *m*; **o. on regular maintenance payments amounts** Regelsatzverordnung *f*; **~ hazardous substances** Gefahrgutordnung *f*; **~ the use of buildings** Baunutzungsverordnung *f*; **basic o.** Gründungsgesetz *nt*; **local/municipal o.** Gemeindesatzung*f*, G.statut *nt*, G.verfassung *f*, Gemeinde-, Kommunalverordnung *f*; **supplementary o.** Zusatzbestimmung*f*; **o. map** Generalstabskarte *f*
ordinaries *pl* Stammaktien
ordinarily *adv* gewöhnlich, normalerweise
ordinary *adj* 1. gewöhnlich, normal, gängig; 2. einfach, gemein; 3. *(Aktien)* nicht bevorrechtigt; **out of the o.** aus dem Rahmen fallend, aus der Reihe (fallend)
ordinate *n* π Ordinate *f*
ordnance *n* ⚔ Waffen und Ausrüstung; **O. Department** *[US]* (Heeres)Waffenamt *nt*; **o. factory** Rüstungsbetrieb *m*, Munitions-, Waffenfabrik *f*; **o. office** Zeugamt *nt*; **o. survey** Landvermessung*f*, L.aufnahme *f*; **O. Survey** *[GB]* Landesvermessungsamt *nt*; **~ map** amtliche topografische Karte, Messtischblatt *nt*; **o. technician** Feuerwerker *m*
ore *n* ♦ Erz *nt*; **to smelt o.** Erz verhütten; **min(e)able o.** abbaufähiges Erz; **mineral o.s** Erze; **rich o.** ergiebiges Erz
ore|-bearing *adj* ♦ erzführend; **o. bed/body/deposit** Erzlager(stätte) *nt/f*; **o. carrier** ⚓ Erzschiff *nt*; **nonferrous o. deposit** Metallerzvorkommen *nt*; **o. mill** Erzmühle*f*; **o. mine** Erzbergwerk *m*, E.grube*f*; **o. mining** Erzabbau *m*, E.bergbau *m*; **o. preparation** Erzaufbereitung *f*
organ *n* 1. ⚕ Organ *nt*; 2. Organ *nt*, Sprachrohr *nt*, Publikation *f*; 3. **Organ** *nt*, Abteilung *f*; **o. of the administration of justice** Organ der Rechtspflege; **~ a company** Gesellschaftsorgan *nt*, Organ einer Gesellschaft; **administrative ~ a district/county authority** Bezirksorgan *nt*; **~ sovereign power** Hoheitsträger *m*; **statutory ~ representation** gesetzliches Vertretungsorgan
administrative organ Verwaltungsorgan *nt*; **appropriate o.** zuständiges Organ; **auditory o.** ⚕ Hörorgan *nt*; **central o.** Zentralorgan *nt*; **federal o.** Bundesorgan *nt*; **controlling/directing o.** Lenkungs-, Leitungsorgan *nt*; **deliberative o.** Beratungsorgan *nt*; **executive o.** Exekutive *f*, Exekutivorgan *nt*, ausführendes Organ;

international o. internationales Organ; **judicial o.** Organ der Rechtspflege; **legislative o.** Gesetzgebungsorgan *nt*; **official o.** amtliches Organ; **principal o.** Hauptorgan *nt*; **reproductive o.** ⚕ Fortpflanzungsorgan *nt*; **supervisory o.** Aufsichts-, Überwachungsorgan *nt*; **vital o.** lebenswichtiges Organ
organ donation ⚕ Organspende *f*; **o. donor** Organspender *m*; **o.-grinder** *n* Leierkastenmann *m*
organic *adj* 1. organisch; 2. ▮○ biologisch angebaut
organigram *n* Organisationsplan *m*, Organigramm *nt*
organization *n* 1. Organisation *f*, (Organ)Aufbau *m*, (An)Ordnung *f*, Gliederung *f*, Struktur *f*; 2. Organisation *f*, Gestaltung *f*; 3. Verband *m*, Körperschaft *f*; 4. Gesellschaft *f*, Unternehmen *nt*; 5. Gründung *f*; 6. Veranstaltung *f*; 7. ▦ Aufbereitung *f*
organization of the administration Aufbau der Verwaltung; **O. of African Unity (OAU)** Organisation für Afrikanische Einheit; **~ American States (OAS)** Organisation amerikanischer Staaten; **~ an association** Verbandsorganisation *f*; **~ cooperative associations** Genossenschaftsorganisation *f*; **~ industrial capacity** Potenzialgestaltung *f*; **~ the chambers of commerce** Kammerorganisation *f*; **O. for Economic Cooperation and Development (OECD)** Organisation für wirtschaftliche Zusammenarbeit und Entwicklung; **~ European Economic Cooperation (OEEC)** Organisation für europäische wirtschaftliche Zusammenarbeit, Europäischer Wirtschaftsrat; **o. of leisure activities** Freizeitgestaltung *f*; **common ~ the market** gemeinsame Marktorganisation; **common ~ agricultural markets** *(EU)* gemeinsame Agrarmarktorganisation; **~ operations** Betriebsgestaltung *f*; **~ Petroleum-Exporting Countries (OPEC)** Organisation Erdöl exportierender Länder; **~ production** Fertigungsorganisation*f*; **O. for Trade Cooperation** Organisation für Zusammenarbeit auf dem Gebiet des Außenhandels; **o. of work** Arbeitseinteilung *f*, A.gestaltung *f*, A.organisation *f*
to work across organizations über Organisationsgrenzen hinweg zusammenarbeiten
administrative organization Verwaltungsorganisation *f*; **affiliated o.** *(Bank/Vers.)* Schwesterinstitut *nt*; **bloated o.** aufgeblähte Verwaltung/Organisation; **cellular o.** Werkstattfertigung *f*; **central o.** Dach-, Spitzenverband *m*; **charitable/do-good** *(coll)* **o.** Wohlfahrtsorganisation *f*, W.verband *m*, Wohltätigkeitsorganisation *f*, (soziales) Hilfswerk; **deep o.** Organisation mit kleiner Leitungsspanne; **departmental o.** Abteilungsorganisation *f*; **direct o.** gestreute Dateiorganisation; **distributing o.** Verteilerorganisation *f*; **divisional o.** Spartenorganisation *f*, divisionale Organisation; **financial o.** Finanzwesen *nt*; **flat o.** Organisation mit großer Leitungsspanne; **front-end o.** Vorfeldorganisation *f*; **functional o.** funktionale Organisation; **governmental o.** staatliche Organisation; **indexed o.** ▭ indexierte (Datei)Organisation; **industrial o.** 1. Betriebsorganisation*f*; 2. Industriebetriebslehre*f*; **informal o.** informale Organisation; **internal o.** innerbetriebliche Organisation; **international o.** zwi-

schenstaatliche Einrichtung; **joint o.** Organisationsgemeinschaft f; **multidimensional o.** mehrdimensionale Organisation; **mutual o.** Gesellschaft auf Gegenseitigkeit; **narrow o.** Organisation mit kurzer Leitungsspanne; **non-governmental o.** nichtstaatliche Organisation, Nichtregierungsorganisation f; **non-profit(-making) o.** gemeinnützige Organisation, gemeinwirtschaftliche Unternehmung, Organisation ohne Gewinnabsicht/Erwerbscharakter; **operational o.** Ablauforganisation f; **person-cent(e)red o.** personelle Betriebsorganisation; **powerful o.** schlagkräftige/starke Organisation; **productive o.** Produktionsgesellschaft f; **professional o.** Berufskammer f, berufsständische Vertretung, Standesvertretung f; **project-type o.** projekttypische Organisation; **random o.** 🖳 gestreute Speicherungsform; **regulatory o.** Kontrollorgan nt, Aufsichtsbehörde f; **religious o.** Religionsgemeinschaft f; **scalar o.** Skalar-, Linienorganisation f, skalare Organisation; **self-regulatory o.** Verband mit eigener Kontrollfunktion; **sequential o.** 🖳 starr fortlaufende Speicherorganisation; **shallow o.** Organisation mit großer Leitungsspanne; **social o.** Gesellschaftsstruktur f; **sponsoring/supporting o.** Träger(organisation) m/f; **staff-line o.** Stab-Linien-Organisation f; **straight-line o.** Einliniensystem nt; **streamlined o.** gestraffte Organisation; **subsidiary o.** Unterorganisation f; **unincorporated o.** [US] Gesellschaft ohne eigene Rechtspersönlichkeit
organizational adj organisatorisch, Organisations-, organisationspolitisch
organization analysis Organisationsforschung f; **o. chart** Geschäftsverteilungs-, Organisationsplan m, O.schaubild nt, O.schema nt, Organigramm nt; **o. climate** Organisationsklima nt; **o. committee** Gründungsausschuss m; **o. cost(s)/expenses** Gründungsaufwand m, G.kosten pl; **o. level** Organisationsebene f; **o. manual** Organisationshandbuch nt; **o. meeting** Gründungsversammlung f; **o. model** Organisationsmodell nt; **o. officer** Organisationsleiter m; **o. research** Organisationsforschung f; **o. structure** Organisationsstruktur f, Aufbauorganisation f; **functional o. structure** funktionale Organisationsstruktur; **o. tax** [US] Gründungssteuer f; **o. theory** Organisationslehre f, O.theorie f; **o. tree** Organigramm nt; **o. unit** Aktionseinheit f
organize v/t 1. organisieren, gestalten, strukturieren, ordnen; 2. gründen, einrichten; 3. aufziehen, veranstalten, (Veranstaltung) ausrichten; **to be o.d** gewerkschaftlich organisiert sein
organizer n 1. Organisator m, Veranstalter m, Ausrichter m, Veranstaltungsleiter m; 2. Gründer m; **divisional o.** 1. Regionalleiter m; 2. (Gewerkschaft) Bezirkssekretär m
organizing committee n Organisationskomitee nt; **o. skill** organisatorische Fähigkeit
organism n Organismus m
third-party organ principle Drittorganschaft f
orient n Orient m, Morgenland nt
orient(ate) v/t ausrichten, orientieren; **o. o.s.** sich orientieren

oriental adj orientalisch, morgenländisch
orientation n Orientierung f, Kurs m, Ausrichtung f; **o. of a policy** Ausrichtung der Politik; **fiscal o.** fiskalische Orientierung; **new o.** Neuausrichtung f; **o. course** Einführungsseminar nt; **o. period** Einarbeitungszeit f
origin n Ursprung m, Her-, Abkunft f, Entstehung f, Herkommen nt, Quelle f; **o. of goods** Warenursprung m; **~ noise** Lärmquelle f; **~ a product** Ursprung einer Ware; **o. and use of capital resources** Mittelrechnung f; **to misrepresent the true o.** den wirklichen Ursprung unrichtig angeben
arbitrary/artificial origin 🕮 künstlicher/willkürlicher Nullpunkt; **ethnic o.** Volkszugehörigkeit f; **humble o.(s)** niedrige Abstammung; **of ~ o.** aus kleinen Verhältnissen; **true o.** (Waren) tatsächlicher Ursprung
original adj 1. ursprünglich; 2. originell, originär; 3. neu; 4. urschriftlich; 5. Ursprungs-
original n Original m, Urschrift f, Erstausfertigung f, E.schrift f, erste Ausfertigung, Urtext m, Vorlage f; **in the o.** im Original; **duplicate o.** zweite Originalausfertigung
originate in v/ti 1. erfinden, hervorbringen; 2. herrühren von/aus, stammen/kommen aus, entstehen in
originating house n Konsortialführerin f
origination n 1. Entstehung f; 2. Schaffung f, Veranlassung f; **o. of income** Einkommensentstehung f; **~ money** Geldentstehung f
originator n 1. Urheber(in) m/f, (Be)Gründer(in) m/f, Initiator(in) m/f; 2. (Scheck/Wechsel) Aussteller(in) m/f; 3. (Abbuchungsverfahren) Einzugsberechtigte(r) f/m, Zahlungsempfänger(in) m/f
orimulsion n Schweröl nt (zur Verbrennung in Kraftwerken)
ornament n Ornament nt, Verzierung f, Dekorationsstück nt; **o.al** adj dekorativ
orphan n (Voll)Waise f, Waisenkind nt; **o.'s allowance** Waisengeld nt
orphanage n Waisenhaus nt
orphan's pension Waisenrente f, W.geld nt
orthodontist n ⚕ Kieferorthopäde m, K.chirurg m
orthodox adj 1. recht-, strenggläubig; 2. üblich, konventionell
orthography n Rechtschreibung f, Orthografie f
oscillate v/i 1. schwingen, pendeln; 2. schwanken
oscillation n 1. Schwingung f; 2. Schwankung f; **o. component** oszillatorische Komponente
oscillograph n ✪ Oszillograph m, Schwingungsschreiber m
ostensible adj scheinbar, an-, vorgeblich, vorgeschoben, anscheinend, augenscheinlich
ostentation; ostentatiousness n Zurschaustellung f, Pomp m, eitles Gepränge
ostentatious adj auffällig, ostentiv, pompös
osteo|arthritis n ⚕ Arthrose f; **o.myelitis** n Knochenmarkentzündung f; **o.path** n Osteopath m
ostra|cism n (gesellschaftliche) Ächtung, Verfemung f; **o.cize** v/t ächten, verfemen
other adj andere(r,s); **and o.s** [§] ... und Partner; **o. than** mit Ausnahme von, ausgenommen; **with each o.** miteinander; **o.wise** adv anders, sonst, widrigenfalls

otorhinolaryngologist *n* ⚕ Hals-, Nasen- und Ohrenarzt *m*
ounce (oz.) *n* 1. Unze *f* (28,35 g); 2. *(fig)* Körnchen *nt*
oust *v/t* 1. *(Wohnung)* ausweisen, (aus dem Besitz/der Immobilie) vertreiben, ~ verdrängen, auf die Straße setzen, entlassen, rausschmeißen *(coll)*; 2. des Amtes entheben, absetzen; 3. zwangsweise entfernen; 4. *(Konkurrenz)* ausstechen
ouster *n* 1. *(Wohnung)* Ausweisung *f*, Enteignung *f*, zwangsweise Entfernung, Entzug des Immobilienbesitzes, Besitzvertreibung *f*, Zwangsräumung *f*; 2. Rauswurf *m*, R.schmiss *m (coll)*, Amtsenthebung *f*; **o. of jurisdiction** [§] Prorogation *f*, Ausschluss des allgemeinen Gerichtsstandes
out *adv* nicht zu Hause; **o. and home** ⚓ hin und zurück; **o. and o.** absolut; **to be o.** 📖 vorliegen
outage *n* [US] 1. ⚡ (Strom)Ausfall *m*, Leitungsausfall *m*; 2. ⚒ (Produktions)Ausfall *m*; **o. cost(s)** Ausfallkosten *pl*, Kosten der Nichtverfügbarkeit
out|argue so. *v/t* jdm in der Diskussion überlegen sein; **o.back** *n* [AUS] Hinterland *nt*; **o.balance** *v/t* überwiegen; **o.bid so.** *v/t* jdn überbieten/übersteigern, mehr bieten als jd; **o.bidder** *n* Überbieter *m*, Mehrbietender *m*; **o.bidding** *n* Übersteigerung *f*, Ü.bietung *f*; **o.board** *adj* ⚓ Außenbord-; **o.bound** *adj* ⚓ auslaufend, ausgehend, auf der Ausreise
outbreak *n* Ausbruch *m*; **o. of fire** Feuerausbruch *m*; **~ war** Kriegsausbruch *n*
out|building *n* 🏠 Außen-, Nebengebäude *nt*; **o.burst** *n* Ausbruch *m*; **emotional o.burst** Gefühlsausbruch *m*
outcast *n* Ausgestoßene(r) *f/m*, Geächtete(r) *f/m*, Verbannte(r) *f/m*; **social o.** Außenseiter der Gesellschaft
out|class *v/t* weit übertreffen, in den Schatten stellen *(fig)*, weit überlegen sein; **o.clearance** *n* ⊖ Ausklarieren *nt*
outcome *n* Ergebnis *nt*, Folge *f*, Resultat *nt*, Ausgang *m*, Ende *nt*, Erfolg *m*; **o. of our labour** Erfolg unserer Bemühungen; **~ the lawsuit** Ausgang des Rechtsstreits; **~ the meeting** Sitzungsergebnis *nt*; **fatal o.** Todesfolge *f*; **final o.** Endergebnis *nt*, E.resultat *nt*
out|crop *n* 🏔 Ausbiss *m*; **o.cry** *n* 1. Aufschrei *m* (der Empörung); 2. Auktion *f*, Ausrufen *nt*; **open o.cry** *(Börse)* (Abschluss durch) Zuruf *m*; **o.cycle work** *n* Arbeit außerhalb des Arbeitstaktes; **o.dated** *adj* überholt, veraltet, überlebt; **o.distance; o.do** *v/t* übertreffen, überflügeln, überrunden, weit hinter sich lassen, abhängen; **not to be o.done** um nicht zurückzustehen; **o.door** *adj* Außen-, draußen, im Freien, Freiland-
outerwear *n* Oberbekleidung *f*
outfall *n* 1. Ausfluss *m*, Mündung *f*; 2. Abwasser *nt*
outfit *n* 1. Einrichtung *f*, Ausrüstung *f*, Ausstattung *f*, Utensilien *pl*, Werkzeug *nt*; 2. Kleidung *f*; 3. *(coll)* Gruppe *f*, Firma *f*, Gesellschaft *f*, Laden *m (coll)*; **occupational o.** Berufsausrüstung *f*; **o. allowance** Ausstattungszuschuss *m*, Bekleidungszulage *f*
out|fitter *n* 1. Ausrüstungslieferant *m*, Ausrüster *m*; 2. (Herren)Ausstatter *m*; **o.fitting centre** *n* Ausrüstungsschwerpunkt *m*
outflow *n* 1. Aus-, Abfluss *m*; 2. (Kapital)Abfluss *m*; **o. of capital** Kapitalabfluss *m*, K.abwanderung *f*; **net ~ capital** Nettokapitalabfluss *m*; **~ cash** Geld-, Liquiditätsabfluss *m*, Kassenabgang *m*; **~ deposits** Einlagenabgänge *pl*; **~ (foreign) exchange** Devisenabfluss *m*, D.abgang *m*; **net ~ (foreign) exchange** Devisenbilanz *f*; **~ funds** Mittelabfluss *m*; **net ~ funds** Nettokapitalabfluss *m*; **~ gold** Goldabfluss *m*; **~ liquidity** Liquiditätsabfluss *m*; **~ reserves** Reserveabgänge *pl*; **financial o.s** Abfluss finanzieller Mittel
out|goer *n* *(coll)* ⚒ stillgelegter Betrieb; **o.going** *adj* 1. (aus)scheidend, abtretend; 2. abgehend, versandt/fertig; 3. abfahrend; 4. *(Person)* kontaktfreudig; **o.goings** *pl* Ausgaben, Ausgänge; **net o.goings** Debetsaldo *m*; **o.grow** *v/t* hinauswachsen über, größer werden als; **~ o.s.** über sich selbst hinauswachsen; **o.growth** *n* Auswuchs *m*, Folge *f*; **o.house** *n* 🚽 Außen-, Neben-, Wirtschaftsgebäude *nt*
outing *n* Ausflug *m*
out|landish *adj* fremdartig, exotisch, absonderlich; **o.lap** *v/t* überrunden; **o.last** *v/t* überdauern, überleben
outlaw *n* Geächtete(r) *m/f*, Bandit(in) *m/f*, Gesetzlose(r) *f/m*, Gewohnheitsverbrecher(in) *m/f*; 1. *v/t* verbieten, ächten; 2. rechtsunwirksam machen, der Rechtskraft berauben, für ungesetzlich erklären; **o.lawed** *adj* geächtet, vogelfrei; **o.lawing** *n* Ächtung *f*, Bann *m*; **~ of war** Kriegsächtung *f*; **o.lawry** *n* Gesetzlosigkeit *f*
outlay *n* Aufwand *m*, Aufwendungen *pl*, (Geld)Auslage(n) *f/pl*, Ausgaben *pl*, Kosten(aufwand) *pl/m*, K.auslagen *pl*; **o. for inventories** Lageraufwand *m*; **to recover one's o.** Kosten hereinwirtschaften, Auslagen wieder hereinbekommen
actual outlay Istausgaben *pl*; **additional o.** Mehraufwand *m*; **financial o.** finanzielle Auslagen; **initial o.** Anfangsausgabe *f*, anfängliche Aufwendungen; **marginal o.** Grenzausgaben *pl*; **professional o.** Werbungsaufwand *m*, W.kosten *pl*; **real o.** Realausgaben *pl*; **total o.** Gesamtaufwand *m*, G.kosten *pl*; **warranted o.** gerechtfertigte Ausgabe
outlay commission *(Agent)* Vorlageprovision *f*; **o. contour** Istkostenkurve *f*, I.linie *f*; **o. cost(s)** Istkosten *pl*; **current o. cost(s)** Aufwandskosten *pl*, Istkosten der Gegenwart, aufwandsgleiche Ausgaben/Kosten, relevante Kosten; **o. curve** Ausgabe(n)kurve *f*, Kurve der monetären Nachfrage; **constant o. curve** Kurve konstanter Ausgaben; **o. tax** Aufwandsteuer *f*, indirekte Steuer
outlet *n* 1. Absatzmöglichkeit *f*, A.markt *m*, A.gebiet *nt*, Verkaufsmarkt *m*; 2. *(Handel)* (Betriebs)Form *f*, Verkaufs-, Vertriebsstelle *f*, Einzelhandelsgeschäft *nt*; 3. Betätigungsfeld *nt*, Ventil *nt (fig)*; 4. Ab-, Auslauf *m*; **to create an o. for** Markt schaffen für; **o. valve** ⚙ Schieber *m*; **to find new o.s** neue Absatzmärkte erschließen; **commercial o.** Absatzmarkt *m*; **wide ~ o.s** ausgedehnte Absatzmärkte
outlier *n* 📊 Ausreißer *m*
outline *n* 1. Ab-, Grund-, Umriss *m*, Entwurf *m*, Skizze *f*, Übersicht(sdarstellung) *f*; 2. Profil *nt*, Silhouette *f*, Darstellung in Umrissen; **o.s** Hauptzüge, Konturen, Umrisse; **in o.** in Umrissen/groben Zügen (skizziert),

umrisshaft; **to give a rough o.** in groben Zügen darlegen; **brief o.** kurzer Abriss, Zusammenfassung f; **in broad o.** in groben Zügen/Umrissen; **rough o.** grobe Umrisse

outline v/t 1. erläutern, darlegen, entwerfen, umreißen, Überblick geben über, in groben Zügen schildern/darlegen, zusammenfassen; 2. *(Umriss)* zeichnen, skizzieren

outline agreement Rahmenvereinbarung f, R.vertrag m, Grundsatzabkommen nt; **o. data** Rahmendaten pl; **o. drawing** (Faust)Skizze f, Umriss-, Dispositionszeichnung f; **o. plan** Rahmenplan m; **o. planning** Grobplanung f, Umriss m; **~ consent/permission** 🏛 vorläufige Baugenehmigung, Vorabgenehmigung f; **o. process chart** Arbeitsablaufskizze f, A.schaubild nt; **o. provision** Blankettvorschrift f

outlive v/t überdauern, überleben

outlook n 1. Ausblick m, Aussicht(en) f/pl, Zukunftsaussichten pl, Z.chancen pl; 2. ☁ (Wetter)Tendenz f, Horizont m *(fig)*; **brighter o.** Aufhellungstendenzen pl; **clouded o.** schlechte/trübe Aussichten; **economic o.** Konjunkturaussichten pl, wirtschaftliche Aussichten; **general o.** allgemeine Aussichten; **good o.** günstige Aussichten; **subdued o.** gedämpfte Erwartung

out|lying adj abseits gelegen, entlegen, abgelegen; **o.maneuver** *[US]*; **o.manoeuvre** *[GB]* v/t ausmanövrieren, ausstechen, (durch geschickte Manöver) überlisten; **o.migration** n Abwanderung f; **o.moded** adj veraltet, überholt, unzeitgemäß, unmodern, aus der Mode gekommen; **o.number** v/t zahlenmäßig überlegen sein, ~ überwiegen, an Zahl übertreffen, ~ überlegen sein; **o.numbered** adj in der Minderheit

out|-of-school adj außerschulisch; **o.-of-town** adj außerstädtisch; **o.-of-the-way** adj abgelegen

outpace v/t überholen, übertreffen, in den Schatten stellen

outpatient n ⚕ ambulanter Patient; **to treat so. as an o.** jdn ambulant behandeln; **o.'s allowance** Hausgeld nt; **o.(s') clinic/department/hospital** Ambulanz f, Krankenhaus(abteilung) für ambulante Patienten, ambulante Station/Klinik; **o. (hospital) treatment** ambulante (Krankenhaus)Behandlung

outpayment n Auszahlung f, Zahlungsausgang m, ausgehende Zahlung; **o.s** Auszahlungsverkehr m; **net o.s** Auszahlungsüberschuss m; **o.s flow** Auszahlungsstrom m

out|perform v/t (leistungsmäßig) übertreffen, besser sein/abschneiden als, besseres Ergebnis erzielen als, sich besser entwickeln als; **o.performance** n überdurchschnittliches Wachstum; **outplace** *[US]* *(Führungskräfte)* weitervermitteln; **o.placement** n Weitervermittlung von Führungskräften, Gebrauchtmanagervertrieb m (coll); **o.-plant** adj außerbetrieblich; **o.port** n ⚓ Außen-, Vorhafen m; **o.post** n Vorposten m

output n 1. Ausstoß m, Produktion m, Erzeugung f, Ausbringung f, (Arbeits)Ertrag m, (Produktions)Ergebnis nt, Herstellmenge f; 2. 💰 Förderung f, Förderleistung f; 3. 💻 Leistung(sabgabe) f; 4. 💻 Ausgang m, Datenausgabe f, Abruf m; **o.s** Endprodukte; **o. of goods** Güterausstoß m, Leistungserstellung f; **o. in km** *(Garn)* Kilometerleistung f; **o. per litre** ⚙ Literleistung f; **~ man-hour** Leistung pro Arbeitsstunde; **~ man-shift** Schichtleistung f; **o. of services** erbrachte Dienstleistungen, Leistungserstellung f; **o. per unit** Stückleistung f

to curb/reduce output Förderung drosseln/zurückfahren; **to expand o.** Förderung/Produktion ausweiten; **to hit o.** Förderung/Produktion beeinträchtigen; **to increase o.** Förderung/Produktion erhöhen, ~ steigern

actual output Istausbringung f, I.leistung f; **aggregate o.** 1. Gesamtausstoß m; 2. *(VWL)* Sozialprodukt nt, gesamtwirtschaftliche Produktion; **annual o.** Jahresproduktion f, J.förderung f; **agricultural o.** landwirtschaftliche Erträge; **average o.** Durchschnittsproduktion f, D.leistung f; **booming o.** Mengenkonjunktur f; **budgeted o.** Sollausbringung f, S.leistung f; **per-capita o.** Pro-Kopf-Leistung f; **combined o.** Gesamtausstoß m; **continuous o.** ⚙ Dauerleistung f; **daily o.** Tagesfertigung f, T.leistung f, T.ausbringung f, T.produktion f, tägliche Produktion; **domestic o.** Inlandserzeugung f; **economic o.** Wirtschaftsleistung f; **effective o.** ⚙ Nutzleistung f; **electrical o.** Stromerzeugung f; **estimated o.** Produktionserwartungen pl; **excess o.** Überschussproduktion f; **extra o.** Mehrförderung f, M.leistung f; **flat o.** stagnierende Produktion; **gross o.** Bruttoproduktion(swert) f/m, Totalleistung f, Produktionswert m; **hourly o.** ⚙ Stundenleistung f; **increased o.** Mehrleistung f, M.produktion f, Leistungssteigerung f, Produktionsausweitung f; **industrial o.** Industrieausstoß m, I.erzeugung f, I.produktion f, industrielle Produktion; **literary o.** literarische Produktion; **lost o.** 1. Produktionsausfall m; 2. 💰 Förderungsausfall m; **made-to-stock o.** Lagerleistungen pl; **man-hour o.** Ausstoß pro Arbeitsstunde; **marketed o.** Marktleistung f; **maximum o.** *(Produktion)* Höchst-, Spitzen-, Maximalleistung f, Spitzenproduktion f, Leistungsmaximum nt; **mean o.** Durchschnittsleistung f, D.ausbringung f; **minimum o.** Mindestleistung f, M.produktion f, Leistungs-, Produktionsminimum nt; **national o.** volkswirtschaftliche Gesamtproduktion; **net o.** Nettoproduktion(swert) f/m; **real ~ o.** Wertschöpfung f; **normal o.** Normalleistung f, N.erzeugung f; **optimum o.** betriebsoptimale Ausbringung, Betriebs-, Produktionsoptimum nt; **overall o.** 1. Gesamtproduktion f; 2. *(VWL)* gesamtwirtschaftliche Produktion; **own o.** Eigenerzeugung f, E.förderung f; **planned/rated/standard o.** Sollleistung f, S.ausbringung f; **peak o.** Spitzenproduktion f, S.leistung f; **real o.** Istausstoß m; **reduced o.** verringerte Produktion, Minderleistung f; **sector(i)al o.** Erzeugung nach Sektoren; **stagnating o.** stagnierende Produktion, Ausstoßstagnation f; **surplus o.** Produktionsüberschuss m, Mehrförderung f; **thermal o.** Wärmeleistung f; **total o.** Brutto-, Gesamtproduktion f, G.leistung f, Leistungs-, Produktionsvolumen nt; **usable o.** verwertbare Förderung; **useful o.** Leistungseffekt m; **yearly o.** Jahresproduktion f, J.ertrag m, J.ausstoß m; **last year's o.** Vorjahresproduktion f

output v/t 💻 ausgeben

output accounting Leistungsrechnung f; **o.-adapted** adj produktionsgerecht; **o. bonus** Förder-, Leistungs-, Produktionsprämie f; **o. budgeting** Produktionsplanung f; **o. capacity** Förder-, Produktionskapazität f; **o.-capital ratio** Kapitalproduktivität f; **o. ceiling** Förderhöchstbetrag m, obere Produktionsgrenze; **o. coefficient** Leistungskoeffizient m; **o. constraint** Produktionsbeschränkung f; **o. cost(s)** Produktionskosten pl; **o. costing** Produktionskalkulation f; **o. data** 1. Produktionszahlen pl; 2. 🖳 Ausgabedaten pl; **o. device** 🖳 Ausgabegerät nt; **o. elasticity** Produktionselastizität f; **o. expectations** Produktionsprognose f; **o. figures** Produktionsziffern, P.zahlen, Förder-, Leistungszahlen; **o. file** 🖳 Ausgabedatei f; **o. flexibility** Produktionselastizität f; **o. function** 🖳 Ausgabefunktion f; **o. growth** Produktionszunahme f, P.zuwachs m; **o. instruction** 🖳 Ausgabebefehl m; **o. limitation** Produktionsbeschränkung f; **o. maximum** Leistungsgrenze f; **o. measure** Ausstoßmessziffer f; **o. method** Entstehungsrechnung f, produktionsabhängiges Abschreibungsverfahren; **o. monitoring** Produktionskontrolle f; **o. option card** 🖳 Ausgabesteuerkarte f; **o.-orient(at)ed** adj produktions-, leistungsorientiert; **o. potential** Produktionspotenzial nt; **o. premium** Förderprämie f; **o. price** Herstellungs-, Gestehungs-, Güterpreis m, Produktionskosten pl; **o. principle** Leistungsprinzip nt; **o. procedure** 🖳 Ausgabeprozedur f; **o. processor** 🖳 Ausgabeprozessor m; **o. projection** Produktionsplanung f; **o. punch** 🖳 Ausgabelocher m; **o. quota** Produktionskontingent nt, P.quote f, Förderkontingent nt, Ausbringungsquote f; **o. ratio** Mengenrelationen pl; **o. record** Produktionsrekord m, P.spitze f; **o.-related** adj leistungsbezogen, leistungs-, produktionsabhängig; **o. request** Ausgabeanforderung f; **o. restriction** Produktionseinschränkung f; **~ agreement** Produktionskartell nt; **o. routine** 🖳 Ausgabeprogramm nt; **o. sample** Produktions-, Ausfallmuster nt; **o. schedule** Produktionsplan m; **o. side** Entstehungsseite f; **o. statement** Produktionsbilanz f, P.meldung f; **o. storage** 🖳 Ausgabespeicher m; **o. target** Plan-, Fördersoll nt, Förder-, Produktionsziel nt; **o. tax** 1. Produktionssteuer f; 2. Umsatzsteuer f; **(lagged) o. term/variable** (verzögerte) Ausstoßvariable; **o. terminal** 🖳 Ausgabeanschluss m; **o. typewriter** 🖳 Ausgabeschreibmaschine f; **o. unit** 1. 🖳 Ausgabeeinheit f; 2. 📢 Ausstoßeinheit f; **o. value** Produktionswert m; **net o. value** Nettoproduktionswert m; **o. volume** Produktionsumfang m, P.volumen nt

outrage n 1. Ausschreitung f, Exzess m, Verbrechen nt, Schand-, Greuel-, Gewalttat f, G.tätigkeit f; 2. Skandal m; 3. Empörung f, Entrüstung f; **o. against common decency** öffentliches Ärgernis

outraged adj empört, aufgebracht; **to be o.** sich empören/entrüsten

outrageous adj unverschämt, unerhört, haarsträubend

outrank v/t (an Bedeutung) überragen

outright adj gänzlich, völlig, vollkommen, total; adv direkt, ohne Vorbehalt, auf der Stelle; **to own o.** uneingeschränkter Eigentümer sein

out|rigger n ⚓ 1. Ausleger m; 2. Auslegerboot nt; **o.run**

v/t überholen, überrunden, übertreffen; **o.sell** v/t 1. mehr verkaufen als; 2. sich besser/teurer verkaufen als
outset n Anfang m, Beginn m; **at the o.** am Anfang; **from the o.** von Anfang an; **to get stuck at the very o.** in den Ansätzen stecken bleiben
outshine v/t überstrahlen, in den Schatten stellen
outside n Außenseite f; **at the (very) o.** äußerstenfalls, höchstens; **on the o.** außen
outside adj 1. Außen-, (betriebs-/konzern)fremd, auswärtig; 2. systemfremd; prep außerhalb, außen
outsider n Außenseiter(in) m/f, A.stehende(r) f/m, Dritte(r) f/m, Betriebs-, Branchenfremde(r) f/m, Nichtmitglied nt, Unbeteiligte(r) f/m, betriebsfremde Person, Outsider m; **~ rates** Outsiderfrachten
outsize n Übergröße f; **o.d** adj übergroß
outskirts pl Außenbezirk(e) m/pl, Stadtrand m, Randgebiet nt, Peripherie f; **on the o.** am Rande der Stadt
outsmart v/t (coll) überlisten, schlauer/gerissener sein als, austricksen (coll), reinlegen (coll), ausmanövrieren
out|source v/t fremdvergeben, nach außerhalb/außen vergeben, Fertigungstiefe verringern, auslagern; **o.sourcing** n Fremdbezug m, F.vergabe f, Auslagerung f, Verringerung der Fertigungstiefe, Produktionsverlagerung (ins Ausland)
outspoken adj freimütig, unverblümt
outstanding adj 1. hervor-, herausragend, hervorstechend; 2. aus-, offenstehend, unerledigt, fällig, rückständig, unbeglichen, säumig; 3. im Umlauf, umlaufend; 4. (Obligation) ungetilgt; **to be o.** (Forderung) offen-, ausstehen; **o.s** pl Außenstände, unbeglichene Rechnungen, ausstehende Gelder
out|station n Außenstation f, Vorposten m; **o.stay** v/t länger bleiben als; **o.strip** v/t überholen, übertreffen, überflügeln, hinter sich lassen, vorbeiziehen an; **o.talk so.** v/t jdn in Grund und Boden reden (fig); **o. trade** v/t bessere Geschäfte machen als; **o.-tray** n (Post)Ausgangskorb m; **o.turn** n 🖳 Ertrag m, Ausstoß m, Istleistung f; **o.vote** v/t nieder-, überstimmen, durch Stimmenmehrheit besiegen, majorisieren
outward adj 1. Hin-; 2. äußerlich; **o.-bound** adj ⚓ auslaufend, ausreisend, auf der Ausreise (befindlich)
outwear v/t 1. abnutzen; 2. (Kleidung) abtragen; **o.-weigh** v/t überwiegen, mehr wiegen als, gewichtiger/wertvoller sein, mehr als ausgleichen; **o.wit so.** v/t jdm ein Schnippchen schlagen (coll), jdn an Schläue übertreffen, jdn überlisten
outwork n Außen-, Heimarbeit f; **o.er** n Außen-, Heimarbeiter(in) m/f
ovation n stürmischer Beifall, Ovation f; **standing o.** im Stehen dargebrachte Ovation
oven n (Back)Ofen m; **o.-proof** adj feuerfest, hitzebeständig; **o.-ready** adj back-, bratfertig; **o.ware** n feuerfestes Geschirr
as over adv wie umseitig; **o. and above** zusätzlich, außerdem, obendrein, über ... hinaus(gehend); **o.s and shorts (account)** pl Ausgleichskonto nt, Konto für Diverse
over|absorption (of costs) n (Kosten)Überdeckung f; **~ of overheads** Gemeinkostenüberdeckung f; **o.abun-**

dance *n* Überfluss *m*, Überfülle *f*, Überversorgung *f*; **o.abundant** *adj* überreichlich, übermäßig; **o.-acidification** *n* Übersäuerung *f*; **o.active** *adj* übermäßig geschäftig/aktiv
overage *n* 1. Mehrbetrag *m*; 2. (Bestands-, Waren)Überschuss *m*
over|age *adj* älter als der Durchschnitt, zu alt; **o.agio** *n* Extraprämie *f*
overall *adj* 1. (ins)gesamt, brutto, Gesamt-; 2. gesamt-, volkswirtschaftlich
overall *n* Kittel *m*; **o.s** Arbeitsanzug *m*, A.kleidung *f*, A.zeug *nt*, Monteuranzug *m*, Blaumann *m (coll)*
over|ambitious *adj* allzu ehrgeizig; **o.anxious** *adj* allzu besorgt
overassess *v/t* überschätzen, überbewerten, zu hoch veranlagen; **o.ment** *n* Überbewertung *f*, Überschätzung *f*
over|balance *v/ti* 1. umstoßen, umkippen; 2. aus dem Gleichgewicht kommen; **o. banked** *adj* mit Banken überversorgt; **o.bearance** *n* Überheblichkeit *f*; **o.bearing** *adj* überheblich, arrogant
overbid *n* Mehrgebot *nt*, Über(an)gebot *nt*; *v/t* überbieten, mehr bieten als; **o.ding** *n* Überbietung *f*
overboard *adj* ⚓ Überbord-; *adv* über Bord; **to be washed o.** über Bord gespült werden
overbook *v/t* überbuchen, überbelegen; **o.ing** *n* Überbuchung *f*, Überbelegung *f*
over|borrowed *adj* überschuldet; **o.bought** *adj (Börse)* übergekauft, überbezahlt; **o.budget** *n* Budgetüberschreitung *f*; **o.build** *v/i* zu dicht (be)bauen, überbauen; **o.burden** *n* 1. Überlast(ung) *f*; 2. zu große Ladung; 3. ⚒ Deckgebirge *nt*; *v/t* überladen, überbürden, über(be)lasten; **o.burdened** *adj* über(be)lastet; **o.busy** *adj* übergeschäftig; **o.buy** *v/t* zu große Mengen einkaufen, über seine Zahlungsfähigkeit kaufen; **o.capacity** *n* Überkapazität *f*; **o.capitalization** *n* Überkapitalisierung *f*; **o.capitalize** *v/t* überkapitalisieren; **o.careful** *adj* übervorsichtig, übertrieben gewissenhaft; **o.carriage** *n* zu weit beförderte Ladung; **o.cast** *adj* ☁ bedeckt, bewölkt, verhangen; **to become o.cast** sich überziehen/bewölken; **o.caution** *n* übertriebene Vorsicht; **o.cautious** *adj* übervorsichtig; **o.certification** *n* Ausstellung/Bestätigung eines Überziehungsschecks; **o.certify** *v/t* ungedeckten Scheck ausstellen; **o.charge** *n* 1. Mehr-, Überbelastung *f*, Überforderung *f*, Überpreis *m*; 2. Überladung *f*; *v/t* 1. zu viel belasten/berechnen/fordern/verlangen, übervorteilen, zu hoch in Rechnung stellen; 2. überladen; **outrageous o.charging** Preiswucher *m*; **o.check** *[US]* **o.cheque** *[GB]* *n* Überziehungsscheck *m*; **o.check** *v/t* *[US]* überziehen; **o.checking** *n [US]* (Konto)Überziehung *f*; **o.clothes** *n* Überbekleidung *f*; **o. cloud** *v/i* ☁ sich überziehen; **o.coat** *n* Mantel *m*; **o.come** *v/t* überwinden, besiegen, bezwingen; **o.commit o.s.** *v/refl* sich zu viel zumuten, sich zu sehr binden/verpflichten; **o.committed** *adj (Bank)* überengagiert; **o.compensate** *v/t* überkompensieren; **o.compensation** *n* Überkompensation *f*; **o.confidence** *n* 1. übermäßiges Selbstvertrauen; 2. blindes Vertrauen; **o.confident** *adj* zu selbstsicher; **o.consumption** *n* zu starker Verbrauch; **o.contribute** *v/t (Vers.)* zu viel einzahlen; **o.correct** *adj* überkorrekt; **o.covering** *n (Vers.)* Überdeckung *f*; **o.credit** *v/t* überkreditieren, zu viel Kredit gewähren; **o.critical** *adj* allzu kritisch; **o.crop** *v/t* ⚒ Raubbau betreiben, zu Grunde wirtschaften; **o.cropping** *n* Raubbau *m*
overcrowd *v/t* überfüllen; **o.ed** *adj* 1. überbelegt; 2. überfüllt; 3. überlaufen; 4. übervölkert; **o.ing** *n* 1. Überfüllung *f*; 2. Überbelegung *f*
over|debit *v/t* zu viel belasten, überbelasten; **o.demand** *n* Übernachfrage *f*; **o.dependent** *adj* zu abhängig; **o.depreciation** *n* übermäßige Abschreibung, Überabschreibung *f*; **o.develop** *v/t* überentwickeln; **o.development** *n* Überentwicklung *f*, Zersiedlung *f* (der Landschaft)
overdo *v/t* übertreiben, zu weit gehen; **o. it** 1. zu weit gehen, den Bogen überspannen *(fig)*; 2. sich übernehmen; **o. things** des Guten zu viel tun
over|done *adj* überspitzt; **o.dose** *n* ☥ Überdosis *f*; *v/t* überdosieren
overdraft *n* 1. Kontoüberziehung *f* (auf Kontokorrent), überzogener Betrag, Kontokorrentschuld *f*; 2. Dispositions-, Kontokorrent-, Überziehungskredit *m*; **o. on current account** Kontokorrentkredit *m*; **technical o.** technische Kontoüberziehung; **temporary o.** kurzfristige Kontoüberziehung
overdraft account Girokonto mit Dispositionskredit, debitorisches Konto; **o. business** Kontokorrentgeschäft *nt*; **o. commission** *(Konto)* Überziehungs-, Vorlage-, Vorschussprovision *f*; **o. cost(s)** Kosten für Kontenüberziehung; **o. credit/facility** Banküberziehungs-, Bereitschafts-, Verfügungs-, Dispositionskredit *m*, Überziehungsmöglichkeit *f*, Ü.kredit *m*, Ü.recht *nt*, Kreditfazilität *f*, K.linie *f*; **o. facility on current account** offener Kredit, Kontokorrentkredit *m*; **o. finance** Überziehungsfinanzierung *f*; **o. interest** Überziehungszinsen *pl*; **o. limit** Überziehungsgrenze *f*, Ü.limit *nt*, Kontokorrentgrenze *f*; **o. list** Überziehungsliste *f*; **o. loan** (Bank)Überziehungskredit *m*; **o. privilege** Überziehungsrecht *nt*; **o. rate** Überziehungskreditsatz *m*, Zinssatz für Kontoüberziehung
overdraw *v/t* überziehen; **o.er** *n* Kontoüberzieher *m*; **o.ing** *n* Überziehung *f*; **~ of an account** Kontoüberziehung *f*; **o.n** *adj (Konto)* überzogen
overdrive *n* 🚗 Schon-, Spargang *m*
overdue *adj* überfällig, längst fällig; **to be o.** ausstehen; **to be several hours o.** mehrere Stunden Verspätung haben; **considerably/long o.** beträchtlich im Rückstand, längst überfällig
over|economical *adj* allzu sparsam; **o.elaborate** *adj* künstlich, umständlich, ausgeklügelt; **o.emphasize** *v/t* überbetonen; **o.employed** *adj* überbeschäftigt, (beruflich) überfordert; **o.employment** *n* Überbeschäftigung *f*; **o.-entry certificate** *n* ⊖ Bescheinigung über zu viel gezahlte Zollgebühren; **o.enthusiasm** *n* Übereifer *m*; **o.estimate** *n* Überbewertung *f*, Überschätzung *f*, zu hohe Schätzung; **o.estimate** *v/t* überbewerten, überschätzen, zu hoch ansetzen/schätzen/taxieren/veranschlagen; **o.exert o.s.** *v/refl* sich überanstrengen; **o.exertion** *n* Überanstrengung *f*; **o.expansion** *n* übermäßige Aus-

dehnung; ~ **of credit** Kreditüberspannung *f*; **o.expenditure** *n* Mehrausgaben *pl*; **o.exploit** *v/t* ☞ Raubbau betreiben; **o.exploitation** *n* Raubbau *m*; ~ **of fish (stocks)** Überfischung *f*; **o.expose** *v/t (Foto)* überbelichten; o. o.s. *v/refl (Kredit)* sich zu hoch engagieren; **o.exposure** *n* 1. *(Foto)* Überbelichtung *f*; 2. *(Kredit)* zu hohes Engagement; **o.extend** o.s.; **to become o.extended** *v/refl* sich (finanziell) übernehmen/überschulden; **o.extended** *adj* überschuldet; **o.extension** *n* Überschuldung *f*, Schieflage *f (fig)*; **o.feed** *v/t* überfüttern; **o.financing** *n* Überfinanzierung *f*; **o.fish** *v/t* überfischen, zu stark befischen; **o.fishing** *n* Überfischung *f*; **o.flight** *n* ✈ Überflug *m*, Überfliegen *nt*

overflow *n* 1. Überschuss *m*; 2. Überschwemmung *f*; 3. ✿ Überlauf *m*; 4. 🖥 Zeilenbegrenzung *f*; **o. of population** Bevölkerungsüberschuss *m*

overflow *v/ti* 1. überlaufen; 2. überfluten; **o. basin** Überlaufbehälter *m*; **o. indicator** Überlaufanzeiger *m*

overflowing *n* Überfließen, Überlaufen *nt*; **full to o. randvoll**

overflow meeting Parallelversammlung *f*; **o. record** Überlaufsatz *m*; **o. pipe** Überlaufrohr *nt*; **o. track** 🖥 Folgespur *f*; **o. valve** Überlaufventil *nt*

over|fly *v/t* ✈ überfliegen; **o.freight** *n* 1. Überfracht *f*, Übergewicht *nt*; 2. Verladung ohne Frachtbrief, Gütersendung ohne Frachtbegleitschein; **o.fulfil(l)** *v/t (Plan)* übererfüllen; **o.fulfil(l)ment** *n* Übererfüllung *f*; ~ **of production targets** Planübererfüllung *f*; **o.full** *adj* übervoll; **o.fund** *v/t* zu reichhaltig mit Mitteln ausstatten; **o.garments** *pl* Überbekleidung *f*; **o.geared** *adj* zu stark fremdfinanziert; **o.generous** *adj* übertrieben großzügig, allzu freigebig; **o.govern** *v/t* zu stark bevormunden, zu großen Einschränkungen unterwerfen; **o.grazing** *n* 🐄 Überweidung *f*; **o.grow** *v/t* überwachsen, überwuchern; **o.grown** *adj* bewuchert, überwuchert

overhang *n* Überhang *m*, Überschuss *m*; **o. of debt** Schuldenüberhang *m*

overhang *v/t* 1. hängen über; 2. *(fig)* drohen; **o.ing** *adj* überhängend

overhaul *n* 1. Überprüfung *f*, Revision *f*; 2. ✿ (General)Überholung *f*, Instandsetzung *f*; 3. *(fig)* Reform *f*; **in need of o.** überholungsbedürftig; **complete/general/radical o.** General-, Gesamtüberholung *f*, Großreparatur *f*; **to give sth. a ~ o.** etw. generalüberholen

overhaul *v/t* 1. überprüfen, revidieren; 2. ✿ reparieren, überholen, in Stand setzen; 3. *(fig)* reformieren; **o. thoroughly** gründlich überholen

overhead *adj* allgemein, pauschal

overheads *pl* Fest-, Fix-, Gemeinkosten, fortlaufende/feste/fixe Kosten; **costly on o.** gemeinkostenintensiv; **to shed o.** Gemeinkosten senken/abbauen

absorbed overheads verrechnete Gemeinkosten; **acknowledged o.** Istgemeinkosten; **administrative o.** (Betriebs)Verwaltungsgemeinkosten; **applied o.** verrechnete Gemeinkosten; **normal ~ o.** verrechnete normalisierte Gemeinkosten; **capitalized o.** aktivierungspflichtige Gemeinkosten; **controllable o.** beeinflussbare Gemeinkosten; **departmental o.** Abteilungs-, (Kosten)Stellengemeinkosten *pl*, indirekte Stellenkosten; **direct o.** Fertigungsgemeinkosten; **fixed o.** fixe Gemeinkosten; **general o.** Verwaltungs- und Vertriebsgemeinkosten; **overapplied o.** Gemeinkostenüberdeckung *f*; **primary o.** primäre Gemeinkosten; **standard o.** Standardgemeinkosten; **unabsorbed o.** nicht verrechnete Gemeinkosten; **underapplied o.** Gemeinkostenunterdeckung *f*; **variable o.** variable Gemeinkosten

overhead absorption Gemeinkostenverrechnung auf den Kostenträger; **o. allocation base** Gemeinkostenschlüssel *m*; ~ **sheet** Betriebsabrechnungsbogen *m*; **three-way o. analysis** Dreiwegeabweichungsmethode *f*; **o. budget** Gemeinkostenbudget *nt*, G.plan *m*; **o. budgeting** Gemeinkostenplanung *f*; **public/social o. capital** Infrastruktur *f*; **o. center** *[US]* /**centre** *[GB]* Gemeinkostenstelle *f*; **o. charge(s)** Regiekosten *pl*, Gemeinkostenzuschlag *m*; **o. cost(s)** Gemein-, Gesamtkosten *pl*, indirekte Kosten; **o. cost allocation** Gemeinkostenumlage *f*; **o. department** Gemeinkostenbereich *m*

overhead distribution Gemeinkostenumlage *f*, G.verrechnung *f*; ~ **base** Gemeinkostenverrechnungsbasis *f*; ~ **sheet/statement** Betriebsabrechnungsbogen *m*

overhead expenses Gemein-, Gesamtkosten, allgemeine Unkosten; **to allocate o. e.** Gemeinkosten verrechnen; **absorbed o. e.** verrechnete (Fertigungs)Gemeinkosten; **special o. e.** Sondergemeinkosten; **o. e. form** Gemeinkostenzettel *m*

overheads growth Gemeinkostenanstieg *m*

overhead price Pauschalpreis *m*; **o. proportion** Gemeinkostenanteil *m*

overhead rate Gemeinkosten(zuschlag)satz *m*, G.verrechnungssatz *m*; **actual o. r.** Istgemeinkostenzuschlagssatz *m*; **combined o. r.** Zuschlag für fixe und variable Gemeinkosten; **departmental o. r.** Gemeinkostenzuschlag für eine Abteilung/einen Bereich; **plant-wide o. r.** Gemeinkostenzuschlag für den Gesamtbetrieb; **predetermined o. r.** Sollgemeinkostenzuschlagssatz *m*

overhead surcharge Gemeinkostenzuschlag *m*; **o. value analysis** Gemeinkostenwertanalyse *f*; **o. variance** Gemeinkostenabweichung *f*; **o. wages** Gemeinkostenlöhne

over|heap *v/t* überhäufen, überladen; **o.hear** *v/t* mithören, zufällig mitbekommen; **o.heat** *v/ti* 1. überhitzen; 2. zu heiß werden

overheating *n* (Konjunktur)Überhitzung *f*, Überkonjunktur *f*; **o. of the boom/economy** Konjunkturüberhitzung *f*; ~ **demand** Nachfrageüberhitzung *f*

over|housed *adj* über zu großen Wohnraum verfügend

overindebted *adj* überschuldet; **o.ness** *n* Überschuldung *f*

over|indulgence *n* zu große Nachsicht; **o.indulgent** *adj* zu nachsichtig

overindustrialization *n* Überindustrialisierung *f*

overinflation *n* Überteuerung *f*

over|insurance *n* Überversicherung *f*, zu hohe Versicherung; **o.insure** *v/t* zu hoch versichern, über den Wert versichern, (sich) überversichern; **o.insured** *adj* überversichert

overinvest *v/i* überinvestieren
overinvestment *n* Investionsüberhang *m*, übermäßige Investition(stätigkeit), Überinvestition *f*; **monetary o. theory** monetäre Überinvestitionstheorie *f*; **non-monetary o. theory** güterwirtschaftliche/reale Überinvestitionstheorie
over|issue *n* (Aktien/Banknoten) Mehrausgabe *f*, Überemission *f*; *v/t* überemissionieren; **o.joyed** *adj* überglücklich; **o.kill** *n* (fig) Kahl-, Rundumschlag *m* (fig), Abwürgen *nt* (fig); **o.laden** *adj* überladen, überlastet; **o.land** *adj* auf dem Landweg, zu Lande, Überland-
overlap *v/t* sich überschneiden, sich (teilweise) decken
overlap *n* Überschneidung *f*, Überlappung *f*; **territorial o.** Gebietsüberschneidung *f*; **o.ping** *n* Überschneidung *f*, Überlappung *f*, Überlagerung *f*; *adj* bereichsübergreifend; **~ of laws** Gesetzeskonkurrenz *f*
over|lay *n* 1. Schicht *f*, Auflage *f*, Überzug *m*; 2. Überlagerung *f*; 3. ⌂ Zurichtung *f*; **~ of gold** Goldauflage *f*; **o.leaf** *adv* umstehend, umseitig, auf der Rückseite; **o.lend** *v/i* Beleihungsgrenze überschreiten
overload *n* 1. Überlast *f*, zu hohes Gewicht; 2. ⚡ Überlast *f*; 3. Überbelastung *f*, Überbeanspruchung *f*; *v/t* 1. über(be)lasten, überladen, zu viel laden; 2. überfordern; **o.loading** *n* 1. Überladung *f*; 2. Überbeanspruchung *f*, Über(be)lastung *f*; **o.logging** *n* 🌲 übermäßiger Holzeinschlag; **o.look** *v/t* 1. übersehen, hinwegsehen; 2. überblicken; 3. beaufsichtigen, überwachen; *n* 1. [US] Aussichtspunkt *m*; 2. Versehen *nt*, Unterlassung *f*; **o.looking** *adj* Aussicht auf
overman *n* 1. Aufseher *m*, Vorarbeiter *m*; 2. ⛏ Steiger *m*; *v/t (Personal)* übersetzen; **to be o.ned** *adj* eine zu große Belegschaft haben; **o.ning** *n* personelle Übersetzung, Arbeitskräfteüberhang *m*, Überhang an Arbeitskräften, zuviel Personal, Beschäftigung unnötiger Arbeitskräfte; **~ level** Personalüberhang *m*
over|mechanized *adj* übermechanisiert; **o.mining** *n* ⛏ Raubbau *m*; **o.much** *adv* zu viel, übermäßig; **o.night** *adv* über Nacht, die Nacht über, von einem Tag auf den anderen; **to stay o.night** über Nacht bleiben; **o.optimistic** *adj* zu optimistisch; **o.organization** *n* Überorganisation *f*, **o.organize** *v/t* überorganisieren; **o.organized** *adj* überorganisiert; **o.particular** *adj* übergenau, überpenibel; **o.paid** *adj* zu hoch bezahlt; **o.pass** *n* 🛣 Hochstraße *f*, Überführung *f*; **o.pay** *v/t* über(be)zahlen, zu viel (be)zahlen; **o.payment** *n* 1. Über(be)zahlung *f*, übermäßige Bezahlung; 2. zu viel gezahlter Betrag; **o.perform** *v/i* mehr als gefordert leisten; **o.play** *v/t* hochspielen, überbetonen; **o.plus** *n* Überschuss *m*, Überfluss *m*; **o.populated** *adj* über(be)völkert; **o.-population** *n* Über(be)völkerung *f*; **o.power** *v/t* überwältigen, erdrücken; **o.powering** *adj* überwältigend; **o.pressure** *n* 1. Überanstrengung *f*; 2. ⚙ Überdruck *m*; **o.price** *v/t* 1. zu hohen Preis verlangen; 2. überbewerten, überschätzen, Kurs zu hoch ansetzen; **o.priced** *adj* 1. preislich überhöht; 2. überbewertet; **o.print** *v/t* 🖨 überdrucken; *n* Überdruck *m*; **o.prize** *v/t* überschätzen, überbewerten; **o.produce** *v/t* überproduzieren, im Übermaß/zu viel produzieren; **o.production** *n* Überproduktion *f*; **o.proportion** *n* Überproportion *f*

overprovision *n* Überversorgung *f*; **o. for depreciation** Überabschreibung *f*; **o. with resources** Überversorgung mit Ressourcen
over|punch *n* 💻 Überlochung *f*; **o.rate** *v/t* überbewerten, überschätzen, zu hoch ansetzen/bewerten/veranschlagen; **o.rating** *n* Überbewertung *f*; **o.reach** *v/t* übertragen; **o. o. s.** *v/refl* sich übernehmen, über sich selbst hinauswachsen; **o.reaching clause** *n* [§] Erstreckungs-, Weitergeltungsklausel *f*; **o.react** *v/i* überreagieren; **o.reaction** *n* Überreaktion *f*, zu heftige Reaktion; **o.regulation** *n* (zu starker) Dirigismus; **o.represented** *adj* überrepräsentiert
over|ride *v/t* 1. sich hinwegsetzen über; 2. aufheben, außer Kraft setzen; *n* 1. [US] pauschale Absatzprovision; 2. (Öl) Tantieme *f*; **o.rider** *n* 1. [GB] Emissionshaus *nt*; 2. Zusatzprovision *f*; **o.riding** *adj* vorrangig, vordringlich, übergeordnet; **~ commission** Gebietsprovision *f*; **~ key** 💻 Durchlauftaste *f*
over|ripe *adj* überreif; **o.rule** *v/t* [§] aufheben, abweisen, verwerfen, nicht stattgeben, umstoßen, außer Kraft setzen
overrun *n* 1. Überschuss *m*, überschüssige Menge; 2. (Zeit)Überschreitung *f*; **o.s** Mehrkosten; **o. in expenditures** Ausgaben-, Etatüberziehung *f*
overrun *v/t* 1. *(Ziel)* überschreiten, *(Zeit)* überziehen; 3. überschwemmen, überfluten
over|sample *n* 📊 zu große Stichprobe; **o.saturate** *v/t* übersättigen; **o.saturation** *n* Übersättigung *f*
overseas *adj* 1. Übersee-, überseeisch, nach/in Übersee; 2. [GB] Auslands-, im Ausland; **to go o.** nach Übersee gehen; **o. order** Auslandsauftrag *m*
oversecuring *n* Übersicherung *f*
oversee *v/t* beaufsichtigen, überwachen; **o.r** *n* 1. (Ober)Aufseher(in) *m/f*, Vorarbeiter(in) *m/f*; 2. 🏛 Polier *m*; **o.rship** *n* Vorarbeiterstelle *f*
over|sell *v/t* 1. über den Bestand verkaufen, über die Lieferungsfähigkeit hinaus verkaufen, in zu großen Mengen verkaufen; 2. zu viel Reklame machen für; **o.settle** *v/t (Schaden)* mehr als ausgleichen; **o.shadow** *v/t* überschatten, in den Schatten stellen; **o.shoe** *n* Überschuh *m*; **o.shoot(ing)** *n* (Ziel)Überschreitung *f*; **~ of the PSBR (Public Sector Borrowing Requirement)** Überschreiten der geplanten Kreditaufnahme der öffentlichen Hand; **o.shoot** *v/ti* zu weit gehen/treiben, übers Ziel hinausschießen; **o.side** *adv* ⚓ Überbord
oversight *n* 1. Versehen *nt*, Flüchtigkeitsfehler *m*; 2. Aufsicht *f*; 3. Überwachung *f*; **by an o.** aus Versehen; **o. committee** Überwachungs-, Koordinierungsstelle *f*, Kontrollorgan *nt*
oversimpli|fication *n* allzu große Vereinfachung; **o.fied** *adj* überspitzt, grob vereinfacht; **o.ify** *v/t* zu sehr vereinfachen
oversize *n* Übergröße *f*; **o.d** *adj* in Übergröße, über Normalgröße, überdimensioniert, übergroß
oversold *adj* (Börse) überverkauft
overspend *v/ti* sich (übermäßig) verausgaben, zu viel/verschwenderisch ausgeben; **o.ing** *n* Budget-, Etatüberschreitung *f*, E.überziehung *f*, Mehrausgaben *pl*
overspill *n* Bevölkerungsüberschuss *m*; **o. area** (Siedlung) Entlastungsgebiet *nt*; **o. plant** 🏭 Ausweichbe-

trieb *m*; **o. relief** Steuererstattung für ausländische Erträge, Rückerstattung von Steuern auf ausländische Erträge; **o. town** Trabantenstadt *f*
overstaff *v/t* überbesetzen; **o.ed** *adj* überbesetzt; **to be o.ed** zu viel Personal haben; **o.ing** *n* personelle Überbesetzung, zu viel Personal, Beschäftigung unnötiger Arbeitskräfte
overstate *v/t* 1. zu hoch angeben/ansetzen/ausweisen; 2. *(Behauptung)* zu weit gehen, übertreiben; **o.d** *adj* überspitzt; **o.ment** *n* 1. Übertreibung *f*, übertriebene Darstellung; 2. Überbewertung *f*
overstep *v/t* überschreiten; **o.ping of appropriation(s)** *n* Haushalts-, Kreditüberschreitung *f*
overstock *n* zu großes Lager, Übervorrat *m*; *v/t* zu viel (Waren) einlagern, zu viel auf Lager haben, ein zu großes Lager halten, (sich) überreichlich eindecken; **o.ed** *adj* zu hoch eingedeckt; **to be o.ed** zu großen Vorrat haben; **o.ing** *n* Überbevorratung *f*, zu hohe Vorratshaltung
overstrain *v/t* 1. überbeanspruchen, überanstrengen; 2. *(Markt)* überfordern, überspannen; **o. o.s.** *v/refl* sich übernehmen
overstrain *n* Überhitzung *f*; **cyclical o.** Konjunkturüberhitzung *f*
overstraining *n* 1. Überbeanspruchung *f*; 2. *(Markt)* Überspannung *f*
overstretch *v/t* überdehnen, überspannen; **o. o.s.** *v/refl* 1. sich verheben *(fig)*; 2. sich finanziell übernehmen; **o.ed** *adj* 1. überbeansprucht; 2. *(Kredit)* überzogen
oversub|scribe *v/t* *(Emission)* überzeichnen; **o.scription** *n* Überzeichnung *f*
oversupply *n* 1. Überangebot *nt*, Ü.versorgung *f*, Ü.belieferung *f*, Angebotsüberhang *m*, überreichliche Versorgung; 2. zu großer Vorrat, Überfluss *m*; *v/t* überliefern
overt *adj* offen(kundig), nicht verborgen, unverhohlen; **o.ly or tacitly** *adv* offen oder stillschweigend
overtake *v/t* 1. überholen, überflügeln; 2. überrumpeln; **to allow o.s. to be o.n by so.** jdn an sich vorbeiziehen lassen
overtaking *n* 🚗 Überholen *nt*, Überholvorgang *m*; **no o.** Überholverbot *nt*; **o. lane** Überholspur *f*
overtask so. *v/t* jdn überfordern
overtax *v/t* 1. überbesteuern, zu hoch besteuern; 2. überfordern, überbeanspruchen, über(be)lasten, zu hohe Anforderungen stellen; **o.ation** *n* zu hohe Besteuerung, Überbesteuerung *f*; **o.ed** *adj* überfordert; **o.ing** *n* Überbeanspruchung *f*, Ü.forderung *f*
over-the-counter (OTC) *adj* 1. außerbörslich, Tafel-, Schalter; 2. *(Handel)* stationär; 3. *(Medikament)* frei verkäuflich
overthrow *v/t* (um)stürzen, umstoßen, zu Fall bringen
overthrow *n* Umsturz *m*; **o. of the government** Regierungssturz *m*; **attempted o.** Umsturzversuch *m*
overtime *n* 1. Überstunden *pl*, Mehrarbeit(szeit) *f*; 2. Überstundenzuschlag *m*; **o. at double time** zweihundertprozentiger Überstundenzuschlag; **~ time and half** hundertfünfzigprozentiger Überstundenzuschlag; **to clock up/do/put in/work overtime** Überstunden machen/leisten; **to be placed on o.** Überstunden machen müssen; **to pay for o.** Überstunden abgelten; **to reduce o.** Überstunden abbauen
paid overtime bezahlte Überstunden
overtime allowance/bonus Überstundenzulage *f*, Ü.vergütung *f*, Ü.zuschlag *m*; **o. ban** Überstundensperre *f*, Ü.streik *m*, Ü.stopp *m*, Ü.verweigerung *f*; **o. earnings** Überstundenverdienst *m*; **o. hour** Mehrarbeitsstunde *f*; **o. hours** Überstundenzeit *f*; **~ worked** verfahrene Überstunden; **o. pay/premium** Überstundenzuschlag *m*, Ü.lohn *m*, Mehrarbeitszuschlag *m*, Mehrarbeits-, Überstundenvergütung *f*, Ü.bezahlung *f*, Ü.geld *nt*, Ü.prämie *f*, Zuschlag für Überstunden; **o. rate** Überstundensatz *m*, Ü.tarif *m*; **o. supplement** Überstunden-, Mehrarbeitszuschlag *m*; **o. working** Überstundenarbeit *f*
over|tone *n* Unterton *m*, Beigeschmack *m*
over|trade *v/i* 1. über die eigenen Zahlungs-/Verkaufsmöglichkeiten hinaus Handel treiben, ~ verfügbaren Geldmittel hinaus kaufen; 2. *(Börse)* ohne kapitalmäßige Deckung spekulieren; **o.trading** *n* 1. übermäßige Absatzausweitung; 2. *(Börse)* Überspekulation *f*, übermäßige Spekulation
overture *n* Annäherungsversuch *m*, Friedensangebot *nt*, Vorschlag *m*
overturn *v/ti* 1. [§] zu Fall bringen, aufheben, außer Kraft setzen; 2. umstürzen, umstoßen, umwerfen, umkippen; 3. 🚗 sich überschlagen, umkippen
overuse *n* übermäßiger Gebrauch, Überbeanspruchung *f*; **o. of resources** übermäßige Inanspruchnahme der Ressourcen
overuse *v/t* überbeanspruchen, übermäßig gebrauchen
over|valuation *n* Überbewertung *f*, Überschätzung *f*, Taxe über dem Wert; **o.value** *v/t* überschätzen, überbewerten, zu hoch taxieren
over|view *n* Überblick *m*, Übersicht *f*, Überschau *f*; **o.wear** *v/t* ⚙ überbeanspruchen
overweight *n* 1. Mehr-, Übergewicht *nt*, zu hohes Gewicht; 2. Gewichtsaufschlag *m*; **~ baggage** *[US]* **/luggage** *[GB]* Gepäck mit Übergewicht; **o.ed** *adj* überladen, überlastet
overwhelm *v/t* 1. überwältigen; 2. überschütten, überhäufen; **o.ing** *adj* überwältigend, erdrückend
overwithold *v/t* zu viel einbehalten; **o.ing** *n* Steuerabzug über die Lohnentwicklung hinaus
overwork *n* 1. Mehr-, Überarbeit *f*; 2. Überarbeitung *f*, Überanstrengung *f*; *v/t* überanstrapazieren; **o. o.s.** sich überarbeiten, sich übernehmen; **o.write** *v/t* 💻 überschreiben; **o.writing** *n* Überschreiben *nt*, Überschreibung *f*; **o.wrought** *adj* überreizt; **o.zealous** *adj* übereifrig
owe *v/t* 1. schulden, schuldig sein; 2. verdanken, schulden, schuldig sein
owing *adj* zu zahlen, noch offenstehend, schuldig, geschuldet; **o. to** *prep* infolge, wegen; **to be o.** 1. noch offenstehen; 2. zurückzuführen sein auf
own *v/t* besitzen; **o. up** zugeben, Farbe bekennen *(fig)*, mit der Sprache herausrücken *(coll)*; **o. jointly** gemeinsam besitzen; **o. outright** voll und ganz besitzen, volle Eigentumsrechte haben, volles Eigentumsrecht besitzen

own *adj* (firmen-/haus)eigen; **on one's o.** selbstständig, ohne fremde Hilfe; **to come into one's o.** zu seinem Recht kommen; **to hold one's o.** 1. sich behaupten/halten; 2. Stellung behaupten
own-brand *adj* Hausmarken-
to be owned *adj* in Eigentum stehen; **~ by so.** jdm gehören, jds Eigentum sein; **federally o.** bundeseigen; **jointly o.** im gemeinsamen Eigentum; **privately o.** in Privatbesitz/P.hand; **publicly o.** in öffentlichem Eigentum; **wholly o.** *(Beteiligung)* hundertprozentig
owner *n* 1. Eigentümer(in) *m/f*, Eigner *m*, (Geschäfts)Inhaber(in) *m/f*; 2. 🚗 Halter(in) *m/f*; 3. 🏛 Bauherr(in) *m/f*; **o.s** Eigentümerkreis *m*; **o. of a business/firm** Geschäfts-, Firmen-, Betriebsinhaber *m*; **~ a company** Eigentümer einer Firma; **o. and charterer** ⚓ Reeder/Verfrachter und Befrachter; **o. of a copyright** Schutzrechtsinhaber *m*; **o. in fee simple** [§] unbeschränkter/absoluter Grundstückseigentümer; **o. of (the) goods** Wareneigentümer *m*; **~ a patent** Patent-, Schutzrechtsinhaber *m*; **~ rear property** Hinterlieger *m*; **~ collateral security** Sicherungseigentümer *m*; **~ a share** Anteilseigentümer *m*; **~ a fractional share** Bruchteilseigentümer *m*; **~ the shipment** Ladungseigentümer *m*; **~ the trademark** Träger des Markenrechts; **o. as trustee** Treuhandeigentümer *m*; **(registered) o. of a vehicle** (Kraftfahrzeug)Halter *m*
to be joint owner|s gemeinsam besitzen; **to revert to the original o.** an den ursprünglichen Eigentümer zurückfallen
absolute owner unbeschränkter Eigentümer, Volleigentümer *m*; **abutting/adjacent o.** Angrenzer *m*, Anlieger *m*; **actual o.** faktischer Inhaber; **beneficial/beneficiary o.** verfügungsberechtigter/materieller Eigentümer, Nutznießer *m*, Nießbraucher *m*, Nießbrauchberechtigter *m*; **bona-fide** *(lat.)* **o.** gutgläubiger Eigentümer; **conditional o.** Vorbehaltseigentümer *m*; **de facto** *(lat.)* **o.** tatsächlicher Besitzer; **equitable o.** wirtschaftlicher/tatsächlicher Eigentümer; **former o.** Vorbesitzer *m*; **full o.** Volleigentümer *m*; **general o.** Haupteigentümer *m*; **institutional o.** institutioneller Eigentümer; **joint o.** 1. Miteigentümer *m*, Mitinhaber *m*, gemeinsamer Eigentümer, Teilhaber *m*, Eigentümer zur gesamten Hand; 2. ⚓ Parten-, Mitreeder *m*; **~ o.s** Eigentümergemeinschaft *f*; **as ~ o.s** zur gesamten Hand; **lawful/legal o.** rechtmäßiger/formeller Eigentümer, ~ Inhaber; **mala-fide** *(lat.)* **o.** unredlicher Eigentümer; **non-property o.** Besitzloser *m*; **outright o.** Volleigentümer *m*; **part o.** 1. Bruchteils-, Teil-, Miteigentümer *m*, Teilbesitzer *m*; 2. ⚓ Parteninhaber *m*, Parten-, Mitreeder *m*; **presumed o.** mutmaßlicher Eigentümer; **previous o.** Voreigentümer *m*, Vorbesitzer *m*; **to revert to the ~ o.** an den Vorbesitzer zurückfallen; **principal o.** 1. Hauptinhaber *m*; 2. ⚓ Hauptreeder *m*; **private o.** Privateigentümer *m*; **registered o.** eingetragener Eigentümer; **reputed o.** augenscheinlicher Eigentümer; **rightful o.** rechtmäßiger Besitzer/Eigentümer; **to be the ~ o.** rechtmäßig besitzen; **sole (and unconditional) o.** Alleineigentümer *m*, A.besitzer *m*, alleiniger/absoluter Eigentümer, Einzelinhaber *m*, alleiniger Inhaber, allein verfügungsberechtigter Eigentümer; **statutory o.** Treuhandeigentümer *m*; **subsequent o.** Nacheigentümer *m*; **superior o.** Obereigentümer *m*; **third-party o.** Dritteigentümer *m*; **true o.** wirklicher Eigentümer; **ultimate o.** letzte Hand
owner|'s broker ⚓ Chartermakler *m*; **o.'s capital/equity** Eigenkapital *nt*, E.vermögen; **o.'s charge** Eigentümergrundschuld *f*; **limited o.'s charge** Nießbrauchbelastung *f*, zeitlich begrenzte Eigentümergrundschuld; **o. cultivation** 🌾 Eigenbewirtschaftung *f*; **o. custody** *(Wertpapier)* Eigenverwahrung *f*; **o.-driver** *n* 🚗 Kfz-Halter *m*, Selbstfahrer *m*; **o.-interest insurance** ⚓ Reedereiinteressenversicherung *f*; **o.'s land charge** Eigentümergrundschuld *f*; **o.less** *adj* herrenlos; **o.'s liability** Eigentümerhaftpflicht *f*; **~ insurance** Eigentümerhaftpflichtversicherung *f*; **o.-manager** *n* Einzelkaufmann *m*, E.unternehmen *nt*, Eigentümer-Unternehmer *m*; **o.s' meeting** Eigentümerversammlung *f*; **o.'s mortgage** Eigentümerhypothek *f*
owner|-occupancy *n* 1. Eigenheimbesitz *m*; 2. 🌾 Eigen-, Selbstbewirtschaftung *f*; **o.-occupation** *n* (selbstgenutztes) Wohneigentum, Eigenheimbesitz *m*; **o.-occupied** *adj* vom Eigentümer bewohnt; **o.-occupier** *n* 1. Eigenheimbesitzer *m*, E.bewohner *m*, (Wohnungs)Eigentümer *m*; 2. 🌾 Eigenbewirtschafter *m*
owner|-operator *n* Eigenbetrieb *m*; **o.'s permission** Erlaubnis des Eigentümers; **o.'s rights** Eigentümerrechte
owner's risk (O.R.) Gefahr beim Eigentümer, Eigners Gefahr, Risiko des Eigentümers; **at o.'s risk** auf eigene Gefahr, auf Gefahr des Eigentümers; **o.'s risk of breakage** Bruchrisiko des Eigentümers
ownership *n* Eigentum(srecht) *nt*, E.sverhältnis *nt*, Eigentümer-, Inhaberschaft *f*; **o. of an apartment** Wohnungseigentum *nt*; **o. by way of a chattel mortgage** Sicherungseigentum *nt*; **o. in common**; **o. by fractional shares** [§] Miteigentum nach Bruchteilen, Bruchteilseigentum *nt*; **joint o. of a married couple** [§] Zugewinngemeinschaft *f*; **o. of property** Sach-, Immobiliareigentum *nt*; **o. by way of security** Sicherungseigentum *nt*
to assume ownership Eigentum übernehmen, in Eigentumsrechte eintreten; **to claim o. (of)** Eigentumsrechte geltend machen, vindizieren; **to pass into so.'s o.** in jds Eigentum übergehen; **to transfer o.** übereignen, Eigentum übertragen
absolute ownership unbedingtes dingliches Eigentum, unbeschränktes/absolutes Eigentumsrecht, Volleigentum *nt*; **beneficial o.** materielles Eigentumsrecht, nutznießendes/wirtschaftliches/nutznießerisches/materielles Eigentum, Nießbrauchrecht *nt*; **collective o.** 1. Gemein(schafts)eigentum *nt*, Kollektivbesitz *m*, K.eigentum *nt*, gemeinschaftlicher Besitz; 2. *(Haftung)* Gesamthand *f*; **~ share** gesamthänderischer Anteil; **common o.** Gemeineigentum *nt*; **dual o.** Doppeleigentum *nt*, doppeltes Eigentum; **exclusive o.** Alleineigentum *nt*; **fractional o.** Bruchteilseigentum *nt*; **individual o.** Sonder-, Privateigentum *nt*; **institutional o.** institutioneller Kapitalstock; **joint o.** 1. gemeinschaftliches Eigentum, gemeinschaftlicher Besitz; 2. *(Haftung)* Ge-

legal **ownership** samthand *f*, Gemeinschafts-, Mitbesitz *m*, Gesamteigentum *nt*, G.handsvermögen *nt*, G.handseigentum *nt*; 3. ⚓ Mit-, Partenreederei *f*; **legal o.** juristisches/gesetzliches Eigentum; **municipal o.** Kommunaleigentum *nt*; **under new o.** unter neuer Leitung; **outside o.** Fremdbesitz *m*; **part o.** 1. Teilbesitz *m*, T.eigentum *nt*, Anteils-, Bruchteils-, Miteigentum *nt*; 2. ⚓ Partenreederei *f*; **perfect o.** unbelastetes Grundeigentum
private ownership Privateigentum *nt*; **in p. o.** im Privatbesitz; **p. o. of the means of production** Privateigentum an den Produktionsmitteln; **promoting p. o.** eigentumsfördernd; **to return to p. o.** reprivatisieren
proprietary ownership Eigenbesitz *m*
public ownership Gemeinbesitz *m*, Gemein(de)-, Kollektiveigentum *nt*; **in/under p. o.** in öffentlichem Besitz/Eigentum; **to bring under/take into p. o.** verstaatlichen, in Staatsbesitz/Gemeineigentum überführen, vergesellschaften, sozialisieren; **p. o. company** Betrieb der öffentlichen Hand
qualified/restricted ownership beschränktes Eigentum; **restricted o.** *(Grundbuch)* beschränktes Eigentumsrecht, Bucheigentum *nt*; **reputed o.** vermutetes/ vermutliches Eigentum, Anscheinseigentum *nt*; **separate o.** Sonder-, Privateigentum *nt*; **~ and common o.** Privat- und Gemeinschaftseigentum *nt*; **sole o.** Alleineigentum *nt*, alleiniges Eigentumsrecht
ownership account Kapitalkonto *nt*; **o. capital** Eigenkapital *nt*; **o. category** Besitzart *f*; **o. certificate** Eigentumsgbescheinigung *f*, Bescheinigung über das Eigentum; **o. claim/interest** Eigentumsanspruch *m*; **o. representation** Vertretung der Anteilseigner(seite); **o. right** Eigentumsrecht *nt*; **o. structure** Eigentumsgefüge *nt*; **o. suit** [§] Eigentumsklage *f*; **o. system** Besitzverhältnis *nt*; **o. theory** Eigentümerthese *f*, E.theorie *f*; **o. transfer** 1. Eigentumsübertragung *f*, 2. Sicherungsabtretung *f*, S.übereignung *f*
owner-user *n* Eigentumsbenutzer *m*, Eigennutzer *m*
to get owt for nowt *pron (coll)* etw. kostenlos/umsonst bekommen
oxyacetylene *n* ♂ Azetylansauerstoff *m*; **o. torch** Schweißbrenner *m*; **o. welding** autogenes Schweißen
oxi|dation *n* ♂ Oxidierung *f*, Oxidation *f*; **o.de** *n* Oxid *nt*; **ferric o.de** *n* Eisenglimmer *m*; **o.dize** *v/i* oxidieren
oxygen *n* ♂ Sauerstoff *m*; **o. cartridge** Sauerstoffpatrone *f*; **o. content** Sauerstoffgehalt *m*; **o. cylinder** Sauerstoffflasche *f*; **o. deficiency** Sauerstoffmangel *m*; **o. mask** Sauerstoffmaske *f*; **o. supply** Sauerstoffzufuhr *f*; **o. tank** Sauerstoffbehälter *m*; **o. tent** ⚕ Sauerstoffzelt *nt*
oxyhydrogen *n* ♂ Knallgas *nt*
oyster *n* Auster *f*; **o. bank/bed** Austernbank *f*; **o. farm** Austernpark *m*
ozone *n* Ozon *nt*; **o.-benign; o.-friendly** *adj* ozonfreundlich, FCKW-frei; **o. concentration** Ozongehalt *m*, O.konzentration *f*; **o.-depleting** *adj* ozonschädlich; **o. depletion** Ozonabbau *m*; **o. destroyer** Ozonzerstörer *m*; **o. gap/hole** Ozonloch *nt*; **o. layer** Ozonschicht *f*, O.hülle *f*; **o. level** Ozonwert *m*; **o. pollution** Ozonbelastung *f*; **o. shield** Ozonschild *m*

P

PA (personal assistant) persönlicher Assistent, persönliche Assistentin; **(public address system)** Lautsprecheranlage *f*
P.a.C.; pac (put and call) *(Börse)* Stellagegeschäft *nt*
pace *n* 1. Schritt *m*; 2. Tempo *nt*, Geschwindigkeit *f*, Gangart *f*, Rhythmus *m*
pace of business activity Konjunkturtempo *nt*; **~ economic advance/progress** Tempo des wirtschaftlichen Fortschritts; **~ development** Entwicklungsrate *f*; **~ expansion** Expansionstempo *nt*; **~ (economic) growth** Wachstumstempo *nt*, Intensität des Wachstums; **~ inflation** Inflationstempo *nt*; **~ investment** Investitionstempo *nt*; **~ spending** Ausgabentempo *nt*; **~ work** Arbeitstempo *nt*
to accelerate/force the pace das Tempo beschleunigen/forcieren; **to gather p.** vorankommen, an Fahrt gewinnen, sich verstärken; **to keep p. (with)** mithalten, Schritt halten (mit); **~ up the p.** das Tempo durchhalten; **to lose p.** (an) Schwung verlieren, aus dem Tritt geraten; **to make/set the p.** das Tempo angeben, Vorreiter sein; **to quicken one's p.** seinen Gang beschleunigen; **to stand the p.** das Tempo durchhalten
breakneck pace rasante/mörderische Geschwindigkeit, rasantes/mörderisches Tempo; **leisurely p.** gemächliches Tempo; **rapid p.** 1. Eiltempo *nt*; 2. Dynamik *f*; **at a ~ p.** im Eiltempo; **at a slow p.** langsam
pace *v/t* durchschreiten, d.messen; **p. off/out** mit Schritten ausmessen; **p. up and down** auf und ab marschieren/schreiten
pace|maker *n* 1. Schrittmacher *m*, Vorreiter *m*; 2. 💲 (Herz)Schrittmacher *m*; **p.maker's role** Schrittmacherrolle *f*; **p.making** *n* Schrittmacherdienst(e) *m/pl*; **p.setter** *n* 1. Schrittmacher, Vorreiter *m*; 2. 🎵 Akkordrichtarbeiter *m*
Pacific (Ocean) *n* Stiller Ozean, Pazifik *m*
paci|fication *n* Befriedung *f*, Beschwichtigung *f*; **p.fism** *n* Pazifismus *m*; **p.fy** *v/t* befrieden, beschwichtigen
pack *n* 1. Paket *nt*, Ballen *m*, Bündel *nt*, Stapel *m*; 2. Paket *nt*, Packung *f*, Schachtel *f*; 3. *(Zigaretten)* Päckchen *nt*; 4. 🂠 Pack *m*, Meute *f*; **p. of cards** Kartenstapel *m*; **dogs/hounds** *(Jagd)* Hundemeute *f*; **~ lies** *(coll)* lauter Lügen, Lügengespinst *nt*; **a ~ lies** erstunken und erlogen *(coll)*; **~ six** Sechserpackung *f*; **~ thieves** Diebesbande *f*; **~ wool** Pack Wolle
airtight pack Frischhaltepackung *f*; **collective p.** Sammelbalen *m*; **disposable/non-returnable/one-way p.** Einmal-, Einweg-, Wegwerfpackung *f*; **deceptive/dummy p.** Leer-, Mogel-, Schaupackung *f*, Attrappe *f*; **hard p.** Hartpackung *f*; **metric p.** metrische Packung; **see-through/transparent p.** Klarsichtpackung *f*; **small p.** Kleinpackung *f*; **supplementary p.** Zusatzpäckchen *nt*
pack *v/t* 1. (ab-/ver-/ein-/be)packen, beladen; 2. eindosen, konservieren; 3. vollstopfen, stapeln; **p. away**

wegpacken; **p. in** 1. einpacken; 2. *(Menschen)* hineinpferchen; 3. *(coll)* aufhören; **p. one's things** seine sieben Sachen packen *(coll)*; **p. together** zusammenpacken; **p. up** 1. zusammenpacken; 2. *(coll)* aufhören; 3. *(coll)* ✪ kaputtgehen
package *n* 1. Paket(sendung) *nt/f*, Päckchen *nt*, Fracht-, Versand-, Packpaketstück *nt*; 2. Gebinde *nt*, Kollo *nt*, Bündel *nt*, Ballen *m*, Schachtel *f*; 3. Verpackung *f*, Emballage *f (frz.)*; 4. ⊖ Umschließung *f*; 5. Packerlohn *m*; 6.*(Werbung)* Linienabschluss *m*; 7. *(fig)* Paket *nt*, Maßnahmenkatalog *m*, M.bündel *nt*; **in p.s** packweise; **p. of austerity measures** Paket von Sparmaßnahmen; ~ **measures** Maßnahmenbündel *nt*, M.paket *nt*, M.katalog *m*, Bündel von Maßnahmen; **p.s imported full** *(EU)* ⊖ gefüllt eingeführte Umschließungen; **p. included** einschließlich Verpackung; **each p. separately insured** *(Vers.)* jedes Kollo eigene Taxe **anti-inflationary package** Stabilisierungsmaßnahmen *pl*; **commercial p.** *(Vers.)* Bündelpolice für Industrie und Gewerbe; **consolidated p.** Sammelladung *f*; ~ **delivery service** Sammelladungszustellungsdienst *m*; **deceptive/dummy p.** Leer-, Mogel-, Schaupackung *f*, Attrappe *f*; **disposable/non-returnable/one-way p.** Einmal-, Einweg-, Wegwerf(ver)packung *f*; **economic p.** Maßnahmenbündel zur Konjunkturbelebung; **empty p.** Leerpackung *f*; **family-size p.** Groß-, Familienpackung *f*; **financial p.** Finanzierungspaket *nt*; **all-inclusive ~ p.** Gesamtfinanzierung *f*; **giant p.** Großpackung *f*; **legislative p.** Gesetzgebungspaket *nt*; **postal p.** *[US]* Postpaket *nt*; **promotional p.** Paket von Werbemaßnahmen; **reusable/two-way p.** Mehrwegpackung *f*, wieder verwendbare Packung; **special p.** Sonder(ver)packung *f*; **stimulatory p.** Konjunkturspritze *f (fig)*, Paket von Maßnahmen zur Konjunkturbelebung; **tailored p.** *(fig)* maßgeschneidertes Paket
package *v/t* 1. verpacken, paketieren; 2. *(fig)* präsentieren
package advertising Versandwerbung *f*; **p. bargaining** Verhandlungen über ein Forderungspaket; **p. contract** Package-Vertrag *m*; **p. contracting** Pauschalvergabe *f*
packaged *adj* abgepackt
package deal Gesamt-, Global-, Kopp(e)lungsgeschäft *nt*, Pauschal-, Gesamtvereinbarung *f*, Leistungspaket *nt*, Junktim *nt*, Pauschalangebot *nt*; ~ **clause** Junktimklausel *f*; **p. delivery** Paketauslieferung *f*; **p. design** 1. Verpackungsmuster *nt*; 2. Verpackungsdesign *nt*; **p. freight** Stückgutfracht *f*, S.sendung *f*; **p. goods** abgepackte Ware; **p. holiday** Pauschal(ferien)reise *f*, P.urlaub *m*; **p. holidaymaker** Pauschalurlauber(in) *m/f*; **p. increase** pauschale Erhöhung; **p. insert/leaflet** 1. (Ver)Packungsbeilage *f*; 2. $ Beipackzettel *m*; **p. insurance** Pauschalversicherung *f*; **p. licence** Paketlizenz *f*; **p. licensing** *(Pat.)* Pakethandel *m*; **p. merger** Großfusion *f*; **p. offer** Global-, Pauschalangebot *nt*; **parcel** ✉ Sammelpaket *nt*; **p. pay** Lohn/Gehalt plus Nebenleistungen; **p. policy** *(Vers.)* Pauschalpolice *f*
packager *n* Verpacker *m*
package shipment *[US]* 1. Paketbeförderung *f*; 2. Paketsendung *f*; **p. size** Paketgröße *f*; **p. solution** Paketlösung *f*; **p. store** *[US]* Spirituosenhandlung *f*; **p. tour** Pauschalreise *f*, P.tour *f*; ~ **booking** Buchung einer Pauschalreise; **p. tourist** Pauschalreisende(r) *f/m*; **p. tour operator** Pauschalreiseveranstalter *m*
packaging *n* 1. (Waren)Verpackung *f*, W.umschließung *f*, (Ver)Packen *nt*; 2. (Ver)Packung *f*, Emballage *f (frz.)*; 3. Packungsgestaltung *f*; 4. *(fig)* Präsentation *f*; **plus p.** zuzüglich Verpackung; **p. in cans** *[US]* /**tins** *[GB]* Weißblechverpackung *f*; **p. of hazardous goods** Gefahrgutverpackung *f*; **improper p.** unsachgemäße Verpackung; **inadequate p.** unzureichende Verpackung; **seaworthy p.** seetüchtige/seemäßige Verpackung; **special p.** Sonderverpackung *f*; **superfluous p.** unnötige Verpackung
packaging consultant Verpackungsspezialist *m*; **p. costs** Verpackungskosten; **p. department** Verpackungs-, Packabteilung *f*; **p. engineer** Verpackungstechniker *m*; **p. engineering** Verpackungstechnik *f*; **p. group** Verpackungskonzern *m*; **p. industry** Verpackungsindustrie *f*; **p. instructions** Verpackungsbestimmungen; **p. material** Packstoff *m*, P.mittel *nt*, Verpackungsmaterial *nt*, V.mittel *nt/pl*; **recyclable ~ material** Verpackungswertstoff *m*; **p. materials industry** Verpackungsmittelindustrie *f*; **p. tax** Verpackungssteuer *f*; **p. waste** Verpackungsabfall *m*, V.müll *m*; ~ **management** Entsorgung von Verpackungsmüll
pack animal Last-, Pack-, Tragetier *nt*; **p. cloth** Packleinwand *f*, P.tuch *nt*
packed *adj* 1. abgepackt, verpackt; 2. (dicht)gedrängt, überfüllt, brechend voll; **p. in dozens** im Dutzend abgepackt
packer *n* 1. (Ver)Packer(in) *m/f*, Ab-, Einpacker *m*; 2. Verpackungsfirma *f*, V.unternehmen *nt*; 3. (Ver)Lader *m*, 4. Packmaschine *f*; **p.'s wage** Packerlohn *m*
packet *n* 1. Paket *nt*, Päckchen *nt*, Schachtel *f*, Packung *f*; 2. ⚓ Paketboot *nt*, Postschiff *nt*; **p. of letters** Briefbündel *nt*; ~ **measures** Maßnahmenpaket *nt*; **to cost a (pretty) p.** *(coll)* ein Heidengeld kosten *(coll)*, einen Haufen Geld kosten *(coll)*; **to make a p.** *(coll)* eine Stange/einen Haufen Geld verdienen *(coll)*
airtight packet Frischhaltepackung *f*; **postal p.** *[GB]* Postpaket *nt*; **p. registered** ✉ Einschreibepaket *nt*; **resuable p.** Mehrwegpackung *f*; **small p.** ✉ Päckchen *nt*; ~ **rate** *[GB]* Päckchengebühr *f*; **p. switching** 1. *(Aktie)* Pakettausch *m*; 2. ▢ Paketvermittlung *f*, Datenpaketübertragung *f*
pack|horse *n* Lastpferd *nt*; **p. ice** ⚓ Packeis *nt*
packing *n* 1. (Ver)Packen *nt*; 2. Verpackungs-, Packmaterial *nt*, Warenumschließung *f*, W.verpackung *f*; 3. Füllmaterial *nt*; **p. in conformity with instructions** vorschriftsmäßige Verpackung; **p. at cost** Verpackung zum Selbstkostenpreis; **p. and packaging** Verpackung *f*; **p. extra; not including p.** Verpackung nicht inbegriffen; **p. free** Verpackung frei; **p. included/inclusive** Verpackung eingeschlossen, einschließlich Verpackung
careless/defective/faulty packing mangelhafte/unsachgemäße/unzureichende Verpackung; **customary p.** handelsübliche Verpackung; **external p.** äußere

Verpackung; **improper p.** unsachgemäße Verpackung; **individual p.** Einzelverpackung *f*; **inner/internal p.** innere Verpackung; **insufficient p.** ungenügende Verpackung; **maritime p.** Überseeverpackung *f*; **non-returnable/one-way p.** verlorene Verpackung, Einweg-, Wegwerfpackung *f*; **original p.** Fabrik-, Originalverpackung *f*; **outer p.** äußere Verpackung; **protective p.** Schutz(ver)packung *f*; **reusable p.** Mehrwegpackung *f*; **seaworthy p.** (Über)Seeverpackung *f*, seemäßige Verpackung; **special p.** Spezial(ver)packung *f*; **standard p.** Einheits(ver)packung *f*; **waterproof p.** wasserdichte Verpackung

packing agent Verpacker *m*; **p. box** Packkiste *f*; **p. case** Verpackungs-, Packkiste *f*, P.karton *m*; **p. charge** Packerlohn *m*; **p. charges/costs** Verpackungskosten; **p. credit** 1. Vorauszahlung der Akkreditivsumme, Akkreditivbevorschussung *f*, A.vorschuss *m*; 2. Versandbereitstellungskredit *m*; **p. density** ▢ Informationsdichte *f*; **p. department** Verpackungsabteilung *f*, Packerei *f*; **p. factor** ▢ Verdichtungsfaktor *m*; **p. house** 1. Abpackbetrieb *m*; 2. Warenlager *nt*; 3. Konservenfabrik *f*; 4. *[US]* Großschlächterei *f*, Fleischfabrik *f*; **p. instructions** Verpackungsanweisung *f*, V.vorschriften; **p. list** Verpackungs-, Pack-, Lade-, Versandliste *f*; **p. machine** Verpackungs-, Packmaschine *f*; **p. material** Verpackungs-, Packmaterial *nt*; **p. method** ▢ Verdichtungsmethode *f*; **p. order** Verpackungsauftrag *m*; **p. paper** (Ein)Packpapier *nt*; **p. plant** 1. Verpackungs-, Abpackbetrieb *m*, A.anlage *f*; 2. Warenlager *nt*; 3. Konservenfabrik *f*; 4. *[US]* Großschlächterei *f*, Fleischfabrik *f*; **p. press** Pack-, Bündelpresse *f*; **p. room** Verpackungs-, Packraum *m*; **p. sheet** Packleinwand *f*; **p. slip** Verpackungs-, Packzettel *m*; **p. specification** Kolliliste *f*, K.spezifikation *f*; **p. table** Packtisch *m*; **p. ticket** Packzettel *m*; **p. thread/twine** Packzwirn *m*, Bindfaden *m*; **p. unit** Verpackungseinheit *f*

pack|sack *n* *[US]* Rucksack *m*; **p.-saddle** *n* Packsattel *m*; **p. test** Verpackungstest *m*

pact *n* Übereinkunft *f*, Pakt *m*, Vertrag *m*; **to conclude/make a p.** Vertrag/Pakt schließen; **to sign a p.** paktieren; **electoral p.** Wahlabkommen *nt*

pacta sunt servanda *pl (lat.)* ⟨§⟩ Verträge müssen eingehalten/erfüllt werden

pack|-thread *n* Packzwirn *m*, Bindfaden *m*; **p. train** Tragtierkolonne *f*

pactum de contrahendo *n (lat.)* ⟨§⟩ Vorvertrag *m*

pad *n* 1. Polster *nt*, Unterlage *f*; 2. Notiz-, Schreibblock *m*; **p. of forms** Belegblock *m*; ~ **order forms** Bestellblock *m*; **loose-leaf p.** Ringbucheinlage *f*

pad *v/t* wattieren, auffüllen, polstern; **p.ded** *adj* mit Einlage, wattiert, gefüttert

padding *n* 1. Füll-, Polstermaterial *nt*, Polsterung *f*, Wattierung *f*, Füllsel *nt*; 2. *(fig)* überflüssiges Beiwerk; 3. Fälschung von Buchungsunterlagen *(coll)*

paddle steamer *n* ⚓ Raddampfer *m*; **p. wheel** Schaufelrad *nt*

paddock *n* 🐎 (Weide)Koppel *f*

padlock *n* Anhänge-, Vorhängeschloss *nt*; *v/t* mit einem Vorhängeschloss verschließen

paedia|trician *n* ⚕ Kinderarzt *m*, K.ärztin *f*; **p.trics** *n* Kinderheilkunde *f*, Pädiatrie *f*

page *n* 1. 📄 Seite *f*, Blatt *nt*; 2. 🖥 Speicherseite *f*; 3. *(Hotel)* Pikkolo *m*, Page *m*

back page letzte Seite; **blank p.** unbedruckte/leere Seite, Leerseite *f*; **editorial p.** *(Zeitung)* Leitartikelseite *f*; ~ **p.s** Textteil *m*; **financial p.(s)** Wirtschafts-, Finanzteil *m*, Wirtschaftsseite(n) *f*/*pl*; **first/front p.** Titel-, Vorderseite *f*, erste/vordere Seite; **inside p.** Innenseite *f*; **local p.** Lokalseite *f*; **loose-leaf p.** Ringbucheinlage *f*; **printed p.** Druckseite *f*; **special p.** Sonderseite *f*; **yellow p.s** Gelbe Seiten, Branchentelefonbuch *nt*, B.verzeichnis *nt*

page *v/t* 1. (durch Lautsprecher) ausrufen lassen; 2. 📄 paginieren, mit Seitenzahlen versehen

page boy Laufbursche *m*; **p. counter** Seitenzähler *m*; **p. end indicator** Bogenendanzeiger *m*; **p. format** Seitenformat *nt*; **p. heading** Seitenkopf *m*; **p. layout** Seitengestaltung *f*, S.umbruch *m*; **p. limit** Seitenbegrenzung *f*; **p. make-up** Umbruch *m*; **p. number** Seitennummer *f*, S.zahl *f*; **p. numbering** Seitennummerierung *f*; **p. overflow** Seitenüberlauf *m*; **p. printer** 🖥 Seitendrucker *m*, Blattschreiber *m*; **p. proof** Umbruch-, Seitenabzug *m*, Korrekturfahne *f*

pager *n* (Personen)Rufgerät *nt*

page rate Seitentarif *m*, S.preis *m*; **(optical) p. reader** 🖥 Seitenleser *m*; **p. reference** Seitenverweis *m*; **p. teleprinter** Blattschreiber *m*

pagination *n* Seitennummerierung *f*, Paginierung *f*

paging *n* 1. Seitenbezeichnung *f*; 2. Seitenumbruch *m*; 3. 🖥 virtuelle Speichertechnik; **p. device** 🖥 Seitenwechselspeicher *m*; **p. machine** Paginiermaschine *f*; **p. network/system** Personensuch-, Personenrufanlage *f*, Rufsystem *nt*

paid (pd) *adj* bezahlt, getilgt, honoriert, eingelöst; **p. for** bezahlt, vergütet; **p. in** einbezahlt, eingezahlt; ~ **full** voll bezahlt; **to be p. off** ⚓ abheuern; ~ **p. out** zur Auszahlung gelangen; **to put p. to sth.** etw. zunichte machen, einer Sache den Garaus machen *(coll)*

badly paid schlecht bezahlt; **forehand p.** vorausgezahlt, vorab eingezahlt; **fully p.(-up)** voll eingezahlt/bezahlt; **until ~ p.** bis zur endgültigen Bezahlung; **highly p.** hoch bezahlt, ~ dotiert; **partly p.** teilweise eingezahlt, teil(an)gezahlt; **poorly p.** schlecht bezahlt; **well p.** gut bezahlt

paid|-off *adj* ausbezahlt, ausgezahlt, abgefunden, abgelöst; **p.-up** *adj* 1. einbezahlt, eingezahlt; 2. *(Schulden)* abgezahlt, abgetragen, **to make p.-up** *(Vers.)* beitragsfrei stellen

pain *n* 1. Schmerz *m*; 2. Schmerz *m*, Kummer *m*, Leid *nt*; **p.s** Mühe *f*; **on p. of** bei Vermeidung einer Strafe; **on p. of imprisonment** unter Androhung einer Gefängnisstrafe; **p. in the neck** *(coll)* Nervensäge *f (coll)*, schwierige Person, Quälgeist *m (coll)*; **on p. of punishment** unter Androhung von Strafe; ~ **being declared void** bei Gefahr der Nichtigkeit

to alleviate pain Schmerz(en) mildern/lindern; **to be at p.s (to do sth.)** sich Mühe geben, sich anstrengen/bemühen; ~ **(great) p.s to do sth.** sich große Mühe ge-

ben, etw. zu tun; ~ a p. in the neck eine richtige Plage sein; to cause (so.) p. (jdm) Schmerz bereiten, schmerzen; to double (up)/writhe with p. sich vor Schmerzen krümmen/winden; to spare no p.s keine Mühe scheuen; to take p.s sich Mühe geben, sich anstrengen, Mühe aufwenden; ~ great p.s sich große/redliche Mühe geben
pain v/t schmerzen, Kummer bereiten
pain barrier Schmerzgrenze f; **p.ful** adj 1. schmerzhaft; 2. peinlich; **p. killer/reliever/remedy** ✢ schmerzlinderndes/schmerzstillendes Mittel, Schmerzlinderungsmittel nt; **p.less** adj schmerzlos; **p. relief** Schmerzlinderung f; **p.staking** adj penibel, sorgfältig, gewissenhaft
paint n Farbe f, Lack m; **to apply p.** Farbe auftragen; **anti-rust p.** Rostschutzfarbe f; **exterior p.** Außenanstrich(farbe) m/f; **fire-retardant p.** Feuerschutzanstrich m; **fluorescent/luminous p.** Leuchtfarbe f; **protective p.** Schutzanstrich m, S.farbe f; **wet p.!** frisch (an)gestrichen!
paint v/t 1. (an)streichen, lackieren; 2. malen; **p.brush** n Pinsel m; **p. dealer** Farbenhändler m
painter n 1. Anstreicher m, Maler m; 2. Kunstmaler m; **p. and decorator** Anstreicher und Tapezierer m
paint factory Farbenfabrik f
pain threshold Schmerz-, Spürbarkeitsgrenze f
paint industry Farbenindustrie f
painting n Gemälde nt; **mural p.** Wandgemälde nt, W.malerei f
paint mixer Farbmischer m; **p. shop** 1. ⚒ Lackieranlage f, L.werkstatt f, L.erei f; 2. [GB] Farbengeschäft nt; **p. spray(er)** Spritzpistole f; **p. store** [US] Farbengeschäft nt; **p. stripper** Abbeizmittel m; **p.work** n 1. Lack(ierung) m/f, Anstrich m; 2. Malerarbeiten pl
pair n Paar nt; **in p.s** paarweise, paarig
pair (off) v/t paarweise anordnen
pairing n Verrechnung von Kauf- und Verkaufsaufträgen
pal n (coll) Freund m, Kumpel m (coll), Spezi m (coll)
palace n Palast m, Schloss nt; **P. of Westminster** [GB] Parlamentsgebäude nt, **p. revolution** Palastrevolution f
palatable adj 1. genießbar, schmackhaft; 2. attraktiv
palate n Gaumen m; **to tickle one's p.** Gaumen reizen
pale adj blass, fahl, bleich; **to become p.** erblassen; **deadly p.** leichenblass
paling n Lattenzaun m
palisade n Palisade f
pall n Leichen-, Sargtuch nt; **p. of smoke** Rauchwolke f; **p.bearer** n Sarg-, Leichenträger m
pallet n Palette f, Laderost m; **captive p.** hauseigene Palette; **flat p.** Flachpalette f; **interchangeable p.** Austauschpalette f; **one-way p.** Einwegpalette f; **wheeled p.** Rollpalette f
pallet aisle Palettenregalgasse f; **p. allowance** Palettenrabatt m; **p. handling equipment** Palettenfördergerät nt; **p. industry** Palettenindustrie f
pallet|ization n Umstellung/Verladung auf Paletten, Palettierung f; **p.ize** v/t auf Paletten packen, palettieren
pallet load Palettenladung f; **p. rack/shelf** Palettenregal nt; **~ storage** Palettenregallager nt; **p. station** Palettenplatz m; **p. truck** Palettenhubwagen m; **p. unit** Palletteneinheit f
palliative adj ✢ (schmerz)lindernd; n 1. Linderungs-, Beruhigungsmittel nt; 2. (fig) Pflaster nt (fig)
palm n 1. ♣ Palme f; 2. ✢ Handfläche f; **to grease so.'s p.** (coll) jdn bestechen/schmieren (coll); **~ the right p.s** (coll) die richtigen Leute schmieren (coll); **to have so. in the p. of one's hand** (fig) jdn in der Hand haben (fig)
palm sth. off on so. v/t jdm etw. andrehen/aufschwindeln
palm grease (coll) Schmiergeld nt; **p. oil** 1. Palmöl nt; 2. (coll) Schmiergeld nt
palpable adj 1. greifbar; 2. offensichtlich
palpitation n ✢ Herzklopfen nt
paltry adj 1. armselig, schäbig; 2. geringfügig, unbedeutend, wertlos
pamper v/t verwöhnen, verhätscheln
pamphlet n 1. Prospekt m/nt, Broschüre f; 2. Flug-, Streitschrift f, Pamphlet nt; **p.eer** n Verfasser einer Flugschrift
pan n 1. Pfanne f, Topf m; 2. Waagschale f; **to jump out of the frying p. into the fire** (fig) vom Regen in die Traufe kommen (fig)
panacea n 1. (All-/Universal)Heil-, Wundermittel nt; 2. (fig) Patentlösung f
pancake n Pfannkuchen m; **p. landing** ✈ Bauchlandung f; **P. Tuesday** [GB] Faschingsdienstag m
pancreas n ✢ Bauchspeicheldrüse f
pandemonium n Chaos nt, Höllenlärm m
pander v/ti nachgeben, (jdm) um den Bart gehen (fig)
pane n (Glas-, Fenster)Scheibe f; **to fit a p.** eine Scheibe einsetzen
panegyric n Lobrede f, Lobeshymne f
panel n 1. Gremium nt, Kommission f, Ausschuss m; 2. ✿ Konsole f, Armaturen-, Instrumentenbrett nt, Schalttafel f; 3. 🖳 Anzeige f; 4. ⌗ permanente Stichprobe; 5. 🏛 Paneel nt, Tafel f; **p. of arbitrators** Schiedsrichterausschuss m; **~ experts** Gutachterausschuss m, Sachverständigen-, Gutachtergremium nt, Sachverständigenrat m, Expertenkommission f, E.gruppe f, Jury f; **~ judges** Kollegialgericht nt; **~ jurors** Geschworene pl; **P. on Takeovers and Mergers** [GB] Börsenausschuss für Übernahmen und Zusammenschlüsse; **to be on the p.** im Ausschuss/Gremium sein, ~ sitzen
advisory panel beratender Ausschuss; **arbitral p.** Schlichtungsausschuss m; **electoral p.** Wahlmännergremium nt; **flat p. (display)** Flachbildschirm m; **individual p.** Individualpanel nt; **photovoltaic/solar p.** ✿ Sonnenkollektor m, Solarzelle f
panel v/t (Decke) täfeln
panel beater 🚗 Karosserieschlosser m; **p. beating** Ausbeulen nt; **p. control** 🖳 Schalttafelsteuerung f; **p. discussion** Podiumsdiskussion f; **p. doctor** Vertrags-, (Kranken)Kassenarzt m; **p. effect** Paneleffekt m; **p. heating** Flächenheizung f; **p. interview** Panelerhebung f
panelist [US]; **panellist** [GB] n Ausschuss-, Forums-, Podiumsmitglied nt, Gesprächs-, Diskussionsteilnehmer(in) m/f

panellation n [§] Einsetzung der Geschworenen
pan|elled adj 🪑 getäfelt; **p.elling** n Täfelung f
panel member 1. Ausschussmitglied nt; 2. [§] Beisitzer m; **p. mortality** Panelsterblichkeit f; **p. report** Ausschussbericht m; **p. truck** *[US]* 🚚 Pritschenwagen m
panic n 1. Panik f; 2. *(Börse)* Panik f, Kurssturz f, Deroute f *(frz.)*; **in a p.** kopflos; **last-minute p.** Torschlusspanik f
panic v/i nervös werden, in Panik geraten
panic|-buy v/t Hamsterkäufe machen; **p. buying** Panik-, Angst-, Hamsterkäufe pl
panicky adj überängstlich, nervös, panisch
panic measure Kurzschlussreaktion f; **p.-proof** adj krisenfest; **p. sale** Angst-, Not-, Panikverkauf m; **p. saving** Angstsparen nt; **p. selling** Panikverkäufe pl; **p.-stricken** adj von Panik erfasst/ergriffen
pannier n (Trag)Korb m, Satteltasche f
panoply n *(fig)* Palette f *(fig)*, Spektrum nt
panorama n Panorama m, Rundblick m
pant v/i keuchen; **p. for** gieren/lechzen nach
pantechnicon n *[GB]* 🚚 Automöbelzug m, Möbelwagen m
pantihose n Strumpfhose f
pantile n 🏠 Dachpfanne f
pantograph n 🚋 (Dach)Stromabnehmer m
pantry n Speise-, Vorratskammer f; **p. check** *(Güter)* Präsenzprobe f
pant|s pl Hose f; **p.suit** n *[US]* Hosenanzug m
paper n 1. Papier nt; 2. Schuldschein m, Wertpapier nt, Wechsel m; 3. Zeitung f; 4. Referat m, Vortrag m, Ausarbeitung f; 5. Examensaufgabe f; 6. Schriftstück nt; **p.s** 1. Akten, Unterlagen; 2. *(Wertpapier)* Titel; 3. Urkunden, Dokumente; 4. Personal-, Ausweispapiere; 5. Schriftstücke, Papiere; **on p.** theoretisch (betrachtet), auf Papier, in der Theorie; **p. for collection** Inkassopapier nt; **p. eligible for discount** diskontfähiges Papier **to be in the paper** in der Zeitung stehen; **to commit to p.** zu Papier bringen; **to line p.** Papier linieren; **to present/read a p.** Vortrag/Referat halten; **to put into the p.(s)** in die Zeitung setzen; **to see from a p.** einer Zeitung entnehmen; **to show one's p.s** seine Papiere vorzeigen, sich ausweisen/legitimieren; **to sort out p.s** Unterlagen in Ordnung bringen; **to wrap (up) in p.** in Papier einschlagen
absorbent paper Fließpapier nt, saugfähiges Papier, Saugpost f; **acceptable p.** rediskontfähiges Papier; **active p.** 1. zinstragendes Wertpapier, Zinstitel nt; 2. täglich gehandeltes Wertpapier; **ancillary p.** [§] Beiakten; **bankable p.** bankfähiges Papier; **black-edged p.** Papier mit Trauerrand; **blank p.** Blankopapier nt, B.formular nt, nicht beschriebenes/unbeschriebenes Papier; **calendered p.** Glanzpapier nt; **carbonless p.** Durchschreibepapier nt; **checked p.** kariertes Papier; **cloth-mounted p.** Leinenpapier nt; **coated p.** beschichtetes/gestrichenes Papier; **coloured p.** Buntpapier nt; **commercial p.** Handels-, Waren-, Finanzwechsel nt (von Großunternehmen), Inhaber-, Wertpapier nt, kurzfristiges Handelspapier, kurzfristige Schuldverschreibung, Refinanzierungspapier nt, inkassofähiges Papier, (Industrie)Schuldschein m; ~ **p.s**

1. Geschäftspapiere; 2. kurzfristige Anlagepapiere; **prime ~ p.** Wechsel an erste Adressen; **continuous p.** Endlospapier nt; **convertible p.** umsetzbares Papier; **corporate p.** *[US]* begebbares Papier einer Gesellschaft, Wertpapier nt; **corrugated p.** Wellpappe f; **daily p.** Tageszeitung f, täglich erscheinende Zeitung; **...-denominated p.** *(Anleihe)* auf ... lautender Titel; **domestic p.** *(Börse)* inländisches Wertpapier; **eligible p.** *[US]* rediskont- und lombardfähiges Papier, zentralbankfähiges Wertpapier; **fanfold p.** Zickzackpapier nt; **financial p.** 1. Finanz-, Wirtschaftszeitung f, Börsen-, Handelsblatt nt; 2. Finanzierungspapier nt; **first-category p.** *(Börse)* erstklassiges Material; **fine/first-class p.** erstklassiger/prima Wechsel; **flimsy p.** Durchschlagpapier nt; **frosted p.** Eispapier nt; **glazed p.** satiniertes/glattes Papier, Satinpapier nt; **glossy p.** Glanzpapier nt; **grained p.** gekörntes Papier; **grease-proof p.** Pergament-, Butterbrotpapier nt; **green p.** *[GB]* Grünbuch nt, (wirtschafts- und sozialpolitischer) Informationsbericht; **gummed p.** gummiertes Papier; **hand-made p.** (handgeschöpftes) Büttenpapier; **headed p.** Firmenbriefpapier nt; **high-gloss p.** Hochglanzpapier nt; **kraft p.** Kraftpapier nt, festes Packpapier; **laid p.** *(Banknote)* geripptes/gestreiftes Papier; **laminated p.** beschichtetes Papier; **local p.** Lokalzeitung f, Lokal-, Ortsblatt nt; **low-grade p.** Konsumpapier nt; **marketable p.** Marktpapier nt, marktfähiges Wertpapier; **mat p.** mattiertes/mattes Papier; **mercantile p.** Warenpapier nt, W.wechsel m, W.akzept nt, Wechselmaterial nt; **multi-part p.** Mehrlagenpapier nt; **national p.s** überregionale Presse; **negotiable p.** begebbares Wertpapier, Verkehrs-, Handelspapier nt; **non-scale p.** Papier ohne Maßeinteilung; **official p.s** amtliche Schriftstücke; **onion-skin p.** *[US]* Durchschlagpapier nt; **photocopy p.** Kopierpapier nt; **prime p.** erstklassiges Wert-/Geldmarktpapier; **printed p.** ✉ Drucksache f; **~ at reduced rates** Büchersendung f; **~ rate** Drucksachenporto nt, D.tarif m; **private p.** private Titel; **~ p.s** persönliche Unterlagen; **purchased p.** per Kasse gekauftes Wertpapier; **recycled p.** Umweltschutz-, Ökopapier nt; **rediscountable p.** Rediskontpapier nt, R.titel m; **rough p.** Konzeptpapier nt; **ruled p.** liniertes Papier, Linienpapier nt; **scaled p.** Papier mit Maßeinteilung, Registerpapier nt; **second-class p.** zweitklassiges Wertpapier; **self-duplicating p.** selbstdurchschreibendes Papier; **short p.** kurzfristiger Wechsel; **short-term p.** kurzfristiges Geldmarktpapier; **shredded p.** Papierwolle f; **single-name p.** eigener Wechsel, Eigen-, Solawechsel m, Schuldschein m; **sized p.** geleimtes Papier; **smooth p.** glattes Papier; **squared p.** kariertes Papier; **stamped p.** Stempelpapier nt; **standard p.** Normalpapier nt; **thermal p.** Thermopapier nt; **unruled p.** unliniertes Papier; **unsized p.** ungeleimtes Papier; **watermarked p.** Papier mit Wasserzeichen; **(oiled) waterproof p.** wasserdichtes (Öl)Papier; **waxed p.** wasserdichtes Papier, Wachspapier nt; **weekly p.** Wochenblatt nt, W.zeitung f; **white p.** *[GB] (Politik)* Weißbuch nt; **wood-free p.** holzfreies Papier

paper v/t tapezieren; **p. sth. over** *(fig)* etw. zukleistern *(fig)*
paper assets Papierwerte
paperback n Taschenbuch nt, broschiertes Buch; adj broschiert; **p. edition** Taschenbuchausgabe f; **p. publishers** Taschenbuchverlag m; **p. size** Taschenbuchformat nt
paper bag Papiertüte f, P.sack m; **p. bank** (Alt)Papiercontainer m; **p.-based** adj papier-, beleggebunden; **p. base** Papierwährung f, P.valuta f; **p.board** n Pappe f, Pappdeckel m, Karton m; **p.boy** n Zeitungsjunge f; **p. box** Pappkarton m; **p. brake** Papierbremse f; **p. burster** Papiertrennmaschine f; **p. carrier** Papierführung f; **p. chase** Schnitzeljagd f; **p.clip** n Akten-, Brief-, Büro-, Heftklammer f; **p. company** Scheinfirma f; **p. converter** Papierverarbeiter m; **p. cover** Papiereinband m; **p. credit** (offener) Wechselkredit; **p. cup** Pappbecher m; **p. currency** Banknoten pl, Papiergeld(umlauf) nt/m, P.währung f, P.valuta f; **p.-cutter** n Papiermesser nt, P.schneider m, P.schneidemaschine f; **p. dollar** Währungsdollar m; **p. duty** ⊖ Papierzoll m; **p. fastener** Musterklammer f; **p. feed** Papiereinzug m, P.transport m, P.zuführung f, P.vorschub m; **p. and packaging firm** Papier- und Kartonfabrik f; **p.-folding machine** adj Papierfalzmaschine f; **p. gain** Buch-, Papiergewinn m, rechnerischer Gewinn; **p. gold** *(IWF)* Papiergold nt, Sonderziehungsrecht nt; **p. handkerchief** Papiertaschentuch nt; **p.hanger** n 1. *[US] (fig)* Fälscher m, (Scheck)Betrüger m; 2. Tapezierer m; **p.hanging** n 1. *[US] (fig)* (Scheck)Betrug m, Fälschung f; 2. Tapezieren m; **p. industry** Papierindustrie f; **p. insert** Papiereinlage f; **p. investment** Wertpapieranlage f; **p.knife** n Papiermesser nt, Brieföffner m; **p.less** adj beleg-, papierlos; **p. loss** Buch-, Papierverlust m, rechnerischer/nicht realisierter Verlust; **p. machine** Papiermaschine f; **p. maker; p. manufacturer** n Papierfabrikant m, P.hersteller m, P.macher m; **p.making** n Papierherstellung f, P.fabrikation f; **p. measure** Papiermaß nt; **p. mill** Papierfabrik f, P.mühle f; **p. money** Papiergeld nt, Banknoten pl; **~ expansion** Papiergeldausweitung f; **p. napkin** Papierserviette f; **p. pattern** Schnittmuster nt; **p. processing** Papierverarbeitung f; **p.-processing** adj papierverarbeitend; **p. processor** Papierverarbeiter m; **p. profit** Buch-, Papier-, Scheingewinn m, imaginärer/rechnerischer/nicht realisierter Gewinn; **p. pulp** Papierbrei m, P.masse f, Zellstoff m; **p. punch** Locher m; **p. round** Strecke des Zeitungsboten; **p. scissors** Papierschere f; **p. securities** Effekten, Papierwerte; **p. shop** Zeitungsladen m; **p. size** Papierformat nt; **p. standard** Papierwährung f; **p. table** Papierauflage f
paper tape Lochstreifen m; **~ code** Lochstreifenkode m; **~ punch** Lochstreifenlocher m; **~ reader** Lochstreifenleser m, L.abtaster m, L.abfühler m, Lochbandabtaster m; **~ unit** Lochstreifeneinheit f, L.gerät nt
paper tiger *(fig)* Papiertiger m *(fig)*; **p. title** unechte Eigentumsurkunde, nur auf dem Papier bestehendes Eigentumsrecht; **p. tissue** Papiertaschentuch nt; **p. tractor** Vorschubraupe f; **p. trade** Papierhandel m; **p. transaction** Scheingeschäft nt; **p. war(fare)** Pressekrieg m,

P.fehde f; **p.weight** n Brief-, Papierbeschwerer m; **p.work** n Schreibarbeit f, Papierkram m *(coll)*
par n 1. Pari-, Nennwert m, Pari(kurs) m; 2. Gleichheit f, Ebenbürtigkeit f; 3. Durchschnitt m; **above p.** über pari, ~ dem Nennwert; **at p.** zum Nennwert, zu pari, nominal; **below p.** unter pari, ~ dem Nennwert; **on a p. (with)** gleichwertig, gleichgestellt; **(commercial) p. of exchange** Pari-, Wechselkurs m, W.parität f
to be on a par with gleich sein, sich (mit jdm) messen können, (jdm) ebenbürtig sein, sich entsprechen, sich die Waage halten; **to call at p.** *(Schuldverschreibung)* zum Nennwert kündigen; **to issue at p.** zu pari begeben; **to pass at p.** zu pari umlaufen; **to put on a p.** gleichstellen; **to quote at p.** pari notieren; **to remain at p.** Paritätsverhältnis beibehalten
nominal par Nenn-, Nominal-, Pariwert m
para|bola n π Parabel f; **p.bolic** adj parabelförmig, parabolisch; **p.chute** n Fallschirm m; **golden p.chute** *(fig)* großzügige Abfindung, Entlassungsausgleich m
parade n Parade f; v/t zur Schau stellen
paradigm n (Muster)Beispiel nt; **p.atic** adj beispielhaft
paradox n Paradox(on) nt; **p. of choice** Wahlparadoxon nt; **~ thrift** Sparparadoxon nt; **~ value** Wertparadoxon nt
paradoxical adj paradox
paraffin n 1. ☞ Paraffin nt; 2. *[GB]* Petroleum nt
paragon n Musterknabe m, Vorbild nt, Inbegriff m
paragraph n 1. Absatz m, Abschnitt m; 2. Notiz f, Artikel m; 3. (Gesetzes)Paragraf m, Absatz m; **closing p.** Schlussabsatz m
paragraph v/t in Absätze einteilen, gliedern; **p. header** Paragrafenüberschrift f; **p. mark** Paragrafenzeichen nt
parallel adj 1. parallel, gleichlaufend; 2. entsprechend, gleich gelagert; 3. ⚡ parallel geschaltet; **to run p.** parallel verlaufen
parallel n 1. π Parallele f; 2. Parallele f, Vergleich m; 3. Breitengrad m; **to draw a p.** Parallele ziehen
parallelism n Parallelität f, Übereinstimmung f; **conscious p.** bewusstes Parallelverhalten
parallelogram n π Parallelogramm m; **p. of forces** Kräfteparallelogramm m
paralyzation n 1. $ Lähmung f; 2. Lahmlegung f; **p.-lyze** v/t 1. lähmen, paralysieren; 2. lahm legen, zum Erliegen bringen; **p.lysis** n 1. Lähmung f; 2. Lahmlegung f; **infantile p.** Kinderlähmung f
paramedic n ⚕ 1. Sanitäter(in) m/f; 2. medizinisch-technischer Assistent, medizinisch-technische Assistentin (MTA)
parameter n 1. π Parameter m; 2. Vorgabe f, Kennzahl f, (Bestimmungs-/Berechnungs-/Richt)Größe f; **p. of action** Aktionsparameter m; **~ concentration** Konzentrationsparameter m; **~ dispersion** Dispersionsparameter m; **p.s of shape** *(Kurve)* Gestaltparameter m; **incidental p.** Neben-, Zufallsparameter m; **statistical p.** Maßzahl f, statistischer Parameter; **structural p.** Strukturparameter m
parameter card ▯ Steuerkarte f; **p.-controlled** adj parametergesteuert; **p. position** Lageparameter m; **p. space** ▦ Parameterraum m

parametric 798

para|metric *adj* parametrisch; **p.metrize** *v/t* parametrieren
paramount *adj* vorrangig, entscheidend, überragend, Haupt-; **to be p.** obenan stehen; **p. clause** zentrale Klausel
para|phernal *adj* [§] *(Ehefrau)* persönlich gehörend; **p.phernalia** *pl* 1. Sondervermögen *nt*, eingebrachtes Gut der Ehefrau, Vorbehaltsgut *nt*; 2. Krimskrams *m (coll)*
para|plegia *n* ⚕ doppelseitige Lähmung, Querschnittslähmung *f*; **p.plegic** *adj* querschnittsgelähmt, doppelseitig gelähmt
paraphrase *n* Paraphrase *f*, Umschreibung *f*; *v/t* paraphrasieren, umschreiben
parasite *n* Parasit *m*, Schmarotzer *m*, Schädling *m*
para|statal *adj* staatsähnlich; **p.-tariff** *adj* paratarifär
parcel *n* 1. ✉ (Post)Paket *nt*, (Paket)Sendung *f*, Päckchen *nt*; 2. Bündel *nt*, Packung *f*; 3. *(Aktien)* Schachtel *f*, Posten *m*, Partie *f*; 4. Parzelle *f*; **p.s** Stückgüter, S.(gut)sendung *nt/f*; **in p.s** in kleinen Posten, stückweise; **p. of goods** Warenpartie *f*; **~ land** Parzelle *f*, Stück Land; **~ shares** *[GB]* /**stocks** *[US]* Aktienpaket *nt*; **~ of usufruct** Nießbrauchgrundstück *nt*
to deliver a parcel Paket zustellen; **to dispatch/send a p.** Paket aufgeben; **to make up a p.** Paket/Päckchen packen; **to send a p. express** Eilpaket aufgeben; **to string/tie up a p.** Paket verschnüren; **to undo/unwrap a p.** Paket aufmachen; **to unload a p. of shares** Aktienpaket abstoßen
certified parcel *[US]* Einschreibepaket *nt*; **c.o.d. p.** Nachnahmepaket *nt*; **express p.** *[GB]*; **handling p.** *[US]* Paket mit Eilzustellung, Schnellpaket *nt*, Eilsendung *f*; **~ p.s consignment note** Expressgutschein *m*; **inland p.** Inlandspaket *nt*; **marketable p.** börsenübliche Stückzahl, Handelseinheit *f*; **postal p.** Postpaket *nt*; **high-speed ~ p.** Schnellpaket *nt*; **insured/sealed ~ p.** Wertpaket *nt*; **registered p.** eingeschriebenes Paket; **small p.** Päckchen *nt*; **standard p.** Paket üblicher Art und Größe; **uninsured p.** gewöhnliches (unversichertes) Paket
parcel (out) *v/t* 1. *(Konkurs)* aussondern; 2. *(Grundstück)* parzellieren, (in Parzellen) aufteilen
parcel bill Paketeingangszettel *m*; **p.s book** Gepäck-, Paketbuch *nt*; **p.s counter** Paketschalter *m*; **p.(s) delivery** Paket(post)zustellung *f*, Zustellung von Paketen, Stückgutzustellung *f*; **~ company/service** Paketzustelldienst *m*; **p.s depot** Stückgutlager *nt*; **p. dispatch slip**; **p. form** Paketkarte *f*; **p.s division** ✉/✉ Paketdienst *m*
Parcelforce ™ *n* *[GB]* Paketpost *f*
parcellation; parcelling *n* Parzellierung *f*, Aufteilung *f*
parcell(s) office 1. ✉ Paket(post)amt *nt*, P.annahme und -ausgabe *f*; 2. ✉ Gepäckabfertigung(sstelle) *f*; **p. pick-up** Paketabholung *f*; **~ station** Paketabholstelle *f*
parcel post Paket-, Päckchenpost *f*; **by p. p.** als Paket, mit Paketpost; **by express p. p.** als Eilpaket; **~ insured p. p.** als Wertpaket; **to send by p. p.** als Postpaket schicken
parcel postage Paketporto *nt*

parcel post insurance Paketversicherung *f*; **~ rate** Paketpostgebühr *f*; **~ shipment** Paketversand *m*; **~ window** Paketpostschalter *m*, P.aufgabe *f*
parcel receipt Paketempfangsschein *m*; **p. rerouting centre** Paketumschlagstelle *f*; **p.(s) service** 1. (Post)Paket-, Paketpostdienst *m*; 2. Kleingutverkehr *m*; **postal p. tariff** Paketgebühr(ensatz) *f/m*; **p.s traffic** Stückgutverkehr *m*; **p.s van** ✉ Paketwagen *m*; **p.s window** Paketschalter *m*
par|cenary *n* gemeinsames Erbe; **p.cener** *n* Miterbe *m*, Miterbin *f*
pardon *n* 1. [§] Begnadigung *f*, Straferlass *m*; 2. Vergebung *f*; **to grant a p.** begnadigen; **general p.** (General)Amnestie *f*, allgemeine Begnadigung
pardon *v/t* 1. [§] begnadigen, amnestieren; 2. verzeihen, vergeben
pare (back/down) *v/t* be-, zurückschneiden, ein-, beschränken, verringern, zusammenstreichen
parent *n* 1. Elternteil *m*, Erziehungsberechtigte(r) *f/m*; 2. Mutter(gesellschaft) *f*; **p.s** Eltern(schaft) *pl/f*; **adopting/adoptive p.** Adoptierende(r) *f/m*; **~ p.s** Adoptiveltern; **dual-career/double-income p.s** doppelverdienende/berufstätige Eltern; **natural p.s** leibliche Eltern; **single p.** Alleinerzieher(in) *m/f*
parent|age *n* Abstammung *f*, Herkunft *f*; **p.al** *adj* elterlich
parent application *(Pat.)* Haupt-, Stammanmeldung *f*; **p.s' association** Elternvereinigung *f*; **p. bank** Gründer-, Mutter-, Patronats-, Stammbank *f*; **p. and child case** [§] Kindschaftssache *f*; **p. company** 1. Dach-, Ober-, Mutter-, Stamm-, Kern-, Gründungsgesellschaft *f*; 2. Gesellschafts-, Konzernspitze *f*; 3. Organträger *m*; **~ company's turnover** Mutterumsatz *m*; **p. covariance** ▦ Kovarianz der Grundgesamtheit; **p. enterprise/establishment/firm** Dachunternehmen *nt*, Stammfirma *f*, S.haus *nt*; **p.s' evening** Elternabend *m*; **p. guarantee** *(Konzern)* Patronatserklärung *f*
parenthesis *n* 1. π Klammer *f*; 2. Einschub *m*, Parenthese *f*; **left p.** Klammer auf; **right p.** Klammer zu
parent|less *adj* elternlos; **p. mean** ▦ Mittel der Grundgesamtheit; **p.s' meeting** Elternversammlung *f*; **p. patent** Stammpatent *nt*; **p. plant** Stammwerk *nt*, S.betrieb *m*; **p. population** ▦ Ausgangs-, Grund-, Kollektivgesamtheit *f*, statistische Masse; **p. organisation** Spitzen-, Dachorganisation *f*; **p.-teacher association (PTA)** *[GB]* Schulpflegschaft *f*, Elternbeirat *m*; **p. union** Ober-, Dachgewerkschaft *f*; **p. variance** ▦ Varianz der Grundgesamtheit
pariah *n* Paria *m*
pari passu *adv* *(lat.)* 1. gleichlaufend, synchron; 2. *(Konkurs)* gleichrangig, g.berechtigt, mit gleichen Quoten; **to rank p. p.** Gleichrang haben, gleichrangig sein
Paris Club Pariser Club, Zehnergruppe *f*
parish *n* (Kirchen-/Pfarr)Gemeinde *f*; **p. clerk** Gemeindesekretär *m*, G.schreiber *m*; **p. council** Gemeinderat *m*, G.vertretung *f*; **p. councillor** Gemeinderatsmitglied *nt*, Mitglied des Gemeinderats; **p. hall** Gemeindesaal *m*; **p. law** Ortsrecht *nt*; **p. meeting** Gemeindeversamm-

lung f; **p. property** gemeindeeigenes Grundstück; **p. pump policy/politics** Kirchtumspolitik f; **p. register** Kirchenbuch nt; **p. relief** Gemeindeunterstützung f; **p. welfare** Gemeindepflege f

parity n   1. Parität f, (amtlicher) Wechsel-/Umrechnungskurs, Wechselkursverhältnis nt; 2. Parigrenze f, P.wert m, Gleichheit f, G.rang m, G.stand m; **p. parities** Kursrelationen; **at the p. of** zum Umrechnungskurs von; **p. of the dollar** Dollarparität f; **~ pay** Lohngleichheit f; **~ treatment** Gleichbehandlung f, G.stellung f; **~ weapons** Kampfparität f; **to create p.** Gleichstand herstellen; **to stand at p.** pari stehen

calculated parity   rechnerische Parität; **commercial p.** Handelsparität f; **even p.** gerade Parität; **fixed p.** feste (Währungs-/Wechsel)Parität, ~ Wechselkursparität; **gliding/moving/sliding p.** schrittweise Wechselkursanpassung, gleitende Bandbreiten, Stufenflexibilität des Wechselkurses; **initial p.** *(IWF)* Anfangsparität f; **legal p.** Münzfuß m; **limited-spread p.** Rahmenparität f; **monetary p.** Währungsparität f; **normal p.** Nennwertparität f; **starting p.** Ausgangsparität f

parity band   *(Währung)* Bandbreite f; **widened p. bands** erweiterte Bandbreiten; **p. change** Paritäts-, Wechsel(kurs)änderung f, Paritäten-, Wechselkursverschiebung f; **p. check** Paritätsprüfung f; **p. claim** *(Lohn)* Forderung nach Gleichstellung/G.behandlung; **p. clause** Paritätsklausel f; **p. determination** paritätische Mitbestimmung *[D]*; **p. digit** Paritätsziffer f; **p. error** 🖳 Paritätsfehler m; **p. grid (system)** Währungs-, Leitkurs-, Paritätengitter f, P.raster nt, Wechselkursmatrix f, Gitter von Leitkursen, Raster der Wechselkursparitäten; **p. margin** Paritätsmarge f; **p. payment** Ausgleichszahlung f; **p. point** Paritätspunkt m; **p. price** Pari(täts)kurs m, P.preis m; **~ system** Paritätspreissystem nt; **p. rate** mittlerer Kurs, Mittelkurs m; **p. realignment** Neufestsetzung der Währungsparitäten; **p. representation** paritätische Vertretung; **p. rights** Paritätsrechte; **p. structure** Paritätsgefüge nt; **p. system** Paritätssystem nt; **p. table** Paritäts-, Paritätentafel f

park n   Park m, Park-, Grünanlage f, G.fläche f; **industrial p.** Industriepark m, Gewerbegebiet nt; **national p.** Nationalpark m; **public p.s** öffentliche Anlagen; **regional p.** Regionalpark m

park v/t   1. 🚗 parken, (Auto) abstellen; 2. *(fig)* deponieren, lagern; 3. 🖳 *(Festplatte)* parken

park bench   Parkbank f; **p.s department** Gartenamt nt

parking n   Parken nt; **p. at owner's risk** Parken auf eigene Gefahr; **all-day p.** Dauerparken nt; **free p.** kostenlose Parkmöglichkeit; **no p.** Parkverbot nt; **~ sign** Parkverbotsschild nt; **underground p.** Parken in der Tiefgarage, unterirdische Parkmöglichkeit

parking area   🚗 Abstellplatz m, Parkraum m, P.platz m, P.fläche f, P.zone f; **restricted p. area** blaue Zone; **p. attendant** Parkplatzwächter m; **p. ban** Parkverbot nt; **p. bay** Parkbucht f, P.platz m, Einstellplatz m; **p. brake** Feststell-, Standbremse f; **p. disk** Parkscheibe f; **p. facilities** Parkmöglichkeiten; **p. fee** Parkgebühr f; **p. fine** Geldbuße für falsches Parken; **p. level** Parkdeck nt; **p. light(s)** Park-, Standlicht nt; **p. lot** *[US]* Parkplatz

m; **p. meter** Parkuhr f; **p. offence** Parkvergehen nt, Verstoß gegen die Parkbestimmungen; **p. offender** Parksünder m; **p. place** Parkplatz m; **p. problem** Parkproblem nt; **p. regulations** Parkbestimmungen, P.vorschriften; **p. restrictions** Parkbeschränkungen; **p. space** Parkraum m; **p. ticket** Park-, Strafzettel m, Knöllchen nt *(coll)*; **p. time** Parkzeit f; **limited p. zone** Kurzparkzone f

park keeper   Parkaufseher m, P.wächter m; **p.land** n   1. Grünfläche f; 2. Parklandschaft f

parkometer n   *[US]* Parkuhr f

parlance n   Sprachgebrauch m; **commercial p.** Geschäftssprache f; **common p.** Umgangssprache f; **legal p.** Gesetzes-, Rechtssprache f, juristische Ausdrucksweise/Fachsprache; **technical p.** 1. technische Sprache; 2. Fachsprache f

parley n   Verhandlung(en) f/pl; v/ti verhandeln

parliament n   1. Parlament nt, Volksvertretung f; 2. Legislaturperiode f; **accountable to p.** dem Parlament verantwortlich; **to convene/convoke (a) p.** Parlament einberufen; **to dissolve P.** *[GB]* Parlament auflösen; **to enter/to get into p.** ins Parlament kommen, Abgeordneter werden; **to open P.** *[GB]* Parlament eröffnen; **to prorogue P.** *[GB]* Parlament vertagen; **to return so. to P.** *[GB]* jdn ins Parlament wählen; **to stand for P.** *[GB]* für das Parlament/Unterhaus kandidieren; **to summon P.** *[GB]* Parlament einberufen

hung parliament   Parlament ohne eindeutige/klare Mehrheitsverhältnisse

parliament|arian n   Parlamentarier(in) m/f; **p.ary** adj parlamentarisch; **P.ary Commissioner for Administration** *[GB]* Beschwerdestelle (für Beschwerden von Bürgern in Verwaltungssachen)

parlor *[US]*; **parlour** *[GB]* n   Salon m, Wohnzimmer nt; **front p.** gute Stube; **p. game** Gesellschaftsspiel nt

parlous adj   furchtbar, schlimm

parochial adj   engstirnig, provinzlerisch

parody n   Parodie f, Entstellung f, Verzerrung f; v/t parodieren

parol n   § Plädoyer nt, mündliche Erklärung; **by p.** durch mündliche Erklärung

parol adj   mündlich, unbeglaubigt

parole n   § Hafturlaub m, Bewährung f, bedingte Entlassung, bedingter Straferlass; **on p.** auf Bewährung, auf freiem Fuß (gegen Kaution); **to be allowed on p.** Hafturlaub erhalten; **to bind so. over/put/release so. on p.** jds Strafe zur Bewährung aussetzen, jdn bedingt entlassen

parole v/t   jdn bedingt entlassen; **p. board** *[GB]* Ausschuss für Entlassung auf Bewährung, Begnadigungskommission f

par performance   durchschnittliche Leistung; **p. point** *[US]* Pariplatz m; **p. price** Parikurs m

parquet n   1. Parkett nt; 2. *[US]* 🎭 Sperrsitz f

parsi|monious adj   geizig, knauserig *(coll)*; **p.mony** n   Geiz m, Knauserei f *(coll)*

part n   1. (Bestand)Teil m, Teilstück nt, Anteil m; 2. Partie f, Lieferung f; 3. Teilbetrag m, Tranche f *(frz.)*; 4. Folge f, Fortsetzung f, Abschnitt m; 5. 🎭 Rolle f; 6.

part of

Funktion *f*; 7. Gegend *f*; **p.s** Einzel-, Ersatzteile; **p. of** ein Teil von; **in p.** teilweise, zum Teil; **on the p. of** von Seiten, seitens
part|s and accessories Teile und Zubehör; **p. of a contract** Vertragsbestandteil *m*; **~ earnings** Einkommensbestandteil *m*; **~ a group** Konzernteil *m*, Teilkonzern *m*; **declaratory ~ the judgment** Urteilsbegründung *f*; **operative ~ the judgment** Tenor des Urteils; **p. and parcel** wesentlicher Bestandteil; **to be ~ parcel of** fester Bestandteil sein von; **p.s of speech** Satzteile; **p. subject to wear and tear** Verschleißteil *nt*; **for p. of the year** für einen Teil des Jahres
all or part ganz oder teilweise; **as p. of** im Rahmen der Aufgabe; **for my p.** meinerseits, für meine Person, **~ meinen Teil; on the one p.** einerseits; **~ our p.** unsererseits; **~ your p.** Ihrerseits
to act a part 🔑 Rolle spielen; **to be p. of so.'s nature** zu jds Wesen gehören; **to bear p. of the cost** sich beteiligen an; **to do one's p.** das Seinige tun; **to double a p.** 🔑 Rolle mit übernehmen; **to form (a) p.** Teil bilden; **to have no p. in sth.** an etw. nicht beteiligt sein; **to look the p.** echt aussehen; **to pay in p.** auf Abschlag zahlen; **to play a p.** 1. 🔑 Rolle spielen; 2. Funktion haben/ausüben; **~ one's p.** seinen Beitrag leisten; **~ an active p.** sich aktiv beschäftigen/betätigen, sich lebhaft beteiligen, mitmachen; **to repeal p.s of a statute** [§] derogieren; **to take p.** mitmachen, mitwirken, sich beteiligen, teilnehmen, partizipieren, mitspielen; **~ a p.** 🔑 Rolle übernehmen; **~ the p. of** Partei ergreifen für
accusatory part [§] Straftenor *m*; **active p.** aktive Teilnahme; **bought-out p.s** Fertigteile; **central p.** Kernstück *nt*; **characterizing p.** kennzeichnender Teil; **defective p.** fehlerhaftes Teil; **editorial p.** *(Zeitung)* redaktioneller Teil; **in equal p.s** zu gleichen Teilen; **essential p.** wesentlicher/notwendiger Bestandteil; **expendable p.** Verschleißteil *m*; **finished p.s** Fertigteile; **~ store** Fertigteilelager *nt*; **fractional p.** π Bruchteil *m*, Stellen hinter dem Komma; **greater p.** Großteil *m*; **the ~ p.** der größte Teil; **integral p.** organischer/wesentlicher Bestandteil; **to form an ~ p. of** Bestandteil sein von; **interchangeable p.** auswechselbarer Teil; **investable p.** Investivteil *m*; **large p.** Großteil *m*; **leading p.** 🔑 Haupt-, Führungsrolle *f*, führende Rolle; **leviable p.** pfändbarer Teil; **main/major/principal p.** Haupt-(an)teil *m*; **~ of the work** Hauptarbeit *f*; **for the main/most p.** hauptsächlich, in erster Linie; **minor p.** Nebenrolle *f*; **moving p.** bewegliches Teil; **non-essential p.** unwesentlicher Bestandteil; **operative p.** [§] rechtgestaltender Teil; **patentable p.** patentfähiger Teil; **prefabricated p.** Fertigteil *nt*; **problem-solving p.** Problemlösungsteil *m*; **purchased p.** fremdbezogenes Teil; **replaced p.** ausgewechseltes Teil; **similar p.s** Ähnlichkeitsteile; **spare p.** (Ersatz)Teil *nt*, Austauschstück *nt*, A.teil *nt*; **standard p.** Normteil *nt*; **substantial/substantive p.** wesentlicher Teil; **supplied p.** Zulieferteil *nt*; **supporting p.** 🔑 Nebenrolle *f*
part with sth. *v/i* etw. aufgeben, sich von etw. trennen
partable *adj* teilbar
part credit (note) Teilgutschrift *f*; **p. delivery** Teil(aus)lieferung *f*; **p.s delivery system** Ersatzteilbelieferung *f*; **p. group** Teilkonzern *m*
partial *adj* 1. partiell, teilweise, Teil-; 2. einseitig, parteiisch; **to be p. to sth.** eine Schwäche haben für etw.
partiality *n* Einseitigkeit *f*, Parteilichkeit *f*, Voreingenommenheit *f*; **to challenge so. on the grounds of p.** jdn für befangen erklären; **to object to so. on the grounds of suspected p.** jdn wegen Besorgnis der Befangenheit ablehnen
participant *n* 1. (Konferenz-/Gesprächs-/Seminar) Teilnehmer(in) *m/f*, (Mit)Beteiligte(r) *f/m*, Mitwirkende(r) *f/m*; 2. Teilhaber(in) *m/f*; **p. in a crime** [§] Tatbeteiligte(r) *f/m*; **~ a fair** Messeteilnehmer(in) *m/f*; **~ the market** Marktteilnehmer(in) *m/f*, M.beteiligte(r) *f/m*; **~ industry/trade** Wirtschaftspartner(in) *m/f*; **p. sport** Teilnehmersport *m*
participate *v/i* 1. teilnehmen, mitwirken, mitbestimmen; 2. teilhaben, sich beteiligen, partizipieren; **p. in** 1. einsteigen bei; 2. beteiligt sein an; **entitled to p.** teilnahmeberechtigt
participating *adj* 1. teilnehmend, beteiligt; 2. anteils-, gewinnberechtigt, g.beteiligt; **p. in** mitbeteiligt an
participation *n* 1. Teilnahme *f*, Beteiligung *f*, Mitwirkung *f*; 2. Mitbestimmung *f*; 3. Teilhabe *f*, Teilhaberschaft *f*, Gewinn-, Kapital-, Konsortial-, Mit-, Unternehmensbeteiligung *f*, Geschäftsanteil *m*; **p.s** Beteiligungsbesitz *m*, Anteile
participation in outside capital Fremdkapitalbeteiligung *f*; **~ a crime** [§] Mittäterschaft *f*; **~ crime theory** Teilnahmelehre *f*; **~ equity capital** Eigenkapitalbeteiligung *f*; **~ a fair** Messebeteiligung *f*, M.teilnahme *f*, Ausstellungsbeteiligung *f*; **~ a firm** Firmenanteil *m*, Unternehmensbeteiligung *f*; **~ a limited partnership** Kommanditbeteiligung *f*; **~ the profits** Gewinnbeteiligung *f*
compulsory participation Teilnahmezwang *m*; **direct p.** unmittelbare Beteiligung; **domestic p.** Inlandsbeteiligung *f*; **financial p.** Kapital-, Finanzbeteiligung *f*, finanzielle Beteiligung; **foreign p.s** Auslandsbeteiligung(en) *f/pl*; **industrial p.** Industriebeteiligung *f*; **intercompany p.** interne Beteiligung; **official p.** *(Messe)* offizielle Beteiligung/Teilnahme; **original p.** Stammeinlage *f*; **personal p.** persönliche Beteiligung/Teilnahme; **pro-rata p.** anteilige Beteiligung; **shop-floor p.** Mitbestimmung am Arbeitsplatz
participation account Beteiligungskonto *nt*; **p. certificate** *[US]* Anteil-, Genussschein *m*; **p. factor** Anteilsfaktor *m*; **p. fee** Teilnahmegebühr *f*; **p. loan** Konsortialkredit *m*; **p. model** Mitbestimmungsmodell *nt*; **p. option** Beteiligungsoption *f*; **p. privilege** Schachtelprivileg *nt*; **p. rate** Erwerbsquote *f*; **p. ratio** Beteiligungsverhältnis *nt*; **p. wage** Investivlohn *m*
participator *n* 1. Teilnehmer(in) *m/f*; 2. Gesellschafter(in) *m/f*, Teilhaber(in) *m/f*
particle *n* Teilchen *nt*, Inhaltsstoff *m*; **solid p.** Feststoffpartikel *nt*; **p. accelerator** ⚛ Teilchenbeschleuniger *m*
particular *adj* 1. besonders, speziell; 2. eigen, wählerisch; **to be p.** sehr wählerisch/genau sein
particularism *n* Partikularismus *m*

particularity *n* 1. Besonderheit *f*; 2. Ausführlichkeit *f*; 3. Eigenheit *f*
particulars *pl* 1. Einzelheiten, E.angaben; 2. nähere Angaben/Bestimmungen/Umstände, Daten, Details; 3. Personalien, Angaben zur Person; 4. Buchungstext *m*; **p. of a case/charge** [§] Tatbestandsangaben; **~ risk(s)** Gefahrenmerkmale; **~ sale** detaillierte Objektbeschreibung
to furnish particulars Einzelheiten angeben; **to take down so.'s p.** [§] jdn zur Person vernehmen; **full p.** Näheres, detaillierte/vollständige Angaben; **to state ~ p.** genaue Einzelheiten angeben, vollständige Angaben machen; **further p.** weitere Angaben, nähere Einzelheiten
particularize *v/t* 1. eingehend darlegen, ausführlich darstellen; 2. spezifizieren
parting *n* Trennung *f*, Abschied *m*; **p. hour** Stunde der Trennung
part interest Teilanspruch *m*; **p. inventory** Teilelager *nt*
partisan *n* 1. Partisan *m*, Freischärler(in) *m/f*; 2. Parteimann *m*, P.gänger(in) *m/f*, P.anhänger(in) *m/f*, Verfechter(in) *m/f*; *adj* parteiisch, parteilich; **p.ship** *n* 1. Parteinahme *f*; 2. Cliquenwesen *nt*, Vetternwirtschaft *f*
partition *n* 1. (Unter)Teilung *f*, Absonderung *f*; 2. 🏛 Trenn-, Zwischenwand *f*; 3. (Markt)Abschottung *f*; **compulsory p. by public auction** Teilungsversteigerung *f*; **~ an estate/an inheritance/a succession** Vermögens-, Erb(schaftsauf)teilung *f*, Nachlass-, Erbauseinandersetzung *f*, Teilung eines Nachlasses; **voluntary p.** Nachlassvergleich *m*
partition (off) *v/t* 1. (auf)teilen, abteilen; 2. 🏛 *(Raum)* abtrennen
partition agreement Teilungsvertrag *m*; **p. treaty** *(Völkerrecht)* Teilungsvertrag *m*; **p. wall** 🏛 Trenn-, Zwischenwand *f*
parts list Stück-, Teileliste *f*; **~ management** Stücklistenverwaltung *f*
part load Teilladung *f*; **to send sth. p. load** etw. als Teilladung schicken; **p.s management** Ersatzteilverwaltung *f*; **p.s manufacture** Vorfertigung *f*
partner *n* 1. (Geschäfts)Partner(in) *m/f*, Kompagnon *m*, Teilhaber(in) *m/f*, (Mit-, Geschäfts)Gesellschafter(in) *m/f*, Beteiligte(r) *m*, Sozius *m*, Mitinhaber(in) *m/f*, Mitbesitzer(in) *m/f*, Mitunternehmer(in) *m/f*; 2. Lebensgefährte *m*, L.gefährtin *f*; **p. in default** zahlungsunfähiger Teilhaber; **p. by estoppel** [§] Gesellschafter kraft Rechtsscheins; **p. with limited liability** *(KG)* Kommanditist *m*; **~ unlimited liability** *(KG)* Komplementär *m*; **~ limited participation by way of shares** Kommanditaktionär *m*
to admit as a partner Partner/Gesellschafter als Teilhaber aufnehmen; **~ as a new p.** neuen Gesellschafter aufnehmen; **to become a p.** *(Firma)* als Teilhaber eintreten, einsteigen *(fig)*; **to buy out a p.** Gesellschafter/Teilhaber abfinden, ~ auszahlen; **to make so. a p.** jdn (an einem Geschäft) beteiligen; **to take in a p.** Partner/Teilhaber aufnehmen
acting/active partner persönlich haftender/geschäftsführender Gesellschafter, geschäftsführender Partner/Teilhaber, im Außenverhältnis tätiger Gesellschafter, tätiger Teilhaber; **associated p.** unbeschränkt/voll haftender Teilhaber, Vollhafter *m*; **bankrupt p.** in Konkurs gegangener Teilhaber; **chief p.** Hauptgesellschafter(in) *m/f*; **continuing p.** verbleibender Teilhaber; **deceased p.** verstorbener Teilhaber; **defaulting p.** zahlungsunfähiger Teilhaber; **dormant p.** stiller/nicht geschäftsführender/passiver/inaktiver Teilhaber, stiller Gesellschafter, Kommanditist *m*; **equal p.** ebenbürtiger Partner; **former p.** ausgeschiedener/ehemaliger/früherer Teilhaber, Altgesellschafter(in) *m/f*
full/general partner *(KG)* Komplementär *m*, persönlich(/unbeschränkt) haftender/verantwortlicher Gesellschafter, ~ Teilhaber, Gesellschafter einer offenen Handelsgesellschaft, Vollhafter *m*; **~ p.'s contribution** Komplementäreinschuss *m*; **~ p.'s interest** Komplementäranteil *m*; **~ p.'s share** Einlage des persönlich haftenden Gesellschafters
half-sharing partner Metist *m*; **holding-out p.** Scheingesellschafter(in) *m/f*; **inactive p.** nicht tätiger/stiller Gesellschafter; **incoming p.** neu eintretender Gesellschafter/Teilhaber; **individual p.** Einzelgesellschafter(in) *m/f*; **joint p.** Teilhaber(in) *m/f*; **junior p.** jüngerer Teilhaber, Juniorpartner(in) *m/f*, später eingetretener Gesellschafter; **latent/secret p.** stiller Gesellschafter; **(fully/personally) liable p.** (persönlich) haftender Gesellschafter, *(KG)* Komplementär *m*
limited partner *(KG)* Kommanditist(in) *m/f*, beschränkt haftende(r) Teilhaber(in), ~ Gesellschafter(in), ~ Teilhafter(in) *m/f*; **~ p.'s holding** Kommanditeinlage *f*; **~ p.'s liability** Kommanditistenhaftung *f*; **~ p.'s share** Einlage des Kommanditisten, Kommanditistenanteil *m*
liquidating partner abwickelnder Teilhaber; **local p.** einheimischer Partner, Partner vor Ort; **managing p.** Gesellschafter-Geschäftsführer(in) *m/f*, geschäftsführender Gesellschafter/Teilhaber; **nominal/ostensible p.** Scheingesellschafter(in) *m/f*, vorgeschobener/scheinbarer Gesellschafter, Strohmann *m*, nicht aktiver Teilhaber; **ordinary p.** Komplementär *m*, persönlich (unbeschränkt) haftender Teilhaber; **outgoing/retiring/withdrawing p.** ausscheidender Gesellschafter/Teilhaber; **responsible/unlimited p.** Vollhafter *m*, persönlich (unbeschränkt) haftender Gesellschafter, ~ Teilhaber; **retired p.** ausgeschiedener Gesellschafter; **risk-bearing p.** haftender Gesellschafter; **senior p.** Hauptinhaber(in) *m/f*, Altgesellschafter(in) *m/f*, älterer Teilhaber; **silent/sleeping/undisclosed p.** stiller (Geschäfts)Teilhaber/Gesellschafter, passiver/nicht geschäftsführender/inaktiver Teilhaber; **~ p.'s holding** stille Beteiligung; **simultaneous p.** Doppelgesellschafter(in) *m/f*; **solvent p.** vom Konkurs nicht betroffener Gesellschafter; **special p.** beschränkt haftender Teilhaber/Gesellschafter, Kommanditist(in) *m/f*, Teilhafter(in) *m/f*; **subordinate p.** *[GB]* nicht persönlich haftender Gesellschafter/Teilhaber; **surviving p.** das Gesellschaftsverhältnis fortsetzender Teilhaber; **working p.** tätiger Gesellschafter
partner|'s capital Teilhaberkapital *nt*; **~ contribution**

Teilhaber-, Gesellschaftereinlage *f*; **p. country** Partnerstaat *m*; **p. currency** Partnerwährung *f*; **p.s' drawings** Bezüge/Gewinnentnahmen der Gesellschafter; **~ funds** Gesellschaftskapital *nt*; **~ interest/investment** Teilhaber-, Gesellschafts-, Gesellschafteranteil *m*, G.einlage *f*; **~ liability** Teilhaber-, Gesellschafterhaftung *f*; **p.-like** *adj* teilhaberähnlich; **p.s' meeting** Teilhaber-, Gesellschafterversammlung *f*; **~ remuneration** Teilhabervergütung *f*; **~ resolution** Gesellschaftsbeschluss *m*; **~ rights** Teilhaber-, Gesellschafterrechte; **p.'s share** Teilhaberanteil *m*

partnership *n* 1. (Personen)Gesellschaft *f*, offene Handelsgesellschaft (OHG), Konsortium *nt*, Gesellschaft ohne Rechtspersönlichkeit, Personenfirma *f*; 2. Mitbeteiligung *f*, Mitunternehmerschaft *f*, Gesellschafterverhältnis *nt*; 3. Sozietät *f*; 4. Partnerschaft *f*; 5. (Lebens)Gemeinschaft *f*; **p. in commendam** *(lat.)* stille Gesellschaft, kommanditistische Beteiligung; **~ crime** Teilnahme an einer strafbaren Handlung; **p. by estoppel** *[GB]* Gesellschaft kraft Rechtsscheins; **p. entered into for a fixed time/definite period** Gesellschaft auf bestimmte Zeit; **~ for an indefinite period/undefined time** Gesellschaft auf unbestimmte Zeit; **p. partly limited by shares** Kommanditgesellschaft auf Aktien (KGaA); **p. at will** *[US]* Gesellschaft bürgerlichen Rechts (GbR)

to dissolve a partnership Gesellschaft/Teilhaberschaft auflösen, ~ aufheben; **to enter into a p.** in eine Gesellschaft eintreten, Teilhaberschaft eingehen; **~ with** sich assoziieren mit; **to establish/found/set up a p.** Gesellschaft gründen; **to join a p.** als Teilhaber eintreten; **to leave/retire from/withdraw from a p.** aus einer Gesellschaft ausscheiden, als Teilhaber ausscheiden; **to take so. into a p.** jdn zum Teilhaber machen, jdn als Teilhaber aufnehmen; **to turn a p. into a limited company** eine Personengesellschaft in eine Kapitalgesellschaft umwandeln

civil(-law)/non-commercial/non-trading partnership einfache Gesellschaft, BGB-Gesellschaft *f*, Gesellschaft bürgerlichen Rechts (GbR); **commercial p.** (Personen)Handelsgesellschaft *f*; **contributory p.** Teilhaberschaft durch Erwerb von Aktien; **dormant p.** stille Beteiligung/Gesellschaft/Teilhaberschaft; **general/mercantile p.** offene Handelsgesellschaft (OHG), allgemeine Personengesellschaft; **industrial p.** Mitbestimmung der Arbeitnehmer; **internal p.** Innengesellschaft *f*

limited partnership Kommanditgesellschaft (KG) *f*; **public ~ p.** Publikums-KG *f*; **~ p. interest** Kommandit(isten)anteil *m*, kommanditistische Beteiligung

non-trading/professional partnership Sozietät *f*; **oral p.** auf mündlicher Vereinbarung beruhende Teilhaberschaft; **ordinary p.** 1. offene Handelsgesellschaft (OHG), Personengesellschaft *f*; 2. *[US]* normale Handelsgesellschaft; **particular/short-term/special p.** Gelegenheitsgesellschaft *f*; **private p.** BGB-Gesellschaft *f*, Gesellschaft bürgerlichen Rechts (GbR); **secret/silent/sleeping p.** stille Teilhaberschaft/Gesellschaft/Beteiligung; **~ interest** stille Beteiligung; **ship**-**owning p.** Partenreederei *f*; **social p.** Sozialpartnerschaft *f*; **trading p.** Handelsgesellschaft *f*; **universal p.** allgemeine Gütergemeinschaft; **unlimited p.** offene Handelsgesellschaft (OHG), Personengesellschaft mit unbeschränkter Haftung der Mitglieder; **value-enhancing p.** Wertschöpfungspartnerschaft *f*

partnership account Gesellschafts-, Gesellschafter-, Teilhaberkonto *nt*; **p. agreement** 1. Beteiligungs-, Gesellschafts-, Teilhaber-, Sozietätsvertrag *m*; 2. Partnerschaftsvertrag *m*; **p. assets** Gesellschaftsvermögen *nt*, Vermögen der Gesellschaft; **p. assurance** *[GB]* Teilhaberversicherung *f*; **p. balance sheet** Gesellschaftsbilanz *f*; **on a p. basis** partnerschaftlich; **p. books** Gesellschaftsbücher, Geschäftsbücher (einer OHG); **p. capital** Teilhaber-, Gesellschafter-, Gesellschaftskapital *nt*, Kapital einer Gesellschaft; **p. changes** Änderungen in der Teilhaberschaft; **p. contract** Partnerschaftsvertrag *m*; **p. creditor** Gesellschaftsgläubiger(in) *m/f*; **p. debts** Gesellschaftsschuld *f*, Schulden/Verbindlichkeiten einer Gesellschaft; **p. enterprise** Personengesellschaft *f*; **(full) p. ideology** (totale) Partnerschaftsideologie *f*; **p. insurance** Teilhaberversicherung *f*; **p. interest** Teilhaber-, Gesellschafteranteil *m*; **p. liabilities/obligations** Gesellschaftsverpflichtungen; **p. property** Gesellschaftsvermögen *nt*, G.eigentum *nt*; **p. register** Gesellschaftsverzeichnis *nt*; **p. share** Teilhaber-, Mitunternehmens-, Mitunternehmeranteil *m*

part number Teilenummer *f*

part payment Teilzahlung *f*; **in p. p.** zur teilweisen Begleichung; **to make a p. p.** Teilzahlung leisten

part performance Teilleistung *f*; **p.s recycling** Ersatzteilrecycling *m*; **p.-repeal of a statute** *n* [§] Derogation *f*

parts requirements planning Teilebedarfsrechnung *f*; **p. requisition (slip)** Materialanforderungsschein *m*; **p. shortage** Ersatzteilknappheit *f*; **p.s sourcing** Teilebeschaffung *f*; **p. stock** Teilelager *nt*; **p. supply** Ersatzteillieferung *f*, E.versorgung *f*; **p. warehousing** Ersatzteillagerung *f*

part|-time *adj* nebenamtlich, n.beruflich, Teilzeit-, halbtägig, halbtags/stundenweise (berufstätig); **p.-timer** *n* Teilzeitkraft *f*, T.beschäftigte(r) *f/m*, T.arbeiter(in) *m/f*; **p. value** Teilwert *m*

party *n* 1. [§] Partei *f*, (streitender) Teil; 2. Beteiligte(r) *f/m*, Teilhaber(in) *m/f*; 3. (politische) Partei; 4. Gruppe *f*, Gesellschaft *f*; 5. Interessent(in) *m/f*; 6. Fest *nt*, Party *f*; **within the p.** parteiintern

party to an action [§] prozessführende Partei; **~ an agreement** Vertragspartei *f*, V.beteiligte(r) *f/m*; **~ arbitration** Schiedspartei *f*; **p. in collective bargaining** Tarifpartei *f*, T.partner *m*; **capable of being a ~ bargaining** tariffähig

party to a bill Wechselbeteiligte(r) *f/m*, W.verpflichtete(r) *f/m*; **prior ~ bill** Wechselvorgänger(in) *m/f*; **p. liable on a bill** Wechselverbundene(r) *f/m*; **p. presenting a bill** Wechseleinreicher(in) *m/f*; **~ for discount** Diskontant *m*

party in breach of contract [§] vertragsbrüchige Partei; **p. bearing the burden of proof** Beweispflichtige(r) *f/m*; **p. involved in business operations** *(Arbeitneh-*

mer/Staat/Eigenkapitalgeber) Koalitionspartner(in) m/f; **p. to a case** [§] Prozessbeteiligte(r) f/m, P.partei f; **p. entitled to commutation** Ablösungsberechtigte(r) f/m; **p. liable to pay compensation** Entschädigungspflichtige(r) f/m; **p. to a construction undertaking** Baubeteiligte(r) f/m
party to the contract Vertragspartner(in) m/f, V.partei f, Kontrahent(in) m/f, Beteiligte(r) eines Vertrages, verpflichtete Partei; **p. liable under a contract** vertraglich verpflichtete Partei
party liable for costs kostenpflichtige Partei, Kostenschuldner(in) m/f; **~ to a crime** Teilnehmer(in) an einer strafbaren Handlung, Teilnehmer(in) eines Verbrechens; **p. entitled to damages** Schaden(s)ersatzberechtigte(r) f/m; **p. in default** säumige/im Verzug befindliche Partei; **p. to a dispute** Konfliktpartei f, streitende Partei, Partei eines Rechtsstreits; **~ an estate** Miterbe m, Miterbin f; **p. at fault** Schuldige(r) f/m, schuldiger Teil; **p. not at fault** nichtschuldiger Teil; **p. of holidaymakers** Urlaubs-, Touristengruppe f; **p. in interest** 1. Konkursbeteiligte(r) f/m; 2. wirkliche/beteiligte Partei; **parties engaged in labour negotiations** Tarifparteien, Tarif-, Sozialpartner; **p. to a lawsuit** Partei in einem Zivilprozess; **capable of being a ~ lawsuit** parteifähig; **p. to a letter of credit** Akkreditivpartei f; **p. seeking a licence** Lizenzsucher(in) m/f; **p. to an offence** Teilnehmer(in) an einer strafbaren Handlung; **p. in opposition** (Pat.) Einspruchspartei f; **p. exercising an option** Optant(in) m/f; **p. to a collective pay agreement** Tarifpartner m, T.partei f; **p. entitled to payment** Zahlungsberechtigte(r) f/m; **p. liable for payment** Zahlungspflichtige(r) f/m; **p. in power** Regierungspartei f, regierende/an der Macht befindliche Partei; **p. to the proceedings** Verfahrensbeteiligte(r) f/m, am Verfahren beteiligte Partei; **p. liable to surrender property** Herausgabeschuldner(in) m/f; **~ recourse** Regresspflichtige(r) f/m, R.schuldner(in) m/f; **p. to a suit** Prozessteilnehmer(in) m/f, P.partei f; **~ a transaction** Geschäftspartner(in) m/f; **~ a joint transaction** Metist m; **~ a wage agreement** Tarif(vertrags)partei f
examining the parties [§] Vernehmung der Parteien; **joining a party** Eintritt in eine Partei, Parteibeitritt m; **after the p. have been consulted** nach Anhörung der Parteien; **the p. are desirous** die Parteien sind bestrebt **to ban a party** Partei verbieten; **to be a p. to** beteiligt sein an, sich beteiligen an, mitmachen, Partei sein bei; **~ a p. to an agreement** einer Übereinkunft zustimmen; **~ a p. to a suit/writ** sich bei einer Klage beteiligen; **~ one of the p.** mit von der Partie sein; **to become p. to an action** sich an einem Prozess beteiligen; **~ a contract** einen Vertrag beitreten; **to belong to a p.** einer Partei angehören; **to caution the parties** die Parteien vernehmen/belehren; **to cease to be a p. to the convention** aus dem Abkommen ausscheiden; **to expel so. from the p.** jdn aus der Partei ausschließen/ausstoßen; **to form/found a p.** Partei bilden/gründen; **to hear the parties** [§] den Parteien Gelegenheit zur Stellungnahme geben; **to join a p.** einer Partei beitreten, sich ~ anschließen; **to leave a p.** aus einer Partei austreten, Partei verlassen; **to order a p. to pay the costs** (Prozess) Partei zur Tragung der Kosten verurteilen; **to proscribe a p.** Partei verbieten; **to sell sth. to another p.** etw. weiterveräußern; **to split a p.** Partei spalten; **to summon the parties** [§] Parteien/Beteiligte (vor)laden; **to throw a p.** (coll) Party geben; **to vote for a p.** Partei wählen

acquiring party Erwerber(in) m/f, Käufer(in) m/f; **advance p.** Vortrupp m, Vorausabteilung f, Vorkommando nt; **adverse p.** [§] Prozess-, Antragsgegner(in) m/f; **aggrieved p.** geschädigte/benachteiligte Partei, Beschwerdeführer(in) m/f; **appealing p.** (Revision) Beschwerdeführer(in) m/f, beschwerdeführende Partei; **appearing p.** erschienene Partei; **ceding p.** Zedent(in) m/f; **co-contracting p.** beteiligte Vertragspartei; **competent p.** geschäftsfähige Partei; **contending p.** Prozesspartei f, streitende Partei; **contracting p.** Vertragspartei f, Beteiligte(r) eines Vertrages, vertragschließender Teil, Kontrahent(in) m/f; **countersigning p.** Gegenzeichnende(r) f/m; **damaging p.** Schädiger(in) m/f, Schadensstifter(in) m/f; **defaulting p.** 1. vertrags-/kontraktbrüchige Partei; 2. nicht erschienene/abwesende/säumige Partei; 3. in (Zahlungs)Verzug befindliche Partei; **defeated p.** unterlegene Partei; **defending p.** Beklagte(r) f/m; **entitled p.** Anspruchsberechtigte(r) f/m, aktiv berechtigte/legitimierte Partei; **secondary ~ p.** Nebenberechtigte(r) f/m; **the guilty p.** (Scheidung) Schuldige(r) f/m, schuldiger Teil, schuldige Partei; **house-warming p.** (Haus/Wohnung) Einweihungsfeier f, Hauseinweihung f; **immediate p.** unmittelbar Beteiligte(r); **infringing p.** Verletzer m; **injured p.** geschädigte/benachteiligte Partei, Geschädigte(r) f/m, Schaden(s)ersatzberechtigte(r) f/m, geschädigter Teil; **innocent p.** 1. nicht schuldiger Teil; 2. gutgläubige(r) Dritte(r), redliche(r) Erwerber(in); **insured p.** Versicherungsnehmer(in) m/f; **interested p.** 1. Mitbeteiligte(r) f/m; 2. Interessent(in) m/f, interessierte Partei; **intervening p.** Nebenkläger(in) m/f, Streitgehilfe m, S.helfer(in) m/f, Intervenient m, joint **p.** Streitgenosse m; **left-wing p.** Linkspartei f; **liable p.** Haftpflichtige(r) f/m, Schuldner(in) m/f, Haftungsträger(in) m/f, Verpflichtete(r) f/m; **litigant/litigating p.** Prozesspartei f; **middle-class p.** bürgerliche Partei; **negotiating p.** Verhandlungspartner(in) m/f; **nominal p.** Streitgenosse ohne eigenes Prozessinteresse; **non-defaulting p.** vertragstreue Partei; **non-observant p.** vertragsbrüchige Partei; **non-responsible p.** Nichtverantwortliche(r) f/m; **non-suited p.** abgewiesene Partei; **notifying p.** mitteilende Partei; **contractually oblig(at)ed p.** vertraglich verpflichtete Partei; **observant p.** vertragstreue Partei; **offended p.** Geschädigte(r) f/m, Verletzte(r) f/m; **offending p.** schuldige Partei, Schuldige(r) f/m; **omnibus p.** Sammelpartei f; **opposing p.** (Prozess-/Anspruchs)Gegner(in) m/f, Gegenpartei f; **opposite p.** Gegenseite f; **parliamentary p.** (Parlaments)Fraktion f; **part-charter p.** Teilchartervertrag m; **petitioning p.** Antragsteller(in) m/f, antragstellende Partei; **pledging p.** Pfandbesteller(in) m/f; **political p.** politische Partei; **popular p.** Volkspartei f;

prejudiced p. Benachteiligte(r) *f/m*; **prevailing** p. obsiegende Partei; **prior** p. Vormann *m*; **private** p. geschlossene Gesellschaft; **prosecuting** p. betreibende Partei; **remote** p. mittelbar Beteiligte(r) *f/m*; **requested** p. ersuchter Staat; **requesting** p. ersuchender Staat; **rescinding** p. Rücktrittsberechtigte(r) *f/m*; **right-wing** p. Rechtspartei *f*; **ruling** p. Regierungspartei *f*, an der Macht befindliche Partei; **secured** p. Sicherungsnehmer(in) *m/f*; **self-contracting** p. Selbstkontrahent(in) *m/f*; **successful** p. obsiegende Partei; **summoned** p. geladene Partei; **surviving** p. *(Vers.)* überlebender Teil
third party Dritte(r) *f/m*, nicht beteiligte Partei; **innocent ~** p. gutgläubige(r) Dritte(r); **held by ~ parties** im Fremdbesitz; **~ party policy/insurance** 🚗 Haftpflichtversicherung *f*
unconstitutional party verfassungswidrige Partei; **unsuccessful** p. unterliegende Partei; **working** p. Arbeitsgruppe *f*, A.ausschuss *m*; **wronged** p. Geschädigte(r) *f/m*, Verletzte(r) *f/m*
party aerial *[GB]* /**antenna** *[US]* Gemeinschaftsantenne *f*; **p. affected** betroffene Partei; **p. agent** Parteifunktionär *m*; **p. catering (service)** Partyservice *m*; **p. chairman** Parteivorsitzender *m*; **p. chairwoman** Parteivorsitzende *f*; **p. comrade** Parteigenosse *m*, P.genossin *f*; **the parties concerned** beteiligte Personen, Beteiligte; **p. conference** *[GB]* /**convention** *[US]* Parteitag *m*; **p. dues** Parteibeitrag *m*; **p. executive** Parteiführung *f*, P.vorstand *m*; **the p. faithful** treue Anhängerschaft einer Partei; **p. fence** Grenz-, Trennungszaun *m*; **p. funds** Parteikasse *f*; **p. game** Gesellschaftsspiel *nt*; **p. headquarters** Parteizentrale *f*; **p. insured** Versicherungsnehmer(in) *m/f*, Versicherte(r) *f/m*; **parties involved** beteiligte Parteien; **p. leader** Parteiführer(in) *m/f*, P.chef(in) *m/f*; **p. leadership** Parteiführung *f*
party line 1. 📞 Gemeinschafts-, Neben-, Sammel-, Zweieranschluss *m*, Gemeinschaftstelefon *nt*, gemeinsamer (Telefon)Anschluss, gemeinsame Leitung; 2. offizielles Parteiprogramm, Parteilinie *f*; **above p. l.s** überparteilich; **across p. l.s** über Parteigrenzen hinweg; **to cut ~ p. l.s** quer durch die Parteien gehen; **loyal to the p. l.** linientreu
party list Parteiliste *f*; **p. machine(ry)** Parteiapparat *m*, P.organisation *f*; **p. man** Partei-, Gefolgsmann *m*; **p. manifesto/platform** *(Wahl)* Parteiprogramm *nt*; **p. meeting** Parteiversammlung *f*; **p. member** Parteimitglied *nt*, P.freund *m*, Mitglied der/einer Partei; **to be a p. member** einer Partei angehören; **p. membership** Parteizugehörigkeit *f*, P.mitgliedschaft *f*; **p. mortgage** treuhänderisch gehaltene Fremdhypothek; **p. official** Parteifunktionär *m*; **p. organ** Parteiorgan *nt*; **p. organization** Parteiorganisation *f*; **p. paper** Parteizeitung *f*; **p.-political** *adj* parteipolitisch; **p. politics** Parteipolitik *f*; **p. privilege** Parteienprivileg *nt*; **p. program(me)** Parteiprogramm *nt*; **p. quarrel(s)** Parteigezänk *nt*, innerparteiliche Auseinandersetzung(en); **p. rule** Parteiherrschaft *f*; **p. spirit** Parteigeist *m*, P.gesinnung *f*; **p. split** Parteispaltung *f*; **p. system** Parteiensystem *nt*; **p. ticket** Gruppen-, Sammelfahrschein *m*, Gruppen-, Sammelfahrkarte *f*; **p. vote** Parteibeschluss *m*; **p. wall** Grenz-, Trennmauer *f*; **p. whip** *[GB]* *(Parlament)* Einpeitscher(in) *m/f*; **p. wing** Parteiflügel *m*

par value Nenn-, Nominal-, Pari(täts)wert *m*, Nenn-, Nominalbetrag *m*; **at p. v.** nominal; **initial p. v.** Ausgangsparität *f*; **minimum p. v.** Mindestnennbetrag *m*; **p. v. share** *[GB]* /**stock** *[US]* Nennwertaktie *f*, Aktie mit Nennwert

pass *n* 1. (Dienst)Ausweis *m*, Durchlass-, Geleit-, Passier-, Urlaubsschein *m*; 2. *(Prüfung)* Bestehen *nt*; 3. Pass(straße) *m/f*; 4. 🖥 Arbeitsgang *m*; 5. *(Karten)* Durchlauf *m*; **to make a p. at so.** jdn anmachen *(coll)*; **free** p. 1. Freifahrkarte *f*, F.fahrschein *m*; 2. Freikarte *f*; **official** p. Dienstausweis *m*; **special** p. Sonderausweis *m*

pass *v/ti* 1. vorbeigehen, v.fahren; 2. überholen; 3. überschreiten, 4. übergeben, übertragen, weitergeben; 5. *(Prüfung)* bestehen; 6. *(Zeit)* vergehen; 7. genehmigen, annehmen; 8. anerkannt/angenommen werden; 9. *(Falschgeld)* abschieben; 10. [§] befinden, *(Urteil)* fällen; 11. *(Gesetz)* verabschieden, erlassen; 12. passieren, sich vollziehen; **p. along** *(Kosten)* überwälzen; **p. around** herumgehen/zirkulieren lassen; **p. away** sterben; **p. down** weitergeben; **p. into** übergehen in; **p. off** vorbei-, vorübergehen, verlaufen; **p. o.s. off as so.** sich als jdn ausgeben; **p. on** 1. weiterleiten; 2. *(Kredit)* durchleiten; 3. *(Kosten)* über-, weiterwälzen; **~ fully** voll überwälzen; **~ to** 1. weitergeben an, abwälzen auf; 2. *(Kosten)* überwälzen auf; **p. sth. on to so.** 1. etw. auf jdn abwälzen; 2. jdm etw. hinterbringen; **p. out** 1. in Ohnmacht fallen/sinken; 2. ver-, austeilen; **p. over** übergehen; **p. through** 1. durchreisen; 2. durchmachen; **p. to** *(Eigentum)* übergehen auf; **p. unanimously** einstimmig annehmen; **to come to p.** 1. sich ereignen; 2. *(Bedingung)* eintreten; **to let it p.** darüber hinwegsehen

passable *adj* 1. passierbar; 2. leidlich, passabel

passage *n* 1. (Durch-/Über-/Verbindungs)Gang *m*, Durchlass *m*; 2. ⚓ Fahrpreis *m*, F.geld *nt*, Überfahrt(sgeld) *f/nt*, Passage *f*; 3. *(Gesetz)* Annahme *f*, Verabschiedung *f*; 4. ⊖ Transit(genehmigung) *m/f*, Durchfuhr *f*; 5. *(Text)* Absatz *m*, Abschnitt *m*, Textstelle *f*, Passus *m*; 6. ⛏ Stollen *m*; **p. from ... to** Überleitung von ... zu; **p. of a bill** Annahme/Verabschiedung einer Gesetzesvorlage, Gesetzesannahme *f*; **~ ownership/title** Eigentumsübergang *m*; **~ risk** Risiko-, Gefahrenübergang *m*; **~ time** Zeitablauf *m*; **p. in transit** ⊖ Durchfahrt *f*, D.fuhr *f*, Transit *m*

no passage Durchgang verboten

to book a passage Flug-/Schiffskarte lösen; **to quote a p.** Stelle zitieren; **to work one's p.** ⚓ Überfahrt abarbeiten

assisted passage Fahrgeldzuschuss *m*; **covered p.** 🏛 überdeckter Gang; **free p.** ⚓ freie Fahrt; **innocent p.** freie/friedliche Durchfahrt; **inward p.** ⚓ Einpassieren *nt*; **parliamentary p.** 1. Gesetzgebungsverfahren *nt*; 2. *(Entwurf)* parlamentarische Beratung; **purple p.** *(fig)* Glanzstelle *f*; **rough p.** ⚓ stürmische Überfahrt; **smooth p.** ⚓ ruhige Überfahrt; **simple p.** bloße Durchfahrt; **underground p.** unterirdischer Gang

passage money Schiffspassagegeld *nt*; **p. right** Durchfahrtsrecht *nt*; **p.way** *n* Durchgang *m*, Passage *f*
pass band Durchlassbereich *m*
passbook *n* 1. Bank-, Depositen-, (Konto)Gegen-, Einlagen-, Sparbuch *nt*; 2. Anschreibe-, Kontrollbuch *nt*; 3. ⊖ Zollscheinbuch *nt*, Z.heft *nt*; **p. account** Anschreibe-, Sparkonto *nt*; **p. balance** Sparbuchsaldo *m*; **p. entry** Sparbucheintragung *f*; **p. loan** durch Sparbuch abgesicherter Kredit; **p. saving** Kontensparen *nt*; **p. savings** Sparleistungen
pass check Eintritts-, Einlasskarte *f*, Passierschein *m*; **p. degree** *(Abschlussnote)* bestanden
passed *adj* *(Gesetz)* verabschiedet, genehmigt
passenger *n* 1. Passagier *m*, Fahr-, Fluggast *m*; 2. ⇔ Mitfahrer(in) *m/f*, Insasse *m*, Insassin *f*
to carry passengers Passagiere/Fahrgäste befördern; ~ **for a consideration** Personenbeförderung gegen ein Entgelt übernehmen; **to disembark/drop/put down/set down p.** Passagiere/Fahrgäste absetzen; **to embark/pick up p.** Passagiere/Fahrgäste aufnehmen, ~ einschiffen
fare-paying passenger Zahlgast *m*; **front-seat p.** ⇔ Beifahrer(in) *m/f*; **incoming p.** ankommender Reisender; **individual p.** Einzelreisende(r) *f/m*; **lost p.s** abgewanderte Fahrgäste; **non-fare-paying p.** unentgeltlich fahrender Passagier/Fahrgast; **standby p.** Fluggast/Passagier auf der Warteliste; **standing p.** Fahrgast ohne Sitzplatz; **through p.** Durch-, Transitreisende(r) *f/m*; **ticketed p.** Zahlgast *m*
passenger accident insurance Insassenunfallversicherung *f*; **p. aircraft** Passagier-, Verkehrsflugzeug *nt*; **p. baggage** *[US]* /**luggage** *[GB]* Fluggepäck *nt*; **p. boat** Passagierschiff *nt*; **p. cabin** Fahrgastraum *m*, Passagierkabine *f*; **p. capacity** Fahr-/Fluggastkapazität *f*; **p. car** Personen(kraft)wagen (PKW) *m*; **p. carryings** Beförderungsfälle, Fahrgastzahlen, Passagieraufkommen *nt*; **p. clause** Reisebestimmungen *pl*; **p. compartment** ⇔ Fahrgastzelle *f*; **p. contract** Personenbeförderungsvertrag *m*; **p. conveyance act** Personenbeförderungsgesetz *nt*; **p. density** Verkehrsdichte *f* im Personenverkehr, Passagierverkehrsdichte *f*; **p. fare** Personenbeförderungsentgelt *nt*, P.tarif *m*, P.fahrpreis *m*, Tarif für den Personenverkehr; **p. figures** Fahrgast-, Fluggast-, Passagieraufkommen *nt*; **p. growth** wachsendes Passagieraufkommen; **p. handling** Fluggast-, Passagierabfertigung *f*; **p. kilometre** Bahn-, Flug-, Passagierkilometer *m*; **p. liner** ⚓ Fahrgast-, Passagierschiff *nt*; **p. list/manifest** ⚓ Passagierliste *f*; **p. load factor** Passagier-, Sitzladefaktor *m*; **p. mile** Bahn-, Flug-, Passagiermeile *f*; **p. mileage** Personen-, Flugmeilen *pl*; **p. movement** *(Reiseverkehr)* Beförderung *f*; **p. plane** ✈ Passagier-, Verkehrsflugzeug *nt*; **p. requirements** Fahrgastbedürfnisse *pl*; **p. revenue(s)** Einkünfte aus dem Passagier-/Personenverkehr; **p. seat** ⇔ Beifahrersitz *m*; **p. service** Passagierdienst *m*, P.beförderung *f*, Personenverkehrsdienst *m*; ~ **charge** ✈ Fluggastgebühr *f*; **p. shipping** Personen-, Passagierschifffahrt *f*; **p. space** Fahrgastraum *m*; **p. station** 🚂 Personenbahnhof *m*; **p. steamer** ⚓ Passagierdampfer

m; **p. tariff** Personen(beförderungs)tarif *m*, Tarif für Personenverkehr; **p. ticket** Fahr-, Flug-, Schiffskarte *f*
passenger traffic Passagier-, Personen-, Reiseverkehr *m*, Passagieraufkommen *nt*; **long-distance p. t.** Personenfernverkehr *m*; **scheduled p.t.** Linienpassagierverkehr *m*; **short-distance p. t.** Personennahverkehr *m*; **p. t. growth** Zuwachs im Fahrgast-/Passagieraufkommen
passenger trailer *[US]* ⇔ Personenanhänger *m*; **p. train** 🚂 Personenzug *m*; **by p. train** als Eilgut; **p. transport(ation)** (öffentlicher) Personenverkehr, P.beförderung *f*, P.transport *m*, Beförderung von Personen; **p. vehicle** Personenfahrzeug *nt*; **p. volume** Fahrgast-, Passagieraufkommen *nt*
passe-partout *n* *(frz.)* Passepartout *m*, General-, Hauptschlüssel *m*
passer-by *n* Passant(in) *m/f*
passing *n* 1. *(Gesetz)* Verabschiedung *f*, Erlass *m*; 2. *(Falschgeld)* Inumlaufbringen *nt*; 3. Überholen *nt*, Überholvorgang *m*; **p. forward** *(Steuer)* Überwälzung *f*; **p. on** 1. Weitergabe *f*, W.leitung *f*; 2. *(Kosten)* Weiterwälzen *nt*, Überwälzung *f*
passing of a bill Gesetzesverabschiedung *f*; ~ **claims** Anspruchsübergang *m*; **p. on of costs** Kostenabwälzung *f*, K.überwälzung *f*; **p. of counterfeit money** Weitergabe von Falschgeld; ~ **a dividend** Dividendenausfall *m*; ~ **judgment** §️ Urteilsfällung *f*, U.verkündigung *f*; ~ **a motion** Annahme eines Antrags; ~ **ownership/title** Eigentumsübergang *m*; **p. on of prices**; ~ **price increases** Preisüberwälzungsprozess *m*; **p. of a resolution** Beschlussfassung *f*, Annahme einer Entschließung; ~ **risk** Gefahr(en)übergang *m*
passing back of taxes Steuerrückwälzung *f*; **no p.** ⇔ Überholen verboten, Überholverbot *nt*
to be passing through auf der Durchreise sein; **to remark in p.** am Rande bemerken
passing *adj* beiläufig, flüchtig, vorübergehend
passion *n* Leidenschaft *f*, Passion *f*; **p. for work** Arbeitswut *f*; **to indulge in a p.** einer Leidenschaft frönen
passionate *adj* 1. leidenschaftlich, inbrünstig; 2. *(Debatte)* hitzig
Passion|tide *n* Passionszeit *f*; **P. Week** Passions-, Karwoche *f*
pas|sive *adj* passiv, untätig, taten-, widerstandslos; **p.-sivity** *n* Untätigkeit *f*, Passivität *f*
pass|key *n* General-, Hauptschlüssel *m*, Passepartout *m* *(frz.)*; **p.-over system** *n* Gewinnausgleich zwischen Händlern
passport *n* (Reise)Pass *m*; **p.s not required** Passfreiheit *f*; **to amend a p.** Pass ändern; **to apply for a p.** Pass beantragen; **to issue a p.** Pass ausstellen; **to renew a p.** Pass erneuern/verlängern; **to show one's p.** seinen Pass vorzeigen; **collective p.** Sammelpass *m*; **diplomatic p.** Diplomatenpass *m*; **expired p.** abgelaufener Pass; **Nansen p.** Nansenpass *m* *(für Staatenlose)*; **valid p.** gültiger (Reise)Pass
passport application Passantrag *m*; **p. control** Passabfertigung *f*, P.kontrolle *f*; **p. department** Passabteilung *f*; **p. fee** Passgebühr *f*; **p. forgery** Passfälschung *f*; **p. holder** Passinhaber(in) *m/f*; **p. offence** Passvergehen

passport office

nt; **p. office** Passbehörde *f*, P.büro *nt*, P.stelle *f*; **p. officer** Passbeamter *m*, P.beamtin *f*; **p. photo(graph)** Passbild *nt*, P.foto *nt*; **p. provisions/regulations** Passbestimmungen; **p. renewal** Passerneuerung *f*, P.verlängerung *f*; **p. requirements** Passzwang *m*

password *n* 1. Erkennungs-, Kenn-, Sperr-, Stich-, Losungswort *nt*; 2. ⚔ Parole *f*, (Tages)Losung *f*; ~ **protection** 🖳 Kennwortdateischutz *m*

past *adj* vergangen, früher; **to be p. it** *(coll)* zum alten Eisen gehören *(coll)*; **p. due** überfällig

past *n* Vergangenheit *f*, Vorgeschichte *f*; **to be a thing of the p.** der Vergangenheit angehören; **in the recent p.** in letzter Zeit

paste *n* Kleister *m*; *v/t* be-, aufkleben, kleistern; **p. on/up** ankleben; **p.board** *n* Karton *m*, Pappe *f*

pasteurize *v/t* pasteurisieren, entkeimen

pastime *n* Zeitvertreib *m*

pasturage *n* 🐄 1. Weiden *nt*; 2. Weiderecht *nt*

pasture *n* 🐄 Weideland *nt*, (Vieh)Weide *f*, Koppel *f*, Anger *m*; **p. pour cause de vicinage** *(frz.)* 🕭 nachbarrechtlich begründetes Weiderecht; **to put out to p.** 1. auf die Weide treiben; 2. *(fig)* in den (wohlverdienten) Ruhestand versetzen; **common p.** Gemeindeweide *f*, Allmende *f (obs.)*; **upland p.** Alm *f*

pasture *v/ti* 1. weiden (lassen); 2. grasen

pasture farming Weidewirtschaft *f*, W.bewirtschaftung *f*; **p. ground/land** Weide(land) *f/nt*, Grün-, Weide-, Beweidungsfläche *f*; **p. right** Weiderecht *nt*

patch *n* 1. Flicken *m*; 2. *(coll)* Amtsbereich *m*, Bezirk *m*; 3. 🖳 Korrektur *f*; **p. of oil** Ölspur *f*; **bad/barren/lean p.** *(fig)* Durststrecke *f (fig)*; **to go through a ~ p.** *(fig)* Durststrecke überstehen *(fig)*

patch (up) *v/t* 1. (zurecht)flicken, zusammenschustern, z.flicken; 2. 🖳 korrigieren; **~ so. up** *(coll)* 💲 jdn verarzten *(coll)*

patch card 🖳 Korrekturkarte *f*; **p.work** *n* Flickarbeit *f*, F.schusterei *f*, Stückwerk *nt*; **p.y** *adj* uneinheitlich, unregelmäßig, lückenhaft

patent *n* Patent *nt*, P.schrift *f*; **p. in force** gültiges Patent; **p. of importation** Einführungspatent *nt*; **p. for an invention** Erfindungspatent *nt*; **issuing a p.** Patentierung *f*; **protected by p.** patentrechtlich geschützt, patentgeschützt; **substantiating a p.** patentbegründend

to abandon a patent auf ein Patent verzichten, Patent verfallen lassen; **to acquire a p.** Patent erwerben; **to amend a p.** Patent berichtigen; **to apply for a p.** Patent anmelden/beantragen; **to appraise a p.** Patent bewerten; **to assign a p.** Patent übertragen/abtreten; **to be granted a p.** Patent erhalten; **to cancel a p.** Patent löschen; **to challenge/contest a p.** Patent anfechten; **to circumvent a p.** Patent umgehen; **to drop a p.** Patent verfallen lassen; **to exploit a p.** Patent verwerten/auswerten/ausüben/nutzen; **to grant a p.** Patent erteilen, patentieren; **to hold a p.** Patent besitzen; **to infringe a p.** Patent(recht) verletzen; **to issue a p.** Patent ausstellen; **to maintain a p.** Patent aufrechterhalten; **to nullify a p.** Patent für nichtig erklären; **to obtain a p.** Patent erhalten, (sich etw.) patentieren lassen; **to permit a p. to expire/lapse** Patent verfallen lassen; **to refuse a p.** Patent versagen/verweigern; **to register a p.** Patent eintragen/anmelden; **to renew a p.** Patent verlängern; **to revoke a p.** Patentschutz aufheben, Patent zurücknehmen; **to surrender a p.** Patent aufgeben; **to take out a p.** Patent anmelden/nehmen, Erfindung patentieren lassen; **to use/work a p.** Patent (aus)nutzen/ausüben

active patent gültiges Patent; **additional p.** Zusatzpatent *nt*; **basic p.** Basis-, Grundpatent *nt*; **blanket/broad p.** umfassendes Patent; **blocking p.** Schubladen-, Sperrpatent *nt*; **blocking-off p.** Blockierpatent *nt*; **cited p.** entgegengehaltenes Patent; **clean p.** einwandfreies Patent; **coexistent p.s** nebeneinander bestehende Patente; **collateral p.** parallel laufendes Patent, Nebenpatent *nt*; **communicated p.** Mitteilungspatent *nt*; **complete p.** umfassendes/endgültiges Patent; **conflicting p.** Kolllisionspatent *nt*; **contested p.** angefochtenes Patent; **defective p.** mangelhaftes Patent; **dependent p.** abhängiges Patent; **domestic p.** Inlandspatent *nt*; **European p.** europäisches Patent; **exclusive p.** Ausschließlichkeitspatent *nt*; **expired/extinct p.** abgelaufenes/erloschenes Patent; **fencing-in p.** Einkreisungspatent *nt*; **filed p.** angemeldetes Patent; **foreign p.** Auslandspatent *nt*; **freelance p.** Wegelagererpatent *nt (coll)*; **independent p.** Hauptpatent *nt*, selbstständiges Patent; **interfering p.** Kollisionspatent *nt*, kollidierendes Patent; **issued p.** erteiltes Patent; **joint p.** Gemeinschaftspatent *nt*, gemeinsames Patent; **lapsed p.** abgelaufenes/erloschenes/verfallenes Patent; **litigious p.** streitgegenständliches Patent, Streitpatent *nt*; **main/principal p.** Hauptpatent *nt*; **national p.** nationales Patent; **original p.** Haupt-, Stamm-, Ursprungspatent *nt*; **jointly owned p.** Gemeinschaftspatent *nt*; **pending p.** beantragtes Patent; **pharmaceutical p.** pharmazeutisches Patent; **postdated/subsequent p.** Nachpatent *nt*, junges Patent; **prior p.** älteres/früheres Patent, Vorpatent *nt*; **related p.** Bezugspatent *nt*; **secret p.** Geheimpatent *nt*; **sole p.** Ausschließlichkeitspatent *nt*; **subordinated p.** Nebenpatent *nt*; **supplemental/supplementary p.** Ergänzungs-, Zusatzpatent *nt*; **unexamined p.** ungeprüftes Patent; **unexpired p.** noch nicht abgelaufenes Patent; **unitary p.s** einheitliche Patente; **universal p.** Weltpatent *nt*; **valid p.** (rechts)gültiges Patent

patent *v/t* patentieren, gesetzlich/patentrechtlich schützen

patent *adj* unverborgen, offensichtlich

patentability *n* Patentierbarkeit *f*, Patent-, Schutzfähigkeit *f*; **p. requirement** Patentfähigkeitserfordernis *nt*

patentable *adj* patentierbar, patent-, schutzfähig

patent and licences account Patent- und Lizenzbilanz *f*; **p. action** 🕭 Patentklage *f*; **p. administration department** Patentverwaltungsabteilung *f*; **p. advertising** Patentberühmung *f*; **p. advocate** Patentanwalt *m*; **p. agent** Patentanwalt *m*, P.(rechts)spezialist *m*, P.vertreter(in) *m/f*; **chartered p. agent** *[GB]* Patentanwalt *m*; **p. agreement** Patentvertrag *m*; **p. amendment** Patentberichtigung *f*; **p. annuity** Patent(jahres)gebühr *f*, P.erneuerungsgebühr *f*; **p. appeal** Patenteinspruch *m*; **P.**

Appeals Tribunal *[GB]* Patentgericht *nt*; **p. applicant** Patentanmelder(in) *m/f*
patent application Patentanmeldung *f*, P.antrag *m*, P.gesuch *nt*; **to disclose a p. a.** Patentanmeldung offen legen; **to file a p. a.** Patentantrag einreichen; **~ for an invention** Erfindung zum Patent anmelden; **to process a p. a.** Patentanmeldung bearbeiten; **to refuse a p. a.** Patentanmeldung zurückweisen; **joint p. a.** gemeinsame Patentanmeldung
patent article Markenartikel *m*; **p. assignment** Patent(rechts)abtretung *f*; **p. attorney** Patentanwalt *m*; **p. bar** *[GB]* Patentanwaltschaft *f*; **p. broker** Patentmakler(in) *m/f*; **p. broking company** Patentverwertungsgesellschaft *f*; **p. case** [§] Patent(streit)sache *f*; **p. category** Patentklasse *f*; **p. challenger** Patentanfechter(in) *m/f*; **p. charges** Patentkosten; **p. claim** Patentanspruch *m*, P.begehren *nt*; **dependent p. claim** abhängiger Patentanspruch; **independent p. claim** unabhängiger Patentanspruch; **p. class** Patentklasse *f*, P.kategorie *f*; **p. commission** Patentkommission *f*; **P. Compensation Board** *[US]* Patententschädigungsamt *nt*; **p. convention** Patentvereinbarung *f*; **p. cooperation treaty** Vertrag über die internationale Zusammenarbeit auf dem Gebiet des Patentwesens
patent(s) court Patentgericht *nt*; **~ proceedings** Patentgerichtsverfahren *nt*
patentl(s) department Patentabteilung *f*; **p. description** Patentbeschreibung *f*; **p. document** Patenturkunde *f*; **p. drawing** Patentzeichnung *f*
patented *adj* gesetzlich/patentrechtlich/patentamtlich/durch Patent geschützt, patentiert, patentgeschützt
patentee *n* Patentinhaber(in) *m/f*, Inhaber(in) eines Patents, Patentträger(in) *m/f*; **joint p.** (Patent)Mitinhaber(in) *m/f*; **prior p.** Patentvorgänger(in) *m/f*
patent engineer Patentspezialist *m*, P.ingenieur *m*; **p. examination** Patentprüfung *f*, Prüfung des Erfinderanspruchs; **deferred p. examination** aufgeschobene (Patent)Prüfung; **p. examiner** Patentprüfer(in) *m/f*; **p.(s) exchange** Patentaustausch *m*; **~ agreement** Patentaustauschabkommen *nt*, P.vertrag *m*; **p. exploitation** Patentausübung *f*, P.verwertung *f*, P.auswertung *f*; **~ agreement** Patentverwertungsvertrag *m*; **p. fee** Patent(erteilungs)gebühr *f*, patentamtliche Gebühr; **p. foods** Markennahrungsmittel; **p. holder** Patentinhaber(in) *m/f*, P.besitzer(in) *m/f*, P.träger(in) *m/f*; **p. holding** Patentbesitz *m*, P.pool *m*; **p. infringement** Patentverletzung *f*; **~ proceedings/suit** Patent(verletzungs)prozess *m*, P.verfahren *nt*, Rechtsstreit wegen Patentverletzung
patenting *n* Patentierung *f*; **double p.** Doppelpatentierung *f*; **p. proceedings/suit** Patentverfahren *nt*
patent investigator Patentberichterstatter(in) *m/f*, P.prüfer(in) *m/f*; **p. law** Patentrecht *nt*; **p. laws** Patentgesetzgebung *f*; **p. law firm** Patentanwaltsbüro *nt*, P.firma *f*, P.kanzlei *f*, P.büro *nt*; **p. lawyer** Patentanwalt *m*; **p. leather** Glanz-, Imitations-, Kunst-, Lackleder *nt*; **~ shoes** Lackschuhe; **p. legislation** Patentgesetzgebung *f*; **p. licence** Patentlizenz *f*; **p. licensing** Patent(lizenz)vergabe *f*; **~ agreement** Patentlizenzvertrag *m*; **p. litigation** Patentstreit(sache) *m/f*; **p. matter** Patentangelegenheit *f*; **p. matters** Patentsachen; **p. medicine** 1. patentrechtlich geschützte Arzneimittel; 2. *(fig)* Geheimmittel *nt*; **p. misuse** Patentmissbrauch *m*; **p. monopoly** Patentmonopol *nt*; **p. number** Patentnummer *f*
patent office Patentamt *nt*; **to file/lodge sth. with the p. o.** etw. beim Patentamt anmelden/niederlegen; **~ journal** Patentblatt *nt*; **~ ruling** *[US]* Patentamtsbescheid *m*
patentor *n* Patentgeber(in) *m/f*, P.gewährer(in) *m/f*, P.verleiher(in) *m/f*
patent pending Patent angemeldet, ~ in Aussicht, angemeldetes/laufendes Patent, schwebende Patentanmeldung; **p. pool** Patentgemeinschaft *f*, P.holdinggesellschaft *f*; **p. pooling agreement** Patentkartell *nt*, P.austauschabkommen *nt*; **p. proceedings** Patentklage *f*; **p. protection** Patent-, Urheberschutz *m*; **interim p. protection** einstweiliger Patentschutz; **p. protection suit** Patent(beanspruchungs)klage *f*; **p. recipe** *(fig)* Patentrezept *nt (fig)*; **p. register** Patentrolle *f*; **p. renewal** Patentverlängerung *f*; **p. rights** Patent-, Erfinder-, Schutz-, Urheberrecht *nt*; **p. roll** Patentrolle *f*, P.register *nt*; **p. royalties** Patentgebühren
patent specification Patentbeschreibung *f*, P.schrift *f*; **complete p. s.** endgültige Patentbeschreibung/P.schrift; **printed p. s.** Patentschrift *f*; **provisional p. s.** vorläufige Patentbeschreibung/P.schrift
patent suit Patentklage *f*, P.prozess *m*; **p. system** Patentwesen *nt*; **p. and licence trade** Patent- und Lizenzverkehr *m*
paternal *adj* väterlich
paternity *n* Vaterschaft *f*; **to acknowledge p.** Vaterschaft anerkennen; **to claim p.** Vaterschaft behaupten; **to deny p.** Vaterschaft (ab)leugnen/bestreiten; **to establish p.** Vaterschaft feststellen
paternity leave Vaterschaftsurlaub *m*; **p. proceedings** Vaterschaftsprozess *m*; **p. suit** Vaterschaftsprozess *m*, Abstammungsfeststellungsklage *f*, Klage auf Anerkennung der Vaterschaft; **p. test** Untersuchung zum Abstammungsbeweis
paternoster *n* Paternoster *m*
path *n* 1. Pfad *m*, Weg *m*, Bahn *f*, Schneise *f*; 2. 🚉 Fahrplanlage *f*; **to start down a p.** Weg beschreiten; **beaten p.** Trampelpfad *m*; **continuous p. operation** bahngesteuerter Betrieb; **critical p.** ⚙ kritischer Weg/Pfad; **~ method** Netzplan(technik) *m/f*; **fast p.** 💾 Direktaufruf *m*; **high-low p.** Saisonkorridor *m*; **secret p.** Schleichweg *m*; **upward p.** Aufwärtsentwicklung *f*; **well-beaten p.** *(fig)* ausgetretener Weg *(fig)*
pathfinder *n* Pfadfinder *m*
pathing *n* 🚉 Fahrplanlage *f*, Zugfolge *f*, Transportsteuerung *f*
patholgene *n* ⚕ (Krankheits)Erreger *m*; **p.logical** *adj* krankhaft; **p.logist** *n* Pathologe *m*, Pathologin *f*; **p.logy** *n* Pathologie *f*; **~ of a disease** Krankheitsbild *nt*
pathway of growth Wachstumspfad *m*
patience *n* Geduld *f*, Langmut *f*; **to exhaust so.'s p.** jds Geduld erschöpfen; **to lose one's p.** die Geduld verlieren; **to show p.** sich gedulden; **to tax so.'s p.** jds Geduld strapazieren, ~ auf die Probe stellen, ~ erschöpfen, jdn auf eine Geduldsprobe stellen

patient *adj* geduldig, nachsichtig; **to be p.** sich gedulden
patient *n* Patient(in) *m/f*; **p. at a health resort** Kurgast *m*; **to discharge a p.** Patienten entlassen; **to move a p.** Patienten verlegen; **paying/private p.** Privatpatient *m*; **private p.s plan (p.p.p.)** private Krankenkasse/K.versicherung; **p.'s file** Krankenakte *f*
patio *n* 🏠 1. Veranda *f*, Terrasse *f*; 2. Innenhof *m*
patrimony *n* elterliches/väterliches Erbe, ~ Erbteil, ~ Vermögen
patrol *n* 1. Patrouille *f*, Rundgang *m*; 2. Spähtrupp *m*; *v/t* patrouillieren
patrol boat Patrouillen-, Wachboot *nt*; **p. car** Streifen(dienst)wagen *m*, S.fahrzeug *nt*; **p. duty** Streifendienst *m*; **Special P. Group (SPG)** *[GB]* Bereitschaftspolizei *f*; **p. leader** Streifenführer(in) *m/f*; **p.man** *n* 1. Wächter(in) *m/f*, Wachmann *m*; 2. *[US]* Polizist *m*; **p. time** Überwachungs- und Wegezeit *f*; **p. wagon** *[US]* grüne Minna *(coll)*; **p.woman** *n [US]* Polizistin *f*
patron *n* 1. (Stamm)Kunde *m*, (Stamm)Gast *m*; 2. Förderer *m*, Schirmherr *m*, Mäzen *m*; **p.s only** 🅿 Parken nur für Kunden
patronage *n* 1. Protektion *f*, Gunst *f*, Wohlwollen *nt*, Begünstigung *f*; 2. Schirmherrschaft *f*, Patronat *nt*, Patenschaft *f*; 3. Vetternwirtschaft *f*; 4. Kundschaft *f*, Klientel *f*, Besucherkreis *m*; 5. *(Kunde)* Kauf *m*, Besuch *m*; **p. of a shop** regelmäßiges Einkaufen bei einem Geschäft; **p. discount** Treuerabatt *m*, Rabatt für Stammkunden; **p. dividend** Rückvergütung *f*, Gewinnausschüttung an Genossenschaftsmitglieder; **p. refund** Kundenrabatt *m*; **p. savings association** Rabattsparverein *m*
patronization *n* 1. Förderung *f*, Begünstigung *f*, Unterstützung *f*; 2. *(Kunde)* regelmäßiger Besuch
patronize *v/t* 1. unterstützen, begünstigen, fördern; 2. (Stamm)Kunde sein bei, (als Kunde) häufig/regelmäßig besuchen; 3. bevormunden
patronizing *adj* herablassend, gönnerhaft
pattern *n* 1. (Gattungs-/Stoff)Muster *nt*; 2. Modell *nt*; 3. Plan *m*, Struktur *f*
pattern of competition Wettbewerbsstruktur *f*; **~ consumption** Verbrauchsbild *nt*, V.struktur *f*, V.verhalten *nt*; **~ demand** Nachfragestruktur *f*; **basic ~ departmentation** Grundform der Betriebsorganisation; **~ exchange rates** Wechselkursgefüge *nt*; **~ expenditure** Ausgabenstruktur *f*; **~ forces** Konstellation der Kräfte, Kräftebild *nt*; **~ interest differentials** 1. Zinsgefälle *nt*; 2. Zinsspannenstruktur *f*; **~ interest rates** Zinsgefüge *nt*; **~ investment** Anlage-, Investitionsstruktur *f*; **~ leadership/management** Führungsstil *m*; **(technical) ~ the market** (technische) Verfassung des Marktes, Marktgefüge *nt*; **~ maturities** Fristigkeitsstruktur *f*; **special ~ purchasing power** Kaufkraftverteilung *f*; **~ production** Produktionstyp *m*, P.struktur *f*; **~ retailing** Einzelhandelsstruktur *f*; **p.s of trade** Handelsstruktur *f*, H.ströme; **p. of foreign trade** Außenhandelsstruktur *f*; **~ use** Nutzungsstruktur *f*
to form a base pattern Widerstandslinie bilden; **to work from a p.** nach (einem) Muster arbeiten

anti-cyclical/countercyclical pattern gegenläufiger Zyklus; **basic p.** Grundstruktur *f*; **checked** *[GB]* /**chequered** *[US]* **p.** Karomuster *nt*; **cyclical p.** zyklische (Verlaufs)Struktur; **geometrical p.** regelmäßiges Muster; **locational p.** Standortstruktur *f*; **occupational p.** Berufsstruktur *f*; **open p.** ungeschütztes Muster; **priced p.** ausgezeichenetes Muster; **regional p.** regionale Gliederung; **registered p.** eingetragenes Muster, Gebrauchsmuster *nt*; **set p.** feststehendes/festgelegtes/vorgeschriebenes Muster; **standard p.** einheitliches Modell/Muster, Einheits-, Standardmuster *nt*; **technical p.** *(Börse)* technische Verfassung
pattern *v/t* *(Stoff)* (be)mustern
pattern approval Bauartzulassung *f*; **p. bargaining** Vorreitersystem bei Tarifverhandlungen; **p. book** Musterbuch *nt*, M.heft *nt*; **p. card** Musterkarte *f*; **p. design** Modell-, Musterzeichnung *f*; **p. designer** Modellzeichner(in) *m/f*; **p. drawing** Modellzeichnung *f*; **p. infringement** Gebrauchsmusterverletzung *f*
patterning *n* Musterung *f*, Strukturierung *f*; **spatial p.** räumliche Strukturierung
pattern maker Modellformer(in) *m/f*, M.macher(in) *m/f*, M.schlosser *m*, M.schreiner(in) *m/f*; **p. plate** 🗐 Maternklischee *nt*; **p. recognition** Strukturerkennung *f*; **p. shop** 🔧 Modellabteilung *f*, M.bau *m*, M.schreinerei *f*, M.werkstatt *f*
pauper *n* 1. Arme(r) *f/m*, Bedürftiger(r) *f/m*; 2. § zum Armenrecht zugelassene Partei, Partei im Armenrecht
pauperization *n* Verelendung *f*, Verarmung *f*; **p. theory** *(Marx)* Verelendungstheorie *f*
pause *n* Pause *f*, Unterbrechung *f*; **p. for thought** schöpferische Pause; **p. statement** 🖥 Pauseanweisung *f*
pavement *n* 1. Bürger-, Fuß-, Gehsteig *m*; 2. Pflaster *nt*; **to leave the p.** *[US]* von der Straße abkommen; **p. artist** Pflastermaler *m*
paver Pflasterstein *m*
pavilion *n* Pavillon *m*; **national p.** *(Ausstellung)* Länderpavillon *m*
paving *n* Straßenpflaster *nt*; **p. stone** Pflasterstein *m*
pawl *n* (Sperr)Klinke *f*
pawn *n* 1. Pfand *nt*, P.gegenstand *m*, P.sache *f*, P.stück *nt*, verpfändeter Gegenstand; 2. *(fig)* Schachfigur *f*; **in p.** als Pfand, verpfändet; **to give/put in p.** Pfand bestellen, verpfänden; **to hold in p.** als Pfand (be)halten; **to redeem/take out a p.** Pfand einlösen/auslösen, aus der Verpfändung lösen; **to take in p.** als Pfand/in Leihe nehmen
pawn *v/t* verpfänden, versetzen, als Pfand einsetzen/hinterlegen/geben, ins Pfandhaus tragen
pawn/able *adj* versetzbar, verpfändbar; **p.age** *n* (Ver)Pfändung *f*; **p.broker** *n* Pfandleiher *m*, P.hausbesitzer *m*; **p.broker's shop** Pfandhaus *nt*; **p.broking** *n* Pfandleih-, Versatzgeschäft *nt*, Pfandleihe *f*
pawned *adj* verpfändet, versetzt
pawnee *n* Pfandbesitzer *m*, P.gläubiger *m*, P.inhaber *m*, P.nehmer *m*, P.verleiher *m*
pawner; pawnor *n* Pfandgeber *m*, P.besteller *m*, Verpfänder *m*
pawning *n* Pfandstellung *f*, Verpfändung *f*

pawn money Pfandgebühr *f*; **p. office** Pfandbank *f*; **municipal p. office** (städtische) Pfandleihanstalt; **p. receipt/ticket** Leihhaus-, Pfandschein *m*; **p.shop** *n* Pfandhaus *nt*, P.geschäft *nt*, Leihhaus *nt*; **p.-taking** *n* Pfandnahme *f*

pay *n* Lohn *m*, Gehalt *nt*, Bezüge *pl*, (Arbeits)Entgelt *nt*, Besoldung *f*, (Arbeits)Vergütung *f*, Einkommen *nt*, Verdienst *m*; **without p.** unbezahlt; **p. in lieu of notice** Gehaltsausgleich für Nichteinhaltung der Kündigungsfrist; **p. according to performance**; **p. by results** Leistungslohn *m*, leistungsbezogener Lohn; **equal p. for equal work** gleicher Lohn für gleiche Arbeit, Lohngleichheit *f*, Leistungsgerechtigkeit *f*; **extra p. for dirty work** Schmutzgeld *nt*, S.zulage *f*; **liable to p.** zahlungspflichtig; **p. self** *(Scheck)* zahlen Sie an mich

to be in so.'s pay in jds Sold stehen; **to dock so.'s pay** jds Lohn kürzen; **to draw one's p.** Sold beziehen; **to keep so. in one's p.** jdm Lohn und Brot geben

additional pay Lohn-, Gehaltszulage *f*, Lohn-, Gehaltsaufbesserung *f*; **advance p.** Lohn-, Gehaltsvorschuss *m*, Abschlag *m*; **agreed p.** Tariflohn *m*, tarifliche Vergütung; **ancillary p.** Lohnnebenleistungen *pl*, L.kosten *pl*; **average p.** Durchschnittslohn *m*, D.gehalt *nt*, D.vergütung *f*; **back p.** 1. (Lohn-/Gehalts)Nachschlag *m*, ausstehender/rückständiger Lohn; 2. rückwirkende Zahlung; **base/basic p.** 1. Grundlohn *m*, G.gehalt *nt*, G.vergütung *f*; 2. *(Akkord)* Tarifprämie *f*; **continued p.** Lohn-, Gehaltsfortzahlung *f*; **deferred p.** Lohneinbehaltung *f*; **effective p.** Effektivlohn *m*, tatsächliches Gehalt; **end-of-service p.** Überbrückungsgeld *nt*; **equal p.** gleiche Entlohnung/Bezahlung, gleicher Lohn; **~ laws/legislation** *[GB]* Lohngleichheitsgesetze; **executive p.** Vorstandsbezüge *pl*; **extra p.** Zulage *f*, Lohn-, Gehaltszuschlag *m*, Zusatz-, Sondervergütung *f*; **face-to-face p.** Lohn für Tätigkeit am Arbeitsplatz; **fall-back p.** *(Akkord)* garantierter Mindestlohn; **full p.** volles Gehalt, voller Lohn(ausgleich); **to be retired on ~ p.** bei vollem Gehalt pensioniert werden; **to put so. on ~ p.** jdn auf halben Gehalt/halben Lohn setzen; **good p.** 1. gute Bezahlung; 2. *(Kredit)* gutes Risiko; **gross p.** Brutto(arbeits)lohn *m*, B.gehalt *nt*, B.einkommen *nt*, B.bezüge *pl*; **half p.** 1. halbes/herabgesetztes Gehalt; 2. *(Beamte)* Warte(stands)geld *nt*; **to be on ~ p.** Wartestandsgeld beziehen; **honorary p.** Ehrensold *m*; **lost p.** Verdienst-, Lohnausfall *m*, L.einbuße *f*, Gehaltseinbuße *f*; **make-up p.** 1. Lohn-, Gehaltsausgleich *m*; 2. Akkordzuschlag *m*; **minimum p.** Mindestlohn *m*, M.gehalt *nt*, M.verdienst *m*; **monthly p.** monatliche Bezüge, Monatseinkommen *nt*; **parliamentary p.** Diät(en) *f/pl*; **operational p.** Lohn für tatsächlich erbrachte Arbeit; **overtime p.** Überstundenlohn *m*, Ü.vergütung *f*; **pensionable p.** ruhegehaltsfähiger Lohn(anteil), ruhegehaltsfähiges Gehalt, ruhegehaltsfähige (Dienst)Bezüge; **performance-linked/performance-related p.** erfolgsbezogene Vergütung, Leistungslohn *m*; **poor p.** schlechte Bezahlung/Entlohnung; **portal-to-portal p.** Bezahlung nach Anwesenheitsdauer im Betrieb; **profit-related p. (PRP)** *[GB]* Beteiligungslohn *m*, erfolgsabhängige Vergütung; **retroactive p.** Lohn-, Gehaltsnachzahlung *f*; **real p.** Reallohn *m*, R.einkommen *nt*; **standard p.** Tariflohn *m*, T.gehalt *nt*, T.entgelt *nt*, tarifliche Vergütung; **take-home p.** Netto-, Effektivlohn *m*, N.gehalt *nt*, N.verdienst *m*, N.einkommen *nt*, effektiver Lohn, tatsächliches Gehalt; **weekly p.** Wochen(arbeits)lohn *m*, W.verdienst *m*, wöchentlicher Lohn

pay *v/ti* 1. (be)zahlen, entlohnen, besolden; 2. (be)zahlen, entrichten, Zahlung leisten, löhnen *(coll)*, abführen; 3. ein-, auslösen, *(Schuld)* befriedigen; 4. für die Kosten aufkommen, aufwenden; 5. sich lohnen/auszahlen, sich bezahlt machen, Gewinn (ein)bringen; **able to p.** zahlungsfähig; **obliged to p.** zahlungspflichtig; **unable to p.** zahlungsunfähig

pay additionally/extra nach(be)zahlen; **p. back** 1. zurück(be)zahlen, rückvergüten, rückerstatten, tilgen; 2. (wieder)erstatten; **p. dearly** *(fig)* teuer/Lehrgeld bezahlen *(fig)*; **p. down** anzahlen, Anzahlung leisten; **~ with interest** mit Zins und Zinseszins zurückzahlen; **~ for** bestreiten; **~ itself** sich selbst tragen; **~ so.** jdn freihalten; **~ sth.** *(fig)* für etw. büßen; **p. half each** je zur Hälfte bezahlen; **p. in** 1. ein(be)zahlen; 2. *(Scheck)* einreichen; 3. *(Geld)* einlegen; **~ full** ganz/voll/restlos bezahlen; **p. off** 1. auszahlen, abfinden, befriedigen, entlohnen; 2. ab-, zurückzahlen; 3. *(Schulden)* abbauen, abbezahlen, (vorzeitig) tilgen; 4. ⚓ abheuern; 5. sich auszahlen/bezahlt machen/bewähren; **~ very handsomely** sich in klingender Münze auszahlen *(coll)*; **p. too much** überzahlen; **p. out** 1. aus(be)zahlen; 2. ausgeben; 3. *(Geld)* abdisponieren; **~ in full** voll auszahlen; **p. so. out** jdm seinen Anteil auszahlen; **p. over** abführen; **p. promptly** pünktlich zahlen; **p. readily** anstandslos zahlen; **p. retrospectively** nachzahlen; **p. twice as much** doppelt so viel bezahlen; **p. up** voll einzahlen/bezahlen; **~ in full** voll bezahlen; **p. well** guten Ertrag abwerfen, viel eintragen, sich (gut) rentieren, sich bezahlt machen; **p. when due** bei Fälligkeit zahlen; **to promise to p.** Zahlungsverpflichtung eingehen

payability *n* Zahlbarkeit *f*, (Zahlungs)Fälligkeit *f*

payable *adj* 1. (zur Zahlung) fällig, (be)zahlbar, einzahlbar, liquidierbar, schuldig; 2. einlösbar, auszahlbar; 3. *(Steuer)* abführungspflichtig; **p. in advance** vorzeitig zahlbar; **p. to** zahlbar an, lautend auf; **p. net cash** zahlbar netto (gegen) Kasse; **p. within 90 days** zahlbar bei 90 Tagen Ziel; **p. when due** bei Fälligkeit zahlbar; **p. later** postnumerando *(lat.)* zahlbar; **to become p.** (zur Auszahlung) fällig werden, (rück)zahlbar werden; **to make p.** *(Wechsel)* zahlbar stellen; **subsequently p.** nachzahlungspflichtig, nachzahlbar

payables *pl* *(Bilanz)* Verbindlichkeiten, Kreditoren; **p. to affiliates**; **intercompany p.** Verbindlichkeiten gegenüber verbundenen Unternehmen; **accrued p.** antizipatorische/antizipative Passiva

pay account Lohn-, Gehaltskonto *nt*; **p. advance** Lohn-, Gehaltsvorschuss *m*, Abschlag(szahlung) *m/f*

(collective) pay agreement (Lohn-/Gehalts)Tarifvertrag *m*, Lohn- und Gehaltstarifabkommen *nt*; **under a ~ a.** tariflich; **to incorporate in a ~ a.** tariflich verankern; **to negotiate a ~ a.** Lohn- und Gehaltstarif aus-

handeln; **relevant ~ a.** anzuwendender Lohn- und Gehaltstarif; **~ a.s system** Tarifsystem *nt*
pay arrears Lohn-, Gehaltsrückstände
pay-as-you-earn (PAYE) *[GB]* (Lohn)Steuerabzugsverfahren *nt*, Quellen(steuer)abzug *m*; **~ deduction** Lohn-, Einkommensteuerabzug *m*; **~ system** Lohn-, Einkommen(quellen)steuerabzug *m*
payl-as-you-go system 1. *[US]* Lohn-, Einkommensteuerabzugsverfahren *nt*; 2. *(Vers.)* Umlageverfahren *nt*, Quellenabzug *m*; **p.-as-you-use principle** nutzungsbezogenes Zahlungsverfahren; **p. award** Lohn-, Gehaltserhöhung *f*, Tarifabschluss *m*
payback *n* 1. Rückzahlung *f*, Rückerstattung *f*; 2. Rendite *f*, Kaptalrückfluss *m*, Amortisation *f*; **p. analysis/method** Amortisationsvergleichsrechnung *f*, Kapital-, Amortisationsrückflussmethode *f*; **p. period** Amortisations-, Rückzahlungszeit(raum) *f/m*, Amortisations-, Kapitalrückfluss-, Tilgungsdauer *f*, T.zeit *f*; **p. rate** Amortisations-, Tilgungs-, Rückzahlungsrate *f*; **p. time** Amortisations-, Tilgungs-, Wiedergewinnungszeitraum *m*
pay bargaining Tarif-, Lohnverhandlung(en) *f/pl*; **free p. b.** Tarifautonomie *f*, uneingeschränkte Tarifverhandlungen; **responsible p. b.** verantwortungsvoll geführte Tarifverhandlungen
pay bed *[GB]* Privatbett *nt*, Krankenhausbett für Privatpatienten; **p. bill** 1. Lohnkosten *pl*, Gehalts-, Lohnliste *f*, L.summe *f*; 2. Zahlungsanweisung *f*; **p. board** Lohnausschuss *m*; **p. bracket** Besoldungsgruppe *f*, B.stufe *m*, Tarif-, Gehalts-, Lohngruppe *f*; **~ characteristics** Tarif-, Gehalts-, Lohngruppenmerkmale; **p. ceiling** Lohnplafond *m*, Verdienst(höchst)grenze *f*; **p. change** Lohn-, Gehaltsänderung *f*; **p. check** *[US]* / **cheque** *[GB]* 1. Lohn-, Gehaltsscheck *m*, Lohn-, Gehaltsüberweisung *f*; 2. Nettolohn *m*, N.gehalt *nt*; **~ deductions** Lohn-, Gehaltsabzüge; **two-p. check** *[US]* / **cheque** *[GB]* **family** Doppelverdiener(haushalt) *pl/m*; **p. claim** 1. Tarif-, Lohn-, Gehaltsforderung *f*; 2. Gehalts-, Entgeltanspruch *m*; **p. clerk** Lohnbuchhalter(in) *m/f*; **p. code** Lohnschlüssel *m*, L.kode *m*; **p. commission** Tarifkommission *f*; **p. comparability** Vergleichbarkeit der Löhne/Gehälter/Einkommen; **p. compensation** Lohn-, Gehaltsausgleich *m*; **p. component** Lohn-, Gehalts-, Entlohnungsbestandteil *m*, Vergütungskomponente *f*; **performance-related ~ component** erfolgsabhängige Vergütungskomponente; **p. confrontation** Tarif-, Lohnauseinandersetzung *f*; **p. contract** Tarifvertrag *m*; **p. controls** Lohnkontrolle *f*; **p. criterion** Lohnschlüssel *m*; **p. curb** Lohnrestriktion *f*; **p. cut** Lohn-, Gehaltskürzung *f*, Einkommensminderung *f*, Lohnabbau *m*; **p. cuts** Abstriche bei den Löhnen/Gehältern; **p. date** Zahltag *m*, Auszahlungstermin *m*, A.datum *nt*; **p. day** 1. (Lohn-/Gehalts)Zahltag *m*; 2. Liquidations-, Erfüllungs-, Löhnungs-, Abrechnungstag *m*, Liquidationstermin *m*; **p. deal** Lohn-, Tarifabschluss *m*, T.abkommen *nt*; **p. deductions** Lohn-, Gehaltsabzug *m*; **p. demand** Lohn-, Gehaltsforderung *f*; **p. desk** Zahltisch *m*, Kassenschalter *m*; **p. differential(s)** 1. Lohngefälle *nt*, L.unterschied *m*, Gehaltsdifferenz *f*, Einkommensunterschied *m*, E.gefälle *nt*; 2. *(Lohn)* Tarifunterschied *m*; **p. disparity** Einkommensdifferenz *f*; **p. dispute** Tarif-, Lohnkonflikt *m*; **p. docket** Lohn-, Gehaltsliste *f*
payee *n* 1. Zahlungs-, Anweisungs-, Geldempfänger(in) *m/f*; 2. Scheck-, Wechselnehmer(in) *m/f*, Domiziliat(in) *m/f*; 3. *(Akkreditiv)* Begünstigte(r) *f/m*; **p. of a bill** Wechselnehmer *m*, Remittent *m*; **p. of a check** *[US]* /**cheque** *[GB]* Scheckempfänger *m*, S.begünstigter *m*; **alternative p.** Alternativbegünstigter *m*; **fictitious p.** fingierter Remittent; **p.'s bank** Empfängerbank *f*, E.institut *nt*
pay element Lohn-, Gehalts-, Einkommensbestandteil *m*; **p. envelope** *[US]* Lohntüte *f*
payer *n* 1. Zahler *m*, Aus-, Einzahler *m*, Zahlungsleistender *m*; 2. *(Wechsel)* Bezogene(r) *f/m*, Trassat *m*; **p. of a bill** Wechselschuldner *m*; **~ a domiciled bill** Domiziliant *m*; **~ freight** Frachtzahler *m*; **~ honour** *(Wechsel)* Honorant *m*; **defaulting/dilatory/late/slow/tardy p.** säumiger/fauler Zahler; **good/prompt p.** prompter/pünktlicher Zahler; **p. benefit** *(Vers.)* Prämienbefreiung bei Tod oder Invalidität
pay erosion Kaufkraftschmälerung *f*, Verringerung der Kaufkraft; **p. freeze** Lohnstopp *m*, L.pause *f*; **p. and prices freeze** Lohn- und Preisstopp *m*; **p. grade** (Lohn-/Gehalts)Tarifstufe *f*; **p. guideline** Lohnleitlinie *f*; **p. improvement** Lohn-, Gehaltsaufbesserung *f*; **p. incentive scheme** Prämienlohnsystem *nt*; **p. increase** Lohn-, Gehaltserhöhung *f*; **equalizing p. increase** nachziehende Lohnerhöhung *f*; **p. inequalities** Einkommensdisparität *f*
paying *adj* einträglich, rentabel, lukrativ, gewinnbringend, lohnend, einbringlich; **p. agency** (Aus)Zahl(ungs)stelle *f*; **~ agreement** Zahlstellenabkommen *nt*
paying agent Zahlungsbevollmächtigte(r) *f/m*, Auszahlungskasse *f*, Zahl(ungs)stelle *f*; **ex p. a. of seller** ab Zahlstelle des Lieferers; **principal p. a.** Hauptzahlstelle *f*; **regional p. a.** Regionalbank *f*
paying back Tilgung *f*; **p. counter** Auszahlungsschalter *m*; **p. department** Auszahlungskasse *f*, Kassenabteilung *f*; **p. habits** Zahlungsmoral *f*, Z.gebräuche, Z.gewohnheiten; **prompt p. habits** gute Zahlungsmoral; **p.-in book** *[GB]* Einzahlungsbuch *nt*; **~ slip** Einzahlungsschein *m*, E.beleg *m*, Einlieferungsbescheinigung *f*
paying off 1. Auszahlung *f*; 2. Abfindung *f*; 3. *(Hypothek)* Tilgung *f*, Amortisation *f*; **~ of creditors** Befriedigung von Gläubigern; **joint ~ of all creditors** gemeinschaftliche Befriedigung aller Gläubiger; **p. office** Einlösungs-, Zahlstelle *f*; **p. teller** Kassierer für Auszahlungen
pay item 1. kostenvergütete Position, kostenpflichtiger Posten; 2. Lohn-, Gehalts-, Einkommens-, Entlohnungsbestandteil *m*; **p. league** Lohn-, Einkommensskala *f*; **p. level** Lohn-, Gehalts-, Einkommens-, Besoldungsniveau *nt*; **p. limit(ation)** Lohnbeschränkung *f*
payload 1. Lohnkosten(anteil) *pl/m*, Belastung durch Lohnzahlungen; 2. Nutzlast *f*, Fracht *f*, Zuladung *f*, Ladegewicht *nt*, Nutzlade-, Tragfähigkeit *f*; **maximum p.**

Höchstzuladung *f*; **p. capacity** Ladefähigkeit *f*; **p. ratio** Lohnintensität *f*; **p. space** nutzbarer Laderaum
paymaster *n* Zahlmeister *m*; **P. General** *[GB]* General-, Oberzahlmeister *m*
payment *n* 1. (Be)Zahlung *f*, Entrichtung *f*, Begleichung *f*, Zahlungsleistung *f*, Z.vorgang *m*; 2. Abgeltung *f*, Entgelt *nt*, Entlohnung *f*, Lohn *m*, Gehalt *nt*, Besoldung *f*, Vergütung *f*; 3. *(Wechsel)* Einlösung *f*; 4. *(Schuld)* Ablösung *f*; **p.s** Zahlungsströme; **on account of p.** zahlungshalber; **against p.** entgeltlich, gegen Bezahlung/Erledigung; **for p.** gegen Vergütung; **in p. of** zur Begleichung von; **in default of p.** mangels Zahlung; **(up)on p. (of)** gegen/nach Zahlung (von), bei Bezahlung, nach Zahlungseingang; **pending p.** bis zur Zahlung; **without p.** gratis, umsonst, unentgeltlich
payment from abroad Auslandszahlung *f*; **p. by acceptance** Zahlung durch Akzept; **p. of accounts** Begleichung von Verbindlichkeiten, Rechnungsausgleich *m*; **in ~ our account** zum Ausgleich unseres Kontos, ~ unserer Rechnung, zur Begleichung unserer Rechnung; **p. into an account** Kontoeinzahlung *f*; **p. on account** 1. Anzahlung *f*, Akonto-, Abschlags-, Teil-, Kontozahlung *f*; 2. Bar(geld)einschuss *m*; 3. Lohnabschlag *m*, Rate *f*, abschlägige Zahlung; **p. received on account** erhaltene Anzahlung; **p.s received on account of orders** erhaltene Anzahlungen auf Bestellungen; **p. on open account** Zahlung in offener Rechnung; **p. per account** Saldozahlung *f*; **p. in advance** Vorkasse *f*, Vorauszahlung *f*, Zahlung im Voraus; **p.s in advance** geleistete Anzahlungen; **p. of allowances** Gewährung von Beihilfen; **~ arrears** Nach(trags)-, Rückstandszahlung *f*; **~ the balance** Restzahlung *f*, Saldoabdeckung *f*; **p. by bank draft** Zahlung durch Bankwechsel; **p. of benefits** Zahlung von Leistungen; **perpetual p.s or other benefits** immerwährende Nutzungen oder Leistungen; **p. of a bill (of exchange)** Wechseleinlösung *f*, W.zahlung *f*; **~ a bribe** Schmiergeldzahlung *f*; **p. into a building society account** Bausparbeitrag *m*; **p. under a buy-back deal** *(Rückkauf)* Kompensationszahlung *f*; **p. of call** Nachschuss *m*; **~ call on shares** Nachzahlung auf Aktien; **p. in cash** Barzahlung *f*; **p. against forwarding agent's certificate of receipt** Zahlung gegen Spediteurübernahmebescheinigung *f*; **p. of charges** Frankatur *f*; **p. by check** *[US]* /**cheque** *[GB]* Zahlung durch Scheck, Scheckzahlung *f*; **p. on completion of purchase** Zahlung bei Kaufabschluss; **p. of retrospective contributions** Nachversicherung *f*; **~ costs** Begleichung der Kosten; **subsequent ~ costs** Kostennachzahlung *f*; **p. over the counter** Schalterauszahlung *f*; **p.s to and from foreign countries** internationaler Zahlungsverkehr; **p. in due course** ordnungsgemäße Zahlung; **p.s in agreed currencies** gebundener Zahlungsverkehr; **p. of (customs) duty** ⊖ Zollentrichtung *f*; **deferred ~ (customs) duty** Zollaufschub *m*; **~ damages** Schaden(s)ersatzleistung *f*; **p. before the due date** vorzeitige Zahlung; **p. within 10 days = 3 p.c. discount** Zahlung innerhalb von 10 Tagen = 3% Skonto, 3% Skonto bei Begleichung innerhalb von 10 Tagen; **p. of a debt** Schuld(en)begleichung *f*, Schuldenzahlung *f*; **~ debts** Tilgung von Verbindlichkeiten; **~ a non-existent debt** Leistung einer Nichtschuld; **p. under deed of covenant** Zahlung auf Grund zivilrechtlicher Verpflichtung, Tilgung einer vertraglichen Verpflichtung; **p. against delivery** Lieferung gegen Nachnahme; **p. on delivery** Lieferung gegen bar, Zahlung bei Lieferung; **~ demand** Zahlung auf Abruf/Verlangen; **p. upon first demand** Zahlung auf erste Anforderung; **p. of accrued dividends** Dividendennachzahlung *f*; **~ unchanged dividends** Dividendenkontinuität *f*; **p. against documents** Zahlung gegen Dokumente; **~ 3 months' draft** Zahlung gegen 3-Monats-Wechsel; **p. when due** Zahlung bei Fälligkeit; **p. of duty** ⊖ Verzollung *f*; **~ additional duty** Nachverzollung *f*; **~ fees** Gebührenzahlung *f*, G.entrichtung *f*; **p. in full** vollständige Auszahlung/Bezahlung; **pending ~ full** bis zur vollständigen Bezahlung; **~ lieu of holiday/vacation** Urlaubsabgeltung *f*; **p. for honour** Ehren-, Interventionszahlung *f*, Ehreneintritt *m*, Wechselhaftung *f*; **p. by instalment(s)** Abschlags-, Ratenzahlung *f*, Zahlung in Raten; **p. of interest** Verzinsung *f*; **~ in arrears** Zinsnachzahlung *f*; **~ invoices** Bezahlung/Begleichung von Rechnungen; **in ~ your invoice** zum Ausgleich Ihrer Rechnung; **p. in kind** 1. Sachbezüge *pl*, S.lohn *m*, S.leistung *f*, S.vergütung *f*, S.zuwendung *f*, Naturalleistung *f*, N.lohn *m*, N.vergütung *f*, Entlohnung in Naturalien/Sachwerten; 2. 🏛 Deputat *nt*; **p. in line with the collective pay agreement** Tariflohn *m*, Entlohnung/Vergütung nach Tarif; **p. of the interim loan** Zwischenkreditauszahlung *f*; **p. before maturity** Zahlung vor Fälligkeit; **p. with order** Zahlung bei Auftragserteilung; **p. of overtime** Vergütung von Überstunden; **early ~ pension entitlements** vorzeitige Auszahlung von Rentenansprüchen; **p. on contemporaneous performance** Zahlung Zug um Zug; **p. in lieu of performance** Leistung an Erfüllungs statt; **p. by piece rates** Stück-, Akkordlohn *m*; **p. on presentation** Zahlung bei Vorlage; **p. of (the) principal** Tilgung(szahlung) *f*; **p. for processing** Veredelungslohn *m*; **p. supra protest** *(Wechsel)* Interventions-, Ehrenzahlung *f*; **p. on receipt of advice of despatch** Zahlung bei Erhalt der Versandanzeige; **~ of goods** Zahlung bei Erhalt der Ware; **~ of invoice** Zahlung bei Erhalt der Rechnung; **p. against postal receipt** Zahlung gegen Postquittung; **p. received with thanks** Betrag dankend erhalten; **p. of rent** Mietzahlung *f*; **p. made instead of remuneration** als Entgelt gezahlte Vergütung; **p. by results** Ergebnis-, Erfolgs-, Leistungslohn *m*, Erfolgs-, Leistungshonorar *nt*, leistungsabhängiges Honorar, leistungsgerechte Entlohnung/Bezahlung/Vergütung; **~ bonus** Akkordzuschlag *m*; **continued p. of salary** Gehaltsfortzahlung *f* (im Krankheitsfall); **as p. for your services** als Vergütung/zum Ausgleich für Ihre Dienste; **p. for services rendered** Abgeltung von Leistungen
payment of tax(es) Steuerentrichtung *f*; **to defer ~ t.** Steuern stunden; **net ~ t.** Nettoversteuerung *f*; **~ t. in annual instalments** Verrentung der Steuerschuld
payment of tax arrears Steuernachzahlung *f*, Nach-

versteuerung *f*; ~ **wages** Lohnauszahlung *f*; **continued ~ wages** Lohnfortzahlung *f* (im Krankheitsfall); **p.s above the wage scale** übertarifliche Leistungen **for lack of payment** mangels Zahlung; **in lieu of p.** an Zahlungs statt; **due for p.** zahlungsfällig; **liable to/for p.** zahlungspflichtig; **demanding overdue p.** Inverzugsetzung *f*; **until p. has been made in full** bis zur vollständigen Bezahlung; **p. countermanded** Scheck gesperrt; **p. received** Betrag erhalten; **p.s received** Zahlungseingänge; **to acknowledge ~ received** eingegangene Zahlungen/Zahlungseingang bestätigen **to accept payment** Zahlung annehmen; **to allow a long period for p.** langfristiges Zahlungsziel einräumen; **to anticipate p.** vor Fälligkeit zahlen, vor Verfallszeit Zahlung leisten, Zahlung vorfristig leisten; **to apply for p.** Zahlung beantragen, mahnen; **to avoid/evade p. on public transport** Beförderung erschleichen, schwarzfahren *(coll)*; **to claim p.** Zahlung fordern; **to default on a p.** mit der Zahlung im Rückstand bleiben, ~ in Verzug geraten (sein), seinen Zahlungsverpflichtungen nicht nachkommen; **to defer p.** Zahlung aufschieben/hinausschieben/stunden, Schuld entstehen lassen; **to demand p.** Zahlung anmahnen, (ein)fordern; **to effect p.** Zahlung leisten, zahlen; **to enforce p.** Zahlung gerichtlich eintreiben/beitreiben, Zahlung erzwingen; **to exact p.** Zahlung beitreiben/erzwingen; **to facilitate p.** Zahlung erleichtern; **to fall behind with one's p.** mit der Zahlung in Rückstand geraten; **to guarantee p.(s)** Zahlung verbürgen, das Delkredere übernehmen; **to insist on p.** auf (Be)Zahlung drängen/bestehen; **to make p.** Zahlung leisten; **~ p.s** Zahlungen abwickeln; **to meet p.s when due** bei Fälligkeit zahlen; **to postpone p.** prolongieren, in Kost geben, Zahlung aufschieben; **to present for p.** zur Einlösung/Zahlung vorlegen, ~ präsentieren, zum Inkasso vorlegen; **to press/push (so.) for p.** auf Zahlung drängen, (jdn) zur Zahlung drängen, (Zahlung) anmahnen; **to provide p.** Deckung anschaffen, für Zahlung sorgen; **to receipt p.** Zahlung quittieren/bescheinigen; **to receive in p.** in Zahlung nehmen; **to refuse p.** (Be)Zahlung verweigern/ablehnen; **to request p.** (an)mahnen, Zahlung verlangen/erbitten; **to resume p.s** Zahlungen wieder aufnehmen; **to retain p.** Zahlung zurückhalten; **to secure p.** Zahlung sicherstellen; **to space out p.s** nach und nach zahlen; **to spread p.s over a period** Zahlungen über eine Periode verteilen; **to stipulate p.** Zahlung vereinbaren; **to stop/suspend p.** Zahlung einstellen/sperren; **to stop p. of a check** *[US]* **/cheque** *[GB]* Scheck sperren; **to sue for p.** auf Zahlung klagen; **to withhold p.** Zahlung vorenthalten
additional payment Nach-, Zuschlagszahlung *f*, Nachschuss *m*, Mehr-, Nebenleistung *f*; **to make an ~ p.** nachzahlen; **ad hoc** *(lat.)* **p.s** Leistungen von Fall zu Fall
advance payment 1. Vorschuss *m*, Voraus-, An-, Vorwegzahlung *f*, Vorkasse *f*, Vorleistung *f*; 2. *(Steuer)* Vorausentrichtung *f*; **a. p.s on buildings and plant** Anzahlungen auf Anlagen; **to make an a. p.** Vorschuss leisten; **~ a. p.s** Vorleistungen erbringen; **a. p.**

bond/guarantee Anzahlungsgarantie *f*; **a. p.s received** *(Bilanz)* erhaltene Vorauszahlungen; **~ system** Vorauszahlungsregelung *f*
anticipated/anticipating/anticipatory payment Vorauszahlung *f*, Zahlung vor Fälligkeit; **asset-accumulating/capital-forming p.(s)** vermögenswirksame Leistungen; **back p.** Nachzahlung(sbetrag) *f/m*; **back-to-back p.** Zahlung Zug um Zug; **belated p.** verspätete Zahlung; **cash-down p.** Barzahlung *f*, sofortige (Be)Zahlung; **cashless p.** Buchzahlung *f*, bargeldlose Zahlung, bargeldloser/unbarer Zahlungsverkehr; **chief p.** Hauptzahlung *f*; **clean p.** Bezahlung gegen offene Rechnung; **clearing p.** Schlusszahlung *f*; **central ~ p.** Hauptzahlung *f*; **compensatory p.** 1. Ausgleichs-, Entschädigungszahlung *f*; 2. *(EU)* Grenzausgleich *m*; **complete p.** vollständige Zahlung, Abschlusszahlung *f*; **conditional/contingent p.** Vorbehaltszahlung *f*; **as conditional p.** erfüllungshalber; **contributory p.** Beitragszahlung *f*; **controlled p.s** gebundener Zahlungsverkehr; **current p.s** laufende Zahlungen
deferred payment 1. *[US]* Ab-, Ratenzahlung *f*; 2. Zahlungsauschub *m*, aufgeschobene Zahlung, Stundung des Kaufpreises; 3. verzögerte Auszahlung des Akkreditivbetrags; **to grant d. p.** Zahlungsaufschub bewilligen; **d. p. account** Stundungskonto *nt*; **~ business** Ratenzahlungsgeschäft *nt*; **~ commitments** Ab-, Teilzahlungsverpflichtungen; **~ contract** Ab-, Ratenzahlungsvertrag *m*; **~ credit** 1. Akkreditiv mit hinausgeschobener Zahlung; 2. *[US]* Raten(zahlungs)kredit *m*, R.darlehen *nt*, Abzahlungskredit *m*; **~ customer** Teilzahlungskunde *m*; **~ loan** Teilzahlungskredit *m*; **~ plan** Ab-, Teilzahlungsplan *m*; **~ price** Abzahlungspreis *m*, Preis bei Ratenzahlung; **~ purchase** Ratenzahlungskauf *m*, Kauf auf Teilzahlung; **~ sale** Ab-, Teilzahlungsverkauf *m*, Ab-, Teilzahlungsgeschäft *nt*, Verkauf auf Abzahlungsbasis; **~ system** Kreditkauf *m*, Abzahlungs-, Teilzahlungssystem *nt*; **to sell on the ~ system** auf Abzahlung verkaufen; **~ term** langfristiges Zahlungsziel; **~ terms** Teilzahlungs-, Ratenzahlungs-, Kreditbedingungen
deficit-sharing payment Verlustbeteiligung *f*; **delinquent/dilatory p.** rückständige Zahlung
documentary payment Rembours(geschäft) *m/nt*; **~ advice** Remboursbenachrichtigung *f*; **~ authorization** Remboursermächtigung *f*
double/duplicated payment Doppelzahlung *f*
down payment An-, Vorauszahlung *f*, Angeld *nt*, erste Rate/Zahlung; **~ when placing the order** Anzahlung bei Auftragserteilung; **no d. p.** keine Anzahlung; **to make a d. p.** Anzahlung leisten, anzahlen
due payment fällige/fristgemäße (Be)Zahlung; **to guarantee the ~ p. of a bill** Wechselbürgschaft leisten; **reserving ~ p.** Eingang vorbehalten, vorbehaltlich Zahlungseingang; **easy p.** Abzahlung in bequemen Raten; **electronic p.** elektronische Zahlung; **~ p.s** elektronischer Zahlungsverkehr; **end-of-year p.** Jahresabschlusszahlung *f*; **ex gratia** *(lat.)* **p.** 1. Zahlung ohne Anerkennung einer Rechtspflicht; 2. freiwillige (Sonder)Zahlung, Gratifikation *f*, Sonderzahlung *f*; 3.

(Vers.) freiwillige Leistung, Kulanzentschädigung *f*; **external p.s** Zahlungsverkehr mit dem Ausland; **fictitious p.** Scheinzahlung *f*; **final p.** (Ab)Schlusszahlung *f*, Restquote *f*, Schlussverteilung *f*; **fixed p.** feste Entlohnung; **flat-rate p.** (Zahlung einer) Pauschale; **foreign p.** Auslandszahlung *f*; ~ **p.s** Auslandszahlungen, A.zahlungsverkehr *m*; **fortnightly p.** Halbmonatszahlung *f*; **fresh p.** Nachschusszahlung *f*; **front-end p.** 1. Vorlauffinanzierung *f*; 2. *(Fonds)* Verkaufsprovision *f*; **full p.** vollständige Bezahlung; **against future p.** auf Ziel(basis); **gross p.s** Bruttozahlungen; **half-yearly p.** Halbjahreszahlung *f*; **immediate p.** sofortige Zahlung; **improper p.s** Bestechungsgelder; **initial p.** erste Zahlung, Anzahlung *f*; **inland p.** Inlandszahlung *f*; **intercity p.** Fernzahlungsverkehr *m*; **interim/interlocutory/intermediate p.** Überbrückungs-, Zwischenzahlung *f*, einstweilige Zahlung; **international p.s** internationaler Zahlungsverkehr, Auslandszahlungsverkehr *m*; **late p.** Zahlungsverzug *m*; **lump-sum/once-and-for-all p.** Pauschalentgelt *nt*, P.vergütung *f*, P.zahlung *f*, P.betrag *m*, Ablösung *f*, Pauschbetrag *m*, pauschale Abgeltung, einmalige Abfindung/Bezüge; **main p.** Hauptzahlung *f*; **marginal p.** Differenzzahlung *f*; **medical p.** Krankenversicherungsleistung *f*; **monthly p.** Monatsrate *f*, M.zahlung *f*, monatliche Zahlung; **net p.s** Nettoaufwendung *f*; **non-cash p.** Bargeldloszahlung *f*; **one-off p.(s)** 1. einmaliger Betrag; 2. einmalige Bezüge; **outgoing p.s** Ausgaben; ~ **budget** Ausgabenplan *m*; **overdue p.** rückständige Zahlung

part(ial) payment 1. Anzahlung *f*, Abschlags-, Teilzahlung *f*, Rate *f*; 2. teilweise Zahlung, Zahlungsbuchung ohne Zuordnung, Leistungsanteil *m*; **to make a p. p.** Teilzahlung leisten, teilweise bezahlen; **to take in p. p.** als Teilzahlung annehmen; **p. p. plan** Teilzahlungsplan *m*

periodic(al) payment|s anfallende/laufende Zahlungen; **preferential/preferred p.** bevorzugte Befriedigung, Vorauszahlung *f*; **preliminary p.s** Vorlaufkosten; **principal p.** Hauptzahlung *f*; **profit-sharing p.** Gewinn-, Ertragsbeteiligung *f*; **net ~ p.** Nettoertragsbeteiligung *f*; **prompt p.** prompte/sofortige/schnelle Zahlung; **pro-rata p.** anteilige Zahlung/Befriedigung *f*; **quarterly p.** Vierteljahresrate *f*, Quartalszahlung *f*, vierteljährliche Zahlungsweise; **recurrent/regular p.s** 1. regelmäßig wiederkehrende/laufende Zahlungen; 2. *(Vers.)* wiederkehrende Leistungen; **retroactive/retrospective p.** Zahlung mit rückwirkender Kraft, Nachentrichtung *f*; **to make a ~ p.** nachentrichten, nachzahlen; **semi-annual p.** Halbjahreszahlung *f*; **single p.** Einmalzahlung *f*, einmalige Zahlung

skimming-off payment Abschöpfungszahlung *f*; **partial ~ p.** Partialabschöpfungszahlung *f*; **total ~ p.** Totalabschöpfungszahlung *f*

spaced payment Ratenzahlung *f*; **special p.** Sonderzahlung *f*; **staggered p.** gestaffelte Zahlung; **supplementary p.** Nachschuss *m*, Nachzahlung *f*, zusätzliche Zahlung, Ergänzungszuweisung *f*; **to make a ~ p.** nachzahlen; **terminal p.** letzte Rate(nzahlung), Schlusszahlung *f*; **time-related p.** Zeitlohn *m*, Z.entgelt *nt*; **total p.s** Gesamtleistung *f*; **transitional p.** Übergangs-, Überbrückungszahlung *f*; **under-the-table p.** schwarzes Geld *(coll)*; **unilateral p.s** Transfer-, Schenkungs-, Übertragungsbilanz *f*; **up-front p.s** 1. Vorlaufkosten; 2. *(Fonds)* Verwaltungsgebühr *f*; **voluntary p.** freiwillige Leistung/Zuwendung, übertarifliche Leistung

payment|s agreement Verrechnungs-, Zahlungsabkommen *nt*; **international p.s. agreement** internationales Zahlungsabkommen; **p. appropriation/authorization** Auszahlungsbewilligung *f*, Zahlungsermächtigung *f*; **p. arrangement** Zahlungsvereinbarung *f*; **p. arrangements** Zahlungsmodalitäten; **p. area** Zahlungsraum *m*; **p.s balance** Zahlungsbilanz *f*; **p. beforehand** Pränumerandozahlung *f*; **p. behaviour** Zahlungsmoral *f*, Z.verhalten *nt*; **p. bill** zur Zahlung vorgelegter Wechsel; **p. bond** Zahlungsbürgschaft *f*, Z.garantie *f*; **p. clause** Zahlungsklausel *f*; **p. commission** Einlösungsprovision *f*; **p. cycle** Zahlungsturnus *m*; **p. date** Zahlungs-, Tilgungstermin *m*; **principal p. date** Hauptzahlungstermin *m*; **p. default policy** Kreditversicherung *f*; **p.s deficit** Zahlungs(bilanz)defizit *nt*; **permissible p.s deficit** zulässige Zahlungsdifferenz; **p. disequilibrium** Zahlungsungleichgewicht *nt*; **p. facilities** Zahlungsmöglichkeiten; **p. function** Entgeltfunktion *f*; **p. guarantee** Zahlungsgarantie *f*; **p. habits** Zahlungsgewohnheiten, Z.sitten; **p.s imbalance** Zahlungsungleichgewicht *nt*; **p. instruction** Zahlungsanweisung *f*; **p. interval** Zahlungsintervall *nt*; **p.s mechanism** Zahlungsbilanzmechanismus *m*; **p. medium** Zahlungsmittel *nt*

payment method Zahlungsweg *m*; **equal annual p. m.** lineare Abschreibung

payment obligation Zahlungsverpflichtung *f*; **p. office** (Abfertigungs)Kasse *f*, Zahlstelle *f*; **p. order** 1. Zahlungsauftrag *m*, Z.befehl *m*, Z.anweisung *f*; 2. Überweisungsauftrag *m*; 3. Anzahlungsanweisung *f*; 4. *(Steuer)* Haftungsbescheid *m*; **combined p. order** Sammelzahlungsauftrag *m*; **standing p. order** Dauerzahlungsauftrag *m*; **p. pattern** Zahlungsrhythmus *m*; **p. plan** Zahlungsplan *f*; **p. practices** Zahlungsgepflogenheiten; **p. procedures** Zahlungsmodalitäten; **p. proposal** Zahlungsvorschlag *m*; **p.s-related** *adj* pagatorisch; **p. report** Zahlungsmeldung *f*; **p. risk** Ausfallrisiko *nt*; **p. schedule** Zahlungsplan *m*; **p. services** Zahlungsverkehrsleistungen; **p.s side** Ausgaben-, Zahlungsseite *f*; **international p.s situation** Zahlungsbilanzsituation *f*; **p. slip** Zahlschein *m*; **p. standstill** Zahlungsmoratorium *nt*; **p. structure** Lohn-, Gehaltsstruktur *f*; **p.s surplus** Zahlungs(bilanz)überschuss *m*; **overall p.s surplus** Aktivsaldo der Gesamtzahlungsbilanz

payments system 1. Lohnform *f*, L.system *nt*; 2. Zahlungssystem *nt*, Z.form *m*, Z.modalität *f*, Z.verkehr *m*; **cash-based p. s.** Barzahlungsverfahren *nt*; **postal p. s.** Postzahlungsverkehr *m*

payment terms Zahlungsbedingungen

payment transaction Zahlungsvorgang *m*; **p. t.s** Zahlungsverkehr *m*; **foreign p. t.s** Auslandszahlungsver-

kehr *m*; **interbank p. t.s** Zahlungsverkehr zwischen Banken
pay-negotiating capacity *n* Tariffähigkeit *f*; **p. negotiations** Lohn-, Tarifverhandlungen
payoff *n* 1. Aus-, Lohnzahlung *f*; 2. Bestechungs-, Schmiergeld *nt*; 3. Abfindung *f*; 4. Wiedergewinnung *f*, Erlös *m*; 5. Amortisation *f*; **corporate p.** Bestechungs-, Schmiergeld *nt*; **p. amount** Restbetrag *m*, R.bestand *m*; **p. analysis** Amortisationsrechnung *f*
pay offer Lohn-, Tarifangebot *nt*; **p. office** Lohnbüro *nt*, Besoldungsstelle *f*
payoff matrix Auszahlungs-, Ergebnis-, Gewinn-, Nutzenmatrix *f*; **p. period** Wiedergewinnungszeit *f*, Amortisationszeitraum *m*; **p. table** Auszahlungstabelle *f*
payola *n* *[US] (coll)* 1. Bestechung *f*; 2. Bestechungs-, Schmiergeld *nt*
payor *n* → payer
payout *n* 1. Amortisation *f*; 2. (Aus)Zahlung *f*; 3. Dividende(nzahlung) *f*, (Gewinn)Ausschüttung *f*; **p. in cash** Barausschüttung *f*; **interim p.** Zahlung einer Zwischendividende; **net p.** Nettoausschüttung *f*, N.dividende *f*; **unchanged p.** unveränderte Ausschüttung/Dividende
payout amount Auszahlungs-, Ausschüttungs-, Verfügungsbetrag *m*; **p. date** Dividenden-, Gewinnausschüttungstermin *m*; **full p. leasing contract** Vollamortisationsvertrag *m*; **p. period** Wiedergewinnungszeit *f*, Amortisationszeitraum *m*; **p. policy** Ausschüttungs-, Dividendenpolitik *f*; **p. rate** Ausschüttungs-, Dividendensatz *m*; **p. ratio** Auszahlungskurs *m*, Ausschüttungsquote *f*, Dividendendeckung *f*, ausgeschüttete Dividende in Prozent des Kapitalertrags; **p. time** Amortisationszeit *f*; **p. vote** Dividenden-, Ausschüttungsbeschluss *m*
pay package 1. Gehalt und Nebenbezüge, Vergütung(spaket) *f/nt*, Grundgehalt plus Nebenleistungen; 2. gebündeltes Lohn-/Tarifangebot; ~ **deal** Tarifpaket *nt*; **p. packet** *[GB]* Lohntüte *f*; **p. parity** Lohngleichheit *f*, L.parität *f*; **p. pattern** Lohnstruktur *f*; **p. pause** (staatlich verordnete) Lohnpause; **p. period** Lohnzahlungszeitraum *m*, L.periode *f*; **p.phone** *n [GB]* Münzapparat *m*, M.fernsprecher *m*, M.telefon *nt*, öffentlicher Fernsprecher; **p. policy** Lohn-, Gehalts-, Tarifpolitik *f*; **p. proposal** Lohn-, Gehaltsangebot *nt*
pay rate Lohn- und Gehaltstarif *m*; **agreed p. r.s in force** gültiger Lohn- und Gehaltstarif; **base p. r.** Grundlohnsatz *m*, G.vergütung *f*; **effective p. r.** 1. Effektivlohn *m*; 2. *(Bilanz)* Gesamteinkommen je Periode
pay reduction Gehalts-, Lohnkürzung *f*; **p. restraint** Maßhalten/Zurückhaltung bei den Löhnen/Lohnforderungen/L.abschlüssen; **p. restructuring** Neuordnung der Gehalts-/Lohn-/Tarifstruktur; **p. review body** *[GB]* Lohnprüfungsstelle *f*
pay rise Lohn-, Gehaltserhöhung *f*; **to call for a p. r.** Lohnerhöhung/Gehaltserhöhung fordern; **across-the-board p. r.** lineare Lohnerhöhung/Gehaltserhöhung; **inflation-triggered p. r.** inflationsbedingte Lohnerhöhung/Gehaltserhöhung; **supplementary p. r.** Lohnnachschlag *m*

payroll *n* 1. Lohn-, Gehaltsliste *f*, Lohnsumme *f*; 2. Belegschafts-, Beschäftigtenzahl *f*, Mitarbeiter *m*, Personal(be)stand *m*, Zahl der Beschäftigten/Mitarbeiter; **off the p.** arbeitslos; **to be on the p.** auf der Lohn-/Gehaltsliste stehen, zur Belegschaft gehören; **total p.** Bruttolohnsumme *f*
payroll account Lohn-, Gehalts(verrechnungs)konto *nt*; **accrued p. a.** Konto zur Periodenabgrenzung von Löhnen und Gehältern; **p. a.s department** Lohnabrechnungsstelle *f*, L.büro *nt*
payroll accounting Lohn- und Gehaltsabrechnung *f*, Lohn-, Gehaltsbuchhaltung *f*; **p. card** Lohnkarte *f*; ~ **check** *[US]* Gehaltsscheck *m*; **p. clerk** Lohnbuchhalter(in) *m/f*, L.abrechner(in) *m/f*; **p. computation** Lohn-, Gehaltsberechnung *f*; **p. costs** Lohn-, Personalkosten, P.aufwand *m*; **p. deduction** Lohnabzugsverfahren *nt*; **p. deductions** Lohn-, Gehaltsabzüge; **p. department** Lohn-, Gehaltsabteilung *f*, Lohnbuchhaltung *f*, L.büro *nt*; **p. deposit** Lohn-, Gehaltsüberweisung *f*; **p. disbursements** *[US]* Lohn-, Gehaltszahlung *f*; **p. donation** Belegschaftsspende *f*; **p. employment** Zahl der Erwerbstätigen, Erwerbstätigenziffer *f*
payroller *n* *[US]* Lohn-, Gehaltsempfänger(in) *m/f*
payroll file *[US]* Lohn-, Gehaltskartei *f*; **p. fringe costs** Lohnnebenkosten; **p. office** Lohnbüro *nt*; **p. overhead(s)** Lohngemeinkosten *pl*; **p. period** Lohn-, Gehaltsabrechnungszeitraum *m*, Lohn-, Gehaltszahlungszeitraum *m*, Lohn-, Gehaltszahlungsperiode *f*; **p. policy** Lohnpolitik *f*; **p. records** Unterlagen der Lohnbuchhaltung, Lohn(- und Gehalts)aufzeichnungen, Gehaltsliste *f*, Lohnabrechnung *f*; **p. register** Lohnjournal *nt*, L.liste *f*; **p. reserve** *(Abschreibung)* Personalreserve *f*; **p. robbery** Raub von Lohngeldern; **p. sheet** Lohn-, Gehaltsabrechnung *f*; **p. statistics** Lohn-, Gehaltssummenstatistik *f*; **p. tax** *[US]* Lohnsummensteuer *f [D]*; **p. total** *[US]* Gehalts-, Lohnsumme *f*; **p. variance** Lohnabweichung *f*
pay round Lohn-, Gehalts-, Tarifrunde *f*
pay scale Lohnskala *f*, L.tabelle *f*, L.tarif *m*, Gehaltsskala *f*, G.tabelle *f*, G.tarif *m*; **to draw up a collective p. s.** Lohn- und Gehaltstarif festsetzen; **p. s. discrepancy** Tarifunterschied *m*; ~ **statistics** Tarifstatistik *f*
pay schedule Lohn-, Gehaltstarif *m*; **p. seniority** Besoldungsdienstalter *nt*; **p. settlement** Lohn-, Gehalts-, Tarifabschluss *m*, tarifvertragliche Regelung; **moderate p. settlement** maßvoller Tarifabschluss; **p. sheet** Auszahlungs-, Lohn-, Gehaltsliste *f*; **p. slip** Lohn-, Gehaltsstreifen *m*, Lohnabrechnung *f*, L.beleg *m*, L.zettel *m*, Gehaltsabrechnung *f*; **p. station** *[US]* Münzfernsprecher *m*, Fernsprechautomat *m*, F.zelle *f*, öffentlicher Fernsprecher; **p. structure** Lohn-, Gehaltsstruktur *f*; **p. supplement** Lohnzulage *f*, L.zuschlag *m*, Gehaltszulage *f*, G.zuschlag *m*; **dual p. system** Vergütung nach Zeit oder Leistung; **p. talks** Lohn-, Tarifverhandlungen; **p. television** 1. *[US]* Kabel-, Satellitenfernsehen *nt*; 2. *[GB]* Münzfernsehen *nt*
peace *n* 1. Frieden *m*; 2. [§] (öffentliche) Ruhe und Ordnung; 3. (innere) Ruhe; **p. in labour relations** sozialer Friede; **p. and liberty** Frieden und Freiheit; **p. of mind**

Seelenfrieden *m*, innere Ruhe; **p. and quiet** öffentliche Ruhe und Ordnung, ~ und Sicherheit; **for the sake of ~ quiet** um des lieben Friedens willen; **disturbing the p. at night** Störung der Nachtruhe; **endangering public p. and order** Gefährdung der öffentlichen Ordnung; **p. at any price** Frieden um jeden Preis
to break/disturb the peace gegen die öffentliche Ordnung verstoßen, Landfriedensbruch begehen, öffentliche Ordnung/Ruhe stören; **to keep the p.** Frieden/öffentliche Sicherheit wahren; **to bind so. over ~ p.** § jdn verwarnen; **to leave so. in p.** jdn in Frieden lassen, jdn zufrieden lassen; **to make p.** Frieden stiften/schließen; **~ one's p.** seinen Frieden machen
dictated peace Friedensdiktat *nt*; **hollow p.** fauler/trügerischer Frieden; **industrial p.** Tarif-, Arbeits-, Betriebsfrieden *m*, sozialer Frieden; **negotiated p.** Verständigungs-, Verhandlungsfrieden *m*; **public p.** Rechtsfrieden *m*, öffentliche Ruhe und Ordnung; **separate p.** Separat-, Sonderfrieden *m*; **social p.** sozialer Frieden
peaceable *adj* friedfertig, friedlich
peace accord Friedensabsprache *f*; **p. conference** Friedenskonferenz *f*; **P. Corps** *[US]* Entwicklungsdienst *m*; **~ worker** Entwicklungshelfer(in) *m/f*; **p. delegation** Friedensdelegation *f*; **p. formula** Friedensformel *f*; **p.ful** *adj* friedlich; **p. initiative** Friedensinitiative *f*; **p.maker** *n* Friedensstifter *m*, Schlichter *m*; **p. mission** Friedensmission *f*; **p. move** Schritt zur friedlichen Beilegung; **p. movement** Friedensbewegung *f*; **p. negotiations/talks** Friedensverhandlungen; **p. offering** Friedensangebot *nt*; **p. settlement** Friedensregelung *f*, friedensvertragliche Regelung; **p. studies** Friedensforschung *f*; **p. terms** Friedensbedingungen
peacetime *n* Friedenszeit *f*; **in p.** im Frieden, in Friedenszeiten
peace treaty Friedensvertrag *m*
peak *n* Spitze *f*, Gipfel *m*, Höhe-, Scheitelpunkt *m*, Höchststand *m*, H.marke *f*; **p. of inflation** Inflationsgipfel *m*; **p. in receipts** Einnahmespitze *f*; **~ the economic trend** konjunktureller Wellenberg; **to hit/reach a p.** Höchststand/höchsten Stand erreichen; **to pass the p.** Höhepunkt überschreiten
all-time peak absoluter Höchststand; **annual p.** Jahreshöchstkurs *m*, J.stand *m*; **interim p.** Zwischenhoch *nt*; **postwar p.** Nachkriegshöchststand *m*; **seasonal p.** Saisonspitze *f*
peak *v/i* Höchststand/Höchstwert/Höhepunkt/höchsten Wert erreichen; **p. out** Höhepunkt überschreiten
peak capacity Spitzenkapazität *f*; **p. performance** Spitzenleistung *f*; **p. period** Hochsaison *f*, Stoßzeit *f*; **p. time** Hochsaison *f*, Hauptzeit *f*
peanut *n* Erdnuss *m*; **p.s** *(coll)* Kleingeld *nt*, Klacks *m* *(coll)*
pearl *n* 1. Perle *f*; 2. Perlschrift *f*; **cultured p.** Zuchtperle *f*; **p. diver/fisher** Perl(en)fischer *m*
peasant *n* *(pej.)* Bauer *m*; **p. farmer** Kleinbauer *m*
peat *n* Torf *m*; **p. coal** Torfkohle *f*
pebble *n* Kiesel *m*; **p. beach** Kieselstrand *m*
a peck of trouble *n* eine Menge Sorgen

pecking order *n* Hackordnung *f*
pecu|late *v/t* unterschlagen, veruntreuen; **p.lation** *n* (Geld)Unterschlagung *f*, Veruntreuung *f*, Defraudation *f*; **p.lator** *n* Veruntreuer *m*, Defraudant *m*
peculiar *adj* eigentümlich, eigenartig, seltsam; **p.ity** *n* Besonderheit *f*, besonderes Merkmal, Eigentümlichkeit *f*; **special p.ities** besondere Kennzeichen
pecuniary *adj* geldlich, Geld-, pekuniär, finanziell, geldwert
pedal *n* Pedal *nt*, Fußhebel *m*; **p. brake** 🚲 Fußbremse *f*; **p. drive** Fußantrieb *m*
pedant *n* Pedant *m*, Kleinigkeitskrämer *m*; **p.ic** *adj* pedantisch, schulmeisterlich; **p.ry** *n* Pedanterie *f*
peddle *v/t* hausieren, von Tür zu Tür verkaufen, (ver)hökern, Wandergewerbe betreiben, (Tür)Klinken putzen *(coll)*
(itinerant) peddler *[US]* /**pedlar** *[GB]* *n* Hausierer *m*, ambulanter/fliegender Händler, Reisegewerbetreibender *m*; **p.'s licence** Hausier-, Wanderschein *m*
(itinerant) peddling *n* Reise-, Wandergewerbe *nt*, Hausierhandel *m*, ambulantes Gewerbe, Hausieren *nt*, ambulanter Handel
pedestrian *n* Fußgänger(in) *m/f*; *adj (fig)* alltäglich, gewöhnlich; **p. crossing** Fußgänger-, Straßenübergang *m*, Übergang für Fußgänger, Zebrastreifen *m*; **p. mall** *[US]* /**precinct** *[GB]* Fußgängerzone *f*, F.bereich *m*; **p. traffic** Fußgänger-, Passantenverkehr *m*
pedigree *n* 🐄 Stammbaum *m*; *adj* reinrassig; **p. herd** Zuchtherde *f*
pedlar *n* → **peddler**
pedlary *n* → **peddling**
peel *n* Schale *f*; *v/ti* 1. schälen; 2. abblättern
peer *n* Gleichrangige(r) *f/m*, G.gestellte(r) *f/m*, Ebenbürtige(r) *f/m*; **P. (of the Realm)** *[GB]* Oberhausmitglied *nt*; **without a p.** unvergleichlich, ohnegleichen; **p. review** betriebsfremde Prüfung der Arbeitsqualität
peg *n* 1. (Markierungs)Pflock *m*; 2. (Wäsche) Klammer *f*; 3. Kurs-, Markt-, Preisstützung *f*; **off the p.** von der Stange, konfektioniert, Konfektions-; **a square p. in a round hole** *(fig)* der falsche Mensch am falschen Platz; **to fit like ~ hole** wie die Faust aufs Auge passen *(coll)*
to buy off the peg von der Stange kaufen; **to bring so. down a p. or two** *(fig)* jdm einen Dämpfer versetzen *(fig)*; **to come down a p. or two** *(fig)* zurückstecken
adjustable peg *(Währung)* veränderliche Parität, veränderliche Wechselkurse; **~ system** limitierte Stufenflexibilität; **crawling/moving/sliding p.** gleitende Parität/Bandbreiten, Gleitparität *f*, (schrittweise) Wechselkursanpassung, mittelfristig garantierte Paritätsanpassung, Stufenflexibilität des Wechselkurses, Währungssystem mit elastischer Paritätsanpassung; **crawling p. system** System gleitender Wechselkurse
peg (to) *v/t* 1. *(Währung)* festlegen, stützen, anbinden an; 2. *(Wäsche)* festklammern, aufhängen; 3. *(Gelände)* abstecken
to be pegged to *adj* eingebunden sein in, gehören zu, gebunden sein an
pegging *n* 1. Preis-, Kursstützung *f*, K.pflege *f*; 2. Bindung *f*; **p. of exchange rates** Kursbindung *f*; **~ interest**

rates Zinsbindung *f*; ~ **prices** Preisstützung *f*; **internal p.** *(Währung)* Einhalten der Bandbreiten; **official p.** Kursfixierung durch die Zentralbank; **p. purchase** Stützungskauf *m*
peg point Interventionspunkt *m*
pelican crossing *n* *[GB]* ⇔ (durch Ampel gesicherter) Fußgängerüberweg
pellet *n* Schrot *m*, Kügelchen *nt*; **p.ize** *v/t* pelletieren; **p.izing/facility plant** *n* Pelletieranlage *f*
pelt *n* Pelz *m*, Fell *nt*
pelvis *n* ✣ Becken *nt*
pen *n* 1. Feder *f*; 2. ʕᴏ Pferch *m*; **p. and ink drawing** Federzeichnung *f*; **to live by the p.** von der Schriftstellerei leben; **to put p. to paper** zur Feder greifen; **felt-tipped p.** Filzschreiber *m*, F.stift *m*
pen up *v/t* zusammenpferchen
penal *adj* strafbar, strafrechtlich, Straf-
penalize *v/t* 1. ahnden, (be)strafen, mit einer Strafe belegen; 2. benachteiligen, nachteilig beeinflussen
penalty *n* 1. [§] (gesetzliche) Strafe, Geld-, Konventional-, Vertragsstrafe *f*, Buß-, Reu-, Sicherungs-, Strafgeld *nt*; 2. Abzug *m*, Sanktion *f*, negative Konsequenz; 3. *(Sport)* Strafstoß *m*, S.wurf *m*; **on p.** bei Vermeidung einer Strafe; **on/under p. of** bei Strafe von, unter Strafandrohung
penalty for breach of contract Vertrags-, Konventionalstrafe *f*; ~ **contempt of court** Ordnungsstrafe *f*; ~ **delay**; ~ **delayed delivery** Verzugsstrafe *f*; **under p. of imprisonment** bei Androhung von Freiheitsstrafe; **p. for infringement of regulations** Ordnungsstrafe *f*; **p. barred by lapse of time** verjährte Strafe; **p. for non-fulfilment**; ~ **non-performance of contract** Konventional-, Vertragsstrafe *f*; ~ **non-observance of procedural requirements** Prozessstrafe *f*; ~ **a criminal offence** Kriminalstrafe *f*; ~ **recidivism** Rückfallstrafe *f*; ~ **a tax offence** Steuerstrafe *f*
to carry a penalty strafbar sein, Bestrafung nach sich ziehen, mit einer Strafe verbunden/bedroht sein; **to determine a p.** Strafe zumessen; **to impose/inflict a p.** zu einer Strafe verurteilen, Strafe/Geldbuße verhängen; **to incur a p.** mit einer Strafe verbunden sein; **to mitigate a p.** Strafe mildern; **to remit a p.** Strafe erlassen
administrative penalty [§] Zwangsgeld *nt*, Ordnungsstrafe *f*; **civil p.** Reugeld *nt*; **contractual/conventional p.** Konventional-, Vertragsstrafe *f*; **cumulative penalties** *(Strafrecht)* Kumulationsprinzip *nt*; **disciplinary p.** Disziplinar-, Dienststrafe *f*; **financial/pecuniary p.** Geldstrafe *f*; **forfeited p.** verwirkte Strafe; **increased p.** verschärfte Strafe; **modest p.** geringfügige Strafe; **late-payment p.** Verspätungszuschlag *m*; **minimum p.** Mindeststrafe *f*; **supplementary p.** Nebenstrafe *f*; **substitute p.** Ersatzstrafe *f*; **temporary p.** Zeitstrafe *f*
penalty chart Bußgeldkatalog *m*; **p. charge** Konventionalstrafe *f*; **p. clause** Straf-, Geldstrafenklausel *f*, Strafbestimmung *f*, Vereinbarung einer Konventionalstrafe; **p. contract** Vertrag mit Prämie für vorzeitige und Strafe für verspätete Fertigstellung; **p. cost** Fehlmengenkosten *pl*; **p. money** (Geld)Buße *f*; **p. notice** Bußgeld-, Strafbescheid *m*; **p. payment** Zahlung der Konventionalstrafe; **p. point** ⇔ Strafpunkt *m*; **administrative p. proceedings** Ordnungsstrafverfahren *nt*; **p. provision** Strafbestimmung *f*; **p. rate** 1. *[US]* Gefahren-, Schwerstarbeitszulage *f*; 2. *(Steuer)* Straf-, Zusatztarif *f*; **p. surcharge** Säumniszuschlag *m*; **p. tariff** ⊖ Strafzoll *m*; **p. tax** Prohibitiv-, Strafsteuer *f*, prohibitive Steuer; **p. test** ▦ Zusatzprüfung *f*
penchant *n* Vorliebe *f*, Neigung *f*; **to have a p. for sth.** Schwäche für etw. haben
pencil *n* Bleistift *m*; **blue p.** Blaustift *m*; **coloured p.** Bunt-, Farbstift *m*; **conductive p.** Grafitstift *m*; **indelible p.** Kopier-, Tintenstift *m*; **red p.** Rotstift *m*; **revolving p.** Drehbleistift *m*
pencil in *v/t* (vorläufig) notieren
pencil cap Bleistiftschoner *m*; **p. case** Bleistiftetui *nt*; **p. holder** Bleistifthalter *m*, B.verlängerer *m*; **p. sharpener** Bleistifts(an)pitzer *m*; **p. sharpening machine** Bleistiftspitzmaschine *f*; **p. tray** Bleistiftschale *f*
pendency *n* [§] Rechtshängigkeit *f*, Schwebe(zeit) *f*, Schweben *nt*, Anhängigsein *nt*; **p. of the application** Anhängigkeit der Anmeldung; ~ **prosecution** Anhängigkeit des Strafverfahrens
pendente lite *(lat.)* [§] rechtshängig, für/während der Dauer des Prozesses, solange der Prozess schwebt, während der Rechtshängigkeit, in einem schwebenden Verfahren
pending *adj* [§] (an)hängig, schwebend, unentschieden, anstehend, unerledigt, in der Schwebe; *prep* während, bis zu; **p. further ...** bis zum Eintreffen weiterer ...; **to be p.** 1. in der Schwebe sein, noch anstehen, ausstehen; 2. [§] noch nicht abgeschlossen sein
pendulum *n* Pendel *nt*
penetrate *v/t* durchdringen, eindringen
penetration *n* 1. Durchdringung(svermögen) *f/nt*; 2. Marktanteil *m*; 3. Scharfsinn *m*; 4. ▣ Eindringen *nt*; **p. of the market** Marktanteil *m*, M.durchdringung *f*; **achieved p.** Grad der erreichten Marktdurchdringung; **foreign p.** Überfremdung *f*; **geographical p.** *(Markt)* geografische Durchdringung; **p. price strategy**; **p. pricing** auf Marktdurchdringung gerichtete Preispolitik, Niedrigpreisstrategie *f*, Penetrationspreispolitik *f*
penetrator *n* ▣ Eindringling *m*
pen friend *n* Brieffreund(in) *m/f*
peninsula *n* Halbinsel *f*
penitentiary *n* *[US]* Strafanstalt *f*, Gefängnis *nt*, Zuchthaus *nt*; **p. system** Justiz-, Strafvollzug *m*
pen name Künstler-, Schriftstellername *f*
penniless *adj* mittellos, ohne einen Pfennig
penny *n* 1. Pfennig *m*, Groschen *m*, Heller *m*; 2. *[US]* Centstück *nt*; **a p. in the pound** 1. ein Prozent; 2. ein Pfennig pro Pfund; **in for a p., in for a pound** *(prov.)* mitgefangen, mitgehangen *(prov.)*; **to cost a pretty p.** *(coll)* eine schöne Stange Geld kosten *(coll)*, ein schönes Stück Geld kosten *(coll)*, einen Batzen/eine Kleinigkeit kosten *(coll)*, ein teures Vergnügen sein *(coll)*, ein ziemlich teurer Spaß sein *(coll)*, ins Geld gehen *(coll)*; **to (have to) count/watch every p.** mit dem Pfennig/Mark und Pfennig/jeder Mark rechnen; **to earn an honest p.** sein Geld ehrlich verdienen

penny arcade Spielhalle f; **p. dreadful** *[GB]* Groschenheft nt, G.roman m, Schundroman m; **p.-in-the-slot machine** Verkaufsautomat m; **p.-pincher** n Pfennigfuchser m; **p.-pinching** *adj* knaus(e)rig; **p. share** *[GB]* /**stock** *[US]* Kleinaktie f; **p. shop/store** Kleinpreis-, Billigwarengeschäft nt; **p.-wise and pound-foolish** *adj* sparsam im Kleinen und verschwenderisch im Großen; **to be ~ and pound-foolish** am falschen Ende sparen

penollogist n [§] Strafsachverständige(r) f/m, S.rechtler(in) m/f; **p.logy** n Kriminalstrafkunde f, K.pädagogik f, Strafrechtslehre f, S.vollzugswissenschaft f

pen plotter 🖥 Stiftplotter m

pen-pusher n *(coll)* Bürohengst m *(coll)*, Schreiberling m *(coll)*

pension n Pension f, (Alters)Rente f, Ruhegehalt nt, R.geld nt, (Alters)Versorgung f; **p.s** 1. Rentenbezüge; 2. *(Bilanz)* Pensionsverpflichtungen; **p. from capital yields** Kapitalrente f; **p. and retirement plans** Pensionsverpflichtungen; **p.s based on minimum incomes** Renten nach Mindesteinkommen; **eligible for/entitled to a p.** pensions-, renten-, versorgungsberechtigt, ruhegehaltsfähig; **to be ~ p.** Anspruch auf eine Rente haben; **ineligible for a p.** nicht pensionsberechtigt

to be awarded a pension Rente/Pension erhalten, ~ beziehen; **to carry a p.** *(Anstellung)* zu einer Pension berechtigen; **to dock a p.** Pension aberkennen; **to draw a p.** Rente beziehen/bekommen, Pension beziehen; **to grant a p.** Pension aussetzen/bewilligen/gewähren; **to live on a p.** von einer Pension/Rente leben; **to qualify for a p.** Voraussetzungen für die Gewährung einer Rente/Pension erfüllen, rentenberechtigt/pensionsberechtigt sein; **to reassess/revalue a p.** Rente neu feststellen/festsetzen; **to receive a p.** Rente bekommen; **to retire on a p.** in Rente/Pension gehen, sich pensionieren lassen; **to settle a p.** Ruhegehalt aussetzen/gewähren, Pension bewilligen; **to supplement one's p.** zu seiner Pension/Rente hinzuverdienen

basic pension Einheits-, Grund-, Sockelrente f; **compensatory p.** Entschädigungsrente f; **contributory p.** beitragspflichtige Rente; **earnings-related p.** einkommensbezogene Rente; **equalizing p.** Ausgleichsrente f; **existing p.** Bestandsrente f; **frozen p.** ruhender Rentenanspruch; **graduated p.** Staffelrente f, gestaffelte Rente/Pension; **index-linked/indexed p.** dynamische Rente, Indexrente f; **industrial p.** Betriebsrente f; **maximum p.** Höchst-, Endrente f; **national p.** *[GB]* Einheitsrente f; **new p.** Zugangsrente f; **non-contributory p.** beitragsfreie Rente, Rente ohne Beitragspflicht; **occupational p.** Betriebs-, Firmen-, Berufsrente f, betriebliches Ruhegehalt; **old-age p.** (Alters)Rente f, (A.)Ruhegeld nt, A.versorgung f, Pension f; **premature ~ p.** vorgezogenes Altersruhegeld; **permanent p.** Dauerrente f; **personal p.** Privatrente f, individuelle Rente; **portable p.** übertragbare Rente, nicht verfallende Betriebsrentenanwartschaft; **private p.** 1. Privatrente f; 2. Betriebs-, Firmenrente f; **productivity-linked p.** Produktivitätsrente f; **satisfactory p.** auskömmliche Rente; **second p.** Zweitrente f; **supplementary p.** 1. Zusatzrente f, Z.pension f; 2. *[GB]* Fürsorge-, Sozialrente f; **top-hat p.** *(coll)* Firmenrente für leitende Angestellte; **wage-related p.** lohnbezogene Rente

pension off v/t in den Ruhestand versetzen, verrenten, verabschieden; **~ prematurely** vorzeitig in den Ruhestand versetzen

pensionable *adj* pensions-, renten-, ruhegehaltsfähig, pensions-, renten(anspruchs)berechtigt

pension account Pensionskonto nt; **p. accrual** Pensionsrückstellung f; **p. adjustment** Rentenanpassung f; **~ act** Rentenanpassungsgesetz nt; **p.s adviser** Rentenberater m; **p. age** Pensions-, Rentenalter nt, pensionsberechtigtes/ruhegehaltsfähiges Alter; **statutory p. age** gesetzliches Rentenalter; **p. annuity** Altersrente f; **p. applicant** Rentenantragsteller m, Versorgungsanwärter m; **p. arrangements** Pensionsregelung f; **p. assessment** Rentenbemessung f; **~ base** Rentenbemessungsgrundlage f; **p. benefits** Rentenleistungen; **p. board** Renten-, Pensionsfestsetzungsbehörde f; **p. book** Rentenausweis m, R.buch nt; **p. case** Rentenfall m, Versorgungssache f; **p. charge** Pensionslasten pl, P.umlage f, Versorgungslast f; **p. claim** Renten-, Pensions-, Ruhegeldanspruch m, Rentenanwartschaft f; **p. commitment** Pensions-, Versorgungszusage f, Ruhegeldverpflichtung f; **p. contribution** Renten(versicherungs)beitrag m; **p. contributions** Aufwendungen für die Altersversorgung; **state earnings-related p. contributions** *[GB]* Beiträge zur gesetzlichen Rentenversicherung; **~ p. scheme (SERPS)** gesetzliche (einkommensbezogene) Rentenversicherung; **p. costs** Pensionskosten, Rentenlast f; **p. entitlement** Renten(versicherungs)-, Pensionsanspruch m, Renten-, Ruhegeldsanwartschaft f; **p. equalization** Versorgungsausgleich m; **~ claim** Rentenausgleichsforderung f

pensioner n Rentner(in) m/f, Pensionär(in) m/f, Altenteiler m, Renten-, Ruhegeld-, Pensions-, Versorgungsempfänger(in) m/f, Ruheständler m, Renten-, Pensionsbezieher(in) m/f; **occupational p.** Bezieher von Firmenruhegeld, ~ einer Firmenrente; **old-age p. (OAP)** Altersrentner m, Ruhegehaltsempfänger m; **p.'s account** Rentenkonto nt; **p.s' health insurance (scheme)** Rentnerkrankenversicherung f; **p. household** Rentnerhaushalt m

pension fund Rentenversicherungsträger m, Pensionskasse f, P.fonds m, Rentenfonds m, Versorgungsvermögen nt, V.fonds m, V.kasse f, V.träger m; **~ of a professional association** Berufskasse f; **cooperative mutual p. f.** Genossenschaftskasse auf Gegenseitigkeit; **supplementary p. f.** Zusatzversorgung f; **p. f. finances** Rentenfinanzen f; **~ management** Verwaltung einer Pensionskasse

pension guarantee association Pensions(ver)sicherungsverein m; **p. holiday** *[GB] (Rentenvers.)* beitragsfreie Zeit (für Arbeitgeber); **p. increase** Rentenaufbesserung f, R.erhöhung f; **automatic/index-linked p. increase** Rentenautomatismus m, R.dynamik f; **p. increment** Rentensteigerungsbetrag m; **p. indexation**

pension indexation act

Rentendynamik *f*, R.anpassung *f*; **~ act** Rentenanpassungsgesetz *nt*
pensioning off *n* 1. Verrentung *f*; 2. Entlassung *f*
pension insurance Rentenversicherung *f*; **statutory p. i. fund** gesetzliche Rentenversicherung; **p. i. institution** Rentenversicherungsträger *m*; **p. law** Rentenrecht *nt*; **p. legislation** Rentengesetzgebung *f*; **p. level** Rentenhöhe *f*, R.niveau *nt*, Versorgungsniveau *nt*; **p. liabilities** Pensionsverbindlichkeiten; **p. and welfare liabilities** Sozialverbindlichkeiten; **p. notice** Rentenbescheid *m*; **p. obligation** Pensions-, Versorgungsverpflichtung *f*; **p. office** *(Rente)* Versorgungsamt *nt*
pension payment Renten(aus)zahlung *f*, R.leistung *f*, Versorgungsleistung *f*; **to suspend p. p.s** Rentenzahlungen aussetzen; **supplementary p. p.** Rentennachzahlung *f*
pension plan Rentenversicherung *f*, Altersversorgung(splan) *f/m*, Ruhegehaltsregelung *f*; **industrial p. p.** betriebliche Altersversorgung; **private p. p.** private Altersversorgung; **p. p. trust fund** Pensionsrücklagenfonds *m*
pension policy Rentenpolitik *f*; **p. portfolio** Pensionskassenbestände *pl*; **p. prospect** Rentenanwartschaft *f*; **p. provision(s)** Pensionsrückstellung *f*; **p. rate** Pensions-, Versorgungssatz *m*; **p. recipient** Rentenbezieher *m*; **p. reform** Rentenneuordnung *f*, R.reform *f*, R.neuregelung *f*; **p. reserve** Pensionsrückstellung *f*, Rückstellungen für Ruhegeldverpflichtungen; **p. revaluation/review** Rentenneufestsetzung *f*; **annual p. review** jährliche Neufestsetzung der Renten
pension right|s Renten-, Ruhegehaltsanspruch *m*; **accrued p. r.s** Pensionsanwartschaft(srechte) *f/pl*; **unassignable p. r.** unübertragbarer Rentenanspruch; **vested p. r.s** Rentenstammrecht *nt*; **p. r.s adjustment** *(Scheidung)* Versorgungsausgleich *m*
pension scheme Rentenversicherung *f*, Pensions-, Ruhegehaltsordnung *f*, R.regelung *f*; **compulsory/statutory p. s.** Rentenversicherungspflicht *f*, gesetzliche Rentenversicherung; **contributory p. s.** beitragspflichtige Rentenversicherung; **earnings-related p. s.** einkommensbezogene Altersversorgung/Rentenversicherung; **state ~ p. s. (SERPS)** *[GB]* gesetzliche (einkommensbezogene) Rentenversicherung; **non-contributory p. s.** beitragsfreier Pensionsplan, beitragsfreie Altersversorgung; **occupational p. s.** Berufsrente(nversicherung) *f*, berufsbezogene Rente(nversicherung), betriebliche Altersversorgung/Pensionskasse; **public p. s** öffentliche/staatliche Rentenversicherung; **voluntary p. s.** freiwillige Altersversorgung
pension settlement Pensionsvereinbarung *f*; **p. trust** Unterstützungskasse *f*
penthouse *n* ⊠ *(Hochhaus)* Dachwohnung *f*
pentium *n* 🖥 Pentiumrechner *m*; **p. chip** Pentiumchip *m*
pent-up *adj* auf-, zurückgestaut
penultimate *adj* vorletzte(r,s)
penury *n* Armut *f*, Misere *f*
people *n* 1. Volk *nt*; 2. Leute *f*; 3. Bevölkerung *f*; **p. from all walks of life** Menschen aus allen Schichten; **p. at/in work** arbeitende/erwerbstätige/beschäftigte Bevölkerung, die Erwerbstätigen
to disemploy people Arbeitskräfte freisetzen; **to know how to handle p.** mit Menschen umgehen können
common people einfache Leute, das gemeine Volk; **disabled p.** Schwerbeschädigte *pl*; **distinguished p.** Leute von Rang und Namen; **gainfully employed p.** Erwerbs-, Berufstätige *pl*; **moneyed p.** reiche Leute; **ordinary p.** kleine Leute *(coll)*; **professional p.** Angehörige der freien Berufe, Akademiker *pl*, Freiberufliche *pl*, F.berufler *pl*; **top p.** Prominenz *f*; **young p.** junge Leute, Jugend *f*
people *v/t* bevölkern
people|'s democracy Volksdemokratie *f*; **young p.'s detention centre** *[GB]* Jugendstrafanstalt *f*; **old p.'s home** Alters-, Altenwohnheim *nt*; **p. management** Personalwesen *nt*; **p.-orient(at)ed** *adj* menschbezogen; **p.'s republic** Volksrepublik *f*
pep *n* *(coll)* Tatkraft *f*, Schwung *m*, Elan *m (frz.)*; **to lack p.** keinen Schwung haben; **p. talk** aufmunternde Worte; **p. up** *v/t* Schwung bringen in, ankurbeln
pepper *n* Pfeffer *m*; **p.corn rent** *n* 1. nomineller/symbolischer Pachtzins; 2. nominelle/symbolische Miete
per *prep* per, durch, für, pro; **as p.** laut, gemäß
per|ambulate *v/i* (Grenze) begehen; **p.ambulation** *n* 1. Grenzbegehung *f*; 2. Gerichtssprengel *m*; **p.ambulator** *n* Kinderwagen *m*
per annum *(lat.)* jährlich, pro Jahr
p/e (price/earnings) ratio Kurs-Gewinn-Verhältnis (KGV) *nt*
per call service Reparaturen nach Anruf; **p. capita** *(lat.)* pro Kopf/Person, nach Kopf
perceive *v/t* wahrnehmen, erkennen
per cent *[GB]*; **percent** *[US]* *n* Prozent; **additional p. c.** Mehrprozent *nt*
percentage *n* 1. Prozent(satz) *nt/m*, prozentualer Anteil; 2. Provision *f*, Tantieme *f*, Gewinnbeteiligung *f*; 3. Auszahlungskurs *m*
percentage of completion method *(Bilanz)* Kostenrealisierung nach Arbeitsfortschritt; **~ defective items** Ausschussanteil *m*; **~ loan value** Beleihungswert *m*; **~ loss** Verlustquelle *f*; **~ profit(s)** Gewinnbeteiligung *f*, gewinnabhängige Tantieme; **~ recovery** Konkursquote *f*, K.dividende *f*; **~ sales** Umsatzbeteiligung *f*
irrespective of percentage (i.o.p.) *(Vers.)* ohne Franchise; **~ clause** Klausel ohne Franchise
ad valorem *(lat.)* **percentage** prozentualer Wertanteil; **average p.** Durchschnittsprozentsatz *m*; **fixed p.** konstanter Prozentsatz; **guaranteed/insured p.** *(Exportfinanzierung)* Deckungs-, Garantiequote *f*; **minimum p.** Mindest(prozent)satz *m*; **retained/uninsured p. (of loss)** Haftungs-, Risiko-, Verlustbeteiligung *f*
percentage allowance for earners of foreign currency Devisenbonus *m*; **p. arithmetic** Prozentrechnung *f*; **on a p. basis** prozentual, auf Prozentbasis, gegen Prozente; **p. calculation** Prozentrechnung *f*; **p. change** Veränderung in Prozent, prozentuale Veränderung; **~ in prices** prozentuale Preisänderung; **p. contribution** (prozentualer) Anteil *m*

percentage defective Ausschussprozentsatz m; **p. depletion allowance** pauschale Absetzung für Substanzverringerung; **p. distribution** Prozentverteilung f, prozentuale Verteilung; **p. excess** (Vers.) Selbstbeteiligung f; **~ policy** Selbstbeteiligungstarif m; **p. exemption** (Vers.) Freizeichnungsgrenze f, Franchise f; **p. lease** Mietvertrag mit Umsatzanteil; **p. margin** Prozentspanne f

percentage point Prozentpunkt m; **free from certain p.p.s** (Vers.) frei von gewissen Prozenten; **to increase by ... p.p.s** um ... Prozentpunkte zulegen

percentage premium Anteilsprämie f; **p. quotation** Prozentnotierung f, P.kurs m; **annual(ized) p. rate (APR) (of interest)** Jahreszins(satz) m, jährliche Gesamtbelastung; **at a higher p. r.** höherprozentig; **normal p. r.** Normalzuschlag m; **p. return on total capital employed** Gesamtkapitalrentabilität f; **~ on sales** Gewinn in Prozent des Umsatzes; **p. share** prozentualer Anteil; **p. sign** π Prozentzeichen nt; **in p. terms** prozentual, in Prozent(en); **p. worker** Profitgeier m (coll)

percentile n π Perzentil nt, Hundertstelstelle f

per|ceptibility n Wahrnehmbarkeit f; **p.ceptible** adj fühlbar, merklich, wahrnehmbar, bemerkbar; **p.ception** n 1. Wahrnehmung f; 2. Beobachtung f, Erkennung f, Erkenntnis f; **p.ceptive** adj auffassungsfähig, scharfsinnig, einsichtig

perco|late v/ti 1. filtern; 2. durchsickern; **p.lation** n Filtration f; **p.lator** n 1. Filtriertrichter m; 2. Kaffeemaschine f

per contra als Gegenbuchung; **~ item** Gegen-, Ausgleichsposten m

per-country adj länderweise

per diem (lat.) pro Tag, tageweise; **on a ~ basis** auf Tagesbasis; **~ charges** Tagesspesen

peremptory adj 1. kategorisch, unbedingt; 2. § peremptorisch

perennial adj alljährlich, mehrjährig

perequation levy n (EU) Ausgleichsumlage f; **general p. levy** allgemeine Umlage; **p. payment** Ausgleichszahlung f

perfect adj perfekt, einwand-, fehlerfrei, vollkommen; v/t perfektionieren, vervollkommnen

perfection n 1. Perfektion f, Vollkommenheit f; 2. Vervollkommnung f; **p. itself** absolute Perfektion; **p.ism** n Perfektionismus m; **p.ist** adj perfektionistisch; **p. standard cost** Idealstandardkosten pl

per|forate v/t durchlöchern, perforieren, (ab)lochen, stanzen; **p.forated** adj perforiert, gelocht, durchlöchert

perforation n Lochung f, Zähnung f; **marginal p.** Randlochung f; **p. fault** Zahnfehler m

perforator n 1. Locher m, Lochzange f; 2. (Loch)Streifendrucker m; **manual p.** Handlocher m

perform v/t 1. (Leistung) erbringen, 2. (Dienst) ableisten, verrichten; 3. leisten, (leistungsmäßig) abschneiden, sich entwickeln; 4. ✿ funktionieren, arbeiten; 5. 🎭 auf-, vorführen; **p. creditably** sich achtbar entwickeln; **p. satisfactorily** zufriedenstellend arbeiten/laufen; **p. well** 1. gut laufen/funktionieren; 2. (Börse) Kursgewinne erzielen, gut abschneiden, sich gut entwickeln

performance n 1. (Arbeits-/Betriebs)Leistung f, Leistungserstellung f, L.erfüllung f, L.verhalten nt, L.vermögen nt, Abschneiden nt, Effizienz f; 2. (Aufgabe) Verrichtung f, Vollzug m, Ausführung f; 3. (Investition) Erfolg m, Ergebnis nt, Entwicklung f, Anlageerfolg m; 4. § (Vertrags)Erfüllung f; 5. Verarbeitungsleistung f; 6. 🎭 Aufführung f, Vorstellung f; **on account of/with a view to p.** erfüllungshalber; **in lieu of p.** an Erfüllungs Statt

performance of a condition Erfüllung einer Bedingung; **~ contract** Vertragserfüllung f, Erfüllung eines Vertrages; **p. pursuant to contract** vertragsgetreue Erfüllung; **specific p. of contract** Leistung des vertraglich Geschuldeten; **p. of a contract of sale** Erfüllung eines Kaufvertrages; **p. and counterperformance** Leistung und Gegenleistung; **p. subject to counterperformance** Zug-um-Zug-Leistung; **p. of a/one's duty** Ausübung eines Amtes/dienstlicher Obliegenheiten, Pflichterfüllung f, P.ausübung f; **in the ~ one's duties** bei der Pflichtausübung; **p. in kind** Naturalerfüllung f, Sachlieferung f, S.leistung f; **~ lieu of payment** Leistung an Zahlungs Statt; **p. of contractual obligations** Erfüllung der Vertragsverpflichtungen; **p. by a third party** Leistung durch Dritte; **p. of a sale** Erfüllung eines Kaufvertrages; **~ services** Erbringung von Dienstleistungen; **~ an additional service** Nebenleistung f; **~ a professional service** Ausübung eines freien Berufs; **~ shares** [GB] /**stocks** [US] (Börse) Kursentwicklung f; **p. as stipulated** vertragsgerechte Funktionstüchtigkeit; **p. of the tasks** Erfüllung der Aufgaben

to guarantee performance Delkredere übernehmen; **to improve p.** Leistung verbessern; **to rate so.'s p.** jds Leistung bewerten; **to refuse p.** Leistung verweigern; **to render p.** (Vertrag) erfüllen; **to tender p.** Leistung anbieten/andienen

above-par performance überdurchschnittliche Leistung; **actual p.** Istleistung f; **advance p.** Vorleistung f; **average p.** Durchschnittsleistung f; **brilliant p.** Glanzleistung f; **budgeted p.** geplante Leistung, Sollleistung f; **contemporaneous p.** Zug-um-Zug-Leistung f; **contractual p.** Vertragserfüllung f; **faulty ~ p.** positive Vertragsverletzung; **corporate p.** Unternehmensentwicklung f; **cost-efficient p.** kostengünstige Leistungserstellung f; **defective p.** Schlechterfüllung f, mangelnde Vertragserfüllung, mangelhafte Erfüllung, Leistungsstörung f, positive Vertragsverletzung; **delayed p.** Verzug m; **departmental p.** Leistungsgrad der Abteilung; **divisional p.** Spartenergebnis nt; **divisible p.** teilbare Leistung; **economic p.** Wirtschaftsleistung f, wirtschaftliche Leistungsfähigkeit, ökonomischer Erfolg, Realisierung wirtschaftspolitischer Ziele; **entrepreneurial p.** Unternehmerleistung f; **environmental p.** 1. Umweltverhalten nt; 2. umweltbewusstes Verhalten; **expected p.** erwartete Leistung; **external p.** externe Leistungen; **financial p.** finanzielles Abschneiden, Finanzergebnis nt; **improved ~ p.** verbessertes Finanzergebnis; **first p.** 🎭 Uraufführung f, Premiere f; **first-class/first-rate p.** Spitzenleistung f; **high p.** Hochleistung f; **historic p.** *(Fonds)* Anlageergebnis in der Vergangenheit; **improved p.** Leistungsverbesserung f, L.steigerung f; **incomplete p.** teilweise Nichterfüllung; **increased p.** Mehrleistung f; **individual p.** Einzelleistung f; **industrial p.** wirtschaftliche Leistung; **internal p.** interne Leistungen; **lacklustre p.** 1. schwache Leistung; 2. *(Börse)* lustlose Stimmung; **late p.** ⚜ Spätvorstellung f; **managerial p.** Leistung der Unternehmensführung; **masterly p.** Meisterleistung f; **measurable p.** messbares Leistungsergebnis; **mediocre p.** mäßige Leistung; **normal p.** Normalleistung f; **off-standard p.** Leistungsgradabweichung f; **on-the-job p.** 1. Arbeitsleistung f; 2. Erfolg am Arbeitsplatz; **open-air p.** ⚜ Freilichtaufführung f; **optimum p.** optimale Leistung; **overall p.** Gesamterfolg m, G.leistung f; **joint ~ p.** gemeinsame Gesamtleistung; **part(ial) p.** Teilerfüllung f, T.leistung f, teilweise Erfüllung; **planned p.** Soll-, Planleistung f; **poor p.** klägliche Leistung; **private p.** ⚜ geschlossene Vorstellung; **productive p.** Produktionsleistung f; **rated p.** Soll-Leistung f; **restricted p.** Leistungsrestriktion f; **simultaneous p.** Erfüllung Zug um Zug; **special p.** ⚜ Sondervorstellung f; **specific p.** effektive/ausdrückliche Vertragserfüllung, Sonder-, Naturalleistung f, N.erstellung f, N.erfüllung f; **to sue for ~ p.** auf Erfüllung klagen; **standard p.** Planleistung f; **subsequent p.** Nachleistung f; **substitute p.** Ersatzleistung f, E.vornahme f; **substituted p.** Ersatzvornahme f; **taxable p.** steuerbare Leistung; **theatrical p.** ⚜ Theateraufführung f, T.vorstellung f; **top p.** Spitzenleistung f; **total p.** Gesamtleistung f; **vicarious p.** Vertragserfüllung durch den Erfüllungsgehilfen, Erfüllungsübernahme f; **last year's p.** Vorjahresergebnis nt, Ergebnis des letzten Jahres

performance allowance Leistungszulage f; **p. analysis** Ergebnisanalyse f; **critical p. analysis** Aufgabenanalyse f; **p. appraisal** Personal-, Leistungs-, Mitarbeiterbeurteilung f, Leistungs(be)messung f, dienstliche Beurteilung; **~ plan/system** leistungsbezogenes Beurteilungssystem, Leistungs(be)messungs-, L.beurteilungs-, L.bewertungssystem nt; **p. assessment** dienstliche Beurteilung; **p. bid** *[US]* Liefergarantie f; **(good) p. bond** Ausführungs-, Durchführungs-, Lieferungs-, (Gewähr)Leistungs-, Erfüllungs-, Submissions-, Liefergarantie f, Sicherheitsleistung des Submittenden, Leistungsversprechen nt; **p. bonus** Leistungsprämie f, L.zulage f; **p. budget** Leistungsbudget nt, ertragsorientiertes/flexibles/zielorientiertes Budget; **p. characteristic** ▦ Operationscharakteristik f; **p. chart** Leistungsdiagramm nt; **p. check** Effizienzkontrolle f; **joint p. clause** Junktimklausel f; **p. contract** Leistungsvertrag m; **p. criterion** Erfolgsmaßstab m, Effizienzkriterium nt; **p. curve** Leistungskurve f; **p. data** Leistungsangaben; **p. date** Erfüllungstag m; **p. efficiency** Leistungsgrad m; **p. evaluation** Leistungsermittlung f, L.bewertung f; **~ tool** Instrument zur Leistungsmessung; **p. expectations** Leistungserwartungen; **p. factor** Leistungsmerkmal nt; **p. fee** *(Fonds)* zuwachsgebundene Rücknahmegebühr; **p. figures** Leistungsdaten, Erfolgszahlen; **p. fluctuations** Leistungsschwankungen;

p. fund Leistungsfonds m; **p.-geared** adj leistungsorientiert; **p. goal** Erfolgsziel nt; **p. graph** Leistungskurve f; **p. guarantee** Ausführungs-, Erfüllungs-, (Gewähr-)Leistungs-, Liefergarantie f; **p. improvement** Ergebnis-, Ertrags-, Leistungssteigerung f, Ergebnisverbesserung f; **p. incentive** Leistungsanreiz m; Arbeitserfolgsprämie f; **p. increment** Leistungszulage f; **p. index** Leistungsindex m; **p. indicator** Leistungsmaßstab m

performance level 1. Leistungsgrad m, L.höhe f, L.niveau nt, L.stand m; 2. Arbeitsleistung f; **departmental p. l.** Leistungsergebnisgrad einer Abteilung; **p. l. rating** Leistungsgradschätzung f

performance-linked adj leistungsbedingt, l.bezogen; **p. measurement** Leistungs(be)messung f, Planungsrechnung f, Controlling nt; **~ system** Leistungs(be)messungssystem nt; **p.-minded**; **p.-orient(at)ed** adj leistungsorientiert; **p. objective** Leistungsmaßstab m, L.ziel nt; **advance p. obligation** Vorleistungspflicht f; **p. pay (scheme)** Leistungsentgelt nt, leistungsbezogene Vergütung; **p. period** Leistungserbringungsperiode f; **p. planning** Erfolgsplanung f; **p. potential** Leistungspotenzial nt; **p. principle** Leistungsprinzip nt; **p. qualifications** Leistungsanforderungen; **p. rating** Leistungsbeurteilung f, L.bewertung f, L.(grad)einschätzung f, L.einstufung f, L.ermittlung f, L.note f, L.urteil nt; **p. rate** Anlageerfolgsziffer f; **p. ratios** Erfolgsrelationen; **p. record** Arbeits-, Leistungs-, Tätigkeitsnachweis m, Erfolgs-, Leistungsbilanz f; **daily p. record** Arbeitsnachweis m; **p.-related** adj leistungsbezogen, l.abhängig; **p. report** Leistungsbericht m, Soll-Ist-Vergleich m; **p. reporting** Ergebnisberichterstattung f; **p. review** Leistungsüberprüfung f, Erfolgskontrolle f; **p. share** erfolgreiche Aktie; **p. specifications** 1. Leistungsbeschreibung f, L.angaben; 2. ✪ Lastenheft nt; **p. standard** Leistungsnorm f, L.standard m, L.maßstab m, L.niveau nt, L.vorgabe f, L.qualität f; **p. statistics** Leistungsstatistik f; **p. table** Leistungstabelle f; **p. target** Planleistung f, Vorgabe f, Ergebnisziel nt; **p. test** Leistungsprüfung f, L.test m; **to p.-test** v/t erproben; **p.-tied** adj leistungsbedingt; **standard p. time** Normalausführungszeit f; **p. tolerance** Leistungstoleranz f, Fehlergrenze f; **p. unit** Leistungseinheit f; **p. warranty** Leistungs-, Erfüllungsgarantie f

performer n 1. Erfolgsaktie f; 2. ⚜ Künstler(in) m/f; **dull p.** *(Börse)* schlechtgehendes Papier; **high p.** 1. Erfolgsaktie f; 2. Leistungsträger m; **top p.** 1. Spitzenpapier nt, S.wert m, Aktie mit den größten Kursgewinnen; 2. Leistungsträger m

performing rights n ⚜ Aufführungsrechte; **P. R. Society** *[GB]* GEMA f *[D]*

perform statement ▤ Durchlaufanweisung f

perfunctory adj oberflächlich, flüchtig

pergola n 🏛 Laube(ngang) f/m, Pergola f

periculum in mora n *(lat.)* §§ Gefahr im Verzug

peril n Gefahr f, Risiko nt; **p.s of the seas** *(Vers.)* Seegefahren, S.risiken, Gefahren der See; **~ war** Kriegsrisiken; **at one's (own) p.** auf eigene Gefahr, zum eigenen Nachteil/Schaden; **to ignore sth. ~** etw. zum eigenen Schaden unbeachtet lassen

common peril *(Vers.)* gemeine Gefahr; **excepted p.s** Freizeichnung für bestimmte Risiken/Schadensursachen, Schadensausschluss *m*; **~ clause** Freizeichnungs-, Risikoausschlussklausel *f*; **extraneous p.s** Sondergefahren; **imminent p.** drohender Schaden; **marine/maritime p.** Schifffahrtsrisiko *nt*, Transport-, Seegefahr *f*; **yellow p.** *(pol.)* gelbe Gefahr

extraordinary perils bonus Gefahrenprämie *f*; **p. clause** Gefahren-, Risikoklausel *f*

perilous *adj* gefährlich, bedrohlich

peril point 1. kritischer Punkt; 2. ⊖ Mindestzoll *m*; 3. Warngrenze *f*

perimeter *n* 1. π Umfang *m*; 2. Grenze *f*; **p. fence** Umzäunung *f*

per incuriam *(lat.) [GB]* [§] wegen mangelnder Sorgfalt

period *n* 1. Periode *f*, Zeitabschnitt *m*, Z.raum *m*, Z.spanne *f*, Laufzeit *f*, Dauer *f*; 2. Unterrichtsstunde *f*; 3. *[US] (Interpunktion)* Punkt *m*; **for a p. of** für die Dauer von; **of/for the same p.** periodengleich; **for such p.s** solange; **over a p. of** über einen Zeitraum von; **pursuant to a p. of** nach einer Frist von; **within the p. stipulated** fristgerecht

period of absence Zeit der Abwesenheit; **~ abstinence** Schonkur *f*; **p. for acceptance** Annahmefrist *f*; **minimum ~ acceptance** Mindestannahmefrist *f*; **p. of adaptation/adjustment** Anpassungsphase *f*, A.zeitraum *m*, Angleichungsperiode *f*, Reaktionszeit *f*, R.periode *f*; **p. for appeal; (statutory) ~ lodging an appeal** [§] Revisions-, Rechtsmittelfrist *f*; **p. of appraisal** Beurteilungszeitraum *m*; **p. of apprenticeship** Lehrzeit *f*; **~ assessment** Ermittlungszeitraum *m*, Veranlagungsperiode *f*, V.zeitraum *m*; **p. under audit** *(Revision)* Prüfungsabschnitt *m*; **p. of bailment** [§] Hinterlegungs-, Verpfändungszeit *f*; **~ benefit (payments)** 1. Begünstigungszeitraum *m*; 2. *(Vers.)* Leistungsdauer *f*; **p. (allowed) for cancellation** Rücktrittsfrist *f*; **p. of capital gains tax liability** Spekulations(steuer)frist *f*; **~ tie-up/lock-up** Kapitalbindungsfrist *f*; **p. allowed for carriage** Beförderungsfrist *f*; **p. of civilization** Kulturepoche *f*; **p. for claims/complaints** Rügefrist *f*; **p. of collection** *(Steuer)* Erhebungszeitraum *m*; **p. fixed for completion** Fertigungs-, Fertigstellungsfrist *f*; **p. of computation** Berechnungszeitraum *m*; **~ consolidation** Konsolidierungsphase *f*; **~ construction** Herstellungsfrist *f*, Bauzeit *f*; **~ no contribution; p. when contributions are suspended** beitragsfreie Zeit; **p. of contribution payments** Beitragszeit *f*; **~ cover(age)** Versicherungszeitraum *m*, V.dauer *f*, Deckungszeit *f*; **minimum ~ cover(age)** Mindestversicherungszeit *f*; **p.s of cover (age) completed** zurückgelegte Beitragszeiten; **neutralized ~ cover(age) completed** neutralisierte Versicherungszeiten; **p. of credit** Zahlungsziel *nt*, Z.frist *f*; **p. for decision** Entscheidungszeitraum *m*; **~ filing debts** *(Konkurs)* Forderungsanmeldefrist *f*; **~ remedying defects** Nachbesserungspflicht *f*; **~ filing a defence** [§] Einlassung *f*; **p. of deferral** Stundungsfrist *f*; **~ delay** Wartefrist *f*; **~ depreciation** Abschreibungsdauer *f*; **p. of digestion** *(Börse)* Absatzphase *f*; **~ disability** Dauer der Arbeitsunfähigkeit; **~ disclaimer** Ausschla-

gungsfrist *f*; **~ disqualification** *(Vers.)* Sperrzeit *f*; **~ embargo** Sperrfrist *f*, S.zeit *f*

period of employment 1. Beschäftigungsdauer *f*, B.zeit *f*; 2. Betriebszugehörigkeit *f*; **reckonable ~ e.** anrechenbare Beschäftigungszeit; **p.s of gainful e.** Erwerbstätigkeitszeiten

period of extension Verlängerungsfrist *f*; **p. for filing a suit** Klagefrist *f*; **p. of grace** Frist *f*, (Zahlungs)Aufschub *m*, Gnaden-, Nach(sicht)-, Respekt-, Schon-, Stundungsfrist *f*; **~ guarantee** Gewähr-, Garantiefrist *f*; **~ indebtedness** Verschuldungsfrist *f*; **~ insurance** Versicherungsdauer *f*; **~ high interest (rates)** Hochzinsperiode *f*, H.phase *f*; **lock-down p. for interest rates** Zinsbindungsdauer *f*, Z.frist *f*; **p. under investigation** Untersuchungszeitraum *m*; **p. of investment** Anlagedauer *f*, Investitionszeitraum *m*; **~ the licence** Lizenzdauer *f*; **~ life** Lebensabschnitt *m*; **~ limitation** Ausschluss-, Verjährungsfrist *f*; **statutory ~ limitation** gesetzliche Verjährungsfrist; **~ growing liquidity** Verflüssigungsperiode *f*; **~ a loan** Laufzeit einer Anleihe/eines Darlehens

period of maturity Fristigkeit *f*; **p. to final m.** Endlaufzeit *f*; **average p. to m.** Durchschnittsvaluta *f*; **fixed p. of m.** feste Laufzeit

period of a month Monatsabschnitt *m*; **corresponding ~ last m.** Vormonatszeitraum *m*, V.abschnitt *m*; **~ three months** Dreimonatsfrist *f*; **~ the mortgage** Laufzeit der Hypothek; **~ non-availability** Karenzfrist *f*; **~ non-negotiability** *(Wertpapier)* Sperrfrist *f*

period of notice Kündigungsfrist *f*; **to observe the ~ notice** Kündigungsfrist einhalten, fristgerecht kündigen; **p. for advance notice** Vorankündigungsfrist *f*; **minimum p. of notice** Mindestkündigungsfrist *f*; **statutory p. of notice** gesetzliche Kündigungsfrist; **~ minimum p. of notice** gesetzliche Mindestkündigungsfrist; **p. during which notice is barred** Kündigungssperre *f*, K.sperrfrist *f*; **p. allowed for filing a notice of defect** Mängelrügefrist *f*; **p. of notice of meeting** Einberufungsfrist *f*; **statutory minimum ~ notice** gesetzliche Mindestkündigungsfrist; **p. set for public notice** Aufgebotsfrist *f*

period for objection Einspruchsfrist *f*; **p. allowed for making good an omission** Nachholungsfrist *f*; **p. for order placing** Vergabefrist *f*; **p. of payment; p. allowed for payment** Zahlungsziel *nt*, Z.frist *f*; **p. of performance** Ausführungsfrist *f*; **~ prescription** Verjährungsfrist *f*; **p. for presentation** *(Wechsel/Scheck)* Vorlegungsfrist *f*; **p. of soaring prices** Teuerungswelle *f*; **p. for instituting proceedings** [§] Klagefrist *f*; **p. of promoterism** Gründerzeit *f*; **~ prosperity** Schönwetterperiode *f (fig)*; **~ protection** *(Pat.)* Schutzfrist *f*; **p. allowed for protest** *(Wechsel)* Protestfrist *f*; **p. of qualification** Zulassungsfrist *f*; **~ recession** Abschwung *f*, Rezessionsphase *f*; **~ reconstruction** Wiederaufbau-, Sanierungsphase *f*; **~ recovery** Schonfrist *f*, Schon(ungs)zeit *f*; **~ redemption/repayment** Tilgungsdauer *f*, T.zeitraum *m*; **~ registration** Anmeldefrist *f*; **~ renunciation** Ausschlagungsfrist *f*; **~ residence** Aufenthaltsdauer *f*, Dauer des Aufenthalts; **~ respite** Zahlungsauf-

period of restructuring

schub *m*; ~ **restructuring** Sanierungsphase *f*; ~ **resubmission** Wiedervorlegungsfrist *f*, W.vorlagefrist *f*; **p. under review** Berichtszeit(raum) *f/m*, B.abschnitt *m*, Erfassungszeitraum *m*; **p. of dull sales** Absatzflaute *f*
period of service Dienstzeit *f*; **minimum ~ service** Mindestdienstzeit *f*; **qualifying ~ service** anrechnungsfähige Dienstzeit
period for shipment Lade-, Verladungsschluss *m*; **p. of stagnation** Stagnationsphase *f*; ~ **stockholding** Lagerzeit(raum) *f/m*; ~ **suspense** Schwebezeit *f*; **p. for taking delivery** Abnahmefrist *f*
period of time Zeitspanne *f*, Z.abschnitt *m*, Z.raum *m*; **current ~ t.** laufende Frist; **within a reasonable ~ t.** in angemessener Frist
period of transport Beförderungszeit *f*; ~ **validity** Gültigkeitsdauer *f*; ~ **one year** Jahresfrist *f*; **corresponding ~ last year** Vorjahreszeitraum *m*, V.abschnitt *m*
relating to the period periodenecht; **not ~ the p.** periodenfremd; ~ **another p.**; **outside the p.** außerperiodisch; **proportionate to the p.** zeitanteilig; **same p. last month** Vormonatszeitraum *m*; ~ **last year** Vorjahresperiode *f*, V.zeitraum *m*; **not identified with a (specific) p.** aperiodisch
to abridge/shorten a period Frist verkürzen; **to compute a p.** Frist berechnen; **to exceed the (prescribed) p.** Frist überschreiten; **to fix a p.** Frist setzen
apprehensive period *(Vers.)* Periode/Zeitspanne erhöhter Gefahr; **base p.** Basiszeit(raum) *f/m*; **effective ~ p.** Basislaufzeit *f*; **basic p.** Vergleichsperiode *f*; **bonded p.** ⊖ Zolllagerfrist *f*; **budgetary p.** Finanz-, Haushaltsperiode *f*; **budgeted p.** Planperiode *f*; **busy p.** Betriebsperiode *f*; **claim-free p.** *(Vers.)* schadensfreie Zeit; **comparable/comparative p.** Vergleichszeitraum *m*, V.periode *f*; **continuous p.** fortlaufender/ununterbrochener Zeitraum; **contractual p.** Vertragsdauer *f*, V.periode *f*, V.zeitraum *m*, vertragliche Laufzeit; **corresponding p.** Vergleichszeitraum *m*, Parallelperiode *f*; ~ **last year** Vorjahresperiode *f*; **deflationary p.** Deflationsperiode *f*, D.zeit *f*; **discountable p.** Skontozeitraum *m*; **eligible p.** Versicherungszeit *f*; **additional ~ p.s** *(Vers.)* gleichgestellte Zeiten; **equivalent p.** Vergleichszeitraum *m*; **fiscal p.** Finanz-, Steuer-, Geschäftsperiode *f*, Steuerabschnitt *m*, Abrechnungsperiode *f*, A.zeitraum *m*; **five-year p.** Fünfjahreszeitraum *m*; **formative p.** *(Firma)* Anlaufzeit *f*, Gründungsphase *f*; **four-month p.** Jahresdrittel *nt*; **free p.** *(Schule)* Freistunde *f*; **given p.** 1. Vergleichszeitraum *m*; 2. Berichtsperiode *f*, B.zeit(raum) *f/m*; **guaranteed p.** Garantiezeit *f*; **idle p.** 1. ⚙ Leerlauf-, Stillstandszeit *f*; 2. ⚓ Liegezeit *f*; 3. 🎭 Sperrzeit *f*; **indefinite p.** unbestimmte Dauer; **for an ~ p.** auf unbestimmte Zeit; **inflationary p.** Inflationszeit *f*; **initial p.** Anlaufzeit *f*; **interest-paying p.** Zinsperiode *f*; **interim p.** Interims-, Übergangs-, Zwischenzeit *f*, Übergangsperiode *f*; **intervening p.** Zwischen-, Übergangszeit *f*; **interwar p.** Zeit zwischen den Kriegen; **lead-in p.** Einarbeitungszeit *f*; **lean p.** Durststrecke *f* *(fig)*; **to go through a ~ p.** kritische Phase durchmachen; **legislative p.** Gesetzgebungs-, Legislaturperiode *f*; **the like p.** Vergleichszeitraum *m*;

limited p. Frist *f*, begrenzter Zeitraum; **loss-making p.** Verlustzeitraum *m*; **nine-month p.** Dreivierteljahresabschnitt *m*; **no-contribution p.s** beitragsfreie Zeiten; **non-call p.** *(Anlage)* kündigungsfreie Zeit; **off-peak p.** ⚡ Schwachlast-, Talzeit *f*; **one-year p.** Jahresfrist *f*; **pay-back p.** Amortisationsdauer *f*, Tilgungszeitraum *m*; **peak p.** 1. Spitzen-, Hauptverkehrszeit *f*; 2. ⚡ Höchstlastzeit *f*; **postwar p.** Nachkriegszeit *f*; **pre-allocation p.** Zahlungsfrist *f*; **preclusive p.** Ausschlussfrist *f*; **prescriptive p.** [§] Ersitzungsfrist *f*; **previous p.** Vorperiode *f*; **prior p.** vorhergehender Zeitraum; ~ **adjustment** Ergebnisberichtigung früherer Jahre; **probationary p.** 1. Probezeit *f*; 2. [§] Bewährung(szeit) *f*, B.sfrist *f*; **to engage so. for a ~ p.** jdn auf Probe einstellen; **prolonged p.** längerer Zeitraum
qualifying period 1. Probe-, Wartezeit *f*; 2. vorgeschriebene Frist; 3. *(Vers.)* Karenz(zeit) *f*, Sperrfrist *f*, Anwartschaftszeit *f*; **to complete the ~ p.** Wartezeit erfüllen; **fictitious ~ p.** Ersatzzeit *f*; **substituted ~ p.s** beitragslose Ersatz- und Ausfallzeiten, Ersatzzeiten
reasonable period angemessene Frist; **reckonable p.** Zurechnungszeit *f*, anrechnungsfähige Zeit; **redemption-free p.** Karenzzeit *f*, tilgungsfreie Jahre/Zeit; **relevant p.** Bezugsperiode *f*, B.zeitraum *m*; **for the same p.** zeitanteilig; **within the set p.** fristgerecht; **short p.** 1. kurzer Zeitraum; 2. Rumpfgeschäftsjahr *nt*; **due within a ~ p.** kurzfällig; **slack p.** Flaute *f*; **specified p.** vereinbarte Frist; **to assign for a ~ p.** auf Zeit abtreten; **stated p.** angegebene Frist; **statutory p.** 1. gesetzliche Frist; 2. Verjährung *f*, V.sfrist *f*, V.szeit *f*; **taxable p.** Besteuerungs-, Veranlagungszeitraum *m*; **three-month p.** Quartal *nt*; **three-year p.** Dreijahresfrist *f*; **transitional p.** Übergangsphase *f*, Ü.zeit *f*; **twelve-month p.** Jahreszeitraum *m*; **unlimited p.** unbefristete Zeit; **for an ~ p.** unbefristet; **vegetative p.** 🌱 Vegetationsperiode *f*, V.zeit *f*; **waiting p.** Sperrfrist *f*, Wartezeit *f*
period analysis Periodenanalyse *f*; **p. bill** Nachsichtwechsel *m*; **p. charge** Perioden-, Fixkosten *pl*; **p. cost(s)/expenses** Fix-, Perioden-, Zeitkosten; **p. furniture** Stilmöbel *pl*
periodic(al) *adj* 1. periodisch, regelmäßig; 2. 🖨 regelmäßig erscheinend
periodical *n* Zeitschrift *f*; **monthly p.** Monatsschrift *f*; **weekly p.** Wochenschrift *f*; **p.s market** Zeitschriftenmarkt *m*; ~ **room** Zeitschriftenraum *m*
period insured Versicherungsdauer *f*; **p. investigated** Ermittlungs-, Untersuchungszeitraum *m*; **p. model** periodisiertes Modell; **p. output** Periodenleistung *f*; **p. rate** Zinssatz für Termingelder; **p. set** [§] Fallfrist *f*
peri|pheral *adj* Rand-, nebensächlich, peripher; *n* 🖥 Peripheriegerät *nt*; **p.phery** *n* Peripherie *f*, Rand *m*
perish *v/i* 1. zu Grunde gehen, umkommen; 2. *(Lebensmittel)* verderben; **p.able** *adj* 1. kurzlebig; 2. leicht verderblich, begrenzt haltbar; **p.ableness** *n* begrenzte Haltbarkeit; **p.ables** *pl* kurzlebige/verderbliche Konsumgüter, ~ Verbrauchsgüter, ~ Ware
perjure o.s. *v/refl* [§] Meineid leisten/schwören; **p.d** *adj* 1. meineidig; 2. eidbrüchig
perjury *n* 1. [§] Falsch-, Meineid *m*; vorsätzlich/wis-

sentlich falscher Eid; 2. Eidbruch *m*; **to commit p.** Meineid/Falscheid schwören; **to commit p.** einen Meineid leisten; **to suborn so.** ~ **p.** jdn zum Meineid anstiften
perk *n* *(coll)* (Sonder)Vergünstigung *f*, Zuwendung *f*, Nebenleistung *f*; **p.s** freiwillige Sozialleistungen, Nebenbezüge, Sporteln, Vergünstigungen, Nebenverdienst *m*
perk up *v/i* *(coll)* sich erholen, munter werden, aufleben
permafrost *n* Dauerfrostboden *m*
permanence; permanency *n* 1. Dauerhaftigkeit *f*, D.zustand *m*, Beständigkeit *f*; 2. Unkündbarkeit *f*
permanent *adj* 1. ständig, dauerhaft, Dauer-, dauernd, fortlaufend, beständig, permanent; 2. unkündbar; 3. dokumentensicher
perme|ability *n* Durchlässigkeit *f*; **p.able** *adj* (wasser)durchlässig, durchdringbar; **p.ate** *v/t* durchdringen
per mil(l) Promille *f*, pro Tausend
permissi|bility *n* Zulässigkeit *f*, Statthaftigkeit *f*; **p.ble** *adj* zulässig, erlaubt, statthaft; **maximum p.ble** höchstzulässig
permission *n* Erlaubnis *f*, Genehmigung *f*, Bewilligung *f*; **p. to establish a business** Niederlassungsbewilligung *f*; ~ **leave the country** Ausreiseerlaubnis *f*; ~ **deal** Börsenzulassung *f*; ~ **pass** Durchlass *m*; ~ **land** ✢ Landegenehmigung *f*; ~ **relocate/resettle** Übersiedlungsgenehmigung *f*; ~ **reprint/reproduce** Nachdruckerlaubnis *f*; ~ **settle** Niederlassungsbewilligung *f*; ~ **trade** Zulassung zum Gewerbebetrieb; **to grant** ~ **trade** Gewerbelizenz erteilen
by (kind) permission of; with kind p. of mit (freundlicher) Genehmigung von
to ask (for)/seek permission um Erlaubnis nachsuchen/bitten, Genehmigung beantragen; **to give/grant p.** Bewilligung/Erlaubnis/Genehmigung erteilen, erlauben, genehmigen; **to obtain p.** Genehmigung/Erlaubnis erhalten; **to refuse p.** Genehmigung/Erlaubnis verweigern
exceptional permission Ausnahmegenehmigung *f*; **limited/partial p.** Teilgenehmigung *f*, beschränkte Erlaubnis; **special p.** Sondererlaubnis *f*, besondere Genehmigung; **by** ~ **p.** mit besonderer Genehmigung/Erlaubnis
permissive *adj* 1. nachgiebig, freizügig; 2. tolerant, permissiv; **p.ness** *n* Liberalität *f*, Freizügigkeit *f*, Toleranz *f*
permit *n* 1. Genehmigung *f*, Erlaubnis(schein) *f/m*, Bewilligung *f*, Zulassung(sbescheinigung) *f*; 2. Ausweis *m*, Passierschein *m*; 3. ⊖ Aus-, Einfuhr-, Zoll(abfertigungs)schein *m*; **p. to take up residence** Aufenthalts-, Zuzugserlaubnis *f*, Z.genehmigung *f*; **p. of transit** ⊖ Transitschein *m*; **to issue a p.** Erlaubnis ausstellen; **to obtain a p.** Genehmigung erhalten; **to withdraw a p.** Genehmigung widerrufen
collective/joint permit Gesamtgenehmigung *f*, Sammelausweis *m*; **official p.** behördliche Genehmigung/Erlaubnis; **special p.** Sondererlaubnis *f*, S.genehmigung *f*, S.berechtigung *f*, Einzelgenehmigung *f*
permit *v/t* zulassen, genehmigen, bewilligen, erlauben, gestatten

permit fee *[US]* Konzessionsgebühr *f*, K.abgabe *f*; **p. holder** Erlaubnisscheininhaber *m*, Inhaber eines Berechtigungsscheins; **p. number** Zulassungsnummer *f*
permitted *adj* erlaubt, zulässig; **not p.** unerlaubt
permutation *n* Permutation *f*
pernicious *adj* verderblich, schädlich
pernickety *adj* *(coll)* pingelig, übertrieben genau, kleinlich
peroration *n* 1. Zusammenfassung *f*; 2. (endlose) Rede
perpendicular *adj* lot-, senkrecht; *n* Senkrechte *f*
perpetrate *v/t* 1. *(Straftat)* begehen, verüben; 2. verursachen
perpetration *n* *(Verbrechen)* Verübung *f*; **p. of an act of indecency** Vornahme einer unzüchtigen Handlung
perpetrator *n* 1. Täter *m*; 2. Verursacher *m*; **independent p.** Nebentäter *m*; **indirect p.** mittelbarer Täter; **p. principle** Verursacherprinzip *nt*
perpet|ual *adj* dauernd, permanent, immerwährend, ständig; **p.uate** *v/t* immer während fortsetzen, verewigen; **p.uating of evidence** *n* Sicherung des Beweismaterials
perpetuity *n* 1. Dauer(zustand) *f/m*; 2. ewige/lebenslängliche Rente; 3. Unveräußerlichkeitsverfügung *f*; **in p.** auf unbegrenzte Zeit/Dauer, ewig; **p. rule in land law** [§] Regel zur Verhütung zeitlich unbegrenzter Rechtszustände
per post mit der Post; **p. pro(curationem)** *(lat.)* **(p.p.)** im Auftrage (i. A.), in Vertretung (i. V.)
perquisite(s) *n* Nebenbezüge *pl*, N.einkünfte *pl*, N.leistung(en) *f/pl*, (Sonder)Vergütung *f*
perquisitor *n* Ersterwerber(in) *m/f*
per se *(lat.)* an sich, für sich allein; ~ **approach** Verbotsprinzip *nt*
persecute *v/t* *(Minderheit)* verfolgen
persecution *n* Verfolgung *f*; **racial p.** Rassenverfolgung *f*; **p. mania** Verfolgungswahn *m*
per|severance *n* Beharren *nt*, Ausdauer *f*; **p.severe** *v/i* aus-, beharren, beharrlich weitermachen; **p.severing** ausdauernd
persist *v/i* 1. ver-, aus-, beharren; 2. an-, fortdauern, anhalten; **p.sistence; p.sistency** *n* 1. Beharren *nt*, Beharrlichkeit *f*, Hartnäckigkeit *f*, Zähigkeit *f*; 2. Fortdauer *f*; **p.sistent** *adj* 1. beharrlich, hartnäckig; 2. andauernd, (be)ständig, anhaltend
person *n* 1. Person *f*; 2. Persönlichkeit *f*; **in p.** in Person, höchstpersönlich
person of no fixed abode/address Person ohne festen Wohnsitz, Nichtsesshafte(r) *f/m*; **p.s of employable age** Erwerbspersonenpotenzial *nt*; **p. of full age and capacity** volljährige und geschäftsfähige Person; **p. entitled to appeal** Beschwerdeberechtigte(r) *f/m*; **p. under arrest** Häftling *m*; **average p. familiar with the art** *(Pat.)* Durchschnittsfachmann *m*; **p. skilled in the art** *(Pat.)* Fachmann *m*, Sachverständige(r) *f/m*; **p. with full capacity to contract** Geschäftsfähige(r) *f/m*; **p. deprived of legal capacity** Entmündigte(r) *f/m*; **p. in need of care** Pflegebedürftige(r) *f/m*; **p. in charge** verantwortliche Person, (Sach)Bearbeiter(in) *m/f*; **p. issuing bad checks** *[US]* /**cheques** *[GB]* Scheckbetrü-

person responsible for the damage

ger(in) *m/f*; **p. responsible for the damage** Urheber des Schadens; **p. authorized to take delivery** Empfangsbevollmächtigte(r) *f/m*; **p.s in dependent employment** abhängig Beschäftigte; **p. in gainful employment** Erwerbsperson *f*, Erwerbstätige(r) *f/m*; **p. capable of employment** Erwerbsfähige(r) *f/m*; **p. entitled to equalization payments** Ausgleichsberechtigte(r) *f/m*; **p. of legal incapacity** nicht Geschäftsfähige(r); **p.s on fixed income** Beziehr fester Einkommen; **p. covered by national insurance** Sozialversicherte(r) *f/m*; **p. outside the labour force** Nichterwerbstätige(r) *f/m*; **p. in law** [§] juristische Person, Rechtssubjekt *nt*, R.persönlichkeit *f*; **legal p. under private law** juristische Person privaten Rechts; **~ public law** juristische Person öffentlichen Rechts; **p. subjected to the law** Rechtsunterworfene(r) *f/m*; **p. versed in law** Rechtskundige(r) *f/m*; **p. held liable** Haftungsschuldner(in) *m/f*; **p. of unsound mind** Geisteskranke(r) *f/m*, Unzurechnungsfähige(r) *f/m*; **p. entitled to maintenance** Unterhaltsberechtigte(r) *f/m*; **p. of dual nationality** Doppelstaatler(in) *m/f*; **p. in need of care** Pflegefall *m*, P.bedürftige(r) *f/m*; **p. entitled to a pension** Rentenanspruchsberechtigte(r) *f/m*; **p. liable to perform**; **p. obliged to render a performance** Leistungspflichtige(r) *f/m*, L.schuldner(in) *m/f*; **p. of rank** Standesperson *f*; **p. without a criminal record** Nichtvorbestrafte(r) *f/m*; **p. seeking recourse** Regressnehmer *m*; **p. of ordinary skill in the art** *(Pat.)* durchschnittlicher Fachmann; **p. in a legal transaction** Rechtssubjekt *nt*; **p. or p.s unknown** unbekannte(r) Täter; **p. out of/without work** Erwerbs-, Stellungs-, Arbeitslose(r) *f/m*
to appear in person (höchst)persönlich erscheinen/kommen
mentally abnormal person Unzurechnungsfähige(r) *f/m*; **affected p.s** betroffene Personen; **aggrieved p.** Geschädigte(r) *f/m*, Beschwerte(r) *f/m*; **legally aided/assisted p.** [§] Partei im Armenrecht; **arrested p.** Arrestant *m*, Festgenommene(r) *f/m*; **artificial p.** [§] Körperschaft *f*, juristische Person; **assessed p.** Veranlagte(r) *f/m*; **authorized p.** Ermächtigte(r) *f/m*, berechtigte/bevollmächtigte Person; **authorizing p.** weisungsberechtigte Person; **average p.** Durchschnittsmensch *m*; **blind p.** Blinde(r) *f/m*; **~ p.'s allowance** *(Steuer)* Blindenfreibetrag *m*; **conjunct p.** [§] der Mittäterschaft Verdächtige(r); **dead/deceased p.** Tote(r) *f/m*; **deceased p.'s estate** Nachlassvermögen *nt*; **detained p.** Inhaftierte(r) *f/m*
disabled person 1. Erwerbsunfähige(r) *f/m*, Versehrte(r) *f/m*, Invalide *m*, Körperbehinderte(r) *f/m*; 2. *(Vers.)* Beschädigte(r) *f/m*; **fully/totally ~ p.** Vollinvalide *m*, Totalgeschädigte(r) *f/m*; **physically ~ p.** Körperbehinderte(r) *f/m*; **severely ~ p.** Schwerbehinderte(r) *f/m*
dismissed person Entlassene(r) *f/m*; **disorderly p.** Ruhestörer(in) *m/f*, Randalierer(in) *m/f*; **displaced p. (D.P.)** (Heimat)Vertriebene(r) *f/m*, Heimatlose(r) *f/m*; **distressed p.** Notleidende(r) *f/m*; **eligible p.** (Anspruchs)Berechtigte(r) *f/m*; **employable p.** Erwerbs-

824

fähige(r) *f/m*; **employed p.** Erwerbsperson *f*, Beschäftigte(r) *f/m*; **gainfully ~ p.** Berufstätige(r) *f/m*, Erwerbstätige(r) *f/m*, E.person *f*; **temporarily ~ p.** unständig/befristet Beschäftigter; **entitled p.** Anspruchsberechtigte(r) *f/m*; **extradited p.** Ausgelieferte(r) *f/m*; **fictitious p.** erfundene/fiktive Person; **first p.** *(gram.)* Ichform *f*; **foreign p.** Ausländer(in) *m/f*; **handicapped p.** Behinderte(r) *f/m*; **happy-go-lucky p.** (Bruder) Leichtfuß *m (coll)*; **high-ranking p.** hochgestellte Person; **homeless p.** Heimat-, Obdachlose(r) *f/m*; **illegitimate p.** Nichteheliche(r) *f/m*; **illiterate p.** Analphabet(in) *m/f*; **legally incapable/incapacitated p.** nicht Geschäftsfähige(r) *f/m*, Geschäftsunfähige(r) *f/m*; **indicted p.** [§] Angeschuldigte(r) *f/m*; **injured p.** Verletzte(r) *f/m*, **~ p.'s pension** Verletztengeld *nt*; **insane p.** Irre(r) *f/m*, Geisteskranke(r) *f/m*; **certified ~ p.** entmündigter Geisteskranker
insured person Versicherungsnehmer(in) *m/f*; **statutorily ~ p.** Pflichtversicherte(r) *f/m*; **~ p.'s earnings** Versichertenentgelte; **~ p.'s pension** Versichertenrente *f*
interested person Interessent(in) *m/f*, Interessierte(r) *f/m*; **jobless p.** Arbeits-, Stellungs-, Erwerbslose(r) *f/m*; **judicial/juristic/legal p.** juristische Person, Rechtspersönlichkeit *f*; **left-handed p.** Linkshänder(in) *m/f*; **like-minded p.** Gesinnungsgenosse *m*; **litigious p.** Prozesshansel *m (coll)*; **missing p.** Vermisste(r) *f/m*, Verschollene(r) *f/m*; **natural/physical p.** natürliche Person; **needy p.** Hilfsbedürftige(r) *f/m*; **non-resident p.** Gebietsfremde(r) *f/m*; **rational p.** Vernunftmensch *m*; **reasonable and prudent p.** verständig und umsichtig handelnde Person; **responsible p.** verantwortliche Person; **self-employed p.** Selbstständige(r) *f/m*, Freiberufler(in) *m/f*, selbstständig Erwerbstätige(r); **~ p.'s income** Selbstständigeneinkommen *nt*; **single p.** Alleinstehende(r) *f/m*; **~ p.'s allowance** *(Steuer)* (Einkommens)Freibetrag für Alleinstehende/Ledige; **suspected p.** (Tat)Verdächtige(r) *f/m*; **taxable p.** Steuerpflichtige(r) *f/m*; **third p.** [§] Dritte(r) *f/m*; **unauthorized p.** unbefugte Person; **unemployed p.** Stellungs-, Arbeitslose(r) *f/m*; **unknown p.** Unbekannte(r) *f/m*; **unreliable p.** unsicherer Kantonist *(coll)*; **unwelcome p.** persona non grata *(lat.)*
wanted person [§] Gesuchte(r) *f/m*; **~ p.s list** Fahndungsblatt *nt*
young person Jugendliche(r) *f/m*; **y. p.'s benefits** *[GB]* Sozialleistungen an Jugendliche; **~ detention centre** Jugendstrafanstalt *f*; **~ welfare** Jugendwohlfahrt *f*
personable *adj* 1. von angenehmem Äußeren; 2. umgänglich, kontaktfreudig
personage *n* Persönlichkeit *f*
personal *adj* 1. persönlich, privat; 2. individuell; 3. charakterlich, personengebunden
personality *n* 1. Persönlichkeit *f*; 2. *(Ware)* Profil *nt*
corporate personality juristische Person, juristisch selbstständige Körperschaft, Rechtspersönlichkeit *f*; **entailable p.** erbrechtlich beschränktes Vermögen; **international p.** völkerrechtliche Rechtsfähigkeit; **judicial/juristic/legal p.** Rechtspersönlichkeit *f*, R.subjekt *nt*, R.fähigkeit *f*, juristische Person; **to grant ~ p.**

Rechtsfähigkeit verleihen; **outstanding p.** prominente Persönlichkeit; **private-law p.** private Rechtspersönlichkeit; **split p.** gespaltene Persönlichkeit
personality appraisal Persönlichkeitsbeurteilung *f*; **p. cult** Personenkult *m*; **p. development** Persönlichkeitsentfaltung *f*; **p. structure** Persönlichkeitsstruktur *f*
personalize *v/t* 1. persönlich/individuell gestalten; 2. *(Problem)* personalisieren
personally *adv* in Person, persönlich
personalty *n* [§] bewegliches/persönliches Vermögen, Fahrnis *f*, Mobiliarvermögen *nt*
persona non grata *n (lat.)* persona ingrata/non grata, unerwünschte Person
personate *v/t* [§] sich fälschlich ausgeben
to establish a person's identity Personalien feststellen
personi|fication *n* Personifizierung *f*, Verkörperung *f*; **p.fy** *v/t* personifizieren, verkörpern
personnel *n* (Betriebs-/Geschäfts-/Dienst)Personal *nt*, Belegschaft *f*, Mitarbeiter *pl*, Beschäftigte *pl*, Betriebsangehörige *pl*; **to reduce p.** Personal abbauen
administrative personnel Verwaltungskräfte *pl*, Personen mit Überwachungs- und Leitungsfunktionen; **auxiliary p.** Hilfskräfte *pl*; **executive/managerial p.** leitende Angestellte, Führungskräfte *pl*; **flying p.** ✈ Bord-, Flugpersonal *nt*; **military p.** Militärangehörige *pl*, Angehörige der Streitkräfte; **permanent p.** ständige Arbeitskräfte, fest angestelltes Personal; **salaried p.** Gehaltsempfänger *pl*, Angestellte *pl*; **skilled/trained p.** ausgebildetes/gelerntes/geschultes Personal, Fachkräfte *pl*, F.personal *nt*; **supervisory p.** Aufsichtskräfte *pl*, A.personal *nt*; **temporary p.** Aushilfspersonal *nt*, A.kräfte *pl*
personnel accounting Gehalts-, Lohn-, Personalbuchhaltung *f*; **p. administration** Personalbereich *m*, P.sektor *m*, P.wirtschaft *f*; **p. administrator** Mitarbeiter in der Personalabteilung; **p. agency** Personalagentur *f*; **p. assembly** Personal-, Betriebsversammlung *f*; **p. audit** Personalkontrolle *f*, Überprüfung des Personalwesens; **p. budget** Personalbudget *nt*; **p. carrier** ⚔ Mannschaftswagen *m*, M.transporter *m*; **p. chief** Leiter(in) der Personalabteilung; **p. committee/council** Personalrat *m*; **p. consultant** Personalberater(in) *m/f*; **p. costs/expenditure/expenses** Personalaufwand *m*, P.kosten *pl*, P.ausgaben *pl*, Lohn- und Gehaltskosten *pl*; **p. cutback** Personal-, Belegschafts(stellen)abbau *m*; **p. deficiency** Personalfehlbestand *m*; **p. department** Personalabteilung *f*, P.büro *nt*; **p. development** Personalfortbildung *f*, P.entwicklung *f*, Mitarbeiterförderung *f*; **p. director** Personalleiter *m*, P.chef *m*, P.-direktor *m*, Leiter der Personalabteilung; ~ Personalwesens; **p. division** Personalabteilung *f*; **p. dossier/file** Personalakte *f*; **p. function** Personalbereich *m*, P.sektor *m*; **p. image** Personalimage *nt*; **p. index** Personalkartei *f*; **p. information system (PIS)** Personalinformationssystem *nt*; **p. inventory** Personalbestandskontrolle *f*; **p. leasing** Personalleasing *nt*
personnel management Personal-, Menschen-, Mitarbeiterführung *f*, Personalarbeit *f*, P.verwaltung *f*, P.management *nt*, P.wesen *nt*, P.wirtschaft *f*; ~ **tool** Perso-

nalführungsinstrument *nt*; **p. manager** Personalleiter *m*, P.chef *m*, P.direktor *m*, Leiter der Personalabteilung, ~ Personalwesens
personnel marketing Personalmarketing *nt*; **p. matter** Personal-, Mitarbeiterangelegenheit *f*, M.frage *f*; **p. mobility** Belegschafts-, Personalfluktuation *f*; **p. movement** Personalversetzung *f*; **p. office** Personalbüro *nt*; **p. officer** Personalchef *m*, P.sachbearbeiter(in) *m/f*; **p. overhead(s)** Personalgemeinkosten *pl*; **p. placement** Personaleinsatz *m*; ~ **planning** Personaleinsatzplanung *f*; **p. planning** Personalplanung *f*; **p. policy** Personalpolitik *f*; **p. rating** Mitarbeiter-, Leistungsbeurteilung *f*; **p. records** Personalakten, P.unterlagen *pl*; **p. recruitment** Personalbeschaffung *f*, P.einstellung *f*; **p. reduction** Personal-, Stellenabbau *m*; **p. report** Personalbericht *m*; **p. reporting** Personalberichtswesen *nt*; **p. representation** Personalvertretung(swesen) *f/nt*; ~ **act** Personalvertretungsgesetz *nt*; **p. representative** Belegschaftsvertreter *m*; ~ **body** Personalvertretung *f*; **p. requirements** (Arbeits)Kräftenachfrage *f*; **tight p. situation** dünne Personaldecke; **p. strength** Belegschaftsstärke *f*; **p. training** Personalfortbildung *f*; **p. turnover** (Personal)Fluktuation *f*
perspective *n* Perspektive *f*, Ausblick *m*; **to place sth. in the proper p.** etw. richtig einordnen; **to put in p.** relativieren
perspi|cacious *adj* scharfsinnig; **p.cacity** *n* Scharfsinn *m*
per|suade *v/t* 1. überreden; 2. überzeugen; **to allow o.s. to be p.suaded** sich überzeugen/verleiten lassen; **hidden p.suader** *n (Werbung)* geheimer Verführer
persuasion *n* 1. Überredung *f*, Überzeugung(skraft) *f*; 2. Glaube *m*, Konfession *f*; **under p. of** beeinflusst durch; **to be open to p.** mit sich reden/handeln lassen
persuasive *adj* 1. beredsam; 2. überzeugend
pertain *v/i* gehören zu, sich beziehen/erstrecken auf, betreffen; **p.ing** *adj* betreffend
pertinence *n* Sachdienlichkeit *f*, Relevanz *f*
pertinent *adj* 1. einschlägig, sach-, zweckdienlich, zur Sache gehörig, relevant, anwendbar; 2. angemessen, richtig; **not p.** neben der Sache liegend; **to be p. to** Bezug haben zu, sich beziehen auf
perturbation *n* Störung *f*; **random p.** *n* ▥ Störvariable *f*, S.größe *f*, Schockvariable *f*
pe|rusal *n* Durchsicht *f*, Lektüre *f*; **p.ruse** *v/t* durchsehen, durchlesen
pervasive *adj* durchgehend, durchdringend, überall vorhanden, (allgemein) verbreitet
perversion *n* Verzerrung *f*, Pervertierung *f*; **p. (of the course) of justice**; ~ **law** [§] Rechtsbeugung *f*; ~ **the truth** Verdrehung/Entstellung der Wahrheit
pervert *v/t* (ins Gegenteil) verkehren, entstellen
pervious *adj* durchlässig
pessimism *n* Pessimismus *m*, Schwarzmalerei *f*; **p. about the economic prospects** Konjunkturpessimismus *m*; **calculated/purposive p.** Zweckpessimismus *m*
pessimist *n* Pessimist(in) *m/f*, Schwarzseher(in) *m/f*; **p.ic** *adj* pessimistisch, schwarzmalerisch
pest *n* 1. Plage *f*, Pest *f*; 2. 🐛 (Pflanzen)Schädling *m*,

pest control

Ungeziefer *nt*; 3. *(coll)* Quälgeist *m*; **p. control** Schädlingsbekämpfung *f*
pester so. *v/t* jdn belästigen/stören
pesticide *n* ⇄ Schädlingsbekämpfungs-, Pflanzenschutz-, Schädlingsvertilgungsmittel *nt*, Pestizid *nt*
pet *n* Haustier *nt*; *adj* Lieblings-
to be hoist with one's own petard *n* *(fig)* in die eigene Falle tappen *(fig)*
PET bottle *n* PET-Flasche *f*
to rob Peter to pay Paul *(fig)* ein Loch stopfen, indem man ein anderes aufreisst
peter out *v/i* allmählich aufhören, zu Ende gehen, im Sande verlaufen
pet food Haustiernahrung *f*, Tierfutter *nt*
petition *n* 1. Petition *f*, Bittgesuch *nt*, B.schrift *f*, Eingabe *f*; 2. [§] Antrag *m*, (Rechts)Begehren *nt*; 3. [§] *(Scheidung)* Klage *f*
petition in bankruptcy Konkurs(eröffnungs)antrag *m*, Antrag auf Konkurseröffnung, ~ Eröffnung des Konkursverfahrens; **to dismiss a ~ bankruptcy on the grounds of insufficient assets** Konkursverfahren mangels Masse nicht eröffnen; **to file ~ bankruptcy** Bankrott/Konkurs anmelden, Einleitung eines Konkursverfahrens beantragen, Konkursantrag stellen, sich für zahlungsunfähig erklären, Antrag auf Eröffnungsbeschluss/Konkurseröffnungsantrag stellen, Konkurseröffnung beantragen, Konkursanmeldung vornehmen; **p. to fix a boundary; ~ establish the border(line)** Grenzfeststellungsklage *f*; **p. for cancellation** Löschungsklage *f*; **~ clemency** Gnaden-, Begnadigungsgesuch *nt*; **~ composition** Vergleichsantrag *m*; **~ conciliation** Güteantrag *m*; **p. to fix costs** Antrag auf Erlass eines Kostenfestsetzungsbeschlusses; **p. for an interlocutory declaration** Zwischenfeststellungsklage *f*; **p. of discharge** Entlastungsantrag *m*; **p. for judicial dissolution** Auflösungsklage *f*; **~ divorce** Klage auf Scheidung, Scheidungsantrag *m*, S.klage *f*; **to file a ~ divorce** Scheidung beantragen/einreichen, auf Scheidung klagen; **p. to distribute an estate** Erbauseinandersetzungsklage *f*; **p. for mental incompetency** Entmündigungsantrag *m*; **p. to divide an inheritance** Erbteilungsklage *f*; **p. for a temporary injunction** Antrag auf Erlass einer einstweiligen Verfügung; **p. in insolvency** Konkursklage *f*; **p. to modify a judgment** Abänderungsklage *f*; **~ cancel a land register entry** grundbuchrechtliche Löschungsklage; **p. for leave to appeal** Antrag auf Zulassung der Berufung/Revision; **p. in lunacy** Antrag auf Entmündigung, Entmündigungsantrag *m*; **p. for mercy** Gnadengesuch *nt*; **p. to institute proceedings** Eröffnungsantrag *m*; **p. for relief** Abhilfegesuch *nt*; **~ a reprieve** Vollstreckungsaufschubsgesuch *nt*; **~ rescission of contract** Klage auf Aufhebung des Vertrages; **~ respite** Fristgesuch *nt*; **~ an amicable settlement** Güteantrag *m*; **~ the winding up (of a company)** Liquidationsantrag *nt*; **~ compulsory winding-up** Antrag auf Zwangsliquidation; **p. in writing** schriftliches Gesuch
to allow a petition einem Antrag stattgeben; **to be in charge of a p.** Gesuch bearbeiten; **to decline/reject a**

p. Gesuch abweisen/abschlägig bescheiden; **to draft a p.** Gesuch aufsetzen; **to enter/file a p.** Antrag/Gesuch einreichen, Eingabe machen; **to file a p. for an arrangement/a composition** (Gläubiger)Vergleich beantragen, Vergleichsantrag stellen; **to grant a p.** einem Antrag/einer Eingabe stattgeben, Gesuch genehmigen, Bitte gewähren; **to present a p.** Gesuch einbringen; **to put up/send in a p.** Bittschrift/Antrag einreichen; **to receive a p.** Gesuch entgegennehmen; **to refuse a p.** Gesuch ablehnen; **to support a p.** Gesuch befürworten
collective petition gemeinsam eingebrachtes Gesuch; **principal p.** Hauptbegehren *nt*; **unopposed p.** unwidersprochener Antrag; **voluntary p.** selbst gestellter Konkursantrag
petition *v/t* 1. Eingabe machen, (Gesuch) einreichen, ersuchen, begehren; 2. Unterschriftsliste vorlegen; **p. the court for dissolution** bei Gericht Antrag auf Auflösung stellen
petition(s) committee Petitionsausschuss *m*; **p. debts** Konkursverbindlichkeiten
petitioner *n* 1. Antrag-, Gesuch-, Bittsteller *m*, Petent *m*; 2. (Scheidungs)Kläger(in) *m/f*; 3. Beschwerdeführer *m*; **p. for bankruptcy** Konkursantragsteller *m*; **authorized/rightful p.** Antragsberechtigte(r) *f/m*
pet project *n* Lieblingsprojekt *nt*
petrify *v/ti* versteinern
petrolchemical *adj* petrochemisch; *n* Mineralölerzeugnis *nt*, M.produkt *nt*; **p.chemistry** Petrochemie *f*; **p.currency** *n* Petro-, Ölwährung *f*; **p.dollar** *n* Öl-, Petrodollar *m*; **p.dollars** Ölgelder
petrol *n* [GB] Benzin *nt*, Kraftstoff *m*, Sprit *m* *(coll)*; **four-star** [GB] **/high-grade/high-octane p.** Superbenzin nt, S.kraftstoff *m*, Qualitätsbenzin *nt*; **leaded p.** verbleites/bleihaltiges Benzin; **lead-free/unleaded p.** bleifreies Benzin; **proprietary-brand p.** Markenbenzin *nt*; **regular/two-star p.** [GB] Normalbenzin *nt*
petrol allowance Benzingeld *nt*; **p. can** Benzinkanister *m*; **p. consumption** Benzinverbrauch *m*; **p. coupon** Benzingutschein *m*; **p. duty** Benzinsteuer *f*; **p. engine** Benzinmotor *m*
petroleum *n* Roh-, Erd-, Mineralöl *nt*; **p. company** Mineralölgesellschaft *f*; **p. deposit** Erd-, Mineralölvorkommen *nt*; **p.-exporting** *adj* erdölexportierend; **p. gas** Erdölgas *nt*; **liquefied p. gas (LPG)** Flüssiggas *nt*; **p. processing** Mineralölverarbeitung *f*; **p. product** Erdöl-, Mineralölprodukt *nt*; **p. production** Erdölgewinnung *f*, E.förderung *f*; **p. (revenue) tax** Mineralöl-, Erdölsteuer *f*
petrol gauge [GB] ⇄ Benzinuhr *f*
petroliferous *adj* ⚑ erdölhaltig
petrol price [GB] Benzinpreis *m*; **p. pump** ⇄ Tank-, Zapfsäule *f*; **coin-operated ~ p.** Münztankautomat *m*; **p. ration** Kraftstoff-, Benzinzuteilung *f*; **p. rationing** Kraftstoff-, Benzinrationierung *f*; **p. retailer** Tankstellenbetreiber *m*, Kraftstoffhändler *m*; **p. shortage** Benzinknappheit *f*
petrol station [GB] Tankstelle *f*; **independent p. s.** freie Tankstelle; **p. s. attendant** Tankwart *m*; **~ owner** Tankstellenbesitzer *m*

petrol tank Benzintank m; **p. tanker** Tankwagen m; **p. tax** Benzinsteuer f
pet shop Tierhandlung f
petties pl (Rechnung) Kleinteile
pettifogger n 1. Kleinigkeitskrämer m; 2. Paragrafenreiter m, Rechtsverdreher m, Winkeladvokat m; **p.fogging** n Rechtsverdrehung f, (juristische) Spitzfindigkeit, Paragrafenreiterei f; adj kleinlich, belanglos, pedantisch
petty adj geringfügig, unbedeutend, Bagatell-; **p.-mindedness** n Kleinlichkeit f
pewter n Zinn(legierung) nt/f
phantom n Phantom nt, Trugbild nt; **to pursue a p.** einem Trugbild nachlaufen; **p. bug** 💻 Computervirus m; **p. driver** 🚗 Geisterfahrer m; **p. inventory gains** Scheingewinne aus Vorrats-/Lagerhaltung; **p.-like** adj schemenhaft; **p. ship** Geisterschiff nt
pharmaceutical adj pharmazeutisch, Pharma-
pharmaceuticals pl 1. Arzneimittel, Pharmaprodukte, pharmazeutische Produkte; 2. (Börse) Arzneimittelhersteller, A.werte, Aktien von pharmazeutischen Unternehmen, Pharmatitel, P.werte, P.aktien; **ethical p.** verschreibungspflichtige Arznei; **proprietary p.** gesetzlich/patentrechtlich geschütztes Medikament
pharmaceutical bill Arznei(mittel)rechnung f; **p.s concern/group** Arzneimittelkonzern m; **p.(s) exports** Pharmaexporte; **p.(s) industry** pharmazeutische Industrie, Arzneimittelindustrie f; **p.s sales representative** Pharmareferent(in) m/f; **p.s production** Arznei-, Heilmittelproduktion f
pharmaceutics n Pharmazie f, Arzneimittelkunde f
pharmacist n Apotheker(in) m/f, Pharmazeut(in) m/f; **registered p.** approbierter Apotheker
pharmacy n 1. Pharmazie f; 2. Apotheke f
pharynx n 🫀 Rachen m
phase n 1. Phase f, Stadium nt, Stufe f, Etappe f; 2. Bau-, Entwicklungsabschnitt m; 3. ⚙ (Fertigung) Takt m; **in p.** phasengleich; **out of p.** phasenverschoben; **p. of a cycle** Konjunkturphase f; **~ development** Entwicklungsstadium nt; **~ information search** Informationsbeschaffungsphase f; **~ marked expansion** Expansionswelle f; **~ financing** Finanzierungsabschnitt m; **~ work flow** Ablaufabschnitt m; **to enter a p.** in eine Phase treten
alternating phases Wechsellagen; **downward p.** Abschwungphase f; **contract-in-process p.** Ausführungsphase f; **expansionary p.** Auftrieb m; **high-interest p.** Hochzinsphase f; **initial p.** Anfangsphase f; **low-interest p.** Niedrigzinsphase f; **passing p.** vorübergehende Erscheinung f; **pre-contractual p.** Planungsphase f; **stationary p.** Entwicklungspause f; **start-up p.** Anlaufphase f; **transitional p.** Übergangszeit f; **upward p.** Aufschwungphase f; **waning p.** Auslaufphase f
phase v/t 1. stufenweise abwickeln/einführen, in Phasen einteilen, in Stufen abwickeln/einführen; 2. (Maschinen) gleichschalten; **p. in** (schrittweise) einführen; **p. out** (schrittweise) abbauen, auslaufen/zu Ende gehen lassen, abbauen, in Etappen abschaffen
phase adjustment Phasenangleichung f

to be phased out adj auslaufen
phase delay Phasenverzögerung f; **p. deviation** Phasenabweichung f; **p. difference** Phasenunterschied m; **p. distortion** Phasenverzerrung f; **p.-in** n (schrittweise) Einführung, Anlaufen nt; **~ period** Einführungsphase f; **p.-out** n (schrittweiser) Abbau, **p. recorder** Phasenschreiber m; **p. reversal** Phasenumkehr f; **(branched) p. sequence** (verzweigte) Phasenfolge; **p. shift** Phasenverschiebung f; **p. time** Arbeitstakt m
phasing n Synchronisierung f, Gleichschaltung f; **p. in** (schrittweise) Einführung; **p. out** (schrittweiser) Abbau, Auslaufen nt, stufenweise Abwicklung
Ph. D. n Doktor der Philosophie
phenomenal adj unglaublich, phänomenal
phenomenon n Phänomen nt, Erscheinung f; **attendant p.** Begleiterscheinung f; **marginal p.** Randerscheinung f; **natural p.** Naturerscheinung f; **temporary p.** Übergangserscheinung f
philanthrophic adj menschenfreundlich, philanthropisch; **p.thropist** n Menschenfreund m, Philanthroph m; **p.thropy** n Philanthropie f
philatelist n (Brief)Markensammler m; **p.ely** n Philatelie f, Briefmarkensammeln nt
philistine n Philister m, Spießbürger m, Spießer m; adj philisterhaft, spießbürgerlich
philologist n Philologe m; **p.logy** n Philologie f; **p.-sopher** n Philosoph m; **p.sophical** adj philosophisch
philosophy n Philosophie f, Weltanschauung f; **p. of law; legal p.** Rechtsphilosophie f; **(general) p. of science** Wissenschaftstheorie f; **corporate/entrepreneurial p.** Firmen-, Unternehmensphilosophie f; **moral p.** Moralphilosophie f
phlebitis n 🩺 Venenentzündung f
phlegm n Phlegma nt; **p.atic** adj phlegmatisch, gleichgültig
phone n 📞 Telefon nt, Fernsprecher m; **by p.** telefonisch, fernmündlich; **on the p.** am Apparat
to answer the phone 📞 (Telefon)Anruf entgegennehmen; **to be on the p.** Telefon(anschluss) haben, telefonisch erreichbar sein; **~ wanted on the p.** am Telefon verlangt werden; **to call so. to the p.** jdn ans Telefon rufen; **to cancel by p.** abtelefonieren; **to contact so. by p.** jdn anrufen, sich mit jdm fernmündlich in Verbindung setzen; **to pick up the p.** Hörer abnehmen; **to put down the p.** Hörer auflegen; **to tap a p.** Telefon abhören, Telefonleitung anzapfen
cellular/mobile phone Funk-, Mobiltelefon nt, Handy nt (coll); **cordless p.** schnurloses Telefon; **push-button p.** Tastentelefon nt
phone v/t 📞 anrufen, telefonieren; **p. back** zurückrufen; **p. in** (Radio-/Fernsehsendung) anrufen
phone book 📞 Telefonbuch nt; **p. box** Telefonzelle f; **public p. box** Münzfernsprecher m, Telefonzelle f; **p. call** (Telefon)Anruf m, Telefonat m; **p. card** Telefonkarte f, Wertkarte f [A]; **p. number** Telefon-, Ruf-, Fernsprechnummer f; **free ~ number** gebührenfreie Rufnummer; **p.post** n Sprechbrief m; **p.-side directory** adj Telefonregister nt; **p. tapping** Abhören nt
phonetic adj phonetisch; **p.s** n Phonetik f

phon(e)y *adj (coll)* unecht, faul, gefälscht, erfunden, windig, vorgeschoben, Schein-; *n* 1. Fälschung *f*; 2. *(Geldnote)* Blüte *f (coll)*; 3. Schwindler *m*, fauler Kunde *(coll)*
phonometer *n* Schalldruckmesser *m*; **p. scale** Lärmskala *f*, L.tabelle *f*
phosphate *n* 1. ☛ Phosphat *nt*; 2. ☛ Phosphatdünger *m*
photo *n* Foto *nt*; **aerial p.** Luftbild *nt*, L.aufnahme *f*
photo album Fotoalbum *nt*; **p. archives** Fotoarchiv *nt*; **p.composition** *n* ⌂ Licht-, Filmsatz *m*; **p.copied** *adj* fotokopiert; **p.copier** *n* (Foto)Kopiergerät *nt*, K.maschine *f*
photocopy *n* (Foto)Kopie *f*, Ablichtung *f*; *v/t* fotokopieren, ablichten; **p.ing machine** *n* Fotokopierautomat *m*, F.kopiergerät *nt*, F.kopierer *m*; **p. process** Kopierverfahren *nt*
photo document sensor Fotozelle *f*; **p.electric** *adj* fotoelektrisch; **p.engraving** *n* ⌂ 1. Klischieren *nt*; 2. Klischee *nt*; **p.genic** *adj* fotogen
photograph *n* Fotografie *f*, Lichtbild *nt*, Aufnahme *f*; **to take a p./p.s** fotografieren, Aufnahme(n) machen; **aerial p.** Luftbild *nt*; **indoor p.** Innenaufnahme *f*; **industrial p.** Werkaufnahme *f*
photograph *v/t* fotografieren, aufnehmen
photograph collection Fotothek *f*
photographer *n* Fotograf *m*; **p.graphic** *adj* fotografisch, fototechnisch; **p.graphy** *n* Fotografie *f*; **industrial p.graphy** Wirtschaftsfotografie *f*; **p.gravure** *n* ⌂ Tiefdruck *m*; **~ press** Tiefdruckpresse *f*; **p. journalist** Bildjournalist *m*; **p.mechanical** *adj* fotomechanisch; **p.montage** *n* Fotomontage *f*
photon *n* Lichtquante *f*
photo opportunity/session Fototermin *m*; **p.-sensitive** *adj* lichtempfindlich; **p.-sensitivity** *n* Lichtempfindlichkeit *f*; **p.set(ting)** *n* ⌂ Foto-, Film-, Lichtsatz *m*; **~ machine** Lichtsetzmaschine *f*
photostat *n* 1. Fotokopie *f*, Ablichtung *f*; 2. Fotokopierautomat *m*; *v/t* ablichten, fotokopieren; **p. copy** Fotokopie *f*; **certified p. copy** beglaubigte Fotokopie
photo|telegraph service Telegrafenbilddienst *m*; **p.-telegraphy** *n* Bildtelegrafie *f*; **p.type** *n* ⌂ Lichtdruck(platte) *m/f*; **p.typography** *n* Foto-, Film-, Lichtsatz *m*
phrase *n* Phrase *f*, Redensart *f*, Ausdruck *m*, Floskel *f*; **empty p.** Leerformel *f*; **high-sounding p.s** hochtönende Phrasen; **legal p.** juristischer Ausdruck; **opening p.** *(Brief)* Eingangsformel *f*; **set p.** (fest)stehende Redeweise, formelhafte Wendung, Floskel *f*
phrase *v/t* in Worte fassen, formulieren, ausdrücken
phrase book Sprachführer *m*; **p.monger** *n* Phrasendrescher *m (coll)*
phraseology *n* Phraseologie *f*
phrasing *n* Formulierung *f*
physical *adj* 1. physisch, körperlich, materiell, leiblich; 2. physikalisch
physician *n* ⚕ Arzt *m*, Ärztin *f*; **to consult a p.** Arzt aufsuchen; **licensed p.** *[US]* approbierter Arzt; **resident p.** Anstaltsarzt *m*; **statutory p.** Kassenarzt *m [D]*
physicist *n* Physiker(in) *m/f*

physics *n* Physik *f*; **nuclear p.** Atom-, Kernphysik *f*
physio|cracy *n* Physiokratismus *m*; **p.crat** *n* Physiokrat *m*; **p.cratic** *adj* physiokratisch; **p.gnomy** *n* Physiognomie *f*; **industrial p.logy** *n* Arbeitsphysiologie *f*; **p.therapist** *n* ⚕ Physiotherapeut(in) *m/f*, Krankengymnast(in) *m/f*; **p.therapy** *n* Physiotherapie *f*, Heil-, Krankengymnastik *f*
physique *n* Körperbau *m*
phyto|pathological *adj* pflanzenschutzrechtlich; **p.therapy** *n* ⚕ Pflanzenheilkunde *f*
pica *n* ⌂ Pica *f*, Cicero *f*
picayune *adj* inkulant
pick *n* Spitzhacke *f*; **to have the first p.** die erste Wahl haben; **to take the p. of the bunch** sich das Beste heraussuchen
pick *v/t* 1. ☛ pflücken, ernten; 2. (aus)wählen; **p. on so.** jdn kritisieren, jdm am Zeug flicken *(coll)*; **p. out** auswählen; **p. over** begutachten; **p. up** 1. aufgreifen, aufheben, auflesen, aufnehmen; 2. *(Signal)* auffangen; 3. sich beleben/erholen/wieder hochrappeln *(coll)*; 4. aufholen, auf Touren kommen; **p. so. up** jdn abholen; **p. and choose** wählerisch sein, auswählen; **to be able to ~ choose** freie Auswahl haben; **p. so to pieces** kein gutes Haar an jdm lassen *(fig)*
picker *n* Erntearbeiter(in) *m/f*, Pflücker(in) *m/f*
picket *n* Streikposten *m*; **flying/roving p.** fliegender/ mobiler Streikposten, Streikposten mit wechselnden Einsatzorten; **secondary p.** betriebsfremder Streikposten
picket *v/t* Streikposten stehen/aufstellen, durch Streikposten absperren
picket duty Streikdienst *m*; **p. fence** *[GB]* Lattenzaun *m*
picketing *n* Aufstellung von Streikposten, Bestreiken *nt*; **cross p.** Streikpostenaufstellung durch mehrere Gewerkschaften; **industrial p.** Bestreiken von Industriebetrieben; **peaceful p.** friedliches Bestreiken, ~ Verhalten von Streikposten; **secondary p.** Bestreiken eines mittelbar betroffenen Betriebs, Bestreiken von Drittbetrieben; **unlawful p.** widerrechtliche Behinderung durch Streikposten, gesetzeswidriges Verhalten der Streikposten; **to extend p. action** weitere Betriebe bestreiken, Streik (auf weitere Betriebe) ausdehnen/ ausweiten
picket line Streikpostenkette *f*; **to cross the p. l.** Streiklinie überqueren, Streikposten nicht beachten
picking *n* 1. ☛ Lese *f*, Ernte *f*; 2. Auftragszusammenstellung *f*; **p.s** *(fig)* Gewinn(e) *m/pl*, Ertrag *m*, Ausbeute *f*; **p. up of orders** Belebung des Auftragseingangs; **rich p.s** *(fig)* fette Erträge, reicher Ertrag, dicke Gewinne; **p. area** Griffbereich *m*; **p. machine** ☛ Pflückmaschine *f*
picklock *n* 1. Nachschlüssel *m*, Dietrich *m*; 2. Einbrecher *m*
pick-me-up *n* *(coll)* ⚕ Aufmunterungs-, Kräftigungsmittel *nt*
pickpocket *n* Taschendieb *m*, Langfinger *m (coll)*; **beware of p.s** vor Taschendieben wird gewarnt; **p.ing** *n* Taschendiebstahl *m*
pick-up *n* 1. *(Konjunktur)* (Wieder)Anstieg *m*, Erholung *f*, Verbesserung *f*, Auftrieb *m*, Aufschwung *m*,

(Konjunktur)Belebung *f*; 2. ⮞ Kleinlieferwagen *m*, K.transporter *m*; 3. Abholen *nt*
pick-up in economic activity konjunkturelle/wirtschaftliche Erholung; **~ capital spending** Investitionsbelebung *f*; **p. and delivery** Abholung und Auslieferung; **~ service** Abhol- und Zustelldienst *m*; **p. in demand** Nachfragebelebung *f*; **~ orders** Auftragszugang *m*
economic pick-up Konjunkturerholung *f*; **sustained p.** nachhaltige Erholung
pick-up method Selbstausbildungsverfahren *nt*; **p. payment** Schlusszahlung *f*; **p. system** Holsystem *nt*; **p. truck** ⮞ Klein-, Leichtlastwagen *m*, (Klein)Transporter *m*
picky *adj (coll)* wählerisch
picnic *n* Picknick *nt*; **to be no p.** *(coll)* kein Zuckerschlecken sein *(coll)*; **p. area** ⮞ Rastplatz *m*
pictolgram; p.graph *n* figürliche Darstellung, Piktogramm *nt*, Bildzeichen *nt*
pictorial *adj* Bild-, bebildert, illustriert
picture *n* 1. Bild *nt*, Abbildung *f*, Illustration *f*; 2. Vorstellung *f*, Bild *nt*; 3. 🎬 Maske *f*; **p.s** Bildmaterial *nt*; **in the p.** im Bilde, informiert; **to be ~ p.** im Bilde sein; **to put so. ~ p.** jdn ins Bild setzen; **to complete the p.** der Vollständigkeit halber; **to be a p./look the p. of health** *(coll)* wie das blühende Leben aussehen *(coll)*, vor Gesundheit strotzen; **to be a p. of misery** ein Bild des Jammers bieten; **to come into the p.** auch eine Rolle spielen, mit-, hineinspielen; **to mar the p.** das Bild trüben; **to paint a rosy/an upbeat p. of the cyclical trend** das Konjunkturbild in hellen Farben malen; **to present a p.** Bild abgeben
overall picture Gesamtbild *nt*, G.eindruck *m*, (Bild der) Gesamtlage; **stereoscopic p.** Raumbild *nt*
picture book Bilderbuch *nt*; **p. control** Bildsteuerung *f*; **p. data** Bilddaten; **~ structure** Bilddatenstruktur *f*; **p. disk** Bildplatte *f*; **p. editor** Bildredakteur *m*; **p. frequency** Bildfrequenz *f*; **p. house** Lichtspielhaus *nt*, Kino *nt*; **p. library** Bildarchiv *nt*; **p. paper** Illustrierte *f*; **p. postcard** Ansichts(post)karte *f*; **p. screen** Bildschirm *m*; **p. service** Bilderdienst *m*; **p. signal** Bildsignal *nt*; **p. story** Bildreportage *f*; **p. telegram(me)** Bildtelegramm *nt*; **p. telephone** Bildtelefon *nt*; **p. trademark** Bildwarenzeichen *nt*; **p. transmission** Bildfunk *m*, B.übertragung *f*; **p. transmitter** Fernsehbildsender *m*
pie *n* 1. Pastete *f*; 2. *(fig)* Kuchen *m (fig)*; **as easy as p.** *(coll)* kinderleicht; **p. in the sky** unerfüllbarer Wunsch, Luftschloss *nt*, Illusion *f*, Wunschdenken *nt*; **to eat humble p.** *(coll)* kleine Brötchen backen *(coll)*; **economic p.** *(fig)* (verteilbares) Sozialprodukt
piece *n* Stück *nt*, (Einzel)Teil *nt*; **of one p.** aus einem Stück; **all ~ p.** aus einem Guss
piece of advice Ratschlag *m*, Hinweis *m*; **~ equipment** Ausrüstungsgegenstand *m*, A.stück *nt*, Gerät *nt*, Maschine *f*; **~ evidence** [§] Beweisstück *nt*; **~ circumstantial evidence** Indiz *nt*; **~ furniture** Möbelstück *nt*; **~ broken glass** Glasscherbe *f*; **~ luck** Glücksfall *m*; **~ luggage** Gepäckstück *nt*; **~ news** Nachricht *f*; **~ paper** Stück Papier, Zettel *m*; **~ silver** Silberling *m*; **nasty ~ work** *(coll)* hinterhältige/unangenehme Person

to be paid by the piece im Akkord bezahlt werden, Akkord-/Stücklohn erhalten; **to dash to p.s** in Stücke schmettern, zerschlagen, zerschmettern, zerdeppern *(coll)*; **to go to p.s** abbauen, die Kontrolle verlieren; **to knock to p.s** kurz und klein schlagen; **to pick so. to p.s** kein gutes Haar an jdm lassen *(fig)*; **to pull to p.s** in Stücke reißen; **to say one's p.** *(coll)* sein Sprüchlein sagen *(coll)*; **to sell by the p.** en detail *(frz.)*/im Kleinen/stückweise/einzeln/nach dem Stück verkaufen; **to speak one's p.** offen seine Meinung sagen; **to smash to p.s** in Kleinholz verwandeln *(fig)*, zerdeppern *(coll)*; **to take to p.s** (in Teile) zerlegen, auseinander nehmen; **to tear to p.s** 1. in Stücke reißen; 2. *(Kritik)* verreißen, in der Luft zerreißen *(fig)*; **to work by the p.** im Akkord arbeiten
connecting piece ⚙ Stutzen *m*, Verbindungsstück *nt*
piece together *v/t* zusammensetzen, z.stellen, z.stückeln
piece broker Restehändler *m*; **p. costs** Stückkosten; **p. goods** Meter-, Schnitt-, Stückware *f*, S.gut *nt*, stückweise verkaufte Ware; **p. incentive system** Prämienstücklohn *m*; **p.meal** *adj/adv* stückweise, Stück für Stück, allmählich, schrittweise; **to buy p.meal** stückweise einkaufen
piece rate Akkord-, Stücklohn *m*, Stücklohn-, Akkordsatz *m*; **basic p. r.** Stücklohnfaktor *m*; **differential p. r.** Differenzialstücklohn *m*, differenzierter Akkordsatz; **minimum p. r.** Mindestakkordsatz *m*; **standard p. r.** Akkordrichtsatz *m*, Einheitsstücklohn *m*; **to work on a p. r. basis** im Akkord/Gedinge arbeiten
piece rate bonus/earnings Akkordlohn *m*, A.verdienst *m*; **~ incentive** Prämienstücklohn *m*; **~ system** Akkord-, Prämienlohnsystem *nt*; **differential ~ system** Differenziallohn-, Prämiensystem *nt* (nach Taylor), Stücklohnverfahren *nt*; **~ ticket** Akkordlohnschein *m*; **~ work** Akkordarbeit *f*
piecel-time rate Stückzeitakkord *m*; **p. wage(s)** Akkord-, Stück-, Gedingelohn *m*
piecework *n* Akkordarbeit *f*, Gedinge(arbeit) *nt/f*, Stückakkord *m*, Stück(lohn)arbeit *f*; **to do p.** im Akkord arbeiten; **individual p.** Einzelakkord *m*; **straight p.** reine Akkordarbeit, linearer Akkord
piecework bonus Akkordzuschlag *m*; **p. card** Akkordlohnzettel *m*; **p. earnings** Akkord-, Stücklohnverdienst *m*
pieceworker *n* Akkord-, Stück(lohn)-, Gedingearbeiter(in) *m/f*
piecework payroll accounting Akkordabrechnung *f*; **p. rate** Akkord-, Stücklohn(satz) *m*; **individual p. rate** Einzelakkordlohn *m*; **p. slip** Akkordzettel *m*, Lohnschein *m*; **p. wage** Akkord-, Gedinge-, Stücklohn *m*
pie chart/diagram Tortengrafik *f*, T.diagramm *nt*, Kreisdiagramm *nt*
pied-à-terre *n (frz.)* Zweitwohnung *f*
pier *n* 1. ⚓ Kai *m*, Pier *m/f*, Mole *f*, Landeplatz *m*, Hafendamm *m*, Landungsbrücke *f*; 2. Brückenpfeiler *m*; **p.age; p. dues** *n* Hafen-, Kai-, Ufergeld *nt*, Hafenkosten *pl*, H.(dock)gelder *pl*
pig *n* 1. Schwein *nt*; 2. ⚙ Kokille *f*; **to buy a p. in a poke** *(fig)* Katze im Sack kaufen *(fig)*, etw. unbesehen kau-

suckling **pig** 830

fen; **suckling p.** Spanferkel *nt*; **p. breeder** Schweinezüchter *m*; **p. breeding** Schweinezucht *f*; **~ herd** Bestand an Zuchtschweinen; **p. cycle** Schweinezyklus *m*
pigeon *n* Taube *f*; **p.hole** *n* (Abhol-/Ablage-/Brief-/Sortier)Fach *nt*; *v/t* 1. zu den Akten legen, einordnen; 2. verschleppen; **p. loft** Taubenschlag *m*
piggery *n* ⚒ Schweinefarm *f*, S.mästerei *f*, S.züchterei *f*
piggyback (service) *n* 🚛/🚂 Kombi-, Huckepack-, Ro-Ro-Verkehr *m*, Transport von LKW-Anhängern bzw. LKWs per Eisenbahn; **p. export scheme** ⊖ Huckepacksystem *nt*; **p. flat car** 🚃 Flachwagen für den Huckepackverkehr; **p. transport** Kombi-, Huckepackverkehr *m*
piggybacking *n* *(fig)* Vertretung kleiner Firmen durch große
piggy bank Sparschwein *nt*; **to break one's p. b.** sein Sparschwein schlachten
pig|-headed *adj* störrisch; **p. iron** ⚙ Roheisen *nt*; **p.let** *n* ⚒ Ferkel *nt*
pigment *n* Pigment *nt*, Farbstoff *m*
pig metal ⚙ Rohmetall *nt*; **p.skin** *n* Schweinsleder *nt*; **p.sty** *n* Schweine-, Saustall *m (auch fig)*
pile *n* 1. Stapel *m*, Stoß *m*, Packen *m*, Haufen *m*, Menge *f*; 2. *(coll)* Vermögen *nt*; 3. ☢ (Atom)Meiler *m*; 4. 🏛 Spundbohle *f*; **p. of books** Packen Bücher; **~ money** *(coll)* Haufen Geld *(coll)*; **to earn/make a ~ of money** Haufen/Stange Geld verdienen; **to have p.s of money** Geld wie Heu haben *(coll)*; **~ rubble** Trümmerhaufen *m*; **~ wood** Holzstoß *m*; **a ~ work** eine Menge Arbeit
to make one's pile *(coll)* sein Glück machen, schwer verdienen, Reibach machen *(coll)*, sich bereichern, Vermögen ansammeln/machen; **nuclear p.** ☢ Atommeiler *m*
pile (up) *v/ti* 1. (auf)stapeln, (auf)schichten, anhäufen, scheffeln, ansammeln; 2. sich aufstauen/häufen/massieren; **p. into** *(Börse)* sich engagieren, sich stürzen auf, einsteigen bei
pile delivery 📋 Stapelablage *f*; **p.-driver** *n* 🏛 Ramme *f*; **p. fabric** Samtstoff *m*; **(multiple) p.-up** *n* 🚗 Auffahr-, Kettenunfall *m*, Massenkarambolage *f*; **p.-up of resources** Mittelstau *m*; **~ investment projects** Investitionsstau *m*
pilfer *v/t* klauen *(coll)*, stehlen; **p.age** *n* Bagatell-, Kleindiebstahl *m*; **p.er** *n* (kleiner) Dieb, Langfinger *m (coll)*; **p.ing** *n* (geringfügiger) Diebstahl, Klauen *nt (coll)*
pilgrim *n* Pilger(in) *m/f*; **barefoot p.** *(fig)* leicht zu überredender Käufer
piling (work) *n* 🏛 Erstellung der Spundwände
pill *n* Tablette *f*, Pille *f*; **to sugar the p.** *(fig)* die Pille versüßen *(fig)*; **to swallow the p.** *(fig)* die Kröte/bittere Pille schlucken *(fig)*; **bitter p.** bittere Arznei *(fig)*; **pep p.** 💲 Aufputschpille *f*
pillage *n* (Aus)Plünderung *f*; *v/t* (aus)plündern
pillar *n* Säule *f*, Stütze *f*, (Grund)Pfeiler *m*; **p. of smoke** Rauchsäule *f*; **~ society** Stütze/Säule der Gesellschaft; **to run from p. to post** *(coll)* von Pontius nach Pilatus laufen *(coll)*; **p. box** *[GB]* ✉ (Säulen)Briefkasten *m*; **p. crane** Turmkran *m*

pillion *n* *(Motorrad)* Soziussitz *m*; **p. passenger/rider** Sozius(sitz)-, Beifahrer(in) *m/f*
pillory *n* Pranger *m*; *v/t (fig)* an den Pranger stellen *(fig)*, anprangern *(fig)*
pilot *n* 1. ⚓ Lotse *m*; 2. ✈ Pilot *m*, Flugzeugführer *m*; **chief p.** Oberlotse *m*; **trainee p.** ✈ Flugschüler *m*
pilot *v/t* (ein)lotsen, steuern; **p. through** 1. durchlotsen; 2. *(Gesetzentwurf)* durch das Parlament bringen
pilot advertising Testwerbung *f*
pilotage *n* 1. ⚓ Lotsengeld *nt*, L.gebühr *f*; 2. Lotsen *nt*; 3. Lotsenkunde *f*; **compulsory p.** Lotsenzwang *m*; **free p.** Lotsenfreiheit *f*; **p. dues** Lotsengebühr *f*
pilot boat ⚓ Lotsenboot *nt*; **p. calculation** Modellrechnung *f*; **p. card** 🖥 Steuer(loch)karte *f*; **p.'s certificate** Lotsenpatent *nt*; **p. company/enterprise** 1. Probe-, Musterbetrieb *m*; 2. Pilotunternehmen *nt*; **p. conference** Pilotseminar *nt*; **p. control** Vorsteuerung *f*; **p. experiment** Vorversuch *m*; **p. farm** ⚒ landwirtschaftlicher Musterbetrieb; **p. flag** Lotsenrufflagge *f*; **p. flame** *(Gas)* Zünd-, Sparflamme *f*
piloting *n* Steuerung *f*
pilot interview(ing) Pilotbefragung *f*, P.interview *nt*; **p. lamp** Kontrollampe *f*; **p.'s licence** 1. ⚓ Lotsenschein *m*; 2. ✈ Piloten-, Flugzeugführerschein *m*; **p. light** *(Gas)* Zünd-, Sparflamme *f*; **p. lot** 📋 Null-, Vorserie *f*, Probepartie *f*; 2. 🎬 Musterlos *nt*; **p.('s) office** Lotsenamt *nt*, L.büro *nt*; **p. plant** 🏭 Muster-, Versuchsbetrieb *m*, Demonstrations-, Muster-, Pilot-, Probeanlage *f*; **~ scale production** Pilot-, Probe-, Versuchsbetrieb *m*; **p. product** *(EU)* Leiterzeugnis *nt*; **p. production** Null-, Vorserie *f*; **p. project** Leit-, Versuchs-, Pilotprojekt *nt*; **p. rate** Leitkurs *m*; **p. run** Vorserie *f*; **p. scheme** Versuchs-, Pilot-, Leit-, Vorprojekt *nt*, Pilotprogramm *nt*; **p. service** Lotsendienst *m*; **p. stage** Entwicklungsstadium *nt*, Erprobungsstufe *f*; **p. study** 1. Leit-, Modell-, Pilot-, Muster-, Vorstudie *f*; 2. 🎬 Probeerhebung *f*; **p. survey** Voruntersuchung *f*, Probebefragung *f*, Probe-, Testerhebung *f*
pimpled *adj* *(Gummi)* genoppt
pin *n* 1. (Steck)Nadel *f*; 2. Stift *m*, Zapfen *m*; **to be all p.s and needles** *(coll)* wie auf Nadeln sitzen *(coll)*; **linking p.** *(fig)* Bindeglied *n*, Person mit Doppelmitgliedschaft; **~ model** Partizipationsmodell *nt*; **split p.** ⚙ Splint *m*
pin down *v/t* festnageln, festhalten, festlegen, in die Enge treiben *(fig)*; **p. together** zusammenheften
pincer|s *pl* ⚙ (Kneif)Zange *f*
pinch *n* 1. Kneifen *nt*; 2. Druck *m*, Notlage *f*; 3. Quäntchen *nt*; **at a p.** im Notfall; **a p. of** ein bisschen; **to feel the p.** von der Rezession/den Sparmaßnahmen betroffen sein, unter Druck geraten, die schlechte Lage zu spüren bekommen; **to take sth. with a p. of salt** *(coll)* etw. mit Vorsicht genießen
pinch *v/t* 1. kneifen *(coll)*; 2. klauen *(coll)*, stibitzen *(coll)*, mitgehen lassen *(coll)*; **p. and scrape** sich alles/etw. vom Munde absparen
pinch|fist *n* *(coll)* Geizhals *m (coll)*, Knauser *m (coll)*; **p.penny** *n (coll)* Pfennigfuchser *m (coll)*; *adj* knausrig
pine (tree) *n* 🌲 Kiefer *f*; **p. (wood)** Kiefernholz *nt*

pinion *n* ♦ Ritzel *nt*
pink *adj* rosa; **in the p. of health** *(coll)* bei bester Gesundheit; **to be ~ health** vor Gesundheit strotzen
pin money 1. Nadelgeld *nt*, Taschengeld *nt* (für die Frau); 2. Heimarbeiterlohn *m*; 3. geringer Verdienst
pinnacle *n* Höhepunkt *m*
PIN number *(Bargeldautomat)* Geheimnummer *f*
pin|point *v/t* genau aufzeigen/feststellen/umreißen/bestimmen/festlegen/definieren; **~ target** Punktziel *nt*; **p.prick** *n* Nadelstich *m*, Stichelei *f*; **p.-sized** *adj* stecknadelkopfgroß
pint *n* Pint *nt (0,568 l)*
pioneer *n* Pionier *m*, Vorreiter *m*, Wegbereiter *m*; *v/t* Pionierarbeit leisten, bahnbrechend sein/wirken, Pionierleistung vollbringen; **p.ing** *adj* bahnbrechend, wegbereitend, innovativ; **p. invention** Pioniererfindung *f*; **p. patent** Stamm-, Ursprungspatent *nt*, bahnbrechendes Patent; **p. product** Pionierprodukt *nt*; **p. profit** Pioniergewinn *m*
pipe *n* 1. Rohr *nt*, Röhre *f*, Leitung *f*, Schlauch *m*; 2. Pfeife *f*; **to clear one's p.** sich räuspern; **to lay p.s** Rohrleitung verlegen; **burst p.** Rohrbruch *m*; **main p.** Hauptrohr *nt*
pipe *v/t* in Rohren leiten
pipe burst (Wasser)Rohrbruch *m*; **p. dream** Wunschtraum *m*, Hirngespinst *nt*; **p.layer** *n* Rohrverleger *m*; **p.laying** *n* Rohrverlegung *f*
pipeline *n* Fern-, Gas-, Öl-, Rohrleitung *f*, Pipeline *f*; **in the p.** *(fig)* 1. in Bearbeitung/Vorbereitung, im Vorbereitungsstadium; 2. unterwegs, auf dem Transport; **to be ~ p.** bevorstehen, geplant sein; **long-distance p.** Rohrfernleitung *f*
pipeline construction Rohr(leitungs)bau *m*; **p. engineering** Rohrleitungsbau(technik) *m/f*; **p. grid/network/system** Rohrleitungsnetz *nt*; **p. transport** Rohrleitungstransport *m*
pipelining *n* ⌨ parallele Abarbeitung, Fließband-, Pipelineverarbeitung *f*
pipe mill ⚙ Röhrenwerk *nt*; **p. production** Rohrproduktion *f*
piracy *n* 1. ⚓ Piraterie *f*, Seeräuberei *f*; 2. 📖 Plagiat *nt*, Raubdruck *m*, R.kopie *f*; **p. of a patent** Patentdiebstahl *m*
pirate *n* Pirat *m*, Seeräuber *m*; *v/t* 1. seeräubern; 2. plagiieren, unerlaubt nachdrucken, abkupfern *(coll)*
pirate copy/edition 📖 unerlaubter Nachdruck, Raubdruck *m*, R.kopie *f*; **p.-proof** *adj* raubdrucksicher; **p. radio/transmitter** Schwarz-, Piratensender *m*; **p. record** Raubplatte *f*
piston *n* Kolben *m*; **p. engine** Kolbenmotor *m*; **rotary p. engine** Dreh-, Kreiskolbenmotor *m*, Wankelmotor *m*
pit *n* 1. ⚒ (Kohlen)Bergwerk *nt*, (Kohlen)Grube *f*, Zeche *f*, Schacht(anlage) *m/f*; 2. *[US]* Börsensaal *m*, Ring *m*, Maklerstand *m*; **p. of the slump** Talsohle *f*; **bottomless p.** *(fig)* Fass ohne Boden *(fig)*; **deep-mine p.** Untertagebergwerk *nt*; **open p.** (mine/mining) Tagebau *m*
pitch *n* 1. Börsen-, Makler-, Verkaufsstand *m*, V.stelle *f*; 2. (aggressives) Verkaufsgespräch; 3. Tonhöhe *f*, Stimmlage *f*; 4. 🖥 Zeichendichte *f*

pitch *v/t* zum Verkauf anbieten; **p. at** festsetzen/veranschlagen auf; **p. in with** es ebenso machen wie; **p. (up)on** sich entscheiden für, verfallen auf
pitch-black *adj* pechschwarz; **p.-dark** *adj* rabenschwarz, stockdunkel, finster; **p.fork** *n* 🍴 Heu-, Mistgabel *f*; **p.man** *n [US] (coll)* Straßenhändler *m*, Budenbesitzer *m*; **p.-pine** *n* 🌲 Pechkiefer *f*
pit closure ⚒ Grubenschließung *f*, Zechenstilllegung *f*; **p. closures** Gruben-, Zechensterben *nt*; **p. coal** ⚒ Stein-, Grubenkohle *f*; **p. construction** 🏛 Ausbau der Baugrube; **p. deputy** Steiger *m*; **p. equipment** Grubenausrüstung *f*
pitfall *n* *(fig)* Fallgrube *f (fig)*, Falle *f*; **p.s** Fallstricke *(fig)*
pith and marrow of the invention *n* Kern der Erfindung
pithead *n* ⚒ Schachteingang *m*, Übertageanlagen *pl*; **ex p. ab Zeche**; **p. ballot** Urabstimmung der Bergleute; **p. coke** Zechenkoks *m*; **p. price** Zechen-, Grubenpreis *m*, Preis ab Schacht/Zeche; **p. stocks** Kohlenhalden, Haldenbestände
pith helmet Tropenhelm *m*
piti|able *adj* kläglich, kümmerlich, erbärmlich, bedauernswert; **p.ful** *adj* mitleidserregend; **p.less** *adj* mitleidslos, unbarmherzig
pit overman Steiger *m*; **p. pony** Grubenpferd *nt*; **p. prop** Grubenstempel *m*
pittance *n* lächerlicher Betrag, kleine(r) Summe/Betrag, Hungerlohn *m*, spärliches Einkommen
pit trader Makler für eigene Rechnung, selbstständiger Produktenmakler *m*; **p. worker** ⚒ Grubenarbeiter *m*, Bergmann *m*
pity *n* Mitleid *nt*, Mitgefühl *nt*, Erbarmen *nt*
pivot *n* Angel-, Drehpunkt *m*; **p. (on)** *v/i* sich drehen (um); **p.al** *adj* Zentral-, Kardinal-; **to play a ~ part** entscheidende Rolle spielen
placard *n* 1. Plakat *nt*; 2. *(Demonstration)* Transparent *nt*; *v/t (Plakat)* anschlagen, plakatieren; **p.er** *n [US]* Plakat(an)kleber *m*, P.anschläger *m*, Plakateur *m*
pla|cate *v/t* beschwichtigen, besänftigen; **p.cation** *n* Beschwichtigung *f*, Besänftigung *f*; **p.catory** *adj* beschwichtigend
p & l account GuV-Rechnung *f*
place *n* 1. Ort *m*, Platz *m*, Stelle *f*; 2. *(Unternehmen)* Sitz *m*, Stätte *f*, Gebäude *nt*; 3. Wohnung *f*, Ortschaft *f*, **in p. eingerichtet, fertig**; **in p.s** stellenweise; **in p. of** anstatt, anstelle von; **out of p.** fehl am Platze, unangebracht, deplatziert
place of abode Wohnsitz *m*; **customary ~ abode** Ort des gewöhnlichen Aufenthalts, gewöhnlicher Aufenthalt; **without fixed ~ abode** ohne festen Wohnsitz
place of activity Wirkungsstätte *f*; **~ administration** Verwaltungssitz *m*; **~ arbitration** Schiedsort *m*; **~ auction** Versteigerungsort *m*; **~ birth** Geburtsort *m*
place of business 1. Geschäftssitz *m*; 2. Betriebsstätte *f*; 3. (Handels)Niederlassung *f*; **fixed ~ b.** feste Geschäftseinrichtung; **principal ~ b.** (Hauptbetriebs)Sitz *m*, Hauptniederlassung *f*
place of commission Begebungsort *m*; **~ consignment**

place of consumption

Versand-, Versendungsort m, Versandstelle f; **~ consumption** Verbrauchsort m; **~ contract** Ort des Vertragsabschlusses; **~ court** Gerichtsort m; **~ custody** Verwahrstelle f; **~ delivery** Liefer(ungs)-, Erfüllungs-, Ablieferungs-, Zustellungsort m, Ort der Lieferung, Ablieferungsstelle f; **~ departure** Abgangsort m, A.station f, Herkunftsort m; **~ destination** Ziel-, Bestimmungsort m, Versandziel nt; **~ discharge** Löschplatz m, Ausladeort m; **~ dispatch** Versand-, Ausfuhrort m, Versand-, Aufgabestelle f; **~ domicile** Wohn-, Firmensitz m; **~ employment** Arbeitsplatz m, A.stätte f, Beschäftigungsstätte f, B.ort m, Dienstort m; **~ permanent employment** Dauerarbeitsplatz m; **~ entertainment** Vergnügungsstätte f; **~ entry** ⊖ Eingangs-, Einfuhrort m; **~ establishment** Ort der Niederlassung; **~ exit** ⊖ Austrittsort m; **~ fulfilment** Erfüllungsort m; **~ honour** Ehrenplatz m; **p. of incorporation** Ort der Eintragung; **~ interest** Sehenswürdigkeit f; **~ introduction** ⊖ Verbringungsort m; **~ issue** (Wertpapier) Ausstellungs-, Ausgabe-, Begebungs-, Emissionsort m, Ort der Ausstellung; **p. and date of issue/issuance** Ort und Tag der Ausstellung; **p. in the league table** Tabellenplatz m; **p. of learning** Bildungsstätte f; **~ lodgment** Hinterlegungsort m; **~ manufacture** Betriebsstätte f, Herstellungs-, Fabrikations-, Verarbeitungsort m; **~ office** Amtssitz m; **~ origin** Aufgabe-, Herkunfts-, Ursprungsort m; **~ payment** 1. Erfüllungs-, Zahlungsort m; 2. (Wechsel) Domizilort m; **~ performance** Erfüllungs-, Leistungsort m; **~ posting** ✉ Aufgabeort m; **~ presentation** Vorlage-, Vorlegungsort m, Domizilstelle f; **p. of printing** Druckort m; **~ production** Herstellungs-, Erzeugungsort m; **~ protest** (Wechsel) Protestort m; **~ publication** ⬚ Druck-, Erscheinungs-, Verlagsort m

place of residence Wohn-, Aufenthaltsort m, Wohnsitz m; **~ permanent r.** ständiger Wohnsitz; **main ~ r.** Hauptwohnsitz m; **permanent ~ r.** ständiger Wohnsitz

place of shipment Verladestation f, V.stelle f; **p. and time** Ort und Zeit; **p. of trans(s)hipment** Umschlagplatz m; **~ trial** (Strafrecht) Gerichtsort m; **~ unloading** Entladeort m; **~ final use** Verbrauchsort m; **~ work** Arbeitsstätte f, A.stelle f, A.ort m, A.platz m

keep in a cool place; to be kept in a cool p. kühl aufbewahren

to be out of place fehl am Platze sein; **~ known all over the p.** wie ein bunter Hund bekannt sein (coll); **to economize in the wrong p.** am falschen Platz sparen; **to fill so.'s p.** jdn ersetzen; **to find a p. for so.** jdn vermitteln; **to put so. in his p.** jdn in seine Schranken weisen; **to remain in p.** bestehen bleiben, weiterhin gelten; **to take p.** 1. erfolgen, stattfinden, vorkommen, sich ereignen/vollziehen; 2. (Veranstaltung) zu Stande kommen; **~ so.'s p.** jds Stelle einnehmen, an ~ rücken, jdn ersetzen; **~ one's p. in the line** [US] /**queue** [GB] sich anstellen/einreihen; **~ second p.** hintan-, nach-, zurückstehen; **to vary from p. to p.** örtlich verschieden sein

decimal place π Dezimal-, Kommastelle f; **(pretty) expensive p.** teures Pflaster (coll); **in the first p.** erstens; **in his/her p.** an seiner/ihrer Stelle; **native p.** Geburts-, Heimatort m; **principal p.** Hauptniederlassung f; **privileged p.** [§] Ort mit Asylrecht; **public p.** öffentlicher Ort/Platz; **safe p.** sicherer Ort; **to keep sth. in a ~ p.** etw. sicher aufbewahren/verwahren

place v/t 1. platzieren, unterbringen, stellen; 2. deponieren, einzahlen; 3. (Anzeige) aufgeben; **p. so.** (Stelle) jdn vermitteln; **p. sth. before so.** jdm etw. vorlegen; **p. sth. (with)** 1. etw. hinterlegen (bei); 2. (Emission) unterbringen (bei), platzieren (bei); **to be difficult to p.** 1. sich schwer einordnen lassen; 2. schwer vermittelbar sein; **p. afresh** umplatzieren; **p. privately** privat unterbringen

place card Platz-, Tischkarte f

placed adj gestellt, untergebracht, platziert; **to be well p.** gut im Rennen liegen/sein (fig), in einer guten (Ausgangs)Position sein

place hunter Stellenjäger m; **p. hunting** Stellenjagd f

placement n 1. (Emission) Börseneinführung f, Platzierung f, Unterbringung f, Anlage f; 2. (Arbeit) Vermittlung f, Einstellung f, Praktikum nt; 3. Einstufung f; **p. of an issue** Unterbringung/Platzierung einer Emission; **to guarantee the ~ an issue** Unterbringung einer Emission garantieren; **~ labour** Vermittlung von Arbeitskräften; **~ a loan** Platzierung einer Anleihe; **~ securities** Effektenplatzierung f

direct placement (Emission) Direktplatzierung f, D.unterbringung f; **~ financing** Kapitalmarktfinanzierung f; **industrial p.** Betriebspraktikum nt; **new p.** Neuplatzierung f; **private p.** (Emission) private Platzierung/Unterbringung, Privatplatzierung f, nicht öffentlich begebene Emission, nicht am Markt platzierte Anleihe; **~ business** Privatplatzierungsgeschäft nt; **~ market** privater Kapitalmarkt; **public p.** öffentliche Platzierung, Unterbringung beim Publikum; **successful p.** Platzierungserfolg m

placement agency/bureau Stellenvermittlung(sbüro) f/nt; **p. consultancy** Berufsberatung f; **p. consultant** Berufsberater(in) m/f; **p. officer** Stellenvermittler m; **p. service** Arbeits-, Stellenvermittlung f; **p. test** Einstufungstest m, E.prüfung f; **p. volume** Platzierungsvolumen nt

place-name n Ortsname m

placing n 1. (Emission) Platzierung f, Unterbringung f, Anlage f; 2. (Auftrag) Vergabe f; **p. of an issue** Unterbringung eines Wertpapiers; **~ a loan** Begebung einer Anleihe; **~ money** Geldanlage f; **~ an order** Auftragsvergabe f, Aufgabe einer Bestellung; **~ securities** Unterbringung von Wertpapieren, Wertpapierplatzierung(sgeschäft) f/nt; **initial ~ securities** Erstabsatz von Wertpapieren

first placing (Emission) dauerhafte Unterbringung; **initial p.** Erstabsatz m, E.platzierung f; **~ statistics** Erstwerbsstatistik f; **private p.** private Unterbringung; **public p.** öffentliche Platzierung, Unterbringung beim Publikum

placing agreement Platzierungsvertrag m; **p. backlog** Emissionsüberhang m; **p. commission** Unterbringungsprovision f; **p. memorandum** Platzierungsmemorandum nt; **p. potential/power** Platzierungskraft f,

P.fähigkeit *f*; **p. price** Emissions-, Einführungspreis *m*, Platzierungs-, Emissionskurs *m*; **p. risk** Unterbringungsrisiko *nt*; **p. volume** Platzierungsvolumen *nt*

plagia|rism *n* Plagiat *nt*, literarischer/geistiger Diebstahl, Diebstahl geistigen Eigentums; **to commit p.rism** Plagiat begehen; **p.rist** *n* Plagiator(in) *m/f*; **p.-rize** *v/t* Plagiat/literarischen Diebstahl begehen, plagiieren; **p.rizer** *n* Plagiator(in) *m/f*

plague *n* 1. Plage *f*, Pest *f*, Seuche *f*; 2. Heimsuchung *f*; **to shun sth. like the p.** etw. wie die Pest meiden; *v/t* plagen, quälen, heimsuchen, belästigen

plain *adj* 1. einfach, simpel, schlicht; 2. unansehnlich, unscheinbar; 3. eindeutig, klar, nüchtern; 4. unchiffriert; **to be p.** deutliche Sprache sprechen

plain *n* Flachland *nt*, Ebene *f*

plain|-clothes *adj* (*Polizei*) zivil, Zivil-; **p.-spoken** *adj* offen, direkt

plaint *n* § Klageschrift *f*, Beschwerde *f*

plaintiff *n* § (Privat)Kläger(in) *m/f*, klägerische/klagende Partei, Klagepartei *f*, klägerischer/klagender Teil, Beschwerde-, Prozessführer(in) *m/f*; **p. in a maintenance case** Unterhaltskläger *m*; **p. suing through a solicitor** durch Rechtsanwalt vertretener Kläger

to appear as plaintiff § als Kläger auftreten; **~ for the p.** den Kläger vertreten; **to find for the p.** zu Gunsten des Klägers entscheiden, einer Klage/dem Klageantrag stattgeben; **~ as claimed** dem Klagebegehren stattgeben/entsprechen

chief/principal plaintiff Hauptkläger *m*; **fictitious p.** fingierte/fiktive Prozesspartei; **first-named p.** Erstkläger *m*; **joint p.** Mit-, Nebenkläger *m*, Streitgenosse *m*; **nominal p.** Kläger in Prozessstandschaft; **proper p.** aktiv legitimierter Kläger; **unsuccessful p.** abgewiesene Partei

plaintiff|'s application for relief Klageantrag *m*; **p.'s claim** Klagebegehren *nt*; **~ counsel** Prozessbevollmächtigte(r) *f/m*, klägerischer Rechtsanwalt; **p.-defendant relationship** Streitverhältnis *nt*; **at the p.'s suit** auf Antrag des Klägers; **p.'s title** klägerischer Rechtstitel; **~ waiver** Klageverzicht *m*

plan *n* 1. Plan *m*, Programm *nt*, Entwurf *m*, Konzept *nt*, Schema *nt*, Projekt *nt*, Vorhaben *nt*; 2. Sparplan *m*, Investmentsfonds *m*; 3. Versicherung *f*, **according to p.** programmgemäß, planmäßig; **p. of action** Aktionsprogramm *nt*, Einsatz-, Schlachtplan *m (fig)*; **~ campaign** Strategie *f*; **~ distribution** Verteilungsplan *m*; **p.s for the future** Zukunftspläne; **p.(s) of a house** 🏛 Gebäudeplan *m*; **p. of a site** Lage-, Übersichtsplan *m*; **p. to work from** Arbeitsvorlage *f*

to concoct a plan Plan aushecken; **to draw up a p.** Plan ausarbeiten/entwerfen; **to endorse a p.** Plan billigen; **to go according to p.** planmäßig/programmmäßig/nach Wunsch verlaufen, wie geplant (ver)laufen, klappen; **to implement a p.** Plan ausführen; **to lodge/submit a p.** Plan einreichen; **to make p.s (for sth.)** Pläne schmieden *(coll)*, planen; **to modify a p.** Plan abändern; **to remain below p.** unter dem Planziel bleiben; **to scrap a p.** Plan ad acta *(lat.)* legen; **to shelve a p.** Plan aufschieben; **~** einstweilig zurückstellen; **to sus-** pend a p. Plan aufschieben, ~ zeitweilig außer Kraft setzen; **to table a p.** Plan vorlegen; **to thwart/upset so.'s p.s** jdm einen Strich durch die Rechnung machen *(fig)*, jds Pläne durchkreuzen/vereiteln, jdm das Konzept verderben; **to work out a p.** sich einen Plan zurechtlegen

alternative plan Alternativplan *m*, Gegenentwurf *m*; **as-built p.** 🏛 Bestandsplan *m*; **legally binding p.** rechtsverbindlicher Plan; **coherent p.** einheitlicher Plan; **corporate p.** Firmen-, Konzern-, Gesamt-, Rahmenplan *m*; **definite p.s** feste Pläne; **economic p.** Wirtschaftsplan *m*; **~ and finance p.** Wirtschafts- und Finanzplan *m*; **national ~ p.** Volkswirtschaftsplan *m*; **overall ~ p.** Rahmenplan *m*; **financial p.** Finanz(ierungs)plan *m*; **five-year p.** Fünfjahresplan *m*; **fixed p.** starres Produktions- und Lagerhaltungssystem; **follow-up p.** Terminverfolgungsplan *m*; **general p.** Übersichtsplan *m*; **incentive p.** Anreizsystem *nt*; **individual p.** Einzelplan *m*; **industrial p.** Industrieplan *m*; **local p.** Stadt-, Ortsplan *m*; **long-range/long-term p.** langfristiger Plan, Langzeitplan *m*; **medium-term p.** mittelfristiger Plan; **multistage p.** (Mehr)Stufenplan *m*; **operational p.** Operationsplan *m*, operativer Plan; **overall p.** Gesamtplan *m*; **phased p.** Stufenplan *m*; **regional p.** Landesentwicklungs-, Regionalplan *m*; **short-range/short-term p.** Plan für die unmittelbare Zukunft, kurzfristiger Plan; **single p.** (*Kostenrechnung*) Einzelführung *f*; **structural p.** Strukturkonzept *nt*, S.plan *m*; **tentative p.** vorläufiger Plan

plan *v/t* planen, beabsichtigen, projektieren, vorhaben; **p. ahead/in advance/beforehand** vorausplanen, vorprojektieren

plan approval procedure Planfeststellungsverfahren *nt*

plane *n* 1. π Fläche *f*, Ebene *f*; 2. ✪ Hobel *m*; 3. ✈ Flugzeug *nt*; **to board a p.** Flugzeug besteigen, in ein ~ steigen; **to fly/pilot a p.** Flugzeug fliegen/steuern; **to go by p.** fliegen; **to leave a p.** von Bord gehen

connecting plane ✈ Flug(zeug)anschluss *m*; **coordinate p.** π Koordinatenschema *nt*; **harmonic p.** *(Flut)* Nullebene *f*; **inclined/oblique p.** schiefe/geneigte Ebene; **light p.** ✈ Leichtflugzeug *nt*; **long-range p.** ✈ Langstreckenflugzeug *nt*; **microlight p.** Ultraleichtflugzeug *nt*; **sectional p.** Schnittebene *f*

plane *v/t* hobeln

plane accident Flug(zeug)unfall *m*, F.unglück *nt*; **p. angle** Flächenwinkel *m*; **p. crash** Flugzeugabsturz *m*; **p. curve** ebene Kurve; **p. geometry** Planimetrie *f*; **p. load** Flugzeugladung *f*; **p.maker** *n* Flugzeughersteller *m*, F.bauer *m*; **p.'s papers** Bordpapiere

planet *n* Planet *m*; **p.ary** *adj* planetarisch, Planeten-

plane ticket ✈ Flugschein *m*, F.ticket *nt*; **p. trip** Flugreise *f*

planholder *n* 1. Versicherungsnehmer *m*; 2. *(Investmentfonds)* Anleger *m*, Investor *m*, Sparer *m*

planimetry *n* Planimetrie *f*, Flächenberechnung *f*

plank *n* 1. Bohle *f*, Brett *nt*; 2. ⚓ Planke *f*; **base p.** *(fig)* Standbein *nt (fig)*

plan manager *(Investmentfonds)* (Fonds)Verwalter *m*

planned *adj* planvoll, geplant; **as p.** planmäßig

planner *n* Planer *m*, Planungsfachmann *m*; **fanfold p.** Faltkalender *m*
planning *n* Planung *f*, Disposition *f*, Einteilung *f*, Disponieren *nt*, Projektierung *f*
planning of activity levels Beschäftigungsplanung *f*; **analytical ~ demand volume** analytische Bedarfsmengenplanung; **~ funding requirements** Mittelplanung *f*; **~ intra-plant handling** innerbetriebliche Transportplanung; **~ machine operating rates** Kapazitätsauslastungsplanung *f*; **~ personnel development** Personalentwicklungsplanung *f*; **~ personnel recruiting** Personalbeschaffungsplanung *f*; **~ personnel requirements** Personalbedarfsplanung *f*; **~ personnel strength** Personalausstattungsplanung *f*
advance/anticipatory planning Vorausplanung *f*; **aggregate p.** Globalplanung *f*; **architectural p.** Bau-, Gebäudeplanung *f*; **bottom-up p.** progressive Planung; **budgetary p.** Haushalts-, Finanzplanung *f*; **continuous p.** rollende Planung
corporate planning unternehmerische Planung, Unternehmens-, Betriebs-, Langfristplanung *f*; **forward-looking ~ p.** vorausschauende Unternehmensplanung; **long-term/long-range ~ p.** langfristige Unternehmens-/Grundsatzplanung, langfristige Unternehmens-/Grundsatzplanung; **overall ~ p.** betriebliche Gesamtplanung; **short-term ~ p.** kurzfristige Unternehmensplanung
current planning laufende Planung; **decentralized p.** dezentrale Planung; **detailed p.** Detail-, Feinplanung *f*; **ecological p.** Umweltplanung *f*
economic planning Wirtschaftsplanung *f*, volkswirtschaftliche Gesamtplanung; **national ~ p.** volkswirtschaftliche (Gesamt-/Rahmen)Planung; **regional ~ p.** Regionalplanung *f*
educational planning Bildungsplanung *f*; **entrepreneurial p.** Unternehmensplanung *f*; **environmental p.** Umweltplanung *f*, U.gestaltung *f*
financial planning Finanzplanung *f*, F.kontrolle *f*, finanzwirtschaftliche Planung, Vermögensplanung *f*; **flexible ~ p.** flexible Finanzplanung; **long-term ~ p.** langfristige Finanzplanung; **medium-term ~ p.** mittelfristige Finanzplanung (mifrifi) *[D]*; **short-term ~ p.** kurzfristige Finanzplanung
fine-tune(d) planning Detail-, Feinplanung *f*; **follow-up p.** Anschlussplanung *f*; **foresighted p.** vorausschauende Planung; **forward p.** Voraus-, Zukunftsplanung *f*; **governmental p.** Wirtschaftslenkung *f*; **hierarchic(al) p.** hierarchische Planung; **indicative p.** indikative Planung; **industrial p.** Industrieplanung *f*; **integrated p.** integrierte Planung; **least-cost p.** *[US]* integrierte Bedarfsplanung; **level-by-level p.** stufenweise Planung; **locational p.** Standortplanung *f*; **long-range/long-term p.** langfristige Planung, Langfrist-, Langzeitplanung *f*, längerfristige Dispositionen; **managerial p.** Unternehmensplanung *f*; **strategic ~ p.** strategische Unternehmensplanung; **mixed top-down/bottom-up p.** Gegenstromverfahren *nt*; **multi-stage p.** mehrstufige Planung, Sukzessivplanung *f*; **operational p.** betriebliche/operative (Betriebs)Planung, Durchführungsplanung *f*; **organizational p.** Organisationsplanung *f*; **overall p.** Gesamt-, Grob-, Rahmenplanung *f*; **participatory p.** Partizipationsplanung *f*; **perpetual p.** rollende Planung
regional planning Raumordnung *f*, Regional-, Landesplanung *f*; **~ act** Raumordnungsgesetz *nt*; **~ council** Bezirksplanungsrat *m*; **~ model** Raumordnungsmodell *nt*; **~ program(me)** Raumprogramm *nt*; **simultaneous p.** Simultanplanung *f*; **short-range/short-term p.** kurzfristige Planung; **strategic p.** strategische Planung; **urban p.** Stadtplanung *f*
Planning Act *[GB]* Raumordnungsgesetz *nt*; **p. agency** Planungsbehörde *f*; **p. agreement** Investitionsabsprache *f*, I.lenkung *f*, I.kontrolle *f*, Planungsvereinbarung *f*; **p. appeal** Einspruch gegen einen Planungsbescheid; **p. application** 🏛 Antrag auf Erteilung einer Baugenehmigung, Bauantrag *m*; **p. approach** Planungsansatz *m*; **p. area** Planungsgebiet *nt*; **local p. area** Ortsplanungsgebiet *nt*
planning authority Bau(planungs)amt *nt*, B.genehmigungs-, Planungsbehörde *f*, P.büro *nt*, P.instanz *f*, P.stelle *f*; **p. authorities** Planungsbürokratie *f*; **local p. authority** Planungsamt *nt*, Ortsplanungsbehörde *f*; **regional p. authority** Raumordnungsbehörde *f*
planning base Planungsgrundlage *f*; **p. blight** Planungsruine *f*; **p. board** Planungsinstanz *f*, P.stab *m*, P.stelle *f*; **p. capacity** Planungskapazität *f*; **p. commission/committee** Planungsrat *m*, P.kommission *f*, P.ausschuss *m*, Bauausschuss *m*; **p. competence** Planungshoheit *f*; **p. concept** Planungskonzept *nt*; **p. consent** Baugenehmigung *f*; **p. consultant** Planungssachverständiger *m*; **p. contract** Planungsauftrag *m*; **p. control** 1. Planungskontrolle *f*; 2. 🏛 Bauaufsicht *f*; **p. cost(s)** Projektierungskosten *pl*; **p. decision** Planungsentscheidung *f*; **p. department** (Bau)Planungsabteilung *f*, P.amt *nt*, P.büro *nt*; **p. engineer** Verfahrenstechniker *m*, Arbeitsvorsteher *m*, A.vorbereiter *m*; **p. factors** Planungsdeterminanten; **p. gain** Planungswertzuwachs *m*; **p. group** Planungsgruppe *f*; **p. horizon** Planungshorizont *m*, P.zeitraum *m*; **p. inquiry** Bauvoranfrage *f*; **p. lag** planungsbedingte Handlungsverzögerung; **p. law** Planungsrecht *nt*; **p. level** Planungsebene *f*; **p. mistake** Fehlplanung *f*; **p. model** Planungsmodell *nt*; **p. office** Planungsbüro *nt*; Lenkungsstelle *f*; **p. official** Planungsbeamter *m*; **p. period** Plan(ungs)periode *f*, P.zeitraum *m*
planning permission 1. 🏛 Bau-, Bebauungsgenehmigung *f*, baupolizeiliche Genehmigung; 2. Planfestsetzung *f*, P.feststellung *f*; **~ granted** zum Bau genehmigt; **to grant ~ for a plot of land** Grundstück zur Bebauung freigeben; **restricted p. p.** Teilerrichtungsgenehmigung *f*
planning premise Planungsprämisse *f*, P.vorgabe *f*; **p. procedure** 🏛 Planfeststellungsverfahren *nt*, Planungsablauf *m*, P.verfahren *nt*; **p. process** Planungsprozess *m*, P.vorgang *m*; **p.-programming-budgeting system (PPBS)** integrierte Unternehmensplanung, Programmbudget *nt*; **p. regulations** Bau-, Bebauungsvorschriften; **p. requirement(s)** Planauflage *f*; **p. restriction** Bau-, Bebauungsbeschränkung *f*; **p. risk** Pla-

nungsrisiko *nt*; **p. scheme** Erschließungsvorhaben *nt*; **p. sequence** Planungskette *f*; **p. stage** Planungs-, Entwurfsstadium *nt*, Planungsphase *f*; **to be at the p. stage** in der Planung/im Entwurf sein; **p. system** Planungssystem *nt*; **p. technology** Planungstechnologie *f*; **p. theory** Planungstheorie *f*; **p. tool** Planungsinstrument *nt*; **p. unit** Planungseinheit *f*; **p. variance** Planungsabweichung *f*

planograph(y) *n* 🖫 Flachdruck(verfahren) *m/nt*

plant *n* 1. 🌿 Gewächs *nt*, Pflanze *f*; 2. Betrieb *m*, Fabrik *f*, Werk *nt*, Betriebs-, Fertigungs-, Produktionsstätte *f*, Betriebs-, Fabrik-, Werksanlage *f*, Komplex *m*; 3. Betriebsinventarium *nt*, B.material *nt*, Gerätschaften *pl*, Maschinenanlage *f*; **ex p.** ab Fabrik/Werk; **p.(s) under construction** im Bau befindliche Anlage(n), Anlage(n) im Bau

plant and equipment *(Bilanz)* Sachanlagevermögen *nt*, Maschinen und Anlagen/Einrichtungen, Betriebsgebäude, B.ausstattung *f*, maschinelle Anlagen; **existing ~ e.** Anlagenbestand *m*; **industrial ~ e.** gewerbliche Anlagen, Industrieanlagen *pl*; **new ~ e. expenditure** Anlage-, Ausrüstungsinvestitionen *pl*; **~ e. financing** Anlagenfinanzierung *f*; **~ e. investment** Anlagen- und Ausrüstungsinvestitionen *pl*

plant and fixtures Betriebsausstattung *f*; **~ machinery** Sachanlagen *pl*, (technische) Anlagen und Maschinen; **~ machinery register** Anlagen- und Maschinenverzeichnis *nt*; **~ maintenance engineer** Betriebsingenieur *m*; **p., property and equipment** Sachanlagevermögen *n*

to build a plant Anlage erstellen; **to close (down) a p.** Betrieb/Fabrik/Werk stilllegen, ~ (endgültig) schließen; **to dismantle a p.** Werk demontieren, Fabrik abreißen; **to extend existing p.** bestehende Fabrikanlagen erweitern; **to load p.s** Fabriken auslasten; **to mothball a p.** Fabrik einmotten; **to relocate a p.** Fabrik/Betrieb(sstätte)/Werk verlegen; **to set up p.s** Anlagen erstellen; **to shut down a p.** Werk/Betrieb/Fabrik (zeitweilig) schließen; **to strike a p.** *[US]* Fabrik bestreiken; **to tour/visit a p.** Werk/Betrieb/Fabrik besichtigen

ancillary plant Zweigwerk *nt*; **automated p.** automatisierte Fabrik; **fully automatic p.** vollautomatische Fabrik; **auxiliary p.** Hilfsbetrieb *m*; **chemical p.** chemisches Werk, chemische Fabrik, Chemieanlage *f*; **integrated ~ p.** Chemiekomplex *m*; **closed-down p.** stillgelegtes Werk, stillgelegter Betrieb, stillgelegte Fabrik; **compound p.** Verbundanlage *f*, Kombinat *nt [DDR]*; **cultivated p.** 🌿 Kulturpflanze *f*; **downstream p.** nachgelagerte Produktionsstätte; **full-scale p.** großtechnische Anlage, komplette Fabrikanlage; **heavy p.** Bau(stellen)fahrzeuge *pl*; **~ crossing** 🚧 *(Schild)* Baustellenverkehr *m*; **idle p.** ungenutzte Anlagen; **~ cost(s)** Stillstandskosten; **in-bond p.** ⊖ Betrieb im Zollfreigebiet; **industrial p.** Fabrik-, Industrieanlage *f*, Wirtschafts-, Industriebetrieb *m*; **integrated ~ p.** Gesamtanlage *f*, Kombinat *nt [DDR]*; **large/major p.** Großanlage *f*; **~ business** (Groß)Anlagengeschäft *nt*; **loss-making p.** Verlustbetrieb *m*; **low-cost p.** billig arbeitender Betrieb; **make-to-order p.** Betrieb mit Kundenauftragsfertigung; **make-to-stock p.** Betrieb mit Lagerfertigung; **manufacturing p.** Fertigungs-, Fabrik-, Werksanlage *f*, Fabrik-, Fertigungs-, Herstellungsbetrieb *m*, Produktionsstützpunkt *m*; **marginal p.** Betrieb an der Grenze der Rentabilität; **medicinal p.** 🌿 Arznei-, Heilpflanze *f*; **milk-processing p.** milchverarbeitender Betrieb; **multistage p.** mehrstufiger Betrieb; **net p.** (feste) Anlagen minus Abschreibungen; **jointly operated/owned p.** Gemeinschaftswerk *nt*; **own p.** Eigenanlage *f*; **potted p.** 🌿 Topfpflanze *f*; **principal p.** Hauptbetrieb *m*; **processing p.** Aufbereitungs-, Vered(e)lungsanlage *f*; **single-furnace p.** Einzelfeuerungsanlage *f*; **single-stage p.** einstufiger Betrieb; **standby p.** Reserveanlage *f*; **strike-bound p.** bestreikte Fabrik, bestreikter Betrieb; **subsidiary p.** Tochterbetrieb *m*, Zweigwerk *nt*, Nebenanlage *f*; **top p.** Spitzenbetrieb *m*; **turnkey p.** schlüsselfertige Anlage; **upstream p.** vorgelagerte Produktionsstätte; **useful p.** 🌿 Nutzpflanze *f*

plant *v/t* 1. (an-/be-/ein)pflanzen, anbauen; 2. aufstellen

plant accountant Betriebs-, Werksbuchhalter(in) *m/f*; **p. accounting (department)** Anlagen-, Betriebs-, Fabrikbuchhaltung *f*; **p. activities** Betriebsgeschehen *nt*; **p. administration** Anlagenverwaltung *f*; **p. agreement** Betriebs-, Werksvereinbarung *f*, Vertrag auf Betriebsebene; **p. amalgamation** Betriebszusammenlegung *f*

plan target Planziel *nt*, P.soll *nt*; **five-year p. t.** Fünfjahresplansoll *nt*

plant assets Betriebsanlagen

plantation *n* 1. 🌿 Pflanzung *f*, Plantage *f*, Kultur *f*; 2. 🌳 Schonung *f*; **ex p.** ab Pflanzung/Plantage; **p. system** Plantagenwirtschaft *f*

plant bargaining Verhandlungen auf Betriebsebene; **p.-based** *adj* 💲 pflanzlich, auf pflanzlicher Basis; **p. building** gewerbliches Betriebsgebäude

plant capacity Anlage-, Betriebs-, Werkskapazität *f*, betriebliche Leistungsfähigkeit; **maximum p. c.** Maximalkapazität *f*; **optimum/practical p. c.** Optimalkapazität *f*, optimale Kapazität

plant closing/closure Werks-, Fabriks-, Betriebsschließung *f*, (Betriebs)Stilllegung *f*, B.auflösung *f*; **~ aid** Stilllegungsprämie *f*; **p. conditions** Betriebsverhältnisse

plant construction Anlagenbau *m*; **industrial p. c.** Industrieanlagenbau *m*; **p. c. order** Anlagenauftrag *m*

plant contractor Anlagenbauer *m*; **p. costs** Anlagekosten; **p. cultivation** 🌿 Pflanzenzucht *f*; **p. design** Anlagenentwurf *m*; **p. director** Werks-, Betriebsleiter *m*, Fabrikdirektor *m*; **p. engineer** Betriebsingenieur *m*; **p. engineering** Anlagenbau *m*, Einrichtung und Betrieb industrieller/maschineller Anlagen; **p. equipment** Betriebsausstattung *f*

planter *n* 🌿 1. Pflanzer *m*, Plantagenbesitzer *m*; 2. Pflanz-, Sämaschine *f*

plant expansion/extension Betriebsvergrößerung *f*, B.erweiterung *f*, Werkserweiterung *f*; **~ program(me)** Ausbauprogramm *nt*; **p. extract** Pflanzenextrakt *nt*, pflanzliches Extrakt; **p. facilities** Werks-, Betriebsan-

to close down **plant** facilities

lagen, B.einrichtungen, B.vorrichtungen, betriebliche Einrichtungen, Fabrikbauten; **to close down p. facilities** Kapazität stilllegen; **p. gate** Fabrik-, Werkstor *nt*; **p. fidelity insurance** Betriebstreuhandversicherung *f*; **p. hire** Vermietung von Betriebs-/Industrieanlagen, (Bau)Maschinen-, Industrieanlagenvermietung *f*; **p. holidays** Werks-, Betriebsferien; **p. hygiene** Betriebshygiene *f*; **p. import** Einfuhr von Industrieanlagen; **p. improvements** Betriebsverbesserungen
planting *n* 🌱 An-, Bepflanzung *f*
plant inspection 1. Betriebsaufsicht *f*, B.begehung *f*; 2. ⊖ Pflanzenbeschau *f*; **p. inspectorate** Gewerbeaufsicht(samt) *f/nt*, Betriebsaufsicht *f*; **p. interruption** Betriebsunterbrechung *f*; **p. inventory** Betriebsinventur *f*; **p. investment** betriebliche Investition, Betriebsinvestition *f*, Investitionen in Betriebsstätten; **p. and machinery investment** Investitionen in Maschinen und Anlagen; **p. layout** Anlage-, Fabrikplanung *f*, innerbetriebliche Standortplanung; **p. leasing** (Industrie)Anlagenvermietung *f*, Vermietung von Betriebs-/Industrieanlagen; **p. ledger** (Sach)Anlagenbuch *nt*, A.konto *nt*, A.kartei *f*
plant level Werks-, Betriebsebene *f*; **above p. l.** überbetrieblich; **at p. l.** auf Betriebs-/Werksebene, einzelbetrieblich
plant loading Kapazitätsauslastung *f*; **p. location** (Betriebs-/Produktions)Standort *m*, betrieblicher Standort, Fabriklage *f*; **p. maintenance** Anlagenerhaltung *f*; **p. management** Betriebs-, Fabrik-, Werksleitung *f*; **~ overhead(s)** Fabrikleitungs-, Werksverwaltungsgemeinkosten *pl*; **p. manager** Betriebs-, Fabrik-, Werksleiter *m*, Betriebs-, Werks-, Fabrikdirektor *m*, Betriebsdezernent *m*, B.führer *m*; **p. meeting** Betriebsversammlung *f*; **p. mix variance** Produktionsmittelabweichung *f*; **p. nutrients** Düngemittel; **p. occupation** Betriebs-, Fabrikbesetzung *f*; **p. operating time** Betriebszeit *f*, B.dauer *f*; **continued p. operation** Fortführung des Betriebs; **p. organization** Betriebsorganisation *f*; **p. output** Betriebs-, Werksleistung *f*, Ausstoß pro Betrieb; **non-market p. output** innerbetriebliche Leistungen; **p. overhead(s)** Fabrikationsgemeinkosten; **p. departmental overhead(s)** Fertigungsstellengemeinkosten *pl*; **p. physician** Werks-, Betriebsarzt *m*; **p. premises** Werksgelände *nt*; **p. productivity** betriebliche Produktivität; **improved p. productivity** betriebliche Leistungssteigerung; **large-scale p. project** Großanlagenprojekt *nt*; **p. protectant** 🌱 Pflanzenschutzmittel *nt*; **p. protection** Pflanzenschutz *m*; **minimum p. rate** betrieblicher Mindestlohn; **p. records** Betriebs-, Fabrikunterlagen, Anlagenbuchhaltung *f*; **p. record card** Anlagenkarteiblatt *nt*; **p. refurbishment** Betriebsrenovierung *f*, Erneuerung der Anlagen; **p. register** Anlagenbestandsbuch *nt*; **p. relocation** Betriebsverlegung *f*, B.verlagerung *f*, Werks-, Fabrikverlegung *f*; **p. renewal** Anlagen-, Werkserneuerung *f*; **p. ~ reserve** Werkserneuerungsrücklage *f*; **p. rental** Maschinenmiete *f*, M.pacht *f*; **p. replacement** Anlagenersatz *m*; **p. rules** Fabrikordnung *f*, Betriebsrichtlinien; **p. sales** Anlagenverkäufe; **p. scheduling** Produktionspla-

nung *f*; **p. security** Werkssicherheit *f*, W.schutz *m*; **p. set-up** Betriebsstruktur *f*; **p. shutdown** (zeitweilige) Betriebs-/Fabrikschließung, Betriebssperre *f*; **p. site** Betriebs-, Fabrik-, Werksgelände *nt*, Werks-, Betriebs-, Fabrikgrundstück *nt*; **p. sit-in** Fabrik-, Betriebsbesetzung *f*
plant size Betriebsgröße *f*; **balanced p. s.** abgestimmte Betriebsgröße; **optimum p. s.** optimale Betriebsgröße; **p. s. variation** Betriebsgrößenabweichung *f*, B.variation *f*
plantsman *n* Pflanzenzüchter *m*
plant structure Betriebsstruktur *f*; **p. superintendent** Betriebsdirektor *m*, B.leiter *m*; **p. supervision** Betriebsüberwachung *f*; **p. supervisor** Betriebsaufseher *m*; **p. unit** Betriebseinheit *f*; **p. utilization** Betriebsausnutzung *f*, B.auslastung *f*, Kapazitätsauslastung *f*; **~ factor/ rate** Beschäftigungs-, Kapazitätsauslastungsgrad *m*; **p. visit** Werks-, Fabrik-, Betriebsbesichtigung *f*; **p. welfare facilities** betriebliche Sozial-/Wohlfahrtseinrichtungen; **p. write-down** Abschreibung auf Anlagen
plasm; plasma *n* Plasma *nt*; **p. display** 🖥 Plasmabildschirm *m*
plaster *n* 1. 🏛 *(Gips)* (Ver)Putz *m*; 2. 💲 Gips(verband) *m*, Pflaster *nt*; **to put in p.** eingipsen
plaster *v/t* bepflastern, bekleben
plasterboard *n* Gipskarton-, Zementfaserplatte *f*
plasterer *n* 🏛 Gipser *m*, Stuckateur *m*
plastic(s) *n* 1. Plastik *nt*, Kunststoff(e) *m/pl*; 2. Plastikgeld *nt*; *adj* Plastik-, Kunststoff-
plastics industry Kunststoffindustrie *f*; **p.-processing** *adj* kunststoffverarbeitend
plat *n* [US] 🏛 (Bau)Grundstück *nt*; *v/t* planen, entwerfen
plate *n* 1. Teller *m*; 2. 🖨 (Druck)Platte *f*, Scheibe *f*; 3. 🎨 Grobblech *nt*; **back p.** Rückwand *f*; **coloured p.** Farbenkunstdruck *m*; **engraved p.** Klischeeabzug *m*; **engraving p.** Klischeeplatte *f*; **heavy p.** Grobblech *nt*; **hot p.** Herd-, Heizplatte *f*; **negative p.** Negativätzung *f*; **planishing p.** Auflageplatte *f*; **thin p.** Feinblech *nt*
plate *v/t* 🖨 Klischee herstellen, klischieren
plateau *n* Hochebene *f*, Plateau *nt*; **to reach a p.** *(fig)* sich auf hohem Niveau stabilisieren
plate glass Fenster-, Flach-, Spiegel-, Tafelglas *nt*; **~ insurance** Glasversicherung *f*; **p.layer** *n* 🚂 Streckenarbeiter *m*; **p. mill** ⚙ Blech(walz)straße *f*, Grobstraße *f*
platen *n* Schreibwalze *f*; **p. latch** Walzenverriegelung *f*; **p. positioning control** Walzenverstellknopf *m*
plate printing 1. 🖨 Kupferdruck *m*; 2. *(Textilien)* Plattendruck *m*
platform *n* 1. (Arbeits)Bühne *f*, Rampe *f*, Plattform *f*, (Güter)Ladeplatz *m*; 2. 🚂 Bahnsteig *m*; 3. *(Redner)* Tribüne *f*, Podium *nt*, Forum *nt*; 4. *(fig)* Ausgangs-, Grundsatzposition *f*, Parteiprogramm, Grundsatzerklärung *f*; **p. of demands** Forderungspaket *nt*; **political p.** politisches Programm; **unique p.** einzigartige Plattform, einzigartiges Forum; **p. barrier** Bahnsteigsperre *f*; **p. car** 1. 🚂 Flach-, Rungenwagen *m*; 2. 🚚 Pritschenwagen *m*; **p.ticket** Bahnsteigkarte *f*; **p. trailer** 🚛 Anhänger ohne Aufbauten
platinum *n* Platin *nt*

play *n* 1. Spiel(erei) *nt/f*; 2. (Theater)Stück *nt*, Schauspiel *nt*; **p. of forces** Spiel der Kräfte; **free ~ market forces** freies Spiel der Marktkräfte; **to bring/put (o.s./so.) into p.** (sich/jdn) ins Spiel bringen; **to cast a p.** Stück besetzen; **to stage a p.** Stück aufführen
foul play 1. Nichteinhaltung der Spielregeln; 2. *(fig)* Schwindel *m*; **one-act p.** Einakter *m*
play *v/t* spielen; **p. down** herunterspielen, verniedlichen, bagatellisieren; **p. so. off against** jdn ausspielen gegen; **p. up** hochspielen
play|act *v/i* schauspielern; **p. area** Spielplatz *m*; **p.back** *n* Abspielen *nt*, Wiedergabe *f*; **p.bill** *n* Theaterplakat *nt*, T.programm *nt*; **p.book** *n* Textbuch *nt*
player *n* 1. Spieler(in) *m/f*; 2. Schauspieler(in) *m/f*; **to order a p. off the field** Spieler vom Platz verweisen; **foul p.** Falschspieler *m*; **global p.** weltweit tätiges/globales Unternehmen, ~ tätiger Anbieter
play|goer *n* Theaterbesucher *m*; **p.ground** *n* 1. (Kinder)Spielplatz *m*; 2. *(fig)* Spielwiese *f (fig)*; **p.house** *n* Schauspielhaus *nt*, Theater *nt*
playing card *n* Spielkarte *f*; **p. field** Sportplatz *m*
play|mate *n* Spielkamerad(in) *m/f*; **p. money** Spielgeld *nt*; **p.thing** *n* Spielzeug *nt*; **p.time** *n* Freizeit *f*; **p.wright** *n* Stückeschreiber *m*, Dramatiker *m*
plaza *n* *[US]* Einkaufszentrum *nt*
plea *n* 1. Bitte *f*; 2. [§] Plädoyer *nt*, Einrede *f*, Einwendung *f*, Vorbringen *nt*
plea in abatement (of nullity) [§] Nichtigkeitseinrede *f*, prozessuale Einrede, Einrede der Unzurechnungsfähigkeit; **p. of another action pending** [§] Einrede der Rechtshängigkeit; **~ former adjudication** Einrede der Rechtskraft; **p. for annulment** Nichtigkeitsklage *f*; **~ apportionment** Teilungseinrede *f*; **p. of insufficient assets in an estate** Dürftigkeitseinrede *f*; **p. in bar** prozesshindernde/rechtsvernichtende Einrede, Verwendung, Klageabweisungsantrag *m*; **p. of the crown** *[GB]* Strafklage *f*; **subject to a ~ demurrer** unter Aufrechterhaltung persönlicher Einreden; **p. in discharge** Einrede der Erfüllung/des erfüllten Vertrages; **p. of duress** Nötigungseinwand *m*; **~ estoppel** Einwand der unzulässigen Rechtsausübung, ~ des Rechtsmissbrauchs; **~ estoppel by laches** Verwirkungseinrede *f*; **~ exception** Verfahrenseinwand *m*, V.einrede *f*; **~ bad faith**; **~ fraud** Arglisteinrede *f*, exceptio doli *(lat.)*; **~ guilty** Schuldgeständnis *nt*, S.bekenntnis *nt*, Schuldigerklärung *f*; **~ not guilty** Nichtschuldigerklärung *f*; **p. for help** Hilferuf *m*, Bittgesuch *nt*; **p. of insanity** Einrede der Unzurechnungsfähigkeit, Berufung auf Prozessunfähigkeit/Unzurechnungsfähigkeit; **p. as to the jurisdiction** Zuständigkeitseinwand *m*, Einrede der Unzuständigkeit; **p. in justification** Berufung für die Wahrnehmung berechtigter Interessen; **p. of justification** Rechtfertigungsvorbringen unter Anerbieten des Wahrheitsbeweises; **~ lapse of time** Einrede der Verjährung; **p. in law** rechtshindernde Einrede; **p. on the merits of the plaintiff's claim** Einlassung zur Hauptsache; **p. of necessity (in criminal law)** Notwehreinwand *m*, Strafrechtsnotstand *m*, strafrechtlicher Notstand; **~ non-ability** Einwendung der Prozessunfähigkeit; **~ non est factum** *(lat.)* Bestreiten der Echtheit der Urkunde; **~ non-performance** Einrede des nichterfüllten Vertrages; **~ nullity** Nichtigkeitseinrede *f*; **p. for pardon** Gnadengesuch *nt*; **p. of privilege** Geltendmachung des Zeugnisverweigerungsrechts; **~ prior publication** Einrede der Vorveröffentlichung; **p. in reconvention** Einrede der Aufrechnung; **p. of unexhausted remedies** Einrede der Vorausklage; **~ res judicata** *(lat.)* Einwand der Rechtskraftwirkung; **~ the statute of limitations** Verjährungseinwand *m*, Einrede der Verjährung
to enter a plea [§] Einrede/Einwand erheben, ~ geltend machen; **~ of insanity** Einrede der Unzurechnungsfähigkeit vorbringen, Unzurechnungsfähigkeit einwenden; **to make a p.** Einspruch erheben; **to put in a p.** Rechtseinwand erheben; **~ of forgery** Echtheit bestreiten, Fälschung einwenden, Fälschungseinrede erheben; **~ of impossibility** Unmöglichkeit der Leistung einwenden; **~ as to jurisdiction** Gericht für unzuständig erklären, Einwand der Unzuständigkeit des Gerichts erheben
affirmative plea [§] Gegenvorbringen *nt*; **deceitful p.** Prozessbetrug *m*; **dilatory p.** dilatorische/aufschiebende Einrede, aufschiebendes Plädoyer, Fristgesuch *nt*, Verzögerungseinwand *m*; **immaterial p.** unerheblicher Einwand; **jurisdictional p.** Rüge der Unzuständigkeit, Zuständigkeitseinwand *m*; **negative p.** negatorische Einrede; **oral p.** mündlicher Vortrag; **peremptory p.** absolute Einrede; **relevant p.** rechtserheblicher Einwand; **special p.** besondere/neue Einrede; **substitute p.** Hilfseinwendung *f*
plead *v/ti* 1. sich einsetzen (für), argumentieren; 2. [§] plädieren, vorbringen, vertreten, sich berufen auf, einwenden, vortragen; **p. with so.** in dringend bitten, mit Bitten auf jdn eindringen; **p. guilty** sich schuldig bekennen; **p. not guilty** sich für unschuldig erklären; **unfit to p.** verhandlungsunfähig
pleader *n* [§] Prozessbevollmächtigte(r) *f/m*; **p. proceedings** Interventionsverfahren *nt*
pleading *n* 1. Plädoyer *m*; 2. Schriftsatz *m*; **p.s** [§] (Partei)Vortrag *m*, Vorverhandlung *f*, Vorbringen/Aussagen der Prozessparteien, vorbereitete Schriftsätze; **p. on the merits of a case** Einlassung zur Sache; **entering a p.** Einlassung *f*; **to draw up a p.** Schriftsatz aufsetzen
irrelevant pleading [§] (rechts)unerhebliches Vorbringen; **oral p.** mündliche Verhandlung/Rechtsausführung, mündliches Plädoyer; **sham p.** mutwilliges Parteivorbringen; **special p.** Beibringung neuen Beweismaterials; **subsequent/supplementary p.** ergänzender Schriftsatz, zusätzliches/nachträgliches (Partei)Vorbringen; **written p.** Schriftsatz *m*
pleasant *adj* angenehm
please *v/t* erfreuen, zufrieden stellen; **p. so.** jdm zusagen; **to do as one p.s** nach Belieben schalten und walten *(coll)*; **p. everybody** es allen recht machen; **hard to p.** schwer zufrieden zu stellen
pleased *adj* erfreut; **to be p.** sich freuen
pleasing *adj* angenehm, ansprechend, gefällig
pleasure *n* 1. Freude *f*, (Wohl)Gefallen *nt*; 2. Vergnü-

at one's **pleasure** 838

gen *nt*; **at one's p.** nach Belieben; **with the greatest (of) p.** liebend gern, herzlich willkommen; **it gives me p.** es freut mich; **to afford/give p.** Vergnügen/Lust bereiten; **to have p. in (doing)** gern tun, sich freuen zu tun
pleasure boat Musik-, Vergnügungsdampfer *m*; **p. cruise** Kreuz-, Vergnügungsfahrt *f*; **p. ground** Parkanlage *f*, Vergnügungspark *m*; **p. lover** Genussmensch *m*; **p.-seeking** *adj* genuss-, vergnügungssüchtig; **p. travel** Vergnügungsreisen; **p. trip** Vergnügungsausflug *m*, V.reise *f*; **p. yacht** ⚓ Luxusjacht *f*
plebiscite *n* Volksabstimmung *f*, V.entscheid *m*, Referendum *nt*, Plebiszit *nt*; **to hold a p.** Volksabstimmung durchführen
pledgable *adj* verpfändbar, beleihbar
pledge *n* 1. Pfand *nt*, P.gegenstand *m*, P.sache *f*, P.stück *nt*, Versatzstück *nt*; 2. Bürgschaft *f*, Sicherheit *f*; 3. Faust-, Sicherheits-, Unterpfand *nt*; 4. *(Mobiliar)* Pfandrecht *nt*; 5. Versprechen *nt*, Zusage *f*, Gelöbnis *nt*, Gelübde *nt*, ehrenwörtliche Versicherung; **as/by way of a p.** als Pfand, pfandweise, durch Hingabe eines Pfandstücks; **p. of chattels** Verpfändung beweglicher Sachen; **~ goods** Warenverpfändung *f*; **~ secrecy** Geheimhaltungsverpflichtung *f*; **under the ~ secrecy** unter dem Siegel der Verschwiegenheit; **~ securities** Sicherheitenverwertung *f*
to foreclose on a pledge Pfand für verfallen/verwirkt erklären; **to give in/put in/put to p.** verpfänden, versetzen, als Pfand geben; **to hold in p.** als Pfand (unter)halten/besitzen; **to realize a p.** Pfand verwerten; **to redeem a p.** Pfand einlösen; **to release from p.** aus der Sicherung entlassen; **to secure by p.** dinglich sichern; **to sign/take the p.** sich zur Enthaltsamkeit verpflichten, dem Alkohol abschwören; **to take in p.** Pfand nehmen; **~ out of p.** *(Pfand)* einlösen
documentary pledge Dokumentenpfand *nt*; **living p.** Grundstücksübertragung gegen Stundung des Kaufpreises, Grundstücksverpfändung bis zur Schuldtilgung durch laufenden Ertrag; **negative p.** Nichtbesicherungsklausel *f*; **~ clause** Negativ-, Nebenklausel *f*; **unredeemed p.** uneingelöstes Pfand
pledge *v/t* 1. verpfänden, versetzen, als Pfand bestellen/hinterlegen; 2. (sich) verpflichten, (fest) zusagen, zusichern, (feierlich) versichern, versprechen; **p. o.s. to do sth.** sich verpflichten, etw. zu tun
pledge agreement Pfandvertrag *m*; **p. custody** Pfandverwahrung *f*
pledged *adj* 1. verpfändet, zur Sicherheit; 2. *(Wertpapier)* in Pension
pledgee *n* 1. Pfandgläubiger(in) *m/f*, P.besitzer(in) *m/f*, P.nehmer(in) *m/f*, P.verleiher(in) *m/f*, P.inhaber(in) *m/f*; 2. *(Wertpapier)* Pensionsgeber *m*; **p.-endorsee** *n* Pfandindossatar *m*
pledge endorsement Pfandindossament *nt*; **p.-free** *adj* pfandfrei; **p.-holder** *n* Pfandhalter *m*; **p. loan** Pfandanleihe *f*
pledger *n* → **pledgor**
pledging *n* Pfandbestellung *f*, Verpfändung *f*; **p. and assigning of accounts receivable** Verpfändung und Abtretung von Forderungen; **p. against loan** Pensionsgeschäft *nt*; **p. of securities** Beleihung/Verpfändung von Effekten, Effektenpensionierung *f*; **~ deposited securities** Depotverpfändung *f*; **onward p.** Weiterverpfändung *f*; **third-party p.** Drittverpfändung *f*; **p. limit** Verpfändungsgrenze *f*
pledgor *n* Pfandschuldner(in) *m/f*, P.geber(in) *m/f*, P.besteller(in) *m/f*, Verpfänder(in) *m/f*
plenary *adj* Voll-, Plenar-
plenipotentiary *n* (General-/Sonder-/Verhandlungs)Bevollmächtigte(r) *f/m*; *adj* mit allen Vollmachten ausgestattet
plentiful *adj* reichlich, im Überfluss vorhanden, ergiebig; **p.ness** *n* Überfluss *m*, Fülle *f*, Reichtum *m*, Ergiebigkeit *f*
plenty *n* Fülle *f*, Überfluss *m*, Reichtum *m*, Menge *f*; *adj* in Hülle und Fülle *(coll)*
plethora *n* Fülle *f*, Masse *f*
pleurisy *n* ✚ Brust-, Rippenfellentzündung *f*
pliable *adj* 1. biegsam, geschmeidig; 2. *(Person)* fügsam, nachgiebig
pliancy *n* Fügsamkeit *f*; **p. rule** Kurvenlineal *nt*
pliant *adj* *(Person)* leicht zu bearbeiten, fügsam
pliers *pl* ✪ (Kombi)Zange *f*
plight *n* missliche/schwierige/bedrängte Lage, Not-, Zwangslage *f*, Misere *f*, Not *f*, Elend *nt*, schwierige Situation; **economic p.** wirtschaftliche Notlage/Misere; **financial p.** finanzielle Notlage, Geldklemme *f*, Finanzmisere *f*; **desperate ~ p.** desolate Finanzlage; **hopeless p.** hoffnungslose Lage
plimsoll line ⚓ (Höchst)Lademarke *f*, Ladelinie *f*
p & l (profit and loss) item *(Bilanz)* Gewinn- und Verlustrechnung (GuV) *f*
plod *v/i* schuften
plot *n* 1. Flur-, Grundstück *nt*, Gelände *nt*, Parzelle *f*; 2. 🏛 Grundriss *m*, G.plan *m*; 3. grafische Darstellung, Diagramm *nt*; 4. ▦ Teilstück *nt*; 5. Verschwörung *f*, Komplott *nt*, Intrige *f*; **p. of land** Grundstücks-, Landparzelle *f*, Stück Land; **~ usufruct** Nießbrauchgrundstück *nt*
to develop a plot Gelände/Grundstück erschließen; **to foil a p.** Komplott vereiteln; **to hatch a p.** Verschwörung aushecken, Ränke schmieden; **to let a p. of land** Grundstück verpachten; **to mark/peg/stake out a p. of land** Parzelle/Grundstück abstecken; **to uncover a p.** Verschwörung aufdecken; **to value a p.** Grundstück (ab)schätzen
vacant plot unbebautes Grundstück
plot *v/t* 1. (ein)zeichnen, abstecken; 2. grafisch darstellen; 3. Komplott schmieden, intrigieren, sich verschwören
plot ratio Bebauungsdichte *f*; **missing p. technique** ▦ Verfahren der Ergänzung fehlender Werte
plotter *n* 1. Kurvenzeichner *m*, K.schreiber *m*, Planzeichner *m*, Zeichengerät *nt*, Plotter *m*; 2. Verschwörer *m*, Intrigant *m*, Ränkeschmied *m*
plotting *n* Planzeichnen *nt*; **p. paper** Zeichen-, Millimeterpapier *nt*; **p. scale** Zeichenmaßstab *m*
plough *n* 1. *[GB]* 🜨 Pflug *m*; 2. 🜨 Hobel *m*; **to follow the p.** hinter dem Pflug gehen; **to put to the p.** *(Land)* unter den Pflug nehmen

plough v/t [GB] ⚒ pflügen, (be)ackern; **p. back** (fig) (Gewinn) reinvestieren, erneut investieren, wieder anlegen; **p. through** durchackern; **p. under** unterpflügen
plough-back n   Reinvestition f, Selbstfinanzierung f; **gross p.-b.** Bruttoselbstfinanzierung f
ploughing back n   Wiederanlage f, Reinvestition f; **~ of profits** Einbehaltung von Gewinnen (zu Investitionszwecken)
plow n [US] → **plough** n [GB]
ploy n   Trick m, Mittel nt
p & l (profit and loss) sheet   Gewinn- und Verlustrechnung (GuV) f
pluck n   Schneid m, Mut m, Tapferkeit f; v/t 1. pflücken; 2. (Federvieh) rupfen; **to be p.ed** (fig) Federn lassen (fig)
plug n   (coll) 1. Stöpsel m, Stift m, Dübel m; 2. ⚡ Stecker m; 3. Schleichwerbung f; **to pull the p. on so.** jdm den Boden unter den Füßen wegziehen (fig); **~ sth.** (fig) einer Sache die Grundlage entziehen; **to put in a p. for** Schleichwerbung machen für
incandescent plug   ⚙ Glühkerze f; **multiple p.** ⚡ Mehrfachstecker m; **twin p.** Doppelstecker m; **universal p.** Sammelstecker m
plug v/t   1. stecken; 2. verstopfen, zustopfen; 3. Schleichwerbung machen für/betreiben, werben für; **p. away at sth.** (coll) sich mit etw. abrackern (coll); **p. in** ⚡ einstöpseln
plug-and-socket/plug-in connection   ⚡ Steckanschluss m; **p.-in unit** Steck(bau)einheit f
plum n   1. ⚘ Pflaume f; 2. (coll) Extradividende f; 3. (coll) Gratisaktie f; **to pick off the p.s** (fig) sich die Rosinen herauspicken (fig)
plumb n   Lot nt, Senkblei nt; **out of p.** aus dem Lot
plumb v/t   sondieren; adj lotrecht; **p. bob** ⚖ Richtblei nt
plumbed in adj   mit Anschlüssen versehen
plumber n   Klempner m, Installateur m; **p.s and housefitters** Installationsgewerbe nt, I.handwerk nt; **p.'s merchant** Sanitärgroßhandel m; **~ shop** Klempnerwerkstatt f
plumbiferous adj   ☣ bleihaltig
plumbing n   Installation(sanlagen) f/pl, Klempnerarbeit f, K.handwerk nt; **p. and wiring** Installationsarbeiten pl; **p. fixtures** sanitäre Einrichtungen
plume of smoke n   Rauchfahne f; **borrowed p.s** (fig) fremde Federn (fig)
plum job   (coll) lukrativer Posten, Bombenstelle f (coll), Traumjob m (coll)
plummet n   Richtblei nt; v/i (Preis) kräftig/stark fallen, stürzen, kippen, absacken
plump p. for sth.   sich für etw. entscheiden
plum site   (coll) Spitzenlage f
plunder n   1. (Aus)Plünderung f; 2. Beute f; v/t plündern, ausrauben; **p.ing** n Plünderei f, Plünderung f
plunge n   1. Sprung m, plötzlicher Fall m; 2. (fig) (Kurs)Sturz m, Fehlspekulation f, Reinfall m (coll); 3. Eintauchen nt; **to take a p.** 1. (Börsenkurse) stark fallen, stürzen; 2. spekulieren; **~ the p.** (fig) Sprung (ins kalte Wasser) wagen (fig), ins kalte Wasser springen (fig)

plunge v/i   1. plötzlich/stark (im Wert) fallen, stürzen; 2. waghalsig spekulieren; **p. into sth.** sich in etw. stürzen
plunger n   1. starker Rückgang, (Kurs)Sturz m; 2. (coll) Spekulant m
plural n   Mehrzahl f, Plural m; **p.ism** n Pluralismus m; **p.istic** adj pluralistisch
plurality n   Mannigfaltigkeit f, Vielzahl f; **p. of acts** § Tatmehrheit f; **~ creditors** Gesamtgläubiger pl, Gläubigermehrheit f; **~ debtors** Gesamtschuldner pl, Schuldnermehrheit f; **~ debtors and creditors** Mehrheit von Schuldnern und Gläubigern; **~ heirs** Mehrheit der Erben, Erbenmehrheit f; **~ things** Sachenmehrheit f
plural vote   Mehrfachstimmrecht nt
pluri-annual adj   mehrjährig
plus prep   zuzüglich, plus; n Aktivposten (fig) m, Vorteil m, Pluspunkt m; **to be a p.** von Vorteil sein
plush n   Plüsch m; adj vornehm, elegant, Nobel-
plus/-plus conflict   Äquivalenzkonflikt m; **p. sign** π Pluszeichen nt, positives Vorzeichen
pluto|cracy n   Plutokratie f, Finanz-, Geldaristokratie f, G.herrschaft f, Finanzadel m; **p.crat** n Plutokrat m; **p.cratic** adj plutokratisch
pluvius (lat.) **insurance** n   Regenversicherung f
ply v/ti   1. gebrauchen, umgehen mit; 2. befahren; 3. (regelmäßig) verkehren, pendeln; **p.wood** n Sperrholz nt; **~ box** Sperrholzkiste f
p. m. (post meridiem) (lat.) nachmittags
pneu|matic adj   Druck-, Pressluft, mit Druckluft angetrieben/betrieben; **p.moconiosis** n ☣/⚕ Silikose f, Staublunge f; **p.monia** n ⚕ Lungenentzündung f
P O (postal order)   [GB] Postbarscheck (in fester Stückelung)
poach v/t   1. wildern; 2. (fig) (Arbeitskräfte/Kunden) abwerben, abspenstig machen; **p.er** n Wilderer m, Jagd-, Wilddieb m, Jagdfreveler m
poaching n   1. Wilderei f, Wildern nt, Wild-, Jagdfrevel m; 2. (Arbeitskräfte/Kunden) Abwerbung f; **p. of customers** Kundenabwerbung f; **~ labour** Abwerbung von Arbeitskräften
P.O.B. (Post Office Box)   Postfach nt; **~ number** Postfachnummer f
pocket n   1. Tasche f, Geldbeutel m; 2. Ablage(fach) f/nt; **for every p.** für jeden Geldbeutel; **light on the p.** erschwinglich, finanziell tragbar; **out of one's own p.** aus eigenen Mitteln, aus eigener Tasche; **to pay ~ p.** selbst/aus der eigenen Tasche bezahlen; **p. of unemployment** Gebiet mit hoher Arbeitslosigkeit
to be in pocket   gut bei Kasse sein; **~ out of p.** draufgelegt haben, kein Geld (mehr) haben, pleite sein (coll); **to dip into one's p.** in die Tasche greifen; **~ into so.'s p.s** jdm in die Tasche greifen; **~ deep into one's p.** tief in den Geldbeutel greifen; **to line one's p.s** sich bereichern/sanieren, in die eigene Tasche arbeiten/wirtschaften, sich die Taschen füllen; **to pick so.'s p.** Taschendiebstahl begehen; **to put so. in one's p.** (coll) mit jdm spielend fertigwerden
average pocket   (fig) Durchschnittseinkommen nt
pocket v/t   einstecken, einheimsen, verdienen, kassieren, in die Tasche stecken

pocket book *n* 1. Notiz-, Taschenbuch *nt*; 2. *[US]* Brieftasche *f*; **~ edition/issue** Taschenbuchausgabe *f*; **p. calculator** Taschenrechner *m*; **p. calendar** Taschenkalender *m*; **p. dictionary** Taschenwörterbuch *nt*; **p. edition** Taschenbuchausgabe *f*; **p. execution** [§] Taschenpfändung *f*; **suspended p. filing** Hängeregister *nt*, H.registratur *f*; **p. flask** Reiseflasche *f*; **a p.ful** *n* eine Tasche voll; **p. guide** Führer im Taschenbuchformat; **p. knife** Taschenmesser *nt*; **p. lighter** Taschenfeuerzeug *nt*; **p. money** Taschengeld *nt*; **~ rule for minors** [§] Taschengeldparagraf *m [D]*; **p. picking** Taschendiebstahl *m*; **p. size** (Westen)Taschenformat *nt*; **p.-size(d)** *adj* im (Westen)Taschenformat; **p. timetable** Taschenfahrplan *m*; **p. veto** *[US]* Verzögerung eines Gesetzentwurfes; **p. watch** Taschenuhr *f*

point *n* 1. (Zeit)Punkt *m*; 2. π Dezimalpunkt *m*; 3. Platz *m*, Stelle *f*; 4. Spitze *f*; 5. Ansicht *f*, Standpunkt *m*, Frage *f*, Sache *f*; 6. Hinweis *m*; 7. Anschluss-, Index-, Pluspunkt *m*; 8. Kernpunkt *m*, K.frage *f*; **p.s** *[US]* 🚂 Weiche *f*; **p. against** Minuspunkt *m*; **at a certain p.** punktuell; **beside the p.** unerheblich, nicht zur Sache gehörig, irrelevant, unwichtig; **to the p.** zur Sache gehörig, sach(dien)lich

point of acceptance (Waren)Annahmestelle *f*; **turning ~ economic activity** konjunktureller Wendepunkt; **~ a charge** [§] Anklagepunkt *m*; **attainable p. in commodity space** erreichbarer Nettoproduktivitätsvektor; **p. of condensation** ⊞ Häufigkeitspunkt einer Menge; **~ contact** Berührungspunkt *m*; **~ the contract** Vertragspunkt *m*; **~ control** ⊞ Indifferenz-, Kontroll-, Prüfungspunkt *m*; **~ controversy** Streitfrage *f*; **~ culmination** Höhe-, Kulminationspunkt *m*; **high p. in the cycle** Konjunkturhoch *nt*; **low ~ the cycle** Konjunkturtief *nt*; **p. of delivery** Lieferort *m*; **~ departure** Ausgangspunkt *m*; **main ~ departure** Hauptansatzpunkt *m*; **~ destination** Bestimmungsort *m*; **~ detail** Einzelfrage *f*; **~ discontinuity** ⊞ Unstetigkeitsstelle *f*; **~ dispute** Streitpunkt *m*; **~ entry** ⊖ Eingangsort *m*, Grenzübergang *m*; **~ exit** ⊖ Austrittsort *m*; **~ fact** Tatsache *f*; **in ~ fact** tatsächlich; **~ hire** 🚚 Mietbüro *nt*; **~ honour** Ehrensache *f*; **~ impact** Aufschlagpunkt *m*; **high ~ imports** Einfuhrhoch *nt*; **low ~ imports** Einfuhrtief *nt*; **~ intersection** Schnittpunkt *m*; **~ interest** interessante Einzelfrage *f*; **p. at/of issue** Streitfrage *f*, S.punkt *m*, strittige Frage, umstrittener/strittiger Punkt

point of law Rechtsfrage *f*; **incorrect on a ~ law** rechtsfehlerhaft; **~ substantive law** materiell-rechtliche Frage; **to advise so. on a ~ law** jdn juristisch beraten; **to argue a ~ law** Rechtsfrage erörtern; **to settle a ~ law** eine Rechtsfrage klären

point of light Lichtpunkt *m*; **~ order** Geschäftsordnungs-, Verfahrensfrage *f*; **on a ~ order** zur Geschäftsordnung; **to speak on a ~ order** zur Geschäftsordnung sprechen; **~ origin** Herkunfts-, Ursprungsort *m*; **p. by p.** Punkt für Punkt; **p. to p.** Wegstrecke *f*; **p. of presence (POP)** Internetknoten *m*; **~ principle** grundsätzliche Frage; **~ purchase** Einkaufs-, Kaufplatz *m*, K.ort *m*; **~ receipt** Materialannahmestelle *f*; **~ reference** Bezugs-, Orientierungspunkt *m*; **~ no return** Stelle/Punkt, von der/dem es kein Zurück mehr gibt; **~ sale (POS)** Verkaufsort *m*; **electronic ~ sale (EPOS)** elektronische Ladenkasse; **~ sale (POS) terminal** 🖥 (Daten)Kasse *f*, Kassenterminal *nt*; **~ saturation** Sättigungspunkt *m*; **~ separation** Gabelungspunkt *m*; **~ shipment** Versand-, Verlade-, Verschiffungsort *m*; **~ substance** Sachargument *m*; **~ time** Zeitpunkt *m*; **terminal ~ transportation** Endpunkt der Beförderung

point of view Gesichts-, Standpunkt *m*; **from my ~ view** aus meiner Sicht/Warte; **legal ~ view** Rechtsstandpunkt *m*

equal on points punktgleich; **the p. is** der springende Punkt ist; **when it comes to the p.** wenn es ernst wird; **p. to which the seller pays all costs** Kostenpunkt *m*; **p. where the risk passes to the buyer** Risikopunkt *m*

to adjudge a point of law Rechtsfrage entscheiden; **to be beside the p.** nicht zur Sache gehören/gehörig sein, am Thema vorbeigehen; **~ on the p. of doing sth.** im Begriff sein, etw. zu tun; **to beat so. on p.s** jdn nach Punkten schlagen; **to carry/force one's p.** sein Ziel erreichen, seinen Kopf/sich durchsetzen; **to close ... p.s down/up** bei Börsenschluss um ... Punkte niedriger/höher notieren; **to come (straight) to the p.** (sogleich) zur Sache kommen; **to gain ... p.s** *(Kurs)* ... Punkte gewinnen, sich um ... Punkte verbessern; **to have a p.** in einer Hinsicht recht haben; **~ one's good p.s** über bestimmte Qualitäten verfügen; **~ (got) a. p.** recht haben, Argumente auf seiner Seite haben; **to keep to the p.** bei der Sache/sachlich/beim Thema bleiben, nicht abschweifen; **to labour a p.** etw. breittreten; **to lack p.** nichts besagen; **to make a p.** Argument vorbringen; **~ a p. of sth.** auf etw. Wert/Nachdruck legen, ~ bestehen, etw. ausdrücklich feststellen; **~ one's p.** sich durchsetzen; **to miss the p.** etw. missverstehen; **to press one's p.** seinen Standpunkt nachdrücklich vertreten; **to speak to the p.** zur Sache sprechen; **to stick to the p.** beim Thema bleiben; **to stretch a p.** ein Auge zudrücken *(fig)*; **to talk to the p.** sich zur Sache äußern, zur Sache reden

addressable point 🖥 adressierbarer Punkt; **base p.** Basispunkt *m*; **~ system** Basispunktsystem *nt*; **breakeven p.** Gewinn-, Verlustschwelle *f*; **central p.** Kernpunk *m*; **contentious p.** Streitpunkt *m*; **crucial/decisive p.** springender Punkt, Angelpunkt *m*; **decimal p.** π Dezimalpunkt *m*, D.komma *nt*, Komma(stelle) *nt/f*; **decisive p.** springender Punkt; **extra p.** Pluspunkt *m*; **fixed p.** 1. π Festkomma *nt*; 2. ⊞ Fest-, Fixpunkt *m*; **floating p.** Fließ-, Gleitkomma *nt*, Fließ-, Gleitpunkt *m*; **~ computation** Gleitpunktrechnung *f*; **focal p.** Brennpunkt *m*, Mittelpunkt *m*; **high p.** Höhepunkt *m*; **legal p.** juristisches Argument, rechtlicher Gesichtspunkt; **controversial ~ p.** streitige Rechtsfrage; **low p.** Tiefstand *m*, T.punkt *m*, Wellental *nt (fig)*; **main p.** Hauptsache *f*; **median p.** π Mittelpunkt *m*; **moot p.** offene Frage; **nodal p.** Knotenpunkt *m*; **perilous p.** Risikoschwelle *f*; **primary p.** *[US]* 🚂 Hauptumschlagplatz *m*; **salient p.** springender Punkt; **set p.** Sollwert *m*; **sore p.** wunder/neuralgischer Punkt; **to touch a ~ p.** an einen wunden Punkt rühren; **split-off p.** Gabelungs-

punkt *m*; **sticking p.** heikler Punkt, Kasus knacktus *m (coll)*; **strong p.** Stärke *f*, starke Seite; **telling p.** *(fig)* bezeichnender Zug; **terminal p.** Endpunkt *m*; **valid p.** wertvoller Hinweis; **weak p.** Schwachstelle *f*, S.punkt *m*, schwache Stelle, wunder Punkt; **~ analysis** Schwachstellenanalyse *f*; **the whole p.** Sinn und Zweck (des Ganzen)
point (out) *v/t* aufzeigen, hinweisen auf, aufmerksam machen auf, ausführen, darlegen, betonen, herausstellen; **~ first** *(Rede)* voraus-, voranschicken; **p. to(wards)** 1. hindeuten/hinweisen/verweisen auf; 2. richten auf; 3. schließen lassen auf
pointl-blank glatt, ohne Umschweife; **p. density** Wahrscheinlichkeitsdichte in einem Punkt
pointed *adj* 1. spitz; 2. pointiert
point elasticity Punktelastizität *f*
pointer *n* 1. Hinweis *m*, Indiz *nt*, Anzeichen *nt*, Anhaltspunkt *m*; 2. Fingerzeig *m*, Wink *m*, Tipp *m*; 3. Test *m*, Barometer *nt (fig)*; 4. Anzeiger *m*; 5. *(Grafik)* Keil *m*; **cyclical p.** Konjunktursignal *nt*; **early p.** Frühsymptom *nt*, F.indikator *m*; **economic p.** volkswirtschaftlicher Indikator, Konjunkturindikator *m*; **p. qualification** Zeigerkennzeichnung *f*
point estimate Punktschätzung *f*; **p. forecast** Punktprognose *f*; **p.less** *adj* zweck-, sinn-, gegenstandslos; **p. output** einmalige Ausbringung; **p. plotting** punktförmiges Zeichnen; **p. position** π Kommastellung *f*; **p.s rating** Punktbewertung *f*; **~ method** Stufenwertzahlverfahren *nt*; **p. rationing** Rationierung von Produktgruppen; **p. sampling** Punkt-, Stichprobenverfahren *nt*; **p.s score** Punktwert *m*; **p. setting** Kommaeinstellung *f*; **p.s. system** Punktesystem *nt*, Stufenwertzahlverfahren *nt*; **p.s value** Punktwert *m*; **p. wage system** Punktlohnsystem *nt*
poise *n* 1. Haltung *f*; 2. Gelassenheit *f*, Ausgeglichenheit *f*, (innere) Sicherheit; 3. Schwebe *f*, Unentschiedenheit *f*; **to have p.** sicher auftreten; **to recover one's p.** seine Haltung wieder finden
poised *adj* 1. gelassen, selbstsicher; 2. bereit; **to be p.** 1. im Begriff/bereit/auf dem Sprung/drauf und dran sein; 2. in der Schwebe sein
poison *n* Gift *nt*; **to administer p.** Gift beibringen; **to concoct p.** Gift mischen; **to take p.** Gift nehmen
poison *v/t* vergiften, verseuchen; **p. cabinet** Giftschrank *m*; **p. gas** Giftgas *nt*
poisoning *n* Vergiftung *f*, Verseuchung *f*; **p. of the atmosphere** Luftverpestung *f*; **accidental p.** Vergiftungsunfall *m*; **alcoholic p.** Alkoholvergiftung *f*
poisonous *adj* giftig
Poisson distribution Gesetz der seltenen Ereignisse
poke *v/i* stochern; **p. around** *(coll)* herumschnüffeln *(coll)*
poker *n* 1. Schürhaken *m*; 2. Poker *m/nt*; **as stiff as a p.** stocksteif; **p.face** *n* Pokergesicht *nt*
polar *adj* polar; **p.ity** *n* Polarität *f*
pole *n* 1. Pol *m*; 2. Stange *f*; **magnetic p.** magnetischer Pol; **positive/negative p.** Plus-/Minuspol *m*
in pole position 1. in der Innenspur; 2. *(fig)* in einer vorteilhaften Ausgangsposition

police *n* (Schutz)Polizei *f*; **wanted by the p.** steckbrieflich gesucht; **to be picked up by the p.** von der Polizei aufgegriffen werden; **to call the p.** die Polizei holen; **to notify the p. of sth.** die Polizei von etw. unterrichten; **to register with the p.** sich polizeilich melden, sich bei der Polizei (an)melden; **to report to the p.** 1. bei der Polizei anzeigen, Anzeige erstatten; 2. sich bei der Polizei melden; **to surrender to the p.** sich der Polizei stellen
local police Ortspolizei *f*; **military p.** Militärpolizei *f*; **mounted p.** berittene Polizei; **municipal/urban p.** Stadtpolizei *f*; **sanitary p.** Gesundheitspolizei *f*; **secret p.** Geheimpolizei *f*
police *v/t* 1. überwachen, beaufsichtigen; 2. Polizei einsetzen
police action polizeiliche Maßnahme; **p. administration act** Polizeiverwaltungsgesetz *nt*; **p. alarm** Polizeimelder *m*; **p. archives** Polizeiarchiv *nt*; **p. authority** Polizei-, Ordnungsbehörde *f*; **p. badge** Polizeiabzeichen *nt*; **p. bail** [§] von der Polizei angeordnete Kaution; **p. ban** polizeiliches Verbot; **p. bye-law/bylaw** Polizeiverordnung *f*; **p. car** Polizeiauto *nt*; **p. chief** Polizeichef *m*; **p. commissioner** Polizeidirektor *m*; **p. complaints board** *[GB]* Beschwerdestelle für Polizeiangelegenheiten; **p. constable** (Polizei)Wachtmeister *m*; **p. cordon** Polizeikordon *m*; **p. court** Polizei-, Schnellgericht *nt*; **p. custody/detention** Polizeigewahrsam *m*; **in p. custody** in polizeilichem Gewahrsam; **p. department** Polizeiderzernat *nt*; **p. detachment** Polizeiaufgebot *nt*; **p. detective** Kriminalbeamter *m*; **p. dog** Polizeihund *m*; **p. escort** Polizeieskorte *f*; **p. file** Polizeiakte *f*; **p. force** (Schutz)Polizei *f*; **p. functions** Polizeiaufgaben; **p. gazette** Fahndungsblatt *nt*; **p. headquarters** Polizeipräsidium *nt*, Hauptwache *f*; **p. informer** Polizeispitzel *m*; **p. inspector** Polizeiinspektor *m*; **p. interrogation** polizeiliche Vernehmung; **p. intervention** polizeiliches Eingreifen; **p. investigation** polizeiliche Untersuchung; **p. judge** *[US]* /**magistrate** Schnell-, Polizeirichter *m*; **p. law** Polizeirecht *nt*; **p. line-up** Gegenüberstellung *f*
policeman *n* Polizist *m*, Schutzmann *m*, S.polizist *m*, Ordnungshüter *m*, Hüter des Gesetzes; **auxiliary p.** Hilfspolizist *m*; **plain-clothes p.** Polizist in Zivil; **sleeping p.** *(fig)* Straßenschwelle *f*
police officer Polizeibeamter *m*, P.beamtin *f*, Polizist(in) *m/f*; **p. officers** Polizeikräfte; **p. operation** Polizeiaktion *f*, P.einsatz *m*; **p. order/ordinance** polizeiliche Anordnung/Auflage/Verfügung/Verordnung, Polizeianordnung *f*; **p. organization act** Polizeiorganisationsgesetz *nt*; **p. patrol/picket** Polizeistreife *f*; **p. powers** Polizeibefugnisse, P.gewalt *f*, polizeiliche Vollmacht(en); **p. precinct** Polizeirevier *nt*; **p. presence** Polizeiaufgebot *nt*; **p. protection** Polizeischutz *m*; **p. radio** Polizeifunk *m*; **p. raid** Polizeieinsatz *m*, P.razzia *f*, P.aktion *f*
police record kriminelle Vergangenheit, Vorstrafen(register) *pl/nt*; **p. r.s** Polizeiregister *nt*, P.archiv *nt*; **to have a p. r.** vorbestraft/polizeilich bekannt sein
police regulations polizeiliche Vorschriften; **p. report**

polizeiliche Meldung, Polizeibericht m, polizeiliches Protokoll; **p. sergeant** Hauptwachtmeister m; **p. service** Polizei(dienst) f/m; **p. spy** Polizeispitzel m; **p. state** Polizeistaat m; **p. station** (Polizei)Wache f, P.revier nt, P.station f; **p. summons** polizeiliche Vorladung; **p. surveillance** polizeiliche Aufsicht/Überwachung, Polizeiüberwachung f; **p. unit** Polizeieinheit f; **p. van** (größeres) Polizeifahrzeug; **p.woman** n Polizeibeamtin f, Polizistin f

policing n Überwachung f, Beaufsichtigung f, Polizeieinsatz m; **p. measures** Überwachungs-, Aufsichts-, Kontrollmaßnahmen

policy n 1. Politik f, Verfahrensweise f; 2. Grundsatz m, Verhaltensregel f; 3. (Vers.) Police f, Versicherungsschein m, V.vertrag m; 4. *[US]* Lotto nt

policy of confrontation Konfliktstrategie f; **~ deflation** Deflationspolitik f; **~ detente** (frz.) Entspannungspolitik f; **~ technological development** Technologiepolitik f; **~ diversification** Diversifikationspolitik f; **regulatory p. in a free-market economy** marktwirtschaftliche Ordnungspolitik; **p. of exclusiveness** Ausschließlichkeitspolitik f; **~ expansion** Expansionspolitik f, expansionsorientierte Geschäftspolitik; **p. in force** gültige Versicherung; **(total) policies in force** Versicherungs-, Vertragsbestand m; **p. of inflation** Inflationspolitik f; **~ high interest rates** Hochzinspolitik f; **~ low interest rates** Niedrigzinspolitik f; **~ intervention** Interventionismus m; **p. to order** Orderpolice f; **p. of profit accumulation** Thesaurierungspolitik f; **~ restraint** Dämpfungspolitik f, restriktive Politik; **~ restraint in sales** zurückhaltende Verkaufspolitik; **~ stability** Stabilitätspolitik f

it is my policy to es ist mein Grundsatz, dass; **as per p. enclosed** laut beiliegender Police

to adhere to a policy an der Linie festhalten; **to adopt a p.** sich für eine Politik entscheiden; **~ a new p.** einen neuen Kurs einschlagen; **to amend a p.** Police ergänzen; **to assign a p.** Police übertragen; **to be contrary to public p.** gegen die öffentliche Ordnung oder gegen die guten Sitten verstoßen; **to borrow on a p.** Police beleihen; **to cash a p.** Versicherungspolice einlösen, sich die Versicherungssumme auszahlen lassen; **to cancel a p.** Versicherungsvertrag kündigen; **to claim on a p.** aus einer Police Ansprüche geltend machen; **to continue a p.** etw. weiterversichern; **to formulate a p.** Richtlinien aufstellen; **to hold a p.** versichert sein; **to issue a p.** (Versicherungs)Police ausstellen/ausfertigen; **to lend on a p.** Police beleihen; **to pay up a p.** Versicherung/Prämien voll einzahlen; **to promote a p.** Politik verfolgen; **to pursue a p.** Politik betreiben/verfolgen; **to redeem a p.** Police zurückkaufen; **to reinstate a (lapsed) p.** (abgelaufene) Versicherung wieder aufleben lassen; **to renew a p.** (Versicherungs)Police erneuern; **to surrender a p.** (Versicherungs)Police abtreten/zurückkaufen; **to take out a p.** Versicherungsvertrag/V.police abschließen

acquisitive policy Beteiligungspolitik f; **additional p.** Zusatz-, Nachtragspolice f, Zusatzversicherung f; **agrarian/agricultural p.** Agrar-, Landwirtschaftspolitik f; **common agricultural p. (CAP)** *(EU)* gemeinsame Agrarpolitik, Agrarpolitik der Gemeinschaft; **all-in/all-risks p.** Global-, Pauschal-, Universal(versicherungs)police f, Allgefahrdeckung f, Versicherung ohne Franchise; **annual p.** Jahresversicherung f, J.police f; **anticyclical p.** (antizyklische) Konjunkturpolitik; **anti-industrial p.** industriefeindliche Politik; **anti-inflation p.** Antiinflationspolitik f; **antitrust p.** Kartellpolitik f; **preventive ~ p.** Wettbewerbspolitik nach dem Verbotsprinzip; **assessable p.** nachschusspflichtige Police; **blank p.** Policenformular nt; **blanket p.** Global-, Pauschal-, General(versicherungs)police f; **budgetary p.** Haushaltspolitik f; **~ committee** Haushaltsausschuss m; **collective/combined p.** Kollektiv-, Sammel-, Gemeinschaftspolice f; **commercial p.** Außenwirtschafts-, Handelspolitik f; **common ~ p.** gemeinsame Handelspolitik; **common p.** gemeinsame Politik; **compound p.** Pauschalpolice f; **comprehensive p.** 1. General(versicherungs)-, Global-, Pauschal(versicherungs)police f, kombinierter Versicherungsschein; 2. *[GB]* Vollkaskoversicherung f, kombinierte Haftpflicht-, Insassen-, Unfall- und Gepäckversicherung f; 3. *[US]* Kasko-, Mantelversicherung f; **concerted p.** abgestimmte Politik; **contractionary p.** Rezessionspolitik f, Politik der Wirtschaftsdämpfung

corporate policy Geschäfts-, Unternehmenspolitik f, Grundsätze der Unternehmensführung; **long-term c. p.** langfristige Unternehmenspolitik; **short-term c. p.** kurzfristige Unternehmenspolitik; **c. p. objectives** unternehmenspolitische Ziele

cost-cutting policy Kostensenkungs-, Rotstiftpolitik f *(fig)*; **countercyclical p.** antizyklische Konjunkturpolitik; **counter-inflation(ary) p.** Anti-Inflationspolitik f

cyclical policy Konjunkturpolitik f; **dynamic c. p.** aktive Konjunkturpolitik; **c. p. committee** Konjunkturausschuss m; **~ considerations** konjunkturpolitische Erwägungen

declared policy *(Seeschaden)* Police ohne Wertangabe, offene Police; **deflationary p.** Deflationspolitik f; **delaying/dilatory p.** Hinhaltepolitik f, Hinhalte-, Verzögerungstaktik f; **demand-side p.** *(VWL)* nachfrageorientierte (Wirtschafts)Politik; **demographic p.** Bevölkerungspolitik f; **departmental p.** Ministerialpolitik f; **distributional p.** Verteilungspolitik f; **domestic p.** Innenpolitik f

economic policy Wirtschafts-, Konjunkturpolitik f; **in terms/respect of ~ p.** wirtschaftspolitisch; **anticyclical ~ p.** antizyklische Wirtschaftspolitik; **common ~ p.** *(EU)* gemeinsame Wirtschaftspolitik; **demand-orient(at)ed ~ p.** nachfrageorientierte Wirtschaftspolitik; **foreign/international ~ p.** Außenwirtschaftspolitik f; **general ~ p.** allgemeine Wirtschaftspolitik; **interventionist ~ p.** interventionistische Wirtschaftspolitik; **regional ~ p.** Standortpolitik f; **sectoral ~ p.** sektorspezifische Wirtschaftspolitik; **supply-side ~ p.** angebotsorientierte Wirtschaftspolitik

economic policy committee Ausschuss für Konjunkturpolitik, konjunktur-/wirtschaftspolitischer Ausschuss m; **~ conditions** konjunktur-/wirtschaftspoliti-

tische Bedingungen; **~ council** Konjunkturrat *m*; **~ debate** Konjunktur-, Wirtschaftsdebatte *f*; **~ dialogue** wirtschaftspolitischer Dialog; **~ fashion** wirtschaftspolitische Modeströmung; **~ goal** konjunktur-/wirtschaftspolitisches Ziel; **~ instrument** konjunktur-/wirtschaftspolitisches Instrument, Instrument der Konjunktur-/Wirtschaftspolitik; **~ maker** Wirtschaftspolitiker *m*; **~ measure** konjunktur-/wirtschaftspolitische Maßnahme, Konjunkturmaßnahme *f*; **~ mix/tools** konjunktur-/wirtschaftspolitisches Instrumentarium; **~ solution** konjunktur-/wirtschaftspolitisches Rezept
editorial policy Redaktionspolitik *f*; **environmental p.** Umwelt(schutz)politik *f*; **expansionary p.** Expansionskurs *m*, E.politik *f*, Wachstumspolitik *f*, W.kurs *m*; **expired p.** abgelaufene Police; **extended(-term) p.** prolongierte (Versicherungs)Police
financial policy Finanz-, Fiskal-, Steuerpolitik *f*; **compensatory f. p.** kompensatorische Finanzpolitik; **f. p. committee** Finanzausschuss *m*
fiscal policy Finanz(wirtschafts)-, Fiskal-, Haushalts-, Steuerpolitik *f*; **to tighten (the) f. p.** *(fig)* die Steuerschraube anziehen *(fig)*; **compensatory f. p.** antizyklische/kompensatorische Fiskalpolitik; **expansionary/ expansive f. p.** expansive Finanz-/Fiskal-/Haushaltspolitik; **interventionist f. p.** interventionistische Finanzpolitik; **pro-cyclical f. p.** prozyklische Haushaltspolitik
fixed-amount policy Selbstbehalt ausschließende (Versicherungs)Police; **floating p.** laufende Police/ Versicherung, gleitende Neuwertversicherung, offene Police, Indexversicherung *f*, Abschreibe-, General-, Pauschalpolice *f*, P.versicherung *f*; **foreign p.** Außenpolitik *f*, auswärtige Politik; **~ adviser** außenpolitischer Berater; **free p.** beitrags-/prämienfreie Police, ~ Versicherung; **general p.** Sammel-, Generalpolice *f*, offene Police, Sammelversicherungsvertrag *m*; **give-and-take p.** Politik des Gebens und Nehmens; **global p.** Global-, Pauschal-, Mantel-, General(versicherungs)police *f*; **go-it-down p.** Alleingang *m*; **incontestable/indisputable p.** unwiderruflich gewordene Police, Police ohne Zurückweisungsrecht; **individual p.** Einzelpolice *f*; **industrial p.** Industriepolitik *f*; **inflationary p.** Inflationspolitik *f*; **interventionist p.** Interventionspolitik *f*; **joint p.** Gesamtpolice *f*; **lapsed p.** abgelaufene/verfallene (Versicherungs)Police; **legal p.** Rechtspolitik *f*; **pertaining to ~ p.** rechtspolitisch; **limited p.** Police/Versicherung mit beschränktem Risiko; **liquidity-promoting p.** liquiditätsfördernde Politik; **long-term p.** 1. Versicherung mit langer Vertragsdauer; 2. Langzeitpolitik *f*, langfristige Politik; **marine p.** Seetransport-, Seeversicherungs-, Transportpolice *f*, Seetransportversicherung *f*; **middle-of-the-road p.** Politik der Mitte; **mixed p.** Zeit- und Reiseversicherung *f*, kombinierte Police
monetary policy Geld(mengen)-, Finanz-, Währungspolitik *f*, geld-/kreditpolitischer Kurs; **to ease m. p.** Geldpolitik lockern; **to tighten m. p.** Geldpolitik verschärfen
common monetary policy gemeinsame Währungspolitik; **expansive m. p.** expansive Geld(mengen)politik; **restrictive m. p.** restriktive Geld(mengen)politik; **tight(er) m. p.** Politik des knappen Geldes; **m. p. indicator** geldpolitischer Indikator
named policy Namenspolice *f*, benannte Police, Police mit Namensnennung; **new-for-old p.** Police mit gleitendem Nennwert; **non-assessable p.** nachschussfreie Police, Police ohne Nachschusspflicht; **non-intervention(ist) p.** Politik der Nichteinmischung, Interventionsverzicht *m*, Nichteinmischungspolitik *f*; **non-participating p.** Police/Versicherung ohne Gewinnbeteiligung; **open p.** offene/untaxierte Police, Police ohne Wertangabe, Pauschalpolice *f*, laufende Versicherung; **open-door p.** Politik der offenen Tür; **(restrictive) open-market p.** (restriktive) Offenmarktpolitik; **open-mouth p.** *(fig)* psychologische Beeinflussung, Seelenmassage *f (fig)*; **operational p.** operative Planung; **original p.** Haupt-, Originalpolice *f*; **(fully) paid-up p.** beitragsfreie/prämienfreie/voll eingezahlte Versicherung; **participating p.** Versicherung/Police mit Gewinnbeteiligung, gewinnberechtigte/gewinnbeteiligte Police; **pay-out-take-back p.** Schütt-aus-hol-zurück-Methode *f*; **predated p.** vordatierte Police; **pro-industrial p.** industriefreundliche Politik; **protectionist p.** protektionistische Politik, Schutzzollpolitik *f*; **reflationary p.** Ankurbelungspolitik *f*
regional policy Regionalpolitik *f*; **~ committee** Ausschuss für Regionalpolitik
registered policy Namenspolice *f*, auf den Namen ausgestellte Police; **regulative/regulatory p.** Ordnungspolitik *f*; **relating to ~ p.** ordnungspolitisch; **resource-conserving p.** Thesaurierungspolitik *f*; **restrictive p.** Restriktionspolitik *f*, R.kurs *m*; **scheduled p.** gegliederte Police *f*; **short-term p.** 1. Kurzpolice *f*, K.vertrag *m*; 2. kurzfristig orientierte Politik; **single-premium p.** Police mit einmaliger Prämienzahlung; **smoothing p.** *(Wirtschaft)* Verstetigungsstrategie *f*; **social p.** Sozial-, Gesellschaftspolitik *f*; **sound p.** vernünftige Politik; **specific p.** Einzel(versicherungs)police *f*; **standard p.** Einheitsversicherung *f*, E.police *f*, Normalpolice *f*, durchschnittliche Police; **stop-go p.** Schaukelpolitik *f*; **structural p.** Strukturpolitik *f*; **supplementary p.** Zusatzpolice *f*, Z.versicherung *f*, Nachtrags-, Ergänzungspolice *f*; **supply-side p.** *(VWL)* Angebotspolitik *f*; **third-party (risks) p.** Haftpflichtversicherung *f*; **tight p.** restriktive Politik; **time-serving p.** Anpassungspolitik *f*; **tough p.** harter Kurs; **two-fold p.** zweigleisige Politik; **unexpired p.** nicht abgelaufene Versicherung; **unlimited p.** Generalpolice *f*, offene Police; **unvalued p.** offene/untaxierte Police, Pauschalpolice *f*, Police ohne Wertangabe; **urban and regional p.** Raumordnungspolitik *f*; **valued p.** taxierte (Versicherungs)Police, Wertversicherungs-, Taxpolice *f*, Police mit Wertangabe, Summenwertversicherung *f*; **wait-and-see p.** Politik des Abwartens; **versatile p.** Umtauschversicherung(spolice) *f*; **with-profits p.** Versicherung mit Gewinn-/Überschussbeteiligung
policy adviser politischer Berater; **p. allowance** betrieblich vereinbarter Zuschlag; **p. benefit** Versiche-

rungsleistung *f*; **p. book** Policenbuch *nt*, P.register *nt*; **p. borrowing** Policenbeleihung *f*; **p. broker** Versicherungsmakler *m*, V.agent *m*; **p. change** Kursänderung *f*, Richtungs-, Kurswechsel *m*; **p. committee** Richtlinienausschuss *m*; **general p. conditions** allgemeine Versicherungsbedingungen; **p. date** Versicherungstermin *m*; **p. decision** Grundsatzentscheidung *f*, G.beschluss *m*; **p. department** Grundsatzabteilung *f*; **p. depreciation** bilanz- und finanzpolitische Abschreibung; **p. dividend** *(Vers.)* Gewinnanteil *m*; **p. document** Positionspapier *nt*; **p. duty** Versicherungssteuer *f*; **p. effect lag** Wirkungsverzögerung *f*; **p. endorsement** Versicherungs-, Policennachtrag *m*, P.vermerk *m*; **p. environment** politisches Umfeld; **stable p. environment** stabiles politisches Umfeld, politische Stabilität; **p. exception/exclusion** Risikoausschluss *m*; **p. form** Policenvordruck *m*; **p. franchise** Schadensselbstbeteiligung *f*; **p. goal** Ziel der Politik, Zielvorstellung *f*, gesamtwirtschaftliche Zielvariable
policyholder *n* Versicherte(r) *f/m*, Versicherungsnehmer(in) *m/f*, Policeninhaber(in) *m/f*, P.besitzer(in) *m/f*; **commercial p.** gewerblicher Versicherungsnehmer; **P. Protection Act** *[GB]* Versicherungsgesetz *nt*
policy issue Grundsatzfrage *f*; **p. limit** Garantie-, Haftungshöchstbetrag *m*; **p. loan** Policenbeleihung *f*, P.darlehen *nt*, Versicherungsbeteiligung *f*, V.darlehen *nt*, Beleihung einer Versicherung/Police; **p.maker** *n* politischer Entscheidungsträger; **p. mix** Kombination politischer Mittel; **fixed-target p. model** Konsistenzmodell *nt*; **p. money** ausgezahlte Versicherungssumme; **p. number** Policennummer *f*, Nummer des Versicherungsscheins; **p. owner** Versicherungsnehmer(in) *m/f*, Versicherte(r) *f/m*; **p. paper** Strategiepapier *nt*; **p. period** Laufzeit der Police/Versicherung; **p. provisions** Versicherungsvorschriften, V.bestimmungen; **p. renewal** Versicherungs-, Policenverlängerung *f*; **p. review** Überprüfung der Politik; **p. service** *(Vers.)* Bestandspflege *f*; **p. shift** politische Richtungsänderung; **p. shop** *[US]* Lottoannahmestelle *f*; **p. signing office** Policenausstellungsbüro *nt*; **p. specimen** Einheits-, Musterpolice *f*; **p. stamp** Versicherungsstempel *m*, V.marke *f*; **p. statement** Grundsatzerklärung *f*, G.papier *nt*, G.programm *nt*, politische Willenserklärung; **p. target** politische Zielsetzung; **(total) p. value** Deckungssumme *f*, Versicherungswert *m*; **p. variable** Instrumentenvariable *f*, *(Vers.)* Abschlussagent *m*; **p. year** Versicherungsjahr *nt*
polio(myelitis) *n* ⚕ Kinderlähmung *f*
polish *n* 1. Politur(mittel) *f/nt*; 2. Schliff *m*, (Hoch-)Glanz *m*; **p. up** *v/t* 1. (auf)polieren, verschönern, auf Hochglanz bringen; 2. *(Wissen)* auffrischen; 3. (an etw.) feilen *(fig)*; **p.ed** *adj* geschliffen (formuliert), ausgefeilt; **p.ing lagoon** *n* ♦ Schönungsteich *m*
polite *adj* höflich; **p.ness** *n* Höflichkeit *f*
political *adj* politisch
politician *n* Politiker(in) *m/f*; **corrupt/venal p.** käuflicher Politiker; **front-rank p.** Spitzenpolitiker *m*; **full-time/professional p.** Berufspolitiker *m*
politicize *v/t* politisieren

politico-economic *adj* wirtschaftspolitisch
politics *n* 1. Politik *f*, politisches Leben; 2. Staatskunde *f*, S.wissenschaft *f*; **to talk p.** politisieren, über Politik sprechen/reden
agrarian politics Agrarpolitik *f*; **high p.** große Politik; **local p.** Gemeinde-, Lokal-, Kommunalpolitik *f*; **parochial p.** Kirchturmspolitik *f*
poll *n* 1. (Meinungs)Umfrage *f*, Befragung *f*; 2. Wahl(handlung) *f*, W.beteiligung *f*, Stimmabgabe *f*; **p. of business enterprises** Unternehmensbefragung *f*; **to go to the p.s** zur Wahl gehen; **light/poor p.** schwache Wahlbeteiligung; **heavy p.** hohe/starke Wahlbeteiligung
poll *v/t* 1. befragen; 2. 🖵 zyklisch abfragen
poll findings Umfrageergebnis(se) *nt/pl*
polling *n* 1. Stimmabgabe *f*, Wahl(vorgang) *f/m*; 2. 🖵 Datenabruf *m*, Sendeaufruf *m*, S.abruf *m*; **p. booth** Wahlkabine *f*, W.zelle *f*; **p. card** Wahlbenachrichtigung *f*, W.ausweis *m*, W.karte *f*, W.schein *m*; **p. clerk** Wahlbeisitzer(in) *m/f*, W.protokollführer(in) *m/f*; **p. day** Wahltag *m*, W.termin *m*; **p. district** Wahlbezirk *m*; **p. institute** Meinungsforschungsinstitut *nt*; **p. signal** Datenabrufsignal *nt*; **p. station** Wahllokal *nt*, W.raum *m*, W.ort *m*; **p. system** Datenabrufverfahren *nt*
poll ratings Umfrageergebnisse
pollster *n* Meinungsforscher(in) *m/f*, M.befrager(in) *m/f*, Demoskop(in) *m/f*
poll tax Bürger-, Einwohner-, Gemeinde-, Kommunal-, Kopf-, Wahlsteuer *f*
pollutant *n* Schad-, Schmutzstoff *m*; **industrial p.** Industrieemission *f*; **p. load** Schmutzfracht *f*
pollute *v/t* *(Umwelt)* belasten, verschmutzen, verpesten, verunreinigen
polluted *adj* umweltgeschädigt, u.verschmutzt, belastet; **highly p.** *(Umwelt)* hochbelastet
polluter *n* Umweltsünder *m*, U.verschmutzer *m*, Verursacher *m* (der Verschmutzung), Einleiter *m* (von Schadstoffen); **single p.** Einzeleinleiter *m*; **p.-pays principle** Verursacherprinzip *nt*
polluting *adj* umweltfeindlich, u.verschmutzend, u.schädigend, belastend; **p. rights** Emissionsrechte
pollution *n* (Umwelt)Verschmutzung *f*, Verunreinigung *f*, Belastung *f*; **p. of the air** Luftverschmutzung *f*; ~ **the soil** Bodenverschmutzung *f*, B.verunreinigung *f*; ~ **fresh water supplies** Süßwasserverschmutzung *f*; **to stem p.** der Umweltverschmutzung Einhalt gebieten
agricultural pollution Umweltverschmutzung durch die Landwirtschaft; **atmospheric p.** Luftverschmutzung *f*, L.belastung *f*; **environmental p.** Umweltverschmutzung *f*, U.belastung *f*; **industrial p.** Umweltverschmutzung durch die Industrie; **marine p.** Meeresverschmutzung *f*; **residual p.** Altlast(en) *f/pl*; **thermal p.** Wärmebelastung *f*, Umweltschädigung durch Wärme; **visual p.** Verschandelung *f*
pollution abatement Verringerung der Umweltverschmutzung/U.belastung; ~ **equipment** Geräte und Anlagen für den Umweltschutz; **P. Act** *[GB]* Umweltschutzgesetz *nt*; **p. charges** Verschmutzungsgebühren
pollution control(s) Immissions-, Umweltschutz *m*; **in-**

tegrated p. c. integrietrer Umweltschutz; **p. c. agency** Umweltschutzbehörde f; ~ **industry** Umweltschutzindustrie f; ~ **tax credit** *[US]* Steuerfreibetrag für Umweltschutzmaßnahmen; ~ **technology** Umweltschutztechnologie f

pollution damage Imission(sschaden) f/m; **p. hazard** Verschmutzungsgefahr f; **p. inspector** Umweltschutzbeauftragte(r) f/m; **p. input** Immission f; ~ **reduction** Imissionsminderung f; **p. insurance** Versicherung gegen Umweltrisiken; **p. level** Verschmutzungsgrad m; **p. licence/permit** Emissions-, Umwelt-, Verschmutzungszertifikat nt; **p. load** 1. Schadstoffbelastung f, S.gehalt m; 2. *(Fluss)* Schmutzfracht f; **p. prevention** Umweltschutz m, Vermeidung von Umweltverschmutzung; **p. problem** Umwelt(schutz)problem nt; **p. protection** Immissionsschutz m; **p. right** Emissions-, Verschmutzungsrecht nt; **p. risk** 1. Verschmutzungsrisiko nt; 2. *(Vers.)* Umweltrisiko nt; **p. standards** Immissionsauflagen; **p. tax** Verschmutzungssteuer f

pollutive *adj* umweltverschmutzend

poly|chrome *adj* vielfarben; **p.glot** *adj* mehr-, vielsprachig, polyglott; **p.gon** n π Vieleck nt; **p.hedral** *adj* π vielflächig; **p.morph** *adj* vielgestaltig; **p.packet** n Plastikhülle f; **p.polistic** *adj* polypolistisch; **p.poly** n Polypol m; **(expanded) p.styrene** n Styropor m; **p.technic (college)** n Polytechnikum nt, Fachhochschule (FH) f; **p.thene** n Plastikfolie f; ~ **bag** Platiktüte f; **p.valence** n Mehrwertigkeit f

pompous *adj* pompös, wichtigtuerisch, großspurig

pond n Teich m, Weiher m; **the p.** *(fig)* der große Teich *(fig)*

ponder v/t erwägen, bedenken, nachdenken über, nachsinnen, in Erwägung ziehen; **p.able** *adj* ab-, einschätzbar

ponderous *adj* schwerfällig; **p.ness** n Schwerfälligkeit f

pontage n Brückengeld nt

pontificate v/t belehren

pontoon n Ponton m

pony n *[US]* Eselsbrücke f *(fig)*; **p. up** v/t *[US] (coll)* blechen *(coll)*, löhnen *(coll)*

pool n 1. Interessengemeinschaft f, I.verband m, Zusammenschluss m, Kartell nt, Vereinigung f; 2. gemeinsame Kasse, gemeinsamer Fonds; 3. Ring m, Pool m, Reservoir nt *(frz.)*; 4. 🚗 Fuhrpark m; **p. of labour** Arbeitskräftereservoir nt; ~ **savings** Spareinlagen; ~ **unemployment** Arbeitslosenreservoir nt

indoor pool Hallenbad n, Schwimmhalle f; **rate-making p.** Tarifträgerverband m; **secretarial p.** Schreibzimmer nt, Gemeinschaftssekretariat nt

pool v/t 1. zusammenfassen, z.legen, vereinigen; 2. gemeinsam einsetzen, koordinieren, teilen; 3. Kartell/Ring bilden, kartellisieren

pool betting Spielen in einer Wettgemeinschaft

pooling n Poolbildung f, Zusammenschluss m, Z.legung f; **p. of accounts** Kontenzusammenlegung f; ~ **classes** Zusammenfassung der Klassen; ~ **interests** 1. Fusion f, Organschaft f; 2. Interessenvereinigung f; ~ **mortgages** Vereinigung von Hypotheken; ~ **profits** Gewinnteilung f, G.poolung f; ~ **reserves** gemeinsame Bildung von Rücklagen; ~ **resources** Zusammenlegung von (Geld)Mitteln; ~ **risks** Risikostreuung f, R.verteilung f, gemeinschaftliche Gefahrenübernahme; **p. agreement (in restraint of trade)** *[US]* Kartellabkommen nt, K.vertrag m

pool management group Poolkonsortium nt; **p. quota** Kartellquote f; **p. rebate** *(Autovers.)* Flottenrabatt m; **p.room** n *[US]* Wettlokal nt; **p. selling** Kartellvertrieb m, K.verkauf m; **p. support** Stützungskäufe der Konsorten; **p. syndicate** Poolkonsortium nt; **p.s winner** Totogewinner m

poor *adj* 1. arm, notleidend, bedürftig, elend(ig); 2. armselig, dürftig; 3. *(Arbeit)* fehlerhaft, mangelhaft; 4. 🌾 (Boden) ertragsarm

the poor n die Armen

poor|house n Armenhaus nt; **p. law** Armenrecht nt; **p.ness** n 1. Armut f; 2. Dürftigkeit f; 3. Mangelhaftigkeit f, Minderwertigkeit f, Unzulänglichkeit f; **p. person** [§] Partei im Armenrecht, zum Armenrecht zugelassene Partei; **p. relief** Armenfürsorge f, A.hilfe f

pop and mom store n *[US] (coll)* Tante-Emma-Laden m *(coll)*

pop in v/ti *(coll)* 1. kurz hereinschauen, hereinplatzen; 2. hineintun; **p. off** *(coll)* kurz/schnell verschwinden; **p. up** *(coll)* auftauchen, aufkreuzen

poplin n Popelin m *(frz.)*

popshop n *(coll)* Pfandhaus nt

popular *adj* 1. beliebt, populär, weit verbreitet; 2. *(Meinung)* landläufig; 3. *(Ware)* gängig; **to be p.** Zuspruch erhalten/erfahren; ~ **very p.** großen Zulauf haben; **to become increasingly p.** sich wachsender Beliebtheit erfreuen; **to prove p.** starke Beachtung/guten Anklang finden; **most p.** meistgefragt

popularity n Beliebtheit f, Popularität f, Zuspruch m

popularize v/t populär machen, einführen, zum Durchbruch verhelfen

populate v/t 1. bevölkern, besiedeln; 2. 💻 bestücken

populated *adj* bevölkert; **densely p.** dicht bevölkert/besiedelt, bevölkerungsreich; **sparsely/thinly p.** dünn besiedelt, schwach/spärlich bevölkert, menschenarm

population n 1. Bevölkerung f, Einwohner pl; 2. 📊 Ausgangs-, Grundgesamtheit f, Kollektiv nt, (statistische) Masse, Population f; **p. of cumulative/point data** Ereignis-, Punktmasse f; ~ **non-cumulative data** Streckenmasse f; ~ **period data** Bestandsmasse f

active population Erwerbsbevölkerung f, E.personen pl; **base p.** Basisbevölkerung f; **civil p.** Zivilbevölkerung f; **declining p.** rückläufige Bevölkerungsentwicklung; **dense p.** dichte Bevölkerung; **employed p.** unselbstständig tätige Bevölkerung, Erwerbstätige pl; **gainfully ~ p.** Gesamtzahl der Erwerbstätigen; **finite p.** endliche (Grund)Gesamtheit; **floating p.** fluktuierender Bevölkerungsteil; **fractional p.** Teilgesamtheit f; **homogeneous p.** homogene/einheitliche Masse, ~ Gesamtheit; **hypothetical p.** hypothetische Masse, Grundgesamtheit f; **indigenous/native p.** einheimische Bevölkerung; **infinite p.** unendliche (Grund)Gesamtheit; **local p.** ortsansässige Bevölkerung; **period-**

real **population** 846

based p. Bewegungsmasse *f*; **real p.** reale Masse; **resident p.** Wohnbevölkerung *f*, Einwohnerschaft *f*, ortsansässige Bevölkerung; **rural p.** Agrar-, Landbevölkerung *f*, ländliche Bevölkerung; **settled p.** sesshafte Bevölkerung; **standard p.** Standardgesamtheit *f*; **surplus p.** Bevölkerungsüberschuss *m*; **total p.** 1. Gesamtbevölkerung *f*; 2. ▦ Universum *nt*, statistische Masse; **urban p.** Stadtbevölkerung *f*, städtische Bevölkerung; **working p.** Erwerbsbevölkerung *f*, die Erwerbstätigen, arbeitende/beschäftigte/erwerbstätige Bevölkerung
population bulge *(fig)* geburtenstarke Jahrgänge; **p. census** Volkszählung *f*; **p. decline** Bevölkerungsrückgang *m*; **net p. decline** Bevölkerungsbilanz *f*; **p. density** Bevölkerungs-, Wohndichte *f*; **p. distribution** Bevölkerungsverteilung *f*; **p. explosion** Bevölkerungsexplosion *f*; **p. growth/increase** Bevölkerungsanstieg *m*, B.wachstum *nt*, B.zunahme *f*, Wachstum/Anwachsen der Bevölkerung; **net p. growth/increase** positive Bevölkerungsbilanz *f*; **p. movement** Bevölkerungsbewegung *f*; **p. overspill** Bevölkerungsüberschuss *m*; **p. policy** Bevölkerungspolitik *f*; **p. pressure** Bevölkerungsdruck *m*; **p. pyramid** Alters-, Bevölkerungspyramide *f*; **p. shift** Bevölkerungsverschiebung *f*; **p. statistics** Bevölkerungsstatistik *f*; **p. structure** Bevölkerungsstruktur *f*; **p. survey** Totalerhebung *f*; **current p. survey** laufende/ständige Bevölkerungsstichprobe; **p. theory** Bevölkerungslehre *f*, B.kunde *f*; **p. trap** Bevölkerungsfalle *f*; **p. trend(s)** Bevölkerungsentwicklung *f*
populous *adj* dicht besiedelt, einwohnerstark, bevölkerungs-, volkreich
porcelain *n* Porzellan *nt*
porch *n* ⚓ 1. Portal *nt*, Windfang *m*, Vorbau *m*; 2. *[US]* Veranda *f*
pork *n* Schweinefleisch *nt*; **p. barrel** *[US] (coll)* Geldzuweisungen der Regierung an Kommunen; **p. belly** Schweinebach *m*; **p.er** *n* ⚓ Mastschwein *nt*; **p. steak** (Schweine)Schnitzel *nt*
porno|graphic *adj* pornografisch; **p.graphy** *n* Pornografie *f*
port *n* → **harbo(u)r** 1. ⚓ Hafen *m*; 2. Hafenstadt *f*; 3. Backbord *nt*; 4. 🖥 Anschluss *m*, Port *m*
port of arrival ⚓ Ankunfts-, Zielhafen *m*; **~ call** Anlauf-, Anlege-, Landungs-, Order-, Zwischenhafen *m*; **~ clearance** ⊖ Abfertigungs-, Verzollungshafen *m*; **~ debarkation/delivery** Auslieferungs-, Entlade-, Liefer-, Löschhafen *m*, L.platz *m*; **~ departure** Abgangs-, Abfahr-, Auslaufhafen *m*; **~ destination** Bestimmungs-, Zielhafen *m*; **~ discharge** Ablade-, Auslade-, Entlade-, Lösch(ungs)hafen *m*; **~ disembarkation** Ausschiffungshafen *m*; **~ dispatch** Abgangs-, Verlade-, Versand-, Verschiffungshafen *m*; **~ distress** Nothafen *m*; **~ embarkation** Ausgangs-, Einschiffungs-, Verladehafen *m*; **~ entry/importation** ⊖ Eingangs-, Einfuhr-, Einlauf-, Eintritts-, Import-, (See)Zollhafen *m*, (See)Zollabfertigungshafen *m*, Eingangsort *m*; **~ exit/export(ation)** ⊖ Ausfuhrhafen *m*; **~ inspection** Inspektionshafen *m*; **~ lading/loading** Abgangs-, (Ver)Lade-, Ladungs-, Versandhafen *m*; **~ refuge** Not-, Schutz-, Zufluchtshafen *m*; **~ register/registration/**

registry Register-, Heimathafen *m*, H.ort *m*; **to transfer to a foreign ~ registration** (Schiff) ausflaggen; **~ shipment** Verlade-, Verschiffungshafen *m*; **named ~ shipment** genannter Verschiffungshafen; **~ trans(s)hipment/transit** Umlade-, Umschlag-, Transithafen *m*; **~ unloading** Entlade-, Löschhafen *m*
to anchor off the port ⚓ auf der Reede ankern; **to call at a p.** Hafen anlaufen; **to clear/leave (a) p.** (aus einem Hafen) auslaufen, Hafen verlassen; **to close a p.** Hafen schließen; **to enter p.** in den Hafen einlaufen/einpassieren; **to limp into p.** mit Mühe den Hafen erreichen; **to make/reach (a) p.** Hafen erreichen, in den ~ einlaufen; **to make for p.** Hafen anlaufen; **to put into p.** in den Hafen einlaufen; **to shut up a p.** Hafen sperren
bonded port ⊖ Hafen mit Zolllager; **deep-water p.** Tiefseehafen *m*; **direct p.** direkter/vorbestimmter Hafen; **domestic p.** Inlandshafen *m*; **estuarine p.** Mündungshafen *m*; **final p.** Endhafen *m*
free port ⊖ (Zoll)Freihafen *m*, zollfreier Hafen; **~ area** Freihafengebiet *nt*, F.bezirk *m*; **~ processing (trade)** Freihafen-, Vered(el)ungsverkehr *m*; **~ store/warehouse** Freihafenlager *nt*; **~ storage/warehousing** Freihafenlagerung *f*
icebound port ⚓ vereister Hafen; **inland p.** Binnenhafen *m*, im Landesinneren gelegener Hafen; **inner p.** Binnen-, Innenhafen *m*; **intermediate p.** Transit-, Zwischenhafen *m*; **maritime p.** Seehafen *m*; **naval p.** Kriegshafen *m*; **principal p.** Haupthafen *m*
portability *n* Übertragbarkeit *f* (eines Anspruchs); **p. of leave** Übertragbarkeit des Urlaubsanspruchs (aufs neue Jahr); **~ a pension** Übertragbarkeit einer Rente
portable *adj* 1. tragbar, ortsbeweglich; 2. *(Anspruch)* übertragbar
Portacabin ™ *n* Wohncontainer *m*
portacrush ™ *n* transportable Müllpresse
portage *n* 1. Beförderung *f*, Fracht *f*, Ladung *f*, Transport *m*; 2. Rollgeld *nt*, Beförderungsentgelt *nt*, Transportkosten *pl*; 3. *(Paket)* Zustellgebühr *f*
port agent ⚓ Hafenvertreter *m*, H.spediteur *m*
port-a-punch *n* Taschenlocher *m*
port area ⚓ Hafengebiet *nt*, H.viertel *nt*; **~ risk** Reviergefahr *f*; **p. authority** Hafenverwaltung *f*, H.(meister)amt *nt*, H.aufsichtsamt *nt*, H.behörde *f*; **p. sanitary authority** Hafengesundheitsamt *nt*, H.behörde *f*; **p. bill of lading** Hafenkonnossement *nt*; **p. captain** Hafenkapitän *m*; **p. charges/dues/duties (PD)** Hafenabgaben, H.gebühren, H.schlaggebühren; **p. clearance** Ausklarierung *f*; **p. collector** Hafengebühreneinnehmer *m*; **p. congestion** Überfüllung des Hafens; **p. court** Hafengericht *nt*; **p. custom** Hafenbrauch *m*; **p. customs** Hafenusancen; **~ office** ⊖ Hafenzollamt *nt*; **p. development** Hafenausbau *m*
port entrance ⚓ Hafeneinfahrt *f*; **p. equipment** Hafenausrüstung *f*
porter *n* 1. (Gepäck-/Lasten-/Koffer)Träger *m*, Dienstmann *m*; 2. Pförtner *m*, Portier *m*; **p.age; p.'s fee** *n* 1. Beförderungentgelt *nt*, Rollgeld *nt*, Zustellgebühr *f*, Botenlohn *m*; 2. *(Haus)* Portierkosten *pl*; **p.'s lodge** Pförtner-, Portierloge *f*; **~ trolley** Gepäck-, Sackkarre *f*

port facilities ⚓ Hafenanlagen, H.einrichtungen
portfolio *n* 1. (Aktien-/Effekten-/Wertpapier)Besitz *m*, Depot *nt*, (Aktien-/Effekten-/Wertpapier)Bestand *m*, (Aktien-/Effekten-/Wertpapier)Portefeuille *nt*, Portfolio *nt*; 2. (Rück)Versicherungsbestand *m*; 3. Ministeramt *nt*, Ressort *nt*; 4. Aktentasche *f*, Mappe *f*; **without p.** *(Minister)* ohne Geschäftsbereich
portfolio of bills Wechselportefeuille *nt*, W.bestand *m*; **~ business** Geschäftsbereiche *pl*; **~ insurance** *(Vers.)* Bestand *m*; **~ investment** Anlageportefeuille *nt*; **~ orders** Auftragsbestand *m*, A.polster *nt*; **well-filled ~ orders** prall gefüllte Auftragsbücher; **~ products** Produktsortiment *nt*; **~ securities** Effektenguthaben *nt*, Wertpapierbestand *m*; **~ shares** *[GB]* / **stocks** *[US]* Aktienbestand *m*
taking over the portfolio *(Vers.)* Eintritt in das laufende Geschäft, Portfeuilleeintritt *m*; **to manage a p.** *(Wertpapiere)* Depot/Portefeuille verwalten
actual portfolio Ist-Portefeuille *nt*; **aggressive p.** auf Wertsteigerung angelegtes Depot/Portefeuille; **balanced p.** gemischtes Depot/Portefeuille; **diversified p.** verzweigtes Depot/Portefeuille; **efficient p.** effizientes Depot/Portefeuille; **fixed-income p.** Renten-, Anleihedepot *nt*; **high-yield p.** hochrentierliches Depot/Portefeuille
portfolio analysis Fundamental-, Depot-, Portefeuilleanalyse *f*; **p. balance/equilibrium** Depot-, Portefeuillegleichgewicht *nt*; **p. balancing** Gestaltung des Risikoausgleichs; **p. bill** Portefeuillewechsel *m*; **p. breakdown/description** Depot-, Portefeuilleaufgliederung *f*; **p. buying** *(Börse)* Anlegerkäufe *pl*; **p. change** Depot-, Bestandsveränderung *f*; **p. deal** Depot-, Portefeuillegeschäft *nt*; **p. effect** *(Anlage)* Diversifikationseffekt *m*; **p. holdings** Portefeuille-, Depotbestand *m*; **p. investment(s)** Aktien-, Wertpapieranlagen *pl*, Beteiligungs-, Finanz-, Portefeuilleinvestition *f*, Wertpapierkauf *m*, W.sparen *nt*, (Kapital)Anlage/Investition in Wertpapieren, indirekte Investition; **foreign p. investment** (Kapital)Anlage in ausländischen Wertpapieren; **long-term p. investment** Wertpapiere des Anlagevermögens; **p. investor** Effekten-, Wertpapiersparer *m*; **p. management** 1. Vermögens-, Wertpapier-, Bestands-, Depot-, Portefeuilleverwaltung *f*, Anlageberatung *f*, Depotgeschäft *nt*, Verwaltung von Wertpapierdepots; 2. *(Vers.)* Bestandspflege *f*; **p. manager** Depot-, Effekten-, Vermögensverwalter *m*; **p. mix** Depot-, Portefeuillemischung *f*; **p. premium** Portefeuilleprämie *f*; **~ reserve** Portefeuilleprämienreserve *f*; **p. protection** Bestandsschutz *m*; **p. securities** Anlage-, Portefeuilleeffekten *pl*; **p. selection** Depotzusammensetzung *f*; **p. shift/switch(ing)** Depot-, Portefeuilleumschichtung *f*, Effekten-, Wertpapier(aus)tausch *m*, Anlage-, Portefeuillewechsel *m*; **p. theory** Portefeuilletheorie *f*; **p. transaction** Portefeuillegeschäft *nt*; **p. transfers** Depot-, Portefeuilleverkehr *m*; **p. valuation** Depot-, Portefeuillebewertung *f*; **p. value** Depot-, Portefeuillewert *m*; **p. weighting** Depot-, Portefeuillegewichtung *f*; **p. writedown** Abschreibung auf Wertpapiere/den Wertpapierbestand

port formalities ⚓ Hafenformalitäten; **p. handling** Hafenumschlag *m*; **~ facilities** Hafenumschlagseinrichtungen; **p.hole** *n* ⚓ Bullauge *nt*; **p. installations** Hafeneinrichtungen
portion *n* 1. Portion *f*, (An)Teil *m*, (Teil)Abschnitt *m*, Quote *f*, Ration *f*, Tranche *f*; 2. Mitgift *f*, Aussteuer *f*, Heiratsgut *nt*; 3. Erbanteil *m*, E.stück *nt*; 4. ▥ Teilgesamtheit *f*, Menge *f*; **in p.s** portionsweise
portion of overall cost(s) Teilkosten *pl*; **~ the estate** Erbportion *f*; **~ administrative expenditure(s)** Verwaltungskostenanteil *m*, V.satz *m*; **p. accruing to each heir** Erbanwachs *m*; **p. of income** Einkommensbestandteil *m*; **~ unsold new issues** Emissionsspitze *f*; **controlling ~ common stock** Aktienmehrheit *f*
aggressive portion *[US] (Kapitalanlage)* risikoreicher (Effektenbestand)Teil; **available p.** *(Erbschaft)* verfügbarer Teil; **characterizing p.** *(Pat.)* Oberbegriff *m*; **compulsory/hereditary/legal/legitimate p.** Pflichtteil *m*, gesetzlicher Erbteil; **defensive p.** *[US] (Kapitalanlage)* risikoarmer/risikoschwächerer (Effektenbestand)Teil; **disposable p.** *(Erbschaft)* verfügbarer Teil; **financed p.** Finanzierungsquote *f*; **fixed p.** fester Teil; **guaranteed/insured p.** *(Exportfinanzierung)* Deckungs-, Garantiequote *f*; **statutory p.** Pflichtteil *m*; **tear-off p.** Abriss *m*; **unused p.** unausgeschöpfter/offener Kreditrahmen, offene (Kredit)Linie; **variable p.** variabler Teil
portion out *v/t* aufteilen, verteilen
port official ⚓ Hafenbeamter *m*; **p. operation** Hafenbetrieb *m*; **p. procedures** Hafenformalitäten
portrait *n* Porträt *nt*; **denominational p.** *[US]* Porträt auf einer Banknote; **full-length p.** Ganzaufnahme *f*
port regulations ⚓ Hafenordnung *f*; **p. risk** Hafengefahr *f*, H.risiko *nt*; **p. service** Hafendienst(leistung) *m/f*; **p.side** *n* ⚓ Backbord *nt*; **p. tariff** Hafentarif *m*; **p. toll** Hafengebühren *pl*, H.kosten *pl*; **p. traffic** Hafenumschlag *m*; **p. warden** *[US]* Hafenaufseher *m*
pose *n* Pose *f*, Haltung *f*, Positur *f*
pose *v/t* *(Frage)* aufwerfen; **p. as** sich ausgeben als
to set a poser *n* *(coll)* Rätsel aufgeben
posh *adj* *(coll)* (piek)fein, (stink)vornehm
position *n* 1. Position *f*, Stelle *f*, Stand(ort) *m*, Rang *m*, Platz *m*; 2. Situation *f*, (Sach)Lage *f*; 3. Standpunkt *m*; 4. Arbeitsplatz *m*, (An)Stellung *f*, Funktion *f*; 5. Posten *m*; 6. *(Anzeige)* Platzierung *f*; **p. as per** Stand vom
position in the market Markt-, Wettbewerbsstellung *f*; **~ organization** Stellung in der Hierarchie; **p. of responsibility** verantwortungsvolle Stellung/Aufgabe; **~ trust** Vertrauensstellung *f*
to abuse one's position to line one's pocket seine Position zur Bereicherung missbrauchen; **to accept a p.** Stellung annehmen; **to advertise a p.** Stelle ausschreiben; **to apply for a p.** sich um eine Stellung/eine Stelle/ein Amt bewerben, ~ bemühen; **to be in a p.** in der Lage sein; **to close a p.** *(Börse)* sich glattstellen, Glattstellung vornehmen, Position auflösen; **to consolidate a p.** Stellung/Stelle festigen, ~ ausbauen; **to define one's p.** seinen Standpunkt darlegen; **to fill a p.** ein Amt/eine Stellung bekleiden; **to get a p.** eine Stellung

erhalten/erlangen; **to hold a p.** eine Position/Stellung bekleiden; **to imagine o.s. in so.'s p.** sich in jds Lage versetzen; **to investigate the p.** die Lage prüfen; **to jockey for p.** sich gut platzieren wollen; **to liquidate a (speculative) p.** *(Börse)* Engagement lösen, (sich) glattstellen; **to obtain a p.** Stellung/Stelle bekommen; **to occupy a p.** Stellung (inne)halten/einnehmen; **~ a high p.** hohen Rang bekleiden; **to offer so. a p.** jdm eine Stelle antragen/anbieten, jdm einen Arbeitsplatz anbieten; **to open a p.** *(Börse)* Position aufbauen; **to redefine/redesign a p.** Stelle neu beschreiben; **to resign one's p.** von seinem Posten zurücktreten, Amt aufgeben; **to rise to a higher p.** in eine höhere Stelle aufrücken; **to seek a p.** Stellung suchen/anstreben; **to square a/one's p.** *(Börse)* (sich/Position) glattstellen; **to stick to one's p.** an seinem Posten/an seiner Stelle kleben; **to strengthen one's p.** seine Marktstellung/Position ausbauen, ~ festigen; **to take a p.** Stelle/Stellung übernehmen; **~ up a p.** Stelle/Stellung antreten; **to undermine a p.** Position schwächen
advance position vorgeschobene Stellung; **advertised p.** unangenehme/ausgeschriebene Stelle; **awkward p.** verzwickte Lage; **budgetary p.** Haushaltslage *f*; **tight ~ p.** angespannte Haushaltslage; **commercial p.** Handelsposition *f*; **competitive p.** 1. Wettbewerbslage *f*, W.situation *f*, W.position *f*, W.stellung *f*; 2. Wettbewerbs-, Konkurrenzfähigkeit *f*, konkurrenzfähige Position; **to reinforce one's ~ p.** seine Wettbewerbsfähigkeit stärken; **critical p.** kritische Lage; **dominant p.** (markt)beherrschende Stellung; **end-of-month p.** Monatsend-, Ultimostand *m*; **executive p.** führende Stellung, leitende Stelle/Stellung/Position; **exposed p.** exponierte Lage; **external p.** außenwirtschaftliche Position/Lage; **net ~ p.** Nettoauslandsposition *f*; **fiduciary p.** Vertrauensstellung *f*
financial position Finanz-, Vermögenslage *f*, finanzielle Lage/Situation, finanzieller Status; **(properly) balanced ~ p.** finanzielles Gleichgewicht; **deteriorated ~ p.** verschlechterte Finanzlage; **external ~ p.** finanzielle Lage gegenüber dem Ausland; **sound ~ p.** geordnete Finanz- und Kapitalverhältnisse, solide Finanzgebarung
foreign position Auslandsstatus *m*; **net ~ p.** Auslandssaldo *m*; **forward p.** Terminengagement *nt*; **open ~ p.** offene Terminposition; **gone-stale p.** *(Börse)* Hängeposition *f*, Schieflage *f*; **hybrid p.** Zwitterstellung *f*; **inferior p.** Schlechterstellung *f*, untergeordnete Stellung; **initial p.** Ausgangsbasis *f*, A.situation *f*, A.stand *m*, A.position *f*, A.stellung *f*; **intermediary/intermediate p.** Zwischen-, Mittelstellung *f*; **junior p.** 1. untergeordnete Stelle; 2. Nachwuchsstelle *f*, N.position *f*; **juridical p.** Rechtslage *f*; **leading p.** Spitzenstellung *f*, führende Stellung; **to maintain a ~ p.** Spitzen-/Vorrangstellung behaupten; **to take a ~ p.** Vorrangstellung einnehmen; **legal p.** rechtliche Lage, Rechtslage *f*; **liquid p.** Flüssigkeitsposition *f*; **to maintain a ~ p.** ausreichende Liquidität unterhalten; **long p.** *(Börse)* Hausseposition *f*, H.engagement *nt*, Überbestand *m*; **~ p.s** Positionen der Haussepartei; **managerial p.** Führungspo-

sition *f*, Vorstandsamt *nt*, führende Stellung, leitende Stelle/Stellung/Position; **to have a ~ p.** in leitender Stellung sein; **minor p.** unbedeutende Stellung; **net p.** Nettoposition *f*, N.bestand *m*, Resultat *nt*, Saldenbild *nt*; **neutral p.** 1. Nullstellung *f*; 2. ⇨ Leerlauf *m*; **official p.** Dienststellung *f*, amtliche Stellung; **offsetting p.** *(Option)* ausgleichende Position; **open p.** 1. freie Stelle/Stellung; 2. *(Börse)* ungedecktes Engagement; **operative p.** Arbeitslage *f*; **oversold p.** *(Börse)* Minusposition *f*; **permanent p.** Dauerstellung *f*, D.stelle *f*, D.beschäftigung *f*, feste Stellung; **powerful p.** Machtstellung *f*; **preferential p.** Vorzugs-, Präferenzstellung *f*; **preferred p.** *(Inserat)* Sonderplatzierung *f*; **privileged p.** bevorzugte Stellung, Vorzugsstellung *f*; **responsible p.** verantwortungsvolle Stellung; **salaried p.** Angestelltenverhältnis *nt*, A.stelle *f*, besoldete Stellung; **to hold a ~ p.** fest angestellt sein; **senior p.** hohe/höhere/leitende Stellung, ~ Stelle, Führungsposition *f*; **more ~ p.** gehobene Stelle/Stellung; **short p.** *(Börse)* Baisseengagement *nt*, Leer(verkaufs)position *f*, Position der Baissepartei; **social p.** gesellschaftliche/soziale Stellung; **special p.** Ausnahmestellung *f*; **strategic p.** strategische Lage; **subordinate p.** niedrige/untergeordnete Stelle, ~ Stellung; **suitable p.** passende Stelle/Stellung; **supervisory p.** Leitungsstelle *f*, Führungsposition *f*; **temporary p.** vorübergehende Stellung; **top p.** Spitzenposition *f*, S.stellung *f*; **upright p.** senkrechte Stellung; **in ~ p.** aufrecht; **underlying p.** *(Börse)* Grundhaltung *f*; **unique p.** Alleinstellung *f*; **vacant p.** freie Stelle, Vakanz *f*; **well-paid p.** gut dotierte/bezahlte Stelle, ~ Stellung
position *v/t* aufstellen, verankern, stationieren, platzieren
position charge *(Anzeige)* Platzierungsaufschlag *m*; **p. chart** Stellungsplan *m*; **p. closing** *(Börse)* Glattstellung *f*; **p. encoder** Stellungsgeber *m*
position finder 🖳 Ortungsgerät *nt*; **p. finding** Standortbestimmung *f*, (Schiffs)Ortung *f*; **p. guide** Stellen-, Arbeitsplatzbeschreibung *f*
positioning *n* (Anzeigen)Platzierung *f*, Positionierung *f*; **free p.** *(Container)* freie Gestellung; **p. control** Einstellsteuerung *f*
position sheet Devisenposition *f*, Aufstellung der Devisenengagements; **p. squaring** *(Börse)* Positionsbereinigung *f*, Glattstellung *f*
positive *adj* 1. positiv, bejahend; 2. eindeutig, sicher, bestimmt, definitiv; **to be p.** überzeugt sein, (sich) sicher sein, genau wissen; **p.ly** *adv* ausdrücklich, ausgesprochen
positivism *n* Positivismus *m*; **legal p.** Rechtspositivismus *m*
possess *v/t* besitzen, (inne)haben; **p. o.s. of sth.** sich etw. aneignen
possession *n* 1. Besitz(tum) *m/nt*, Innehaben *nt*; 2. Inbesitznahme *f*; **p.s** 1. Habe *f*, Hab und Gut *nt*, Habseligkeiten; 2. Besitzungen, Liegenschaften; **in p. of** im Besitz von; **in full p. of one's faculties/senses** [§] im Vollbesitz seiner geistigen Kräfte; **p. in good faith** redlicher Besitz; **p. of firearms/weapons** Waffenbe-

sitz *m*; **p. in law** Besitz ohne Gewahrsam, mitteloser Besitz; **p. held by third parties** Fremdbesitz *m* **coming into/gaining/obtaining possession** Besitzerlangung *f*, B.erwerb *m*; **granting of p.** Besitzeinräumung *f*; **taking p.** Besitzergreifung *f*, (In)Besitznahme *f* **to acquire possession** Besitz erwerben; **~ by adverse p.** ersitzen; **to be in p. of** im Besitz haben; **~ p. of sth.** über etw. verfügen; **~ adverse p.** fehlerhaft besitzen; **~ sole p. of sth.** in ausschließlichem Besitz von etw. sein; **to claim p.** Herausgabe verlangen; **to come into/gain p.** Besitz erlangen, B.recht erwerben; **to enter into p.** Besitz antreten; **to prove p.** Besitznachweis erbringen; **to remain in p.** im Besitz verbleiben; **to retain p.** Besitz ausüben; **to sell off one's p.s** Besitz abstoßen; **to surrender p.** Besitz(recht) aufgeben; **to resume p.** Besitz wiedererlangen, wieder in Besitz nehmen; **to take p. of** Besitz antreten/ergreifen, in ~ bringen/nehmen, sich bemächtigen, besetzen

actual possession [§] tatsächlicher/unmittelbarer Besitz; **adverse p.** Ersitzung *f*; **bona-fide** *(lat.)* **p.** gutgläubiger/redlicher Besitz; **common p.** Gesamtbesitz *m*; **constructive p.** Besitzkonstitut *nt*, mittelbarer/fingierter/fiktiver Besitz; **derivative p.** abgeleiteter Besitz; **direct p.** unmittelbarer Besitz; **earthly p.s** irdische Güter; **exclusive p.** Alleinbesitz *m*, ausschließlicher Besitz; **faulty p.** fehlerhafter Besitz; **fiduciary p.** treuhändischer Besitz; **foreign p.s** ausländische Vermögenswerte/Besitzungen; **full p.** 1. ungestörter Besitz; 2. [§] Vollbesitz *m*; **immediate/physical p.** unmittelbarer Besitz; **indirect p.** mittelbarer/mittelloser Besitz; **joint p.** Mitbesitz *m*, gemeinschaftlicher/gemeinsamer Besitz; **lawful p.** rechtmäßiger Besitz; **naked p.** tatsächlicher Besitz; **part p.** Teilbesitz *m*; **proprietary p.** Eigenbesitz *m*; **quiet p.** ungestörter Besitz, ungestörtes Besitzrecht; **sole p.** Alleinbesitz *m*; **territorial p.s** Territorialbesitz *m*; **unauthorized p.** unbefugter Besitz; **vacant p.** 1. bezugsfertiges Objekt, bezugsfertige Immobilie; 2. *(Anzeige)* sofort beziehbar, bezugsfertig; **valued p.** wertvoller Besitz; **vested p.** wohlerworbener Besitz

possessive *adj* besitzgierig, b.ergreifend

possessor *n* Besitzer(in) *m/f*, Inhaber(in) *m/f*; **p. in bad faith**; **p. mala fide** *(lat.)* bösgläubiger Besitzer; **p. in good faith**; **p. bona fide** *(lat.)* gutgläubiger Besitzer

actual possessor unmittelbarer Besitzer; **adverse p.** Ersitzer *m*; **bona-fide** *(lat.)* **p.** gutgläubiger Besitzer; **constructive/indirect p.** unmittelbarer Besitzer; **mala-fide** *(lat.)* **p.** bösgläubiger Besitzer; **naked p.** juristischer Besitzer; **proprietary p.** Eigenbesitzer *m*

possessor|'s agent Besitzdiener *m*; **p.ship** *n* Besitz *m*, Inhaberschaft *f*

possessory *adj* besitzrechtlich, besitzend, Besitz-

possibility *n* Möglichkeit *f*; **possibilities of competition** Wettbewerbsmöglichkeiten; **p. of conversion** Konversionsmöglichkeit *f*; **~ intervention** Eingriffsmöglichkeit *f*; **~ reverter** [§] mögliches Heimfallrecht; **~ transfer** Überweisungsmöglichkeit *f*

to afford possibilities Möglichkeiten eröffnen; **to allow for all p.** alle Möglichkeiten einkalkulieren; **to exhaust every possibility** die Möglichkeiten voll ausschöpfen; **to explore p.** Möglichkeiten erkunden; **to rule out a possibility** Möglichkeit ausschließen

boundless possibilities unbegrenzte Möglichkeiten; **remote possibility** entfernte Möglichkeit; **undreamed-of p.** ungeahnte Möglichkeiten

possible *adj* möglich, denkbar, etwaig; **to consider p.** für möglich halten; **to make/render p.** ermöglichen; **highest p.** größtmöglich; **humanly p.** menschenmöglich; **least p.** geringstmöglich

possibly *adv* möglicherweise, vielleicht

post *n* 1. ✉ Post(amt) *f/nt*; 2. Postsendung(en) *f/pl*; 3. Position *f*, Stelle *f*, Posten *m*, Arbeitsplatz *m*, Stellung *f*; 4. Buch(halt)ungsposten *m*; 5. *(Börse)* Stand *m*; **by p.**; **through the p.** mit der Post, auf dem Postwege; **p. in the ledger** Eintrag in das Hauptbuch

to abolish a post Stelle streichen; **to dismiss so. from his p.** jdn seiner Stellung/seines Amtes entheben; **to fill a p.** Stelle besetzen; **to occupy a p.** Stelle/Stellung/Amt bekleiden; **to remain at one's p.** auf seinem Posten bleiben; **to resign a p.** Posten/Stelle aufgeben; **to send by p.** mit der Post schicken; **to take up a p.** (neue) Aufgabe übernehmen, Dienst annehmen/antreten

administrative post Verwaltungsposten *m*; **advance p.** ⊖ Zollansageposten *m*; **advertised p.** ausgeschriebene Stelle; **established p.** (Dauer)Planstelle *f*; **first p.** Eingangsamt *nt*; **honorary p.** Ehrenamt *nt*; **ministerial p.** Ministerposten *m*, M.amt *nt*, M.sessel *m*; **outgoing p.** abgehende Post; **permanent p.** Dauerstellung *f*, D.stelle *f*, D.posten *m*; **pneumatic p.** Rohrpost *f*; **by registered p.** per Einschreiben; **reserved p.** vorbehaltene Stelle; **salaried p.** Angestelltenposition *f*, A.stelle *f*; **by the same p.** mit gleicher Post; **senior p.** höhere Position; **by separate p.** mit getrennter Post; **unfilled/vacant p.** unbesetze/offene Stelle

post *v/t* 1. ✉ aufgeben, versenden, verschicken, abschicken, einwerfen, einliefern, auf die Post geben; 2. *(Personal)* versetzen; 3. (öffentlich) bekanntgeben, anschlagen, aushängen, informieren, unterrichten, plakatieren; 4. *(Bilanz)* (ver)buchen, übertragen, eintragen, verzeichnen; **p. off** abschicken; **p. up** 1. tagfertig buchen, nachbuchen; 2. durch Aushang bekanntgeben

post-act *n* [§] Nachtat *f*

postage *n* ✉ Porto *nt*, Zustell-, Postgebühr *f*; **p. free** portofrei, franko; **p. paid (p.p.)** ✉ franko, frei, Gebühr bezahlt; **p. and packing** Porto und Verpackung; **p. by weight** Gewichtsporto *nt*; **to defraud p.** Porto hinterziehen; **to pay p.** Porto zahlen, frankieren; **to refund p.** Porto(auslagen) (zurück)erstatten

additional/extra/excess postage Nachporto *nt*, N.gebühr *f*, Portozuschlag *m*, Mehr-, Zuschlags-, Strafporto *nt*; **domestic/inland p.** Inlandsporto *nt*; **foreign/international/overseas p.** Auslandsporto *nt*; **local p.** Ortsgebühr *f*; **ordinary p.** einfaches Porto

postage bill Portokosten *pl*, P.rechnung *f*; **p. envelope** Freiumschlag *m*; **p. expenses** Portoauslagen, P.spesen, P.kosten *pl*; **p. extra** zuzüglich Porto; **p. included** einschließlich Porto; **p. incurred** Portoauslagen *pl*; **p. meter** Frankierautomat *m*, F.maschine *f*; **p. envelope** Frei-

postage payable

umschlag *m*; **p. payable** fälliges Porto; **no p. payable** kein Porto; **p. prepaid (ppd)** Porto im Voraus bezahlt; **p. rate** Porto(kosten) *nt/pl*, Postgebühr *f*, Beförderungs-, Posttarif *m*; **domestic p. rates** Inlandspostgebühren; **p. refund** Portorückvergütung *f*; **p. revenues** Portoeinnahmen; **p. stamp** Frei-, Briefmarke *f*, Postwertzeichen *nt*; **to affix a p. stamp** *(Brief)* frankieren, Briefmarke aufkleben

postal *adj* postalisch, postamtlich, Post-; **P. Convention** Internationales Postabkommen; **P. Union** Postunion *f*

post|bag *n* Postsack *m*, P.beutel *m*; **p. bill** Ladezettel *m*; **p. boat** Postschiff *nt*; **p. book** Postbuch *nt*; **p.box** *n* 1. Brief-, Postkasten *m*; 2. *(Bank)* Schalterfach *nt*; **p.capitalization** *n (Bilanz)* Nachaktivierung *f*; **p.capitalize** *v/t* nachaktivieren; **p.card** *n* Postkarte *f*; **p.code** *n* Postleitzahl (PLZ) *f*; **p.date** *v/t* nach-, rückdatieren; **p.-dating** *n* Nach-, Rückdatierung *f*

posted *adj* 1. gebucht; 2. unterrichtet, informiert; **to keep so. p.** jdn auf dem Laufenden halten, jdn laufend unterrichten

post-edit *v/t* nachbereiten

postentry *n* 1. nachträgliche (Ver)Buchung, nachträglicher Eintrag; 2. ⊖ Nachdeklaration *f*, N.verzollung *f*, nachträgliche Zollerklärung; **to pass a p.** Nachverzollung durchführen, nachverzollen

poster *n* 1. Plakat *nt*; 2. Kontoführer *m*; *v/t* Plakat ankleben; **p. advertising** Plakatwerbung *f*; **p. artist** Plakatzeichner *m*; **p. colour/paint** Plakatfarbe *f*; **p. design** Plakatentwurf *m*

poste restante *(frz.)* postlagernd, Aufbewahrungsstelle für postlagernde Briefe; **~ letter** postlagernder Brief

posterity *n* Nachwelt *f*; **to hand down to p.** der Nachwelt überliefern

poster panel Anschlag-, Plakattafel *f*; **p. site** Plakatstandort *m*; **p. type** Plakatschrift *f*

post-free *adj/adv* franko, porto-, gebührenfrei; **p. giro transfer** Postscheckübserweisung *f*; **p.graduate** *n* Jungakademiker(in) *m/f*, Hochschulabsolvent(in) *m/f*; **p.haste** *adv* in großer Eile; **p.-holder** *n* Amts-, Stelleninhaber(in) *m/f*; **p.humous** *adj* posthum, nachgelassen; **p.-industrial** *adj* nachindustriell

posting *n* 1. ⊠ Brief-, (Post)Aufgabe *f*, Einlieferung *f*, Einwurf *m*, Versendung *f*; 2. (Ver)Buchung *f*, Ein-, Übertragung *f*; 3. *(Personal)* Versetzung *f*; **ready for p.** postfertig; **p. of a letter** Briefaufgabe *f*, B.einwurf *m*

collective posting|s Sammelbuchungen; **forward p.** Terminbuchung *f*; **free p.** Gratisplakataushang *m*; **manual p.** manuelle Buchung; **multiple p.** Mehrfachbuchhaltung *f*; **on-line p.** 🖳 Direktbuchung *f*; **parallel p.** Parallel(übertragungs)buchung *f*; **subsequent p.** nachträgliche Buchung

posting bill Plakat *nt*; **p. card** Buchungskarte *f*; **p. date** 1. Postaufgabedatum *nt*; 2. Buchungsdatum *nt*; **p. group** Buchungsgruppe *f*; **p. key** Buchungsschlüssel *m*; **facsimile p. machine** Postenumdrucker *m*; **p. medium** Buchungsunterlage *f*, Grund-, Tagebuch *nt*; **p. meter** ⊠ Freistempler *m*; **p. reference** Buchungsvermerk *m*, Übertragungshinweis *m*

post|inscription *n* Nachkodierung *f*; **p.list** *n* Umwandlungsliste *f*; **p. litem motam** *(lat.)* [§] nach Rechtshängigkeit *f*; **p.man** *n* Briefträger *m*, Postbote *m*, (Brief)Zusteller *m*

postmark *n* Brief(aufgabe)-, Datums-, Post(entwertungs)stempel *m*; **commemorative p.** Sonderstempel *m*; **postmark** *v/t* (ab)stempeln

postmaster *n* Postmeister *m*, P.halter *m*, P.amtsvorsteher *m*; **p. general** Generalpostdirektor *m*, Postminister *m*

post meridiem (p.m.) *(lat.)* nachmittags; **p.mistress** *n* Postmeisterin *f*, Leiterin des Postamtes; **p. mortem** *(lat.)* [§] nach dem Tode

postmortem *n* 1. [§]/✚ Leichenöffnung *f*, L.schau *f*, Autopsie *f*, Obduktion *f*; 2. *(fig.)* Manöverkritik *f*, Schluss-, Nachbesprechung *f*; **to perform a p. (examination)** Obduktion vornehmen, Leiche öffnen; **p. certificate** Leichen(schau)schein *m*; **p. costs** nachkalkulierte Kosten; **p. findings** Obduktionsbefund *m*

post|note *n* *[US]* Ladezettel *m*; **p.nuptial** *adj* nachehelich

post office Postamt *nt*, P.anstalt *f*; **P. O.** *[GB]* Post *f*; **distributing/sorting p. o.** Verteilungspostamt *nt*; **free p. o. (FPO)** frei Postamt; **general p. o. (GPO)** Hauptpost(amt) *f/nt*; **regional head p. o.** Oberpostdirektion (OPD) *f [D]*; **special p. o.** Sonderpostamt *nt*; **travelling p. o.** Bahnpostamt *nt*

post office (giro) account Postscheckkonto *nt*; **~ box (P.O.B.; P.O. Box)** Postfach *nt*, Abhol-, Brief-, (Post)Schließfach *nt*; **~ building** Postgebäude *nt*; **~ car** Postwagen *m*; **~ check** *[US]* **/cheque** *[GB]* Postscheck *m*; **~ clerk** Postbeamter *m*, P.beamtin *f*, P.bedienstete(r) *m/f*; **~ counter** Postschalter *m*; **~ customs regulations** ⊖ Postzollordnung *f*; **~ Department** *[US]* Postministerium *nt*; **~ directory** Postadressbuch *nt*; **~ employee** Postbedienstete(r) *f/m*, Postler *m* *(coll)*; **~ guide** Posthandbuch *nt*; **P. O. preferred (POP) letter** *[GB]* Standardbrief (DIN C 5) *m*; **p.o. receipt** Post(einlieferungs)schein *m*, P.quittung *f*; **~ regulations** Postbestimmungen, postalische Bestimmungen

post office savings account *[GB]* Postsparkonto *nt*; **P. O. Savings Bank** *[GB]* Postsparkasse *f*; **p. o. savings book** Postsparbuch *nt*; **~ deposits** Postspareinlagen

post office user Postkunde *m*, P.benutzer *m*; **P. O. Users National Council (POUNC)** *[GB]* Postbenutzerrat *m*; **p. o. worker** Postler(in) *m/f*

post-paid (p.p.) *adj* 1. portofrei; 2. frankiert, freigemacht

post|ponable *adj* verschiebbar; **p.pone** *v/t* auf-, verschieben, hintan-, zurückstellen, sistieren; **~ indefinitely** auf ungewisse Zeit verschieben

postponement *n* Terminverlegung *f*, T.verschiebung *f*, Vertagung *f*, Zurückstellung *f*, Aufschub *m*, zeitliche Verschiebung; **p. of a charge/priority** Rangrücktritt einer Belastung, Rangeinräumung *f*; **~ maturity** Fälligkeitsaufschub *m*; **~ maturity dates** Hinausschieben der Fälligkeiten; **~ a prison sentence** Haftaufschub *m*; **~ trial** [§] Verlegung der Hauptverhandlung

post|-postscript *n* zusätzliche Nachschrift; **p.-prandial** *adj* nach dem Essen; **p. road** Poststraße *f*; **p.script** *n*

Nachschrift f, **Nachtrag** m, **Nachwort** nt, **Postskriptum** nt; **p.-tax** adj Nachsteuer-, nach Steuern; **p.-termination** adj nach Vertragsablauf
posture n (Körper)Haltung f; **financial p.** Finanzlage f, finanzielle Lage **p. chair** Schreibmaschinenstuhl mit Rückenstütze
postwar adj Nachkriegs-
pot n (Kaffee-/Tee)Kanne f, Topf m; **p.s of money** *(coll)* Heidengeld nt *(coll)*
potable adj trinkbar
potash n ⬥ Kaliumkarbonat nt, Pottasche f; **p. cartel** Kalikartell nt; **p. fertilizer** ✱ Kalidünger nt; **p. mine** ⚒ Kalibergwerk nt; **p. operations** Kaliwerke
potassium n ⬥ Kalium nt; **p. nitrate** Kaliumnitrat nt
potato n Kartoffel f; **to lift p.es** Kartoffeln ernten; **edible p.** Speisekartoffel f; **hot p.** *(fig)* heißes Eisen *(fig)*; **mashed p.** Kartoffelbrei m, K.pürree nt; **new p.** Frühkartoffel f
potato blight Kartoffelfäule f; **p. clamp** Kartoffelmiete f; **p. lifting** Kartoffelernte f
potential adj denkbar, potenziell, eventuell, möglich
potential n Potenzial nt, Leistungsvermögen nt, Reserven pl; **p. for growth** Wachstumspotenzial nt; **~ productivity increases/rationalization** Rationalisierungspotenzial nt, R.reserve f; **p. of initial sales** Erstabsatzpotenzial nt; **to have p.** ausbaufähig sein; **to prove one's p.** seine Leistungsfähigkeit unter Beweis stellen
deposit-producing potential Einlageträchtigkeit nt; **downside p.** Abschwächungstendenz f, A.möglichkeit f; **economic p.** Wirtschaftspotenzial nt, wirtschaftliche Möglichkeiten/Macht; **(untapped) educational p.** Begabungsreserve f; **energy-saving/energy-conserving p.** Energiepotenzial nt; **industrial p.** Industriepotenzial nt; **problem-solving p.** Problemlösungspotenzial nt; **productive p.** Produktionspotenzial nt; **synergistic p.** Synergiepotenzial nt; **upside p.** Kurs(steigerungs)chance f, K.potenzial nt
potentiality n (Entwicklungs)Möglichkeit f
potential-orient(at)ed adj potenzialorientiert
pothole n 1. ⬥ Schlagloch nt; 2. Höhle f; **p.r** n Höhlenforscher(in) m/f
potter n Töpfer(in) m/f; **p.y** n Steingut nt, Keramik f, Töpferwaren pl; **p.y industry** Keramik-, Steingutindustrie f, keramische Industrie
poulterer n Geflügelhändler m
poultry n Geflügel nt, Federvieh nt; **to breed/raise p.** Geflügel züchten; **fresh p.** Frischgeflügel nt; **p. breeding** Geflügelzucht f; **p. farm** Geflügelfarm f; **p. farmer** Geflügelzüchter m; **p. farming** Geflügelwirtschaft f, G.zucht f; **p.man** Geflügelhändler m; **p. show** Geflügelausstellung f; **p. yard** Hühnerhof m
pound n *[GB]* 1. Pfund nt (0,453 kg); 2. (Währung) Pfund nt; **forward p.** Terminpfund nt
pound v/i 1. pochen, hämmern; 2. ⚒ stampfen
poundage n 1. Gebühr f, Tantieme f, Pfundgeld nt; 2. Pfundbetrag m; 3. Gewicht in Pfund; 4. ⊖ nach Gewicht erhobener Zoll, Gewichtszoll m
pound-breach n [§] Pfand-, Verstrickungsbruch m; **p. note** *[GB]* Pfundnote f; **p. sterling** britisches Pfund

pour v/ti 1. gießen, schütten; 2. strömen; **p. down** stark/in Strömen regnen; **p. in(to)** hineinströmen; **p. out** 1. herausströmen; 2. ⚒ ausstoßen
poverty n Not f, Armut f, (Be)Dürftigkeit f, Mittellosigkeit f; **p. of ideas** Ideenarmut f; **p. and misery** Not und Elend
to be reduced to poverty ins Elend/in Not geraten; **to live in p.** in ärmlichen Verhältnissen/Armut leben, (dahin)vegetieren; **to plead p.** [§] Einwand der Mittellosigkeit verbringen, Bedürftigkeit einwenden; **to sink into p.** verelenden; **grinding p.** drückende Armut
poverty area Armutsgebiet nt; **p. law** Armenrecht nt; **p. line** Armutsgrenze f, A.linie f, Existenzminimum nt; **p. relief** Armenhilfe f; **p.-stricken** adj elend, notleidend, verarmt, von der Armut heimgesucht; **to be p.-stricken** am Hungertuch nagen *(fig)*; **p. trap** Armutsfalle f
powder n 1. Puder m; 2. Pulver nt; **not to be worth p. and shot** *(coll)* keinen Schuss Pulver wert sein *(coll)*; **to keep one's p. dry** *(fig)* sein Pulver trocken halten *(fig.)*; **black p.** Sprengpulver nt; **p. keg** Pulverfass nt; **p. room** Damentoilette f
power n 1. Kraft f, Stärke f, (Schlag)Kraft f; 2. Macht(fülle) f, Herrschaft f; 3. Vermögen nt, Leistung(svermögen) f/nt; 4. ⚙/⚡ Energie f, Antriebskraft f; 5. [§] (Handlungs)Vollmacht f, Befugnis f, Ermächtigung f, Berechtigung f; 6. ▦ (Trenn)Schärfe f; 7. π Potenz f; **in p.** an der Macht/Regierung, im Amt
power to act Handlungsbefugnis f; **~ alone** Einzelhandlungsvollmacht f, **~ jointly with others** Gesamthandlungsvollmacht f; **p. of agency/an agent** Handlungsvollmacht f, Vertretungsbefugnis f, V.berechtigung f; **~ alienation** Veräußerungsbefugnis f; **~ appointment** 1. Ernennungsrecht nt, E.befugnis f; 2. Designationsrecht nt; 3. Nachlasseinsetzung f; **~ arrest** Festnahmebefugnis f
power of attorney [§] (Handlungs)Vollmacht f, Prokura f, Ermächtigung f, Blanko-, Prozess-, Vertretungsvollmacht f, V.befugnis f, Bevollmächtigung f, Vollmachtserklärung f
power of attorney to close a deal Abschlussvollmacht f; **to cancel/revoke a p. of a.** Vollmacht widerrufen; **to execute a p. of a.** Vollmacht ausstellen; **to give p. of a. to a lawyer** Anwalt bevollmächtigen; **to hold p. of a. for so.** von jdm bevollmächtigt sein
authenticated/certified power of attorney beglaubigte Vollmacht, **blank p. of a.** Blankovollmacht f; **collective/joint p. of a.** Gesamt-, Kollektivvollmacht f, K.prokura f; **full/general/unlimited p. of a.** Allgemein-, Blanko-, Generalvollmacht f, absolute/allgemeine Vollmacht; **irrevocable p. of a.** unwiderrufliche Vollmacht; **limited p. of a.** Teilvollmacht f; **permanent p. of a.** Dauervollmacht f; **substitute p. of a.** Untervollmacht f; **written p. of a.** schriftliche Vollmacht
power|s of audit Überprüfungsbefugnis(se) f/pl; **~ authority** Vertretungsmacht f; **p. of command** Befehlsgewalt f; **~ committal** *[GB]* [§] Inhaftierungsvollmacht f; **p. of concentration** Konzentrationsvermögen nt; **p. to contract** Abschluss-, Vertragsvollmacht f; **p. of control** Verfügungsgewalt f, V.macht f; **~ decision; p.**

power of delegation

to take decisions Entscheidungsbefugnis f, E.gewalt f; **p. of delegation** Delegationsbefugnis f; **p. to direct; p. of direction** Leitungsmacht f, L.befugnis f; **p. of disposal** 1. Verfügungsbefugnis f, V.gewalt f; 2. Veräußerungsbefugnis f; **~ endorsement** Indossamentsvollmacht f; **p. to enter and search** Durchsuchungsvollmacht f; **p.s in the field of monetary policy** währungspolitische Befugnisse; **p. of forecast** ▦ Prognosegüte f; **p. to intervene; p. of intervention** Eingriffsbefugnis f, E.recht nt; **p. to investigate; p. of investigation** Ermittlungs-, Untersuchungsvollmacht f, Ermittlungsbefugnis f; **p.s of judgment** Urteilsvermögen nt; **p. of the law** Rechts-, Gesetzeskraft f; **p.(s) of persuasion** Überzeugungskraft f, Überredungskünste pl; **p. of procuration** Handlungsvollmacht f, Prokura f; **~ recollection** Erinnerungsvermögen nt; **(delegated) p.s to issue legal regulations** Ermächtigung zum Erlass von Rechtsvorschriften

power of representation Vertretungsbefugnis f; **~ r. by estoppel** [§] Duldungsvollmacht f; **joint (commercial) ~ r.** Gesamt-, Kollektivprokura f; **individual ~ r.** Einzelvollmacht f, E.vertretungsmacht f; **limited/restricted ~ r.** eingeschränkte Vertretungsbefugnis, Handlungsvollmacht f; **sole ~ r.** Alleinvertretungsbefugnis f, A.recht nt; **to have ~ r.** zur alleinigen Vertretung berechtigt sein

power(s) of (the) last resort Notvollmacht f; **p.s and responsibilities** Rechte und Pflichten; **p. of revocation** Widerrufsbefugnis f, Widerrufs-, Entziehungsrecht nt; **p. to sell** Recht des Verkaufs, Verkaufsvollmacht f; **p. of seizure** Beschlagnahmevollmacht f; **~ sentencing** [§] Strafgewalt f; **p. to sign; p. of signature** Unterschriftsbefugnis f, U.berechtigung f, Zeichnungsvollmacht f; **p. to negotiate a settlement** Schlichtungsbefugnis f; **p. to appoint and dismiss staff** Personalhoheit f; **~ (levy) tax** Steuer-, Besteuerungshoheit f, Besteuerungsrecht nt; **p. of supervision** Überwachungsbefugnis f; **p. of a test** (Trenn)Schärfe eines Tests, Testschärfe f; **~ testation** Testierfähigkeit f; **p. per unit of displacement** ⚓ Hubraumleistung f

the powers that be (coll) maßgebende Stelle, Obrigkeit f, Machthaber pl; **subservient to ~ be** obrigkeitsgläubig

to abuse one's power seine Vollmacht missbrauchen; **to be in p.** an der Macht/am Ruder (fig) sein; **~ in so.'s p.** in jds Gewalt liegen; **not ~ within so.'s p.s** nicht in jds Macht stehen, außerhalb von jds Möglichkeiten sein; **to come into p.** an die Macht/ans Ruder (fig) kommen, Macht übernehmen; **to confer p.s** Befugnisse/Vollmacht übertragen; **~ upon so.** jdn mit Vollmachten ausstatten; **to define p.s** Vollmacht festlegen; **to delegate p.(s)** Macht/Vollmacht(en) übertragen, ~ delegieren, Untervollmacht erteilen; **to divest so. of his p.s** jdm seine Vollmachten entziehen; **to do so. a p. of good** (coll) jdm mächtig gut tun (coll); **to exceed one's p.s** seine Machtbefugnis überschreiten; **to fall from p.** abgesetzt/entmachtet werden; **to furnish so. with full p.; to give so. full p.** jdn mit Generalvollmacht ausstatten, jdn uneingeschränkt bevollmächtigen; **to have full p.** Vollmacht haben; **to misuse one's p.s** sein Ermessen/seine Vollmacht missbrauchen; **to raise to the p. of ... π** potenzieren; **to remain in p.** an der Macht/am Ruder (fig) bleiben; **to restrict so.'s p.(s)** jds Vollmacht(en) einschränken; **to revoke p.s** Vollmacht entziehen/widerrufen; **to seize p.** Macht ergreifen, ~ an sich reißen; **~ from so.** jdm das Heft aus der Hand nehmen; **to strip so. of his p.s** jdm seine Vollmacht entziehen; **to subdelegate p.** unterbevollmächtigen; **to transgress one's p.s** seine Zuständigkeit überschreiten; **to vest p.s in so.** jdn mit Vollmacht ausstatten; **to wield p.** Macht/Herrschaft ausüben

absolute power unbeschränkte Macht, absolute Gewalt; **absorbing p.** Aufnahmepotenzial nt; **ad hoc** (lat.) **p.** Einzelvollmacht f; **administrative p.** 1. ausführende/ausübende Gewalt, Exekutive f; 2. Verwaltungsbefugnis f; **advisory p.** Beratungsbefugnis f; **belligerent p.** kriegführende Macht; **blank p.** Blankovollmacht f; **binding p.** Verbindlichkeit f, verbindliche Rechtskraft; **budgetary p.s** Haushaltsbefugnis(se) f/pl; **calor(if)ic p.** Heizkraft f; **coercive p.** Nötigung f; **commercial p.** Handlungsvollmacht f; **competitive p.** Konkurrenz-, Wettbewerbsfähigkeit f; **concurrent p.s** [§] konkurrierende Gewalten; **confiscatory p.** Beschlagnahmevollmacht f; **constitutional p.** verfassungsmäßige Gewalt; **consular p.** konsularische Gewalt; **corporate p.s** Gesellschafts-/Satzungsbefugnisse einer juristischen Person, satzungsgemäße Befugnis; **countervailing p.** Gegenmacht f, gegengewichtige Marktmacht; **creative p.** Gestaltungsreichtum m, G.kraft f, Schaffenskraft f, schöpferische Kraft; **decision-making p.s** Leitungs-, Entscheidungsbefugnis(se) f/pl; **clearly defined p.s** scharf begrenzte Befugnisse; **delegated p.(s)** Ermächtigung f; **disciplinary p.s** Disziplinarbefugnis f, D.gewalt f

discretionary powers 1. Ermessensbefugnis f, E.freiheit f, E.recht nt, E.spielraum m, E.vollmacht f, Entscheidungsfreiheit f; 2. [§] Reservatrecht nt, richterliche Machtvollkommenheit; **to abuse one's ~ p.** seinen Ermessensspielraum missbrauchen; **to exceed one's ~ p.** seine Machtbefugnisse überschreiten; **to exercise one's ~ p.** seine Vollmacht nach Ermessen ausüben

discriminatory power|s Diskriminierungs-, Unterscheidungsvermögen nt; **dispositive p.(s)** Weisungs-, Veräußerungsbefugnis f; **economic p.** Wirtschaftskraft f, W.kapazität f; **electric p.** elektrische Energie; **~ company** Elektrizitätswerk nt; **~ production** Stromerzeugung f; **error-reducing p.** ▦ Maß der Glättungsfähigkeit; **executive p.** Exekutiv-, Vollzugsgewalt f, ausführende/ausübende/vollziehende Gewalt; **explanatory p.** Erklärungswert m; **express p.s** ausdrückliche Vollmacht f; **executive/far-reaching p.s** weitgehende Vollmachten; **federal p.** Bundesgewalt f; **fiduciary p.s** treuhänderische Vollmachten; **financial p.** Finanzkraft f, F.stärke f, finanzielle Leistungskraft; **fiscal p.s** Fiskalhoheit f; **intermediate ~ p.** Parafiskus m, parafiskalisches Gebilde; **foreign p.** auswärtige Macht; **full p.s** umfassende Vollmachten; **general p.** Generalvollmacht f; **governmental p.s** hoheitsrechtliche Befugnisse; **hydraulic p.** Wasserkraft f; **hydroelectric p.**

Wasserkraft(strom) *f/m*; **human p.** Menschenkraft *f*; **implied p.** unterstellte Vollmacht; **industrial p.** Industriemacht *f*; **inherent p.** originäre Befugnis; **innovative p.** Innovationskraft *f*; **intellectual p.s** Verstandeskräfte; **investigatory p.(s)** Ermittlungsvollmacht *f*; **judicial p.** Justizgewalt *f*, J.hoheit *f*, rechtsprechende/ richterliche Gewalt; **legislative p.** gesetzgebende Gewalt, Gesetzgebungsbefugnis *f*, G.gewalt *f*, G.kompetenz *f*, G.recht *nt*, Recht der Gesetzgebung; **managerial p.s** Dispositionsbefugnis *f*; **mediate p.s** Nebenbefugnisse; **monetary p.s** währungspolitische Befugnisse; **monopolistic/monopsonistic p.** Monopol-, Nachfragemacht *f*
motive power 1. ✿ Antriebskraft *f*; 2. *[US]* 🚂 Triebfahrzeuge *pl*; **~ depot** Lokschuppen *m*; **~ unit** Triebfahrzeug *nt*
notarial power notarielle Vollmacht; **note-issuing p.** Banknotenausgaberecht *nt*; **nuclear p.** Atomkraft *f*, Kernenergie *f*; **official p.(s)** Amtsgewalt *f*, A.vollmacht *f*, öffentliche Gewalt; **organizational p.** Organisationsgewalt *f*; **overriding p.(s)** übergeordnete Befugnis(se); **parental p.** elterliche Gewalt, Erziehungsgewalt *f*; **plenary p.(s)** 1. umfassende/unbeschränkte/ uneingeschränkte/weitgehende Vollmacht(en); 2. ausschließliche Kompetenz; **predictive p.** Prognosefähigkeit *f*, P.qualität *f*; **primary p.s** Grundvollmacht *f*; **pulling p.** Zugkraft *f*; **punitive p.** Strafgewalt *f*, S.befugnis *f*; **reactive p.** Blindleistung *f*; **real p.** Effektiv-, Wirkleistung *f*; **referent p.** Macht durch Persönlichkeitswirkung *f*; **regulative p.** Ordnungsmacht *f*; **regulatory p.** Anordnungsrecht *nt*; **~ p.s** ordnungspolitische Instrumente; **relative p.s** Stärkeverhältnis *nt*; **residual p.s** Restvollmachten; **to exercise one's ~ p.s** seine Restvollmachten ausüben; **revenue-raising p.s** Steuer(ertrags)hoheit *f*, S.kraft *f*; **self-healing p.** Selbstheilungskraft *f*; **separate p.** Sondervollmacht *f*; **solar p.** Sonnenenergie *f*; **sovereign p.** Hoheitsbefugnis *f*, H.gewalt *f*, H.recht *nt*; **special p.(s)** Einzel-, Sonder-, Spezialvollmacht(en) *f/pl*, Sonderermächtigung *f*, außerordentliche Vollmacht(en); **statutory p.(s)** 1. gesetzliche Ermächtigung/Vollmacht; 2. satzungsgemäße Befugnisse; **subdelegated p.** Untervollmacht *f*; **supervisory p.** Aufsichtsgewalt *f*, Kontrollbefugnis *nt*, K.funktion *f*, Überwachungsbefugnis *f*, Fachaufsicht *f*; **supreme p.** Hoheit *f*, oberste Gewalt; **sweeping p.s** umfassende/ weitreichende Vollmacht(en); **tax-raising p.s** Steuer(ertrags)hoheit *f*, S.kraft *f*; **territorial p.** 1. territoriale Herrschaft; 2. Territorialmacht *f*; **testamentary p.** Testierfähigkeit *f*; **thermal p.** Wärmeenergie *f*; **tractive p.** Zugkraft *f*; **unlimited p.s** unbeschränkte Vollmacht; **visitatorial p.** Aufsichtsbefugnis *f*
power *v/t* ✿ antreiben
combined power and heat application Kraft-Wärme-Kopplung *f*; **p.-assisted** *adj* ⬅ Servo-; **p. base** Hausmacht *f*; **p. cable** ⚡ (Stark)Strom-, Stromversorgungskabel *nt*; **p. charges** Stromgebühren; **(electric) p. company** Elektrizitätsversorgungsunternehmen (EVU) *nt*, Stromerzeuger *m*, Elektrizitätsgesellschaft *f*; **p. consumption** Strom-, Energieverbrauch *m*; **p. conversion** Energieumwandlung *f*; **p. current** Kraft-, Starkstrom *m*; **p. cut** Stromabschaltung *f*, S.sperre *f*, S.unterbrechung *f*, Netzausfall *m*; **p. demand** Energie-, Leistungsbedarf *m*; **p. distribution** Stromverteilung *f*; **~ system** Energiesystem *nt*; **p. drill** Bohrmaschine *f*; **p. drive** Kraftantrieb *m*; **p.-driven** *adj* motorgetrieben; **p. drop** ⚡ Leistungsabfall *m*, L.verlust *m*
powered by *adj* angetrieben von/durch
power engineering Energietechnik *f*; **p. failure** Energie-, Stromausfall *m*; **p.ful** *adj* 1. stark, kraftvoll, kräftig; 2. ⚙ (trenn)scharf; **p. function** Güte-, (Trenn)Schärfefunktion *f*
power generation ⚡ Energie-, Stromerzeugung *f*; **coal-based p. g.** Kohleverstromung *f*; **p. g. costs** Verstromungskosten
power glider ✈ Motorsegler *m*; **p. grid** (überregionales) Stromnetz; **p.house** *n* 1. Elektrizitäts-, Kraftwerk *nt*; 2. ⚙ Maschinenhaus *nt*; **p.-hungry** *adj* machthungrig; **(electric) p. industry** Elektrizitäts-, Energie-, Stromwirtschaft *f*; **p. installation costs** Stromanschlusskosten; **p.less** *adj* kraftlos, machtlos, ohnmächtig; **p. line** ⚡ Starkstrom-, Überlandleitung *f*; **~ dependence** Leitungsgebundenheit *f*; **p. load** Leitungs-, Netz-, Strombelastung *f*; **p. loss** Energieverlust *m*; **p. off** ✿ Leerlauf *m*; **p.-operated** *adj* kraftgetrieben, maschinell betrieben, mit Motorantrieb; **p. outage** *[US]* ⚡ Strom-, Netzausfall *m*; **p. output** Abgabe-, Ausgangs-, Energie-, Stromleistung *f*, Leistungsabgabe *f*
power plant 1. ⚡ Elektrizitäts-, Kraftwerk *nt*; 2. ✿ Kraft-, Maschinenanlage *f*; **hydroelectric p. p.** Wasserkraftwerk *nt*; **integrated p. p.** Energiekombinat *nt*; **large p. p.** Großkraftwerk *nt*; **nuclear p. p.** Atomkraftwerk (AKW) *nt*, Kernkraftwerk (KKW) *nt*; **thermal p. p.** Wärmekraftwerk *nt*; **p. p. building** Kraftwerksbau *m*; **~ capacity** Kraftwerksleistung *f*; **~ program(me)** Energieprogramm *nt*
power play Kräftespiel *nt*; **p. point** ⚡ Steckdose *f*; **p. politics** Machtpolitik *f*; **hydroelectric p. production** Wasserkrafterzeugung *f*; **p. rate** Strompreis *m*, S.tarif *m*; **p. rating** ✿ Nennleistung *f*, Leistungsabgabe *f*, **p.-(to)-weight ratio** Leistungsgewicht *nt*; **p. reactor** Atom-, Kernkraftreaktor *m*; **p. requirements** 1. Strombedarf *m*, Anschlusswerte; 2. ✿ Kraft-, Leistungsbedarf *m*; **p. resources** Energiequellen, E.träger; **p.-saving** *adj* energie-, stromsparend; **p. saw** Motorsäge *f*; **p. series** π Potenzreihe *f*; **p.-sharing** *n* Machtbeteiligung *f*; **p. source** Machtquelle *f*
power station Kraftwerk *nt*, Elektrizitätswerk (E-Werk) *nt*; **atomic/nuclear p. s.** Atomkraftwerk (AKW) *nt*, Kernkraftwerk (KKW) *nt*; **caloric/thermal p. s.** Wärmekraftwerk *nt*, kalorisches Kraftwerk; **coal-fired p. s.** (Stein)Kohlekraftwerk *nt*; **gas-fired p. s.** Gaskraftwerk *nt*; **hydroelectric p. s.** Wasserkraftwerk *nt*; **lignite-based p. s.** Braunkohlekraftwerk *nt*; **jointly operated/owned p. s.** Gemeinschaftskraftwerk *nt*; **tidal p. s.** Gezeitenkraftwerk *nt*; **p. s. industry** Kraftwerksindustrie *f*
power struggle Machtkampf *m*; **p. supplier** Energielieferant *m*

power supply ⚡ 1. Energie-, Stromversorgung *f*; 2. Energie-, Stromzufuhr *f*, S.abgabe *f*, S.lieferung *f*; ~ **hookup** Stromanschluss *m*; ~ **market** Energiemarkt *m*; ~ **sector** Energiesektor *m*; ~ **situation** Energielage *f*; ~ **system** (Strom)Versorgungsnetz *nt*
power tool Elektrowerkzeug *nt*; **p. transmission** Energiedurchleitung *f*, E.übertragung *f*, Kraft-, Stromübertragung *f*; **p. unit** 1. ✿ (Antriebs)Aggregat *nt*; 2. ✈ Triebwerk *nt*; **large p. user** ⚡ Großabnehmer *m*, G.kunde *m*; **p. utility** Energie-, Stromversorgungsunternehmen (EVU) *nt*, Energie-, Stromversorger *m*; **p. worker** Elektrizitätsarbeiter *m*
PR (public relations) Öffentlichkeitsarbeit *f*
practicability *n* Praktibilität *f*, Durch-, Ausführbarkeit *f*, Realisierbarkeit *f*, Anwendbarkeit *f*, Verwendbarkeit *f*, Brauchbarkeit *f*
practicable *adj* praktisch, praktikabel, zweckmäßig, brauchbar, durch-, ausführbar, relisierbar, an-, verwendbar
practical *adj* praktisch, praxisbezogen, p.nah, zweckmäßig, real, betriebsnah; *n* (Betriebs-/Berufs)Praktikum *n*
practice *n* 1. Praxis *f*, Handlungs-, Verfahrensweise *f*; 2. Gewohnheit *f*, Übung *f*, Brauch *m*, Usance *f* *(frz.)*, Verfahren *nt*; 3. *(Beruf)* Ausübung *f*, Erfahrung *f*; 4. ⚖ Praxis *f*; **p.s** Praktiken, (Geschäfts)Gebaren *nt*, Usancen *(frz.)*; **in p.** in der Praxis, in Wirklichkeit; **out of p.** aus der Übung
practice of the courts Prozess-, Rechtspraxis *f*, Judikatur *f*; ~ **finance** Finanzierungspraxis *f*; ~ **law** 1. Ausübung des Anwaltsberufes, anwaltliche Tätigkeit; 2. Rechtspraxis *f*; ~ **international law** Völkerrechtspraxis *f*
in accordance with local practice|s ortsüblich; **p. makes perfect** *(prov.)* Übung macht den Meister *(prov.)*
to be common/general practice (allgemein) üblich sein; **to go into p.; to set up in p.** sich als Arzt/Anwalt niederlassen; **to put into p.** in die Tat umsetzen, verwirklichen, realisieren
administrative practice|s Verwaltungsverfahren *nt*, V.praxis *f*; **agricultural p.** landwirtschaftliche Betriebsbedingungen; **anti-competitive p.s** wettbewerbswidriges Verhalten, wettbewerbsfeindliche Verhaltensweise; **budgetary p.** Haushalts-, Budgetpraxis *f*; **collusive p.s** unerlaubte Absprachen; **commercial p.** Handelsübung *f*, H.brauch *m*, handelsübliche Praxis, Geschäftspraxis *f*, kaufmännische Konvention; **sound ~ p.s** solide Verkehrsgrundsätze; **unfair ~ p.s** unsaubere Geschäftsmethoden; **common p.** allgemein üblich, gebräuchlich; **~ in industry** industrieüblich; **competitive p.s** Wettbewerbsmethoden; **unfair ~ p.s** unlautere Wettbewerbspraktiken; **concerted p.s** verabredete Praktiken, aufeinander abgestimmte Verhaltensweisen; **suspected of corrupt p.s** korruptionsverdächtig; **customary p.s** Handelsbräuche, H.usancen; **deceptive p.s** betrügerische Machenschaften, irreführende Praktiken; **discriminatory p.s** diskriminierende Praktiken; **established p.** feststehende Rechtsprechung, bestehende Übung; **~ and uniform p.s** bestehende und einheitliche Übung; **fraudulent p.s** betrügerische Machenschaften, Betrügerei *f*; **general p.** 1. übliches Verfahren; 2. ⚕ Allgemeinmedizin *f*; **illicit p.** unerlaubte Ausübung; **improper p.s** unlautere Geschäftsmethoden; **joint p.** Gemeinschaftspraxis *f*; **judicial p.** Praxis der Rechtsprechung; **legal p.** 1. juristische Gepflogenheit; 2. (Rechts)Anwaltspraxis *f*; **local p.s** Platzusancen, örtliche Praxis; **medical p.** Arztpraxis *f*, ärztliche Praxis; **private p.** ⚕ Privatpraxis *f*; **in ~ p.** *(Arzt)* niedergelassen; **restrictive p.s** wettbewerbsfeindliche/wettbewerbsbeschränkende Maßnahmen, ~ Verhaltensweisen; **~ court** *[GB]* Kartellgericht *nt*; **sharp p.s** unsaubere Geschäftsmethoden/Geschäfte, dunkle/unlautere Machenschaften, Beutelschneiderei *f* *(coll)*; **standard p.** Norm *f*, Gepflogenheit *f*, allgemein üblich, übliches Verfahren; **unauthorized p.** *(Beruf)* unbefugte Ausübung; **unfair p.s** unlautere Geschäftsmethoden, unlauteres Geschäftsgebaren; **venal p.s** korrupte Methoden
practice *[US]*; **practise** *[GB]* *v/t* (aus)üben, praktizieren
practice|-orient(at)ed *adj* praxisorientiert; **p. run** Probelauf *m*
practising certificate *n* *(Anwalt)* Zulassungsurkunde *f*
practitioner *n* 1. Praktiker *m*, Fachmann *m*; 2. ⚕ praktischer Arzt, praktische Ärztin; 3. [§] Rechtsanwalt *m*, R.anwältin *f*; **p.s in the field** Leute aus der Praxis; **general/medical p. (G.P.)** ⚕ praktischer/niedergelassener Arzt, praktische/niedergelassene Ärztin, Allgemeinmediziner(in) *m/f*; **legal p.** Jurist(in) *m/f*, Rechtsanwalt *m*, R.anwältin *f*
praecipe *n* *(lat.)* [§] Antrag auf Vornahme einer gerichtlichen Handlung
prag|matic *adj* pragmatisch; **p.matism** *n* Pragmatismus *m*; **p.matist** *n* Pragmatiker *m*
praise *v/t* loben, (an)preisen, Lob spenden/zollen
praise *n* Lob *nt*; **to be sparing in one's p.** mit Lob geizen; **~ unstinting in one's p.** mit seinem Lob nicht kargen; **to win p.** Lob ernten; **premature p.** Vorschusslorbeeren *pl*; **scant p.** mageres Lob; **unstinting p.** uneingeschränktes Lob
pram *n* 1. ⚓ Prahm *m*, Leichter *m*; 2. Kinderwagen *m*
prayer of a petition *n* [§] *(Scheidung)* Klageantrag *m*, Klage-, Rechtsbegehren *nt*; **to amend the ~ petition** Klageantrag ändern; **p. for relief** Klage-, Rechtsbegehren *nt*; **p. of process** Rechts(schutz)begehren *nt*
P.R. (public relations) consultant P.R.-Berater(in) *m/f*, Berater(in) für Öffentlichkeitsarbeit
preallocation of cost(s) *n* Vorverrechnung von Kosten
preamble *n* 1. Präambel *f*, Eingangsformel *f*, Vorrede *f*; 2. [§] Gesetzesbegründung *f*
preannounce *v/t* vorher ankündigen; **p.ment** *n* Vorankündigung *f*
prearrange *v/t* vorher vereinbaren; **p.ed** *adj* vorher abgemacht, fixiert, fest; **p.ment** *n* vorherige Abmachung
preassem|ble *v/t* ⚙ vorfertigen, vormontieren; **p.bly** *n* Vormontage *f*, V.fertigung *f*; **~ shop fitting** Fertigladenbau *f*

pre|assessment *n* Vorausschätzung *f*; **p.authentication** *n* Vorabbestätigung *f*
prebend *n* Pfründe *f*
prebill *v/t* vorfakturieren
precalcu|lable *adj* vorausberechenbar; **p.late** *v/t* vorausberechnen; **p.lation** *n* Vorkalkulation *f*, Vorausberechnung *f*
precarious *adj* prekär, gefährlich, unsicher, brenzlig
pre-cast *v/t* ▥ *(Beton)* vorfertigen; *adj* vorgefertigt, Fertig-
precatory *adj* [§] ersuchend
precaution *n* Vorkehrung *f*, Sicherheits-, Vorsichtsmaßnahme *f*; **as a p.** vorsichtshalber, vorsorglich, als Vorsichtsmaßnahme, prophylaktisch; **by way of p.** [§] hilfsweise; **to take p.s** Vorsorge/Sicherheitsmaßnahmen/S.vorkehrungen/Vorsichtsmaßnahmen treffen; **ample p.s** umfangreiche Vorkehrungen
precautionary *adj* vorsorglich, vorbeugend
precede *v/t* 1. vor(an)gehen, vorausgehen, vorhergehen; 2. Vorrang haben
precedence *n* Vorrang(stellung) *m/f*, Vorrecht *nt*, Vortritt *m*, Präzedenz *f*; **to accord/give/yield p.** Vorrang einräumen, voranstellen; **to have/take p. (over)** Vorrang haben (vor), vor(an)gehen; **p. matrix** *(OR)* Vorrangmatrix *f*; **p. rating** Dringlichkeits-, Prioritätsstufe *f*
precedent *n* [§] Muster-, Präzendenzfall *m*, Präjudiz *nt*, Vorentscheidung *f*, bindende/einschlägige Entscheidung, bindender/einschlägiger Fall; **p.s** Rechtsprechung *f*; **according to p.** nach den bisherigen Fällen; **without p.** 1. ohne Präjudiz; 2. noch nie dagewesen; **p.s of a case** Rechtsprechung zu einem Fall; **~ of the highest courts in the land** höchstrichterliche Rechtsprechung
to be bound by precedent(s) an Entscheidungen gebunden sein; **to cite a p.** Präzedenzfall anführen; **to constitute a p.** Präzedenzfall abgeben/bilden/darstellen; **to create/establish/set a (legal) p.** Präzedenzfall/Recht schaffen, präjudizieren; **to use sth. as a (legal) p.** Rechtsanspruch auf etw. herleiten
authorative/binding precedent bindender Präzedenzfall, bindende Vorentscheidung, Präzedenzfall mit Verbindlichkeitscharakter; **judicial/legal p.** Präzedenzfall *m*, P.entscheidung *f*; **overruled p.s** aufgehobene Rechtsprechung; **past p.** Präzedenzfall in der Vergangenheit; **persuasive p.** nicht bindender Präzedenzfall, ~ bindende Vorentscheidung, Präzedenzfall ohne Verbindlichkeitscharakter
precedent *adj* vor(an)gehend; **p. thereto** vorhergehend; **p. book** Rechtsformularbuch *nt*
preceding *adj* vorhergehend, vorangegangen, vorherig
precept *n* 1. Weisung *f*, Richtlinie *f*, Ver-, Anordnung *f*, Gebot *nt*, Gerichtsbefehl *m*; 2. Einziehungs-, Zahlungsbefehl *m*; 3. Grundsatz *m*, Prinzip *nt*, Regel *f*
precinct *n* 1. (Amts)Bezirk *m*; 2. Einkaufs-, Geschäftsviertel *nt*; 3. *(Polizei)* Revier *nt*; **p.s** 1. Umgebung *f*; 2. Areal *nt*; **within the p.s of** innerhalb der Grenzen von; **parliamentary p.** Parlamentsbannmeile *f*
precious *adj* kostbar, teuer, wertvoll

precipitate *v/ti* 1. auslösen, überstürzen, beschleunigen; 2. ⌂ sich niederschlagen; *adj* übereilt, überstürzt, voreilig
precipitation *n* 1. ⌂ Niederschlag *m*; 2. Hast *f*, Übereile *f*
precipitous *adj* 1. steil, abschüssig; 2. überstürzt
precise *adj* (haar)genau, klar, präzis
precision *n* Genauigkeit *f*, Präzision *f*, Strenge *f*; **p. engineer** Feinmechaniker *m*; **p. engineering** Präzisions-, Feinmechanik *f*; **~ industry** feinmechanische Industrie; **p. instrument** Präzisionsinstrument *nt*; **p.-made** *adj* präzisionsgefertigt; **p. mechanic** Feinmechaniker *m*; **p. mechanics** Feinmechanik *f*; **~ and optics** Feinchanik und Optik; **p. sample** ▥ gezielte Stichprobe; **p. tool** Präzisionswerkzeug *nt*; **p. work** Fein-, Maß-, Präzisionsarbeit *f*
pre-clearance *n* ⊖ Vorverzollung *f*
preclude (from) *v/t* ausschließen, entgegenstehen, zuvorkommen, vorbeugen, präkludieren, hindern
preclusion *n* Ausschluss *m*, Ausschließung *f*, Präklusion *f*; **p. clause** Ausschlussklausel *f*
pre|conceived *adj* vorgefasst; **p.conception** *n* vorgefasste Meinung, Vorurteil *nt*
precondition *n* Vorbedingung *f*, Voraussetzung *f*; **p. of legal validity** Gültigkeitsbedingung *f*
precursor *n* Vorreiter(in) *m/f*, Vorläufer(in) *m/f*
pre|-date *v/ti* 1. zeitlich vorangehen; 2. zurückdatieren; 3. aus der Zeit vor ... stammen; **p.-dating** *n* Zurückdatierung *f*
predator *n* 1. Raubtier *nt*; 2. *(fig)* auf Übernahme anderer Firmen erpichtes Unternehmen; **p.y** *adj* räuberisch
predecease *v/t* [§] vorher sterben als, vorversterben; **p.d** *n* Vorverstorbene(r) *f/m*
predecessor *n* (Amts)Vorgänger(in) *m/f*; **p. in interest** Vormann *m*; **~ office** Amtsvorgänger *m*, Vorgänger im Amt; **~ title** Rechtsvorgänger *m*, Voreigentümer *m*, vorheriger Eigentümer; **p. company** übertragende Gesellschaft, Vorgesellschaft *f*
predeter|mination *n* vorherige Festlegung; **p.mine** *v/t* im Voraus festlegen, vorausbestimmen, präjudizieren; **p.mined** *adj* vorgegeben, prädeterminiert, vorbestimmt, vorprogrammiert
predicament *n* fatale/missliche/schwierige/unangenehmen Lage, ~ Situation, Dilemma *nt*, Verlegenheit *f*, Zwangslage *f*
predict *v/t* voraus-, vorhersagen, prognostizieren, vorausberechnen; **p.ability** *n* Vorhersagbarkeit *f*, Berechenbarkeit *f*, Prognostizierbarkeit *f*; **p.able** *adj* voraus-, vorhersag-, berechenbar; **p.ably** *adv* erwartungsgemäß
prediction *n* Vorher-, Voraussage *f*; **p. of failure** Ausfallvorhersage *f*; **economic p.s** Konjunkturprognosen; **p. interval** Voraussagenspanne *f*, Prognosekorridor *m*
predict|ive *adj* prognostisch; **p.or** *n* ▥ Regressor *m*, vorgegebene Variable
predispose *v/t* vorausdisponieren, im Voraus verfügen
predisposition *n* Veranlagung *f*; **hereditary p.** erbliche Veranlagung; **pathological p.** krankhafte Veranlagung
predominance *n* Vorherrschaft *f*; **p. of exports** Export-

lastigkeit *f*; **economic p.** wirtschaftliche Vormachtstellung
pre|dominant; p.dominating *adj* vorherrschend, vor-, überwiegend; **p.dominate** *v/t* 1. dominieren, vorherrschen; 2. überwiegen; **p.-editing** *n* redaktionelle Vorbereitung; **p.-eminence** *n* Vorrangstellung *f*; **p.-eminent** *adj* heraus-, überragend
preempt *v/t* 1. vorkaufen, durch Vorkaufsrecht erwerben; 2. vorbeugen, vorwegnehmen; **p. so.** jdm zuvorkommen; **p.ible** *adj* vorkaufspflichtig, zum Vorkauf offen, einem Vorkaufspreis/V.recht unterliegend
pre-emption *n* Vorkauf(srecht) *m/nt*; **p. of new issues** Bezugsrecht *nt*; **p. clause** Vorkaufsklausel *f*
pre-emptioner; p.-emptor *n* Vorkaufs-, Vormerkungsberechtigte(r) *f/m*
pre-emption price Vorkaufspreis *m*; **p. right** Bezugs-, Vorkaufsrecht *nt*
pre-emptive *adj* 1. zum Vorkauf berechtigend; 2. vorbeugend; 3. *(Gehorsam)* vorauseilend
pre|-entry *adj* vor Eintritt; **p.-estimate** *n* Vorab-, Vorausschätzung *f*; **p.-examine** *v/t* [§] vorher vernehmen; **p.-existing** *adj* bereits vorhanden/bestehend
pref → **preference share**
prefab *n* *(coll)* 🏚 Fertigbau *m*, F.haus *nt*; **p.ricate** *v/t* vorfertigen, vorverarbeiten; **p.ricated** *adj* vorgefertigt, in Fertigbauweise erstellt; **p.rication** *n* 1. Vorfertigung *f*, Vorverarbeitung *f*; 2. Fertig-, Montagebau *m*; **~ order** Vorfertigungsauftrag *m*
preface *n* Vor-, Geleitwort *nt*, Einleitung *f*, Vorrede *f*, Vorbemerkung *f*
prefer *v/t* 1. vorziehen, bevorzugen, begünstigen, den Vorzug geben; 2. [§] *(Klage)* einreichen, erheben
preferably *adv* vorzugsweise, am besten, möglichst, besser
preference *n* 1. Vorzug *m*, Präferenz *f*, (Meist)Begünstigung *f*, Bevorzugung *f*, Handelsvorteil *m*, Vorrang(regel) *m/f*, Priorität(srecht) *f/nt*; 2. *(Gläubiger)* Konkursvorrecht *nt*; 3. Vorliebe *f*, Neigung *f*; **p. in bankruptcy** Konkursvorrecht *nt*; **p. of a creditor** Gläubigerbevorzugung *f*; **fraudulent ~ a creditor** Gläubigerbegünstigung *f*; **~ debtors** Schuldnerbegünstigung *f*
additive preference|s additive Präferenzen; **economic p.** Wirtschaftspräferenz *f*; **fraudulent p.** betrügerische Bevorzugung, Gläubigerbevorzugung *f*; **general p.** allgemeine Präferenz; **locational p.** Standortpräferenz *f*; **revealed p.** bekundete/offenbarte/faktische Präferenz; **separable p.s** trennbare Präferenzen; **social p.s** sozial bedingte Präferenzen; **undue p.** ungebührlicher Vorteil
preference area Präferenzraum *m*; **p. bond** Prioritätsobligation *f*, P.anleihe *f*, Vorzugsobligation *f*, Obligation mit Vorzugsrecht; **p. capital** Vorzugskapital *nt*; **p. certificate** Vorzugszertifikat *nt*; **p. claim** Vorzugsrecht *nt*, Vorrechtsforderung *f*; **p. clause** Vorzugsklausel *f*, Präferenzbestimmung *f*; **p. creditor** Vorrechtsgläubiger(in) *m/f*; **p. dividend** Vorzugsdividende *f*; **p. freight** zu Vorzugsbedingungen beförderte Fracht; **p. income** steuerlich begünstigte Einkünfte; **p. item** Präferenzgut *nt*, begünstigter Posten; **p. margin** ⊖ (Zoll)Präferenzspanne *f*; **p. rule** Vorrangregel *f*; **p. scale** Präferenzskala *f*, Rangordnung *f*; **p. scrip issue** Ausgabe von Gratis-/Vorzugs-/Kapitalberichtigungsaktien
preference share *[GB]* /**stock** *[US]* Vorzugs-, Vorrechtsaktie *f*; **p. s.s/s.s.** Prioritäten; **convertible p. s./s.** Wandelvorzugsaktie *f*, wandelbare Vorzugsaktie; **cumulative p. s./s.** kumulative Vorzugsaktie; **deferred ~ p. s./s.** zweitrangige/nachrangige/nachzugsberechtigte kumulative Vorzugsaktie; **non-cumulative p. s./s.** nichtkumulative Vorzugsaktie; **non-participating p. s./s.** nichtpartizipierende Vorzugsaktie *f*, Vorzugsaktie ohne Gewinn; **participating p. s./s.** partizipierende Vorzugsaktie, Vorzugsaktie mit zusätzlicher Gewinnbeteiligung; **cumulative ~ p. s./s.** Vorzugsaktie mit besonderer Dividendenberechtigung; **redeemable p. s./s.** rückkaufbare/rückzahlbare Vorzugsaktie; **convertible ~ p. s./s.** rückkaufbare Vorzugsaktie mit Umtauschrecht; **cumulative convertible ~ p. s./s.** rückkaufbare Wandelvorzugsaktie mit Dividendennachzahlung, kumulative nachzugsberechtigte Wandelvorzugsaktie; **participating ~ p. s./s.** rückkaufbare Vorzugsaktie mit Dividendenberechtigung
preference shareholder *[GB]* /**stockholder** *[US]* Vorzugsaktionär *m*; **p. system** Präferenzordnung *f*, Bedarfsstruktur *f*; **p. tariff** ⊖ Vorzugszoll *m*, V.tarif *m*
preferential *adj* bevorzugt, b.rechtigt, absonderungs-, präferenz-, vorzugsberechtigt, präferenzbegünstigt, Vorzugs-
preferment *n* Beförderung *f*; **p./preferral of charges** [§] Klageerhebung *f*
preferred *adj* → **preferential**
prefigure *v/t* ankündigen, anzeigen
pre|finance *v/t* vorfinanzieren; **p.financing** *n* Vorfinanzierung *f*
pregnancy *n* ⚥ Schwangerschaft *f*; **p. allowance** Mutterschaftsgeld *nt*; **p. leave** Mutterschafts-, Schwangerschaftsurlaub *m*; **p. test** Schwangerschaftstest *m*
pregnant *adj* 1. ⚥ schwanger, geschwängert; 2. *(Tier)* trächtig; **to become p.** schwanger werden
pre|implementation stage *n* Projektreife *f*; **p.investment analysis** Rentabilitätsrechnung *f*, R.kalkül *nt*, Wirtschaftlichkeitsrechnung *f*; **p.judge** *v/t* präjudizieren, vorschnell (ver)urteilen; **p.judg(e)ment** *n* vorschnelles Urteil
prejudice *n* 1. Vorurteil *nt*, Befangenheit *f*, Voreingenommenheit *f*; 2. Benachteiligung *f*, Beeinträchtigung *f*, Schaden *m*, Nachteil *m*; 3. [§] Präjudiz *nt*; **to the p. of** zum Nachteil/Schaden von; **without p.** ohne Verbindlichkeit/Obligo, ~ Anerkennung einer Rechtspflicht, ~ Schaden für die eigenen Rechte, freibleibend; **~ for/to** unbeschadet, ohne Schaden/Nachteil für; **without p. to any claim** unbeschadet/ohne Beeinträchtigung irgendwelcher Ansprüche; **~ to our rights** unter Wahrung unserer Rechte; **to overcome a p.** Vorurteil überwinden
financial prejudice finanzieller Schaden/Nachteil; **legal p.** Rechtsnachteil *m*; **racial p.** Rassenvorurteil *nt*
prejudice *v/t* 1. beeinträchtigen, benachteiligen, gefährden; 2. [§] präjudizieren

prejudiced *adj* 1. voreingenommen; 2. *(Meinung)* vorgefasst; 3. [§] befangen; **to be p.** 1. befangen sein; 2. *(Vers.)* Nachteil erleiden
prejudicial (to) *adj* nachteilig, schädlich (für), abträglich
preliminary *adj* vorausgehend, vorbereitend, Präliminar-, Vor-; *n* 1. Einleitung *f*; 2. vorbereitende Maßnahme; **preliminaries** Präliminarien, Vorbemerkungen
prelims *pl* 1. 🗐 Titelei *f*; 2. [§] Präliminarien
prelisting *n* Vorlistung *f*, Belegaddition *f*
prelude *n* Vorspiel *nt*, Auftakt *m*
pre|-machine *v/t* ✪ *(spanabhebend)* vorverarbeiten; **p.-machining** *n* Vorverarbeitung *f*
on the pre|-market vorbörslich, im vorbörslichen Handel; **to mark up ~ p.-market** vorbörslich höher bewerten
premature *adj* vorzeitig, verfrüht, voreilig
premedi|tated *adj* [§] vorsätzlich, vorbedacht; **p.tation** *n* Vorsatz *m*, Vorbedacht *f*
premier *adj* führend
première *n* (frz.) 🗐 Erst-, Uraufführung *f*, Premiere *f*
premise *n* Prämisse *f*, Voraussetzung *f*; **to create the p.** Voraussetzungen schaffen; **major p.** Hauptprämisse *f*; **minor p.** sekundäre Prämisse
to be premised on sth. *adj* auf etw. gegründet sein, etw. zur Voraussetzung haben
premises *pl* 1. Geschäfts-, Gewerberäume, (Geschäfts-/Laden)Lokal *nt*, (Betriebs-/Geschäfts)Gebäude *nt*, Räumlichkeiten; 2. Areal *nt*, Grundstück *nt* (mit allen Nebengebäuden), Haus *nt*; **off the p.** außerhalb des Lokals, ~ der Geschäftsräume; **on the p.** an Ort und Stelle, im Lokal, in den Geschäftsräumen; **to surrender/vacate (the) p.** Lokal räumen
adjoining premises Anliegergrundstück *nt*; **commercial p.** gewerblich genutzter Raum, Geschäftsräume; **enclosed p.** eingefriedetes Besitztum; **industrial p.** gewerbliche Räume, gewerblich genutzter Raum, ~ genutztes Grundstück; **unused ~ p.** Industriebrache *f*; **licensed p.** konzessionierter Ausschank, Schankort *m*; **military p.** militärische Anlagen; **rented p.** Mieträume
premium *n* 1. (Versicherungs)Prämie *f*, V.betrag *m*, V.satz *m*, Prämienbetrag *m*, P.summe *f*; 2. Bonus *m*, Zuschlag *m*, Zulage *f*, Zuschuss *m*, Bonifikation *f*, Belohnung *f*; 3. Aufpreis *m*, Aufgeld *nt*, Agio *nt*, (Kurs)Aufschlag *m*, Report *m*; 4. Lehrgeld *nt* (fig); **at a p.** mit einem Aufpreis/Aufschlag, über pari/dem Nennwert
premium in arrears rückständige Prämie; **unearned p.s on balance sheet date** *(Vers.)* Entgeltüberträge; **p. charged by banks** Bankagio *nt*; **p. on bonds** Anleiheagio *nt*; **p. for the call** Vorprämie *f*; **p. on capital stock** Agio aus Aktienemission; **~ exchange** Devisenaufgeld *nt*; **p. out and home** ⚓ (Versicherungs)Prämie für Hin- und Rückreise; **p. for increased insurance** Höherversicherungsbeitrag *m*; **~ double option** Stillgeld *nt*; **~ the put** Rückprämie *f*; **p. (payable) on redemption** Rückzahlungsagio *nt*, Rückkaufagio für Vorzugsaktien; **p. not absorbed by risks** *(Vers.)* Sparprämie *f*; **additional p. for occupational risks** Berufszuschlag *m*; **p. for special risks** Risikoprämie *f*; **p. on shares** *[GB]* /**stocks** *[US]* Aktien-, Effektenagio *nt*
affecting the premium prämienwirksam, p.schädlich; **not ~ p.** prämienunschädlich; **eligible for a p.** prämienberechtigt; **free of p.** prämienfrei; **p. paid in advance** Vorausprämie *f*
to arrange a premium Prämie vereinbaren; **to assess the p.** Prämie(nsatz) ermitteln/festsetzen; **to be at a p.** 1. über pari/hoch im Kurs stehen; 2. sehr gefragt sein; **to buy at a p.** über oari kaufen; **to charge a p.** 1. Prämie berechnen; 2. Aufgeld verlangen; **to command a p.** 1. Agio genießen; 2. hoch im Kurs stehen; **to fix the p.** Prämie festsetzen; **to insure at a high/low p.** zu einer hohen/niedrigen Prämie versichern; **to pay a p.** 1. *(Vers.)* Prämie zahlen; 2. Aufpreis zahlen; **to place/put a p. on** 1. prämieren, Preis aussetzen für; 2. *(Preis)* erhöhen; **to raise the p.** Prämie erhöhen; **to refund the p.** Prämie zurückerstatten; **to sell at a p.** über (Nenn)Wert/mit Agio/mit Aufgeld verkaufen, mit Gewinn absetzen; **to write a p. on** Prämie festsetzen/ausschreiben; **to write p.s** Versicherungen abschließen, Abschlüsse tätigen; **to yield a p.** Prämie abwerfen
accelerated/accelerating premium progressive (Leistungs)Prämie; **additional p.** Zusatz-, Zuschlags-, Nachschussprämie *f*, Prämienzuschlag *m*, zusätzliche Prämie; **advance p.** Vorausprämie *f*, Prämienvorauszahlung *f*; **all-inclusive p.** Pauschalprämie *f*; **annual p.** Jahresprämie *f*; **basic p.** Grundprämie *f*; **compound p.** Doppelprämie *f*; **constant p.** stehendes Agio; **deferred p.** noch nicht fällige Prämie; **degressive p.s** degressive Akkorde; **double p.** Doppelprämie *f*; **earned p.** verdiente Prämie; **extra p.** Nach-, Sonder-, Zusatz-, Malusprämie *f*; **fictitious p.** fiktive Prämie; **first p.** Erstprämie *f*; **fixed p.** feste Prämie; **flat(-rate) p.** pauschale Prämie, Pauschalprämie *f*; **fluctuating p.** 1. veränderliche Prämie; 2. veränderliches/variables Agio; **gross p.** Bruttoprämie *f*; **half-yearly p.** Halbjahresprämie *f*; **house-building p.** Wohnungsbauprämie *f* *[D]*; **incentive p.** Gratiskupon *m*; **increasing p.** steigende Prämie; **level p.** gleichbleibende Prämie; **loaded p.** Zuschlagsprämie *f*; **marine p.** Seeprämie *f*; **monthly p.** Monatsprämie *f*; **natural p.** natürliche Prämie; **net p.** Bedarfs-, Nettoprämie *f*, Prämie frei von Unfallkosten, kostendeckende Prämie; **notional p.** Abstandssumme *f*; **on-call p.** Bereitschaftsprämie *f*; **opening p.** erste Prämie; **outstanding p.s** Prämienrückstände, P.außenstände; **pro-rata p.** verdienter Prämienanteil; **provisional p.** vorläufige Prämie; **pure p.** Nettoprämie *f*; **~ method** *(Vers.)* Preisbildung auf Grund der Nettoprämie; **quarterly p.** Vierteljahresprämie *f*; **regular p.** laufende Prämie; **retained p.** Eigen-, Selbstbehaltsprämie *f*; **semi-annual p.** Halbjahresprämie *f*; **short p.** niedrige Prämie
single premium Einmalbetrag *m*, E.prämie *f*, Einheits-, Einzelprämie *f*, Mise *f* *(frz.)*; **~ assurance** *[GB]* /**insurance** *[US]* Lebensversicherung gegen Einmalprämie; **~ bond** Einmalprämienpolice *f*
sliding(-scale) premium gleitende/progressive Prämie; **stipulated p.** Vertragsprämie *f*; **subsequent p.**

Folgeprämie f; **supplementary p.** Zuschlagsprämie f, Malus m; **surplus p.**s überschüssige Prämieneinnahmen; **total p.**s Gesamtprämie f; **unchanged p.** Beitragsstabilität f; **unearned p.** unverbrauchte/unverdiente Prämie; ~ **reserve** Prämienüberhang m
premium adjustment Beitrags-, Prämienangleichung f, Beitrags-, Prämienanpassung f; ~ **clause** Beitragsangleichungsklausel f; **p. band** Prämienbereich m; **p. bargain** Prämiengeschäft nt; **p. bond** 1. Prämienpfandbrief m, P.schein m, P.schuldverschreibung f; 2. Auslosungs-, Los-, Lotterieaktie f; 3. Lotterieanleihe f, L.obligation f, auslosbares Wertpapier, Sparprämienlos nt; ~ **saving** Gewinnsparen nt; **p. bonus** Prämienlohn m; ~ **wage system** Prämienlohnsystem nt; **p. brand** Spitzenmarke f, Markenerzeugnis hoher Qualität; **p.-carrying** adj prämienbegünstigt; **p. collection** Prämieneinziehung f; **p. costs** Prämienaufwendungen; **p. coupon** (Einzelhandel) Gutschein m; **p. dealing** [GB] Dontgeschäft nt; **p. deposit** Prämiendepot nt; **p. discount** Prämienrabatt m, P.nachlass m; **p. dodge** (coll) Prämienschwindel m; **p. draw(ing)** Prämienauslosung f, Gewinnziehung f; **p. due** fällige Prämie; ~ **date** Fälligkeit der Prämie; **total p.s earned** Gesamtprämienaufkommen nt; **p. escalator clause** Wertzuschlagsklausel f; **p. gain** Agiogewinn m; **p. hunter** (Börse) Kursspekulant m; **p. hunting** Börsenspiel nt, Agiotage f
premium income 1. Beitrags-, Prämienaufkommen nt, P.einkommen nt; 2. Einnahmeüberschuss m; **additional p. i.** Prämienmehreinnahme f; **net p. i.** Prämienüberschüsse pl; **non-life p. i.** Prämienaufkommen aus der Sachversicherung; **total p. i.** Gesamtprämienaufkommen nt, Prämienvolumen nt
premium increase Prämienerhöhung f, P.anpassung f, P.anhebung f, Beitragserhöhung f, B.anpassung f; **p. instalment** Prämienrate f; **p. level** Prämienhöhe f; **p. loan** Prämienobligation f, P.pfandbrief m, P.anleihe f, Policendarlehen nt; **p. note** Prämienrechnung f; **p. offer** Zugabeangebot nt, Verkauf mit Zugaben; **p. paid** Istprämie f; **p. parcel** Zulagenpaket nt; **p. pay** Lohnzulage f, Prämienverdienst m; **p. payment** 1. Beitragszahlung f, B.leistung f, B.entrichtung f; 2. Prämienzahlung f, P.leistung f, P.entrichtung f; 3. Lohnzuschlag m; **p. petrol** ⊛ Superbenzin nt, S.kraftstoff m; **p. policy** Prämienpolitik f; **graded p. policy** (Lebens)Versicherung mit gestaffelten Prämien(zahlungen); **p. portfolio** Prämienportefeuille nt; **p. price** Spitzen-, Höchst-, Überpreis m; **p.-priced** adj zu einem überhöhten Preis
premium rate 1. Überstundengeld nt, Ü.zuschlag m; 2. Prämienrate f, P.satz m, Tarifprämie f, Versicherungsprämiensatz m; **forward p. r.** Reportsatz m; **p. r. war** Prämienkrieg m
(no-claims) premium rebate/refund Beitragsrückvergütung f, B.rückerstattung f, B.ermäßigung f, Prämienabschlag m, P.rabatt m, P.rückgewähr f, P.(rück)erstattung f; **p.s received** Prämienaufkommen nt, Agioerträge; **p. required** Deckungs-, Bedarfsprämie f
premium reserve 1. Prämienreserve f, Deckungskapital nt, D.rücklage f; 2. (Kapital)Deckungsfonds m,

K.deckungsstock m, Sicherheitsdepot nt; ~ **fund** Prämienreservefonds m, Deckungsstock m
premium sales (Vers.) Prämienaufkommen nt
premium savings Prämienspargelder; ~ **account** Prämiensparkonto nt; ~ **promotion** Prämiensparförderung f
premium scale Prämientarif m; **p. selling** Zugaben pl; **p. stability** Beitragsstabilität f; **p. statement** Prämienabrechnung f; **p. surplus** (Vers.bilanz) Beitragsübertrag m; **p. system** Prämien(lohn)system nt; **level p. system** Kapitaldeckungsverfahren nt; **p. tax** Versicherungssteuer f; ~ **relief** Steuererleichterung für Versicherungsprämien; **p. treasury bond** Prämienschatzanweisung f, Babybond m; **p. trust fund** Prämienfonds m; **p. year** Beitragsjahr nt
pre|natal adj $ vorgeburtlich; **p.notification** n Vorankündigung f, Voravis nt; ~ **agreement** Preisinformationsvereinbarung über Mitteilung vor der Veränderung; **p.numbered** adj vornummeriert, vorher nummeriert; **p.-nuptial** adj vorehelich, vor der Eheschließung
preoccu|pancy n (Recht der) frühere(n) Besitznahme; **p.pation** n 1. vorherige Besitznahme, vorheriger Besitz; 2. Beschäftigt-, Vertieftsein nt; **to be p.pied** adj mit etw. besonders beschäftigt sein; **p.py so.** v/t jdn stark beschäftigen
prepack n Fertigpackung f; **p.ed** adj fertig verpackt, abgepackt
prepaid (ppd.) adj frei(gemacht), franko, porto-, postfrei, (vor)frankiert, vorausbezahlt, Gebühr/Porto bezahlt; **not p.** unfrei; **to send p.** portofrei senden
preparation n 1. Auf-, Vor-, Zubereitung f, Erstellung f, Ausarbeitung f; 2. (Bilanz) Aufstellung f; 3. ⊕ Präparat nt; 4. [§] Vorbereitungshandlung f; 5. ⚙ Zurüstung f; **p.s** vorbereitende Arbeiten; **in p. for** in Vorbereitung auf
preparation of a balance sheet Bilanzaufstellung f, B.vorlage f, Bilanzierung f; ~ **a budget** Haushalts-, Etataufstellung f; ~ **the case** Prozessvorbereitung f; ~ **a decision** Entscheidungsvorbereitung f; ~ **offer(s)** Angebotsausarbeitung f, A.erstellung f; ~ **the annual financial statement** Aufstellung des Jahresabschlusses; ~ **war** Kriegsvorbereitung f
to make preparations Anstalten/Vorbereitungen treffen
commercial preparation $ handelsübliches Präparat; **editorial p.** redaktionelle Aufbereitung; **medical p.** Präparat nt, Arzneimittel nt; **nutritional p.** Nährpräparat nt; **seasonal p.s** saisonale Dispositionen
preparation cost(s) Vorbereitungskosten pl; **p. time** Vorbereitungszeit f
preparatory adj vorbereitend, Vorbereitungs-; **p. to** vor, bevor
prepare v/ti 1. auf-, vor-, zubereiten; 2. sich vorbereiten; 3. auf-, erstellen; 4. ausarbeiten, her-, zurichten, fertig-, bereitstellen; 5. ⚙ zurüsten; **p. o.s.** sich präparieren/vorbereiten/wappnen; **p. for sth.** sich auf etw. einrichten; **p. carefully** von langer Hand vorbereiten
prepared adj 1. vorbereitet; 2. bereit; 3. zubereitet, hergestellt; **to be p. for anything** mit allem rechnen; ~ **the worst** aufs Schlimmste gefasst sein

preparedness *n* Bereitschaft *f*
prepay *v/t* 1. pränumerando/im Voraus/vor Fälligkeit (be)zahlen; 2. ⊠ freimachen, (vor)frankieren; **p.able** *adj* im voraus zahlbar/zu bezahlen
prepayment *n* 1. An-, Pränumerando-, Vorauszahlung *f*, Vorkasse *f*, Vorausentrichtung *f*, Zahlung vor Fälligkeit; 2. ⊠ Freimachen *nt*, Vorfrankierung *f*; **p. of freight** Frankatur *f*; **p.s and accrued income** (aktive) Rechnungsabgrenzungsposten; **p. of estimated income tax** Einkommen(s)steuervorauszahlung *f*; ~ **interest** Zinsvorauszahlung *f*; ~ **postage** ⊠ Freimachung *f*, Freimachen *nt*; ~ **rent** Mietvorauszahlung *f*, M.vorschuss *m*; ~ **tax** Steuervorauszahlung *f*; **compulsory p.** ⊠ Frankatur-, Freimachungszwang *m*; **p. clause** Vorfälligkeitsklausel *f*; **p. fee** 1. ⊠ Freimachungsgebühr *f*; 2. (*Kredit*) Kündigungsaufgeld *nt*; **p. guarantee** Vorauszahlungsgarantie *f*; **p. penalty** Aufschlag für vorzeitige Tilgung
pre|pense *adj* [§] vorbedacht, überlegt; **p.ponderance** *n* Über-, Schwergewicht *nt*, Überwiegen *nt*; ~ **of capital goods** Investitionsgüterlastigkeit *f*; **p.posterous** *adj* absurd, grotesk; **p.-preference** *adj* vor den Vorzugsobligationen rangierend; **p.preferential** *adj* absolut vorrangig; **p.-price** *v/t* (mit dem) Preis auszeichnen; **p.print** *n* 🖶 Vorabdruck *m*; **p.-printed** *adj* vorgedruckt; **p.-process** *v/t* ▰ vorbehandeln
preproduction *n* Vorfertigung *f*; **p. cost(s)** ▰ Rüst-, Vorlaufkosten *pl*; **p. measures** Rüstprozesse *pl*; **p. model** Produkt-, Vorlaufmodell *nt*; **p. run** (Produktions)Vorlauf *m*
pre|program(me) *v/t* vorprogrammieren; **p.publication price** *adj* Subskriptionspreis *m*; **p.punched** *adj* vorgelocht
prequalification *n* 1. Eignungs-, Leistungsnachweis *m*, Präqualifikation *f*; 2. (*Ausschreibung*) Vorsubmission(sverfahren) *f/nt*, Vorqualifizierung *f*; **p. documents** Vorqualifikationsunterlagen, Unterlagen für den Eignungsnachweis; **p. questionnaire** (*Ausschreibung*) Vorauswahlfragebogen *m*
prequali|fied *adj* vorqualifiziert; **p.fy** *v/i* sich vorqualifizieren
prerequisite *n* (Grund)Voraussetzung *f*, (Grund-/Vor)Bedingung *f*, Erfordernis *nt*; **p.s for taking legal action** Klagevoraussetzungen; **p. of a claim** Anspruchsvoraussetzung *f*; **p.s of punishability** Bedingungen der Strafbarkeit; ~ **validity** Gültigkeitsvoraussetzung *f*; **principal p.** Grunderfordernis *f*; **technical p.** technische Voraussetzung
pre-retirement *adj* Vorruhestand *m*; ~ **disablement** Frühinvalidität *f*
prerogative *n* Vorrecht *nt*, Privileg *nt*, Prärogativ *nt*; **p. of mercy** Begnadigungsrecht *nt*, B.befugnis *f*, Gnadenrecht *nt*; **executive p.** Direktionsrecht *nt*; **fiscal p.** ⊠ Finanzhoheit *f*; **royal p.** *[GB]* königliches Privileg, Prärogativ(recht) der Krone; **p. officer** *[GB]* Nachlassrichter *m*; **p. orders** [§] Anweisung eines höheren Gerichts an ein unteres Gericht
pre|scribable *adj* [§] ersitzungsfähig; **p.scribe** *v/t* 1. an-, verordnen, vorschreiben, Vorschriften machen; 2. [§] Ersitzungsrecht geltend machen; 3. ⊠ verschreiben, rezeptieren; 4. verjähren; **p.scribed** *adj* 1. vorgeschrieben; 2. verjährt; **to become p.scribed** *adj* verjähren; **p.scriptible** *adj* verjährbar
prescription *n* 1. Verordnung *f*, Vorschrift *f*; 2. [§] Ersitzung *f*, Verjährung *f*; 3. ⊠ Rezept *nt*, Verschreibung *f*; **on p.** auf Rezept; **only available** ~ **p.** verschreibungspflichtig; **p. of a bill of exchange** Wechselverjährung *f*; **p. under the statute of limitations** Verjährbarkeit *f*; **p. of tax payments** Zahlungsverjährung *f*; **obtainable only on p.** rezeptpflichtig; **to acquire by p.** ersitzen; **to make out a p.** Rezept ausstellen
acquisitve prescription [§] Ersitzung *f*; **extinctive p.** Rechtsverlust durch Zeitablauf; **medical p.** ärztliche Verordnung; **negative p.** Verjährung *f*; **p. book/pad** Rezeptbuch *nt*, R.block *m*; **p. charge** Rezeptgebühr *f*; **p. drug/medicine/pharmaceutical** rezeptpflichtiges/verschreibungspflichtiges Medikament; **p. forger** Rezeptfälscher(in) *m/f*; **p. formula** Rezeptformel *f*
pre|season *adj* Vorsaison -; **p.select** *v/t* Vorauswahl treffen, vorwählen; **p.selection** *n* Vorauswahl *f*, Verkauf nach Muster; **p.-sell** *v/t* vorab verkaufen; **p.-selling** *n* Vorverkauf *m*
presence *n* Gegenwart *f*, Anwesenheit *f*, Präsenz *f*; **in the p. of** in Anwesenheit/Gegenwart von, im Beisein von, vor Zeugen; **p. in the market** Marktpräsenz *f*; **p. of mind** Geistesgegenwart *f*; ~ **a quorum** Beschlussfähigkeit *f*; **to make one's p. felt** sich bemerkbar machen; **actual p.** faktische/tatsächliche Anwesenheit; **physical p.** physische Anwesenheit; **upmarket p.** Präsenz im oberen Marktsegment
pre-sensing *n* Vorabfühlung *f*
present *n* Geschenk *nt*, Präsent *nt*, Schenkung *f*; **to exchange p.s** sich (gegenseitig) beschenken; **to make a p.** beschenken; **to shower p.s on so.** jdn reich beschenken; **parting p.** Abschiedsgeschenk *nt*
present *v/t* 1. vorzeigen, vorstellen, darbieten, präsentieren, vorführen, darstellen; 2. übergeben, überreichen; 3. unterbreiten, vorlegen, einreichen; 4. (*TV*) moderieren; **p. again** nochmals/wieder vorlegen; **p. itself** sich bieten
present *adj* 1. anwesend, erschienen, zugegen; 2. gegenwärtig, jetzig, augenblicklich; 3. vorhanden, vorliegend, **at p.** augenblicklich, momentan, zur Zeit (z. Zt.); **those p.** die Anwesenden; **to be p.** anwesend sein
these presents [§] vorliegende Urkunde; **by t. p.** auf Grund vorliegender Urkunde; **know all men t. p.** hiermit wird allen kundgetan
presentable *adj* vorzeigbar, ansehnlich, präsentabel; **to be p.** sich sehen lassen können
presentation *n* 1. (Sortiments-/Waren)Darbietung *f*; 2. Vorstellung *f*, V.führung *f*, Präsentation *f*; 3. Darstellung *f*, Schilderung *f*, Darlegung *f*; 4. Schenkung *f*, Geschenk *nt*, Festgabe *f*; 5. Ein-, Überreichung *f*, Vorlage *f*; 6. (*TV*) Moderation *f*; **(up)on p.** bei/gegen Vorlage
presentation for acceptance (*Wechsel*) Einreichen/Vorlage/Vorlegung zum Akzept, ~ zur Annahme, Akzeptvorlage *f*, A.besorgung *f*, A.einholung *f*; **p. of a case** [§] Beweisführung *f*; ~ **check** *[US]* /**cheque** *[GB]*

presentation for collection

Scheckeinreichung *f*; **p. for collection** Vorlage zum Inkasso; **~ discount** Diskonteinreichung *f*; **p. of documents** Dokumentenvorlage *f*, D.einreichung *f*, Vorlage der Dokumente; **payable on ~ documents** zahlbar bei Vorlage der Dokumente; **~ goods** Warenausstattung *f*; **~ the goods** Gestellung der Waren; **p. for payment** Vorlage/Vorlegung zur Zahlung, ~ zum Inkasso; **p. of a report** Berichtsvorlage *f*; **~ the annual report** Vorlage des Geschäftsberichts; **~ year-end financial statements** Vorlage des Jahresabschlusses
due on presentation fällig bei Vorlage; **payable on p.** zahlbar bei Sicht/Vorlage; **to be ~ p.** bei Vorlage zahlbar werden
to accept upon presentation bei Vorlage akzeptieren; **to honour upon p.** bei Vorlage honorieren; **to mature on p.** bei Sicht fällig werden
delayed presentation Vorlageverzug *m*; **fair p.** 1. wirtschaftlich angemessene Darstellung; 2. *(Bilanz)* wahrheitsgemäße und realistische Darstellung (der Unternehmenslage); **first p.** Ersteinreichung *f*
presentation case Geschenketui *nt*; **p. copy** 1. 📙 Frei-, Gratisexemplar *nt*; 2. *(Bibliothek)* Pflichtexemplar *nt*; **p. layer** 🖥 Datendarstellungsschicht *f*; **p. ledger** Gestellungsbuch *nt*; **gross p. method** *(Bilanz)* Bruttoprinzip *nt*; **p. pack** Geschenkpackung *f*; **p. period** *(Scheck)* Präsentations-, Vorlage-, Vorlegungsfrist *f*; **net p. principle** Nettoprinzip *nt*; **p. technique** Darstellungstechnik *f*
present-day *adj* heutig
presentee *n* Beschenkte(r) *f/m*
presenter *n* 1. *(Scheck/Wechsel)* Überbringer *m*, Einreicher *m*, Präsentant *m*, Vorleger *nt*; 2. *(Radio/TV)* Redakteur(in) im Studio, Moderator(in) *m/f*; **p. of a bill** Wechseleinreicher *m*
presentment for acceptance *n* Akzepteinholung *f*, A.besorgung *f*, Vorlage zur Annahme; **p. of a bill** Wechselvorlage *f*, W.präsentierung *f*; **p. for payment** Vorlage zur Zahlung; **~ within a reasonable time** Vorlage zur Zahlung innerhalb einer angemessenen Zeit
presequenced *adj* vorsortiert
preservable *adj* konservierbar
preservation *n* 1. (Be)Wahrung *f*, (Aufrecht)Erhaltung *f*; 2. Konservierung *f*
preservation of corporate assets Kapitalerhaltung *f*; **~ a building** Erhaltung eines Gebäudes; **~ capital in real terms** reale Kapitalerhaltung; **~ the environment** Umweltschutz *m*; **~ evidence** Beweis-, Spurensicherung *f*; **~ legitimate interests** Wahrnehmung berechtigter Interessen; **~ jobs** Arbeitsplatzerhaltung *f*; **~ law and order; ~ the public peace** Aufrechterhaltung der öffentlichen Ruhe und Ordnung; **~ life** Lebenserhaltung *f*; **~ price stability** Wahrung/Erhaltung der Preisstabilität; **~ acquired rights** Aufrechterhaltung wohlerworbener Rechte; **~ open spaces** Freiraumsicherung *f*; **~ the substance** Substanzerhaltung *f*
environmental preservation Umweltschutz *m*; **rural p.** Landschaftserhaltung *f*, L.schutz *m*; **p. order** Veränderungssperre *f*; **to put a ~ order on sth.** etw. unter Denkmalschutz stellen

preservative *n* 🍶 Konservierungs-, Pflegemittel *nt*; *adj* bewahrend, erhaltend
preserve *v/t* 1. (be)wahren, (aufrecht)erhalten; 2. konservieren, haltbar machen; 3. einmachen, einwecken
preserve *n* 1. Domäne *f*; 2. Reservat *nt*; 3. Konfitüre *f*; **p.s** (Lebensmittel)Konserven *nt*, Eingemachtes *nt*
preside (over) *v/i* Vorsitz haben/führen (über), präsidieren, vorsitzen, vorstehen
presidency *n* 1. *[US]* (Aufsichtsrats-/Vorstands)Vorsitz *m*; 2. Präsidentenamt *nt*, Präsidentschaft *f*
president *n* 1. *[US]* (Aufsichtsrats-/Vorstands)Vorsitzende(r) *f/m*, Generaldirektor(in) *m/f*, geschäftsführende(r) Direktor(in); 2. (Staats)Präsident(in) *m/f*; **p. of an association** Verbandspräsident *m*; **~ the managing board** Vorstandsvorsitzender *m*, V.sprecher *m*; **~ the Board of Trade** *[GB] (obs.)* Wirtschaftsminister *m*; **~ the central bank** Notenbankchef *m*, N.gouverneur *m*; **~ the central bank council** Präsident des Zentralbankrats; **~ the council** *(EU)* Ratspräsident *m*; **~ the Federal Republic** Bundespräsident *m [D]*; **~ the Federal Reserve Board** *[US]* Notenbankchef *m*, N.gouverneur *m*, N.präsident *m*; **to run for p.** für das Präsidentenamt kandidieren
acting president amtierender Präsident; **federal p.** Bundespräsident *m [A, CH, D]*; **honorary p.** ehrenamtlicher Präsident, Ehrenpräsident *m*, E.vorsitzender *m*; **p. designate/elect** *[US]* designierter/gewählter Präsident
prel-slump *adj* vor der Rezession; **p.-sort** *v/t* vorsortieren; **p.-sorting** *n* Grob-, Vorsortierung *f*
press *n* 1. ✸ Presse *f*; 2. 📙 Druckerpresse *f*, Druckmaschine *f*; 3. Presse(wesen) *f/nt*, Zeitungswesen *nt*, Blätterwald *m (fig)*; **in the p.** in Druck; **fresh/hot from the p.** druckfrisch; **going to p.** Drucklegung *f*; **before ~ p.** vor Redaktionsschluss; **ready for (going to) p.** druckfertig
to gag/muzzle the press Presse mundtot machen; **to go to p.** gedruckt werden, in Druck gehen; **to have a good p.** gute Kritiken bekommen, ~ Presse haben; **to leak sth. to the p.** etw. der Presse zuspielen; **to release sth. to the p.** etw. der Presse mitteilen/bekannt geben; **to roll off the p.** frisch aus der (Drucker)Presse kommen; **to send to p.** in Druck geben
bad press schlechte Presse; **daily p.** Tagespresse *f*; **financial p.** Wirtschaftspresse *f*; **left-wing p.** Linkspresse *f*; **local p.** Lokalpresse *f*; **manual p.** Handpresse *f*; **popular p.** Massenblätter *pl*, M.presse *f*; **provincial p.** Regionalpresse *f*, R.zeitungen *pl*; **right-wing p.** Rechtspresse *f*; **rotary p.** Rotations(druck)maschine *f*; **yellow p.** Sensations-, Skandalpresse *f*
press *v/t* 1. ✸ drücken, pressen, stanzen; 2. (be)drängen, dringen, unter Druck setzen; **p. so. (hard)** jdn unter Druck setzen, Druck auf jdn ausüben; **p. ahead (with sth.)** (etw.) mit Nachdruck betreiben/vorwärts treiben/vorantreiben, (etw.) forcieren; **p. for sth.** auf etw. drängen; **p. forward** vordringen; **~ with sth.** etw. beschleunigen; **p. on (with sth.)** weitermachen
press advertisement Zeitungsanzeige *f*; **p. advertising** Anzeigen-, Pressewerbung *f*; **p. agency** Nachrichten-,

Presseagentur f, Korrespondenzbüro nt; **p. agent** Presseagent m, P.vertreter m; **p. announcement** Pressemitteilung f; **p. archives** Pressearchiv nt; **p. association** Presseverband m; **p. baron/lord** Pressezar m; **p.board** n Pressspan m; **p. box** Pressekabine f, P.tribüne f; **p. briefing** Pressekonferenz f, P.information f; ~ **on the annual results** Bilanzpressekonferenz f; **p. bureau** Presse-, Nachrichtenbüro nt; **p. button** Druckknopf m; **p. campaign** Pressekampagne f, P.feldzug m; **p. card** Presseausweis m; **p. censorship** Pressezensur f; **p. clipping/cutting** Zeitungsausschnitt m; **p. commentary** Pressekommentar m; **p. comments** Pressestimmen; **p. communiqué** (frz.) Pressemitteilung f; **p. conference** Pressekonferenz f; **p. correspondent** Presseberichterstatter m; **p. council** Presserat m; **p. coverage** (Presse)Berichterstattung f; **p. cutting service** Ausschnittsdienst m; **p. department** Presseabteilung f
press gallery Pressetribüne f; **p. hubbub** Presserummel m
pressing adj dringend, eilig, (vor)dringlich, akut, unaufschiebbar, drängend
press key Druckkontakt m, D.taste f; **p. kit** Pressemappe f; **p. law** Presserecht nt; **p. lord** Pressezar m; **p. mention** Erwähnung in der Presse; **p. office** Pressestelle f, P.amt nt, P.büro nt; **p. officer** Pressesprecher(in) m/f, P.referent(in) m/f, Medienreferent(in) m/f, Leiter(in) der Pressestelle; **p. photo(graph)** Pressefoto nt; **p. photographer** Pressefotograf m, Bildberichterstatter m; **p. preview** Pressevorschau f; **p. proof** ⬚ druckfertige/letzte Korrektur, Maschinenkorrektur f; **p. publicity** Zeitungswerbung f; **p. reception** Presseempfang m; **p. release** 1. Presseerklärung f, P.mitteilung f, P.verlautbarung f; 2. Freigabe für die Presse, Veröffentlichung f; **p. report** Pressebericht m, Presse-, Zeitungsmeldung f, Z.nachricht f; **p. review** Presseschau f; **p. room** ⬚ Druckerei f; **p. secret** Redaktionsgeheimnis nt; **p. statement** Presseerklärung f; **p. stud** [GB] Druckknopf m
pressure n 1. ✲ Druck m; 2. (fig) Belastung f, Last f; 3. (fig) Druck m, Zwang m; **resistant to p.** druckfest; **under p.** unter (Zeit)Druck
pressure of business Geschäftsandrang m, G.anspannung f, dringende Geschäfte; **p. to buy** Kaufandrang m; **p. on costs** Kostendruck m; **p. of demand** Nachfragedruck m; ~ **excess demand** Überdruck der Nachfrage; ~ **events** Zwang der Ereignisse; **p. to do well** Leistungsdruck m; ~ **export** Exportdruck m; ~ **improve efficiency** Rationalisierungsdruck m; ~ **of imports** Importdruck m, Einfuhrsog m; ~ **inflation** Inflationsdruck m; **p. on interest margins** Druck auf die Zinsspanne; ~ **interest rates** Zinsdruck m; ~ **labour costs** Lohnkostendruck m; ~ **the labour market** Arbeitsmarktanspannung f; ~ **liquidity** Liquiditätsdruck m, L.anspannung f; ~ **margins** Margendruck m; ~ **the market** Marktbelastung f; **p. of the marketplace** Marktdruck m; **p. on the money market** starke Inanspruchnahme des Geldmarktes, Druck auf den Geldmarkt; **p. to perform** Leistungsdruck m; **p. on prices** Preisdruck m, P.auftrieb m; **downward ~ prices** Preis-, Kursdruck m; **p.s of a materialistic society** Konsumterror m; **p. to succeed** Erfolgsdruck m; **p. of taxation** Steuerlast f, S.druck m; ~ **time** Zeitdruck m; **p. on wages** Lohnbelastung f; **p. of work** Arbeitsüberlastung f, A.belastung f
to act under pressure unter Druck handeln; **to be under p.** unter Druck stehen, angespannt sein; **to bend/bow/give way to p.** sich dem Druck beugen/fügen, dem Druck nachgeben; **to bring p. to bear** Druck ausüben, unter ~ setzen; ~ **on so.; to exert/put p. on so.** Druckmittel gegen jdn anwenden, jdn unter Druck setzen; **to come under p.** unter Druck geraten; **to ease the p.** Druck (ver)mindern; **to exert p.** Druck ausüben; **to increase p.** Druck verstärken; **to put p. on so.; ~ upward/downward p. on interest rates** Zinsen nach oben/unten treiben, ~ drücken; **to release/relieve the p.** Druck mindern/mildern; **to step up the p.** Druck verstärken; **to yield under p.** unter Druck nachgeben
atmospheric pressure atmosphärischer Druck f; **competitive p.** Konkurrenz-, Wettbewerbsdruck m; **cost-push p.** Kostendruck m; **deflationary p.** Deflationsdruck m; **economic p.** wirtschaftlicher Druck/Zwang; **excess(ive) p.** Überdruck m; **external p.** Druck von außen; **gentle p.** sanfter Druck; **high p.** ✲/⌂ Hochdruck m; **to work at ~ p.** unter/mit Hochdruck arbeiten; ~ **p. area** Hochdruckgebiet nt; **hydraulic p.** Flüssigkeitsdruck m; **inflationary p.** Inflationsdruck m, inflatorischer Auftrieb/Druck/Impuls; **inherent p.(s)** Sachzwang m; **low p.** ⌂ Tiefdruck m; ~ **area** Tiefdruckgebiet nt; **moral p.** moralischer Druck; **regulatory p.** strenge Auflagen; **social p.s** gesellschaftliche Zwänge; **speculative p.** Spekulationsdruck m; **undue p.** Nötigung f; **upward p.** 1. Aufwärtsdruck m, Auftrieb(stendenz) m/f, Aufwind m (fig); 2. Aufwertungsdruck m; ~ **on costs** Kostendruck m
pressure balance/balancing Druckausgleich m; **p. boiler** ✲ Druckkessel m; **p. chamber** ✲ Druckkammer f; **p. contact** Druckkontakt m; **p. cooker** Dampf-, Schnellkochtopf m; **p. drop** Druckabfall m; **p. equalization** Druckausgleich m; **p. ga(u)ge** ✲ Druckanzeiger m, Manometer nt
pressure group Interessen-, Aktionsgemeinschaft f, Interessengruppe f, I.verband m; **local p. g.** Bürgerinitiative f; **p. g. policy** Interessenpolitik f
pressure point Druckpunkt m; **p.-proof** adj druckfest; **p. pump** ✲ Druckpumpe f; **p. regulator** Druckregler m; **p. suit** Druckanzug m; **p. tube** Druckrohr nt; **p. valve** Druckventil nt; **p. vessel** Druckbehälter nt, D.gefäß m
pressurize so. v/t Druck auf jdn ausüben, jdn unter Druck setzen; **p.d** adj ✲ klimatisiert; **fully p.d** voll klimatisiert
prestige n Prestige nt, Ansehen nt; **p. advertising** Prestige-, Sympathie-, Vertrauenswerbung f; **p. bias** (Umfrage) aus Prestigerücksichten beeinflusste Antwort; **p. economy** Prestigewirtschaft f; **p. gift** Repräsentationsgeschenk nt; **p. goods** Luxusgüter, L.ware(n) f/pl; **p. item** Prestigeartikel m; **p. value** Prestigewert m
prestigious adj prestigeträchtig, angesehen, vornehm
presume v/t 1. vermuten, annehmen, mutmaßen; 2. sich anmaßen; **p. conclusively** schlüssig unterstellen

presumed *adj* mutmaßlich, vermutlich; **p. dead** verschollen
presumption *n* 1. Vermutung *f*, Annahme *f*, Unterstellung *f*; 2. Anmaßung *f*, Überheblichkeit *f*
presumption of authorship Vermutung der Urheberschaft; **~ death** Todes-, Verschollenheitsvermutung *f*; **~ divorce** Scheidungsvermutung *f*; **~ a fact** Tatsachenvermutung *f*; **p. in favour of so.** Unterstellung zu jds Gunsten; **p. of a gift** Schenkungsvermutung *f*; **~ guilt** Schuldvermutung *f*; **~ innocence** Unschuldsvermutung *f*, Vermutung im Zweifel für den Angeklagten; **~ law** Rechtsvermutung *f*, gesetzliche Vermutung; **general ~ the law** allgemeine Rechtsvermutung; **~ life** Lebensvermutung *f*; **~ market domination** Marktbeherrschungsvermutung *f*; **~ non-appearance** Abwesenheitsvermutung *f*; **~ ownership** Eigentumsvermutung *f*; **~ paternity** Vaterschaftsvermutung *f*, Vermutung der Vaterschaft; **~ survival** Überlebensvermutung *f*; **~ validity** Gültigkeitsvermutung *f*
to establish a presumption Vermutung begründen; **to rebut a p.** Vermutung widerlegen
absolute/conclusive presumption unwiderlegbare Vermutung; **disputable p.** widerlegbare Vermutung; **evidentiary p.** Beweisvermutung *f*; **inconclusive p.** einfache Vermutung; **irrebuttable p.** unabweisliche/unwiderlegbare Vermutung; **legal/statutory p.** gesetzliche Vermutung, Rechtsvermutung *f*; **mixed p.** tatsächliche und gesetzliche Vermutung; **rebuttable p.** widerlegbare Vermutung; **simple p.** einfache Vermutung; **well-founded p.** begründete Vermutung
pre|sumptive *adj* 1. mutmaßlich, präsumtiv; 2. [§] Indizien-; **p.sumptuous** *adj* anmaßend, unverschämt, überheblich
pre|suppose *v/t* voraussetzen, zur Voraussetzung haben; **p.supposition** *n* Voraussetzung *f*, Prämisse *f*
pre-tax *adj* unversteuert, vor (Abzug der) Steuern, Vorsteuer-
pretence *[GB]*; **pretense** *[US]* *n* 1. Vorwand *m*, Vortäuschung *f*, Vorspiegelung *f*, Scheingrund *m*; 2. Anspruch *m*; **false p.(s)** [§] Vorspiegelung falscher Tatsachen; **under ~ p.s** unter Vorspiegelung falscher Tatsachen, unter falschem Vorwand; **to make ~ p.s** falsche Tatsachen vorspiegeln; **to make no p. to** keinen Anspruch erheben auf
pretend *v/t* 1. vorgeben, vortäuschen, vorspiegeln, vorschützen, so tun als ob; 2. Anspruch erheben; **p. to be** sich fälschlich ausgeben; **~ ill** Krankheit vorschützen
pre|tended *adj* vorgeblich; **p.tender** *n* Prätendent *m*; **p.tentious** *adj* hochtrabend, anmaßend
preterition; pretermission *n* [§] *(Erbschaft)* Übergehung *f*
pretest *n* Vor-, Markttest *m*
pretext *n* Vorwand *m*, Ausflucht *f*, Ausrede *f*, Scheingrund *m*; **under/upon the p. of** unter dem Vorwand; **to counter p.s** Ausreden entgegenwirken, Vorwände abblocken; **to put forward/use as a p.** zum Vorwand nehmen, vorschieben, vorschützen; **to serve as a p.** als Vorwand dienen
pre-treat *v/t* 🞂 vorbehandeln

pretty *adj* 1. hübsch, schön; 2. *(Geld)* ordentlich, hübsch *(coll)*
prevail *v/i* 1. vorherrschen, überwiegen, ausschlaggebend/maßgebend/maßgeblich sein; 2. sich durchsetzen, die Oberhand gewinnen; **p. over** Vorrang haben vor; **p. upon so.** jdn überreden; **p.ing** *adj* 1. vorherrschend, maßgeblich, überwiegend, vorwiegend; 2. handels-, marktüblich, gängig
prevalence *n* 1. Übergewicht *nt*, weite Verbreitung, Vorherrschaft *f*, Vorherrschen *nt*; 2. Überhandnehmen *nt*; 3. *(Mode)* Beliebtheit *f*
prevalent *adj* 1. (vor)herrschend, vorwiegend; 2. häufig, weit verbreitet, geläufig
prevari|cate *v/i* 1. Ausflüchte machen; 2. [§] Parteiverrat begehen, verdunkeln; **p.cation** *n* 1. Ausweichmanöver *nt*, Ausflucht *f*; 2. [§] Rechtsverdrehung *f*, Parteiverrat *m*; **p.cator** *n* Rechtsverdreher(in) *m/f*
prevent *v/t* vermeiden, verhüten, vorbeugen, (ver)hindern; **p. so. from doing sth.** jdn daran hindern, etw. zu tun
preventable *adj* vermeidbar, abwendbar
prevention *n* Verhinderung *f*, Verhütung *f*, Vorbeugung *f*, Vermeidung *f*; **p. of accidents** Unfallverhütung *f*; **~ accidents at work** Verhütung von Unfällen; **~ air pollution** Luftreinhaltung *f*; **~ (a) disease** Krankheitsverhütung *f*; **~ hardship** Vermeidung von Härten; **~ loss** Schadensverhütung *f*; **~ punishment** [§] Strafvereitelung *f*; **~ smuggling** Schmuggelbekämpfung *f*; **~ a strike** Streikabwendung *f*; **~ double taxation** Vermeidung der Doppelbesteuerung; **~ water pollution** Gewässerschutz *m*
preventive *adj* vorbeugend, verhütend, präventiv, prophylaktisch, sicherheitshalber; *n* 1. Präventivmaßnahme *f*; 2. $ Schutz-, Verhütungsmittel *m*
pre|view *[GB]*; **p.vue** *[US]* *n* 1. Vorschau *f*; 2. *(Film)* Vorpremiere *f*
previous *adj* früher, vorhergehend, vorausgegangen
pre|-vocational *adj* vorberuflich; **p.war** *adj* Vorkriegs-
prey *n* Beute *f*, Opfer *nt*; **to fall p. to** zum Opfer fallen; **easy p.** leichte Beute
price *n* 1. Preis(angabe) *m/f*; 2. (Börsen)Kurs *m*, Börsennotiz *f*, Notierung *f*; 3. (Gebühren)Satz *m*; 4. Leistungsentgelt *nt*, Kosten *pl*; **p.s** Preisverhältnisse; **after p.** nachträglicher (Börsen)Kurs; **at a p.** zu einem (hohen) Preis; **with regard to/in terms of p.** preislich, preisbezogen
extra price on a block of shares Paketzuschlag *m*; **p.s without commitment** unverbindliches Preisangebot; **p. paid by the consumer** Verbraucherpreis *m*; **p. per copy** *(Publikation)* Einzelpreis *m*; **p. in accordance with costs**; **p. covering the cost of production** kostendeckender Preis; **p. of matured coupons** Kuponpreis *m*; **~ the credit** Kreditzins *m*; **~ delivery** Ablieferungspreis *m*; **p. by the/per dozen** Dutzendpreis *m*; **p. of gold** Goldpreis *m*; **p.s of industrial goods** Preise für Industrieerzeugnisse; **p. (quoted) after (official) hours** nachbörslicher Kurs, Kurs der Nachbörse; **p. of issue** Emissions-, Zeichnungspreis *m*, Emissions-, Ausgabekurs *m*; **p. per item** Stückpreis *m*; **p. of labour**

Arbeitskosten *pl*; **p. on the free market** *(Börse)* Freiverkehrskurs *m*; **p. of raw materials** Rohstoffpreis *m*; **~ money** Kapitalmarktzins(en) *m/pl*; **p. above/below par** Kurs über/unter Nennwert; **p. per piece** Stückpreis *m*; **~ share** *[GB]* **/stock** *[US]* Stückkurs *m*; **p.s charged at earlier stages** vorgelagerte Preise; **p. for tax purposes** Steuerkurs *m*; **p. per unit** Leistungs-, Stückpreis *m*; **average ~ delivered unit** Eingangsdurchschnittspreis *m*

price|s hit the roof die Preise explodieren; **p.s subject to change without notice** Preise freibleibend/unverbindlich, Preisänderungen vorbehalten; **p. a matter for negotiation** Preis Verhandlungssache; **no p. fixed** gestrichener (Börsen)Kurs; **p.s go haywire** *(fig)* die Preisdämme brechen *(fig)*

price free to the door Preis frei Haus; **p. exclusive of duty** ⊖ Preis unverzollt; **p. inclusive of duty** Preis verzollt; **p. without engagement** Preise freibleibend, unverbindliches Preisangebot; **p. at entry excluding customs** ⊖ Preis unverzollt frei Grenze; **p. ex factory/mill/works** Fabrik(abgabe)preis *m*, Preis ab Werk; **p. including freight** Frankopreis *m*; **p. excluding pack(ag)ing** Preis ohne Verpackung; **p. inclusive of postage and packaging** Preis einschließlich Porto und Verpackung; **p. free alongside ship (f.a.s.)** Preis frei Längsseite Schiff; **p. inclusive of V.A.T.** Preis einschließlich Mehrwertsteuer (MWSt); **10% off stated p.s** abzüglich 10% der angegebenen Preise

at any price zu jedem Preis; **not ~ p.** um keinen Preis; **at/for half the p.** zum halben Preis; **the above p.** obiger Preis; **aware of p.s** preisbewusst; **adjusted for p.(s)** preisbereinigt; **not affecting p.s** preisneutral; **cheap at the p.** preisgünstig, p.wert; **due to p.s** preisbedingt; **(not) included in the p.** im Preis (nicht) enthalten; **at today's p.s** auf den heutigen Preisstand

price agreed upon 1. vereinbarter Preis; 2. *(Börse)* Bezahltkurs *m*; **p. approved** Preis geprüft; **p. newly built** 🏛 Neubaupreis *m*; **p. charged** angewandter/berechneter Preis; **p. negotiable** Preis Verhandlungssache; **p.s negotiated** *(Börse)* Geld bezahlt (Gb); **p.s obtained** Erlöse; **average p. obtained** Durchschnittserlös *m*; **p. offered** 1. *(Börse)* Briefkurs *m*; 2. Preisangebot *nt*; **p. paid** *(Börse)* Bezahltkurs *m*; **p. realized** erzielter Preis

to adjust/align price|s Preise angleichen/anpassen/berichtigen; **to advance the p.** Kurs/Preis heraufsetzen; **to affect a p.** Preis/Kurs beeinflussen; **to agree upon a p.** Preis vereinbaren; **to arrive at a p.** sich auf einen Preis einigen; **to approve a p.** Preis genehmigen; **to ask for the p.** nach dem Preis fragen, sich ~ erkundigen, Preis erfragen; **to bid up the p.** *(Auktion)* Preis durch Angebote nach oben treiben; **to boost/bump up p.s** *(coll)* Preise/Kurse in die Höhe treiben, ~ hoch treiben; **to bring p.s down** Preise/Kurse drücken; **to buy below p.** unter Preis kaufen; **~ at the lowest p.** *(Börse)* billigst kaufen; **~ irrespective of the p.** *(Börse)* bestens kaufen; **to calculate a p.** Preis kalkulieren; **to charge a p.** Preis (ab)verlangen/berechnen/fordern; **~ higher p.s** höhere Preise verlangen; **to control p.s** Preise regulieren; **to cut (down) the p.** Preise herabsetzen/senken/

verbilligen; **~ p.s to the bone** *(fig)* bis an die Preisuntergrenze gehen; **to decontrol p.s** Preiskontrolle aufheben, Preise freigeben; **to decrease a p.** Preis ermäßigen/herabsetzen/senken; **to deduct from the p.** vom Preis abziehen/nachlassen; **to demand a p.** Preis verlangen; **to depress p.s** Kurse/Preise drücken, ~ herunterbringen; **to determine the p.** Preis/Kurs festsetzen; **to dictate p.s** Preise diktieren; **to diminish in p.** billiger werden, im Preis sinken; **to exceed p.s** Preise überschreiten; **to extract a p.** Preis herausholen; **to fetch a p.** Preis erzielen; **~ a higher p.** besseren Preis erhalten; **to fix a p.** Preis/Kurs bestimmen, ~ festsetzen; **~ p.s** Preise absprechen/bestimmen/festsetzen; **to flog off at a p.** *(coll)* zu einem Preis losschlagen; **to force down the p.** Preis/Kurs drücken; **~ up the p.** Kurs/Preis in die Höhe treiben, ~ hochtreiben; **to freeze p.s** Preise einfrieren/stoppen; **to get a p. reduced** Preis herunterhandeln; **to haggle over the p.** um den Preis feilschen; **to hike p.s** Preise erhöhen; **to hold p.s** Preise halten; **~ p.s down** Preise niedrig halten; **to impose higher p.s** Preiserhöhungen durchsetzen; **to include in the p.** im Preis einschließen; **to increase the p.** Preis erhöhen; **to jack p.s up** *(fig)* Preise hochschrauben; **to keep p.s high** Preise hochhalten; **to knock off the p.** *(coll)* vom Preis abziehen; **to lift p.s** Preise anheben/erhöhen/heraufsetzen; **to lower the p.** Preis ermäßigen/herabsetzen/senken, Kurs herabsetzen; **to maintain p.s** Preise/Preisgefüge (aufrecht)halten; **to make a p.** Preise festsetzen/ansetzen/bestimmen; **~ a p. stick** *(coll)* Preise durchsetzen; **to manipulate p.s** in die Preisbildung eingreifen; **to mark down a p.** 1. Preis ermäßigen/herabsetzen/senken; 2. Kurs herabsetzen/zurücknehmen; **~ up the p.** 1. Preis erhöhen/heraufsetzen; 2. Kurs heraufsetzen; **~ with a p.** mit einem Preis auszeichnen; **to name a p.** Preis (be)nennen; **to negotiate a p.** Preis absprechen/aushandeln/vereinbaren, über einen ~ verhandeln; **to note p.s** Preise angeben; **to obtain a p.** Preis realisieren; **to pass on to p.s** auf die Preise abwälzen/überwälzen; **to pay a heavy p.** *(fig)* teuer bezahlen, mit Gold aufwiegen *(fig)*; **to peg p.s** Preise stützen/halten; **to puff (up) p.s** Preise hochtreiben; **to push through a higher p.** (Preis)Erhöhung durchsetzen; **~ up p.s** Preise/Kurse in die Höhe treiben; **to put up a p.** Preis anheben/erhöhen; **to quote a p.** 1. Preis angeben/ansetzen/anzeigen/berechnen/nennen/notieren, Preisangebot machen; 2. Kurs notieren; **to raise a p.** Preis anheben/erhöhen/heraufsetzen, verteuern; **to reach/realize a p.** Preis/Kurs erzielen; **to recommend a p.** Preis empfehlen, Preisempfehlung aussprechen; **to reduce a p.** 1. Preis mindern/reduzieren/senken; 2. Kurs zurücknehmen; **to rig p.s** Preise/Kurse manipulieren; **~ up the p.s** Preise heraufschrauben; **to roll back the p.** Preis zurücknehmen; **to secure a p.** Preis erzielen; **to sell at a p.** zu einem Preis verkaufen; **to send p.s into a nosedive** *(fig)* Preise/Kurse zum Einsturz bringen, zu einem rapiden Preis-/Kursverfall führen; **~ soaring** Preise/Kurse in die Höhe treiben, ~ explodieren lassen; **to set the p.** Preis festsetzen; **to settle a p.** Preis absprechen/vereinbaren; **to slash p.s** Preise stark/dras-

tisch senken, Preise kappen/reduzieren; **to state the p.** Preis angeben/nennen; **to steady p.s** Kurse/Preise stabilisieren; **to support a p.** Kurs/Preis stützen; **to take the p.** back Preis senken/zurücknehmen/reduzieren; **to trim p.s** Preise senken; **to undercut a p.** Preis unterbieten
above-par price *(Börse)* Überparikurs *m*; **activating p.** Schwellen-, Auslösungspreis *m*; **actual p.** 1. Tages-, Marktpreis *m*, gegenwärtiger Preis; 2. Tageskurs *m*; **adjustable p.** Staffelpreis *m*; **administered p.** 1. amtlich festgesetzter/administrierter/gebundener/vorgeschriebener Preis; 2. *(EU)* Richtpreis *m*; **advertised p.** angekündigter (Bezugs)Preis; **affordable p.** erschwinglicher Preis; **after-hours p.** nachbörslicher Kurs/Preis; **agreed p.** vereinbarter Preis; **agricultural p.** Agrarpreis *m*; **all-(inclusive)/all-round p.** Gesamt-, Pauschalpreis *m*; **approved p.** genehmigter Preis; **approximate p.** Zirkakurs *m*, Z.preis *m*; **asked p.** 1. geforderter Preis; 2. *(Börse)* Briefkurs *m*; **asking p.** Angebotspreis *m*, geforderter Preis, Preiserwartung *f*, P.forderung *f*; **assessed p.** Schätz-, Tax-, Tagespreis *m*; **astronomical p.** Schwindelpreis *m*; **attractive p.** 1. vorteilhafter/günstiger Preis; 2. günstiger Kurs; **average p.** 1. Durchschnittspreis *m*, durchschnittlicher/ mittlerer Preis, Preisdurchschnitt *m*; 2. Mischkurs *m*; **weighted ~ p.s** gewogene Durchschnittswerte; **base-period p.** Preis der Basisperiode; **basic p.** 1. Grund-, Basispreis *m*; 2. *(Optionshandel)* Basiskurs *m*; **~ system** Basispreissystem *nt*; **best p.** Bestpreis *m*, B.kurs *m*; **to sell at the ~ p.** *(Börse)* bestens verkaufen; **break-up p.** Zerschlagungswert *m*; **buy-back p.** Rückkaufpreis *m*; **buying-in p.** Ankaufspreis *m*; **calculated p.** Kalkulationspreis *m*; **close p.** scharf kalkulierter Preis; **closing p.** Schlusskurs *m*, S.notierung *f*, letzte Notierung, letzter Kurs; **previous day's ~ p.** Schlusskurs des Vortages; **coming-out p.** *(Aktie)* Ausgabe-, Begebungs-, Emissionskurs *m*; **commercial p.** echter Preis; **common p.** gemeinsamer Preis; **compensatory p.** Ausgleichspreis *m*; **competitive p.** konkurrenzfähiger/wettbewerbsfähiger Preis, Konkurrenz-, Wettbewerbspreis *m*; **at ~ p.s** zu wettbewerbsfähigen Preisen; **ordinary ~ p.** üblicher Wettbewerbspreis; **composite p.** Mischkurs *m*, M.preis *m*; **constant p.** konstanter Preis; **at ~ p.s** zu konstanten Preisen; **controlled p.** gebundener/gesteuerter/kontrollierter/vorgeschriebener Preis, Zwangspreis *m*; **cost-covering p.** kostendeckender Preis; **current p.** 1. Markt-, Tagespreis *m*, laufende Notierung, geltender Preis; 2. Tageskurs *m*; **at the ~ p.** zum laufenden Kurs; **customary p.** üblicher/gewöhnlicher Preis; **cut p.** herabgesetzter/reduzierter Preis, Niedrigpreis *m*; **cut-rate p.** Billigpreis *m*; **cutthroat p.** mörderischer/ruinöser Preis, Kampfpreis *m*; **decent p.s** zivile Preise; **declining p.s** nachgebende/fallende Preise, ~ Kurse; **delivered(-in)/door-to-door p.** Preis einschließlich Lieferkosten, ~ frei Haus; **depressed p.** gedrückter Kurs; **domestic p.** Inlands-, Binnenmarktpreis *m*, inländischer Preis; **double p.** *(Börse)* Ankaufs- und Verkaufskurs *m*; **easing p.s** abbröckelnde/nachgebende/weichende/rückläufige Preise, ~ Kurse; **eco-**

nomic p. Marktpreis *m*, wirtschaftlicher Preis; **full ~ p.** echter/nicht subventionierter Preis; **end-of-month p.** Ultimokurs *m*, U.preis *m*; **estimated p.** Schätz-, Taxkurs *m*, T.preis *m*; **exaggerated/excessive/exorbitant p.** überzogener/überhöhter Preis; **exceptional p.** Ausnahme-, Sonder-, Vorzugspreis *m*; **ex-factory/ex-mill/ ex-works p.** Preis ab Werk/Fabrik/Erzeuger, Fabrik(abgabe)preis *m*; **ex-farm p.** 🔊 Preis ab Hof; **existing p.s** gegenwärtiges Preisniveau, bestehende/gültige Preise; **to maintain ~ p.s** bestehende Preise halten; **exorbitant/extortionate p.** exorbitanter/(maßlos) überhöhter/unverhältnismäßig hoher/unverschämter Preis, Wucherpreis *m*; **ex-plantation p.** Preis ab Plantage; **ex-station p.** Preis ab Versandbahnhof; **extra p.** Preisaufschlag *m*; **ex-warehouse p.** Preis ab Lager/ Speicher; **fair p.** angemessener/annehmbarer/marktgerechter/reeller Preis; **fall-back p.** Mindestpreis *m*; **falling p.s** rückläufige/sinkende Preise, ~ Kurse, Kurs-, Preisrückgang *m*; **FAS p.** Preis einschließlich sämtlicher Kosten bis zum Schiff; **favourable p.** günstiger Preis/Kurs; **fictitious p.** 1. Phantasiepreis *m*; 2. Scheinkurs *m*; **final p.** Endpreis *m*; **firm p.** 1. Fest-, Vertragspreis *m*; 2. fester Kurs; **first p.** Einkaufs-, Anschaffungspreis *m*
fixed price Festpreis *m*, fester Preis; **at a ~ p.** auf feste Rechnung; **~ p. guarantee** Festpreisgarantie *f*; **~ p. order** Festpreisauftrag *m*
flat price Pauschal-, Einheitspreis *m*; **flexible p.** beweglicher/marktdeterminierter Preis; **fluctuating p.** schwankender Preis/Kurs; **~ contract** Vertrag mit Preisgleitklausel; **FOB p.** FOB-Preis *m*; **forward p.** 1. Terminkurs *m*, T.notierung *f*; 2. Terminpreis *m*, Preis für zukünftige Lieferung; **free p.** ungebundener Preis, Wettbewerbspreis *m*; **free-at-frontier p.** Preis frei Grenze; **frozen p.** eingefrorener Preis; **full p.** voller Preis; **giveaway p.** Schleuder-, Wegwerf-, Dumpingpreis *m*; **going p.** 1. Marktpreis *m*, gängiger Preis; 2. Tageskurs *m*; **government-fixed p.** amtlicher/amtlich festgesetzter Preis, ~ Kurs; **graduated p.** Staffelpreis *m*, gestaffelter Preis; **gross p.** Brutto-, Rohpreis *m*; **~ list** Bruttopreisliste *f*; **guaranteed p.** Garantiepreis *m*, garantierter Preis; **half p.** halber Preis; **hard p.** *(Börse)* fester Kurs; **high p.** hoher Kurs/Preis; **to command a ~ p.** teuer/kostspielig sein; **to sell at a ~ p.** teuer verkaufen; **excessively ~ p.** 1. missbräuchlicher/überhöhter Preis; 2. überhöhter Kurs; **highest p.** 1. Best-, Höchstpreis *m*, Preisobergrenze *f*; 2. Höchstkurs *m*; **imposed p.(s)** Preisdiktat *nt*; **in-bond p.** ⊖ Preis für unverzollte Ware im Zolllager; **inclusive p.** Gesamt-, Pauschalpreis *m*; **index-linked p.** Gleit-, Indexpreis *m*; **indicated p.** *(EU)* Hinweispreis *m*; **industrial p.s** Fabrik-, Industriepreise, Preise für Industrieerzeugnisse; **inflated p.s** 1. inflationäre/überhöhte Preise; 2. überhöhte Kurse; **inflexbile p.** starrer Preis; **inside p.** *(Börse)* Kurs im Freiverkehr; **institutional p.** 1. institutioneller Preis; 2. *(EU)* Richtpreis *m*; **intercompany p.** Konzernverrechnungspreis *m*; **internal p.** Verrechnungspreis *m*; **introductory p.** Einführungspreis *m*; **invoiced p.** fakturierter/in Rechnung gestellter/berechneter

Preis, Rechnungspreis *m*; **keen p.** wettbewerbsfähiger/scharf kalkulierter/konkurrenzfähiger Preis; **knockdown p.** 1. *(Auktion)* Zuschlagpreis *m*; 2. Schleuder-, Spott-, Reklame-, Werbepreis *m*; **knocked-down p.** 1. Mindestpreis *m*; 2. *(Auktion)* Zuschlagspreis *m*; **knockout p.** Schleuderpreis *m*; **landed p.** Preis bei Anlieferung, ~ frei Bestimmungshafen, ~ einschließlich Abladen am Bestimmungsort; **last p.** letzte Notierung/Börsennotiz, Schlusskurs *m*; **leading p.** Leit-, Richtpreis *m*; **liquidating p.** Abrechnungs-, Terminkurs *m*; **listed p.** 1. Listenpreis *m*; 2. *[US]* notierter Preis/Kurs; **local p.** ortsüblicher Preis; **long p.** hoher Preis; **low p.** Niedrig-, Tiefpreis *m*, niedriger Preis; **lower p.** Mindestpreis *m*; **lowest p.** 1. Mindest-, Tiefstpreis *m*, niedrigster/äußerster Preis; 2. Tiefstkurs *m*; **lump-sum p.** Pauschalpreis *m*; **minimum officially maintained p.** *(EU)* Mindesteinschleusungspreis *m*; **making-up p.** Abrechnungs-, Kompensations-, Liquidationskurs *m*, Prolongationspreis *m*; **managed p.** administrierter Preis; **maximum p.** 1. Höchstpreis *m*, höchster Preis; 2. Höchstkurs *m*, **medium/middle p.** 1. Mittelpreis *m*; 2. mittlerer Kurs

minimum price Mindestpreis *m*, Preisminimum *nt*, untere Preisgrenze, Minimum-, Minimalpreis *m*; **guaranteed m. producer p.** garantierter Erzeugermindestpreis; **m. p. fixing** Mindestpreisfestsetzung *f*; ~ **fluctuation** Mindestpreisschwankung *f*; ~ **policy** Mindestpreispolitik *f*

mixed price 1. Mischpreis *m*; 2. Mischkurs *m*; **moderate p.** mäßiger Preis; **multiple p.** Mengenpreis *m*; **negative p.** negativer Preis; **net p.** 1. Nettopreis *m*; 2. Nettokurs *m*; ~ **transaction** Nettogeschäft *nt*; **nominal p.** 1. Nominalpreis *m*, genannter/nominaler Preis, 2. Nennwert *m*, Nominalkurs *m*, gesprochener Kurs; 3. Erinnerungswert *m*; **normal p.** Normalpreis *m*; **notional p.** Anerkennungspreis *m*; **odd p.** gebrochener Preis; **offered p.** 1. ausgesetzter/gebotener Preis; 2. *(Börse)* Geldkurs *m*; **offering p.** Ausgabe-, Submissions-, Verkaufspreis *m*; **official p.** 1. amtlicher Preis; 2. *(Börse)* amtliche Notiz/(Kurs)notierung, amtlicher Kurs; **below the ~ p.** unter Kurs; **off-the-board p.** Freiverkehrskurs *m*, außerbörslicher Kurs; **open-ended p.** nach oben offener Preis; **open p. system** Informationskartell *nt*, Preisinformationssystem *nt*; **opening p.** 1. Einführungs-, Eröffnungspreis *m*; 2. *(Börse)* Eröffnungs-, Anfangskurs *m*, A.notierung *f*, erster Kurs, erste Notierung; **operative p.** verbindlicher Preis; **optimum p.** optimaler Preis, Bestpreis *m*; **original p.** Anschaffungs-, Einkaufs-, Einstandspreis *m*; **outrageous p.** unverschämter Preis; **outright p.** Soloterminkurs *m*; **overall p.** Gesamtpreis *m*; **peak p.** 1. Höchstpreis *m*; 2. Höchstkurs *m*; **pegged p.** 1. künstlich gehaltener/subventionierter Preis, 2. gestützter, künstlich gehaltener Kurs; **popular p.** erschwinglicher/volkstümlicher Preis; **phantom p.** Phantompreis *m*; **highest possible p.** optimaler Preis; **posted p.** Anschlags-, Listenpreis *m*; **post-tariff p.** ⊖ Preis nach Verzollung, Nachzollpreis *m*; **preferential p.** 1. Sonder-, Vorzugspreis *m*; 2. Vorzugskurs *m*; **pre-market p.** vorbörslicher Kurs; **at present p.s** 1. beim heutigen Preisniveau/P.stand; 2. beim gegenwärtigen Kursstand; **prevailing p.** gängiger/gegenwärtiger Preis; **previous p.** früherer/vorheriger Preis, ~ Kurs; **private p.** Vorzugspreis *m*; **prohibitive p.** unerschwinglicher/überhöhter Preis; **put-through p.** *(Börse)* Sonderkurs *m*; **put-up p.** Taxpreis *m*, T.kurs *m*; **quoted p.** 1. angegebener/notierter Preis, Angebotspreis *m*, Preisangebot *nt*; 2. *(Börse)* Kursnotierung *f*, K.notiz *f*, notierter Kurs; **real p.** tatsächlicher Preis; **reasonable p.** angemessener/annehmbarer/mäßiger/vernünftiger/ziviler Preis; **receding p.s** 1. nachgebende Preise; 2. Kursrückgang *m*, **recommended p.** (unverbindliche) Preisempfehlung, Empfehlungs-, Richtpreis *m*, empfohlener Preis; **reduced p.** ermäßigter/herabgesetzter/reduzierter Preis, Minderpreis *m*; **at a ~ p.** verbilligt, herabgesetzt, mit einem Preisnachlass, zu herabgesetztem Preis; **regular p.** Normal-, Standardpreis *m*; **regulated p.** gebundener/kontrollierter Preis; **remunerative p.** lohnender Preis; **rendu** *(frz.)* **p.** Preis einschließlich aller Kosten; **reserved p.** Vorbehaltspreis *m*; **residual p.** Restpreis *m*; **rigid p.** unelastischer Preis; **rising p.s** 1. Preissteigerung *f*, steigende Preise, Teuerung *f*; 2. steigende Kurse; **to beat ~ p.s** dem Preisanstieg zuvorkommen; **rock-bottom p.** Niedrigst-, Tiefst-, Schleuderpreis *m*, äußerst knapp kalkulierter Preis, äußerster/niedrigster Preis; **rocketing p.s** Preis-, Kurssprünge; **round p.** runder Preis; **ruinous p.** Verlust-, Schleuderpreis *m*; **to sell sth. at ~ p.s** etw. verschleudern *(coll)*; **ruling p.** gegenwärtiger/geltender/herrschender/laufender (Markt)Preis, Tagespreis *m*; **sagging p.s** Preisverfall *m*, nachgebende/sinkende/fallende Preise, ~ Kurse; **sal(e)able p.** Verkaufspreis *m*, gängiger Preis; **seasonal p.** saisonbedingter Preis; **second-hand p.** Preis zweiter Hand; **sensational p.** Preisknüller *m*, Knüllerpreis *m*; **set p.** Festpreis *m*; **short p.** *[US]* Nettopreis *m*; **single p.** Einheitspreis *m*; **skim-the-cream p.** maximal erzielbarer Preis; **skyrocketing/snowballing/spiralling p.** 1. emporschnellender/davonlaufender/rapide steigender/galoppierender Preis; 2. steil (an)steigender Kurs; ~ **p.s** Preislawine *f*; **slaughtered p.** Schleuderpreis *m*; **sliding(-scale) p.** gleitender Preis, Gleit-, Staffelpreis *m*; ~ **p. clause** Preisgleitklausel *f*; **soaring p.** 1. scharf anziehender/emporschnellender/sprunghaft (an)steigender Preis; 2. *(Börse)* haussierender Kurs; ~ **p.s** *(Börse)* Hausse *f*; **special p.** Ausnahme-, Sonder-, Vorzugspreis *m*; **speculative p.** 1. Spekulationspreis *m*; 2. Spekulationskurs *m*; **split p.** gespaltener Preis/Kurs; **spread p.** *(Börse)* Spannungspreis *m*; **stable/stationary p.** stabiler Preis/Kurs; ~ **p.s** Preisstabilität *f*; **staggered p.s** Staffel-, Stufenpreise; **staggering p.s** horrende Preise; **standard p.** 1. Einheits-, Richt-, Standard-, Tarifpreis *m*; 2. fester Verrechnungskurs; **standardized p.** genormter Preis; **standby p.** Standbypreis *m*; **steady p.s** 1. Preisstabilität *f*, stabile/feste Preise; 2. stabile Kurse; **steep p.s** gepfefferte/saftige Preise *(coll)*; **sticky p.** *(coll)* 1. stabiler Preis; 2. unbeweglicher Kurs; **stiff p.** hoher/saftiger/gesalzener Preis *(coll)*; **stipulated p.**

vereinbarter Preis; **subject p.** freibleibender/unverbindlicher Preis, Preis freibleibend; **subsidized/supported p.** 1. gestützter/subventionierter/nicht kostendeckender Preis, Stützpreis *m*; 2. gestützter Kurs; **suggested p.** (unverbindliche) Preisempfehlung, P.vorschlag *m*, P.vorstellung *f*, empfohlener Preis, unverbindlicher Richtpreis; **take-out p.** *(Börse)* Ausstiegskurs *m*; **terminal p.** Preis für letzte Lieferung; **top p.** 1. Höchst-, Spitzenpreis *m*; 2. Höchstkurs *m*; **total p.** Gesamtpreis *m*; **last transacted p.** *(Börse)* letzter notierter Kurs, Schlussnotierung *f*, S.notiz *f*; **tumbling p.s** verfallende Preise; **two-way p.** *(Börse)* Geld- und Briefkurs *m*, doppelte Kursnotiz; **unfair p.** unangemessener Preis; **uniform p.** Einheitspreis *m*; **unmatched p.** konkurrenzloser Preis; **usurious p.** Wucherpreis *m*, wucherischer Preis

variable price *(Börse)* variable Notierung, variabler Kurs; ~ **market** Schwankungsmarkt *m*; ~ **security** variabler Wert

varying price|**s** schwankende Preise; **weak p.** gedrückter Preis/Kurs; ~ **p.s** Preisschwäche *f*; **wholesale p.** Einkaufspreis *m*; **wide p.** *(Angebot und Nachfrage)* unterschiedliche Preise

price *v/t* mit einem Preis/einer Preisangabe auszeichnen, ~ versehen, Preis ansetzen/festsetzen/schätzen; **p. higher** teurer/zu einem höheren Preis anbieten; **p. lower** billiger/niedriger anbieten; **p. at par** zum Nominalwert anbieten; **p. sth. out** etw. durch überhöhte Preisgestaltung wettbewerbsunfähig machen

price-adjusted *adj* preisbereinigt

price adjustment 1. Preisangleichung *f*, P.anpassung *f*, P.korrektur *f*; 2. *(Börse)* Kurskorrektur *f*, K.pflege *f*; ~ **board** *[US]* Preis(aufsichts)behörde *f*; ~ **clause** Preisangleichungs-, Preisgleitklausel *f*; ~ **levy** 1. (Preis)Abschöpfung *f*; 2. *(EU)* Ausfuhrabschöpfung *f*; ~ **levy rate** Abschöpfungstarif *m*; ~ **measure** Preisausgleichsmaßnahme *f*

price advance 1. Preiserhöhung *f*, P.anstieg *m*, P.steigerung *f*; 2. Kursanstieg *m*, K.steigerung *f*; **p. advantage** Preisvorteil *m*; **p. agreement** Preisabrede *f*, P.abkommen *nt*, P.absprache *f*, P.konvention *f*; **p. alignment** Preisangleichung *f*; **p. allowance** (nachträglich gewährter) Preisnachlass; **p. analysis** Preistheorie *f*; **p. anticipations** Preis-, Kurserwartungen; **p. appreciation** Kurs(wert)steigerung *f*; **p. area** Preisgebiet *nt*; **p. atmosphere** Preisklima *nt*; **p. auditing** Preisprüfung *f*; **p. awareness** Preisbewusstsein *nt*; **p. barometer** Preis-, Kursbarometer *nt*; **p. barrier** Preisgrenze *f*; **p. behaviour** Preisverhalten *nt*; **p. bid** *(Börse)* Geldkurs *m*; **P.s and Income Board** *[GB]* *(obs.)* Preis- und Lohnbehörde *f*; **p. boom** Preiskonjunktur *f*; **p. bracket** Preisklasse *f*; **p. bulletin** Preisliste *f*, P.verzeichnis *nt*; **p. calculation** 1. Preisberechnung *f*, P.kalkulation *f*; 2. Kursberechnung *f*; **p. cartel** Preiskartell *nt*; **p. catalog(ue)** Preisliste *f*, P.verzeichnis *nt*; **p. category** Preisgruppe *f*, P.kategorie *f*, P.klasse *f*; **p. ceiling** Preisobergrenze *f*, Höchst-, Limitpreis *m*, obere Preisgrenze; **p. change** 1. Preis(ver)änderung *f*; 2. Kurs(ver)änderung *f*; **p. chart** Kursdiagramm *nt*; **p. clause** Preisklausel *f*;

p. code Preisordnung *f*; **p. collapse** 1. Preisverfall *m*, P.einbruch *m*; 2. Kursverfall *m*, K.einbruch *m*, (K.-)Deroute *f (frz.)*; **p. collusion** Preisabsprache *f*; **p. commission** Preiskommission *f*; **p. comparison** Preisvergleich *m*; **p. competition** Preiswettbewerb *m*; **p. component** Preisbestandteil *m*; **p. concession** Preiszugeständnis *nt*, preisliches Zugeständnis; **p. concessions** Gewährleistung preislicher Vorteile; **p. conditions** Preisbedingungen, P.klima *nt*; **p.-conscious** *adj* preisbewusst; **p.-consciousness** *n* Preisbewusstsein *nt*; **p.-consumption curve** Preis-Konsumkurve *f*; **p. continuity** Preiskontinuität *f*

price control(s) Preisbewirtschaftung *f*, P.bindung *f*, P.kontrolle *f*, P.(über)prüfung *f*, P.überwachung *f*; **p. c. board** Preisbeobachtungsstelle *f*

price|-controlled *adj* preisgebunden; **p. convergence** Preiskonvergenz *f*, Preisharmonisierung *f*

price-cost expectations Preis-Kosten-Erwartungen; ~ **gap** Preis-Kosten-Schere *f*; ~ **squeeze** Preis-Kosten-Druck *m*, Druck auf die Gewinnspanne

price criticism Preiskritik *f*; **p.-curbing** *adj* preisdämpfend; **p.s current** Preisliste *f*, P.verzeichnis *nt*; **p. curve** Preiskurve *f*; **p. cushion** *(fig)* Preispolster *nt (fig)*; **p. cut** 1. Preissenkung *f*, P.abschlag *m*, P.ermäßigung *f*, P.herabsetzung *f*, P.nachlass *m*, P.kürzung *f*, P.minderung *f*, Verbilligung *f*; 2. Tarifunterbietung *f*; **covert p. cut** versteckte Preissenkung; **p. cutter** Preisbrecher *m*, P.drücker *m*, P.unterbieter *m*

price cutting Preissenkung *f*, P.unterbietung *f*, P.drückerei *f*; **reckless p. c.** Preisschleuderei *f*; **p. c. war** Preiskrieg *m*

priced *adj* (mit einem Preis) ausgezeichnet, mit Preisangabe versehen; **p. too high** zu teuer; **to be fully p.** *(Börsenkurs)* ausgereizt sein; **competitively p.** preisgünstig; **keenly p.** knapp/scharf kalkuliert; **moderately/reasonably p.** preiswürdig, p.günstig, p.wert

price decline 1. Preisverfall *m*; 2. Kurs(ab)fall *m*, K.rückgang *m*, K.abschwung *m*; **p. decontrol(s)/deregulation** Preisfreigabe *f*, Freigabe der Preise, Aufhebung der Preisbindung; **p. deduction** Preisnachlass *m*; **p. deflator** Preisdeflator *m*; **p. determinant** Preisfaktor *m*; **p. determination** 1. Preisbestimmung *f*, P.bildung *f*, P.ermittlung *f*; 2. Kursbildung *f*, K.festsetzung *f*, K.feststellung *f*; **p. difference/differential(s)** 1. Preisabstand *m*, P.differenz *f*, P.gefälle *nt*, P.spanne *f*, P.unterschied *m*; 2. Kursdifferenz *f*, K.gefälle *nt*, K.unterschied *m*; **p. differentiation** Preisdifferenzierung *f*; **p. difficulties** preispolitische Schwierigkeiten; **p. discount** Preisnachlass *m*; **p. discrimination** Preisdiskriminierung *f*, monopolistische Preisdifferenzierung; **p. distortion** Preisverzerrung *f*; **p. divergence/divergency** Preisabweichung *f*, P.unterschied *m*; **p. drop** 1. Preisrückgang *m*; 2. Kursrückschlag *m*, K.rückgang *m*; **p. dumping** Preisdumping *nt*; **p. effects** Preisauswirkungen

price elasticity Preiselastizität *f*; ~ **of demand** Nachfragepreiselastizität *f*; ~ **of supply** Angebotspreiselastizität *f*; **cross p. e.** Preiskreuz-, Kreuzpreiselastizität *f*

price element Preisbestandteil *m*; **p. equalization**

Preisausgleich *m*; ~ **aid** Preisausgleichsbeihilfe *f*; **p. equivalent** Preisäquivalent *nt*; **p. escalator** automatischer Preisausgleich, automatische Preisangleichung/P.anpassung *f*; ~ **clause** Preisgleitklausel *f*; **p. expectation** Preis-, Kurserwartung *f*; **p. explosion** Preisexplosion *f*; **p. factor** Preisfaktor *m*; **p. factors** Preiseinflüsse; **p. fall** Preissturz *m*, P.rückgang *m*; **p. field** Preisfeld *nt*; **p. figures** Preisziffern; **p.-fix sth.** *v/t* Preis für etw. festlegen
price-fixing *n* 1. Preisabsprache *f*, (vertikale) P.bindung, P.festlegung *f*, P.festsetzung *f*, Tariffestsetzung *f*; 2. *(EU)* Preisrunde *f*; **vertical p.-f.** vertikale Preisbindung; **p.-f. agreement** Preisabsprache *f*, P.abrede *f*, P.bindung *f*, P.kartell *nt*, P.verabredung *f*, P.vereinbarung *f*, P.abkommen *nt*, P.konvention *f*
price flexibility Preisflexibilität *f*; **p. floor** Mindest-, Minimumpreis *m*, Preisuntergrenze *f*; **p. fluctuation** 1. Preisfluktuation *f*, P.ausschlag *m*, P.schwankung *f*; 2. Kursausschlag *m*, K.schwankung *f*; ~ **clause** (Preis)Gleitklausel *f*
price formation Preisbildung *f*, P.gestaltung *f*; **uncontrolled p. f.** freie Preisbildung; **p. f. mechanism** Preisbildungsmechanismus *m*
price fraud *(Börse)* Kursschnitt *m*, K.manipulation *f*; **p. free frontier** Frei-Grenz-Preis *m*; **p.(s) freeze** Preisstopp *m*; **p. front** Preisfront *f*; **p. gain** *(Börse)* Kursavance *f*, K.gewinn *m*; **p. gap** 1. Preisdifferenz *f*, P.lücke *f*, P.schere *f*, P.spanne *f*; 2. Kursdifferenz *f*, P. **guarantee** Preisgarantie *f*; **p. guideline** Preisrichtlinie *f*; **p. hike** *(coll)* Preisanstieg *m*, P.erhöhung *f*
price increase 1. Preisanstieg *m*, P.steigerung *f*, (Ver)Teuerung *f*; 2. Preisanhebung *f*, P.erhöhung *f*; 3. Kursanstieg *m*, K.aufschlag *m*; **p. i.s** Preis-, Kursauftrieb *m*; **p. i. of input materials**; ~ **feedstocks** Vormaterialverteuerung *f*; **to pass on p. i.s** Preiserhöhungen/Verteuerungen weiterwälzen; **to push through p. i.s** Preiserhöhungen durchsetzen
across-the-board/general price increase globale Preiserhöhung; **average p. i.** durchschnittlicher Preisaufschlag; **bottled-up p. i.s** aufgestaute Preiserhöhungen; **home-made p. i.** hausgemachter Preisauftrieb; **wartime p. i.s** Kriegsverteuerung *f*
price-increasing *adj (Börse)* kurssteigernd; **p. index** 1. Preisindex *m*, P.messzahl *f*; 2. Kursindex *m*; **p.-induced** *adj* preisbedingt; **p.-inelastic** *adj* preisunempfindlich, p.unelastisch; **p. inflation** Preisaufblähung *f*, P.inflation *f*, P.steigerung(srate) *f*; **p.-insensitive** *adj* preisunempfindlich; **p. intervention** Kursintervention *f*; **p. issue** Preisproblem *nt*; **p. itemization** Preisaufgliederung *f*; **p. jump** 1. Preissprung *m*, P.explosion *f*; 2. Kurssprung *m*, K.explosion *f*; **p. label** Preisschild *nt*; **p. lead** Preisvorsprung *m*; **p. leader** Preisführer *m*; **p. leadership** Preisführerschaft *f*; **p.less** *adj* unbezahlbar, unschätzbar
price level 1. Preishöhe *f*, P.niveau *nt*, P.spiegel *m*, P.stand *m*; 2. Kursniveau *nt*, K.stand *m*; **exceeding the p. l.** Preisüberschreitung *f*; **undercutting the p. l.** Preisunterschreitung *f*; **average p. l.** durchschnittliches Preis-/Kursniveau; **international p. l.** Weltpreisniveau *nt*; **stable p. l.** stabiles Preisniveau; **p. l. change** Geldwertänderung *f*; ~ **provisions** Preissteigerungsrückstellungen, Rückstellungen für Preissteigerungen; ~ **regulator** Preisschleuse *f (fig)*; ~ **stability** Preisstabilität *f*
price limit 1. Preisbegrenzung *f*, P.grenze *f*, P.limit *nt*; 2. (Kurs)Limit *nt*; **to exceed the p. l.** Preisgrenze überschreiten; **lower p. l.** Preisuntergrenze *f*; **upper p. l.** Preisobergrenze *f*
price line Bilanz-, Budgetgerade *f*; **p. lining** Einheitspreisfestlegung *f*, Festsetzung von Einheitspreisen; **p.-linked** *adj* preisbezogen
price list 1. Preisliste *f*, P.verzeichnis *nt*, P.tafel *f*, P.-tabelle *f*; 2. Kurszettel *m*, K.tabelle *f*; **to revise a p. l.** Preisliste berichtigen
price look-up procedure Preisabrufverfahren *nt*; **p. loss** Kurseinbuße *f*, K.verlust *m*; **p.-maintained** *adj* preisgebunden; **p. maintenance** Preisbindung *f*; **p. maker** Preisfixierer *m*, P.führer *m*; **p. management** Kurspflege *f*; **p. manipulation** Kursbeeinflussung *f*; **p. margin** Handels-, Kurs-, Preisspanne *f*, Deckungsbeitrag *m*; ~ **ordinance** Preisspannenverordnung *f*; **p. markdown** 1. Preissenkung *f*, P.reduzierung *f*, P.abschlag *m*; 2. Kursabschlag *m*, K.rücknahme *f*; **p. marking** (Preis)Auszeichnung *f*; ~ **board** *(Börse)* Tableau *nt (frz.)*; **p. markup** 1. Preisanhebung *f*, P.aufschlag *m*; 2. Kursaufschlag *m*, K.anhebung *f*; **p. mechanism** Preismechanismus *nt*; **p. moderation** Preiszurückhaltung *f*; **p. monitoring** Preisüberwachung *f*; **p. moratorium** Preismoratorium *nt*; **p. move** Preisbewegung *f*
price movement 1. Preisentwicklung *f*, Ausschlag des Preisbarometers *(fig)*; 2. Kursausschlag *m*, K.bewegung *f*, K.bildung *f*, K.entwicklung *f*; **downward p. m.** 1. Preisrückgang *m*, rückläufige Preisentwicklung; 2. Kursrückgang *m*; **hectic p. m.** hektische Kursbewegung; **upward p. m.** 1. Preisanstieg *m*, Preisauftrieb(stendenz) *m/f*; 2. Kursanstieg *m*
price multiple Preis-, Kursvielfaches *nt*; **p. pattern** Preisgefüge *nt*, P.struktur *f*; **p. pegging** 1. Preisbindung *f*; 2. Kursbindung *f*, K.stützung *f*; **p. performance** Kursentwicklung *f*; ~ **standards** Kursmaßstäbe; **p. plateau** hohes Preisniveau
price policy Preispolitik *f*; **p.s and incomes p.** Lohn- und Preispolitik *f*
price premium Preisaufschlag *m*, Aufpreis *m*; **upward p. pressure** Preisschraube *f (fig)*; **p. protection** Preisschutz *m*; **p. push** Preisschub *m*; **p. pushing** *(Börse)* Kurstreiberei *f*; **p. quotation** 1. Preisangabe *f*; 2. (Kurs)Notierung *f*, Kursnotiz *f*; **variable p. quotation** fortlaufende Notierung; **p.-raising** *adj* preissteigernd; **p. rally** Kurserholung *f*
price range 1. Preisfächer *m*, P.klasse *f*, P.lage *f*, P.skala *f*, P.spielraum *m*; 2. Kursbildung *f*, K.bewegung *f*; **graduated p. r.** Preisstaffel *f*; **maximum p. r.** Höchstschwankung *f*; **medium p. r.** mittlere Preislage
price ratio Preisrelation *f*; **p. recommendation** Preisempfehlung *f*; **p. recovery** Kurs-, Preiserholung *f*; **p.-reducing** *adj (Börse)* kurssenkend; **p. reduction** Preisherabsetzung *f*, P.herabschleusung *f*, P.nachlass *m*,

P.reduktion *f*, P.senkung *f*; **p. registration office** Preismeldestelle *f*; **p. regulation** 1. Preislenkung *f*; 2. Kursregulierung *f*; **p. regulations** Preisvorschriften; **p. regulator** Preisregulativ *nt*; **p.-related** *adj* pretial, preisabhängig; **p. relative** Preismessziffer *f*; **p. reporting agreement** Preisinformationsabsprache *f*; **p. reservation** Preisvorbehalt *m*; ~ **clause** Preisvorbehaltsklausel *f*; **p. response function** Preis-Absatz-Funktion *f*; **(self-imposed) p. restraint** Preisdisziplin *f*; **p. restriction** Preisbeschränkung *f*; **p. rigging** Preistreiberei *f*, P.absprache *f*; **predatory p. rigging** Festsetzung von Kampfpreisen; **p. rigidity** Preisstarrheit *f*; **p. ring** 1. Preis-, Verkaufskartell *nt*, V.konsortium *nt*, Verkäuferring *m*; 2. Börsenkonsortium *nt*
price rise 1. Preisanstieg *m*; 2. Preiserhöhung *f*; 3. Kursanstieg *m*, K.avance *f*; **across-the-board/general p. r.** 1. Preiswelle *f*; 2. Kursanstieg auf breiter Front; **scheduled p. r.** geplante Preiserhöhung; **sharp/steep p. r.** 1. scharfer Preisanstieg, Preisschub *m*; 2. (hektischer) Kurssprung
price risk Preis-, Kursrisiko *nt*; **p. run-up** Preis-, Kursanstieg *m*; **expected p.-sales function** angenommene Preis-Absatz-Funktion; **p.-sensitive** *adj* 1. preisanfällig, p.empfindlich, p.reagibel, p.sensibel; 2. kursempfindlich; **p. sensitivity** Kursreagibilität *f*; **p. setter** Preisführer *m*; **p. setting** Preisfixierung *f*, P.gestellung *f*; **p. signal** Preissignal *nt*; **p. situation** Preissituation *f*; **p. slashing** radikale Preiskürzung; **p. slippage** Nachgeben/Abbröckeln der Kurse; **p.(s) spiral** Preisspirale *f*; **p. spread** 1. Preisspanne *f*, P.unterschied *m*; 2. *(Börse)* Geld-Brief-Spanne *f*, Spanne zwischen Geld- und Briefkurs; **p. stability** 1. Preisbeständigkeit *f*, P.stabilität *f*; 2. Geldwert-, Kursstabilität *f*; ~ , **growth, full employment, external balance** *(VWL)* magisches Viereck; **p. stabilization** 1. Preisberuhigung *f*, P.stabilisierung *f*; 2. Kursstabilisierung *f*, K.stützung *f*; **p. standard** Verrechnungspreis *m*; **p. statistics** Preisstatistik *f*; **p. sticker** Preisaufkleber *m*; **p. strategy** Preispolitik *f*; **skimming p. strategy** Hochpreispolitik zur Schaffung eines Preissenkungspotenzials
price structure 1. Preisgefüge *nt*, P.struktur *f*; 2. Kursgefüge *nt*, K.struktur *f*; **p. and wage s.** Preis-Lohn-Gefüge *nt*; **dependent p. s.** nachgeordnete Preisstruktur
price subsidy Preissubvention *f*; **large-lot p. supplement** *(Aktien)* Paketzuschlag *m*; **p. support** 1. Markt-, Preisstützung *f*; 2. Kursstützung *f*, K.pflege *f*, K.regulierung *f*, K.sicherung *f*; **p. supporting** *adj* preis-, kursstützend; **p. support intervention** kurssichernde Intervention; ~ **measures** Preis-, Kursstützungsmaßnahmen; ~ **operation** Kurssicherungsgeschäft *nt*, Kurspflegeoperation *f*; **p. surge** Preisschub *m*; **p. surveillance** Preisüberwachung *f*; **official p. surveillance** amtliche Preisüberwachung; **p. swing** Preisschwankung *f*; **cyclical p. swing** konjunkturelle Preisschwankung; **p. system** Preissystem *m*; **international p. system** internationaler Preiszusammenhang; **p. tag** Preisauszeichnung *f*, P.schild *nt*; **p. taker** Mengenanpasser *m*; ~ **market** Mengenanpassermarkt *m*; **p. target** 1. angestrebter Preis; 2. Kursziel *nt*; **p. tendency** Preisbewegung *f*; **rising/upward p. tendency** 1. Preissteigerungstendenz *f*, P.auftrieb(stendenz) *m/f*, P.anstieg *m*; 2. *(Börse)* Hausse *f (frz.)*; **p. terms** Preisbestimmungen; **p. theory** Preistheorie *f*; **p. ticket** Preisschild *nt*, P.zettel *m*
price trend 1. Preisentwicklung *f*, P.tendenz *f*; 2. Kursentwicklung *f*, K.tendenz *f*; **bearish p. t.** baisseartige Kursentwicklung; **bullish p. t.** hausseartige Kursentwicklung; **irregular/mixed p. t.** uneinheitliche Kursentwicklung
price turnabout/turn(a)round Preiswende *f*; **p. variance** Preisabweichung *f*; ~ **account** Preisdifferenzkonto *nt*; **minimum p. variation** Mindestpreisschwankung *f*; **p. volatility** 1. Preisausschläge *pl*, P.unbeständigkeit *f*, P.schwankung *f*; 2. Kursschwankung *f*, K.ausschläge *pl*; **p. war** Preiskrieg *m*, P.kampf *m*; **p. weapon** Preiswaffe *f*
pricey *adj (coll)* teuer, kostspielig
pricing *n* 1. Preisgestaltung *f*, P.festsetzung *f*, Preis-(und Rabatt)politik *f*; 2. Warenauszeichnung *f*; 3. *(Börse)* Kursbestimmung *f*; **p. of input factors** kalkulatorische Bewertung; ~ **an offer/a quotation** Angebotskalkulation *f*
aggressive pricing aggressive Preisgestaltung, Preisaggressivität *f*, preisaggressives Verhalten; **anticipatory p.** anzipative/vorausschauende Preisgestaltung, Inflationsvorwegnahme in der Preisgestaltung; **collusive/common p.** (geheime) Preisabsprache; **competitive p.** Wettbewerbspreisbildung *f*; **controlled p.** administrative Preisfestsetzung; **cost-base p.** kostenorientierte Preisbildung/P.kalkulation; **cost-plus p.** Aufschlagskalkulation *f*, Verkaufspreis mit Gewinnzuschlag auf Selbstkosten; ~ **formulae** Leitsätze für die Preisermittlung auf Grund der Selbstkosten; **delivered p.** Preisstellung frei Haus; **uniform** ~ **p.** einheitliche Preisstellung frei Haus; **differential/discriminatory p.** diskriminierende Preisgestaltung, Preisdiskriminierung *f*; **dual p.** 1. Doppelpreissystem *nt*, doppelte Preisauszeichnung; 2. deglomerative Preisdifferenzierung; **excessive p.** Preisüberhöhung *f*; **flat p.** pauschalierte Preisbildung/P.bestimmung; **freight-allowed p.** Preisstellung frei Haus; **full-cost p.** Vollkostenkalkulation *f*; **inflationary p.** Preisstrategie mit Inflationskomponente; **intercompany/internal p.** Konzernverrechnung *f*, interne Preisstellung; **keen p.** scharfe/knappe Kalkulation; **mark-up p.** Spannenkalkulation *f*; **odd p.** Auszeichnung mit gebrochenen Preisen; **open p.** transparente Preisgestaltung, Preisaustausch zwischen Konkurrenten; **parallel p.** gleichgerichtete Kursbildung/Preisgestaltung, unvollständiges Oligopol; **predatory p.** aggressive Preisgestaltung/P.politik, Festsetzung von Kampfpreisen; **rate-of-return p.** Preisfestsetzung unter Berücksichtigung einer Rendite; **return-on-capital p.** von der Kapitalverzinsung ausgehende Preisbestimmung; **round p.** Auszeichnung mit runden Preisen; **selective p.** Preisdifferenzierung *f*, P.auswahl *f*; **two-tier p.** Zweipreissystem *nt*
pricing agreement/arrangement Preisabsprache *f*, P.vereinbarung *f*; **permissive p. conditions** freier

Preisbildungsspielraum; **p. edge** Preisvorteil *m*; **p. factor** preisbestimmender Faktor; **p. freedom** Freiheit in der Preisgestaltung; **p. margin** Kalkulationsspanne *f*; **p. mechanism** Preismechanismus *m*; **p. method** Preisberechnungsgrundlage *f*, P.methode *f*; **p. policy** Gebühren-, Preispolitik *f*; **p. practice(s)** Kalkulationsverfahren *nt*, Preisgebaren *nt*; **p. pressure** Preisdruck *m*; **p. schedule** Kalkulations-, Gebührentabelle *f*; **p. strategy** Preisstrategie *f*; **p. structure** Preisstruktur *f*; **unified p. structure** einheitliche Preisstruktur; **p. system** Preisbildungs-, Kalkulationsmethode *f*, K.system *nt*

pride *n* Stolz *m*, Hochmut *m*; **(so.'s) p. and joy** Glanz-, Renommierstück *nt*; **my ~ joy** mein ganzer Stolz; **p. of place** Ehrenplatz *m*; **~ rank** Klassendünkel *m*, Standesbewusstsein *nt*; **to hurt/injure so.'s p.** jds Stolz verletzen; **to take p. in sth.** auf etw. stolz sein

civic pride   Bürgerstolz *m*; **false p.** falscher Stolz; **local/parochial/sectional p.** Lokalpatriotismus *m*; **wounded p.** gekränkter/verletzter Stolz

pride o.s. on sth. *v/refl* auf etw. stolz sein

primacy *n* Primat *nt*, Vorrang *m*

prima facie *adv* *(lat.)* [§] allem Anschein nach, auf den ersten Blick

primage *n* ⚓ Frachtzuschlag *m*, F.anteil *m*, Primage *f*, Primgeld *nt*; **p. duty** ⊖ Einfuhrzoll *m*

primary *adj* 1. hauptsächlich, Grund-, Haupt-, wichtigst, grundlegend; 2. ursprünglich, originär; *n* *[US]* Vorwahl *f*

prime *adj* 1. hauptsächlich, Haupt-, wesentlich; 2. hochwertig, erst(klassig), entscheidend, wichtigst

prime *n* 1. Höhepunkt *m*, Krönung *f*, Blüte(zeit) *f*; 2. π Primzahl *f*; **in the p. of life** in den besten Jahren, im besten Mannesalter; **to be past one's p.** die beste Zeit hinter sich haben, schon bessere Zeiten gesehen haben

prime *v/t* 1. vorbereiten, betriebsfertig machen, instruieren; 2. *(Anstrich)* grundieren; 3. investieren

Prime Minister *[GB]* Premierminister(in) *m/f*, Ministerpräsident(in) *m/f*

primer *n* 1. Lehrbuch für Anfänger, Lesebuch *nt*, L.-fibel *f*; 2. Grundieranstrich *m*, G.farbe *f*

priming *n* 1. ✪ Vorbereitung; 2. Grundierung *f*, Grundieranstrich *m*; **p. the pump** *(fig)* Ankurbelung der Konjunktur

primogeniture *n* Erstgeburt(srecht) *f*/*nt*, Recht der Erstgeburt

principal *adj* hauptsächlich, führend, leitend, Haupt-

principal *n* 1. Vorgesetzter *m*, Dienstherr *m*, Chef *m*, Direktor *m*, Leiter *m*; 2. Geschäftsinhaber *m*, G.eigentümer *m*; 3. Eigenhändler *m*; 4. Auftrag-, Sicherungs-, Vollmachtgeber *m*, Mandant *m*; 5. 🏛 Bauherr *m*, Bauträger *m*; 6. (Schul)Leiter *m*, (Schul)Rektor *m*; 7. Erst-, Hauptverpflichteter *m*, H.schuldner *m*; 8. [§] Haupttäter *m*, Rädelsführer *m*; 9. Kreditsumme *f*, *(Kredit)* Hauptforderung *f*, (Gesamt)Tilgungssumme *f*, Kapitalschuld *f*, K.summe *f*; 10. Grundkapital *nt*; **as p.** als Eigenhändler

principal and agent   Auftraggeber und A.nehmer, Vollmachtgeber und V.nehmer; **to act as ~ agent** [§] mit sich selbst kontrahieren; **acting as ~ agent** Insichgeschäft *nt*, Selbstkontrahieren *nt*; **~ bail** Bürgschaftsverhältnis *nt*; **p. of a building contract** Bauherr *m*; **p. and charges** Kapital und Spesen, volle Summe einer Forderung; **p. in the first degree** [§] Haupttäter *m*; **~ second degree** (am Tatort anwesender) Tatgehilfe, Mittäter *m*; **p. and interest** Kapital und Zinsen; **p. with interest accrued** Kapital und aufgelaufene Zinsen; **p. and surety** Bürgschaftsverhältnis *nt*

registrable as to principal only   nur dem Kapital nach eintragungsfähig

to draw out all the principal   gesamtes Kapital aufbrauchen; **new p.** Endkapital *nt*; **undisclosed p.** stiller Auftraggeber

principal repayment   Kapitalzurückzahlung *f*, Tilgung *f*

principle *n* Grundsatz *m*, Prinzip *nt*; **in/on p.** prinzipiell, im Prinzip; **as a matter of p.** grundsätzlich

principle of abuse   Missbrauchsprinzip *nt*; **p.s of accountancy** Grundsätze und Richtlinien für das Rechnungswesen; **~ orderly accounting and balance sheet make-up** Grundsätze ordnungsmäßiger Buchführung und Bilanzierung; **p. of voluntary action** Freiwilligkeitsprinzip *nt*; **~ administration** Verwaltungsgrundsatz *m*; **~ formal agreement** Einigungsgrundsatz *m*; **~ free appreciation of evidence** [§] Prinzip der freien Beweiswürdigung; **~ asperity** [§] *(Strafrecht)* Asperationsprinzip *nt*; **~ authority** Autoritätsprinzip *nt*; **~ balance sheet consistency** Bilanzkontinuität *f*; **~ causality** Kausalitäts-, Verursachungsprinzip *nt*; **~ caution/conservatism** Vorsichtsprinzip *nt*; **p. of (free) competition** Wettbewerbsprinzip *nt*; **in line with the ~ competition** wettbewerbskonform; **p. of adjustable contributions** Umlageprinzip *nt*, Beitragsangleichung *f*; **~ cost coverage** Kostendeckungsprinzip *nt*; **~ due course of law** Rechtsstaatsprinzip *nt*; **~ crime prevention** Generalprävention *f*; **~ degressivity** Grundsatz des abnehmenden Umfangs; **~ deterrence** Abschreckungsprinzip *nt*; **~ public disclosure** Publizitätsprinzip *nt*; **~ documentation** Schriftlichkeitsprinzip *nt*; **~ in irretrievable breakdown** *(Ehe)* Zerrüttungsprinzip *nt*; **~ equality** Gleichheitsgrundsatz *m*; **~ equality of treatment in the tax and commercial balance sheet** Maßgeblichkeitsprinzip *nt*; **~ equity and good faith** Grundsatz von Treu und Glauben; **~ identity** Identitätsprinzip *nt*; **~ income-source neutrality** *(Doppelbesteuerung)* Welteinkommens-, Wohnsitzprinzip *nt*; **~ ex officio** *(lat.)* **inquiries** Ermittlungsgrundsatz *m*; **~ insurance** Versicherungsprinzip *nt*; **~ protective ~ jurisdiction** Schutzprinzip der Gerichtsbarkeit; **~ law** Rechtsgrundsatz *m*; **~ liability** Haftungsgrundsatz *m*; **~ secondary liability** Subsidiaritätsprinzip *nt*; **~ life** Lebensprinzip *nt*; **~ the lower of cost or market** Niederstwertprinzip *nt*; **~ making the polluter pay** Verursacherprinzip *nt*; **~ marginality** Grenzprinzip *nt*; **~ materiality** Grundsatz der Wesentlichkeit; **~ non-discrimination** Grundsatz der Nichtdiskriminierung; **~ non-exclusion** Kriterium der Nichtausschließbarkeit; **~ organization** Organisationsprinzip *nt*; **~ party presentation** [§] Beibringungsgrundsatz *m*; **p.s of economic policy** wirtschaftspolitische Grundsätze; **p. of predominance of fi-**

principle of executive prerogative

nancial accounting for tax accounting (purposes) Grundsatz der Maßgeblichkeit der Handelsbilanz für die Steuerbilanz; ~ **executive prerogative** Direktionalprinzip *nt*; ~ **oral presentation** Mündlichkeitsprinzip *nt*; ~ **unambiguous presentation** Bilanzklarheit *f*; ~ **price equalization** Preisausgleichsprinzip *nt*; ~ **ex officio** *(lat.)* **proceedings** [§] Amtsprinzip *nt*; ~ **international prosecution of worldwide crimes** Weltrechtspflegeprinzip *nt*; ~ **procurement** Bereitstellungsprinzip *nt*; ~ **proscription** Verbotsprinzip *nt*; ~ **discretionary prosecution** [§] Opportunitätsprinzip *nt*; ~ **mandatory prosecution** Legalitätsprinzip *nt*; ~ **prudence** Bilanzierungsgrundsatz der kaufmännischen Vorsicht; ~ **rationalization** Rationalisierungsprinzip *nt*; ~ **registration** Anmeldeprinzip *nt*; ~ **representation** Vertretungsgrundsatz *m*; ~ **collective responsibility** Kollegialprinzip *nt*; ~ **retaliation** Vergeltungsprinzip *nt*; ~ **the rule of the law** Rechtsstaatlichkeit *f*; **according to the p.s of sound stewardship** mit der Sorgfalt eines ordentlichen Kaufmanns; ~ **stock corporation law** aktienrechtliche Grundsätze; **p. of taxation** Besteuerungs-, Steuergrundsatz *m*, S.prinzip *nt*, S.maxime *f*; **compensatory ~ taxation** Äquivalenzprinzip *nt*; ~ **equal tax treatment** Grundsatz der steuerlichen Gleichbehandlung; ~ **territoriality** Territorialitätsprinzip *nt*; ~ **equal treatment** Gleichbehandlungsgebot *nt*, G.grundsatz *m*; ~ **unequal treatment of losses and income** Imparitätsprinzip *nt*; ~ **public trial** [§] Öffentlichkeitsgrundsatz *m*; ~ **valuation** Bewertungsprinzip *nt*

to be organized on the principle of industrial associations nach dem Prinzip der Industrieverbände aufgegliedert sein; **to contravene the first p.s of equity** [§] einfachste Grundsätze der Billigkeit verletzen; **to embrace a p.** einem Grundsatz huldigen; **to live up/stick to one's p.** seinen Prinzipien treu bleiben, an seinen Grundsätzen festhalten; **to press a p. hard** Prinzip überstrapazieren

ability-to-pay principle Grundsatz der steuerlichen Leistungsfähigkeit; **generally accepted p.** allgemein anerkannter Grundsatz; **antitrust p.** kartellrechtlicher Grundsatz; **applicable p.** maßgebliche Norm; **basic p.** (tragender) Grundsatz, fundamentales Prinzip; **board-majority/collegial p.** Kollegialprinzip *nt*; **broad-cast p.** *(Werbung)* Gießkannenprinzip *nt*; **commercial p.** Erwerbsprinzip *nt*; ~ **p.s** kaufmännische Gesichtspunkte/ Grundsätze; **constitutional p.** Verfassungsgrundsatz *m*; **corporate p.s** Unternehmensleitsätze; **cost-plus p.** Lohnaufwandsprinzip *nt*; **economic p.** ökonomisches Prinzip, **economy-of-effort p.** Wirtschaftlichkeitsprinzip *nt*; **ethical p.s** sittliche Grundsätze; **expectancy-cover(age) p.** Deckungsprinzip *nt*; **first p.s** Grundprinzipien; **first-in-first-out (fifo) p.** *(Inventur)* Realisationsprinzip *nt*; **flat-rate p.** Pauschalisierungsgrundsatz *m*; **formal p.** Gestaltungsprinzip *nt*; **functional p.** Funktionsprinzip *nt*; **fundamental p.s** Grundlagen; **governing p.** Leitsatz *m*, L.gedanke *m*; **gross p.** Bruttoprinzip *nt*; **guiding p.** Richtlinie *f*, R.schnur *f*, Leitbild *nt*, L.maxime *f*, L.prinzip *nt*, Grundprinzip *nt*;

leading p. oberster Grundsatz; **legal p.** Rechtsgrundsatz *m*, R.prinzip *nt*; **maximum p.** Maximumprinzip *nt*; **overriding p.** herrschendes/maßgebliches Prinzip, beherrschender/oberster Grundsatz; **paramount p.** *(Bilanz)* Maßgeblichkeitsprinzip *nt*; **postal p.** *[US]* Postmonopol *nt*, P.privileg *nt*, P.zwang *m*; **procedural p.s** [§] Grundsätze des Verfahrens; **promulgated p.s** *(Bilanz)* formelle Verfahrensnormen und Grundsätze; **rigid p.s** strenge Grundsätze/Prinzipien; **self-organ p.** Selbstorganschaft *f*; **something-for-nothing p.** Mitnahmeprinzip *nt*; **structural p.** Aufbau-, Strukturprinzip *nt*; **territorial p.** Gebiets-, Territorialitätsprinzip *nt*; **utilitarian p.** Nützlichkeitsprinzip *nt*

principled *adj* prinzipientreu

print *n* 1. Druck *m*; 2. Druckschrift *f*; 3. Lichtpause *f*; 4. (Bild-/Foto)Abzug *m*, Kopie *f*; **in p.** *(Buch)* erschienen, erhältlich; **out of p.** *(Buch)* vergriffen; **please p.** bitte in Blockschrift schreiben

to appear in print im Druck erscheinen; **to go to p.** in Druck gehen; **to rush sth. into p.** etw. unüberlegt veröffentlichen; **to write in p.** in Druckschrift schreiben

bold print Fettdruck *m*; **coloured p.** Farbdruck *m*; **fine** *[US]* /**small** *[GB]* **p.** Kleingedrucktes *nt*; **glossy p.** Hochglanzabzug *m*; **large p.** großer Druck; **mat p.** Mattkopie *f*; **poor p.** schlechter Druck; **separate p.** Sonderdruck *m*

print *v/ti* 1. drucken; 2. gedruckt werden; 3. in Druckschrift schreiben; 4. *(Buch)* verlegen, veröffentlichen; **p. out** 🖥 ausdrucken, ausgeben

printable *adj* 1. druckfähig; 2. reproduzierbar

print advertising Zeitungswerbung *f*; **p. buffer** 🖥 Druckpuffer *m*; **p. chain** Druckkette *f*; **p. check** Druckprüfung *f*; **p. cloth** Druckstoff *m*; **p. control** Drucksteuerung *f*; **p. drum** Drucktrommel *f*; **p. element** (Kugel)Schreibkopf *m*; **p. entry control** Schreibsteuerung *f*

printer *n* 1. Drucker *m*; 2. 🖥 Drucker *m*; **p.s** Druckerei *f*; **p. and publisher** Drucker und Verleger; **to give to the p.(s)** in Satz geben; **to go to the p.(s)** in Druck gehen

dot-matrix printer 🖥 Nadeldrucker; **high-speed p.** Schnelldrucker *m*; **non-impact p.** nichtmechanischer Drucker; **serial p.** serieller Drucker; **thermal p.** Thermodrucker *m*

printer adapter/control 🖥 Druck(er)steuerung *f*; **p. attachment** 🖥 Druckeranschluss *m*; **p.'s copy** Druckexemplar *nt*; **p. driver** Druckertreiber *m*; **p.'s error** Druckfehler *m*; ~ **flower** 🌼 Schmuckleiste *f*, Vignette *f* (*frz.*); ~ **ga(u)ge** Kolumnenmaß *nt*; **p. graphics** Drucksymbole; **p.'s imprint/mark** Impressum *nt*, Druckerzeichen *nt*; ~ **ink** Druckerschwärze *f*; **p.-keyboard** *n* Drucker und Tastatur; **p.'s proof** 🌼 Hauskorrektur *f*; **p. terminal** 🖥 Schreibstation *f*; **p.s' union** Druckergewerkschaft *f*

printery *n* *[US]* Druckerei *f*

print file Druckdatei *f*; **p. format** Druckformat *nt*; **p. group** 🖥 Druckleiste *f*; **p. head** Druckkopf *m*

printing *n* 1. Drucken *nt*, Druck(legung) *m/f*; 2. (Druck)Schrift *f*; 3. Auflage(nhöhe) *f*; **p. of bond/share** *[GB]* /**stock** *[US]* **certificates** Stückedruck *m*; ~ **labels** Etikettendruck *m*; ~ **notes** Notendruck *m*; **p. and allied**

trades grafische Berufe; **fit/good for p.** druckfertig, Imprimatur *f (lat.)*; **ready for p.** druckreif; **to be p.** im Druck befindlich sein, sich ~ befinden
continuous printing Endlosdruck *m*; **electrophotographic p.** elektrofotografisches Druckverfahren; **first p.** Erstauflage *f*; **four-colour p.** Vierfarbendrucker *m*; **multi-colour p.** Mehrfarbendruck *m*; **photographic p.** Lichtdruck *m*; **repetitive p.** ⌂ Folgekartenbeschriftung *f*; **rotary p.** Rotations-, Runddruck *m*, Rotaprint *m*; **~ machine** Rotationsmaschine *f*; **selective-line p.** ⌂ automatische Zeilenwahl; **single-space p.** einzeiliges Drucken; **three-colour p.** Dreifarbendruck *m*
printing block Druckform *f*, Klischee *nt*; **p. capacity** Druckleistung *f*; **p. card punch** Schreiblocher *m*; **p. control** Druckersteuerung *f*; **p. costs/expenses** Druck-, Vervielfältigungskosten; **p. cycle** Druckgang *m*; **p. error** Druckfehler *m*; **p. estimate** Druckkostenvoranschlag *m*; **p. fee** Druckkostengebühr *f*; **p. format** Druckbild *nt*; **p. frame** Kopierrahmen *f*; **p. industry** Druckindustrie *f*, D.gewerbe *nt*, Druckereigewerbe *nt*, grafisches Gewerbe; **p. ink** Druckerschwärze *f*; **p. lab** Kopieranstalt *f*; **p. machine** 1. Druckmaschine *f*; 2. *[GB]* Schnellpresse *f*; **p. office** Druckerei *f*; **p. operator** Drucker *m*; **p. order** Druckauftrag *m*; **p. paper** Druck-, Kopier-, Lichtpauspapier *nt*; **p. plant** Druckerei(betrieb) *f/m*, Druckanstalt *f*; **p. position** Abdruckstelle *f*; **p. press** Drucker-, Buchdruckpresse *f*; **highspeed p. press** Schnellpresse *f*; **p. process** Druck-, Kopierverfahren *nt*; **p. punch** Lochkartenbeschrifter *m*; **p. rate** Druckgeschwindigkeit *f*; **p. roll** Druckwalze *f*; **p. run** Druckgang *m*, Auflage(nhöhe) *f*; **p. shop** Druckerei *f*, grafischer Betrieb, Kopieranstalt *f*; **p. site** Druck(stand)ort *m*; **p. technique/technology** Drucktechnik *f*; **p. trade** grafisches Gewerbe, grafischer Beruf; **p. unit** Druckaggregat *nt*; **p. worker** Drucker *m*
printing works Druckerei *f*, (typo)grafische Anstalt; **federal p. w.** Bundesdruckerei *f [D]*; **own p. w.** Hausdruckerei *f*
print instruction ⌂ Druckbefehl *m*; **p. layout** Druckvorlage *f*, Listenbild *nt*; **p. line** Druckzeile *f*, Schriftlinie *f*; **p.maker** *n* Grafiker *m*; **p. media** Printmedien; **p. member** Typenträger *m*; **p. menu** ⌂ Druckmenu *nt*; **p.out** *n* ⌂ Ausdruck *m*, Ausgabe *f*, Protokoll *nt*; **~ storage** ⌂ Druckausgabespeicher *m*; **p. position** Druck-, Schreibstelle *f*; **p. program** ⌂ Druckprogramm *nt*; **p. rate** Druckgeschwindigkeit *f*; **p. run** (Druck)Auflage *f*, Auflagenhöhe *f*, A.ziffer *f*; **p.script** *n* Druckschrift *f*; **p. shaft** Schreibachse *f*; **p. shop** Druckerei *f*; **p. site** Druckort *m*; **p. span** Druckbreite *f*; **p. speed** Druckgeschwindigkeit *f*; **p. storage** ⌂ Druckspeicher *m*; **p. tape** Druckband *nt*; **p. union** Druckergewerkschaft *f*; **p. wheel** Typen-, Schreibrad *nt*; **p. worker** Drucker *m*
prior *adj* 1. vorherig, früher, vorausgehend, Vor-; 2. vordringlich, vorrangig; **p. to** *prep* vor
prior|itization *n* Priorisierung *f*; **p.itize** *v/t* Priorität einräumen
priority *n* 1. (Vor)Rang *m*, Vorrecht *nt*, Primat *nt*; 2. Dringlichkeit(sstufe) *f*, Vordringlichkeit *f*; 3. ⇌ Vorfahrt(s)berechtigung *f*, V.recht *nt*; **priorities** Hauptaufgaben, H.ziele, Prioritäten, vorrangige/wichtigste Ziele; **according to p.** dem Range nach, rangentsprechend; **p. of a claim** Vorrang/Vorgehen eines Anspruchs; **~ creditors** Gläubigervorrang *m*; **~ a debt** (Vor)Rang einer Forderung; **~ debts** Rangfolge von Forderungen; **~ invention** Erfindungspriorität *f*
to assign priorities Prioritäten festlegen; **to be given priority** bevorzugt abgefertigt werden; **to claim priority** Priorität/Vorrang beanspruchen; **to enjoy priority** Priorität/Vorrang genießen; **to get one's p.s right** die richtigen Prioritäten setzen; **to give priority to** Vorrang einräumen, bevorzugt behandeln, vorziehen, Priorität beimessen, überordnen; **~ high priority to sth.** etw. vordringlich/als besonders dringlich behandeln; **to have priority** Vorrang/Priorität haben, vorgehen; **to take priority over sth.** Vorrang vor etw. haben
first priority erste Priorität, rangerst; **lower p.** Nachrangigkeit *f*; **of ~ p.** nachrangig; **non-preemptive p.** relative Priorität; **overriding/top p.** höchste Dringlichkeit/Priorität, größte Dringlichkeit, wichtiges Ziel
priority aim oberstes/vorrangiges Ziel; **p. alert-mode** ⌂ Vorrangsbereitschaft *f*; **p. bond** Prioritäts-, Vorzugsobligation *f*; **p. call** ✆ dringendes (Fern)Gespräch; **p. caution** *(Grundbuch)* Rangvormerkung *f*; **p. claim** Prioritäts-, Vorzugsrecht *nt*, Prioritätsanspruch *m*; **p. date** Prioritätsdatum *nt*, P.tag *m*, P.termin *m*; **p. debt** bevorrechtigte (Konkurs)Forderung; **p. delivery** Vorzugsbelieferung *f*, bevorzugte Lieferung; **p. document** Prioritätsbeleg *m*, P.unterlage *f*; **p. entry** Rangvermerk *m*; **p. fee** Gebühr für bevorzugte Abfertigung; **p. goal** vorrangiges/wichtiges Ziel; **p. holder** Bevorrechtigte(r) *f/m*, Vorzugsberechtigte(r) *f/m*; **p. job** vordringliche Arbeit; **p. lending** Ausleihprioritäten *pl*; **p. level** Vorrangebene *f*; **p. list** Dringlichkeitsliste *f*; **p. message** dringende Meldung; **p. notice** *(Grundbuch)* Vormerkung *f*, Rangstellenvermerk *m*; **~ of conveyance** Auflassungsvormerkung *f*; **p. order** Dringlichkeitsauftrag *m*; **p. period** Prioritätsfrist *f*, P.intervall *nt*; **p. processing** Verarbeiten nach Prioritäten; **p. radiotelegram(me)** Blitzfunktelegramm *nt*; **p. rating** 1. Dringlichkeits-, Prioritätsstufe *f*; 2. Festsetzung der Dringlichkeit; **p. right** Prioritäts-, Rangvorrecht *nt*, Vorzugsrecht *nt*; **p. rights in bankruptcy proceedings** Konkursvorrecht *nt*; **p. routing** Reihenfolgeplanung *f*; **p. rules** Prioritätsregeln; **p. sale** vorrangiger Verkauf; **p. schedule** Dringlichkeitsfolge *f*; **p. scheduling** ⌂ Vorrangverarbeitung *f*; **p. share** *[GB]* /**stock** *[US]* Vorzugs-, Prioritätsaktie *f*; **p. status** Rang(stelle) *m/f*; **~ of a mortgage** Rang(stelle) einer Hypothek; **p. telegram(me)** dringendes Telegramm; **p. treatment** Vorzugsbehandlung *f*
prior-ranking *adj* vorrangig
prise *[GB]*; **prize** *[US]* **sth. open** *v/t* etw. aufbrechen
prison *n* Gefängnis *nt*, Haft-, Justizvollzugs-, Straf-(vollzugs)anstalt *f*; **unfit to be kept in p.** haftunfähig, h.untauglich; **p. for juvenile offenders** Jugendstrafanstalt *f*; **to commit so. to p.** jdn ins Gefängnis einweisen, jds Haft anordnen; **to be held in p.** in Haft sitzen; **to release so. from p.** jdn aus der Haft/dem Gefängnis ent-

lassen; **to send so. to p.** jdn zu einer Freiheitsstrafe verurteilen; **open p.** offener Strafvollzug, offenes Gefängnis
Prison Act *[GB]* Strafvollzugsgesetz *nt*; **p. administration** Gefängnis-, Justizvollzugs-, Strafvollzugsverwaltung *f*; **p. authority** Strafvollzugsbehörde *f*; **p. break** Gefängnisausbruch *m*; **p. camp** Gefangenen-, Straflager *nt*; **p. cell** Gefängniszelle *f*, Haftraum *m*; **p. committal** Einweisung in die Haftanstalt
prisoner *n* (Straf)Gefangene(r) *f/m*, Häftling *m*; **p. at the bar** Angeklagte(r) *f/m*; **p. held in pre-trial confinement; p. on remand** Untersuchungsgefangener *m*; **p. of state** Staatsgefangener *m*; **~ war (POW)** Kriegsgefangener *m*; **~ war camp** Kriegsgefangenenlager *nt*; **~ war status** Kriegsgefangenenstatus *m*
to be held prisoner gefangen gehalten werden; **to exchange p.s** Gefangene austauschen; **to guard a p.** Gefangenen bewachen; **to hold/keep so. p.** jdn gefangen halten; **to lock up a p.** Gefangenen einsperren; **to release a p.** Gefangenen freilassen
discharged prisoner Strafentlassener *m*, entlassener Strafgefangener; **political p.** politischer Gefangener
prisoner's statement Gefangenenaussage *f*
prison escape Gefängnis-, Gefangenenausbruch *m*; **p. governor** Gefängnisdirektor *m*; **p. guard** Justiz-, Strafvollzugsbeamter *m*; **p. inmate** (Straf)Gefangener *m*, Häftling *m*, Gefängnisinsasse *m*; **p. inspector** Justiz-, Strafvollzugsbeamter *m*; **p. labour** Gefängnis-, Gefangenenarbeit *f*; **p. mutiny** Gefängnisrevolte *f*, G.meuterei *f*; **p. officer** Justiz-, Strafvollzugsbeamter *m*, (Gefängnis)Aufseher *m*; **p. psychosis** Haftpsychose *f*; **p. regulations** Gefängnis-, Strafvollzugsordnung *f*; **p. riot** Gefangenenaufstand *m*, Gefängnisrevolte *f*; **p. rules** Gefängnisordnung *f*
prison sentence Freiheits-, Gefängnisstrafe *f*, Haft(strafe) *f*; **~ for juveniles** Jugendstrafe *f*; **to carry a p. s.** *(Tat)* mit einer Gefängnisstrafe geahndet werden; **to serve a p. s.** Freiheits-/Gefängnisstrafe abbüßen, ~ verbüßen, ~ absitzen, einsitzen; **to suspend a p. s.** Gefängnisstrafe aussetzen; **suspended p. s.** Haftaussetzung *f*, Gefängnisstrafe auf Bewährung
prison service Justiz-, Strafvollzugsdienst *m*; **p. term** Haftstrafe *f*, Strafdauer *f*, S.zeit *f*, Höhe der Gefängnisstrafe; **to serve a p. term** Freiheits-/Gefängnisstrafe absitzen, ~ verbüßen, ~ abbüßen; **p. warder** Gefangenenaufseher *m*; **p. wardress** Gefängnisaufseherin *f*, G.wärterin *f*; **p. welfare** Gefangenenfürsorge *f*; **p. yard** Gefängnishof *m*
pristine *adj* tadel-, makellos
privacy *n* 1. Intim-, Privatsphäre *f*, P.leben *nt*, Ruhe *f*, Zurückgezogenheit *f*; 2. Schutz der Persönlichkeit; 3. Geheimhaltung *f*, Datenschutz *m*; **p. of correspondence/letters** Briefgeheimnis *nt*; **to disturb so.'s p.; to intrude upon so.'s p.; to trespass upon so.'s privacy** jds Intimsphäre verletzen; **to talk in p.** unter vier Augen sprechen; **in strict p.** streng vertraulich
private *adj* 1. privat, persönlich, außergeschäftlich; 2. nichtöffentlich; **p. and confidential** streng vertraulich; **to talk to so. in p.** jdn unter vier Augen sprechen, persönliche Unterredung mit jdm führen; **to take private** *(AG)* in eine GmbH umwandeln
private *n* ⚓ Gefreiter *m*
privateer *n* ⚓ Kaperschiff *nt*; *v/t* kapern; **p.ing** *n* Kaperei *f*
privately *adv* 1. *(Verkauf)* unter der Hand, aus privater Hand; 2. freihändig, privatim *(lat.)*, auf privater Basis
privation *n* Armut *f*, Mangel *m*, Not *f*, Entbehrung *f*; **to undergo severe p.** bittere Not leiden
privatization *n* Privatisierung *f*, Entstaatlichung *f*; **partial p.** Teilprivatisierung *f*
privatize *v/t* privatisieren, entstaatlichen
privies in law *pl* [§] (notwendige) Streitgenossen
privilege *n* 1. Privileg *nt*, Nutzungs-, Sonder-, Vorrecht *nt*, Vergünstigung *f*, Be(vor)rechtigung *f*, Vorteil *m*, Nutzen *m*; 2. *(Parl.)* Immunität *f*; 3. *(Börse)* Prämien-, Spekulations-, Stellgeschäft *nt*, Stellage *f*; **p.s** Privilegierung *f*, Vorrechte
privilege of access bevorrechtigter Zutritt; **p. from arrest** persönliche Immunität; **p. of communication between client and solicitor** anwaltliches Aussageverweigerungsrecht; **p.s, exemptions and immunities** Vorrechte, Befreiungen und Immunitäten; **parliamentary p. of immunity** Abgeordnetenimmunität *f*; **p. of necessity** Notstand *m*; **~ non-disclosure** Auskunftsverweigerungsrecht *nt*; **~ note issue** Notenausgabe-, Notenbankprivileg *nt*; **p. by reason of occasion** *[US]* [§] Wahrnehmung berechtigter Interessen; **~ self-defence** Notwehr *f*; **~ subscription** Subskriptionsrecht *nt*; **~ witness** [§] Zeugnisverweigerungsrecht *nt*, Aussageverweigerungsrecht des Zeugen
to claim privilege sich auf das Aussageverweigerungsrecht berufen; **to accord/grant a p.** Vorrecht einräumen/gewähren, privilegieren, bevorrechtigen; **to waive a p.** auf ein Vorrecht verzichten; **~ one's p.** auf sein Zeugnisverweigerungsrecht verzichten
absolute privilege absoluter Rechtfertigungsgrund, unabdingbares Vorrecht; **commercial p.** Konzession *f*, Recht auf Handel; **diplomatic p.** diplomatische Befreiung/Immunität, Exterritorialität *f*; **intercompany** *[GB]* /**intercorporate** *[US]* **p.** Schachtelvergünstigung *f*, S.privileg *nt*; **judicial p.** richterliche Immunität; **legal p.** *(Anwalt)* Aussageverweigerungsrecht *nt*; **municipal p.** Stadtprivileg *nt*; **note-issuing p.** Notenausgabeprivileg *nt*; **parliamentary p.** parlamentarische Immunität, Parlamentsimmunität *f*; **professional p.** berufliches Aussageverweigerungsrecht; **legal ~ p.** Aussageverweigerungsrecht des Rechtsanwalts; **protected p.** Schutzrechte *pl*; **qualified p.** eingeschränkte Immunität; **special p.** Sondervorrecht *nt*
privilege *v/t* bevorrechtigen, bevorzugen, privilegieren
privilege broker *[US]* Prämienmakler *m*
privileged *adj* privilegiert, bevorzugt, bevorrechtigt, mit Sonderrechten (ausgestattet); **to be p.** 1. berechtigt, die Aussage zu verweigern; 2. Immunitätsschutz genießen
privilege tax Konzessionssteuer *f*, Gebühr für Gewerbezulassung
privity *n* 1. [§] Interessen-, Rechtsgemeinschaft *f*, R.beziehung *f*, zivilrechtliches Verhältnis; 2. Mitwissen *nt*,

Mitwisserschaft *f*, Eingeweihtsein *nt*; **with so.'s p. and consent** mit jds Wissen und Willen; **p. of contract** unsichtbares Rechts-/Vertragsverhältnis, vertragliche Bindung, vertragliches Treueverhältnis; **~ estate** 1. Erbengemeinschaft *f*; 2. vertragliches Pachtverhältnis; **to enter into p.** vertragliche Bindung eingehen
privy *adj* 1. eingeweiht in, mitwissend; 2. [§] mitschuldig; **to be p. to sth.** in etw. eingeweiht sein; **~ made p. to sth.** ins Vertrauen gezogen werden; **to make so. p. (to sth.)** jdn ins Vertrauen ziehen; **P. Council** *[GB]* Kron-, Staatsrat *m*; **P. Purse** *[GB]* Privatschatulle *f*
prize *n* 1. Auszeichnung *f*, (Ehren)Preis *m*; 2. Lotteriegewinn *m*, Prämie *f*; 3. ⚓ Prise *f*, aufgebrachtes Schiff; 4. Belohnung *f*; **p. of war** Kriegsprise *f*; **to award a p.** Preis zuerkennen/verleihen/vergeben, mit einem Preis auszeichnen, prämieren; **to be awarded a p.** Preis erhalten; **to offer (as) a p.** Preis aussetzen/ausschreiben/stiften, ausloben; **to win a p.** Preis gewinnen; **first p.** 1. Hauptgewinn *m*; 2. *(fig)* großes Los *(fig)*; **honorary p.** Ehrenpreis *m*; **lawful p.** gute Prise; **top p.** Hauptgewinn *m*
prize *v/t* 1. (hoch)schätzen, würdigen; 2. einschätzen, taxieren; **p. open** *[US] (Kiste)* aufbrechen, aufstemmen
prize bond Prämien-, Losanleihe *f*; **p. book** preisgekröntes Buch; **p. catch** *(coll)* begehrenswertes Objekt; **p. category** Gewinnklasse *f*; **p. competition** Preisausschreiben *nt*, Auslosung *f*; **p. court** ⚓ Prisengericht *nt*; **p. crew** Prisenkommando *nt*
prized *adj* begehrt
prize draw (Gewinn)Auslosung *f*, Gewinnziehung *f*, Lotterie *f*, Tombola *f*; **p. goods** ⚓ Prisengut *nt*; **p. law** Prisenrecht *nt*; **naval p. law** Seeprisenrecht; **p. list** Gewinn(er)liste *f*; **p. master** ⚓ Prisenoffizier *m*; **p. money** 1. ⚓ Prisengeld(er) *nt/pl*, P.anteil *m*; 2. Rettungsgeld des neuen Nehmers; 3. Geldpreis *m*; **p. possession** wertvoller Besitz(gegenstand); **p. specimen** Prachtexemplar *nt*; **p. winner** 1. Preisträger(in) *m/f*; 2. Losgewinner(in) *m/f*; **p.-winning** *adj* preisgekrönt
pro *n* *(coll)* Profi *m* *(coll)*; **the p.s and cons** Vor- und Nachteile, das Für und Wider, Argumente dafür und dagegen
proactive *adj* vorausschauend, offensiv
probability *n* Wahrscheinlichkeit *f*; **p. of acceptance** Annahmewahrscheinlichkeit *f*; **~ demand coverage** Bedarfsdeckungswahrscheinlichkeit *f*; **~ the event** Ereignis-, Eintrittswahrscheinlichkeit *f*, Wahrscheinlichkeit des Ereignisses; **~ exit** *(Vers.)* Abgangswahrscheinlichkeit *f*; **~ failure** Störanfälligkeit *f*, Ausfallwahrscheinlichkeit *f*; **conditional ~ failure** bedingte Ausfallwahrscheinlichkeit; **~ hypothesis** Hypothesenwahrscheinlichkeit *f*; **~ loss** *(Vers.)* Schadens(eintritts)wahrscheinlichkeit *f*; **~ occurrence** Ereigniswahrscheinlichkeit *f*; **~ rejection** Ablehnungs-, Zurückweisungswahrscheinlichkeit *f*
in all probability mit großer Wahrscheinlichkeit, höchstwahrscheinlich; **with the utmost p.** mit an Sicherheit grenzender Wahrscheinlichkeit; **to be a distinct p.** sehr wahrscheinlich sein

a-priori probability 1. Apriori-Wahrscheinlichkeit *f*; 2. Merkmalswahrscheinlichkeit *f*; **conditional p.** bedingte Wahrscheinlichkeit; **cumulative p.** Summenwahrscheinlichkeit *f*; **equal p.** Gleichmöglichkeit *f*; **inverse p.** Gegen-, Rückschlusswahrscheinlichkeit *f*; **posterior p.** Aposteriori-Wahrscheinlichkeit *f*; **prior p.** Apriori-Wahrscheinlichkeit *f* **statistical p.** statistische Wahrscheinlichkeit
probability calculus π Wahrscheinlichkeitsrechnung *f*; **p. check** Wahrscheinlichkeitsprüfung *f*; **p. curve** Wahrscheinlichkeitskurve *f*; **p. density** Wahrscheinlichkeitsdichte *f*; **p. distribution** Wahrscheinlichkeitsverteilung *f*; **p. function** Wahrscheinlichkeitsfunktion *f*; **p. grid** Wahrscheinlichkeitsnetz *nt*; **p. inference** Wahrscheinlichkeitsschluss *m*; **p. limit** Fiduzial-, Wahrscheinlichkeitsgrenze *f*; **p. model** Wahrscheinlichkeitsmodell *nt*; **p. ratio test** Wahrscheinlichkeitsverhältnistest *m*; **p. sample** Wahrscheinlichkeitsstichprobe *f*; **p. sampling** Wahrscheinlichkeitsauswahl *f*; **p. statement** Wahrscheinlichkeitsaussage *f*; **p. surface** Wahrscheinlichkeitsfläche *f*; **p. theorem** Wahrscheinlichkeitssatz *m*; **p. theory** Wahrscheinlichkeitsrechnung *f*
probable *adj* wahrscheinlich, voraussichtlich, vermutlich, mutmaßlich
probate *n* [§] 1. (gerichtliche) Testamentsbestätigung; 2. Testamentsabschrift *f*; **p. of an estate** Nachlassfeststellung *f*; **p. in common form** einfache Testamentsbestätigung; **p. of a will** Testamentseröffnung *f*; **to grant ~ will** Erbschein ausstellen; **p. denied** verweigerte Testamentsbestätigung; **to obtain p.** Testamentsbestätigung erwirken; **to renounce p.** Nachlassverwaltung/N.verwalteramt ausschlagen; **facsimile p.** wortgetreue Testamentsbestätigung
probate action [§] Testamentssache *f*; **p. bond** Nachlassverwalterkaution *f*; **p. book** *(Bank)* Nachlassunterlagen *pl*; **p. code** Nachlassordnung *f*; **p. court** Nachlassgericht *nt*; **p. (court) judge** Nachlassrichter *m*; **p. division** *[GB]* Nachlassgericht *nt*; **p. duty** Erbschaftssteuer *f*; **p. law** Nachlass-, Testamentsrecht *nt*; **p. matter** Nachlasssache *f*, Erbschaftsangelegenheit *f*; **p. proceedings** Erbschafts-, Nachlassverfahren *nt*, N.abwicklung *f*; **p. record** Eröffnungsvermerk *m*; **p. register/registry** 1. Nachlassregister *nt*; 2. Testamentshinterlegungsstelle *f*, **p. valuation** Nachlassbewertung *f*
probation *n* 1. Probe(zeit) *f*; 2. [§] Bewährung(sfrist) *f*; **(released) on p.** bedingt freigelassen, auf Bewährung; **to engage so. on p.** jdn auf Probe/für eine Probezeit einstellen; **to place/release so. on p.** jdn auf Bewährung freilassen/entlassen, jds Strafe zur Bewährung aussetzen
probationer *n* 1. Anwärter(in) *m/f*, Angestellte(r)/Beamter/Beamtin auf Probe; 2. [§] Häftling/Verurteilte(r) auf Bewährung
probation officer Bewährungshelfer(in) *m/f*; **p. order** Bewährungsurteil *nt*, Strafaussetzungsbeschluss zur Bewährung, Aussetzung der Strafvollstreckung zur Bewährung, Bewährungsauflagen *pl*; **p. period** 1. Probezeit *f*; 2. Bewährungsfrist *f*, B.zeit *f*; **p. service** Bewährungshilfe *f*; **p. year** Probejahr *f*

probe *n* 1. Sonde *f*; 2. Sondierung *f*, Untersuchung *f*; *v/t* sondieren, erforschen, gründlich untersuchen, nachhaken, bohren *(fig)*; **p. question** Test-, Ergänzungsfrage *f* **(additional) probing** *n* Nachhaken *m*
probity *n* Rechtschaffenheit *f*, Redlichkeit *f*, Integrität *f*
problem *n* 1. Problem *nt*, Schwierigkeit *f*, Problematik *f*; 2. Problem-, Aufgabenstellung *f*; 3. Sachverhalt *m*, Komplex *m*; **p. of adaptation/adjustment** Anpassungsproblem *nt*; ~ **finance** Finanzschwierigkeit *f*; ~ **security** Bonitätsproblem *nt*; **beset by p.s** von Schwierigkeiten geplagt
to address (o.s. to) a problem sich einem Problem widmen/zuwenden; **to approach a p.** Problem angehen; **to be rid/shot** *(coll)* **of a p.** Problem los sein; **to become alive to a p.** sich eines Problems bewusst werden; **to clear up p.s** Probleme ausräumen; **to compound a p.** Problem vergrößern/verschärfen; **to confront so. with a p.** jdn vor ein Problem stellen; **to crack a p.** *(coll)* Problem lösen; **to duck a p.** einem Problem aus dem Weg gehen; **to experience/face p.s** mit Problemen konfrontiert sein; **to fudge a p.** Problem verwischen; **to get to grips with a p.; ~ a grip on a p.** Problem in den Griff bekommen, mit einem ~ fertig werden; **to grapple/wrestle with a p.** mit einem Problem ringen, sich ~ herumschlagen; **to identify/isolate a p.** Problem identifizieren; **to master a p.** Problem meistern; **to pose a p.** Problem aufwerfen; **to (re)solve a p.** Frage/Problem/Aufgabe/Rätsel lösen; **to tackle a p.** Problem anfassen/angehen, einem ~ zu Leibe rücken *(coll)*
acute problem dringendes Problem; **arithmetical p.** Rechenaufgabe *f*; **basic p.** Grundproblem *nt*; **budgetary p.s** Haushaltsfragen; **central p.** Kernproblem *nt*, **complex p.** vielschichtiges Problem; **current p.s** Tagesfragen; **economic p.** Wirtschaftsfrage *f*, W.problem *nt*; **environmental p.** Umwelt(schutz)problem *nt*; **evaluative p.** Bewertungsfrage *f*; **financial p.** finanztechnisches/finanzielles Problem; **fiscal p.** fiskalisches/finanztechnisches Problem; **~ p.s** Steuernöte; **intractable p.** schier unlösbares Problem; **judicial/legal p.** Rechtssache *f*, R.frage *f*, juristisches Problem; **knotty p.** vertracktes Problem; **logistic(al) p.** 1. logistisches Problem; 2. ⚓ Nachschubproblem *nt*; **minor p.** untergeordnetes Problem; **monetary p.s** Währungsmisere *f*; **multi-decision p.** Problem mehrfacher Entscheidung; **operational p.** Betriebsproblem *nt*; **overriding p.** vorrangiges Problem; **peripheral p.** Randproblem *nt*; **structural p.** Strukturproblem *nt*; **thorny p.** heikles/schwieriges Problem; **unconstrained p.** Problem ohne Nebenbedingungen; **unresolved p.** ungelöstes Problem
problem area Problembereich *m*, P.feld *nt*
problematic(al) *adj* problematisch
problem child *(fig)* Problem-, Sorgenkind *nt (fig)*; **p. definition/description** Problembeschreibung *f*, P.darstellung *f*, Aufgabendarstellung *f*; **p. identification** Problembeschreibung *f*, P.erkennung *f*; **p. invention** Aufgabenerfindung *f*; **p. loan** Problemkredit *m*; **p.-orient(at)ed** *adj* problembezogen, p.orientiert; **p.-plagued** *adj* problembeladen, p.trächtig; **p. program** 🖥 Arbeitsprogramm *nt*; **p. solving** Problemlösung *f*

pro-business *adj* wirtschafts-, unternehmer-, unternehmensfreundlich
procedural *adj* 1. verfahrenstechnisch, v.mäßig; 2. §⃝ verfahrens-, prozesstechnisch, Verfahrens-
procedure *n* 1. Verfahren(sablauf) *nt/m*, Vorgehen(sweise) *nt/f*, Ablauf *m*, Procedere *nt (lat.)*, Verlauf *m*, Fortgang *m*; 2. §⃝ Verfahren *nt*; 3. Einzelheiten *pl*, Handlungsweise *f*, Technik *f*; 4. 🖥 Prozedur *f*; **p.s** Verfahrensregeln
procedure for mutual consultation Verständigungsverfahren *nt*; **p. in juvenile courts** Jugendgerichtsverfahren *nt*; **p. for letters rogatory** Verfahren bei Rechtshilfeersuchen; **p. of negotiations** Verhandlungsverfahren *nt*
to submit to a procedure sich einem Verfahren unterwerfen
accelerated procedure Schnellverfahren *nt*; **accusatorial p.** Anklageverfahren *nt*; **adhesive p.** Adhäsionsverfahren *nt*; **administrative p.** Verwaltungsverfahren *nt*; **alternative p.** 1. alternatives Verfahren; 2. ergänzende Prüfungshandlungen; **appellate p.** Rechtsmittel-, Berufungs-, Revisionsverfahren *nt*; **arbitral p.** Schiedsverfahren *nt*; **budgetary p.** Haushaltsverfahren *nt*; **burden-sharing p.** Gemeinlastverfahren *nt*; **civil p.** Zivilverfahren *nt*; **connecting p.** Anschlussverfahren *nt*; **contract-awarding p.** Vergabeverfahren *nt*; **corrective p.** Verbesserungsverfahren *nt*; **criminal p.** §⃝ Strafprozess *m*; **debtor-relief p.** Vertragshilfeverfahren *nt*; **descriptive p.** 🖥 Spezifikationsprozedur *f*; **disciplinary p.** Disziplinarverfahren *nt*; **dummy p.** Scheinprozedur *f*, S.verfahren *nt*; **electoral p.** Wahlverfahren *nt*; **established p.** allgemeinübliches Verfahren; **follow-up p.** Nachfassaktion *f*; **grossing-up p.** Fortschreibungs-, Rückrechnungsverfahren *nt*; **inquisitorial p.** §⃝ Untersuchungsverfahren *nt*; **interlocutory p.** §⃝ Vorverfahren *nt*; **internal p.** interne Prozedur; **legal p.** 1. Rechts-, Gerichtsverfahren *nt*, Prozess *m*, Rechtsgang *m*; 2. Verfahrensrecht *nt*; **legislative p.** Gesetzgebungsverfahren *nt*; **listing p.** *(Börse)* Zulassungsverfahren *nt*; **litigious p.** §⃝ Streitverfahren *nt*; **national p.** *(EU)* einzelstaatliches Verfahren; **operational p.** Betriebsablauf *m*; **operative p.** geltendes Verfahren; **oral p.** §⃝ mündliche Verhandlung, mündliches Verfahren; **parliamentary p.** parlamentarische Geschäftsordnung; **proper p.** angemessenes Verfahren; **quantitative p.** quantitatives Verfahren; **repressive p.** Unterwerfungsverfahren *nt*; **set p.** festgelegtes Verfahren; **simplified p.** *(EU)* vereinfachtes Verfahren; **summary p.** §⃝ Dringlichkeits-, Schnellverfahren *nt*, abgekürztes Verfahren; **established uniform p.** einheitlich festgelegtes Verfahren; **usual p.** übliches Verfahren, übliche Verhaltensweise; **verbal p.** §⃝ mündliches Verfahren; **wage-fixing p.** Lohnfestsetzungsverfahren *nt*; **written p.** schriftliches Verfahren
procedure agreement Verfahrensvereinbarung *f*; **p. heading** 🖥 Prozedurkopf *m*; **p.s manual** Arbeitsablaufhandbuch *nt*; **p.-orient(at)ed** *adj* verfahrens-, prozedurorientiert; **p. provision** Verfahrensvorschrift *f*; **p. reference** Prozeduraufruf *m*; **p. statement** Prozeduranweisung *f*

proceed *v/i* 1. verfahren, vorgehen; 2. fortfahren, weitergehen; 3. 🚗/🚌 fahren; 4. [§] klagen, prozessieren, den Klageweg beschreiten; **p. to (do sth.)** in Angriff nehmen, sich anschicken; **p. with sth.** mit etw. weitermachen; **p. as normal** wie üblich verfahren; **p. to perpetrate sth.** [§] von der Vorbereitungs- zur Ausführungshandlung schreiten

proceeding *n* 1. Vorgehen(sweise) *nt/f*; 2. [§] Verfahren *nt*, **p.s** 1. Beratung(en) *f/pl*, Sitzung *f*; 2. [§] Rechtsstreit *m*, (Gerichts)Verhandlung *f*, Prozess(ablauf) *m*; 3. Abhandlung *f*, Protokoll *nt*, Tagungsbericht *m* **proceedings against absentee; p. in the absence of the defendant; p. by default** [§] Kontumazial-, Abwesenheitsverfahren *nt*; **p. for annulment** Nichtigkeitsklage *f*, N.prozess *m*; **p. in an uncontested case** nichtstreitige Verhandlung; **p. to certify so. legally/mentally incapable** Entmündigungsverfahren *nt*; **p. before the full court** Verhandlung vor der Kammer; **p. restricted to documentary evidence** Urkundenprozess *m*; **p. of indemnification** Schaden(s)ersatzverfahren *nt*; **p. leading to a judgment** Urteilsverfahren *nt*; **p. for nullification of a patent** Patentnichtigkeitsklage *f*, P.verfahren *nt*; **p. by third parties** Klagen Dritter; **p. initiated upon petition** Antragsverfahren *nt*; **p. for the preservation of evidence** Beweissicherungsverfahren *nt*; **p. in rem** *(lat.)* dingliche Rechtsstreitigkeit, dingliches Verfahren; **p. for restitution** Restitutionsklage *f*; **p. in tort** Verfahren wegen unerlaubter Handlung

delaying the proceedings Prozessverschleppung *f*, Verschleppung des Verfahrens; **expediting p.** Beschleunigung des Verfahrens; **by taking (legal) p.** auf dem Klageweg; **while p. are pending; pending the p.** für die Dauer des Verfahrens, während Rechtshängigkeit, ~ der Dauer des Verfahrens

to allow (legal) proceedings Klage/Rechtsweg für zulässig erklären; **to bar (legal) p.** den Rechtsweg ausschließen; **to be a party to (legal) p.** vor Gericht stehen; **to commence (legal) p.** gerichtliche Schritte unternehmen, Verfahren einleiten; **to conclude (legal) p.** Verhandlung schließen; **to conduct p.** Verfahren durchführen; **to consolidate p.** Verfahren vereinigen/zusammenfassen; **to delay p.** Verfahren/Prozess verschleppen; **to discontinue p.** Verfahren/Sache absetzen; **to initiate criminal p.** Strafverfolgung/S.verfahren einleiten; **to institute (legal) p.** (Gerichts)Verfahren anhängig machen/anstrengen/einleiten, gerichtliche Schritte einleiten, Klage anhängig machen/einreichen, Prozess anstrengen, Klageweg beschreiten; **~ against so.** jdn verklagen/vor Gericht bringen; **~ for damages** auf Schaden(s)ersatz klagen; **to quash p.** Verfahren/Strafverfolgung niederschlagen; **to render o.s. liable to p.** sich strafbar machen; **to resume p.** Prozess/Verhandlung(en) wieder aufnehmen; **to review p.** Verfahren überprüfen; **to speed up p.** Verfahren beschleunigen; **to start p. against** gerichtlich vorgehen gegen; **to stay/suspend p.** 1. Verfahren aussetzen/hemmen/unterbrechen, Prozess aussetzen/unterbrechen; 2. Sitzung/Verhandlung unterbrechen; **to stop p. for lack of funds** *(Konkurs)* Verfahren mangels Masse einstellen; **to take further p.** weitere Schritte unternehmen; **to waive p.** auf ein Verfahren verzichten

accelerated proceedings beschleunigtes Verfahren; **administrative p.** Verwaltungsverfahren *nt*; **ancillary p.** Nebenverfahren *nt*; **anti-dumping p.** Antidumpingverfahren *nt*; **appellate p.** Rechtsmittel-, Berufungs-, Revisionsverfahren *nt*; **arbitral p.** Schieds(gerichts)verfahren *nt*; **civil p.** Zivilsache *f*, Z.prozess *m*, Z.verfahren *nt*, zivilrechtliches Verfahren, Verfahren in Zivilsachen; **collateral p.** Nebenverfahren *nt*; **compulsory p.** Zwangsverfahren *nt*; **conciliatory p.** Güteverfahren *nt*; **contentious p.** kontradiktorisches Verfahren, Streitverfahren *nt*

criminal proceedings Strafverfahren *nt*, S.prozess *m*, strafrechtliches Verfahren; **to initiate ~ p.** Strafverfahren einleiten

declaratory proceedings Feststellungsverfahren *nt*; **disciplinary p.** Disziplinar-, Dienstaufsichts-, Dienststraf-, Ehrengerichtsverfahren *nt*, disziplinarische Verfolgung; **domestic p.** Familienrechtsprozess *m*, F.sache *f*; **executory p.** Vollstreckbarkeitsverfahren *nt*; **ex parte** *(lat.)* **p.** Verfahren bis zur Bekanntmachung; **filed p.** gefertigter Schriftsatz; **fiscal p.** Finanzgerichtsverfahren *nt*; **in camera** *(lat.)* **p.** nichtöffentliche Hauptverhandlung, Verhandlung unter Ausschluss der Öffentlichkeit; **in rem** *(lat.)* **p.** objektives Verfahren; **instituted p.** anhängiges/anhängig gemachtes Verfahren; **interlocutory p.** Vor-, Zwischenverfahren *nt*; **inter partes** *(lat.)* **p.** Einspruchsverfahren *nt*; **judicial p.** Gerichts-, Prozessverfahren *nt*, Verfahren nach der Prozessordnung

legal proceedings gerichtliche Schritte, Rechtsweg *m*, R.streit(igkeit) *m/f*, Klage *f*, Prozess *m*; **subject to ~ p.** belangbar; **to enforce sth. by ~ p.** etw. auf den Rechtsweg betreiben; **to take ~ p.** gerichtlich vorgehen; **to threaten to take ~ p.** mit einer Klage drohen

lengthy proceedings langwieriges Verfahren; **litigious p.** streitige Prozessführung; **main p.** Hauptverfahren *nt*; **matrimonial p.** Verfahren in Ehesachen; **mesne p.** Zwischenverfahren *nt*; **non-contentious p.** 1. nichtstreitiges Verfahren; 2. freiwillige Gerichtsbarkeit; **oral p.** mündliches Verfahren; **ordinary p.** normales/ordentliches (Gerichts)Verfahren; **parliamentary p.** parlamentarisches Verfahren; **penal p.** Strafverfahren *nt*; **administrative ~ p.** Verwaltungsstrafverfahren *nt*; **preliminary p.** Vor-, Ermittlungsverfahren *nt*; **principal p.** Haupt(sache)verfahren *nt*; **quia timet** *(lat.)* **p.** vorbeugendes Unterlassungsverfahren; **regular p.** ordentliches Verfahren; **secret p.** Geheimverfahren *nt*; **separate p.** (ab)getrenntes Verfahren; **special p.** Sonderverfahren *nt*; **statutory p.** vorgeschriebenes Verfahren; **subsequent p.** Anschluss-, Nachverfahren *nt*; **summary p.** Bußgeld-, Schnell-, Sofortverfahren *nt*, abgekürztes/summarisches Verfahren; **supplemental p.** Anschlussverfahren *nt*; **supplementary p.** Offenbarungs(eid)verfahren *nt*; **verbal p.** mündliches Verfahren; **vexatious p.** schikanöse Klage, schikanöses Prozessverfahren; **written p.** Sitzungsberichte, Protokolle, Akten

proceeds

proceeds *pl* Erlös *m*, (Geschäfts)Einnahme(n) *f/pl*, Ertrag *m*, Erträge, Gewinn *m*, Gegenwert *m*, Valuta *f*, Geschäfts-, Gewinnertrag *m*, Aufkommen *nt*
proceeds from an estate *[US]* Summenvermächtnis *nt*; **~ collection** Inkassobeträge; **~ discounting** Diskonterlös *m*; **~ disposal** Veräußerungswert *m*; **~ a distress** Pfändungserlös *m*; **~ the dissolution of provisions** Erträge aus der Auflösung von Rückstellungen; **~ the dissolution of special items including reserve portion** Erträge aus der Auflösung von Sonderposten mit Rücklagenanteil; **~ an issue** Emissionserlös *m*; **accruing ~ new issues** Zuflüsse aus Emissionen; **~ the liquidation** Liquidationserlös *m*; **~ a loan** Kreditvaluta *f*; **~ (the) rights issue** Mittel aus der Kapitalerhöhung; **~ a sale** Verkaufserlös *m*; **~ intercompany sales** Innenumsatzerlöse; **~ sales of fixed assets** Erlös aus dem Verkauf von Anlagen; **~ scrap sales** Schrotterlös *m*
to credit the proceeds den Gegenwert gutschreiben; **~ to an account; to place the p. to the credit of an account** den Gegenwert einem Konto gutschreiben; **to distribute the p.** Erlös verteilen; **to pay o.s. out of the p.** sich aus dem Erlös befriedigen; **to place the p. to so.'s credit** jdm den Gegenwert gutschreiben; **to remit the p.** Erlös/Gegenwert überweisen; **to split the p.** (sich den) Erlös teilen
actual proceeds Isteinnahme(n) *f/pl*; **additional p.** Mehrerlös *m*; **average p.** Durchschnittserlös *m*; **collected p.** Einnahmen, gezogene Früchte *(fig)*; **diminished p.** verminderter Erlös; **gross p.** Bruttoerlös *m*, B.ertrag *m*, B.gewinn *m*, Rohertrag *m*, R.gewinn *m*, R.erlös *m*; **~ sharing** Rohertragsbeteiligung *f*; **net p.** 1. Nettoerlös *m*, N.ertrag *m*, N.gewinn *m*, Reinerlös *m*, R.ertrag *m*, R.gewinn *m*, Barerlös *m*; 2. *(Kredit)* Auszahlung *f*; **real p.** Realerlös *m*; **surplus p.** Mehr-, Übererlös *m*; **total p.** Gesamt-, Totalerlös *m*
process *n* 1. Verfahren(sweise) *nt/f*; 2. [§]/✿ Prozess *m*, Verfahren *nt*; **in p.** in Bearbeitung
process of adaptation/adjustment Anpassungsprozess *m*; **in ~ clearing** ⊖ zollhängig; **~ concentration** Konzentrationsprozess *m*; **in the ~ construction** im Bau; **~ consumption** (Güter)Verzehrprozess *m*; **~ disintegration** Zerfallsprozess *m*; **~ distribution** Verteilungsprozess *m*; **~ execution** [§] Zwangsvollstreckung *f*; **to cease ~ execution** Zwangsvollstreckung einstellen; **~ growth** Wachstumsprozess *m*; **~ inflation** Inflationsprozess *m*; **~ integration** Integrationsprozess *m*; **~ interest rate adjustments** Zinsanpassungsprozess *m*; **~ law** Rechtsweg *m*; **due ~ law** ordnungsgemäßes/rechtsstaatliches Verfahren; **~ normalization** Normalisierungsprozess *m*; **~ production** Herstellungsvorgang *m*, (Betriebs-/Produktions)Verfahren *nt*; **~ readjustment** Umstellungsprozess *m*; **~ redistribution** Umverteilungsprozess *m*; **~ transformation** Umwandlungsprozess *m*; **in the ~ winding up** in Liquidation/Abwicklung
to be in the process of being developed ⚙ im Aufschlussstadium sein; **to introduce a new p.** neues Verfahren einführen; **to seize under p.** [§] Zwangsvollstreckung durchführen; **to serve p. (on so.)** [§] gerichtliche Zustellung vornehmen, gerichtlichen Eröffnungsbeschluss zustellen
administrative process Verwaltungsverfahren *nt*, V.vorgang *m*; **chemical p.** chemischer Prozess, chemisches Verfahren; **clean p.** umweltfreundliches Verfahren; **continuous p.** Fließfertigung *f*, durchgehender Betrieb; **contractionary p.** Schrumpfungsprozess *m*, kontraktiver Prozess; **controlled p.** Regelkreis *m*, beherrschter Fertigungsprozess, beherrschte Fertigung; **debt-incurring p.** Verschuldungsvorgang *m*; **decision-making p.** Entscheidungsablauf *m*, E.prozess *m*, E.verfahren *nt*, E.verlauf *m*; **economic p.** Wirtschaftsablauf *m*, W.geschehen *nt*, W.kreislauf *m*, W.leben *nt*, W.prozess *m*, volkswirtschaftliche Entwicklung; **overall ~ p.** gesamtwirtschaftliche Entwicklung; **executory p.** Zwangsvollstreckungsverfahren *nt*; **expansionary p.** expansiver Prozess; **industrial p.** industrielles Verfahren; **proprietary ~ p.** gesetzlich geschütztes Verfahren; **inflationary p.** Inflationsprozess *m*; **innovative p.** 1. Innovationsprozess *m*; 2. neuartiges Verhalten; **large-scale p.** Großverfahren *nt*; **legal p.** Rechtsweg *m*, R.vorgang *m*, R.zug *m*; **legislative p.** Gesetzgebungsverfahren *nt*; **macroeconomic p.es** gesamtwirtschaftliche Abläufe; **mechanical p.** mechanisches/maschinelles Verfahren; **originating p.** verfahrensrechtliche Verfügung; **out-of-control p.** nicht beherrschte(r) Fertigung(sprozess); **patentable p.** patentfähiges Verfahren; **patented p.** patentiertes Verfahren; **productive p.** Herstellungsprozess *m*; **pure random p.** reiner Zufallsprozess; **secret p.** Geheimverfahren *nt*; **slow p.** langsamer Vorgang *m*; **special p.** Spezialverfahren *nt*; **technical p.** technisches Verfahren; **wet p.** Nassverfahren *nt*
process *v/t* 1. bearbeiten, (weiter)verarbeiten, aufbereiten, veredeln; 2. *(Lebensmittel)* konservieren; 3. abfertigen, handhaben; **easy to p.** gut verarbeitbar
processable *adj* verarbeitbar
process account Fabrikationskonto *nt*; **p. allowance** *(REFA)* Verteilzeit *f*, Verfahrenszuschlag *m*; **p. analysis** Ablaufanalyse *f*
process average ⚒ durchschnittliche Fertigungsqualität, mittlere Qualität(slage); **estimated p. a.** ⊞ geschätzter/mittlerer Fehleranteil; **true p. a.** wahre mittlere Qualitätslage der Fertigung; **p. a. defective** durchschnittlicher Fehleranteil; **~ fraction defective** mittlerer Ausschussanteil; **~ quality** mittlere Fertigungsgüte
process capability erreichbare Fertigungsgenauigkeit/F.qualität; **p. chart** (Arbeits)Ablaufdiagramm *nt*, Fertigungsablaufplan *m*; **p. computer** Prozessrechner *m*
process control 1. ⚒ Fertigungs-, Güter-, Prozesssteuerung *f*, P.verarabeitung *f*, Steuerung von Produktionsprozessen, Fertigungskontrolle *f*; 2. 🖥 Prozessdatenverarbeitung *f*; **~ computer** Prozess(daten)-, Steuerungsrechner *m*
process cost(s) 1. Produktionskosten *pl*; 2. [§] Verfahrenskosten *pl*; **p. costing** Stückkostenrechnung für Massenfertigung, mehrstufige Divisionskalkulation; **p. depreciation** kalkulatorische Abschreibung; **p. de-**

sign verfahrenstechnische Auslegung von Anlagen; **p.-determined** *adj* prozessdeterminiert
processed *adj* bearbeitet, weiter(ver)arbeitet, veredelt; **highly p.** hochveredelt
process energy Prozessenergie *f*; **p. engineer** Verfahrensingenieur *m*, V.techniker *m*; **p. engineering** 1. Aufbereitungs-, Prozess-, Verfahrenstechnik *f*; 2. verfahrenstechnische Industrie; **p. equation** Prozessgleichung *f*; **p. equipment manufacturer** Apparatebauer *m*
processer *n* → processor
process goods ⊖ unveredelte Waren; **p. heat/heating** Prozesswärme *f*; **p. industry** Fertigungs-, Vered(e)lungsindustrie *f*, verarbeitende Industrie
processing *n* 1. ⏿ (Rohstoff-/Weiter)Verarbeitung *f*, Bearbeitung *f*, Vered(e)lung(sarbeit) *f*, Aufbereitung *f*; 2. Abfertigung *f*, Abwicklung *f*, Handhabung *f*, (Sach)Bearbeitung *f*
processing abroad for domestic account ⊖ passive Lohnvered(e)lung; **p. of applications** Anmeldeverfahren *nt*, Antragsbearbeitung *f*; **p. in bond** ⊖ Zollvered(e)lung *f*; **p. of claims** *(Vers.)* Schadensbearbeitung *f*; **p. (carried out) under contract** Lohnveredelung *f*, (Auftrags-/Werk)Lohnverfahren *nt*; **p. of a credit application** Kreditbearbeitung *f*; **p. under customs control** *(EU)* Umwandlungsverkehr *m*; **p. of goods for foreign account** aktive Lohnvered(e)lung; **~ dutiable goods** ⊖ Zollgutvered(e)lung *f*; **~ duty-free goods** ⊖ Freigutvered(e)lung *f*; **p. under a job contract** Lohnvered(e)lung *f*; **p. of material** Materialverarbeitung *f*; **~ raw materials** Rohstoffaufbereitung *f*, R.verarbeitung *f*; **p. for processor's own account** Eigenvered(e)lung *f*; **p. of products** Produktverarbeitung *f*, P.vered(e)lung *f*; **~ agricultural products** Verarbeitung/Vered(e)lung landwirtschaftlicher Erzeugnisse; **p. on the spot** Verarbeitung/Vered(e)lung an Ort und Stelle
advance processing Vorverarbeitung *f*; **central(ized) p.** Zentralbearbeitung *f*; **chemical p.** chemische Aufbereitung; **concurrent p.** verzahnt verlaufende Verarbeitung; **consecutive p.** starr fortlaufende Verarbeitung; **distributed p.** dezentrale Verarbeitung; **first-stage p.** erste Verarbeitungsstufe; **further p.** Weiterbehandlung *f*, W.verarbeitung *f*; **in-line p.** gleichzeitige Verarbeitung; **interactive p.** interaktive Verarbeitung; **internal p.** ⏿ interne Verarbeitung; **inward p.** ⊖ aktive Vered(e)lung, aktiver Vered(e)lungsverkehr; **local p.** lokale Datenverarbeitung; **manual p.** manuelle Aufbereitung; **mechanical p.** maschinelle Aufbereitung; **multi-file p.** Mehrdateienverarbeitung *f*; **off-line p.** systemunabhängige Verarbeitung, von der Datenverarbeitungsanlage unabhängige Verarbeitung; **on-line p.** systemabhängige Verarbeitung, Online-Verarbeitung *f*, an das übrige System angeschlossene Verarbeitung, von der Datenverarbeitungsanlage abhängige Verarbeitung; **on-the-spot p.** Vered(e)lung/Verarbeitung an Ort und Stelle; **outward p.** ⊖ passive Vered(e)lung, passiver Vered(e)lungsverkehr; **parallel p.** Parallel-, Simultanverarbeitung *f*; **petrochemical p.** Ölverarbeitung *f*; **random p.** ⏿ frei wählbare/wahlfreie Verarbeitung; **real-time p.** ⏿ Echtzeit-, Realzeit-,

Sofortverarbeitung *f*, Real-, Echtzeitbetrieb *m*; **remote p.** (Daten)Fernverarbeitung *f*; **sequential p.** starr fortlaufende Verarbeitung; **serial p.** ⏿ Serien-, Stapelbetrieb *m*, serielle Verarbeitung; **subsequent p.** Folgearbeit *f*; **supplementary p.** Weitervered(e)lung *f*
processing *adj* Verarbeitungs-, Herstellungs-, Bearbeitungs-
processing area Verarbeitungsbereich *m*; **p. capability** Verarbeitungsleistung *f*; **p. capacity** Ver-, Bearbeitungskapazität *f*; **p. center** *[GB]* /**centre** *[US]* Verarbeitungszentrum *nt*; **p. charge/fee** Abfertigungs-, Bearbeitungsgebühr *f*; **p. costs** Bearbeitungs-, Fertigungs-, Herstell-, Verarbeitungskosten; **p. country** Vered(e)lungsland *nt*; **p. department** Verarbeitungsabteilung *f*; **p. error** Bearbeitungs-, Aufbereitungsfehler *m*; **p. industry** Verarbeitungs-, Vered(e)lungsindustrie *f*, V.gewerbe *nt*, V.wirtschaft *f*; verarbeitende Industrie; **p. language** ⏿ Prozesssprache *f*; **p. mode** Verarbeitungsart *f*; **p. number** Verfahrensnummer *f*; **p. operation** Bearbeitungs-, Verarbeitungsvorgang *m*; **p. operations** Verarbeitungsbereich *m*; **p. overlap** Verarbeitungs-, Programmüberlappung *f*; **p. performance** Verarbeitungsleistung *f*; **p. permit** Verarbeitungsgenehmigung *f*; **p. phase** Arbeitsphase *f*; **p. plant** Bearbeitungs-, Vered(e)lungs-, (Weiter)Verarbeitungsbetrieb *m*, Aufbereitungsanlage *f*; **p. prescription** Bearbeitungs-, Verarbeitungsvorschrift *f*; **p. program(me)** Verarbeitungsprogramm *nt*; **p. regulations** Vered(e)lungsvorschriften *f*; **p. security** *(EU)* Verarbeitungskaution *f*; **p. sequence** Arbeitsablauf *m*; **p. ship** Fabrikschiff *nt*; **p. speed** Rechen-, Verarbeitungsgeschwindigkeit *f*; **p. stage** Verarbeitungsstufe *f*; **p. state** Verarbeitungszustand *m*; **p. step** Verarbeitungsschritt *m*; **p. tax** Verarbeitungs-, Vered(e)lungssteuer *f*; **p. technology** Vered(e)lungstechnologie *f*
processing time Bearbeitungsdauer *f*, Durchlauf-, Verarbeitungszeit *f*; **machine-spoilt p. t.** maschinenbedingte Ausfallzeit; **total p. t.** Gesamtdurchlaufzeit *f*
processing trade/traffic Vered(e)lungsverkehr *m*; **inward p. t./t.** aktiver Vered(e)lungsverkehr; **outward p. t./t.** passiver Vered(e)lungsverkehr
processing unit ⏿ Prozessor *m*; **central p. u. (CPU)** Zentralrechner *m*, Z.einheit *f*, Z.prozessor *m*, zentrale Recheneinheit
process innovation Prozess-, Verfahrensinnovation *f*; **p. interfacing** ⏿ Prozesskopplung *f*
procession *n* (Fest)Zug *m*, Prozession *f*, Reihe *f*, Schlange *f*
process materials ⏿ Zwischenprodukte; **p. optimization** Prozessoptimierung *f*
processor *n* 1. Verarbeitungsbetrieb *m*, (Weiter)Verarbeiter *m*, Vered(e)ler *m*, Hersteller *m*; 2. (Sach)Bearbeiter(in) *m/f*; 3. ⏿ Rechner *m*, Prozessor *m*; **front-end p.** ⏿ Vorrechner *m*; **main p.** Hauptprozessor *m*; **primary p.** Erstverarbeiter *m*; **p. chip** Prozessorchip *m*; **p. storage** ⏿ Hauptspeicher *m*
process organization Ablauforganisation *f*; **p.-orienta(at)ed** *adj* prozessorientiert; **p. patent** Verfahrenspatent *nt*; **p. planning** Arbeits-, Produktionsvorbereitung *f*, Fertigungssteuerung *f*; **p. plant** Verarbei-

process plant engineering

tungs-, Vered(e)lungsbetrieb *m*; ~ **engineering** Anlagenbau *m*; **p. plate** 📄 Mehrfarbenklischee *nt*; **p. printing** Mehrfarbendruck *m*
process production Fließfertigung *f*; **multiple p. p.** Mehrfachfertigung *f*; **single p. p.** Einfachfertigung *f*
process range Fertigungsspannweite *f*; **p. ray** Prozessgerade *f*; **p. research plant** verfahrenstechnische Anlage; **p. scheme** Prozessgestaltung *f*; **p. selection** Verfahrenswahl *f*; **p. server** [§] Ladungs-, Zustellungsbeamter *m*, Gerichtsdiener *m*; **p. steam** Prozess-, Fabrikationsdampf *m*; **p. structure** Ablaufstruktur *f*; **p. system of accounting** Divisionskalkulation *f*; **p. technology** Verfahrenstechnik *f*
process time Bearbeitungszeit *f*; **available p. t.** Betriebsmittelzeit *f*; **auxiliary p. t.** Nebenzeit *f*; **total p. t.** Auftragszeit *f*
process tolerance Fertigungstoleranz *f*
processual *adj* prozesstechnisch
process variable 🗠 Messwert *m*; **p. v.s** Prozessdaten; **p. water** Brauchwasser *nt*; **p. worker** in der Fertigung Beschäftigte(r)
procès verbal *n (frz.)* [§] Verhandlungsprotokoll *nt*
proclaim *v/t* bekannt geben, ~ machen, (öffentlich) ankündigen, proklamieren
proclamation *n* (öffentliche) Bekanntmachung, Ausrufung *f*, Ankündigung *f*, Verkündigung *f*, Proklamation *f*; **to issue a p.** Aufruf erlassen
pro-competition *adj* wettbewerbsfördernd
pro|consideration *n* Berücksichtigung der Erträge aus Vermögensanlagen; **p.crastinate** *v/i* zaudern, zögern; **p.crastination** *n* Zaudern *nt*, Verzögerung(smanöver) *f/nt*; **p.curable** *adj* erhältlich, zu beschaffen
procuration *n* 1. (Handlungs)Vollmacht *f*, Prokura *f*, Bevollmächtigung *f*; 2. [§] Verkupplung *f*, Kuppelei *f*; **by/per p. (p.p.)** per Prokura (ppa); **to sign per p. (p.p.)** per Prokura/als Handlungsbevollmächtigte(r) zeichnen; **per p. signature** Prokuraunterschrift *f*, Unterschrift per Prokura; **to give/confer p.** Prokura/Vollmacht erteilen
procuration endorsement Vollmachtsindossament *nt*; **p. fee/money** Kreditprovision *f*, Vermittlungsgebühr *f*
procurator *n* [§] Prozessbevollmächtigter *m*, Rechtskonsulent *m*; **p. fiscal** *[Scot.]* Staatsanwalt(schaft) *m/f*; **P. General** *[GB]* Rechtsberater der Regierung
procure *v/t* 1. an-, be-, herbeischaffen, disponieren, beibringen, beziehen, besorgen; 2. *(Geld)* aufbringen, auftreiben; 3. [§] verkuppeln, Kuppelei betreiben
procurement *n* 1. Beschaffung(swesen) *f/nt*, Bezug *m*, Erwerb(ung) *m/f*, Vermittlung *f*; 2. [§] Kuppelei *f*
procurement of capital Kapitalbeschaffung *f*; **precautionary ~ capital** vorsorgliche Kapitalaufnahme; **~ outside capital** Fremdkapitalbeschaffung *f*; **~ commodities/goods** Warenbezug *m*, W.beschaffung *f*; **~ credit (facilities)** Kreditbeschaffung *f*; **~ equity** *(AG)* Kapitalaufnahme *f*; **~ foreign exchange** Devisenbeschaffung *f*; **~ funds** (Kapital)Mittelbeschaffung *f*; **~ labo(u)r** Anwerbung/Beschaffung von Arbeitskräften; **~ liquidity** Liquiditätsbeschaffung *f*; **~ a loan** Kreditbeschaffung *f*, Beschaffung eines Darlehens; **~ marriage** Heiratsvermittlung *f*; **~ marriage by deception** Täuschung bei der Eheschließung; **~ materials** Materialbeschaffung *f*
external procurement Fremdbezug *m*; **public p.** öffentliche Auftragsvergabe/Beschaffung, öffentliches Auftrags-, Beschaffungswesen, Behörden-, Staatseinkauf *m*
procurement agency Beschaffungsstelle *f*; **p. area** Beschaffungsgebiet *nt*; **p. authorization** Beschaffungsermächtigung *f*; **p. budget** Beschaffungsbudget *nt*, B.plan *m*; **p. budgeting** Bereitstellungsplanung *f*; **p. channels** Beschaffungskanäle; **p. contract** Beschaffungsvertrag *m*; **p. cost(s)/expense(s)** Beschaffungskosten; **incidental p. cost(s)/expense(s)** Beschaffungs(neben)-, Warennebenkosten *pl*; **p. cycle** Beschaffungszeit *f*, B.zyklus *m*, B.rhythmus *m*; **p. facilities** Beschaffungseinrichtung(en) *f/pl*; **p. fee** *(Kredit)* Bereitstellungsgebühr *f*; **p. inventory model** Lagermodell *nt*; **p. list** Beschaffungsliste *f*; **p. loan** Beschaffungskredit *m*; **p. management** Beschaffungswesen *nt*, B.wirtschaft *f*; **p. manager** Leiter der Beschaffungsabteilung, Disponent *m*; **p. office** Beschaffungsamt *nt*; **p. officer** Beschaffungsbeamter *m*, Disponent *m*; **p. planning** Beschaffungsplanung *f*; **detailed ~ planning** Beschaffungsvollzugsplanung *f*; **p. policy** Einkaufspolitik *f*; **p. problem** Beschaffungsproblem *nt*; **p. research** Beschaffungsforschung *f*; **p. statistics** Beschaffungs-, Einkaufsstatistik *f*; **p. tactics** Auftragstaktik *f*; **p. tying** 1. Kaufbindung *f*; 2. Bindung auf der Beschaffungsseite; 3. gebundene Entwicklungshilfe
procurer *n* 1. Bezieher *m*, Vermittler *m*, Besorger *m*, Beschaffer *m*; 2. [§] Kuppler *m*, Zuhälter *m*
procuress *n* [§] Kupplerin *f*
procuring *n* 1. Beschaffung *f*, Vermittlung *f*; 2. [§] Kuppelei *f*, Zuhälterei *f*; **p. of donations** Spendenbeschaffung *f*; **~ funds/money** Geld-, Kapital-, Mittelbeschaffung *f*; **p. agency** Beschaffungsbehörde *f*, B.stelle *f*
procyclical *adj (VWL)* prozyklisch, zyklusverstärkend
prodigal *adj* verschwenderisch
prodigious *adj* erstaunlich, wunderbar, außerordentlich
produce *n* 1. 🐄 landwirtschaftliches Erzeugnis/Produkt; 2. landwirtschaftliche Erzeugnisse/Produkte, Agrarerzeugnisse; 3. Bodenertrag *m*, Ausbeute *f*, Gewinn *m*; **p. of the soil** Bodenertrag *m*, B.leistung *f*, B.produktion *f*; **gross ~ soil** Bruttobodenproduktion *f*
agricultural produce 1. landwirtschaftliches Erzeugnis/Produkt; 2. landwirtschaftliche Erzeugnisse/Produkte; **colonial p.** Kolonialprodukte *pl*, K.waren *pl*; **dairy p.** Milch-, Molkereiprodukte, M.erzeugnisse *pl*; **domestic/home/inland p.** Inlands-, Landesprodukt(e) *nt/pl*, einheimisches/inländisches (Agrar)Erzeugnis; **fresh p.** Frischwaren; **~ department** Frischwarenabteilung *f*; **natural p.** Naturerzeugnis(se) *nt/pl*, N.produkt(e) *nt/pl*; **raw p.** Boden-, Rohprodukt(e) *nt/pl*
produce *v/t* 1. produzieren, erzeugen, herstellen, fertigen, fabrizieren, ausbringen; 2. 🐄 fördern, gewinnen; 3. *(Dokument)* vorlegen, vorzeigen, vorweisen, beibringen; 4. ⊖ vorführen; 5. hervorrufen, zeitigen; 6. *(Gewinn)* erzielen, erwirtschaften; 7. *(Zahlen)* auswerfen, ergeben; 8. 🎭 inszenieren, einstudieren

produce advance ✍ Produktivkredit *m*; **p. broker** Produkt(en)makler *m*
produce exchange Produkten-, Warenbörse *f*; **p. loan** Ernte-, Warenkredit *m*; **p. market** Produkten-, Warenmarkt *m*; **p. merchant** Produktenhändler *m*
producer *n* 1. ✍ Erzeuger *m*; 2. Produzent *m*, Hersteller(firma) *m/f*, Fabrikant *m*, Industrieller *m*; 3. 🎬 Regisseur *m*; 4. *(Radio/TV)* Sendeleiter *m*; **p. of branded articles** Markenartikelhersteller *m*
agricultural producer landwirtschaftlicher Erzeuger; **~ p.s' cooperative** landwirtschaftliche Erzeuger-/Produktionsgenossenschaft (LPG) *[DDR]*; **commercial p.** gewerblicher Erzeuger; **domestic/national p.** einheimischer/inländischer Erzeuger, ~ Produzent, Inlandserzeuger *m*; **least efficient/marginal p.** Grenzproduzent *m*, G.betrieb *m*; **high-cost p.** mit hohen Kosten arbeitender Produzent; **large(-scale)/major p.** Großhersteller *m*, G.erzeuger *m*, G.produzent *m*; **leading/premier p.** führender Erzeuger/Produzent/Hersteller; **low-cost p.** mit niedrigen Kosten arbeitender Produzent; **previous p.** Vorproduzent *m*; **primary p.** Urerzeuger *m*, Rohstoffproduzent *m*; **sole p.** Einzelerzeuger *m*
producer advertising Herstellerwerbung *f*; **p.s' association** Erzeuger-, Produzentenverband *m*, Erzeugergemeinschaft *f*; **~ cartel** Produzenten-, Produktions-, Produktenkartell *nt*; **p.'s brand** Fabrikmarke *f*; **p.s' cooperative** Produktions-, Produktiv-, Erzeugergenossenschaft *f*, Produktionsgemeinschaft *f*; **p. country** Anbau-, Erzeuger-, Erzeugungs-, Herstellungsland *nt*; **p. demand** Unternehmernachfrage *f*; **p. durables** dauerhafte Produktionsmittel; **p. gas** ⚙ Generatorgas *nt*
producer goods Investitions-, Produktiv-, Produktionsgüter, P.mittel; **intermediate p. g.** Produktionsgüter; **p. g. industry** Produktionsgüter-, P.mittelindustrie *f*, P.gütergewerbe *nt*; **~ sector** Produktionswirtschaft *f*
producer household Produzentenhaushalt *m*; **p.'s liability** Produzenten-, Herstellerhaftung *f*, Gewährleistungsrecht *nt*; **p. member state** *(EU)* Erzeugermitgliedsstaat *m*; **p.s' money** Produzentengeld *nt*
producer(s') price Erzeuger-, Produzentenpreis *m*; **industrial p. p.s** Industrieerzeugerpreise; **minimum p. p.** Mindesterzeuger-, Erzeugermindestpreis *m*; **p. p. guarantee** Erzeugerpreisgarantie *f*; **~ index** Erzeugerpreisindex *m*; **~ inflation** Erzeugerpreisinflation *f*; **~ level** Erzeugerpreisniveau *nt*
producer|'s risk Erzeuger-, Hersteller-, Lieferanten-, Produzentenrisiko *nt*; **~ stocks** Erzeugervorräte; **p. subsidy** Erzeugerbeihilfe *f*; **p.'s surplus** Produzentenrente *f*; **p. target price** Erzeugerrichtpreis *m*; **p. trade** Erzeugerhandel *m*
produce trade ✍ Produktenhandel *m*
producible *adj* herstellbar
producing for consumption *n* verbrauchsorientiert; **p. costs** Gestehungskosten; **p. country** 💰 Förder-, Hersteller-, Produktionsland *nt*; **p. industries** Produktionswirtschaft *f*, P.zweige; **p. power** Produktionsleistung *f*, P.kapazität *f*
product *n* 1. Produkt *nt*, Ware *f*, Erzeugnis *nt*, Fabrikat *nt*; 2. π Produkt *nt*; **p.s** Güter, Waren; **p.s made by the blind** Blindenwaren; **p. furnished under this contract** Vertragserzeugnis *nt*; **p.s of a country** Landeszeugnisse; **~ one's labour** Früchte seiner Arbeit; **p.s of undetermined origin** Waren unbestimmten Ursprungs; **p. (intended) for processing** zur Verarbeitung/Vered(e)lung bestimmtes Erzeugnis; **p. of first-stage processing** Produkt der ersten Verarbeitungsstufe; **p.s supplied from domestic resources** Waren aus inländischen Produktionsquellen; **p.s of the season** ✍ Früchte der Jahreszeit; **p.s and services** Waren und Dienstleistungen; **p. of the soil** ✍ Bodenerzeugnis *nt*; **p.s in the early stages of processing** wenig veredelte Erzeugnisse; **p. with the highest turnover** Umsatzspitzenreiter *m*
to abandon product|s Produkte eliminieren; **to axe a p.** Erzeugnis einstellen/sterben lassen; **to charge to p.s** *(BWL)* auf Erzeugnisse verrechnen; **to distribute a p.** Produkt/Artikel vertreiben; **to introduce a p. into Community commerce** *(EU)* Ware auf den Markt der Gemeinschaft verbringen; **to launch a p.** Produkt/Ware auf den Markt bringen, neues Erzeugnis herausbringen; **to market a p.** Produkt/Erzeugnis/Artikel auf den Markt bringen, Erzeugnis absetzen; **to promote a p.** für ein Produkt/Erzeugnis werben; **to push a p.** für ein Produkt/Erzeugnis (nachhaltig) werben, ~ die (Werbe)Trommel rühren *(coll)*, ~ Reklame machen; **to unleash a p.** Produkt vorstellen
abrasive product Schleif-, Poliermittel *nt*; **add-on p.** Ergänzungsprodukt *nt*; **agricultural p.** Agrarerzeugnis *nt*, A.produkt *nt*, landwirtschaftliches Erzeugnis; **basic ~ p.** Agrarrohstoff *m*; **agrochemical p.** Agrarchemikalie *f*; **allied p.** verwandtes Produkt; **assimilated p.s** *(EU)* gleichgestellte Erzeugnisse; **auxiliary p.** Hilfsprodukt *nt*; **average p.** Durchschnittsprodukt *nt*, D.ertrag *m*; **basic p.** Grunderzeugnis *nt*; **branded p.** Markenerzeugnis *nt*, M.artikel *m*, M.produkt *m*; **chemical p.** Chemieprodukt *nt*, C.erzeugnis *nt*, Chemikalie *f*; **chief p.** Haupterzeugnis *nt*, H.artikel *m*; **chilled p.** Kühlgut *nt*; **clean p.** umweltverträgliches Produkt; **commercial p.** gewerbliches Produkt, Handelsware *f*; **company-manufactured p.** Eigenerzeugnis *nt*; **comparable p.s** vergleichbare Waren; **compensatory p.** *(EU)* Vered(e)lungserzeugnis *nt*; **competing p.** Konkurrenzartikel *m*, K.erzeugnis *nt*, K.produkt *nt*, K.ware *f*, konkurrierendes/im Wettbewerb stehendes Erzeugnis, ~ Produkt; **complementary p.s** verbundene Produkte, Kuppelprodukte; **contractual p.** Vertragserzeugnis *nt*; **counterfeit p.** Fälschung *f*; **customized p.** Sonderanfertigung *f*; **cyclical p.** konjunkturabhängiges Erzeugnis; **dairy p.** Milchprodukt *nt*, Molkereierzeugnis *nt*; **defective p.** fehlerhaftes/nachzu(be)arbeitendes Produkt; **derived p.** Folgeprodukt *nt*, F.erzeugnis *nt*; **disposable p.s** Wegwerfgüter
domestic product einheimisches Erzeugnis/Fabrikat/Produkt, Inlands-, Landesprodukt *nt*; **gross ~ p. (gdp)** *(VWL)* Bruttoinlandsprodukt (BIP) *nt*, Inlandsbruttosozialprodukt *nt*; **gross ~ p. at constant cost** Bruttoinlandsprodukt zu konstanten Kosten; **gross ~ p.**

at factor cost Bruttoinlandsprodukt zu Faktorkosten; **net ~ p.** Nettoinlandsprodukt *nt*, volkswirtschaftliche Wertschöpfung; **net ~ p. at factor cost** Nettosozial-/ Nettoinlandsprodukt zu Faktorpreisen
durable product Dauerprodukt *nt*, langlebiges Erzeugnis; **eco-friendly p.** umweltverträgliches Produkt; **eligible p.s** *[US]* garantiefähige Güter; **extra p.** Grenzprodukt *nt*; **faulty p.** fehlerhaftes Erzeugnis, fehlerhafter Artikel; **final p.** Endprodukt *nt*, Konsumgut *nt*; **financial p.** Finanzprodukt *nt*
finished product Fertigprodukt *nt*, F.erzeugnis *nt*, Vered(e)lungserzeugnis *nt*, V.produkt *nt*, fertiges Produkt, Enderzeugnis *nt*, E.produkt *nt*, E.fabrikat *nt*, Ganzfabrikat *nt*; ~ **p.s** Fertigwaren; **imported ~ p.s** Fertigwarenimporte; ~ **p.** account Fabrikatekonto *nt*; ~ **p. stage** Produktionsreife *f*; ~ **p. warehouse** Vollgutlager *nt*
first-class/first-rate product Spitzenfabrikat *nt*, S.produkt *nt*, S.erzeugnis *nt*; ~ **p.s** Primaware *f*; **flat(-rolled) p.** ⬦ Walz-, Flachprodukt *nt*; **foreign p.** ausländisches Fabrikat/Erzeugnis; **generic p.s** 1. weiße Ware; 2. ⚑ Generika; **gross p.** Bruttowertschöpfung *f*, B.produktionswert *m*; **half-finished p.** Halbfabrikat *nt*, Halbfertigerzeugnis *nt*, H.produkt *nt*; **high-grade/high-quality p.** Qualitätsartikel *m*, Q.erzeugnis *nt*, Q.produkt *nt*, hochwertiges Erzeugnis; **high-volume p.** gängiger Artikel, Produkt mit hohem Absatz, Umsatzrenner *m (coll)*, Schnelldreher *m (coll)*; **home p.** inländisches Erzeugnis; **home-grown p.** 1. inländisches (Agrar)Erzeugnis; 2. *(coll)* Eigengewächs *nt (coll)*; **home-produced p.** heimische/inländische Ware, Inlandsware *f*; **homogeneous p.s** homogene Güter; **horticultural p.** ⚘ Garten(bau)erzeugnis *nt*; **imported p.** Einfuhrerzeugnis *nt*, E.artikel *m*; **improved p.** veredeltes Erzeugnis; **industrial p.** Gewerbe-, Industrieerzeugnis *nt*, I.produkt *nt*, gewerbliches/industrielles Erzeugnis, ~ Produkt; **inferior p.** minderwertiges Erzeugnis/Produkt, minderwertiger Artikel; **initial p.** Ausgangserzeugnis *nt*, A.produkt *nt*, Vorprodukt *nt*; **innovative p.** Innovationsprodukt *nt*; **intermediate p.** Zwischenerzeugnis *nt*, Z.fabrikat *nt*, Z.produkt *nt*, Vorprodukt *nt*, Vorfabrikat *nt*, Vorerzeugnis *nt*; **joint p.** Kuppel-, Verbundprodukt *nt*; ~ **p.s** verbundene Leistungen; ~ **p. costs** Kosten für Kuppelprodukte; **leading p.** Hauptprodukt *nt*; **like p.** gleichartige Ware; **local p.** *(EU)* inländisches Produkt, heimisches Produkt; **low-volume p.** Produkt/Artikel mit geringen Umsätzen; **main p.** Hauptartikel *m*, H.erzeugnis *nt*, H.produkt *nt*, Leitprodukt *nt*; **manufactured p.** gewerbliches Erzeugnis/Produkt, Fertigprodukt *nt*, F.erzeugnis *nt*; **individually ~ p.** Einzelerzeugnis *nt*
marginal product *(VWL)* (Wert)Grenzprodukt *nt*, W.erzeugnis *nt*; ~ **curve** Grenzeinkommensverlauf *m*, G.ertragskurve *f*; ~ **of labo(u)r** Grenzprodukt der Arbeit
marginal-value product Grenzumsatz-, Grenzerlösprodukt *nt*; **marketable p.** marktfähiges Produkt; **mature p.** (markt)reifes Produkt; **me-too p.** *(coll)* 1. gleichartiges Konkurrenzprodukt; 2. Nachahmerprodukt *nt*, (Produkt)Imitation *f*; 3. Pseudoneuheit *f*; **Mediterranean p.s** Mittelmeererzeugnisse, M.produkte

national product 1. *(VWL)* Sozial-, Nationalprodukt *nt*, volkswirtschaftliche Produktionsleistung, gesamtwirtschaftliches Produkt, gesamtwirtschaftliche Leistungserstellung, Leistung der Volkswirtschaft; 2. *(EU)* einheimisches/inländisches Erzeugnis; ~ **in money terms** nominales Sozialprodukt; **to enlarge the n. p.** Sozialprodukt steigern
gross national product (gnp) Bruttosozialprodukt (BSP) *nt*, volkswirtschaftliches (Gesamt)Produkt, nationales Einkommen, wirtschaftliche Gesamtleistung, Gesamtwirtschaftsvolumen *nt*; ~ **n. p. at market prices** Bruttosozialprodukt zu Marktpreisen; **potential ~ n. p.** Vollbeschäftigungsprodukt *nt*; ~ **n. p. gap** Vollbeschäftigungslücke *f*; **net n. p.** Nettosozial-, Nettoinlandsprodukt *nt* (zu Faktorkosten), Volkseinkommen *nt*; **real ~ n. p.** reales Nettosozialprodukt
national product accounting volkswirtschaftliche Gesamtrechnung, Sozialproduktrechnung *f*; ~ **price index** Preisindex des Sozialprodukts; ~ **unit** Sozialprodukteinheit *f*
native product Landesprodukt *nt*, L.erzeugnis *nt*; **new p.** neues Produkt/Erzeugnis; ~ **launch** (Produkt)Neueinführung *f*; **net p.** Wertschöpfung *f*; **marginal ~ p.** Nettogrenzprodukt *nt*; **no-name p.** weiße Marke/Ware, markenfreies/namenloses Produkt; **non-graded p.s** nichtsortierte Erzeugnisse, unsortierte Ware; **non-originating p.** *(EU)* Nichtursprungsware *f*; **nutritional p.** Nahrungsmittel *nt*; **originating p.** *(EU)* Ursprungserzeugnis *nt*; **outside p.** Fremderzeugnis *nt*, F.fabrikat *nt*; **overseas p.** Übersee-, Auslandserzeugnis *nt*, Übersee-, Auslandsprodukt *nt*; **own p.** Eigenerzeugnis *nt*; **own-brand p.** Eigen-, Hausmarkenartikel *m*; **personal p.s** Körperpflegemittel; **marginal physical p.** physisches Grenzprodukt; **polluting p.** umweltschädliches Produkt; **preliminary p.** Vorprodukt *nt*; **primary p.** Ausgangs-, Grund-, Primär-, Vorerzeugnis *nt*, Vorprodukt *nt*, Grund-, Rohstoff *m*, Urprodukt *nt*; **processed p.** Vered(e)lungs-, Verarbeitungserzeugnis *nt*, V.produkt *nt*, weiterverarbeitetes Erzeugnis; **profitable/profit-yielding p.** gewinnträchtiges Erzeugnis, Erfolgsträger *m*; **proprietary p.** Markenerzeugnis *nt*; **real p.** *(VWL)* Realprodukt *nt*, reales Bruttosozialprodukt; **recreation-orient(at)ed p.** Freizeitartikel *m*; **refined p.** Raffinerieerzeugnis *nt*, R.produkt *nt*; **related p.** verwandtes Produkt/Erzeugnis, verwandter Artikel; **residual/residuary p.** Abfall-, Nebenprodukt *nt*; ~ **p.s market** Abfallmarkt *nt*; **responsive p.s** vom Einkommen des Durchschnittsverbrauchers abhängige Erzeugnisse; **run-of-the-mill p.** Durchschnittserzeugnis *nt*; **sal(e)able p.** verkaufsfähiges Erzeugnis, Verkaufsprodukt *nt*; **scalar p.** Skalar-, Punktprodukt *nt*, inneres Produkt; **seasonal p.**; ~ **p.s** Saisonwaren; **secondary p.** Erzeugnishilfsstoff *m*; **semi-fabricated/semi-finished p.** Halbfabrikat *nt*, H.fertigerzeugnis *nt*, Halbfertig-, Zwischenprodukt *nt*, halbfertiges Erzeugnis/Produkt; ~ **p.s** Halbzeug *nt*, H.fertigwaren; **similar p.** Austauschprodukt *nt*; **specific p.** Einzelprodukt *nt*; **staple/standard(ized) p.** Standarderzeugnis *nt*, S.fabrikat *nt*, S.artikel *m*, Serien-, Einheitserzeugnis

nt; **subsidiary p.** Nebenprodukt *nt*; **substitute p.** Ersatz *m*, Substitut *nt*; **superior p.** höherwertiges Erzeugnis/Produkt, höherwertiger Artikel; **surplus p.** Überschusserzeugnis *nt*, Ü.produkt *nt*; **tailor-made p.** Sonder-, Spezialanfertigung *f*; **taxed p.** (steuerlich) belastete Ware; **top p.** Spitzenerzeugnis *nt*, S.fabrikat *nt*, S.produkt *nt*; **total p.** Gesamtprodukt *nt*; **~ curve** Ertragskurve *f*; **tubular p.s** ⌁ Rohrerzeugnisse; **unbranded/white p.(s)** weiße Ware; **unfinished p.s** unfertige Erzeugnisse; **up-market** *[GB]* /**upscale** *[US]* **p.** hochwertiges Produkt; **~ range** hochwertiges Sortiment; **wood-processing p.** Holzvered(e)lungsprodukt *nt*; **woven p.** Weberzeugnis *nt*
product acceptance Produktakzeptanz *f*, Warenaufnahme *f*; **p. account** Produktionskonto *nt*; **p. advertising** Produktwerbung *f*; **p. analysis** Waren-, Produktanalyse *f*; **p. approval** Produktzulassung *f*; **time-optimized ~ approval** zeitoptimierte Produktzulassung; **p. area** Produktbereich *m*, P.gebiet *nt*; **p. assortment** Sortiment *nt*, Produktangebot *nt*; **p. attribute** Produkteigenschaft *f*; **p. base** Produktpalette *f*; **to broaden the ~ base** Produktpalette erweitern; **p.-based** *adj* produktbezogen; **p. capacity** Erzeugniskapazität *f*; **p. category** Produktbereich *m*, Warengruppe *f*; **p. change** Produktwechsel *m*; **p. classification** Erzeugnisgliederung *f*, Artikel-, Warenverzeichnis *nt*; **p. code** Produktkennziffer *f*; **universal p. code** 🗐 Strichkodierung *f*; **p. coding** Produktkennzeichnung *f*; **European p. coding** Europäische Artikelnummerierung *f*; **p. conception** Produktkonzeption *f*; **p. contour** Isoproduktkurve *f*
product cost Erzeugnis-, Herstellungs-, Produktkosten *pl*; **total p. c.** Summe der Einzelkosten; **p. c. accounting/calculation** Erzeugniskostenrechnung *f*, E.kalkulation *f*; **~ card** (Vor)Kalkulationskarte *f*
product costing Stückkostenrechnung *f*; **~ system** Verfahren der Stückkostenrechnung; **p. counsellor** Produktberater *m*; **equal p. curves** Isoquanten *pl*; **p. customization** Anpassung des Produkts an Kundenbedürfnisse (vor Ort); **p. cycle** Produktzyklus *m*; **p. defect** Produktfehler *m*; **p. demonstrator** Vorführer(in) *m/f*; **p. departmentalization** Objektprinzip *nt*; **p. design** Produktgestaltung *f*, P.entwurf *m*; **p. designer** Produktgestalter(in) *m/f*
product development Produktentwicklung *f*; **~ costs** Produktentwicklungskosten; **~ potential** Entwicklungskapazität *f*; **~ risks** Entwicklungsrisiken
product differentiation Produktdifferenzierung *f*; **p. diversification** Produktdiversifikation *f*, Produktionsbreite *f*; **p. diversitiy** Produktvielfalt *f*; **p. division** Produktsparte *f*, Erzeugnisbereich *m*; **p.-driven** *adj* produktorientiert; **p. elimination** Produktelimination *f*; **p. engineer** Fertigfabrikatingenieur *m*; **p. engineering** Fertigungstechnik *f*, Entwicklung von Erzeugnissen; **p. enhancement** Produktverbesserung *f*; **p. extension** Produkterweiterung *f*; **~ merger** Produkterweiterungszusammenschluss *m*; **p. family** Gruppe ähnlicher Erzeugnisse, Artikel-, Produktgruppe *f*; **p. feature** Produkteigenschaft *f*, P.merkmal *nt*; **p. field** Produktbereich *m*, P.feld *nt*; **~ planning** Produktfeldplanung *f*; **p. finish** Produktendbearbeitung *f*; **p. flow** Produktfluss *m*; **p. franchising** Produktfranchising *f*; **p. frontier** Transformationskurve *f*; **p. function** Produktfunktion *f*; **p. goal** Produktziel *nt*
product group Erzeugnis-, Artikel-, Waren-, Produktgruppe *f*; **~ cost** Fabrikategemeinkosten *pl*; **indirect ~ cost** Gruppengemeinkosten *pl*; **~ manager** Waren-, Fabrikategruppenleiter *m*; **~ (-orient(at)ed) structure** Anlagenorganisation *f*; **~ overhead(s)** Gruppenkosten *pl*; **~ pricing** Gruppenpreisverfahren *nt*
product identification Produkt-, Artikel-, Warenidentifizierung *f*, Wiedererkennen von Produkten; **p. image** Produktimage *nt*; **p. improvement** Vered(e)lung *f*, Produktverbesserung *f*; **p. indifference curve** Kurve gleicher Produktion; **p. information** Produktinformation *f*; **~ system** Produktinformationssystem *nt*; **p. innovation** Produkterneuerung *f*, P.innovation *f*; **p. introduction** Produkteinführung *f*
production *n* 1. Produktion *f*, Erzeugnis *nt*, Herstellung *f*, Fertigung(sprozess) *f/m*, Fabrikation *f*; 2. Ertrag *m*, Ausbringung *f*; 3. ⛏ Förderung *f*, Gewinnung *f*, Förderleistung *f*; 4. Vorlage *f*, Vorzeigen *nt*; 5. 🎭 Inszenierung *f*; 6. *(Film)* Produktion *f*; **against p. of** gegen Vorlage von; **on p.** bei Vorlage
production of the building Aufführung/Herstellung des Bauwerks; **p. in bulk** Massenproduktion *f*; **p. of capital goods** Investitionsgüterproduktion *f*; **p. tailored to consumption** konsumbezogene Produktion; **p. within the country** Inlandserzeugung *f*; **p. to customers' specifications** Kundenproduktion *f*, Auftragsfertigung *f*; **p. of documents** Urkundenvorlage *f*; **~ documents in court** [§] Beibringung von Akten; **~ energy** Energiegewinnung *f*, E.erzeugung *f*; **~ evidence** Beweisantritt *m*; **~ fresh evidence** Vorbringen neuer Beweise; **~ goods** Güterzeugung *f*, G.produktion *f*; **~ goods and services** Leistungserstellung *f*; **~ physical goods** Sachgüterproduktion *f*; **(physical) p. per head** (quantitativer) Pro-Kopf-Ausstoß; **p. of income** Einkommensbildung *f*; **p. for inventory** Vorratsproduktion *f*; **p. under licence** Lizenzfertigung *f*; **p. of lots** Partiefertigung *f*, P.produktion *f*; **p. for an anonymous market** Absatzproduktion *f*; **p. to order** Auftragsproduktion *f*, Kundenauftragsfertigung *f*; **p. of ore** ⛏ Erzgewinnung *f*; **~ parts/sub-assemblies** Teilefertigung *f*; **~ joint products** Kuppelproduktion *f*; **in-firm p. or outside purchases** Eigenfertigung oder Fremdbezug; **p. from scratch** Neuanfertigung *f*; **p. to specification** auftragsorientierte Produktion, Stückfertigung *f*; **p. for stock** Lager(an)fertigung *f*, L.herstellung *f*, L.produktion *f*, Vorrats(an)fertigung *f*, V.produktion *f*; **p. of a will** Testamentsvorlage *f*; **~ a witness** [§] Vorführung eines Zeugen
ready for production fertigungs-, produktions-, serienreif
to bring production to a halt/standstill Produktion lähmen; **to call for the p. of documents** Vorlage von Urkunden verlangen; **to cease/discontinue p.** Fertigung/Produktion einstellen, (etw.) nicht mehr herstellen; **to cripple p.** Produktion lähmen; **to curb/cur-**

to diversify **production** 882

tail/cut (down) p. Fertigung/Produktion/Erzeugung drosseln, ~ beschränken, ~ einschränken; **to diversify p.** Produktionsprogramm auffächern; **to go into p.** in Serie/die Fertigung/die Produktion gehen, Produktion aufnehmen; **ready ~ p.** serienreif; **to halt p.** Produktion (zeitweilig) stoppen/stilllegen; **to hit p.** Förderung/ Produktion beeinträchtigen; **to hold up p.** Produktion lähmen; **to increase p.** Förderung/Produktion steigern; **to keep p.** going Produktion aufrechterhalten; **to move into (full) p.** (volle) Produktion aufnehmen; **~ p.** overseas Produktion nach Übersee/ins Ausland verlagern; **to paralyze p.** Produktion lähmen; **to put p.** on course Produktion hochfahren; **~ into p.** Herstellung/Produktion aufnehmen; **to reduce p.** Produktion verringern; **to resume p.** Produktion wieder aufnehmen; **to set up p.** Produktionsstätte etablieren/gründen; **to speed/step up p.** Produktion steigern/ausweiten/erhöhen; **to start (up) p.** Betrieb/Produktion aufnehmen, Produktion ankurbeln; **to stop p.** Produktion einstellen; **to switch (over) p.** 1. Produktion umstellen; 2. Produktion verlagern; **to take sth. out of p.** etw. aus der Produktion nehmen, etw. nicht mehr herstellen/produzieren
agricultural production landwirtschaftliche Erzeugung/Produktion, Agrarproduktion *f*; **analytical p.** analytische Produktion; **annual p.** Jahresproduktion *f*, jährliche Ausbringung/Produktion; **automated p.** automatische Fertigung; **basic p.** Grundproduktion *f*; **bench-scale p.** Pilotfertigung *f*; **commercial p.** großtechnische/handelsübliche Fertigung; **competing p.** konkurrierende Produktion; **continuous p.** Fließ(band)fertigung *f*, durchlaufende/kontinuierliche Produktion; **~ principle** Fließprinzip *nt*; **contracting p.** schrumpfende Produktion; **controlled p.** gelenkte Produktion; **convergent p.** konvergierende Produktion; **conveyor-belt/conveyor-line p.** Fließbandfertigung *f*, F.montage *f*; **cost-efficient p.** kostengünstige Produktion/Leistungserstellung; **current p.** laufende Produktion; **customized p.** Auftragsfertigung *f*, Fertigung nach Kundenangaben; **daily p.** Tagesförderung *f*, T.produktion *f*, T.leistung *f*; **declining p.** rückläufige Produktion; **demand-orient(at)ed p.** bedarfsorientierte Fertigung; **discontinuous p.** diskontinuierliche Produktion; **divergent p.** divergierende Produktion; **diversified p.** reichhaltiges Produktionsprogramm; **domestic p.** Inlandsproduktion *f*, einheimische/inländische Produktion(sleistung); **~ p.** Bruttoinlandsproduktion *f*; **duplicate p.** Serienfertigung *f*, S.herstellung *f*; **estimated p.** Produktionserwartungen *pl*; **excess p.** Überproduktion *f*; **falling/flagging p.** rückläufige/nachlassende/abflauende Produktion; **flow-line p.** Fließ(band)fertigung *f*, Fertigung im Fließbetrieb; **full p.** volle Produktion; **incremental p.** Grenzproduktion *f*; **indirect p.** Umwegproduktion *f*, mittelbare Produktion; **individual p.** Einzelfertigung *f*; **industrial p.** Industrieherstellung *f*, I.produktion *f*, gewerbliche/industrielle/maschinelle Produktion, ~ Fertigung; **in-firm/in-house p.** Eigenfertigung *f*, Selbstherstellung *f*; **intermittent p.** Stoßproduktion *f*; **international p.** Weltmarktproduktion *f*; **interrelated p.** Produktionsverbund *m*; **job-order p.** (Kunden)Auftragsfertigung *f*; **joint p.** Gemeinschafts-, Kuppel-, Verbundfertigung *f*, V.produktion *f*, Produktionsverbund *m*; **large-scale p.** Massen-, (Groß)Serienfertigung *f*, Massenproduktion *f*; **lean p.** schlanke Produktion/Fertigung, Produktion mit geringer Fertigungstiefe; **licensed p.** Lizenzfertigung *f*; **linked p.** Kuppelproduktion *f*; **local p.** 1. heimische Fertigung/ Produktion; 2. einheimischer Fertigungs-/Produktionsanteil; **lost p.** Fertigungs-, Produktionsausfall *m*; **made-to-order/make-to-order p.** (Kunden)Auftragsfertigung *f*, A.produktion *f*, Fertigung/Produktion auf Bestellung; **make-to-stock p.** Vorratsproduktion *f*; **manual p.** handwerkliche Produktion/Fertigung; **marginal p.** Produktion an der Kostengrenze; **marketable p.** Verkaufsproduktion *f*; **market-orient(at)ed p.** marktorientierte Produktion; **mixed p.** Gemischtwirtschaft *f*; **mixed-type p.** Gruppenfertigung *f*; **monthly p.** Monatsproduktion *f*, monatliche Produktion; **multiple p.** Serienfertigung *f*, S.herstellung *f*; **multistage p.** mehrstufige Produktion; **national p.** einheimische/inländische Erzeugung,~ Produktion; **net p.** Nettoproduktion *f*; **non-repetitive/one-off p.** Auftrags-, Einmal-, Einzel-, Werkstattfertigung *f*, Auftrags-, Werkstattproduktion *f*; **one-stage p.** einstufige Produktion; **optimum p.** Produktionsoptimum *nt*; **own p.** Eigenerzeugung *f*, E.fertigung *f*, E.herstellung *f*, E.produktion *f*; **parallel p.** Parallelfertigung *f*; **part p.** Teil(e)fertigung *f*; **planned p.** ☞ Fördersoll *nt*; **potential p.** Produktionsmöglichkeiten *pl*; **primary p.** Grundproduktion *f*, Urerzeugung *f*, U.produktion *f*, Rohstofferzeugung *f*, R.gewinnung *f*; **repetitive p.** Fließ(band)fertigung *f*; **roundabout p.** Umwegproduktion *f*; **seasonal p.** saisonbedingte Produktion; **secondary p.** Sekundärgüterproduktion *f*; **serial/(continuous) series-type p.** Fließ(band)-, Serienfertigung *f*, S.herstellung *f*, Reihenfabrikation *f*, R.fertigung *f*; **single-unit p.** Einzelanfertigung *f*; **staggered p.** Stufenproduktion *f*; **standardized p.** Fließ(band)fertigung *f*, F.arbeit *f*, Einheitsfertigung *f*, genormte Produktion; **stockless p.** lagerlose Fertigung; **surplus p.** Über(schuss)produktion *f*, überschüssige Produktion; **agricultural ~ p.** landwirtschaftlicher Überschuss, Agrarüberschuss *m*; **tailored p.** Maßanfertigung *f*; **tertiary p.** Erbringung von Dienstleistungen; **total p.** Gesamtproduktion *f*; **waste-free p.** abfallfreie Produktion
production account Produktionskonto *nt*; **p. adaptation measure** Produktionsanpassungsmaßnahme *f*; **p. agreement** Produktionsabkommen *nt*; **p. approach** Entstehungsrechnung *f*; **p. area** 1. Produktionsbereich *m*, P.gebiet *nt*; 2. ☞ Anbaugebiet *nt*, Erzeugungsbereich *m*, E.gebiet *nt*; **main p. area** Hauptanbaugebiet *nt*; **surplus p. area** Überschussgebiet *nt*; **p. arrangements** Produktionsdispositionen *pl*; **p. arrears** Produktionsrückstand *m*; **p. average** Produktionsdurchschnitt *m*; **p. ban** Produktions-, Fabrikationsverbot *nt*; **p. batch** (Fertigungs)Los *nt*; **p. bonus** (Mehr)Leistungsprämie *f*, L.zulage *f*, Produktions-, Quantitätszusatzprämie *f*, produktionsgebundene Tantieme; **p. bottle-**

neck Produktionsengpass m; **p. break** Produktionspause f; **p. budget** Produktionsplan m, P.etat m, P.disposition f; **p. capacity** 1. Fertigungs-, Produktionskapazität f, P.leistung f, P.kapital nt, Fertigungs-, Leistungspotenzial nt, (betriebliche) Leistungsfähigkeit, Mengenleistung f; 2. ♥ Förderkapazität f; **maximum p. capacity** Produktionshöchstgrenze f; **p. cartel** Produktionskartell nt; **p. ceiling** Produktionsbeschränkung f, P.höchstgrenze f; **p. census** Produktionserhebung f; **p. center** [US] /**centre** [GB] 1. Fertigungs-, Kostenstelle f; 2. Herstellungsstätte f; ~ **cost(s)** Kostenstellenkosten pl; **p. certificate** Herstellerbezeichnung f, Typenbescheinigung des Herstellers; **p. changeover** Produktionsumstellung f; ~ **cost(s)** Produktionsänderungs-, Produktionswechselkosten pl; **p. chart** Produktions-, Fertigungsprogramm nt; **p. coefficient** Produktions-, Faktorkoeffizient m; **p. committee** Produktionsausschuss m; **joint p. committee** gemeinsamer Produktions-/Betriebsausschuss; **p. company** Fertigungsunternehmen nt; **p. concept** Produktionsplan m; **p. contract** Produktionsvertrag m; **p. control** Fabrikations-, Fertigungs-, Produktionskontrolle f, P.lenkung f, P.steuerung f, Fertigungssteuerung f; ~ **system** Produktionssteuerungssystem nt; **p. cooperative** Produktionsgenossenschaft f; **agricultural p. cooperative** landwirtschaftliche Produktionsgenossenschaft (LPG) [DDR]

production cost(s) 1. Erzeuger-, Erzeugungs-, Fertigungs-, Gestehungs-, Herstellungs-, Produktionskosten pl, P.aufwand m; 2. (Vers.) Vermittlerprovision f; **aggregate p. c.(s)** volkswirtschaftliche Produktionskosten; **fixed average p. c.** konstante Kosten; **gross p. c.** Werkselbstkosten pl; **idle p. c.s** Ausfallkosten; **net p. c.s** Betriebsselbstkosten; **special p. c.s** Fertigungssonder-, Sondereinzelkosten; **total p. c.** 1. Selbstkosten pl; 2. (Vers.) Vermittlerprovisionen pl

production cost accounting Fertigungskostenrechnung f; ~ **analysis** Wirtschaftlichkeitsrechnung f; ~ **center** [US] /**centre** [GB] (Fertigungs)Hauptkostenstelle f; **final** ~ **center** [US] /**centre** [GB] Fertigungsendstelle f; **indirect** ~ **center** [US] /**centre** [GB] Fertigungshilfsstelle f; ~ **control** Fertigungskostenkontrolle f; ~ **sheet** Produktionskostenaufstellung f

production credit Produktionskredit m; ~ **association** [US] 🐄 landwirtschaftliche Kreditgenossenschaft; **p. curb/cut(back)** Produktionsbeschränkung f, P.einschränkung f, P.drosselung f, P.kürzung f, P.senkung f; **p. curve** Produktionskurve f; **p. cycle** 1. Konjunktur-, Produktionszyklus m, Wirtschaftskreislauf m; 2. Fertigungszeit f; **p. data** Betriebs-, Produktionsdaten; ~ **processing** Betriebs-, Produktionsdatenverarbeitung f; **p. date** Produktionstag m; **p. day** Produktionstag m; **per p. day** ♥ förderträglich; **p. delay** Produktionsverzögerung f; **p. department/division** 1. Fabrikation f, Produktion(sabteilung) f, Fertigungsabteilung f, F.stelle f; 2. ⌂ Herstellung(sabteilung) f; **p. depth** Fertigungs-, Produktionstiefe f; **p. discontinuity** Produktionsunterbrechung f, P.stillstand m; **p. downtime** Produktionsausfall m; **p. economics** Produktionswirtschaft f; **p. efficiency** Produktivität f; **p. effort** Produktionsanstrengung f; **p. engineer** Betriebs-, Fertigungs-, Planungsingenieur m; **p. engineering** Betriebs-, Fertigungs-, Produktionstechnik f, technische Produktionsplanung und -steuerung; **p. equation** Produktionsgleichung f; **p. equipment (and facilities)** Produktionsanlagen pl, Fabrikausstattung f, Betriebsmittel pl

production facility Fertigungsstätte f, Werk nt; **p. facilities** Fabrikations-, Fertigungs-, Produktionsanlagen; **to close p. facilities** Kapazitäten abbauen/stilllegen

production factor (VWL) Elementar-, Produktionsfaktor m; **basic/elementary p. f.** elementarer Produktionsfaktor; **derived p. f.** derivativer Produktionsfaktor; **optional p. f.** dispositiver Produktionsfaktor; **p. f. market** Faktorenmarkt m

production figure(s) 1. Produktions-, Fertigungszahlen pl; 2. ♥ Förderergebnis nt; **p. flow** Produktionsablauf m, P.fluss m; **p. fluctuations** Produktionsschwankungen; **p. forecast** Fertigungsprogramm nt; **p. frontier** Produktionsmöglichkeitskurve f

production function Ertrags-, Produktionsfunktion f; **aggregate p. f.** gesamtwirtschaftliche Produktionsfunktion; **as-if p. f.** surrogate Produktionsfunktion; **per-capita p. f.** Pro-Kopf-Produktionsfunktion f

production|-geared adj produktionsgerecht; **p. good** Produktionsgut nt; **p. grant** Produktionszuschuss m; **p. group** Produktionsgruppe f; **p. growth** Produktionssteigerung f, P.wachstum nt, P.zuwachs m; **p. hour** Fertigungsstunde f; **p. incentive** Leistungsanreiz m

production index Produktionsindex m, P.kennziffer f; **industrial p. i.** Index der industriellen Produktion; **net p. i.** Nettoproduktionsindex m

production industry Fertigungsindustrie f; **p. inspection** Fertigungskontrolle f; **p. interest** Erzeugerinteresse nt; **p. job** Fertigungsberuf m; **p. know-how** produktionstechnische Kenntnisse; **p. layout** innerbetriebliche Standortplanung; **p. lead time** Fertigungszeit f; **p. leeway** Produktionsspielraum m; **p. level** Produktionsniveau nt; **p. levy** (EU) 🐄 Produktionsabgabe f; **p. licence** Fabrikationslizenz f; **p. line** Fließ-, Förder-, Montageband nt, Fließ-, Fertigungs-, Produktionsstraße f, Fertigungslinie f; **to work on the p. line** am Fließband arbeiten; **interlinked p. lines** verkettete Fertigungslinien; **p. link** Produktionsverbund m; **p. loan** Produktionskredit m; **p. loss** 1. Fertigungs-, Produktionsausfall m; 2. ♥ Förderausfall m; **p. lot** Fertigungslos nt; **p. machinery** Produktionsapparat m; **p. management** Produktionsleitung f, Fertigungsplanung und -steuerung f; ~ **system** Produktionsleitsystem nt; **p. manager** Betriebs-, Fabrikations-, Fertigungs-, Herstellungs-, Produktionsleiter m; **p. method** Arbeits-, Fabrikations-, Fertigungs-, Herstellungs-, Produktions-, Fertigungstechnik f, Fertigungs-, Produktionsmethode f, Produktions-, Fertigungstechnik f; ~ **of depreciation** leistungsabhängige/leistungsbezogene Abschreibung, Abschreibeverfahren nt, Mengenabschreibung f; **p. mix** Fertigungssortiment nt; ~ **reduction** Sortiments-, Typenbereinigung f; **p. model** ⇄ Produktions-, Serienmodell nt; **p. monitoring** Produktionskontrolle f,

production monopoly

P.überwachung f, Fertigungsüberwachung f; **p. monopoly** Erzeuger-, Fabrikationsmonopol nt; **p. network** Netz von Produktionsstätten; **p. office** Fertigungsbüro nt; **p. optimum** Produktionsoptimum nt
production order Fabrikations-, Fertigungs-, Innen-, Produktionsauftrag m, Kommission f; **to make out a p. o.** kommissionieren; **p. o. accounting** Zuschlagskalkulation f; **~ processing** Fertigungsauftragsbearbeitung f
production organization Produktionsapparat m
production overhead(s) Fabrikations-, Fertigungs-, Produktionsgemeinkosten pl; **allocated p. o.(s)** Fertigungsgemeinkostenzuschlag m; **unabsorbed p. o.(s)** Fertigungsgemeinkostenunterdeckung f
production overlap Produktionsüberschneidung f; **p. part** Fertigungsteil m; **p. pattern** Produktionsstruktur f; **p. peak** Leistungs-, Produktionsspitze f; **p. performance** Produktionsleistung f; **p. period** Fabrikations-, Fertigungs-, Produktionsdauer f, Fabrikations-, Fertigungs-, Produktionszeit f; **p. permit** Produktions-, Fabrikationsgenehmigung f; **p. plan** Fabrikations-, Fertigungs-, Herstellungs-, Produktionsplan m; **p. planner** Produktionsplaner m
production planning Fertigungs-, Produktionsplanung f, P.steuerung f, Arbeitsvorbereitung f; **advance p. p.** Produktionsvorausplanung f; **overall p. p.** Produktionsauftragsplanung f; **p. p. conference** Produktionskonferenz f
production plant Fertigungs-, Fabrikationsstätte f, Fertigungs-, Produktionsanlage f, Industrie-, Herstellungswerk nt; **p. platform** Förderplattform f; **p. policy** Produktions-, Förderpolitik f
production potential Erzeugungs-, Produktionspotenzial nt; **to improve one's p. p.** Produktionspotenzial ausbauen; **overall p. p.** gesamtwirtschaftliches Produktionspotenzial
production problems Produktionsschwierigkeiten; **p. proceeds** Produktionserlös m
production process Arbeits-, Fabrikations-, Fertigungs-, Herstellungs-, Produktionsverfahren nt, P.ablauf m, P.prozess m, P.technik f, P.vorgang m, Fabrikationsablauf m, F.prozess m, Herstellungsvorgang m; **discrete p. p.** diskontinuierliches Produktionsverfahren; **short-run p. p.** Produktionsprozess mit wenigen Stufen; **p. p. arrangement** Prozessanordnung f; **~ engineering** Produktionsprozessplanung f; **~ speed** Prozessgeschwindigkeit f
production program(me) Betriebs-, Erzeugungs-, Fabrikations-, Fertigungs-, Herstellungs-, Produktionsprogramm nt; **to round off one's p. p.** Produktionsprogramm abrunden; **to streamline a p. p.** Produktionsprogramm bereinigen
production programming Produktionsprogrammplanung f; **p. progress control** Produktionsfortschrittskontrolle f; **p. project** Produktions-, Fabrikationsvorhaben nt; **p. pyramid** Produktionspyramide f
production quota 1. Erzeugungs-, Förder-, Produktionsquote f; 2. ⚕ Förderkontingent nt; **to enforce p. q.s** Einhaltung von Produktionsquoten erzwingen; **p. q. system** Produktionsquotensystem nt, P.regelung f

production range Produktionsskala f, P.programm nt, Fertigungsprogramm nt; **p. rate** Produktionsleistung f, P.tempo nt, P.geschwindigkeit f, Fertigungstempo nt; **to slow the ~ rate** Produktionstempo drosseln; **to speed up the ~ rate** Produktion hochfahren; **p. record** Produktionsrekord m; **p. requirements** Fabrikationsforderungen; **p. requisition** Produktionsanforderung f; **p. residues** Produktionsrückstände; **p. resources** Produktionsmittel; **p. restraint/restriction** Herstellungs-, Produktionsbeschränkung f; **p. result** Fertigungsergebnis nt; **p. returns** Produktionsergebnis nt, P.ertrag m; **p. risk** Fertigungs-, Produktionsrisiko nt; **p. run** (Fertigungs)Serie f, Stückzahl f, Produktionsmenge f, Auflage f; Produktionsablauf m, P.laufzeit f, P.verlauf m; **large/long p. run** hohe Stückzahl/Auflage, große Serie; **short ~ run** kleine Serie/Stückzahl; **p. schedule** Arbeits-, Fertigungs-, Produktions-, Fabrikationsprogramm nt, Arbeits-, Fertigungs-, Produktionsplan m; **p. scheduler** Produktionsprogrammierer m, P.koordinator m, Koordinator der Produktionsplanung; **p. scheduling** Arbeits-, Fertigungs-, Produktionsvorbereitung f, Arbeits-, Produktionsplanung f; **p. scheme** Produktions-, Fertigungsprojekt nt; **p. secret** Herstellungs-, Produktionsgeheimnis nt; **p. sequence** Fertigungs-, Produktionsablauf m; **p. sequencing** (Fertigungs-/Produktions)Ablauf m, Fertigungs-, Produktionssteuerung f, Ablauf-, Prozessplanung f; **p. series** Typenreihe f, (Produktions)Serie f; **to run a p. series** Serie auflegen; **p. setback** Produktionseinbruch m; **p. set-up** Produktionsmittelkombination f; **p. share** Fertigungs-, Produktionsanteil m; **p. sharing** 1. Produktionsbeteiligung f, P.quotenregelung f; 2. ⚕ Deputatlohnung f; **~ deal** Produktionsquotenvereinbarung f; **p. shift** 1. Verlagerung der Fertigung; 2. ⚕ Förderschicht f; **p. shop** Montagehalle f; **~ services** Werkstattleistungen; **p. shortfall** Produktionsausfall m, Minderleistung f; **p. shutdown** vorübergehende Produktionsstilllegung, Produktionsstopp m; **p. site** Fabrik f, Fertigungsstätte f, Produktionsstandort m, Werk nt; **p. slowdown** Produktionsverlangsamung f; **p. slump** Produktionsabfall m, P.abnahme f, P.rückgang m; **seasonal p. slump** saisonbedingter Produktionsrückgang; **p. smoothing** Abstimmung zwischen Produktion und Lager, Produktionsglättung f; **p. speed** Produktionstempo nt; **p. stage** 1. Arbeits-, Fertigungs-, Herstellungs-, Verarbeitungsstufe f, Produktionsstadium nt; 2. Produktions-, Serienreife f; **p. standard** Produktionsnorm f; **p. start-up** 1. Produktionsanlauf m, P.aufnahme f, P.beginn m, Fertigungsaufnahme f; 2. ⚕ Förderbeginn m; **p. statement** Produktionskonto nt, P.bericht m; **p. structure** Produktionsgefüge nt; **p. study** Fertigungsablaufstudie f; **p. subsidiary** Produktionsfiliale f; **p. support** Produktionshilfe f; **(physical) p. surface** Ertrags-, Produktionsgebirge nt; **p. surplus** Produktionsüberschuss m; **p. surveillance** Fertigungsüberwachung f; **p. survey** Produktionserhebung f; **p. switch** Produktionsumstellung f; **p. system** Betriebs-, Fertigungs-, Produktionssystem nt
production target Förder-, Leistungs-, Produktionsziel nt, Ausbringungs-, Leistungssoll nt; **to meet the p. t.**

Produktionsziel erreichen; **industrial p. t.** Produktionssoll *nt*
production tax Fabrikations-, Produktionssteuer *f*; **p. technology** Fertigungs-, Produktionstechnik *f*, P.technologie *f*; **p. theory** Produktionstheorie *f*; **p. time** Durchlauf-, Fabrikations-, Fertigungs-, Herstellungs-, Produktionszeit *f*; **p. unit** 1. Fertigungs-, Produktionseinheit *f*; 2. Fertigungs-, Produktionsanlage *f*; 3. Fertigungs-, Maschinengruppe *f*; ~ **basis method of depreciation** leistungsbezogene Abschreibung, Abschreibung auf Basis der Produktion; **p. upsurge** rasanter Produktionsanstieg; **p. value** Herstellungs-, Produktionswert *m*; **net ~ of trade** Nettoproduktionswert des Handels; **p. volume** Fertigungsvolumen *nt*, Ausbringungsmenge *f*; **p. week** Produktionswoche *f*; **p. work** Herstellungsarbeiten *pl*; **p. worker** Industriearbeiter(in) *m/f*, in der Fertigung Beschäftigte(r), Arbeiter(in) in der Produktion
product inspector Produktkontrolleur *m*
productive *adj* 1. erzeugend, produzierend; 2. ergiebig, produktiv, ertrags-, leistungsfähig; 3. rentabel, gewinnbringend; 4. schöpferisch; **highly p.** leistungsstark; **p.ness** *n* Ertragsfähigkeit *f*, Produktivität *f*
productivity *n* Produktivität *f*, Rentabilität *f*, Leistungs-, Ertragsfähigkeit *f*, Ergiebigkeit *f*; **p. of capital stock** Produktivität der Investition; **p. per man-hour** Stundenproduktivität *f*; **p. per unit of area** Flächenproduktivität *f*; **to improve/increase p.** Produktivität steigern/erhöhen
aggregate productivity (VWL) Gesamtproduktivität *f*; **agricultural p.** landwirtschaftliche Produktivität; **corporate p.** (BWL) (Unternehmen) Gesamtproduktivität *f*; **diminishing p.** Produktivitätsabnahme *f*; **economic p.** volkswirtschaftliche Produktivität; **in-store p.** Ladenproduktivität *f*
marginal productivity (VWL) Grenzproduktivität *f*, Leistungs-, Produktivitätsgrenze *f*, an der Grenze der Rentabilität liegende Ertragsfähigkeit; ~ **of capital** Grenzproduktivität des Kapitals; ~ **of money** Grenzproduktivität des Geldes; ~ **investment** (physische) Grenzproduktivität, marginale Produktivität der Investition, interner Zinsfuß; ~ **labour** Personalproduktivität *f*; ~ **labour** Grenzproduktivität der Arbeit; ~ **theory (of wages)** Grenzproduktivitätstheorie *f*
national/overall productivity gesamtwirtschaftliche/volkswirtschaftliche Produktivität; **per-capita p.** Arbeitsproduktivität *f*; **marginal physical p.** physikalische Grenzproduktivität
productivity advance/gain Produktivitätsfortschritt *m*, P.zuwachs *m*; **p. agreement/deal** Produktivitätsabkommen *nt*, P.vereinbarung *f*, P.absprache *f*, Tarifabschluss in Höhe des Produktivitätsfortschritts; **p. bonus** Leistungs-, Produktivitätsprämie *f*, Leistungszulage *f*; **p. check** Leistungskontrolle *f*; **p. clause** Produktivitätsklausel *f*; **p. constraint** Produktivitätsengpass *m*; **p. council** Produktivitätsrat *m*; **p. curve** Leistungskurve *f*; **p. differential/gap** Produktivitätsgefälle *nt*; **p. factor** Leistungsfähigkeits-, Produktivitätsfaktor *m*; **p. figures** Produktivitätsziffern; **p. goal** Produktivitätsziel *nt*; **p. growth/increase** Produktivitätsanstieg *m*, P.steigerung *f*, P.wachstum *nt*, P.zuwachs *m*, P.zunahme *f*; **p. improvement** Rationalisierung *f*, Produktivitätsverbesserung *f*, P.steigerung *f*; ~ **tool** Mittel zur Produktivitätssteigerung; **p. incentive** Leistungs-, Produktivitätsanreiz *m*; **p.-increasing** *adj* leistungsteigernd; **p. index** Produktivitätsindex *m*; **p. lag** Produktivitätsrückstand *m*; **p. level** Produktivitätsintensität *f*; **p. management** Produktivitätskontrolle *f*; **p. norm** Produktivitätsnorm *f*; **p.-orient(at)ed** *adj* produktivitätsorientiert; **p. payment** Produktivitätszuschlag *m*, P.zulage *f*, Leistungszulage *f*; **p. peak** Produktivitätsspitze *f*; **p. ratio** Produktivitätskennzahl *f*; **p. reserve** Produktivitätsreserve *f*; **p. sharing (payment)** Produktivitätsbeteiligung *f*; **p. slowdown** Produktivitätsrückgang *m*; **p. target** Produktivitätsziel *nt*; **p. trend** Produktivitätsentwicklung *f*; **p. value** Produktivitätswert *m*
product knowledge Produktkenntnisse *pl*; **p. launch** Produkteinführung *f*, Einführung eines neuen Produkts; **p. leadership** Produktführung *f*
product liability Produzenten-, Produkthaftung *f*, Produzentenhaftpflicht *f*; ~ **insurance** Produkt-, Produzentenhaftpflichtversicherung *f*; ~ **premium** Versicherungsprämie für Produzentenhaftung; ~ **settlement** zur Abwendung der Produzentenhaftung getroffene Regelung
product life Produktleben(sdauer) *nt/f*; ~ **cycle** Produktlebenszyklus *m*
product line 1. Artikel-, Produkt-, Warengruppe *f*, Produktlinie *f*, P.sortiment *nt*; 2. ▰ Fertigungsbereich *m*, Produktionszweig *m*; **to stretch a p. l.** Produktlinie/Sortiment erweitern; **to trim back p. l.s** Produktlinien/P.gruppen zusammenlegen, Sortiment straffen
broad product line Produktvielfalt *f*; **p. l. expansion** Sortimentsausweitung *f*; ~ **manager** Produktgruppenleiter *m*; ~ **planning** Produktlinienplanung *f*
product link Produktkoppelung *f*; **p. management** Produktpflege *f*, P.überwachung *f*; **p. manager** Markenbetreuer *m*, Produktmanager *m*, P.leiter *m*; **p. market** Güter-, Produktmarkt *m*; **p. marketing** Produktvermarktung *f*; **p. market relations** Produkt-Markt-Beziehungen; **p. matrix** Produktmatrix *f*
product mix (Fertigungs)Sortiment *nt*, Sortimentsstruktur *f*, Warenkorb *m* (fig), Produktstreuung *f*; **restructuring the p. m.** Sortimentsumstrukturierung *f*, S.umstellung *f*; **to change the p. m.** Sortiment umstellen/umstrukturieren; **p. m. audit** Sortimentskontrolle *f*; ~ **policy** Sortimentspolitik *f*; ~ **problem** Mischproblem *nt*; ~ **reduction** Sortimentsbereinigung *f*; ~ **selection** Sortimentsauslese *f*
product modification Produktmodifikation *f*, P.variation *f*; **p. moment** ▰ Produktmoment *m*; **p. number** Artikelnummer *f*; **p. overheads** Produkt-, Artikel-, Fabrikategemeinkosten *pl*; **p. patent** Erzeugnis-, Sachpatent *nt*; **p. personality** Produktprofil *nt*, P.identität *f*; **p. pioneering** Einführung neuer Produkte; **p. piracy** Produktpiraterie *f*, P.nachahmung *f*; **p. placement** 1. selektive Markteinführung; 2. Schleichwerbung *f*, indi-

product placement test

rekte/verdeckte Werbung; **~ test** Markt-, Einführungstest *m*; **p. planning** Erzeugnis-, Produktplanung *f*, Marktreifegestaltung *f*; **p. portfolio** Produktpalette *f*; **p. positioning** Produktpositionierung *f*, Warenplatzierung *f*; **p. presentation** Produktpräsentation *f*; **p. price** Produkt-, Betriebspreis *m*; **p. profile** Produktprofil *nt*; **p. promotion** Absatzanbahnung *f*, A.förderung *f*; **p. publicity** Produktwerbung *f*; **p. puffery** übertriebene Produktwerbung; **p. quality** Produkt-, Warenqualität *f*, Qualität eines Erzeugnisses, Produktbeschaffenheit *f*
product range Sortiment *nt*, Produktpalette *f*, P.reihe *f*, Verkaufsprogramm *nt*; **to complete/round off the p. r.** Sortiment abrunden; **to streamline the p. r.** Sortiment bereinigen; **diversified p. r.** breite Produktpalette, breites Sortiment; **streamlined p. r.** straffes Sortiment; **p. r. extension** Sortimentsausweitung *f*, S.erweiterung *f*; **~ simplification** Sortimentsbereinigung *f*, S.vereinfachung *f*
product recovery Produktaufbereitung *f*; **p.-related** *adj* produktbezogen; **p. re-launch** Produktneueinführung *f*; **p. reliability** Produktzuverlässigkeit *f*; **p. replenishment** Regalauffüllung *f*; **p. research** Waren-, Produktforschung *f*; **p. revival** Produktwiederbelebung *f*; **diagonal p. rule** Diagonalproduktregel *f*; **p. sample** Artikel-, Produktmuster *nt*; **p. section** Artikelbereich *m*; **p. selection** Produktauswahl *f*; **p. simplification** Produktvereinfachung *f*; **p. specialization** Produktspezialisierung *f*; **p. specification** Produktbeschreibung *f*; **p. spectrum** Produktpalette *f*; **p. sponsor** Produktträger *m*; **p. standard** Warennorm *f*; **p. strategy** Produktstrategie *f*; **p. structure** Produktstruktur *f*; **p. styling** Produktgestaltung *f*; **p. subcategory** Warenuntergruppe *f*; **p. system** Produktsystem *nt*; **p. tax** Fabrik(ats)-, Warensteuer *f*
product test Produkt-, Warentest *m*; **blind p. t.** Blitz-, Blinderinnerungstest *m*; **competitive p. t.** vergleichender Warentest; **diadic p. t.** Zweiprodukttest *m*; **monadic p. t.** Einzelprodukttest *m*; **triadic p. t.** Dreiprodukttest *m*; **p. t. information** Warentestinformationen *pl*
product testing Produktprüfung *f*; **p. transformation curve** Produktionsmöglichkeitskurve *f*; **p. tree** Produktstammbaum *m*, P.pyramide *f*; **p. unit** Kostenträger *m*; **~ costing** Stück(kosten)rechnung *f*, S.kalkulation *f*, Kostenträgerrechnung *f*, Bewertung selbst erstellter Erzeugnisse; **p. update** Produkterneuerung *f*, P.modernisierung *f*; **p. valorization (process)** Produktverwertung *f*; **p. value** Produktwert *m*; **p. variation** Produktvariation *f*; **p. warranty** Produktgarantie *f*; **p. weight** Produktgewicht *nt*
pro|-employee *adj* arbeitnehmerfreundlich; **p.-employer** *adj* arbeitgeberfreundlich
profert *n* [§] Vorlage einer Urkunde bei Gericht
profession *n* 1. (akademischer) Beruf; 2. (Berufs)Stand *m*; **the p.** die Berufs-/Standeskollegen, die Fachwelt; **the p.s** die akademischen Berufe, Akademiker; **by p.** von Beruf; **in my p.** in meinem Fach/Beruf; **p. or business** Stand oder Beruf; **to enter a p.** einen Beruf ergreifen; **to practise/pursue a p.** einem Beruf/einer Arbeit nachgehen

caring profession Pflege-, Sozialberuf *m*; **civilian p.** Zivilberuf *m*; **commercial p.** Kaufmannsstand *m*; **diplomatic p.** Diplomatenberuf *m*; **legal p.** (Rechts)Anwaltsberuf *m*, juristischer Beruf; **the ~ p.** Juristenstand *m*, (Rechts)Anwaltschaft *f*; **literary p.** Schriftstellerberuf *m*; **medical p.** Arzt-, Heilberuf *m*; **the ~ p.** die Ärzteschaft; **~ p.s** ärztliche Berufe; **military p.** Soldatenberuf *m*
professional *adj* 1. Berufs-, (frei)beruflich, berufsmäßig, b.ständisch, akademisch; 2. fachmännisch, sachverständig, fachlich, professionell; **in a p. way** professionell, fachmännisch, kompetent
professional *n* Fachmann *m*, Routinier *m (frz.)*, Profi *m (coll)*; **environmental p.** Umweltexperte *m*
professionalization *n* Professionalisierung *f*
professionalize *v/t* zum Beruf machen, (aus etw.) ein Gewerbe machen, professionalisieren
professionalism *n* 1. Fachwissen *nt*, Experten-, Spezialistentum *nt*, (fachliches) Können, Professionalität *f*; 2. Berufsethos *nt*
professor *n* Professor *m*, Universitätslehrer *m*; **p. of law** Rechtslehrer *m*; **associate p.** außerordentlicher Professor; **full p.** ordentlicher Professor, Lehrstuhlinhaber *m*, Ordinarius *m (lat.)*; **visiting p.** Gastprofessor *m*
professorship *n* Professur *f*, Dozentur *f*, Lehrstuhl *m*, Ordinariat *nt*; **full p.** Ordinariat *nt*; **visiting p.** Gastprofessur *f*, G.dozentur *f*
proffer *v/t* anbieten, andienen; *n* Angebot *nt*
proficiency *n* Fertigkeit *f*, Leistung *f*, Können *nt*; **linguistic p.** Sprachkenntnisse *pl*, **p. test** Leistungstest *m*
proficient *adj* fähig, sachkundig, bewandert; **linguistically p.** sprachkundig, s.gewandt
profile *n* 1. Profil *nt*, Seitenansicht *f*; 2. kurze Übersicht; 3. Kurzbiografie *f*; **p. of company strengths and weaknesess** *(BWL)* Stärken-Schwächen-Profil *nt*; **to keep a low p.** sich zurückhalten, sich unauffällig verhalten, sich bedeckt halten, sich nicht exponieren, tiefstapeln *(coll)*; **locational p.** Standortprofil *nt*
profit *n* 1. (Geschäfts)Gewinn *m*, Ertrag *m*, Rendite *f*, Profit *m*, (Wirtschafts)Ergebnis *nt*, Ausbeute *f*; 2. Nutzen *m*, Vorteil *m*,; **at a p.** mit Gewinn
profit from own account dealings Eigenhandelsgewinn *m*; **p. on amalgamation** Umwandlungsgewinn *m*; **~ asset disposal** Gewinn aus Anlagenverkauf/Anlagenabgang; **p.s from business** Gewinn aus Gewerbebetrieb; **p. retained in the business** einbehaltener/ nicht ausgeschütteter/thesaurierter Gewinn; **p. derived from capital** Kapitalgewinn *m*, K.ertrag *m*; **p. from coinage** Münzgewinn *m*; **p. prior to consolidation** Reingewinn vor Fusion; **p. and contingencies** Gewinn- und Sicherheitszuschlag *m*; **p. from disposals** Gewinn aus Veräußerungen; **p. available for distribution** ausschüttungsfähiger Gewinn, verfügbarer Reingewinn; **p. from floating exchange rates** Float-, Wechselkursgewinn *m*; **p. prior to formation** *[GB]* / **incorporation** *[US]* Vorgründungsgewinn *m*; **p. from interest** Zinsgewinn *m*; **~ interests** Beteiligungsertrag *m*; **p. on investment** Kapitalerlös *m*; **p. from lapses** *(Vers.)* Stornogewinn *m*; **~ loading** Verwaltungskostengewinn *m*

profit and loss Gewinn und Verlust; **on joint ~ l.** auf gemeinschaftlichen Gewinn und Verlust
profit and loss account Gewinn- und Verlustrechnung (GuV) *f*, Ertrags-, Erfolgs-, Ergebnisbilanz *f*, Ertragsrechnung *f*, Gewinnermittlungsbilanz *f*, Umsatzrechnung *f*; **~ a.s** Aufwands- und Ertragskonten; **~ a. based on the cost of production convention** Gesamtkostenverfahren der Gewinn- und Verlustrechnung; **to pass to ~ a.** auf Gewinn- und Verlustkonto buchen; **annual ~ a.** Jahreserfolgsrechnung *f*; **combined ~ a.** Gesamtergebnisrechnung *f*; **consolidated ~ a.** konsolidierte Gewinn- und Verlustrechnung, Konzerngewinn-, K.verlustrechnung *f*; **actuarial ~ a.** versicherungstechnische Gewinn- und Verlustrechnung
profit and loss summary account Gewinn- und Verlustsammelkonto *nt*; **~ assumption agreement** Gewinn- und Verlustübernahmevertrag *m*, Ergebnisübernahmevertrag *m*; **~ exclusion agreement** Ergebnisausschluss, Ergebnisausschließungsvereinbarung *f*; **~ forecast** Ergebnis-, Finanzvorschau *f*; **~ item** Erfolgsposten *m*; **~ pooling** Gewinngemeinschaft *f*; **~ pooling agreement** Ergebnisübernahmevertrag *m*; **~ statement** Gewinn- und Verlustrechnung (GuV) *f*; **consolidated ~ statement** Konzerngewinn- und Verlustrechnung *f*, konsolidierte Gewinn- und Verlustrechnung, Ertrags-, Erfolgsrechnung *f*, Ertragsausweis *m*; **~ transfer** Ergebnisabführung *f*; **~ transfer agreement** Ergebnisabführungsvereinbarung *f*, E.(übernahme)vertrag *m*
profit or loss *(GuV)* Erfolg *m*, Ergebnis *nt*; **~ based on current cost** realer Erfolg; **~ based on historical cost** nominaler Erfolg; **non-operating p. or l.** neutraler Erfolg
profit due to minority shareholders Gewinn(anteil) der Minderheitsaktionäre, Minderheitsaktionären zustehender Gewinn(anteil); **p. from operations** Betriebs-, Unternehmensgewinn *m*; **~ continuing operations** Gewinn aus dem laufenden Geschäft; **p. accrued from payments received** pagatorischer Gewinn; **p. for the (given) period; p. in a stated period** Periodengewinn *m*, periodenechter Gewinn; **p. à prendre** *(frz.)* [§] Nutzungsrecht an fremdem Grundstück; **p. for the quarter** Quartalsgewinn *m*; **p. on realization** Realisierungsgewinn *m*; **~ the retirement of fixed assets** Erträge aus dem Abgang von Gegenständen des Anlagevermögens; **~ sales** Umsatzgewinn *m*, U.rendite *f*; **p. from external sales** Außenumsatzgewinn *m*; **p. on securities** Gewinn aus der Veräußerung von Wertpapieren; **p. attributable to shareholders** Aktionären zustehender Gewinn; **p. from surrenders** *(Vers.)* Rückkaufgewinn *m*; **p. after tax(ation)** Nachsteuergewinn *m*, Gewinn nach Steuern, versteuerter Gewinn; **p. before taxation** Vorsteuergewinn *m*, Ertrag/Gewinn vor (Abzug der) Steuern, unversteuerter Gewinn; **p. per unit** Stückgewinn *m*; **p. for the year** Jahresgewinn *m*, J.ertrag *m*, Ergebnis des Geschäftsjahres; **net ~ year** Jahresreingewinn *m*; **~ financial year** Jahresüberschuss *m*, Gewinn für das Geschäftsjahr
not affecting profit ergebnisneutral; **entitled to p.s** gewinnanteilberechtigt; **p. brought/carried forward** Gewinnvortrag *m*; **~ from the previous year** Gewinnvortrag aus dem Vorjahr; **p. set aside** abgezweigter Gewinn; **skimming/syphoning off (excess) p.s** Gewinnabschöpfung *f*
to attribute profit|s Gewinne zurechnen; **to be back into p.(s)** wieder in der Gewinnzone sein; **to beef up p.s** *(coll)* Gewinne erhöhen/steigern; **to capitalize p.s** Gewinne aktivieren; **to chalk up a p.** Gewinn erzielen; **to creep into p.** nur mühsam die Gewinnzone erreichen; **to cut one's p. too fine** zu niedrige Gewinnspanne haben; **to declare a p.** Gewinn ausweisen; **to determine the p.** Gewinn ermitteln; **to distribute a p.** Gewinn ausschütten; **to earn p.s** Gewinne erzielen/machen; **to eat into/erode p.s** am Gewinn zehren, Gewinn beeinträchtigen/schmälern; **to eat up p.s** Gewinne aufzehren; **to forward p.s** Gewinne überweisen; **to generate p.s** Gewinn erwirtschaften/abwerfen; **to hoist p.s** *(fig)* Gewinne steigern; **to leave a p.** Gewinn abwerfen, ertragreich sein; **to lock in the p.s** *(Börse)* Kursgewinne realisieren, Gewinn sicherstellen; **to make a p.** Gewinn/Profit erzielen, Gewinn erwirtschaften/machen; **to operate at a p.** mit Gewinn arbeiten, Gewinn erzielen/erwirtschaften, schwarze Zahlen schreiben; **to partake/participate in the p.s** am Gewinn teilhaben, Gewinnanteil erhalten; **to pick up p.s** *(coll)* Gewinn machen; **to plough back/reinvest p.s** *(fig)* Gewinne reinvestieren; **to pocket the p.** Gewinn einstecken/einstreichen/kassieren; **to pool p.s** Gewinn teilen; **to post a p.; to present p.s** Gewinne ausweisen; **to prorate p.s** Gewinne anteilmäßig aufteilen; **to realize a p.** Gewinn erwirtschaften/erzielen/realisieren; **to reap p.s** Gewinne realisieren/einfahren *(coll)*; **to render a p.** Gewinn abwerfen; **to repatriate p.s** Gewinne (ins Heimatland) transferieren; **to return a p.** Gewinn ausweisen; **~ to p.(s)** wieder Gewinne machen, wieder mit Gewinn arbeiten, wieder in die Gewinnzone kommen; **to ring up the p.s** *(fig)* Gewinne kassieren; **to roll out p.s** *(fig)* Gewinne präsentieren; **to run at a p.** mit Gewinn betreiben, Gewinn abwerfen; **~ sth. for p.** etw. auf Rendite(n)basis betreiben; **to secure p.s** Gewinne erzielen; **to sell at a p.** mit Gewinn/Vorteil verkaufen; **~ absetzen; to share the p.; ~ out p.s** Gewinn (ver)teilen; **to show a p.** Gewinn aufweisen/ausweisen, mit Gewinn abschließen, Nutzen abwerfen; **to siphon/skim off p.s** Gewinne abschöpfen; **to split the p.** Gewinn aufteilen; **to subsidize p.s** Gewinne subventionieren; **to surge back to p.s** wieder schwarze Zahlen schreiben; **to surrender a p.** Gewinn abführen; **to take a p.; ~ p.s** *(Börse)* sich glattstellen, Gewinn mitnehmen/realisieren; **to trade at a p.** mit Gewinn arbeiten; **to transfer p.s** Gewinne transferieren; **to turn in p.s** Gewinn einbringen/erzielen; **to wipe out the p.** Gewinn zunichte machen; **to withdraw p.s** Gewinne entnehmen; **to yield a p.** Gewinn abwerfen/(ein)bringen/ergeben/verzeichnen, Ertrag abwerfen, ertragreich sein; **~ quick p.s** schnellen Gewinn abwerfen

accrued profit angefallener Gewinn; **accumulated p.** Gewinnvortrag *m*, Bilanzgewinn *m*, einbehaltener/thesaurierter/nicht ausgeschütteter Gewinn; **actual p.** echter Gewinn; **adjusted p.**s bereinigter/berichtigter Gewinn; **after-tax p.** Nachsteuergewinn *m*, Gewinn nach Steuern, versteuerter Gewinn; **annual p.** Jahresgewinn *m*, J.erfolg *m*, Bilanzgewinn *m*; **anticipated/assumed p.** erhoffter/imaginärer/noch nicht realisierter/voraussichtlicher/erwarteter Gewinn; **appropriated p.**s den Rücklagen zugewiesene (Betriebs)Gewinne; **assessable p.** zu versteuerndes Einkommen; **attributable p.** verteilungsfähiger Gewinn; **average p.** Durchschnittsertrag *m*, D.gewinn *m*; **before-tax p.** Vorsteuergewinn *m*, Bruttoertrag *m*; **casual p.** Gelegenheitsgewinn *m*; **clear p.** Rein-, Nettogewinn *m*; **commercial p.** Geschäftsgewinn *m*; **consolidated p.(s)** Konzernergebnis *nt*, K.gewinn *m*, konsolidierter Gewinn, Gewinn des Konsolidierungskreises ohne Gewinnanteile Dritter; **contingent p.** eventueller/noch nicht realisierter Gewinn; **conventional p.** branchenüblicher Gewinn; **corporate p.(s)** Firmen-, Gesellschafts-, Unternehmens-, Unternehmungsgewinn *m*, U.ertrag *m*, Gewinn einer Kapitalgesellschaft; **cross-trading p.** *(Börse)* Arbitragegewinn *m*; **current-cost p.** Gewinn auf Istkostenbasis; **cyclical p.**s Konjunkturgewinne; **declared/disclosed p.** Bilanzgewinn *m*, ausgewiesener Gewinn, Ergebnisausweis *m*; **declining p.**s Erlösverfall *m*, Ertragsschwund *m*; **departmental p.** Abteilungsgewinn *m*; **differential p.** Differenzialrente *f*; **disposable p.** Bilanzgewinn *m*; **distributable p.** ausschüttungsfähiger/zur Ausschüttung kommender/zu verteilender Gewinn, Bilanzgewinn *m*; **distributed p.** ausgeschütteter/entnommener/verteilter Gewinn; **economic p.** Grenzkostenergebnis *nt*; **entrepreneurial p.** Unternehmerlohn *m*; **excess p.** Sonder-, Über-, Mehrgewinn *m*; **~ p.s tax** Mehrgewinnsteuer *f*; **extraordinary p.** außerordentliches Ergebnis, außerordentlicher Gewinn; **fair p.** angemessener Gewinn; **fictitious p.** Scheingewinn *m*; **first-quarter p.**s Gewinn im ersten Quartal

gross profit Bruttogewinn *m*, B.ertrag *m*, B.verdienst(spanne) *m/f*, Rohergebnis *nt*, R.ertrag *m*, R.gewinn *m*, Handelsspanne *f*; **~ extra/mark-up** Rohgewinnaufschlag *m*, Bruttogewinnzuschlag *m*; **~ method (of inventory)** Vorratsbewertung anhand des Rohgewinns; **~ ratio** Rohgewinnquotient *m*

handsome profit ansehnlicher/ordentlicher/stattlicher Gewinn; **healthy p.** schöner Gewinn; **illicit p.**s unerlaubte Gewinne; **illusory/imaginary p.** Scheingewinn *m*, scheinbarer/imaginärer Gewinn; **imputed p.** kalkulatorischer Gewinn; **increased p.(s)** Gewinnsteigerung *f*; **industrial p.** Betriebsgewinn *m*; **inflationary p.** Inflationsgewinn *m*; **innovational p.** Pioniergewinn *m*; **intercompany p.** Organgewinn *m*, zwischenbetrieblicher Gewinn; **interim/intermediary p.** Zwischenergebnis *nt*, Z.gewinne *pl*; **intra-group ~ p.s** konzerninterne Zwischengewinne; **intra-group p.** Konzern(buch)gewinn *m*, Gewinn aus konzerninternen Geschäften; **lost p.**s entgangener Gewinn, indirekter Schaden; **marginal p.(s)** Grenzerlös *m*, G.nutzen *m*, Gewinnminimum *nt*, Rentabilitätsgrenze *f*; **mesne p.**s in der Zwischenzeit erlangter Gewinn

net profit Bilanz-, Netto-, (Unternehmer)Reingewinn *m* (nach Steuern), Reinertrag *m*, R.erlös *m*, Nettoertrag *m*; **~ for the accounting period** Periodenreingewinn *m*; **~ on sales** Nettoverkaufserlös *m*, Warenreingewinn *m*; **~ after/before taxes** Nettogewinn nach/vor Steuern; **annual n. p.** Jahresüberschuss *m*, J.reingewinn *m*; **corporate n. p.** Gesellschaftsreingewinn *m*; **declared/stated n. p.** Reingewinnausweis *m*; **surplus n. p.** *[US]* Periodengewinn *m*; **n. p. margin** Nettogewinnspanne *f*; **~ mark-up** Nettogewinnzuschlag *m*; **~ ratio** Verhältnis Reingewinn zu Nettoerlösen

non-distributed profit(s) einbehaltener/unverteilter Gewinn; **non-operating p.** Nettobetriebserfolg *m*, N.gewinn *m*, neutraler Gewinn, neutrales Ergebnis; **non-recurring/one-off p.(s)** einmalige Erträge, einmaliger Gewinn; **normal p.** Normalgewinn *m*, Unternehmerlohn *m*; **notional p.** fiktiver Gewinn; **offshore p.**s Auslandsgewinne; **phantom p.** Scheingewinn *m*; **ploughed-back p.**s reinvestierte/einbehaltene/thesaurierte/nicht ausgeschüttete/nicht entnommene Gewinne; **pre-acquisition p.**s Gewinne vor Übernahme; **pre-tax p.(s)** Vorsteuergewinn *m*, Erträge/Gewinn vor (Abzug/Berücksichtigung der) Steuern; **pure p.** Netto-, Reingewinn *m*; **quarterly p.** Quartalsgewinn *m*; **realized p.**s realisierter Gewinn; **related p.** periodenechter Gewinn; **reported p.** ausgewiesener Gewinn/Ertrag; **retained p.(s)** einbehaltener/thesaurierter/zurückbehaltener/nicht ausgeschütteter/nicht entnommener Gewinn; **scarcity-induced p.**s Knappheitsgewinne; **secret p.** versteckter Gewinn; **several p.** [§] individuelles Nutzungsrecht an fremdem Grundstück; **speculative p.(s)** Spekulationsgewinn *m*; **surrendered p.** abgeführter Gewinn; **substantial p.** erheblicher Gewinn; **surplus p.** (Gewinn)Überschuss *m*, Mehrgewinn *m*, unverteilter Reingewinn; **taxable p.** steuerpflichtiger/steuerlicher/zu versteuernder Gewinn, Steuergewinn *m*; **technical p.** technischer Gewinn; **thumping p.** *(coll)* Riesengewinn *m (coll)*; **total p.** Gesamt-, Totalgewinn *m*, T.erlös *m*; **unappropriated/undistributed/undivided p.** ausschüttungsfähiger/einbehaltener/unausgeschütteter/unverteilter Gewinn, Gewinnvortrag *m*; **unexpected p.** unerwarteter Gewinn; **unfair p.** 1. unangemessener Gewinn; 2. *(Börse)* Kursschnitt *m*; **usurious p.** wucherischer Gewinn; **variable p.** Deckungsbeitrag *m*

profit *v/i* profitieren; **p. by** Nutzen/Vorteil ziehen aus; **p. from sth.** sich etw. zu Nutze machen, aus etw. Nutzen ziehen

profitability *n* Rentabilität *f*, Wirtschaftlichkeit *f*, Ertragskraft *f*, E.lage *f*, Einträglichkeit *f*, Ergiebigkeit *f*, Rentierlichkeit *f*; **p. of production** Fertigungsrentabilität *f*
to achieve profitability Ertragsschwelle überschreiten; **to damage p.** Rentabilität beeinträchtigen; **to improve p.** Ertragskraft stärken; **to pigeon-toe into p.** *(fig)* allmählich in die Gewinnzone/schwarzen Zahlen kommen; **to return to p.** in die Gewinnzone zurückkehren, wieder mit Gewinn arbeiten, ~ Gewinne machen

corporate profitability Unternehmensrentabilität *f*, Ertragskraft des Unternehmens; **improved p.** verbesserte Rentabilität; **marginal p.** Grenzrentabilität *f*; **overall p.** Gesamtrentabillität *f*
profitability analysis Rentabilitätsanalyse *f*, R.prüfung *f*; **segmental ~ in marketing** Absatzsegmentrechnung *f*; **p. aspects** Rentabilitätsgesichtspunkte; **p. calculation/estimate(s)** Rentabilitäts-, Wirtschaftlichkeitsrechnung *f*; **p. criterion** Rentabilitätskriterium *nt*; **p. factor** Rentabilitätsfaktor *m*; **p. gap** Rentabilitätslücke *f*; **p. graph** Rentabilitätsdiagramm *nt*; **p. index** interner Zinsfuß, Kapitalwertrate *f*; **p. objective** Rentabilitätsziel *nt*; **p. principle** Gewinnprinzip *nt*; **p. ratio** Renditekennziffer *f*, Rentabilitätsgröße *f*; **p. situation** Rentabilitätslage *f*; **p. sequence** Rentabilitätsengpass *m*, Druck auf die Rentabilität; **p. study** Rentabilitäts-, Wirtschaftlichkeitsstudie *f*, Rentabilitätsuntersuchung *f*; **p. trend** Rentabilitätsentwicklung *f*, R.trend *m*
profitable *adj* 1. rentabel, rentierlich, gewinnbringend, g.trächtig, einträglich, ertragreich, e.sstark, lukrativ, ergiebig; 2. vorteilhaft, nützlich, lohnend, nutzbar; **to be p.** Gewinn/Profit bringen, sich rentieren, in den schwarzen Zahlen sein, in der Gewinnzone arbeiten, zu Buche schlagen; **to stay p.** Gewinnposition beibehalten, weiterhin mit Gewinn arbeiten; **highly p.** hochrentierlich
profit acceleration Gewinnzuwachsrate *f*; **p. account** Gewinnkonto *nt*, G.rechnung *f*; **p. analysis** Erfolgs-, Ertragsanalyse *f*; **p. appropriation** Gewinnverwendung *f*; **~ statement** Gewinnverwendungsbilanz *f*
profit assessment Gewinnermittlung *f*; **p. balance** Gewinn-, Guthabensaldo *m*, Gewinn nach Vortrag; **p. base/basis** Gewinngrundlage *f*, Renditebasis *f*; **p.-bearing** *adj* gewinnträchtig; **p. breakdown** Gewinnaufschlüsselung *f*; **p. ceiling** Gewinnbeschränkung *f*
profit center *[US]* **/centre** *[GB]* Ertrags-, Gewinnstelle *f*, Ergebnis-, Rechnungslegungseinheit *f*, Profitcenter *nt*, (Geschäfts)Bereich mit Gewinnverantwortung, ~ selbstständiger Ergebnisrechnung; **accountable p. c.** isolierbare/einzeln erfassbare Rechnungslegungseinheit; **p. c. accounting** Abteilungserfolgs-, Ertragsstellenrechnung *f*; **~ organization** Gewinndezentralisierung *f*
profit charge Gewinnaufschlag *m*; **p. claim** Gewinnanspruch *m*; **p. commission** Gewinnbeteiligung *f*, G.provision *f*, Erfolgsprovision *f*, E.beteiligung *f*; **graded p. commission** Staffelgewinnanteil *m*; **p. comparison method** Gewinnvergleichsrechnung *f*; **p. contraction** Gewinnrückgang *m*; **p. contribution** 1. Deckungs-, Gewinnbeitrag *m*, Bruttogewinn *m*; 2. Grenzkostenergebnis *nt*; **p. control** Gewinnkontrolle *f*; **to turn the p. corner** *(fig)* die Gewinnschwelle überschreiten, wieder mit Gewinn arbeiten; **p. costs** Ertragskosten *f*; **p. datum** Erfolgs-, Gewinnbezugsgröße *f*; **p.s dilution** Ertragseinbuße *f*, Gewinnschmälerung *f*, Ergebnisverwässerung *f*
profit distribution Gewinnausschüttung *f*, Erfolgs-, Gewinnverwendung *f*; **concealed/disguised/hidden p. d.** verdeckte Gewinnausschüttung; **disclosed p. d.** offene Gewinnausschüttung

profit downturn/drop Gewinnrückgang *m*; **p. earner** Gewinnbringer *m*; **p.-earning** *adj* rentabel, gewinnbringend
profiteer *n* *(pej.)* Profitjäger *m (pej.)*, P.geier *m (pej.)*, P.macher *m*, Geschäftemacher *m*, Gewinnler *m (pej.)*, Schieber *m (pej.)*, Wucherer *m*, Gewinntreiber *m*; *v/t* Wucher-/Schiebergeschäfte machen, schieben *(pej.)*, sich bereichern
profiteering *n* *(pej.)* Preistreiberei *f*, Geschäftemacherei *f*, (Preis)Wucher *m*, Wuchergeschäfte *pl*, Schieberei *f (pej.)*, Beutelschneiderei *f (coll)*; **rip-off p.** Wuchergeschäfte *pl*; **p. racket** Schieberei *f (pej.)*, Schiebung *f (pej.)*
profit|-enhancing *adj* gewinnsteigernd; **p. equilibrium** Gleichgewicht bei Maximalgewinn; **p. erosion** Gewinnerosion *f*, G.schmälerung *f*; **p. estimate(s)** Ertrags-, Ergebnis-, Gewinnschätzung *f*, Nutzungsanschlag *m*; **p. expectations** Ertrags-, Gewinn-, Renditeerwartungen; **p. explosion** Gewinnexplosion *f*; **p. figures** Ertrags-, Gewinnzahlen; **p. forecast** Gewinnprognose *f*, G.vorhersage *f*, Ertragsvorschau *f*; **upgraded p. forecast** aktualisierte Gewinnprognose; **p. function** Gewinnfunktion *f*; **p.(s) gain** Gewinnzuwachs *m*; **p.-generating** *adj* gewinnbringend; **p. graph** Gewinnschwellendiagramm *nt*; **p.(s) growth** Gewinnwachstum *nt*, G.steigerung *f*, G.zuwachs *m*, Ertragsdynamik *f*; **p. improvement** Ergebnis-, Erlös-, Ertrags-, Gewinnverbesserung *f*, G.anstieg *m*; **anticipated p. improvement** erwartete Gewinnsteigerung; **p. income** Gewinneinkommen *nt*; **~ recipient** Gewinneinkommensbezieher *m*; **p. increase** Gewinnzuwachs *m*, G.steigerung *f*; **p. inflation** Inflation der Gewinne
profiting from usurious acts of another *n* [§] Nachwucher *m*
profit insurance Betriebsunterbrechungsversicherung *f*; **without p.s insurance** *[US]* Lebensversicherung ohne Gewinnbeteiligung; **p.less** *adj* 1. uneinträglich, unrentabel, ertragslos; 2. zweck-, nutzlos; **p. maker** Gewinnbringer *m*, Erlös-, Ertragsfaktor *m*; **p.-making** *adj* gewinnbringend, einträglich, rentabel, auf Gewinn/Erwerb gerichtet; **to be p.-making** Erwerbszweck verfolgen; **p. management** Gewinnsteuerung *f*
profit margin Ertrags-, Gewinn-, Handels-, Nutzen-, Verdienstspanne *f*, Ertrags-, Gewinn-, Verkaufsmarge *f*, Gewinnspitze *f*, Umsatzrentabilität *f*; **~ of commodity group** Warengruppenspanne *f*; **~ on sales/turnover** Absatz-, Umsatzrendite *f*; **to bite into/eat into/shave/squeeze the p. m.** Gewinnspanne schmälern
average profit margin Durchschnitts(gewinn)spanne *f*; **bottom-line p. m.** Nettogewinnspanne *f*; **departmental p. m.** Abteilungsspanne *f*; **gross p. m.** Bruttogewinnmarge *f*, B.spanne *f*; **item-related p. m.** Artikel-, Stückspanne *f*; **narrow p. m.** schmale Gewinnspanne; **slimmed p. m.** verkleinerte Gewinnspanne
profit mark-up (Rein)Gewinnzuschlag *m*; **p. maximization** Gewinn-, Profitmaximierung *f*; **~ output** optimale Produktionsmenge, gewinnmaximale Ausbringung; **periodic p. measurement on an accrual basis** Periodisierung *f*; **p.-minded; p.-motivated; p.-**

profit motive

orient(at)ed *adj* gewinn-, ertrags-, erlösorientiert; **p. motive** Gewinnmotiv *nt*, G.erzielungsabsicht *f*, G.streben *nt*; **p. objective** Gewinnziel *nt*; **p. opportunity** Gewinnmöglichkeit *f*; **marginal ~ by machine-hour** Opportunitätskosten pro Einheit der Engpassbelastung; **p. orientation** Erfolgs-, Gewinnorientierung *f*, Profitdenken *nt*; **p. outlook** Gewinnaussichten *pl*, G.prognose *f*
profit participation Gewinnbeteiligung *f*; **with p. p. (Darlehen)** partiarisch; **p. p. right** Genussrecht *nt*
profit pass-over Gewinnausgleichssystem *nt*; **p. percentage** Umsatzrentabilität *f*; **p. performance** Gewinnentwicklung *f*; **p. plan** Erfolgs-, Gewinnplan *m*; **p. planning (and budgeting)** Erfolgs-, Gewinnplanung *f*; **long-range/long-term p. planning** langfristige Erfolgsplanung; **p. pool(ing)** Gewinn(abrechnungs)gemeinschaft *f*; **p. potential** Erfolgs-, Ertrags-, Gewinnpotenzial *nt*; **p. projection** Gewinnvorschau *f*, G.projektion *f*; **p. prospects** Ertrags-, Gewinnaussichten; **(inflationary) p. push** inflatorischer Gewinnstoß; **p.-push inflation** Gewinninflation *f*; **p. rate** Gewinn-, Profitrate *f*
profit ratio Gewinnverhältnis *nt*, G.ergebnisquote *f*, Betriebsergebnisquote *f*, Rentabilität *f*; **gross p. r.** Bruttogewinn dividiert durch Nettoerlöse; **net p. r.** Umsatzrentabilität *f*
profit realization Gewinnmitnahme *f*; **p. recovery** Erholung der Erlöse/Gewinne, Ergebnis-, Ertrags-, Gewinnverbesserung *f*; **p.-reducing** *adj* ertrags-, gewinn-, erlösmindernd, e.schmälernd; **p.-related** *adj* gewinn-, ertrags-, erfolgsabhängig, e.bezogen; **p. responsibility** Ergebnisverantwortung *f*; **p. retention** Gewinnthesaurierung *f*, G.einbehaltung *f*; **p. retentions** einbehaltene/thesaurierte/nicht ausgeschüttete/nicht entnommene Gewinne; **p. rise** Gewinnsteigerung *f*, G.anstieg *m*; **p.-seeking** *adj* gewinnorientiert; **p. setback** Gewinneinbuße *f*, G.rückgang *m*, G.rückschlag *m*; **p. share** Erlös-, Gewinn-, Überschussanteil *m*; **entitled to a p. share** gewinnberechtigt
profit sharing 1. Erfolgs-, Ergebnis-, Ertrags-, Gewinn-, Überschussbeteiligung *f*; 2. Beteiligung (der Arbeitnehmer) am Gewinn; **~ certificate** Gewinnanteil-, Genussschein *m*; **~ fund** Gewinnbeteiligungsfonds *m*; **~ payment** Ausschüttungsgewinnbeteiligung *f*; **~ plan for employees** *(Arbeitnehmer)* Erfolgsbeteiligung *f*; **~ right** Genussrecht *nt*; **~ scheme** Ertrags-, Gewinnbeteiligungssystem *nt*, G.plan *m*, Beteiligungsmodell *nt*, Beteiligung der Arbeitnehmer am Gewinn; **~ transactions** Gewinnbeteiligungsgeschäft *nt*
profit shift(ing)/switch(ing) Gewinnverlagerung *f*, G.verschiebung *f*; **p. shortfall** Erlös-, Gewinneinbuße *f*, Ertragsrückgang *m*, Mindererlös-, Mindererlöschrag *m*, Mindererlöstrag *m*, **p. showing** Gewinnausweis *m*; **p. shrinkage** Gewinnschrumpfung *f*; **p. situation** Erlös-, Ertrags-, Gewinnlage *f*, G.situation *f*; **s. slide/slump** Erlös-, Gewinnrückgang *m*, G.abnahme *f*, Erlös-, Gewinnverfall *m*; **p. spinner** 1. gewinnbringende Sparte/Tätigkeit; 2. hochrentabler Artikel; **p. squeeze** Gewinndruck *m*, G.schmälerung *f*, G.kompression *f*, Verminderung der Gewinnspanne; **to expand one's way out of a p. squeeze** Gewinnschwäche durch Expansion überwinden

profit taking *(Börse)* Gewinnmitnahme *f*, G.realisierung *f*, G.sicherung *f*, Realisierung *f*; **early p. t.** Gewinnmitnahme bei Börsenbeginn; **professional p. t.** Gewinnmitnahme durch den Berufshandel
profit target Gewinn(plan)-, Ertragsziel *nt*
profits tax Ertrags-, Gewinnsteuer *f*; **accumulated p. t.** Steuer auf einbehaltene Gewinne; **corporate p. t.** *(Kapitalgesellschaft)* Körperschaftssteuer *f*; **excess p. t.** Mehr-, Sonder-, Übergewinn-, Gewinnabführungssteuer *f*
profit|s total Gesamtgewinn *m*; **p.(s) transfer** Gewinnabführung *f*; **~ agreement** Gewinnabführungsabkommen *nt*, G.vertrag *m*; **p.(s) trend** Ertrags-, Gewinnentwicklung *f*, Entwicklung des Jahresergebnisses; **p. turn(a)round** Wende in der Ertragslage; **p.(s) utilization reserve** Gewinnverwendungsrücklage *f*; **p.(s) warning** Gewinnwarnung *f*, pessimistische Gewinnprognose; **p.(s) wedge** *(Diagramm)* Gewinnzone *f*; **p.-yielding** gewinnbringend, ertragreich, rentierlich, rentabel; **p. zone** Gewinnzone *f*
profli|gacy *n* Verschwendung(ssucht) *f*; **p.gate** *adj* verschwenderisch
pro forma *adj/adv (lat.)* (als) reine Formsache, pro forma, der Form halber; *n* Proforma(erklärung) *f*
profound *adj* gründlich, tief(gehend), t.greifend, t.gründig, t.schürfend, profund; **more p.** tiefergehend; **p.ly** *adv* zutiefst
prognosis *n* Prognose *f*, Vorher-, Voraussage *f*, Vorausschau *f*
prognostic *adj* prognostisch; **p.ate** *v/t* prognostizieren, voraussagen, Vorher-/Voraussagen machen; **p.ation** Prognose *f*, Vorhersage *f*; **p.ator** *n* Vorhersager *m*, Konjunkturprophet *m*, Prognostiker *m*
pro-government *adj* regierungsfreundlich
program *n* *[US]* Programm *nt*; *v/t* programmieren; **→ programme** *[GB]*
to generate a program Programm erstellen; **to include/set out in a p.** programmieren; **to load a p.** Programm einlesen
absolute program Absolutprogramm *nt*; **cold-start p.** Eröffnungsprogramm *nt*; **diagnostic p.** Diagnose-, Diagnostik-, Fehlersuchprogramm *nt*; **interpretative p.** Interpretierprogramm *nt*, interpretierendes Programm; **main(line)/main-routine p.** Hauptprogramm *nt*; **reenterable p.** wiederverwendbares Programm; **stored p.** Speicherprogramm *nt*
program access key Funktionstaste *f*; **p. control** Programmsteuerung *f*; **~ card** Programmkarte *f*; **p. counter** Befehlszähler *m*; **p. cycle** Programmgang *m*, P.zyklus *m*, Verarbeitungszyklus *m*; **p. device** Programmeinrichtung *f*; **p. emitter** Eingabesteuerung *f*; **p. error** Programm(ier)fehler *m*; **p. exit** Programmimpuls *m*; **p. function key** Funktionstaste *f*; **p. identification** Programmbezeichnung *f*; **p. language** Programmiersprache *f*; **p. level** Programmebene *f*; **p. listing** Programmprotokoll *nt*; **p. loader** Ladeprogramm *nt*; **p. module** Programmbaustein *m*; **p. proving** Programmerprobung *f*; **p. repeat** Programmwiederholung *f*; **p. storage** Programmspeicher *m*

programmable *adj* programmierbar
programmatic(al) *adj* programmatisch
programme *n* *[GB]* 1. Programm(atik) *nt/f*, Plan *m*; 2. *(Radio/TV)* Sendung *f*, Programm *nt*; 3. ♟ Spielfolge *f*, S.plan *m*; 4. Programmheft *nt*; **p. of action** Handlungsprogramm *nt*; **~ delivery** Lieferprogramm *nt*; **~ tabulations** Tabellenprogramm *nt*
to arrange/draw up a program(me) Programm zusammenstellen/aufstellen; **to broadcast a p.** Sendung ausstrahlen; **to support a p.** Programm vertreten; **to take off the p.** vom Programm absetzen; **to transmit a p.** Programm übertragen/senden
add-on program(me) Zusatzprogramm *nt*; **alternative p.** Kontrastprogramm *nt*; **anticyclical p.** Konjunkturprogramm *nt*; **anti-inflation p.** Inflationsbekämpfungsprogramm *nt*; **associated p.** Begleitprogramm *nt*; **basic p.** Minimalprogramm *nt*; **collaborative p.** Gemeinschaftsprogramm *nt*; **comprehensive p.** umfassendes Programm; **cost-cutting/cost-saving p.** Sparprogramm *nt*; **daily p.** Tagesprogramm *nt*; **deflationary p.** Stabilitätsprogramm *nt*; **economic p.** Wirtschaftsprogramm *nt*; **educational p.** Bildungsprogramm *nt*; **environmental p.** Umweltprogramm *nt*; **environment-protection p.** Umweltschutzprogramm *nt*; **flexible-purpose p.** Mehrzweckprogramm *nt*; **follow-up p.** Nachfolgeprogramm *nt*; **illustrative p.** hinweisendes Programm; **individual p.** Einzelprogramm *nt*; **interest-subsidizing p.** Zinsverbilligungsmaßnahme *f*; **introductory p.** Vorprogramm *nt*; **job-creating/make-work p.** Arbeitsbeschaffungs-, Beschäftigungsprogramm *nt*; **legislative p.** Gesetzgebungsprogramm *nt*; **long-term p.** Langzeitprogramm *nt*; **multi-year p.** Mehrjahresprogramm *nt*; **point-of-main-effort p.** Schwerpunktprogramm *nt*; **political p.** politisches Programm; **popular p.** beliebte Sendung; **preparatory p.** Vorlaufprogramm *nt*; **promotional p.** Förderungsprogramm *nt*; **pump-priming p.** (Konjunktur)Ankurbelungsprogramm *nt*; **reflationary p.** Konjunktur(förderungs)programm *nt*; **secondary p.** Nebenprogramm *nt*; **sponsored p.** Patronatssendung *f*; **supplementary/supporting p.** Bei-, Ergänzungsprogramm *nt*; **sustaining p.** stationseigene Sendung; **selectively targeted p.** gezieltes Programm
program(me) aid Programmhilfe *f*; **p. analysis** Programmanalyse *f*; **p. area** Programmbereich *m*; **p.-based** *adj* programmgebunden; **p. budget** Programmbudget *nt*; **p. company** Programmfirma *f*
programmed *adj* angesetzt, geplant, vorgesehen, programmiert
program(me) description Programmbeschreibung *f*; **p. director** Programm-, Sendeleiter *m*; **p. drum** Programmtrommel *f*; **p. flow** Programmablauf *m*; **~ chart** Programmablaufplan *m*; **p. p. item** Programmelement *nt*; **p. modification** Programmänderung *f*; **p. notes** Programmhinweise; **p. package** Programmpaket *nt*; **p. phase** Programmphase *f*; **p. planning** Programmplanung *f*; **~ department** Programmredaktion *f*; **p. quality** ▦ Sollqualität *f*
programmer *n* 1. ▤ Programmierer(in) *m/f*; 2. Programmgestalter(in) *m/f*

program(me) residence Programmresidenz *f*; **~ time** Programmverweilzeit *f*; **p. run** Programm(ab)lauf *m*; **~ sheet** Bedieneranweisungen *pl*
program(me) selection Programmauswahl *f*; **p. selector** Programmtaste *f*; **p. step** Programmschritt *m*; **p. subdivision** Programmaufteilung *f*; **p. supplier** Programmanbieter *m*; **p. switch** Programmschalter *m*; **p. tape** Programmband *nt*; **p. testing** Programmprüfung *f*; **p. text** Programmtext *m*; **p. trading** *(Börse)* Programmhandel *m*; **p. unit** Programmbaustein *m*, P.einheit *f*
programming *n* Programmierung *f*
advanced programming ▤ zusätzliche Programmierhilfe; **conversational-mode p.** interaktives Programmieren; **dynamic p.** *(OR)* dynamische Programmierung; **integer p.** ganzzahlige Programmierung; **linear p.** lineare Programmierung/Planungsrechnung, Linearplanung *f*; **mixed-integer p.** gemischt ganzzahlige Programmierung; **non-linear p.** nichtlineare Programmierung; **optimum p.** Optimalprogrammierung *f*; **parallel p.** Simultanarbeit *f*; **parametric p.** parametrische Programmierung; **quadratic p.** quadratische Programmierung; **stochastic p.** stochastische Programmierung
programming error ▤ Programmierungsfehler *m*; **p. flow chart** Programmierungsablauf *m*; **p. language** Programmiersprache *f*; **initial p. load** Basisladeprogramm *nt*; **p. method** Programmierungsverfahren *nt*; **p. system** Programmiersystem *nt*
progress *n* 1. Fortschritt *m*; 2. Fortgang *m*, Vorwärts-, Vorankommen *nt*; **in p.** im Werden (begriffen); **p. of the arts** *(Pat.)* technischer Fortschritt, Stand der Technik
to be in progress im Gange sein; **to make p.** 1. vorwärts-, weiterkommen, fortschreiten, Fortschritte machen; 2. *(Börse)* leichte Gewinne verzeichnen; **~ p. with sth.** etw. voranbringen; **~ good p.** guten Verlauf nehmen, gut vorankommen; **~ slow p.** langsam vorankommen; **~ rapid p.** schnell um sich greifen
economic progress wirtschaftlicher Fortschritt; **marked p.** entschiedener/merklicher Fortschritt; **scientific p.** wissenschaftlicher Fortschritt; **sequential p.** sequentieller Fortschritt; **social p.** sozialer Fortschritt; **technical/technological p.** technischer/technologischer Fortschritt; **disembodied ~ p.** investitionsungebundener technischer Fortschritt; **embodied ~ p.** investitionsgebundener technischer Fortschritt
progress *v/ti* 1. vorankommen, Fortschritte machen; 2. ⚚ *(Krankheit)* voranschreiten; 3. weiter verfolgen, vorantreiben
progress billing (Projekt)Abrechnung nach Baufortschritt; **p. card** Terminkarte *f*; **p. chart** Arbeitsfortschritts-, Entwicklungsdiagramm *nt*; **p. chaser** Arbeitsfluss-, Terminüberwacher *m*, T.bearbeiter *m*, T.jäger *m*; **p. control** Fortschritts-, Terminkontrolle *f*, T.verfolgung *f*, T.überwachung *f*
progressing *n* Arbeitsvorbereitung *f*
progression *n* 1. (Weiter)Entwicklung *f*; 2. Fortbewegung *f*; 3. π Progression *f*, Folge *f*; **arithmetic(al) p.** arithmetische Folge/Progression; **geometric(al) p.**

geometrische Reihe/Progression; **steep p.** steile Progression
progressive *adj* 1. fortlaufend, fortschreitend; 2. schrittweise, gestaffelt; 3. progressiv, fortschrittlich; **p.ly** *adv* nach und nach, stufenweise, stetig fortschreitend, zunehmend
progress payment (Bau)Fortschritts-, Teilzahlung *f*, Zahlung nach (Bau)Fortschritt; **to make p. p.s** nach Baufortschritt zahlen; **p. p. guarantee** Teilzahlungsgarantie *f*
progress planning Arbeits-, Fortschrittsplanung *f*; **p. record** Fertigungsnachweis *m*; **p. report** Entwicklungs-, Erfahrungs-, (Arbeits)Fortschritts-, Lage-, Tätigkeits-, Zwischenbericht *m*; **~ department** Terminbüro *nt*; **p. supervision** Terminüberwachung *f*
prohibit *v/t* 1. verbieten, untersagen; 2. verhindern
prohibited *adj* verboten, unerlaubt, unzulässig; **strictly p.** strengstens untersagt/verboten
prohibition *n* 1. Verbot *nt*, Untersagung *f*, Sperrung *f*; 2. *[US] (obs.)* Alkoholverbot *nt*, Prohibition *f*
prohibition of access Zutrittsverbot *nt*; **~ assignment** Zessionsverbot *nt*; **~ association** Koalitionsverbot *nt*; **~ capital transfers** Kapitaltransferverbot *nt*; **~ child labour** Verbot der Kinderarbeit; **~ competition** Konkurrenz-, Wettbewerbsverbot *nt*; **~ cross delivery** Querlieferungsverbot *nt*; **~ discrimination** Diskriminierungsverbot *nt*; **~ adverse discrimination** Nachteilsverbot *nt*; **~ (gainful) employment** Arbeits-, Beschäftigungsverbot *nt*; **~ retroactive criminal legislation** Verbot rückwirkender Strafgesetze; **~ merger(s)** Fusionsverbot *nt*; **p. per se** *(lat.)* Verbotsprinzip *nt*; **p.s and restrictions** Verbote und Beschränkungen; **p. of on-premises sale of alcoholic drinks** Ausschankverbot *nt*; **~ trading** Gewerbeverbot *nt*; **~ work on Sundays** Sonntagsarbeitsverbot *nt*; **~ night work** Nachtarbeitsverbot *nt*
statutory prohibition gesetzliches Verbot
prohibition act Verbotsgesetz *nt*; **p. notice** Verbotshinweis *m*; **p. order** Untersagungsverfügung *f*; **p. sign** Verbotsschild *nt*, V.zeichen *nt*; **p. system** Bannwirtschaft *f*
pro|hibitive *adj* 1. verhindernd, negatorisch, Sperr-; 2. untragbar, unerschwinglich, prohibitiv; **p.hibitory** *adj* Verbots-
project *n* 1. Projekt *nt*, Vorhaben *nt*, (Forschungs)Unternehmen *nt*; 2. Entwurf *m*, Plan *m*
to abandon a project Projekt fallen lassen; **to carry out/implement a p.** Plan/Projekt ausführen, ~ abwickeln; **to cost a p.** Projekt durchkalkulieren; **to develop a p.** Projekt entwickeln; **to embark on a p.** in ein Projekt einsteigen; **to expand a p.** Projekt erweitern; **to formulate a p.** Projekt konzipieren; **to fund a p.** Projekt finanzieren; **to get a p. under way** Projekt in Gang bringen; **to launch a p.** Projekt starten; **to realize a p.** Projekt realisieren; **to shelve a p.** Projekt zurückstellen; **to turn down a p.** Projekt ablehnen
commercial project kommerzielles Projekt; **corporate p.** Unternehmensprojekt *nt*; **financial p.** Finanzierungsvorhaben *nt*; **individual p.** Einzelprojekt *nt*; **industrial p.** Industrieprojekt *nt*; **large(-scale)/major p.** Groß-, Mammutprojekt *nt*, Riesenvorhaben *nt*; **long-term p.** Langzeitprojekt *nt*, langfristiges Projekt; **mega p.** Riesenprojekt *nt*; **turnkey p.** 1. schlüsselfertiges Projekt, schlüsselfertige Anlage; 2. Anlagengeschäft *nt*
project *v/t* 1. planen, entwerfen, projektieren; 2. hochrechnen, überschlagen, projizieren; 3. *(Film)* vorführen; **p. back** zurückschreiben
project agreement Projektabkommen *nt*, P.vereinbarung *f*; **p. aid** Projekthilfe *f*; **p. analyst/consultant** Projektberater *m*; **p. approval** Projektbewilligung *f*; **~ procedure** Projektbewilligungs-, Planfeststellungsverfahren *nt*; **p. contractor** Projektunternehmer *m*; **p. control** Projektüberwachung *f*, P.kontrolle *f*; **~ system** Projektüberwachungssystem *nt*; **p. cost(s)** Projektkosten *pl*; **p. engineer** Projektingenieur *m*, ausführender Ingenieur; **p. evaluation** Projektbewertung *f*; **p. finance/financing/funding** Projekt-, Objektfinanzierung *f*, Finanzierung eines Projekts; **p. identification** Projektsuche *f*, P.auswahl *f*; **p. implementation** Projektdurchführung *f*
projection *n* 1. Prognose *f*, Voraus-, Hochrechnung *f*, Fortschreibung *f*, Projizierung *f*; 2. Entwurf *m*, Plan *m*, Projektion *f*; 3. 🎬 Vorsprung *m*; **p. of costs to completion** geschätzte Gesamtprojektkosten, vorausgehende Gesamtprojektion *f*; **p.s of demand** Absatzprognose *f*; **forward p.** Fortschreibung *f*, F.schätzung *f*, Vorausschätzung *f*; **financial p.** Finanzplan *m*, F.vorschau *f*; **moving p.** gleitende (Budget)Prognose
projection area Projektionsfläche *f*; **p. booth** (Film)Vorführkabine *f*
projectionist *n* Filmvorführer *m*
projection room Filmvorführungsraum *m*; **p. screen** Bildwand *f*
project life Projektdauer *f*; **p.-linked** *adj* objektbezogen, o.gebunden, projektbezogen, p.gebunden; **p. loan** Projektkredit *m*; **p. management** Projektleitung *f*, P.management *nt*, P.steuerung *f*; **~ agent** 🏛 Baubetreuer *m*; **p. manager** Projektleiter *m*; **p. officer** Projektbearbeiter *m*, P.beauftragter *m*
projector *n* Projektionsapparat *m*, P.gerät *nt*, Vorführgerät *nt*, (Licht)Bildwerfer *m*; **overhead p. (OHP)** Tageslichtprojektor *m*
project organization Projektorganisation *f*; **p.-orient(at)ed** *adj* projektorientiert; **p. owner** 🏛 Bauherr *m*, B.auftraggeber *m*; **p. participant** Projektpartner *m*, P.teilnehmer *m*; **p. period** Projektzeitraum *m*; **p. planning period** Projektplanungsphase *f*; **p. preparation** Projektvorbereitung *f*; **p. proposal** Projektvorschlag *m*; **p.-related** *adj* projektgebunden, p.bezogen; **p. report** Projektbericht *m*; **p. scheduling** Projektplanung *f*, P.steuerung *f*; **p. site** Baustelle *f*, Projektstandort *m*; **p. status** Projektlage *f*; **~ report** Projektlagebericht *m*; **p. team** Projektgruppe *f*; **p.-tied** *adj* objektbezogen, o.gebunden, projektbezogen, p.gebunden; **p. tying** Projekt-, Zweckbindung *f*; **p. work** Projektarbeit *f*
prole *n* *(pej.)* Prolet *m* *(pej.)*
proletarian *n* Prolet(arier) *m*; *adj* proletarisch
proletariat(e) *n* Proletariat *nt*

prolifer|ate v/i wuchern, um sich greifen, sich stark vermehren, ausufern, Überhand nehmen; **p.ating** adj ausufernd, wild wachsend; **p.ation** n Ausuferung f, Wildwuchs m, Wuchern nt, Ausbreitung f; **p.fic** adj (ideen)reich, fruchtbar, produktiv
prolong v/t 1. verlängern, ausdehnen; 2. (Wechsel) prolongieren, Fälligkeit hinausschieben, erneuern; **p.able** adj verlängerbar
prolongation n 1. Verlängerung f; 2. (Wechsel) Prolongat(ion) nt/f, Prolongierung f; 3. (Vertrags)Erneuerung f; **p. of a bill of exchange** Wechselverlängerung f, W.prolongation f; ~ **a credit** Stillhaltung eines Kredits; ~ **debts** Stundung von Forderungen; ~ **payment** Zahlungsaufschub m, Stundung f, Moratorium nt; ~ **the agreed period;** ~ **a term;** ~ **a time limit** Termin-, Fristverlängerung f; **tacit p.** stillschweigende Verlängerung/Prolongation
prolongation agreement Verlängerungsabkommen nt; **p. bill** Prolongationsabschnitt m; **p. business** Prolongationsgeschäft nt; **p. charge** Belassungsgebühr f; **p. clause** Verlängerungsklausel f; **p. loan** Prolongationskredit m; **p. period** Belassungsfrist f
prolonged adj langwierig, anhaltend
pro memoria adj/adv (lat.) pro Memoria; ~ **figure** Erinnerungsposten m; ~ **item** Erinnerungs-, Merkposten m; ~ **value** Erinnerungswert m
prominence n Bekanntheit f; **commercial p.** wirtschaftliche Bedeutung
prominent adj 1. prominent, berühmt; 2. auffällig, hervorstechend
promise n (Schuld)Versprechen nt, Verpflichtung f, Zusage f, Zusicherung f; **p. of a credit** Kreditzusage f; **p. of delivery** Auslieferungsversprechen nt; **p. to finance** Finanzierungszusage f; ~ **make a gift** Schenkungsversprechen nt; **p. of guarantee** Bürgschaftsvertrag m; ~ **a loan; p. to grant a loan** Darlehenszusage f, D.versprechen nt; **p. of marriage** Ehe-, Heiratsversprechen nt; ~ **a mortgage (loan)** Hypothekenzusage f; **p. to pay** Schuld-, Zahlungsversprechen nt; **p. of a pension** Versorgungszusage f; **p. to perform** 1. Schuldversprechen nt; 2. Leistungszusage f; **abstract ~ perform** abstraktes Schuldversprechen
to abide by/keep one's promise; to fulfil/honour/keep/make good a p. Versprechen einlösen/erfüllen; **to break/rat on** (coll)/**renege on a p.** Versprechen brechen/nicht einhalten; **to live up to a p.** Erwartungen erfüllen; **to show p.** zu Hoffnungen berechtigen; ~ **industrial p.** (Technologie) industriell verwertbar sein; **to wring a p. from so.** Versprechen von jdm erzwingen
absolute promise unbedingtes Versprechen; **binding p.** bindende/sichere Zusage, bindendes Versprechen; **collateral p.** akzessorisches Versprechen; **conditional p.** bedingtes Versprechen; **contractual p.** Vertragsversprechen nt; **empty p.s** leere Versprechungen; **express p.** ausdrückliches Versprechen; **firm p.** harte/konkrete Zusage; **mutual p.** Gegen(seitigkeits)verpflichtung f; **non-committal p.** unverbindliche Zusage; **parol p.** mündliches (Schuld)Versprechen; **solemn p.** Gelübde nt, Gelöbnis nt, ehrenwörtliches/feierliches Versprechen; **unconditional p.** vorbehaltloses/unbedingtes Versprechen
promise v/t versprechen, sich verpflichten, zusagen, zusichern; **p. solemnly** geloben, in die Hand versprechen; **p. well** Erfolg versprechen, zu Hoffnungen berechtigen
promisee n Versprechensempfänger(in) m/f, Berechtigte(r) f/m
promising adj erfolg-, vielversprechend, aussichts-, chancen-, zukunftsreich, erfolgs-, zukunftsträchtig, günstig, verheißungsvoll, ausbau-, entwicklungsfähig, interessant
promisor n Versprechensgeber(in) m/f
promissory note (P.N.) adj Hand-, Schuldschein m, Promesse f, Eigen-, Solawechsel m, trockener Wechsel, Schuldversprechen nt; ~ **made out to order** Ordertratte f
promo (promotional video) n (coll) Werbevideo nt
promotable adj förderungswürdig
promote v/t 1. fördern, begünstigen; 2. (Produkt) werben für, bewerben; 3. befördern, höher stufen
to be promoted adj 1. befördert werden, aufrücken; 2. (Sportliga) aufsteigen
promoter n 1. Auftraggeber m, Bauherr m; 2. Organisator m, Veranstalter m; 3. Förderer m, Befürworter m, Gönner m; 4. (Unternehmens)Gründer m; **p. of a company** Firmengründer m; **p.s' stock** Gründeraktien pl
promotion n 1. Werbung f, Reklame f, (Absatz-/Verkaufs)Förderung f, Werbekampagne f, (Produkt) Bewerbung f, (Markt)Einführung f; 2. Begünstigung f; 3. Gründung f; 4. Beförderung f, Höherstufung f, H.gruppierung f; 5. (Sportliga) Aufstieg m, Aufrücken nt
promotion of the arts Kunstförderung f; ~ **small (and medium-sized) businesses** Mittelstandsförderung f; ~ **competition** Wettbewerbsförderung f; ~ **concentration** Konzentrationsförderung f; ~ **economic development** Wirtschaftsförderung f; ~ **employment** Beschäftigungsförderung f; ~ **exports** Export-, Ausfuhrförderung f; ~ **growth** Wachstumsförderung f; ~ **housing construction** Wohnungsbauförderung f; ~ **industry** Industrieförderung f; ~ **interests** Interessenwahrnehmung f; ~ **common interests** Vertretung gemeinsamer Interessen; ~ **investments** Investitionsförderung f; ~ **long-term financial investments** Förderung langfristiger Kapitalanlagen; ~ **purchasing** Beschaffungsförderung f; **p. by seniority** Beförderung nach Dienstalter; **p. of high technology** Technologieförderung f; ~ **tourism** Fremdenverkehrsförderung f; ~ **trade (and industry)** Wirtschaftsförderung f; ~ **industrial/occupational training** (Berufs)Ausbildungsförderung f
to get promotion befördert werden; **to mark so. out for p.** jdn zur Beförderung vorsehen; **to merit p.** Förderung verdienen; **to urge one's p.** auf seine Beförderung hinarbeiten
automatic promotion Regelbeförderung f; **below-the-line p.** Verkaufsförderung durch Nachlässe; **direct-mail p.** Direktwerbung f; **indiscriminate p.** Förderung mit der Gießkanne (fig), ~ nach dem Gießkannenprinzip; **internal p.** hausinterne Beförderung; **one-shot p.** (Werbung) Stoßaktion f; **personal p.** persönliche Werbung

promotional *adj* (verkaufs)fördernd, Reklame-, Werbe-, werbend, werblich
promotion allowance Werberabatt *m*; **p. article** Werbeartikel *m*; **p. budget** Werbeetat *m*; **p. costs/expense(s)** Gründungskosten *pl*; **p. department** Abteilung für Verkaufsförderung; **p. exercise** Werbeaktion *f*; **p. ladder** *(fig)* Beförderungsleiter *f (fig)*; **p. list** Beförderungsliste *f*; **p. manager** Werbeleiter *m*; **p. matter** Propaganda-, Werbematerial *nt*; **p. measure** Förderungsmaßnahme *f*; **p. money** Gründungs-, Finanzierungskosten *pl*; **p. opportunity** Aufstiegsmöglichkeit *f*; **p. program(me)** Förderungsprogramm *nt*; **p. prospects** Beförderungsaussichten, B.chancen, Aufstiegsmöglichkeiten, A.chancen; **p. scheme** Förder-, Förderungsprogramm *nt*; **p. services department** Unternehmensförderungsabteilung *f*; **p. technique** Werbemethode *f*
promotive *adj* fördernd
prompt *adj* sofort lieferbar, unverzüglich, prompt, umgehend, sofortig, pünktlich, schnell, zügig; *n* 🕮 Aufforderungsmeldung *f*, Prompt *m*, Bedienerführung *f*; *v/t* 1. bewegen, veranlassen, auslösen; 2. 🕮 soufflieren
prompter *n* 🕮 Souffleur *m (frz.)*, Souffleuse *f (frz.)*
promptness *n* Schnelligkeit *f*, Promptheit *f*
prompt note *n* Mahnung *f*
prompts *pl (Börse)* sofort lieferbare Ware
promulgate *v/t (Gesetz)* verkünden, bekannt geben, ~ machen, veröffentlichen; **to be p.d** ergehen
promulgation *n (Gesetz)* Verkündigung *f*, Bekanntgabe *f*, Verbreitung *f*, Veröffentlichung *f*; **p. of election results** Verkündigung von Wahlergebnissen; **~ a law** Veröffentlichung/Erlass eines Gesetzes
prone *adj* geneigt; **p. to** anfällig für, veranlagt zu; **to be p. to** neigen zu
proneness *n* Anfälligkeit *f*; **p. to break down** Reparaturanfälligkeit *f*
pronounce *v/t* 1. aussprechen; 2. erklären; 3. [§] *(Urteil)* verkünden; **p. so. fit for work** jdn für arbeitsfähig erklären, jdn arbeitsfähig schreiben
pronounced *adj* ausgeprägt, ausgesprochen, deutlich; **to be p.** [§] *(Urteil)* ergehen
pronouncement *n* 1. Erklärung *f*, Erlass *m*; 2. [§] *(Urteil)* Verkündung *f*; **p. of judgment; judicial p.** Richterspruch *m*, Urteilsverkündung *f*
pronouncing dictionary *n* Aussprachewörterbuch *nt*
pronunciation *n* Aussprache *f*; **correct p.** richtige Aussprache; **received p. (RP)** *[GB]* Standardsprache *f*
proof *n* 1. Beleg *m*, Beweis *m*, Nachweis *m*, Beweismittel *nt*, B.material *nt*; 2. 🗐 Korrekturfahne *f*, Probeabzug *m*, Ausdruck *m*, Druckprobe *f*; 3. Probe *f*; 4. Alkoholgehalt *m*; **as p.** als Beweis
proof of authencity Echtheitsbeweis *m*, Nachweis der Echtheit; **~ authority** Berechtigungsnachweis *m*; **~ authority to accept** Nachweis der Empfangsberechtigung; **p. (of debt) in bankruptcy** Anmeldung einer Konkursforderung; **p. of a claim** Anspruchs-, Forderungsanmeldung *f*, Nachweis einer Forderung; **~ competence/competency** Eignungs-, Befähigungsnachweis *m*, Nachweis der Eignung/Befähigung

proof to the contrary Gegenbeweis *m*, Nachweis des Gegenteils; **failing ~ the contrary** bis zum Beweis des Gegenteils; **unless there is ~ the countrary** bis zum Nachweis des Gegenteils; **to file ~ the contrary** den Gegenbeweis erbringen
proof of death Nachweis des Ablebens, Todesbeweis *m*, T.nachweis *m*; **~ debt** Nachweis einer Forderung, Anmeldung einer Konkursforderung; **to lodge/tender ~ debt** Konkursforderung anmelden, Forderung zur Konkursmasse anmelden; **~ delivery (note)** Auslieferungs-, Liefer-, Zustell(ungs)nachweis *m*; **~ earnings** 1. Einkommensnachweis *m*; 2. Verdienstbescheinigung *f*; **~ entitlement** Berechtigungsnachweis *m*, Nachweis der Anspruchsberechtigung; **~ documentary evidence** Führung des Urkundenbeweises; **~ execution** Ausführungsnachweis *m*; **~ export(ation)**; **~ export shipment** Ausfuhrnachweis *m*, Nachweis der Ausfuhr; **~ the fact** Tatbeweis *m*; **~ genuineness** Echtheitsbeweis *m*; **~ guilt** Schuldbeweis *m*; **~ heirship** Erbnachweis *m*; **~ identity** Ausweis *m*, Legitimation *f*, Nachweis der Identität, Identitätsnachweis *m*; **~ identity proceedings** Nämlichkeitssicherung *f*; **~ inability to pay** Nachweis der Zahlungsunfähigkeit; **enforceable ~ indebtedness** vollstreckbare Ausfertigung; **~ insolvency** Überschuldungsnachweis *m*; **~ insurability** Nachweis der Versicherungsfähigkeit; **~ loss** Schadens-, Verlustnachweis *m*, Nachweis des eingetretenen Schadens; **to file a ~ loss** Verlustanzeige erstatten; **~ nationality** Staatsangehörigkeitsnachweis *m*; **~ need** Bedürftigkeitsnachweis *m*, Nachweis der Bedürftigkeit; **~ novelty** *(Pat.)* Neuheitsbeweis *m*; **~ origin** Herkunfts-, Ursprungsnachweis *m*; **~ ownership** Eigentumsnachweis *m*, Rechtsausweis *m*; **~ parentage** Abstammungsnachweis *m*; **~ paternity** Vaterschaftsnachweis *m*; **~ payment** Zahlungsnachweis *m*; **~ performance** Leistungsnachweis *m*; **~ preference** ⊖ Präferenznachweis *m*; **~ presentation** Nachweis der Vorlegung; **~ qualification** Befähigungsnachweis *m*; **to furnish ~ qualification** Befähigung nachweisen; **~ right** Feststellung eines Rechts, Rechtsnachweis *m*; **~ service** [§] Zustellungsnachweis *m*; **~ originating status** *(EU)* Nachweis der Ursprungseigenschaft; **~ title** Nachweis des Eigentumsrechts, Feststellung des Rechtsanspruchs
capable/susceptible of proof beweisfähig; **failing p.** mangels Nachweises/Beweises; **requiring p.** belegpflichtig; **responsible for producing p.** beweispflichtig; **if p. is failing** mangels Nachweises; **the p. of the pudding is in the eating** *(prov.)* Probieren geht über Studieren *(prov.)*
to admit sth. as proof etw. als Beweis anerkennen; **to correct p.s** 🗐 Korrektur lesen; **to furnish p.** Nachweis erbringen/führen/liefern, Beweis erbringen/liefern; **to give p. of sth.** etw. unter Beweis stellen; **to offer p.** Beweis antreten; **to pull p.s** 🗐 Korrekturen abziehen; **to put sth. to the p.** etw. auf die Probe stellen
ample proof hinreichender Beweis; **clean p.** 🗐 Revisionsbogen *m*; **clear and convincing p.** überzeugender Beweis; **collateral p.** Nebenbeweis *m*; **decisive p.** aus-

schlaggebender Beweis; **documentary p.** Urkundenbeweis *m*, urkundlicher Beweis/Beleg, urkundliche Bezeugung; **exculpatory p.** Exkulpationsbeweis *m*; **factual p.** faktischer Beweis; **first p.** 📖 erster Korrekturabzug, Rohabzug *m*; **full p.** vollgültiger Beweis; **half p.** Anscheinsvollmacht *f*; **independent p.** selbstständiger Beweis; **letter-set p.** 📖 Satzabzug *m*; **make-up p.** 📖 Umbruch(korrektur) *m/f*; **ocular p.** sichtbarer Beweis; **positive p.** eindeutiger Beweis; **preliminary p.** vorläufiger Beweis/Schadensnachweis; **revised p.** 📖 Zweitkorrektur *f*; **signed p.** 📖 handsignierter Abzug; **stereotyped p.** 📖 Plattenabzug *m*; **striking p.** schlagender Beweis; **tangible p.** klarer/handfester/konkreter Beweis; **specious p.** Scheinbeweis *m*, scheinbarer Beweis; **valid p.** gültiger/triftiger Beweis; **written p.** schriftliche Unterlage
proof *adj* 1. gefeit; 2. undurchlässig; **p. against bribes** unbestechlich; **~ inflation** inflationssicher; **to be p. against** unempfindlich sein gegen
proof correction *n* 📖 (Fahnen)Korrektur *f*
proofed *adj* imprägniert
proof feature Schreibsicherung *f*; **p. impression** 📖 Probeabzug *m*; **p. load** Probebelastung *f*; **p. machine** Scheckabrechnungsmaschine *f*; **p. positive** eindeutiger Beweis; **p.read** *v/t* 📖 Korrektur lesen; **p.reader** *n* Korrektor *m*, Korrekturleser *m*; **p.reading** *n* (Korrektur) Lesen *f/nt*; **p. sheet** Korrekturbogen *m*; **p. spirit** Normalweingeist *m*
prop *n* 1. Stütze *f*, Pfahl *m*, Stützbalken *m*; 2. *(fig)* Halt *m*; 3. 🎭 Stempel *m*; **p.s** 🎭 (Theater)Requisiten
prop (up) *v/t* 1. (ab)stützen, aufbocken; 2. *(fig)* (unter)stützen
propaganda *n* Propaganda *f*, Reklame *f*, Werbung *f*; **to make cheap p.** Stimmungsmache betreiben; **seditious p.** staatsgefährdende Propaganda; **word-of-mouth p.** Mundpropaganda *f*; **p. machine** Propagandamaschinerie *f*; **p. week** Reklame-, Werbewoche *f*
propagandist *n* Propagandist(in) *m/f*; *adj* propagandistisch
propagate *v/ti* 1. propagieren, verbreiten; 2. 🌱 sich fortpflanzen/vermehren
propagation *n* 1. Verbreitung *f*; 2. 🌱 Vermehrung *f*, Fortpflanzung *f*; **p. of error** ⊞ Fehlerfortpflanzung *f*; **p. time** 🖥 Laufzeit *f*
propagator *n* 1. Propagandist(in) *m/f*; 2. 🌱 Züchter(in) *m/f*
propane *n* 🜔 Propan *nt*
propel *v/t* an-, vorwärtstreiben, in Fahrt bringen
propellant *n* 1. Treibstoff *m*, T.gas *nt*, T.mittel *nt*; 2. *(fig)* treibende Kraft
propeller *n* 1. ✈ (Flugzeug)Propeller *m*, Luftschraube *f*; 2. ⚓ Schiffsschraube *f*; **p. blade** Propellerblatt *nt*; **p. shaft** 1. Antriebswelle *f*; 2. ⚓ Kardanwelle *f*; 3. ⚓ Schraubenwelle *f*; **p. vane** Propellerflügel *m*
propelling force *n* Triebkraft *f*; **own p. force** Eigendynamik *f*; **p. pencil** *[GB]* Drehbleistift *m*
propensity *n* Hang *m*, Neigung *f*; **p. to buy** Kauflust *f*; **~ consume** Konsumbereitschaft *f*, K.freudigkeit *f*, K.neigung *f*, Verbrauchsbereitschaft *f*, V.freudigkeit *f*, V.neigung *f*, Verbraucheraufnahmebereitschaft *f*; **average ~ consume** durchschnittliche Konsumquote; **marginal ~ consume** marginale Konsumquote/K.freudigkeit, an der Grenze liegende Konsumbereitschaft; **~ export** Exportneigung *f*, Export-, Ausfuhrquote *f*; **average ~ export** durchschnittliche Exportquote; **marginal ~ export** marginale Exportquote; **~ import** Importneigung *f*, Import-, Einfuhrquote *f*; **average ~ import** durchschnittliche Importquote; **marginal ~ import** marginale Importquote; **~ incur debts** Verschuldungsneigung *f*; **~ invest** Anlage-, Investitionsbereitschaft *f*, I.freudigkeit *f*, I.neigung *f*; **curbing the ~ invest** Dämpfung der Investitionsfreudigkeit; **marginal ~ invest** marginale Investitionsquote; **~ monopolize** Neigung zur Monopolbildung; **~ reinvest** Wiederanlagebereitschaft *f*; **~ save** Sparfreudigkeit *f*, S.neigung *f*; **average ~ save** durchschnittliche Sparquote; **marginal ~ save** marginale Sparquote; **~ sell** Verkaufsneigung *f*; **~ spend** Ausgabeneigung *f*; **marginal ~ spend** marginale Ausgabeneigung; **~ strike** Streikfreudigkeit *f*; **~ take up credits** Verschuldungsbereitschaft *f*
propensity saving freiwillige Ersparnisbildung der privaten Haushalte
proper *adj* 1. eigen; 2. eigentlich; 3. genau, exakt; 4. gebührlich, angemessen, richtig, zweckmäßig, geeignet, entsprechend, passend; 5. gehörig, zünftig; 6. ordentlich, regulär, ordnungsgemäß, **to be (the) p. (thing)** sich gehören
propertied *adj* (reich) begütert, besitzend
property *n* 1. Besitz(tum) *m/nt*, B.stand *m*, Habe *f*, Eigentum *nt*; 2. Immobilie(nobjekt) *f/nt*, Grundbesitz *m*, Liegenschaft *f*, Grundstück *nt*, G.eigentum *nt*, Gut *nt*, Immobiliar-, Realvermögen *nt*, Anwesen *nt*, (Haus) Objekt *nt*; 3. Eigenschaft *f*, Merkmal *nt*, Beschaffenheit *f*; 4. 🎭 Requisit *nt*
property of the bankrupt Konkursmasse *f*; **reclaiming p. from the bankrupt's estate** Herauslagerung des Eigentums aus der Konkursmasse; **p. exempt from execution** unpfändbare Sache; **p. held in fee simple** unbeschränkt vererbliches Grundeigentum; **p. goes by intestacy** Nachlass fällt an die gesetzlichen Erben; **p. in land** Grundbesitz *m*, G.eigentum *nt*, Eigentum an unbeweglichen Sachen; **absolute ~ land** Allod *nt* *(obs.)*; **p. of material** Werkstoffeigenschaft *f*; **p. in mortmain** Eigentum der toten Hand; **~ movables** Eigentum an beweglichen Sachen; **p. contributed by the partners** Sacheinlagen der Gesellschafter/Teilhaber; **p. of the people** Gemein-, Kollektiv-, Volkseigentum *nt*; **p., plant and equipment** Sachanlagen *pl*, S.anlagevermögen *nt*; **~ and intangibles** Sachanlagen und immaterielle Anlagewerte; **p. suitable as security** beleihungsfähiges Objekt; **p. in the form of shares** *[GB]* /**stocks** *[US]* Aktienvermögen *nt*; **p. of a third party** Eigentum Dritter; **p. held on trust** Treugut *nt*
on one's own property auf eigenem Grund und Boden; **receiving stolen p.** (Sach)Hehlerei *f*; **reclaiming p. from the bankrupt's estate** Herausverlangung des Eigentums aus der Konkursmasse; **tracing stolen p.** Sachfahndung *f*; **secured by p.** dinglich gesichert

to acquire property Besitz/Eigentum/Vermögen/Immobilien erwerben; **to administrate p.** Vermögen verwalten; **to assess p.** Vermögen bewerten; **to assign/charge/convey p.** Vermögen übertragen; **to charge p.** Eigentum belasten; **to come into p.** Besitz erben, zu Vermögen gelangen; **to confiscate p.** Vermögen einziehen; **to declare p.** Vermögen anmelden; **to devolve p. upon so.** Vermögen auf jdn übertragen; **to distrain p.** Eigentum pfänden; **~ upon so.'s p.** in jds Eigentum vollstrecken; **to divide p.** Vermögen verteilen; **to encumber p.** Eigentum/Grundstück belasten; **to have p. in land** Land besitzen; **to hold p.** Eigentum/Vermögen haben; **to infringe so.'s p.** jds Eigentum verletzen; **to levy on the entire p.** kahlpfänden; **to obtain p.** Eigentum/Vermögen erwerben; **to own p.** Eigentum/Vermögen besitzen, ~ haben; **to pledge one's p.** Hab und Gut verpfänden; **to preserve p.** Eigentum/Vermögen retten; **to release a p.** Eigentum/Land/Grundstück auflassen; **to resign a p. to so.** jdm einen Besitz überlassen; **to restore p.** Eigentum/Vermögen wiedergeben, ~ zurückgeben; **to seize p.** Eigentum/Vermögen beschlagnahmen; **to sell off one's p.** Besitz abstoßen; **to settle p. on so.** jdm Besitz überschreiben/übertragen; **to take over p.** Eigentum übernehmen; **to transfer p.** Besitz/Eigentum übertragen; **to transmit p.** Besitz übertragen; **to trespass upon so.'s p.** jds Eigentum verletzen, jds Grundstück widerrechtlich betreten; **to withhold p.** Eigentum zurückbehalten; **to write down p.** Grundstück abschreiben
abandoned property herrenloses Eigentum; **absolute p.** absolutes Eigentum; **acquired p.** *(Eherecht)* Errungenschaft *f*; **active p.** Aktivvermögen *nt*, Aktiva *pl*; **additive p.** Additivität *f*; **adjacent/adjoining p.** Nachbargrundstück *nt*, benachbartes/angrenzendes Grundstück; **~ rights** Anliegerrechte; **adventitious p.** Erbschaftsvermögen *nt*; **aggregate p.** Gesamtvermögen *nt*, G.eigentum *nt*, gesamtes Vermögen; **agricultural p.** landwirtschaftlicher/landwirtschaftlich genutzter Besitz, landwirtschaftliches (und forstwirtschaftliches) Vermögen; **alien p.** Auslands-, Feindvermögen *nt*; **assigned p.** abgetretenes Vermögen; **attached p.** beschlagnahmte Sachen, beschlagnahmtes Vermögen; **beneficial p.** Nießbrauch (an einem Vermögen) *m*; **captured p.** Beute *f*; **collective p.** Kollektiv-, Volks-, Gemeinschaftseigentum *nt*, Kollektivgut *nt*, Gesamtbesitz *m*
commercial property gewerbliches/gewerblich genutztes Grundstück, ~ Eigentum, ~ Objekt, Gewerbeimmobilie *f*, G.objekt *nt*, Betriebsgelände *nt*, Geschäftsgrundstück *nt*; **~ development** Erschließung eines Gewerbegrundstücks; **~ owner** Besitz einer gewerblich genutzten Immobilie
common property Gemeinbesitz *m*, G.gut *nt*, G.vermögen *nt*, Gesamtvermögen *nt*, gemeinschaftliches Vermögen; **~ resource** freies Gut; **communal p.** Gemeinschaftsbesitz *m*; **contingent p.** Reservekapital *nt*; **corporate p.** Firmen-, Gesellschafts-, Körperschaftseigentum *nt*, Gesellschaftsvermögen *nt*; **depreciable**

p. abschreibungsfähige Anlagegüter, Verschleißanlagen *pl*; **developed p.** erschlossenes Grundstück; **deposited p.** hinterlegte Sache; **distributable p.** Konkursmasse *f*; **domestic p.** *(Steuer)* Inlandsvermögen *nt*; **dotal p.** Mitgift *f*, Aussteuer *f*; **economic p.** tatsächliche Herrschaft; **eligible p.** beleihbares Objekt; **encumbered p.** belastetes Eigentum; **entailed p.** unveräußerlicher Grundbesitz; **entire p.** Gesamtvermögen *nt*, gesamtes Vermögen; **equitable p.** wirtschaftliches Eigentum; **essential p.** kennzeichnendes Merkmal; **exclusive p.** ausschließliches Eigentum; **exempt p.** konkursfreies/pfändungsfreies Eigentum, unpfändbare Vermögensgegenstände; **federal p.** Bundesvermögen *nt*; **financial p.** Geldvermögen *nt*; **fixed p.** Grundstücke und Gebäude; **foreign-owned p.** Ausländervermögen *nt*; **gross p.** feste Anlagen; **high-yield p.** Renditeobjekt *nt*; **immaterial/incorporeal p.** immaterielle Vermögenswerte; **immovable p.** Grundbesitz *m*, Eigentum aus unbeweglichen Sachen, Immobilie *f*, unbewegliches Vermögen; **improved p.** erschlossenes Grundstück; **income-producing p.** Renditeobjekt *nt*; **individual p.** Privatvermögen *nt*; Einzelobjekt *nt*
industrial property 1. Industriegrundstück *nt*, gewerbliches/gewerblich genutztes/kommerziell genutztes Eigentum, ~ Grundstück, ~ Vermögen, Gewerbeimmobilie *f*; 2. gewerbliches Schutzrecht; **~ insurance** industrielle Gebäudeversicherung; **~ law** gewerblicher Rechtsschutz, Immaterialgüterrecht *nt*; **~ right** gewerbliches Schutzrecht; **~ right infringment** Schutzrechtsverletzung *f*; **~ protection** gewerblicher Rechtsschutz
inherited property Erebtes *nt*; **inner-city p.** innerstädtischer Grundbesitz; **insurable p.** versicherbares Eigentum, versicherbare Gegenstände; **intangible p.** Immaterialgüter *pl*, immaterielle Güter, immaterielles Vermögen/Wirtschaftsgut; **intellectual p.** geistiges Eigentum; **~ right** Recht auf geistiges Eigentum; **joint p.** Eigentum zur gesamten Hand, Gesamtgut *nt*, G.handbesitz *m*, Mitbesitz *m*, gemeinschaftliches/gemeinsames Eigentum, ~ Vermögen; **as ~ p.** zur gesamten Hand; **landed p.** Grund-, Landbesitz *m*, Grundstücksbesitz *m*, G.eigentum *nt*, Liegenschaft *f*, Immobilie *f*, Grund und Boden *m*, Ländereien *pl*; **~ p. in mortmain** Grundeigentum der toten Hand; **land-locked p.** zuwegloses Grundstück; **large p.** Großobjekt *nt*; **leased p.** Mietgegenstand *m*, M.objekt *nt*, M.sache *f*, Pachtgrundstück *nt*, P.gut *nt*, verpachtetes Grundstück; **left p.** Hinterlassenschaft *f*, Nachlass *m*; **literary p.** Urheberrecht *nt*, geistiges/literarisches Eigentum; **lost p.** Verluststücke *pl*, Fundsachen *pl*; **~ office** Fundbüro *nt*; **joint marital p.** Gütergemeinschaft *f*; **marital p. law** vertragliches Güterrecht; **maternal p.** mütterliches Vermögen
matrimonial property agreement [§] Güterrechtsvereinbarung *f*, G.vertrag *m*; **~ regime** ehelicher Güterstand; **~ relation** Güterrechtsverhältnis *nt*
mixed property 1. gemischt genutztes Grundstück; 2. Mischeigentum *nt*; **mortgageable p.** verpfändbares/beleihungsfähiges Objekt, ~ Vermögen; **mortgaged p.**

(hypothekarisch) belastetes Grundstück/(Grund)Eigentum, beliehenes Objekt, Sicherungsgut *nt*; **movable p.** 1. bewegliches Vermögen, bewegliche Vermögensgegenstände, ~ Sache, Mobiliar *nt*, Mobilien *pl*; 2. Eigentum an beweglichen Sachen, Fahrnis *f*; **multiple-use p.** gemischt genutztes Objekt; **municipal p.** Gemeindeeigentum *nt*, G.grundstück *nt*, G.vermögen *nt*, gemeindeeigenes/städtisches Grundstück, ~ Vermögen; **net p.** feste Anlagen abzüglich Abschreibungen; **non-attachable p.** unpfändbare Sachen; **non-essential p.** zufälliges Merkmal; **non-exempt p.** pfändbares Vermögen; **non-transferable p.** unveräußerliche Sache; **onerous p.** belastete Vermögensteile; **other p.** sonstiges Vermögen; **collectively owned p.** Gesamthandseigentum *nt*; **ownerless p.** herrenlose Sache, herrenloses Gut; **paraphernal p.** Sondervermögen der Ehefrau; **linked to a particular p.** objektgebunden; **paternal p.** väterliches Vermögen
personal property bewegliches/persönliches Eigentum, ~ Vermögen, Fahrnis *f*, Mobiliarvermögen *nt*, Mobilien *pl*, Eigentum an beweglichen Sachen; **secured by p. p. or securities** *(Konkursgläubiger)* mobiliargesichert; **p. p. tax** Vermögenssteuer *f*, Steuer auf bewegliches Vermögen
physical property physikalische/stoffliche Eigenschaft; **pledged p.** Pfandgut *nt*, P.gegenstand *m*, verpfändetes/zur Sicherheit überlassenes Eigentum; **prime p.** erstklassige Immobilie; **private p.** Privatbesitz *m*, P.eigentum *nt*, P.grundstück *nt*, P.vermögen *nt*, persönliches/privates Eigentum, ~ Vermögen, privater Grundbesitz; **privileged p.** Vorbehaltseigentum *nt*; **productive p.** Erwerbs-, Produktiv-, Produktionsvermögen *nt*; **public p.** Allgemeingut *nt*, Gemeinde-, Kollektiv-, Staats-, Volkseigentum *nt*, öffentliches Eigentum/Vermögen, Vermögen in öffentlicher Hand; **qualified p.** Anrecht *nt*; **rat(e)able p.** zu versteuerndes/der Besteuerung unterliegendes (Grund)Vermögen, ~ Grundstück, (grund)steuerpflichtiges Grundstück/Vermögen
real property Grund(stücks)eigentum *nt*, G.besitz *m*, Grund und Boden *m*, Immobilie(n) *f/pl*, Liegenschaft *f*, Immobiliarvermögen *nt*, unbewegliche Sachen, unbewegliches Vermögen; **r. properties** Realien; **unimproved r. p.** unbebautes Grundstück, Grundstück ohne Bauten; **r. p. indebtedness** Bodenverschuldung *f*; **~ insurance** Grundstücks-, Immobiliarversicherung *f*; **~ law** Immobiliarrecht *nt*; **~ organization** Realgemeinde *f*; **~ register** Grundbuch *nt*, Liegenschafts-, Bestandsverzeichnis *nt*; **~ right** Grundstücksrecht *nt*; **~ tax** Grundsteuer *f*
remaining property verbleibendes Vermögen; **rental/rented p.** Mieteigentum *nt*, M.gegenstand *m*, M.grundstück *nt*, M.objekt *nt*; **reputed p.** fingiertes Eigentum
residential property 1. Wohn(ungs)eigentum *nt*, Wohngrundstück *nt*, W.immobilie *f*, zu Wohnzwecken genutzter Grundbesitz; 2. ⅙ Wohnteil *m*; **~ insurance** (Wohn)Gebäudeversicherung *f*; **~ market** Wohnungsmarkt *m*

rightful property rechtmäßiges Eigentum; **secondhand p.** Gebrauchtimmobilie *f*; **separate p.** 1. Privat-, Sondervermögen *nt*, S.gut *nt*; 2. §§ Gütertrennung *f*; **sequestered p.** Sequestervermögen *nt*; **settled p.** gebundener Besitz; **shifting p.** *(Vers.)* veränderliches Gut; **siz(e)able p.** ansehnliches/beachtliches Vermögen; **special p.** Sonder(betriebs)vermögen *nt*; **stolen p.** Diebesgut *nt*; **tangible p.** materieller (Vermögens)Gegenstand, materielles Wirtschaftsgut, Sachvermögen *nt*; **taxable p.** steuerpflichtiges Vermögen; **aggregate ~ p.** steuerpflichtiges Gesamtvermögen; **territorial p.** Territorialgebiet *nt*; **third-party p.** fremde Sache(n), fremdes Eigentum, Eigentum Dritter; **unalienable p.** unveräußerliche Sache; **unattachable p.** konkursfreies/pfändungsfreies Vermögen; **unencumbered p.** lastenfreies/schuldenfreies Vermögen; **unlet p.** leer stehende Immobilie/Wohnung; **urban p.** städtisches Grundstück; **vacant p.** unverkauftes Grundstück, leer stehende Immobilie; **wear-resisting p.** Verschleißbeständigkeit *f*
property account Anlage-, Immobilien-, Liegenschafts-, Sach-, Vermögenskonto *nt*; **p. accounting** Anlagenbuchhaltung *f*; **p. accumulation** Vermögensbildung *f*; **p. acquisition** Grundstücks-, Immobilienerwerb *m*; **p. assessment** Vermögensberechnung *f*, V.bewertung *f*, V.schätzung *f*; **p. assets** Vermögenswerte, Sachwertvermögen *nt*, feste Anlagen, Immobilienanlagen, I.vermögen *nt*; **p. balance** Vermögensbilanz *f*; **p. bond** 1. Grundstücks-, Immobilienzertifikat *nt*; 2. Lebensversicherungspolice, deren Wert an einen Immobilienfonds geknüpft ist; **~ fund** Immobilienfonds *m*; **p. boom** Immobilienhausse *f*, I.boom *m*; **p. business** *(Vers.)* Sachsparte *f*; **p. care** Gebäudepflege *f*; **p. casualty insurance** Sachschaden(s)versicherung *f*; **p. claim** 1. Eigentumsanspruch *m*; 2. *(Vers.)* Anspruch aus Sachschaden; **p. class** ▨ Merkmalsklasse *f*; **p. collapse** Zusammenbruch des Immobilienmarkts; **p. company** Grundstücks-, Immobiliengesellschaft *f*, I.unternehmen *nt*; **p. control** Vermögensaufsicht *f*; **p. curatorship** Güterpflegschaft *f*
property damage Gebäude-, Sachschaden *m*, S.beschädigung *f*; **~ insurance** Sachschaden(s)versicherung *f*; **~ liability insurance** Sachschäden-, Haftpflichtversicherung *f*
property deal Immobilien-, Grundstücksgeschäft *nt*; **p. dealer** Grundstückshändler *m*; **p. dealings** Immobiliengeschäft(e) *nt/pl*; **p. debt** Immobilienschuld *f*; **p. deed** Eigentumsurkunde *f*; **p. department** Immobilienabteilung *f*; **p. depreciation** Grundstücksabschreibung *f*; **p. developer** 1. (Liegenschafts)Erschließungsgesellschaft *f*, Immobilienentwickler *m*, Häusermakler *m*; 2. Bauträger *m*, B.löwe *m (pej.)*; **p. development** Bauland-, Grundstückserschließung *f*, G.verwertung *f*, Objektentwicklung *f*; **p. disposal** Immobilien-, Grundstücksverkauf *m*, G.veräußerung *f*; **p. dividend** Natural-, Sachwertdividende *f*, Vermögensrendite *f*; **p. division** Immobilienabteilung *f*, I.sparte *f*; **p. escheated** heimgefallenes Gut; **p. expert** Immobilienfachmann *m*; **p. finance** Immobilienfinanzierung *f*; **p. franchise**

property fund

Stimmrecht eines Grundbesitzers; **p. fund** Grundstücks-, Immobilienfonds *m*; **~ unit** Immobilienfondsanteil *m*; **p. gains** Liegenschaftsgewinne; **p. growth** Vermögensvermehrung *f*, V.zuwachs *m*; **p. holdings** Vermögenswerte; **p. improvement** Grundstücksmelioration *f*; **~ loan** Meliorations-, Instandsetzungsdarlehen *nt*; **p. income** Besitz-, Vermögenseigentum *nt*, Einkommen aus (Grund)Besitz, fundiertes Eigentum; **gross p. income** Bruttoeinkommen aus Vermögen; **p. increment** Zugewinn *m*; **~ tax** (Wert)Zuwachssteuer *f*; **p. inquiry** Objektanfrage *f*
property insurance Gebäude-, Sach-, Vermögens-, Fahrnisversicherung *f*; **~ company** Sachversicherer *m*, S.(versicherungs)gesellschaft *f*; **p. insurer** Schaden-(s)versicherer *m*; **p. interest** Immobilienbeteiligung *f*; **to have a ~ in land** Land besitzen
property investment Immobilieninvestition(en) *f/pl*, Anlagevermögen *nt*; **~ company** Vermögensverwaltungs-, Immobilienanlagegesellschaft *f*; **~ trust** Immobilientrust *m*
property item Besitz-, Vermögensgegenstand *m*; **specific p. items** nicht verwertbare Sachen; **p. law** Liegenschaftsrecht *nt*; **p. lawyer** Grundstücksspezialist *m*; **p. leasing** Immobilien-Leasing *nt*; **p. ledger** Grundstückshaupt-, (Sach)Anlagenbuch *nt*; **p. lending** Immobilienfinanzierung *f*, I.kredite *pl*, Hypothekengeschäft *nt*, Beleihung von Immobilien, Immobiliardarlehen *nt/pl*; **p. levy** Vermögensabgabe *f*; **p. list** Grundstücksverzeichnis *nt*; **p. loan** Immobiliarkredit *m*; **~ book** Immobilienkredite *pl*; **p. management** Anlagen-, Gebäude-, Grundstücks-, Haus-, Immobilien-, Objekt-, Vermögensverwaltung *f*; **p. manager** Grundstücks-, Haus-, Immobilien-, Vermögensverwalter *m*; **p. market** Grundstücks-, Immobilienmarkt *m*; **~ collapse** Zusammenbruch des Immobilienmarkts; **p. offence** Eigentums-, Vermögensdelikt *nt*; **p. outgoings** Ausgaben für Immobilienerwerb; **p. owner** Grundstücks-, Haus-, Vermögensbesitzer *m*, Grundstücks-, Hauseigentümer *m*; **p. owners' association** Haus- und Grundeigentümerverein *m*, Vermieterverband *m*; **p. ownership** Vermögensbesitz *m*; **p. portfolio** Immobilienbestand *m*; **p. portion** Vermögensteil *m*; **p. prices** Immobilienpreise; **p. protection** Objektschutz *m*; **p. qualification** Eigentums-, Vermögensnachweis *m*; **p. record(s)** Liegenschaftsverzeichnis *nt*, Anlageaufschreibungen *pl*, A.aufzeichnungen *pl*; **p. redevelopment/refurbishment** Gebäudemodernisierung *f*; **p. regime** [§] Güterstand *m*; **statutory p. regime** Zugewinn(gemein)schaft *f*; **p. reinsurance** Sachrückversicherung *f*; **p. reserve** Vermögensreserve *f*; **p. revaluation** Neubewertung des Grundbesitzes
property right Eigentumsrecht *nt*, dingliches Recht; **p. r.s** Verfügungsrechte; **qualified p. r.** qualifiziertes Eigentumsrecht
property risk Immobilien-, Sachschaden-, Vermögensrisiko *nt*; **p. room** 1. Asservatenraum *m*; 2. 🏛 Requisitenkammer *f*; **p. sale** Immobilien(ver)kauf *m*; **p. sales** Liegenschafts-, Grundstücksverkehr *m*; **p. settlement** Vermögensregelung *f*; **p. shares** *[GB]* /stocks *[US]* Immobilienaktien, I.titel, I.werte; **p. shark** *(pej.)* Grundstückshai *m (pej.)*; **p. slump** Preisverfall am Immobilienmarkt; **p. speculation** Grundstücks-, Immobilienspekulation *f*; **p. speculator** Grundstücks-, Immobilienspekulant *m*; **p. statement** Vermögensaufstellung *f*, V.erklärung *f*, V.rechnung *f*; **p. stock** Immobilienbestand *m*; **p. structure** Eigentumsstruktur *f*; **p. suit** [§] Eigentumsklage *f*; **p. system** Eigentumsordnung *f*; **contractual p. system** vereinbarter Güterstand
property tax Besitz-, Gebäude-, Grund(vermögens)-, Grundstücks-, Liegenschafts-, Objekt-, Real-, Sach-, Vermögenssteuer *f*, Grundvermögens-, Grundwert-, Vermögensabgabe *f*, Steuer auf Grundbesitz; **general p. tax** Grundsteuer auf erschlossene und unerschlossene Grundstücke; **p. tax assessment** Grundsteuerveranlagung *f*; **~ exemption** Grundsteuerbefreiung *f*; **p. taxation** Objektbesteuerung *f*; **p. tax balance sheet** Vermögenssteuerbilanz *f*
property transaction Vermögenstransaktion *f*; **p. transactions** Boden-, Vermögensverkehr *m*; **p. transfer** Übertragung von Eigentum, Vermögenstransfer *m*; **p. trust** Immobilienfonds *m*, Grundstücksgesellschaft *f*; **p. undertakings** Grundstücks-, Immobiliengeschäfte; **p. unit** Immobilienzertifikat *nt*; **p. user** Objektnutzer *m*; **p. valuation** Grundstücks-, Vermögensbewertung *f*, V.aufnahme *f*, Bewertung eines Grundstücks, ~ von Grundvermögen; **~ law** Bewertungsrecht *nt*; **p. value** Besitz-, Eigentums-, Gebäude-, Grund(stücks)-, Vermögenswert *m*; **~ index clause** Sachwertklausel *f*; **p. yield** Grundstücks-, Immobilienrendite *f*
prophylactic *adj* prophylaktisch, vorbeugend; *n* ⚕ Vorbeugungsmittel *nt*
propitious *adj* günstig, vorteilhaft
proponent *n* 1. Befürworter(in) *m/f*, Verfechter(in) *m/f*; 2. [§] *(Testamentseröffnung)* Antragsteller(in) *m/f*
proportion *n* 1. (Größen)Verhältnis *nt*, Verhältniszahl *f*, V.ziffer *f*, Rate *f*, Quote *f*; 2. (An)Teil *m*, Ausmaß *nt*; **p.s** Ausmaße, Maßverhältnisse; **in p. to** im Verhältnis zu, quotal; **out of p. to** in keinem Verhältnis zu; **~ all p.** unverhältnismäßig
proportion of defectives ▦ Ausfallrate *f*; **~ expenditure** Ausgabenquote *f*; **~ exports to output; ~ exports to total sales** Exportintensität *f*; **~ freight charges** Frachtanteil *m*; **~ imports to exports** Austauschverhältnis *m*; **~ liability** Haftpflichtanteil *m*, Haftungsquote *f*, H.anteil *m*; **~ profit** Gewinnanteil *m*; **~ profit distributed** Ausschüttungsquote *f*; **~ replies** *(Erhebung)* Rücklaufquote *f*; **~ votes** Stimmenanteil *m*; **~ wage costs** Lohnintensität *f*
to reach epidemic proportions das Ausmaß einer Epidemie annehmen
in equal proportion|s im gleichen Verhältnis; **fixed p.** *(BWL)* Limitationalität *f*; **foreign p.** Auslandsanteil *m*; **gigantic p.s** riesige Ausmaße; **inverse p.** umgekehrtes Verhältnis, umgekehrte Proportion; **retained p.** *(Exportkredit)* Selbstbehalt(ssatz) *m*; **in reverse p.** im umgekehrten Verhältnis zu, umgekehrt proportional
proportion *v/t* dosieren, bemessen

proportional *adj* anteil-, quoten-, verhältnismäßig, proportional; **inversely p.** umgekehrt proportional

proportionate *adj* angemessen, anteil-, verhältnismäßig, anteilig, entsprechend, pro rata *(lat.)*; **to be p. to** sich bemessen nach; **inversely p.** umgekehrt proportional, im umgekehrten Verhältnis

proportionately *adv* nach Quoten, quotal; **p. to** im Verhältnis zu; **to reduce sth. p.** etw. quotal kürzen

well proportioned *adj* gut ausgewogen

proposal *n* 1. Antrag *m*, Vorschlag *m*, Angebot *nt*, Plan *m*, Vorlage *f*; 2. Heiratsantrag *m*; **p. for the appropriation of profits** Gewinnverwendungsvorschlag *m*; **p. in composition proceedings** Vergleichsvorschlag zur Abwendung des Konkurses; **p. of a motion** Antragstellung *f*; **p. for a settlement** Einigungsvorschlag *m* **to accept a proposal** Antrag/Vorschlag annehmen; **to adopt a p.** Vorschlag annehmen, einem ~ stattgeben; **to concur with a p.** einem Vorschlag beipflichten; **to draft a p.** Vorschlag ausarbeiten; **to endorse a p.** Vorschlag unterstützen, einem ~ zustimmen; **to hammer/hew out a p.** Vorschlag erarbeiten; **to kill a p.** *(fig)* Vorschlag/Antrag scheitern lassen; **to make/put forward/submit a p.** Vorschlag machen/unterbreiten; **to overrule a p.** Vorschlag/Antrag verwerfen; **to put in a p.** Vorschlag einreichen; **to reject a p.** Vorschlag ablehnen/verwerfen; **to scupper a p.** Vorschlag zu Fall bringen; **to set out a p.** Vorschlag erläutern; **to table a p.** Vorschlag/Antrag einbringen; **to turn down a p.** Vorschlag zurückweisen/ablehnen

alternative proposal Alternativvorschlag *m*; **anti-takeover p.** Gegenübernahmeangebot *nt*; **conciliatory p.** Vermittlungsvorschlag *m*, Vorschlag zur Güte; **far-reaching p.s** weitgehende Vorschläge; **practical p.** konkreter Vorschlag

proposal bond Bietungsgarantie *f*; **p. drawings** Angebotszeichnungen, **p. form** Antrags-, Policenformular *nt*, Versicherungsantrag *m*; **p. list** Vorschlagsliste *f*; **p. writer** Angebotsbearbeiter *m*

propose *v/t* 1. Antrag stellen, vorschlagen, vorbringen; 2. beabsichtigen, vorhaben, gedenken; 3. Heiratsantrag machen; **p. to do sth.** etw. vorhaben; **it is p.d** *adj* es ist beabsichtigt/geplant/vorgesehen

proposer *n* 1. Antragsteller(in) *m/f*; 2. Vorschlagende(r) *f/m*

proposition *n* 1. Antrag *m*; 2. Vorschlag *m*, Angebot *nt*, Plan *m*; 3. Kaufobjekt *nt*; 4. Behauptung *f*, These *f*; 5. π Lehrsatz *m*; **atomistic p.** *(VWL)* atomistische/polypolistische Konkurrenz; **attractive p.** verlockender Vorschlag; **indecent p.** unsittlicher Antrag; **negative p.** verneinendes Urteil; **paying p.** lohnendes Geschäft

propound *v/t* darlegen

proprietary *adj* 1. firmeneigen, Eigentums-; 2. vermögensrechtlich, Vermögens-; 3. gesetzlich/patentamtlich geschützt, Marken-

proprietor *n* Besitzer *m*, Eigentümer *m*, (Firmen-/Geschäfts-/Patent)Inhaber *m*, Eigner *m*, Gesellschafter *m*; **p. of a bank** Bankinhaber *m*, Bankier *m*; **~ a booth** Schaubudenbesitzer *m*; **~ a business/company/firm** Firmen-, Geschäfts-, Betriebsinhaber *m*, Firmenbesitzer *m*; **p. in a trading company** Gesellschafter/Teilhaber einer Handelsgesellschaft; **p. of a design** Musterinhaber *m*; **~ an industrial right** Schutzrechtsinhaber *m*

active proprietor tätiger Inhaber; **hereditary p.** Besitzer durch Erbschaft; **heritable p.** *[Scot.]* Grundbesitzer *m*; **joint p.** Mitinhaber *m*, Mitbesitzer *m*, Teilhaber *m*, Partner *m*; **landed p.** Grund-, Landbesitzer *m*, Grund-, Landeigentümer *m*; **private p.** Privateigentümer *m*; **registered p.** Schutzrechtsinhaber *m*, eingetragener Gebrauchsmusterinhaber *m*; **riparian p.** (Fluss)Anlieger *m*; **single/sole p.** Allein-, Einzelinhaber *m*, E.betrieb *m*, E.(handels)kaufmann *m*, E.unternehmer *nt*, Alleinbesitzer *m*, A.unternehmer *m*, A.gesellschafter *m*

proprietors' capital Eigen-, Gesellschafts-, Stammkapital *nt*; **~ holding** (Kapital)Einlage *f*

proprietor's flat Betriebsinhaberwohnung *f*; **~ income** Unternehmerlohn *m*; **~ inpayment** *(OHG)* Privateinlage *f*; **~ loan** Gesellschafterdarlehen *nt*; **p.s' meeting** Eigentümer-, Gesellschafterversammlung *f*

proprietorship *n* 1. Eigentum(srecht) *nt*, (Eigen)Besitz *m*; 2. Einzelunternehmen *nt*, Einpersonengesellschaft *f*; 3. *[US]* Eigenkapital *nt*; **individual/single/sole p.** 1. Einzelfirma *f*, E.geschäft *nt*, E.unternehmen *nt*, E.unternehmung *f*, E.inhaberschaft *f*, Einmanngesellschaft *f*, E.unternehmen *nt*; 2. alleiniges Besitz-, Eigentumsrecht; **total p.** *[US]* Gesamteigenkapital *nt*; **p. account** *[US]* Kapitalkonto *nt*; **p. register** Grundbuch *nt*

proprietor's own use Eigennutzung *f*; **p.'s withdrawal** Privatentnahme *f*

proprietress *n* Eigentümerin *f*, Inhaberin *f*, Besitzerin *f*

propriety *n* 1. Anstand *m*, Anständigkeit *f*, Zulässigkeit *f*; 2. Umsicht *f*; 3. Korrektheit *f*; **proprieties** Formen des Anstands, Höflichkeitsformen; **to observe the proprieties** Anstand/Form/Höflichkeitsformen wahren

proprio motu *adv* *(lat.)* § auf eigenen Antrag

prop shaft *n* ⚙ Kardanwelle *f*

propulsion *n* ✪ Antrieb *m*; **marine p.** ⚓ Schiffsantrieb(e) *m/pl*

pro rata *adj/adv* *(lat.)* verhältnis-, anteil-, quotenmäßig, anteilig, quotal, proportional, nach Quoten/Verhältnis, prorata

pro|ratable *adj* *[US]* anteil-, verhältnismäßig; **p.rate** *v/t* anteilmäßig aufgliedern/aufteilen/festsetzen/umlegen/veranlagen/verrechnen/zuteilen, anteilig verteilen, nach einem bestimmten Schlüssel zuteilen; **p.d** *adj* anteilig verrechnet

prorating *n* Proratateilung *f*; **p. of benefits** Proratisierung der Leistungen

proration *n* anteilmäßige Aufteilung

pro|rogation *n* *(Parlament)* Vertagung *f* (auf die nächste Legislaturperiode); **~ of jurisdiction** § Prorogation *f*; **p.rogue** *v/t* vertagen

to weigh the pros and the cons *pl* das Für und Wider abwägen

pro|scribe *v/t* ächten, verbieten; **p.scribed** *adj* vogelfrei; **p.scription** *n* Ächtung *f*, Ausschluss *m*, Verbot *nt*; **~ of a party** Parteiverbot *nt*

prosecute v/t [§] 1. strafrechtlich/gerichtlich verfolgen, ~ belangen, ~ vorgehen; 2. *(Gericht)* Anklage vertreten
prosecuting attorney *[US]* /**counsel** *[GB]* n [§] Staatsanwalt m, S.anwältin f
prosecution n [§] 1. strafrechtliche/gerichtliche Verfolgung; 2. Staatsanwaltschaft f, Anklage f, Anklage-, Strafverfolgungsbehörde f; **p. of an action** Rechtsverfolgung f; **~ contraventions** Verfolgung von Zuwiderhandlungen; **compulsory ~ criminal offences** Verfolgungszwang m; **~ innocent persons** Verfolgung Unschuldiger; **criminal ~ a tax offence** Steuerstrafverfahren nt; **exempt from p.** unverfolgbar, **immune from p.** *(Person)* von der Strafverfolgung ausgeschlossen; **liable/subject to p.** verfolgbar, strafbar
to act for the prosecution die Anklage vertreten; **to authorize p.** strafrechtliche Verfolgung/Strafverfolgung veranlassen; **to be liable to p.** der Strafverfolgung ausgesetzt sein; **to discontinue/drop the p.** Strafverfolgung/S.verfahren einstellen; **to evade p.** sich der Strafverfolgung entziehen; **to remit for further p.** zur weiteren Entscheidung zurückweisen; **to render o.s. liable to p.** sich strafrechtlicher Verfolgung aussetzen; **to result in p.** Strafverfahren nach sich ziehen
criminal prosecution strafrechtliche Verfolgung, Strafverfolgung f; **malicious p.** böswillige Strafverfolgung; **official p.** öffentliche Strafverfolgung; **pending p.** anhängiges Strafverfahren; **private p.** strafrechtliche Verfolgung auf Strafantrag; **public p.** Offizialklage f
prosecution counsel *[GB]* Staatsanwalt m, S.anwältin f; **p. counsel's speech** Plädoyer des Staatsanwalts; **p. officer** Strafverfolgungsbeamter m; **p. witness** Belastungszeuge m; **chief/main p. witness** Hauptbelastungszeuge m
prosecutor n [§] Ankläger m, Anklagevertreter m; **(public) p. in a juvenile court** Jugendstaatsanwalt m; **federal p.** Bundesanwalt m *[D]*; **public p.** Amts-, Kron-, Staatsanwalt m, Ankläger m; **chief ~ p.** Generalstaatsanwalt m; **senior ~ p.** Oberstaatsanwalt m
nolle prosequi n *(lat.)* [§] Klagerücknahme f
prospect n 1. Aussicht f, Ausblick m, Erwartung f, Perspektive f; 2. *(coll)* möglicher/potenzieller/voraussichtlicher Abnehmer, ~ Kunde, Interessent m, Reflektant m, Kaufanwärter m; 3. ♥ Mutung f, Schürfstelle f; **p.s** 1. Aufstiegsmöglichkeiten; 2. *(Stelle)* Entwicklungsfähigkeit f; in (Aus)Sicht; **p. of Aussicht/Blick auf**; **with no p.s** ohne Zukunft; **p.s for/as regards capital investment** Investitionschancen pl, I.aussichten pl; **p.s for growth** Wachstumsaussichten, W.perspektive f; **~ personal growth** *[US]* Karrierechancen, K.aussichten; **p.(s) of success** Erfolgsaussichten pl
to dim prospect|s Aussichten verdüstern; **to enhance p.s** Aussichten verbessern; **to have sth. in p.** etw. in Aussicht haben; **to hold out the p. of sth.** etw. in Aussicht stellen; **to offer the p. of price advances** *(Börse)* Kurschancen bieten; **to open up new p.s** neue Möglichkeiten eröffnen; **not to relish the p. of sth.** einer Sache keinen Geschmack abgewinnen können
bright/glittering prospects glänzende Aussichten;

commercial p. Geschäftsaussichten, G.erwartung f; **dull p.** trübe Aussichten; **economic p.** Konjunktur-, Wirtschaftsaussichten, konjunkturelle/wirtschaftliche Aussichten; **future p.** Zukunftsperspektive f; **good p.** 1. günstige Aussichten; 2. *(Beruf)* gute Aufstiegsmöglichkeiten; **new p.** neue Möglichkeiten; **poor p.** schlechte Aussichten
prospect v/i ♥ nach Bodenschätzen suchen, schürfen, prospektieren
prospect call Kundenbesuch m
prospecting n ♥ Schürfen nt, Exploration f, Schürfung f, Prospektion(stätigkeit) f, Suche nach Bodenschätzen; **p. for gold** Goldsuche f; **~ oil** Ölsuche f; **p. company** Schürfgesellschaft f; **p. contract** Schürf-, Prospektierungsvertrag m; **p. licence** Schürfrecht nt, S.erlaubnis f; **p. operation(s)** Schürftätigkeit f, Exploration f; **p. program(me)** Schürfungsvorhaben nt; **p. right** Schürfrecht nt; **p. shaft** Versuchs-, Schürfschacht m
prospective adj 1. voraussichtlich, zukünftig, potenziell; 2. vorausschauend
prospector n 1. ♥ Schürfer m, Goldsucher m, G.gräber m; 2. Spekulant m
prospectus n 1. Börsen-, Emissions-, Zulassungsprospekt m, Subskriptionsanzeige f; 2. Unterrichtsprogramm nt, Kurs-, Veranstaltungsverzeichnis nt; **advance p.** Vorprospekt m; **red-herring p.** vorläufiger Emissionsprospekt; **p. company** *[GB]* Prospektgesellschaft f; **p. liability** Prospekthaftung f
prosper v/i gedeihen, florieren, Erfolg haben, blühen
prosperity n Reichtum m, Wohlstand m, Aufschwung m, Hochkonjunktur f, Prosperität f, Wirtschaftsblüte f; **commercial p.** blühender Handel; **national p.** Volkswohlstand m; **peak p.** Hochkonjunktur f; **specious/spurious p.** Scheinblüte f
prosperity index Wohlstandsindex m; **p. phase** Konjunkturperiode f
prosperous adj wohlhabend, reich, blühend, erfolgreich, gutgehend, florierend, gedeihlich
prostate (gland) n ⚕ Prostata f, Vorsteherdrüse f
protagonist n 1. ⚕ Hauptfigur f, H.person f, H.darsteller(in) m/f; 2. Wortführer(in) m/f, Verfechter(in) m/f
protect v/t 1. (be)schützen, sichern, wahren, abschirmen, (be)hüten, protegieren; 2. *(Wechsel)* decken; **p.ed** adj 1. geschützt; 2. *(Wechsel)* gedeckt; **provisionally p.ed** *(Lizenz)* nicht ausschließlich
protection n 1. Schutz m, Abschirmung f; 2. Sicherung f, (Interessen)Wahrung f; 3. Protektion f; 4. ⊖ Schutzzoll(politik) m/f, S.system nt; 5. Versicherungsschutz m, Schutzbrief m; 6. *(Wechsel)* Deckung f
protection against accidents Unfallschutz m; **legal p. of bona-fide** *(lat.)* **acts** Vertrauensschutz m; **p. of assets** Sicherstellung von Vermögenswerten; **p. against attachment** Pfändungsschutz m; **p. of a bill** Wechseldeckung f; **~ capital** Kapitalschutz m; **~ children** Kinderschutz m; **~ children and young persons** Jugendschutz m; **~ competition** Wettbewerbs-, Konkurrenzschutz m; **p. by copyright** Schutz geistigen Eigentums, Urheberschutz m; **p. against corrosion** ✪ Korrosionsschutz m; **p. of documentary credit liability** Rem-

boursschutz *m*; ~ **creditors** Gläubigerschutz *m*; ~ **creditors' claims** Wahrung von Gläubigerinteressen; ~ **a criminal** Personenhehlerei *f*; ~ **data** Datenschutz *m*; ~ **transmitted data** ▫ Übertragungssicherung *f*; ~ **debtors** Schuldnerschutz *m*; ~ **deposits** *(Bank)* Einlagensicherung *f*; ~ **industrial/registered designs** Modell-, Musterschutz *m*; **p. against unfair dismissal** Kündigungsschutz *m*; ~ **imports** Importschutz(system) *m/nt*; **(legal) p. of confidential information** Nachrichtenschutz *m*; **p. of interests** Wahrung der Interessen, Interessenwahrnehmung *f*; ~ **an invention** Erfindungs-, Erfinder-, Gebrauchsmusterschutz *m*; ~ **Inventions Act** *[US]* Gebrauchsmustergesetz *nt*; ~ **investors** Anlegerschutz *m*; **p. by (letters) patent** Patentschutz *m*; **p. of ownership** Eigentumsschutz *m*; ~ **patterns and designs** (Gebrauchs)Musterschutz *m*; ~ **persons** Personenschutz *m*; **(legal)** ~ **personality** Persönlichkeitsschutz *m*; **(legal)** ~ **possession** Besitzschutz *m*; ~ **property** Eigentums-, Vermögensschutz *m*; ~ **industrial property (rights)** gewerblicher Rechtsschutz; ~ **intellectual property** Schutz geistigen Eigentums; ~ **bona-fide** *(lat.)* **purchaser** Gutglaubensschutz *m*; ~ **natural resources** Schutz der natürlichen Ressourcen; ~ **rights** Wahrnehmung von Rechten; ~ **proprietary rights** Markenschutz *m*; ~ **vested rights** Besitzstandsschutz *m*, B.wahrung *f*; ~ **savers** Einlegerschutz *m*; ~ **shareholders** *[GB]* /**stockholders** *[US]* Aktionärsschutz *m*; ~ **endangered species** Artenschutz *m*; **p. against noxious substances** Emissions-, Immissionsschutz *m*; **(legal) p. of tenants** Mieterschutz *m*; **p. against unwarranted termination** Kündigungsschutz *m*; **p. of title** Rechts-, Besitzschutz *m*; ~ **trademarks** Marken-, (Waren)Zeichenschutz *m*; ~ **utility patents** Gebrauchsmusterschutz *m*; ~ **literary and artistic works** Schutz von Werken der Literatur und Kunst
to afford protection Schutz gewähren; **to file for p. of creditors** auf Gläubigerschutz klagen; **to give p. to a bill** Wechsel decken; **to place o.s. under so.'s p.** sich jds Schutz anvertrauen
agricultural protection Agrarschutz(politik) *m/f*; **complete p.** voller/vollständiger (Versicherungs)Schutz; **consular p.** konsularischer Schutz, Konsularschutz; **contractual p.** vertraglicher Schutz; **diplomatic p.** diplomatischer Schutz; **downside p.** Absicherung nach unten
environmental protection Umweltschutz *m*, Schutz gegen Umweltverschmutzung; ~ **act** Umweltschutzgesetz *nt*; ~ **activities** Umweltschutzaktivitäten; ~ **officer** Umweltschutzbeauftragter *m*; ~ **policy** Umweltschutzpolitik *f*; ~ **requirements** Umweltschutzerfordernisse
industrial protection Arbeits-, Gefahrenschutz *m*; **legal p.** Rechtsschutz *m*; ~ **insurance** Rechtsschutzversicherung *f*; **multiple p. insurance** Vielschutzversicherung *f*; **personal p.** Individualschutz *m*; **radiological p.** Strahlenschutz *m*; **simultaneous p.** Doppelschutz *m*; **thermal p.** Wärmeschutz *m*; **total p.** Gesamtschutz *m*
protection ceiling Sicherungsgrenze *f*; **p. clause** Schutzbestimmung *f*; **local p. clause** Platzschutzklausel *f*; **p. factor** *(Sonneneinstrahlung)* Lichtschutzfaktor *m*; **p. and indemnity insurance** Schiffs-, Reedereihaftpflichtversicherung *f*
protectionism *n* Schutzzollpolitik *f*, S.system *nt*, Protektionismus *m*, Protektionswirtschaft *f*, Schutzsystem *nt*; **agricultural p.** Agrarprotektionismus *m*
protectionist *adj* protektionistisch, Schutzzoll-; *n* Protektionist *m*, Schutzzollpolitiker *m*, Befürworter einer Schutzzollpolitik
protection key ▫ Zugriffs-, Speicherschutzschlüssel *m*; **p. money** Bestechungs-, Schutzgeld *nt*; **p. provisions** *(EU)* Schutzbestimmungen; **p. racket** organisiertes Erpresserunwesen, Schutzgelderpressung *f*; **p. symbol** Schutzzeichen *nt*
protective *adj* 1. (be)schützend; 2. ⊖ Schutz(zoll)-
protector *n* 1. Schutzherr *m*, Protektor *m*; 2. *(Kleidung)* Schutz *m*
protectorate *n* Protektorat *nt*, Schutzgebiet *nt*; **p. under international law** völkerrechtliches Protektorat
protegé *n* *(frz.)* Protegierter *m*, Schützling *m*
protein *n* Eiweiß *nt*; **p. deficiency** Eiweißmangel *m*
pro tem(pore) *adj/adv* *(lat.)* vorläufig
protest *n* 1. Protest *m*, Ein-, Widerspruch *m*, Verwahrung *f*; 2. (Wechsel)Protest *m*; **in the absence of p.** mangels Protestes; **no p.** ohne Protest/Kosten; **supra p.** nach Protest; **under p.** unter Protest
protest for absence (of drawer) *(Wechsel)* Abwesenheits-, Platz-, Windprotest *m*; **p. of a bill of exchange** Wechselprotest *m*; **p. in the drawee's absence** Windprotest *m*; **p. against the extension of a patent** Verwahrung gegen die Verlängerung des Patents; **p. for lack of security** Protest mangels Sicherheit; ~ **non-acceptance** (Wechsel)Protest mangels Annahme, Annahmeprotest *m*, Protest wegen Nichtannahme; ~ **non-delivery** Ausfolgungsprotest *m*; ~ **non-payment**; ~ **refusal to pay** (Wechsel)Protest mangels Zahlung; ~ **better security** Protest zwecks weiterer Sicherheiten bei Zahlungsunfähigkeit des Akzeptanten
noted for protest zum Protest vorgemerkt; **p. waived** *(Wechsel)* ohne Protest/(Protest)Kosten
to accept/agree under protest unter Vorbehalt annehmen/zustimmen, unter Protest akzeptieren; **to defer a p.** Protest hinausschieben; **to enter a p.** Protest/Verwahrung einlegen, (schriftlich) Protest erheben; ~ **p. of a bill/draft** Wechselprotest einlegen/erheben, Wechsel protestieren lassen; **to extend p.** Verklarung ablegen, verklaren; **to go to p.** zu Protest gehen; **to have a p. recorded** Widerspruch zu Protokoll geben; **to ignore p.s** sich über Proteste hinwegsetzen; **to lodge p.** Widerspruch einlegen, Protest erheben/einlegen, Widerspruch zu Protokoll geben; **to notify p.** Protest aufnehmen lassen; **to raise a p.** Protest erheben, protestieren; **to receive a p.** Einspruch entgegennehmen; **to register a p.** Protest anmelden; **to return under p.** mit Protest zurückgehen lassen
declaratory protest Deklarationsprotest *m*; **due p.** rechtzeitiger Protest; **extended p.** Seeprotest *m*, Verklarung *f*; **past-due/retarded p.** zu spät erhobener/ver-

späteter Protest; **sharp/strong p.** scharfer/massiver Protest
protest v/ti 1. protestieren, einwenden, widersprechen, Verwahrung einlegen, Einspruch erheben; 2. beteuern, feierlich versichern; 3. *(Wechsel)* protestieren, zu Protest gehen lassen; **p. against sth.** sich gegen etw. verwahren
protestable *adj* protestfähig
protestation *n* 1. Protesterklärung *f*; 2. Beteuerung *f*; **p. of innocence** Unschuldsbeteuerung *f*
(notarial) protest certificate *(Wechsel)* Protesturkunde *f*; **p. charges/fees** Protestkosten, P.spesen, P.gebühr *f*; **p. demonstration** Protestkundgebung *f*
protested *adj* zu Protest gegangen; **to be p. at once** sofort zum Protest
protester *n* 1. Protestgläubiger(in) *m/f*; 2. Demonstrant(in) *m/f*
protesting *n* *(Wechsel)* Protesterklärung *f*, P.erhebung *f*; **p. of a bill** Protestaufnahme *f*; **p. hours** Protestzeit *f*; **p. official** Protestbeamter *m*
protest jacket Wechselprotestanzeige *f*; **p. letter** Protestschreiben *nt*; **p. march** Protestmarsch *m*; **p. meeting** Protestversammlung *f*; **p. rally** Protestkundgebung *f*; **p. strike** Proteststreik *m*
protocol *n* (Zusatz)Protokoll *nt*, Verhandlungs-, Sitzungsbericht *m*, internationaler Zusatzvertrag; **according to p.** protokollgemäß; **p. of adjustment** Anpassungsprotokoll *nt*; **p. on originating products** *(EU)* Ursprungsprotokoll *nt*; **to draw up a p.** (Verhandlungs)Protokoll abfassen; **to record in p.** zu Protokoll nehmen; **final p.** Schlussprotokoll *nt*
prototype *n* Prototyp *m*, Versuchsmuster *nt*, Urform *f*
protract v/t hinaus-, verzögern, strecken, hinausziehen, verlängern, in die Länge ziehen, verschleppen; **p.ed** *adj* verlängert, lang anhaltend, langwierig
protraction *n* Verlängerung *f*, Verschleppung *f*; **p. of a case/lawsuit** [§] Prozessverschleppung *f*
protractor *n* π Winkelmesser *nt*
protrude v/i herausragen
pro-union *adj* gewerkschaftsfreundlich
provable *adj* erweislich, nachweisbar, beweisbar, b.fähig, belegbar
prove v/ti 1. beweisen, belegen, nachweisen, Nachweis liefern, Beweis erbringen, unter Beweis stellen; 2. sich erweisen, herausstellen; 3. beglaubigen; 4. *(Konkurs)* geltend machen; **p. conclusively** schlüssig beweisen; **p. unmistak(e)ably** klar beweisen
proved *adj* bewiesen, bewährt; **to consider sth. p.** etw. als erwiesen ansehen
proven *adj* 1. nachweislich, nachgewiesen, be-, erwiesen; 2. erprobt, (alt)bewährt, probat; 3. ⚖ aufgeschlossen; **not p.** 1. nicht bewiesen/erbracht, unbewiesen; 2. [§] Schuldbeweis nicht erbracht, kein hinreichender Tatverdacht
provenance *n* Herkunft *f*, Ursprung *m*, Provenienz *f*
provender *n* Futter *nt*
proverb *n* Sprichwort *nt*; **p.ial** *adj* sprichwörtlich
provide v/t 1. (be)liefern, beschaffen, (zur Verfügung) stellen, versorgen, erbringen, eindecken, ausstatten; 2. bieten; 3. vorhalten, bereitstellen, vorsorgen; 4. *(Bilanz)* Rückstellungen vornehmen; 5. [§] bestimmen, festsetzen, vorsehen, vorschreiben, regeln; **p. against** Vorsorge treffen für, vorbauen; **p. for** 1. sorgen/Vorsorge treffen für; 2. in Rechnung stellen, berücksichtigen; 3. [§] vorschreiben, vorsehen; **~ so.** jdn versorgen/bedenken, für jds Lebensunterhalt sorgen; **p. o.s. with sth.** sich mit etw. eindecken, sich etw. besorgen; **p. so. with sth.** jdn mit etw. versorgen, jdm etw. angedeihen lassen
provided *adj* 1. versorgt, ausgestattet, bereitgestellt, versehen; 2. vorgesehen; **as p. bestimmungsgemäß; as hereinafter p.** gemäß den nachstehenden Bestimmungen; **p. that** sofern, vorbehaltlich, vorausgesetzt/unter der Voraussetzung/Bedingung, mit dem Vorbehalt, dass; **except as/unless otherwise p.** vorbehaltlich anderweitiger/anders lautender Bestimmungen; **to be p. for** 1. vorgesehen/bestimmt sein; 2. versorgt sein
provi|dence *n* 1. Vorsorge *f*; 2. Vorsehung *f*; **p.dent** *adj* vorausschauend, vorsorglich; **p.dential** *adj (Vers.)* auf Gegenseitigkeit, gemeinnützig
provider *n* 1. Beschaffer *m*, Versorger *m*, Lieferant *m*; 2. Ernährer *m*; **p. of capital** Geld-, Kapitalgeber *m*, K.aufbringer *m*; **~ real capital** Sachkapitalgeber *m*; **~ security** Sicherungsgeber *m*; **~ services** (Dienst)Leistungsgeber *m*, D.erbringer *m*, Erbringer von Dienstleistungen; **~ transport services** Transportdienstleister *m*; **universal p.(s)** Gemischtwarenladen *m*
provider account *(Vers.)* Arzt-, Krankenhausrechnung *f*, ärztliche Liquidation
always providing that (on) *conj* immer vorausgesetzt, dass
province *n* 1. Provinz *f*, Gebiet *nt*; 2. (Amts-/Aufgaben-/Einfluss-/Kompetenz)Bereich *m*, Domäne *f*, Aufgaben-, Fachgebiet *nt*; 3. Machtbefugnis *f*, Zuständigkeit *f*; **to come/fall within so.'s p.** in jds Aufgabenbereich fallen, bei jdm ressortieren; **maritime p.** Küstenprovinz *f*
provincial *adj* 1. Provinz-, provinziell, regional; 2. spießbürgerlich *(pej.)*, spießig *(pej.)*; *n* Provinzler *m*, Spießbürger *m (pej.)*; **P. Clearing House** *[GB]* Landeszentralbank *f* (LZB) *[D]*; **p.ism** *n* Provinzialismus *m*
proving ground *n* 1. Versuchsfeld *nt*, V.gelände *nt*; 2. *(fig)* Bewährungsprobe *f*
provision *n* 1. An-, Beschaffung *f*, Bereitstellung *f*, Eindeckung *f*, Gestellung *f*, Gewährung *f*, Disposition *f*, Versorgung *f*; 2. Fürsorge *f*, Vorsorge *f*, vorsorgliche Maßnahme, Vorkehrung *f*, Vorhaltung *f*; 3. [§] Bedingung *f*, (Vertrags)Bestimmung *f*, (Vertrags)Klausel *f*, Vorschrift *f*, Vorbehalt *m*, Verfügung *f*; 4. *(Bilanz)* (Zu)Rückstellung *f*, Deckungsbeitrag *m*, Wertberichtigung *f*; **p.s** 1. Lebens-, Nahrungsmittel, Esswaren, Proviant *m*, Vorräte; 2. Aufwendungen, Vorkehrungen; 3. *(Bilanz)* Rückstellungen, Wertberichtigungen; **in accordance with p.s** bestimmungsgemäß; **under the p.s of** nach den Bestimmungen von; **with the p. that** mit dem Vorbehalt/der Bedingung, dass
provision in the accounts Rückstellung *f*; **p. for one's old age** Alterssicherung *f*; **p.s governing the applica-**

tion Anmeldebestimmungen; **p. in the articles of association; p. of the articles** Satzungsvorschrift *f*, S.bestimmung *f*; **p. of bail** Gestellung eines Bürgen; **~ bank guarantees** Besicherung *f*; **~ capital** Kapitalbeschaffung *f*, K.bereitstellung *f*, K.disposition *f*; **~ cash** Baranschaffung *f*; **p. for claims** Schadensrückstellung *f*; **p. against/for contingencies** 1. Rückstellung für unvorhergesehene Ausgaben, Pauschalrückstellungen; 2. Risikovorsorge *f*; **p.s of a contract** Vertragsbestimmungen, V.inhalt *m*, V.vorschriften; **p. of cover(age)** Deckungsanschaffung *f*, Bedeckung *f*; **~ comprehensive cover(age)** 1. Vollkostenübernahme *f*; 2. Kaskoversicherungsschutz *m*; **p. for bad debts** Rückstellung für uneinbringliche Forderungen; **~ doubtful debts** Rückstellung auf zweifelhafte Forderungen/Dubiose, Delkredererückstellung *f*, D.konto *nt*; **~ dependants** Hinterbliebenversorgung *f*; **~ depreciation** Entwertungsrücklage *f*, Wertberichtigung auf das Anlagevermögen; **~ depreciation of investments** Kapitalentwertungsrücklage *f*; **p. of drinking water** Trinkwasserversorgung *f*; **~ employment** Arbeitsbeschaffung *f*; **~ finance** Bereitstellung/Zuführung von Finanzierungsmitteln; **~ outside finance** Beschaffung von Fremdkapital; **p.s in force** geltende Vorschriften; **p. of funds** Deckung *f*, Geld-, Kapitalbeschaffung *f*, K.bereitstellung *f*, (Kapital)Ausstattung *f*; **p. for the future** Zukunftsvorsorge *f*, Z.sicherung *f*; **p. of goods** Bereitstellung von Gütern; **~ housing** Wohnraumbeschaffung *f*, Bereitstellung von Wohnraum; **p. for income taxes** Aufwand für Ertragssteuern; **p. of information** Informationsversorgung *f*, I.bereitstellung *f*; **p.s of the law** rechtliche/gesetzliche Bestimmungen; **p.s for contingent liabilities and charges** Rückstellungen für ungewisse Verbindlichkeiten; **p. for possible loan losses** Zuführung von Rückstellungen im Kreditgeschäft; **p.s for losses** Abdeckung von Verlusten; **p. for losses on individual accounts** Einzelwertberichtigung *f*; **~ loan and advances** *(Bank)* Risikovorsorge *f*; **~ contingent losses** Delkredere *nt*; **overall ~ contingent losses** Pauschaldelkredere *nt*; **overall ~ possible loss on receivables** Pauschalwertberichtigung von Forderungen; **p. of maintenance** Unterhaltsgewährung *f*; **~ materials** Materialgestellung *f*, M.bereitstellung *f*; **p. for accrued notes payable** Zuführung zu Rückstellungen für Wechselobligo; **~ operating expenses** Aufwandsrückstellung *f*; **p.s of a collective pay agreement** Tarifbestimmungen; **p.(s) for pensions; ~ the pension fund; ~ pension fund liabilities** Pensionsrückstellungen, Rückstellungen für Pensionsverpflichtungen; **p. for renewals** Rückstellung für Ersatzbeschaffung; **p. for (deferred) repairs** Reparatur-, Instandhaltungsrücklage *f*; **lump-sum ~ repairs** Instandhaltungskostenpauschale *f*; **p.s equivalent to reserves** den Rücklagen gleichzusetzende Rückstellungen; **p. against/for risks** Risiko-, Gefahrenvorsorge *f*; **p. of security** (Be)Sicherung *f*, Unterlegung *f*; **~ security for a loan** Absicherung eines Kredits, Kreditsicherung *f*; **~ real security** dingliche Besicherung *f*; **~ services** Erbringung von Dienstleistungen; **p.s for (deferred) tax(es); ~ taxa-** tion Steuerrückstellung(en) *f/pl*; **flat-rate p.s for trade receivables** Pauschalwertberichtigungen für Forderungen; **p. for warranty and liability claims** Zuführung zu Rückstellungen für Gewährleistungs- und Schaden(s)ersatzansprüche; **p.s for welfare expenditures** Sozialrückstellungen
eligible for provision rückstellungsfähig; **notwithstanding any p.s to the contrary** ungeachtet gegenteiliger Bestimmungen/Vorschriften
to adopt/lay down provisionIs Vorschriften/Bestimmungen erlassen; **to apply a p.** Bestimmung anwenden; **to be subject to a p.** unter eine Bestimmung fallen, einer Bestimmung unterliegen; **to conflict with the p.s** die Bestimmungen beeinträchtigen; **to declare p.s to have lapsed** Bestimmungen für nichtig erklären; **to execute/implement the p.s of a will** Testament vollstrecken; **to invoke the p.s of a statute** sich auf gesetzliche Bestimmungen berufen; **to lay in p.s** Vorräte anlegen/einlagern; **to lift p.s** Bestimmungen aufheben; **to make p.s** 1. Vorkehrungen/Vorsorge treffen, vorsorgen; 2. Rückstellungen machen/vornehmen; **~ p. for one's old age** Vorsorge fürs Alter treffen; **~ p.s for tax(ation)** Steuerrückstellungen vornehmen; **to nullify a p.** Bestimmung für nichtig erklären; **to supply with p.s** mit Lebensmitteln versorgen; **to touch p.s** Vorräte angreifen; **to violate the p.s of a law** gegen ein Gesetz verstoßen; **to write back p.s** Rückstellungen auflösen
adequate provision ausreichende Versorgung; **collectively agreed p.** tarifvertragliche Regelung; **annual p.** jährliche Bereitstellung; **antitrust p.s** *[US]* Kartellvorschriften; **avoiding p.s** Umgehungsbestimmungen; **budgetary p.s** Haushaltsvorschriften; **call-in p.** Kündigungsklausel *f*; **concluding and transitional p.s** Schluss- und Übergangsbestimmungen; **constitutional p.** Verfassungsbestimmung *f*; **contractual p.** vertragliche Bestimmung; **conventional p.s** *(EU)* vertragliche Bestimmungen; **deductible p.** Selbstbehaltsbestimmung *f*; **directive p.** Sollvorschrift *f*; **discretionary p.** Kannvorschrift *f*; **dry p.s** feste Nahrungsmittel; **essential p.** wesentliche Bestimmung; **exceptional p.** 1. Ausnahmebestimmung *f*; 2. Sonderrückstellung *f*; **executive p.s** Ausführungsbestimmungen; **express p.** ausdrückliche Vorkehrung; **final p.s** Schlussbestimmungen; **fiscal p.s** steuerrechtliche Vorschriften; **general p.s** allgemeine Bestimmungen; **hybrid p.** [§] Gummiparagraf *m (coll)*; **inadequate p.** Unterversorgung *f*; **incidental p.** Nebenbestimmung *f*; **inconsistent p.s** nicht vereinbarte Klauseln; **internal p.s** *(EU)* innergemeinschaftliche Bestimmungen; **legal p.** gesetzliche Bestimmung/Regelung, Rechtsvorschrift *f*; **protective legislative p.** Schutzgesetz *nt*; **long-term p.s** langfristige Rückstellungen; **lump-sum p.** Pauschalvorsorge *f*; **main p.s** wesentlicher Inhalt; **mandatory p.** Mussbestimmung *f*, M.vorschrift *f*, obligatorische/zwingende/zwingend vorgeschriebene Bestimmung, **~ Verfügung, ~ Vorschrift**; **national p.s** *(EU)* einzelstaatliche Bestimmungen; **negative p.** Unterlassungsbestimmung *f*; **non-forfeiture p.s** *(Vers.)* Vor-

schriften über die Aufrechterhaltung des Versicherungsschutzes (bei Rückkauf der Police); **non-recurrent p.** Einmalrückstellung *f*; **normative p.** Normativbestimmung *f*; **obligatory p.** zwingende Norm; **operative p.s** [§] Urteilsformel *f*, Tenor eines Urteils; **overall p.** Pauschalwertberichtigung *f*; **penal p.(s)** Strafrechtsbestimmung *f*, S.vorschriften *pl*; **permissive p.** Kannvorschrift *f*; **preliminary p.s** einführende Vorschriften; **prohibitory p.s** Verbotsbestimmungen; **protective p.** Schutzbestimmung *f*; **regulative p.** Ordnungsbestimmung *f*; **relevant p.s** einschlägige Bestimmungen/Vorschriften, einschlägiges Recht; **required p.s** Rückstellungssoll *nt*; **restrictive p.s** einschränkende Bestimmungen; **satisfactory p.** ausreichende Bestimmung; **short-time p.s** kurzfristige Rückstellungen; **social p.** soziale Absicherung; **~ p.s** Sozialvorschriften; **special p.** besondere Bestimmung, Sonderregelung *f*; **standard p.** Normativ-, Standardbestimmung *f*; **statutory p.** Gesetzes-, Rechts-, Satzungsbestimmung *f*, Rechtsnorm *f*, R.vorschrift *f*, gesetzliche Bestimmung/Vorschrift; **subsidiary p.** Aushilfsbestimmung *f*; **supplementary p.** Ergänzungs-, Zusatzbestimmung *f*; **substantive p.** materiell-rechtliche Vorschrift; **tapering p.s** *(Steuer)* Staffelbestimmungen; **temporary p.s** Übergangsbedingungen, Ü.bestimmungen; **transitional/transitory p.(s)** Übergangsbestimmung(en) *f/pl*, Ü.vorschrift(en) *f/pl*; **transitional and concluding p.s** Übergangs- und Schlussbestimmungen; **under/with the usual p.s** unter dem üblichen Vorbehalt
provision *v/t* verproviantieren, (mit Lebensmitteln) versorgen
provisional *adj* provisorisch, einstweilig, vorläufig
provisions dealer/merchant Lebensmittelhändler *m*
provisioning *n* 1. Vororientierung *f*, Versorgung *f*; 2. Materialwirtschaft *f*
diminishing provision method degressive Abschreibung
proviso *n* (Vertrags)Vorbehalt *m*, Vorbehaltserklärung *f*, V.klausel *f*, Ausnahme *f*, Bedingung *f*, Kautele *f*, (einschränkende) Bestimmung, Maßgabe *f*, Modalität *f*; **subject to/with the p.** mit der Maßgabe/Einschränkung, unter dem Vorbehalt, vorbehaltlich; **p. of cancellation** Widerrufsvorbehalt *m*; **to act under the p.** unter Vorbehalt handeln; **to sign with a p.** unter Vorbehalt unterzeichnen; **legal p.** Rechtsvorbehalt *m*; **under/with the usual p.** unter dem üblichen Vorbehalt; **p. clause** Vorbehaltsklausel *f*
provocation *n* Herausforderung *f*, Provokation *f*; **the slightest p.** der geringste Anlass
provocative *adj* provozierend, (zum Widerspruch) herausfordernd, provokativ
provoke *v/t* 1. provozieren, verärgern, reizen, aufbringen; 2. heraufbeschwören, verursachen
prow *n* ⚓ Bug *m*
prowess *n* 1. Tapferkeit *f*; 2. Meisterschaft *f*, (überragendes) Können; **economic p.** Wirtschaftskraft *f*
proximate *adj* unmittelbar, direkt, nächst
proximity *n* Nähe *f*, Nachbarschaft *f*; **in close p.** in unmittelbarer Nachbarschaft; **geographical p.** räumliche Nähe; **local p.** Ortsnähe *f*

proximo *adv* nächster Monat
proxy *n* 1. Prokura *f*, (Handlungs-/Stimmrechts-/Vertretungs)Vollmacht *f*, Bevöllmächtigung *f*, Handlungsbefugnis *f*, Mandat *nt*, Ermächtigung *f*, (Depot)Stimmrecht *nt*, Stimmrechtsermächtigung *f*, S.übertragung *f*, S.vertretung *f*; 2. (Handlungs-/Stimmrechts-/Vertretungs)Bevollmächtigter *m*, Mandatar *m*, Rechts-, Vollmachtsnehmer *m*, Treuhänder *m*; **by p.** durch Bevollmächtigung/einen Bevollmächtigten, vertretungsweise, in Vertretung; **per p.** per Prokura
to appoint a proxy Bevollmächtigten bestellen, sich vertreten lassen; **to cancel a p.** Vollmacht widerrufen; **to produce one's p.** seine Vollmacht vorlegen; **to revoke a p.** Stimmrechtsermächtigung widerrufen/zurückziehen, Vollmacht widerrufen; **to stand p. for** Stellvertretung ausüben, als Stellvertreter fungieren; **to vote by p.** Stimmrecht durch Stellvertreter ausüben lassen, Stimme durch Stellvertreter abgeben lassen, sich bei der Abstimmung vertreten lassen, durch Bevollmächtigten abstimmen lassen
general proxy Generalvollmacht *f*; **invalid p.** ungültige Vollmacht; **irrevocable p.** unwiderrufliche Vollmacht; **special p.** Sonder(vertretungs)vollmacht *f*, auf eine Hauptversammlung beschränkte Stimmrechtsermächtigung; **two-way p.** auf zwei Personen ausgestellte Stimmrechtsermächtigung
proxy agent bevollmächtigter Vertreter; **p. agreement** Stimmrechtsvereinbarung *f*; **p. card** Stimmrechts-, Vollmachtsanweisungskarte *f*; **p. fight** (HV) Stimmrechtskampf *m*; **p. form** Ermächtigungs-, Stimmrechtsformular *nt*; **p.holder** *n* Legitimationsaktionär *m*, Stimmbevollmächtigter *m*, Vollmachtsinhaber *m*; **p. indicator** Ersatzindikator *m*, E.kennzahl *f*; **p. shareholder** *[GB]* /**stockholder** *[US]* Vollmachtsaktionär *m*; **p. signature** Unterschrift als Stellvertreter; **p. solicitation** Werben um Stimmrechtsvollmacht; **p. statement** Vollmachtsanweisung *f*, Bevollmächtigung *f*, Legitimationsübertragung *f*; **p. variable** ▓ Ersatz-, Näherungsvariable *f*; **p. vote** 1. Stimmabgabe durch Stellvertreter/S.vertretung *f*; 2. Stellvertreterstimme *f*, in Vertretung abgegebene Wahlstimme; **to exercise a ~ vote** Depotstimmrecht/Stimmrechtsvollmacht ausüben; **p. voting form** Vollmachtsvordruck *m*; **~ power/right** Depot-, Vollmachtsstimmrecht *nt*; **p. war** Stellvertreterkrieg *m*; **p. wedding** Ferntrauung *f*
prudence *n* Sorgfalt *f*, Umsicht *f*, Besonnenheit *f*, Klugheit *f*, Überlegtheit *f*, Augenmaß *nt*; **to cast all p. to the wind** alle Vorsicht über Bord werfen; **p. concept/principle** *(Bilanz)* Vorsichtsprinzip *nt*
prudent *adj* umsichtig, vorsichtig, klug, besonnen, vernünftig; **p.ial** *adj* umsichtig, besonnen
prune *v/t* zurück-, beschneiden, kürzen, kappen, wegstreichen, stutzen
pruning *n* 1. Beschneidung *f*, Kürzung *f*, Streichung *f*; 2. 🌳 Ästung *f*
pry *v/i* schnüffeln; **p. open** *[US]* aufbrechen
P.S. (post scriptum) *n* *(lat.)* *(Brief)* Nachtrag *m*; **P.S. (public service)** *[US]* öffentlicher Dienst
pseudo Pseudo-; **p.nym** *n* Deckname *m*, falscher/frem-

der Name, Pseudonym *nt*; **p. problem** Scheinproblem *nt*
psy|chiatric *adj* psychiatrisch; **p.chiatrist** *n* Psychiater *m*; **p.chiatry** *n* Psychiatrie *f*; **p.chic** *adj* psychisch, seelisch; **p.chological** *adj* psychologisch; **p.chologist** *n* Psychologe *m*, Psychologin *f*; **industrial p.chologist** Betriebspsychologe *m*
psychology *n* Psychologie *f*; **p. of advertising** Werbepsychologie *f*; **behavioural p.** Verhaltenspsychologie *f*; **forensic p.** gerichtliche Psychologie; **industrial p.** Arbeits-, Betriebspsychologie *f*; **occupational p.** Berufspsychologie *f*; **organizational p.** Organisationspsychologie *f*; **social p.** Sozialpsychologie *f*
psycho|path *n* Psychopath *m*; **p.sis** *n* Psychose *f*; **p.-therapist** *n* Psychotherapeut(in) *m/f*; **p.therapy** *n* Psychotherapie *f*
pub (public house) *n* *(coll) [GB]* Gast-, Schankwirtschaft *f*, Wirtshaus *nt*, Schenke *f*, Bierlokal *nt*, Kneipe *f (coll)*, Pinte *f (coll)*; **tenanted p.** (von der Brauerei) verpachtete Gaststätte; **p. brawl** Wirtshausschlägerei *f*; **p. crawl** Sauf-, Kneip-, Zechtour *f*, Streifzug durch Kneipen, Zug durch die Gemeinde *(coll)*; **p.crawl** *v/i* Runde durch die Lokale machen, Streifzug durch die Kneipen machen
public *adj* öffentlich(-rechtlich), gemeinnützig, staatlich
public *n* 1. Allgemeinheit *f*, Öffentlichkeit *f*; 2. Publikum *nt*; **in p.** in der Öffentlichkeit, öffentlich; **the p. at large** Allgemeinheit *f*, Öffentlichkeit *f*, das breite Publikum; **going p.** Gang an die Börse; **misleading the p.** Irreführung der Öffentlichkeit
to appear in public sich in der Öffentlichkeit sehen lassen, an die Öffentlichkeit treten, sich öffentlich zeigen; **to catch the p.'s imagination** in der Öffentlichkeit Anklang finden; **to deceive the p.** die Öffentlichkeit hintergehen; **to exclude the (general) p.** Öffentlichkeit ausschließen; **to go p.** 1. in eine Aktien-/Publikumsgesellschaft umwandeln, an die Börse gehen; 2. an die Öffentlichkeit gehen, (etw.) bekannt geben; **~ down well with the p.** beim Publikum Anklang finden; **to invite the p. to subscribe** Öffentlichkeit zur Zeichnung auffordern; **to make p.** bekannt geben, veröffentlichen, publik machen; **to reach the p.** an die Öffentlichkeit dringen; **to readmit the p. to the courtroom** [§] die Öffentlichkeit wiederherstellen; **to shun the p.** Öffentlichkeit meiden
consuming public Abnehmerkreis *m*; **the general p.** die breite Masse, die Allgemeinheit, Öffentlichkeit *f*; **insuring p.** Versicherungsnehmer *pl*, V.kunden *pl*; **investing p.** Anlage-, Kapitalmarkt-, Wertpapiermarktpublikum *nt*, Anlage-, Effektenkundschaft *f*, Anlegerkreise *pl*; **investment-seeking p.** Anlage suchendes Publikum; **the motoring p.** die Autofahrer; **resident p.** inländisches Publikum; **security-buying p.** Kapitalanleger *pl*, Wertpapierpublikum *nt*; **shareholding [GB] /stockholding [US] p.** Aktionärspublikum *nt*; **shopping p.** Kunden *pl*, Käuferschaft *f*; **subscribing p.** Zeichnungspublikum *nt*
publican *n* *[GB]* (Gast)Wirt *m*, Kneipier *m*, Gaststätteninhaber *m*; **p.'s licence** Schank-, Wirtshausgenehmigung *f*
publication *n* 1. Bekanntmachung *f*, B.gabe *f*, Kenntnisgabe *f*, Offenlegung *f*; 2. *(Verlag)* Veröffentlichung *f*, Herausgabe *f*, Erscheinen *nt*; 3. Publikation *f*, Druck-, Presseerzeugnis *nt*, Organ *nt*, Druckschrift *f*; **on p.** bei Erscheinen/Veröffentlichung; **p. of the examined application** *(Pat.)* Auslegeschrift *f*; **~ unexamined application** *(Pat.)* Offenlegungsschrift *f*; **~ a libel** Verbreitung einer verleumderischen Behauptung, ~ eines Gerüchts; **~ notice** Kündigungserklärung *f*; **~ the prospectus** Veröffentlichung des Prospekts; **~ the annual report and accounts** Jahresabschlussveröffentlichung *f*; **requiring p.** ausweis-, publizitätspflichtig; **unfit for p.** nicht zur Veröffentlichung geeignet
to become effective upon publication mit der Veröffentlichung rechtswirksam werden; **to cease p.** Erscheinen/Veröffentlichung einstellen; **to release for p.** zur Veröffentlichung freigeben; **to suppress p.** Veröffentlichung unterdrücken; **to suspend p.** Veröffentlichung zeitweilig einstellen
commemorative publication Festgabe *f*, F.schrift *f*; **daily p.** tägliches Erscheinen; **first p.** Erstveröffentlichung *f*; **free p.** Gratiszeitschrift *f*; **governmental p.** (regierungs)amtliche Veröffentlichung; **legal p.** rechtswirksame Veröffentlichung; **libellous p.** Schmähschrift *f*, beschimpfende/ehrenrührige Schrift; **monthly p.** Monatsschrift *f*; **new p.** Neuerscheinung *f*; **obscene p.** obszöne Schrift, pornografische Veröffentlichung; **official p.** amtliche Veröffentlichung/Druckschrift; **opposed p.s** *(Pat.)* Entgegenhaltung *f*; **printed p.** *(Pat.)* öffentliche Druckschrift; **prior p.** Vorveröffentlichung *f*; **serial p.** Veröffentlichung in Fortsetzungen *pl*; **special p.** Sonderausgabe *f*; **specialist p.** Fachpresse *f*; **weekly p.** Wochenschrift *f*
publication advertising Zeitungs- und Zeitschriftenwerbung *f*; **p. date** 1. Erscheinungsdatum *nt*, E.tag *m*; 2. *(Pat.)* Auslegetag *m*; **p. dates** Erscheinungsweise *f*; **p. fee** Bekanntmachungsgebühr *f*; **p. language** Veröffentlichungssprache *f*; **p. price** Ladenpreis *m*; **p. series** Schriftenreihe *f*
publicity *n* 1. Öffentlichkeit *f*, Publizität *f*; 2. Öffentlichkeitsarbeit *f*, Werbung *f*, Reklame *f*, Propaganda *f*; **p. of proceedings** [§] Öffentlichkeit des Verfahrens; **~ a trial** [§] Öffentlichkeit bei der Gerichtsverhandlung; **to restore p.** [§] die Öffentlichkeit wiederherstellen; **to shun p.** Öffentlichkeit meiden/scheuen
adverse/negative publicity schlechte Presse, negative Publizität; **corporate p.** Firmenpublizität *f*; **editorial p.** redaktionelle Werbung; **loud p.** marktschreierische/reißerische Werbung; **monopolizing p.** Alleinstellungswerbung *f*; **pre-launch p.** Vorabwerbung *f*, Öffentlichkeitsarbeit *f* vor Produkteinführung
publicity agent Werbeagent *m*, W.fachmann *m*, Werbungsmittler *m*; **p. ban** Werbeverbot *nt*; **p. battle** Werbeschlacht *f*; **p. build-up** Werbekampagne *f*; **p. campaign** Werbeaktion *f*, W.feldzug *m*, W.kampagne *f*, Publizitätskampagne *f*, Propagandafeldzug *m*; **p. costs** Werbekosten *pl*; **p. department** Werbe-, Propagandaab-

publicity director

teilung *f*; **p. director** Werbeleiter *m*, Leiter der Werbeabteilung; **p. effect** Werbewirkung *f*, publizistische Wirkung; **p. gimmick** Werbegag *m*; **p. instrument** Werbe-, Publizitätsmittel *nt*; **p. leaflet** Werbeprospekt *m*; **p. literature/material** Werbematerial *nt*; **p. manager** Werbefachmann *m*, W.leiter *m*; **p.-minded** *adj* auf Publizität bedacht; **p. planning** Werbeplanung *f*; **p. program(me)** Werbeplan *m*; **p.-prone** *adj* publizitätsträchtig; **p. requirement(s)** Ausweispflicht *f*, Publizitätserfordernisse *pl*; **statutory p. requirements** Publizitätsvorschriften; **p.-seeking** *adj* publizitätssüchtig; **p. service** Werbedienst *m*; **p.-shy** *adj* publizitätsscheu; **p. sign** Werbe-, Reklameschild *nt*; **p. slogan** Werbeslogan *m*; **p. stunt** Werbegag *m*, W.masche *f*, Reklameschlager *m*; **p. tool** Publizitätsmittel *nt*; **p. value** Werbe-, Propagandawert *m*; **p. work** Werbearbeit *f*
publicize *v/t* 1. an die Öffentlichkeit bringen, bekannt geben; 2. veröffentlichen, publizieren; 3. Werbung treiben, Reklame machen
Public Order Act *[GB]* Gesetz über öffentliche Ordnung, ~ zur Aufrechterhaltung von Ruhe und Ordnung; **P. Record Office** *[GB]* National-, Staatsarchiv *nt*
publish *v/t* 1. veröffentlichen, publizieren, herausbringen, h.geben, auf-, verlegen; 2. bekannt geben, verkünden
published *adj* erschienen, veröffentlicht; **to be p.** 1. *(Buch)* erscheinen; 2. *(Gesetz)* ergehen; **~ shortly** demnächst/in Kürze erscheinen
publisher *n* 1. Verleger *m*, Verlag(sbuchhändler) *m*; 2. Herausgeber *m*; **p.s** (Buch)Verlag *m*; **educational p.(s)** Schulbuchverlag *m*; **p.s' association** Verlegerverband *m*; **p.'s binding** Verlegereinband *m*; **~ catalog(ue)** Verlagskatalog *m*; **~ monogram** Signet *nt*; **~ reader** (Verlags)Lektor *m*
publishing *n* 1. Herausgabe *f*, verlegerische Tätigkeit, Veröffentlichung *f*; 2. Verlagswesen *nt*; **educational p.** Lehrbuch-, Schulbuchsektor *m*; **electronic p.** elektronische Verlagstätigkeit/Veröffentlichungen
publishing act Verlagsgesetz *nt*; **p. agent** Verlagsvertreter *m*; **p. agreement** Verlagsvertrag *m*; **p. bookseller** Verlagsbuchhändler *m*; **p. company** Verlag(sanstalt) *m/f*, V.sunternehmen *nt*, V.shaus *nt*; **specialist ~ company** Fachbuchverlag *m*; **p. contract** Urheber-, Verlagsvertrag *m*; **p. department** Verlagsabteilung *f*; **p. director** Verlagsleiter(in) *m/f*; **p. editor** Verlagsredakteur *m*; **p. firm/house** *(Buch)* Verlag *m*, V.sanstalt *f*, V.shaus *nt*, V.sbuchhandlung *f*; **p. group** Verlagskonzern *m*; **p. industry** Verlagswirtschaft *f*, V.wesen *nt*; **p. magnate** Pressezar *m*; **p. manager** Verlagsleiter *m*, V.kaufmann *m*; **p. price** Verlagspreis *m*; **p. program(me)** Verlagsprogramm *nt*; **p. rights** Publikations-, Veröffentlichungs-, Verlagsrechte; **p. trade** Verlagsbuchhandel *m*, V.geschäft *nt*
puff *n* aufdringliche Reklame, marktschreierische Anpreisung; *v/i* marktschreierisch werben; **p. advertising; p.ery** *n* übertriebene Werbung
puisne *adj* [§] nachgeordnet, rangjünger, r.niedriger; **p. judge** *[GB]* einfacher Richter am High Court, Unterrichter *m*; **p. mortgage** Nachgangshypothek *f*

pull *v/t* 1. ziehen; 2. Zugkraft haben; **p. back** (sich) zurückziehen; **p. down** 1. ab-, niederreißen, abbrechen; 2. nach unten ziehen; **p. forward** vorziehen; **p. in** hereinholen; **p. sth. off** *(coll)* ein Ding drehen *(coll)*, etw. zu Wege/zu Stande bringen; **p. out of** 1. ausziehen, verlassen; 2. sich zurückziehen, aussteigen *(fig)*; **p. through** 1. ✤ durchkommen; 2. erfolgreich durchführen; **p. so. through** jdm aus Schwierigkeiten helfen; **p. together** am gleichen Strang ziehen *(fig)*; **p. o.s. together** sich am Riemen reißen *(coll)*, sich einen Ruck geben *(fig)*, sich zusammenreißen; **p. up** 1. hochziehen; 2. ⇔ stoppen
pull *n* 1. Ziehen *nt*; 2. Anziehungs-, Zug-, Werbekraft *f*; 3. Einfluss *m*; 4. ⬒ Abzug *m*; **locational p.** Standortbindung *f*; **long p.** Spekulation auf lange Sicht; **upward p.** Aufwärtssog *m*
pull date *[US]* Haltbarkeitsdatum *nt*
pulley (block) *n* ✪ Flaschenzug *m*
pull-in; p.-up *n* *[GB]* ⇔ Haltebucht *f*
pulling-down *n* ⬒ Abbruch *m*
Pullman car ⚏ 1. Salonwagen *m*; 2. *[US]* Schlafwagen *m*
pull-out *n* Ausstieg *m*, Rückzug *m*; *adj* ausziehbar
pull(ing) strategy kundenorientierte Herstellerwerbung, auf Nachfragereaktion abgestimmte Werbung; **p. test** Zerreißprobe *f*
pulp *n* 1. Brei *m*; 2. Fruchtfleisch *nt*; 3. Papierbrei *m*, Pulpe *f*, Zellstoff *m*; *v/t (Papier)* einstampfen; **p. magazine** Groschenheft *nt*
pulsate *v/i* pulsieren
pulse *n* 1. ✤ Puls *m*; 2. ▭ Impuls *m*; 3. 🌿 Hülsenfrucht *f*; **to feel the p.** *(fig)* Stimmung ausfindig machen; **dial p.** ▭ Wählimpuls *m*; **disable p.** ▭ Sperrimpuls *m*; **p. counter** Impulszähler *m*; **p. train** Impulsfolge *f*
pulverize *v/t* pulverisieren
pump Pumpe *f*; **to prime the p.** *(fig)* Wirtschaft/Konjunktur ankurbeln, Wirtschafts-/Konjunkturmotor auf Touren bringen *(fig)*, Initialzündung geben *(fig)*
pump *v/ti* pumpen; **p. so.** jdn aushorchen; **p. out** 1. auspumpen; 2. ⚓ lenzen; **p. up** aufpumpen
pumping station *n* 1. Pumpstation *f*; 2. 🛢 Förderpumpe *f*
pump price ⇔ *(Treibstoff)* Abgabe-, Tankstellenpreis *m*
pump priming *(fig)* Ankurbelung(smaßnahme) *f*, Ankurbelung der Wirtschaft, Konjunkturförderung *f*, K.spritze *f* *(fig)*, Initialzündung *f* *(fig)*, Starthilfe *f*; **~ program(me)** Konjunkturhilfeprogramm *nt*
pump-room *n* *[GB]* Brunnen-, Kurhaus *nt*
punch *n* 1. (Faust)Schlag *m*; 2. *(fig)* Durchschlagskraft *f*, D.setzungsvermögen *nt*, Biss *m* *(fig)*; 3. Loch-, Prägestempel *m*; **to have p.** Kampfkraft/Durchsetzungsvermögen haben; **to pull one's p.es** *(fig)* sich zurückhalten; **not ~ one's/any p.es** ganz schön vom Leder ziehen *(coll)*
punch *v/t* 1. (ab)lochen, durchlöchern, lochstanzen; 2. *(Karte)* knipsen; 3. ⚒ stanzen; **p. in** einstempeln, einstechen; **p. in** ▭ eingeben
punch adapter Stanzsteuerung *f*; **p. area** Lochbereich *m*; **p. card** Lochkarte *f*; **p. checking** Stanzprüfung *f*; **p. code** Lochschrift *f*

puncher *n* Locher *m*
punch error Lochfehler *m*; **p. form** Lochbeleg *m*; **p. hole** Stanzloch *nt*
punching *n* Lochung *f*; **double p.** Doppellochung *f*; **identifying p.** Kennlochung *f*; **numeric p.** Zahlenlochung *f*; **p. clock** Stechuhr *f*; **p. machine** Lochmaschine *f*; **p. unit** Stanzer *m*, Lochaggregat *nt*, Stanzeinheit *f*
punch line *(Werbung)* Pointe *f*; **p. magnet** Stanzstempel *m*; **p. operator** Datentypistin *f*; **p. position** Lochstelle *f*; **p. station** Loch-, Stanzstation *f*; **p. storage** Stanzspeicher *m*; **p. tape** Lochstreifen *m*; **p.-up** *n* Schlägerei *f*
punctilious *adj* pedantisch, korrekt, peinlich genau
punctual *adj* pünktlich, rechtzeitig, fristgerecht; **p.ity** *n* Pünktlichkeit *f*
punctuate *v/i* 1. interpunktieren; 2. unterbrechen
punctuation *n* Interpunktion *f*, Zeichensetzung *f*; **p. character/mark** Interpunktions-, Satzzeichen *nt*
puncture *n* 🚗 Reifenpanne *f*; *v/t* durchlöchern, Loch machen
pundit *n* 1. Gelehrter *m*, weiser Mann, Experte *m*; 2. *(coll)* Konjunkturbeobachter *m*, K.sachverständiger *m*
pungent *adj* *(Geruch)* stechend, scharf, ätzend, beißend, durchdringend, penetrant
punish *v/t* 1. ahnden, (be)strafen; 2. ✪ strapazieren; **p. severely** schwer/streng bestrafen, ~ ahnden; **p.ability** *n* Strafbarkeit *f*; **p.able** *adj* sträflich, strafbar, s.würdig
punishment *n* Ahndung *f*, Bestrafung *f*, Strafe *f*; **exempt from p.** straffrei, s.los; **p. to enforce a court order; p. for contemptuous disobedience** [§] Erzwingungsstrafe *f*; **p. laid down in the law** vom Gesetz angedrohte Strafe
to administer a punishment Strafe verhängen; **to award a p.** Strafe zuerkennen; **to be liable to p.** sich der Bestrafung aussetzen; **to deserve (a) p.** Strafe verdienen; **to escape p.** der Strafe/Bestrafung entgehen; **to evade p.** sich einer Strafe entziehen; **to execute a p.** Strafe vollziehen; **to impose a p.** Strafe verhängen; **to inflict/mete out p. on so.** jdm eine Strafe auferlegen/aufbrummen *(coll)*; **to mitigate a p.** Strafe mildern; **to refrain from p.** von einer Strafe/Bestrafung absehen; **to superimpose a p.** zusätzliche Strafe verhängen
adequate/appropriate punishment angemessene Strafe; **capital p.** Todesstrafe *f*; **collective p.** Kollektivstrafe *f*; **corporal p.** Prügelstrafe *f*, körperliche Strafe; **disciplinary p.** Dienst-, Disziplinarstrafe *f*; **exemplary p.** exemplarische Strafe; **extra p.** Zusatzstrafe *f*; **lawful p.** gesetzliche Strafe; **lenient/mild p.** geringfügige/leichte/milde Strafe; **severe p.** empfindliche/harte/schwere/strenge Strafe, ~ Bestrafung, ~ Ahndung
punitive *adj* strafend, Straf-; 2. *(Steuer)* extrem hoch
punt *v/i* *(coll)* wetten, spielen; *n (coll)* Spekulation *f*, Wette *f*; **p.er** *n (coll)* 1. (Wett)Spieler *m*, (Börsen)Spekulant *m*; 2. *(Prostitution)* Freier *m (coll)*; **the average p.er** *(coll)* Otto Normalverbraucher *(coll)*
puny *adj* unbedeutend, belanglos, kläglich
pup *n* *(Tier)* Junges *nt*; **to sell so. a p.** *(coll)* jdn übers Ohr hauen, jdm etw. andrehen; **mucky p.** *n (coll)* Schmier-, Schmutzfink *m (coll)*
pupa *n* *(lat.)* 🦋 *(Insekt)* Puppe *f*
pup company junges Unternehmen
pupil *n* 1. Schüler(in) *m/f*, Zögling *m*; 2. ⚕ Pupille *f*; **p.age** *n* 1. Mündelstand *m*, Minderjährigkeit *f*; 2. Lehrjahre *pl*
puppet *n* 🎭 Puppe *f*, Marionette *f*; **p. government** Marionettenregierung *f*; **p. show/theater** *[US]* /**theatre** *[GB]* Marionetten-, Puppentheater *nt*
purchasable *adj* käuflich (zu erwerben), ankaufs-, kauffähig, kaufbar
purchase *n* 1. Kauf *m*, Anschaffung *f*, Beschaffung *f*, Kaufabschluss *m*, Erwerb(ung) *m/f*, (Waren)Einkauf *m*, Abnahme *f*, Bezug *m*; 2. Kaufgegenstand *m*; 3. Halt *m*; **p.s** 1. Wareneingänge; 2. Anlagekäufe; **by p.** durch Kauf, käuflich
purchase for/against acceptance Kauf gegen Akzept; **p. on account** Kredit-, Rechnungskauf *m*, Kauf auf (feste) Rechnung, ~ Kredit; **p. for own account** Kauf auf eigene Rechnung; **p. of accounts receivable** Forderungs(auf)kauf *m*; **p. on third account** Kauf auf fremde Rechnung; **~ approval** Probekauf *m*, Kauf auf Probe; **p. of assets** Kauf von Wirtschaftsgütern; **p. by/at auction** Ersteigerung *f*; **p. in bulk** Kauf in Bausch und Bogen; **p. of a car** Autokauf *m*; **~ check** *[US]* /**cheque** *[GB]* Kauf eines Schecks; **p. on commission** Kommissions(ein)kauf *m*, K.bezug *m*; **p. in third country** ⊖ Transiteinkauf *m*; **p. on credit** Borg-, Kredit-, Zielkauf *m*; **p. of foreign currency/exchange** Devisenankauf *m*, D.erwerb *m*; **~ for later resale** *(Devisen)* Pensionsgeschäft *nt*; **p. for future delivery** Terminkauf *m*; **p. by description** Genus-, Gattungskauf *m*; **p. of electricity** Strombezug *m*; **~ real estate** Immobilien-, Grundstücks-, Liegenschaftskauf *m*; **net ~ exchange** Nettodevisenankauf *m*; **~ goods** Warenkauf *m*, Güterbezug *m*, Bezug von Waren; **~ specified/specific goods** Stückkauf *m*; **~ goods and services** Bezug von Waren und Dienstleistungen; **p. at second hand** Kauf aus zweiter Hand; **p. subject to approval/inspection** Kauf zur Ansicht; **p. of an interest** Beteiligungserwerb *m*; **~ land** Grunderwerb *m*, G.stückskauf *m*, Landbeschaffung *f*; **p. in the open market** Offenmarktkauf *m*; **p. at market prices** freihändiger Ankauf; **p. of materials** Materialbeschaffung *f*, M.einkauf *m*; **~ a patent** Patenterwerb *m*; **p. at the lowest price** Billigst-, Bestkauf *m*; **p. of property** Immobilien-, Grundstückserwerb *m*; **p. and sale** (Ein-/An-)Kauf und Verkauf *m*; **~ of currencies** Kauf und Verkauf von Währungen, Devisengeschäft *nt*; **~ memorandum** *(Börse)* Abschlussbestätigung *f*, Schlussbrief *m*; **p. or sale of services** entgeltliche Inanspruchnahme oder Leistung von Diensten; **p. of securities** Wertpapierkauf *m*, W.erwerb *m*, Effektenkauf *m*, E.erwerb *m*; **~ a corporate shell** Mantelkauf *m*; **~ shares** *[GB]* /**stocks** *[US]* Kauf von Aktien; **p. from outside suppliers** Fremdbezug *m*; **p. on the instalment** *[GB]* /**deferred payment** *[US]* **system** Raten(ein)kauf *m*, Abzahlungskauf *m*, Kauf auf Raten/Abzahlung; **p. of a ticket** Lö-

purchase of units

sen einer Fahrkarte; ~ **units** Investmentkauf *m*, Kauf von (Investment)Fondsanteilen
to acquire by purchase käuflich/entgeltlich/durch Kauf erwerben; **to cancel/repudiate a p.** von einem Kauf zurücktreten; **to complete a p.** Kauf abschließen/tätigen; **to effect/make a p.** (Ein)Kauf abschließen/tätigen, Anschaffung machen
additional/complementary purchase Zukauf *m*, Zuerwerb *m*; **advance p.** Voraus-, Vorwegkauf *m*; **bona-fide** *(lat.)* **p.** gutgläubiger Erwerb; **compulsory p.** Zwangs(an)kauf *m*, Z.enteignung *f*; ~ **order** Enteignungsbeschluss *m*, Zwangsenteignungsverfügung *f*; **conditional p.** Kauf mit Vorbehalt, bedingter Kauf/Erwerb; **covering p.** Deckungskauf *m*, Voreindeckung *f*; **direct p.** Direktbezug *m*; **equalizing p.** Nivellierungskauf *m*; **fictitious p.** Schein-, Leerkauf *m*; **firm p.** Festkauf *m*, Kauf auf feste Rechnung; **fixed-date p.** Fixgeschäft *nt*; **forward p.** Vor(aus)-, Terminkauf *m*, Kauf auf Zeit, ~ zur späteren Auslieferung; **initial p.** Erstkauf *m*, E.erwerb *m*; **innocent p.** gutgläubiger Erwerb; **joint p.** gemeinschaftlicher Erwerb; **judicious p.** kluger Einkauf; **local p.** örtliche Beschaffung, Lokokauf *m*; **minimum p.** Mindestbezug *m*; **net p.s** Nettoeinkaufswert *m*; **non-local p.** Distanzkauf *m*; **offshore p.** Auslandskauf *m*; **outright p.** fester Kauf, Sologeschäft *nt*; **outside p.** Fremdbezug *m*; **pegging p.** Stützungskauf *m*; **price-supporting p.s** (Kurs)Stützungskäufe; **pro-forma p.** Scheinkauf *m*; **quasi p.** kaufähnliches Rechtsgeschäft; **returned p.s** Retouren; **second-hand p.** Kauf aus zweiter Hand, Zweiterwerb *m*; **sham p.** fingierter Kauf; **short p.** *[US] (Börse)* Kauf à la/auf Baisse; **short-swing p.** *(Börse)* Kauf und Verkauf innerhalb von sechs Monaten; **speculative p.** Hoffnungs-, Spekulations-, Meinungskauf *m*, spekulativer Kauf; **substituted p.** Ersatzgeschäft *nt*; **supporting p.** Stützungskauf *m*
purchase *v/t* (käuflich) erwerben, (auf-/ein)kaufen, beziehen, erstehen, be-, anschaffen; **p. forward** auf Termin kaufen
purchase account Einkaufs-, Wareneingangs-, Wareneinkaufskonto *nt*
purchase agreement Kaufvertrag *m*, K.vereinbarung *f*; **cross p. a.** Kompensationskauf *m*; **preliminary p. a.** Kaufoptionsvereinbarung *f*, K.abkommen *nt*; **p. a. form** Kaufvertragsvordruck *m*
purchase allowances Preisnachlässe (von Lieferanten); **p. annuity** Restkaufrente *f*; **p. approval** Ankaufsgenehmigung *f*; **p. association** Einkaufsverbund *m*, E.verband *m*; **p. book** Einkaufsjournal *nt*, E.buch *nt*; **p. budget** (Material)Beschaffungshaushalt *m*, B.plan *m*, Einkaufsbudget *nt*, E.etat *m*; **p. clerk** Disponent(in) *m/f*, Industriekaufmann *m*; **p. commitment** Abnahme-, Kaufverpflichtung *f*; **minimum ~ commitment** Mindestabnahmeverpflichtung *f*; **p. consideration** Kaufentgelt *nt*, K.preis *m*; **p. contract** Bezugs-, Kaufvertrag *m*; ~ **register** Bestellstand *m*; **p. cost(s)** Erwerbswert *m*, Bezugskosten *pl*; **p. credit** Kaufkredit *m*
purchased *adj* (ein)gekauft, fremdbeschafft
purchase date Kaufdatum *nt*, Bestellungstermin *m*; **p.**

deed Kaufurkunde *f*, K.vertrag *m*; **p. discount** Einkaufsrabatt *m*, Skonto *nt/m*; **p. form** Bestell-, Kaufformular *nt*; **p. fund** Ankaufsfonds *m*, A.etat *m*; **p. journal/ledger** Einkaufsbuch *nt*, E.journal *nt*, Wareneingangsbuch *nt*; **p.s ledger** Kreditorenbuch *nt*; ~ **clerk** Kreditorenbuchhalter *m*
purchase money (An)Kaufsumme *f*, K.geld *nt*, K.preis *m*; **residual p. m.** Restkaufgeld *nt*; **p. m. allowance** Kaufpreisnachlass *m*; ~ **bond** Restkaufschuldschein *m*; ~ **claim** Kaufkraftforderung *f*; ~ **loan** Restkaufdarlehen *nt*; ~ **mortgage** Kaufpreis-, Restkauf-, Restgeldhypothek *f*; ~ **obligation** Kaufpreisschuld *f*
purchase obligation Kaufverpflichtung *f*; **p. option** Ankaufsoption *f*, Kaufrecht *nt*
purchase order (Waren)Bestellung *f*, Einkaufs-, Kauf-, Liefer(ungs)auftrag *m*, Kauforder *f*; **blanket p. o.** Blankett(ein)kaufsauftrag *m*; **oral p. o.** mündliche Bestellung; **p. o. form** Bestellformular *nt*; ~ **number** Bestellnummer *f*; ~ **processing** Auftragsbearbeitung *f*
purchase plan Beschaffungs-, Verbrauchswirtschaftsplan *m*; **p. planning** Beschaffungs-, Einkaufsplanung *f*
purchase price Ankaufs-, Beschaffungs-, Bezugs-, Anschaffungs-, Einstands-, Einkaufs-, Erwerbs-, Kaufpreis *m*, Erwerbskurs *m*, Kaufwert *m*, K.betrag *m*, K.summe *f*; **to refund the p. p.** Kaufpreis erstatten; **to retain the p. p.** Kaufpreiszahlung(en) zurückhalten
current purchase price Gegenwartswert *m*; **direct p. p.** Bezugspreis *m*; **gross p. p.** Bruttoeinkaufspreis *m*; **net p. p.** Nettoeinkaufspreis *m*
purchase quota Kauf-, Einkaufskontingent *nt*
purchaser *n* Erwerber, (Auf)Käufer *m*, Abnehmer *m*, Besteller *m*, Beschaffer *m*; **p. in bad faith** bösgläubiger Erwerber; ~ **good faith p.** gutgläubiger Erwerber; **p. of an inheritance** Erbschaftserwerber *m*; **to seek p.s** Käufer suchen
bona-fide *(lat.)***/innocent purchaser** gutgläubiger Erwerber, Käufer auf gut Glauben; **conditional p.** Vorbehaltskäufer *m*; **direct/first p.** Erstkäufer *m*, E.erwerber *m*; **final/ultimate p.** Letztkäufer *m*, Enderwerber *m*; **joint p.** Miterwerber *m*; **main p.** Hauptabnehmer *m*; **mala-fide** *(lat.)* **p.** bösgläubiger Erwerber; **third-party p.** Dritterwerber *m*; **would-be p.** Kaufinteressent *m*
purchase register Kreditorenjournal *nt*; **p. requisition** Einkaufs-, Materialanforderung *f*, Einkaufsanweisung *f*, Bedarfsmeldung *f*; ~ **form** Material(anforderungs)schein *m*
purchase returns Einkaufsretouren, Warenrücksendungen; ~ **account** Retourenkonto *nt*, Retourrechnung *f*; ~ **book** Retouren-, Rückwarenbuch *nt*; ~ **journal** Retourenjournal *nt*
purchase right Erwerbs-, Kaufrecht *nt*; **sole ~ right** Alleinbezugsrecht *nt*; **preferential p. right** Vorkaufs-, Vorerwerbsrecht *nt*; **p. sum** Kaufsumme *f*; ~ **charter** ⚓; **p. syndicate** Übernahmekonsortium *nt*
purchase tax Einkaufs-, Erwerbs-, Kauf-, Markt-, (Waren)Umsatz-, Verbrauchs-, Verkaufssteuer *f*, Umsatzabgabe *f*; **exempt from p. t.; p. t.-free** *adj* einkaufssteuerfrei

purchase terms Kaufbedingungen, K.bestimmungen, Einkaufsbedingungen, E.konditionen; **p. transaction** Kaufgeschäft *nt*; **p. traveller** Beschaffungsbegleitkarte *f*; **p. value** Erwerbs-, Kaufwert *m*; **total ~ value** Gesamtkaufpreis *m*; **p. voucher** Einkaufsbeleg *m*; **p. warrant** Bezugsberechtigungs-, Optionsschein *m*, Bezugsrecht *nt*; **~ holder** Optionsscheininhaber *m*
purchasing *n* (An-/Ein)Kauf *m*, Erwerb *m*, Anschaffung *f*, Beschaffung(swesen) *f/nt*, B.sprozess *m*; **centralized p.** zentraler Einkauf, Zentraleinkauf *m*; **decentralized p.** dezentraler Einkauf; **direct p.** Direktbezug *m*, D.erwerb *m*, direkter Bezug, direkte Beschaffung, Fabrikhandel *m*; **joint p.** Gemeinschaftseinkauf *m*; **optimal p.** beschaffungswirtschaftliches Optimum; **outside p.** Fremdbezug *m*; **public p.** Behörden-, Staatseinkauf *m*, öffentliches Beschaffungswesen
purchasing agency Beschaffungs-, Einkaufsstelle *f*, E.kontor *nt*; **p. agent** Einkäufer(in) *m/f*, Einkaufsagent(in) *m/f*, E.leiter(in) *m/f*, E.sachbearbeiter(in) *m/f*, E.vertreter(in) *m/f*; **p. agreement** Kaufvertrag *m*; **exclusive p. agreement** Exklusivvertrag *m*; **(cooperative) p. association** Bezugs-, Einkaufsgenossenschaft *f*, E.verband *m*, E.vereinigung *f*; **p. authorization** Bezugsgenehmigung *f*, B.ermächtigung *f*, Einkaufsberechtigung *f*, E.ermächtigung *f*; **p. branch (office)** Einkaufsniederlassung *f*; **p. budget** Beschaffungsetat *m*; **p. cartel** Einkaufskartell *nt*; **p. combine** Einkaufsgemeinschaft *f*; **p. commission agent** Bezugs-, Einkaufskommissionär *m*; **p. company** *(Fusion)* übernehmende Gesellschaft; **p. cooperative** Einkaufsgenossenschaft *f*; **(incidental) p. costs** Beschaffungs(neben)kosten; **p. country** Käuferstaat *m*; **p. cycle** Beschaffungszeit *f*, B.zyklus *m*; **p. decision** Kaufentscheidung *f*; **~ process** Kaufentscheidungsprozess *m*; **p. department** Beschaffungs-, Einkaufsabteilung *f*; **p. frequency** Beschaffungs-, Einkaufshäufigkeit *f*; **p. group** Bezugs-, Einkaufsgenossenschaft *f*; **p. guarantee** Abnahmegarantie *f*; **p. lead time** Beschaffungszeit *f*; **p. management** Beschaffungslehre *f*, B.wesen *nt*; **p. manager** Einkaufsleiter *m*, Leiter der Einkaufsabteilung, Disponent(in) *m/f*; **p. manual** Einkaufshandbuch *nt*; **p. marketing** Beschaffungsmarketing *nt*; **p. market research** Beschaffungsmarktforschung *f*; **p. method** Beschaffungsmethode *f*; **p. muscle** Einkaufsmacht *f*; **p. obligation** Kaufverpflichtung *f*; **p. office** Beschaffungsamt *nt*, Einkaufsbüro *nt*; **p. officer** (Ein)Käufer *m*, Disponent *m*; **p. order** (Kauf)Auftrag *m*, Bestellung *f*; **outstanding p. orders** offene/unerledigte Bestellungen; **p. organization** Einkaufsorganisation *f*; **p. party** Käufer *m*; **p. pattern** Kaufverhalten *nt*; **p. permit** Warenbezugsschein *m*, Ankaufs-, Einkaufsermächtigung *f*, E.genehmigung *f*; **p. philosophy** Einkaufsphilosophie *f*; **p. plan** Beschaffungsplan *m*
purchasing policy Beschaffungspolitik *f*; **company-orient(at)ed p. p.** betriebsgerichtete Beschaffungspolitik; **market-orient(at)ed p. p.** marktgerichtete Beschaffungspolitik; **public p. p.** staatliche Beschaffungspolitik
purchasing power Kaufkraft *f*; **thinning of p. p.**; **watering down of p. p.** Verdünnung der Kaufkraft; **skimming/syphoning off p. p.** Kaufkraftabschöpfung *f*; **to absorb/siphon off/skim off (surplus) p. p.** Kaufkraft abschöpfen; **to erode the p. p.** an der Kaufkraft zehren
discretionary purchasing power frei verfügbare Kaufkraft; **domestic/internal p. p.** Binnenkaufkraft *f*; **dwindling p. p.** Kaufkraftschwund *m*; **excess(ive)/surplus p. p.** Kaufkraftüberhang *m*, überschüssige Kaufkraft; **real p. p.** effektive/reale Kaufkraft
purchasing power abroad Außenwert *m*; **current/general ~ accounting** kaufkraftindizierte Rechnungslegung; **~ index** Kaufkraftindex *m*, K.kennziffer *f*; **~ indices** Kaufkraftkennzahlen; **~ parity** Kaufkraftparität *f*, Parität der Kaufkraft; **~ research** Kaufkraftforschung *f*; **~ theory** Kaufkrafttheorie *f*
purchasing price Kauf-, Einkaufs-, Erwerbspreis *m*; **p. and selling p.s** Aufkaufs- und Verkaufspreise; **to reduce the p. p.** Kaufpreis mindern; **gross p. p.** Bruttoeinkaufspreis *m*
purchasing program(me) Beschaffungs-, Einkaufsprogramm *nt*; **~ policy** Beschaffungsprogrammpolitik *f*; **p. quantity/volume** Beschaffungsmenge *f*; **minimum p. quantity** Mindestabnahme *f*; **optimal p. quantity** optimale Beschaffungsmenge; **p. research** Beschaffungsforschung *f*; **p. statistics** Einkaufsstatistik *f*; **p. strategy** Ankaufspolitik *f*; **p. syndicate** Übernahmekonsortium *nt*; **p. variance** Einkaufsabweichung *f*
pure *adj* echt, pur, rein, unvermischt; **warranted p.** garantiert echt/rein
purge *n* (politische) Säuberung; **massive p.** Säuberungswelle *f*
purge *v/t* 1. *(Politik)* säubern; 2. ⌧ vernichten; **p. date** ⌧ Freigabe-, Löschdatum *nt*
purification *n* Reinigung *f*, Klärung *f*; **p. plant** Kläranlage *f*
puri|fier *n* 1. Reinigungsanlage *f*; 2. Luftreiniger *m*; **p.fy** *v/t* reinigen
purity *n* Reinheit *f*; **p. of water** Wasserreinheit *f*
purloin *v/t* stehlen, entwenden; **p.er** *n* (Taschen)Dieb(in) *m/f*
to make purparty *n* [§] Ländereien aufteilen
purport *n* Inhalt *m*, Wortlaut *m*, Sinn *m*, Bedeutung *f*, Tenor *m*; **p. of the law** Sinn des Gesetzes; **~ a letter** Inhalt eines Briefes
purport *v/t* 1. besagen, bedeuten, zum Inhalt haben; 2. hindeuten auf; 3. vorgeben, vortäuschen; 4. bezwecken, beabsichtigen; **p.ed** *adj* angeblich; **p.ing** *adj* des Inhalts
purpose *n* 1. Absicht *f*, Zweck(bestimmung) *m/f*, Einsatz-, Verwendungs-, Widmungszweck *m*; 2. Entschlossenheit *f*; **for the p. of** zwecks, im Sinne von; **on p.** absichtlich; **to the p.** relevant, zweckdienlich; **p. of the company** Unternehmenszweck *m*; **~ consumption** Verbrauchszweck *m*; **~ expenditure** Ausgabezweck *m*; **p. in life** Lebensinhalt *m*, L.zweck *m*; **fit for the p.** dem Zweck entsprechend; **for this p.** zu diesem Zweck; **to no p.** vergeblich, ohne Erfolg; **to be at cross**

p.s sich gegenseitig missverstehen; **to serve a p.** einem Zweck dienen, einen Zweck erfüllen
charitable purpose *n* mildtätiger/karitativer/wohltätiger Zweck; **commercial p.** gewerblicher Zweck; **dual p.** doppelter Zweck; **experimental p.** Versuchszweck *m*; **fraudulent p.** Betrugsabsicht *f*; **illegal p.** widerrechtlicher Zweck; **for industrial p.s** zur kommerziellen Verwertung; **intended p.** Bestimmung *f*; **for introductory p.s** zum Zweck der Einführung; **lawful p.** erlaubter/gesetzlich zulässiger Zweck; **for legal p.s** im rechtlichen Sinne; ~ **medical p.s** zu Heilzwecken; **ostensible p.** angeblicher/vorgeblicher Zweck; **for all practical p.s** praktisch (genommen/gesehen), in der Praxis; **primary p.** Hauptzweck *m*; **private p.s** Privatzwecke; **public p.s** Gemeinbedarf *m*; **public-benefit p.** gemeinnütziger Zweck; **recognized p.** steuerbegünstigter Zweck
purpose|-built *adj* sonder-, einzelgefertigt, speziell angefertigt, Spezial-, Sonder-; **p.-designed** *adj* speziell entworfen; **p.ful** *adj* zielstrebig, z.bewusst, z.gerichtet, entschlossen; **p.less** *adj* ziel-, zweck-, gegenstands-, planlos, unentschlossen
purposive *adj* bewusst (gewählt), gezielt
purse *n* 1. Geldbeutel *m*, G.börse *f*, G.tasche *f*, Portemonnaie *nt (frz.)*; 2. *[US]* Handtasche *f*; 3. Gelder *pl*; **to dip into one's p.** Geldbörse zücken; **to line one's p.** sich den Geldbeutel füllen, sich bereichern; **common p.** Staatssäckel *nt*; **fat p.** *(coll)* dicke Brieftasche/Geldbörse *(coll)*; **privy p.** Privatschatulle *f*, P.kasse *f*, private Schatulle; **public p.** Staatskasse *f*, S.säckel *nt*, öffentliche Kassen, der öffentliche Geldhahn; **well-lined p.** prall gefüllte Brieftasche
purser *n* ⚓ (Schiffs)Zahlmeister *m*; **chief p.** Oberzahlmeister *m*
purse snatcher Taschendieb(in) *m/f*; **p. snatching** Geldtaschenraub *m*; **to hold the p. strings** *(fig)* über den Geldbeutel verfügen, das Portemonnaie haben, die Kasse verwalten; **to tighten the p. strings** Ausgaben reduzieren, die Hand auf der Tasche halten *(fig)*
pursuance *n* Ausführung *f*, Verfolgung *f*, Fortführung *f*; **in p. of** bei, im Verfolg von, gemäß; ~ **the powers conferred upon me** auf Grund der mir erteilten Vollmacht
pursuant to *prep* übereinstimmend mit, gemäß, auf Grund/nach Maßgabe von, entsprechend
pursue *v/t* 1. *(Beruf)* ausüben; 2. verfolgen, streben nach, weiterführen; 3. verfolgen, fahnden; **p.r** *n* 1. Verfolger *m*; 2. *[Scot.]* §︎ Kläger(in) *m/f*
pursuit *n* 1. *(Beruf)* Ausübung *f*, Betätigung *f*; 2. Betreiben *nt*, Geltendmachung *f*, Streben *nt*, Verfolgung *f*, §︎ *(Klage)* Betreibung; 3. Verfolgung(sjagd) *f*; **p. of Strebens nach;** ~ **fortune** Jagd nach Glück; ~ **happiness** Strebens/Jagd nach Glück, freie Persönlichkeitsentfaltung; ~ **knowledge** Strebens nach Wissen, Wissensdurst *m*; ~ **money** Jagd nach Geld, Erwerbstrieb *m*; ~ **profit** Gewinnstreben *nt*; ~ **a trade** gewerbliche Tätigkeit, Gewerbeausübung *f*; **acquisitive p.** Erwerbsstreben *nt*; **hot p.** Verfolgungsjagd *f*
purvey *v/t* liefern; **p. for so.** jdn beliefern; **p.ance** *n* Lieferung *f*

purveyor *n* Lieferant *m*; **p. of goods** Warenlieferant *m*; ~ **stolen goods** Hehler *m*
purview *n* Anwendungs-, Aufgaben-, Geltungs-, Zuständigkeitsbereich *m*, Wirkungskreis *m*, Sphäre *f*, Rahmen *m*; **to come/fall within the p. of a law** in den Geltungsbereich eines Gesetzes fallen, unter ein Gesetz fallen
pus *n* 💲 Eiter *m*
push *n* 1. Schub *m*, Schubs *m (coll)*; 2. *(fig)* Stoß(kraft) *m/f*, Durchsetzungsvermögen *nt*; 3. Kampagne *f*, Aktion *f*, Offensive *f*; **to get the p.** *(coll)* rausfliegen *(coll)*, rausgeschmissen werden *(coll)*; **to give o.s. a p.** seinem Herzen einen Stoß geben *(fig)*; **to make a p.** *(coll)* Dampf machen *(coll)*; **inflationary p.** Inflationsschub *m*
push *v/ti* 1. stoßen, schieben, drängen; 2. vorantreiben, forcieren, Dampf machen *(fig)*; 3. intensiv werben, propagieren; 4. sich anstrengen, sich ins Zeug legen *(coll)*; **p. ahead** *(Börse)* gewinnen, zulegen; ~ **with sth.** etw. mit Nachdruck betreiben; **p. down** 1. drücken; 2. 💻 zurückstellen; **p. in** hineindrängen; **p. out of** herausdrängen, verdrängen aus; **p. through** durchboxen, durchfechten, durchpeitschen, durchsetzen; **p. up** in die Höhe treiben, hochtreiben, h.schieben, h.schrauben, h.schleusen
push barge ⚓ Schubschiff *nt*, S.kahn *m*; **p.-bike** *n [GB]* Fahrrad *m*
push button Druckknopf *m*, D.taste *f*, Drücker *m*; ~ **control** Druckknopfsteuerung *f*; ~ **dialling** 📞 Drucktastenwahl *f*; ~ **operation** Drucktastenbedienung *f*
push|cart *n* Handkarren *m*
pusher *n* *(coll)* 1. Draufgänger *m*, Treiber *m*; 2. Drogenhändler, Dealer *m*; **p. barge** ⚓ Schubschiff *nt*, S.kahn *m*; **p. formation/unit** Schubverband *m*, S.einheit *f*
push|iness *n* Aufdringlichkeit *f*; **p.(ing) strategy** *n* auf Händler abgestimmte Werbung; **p. money** 1. Verkaufsprämie *f*; 2. Schmiergeld *nt (pej.)*; **p.over** *n (coll)* Kinderspiel *nt (coll)*; **p. overseas** Drang ins Ausland, Vorstoß in ausländische Märkte; **p. pencil** Druckstift *m*; **p. vessel** ⚓ Schubschiff *nt*
pushy *adj (coll)* aufdringlich
pussyfoot *n* Leisetreter *m*; **p.ing** *n* Leisetreterei *f*; *adj* leisetreterisch
put *n (Börse)* Verkaufsoption *f*, Rückprämie(n)geschäft *nt*; **p.s** Optionsgeschäfte
put and call Stellage(geschäft) *f/nt*, Stellgeschäft *nt*, Geschäft auf Geben und Nehmen, Rück- und Vorprämie *f*; ~ **broker** Prämienmakler *m*; ~ **option** Stell(age)geschäft *nt*, Kaufverkaufsoption *f*; ~ **price** Stell(age)kurs *m*, S.preis *m*
put of more Nachlieferungs-, Noch-, Nachgeschäft *nt*; ~ **transaction** *(Börse)* Nachgeschäft *nt*
to give for the put Rückprämie verkaufen
put *v/t* setzen, stellen, legen; **p. about** *(Gerücht)* unter die Leute bringen; **p. across** vermitteln, an den Mann bringen, Erfolg haben mit; **p. aside** 1. weglegen, beiseite legen/schaffen; 2. sparen, zurücklegen; **p. at** beziffern (auf), (ein)schätzen (auf), ansetzen; **p. aside/away/by** 1. *(Geld)* zurücklegen, auf die hohe

Kante legen *(fig)*; 2. aus dem Weg räumen; **p. back** zurückstellen, rückversetzen; **p. down** 1. *(Tier)* töten, einschläfern, notschlachten; 2. aufzeichnen, auf-, niederschreiben; **~ to** zurückführen auf; **p. forward** 1. vorbringen, vorschlagen, beantragen; 2. geltend machen, zur Geltung bringen; **p. in** 1. *(Angebot)* einreichen; 2. *(Kapital)* einschießen; 3. ⚓ einlaufen; 4. ✿ einbauen; 5. einschieben; **~ behind** nachschalten; **p. it briefly** kurz ausdrücken; **to ~ mildly** um es milde/gelinde auszudrücken, gelinde gesagt/ausgedrückt; **p. more** *(Börse)* nachliefern; **p. off** hinhalten, aufschieben, hinausschieben, verschieben, zurückstellen, vertagen; **p. so. off** jdm die Lust nehmen, jdm etw. verleiden, jdn verprellen; **p. out** 1. verwirren, außer Fassung bringen; 2. *(Feuer)* löschen; **p. o.s. out** sich übernehmen; **p. so. out** jdm an die Nieren gehen *(fig)*; **p. paid to sth.** einer Sache/dem Spuk *(coll)* ein Ende bereiten, etw. ein für alle Mal beenden; **p. through** ☏ durchstellen, verbinden, (Telefon)Verbindung herstellen; **p. sth. to so.** jdm etw. vorschlagen; **p. together** zusammenbauen, z.stellen; **p. up** 1. 🏛 (auf)bauen, errichten; 2. *(Preis)* erhöhen; 3. *(Geld)* aufbringen, bereitstellen, hinterlegen; 4. *(Hotel)* unterbringen, (sich) einlogieren; **p. so. up** jdm Unterkunft gewähren, jdn bei sich aufnehmen; **p. up with sth.** sich mit etw. abfinden, sich etw. gefallen lassen, etw. hinnehmen, etw. in Kauf nehmen; **to be p. up** §] *(Prozess)* aufgerufen werden; **to be hard p. to it** in ziemlicher Verlegenheit sein
putative *adj* mutmaßlich, vermeintlich, vermutlich
put option *(Börse)* Verkaufsoption *f*, Rückprämiengeschäft *nt*; **p. premium** Rückprämie *f*; **p. price** Rückprämienkurs *m*
putre|faction *n* Verwesung *f*; **p.fy** *v/i* (ver)faulen, verwesen
pu|trid *adj* verfault, modrig; **p.trifiable** *adj* verrottbar
putting in *n* *(Anzeige)* Einschaltung *f*; **p. off** Aufschub *m*; **p. up of cash deposits** Bardepotgestellung *f*
putty *n* (Fenster)Kitt *m*; *v/t* kitten; **p. clay model** *(fig)* Wachstumsmodell *nt*
put writer Käufer einer Verkaufsoption; **p. writing** Kauf einer Verkaufsoption
puzzle *n* Rätsel *nt*; **p. about/over sth.** *v/prep* sich über etw. den Kopf zerbrechen; **p. so.; to have so. p.d** *adj* jdn vor ein Rätsel stellen
pylon *n* ⚡ (Frei)Leitungs-, Hochspannungsmast *m*
pyramid *n* (Produktions)Pyramide *f*; **p. of authority** Instanzenaufbau *m*, I.zug *m*; **~ credit** Kreditpyramide *f*
pyramid *v/t* verschachteln; **p. financing** Kaskadenfinanzierung *f*
pyramiding *n* 1. Unternehmensbeherrschung durch Holdinggesellschaften, Verschachtelung *f*; 2. Kaskadenbesteuerung *f*; 3. Aktiennachkauf bei steigenden Kursen
pyramid selling (scheme) Schneeballverkaufssystem *nt*; **p. structure** Verschachtelungsstruktur *f*
pyro|lysis *n* Pyrolyse *f*; **p.mania** *n* Pyromanie *f*; **p.-maniac** *n* Feuerteufel *m* *(coll)*, Pyromane *m*; **p.technician** *n* Feuerwerker *m*

Q

quack (doctor) *n* (Kur)Pfuscher *m*, Quacksalber *m*, Scharlatan *m*
quackery *n* Kurpfuscherei *f*, Quacksalberei *f*
quadrangle *n* 1. π Viereck *nt*; 2. 🏛 Innenhof *m*; **uneasy q.** *(VWL)* magisches Viereck
quadratic *adj* π quadratisch
quadrillion *n* [US] Billiarde *f*
quadripartite *adj* vierseitig, Vierecks-
quadruple *v/t/i* (sich) vervierfachen; *adj* vierfach
quadruplets (quads) *n* *(coll)* Vierlinge
quadrupli|cate *v/t* vervierfachen; *v/refl* sich vervierfachen; **in q.cate** *n* in vierfacher Ausfertigung; **q.cation** *n* Vervierfachung *f*
quadrupling *n* Vervierfachung *f*
quagmire *n* Sumpf *m*, Morast *m*
qualifiable *adj* qualitativ bestimmbar
qualification *n* 1. Qualifikation *f*, Befähigung *f*, (berufliche) Eignung *f*, 2. Erfordernis *nt*, Voraussetzung *f*, (Vor)Bedingung *f*, Berechtigung(snachweis) *f/m*; 3. (Abschluss)Zeugnis *nt*; 4. Einschränkung *f*, Vorbehalt *m*; 5. *(Bilanz)* Einschränkung des Bestätigungsvermerks; 6. (Versicherungs)Anwartschaft *f*; **without (any) q.** bedingungs-, vorbehaltslos, ohne jede Einschränkung; **q. for citizenship** Voraussetzung für den Erwerb der Staatsbürgerschaft; **~ holding judicial office** Befähigung zum Richteramt; **~ public office** Befähigung für ein öffentliches Amt; **q. of opinion** *(Bilanz)* Einschränkung des Bestätigungsvermerks; **~ origin** Ursprungszuerkennung *f*
to accept without qualification|s ohne Vorbehalt annehmen; **to acquire/gain a q.** Qualifikation erwerben; **to certify without q.** uneingeschränkten Bestätigungsvermerk erteilen; **to fulfil/possess the q.s** Voraussetzungen/Bedingungen erfüllen; **to have the necesssary q.s** den gestellten Anforderungen entsprechen, die erforderlichen Voraussetzungen erfüllen; **to make q.s** Einschränkungen machen
additional qualification Zusatzqualifikation *f*; **educational q.s** Schulbildung *f*, Formalausbildung *f*, Bildungsabschluss *m*; **general q.** allgemeine/überfachliche Qualifikation; **legal q.s** juristische Befähigungsnachweis; **managerial q.** Führungsqualifikation *f*; **necessary q.** erforderliche Eignung/Qualifikation; **occupational/professional q.** Berufsqualifikation *f*, berufliche Qualifikation/Eignung, fachliche Eignung/Qualifikation; **overall q.** Gesamtqualifikation *f*; **preliminary q.** Vorauswahl *f*; **required q.s** Eignungsanforderungen, E.voraussetzungen; **standard q.** Regelvoraussetzung *f*; **vocational q.** Berufsabschluss *m*, B.qualifikation *f*
qualification certificate *n* Befähigungsnachweis *m*; **q. pattern** Qualifikationsstruktur *f*; **q. procedure** Zulassungsverfahren *nt*; **q. profile** Qualifikationsprofil *nt*; **q.**

requirements Qualifikationsanforderungen; **q. shares** *[GB]* **/stocks** *[US]* *(Vorstand)* Pflicht-, Qualifikationsaktien
qualificatory *adj* einschränkend
qualified *adj* 1. geeignet, befähigt, qualifiziert, ausgebildet, mit abgeschlossener (Berufs)Ausbildung; 2. bedingt, eingeschränkt, modifiziert; **not q. for** ungeeignet für; **to be newly q.** vor kurzem Examen gemacht haben; **fully q.** voll ausgebildet, mit abgeschlossener Berufsausbildung; **highly q.** hochqualifiziert; **legally q.** zugelassen; **less q.** minderqualifiziert; **professionally/technically q.** fachlich geeignet; **q. person** Fachkraft *f*; **newly ~ person** Berufsanfänger(in) *m/f*
qualifier *n* Kennzeichner *m*
qualify *v/ti* 1. sich qualifizieren, Voraussetzungen erfüllen, sich eignen; 2. berechtigen, das Recht geben, befähigen; 3. einschränken, modifizieren, abschwächen, relativieren; **q. for** 1. Anspruch haben auf, Voraussetzungen erfüllen für; 2. Eignung/Patent erwerben für
qualitative *adj* qualitativ
quality *n* 1. Güte *f*, Qualität *f*; 2. Ausführung *f*, Sorte *f*; 3. Beschaffenheit *f*, Leistungsstand *m*
qualities as credit instruments kredittechnische Eigenschaften; **quality of conformance** Qualität der Übereinstimmung; **~ estate** [§] *(Grundbesitz)* Rechtsumfang *m*; **~ housing** Wohnqualität *f*; **~ land** Bodenbeschaffenheit *f*; **~ life** Lebensqualität *f*; **~ materials** Materialqualität *f*, M.beschaffenheit *f*; **~ personnel** Personalqualität *f*; **~ production** Produktionsgüte *f*; **~ service** Leistungsstandard *m*; **~ work** Arbeitsqualität *f*
varying in quality von ungleicher Güte/Qualität
to check the quality Qualitätsprüfung vornehmen, Qualität prüfen; **to go (in) for quality** *(coll)* qualitätsbewusst kaufen; **to guarantee the q.** Güte garantieren
minimum acceptable quality Mindestqualität *f*; **aesthetic q.** ästhetische Qualität; **agreed q.** vereinbarte Qualität; **assured q.** zugesicherte Qualität; **average q.** durchschnittliche Qualität, Mittelsorte *f*; **fair ~ q. (f.a.q.)** gute/gesunde Durchschnittsware, Durchschnittsqualität *f*, Handelsgut mittlerer Art und Güte; **best quality** Spitzenqualität *f*; **choice q.** erlesene Qualität, feinste Sorte; **commercial/current q.** handelsübliche/gängige Qualität; **defective q.** mangelhafte Qualität; **first-class/first-rate q.** erstklassige Qualität; **functional q.** Funktionsqualität *f*; **guaranteed q.** zugesicherte Eigenschaft/Güte/Qualität; **of ~ q.** gütegesichert; **inferior q.** geringe/minderwertige/schlechte Qualität, ~ Güte, ~ Sorte; **of ~ q.** von minderer Qualität; **limiting q.** Ausschussgrenze *f*; **managerial qualities** Führungs-, Unternehmer-, Managereigenschaften; **marketable q.** handelsübliche/marktübliche/marktgängige Qualität, ~ Ware, marktfähige Güte; **medium q.** mittlere Qualität, Mittelsorte *f*, zweite Wahl/Qualität
(of) merchantable quality (von) mittlere(r) Art und Güte; **good ~ q.** handelsübliche Qualität; **good and ~ q.** gute Qualität und Beschaffenheit; **good and ~ q. condition** handelsübliche Güte und Beschaffenheit
middling quality Mittelsorte *f*; **average outgoing q.**

(a.o.q.) ▦ mittlerer Durchschlupf, Gütedurchschlupf *m*; **~ limit** größter Durchschlupf; **poor q.** minderwertige/niedrige/schlechte/unzureichende Qualität; **primary q.** Haupteigenschaft *f*; **prime q.** erste Wahl, beste/erstklassige/vorzügliche Qualität, prima Sorte, Spitzenqualität *f*; **promised q.** zugesicherte Qualität; **self-righting q.** Selbststeuerungsfähigkeit *f*; **self-starting qualities** Eigeninitiative *f*; **spotty q.** ▦ schlechte Stücke; **standard q.** 1. durchschnittliche Güte/Qualität, Einheits-, Standardqualität *f*; 2. Typen-, Klassenmuster *nt*; **sterling qualities** hervorragende Eigenschaften; **superior q.** vorzügliche Qualität; **of ~ q.** von erster/bester Qualität; **third-class q.** dritte Wahl; **top (-grade) q.** Spitzen-, Höchstqualität *f*, erste Wahl/Sorte, (aller)erste Qualität, erstklassige Sorte; **warranted q.** zugesicherte Eigenschaft/Qualität
quality advantage Qualitätsvorsprung *m*; **q. assessment** Qualitätsurteil *nt*; **q. assurance** Güte-, Qualitätssicherung *f*; **~ engineer** Qualitätsingenieur *m*; **~ procedure** Qualitätssicherungsverfahren *nt*; **q. audit** Qualitätsaudit *nt*; **q. award** Qualitätspreis *m*; **q. bonus** Qualitäts-, Güteprämie *f*; **q. borrower** erste Adresse; **q. category** Güteklasse *f*; **q. certificate** Gütepass *m*; **q. characteristic** Güte-, Qualitätsmerkmal *nt*; **q. check** Qualitätstest *m*; **q. circle** Qualitätszirkel *m*; **q. competition** Qualitätswettbewerb *m*, Q.konkurrenz *f*; **q. complaint** Qualitätsrüge *f*; **q. conformance** Qualitätsübereinstimmung *f*; **q.-conscious** *adj* qualitätsbewusst
quality control Abnahme-, Güte-, Material-, Qualitätskontrolle *f*, Q.prüfung *f*, Q.sicherung *f*, Q.steuerung *f*, Q.überwachung *f*, Güte-, Warenprüfung *f*; **~ chart** Qualitätsüberwachungskarte *f*; **~ group** Qualitätszirkel *m*; **~ standard** Qualitätskontrollstandard *m*
quality conversion factor ✿ Qualitätsanpassungskoeffizient *m*; **q. costs** ▦ Qualitätskosten; **q. defect/failure** Qualitätsmangel *m*; **q. description** Beschaffenheitsangabe *f*, Qualitäts-, Sortenbezeichnung *f*; **on q. description** auf Beschreibung; **q. design** Qualitätsgestaltung *f*; **q. difference** Qualitätsdifferenz *f*; **q. engineer** Güteprüfer *m*; **q. engineering** Qualitätstechnik *f*; **q. enchancement** Qualitätsverbesserung *f*; **q.-enhancing** *adj* qualitätssteigernd; **q. extra** Güteaufpreis *m*; **q. goods** erstklassige Ware, Qualitätsware *f*; **q. grade** Qualitätsstufe *f*; **q. grading** Qualitätsbestimmung *f*; **q. inspection** (Werks)Abnahme *f*; **q. inspector** Warenprüfer *m*, Abnahmebeamter *m*; **q. label** Gütezeichen *nt*
acceptable quality level (a.q.l.) Gütegrenze *f*, zulässiges/toleriertes Qualitätsniveau; **preferred average q. l.** ▦ bevorzugte Annahmegrenze; **rejectable q. l.** ▦ relative Ausschusstoleranz
quality management Qualitätsüberwachung *f*, Q.sicherung *f*, Q.management *nt*; **total ~ management (TQL)** Qualitätssicherung *f*; **~ management system** Qualitätsmanagementsystem *nt*
quality mark Güte-, Qualitätszeichen *nt*; **q. market** Qualitätsmarkt *m*; **q. mark-up** Qualitätszuschlag *m*; **q. perception** Qualitätswahrnehmung *f*; **q. planning** Qualitätsplanung *f*; **q. problem** Qualitätsproblem *nt*; **q. product** Qualitätsprodukt *nt*; **q. promotion** Qualitäts-

förderung *f*; **q. protection** Güte-, Qualitätsschutz *m*, Q.sicherung *f*, Beschaffenheitssicherung *f*; **q. rating** Qualitätsbeurteilung *f*, Q.bewertung *f*, Eigenschaftsbeurteilung *f*; **q. risk** Qualitätsrisiko *nt*; **q. specification** Güte-, Qualitätsvorschrift *f*, Q.forderung *f*; **q. specifications** Abnahmevorschrift *nt*; **q. stabilization** *[US]* Preisbindung der zweiten Hand; **q. standard** Gütevorschrift *f*, G.norm *f*, Qualitätsnorm *f*, Q.maßstab *m*; **to match up to ~ standards** die Qualitätsnormen erfüllen; **q. stocks** *(Börse)* Spitzenwerte; **q. supplement** Qualitätszuschlag *m*; **q. target** Qualitätsziel *nt*; **q. test** Güte-, Qualitätsprüfung *f*; **q. warrant** Garantieverpflichtung *f*; **q. work** Qualitätsarbeit *f*

quandary *n* Verlegenheit *f*, Schwierigkeit *f*, Dilemma *nt*, Zwickmühle *f*; **to be in a q.** sich in einem Dilemma befinden

quango (quasi-autonomous non-governmental organization) *n* *[GB] (pej.)* halbstaatliche Organisation

quanti|fiable *adj* messbar, quantitativ bestimmbar, quantifizierbar; **q.fication** *n* Messung *f*, Quantitätsbestimmung *f*, Quantifizierung *f*; **q.fy** *v/t* quantifizieren, (be)messen, mengenmäßig bestimmen

quantiles *pl* Häufigkeitsstufen, Quantile

quantitative *adj* quantitativ, mengen-, zahlenmäßig

quantity *n* 1. Menge *f*, An-, Stückzahl *f*, (Maß)Größe *f*, Quantum *nt*, Quantität *f*, Masse *f*; 2. Mengenangabe *f*; **in q./quantities** in großen Mengen; **in terms of q.** quantitativ; **q. of air** Luftmenge *f*; **~ goods** Warenmenge *f*; **~ refuse/waste** Abfallaufkommen *nt*

quantities available lieferbare Mengen; **quantity contracted** Vertragsmenge *f*; **q. delivered/supplied** Liefermenge *f*, gelieferte Menge; **q. demanded** Nachfragemenge *f*; **q. issued** Abgang *m*, Ausgabevolumen *nt*; **q. ordered** Abnahme-, Bestellmenge *f*, bestellte Menge; **q. purchased** Abnahmemenge *f*; **q. received** (Material)Zugang *m*; **q. shipped** Versandmenge *f*; **q. sold** Absatz-, Verkaufsmenge *f*; **q. withdrawn** Abgang *m*

to order the necessary quantities den notwendigen Bedarf disponieren

ascertainable quantity nachweisbare Menge; **available q.** verfügbare Menge; **average q.** Durchschnittsmenge *f*; **commercial q.** handelsübliche Menge; **minimum ~ q.** Mindestabnahmemenge *f*; **constant q.** konstante Größe; **economic quantities** ökonomische Größen; **excess q.** Mehrmenge *f*; **gross q.** Bruttomenge *f*; **guaranteed q.** Garantiemenge *f*; **in large quantities** in Massen; **limited q.** begrenzte Menge; **maximum q.** Höchstmenge *f*; **mean q.** Durchschnittswert *nt*, D.größe *f*; **minimum q.** Mindestmenge *f*; **~ bought** Mindestabnahme *f*; **normal q.** Normalwert *m*; **numerical q.** Zahlengröße *f*; **physical q.** physikalische Größe; **planned q.** Sollmenge *f*; **reordering q.** Meldebestand *m*, M.menge *f*; **required q.** Nachfragemenge *f*; **residual q.** Differenz-, Restbetrag *m*; **in small quantities** in kleinen Mengen; **standard q.** Sollmenge *f*; **surplus q.** Mehrmenge *f*; **unknown q.** unbekannte Größe; **vast q.** Unmenge *f*; **wrong q.** unrichtige Menge

quantity accounting Quantitätsrechnung *f*; **q. adjuster** Mengenanpasser *m*; **q. adjustment** Mengenanpassung

f; **q. bonus** Mengenleistungsprämie *f*; **q. boom** Mengenkonjunktur *f*; **q. buyer** Masseneinkäufer *m*, Großabnehmer *m*; **q. buying** Groß-, Mengenabnahme *f*, Groß(handels)einkauf *m*; **q. combination** Gütermengenkombination *f*; **q. contract** Gattungskauf *m*; **q. control** Mengenregulierung *f*; **q. demand** mengenmäßige Nachfrage; **q. description** Mengenbezeichnung *f*; **q. determination** Mengenfeststellung *f*

quantity discount *n* Großhandels-, Mengen-, Summenrabatt *m*, Ermäßigung/Nachlass/Rabatt bei Mengenabnahme; **annual q. d.** Jahres-, Umsatzbonus *m*

quantity effect *n* Mengeneffekt *m*; **q. equation** Verkehrsgleichung *f*; **~ of exchange** Quantitäts-, Mengengleichung *f*; **low q. extra** Mindestmengenaufpreis *m*; **q. fixing** Mengenfixierung *f*; **q. index** Mengenindex *m*; **q. manufacturing** Herstellung von Massengütern; **q. mark** Quantitätszeichen *nt*; **q. market tendencies** Mengenkonjunktur *f*; **q. output** Mengenausbringung *f*; **minimum q. policy** Mindestmengenpolitik *f*; **q. prices** Staffelpreise; **q. proceeds** Mengenerlös *m*, M.ertrag *m*; **q. production** Massenerzeugung *f*, M.herstellung *f*, M.produktion *f*, Mengenproduktion *f*; **q. rate** Mengen-, Grossistentarif *m*; **q. rebate** Mengenrabatt *m*; **~ variance** Rabattabweichung *f*; **q. relative** ▥ Mengen(mess)ziffer *f*; **q. sale** Mengenabsatz *m*; **q. scale** Mengenstaffel *f*; **q. specification** Mengenabgabe *f*; **q. standard** Mengenvorgabe *f*; **~ of cost(s)** Mengengerüst der Kosten; **q. structure** Mengengerüst *m*; **q. survey(ing)** ▥ Aufmaß *nt*, Massenberechnung *f*, M.ermittlung *f*; **q. surveyor** ▥ Aufmaßtechniker *m*, Baukostenkalkulator *m*

quantity theory Quantitätstheorie *f*; **~ of money** Quantitätstheorie des Geldes; **crude q. t.** naive Quantitätstheorie

quantity throughput Mengendurchsatz *m*; **q. turnover** mengenmäßiger Umsatz; **q. variance** Mengenabweichung *f*, M.toleranz *f*

quantum *n* Quantum *nt*; **q. of damages** Höhe des zugesprochenen Schaden(s)ersatzes; **q. changes** mengenmäßige Veränderungen; **q. index** Mengenindex *m*; **q. jump/leap** Quanten-, Riesensprung *m*; **q. meruit** *(lat.)* [§] angemessene Vergütung, leistungsgerechtes Entgelt; **q. theory** Quantentheorie *f*

quarantine *n* ⚓ Quarantäne *f*; **subject to q.** quarantänepflichtig; **to be in q.** in Quarantäne liegen; **to break q.** Quarantäne verletzen; **to discharge from q.** aus der Quarantäne erlassen; **to place/put under q.** unter Quarantäne stellen, Quarantäne verhängen

quarantine *v/t* unter Quarantäne stellen, Quarantäne verhängen

quarantine flag ⚓/⚐ Quarantäneflagge *f*; **q. inspection** Quarantäneprüfung *f*; **q. officer** Quarantänearzt *m*; **q. period** Quarantänezeit *f*; **q. port** Quarantänehafen *m*; **q. regulations** Quarantänevorschriften, Q.bestimmungen; **to break q. regulations** Quarantäne verletzen; **to lift q. regulations** Quarantäne aufheben; **q. risk** Quarantänerisiko *nt*

quare clausum fregit *n* *(lat.)* [§] Hausfriedensbruch *m*, Verletzung des Immobiliarbesitzrechts

quarrel *n* Zank *m*, Streit(igkeit) *m/f*; **to head off a q.** Streit verhindern; **to make/patch up a q.** Streit beenden/beilegen; **to pick a q.** Streit vom Zaun brechen, ~ provozieren/machen; **domestic q.s** 1. häuslicher Streit; 2. innenpolitische Auseinandersetzung
quarrel with so. *v/i* sich mit jdm anlegen/streiten
quarrelsome *adj* streitsüchtig
quarry *n* Steinbruch *m*; *v/t* Gestein abbauen
quarrying *n* Steinbruchbetrieb *m*, Gewinnung von Steinen und Erden, Sand-, Kiesabbau *m*; **q. industry** Industrie der Steine und Erden; **q. right** Abbaugerechtigkeit *f*, A.recht *nt*
quarry|stone *n* Bruchstein *m*; **q. worker** Steinbrucharbeiter *m*
quarter *n* 1. Jahresviertel *nt*, Vierteljahr *nt*, Quartal *nt*; 2. Stadtteil *m*, Bezirk *m*, (Stadt)Viertel *nt*; 3. ⚓ vierter Teil; **q.s** ⚓ Quartier *nt*, Mannschaftsunterkunft *f*
the four quarter|s of the globe die vier Himmelsrichtungen; **q. of an hour** Viertelstunde *f*; **for a ~ the price** zu einem Viertel des Preises; **q. under review** Berichtsquartal *nt*; **q. of the financial year** Rechnungsquartal *nt*, R.vierteljahr *nt*
to give notice to the end of the quarter zum Quartalsende kündigen; **to hear it from all q.s** überall hören; **to take up q.s** Quartier beziehen
appropriate quarter zuständige Stelle; **to refer sth. to the ~ q.s** etw. an die zuständige Stelle leiten; **authoritative q.s** maßgebende Stelle; **from ~ q.s** von maßgeblicher Seite; **at close q.s** in/aus (aller)nächster Nähe; **closing/final q.** Schlussquartal *nt*, letztes Quartal; **financial q.s** Finanzkreise; **half q.** Quartalsmedio *nt*; **in higher q.s** höheren Ortes; **married q.s** ⚓ Unterbringung für Verheiratete, Familienunterkünfte; **native q.** Eingeborenenviertel *nt*; **from official q.s** von amtlichen Stellen; **in outside q.s** in außerbetrieblichen Kreisen; **poor q.** Armenviertel *nt*; **previous q.** Vorquartal *nt*; **proper q.s** zuständige Stelle; **to apply to the ~ q.s** sich an die richtige Adresse wenden; **residential q.** Wohnviertel *nt*, W.bezirk *m*; **in some q.s** in gewissen Kreisen; **year-earlier q.** Vorjahresquartal *nt*
quarterage *n* Quartalszahlung *f*, Q.betrag *m*
quarter bill ⚓ Schiffsrolle *f*; **q. day** Quartals-, Zinstag *m*; **q. dividend** vierteljährliche Abschlags-/Zwischendividende; **q. figures** Quartalszahlen
quarterly *adj* dreimonatlich, quartalsweise, vierteljährlich, Quartals-; *n* Vierteljahres(zeit)schrift *f*
quarter|master *n* ⚓ Quartiermeister *m*; **~ general** Generalquartiermeister *m*; **q. section** Planquadrat *nt*; **q. sessions** [§] vierteljährliche Gerichtssitzungen, Quartalsgericht *nt*; **q. stock** [US] Fünfundzwanzigdollaraktie *f*, Aktie mit einem Nennwert von $ 25
quartile *n* ▦ Quartil *nt*
quarto *n* 🗋 Quartformat *nt*, Q.blatt *nt*
quartz *n* Quartz *m*; **q. clock/watch** Quarzuhr *f*
quash *v/t* [§] 1. *(Urteil)* annullieren, aufheben, kassieren; 2. *(Antrag)* verwerfen; 3. *(Klage)* abweisen; 4. *(Verfahren)* niederschlagen
quashing *n* [§] Außerverfolgungsetzung *f*, Kassation *f*, Niederschlagung *f*; **q. of an indictment** Niederschlagung einer Anklage; **~ a judgment** Aufhebung eines Urteils, Urteilsaufhebung *f*
quasi quasi; **q.-banking** *adj* bankähnlich; **q.-capital** *adj* (eigen)kapitalähnlich; **q.-cash** *n* Nahezubargeld *nt*; **q.-contract** *n* vertragsähnliches Verhältnis; **q.-contractual** *adj* vertragsähnlich, quasivertraglich; **q.-corporation** *n* gesellschaftsähnliche Organisation; **q.-co-operative** *adj* genossenschaftsähnlich; **q.-government** *adj* parafiskalisch; **q.-legislative** *adj* gesetzgebungsähnlich; **q.-monetary** *adj* geldähnlich; **q.-money** *n* Beinahe-, Quasigeld *nt*; **q.-monopolistic** *adj* monopolähnlich; **q.-monoploy** *n* Quasi-Monopol *nt*; **q.-negotiable** *adj* quasibegebbar, q.übertragbar; **q.-obligation** *n* Quasiverbindlichkeit *f*; **q.-partner** *n* Scheingesellschafter(in) *m/f*; **q.-public** *adj* quasiöffentlich; **q.-random** *adj* ▦ zufallsähnlich; **q.-reorganization** *n* Scheinsanierung *f*; **q.-reserve** *adj* reserveähnlich; **q.-series** *adj* serienähnlich; **q.-tariff** *adj* zollähnlich; **q.-tort** *n* Quasidelikt *m*; **q.-usufruct** *adj* nießbrauchähnlich
quay *n* ⚓ Kai *m*, Anlegestelle *f*, (Schiffs)Landeplatz *m*, Dock *nt*; **alongside q.** längsseits Kai; **free ~ q. (FAQ)** frei längsseits Kai; **ex q. duty on buyer's account** ab Kai unverzollt; **to discharge at the q.** am Kai löschen; **to moor to the q.** am Kai fest machen
quayage *n* Dock-, Kai-, Löschgeld *nt*, Dock-, Kai-, Liegegebühren, Landungszoll *m*
quay dues Kai-, Liegegebühren, L.geld *nt*; **q. handling charges** Kaiumschlaggebühr *f*; **q. insurance** Kaiversicherung *f*; **q. rent** Kailagergeld *nt*; **q.side** *n* Kaianlagen *pl*; **~ crane** Kaikran *m*; **q. tariff** Kaitarif *m*; **q. tran(s)shipment** Kaiumschlag *m*; **q. wall** Kaimauer *f*
queen *n* Königin; **Q.'s Bench** [GB] [§] Oberster Gerichtshof, Oberhofgericht *nt*; **~ Division** Abteilung des High Court für streitige Gerichtsbarkeit; **Q.'s Counsel** Kronanwalt *m*, Justizrat *m*; **Q.'s evidence** Kronzeuge *m*; **to turn Q.'s evidence** zum Kronzeugen werden, als Kronzeuge auftreten; **Q.'s remembrancer** Beamter des Obersten Gerichts; **Q.'s Speech** Thronrede *f*, Regierungserklärung *f*, Parlamentseröffnungsrede *f*
quench *v/t* *(Durst)* stillen
query *n* 1. (Rück)Frage *f*, Monitum *nt*; 2. 🖳 Abfrage *f*; *v/t* 1. in Zweifel ziehen, in Frage stellen, bezweifeln, nachfragen, Rückfrage halten; 2. 🖳 abfragen; **q. bill** fauler Wechsel; **q. language** Abfragesprache *f*
quest *n* Suche *f*, Streben *nt*; **in q. of** auf der Suche nach, in dem Bestreben; **q. for food** Nahrungssuche *f*; **~ gold** Goldsuche *f*
question *n* 1. (An)Frage *f*; 2. Frage *f*, Problem *nt*; 3. Zweifel *m*; 4. [§] Streitpunkt *nt*; **in q.** fraglich, besagt, betreffend; **out of the q.** indiskutabel; **without q.** ohne Frage
question of cause and effect Kausalitätsfrage *f*; **~ cost(s)** Kostenfrage *f*; **~ currency** Währungsfrage *f*; **~ detail** Detailfrage *f*; **q. in dispute** strittige Frage; **q.s relating to evidence** [§] Beweisfragen; **q. of expediency** Zweckmäßigkeitsfrage *f*; **~ fact** Tat(sachen)frage *f*; **~ finance** Geld-, Finanzfrage *f*; **~ guilt** Schuldfrage *f*; **~ interpretation** Auslegungsfrage *f*; **~ justification** Gel-

tungsfrage *f*; ~ **law** Rechtsfrage *f*; ~ **merit** Sachfrage *f*; ~ **money** Geldfrage *f*; **q. involving a precedent** präjudizielle Frage; **q. of procedure** verfahrenstechnische/verfahrensrechtliche Frage; ~ **taste** Geschmacksfrage *f*; ~ **validity** Geltungsfrage *f*
open to question anfechtbar, bestreitbar; **(and) no q.s asked** *(coll)* ohne weiteres, ~ Wenn und Aber *(coll)*
to admit a question Frage zulassen; **to advise so. on a q.** jdn in einer Frage beraten; **to be out of the q.** nicht in Betracht/Frage kommen, außer Frage stehen, sich von selbst verstehen; ~ **utterly out of the q.** völlig ausscheiden; **to beg a q.** an der eigentlichen Frage vorbeigehen; ~ **a number of q.s** eine Menge Fragen offenlassen; **to broach a q.** Frage anschneiden; **to call in(to) q.** in Zweifel ziehen, in Frage stellen; **to decline to answer q.s** die Aussage verweigern; **to discuss a q.** Frage erörtern; **to dispose of a q.** Frage erledigen; **to dodge/evade a q.** einer Frage ausweichen, Ausflüchte machen; **to give a q. careful consideration** sich etw. reiflich überlegen; **to pelt/pester/ply so. with q.s** jdn mit Fragen bombardieren, mit Fragen auf jdn einstürmen/eindringen, jdm ~ zusetzen; **to pose q.s** Fragen aufwerfen; **to put a q.** Frage stellen; ~ **a q. to so.** Frage an jdn richten; **to raise a q.** Frage anschneiden/aufrollen/aufwerfen/erheben/stellen; **to resolve a q.** Frage entscheiden; **to restate a q.** Frage umformulieren; **to settle a q.** Frage erledigen
absurd question lächerliche Frage; **ambiguous q.** mehrdeutige Frage; **awkward q.** peinliche Frage; **budgetary q.s** Haushaltsfragen; **closed-end q.** Frage mit vorgegebenen Antworten, geschlossene Frage; **controversial q.** strittige Frage; **crucial q.** entscheidende Frage; **dichotomous q.** Ja-Nein-Frage *f*; **factual q.** Sachfrage *f*; **financial q.** Geldfrage *f*; **fundamental q.** Grundsatzfrage *f*; **hypothetical q.** hypothetische Frage; **jurisdictional q.** Zuständigkeitsfrage *f*; **knotty q.** schwierige Frage; **leading/loaded q.** Suggestivfrage *f*; **legal q.** juristische Frage, Rechtsfrage *f*; **minor q.** Nebenfrage *f*; **multiple-choice/precoded q.** Speisekartenfrage *f*; **oft-mooted q.** häufig aufgeworfene Frage; **open(-ended) q.** offene/unentschiedene/frei beantwortbare Frage, Kommentarfrage *f*; **parliamentary q.** parlamentarische Anfrage; **pending q.** schwebende Angelegenheit; **pointed q.** gezielte Frage; **probing q.** Testfrage *f*, bohrende Frage; **procedural q.** verfahrensrechtliche Frage, Verfahrensfrage *f*; **rhetorical q.** rhetorische Frage; **searching q.** bohrende Frage; **sixty-four thousand dollar q.** *[US] (coll)* Preisfrage *f*; **social q.** soziale Frage; **specific q.** gezielte Frage; **subordinate q.** untergeordnete Frage; **superfluous q.** müßige Frage; **supplementary q.** Zusatzfrage *f*; **tax-related q.** Steuerfrage *f*, S.problem *nt*; **technical q.** verfahrensrechtliche Frage, Verfahrensfrage *f*; **vexed q.** umstrittene Frage; **vital q.** wesentliche Frage, Lebensfrage *f*
question *v/t* 1. aus-, befragen; 2. [§] verhören, vernehmen; 3. bezweifeln, in Zweifel ziehen, in Frage stellen
questionable bedenklich, fragwürdig, fraglich, zweifelhaft, problematisch
questioner *n* Fragesteller(in) *m/f*, Frager *m*

questioning *n* 1. Befragung *f*; 2. [§] Vernehmung *f*, Verhör *nt*; **q. of a debtor** Schuldnervernehmung *f*; ~ **witnesses** Vernehmung von Zeugen
question mark 1. Fragezeichen *nt*; 2. *[US] (fig)* Produkt in der Einführungsphase, ~ mit niedrigem relativen Marktanteil bei hohem Marktwachstum
questionnaire *n* Erhebungs-, Fragebogen *m*; **to fill in [GB] /out [US] a q.** Fragebogen ausfüllen
question time *(Parlament)* Fragestunde *f*
queue *n* Reihe *f*, (Warte)Schlange *f*; **q. of cars/vehicles** Fahrzeugschlange *f*; **to form a q.** (Warte)Schlange bilden; **to jump the q.** sich vordrängeln; **to stand/wait in a q.** Schlange stehen
queue (up) *v/i* Schlange stehen, sich in die ~ einreihen, sich (in einer Reihe) anstellen, anstehen
queue jumper ⇔ Kolonnenspringer *m*
queuing *n* Schlangestehen *nt*; **q. loss** Warteschlangenverlust *m*; **q. theory** Warteschlangenmodell *nt*, W.theorie *f*
quibble *n* Spitzfindigkeit *f*, Ausflucht *f*; *v/i* 1. deuteln, Ausflüchte machen, spitzfindig sein; 2. *(Kleinigkeit)* sich streiten; **to find sth. to q. about** ein Haar in der Suppe finden *(fig)*
quick *adj* schnell, flüchtig, prompt, sofort; **the q. and the dead** die Lebenden und die Toten; **q. and easy** kurz und schmerzlos; **q. one** *(coll)* Schnäpschen *nt*; **cut/stung/touched to the q.** im innersten Kern getroffen; **to be ~ q.** bis ins Mark getroffen sein
quicken *v/ti* 1. beschleunigen; 2. sich beschleunigen
quickening of expansion *n* Beschleunigung der Expansion; ~ **inflation** Beschleunigung der Inflation
quick|-fix *n* *(coll)* Patentlösung *f*, P.rezept *nt*; **q.-freeze** *v/t* einfrieren, einfrosten, tiefkühlen; **q.-frozen** *adj* tiefgekühlt, Gefrier-; **q.lime** ungelöschter Kalk; **q.ness** *n* Geschwindigkeit *f*; **q.sands** *pl* Treibsand *m*; **q.silver** *n* Quecksilber *nt*; **q.-witted** *adj* schlagfertig, scharfsinnig, geistesgegenwärtig, aufgeweckt; **to be q.-witted** scharfen Verstand haben, über Scharfsinn verfügen
quicky *n* 1. einen auf die Schnelle *(coll)*; 2. *[US] (coll)* Kurzfilm *m*
quid *n* *[GB] (coll)* Pfund *nt*
quid pro quo *n* *(lat.)* Leistungsentgelt *nt*, Gegenleistung *f*, Leistung gegen Leistung, Kompensation *f*
quiet *adj* 1. still, leise, geräuscharm; 2. ruhig; 3. *(Börse)* flau, lustlos; 4. verkehrsarm; **to keep q.** 1. sich ruhig/still verhalten; 2. schweigen
quiet *n* Ruhe *f*, Stille *f*; **on the q.** *(coll)* klammheimlich *(coll)*, in aller Stille
quieten *v/t* 1. beruhigen; 2. ⇔ ruhiger machen
quietus *n* *(lat.) (Schuld)* Entlastung *f*
quinquen|nial *adj* Fünfjahres-, fünfjährig; **q.nium** *n* *(lat.)* Fünfjahreszeitraum *m*
quin|tal *n* Doppelzentner *m (100 kg)*; **q.tessence** *n* Quintessenz *f*
quintuple *v/ti* (sich) verfünffachen
quintupli|cate *v/ti* (sich) verfünffachen; *adj* fünffach; **in q. cate** in fünffacher Ausfertigung; **q.cation** *n* Verfünffachung *f*
quintupling *n* Verfünffachung *f*

quit v/t 1. aus dem Dienst scheiden, Dienst quittieren, gehen, ausscheiden; 2. räumen; 3. ▫ beenden, verlassen; n *[US]* Kündigung *f*; **q.claim** n Verzicht(sleistung) *m/f*, Erledigungsschein *m*; v/t Verzicht leisten, verzichten; **~ deed** Grundstücksübertragungsurkunde *f*; **q. rate** Fluktuation *f*; **q.rent** n *(obs.)* Pachtzins *m*
quittance n Schuldenerlass *m*, Entlastung *f*; **q. bond** Erfüllungsschuldverschreibung *f*
quiz n Quiz *nt*; **q.master** n Spielleiter *m*; **q. program(me)/show** Quizsendung *f*
quorate adj beschlussfähig
quorum n 1. beschlussfähige Anzahl/Mehrheit/Teilnehmerzahl/Versammlung, Mindest(teilnehmer)zahl *f*; 2. Beschlussfähigkeit *f*, Quorum *nt*; **q. of directors** beschlussfähiger Vorstand; **to be/constitute a q.** beschlussfähig sein; **to determine the q.** Beschlussfähigkeit festlegen; **to have a q.** beschlussfähig sein; **not ~ q.** beschlussunfähig sein; **to lack a q.** beschlussunfähig sein; **to muster a q.** Beschlussfähigkeit herbeiführen; **required q.** erforderliches Quorum
quota n 1. Kontingent *nt*, Quote *f*, Anteil *m*; 2. Pensum *nt*, Quantum *nt*; 3. Stückzahl *f*, (Zuteilungs)Menge *f*; 4. (Verteilungs)Schlüssel *m*, Beteiligungsverhältnis *nt*, Kontingentierungssatz *m*; 5. mengenmäßige Beschränkung, Mengengrenze *f*; 6. Konkursdividende *f*; **by q. kontingentmäßig**; **subject to q.** kontingentiert
preferential quota of damages *(Vers.)* Quotenvorrecht *nt*; **q. of expenditure** Ausgabenquote *f*; **~ goods** Warenkontingent *nt*; **q. expressed in items of value**; **q. relating to value** Wertkontingent *nt*; **q. relating to volume** Mengenkontingent *nt*
to allocate quotas Kontingente aufteilen, Quoten zuteilen; **to cut a q.** Kontingent kürzen; **to eliminate q.s** Quoten beseitigen; **to establish/fix a q.** Kontingent festsetzen, Quote festlegen, kontingentieren; **to exceed a q.** Kontingent überziehen; **to exhaust/use up a q.** Kontingent erschöpfen; **to fulfil a q.** Norm/Soll erfüllen; **to grant a q.** Kontingent bewilligen; **to increase a q.** Kontingent aufstocken; **to keep within a fixed q.** Quote einhalten; **to limit by q.** kontingentieren
additional quota Zusatzkontingent *nt*; **advance q.** Vorgriffskontingent *nt*; **allocated q.** (Einfuhr)Kontingent *nt*; **annual q.** Jahreskontingent *nt*; **applicable q.** in Frage kommendes Kontingent; **available q.** *(Erbe)* verteilbar Erbmasse; **basic q.** Grundkontingent *nt*, G.quote *f*; **negotiated bilateral q.** bilaterales Länderkontingent; **country-by-country q.s** Länderquoten; **annual duty-free q.** ⊖ zollfreies Jahreskontingent; **electoral q.** Wahlkontingent *nt*; **free q.** ⊖ Freigrenze *f*; **full q.** Vollkontingent *nt*, volle Zuteilung; **global q.** Globalkontingent *nt*; **individual q.** Einzelkontingent *nt*; **mandatory q.** Zwangskontingent *nt*; **maximum q.** Höchstkontingent *nt*, H.quote *f*; **national/negotiated q.** Länderkontingent *nt*; **non-resident q.** Gebietsfremdenkontingent *nt*; **overall q.** Globalkontingent *nt*; **per-capita q.** Kopfbetrag *m*; **residual q.** Restquote *f*; **special q.** Sonderkontingent *nt*; **standard q.** Normkontingent *nt*; **tariff-rate q.** ⊖ Zollkontingent *nt*; **unilateral q.** ⊖ einseitig festgesetztes Importkontingent

quota v/t kontingentieren
quota account(ing) Quoten-, Kontingentsabrechnung *f*; **q. agent** Kontingententräger *m*; **q. agreement** Kontingent-, Quotenvereinbarung *f*, Q.absprache *f*, Produktionsabsprache *f*; **q. allocation** Kontingent-, Quoten-, Schlüsselzuweisung *f*, Quotenregelung *f*; **~ cartel** Kontingentierungskartell *nt*; **q. application** Kontingentsantrag *m*
quotable adj 1. *[GB]* *(Börse)* kursfähig, notierbar; 2. zitierbar
quota ceiling 1. Höchstkontingent *nt*; 2. *(Fischerei)* Höchstfangquote *f*; **q. certificate** Kontingentschein *f*, Kontingentierungsbescheinigung *f*; **q. contract** *(Rückvers.)* Schadensleistungsvertrag *m*; **q. cover(age)** Quotenabdeckung *f*; **q. cut** Kontingentskürzung *f*; **q. determination** Quotenermittlung *f*; **q. draw** Ziehung einer Quote; **q. duty** ⊖ Kontingentszollsatz *m*; **q.-fixing** n Kontingentierung *f*; **q.-free** adj kontingentfrei; **q. goods** bewirtschaftete/kontingentierte Waren; **q. holder** Quotenträger *m*; **q. immigrant** *[US]* Quoteneinwanderer *m*; **q. imports** kontingentierte Einfuhren; **q. increase** Kontingentsaufstockung *f*, K.erhöhung *f*; **progressive q. increase** schrittweise Erhöhung der Kontingente; **q. limit** Quotenlimit *nt*, Q.beschränkung *f*, Garantie(mengen)schwelle *f*, Höhe des Kontingents; **q. limitation** Kontingentbeschränkung *f*; **q. policy** Höchstmengenpolitik *f*; **q. rebate** Kontingentsrabatt *m*; **q. reduction** Quotensenkung *f*; **q. regime** Quotenregelung *f*; **q. reinsurance** Quotenrückversicherung *f*; **~ agreement** Quotenexzedentenvertrag *m*; **q. restriction** Kontingents-, Mengenbeschränkung *f*, Kontingentierung *f*; **q. sample** Quotenauswahl *f*, Q.stichprobe *f*; **~ procedure** Quotenverfahren *nt*; **q. sampling** Quotenauswahl *f*; **q. setting** Kontingentierung *f*
quota share 1. ⊖ Kontingents-, Quotenanteil *m*, Tranche eines Kontingents; 2. Rückversicherungs-, Selbstbehaltquote *f*; **to draw a ~ from the Community reserve** *(EU)* Ziehung aus der Gemeinschaftsreserve des Kontingents vornehmen; **q. s. insurance** Quotenversicherung *f*; **~ order** Quotenauftrag *m*; **~ reinsurance** Quotenrückversicherung *f*; **~ treaty** Quotenvertrag *m*
quota stocks Lagerkontingent *nt*; **q. system** 1. Quoten-, Zuteilungssystem *nt*, Quotenregelung *f*, Kontingentierung(ssystem) *f/nt*; 2. Garantiemengenregelung *f*; **q. transaction** Kontingentsgeschäft *nt*
quotation n 1. *(Börse)* Effekten-, Preis-, Kursnotierung *f*, K.festsetzung *f*, K.meldung *f*, K.notiz *f*, Quotierung *f*, Kotierung *f*; 2. (Preis)Angebot *nt*, Preisangabe *f*, P.ansatz *m*, (Kosten)Voranschlag *m*; 3. Zitat *nt*, zitierte Stelle; **no q.** ohne Notiz
quotation of the day Tagesnotierung *f*, T.kurs *m*; **q. for forward delivery** Terminnotierung *f*, T.kurs *m*; **q. of foreign exchange rates** Devisen-, Valutanotierung *f*; **q. on spot exchange** Devisenkassanotierung *f*, D.kassakurs *m*; **q. for odd lots** Einheitsnotierung *f*, E.kurs *m*; **q. of prices** Preisstellung *f*; **q. per unit** Stücknotierung *f*
quotation cancelled *(Börse)* gestrichen(er Kurs)
to admit for quotation at the stock exchange zur Notierung zulassen; **to apply for official q.** Börsenzulas-

sung beantragen; **to ask for a q.**; **to invite q.s** Angebot(e) einholen, Preis erfragen; **to discontinue the q.** *(Börse)* Notierung löschen; **to manipulate q.s** in die Kursbildung eingreifen; **to obtain a q.** an der Börse einführen; **to seek a q.** Börsennotierung/Einführung an der Börse beantragen, an die Börse gehen; **to submit a q.** Preisangebot machen/unterbreiten; **to suspend a q.** (Kurs-/Börsen)Notierung/Kurs aussetzen

asked quotation Briefkurs *m*, B.notierung *f*; **bid and ~ q.s** Geld- und Briefkurs; **average q.** Durchschnittsnotierung *f*, Mittelkurs *m*; **cabled q.** Kabelnotierung *f*, K.preis *m*; **competitive q.** wettbewerbsfähiges (Preis-)Angebot; **close q.** *(Devisen)* gespannter Kurs; **consecutive/continuous q.** (fort)laufende/variable Notierung; **daily q.** Tagesnotierung *f*, Tages-, Kassakurs *m*; **direct q.** *(Wechselkurs)* Preisnotierung *f*; **double-barrelled q.** Angabe von Ankaufs- und Verkaufskurs; **favourable q.** günstiges/vorteilhaftes Angebot; **fictitious q.** Scheinkurs *m*; **final q.** Schlusskurs *m*, S.notierung *f*, letzter Börsenkurs; **firm q.** verbindliche Kursnotierung; **first q.** Anfangsnotierung *f*, A.kurs *m*; **fixed q.** Festkurs *m*, F.notierung *f*; **flat q.** Kursnotierung ohne Zinsen; **floating/fluctuating q.** variable Notierung, schwankender Kurs; **forward q.** Terminnotierung *f*, Preis im Termingeschäft; **high q.** Höchstkurs *m*; **indirect q.** *(Wechselkurs)* Mengen-, Quantitätsnotierung *f*; **initial q.** erster Kurs; **international q.** Weltmarktnotierung *f*; **last/late q.** Schlussnotierung *f*, S.kurs *m*, letzte Börsennotiz; **nominal q.** Notiz ohne Umsätze; **off-board q.** Notierung im Telefonhandel; **official q.** amtliche/offizielle (Kurs)Notierung, amtlicher/offizieller Kurs; **~ q.s** Tageskurszettel *m*; **daily ~ q.s** Tageskurszettel *m*; **opening q.** Anfangs-, Eröffnungskurs *m*, Anfangsnotierung *f*; **over-the-counter q.** Notierung im Freiverkehr, Freiverkehrskurs *m*; **previous q.** letzte Notierung; **receding q.s** nachgebende Kurse; **single q.** Einheitskurs *m*; **split q.** uneinheitliche (Kurs)Notierung; **spread q.** Spannungskurs *m*; **standard/uniform q.** *(Börse)* Einheitsnotierung *f*, E.notiz *f*, E.kurs *m*; **telegraphic q.** Kurstelegramm *nt*, Drahtangabe *f*; **unlisted q.** *[US]* / **unofficial** *[GB]* **q.** Freiverkehrsnotierung *f*, außerbörslicher Kurs, Kurs/Notierung im Freiverkehr, Freiverkehrskurs *m*; **wide q.** variabler Kurs

quotation(s) board Kurstabelle *f*, K.tafel *f*, Anzeigetafel *f*; **q.s committee** *[GB]* (Börsen)Zulassungsausschuss *m*; **q.s department** Abteilung für Börsenzulassung; **q. ex** Exnotierung *f*; **~ dividend** *(Börse)* Dividendenabschlag *m*; **q. fee** Börsenzulassungsgebühr *f*; **q.s list** Kurszettel; **official q.s list** amtliches Kursblatt; **q. marks** Anführungszeichen *pl*, Gänsefüßchen *pl* *(coll)*; **q. permit** Notierungsbewilligung *f*; **q. record** Kurstabelle *f*; **national daily q. service** amtlicher Notierungsdienst; **q. technique** Notierungsmethode *f*; **q. ticker** *n* Börsenfernschreiber *m*, B.telegraf *m*

quote *n* *(coll)* 1. Preisangabe *f*, (Preis)Angebot *nt*, Kostenvoranschlag *m*; 2. (Börsen)Notierung *f*, Angebot *nt*; 3. Zitat *nt*; **q.s** *(coll)* Anführungszeichen; **to seek a public q.** Börsenzulassung beantragen

quote *v/t* 1. zitieren, anführen; 2. *(Börse)* notieren, quotieren, kotieren; 3. *(Preis)* ansetzen, berechnen; **q. clean ex** Dividende notieren; **q. officially** amtlich notieren; **q. above par** über Nennwert/pari notieren; **q. at par** pari/zum Nennwert notieren; **q. below par** unter Nennwert/pari notieren; **q. verbatim** *(lat.)* wörtlich/in vollem Wortlaut zitieren

quote board *(Börse)* Kurs(anzeige)tafel *f*

quoted *adj* börsenfähig, b.gängig, b.notiert, zugelassen; **q. flat** ohne Zinsen/Dividende notiert; **to be q.** zur Notierung kommen; **~ at** im Kurs stehen mit, notiert werden mit; **~ consecutively** fortlaufend/variabel notiert werden; **~ officially** amtlich notiert werden; **~ above/below par** über/unter Kurs stehen, ~ pari stehen; **officially q.** *(Börse)* amtlich notiert

quote vendor *n* *(Börse)* Kursanbieter *m*

quotient *n* π Quotient *m*

R

rabbit *n* 1. Kaninchen *nt*, Karnickel *nt*; 2. *(fig)* *(Person)* Niete *f* *(fig)*; **to pick a r.** *(fig)* *(Personal)* Niete ziehen *(fig)*; **r. food** *(coll)* Rohkost *f*; **r. hutch** Kaninchenstall *m*; **r. keeping** Kaninchenzucht *f*; **r. warren** 1. Kaninchenbau *m*; 2. *(fig)* Labyrinth *nt*

rabble *n* Mob *m*, Pöbel *m*; **r.-rouser** *n* (Volksver)Hetzer *m*; **r.-rousing** *n* Volksverhetzung *f*

rabid *adj* $ tollwütig

rabies *n* $ Tollwut *f*

race *n* (Wett)Rennen *nt*, Wettlauf *m*; **to run a neck-and-neck r.** sich ein Kopf-an-Kopf-Rennen liefern; **to withdraw from the r.** *(fig)* Kandidatur zurückziehen

race *v/i* rasen, rennen

race|course; r.track *n* Rennbahn *f*, R.platz *m*, R.strecke *f*; **r.horse** *n* Rennpferd *nt*

race *n* Rasse *f*, (Volks)Stamm *m*; **r. riot** Rassenkrawall *m*, R.unruhen *pl*

racial *adj* rassisch; **r.ism** *n* Rassismus *m*; **r.ist** *n* Rassist(in) *m/f*

racing *n* Rennsport *m*; **r. bets and lotteries act** Rennwett- und Lotteriegesetz *nt*; **r. car** Rennwagen *m*; **r. driver** Rennfahrer *m*

rac|ism *n* Rassismus *m*; **r.ist** *n* Rassist(in) *m/f*

rack *n* Gestell *nt*, (Verkaufs)Ständer *m*; **to go to r. and ruin** *(coll)* in die Binsen gehen *(coll)*; **to let sth. go to r. and ruin** etw. dem Verfall preisgeben; **drive-through r.** Durchlaufregal *nt*; **overhead r.** Gepäcknetz *nt*, G.ablage *f*, Ablage *f*; **postal r.** Postablage *f*

racket *n* *(coll)* 1. (Betrugs)Schwindel *m*, Gaunerei *f*, Schiebung *f*, Geschäftemacherei *f*; 2. Masche *f* *(coll)*; **r. busting** Aufdeckung von Schiebungen

racketeer *n* *(coll)* Geschäftemacher *m*, Schieber *m*; **r.ing** Schieberei *f*, Geschäftemacherei *f*, Schiebung *f*, (Betrugs)Schwindel *m*

racking *n* Regal *nt*; **high-bay r.** Hochregallager *nt*; **~ control system** Hochregalsteuerung *f*

rack jobber Strecken(groß)händler m, Regalbeschicker m, R.bestücker m, R.großhändler m; **r. jobbing/merchandising** Streckengeschäft nt, S.großhandel m, Regalbeschickung f, R.bestückung f; **r.-rent** n Wuchermiete f, überhöhte Miete; **r.-renter** n Mietwucherer m; **r.-renting** n Miet-, Sachwucher m
radar n Radar(gerät) m/nt; **r. aerial** Radarantenne f; **r. beacon** Radarbake f; **r. beam** Radarstrahl m; **r. control** Radarkontrolle f; **r. equipment** Radaranlage f, R.ausrüstung f, R.geräte nt/pl; **r.-equipped** adj mit Radar ausgerüstet; **r.-guided** adj radargelenkt; **r. jamming** Radarstörung f; **r. location** Radarortung f; **r. mast** Radarmast m; **r. navigation** Radarnavigation f; **r. pilot** Radarlotse m; **r. receiver** Radarempfänger m; **r. screen** Radarschirm m; **r. tower** Radarturm m; **r. trap** Radarfalle f; **r. warning system** Radarwarnsystem nt
radi|al adj radial, stern-, strahlenförmig; **r.ate** v/ti (aus)strahlen
radiation n 1. Ausstrahlung f; 2. ☢ radioaktive Strahlung, Strahlenbelastung f; **atomic/nuclear r.** Kernstrahlung f; **solar r.** Sonnen(ein)strahlung f; **thermal r.** Wärmestrahlung f
radiation barrier Strahlungsabschirmung f; **r. damage** Strahlen-, Strahlungsschaden m; **r. dose** Strahlendosis f, S.belastung f; **r. hazard** Strahlungsgefährdung f; **r. injury** Strahlungsschädigung f; **r. level** Strahlungsgrad m, S.intensität f, S.dosis f; **r. measurement** Strahlungsmessung f; **r.-proof** adj strahlen-, strahlungssicher; **r. protection** Strahlenschutz m; **r. sickness** Strahlungskrankheit f; **r. therapy/treatment** ⚕ Strahlenbehandlung f; **r. victim** Strahlungsgeschädigte(r) f/m
radiator n 1. Heizkörper m; 2. 🚗 Kühler m
radical adj durchgreifend, radikal, einschneidend; n 1. Radikale(r) f/m; 2. π Wurzel f; **r.ism** n Radikalismus m; **r.ly** adv von Grund auf, grundlegend
radio n 1. (Rund)Funk m; 2. Funkgerät nt; 3. Radio(apparat) nt/m; **by r.** durch (Sprech)Funk; **suppressed for r.** funkentstört; **to turn the r. up/down** Radio lauter/leiser stellen
cellular radio Mobilfunk m; **directional r.** Peil-, Richtfunk m; **marine r.** Seefunk m; **portable r.** Kofferradio nt
radio v/t funken
radio|active adj radioaktiv, verstrahlt; **r.activity** n Radioaktivität f; **r. adaptation** Funkbearbeitung f; **r. advertising** Hörfunk-, Radio-, Rundfunkwerbung f, Werbefunk m, Radio-, Rundfunkreklame f; **r. alarm** Radiowecker m; **r. amateur** Funk-, Radioamateur m; **r. announcement** Radiodurchsage f, R.meldung f, Rundfunkansage f; **r. announcer** Rundfunkansager(in) m/f; **r. beacon** Funkbake f, F.feuer nt, Peilbake f, P.sender m; **~ identification** Funkfeuererkennung f; **r. beam** Funkleit-, Peil-, Richt-, Funk(richt)strahl m; **r. broadcast** Rundfunksendung f, R.übertragung f; **r. cab** Funktaxi nt; **r. car** Funkwagen m; **r. clock** Radiouhr f; **r. commercials** Werbefunk f; **r. communication/contact** Funkverbindung f, F.kontakt m; **r. communication service** Funkdienst m; **r. compass** Radiokompass m; **r. control** Funksteuerung f; **r.-controlled** adj 1. mit Funk ausgerüstet; 2. ferngesteuert; **r. distress signal** Funknotsignal nt; **r. division** Rundfunkabteilung f; **r. engineer** Radio-, (Rund)Funktechniker m; **r. engineering** Funktechnik f; **r. equipment** 1. Funkausrüstung f, F.geräte pl, F.einrichtung f; 2. ⚓/✈ Bordfunk m; **r. frequency** Hoch-, Rundfunk-, Senderfrequenz f; **r.gram** n 1. Radio(tele)gramm nt; 2. Musiktruhe f, Radioapparat mit Plattenspieler
radiograph n ⚕ Röntgenbild nt; **r.er** n Radiologe m, Radiologin f; **r.y** n Röntgenverfahren nt
radio ham (coll) Funk-, Radioamateur m; **r. installation** Funkanlage f; **r. interference/jamming** Funkstörung f, Störsendung f; **r.isotope** n radioaktives Element; **r. journalist** Rundfunkjournalist m; **r. licence** 1. Funkerlaubnis f; 2. Rundfunkgebühr f; **r. link** Funkverbindung f; **r. location** Funkortung f
radiological radiologisch; **R. Protection Board** *[GB]* Strahlenschutzbehörde f
radiolo|gist n ⚕ Röntgenologe m, Radiologe m; **r.gy** n Röntgen-, Strahlenkunde f
radio message Funksignal nt, F.spruch m; **to intercept a r. message** Funkspruch abfangen; **r.metry** n Strahlenmessung f; **r. navigation** Funksteuerung f; **r. network** Funk-, Sendernetz nt; **r. officer** Funkoffizier m; **r. operator** Funker m; **r. pager** Funkrufempfänger m; **r. patrol** Funkstreife f; **~ car** Funkstreife(nwagen) f/m; **r. photograph** Funkbild nt; **r. pirate** Funkpirat m; **r. play** Hörspiel nt; **r. program(me)** Rundfunk-, Sendeprogramm nt, S.folge f; **r. range** Funkbereich m; **r. receiver** Radio-, (Rund)Funkempfänger m; **r. reception** Radio-, (Rund)Funkempfang m; **r. report** Rundfunkbericht m; **r. reporter** Rundfunkreporter m; **r.scopy** f 1. Radioskopie f; 2. ⚕ Röntgenuntersuchung f; **r. serial** Hörfolge f; **r. series** Sendereihe f; **marine r. service** Seefunkverkehr m; **r. set** Radioapparat m, Rundfunkgerät nt; **r. shop** Radiogeschäft nt; **r. signal** Funksignal nt, F.spruch m; **r. silence** Funkstille f
radio station (Radio-/Rundfunk)Sender m, Radio-, (Rund)Funkstation f; **to jam a r. s.** Radio-/Rundfunksender stören; **to pick up a r. s.** Sender hereinbekommen; **private r. s.** Privatsender m
radio tax Rundfunksteuer f; **r. taxi** Funktaxi nt; **r. telegram(me)** drahtloses Telegramm, Funktelegramm nt; **r. telegraphy** Funk-, Radiotelegrafie f, drahtlose Telegrafie; **r. telephone** Sprechfunk(gerät) m/nt, Funkfernsprecher m, F.sprechgerät nt, F.telefon nt; **r. telephony** Funk-, Radiotelefonie f; **r. teleprinter** Funkfernschreiber m; **r. telescope** Radioteleskop nt; **r.therapy** n ⚕ Röntgenbehandlung f, R.bestrahlung f, Strahlenbehandlung f; **r. tower** Funkturm m; **r. traffic** Funkverkehr m; **~ service** 🚗 Verkehrsfunk m; **r. transmission** Funk-, Radioübertragung f, Rundfunksendung f, R.übertragung f; **r. transmitter** Radio-, Rundfunksender m; **r. valve** Radioröhre f; **r. van** Übertragungswagen m; **r. wave** Funkwelle f
radium n ⚛ Radium nt; **r. treatment** ⚕ Radiumbehandlung f
radius n π Radius m; **within a r. of** im Umkreis von
radix n π Basis f, Grundzahl f; **r. notation** 🖥 Radix-, Stellenwertschreibung f

raffle *n* Aus-, Verlosung *f*, Lotterie *f*, Tombola *f*; *v/t* aus-, verlosen; **r. ticket** Los *nt*; **~ seller** Losverkäufer *m*
raft *n* (Holz)Floß *nt*
rafter *n* 🏛 Sparre *f*; **r.s** Gebälk *nt*
raftsman *n* Flößer *m*
rag *n* Lappen *m*; **r.s** Lumpen; **old r.s** alte Fetzen; **red r.** rotes Tuch; **r.-and-bone man** Lumpenhändler *m*, L.sammler *m*; **r.bag** 1. Lumpensack *m*; 2. *(coll)* Sammelsurium *nt*
rage *n* 1. Wut *f*, Raserei *f*; 2. Modetorheit *f*; **to be all the r.** der letzte Schrei sein, in Mode sein; **to be bursting with r.** vor Wut platzen; **to fly into a r.** in Wut geraten; **~ blue r.** sich schwarz ärgern *(coll)*; **to foam with r.** vor Wut schäumen, geifern; **great r.** Stinkwut *f (coll)*
rage *v/i* wüten, rasen, stürmen, toben
rag fair Trödelmarkt *m*
ragged *adj* zerlumpt
raging *adj* rasend
rag money *[US]* entwertetes Papiergeld; **r. trade** Lumpenhandel *m*
raid *n* 1. Angriff *m*, Überfall *m*, Razzia *f*; 2. ⚔ Kommandounternehmen *nt*; 3. Beute-, Streifzug *m*; 4. Kurs-, Preisdruck *m*; **armed r.** bewaffneter Überfall; **smash-and-grab r.** Schaufensterbruch *m*
raid *v/t* 1. angreifen, überfallen; 2. (aus)plündern; 3. *(Polizei)* Razzia vornehmen; 4. auf die Preise drücken
raider *n* 1. Räuber, Plünderer *m*; 2. ⚔ Teilnehmer an einem Kommandounternehmen; **corporate r.** Unternehmens-, Firmenaufkäufer *m*; **r.s past signal** ⚔ *(Luftangriff)* Entwarnung *f*
rail *n* 1. 🚂 (Eisenbahn)Schiene *f*; 2. 🏛 Geländer *nt*; 3. ⚓ Reling *f*; **by r.** mit der/per Bahn; **free on r. (f. o. r.)** frei Bahn/Schiene/Eisenbahnwagon, bahn-, wagonfrei; **r. versus road competition** Wettbewerb zwischen Straße und Schiene; **to come off the r.s**; **to jump the r.s** entgleisen; **to despatch/forward/send by r.** mit der Bahn senden/(ver)schicken/befördern, als Frachtgut senden; **live/third r.** 🚂/⚡ Stromschiene *f*
rail *v/t* 🚂 mit der Bahn schicken
railage *n* 🚂 1. Bahn-, Schienentransport *m*; 2. Frachtkosten *pl*
rail bond 🚂 Eisenbahnobligation *f*, E.schuldverschreibung *f*; **r.-borne; r.-bound** *adj* spur-, schienengebunden; **r.bus** *n* Schienenbus *m*; **r.car** *n* 1. Triebwagen *m*; 2. *[US]* Wagon *m*; **r. cargo** Bahnfracht(gut) *f/nt*; **r. carriage** Bahnfracht *f*, Bahnspedition *f*; **r. carrier** Bahnspediteur *m*; **r. charge(s)** Bahnfracht(gebühren) *f/pl*, B.tarif *m*; **incidental r. charges** Abfertigungsgebühr *f*; **r. closure** Streckenstillegung *f*; **r. consignment note** (Eisen)Bahnfrachtbrief *m*; **r. delivery** Bahnzustellung *f*; **r. development project** Schienenverkehrsprojekt *nt*; **r. express parcels service** Expressgutverkehr *m*; **r. facilities** Gleisanlagen; **r. fare** Fahrpreis *m*, Bahntarif *m*; **~ agent** Bahnspediteur *m*
rail freight 🚂 Bahnfracht *f*; **~ charges** Bahnfrachtkosten; **~ rate** Bahnfrachttarif *m*; **~ service** Bahnfrachtdienst *m*; **~ traffic** Eisenbahngüterverkehr *m*
railhead *n* 🚂 Endpunkt *m*, E.bahnhof *m*

railing *n* 1. 🚂 Eisenbahntransport *m*; 2. 🏛 Treppengeländer *nt*, Gitter *nt*
rail journey (Eisen)Bahnfahrt *f*; **r. junction** (Eisen)Bahnknotenpunkt *m*, Abzweig *m*
rail link 🚂 (Eisen)Bahnverbindung *f*, Schienenanbindung *f*, S.verbindung *f*; **r. movement** Schienentransport *m*; **r. network** Eisenbahn-, Gleis-, Schienennetz *nt*; **r. operation** (Eisen)Bahnbetrieb *m*; **r. privatization** Bahnprivatisierung *f*; **r. regulator** *[GB]* Aufsichtsbehörde für das Eisenbahnwesen
railroad *[US]*/→ **railway(s)** *[GB]* *n* 🚂 (Eisen)Bahn *f*; **r.s** *(Börse)* (Eisen)Bahnaktien, E.titel, E.werte; **light r.** Kleinbahn *f*; **plant-owned r.** Werksbahn *f*; **private r.** Privatbahn *f*
railroad (through) *v/t* *(fig)* durchboxen, durchpeitschen; **r. into** *(fig)* hastig hineindrängen
railroad accident 🚂 Eisenbahn-, Zugunglück *nt*; **r. advertising** Eisenbahnwerbung *f*; **r. advice** (Eisen)Bahnavis *m/nt*; **r. bill of lading** (Eisen)Bahnfrachtbrief *m*, E.konnossement *nt*, E.ladeschein *m*; **r. car** (Eisenbahn)Wagon *m*; **r. coach** Eisenbahnwagen *m*; **r. company** (private) Eisenbahngesellschaft, Bahnunternehmen *nt*, Schienenverkehrsgesellschaft *f*; **r. corporation** Eisenbahngesellschaft *f*; **r. crossing** Bahnübergang *m*; **r. directory** (Eisenbahn)Kursbuch *nt*; **r. employee** Bahnangestellte(r) *f/m*
railroader *n* 🚂 *[US]* Eisenbahner *m*
railroad freight 🚂 Bahnfracht *f*; **~ rate** Güterfrachttarif *m*; **~ traffic** Bahnfrachtverkehr *m*
railroading *n* 🚂 Eisenbahnwesen *nt*
railroad installations 🚂 (Eisen)Bahnanlagen; **r. junction** (Eisen)Bahnknotenpunkt *m*; **r. line** (Eisen)Bahnlinie *f*, B.strecke *f*; **r. mail (service)** Bahnpost *f*; **r. man** Eisenbahner *m*; **r. management** Eisenbahnverwaltung *f*; **r. market** Markt für Eisenbahnwerte; **r. network** (Eisen)Bahn-, Schienennetz *nt*; **r. official** Eisenbahnangestellter *m*, E.beamter *m*; **r. rate** (Eisen)Bahntarif *m*, (Eisenbahn)Gütertarif *m*; **r. rules and regulations** bahnamtliche Bestimmungen; **r. station** Bahnhof *m*; **unloading r. station** Ausladebahnhof *m*; **r. stocks** *(Börse)* Eisenbahnwerte, E.aktien, E.titel, Bahnaktien; **r. system** Eisenbahn-, Schienennetz *nt*; **r. tank car** Eisenbahntankwagen *m*, E.kesselwagen *m*; **r. ticket** (Eisen)Bahnfahrkarte *f*; **r. track** (Eisen)Bahnstrecke *f*, (Eisen)Bahntrasse *f*, Gleis *nt*; **r. traffic** (Eisen)Bahn-, Schienenverkehr *m*
(combined/multimodal) rail-road transport (service) 🚛/🚂 Schiene-Straße-Verkehr *m*, kombinierter Ladungsverkehr (KLV)
railroad waybill (Eisenbahn)Frachtbrief *m*; **r. worker** Bahnarbeiter *m*
rail shares *[GB]* /**stocks** *[US]* Eisenbahnaktien, E.werte
rail shipment 🚂 Bahnversand *m*; **packed for r. shipment** bahnmäßig verpackt; **r. siding** *[GB]* /**sidetrack** *[US]* Gleisanschluss *m*; **r. strike** Eisenbahnerstreik *m*; **r. ticket** (Eisen)Bahnfahrkarte *f*; **r. track** Gleis *nt*; **r. traffic** (Eisen)Bahnverkehr *m*; **suburban ~ traffic** Schienennahverkehr *m*; **r.-trailer shipment** Hucke-

packverkehr *m*; **r. transport** Beförderung/Transport per Bahn, ~ Schiene, (Eisen)Bahnfracht(geschäft) *f/nt*, E.transport *m*, E.versand *m*, E.verkehr *m*; **~ of trailers** Huckepackverkehr *m*; **r. travel** Bahnreisen *pl*, B.touristik *f*, B.tourismus *m*; **r. user** Bahnbenutzer *m*; **r. vehicle** Schienenfahrzeug *nt*
railway (Ry) *n* 🚂 *[GB]* → **railroad** (Eisen)Bahn *f*
double-track railway 🚂 zweigleisige (Eisen)Bahnstrecke; **electric r.** elektrische Eisenbahn; **elevated r.** Hochbahn *f*; **funicular r.** (Stand)Seilbahn *f*; **high-speed r.** Schnellbahn *f*; **industrial r.** Industrie-, Werksbahn *f*; **light r.** Kleinbahn *f*; **metropolitan r.** Stadtbahn *f*; **narrow-gauge r.** 1. Schmalspurbahn *f*; 2. Feldbahn *f*; **private r.** Privatbahn *f*; **rack-and-pinion r.** Zahnradbahn *f*; **single-track r.** eingleisige (Eisen)Bahnstrecke; **suburban r.** Stadt-, Vorortbahn *f*, S-Bahn *f*; **suspended r.** Schwebebahn *f*
railway accident 🚂 *[GB]* Zugunglück *nt*; **r. advertising** Eisenbahnwerbung *f*; **r. advice** (Eisen)Bahnavis *m/nt*; **r. bill** Bahnfrachtbrief *m*; **~ of lading** Bahnfrachtbrief *m*, Eisenbahnkonnossement *nt*; **r. bond** Bahnanleihe *f*, Eisenbahnschuldverschreibung *f*; **r. bridge** Eisenbahnbrücke *f*, E.überführung *f*; **r. carriage** Eisenbahnwagen *m*; **r. community** 1. Eisenbahner *pl*; 2. Eisenbahnbenutzer *pl*; **r. company** Eisenbahn-, Schienenverkehrsgesellschaft *f*, Bahnunternehmen *nt*; **r. consignment** Bahnlieferung *f*, B.versand *m*; **~ note** Bahnfrachtbrief *m*, Eisenbahnempfangsbescheinigung *f*; **r. construction** (Eisen)Bahnbau *m*; **r. contractor** Eisenbahnbauunternehmer *m*; **r. crossing** (Eisen)Bahnübergang *m*; **r. customer** Bahnkunde *m*; **r. debenture** (Eisen)Bahnobligation *f*; **r. directory** (Eisenbahn)Kursbuch *nt*; **r. disaster** Eisenbahn-, Zugunglück *nt*; **r. embankment** Bahndamm *m*; **r. employee** Bahnangestellte *m*, Eisenbahner *m*; **r. engineering** Eisenbahnbau *m*, E.technik *f*; **~ workshop** Eisenbahnausbesserungswerk (E.A.W.) *nt*; **r. express agency** *[GB]* bahnamtlicher Spediteur, Bahnspedition *f*; **r. fare** Fahrpreis *m*, Bahntarif *m*; **r. freight rates** Bahnfrachtsätze, B.tarife *pl*; **r. goods traffic** Bahnfrachtgeschäft *nt*, Eisenbahngüterverkehr *m*; **r. groupage** Bahn-Sammelverkehr *m*; **~ wag(g)on** Bahn-Sammelwagon *m*; **r. guide** Kursbuch *nt*; **r. installations** (Eisen)Bahnanlagen; **r. junction** (Eisen)Bahnknotenpunkt *m*; **r. letter** Eisenbahnbrief *m*; **r. line** (Eisen)Bahnlinie *f*, E.strecke *f*; **r. loan** (Eisen)Bahnanleihe *f*; **r. mail service** Bahnpostdienst *m*; **r.man** *n* Eisenbahner *m*; **r.men's union** Eisenbahnergewerkschaft *f*; **r. management** Eisenbahnverwaltung *f*; **r. market** *(Börse)* Markt für Eisenbahnwerte; **r. network** (Eisen)Bahn-, Schienen-, Streckennetz *nt*; **r. official** (Eisen)Bahnangestellte *m*, E.beamter *m*; **r. operation** (Eisen)Bahnbetrieb *m*; **r.-owned** *adj* bahneigen; **r. police** Bahnpolizei *f*; **r. porter** Gepäckträger *m*; **r. post office** Bahnpostamt *nt*; **r. property** Bahneigentum *nt*; **r. rates** Bahnfrachtsätze, Eisenbahntarif *m*; **r. receipt (R/R)** Eisenbahnübernahme-, Eisenbahnempfangsbescheinigung *f*; **r. regulations** bahnamtliche Vorschriften; **r. rent** Bahnlagergeld *nt*; **r. repair shop** Eisenbahnausbesserungswerk (E.A.W.) *nt*; **r. rules and regulations** bahnamtliche Bestimmungen; **r. service** (Eisen)Bahnverkehr *m*; **r. shares** *[GB]* /**stocks** *[US]* Eisenbahnaktien, E.werte; **r. station** Bahnhof *m*, (Eisen)Bahnstation *f*; **joint r. station** Gemeinschaftsbahnhof *m*; **r. switch track** *[US]* (Bahn)Anschlussgleis *nt*; **r. system** Eisenbahn-, Schienen-, Streckennetz *nt*; **r. tariff** Bahntarif *m*; **r. ticket** (Eisen)Bahnfahrkarte *f*; **r. timetable** (Eisen)Bahnfahrplan *m*; **r. track** Gleis-, Bahnkörper *m*, (Eisenbahn)Gleis *nt*, (Eisen)Bahntrasse *f*; **r. traffic** (Eisen)Bahnverkehr *m*; **~ regulations** Eisenbahnverkehrsordnung *f*; **r. truck** Eisenbahnwagon *m*, Güterwagen *m*; **r. trunk line** (Eisen)Bahn)Fernstrecke *f*; **r. user** (Eisen)Bahnbenutzer *m*; **r. worker** Eisenbahner *m*, Bahnarbeiter *m*; **r. workshop** Eisenbahnausbesserungswerk (E.A.W.) *nt*; **r. yard** Rangier-, Verschiebebahnhof *m*
rain *n* Regen *m*; **the r.s** Regenzeit *f*; **as right as r.** *(coll)* in schönster Ordnung *(coll)*; **acid r.** saurer Regen; **continuous/incessant r.** Dauerregen *m*; **pouring r.** strömender Regen; **torrential r.** sintflutartiger Regen
rain *v/i* regnen; **it never r.s, but it pours** *(prov.)* ein Unglück kommt selten allein *(prov.)*; **r. heavily** stark regnen
rain|bow *n* Regenbogen *m*; **to take a r. check** die Angelegenheit auf später verschieben, Entscheidung verzögern/vertagen; **r.coat** *n* Regenmantel *m*; **r.fall** *n* Niederschlag(smenge) *m/f*, Regenfälle *pl*, R.menge *f*; **r. forest** Regenwald *m*; **r. insurance** Regenversicherung *f*; **r.-proof** *adj* regendicht; **r.-resisting** *adj* regenfest; **r. squall** Regenbö *f*; **r.wear** *n* Regenkleidung *f*
rainy *adj* regnerisch
raise *n* *[US]* 1. Erhöhung *f*, Aufstockung *f*; 2. Gehaltserhöhung *f*, G.aufbesserung *f*, Lohnerhöhung *f*, L.aufbesserung *f*; 3. betrügerische Nennwerterhöhung; **r. in wages** Lohnerhöhung *f*; **to get a r.** Lohn-/Gehaltserhöhung bekommen
raise *v/t* 1. erhöhen, heraufsetzen, (an)heben, steigern; 2. *(Geld)* auf-, zusammenbringen, beschaffen, auftreiben; 3. *(Gehalt)* aufbessern; 4. *(Problem)* aufwerfen, zur Sprache bringen; **r. a matter** Thema anschneiden
raised *adj* 🗇 erhaben
raising *n* 1. *(Kapital)* Aufbringung *f*, Aufnahme *f*; 2. 🐄 *(Vieh)* Aufzucht *f*; **r. of the bank rate** Leitzins-, Diskonterhöhung *f*; **~ capital/funds/money** Kapitalaufbringung *f*, K.beschaffung *f*, K.aufnahme *f*, Aufnahme von Kapital, Mittel-, Geldbeschaffung *f*; **~ a claim** Geltendmachung *f*
raising factor 🏛 Hochrechnungsfaktor *m*; **r. platform** ✪ Hebebühne *f*
rake *n* 1. *[US]* *(coll)* Provision *f*, Gewinnbeteiligung *f*; 2. 🐄 Harke *f*, Rechen *m*; *v/t* 1. harken; 2. schüren; **r. in** *(coll)* einsacken, scheffeln, einheimsen *(coll)*, absahnen *(coll)*; **r. through** durchwühlen, durchstöbern; **r. up** *(fig)* wieder aufrühren
rake-off *n* *(coll)* 1. Gewinnanteil *m*, Prozente *pl*; 2. Absahnen *nt* *(coll)*; 3. Preisnachlass *m*; 4. *[US]* Provision *f*
rallonge *n* Rallonge *f*, Plafondaufstockung *f*
rally *n* 1. (Kurs-/Markt)Erholung *f*, Auftrieb *m*, Kräftigung *f*, Preisaufschwung *m*; 2. Zusammenkunft *f*, Tref-

rank of a mortgage

fen *nt*, Kundgebung *f*, (Massen)Versammlung *f*; **r. of bond prices** Erholung am Rentenmarkt; **to stage a (good) r.** *(Börsenkurs)* sich (gut) erholen; **late r.** späte Erholung; **slight r.** leichte Erholung; **strong r.** kräftige Erholung; **sustained r.** anhaltende (Kurs)Erholung; **technical r.** (markt)technische Erholung/Reaktion
rally *v/ti* 1. sich erholen, wieder zu Kräften kommen; 2. *(Börse)* aufholen; 3. (sich) versammeln; **r.ing point** *n* Sammelplatz *m*, S.punkt *m*
RAM (random access memory) 💻 Arbeitsspeicher *m*; **dynamic r.** dynamisches Ram
ram *n* 1. 🐏 Hammel *m*; 2. ⚙ Rammbock *m*, Ramme *f*; *v/t* rammen
ramble *n* *(Freizeit)* Wanderung *f*; **r.r** *n* Wanderer *m*
rambling *n* Wandern *nt*; *adj* weitläufig
rami|fication *n* Verzweigung *f*, Verästelung *f*; **r.fied** *adj* (weit) verzweigt; **r.fy** *v/i* sich verzweigen/verästeln
ramp *n* 1. ⚙ Rampe *f*, Hebebühne *f*; 2. 🚗 Straßenschwelle *f*; **hydraulic r.** Hebebühne *f*
ramp *v/t* *(coll)* schröpfen
to go on the rampage *n* Amok laufen, randalieren
ramp agent ✈ (Flug)Speditionsvertreter *m*
rampant *adj* (wild)wuchernd, üppig, zügellos; **to be r.** grassieren, überhand nehmen
ramshackle *adj* klapprig, baufällig, altersschwach, heruntergekommen
ranch *n* [US] 🐂 Viehfarm *f*; **r.er** *n* Viehzüchter *m*, Farmarbeiter *m*
random *adj* zufallsbedingt, zufällig, Zufalls-, wahl-, planlos, willkürlich, stochastisch; **at r.** aufs Geratewohl, nach Belieben, ziellos, willkürlich, stichprobenweise; **r.ization** *n* 1. Randomisierung *f*; 2. zufällige Ordnung
range *n* 1. Bereich *m*, Umfang *m*, Reich-, Tragweite *f*, Auswahl *f*, Spielraum *m*; 2. Angebot *nt*, Sortiment(sbreite) *nt/f*, Kollektion *f*, Fächer *m*, Palette *f*; 3. 🚗 Bau-, Modellreihe *f*; 4. Toleranz-, Variations-, Streuungsbreite *f*; 5. Kursschwankung *f*; 6. Messbereich *m*; 7. ✈ Aktionsradius *m*; **in the r. of** im Bereich von; **out of r.** außer Reichweite; **within r.** in Reichweite
range of activity Beschäftigungs-, Tätigkeitsbereich *m*, Betätigungsfeld *nt*; **~ applicability** Geltungsbereich *m*; **~ application** Verwendungs-, Anwendungsbereich *m*, A.gebiet *nt*; **~ benefits** *(Vers.)* Leistungsumfang *m*, L.katalog *m*; **~ cars** 🚗 Modellreihe *f*, M.palette *f*; **~ colours** Farbskala *f*; **~ credit facilities** Kreditprogramm *nt*; **~ customers** Käuferkreis *m*; **targeted ~ customers** avisierter Kundenkreis; **elastic ~ demand** elastischer Bereich der Nachfragekurve; **~ dispersion** Streuungsbreite *f*; **~ error** Fehlerbereich *m*; **~ exports** Ausfuhrsortiment *nt*; **~ fluctuations** Bandbreite der Wechselkurse; **admissible ~ fluctuations** zulässige Bandbreite; **~ fresh food** Frischsortiment *nt*; **~ forecasts** Prognosespektrum *nt*; **~ goods** Kollektion *f*, Sortiment *nt*, Warenangebot *nt*, W.auswahl *f*, Lieferpalette *f*, L.programm *nt*; **wide ~ goods** breites/umfangreiches Warenangebot, ~ Sortiment; **~ inexactitude** Unschärfebereich *m*; **~ investment facilities/instruments/vehicles** Anlagekatalog *m*, A.palette *f*; **~ knowl-**

~ edge Wissensbereich *m*; **~ manufacture** Verarbeitungsbreite *f*; **vertical ~ manufacture** Fertigungstiefe *f*; **~ models** Typenprogramm *nt*; **~ mountains** Gebirgskette *f*; **r. on offer** Angebotsspektrum *nt*, A.palette *f*; **r. of patterns** Musterauswahl *f*; **within the ~ possibility** im Rahmen/Bereich des Möglichen; **~ price(s)** Preislage *f*, P.klasse *f*, P.skala *f*, Kursbereich *m*
range of products Produktpalette *f*, (Fertigungs)Sortiment *nt*, (Umfang des) Fertigungsprogramm(s), Produktionsskala *f*, Produktangebot *nt*, P.palette *f*; **~ products for sale** Vertriebsprogramm *nt*; **to trim back the ~ products** Sortiment verkleinern; **widespread ~ products** Angebotsvielfalt *f*
range of production Produktionspalette *f*, P.breite *f*, P.fächer *m*; **to broaden the ~ production** Produktionsprogramm ausweiten/erweitern; **vertical ~ production** Programm-, Produktionstiefe *f*
range of punishment Strafrahmen *m*; **~ sample** Stichprobenumfang *m*; **~ savings facilities** Sparangebot *nt*; **~ services** Dienstleistungssortiment *nt*, D.angebot *nt*, Leistungsprogramm *nt*; **~ sight** Sichtweite *f*; **~ support measures** Förderungsinstrumentarium *nt*; **~ values** Wertbereich *m*; **~ vision** Sehbereich *m*, Sichtweite *f*, S.feld *nt*, S.bereich *m*; **relevant ~ volume** relevantes Beschäftigungsintervall *nt*
restructuring the range Sortimentsumstrukturierung *f*, S.umstellung *f*
to complete/round off the range Sortiment abrunden
to simplify the r. Sortiment bereinigen/straffen
basic range Grundspanne *f*; **broad r.** Sortimentsvielfalt *f*; **close r.** Nahbereich *m*; **full r.** Vollsortiment *nt*; **geometric r.** ⬚ geometrische Spannweite; **intellectual r.** geistige Spannweite; **interquartile r.** ⬚ Quartilabstand *m*; **mean r.** mittlere Spann-/Reichweite; **medium r.** Mittelpreis *m*; **medium-price(d) r.** mittlere Preisklasse; **operational r.** ✈ Reichweite *f*; **overall r.** Gesamtkollektion *f*; **prognostic r.** Prognosespektrum *nt*; **random r.** Zufallsstreubereich *m*; **relevant r.** Intervall für die Konstanz fixer Kosten; **highly specialized r.** tiefes Sortiment; **vertical r.** (Sortiments)Tiefe *f*; **wide r.** 1. große Auswahl, breites/großes Sortiment, Sortimentsfülle *f*; 2. ausgedehnter Bereich, umfangreiches Programm, breiter Fächer; **to offer a wide r.** große Auswahl bieten
range *v/ti* 1. schwanken, sich bewegen, sich erstrecken; 2. einordnen, einteilen; 3. [US] 🐂 *(Vieh)* grasen lassen; **r. from ...** to sich bewegen von ... bis
range chart ⬚ Spannweitenkontrollkarte *f*; **r. finder** Entfernungsmesser *m*
ranger *n* Förster *m*, Aufseher *m*
rank *n* 1. Rang *m*, R.stelle *f*, R.stufe *f*, R.verhältnis *nt*, Stellung *f*, Dienstgrad *m*, D.bezeichnung *f*; 2. Klasse *f*, Stand *m*; 3. Schicht *f*, Reihe *f*, Formation *f*; **r.s** ⚔ Mannschaftsstand *m*; **according to r.** rangmäßig, dem Rang entsprechend; **subordinate in r.** rangniedriger
rank of a debt Rang(stelle) einer Forderung; **the r. and file** 1. *(Gewerkschaft)* Basis *f*, die große/breite Masse; 2. Parteivolk *nt*, P.basis *f*, Fußvolk *nt*; **in ~ file** in Reih und Glied; **r. of a mortgage** Hypothekenrang *m*,

rank of workers

Rang(stelle) einer Hypothek; **r. of workers** Masse/Heer der Arbeiter
to break rank|s die gemeinsame Front verlassen, aus der Reihe tanzen *(coll)*; **to classify according to r.** rangmäßig einstufen; **to close (the) r.s** zusammenrücken, die Reihen schließen; **to elevate so. to a higher r.** jdn befördern; **to grant prior r.** *(Grundbuch)* im Rang vorgehen lassen, besseren Rang einräumen; **to rise in r.** höher rücken, aufsteigen, befördert werden; **to thin the r.s** die Reihen lichten
equal rank Gleichrang *m*; **of ~ r.** ranggleich, gleichrangig, ebenbürtig; **high r.** hoher Rang; **of ~ r.** hochgestellt, hochrangig; **of lower r.** nachrangig; **nominal r.** Titularrang *m*; **of prior r.** *(Grundbuch)* rangbesser, r.höher; **of second r.** zweitrangig; **serried/tied r.s** eng geschlossene Reihen, Schulterschluss *m*
rank *v/ti* 1. Rang einnehmen, gehören/zählen (zu), rangieren; 2. *(Konkurs)* bevorrechtigt sein; 3. einstufen, rechnen (zu), rangmäßig bewerten; **r. after/behind** im Rang nachgehen/nachstehen, zurückstehen; **r. among** zählen zu; **r. before** im Rang vorgehen; **r. equally** gleichrangig/gleichberechtigt sein, Gleichrang haben; **r. for** berechtigt sein zu; **r. foremost** an erster Stelle rangieren; **r. next to** im Rang folgen; **r. pari passu** *(lat.)* gleichberechtigt sein; **r. prior to** (im Rang) vorgehen; **r. with** in gleichem Rang stehen mit
rank *adj* 1. üppig, fruchtbar; 2. entschieden, krass
rank correlation Rangkorrelation *f*; **r. criterion** Rang(folge)kriterium *nt*
ranking *n* 1. Rangeinteilung *f*, R.folge *f*, R.ordnung *f*, Klassifizierung *f*; 2. *(Tabelle)* Stelle *f*, Platz *m*; **r. of claims** Rangordnung der Ansprüche; **~ commodities** rangmäßige Bewertung von Gütern; **~ creditors** Rang(folge)/R.ordnung/R.verhältnis der Gläubiger, Gläubigerrang *m*; **~ liens** Rangordnung von Pfandrechten; **~ mortgages** Hypothekenrangordnung *f*, Rangordnung der Hypotheken; **~ preferences** Aufstellung einer Präferenzordnung
ranking list Rangliste *f*; **r. method/principle** Rangreihenmethode *f*, R.(stufen)prinzip *nt*; **r. test** ▦ Rangtest *nt*
rank sequence method Rangreihenverfahren *nt*
ransack *v/t* 1. (aus)plündern, vollständig ausrauben; 2. durchwühlen, durchsuchen
ransom *n* 1. Lösegeld *nt*; 2. Los-, Freikauf *m*; **to demand a r.** Lösegeld verlangen; **to exact a r.** Lösegeld erpressen; **to hold so. to r.** 1. jdn (gegen Lösegeld) erpressen; 2. jdn als Geisel halten
ransom *v/t* gegen Lösegeld frei-, loskaufen, durch Zahlung von Lösegeld freibekommen/loskaufen; **r. bill/bond** Lösegeldverpflichtung *f*; **r. demand** Lösegeldforderung *f*; **r. money** Lösegeld *nt*; **r. price** Wucherpreis *m*
rap *n* Klopfen *nt*; **to get a r. over the knuckles** *n (coll)* eins auf die Finger bekommen *(coll)*, zurechtgewiesen werden; **to give so. a ~ knuckles** *(coll)* jdm auf die Finger klopfen *(coll)*, jdn zurechtweisen
rap *v/i* pochen, klopfen
rapacious *adj* 1. habgierig; 2. räuberisch

rape *n* Vergewaltigung *f*, Notzucht *f*; **r. resulting in death** Notzucht mit Todesfolge; **statutory r.** Unzucht mit Minderjährigen
rape *v/t* vergewaltigen
rape(seed) *n* ⚘ Raps *m*, Rübsamen *nt*; **r. oil** Rapsöl *nt*
rapid *adj* rasch, schnell, sprunghaft; **r.ity** *n* Geschwindigkeit *f*, Schnelligkeit *f*
rapist *n* Vergewaltiger *m*, Notzuchttäter *m*; **r. killer** Lustmörder *m*
rapport *n* *(frz.)* (enges) Verhältnis, Beziehung *f*; **r.eur** *n (frz.)* Berichterstatter *m*
rapprochement *n* *(frz.)* (Wieder)Annäherung *f*
rap|ture *n* Überschwang *m*, Ekstase *f*; **r.turous** *adj* überschwenglich, schwärmerisch
rare *adj* 1. selten; 2. ◐ *(Gase)* Edel-
rarity *n* 1. Seltenheit *f*; 2. Rarität *f*, Kostbarkeit *f*
rash *n* 1. ⚕ (Haut)Ausschlag *m*; 2. *(fig)* Welle *f (fig)*; **r. of strikes** (plötzliche) Streikwelle
rash *adj* überstürzt, voreilig, übereilt, hastig, vorschnell, unbesonnen, unüberlegt
rat *n* 1. Ratte *f*; 2. *(pej.)* Akkordbrecher *m*; **to smell a r.** *(coll)* Lunte/Braten riechen *(coll)*, Verdacht schöpfen
ratal *n [GB]* Steuermessbetrag *m*, Veranlagungswert *m*
rat-catcher *n* Rattenfänger *m*
ratchet *n* ✿ Zahnkranz *m*; **r. effect** Sperrklinken-, Ratcheteffekt *m*
rate *n* 1. Rate *f*, Tempo *nt*, Rhythmus *m*; 2. Grad *m*, Rang *m*, Klasse *f*; 3. (Börsen)Kurs *m*; 4. Preis *m*, Betrag *m*,Tarif(prämie) *m/f*, Gebühr *f*; 5. Ausmaß *nt*; 6. (Kommunal)Steuer *f*, Umlage *f*, Abgabe *f*: 6. Zins(fuß) *m*; 7. Kostensatz *m*, (Kosten)Voranschlag *m*; 8. Prämie *f*; 9. Fracht(rate) *f*; **r.s** *[GB]* Gemeinde-, Grund-, Kommunal-, Ortssteuern, Gemeindeabgabe *f*, G.umlage *f*, kommunale/örtliche/städtische Abgaben, ~ Gebühren, ~ Steuern; **at a r. of** zum Preise/Kurs von; **~ any r.** auf jeden Fall
rate of absenteeism Abwesenheitsrate *f*, A.quote *f*, Fehlzeitenquote *f*; **~ achievement** Leistungsverlauf *m*; **~ accrual** *(Steuer)* Aufkommensentwicklung *f*; **~ activity** Beschäftigungsgrad *m*; **~ adjustment** ⊖ Berichtigungssatz *m*; **r. for advances on security** Lombardsatz *m*; **r. of ascent** ✈ Steiggeschwindigkeit *f*; **~ assessment** Bewertungsmaßstab *m*, Steuer-, Veranlagungssatz *m*; **carrying ~ asset** fortgeführte Anlagekosten; **~ building** Bautempo *nt*; **~ capacity utilization** Kapazitätsausnutzungsgrad *m*, Grad der Kapazitätsauslastung; **~ capital expenditure; ~ fixed capital formation** Investitionsquote *f*; **annual ~ capital expenditure** jährliche Investitionsquote; **~ change** (Ver)Änderungsrate *f*; **annualized ~ change** jährliche Änderungsrate; **~ charges** Gebührensatz *m*; **reduced r. for children** Kinderermäßigung *f*; **r. of climb** ✈ Steiggeschwindigkeit *f*; **~ commission** Provisionssatz *m*; **~ commodity substitution** Substitutionsrate *f*; **~ compensation** Vergütungssatz *m*, Kompensationskurs *m*; **~ consideration** *[US]* Prämiensatz *m*; **~ consumption** Verbrauch(srate) *m/f*; **~ contraction** Schrumpfungsrate *f*; **~ contribution** Beitrags-, Umlagesatz *m*; **average ~ contribution** Durchschnittsbeitragssatz *m*; **~ con-**

version Konversions-, Umrechnungssatz *m*, U.kurs *m*, Umtauschsatz *m*; **r. for the day** Tageskurs *m*, T.notierung *f*, T.satz *m*, Marktpreis *m*; **r. of decay** Zerfallsgeschwindigkeit *f*; **~ decline** Rückgang(stempo) *m*/*nt*; **~ delivery** Auslieferungsrhythmus *m*; **~ depreciation** 1. Abschreibungssatz *m*; 2. Geldentwertungsrate *f*; **annual ~ depreciation** Jahresabsetzungsbetrag *m*; **constant/fixed ~ depreciation** konstanter Abschreibungssatz; **~ devaluation** Abwertungssatz *m*; **~ discount** Diskontsatz *m*, Wechseldiskont *m*; **fine ~ discount** niedrigster Diskontsatz; **r.s and dues** öffentliche Abgaben
rate of duty 1. Abgabenquote *f*, Steuersatz *m*, S.rate *f*; 2. ⊖ Zoll(an)satz *m*; **applicable ~ d.** geltender Zollsatz; **conventional ~ d.** vertragsgemäßer Zollsatz; **external ~ d.** Außenzoll(satz) *m*; **flat ~ d.** pauschaler Zollsatz; **internal ~ d.** Binnenzollsatz *m*; **preferential ~ d.** Vorzugszoll *m*; **specific ~ d.** spezifischer Zollsatz
rate of equity turnover Umschlagshäufigkeit des Eigen-/Gesamtkapitals
rate of exchange 1. (Devisen-, Wechsel-, Umrechnungs-, Umtausch-, Umwechslungs-, Valuta)Kurs *m*; 2. Austauschverhältnis *nt*; 3. Börsenkurs *m*; **commercial ~ e.** Devisen-, Wechsel-, Umtausch-, Umrechnungskurs *m*; **cross ~ e.** Kreuzwechselkurs *m*, indirekter Wechselkurs; **current ~ e.** Tageskurs *m*; **fixed ~ e.** starrer/fester Wechselkurs, ~ Umrechnungskurs *m*; **mean ~ e.** Mittelkurs *m*; **official ~ e.** amtlicher Umrechnungs-/Wechselkurs; **one-to-one ~ e.** Umtauschverhältnis von 1:1; **par ~ e.** Wechsel-, Währungsparität *f*; **split ~ e.** gespaltener Wechselkurs
rate of expansion Expansions-, Wachstumsrate *f*, Expansionsrhythmus *m*, E.tempo *nt*; **~ exploitation ⊜** Ausbeutungstempo *nt*; **r. for express freight** Tarif für Expressgüter; **r. of failure** Ausfall-, Störungsrate *f*; **~ felling ⚙** Holzeinschlag *m*; **~ flow** Strom-, Strömungsgröße *f*; **~ fluctuation** Fluktuationsrate *f*; **interbank r. for three months' funds** Dreimonatsinterbanksatz *m*; **r. of grievances** Beschwerdequote *f*
rate of growth Expansions-, Steigerungs-, Wachstums-, Zuwachsrate *f*; **natural ~ g.** natürliche Wachstumsrate; **sustainable ~ g.** am Nachhaltigkeitsprinzip orientierte Wachstumsrate
rate of imports Einfuhrtempo *nt*; **~ income tax** Einkommenssteuersatz *m*; **flat ~ income tax** Pauschaleinkommenssteuersatz *m*
rate of increase Erhöhungs-, Steigerungs-, Wachstums-, Zuwachsrate *f*, Erhöhungsrate *m*; **comparative ~ i.** vergleichbare Zuwachsrate; **maximum ~ i.** Höchstzuwachs(rate) *m*/*f*
rate of inflation Geldentwertungs-, Teuerungs-, Inflationsrate *f*, I.tempo *nt*; **~ innovation** Innovationsgeschwindigkeit *f*
rate of interest Zins(satz) *m*, Z.ausstattung *f*, Z.fuß *m*, Verzinsung *f*; **~ on capital** Kapitalzinsniveau *nt*; **~ in the capital market** Kapitalmarktzinsen *pl*, K.verzinsung *f*; **~ on a mortgage** Hypothekenverzinsung *f*; **to cut/lower the r. of i.** Zinssatz herabsetzen, Zins(en) senken; **to increase the r. of i.** Zinsen/Zinsfuß/Z.satz heraufsetzen

annual rate of interest Jahreszins(satz) *m*; **compound r. of i.** kumulativer Jahreszinssatz; **assumed r. of i.** Rechnungszinsfuß *m*; **base r. of i.** Eckzins *m*; **blended/composite r. of i.** *[US]* Mischzinssatz *m*; **commercial r. of i.** markt-/handelsübliche Verzinsung; **conventional r. of i.** Kalkulationszinsfuß *m*; **current r. of i.** derzeitiger/gegenwärtig gültiger/landesüblicher Zinssatz; **customary r.s of i.** marktübliche Zinsen; **effective r. of i.** Effektivzinssatz *m*, E.verzinsung *f*; **exorbitant r. of i.** überhöhte Zinsen, Zinswucher *m*; **favourable r. of i.** günstiger Zinssatz; **at a ~ r. of i.** zinsgünstig; **fixed r. of i.** fester Zinssatz, feste Verzinsung; **at a ~ r. of i.** festverzinslich; **floating r. of i.** schwebender Zinssatz, variabler Zins; **legal/statutory r. of i.** gesetzliche Zinsen, gesetzlicher Zinsfuß; **neutral r. of i.** neutraler Zins; **nominal r. of i.** Nominalzins(en) *m*/*pl*; **prohibitive r. of i.** prohibitive Zinsen; **real r. of i.** effektiver Zins, Effektivzins *m*, E.verzinsung *f*; **sliding r. of i.** gleitender Zinssatz; **~ clause** Zinsgleitklausel *f*; **staggered/tiered r. of i.** gestaffelter Zinssatz, Staffelzins *m*; **standard r. of i.** Eck-, Einheitszins *m*; **usual r. of i.** üblicher Zinssatz
rate of inventory turnover Lagerumschlag *m*, Umschlaghäufigkeit *f*; **~ investment** Investitionsquote *f*, I.grad *m*, I.rate *f*, I.tempo *nt*; **overall ~ investment** gesamtwirtschaftliche Investitionsrate; **r. on investment** Rentabilität *f*; **r. of issue** Ausgabe-, Einführungs-, Emissionskurs *m*; **combined r. for direct labo(u)r and overheads** Fertigungszuschlag *m*; **r. on the free market** Freiverkehrskurs *m*; **r. of merchandise turnover** Umsatz-, Umschlaggeschwindigkeit *f*, Umschlaghäufigkeit des Warenbestandes; **~ mortality** Sterblichkeitsrate *f*; **r.s in operation** gültige Sätze/Tarife; **r. of operation** Beschäftigungsgrad *m*; **~ output** Ausstoßrate *f*; **~ overtime pay** Überstundensatz *m*; **~ pay** Bezahlung *f*, Lohn(satz) *m*; **flat ~ pay** Pauschallohn *m*; **initial ~ pay** Anfangsgehalt *nt*; **~ postage** Porto-, Gebührensatz *m*; **~ premium** Prämiensatz *m*; **~ price increases** Preissteigerungs-, Teuerungsrate *f*
rate of production Produktionstempo *nt*, Beschäftigungsgrad *m*; **~ productivity** Produktivitätsrate *f*; **~ productivity growth** Produktivitätszuwachsrate *f*; **~ product transformation** Produkttransformationsrate *f*
rate of profit Gewinnsatz *m*, G.rate *f*, Profitrate *f*; **~ profitability** Rentabilität *f*; **~ profit growth** Gewinnzuwachsrate *f*; **falling ~ profit theory** Theorie der fallenden Profitrate
rate of redemption Einlösungs-, Rückzahlungskurs *m*; **~ refund** Erstattungssatz *m*; **~ remuneration** Tarifentgelt *nt*, Vergütungstarif *m*, V.satz *m*
rate of return 1. Rendite(satz) *f*/*m*, (Kapital)Verzinsung *f*, Ertrag(squote) *m*/*f*; 2. interner Zinsfuß; **~ over cost** Differenzgewinnrate *f*; **marginal ~ over cost** interner Zinsfuß, marginale Rate des Ertragsüberschusses über die Kosten; **~ on equity** Eigenkapitalverzinsung *f*, E.rentabilität *f*; **required ~ on equity** geforderte Eigenkapitalrendite; **~ on investment** Kapitalzins *m*, (Investitions)Rendite *f*

actuarial rate of return *(Vers.)* interner Zinsfuß; **fair r. of r.** angemessene Verzinsung; **fixed r. of r.** feste Rendite; **initial r. of r.** Anfangsrendite *f*; **internal r. of r.** interner Zins(satz)/Zinsfuß; **marginal ~ r. of r.** marginale interne Ertragsquote, interner Zinsfuß; **minimum/required r. of r.** Mindestrendite *f*, (erstrebte/angestrebte) Mindestverzinsung, Renditeforderung der Kapitalanleger; **low r. of r.** geringe Rendite; **marginal r. of r.** Grenzleistungsfähigkeit der Arbeit; **projected r. of r.** interner Zinsfuß; **proper r. of r.** angemessene Rendite; **required r. of r.** Kalkulationszinsfuß *m*, K.satz *m*; **social r. of r.** soziale Ertragsrate; **time-adjusted r. of r.** interner Zinsfuß

rate of return calculation Renditekalkulation *f*; **average ~ method** Rentabilitätsrechnung *f*; **internal ~ method** interne Zins(fuß)methode; **~ pricing** Preisfestsetzung mit angemessener Rendite

rate of saving Sparrate *f*, S.quote *f*; **~ security** Kautionssatz *m*; **~ social security benefits** Fürsorgesatz *m*

rate of selling Absatzgeschwindigkeit *f*; **constant ~ s.** konstante Absatzgeschwindigkeit; **variable ~ s.** variable Absatzgeschwindigkeit

rate of settlement Kompensationskurs *m*; **~ stockturn** Lagerumschlagsgeschwindigkeit *f*; **~ subscription** Zeichnungskurs *m*

rate of substitution Substitutionsrate *f*; **intertemporal ~ marginal s.** Grenzrate der Zeitpräferenz; **marginal ~ s.** Grenzrate der Substitution; **~ technical s.** technische Substitutionsrate

rate of support Förderungssatz *m*; **r.s and taxes** Gebühren und Abgaben, Kommunal- und Staatssteuern, öffentliche Abgaben, Steuern und Umlagen

rate of tax(ation) Steuertarif *m*, S.satz *m*, S.quote *f*, Besteuerungs-, Hebesatz *m*; **average ~ t.** Durchschnittssteuersatz *m*; **basic ~ t.** Grundsteuersatz *m*, Steuermaßzahl *f*; **effective ~ t.** tatsächlicher/effektiver Steuersatz; **marginal ~ t.** Grenzsteuersatz *m*; **non-progressive ~ t.** nichtprogressiver Steuersatz/S.tarif; **progressive/sliding-scale ~ t.** progressiver Steuersatz/S.tarif; **proportional ~ t.** proportionaler Steuersatz/S.tarif; **standard ~ t.** Grundsteuertarif *m*, Einheitssteuersatz *m*, Normalsteuer(satz) *f/m*

rate of time ⏎ Vorhaltezeit *f*; **~ preference** Zeitpräferenzrate *f*; **marginal ~ transformation** Grenzrate der Transformation; **~ travel** ⏎ Transportgeschwindigkeit *f*; **~ turnover** Umsatzgeschwindigkeit *f*, U.häufigkeit *f*, Umschlagsgeschwindigkeit *f*, U.häufigkeit *f*; **~ unemployment** Erwerbslosen-, Arbeitslosenquote *f*, A.prozentsatz *m*; **natural ~ unemployment** natürliche Arbeitslosigkeit *f*; **underlying ~ unemployment** Sockelarbeitslosigkeit *f*; **~ unionization** gewerkschaftlicher Organisierungsgrad; **~ usage** Nutzungsfrequenz *f*, Lagerabgangs-, Verbrauchsrate *f*; **~ wages** Lohn-, Gehaltssatz *m*; **~ wastage** Schwundsatz *m*, S.rate *f*; **~ natural wastage** *(Personal)* Fluktuation(srate) *f*; **~ wear** Verschleißgeschwindigkeit *f*; **~ working** Arbeitstempo *nt*, Leistungsgrad *m*; **~ yield** ♀ Ausbeutesatz *m*; **standard ~ yield** pauschaler Ausbeutesatz

rate applicable on ... am ... gültiger/geltender Satz, ~ Kurs

to cut rate|s Tarife herabsetzen/senken; **to determine r.s** Sätze festsetzen; **to establish/prescribe r.s** Sätze festlegen; **to expend at a constant r.** linear verausgaben; **to force up the r.** Kurs in die Höhe treiben; **to harmonize r.s** Tarife angleichen; **to hedge a r.** Kurs sichern; **to levy a r.** Kommunalabgabe/Tarif erheben; **to make r.s** Prämiensätze festsetzen; **to nurse the r.** Kurs (nach oben) pflegen; **to pay above/below the r.** über/unter Tarif bezahlen; **~ according to the r.** nach Tarif bezahlen; **to standardize r.s** Tarife angleichen; **to up r.s** Prämien/Tarife erhöhen

minimum acceptable rate Mindestverzinsung *f*, Kalkulationszinsfuß *m*; **actuarial r.** *(Vers.)* Tafelziffer *f*; **currently adjusted r.** fortlaufender Kurs; **above/beyond the agreed r.** über-, außertariflich; **below the agreed r.** untertariflich; **all-commodity r.** Einheitsfrachttarif *m*, Tarif für Stückgüter; **all-in(clusive) r.** 1. Bruttozinssatz *m*, P.zone *f*, P.tarif *m*, Globaltarif *m*; **annual r.** Jahres(zins)satz *m*, J.rate *f*, jährliche Rate; **at an ~ r.** auf Jahresbasis/das Jahr umgerechnet; **compound ~ r.** kumulativer Jahres(zins)satz; **annualized r.** aufs Jahr umgerechnete Rate, Jahres(zins)satz *m*; **applicable r.** anzuwendender Tarif; **asked r.** *(Börse)* Briefkurs *m*; **attractive r.** attraktiver/günstiger Satz; **average r.** Durchschnitts(zins)satz *m*, D.kurs *m*; **base/basic r.** 1. Grundgebühr *f*, G.tarif *m*; 2. Eck-, Leitzins *m*; 3. Basiskurs *m*; 4. Überziehungskreditsatz *m*; 5. Messzahl *f*, Eckwert *m*; 6. Eingangs(steuer)satz *m*, Proportionalbereich *m*, P.zone *f*; **general ~ r.** allgemeine Steuermesszahl; **~ r. tax** Eingangssteuersatz *m*; **blanket r.** 1. Gruppen-Frachtrate *f*, G.tarif *m*; 2. *(Vers.)* Prämie für Pauschalpolice; **carrying-over r.** Kursschlag *m*; **central r.** offizieller Kurs/Wert, Leitkurs *m*; **cheap r.** Billigtarif *m*; **at a ~ r.** zu einen niedrigen Preis; **CL (carload lot) r.** *[US]* 🚃 Wagenladungstarif *m*; **combined r.** kombinierter Tarif; **commercial r.** 1. handelsüblicher Satz; 2. Provision(ssatz) *f/m*, Maklerprovision *f*, Courtage *f (frz.)*; 3. *[GB]* Gewerbesteuer *f*; **comparative r.** Vergleichstarif *m*; **competitive r.** Konkurrenztarif *m*; **composite r.** 1. Misch-, Pausch(al)satz *m*; 2. Durchschnittssteuersatz *m*; **compound r.** Zinseszinssatz *m*, kumulativer Satz; **corrected r.** *(Vers.)* Tafelziffer *f*; **cross r.** Usancekurs *m*; **current r.** Tageskurs *m*, Marktpreis *m*, laufender Kurs, geltender Satz, gegenwärtige Valuta; **daily r.** Tagessatz *m*, T.rate *f*, T.kurs *m*; **decreasing r.** gleitender Tarif; **departmental r.** Abteilungszuschlag *m*, A.verrechnungssatz *m*; **differential r.s** Staffelsätze; **direct r.s** *[GB]* in Pence notierte Devisenkurse; **domestic r.(s)** 1. *[GB]* Kommunalsteuer für Wohneigentum, Hausbesitzerabgaben *pl*; 2. ⚡/(*Gas*) Privatabnehmer-, Haushaltstarif *m*; 3. Inlandstarif *m*; **~ relief** *[GB]* Kommunalsteuerermäßigung *f*; **at double the r.** doppelt so teuer; **double r. system** System des gespaltenen Steuersatzes; **earned r.** Stundenlohn *m*, S.verdienst *m*; **easing r.** weichender/nachgebender Kurs; **effective r.** 1. tatsächlicher Steuersatz; 2. effektiver Zinsfuß/Z.satz, Rendite *f*, Effektivverzinsung *f*; **evaluated r.** Arbeitswertlohn *m*; **falling r.** fallender/rückläufiger Kurs; **at a favourable**

r. zum günstigen Kurs/Zinssatz; **fine r.** günstiger/niedrigster Zins(satz); **first r.** erstklassig, I a, erste Qualität **fixed rate** 1. fester Satz, Festkurs m, feste Valuta; 2. Festfracht f; **at a ~ r.** zu einem festen Satz; **~ r. system** Festkurssystem nt **flat rate** 1. Pauschale f, Pauschalpreis m, P.satz m, P.tarif m, Einheits-, Grundgebühr f, Einheitstarif m, E.prämie f, einheitlicher Satz, pauschaler Tarif; 2. (Steuer) Proportionalsatz m; **flexible r. (system)** Zinsanpassung f, Gleitzins m; **floating r.** variabler/schwankender Zins, ~ Kurs; **~ bond** Obligation mit variablem Zinssatz; **~ note (FRN)** variabel verzinsliche Anleihe mit variablem (dem Leitzins) angepasstem Zinssatz; **fluctuating r.** schwankender Kurs, Schwankungskurs m; **forward r.s** Terminkurs m, T.satz m, T.geld nt, Kurs für Termingeschäfte; **going r.** gegenwärtiger/gängiger/geltender/(markt)üblicher Satz, ~ Kurs, ~ Lohn, ~ Preis, ~ Tarif, Marktpreis m; **graduated r.** Stufentarif m, Staffelgebühr f, gestaffelter Satz; **green r.** (EU) grüner Umrechnungskurs; **half r.** halber Satz/Tarif; **high r.** Höchstkurs m; **hourly r. (of pay)** Stundenlohn m, S.satz m; **calculated ~ r.** Kalkulationsstundensatz m; **standard ~ r.** Tarifstundenlohn m; **incentive r.** Leistungslohn(satz) m; **inclusive r.** Inklusiv-, Global-, Pauschalpreis m, P.tarif m; **industrial r.** 1. Gewerbe-, Industriesteuer f; 2. ⚡/(Gas) Industrietarif m; **inland r.** 1. Binnen-, Inlandstarif m; 2. ✉ Inlandsporto nt; **interbank r.** Interbankrate f, Refinanzierungszins einer Bank; **~ r.s** Sätze unter Banken; **interim r.** Übergangstarif m; **joint r.** Gesamtfrachtsatz m; **lawful r.** gesetzlich anerkannter Tarif; **LCL (less than carload lot) r.s** [US] 🚃 Stückguttarif m; **legal r.** gesetzlicher Höchstzins/Kurs; **long r.** Zins für langfristige Schuldverschreibungen; **local r.** Lokal-, Ortstarif m, O.gebühr f, ortsüblicher/örtlich gültiger Satz, ~ Tarif; **~ r.s [GB]** Gemeinde-, Kommunalsteuern, K.abgaben, kommunale/städtische Abgaben; **long r.s** Zinssätze für Langläufer; **loose r.** ⏱ reichlich bemessene Vorgabezeit; **low r.** niedriger Satz; **at ~ r.s** zu niedrigen (Gebühren)Sätzen/Tarifen; **lump-sum r.** Pauschalsatz m; **manual r.** (Vers.) Standardprämie f; **marginal r.** 1. Grenzsteuersatz m; 2. Margentarif m, M.kurs m; **top ~ r.** Spitzensteuersatz m; **maximum r.** Höchst-, Spitzentarif m, Höchst-, Spitzenlohn m, höchster Satz; **mean/ middle r.** (Devisen)Mittelkurs m, mittlerer Kurs; **midpoint r.** (Option) Mittelsatz m; **minimum r.** Mindestprämie f, M.satz m, M.tarif m; **monthly r.** 1. Monatssatz m; 2. monatliche Gebühr; **multiple r. system** System gespaltener Wechselkurse; **municipal r.s** Gemeinde-, Kommunalabgaben, K.steuern, Gemeindesteuern; **negative r.** Minusrate f; **negotiated r.** Tariflohn m; **net r.** Nettosatz m, N.rate f; **nominal r.** Nominalzins m, N.satz m; **non-response r.** (Erhebung) Ausfallrate f; **official r.** 1. (Börse) Einheitsnotierung f, E.kurs m, offizieller Kurs; 2. Tarif m; **below the ~ r.** unter Tarif; **off-peak r.** ⚡ Nachttarif m; **one-time r.** Einmaltarif m; **open r.** 1. (Zins) Geldsatz am offenen Markt; 2. Anzeigengrundtarif m; **out-of-line r.** übertariflicher Lohn; **overhead r.** Gemeinkostensatz m;

overnight r. Tagesgeldsatz m, Satz für Tagesgeld; **par r.** Parikurs m; **partial r.** Teilsatz m; **part-load r.s** 🚃 Stückguttarif m; **peak r.** Höchstsatz, Spitzentarif m; **pegged r.** (Währung) fixer Kurs; **period-end r.** Wechselkurs am Ende des Berichtszeitraums; **postal r.** ✉ Postgebührensatz m, Porto nt; **~ r.s** Porto-/Postgebühren; **preferential r.** 1. Ausnahme-, Sonder-, Vorzugstarif m, V.satz m, V.kurs m; 2. ⊖ Präferenzzollsatz m; **~ r.s** Präferenzseefrachten; **taxed at a ~ r.** steuerlich tarifbegünstigt; **prescribed r.** vorgeschriebener Satz; **at the present r.** zum gegenwärtigen Tarif; **prevailing r.** geltender Lohnsatz; **prime r.** 1. Eck-, Leitzins(satz) m, (Kredit)Zinssatz für erste Adressen, ~ erstklassige Kunden, Mindest-, Privatdiskont(satz) m, Primarate f; 2. [US] Mindestausleihesatz; **progressive r.s** Staffelsätze; **prohibitive r.** Prohibitivsatz m; **proportional r.** Proportionalsatz m; **pro-rata r.** (Vers.) anteilige Prämie; **provisional r.** vorläufige Prämie; **pure r.** Marktzins m; **random r.** frei festgesetzter/ausgehandelter Lohnsatz; **receding r.** weichender/nachgebender Kurs; **reduced r.** 1. ermäßigter/verbilligter Tarif, ~ Satz; 2. ermäßigte Gebühr; **at a ~ r.** zu ermäßigter Gebühr, zu einem ermäßigten Satz, ~ herabgesetzten Preis, verbilligt; **~ band** (Steuer) ermäßigter Satz; **regular r.** 1. Regelsatz m; 2. Normalsteuersatz m; 3. ⚡/(Gas) Normaltarif m; **scheduled r.** (Vers.) Tarifprämie f; **short r.** 1. Zins(satz) für kurzfristige Schuldverschreibungen, ~ Kurzläufer; 2. Tarif für Verträge mit kurzer Laufzeit; 3. (Vers.) Überprämie bei Kündigung durch Versicherungsnehmer; 4. (Werbung) Rabattrückbelastung f; **short-term r.** Zinssatz für Kredite bis zu 3 Monaten Laufzeit; **at a slower r.** langsamer; **special r.** 1. Ausnahme-, Sonder-, Spezialtarif m, S.preis m; 2. Vergünstigung f; **specific r.** 1. besonderer Tarif; 2. ▦ spezifische Verhältniszahl; **standard r.** 1. Einheits-, Regel-, Standardtarif m, Norm-, Regel-, Richt-, Standard-, Tarifsatz m, T.verdienst m; 2. Grundpreis m, Einheitsgebühr f; 3. Tariflohn m; **taxed at the ~ r.** tarifbesteuert; **minimum ~ r.** Mindesteinheitssatz m; **~ pay** Tarifentgelt nt, T.lohn m; **standardized r.** (Vers.) Tafelprämie f; **straight-line r.** 1. linearer Abschreibungssatz; 2. ⚡/(Gas) verbrauchsunabhängiger Tarif; **subsidized r.** Sozialtarif m; **(high) take-up r.** (Förderung) (günstige) Aufnahme; **tapering r.** Staffeltarif m, degressiver Tarif; **tel-quel r.** Telquel-Kurs m; **through r.** Durchfracht-, Durchfuhr-, Durchgangstarif m; **tight r.** ⏱ knappe Akkordvorgabezeit; **top r.** Höchst-, Spitzensatz m, höchster Satz; **combined total r.** Gesamtsteuersatz m; **transatlantic r.** ⚓ Überseetarif m; **turn-on r.** Durchleitmarge f; **two-way r.** doppelter Kurs; **uncommercial r.** Dumpingtarif m; **unified/uniform/unitary r.** einheitlicher Satz, Einheitskurs m, E.satz m, E.tarif m; **valid r.** geltender/gültiger Tarif; **variable r.** variabler Kurs/Zins; **weekly r.** Wochensatz m, W.tarif m, Gebühr pro Woche; **yearly r.** Jahresrate f **rate** v/t 1. (be)werten, beurteilen, ab-, (ein)schätzen, bemessen, einstufen, taxieren, veranlagen, veranschlagen, tarifieren, klassifizieren; 2. [GB] (Kommunalsteuer) Einheitswert festsetzen, steuerlich bewerten; **r. so.** jdn zu einer Umlage heranziehen

rat(e)ability *n* 1. Abschätzbarkeit *f*; 2. ⊖ Zollpflichtigkeit *f*; 3. *[GB]* (Kommunal)Steuerpflicht *f*, Abgaben-, Umlagepflicht *f*, (Be)Steuerbarkeit *f*
rat(e)able *adj* 1. abschätzbar, bewertbar; 2. anteil-, verhältnismäßig; 3. ⊖ zollpflichtig; 4. *[GB]* (kommunal)steuerpflichtig, (be)steuerbar, (steuer)abgabe-, grundsteuer-, umlagepflichtig
rate (regulatory) act Tarifkontrollgesetz *nt*; **r.s adjustment** 1. *(Vers.)* Prämienregulierung *f*; 2. *(Devisen)* Kurskorrekur *f*; **r. aid** *[GB]* Kommunalsteuerbeihilfe *f*; **r.s assessment** 1. Tarifberechnung *f*; 2. *[GB]* Kommunal-, Gemeindesteuerveranlagung *f*; **r.-averaging** *n* Festsetzung von Durchschnittstarifen; **r. band** 1. *(Steuer)* Tarifzone *f*, T.bereich *m*; 2. *(EWS)* Kursband *nt*; **r. base** 1. *(Gewinn)* Bemessungsgrundlage *f*; 2. Tarifgrundlage *f*; **r. basis** Frachtberechnungsgrundlage *f*; **r.s bill** *[GB]* Kommunal-, Gemeindesteuerbescheid *m*; **r. book** 1. *[GB]* Umlageregister *nt*; 2. Tarifbuch *nt*; **r. buster** *(pej.)* Akkordbrecher *m*; **r. calculation** Kurswertberechnung *f*; **r.-capping** *n* *[GB]* (staatlich verordnete) Festlegung eines Höchstbetrages für die Kommunal-/Gemeindesteuer; **r. collector** *[GB]* Gemeindesteuereinnehmer *m*; ~ **'s office** *[GB]* (Kommunal-/Gemeinde)Steueramt *nt*; **r. competition** Zinswettbewerb *m*; **r.-cutting** *n* 1. Lohndrückerei *f*, Akkordschere *f*; 2. Fracht-, Tarifunterbietung *f*, T.abbau *m*, T.herabsetzung *f*, T.kürzung *f*; **r. development** Kursentwicklung *f*; **r. discrimination** Prämien-, Preisdiskriminierung *f*
ratee *n* Beurteilte(r) *f/m*
rate-exempted *adj* von der Kommunal-/Gewerbesteuer befreit; **r.-fixing** *n* 1. Akkordfestsetzung *f*; 2. Kursfestsetzung *f*, K.feststellung *f*; **forward r. fixing** Terminsicherung *f*, Kurssicherung(sgeschäft) *f/nt*; **r.-free** *adj* abgaben-, zinsfrei; **r.-hedged** *adj* kursgesichert; **r.-hedging** *n* (Devisen)Kurssicherung *f*; **r. holder** *(Anzeige)* Rabattkunde *m*, Dauerinserent *m*; **r. increase** Tarif-, Gebühren-, Prämienerhöhung *f*; **r. intervention** Kursintervention *f*; **r.-making** *n* 1. Tarifbildung *f*, T.gestaltung *f*; 2. Prämienfestsetzung *f*; ~ **association** Tarifverband *m*; **r. margin** Kursmarge *f*, K.spielraum *m*; **average r. method of tax computation** Durchschnittssatzbesteuerung *f*; **composite r. method of depreciation** Abschreibung nach Durchschnittssätzen, Gruppenabschreibung *f*; **r.s office** *[GB]* Gemeindesteueramt *nt*; ~ **pattern** Kursgefüge *nt*; **r.payer** *n* *[GB]* Gemeindeabgaben-, Gemeindesteuer-, Kommunalsteuerpflichtige(r) *f/m*, K.steuerzahler *m*, umlagepflichtiger Grund-/Hausbesitzer *m*; ~ **of contango** Reportgeber *m*; **r.s policy** Tarifpolitik *f*; **r. poundage** *[GB]* Kommunalabgabensatz *m*
rater *n* Beurteilender *m*
rate range Tarifspanne *f*; **r. rebate** *[GB]* Kommunalsteuer-, Gemeindesteuerermäßigung *f*; **r. reduction** 1. Umlageermäßigung *f*; 2. Tarifkürzung *f*; **r. relief** *[GB]* Kommunalsteuerbeihilfe *f*; **r. scale** Tarifstaffelung *f*; **r. schedule** 1. *(Vers.)* Prämientabelle *f*; 2. Steuertabelle *f*; **r.-sensitive** *adj* kurs-, zinsempfindlich; **r.-setting** *n* 1. Gebühren-, Prämienfestsetzung *f*, P.bildung *f*; 2. Festsetzung der Lohnsätze; 3. ⌨ Vorgabezeitermittlung *f*; ~ **for a public utility** Festsetzung der Abgabepreise bei Versorgungsbetrieben; **r. slip** Akkordzettel *m*; **r. spread** Zinsspanne *f*; **r. structure** Gebühren-, Tarifstruktur *f*, Kursgefüge *nt*; **r. support grant** *[GB]* Schlüssel-, Kommunalzuweisung *f*, Globalzuweisung an die Gemeinden, Ausgleichszahlung/Zuweisung der Zentralregierung an finanzschwache Gemeinden, ~ **Kommunen**, staatliche Ausgleichszahlungen an Kommunen; ~ **intervention** kurssichernde Intervention
rate time Vorhaltezeit *f*; **r. variance** Lohnsatzabweichung *f*; **r.(s) war** Tarifkampf *m*, Verdrängungswettbewerb *m*
ratifiable *adj* ratifizierbar
ratification *n* 1. Ratifizierung *f*, Bestätigung *f*, (nachträgliche) Genehmigung, Ratifikation *f*, Anerkennung *f*; 2. *(HV)* Entlastungserteilung *f*; **subject to r.** vorbehaltlich nachträglicher Genehmigung; **r. of the acts of management** Entlastung des Vorstands; **to be subject to r.** der Genehmigung/Ratifikation/Ratifizierung bedürfen; **r. procedure/proceedings** Genehmigungs-, Ratifikationsverfahren *nt*
ratifier *n* Ratifizierende(r) *f/m*
ratify *v/t* 1. ratifizieren; 2. genehmigen, bestätigen, gutheißen, sanktionieren
rating *n* 1. (Ab-/Ein)Schätzung *f*, (Beitrags)Bemessung *f*, Beurteilung *f*, Wertung *f*, (Leistungs)Bewertung *f*, Einstufung *f*, Klassifizierung *f*, Taxierung *f*, (Rang-/Klassen)Einteilung *f*; 2. Tarifierung *f*; 3. Bonität(sprüfung) *f*, Kreditfähigkeit *f*, K.würdigkeit *f*; 4. *[GB]* kommunale Besteuerung, Umlage *f*, Veranlagung *f*; 5. *(Vers.)* Prämienfestsetzung *f*; 6. *(Haus/Grundstück)* Einheitswertfestsetzung *f*; 7. ✪ (Maschinen)Leistung *f*; 8. ⚓ Matrose *m*; **r.s** 1. Effektenbewertung *f*; 2. *(Fernsehen)* Einschaltquote *f*; 3. Umfrageergebnisse; 4. ⚓ Mannschaft *f*; **r. of risks** Risikoeinstufung *f*; **r. by subordinates** Beurteilung durch Untergebene
continuous rating ✪ Dauerleistung *f*; **financial r.** finanzieller Stand; **flat r.s** zu enge Leistungsgrade; **hourly r.** ✪ Stundenleistung *f*; **inconsistent r.s** uneinheitliche Leistungsgrade; **individual r.** *(Vers.)* Prämienanpassung an das konkrete Risiko; **loose r.** Leistungsgradunterschätzung *f*; **manual r.** Prämienfestsetzung nach individuellem Schadensverlauf; **maximum/peak r.** Höchstleistung *f*, maximale Leistung; **absolute ~ r.** 🖥 Höchstwerte; **observed r.** beobachteter Leistungsgrad; **peer r.** Beurteilung durch Gleichgestellte; **retrospective r.** *(Vers.)* Prämienfestsetzung nach Schadenshäufigkeit, ~ Schadensverlauf; **standard r.** Standardleistung(sgrad) *f/m*; **steep r.s** zu weite Leistungsgrade; **top r.** Spitzenbewertung *f*; **zero r.** *(Steuer)* Nulltarifierung *f*
rating agreement 1. *(Fracht)* Tarifvereinbarung *f*; 2. Umlagevertrag *m*; **r. area** *(Vers.)* Tarifgebiet *nt*, T.bereich *m*; **r. assessment** Umlageveranlagung *f*; **r. authority** *[GB]* Gemeindesteueramt *nt*, (Grund)Steuerbehörde *f*, Umlagestelle *f*; **r. book** *[US]* Referenz-, Sammelauskunftsbuch *nt*, Unterlagen einer Kreditauskunftei; **r. bureau** *(Vers.)* Prämienbüro *nt*; **r. commit-**

tee Beurteilungsausschuss *m*; **r. error** Beurteilungs-, Einstufungsfehler *m*; **r. freedom** *(Vers.)* Tariffreiheit *f*; **r. key** Bewertungsschlüssel *m*; **r. limit** Beitragsbemessungsgrenze *f*; **r. office** 1. *(Vers.)* Prämienberechnungsstelle *f*, P.büro *nt*; 2. ⚒ Akkord-, Stücklohnbüro *nt*; 3. *[GB]* Umlagebehörde *f*, Gemeinde-, Kommunalsteueramt *nt*; **r. officer** 1. Schätzungsbeamter *m*; 2. *[GB] (Kommune)* Steuerveranlagungsbeamter *m*; **r. organization** *(Vers.)* Tarifverband *m*; **r. period** 1. Beurteilungszeitraum *m*; 2. *(Steuer)* Veranlagungszeitraum *m*; **r. plate** ✪ Leistungsschild *nt*; **r. scale/table** Beurteilungs-, Bewertungs-, Einstufungsskala *f*, E.tabelle *f*, Bewertungstabelle *f*; **r. scheme** Einstufungsverfahren *nt*; **r. sheet** Beurteilungsblatt *nt*, B.bogen *m*; **r. standard** Bonitätsmaßstab *m*; **r. system** 1. Beurteilungssystem *nt*, Ranglistenverfahren *nt*; 2. Tarifsystem *nt*; 3. *[GB]* Kommunal-, Gemeindesteuersystem *nt*; **r.-up** *n* Festsetzung höherer Prämien (wegen anomaler Risiken); **r. valuation** *[GB]* Schätzung des Grundsteuerwertes, Feststellung des Einheitswertes

ratio *n* 1. (Größen-/Wert-/Zahlen)Verhältnis *nt*, Index-, Mess-, Verhältniszahl *f*, Koeffizient *m*, (Zahlen)Relation *f*; 2. (Verteiler)Schlüssel *m*, Anteil *m*, Quote *f*, Rate *f*; 3. *(BWL)* Kennziffer *f*, K.zahl *f*; **at a r. of** im Verhältnis von

ratio of accounts payable to purchases Verhältnis von Forderungen zu Einkäufen; ~ **financial current assets to current liabilities** Liquidität zweiten Grades; ~ **tangible fixed assets to total assets** Sachanlagenintensität *f*; ~ **fixed assets to total assets** Anlagenintensität *f*; **r. between balance sheet items** Bilanzrelationen *pl*, B.verhältnisse *pl*; **r. of business enterprises to population/territory** Betriebsdichte *f*; ~ **capital to fixed assets** Verhältnis von Kapital zu Anlagevermögen; ~ **employed capital to turnover** Kapitalintensität *f*; ~ **fixed capital to output** Kapitalkoeffizient *m*; ~ **earnings to equity** Eigenkapitalrendite *f*; ~ **exports to total sales** Exportquote *f*; ~ **inventory level to total assets** Lageranteil *m*; ~ **gross investment to GNP** Investitionsquote *f*, I.rate *f*; **overall r. of levies** gesamtwirtschaftliche Abgabenquote; **r. of gross margin to sales** Istspanne *f*; ~ **power generation to energy requirements** Energiehaushalt *m*; ~ **returns** Rücklaufquote *f*; ~ **sales to total capital employed** Umschlag des investierten Kapitals; ~ **total wage bill to capital** Lohn-Kapitalintensität *f*

advanced ratio sekundäre Kennziffer; **benefit-cost r.** Nutzen-Kosten-Kennziffer *f*; **book-to-bill r.** Verhältnis Auftragseingang zu Absatz; **capital-labo(u)r r.** Kapitalintensität *f*, K.einsatz pro Beschäftigtem; **cost-benefit r.** Kosten-Nutzen-Kennziffer *f*, ~-Verhältnis *nt*; **cost-income r.** Verhältnis von Kosten und Ertrag, Aufwand-Ertrag-Relation *f*; **cost-sale price r.** Kosten-Erlös-Relation *f*, ~ Verhältnis *nt*; **cost-performance r.** Kosten-Leistungsverhältnis *nt*; **critical r.** kritischer Quotient, Zufallsgrenze *f*; **current r.** 1. Liquiditätsgrad *m*, L.verhältnis *nt*, L.kennzahl *f*, Liquidität dritten Grades; 2. *(Anlagen zu Kapital)* Kapitalverteilung *f*, Verhältnis zwischen Umlaufvermögen und kurzfristige Schulden, ~ der kurzfristigen Aktiva zu den kurzfristi-

gen Verbindlichkeiten; **quick ~ r.** Liquidität ersten Grades; **debt-equity r.**; **debt-to-equity r.** Verschuldungsgrad *m*, V.koeffizient *m*, V.rate *f*, V.quote *f*, V.kennziffer *f*, Verhältnis zwischen Fremd- und Eigenkapital, Leverage-Kennziffer *f*, Verbindlichkeiten-zu-Eigenkapital-Verhältnis *nt*; **debtors-to-sales r.** Verhältnis Forderungen zum Umsatz; **debts-gross assets r.** Schuldenquotient *m*; **deposit-capital r.** Verhältnis Einlagen zu Eigenkapital; **dividend-price r.** Verhältnis Dividende zu Aktienkurs, Dividendenrendite *f*; **earnings-cost r.** Ertrags-, Bruttokostenrelation *f*; **earnings-dividend r.** Verhältnis Gewinn zu Dividende; **earnings-equity r.** Eigenkapitalrendite *f*; **earnings-to-sales r.** Verhältnis unversteuerte Gewinne zu Umsatz; **earnings-value r.** Verhältnis fixe Kosten plus Reingewinn zu Umsatz; **elementary r.** *(BWL)* primäre Kennziffer; **equity-assets r.** Anlagedeckung *f*; **equity-debt r.** Verschuldungsgrad *m*, V.koeffizient *m*; **financial r.s** finanzwirtschaftliche Kennzahlen; ~ **r. analysis** Analyse der Kapitalverhältnisse; **industrial r.** Industriekoeffizient *m*; **internal r.** inneres Teilverhältnis; **in inverse r.** umgekehrt proportional; **liquid r.** Liquidität ersten Grades; **loan-price r.** Kredit-Preisverhältnis *nt*; **loan-to-capital r.** Verhältnis Fremd- zu Eigenmittel; **loan-to-value r.** Beleihungsgrenze *f*, B.quote *f*, B.satz *m*; **managerial r.s** betriebswirtschaftliche Kennziffern; **minimum r.** Mindestverhältnis *nt*, M.quote *f*, M.satz *m*; **price-dividend r.** Preis-Dividendenrate *f*; **price-earnings r. (p/e)** Kurs-Gewinnverhältnis (KGV) *nt*, Preis-Gewinnverhältnis *nt*, Kurs-Ertragsverhältnis *nt*, Preis-Verdienstspanne *f*, Preis-, Wertfaktor *m*, Verhältnis Aktienkurs-Reingewinn; **profit-earnings r.** Gewinnmultiplikator *m*; **profit-sales r.** Umsatzrendite *f*, U.erfolg *m*; **gross ~ r.** Bruttoumsatzrendite *f*; **profit-volume r.** Gewinn-Umsatz-Kennziffer *f*; **profit-turnover r.** Umsatzrendite *f*; **pupil-teacher r.** Schüler-Lehrerverhältnis *nt*; **quantitative r.** Mengenverhältnis *nt*; **quick r.** Verhältnis des Umlaufvermögens zu den laufenden Verbindlichkeiten; **net ~ r.** Liquidität zweiten Grades; **sales-profit r.** Verhältnis Gewinn-Umsatz; **statistical r.** Kennquote *f*; **supporting r.** sekundäre Kennziffer

ratio analysis Bilanz-, Kennzahlen-, Kennziffernanalyse *f*; **r. chart** Verhältnistabelle *f*; **r. control** Verhältnissteuerung *f*; **r. decidendi** *(lat.)* [§] Entscheidungsgründe *pl*; **to be bound by r. decidendi** an die rechtliche Beurteilung gebunden sein; **r. delay method** Multimomentaufnahme *f*; ~ **studies** Multimomentverfahren *nt*; **r. estimate** Verhältnisschätzung *f*; **r. estimator** Verhältnisschätzfunktion *f*

ration *n* Ration *f*, Zuteilung *f*, Verpflegungssatz *m*, V.portion *f*; **off r.** markenfrei; **to cut r.s** Rationen kürzen; **to dole out r.s** Rationen ausgeben; **to draw r.s** Rationen beziehen; **to put so. on short r.s** jdm den Brotkorb höher hängen *(fig)*, jdn kurz halten, jdn auf schmale Kost setzen; **to slash r.s** Rationen (radikal) kürzen

basic ration|s Normalzuteilung *f*; **daily r.** Tagesration *f*, T.verpflegung *f*, tägliches Quantum; **extra r.s** Zusatzverpflegung *f*; **short r.** kleine Ration

ration v/t rationieren, bewirtschaften, kontingentieren, der Zwangsbewirtschaftung unterwerfen; **r. out** *(Rationen)* zuteilen
rational *adj* rationell, rational, vernünftig
rationale *n (frz.)* Logik *f*, Gründe *pl*, Grundgedanke *m*
rationalization *n* 1. Rationalisierung *f*, wirtschaftliche Gestaltung; 2. vernünftige Betrachtung; **r. of transport** Transportrationalisierung *f*; **to destroy through r.** *(Arbeitsplätze)* wegrationalisieren; **industrial r.** betrieb(swirtschaft)liche Rationalisierung
rationalization advantage Rationalisierungsvorteil *m*; **r. association** Rationalisierungsverband *m*; **r. board** Rationalisierungskuratorium *nt*; **r. boom** Rationalisierungskonjunktur *f*; **r. cartel** Rationalisierungskartell *nt*; **r. costs** Rationalisierungskosten *f*; **r. effect** Rationalisierungserfolg *m*; **r. effort** Rationalisierungsanstrengung *f*; **r. expenditure(s)** Rationalisierungsaufwand *m*, R.ausgaben *pl*; **r. goods** Rationalisierungsgüter *f*; **r. plan** Rationalisierungs-, Neuordnungsplan *m*; **r. safeguard agreement** Rationalisierungsschutzabkommen *nt*
rationalizing of internal operations *n* innerbetriebliche Rationalisierung; **r. effect** Rationalisierungseffekt *m*
rationality *n* Rationalität *f*; **bounded r.** eingeschränkte Rationalität; **instrumental r.** Zweckrationalität *f*
rationalize v/t 1. rationalisieren, wirtschaftlich gestalten; 2. vernünftig betrachten; ~ **fully** durchrationalisieren
ration board Bewirtschaftungsstelle *f*; **r. book** Lebensmittelkarte *f*, L.markenheft *nt*; **r. card** Lebensmittel-, Rationierungskarte *f*, Bezugsschein *m*; **r. cut** Rationskürzung *f*
rationed *adj* marken-, bezugsschein-, kartenpflichtig, auf Marken, rationiert, (zwangs)bewirtschaftet
rationing *n* Rationierung *f*, Kontingentierung *f*, (Zwangs)Bewirtschaftung *f*; **r. of goods** Warenbewirtschaftung *f*, Rationierung von Waren; ~ **imports** Einfuhrkontingentierung *f*; ~ **loans** Kreditkontingentierung *f*; **r. by the purse** Zuteilung (knapper Mittel) über den Preis; **r. of supplies** Angebotskontingentierung *f*; **r. arrangements** Maßnahmen zur Warenbewirtschaftung; **r. device** (Zwangs)Bewirtschaftungs-, Rationierungsmaßnahme *f*; **r. scheme** (Zwangs)Bewirtschaftungsplan *m*; **r. system** (Zwangs)Bewirtschaftungs-, Rationierungssystem *nt*
ration ticket Lebensmittelkarte *f*
ratio pyramid *(BWL)* Kennzahlenhierarchie *f*; **r. variable** Verhältnisgröße *f*; **r. write** *(Option)* Verhältnis-Verkauf *m*
rat poison Rattengift *nt*; **r. race** *(fig)* erbarmungsloser/ständiger Konkurrenzkampf
rattle v/ti 1. klappern; 2. schütteln; **r.d** *adj* nervös (geworden); **to get r.d** *(coll)* aus der Fassung geraten
rattletrap *n (coll)* ⊕ Rumpelkiste *f (coll)*
ravage *n* Zerstörung *f*, Verwüstung *f*, Verheerung *f*; v/t verwüsten, verheeren, zerstören, heimsuchen
rave (against sth.) v/i (gegen etw.) wettern
raw *adj* 1. roh, unverarbeitet, unbearbeitet; 2. *(Abwässer)* ungeklärt

ray *n* Strahl *m*; **r. of hope** Hoffnungsschimmer *m*, Funken Hoffnung, Lichtblick *m*; ~ **light** Lichtstrahl *m*; **r. treatment** ⚕ Strahlenbehandlung *f*
razmatazz *n (coll)* Rummel *m*, Trubel *m*
razor *n* Rasierapparat *m*; **electric r.** Trockenrasierer *m*; **r.-edge** *adj*; **on a r. edge** *(fig)* auf des Messers Schneide *(fig)*; **r.-sharp** *adj* messerscharf
R. D.; r.d. (refer to drawer) *(Scheck/Wechsel)* zurück an Aussteller
R & D (research and development) Forschung und Entwicklung (F & E; FE)
re *(Brief)* betrifft, betreff(s), bezüglich, Betr.:, Bezug *m*, in Sachen
reab|sorb v/t wiederaufsaugen, resorbieren; **r.sorption** *n* Resorption *f*
re-|acceleration of inflation *n* Wiederbeschleunigung der Inflation; **r.acceptance** *n* Wiederannahme *f*
reach *n* Reichweite *f*, Spielraum *m*, Einfluss-, Wirkungsbereich *m*, Aktionsradius *m*; **beyond one's r.; out of r.** 1. unerreichbar, außer Reichweite; 2. *(fig)* unerschwinglich; **within r.** in Reichweite; ~ **easy r.** leicht zugänglich/erreichbar, bequem zu erreichen; **r. of a curve** Kurvenabschnitt *m*
to be beyond reach längst über alle Berge sein *(coll)*; ~ **so.'s r.** jds Horizont übersteigen; **to come within r.** in greifbare Nähe rücken
reach v/t 1. erreichen; 2. erfassen; 3. sich erstrecken bis; 4. kommen zu, gelangen; 5. *[US]* §§ *(Zeugen)* bestechen; **r. so.** 1. bei jdm eintreffen; 2. *(Nachricht)* bis zu jdm dringen; **r. back** *(Zeit)* zurückreichen
reachable *adj* erreichbar
reach-me-down *n (coll)* gebrauchter Anzug, gebrauchtes Kleidungsstück
reac|quire v/t zurückerwerben; **r.quisition** *n* Wiedererwerb *m*, Rückkauf *m*
react v/i 1. ⊕ reagieren; 2. reagieren; 3. wirken auf, zurückwirken; **r.ant** *n* ⊕ Reaktionsmittel *nt*, Reagens *nt (lat.)*; **r.ing** *adj* reagibel
reaction *n* 1. ⊕ Reaktion *f*; 2. Reaktion *f*, Stellungnahme *f*; 3. Rück-, Gegenwirkung *f*; 4. *(Börse)* Rückgang *m*, Umschwung *m*; **competitive r.** Konkurrenzreaktion *f*; **excited r.** heftige Reaktion; **guarded r.** vorsichtige Reaktion; **normal r.** klassische Reaktion; **prompt r.** Sofortreaktion *f*; **technical r.** *(Börse)* (markt)technische Reaktion
reactionary *n* Reaktionär *m*; *adj* reaktionär, rückschrittlich, restaurativ
reaction lag reaktionsbedingte Wirkungsverzögerung; **r. time** 1. Anlauf-, Reaktionszeit *f*; 2. ⊕ *(Unfall)* Schrecksekunde *f*
reac|tivate v/t reaktivieren, wieder aufleben lassen; **r.-tivation** *n* Reaktivierung *f*, Wiederbelebung *f*; **r.tive** *adj* ⊕ reaktiv
reactor *n* 1. ⚛ Reaktor *m*; 2. ⊕ Reaktionsapparat *m*; **experimental r.** Versuchsreaktor *m*; **fluidized-bed r.** Wirbelschichtreaktor *m*; **nuclear r.** Atomreaktor *m*, A.meiler *m*, Kern(kraft)reaktor *m*
reactor block Reaktorblock *m*; **r. core** Reaktorkern *m*; **r. project/scheme** Reaktorprojekt *nt*; **r. safety** Reak-

torsicherheit; **r. technology** Reaktortechnik *f*
read *v/ti* 1. (ver-/vor)lesen; 2. studieren, belegen; 3. *(Zähler)* ablesen; 4. ⚙ verstehen; 5. *(Instrument)* anzeigen; 6. lauten; 7. ▱ abfühlen; **r. as follows** folgenden Wortlaut haben; **r. in** ▱ einlesen; **r. into sth.** in etw. hineininterpretieren/hineinlesen; **r. off** ablesen; **r. through** durchlesen; **r. up** nachlesen; **r. fluently** flüssig lesen; **r. well** sich gut lesen lassen
read *adj* gelesen; **r. aloud, agreed to and signed** [§] vorgelesen, genehmigt und unterschrieben; **r. and approved** gelesen und geprüft/genehmigt
read *n* ▱ Lesen *nt*; **destructive r.** zerstörendes Lesen
readable *adj* 1. lesbar, lesenswert; 2. leserlich
readapt *v/t* (erneut) anpassen; **r.ation** *n* Anpassung *f*
read-check *n* ▱ Leseprüfung *f*
readdress *v/t* umadressieren
reader *n* 1. Leser(in) *m/f*; 2. *[GB]* (Privat)Dozent(in) *m/f*; 3. Lese-, Lehrbuch *nt*; 4. ▱ Lesegerät *nt*; **highspeed r.** Schnellleser *m*; **optical r.** Mehrfunktionsbelegleser *m*; **alphameric ~ r.** Klarschriftleser *m*; **~ r. card punch** Klarschrift-Kartenleser und Stanzer; **voracious r.** unersättlicher Leser, Leseratte *f (coll)*
reader advertisement Textanzeige *f*, **r. advertising** Textwerbung *f*; **r. research** Leserforschung *f*
read error ▱ Abfühl-, Lesefehler *m*
readership *n* 1. Leserkreis *m*, L.schaft *f*; 2. *[GB]* Dozentur *f*; **r. analysis/survey** Leser(schafts)-, Publikumsanalyse *f*
reader sorter ▱ Magnetschriftsortierer *m*; **optical r. s.** Klarschriftsortierleser *m*
read feature ▱ Leseeinrichtung *f*; **r. head** Lesekopf *m*; **r. impulse** ▱ Leseimpuls *m*
readiness *n* Bereitschaft *f*, B.willigkeit *f*; **r. for action** Einsatzbereitschaft *f*; **r. to borrow** (passive) Kreditbereitschaft; **~ reach a compromise** Kompromissbereitschaft *f*; **~ enter into a contract** Vertragsbereitschaft *f*; **~ grant a credit; ~ lend** (aktive) Kreditbereitschaft; **~ take decisions** Entscheidungsfreudigkeit *f*; **~ deliver** Lieferbereitschaft *f*; **~ discharge** ⚓ Löschbereitschaft *f*; **~ invest** Anlage-, Investitionsbereitschaft *f*, Anlageinteresse *nt*; **~ load** Ladebereitschaft *f*; **~ negotiate** Verhandlungsbereitschaft *f*; **r. in paying** Pünktlichkeit im Bezahlen, (gute) Zahlungsmoral; **r. to sell** Verkaufs-, Abgabebereitschaft *f*; **~ take responsibility** Verantwortungsbereitschaft *f*, V.freude *f*; **~ take risks** Risikobereitschaft *f*; **~ talk** Gesprächsbereitschaft *f*; **~ work** Arbeitsbereitschaft *f*
operational readiness Betriebs-, Einsatzbereitschaft *f*
reading *n* 1. Lesen *nt*, Vorlesung *f*; 2. *(Parlament)* Lesung *f*, Behandlung *f*, Beratung *f*; 3. Lektüre *f*, Lesestoff *m*; 4. Auslegung *f*, Deutung *f*, Interpretation *f*, Lesart *f*; 5. Belesenheit *f*; 6. ⚙ Messung *f*, Ablesung *f*, Messergebnis *nt*, (Zähler)Stand *m*; **~ of a bill** Lesung eines Gesetzentwurfes; **~ the will** Testamentseröffnung *f*; **worth r.** lesenswert; **passed after the third r.** in dritter Lesung verabschiedet
basic reading Grund-, Standardlektüre *f*; **compulsory r.** Pflichtlektüre *f*; **destructive r.** ▱ löschendes/zerstörendes Lesen; **different r.** abweichende Lesart; **first**

r. erste Lesung; **light r.** Unterhaltungsliteratur *f*; **nondestructive r.** ▱ zerstörungsfreies Lesen; **remote r.** Fernablesung *f*; **reverse r.** Rückwärtslesen *nt*
reading age Lesealter *nt*; **r. desk** Lesepult *nt*; **r. error** 1. ▱ Abfühl-, Abtastfehler *m*; 2. ⚙ Ablesefehler *m*; **r. glass** Vergrößerungsglas *nt*, Lupe *f*; **r. habits** Lesegewohnheiten; **r. lamp** Leselampe *f*; **r. list** Lektüre-, Leseliste *f*; **r. machine** ▱ Leseautomat *m*, L.gerät *nt*, L.maschine *f*; **r. matter** Lesestoff *m*, (Reise)Lektüre *f*; **suitable r. matter** passende Lektüre; **r. practice** Leseübung *f*; **r. public** Lesepublikum *nt*; **r. room** Lesezimmer *nt*, L.saal *m*; **r. speed** Lesegeschwindigkeit *f*; **r. station** ▱ Abfühl-, Lesestation *f*; **r. unit** Leseeinheit *f*
read instruction ▱ Eingabe-, Lesebefehl *m*
readjourn *v/ti* (sich) erneut vertagen; **r.ment** *n* erneute Vertagung
readjust *v/ti* 1. sanieren, wieder in Ordnung bringen; 2. ⚙ nachstellen, nachjustieren; 3. sich neu anpassen
readjustment *n* 1. (wirtschaftliche) Sanierung, Neuordnung *f*, Reorganisation *f*; 2. Wiederanpassung *f*; 3. Korrektur *f*, Neuregelung *f*; 4. ⚙ Neueinstellung *f*, Justierung *f*; **r. of capital stock** Kapitalberichtigung *f*; **rolling r.** asynchrone sektorale Konjunkturanpassung; **r. losses** Umstellungsverluste
re|admission; r.admittance *n* Wiederzulassung *f*, W.aufnahme *f*; **r.admit** *v/t* wieder zulassen/aufnehmen
read-out *n* ▱ Auslesen *nt*, Auslesung *f*, Sichtanzeige *f*; **digital r.s** digitale Anzeigen
read rate Lesegeschwindigkeit *f*; **r. statement** ▱ Leseanweisung *f*
readvertise *v/t (Stelle)* neu ausschreiben
ready *adj* 1. fertig, verfügbar; 2. bereit, willens; 3. *(Markt)* aufnahmefähig; 4. rasch, schnell (entschlossen)
ready to act dispositionsfreudig; **r. for building** baureif; **r. to be fitted** einbaufertig; **~ go** *(coll)* sprungbereit *(fig)*; **~ go public** börsenreif; **~ hand** griffbereit; **~ help** hilfsbereit; **~ negotiate** verhandlungsbereit; **r. for (immediate) occupancy** bezugs-, schlüsselfertig; **~ operation** betriebsfertig; **r. to order** dispositionsfreudig; **~ sail** ⚓ auslaufbereit; **r. for sale** verkaufsfertig; **~ to sell** verkaufsbereit; **~ serve** tischfertig; **r. for shipment** verschiffungsbereit; **~ signing** unterschriftsreif; **r. to start** startbereit, s.klar, reisefertig; **r. for use** gebrauchsfertig
to be ready bereitliegen, b.stehen; **~ to depart/sail** zur Abfahrt bereit liegen; **to keep r.** bereithalten
ready *v/t* betriebsbereit machen
ready-made *adj* (gebrauchs)fertig, Fertig-; **to buy r.-m.** fertig/von der Stange *(coll)* kaufen; **r.-m department** Konfektionsabteilung *f*
ready-to|-cook *adj* kochfertig; **~-serve** *adj* tischfertig; **~ use** *adj* gebrauchsfertig; **~-wear** *adj* von der Stange *(coll)*, Konfektions-
reaffirm *v/t* bekräftigen, beteuern, erneut versichern, bestätigen
reafforest *v/t* wieder aufforsten; **r.ation** *n* Wiederaufforstung *f*; **~ of wasteland** Ödlandaufforstung *f*
real *adj* 1. wirklich, echt; 2. tatsächlich, wahr, effektiv,

realienation 930

real, reell; 3. sachlich, objektiv; 4. innerlich, eigentlich; 5. *(Besitz)* dinglich, immobil
re|alienation *n* Wiederveräußerung *f*
realign *v/t* neu ausrichten/festsetzen, neuordnen, umorientieren, (wieder) anpassen/angleichen
realignment *n* Neu-, Umorientierung *f*, Neufestsetzung *f*, N.bereinigung *f*, N.ordnung *f*, Wiederangleichung *f*; **r. of currencies/exchange rates/parities** Wechselkursanpassung *f*, W.neuordnung *f*, Neufestsetzung/N.ordnung der Wechselkurse, Festsetzung neuer Paritäten, Wechselkurskorrektur *f*, W.neuordnung *f*; **~ collective pay scales** Lohn- und Gehaltstarifänderung *f*; **~ prices** Preisanpassung *f*, P.angleichung *f*; **monetary r.** Neuordnung der Währungsparitäten/Wechselkurse, ~ des Währungssystems
real|ism *n* Realismus *m*, Sachlichkeit *f*; **r.ist** *n* Realist(in) *m/f*
realistic *adj* 1. realistisch, wirklichkeitsnah, lebensecht, l.nah, praxisgerecht; 2. *(Preis)* reell; **r.ally** *adv* mit Augenmaß, auf dem Boden der Tatsachen
reality *n* Wirklichkeit *f*, Realität *f*, Gegebenheit *f*; **in r.** der Sache nach, realiter *(lat.)*, in Wahrheit, tatsächlich; **constitutional r.** Verfassungswirklichkeit *f*; **economic realities** wirtschaftliche Gegebenheiten; **r. shock** Praxisschock *m*
realizable *adj* 1. realisierbar, durchführbar; 2. realisierbar, kapitalisierbar, verwertbar, verkäuflich, liquidierbar
realization *n* 1. Verwirklichung *f*, Aus-, Durchführung *f*, Realisierung *f*, Erfüllung *f*; 2. Verkauf *m*, Verwertung *f*, Veräußerung *f*, Liquidierung *f*, Glattstellung *f*, Kapitalisierung *f*, Gewinnmitnahme *f*, Erlös *m*, Verflüssigung *f*, Flüssigmachen *nt*, Mobilisierung *f*, Versilberung *f (coll)*; 3. Einsicht *f*; **r. of assets** Veräußerung von Anlage-/Vermögenswerten; **~ a bankrupt's assets/estate** Konkursverkauf *m*, K.masseverwertung *f*; **separate ~ a secured creditor** abgesonderte Befriedigung; **~ third-party damage** Drittschadensliquidation *f*; **~ distrained goods** Pfandverwertung *f*; **~ orders** Auftragsausführung *f*; **~ a pledge** Pfandverwertung *f*; **~ profits** Gewinnerzielung *f*, G.realisierung *f*, G.mitnahme *f*; **~ pledged property** Pfandverwertung *f*; **~ securities** Verwertung von Sicherheiten; **~ tasks** Aufgabenerfüllung *f*
constructive realization unterstellter realisierter Wertzuwachs; **current r.** laufende Liquidation
realization account Realisationskonto *nt*; **r. and liquidation account** Liquidationskonto *nt*, L.bilanz *f*; **r. clause** Verwertungsklausel *f*; **r. cost(s)** Verwertungskosten *pl*; **r. gain** Veräußerungs-, Verwertungsgewinn *m*; **r. loss** Veräußerungsverlust *m*; **r. order** Glattstellungsauftrag *m*; **r. price** Liquidationspreis *m*; **r. principle** Realisationsprinzip *nt*; **r. proceeds** Liquidationserlös *m*, Verwertungserlös *m*; **r. profit/surplus** Liquidationsüberschuss *m*, L.gewinn *m*; **r. rule** Realisationsprinzip *nt*; **r. sale** Glattstellung(sverkauf) *f/m*; **r. and liquidation statement** Konkursbilanz *f*; **r. value** Liquidations-, Realisations-, Veräußerungswert *m*
realize *v/t* 1. erkennen, einsehen, begreifen, sich vergegenwärtigen, sich im Klaren sein; 2. aus-, durchführen, realisieren, verwirklichen; 3. veräußern, liquidieren, verflüssigen, zu Geld machen, glattstellen, erlösen, mobilisieren; **~ too late** zu spät (ein)sehen
reallocate *v/t* neu zuteilen/verteilen
reallocation *n* 1. Neu-, Umverteilung *f*, Neuzuteilung *f*; 2. *(Kosten)* Weiterrechnung *f*; **r. of land** 🚗 Flurbereinigung *f*; **~ resources** Umschichtung von Ressourcen
reallot *v/t (Aktien)* repartieren; **r.ment** *n* Repartierung *f*
reallowance *n* Bonifikation *f*, Preisnachlass *m*; **free of r.** *(Anleihe)* bonifikationsfrei
realm *n* (König)Reich *nt*; **to be within the r. of possibility** im Bereich der Möglichkeit liegen
real-time *n* 📟 Real-, Echtzeit *f*
realtor *n* [US] Grundstücks-, Häuser-, Immobilien-, Wohnungsmakler *m*, Realitätenhändler *m* [A], R.vermittler *m* [A]
realty *n* [US] Immobilie(nobjekt) *f/nt*, Liegenschaft *f*, Grund-, Landbesitz *m*, Grundstücke und Gebäude, Grund und Boden *m*, Grundeigentum *nt*, unbewegliches Vermögen; **r. rate** Grundsteuersatz *m*; **r. transfer tax** Grunderwerbssteuer *f*
ream *n* 📖 Ries *nt (480 Bogen)*
reamalgamation *n* Neu-, Wiederzusammenschluss *m*
reap *v/t* 1. 🌾 ernten; 2. *(fig)* ernten, bekommen
reaper *n* 🌾 Ernte-, Mähmaschine *f*; **r.-binder** *n* Mähbinder *m*
reaping *n* 🌾 Mähen *nt*, Ernten *nt*; **r. machine** Mähmaschine *f*
reappear *v/i* wieder erscheinen/auftauchen; **r.ance** *n* Wiedererscheinen *nt*, W.auftauchen *nt*
re|-application *n* 1. erneuter Antrag; 2. Wiederanwendung *f*; **r.apply** *v/ti* 1. erneut beantragen, neuen Antrag stellen; 2. sich neu bewerben; 3. erneut anwenden/auftragen
reappoint *v/t* wieder ernennen/einsetzen/berufen, ~ ein-/anstellen, erneut berufen; **r.ment** *n* Wiederernennung *f*, W.anstellung *f*, W.berufung *f*, W.einstellung *f*; **to offer o.s. for r.ment** sich zur Wiederwahl/W.ernennung (zur Verfügung) stellen
reapportion *v/t* neu aufteilen/zuteilen; **r.ment** *n* Neuverteilung *f*
reappraisal *n* Neu(ab)schätzung *f*, N.bewertung *f*, N.beurteilung *f*, Bewertungskorrektur *f*; **r. surplus** Gewinn aus Neubewertung; **r. value** Neuschätzwert *m*
reappraise *v/t* neu bewerten/schätzen, erneut beurteilen
rear *n* 1. Rück-, Hinterseite *f*; 2. 🚗 Heck *nt*; **at the r.** hinten
rear *adj* rückwärtig, hinter, Rück-, Hinter-
rear *v/t* 🐄 *(Tiere)* züchten
rearguard *n* ⚔ Nachhut *f*; **r. action** Nachhut-, Rückzugsgefecht *nt*
rearing *n* 🐄 *(Tiere)* (Auf)Zucht *f*
rearm *v/t* 💲 (wieder) aufrüsten; **r.ament** *n* (Wieder)Aufrüstung *f*
rearrange *v/t* neu (an)ordnen, umdisponieren, umordnen, umorganisieren, umgliedern, umgestalten, umstellen, umgruppieren, ändern
rearrangement *n* Änderung *f*, Neuordnung *f*, N.rege-

lung f, N.gliederung f, N.gruppierung f, Umdisposition f, Umgruppierung f, Umstellung f, Umgliederung f, Umgestaltung f, Umschichtung f; **r. of holdings** Besitzverschiebung f, B.umschichtung f, Beteiligungsumschichtung f; **~ investments** Kapitaldispositionen

rearrest v/t erneut verhaften

reason n 1. (Beweg)Grund m, Ursache f, Veranlassung f, Anlass m; 2. Begründung f, Rechtfertigung f; 3. Vernunft f, Verstand m, Einsicht f; **by r. of** auf Grund von **reason|s of appeal** [§] Revisionsbegründung f, R.grund m; **r. for the application** Antragsgrund m; **~ arrest** Haftgrund m; **~ the bankruptcy** Konkursgrund m; **r. to believe** Grund zur Annahme; **for r.s of budget procedure** haushaltstechnisch bedingt; **r. for cancellation** Stornogrund m; **~ complaint** Grund zur Klage/Beschwerde; **~ the contract** Vertragsanlass m; **for r.s of cost** aus Kostengründen; **r.s for a decision** 1. Begründung einer Entscheidung, Entscheidungsgründe; 2. [§] Urteilsbegründung f; **r.s of equity/fairness** Billigkeitsgründe; **~ expediency** Nützlichkeitserwägungen; **r.s for (so.'s) inability to attend** Verhinderungsgründe; **~ the judgment** [§] Urteilsgründe f, U.gründe pl; **r. for dismissal; ~ giving notice** (Arbeitsverhältnis) Kündigungsgrund m; **r. precluding punishability** [§] Schuldausschließungsgrund m; **r. for the refusal** Ablehnungsgrund m; **for r.s of state** aus Gründen der Staatsräson; **~ taxation** aus Steuergründen; **r. for the termination of employment** Kündigungsgrund m **not the slightest reason** nicht der leiseste Grund; **for r.s of one's own** aus persönlichen Gründen; **~ no r. at all; without any r.** ohne Grund, grundlos, für nichts und wieder nichts (coll), ohne jede Veranlassung; **without giving/stating r.s** ohne Angabe von Gründen **to adduce reason|s** Gründe anführen; **to advance a r.** Grund vorbringen; **to be a r.** eine Rolle spielen (fig); **to complain with r.** sich aus gutem Grund beschweren; **to give r.s** (etw.) begründen; **~ r. for complaint** Grund zur Klage geben; **~ full r.s** eingehend begründen; **to have every r.** allen Anlass haben; **~ r. for complaint** Grund zur Klage haben; **to listen to r.** Vernunft annehmen, sich belehren lassen, auf die Stimme der Vernunft hören; **to stand to r.** klar sein, einleuchten; **to state r.s** begründen, Gründe anführen; **~ the r.s** (etw.) mit Gründen versehen; **~ r.s for a decision** Entscheidung mit Gründen versehen; **to yield to r.** sich der Vernunft beugen

cogent reason zwingender/wichtiger Grund; **decisive r.** bestimmender Grund; **for financial r.s** aus finanziellen Gründen; **full r.s** eingehende Begründung; **functional r.s** arbeitstechnische Gründe; **good r.** triftiger Grund; **for ~ r.s; with ~ r.** mit Fug und Recht, aus/mit gutem Grund; **justifiable r.** vertretbarer Grund; **for legal r.s** aus Rechtsgründen, aus rechtlichen Gründen; **legitimate r.** legitimer/berechtigter Grund; **main r.** Hauptgrund m; **for practical r.s** aus technischen/sachlichen Gründen; **~ serious r.s** aus wichtigen Gründen; **sound/ valid r.** stichhaltiger/triftiger Grund; **spurious r.** Scheingrund m; **substantial r.** wichtiger Grund; **suffi-**

cient r. hinreichender Grund; **for technical r.s** aus verfahrenstechnischen Gründen

reason v/ti 1. argumentieren, debattieren; 2. begründen

reasonable adj 1. angemessen, vertretbar, zumutbar, tragbar, annehmbar; 2. einleuchtend, vernünftig, akzeptabel, gerechtfertigt; 3. billig, günstig

reasonableness n Angemessenheit f, Vertretbarkeit f, Zumutbarkeit f; **r. of the decision** Verhältnismäßigkeit der Entscheidung; **r. check** Plausibilitätsprüfung f

reasonably adv 1. vernünftig; 2. einigermaßen, halbwegs

reasoned adj (Entscheidung) mit Gründen versehen

reasoning n Beweisführung f, Argumentation f, Begründung f, Gedankengang m, G.folge f, Argument nt; **deductive r.** schlussfolgerndes Denken; **sound r.** schlüssige Begründung; **r. skills** Denkfähigkeit f

reassemble v/ti 1. ✿ wieder zusammenbauen; 2. wieder zusammentreten

reassess v/t neu veranlagen/bewerten, nachtaxieren

reassessment n 1. Neuveranlagung f, N.bewertung f, N.festsetzung f, Nachtaxierung f, erneute Schätzung; 2. (Grundstück) Aufwertung f; **r. of the property value** Vermögensneubewertung f; **~ tax** Neufestsetzung der Steuer

reassign v/t zurückübertragen, z.abtreten, wieder übertragen, ~ abtreten; **r.ation; r.ment** n Rückabtretung f, Rückübertragung f, Wiederabtretung f, Retrozession f

reassume v/t wieder aufnehmen

reassurance n 1. Bestätigung f, nochmalige Versicherung, Zusicherung f; 2. Beruhigung f; 3. Rückversicherung f, Re-, Rückassekuranz f; **net of ~ recoveries** unter Abzug der Rückversicherungsanteile; **r.assure** v/t 1. zusichern; 2. beruhigen; 3. rückversichern, wieder versichern; **r.assuring** adj beruhigend

reattach v/t erneut pfänden; **r. ment** n wiederholte Pfändung

re-audit v/t nachprüfen

reawakening n Wiedererwachen nt, W.aufleben nt

rebalance v/t neu bilanzieren/saldieren

re|base v/t umbasieren, umrechnen; **r.basing** n Änderung der Vergleichsbasis

rebat(e)able adj 1. abzugsfähig; 2. erstattungsfähig

rebate n 1. (Preis)Nachlass m, Abzug m, Ermäßigung f, Rabatt m, Bonus m, Diskont m, Dekort m; 2. Rückvergütung f, Erstattung f, (Zu)Rückzahlung f; 3. Provisionsbeteiligung des den Versicherungsmakler; **r. on an account** Rechnungsnachlass m; **r. of customs duty** ⊖ Zollermäßigung f; **r. on purchased goods** Warenrückvergütung f, W.dividende f; **r. in kind** Naturalrabatt m; **r. of sales tax** Umsatzsteuererstattung f; **to take up under r.** (Wechsel) diskontieren

aggregated rebate Treuerabatt m; **deferred r.** Steigerungs-, Zeitrabatt m; **immediate r.** Sofortrabatt m; **special r.** Extrarabatt m

rebate v/t 1. Nachlass gewähren, Preis ermäßigen, rabattieren; 2. rückerstatten

rebel n Rebell m, Aufständischer m, Aufrührer m; v/i rebellieren, sich auflehnen

rebellion n Rebellion f, Aufstand m, Aufruhr m

rebellious *adj* rebellisch, aufrührerisch, aufständisch, aufsässig, aufmüpfig *(coll)*; **r.ness** *n* Aufsässigkeit *f*, Aufmüpfigkeit *f (coll)*

rebook *v/t* umbuchen; **r.ing** *n* Umbuchung *f*

re-billing cost(s) *n (Zahlung)* Mahnkosten

reboot *v/t* 🖥 neu laden, rebooten

rebound *n* 1. Rückprall *m*, Rückstoß *m*, Rückschlag *m*; 2. *(Börse/Konjunktur)* Umschwung *m*, Wiederanstieg *m*, Erholung *f*, (Markt)Belebung *f*; **r. of the economy** wirtschaftliche Erholung; **to bring about a r.** zu einer Erholung führen; **economic r.** konjunkturelle Erholung; **technical r.** *(Börse)* technische Reaktion

rebound *v/i* 1. zurückprallen, z.springen; 2. wieder auf die Füße kommen *(fig)*; 3. *(Konjunktur)* sich erholen, wieder anziehen/ansteigen; **r. on so.** auf jdn zurückfallen

rebrand *v/t* umbenennen, mit einem neuen Markenzeichen versehen

rebuff *n* Zurück-, Abweisung *f*, Abfuhr *f*; *v/t* zurückstoßen, ab-, zurückweisen

rebuild *v/t* 1. wieder aufbauen, wiederherstellen; 2. umbauen

rebuilding *n* 1. Wiederaufbau *m*, W.herstellung *f*; 2. Umbau *m*, Umorganisation *f*; **r. of stocks** Lageraufüllung *f*

rebuke *n* Tadel *m*, Rüffel *m*, Rüge *f*, (scharfer) Verweis, Maßregelung *f*, Zurechtweisung *f*; **gentle r.** sanfter Tadel; **public r.** öffentlicher Tadel; **stinging r.** scharfe Rüge, scharfer Tadel

rebuke *v/t* tadeln, rügen, Rüge/Verweis erteilen, maßregeln, rüffeln, zurechtweisen

rebus sic stantibus *(lat.)* §] wie es steht und liegt

rebut *v/t* Gegenbeweis führen, widerlegen, zurückweisen; **r.table** *adj* widerlegbar; **r.tal** *n* Widerlegung *f*; **r.ter** *n* [§] Quadruplik *f*

rebuy *n* Rück-, Wiederkauf *m*; **straight r.s** unmodifizierte Wiederkäufe

rebuy *v/t* zurückkaufen; **r. rate** Wiederkaufrate *f*

recalci|trance *n* Widerspenstigkeit *f*, Unbotmäßigkeit *f*; **r.trant** *adj* widerspenstig, aufsässig, unbotmäßig

recalcu|late *v/t* nachrechnen, erneut/neu berechnen; **r.lation** *n* Nachrechnung *f*, Neuberechnung *f*

recall *n* 1. Ab-, (Zu)Rückberufung *f*; 2. Auf-, Rück-, Widerruf *m*; 3. Zurücknahme *f*; 4. *(Kapital)* Aufkündigung *f*; 5. 🖥 (Daten)Abruf *m*; 6. Erinnerung *f*; **beyond/past r.** unabänderlich, unwiderruflich; **r. for redemption** Aufforderung zur Rückzahlung; **aided r.**; **r. test** *(Werbung)* Erinnerungshilfe *f*, E.test *m* (mit Gedächtnisstütze), Gedächtnistest *m*

recall *v/t* 1. sich erinnern, sich ins Gedächtnis rufen, einer Sache gedenken; 2. zurückrufen, z.beordern; 3. *(Person)* abberufen; 4. *(Kapital)* aufrufen, aufkündigen; 5. annullieren; 6. *(Gläubiger)* aufrufen; 7. 🖥 *(Daten)* abrufen; **until r.ed** bis auf Widerruf

recall action Rückrufaktion *f*; **r. notice** Rückrufanzeige *f*; **r. test** Gedächtnistest *m*

recap *n* *(coll)* kurze Zusammenfassung; *v/t* kurz zusammenfassen

recap *n* *[US]* 🛞 1. runderneuerter Reifen; 2. Runderneuerung *f*; *v/t* runderneuern

recapitalization (of a business) *n* Re-, Neukapitalisierung *f*, N.finanzierung *f*, (finanzielle) Sanierung; **r. gain** Sanierungsgewinn *m*; **r. plan** Sanierungsplan *m* (durch Eigenkapitalumschichtung); **r. surplus** aus Sanierung/Kapitalherabsetzung entstandene Rücklage

recapitalize *v/t* wieder kapitalisieren, rekapitalisieren, neu finanzieren, sanieren, refinanzieren

recapitulate *v/t* rekapitulieren, kurz zusammenfassen

recapitulation *n* Rekapitulation *f*, kurze Zusammenfassung; **r. sheet** Sammelbogen *m*

recaption *n* [§] Wiederwegnahme *f*, W.inbesitznahme *f* (nach widerrechtlicher Besitzentziehung), Wegnahme als Selbsthilfe

recapture *n* Wiederergreifung *f*; *v/t* wieder-, zurückgewinnen, z.erobern; **r. effect** Nachholeffekt *m*, N.wirkung *f*

recartelization *n* Rückverflechtung *f*

recast *v/t* 1. ⚙ umschmelzen; 2. 🔧 umbesetzen; **r.ing** *n* Neugestaltung *f*

re|cede *v/i* 1. zurückgehen, sinken; 2. (im Wert) fallen, abbröckeln, zurückgehen; **r.ceding** *adj* fallend, rückläufig

receipt *n* 1. Empfang *m*, Erhalt *m*, Eingang *m*, Entgegen-, Ab-, Übernahme *f*; 2. Quittung *f*, (Kassen)Bon *m*, (Zahlungs)Beleg *m*, Einlieferungs-, Empfangsbescheinigung *f*, Eingangs-, Empfangsbestätigung *f*; 3. (Gepäck)Aufgabeschein *m*; **r.s** 1. Einnahmen, Eingänge, Einkünfte, eingehende/einlaufende Gelder, ~ Zahlungen, Aufkommen *nt*; 2. (Lager)Zugang *m*; **against r.** gegen Quittung; **as per r. enclosed** laut beiliegender Quittung; **on r.** nach Erhalt, bei Eingang/Empfang/ Entgegennahme

receipt and action on nomination *(HV)* Entgegennahme von Nominierungen und Wahl; **r.s in arrears** Einnahmerückstände; **r. for the balance** Quittung über die Restzahlung; **r. to bearer** Legitimationsschein *m*, Bezugsausweis *m*; **r.s from bonds** Erträge aus festverzinslichen Wertpapieren; **r. of delivery** Ablieferungsbescheinigung *f*, Aushändigungsschein *m*; **r.s and disbursements** Einnahmen und Ausgaben; **r. in full discharge** Ausgleichsquittung *f*; **r. for a donation** Spendenquittung *f*; **~ expenditure(s)** Ausgabenbeleg *m*; **r.s and expenditures** Einnahmen und Ausgaben; **r. in full** General-, Gesamt-, Schlussquittung *f*, endgültige Quittung, Quittung über den gesamten Betrag; **r. of goods (rog)** Warenannahme *f*, W.empfang *m*; **constructive ~ income** angenommenes Einkommen; **~ interim** Zwischen-, Interimsschein *m*, Zwischen-, Interimsquittung *f*; **~ invoice** Rechnungseingang *m*, R.erhalt *m*, R.empfang *m*; **after ~ invoice** nach Rechnungseingang/R.erhalt; **~ letters** Briefempfang *m*, B.eingang *m*; **~ money** Geldannahme *f*, G.empfang *m*; **~ notice** Zugang der Kündigung; **~ an order** Auftragseingang *m*; **~ payment** Zahlungseingang *m*; **~ return** Meldungseingang *m*; **r.s from tourism** Fremdenverkehrseinnahmen; **~ writing back provisions** Erträge aus der Auflösung von Rückstellungen

payable on receipt bei Erhalt zahlbar, zahlbar bei Empfang; **please acknowledge r.** um Bestätigung des Empfangs wird gebeten

to acknowledge/certify receipt Empfang/Eingang bestätigen, ~ anzeigen, ~ quittieren; **~ of a letter** Eingang/Empfang eines Briefes bestätigen; **to make out a r.** quittieren, Quittung ausstellen; **to pay (up)on r.** nach Empfang/bei Erhalt zahlen, postnumerando *(lat.)* (be)zahlen; **to sterilize r.s** *(fig)* Einnahmen stilllegen
accountable receipt Belegquittung *f*; **actual r.** effektive Abnahme; **~ r.s** Effektiv-, Isteinnahmen; **additional r.s** Mehreinnahme(n) *f/pl*, M.ertrag *m*; **advance r.s** Vorauszahlungen; **annual r.s** Jahreseinnahme *f*, jährliche Einnahmen; **gross ~ r.s** (Jahres)Umsatzerlöse; **blank r.** Blankoquittung *f*, unausgefüllte Quittung; **budgetary r.s** Finanz-, Haushaltseinnahmen, haushaltsmäßiges Aufkommen; **budgeted/estimated r.s** Solleinnahmen, Einnahmerahmen *m*; **clean r.** vorbehaltlose Empfangsbestätigung/Quittung; **current r.s** laufende Einnahmen/Erträge; **daily r.s** Tageseinnahme *f*; **depository r.** (D/R) Hinterlegungsschein *m*, H.urkunde *f*, H.bescheinigung *f*, Inhaber-, Einlagenzertifikat *nt*, Einzahlungsbeleg *m*; **American ~ r.** (ADR) amerikanische Hinterlegungsbescheinigung; **international ~ r.s** Zinseinkünfte aus internationalen Kapitalanlagen; **on double r.** gegen doppelten Schein; **duplicate r.** 1. doppelte Quittung, Doppelquittung *f*; 2. Quittungsduplikat *nt*; **earmarked r.s** zweckgebundene Einnahmen; **final r.** Schlussquittung *f*; **formal r.** förmliche Quittung; **foul r.** eingeschränkter Empfangsschein; **general r.** Hauptquittung *f*; **good r.** gültige Quittung
gross receipts Gesamt-, Bruttoeinnahmen, Rohertrag *m*; **~ tax** *[US]* Bruttoertrags-, Produktionssteuer *f*
incidental receipts Nebeneinkünfte; **interim r.** Zwischen-, Interimsschein *m*, Zwischen-, Interimsquittung *f*, vorläufige Quittung; **invisibles r.s** Einkünfte aus unsichtbarem Handel, ~ Dienstleistungen; **miscellaneous/other r.s** sonstige Bezüge/Einnahmen; **net r.s** Nettoeinkünfte, N.eingänge, N.einkommen *nt*, Mehrertrag *m*, M.einnahmen, Einnahmeüberschuss *m*; **non-instantaneous r.** sukzessiver Lagerzugang; **original r.** Originalquittung *f*; **part r.** Teilquittung *f*; **postal r.** ~ Postabschnitt *m*, P.einlieferungsschein *m*, Aufgabe-, Einlieferungsbescheinigung *f*; **post-cessation r.s** Einnahmen nach Einstellung des Gewerbebetriebs; **pro-forma r.** Scheinquittung *f*; **proper r.** ordnungsgemäße/richtige Quittung; **provisional r.** Zwischen-, Interimsquittung *f*; **restricted r.s** zweckgebundene Einnahmen; **statutory r.** 1. *(Grundbuch)* löschungsfähige Quittung; 2. gesetzlich vorgeschriebene Quittung; **sundry r.s** sonstige Einnahmen; **surplus r.s** Mehr-, Überschusseinnahmen; **temporary r.** Zwischenschein *m*, Z.quittung *f*; **total r.s** Gesamteingänge, G.einnahmen, Einnahmerahmen *m*
receipt *v/t* quittieren, Empfang bescheinigen, Quittung/Empfangsbestätigung ausstellen; **r. in full** per Saldo quittieren
receipt book Einnahme-, Eingangs-, Quittungsbuch *nt*, Q.block *m*; **r. card** Quittungskarte *f*
receipted *adj* quittiert
receipt form Quittungsblankett *nt*, Q.vordruck *m*; **r. holder** Quittungsinhaber *m*

receiptor *n* Quittungsaussteller *m*
receipt|s projection Einnahmeschätzungen *pl*; **r. slip** Empfängerabschnitt *m*; **r. stamp** Eingangs-, Empfangs-, Quittungsstempel *m*; **r.(s) tax** Einnahmesteuer *f*
receivable *adj* 1. ausstehend, zu zahlen; 2. [§] zulässig; **to be r.** als gesetzliches Zahlungsmittel gelten
receivables *pl* 1. Außenstände, Debitoren, (Buch)Forderungen, ausstehende Zahlungen/Forderungen; 2. *[US]* (Bilanz)Guthaben *nt*; **r. from associated companies** Forderungen an verbundene Unternehmen; **~ exports** Ausfuhrforderungen; **~ lending operations/ loans** Forderungen aus Kreditgeschäften, Darlehensforderungen; **r. and payables** Forderungen und Verbindlichkeiten; **r. from securities lending** Forderungen aus der Beleihung von Wertpapieren; **to factor r.** Forderungen aufkaufen/bevorschussen
accrued receivables antizipative Aktiva; **contingent r.** ungewisse/bedingte Forderungen; **aged r.** nach dem Alter aufgeschlüsselte Forderungen; **current r.** Umlaufvermögen *nt*, flüssige Aktiva/Mittel; **delinquent r.** zweifelhafte Forderungen; **discounted r.** abgetretene Forderungen; **doubtful r.** ungewisse Forderungen, Dubiose; **foreign r.** Auslandsforderungen, A.debitoren; **gross r.** Bruttoforderungen; **intercompany/intergroup r.** Konzernforderungen, konzerninterne Forderungen, Forderungen an verbundene Unternehmen; **long-term r.** langfristige Forderungen/Debitoren, Finanzanlagevermögen *nt*; **net r.** Forderungsüberhang *m*, Debitorenguthaben *nt*; **outstanding r.** ausstehende Debitoren; **stretched-out r.** überfällige Forderungen; **uncollectible r.** *(Bilanz)* uneinbringliche Forderungen/Außenstände
receivables collection Forderungseinzug *m*; **r. discounting** Diskontierung von Buchforderungen; **r. finance/financing** Forderungsfinanzierung *f*, F.bevorschussung *f*; **receivable item** ausstehender Posten; **~ items** debitorische Posten; **r.s turnover (ratio)** Forderungsumschlag *m*, Umschlagskennzahl der Debitoren, Umschlagsgeschwindigkeit der Forderungen
receive *v/t* 1. erhalten, empfangen, an-, entgegen-, übernehmen, in Empfang nehmen, vereinnahmen, beziehen; 2. *(Person/Vorschlag)* aufnehmen; 3. *(Radio/TV)* empfangen; 4. [§] Hehlerei betreiben
received *adj* empfangen, bezahlt, eingegangen, auf-, eingenommen; **to be r.** ~ eingehen; **duly r.** ordnungsgemäß/richtig erhalten
receive mode Empfangsbetrieb *m*
receiver *n* 1. Empfänger *m*, Übernehmer *m*; 2. Treuhänder *m*, Konkurs-, Masse-, Vermögens-, Zwangsverwalter *m*, Abwickler *m*, Liquidator *m*, treuhänderischer Verwalter *m*; 3. Rechtspfleger *m*; 4. (Steuer)Einnehmer *m*; 5. *(Börse)* Kostnehmer *m*; 6. ☎ Hörer *m*; 7. (Radio)Empfänger *m*, Empfangsgerät *nt*; 8. [§] Hehler *m*; **r. in bankruptcy** Konkursverwalter *m*; **r. of customs** ⊖ Zolleinnehmer *m*; **~ stolen goods** Hehler *m*; **~ taxes** Steuereinnehmer *m*
to appoint/call in a receiver Liquidator/Konkursverwalter bestellen, Konkurs anmelden; **to end up in the hands of the r.** liquidiert werden, pleite gehen *(coll)*; **to**

lift/pick up the r. ✆ Hörer abnehmen/abheben; **to petition for the appointment of a r.** Einleitung eines Konkursverfahrens beantragen; **to back/put down/replace the r.** ✆ (Hörer) auflegen
bona-fide *(lat.)* **receiver** gutgläubiger Empfänger; **interim r.** zeitweiliger Konkursverwalter; **judicial r.** gerichtlicher Verwalter; **official r.** amtlich/behördlich/ gerichtlich bestellter (Konkurs)Verwalter, ~ Liquidator, ~ Treuhänder, Zwangsverwalter m, Sequester m, Sequestor m; **~ r.s lien** Sequesterpfandrecht nt
on receiver|'s account zu Lasten des Empfängers; **r.'s bond** Kaution des Konkursverwalters; **~ certificate** Beschlagnahmevollmacht f; **R. General** *[CAN]* Obersteuereinnehmer m, Bundeshauptkasse f; **r. general of public revenues** Hauptsteuereinnehmer m; **r.-manager** n Vergleichsverwalter mit Geschäftsführerfunktion; **r.'s office** *(Steuer)* Hebestelle f; **r. pendente lite** *(lat.)* [§] Prozesspfleger m
receivership n Konkurs-, Sequester-, Vermögens-, Zwangsverwaltung f, Z.verwalterschaft f, Verwalteramt nt, Geschäftsaufsicht f; **in/under r.** in Konkurs; **prior to r.** vor Beginn der Zwangs-/Konkursverwaltung; **to go into r.** Konkurs anmelden, unter die Leitung eines Konkursverwalters kommen, vom Konkursverwalter übernommen werden; **official (temporary) r.** Sequestration f; **r. expenses** *(Konkurs)* Massekosten
receiving n Wareneingang m; **r. of stolen goods** Hehlerei f
receiving agent Annahmestelle f, Empfangsbevollmächtigte(r) f/m; **r. and forwarding agent** Empfangsspediteur m; **r. apron** Eingangsliste einer Sendung; **r. center** *[US]* /**centre** *[GB]* Annahmestelle f; **r. company** Auffanggesellschaft f; **r. clerk** Warenannehmer m, Annahmebeamter m, Angestellter in der Warenannahme; **r. counter** ✉ Briefannahme(stelle) f; **r. country** Aufnahmeland nt; **r. department** (Waren)Eingangs-, Empfangsabteilung f, Warenannahme(stelle) f, W.abteilung f; **r. inspection** ▦ Eingangsprüfung f; **r. note** Schiffs-, Ladezettel nt, Ld.schein m; **r. office** 1. Annahmestelle f; 2. ✉ Empfangspostamt nt
receiving order [§] Konkurseröffnung(sbeschluss) f/m, K.verfügung f, Einleitungsbeschluss m, Zwangsverwaltungsverfügung f, Beschluss zur Einsetzung eines Konkursverwalters, Veräußerungsverbot nt; **~ in bankruptcy** *[GB]* Konkurseröffnungsbeschluss m; **granting a r. o.** *(Konkurs)* Verfahrenseröffnung f; **to make (out) a r. o.** Konkurseröffnung verfügen, gerichtlichen Konkursbeschluss fassen
receiving report (Waren)Eingangsmeldung f; **r. room** 1. Warenannahme f, W.eingangsabteilung f; 2. ▦ Empfangszimmer nt; **r. section** Eingangsstelle f; **r. set** *(Radio)* Empfänger m, Empfangsgerät nt; **r. slip** Liefer-, Materialannahme-, Warenannahme-, Wareneingangsschein m, W.bescheinigung f; **r. state** Aufnahmestaat m; **r. station/terminal/yard** 🚃 Empfangsstation f, E.bahnhof m; **r. teller** Einzahlungskassierer m, Kassierer für Einzahlungen
recent adj kürzlich, neuerlich, neulich; **r.ly** adv in der letzten Zeit, unlängst; **quite r.ly** vor ganz kurzer Zeit

receptacle n Gefäß nt, Behälter m, Behältnis nt
reception n 1. Annahme f, Empfang m; 2. *(Hotel)* Rezeption f, Anmeldung f; 3. Aufnahme f, Begrüßung f, Willkommen nt, Zuspruch m; 4. Gesellschaft f, Empfang m; 5. *(Radio/TV)* Empfang m; **to give a favourable r.** to an announcement Ankündigung günstig aufnehmen; **to hold a r.** Empfang geben/veranstalten; **to meet with a good r.** gute Aufnahme finden, gut aufgenommen werden
cool reception frostiger/kühler Empfang; **direct r.** Direktempfang m; **formal r.** formeller/feierlicher Empfang, Galaempfang m; **long-distance r.** Fernempfang m; **poor r.** *(Radio)* schlechter Empfang; **warm r.** herzlicher Empfang
reception area 1. Empfangsbereich m; 2. Auffanggebiet nt; **r. enter** *[US]* /**centre** *[GB]* Aufnahmezentrum nt; **r. clerk** Empfangschef m; **r. desk** 1. Empfang(sschalter) m, E.sbüro nt; 2. *(Hotel)* Rezeption f
receptionist n 1. Vorzimmer-, Empfangsdame f, E.chef(in) m/f; 2. *(Arztpraxis)* Sprechstundenhilfe f
reception pocket Ablagefach nt; **r. room** Aufenthalts-, Empfangsraum m, E.zimmer nt
receptive adj aufnahmefähig, a.bereit, empfänglich, aufgeschlossen, rezeptiv; **r.ness** n Aufnahmebereitschaft f, Aufgeschlossenheit f
receptivity n Aufnahmefähigkeit f, A.bereitschaft f
recess n 1. Gerichts-, Parlamentsferien pl, Sitzungspause f; 2. 🏛 Nische f; **to rise for the r.** in die Parlamentsferien gehen; **congressional r.** *[US]* Parlamentsferien pl; **customary r.** *(Börse)* Börsenfeiertag m; **parliamentary r.** Parlamentsferien pl
recession n (Konjunktur-/Kurs)Rückgang m, Rezession f, Rückschlag m, (Konjunktur)Flaute f, (Konjunktur)Abschwung m, konjunkturelle Dämpfung, wirtschaftlicher Niedergang
to bring out of the recession aus der Rezession/dem Konjunkturtief herausführen; **to expand into the r.** antizyklisch investieren; **to head/move into r.** auf die Rezession zusteuern; **to pull through/ride out the r.** Rezession durchstehen
creeping recession schleichende Rezession; **deep r.** schwere Rezession; **deepening r.** sich verschärfende Rezession; **domestic r.** Inlandsrezession f, Abschwächung der Binnenkonjunktur; **economic r.** Konjunktur-, Wirtschaftsflaute f, W.rezession f, konjunkturelle Flaute, Abflauen der Konjunktur; **global/ worldwide r.** weltweite Rezession; **localized r.** Teilabschwächung f; **material r.** beträchtlicher/wesentlicher Rückgang
recessionary adj rezessiv, rückläufig, Rezessions-
recession-hit adj von der Rezession/vom Konjunkturrückgang betroffen; **r.-induced** adj rezessionsbedingt; **r. period/phase** Rezessions-, Abschwungphase f; **r.-plagued** adj rezessionsgeschädigt; **r.-proof** adj konjunktursicher, rezessionsunempfindlich, r.sicher, r.resistent; **r. trough** Rezessionstief nt; **r. year** Rezessionsjahr nt
recessive adj rezessiv, rückläufig, Rezessions-
rechannel v/t umleiten, umlenken

recharge *n* ⚡ *(Batterie)* Nachladen *nt*; *v/t* aufladen; **r.-able** *adj* wieder aufladbar

recharter *n* 1. Weiterbefrachtung *f*; 2. Zurückchartern *nt*; *v/t* 1. weiterbefrachten; 2. zurückchartern

recheck *v/t* erneut/nochmals (über)prüfen; **r.(ing)** *n* Nachkontrolle *f*, abermalige Prüfung

recidi|vate *v/i* [§] *(Täter)* rückfällig werden; **r.vism** *n* Rückfall *m*, Rückfälligkeit *f*, Rückfallkriminalität *f*; **r.vist** *n* Mehrfach-, Rückfall-, Wiederholungstäter(in) *m/f*, rückfällige(r) Täter(in)/Verbrecher(in), Rückfällige(r) *f/m*; *adj* rückfällig

recipe *n* Rezept *nt*; **r. for success** Erfolgsrezept *nt*

recipient *n* Empfänger(in) *m/f*, Empfangsberechtigte(r) *f/m*, Bezieher(in) *m/f*, Bedachte(r) *f/m*, empfangende Stelle, Angebotsempfänger(in) *m/f*; **r.s** Empfängerkreis *m*; **r. of benefits** Leistungsempfänger *m*; **~ several kinds of benefit** Mehrfachbezieher *m*; **~ bills/securities** Pensionsnehmer *m*; **~ a disability pension** Invalidenrentner *m*, I.rentenempfänger *m*; **~ equalization payments** Ausgleichsempfänger *m*, Empfänger von Ausgleichszahlungen; **~ an orphan's pension** Waisengeldempfänger *m*; **~ a payment** Zahlungsempfänger *m*; **~ a pension** Rentner(in) *m/f*; **~ security** Sicherungsnehmer *m*; **~ services** Leistungsempfänger *m*; **~ subsidies** Subventionsempfänger *m*; **~ unemployment benefit** Arbeitslosenunterstützungsempfänger *m*; **designated recipient** Anweisungsempfänger *m*; **net r. (EU)** Nettoempfänger *m*; **r. number** Empfängernummer *f*

reciprocal *adj* beider-, gegen-, wechselseitig, umgekehrt, reziprok; *n* π reziproker Wert

reciprocate *v/ti* 1. erwidern, (Gefälligkeit) erwidern, vergelten, sich revanchieren für; 2. sich erkenntlich zeigen, Gegendienst leisten, Gegenleistung erbringen; **glad to r.** zu Gegendiensten gern bereit

reciprocating engine ⚙ Kolbenmotor *m*

reciprocation *n* Erwiderung *f*, Erkenntlichkeit *f*, Revanche *f (frz.)*; **r. of courtesies** Austausch von Höflichkeiten

reciprocity *n* Reziprozität *f*, (Grundsatz der) Gegenseitigkeit, Wechselwirkung *f*, W.beziehung *f*; **r. agreement** Gegenseitigkeitsvertrag *m*, G.abkommen *nt*; **r. business** *(Vers.)* Gegengeschäft *nt*; **r. clause/stipulation** Gegenseitigkeits-, Reziprozitätsklausel *f*; **r. contract/treaty** Gegen-, Gegenseitigkeits-, Reziprozitätsvertrag *m*; **r. principle** Gegenseitigkeitsprinzip *nt*, Grundsatz der Gegenseitigkeit

recital *n* 1. Vorlesung *f*, Rezitation *f*; 2. [§] einleitende Sachdarstellung, einleitender Teil; **r. of facts** [§] Tatsachenvortrag *m*; **r. clause** [§] Präambel *f*

recite *v/t* vortragen, rezitieren

reckless *adj* grob fahrlässig, leichtsinnig, rücksichtslos, leichtfertig, tollkühn; **r.ness** *n* Rücksichtslosigkeit *f*, Leichtsinn *m*, L.fertigkeit *f*, (grobe) Fahrlässigkeit *f*

reckon *v/t* 1. (be)rechnen, kalkulieren; 2. halten für, meinen; **r. among** zurechnen; **r. on** rechnen mit; **r. up** aufrechnen; **r. upon sth.** auf etw. zählen; **r. with sth.** etw. einkalkulieren

reckonable *adj* anrechnungsfähig

ready reckoner *n* Rechentabelle *f*

reckoning *n* 1. Ausrechnung *f*, Rechnen *nt*; 2. Schätzung *f*; **by my r.** nach meiner Berechnung; **official r.** offizielle Rechnung, ~ Zahlen

reclaim *v/t* 1. herausverlangen, zurückfordern, beanspruchen, reklamieren; 2. 🌱 urbar machen, (re)kultivieren, trockenlegen, dem Meer abgewinnen; 3. *(Altmaterial)* wiedergewinnen; *n* 1. Rückforderung *f*; 2. Zurückgewinnung *f*, Regenerierung *f*

reclaimable *adj* 1. *(Forderung)* (ver)besserungsfähig; 2. *(Steuer)* erstattungsfähig; 3. *(Altmaterial)* wiedergewinnbar; 4. 🌱 kulturfähig, rekultivierbar

reclaimant; reclaimer *n* [§] Reklamant *m*, Beschwerdeführer(in) *m/f*

reclamation *n* 1. Einspruch *m*, Beschwerde *f*, Rückforderung *f*, Protest *m*; 2. *(Altmaterial)* Wieder-, (Zu-)Rückgewinnung *f*; 3. 🌱 Fruchtbar-, Nutzbar-, (Wieder)Urbarmachung *f*, (Re)Kultivierung *f*, Sanierung *f*, Regeneration *f*; **r. of land** Neulandgewinnung *f*; **~ contaminated (industrial) sites** Altlastensanierung *f*; **~ wasteland** Erschließung von Ödland; **~ industrial wasteland** Altlastenbeseitigung *f*

reclamation method Sanierungsverfahren *nt*; **r. proceedings** Aussonderungsverfahren *nt*

reclassi|fication *n* 1. Neueinstufung *f*, N.einteilung *f*; 2. Umbuchung *f*, Umgliederung *f*, Umgruppierung *f*, Umstufung *f*; **r.fy** *v/t* 1. neu einstufen/ordnen; 2. umgruppieren, umbuchen, umgliedern, umstufen

re|code *v/t* umschlüsseln; **r.coding** *n* Umschlüsselung *f*

recognition *n* 1. Anerkennung *f*, Bestätigung *f*; 2. Erkennung *f*, Anerkenntnis *f/nt*; 3. Geltung *f*; **beyond r.** unkenntlich, bis zur Unkenntlichkeit

(official) recognition of a claim Feststellung einer Forderung; **r. in court** gerichtliche Anerkennung; **r. of a debt** Schuldanerkenntnis *f/nt*; **in ~ the fact** in Anerkennung der Tatsache; **~ liability** Schuldanerkenntis *f/nt*, S.versprechen *nt*; **~ marriage** Eheanerkennung *f*; **~ paternity** Vaterschaftsanerkenntnis *f/nt*

to win recognition anerkannt/gewürdigt werden

collective recognition Sammelanerkennung *f*; **de facto** *(lat.)* **r.** faktische Anerkennung, De-facto-Anerkennung *f*; **de jure** *(lat.)***/formal r.** De-jure-Anerkennung *f*; **diplomatic r.** diplomatische Anerkennung; **governmental r.** staatliche Anerkennung; **immediate r.** Unmittelbarkeitsprinzip *nt*; **implicit r.** stillschweigende Anerkennung; **individual r.** Einzelanerkennung *f*; **mutual/reciprocal r.** gegenseitige Anerkennung; **unilateral r.** einseitige Anerkennung; **worldwide r.** Weltgeltung *f*

recognition criteria *(Bilanz)* Anerkennungskriterien; **r. lag** erkennungsbedingte Zeitverzögerung, Erkennungsverzögerung *f*; **r. order** Anerkennungsbescheid *m*; **r. process** Anerkennungsprozedur *f*; **r. strike** Anerkennungsstreik *m*; **r. test** Wiedererkennungsverfahren *nt*

recognizable *adj* kenntlich, (wieder)erkennbar

recognizance *n* 1. [§] Verpflichtung *f*, Anerkenntnis *f/nt*; 2. Sicherheitsleistung *f* (für Anerkennung), Kautions-, Sicherheitsversprechen *nt*, Garantie-, Kautionssumme

f, Schuldschein *m*; **on one's own r.** ohne Kaution; **to enter into r. for** Kaution leisten für
recognize *v/t* 1. wieder erkennen; 2. (an)erkennen; 3. *(Geschäft)* verbuchen, ausweisen
recognized *adj* anerkannt, hervorragend; **r. as valid** als gültig anerkannt; **internationally r.** international gebräuchlich; **officially r.** amtlich/behördlich anerkannt
recognizor *n* Schuldscheinaussteller(in) *m/f*
recoil *v/i* zurückweichen, z.schrecken
recoin *v/t* nach-, um-, wiederprägen; **r.age** *n* Nach-, Umprägung *f*
recollect *v/i* sich erinnern an
recollection *n* Erinnerung *f*; **to have a dim/faint r. of sth.** sich nur noch schwach an etw. erinnern (können)
recommence *v/t* wiederbeginnen
recommend *v/t* empfehlen, befürworten, vorschlagen, nahelegen; **~ highly** warm empfehlen; **~ strongly** dringend empfehlen
recommendable *adj* empfehlenswert, zu empfehlen, ratsam
recommendation *n* Empfehlung *f*, Vorschlag *m*, Befürwortung *f*, Fürsprache *f*, Anraten *nt*; **on the r. of** auf Empfehlung von; **to be its own r.** *(Ware)* sich selbst empfehlen; **to formulate r.s** Empfehlungen abgeben; **to make a r.** Empfehlung aussprechen/machen, Vorschlag machen; **to submit r.s** Empfehlungen unterbreiten; **to serve as r.** Empfehlungscharakter haben; **explicit r.** konkrete Empfehlung; **non-committal r.** unverbindliche Empfehlung
recommendatory *adj* empfehlend
recommission *v/t* ✪ wieder in Dienst stellen, entmotten *(coll)*; **r.ing** *n* Wiederindienststellung *f*
recommittal *n* [§] Wiedereinlieferung *f*
recompense *n* 1. Belohnung *f*; 2. Entschädigung *f*, Ersatz *m*, Wiedergutmachung *f*; *v/t* 1. belohnen; 2. entschädigen, erstatten, ersetzen, wieder gutmachen, vergüten
recompute *v/t* neu/erneut berechnen
reconcentration *n* Rückentflechtung *f*, Rück-, Wiederverflechtung *f*, Rekonzentration *f*
reconcilable *adj* *(Konten)* abstimmbar
reconcile *v/t* 1. *(Konten)* abstimmen; 2. in Einklang/Übereinstimmung bringen, unter einen Hut bringen *(fig)*; 3. *(Streit)* schlichten, beilegen; **r. o.s. to sth.** sich mit etw. abfinden mit
reconcilement *n* (Konten)Abstimmung *f*, Kollationierung *f*; **r. blank** *[US]* Kontobestätigung *f*
reconciliation *n* 1. Aus-, Versöhnung *f*; 2. Beilegung *f*, Schlichtung *f*; 3. *(Konten)* Abstimmung *f*; **r. of accounts** Kontenabstimmung *f*; **~ figures/numbers** Saldenabstimmung *f*; **~ interests** Interessenausgleich *m*; **monthly r.** monatliche Kontenabstimmung, Monatsabstimmung *f*
reconciliation account Berichtigungskonto *nt*; **r. agreement** Schlichtungsvereinbarung *f*; **r. date** *(Konten)* Abstimmungstermin *m*; **r. procedure** Vergleichsverfahren *nt*; **r. sheet** Abgrenzungsbogen *m*; **r. statement** Saldenanerkenntnis *nt*; **r. work** *(Konten)* Abstimmungsarbeiten *pl*

reconciling item *n* *(Bilanz)* Differenzposten *m*
recondition *v/t* ✪ aufarbeiten, (general)überholen, aufarbeiten, wieder in Stand setzen; **r.ed** *adj* überholt, aufgearbeitet; **r.ing** *n* Aufarbeitung *f*, (General)Überholung *f*, (Wieder)Instandsetzung *f*; **~ contract/order** Umbauauftrag *m*
reconfigure *v/t* umgestalten
reconnaissance *n* ⚔ Aufklärung *f*, Geländeerkundung *f*; **aerial r.** Luftaufklärung *f*
reconnoitre *v/t* auskundschaften, erkunden
reconquer *v/t* zurückerobern
reconsider *v/t* 1. nochmals überlegen, überdenken, erwägen, nach-, überprüfen; 2. *(Antrag)* nochmals behandeln, erneut beraten; **r.ation** *n* nochmalige Erwägung/Prüfung
reconsign *v/t* *(Waren)* an neue Adresse weiter(ver)senden; **r.ment** *n* Umleitung einer Sendung, Weitersendung *f*, W.versand *m*
reconstitute *v/t* wieder einsetzen, neu einrichten
reconstitution *n* Wiederauffüllung *f*, Rekonstitution *f*; **r. provisions** Rekonstitutionspflicht *f*
reconstruct *v/t* rekonstruieren, sanieren, wieder aufbauen, reorganisieren
reconstruction *n* 1. Sanierung *f*, Wiederaufbau *m*, W.herstellung *f*, Umbau *m*, Rekonstruktion *f*, Reorganisation *f*, Nachbau *m*; 2. *(Gesellschaft)* Umwandlung *f*; **r. of a crime** Rekonstruktion eines Verbrechens; **economic r.** Wiederaufbau der Wirtschaft; **financial r.** Kapitalsanierung *f*
reconstruction accounts Sanierungsbilanz *f*; **r. balance sheet** Sanierungsstatus *m*; **r. burdens** Wiederaufbaulasten; **r. company** Sanierungsgesellschaft *f*; **r. credit** 1. Wiederaufbaukredit *m*; 2. Sanierungsdarlehen *nt*; **r. finance** (Wieder)Aufbaufinanzierung *f*; **r. funds** Wiederaufbaumittel; **r. loan** (Wieder)Aufbauanleihe *f*, A.darlehen *nt*, A.kredit *m*; **r. package/program(me)** 1. Sanierungskonzept *nt*, S.programm *nt*; 2. (Wieder)Aufbauprogramm *nt*; **r. work** (Wieder)Aufbauarbeit(en) *nt/pl*
re|convene *v/ti* 1. erneut/wieder zusammentreten, sich ~ versammeln; 2. wieder einberufen; **r.convention** *n* [§] Gegenklage *f*
recon|version *n* 1. Rückumwandlung *f*; 2. Rückbau *m*; **r.vert** *v/t* zurückbauen
reconvey *v/t* [§] *(Grundstück)* rückübereignen; **r.ance** *n* Rückabtretung *f*, R.auflassung *f*, R.übereignung *f*, R.übertragung *f*
reconvict *v/t* [§] wieder/erneut verurteilen; **r.ion** *n* Neuverurteilung *f*
record *n* 1. Nachweis *m*, Beleg *m*, Aufzeichnung *f*, Protokoll *nt*, Bilanz *f*, Eintrag *m*, Niederschrift *f*, Urkunde *f*, Akte *f*, Unterlage *f*, Register *nt*, Verzeichnis *nt*, Datensatz *m*; 2. Leumund *m*, Zeugnis *nt*, Vorleben *nt*, (persönliche) Vergangenheit; 3. Rekord *m*; 4. (Schall-)Platte *f*; **r.s** Archiv(material) *nt*, Aufstellungen, (Rechnungs)Unterlagen, Akten; **from the r.s** aus den Unterlagen, nach der Aktenlage; **off the r.** vertraulich, inoffiziell, nicht für die Öffentlichkeit, ~ das Protokoll, nicht zur Veröffentlichung bestimmt, im Vertrauen; **on**

r. aktenkundig, belegt, registriert, amtlich festgestellt, schriftlich niedergelegt, protokollarisch, eingetragen, nachweislich
record|s of aliens Ausländerdatei *f*; **r. of attendance** Anwesenheitsliste *f*; **~ cash totals** Kassenbestandsnachweis *m*; **~ the conversation** Gesprächsaufzeichnung *f*; **~ conveyance (of land)** [§] Auflassungsurkunde *f*; **~ convictions** [§] Vorstrafenliste *f*, V.register *nt*; **~ destruction** Vernichtungsprotokoll *nt*; **~ earnings** Ertragsaufstellung *f*; **~ original entries** Uraufschreibung *f*, Uraufzeichnung *f*; **~ of the evidence** [§] Aussageprotokoll *nt*, Protokoll über die Beweisaufnahme; **~ (the) proceedings** Verhandlungsniederschrift *f*, V.protokoll *nt*, Gerichtsakte *f*; **~ probate proceedings** *(Testament)* Eröffnungsprotokoll *nt*; **~ quotations** Preisstellungsverzeichnis *nt*; **~ release** *(Konkurs)* Entlastungsbericht *m*; **~ shareholders** *[GB]* **/stockholders** *[US]* Aktionärsregister *nt*, A.buch *nt*; **~ strikes** Streikbilanz *f*; **(proven) ~ success** Erfolgsbilanz *f*, E.nachweis *m*, nachweisbarer/nachweislicher Erfolg; **~ trial** Gerichtsakte *f*; **r.s and vouchers** Buchungsunterlagen, B.belege
deleted from the record|s aus dem Protokoll gestrichen, aus den Akten getilgt; **filed for r.** abgelegt, zu den Akten genommen; **the r. as it stands** Aktenlage *f*
to ask for the records Akten anfordern; **to be on r. as saying** nachweislich gesagt haben; **~ shown only as a r.** nur als Merkposten bestehen; **to beat/break a r.** Rekord überbieten/brechen; **to consult the r.s** Akten heranziehen; **to decide on the r.s** nach Aktenlage entscheiden; **to enter in the r.s** 1. (buchhalterisch) erfassen; 2. aktenkundig machen; **to examine (the) r.s** Akten sichten/durchgehen; **to file in the r.s** zu den Akten reichen/nehmen; **to have (got) a (criminal) r.** [§] vorbestraft sein; **to keep a r. of** Buch führen über; **~ (the) r.s** Unterlagen aufbewahren; **to leave on r.** protokollieren lassen; **to place/put (down) on r.** 1. schriftlich festhalten, zu Protokoll geben, aktenkundig machen, zu den Akten nehmen/legen, aktenmäßig feststellen/festhalten, im Protokoll vermerken, ins Protokoll aufnehmen, in die Akten eintragen; 2. beurkunden; **to put on a r.** (Schall)Platte auflegen; **~ the r. straight** (etw.) nachträglich richtig stellen; **to set up a r.** Rekord aufstellen; **to speak off the r.** sich vertraulich äußern
notarially attested record notarielles Protokoll; **in authenticated r.s** in einer beurkundeten Niederschrift; **clean r.** einwandfreie Vergangenheit; **commercial r.s** Geschäfts-, Handelsbücher; **criminal r.** kriminelle Vergangenheit, Straf-, Vorstrafenregister *nt*; **to have a ~ r.** vorbestraft sein; **dummy r.** [§] Pseudosatz *m*; **financial r.s** Finanzunterlagen, finanzielle Unterlagen; **general r.** Hauptbuchunterlagen; **grouped r.s** Satzgruppe *f*; **judicial r.** Gerichtsakte *f*, Strafregister *nt*; **long-play(ing) r. (LP)** Langspielplatte *f*; **monthly r.** Monatsausweis *m*; **non-home r.** [§] Überlaufsatz *m*; **operational r.s** Aufstellungen über Betriebsvorgänge; **personal r.** Personalbogen *m*; **photographic r.** Bilddokumentation *f*; **predictive r.** prognostische Effizienz; **primary/prime r.** *(Lohnabrechnung)* Uraufschreibung *f*; **special r.** Sonderniederschrift *f*; **subsidiary r.s** Hilfsaufzeichnungen; **summary r.** Kurzprotokoll *nt*; **supporting r.s** Belege; **verbatim r.** wörtliche Aufzeichnung, ausführliches Protokoll; **weekly r.** Wochenauszug *m*, W.ausweis *m*, W.beleg *m*; **written r.s** schriftliche Unterlagen, Schriftträger *pl*

record *v/t* 1. auf-, verzeichnen, (ver)buchen, eintragen, protokollieren, notieren, beurkunden, registrieren, erfassen, schriftlich niederlegen, zu Protokoll geben, in Vormerkung nehmen; 2. *(Bild/Ton)* aufnehmen, mitschneiden; **~ statistically** statistisch erfassen
record|ability *n* Erfassbarkeit *f*; **r.able** *adj* eintragungs-, registrierfähig, erfassbar
record achievement Bestleistung *f*; **r. address** ⌑ Satzadresse *f* **r. amount** Rekordbetrag *m*, R.aufkommen *nt*; **r. archive(s)** (Schall)Plattenarchiv *nt*; **r. attendance** Rekordbesuch *m*; **r. book** Protokollbuch *nt*; **r. cabinet** Akten-, Archivschrank *m*; **r. card** Karteikarte *f*; **r. chaser** ⚙ Arbeitsfluss-, Terminüberwacher *m*; **r. checking** ⌑ Satzprüfung *f*; **r. clerk** Protokoll-, Schriftführer *m*; **r. collection** (Schall)Plattensammlung *f*; **r. consumption** Rekordverbrauch *m*; **r. copy** Aktenexemplar *nt*; **r. crop** ⚙ Rekordernte *f*; **r. date** (Bezugsrechts)Stich-, Stopptag *m*; **r.s department** *(Polizei)* Erkennungsdienst *m*; **r. description entry** ⌑ Satzbeschreibung *f*
recorded *adj* 1. aktenkundig, beurkundet, eingetragen, protokollarisch, aufgenommen, 2. *(Bild/Ton)* aufgezeichnet; **liable to be r.** aufzeichnungspflichtig; **officially r.** amtlich beurkundet
recorder *n* 1. Protokoll-, Schriftführer(in) *m/f*, Protokollant(in) *m/f*, Registrator *m*, Archivar *m*; 2. Grundbuch-, Urkundsbeamter *m*; 3. *[US]* Kriminal-, Polizeistrafrichter *m*; 4. *[GB]* Anwalt in Richterfunktion; 5. *(Bild/Ton)* Aufnahmegerät *nt*
record figures Rekordziffern; **r. gain** Rekordzuwachs *m*; **r. growth** Rekordwachstum *nt*; **r. high** absoluter/historischer Höchststand, Rekordhöchststand *m*; **r. holder** Rekordinhaber(in) *m/f*; **r. industry** Schallplattenindustrie *f*
recording *n* 1. Eintragung *f*, Beurkundung *f*, Aufzeichnung *f*, Aufnahme *f*, Protokollierung *f*, Protokollaufnahme *f*, Registrierung *f*, Verbuchung *f*, aktenmäßige Feststellung *f*; 2. *(Bild/Ton)* Aufnahme *f*; **r. of a balance sheet item** Bilanzansatz *m*; **~ business transactions** Erfassung von Geschäftsvorfällen; **compulsory ~ real estate** Grundbuchzwang *m*; **r. by a notary** notarielle Beurkundung; **r. of a ship's protest** Abnahme einer Verklarung; **~ title** Grundbucheintragung *f*, Eintragung ins Grundbuch
electronic recording elektronische Aufzeichnung/Tonbandaufnahme; **magnetic r.** magnetische Aufzeichnung; **remote r.** Fernregistrierung *f*; **statistical r.** statistische Erhebung
recording agency Evidenzstelle *f*; **r. agent** *(Vers.)* Abschlussagent *m*; **r. clerk** Schriftführer(in) *m/f*, Protokollant(in) *m/f*; **r. consent** Eintragungsbewilligung *f*, E.genehmigung *f*; **r. density** ⌑ Aufzeichnungs-, Schreibdichte *f*; **r. device** Aufnahmegerät *nt*; **r. disk**

recording error

Zählscheibe *f*; **r. error** Aufzeichnungsfehler *m*; **r. fee** Eintragungsgebühr *f*; **r. head** Schreibkopf *m*; **r. medium** Datenträger *m*; **r. method** Verbuchungsart *f*, Ausweismethode *f*; **r. mode** Satzart *f*, Schreibverfahren *nt*; **r. officer** *[US]* Grundbuchbeamter *m*; **r. requirements** Eintragungsvoraussetzungen, E.erfordernisse; **r. studio** Aufnahme-, Tonstudio *nt*; **r. system** Buchführung *f*, Registrierungssystem *nt*; **duplicate r. system** Durchschreibebuchführung *f*
record input 🖥 satzweise Eingabe; **r. interest rate** Höchstzinssatz *m*; **r. inventory** Buchinventur *f*; **r. keeping** Dokumentation *f*, Buchhaltung *f*; **r. layout** 🖥 Satzstruktur *f*; **r. lending** Rekordhöhe an Ausleihungen; **r. level** Rekordhöhe *f*, R.niveau *nt*, R.marke *f*, R.stand *m*, Höchstniveau *nt*; **~ of interest rates** Rekordzinsen *pl*; **r. low** absoluter/historischer Tiefstand, Rekordtiefstand *m*; **r. name** Datensatzname *m*; **r. number** Höchst-, Rekordzahl *f*; **~ of bankruptcies** Pleitenrekord *m*; **r. office** 1. Archiv *nt*, (Gerichts)Kanzlei *f*, Registratur *f*; 2. *[GB]* Grundbuchamt *nt*; **r. output** 1. Rekordproduktion *f*; 2. 🖥 satzweise Ausgabe; **r. overflow** 🖥 Satzüberlauf *m*; **r. peak** Höchststand *m*; **r. performance** Best-, Rekord-, Spitzenleistung *f*; **r.-player** *n* Plattenspieler *m*, Grammofon *nt*; **r. position** 🖥 Aufnehmen *nt*; **r. price** Höchst-, Rekordpreis *m*, unüberbotener Preis; **r. production** Rekordproduktion *f*; **r. profit** Rekordgewinn *m*; **r. purposes** statistische Zwecke; **r. rack** Plattenständer *m*; **r. rate** Höchst-, Rekordsatz *m*; **r. result** Spitzen-, Rekordergebnis *nt*; **r. revenue(s)** Rekordaufkommen *nt*; **r. sales** Rekordabsatz *m*, Spitzen-, Rekordumsatz *m*, Umsatzhöhenflug *m (fig)*; **r. sequence** 🖥 Satzfolge *f*; **r. sheet** Tagebuchblatt *nt*; **r. sleeve** Schallplattenhülle *f*; **r. surplus** Rekordüberschuss *m*; **r. takings** Kassen-, Einnahmerekord *m*; **r. time** Spitzen-, Rekordzeit *f*; **r. transmission** 🖥 satzweise Übertragung; **r. year** Rekord-, Spitzenjahr *nt*; **r. yield** Rekordaufkommen *nt*, R.ertrag *m*
recost *v/t* neu berechnen/kalkulieren; **r.ing** *n* Neukalkulation *f*, Neuberechnung der Kosten
re-count *n* Nachzählung *f*, erneute (Aus)Zählung, ~ Stimmenauszählung; *v/t* nachzählen
recoup *v/t* 1. wieder einbringen/hereinkommen/hereinholen, zurückbekommen, z.erhalten, z.erlangen, z.gewinnen; 2. wieder gutmachen, wettmachen, entschädigen, ersetzen; 3. [§] zurückbehalten, Abzüge machen, abziehen, **r.ment** *n* 1. Schadlos-, Zurückbehaltung(srecht) *f/nt*, Entschädigung *f*, Ersetzung *f*; 2. Minderung *f*; 3. Zurückerlangung *f*, Z.gewinnung *f*
sans recours *n* *(frz.)* ohne Obligo/Haftung/Gewähr
recourse (to) *n* 1. Rückgriff (auf) *m*; 2. Zuflucht (zu) *f*, Rekurs *m*; 3. Entschädigung *f*, Regress *m*, Rückanspruch *m*, Schadloshaltung *f*, Inanspruchnahme *f*; **with r.** mit Rückgriffs-/Regressanspruch, mit Rückgriffshaftung; **without r.** ohne Regress(anspruch), ~ Rückgriff(sanspruch), ~ Obligo/Haftung/Gewähr/Regressmöglichkeit/Verbindlichkeit
recourse to the capital market Beanspruchung/Inanspruchnahme des Kapitalmarktes, Kapitalmarktbeanspruchung *f*; **~ the courts (of law)** [§] Rechtsweg *m*; **no**

~ courts of law Ausschluss des Rechtsweges; **~ credit** Kreditbeanspruchung *f*, K.inanspruchnahme *f*, Inanspruchnahme/Aufnahme eines Kredits; **r. in default of payment** Regress mangels Zahlung; **r. to endorser** Wechselregress *m*; **~ prior endorser** Sprungregress *m*; **~ public funds/money; ~ the public purse** Rückgriff auf öffentliche Gelder/Mittel; **~ guarantee** Kautionsregress *m*; **~ (the) law** [§] Rechtsweg *m*; **~ administrative law** Verwaltungsrechtsweg *m*; **no ~ law** kein Rechtsbehelf; **~ the market** Marktbeanspruchung *f*, M.inanspruchnahme *f*; **r. for non-acceptance** Rückgriff mangels Annahme; **r. in consecutive order** Reihenregress *m*, R.rückgriff *m*; **~ order of endorsers** *(Wechsel)* Reihenregress *m*, R.rückgriff *m*; **r. to the party liable under a bill** Wechselrückgriff *m*, W.regress *m*; **r. against third parties** Rückgriff gegen Dritte; **r. for reimbursement** Ersatzrückgriff *m*; **~ want of acceptance** Regress/Rückgriff mangels Annahme; **~ want of payment** Regress/Rückgriff mangels Zahlung
liable to recourse regresspflichtig; **no r.** Ausschluss jeglicher Haftung, ohne Regress
to have recourse against so. jdn regresspflichtig machen, sich an jdn halten; **~ to** 1. Regress/Rückgriff nehmen auf; 2. Zuflucht nehmen zu, zurückgreifen auf, greifen zu, sich bedienen, anwenden; **~ to the central bank** Zentralbank in Anspruch nehmen; **~ to the law** [§] prozessieren, Rechtsweg beschreiten, Gericht anrufen, Prozess anstrengen; **~ to the market** Kapitalmarkt beanspruchen/in Anspruch nehmen; **~ to the preceding party** sich an seinen Vordermann halten; **to seek r.** 1. Regress geltend machen; 2. Wiedergutmachung fordern
total recourse Refinanzierungsvolumen *nt*, R.obligo *nt*
recourse *v/i* Regress/Rückgriff nehmen
recourse agreement Regressvereinbarung *f*; **r. claim** Regress-, Rückgriffforderung *f*; **r. debtor** Regress-, Rückgriffsschuldner(in) *m/f*; **r. indemnity insurance** Regressanspruchsversicherung *f*; **r. liability** Durchgriffs-, Regress-, Rückgriffshaftung *f*, Regress-, Rückgriffsverpflichtung *f*; **r. principle** Rückgriffsprinzip *nt*
recover *v/ti* 1. wieder-, zurückerlangen, (zu)rück-, wiedergewinnen; 2. retten, bergen, sicherstellen; 3. Regress nehmen; 4. *(Schulden)* beitreiben, hereinkommen, einziehen; 5. *(Konkurs)* aussondern; 6. sich erholen, genesen, wieder zu Kräften kommen; 7. *(Konjunktur/Kurs)* sich kräftigen/erholen, wieder ansteigen; **r. sharply/smartly** *(Börsenkurse)* kräftig anziehen
recover|ability *n* *(Schuld)* Bei-, Eintreibbarkeit *f*; **r.able** *adj* 1. bei-, eintreibbar, einziehbar, erstattungsfähig, ersetzbar; 2. rück-, wiedergewinnbar; 3. 🌐 abbaufähig; 4. *(Konkurs)* aussonderungsfähig; 5. *(Einlage)* rückzahlbar; **r.ed** *adj* 1. erholt; 2. *(Schuld)* beigetrieben; **r.ee** *n* Regresspflichtige(r) *f/m*; **r.er** *n* Regressnehmer(in) *m/f*
recovery *n* 1. Erholung *f*, Wiederbelebung *f*, Gesundung *f*, Aufleben *nt*, Anstieg *m*, Aufschwung *m*, Erstarkung *f*, Besserung *f*; 2. 💲 Genesung *f*; 3. Rettung *f*, Bergung *f*; 4. Wieder-, (Zu)Rückgewinnung *f*, Erlangung *f*; 5. *(Schulden)* Einziehung *f*, Beitreibung *f*, Eingang *m*; 6. *(Börse)* Reprise *f (frz.)*; 7. *(Konkurs)* Aussonderung *f*; **recoveries** Eingang bereits aufgegebener Forderun-

gen, Regresserlös *m*; **by way of r.** auf dem Regresswege
recovery of damages Erlangung eines Schaden(s)ersatzes, Schaden(s)ersatzleistungen *pl*; **~ debts** Eintreibung von Schulden; **~ bad debts** Einbringen von bereits abgebuchten Forderungen; **~ outstanding debts** Inkasso von Außenständen, Einkassierung ausstehender Schulden; **r. in/of demand** Nachfragebelebung *f*, Belebung der Nachfrage; **r. of duties** Beitreibung von Zöllen; **unlawful ~ pledged goods** Pfandkehr *f*; **~ infrastructure costs** Wegekostendeckung *f*; **~ investments** Belebung/Erholung der Investitionstätigkeit; **r. in kind** Naturalersatz *m*; **r. of a loan** Kreditrückführung *f*; **~ the market** Markterholung *f*; **~ prices** *(Börse)* Kurserholung *f*; **~ trade** Wiederbelebung des Handels; **~ a stolen vehicle** [§] Wiederbeibringung eines gestohlenen Kraftfahrzeugs
entitled to recovery (from the bankrupt's estate) aussonderungsberechtigt; **past r.** nicht mehr zu retten, unheilbar, unwiederbringlich (verloren)
to effect a recovery Erholung einleiten; **to fuel the r.** Konjunktur weiter anheizen; **to make a good r.** sich gut erholen; **to preclude r. by suit** [§] gerichtliche Geltendmachung ausschließen; **to seek r.** Regress nehmen; **to stage a r.** sich erholen; **to sue for the r. of debts** Forderungen einklagen; **to support the r.** den Aufschwung tragen, konjunkturelle Erholung stützen
common recovery [§] Regressklage *f*; **cyclical r.** konjunkturelle Erholung, (konjunktureller) Aufschwung; **domestic r.** Belebung der Binnenkonjunktur
economic recovery Konjunktur-, Wirtschaftsbelebung *f*, W.aufschwung *m*, konjunkturelle Erholung, wirtschaftliche Belebung/Gesundung; **consumer-led ~ r.** konsuminduzierter Aufschwung; **emerging ~ r.** einsetzende konjunkturelle Erholung; **overall ~ r.** gesamtwirtschaftliche Belebung/Erholung/Sanierung; **~ r. program(me)** Konjunkturprogramm *nt*, Programm zur Konjunkturbelebung
final recovery *[US]* obsiegendes Endurteil; **full r.** Kostendeckung *f*; **marked r.** *(Börse)* kräftige Erholung, kräftiger Kursanstieg; **modest r.** *(Börse)* leichte Erholung, leichter Kursanstieg; **seasonal r.** saisonbedingter Aufschwung; **slight r.** leichte Erholung; **speedy r.** rasche Erholung; **tailor-made r.** Aufschwung nach Maß; **technical r.** *(Börse)* technische Erholung
recovery charges *(Schulden)* Einziehungsspesen, E.kosten; **(personal) r. claim** *(Konkurs)* Aussonderungsanspruch *m*; **r. clause** Rückforderungsklausel *f*; **r. cost(s)** 1. Wiederbeschaffungskosten *pl*; 2. Bergungskosten *pl*; **r. exclusion** Steuerfreibetrag für Dubiose; **r. grade** ♦ Rohstoffgehalt *m*; **commercial r. operation** ♦ kommerzieller Abbau; **r. period** Desinvestitionsperiode *f*; **r. plan** Sanierungskonzept *nt*; **full r. principle** Kosten(deckungs)prinzip *nt*; **r. proceedings** [§] Aussonderungs-, Beitreibungsverfahren *nt*; **r. process** Rückgewinnungsverfahren *nt*; **r. program(me)** Genesungs-, Gesundungsprogramm *nt*; **r. service** ♦ Abschleppdienst *m*; **r. strategy** Sanierungskonzept *nt*; **r. suit** [§] Regressklage *f*; **r. technique** Fördertechnik *f*;

r. time Amortisationsdauer *f*, Regel-, Wiedergewinnungszeit *f*; **r. trend** *(Börse/Konjunktur)* Erholungstendenz *f*; **r. value** Ausschlachtungs-, Rest-, Schrott-, Veräußerungswert *m*; **r. vehicle** ♦ Abschlepp-, Bergungsfahrzeug *nt*
recreation *n* Erholung *f*, Entspannung *f*; **r.al** *adj* Erholungs-, Freizeit-
recreation area Erholungsgebiet *nt*, Freizeitgelände *nt*, F.gebiet *nt*, F.zone *f*; **local r. area** Naherholungsgebiet *nt*; **r. center** *[US]* /**centre** *[GB]* Erholungsort *m*, Freizeitzentrum *nt*; **r. facilities** Freizeit-, Erholungseinrichtungen; **local r. facilities** Naherholungseinrichtungen; **r. ground** Spielplatz *m*; **r. room** Sozialraum *m*; **r. time** Erholungszeit *f*; **r. value** Freizeitwert *m*
re-credited *adj* wieder gutgebracht, ~ geschrieben
recrimi|nate *v/i* [§] Gegenklage/G.beschuldigungen vorbringen; **r.nation** *n* 1. Gegenklage *f*, G.beschuldigung *f*. 2. Vorhaltung *f*, Vorwurf *m*, gegenseitige Beschuldigung/Schuldzuweisung
recruit *n* 1. ♦ Rekrut *m*; 2. Neuling *m*; **fresh/new r.** Neueinstellung *f*, neuer Mitarbeiter, neue Mitarbeiterin
recruit *v/t* *(Arbeitskräfte)* anwerben, einstellen, werben, rekrutieren, anheuern; **r.er** *n* Einstellungssachbearbeiter *m*, Personalanwerber *m*
recruiting *n* Anwerbung *f* (von Arbeitskräften), Rekrutierung *f*, Personalanwerbung *f*, P.beschaffung *f*; **r. age** Einstellungsalter *nt*; **r. agent** Anwerber *m*; **r. authority** Einstellungsbehörde *f*; **r. expenses** Einstellungskosten; **r. ground** Werbegebiet *nt*; **r. officer** 1. Einstellungssachbearbeiter *m*; 2. ♦ Werbeoffizier *m*; **r. policy** Personalbeschaffungspolitik *f*
recruitment *n* Mitarbeiter-/Personalbeschaffung *f*, Mitarbeiter-/Personaleinstellung *f*, An-, Einstellung *f*, Anwerbung/Einstellung *f* (von Arbeitskräften); **r. of labour** (An)Werbung von Arbeitskräften; **fresh r.** Neueinstellung *f*
recruitment advertising Personalanwerbung *f*, Stellenausschreibung *f*; **r. agreement** Anwerbevereinbarung *f*; **r. ban** Anwerbe-, Einstellungsstopp *m*, E.sperre *f*; **r. drive** Anwerbungskampagne *f*, Werbeaktion *f*; **r. fee** Anwerbegebühr *f*; **r. methods** Rekrutierungspraxis *f*; **r. officer** 1. Einstellungsbeamter *m*, Sachbearbeiter für Personaleinstellungen; 2. ♦ Werbeoffizier *m*; **r. policy** Einstellungspolitik *f*; **r. practice(s)** Einstellungspraxis *f*; **r. problem** Nachwuchsproblem *nt*; **r. problems** Nachwuchssorgen; **r. sources** *[US]* Arbeitskräftereservoir *nt*
rectan|gle *n* π Rechteck *nt*; **r.gular** *adj* rechteckig, rechtwinklig
rectifiable *adj* zu berichten, berichtigungsfähig, korrigierbar, nachholbar, behebbar
rectification *n* 1. Richtigstellung *f*, Berichtigung *f*, Korrektur *f*, Nach-, Verbesserung *f*; 2. *(Missstand)* Behebung *f*, Beseitigung *f*, Abhilfe *f*; 3. ♦ (Null)Eichung *f*; 4. ⚡ Gleichrichtung *f*; **r. of the articles of association** Satzungsberichtigung *f*; **~ a document** Richtigstellung einer Urkunde; **~ an entry** Korrektur einer Buchung; **~ a judgment** Berichtigung eines Urteils; **~ the land register** Berichtigung des Grundbuchs, Grundbuchberichtigung *f*

recti|fied *adj* korrigiert, berichtigt; **r.fier** *n* ⚡ Gleichrichter *m*
rectify *v/t* 1. richtig stellen, berichtigen, korrigieren, verbessern, Abhilfe schaffen; 2. *(Missstand)* abhelfen, beheben; 3. ⚡ gleichrichten
rectilinear *adj* geradlinig
recto *n (Dokument)* Vorderseite *f*, rechte Buchseite
rector *n* Rektor *m*; **r.ate** *n* Rektorat *nt*
reculti|vate *v/t* 🌾 rekultivieren; **r.vation** *n* Rekultivierung *f*, Wiederurbarmachung *f*
recuperate *v/ti* 1. sich erholen/kräftigen; 2. wieder gutmachen
recuperation *n* 1. Erholung *f*; 2. Wiedergutmachung *f*; **r. of prices** Preiserholung *f*
recur *v/i* wiederkehren, wieder auftreten, sich wiederholen; **r.rence** *n* Wiederholung *f*, W.kehr *f*; **r.rent** *adj* wiederkehrend, w.holt, sich wiederholend, periodisch (auftretend)
recyclability *n* Wiederverwertbarkeit *f*
recyclable *adj* recycelbar, r.fähig, wieder verwertbar, ~ aufbereitbar
recycle *v/t* 1. (wieder) verwerten, wieder aufbereiten, recyclen; 2. *(Kapital)* wieder anlegen; *n* recycelbares/recycelfähiges Produkt
recycling *n* 1. Abfall-, Müllverwertung *f*, Wiederaufbereitung *f*, W.verwertung *f*, Rückgewinnung/Verwertung von Abfallprodukten, ~ Rohstoffen, Recycling *nt*; 2. *(Kapital)* Wiederanlage *f*; **r. of recoverable/reusable materials** Wertstoffrecycling *nt*; **~ refuse** Müllaufbereitung *f*
recycling bin Wertstoffbehälter *m*; **r. center** *[US]* /**centre** *[GB]* 1. Sammelstelle für Leergut, Wertstoffsammelstelle *f*; 2. Wiederaufbereitungsanlage *f*; **r. company** Recyclingbetrieb *m*; **r. container** Sammelbehälter *m*, S.container *m*; **r. facility/plant** Wiederaufbereitungs-, Rückgewinnungsanlage *f*; **r. fund** Wiederanlagefonds *m*; **r. operation** Recyclingbetrieb *m*; **r. plan/scheme** *(Kapital)* Wiederanlageplan *m*; **r. rate** Wiederverwertungsrate *f*
red *adj* 1. rot; 2. *(fig)* revolutionär, kommunistisch; **to see r.** rasend werden, rot sehen
red *n* Revolutionär *m*, Roter *m*, Marxist *m*, Kommunist *m*; **the r.** Schulden-, Debetseite *f*, Verlust *m*, Defizit *nt*, Schulden *pl*; **in the r.** 1. in den roten Zahlen, in der Verlustzone, im Minus, verschuldet; 2. *(Konto)* überzogen **to be in the red** in Schulden/in den roten Zahlen/im Minus stecken, im Soll/in der Kreide *(coll)* stehen, rote Zahlen/mit roter Tinte schreiben, Verluste haben; **~ out of the r.** über den Berg sein *(fig)*; **to dip/get/go/move into the r.** ins Rote/Minus absinken, in die Verlustzone/roten Zahlen geraten, **to get out of the r.** aus den roten Zahlen herauskommen, die Verlustzone überwinden; **to plunge into the r.** plötzlich/nachhaltig ins Defizit geraten, ~ in die roten Zahlen geraten, tiefrote Zahlen schreiben; **to run into the r.** ins Defizit/Minus geraten
re-date *v/t* umdatieren
Red Book *(Politik)* Rotbuch *nt*; **R. Crescent** Roter Halbmond; **R. Cross** Rotes Kreuz

redebit *v/t* zurückbelasten
rededi|cate *v/t* umwidmen; **r.cation** *n* Umwidmung *f*
redeem *v/t* 1. ab-, einlösen, los-, zurückkaufen, amortisieren, zurückzahlen; 2. *(Schulden)* abtragen, tilgen, löschen; 3. *(Investmentanteil)* liquidieren, ausgleichen; 4. *[US] (Banknote)* wechseln
redeemability *n* Tilgbarkeit *f*, Aus-, Einlösbarkeit *f*, Abzahlbarkeit *f*, Kündbarkeit *f*
redeemable *adj* 1. ab-, aus-, einlösbar; 2. amortisierbar, tilgbar, kündbar, abzahlbar, rückkaufbar; 3. *(Anleihe)* rückzahlbar; 4. eintreib-, einziehbar; **r. at par** rückzahlbar zum Nennwert
redeemed *adj* 1. eingelöst; 2. getilgt, amortisiert, zurückgezahlt
redeemer *n* Rückkäufer *m*, Einlöser *m*
redefine *v/t* neu/erneut definieren, umdefinieren, erneut/neu festlegen
redeliver *v/t* zurückgeben, zurückerstatten; **r.y** *n* Rückgabe *f*, Rückerstattung *f*; **~ clause** Rücklieferungsklausel *f*
redemand *v/t* 1. zurückfordern; 2. *(Kapital)* kündigen
redemise *n* Rückübertragung *f*, R.auflassung *f*
redemption *n* 1. Ab-, Aus-, Einlösung *f*; 2. Liquidation *f*, Amortisation *f*, Rückzahlung *f*, Rückkauf *m*; 3. *(Schulden)* Abtragung *f*, Tilgung *f*
redemption of an annuity Rentenablösung *f*; **r.s in arrears** Tilgungsrückstand *m*; **r. of banknotes** Einlösung von Banknoten; **~ bonds/debentures** Einlösung/Tilgung von Schuldverschreibungen, Einziehung von Pfandbriefen, Pfandbriefauslösung *f*, Obligationstilgung *f*; **~ capital** Kapitaltilgung *f*; **r. for cash** Bareinlösung *f*; **r. before the due date** Rückzahlung vor Fälligkeit; **r. of a debt** Forderungstilgung *f*; **~ debts** Schuldenablösung *f*; **r. by drawing** Amortisation/Tilgung durch Auslosung; **r. in kind** Naturaltilgung *f*; **r. of a loan** Einlösung/Kündigung einer Anleihe; **r. at maturity** Einlösung bei Verfall/Fälligkeit; **r. before maturity** Tilgung vor Fälligkeit; **r. of a mortgage** Tilgung/Rückzahlung einer Hypothek; **r. at par** Einlösung zu pari, Rückzahlung/Einlösung zum Nennwert, Parieinlösung *f*, P.rückzahlung *f*; **r. of a pledge** Pfandauslösung *f*, P.einlösung *f*; **~ policy** Vertrags-, Versicherungsrückkauf *m*; **r. by purchase** *(Börse)* Rückkauf *m*; **r. of shares** *[GB]* /**stocks** *[US]* Aktieneinziehung *f*; **r. at term** Rückzahlung bei Endfälligkeit
called for redemption zur Tilgung aufgerufen; **due for r.** zur Tilgung fällig; **past r.** nicht mehr zu retten, rettungslos verloren
to call for redemption zur Einlösung/Rückzahlung aufrufen, aufkündigen; **to designate for r.** für Tilgungszwecke bereitstellen; **to draw for r.** zur Einlösung auslosen
advance/anticipated/anticipatory/early redemption vorzeitige Rückzahlung/Tilgung/Ablösung; **compulsory r.** *(Anleihe)* Zwangsrückkauf *m*, Z.einziehung *f*; **extraordinary/off-schedule r.** außerplanmäßige Tilgung; **final r.** Rückzahlung bei Endfälligkeit; **incoming r.** Tilgungseingang *m*; **mandatory r.** Zwangseinlösung *f*; **minimum r.** Mindesttilgung *f*; **part r.** *(An-*

leihe) Teilkündigung *f*; **personal r.** persönliche Befreiung; **premature r.** vorzeitige Tilgung; **previous/prior r.** vorzeitige Einlösung/Tilgung; **regular r.** planmäßige Tilgung; **straight-line r.** Rückzahlung in gleichen Tilgungsraten, Tilgung in gleichen Raten; **total r.** Tilgungsvolumen *nt*; **voluntary r.** Pfandfreigabe *f*
redemption account Amortisations-, Tilgungskonto *nt*; **r. action** [§] Klage auf Rückgabe gepfändeter Sachen; **r. agreement** Tilgungsvereinbarung *f*, T.abkommen *nt*; **r. amount** *(Vers.)* Einlösungsbetrag *m*, Ablösungssumme *f*; **r. arrears** rückständige Tilgungszahlungen; **r. bond** Ablösungs-, Tilgungsschuldverschreibung *f*, Umtauschobligation *f*, Tilgungs-, Ablösungsanleihe *f*, A.pfandbrief *m*; **r. capital** Ablösungs-, Tilgungskapital *nt*, Ablösungs-, Einlösungsbetrag *m*; **r. center** *[US]* /**centre** *[GB]* Einlösestelle *f*; **r. charge** 1. Tilgungsgebühr *f*; 2. *(Investmentfonds)* Rücknahmespesen *pl*; **r. check** *[US]* Verrechnungsscheck für Ausgleichsbeträge; **r. clause** Rückzahlungs-, Rücknahme-, Tilgungs-, Einlösungsklausel *f*; **r. commission** Rückzahlungsprovision *f*; **r. commitment** Tilgungsverpflichtung *f*; **r. date** Ablösungs-, Rückzahlungs-, Tilgungstermin *m*, T.datum *nt*, T.fälligkeit *f*; **r. discount** Rückkaufsdisagio *nt*; **r. fee** Aufschlag für vorzeitige Tilgung; **r.-free** *adj* tilgungsfrei
redemption fund Ein-, Ablösungs-, Amortisations-, Tilgungsfonds *m*; **r. f.s** Tilgungsmittel; **r. f. loan** Tilgungsfondskredit *m*
redemption grant Tilgungsbeihilfe *f*; **r. guarantee** Rücknahmegarantie *f*; **r. instalment** Tilgungsrate *f*; **r. loan** Ablösungs-, Amortisations-, Tilgungsanleihe *f*, T.hypothek *f*, T.kredit *m*, Abgeltungs-, Amortisationsdarlehen *nt*; **r. loss** Tilgungsverlust *m*; **r. money** Einlösungsschein *m*; **r. mortgage** Amortisations-, Annuitäten-, Zinshypothek *f*; **r. notice** Anleihekündigung *f*; **r. offer** Rückkaufangebot *nt*; **r. office** Einlösungskasse *f*, E.stelle *f*
redemption payment Ablösungs-, Amortisations-, Tilgungszahlung *f*, T.leistung *f*; **r. p.s** Tilgungsdienst *m*; **~ received** Tilgungsrückflüsse; **extraordinary r. p.** Sondertilgung *f*
redemption period Einlösungsfrist *f*, Laufzeit *f*; **r. plan** (Schulden)Rückführungs-, Tilgungsplan *m*, T.schema *nt*; **r. premium** Ablösungs-, Einlösungs-, Rückzahlungs-, Tilgungsprämie *f*, T.aufgeld *nt*, Rückzahlungsagio *nt*; **r. price** 1. Einlösungs-, Rücknahme-, Rückzahlungs-, Wiederverkaufspreis *m*, Auslösungs-, Einlösungs-, Rückzahlungs-, Tilgungskurs *m*; 2. Ab-, Einlösungsbetrag *m*; **r. proceeds** 1. Tilgungseingang *m*; 2. *(Wertpapier)* Emissionserlös *m*; **r. provisions** Einlösungsvorschriften, E.bestimmungen; **r. rate** Amortisationsrate *f*, Tilgungskurs *m*, T.satz *m*, T.quote *f*; **r. record(s)** Tilgungsprotokoll *nt*; **r. requirement** Tilgungssoll *nt*; **r. reserve** Tilgungsrücklage *f*; **r. right** Wiederkaufsrecht *nt*, Ablösungsanspruch *m*; **r. schedule** Tilgungsplan *m*; **according to the r. schedule** tilgungsplanmäßig; **r. service** Tilgungsdienst *m*; **r. subsidy** Aufwendungszuschuss *m*; **r. sum** Abgeltungs-, Rückführungsbetrag *m*; **r. table** Amortisations-, Til-

gungs(zeit)plan *m*, T.schema *nt*; **r. term** Tilgungsdauer *f*; **r. terms** Tilgungsbedingungen, T.bestimmungen; **r. value** Ablösungs-, Einlösungs-, Amortisations-, Rückkaufs-, Rückzahlungs-, Tilgungswert *m*, Rückzahlungskurs *m*; **r. voucher** Amortisations-, Einlösungsschein *m*; **r. warrant** Einlösungsabschnitt *m*; **r. yield** Effektivverzinsung *f*, E.rendite *f*, Tilgungserlös *m*, Rückzahlungsrendite *f*; **gross r. yield** Bruttoanleiherendite *f*
Red Ensign *[GB]* Flagge der britischen Handelsmarine
redeploy *v/t* 1. *(Kapital)* umschichten; 2. *(Personal)* um(be)setzen, umgruppieren, anderweitig beschäftigen/einsetzen; 3. ⚒ umstrukturieren, verlagern
redeployment *n* 1. *(Kapital)* Umschichtung *f*; 2. *(Personal)* Um(be)setzung *f*, Umgruppierung *f*; 3. ⚒ Umstrukturierung *f*, Verlagerung *f*; **r. of assets** Umschichtung von Vermögenswerten; **~ production** Produktionsverlagerung *f*
redeposit *n* neuerliche Deponierung, Wiedereinzahlung *f*; *v/t* wieder deponieren/einzahlen
redesign *v/t* 1. neu gestalten; 2. *(Flächen/Gebäude)* umwidmen; **r.ate** *v/t* umbenennen
redevelop *v/t* sanieren
redevelopment *n* Sanierung *f*; **r. of old buildings** Altbausanierung *f*; **urban r.** Stadterneuerung *f*
redevelopment area Sanierungsgebiet *nt*; **r. costs** Sanierungskosten; **r. plan** Sanierungsplan *m*; **r. project/scheme** Sanierungsplan *m*, S.vorhaben *nt*, S.projekt *nt*
red-handed *adj* in flagranti *(lat.)*, auf frischer Tat; **to catch so. r.-h.** jdn auf frischer Tat ertappen
redhibition *n* *(Rücktritt vom Kaufvertrag)* Wand(e)lung *f*, Minderung des Kaufpreises, Rückgängigmachung *f*
redial *v/t* ☏ erneut wählen; **autom(t)ic r.(l)ing** *n* Wahlwiederholung *f*
redirect *v/t* 1. ✉ nachsenden, umadressieren, umdirigieren, weiter-, umleiten; 2. *(Verkehr)* umleiten
redirection *n* 1. ✉ Nachsendung *f*, Umadressierung *f*; 2. Um-, Weiterleitung *f*; **r. of capital** Kapitalumlenkung *f*; **~ funds** Umlenkung von Geldmitteln; **r. order** ✉ Nachsendeauftrag *m*
rediscount *n* 1. (Re)Diskont *m*, Rediskontierung *f*; 2. rediskontierter Wechsel; **r. for the succeeding period** Anschlussrediskont *m*; **eligible for r. (with the central bank)** rediskont-, zentralbank-, notenbank-, bundesbankfähig *[D]*
rediscount *v/t* 1. rediskontieren; 2. *[US]* (rück)diskontieren, refinanzieren; 3. *(Wechsel)* weitergeben; **r.able** *adj* 1. rediskontfähig; 2. refinanzierbar
rediscount agency Rediskontstelle *f*; **r. assistance** Refinanzierungshilfe *f*; **r. ceiling** Rediskontkontingent *nt*, R.plafond *m*; **r. contingency** Rediskontierungsreserve *f*; **r. credit** 1. Refinanzierungs-, Rediskontkredit *m*; 2. *[US]* Diskontkredit *m*; **r. facilities** Rediskontrahmen *m*
rediscounting *n* 1. *(Wechsel)* Re-, Rückdiskontierung *f*; 2. Refinanzierung *f*; **eligible for r.** rediskontfähig; **r. of commercial bills** Weitergabe von Handelswechseln; **r. facilities** Refinanzierungsfazilitäten *f*; **r. rate** Rediskontsatz *m*

rediscount liabilities Rediskontverschuldung f; **r. limit** Refinanzierungs-, Rediskontplafond m, R.rahmen m; **r. line** 1. Rediskontlinie f, R.kontingent nt, R.plafond m; 2. Refinanzierungsrahmen m; **r. market** *[US]* Diskontmarkt m; **r. policy** (Re)Diskontpolitik f
rediscount quota 1. (Re)Diskontkontingent nt; 2. Refinanzierungslimit nt; **standard r. q.** Normrediskontkontingent nt; **unused r. q.** freies Rediskontkontingent
rediscount rate 1. *[US]* (Re)Diskontsatz m, D.fuß m; 2. Wechseldiskontsatz m; **to cut/lower the r. r.** Diskont(satz) senken/herabsetzen; **to raise the r. r.** Diskont(satz) erhöhen
rediscover v/t wieder entdecken; **r.y** n Wiederentdeckung f
redispatch n Weiterversendung f, W.versand m; v/t weiterversenden
redisposal n Umlagerung f
redistribute v/t umverteilen, neu verteilen/zuteilen
redistribution n Neu-, Umverteilung f; **r. of capital** Kapitalumschichtung f; **~ income(s)** Einkommensneuverteilung f, E.umschichtung f, E.umverteilung f, E.verschiebung f, E.transfer m; **~ loss** Schadensabwälzung f, S.umschichtung f; **~ wealth** Vermögensumverteilung f, V.umschichtung f; **~ work** Arbeitsumverteilung f; **r. element** Umverteilungskomponente f; **r. mechanism** *(Haushalt)* Umverteilungsverfahren nt; **r. policy** Transfer-, Umverteilungspolitik f
redistributive adj redistributiv, Umverteilungs-
red|-letter day adj denkwürdiger Tag; **r.lining** n willkürlicher Ausschluss von Kunden
redouble v/t verdoppeln, verstärken
redraft n Rück-, Retourwechsel m, Rikambio(wechsel) nt/m, Rücktratte f; v/t überarbeiten, neu fassen/entwerfen, umformulieren; **r. charges** Rückwechselspesen; **r.ing** n Umformulierung f
redress n 1. Abhilfe f; 2. *(Fehler)* Behebung f, Beseitigung f, Abstellung f; 3. Entschädigung f, Regress m, Wiedergutmachung f, Ersatz m, Schaden(s)ersatz m; **r. of contested decisions** Abhilfe bei angefochtenen Beschlüssen; **~ a grievance** Abstellung eines Übelstandes **to gain/obtain redress** zu seinem Recht kommen, Schaden(s)ersatz erhalten; **to have one's r.** sich schadlos halten; **~ no r. in law** keinen Rechtsanspruch haben; **to seek r.** Regressanspruch geltend machen, Wiedergutmachung/Entschädigung verlangen; **~ in court** gerichtliche Hilfe in Anspruch nehmen; **equitable r.** angemessene Wiedergutmachung, billige Entschädigung; **judicial/legal r.** Rechtsbehelf m, R.hilfe f
redress v/t 1. *(Missstand)* beseitigen, beheben, abstellen, abhelfen, Abhilfe schaffen; 2. *(Schaden)* wieder gutmachen, ausgleichen
redressible adj entschädigungs-, ersatz-, wiedergutmachungsfähig
redress proceedings [§] Abhilfeverfahren nt
red-tapism n *(coll)* Paragraphenreiterei f *(coll)*, Bürokratismus m, Bürokratie f
redub v/t *(Film)* nachsynchronisieren
reduce v/ti 1. verringern, kürzen, senken, reduzieren, mindern, ermäßigen, herabsetzen, nachlassen, verbilligen, abziehen, abbauen, drosseln, einschränken, zurückschrauben, herunterfahren; 2. *(Personal)* einsparen; 3. π kürzen, vereinfachen; 4. abnehmen; **r.d** adj herabgesetzt, ermäßigt, reduziert, verbilligt; **to be r.d** sich mindern; **r.d-calorie** adj kalorienreduziert
reducible adj 1. reduzierbar; 2. kürzungsfähig
reduction n 1. Kürzung f, Senkung f, (Ver)Minderung f, Ermäßigung f, Nachlass m, Vergünstigung f, Herabsetzung f, Drosselung f, Reduzierung f, Reduktion f, Verringerung f, Einschränkung f, Abzug m, Abschlag m, Abbau m, Schmälerung f; 2. Abnahme f, Rückbildung f, R.gang m, R.führung f; 3. π (Ver)Kürzung f; 4. *(Aktien)* Zusammenlegung f; 5. *(Kopie)* Verkleinerung f
reduction of activity Betriebseinschränkung f; **~ the pensionable age** Herabsetzung des Rentenalters; **~ assets** Vermögensminderung f; **~ the bank rate** Diskontsenkung f, D.ermäßigung f; **~ base rate** Leitzinssenkung f; **~ capacity** Kapazitätsabbau m, K.einschränkung f; **~ earning capacity** Erwerbsminderung f, Minderung der Erwerbsfähigkeit; **~ excess capacity** Abbau von überschüssigen Kapazitäten; **~ (corporate) capital; ~ capital stock** Kapitalschnitt m, K.herabsetzung f, K.zusammenlegung f, Verminderung des Kapitals; **ordinary ~ capital stock** ordentliche Kapitalherabsetzung; **simplified ~ capital stock** vereinfachte Kapitalherabsetzung; **r. for cash** Barzahlungsrabatt m, Preisabschlag bei Barzahlung; **r. of (public) charges** Gebührennachlass m, G.senkung f; **r. for children** Kinderermäßigung f; **r. of compensation** Entgeltsminderung f; **~ costs** Kosten(ver)minderung f, Einsparung f; **~ customs duties** ⊖ Zollherabsetzung f; **~ damage** Schadensminderung f, S.milderung f; **~ debts** Schuldenabbau m, Abbau von Schulden; **~ demand** Nachfragerückgang m, N.abschwächung f; **~ deposits** Einlagenminderung f; **~ the discount rate** Senkung des Diskontsatzes, Diskontsenkung f; **~ the dividend** Dividendenkürzung f; **r. in/of earnings** Einkommens-, Erlösschmälerung f, Erlös-, Ertragsminderung f; **r. of emission** Emissionsminderung f; **~ employment** Beschäftigungsminderung f, B.rückgang m; **~ earnings** Lohnabbau m; **~ expenses** Kosteneinsparungen pl; **~ farm prices** Agrarpreissenkung f; **~ fees** Gebührensenkung f, G.nachlass m; **~ freight** Frachtermäßigung f; **r. in gearing** Verringerung/Rückführung des Fremdkapitalanteils; **r. of hours** Arbeitszeitverkürzung f; **~ import prices** Einfuhr-, Importverbilligung f; **~ income** Einkommensminderung f, E.schmälerung f; **~ indebtedness** Entschuldung f; **~ interest (rates)** Zinssenkung f, Z.ermäßigung f, Z.verbilligung f; **~ net interest charges** Verminderung der Zinslast; **~ jobs/labour** Stellen-, Beschäftigten-, Beschäftigungsabbau m; **~ labour costs** Lohnkostensenkung f; **~ lending** Kreditrückführung f; **~ liability** Haftungsminderung f; **~ liquidity** Liquiditätssenkung f, L.abschöpfung f; **~ market activities** Marktberuhigung f; **~ maturities** Laufzeitenverkürzung f; **~ the money supply** Geldvernichtung f, Verringerung der Geldmenge; **~ output** Produktionsminderung f, P.einschränkung f; **~ overtime** Überstundenabbau m, Abbau der Überstunden; **~**

pollution Schadstoff-, Immissionsminderung *f*; **r. into possession** [§] Besitzerlangung *f*, Realisierung eines Herausgebeanspruchs; **r. of postage** ✉ Porto-, Gebührenermäßigung *f*; **r. to practice** *(Pat.)* Ausführung der Erfindung; **r. in price** Preisermäßigung *f*, P.senkung *f*, P.minderung *f*, Verbilligung *f*; **r. and concentration of production capacities** Zusammenlegung von Kapazitäten; **r. of profit(s)** Ertragseinbuße *f*, E.minderung *f*, Gewinnrückgang *m*; **~ the purchase price** Herabsetzung/Minderung des Kaufpreises; **~ purchasing power** Kaufkraftminderung *f*; **r. in rank** Degradierung *f*; **r. of rent** Pachtminderung *f*; **~ the retirement age** Herabsetzung der Altersgrenze; **~ revenue(s)** Erlösschmälerung *f*, Einnahmeausfall *m*; **~ salary** Gehaltskürzung *f*; **r. of sales proceeds** Erlösschmälerung *f*; **~ the scope of demand** Einengung des Nachfragespielraums; **~ sentence** [§] Strafherabsetzung *f*, S.ermäßigung *f*, S.nachlass *m*, S.verkürzung *f*; **~ the share capital** Kapitalschnitt *m*, K.herabsetzung *f*, K.zusammenlegung *f*; **~ speed** Verminderung der Geschwindigkeit; **~ stocks** Lager-, Vorratsabbau *m*, Verringerung des Bestandes, ~ der Läger; **~ stockpiles** ⚓ Haldenabbau *m*; **r. in stock valuation** Bewertungsabschlag *m*; **r. of supplies** Angebotsverringerung *f*, A.verknappung *f*; **~ tariffs** ⊖ Zollabbau *m*; **~ taxes** Steuersenkung *f*, **r. in turnover** Umsatzabbau *m*; **r. of types** Typenbeschränkung *f*; **~ unemployment** Abbau/Rückführung der Arbeitslosigkeit; **r. in value** Wertminderung *f*, W.abschlag *m*, Entwertung *f*; **r. of wages** Lohnkürzung *f*; **~ the workforce** Personal-, Belegschaftsabbau *m*, Abbau der Belegschaft, Einsparung an Arbeitskräften; **~ the workforce through natural wastage** Personalabbau durch natürlichen Abgang; **~ working hours** Arbeitszeitverkürzung *f*, A.verringerung *f*, Verkürzung der Arbeitszeit; **~ annual working hours** Jahresarbeitszeitverkürzung *f*; **~ working hours without loss of pay** Arbeitszeitverkürzung bei vollem Lohnausgleich; **~ net worth** Vermögensminderung *f*; **~ net worth for foreign business property** Steuerermäßigung bei Auslandsvermögen
to grant a reduction Preisnachlass gewähren
across-the-board/all-round reduction globale Kürzung, allgemeine Preisermäßigung; **continuing r.** fortschreitende Verminderung; **drastic r.** Dezimierung *f*; **net r.** Nettoabzug *m*; **non-tariff r.** Abbau nichttarifärer Handelshemmnisse; **overall r.s** pauschale Kürzungen; **required r.** Rückführungssoll *nt*; **seasonal r.** Saisonabschlag *m*; **special r.** Sonderermäßigung *f*
reduction target Emissionsminderungsziel *nt*
redundancy *n* 1. Entlassung *f* (mangels Beschäftigung), (Personal)Freisetzung *f*; 2. Redundanz *f*; **redundancies** Personalabbau *m*; **compulsory r.** Zwangsentlassung *f*, zwangsweise Entlassung; **voluntary r.** freiwilliges Ausscheiden; **wholesale redundancies** Massenentlassungen
redundancy benefit(s) Konkursausfallgeld *nt*; **r. charge** Entlassungskosten; **r. claim** Abfindungsanspruch *m*; **r. compensation** Entlassungsabfindung *f*; **r. costs** Kosten der Entlassungsmaßnahmen; **r. notice** Kündigung

f, Entlassungsschreiben *nt*, (Stellenauf)Kündigungsmitteilung *f*
redundancy pay(ment) (Entlassungs-, Kündigungs-, Sozial)Abfindung *f*, Abstands-, Entlassungsgeld *nt*, E.entschädigung *f*, Abfindung(szahlung) *f*, A.sleistung *f*, A.ssumme *f*; **R. P. Act** *[GB]* Sozialabfindungsgesetz *nt*; **r. p. scheme** Regelung für die Zahlung von Entlassungsgeld
redundancy plan/programme/scheme Sozial-, Entlassungsplan *m*, Abfindungsregelung *f*, A.maßnahme *f*; **r. policy** Entlassungspolitik *f*; **r. rebate** *[GB]* Steuerfreibetrag für Sozialabfindungen
redundant *adj* 1. überflüssig, redundant; 2. überschüssig, überzählig; 3. entlassen, freigesetzt, arbeits-, beschäftigungslos; **to become r.** Arbeitsplatz verlieren; **to make r.** entlassen, *(Arbeitskräfte)* freisetzen
reedu|cate *v/t* umziehen; **r.cation** *n* Umerziehung *f*
reef *n* ♦ Flöz *m*, Ader *f*, Gang *m*
reefer *n* *[US]* 1. Kühlcontainer *m*; 2. ⚓ (Tief)Kühlschiff *nt*; 3. 🚃 Kühlwagon *m*; **r. cargo** Kühlgut *nt*; **r. container** Kühlcontainer *m*
reel *n* (Band)Spule *f*, (Film)Rolle *f*; **empty r.** Leerspule *f*
reel *v/t* spulen, rollen, winden
re-elect *v/t* wieder wählen; **r.-tion** *n* Wieder-, Neuwahl *f*
re-embark *v/t/i* ⚓ (sich) wieder einschiffen; **r.-ation** *n* Wiedereinschiffung *f*
re-emerge *v/i* 1. wieder auftauchen; 2. *(Nachfrage)* anziehen, sich beleben; **r.nce** *n* Wiederauftreten *nt*, W.auftauchen *nt*
re-employ *v/t* wieder anstellen/beschäftigen/einstellen; **r.ment** *n* Wiederanstellung *f*, W.beschäftigung *f*, W.einstellung *f*
re-enact *v/t* [§] wieder in Kraft setzen; **r.ment** *n* (Gesetzes)Novelle *f*, Wiederinkraftsetzung *f*
re-engage *v/t* wieder einstellen; **r.ment** *n* Wiederbeschäftigung *f*, W.einstellung *f*
re-engineer *v/t* technisch überarbeiten; **r.ing** *n* 1. technische Überarbeitung *f*; 2. Umgestaltung von Prozessen
re-enter *v/i* wieder eintreten; **r.able** *adj* 🔲 jederzeit verwendbar
re-entry *n* 1. Wiedereintritt *m*; 2. ⊖ Wiedereinfuhr *f*; **r. into employment/working life** Wiedereingliederung ins Berufsleben; **~ the market** Wiedereinstieg in den Markt; **r. permit** Wiedereinreiseerlaubnis *f*; **r. point** Rücksprungstelle *f*
re-equip *v/t* umrüsten, neu ausrüsten/ausstatten
re-equipment *n* Neu-, Ersatzausrüstung *f*, Neuausstattung *f*, Ersatzbeschaffung *f*; **r. investment** Umstellungsinvestition(en) *f/pl*; **r. loan** Remontagekredit *m*
re-erect *v/t* wieder aufbauen/aufstellen; **r.ion** *n* Remontage *f*
re-establish *v/t* wiederherstellen
re-establishment *n* Wiederherstellung *f*, Neugründung *f*; **r. of the currency** Währungssanierung *f*; **r. center** *[US]* /**centre** *[GB]* Rehabilitations-, Rehabilitierungszentrum *nt*
re-evalu|ate *v/t* neu/erneut bewerten; **r.ation** *n* Neubewertung *f*
re|-examination *n* Nachprüfung *f*, nochmalige Prüfung;

r.-examine *v/t* nachprüfen, nochmals prüfen, erneut überprüfen

re-exchange *n* 1. Rückwechsel *m*, R.tratte *f*, Rikambio(wechsel) *nt/m*; 2. Rücktausch *m*; **~ leakage** *[GB]* Devisenverlust *m*

re-export *n* ⊖ Wiederausfuhr *f*, Reexport *m*; **r.s** wieder ausgeführte Ware; *v/t* reexportieren, wieder ausführen

re-exportation *n* ⊖ Wiederausfuhr *f*; **r. to a third state** Weiterlieferung an einen dritten Staat; **split r.** Teil-Wiederausfuhr *f*; **r. certificate** Wiederausfuhrbescheinigung *f*; **r. clearance** Wiederausfuhrbehandlung *f*; **r. counterfoil** *(Stammabschnitt)* Wiederausfuhrblatt *nt*; **r. sheet** *(Stamm- und Trennabschnitt)* Wiederausfuhrblatt *nt*; **r. voucher** *(Trennabschnitt)* Wiederausfuhrblatt *nt*

re-export declaration ⊖ Wiederausfuhrerklärung *f*; **~ document** Wiederausfuhrdokument *nt*

re-exporter *n* Wiederausführer *m*, Reexporteur *m*

re-export opportunity Gelegenheit/Möglichkeit für die Wiederausfuhr; **r. trade** Wiederausfuhrhandel *m*

re-extradition *n* Weiterauslieferung *f*; **r. to a third state** Weiterauslieferung an einen dritten Staat

re|face *v/t* 🏛 Fassade erneuern; **r.fashion** *v/t* umbilden, umgestalten

refer *v/t* über-, verweisen; **r. back to** (zu)rückverweisen an; **r. to** 1. Bezug nehmen auf, ~ haben zu, sich beziehen/berufen auf, zurückkommen auf; 2. verweisen an/auf, hinweisen auf, erwähnen; 3. überweisen/weitergeben an; 4. sich wenden an; 5. zuordnen, zurechnen; 6. nachsehen in, heranziehen

referable (to) *adj* zuzuschreiben, zuzuordnen, zuzuweisen, in Beziehung stehend

referee *n* 1. Gewährsmann *m*, Sachverständiger *m*, Berichterstatter *m*, Referent *m*, Auskunftgeber *m*; 2. Schlichter *m*, Schiedsrichter *m*, Unparteiischer *m*; **r. in bankruptcy** Konkursrichter *m*; **r. in case of need** 1. Notadressat *m*; 2. Notadresse *f*; **r. for one's character** Leumundszeuge *m*; **medical r.** medizinischer Sachverständiger, Vertrauensarzt *m*; **official r.** 1. beauftragter Richter; 2. Schiedsmann *m*; 3. amtlicher Sachverständiger

reference *n* 1. Hinweis *m*, Verweis *m*, Auskunft *f*, Erwähnung *f*; 2. Referenz(schreiben) *f/nt*, (Arbeits-/Dienst)-Zeugnis *nt*, Empfehlung(sschreiben) *f/nt*; 3. Aktenzeichen *nt*, Bezugname *f*, Beleg(stelle) *m/f*; 4. Überweisung *f*; 5. Zuständigkeitsbereich *m*; **(re.; Ref.; ref.)** *(Brief)* Betreff (Betr.), Bezug, betreffend; **r.s** Quellenangabe *f*, Q.nachweis *f*; **with r. to** 1. mit Bezug auf, unter Bezugnahme auf; 2. unter Berufung auf; 3. hinsichtlich; **r. in case of need** Notadresse *f*; **r. to general principles** Heranziehung allgemeiner Grundsätze; **our/your r.** *(Brief)* unser/Ihr Zeichen; **for your r.** zu Ihrer Information, für Ihre Akten; **outside our r.** außerhalb unseres Zuständigkeitsbereichs

to ask for a reference um eine Referenz bitten; **to furnish/give/supply r.s** Referenzen angeben/beibringen; **to give so.'s name as a r.** jdn als Referenz angeben; **to look up a r.** einem Verweis nachgehen; **to make r. to sth.** etw. erwähnen, sich auf etw. beziehen; **~ subsidi-**

ary r. to § hilfsweise Bezug nehmen auf; **to quote r.s** Referenzen nennen/angeben; **~ so. as a r.** sich auf jdn berufen; **to state the r.** Betreff angeben; **to take up a r.** Referenz/Auskunft einholen

anticipatory reference Patentvorwegnahme *f*; **bibliographical r.** Literaturangabe *f*; **complimentary r.** lobende Erwähnung; **by direct r.** to im Verhältnis zu; **disparaging r.** herabsetzender Hinweis; **documentary r.** Dokumentennachweis *m*; **excellent r.s** ausgezeichnete Zeugnisse/Empfehlungsschreiben; **financial r.** Bank-, Kreditauskunft *f*; **first-class r.s** erstklassige Empfehlungen; **personal r.** persönliche Empfehlung; **speedy r.** Schnellnachweis *m*; **statutory r.** gesetzlicher Hinweis

reference address 🖳 Bezugs-, Grundadresse *f*; **r. amount** Referenzbetrag *m*; **r. area** Bezugsraum *m*; **r. back** Rückverweis(ung) *m/f*; **r. bank** Referenzbank *f*; **r. base/basis** Bezugsbasis *f*; **r. blend** *(Öl)* Referenzsorte *f*; **r. book** Nachschlagewerk *nt*, Handbuch *nt*; **r. class** ▦ Bezugsklasse *f*; **r. clause** Verweisklausel *f*; **r. currency** Bezugs-, Basiswährung *f*; **to be linked to a r. currency** auf eine Bezugswährung gründen, auf einer Bezugswährung basieren; **r. cycle** ▦ Basiszyklus *m*; **r. date** (Erhebungs-/Referenz)Stichtag *m*, Bezugstag *m*, B.termin *m*, B.datum *nt*, B.zeitpunkt *m*; **base r. date** Basisstichtag *m*; **r. figure** Ausgangs-, Bezugszahl *f*, B.größe *f*, Eckwert *m*; **r. file** Handakte *f*; **r. information** Nachschlageinformation *f*; **r. initials** Diktatzeichen *nt*; **r. input** Sollwert *m*; **r. language** Bezugssprache *f*; **r. level** Vergleichsniveau *nt*; **r. library** Hand-, Nachschlage-, Präsenzbibliothek *f*; **r. manual** Handbuch *nt*; **r. mark** Bezugs-, Geschäftszeichen *nt*; **r. model** Vergleichsschablone *f*; **r. month** Referenz-, Vergleichsmonat *m*; **r. number (Ref. No.)** 1. Bezugs-, Beleg-, Geschäfts-, Kenn-, Kontroll-, Ordnungsnummer *f*; 2. Akten-, Geschäftszeichen *nt*; **r. operations** Schlüsselarbeiten; **r. patent** entgegengehaltenes Patent; **r. pattern** Probemuster *nt*; **r. performance** *(REFA)* Bezugsleistung *f*; **r. period** Bezugs-, Referenz-, Vergleichsperiode *f*, Ausgangs-, Orientierungs-, Vergleichszeitraum *m*, Referenzzeit *f*

reference price Basis-, Mindest-, Orientierungs-, Referenz-, Richtpreis *m*, Bezugspreis *m*, B.kurs *m*; **external r. p.** Fremdvergleichspreis *m*; **r. p. system** Basis-, Referenzpreissystem *nt*

reference procedure (Bank)Auskunftsverfahren *nt*; **r. rate** Richtkurs *m*; **r. rent** Mietrichtsatz *m*, Vergleichsmiete *f*; **r. sample** Ausfall-, Auswahl-, Kontroll-, Vergleichsmuster *nt*, Kontrollstichprobe *f*; **r. scale** Bezugsschlüssel *m*; **r. size** Bezugsgröße *f*, B.maß *nt*; **r. system** Bezugs-, Orientierungssystem *nt*; **r. tariff** ⊖ Referenzzoll *m*; **r. value** Anhalts-, Bezugswert *m*; **r. wage** Eck-, Bezugslohn *m*; **r. work** Nachschlagewerk *nt*; **r. year** Bezugs-, Referenz-, Vergleichsjahr *nt*

referencing r. Überprüfung von Berichtsdaten

referendum *n* Volksentscheid *m*, V.abstimmung *f*, V.begehren *nt*, Referendum *nt*, Plebiszit *nt*; **to hold a r.** Volksabstimmung durchführen

referent *n* Verweis(stelle) *m/f*

referral *n* 1. ⚖ Überweisung *f*; 2. ⚖ (Rechtsstreit)Verweisung *f*; **r. to** Empfehlung/Verweisung/Überweisung an; **~ arbitration** Verweisung an ein Schiedsgericht; **~ another court** Abgabe/Verweisung an ein anderes Gericht; **~ a higher court** Verweisung an die Berufungsinstanz; **r. for a preliminary ruling** ⚖ Vorbefassung *f*; **r. to a specialist** ⚖ Überweisung an den Facharzt; **r. leads** Interessentenhinweise von Kunden; **r. risk** *(Vers.)* Risiken zur Entscheidung durch die Direktion

referred to *adj* erwähnt; **hereinafter r. to as** nachstehend bezeichnet als; **r. to above** oben genannt/erwähnt

referring to *adv* Bezug nehmend/unter Bezugnahme auf, betreffs, im Nachgang zu

refill *n* 1. Nachfüllpatrone *f*, N.mine *f*, Ersatzmine *f*; 2. Nachfüllblätter *pl*; *v/t* auffüllen; **r.able** *adj* nachfüllbar, Mehrweg-

refill cartridge Nachfüllpatrone *f*, N.mine *f*, Ersatzmine *f*; **r. pack** Nachfüllpackung *f*

re-finance *n* Refinanzierung *f*; *v/t* neu finanzieren, re-, umfinanzieren, umschulden

refinancing *n* Refinanzierung *f* (von Verbindlichkeiten), Neu-, Umfinanzierung *f*, Umschuldung *f*; **co-terminous/maturities-matching r.** (laufzeiten)kongruente Refinanzierung

refinancing agency Refinanzierungsstelle *f*; **r. capital/funds** Refinanzierungsmittel, R.gelder; **r. company** Refinanzierungsgesellschaft *f*; **r. facility** Refinanzierungsmöglichkeit(en) *f/pl*; **r. limit** Refinanzierungskredit *m*; **r. line** Refinanzierungsplafond *m*, R.rahmen *m*; **r. loan** Refinanzierungskredit *m*; **r. period** Refinanzierungsperiode *f*; **r. potential** Refinanzierungsbasis *f*; **r. promise** Refinanzierungszusage *f*; **r. quota** Refinanzierungskontingent *nt*; **r. rate** Refinanzierungssatz *m*; **r. ratio** Refinanzierungsrate *f*; **r. requirements** Refinanzierungsbedarf *m*

refine *v/t* 1. verfeinern, veredeln; 2. *(Öl/Zucker)* raffinieren; 3. ⚗ umschmelzen; 4. *(Öl/Metall)* reinigen

refined *adj* 1. *(Metall/Öl/Zucker)* raffiniert; 2. verfeinert, veredelt; 3. fein, kultiviert; 4. *(Stil)* gewählt, geschliffen; **highly r.** hochveredelt

refinement *n* 1. Raffinierung *f*, Reinigung *f*; 2. Kultiviertheit *f*, Verfeinerung *f*, Raffinement *nt (frz.)*, Finesse *f (frz.)*

refiner *n* Raffinerie(firma) *f*, R.betrieb *m*, Verarbeiter *m*

refinery *n* 1. Raffinerie *f*; 2. ⚗ Scheideanstalt *f*

refining *n* 1. Raffinade *f*; 2. Verfeinerung *f*, Vered(e)lung *f*; **r. capacity** Raffineriekapazität *f*; **r. margin** Handelsspanne bei Raffinerieprodukten; **r. technology** Vered(e)lungstechnologie *f*

refit *v/t* umrüsten, wieder in Stand setzen, neu ausstatten, modernisieren; *n* Umrüstung *f*, Wiederinstandsetzung *f*, Neuausstattung *f*

re|flate *v/t* Konjunktur beleben/ankurbeln; **r.flation** *n* Konjunkturbelebung *f*, K.ankurbelung *f*, Reflation *f*, Ankurbelung der Konjunktur; **r.flationary** *adj* konjunkturbelebend, k.fördernd, reflationär, Reflations-

reflect *v/t* 1. (wider)spiegeln, reflektieren, zeigen; 2. nachdenken, überlegen, nachsinnen; **r. on** ein bezeichnendes Licht werfen auf

to be reflected *adj* seinen Niederschlag finden; **~ in** sich widerspiegeln in, sich zeigen, seinen Niederschlag finden in

reflection *n* 1. (Wider)Spiegelung *f*, Abglanz *m*, Niederschlag *m*; 2. Spiegelbild *nt*, Abglanz *m*; 3. Nachdenken *nt*, Überlegung *f*, Betrachtung *f*, Reflexion *f*

reflector *n* 🚗 Katzenauge *nt*, Reflektor *m*, Rückstrahler *m*; **r. stud** Straßenleuchtnagel *m*

reflex camera *n* Spiegelreflexkamera *f*

re|float *v/t* 1. ⚓ (wieder) flottmachen; 2. *(fig)* sanieren

reflux *n* Rückfluss *m*, Rückstrom *m*, Zurückströmen *nt*; **r. of banknotes** Notenrückfluss *m*; **~ capital** Kapitalrückfluss *m*; **~ foreign currency** Devisenrückfluss *m*; **~ funds** Mittelrückfluss *m*

refoot *v/t* π nochmals addieren, nachaddieren, die Richtigkeit einer Addition prüfen; **r.ing** *n* Nachaddition *f*

reforest *v/t* 🌳 (wieder) aufforsten; **r.ation** *n* (Wieder)Aufforstung *f*

reform *n* Reform *f*, Neuordnung *f*, N.regelung *f*, Neuerung *f*, Umgestaltung *f*; **in need of r.** reformbedürftig; **r. of administrative functions** Verwaltungs-, Funktionalreform *f*; **~ accounting principles** Bilanzreform *f*; **~ pay structures** Tarifreform *f*; **~ tenure** Besitzreform *f*; **~ vocational training** Berufsbildungsreform *f*; **administrative reform** Verwaltungsreform *f*; **agrarian/agricultural r.** Agrar-, Bodenreform *f*; **budgetary r.** Haushaltsreform *f*; **constitutional r.** Verfassungsreform *f*; **economic r.** Wirtschaftsreform *f*; **educational r.** Bildungs-, Studienreform *f*; **electoral r.** Wahlreform *f*; **fiscal r.** Finanzreform *f*; **legal r.** Justiz-, Rechtsreform *f*; **legislative r.s** Reformen des Gesetzgebers, Gesetzesreformen; **monetary r.** Geld-, Währungsreform *f*, Neuordnung des Geldwesens; **penal r.** Reform des Strafvollzugs; Strafrechtsreform *f*; **root-and-branch r.** Reform an Haupt und Gliedern; **social r.** Gesellschafts-, Sozialreform *f*; **structural r.** Strukturreform *f*; **sweeping r.** gründliche/durchgreifende/umfassende/weitgehende Reform; **top-to-bottom r.** Reform an Haupt und Gliedern, umfassende Reform; **trenchant r.** einschneidende Reform

reform *v/t* 1. reformieren, verbessern, umformen; 2. *(Gesellschaft)* umgründen

reform act Reformgesetz *nt*

reformat *v/t* 💻 neu formatieren/anordnen, umformatieren

reformation *n* 1. Reformation *f*, Reformierung *f*, Umgestaltung *f*; 2. Nach-, Umgründung *f*; **r. report** Nachgründungsbericht *m*

reformatory *n* Erziehungsheim *nt*, E.anstalt *f*

reform bill Reformgesetz(entwurf) *nt/m*; **r. blueprint** Reformplan *m*

social reformer *n* Gesellschaftsreformer *m*

reform measures Reformmaßnahmen; **r. movement** Reformbewegung *f*; **r. package** Reformpaket *nt*, Bündel von Reformvorschlägen; **r. proposal** Reformvorschlag *m*; **r. school** *[US]* Erziehungsheim *nt*

reforward *v/t* ✉ nachsenden, weiterbefördern; **r.ing** *n* Weiterbeförderung *f*, Reexpedition *f*; **~ charges** Überführungskosten

refound v/t umgründen
re|fractory adj 1. widerstandsfähig, hartnäckig; 2. hitzebeständig; **r.fraction (of light)** n Lichtbrechung f; **r.fractive** adj lichtbrechend
refrain from (doing) v/i unterlassen, absehen von, sich heraushalten
refresh v/t 1. erfrischen, erquicken; 2. aktualisieren; 3. *(Erinnerung)* wieder auffrischen; ~ o.s. sich stärken
refresher n *[GB]* [§] Extrahonorar nt; **r. course** Aufbau-, Ausbildungslehrgang m, Wiederholungs-, Auffrischungskurs m, Kontaktstudium nt; **vocational r. course** Berufsaufbaulehrgang m; **r. training** auffrischende Ausbildung, Auffrischungsausbildung f
refreshing adj erfrischend
refreshment n 1. Imbiss m, Stärkung f; 2. *(Erinnerung)* Auffrischung f; **(light) r.s** Erfrischungen; **r. area** Pausenzone f; **r. bar** Büffett nt; **r. car** *[GB]* 🚃 Speisewagen m; **r. room** Erfrischungsraum m; **r. stall/stand** Getränke-, Erfrischungsstand m
refriger|ant n Kälte-, Kühlmittel nt; **r.ate** v/t (tief) kühlen
refrigerating chamber n Kühlraum m; **r. coil** Kühlschlange f; **r. plant** Kühlwerk nt, Gefrieranlage f; **r. process** Kühlverfahren nt
refrigeration n 1. (Tief)Kühlung f, Kälteerzeugung f; 2. Kältetechnik f; **r. engineer** Kälteingenieur m; **r. engineering** Kältetechnik f; **r. industry** Kälte-, Tiefkühlindustrie f; **r. lorry** Tiefkühllastwagen m; **r. plant** Gefrier-, Kälte-, Kühlanlage f; **r. process** Gefrierverfahren nt; **r. technology** Kühltechnik f; **r. truck** *[US]* 🚛 Tiefkühllastwagen m; **r. unit** Gefrierapparat m
refrigerator n 1. Eis-, Kühlschrank m, K.raum m; 2. Kälte-, Kühlmaschine f; 3. 🚃 Kühlwagen m; **r. car** *[US]* /**wag(g)on** 🚃 (Tief)Kühlwagen m, K.wagon m; **r. freezer** Gefrierkombination f; **r. ship/vessel** ⚓ (Tief)Kühlschiff nt
refuel v/t auf-, be-, nach-, volltanken; **r.ling** n (Auf)Tanken nt, Betankung f
refuge n Zuflucht(sort) f/m, Unterschlupf m, Asyl nt; **to seek r.** Zuflucht suchen
refugee n Flüchtling m, Aussiedler m, (Heimat)Vertriebener m; **economic r.** Wirtschaftsflüchtling m; **political r.** politischer Flüchtling; **r. camp** Flüchtlingslager nt; **r. capital** Fluchtgeld nt; **r. colony/settlement** Flüchtlingssiedlung f; **r. relief** Flüchtlingshilfe f
refund n (Rück)Erstattung f, R.gewähr f, R.vergütung f, R.zahlung f, Ersatz m, Restitution f, Refundierung f, Refaktie f; **r.s** zurückgewährte Entgelte
refund of charges Gebühren(rück)erstattung f, Spesenvergütung f; ~ **costs** Kostenerstattung f; ~ **(customs) duties** ⊖ Zollrückerstattung f, Vergütung von Zöllen; **r. for empties** Vergütung für Leergut; **r. to exporters** Ausfuhrhändlervergütung f; **r. on exportation** Erstattung bei der Ausfuhr; **r. of fees** Gebührenerstattung f; ~ **freight charges** Fracht(kosten)erstattung f; ~ **premium** Prämienrückgewähr f, P.erstattung f; ~ **the purchase price** Kaufpreisrückerstattung f, K.vergütung f; ~ **tax** Steuer(rück)erstattung f; ~ **travel/travelling expenses** Reisekostenerstattung f

eligible for refund erstattungsberechtigt; **liable to r.** rückerstattungspflichtig
partial refund Teilrückerstattung f
refund v/t 1. (zurück)erstatten, (rück)vergüten, zurückzahlen, z.gewähren, wiedererstatten, restituieren, Rückzahlung leisten, Auslagen ersetzen; 2. neu fundieren/konsolidieren
refundable adj (rück)erstattungsfähig, rückzahlbar
modified refund annuity Restbetragsrente f; **r. application/claim** (Rück)Erstattungsantrag m; **to file a r. claim** (Steuer)Rückerstattungsantrag stellen; **r. credit slip** Gutschrift f
refunding n 1. (Rück)Erstattung f, Rückgewährung f, Rückzahlung f; 2. Umschuldung f, Re-, Umfinanzierung f, 3. *(Schuld)* Konsolidierung f; **r. of a debt** Schuldablösung f; ~ **price** Preisrückvergütung f; **advance r.** *(Anleihe)* vorzeitige Ablösung; **r. bond/loan** Ablösungsschuldverschreibung f, Refinanzierungs-, Refundierungsanleihe f; **r. credit** Umschuldungskredit m
refundment n Rückerstattung f, Rückzahlung f
refund offer (Rück)Erstattungsangebot nt; **r. voucher** Rückzahlungsgutschein m, Erstattungsbeleg m, Gutschriftanzeige f
refurbish v/t renovieren, modernisieren
refurbishing; refurbishment n Renovierung f, Modernisierung(smaßnahme) f, Umgestaltung f, Altbausanierung f, Neuausstattung f; **r. of existing homes** Altbausanierung f; **r. investment** Modernisierungsinvestition f; **r. order** Modernisierungsauftrag m
refurnish v/t neu möblieren, umgestalten, renovieren; **r.ing** n Neueinrichtung f
refusal n (Ver)Weigerung f, Ablehnung f, Absage f, abschlägige/ablehnende Antwort, abschlägiger Bescheid; **in case of r.** im Verweigerungsfall
refusal to accept Annahmeverweigerung f, Nichtannahme f; **protested ~ accept** *(Wechsel)* Annahmeprotest m; **r. of acceptance** *(Wechsel)* Verweigerung des Akzepts, Nichtannahme f; **r. to grant an application** Ablehnung eines Antrags; **r. of mutual assistance** Verweigerung der Rechtshilfe; **r. to buy** Bezugssperre f; **r. of credit** Kreditverweigerung f; **r. to deal** *[US]* Liefersperre f; ~ **deliver** Auslieferungsverweigerung f; ~ **take delivery** Annahmeverweigerung f; **r. of entry** Einreiseverbot nt; **r. to give evidence** [§] Aussage-, Zeugnisverweigerung(srecht) f/nt; ~ **face (the) facts** Vogelstraußpolitik f *(coll)*; **r. of justice** Rechtsverweigerung f; **r. to obey instructions/an order** Arbeits-, Befehlsverweigerung f; ~ **take an oath** Verweigerung der Eidesleistung; **r. as a conscientious objector** 🚫 Verweigerung aus Gewissensgründen; **r. to fulfil an obligation** Erfüllungsverweigerung f; **r. of a patent; r. to issue a patent** Patentversagung f, P.verweigerung f; **r. to pay** Zahlungsverweigerung f, Verweigerung der Zahlung; **vexatious ~ pay** schikanöse Zahlungsverweigerung; **r. of performance** Leistungsverweigerung f; ~ **permission to land** ✈ Landeverbot nt; **r. to answer questions** Aussageverweigerung f; ~ **sell** Liefersperre f; ~ **make a statement; ~ testify** Aussageverweigerung f, Verweigerung der (Zeugen)Aussage; ~ **surrender**

Herausgabeverweigerung f; ~ **work** Arbeits-, Dienstverweigerung f
to have (the) first refusal Vorkaufsrecht haben
blunt refusal schroffe Ablehnung; **first r.** Vorkaufsrecht nt; ~ **clause** Options-, Vorkaufsklausel f; **flat/outright/point-blank r.** glatte Ablehnung/Weigerung, offene Absage
refusal rate Ausfallrate f
refuse n Abfall(stoff) m, Müll m; **r. of an affluent society** Wohlstandsmüll m; **to recycle r.** Abfälle verwerten; **to tip r.** Müll abladen
bulky refuse Sperrmüll m; **domestic r.** Haushaltsabfall m, Haus(halts)müll m; **industrial r.** Gewerbe-, Industriemüll m, I.abfälle pl; **organic r.** organischer Abfall; **special r.** Sondermüll m; **urban r.** Stadtmüll m
refuse v/t ablehnen, verweigern, aus-, abschlagen, sich weigern; **r. so. sth.** jdm etwas versagen/verweigern, jdm eine Absage erteilen; **r. to deliver** Lieferung verweigern; **(obstinately)** ~ **do sth.** sich gegen etw. sperren, sich etw. verbitten; ~ **be drawn** sich nicht festlegen wollen, sich zu keiner Äußerung hinreißen lassen; **r. flatly/outright/point-blank** strikt/glatt(weg)/rundweg ablehnen
refuse bag Abfallbeutel m; **r. bin** Mülleimer m, M.tonne f; **r. chute** Müllschlucker m; **r. collection** Müllabfuhr f; **r. collector** Müllarbeiter m
refused adv Annahme verweigert; **finally r.** [§] rechtskräftig zurückgewiesen
refuse destructor Abfallbeseitigungs-, Müllvernichtungsanlage f
refuse disposal Abfall-, Müllbeseitigung f, Entsorgung f; **R. D. (Amenity) Act** [GB] Abfallbeseitigungsgesetz nt; **r. d. plant** Müll-, Abfallbeseitigungsanlage f; ~ **service** Müllabfuhr f; ~ **site** Müllhalde f, Deponie f, Entsorgungspark m; ~ **unit** Abfall-, Müllzerkleinerer m
refuse dump/tip (Müll)Deponie f, (Müll)Kippe f, M.halde f; **clandestine r. dump/tip** wilde (Müll)Kippe; **r. incineration** Müllverbrennung f; ~ **plant** Müllverbrennungsanlage f; **r. lorry/truck** Müllwagen m; **r. pit** Müllgrube f; **r. skip** Müllcontainer m; **r. treatment** Abfallbehandlung f
re|futable adj widerlegbar, anfechtbar; **r.futation** n Widerlegung f; **r.fute** v/t widerlegen
regain wieder-, zurückerlangen, z.gewinnen, wiedererhalten, w.bekommen, w.gewinnen
regale v/t bewirten, verwöhnen
regard (as) v/t 1. betrachten als, ansehen (als); 2. beachten, berücksichtigen; **as r.s** was ... angeht/anbetrifft/anbelangt, in punkto
regard n Beachtung f, Rücksicht f, Berücksichtigung f; **with r. to** bezüglich, hinsichtlich, in Bezug auf, was ... betrifft, unter Berücksichtigung von; **without r. to a person's standing** ohne Ansehen der Person; **having r. to** im Hinblick auf, gestützt auf; **to pay due r. (to)** (angemessen) berücksichtigen; **to fail ~ r. (to)** außer Acht lassen; **to send r.s** Grüße bestellen; **due r.** gehörige Rücksicht, gebührende Berücksichtigung; **with ~ for** unter gebührender Berücksichtigung von; **high r.** Wert-, Hochschätzung f; **kind r.s** herzliche Grüße

regard|ing prep bezüglich, hinsichtlich, betreffend, in Bezug auf, was ... betrifft; **r.less of** prep ohne Rücksicht auf, ~ Berücksichtigung von, ~ Unterschied, ungeachtet, unbeschadet, unabhängig von
regenerate v/ti 1. erneuern, umgestalten; 2. zurückgewinnen, regenerieren; 3. sich neubilden
regeneration n 1. Erneuerung f, Umgestaltung f, Neuschaffung f, Verjüngung f; 2. Regenerierung f, Wiedergewinnung f; **economic r.** wirtschaftliche Erneuerung; **inner-city r.** Stadtkernsanierung f; **urban r.** Stadterneuerung f, S.sanierung f; **r. time** Regenerationszeit f
regenerative adj 1. sich erneuernd, regenerierbar; 2. (Rohstoff) nachwachsend
regime n 1. Ordnung f, System nt, Regelung f, Regime nt, Regierungssystem nt, Herrschaft f; 2. (EU) Marktordnung f; 3. [§] Güterrecht nt; 4. [§] Rechtsordnung f; **statutory r. of matrimonial property** gesetzlicher Güterstand; **contractual r.** vertragliches/vertragsmäßiges Güterrecht; **economic r.** Wirtschaftsordnung f; **fiscal r.** steuerliche Regelung; **marital/matrimonial r.** eheliches Güterrecht, ehelicher Güterstand; **conventional ~ r.** vertragliches Güterrecht
regiment n ⚔ Regiment nt; v/t reglementieren; **r.ation** n Reglementierung f, behördliche Kontrolle, Dirigismus m
region n 1. Gegend f, Gebiet nt, Bezirk m, Region f, Landesteil m, Landstrich m; 2. (fig) Bereich m; **to renovate a r.** Region wieder beleben
arid/dry region Trockengebiet nt; **critical r.** ▦ kritischer Bereich; **depressed r.** Notstandsgebiet nt; **less developed r.** weniger entwickeltes Gebiet; **economic r.** Wirtschaftsregion f; **handicapped r.** benachteiligte Region; **industrial r.** Industriegebiet nt; **lumbar r.** ⚕ Lendengegend f; **maritime r.** Küstenregion f; **overcrowded r.** Ballungsgebiet nt; **outlying/peripheral r.** Randgebiet nt, R.zone f, R.region f; **troubled r.** Krisengebiet nt; **structurally weak r.** strukturschwache Region
regional adj regional, Bezirks-, Provinz-; **r.ism** n Regionalismus m; **r.ization** n Autonomie f, Dezentralisierung f
register n 1. Register nt, Verzeichnis nt, Eintragungs-, Grund-, Konto-, Mitgliederbuch nt, Liste f, (amtliche) Aufstellung; 2. [§] Stammrolle f; 3. (Universität) Matrikel f; 4. (Behörde) Meldekartei f; **on the r.** 1. als arbeitslos gemeldet; 2. im Wählerverzeichnis; **to be ~ r.** als arbeitslos gemeldet sein
register of apprentices Lehrlingsrolle f; ~ **associations** Vereinsregister nt; ~ **bills of sale** Übereignungsregister nt; ~ **births** Geburts-, Geburtenregister nt, G.buch nt; ~ **births, deaths and marriages** Personenstands-, Standesamtsregister nt; ~ **cartels** Kartellregister nt; ~ **(land) charges** Hypothekenregister nt, Grundbuchabteilung für Grunddienstbarkeiten, Register für Grundstücksbelastungen; ~ **charities** Stiftungsregister nt; ~ **companies** Gesellschafts-, Firmen-, Handelsregister nt; ~ **convictions** [§] Strafregister nt; ~ **cooperatives** Genossenschaftsregister nt; ~ **copyrights** Urheberrolle

register of craftsmen

f; **~ craftsmen** Handwerksrolle*f*; **~ deaths** Sterbe-, Totenregister *nt*; **~ debenture holders** Schuldverschreibungsbuch *nt*; **~ deeds** *[US]* Grundbuch *nt*, Urkundenrolle *f*, U.register *nt*; **~ (industrial) designs** (Gebrauchs)Musterrolle *f*; **~ directors** *[GB]* Verzeichnis der Vorstands- und Aufsichtsratsmitglieder; **R. of European Patents** Europäisches Patentregister *nt*; **r. of commercial firms** Firmenregister *nt*; **~ marriages** Familienbuch *nt*, Heiratsregister *nt*; **~ marriage settlements** Güterrechtsregister *nt*; **~ members** Mitgliederverzeichnis *nt*; **~ merchandise received** Eingangsbuch *nt*; **~ mining shareholders** Gewerkenbuch *nt*; **~ mortgages** Hypothekenregister *nt*; **~ names** Namensregister *nt*; **~ offences committed** Strafregister *nt*; **~ offences committed abroad** Auslandsstrafregister *nt*; **~ owners** Eigentümerverzeichnis *nt*; **~ patents** Patentregister *nt*, P.rolle *f*, P.verzeichnis *nt*, Gebrauchsmusterrolle *f*; **~ persons** Personenverzeichnis *nt*; **~ quality labels** Gütezeichenliste *f*; **~ securities** Effekten-, Wertpapierdepot *nt*; **~ security deposits** Sachdepotbuch *nt*; **~ contaminated sites** Altlastenkataster *m*/*nt*; **~ shares/shareholders** *[GB]*; **~ stocks/stockholders** *[US]* Aktienbuch *nt*, Aktionärsverzeichnis *nt*, A.register *nt*; **~ shipping** Schiffs-, Schifffahrtsregister *nt*; **~ societies** Vereinsregister *nt*; **~ cooperative societies** Genossenschaftsregister *nt*; **~ vital statistics** *[US]* Personenstandsbücher, P.register *nt*; **~ taxes** Hebeliste *f*; **~ trademarks** (Waren)Zeichenrolle *f*; **official ~ traffic offenders** Verkehrssünderkartei *f (coll)*; **~ transfers** *[GB]* Register für Aktienverkäufe; **~ utility models** Gebrauchsmusterrolle *f*; **~ voters** Wählerliste *f*, W.verzeichnis *nt*
to cancel in the register; to delete from the r. im Register löschen; **to make an entry in a r.** etw. in ein Register eintragen; **to leave the r.** *(Arbeitsloser)* Anstellung finden, aus der Arbeitslosenstatistik herausfallen; **to place on the public r.** im Grundbuch eintragen; **to rectify a r.** Register berichtigen; **to sign the r.** sich eintragen; **to strike off the r.** im Register löschen; **~ the medical r.** ⚕ (jdm) die ärztliche Approbation entziehen
baptismal register Taufregister *nt*; **base r.** Bezugsregister *nt*; **central r.** Zentralregister *nt*, zentrales Register; **commercial r.** Handelsregister *nt*; **electoral r.** Wählerverzeichnis *nt*, Liste der Wahlberechtigten; **genealogical r.** Familienbuch *nt*; **general r.** 1. allgemeines Register, Mehrzweckregister *nt*; 2. 📧 Arbeitsregister *nt*; **maritime r.** Schiff(fahrt)sregister *nt*; **national r.** zentrales Register; **official r.** 1. amtliche Liste, amtliches Register; 2. Liste der börsengängigen Effekten; 3. *[US]* Amtsblatt *nt*; **principal r.** Hauptregister *nt*; **public r.** öffentliches Register; **unpaid r.** Verzeichnis nicht eingelöster Schecks
register *v/ti* 1. anmelden, eintragen (lassen), erfassen, registrieren, verbuchen, auf-, verzeichnen; 2. protokollieren, beurkunden, in ein Register/die Matrikel eintragen; 3. sich anmelden/einschreiben/immatrikulieren; 4. 🚗 zulassen; 5. *(Gepäck)* aufgeben; 6. ✉ einschreiben; 7. ins Handelsregister/als AG/als GmbH eintragen (lassen); 8. *(Protest)* einlegen; **obliged to r.** meldepflichtig

register certificate Effektenbescheinigung *f*
registered *adj* 1. angemeldet, registriert; 2. *(Universität)* eingeschrieben, immatrikuliert; 3. (handelsgerichtlich) eingetragen; 4. auf den Namen lautend; 5. gesetzlich geschützt (ges. gesch.); 6. ✉ (per) Einschreiben *nt*; 7. (amtlich) zugelassen
register folio Registerbuch *nt*; **r. general** Genossenschafts-, Firmenregister *nt*; **r. office** Handelsregisteramt *nt*, Annahmestelle *f*, Registratur *f*; **r. ton** ⚓ Registertonne *f*; **gross r. ton** Bruttoregistertonne (BRT) *f*; **net r. ton** Nettoregistertonne *f*; **r. tonnage** amtlicher Tonnengehalt
registra|bility *n* Zulässigkeit der Eintragung, Eintrag(ung)sfähigkeit *f*; **r.ble** *adj* eintragbar, erfassbar, eintragungs-, registrier(ungs)-, registerfähig
registrant *n* 1. Anmelder *m*, Meldepflichtiger *m*; 2. Patent-, Warenzeicheninhaber *m*
registrar *n* 1. Registerbeamter *m*, R.führer *m*, Urkundsbeamter *m*, Archivar *m*, Registrator *m*; 2. [§] Protokollführer *m*, Kanzler *m*; 3. *[GB]* Standes-, Personenstandsbeamter *m*; 4. *[US]* Führer des Aktionärsregisters; 5. Registeramt *nt*, R.stelle *f*; 6. ⚕ Krankenhausarzt *m*, K.ärztin *f*
registrar in bankruptcy *[GB]* Konkursrichter *m*, Rechtspfleger *m*; **R. of Births, Marriages and Deaths** *[GB]* Standesbeamter *m*; **~ Companies** *[GB]* Handelsregister *nt*, Überwachungsstelle für Gesellschaften; **r. of deeds/mortgages** Grundbuchbeamter *m*; **~ trademarks** *(Warenzeichen)* Patentamt *nt*; **R. of Trade Unions and Employers' Associations** *[GB]* Meldeamt/M.behörde für Gewerkschaften und Arbeitgeberverbände; **r. of votes** Wahlvorsitzender *m*, W.vorsteher *m*; **~ wills** *[US]* Testamentbeamter *m*; **specialist r.** *[GB]* ⚕ Oberarzt *m*
registrar's office 1. Registratur *f*; 2. Standesamt *nt*
registration *n* 1. amtliche/handelsgerichtliche Eintragung, Erfassung *f*, Registrierung *f*, Protokollierung *f*; 2. (polizeiliche) Anmeldung, 3. *(Universität)* Immatrikulation *f*, Einschreibung *f*; 4. Voranmeldung *f*; **subject to r.** (an)melde-, eintragungs-, registrierungspflichtig
registration of accords internationale Registrierung von Übereinkünften; **~ a birth** Eintragung/Beurkundung einer Geburt; **~ bonds** Eintragung von Obligationen; **~ a business name** Firmeneintragung *f*; **~ a car** 🚗 Kraftfahrzeugzulassung *f*; **~ (land) charges** Eintragung von Belastungen; **~ a company** Handelsregistereintragung einer Gesellschaft; **~ a death** Beurkundung eines Sterbefalles; **~ a deed** Eintragung einer Urkunde; **~ a design** Musteranmeldung *f*, Eintragung eines Musters; **~ a firm** Handelsregistrierung einer Firma; **~ luggage** Gepäckaufgabe *f*; **~ mortgages** Hypothekeneintragung *f*; **r. with the police authorities** polizeiliche Anmeldung; **r. of property** Vermögenserfassung *f*; **~ satisfaction** Tilgungseintragung *f*, Löschung einer Belastung; **~ securities** Anmeldung von Wertpapieren; **~ stock** Eintragung ins Aktionärsregister; **urgent r. by summary procedure** *(Pat.)* beschleunigte Eintragung; **r. of title** Grundbucheintrag(ung) *m*/*f*; **compulsory ~ title** Grundbuchzwang *m*; **~ a title to property**

Eintragung eines Eigentumsrechts ins Grundbuch, ~ in der Auflassungsvormerkung; ~ **a trade** Gewerbeanmeldung *f*; ~ **a trademark** Eintragung/Anmeldung eines Warenzeichens, Markenanmeldung *f*; **to expunge the ~ of a trademark** Eintragung eines Warenzeichens löschen; ~ **vessels** ⚓ Schiffsregistrierung *f*
requiring registration eintragungspflichtig
to apply for registration zum Register anmelden; ~ **of a trademark** Warenzeichen anmelden; **to cancel a r.** 1. Eintragung löschen; 2. Anmeldung zurückziehen; **to file for r.** zum Register anmelden, zur Eintragung einreichen
compulsory/mandatory registration 1. (An)Meldepflicht *f*, Anmelde-, Eintragungs-, Registerzwang *m*; 2. Einwohnermeldepflicht *f*; **concurrent r.** gleiche Markeneintragung mehrerer Anmelder; **first r.** Ersteintragung *f*; **new r.** 1. ⚡ Neuzulassung *f*; 2. *(Firma)* Neueintragung *f*; **prior r.** frühere/ältere Anmeldung; **special r.** Sondereintragung *f*; **supplementary r.** Nachanmeldung *f*
registration certificate 1. Eintragungsbescheinigung *f*, Zulassung(sausweis) *f/m*, Z.surkunde *f*; 2. ⚓ Schiffsbrief *m*, S.zertifikat *nt*; **personal r. certificate** Personenstandsurkunde *f*; **r. cost(s)** Erfassungskosten *pl*; **r. date** Eintragungsdatum *nt*; **r. department** Melde-, Registrieramt *nt*; **r. desk** 1. ✈ Abfertigungsschalter *m*; 2. *(Hotel)* Rezeption *f*; **r. document(s)** ⚡ Kraftfahrzeugbrief *m*, Fahrzeugpapiere *pl*; **r. duty** Meldepflicht *f*; **r. fee** Anmelde-, Anmeldungs-, Einschreibe-, Eintragungs-, Kurs-, Register-, (Aktien)Übertragungs-, Umschreibegebühr *f*; **r. and transfer fee** Eintragungs- und Umschreibegebühr *f*; **r. form** (An)Meldeformular *nt*, (An)Meldeschein *m*, M.zettel *m*, M.bogen *m*, Anmeldevordruck *m*; **r. label** ✉ Aufkleber für Einschreibsendungen; **r. list** (An)Meldeliste *f*; **r. mark** Zulassungszeichen *nt*; **r. number (Reg. No.)** ⚡ amtliches (Auto)Kennzeichen, Zulassungsnummer *f*; **r. office** 1. (An)Melde-, Registrier-, Erfassungsstelle *f*; 2. ⚡ Zulassungsstelle *f*; 3. Einwohnermeldeamt *nt*; **r. papers** ⚡ Fahrzeug-, Zulassungs-, Kfz-papiere; **r. period** Meldefrist *f*; **r. plate** 1. ✪ Zulassungsschild *nt*; 2. ⚡ Kraftfahrzeugkennzeichen *nt*; **r. procedure** Anmelde-, Eintragungs-, Registrierungsverfahren *nt*; **r.-required** *adj [US]* anmeldepflichtig; **r. requirement** Eintragungserfordernis *nt*; **r. requirements/rules** (An)Meldebestimmungen, M.vorschriften; **r. statement** 1. Anmeldeerklärung *f*, Eintragungsbekanntmachung *f*; 2. *(Unternehmen)* Gründungsbilanz *f*; **r. statistics** ⚡ Zulassungsstatistik *f*
registry *n* 1. Eintragungsstelle *f*, Registratur *f*, Gerichtsschreiberei *f*, Standesamt *nt*; 2. Register *nt*, Verzeichnis *nt*, Protokoll *nt*; 3. Registrierung *f*, Eintragung *f*; **r. of deeds** *[US]* Grundbuchamt *nt*; **central r.** Zentralregister *nt*; **official r.** Amtsregister *nt*; **public r.** Grundbuchamt *nt*
registry authority Registerbehörde *f*; **r. books** Matrikel *f*, Register *nt*; **r. court** Registergericht *nt*; **r. fee** Grundbuchgebühr *f*; **r. law** Registerrecht *nt*
registry office Melde-, Standesamt *nt*; **civil r. o.** Standesamt *nt*; **marine r. o.** ⚓ Schiffsregisteramt *nt*; **r. o. marriage** standesamtliche Eheschließung/Trauung
marine registry regulations ⚓ Schiffsregisterordnung *f*
reglet *n* 🗋 Seitensteg *m*
re|grade *v/t* umstufen, neu einstufen, umgruppieren; **r.grading** *n* Umgruppierung *f*, Umstufung *f*
regress *n* Rückschritt *m*; *v/i* sich rückläufig entwickeln
regression *n* 1. rückläufige Entwicklung, Rückwärtsbewegung *f*; 2. ▦ Regression *f*; **conditional r.** bedingte Regression; **curvilinear r.** nichtlineare Regression; **diagonal r.** Diagonalregression *f*; **linear r.** lineare Regression; **multiple r.** Mehrfachregression *f*, multiple Regression; **partial r.** partielle Regression; **rolling r.** fortschreitender Abschwung
regression analysis *n* ▦ Regressionsanalyse *f*, Einflussrechnung *f*; **r. coefficient** Regressionskoeffizient *m*; **r. computing** Regressionsrechnung *f*; **r. curve** Regressionskurve *f*; **r. estimate** Regressionsschätzwert *m*; **r. formula** Regressionsansatz *m*; **straight r. line** Regressionsgerade *f*; **r. parameter** Regressionsparameter *m*; **r. surface** Regressionsfläche *f*
regressive *adj* rückläufig, regressiv; **r.ness** *n* Regressivität *f*
regressor *n* ▦ Regressor *m*, vorgegebene Variable
regret *v/t* bedauern, bereuen, beklagen; **r. deeply** lebhaft bedauern
regret *n* Bedauern *nt*; **much to my r.** zu meinem Leidwesen/großen Kummer; **to express one's r.s** sein Bedauern aussprechen; **to have no r.s** nichts bereuen
regrettable *adj* bedauerlich
regroup *v/ti* 1. umgruppieren, neu gruppieren, umstrukturieren, umschichten, reorganisieren; 2. *(Buchhaltung)* umsortieren, umgliedern
regrouping *n* 1. Um-, Neugruppierung *f*, Umgliederung *f*; 2. Konzernumschichtung *f*; **r. of assets** Vermögensumschichtung *f*; ~ **capital** Kapitalumschichtung *f*; ~ **investments** Anlagenumschichtung *f*, Anlagewechsel *m*
regular *adj* 1. regulär, ordnungs-, satzungsgemäß, vorschrifts-, (fahr)plannmäßig, ständig; 2. *(Personal)* fest (angestellt); 3. *(Beschäftigung)* geregelt; *n* 1. *(coll)* Stammkunde *m*, S.gast *m*; 2. ⛽ Normalbenzin *nt*
regularity *n* 1. Regelmäßigkeit *f*, 2. Richtigkeit *f*; 3. Gesetzmäßigkeit *f*; **for r.'s sake** der Ordnung halber
regularization *n* 1. gesetzliche Regelung; 2. ⊖ Bereinigung *f*
regularize *v/t* 1. normalisieren, gesetzlich festlegen; 2. ⊖ bereinigen, regeln
regulate *v/t* 1. ordnen, regulieren, lenken, reglementieren, zwangsbewirtschaften; 2. *(Verkehr)* regeln
regulation *n* 1. Bestimmung *f*, (Betriebs-/Dienst)Vorschrift *f*, (Rechts)Verordnung *f*, (Aus-/Durchführungs)Bestimmung *f*, Regulierung *f*, Anweisung *f*, Verfügung *f*; 2. Dirigismus *m*; **r.s** Satzung *f*, Statuten, Ordnung *f*, Richtlinien; **in accordance with r.s**; **according to r.s** vorschriftsmäßig, satzungs-, bestimmungsgemäß, den Vorschriften entsprechend, laut Vorschrift/Satzung, statuarisch; **contrary to r.s** dienst-, ordnungs-, vorschriftswidrig

regulation of business wirtschaftlicher Dirigismus; **r.s for the classification, grading or marketing of commodities** Vorschriften über Sortierung, Einteilung nach Güteklassen und Absatz von Waren; **r.s governing construction contracts** 🏛 Verdingungsordnung für Bauleistungen (VBO) *[D]*; **r.s to the contrary** entgegenstehende Bestimmungen; **r.s on ex parte** *(lat.)* **costs** [§] Kostenordnung *f*; **r. of credit** Kreditregulierung *f*, K.lenkung *f*; **r.s governing customs value** ⊖ Zollwertrecht *nt*; **r.s in force** geltende Vorschriften; **r. s for dangerous/hazardous goods** Gefahrgutvorschriften; **r.s for masters and seamen** ⚓ Seemannsordnung *f*; **r. to prevent misuse** Missbrauchsregelung *f*; **r. for patent applications** Anmeldebestimmungen für Patente; **R. for Preventing Collisions at Sea** ⚓ Seestraßenordnung *f*; **r. of prices** Preisregelung *f*, P.lenkung *f*; **effective ~ production** wirksame Produktionslenkung; **r. governing rest periods** Pausenregelung *f*; **legal r.s and administrative rules** Rechts- und Verwaltungsvorschriften
to abide by/comply with/conform to the regulations sich an die Vorschriften halten, die Vorschriften einhalten, den Vorschriften/Bestimmungen entsprechen; **to break/contravene r.s** Bestimmungen übertreten/verletzen, den ~ zuwiderlaufen, den Vorschriften zuwiderhandeln, sich vorschriftswidrig verhalten, Vorschriften nicht beachten; **to impose/make r.s** Vorschriften/Verordnung erlassen; **to suspend a r.** Verordnung zeitweilig aufheben; **to tighten/toughen r.s** Bestimmungen/Vorschriften verschärfen
additional regulation Zusatzbestimmung *f*; **ad-hoc** *(lat.)* **r.** fallweise Regelung; **administrative r.s** Ordnungs-, Verwaltungsvorschriften; **budgetary r.s** haushaltsrechtliche Bestimmungen; **conflicting r.s** gegensätzliche Vorschriften; **consular r.s** Konsulatsvorschriften; **disciplinary r.s** Disziplinarbestimmungen, D.ordnung *f*; **domestic r.s** innerstaatliche Vorschriften; **environmental r.s** Umweltschutzbestimmungen, U.(schutz)auflagen, U.vorschriften; **exceptional r.** Ausnahmeregelung *f*; **financial r.s** Finanz-, Haushaltsordnung *f*; **general r.** Rahmenvorschriften; **according to internal r.s** geschäftsordnungsmäßig; **legal r.** gesetzliche Regelung; **~ r.s to the contrary** entgegenstehende gesetzliche Bestimmungen; **maritime r.s** ⚓ Seemannsordnung *f*; **municipal r.s** Gemeindeordnung *f*; **official r.s** behördliche/amtliche Bestimmungen, Dienstordnung *f*; **contrary to ~ r.s** amtswidrig; **postal r.s** Postvorschriften, P.ordnung *f*, postalische Vorschriften; **protective r.** Schutzvorschrift *f*; **provisional/transitional r.s** Übergangsbestimmungen, Überleitungsregelung *f*; **quantitative r.s** Mengenvorschriften; **restrictive r.s** einschränkende Bestimmungen; **sanitary r.s** Gesundheitsvorschriften, gesundheitliche Bestimmungen; **special r.** Ausnahmebestimmung *f*; **standard r.** Normativbestimmung *f*, Mustervorschrift *f*; **statutory r.** gesetzliche Regelung; **supplementary r.** Ergänzungsanweisung *f*; **temporary/transitional r.s** Übergangsbestimmungen; **vocational r.s** Berufsordnung *f*

regulation size Normalgröße *f*, vorgeschriebene/vorschriftsmäßige Größe
regulative *adj* 1. ordnend, regulierend; 2. ordnungspolitisch
regulator *n* 1. ✪ Regler *m*, Steuerung *f*; 2. Aufsichts-, Regulierungsbehörde *f*; 3. Regulativ *nt*; **economic r.** Konjunkturregulativ *nt*
regulatory *adj* regelnd, ordnend, regulativ, ordnungspolitisch, Aufsichts-
rehabilitate *v/t* 1. rehabilitieren, resozialisieren, wieder (ins Berufsleben) eingliedern; 2. umschulen; 3. sanieren, modernisieren
rehabilitation *n* 1. Rehabilitation *f*; 2. Wiedereinsetzung *f* (in frühere Rechte); 3. Wiedereingliederung *f* (ins Berufsleben), Resozialisierung *f*; 4. *(Betrieb)* Sanierung *f*; 5. Umschulung *f*; 6. 🏛 Altbausanierung *f*, Modernisierung *f*; 7. *(pol.)* Rehabilitierung *f*, **r. of old farms** 🐄 Althofsanierung *f*; **financial r.** finanzielle Sanierung; **industrial/occupational/vocational r.** Wiedereingliederung in den Arbeitsprozess, ~ das Berufs-/Erwerbsleben, berufliche Wiedereingliederung, Rehabilitation *f*, Umschulung *f*; **monetary r.** Währungssanierung *f*; **urban r.** Stadt(kern)erneuerung *f*
rehabilitation center *[US]* **/centre** *[GB]* 1. Umschulungsstätte *f*, U.werkstatt *f*; 2. ⚕ Rehabilitationszentrum *nt*; **r. efforts** Sanierungsanstrengungen; **r. loan** Aufbaudarlehen *nt*; **r. plan** Sanierungsplan *m*; **r. proceedings** Vergleichsverfahren *nt*
rehash *n (coll)* Aufguss *m (fig)*, Wiederholung *f*; *v/t (Argument)* erneut aufwärmen *(fig)*, von neuem vorbringen, wiederkäuen *(fig)*
rel|hearsal *n* 🎭 (Theater)Probe *f*; **r.hearse** *v/t* proben, einstudieren, üben
re|hire *v/t* wieder einstellen/beschäftigen; **r.hiring** *n* Wiedereinstellung *f*
re|house *v/t* neue Wohnung beschaffen, in einer neuen Wohnung unterbringen, umquartieren; **r.housing** *n* Umquartierung *f*
rehypoth|ecate *v/t* wieder verpfänden; **r.ecation** *n* Wiederverpfändung *f*
reign *n* Herrschaft *f*; *v/t* regieren, (vor)herrschen; **r. (supreme)** *v/i* (allein) herrschen
reimbursable *adj* erstattungsfähig, e.pflichtig, rückzahlbar
re-image *v/t* mit einem neuen Image versehen, neues Erscheinungsbild geben
reimburse *v/t* (zu)rückvergüten, (zu)rück(be)zahlen, (rück)erstatten, entschädigen, abgelten, ersetzen; **r. so. for sth.** jdn für etw. entschädigen, ~ schadlos halten
reimbursement *n* (Leistungs-/Rück-/Wieder)Erstattung *f*, (Zu)Rückvergütung *f*, (Zu)Rückzahlung *f*, R.gewährung *f*, Abgeltung *f*, Entschädigung *f*, Rembours *nt* *(frz.)*; **r.s** Rückflüsse
reimbursement of cash outlay Ersatz barer Auslagen, ~ von Barauslagen; **~ charges** Spesenvergütung *f*; **r. for non-court costs** Prozessentschädigung *f*; **r. of costs** Kostenerstattung *f*; **~ expenses** Ausgaben-, Auslagen-, (Un)Kosten-, Spesen(rück)erstattung *f*, Auslagen-, Aufwendungsersatz *m*, Vergütung/Rückerstat-

tung von Spesen, ~ Auslagen; ~ **necessary expenses** Erstattung notwendiger Aufwendungen; ~ **expenses/ outlay incurred** Spesenerstattung *f*, Ersatz von Auslagen; ~ **travelling expenses** Fahrgeld-, Reisekosten-, Fahrtkostenerstattung *f*
reimbursement authorization 1. Remboursermächtigung *f*; 2. Erstattungsanweisung *f*; **r. credit** Rembourskredit *m*, Sichtakkreditiv *nt*; **r. fund** *(Vers.)* Deckungskapital *nt*; **r. procedure** (Rück)Erstattungsverfahren *nt*; **r. recourse** Remboursrückgriff *m*, R.regress *m*
reimport *n*   Wieder-, Rückeinfuhr *f*; *v/t* wieder einführen
reimportation *n*   Wieder-, Rückeinfuhr *f*; **split r.** Teilwiedereinfuhr *f*; **r. counterfoil** ⊖ *(Stammabschnitt)* Wiedereinfuhrblatt *nt*; **r. declaration** Erklärung über die Wiedereinfuhr; **r. sheet/voucher** *(Stamm- und Trennabschnitt)* Wiedereinfuhrblatt *nt*
reimporter *n*   Wiedereinführer *m*
reim|pose *v/t*   1. *(Steuer)* wieder auferlegen; 2. *(Kontrolle)* wieder einführen; **r.position** *n* 1. erneute Besteuerung; 2. Wiedererhebung *f*, W.auferlegung *f*
rein(s) *n*   Zügel *m/pl*; **to ease fiscal r.s** die Steuerbelastung senken; **to give (so./sth.) free/full r.** *(fig)* (jdm/einer Sache) freien Lauf lassen *(fig)*, (jdn/etw.) an der langen Leine laufen lassen *(fig)*; ~ **free r. to one's imagination** seiner Phantasie die Zügel schießen lassen; **to hold the r.s** das Heft in der Hand haben *(fig)*; ~ **of government** Fäden der Regierung in der Hand halten, Staatsgeschäfte führen; **to keep so. on a short/tight r.** jdn an der kurzen Leine halten/führen *(fig)*; ~ **a slack r.** *(fig)* die Zügel locker lassen *(fig)*, ~ schleifen lassen *(fig)*; **to loosen the r.s** die Zügel lockern; **to tighten the r.s** die Zügel anziehen/straffen; **free r.** *(fig)* Handlungs-, Narrenfreiheit *f*, freie Hand *(fig)*
rein back/in *v/t* zügeln, unter Kontrolle bringen; **r. in on sth.** etw. reduzieren/kürzen
reincorpo|rate *v/t*   rückgliedern, wieder eingliedern; **r.ration** *n* Rück-, Wiedereingliederung *f*
reindorse *v/t*   wiederindossieren
reinforce *v/t*   1. verstärken, festigen; 2. bestärken; 3. erhärten; **r.d** *adj* verstärkt; **r.ment** *n* (Ver)stärkung *f*, Verschärfung *f*
reinsert *v/t*   wieder einfügen; **r.ion** *n* Wiedereinfügung *f*
reinstal(l) *v/t*   wieder einsetzen/einbauen; **r.ation** *n* Wiedereinbau *m*; **r.ment value insurance** *n* Neuwertversicherung *f*
reinstate *v/t*   1. wieder einsetzen/anstellen/einstellen/beschäftigen; 2. wieder aufleben lassen; 3. Ersatz leisten
reinstatement *n*   1. Wiedereinsetzung *f*, W.einstellung *f*, W.anstellung *f*, W.beschäftigung *f*; 2. Ersatzleistung *f*; 3. *(Vers.)* (Wieder)Aufleben *nt*; **r. of a policy** Wiederaufleben einer Versicherung, ~ abgelaufenen Police; **r. clause** Wiedereinstellungsklausel *f*; **r. insurance/ policy** *(Feuervers.)* (gleitende) Neuversicherung, Wiederaufleben spolice *f*; **r. value** Neuwert *m*
reinsurance *n*   Rückversicherung *f*, Rück-, Reassekuranz *f*, Zweitrisikoversicherung *f*; **r. of the sum insured** Summenrückversicherung *f*; **to accept/assume r.** Rückversicherung übernehmen; **to buy r.** rückversichern; **to effect/place/take out r.** Rückversicherung abschließen, sich rückversichern
automatic reinsurance   automatische Rückversicherung; **compulsory/mandatory/obligatory r.** Zwangsrückversicherung *f*, obligatorische Rückversicherung; **excess r.** Exzedentenrückversicherung *f*; **remaining ~ r.** Superexzedentenrückversicherung *f*; **facultative r.** Rückversicherungsoption *f*; **fixed-share r.** Quotenrückversicherung *f*; **participating r.** Rückversicherung mit Selbstbehalt des Erstversicherers; **stop-loss r.** Stop-loss-Rückversicherung *f*; **surplus r.** (Summen) Exzedentenrückversicherung *f*
reinsurance broker   Rückversicherungsmakler *m*; **r. business** Rückversicherungsgeschäft *nt*; **r. commission** Rückversicherungsprovision *f*; **r. company** Rückversicherungsanstalt *f*, R.gesellschaft *f*, R.träger *m*
reinsurance contract   Rückversicherungsvertrag *m*; **to enter into a r. c.** (etw.) rückversichern; **automatic r. c.** Generalrückversicherungsvertrag *m*
reinsurance cover(age)   Rückdeckung *f*; **to provide r. cover(age)** in Rückdeckung nehmen; **r. group** Rückversicherungskonzern *m*; **r. industry** Rückversicherungswirtschaft *f*; **r. policy** Rückversicherungspolice *f*; **r. pool/syndicate** Rückversicherungskonsortium *nt*; **r. portfolio** Rückversicherungsbestand *m*; **r. premium** Rückversicherungsprämie *f*; **r. protection** Rückversicherungsschutz *m*; **r. transaction** Rückversicherungsgeschäft *nt*
reinsure *v/t*   nach-, rückversichern, rückdecken, in Rückdeckung/Rückversicherung nehmen, ~ geben
reinsurer *n*   Rückversicherer *m*, Rückversicherung(s)träger *f/m*, Zweitrisikoversicherung *f*
reintegrate *v/t*   wiedereingliedern, reintegrieren, rückgliedern
reintegration *n*   Wiederein-, Rückgliederung *f*, Reintegration *f*; **industrial/professional r.** Wiedereingliederung in das Berufs-/Erwerbsleben, berufliche Wiedereingliederung; **r. fund** Wiedereingliederungsfonds *m*
reinterpret *v/t*   umdeuten; **r.ation** *n* Umdeutung *f*
reintro|duce *v/t*   wieder einführen; **r.duction** *n* Wiedereinführung *f*
reinvest *v/t*   1. wieder anlegen, reinvestieren, erneut investieren; 2. *(Gewinn)* thesaurieren
reinvestment *n*   1. Neuanlage *f*, N.investition *f*, Reinvestition *f*, Wiederanlage *f*, Kapitaldisposition *f*; 2. *(Gewinn)* Thesaurierung *f*; **r. of distributed earnings** Wiederanlage von Ausschüttungen; ~ **proceeds** Wiederanlage der Erlöse; **r. discount** Wiederanlagerabatt *m*; **r. privilege** Wiederanlagerecht *nt*; **r. ratio** Wiederanlagequote *f*; **r. reserve** Reinvestitionsrücklage *f*; **r. time** Ersatzzeitpunkt *m*
reissuable *adj*   wieder begebbar
reissue *n*   Neuauflage *f*, Neu-, Wiederausgabe *f*; **r. of a driver's license** *[US]*; ~ **driving licence** *[GB]* Wiedererteilung der Fahrerlaubnis
reissue *v/t*   neu auflegen/herausgeben, wieder begeben/ausgeben

reiter|ate *v/t (Äußerung)* wiederholen; **r.ation** *n* Wiederholung *f*

reject *v/t* 1. ablehnen, zurückweisen, ausschlagen, abschlägig bescheiden; 2. ausmustern, aussondern, aussortieren, beanstanden, verwerfen; **r. sth. emphatically** etw. weit von sich weisen

reject *n* Ausschuss-, Ramschartikel *m*, Abfallstück *nt*, fehlerhaftes Stück; **r.s** Ausschuss(ware) *m/f*, Abfall *m*, Ramsch(ware) *m/f*, beanstandete/zurückgewiesene Ware, Ausschuss-, Schlechtstücke

reject allowance Zeitzuschlag für Ausschuss; **r. frequency** Ausschussquote *f*; **r. goods** Ausschuss-, Ramschware *f*

rejection *n* 1. Ablehnung *f*, Absage *f*, Zurückweisung *f*, ablehnende Stellungnahme; 2. Annahmeverweigerung *f*; 3. Ausmusterung *f*, Aussortierung *f*; **r.s** Ausschuss(ware) *m/f*, Ramsch(ware) *m/f*, Abfall *m*, beanstandete Ware; **r. of the accounting system** Verwerfung der Buchführung; **~ application** Zurückweisung der Anmeldung; **r. by counter-offer** Ablehnung durch Gegenangebot; **r. of the notice of opposition** Verwerfung des Einspruchs; **~ a petition** Ablehnung eines Gesuchs; **express r.** ausdrückliche Ablehnung; **final r.** ▨ Verwerfung *f*

rejection letter Absagebrief *m*; **r. line** Ablehn(ungs)grenze *f*; **r. note** Ablehnungsmitteilung *f*; **r. number** ▨ Rückweisungszahl *f*; **r. region** ▨ Ablehnungsbereich *m*; **r. slip** Absage *f*

reject pocket Rückweisungs-, Restfach *nt*; **r. rate** 1. Ausschussquote *f*; 2. ▨ Rückweisungsrate *f*; **r. stacker** ▢ Fehlerfach *nt*

rejig *[GB]*; **regigger** *[US] v/t* 1. ⚒ umrüsten, umbauen; 2. neu ordnen/strukturieren

re|joice *v/i* jubeln, frohlocken; **r.joicing** *n* Jubel *m*

rejoin *v/t* 1. (sich) wieder anschließen; 2. ⸸ erwidern, entgegen, duplizieren

rejoinder *n* ⸸ Replik *f*, Duplik *f*, Entgegnung *f*, Gegenrede *f*, Erwiderung *f* (des Beklagten); **~ to an opposition** *(Pat.)* Einspruchserwiderung *f*

rejuve|nate *v/t* verjüngen; **r.nation** *n* Verjüngung *f*

re|kindle *v/t (Konjunktur)* anfachen, beleben; **r.kindling** *n* konjunkturelle Belebung, Nachfragebelebung *f*

rekey *v/t* ▢ löschen

relabel *v/t* neu etikettieren

relapse *n* 1. $/⸸ Rückfall *m*; 2. Rückschlag *m*; *v/i* 1. rückfällig/erneut straffällig werden; 2. einen Rückfall haben

relate *v/t/i* 1. in Beziehung setzen, in Bezug bringen; 2. zusammenhängen; **r. back** zurückbeziehen; **r. to** sich beziehen auf, betreffen, in Zusammenhang stehen mit; **r. sth. to** etw. in Verbindung bringen mit

related *adj* 1. (branchen-/fach)verwandt; 2. zusammengehörig; **r. to** mit Bezug auf, im Verhältnis zu, in Zusammenhang mit; **closely r.** eng/nahe verwandt, verschwistert

relating to *adv* in Bezug auf, bezüglich, betreffend, in Zusammenhang mit

relation *n* 1. Beziehung *f*, Verbindung *f*, Relation *f*; 2. Verwandte(r) *f/m*; **r.s** 1. Beziehungen; 2. Verwandtschaft *f*; **in r. to** in Bezug auf; **r.s between economic goals** ökonomische Zielbeziehungen; **r. inter se** *(lat.)* ⸸ Innenverhältnis *nt*; **r. between litigants** ⸸ Streitverhältnis *nt*; **r.s by marriage** Schwägerschaft *f*; **r. to the outside world** Außenverhältnis *nt*

to bear no relation (to) in keinem Verhältnis stehen; **to break off (all) r.s** (alle) Beziehungen abbrechen; **to enter into/establish/open up r.s (with so.)** (mit jdm) in Beziehung/Verbindung treten, Beziehungen/Verbindung aufnehmen/herstellen/anknüpfen; **to entertain/maintain r.s with so.** zu jdm Beziehungen unterhalten, mit jdm Umgang pflegen; **to maintain good r.s** gute Beziehungen unterhalten; **to nurse r.s** Beziehungen pflegen; **to sever r.s** Beziehungen abbrechen; **to sour r.s** Beziehungen beeinträchtigen

close relation|s enge Beziehungen; **commercial r.s** Geschäftsverbindungen, Geschäfts-, Handelsbeziehungen, geschäftliche Beziehungen; **external ~ r.s** Außenhandelsbeziehungen; **competitive r.** Konkurrenzbeziehung *f*; **confidential r.** Vertrauensverhältnis *nt*; **conjugal r.** eheliches Verhältnis; **contractual r.s** vertragliche/schuldrechtliche Beziehungen, Vertragsverhältnis *nt*; **debtor-creditor r.** Kreditbeziehung *f*; **diplomatic r.s** diplomatische Beziehungen; **distant r.s** entfernte Verwandte; **economic r.s** Wirtschaftsbeziehungen; **external r.s** auswärtige Beziehungen, Außenbeziehungen; **extramarital r.s** außereheliche Beziehungen, ehewidriges Verhältnis; **fiduciary r.** Treuhandverhältnis *nt*, Vertrauensbeziehung *f*; **foreign r.s** auswärtige Beziehungen, Außenbeziehungen; **friendly r.s** freundschaftliche Beziehungen; **human r.s** 1. (zwischen)menschliche Beziehungen, Humanrelationen; 2. Kontaktpflege *f*; 3. *[US]* Menschenführung *f*

industrial relations Arbeitgeber-Arbeitnehmerbeziehungen, Beziehungen/Verhältnis zwischen den Sozialpartnern, ~ zwischen den Tarifparteien, ~ von Arbeitgebern und Arbeitnehmern, Arbeits-, Sozialbeziehungen, soziales Klima; **good i. r.** Frieden am Arbeitsplatz; **i. r. record** Bilanz der Arbeitgeber-Arbeitnehmerbeziehungen; **~ law** Arbeitsrecht *nt*; **~ tribunal** Arbeitsgericht *nt*

interbank relation|s Interbankverflechtung *f*; **intercompany r.s** Konzernbeziehungen; **interindustry r.s** Beziehungen der Wirtschaftszweige; **interpersonal r.s** zwischenmenschliche Beziehungen; **legal r.s** ⸸ juristische/rechtliche Beziehungen, Rechtsbeziehungen, R.verhältnis *nt*; **marital r.s** eheliche Beziehungen; **monetary r.s** Währungsbeziehungen; **international ~ r.s** internationale Währungsbeziehungen; **mutual r.** Wechselbeziehung *f*; **near r.s** nahe Verwandtschaft/Verwandte; **poor r.s** arme Verwandte

public relations (P.R.) Öffentlichkeitsarbeit *f*, öffentliche Meinungspflege, Kontaktpflege *f*, Public Relations, Vertrauenswerbung *f*; **~ adviser/consultant** Berater für Öffentlichkeitsarbeit; **~ exercise** öffentlichkeitswirksame Maßnahme, Stück Öffentlichkeitsarbeit; **~ expert** Werbeexperte *m*, W.fachmann *m*; **~ officer (PRO)** Sachbearbeiter für Öffentlichkeitsfragen, Leiter der (Abteilung) Öffentlichkeitsarbeit; Pressechef *m*, P.sprecher *m*, P.referent *m*, Werbefachmann *m*

strained relation|s gespannte Beziehungen, angespanntes Verhältnis; **substitutional r.** Substitutionsbeziehung *f*
relationship *n* 1. Verhältnis *nt*, Beziehung *f*; 2. Verwandt(lichkeitsbeziehung) *f*, verwandtschaftliche Beziehung; 3. Zusammenhang *m*, Relation *f*
relationship by adoption Adoptivverhältnis *nt*; **r. of cause and effect** Wirkungszusammenhang *m*; **~ personal confidence/trust** Vertrauensverhältnis *nt*; **r. between costs and selling prices** Kosten-Erlös-Relation *f*, ~-Verhältnis *nt*; **r. of dependence** Abhängigkeitsverhältnis *nt*; **contractual r. between employer and employee** Arbeitsverhältnis *nt*; **r. of landlord and tenant** Miet-, Pachtverhältnis *nt*; **r. by marriage** Verschwägerung *f*; **legal r. to/with third parties** Rechtsbeziehungen Dritten gegenüber, Außenverhältnis *nt*
adoptive relationship Adoptionsverhältnis *nt*; **adulterous r.** ehebrecherisches Verhältnis; **adversarial r.** Konfliktbeziehung *f*; **attorney-client r.** Mandat *nt*; **close r.** 1. enge Beziehung; 2. nahe Verwandtschaft; **competitive r.** Wettbewerbsrelation *f*; **confidential/fiduciary r.** Treuhand-, Vertrauens-, Treueverhältnis *nt*; **contractual r.** Schuld-, Vertragsverhältnis *nt*, V.beziehung *f*, vertragliches/obligatorisches Verhältnis; **de facto** *(lat.)* **~ r.** faktisches Vertragsverhältnis; **creditor-debtor r.** Kreditverhältnis *nt*; **curvilinear r.** nichtlineare/exponentielle Beziehung; **custodial r.** Obhutsverhältnis *nt*; **environmental r.s** Umweltbeziehungen; **external r.** Außenverhältnis *nt*; **factual r.** sachlicher Zusammenhang, Sachnähe *f*; **healthy r.** gesundes Verhältnis; **interlocking r.s** Unternehmensverbindungen, Organschaften, Konzern-, Überkreuzverflechtung *f*, Verschachtelung *f*; **internal r.** Innenverhältnis *nt*; **legal r.** Rechtsbeziehung *f*, R.verhältnis *nt*; **monetary r.** Valutaverhältnis *nt*; **obligatory r.** Schuldverhältnis *nt*; **owner-possessor r.** Eigentümer-Besitzer-Verhältnis *nt*; **quasi-contractual r.** vertragsähnliches (Rechts)Verhältnis; **reciprocal r.** Gegenbeziehung *f*; **single-entity r.** Organschaftsverhältnis *nt*; **strained r.** gespanntes Verhältnis, Spannungsverhältnis *nt*; **tenurial r.** Pachtverhältnis *nt*; **three-cornered r.** Dreiecksverhältnis *nt*
relationship banking Hausbankbeziehung *f*, H.system *nt*; **r. management** Kundenbetreuung *f*
relation test Vergleich *m*
relative *adj* relativ, verhältnismäßig, jeweilig, entsprechend, bezüglich; **r. to** im Verhältnis/Vergleich zu, abhängig von, bedingt durch, bezüglich
relative *n* 1. Angehörige(r) *f/m*, Verwandte(r) *f/m*; 2. Messziffer *f*, Verhältniszahl *f*; **to be a distant r.** um die Ecke verwandt sein *(coll)*; **assisting r.s** mithelfende Angehörige; **fixed-base r.** Messzahl mit fester Basis; **collateral r.** Seitenverwandte(r) *f/m*; **dependant** *[US]* / **dependent** *[GB]* **r.** Unterhaltsberechtigte(r) *f/m*, Familienangehörige(r) *f/m*, bedürftige(r) Verwandte(r); **~ relief** *(Steuer)* Freibetrag für die Unterstützung abhängiger Verwandter; **distant r.** weitläufige(r)/entfernte(r) Verwandte(r)
relativity *n* Relativität *f*; **relativities** Lohnunterschiede; **r. theory** Relativitätstheorie *f*

relator *n* *[GB]* [§] Person, auf deren Anzeige die Anklagebehörde Klage erheben lässt; **r. action** Popularklage *f*
re-launch *n* (Produkt)Wiedereinführung *f*; **~ campaign** Wiedereinführungskampagne *f*
relax *v/ti* 1. lockern; 2. sich ausruhen/entspannen/ausspannen/erholen
relaxation *n* 1. Lockerung *f*; 2. Entspannung *f*, Erholung *f*; **r. of currency controls** Lockerung der Devisenbestimmungen; **~ credit restrictions** Lockerung der Kreditbremse/K.restriktionen; **~ money rates** Ermäßigung der Geldmarktsätze; **~ monetary policy** Lockerung der Geldpolitik; **~ price controls** Lockerung von Preiskontrollen; **~ restrictions** Lockerung von Beschränkungen; **monetary r.** Lockerung der Geldpolitik, geldpolitische Lockerung; **r. allowance** Erholungs(zeit)zuschlag *m*
re|laxed *adj* entspannt, gelöst, zwanglos, locker; **r.-laxing** *adj* entspannend, erholsam
relay *n* 1. Ablösung *f*; 2. ⚡ Relais *nt* *(frz.)*; 3. *(Radio/TV)* Übertragung *f*; *v/t* übertragen, weitergeben, übermitteln; **r. operation** Relaisbetrieb *m*; **r. station** Relaisstation *f*; **r. traffic** Stafettenverkehr *m*; **r. transmission** Relaisübertragung *f*
relearn *v/i* umlernen
release *v/t* 1. (zur Veröffentlichung) freigeben, herausgeben, veröffentlichen; 2. entlasten, entbinden, entpflichten, entheben; 3. *(Reserven)* auflösen; 4. [§] befreien, freilassen, auf freien Fuß setzen, entlassen; 5. *(Arbeit)* freistellen; 6. *(Schuld)* erlassen; 7. [§] *(Anspruch)* verzichten, aufgeben; 8. ⚙ loslassen; 9. *(Lehrling)* freisprechen
release *n* 1. Freigabe *f*, Veröffentlichung *f*, (Presse)Verlautbarung *f*; 2. [§] Ent-, Freilassung *f*; 3. Freistellung *f*; 4. [§] Abfindungserklärung *f*, Verzicht(leistung) *m/f*; 5. Entlastung *f*, Entpflichtung *f*; 6. [§] (Eid)Entbindung *f*; 7. *(Lehrling)* Freisprechung *f*; 8. *(Reserven)* Auflösung *f*; 9. *(Hypothek)* Löschungsbestätigung *f*; 10. (Schulden)Erlass *m*; 11. ⚙ Auslösung *f*; 12. (umweltschädliche) Emission
release of a blocked account Kontofreigabe *f*; **~ blocked assets** Vermögensfreigabe *f*; **r. on bail** Freilassung/Haftentlassung gegen Kaution; **r. from bond** ⊖ Zollfreigabe *f*; **r. of capital** Kapitalfreisetzung *f*; **r. for free circulation** ⊖ Abfertigung zum freien Verkehr; **r. of a claim** Erlass einer Forderung/Schuld; **~ credits** Freiwerden von Krediten; **r. from custody** Haftentlassung *f*, H.aufhebung *f*, Entlassung aus der Haft; **~ debt(s)** Schuldenerlass *m*, Erlass einer Schuld; **r. of bad debt provisions** Auflösung von Rückstellungen; **~ special deposits** *(Bank)* Auflösung von Sondereinlagen; **r. from (employment) duties** (Arbeits)Freistellung *f*; **r. of an easement** Löschung einer Dienstbarkeit; **~ expectancy** Verzicht auf eine Anwartschaft; **~ funds** Mittelfreigabe *f*, M.freisetzung *f*; **~ goods for free circulation** ⊖ zollrechtliche Freigabe von Waren; **r. for import** ⊖ Einfuhrfreigabe *f*; **r. of investment funds** Investitionsfreigabe *f*; **r. from liability** Haftungsfreistellung *f*; **~ lien** Pfandfreigabe *f*; **r. of a mort-**

release from an obligation

gage Hypothekenlöschung *f*, Löschungsbewilligung *f*; **r. from an obligation** Befreiung von einer Verbindlichkeit; **r. on parole** Strafentlassung auf Bewährung, bedingte Strafentlassung, Haftaussetzung *f*; **r. from pledge** Pfandfreigabe *f*, Enthaftung *f*; **~ prison** Haftentlassung *f*; **r. for publication** Freigabe zur Veröffentlichung; **r. of minimum reserves** Mindestreservefreigabe *f*; **r. under seal** förmlicher Erlass; **r. from stock** Auslagerung *f*; **~ work** Freistellung *f* (von der Arbeit)
to demand release Entlastung verlangen; **to withhold r.** Entlastung verweigern
automatic release *(Foto)* Selbstauslöser *m*; **conditional r.** 1. bedingte Freilassung/Entlassung; 2. ⊖ bedingte zollamtliche Überlassung; **early r.** Vorruhestand *m*; **~ scheme** Vorruhestandsregelung *f*; **industrial r.** Industrieemission *f*; **remote-control r.** Fernauslöser *m*; **general r.** Verzicht auf alle gegenwärtigen und zukünftigen Ansprüche; **gradual r.** schrittweise Freigabe; **unconditional r.** völlige Freistellung
release agreement Erlassvertrag *m*; **r. bar** Auslösetaste *f*; **r. data** Emissionsdaten
releasee *n* Entlastete(r) *f/m*
release note Freigabebescheinigung *f*; **r. order** [§] Anordnung der Haftentlassung, Entlassungs-, Freistellungsverfügung *f*, Freilassungsbeschluss *m*, Beschluss über die Aussetzung eines Haftbefehls; **r. stamp** *(Scheck)* Freigabestempel *m*; **r. statement** 🖳 Freigabeanweisung *f*; **r. valve** ✪ Entlastungsventil *nt*
releasor *n* Entlaster(in) *m/f*
relegate *v/t* 1. relegieren, zurückstufen; 2. weiterleiten; **to be r.d** *(Sportliga)* absteigen
relegation *n* 1. Tiefer(ein)stufung *f*, (Zu)Rückstufung *f*; 2. *(Sport)* Abstieg *m*, Relegation *f*; 3. Überweisung *f*, Weiterleitung *f*
re-lend *v/t* wieder ausleihen
relent *v/i* 1. nachgeben, sich erweichen lassen; 2. 💲 *(Schmerzen)* nachlassen; 3. ⚕ sich bessern; **not r.** nicht locker lassen; **r.less** *adj* gnadenlos, unerbittlich
relet *v/t* weitervermieten, neu/wieder vermieten, ~ verpachten; *n* Weitervermietung *f*; **r.table** *adj* wiederzuvermieten; **r.ting** *n* Weiter-, Wiedervermietung *f*, W.verpachtung *f*
relevance *n* Relevanz *f*, Belang *m*, Sachdienlichkeit *f*, Erheblichkeit *f*, Bedeutung *f*; **r. of evidence** [§] Beweiserheblichkeit *f*; **r. in law** Rechtserheblichkeit *f*, rechtserhebliche Bedeutung; **commercial r.** wirtschaftliche Bedeutung; **practical r.** Praxisbezug *m*; **r. threshold** Erheblichkeitsschwelle *f*
relevancy *n* Erheblichkeit *f*; **r. to the issues of the case** [§] Entscheidungserheblichkeit *f*
relevant *adj* 1. (rechts)erheblich, relevant, wesentlich, zur Sache gehörig, sachbezogen, s.dienlich; 2. maßgebend, m.geblich; 3. anwendbar, einschlägig; 4. stichhaltig, wichtig; **not r.** nicht zur Sache gehörig; **legally r.** rechtserheblich
reliability *n* 1. Zuverlässigkeit *f*, Verlässlichkeit *f*, Vertrauenswürdigkeit *f*; 2. Kreditwürdigkeit *f*, Bonität *f*; 3. *(OR)* Durchlaufwahrscheinlichkeit *f*; 4. *(Bilanz)* Prinzip der Zuverlässigkeit; **r. of the accounting records** Ordnungsgemäßheit der Buchführung; **~ operation** Betriebssicherheit *f*; **proven r.** erwiesene/nachgewiesene Zuverlässigkeit; **statistical r.** statistische Zuverlässigkeit
reliability analysis Zuverlässigkeitsbewertung *f*; **r. data** Zuverlässigkeitsangaben; **r. theory** Zuverlässigkeitstheorie *f*
reliable *adj* 1. zuverlässig, verlässlich, glaubhaft; 2. seriös, kreditwürdig; 3. ✪ betriebssicher
reliance (on) *n* Vertrauen *nt* (auf), Verlass *m* (auf), Abhängigkeit *f* (von)
reliant on *adj* angewiesen auf, abhängig von; **to be r. on** sich stützen/verlassen auf
relic *n* Relikt *nt*, Überbleibsel *nt*
reli|cense *v/t* ⟲ wieder zulassen; **r.censing** *n* Wieder-, Neuzulassung *f*
relief *n* 1. Erleichterung *f*; 2. Entlastung *f*, Hilfe *f*; 3. (Steuer)Abzug *m*, Ermäßigung *f*, Freibetrag *m*, Nachlass *m*, Vergünstigung *f*; 4. Fürsorge *f*, (Sozial)Hilfe *f*; 5. ⚔ Befreiung *f*, Entsatz *m*, Ablösung *f*; 6. ⊖ (Zoll)Befreiung *f*; 7. [§] Rechtsbehelf *m*, R.hilfe *f*, (Haft)Verschonung *f*; 8. 💲 Linderung *f*
relief in chancery [§] Klage auf Vertragsannullierung; **r. for debts** Steuervergünstigung für Schuldenrückzahlung *f*; **r. from duties** Abgabenbefreiung *f*; **conditional ~ import duties and taxes** Aussetzung der Eingangsabgaben; **r. in respect of interest paid** Steuervergünstigung für Zinsen; **r. from double taxation** Anrechnung ausländischer Steuern; **r. for trading purposes** Steuernachlass für Betriebsverluste
eligible for relief sozialhilfe-, fürsorgeberechtigt; **to be ~ r.** Anspruch auf Sozialhilfe haben
to afford relief 💲 *(Schmerzen)* lindern; **to be on r.** Fürsorge/Sozialhilfe beziehen, von der ~ leben; **to grant r.** 1. Abhilfe/Nachlass gewähren; 2. Entlastung erteilen; **to permit r.** [§] dem Klagebegehren entsprechen; **to produce r.** Abhilfe schaffen; **to throw into r.** (etw.) deutlich herausstellen
administrative relief Abhilfe im Verwaltungswege; **ancillary r.** Nebenantrag *m*; **in bold r.** 🖋 scharf hervortretend; **compensatory r.** Steuerausgleichsbetrag *m*; **complete r.** vollständige Befreiung; **conditional r.** bedingte Befreiung; **environmental r.** Umweltentlastung *f*; **equitable r.** [§] Rechtsschutz nach Billigkeitsrecht; **indirect r.** *(Doppelbesteuerung)* Anrechnungsverfahren *nt*; **general r.** Rechtsschutzbegehren *nt*; **injunctive r.** [§] Gewährung des Antrags auf/durch einstweilige Verfügung; **interlocutory r.** [§] einstweilige Anordnung, vorläufiger Rechtsschutz; **legal r.** Rechtsschutz *m*; **public r.** öffentliche Fürsorge/Unterstützung, Sozialhilfe *f*; **social r.** Armenpflege *f*; **transitional r.** Überbrückungsgeld *nt*
relief account Unterstützungskonto *nt*; **r. action** Hilfsmaßnahmen *pl*; **r.-affording** *adj* entlastend; **r. expenditure(s)** Unterstützungsaufwendungen *pl*; **r. function** Entlastungsfunktion *f*; **r. fund** Unterstützungsfonds *m*, U.kasse *f*, Armen-, Hilfskasse *f*, Härte-, Hilfs-, Entschädigungsfonds *m*; **r. import** Ersatzimport *m*; **r. loan**

Notstandskredit *m*, N.anleihe *f*; **r. map** Höhen-, Reliefkarte *f*; **(public) r. office** Fürsorge-, Wohlfahrts-, Sozialamt *nt*; **r. operation** Hilfsaktion *f*; **r. operations** Hilfsmaßnahmen; **r. order** Entlastungsauftrag *m*; **r. organization** Hilfswerk *nt*, H.organisation *f*, H.-gemeinschaft *f*; **r. plan** Unterstützungsplan *m*; **r. print(ing)** 🖨 Flächendruck *m*, Relief-, Präge-, Hochdruck *m*; **r. program(me)** Hilfs-, Notstandsprogramm *nt*; **r. rates** Unterstützungssätze; **r. road** Entlastungsstraße *f*; **r. secretary** Aushilfssekretärin *f*; **r. supplies** Hilfsgüter; **r. train** 🚂 Entlastungszug *m*; **r. valve** ✿ Ausgleichsventil *nt*; **r. work** Arbeitsbeschaffung *f*, Notstandsarbeit *f*; **r. worker** 1. Armenpfleger *m*; 2. Notstands-, Ersatzarbeiter *m*; 3. ablösender Arbeiter
relieve *v/t* 1. erleichtern; 2. entlasten; 3. abhelfen; 4. entheben; 5. befreien; 6. 💲 *(Schmerz)* lindern; **~ so. of sth.** *(coll)* jdm etw. aus der Tasche ziehen *(coll)*; **r.d** *adj* erleichtert, beruhigt
relieving *n* Entlastung *f*; **r. clause** Entlastungsklausel *f*
relinquish *v/t* auf-, preisgeben, abtreten, verzichten auf, überlassen, sich entäußern; **~ sth. to so.** jdm etw. abtreten/überlassen; **r.er** *n* Abtretende(r) *f/m*
relinquishment *n* Preisgabe *f*, Verzicht(leistung) *m/f*, Entäußerung *f*; **r. of claims** Verzicht auf/Aufgabe von Ansprüchen; **~ an inheritance** Erbausschlagung *f*, E.verzicht *m*; **~ a right** Rechtsverzicht *m*, Verzicht auf ein Recht, Aufgabe eines Rechts, Abandon *f*; **~ a security** Verzicht auf eine Sicherheit; **~ title** Eigentumsverzicht *m*
relique|fication *n* 🜂 Wiederverflüssigung *f*; **r.fy** *v/t* wieder verflüssigen
relish *n* Geschmack *m*, Gefallen *nt*; *v/t* genießen
reload *v/t* umschlagen, neu beladen, um-, nachladen; **r.ing** *n* Umladung *f*; **~ charges** Umladegebühren; **~ station** Umladeplatz *m*
relo|catable *adj* 1. verlegbar; 2. *(Personal)* um-, versetzbar; **r.cate** *v/ti* 1. umsiedeln, neu ansiedeln, verlagern, verlegen; 2. *(Personal)* um-, versetzen; 3. sich (neu) ansiedeln, umziehen
relocation *n* 1. Über-, Umsiedlung *f*, Umzug *m*; 2. *(Personal)* Um-, Versetzung *f*; 3. ⚒ Geschäfts-, Betriebsverlagerung *f*, Verlegung *f*, Standort(ver)änderung *f*, S.wechsel *m*; 4. *[Scot.]* Pacht(vertrags)erneuerung *f*, Wiederverpachtung *f*; 5. 🏢 Relativierung *f*; **r. of a business** Geschäftsverlegung *f*; **~ an enterprise** Betriebsverlagerung *f*; **~ industry** Industrieverlagerung *f*; **r. to another job** Umsetzung *f*; **~ of the registered office** Verlegung des Sitzes; **~ for tax reasons** Verlegung des Steuersitzes; **r. of production** Produktionsverlagerung *f*
forced relocation Zwangsverlagerung *f*; **industrial r.** Industrieverlagerung *f*; **tacit r.** *[Scot.]* stillschweigende Pachtverlängerung, ~ Erneuerung des Pachtvertrages
relocation allowance/assistance/grant 1. Umzugsbeihilfe *f*, U.kostenentschädigung *f*, Umsetzungs-, Verlagerungszuschuss *m*; 2. Repatriierungs-, Übersiedlungsbeihilfe *f*; **r. cost(s)/expense** *f* 1. Verlagerungskosten *pl*; 2. Umzugskosten; 3. Übersiedlungskosten
relogging *n* *[US]* 🪓 Nachhieb *m*

reluctance *n* Widerwille *m*, W.streben *nt*, Abneigung *f*, Unwille *m*, Unlust *f*; **with r.** ungern, widerstrebend; **~ great r.** schweren Herzens; **r. to deliver/supply** Lieferzurückhaltung *f*; **~ export** Ausfuhr-, Exportmüdigkeit *f*; **~ import** Einfuhr-, Importmüdigkeit *f*; **~ invest** Investitionsmüdigkeit *f*, I.zurückhaltung *f*, I.unlust *f*; **~ negotiate** mangelnde Verhandlungsbereitschaft
reluctant *adj* widerstrebend, w.willig, unwillig; **to be r. to do sth.** sich sträuben, etw. zu tun, nur ungern etw. tun; **r. to disclose** publizitätsscheu; **~ invest** anlagescheu
rely (up)on *v/i* 1. sich verlassen auf, rechnen auf/mit, zählen/sich stützen auf; 2. angewiesen sein auf; **~ heavily on** stark angewiesen sein auf
remail *v/t* ✉ erneut aufgeben
remain *v/i* (ver)bleiben, übrig bleiben, noch vorhanden sein; **~ behind** im Rückstand bleiben, zurückbleiben
remainder *n* 1. Rest *m*, R.bestand *m*, R.menge *f*, R.summe *f*, Saldo *m*, Spitze *f*, Überbleibsel *nt*, Ü.rest *m*, restliche Summe; 2. 📖 Restauflage *f*; 3. Partieartikel *m*; 4. [§] (Erb)Anwartschaft *f*, Nacherbenrecht *nt*; **r.s** Restbestände, Remittenden; **r. of a debt** Restschuld *f*; **~ the sentence** [§] Reststrafe *f*; **~ stock** Restbestand *m*
contingent remainder [§] bedingte (Erb)Anwartschaft, bedingter Erbanspruch, bedingtes Anwartschaftsrecht; **scanty r.** spärlicher Rest; **vested r.** unentziehbare Anwartschaft, unentziehbares Anwartschaftsrecht
remainder *v/t* als Partieartikel verkaufen, als Remittenden abgeben
remainder|s book trade Restbuchhandel *m*; **r. estate** Anwartschaftsgut *nt*; **r.man** *n* Anfalls-, Anwartschaftsberechtigte(r) *f/m*, Nacherbe *m*, Nacherbin *f*
remaining *adj* verbleibend, restlich, übrig
remains *pl* (Über)Reste, **mortal r.** leibliche/sterbliche Hülle, sterbliche Überreste
remake *v/t* umarbeiten, erneuern; *n* Neuverfilmung *f*
remand *v/t* [§] 1. vertagen; 2. vorübergehend verhaften, vorübergehende Haft anordnen; 3. überstellen, verweisen
remand *n* [§] 1. Vertagung *f*; 2. Über-, Verweisung *f*; 3. Haftverlängerung *f*, Untersuchungshaft *f*; **r. in custody** Haftfortdauer *f*; **to appear on r.** aus der Untersuchungshaft/im Haftprüfungstermin vorgeführt werden; **to be on r.** in Untersuchungshaft sein
remand centre/home *[GB]* [§] Untersuchungsgefängnis für Jugendliche; **r. court** Haftprüfungskammer *f*, H.gericht *nt*; **r. order** Haftanordnung *f*, Anordnung der Untersuchungshaft; **r. prison** Untersuchungsgefängnis *nt*; **r. prisoner** Untersuchungshäftling *m*, U.gefangene(r) *f/m*; **r. proceedings** Haftprüfungsverfahren *nt*
remanet *n* *(lat.)* [§] noch nicht erledigter Gesetzesentwurf
remargin *v/t* *[US]* nachschießen, nachzahlen; **r.ing** *n* Nachschuss *m*, Nachzahlung *f*
remark *n* Äußerung *f*, Bemerkung *f*, Feststellung *f*; **r.s** 1. Bemerkungen, Ausführungen; 2. *(Kartell)* Kennzeichen; **casual r.** beiläufige Bemerkung; **caustic/cutting r.** scharfe/schneidende Bemerkung; **closing r.** abschließende Feststellung; **concluding r.s** Schlussbe-

merkungen; **deceptive r.**s *(Kartell)* irreführende Kennzeichen; **defamatory r.** üble Nachrede; **derogatory /snide r.** abwertende/abfällige Bemerkung; **explanatory r.** hinweisender Zusatz, erläuternde Bemerkung; **inopportune r.** unpassende Bemerkung; **introductory r.**s einleitende Bemerkungen; **offensive/personal r.** anzügliche Bemerkung; **pointed r.** spitze Bemerkung; **prefatory r.** Vorrede *f*; **preliminary r.**s Vorbemerkungen, einleitende Bemerkungen
remark *v/t* äußern, bemerken; **r.able** *adj* beachtlich, bemerkens-, beachtenswert
remarketing *n* Revitalisierungsmarketing *nt*
remarriage *n* Wiederverheiratung *f*, W.heirat *f*; **r. gratuity** Zuwendung bei Wiederheirat
remarry *v/i* erneut/wieder heiraten, sich wieder verheiraten
remediable *adj* behebbar
remedy *n* 1. Abhilfe *f*, (Hilfs)Mittel *nt*, Ausweg *m*, Gegenmaßnahme *f*, Remedium *nt (lat.)*, Remedur *f*; 2. [§] (Rechts)Behelf *m*, R.mittel *nt*; 3. Nachbesserung *f*; 4. ⚖ Heilmittel *nt*; **beyond/past r.** hoffnungslos verloren, irreparabel; **r. of appeal** [§] Berufungsmöglichkeit *f*; **~ defects** Mängelbeseitigung *f*; **r. in law** Rechtsbehelf *m*; **there is no judicial r. (against)** kann mit Rechtsmitteln nicht angefochten werden; **equitable remedies are discretionary** billigkeitsrechtliche Rechtsbehelfe unterliegen dem eigenen Ermessen
to resort to a remedy Rechtsmittel ergreifen; **to waive a r.** auf einen Rechtsbehelf verzichten
adequate remedy ausreichender Rechtsbehelf; **administrative r.** Rechtsbehelf in Verwaltungsangelegenheiten; **to exhaust administrative remedies** den Verwaltungsrechtsweg ausschöpfen; **alternative r.** wahlweise zulässiger Rechtsbehelf; **civil r.** Rechtsbehelf in bürgerlichen Rechtsstreitigkeiten; **cumulative r.** zusätzlicher Rechtsbehelf; **domestic r.** innerstaatliche Rechtswege; **drastic r.** Rosskur *f (coll)*; **equitable r.** Rechtsmittel nach Billigkeitsrecht, billige Entschädigung; **extrajudicial r.** außergerichtlicher Rechtsbehelf; **general r.** Universalmittel *nt*; **judicial r.** Rechtsbehelf *m*; **to exhaust ~ r.**s den Rechtsweg ausschöpfen; **legal r.** gesetzliche Abhilfe, Rechtsmittel *nt*, R.behelf *m*; **without ~ r.** rechtlos; **permissible r.** wahlweise zulässiger Rechtsbehelf; **proved/proven r.** bewährtes Mittel *nt*; **provisional r.** vorläufiger Rechtsbehelf; **speedy r.** summarischer Rechtsbehelf
remedy *v/t* 1. beheben, Abhilfe schaffen, Missstand abstellen, in Ordnung bringen, korrigieren; 2. ⚖ heilen
remember *v/t* sich erinnern/entsinnen/merken, be-, gedenken, denken an; **r. so. to so.** jdn grüßen lassen; **as long as anyone can r.** seit Menschengedenken; **r. vividly** lebhaft in Erinnerung haben; **to give so. sth. to r.** jdm einen Denkzettel geben *(coll)*
to ask to be remembered to so. jdn grüßen lassen
remembrance *n* Gedenken *nt*, Erinnerung *f*; **R. Day** *[GB]* Volkstrauertag *m [D]*
remi|grant *n* Rückwanderer *m*; **r.gration** *n* Rückwanderung *f*
remind *v/t* 1. erinnern; 2. (an)mahnen; **~ so. of sth.** jdn

an etw. erinnern, jdm etw. in Erinnerung bringen/rufen
reminder *n* Erinnerung(sbrief) *f/m*, E.sschreiben *nt*, Zahlungserinnerung *f*, Mahnbrief *m*, M.bescheid *m*, M.schreiben *nt*, (An)Mahnung *f*, Monitum *nt (lat.)*; **r. of the due date** Fälligkeitsavis *m/nt*; **to send a r.** mahnen; **final(-notice) r.** letzte Mahnung; **first r.** erste Mahnung; **urgent r.** Brandbrief *m*
reminder advertisement Erinnerungsanzeige *f*; **r. advertising** Erinnerungswerbung *f*; **r. fee** Mahngebühr *f*; **r. item** Merkposten *m*; **r. value** Erinnerungsposten *m*, E.wert *m*
remiss *adj* nachlässig, säumig, pflichtvergessen
remission *n* 1. *(Schulden)* Er-, Nachlass *m*, Entlastung *f*, Nichterhebung *f*; 2. Überweisung *f*; 3. Verschiebung *f*, Vertagung *f*; 4. Verweisung *f*; 5. [§] Straferlass *m*, S.ermäßigung *f*, Haftverschonung *f*; 6. ⚖ Besserung *f*
remission of charges/fees Gebührenbefreiung *f*, G.-erlass *m*; **~ a claim** Forderungsverzicht *m*; **~ debt** Schuld(en)erlass *m*, S.nachlass *m*, S.verzicht *m*; **~ duty** ⊖ Zollbefreiung *f*; **~ import duties and taxes** Erlass der Eingangsabgaben; **~ part of a sentence** teilweiser Straferlass; **~ the unserved part of the sentence** Erlass der Reststrafe; **~ penalty** Straferlass *m*; **~ rent** Mietermäßigung *f*, M.nachlass *m*, Pachterlass *m*, P.nachlass *m*; **~ sentence** Straferlass *m*, S.ermäßigung *f*, S.umwandlung *f*, S.nachlass *m*; **~ (a) tax** Erlass einer Steuer
to grant a remission Erlass gewähren
remit *n* Aufgabe(nbereich) *f/m*, Verantwortungsbereich *m*, Auftrag *m*; **outside one's r.** außerhalb der Kompetenz, ~ des Aufgabenbereichs, kompetenzüberschreitend
remit *v/t* 1. über-, anweisen, zur Überweisung bringen, durch Anweisung zahlen; 2. vertagen, hinausschieben; 3. [§] verweisen; 4. *(Schuld/Steuer/Strafe)* erlassen
remittal *n* Verweisung *f*
remittance *n* 1. (Geld)Überweisung *f*, (Geld)Anweisung *f*, (Geld)Einsendung *f*, Rimesse *f*, Anweisungs-, Überweisungsbetrag *m*; 2. überwiesene Summe, überwiesener Betrag
remittance per account Saldorimesse *f*; **r. on third account** Kommissionsrimesse *f*; **r. per appoint** Ausgleichswechsel *m*; **r. in cash** Barsendung *f*; **r. to the home country** Heimatüberweisung *f*; **r. of cover funds** Deckungsanschaffung *f*; **r. by post** Postanweisung *f*, postalische Überweisung, Überweisung durch die Post; **r. of proceeds** Überweisung des Erlöses/Gegenwerts; **~ profits** Gewinntransfer *m*; **r.s by foreign workers** Gastarbeiterüberweisungen
to make a remittance Überweisung vornehmen, remittieren, Rimesse machen, in bar übersenden
clean remittance einfache Rimesse; **commercial r.** Handelsrimesse *f*; **documentary r.** dokumentarische Rimesse; **excess r.** Mehrüberweisung *f*; **postal r.** Postüberweisung *f*, P.anweisung *f*; **telegraphic r.** telegrafische Geldanweisung, ~ Überweisung
remittance account Überweisungs-, Rimessen-, Besitzwechselkonto *nt*; **r. advice** Überweisungsanzeige *f*, Zahlungsmitteilung *f*, Z.avis *m/nt*; **r. charge(s)/fee** Überweisungs-, Übermittlungsgebühr *f*; **r. expenses**

Transferspesen *pl*; **r. form** Überweisungsvordruck *m*, Ü.formular *nt*, Ü.träger *m*; **r. order** Überweisungsauftrag *m*; **r. services** Geldüberweisungseinrichtungen; **r. slip** Überweisungsträger *m*, Ü.beleg *m*, Einzahlungsschein *m*; **r. statement** Zahlungsliste *f*
remittee *n* (Zahlungs)Empfänger(in) *m/f*, Wechsel-, Überweisungsempfänger(in) *m/f*, Transferbegünstigte(r) *f/m*
remitter; remittor *n* Geldsender(in) *m/f*, Ein-, Übersender(in) *m/f*, Überweisende(r) *f/m*, Remittent(in) *m/f*
remnant *n* Rest *m*, Überbleibsel *nt*; **r.s** (Waren)Reste, Restposten *m/pl*, R.waren; **r.s and oddments** Reste und Gelegenheitskäufe; **r. day** Resteverkaufstag *m*; **r. sale** Resteverkauf *m*; **r.s store** Resteladen *m*
remobilize *v/t* erneut mobilisieren
remodel *v/t* umgestalten, umbauen, reorganisieren; **r.ling** *n* Umgestaltung *f*
remon|etizable *adj* remonetisierbar; **r.etization** *n* Remonetisierung *f*, Wiederinkurssetzung *f*; **r.etize** *v/t* wieder in Kurs setzen
remon|strance *n* Protest *m*, Einspruch *m*, Einwendung *f*, Beschwerde *f*; **r.strate (against)** *v/i* Einwände erheben, protestieren (gegen)
remortgage *v/i* Hypothek umschichten/umschulden; *n* Umschichtung/Umschuldung der Hypothek
remote *adj* entfernt, entlegen, abgelegen, fern, abgeschieden; **r.-controlled** *adj* ferngelenkt, f.gesteuert, f.bedient
remoteness *n* Ferne *f*; **r. of damage** [§] Nichtzurechenbarkeit eines Schadens, Grad des Folgeschadens
remould *v/t* [GB] ⊖ *(Reifen)* runderneuern; *n* 1. Runderneuerung *f*; 2. runderneuerter Reifen
removable *adj* auswechselbar, heraus-, abnehmbar
removal *n* 1. Entfernung *f*, Beseitigung *f*, Fortschaffen *nt*, Abtransport *m*, Abbau *m*, Räumung *f*, Auslagerung *f*; 2. Aus-, Umzug *m*, Übersiedlung *f*; 3. (Amts)Enthebung *f*, Entlassung *f*, Ausscheiden *nt*, Abberufung *f*; 4. Aufhebung *f*, Beseitigung *f*; 5. *(Vers.)* Platzveränderung *f*
removal of barriers Abbau von Hindernissen; ~ **barriers to trade** Abbau von Handelsschranken; ~ **constraints** Beseitigung von Beschränkungen; ~ **credit controls** Aufhebung von Kreditkontrollen; ~ **customs barriers** ⊖ Abbau von Zollschranken, Beseitigung von Zollhindernissen; **secret ~ attached goods** Beiseiteschaffen gepfändeter Gegenstände; ~ **dangerous objects** Gefahrenbeseitigung *f*; **r. from office;** ~ **a post** Amtsenthebung *f*, Entlassung *f*, Entfernung aus dem Amt/Dienst; **r. of overburden** ⚒ Abraumbeseitigung *f*; ~ **property** Sachentziehung *f*; ~ **pledged property** Pfandverschleppung *f*; ~ **restrictions** Aufhebung von Beschränkungen; **r. from the stock exchange list** Streichung der amtlichen Notierung; **r. of tariffs** ⊖ Aufhebung/Beseitigung der Zölle; ~ **the time limit** Entfristung *f*
mandatory removal zwangsweise Entfernung/Entlassung
removal allowance/grant Übersiedlungsbeihilfe *f*, Umzugsgeld *nt*; **r. bond** ⊖ Zollbürgschaft *f*, Umlagerungskaution *f*; **r. contractor/firm** Umzugsspedition *f*, U.spediteur *m*, U.unternehmer *m*, U.unternehmen *nt*, Möbelspediteur *m*, M.spedition *f*; **r. cost(s)** Umzugskosten *pl*; ~ **allowance** Umzugs-, Umsiedlungsbeihilfe *f*; **r. expenses** Umzugs-, Übersiedlungskosten; **r. firm** Möbelspedition *f*; **r. man** [GB] (Möbel)Packer *m*; **r. van** Möbelwagen *m*
remove *v/t* 1. entfernen, beiseite-, fort-, wegschaffen, abtransportieren, auslagern; 2. herausnehmen; 3. *(Beschränkung)* aufheben; 4. *(Mangel)* beheben, abstellen; **r. to** umziehen nach; **r. secretly** beiseite schaffen
re|mover *n* 1. Spediteur *m*, (Möbel)Packer *m*; 2. [§] Rechtsstreitverweisung *f*; **r.moving by stealth** *n* (heimliches) Beiseiteschaffen
remunerate (for) *v/t* ent-, belohnen für, entschädigen für, vergüten, bezahlen, dotieren, entgelten, honorieren, besolden; **r.d** *adj* gegen Vergütung, besoldet, bezahlt, vergütet; **highly r.** hochdotiert
remuneration *n* (Arbeits)Vergütung *f*, Bezahlung *f*, Entgelt *nt*, Ent-, Belohnung *f*, Entschädigung *f*, Besoldung *f*, Dotierung *f*, (Dienst)Bezüge *pl*, Honorar *nt*, Lohn *m*, Tantieme *f*; **for r.** gegen Entgelt; **r. for a day's work** Tagewerkhonorar *nt*; **r. of managing directors** Vorstandsbezüge *pl*; **r. in kind** Sachbezüge *pl*; **r. of the management** Entgelt für Unternehmensführung; **r. for work** Arbeitsverdienst *m*
aggregate reumuneration Gesamtlohn- und Gehaltssumme *f*; **entrepreneurial r.** Unternehmerlohn *m*; **fixed r.** feste Vergütung; **lump-sum r.** Pauschalvergütung *f*; **net r.** Nettoverdienst(einkommen) *m/nt*; **r. certificate** [§] Honorarfeststellungsurkunde *f*, gutachterliche Festsetzung der Gebühren durch Rechtsanwaltskammer; **r. package** Gesamtbezüge *pl*, Vergütung(spaket) *f/nt*
remunerative *adj* einträglich, lohnend, lukrativ, ertrag-, gewinnbringend, profitabel, rentabel, rentierlich, wirtschaftlich interessant; **highly r.** hochdotiert; **r.ness** *n* Einträglichkeit *f*, Rentabilität *f*, Wirtschaftlichkeit *f*
rename *v/t* umbenennen, neu benennen, umfirmieren
renational|ization *n* erneute Verstaatlichung; **r.ize** wieder/erneut verstaatlichen
render *v/t* *(Dienst)* leisten, erbringen
renderer of a service *n* (Dienst)Leistungserbringer *m*
rendering *n* Wiedergabe *f*, Darstellung *f*, Vortrag *m*, Übersetzung *f*; **r. an/of account** Rechnungserteilung *f*, R.legung *f*, R.aufstellung *f*; ~ **account during the litigation** Rechnungslegung im Prozess
rendez-vous *(frz.)* **traffic** *n* Begegnungsverkehr *m*
rendition *n* [US] [§] Urteilsfällung *f*, U.verkündigung *f*
renege (on sth.) *v/i* wortbrüchig werden, sein Versprechen nicht halten
renego|tiable *adj* wiederbegebbar, w.verkäuflich, w.verwertbar; **r.tiate** *v/t* 1. erneut/neu verhandeln, aushandeln; 2. zurück-, weiter-, wiederbegeben, w.verkaufen, w.verwerten
renegotiation *n* 1. Weiterbegebung *f*; 2. Neuverhandlung *f*; **r. clause** Renegationsklausel *f*; **r. reserve** Rückstellung für Vertragsveränderungen
renew *v/t* 1. erneuern, verlängern, prolongieren; 2. re-

renewable

novieren, auffrischen; 3. wieder aufnehmen; 4. *(Bestände)* ergänzen, auffüllen; **r.able** *adj* 1. erneuerbar, verlängerbar, prolongierbar, verlängerungs-, prolongations-, erneuerungsfähig; 2. *(Rohstoff)* nachwachsend; *n* erneuerbare Energie
renewal *n* 1. Erneuerung *f*, Verlängerung *f*, Prolongation *f*; 2. Wiederaufnahme *f*, W.inkraftsetzung *f*; **r.s** Neuanschaffungen, N.anschaffungskosten; **at r.** *(Vers.)* bei Erneuerung; **subject to r.** mit der Möglichkeit der Verlängerung
renewal of an agreement Erneuerung eines Abkommens; ~ **a bill (of exchange)** Wechselprolongation *f*, W.verlängerung *f*, W.erneuerung *f*; ~ **a building** Gebäudeerneuerung *f*; ~ **inner cities** Stadtkernsanierung *f*; ~ **contract** Vertragsverlängerung *f*, V.fortsetzung *f*, V.erneuerung *f*; ~ **copyright** Urheberrechtserneuerung *f*, Erneuerung der Verlagsrechte; ~ **coupon sheets** Ertragsschein-, Bogenerneuerung *f*; ~ **credit** Kreditprolongation *f*; ~ **a lease** Pachtverlängerung *f*, Verlängerung eines Pachtvertrages; ~ **a licence** Konzessionserneuerung *f*; ~ **a loan** Kreditprolongation *f*, Verlängerung der Laufzeit eines Darlehens; ~ **an order** Auftragserneuerung *f*; ~ **a passport** Passverlängerung *f*; ~ **a patent** Patenterneuerung *f*; ~ **a policy** Erneuerung einer Police; ~ **subscription** Subskriptionserneuerung *f*, Verlängerung des Abonnements; ~ **tenancy** Miet-, Pachtverlängerung *f*; ~ **title** Erneuerung eines Eigentumsanspruchs; ~ **a visa** Visumsverlängerung *f*
to be/come up for renewal zur Verlängerung anstehen
automatic renewal automatische Verlängerung; **tacit r.** stillschweigende Verlängerung; **urban r.** Stadtsanierung *f*, S.erneuerung *f*
renewal account Erneuerungskonto *nt*; **r. application** *(Pat.)* wieder aufgenommene Anmeldung; **r. bill** Verlängerungs-, Prolongationswechsel *m*, P.akzept *m*, Prolongat *nt*; **r. bond** prolongierte Schuldverschreibung; **r. bonus** *(Vers.)* Erneuerungsprämie *f*; **r. certificate** Erneuerungsschein *m*; **r. charge** Prolongationsgebühr *f*; **r. clause** Prolongations-, Verlängerungsklausel *f*; ~ **by stated terms** automatische Fortsetzungsklausel; **r. commission** Erneuerungs-, Prolongations-, Verlängerungsprovision *f*; **r. contract** Erneuerungsvertrag *m*; **r. cost(s)** Prolongationskosten *pl*; **r. coupon** (Zins)Erneuerungsschein *m*, Stichkupon *m*, (Zins)Leiste *f*, Zinsenstamm *m*, Talon *m (frz.)*, Allonge *f (frz.)*; **r. date** Erneuerungstag *m*
renewal fee Erneuerungs-, (Patent)Jahres-, Verlängerungsgebühr *f*; ~ **for the application** Aufrechterhaltungsgebühr *f*; ~ **for a patent** Gebühr für Aufrechterhaltung eines Patents
renewal fund Preissteigerungs-, Wiederbeschaffungsrücklage *f*, Rücklage für Preissteigerungen; **r. invoice** Rechnung für Erneuerungsauftrag *m*; **r. lease** Anschlusspacht *f*; **r. note** prolongierter Wechsel; **r. notice** Verlängerungsanzeige *f*, V.mitteilung *f*, Prämienrechnung *f*, Mahnung *f* (vor Fälligkeit der neuen Prämie); **r. option** Verlängerungsoption *f*; **r. order** Anschluss-, Erneuerungsauftrag *m*; **r. period** Verlängerungszeitraum *m*; **r. policy** Erneuerungs-, Verlängerungspolice

f; **r. premium** Folge-, Verlängerungsprämie *f*; **r. procedure** Verfahren zur Festsetzung einer Folgeprämie; **r. rate** Prolongationssatz *m*; **r. rent** Anschlussmiete *f*; **r. reserve** Erneuerungsfonds *m*, E.rücklage *f*; **r. theory** Ersatztheorie *f*
renewed *adj* 1. erneuert; 2. nochmalig, erneut, wiederholt
renounce *v/t* 1. verzichten auf, aufgeben, kündigen, Verzicht leisten, zurücktreten von; 2. abschwören, entsagen; **r.able** *adj* verzichtbar; **r.ment** *n* Verzicht(leistung) *m/f*
renovate *v/t* erneuern, renovieren, restaurieren, umbauen
renovation *n* Erneuerung *f*, Renovierung *f*, Restaurierung *f*, Umbau *m*; **r. of buildings** Gebäuderenovierung *f*; **closed for r.** wegen Umbaus geschlossen
renown *n* Renommee *nt (frz.)*, Ruhm *m*, Ansehen *nt*, guter Ruf; **r.ed** *adj* berühmt, bekannt, namhaft, renommiert
rent *n* (Wohnungs)Miete *f*, Pacht *f*, Haus-, Miet-, Pachtzins *m*, P.gebühr *f*, P.geld *nt*, P.preis *m*, P.summe *f*, Mietgebühr *f*, M.preis *m*, M.kostenbelastung *f*; **r.s** 1. Einkünfte aus Miete und Pacht, ~ Vermietung und Verpachtung; 2. Mietkostenbelastung *f*; **for r.** *[US]* zu vermieten; **subject to r.** zins-, miet(zins)pflichtig
annual rent of an annuity Rentenrate pro Jahr; **r. for the building** Gebäudemiete *f*; **r. exclusive of/excluding/without heating** Kaltmiete *f*; **r. inclusive of/including heating** Warmmiete *f*; **r. lying in prender** *[GB]* (Miet)Holschuld *f*; **r.s and land profits**; ~ **profits from (the) land** Miet- und Pachteinkünfte, ~ Pachterträgnisse; **r. lying in render** *[GB]* (Miet)Bringschuld *f*; **r. and rental value insurance** Mietausfallversicherung *f*
rents receivable Haus-, Mietertrag *m*, M.einkünfte *pl*
to abate/lower the rent Miete herabsetzen; **to collect r.** Miete kassieren/einziehen; **to command a high r.** hohe Miete erzielen; **to decontrol r.s** Mieten freigeben; **to fix the r.** Miete festsetzen; **to increase/put up the r.** Miete heraufsetzen/erhöhen; **to let for r.** vermieten, verpachten; **to owe r.** Miete schulden; **to pay r.** Miete zahlen/entrichten; ~ **in advance**; **to prepay r.** Miete vorauszahlen; **to yield r.** Miete erbringen/abwerfen
accrued/back rent aufgelaufene/rückständige Miete, Mietrückstände *pl*; **annual r.** Jahresmiete *f*; **average r.** Durchschnittsmiete *f*; **commercial r.** Kostenmiete *f*, wirtschaftlich berechtigte Miete, ~ berechtigter Mietzins; **comparative r.** Vergleichsmiete *f*; **contractual r.** vertraglich vereinbarte Miete; **controlled r.** bewirtschaftete/gebundene Miete; **cost-covering r.** Kostenmiete *f*; **current r.** ortsübliche Miete, Marktmiete *f*; **dead r.** *[GB]* 1. Minimal-, Mindestpacht *f*, fester Pachtzins; 2. Bergregalabgabe *f*; **delinquent r.** *[US]* Mietrückstand *m*, fällige Miete; **dry r.** Naturalzins *m*; **economic r.** 1. Ertrags-, Kostenmiete *f*; 2. ökonomische/(volks)wirtschaftliche Rente, Differenzial-, Fruchtbarkeitsrente *f*; **adjusted ~ r.** manipulierte Kostenmiete; **extortionate r.** Wuchermiete *f*; **fair r.** angemessene Miete; **fixed r.** Festmiete *f*; **flat(-rate) r.** Pau-

schalmiete *f*, pauschale Miete; **graduated r.** Staffelmiete *f*; **gross r.** Roh-, Bruttomiete *f*; **heavy r.** hohe Miete; **imputed r.** Mietwert *m* (der eigengenutzten Wohnung), rechnerische Miete, Eigennutzungswert *m*; **judicial r.** gerichtlich festgelegte Miete; **legal r.** gesetzliche Miete; **local r.** ortsübliche Miete; **monthly r.** Monatsmiete *f*; **net r.** Miet-, Pachtvertrag *m*; **nominal/peppercorn** *(coll)* **r.** nominelle/sehr geringe Miete; **one-way r.** Einwegrente *f*; **open-market r.** verkehrsübliche Miete; **prepaid r.** vorausbezahlte Miete; **progressive r.** Miete mit Steigerungsklausel *f*; **quarterly r.** Quartalsmiete *f*; **quasi r.** industrielle Produzentenrate; **rack r.** Wuchermiete *f*, wucherische Pacht; **registered r.** kontrollierte Miete; **sales-realted/turn-over-related r.** Umsatzmiete *f*; **staggered r.** Staffelmiete *f*; **standard r.** Einheits-, Richtsatzmiete *f*; **subsidized r.** Sozialmiete *f*, Mietsubvention *f*; **uncontrolled r.** freie Miete

rent *v/t* 1. (an)mieten, pachten; 2. vermieten, verpachten; **r. out** vermieten, verpachten, verleihen

rentlability *n* Vermietbarkeit *f*; **r.able** *adj* (ver)mietbar, (ver)pachtbar, zu mieten/vermieten/verpachten, vermietungsfähig; **r.-a-car** *n* Autovermietung *f*

rent account Mietkonto *nt*, M.rechnung *f*; **R. Act** *[GB]* Mietgesetz *nt*; **r. advance** Mietanzahlung *f*, M.vorauszahlung *f*, M.vorschuss *m*

rental *n* 1. Miete *f*, Pacht *f*, Verleih *m*, Mietbetrag *m*, M.gebühr *f*, M.geld *nt*, M.kosten *pl*, M.preis *m*, M.satz *m*, M.summe *f*, M.zins *m*, Pachtsatz *m*, P.summe *f*; 2. Nutzungsentgelt *nt*, N.entschädigung *f*; **r.s** 1. *(Bilanz)* Vermietungen, Mietgeschäft *nt*; 2. Miet- und Pachteinnahmen, Miet- und Pachtertrag *m*, Einkünfte aus Vermietung und Verpachtung, ~ Miete und Pacht; 3. Mietkosten *pl*, M.belastung *f*; **r. of dwellings** Wohnungsvermietung *f*; **~ real property** Verpachtung/Vermietung von Grundstücken; **r.s and royalties** (Einnahmen aus) Vermietung und Verpachtung

annual rental Mietwert eines Jahres; **gross ~ r.** Bruttomietwert *m*, Jahresrohmiete *f*; **assessed r.** steuerlicher Mietwert; **gross estimated r.** *(Haus)* Bruttoertragswert *m*; **gross r.** 1. Bruttomietertrag *m*, B.pacht *f*; 2. *(Steuer)* Grundbetrag *m*; **net r.** 1. Nettomiete *f*, N.pacht *f*; 2. *(Grundstück)* Nettoertrag *m*; **stated r.** Naturalpacht *f*

rental agreement Mietvertrag *m*; **specimen r. agreement** Mustermietvertrag *m*; **r. apartment** *[US]* Mietwohnung *f*; **r. base** Mietgrundlage *f*; **r. business** Mietanlagengeschäft *nt*; **r. charge** Mietpreis *m*, Miet-, Pachtgebühr *f*; **r. charges/costs** ⇔ Leihgebühr *f*; **r. commission** Vermieterprovision *f*; **r. commitments** Mietverbindlichkeiten; **r. company/firm** Verleih-, Vermietungsgesellschaft *f*, Verleiher *m*; **r. customer** Leihwagenkunde *m*; **r. department** Mietabteilung *f*; **r. earnings** Einkünfte aus Miete und Pacht, ~ Vermietung und Verpachtung; **r. equipment** Mietanlagen *pl*, M.maschinen *pl*; **r. expense(s)** Mietaufwand *m*; **incidental r. expense(s)** Mietnebenkosten *pl*; **r. fee** Mietkosten *pl*; **r. figure** *(Kurzvers.)* Rentabilitätsziffer *f*; **r. form** Mietformular *nt*; **r. growth** Mietanstieg *m*, Wachstum der Mieteinnahmen; **r. income** Mieteinnahmen *pl*, M.einkünfte *pl*, M.aufkommen *nt*; **r. level** Miethöhe *f*, M.niveau *nt*; **r. library** *[US]* Leihbücherei *f*; **r. location** ⇔ Mietort *m*; **r. loss** Mietverlust *m*; **r. market** Mietenmarkt *m*; **gross r. method** Ertragswertverfahren *nt*; **r. office** Verwaltungsbüro eines Mietobjekts; **r. payment** Mietzahlung *f*; **r. period** Mietdauer *f*; **minimum r. period** Mindestmietdauer *f*, M.zeit *f*; **r. price** Miet-, Pachtpreis *m*; **net r. price** Nettomiet-, Nettopachtpreis *m*; **r. table** Mietspiegel *m*; **r. tariff** Miet-, Pachtzins *m*

rental value Miet(ertrags)-, Nutzungs-, Pachtwert *m*; **to ascertain the r. v.** Mietwert feststellen; **assessed r. v.** steuerlicher Mietwert; **gross r. v.** Rohertragswert *m*; **r. v. insurance** Mietverlustversicherung *f*; **~ policy** Mietausfallpolice *f*

rental yield Miet-, Pachtertrag *m*; **net r. y.** *(Miete)* Nettorente *f*

rent allowance Miet(kosten)beihilfe *f*, M.entschädigung *f*, M.zuschuss *m*, Wohngeld *nt*; **excess r. allowance** Wohngeld *nt*; **r. arrears** Miet-, Pachtrückstand *m*, rückständige Miete, Mietschuld(en) *f/pl*; **to distrain for r. arrears** wegen Mietrückstand pfänden; **r. book** Mietbuch *nt*; **r. ceiling** Höchstmiete *f*, H.pacht *f*, M.höchstpreis *m*; **r.(s) charge** Grundrente *f*, G.dienstbarkeit *f*, G.stücksrente *f*, Erbzins *m*, Mietanteil *m*, M.(kosten)belastung *f*; **r. charge bond** Erbzinsobligation *f*; **r. charger** Inhaber einer Grunddienstbarkeit; **r. collection** Mieteinzug *m*, M.inkasso *nt*, Einziehung der Miete; **r. collector** Mieteinnehmer *m*, M.einzieher *m*

rent control Mieterschutz *m*, Mietkontrolle *f*, Mietpreisbindung *f*, M.kontrolle *f*, M.überwachung *f*, Miet-, Pachtüberwachung *f*, (staatliche) Mietfestschreibung, Mietenstopp *m*, Überwachung der Mieten, Wohnungszwangswirtschaft *f*; **to be subject to r. control** dem Mieterschutz unterliegen; **r.-controlled** *adj* (zwangs)bewirtschaftet, mit Mietbindung

rent cut *n* Mieterabsetzung *f*, M.kürzung *f*, M.senkung *f*; **r. day** Pachttermin *m*; **r. deficiency** Mietausfall *m*; **r. demand** Miet(zins)forderung *f*; **r. deposit** Miet(er)kaution *f*; **r. due** Mietschuld *f*, fällige/geschuldete Miete

rented *adj* 1. gepachtet, (an)gemietet; 2. verpachtet, vermietet

renter *n* 1. (Auto)Mieter *m*, Pächter *m*; 2. Vermieter *m*, Verpachter *m*; 3. Filmverleih(er) *m*

rent expenditure Mietaufwand *m*; **r.-free** *adj* miet-, lagergeld-, pacht-, zinsfrei; **r. freeze** Miet(zins)stopp *m*, M.festschreibung *f*; **r. guarantee** Mietgarantie *f*

rentier *n* *(frz.)* Rentenempfänger(in) *m/f*, Rentier *m* *(frz.)*, Rentner(in) *m/f*, Darlehensgeber(in) *m/f*

rent income Pacht-, Mieteinkünfte *pl*, Pacht-, Mieteinkommen *nt*; **r. increase** Mietanhebung *f*, M.erhöhung *f*, Mietpreiserhöhung *f*, M.steigerung *f*; **r.-increasing** *adj* mieterhöhend

renting *n* 1. Anmietung *f*, Anpachtung *f*; 2. Vermietung *f*, Verpachtung *f*, Verleih(ung) *m/f*; 3. *(Film)* Verleihgeschäft *nt*

rent instalment Miet-, Pachtrate *f*; **r. insurance** Miet-, Pachtwertversicherung *f*; **r.less** *adj* zins-, ertraglos; **r.**

level Miet-, Pachthöhe *f*; **r. levels** Mietspiegel *m (fig)*; **r.-man** *n (coll)* Mieteinzieher *m*; **r. money** Miet-, Pachtgeld *nt*; **r. office** Wohnungsamt *nt*, W.behörde *f*; **r. officer** *[GB]* Angestellte(r) einer Mietpreisbehörde; **r. payer** Mieter(in) *m/f*, Pächter(in) *m/f*, Pachtbesitzer(in) *m/f*; **r. price** Miet-, Pachtpreis *m*; **r. rate** Miet-, Pachtsatz *m*; **r. rebate** 1. Mietrückzahlung *f*, M.nachlass *m*, M.erstattung *f*; 2. Wohn(ungs)geld *nt*, Wohngeldzuschuss *m*; **r. receipts** Miet-, Pachteinnahmen; **~ of a lease** Pachteinnahmen; **r.s receivable** Miet-, Pachtforderungen; **r.s received** Miet-, Pachteinnahmen; **r. relief** *[GB]* Mietbeihilfe *f*; **r. restriction** Mietbeschränkung *f*, M.bindung *f*; **R. Restriction Act** *[GB]* Mieterschutzgesetz *nt*; **r. returns** Miet-, Pachtertrag *m*, Einkünfte aus Vermietung und Verpachtung; **r. review** Mietanpassung *f*, M.erhöhung *f*, Neufestsetzung des Mietpreises/M.zinses, ~ der Miete; **r.-roll** *n* 1. Zinsbuch *nt*, Z.register *nt*, Rentenverzeichnis *nt*; 2. Mieteinkünfte *pl*, Einkünfte aus Vermietung und Verpachtung, Pachtertrag *m*; **r. schedule** Mieteinnahmeübersicht *f*, M.ertragstabelle *f*; **r. service** *[GB]* Dienstrente *f*, (persönliche) Grunddienstbarkeit; **r. subsidy/supplement** Mietbeihilfe *f*, M.zuschuss *m*, Wohngeld *nt*; **r. tax** Hauszinssteuer *f*; **r. tribunal** Mieterschiedsgericht *nt*, M.einigungsamt *nt*; **r. yield** Miet-, Pachtaufkommen *nt*, Einkünfte aus Vermietung und Verpachtung
renumber *v/t* umnummerieren
renunciation *n* Verzicht(erklärung) *m/f*; **r. of citizenship/nationality** Staatsangehörigkeitsverzicht *m*, Verzicht auf Staatsangehörigkeit; **~ a claim** Verzicht auf einen Anspruch; **~ an expectancy** Aufgabe der Anwartschaft; **~ force** Gewaltverzicht *m*; **~ a guarantee** Garantieverzicht *m*; **~ an inheritance; ~ a succession** Erbschaftsausschlagung *f*, Ausschlagung einer/Verzicht auf eine Erbschaft; **~ a right** Rechtsverzicht *m*; **~ title** Eigentumsverzicht *m*; **r. date** 1. Verfalldatum *nt*; 2. *(Emission)* letzter Zeichnungstag; **r. form** Verzichtformular *nt*
renvoi *n (frz.)* §Rück-, Weiterverweisung *f*, Renvoi *m*
reo absente *adv (lat.)* §in Abwesenheit des Angeklagten
reoccupy *v/t* 1. *(Posten)* wieder innehaben; 2. *(Zimmer)* neu belegen
reopen *v/t* 1. wieder (er)öffnen; 2. § wieder aufnehmen, ~ aufrollen; **r.er clause** *n* § Revisionsklausel *f*
reopening *n* 1. Wiedereröffnung *f*, W.inbetriebnahme *f*; 2. § Wiederaufnahme *f* (des Verfahrens), W.beginn *m*; **r. of the hearing** Wiederaufnahme der mündlichen Verhandlung; **r. clause** Abänderungsklausel *f*
reorder *v/t* 1. nach-, neu bestellen, Auftrag erneuern; 2. umstellen, umordnen; **r. cycle** Wiederbeschaffungszeit *f*, W.zyklus *m*
reordering *n* Nachbestellung(en) *f/pl*, Wiederbeschaffung *f*; **r. cycle** Wiederbeschaffungszyklus *m*; **r. level** Lagerbestand bei/vor Nachbestellung; **r. quantity** Bestell-, Meldebestand *m*, M.menge *f*, kritischer Lagerbestand; **optimum r. quantity** optimale Beschaffungsmenge
reorder inventory level Eindeckungsmeldebestand *m*; **minimum r. level** Mindestbestand für Nachbestellun-

gen; **r. point** Bestell-, Meldebestand *m*, M.menge *f*; **floating r. point** gleitender Meldebestand; **r. quantity** Beschaffungsmenge *f*; **optimal r. quantity** optimale Beschaffungsmenge; **r. system** Bestellsystem *nt*
reorganization *n* 1. Neu-, Re-, Umorganisation *f*, Neu-, Umgestaltung *f*; 2. *(Finanzen)* Umschichtung *f*; 3. Neuaufbau *m*, N.bildung *f*, N.gliederung *f*, N.regelung *f*; 4. *(Gesellschaft)* Umstrukturierung *f*, Umbildung *f*, Umgründung *f*, Umwandlung *f*, Sanierung *f*; 5. Gläubigervergleich *m*; **r. of a company** Sanierung/Umwandlung einer Gesellschaft; **territorial ~ local government** Gebietsreform *f*; **~ loans** Umschuldung *f*, Umstrukturierung der Kredite; **~ production** Fertigungs-, Produktionsneuordnung *f*; **~ the stock exchange** Börsenreform *f*; **~ working time** Arbeitszeitumgestaltung *f*; **in need of r.** sanierungsbedürftig
alternative reorganization Alternativsanierung *f*; **financial r.** Unternehmens-, Firmen-, Geschäftssanierung *f*; **internal r.** innerbetriebliche Umstellung; **structural r.** strukturelle Reorganisation, Strukturwandel *m*
reorganization account 1. Sanierungskonto *nt*; 2. *[US]* Vergleichskonto *nt*; **r. balance sheet** Umwandlungsbilanz *f*; **r. bond** Sanierungsschuldverschreibung *f*; **r. capacity** Sanierungsfähigkeit *f*; **r. committee** Sanierungsausschuss *m*; **r. credit/loan** Sanierungsdarlehen *nt*, S.kredit *m*; **r. fund** Sanierungsfonds *m*; **r. gain** Umwandlungsgewinn *m*; **r. measures** Sanierungsmaßnahmen; **r. merger** Sanierungsfusion *f*; **r. methods** Sanierungsmethoden; **r. plan/program(me)/scheme** (Wieder)Aufbau-, Sanierungsprogramm *nt*, S.plan *m*; **r. proceedings** *[US]* Vergleichs-, und Sanierungsverfahren *nt*; **r. prospectus** Sanierungsprospekt *m*; **r. report** Sanierungsbericht *m*; **r. statement** Sanierungsbilanz *f*, S.übersicht *f*; **r. surplus** Sanierungsgewinn *m*; **r. trustee** *[US]* Vergleichsverwalter *m*
reorganize *v/t* 1. reorganisieren, umwandeln, umgestalten, umbilden, umgliedern, umorganisieren, umstellen, umstrukturieren; 2. *(Gesellschaft)* umgründen, sanieren
reorien|tate *v/t* re-, umorientieren; **r.tation** *n* Neu-/Umorientierung *f*, Umstellung *f*, Umlernprozess *m*, Neuausrichtung *f*
rep *n (coll)* (Außendienst)Vertreter *m*, Handels-, Handlungsreisender *m*
repack *v/t* um-, wiederverpacken; **r.age** *v/t (Unternehmen)* umstrukturieren; **r.ing** *n* Wieder-, Neuverpackung *f*, Umpacken *nt*
repaid *adj* zurückgezahlt; **to be r.** zur Rückzahlung kommen
repair *v/t* 1. reparieren, in Stand setzen, aus-, nachbessern; 2. *(Schaden)* wieder gutmachen, ~ herrichten, beheben
repair *n* Reparatur *f*, Ausbesserung *f*, (Wieder)Instandsetzung *f*, Renovierung *f*, Behebung *f*, Erneuerungsarbeit *f*; **r.s** 1. Instandsetzungs-, Ausbesserungsarbeiten; 2. *(Bilanz)* Reparaturkosten; **beyond r.** irreparabel, nicht reparierbar, nicht mehr zu reparieren; **r.s to be borne by the owner** zu Lasten des Eigentümers ge-

hende Reparaturen; **r.s done by outside parties** Fremdreparaturen; **r. and servicing** Reparatur und Wartung; **in need of r.** reparatur-, instandsetzungsbedürftig; **closed for r.s** wegen Reparatur(arbeiten) geschlossen; **in constant need of r.** laufender Reparatur bedürftig; **to carry out r.s** Reparaturen durchführen/vornehmen; **to need r.** reparaturbedürftig sein; **to put in for r.s** ⚓ zu Reparaturarbeiten einlaufen

in bad repair 1. in schlechtem Zustand; 2. 🏛 baufällig; **deferred r.s** unterlassene Wartung und Instandhaltung; **extensive r.s** umfangreiche Reparaturen; **extraordinary r.s** außerordentlicher Reparaturaufwand; **in good r.** in gutem Zustand, gut erhalten; **major r.** Großreparatur *f*, größere Reparatur; **minor r.** geringfügige/kleinere Reparatur; **ordinary r.s** üblicherweise anfallende Reparaturen; **running r.s** laufende Reparaturen; **in tenantable r.** 🏛 in wohnlichem Zustand

repairable *adj* reparierbar, reparaturfähig, zu reparieren

repair bill Reparaturrechnung *f*; **r. cost(s)** Reparaturaufwand *m*, Wiederherstellungskosten *pl*; **r. crew** Reparaturmannschaft *f*; **r. department** Reparaturabteilung *f*, Störungsstelle *f*

repaired *adj* repariert; **to have sth. r.** etw. in Reparatur geben

repairer *n* Instandsetzer *m*

repair facilities Reparaturanlagen

repairing lease *n* Pachtvertrag mit Instandhaltungsklausel

repair kit/outfit Werkzeugkasten *m*, Reparaturausrüstung *f*; **r. list** Reparaturliste *f*; **r.man** *n* Handwerker *m*; **r. order** Instandsetzungs-, Instandhaltungs-, Reparaturauftrag *m*; **r. service** Instandsetzungs-, Reparaturdienst *m*; **r. (work)shop** 1. Reparaturwerkstatt *f*; 2. 🚆 Ausbesserungswerk *nt*; **r. tag** Reparaturzettel *m*; **r. vehicle** Reparaturfahrzeug *nt*; **r. work** Instandsetzungs-, Reparaturarbeit(en) *f/pl*, Reparatur *f*; **r. yard** ⚓ Ausbesserungswerft *f*

reparation *n* Wiedergutmachung(sleistung) *f*, Reparation *f*, Entschädigung *f*, Ersatz *m*; **r. of a damage** Schaden(s)ersatz *m*; **incapable of r.** nicht wieder gutzumachen; **to make r.s** Reparationen leisten; **~ r. for sth.** etw. wieder gutmachen; **pecuniary r.** Entschädigung in Geld, finanzielle Entschädigung

reparation(s) agreement Reparations-, Wiedergutmachungsabkommen *nt*; **r. claims** Reparationsforderungen; **r. debts** Reparationsschulden; **r. loan** Reparationsanleihe *f*; **r. order** §︎ *[GB]* Wiedergutmachungsurteil *nt*; **r. payment** Reparationszahlung *f*, R.leistung *f*, Wiedergutmachungsleistung *f*

reparcelling of land *n* 🞥 Flurbereinigung *f*

repartition *n* (Gewinn)Verteilung *f*, Zuteilung *f*; **r. agreement** Schadenteilungsabkommen *nt*

repatriate *n* Rück-, Umsiedler *m*, (Kriegs)Heimkehrer *m*; *v/t* 1. rückholen, zurückführen, z.überweisen, rückverlagern; 2. wieder einbürgern, repatriieren

repatriation *n* 1. Heimschaffen *nt*, Heim-, (Zu)Rückführung *f*, Rückverlagerung *f*, R.überweisung *f*; 2. Rückruf *m*, Rückberufung *f*; 3. Wiedereinbürgerung *f*,

Repatriierung *f*; **r. of capital** Kapitalrückführung *f*, Rückführung von Kapital; **~ foreign exchange** Devisenrücküberweisung *f*; **~ income** *(Auslandstochter)* Gewinnabführung *f*; **~ profits** Gewinntransfer *m*, G.abführung *f*; **r. bonus** Repatriierungsprämie *f*; **r. grant** Repatriierungsbeihilfe *f*

repay *v/t* 1. zurückzahlen, z.erstatten, rückvergüten; 2. *(Schulden)* abdecken, abtragen, ablösen, zurückzahlen, tilgen; 3. *(fig)* heimzahlen, vergelten

repayable *adj* (zu)rückzahlbar, tilgbar, ablösbar, amortisierbar, zurückzuzahlen

repayment *n* 1. (Zu)Rückzahlung *f*, (Rück)Erstattung *f*, Rückvergütung *f*, (Kredit)Rückführung *f*, Amortisation *f*; 2. *(Kredit)* Abdeckung *f*, Ablösung *f*, Tilgung(sleistung) *f*

repayment of amounts overpaid Erstattung zu viel erhobener Beträge; **~ capital** Kapitalrückzahlung *f*, K.abtragung *f*; **r. in cash** Barablösung *f*; **r. of a credit** Tilgung eines Kredits; **r. on the due date** fristgemäße Rückzahlung; **r. of a debt** Forderungstilgung *f*; **~ debts** Schuldentilgung *f*, S.rückzahlung *f*; **periodic ~ debt** periodische Rückzahlung von Schulden; **~ expenses** Aufwendungsersatz *m*; **r. in full** Tilgung in voller Höhe; **r. by/in instalments** Rückzahlung in Raten, gestaffelte Rückzahlung; **r. of a loan** Rückzahlung eines Darlehens/Kredits, Tilgung eines Darlehens; **~ before it is due** vorzeitige Rückzahlung des Darlehens; **r. of a mortgage** Tilgung/Rückzahlung einer Hypothek; **r. with penalty** Strafzins für vorzeitige Rückzahlung; **r. of principal** Kapitalrückzahlung *f*, Rückzahlung des Kapitals; **~ selling commission** Bonifikationsrückvergütung *f*

due for repayment zur Rückzahlung fällig; **to meet r.s** den Rückzahlungs-/Tilgungsverpflichtungen nachkommen

advance/anticipated/prior repayment *n* vorzeitige Rückzahlung/Tilgung, Einlösung vor Fälligkeit; **full r.** Rückzahlung/Tilgung in voller Höhe; **minimum r.** Mindesttilgung *f*; **partial r.** Teilrückzahlung *f*; **scheduled/straight r.** planmäßige Tilgung/Rückzahlung

repayment account Tilgungskonto *nt*; **r. arrears** Tilgungsrückstand *m*; **r. claim** Erstattungs-, Rückzahlungsantrag *m*, R.anspruch *m*; **~ for pensions** Rentenrückforderung *f*; **r. commitment** Tilgungsverpflichtung *f*; **r. date** Rückzahlungstermin *m*; **r. deferral** Tilgungsstreckung *f*; **r. habit** Rückzahlungsgewohnheit *f*; **r. holiday** *(Kredit)* tilgungsfreie Zeit, Freijahre *pl*, F.periode *f*; **r. instalment** Rückzahlungs-, Tilgungsrate *f*, Kapitalabzahlungsbetrag *m*; **r. money** Ultimogeld *nt*; **r. mortgage** Abzahlungs-, Tilgungs-, Ratenhypothek *f*; **r. option** Rückzahlungs-, Tilgungsmöglichkeit *f*; **r. order** Rückzahlungsanweisung *f*, R.verfügung *f*; **r. period** Abzahlungs-, Rückzahlungsfrist *f*, Tilgungszeitraum *m*, T.periode *f*, Laufzeit einer Anleihe/eines Darlehens; **r. plan** Tilgungsplan *m*; **r. proposal** Rückzahlungsvorschlag *m*; **r. rate** Tilgungsrate *f*; **r. schedule/scheme** Rückzahlungs-, Tilgungsplan *m*; **r. table** Tilgungstabelle *f*; **r. terms** Tilgungsmodalitäten

repeal (of an act/a law) n [§] *(Gesetz)* Außerkraftsetzung f, A.tretenlassen nt, (Wieder)Aufhebung f, Gesetzesaufhebung f; v/t *(Gesetz)* (wieder) aufheben, außer Kraft setzen, für ungültig erklären, abschaffen
repeat v/t wiederholen; n 1. Wiederholung f; 2. 🖳 Programmwiederholung f
repeat|ability n Wiederholbarkeit f; **r.able** adj wiederholbar
repeat advertising rebate Wiederholungsrabatt m; **r. buyer** Dauerkunde m; **r. buying** Wiederholungskäufe pl; **r. count** 🖳 Wiederholzahl f; **r. demand** Dauer-, Wiederholungsnachfrage f
repeated adj wiederholt, mehrmalig
repeater n 1. Wiederholer m, Repetent m; 2. ⚡ Verstärkeranlage f
repeat key 🖳 automatische Taste, Wiederholungstaste f; **r. option business** Nochgeschäft nt; **r. order** Nachbestellung f, Anschlussauftrag m, periodischer Auftrag; **to place a ~ order** (etw.) nachbestellen; **r. performance** 1. Wiederholung(ssendung) f; 2. *(coll)* Neu-, Wiederauflage f; **r. purchase** Nachkauf m
repercussion n Aus-, Rückwirkung f, Echo nt, Nachklang m, N.spiel nt, N.wirkung f, Niederschlag m *(fig)*; **to have r.s (on)** Auswirkungen haben (auf), (weite) Kreise ziehen, nachwirken; **adverse/negative r.s** negative Rückwirkung
repertoire; repertory n 1. Repertoire nt; 2. 🎭 Spielplan m
repetition n 1. Wiederholung f; 2. *[Scot.]* [§] (Klage auf) Rückerstattung irrtümlich gezahlter Gelder; **capable of r.** wiederholbar; **in the event of r.** im Wiederholungsfall; **r. character** Wiederholungszeichen nt; **r. part** Wiederholteil m
rephasing n zeitliche Umschichtung
re|phrase v/t neu fassen/formulieren, umformulieren; **r.phrasing** n Umformulierung f
replace v/t auswechseln, erneuern, ersetzen, austauschen, rückerstatten, wieder beschaffen/erstatten, neu liefern; **~ completely** vollständig austauschen
replaceable adj austausch-, auswechsel-, ersetzbar
replacement n 1. Ersatz(beschaffung) m/f, E.investition f; 2. Ersatzstück nt, E.produkt nt, Austauschgerät nt, A.teil nt; 3. Erneuerung f, Auswechslung f; 4. Aus-, Umtausch m, Nach-, Neulieferung f, Wiederbeschaffung f; 5. *(Personal)* Neubesetzung f, Ablösung f; **r.s** Ersatzbeschaffungen, Fluktuationsersatz m; **as a r.** ersatzweise
replacement of assets Ersatz von Anlagegegenständen, ~ Gegenständen des Anlagevermögens; **~ fixed assets** Sachanlagenerneuerung f; **r. free of charge** unentgeltliche Nachlieferung, kostenlose Ersatzlieferung; **r. funded from depreciation allowances** Ersatzbeschaffung aus Abschreibungen; **r. in kind** Naturalersatz m; **r. of plant** Ersetzung von Anlagen; **r. during vacation** Urlaubsvertretung f
duty-free replacement abgabenfreie Wiederbeschaffung; **free-of-charge r.** kostenloser Ersatz; **normal r.** regelmäßige Neubesetzung; **partial r.** Teilersatz m
replacement asset Ersatzwirtschaftsgut nt; **r. (capital) assets** Ersatzinvestitionen pl; **~ expenditure** Erneuerungsinvestitionsausgaben pl; **r. certificate** *(Dokument)* Ersatzstück nt, E.urkunde f, Zweitschrift f; **r. clause** Wiederherstellungsklausel f
replacement cost(s) Wiederbeschaffungs-, Neuanschaffungs-, Gestehungskosten, Kosten der Wiederbeschaffung; **written-down current r. c.** Wiederbeschaffungsrestwert m; **r. c. accounting** Rechnungslegung zu Wiederbeschaffungskosten; **r. c. profit** Gewinn auf der Basis von Wiederbeschaffungskosten
replacement demand Ersatz-, Erneuerungsbedarf m; **r. draft** Ersatzwechsel m; **r. expenditure(s)** Ersatzaufwand m, E.aufwendungen pl; **r. finance** Ersatzfinanzierung f; **r. fund** Erneuerungs-, Wiederbeschaffungsrücklage f; **r. guarantee** Ersatzgarantie f; **r. insurance** Wiederbeschaffungsversicherung f; **r. investment** Erhaltungs-, Ersatzinvestitionen pl; **r. market** Markt für Ersatzbeschaffungen; **r. method** Ersatzbeschaffungsmethode f; **~ of depreciation** Abschreibung auf Grundlage der Wiederbeschaffungskosten; **r. model** Wiederbeschaffungsmodell nt; **r. needs/requirements** Ersatzbedarf m; **r. order** Auftrag zur Bestandsauffüllung; **r. outlay** Ersatzaufwand m; **r. part** Ersatzteil nt; **r. period** 1. Umschlagzeit f; 2. Vertretungszeit f; **r. price** Wiederbeschaffungspreis m, W.kosten pl; **r. product** Ersatzprodukt nt; **r. purchase** Ersatzbeschaffung f; **r. rate** Zugangs- und Abgangsrate f; **r. recruitment** Ersatzeinstellung f; **r. requirement** Neubeschaffungsbedarf m; **r. reserve(s)** Ersatz-, Wiederbeschaffungsrücklage f, Rücklage für Ersatzbeschaffungen, ~ Wiederanschaffungen; **r. sheet** Ersatzblatt nt; **r. supplement** Vertretungszulage f; **r. theory** Ersatztheorie f, Theorie der Bestimmung von Ersatzinvestitionen; **r. time** Ersatz-, Wiederbeschaffungszeit(punkt) f/m; **r. value** Erneuerungs-, Ersatz-, Tages-, Reproduktions-, Wiederbeschaffungswert m; **~ insurance** Neuwertversicherung f; **r. vehicle** Ersatzfahrzeug nt
replead v/ti [§] nochmals vortragen; **r.er** n erneutes Plädoyer
repledge v/t unter-, weiterverpfänden
replenish v/t ergänzen, (wieder) auffüllen, nachfüllen, auffrischen
replenishment n Ergänzung f, Ersatz m, (Wieder)Auffüllung f, Eindeckung f; **r. of inventories** Bestandsaufbau m; **~ a loan** Gestellung zusätzlicher Sicherheiten; **~ stocks** Bestandsauffüllung f, B.ergänzung f, Lageraufstockung f, Lager-, Vorratsauffüllung f, V.aufstockung f; **r. cycle** Bestellintervall nt; **r. order** Nachbestellung f, Nachorder f; **r. stock(s)** Ergänzungslager nt
replete with adj voll von
replevin; replevy n 1. Wiedererlangung des gepfändeten Gegenstandes; 2. (Pfand)Freigabe f, Einlösung gegen Sicherheitsleistung, Pfandauslösung f, Freigabeverfügung f; 3. [§] Herausgabe(klage) f; **to grant a r.** Pfandverstrickung lösen
replevin; replevy v/t (Pfand)Freigabe erlangen, Pfändung aufheben, gepfändeten Gegenstand gegen Sicherheitsleistung zurückerhalten; **r. action** [§] Klage auf Freigabe gegen Sicherheitsleistung; **r. bond** *(Zwangsvollstreckung)* Kaution im Pfändungsverfahren

replevisor *n* [§] Kläger gegen unberechtigte Pfändung
replica *n* Kopie *f*, Nachbildung *f*, Reproduktion *f*, Duplikat *nt*
replication *n* 1. ▦ Wiederholungsstichprobe *f*; 2. [§] Replik *f*, Gegenvorbringen *nt*, Erwiderung des Klägers
reply *n* Antwort *f*, Beantwortung *f*, Erwiderung *f*, Entgegnung *f*, Replik *f*, Gegendarstellung *f*, Rückäußerung *f*, R.schreiben *nt*; **without r.** unbeantwortet; **looking forward to your r.** *(Brief)* in Erwartung Ihrer Antwort; **in r. to your letter** *(Brief)* in Beantwortung/Erwiderung Ihres Schreibens; **r. by return of mail/post** postwendende/umgehende Antwort
affirmative reply bejahende/positive Antwort; **discouraging r.** abratende Antwort; **evasive r.** ausweichende Antwort; **immediate r.** sofortige Antwort; **interim r.** Zwischenbescheid *m*; **negative r.** abschlägiger Bescheid; **official r.** amtlicher Bescheid; **prepaid r.** ✉ Freiantwort *f*; **prompt r.** umgehende Antwort; **satisfactory r.** befriedigende Antwort; **speedy r.** schnelle Antwort
reply *v/t* antworten, entgegnen, entgegenhalten
reply coupon 1. ✉ (Rück)Antwortschein *m*; 2. Bestellkupon *m*; **international r. coupon** internationaler (Post)Antwort-/Rückantwortschein; **r. envelope** Rückumschlag *m*; **r. paid** (Rück)Antwort bezahlt, Antwort zahlt Empfänger; **~ envelope** Freiumschlag *m*; **r. enclosing a photograph** Bildzuschrift *f*; **r. postcard** Postkarte mit Rückantwort
repo rate (securities repurcharse rate) *n* Lombard-, Rückkaufsatz *m*, Repo-Zinssatz *m*; **r. business/transaction** Pensionsgeschäft *nt*
report *n* 1. Bericht *m*, Meldung *f*, Nachricht *f*, Mitteilung *f*; 2. Gutachten *nt*, Gutachter-, Prüf-, Rechenschafts-, Sach-, Untersuchungsbericht *m*; 3. *(Bilanz)* Geschäftsabschluss *m*, (Finanz)Ausweis *m*
report and accounts Geschäfts-, Rechenschaftsbericht *m*; **r. of balances** Saldenliste *f*; **r. to the contrary** gegenteiliger Bericht; **r. on damage(s)** Schadens(an)meldung *f*; **r. for the determination of the assessed value** Erklärung zur Feststellung des Einheitswerts; **r. of the directors** Vorstandsbericht *m*; **~ execution** Vollzugsmeldung *f*; **clean ~ findings** Prüfungsbericht ohne Beanstandungen, Unbedenklichkeitsbescheinigung *f*; **r. on hazardous goods** Gefahrgutbericht *nt*; **special ~ management operations** Sonderbericht über die Führung der Gesellschaft; **~ the general meeting** Rechenschaftsbericht über die Hauptversammlung; **r. of the proceedings** Bericht über die Beratungen; **verbatim ~ proceedings** Wortprotokoll *nt*; **r. on the situation** Lagebericht *m*; **~ staff and welfare** Sozialbericht *m*; **~ subsidies** Subventionsbericht *m*
required to (render) report berichts-, meldepflichtig
to adopt the report and accounts *(HV)* Rechenschaftsbericht und Jahresabschluss annehmen; **to circulate a r.** Nachricht verbreiten; **to compile a r.** Bericht abfassen/anfertigen/zusammenstellen; **to confirm/verify a r.** Bericht bestätigen; **to cook/doctor a r.** *(coll)* Bericht frisieren *(coll)*; **to draw up/prepare a r.** Bericht abfassen/anfertigen/ausarbeiten/erstellen; **to file a r.** Bericht einreichen; **to give/make a r.** Bericht erstatten, berichten; **to present/submit a r.** Bericht vorlegen/einreichen; **to publish a r.** Bericht/Meldung veröffentlichen
abridged/brief report Kurzbericht *m*, kurzer Bericht; **actuarial r.** versicherungsmathematisches Gutachten; **administrative r.** Verwaltungsbericht *m*; **annual r.** Abschluss-, Geschäfts-, Jahres-, Lage-, Rechenschafts-, Unternehmensbericht *m*, Jahresabschluss *m*, jährlicher (Geschäfts)Bericht; **~ and accounts** Geschäftsbericht *m*; **cabled r.** Kabelbericht *m*; **consolidated ~ r.** Konzerngeschäftsbericht *m*, K.lagebericht *m*; **bullish r.** Haussenachricht *f*, optimistischer Bericht; **certified r.** Protokoll *nt*; **classified r.** Geheimbericht *m*; **combined r.** Gesamtbericht *m*; **commercial r.** Wirtschaftsbericht *m*; **concurrent r.** übereinstimmende Meldung; **condensed r.** zusammenfassender Bericht; **confidential r.** vertraulicher Bericht; **consolidated r.** 1. Konzerngeschäftsbericht *m*; 2. zusammengefasster Bericht; **corporate r.** Gesellschafts-, Geschäftsbericht *m*; **cursory r.** Schnellbericht *m*; **daily r.** Tagesmeldung *f*, T.bericht *m*; **damaging r.** negative Beurteilung; **detailed r.** ausführlicher/eingehender Bericht, Einzelbericht; **economic r.** Wirtschaftsbericht *m*; **annual ~ r.** Jahreswirtschaftsbericht *m*; **explanatory r.** Erläuterungsbericht *m*, erläuternde Stellungnahme; **extensive r.** eingehender Bericht; **factual r.** Tatsachen-, Sachbericht *m*, Tatbestandsaufnahme *f*; **false r.** Fehlmeldung *f*; **final r.** (Ab)Schlussbericht *m*; **financial/fiscal r.** Finanz-, Geschäfts-, Kassenbericht *m*, (Jahres)Abschluss *m*; **first-half/half-year r.** Halbjahresabschluss *m*, H.bericht *m*, Zwischenbericht *m*; **general r.** Gesamtbericht *m*; **half-yearly r.** Halbjahresbericht *m*; **highlight r.** Bericht über die wichtigsten Ereignisse; **idle-time r.** Stillstandsbericht *m*; **industrial r.** Industriebericht *m*; **interim r.** Halbjahres-, Zwischenbericht *m*, vorläufiger Bericht; **joint r.** gemeinsam verfasster Bericht; **legal r.** Rechtsgutachten *nt*; **local r.** Platzbericht *m*; **long-form r.** ausführlicher Bericht; **mandatory r.** Berichtspflicht *f*; **medical r.** Krankheitsbericht *m*; **misleading r.** irreführender Bericht; **monthly r.** Monatsbericht *m*, M.ausweis *m*; **official r.** amtliche Meldung, amtlicher Bericht, amtliches Gutachten; **oral r.** mündlicher Bericht; **part r.** Teilmeldung *f*; **photographic r.** Bildbericht *m*; **post-formation r.** Nachgründungsbericht *m*; **preliminary r.** Vorbericht *m*; **qualified r.** *(Bilanz)* eingeschränkter Bestätigungsvermerk, eingeschränktes Testat; **quarterly r.** Vierteljahres-, Quartalsbericht *m*; **semi-annual r.** Halbjahresbericht *m*, H.abschluss *m*; **social r.** 1. Sozialbilanz *f*, S.bericht *m*; 2. *(Bilanz)* Personalbericht *m*; **socio-economic r.** Sozialbericht *m*; **special r.** Sondergutachten *nt*; **special-purpose r.** Sonderbericht *m*; **statutory r.** 1. Hauptversammlungsbericht *m*; 2. Gründer-, Gründungsbericht *m*; **stock-status r.** Lagerbestandsaufstellung *f*; **summary r.** zusammenfassender Bericht; **supplementary r.** Ergänzungs-, Nachtragsbericht *m*; **technical r.** Fachbericht *m*; **telegraphic r.** Drahtbericht *m*; **unbiased r.** objektiver Bericht; **un-

confirmed r. unbestätigte Meldung; **verbatim r.** wörtliche Wiedergabe, wörtlicher Bericht, wortgetreue Niederschrift; **weekly r.** Wochenbericht *m*, W.ausweis *m*; **yearly r.** Jahresbericht *m*
report *v/t* 1. berichten, Bericht erstatten, vermelden, referieren; 2. bilanzieren, ausweisen; 3. [§] anzeigen, Anzeige/Meldung erstatten, zur Anzeige bringen; **r. back** sich zurückmelden; Bericht erstatten; **~ to s.o.** 1. jdm unterstellt/verantwortlich sein, jdm berichten/unterstehen; 2. sich bei jdm melden; **r. present** sich zur Stelle melden
reportable *adj* anzeige-, meldepflichtig
report book Berichtsheft *nt*; **r. card** *[US]* (Schul)Zeugnis *nt*
reporter *n* 1. Berichterstatter(in) *m/f*, Reporter(in) *m/f*; 2. Schrift-, Protokollführer(in) *m/f*; **local r.** Lokalredakteur *m*, L.reporter *m*
report file Listendatei *f*; **r. form** 1. Anmeldeschein *m*; 2. Berichtsformular *nt*; 3. *(Bilanz)* Staffelform der Gewinn- und Verlustrechnung; **r. group** 🖳 Leiste *f*
reporting *n* 1. Rechnungslegung *f*; 2. Berichts-, Meldewesen *nt*; 3. Reportage *f*, Berichterstattung *f*; **r. on structural change** Strukturberichterstattung *f*; **r. to s.o.** jdm unterstellt, organisatorisch zugeordnet, weisungsgebunden
financial reporting Rechnungslegung *f*; **~ standard** Bilanzierungsnorm *f*, B.regel *f*; **green r.** Umweltberichterstattung *f*; **in-depth r.** detaillierte Berichterstattung; **interim r.** Zwischenberichterstattung *f*; **internal r.** unternehmensinterne Berichterstattung, internes Berichtswesen; **segmental r.** detaillierte Berichterstattung; **social r.** gesellschaftsbezogene Berichterstattung
reporting area Berichtsgebiet *nt*; **r. channel** Berichtsweg *m*; **r. data** Berichtsdaten *pl*; **r. date** Berichtstermin *m*, B.datum *nt*, B.zeitpunkt *m*, Bilanz(ierungs)-, Meldestichtag *m*, M.termin *m*; **r. day** Berichtstag *m*; **r. exemption limit** Meldefreigrenze *f*; **r. form** Risikoformular *nt*; **r. period** Berichts-, Bilanzierungszeit(raum) *f/m*; **r. policies** Grundsätze der Rechnungslegung; **r. regulations** Meldevorschriften; **r. requirements** Publizitäts-, Berichts-, Darlegungspflicht *f*; **subject to r. requirements** berichts-, melde-, publizitätspflichtig; **r. restrictions** [§] Beschränkungen der Berichterstattung; **r. rules** Publizitätsvorschriften; **r. standards** Berichtsnormen; **generally accepted ~ for the audit of financial statements; ~ for auditing financial statements** Grundsätze ordnungsgemäßer Berichterstattung bei Abschlussprüfungen; **r. structure** Organisationsstruktur *f*
report item Listenwort *nt*; **r. name** Listenname *m*; **r. program** 🖳 List(en)programm *nt*; **r. sheet** Berichtsheft *nt*; **r. stage** *(Parlament)* Ausschussberatung *f*; **r. writer** 🖳 Listprogramm *nt*
repos *n* *(frz.)* Pensionsgeschäft *nt*
reposit *v/t* aufbewahren, in Verwahrung geben, lagern, deponieren
reposition *n* Lagerung *f*, Deponierung *f*, Aufbewahrung *f*; *v/t* verlagern
strategic repositioning *n* strategische Neuorientierung

repository *n* 1. Deponie *f*, Endlagerstätte *f*; 2. *(fig)* Hochburg *f*, Zentrum *nt*; 3. Behälter *m*, Behältnis *nt*; 4. Lager *nt*, Magazin *nt*, Speicher *m*; 5. Fundgrube *f*
repossess *v/t* wieder in Besitz nehmen, zwangsversteigern
repossession *n* Wiederinbesitznahme *f*, W.gewinnung des Besitzes, Zurücknahme bei Zahlungsverzug, erneute Besitznahme, Zwangsversteigerung *f*; **r. order** [§] *(Hypothekengeber)* Räumungsanordnung *f*, R.befehl *m*; **r. suit** [§] Räumungsklage *f*; **r. value** Wert bei Wiedererlangung
repost *v/t* umbuchen; **r.ing** *n* Umbuchung *f*
re|prehensibility *n* Verwerflichkeit *f*; **r.prehensible** *adj* verwerflich, tadelnswert; **r.prehension** *n* Rüge *f*
represent *v/t* 1. vertreten, repräsentieren; 2. ausmachen, betragen, bedeuten, darstellen; **r. graphically** grafisch darstellen
re-present *v/t* wieder vorlegen
representable *adj* repräsentationsfähig
representation *n* 1. (Stell)Vertretung *f*, V.sorgan *nt*; 2. *(Vers.)* Gefahrenanzeige *f*, Protest *m*, Risikobeschreibung *f*; 3. Erklärung *f* (einer Vertragspartei); 4. Vorhaltung *f*; 5. Repräsentation *f*; 6. Repräsentanz *f*; **r.s** Reklamationen, Vorhaltungen
representation of the company Vertretung der Gesellschaft; **compulsory/mandatory r. by (a) defence counsel** Anwaltszwang *m*; **r. of employees** Arbeitnehmervertretung *f*, Vertretung der Arbeitnehmer; **r. by estoppel** [§] Rechtsscheinvollmacht *f*; **r. of interests** Interessenvertretung *f*, Wahrnehmung von Interessen; **r. in equal numbers** paritätische Vertretung; **r. before the patent office** Vertretung vor dem Patentamt; **R. of the People Act** *[GB]* Wahlgesetz *nt*
to make representation|s vorstellig werden, Einspruch erheben; **to withdraw from r.** Vertretung niederlegen
account-type representation kontenmäßige Darstellung; **collective r.** Gesamt-, Kollektivvertretung *f*; **deceptive/misleading r.s** irreführende Angaben; **digitized r.** 🖳 digitale Darstellung; **direct r.** Direktvertretung *f*; **exclusive r.** ausschließliche Vertretung; **fixed-point r. ~** Festkommadarstellung *f*; **floating-point r.** 🖳 Gleitkommadarstellung *f*, halblogarithmische Schreibweise; **fraudulent r.s** Vorspiegelung falscher Tatsachen, irreführende Angaben; **individual r.** Einzelvertretung *f*; **joint r.** Gemeinschaftsvertretung *f*; **legal r.** juristische/gesetzliche/rechtliche Vertretung; **~ in court** Vertretung vor Gericht, Prozessvertretung *f*; **mandatory r.** Anwalts-, Vertretungszwang *m*; **occupational/professional r.** Berufs-, Standesvertretung *f*, berufsständische Vertretung; **parliamentary r.** parlamentarische Vertretung; **positional r.** Stellenschreibweise *f*; **proportional r. (PR)** 1. Proportional-, Verhältniswahlrecht *nt*, Listenwahl *f*; 2. anteilmäßige Vertretung; **restricted r.** beschränkte Vertretung; **sole r.** Allein-, Einzelvertretung *f*
representation allowance 1. Aufwandsentschädigung *f*; 2. Repräsentationsfonds *m*; **r. expenditure(s)** Repräsentationsaufwand *m*; **(general) r. letter** Vollständigkeitserklärung *f*; **minute r. letter** Vollständigkeitser-

klärung über die Vorlage der Gesellschafterversammlungsprotokolle; **r. principle** Repräsentationsprinzip *nt*
representative *adj* repräsentativ, charakteristisch
representative *n* 1. Stellvertreter(in) *m/f*, Beauftragte(r) *f/m*, Repräsentant(in) *m/f*; 2. Vertreter(in) *m/f*, Abgeordnete(r) *f/m*; 3. [§] Parteienvertreter(in) *m/f*; 4. Vertreter(in) *m/f*, Außendienstmitarbeiter(in) *m/f*, Reisende(r) *f/m*, Verkäufer(in) *m/f*; **r. of a bank** Bankenvertreter *m*; **~ industry** Industrievertreter *m*
accredited representative berufener Vertreter; **appointed r.** bestellter Vertreter; **authorized r.** Bevollmächtigter *m*, Vertretungsberechtigter *m*, bevollmächtigter Vertreter; **board-level r.** Vertreter im Vorstand; **commercial r.** Handlungsreisender *m*, Handelsvertreter *m*, H.agent *m*; **consular r.** Konsularvertreter *m*, konsularischer Vertreter; **diplomatic r.** diplomatischer Vertreter; **domestic r.** 1. einheimischer Vertreter; 2. [§] Zustellungsbevollmächtigter *m*; **foreign r.** Auslandsvertreter *m*; **general r.** Generalvertreter *m*, G.bevollmächtigter *m*; **lawful r.** gesetzlicher/rechtmäßiger Vertreter; **legal r.** Anwalt *m*, Rechtsvertreter *m*; **local r.** Ortsvertreter *m*; **medical r.** Ärztebesucher *m*, Pharmareferent *m*; **official r.** bevollmächtigter/amtlicher Vertreter, amtliche Vertretung; **permanent r.** ständiger Vertreter; **personal r.** [§] Nachlassverwalter *m*; **professional r.** Standesvertreter *m*; **real r.** [§] Erbe *m*, Rechtsnachfolger *m*; **regional r.** Bezirks-, Gebietsvertreter *m*; **registered r.** *(Börse)* zugelassener Brokervertreter; **sole r.** Alleinvertreter *m*; **top-level r.** Spitzenvertreter *m*; **travelling r.** Vertreter *m*, Handlungsreisender *m*
representative abroad Auslandsvertreter *m*; **r.'s liability** Vertreter-, Repräsentantenhaftung *f*
represented *adj* vertreten; **to be r.** vertreten sein/werden; **~ legally r.** durch einen Anwalt vertreten sein
representee *n* [§] Vertretene(r) *f/m*
re|press *v/t* unterdrücken, ver-, zurückdrängen; **r.pression** *n* Unterdrückung *f*, Knebelung *f*; **r.pressive** *adj* unterdrückerisch
re|price *v/t* 1. *(Waren)* neu auszeichnen/bewerten; 2. neue Preise festsetzen; **r.pricing** *n* 1. Neuauszeichnung *f*; 2. Neufestsetzung von Preisen, Preisänderung *f*; **~clause/provision** Preisänderungsklausel *f*, Klausel für die Festsetzung neuer Preise
reprieve *n* 1. [§] (Straf)Aufschub *m*, (Urteils)Vollstreckungsaussetzung *f*, Begnadigung *f*; 2. Galgen-, Gnadenfrist *f*, Aufschub *m*; **to win a r.** Aufschub erwirken/erlangen
reprieve *v/t* 1. [§] (Straf)Aufschub/Gnadenfrist gewähren, begnadigen, Strafe aussetzen; 2. verschonen
reprimand *n* Verweis *m*, Rüge *f*, Tadel *m*, Verwarnung *f*, Zurechtweisung *f*, Maßregelung *f*; **to issue a r.** Rüge/Tadel aussprechen, verwarnen; **severe r.** scharfer/strenger Verweis
reprimand *v/t* rügen, tadeln, maßregeln, Verweis erteilen, verwarnen, zurechtweisen
reprint *n* ⌐ Ab-, Nach-, Neu-, Umdruck *m*, Neuauflage *f*, N.ausgabe *f*; **r. must mention source** Nachdruck nur mit Quellenangabe gestattet; **unauthorized r.** unberechtigter Nachdruck

reprint *v/t* nach-, umdrucken, neu drucken/auflegen; **r.ed** *adj* nach-, neugedruckt, neu aufgelegt
reprisal *n* Repressalie *f*, Vergeltung(smaßnahme) *f*, Retorsion *f*; **in r.** als Repressalie/Vergeltungsmaßnahme; **to take r.s** Repressalien/Vergeltungsmaßnahmen ergreifen; **economic r.s** Wirtschaftssanktionen, wirtschaftliche Vergeltungsmaßnahmen
reprisal action Vergeltungsaktion *f*; **r. threat** Drohung mit Repressalien/Vergeltungsmaßnahmen
reprises *pl* jährliche Nebenabgaben
repriva|tization *n* (Re)Privatisierung *f*; **r.tize** (re)privatisieren
reproach *n* Vorwurf *m*, Vorhaltung *f*, Tadel *m*; **above/beyond r.** ohne Tadel, untadelig
reproach *v/t* vorhalten, vorwerfen, Vorwürfe machen/erheben; **r.ful** *adj* vorwurfsvoll
reprocess *v/t* wieder aufbereiten, ~ verwerten, ~ verarbeiten; **r.ing** *n* Wiederaufbereitung *f*, W.verwertung *f*; **~ plant** Wiederaufbereitungsanlage *f*
reproduce *v/ti* 1. ab-, nachbilden, ab-, nachdrucken, kopieren, wiedergeben, reproduzieren; 2. ⚥ sich fortpflanzen/vermehren; **r.d** *adj* nachgemacht; **not to be ~ in part or in whole** ⌐ Nachdruck auch auszugsweise verboten
reproducer *n* ⌐ Kartendoppler *m*
reproduc|ibility *n* Wiederholbarkeit *f*, Reproduzierbarkeit *f*; **r.cible** *adj* 1. reproduzierbar, pausfähig; 2. *(Rohstoff)* regenerierbar
reproducing punch *n* ⌐ Kartendoppler *m*
reproduction *n* 1. Ab-, Nachbildung *f*; 2. Nachbau *m*, Nachbildung *f*, Reproduktion *f*; 3. ⌐ Ab-, Nachdruck *m*, Vervielfältigung *f*; 4. Nacherzählung *f*, Wiedergabe *f*; **r. in any form forbidden** Nachahmung in jeder Form verboten; **faithful r.** getreue Wiedergabe; **unauthorized r.** ⌐ unbefugter Abdruck; **unlicensed r.** unerlaubter Nachbau
reproduction cost(s) Reproduktions-, Wiederherstellungskosten *pl*; **current r. c.** Wiederbeschaffungskosten *pl*; **r. c. value** Reproduktionswert *m*
reproduction factor Reproduktionsfaktor *m*; **r. furniture** Stilmöbel *pl*
reproduction rate Reproduktionsziffer *f*, R.rate *f*; **gross r. r.** roher Reproduktionsindex; **net r. r.** Nettoreproduktionsziffer *f*
reproduction technique Reproduktionstechnik *f*; **r. value** Teilproduktions-, Wiederherstellungswert *m*
repro|gram(me) *v/t* umprogrammieren; **r.gramming** *n* Umprogrammierung *f*
repub|lication *n* ⌐ Neu-, Wiederauflage *f*, W.veröffentlichung *f*; **r.lish** *v/t* wieder auflegen, ~ veröffentlichen
repudiate *v/t* 1. ab-, zurückweisen; 2. bestreiten, nicht anerkennen, in Abrede stellen, verleugnen
repudiation *n* 1. Zurückweisung *f*; 2. Verleugnung *f*; 3. *(Vertrag)* (Erfüllungs)Verweigerung *f*, Nichtanerkennung *f*, Nichtbestätigung *f*, Unwirksamkeitserklärung *f*; **r. of contract** Rücktritt vom Vertrag; **~ an inheritance** Erbausschlagung *f*; **r. risk** Annahmerisiko *nt*
repurchase *n* Rückkauf *m*, R.nahme *f*, R.erwerb *m*,

repurchase Wiederkauf *m*, W.ankauf *m*; **r. in the open market** freihändiger Rückkauf; **r. prior to maturity** vorzeitiger Rückkauf; **r. of securities** Wertpapierrückkauf *m*
repurchase *v/t* (zu)rückkaufen, z.nehmen, z.erwerben, wiederkaufen
repurchase agreement Rückkaufvertrag *m*, R.geschäft *nt*, R.vereinbarung *f*; **r. amount** Rückkaufbetrag *m*; **r. clause** Rücknahmeklausel *f*; **r. company** Rückkaufgesellschaft *f*; **r. cost(s)** Wiederbeschaffungskosten *pl*; **r. deal** Pensionsgeschäft *nt*; **r. discount** Rückkaufdisagio *nt*; **r. guarantee** Rücknahmegarantie *f*; **r. obligation** Rücknahmeverpflichtung *f*; **r. offer** Rückkaufangebot *nt*; **r. operation** Umtauschoperation *f*; **r. period** Rückkaufsfrist *f*; **r. price** Rücknahmepreis *m*, R.kurs *m*
repurchaser *n* Rück-, Wiederkäufer *m*
repurchase rate Rücknahmesatz *m*; **r. value** Rückkauf(s)wert *m*
reputable *adj* angesehen, namhaft, seriös
reputation *n* Ansehen *nt*, Ruf *m*, Name *m*, Prestige *nt*, Renommee *nt (frz.)*; **damaging to the r. of a firm** geschäftsschädigend; **mindful of one's r.** auf seinen Ruf bedacht
to damage/disparage so.'s reputation jds Ruf schaden; **to establish one's r. as** sich einen Namen machen als; **to gain a (good) r.** sich einen (guten) Ruf erwerben, Ansehen gewinnen; **to have a good r.** guten Namen haben; **to justify one's r.** seinem Namen (alle) Ehre machen; **to lose one's r.** seinen Ruf verlieren; **to owe it to one's r.** es seinem Namen schuldig sein; **to save one's r.** seinen guten Ruf retten; **to stain/tarnish so.'s r.** jds Namen beflecken/besudeln; **to win a r.** sich einen Namen machen, Ruf erwerben
bad reputation schlechter Ruf; **commercial r.** geschäftliches Ansehen; **established/good r.** guter Ruf/Leumund; **perfect r.** untadeliger Ruf; **professional r.** berufliches Ansehen; **spotless/unblemished/ untarnished r.** tadelloser/untadeliger Ruf, unbescholtener Name/Ruf; **tarnished r.** lädierter Ruf; **worldwide r.** Weltgeltung *f*, W.ruf *m*
repute *n* Ruf *m*, Ansehen *nt*, Wertschätzung *f*, Kredit *m (fig)*; **by r.** dem Rufe nach; **evil/ill r.** schlechter/übler Leumund, übler Ruf; **of ~ r.** berüchtigt; **good r.** einwandfreier Leumund; **held in ~ r.** gut beleumdet; **of high r.** hochgeachtet
reputed *adj* vermeintlich, angeblich; **r.ly** *adv* dem Vernehmen nach
request *n* 1. Bitte *f*, Gesuch *nt*, Ersuchen *nt*, Anliegen *nt*, Wunsch *m*, Begehren *nt*, Ansinnen *nt*, Petitum *nt (lat.)*; 2. Antrag *m*, (Auf)Forderung *f*; **at the r. (of)** auf Wunsch/Verlangen/Ersuchen von; **at his r.** auf seinen Antrag, **(up)on r.** auf Wunsch/Verlangen/Antrag, bei Bedarf
request for arbitration Schiedsantrag *m*; **~ bids** Verdingung *f*; **~ conversion** Umwandlungsantrag *m*, Wandlungsverlangen *nt*; **~ credit** Kreditwunsch *m*, K.gesuch *nt*; **~ delivery (of goods)** Warenanforderung *f*; **~ examination** Prüfungsantrag *m*; **~ extradition** Auslieferungsantrag *m*, A.ersuchen *nt*; **~ help** Hilfersuchen *nt*; **~ information** Auskunftsersuchen *nt*,

A.verlangen *nt*, Einholen von Auskünften; **~ investigation** Recherchenanfrage *f*; **~ labour** *(Arbeitsamt)* Vermittlungsauftrag *m*; **~ leave to speak** Wortmeldung *f*; **~ listing** *(Börse)* Zulassungsantrag *m*; **~ a loan** Kreditantrag *m*; **r. to exercise an option** Bezugsaufforderung *f*; **r. for payment** Mahnschreiben *nt*, (Ein)Zahlungsaufforderung *f*; **first ~ payment** erste Zahlungsaufforderung; **unconditional ~ performance** unzweideutige Aufforderung zur Leistung; **~ overdue performance** Inverzugsetzung *f*; **~ conciliatory proceedings** Güteantrag *m*; **~ punishment** Strafverlangen *nt*; **~ a quotation** Preisanfrage *f*; **~ ratification** Antrag auf Genehmigung; **~ reimbursement** (Rück)Erstattungsantrag *m*; **~ relief** [§] Beschwerde *f*; **~ a legal remedy** [§] Rechtsbegehren *nt*; **~ a respite** Stundungsantrag *m*, S.gesuch *nt*; **~ return** Rückerbittung *f*; **r. to speak** Wortmeldung *f*; **r. in writing** schriftliche Aufforderung
to accede to a request; to comply with a r.; to grant a r. einer Bitte nachkommen/entsprechen, Gesuch genehmigen, einem ~ nachkommen/stattgeben/entsprechen, Bitte erfüllen/gewähren; **to deny/refuse/turn down a r.** Gesuch abschlägig bescheiden/ablehnen, Bitte abschlagen; **to spring a r. on so.** jdn mit einer Bitte überfallen; **to submit a r.** Gesuch einbringen/einreichen
dying request letzte Bitte; **express r.** ausdrückliches Verlangen; **formal r.** förmliche Aufforderung; **judicial r.** gerichtliche Aufforderung; **official r.** behördliches Ersuchen; **by popular r.** auf allgemeinen Wunsch; **public r.** öffentliche Aufforderung; **special r.** Sonderwunsch *m*; **urgent r.** dringende Bitte/Mahnung/Aufforderung, dringendes Anliegen/Ersuchen/Gesuch; **vain r.** Fehlbitte *f*, vergebliches Verlangen
request *v/t* (er)bitten, ersuchen um, begehren
request button Anruftaste *f*
as requested *adj* wunschgemäß, wie gewünscht/erbeten, nach Bedarf; **if r.** auf Wunsch
request period Antragsfrist *f*; **r. program(me)** *(Radio)* Wunschsendung *f*; **r. stop** *[GB]* Bedarfshaltestelle *f*
require *v/t* 1. benötigen, brauchen, bedürfen, beanspruchen, nötig haben; 2. fordern, verlangen, postulieren, (sich) ausbedingen; 3. voraussetzen, erfordern; **r. so. to do sth.** jdn zu etw. verpflichten
required *adj* 1. erforderlich, geboten, vorgeschrieben, benötigt, nötig, (betriebs)notwendig; 2. verpflichtet; **as r. wie gewünscht, nach Bedarf; **if r.** falls erforderlich, erforderlichenfalls; **~ and when r.** im Bedarfsfall; **to be r.** 1. erforderlich sein; 2. *(Person)* gehalten sein; **officially r.** amtlich vorgeschrieben
requirement *n* 1. Erfordernis *nt*, Voraussetzung *f*, Bedingung *f*, Gebot *nt*, Anforderung *f*; 2. Bedarf *m*, Bedürfnis *nt*; 3. Forderung *f*, Postulat *nt*; 4. [§] Auflage *f*; **r.s** 1. (Versorgungs)Bedarf *m*; 2. Erfordernisse, Anforderungen, Anforderungskriterien, Ansprüche
requirement|s for admission Zulassungsbedingungen; **r. of official approval** Genehmigungspflicht *f*, G.erfordernis *nt*; **~ confidentiality** Schweigepflicht *f*; **~ (a) contract** Vertragserfordernis *nt*; **statutory r. to obtain**

a driver's license *[US]* /**driving licence** *[GB]* Führerscheinpflicht *f*; **constitutional r. of a specific enactment** [§] Gesetzesvorbehalt *m*; **r.s of food law** lebensmittelrechtliche Vorschriften; ~ **form** Formvorschriften; **essential ~ form** wesentliche Formvorschriften; **r. to use a form** Formularzwang *m*; **statutory ~ furnish information** Informationspflicht *f*; **r. as to jurisdiction** [§] Zuständigkeitserfordernis *nt*, Z.voraussetzung *f*; **r. under international law** völkerrechtliche Verpflichtung; **r. to make good a loss** Schadensbehebungspflicht *f*; **r. of the mass market** Massenbedarf *m*; **r. to give notice of defects** Rügepflicht *f*; **~ produce** Vorlagepflicht *f*; **r.s as to quality** Qualitätsanspruch *m*, qualitative Anforderungen; **r. to work** Arbeitszwang *m*; **r. that sth. be put in writing** Schriftlichkeit(serfordernis) *f*/*nt*
surplus to requirements überflüssig
to conform to requirement|s; to comply with r.s; to fit the r.s den Bestimmungen/Erfordernissen entsprechen, Voraussetzungen erfüllen; **to cover r.s** Bedarf decken; **to impose r.s** etw. zur Auflage machen; **to meet the r.s (of)** Auflagen/Voraussetzungen/Bedingungen erfüllen, den (An)Forderungen entsprechen, Bedarf decken, den Erfordernissen/Anforderungen/ Auflagen genügen; **~ all r.s** allen Anforderungen Genüge tun; **to satisfy a r.** Auflage erfüllen; **~ r.s** Bedingungen erfüllen; **~ all r.s** allen Anforderungen Genüge tun, alle Auflagen erfüllen
additional requirement(s) Mehrbedarf *m*; **annual r.s** Jahresbedarf *m*; **anticipated r.s** voraussichtlicher Bedarf; **basic r.s** Grundvoraussetzungen, G.bedarf *m*, G.bedürfnisse; **burdensome r.** belastende Verpflichtung; **computational r.s** Rechenbedarf *m*; **constitutional r.s** verfassungsrechtliche Vorschriften/Voraussetzungen/Erfordernisse; **current r.s** aktueller/laufender Bedarf; **daily r.** Tagesbedarf *m*; **documentary r.s** beizubringende Unterlagen, Nachweise und Bescheinigungen; **domestic r.s** *(Handel)* Eigen-, Inlandsbedarf *m*; **ecological r.** Umwelterfordernis *nt*, U.auflage *f*; **educational r.(s)** Bildungsanforderung *f*, B.erfordernisse *pl*; **end-of-month r.s** Ultimoanforderungen; **financial r.s** Finanz-, Geld-, Kapitalbedarf *m*, Finanzierungsaufgabe *f*, Finanzanforderungen, F.bedarf *m*, F.aufwand *m*; **~ analysis** Finanzbedarfsrechnung *f*; **~ planning** Finanzbedarfsplanung *f*; **fiscal r.s** Steuererfordernisse; **formal r.** Formvorschrift *f*, Formalie *f*; **full r.s contract** Exklusivvertrag *m*, Vertrag über Bedarfsabdeckung bei einem Lieferer; **ideal r.** Idealforderung *f*; **in-house r.s** Eigenbedarf *m*, herstellereigener Bedarf; **institutional r.s** institutionelle Voraussetzungen; **legal r.s** Rechtsvorschriften, gesetzliche Anforderungen/Vorschriften, juristische/gesetzliche Voraussetzungen; **formal ~ r.s** gesetzliche Formvorschriften; **local r.s** Lokalbedarf *m*; **mandatory r.** unabdingbare Voraussetzung/Vorschrift; **marginal r.s** Grenz-, Spitzenbedarf *m*; **mark-of-origin r.s** ⊖ (Zoll)Kennzeichnungsvorschriften; **minimum r.s** Mindesterfordernisse, M.voraussetzungen, M.bedarf *m*, M.anforderungen; **monetary r.s** Finanz-, (Geld)Mittelbedarf *m*;

monthly r.(s) Monats-, Ultimobedarf *m*; **nutritional r.s** Nahrungsbedarf *m*; **operational r.s** betriebliche Erfordernisse; **own/personal r.s** Eigenbedarf *m*; **per-capita r.s** Pro-Kopf-Bedarf *m*; **percentage r.** Mehrheitserfordernis *nt*; **physical r.s** physische Anforderungen; **primary r.s** Primärbedarf *m*; **procedural r.s** Formvorschriften, verfahrensrechtliche/verfahrenstechnische Voraussetzungen, ~ Vorschriften; **public r.s** öffentlicher Bedarf, Gemeinbedarf *m*; **regulatory r.** Auflage *f*; **residential r.** 1. Aufenthaltserfordernis *nt*; 2. Auflage zur Gewährung einer Aufenthaltsgenehmigung; **seasonal r.s** Saisonbedarf *m*; **secondary r.s** Sekundärbedarf *m*; **standard r.** Regelvoraussetzung *f*; **statutory r.(s)** gesetzliche/satzungsgemäße Voraussetzung, ~ Vorschriften, Satzungserfordernisse; **substantive r.s** materielle Voraussetzungen; **total r.s** Gesamtbedarf *m*; **variable r.s** elastische Bedürfnisse
requirement|s contract Ausschließlichkeitsvertrag *m*, (Liefer)Vertrag mit Ausschließlichkeitsbindung; **r.s definition** Bedarfsbeschreibung *f*; **r.s planning** (Material)Bedarfsplanung *f*, M.ermittlung *f*; **dominant r. tree** *(OR)* dominanter Baum
requisite *n* 1. Bedarfsgegenstand *m*, B.artikel *m*, Gebrauchsgegenstand *m*, G.artikel *m*; 2. Erfordernis *nt*; **r. of form** Formerfordernis *nt*, F.vorschrift *f*; **non-essential r.s** Sekundärbedarf *m*; **principal r.s** Haupterfordernisse
requisite *adj* erforderlich, notwendig
requisition *n* 1. (Liefer-/Material)Anforderung *f*; 2. (schriftliche) Mahnung, Verlangen *nt*, Auflage *f*; 3. Beschlagnahme *f*, B.nahmung *f*, Requirierung *f*; 4. [§] förmliches Ersuchen; **r.s on title** [§] Verlangen auf zusätzliche Auskunftserteilung über Grundstücksrechte
requisition *v/t* 1. anfordern; 2. beschlagnahmen, in Beschlag nehmen, requirieren; **r. form** Anforderungsformular *nt*
requisitioning *n* 1. Beschlagnahme *f*, Requisition *f*, Requirierung *f*; 2. Anforderung *f*; **r. of materials** Materialanforderung *f*; **r. order** Beschlagnahmeverfügung *f*
requisition note Anforderungsschein *m*; **r. order** [§] 1. Leistungsbescheid *m*, Dienstverpflichtung *f*; 2. Beschlagnahmeanordnung *f*, B.verfügung *f*; **r. sheet** Fertigungsmaterialschein *m*
re|rate *v/t* neu bewerten; **r.-rating** *n* Neubewertung *f*, N.festsetzung *f*
re|-register *v/ti* 1. ummelden; 2. sich ummelden; **r.-registration** *n* Ummeldung *f*
re|route *v/t* 1. umlenken, umleiten, umdirigieren; 2. ✉ nachsenden; **r.routing** *n* 1. Umleitung *f*; 2. ✉ Nachsendung *f*; **~ request** ✉ Nachsendeantrag *m*
rerun *n* 1. Wiederholung *f*, Reprise *f* *(frz.)*; 2. Wiederholungsanzeige *f*, *v/t* wiederholen; **r. point** Wiederholpunkt *m*; **r. procedure** Wiederholprozedur *f*
resal(e)able *adj* wiederverkäuflich
resale *n* 1. Wieder-, Weiterverkauf *m*, Wieder-, Weiterveräußerung *f*; 2. Rückreichung *f*, R.schleusung *f*; **not for r.** nicht zum Weiterverkauf bestimmt, nur an Selbstverbraucher, unverkäufliches Muster; **for r. to the public** zur freien Weiterveräußerung; **to buy for r.**

resale agreement zum Wiederverkauf erwerben; **r. agreement** Wiederverkaufsvereinbarung *f*

resale price Wiederverkaufspreis *m*; **fixed r. p.** Mindestverkaufspreis *m*; **minimum r. p.** Einzelhandelsmindest-, Mindestverkaufspreis *m*; **maintained ~ r. p.** gebundener Mindestpreis; **R. P.s Act** *[GB]* Einzelhandelspreisgesetz *nt*, Gesetz über Wiederverkaufspreise

resale price maintenance (vertikale) Preisbindung, Preisbindung der zweiten Hand, Einzelhandelspreisbindung *f*, Ladenpreisschutz *m*; **collective r. p. m.** horizontale Preisbindung; **r. p. m. agreement** Vereinbarung über Preisbindung

resale profit Wiederverkaufsgewinn *m*; **r. restriction** Vertriebsbindung *f*; **r. right** Wiederverkaufsrecht *nt*; **r. value** Wiederverkaufswert *m*

re|scan *v/t* 🖳 erneut abtasten; **r.scanning** *n* erneutes Abtasten

reschedule *v/t* umfinanzieren, umschulden

rescheduling *n* Umfinanzierung *f*, Umschuldung *f*; **r. of debts** Tilgungsstreckung *f*, Umschuldung *f*; **~ investment** Verlagerung/Umschichtung von Investitionen; **~ a loan** Kreditumschuldung *f*; **r. operation** Umschuldungsaktion *f*; **~ orders** Änderung der Lieferzeiten; **r. plan** Umschuldungsplan *m*; **r. requirement** Umschuldungsbedarf *m*; **r. scheme** Umschuldungsaktion *f*, U.plan *m*

rescind *v/t* [§] (auf)lösen, aufheben, stornieren, widerrufen, rechtsunwirksam/rückgängig machen, annullieren, anfechten, außer Kraft setzen, für nichtig/ungültig erklären, zurücktreten von; **r.able** *adj* annullierbar, aufhebbar, kündbar; **r.ed** *adj* angefochten; **r.ing clause** aufhebende Bestimmung, Aufhebungs-, Auflösungsbestimmung *f*, A.klausel *f*, auflösende Vertragsbedingung

rescission *n* [§] 1. Rücktritt *m*, Widerruf *m*, Anfechtung *f*, Beendigung *f*, Auflösung *f*, Annullierung *f*, Ungültigkeits-, Unwirksamkeitserklärung *f*, Rückgängigmachung *f*; 2. (*Urteil*) Aufhebung *f*, Kassation *f*; **r. of bankruptcy** Konkursanfechtung *f*; **~ (a) contract** Vertragsanfechtung *f*, V.annullierung *f*, V.aufhebung *f*, V.auflösung *f*, V.rücktritt *m*, Auflösung/Aufhebung eines Vertrags, Rücktritt vom Vertrag; **r. for fraud** Anfechtung wegen Betrugs; **~ innocent misrepresentation** Irrtumsanfechtung *f*; **equitable r.** Aufhebung nach Billigkeitsrecht; **r. bond** Schuldverschreibung zur Ablösung ungültig ausgegebener Garantien

rescissory *adj* Anfechtungs-

rescue *n* 1. Rettung *f*, Hilfe(leistung) *f*; 2. Sanierung *f*; 3. ⚔ Entsatz *m*, Entsetzung *f*; 4. [§] (Wieder)Inbesitznahme *f*; **r. of prisoners** Gefangenenbefreiung *f*; **to come to so.'s r.** jdm zu Hilfe kommen/eilen, für jdn in die Bresche springen *(fig)*

rescue *v/t* 1. retten; 2. sanieren, auffangen

rescue attempt/bid Rettungs-, Sanierungsversuch *m*; **to mount a r. bid** Rettungsversuch unternehmen; **r. center** *[US]* **/centre** *[GB]* Rettungsstelle *f*; **r. company** Auffanggesellschaft *f*; **r. deal** Sanierungsabkommen *nt*, S.plan *m*, S.vereinbarung *f*; **r. fund** Hilfs-, Feuerwehr-, Sanierungsfonds *m*; **r. helicopter** Rettungshubschrauber *m*; **r. mission** Rettungsmission *f*

rescue operation 1. Rettung *f*, R.saktion *f*, R.sunternehmen *nt*, R.smaßnahme *f*, Hilfsaktion *f*, Bergungsarbeiten *pl*; 2. Sanierung(smaßnahme) *f*; **to mount a r. o.** Rettungsaktion starten; **last-minute r. o.** Feuerwehraktion *f (fig)*

rescue package Sanierungsprogramm *nt*, S.bündel *nt*, S.plan *m*, (Bündel von) Sanierungsmaßnahmen; **financial r. package** finanzielle Rettungsaktion; **r. party** Rettungsmannschaft *f*, R.kolonne *f*, Hilfsmannschaft *f*, H.trupp *m*, Bergungsmannschaft *f*, B.trupp *m*; **r. plan/scheme** 1. Rettungsplan *m*; 2. Sanierungsplan *m*, S.programm *nt*, S.konzept *nt*; **r. plane ✈** Rettungsflugzeug *nt*; **r. program(me)** Sanierungsprogramm *nt*

rescuer *n* 1. Retter(in) *m/f*, Nothelfer(in) *m/f*; 2. Sanierer *m*

rescue route Rettungsweg *m*; **r. service** Bergungs-, (Unfall)Rettungsdienst *m*; **air-sea r. service** Seenotrettungsdienst *m*; **r. squad/team** Rettungskolonne *f*, R.trupp *m*, R.mannschaft *f*; **r. vehicle** Rettungsfahrzeug *nt*, R.wagen *m*; **r. work** Bergungs-, Rettungsarbeit(en) *f/pl*; **r. worker** Bergungsarbeiter *m*

research *n* Forschung(sarbeit) *f*, Erforschung *f*, Untersuchung *f*; **r. into consumer habits** Verbraucherforschung *f*; **r. and development (R. & D.)** Forschung und Entwicklung (FE; F & E); **~ policy** Forschungs- und Entwicklungspolitik *f*; **~ risk** Entwicklungsrisiko *nt*, E.wagnis *nt*; **~ spending** Ausgaben für Forschung und Entwicklung; **r. in production economics** produktionswirtschaftliche Forschung; **to do r.** forschen

academic research Hochschulforschung *f*; **applied r.** angewandte Forschung; **all-marketing r.** Gesamtabsatzforschung *f*; **basic r.** Grundlagenforschung *f*; **committed r.** Auftragsforschung *f*; **cooperative r.** Gemeinschaftsforschung *f*; **deep-sea r.** Tiefseeforschung *f*; **decision-making r.** Entscheidungsforschung *f*

economic research Wirtschafts-, Konjunkturforschung *f*; **empirical ~ r.** empirische Wirtschaftsforschung; **~ r. department** volkswirtschaftliche Abteilung; **~ institute** Konjunktur-, Wirtschaftsforschungsinstitut *nt*; **~ methods** volkswirtschaftliche Forschungsmethoden

educational research Bildungsforschung *f*; **environmental r.** Milieu-, Umweltforschung *f*; **external r.** außerbetriebliche Forschung; **first-hand r.** Primärforschung *f*; **industrial r.** Industrie-, Konjunkturforschung *f*; **joint r.** Gemeinschafts-, Verbundforschung *f*; **large-number r.** Großzahlforschung *f*; **motivational r.** Motivforschung *f*; **non-academic r.** hochschulfreie Forschung; **nuclear r.** Atom-, Kernforschung *f*; **~ center** *[US]* **/centre** *[GB]* Kernforschungsstelle *f*, K.zentrum *nt*, K.anlage *f*; **nutritional r.** Ernährungsforschung *f*; **occupational r.** Berufsforschung *f*; **operational r.** Operations Research (OR); **~ unit** betriebswirtschaftliche Planungsabteilung; **organizational r.** Organisationsforschung *f*; **outside r.** Auftragsforschung *f*; **pharmacological r.** Arzneimittelforschung *f*; **pure/uncommitted r.** Grundlagenforschung *f*, (zweck)freie Forschung; **scientific r.** wissenschaftliche Forschung/Untersuchung *f*; **social r.** Sozialforschung *f*, S.untersuchung *f*

research v/t (er)forschen
research activity Forschungstätigkeit f; **r. and investment appropriations** Forschungs- und Investitionsmittel pl; **main r. area** Forschungsschwerpunkt m; **r. agreement** Forschungsabkommen nt; **r. assignment** Forschungsaufgabe f; **r. assistant** wissenschaftliche(r) Assistent(in); **r. associate** wissenschaftlicher Mitarbeiter; **r. body** Forschungsstelle f; **r. budget** Forschungshaushalt m, F.etat m; **r. center** [US] /**centre** [GB] Forschungszentrum nt, F.stelle f; **r. community** Forschungsgemeinschaft f; **r. contract** Forschungsauftrag m, F.vertrag m; **r. costs** Forschungskosten; **r. council** Forschungsrat m; **r. department** Forschungs-, Entwicklungsabteilung f; **r. economics** Forschungsökonomik f; **r. economist** Wirtschaftsforscher m; **r. engineer** Forschungsingenieur m
researcher n Forscher(in) m/f; **nuclear r.** Atom-, Kernforscher m
research establishment Forschungsstätte f, F.anstalt f, F.einrichtung f; **r. expenditure(s)** Forschungsaufwand m, F.aufwendungen, F.ausgaben; **r. facilities** Forschungsanlagen, F.einrichtungen; **r. fellow** Forschungsstipendiat m; **r. fellowship** Forschungsstipendium nt; **r. funds** Forschungsgelder; **r. grant** Forschungsbeihilfe f, F.stipendium nt, F.subvention f
research institute Versuchs-, Forschungsanstalt f, F.stelle f, F.institut nt; **federal r. i.** Bundesforschungsanstalt f [D]
research institution Forschungseinrichtung f, F.anstalt f; **r.-intensive** adj forschungsintensiv; **r. investment** Forschungsaufwand m, F.aufwendungen pl; **r. lead** Forschungsvorsprung m; **r. management** 1. Forschungsverwaltung f; 2. Leitung der Forschungsabteilung; **r. manager** Leiter der Forschungsabteilung; **r. methods** Forschungsmethoden; **r. objective** Forschungsziel nt; **r. plant** Forschungsanlage f; **r. program(me)** Forschungsprogramm nt
research project Forschungsprojekt nt, F.vorhaben nt; **current r. p.** laufendes Forschungsvorhaben; **social r. p.** Sozialuntersuchung f
research reactor ⚛ Forschungsreaktor m; **r. report** Forschungsbericht m; **r. scholarship** Forschungsstipendium nt; **r. scientist** Forschungswissenschaftler m; **r. service** Forschungsdienst m; **r. spending** Forschungsausgaben pl, Ausgaben für Forschung; **r. staff** Forschungspersonal nt; **r. student** Doktorand(in) m/f; **r. subsidy** Forschungssubvention f; **r. team** Forschungsgruppe f, F.gemeinschaft f, F.personal nt; **r. unit** Forschungsabteilung f, Forschergruppe f; **r. work** Forschung(stätigkeit) f; **to do r. work** forschen, in der Forschung tätig sein, Forschung betreiben; **r. worker** Forscher(in) m/f
resell v/t wieder-, weiterverkaufen; **r.er** n Wieder-, Weiterverkäufer m; **r.ing** n Wieder-, Weiterverkauf m; **~ price** Wiederverkaufspreis m
resemblance n Ähnlichkeit f; **faint/remote r.** entfernte/schwache Ähnlichkeit; **striking r.** verblüffende/täuschende Ähnlichkeit
resemble v/t ähnlich sein, gleichen, ähneln

reservation n 1. Reservierung f, Buchung f, Vormerkung f, (Vor)Bestellung f, (Platz)Belegung f; 2. [§] (Rechts)Vorbehalt m, Vorbehaltserklärung f, V.klausel f, V.recht nt, Einschränkung f; 3. (Eingeborenen)Reservat nt; **with r.s** mit Vorbehalt/Einschränkungen; **~ all r.s** mit allem Vorbehalt; **~ the r.** unter Vorbehalt; **~ r. as to** vorbehaltlich; **without r.** ohne Vorbehalt, vorbehaltlos
reservation of assent Zustimmungsvorbehalt m; **r. on the granting of permission** Erlaubnisvorbehalt m; **r. of ownership; ~ proprietary rights** Eigentumsvorbehalt m; **extended ~ ownership; extended ~ proprietary rights** 1. erweiterter/verlängerter Eigentumsvorbehalt; 2. Konzernvorbehalt m; **~ price** Preisvorbehalt m; **~ priority** Rangvorbehalt m; **~ rights** Rechtsvorbehalt m; **~ the right of disposal** Verfügungsvorbehalt m; **~ the right of modification** Änderungsvorbehalt m; **~ the right to cancel/rescind** Rücktrittsvorbehalt m; **~ seats** Platzbestellung f, P.reservierung f; **r. as to o.s. obtaining the supplies** Selbstbelieferungsvorbehalt m; **r. of title** Eigentums-, Rechtsvorbehalt m; **~ to goods** Eigentumsvorbehalt m
to cancel a reservation abbestellen, Buchung stornieren, Reservierung rückgängig machen; **to change a r.** umbuchen; **to express r.s** Vorbehalte zum Ausdruck bringen; **to have r.s** Bedenken/Vorbehalte haben; **to make r.s** Vorbehalte machen/anmelden; **to remove r.s** Vorbehalte ausräumen
advance reservation Vor(aus)buchung f; **central r.** ⊛ Verkehrsinsel f, Mittelstreifen m; **express r.** ausdrückliche Einschränkung; **legal r.** Gesetzes-, Rechtsvorbehalt m; **mental r.** stiller/geistiger/stillschweigender/ geheimer Vorbehalt, Bedenken pl, Mentalreservation f; **multiple r.** Konzernvorbehalt m; **native r.** Eingeborenenreservat nt
reservation fee Platzkarten-, Reservierungs-, Vormerk(ungs)gebühr f; **r. office** Buchungs-, Reservierungsstelle f; **r. price** Mindestpreis m; **r. system** Buchungs-, Reservierungssystem nt; **centralized ~ system** zentrale Buchung/Reservierung
reserve n 1. Reserve f, Rücklage f, Vorrat m; 2. Deckungskapital nt, Deckungs-, Prämienreserve f; 3. Vorbehalt m, Distanz f; **r.s** Rücklagen, Währungsguthaben nt; **in r.** in Reserve, vorrätig; **without r.** vorbehaltlos, ohne Vorbehalt/Einschränkungen
reserve for accidents Unfallrückstellung f; **~ doubtful accounts** Wertberichtigung für zweifelhafte Forderungen, ~ Dubiose; **~ additions, betterments and improvements** Rücklage für Betriebserneuerungen; **r.s set up prior to date of agreement** vorvertragliche Rücklagen; **r. for amortization** Rückstellung für Anlageerneuerung, Wertberichtigung auf materielle und immaterielle Anlagegüter; **r. of liquid assets** Liquiditätsreserve f; **statutory ~ banknotes** Notenreserve f; **r. for outstanding claims** Rückstellung für schwebende Schäden; **~ claims pending** Reserven für schwebende Versicherungsfälle; **~ contingencies** Rücklage für unbekannte Risiken, ~ für unvorhersehbare Verluste, ~ Eventualverbindlichkeiten, ~ Wagnisse, Reserve für

reserve for bad debts

Wechselfälle; **r. for bad debts** Rückstellungen für uneinbringliche Außenstände, Abschreibung auf Forderungen, Wertberichtigung auf/für das Umlaufvermögen, ~ auf uneinbringliche Forderungen, Rückstellung für zweifelhafte/dubiose Forderungen; **~ method** Sammelwertberichtigung *f*; **r. for debt redemption** Rückstellung für Schuldentilgung; **~ depletion** Rückstellungen für Substanz(ver)minderungen, Wertberichtigung auf Substanzverringerung; **~ depreciation** Wertberichtigung auf das Anlagevermögen, Abschreibungsreserve *f*, A.fonds *m*, A.rücklage *f*; **~ depreciation of fixed assets** aufgelaufene Wertberichtigung auf das Anlagevermögen; **~ depreciation and amortization of intangibles** Wertberichtigung auf immaterielle Anlagewerte; **~ depreciation of property, plant and equipment** Wertberichtigung auf das Sachanlagevermögen; **~ discounts** Rückstellung für Preisnachlässe; **r. for dividend payments** Rückstellungen für Dividendenausschüttungen; **~ encumbrances** Rückstellungen für Grundstücksbelastungen; **r.(s) for authorized expenditure(s)** Rückstellungen für genehmigte Ausgaben; **r. for guarantees** Rückstellung für Bürgschaftsverpflichtungen; **~ of potential labo(u)r** Beschäftigungsreserve *f*; **r. for contingent liabilities** Rückstellung für zweifelhafte Schuldner; **r.s for liabilities under drafts** Rückstellungen für Wechselhaftung; **r. for third-party liability commitments** Rückstellung für Haftungsverpflichtungen; **~ litigation costs** Rückstellung für Prozesskosten; **~ loan losses** Sammelwertberichtigungen; **~ impending losses from uncompleted transactions** Rückstellungen für drohende Verluste aus schwebenden Geschäften; **r.s of raw materials** Rohstoffreserven; **r.s for doubtful notes** Wertberichtigung auf Besitzwechsel; **r. of orders** Auftragspolster *nt*; **r. for overheads** Gemeinkostenausgleichsrücklage *f*, Rückstellungen für Gemeinkosten; **~ patent infringements** Rückstellung für Patentverletzungen; **r. available for payment** Zahlungsreserve *f*; **r. for pensions** Pensionsrückstellung *f*; **~ plant extension** Rücklage für Erneuerung des Anlagevermögens; **r. for price increases** Rücklage für Preissteigerungen, Preisänderungs-, Preisdifferenz-, Preissteigerungsrücklage *f*; **contingent ~ price increases** Preissteigerungsrücklage *f*; **~ future price increases of plant and machinery** Werterneuerungsfonds *m*; **~ price reductions** Rückstellung für Preisnachlässe; **~ specific purposes** Rückstellung *f*; **~ reinvestments** Rücklage für Reinvestitionen; **~ renewals and replacements** Erneuerungsrücklage *f*, Rücklage für Erneuerung des Anlagevermögens; **~ repairs** Rücklage für aufgeschobene Instandhaltung; **~ foreign risks** Rücklage für Auslandsrisiken; **~ special risks** Gefahrenrücklage *f*; **~ own shares *[GB]* /stocks *[US]*** Rücklage für eigene Aktien; **r. of supplies** Angebotsreserve *f*; **r. for taxes** Steuerrückstellungen *pl*; **~ trade taxes** Gewerbesteuerrückstellung *f*; **~ uncompleted transactions** Rücklage für schwebende/ausstehende Geschäfte; **~ works maintenance** Rücklage für Werkerhaltung; **~ warranties** Rückstellung für Gewährleistungen

to add to reserves Rücklagen dotieren; **to appropriate to r.s** den Rücklagen zuweisen, in die Rücklagen einstellen; **to be kept in r.** in der Schublade liegen *(fig)*; **to bolster r.s** Reserven stärken; **to build up r.s** Reserven aufstocken/ansammeln, Rücklagen bilden; **to capitalize r.s** Rücklagen kapitalisieren, ~ in Kapital umwandeln; **to carry to r.s** den Rücklagen zuführen, den Reserven vorbehalten; **to create r.** Reserven/Rücklagen bilden; **to dip into r.** Rücklagen angreifen/in Anspruch nehmen; **to disclose r.** Rücklagen darlegen/offenlegen; **to drain r.s from the market** Liquidität absaugen/abschöpfen; **to draw on the r.s** Reserven/Substanz angreifen, Rücklagen angreifen/in Anspruch nehmen, von den Reserven zehren; **to enter a r.** Vorbehalt anmelden/machen; **to establish r.s** Rücklagen bilden; **to exhaust r.s** Reserven ausschöpfen; **to fall back on one's r.s** auf seine Reserven zurückgreifen; **to fund r.s** Rücklagen speisen; **to increase r.s** Rücklagen stärken; **to keep in r.** *(Kapazität)* vorhalten; **to liquidate r.s** Rücklagen auflösen/mobilisieren, Reserven mobilisieren; **to maintain r.s** Reserven unterhalten; **to mobilize r.s** Reserven mobilisieren; **to provide/set up r.s** Rücklagen/Reserven bilden; **to put to r.** auf Reserve-/Rücklagenkonto verbuchen, Rücklagen dotieren; **to replenish r.s** Reserven/Rücklagen auffüllen; **to retransfer r.s** Rücklagen umwandeln/auflösen; **~ to taxable income** Rücklage gewinnbringend auflösen; **to return r.s to source** Rücklagen auflösen; **to run down r.s** Reserven ausschöpfen; **to stipulate a r.** Vorbehalt formulieren; **to transfer to r.s** den Rücklagen zuführen/zuschreiben, Rücklagen dotieren

accumulated reserves angesammelte Reserven; **activated r.(s)** Leistungsvorhaltung *f*; **actual r.(s)** Reserve-Ist *nt*; **actuarial r.(s)** Prämienreserve *f*, versicherungstechnische Rücklage; **additional r.(s)** zusätzliche Rücklage, Zuwachsreserve *f*; **adequate r.(s)** hinreichende Reserve; **statutory anticyclical r.(s)** Konjunkturausgleichsrücklage *f*; **appropriated r.s** zweckgebundene Rückstellungen/Reserven; **available r.(s)** Dispositionsreserve *f*, freie Rücklage, vorhandene Reserve; **borrowed r.s** geliehene Währungsreserven; **net ~ r.s** Differenz zwischen Überschussreserve und Zentralbankkrediten; **concealed r.s** stille Reserven/Rücklagen; **consolidated r.s** Konzernrücklagen; **contingent r.s** Rückstellungen für unvorhergesehene Ausgaben, ~ ungewisse Verbindlichkeiten; **general ~ r.(s)** Sammelrückstellung *f*; **cushioning r.** Auffangreserve *f*; **declared/disclosed r.(s)** offene Rücklage/Reserve, ausgewiesene Reserven/Rücklagen; **de facto** *(lat.)* **r.** Istreserve *f*; **developed r.s** *(Rohstoffe)* erschlossene Vorkommen; **discretionary r.** Ermessensreserve *f*; **doubtful r.s** Rücklage/Reserve für zweifelhafte Forderungen, ~ Dubiose; **earned r.s** eigene Währungsreserven; **excess r.s** außerordentliche Rücklagen, Überschussreserve *f*, überschüssige Reserve; **existing r.** Bestandsreserve *f*; **extraordinary r.s** außerordentliche Rücklagen; **financial r.** Finanzierungsreserve *f*; **free r.** freie Rücklage; **~ r.s** Überschussreserven, freie Reserven/Rücklagen

general reserve Sammelwertberichtigung *f*; ~ **r.s** Betriebs-, Dispositionsreserve *f*; ~ **r.s** offene Rücklagen; **to draw on** ~ **r.s** Betriebsreserven angreifen
global reserves Weltwährungsreserven, W.vorräte
hidden/invisible/latent reserves stille Reserven/Rücklagen, versteckte Reserven; **to increase** ~ **r.s** stille Reserven anreichern/stärken; **to liquidate** ~ **r.s** stille Reserven auflösen/mobilisieren
initial reserve *(Lebensvers.)* Sparprämie *f*; **inner r.s** stille/innere Reserven; **international r.s** internationale Währungsreserven; **latent r.s** stille Reserven; **lawful/legal r.** gesetzlich vorgeschriebene Reserve, Mindest-, Pflichtreserve *f*, P.rücklage *f*, gesetzliche Reserve/Rücklage, vorgeschriebene Deckung, Barreserve *f*; **to maintain** ~ **r.** Mindestreserven unterhalten; **liquid r.** Liquiditätsreserve *f*; ~ **r.s** flüssige Mittel/Reserven; **free** ~ **r.s** freie Liquiditätsreserven; **low r.s** knappe Reserven; **lump-sum r.** Pauschalwertberichtigung *f*; **mathematical r.** *(Vers.)* Deckungsrückstellung *f*, D.kapital *nt*, Prämienreserve *f*; **mean r.** *(Vers.)* Mittelrückkaufwert *m*
minimum reserve Mindestrücklage *f*, M.reserve(position) *f*, Pflichtreserve *f*, P.rücklage *f*; ~ **r.s** Mindestreserven, M.reserveanforderungen; **required** ~ **r.** Mindestreservesoll *nt*; **retained** ~ **r.s** Mindestreservevorhaltung *f*
minimum reserve audit Mindestreserveprüfung *f*; ~ **balances** Mindestreserveguthaben *nt*; ~ **burden** Mindestreservebelastung *f*; ~ **deposits** Mindestreserveeinlagen; ~ **management** Mindestreservedispositionen *pl*; ~ **order** Mindestreserveanweisung *f*; ~ **policy** Mindestreservepolitik *f*; ~ **requirement** Mindestreservesatz *m*, (M.)Reservesoll *nt*, ~ **requirements** Mindestreserven, M.reserveanforderungen
monetary reserve|s Devisen-, Währungsbestände *pl*, W.reserve *f*, Liquiditätsreserve *f*, Geldüberhang *m*; **net r.(s)** Nettoreserve *f*; **non-distributable r.s** gesetzliche Rücklagen, (Bank)Mindestreserven; **non-operating r.s** außerbetriebliche Rückstellungen; **official r.s** amtliche/zentrale/offene Reserven; **open r.s** offene Reserven/Rücklagen; **overall r.s** Gesamtrücklage *f*; **potential r.s** wahrscheinliche Vorräte; **primary r.(s)** Hauptrücklage *f*, Primärreserve *f*; **excess** ~ **r.s** überschüssige gesetzliche Rücklagen und Guthaben bei Banken; **proven r.s** 1. nachgewiesene Reserven; 2. ⚒/⛏ nachgewiesene Vorkommen; **provident r.(s)** besondere Rückstellungen, Rückstellungen für Sonderfälle; ~ **fund** Spezialreserve *f*; **published r.s** ausgewiesene/offene Rücklagen; **qualifying r.** Wertberichtigungskonto *nt*, Berichtigungsrücklage *f*; **recoverable r.s** ⛏ abbaubare/abbauwürdige Vorräte; **red r.** Kassenreserve *f*; **required r.(s)** Pflichtreserve *f*, Mindestreserven *pl*, Reservesoll *nt*; **second(ary) r.** Sekundärreserve *f*, S.liquidität *f*, Reserve zweiten Ranges; **secret r.s** stille Reserven/Rücklagen; **social r.s** Sozialrücklagen; **special(-purpose)/specific r.s** Sonderrücklage *f*, S.rückstellung *f*, S.posten mit Rücklagenanteil, besondere Rückstellung; **standby r.** Eingreifreserve *f*; **statutory r.s** gesetzlich vorgeschriebene/gesetzliche Reserve, Mindestreserve *f*, satzungsmäßige Rücklage/Reserve, Reservesoll *nt*, gesetzliche/statuarische Rücklage; **substantial r.s** große Vorräte; **supplementary r.** zusätzliche Rücklage; **surplus r.s** 1. *(Gewinn)* Rücklagen, überschüssige Reserven; 2. *[US]* zweckgebundene/außerordentliche Rücklage, Sonderrücklage *f*; **technical r.** *(Vers.)* technische Reserve; **terminal r.** *(Vers.)* Prämienreserve *f*; **uncommitted r.s** 1. freie Rücklagen; 2. Zentralbankguthaben *nt*; **undeveloped r.s** unerschlossene Vorkommen; **undisclosed r.s** stille Reserven/Rücklagen; **unearned r.** *(Vers.)* Prämiendepot *nt*; **untaxed r.s** steuerfreie Rücklagen; **with the usual r.** unter dem üblichen Vorbehalt; **voluntary r.s** freie Rücklagen
reserve *v/t* 1. vormerken, vorbestellen, reservieren (lassen), buchen, belegen; 2. aufheben, aufsparen, zurückstellen; 3. sich vorbehalten/ausbedingen
reserve account Reserve-, Rücklagen-, Rückstellungskonto *nt*; **r. adequacy** Angemessenheit von Reserven; **federal r. agent** *[US]* Verwaltungsratsvorsitzender *m* (bei der Zentralbank); **r. allocation** Rückstellungszuführung *f*, R.zuweisung *f*, Dotierung der Rücklagen
reserve asset Reservekomponente *f*, R.medium *nt*, R.mittel *nt*, Währungsreserve *f*; **r. a.s** Währungsguthaben *nt*, Rücklagenvermögen *nt*, Reservekomponente *f*, R.aktiva *pl*; **blocked r. a.s** stillgelegte Reserven; **eligible r. a.s** Liquiditätsreserve *f*; **gross r. a.s** Bruttoreserven; **official r. a.s** offizielle Reservemittel; **r. a. convertibility** Konvertibilität in primäre Reserveaktiva; ~ **holdings** Währungsreserven; ~ **ratio** Mindestreservesatz *m*; **minimum** ~ **ratio** Pflichtreserve *f* (der Geschäftsbanken)
reserve balance 1. Rücklageguthaben *nt*; 2. *(Banken)* Mindesteinlagen *pl*; 3. Währungsreserven *pl*, Devisenbestände *pl*; ~ **requirements** Mindestreservebestimmungen, M.erfordernisse; **r. bank** Reservebank *f*; ~ **credit** Zentralbankdarlehen *nt*; **r. capacity** Reserveleistung *f*, R.kapazität *f*, Leistungsreserve *f*; **r. capital** bei der Liquidation ausschüttbare Reserven, Reserve im Falle der Liquidation, nicht eingezahltes Kapital; **r.-carrying** *adj* mindestreservepflichtig; **r. category** Reserveklasse *f*; **r. center** *[US]* /**centre** *[GB]* Schlüsselwährungsland *nt*; **r. claim** *(IWF)* Reserveforderung *f*
reserve currency Leit-, Reservewährung *f*; **substitute r. c.** Ersatzwährung *f*; **r. c. balances** Reservewährungsguthaben; ~ **country** Reservewährungsland *nt*; **principal** ~ **country** Hauptreservewährungsland *nt*
reserved *adj* 1. reserviert, bestellt, belegt, gebucht; 2. distanziert, zurückhaltend; 3. vorbehalten
reserve deposits Reserveguthaben *nt/pl*, R.haltung *f*; **minimum r. deposits** Mindestreserveguthaben *nt/pl*; **federal r. district** Bundesbankbezirk *m*; **r. element** Rücklagenanteil *m*; **r. facility** Reservemittel *nt*
reserve fund 1. Rücklage-, Rückstellungsfonds *m*, Reserve(fonds) *f/m*, Geld-, Kapital-, Prämienreserve *f*, zweckgebundener Liquiditätsüberschuss; 2. *(Geld)* eiserner Bestand; **free r. f.** freier Reservefonds; **provident r. f.** außerordentliche Reserve/Rücklagen, außerordentlicher Rücklagenfonds, Spezialreserve *f*; **specif-**

ic r. f. *(Vers.)* Rücklagenfonds für drohende Verluste; **voluntary r. f.** freie Rücklage
reserve gain Reservenzuwachs *m*; **r. growth** Reservewachstum *nt*; **r. holding(s)** *(IWF)* Reserveguthaben *nt/pl*, Währungsreserven *pl*; **r. increase** Reservenerhöhung *f*; **r. instrument** Reserveaktivum *nt*, R.instrument *nt*; **r. inventory cost(s)** Bereitstellungskosten; **r. item** Reserve-, Rückstellungsposten *m*, R.betrag *m*; **r. land** Reservefläche *f*, Grundstücksreserve *f*; **r. liability** *[GB] (Lebensvers.)* Nachschusspflicht *f*; **r.-like** *adj* reserveähnlich; **r. loss** Reserveverlust *m*; **r. management** Reservedisposition *f*, R.haltung *f*; **r. medium** Reservemittel *nt*, R.instrument *nt*; **r. memory** 🖳 Reservespeicher *m*; **overall r. needs** Gesamtreservebedarf *m*; **federal r. notes** *[US]* Banknoten; **exempt from minimum r. obligation** mindestreservefrei; **r. part** Ersatzteil *nt*; **r. patent** Vorratspatent *nt*; **r. policy** Sicherheitskapitalpolitik *f*; **r. position** *(IWF)* Reservestellung *f*, R.position *f*; **net r. position** Nettodevisenposition *f*; **r. power** Energie-, Kraftüberschuss *m*; **r. price** 1. *(Auktion)* Mindestgebot *nt*, Vorbehalts-, Ausruf-, Mindest(verkaufs)preis *m*; 2. *(EU)* Rücknahmepreis *m*
reserve ratio 1. Liquiditäts-, Reserve-, Rücklagensatz *m*, Deckungsrate *f*, D.quote *f*, D.verhältnis *nt*; 2. Mindestreserve *f*; 3. *(Bank)* Reservensatzstaffel *f*; 4. *[US]* Flüssigkeitskoeffizient *m*; **legal r. r.** Mindestreserve *f*; **minimum (legal/required) r. r.** Mindestreserve-, Deckungssatz *m*; **maximum r. r.** Höchstreservesatz *m*; **statutory r. r.** Pflichtreservesatz *m*
reserve ration eiserne Ration; **r. ratio scale** Reservesatzstaffel *f*; **r.-reporting (procedure)** *n* Reservemeldeverfahren *nt*
reserve requirement|**s** (Mindest)Reservevorschriften, Reserve-, Rückstellungsbedarf *m*, Reservesoll *nt*, R.pflicht *f*, Mindestreserven; **subject to r. r.s** reservepflichtig; **extra r. r.** Erfordernis/Pflicht zur Bildung außerordentlicher Rücklagen; **legal/statutory r. r.s** gesetzlich vorgeschriebenes Deckungsverhältnis; **marginal r. r.** Zuwachsmindestreservesatz *m*; **minimum r. r.** Mindestreserveverpflichtung *f*; **primary r. r.s** Primarliquiditätsreservepflicht *f*
reserve role *(Währung)* Reservefunktion *f*; **r. share** *[GB]* /**stock** *[US]* Vorratsaktie *f*; **r. statement**; **r. status report** Reservemeldung *f*, R.ausweis *m*; **r. stock** Reservelager *nt*, Mindestsicherheitsbestand *m*, eiserner Bestand; **r. target** Rücklagensoll *nt*; **r. team** Ersatzmannschaft *f*; **r. transaction** Reservetransaktion *f*; **official r. transactions balance** Bilanz der offiziellen Reservetransaktionen; **r. transfers** Veränderung der Rücklagen; **r. unit** *(IWF)* Reserveeinheit *f*
reservoir *n* *(frz.)* 1. Reservoir *nt*, Vorrat *m*; 2. Talsperre *f*, (Wasser)Speicher *m*, Sammel-, Speicher-, Staubecken *nt*, Stausee *m*; **r. of talent** Begabungsreserve *f*
reset *n* 📁 Neusatz *m*; *v/t* 1. ✿ in Grundstellung bringen, zurückstellen; 2. 📁 neu setzen; **r. instruction** 🖳 Löschbefehl *m*; **r. time** Nachstellzeit *f*
resettle *v/t* umsiedeln, wieder ansiedeln
resettlement *n* Wiederansiedlung *f*, W.besiedlung *f*, Umsiedlung *f*; **r. in civil employment** Wiedereingliederung in das zivile Arbeits-/Erwerbsleben; **compulsory r.** Zwangsumsiedlung *f*; **r. allowance** Umsiedlungsbeihilfe *f*
resettling *n* Wiederansiedlung *f*, Umsiedlung *f*
res gestae *pl* *(lat.)* § Begleitumstände *pl*
re|**shape** *v/t* umgestalten, umbilden, umorganisieren, reorganisieren, neu formen/gestalten; **r.shaping** *n* Neugestaltung *f*, N.ordnung *f*, Reorganisation *f*
reship *v/t* wieder verfrachten, ~ verladen, ~ verschiffen; **r.shipment** *n* Wieder-, Rückverschiffung *f*, Wiederverladung *f*, W.verfrachtung *f*
reshuffle *v/t* umbesetzen, umbilden, umstrukturieren, Umgruppierung vornehmen
reshuffle *n* 1. Umbildung *f*, Umgruppierung *f*, Revirement *nt (frz.)*; 2. Umverteilung *f*, Umtauschoperation *f*; 3. *(Portefeuille)* Umschichtung *f*; **r. of responsibilities** Änderung der Geschäftsverteilung
reshuffling of balance sheet items *n* Bilanzaufbereitung *f*, B.umstrukturierung *f*; **corporate r.** Stühlerücken auf der Vorstandsetage
reside *v/i* wohnen, sich aufhalten, ansässig sein, residieren; **~ at** seinen Wohnsitz haben in
residence *n* 1. Amts-, Dienst-, Wohnsitz *m*, (ständiger) Aufenthalt, A.sort *m*; 2. Wohnung *f*; 3. *(Unternehmen)* Sitz *m*, (Geschäfts)Domizil *nt*, Zahlungsadresse *f*; **r. of the corporation** Sitz der Gesellschaft; **to acquire r.** *[US]* Aufenthaltsrecht erwerben; **to be in r.** am (Amts)Ort tätig sein, (orts)anwesend sein; **to discontinue/relinquish r.** Wohnsitz aufgeben; **to establish/take up r.** Wohnsitz begründen; **to transfer one's r.** Wohnsitz verlegen
consortial residence Sitz des Konsortiums; **habitual/ordinary/usual r.** gewöhnlicher Aufenthalt, fester Wohnsitz; **lawful r.** ordnungsgemäßer Aufenthalt; **legal r.** ständiger Aufenthalt, gesetzlicher Wohnsitz; **matrimonial r.** ehelicher Wohnsitz; **official r.** Amtssitz *m*, Dienstwohnung *f*, dienstlicher Wohnsitz; **permanent r.** bleibender/ständiger Wohnsitz, dauernder Aufenthalt, Dauerwohnsitz *m*; **personal r.** *[US]* Privatwohnung *f*; **principal r.** Hauptwohnsitz *m*, Erstwohnung *f*; **second r.** Zweitwohnung *f*, Doppelwohnsitz *m*; **temporary r.** vorübergehender Aufenthalt
residence abroad Auslandswohnsitz *m*, A.aufenthalt *m*, Wohnsitz im Ausland; **r. ban** Aufenthaltsverbot *nt*; **r. certificate** Aufenthaltsbescheinigung *f*; **r. control stamp** Aufenthaltssichtvermerk *m*; **r. insurance** Immobilien-, Immobiliar-, Wohnungsversicherung *f*; **r. permit** Aufenthaltserlaubnis *f*, A.berechtigung *f*, A.bewilligung *f*, A.genehmigung *f*, Wohnerlaubnis *f*, W.berechtigung(sschein) *f/m*; **r. qualification(s)** Wohnsitzerfordernis *nt*; **r. requirements** Niederlassungsvoraussetzungen, Wohnsitzvoraussetzung *f*; **r. taxation** Wohnsitzbesteuerung *f*
residency *n* *[US]* (Firmen)Sitz *m*
resident *n* 1. (Haus-/Heim)Bewohner(in) *m/f*; 2. Hotelgast *m*; 3. Einwohner(in) *m/f*, Bürger(in) *m/f*, Gebiets-, Ortsansässige(r) *f/m*; 4. (Devisen)Inländer(in) *m/f*; **r. of a contracting state** im Vertragsstaat ansässige Person; **r.s only** 1. 🚸 Anlieger frei; 2. (Benutzung) nur für Anlieger/Gäste

domestic resident Inländer *m*; **downstream r.** Unterlieger *m*; **foreign r.** Ausländer *m*; **~ r.'s account** Ausländerkonto *nt*; **local r.** Gebiets-, Ortsansässiger *m*, Gemeindeangehöriger *m*, G.bewohner *m*, Anwohner *m*; **permanent r.** Inländer *m*
resident *adj* 1. wohnhaft, (gebiets-/orts)ansässig, am Ort wohnend; 2. beheimatet, inländisch; **r. in/at** wohnhaft/ansässig/mit Wohnsitz in; **to be r. in** Wohnsitz haben in
resident abroad im Ausland wohnhaft; **r. convertibility** Inländerkonvertibilität *f*
residential *adj* Wohn-
resident|s' investments abroad inländische Investitionen im Ausland; **r.s' tax** Aufenthaltssteuer *f*; **r. treatment** Inländerbehandlung *f*
residing at/in *adj* mit Wohnsitz in, ansässig, beheimatet
residual *adj* übrig (bleibend), ver-, zurückbleibend, Rest-; *n* 1. Rückstand *m*; 2. Abweichung *f*, Restgröße *f*
residuary *adj* 1. übrig, restlich, rückständig, Rest-; 2. § restnachlassberechtigt
residue *n* 1. Rest *m*, R.betrag *m*, R.masse *f*, R.zeit *f*, Überreste *pl*, Überbleibsel *nt*; 2. § Rein-, Restnachlass *m*, Nachlass(wert) *m* (nach Abzug aller Verbindlichkeiten); 3. Bodensatz *m (fig)*; **r.s** Rückstände, Abfallstoffe; **r. of profit** Restgewinn *m*; **clear r.** reiner Nachlass
resign *v/ti* 1. *(Stellung)* aufgeben, ab-, zurück-, austreten, Amt niederlegen, aus dem Dienst/Amt scheiden, den Dienst quittieren, vom Amt zurücktreten, abdanken, demissionieren, verzichten auf; 2. resignieren; **~ o.s. to sth.** sich dreinfügen, sich mit etw. abfinden; **to force so. to r.** jdn zum Rücktritt zwingen
resignation *n* 1. Entlassung auf Antrag, Entlassungsgesuch *nt*, Kündigung *f*, Rücktritt *m*, R.sschreiben *nt*, R.sgesuch *nt*, R.serklärung *f*, (Amts)Niederlegung *f*, Amtsaufgabe *f*, Abdankung *f*, Abschied *m*; 2. Demission *f*, Niederlegung des Mandates; 3. Resignation *f*; **r. from a party** Parteiaustritt *m*; **to call for so.'s r.** jdn zum Rücktritt auffordern; **to hand/send in one's r.; to tender one's r.** Rücktritt erklären, Rücktritt(sgesuch)/Entlassung(sgesuch)/Abschied(sgesuch)/Demission einreichen, um Entlassung bitten, sein Amt zur Verfügung stellen; **collective/joint r.** Gesamtrücktritt *m*
resigned *adj* resigniert; **to be r. to** sich abfinden mit
resilience *n* Unverwüstlichkeit *f*, Spannkraft *f*, Elastizität *f*, Belastbarkeit *f*; **to show r.** sich als beweglich erweisen
resilient *adj* elastisch, voller Spannkraft, unverwüstlich, belastbar
resin *n* Harz *nt*; **synthetic r.** Kunstharz *nt*
res ipsa loquitur *n (lat.)* § widerlegbare Vermutung, dass Beklagter fahrlässig handelte
resist *v/t* widerstehen, Widerstand leisten, sich wehren/widersetzen
resistance *n* 1. Widerstand(skraft) *m/f*; 2. Widerstand *m* **to meet with resistance** auf Widerstand stoßen/treffen; **to offer/put up r.** Widerstand entgegensetzen/leisten; **to overcome r.** Widerstand brechen; **to take the way of the least r.** den Weg des geringsten Widerstandes gehen
armed resistance bewaffneter Widerstand; **inverse r.** Sperrwiderstand *m*; **last-ditch r.** verzweifelter Widerstand; **passive r.** passiver Widerstand; **stiff/strong r.** hartnäckiger/nachhaltiger Widerstand; **stubborn r.** erbitterter Widerstand
to break the resistance level *(Börse)* die Widerstandslinie durchbrechen; **r. line** Widerstandslinie *f*; **r. point** *[US] (Börse)* abgeschlossener Kursstand
resistant *adj* widerstandsfähig, strapazierfähig
res judicata *n (lat.)* § rechtskräftig entschiedene Sache, materiell rechtskräftig; **~ effect** Rechtskraftwirkung *f*
resmelt *v/t* umschmelzen
resolute *adj* entschlossen, entschieden, energisch, resolut, zielstrebig; **r.ness** *n* Entschiedenheit *f*
resolution *n* 1. Beschluss(fassung) *m/f*, Entschluss *m*, Entschließung *f*, Resolution *f*; 2. Entschlossenheit *f*, Entschiedenheit *f*; 3. Vorsatz *m*; 4. *(Konflikt)* Lösung *f*
resolution for the appropriation of profits *(HV)* Gewinnverwendungsbeschluss *m*, Beschlussfassung zur Verwendung des Bilanzgewinns; **r. ordering the distribution of profits** Gewinnverteilungsbeschluss *m*; **r. to liquidate (the business)** Auflösungsbeschluss *m*; **r. adopted by the majority of votes** Mehrheitsbeschluss *m*; **r. by simple majority** Beschlussfassung mit einfacher Mehrheit; **r. in general meeting** Hauptversammlungsbeschluss *m*; **r. adopted by parliament** Parlamentsbeschluss *m*; **~ the partners** Teilhaber-, Gesellschafterbeschluss *m*; **r. approving the reorganization** Umwandlungsbeschluss *m*
to adopt a resolution Beschluss/Entschließung annehmen, Vorschlag zum Beschluss erheben, beschließen; **to annul a r.** Beschluss aufheben; **to carry/pass a r.** Entschließung annehmen, Beschluss fassen; **to move/propose/table a r.** Entschließung/Resolution/Antrag einbringen, Resolution vorlegen; **to reject a r.** Entschließung/Resolution/Antrag ablehnen
corporate resolution Gesellschaftsbeschluss *m*; **extraordinary r.** qualifizierter Mehrheitsbeschluss; **firm r.** fester Entschluss; **joint r.** gemeinsame Entschließung, Gemeinschaftsbeschluss *m*; **ordinary r.** 1. ordentlicher Beschluss, Beschluss mit einfacher Mehrheit; 2. *(Konkurs)* einfacher Mehrheitsbeschluss aller Inhaber nachgewiesener Forderungen; **special r.** qualifizierter Mehrheitsbeschluss aller Stimmen, Sonderbeschluss *m*; **unanimous r.** einstimmige Entschließung, einstimmiger Beschluss
resolve *n* Entschlossenheit *f*, Entschluss *m*; **to stiffen so.'s r.** jdm den Rücken stärken *(fig)*
resolve *v/ti* 1. (auf)lösen; 2. *(Zweifel)* zerstreuen; 3. sich entschließen; 4. sich auflösen
resolved *adj* (fest) entschlossen; **be it r.** § es ergeht folgender Beschluss
resonance *n* Resonanz *f*; **magnetic r. tomography** Kernspintomografie *f*
resorb *v/t* resorbieren
resort *n* 1. Erholungs-, Ferien-, Urlaubsort *m*; 2. Aus-

without **resort**

weg *m*, Rettung *f*; **without r.** [§] ohne Berufungsmöglichkeit; **r. to the courts; ~ litigation** Rechtsweg *m*, Anrufung/Inanspruchnahme der Gerichte; **~ a higher court** Rechtsmittel *nt*; **extraordinary ~ an upper court** außerordentliches Rechtsmittel
coastal/seaside resort Seebad *nt*; **last r.** letzte Instanz, letzter Ausweg, letztes Mittel, ultima ratio *(lat.)*; **as a ~ r.** als letztes Mittel; **in the ~ r.** letzten Endes, notfalls, in letzter Instanz, schließlich, als letzter Ausweg
resort to *v/i* 1. Gebrauch machen von, zurückgreifen auf, greifen zu, sich verlegen auf, Zuflucht nehmen zu; 2. [§] anrufen
resort facilities Kuranlagen; **r. hotel** Ferienhotel *nt*
resound *v/i* erklingen, erschallen; **r.ing** *adj* 1. dröhnend, schallend; 2. *(Erfolg)* gewaltig, durchschlagend
resource *n* 1. Hilfsquelle *f*, H.mittel *nt*, Ausweg *m*; 2. 🖳 Systemelement *nt*; **r.s** 1. (Boden)Schätze, Ressourcen, Vorräte; 2. (Hilfs)Quellen, Güter; 3. Aktiva, Deckungs-, Geldmittel, Vermögenswerte, Fundus *m*; 4. Leistungs-, Produktionsfaktoren, Produktiv-, Wirtschaftskräfte; **without r.** hoffnungslos, ohne Rettung; **~ r.s** mittellos; **r.s of cash** Kassenmittel; **~ the sea** Schätze des Meeres; **mineral ~ the seabed** Meeresbodenschätze; **on one's own r.s** aus eigenen Kräften; **financed out of own r.s** eigenfinanziert
to allocate resources Mittel zuweisen; **to be left to one's own r.** auf sich allein gestellt sein; **to dissipate one's r.** sich verzetteln; **to draw on r.** Hilfsquellen in Anspruch nehmen; **~ upon unlimited r.** aus dem Vollen schöpfen *(coll)*; **to exhaust one's r.** seine Mittel erschöpfen; **to finance from one's own r.** selbst finanzieren; **to husband one's r.** sparsam wirtschaften; **to open up new r.** neue Hilfsquellen erschließen; **to pool r.** Geldmittel zusammenlegen/z.werfen; **to tap r.** Hilfsquellen erschließen
assigned resources zugewiesene Menge; **associated r.** dazugehörige Hilfsmittel; **available r.** verfügbare Hilfsmittel; **borrowed r.** Fremdkapital *nt*; **budgetary r.** Haushaltsmittel; **committed r.** gebundene Mittel; **economic r.** ökonomische Ressourcen, wirtschaftliche Hilfsquellen/Möglichkeiten/Mittel, Wirtschaftspotenzial *nt*, W.kraft *f*; **financial r.** finanzielle Mittel/Quellen, Kapital-, Finanzierungsmittel, Mittelausstattung *f*; **available ~ r.** verfügbare Geldmittel, Finanzierungspotenzial *nt*
human resources Arbeitskräfte(potenzial) *pl/nt*, Humanvermögen *nt*, H.kapital *nt*, H.ressourcen, Personal *nt*, P.mittel, P.ressourcen, personelle Mittel; **~ accounting** Human-/Personalvermögensrechnung *f*, P.kapitalrechnung *f*; **~ department** *[US]* Personalabteilung *f*; **~ development** Personalentwicklung *f*; **~ forecast** Personalbedarfsprognose *f*; **~ function** Personalbereich *m*, P.sektor *m*; **~ investment** Investitionen in Menschen; **~ management** Personalwesen *nt*, P.wirtschaft *f*, P.leitung *f*, P.management *nt*, Menschenführung *f*; **~ manager** Personalleiter *m*; **~ planning** Personal(bedarfs)-planung *f*; **~ replacement costs** Kosten der Personalersatzbeschaffung
inadequate resources unzureichende (Kapital)Mittel;

industrial r. industrielle Hilfsquellen; **internal r.** Eigen(finanzierungs)mittel; **limited r.** begrenzte/beschränkte Mittel; **liquid r.** flüssige Mittel/Reserven, Liquidität *f*, Zahlungsmittel; **loanable r.** Kreditpotenzial *nt*; **material r.** Sachwerte, Hilfsmittel; **mineral r.** Bodenschätze, Rohstoffe; **marine ~ r.** Meeresbodenschätze
natural resources natürliche Hilfsquellen/Reichtümer/ Ressourcen, Rohstoffquellen, Boden-, Naturschätze, Grund-, Rohstoffe, originäre Produktionsfaktoren; **~ company** Grundstoffunternehmen *nt*; **~ industry** Grundstoff-, Rohstoffindustrie *f*
non-cash/non-monetary/physical resources Sachmittel, S.werte; **own r.** Eigenmittel, eigene Mittel; **~ r. account** Eigenmittelrechnung *f*; **pecuniary r.** Geldmittel; **pre-emptive r.** entziehbare Betriebsmittel; **productive r.** Produktivkräfte, Leistungs-, Produktionsfaktoren; **real r.** (reale) Produktivkräfte; **scarce r.** spärliche/knappe Mittel; **strategic r.** strategische Ressourcen; **surplus r.** Mittelüberhang *m*; **underutilized r.** freie/nicht ausgelastete Kapazität; **unlimited r.** unbegrenzte Ressourcen; **to draw on ~ r.** aus dem Vollen schöpfen; **untapped r.** ungenutzte Hilfs-/Rohstoffquellen
resource *v/t* 1. mit Mitteln/finanziell ausstatten; 2. beschaffen
resource absorption Ressourceninanspruchnahme *f*; **r. allocation** 1. (Betriebs-/Geld)Mittelzuweisung *f*, M.verteilung *f*; 2. Kapazitätsbedarfsermittlung *f*; 3. Produktionsstruktur *f*; **r. availability** Verfügbarkeit von Ressourcen, Mittelverfügbarkeit *f*; **r.-based** rohstoffabhängig; **r. cost(s)** Gewinnungskosten; **marginal r. cost(s)** Faktorgrenzkosten *pl*; **r.ful** *adj* wendig, findig, erfinderisch, einfallsreich; **r.fulness** *n* Wendigkeit *f*, Findigkeit *f*, Einfallsreichtum *m*; **r.-hungry** *adj* rohstoffhungrig, r.arm, mit hohem Rohstoffverbrauch; **r. industry** Grundstoffindustrie *f*; **r. input** (Geld)Mitteleinsatz *m*; **r.-intensive** *adj* 1. kapitalintensiv; 2. arbeits-, rohstoff-, materialintensiv; **r.s investment** Investition(en) in Ressourcen, Steigerung der Kapital-/Arbeitsintensität; **r.interests** Rohstoffinteressen; **r. issues** *(Börse)* Rohstoffwerte, R.titel, R.aktien; **r.less** *adj* mittellos; **r. management** Betriebsmittelverwaltung *f*; **r. market** Faktormarkt *m*; **r. prices** Faktorpreise; **r. requirements** Betriebsmittelbedarf *m*; **r. scarcity** Rohstoffverknappung *f*; **r. scheduling** Betriebsmittel-, Faktoreinsatzplanung *f*; **r. sharing** Betriebsmittelverbund *m*; **r. utilization** Mittelverwendung *f*
resourcing *n* Ressourcenbereitstellung *f*, (Mittel)Beschaffung *f*; **outside r.** Fremdversorgungswirtschaft *f*, F.beschaffung *f*, F.bezug *m*
respect *n* 1. Respekt *m*, (Hoch)Achtung *f*, Ansehen *nt*, Wertschätzung *f*, Anerkennung *f*; 2. Beziehung *f*, Hinsicht *f*; 3. Rücksicht *f*; **in r. of; with r. to** hinsichtlich, in Bezug/im Hinblick auf, bezüglich; **r. for the law** Achtung vor dem Gesetz; **in all r.s** in jeder Hinsicht; **in this r.** in dieser Hinsicht/Beziehung
to command respect Hochachtung abnötigen, Respekt einflößen, sich sehen lassen können *(coll)*; **to give so.**

one's r.s jdn grüßen; **to have r. for sth.** einer Sache Beachtung schenken, auf etw. achten; **to hold so. in r.** jdn achten; **to inspire r.** Respekt einflößen; **to owe r.** Respekt schulden; **to pay one's r.s to so.** jdm einen Anstandsbesuch machen; **~ r. to sth.** einer Sache Beachtung schenken, auf etw. achten; **~ so. one's last r.s** jdm die letzte Ehre erweisen, jdm das letzte Geleit geben; **to show so. great r.** jdm mit Hochachtung begegnen; **to treat so. with r.** jdn rücksichtsvoll behandeln; **to win r.** zu Ansehen gelangen
with (all) due respect bei allem Respekt, ~ aller Hochachtung; **in material r.s** faktisch, materiell gesehen, in materieller Hinsicht; **worldwide r.** Weltgeltung *f*
respect *v/t* achten, respektieren
respect|ability *n* Ansehen *nt*; **r.able** *adj* respektabel, ansehnlich, beträchtlich, achtbar, solide, seriös, angesehen
respected *adj* respektiert, angesehen; **highly r.** hochgeachtet
respectful *adj* ehrerbietig, respektvoll
respecting *prep* betreffend
respective *adj* einschlägig, jeweilig; **r.ly** *adv* beziehungsweise, respektive
respiration *n* ♃ Atmung *f*; **artificial r.** künstliche (Be)Atmung
repirator *n* ♃ Atem-, Sauerstoffgerät *nt*, S.apparat *m*; **r.y** *adj* ♃ Atem-
respite *n* 1. (Nach-/Zahlungs)Frist *f*, Fristverlängerung *f*, (Forderungs)Stundung *f*, (Zahlungs)Aufschub *m*, Bedenkzeit *f*, Vollstreckungsaussetzung *f*, Aufschub der Zahlungsfrist; 2. *(fig)* Atempause *(fig)*; **without r.** ohne Unterbrechung/Pause; **r. on debts** Zahlungsaufschub *m*, Stundung *f*; **r. for/of/in payment** Zahlungsaufschub *m*, Moratorium *nt*; **r. on payment of purchase money** Kaufgeldstundung *f*
to accord a respite 1. Frist zugestehen, 2. *(Zahlung)* stunden; **to apply for a r.** Stundungsgesuch stellen, um Aufschub bitten; **to grant a r.** 1. (Zahlungs)Aufschub bewilligen/einräumen/gewähren/zugestehen, Zahlungsziel einräumen, Nachfrist setzen, stunden; 2. *(Kredit)* stillhalten; **additional r.** Nachfrist *f*; **final r.** letzte Frist
respite *v/t* 1. auf-, verschieben; 2. *(Zahlung)* Aufschub/Stundung gewähren, stunden; 3. Strafe aussetzen
respitee *n* Stundungsnehmer(in) *m/f*
respite money Prolongationsgebühr *f*
respond *v/i* 1. (be)antworten, erwidern; 2. reagieren; 3. [§] Klageerwiderung einreichen; **r. to sth.** auf etw. eingehen/reagieren
respondent *n* 1. Interviewte(r) *f/m*, Befragte(r) *f/m*, Umfragebeantworter(in) *m/f*, Proband(in) *m/f*, Versuchsperson *f*; 2. [§] (Scheidungs)Beklagte(r) *f/m*, Antragsbeschwerdegegner(in) *m/f*, Gegenpartei *f*; **r. of a counterclaim** Widerbeklagter *m*; **r.'s notice of appeal** Anschlussberufung *f*; **~ joining a complaint** Anschlussbeschwerde *f*; **joint r.** Mitbeklagter *m*
respondentia *n (lat.)* Verschiffungskredit *m*, Hypothekenkredit auf Schiffsladung; **r. bond** Bodmereibrief auf Schiff und Ladung

respond feature ⌑ Antworteinrichtung *f*
response *n* 1. Antwort *f*, Erwiderung *f*; 2. Reaktion *f*; 3. Anklang *m*, Rückmeldung *f*, Rücklauf *m*, Resonanz *f*, Widerhall *m*, Echo *nt*; **r. of a rival firm** Konkurrenzreaktion *f*; **in r. to** als Antwort/Erwiderung/Reaktion auf; **to meet with no r.** keinen Widerhall finden; **~ a warm r.** gut aufgenommen werden, Echo finden; **faint r.** schwaches Echo; **quantal r.** Ja-Nein-Reaktion *f*; **supportive r.** Unterstützung *f*; **transient r.** ⌑ Übergangsfunktion *f*
response function Reaktionsfunktion *f*; **r. information** Reaktionsinformation *f*; **coded r. message** verschlüsselte Antwort; **r. pattern** Wirkungsmuster *nt*; **r. position** ⌑ Markierungsstelle *f*; **r. rate** Antwort-, Rücklaufquote *f*; **r. research** Wirkungsforschung *f*
response time 1. ⌑ Antwort-, Anlaufzeit *f*; 2. Reaktionszeit *f*; **~ distribution** Zeit-Wirkungsverteilung *f*; **~ measuring** Reaktionszeitmessung *f*
responsibility *n* 1. Verantwortung *f*, Verantwortlichkeit *f*, Haftung *f*, Haftbarkeit *f*, Haftpflicht *f*; 2. Aufgabe(n-kreis) *f/m*, Zuständigkeit *f*, Kompetenz *f*, Obliegenheit *f*; 3. Zahlungsfähigkeit *f*, Solidität *f*; **responsibilities** Geschäftsbereich *m*, Pflichtenkreis *m*; **without any r.** ohne Gewähr (o.G.)
responsibility for the act Tatschuld *f*; **~ damages** Schadenshaftung *f*; **~ enforcement** Haftung für die Durchführung; **legal ~ a fault of another** Haftung für Verschulden eines Dritten; **~ labelling/marking** Kennzeichnungspflicht *f*; **responsibilities of office** Amts-, Dienstpflichten *f*; **r. for excecutive organs** Organhaftung *f*
the responsibility rests with die Verantwortung liegt bei; **without admitting legal r.** ohne Anerkennung einer Rechtspflicht
to accept responsibility Haftung/Verantwortung übernehmen; **~ no r.** keine Gewähr übernehmen; **~ r. for a damage** Schaden vertreten; **to admit r.** Schuld anerkennen/auf sich nehmen/zugeben; **to assume a r.** Aufgabe/Gewährleistung/Verantwortung übernehmen; **to be the r. of so.** in jds Verantwortung liegen; **to bear the r.** die Verantwortung tragen; **to become the r. of** in den Verantwortungsbereich von ... fallen; **to decline r.** Haftung ablehnen; **to delegate r.** Verantwortlichkeit/Verantwortung/Kompetenz delegieren, ~ übertragen; **to deny/disclaim r.** Schuld/Verantwortung abstreiten, ~ leugnen; **~ all r.** jede Verantwortung von sich weisen; **to delegate/devolve r.** Verantwortung übertragen; **to increase r.** Haftung erweitern; **to relieve so. of his responsibilities** jdn von seinen Pflichten entbinden; **to saddle o.s. with r.** sich mit Verantwortung belasten, sich eine Verantwortung aufladen; **~ so. with the r.** jdm die Verantwortung aufbürden; **to shift r.** Verantwortung abwälzen; **to shirk (one's) r.** sich der Verantwortung entziehen, sich vor der Verantwortung drücken, sich aus der Verantwortung stehlen; **to shoulder r.** Verantwortung auf sich nehmen; **to take (on) the r.** die Verantwortung/Haftung übernehmen
administrative responsibility Amtshaftung *f*, behördliche Verantwortung; **civil r.** zivilrechtliche Verant-

collective **responsibility**

wortung; **collective r.** gemeinsame/kollektive Verantwortung; **criminal r.** [§] strafrechtliche Verantwortlichkeit/Verantwortung, Schuld-, Zurechnungsfähigkeit *f*, Strafmündigkeit *f*; **limited ~ r.** beschränkte Zurechnungsfähigkeit; **diminished r.** verminderte Zurechnungs-/Schuldfähigkeit; **environmental r.** Umweltverantwortung *f*; **federal r.** Bundeskompetenz *f*; **financial r.** finanzielle Haftung; **governmental r.** Verantwortung des Staates; **heavy r.** schwere/hohe Verantwortung; **individual r.** Eigenverantwortlichkeit *f*; **joint r.** Kollektiv-, Mitverantwortung *f*, Gesamthaftung *f*; **~ and several r.** Solidarhaftung *f*; **legal r.** Rechtspflicht *f*; **main r.** Hauptverantwortung *f*; **managerial r.** Unternehmerverantwortung *f*; **official r.** Amtshaftung *f*; **overall r.** Gesamtverantwortung *f*; **own r.** Selbst-, Eigenverantwortung *f*; **on one's ~ r.** auf eigene Verantwortung, aus eigener Macht, in eigener Zuständigkeit; **penal r.** [§] Zurechenbarkeit *f*; **personal r.** Eigenverantwortung *f*, persönliche Verantwortung; **prime r.** Hauptverantwortlichkeit *f*; **social r.** soziale Verantwortung; **corporate ~ r.** soziale Verantwortung der Unternehmen; **sole/undivided r.** alleinige Verantwortlichkeit; **supervisory r.** Kontrollpflicht *f*; **third-party r.** Fremdverschulden *nt*
responsibility accounting Rechnungswesen zur Kontrolle der Wirtschaftlichkeit der einzelnen Verantwortungs- und Funktionsbereiche, Verrechnung der Kosten(rechnung) nach Verantwortungsbereichen, Verantwortlichkeits-, Kontrollrechnung *f*, Erfassen und Abrechnen von Kosten und Leistungen zur Wirtschaftlichkeitskontrolle; **r. center** *[US]* /**centre** *[GB]* Verantwortungsbereich *m*, (betriebliches) Verantwortungszentrum
responsible *adj* 1. verantwortlich, zuständig, federführend; 2. (persönlich) haftend; 3. verantwortungsbewusst, v.voll; 4. geschäfts-, zahlungsfähig, solvent, solide; **those r.** die Verantwortlichen; **r. to a limited extent** beschränkt geschäftsfähig; **to be r.** 1. verantworten, verantwortlich zeichnen, Verantwortung tragen; 2. haften, vertreten, aufkommen/einstehen für; 3. Schuld haben, verschulden; **~ jointly r.** gesamtschuldnerisch aufkommen; **~ r. to so.** jdm unterstellt sein; **to hold so. r.** jdn zur Verantwortung ziehen, jdn verantwortlich machen, jdn belangen; **~ personally r.** jdn persönlich verantwortlich machen
criminally responsible [§] strafrechtlich verantwortlich, zurechnungsfähig; **not ~ r.** unzurechnungsfähig; **directly r.** eigenverantwortlich; **fully r.** voll verantwortlich; **functionally r.** sachlich zuständig; **jointly r.** mitverantwortlich; **~ and severally r.** gesamtschuldnerisch (haftend); **legally r.** 1. rechtsfähig; 2. haftbar; **partly r.** mitschuldig; **solely r.** allein verantwortlich
responsive *adj* ansprechbar, empfänglich, zugänglich, interessiert, reagierend, reagibel, reaktionsfreudig; **to be r. to sth.** auf etw. eingehen; **r.ness** *n* Reaktionsbereitschaft *f*, Reagibilität *f*
rest *n* 1. Ruhe(pause) *f*, Erholung *f*, Rast *f*, Pause *f*, Unterbrechung *f*; 2. Rest(menge) *m/f*, Überbleibsel *nt*; **the r. das Übrige**; **for ~ of the year** im weiteren Jahresverlauf; **in need of a r.** erholungsbedürftig

to have a short rest kurze Rast einlegen; **to lay so. to r.** jdn zur letzten Ruhe/ins Grab betten, jdn zu Grabe tragen; **to need a r.** der Ruhe bedürfen; **to badly need a r.** dringend Erholung brauchen; **to pay the r.** Rest bezahlen; **to prescribe a r.** Ruhepause verordnen; **to put up the r.** Rest aufbringen/bezahlen; **to set so. at r.** jdn beschwichtigen/beruhigen
compensating rest Erholungszeit *f*; **net r.** Nettoüberschuss *m*; **well-earned r.** wohlverdiente Pause/Ruhe
rest *v/ti* 1. ruhen, sich ausruhen, rasten, pausieren, Pause einlegen; 2. *(Verantwortung)* liegen; 3. ausruhen lassen; 4. lehnen; **r. (up)on** füßen/sich stützen/beruhen auf; **r. with** liegen bei; **to let a matter r.** etw. auf sich beruhen lassen, Sache ruhen lassen
restack *v/t* umschichten
rest area Ruhezone *f*
restart *n* Wiederbeginn *m*, W.inbetriebnahme *f*, W.anlauf *m*; *v/t* wieder in Betrieb setzen, ~ anlaufen lassen, ~ aufnehmen
restarting *n* Wiederingangsetzung *f*; **r. costs** Wiederanlaufkosten
restate *v/t* 1. umformulieren, neu darstellen; 2. *(Bilanz)* umbasieren; **r.ment** *n* 1. Umformulierung *f*, Neudarstellung *f*; 2. *(Bilanz)* Umbasierung *f*
restaurant *n* Restaurant *nt*, (Ess-/Speise)Lokal *nt*, Gaststätte *f*; **to run a r.** Restaurant betreiben; **fast-food r.** Schnellgaststätte *f*, S.restaurant *nt*; **self-service r.** Selbstbedienungsrestaurant *nt*, Restaurant mit Selbstbedienung
restaurant bill Restaurantrechnung *f*; **r. car** 🚃 Speisewagen *m*; **r. chain** Restaurantkette *f*; **r. food** Gaststättenessen *nt*; **r. manager** Gastwirt *m*; **r. owner/propietor** Gastwirt *m*, Restaurantbesitzer *m*; **r. prices** Gaststättenpreise; **r. tax** Schanksteuer *f*
restaurateur *n* *(fig)* Gastronom *m*, Gastwirt *m*
rest break *n* Ruhepause *f*
rest capital Reservefonds *m*, R.kapital *nt*; **r. center** *[US]* /**centre** *[GB]* Erholungsstätte *f*; **r. cure** Erholungsaufenthalt *m*, E.kur *f*; **r. day** Ruhetag *m*; **~ working** Feiertagsarbeit *f*; **r. home** 1. Erholungsheim *nt*; 2. Altersheim *nt*
resting *adj* ruhend; **r. order** *(Börse)* Limitauftrag *m* (unterhalb des Kursniveaus); **r. place** 1. Rastplatz *m*; 2. Ruheplatz *m*, R.stätte *f*
restitute *v/t* (zu)rückerstatten, rückgewähren, zurück-, wiedergeben, w.herstellen, restituieren
restituee *n* Rückerstattungsberechtigte(r) *f/m*, R.empfänger(in) *m/f*
restitutio in integrum *n* *(lat.)* [§] Wiedereinsetzung in den vorigen Stand
restitution *n* (Zu)Rückerstattung *f*, Rückgabe *f*, Erstattung(sverfahren) *f/nt*, Schaden(s)ersatz *m*, Entschädigung *f*, Rückgewährung *f*, Wiedergutmachung(szahlung) *f*, Restitution *f*, Herausgabe *f*; **r. to the previous condition** Wiedereinsetzung in den vorigen Stand; **r. of/for a damage** Schaden(s)ersatz *m*; **r. of stolen goods** Herausgabe gestohlener Gegenstände; **r. in kind** Naturalrestitution *f*; **r. of conjugal rights** Wiederherstellung der ehelichen Lebensgemeinschaft; **~**

property Vermögensrückgabe *f*, V.erstattung *f*, Rückerstattung von Vermögen; **~ the purchase price** Kaufpreiserstattung *f*; **~ a right** Wiederherstellung eines Rechts
to make restitution Genugtuung/(Schaden(s))Ersatz leisten, Schaden wieder gutmachen; **liable ~ r.** schaden(s)ersatz-, rückerstattungspflichtig
specific restitution [§] Herausgabe einer beweglichen Sache
restitution case [§] Restitutions-, Rückerstattungsprozess *m*, Wiedergutmachungssache *f*; **r. claim** Schaden(s)ersatz-, Wiedergutmachungsanspruch *m*; **r. order** Wiedergutmachungs-, (Rück)Erstattungsbeschluss *m*, Rückerstattungsurteil *nt*; **r. payment** Wiedergutmachungszahlung *f*; **r. proceedings** [§] (Rück)Erstattungsverfahren *nt*, Rückerstattungsprozess *m*; **r. settlement** Rückerstattungsvergleich *m*
restitutor *n* Rückerstattungspflichtige(r) *f/m*
restock *v/t* (Bestand/Lager/Vorrat) wieder auffüllen, ~ ergänzen, ~ aufstocken, Warenvorräte erneuern; **r.ing** *n* Lager(bestands)auffüllung *f*, L.ergänzung *f*, L.erneuerung *f*, Bestandserneuerung *f*
restoration *n* 1. Wiederherstellung *f*, Rückerstattung *f*, R.gabe *f*, R.gewährung *f*, Restitution *f*, Herausgabe *f*, Wiedereinsetzung *f*, W.einbringung *f*; 2. 🏛 Restaurierung *f*, Instandsetzung *f*, Gebäudesanierung *f*; **r. of a building** Gebäudeinstandsetzung *f*, G.sanierung *f*, Wiederherstellung eines Gebäudes; **~ goods in distraint** Pfandrückgabe *f*; **~ one's rights** Wiedereinsetzung in seine Rechte; **r. costs** Wiederherstellungskosten
restorative *adj* ♧ stärkend; *n* Stärkungsmittel *nt*
restore *v/t* 1. (zurück)erstatten, rückgewähren, wieder-, zurückbringen, z.geben, wiedergeben, w.einbringen, restituieren; 2. 🏛 in Stand setzen, restaurieren, wiederherstellen
restorer *n* Restaurator(in) *m/f*
rest period Arbeits-, Erholungs-, Ruhepause *f*, R.zeit *f*, Arbeitsruhe *f*; **daily r. period** Tagesruhezeit *f*; **postcure r. period** ♧ Nachkur *f*; **r. position** Ruhelage *f*
restrain *v/t* 1. hemmen, drosseln, in Schranken halten, zurückhalten; 2. *(Macht)* beschränken; 3. *(Rechte)* schmälern; **r. o.s.** sich beherrschen, sich Zurückhaltung/Beschränkungen auferlegen
restrained *adj* 1. zurückhaltend; 2. *(Wachstum)* gebremst, verhalten, maßvoll
restraining clause *n* Konkurrenzklausel *f*; **r. order** auf Unterlassung gerichtete einstweilige Verfügung; **r. system** ⚓ Rückhaltesystem *nt*
restraint *n* 1. (Freiheits-/Verfügungs)Beschränkung *f*, Be-, Verhinderung *f*, Hemmung *f*, Zügelung *f*, Einhalt *m*; 2. Beherrschung *f*; 3. [§] Haft *f*; 4. ⚓ Beschlagnahme *f*; **under r.** 1. in Gewahrsam, unter Aufsicht; 2. entmündigt; **without r.** frei, offen, unbeschränkt
restraint on alienation Veräußerungsverbot *nt*; **to impose r.s ~ alienation** Veräußerungsgebot erlassen; **temporary ~ alienation** Veräußerungssperre *f*; **~ anticipation** Verbot der Vorausverfügung; **r. of competition** Wettbewerbsbeschränkung *f*; **horizontal ~ competition** horizontale Wettbewerbsbeschränkung; **vertical ~ competition** vertikale Wettbewerbsbeschränkung; **r.s on the economy** Wirtschaftsrestriktionen; **r. of liberty** Freiheitsbeschränkung *f*; **~ marriage** Eheverbot *nt*; **~ prices** (Preis)Embargo *nt*; **competitive r. on price increases** wettbewerbsbedingte Zurückhaltung bei Preiserhöhungen; **r. of princes (and rules)** [§] hoheitsrechtliche Eingriffe, Verfügungen von hoher Hand; **~ a ship** ⚓ Schiffsarrest *m*; **~ trade** Handels-, Konkurrenz-, Wettbewerbsbeschränkung *f*, Ausschuss/Behinderung/Einschränkung des Wettbewerbs, ~ der Konkurrenz; **unreasonable ~ trade** unberechtigte Preisbindung; **r.s of foreign trade** Außenhandelsbeschränkungen
to place under restraint in Haft nehmen, Sicherheitsverwahrung anordnen; **to show r.** Zurückhaltung üben
ancillary restraint wettbewerbseinschränkende Nebenabrede; **budgetary r.** Haushaltsbeschränkung *f*; **distributional r.** Vertriebsbindung *f*; **economic r.s** Wirtschaftsrestriktionen, wirtschaftliche Restriktionen
fiscal restraint zurückhaltende Steuerpolitik; **~ policy** Sparpolitik der öffentlichen Hand; **~ program(me)** Sparprogramm der öffentlichen Hand
legal restraint gesetzliche Auflage/Beschränkung; **monetary r.** Geldverknappung *f*, monetäre Beschränkung(smaßnahmen), restriktive Geldpolitik; **voluntary r.** freiwillige (Selbst)Beschränkung; **~ agreement** Selbstbeschränkungsabkommen *nt*
restraint agreement Karenzvereinbarung *f*; **r. clause** Karenz-, Wettbewerbsklausel *f*; **r. measures** restriktive Maßnahmen; **r. order** [§] Unterlassungsverfügung *f*
restrict *v/t* ein-, beschränken, begrenzen, einengen, festlegen; **r. o.s. to** sich beschränken auf
restricted *adj* eingeschränkt, beschränkt, limitiert, befristet, begrenzt; **to be r. to** beschränkt sein auf
restriction *n* Begrenzung *f*, Be-, Einschränkung *f*, Restriktion *f*, Einengung *f*, Befristung *f*, Drosselung *f*; **without r.s** keinen Beschränkungen unterworfen, uneingeschränkt
restriction|s on admission Zulassungsbeschränkungen; **r. on advertising** Werbebeschränkung *f*; **r.s to safeguard the balance of payments** Beschränkungen zum Schutz der Zahlungsbilanz; **r.s on capital movements** Beschränkungen des Kapital-/Zahlungsverkehrs; **r. of competition** Wettbewerbsbeschränkung *f*, Einschränkung des Wettbewerbs; **~ consumption** Konsumbeschränkung *f*; **~ cultivation** 🌱 Anbaubeschränkung *f*; **r. on disposal** Veräußerungs-, Verfügungsbeschränkung *f*; **r. of entry** 1. Zugangsbeschränkung *f*; 2. Einreisebeschränkung *f*; **~ exports** Ausfuhr-, Exportbeschränkung *f*; **quantitative ~ exports** mengenmäßige Ausfuhr-/Exportbeschränkung; **~ the freedom of establishment** Niederlassungsbeschränkung *f*; **~ the freedom of the press** Einschränkung der Pressefreiheit; **~ imports** Einfuhr-, Importbeschränkung *f*; **quantitative ~ imports** mengenmäßige Einfuhr-/Importbeschränkung; **~ investments** Investitionsbeschränkung *f*; **~ liberty** Freiheitsbeschränkung *f*, Einschränkung der Freiheit; **~ loans** Kreditkontingen-

restrictions on the money supply

tierung *f*; K.verknappung *f*; ~ **the money supply** Beschränkung der Geldmenge; **r.s on movement** Reisebeschränkungen; **r. of the right of disposal** Veräußerungsbeschränkung *f*; **(legal)** ~ **civil rights** Grundrechtseinschränkung *f*; ~ **sovereign rights** Souveränitätsbeschränkung *f*; **r. on shares** Vinkulierung von Aktien; **r. of title** Eigentumsbeschränkung *f*; ~ **trade** Handels-, Konkurrenz-, Wettbewerbsbeschränkung *f*; ~ **transferability** *(Wertpapier)* Vinkulierung *f*; **r.s on transfers** Transferbeschränkungen; **r. of use** Nutzungseinschränkung *f*; **r.s on the value of imports** wertmäßige Einfuhr-/Importbeschränkungen; **r. of a voting right** Stimmrechtsbeschränkung *f*
to abrogate restriction|s Beschränkungen aufheben; **to be subject to r.s** Beschränkungen unterliegen; **to ease/relax/moderate r.s** Beschränkungen abbauen/lockern; **to ease monetary r.s** monetäre Bremsen/geldpolitische Zügel lockern; **to impose/place r.s (on)** (Handels)Beschränkungen festsetzen/auferlegen; ~ **strict r.s on the admission of exhibitors** scharfe Auslese unter den Ausstellern treffen; **to lift/remove r.s** (Handels)Beschränkungen beseitigen/aufheben, Einschränkungsmaßnahmen beseitigen/aufheben; **to subject to r.s** Beschränkungen unterwerfen; **to tighten (up) r.s** Beschränkungen verschärfen
budgetary restriction|s haushaltsrechtliche Beschränkungen; **disguised r.** verschleierte Beschränkung; **environmental r.** Umweltauflagen, U.restriktionen; **financial r.s** finanzielle Beschränkungen; **mandatory/statutory r.** gesetzliche Beschränkung/Auflage; **occupational r.s** Einschränkungen der Berufstätigkeit; **quantitative r.s** mengenmäßige Beschränkungen, Mengenbeschränkungen; **territorial r.** Gebietsbeschränkung *f*
restrictive *adj* 1. restriktiv, einschränkend; 2. (wettbewerbs)beschränkend
Restrictive Practices Act *[GB]* Kartellgesetz *nt*, Gesetz über unlauteren Wettbewerb; ~ **Court** *[GB]* Gericht für Wettbewerbsbeschränkungen, Wettbewerbs-, Kartellgericht *nt*, K.senat *m*
rest-room *n* 1. Aufenthalts-, Ruhe-, Sozialraum *m*; 2. *[US]* Toilette *f*
restructure *v/t* 1. neu ordnen/gliedern, reorganisieren, um-, restrukturieren; 2. *(Unternehmen)* umschulden, sanieren; 3. *(Portefeuille)* umschichten
restructuring *n* 1. Um-, Neustrukturierung *f*, N.ordnung *f*, Umgruppierung *f*, Neugliederung *f*, Strukturbereinigung *f*, (strukturelle) Reorganisation, Restrukturierung *f*; 2. *(Unternehmen)* Sanierung *f*, Umschuldung *f*; 3. *(Portefeuille)* Umschichtung *f*; **r. of assets** Vermögensumschichtung *f*; ~ **debts** Umschuldung *f*; ~ **production** Neugestaltung der Produktionsstruktur, Fertigungsneuordnung *f*; **financial r.** Neuordnung der Finanzen, Kapitalsanierung *f*, finanzielle Konsolidierung
restructuring aid Struktur(bei)hilfe *f*; **r. costs** Sanierungskosten; **r. grant** Sanierungsbeihilfe *f*; **r. measure** Umstrukturierungsmaßnahme *f*; **r. package** Maßnahmebündel zur Sanierung; **r. plan** 1. Rationalisierungsplan *m*, Sanierungskonzept *nt*; 2. Reorganisationsprogramm *nt*; **r. procedure** Reorganisationsverfahren *nt*; **r. process** Umstrukturierungsprozess *m*; **r. program(me)** Sanierungsprogramm *nt*
re|style *v/t* neu gestalten; **r.styling** *n* Neugestaltung *f*
resub|mission *n* Wiedervorlage *f*; **r.mit** *v/t* wieder vorlegen
result *n* 1. Ergebnis *nt*, Folge(erscheinung) *f*, Resultat *nt*, Ausgang *m*, (Aus)Wirkung *f*, Erfolg *m*; 2. Gewinn-, Wirtschaftsergebnis *nt*, Leistung *f*, Abschluss *m*; **r.s Erfolgszahlen**; **as a r.** infolgedessen, deshalb; ~ **of** infolge; **by r.** leistungsgerecht; **depending on r.s** erfolgsabhängig; **without r.s** ergebnislos
result of an accident Unfallfolge *f*; **r. as shown in the books** buchmäßiges Ergebnis; **r. of a customs check** ⊖ Zollbefund *m*; **r. on the relevant date** Stichtagsergebnis *nt*; **r. of our efforts** Erfolg unserer Bemühungen; ~ **one's labour** Arbeitsergebnis *nt*; ~ **the meeting** Sitzungsergebnis *nt*; **r. for the previous month** Vormonatsergebnis *nt*; **r. of negotiations** Verhandlungsergebnis *nt*; **r.s of operations** Betriebsergebnis *nt*; **r. of the proceedings** Prozessergebnis *nt*; **r. for the previous quarter** Vorquartalsergebnis *nt*; **r. at the halfway stage** Halbzeitbilanz *f*; **r.s of a survey** Umfrageergebnisse; **r.(s) after tax** Ergebnis nach Steuern; **r.s of the war** Kriegsfolgen; **r. for the year before** Vorjahresergebnis *nt*
to be the result of sich ergeben aus; **to establish the r.** *(Wahl)* Ergebnis feststellen; **to get r.s** Erfolge erzielen; **to pay by r.s** nach Leistung (be)zahlen; **to produce r.s** *(Maßnahme)* greifen; **to show a r.** Ergebnis ausweisen; ~ **r.s** Resultate ergeben; **to turn in a r.** Ergebnis erzielen; **to yield r.s** (gute) Ergebnisse zeitigen
acceptable result brauchbares Ergebnis; **aggregate r.(s)** Gesamtergebnis *nt*; **average r.** 1. Durchschnittsergebnis *nt*; 2. *(Schule)* Notendurchschnitt *m*; **balanced/break-even r.** ausgeglichenes (Bilanz)Ergebnis; **consolidated r.s** Konzernbilanz *f*, konsolidierte Bilanz, Ergebnis der Gruppe; **corporate r.s** Betriebs-, Firmen-, Unternehmensergebnis *nt*, U.leistung *f*; **creditable r.** beachtliches Ergebnis; **officially declared r.s** amtlich bekanntgegebenes/amtliches (Wahl)Ergebnis; **divisional r.s** Sparten-, Teilbetriebsergebnis *nt*; **drab r.s** kümmerliche Ergebnisse; **fatal r.** Todesfolge *f*; **favourable r.** günstiges Ergebnis; **final r.** Fazit *nt*, Schluss-, Endergebnis *nt*, E.stand *m*, E.resultat *nt*; **financial r.** Rechnungs-, Finanzergebnis *nt*, finanzielles Ergebnis; **pro-forma** ~ **r.s** Proformageschäftsergebnisse; **unaudited** ~ **r.s** ungeprüfte Bilanz; **freak r.** Zufallsergebnis *nt*; **future r.s** Zukunftsbilanz *f*; **good r.s** Erfolgsbilanz *f*; **half-term/half-time/interim r.(s)** Halbjahres-, Interims-, Zwischenergebnis *nt*, Z.abschluss *m*; **significantly improved r.** deutlich verbessertes Ergebnis; **measurable r.** sichtbares Ergebnis; **monthly r.** Monatsergebnis *nt*; **net r.** Nettoresultat *nt*, N.ergebnis *nt*; **undistributed** ~ **of the previous/prior year** Bilanzergebnisvortrag *m*; **non-operating r.(s)** neutrales Ergebnis, Ergebnis aus dem nichtoperativen Geschäft; **overall r.** Gesamtergebnis *nt*, G.erfolg *m*, G.abschluss *m*, G.resultat *nt*; **partial r.** Teilergebnis *nt*;

peak r. Spitzenergebnis *nt*; **permanent r.** Dauerfolge *f*; **poor r.** dürftiges/mageres Ergebnis; **preliminary/ provisional r.(s)** vorläufiges Ergebnis, Zwischenergebnis *nt*; **record r.** Rekord-, Spitzenergebnis *nt*; **tangible r.** greifbares/konretes Ergebnis; **total r.** Gesamtergebnis *nt*; **ultimate r.** Endergebnis *nt*
result (from) *v/i* sich ergeben, resultieren, hervorgehen, (er)folgen, erwachsen (aus); **r. necessarily from** sich zwingend ergeben aus; **r. in** hinauslaufen auf, führen zu, zur Folge haben
results accounting Leistungsrechnung *f*; **budgeted r. accounting** Planleistungsrechnung *f*; **r. announcement** Bilanzpressekonferenz *f*
resultant *adj* resultierend, folgend; *n* π Folge *f*, Resultierende *f*; **to be r. from** resultieren aus
resulting from *adj* bedingt durch
results presentation Bilanzpressekonferenz *f*; **r. season** Bilanzsaison *f*; **r. testing** Erfolgskontrolle *f*
résumé *n* (frz.) 1. Zusammenfassung *f*, Resümee *nt*; 2. *[US]* (tabellarischer) Lebenslauf
resume *v/t* wieder aufnehmen, weitermachen mit, fortsetzen; [§] wieder eröffnen
resumption *n* 1. Wiederaufnahme *f*, W.beginn *m*, Fortsetzung *f*; 2. [§] Wiedereröffnung *f*; **r. of business** Wiederaufnahme der Geschäftstätigkeit; **~ dividends** Wiederaufnahme der Dividendenzahlung; **~ proceedings** [§] Wiederaufnahme des Verfahrens; **~ diplomatic relations** Wiederaufnahme der diplomatischen Beziehungen; **~ work** Wiederaufnahme der Arbeit
resur|gence *n* Wiederaufleben *nt*, W.belebung *f*, W.anstieg *m*, W.aufflackern *nt*; **r.gent** *adj* wieder auflebend
resurrect *v/t* wieder aufleben lassen, w.beleben; **r.ion** *n* Wiederauferstehung *f*, W.belebung *f*
resusci|tate *v/t* ⚵ wieder beleben; **to be r.tated** *adj* fröhliche Urständ feiern (coll); **r.tation** *n* Wiederbelebung *f*; **r.tator** *n* ⚵ Atem-, Sauerstoffgerät *nt*, S.apparat *m*
retail *n* Einzel-, Kleinhandel *m*, K.verkauf *m*, Detail(handel) *nt/m*; **to sell (at) r.** im Einzelhandel/ kleinen/en detail *(frz.)* verkaufen, wieder verkaufen, im Kleinverkauf absetzen
retail *v/t* im Einzelhandel/en detail *(frz.)*/im Kleinen verkaufen; **r. at/for** im Einzelhandel kosten
retail advertising Einzelhandelswerbung *f*; **r. arm** Einzelhandels-, Vertriebsbereich *m*, Einzelhandels-, Vertriebstochter *f*; **r. association** Einzelhändlerverband *m*, E.vereinigung *f*, Einzelhandelsverband *m*, Handelsgruppe *f*; **r. banking** Klein(kunden)-, Massen-, Mengen-, Privatkunden-, Publikumsgeschäft *nt*; **~ market** Bankenmarkt für Kleinkunden; **r. book credit** Einzelhandels-, Kunden-, Konsumentenkredit *m*; **r. bookseller** Sortimentsbuchhändler *m*, Sortimenter *m*; **r. booksellers** Sortimentsbuchhandel *m*; **r. bookshop** Sortimentsbuchhandlung *f*; **r. branch** Privatkundengeschäft *nt*; **r. brand** Einzelhandelsmarke *f*; **r. business** 1. Detail-, Einzelhandelsgeschäft *nt*, E.betrieb *m*, Einzel-, Kleinhandel *m*; 2. *(Bank)* Privatkunden-, Breitengeschäft *nt*; **r. buyer** Kleinanleger *m*; **r. buying** Einkäufe/Bestelltätigkeit des Einzelhandels; **r. chain** Einzelhandels-, Geschäfts-, Laden-, Detailhandelskette *f*;

r. client *(Bank)* Privatkunde *m*; **r. company** Einzelhandelsgesellschaft *f*; **r. concentration** Einzelhandelskonzentration *f*; **r. consignment** Einzelsendung *f*; **R. Consortium** *[GB]* Einzelhandelsverband *m*; **r. consumer** End-, Letztverbraucher *m*; **r. cooperative** Einzelhändler-, Einzelhandelseinkaufsgenossenschaft *f*; **r. costing** Bewertung nach dem Verkaufspreisverfahren; **r. credit** Einzelhandels-, Konsumenten-, Kundenkredit *m*; **~ bureau** Kundenkreditauskunftei *f*; **~ market** Kundenkreditmarkt *m*; **~ transaction** Kundenkreditgeschäft *nt*; **r. customer** 1. Einzelhandelskunde *m*, End-, Letztverbraucher *m*; 2. *(Bank)* Privatkunde *m*; **r. dealer** Einzel-, Detailhändler *m*; **r. deposit** *(Bank)* Kleinkundeneinlage *f*; **~ rate** Einlagenzins(satz) für Kleinkunden; **r. discount** Einzel-, Kleinhandelsrabatt *m*, Rabatt für Einzelhändler, **r. drawing** Stückauszeichnung *f*; **r. enterprise** Einzelhandelsunternehmen *nt*, E.firma *f*
retailer *n* Einzel-, Detail-, Kleinhändler *m*, Einzelhandelsunternehmen *nt*, Detaillist *m*, Letztverteiler *m*, Detail-, Wiederverkäufer *m*; **appointed r.** Vertragshändler *m*; **blue-chip r.** führender Einzelhändler; **giant r.** Einzelhandelsriese *(coll)*; **high-street r.** Einzelhändler in der Innenstadt; **independent r.** selbständiger Einzelhändler; **out-of-town r.** Einzelhändler auf der grünen Wiese; **premier-league r.** *[GB]* führender Einzelhändler; **specialist r.** Fach(einzel)händler *m*
retailer cooperative Einkaufsgenossenschaft *f*; **r.'s excise tax** Verbrauchssteuer auf der Einzelhandelsstufe; **~ margin** Einzelhandelsspanne *f*
retail establishment Einzelhandelsunternehmen *nt*; **r. firm** Einzelhandelsfirma *f*, E.unternehmen *nt*; **large r. firm** Einzelhandelsgroßbetrieb *m*; **r. funds** *(Bank)* Einlagen von Privatkunden; **r. goods** Detailwaren *f*; **r. grocery store** Lebensmittel(einzelhandels)geschäft *nt*; **r. group** (Einzel)Handelsgruppe *f*, Kaufhauskonzern *m*; **r. industry** Einzelhandel(sbranche) *m/f*; **r. inflow** *(Bank)* Kundeneinzahlungen *pl*
retailing *n* Einzelhandel *m*, E.verkauf *m*, Wiederverkauf *m*; **r. business** Einzelhandelsgeschäft *nt*; **r. chain** Einzelhandels-, Ladenkette *f*; **r. group** Einzelhandelskonzern *m*, **r. profits** Einzelhandelsgewinne *pl*; **r. space** Verkaufsfläche *f*
retail instalment credit Teil-, Ratenzahlungskredit *m*; **~ financing** Teilzahlungsfinanzierung *f*; **r. inventories** Lagerbestände des Einzelhandels; **r. investor** Kleinanleger *m*, kleiner Anleger; **r. issue** Klein-, Einzelhandelsverkauf *m*; **r. licence** Einzelhandelskonzession *f*; **r. line** Einzelhandelszweig *m*; **r. mail-order house** Einzelhandelsversandgeschäft *nt*; **r. margin** Einzelhandels(gewinn)spanne *f*; **r. marketing** Einzelhandelsvertrieb *m*; **r. merchant** Einzelhändler *m*; **r. method of inventory pricing** *(BWL)* Bestandsermittlung durch retrograde Kalkulation der Verkaufswerte; **r. middleman** Detailzwischenhändler *m*; **r. operation** 1. Einzelhandelsunternehmen *nt*, E.betrieb *m*, 2. *(Bank)* Privatkundengeschäft *nt*; **r. organization** Einzelhandelsorganisation *f*; **r. outlet** Kleinhandels-, Laden-, Einzelhandelsgeschäft *nt*, E.markt *m*, E.verkaufsstelle

retail *f*, E.betriebsform *f*, Betriebsform des Einzelhandels; **r. park** Einkaufszentrum *nt*; **changing r. pattern** Strukturwandel im Einzelhandel

retail price Einzelhandels-, Laden(verkaufs)-, End(verbraucher)-, Detail-, Einzelverkaufs-, Letztverbraucherpreis *m*; **recommended/suggested r. p.** empfohlener Einzelhandels-/Ladenpreis, Einzelhandelsrichtpreis *m*; **r. p. figures** Einzelhandelspreisstatistik *f*; **~ index** Einzelhandels(preis)-, Verbraucherpreisindex *m*, Index der Einzelhandelspreise; **~ level** Einzelhandels-, Verbraucherpreisniveau *nt*; **~ maintenance (rpm)** Einzelhandelspreisbindung *f*, Preisbindung der zweiten Hand; **~ maintenance agreement** Preisbindungsabkommen *nt*, P.absprache *f*

retail purchase (Ein)Kauf *m*; **gross r. receipts** *(Bank)* Bruttokundeneinlagen; **r. representative** Einzelhandelsvertreter *m*; **r. sale** Einzelhandels-, Detail-, Klein-, Laden-, Stückverkauf *m*, Einzelhandelsvertrieb *m*, Verkauf im Einzelhandel; **r. sales** Detail-, Einzelhandelsumsätze, Umsätze im Einzelhandel; **poor r. sales** schwache Einzelhandelskonjunktur; **r. sales tax** 1. Endverbrauch-, Einzelhandelsumsatzsteuer *f*; 2. *[US]* Warenverkaufssteuer *f*; **r. sector** Einzelhandel *m*; **r. selling** Einzelhandels-, Ladenverkauf *m*; **~ price** Einzelhandels-, Ladenverkaufspreis *m*; **r. advisory service** Einzelhandelsberatung(sdienst) *f/m*; **r. financial services** Bankdienstleistungen für Privatkunden

retail shop/store Klein-, Einzelhandelsgeschäft *nt*, E.betrieb *m*, Laden(geschäft) *m/nt*; **independent(ly owned) r. s.** unabhängiger Einzelhandelsbetrieb; **single-line r. s.** Einzelhandelsfachgeschäft *nt*

cooperative retail society Konsumgenossenschaft *f*, K.verein *m*; **r. spending** konsumtive Ausgaben, Einzelhandelsumsatz *m*; **~ boom** Einzelhandelskonjunktur *f*

retail store Einzelhandelsgeschäft *nt*; **r. s.s group** Einzelhandels-, Kaufhauskonzern *m*

retail trade Einzel-, Laden-, Detail-, Verbraucher-, Kleinhandel *m*, Einzelhandelsgewerbe *nt*; **in the r. t.** im freien Handel; **over-the-counter r. t.** stationärer Einzelhandel; **specialized r. t.** Facheinzelhandel *m*; **r. t. association** Einzelhandelsverband *m*; **~ policy** Einzelhandelspolitik *f*

retail trader Einzelhändler *m*; **r. trade tax** Einzelhandelssteuer *f*; **r. trading** Einzelhandel *m*; **r. training** Händlerschulung *f*; **r. turnover** Einzelhandelsumsatz *m*; **r. valuation method** *(Bilanz)* Realisationsprinzip *nt*

retain *v/t* 1. (ein-/bei)behalten, zurück-, festhalten, begrenzen; 2. *(Gewinne)* thesaurieren; 3. [§] *(Anwalt)* beauftragen; 4. 🖳 speichern; **r.able** *adj* thesaurierbar, einbehaltungsfähig; **r.ed** *adj* thesauriert, unverteilt; **to be r.ed** zum Verbleib/nicht zur Weitergabe bestimmt

retainer *n* 1. [§] vorläufiges (Anwalts)Honorar, Pauschalhonorar *nt*, Rechtsanwalts-, Prozessberatungsgebühr *f*; 2. ✿ Halter *m*; **general r.** Festhonorar *nt*, festes Honorar, Dauermandat *nt*; **special r.** Honorarvertrag *m*

retaining clip *n* Halteklammer *f*; **r. fee** [§] (Gebühren-/ Honorar)Vorschuss *m*, Prozessberatungsgebühr *f*; **r. lien** Zurückbehaltungsrecht *nt*

retake *n* zurückerobern

retaliate *v/t* kontern, Vergeltung üben, sich rächen/revanchieren, Gegenmaßnahmen ergreifen

retaliation *n* 1. Vergeltung(smaßnahme) *f*, Gegen-, Konterschlag *m*, Gegenmaßnahme *f*, Repressalien *pl*; 2. ⊖ Retorsion *f*; **in r.** als Vergeltungsmaßnahme

retaliatory *adj* 1. Vergeltungs-; 2. ⊖ Retorsions-

retard *v/t* ver-, hinauszögern, verlangsamen, bremsen; **r.ation** *n* Verlangsamung *f*, Verzögerung *f*; **mentally r.ed** *adj* geistig zurückgeblieben/unterentwickelt; **r.er** *n* 🚗 Wirbelstrombremse *f*, Retarder *m*

retention *n* 1. Bei-, Ein-, Zurückbehaltung *f*; 2. Rückbehaltungsrecht *nt*; 3. Gehaltsabzug *m*; 4. *(Personal)* Erhaltung von Arbeitsplätzen; 5. *(Vers.)* Eigen-, Selbstbehalt *m*, S.beteiligung *f*; 6. [§] *(Anwalt)* Beauftragung *f*, Mandat *nt*; 7. 🖳 Speicherung *f*; **r.s** *(Bilanz)* einbehaltene/unverteilte/thesaurierte Gewinne; **r. of earnings** Gewinneinbehaltung *f*, G.thesaurierung *f*, Selbstfinanzierung *f*; **~ goods** Zurückbehaltungsrecht *nt*; **~ payment** Zahlungsverweigerungsrecht *nt*; **~ title** Eigentumsvorbehalt *m*; **~ title clause** Eigentumsvorbehaltsklausel *f*; **to deduct the r.** *(Vers.)* Selbstbehalt abziehen; **permitted r.** *(Devisen)* Belassung *f*

rentention cycle 🖳 Sperrzeit *f*; **r. figure** *(Vers.)* Selbstbehaltsbetrag *m*; **r. money** *(Geld)* Ein-, Rückbehalt *m*, Sicherheitssumme *f*, einbehaltene Garantiesumme; **r. period** 1. Behalte-, Einbehaltungsfrist *f*; 2. *(Akte)* Aufbewahrungszeitraum *m*, A.frist *f*; **r. rate** Verhältnis einbehaltene Gewinne zu Gewinn nach Steuern; **r. ratio** Eigen-, Selbstbehaltssatz *m*; **r. table** *(Vers.)* Eigen-, Selbstbehaltstabelle *f*

rethink *v/t* über-, umdenken; *n* Über-, Umdenken *nt*, erneutes Nachdenken

reti|na ♀ Netzhaut *f*; **r.nitis** *n* Netzhautentzündung *f*

retiral *n* Entpflichtung *f*

retire *v/ti* 1. ausscheiden, aus dem Amt/Dienst/Erwerbsleben scheiden, in den Ruhestand treten, in Pension gehen, sich zurückziehen/zur Ruhe setzen/pensionieren lassen; 2. pensionieren, entpflichten; 3. aus dem Verkehr ziehen, außer Betrieb nehmen; 4. *(Wechsel)* einziehen, ausbuchen, inaktivieren, **r. so.** jdn entlassen/entfernen; **~ compulsorily** jdn seines Amtes entheben; **r. early** 1. *(Anleihe)* vorzeitig tilgen; 2. sich vorzeitig pensionieren lassen, vorzeitig in Pension gehen; 3. vorzeitig in den Ruhestand versetzen

retired *adj* im Ruhestand, pensioniert, außer Dienst, in Pension, ausgeschieden; **to be r.** in Rente/Pension sein; **r. list** Ruhestands-, Pensionsliste *f*; **r. pay** Altersrente *f*, Ruhegeld *nt*, R.gehalt *nt*, Rente *f*, Pension *f*; **r. person** Ruheständler *m*, Pensionär *m*

retiree *n* Pensionär *m*, Renter(in) *m/f*, Ruheständler *m*, Alte(r) *f/m*, Altenteiler *m*; **early r.** Vorruheständler *m*, Frührentner *m*

retirement *n* 1. Ausscheiden *nt*, Pensionierung *f*; 2. Ruhestand *m*; 3. Amtsenthebung *f*, Entlassung *f*; 4. Versetzung in den Ruhestand; 5. Einziehung *f*, Einzug *m*; 6. *(Bilanz)* Abgang *m*, Austragung *f*, Ausbuchung *f*, Inaktivierung *f*; 7. Tilgung *f*, Rückkauf *m*; **r.s** (Lager)Abgänge (des Anlagevermögens etc.), Anlagenabgänge

retirements of assets Anlagenabgang *m*; ~ **fixed assets** Sachanlagenabgang *m*, Anlagenausmusterung *f*, Abgang aus dem Anlagevermögen; ~ **a bill** Wechseleinlösung *f*; ~ **bonds** Einlösung/Tilgung von Schuldverschreibungen; **r. from business** Geschäftsaufgabe *f*; **r. of debentures** Einlösung/Tilgung von Schuldverschreibungen; ~ **a loan** Anleiherückkauf *m*, Einlösung einer Anleihe; ~ **a partner** Ausscheiden eines Teilhabers/Gesellschafters; **r. on a full pension** Pensionierung mit vollem Gehalt; **r. of securities** Aufruf von Wertpapieren; ~ **shares** Einzug von Aktien, Aktieneinzug *m*; ~ **stock** Kapitaleinziehung *f*
due for retirement pensionsreif, kurz vor der Pensionierung, **eligible for r.** pensionsberechtigt, rentenfähig, r.berechtigt
to go into retirement sich zur Ruhe setzen, sich pensionieren lassen, in Pension/Rente gehen; **to live in r.** im Ruhestand leben; **to reach r.** Pensionsgrenze/P.-alter erreichen
compulsory retirement 1. Zwangspensionierung *f*, zwangsweise Pensionierung; 2. *(Aktie)* Zwangseinziehung *f*
early retirement 1. Frühpensionierung *f*, F.verrentung *f*, Vorruhestand *m*, vorzeitige Pensionierung, ~ Versetzung in den Ruhestand, vorgezogene Altersgrenze; 2. *(Anleihe)* vorzeitige Rückzahlung; **to take ~ r.** sich vorzeitig pensionieren lassen, vorzeitig in Rente gehen, ~ den Ruhestand treten, ~ ausscheiden; **r. pension** vorgezogenes Altersruhegeld, vorzeitige/vorgezogene Pension, ~ Rente; **r. scheme** Vorruhestandsregelung *f*, vorzeitiger Ruhestand
flexible retirement flexible Altersgrenze; **gradual r.** progressive Pensionierung; **involuntary/mandatory r.** Zwangspensionierung *f*; **optional r.** Pensionierung auf eigenen Wunsch; **premature r.** vorzeitige Pensionierung, Frühpensionierung *f*; **voluntary r.** freiwilliges Ausscheiden
retirement account Rentensparplan *m*, Sparkonto zur Alterssicherung; **r. adviser** Rentenberater *m*
retirement age Ruhestands-, Renten-, Pensionsalter *nt*, Alters-, Pension(ierung)sgrenze *f*, P.alter *nt*; **flexible r. a.** flexible/gleitende Altersgrenze; **statutory r. a.** gesetzliches Renten-/Pensionsalter; **to reach r. a.** Pensionsgrenze/P.alter erreichen
retirement allowance Ruhegeld *nt*, Altersunterstützung *f*, A.rente *f*, Pensionsbetrag *m*, P.zuschuss *m*; **r. annuity** Alters-, Versicherungsrente *f*; **with-profits r. annuity** Versicherungsrente mit Gewinnbeteiligung; **r. arrangement** Altersvorsorge *f*; **r. benefit** Altenhilfe *f*; **r. benefits** Altersversorgung *f*, A.ruhegeld *nt*, Pension *f*, Pensionsleistung *f*, P.bezüge *pl*; **r. curve** Abgangskurve *f*; **r. eligibility** Pensionsberechtigung *f*; **r. emoluments** Pensionsbezüge; **r. fund** Alters-, Pensionskasse *f*, P.fonds *m*; **r. home** Alterssitz *m*
retirement income Pensions-, Alters(renten)einkommen *nt*, Ruhestandsbezüge *pl*; ~ **assurance** *[GB]* / **insurance** *[US]* **policy** Erlebens(fall)rentenversicherung *f*
retirement insurance Alters-, Ruhestandsversicherung *f*; **supplementary r. insurance** Pensionsergänzungsversicherung *f*; **r. loss** Abschreibungsverlust *m*; **r. offer** Abfindungsangebot *nt*; **r. pay** Altersrente *f*, A.bezüge *pl*, A.ruhegeld *nt*, Pension *f*
retirement pension (Alters)Ruhegeld *nt*, R.gehalt *nt*, R.standsversorgung *f*, Altersrente *f*, A.versorgung *f*, Pension(szuwendung) *f*; **r. and other social security p.s** Renteneinkommen *nt*; **r. p. for civil servants** Beamtenversorgung *f*, B.pension *f*; **collectively agreed r. p.** Tarifrente *f*; **r. p. expectancy** Rentenanwartschaft *f*, Anwartschaft auf Ruhegeld
retirement plan (private) Rentenversicherung, Renten(spar)plan *m*; **r. price** Rückkaufskurs *m*; **r. rate** Rückzahlungskurs *m*; **r. span** Lebendauer nach der Pensionierung; **r. table** Abgangstafel *f*; **r. years** Ruhestandsjahre
retirer *n* Rentner *m*, Ruheständler *m*; **early r.** Frührentner *m*
retiring age *n* Pensions-, Ruhegeld-, Ruhegehalts-, Ruhestandsalter *nt*, pensions-/rentenfähiges Alter; **compulsory r. a.** obligatorisches Pensionsalter; **flexible r. a.** flexible Altersgrenze; **minimum r. a.** Mindestrentenalter *nt*
retool *v/t* 1. neu ausrüsten, mit neuen Maschinen ausrüsten; 2. mit der Hand nacharbeiten; **r.ing** *n* Neuausrüstung *f*, Maschinenerneuerung *f*, M.wechsel *m*; ~ **investment** Umstellungsinvestition *f*
re|torsion *n* § *(Völkerrecht)* Vergeltungsmaßnahme *f*, Retorsion *f*; **r.tort** *n* 1. scharfe Erwiderung; 2. ☞ Retorte *f*; *v/t (Antwort)* kontern, erwidern
retour sans protêt *n* *(frz.)* § Wechselrückgabe ohne Protest
retrace *v/t* zurückverfolgen; **r.ment** *n* Zurückverfolgung *f*
retract *v/t* 1. einziehen; 2. zurücknehmen, z.ziehen, widerrufen, Rückzieher machen; **r.able** *adj* zurückziehbar, z.nehmbar
retraction *n* 1. Zurück-, Einziehung *f*, Zurücknahme *f*; 2. Widerruf *m*, Rückzieher *m*; **r. of a confession** Widerruf eines Geständnisses; ~ **false statements** Widerruf falscher Aussagen
retrain *v/ti* 1. umschulen, für einen neuen Beruf ausbilden; 2. umlernen, sich umschulen lassen
retraining *n* Umschulung *f*; **occupational/vocational r.** (berufliche) Umschulung; **r. allowance** Umschulungsbeihilfe *f*; **r. course** Umschulung(skurs) *f*/*m*; **r. expenses** Umschulungs-, Weiterbildungskosten; **r. measure** Umschulungsmaßnahme *f*; **r. scheme** Umschulungsmaßnahme *f*, U.programm *nt*
retransfer *n* 1. Rückschleusung *f*, R.überweisung *f*, R.übertragung *f*; 2. *(Reserven)* Auflösung *f*; **r. of ownership** Rückübereignung *f*; ~ **reserves** Rücklagenauflösung *f*
retransfer *v/t* 1. (zu)rückübertragen, rücküberweisen; 2. *(Reserven)* auflösen
retranslate *v/t* (zu)rückübersetzen; **r.translation** *n* 1. (Zu)Rückübersetzung *f*; 2. *(Bilanz)* Umschichtung *f*
retread *v/t* ☞ *(Reifen)* runderneuern; *n* runderneuerter Reifen

retreat *n* 1. ↩ Rückzug *m*, Rückmarsch *m*, Zurückweichen *nt*; 2. allgemeiner Kursrückgang; 3. Zufluchtsort *m*, Ruhesitz *m*; **to beat a r.** Rückzug antreten; **~ a hasty r.** schleunigst kehrtmachen; **orderly r.** geordneter Rückzug; **quiet r.** stiller Winkel
retreat *v/i* 1. sich zurückziehen, zurückweichen; 2. *(Preis)* nachgeben
retrench *v/ti* 1. Abstriche machen, ein-, beschränken, kürzen, beschneiden; 2. *(Personal)* verringern, abbauen; 3. Sparmaßnahmen durchführen, sparen, sich einschränken; 4. sich zurückziehen, eine rückwärtige Position beziehen
retrenchment *n* 1. Ein-, Beschränkung *f*, Verminderung *f*; 2. Ausgabenbeschränkung *f*, Kürzung *f*; 3. Betriebsverkleinerung *f*; 4. Personalabbau *m*
retrial *n* [§] Wiederaufnahmeverfahren *nt*, erneute Verhandlung, Neuverhandlung *f*
retrievable *adj* wieder gutzumachen, ~ zu gewinnen, ~ zu erlangen, reparierbar
retrieval *n* 1. Wiedergewinnung *f*, W.erlangung *f*, W.herstellung *f*, W.gutmachung *f*, W.auffinden *nt*; 2. Rettung *f*, Bergung *f*; 3. 🖥 Abfrage *f*, Abruf *m*; 4. Auslagerung *f*; **beyond/past r.** hoffnungslos; **complete r.** Ganzauslagerung *f*; **r. system** *(Informationen)* Auffindungs-, Dokumentationssystem *nt*
retrieve *v/t* 1. wieder(auf)finden, w.bekommen, w.erhalten, w.gewinnen, zurückerlangen, z.gewinnen, z.holen; 2. retten, bergen; 3. 🖥 abfragen, abrufen
retroactive *adj* rückwirkend; **to be r.** rückwirkend gültig sein; **to become r.** rückwirkend in Kraft treten
retro|cede *v/t* retrozedieren, wieder-, zurückabtreten, z.übertragen; **r.cedent; r.cessionaire; r.cessionary** *n* Retrozedent *m*, Wiederrückversicherungsnehmer *m*, Retrozessionär *m*, Rückabtretungsempfänger *m*; **r.cession** *n* Folgerückversicherung *f*, Retrozession *f*, Wieder-, Rückabtretung *f*, Rückübertragung *f*; **~ premium** Retrozessionsbeitrag *m*
retrofit *n* ✱ nachträglicher Einbau, Umrüsten *nt*, Nach-, Umrüstung *f*; *v/t* nachträglich ausrüsten/einbauen, nachrüsten
retrograde *adj* rückgängig, rückläufig, rückschrittlich
retrogress *v/i* sich zurückentwickeln; **r.ion** *n* Regression *f*, Rückentwicklung *f*; **r.ive** *adj* rückschrittlich, rückläufig
retrospect *n* Rückschau *f*, Rückblick *m*; **in r.** rückschauend, im Nachhinein; **r.ive** *adj* 1. retrospektiv, zurückschauend, z.blickend; 2. rückwirkend; **r.iveness** *n* Rückwirkung *f*
return *n* 1. Heim-, Um-, Wiederkehr *f*; 2. Rendite *f*, Ertrag *m*, (Bruttoumsatz-/Gewinn)Erlös *m*, Verzinsung *f*, Anlagegewinn *m*, Gewinn(ergebnis) *m/nt*, Nutzen *m*, Erträgnis *nt*; 3. Herausgabe *f*, Rückerstattung *f*, R.zahlung *f*, R.gabe *f*; 4. Rücksendung *f*, R.fracht *f*, R.lauf *m*, R.transport *m*, Retoure *f*; 5. Rücksprung *m*, R.strom *m*; 6. Ristorno *nt*, Remission *f*; 7. (Bestands)Meldung *f*; Vollzugsbericht *m*; 8. (Akten)Vermerk *m*; 9. Steuererklärung *f*; **r.s** 1. (amtliche) Ausweis/Bericht; 2. Erlös *m*, Ertrag(slage) *m/f*; 3. Umsatz *m*, Einnahmen; 4. Verzinsung *f*; 5. *(Bücher)* Remittenden, Retouren; 6. Retour-, Rückwaren, R.gut *nt*, R.sendung *f*, R.lieferung *f*; **by r.** **(of mail/post)** postwendend, umgehend, sofort; **in r.** dagegen, dafür; **~ for** als Entgelt/Gegenleistung für, zum Ausgleich, dafür, zum Lohn für, im Gegenzug für
return|s and allowances Retouren und Rabatte; **r. on assets** Betriebs-, Vermögensrendite *f*; **gross ~ net assets** Bruttoeigenkapitalrendite *f*; **~ total assets** Gesamtkapitalrentabilität *f*; **r. of a bill to drawer** Wechselrückgabe *f*; **~ capital** Kapitalrückfluss *m*, K.rückzahlung *f*; **r. on capital** Kapitalertrag *m*, K.gewinn *m*, K.verzinsung *f*; **~ capital employed/invested** Kapitalverzinsung *f*, K.rendite *f*, K.nutzungsertrag *m*, (Kapital)Rentabilität *f*, Verzinsung des eingesetzten Kapitals, Ertrag des investierten Kapitals, Gewinn in Prozent des investierten Kapitals, Verzinsung(smöglichkeit) *f*; **~ nominal capital** Nominalkapitalverzinsung *f*; **net real ~ capital** Kapitalnettorendite *f*; **r. of a charge** Gebührenerstattung *f*; **~ check** *[US]* /**cheque** *[GB]* **for lack of funds** Scheckrückgabe mangels Deckung; **~ unpaid checks** *[US]* /**cheques** *[GB]* Scheckrückgabe *f*, **r. for control purposes** Kontrollmeldung *f*; **many happy r.s of the day** herzliche Glückwünsche zum Geburtstag; **r. to the dividend list** Wiederaufnahme der Dividendenzahlung; **r. to private enterprise** (Re)Privatisierung *f*
return on equity (ROE) (Eigen)Kapitalrendite *f*, E.ertrag *m*, E.rentabilität *f*, Rentabilität/Verzinsung des Eigenkapitals; **~ after/before tax** Eigenkapitalrendite nach/vor Steuern
return on funds employed Kapitalverzinsung *f*, K.rendite *f*; **r. of goods** Warenrückgabe *f*
return on investment Anlageertrag *m*, (Investitions)Rendite *f*, Kapitalverzinsung *f*, K.rendite *f*, Rendite(investition) *f*, (Gesamt)Rentabilität *f*, Reinertrag des angelegten Eigenkapitals, Erträge des investierten Kapitals, Rentabilität der Investitionen, Gewinn in Prozent des investierten Kapitals; **fair ~ i.** angemessene Kapitalverzinsung; **fast ~ i.** schnelle Kapitalverzinsung; **~ i. analysis** Rentabilitätsanalyse *f*; **~ i. method** Rentabilitätsvergleichsrechnung *f*
return to investors Anlageertrag *m*; **by ~ mail** umgehend, postwendend, sofort; **to answer/reply by ~ mail** postwendend/umgehend antworten; **r. to the negotiating table** Rückkehr an den Verhandlungstisch, Wiederaufnahme der Verhandlungen; **r. of nihil** *(lat.)* [§] Mitteilung über die Unzustellbarkeit; **r. to normality** Normalisierung *f*; **~ private ownership** (Re)Privatisierung *f*; **~ fixed parities** Rückkehr zu festen Wechselkursen; **by r. of post** *[GB]* postwendend, umgehend, sofort, mit umgehender Post; **to answer/reply by ~ post** postwendend/umgehend antworten; **r. of premium** *(Vers.)* Beitragsrückvergütung *f*, B.rückerstattung *f*, Prämienrückerstattung *f*, P.rückvergütung *f*, Rückgewähr *f*, Ristorno *nt*; **r. to profitability** Wiedererlangung der Rentabilität, Rückkehr zur Rentabilität; **r. of property** Vindikation *f*; **r.s and replacements** Retouren/Rückwaren und Ersatzlieferungen; **r. on sales** Gewinnspanne *f*, Umsatzrentabilität *f*, U.rendite *f*; **per-**

centage ~ sales Umsatzgewinn in Prozent, U.rentabilität *f*; ~ savings Spareinlagenverzinsung *f*
returns to scale Skalenerträge, Niveaugrenzproduktivität *f*, N.grenzerträge, N.elastizität *f*; constant ~ s. konstante Skalenerträge; decreasing/diminishing ~ s. abnehmende Skalenerträge/Niveaugrenzerträge; increasing ~ s. steigende/zunehmende Skalenerträge; ~ Niveaugrenzerträge; marginal ~ s. Niveaugrenzprodukt *nt*
return of scrap Schrottrücklauf *m*; ~ service Zustellungsbestätigung *f*; r. on shares *[GB]* /stocks *[US]* Aktienrendite *f*, A.ertrag *m*; r. after tax Rendite nach Steuern; r. to work Wiederaufnahme der Arbeit; r. on net worth Eigenkapitalrendite *f*, Rendite des Eigenkapitals; r. of writs Pfändungsbericht *m*
required to render return|s meldepflichtig; yielding a r. rentierlich; ~ a good r. ertragsgünstig; ~ a high r. ertragsstark; ~ a low r. ertragsschwach
to get a return Rendite erwirtschaften/erzielen; ~ a good r. gute Rendite erwirtschaften; to give a good r. gute Rendite abwerfen; to make good r.s viele einbringen, gute Umsätze machen; ~ a healthy r. *(Unternehmen)* wieder ordentlich verdienen; to maximize r.s Gewinn maximieren; to owe so. a r. jdm eine Gegenleistung schuldig sein; to pay in r. als Gegenleistung zahlen/gewähren; to remit the r. den Gegenwert überweisen; to yield a r. Nutzen abwerfen, sich verzinsen/rentieren; ~ high r.s hohe Rendite erbringen/ergeben, guten Ertrag abwerfen
actuarial return *(Vers.)* interner Zinsfluss; after-tax r. Nachsteuerrendite *f*; annual r.(s) 1. Jahresbericht *m*, J.ausweis *m*, J.aufstellung *f*, Geschäfts-, Rechenschaftsbericht *m*; 2. Jahresrendite *f*, jährliche Rendite; 3. jährliche Steuererklärung; net ~ r. Nettorendite *f*; average r. Durchschnittsrendite *f*, D.ertrag *m*, Normalverzinsung *f*; consolidated r. Konzerneinnahmen, K.geschäftsbericht *m*; current r.s laufende Erträge; daily r.s Tageseinnahme *f*, T.geschäft *nt*; differential r. Differenzialrente *f*; diminishing r.(s) abnehmender (Wirtschafts)Ertrag/Nutzen, Ertragsrückgang *m*, E.abnahme *f*, abnehmende Ertragnisse, sinkende Rendite; economic r. Rendite *f*, erwartete Rendite/Rentabilität; fair r. angemessene Rendite, normale Rentabilität, angemessener Gewinn; false r. unrichtige Steuererklärung; financial r. Finanzbericht *m*; gross r. Bruttorendite *f*, B.rente *f*; interim r. Zwischenausweis *m*; joint r.s gemeinsame Steuererklärung, Zusammenveranlagung *f*; to file ~ r.s gemeinsame Einkommensteuererklärung abgeben, sich gemeinsam/zusammen veranlagen lassen; marginal r. Grenzprodukt *nt*, G.ertrag *m*; partial ~ r. partieller Grenzertrag; monthly r. Monatsübersicht *f*, M.ausweis *m*, M.status *m*, M.aufstellung *f*, monatlicher Ausweis; net r. 1. effektive Verzinsung; 2. *(Bank)* Nettoausweis *m*; ~ r.s Nettoumsatz *m*; net-of-tax r. Gewinn nach Steuern, um Steuern bereinigter Gewinn, Nettoertrag *m*; nominal r. Nominalverzinsung *f*; normal r. Normalverzinsung *f*, N.rendite *f*; official r.s amtliche (statistische) Angaben, ~ Zahlen, amtlicher Bericht; overall r. Gesamtausweis *m*; preliminary r. *(Steuer)* Voranmeldungsverfahren *nt*; pre-tax r. Vorsteuerrendite *f*; primary r. Rentabilität *f*; prospective r. Gewinnerwartung *f*, Ertragschance *f*; provisional r. vorläufige Steuererklärung; quarterly r.(s) 1. Vierteljahresausweis *m*, V.bericht *m*; 2. Quartalsergebnis *nt*; quick r.s rascher/schneller Umsatz; real r. Realerlös *m*; reasonable r.(s) auskömmlicher Ertrag, angemessene Rendite; separate r.s getrennte Steuererklärung/Veranlagung; to file ~ r.s getrennte Einkommensteuererklärung abgeben, sich getrennt veranlagen lassen; smaller r.s Mindererlös *m*, M.ertrag *m*; social r.s volkswirtschaftlicher Ertrag; statistical r.s statistische Berichte; weekly r.(s) Wochenausweis *m*, W.abschluss *m*; consolidated ~ r. konsolidierter Wochenausweis

return *v/ti* 1. heim-, um-, wieder-, zurückkehren, wiederkommen, sich zurückbegeben; 2. zurückbringen, z.erstatten, z.gewähren, z.liefern, remittieren, (rück)erstatten, rücksenden; 3. abwerfen, einbringen; 4. *(Einkommen)* angeben; 5. [§] *(Urteil)* fällen; 6. ✉ zurückleiten; please r. bitte zurücksenden; r. empty ohne Ladung zurückkehren

returnable *adj* 1. rückzahlbar; 2. rückgabepflichtig, zurückzugeben, umtauschbar, u.fähig, mit (Flaschen)Pfand, Mehrweg-; not r. keine Rücknahme, Einweg-

return account Retour-, Rückrechnung *f*, Retourenkonto *nt*; r. address Anschrift des Absenders; r. air ticket ✈ Rückflugkarte *f*; r. assignment Rückabtretung *f*; r.s book Retourenbuch *nt*; r. business Gegengeschäft *nt*; r. card Bestellkarte *f*; r. cargo 1. Rückfracht *f*, R.ladung *f*; 2. Rücksendung *f*; r. charges Rückspesen; r. commission Retourprovision *f*; r. consignment Rücksendung *f*; r. copy ✉ Remittendenexemplar *nt*; r. copies Remittenden; r. coupon Einsendeabschnitt *m*; r.s credit voucher Retourengutschrift *f*; r. date 1. Termin für die Rücksendung; 2. Meldestichtag *m*, M.termin *m*; 3. *(Bank)* Ausweisstichtag *m*; 4. Berichtstermin *m*; weekly r. date Wochenstichtag *m*; r. debit Rückbelastung *f*; ~ voucher Rückbelastungsaufgabe *f*; r. delivery Rücklieferung *f*; r. draft Rückwechsel *m*

returned *adj* zurückgesandt, retourniert; to be r. bitte zurücksenden

returnee *n* Heimkehrer(in) *m/f*
return fare (Fahr)Preis für Hin- und Rückfahrt; r. flight ✈ (Hin- und) Rückflug *m*
return flow Rückfluss *m*, Rückstoß *m*; ~ of funds Mittelrückfluss *m*; ~ of notes and coins Bargeldrückfluss *m*; ~ securities Wertpapierrückfluss *m*
return freight Rückfracht *f*; r. half *(Fahrkarte)* Abschnitt für die Rückfahrt; r. income *[US]* Rendite *f*
returning empty leer zurück; r. officer *[GB]* Wahlvorsteher *m*, W.(amts)leiter *m*
return|s inwards Retouren; ~ journal Kundenretourenbuch *nt*, Retourenjournal *nt*; r.s journal Retourenjournal *nt*; r. journey Heim-, Rückreise *f*, Rück-, Herfahrt *f*; r. load Rückfracht *f*, R.ladung *f*; excess r. meas-

average **return** method

ure *(Portfolio)* Überschussmaßnahme *nt*; **average r. method** Rentabilitätsvergleichsrechnung *f*; **r. note** Rückgabevermerk *m*; **r. option** Rückgaberecht *nt*; **r.s outwards** Retouren an Lieferanten; **~ journal** Lieferantenretourenbuch *nt*; **r. postage** ✉ Rückporto *nt*; **r. premium** Rück(gabe)prämie *f*, rückvergütete Prämie; **r. privilege** Rückgaberecht *nt*; **r. ratio** Rückflussquote *f*; **r. remittance** Gegenanschaffung *f*, Rücküberweisung *f*; **excess r. risk** Überschussrisiko *nt*; **r. shipment** Rücklieferung *f*; **r. shipping order** *[US]* Rücklieferungsauftrag *m*; **r. slip** Rückgabeschein *m*; **r. system** *(Verpackung)* Mehrwegsystem *nt*; **r. ticket** Rückfahrkarte *f*, R.schein *m*; **r. transport** Rücktransport *m*; **r. trip** Heim-, Rückreise *f*, Rückfahrt *f*; **r. unsatisfied** 1. *(Konkurs)* mangels Masse; 2. Pfandabstand *m*; **r. visit** Gegenbesuch *m*; **r. voyage** ⚓ Heim-, Rückreise *f*, Heim-, Rück-, Herfahrt *f*
retype *v/t* neu schreiben
re|unification *n* Wiedervereinigung *f*; **~ of families** Familienzusammenführung *f*; **r.union** *n* Treffen *nt*, Zusammenkunft *f*, Wiedersehen *nt*; **r.unite** *v/t* wieder vereinigen
re|usability *n* Wiederverwendbarkeit *f*; **r. usable** *adj* wieder verwendbar/verwertbar, weiter/erneut verwendbar, Mehrweg-; **r.use** *v/t* wieder verwenden; *n* Wiederverwendung *f*; **~ of packages** Wiederverwendung von Verpackungen
re|utilization *n* Wiederverwendung *f*; **r. utilize** *v/t* wieder verwenden
re|validate *v/t* 1. neu bewerten; 2. erneut in Kraft setzen; 3. *(Wertpapiere)* bereinigen; **r.validation** *n* 1. Neubewertung *f*; 2. erneute Inkraftsetzung; 3. *(Wertpapiere)* Bereinigung *f*; **r.valorization** 1. Aufwertung *f*; 2. Wertaufstockung *f*; **r.valorize** 1. aufwerten, neu bewerten, Neubewertung vornehmen; 2. revalorisieren
revaluation *n* 1. Neubewertung *f*, N.berechnung *f*, Wertberichtigung *f*, erneute Bewertung/Schätzung, Umwertung *f*, Bewertungskorrektur *f*, Revaluation *f*; 2. Aufwertung *f*; **resulting from (the) r.** aufwertungsbedingt; **r. of assets** 1. Neubewertung des Anlagevermögens, Aufwertung von Vermögenswerten durch Schätzung; 2. *(Bilanz)* Reaktivierung *f*; **~ fixed assets** Nachaktivierung *f*; **~ currencies** Aufwertung von Währungen; **~ a pension** Rentenanpassung *f*, R.festsetzung *f*; **~ the pound** Pfundaufwertung *f*; **~ stocks** Neubewertung der Vorräte
backdoor revaluation Quasi-Aufwertung *f*; **effective r.** Realaufwertung *f*; **expected/imminent r.** Aufwertungserwartung *f*; **upward r.** 1. Höherbewertung *f*; 2. Aufwertung *f*
revaluation coefficient Aufwertungskoeffizient *m*; **r. effect** Aufwertungseffekt *m*; **r. gain(s)** Aufwertungserlös *m*, A.gewinn *m*
revaluationist *n* Aufwertungsanhänger *m*
revaluation loss Aufwertungsverlust *f*; **r.-prone** *adj* aufwertungsverdächtig, a.trächtig; **r. rate** *n* Aufwertungsrate *f*, A.satz *m*; **r. requirements** Wertberichtigungsbedarf *m*; **r. reserves** Neubewertungsrücklage *f*, Kapitalzuwachs aus Höherbewertung; **r. speculation**

Aufwertungsphantasie *f*, A.spekulation *f*; **r. surplus** Auf-, Neubewertungsgewinn *m*, aus Höherbewertung gebildete Reserven, Wertsteigerung durch Neubewertung
revalue *v/t* 1. neu bewerten/schätzen, umwerten, von Neuem schätzen; 2. aufwerten; **r. upward** aufwerten; **r.d** *adj* neu bewertet, aufgewertet
revamp *v/t (coll)* neu gestalten/herausputzen, aufmöbeln *(coll)*, modernisieren, sanieren, reorganisieren; **r.ing of the budget** *n* Haushaltsumschichtung *f*
rev counter 🚗 Drehzahlmesser *m*
reveal *v/t* aufdecken, enthüllen, offenlegen, offenbaren, zeigen, an die Öffentlichkeit bringen
revealing *adj* aufschlussreich, aussagefähig, erhellend, plastisch; **to be r.** tief blicken lassen *(fig)*
revelation *n* Enthüllung *f*, Offenbarung *f*, Aufdeckung *f*
revenge *n* Rache *f*, Revanche *f* *(frz.)*; **to swear/vow r.** Rache schwören; **to take r.** Rache nehmen, sich rächen
revenge *v/t* rächen
revenue(s) *n* 1. Einkünfte *pl*, Einkommen *nt*, (Staats-)Einnahmen *pl*, (Steuer)Aufkommen *nt*, Ertrag (sumsatz) *m*, (Umsatz)Erlös *m*, Nutzungs-, Wertertrag *m*; 2. Finanzverwaltung *f*, Fiskus *m*, Finanzamt *nt (coll)*
revenue(s) from discounting bills Wechseldiskontverträge; **~ dismantled buildings, plant and equipment** Abbrucherlös *m*; **~ capital employed** Anlage-, Vermögensertrag *m*; **~ consumer taxes** Verbrauchssteueraufkommen *nt*; **~ disposal of waste, spoilage and scrap** Nebenertrag *m*; **~ donation** Spendenaufkommen *nt*; **~ government-owned enterprises** Einkünfte aus öffentlichen Erwerbsunternehmungen; **r.s and expenditures** (Staats)Einnahmen und (S.)Ausgaben; **surplus r.s over current expenditures** Einnahmeüberschuss über laufende Ausgaben; **r. and expense** Aufwand und Ertrag; **r.(s) from rents** Mieteinkünfte *pl*, M.erträge; **~ external sales** Außenumsatz *m*; **~ sources other than production** produktionsfremde Umsätze; **~ taxation** Steuereinnahmen *pl*, S.aufkommen *nt*; **~ trade tax** Gewerbesteuerertrag *m*
to collect revenue(s) Einnahmen/Steuern erheben; **to defraud the r.** Steuerhinterziehung begehen, Steuern hinterziehen; **to derive r.s** Einkünfte beziehen/erzielen; **to maximize r.s** Erlös maximieren; **to provide r.s** Einnahmen schaffen, Einkünfte beschaffen; **to raise r.(s)** Steuern erheben; **to show as r.** *(Bilanz)* vereinnahmen; **to tax r.s at source** Einkünfte an der Quelle steuerlich erfassen
accrued revenue(s) *(Bilanz)* antizipative Aktiva, aktive Rechnungsabgrenzung; **additional r.(s)** Mehreinnahme(n) *f/pl*; **administrative r.(s)** Verwaltungseinnahmen *pl*; **annual r.(s)** Jahresaufkommen *nt*, Jahreseinnahme(n) *f/pl*; **average r.(s)** Durchschnittserlös *m*; **budgetary r.(s)** Finanzaufkommen *nt*, haushaltsmäßiges Aufkommen; **declared r.(s)** ausgewiesene Einkünfte; **commission-smelting r.(s)** ✍ Schmelzlohneinnahmen *pl*; **deferred r.(s)** transitorische Passiva; **earned r.(s)** realisierter Gewinn; **fiscal r.s** Steuereinnahmen, S.einkünfte; **gross r.(s)** Rohertrag *m*, R.einkünfte *pl*, Bruttoerlös *m*

inland *[GB]* /**internal** *[US]* **revenue** Steuereinnahmen *pl*, Staatsabgaben *pl*, Landessteuer *f*, Staatseinkünfte *pl*; **Inland R.** *[GB]*; **Internal R. (Service) (IRS)** *[US]* Steuerbehörde *f*, Fiskus *m*; ~ **inspection** Steuerrevision *f*; ~ **stamp** (Stempel)Steuermarke *f*, Gebührenmarke *f*

local revenue(s) Gemeinde-, Kommunaleinnahmen *pl*, Kommunalsteueraufkommen *nt*; **lost r.(s)** Steuer-, Einnahme-, Umsatzverlust *m*, Einnahme-, Steuerausfall *m*

marginal revenue *(VWL)* Grenzeinkommen *nt*, G.umsatz *m*, G.erlös *m*; ~ **curve** Grenzeinkommensverlauf *m*; ~ **function** Grenzerlösfunktion *f*; ~ **product** 1. Grenzumsatz-, Grenzerlösprodukt *nt*; 2. monetäres Grenzprodukt; ~ **productivity** monetäre Grenzproduktivität

maximum revenue(s) Maximalerlös *m*; ~ **product unit** Maximalerlöskombination *f*; **miscellaneous r.s** sonstige Einkünfte/Erlöse; **national r.(s)** Staatseinnahmen *pl*, S.einkünfte *pl*; **net r.(s)** Reineinnahme *f*, Nettoerlös *m*; **non-operating r.(s)** außerbetriebliche/betriebsfremde Einkünfte, Einkünfte aus dem nichtoperativen Geschäft; neutrale Erträge; **non-recurring r.s** einmalige Einkünfte; **other r.s** sonstige/betriebsfremde Erträge; **public r.(s)** Staatseinkünfte *pl*, S.einkommen *nt*, S.einnahmen *pl*, öffentliche/staatliche Einnahmen, Einkünfte der öffentlichen Hand; **recurring r.s** wiederkehrende Einkünfte; **regular r.** Dauereinnahme *f*, S.einkünfte *pl*; **special r.(s)** Sondereinnahme *f*; **surplus r.(s)** Mehreinkommen *nt*, M.einnahmen *pl*, M.aufkommen *nt*, Einnahmeüberschuss *m*; **total r.(s)** Gesamterlös *m*, Finanzmasse *f*, F.aufkommen *nt*, F.ertrag *m*; **unearned r.(s)** Besitzeinkommen *nt*, Einkünfte aus Kapitalanlagen

revenue account Einnahme-, Erlös-, Ertragskonto *nt*, Gewinn- und Verlustkonto *nt*; **r. accounting** Ertrags-, Erlösrechnung *f*; **r. and expense accounts** Erfolgskonten, Aufwands- und Ertragskonten; **R. Act** *[US]* Finanzierungs-, Steuergesetz *nt*; **federal r. administration** Bundesfinanzverwaltung *f*; **R.-approved** *adj* *[GB]* steuerlich anerkannt; **r. authority/board** Finanz-, Steuerbehörde *f*; **r. base** Besteuerungsgrundlage *f*; **r. bill** Finanz-, Steuer(gesetzes)vorlage *f*; **r. bond** 1. kurzfristige Schatzanweisung, kurzfristiger öffentlicher Finanzwechsel; 2. *[US]* Ertragsobligation *f*; **industrial r. bond** *[US]* Industrieobligation *f*, I.-schuldverschreibung *f*; **r. charges** über Unkosten abzubuchender Kapitalaufwand; **r. classification** Einnahmeaufgliederung *f*; **r. code** Abgabenordnung *f*; **r.-cost gap** Erlös-Kosten-Schere *f*; **r.-cover ratio** Einnahmedecke *f*; **r. cutter** ⊖ Zollboot *nt*, Z.schiff *nt*, Z.kutter *m*; **r. deficit** Einkommensdefizit *nt*, Steuerfehlbetrag *m*, S.ausfall *m*; **r. department** Finanzverwaltung *f*, Fiskus *m*; **r. duty** Finanzabgabe *f*, F.zoll *m*, fiskalische Gebühr; **r. earner** Erfolgsprodukt *nt*; **r.-earning** *adj* gewinnbringend, einträglich; **r. effects** Einnahmewirkungen; **r.-efficient** *adj* steuerwirksam; **r. equalization payment** Finanzausgleichszahlung *f*; **r. elasticity** (*Steuer*) Aufkommenselastizität *f*; **r. estimate** Steuerschätzung *f*, S.voranschlag *m*; **r. expenditure(s)** aufwandsgleiche Ausgaben, erfolgswirksame Kosten, erfolgswirksamer Aufwand; **r. freight** zahlende Fracht/Ladung, Zahlfracht *f*; **r. function** Erlösfunktion *f*; **marginal r. function** Grenzerlösfunktion *f*; **r. fund** Steuerkasse *f*, S.mittel *pl*; **general r. fund** Dispositionsfonds *m*, Deckungsmasse *f*; **r. glut** Steuerschwemme *f*; **r. growth** Ertragswachstum *nt*; **r. isoquant** Ertragsisoquante *f*; **r. item** Einnahme-, Ertragsposten *m*; **r. and expense item** Ertrags- und Aufwandsposten *m*; **r. law** Abgaben-, Steuerrecht *nt*; **municipal r. law** Kommunal-, Gemeindeabgabenrecht *nt*; **r. load** Nutzlast *f*; ~ **factor** Nutzladefaktor *m*, Gesamtausnutzung *f*; **r. loss** 1. Steuerausfall *m*; 2. Erlösausfall *m*; **r. man** Finanzbeamter *m*; **r. maxim(iz)ation** Erlösmaximierung *f*; **r.-neutral** *adj* aufkommensneutral; **r. offence** Steuerdelikt *nt*, S.strafsache *f*, S.straftat *f*

revenue office Steuer-, Finanzamt *nt*, F.behörde *f*, F.kasse *f*; **to remit to the r. o.** ans Finanzamt abführen

revenue officer/official Finanz-, Steuer-, Zollbeamter *m*, Angehörige(r) der Zoll-/Finanzverwaltung; **r. passenger** Zahlgast *m*, zahlender Passagier; **r. pattern** Einnahmestruktur *f*; **r. picture** Erlössituation *f*; **r. policy** Einnahmepolitik *f*; **r. producer/raiser** 1. Einnahmequelle *f*, Gewinnbringer *m*; 2. Steuerquelle *f*; **r. quota** Steueranteil *m*; **r. realization** Einnahmeverbuchung *f*; **r. recognition** (*Bilanz*) Zeitpunkt der Erfolgsrealisation; **r.-reducing** *adj* 1. steuermindernd; 2. erlösmindernd; **r. regulation** steuerrechtliche Regelung; **r. reserve** Gewinn-, Ertragsrücklage *f*, Kapitalreserve *f*, Reservekapital *nt*; **r. reserves** Rücklageanteile zur Entnahme

revenue sharing Steuer-, Finanzausgleich *m*; **r. s. funds** Finanzausgleichsmittel; ~ **policy** Finanzausgleichspolitik *f*

revenue shortfall Einnahme-, Steuerausfall *m*, (Steuer)Mindereinnahme *f*, M.aufkommen *nt*, M.erlös *m*, Einnahme-, Einkommens-, Steuerdefizit *nt*, S.vakuum *nt*, Defizit im Steueraufkommen; **r. side** Einnahmeseite *f*; **r. source** Einnahmequelle *f*; **r. stamp** (Steuer)Banderole *f*, Gebühren-, Dienst-, Steuermarke *f*, S.stempel *m*, Wertstempel *m*; **r. stream** 1. Einnahme-, Einkommensstrom *m*; 2. Einzahlungsstrom *m*; **r. strip tax** Streifen-, Zeichensteuer *f*; **r. surplus** Steuer-, Einkommensüberschuss *m*; **r. target** Steuersoll *nt*; **r. tariff** Finanztarif *m*, F.zoll *m*; **maximum r. tariff** Maximalzoll *m*; **r. taxation** direkte Besteuerung, **r. total** Steuerkuchen *(fig)*; **r. transfer** Finanztransfer *m*, Steuerablieferung *f*; **r. tribunal** Steuergericht *nt*; ~ **proceedings** [§] Steuergerichtsverfahren *nt*; **r. yield** 1. Mittelaufkommen *nt*; 2. fiskalischer Ertrag, Steueraufkommen *nt*

reverification *n* Prüfwiederholung *f*

revers *n* *(frz.)* *(Kleidung)* Revers *m/nt*

reversal *n* 1. Umkehr(ung) *f*, Umschwung *m*, Wende *f*, Kehrtwendung *f*, Änderung *f*, Umschlag *m*; 2. Storno *m/nt*, Stornierung(sbuchung) *f*, S.seintrag *m*, Gegen-, Rückbuchung *f*, R.belastung *f*; 3. [§] Kassation *f*, Aufhebung *f*; 4. *(Entscheidung)* Zurücknahme *f*

reversal of the burden of proof Umkehr der Beweislast; ~ **decartelization** Reentflechtung *f*, Rückverflechtung *f*; ~ **entries** Fehlbuchung *f*; ~ **a judgment** [§] Aufhebung eines Urteils; ~ **opinion** Meinungsumschwung *m*; ~ **net position** negative Saldendrehung; **r. in prices** Preisumschwung *m*; **r. of provisions** Auflösung von Rückstellungen; **r. in stockpiling** Umschwung der Lagerpositionen; **r. of the trend** Trendumkehr *f*
to suffer a reversal einen Rückschlag erleiden
reversal entry Stornoeintrag *m*; **r. function** Umkehrfunktion *f*; **r. process** Umkehrprozess *m*; **r. test** *(Indexzahlen)* Umkehrprobe *f*; **r. voucher** Stornobeleg *m*
reverse *adj* umge-, verkehrt, entgegengesetzt
reverse *n* 1. Gegenteil *nt*; 2. Kehr-, Rückseite *f*, Revers *m/nt (frz.)*; 3. Rückschlag *m*; 4. ⮌ Rückwärtsgang *m*; **the r.** das Umgekehrte, das Gegenteil; **on the r.** umstehend, umseitig; **quite the r.** ganz im Gegenteil; **r. of a contra entry** Ristorno *nt*; ~ **fortune** Schicksalsschlag *m*; **to throw into r.** ins Gegenteil verkehren
reverse *v/ti* 1. umkehren, umdrehen; 2. rückgängig machen, stornieren, zurückbuchen; 3. [§] aufheben, kassieren, umstoßen; 4. ⮌ rückwärts fahren, zurücksetzen
reversed *adj* [§] *(Urteil)* aufgehoben
reverser *n* Hypothekenschuldner(in) *m/f*
revers|ibility *n* Reversibilität *f*, Umkehrbarkeit *f*; **r.ible** *adj* reversibel, umstoßbar, umkehrbar
reversing light(s) *n* ⮌ Rückfahrscheinwerfer *m/pl*; **r. switch** Umkehrschalter *m*
reversion *n* 1. Umkehr *f*, Rückfall *m*; 2. Anwartschaft(srente) *f*, Erbschaftsanfall *m*, Heim-, Rückfall(recht) *m/nt*, Rückfall einer Liegenschaft an den Obereigentümer; 3. (Lebens)Versicherungssumme *f* (im Todesfall); **r. to private enterprise/ownership** (Re)Privatisierung *f*; **r. of sentence** [§] *(Urteil)* Nichtigkeitserklärung *f*; **immediate r.** unmittelbares Heimfallrecht
reversion|ary; r.er *n* Erbeserbe *m*, Anwartschaftsberechtigte(r) *f/m*; **r.ary** *adj* anwartschaftlich, Anwartschafts-
reversion clause Heimfallsklausel *f*; **r. value** Nacherbschaftswert *m*; ~ **duty** *[GB]* Heimfallsteuer *f*
revert *v/i* heimfallen; **r. to** zurückkehren zu; **r.ible** *adj* heimfällig
review *n* 1. Rückblick *m*; 2. Nach-, Überprüfung *f*, Durchsicht *f*, Inspektion *f*; 3. [§] Revision *f*; 4. Rezension *f*, Kritik *f*, (Buch)Besprechung *f*; 5. Bilanz *f*, Überblick *m*, Übersicht *f*; 6. Rundschau *f*, Revue *f (frz.)*; **subject to r.** 1. nachprüfbar; 2. [§] anfechtbar, revisionsfähig, revisibel; **not** ~ **r.** nicht revisibel/anfechtbar
review of promotional activities Werberevision *f*, kritische Analyse der Werbemaßnahmen; **r. on appeal** [§] Überprüfung eines Urteils durch die Rechtsmittelinstanz; **r. of costs** Überprüfung der Kostenrechnung; **r. at (so.'s) discretion** Ermessensnachprüfung *f*; **r. of public expenditure** Ausgabenüberprüfung *f*; ~ **factors** Bilanz der Faktoren; ~ **the market** Markt-, Börsenbericht *m*; ~ **a legal norm** Normenkontrolle *f*; ~ **personal records** Personenüberprüfung *f*; ~ **remand cases** [§] Haftprüfungsverfahren *nt*; ~ **the situation** Überprüfung der Lage; ~ **the economic situation** volkswirtschaftliche Bilanz; **r. under writ of habeas corpus** *(lat.)* [§] Haftprüfung *f*
to be subject to review nachprüfungspflichtig sein, kritisch durchleuchtet werden; **to come up for r.** zur Überprüfung anstehen; **to give a r.** Überblick geben; **to keep under r.** *(Lage)* beobachten, genau verfolgen
administrative review Nachprüfung auf dem Verwaltungsweg; **annual r.** 1. Jahresbilanz *f*, J.übersicht *f*; 2. jährliche Überprüfung; **comprehensive r.** eingehende Überprüfung; **condensed r.** gedrängte Übersicht; **financial r.** finanzielle Bestandsaufnahme, Kassensturz *m (coll)*; **high-spot r.** Kurzprüfung *f* (ohne Erteilung eines Bestätigungsvermerks); **judicial r.** [§] Revision *f*, Normenkontrolle *f*, gerichtliche Nachprüfung/Überprüfung von Verwaltungsakten, Überprüfung der Vorinstanzentscheidung; **to submit for** ~ **r.** zur gerichtlichen Überprüfung vorlegen; ~ **r. proceedings** Normenkontrollverfahren *nt*; **monthly r.** Monatsbericht *m*; **operational r.** Überprüfung der Betriebsabläufe; **post-audit r.** *(Bilanz)* Prüfungsbeurteilung *f*; **pre-trial r.** mündliche Vorbesprechung des Gerichts; **slating r.** Verriss *m (coll)*
review *v/t* 1. zurückblicken auf, überdenken; 2. nach-, überprüfen, einer Revision unterziehen; 3. [§] revidieren; 4. auf den neuesten Stand bringen; 5. *(Buch)* besprechen, rezensieren; ~ **judicially** gerichtlich nachprüfen
reviewable *adj* [§] revisionsfähig, revisibel
reviewal *n* 1. Kritik *f*; 2. [§] Revision *f*
review board/body Untersuchungs-, Revisionskommission *f*, Überprüfungsausschuss *m*, Ü.behörde *f*; **r. copy** *(Buch)* Besprechungs-, Rezensionsexemplar *nt*
reviewer *n* Rezensent *m*; **r.'s copy** Rezensionsexemplar *nt*
review group/panel Reform-, Untersuchungs-, Überprüfungskommission *f*; **r. procedure** Überprüfungsverfahren *nt*, Ü.vorgang *m*
revile *v/t* schmähen, verunglimpfen, beschimpfen; **r.ment** Verunglimpfung *f*, Beschimpfung *f*, Schmähung *f*
revindic|ate *v/t* [§] zurückfordern, revindizieren; **r.ation** *n* (Eigentums)Herausgabeanspruch *m*, dingliche Klage; ~ **suit** Klage auf Herausgabe von Eigentum
revisal *n* Über-, Nachprüfung *f*
revise *v/t* 1. revidieren, überprüfen; 2. durchsehen; 3. nach-, über-, umarbeiten, verbessern, berichtigen, redigieren, bereinigen; **r. down(wards)/up(wards)** nach unten/oben korrigieren, ~ revidieren
revised *adj* 1. revidiert, durchgesehen; 2. verbessert, neube-, überarbeitet; **R. Standard International Trade Classification** *(UNO)* Revidiertes Internationales Warenverzeichnis für die Handelsstatistik
revision *n* 1. Nach-, Überprüfung *f*, Durchsicht *f*; 2. Über-, Be-, Umarbeitung *f*, Korrektur *f*, Verbesserung *f*, Neubearbeitung *f*, Berichtigung *f*, Revision *f*; 3. Neufassung *f*; **subject to r.** Änderungen/Berichtigung vorbehalten

subsequent revision of books Betriebsnachkalkulation f; ~ **charges** Tarifreform f; ~ **fares** *(Personenverkehr)* Tarifänderung f, Neufestsetzung der Fahrpreise, Fahrpreiserhöhung f; ~ **a plan** Planrevision f; ~ **prices** Preisberichtigung f, P.korrektur f; ~ **sickness benefit** Anpassung des Krankengeldes; ~ **statutes** Bereinigung und Neufassung von Gesetzen
downward revision Minuskorrektur f, Berichtigung/(Preis)Korrektur nach unten; **interlocutory r.** [§] gerichtliche Abhilfe; **upward r.** Pluskorrektur f, Berichtigung/(Preis)Korrektur nach oben
revisions variance Verrechnungsabweichung f
revitalization n Neu-, Wiederbelebung f; **urban r.** Stadtsanierung f, S.erneuerung f
revitalize v/t wieder/neu beleben, stimulieren, mit neuem Leben erfüllen, sanieren
revival n 1. (Neu)Belebung f, Wiederbelebung f, Erneuerung f, Reaktivierung f; 2. Erholung f, (Wirtschafts-/Konjunktur)Aufschwung m, (Wieder)Aufleben nt, Renaissance f *(frz.)*; 3. neue Vermarktungsstrategie für ein Produkt
revival of an action [§] Fortsetzung eines ruhenden Verfahrens; ~ **business** Geschäftsbelebung f; ~ **demand** Nachfragebelebung f; ~ **export activities** Ausfuhrbelebung f; ~ **investment demand** Wiederbelebung der Nachfrage nach Vermögensaktiva; ~ **a policy** *(Vers.)* Wiederaufleben einer abgelaufenen Police; ~ **the retail trade** Geschäftsbelebung im Einzelhandel; ~ **the right of action** [§] Unterbrechung der Verjährung; ~ **sales** Absatzbelebung f
economic revival wirtschaftlicher Aufschwung, Konjunkturbelebung f, K.aufschwung m, (Wieder)Belebung der Wirtschaft/Konjunktur; **r. clause** Wiederauflebensklausel f
revive v/ti 1. wieder/neu beleben, zu neuem Leben erwecken, erneuern, reaktivieren; 2. sich erholen, wieder aufleben
to be revived 1. wieder in Kraft treten; 2. wieder aufleben, erneut Auftrieb erhalten
revivor n *(lat.)* [§] Wiederaufnahme des Prozesses
revo|cability n Widerruflichkeit f; **r.cable** adj widerruflich
revocation n Widerruf(ung) m/f, Aufhebung f, (Zu)Rücknahme f, Ent-, Zurückziehung f, (Lizenz)Entzug m, Annullierung f
revocation of agency Widerruf der Vertretungsmacht; ~ **appointment** Widerruf der Bestellung; ~ **an authority** Widerruf einer Vollmacht; ~ **a contract** Vertrags(auf)kündigung f, V.rücktritt m, Rücktritt vom Vertrag; ~ **a donation/gift** Schenkungswiderruf m, Widerruf einer Schenkung; ~ **a driver's license** *[US]* /**driving licence** *[GB]* Führerscheinentzug m; ~ **a guarantee** Annullierung einer Bürgschaft; ~ **a legacy** Legatsentziehung f; ~ **a letter of credit** Akkreditivwiderruf m; ~ **licence** Lizenzentzug m, L.rücknahme f, Konzessionsentziehung f, Zurücknahme einer Lizenz; ~ **the licence to practise** Rücknahme/Widerruf der Zulassung; ~ **an offer** (Zu)Rücknahme eines Angebots; ~ **opinion** Widerruf des Bestätigungsvermerks; ~

a patent Patentaufhebung f, P.einziehung f, P.beendigung f, P.löschung f, P.entziehung f; ~ **a patent by court** Nichtigkeitsverfahren nt; ~ **a power of attorney** Vollmachtswiderruf m, V.entzug m; ~ **probation** Widerruf der Strafaussetzung zur Bewährung; ~ **proxy** Stimmrechtsermächtigungswiderruf m; ~ **ratification** Genehmigungswiderruf m; ~ **a trust** Rücktritt von einer Treuhanderrichtung; ~ **a warrant of arrest** [§] Aufhebung des Haftbefehls; ~ **a will** Testamentswiderruf m, T.aufhebung f, Widerruf eines Testaments
general revocation allgemeiner Widerruf; **special r.** Sonderwiderruf m; **unilateral r.** einseitiger Widerruf
revocation clause Widerrufsklausel f
revoke v/t annullieren, aufheben, widerrufen, stornieren, rückgängig machen, zurücknehmen
revolt n Rebellion f, Auflehnung f, Revolte f, Erhebung f, Aufruhr m; v/t revoltieren, sich auflehnen; **r.ing** adj ekelhaft, scheußlich
revolution n 1. Revolution f; 2. ✿ Umdrehung f; **r.s per minute (r.p.m.)** Umdrehungen pro Minute; **green r.** 1. grüne Revolution; 2. Agrarrevolution f; **industrial r.** industrielle Revolution; **managerial r.** Managerrevolution f
revolutionary adj umwälzend, revolutionär, bahnbrechend; n Revolutionär m, Umstürzler m
revolutionize v/t revolutionieren, von Grund aus neu gestalten, völlig umkrempeln *(coll)*
revolve v/ti 1. drehen, kreisen; 2. *(Lagerbestand)* sich periodisch erneuern; 3. *(Kredit)* erneuern; **r. around** (etw.) umkreisen
revolving adj revolvierend, kreisend, sich drehend
revue n ⚜ Revue f
reward n 1. Prämie f, Belohnung f, Lohn m, Entlohnung f, Entgelt nt, Gegenleistung f, Entschädigung f, Vergütung f; 2. *(Gesuchter)* Kopfpreis m; **to offer a r.** ausloben, Belohnung/Prämie aussetzen, ~ ausschreiben; **to reap the r.s of one's labour** Früchte seiner Arbeit ernten
adequate/due reward angemessene Belohnung, gebührender Lohn; **financial/monetary/pecuniary r.** geldliche/finanzielle Vergütung, Geldprämie f; **for ~ r.** gegen Entgelt/Bezahlung
reward v/t (be)lohnen, vergüten, entlohnen, honorieren; **r.ing** adj lohnend, einträglich
reward package Vergütung f; **r. value** immaterielle Vergütung
rewarehouse v/t wieder einlagern
reweigh v/t nachwiegen; **r.ing** n Nachverwiegung f
rewind v/t zurückspulen; n *(Bandgerät)* Rücklauf m; **r. speed** Rückspulgeschwindigkeit f
reword v/t neu fassen, umformulieren
rework n Nacharbeit f, Nachbesserung f; v/t auf-, nach(be)-, überarbeiten, nachbessern; **r. cost** Nachbesserungskosten pl
reworking n Über-, Nachbearbeitung f
rework order Nachbearbeitungs-, Nachbesserungsauftrag m
rewrite v/t neu schreiben, umschreiben
re|zone v/t umwidmen, Flächennutzungsplan ändern; ~

as one *(Grundstücke)* zusammenlegen; **r.zoning** *n* Änderung des Flächennutzungsplans
rhetoric *n* Redekunst *f*, Rhetorik *f*; **r.al** *adj* rednerisch, rhetorisch
rheumatic *adj* ✚ 1. rheumakrank; 2. rheumatisch; *n* Rheumakranke(r) *f/m*
rheuma|tism *n* ✚ Rheuma *nt*; **r.toid** *adj* rheumatisch
rhyme *n* Reim *m*; **without r. or reason** *(coll)* ohne Sinn und Verstand *(coll)*
rhythm *n* Rhythmus *m*; **synchronous r.** Gleichtakt *m*; **r. coordination** Rhythmenabstimmung *f*
rib *n* ✚ Rippe *f*; **fractured r.**(s) Rippenbruch *m*
The Blue Riband ⚓ das Blaue Band
ribbon *n* (Farb-/Maschinen-/Ordens)Band *nt*; **single-colo(u)red r.** einfarbiges Farbband; **two-colo(u)red r.** zweifarbiges Farbband; **r. cartridge** Farbbandkassette *f*; **r. feed** Farbbandtransport *m*; **r. printer** 🖳 Farbbanddrucker *m*; **r. replacement** Farbbandwechsel *m*; **r. reverse** Farbbandumschaltung *f*; **r. switch** Farbbandeinsteller *m*
rice *n* 🌾 Reis *m*; **r. field/paddy** Reisfeld *nt*; **r. growing** Reisanbau *m*
rich *adj* 1. reich, wohlhabend; 2. ergiebig, reichhaltig; 3. 🌾 *(Boden)* schwer; **to grow r.** reich werden; **to strike it r.** *(coll)* glücklichen Griff tun *(coll)*; **to wake up to find o.s. r.** über Nacht reich geworden sein; **new(ly) r.** neureich
the rich *pl* die Reichen; **to soak/squeeze the r.** *(coll)* die Reichen schröpfen *(coll)*
riches *pl* Reichtümer, Schätze; **to amass (great) r.** Reichtümer/Schätze ansammeln
rick *n* 🌾 Schober *m*, (Korn)Miete *f*
rid *v/t* befreien, freimachen/säubern von; **r. o.s. of sth.**; **to get r. of sth.** sich einer Sache entledigen, etw. loswerden, sich ~ vom Hals schaffen *(coll)*, ~ aus dem Weg schaffen; **to be r. of sth.** etw. los sein; **to get r. of sth. easily** etw. mit Kusshand loswerden *(coll)*
good riddance *n* *(coll)* ein Glück, dass wir es los sind, fort mit Schaden *(coll)*
riddle *n* Rätsel *nt*
ride *v/ti* 1. reiten; 2. fahren; **r. sth. out** etw. durchstehen/überstehen; **r. roughshod over sth.** sich über etw. (brutal) hinwegsetzen
ride *n* 1. Ritt *m*; 2. Fahrt *f*; **to be taken for a r. by so.** *(coll)* auf jdn reinfallen *(coll)*; **to give so. a rough r.** *(fig)* jdm schwer zusetzen; **to take so. for a r.** *(coll)* jdn über den Löffel balbieren/barbieren *(coll)*, jdn übers Ohr hauen *(coll)*, jdn verschaukeln *(coll)*, jdn auf den Arm nehmen *(coll)*; **free r.** Freifahrt *f*
rider *n* 1. Reiter(in) *m/f*; 2. Motorradfahrer(in) *m/f*; 3. Zusatz(klausel) *m/f*, Z.artikel *m*, Z.urkunde *f*; 4. *(Vers.)* (Policen)Nachtrag *m*, Nebenbestimmung *f*, Versicherungsvorvertrag *m*, besondere Versicherungsvereinbarung, Vertragszusatz *m*; 5. (Wechsel)Anhang *m*, Allonge *f (frz.)*, Wechselstück *nt*; 6. *(Kartei)* Reiter(chen) *m/nt*; **free r.** *(pej.)* Trittbrettfahrer *m (pej.)*; **r.ship (figures)** *n [US]* Inanspruchnahme öffentlicher Verkehrsmittel, Fahrgast-, Beförderungszahlen, B.leistung *f*
ridge *n* Höhen-, Landrücken *m*, Grat *m*; **r. of high pressure** ☁ Hochdruckausläufer *m*; **r. line** Kammlinie *f*

ridicule *n* Spott *m*, Verhöhnung *f*, Gespött *nt*; **to expose so. to r.**; **to hold so. up to r.** jdn der Lächerlichkeit preisgeben
ridicule *v/t* verspotten, verhöhnen
ridiculous *adj* lachhaft, lächerlich; **r.ness** *n* Lächerlichkeit *f*
riding *n* 1. Reiten *nt*; 2. Fahren *nt*; **free r.** *(pej.)* Trittbrettfahren *nt (pej.)*; **r. comfort** 🚗 Fahrkomfort *m*; **r. light** ⚓ Ankerlicht *nt*; **r. school** Reitschule *f*; **r. stable** Reit-, Pferdestall *m*
rife *adj* weit verbreitet, häufig, in Mengen vorhanden; **to be r. (with)** herrschen, grassieren, überhand nehmen
riffraff *n* *(pej.)* Gesindel *nt (pej.)*, Pöbel *m (pej.)*
rifle *n* Flinte *f*, Gewehr *nt*; *v/t* durchwühlen, plündern
rift *n* 1. Spalte *f*, Sprung *m*, Riss *m*, Kluft *f*; 2. Zerwürfnis *nt*, Spaltung *f*, Graben *m (fig)*; **to heal the r.** Spaltung überwinden; **serious r.** tiefe Spaltung, Entzweiung *f*
rig *n* 1. Ausrüstung *f*, Ausstattung *f*; 2. 🛢 Bohrturm *m*; 3. *(coll)* Börsenmanöver *nt*; *v/t (coll)* manipulieren; **r. out** 1. ausstaffieren, herrichten, improvisieren; 2. ⚓ auftakeln; **r. up** ausstatten, ausrüsten
rig|ger *n* *(coll) (Börse)* Kurstreiber *m*; **r.ging** *n (coll)* Manipulation *f*
right *n* 1. (An)Recht *nt*, Berechtigung *f*; 2. *(Vers.)* (Leistungs)Anspruch *m*, Anwartschaft *f*; 3. (Aktien)Bezugsrecht *nt*; **as of r.**; **by r.**(s) rechtmäßig, von Rechts wegen, de jure *(lat.)*, billigerweise; **by way of r.s** im Wege des Bezugsrechts; **cum r.s (cr)**; **r.s on** inklusive/mit Bezugsrecht, ~ Optionsrecht; **ex r.s (xr)** ohne/ex Bezugsrecht (ex Bez.), ~ Optionsrecht; **in the r.** im Recht; **in one's own r.** aus eigenem Recht; **r. to** (An)Recht/Anspruch auf; **without r.s** 1. rechtlos; 2. ohne Bezugsrecht, bezugsrechtslos
right to abandon; r. of abandonment Preisgabe-, Abandonrecht *nt*; **r. to the abatement of a nuisance** Beseitigungsanspruch *m*; **r. of abode** Aufenthalts-, Wohnrecht *nt*; **r. to abridgment of damages** Recht auf Schadensherabsetzung; **r. of access** Eintritts-, Zufahrts-, Zugangs-, Zutrittsrecht *nt*; **preferential ~ access** bevorrechtigter Zutritt; **~ free access to the sea** Recht des freien Zugangs zum Meer; **r. of accrual; r. to accruals** Anwachsungsrecht *nt*; **r. to acquire** Ankaufsrecht *nt*; **r. of action** Klagebefugnis *f*, K.recht *nt*, Recht auf Klageerhebung; **~ as the proper party** Aktivlegitimation *f*; **r. to adjourn** Vertagungsrecht *nt*; **r. of admission** Zulassungsanspruch *m*; **~ of alienation** Veräußerungsrecht *nt*; **~ amendment** Abänderungsrecht *nt*; **~ anticipation** Vorkaufsrecht *nt*
right of appeal Beschwerde-, Einspruchs-, Veto-, Berufungsrecht *nt*, Rechtsmittel *nt* (der Revision); **to wave the ~ appeal** auf Rechtsmittel verzichten
right of free appraisal Recht zur freien Würdigung; **~ approach** ⚓ Visitationsrecht *nt*; **~ appropriation** Aneignungsrecht *nt*; **~ assembly** Versammlungsfreiheit *f*, V.recht *nt*; **~ assignment** Abtretungsrecht *nt*; **~ (free) association; r. to form associations** Koalitions-, Vereinigungs-, Organisationsrecht *nt*; **r. of asylum** Asylrecht *nt*; **~ attachment** Pfändungs-, Forderungspfand-

recht *nt*; **r.s and attributes of sovereignty** Hoheitsrechte; **r. of audience (in court)** Anhörungsanspruch *m*, A.recht *nt*, Recht zu plädieren, ~ auf rechtliches Gehör, ~ zum Auftreten vor Gericht; **having a ~ audience** postulationsfähig; **r. to augmentation of compulsory portion** Pflichtteilsergänzungsanspruch *m*; **r. of avoidance** Anfechtungs-, Rücktrittsrecht *nt*, Anfechtbarkeit *f*; **r. to issue banknotes** (Bank)Notenprivileg *nt*; **preferential r.s in bankruptcy proceedings** Konkursvorrecht *nt*; **r. to benefit(s)** Leistungsanspruch *m*; **~ social benefits** Sozialanspruch *m*; **acquiring the ~ benefit(s)** Erwerb eines Leistungsanspruchs; **r.s under a bill** Rechte aus einem Wechsel; **to transfer one's ~ bill** seine Rechte aus einem Wechsel übertragen; **r. to form bodies corporate** Korporationsrecht *nt*; **~ inspect books (and records)** Recht auf Prüfung der Bücher, ~ zur Einsichtnahme in die Bücher; **~ build** Baurecht *nt*; **~ establish a business/practice** Niederlassungsrecht *nt*, Recht auf Niederlassung; **~ one's business establishment** Recht am eingerichteten und ausgeübten Gewerbebetrieb; **r.s of the buyer** Rechte des Käufers; **~ offer to the official buyer** *(Aktien)* Andienungsrecht *nt*; **r. of calling** *(Prämiengeschäft)* Abnahmerecht *nt*; **r. to cancel** Kündigungs-, Stornorecht *nt*; **~ reserved** Abbestellung vorbehalten; **r. of cancellation** Rücktritts-, Kündigungsrecht *nt*; **extraordinary ~ cancellation** außerordentliches Kündigungsrecht; **r. to capitalize** *(Bilanz)* Aktivierungsrecht *nt*; **~ levy charges** Heberecht *nt*; **r. of choice** Option *f*; **~ first choice** Recht der ersten Wahl; **r.s of citizenship** staatsbürgerliche Rechte; **r. to make a claim** Rügerecht *nt*; **~ (recover) a claim** Forderungsrecht *nt*; **r. of codetermination** Mitbestimmungs-, Mitspracherecht *nt*; **~ coinage** Münzrecht *nt*, M.regal *nt*, M.hoheit *f*; **r. to hold sth. as pledged collateral** Faustpfandrecht *nt*; **~ of combination** Koalitionsfreiheit *f*, K.recht *nt*; **~ command** Befehls-, Weisungsrecht *nt*, W.befugnis *f*; **r.s arising from a commission** Auftragsrecht *nt*; **r. of complaint** Beschwerde-, Reklamationsrecht *nt*; **~ consultation** Konsultationsrecht *nt*; **r. under a contract** vertragliches Recht; **r. to cancel/withdraw from a contract** Rücktrittsrecht *nt*; **~ enter into contract with o.s.** Selbsteintrittsrecht *nt*; **r. of control** Aufsichts-, Kontrollrecht *nt*; **~ conversion** (Um)Wandlungsrecht *nt*; **~ cooption** Kooptationsrecht *nt*; **r. to a copy** Recht auf Abschrift; **~ have sth. corrected** Berichtigungsanspruch *m*, B.recht *nt*; **~ counsel** Recht auf Hinzuziehung eines Verteidigers; **~ be heard in court** Anhörungsrecht *nt*; **r. of custody (and care of a child)** (Personen)Sorgerecht *nt*; **~ the customer to effect a substitute performance** Recht des Bestellers auf Ersatzvornahme; **r. to (recover) damages** Recht auf Schaden(s)ersatz, Ersatzanspruch *m*; **~ delivery** Auslieferungsanspruch *m*; **r.s from derivatives** Rechte aus Derivaten; **r. of disclaimer** Ausschlagungs-, Verzichtrecht *nt*; **~ disposal** Veräußerungs-, Verfügungsrecht *nt*, V.berechtigung *f*; **~ dissemination** Veröffentlichungsrecht *nt*; **r. to distrain** Pfändungsanspruch *m*; **r. of distribution** Verbreitungsrecht *nt*; **r. to (receive)**

a dividend Dividendenanspruch *m*, D.berechtigung *f*; **~ cumulative/prior-year dividend** Nachbezugsrecht *nt*; **preferential ~ dividend** Dividendenvorrecht *nt*; **r. of domicile** Heimat-, Niederlassungsrecht *nt*; **r.s and duties** Rechte und Pflichten; **contractual ~ duties** vertragliche Rechte und Pflichten; **r. of (the) editor not to disclose his source of information** Redaktionsgeheimnis *nt*; **r. to education** Recht auf Bildung; **~ emblement** *(Pächter)* ⚜ Recht des Aberntens, ~ auf die Ernte; **r. of emigration** Auswanderungsrecht *nt*; **~ emption** Recht des Kaufvertrags; **r. to enjoyment** Genussrecht *nt*; **~ quiet enjoyment** Recht auf ungestörte Nutzung; **r. of entry** Inbesitznahmerecht *nt*, Recht auf Inbesitznahme; **~ free entry** ungehinderter Zugang, Recht auf ungehinderten Zutritt; **r. and equity** Recht und Billigkeit; **r. of establishment** Niederlassungsfreiheit *f*, N.recht *nt*; **r. to refuse to give evidence** Aussage-, Zeugnisverweigerungsrecht *nt*; **r. of exchange** Austausch-, Umtauschrecht *nt*; **r. to exclude; r. of exclusivity** Ausschließlichkeitsrecht *nt*; **r. of execution** Exekutionsrecht *nt*; **~ exemption** Befreiungsanspruch *m*; **r. to exist** Daseins-, Existenz-, Lebensberechtigung *f*, L.recht *nt*; **r. of exploitation** ⚜ Nutzungsrecht *nt*; **exclusive ~ exploitation** ausschließliches Nutzungsrecht; **r. acquired in good faith** gutgläubig erworbenes Recht; **r.s of the finder of lost property** Fundrecht *nt*; **exclusive r. to a firm's name** Firmenausschließlichkeit *f*; **r. to forbearance** Unterlassungsanspruch *m*; **~ foreclose** Vollstreckungsanspruch *m*; **~ examine the goods declared** ⊖ Recht zur Beschau der angemeldeten Waren; **r. in gross** grundstücksunabhängiges Recht; **r. to claim under a guarantee** Garantieanspruch *m*; **r. to be heard; ~ given a hearing** Anhörungsrecht *nt*, Recht auf rechtliches Gehör; **r. of immigration** Einwanderungsrecht *nt*; **r. to import** Einfuhrrecht *nt*; **sole/exclusive ~ import** Alleinimport *m*; **~ indemnification** Entschädigungsanspruch *m*; **r. of indemnity** Aufwendungs-, Befreiungs-, Freistellungs-, Revalidierungs-, Schaden(s)ersatzanspruch *m*; **r. to (demand) information** Auskunftsrecht *nt*, Recht auf Auskunft; **~ be given information; ~ obtain information** Informationsrecht *nt*; **~ refuse to give information** Auskunftsverweigerungsrecht *nt*; **~ be informed** Auskunftsanspruch *m*; **r. of inheritance** Erbrecht *nt*, E.anspruch *m*, E.berechtigung *f*, E.schaftsanspruch *m*; **legal r. to an inheritance** gesetzliches Erbrecht; **proportional r. to an inheritance** Erbquote *f*; **r. to inspect; r. of inspection** Prüfungs-, Einsichts-, Beschau-, Überprüfungs-, Inspektionsrecht *nt*, Recht auf Einsichtnahme; **r. to issue instructions** Weisungs-, Direktionsrecht *nt*, D.befugnis *f*, Weisungsbefugnis *f*; **r. of interpellation** Interpellationsrecht *nt*; **~ intervention** Interventionsrecht *nt*; **~ inventorship** Recht der Erfinderschaft; **r. to have an inventory drawn up** Recht auf Inventareinrichtung; **r. of investigation** Untersuchungsbefugnis *f*; **r. to have justice administered** Justizgewährungsanspruch *m*; **r. in land** Recht an Grundstücken; **real ~ land** dingliche Rechte an Grundstücken; **r. to establish a legation** Gesandt-

rights and liabilities

schaftsrecht *nt*; **r.s and liabilities** Rechte und Pflichten; **r. to carry as liability** *(Bilanz)* Passivierungsrecht *nt*; **r.s of licence (under a patent)** Lizenzrechte; **r. of light** Fenster-, Lichtrecht *nt*, Recht auf Licht; **~ lien** Pfandrecht *nt*; **r. to call a loan prior to maturity** *(Kredit)* vorzeitiges Kündigungsrecht; **~ maintenance** Unterhalts-, Versorgungsanspruch *m*; **~ hold a market** Marktrecht *nt*; **r. as master of the house** Hausrecht *nt*; **r. to withdraw a matter from the cognizance of another court** Evokationsrecht *nt*; **~ address the meeting** Rederecht *nt*; **~ extract/work minerals** ⚒ Bergwerks-, Schürfrecht *nt*; **r. of motion** Antragsrecht *nt*; **~ (free) movement** Freizügigkeit *f*; **r. to a name** Recht auf einen Namen; **r. of nomination** Vorschlagsrecht *nt*; **~ notice** Kündigungsrecht *nt*; **extraordinary ~ notice** außerordentliches Kündigungsrecht; **r. to nullify** Anfechtungsrecht *nt*; **r. of objection**; **r. to raise an objection** Einspruchs-, Rügerecht *nt*, Recht auf Ablehnung eines Richters; **r.s and obligations** Pflichten und Rechte; **~ obligations under a contract** Rechte und Verpflichtungen aus einem Vertrag; **our several ~ obligations** unsere beiderseitigen Rechte und Pflichten; **r. arising out of an obligation** obligatorisches Recht; **r. to be relieved of an obligation** Befreiungsanspruch *m*; **~ designate/appoint observers** Recht auf Benennung von Beobachtern; **r. of occupancy** Besitzrecht *nt*; **prior ~ occupancy** Recht der früheren Besitznahme; **~ option** Bezugs-, Options-, Wahlrecht *nt*; **~ overflight** ✈ Überfliegungsrecht *nt*; **~ ownership** Besitz-, Eigentumsrecht *nt*, E.anspruch *m*; **r. to be paid** Befriedigungsrecht *nt*; **r. of participation** Mitsprache-, Mitwirkungsrecht *nt*; **r.s of the parties inter se** *(lat.)* interne Rechtsbeziehungen der Parteien; **r. of passage** Durchfahrts-, Durchfuhr-, Wegerecht *nt*; **r. to a patent** Recht auf ein Patent; **~ preferential payment** Befriedigungsvorrecht *nt*; **~ a pension** Renten-, Ruhegeldanspruch *m*, Anspruch auf eine Rente; **to deprive so. of his/her ~ pension** jds Ruhegehalts-/Renten-/Pensionsanspruch aberkennen; **vested ~ future pension payments** Renten-, Pensionsanwartschaft *f*; **~ performance** Erfüllungsanspruch *m*; **~ demand contractual performance** Recht auf Leistung; **~ offer alternative performance** Ersetzungsbefugnis *f*; **~ refuse performance** Leistungsverweigerungsrecht *nt*; **r.s of personality** Persönlichkeitsrechte; **r. of persons** höchstpersönliches Recht; **r. in personam** *(lat.)* obligatorisches/relatives Recht; **r. of petition** Petitionsrecht *nt*; **~ plunder** Beuterecht *nt*; **r. to a compulsory portion** Pflichtteilsanspruch *m*; **r. of possession** Besitz-, Eigentums-, Inbesitznahmerecht *nt*; **r. to possession** Recht auf Besitz, Herausgabeanspruch *m*; **~ exclusive possession** Recht auf ausschließliches Besitz; **r. of pre-emption** Vorkaufsberechtigung *f*, V.recht *nt*, Option *f*, Einstandsrecht *nt*; **to acquire a ~ preemption** Verkaufsrecht erwerben; **real ~ pre-emption** dingliches Vorkaufsrecht; **r. to have premises vacated** Räumungsanspruch *m*; **r. of prescription** Ersitzungsrecht *nt*; **to claim a ~ prescription** Ersitzungsrecht geltend machen; **~ priority** Prioritätsrecht *nt*; **~ privacy** Recht des Ausschlusses der Öffentlichkeit, **~ auf Schutz der Intim-/Privatsphäre**, **~ auf Schutz der Persönlichkeit**; **r. to institute proceedings** Klagerecht *nt*; **to waive the right ~ proceedings** auf eine Klage verzichten; **r. to due process in law** rechtliches Gehör; **r. to participate in the profits** Recht auf Gewinnbeteiligung; **to carry a ~ profits** mit Gewinnberechtigung ausgestattet sein; **r. of property** Eigentum(srecht) *nt*; **to reserve the ~ property** Eigentumsvorbehalt machen; **contractual ~ property** vertragliches Nutzungsrecht; **r. to own property** Eigentumsrecht *nt*; **r. of proposal** Vorschlags-, Präsentationsrecht *nt*; **~ protection** Schutzrecht *nt*; **r. of protection from risks** Sicherungsrecht *nt*; **r. of provisional protection** *(Pat.)* vorläufiges Schutzrecht; **~ publication** Veröffentlichungsrecht *nt*; **r. to inflict corporal punishment** Züchtigungsrecht *nt*; **r. of purchase** (An)Kaufrecht *nt*; **~ reciprocity** Recht der Gegenseitigkeit; **~ recitation** Vortragsrecht *nt*; **~ recourse** Regressrecht *nt*, R.anspruch *m*, Rückgriffsrecht *nt*, R.anspruch *m*, R.forderung *f*; **to reserve the ~ recourse** sich Regressansprüche vorbehalten; **~ recovery** Schaden(s)ersatz-, Leistungs-, Herausgabeanspruch *m*; **~ redemption** Tilgungs-, Ablösungs-, Auslösungs-, Rücknahme-, Einlösungs-, Rückkaufsrecht *nt*; **~ refusal** Weigerungsrecht *nt*; **~ to perform** Recht auf Leistungsverweigerung; **r. of first refusal** Vorkaufsrecht *nt*, Option *f*; **~ reinstatement** *(Lebensvers.)* Erneuerungsanspruch *m*; **~ rejection** Zurückweisungsrecht *nt*; **r. to alter a legal relationship** Gestaltungsrecht *nt*; **~ relief** Rückgriffsrecht *nt*, Regressanspruch *m*; **~ judicial relief** Rechtsschutzanspruch *m*; **r. in rem** *(lat.)* dingliches/absolutes Recht, Grundpfandrecht *nt*; **r. to have sth. removed** Beseitigungsanspruch *m*; **r. of renewal** Prolongations-, Verlängerungsrecht *nt*; **r. to call for repayment** *(Kredit)* Kündigungsrecht *nt*; **r. of reply** Recht auf Gegendarstellung; **~ representation** Recht auf Vertretung, Vorführungsrecht *nt*; **~ reproduction** 📖 Abdruck-, Vervielfältigungsrecht *nt*; **~ repurchase** Wiederkaufs-, Rückkaufs-, Rücknahmerecht *nt*, R.anspruch *m*; **~ repurchase for non-use** Rückrufsrecht wegen Nichtausübung; **~ rescission** Anfechtungs-, Rücktrittsrecht *nt*; **r. to resell** Wiederverkaufsrecht *nt*; **r. of residence** Aufenthalts-, Wohnrecht *nt*; **permanent ~ residence** uneingeschränktes Aufenthalts-/Wohnrecht; **r. to (claim) restitution** Rückforderungsrecht *nt*, Anspruch auf Herausgabe; **r. of retention** Zurückbehaltungs-, Retentionsrecht *nt*; **~ return** Rückgabe-, Remissionsrecht *nt*; **r. to the return of (sth.)** Rücknahmerecht *nt*; **r. of reversion** Heimfallanspruch *m*; **~ review** Einspruchs-, Nachprüfungs-, Vetorecht *nt*; **r. to personal safety** Recht auf persönliche Sicherheit

right of sale Verkaufs-, Vertriebsrecht *nt*; **exclusive ~ sale** Alleinverkaufsrecht *nt*; **to grant the exclusive ~ sale** Alleinverkaufsrecht vergeben

right of salvage ⚓ Bergungs-, Strandrecht *nt*; **~ sanctuary** Asylrecht *nt*; **r. to (obtain) satisfaction** Befriedigungsrecht *nt*; **~ preferential satisfaction** Recht auf bevorzugte Befriedigung; **r. of search** Durchsuchungs-, Untersuchungsrecht *nt*; ~ **seizure** Beschlagnahme-, Wegnahmerecht *nt*; ~ **self-determination** Selbstbestimmungsrecht *nt*; ~ **self-redress** Selbsthilferecht *nt*; **r. to sell** Verkaufsrecht *nt*; **sole ~ sell** Allein-, Universalverkaufsrecht *nt*; ~ **set-off** Ver-, Aufrechnungsanspruch *m*, Recht auf Aufrechnung; **r. to a settlement** Abfindungsanspruch *m*; ~ **a preferential settlement** Recht auf abgesonderte Befriedigung; ~ **a separate settlement** Aussonderungsrecht *nt*; **r. of severance** Abtrennungsrecht *nt*; **r. inherent in shares** *[GB]* /**stocks** *[US]* Aktienrecht *nt*; **r. to silence** Schweigerecht *nt*; ~ **speak** Rederecht *nt*; **r. of staple** Handelsprivileg *nt*, Niederlassungsrecht *nt*; ~ **stoppage (in transit)/in transitu** *(lat.)* 1. kaufmännisches Zurückbehaltungsrecht; 2. Verfolgungs-, Anhalterecht *nt*; **r. to strike** Streikrecht *nt*; ~ **sublet** Untervermietungsrecht *nt*; **r. of subrogation** Recht auf Abtretung der Ersatzansprüche; **r. to subscribe** Bezugs-, Optionsrecht *nt*; **preferential r. of subscription** Vorzugszeichnungsrecht *nt*; **r. of substitution** Surrogationsrecht *nt*; ~ **succession** Nachfolge-, Erbfolgerecht *nt*; **to establish the ~ succession** Erb-/Nachfolge regeln; **r. to sue**; ~ **bring a suit** Klagerecht *nt*, K.berechtigung *f*, Recht auf Klageerhebung; **r. of support** Unterhaltsanspruch *m*; ~ **survivorship** Anwachsungsrecht *nt*; **r. to (impose) tax** Besteuerungsrecht *nt*; **subsidiary ~ tax** subsidiäres Besteuerungsrecht; ~ **levy taxes and duties** Abgaben-, Steuerautonomie *f*; ~ **taxation** Steueranspruch *m*; ~ **tax credit** Steueranrechnungsanspruch *m*; **r. of inheritable tenancy** Erbpachtrecht *nt*; **r. to dispossess a tenant** Räumungsanspruch *m*; **r. of hereditary tenure** Erbpachtrecht *nt*; ~ **termination** Kündigungsrecht *nt*; **extraordinary ~ termination** außerordentliches Kündigungsrecht; **r.s arising from tort or contract** Recht aus unerlaubter Handlung oder Vertrag; **r. of transit** Durchfuhr-, Durchgangs-, Transitrecht *nt*; **r. to form a union** Recht auf Zusammenschluss in einer Gewerkschaft

right of use (and enjoyment) Nutzungsrecht *nt*; ~ **beneficial u.** Nutzungsbefugnis *f*; ~ **u. and habitation** Benutzungs- und Aufenthaltsrecht *nt*; ~ **joint u.** Mitbenutzungsrecht *nt*; ~ **prior u.** Vorbenutzungsrecht *nt*

right of user Benutzungs-, Gebrauchsrecht *nt*, Recht auf Benutzung; ~ **usufruct** Nießbrauch(srecht) *m/nt*, Nutznießung(srecht) *f/nt*; **to burden so. with the ~ usufruct** jdn mit einem Nießbrauch belasten; **r. of verification** Kontrollrecht *nt*; ~ **veto** Einspruchs-, Vetorecht *nt*, Zustimmungsvorbehalt *m*; ~ **(unimpaired) view** Recht auf Aussicht

right to vote Stimm-, Wahlberechtigung *f*, (aktives) Wahlrecht; **to deprive so. of his/her ~ vote** jdm das Stimmrecht entziehen; **to exercise one's vote** Stimm-/Wahlrecht ausüben; **to forfeit one's ~ vote** seines Stimmrechtes verlustig gehen

right of way 1. Begehungs-, Durchgangs-, Durchleitungs-, Wegerecht *nt*; 2. ➔ Vorfahrt(srecht) *f/nt*, V.sberechtigung *f*; **to yield the ~ way** Vorfahrt gewähren; ~ **way rent** Wegerechtsgebühr *f*; **r. to welfare benefits** Fürsorgeanspruch *m*; **r. of withdrawal** 1. (Konto) Verfügungsgewalt *f*, Recht auf Entnahme; 2. Austrittsrecht *nt*; **r. to withhold** Zurückbehaltungsrecht *nt*; ~ **interrogate witnesses** Fragerecht *nt*; ~ **work** Recht auf Arbeit; ~ **issue a writ of certiorari** *(lat.)* Evokationsrecht *nt*

jealous of one's right|s sehr auf die Wahrung seiner Rechte bedacht; **r. that cannot be statute-barred** unverjährbares Recht; **r.s that run with the land** mit einem Grundstück verbundene Rechte; **a r. accrues/arises** ein Recht fällt an; **the r. has lapsed** das Recht ist erloschen; **r.s ensuing from** die sich aus ... ergebenden Rechte; **establishing a r.** rechtsbegründend; **having exclusive r.s** alleinberechtigt; **instructing so. on his legal r.s** Rechtsbelehrung *f*

all right|s sämtliche Rechte; **excluding ~ r.s** ausschließlich aller Rechte; **including/with ~ r.s** einschließlich aller Rechte, mit allen Rechten; **~ r.s reserved** alle Rechte vorbehalten, unter Vorbehalt aller Rechte **to abandon a right** Recht aufgeben; **to acknowledge a r.** Recht anerkennen; **to acquire a r.** Recht erwerben; **to advise so. of his r.s** jdn belehren; **to affect so.'s r.s** Rechte berühren; **to allow a r. to lapse** Rechte erlöschen/verfallen lassen; **to arrogate a r.** sich ein Recht anmaßen; **to assert a r.** sich auf ein Recht berufen; ~ **one's r.(s)** seine Rechte geltend machen, auf seinem Recht bestehen, sein Recht behaupten; **to assign a r. (to)** Recht/Anspruch abtreten, Recht übertragen/zedieren; **to avail o.s. of a r.** von einer Möglichkeit/einem Recht Gebrauch machen; **to be within one's r.s** im Recht sein; ~ **subrogated to so.'s r.s** in die Rechte eintreten; **to belong to so. by right(s)** jdm rechtmäßig gehören; **to cede a r.** Recht abtreten; **to challenge a r.** Recht bestreiten; ~ **so.'s r.** jdm ein Recht streitig machen; **to claim a r.** Recht für sich in Anspruch nehmen; ~ **one's r.** sein Recht fordern; **to come into one's r.s** zu seinem Recht kommen; **to concede a r.** ein Recht zugestehen; **to confer a r. on so.** jdm ein Recht verleihen, Recht auf jdn übertragen; **to constitute a r.** Recht begründen; **to contest so.'s r.** jdm ein Recht streitig machen; **to curtail a r.** Rechte schmälern/beschneiden/verkürzen; **to deal in r.s** mit Bezugsrechten handeln; **to demand one's r.** sein Recht fordern; **to deprive so. of a r.** jdm ein Recht aberkennen/entziehen, jdn eines Rechtes berauben, jdn entrechten; **to disclaim a r.** auf ein Recht verzichten; **to divest o.s. of a r.** sich eines Rechts begeben; **to encroach upon so.'s r.s** Rechte beeinträchtigen/verletzen/antasten, in fremde Rechte eingreifen; **to enforce one's r.s by legal action** Rechte einklagen; **to enjoy a r.** Recht genießen; **to enter into so.'s r.s** in jds Rechte eintreten; **to establish a r.** Recht begründen; ~ **a r. on a basis of** ein Recht stützen auf; **to exercise a r.** Recht ausüben, von einem ~ Gebrauch machen; **to forfeit a r.** Rechte verlieren/verwirken, eines Rechtes verlustig gehen; **to forego one's r.s** sich seiner Rechte entäußern; **to grant a r.** Recht zugestehen/einräumen/verleihen/gewähren; **to have/hold a r.** Recht (inne)haben; **to infringe (upon) a r.** Rechte beeinträchtigen/verletzen; ~ **so.'s r.s** in fremde Rechte eingreifen; **to insist on one's r.s** auf seinem Recht be-

stehen, seine Rechte geltend machen; **to invade so.'s r.s** in fremde Rechte eingreifen; **to lose one's r.** eines Rechtes verlustig gehen; **to maintain one's r.** Recht behalten; **to prejudice so.'s r.s** jds Rechte beeinträchtigen; **to preserve r.s** Rechte wahren; **to put to r.s** in Ordnung bringen, Irrtum aufklären/berichtigen/beheben; **to reinstate so. in one's r.s** jdn in seine Rechte wieder einsetzen; **to release/relinquish/renounce a r.** auf ein Recht verzichten, Recht aufgeben; **to reserve the r.** sich das Recht vorbehalten; **to retain the r. to do sth.** sich etw. vorbehalten; **to safeguard one's r.s** seine Rechte wahren; **to sign away a r.** durch Unterschrift ausdrücklich auf ein Recht verzichten; **to stand on one's r.s** auf seinem Recht beharren/bestehen, sich das Recht nicht nehmen lassen; **to succeed into so.'s r.s** in jds Rechte eintreten; **to sue for one's r.s** Rechte einklagen; **to take up one's r.s** Bezugsrecht ausüben; **to transfer r.s to so.** Rechte auf jdn übertragen; **to trespass upon so.'s r.s** jds Rechte verletzen; **to vest a r.** Recht verleihen; **to vindicate one's r.** Recht geltend machen; **to violate a r.** Recht verletzen; **to waive a r.** auf ein Recht/eine Forderung verzichten, von einem Recht zurücktreten; **~ the r. to speak** auf das Wort verzichten
absolute right unbeschränkt/absolut wirksames Recht, absolutes/uneingeschränktes/ausschließliches Recht; **generally accepted r.** allgemein anerkanntes Recht; **accessory r.** akzessorisches Recht, Nebenrecht *nt*; **accrued r.s** *(Vers.)* erworbene Rechte; **acquired r.s** (wohl)erworbene Rechte, Besitzstand *m*; **adverse r.** beeinträchtigendes Recht; **alienable r.** veräußerliches Recht; **assignable r.** übertragbares/übertragungsfähiges Recht; **assigned r.** abgetretenes Recht; **bare r.** nacktes Eigentum; **beneficial r.** Nutz(nieß)ungsrecht *nt*, N.nießung *f*, Nießbrauch *m*; **better r.** stärkeres Recht; **caduciary r.** Heimfallrecht *nt*; **chartered r.s** verbriefte Rechte
civic/civil rights Bürgerrecht(e) *nt/pl*, Grundrechte, staatsbürgerliche Rechte, bürgerliche Ehrenrechte; **civil r.s laws** Bürgerrechtsgesetze
clear right offenbares Recht; **common r.** 1. allgemein anerkanntes Recht; 2. Mitbenutzungsrecht *nt*; **concessionary r.s** Konzessionsrechte; **concurrent r.s** konkurrierende/nebeneinander bestehende Rechte; **conditional r.** bedingtes Recht; **conjugal r.** eheliches Recht, Recht des Ehemannes/der Ehefrau; **constitutional r.s** Grundrechte, verfassungsmäßig garantierte/verfassungsmäßige Rechte; **contingent r.** Anwartschaftsrecht *nt*; **contractual r.** (vertraglich) verbrieftes Recht; **customary r.** Gewohnheitsrecht *nt*; **derivative r.s** abgeleitete Rechte; **disposable r.s** abdingbare Rechte; **dispositive r.** Gestaltungs-, Verfügungsrecht *nt*; **disputed r.** streitiges Recht; **domiciliary r.** Hausrecht *nt*; **economic r.** Vermögensrecht *nt*; **(legally) enforceable r.** einklagbares/gerichtlich durchsetzbares Recht; **equal r.s** Gleichberechtigung *f*; **~ representative** Gleichstellungsbeauftragte(r) *f/m*
exclusive right Allein-, Exklusiv-, Ausschluss-, Ausschließlichkeitsrecht *nt*, ausschließliches Recht, Alleinberechtigung *f*; **e. r.s clause** Alleinvertriebs-, Wettbewerbsklausel *f*; **~ contract** Exklusivvertrag *m*
expectant right Anwartschaftsrecht *nt*; **forfeited r.** verwirktes Recht; **full r.** Eigentum und Besitz; **fundamental r.** Grundrecht *nt*; **future r.** zukünftiges Recht; **conditional ~ r.** Anwartschaft *f*; **general r.** allgemein geltendes Recht; **by good r.s** mit Fug und Recht; **honorary r.s** Ehrenrechte; **human r.s** Menschenrechte; **~ movement** Menschenrechtsbewegung *f*; **hypothecary r.** Grundstückspfandrecht *nt*; **imperfect r.** unvollkommenes Recht; **inalienable r.** unveräußerliches/unübertragbares/unabdingbares Recht; **inchoate r.** entstehendes Recht; **incidental r.** akzessorisches Recht; **incorporeal r.** Immaterial(güter)recht *nt*; **indefeasible r.** unangreifbares/unantastbares Recht, unverzichtbarer Rechtstitel/R.anspruch; **industrial r.** (gewerbliches) Schutzrecht; **~ r.s dispute** Schutzrechtsstreitigkeit *f*; **inherent r.** originäres/angeborenes/natürliches/unveräußerliches Recht; **intangible r.** immaterielles Recht; **interim r.s** Anspruch auf Zwischendividende; **interlocking r.s** Schachtelprivileg *nt*; **judicial r.** gerichtlich durchsetzbares Recht; **lapsed r.** erloschenes Recht; **legal r.** formelles Recht, Rechtsanspruch *m*; **full ~ r.** uneingeschränktes Recht; **full ~ r.** Vollrecht *nt*; **limited r.** beschränktes Recht; **litigious r.** gerichtlich durchsetzbares/strittiges Recht, einklagbare Forderung; **managerial r.s** Befugnisse/Kompetenzen der Unternehmensleitung; **manifest r.** offenbares Recht; **marital r.** eheliches Recht; **mineral r.** Abbau-, Schürfrecht *nt*; **moral r.** moralische Berechtigung; **natural r.s** Naturrechte, natürliche/originäre Rechte; **obligatory r.** obligatorischer Anspruch; **original r.** originäres Recht; **parental r.** Elternrecht *nt*; **partial r.** *(Aktie)* Teilrecht *nt*; **participating r.s** Gewinnbeteiligungsrechte, G.berechtigung *f*, Genussrechte; **participatory r.** Mitwirkungsrecht *nt*; **pensionable r.** Pensionsanspruch *m*; **peremptory r.** Ausschließlichkeitsrecht *nt*, unabdingbares Recht; **permanent r.** unverjährbares Recht; **personal r.** relatives/persönliches Recht; **~ r.s** Individual-, Persönlichkeitsrechte; **strictly ~ r.** höchstpersönliches Recht; **political r.** politisches Recht; **possessive/possessory r.** Recht auf Besitz, Besitzrecht *nt*, B.anspruch *m*, possessorisches Recht; **pre-emptive r.** 1. Vorkaufsrecht *nt*; 2. *(Aktie)* Bezugs-, Optionsrecht *nt*; **preferential r.** Vor(zugs)recht *nt*, Absonderungsanspruch *m*; **prescriptive r.** ersessenes Recht, Gewohnheits-, Verjährungsrecht *nt*; **present r.** gegenwärtiges Recht; **prior r.** Vor(zugs)recht *nt*, älteres Recht; **proprietary r.** Eigentums-, (Marken)Schutz-, Urheberrecht *nt*, gewerbliches Eigentum; **industrial ~ r.** gewerbliches Schutzrecht; **proprietorial r.** Eigentumsrecht *nt*; **provisionally protected r.** vorläufig geschütztes Recht
protective right Schutzrecht *nt*; **~ r.s dispute** Schutzrechtsstreitigkeit *f*; **~ r.s policy** Schutzrechtspolitik *f*
public right|s Bürgerrechte und B.pflichten; **qualified r.** beschränktes Recht; **real r.** dinglicher Anspruch, dingliches Recht, Grundpfandrecht *nt*; **reciprocal r.s** gegenseitige Rechte; **relative r.** obligatorisches/rela-

tives Recht; **remedial r.** Rechtsschutzanspruch *m*; **rental r.** Erbbaurecht *nt*; **reserved r.s** Vorbehaltsrechte; **residential r.** Wohnrecht *nt*; **permanent ~ r.** Dauerwohnrecht *nt*; **restitutory r.** Restitutions-, Wiederherstellungs-, Rückerstattungsanspruch *m*, R.recht *nt*; **reversible r.** reversibles Recht; **reversionary r.** Anwartschaft *f*; **riparian r.s** Ufer(anlieger)rechte; **secondary r.** akzessorisches Recht; **sole r.** alleiniges Recht, Alleinberechtigung *f*; **~ r.(s) clause** Alleinvertriebsklausel *f*; **sovereign r.** Souveränitäts-, Hoheitsrecht *nt*; **special r.** Sonderrecht *nt*, Privileg *nt*; **statute-barred r.** verjährter Rechtstitel/R.anspruch *m*; **statutory r.** gesetzlich verbrieftes Recht; **strict r.** formelles Recht; **subsidiary r.** Nebenrecht *nt*, subsidiäres Recht; **territorial r.s** Hoheitsrechte; **third-party r.s** Rechte Dritter; **transferable r.** übertragbares/abtretbares/übertragungsfähiges Recht; **unalienable r.** nicht übertragbares Recht; **unchallengeable r.** unbestreitbarer Anspruch; **undivided r.** Gesamthandsrecht *nt*; **unimpeachable r.** unangreifbares Recht; **untransferable r.** unübertragbares Recht; **usufructuary r.** Nießbrauch (srecht) *m/nt*, Nutznießungs-, Nutzungsrecht *nt*, N.befugnis *f*, Recht auf Benutzung; **vested r.** wohlerworbenes Recht; **~ r.s** verbriefte/anerkannte Rechte, wohlerworbene Rechte/Ansprüche, Besitzstand *m*, althergebrachte Privilegien; **visitorial r.** Inspektionsrecht *nt*
right *v/t* in Ordnung bringen, berichtigen, richtig stellen
right *adj* recht, richtig, angemessen, korrekt, den Tatsachen entsprechend; **as ~ as rain** *(coll)* in schönster Ordnung *(coll)*; **to be r.** Recht haben; **~ about r.** ungefähr stimmen; **~ r. after all** Recht behalten; **to come r.** in Ordnung kommen; **to prove so. right** jdm Recht geben; **to put r.** 1. in Ordnung bringen; 2. Irrtum aufklären/berichtigen/beheben; **~ o.s. r. with so.** sich mit jdm gut stellen; **to set things r.** die Dinge wieder ins Lot bringen
right|-aligned *adj* rechtsbündig; **r.s candidate** Bezugsrechtsanwärter *m*; **~ contract** Nutzungsvertrag *m*; **~ dealing** Handel mit Bezugsrechten, Bezugsrechtshandel *m*
righten *v/t* in Ordnung bringen
righteous *adj* rechtschaffen
rightful *adj* rechtmäßig, legal
right-hand man *adj (fig)* rechte Hand *(fig)*
rights issue Bezugsrecht(semission) *nt/f*, B.sangebot *nt*, B.ausgabe *f*, Bezugsberechtigung *f*, B.angebot *nt*, Ausgabe von Bezugsrechten (zur Kapitalerhöhung); **par r. i.** Pari-Bezugsrecht *nt*; **r. i. price** Bezugsrechtspreis *m*; **~ proceeds** Erlös aus der Kapitalerhöhung
right|-justified *adj* rechtsbündig; **r.less** *adj* rechtlos
rightly or wrongly *adv* zu Recht oder Unrecht
right|s market Markt für Bezugswerte; **r.s offer(ing)** Bezugs(rechts)angebot *nt*; **to make a r.s offer** Bezugsrechtsangebot machen; **r.s shares** *[GB]* /**stocks** *[US]* Bezugs(rechts)aktien
right|-size *v/t* 1. richtig dimensionieren; 2. *(Personal)* abbauen; **r.-sizing** *n* Personal abbauen
right|-wing *adj* rechtsstehend, Rechts-; **r.-winger** *n* Rechte(r) *f/m*

rigid *adj* starr, unnachgiebig
rigidity *n* Starrheit *f*, Unnachgiebigkeit *f*, Strenge *f*; **downward r.** Sperrklinkeneffekt *m*; **~ of real wages** Starrheit der Reallöhne nach unten
rigor *[US]*; **rigour** *[GB]* *n* Starrheit *f*, Starre *f*, Strenge *f*, Härte *f*, Striktheit *f*; **r. of the law** Strenge des Gesetzes; **r.s of the weather** Wetterunbilden *pl*
rigor mortis *n (lat.)* ⚕ Leichen-, Totenstarre *f*
rigorous *adj* hart, streng, rigoros
rim *n* 1. Rand *m*; 2. 🚗 Felge *f*; **(the) Pacific R.** (die) Randstaaten des Pazifik
rime *n* (Rau)Reif *m*, Nachtfrost *m*
rind *n* Rinde *f*, Schwarte *f*
ring *n* 1. Ring *m*; 2. ☎ Anruf *m*; 3. Klang *m*, Note *f*; 4. (Buchmacher-/Spekulanten)Ring *m*; **to enter the r.** auf den Plan treten; **to give so. a r.** jdn anrufen; **to have the r. of truth about it** wahr klingen; **r. in** 1. *[GB]* sich telefonisch (bei einer Sendung) melden; 2. *[US]* Arbeitsbeginn stechen/stempeln
ring *v/ti* 1. läuten, schellen, klingeln, anrufen; 2. klingen, klingeln; **r. back** zurückrufen; **r.-fence** *v/t (fig)* eingrenzen; **r. off** ☎ *(Hörer)* auflegen, einhängen; **r. out** 1. ertönen; 2. *[US]* Arbeitsende stechen/stempeln; **r. up** 1. *(Ladenkasse)* eingeben; 2. ☎ anrufen, antelefonieren
ring binder/book Ringbuch *nt*; **r. bolt** ⚙ Ringbolzen *m*; **r. circuit** Ringverzweigung *f*
ringing key ☎ Ruftaste *f*; **r. tone** Rufzeichen *nt*, R.ton *m*
ringleader *n* Banden-, Rädels-, Anführer *m*
ring|master *n* Zirkusdirektor *m*; **r. network** 💻 Ringnetz *nt*; **r.-pull** *n* Dosenring *m*; **~ can** Aufreißdose *f*; **r. road** Umgehungs-, Ringstraße *f*; **r. spanner** ⚙ Ringschlüssel *m*
ringster *n* Ringmitglied *nt*
rink *n* Eislauf-, Rollschuhbahn *f*
rinse *v/t* (aus)spülen; *n* Spülung *f*
riot *n* Aufruhr *m*, Ausschreitung *f*, Krawall *m*, Tumult *m*; **r. and civil commotion** Aufruhr und bürgerliche Unruhen; **~ insurance** Aufstands-, Tumult-, Überfallversicherung *f*; **r.s, civil commotion and strikes (r.c.c.&s.)** *(Vers.)* Aufruhr, Bürgerkrieg und Streik; **to quell/squash a r.** Aufstand niederschlagen; **to run r.** Amok laufen, randalieren
to read so. the Riot Act *(coll)* jdm die Leviten lesen *(coll)*; **r. call** *[US]* Überfallruf *m*; **r. clause** Aufruhrklausel *f*; **r. damage** Aufruhr-, Tumultschäden *pl*
riot *v/i* sich zusammenrotten; **r.er** *n* Randalierer *m*, Ruhestörer *m*, Aufrührer *m*; **r.ous** *adj* aufrührerisch; **r. police/squad** Bereitschaftspolizei *f*; **r. shield** Schutzschild *m*
rip off *v/t* 1. (los)reißen; 2. *(coll)* beschwindeln; **r. out** herausreißen; **r. up** 1. aufreißen; 2. zerreißen
riparian *adj* am Ufer gelegen, Ufer-; *n* Fluss-, Uferanlieger *m*
ripe *adj* reif; **r.n** *v/i* reifen; **r.ness** *n* Reife *f*; **r.ning** *n* Reife *f*, Reifen *nt*
rip-off *n (coll)* Wucher *m*, Nepp *m (coll)*, Betrug *m*, Schwindel *m*
ripple *n* 1. kleine Welle; 2. *(fig)* minimale Schwankung; **r. effect** Nachwirkungen *pl*

rise *n* 1. (Kurs-/Preis)Anstieg *m*, Aufwärtsbewegung *f*, Zunahme *f*, Anziehen *nt*, Zuwachs *m*; 2. *(Lohn/Gehalt)* Erhöhung *f*, Steigerung *f*, Anhebung *f*, Aufbesserung *f*; 3. *(Börse)* Befestigung *f*, (Aktien)Hausse *f*; **on the r.** im Steigen begriffen
rise in the bank rate Diskonterhöhung *f*; **sharp r. in consumption** Konsumstoß *m*; **r. in costs** Kostenanstieg *m*, K.auftrieb *m*; **~ employment** Beschäftigungsanstieg *m*, B.zuwachs *m*; **~ expenditure** Ausgabenzuwachs *m*; **sharp ~ expenditure** Ausgabenschub *m*; **~ exports** Ausfuhr-, Exportanstieg *m*; **r. and fall** 1. Aufstieg und Untergang; 2. *(Börse)* Gewinn und Verlust; **r. in imports** Einfuhr-, Importanstieg *m*; **~ interest rates** Zinsauftrieb *m*, Z.anstieg *m*; **r. by leaps and bounds** sprunghafter Anstieg; **r. in output** Produktionsanstieg *m*; **~ population** Bevölkerungszuwachs *m*, B.wachstum *nt*, Zunahme der Bevölkerung; **~ prices** 1. Preisanstieg *m*, P.auftrieb *m*, Verteuerung *f*; 2. *(Börse)* Kurssteigerung *f*, K.anstieg *m*; **~ (the rate of) inflation** Inflationsauftrieb *m*; **~ (the rate of) interest** Zinserhöhung *f*, Z.anstieg *m*; **r. in sales** Absatz-, Umsatzwachstum *nt*; **~ taxes** Steuererhöhung *f*; **~ unemployment** Zunahme der Arbeitslosigkeit; **~ value** Wertanstieg *m*, W.zuwachs *m*; **~ volume (terms)** Mengenzuwachs *m*, M.wachstum *nt*, mengenmäßiger Zuwachs; **~ wages** Lohnerhöhung *f*
to buy for a rise *(Börse)* auf Hausse spekulieren/kaufen; **to give r. to** Anlass geben zu, verursachen, führen zu; **to go/operate/speculate for a r.** auf Hausse spekulieren/kaufen; **to halt the r. of the dollar** den Dollaranstieg bremsen; **to show a r.** Steigerung verzeichnen; **to stage a r.** ansteigen
abrupt rise scharfer Kursanstieg; **across-the-board r.** allgemeine Erhöhung/Aufwärtsentwicklung; **dramatic r.** dramatischer Anstieg; **exaggerated r.** Überhöhung *f*; **inflationary r.** verstärkter Inflationsauftrieb; **moderate r.** leichter (Kurs)Anstieg; **one-day r.** *(Börse)* Tagesgewinn *m*; **one-point r.** Erhöhung um einen Punkt; **scattered r.s** *(Börse)* einzelne/vereinzelte Kursgewinne; **sharp r.** scharfer Kursanstieg, Hausse *f* *(frz.)*; **siz(e)able r.** beträchtlicher/nennenswerter Anstieg; **sluggish r.** zögerliche Aufwärtsentwicklung; **violent r.** hektischer Anstieg; **widespread r.** (Kurs) Anstieg auf breiter Front; **year-on-year r.** jährliche Erhöhung
rise *v/i* 1. (an)steigen, klettern, anziehen, zunehmen, zulegen, in die Höhe gehen; 2. *(Person)* aufstehen, sich erheben; **r. above o.s.** über sich selbst hinauswachsen; **r. to speak** das Wort ergreifen; **r. sharply/steeply/strongly** kräftig anziehen, steil ansteigen, haussieren
riser *n* ♦ Steigleitung *f*, S.rohr *nt*; **early r.** Frühaufsteher *m*
rising Aufstand *m*; **r. of the court** Vertagung des Gerichts; **to quell a r.** Aufstand niederschlagen/n.werfen
rising *adj* 1. *(Börse)* fest; 2. aufstrebend, (auf)steigend, im Aufwind *(fig)*
risk *n* 1. (Versicherungs)Risiko *nt*, Wagnis *nt*, Gefahr *f*, Gefährdung *f*; 2. versicherter Gegenstand, Deckungsgegenstand *m*; **at r.** gefährdet, auf dem Spiel; **at the r.** of auf Risiko von; **at one's own r.** auf eigene Gefahr/Verantwortung, auf eigenes Risiko, selbst haftend; **on r.** *(Vers.)* im Obligo
encountered risk|s on fixed assets and investments eingetretene Anlagenwagnisse; **r. recorded in the books of account** buchmäßig angefallenes Wagnis; **r. of breakage** Bruchgefahr *f*, B.risiko *nt*; **no r. for breakage** keine Gewähr für Bruch; **r. of civil commotion** Tumultrisiko *nt*; **r.s of competition** Wettbewerbsrisiken; **r. of confusion** Verwechslungsgefahr *f*; **~ unanticipated extra cost(s)** Mehrkostenwagnis *nt*; **~ default** Ausfallrisiko *nt*; **~ deterioration** Gefahr der zufälligen Verschlechterung; **~ embargo** Embargorisiko *nt*; **~ nuclear energy** Kernenergierisiko *nt*; **~ error** Fehlergefahr *f*, F.risiko *nt*; **r. entailed by guarantee** Gewährleistungsrisiko *nt*; **r. of infection** ≑ Ansteckungsgefahr *f*; **~ inflation** Inflationsgefahr *f*; **~ insolvency** Insolvenzrisiko *nt*; **at the ~ one's life** unter Einsatz des Lebens; **~ litigation** Prozessrisiko *nt*; **~ loss(es)** Verlustrisiko *nt*; **~ accidental loss** Gefahr des zufälligen Untergangs; **~ manufacture** Fabrikations-, Herstellungsrisiko *nt*; **~ maturity gaps** Fristenrisiko *nt*; **~ nonacceptance** Annahme-, Übernahmerisiko *nt*; **~ nonpayment** Ausfallrisiko *nt*; **~ obsolescence** Veralterungsrisiko *nt*; **r.s and perils insured against** gedeckte Gefahren; **r. of rent loss** Mietausfallrisiko *nt*; **~ seizure** Beschlagnahmerisiko *nt*; **r. and service business** Risiko- und Dienstleistungsgeschäft *nt*; **r. of spoilage** Ausschussrisiko *nt*; **~ a strike** Streikgefahr *f*, S.risiko *nt*
acting at one's own risk Handeln auf eigene Gefahr; **fraught with r.s** risikoreich; **ready/willing to take a r.**; **~ r.s** risikobereit, r.freudig; **r. lies with ...** Gefahr trägt ...; **the r. passes** Gefahr geht über
to accept/assume a risk Risiko übernehmen; **to be at r.** gefährdet sein; **to bear/carry the r.** Risiko tragen/übernehmen, für die Gefahr haften, Gefahren tragen; **to calculate a r.** Risiko abwägen; **to carry at one's own r.** auf eigenes Risiko befördern; **to charge against r.s** Rückstellungen für Risiken bilden; **to class as a r.** zum Risiko erklären; **to cover a r.** Risiko abdecken; **to do sth. at one's own r.** etw. auf eigene Gefahr tun; **to eliminate a r.** Risiko ausschalten; **to incur a r.** Risiko eingehen, Gefahr laufen, sich einer ~ aussetzen; **to insure o.s. against r.** sich vor Risiko schützen, sich versichern gegen; **to minimize the r.** Risiko minimieren; **to place a r. (with)** Risiko versichern (bei); **to provide for r.s** Risikovorsorge treffen; **to put at r.** gefährden, aufs Spiel setzen; **to reduce the r.** Risiko eingrenzen; **to run a r.** Risiko eingehen/auf sich nehmen, riskieren, Gefahr laufen, sich einer Gefahr/einem Risiko aussetzen; **to spread r.s** Risiken streuen/verteilen/ausgleichen, Versicherungsrisiko atomisieren; **to take a r.** Risiko eingehen; **~ no r.s** kein Risiko eingehen; **to underwrite a r.** Risiko versichern, Versicherung (eines Risikos) übernehmen; **to write r.s** Risiken versichern
acceptable risk Restrisiko *nt*; **aggravated r.** erhöhtes Risiko; **all r.s (a/r, A/R)** alle Risiken/Gefahren; **against ~ r.s (a.a.r.)** gegen alle Risiken/Gefahren; **assigned r.s** zwangsweise zugeteilte (schwer versicher-

bare) Risiken; ~ **r. pool** Zusammenschluss zur Abdeckung schwer versicherbarer Risiken; **attendant r.** Begleitrisiko *nt*; **bad r.** 1. zweifelhaftes Risiko; 2. *(Kredit)* schlechte Bonität; **bilateral r.** zweiseitiges Risiko; **calculated r.** wohl abgewogenes Risiko; **classified r.** erhöhtes Risiko; **collective r.** gemeinschaftliches Risiko; **commercial r.** betriebswirtschaftliches/geschäftliches Risiko, Geschäfts-, Unternehmensrisiko *nt*; **coverable r.** deckungsfähiges Risiko; **current r.s** laufende Risiken; **customary r.s** (handels)übliche Risiken; **downside r.** *(Börse)* Kursrisiko *nt*, Wahrscheinlichkeit des Kursrückgangs; **economic r.** wirtschaftliches Risiko; **encountered r.** Wagnisverlust *m*; **miscellaneous ~ r.s** eingetretene sonstige Wagnisse; **entrepreneurial r.** unternehmerisches Risiko, Unternehmensrisiko *nt*; **excepted/excluded r.** unversichertes/unversicherbares/ausgenommenes/ausgeschlossenes Risiko; **export-related r.** Exportrisiko *nt*; **extended r.** Gefahrenerhöhung *f*; **extra-hazardous r.** *(Vers.)* Sonderrisiko *nt*; **extraordinary r.** außergewöhnliche Gefahr; **fair r.** versicherbares Risiko; **financial r.** finanzielles Risiko; **first r.** erste Gefahr; **foreseeable r.** erkennbares Risiko; **fundamental r.** Katastrophenrisiko *nt*, Risiko höherer Gewalt; **genuine r.** echtes Risiko, echte Gefahr; **good r.** 1. vertretbares Risiko; 2. *(Kredit)* gute Bonität

high risk 1. hohes Risiko; 2. *(Kredit)* risikoreiche Adresse; ~ **business** risikoreiches/hochriskantes Geschäft; ~ **rating** Bewertung/Einstufung als hohes Risiko

identical risk|s *(Vers.)* Gefahrengemeinschaft *f*; **imminent r.** akutes Risiko; **imputed r.** kalkulatorisches Wagnis; ~ **premium** (Versicherungs)Prämie für kalkulatorisches Wagnis; **individual r.** Eigengefahr *f*; **initial r.** erste Gefahr; **insurable r.** versicherbares Risiko, versicherungsfähige Gefahr, Versicherungsrisiko *nt*; ~ **and imputed r.** kalkulierbares Risiko; **insured r.** versichertes Risiko/Wagnis; **joint r.** gemeinschaftliches Risiko; **kindred r.** verwandtes Risiko; **known r.** bekanntes Risiko; **marine/maritime r.s** See(transport)gefahr *f*, S.risiko *nt*, Schifffahrtsrisiko *nt*; **measurable r.** überschaubares Risiko; **mercantile r.** Geschäftsrisiko *nt*; **miscellaneous r.s** sonstige Wagnisse; **obvious r.** erkennbares/offensichtliches Risiko; **occupational r.** Berufsrisiko *nt*, Gefahr am Arbeitsplatz; **operational r.** Betriebsgefahr *f*, B.wagnis *nt*; **overall r.** Gesamtrisiko *nt*; **own r.** Selbstbehalt *m*, S.beteiligung *f*, S.risiko *nt*; ~ **clause** Selbstbehaltsklausel *f*; **partial r.** (Kredit)Teilrisiko *nt*; **particular r.** auf einen Einzelfall beschränktes Risiko; **pending r.s** laufende Risiken; **perceivable r.** überschaubares/wahrgenommenes Risiko, erkennbare Gefahr; **personal r.** Personenrisiko *nt*

political risk politisches Risiko; ~ **r.s coverage** Deckung politischer Risiken; ~ **r.s guarantee** Garantie zur Deckung politischer Risiken

poor risk unkalkulierbares/schlechtes Risiko; **preferred r.s** Vorzugsrisiken; ~ **insurance** Sonder(versicherungs)tarif *m*; **professional r.** Berufsrisiko *nt*; ~ **indemnity insurance** Berufshaftpflichtversicherung *f*;

prohibited r. unversicherbares Risiko; **quantitative r.** Mengenrisiko *nt*; **retained r.** selbstbehaltenes Risiko, nicht rückversicherter Teil eines Risikos; **residual r.** Restrisiko *nt*

special risk Extra-, Spezialrisiko *nt*, tätigkeitsbedingtes Risiko; **s. r.s** besondere Risiken/Gefahren; ~ **reinsurance** Spezialrückversicherung *f*

speculative risk Spekulationsrisiko *nt*, spekulatives Risiko; **standard r.** normales Risiko; **substandard r.** unterdurchschnittliches/anomales/schlechtes Risiko; **substantial r.** erhebliches Risiko; **surrounding r.** Nachbargefahr *f*, gefahrerhöhende Nachbarschaft; **systematic r.** unvermeidbares/systematisches Risiko; **technical r.** technisches Risiko

third-party risk Haftpflicht-, Haftungs-, Regressrisiko *nt*; **to insure o.s. against** ~ **r.** Haftpflichtversicherung abschließen; ~ **r. insurer** Haftpflichtversicherer *m*; ~ **r. policy** Haftpflichtpolice *f*

total risk Gesamtrisiko *nt*; **unexpired r.** nicht abgelaufenes/noch bestehendes Risiko, Altrisiko *nt*, Deckungszeit durch vorausgezahlte Prämie; **unexperienced r.** unerwartetes/unvorhergesehenes/ungedecktes Risiko; **unilateral r.** einseitiges Risiko; **uninsured r.** ungedecktes/unversichertes Risiko; **unknown r.** unbekanntes Risiko; **unsystematic r.** vermeidbares Risiko

risk *v/t* 1. riskieren, wagen, Risiko eingehen, aufs Spiel setzen, es darauf ankommen lassen; 2. *(Geld)* einsetzen

risk|-adjusted *adj* risikobereinigt, r.gewichtet; **r. allocation** Risikozuweisung *f*; **r. allowance group** Ausfallklasse *f*; **r. analysis** Risikoanalyse *f*; **r. appraisal/assessment** Risikoeinschätzung *f*, R.bewertung *f*, R.abwägung *f*, R.abschätzung *f*; **r.-averse** *adj* risikoscheu; **r. aversion** Risikoscheu *f*; **r. bearer** Risikoträger *m*; **r.-bearing** *adj* risikotragend

risk capital Haft-, Risiko-, Wagnis-, Spekulations-, Venturekapital *nt*, risikobereites Eigenkapital, haftendes Kapital; **junior r. c.** nachrangiges Haftkapital; **r. c. financing** Risikokapitalfinanzierung *f*

risk category Gefahrenklasse *f*

risks clause Gefahrenklausel *f*; **all r. c.** Versicherung ohne Franchise; **excepted r. c.** Rest-/Risikoausschlussklausel *f*

risk compensation insurance Risikoausgleichsversicherung *f*; ~ **process** Risikoausgleichsprozess *m*; **r. cover(age); r. covering** Risiko-, Interessendeckung *f*, Risikoabsicherung *f*; **multiple identical r. coverage** mehrfache Versicherung; **r. covered/insured** Versicherungsrisiko *nt*, gezeichnetes/gedecktes Risiko, versicherte Gefahr; **r. diversification** Risikomischung *f*, R.streuung *f*; **r.-entailing** *adj* risikotragend, r.trächtig; **r. exposure** 1. Risikograd *m*; 2. Kreditrisiko *nt*; **r. factor** Risikofaktor *m*; **r.-free** *adj* risikolos; **r. function** Risikofunktion *f*; **r. horizon** Risikohorizont *m*; **combined r. insurance** Wareneingangs-, Einheitsversicherung *f*; **multiple r. insurance** kombinierte Versicherung; **r. investment** Risikoinvestition *f*, Anlage in Aktien, risikobehaftete Anlage; **r.less** *adj* risiko-, gefahrlos; **r. limitation** Risikoabgrenzung *f*, R.begren-

risks list

zung *f*; **r.s list** Liste übernommener Risiken; **r. management** Risikovorsorge *f*, R.beherrschung *f*, R.management *nt*, R.politik *f*, Verwaltung von Versicherungsrisiken; **r. mark-up** Risikozuschlag *m*; **r. money** Kaution *f*, Manko-, Fehlgeld *nt*; **r. note** Haftungsbeschränkung des Transportunternehmens; **central r. office** Evidenzzentrale *f*; **preferred r.(s) plan** *[US]* Schadensfreiheitsrabatt *m*; **r.-preference function** Risikopräferenzfunktion *f*; **r. premium** Gefahren-, Risikoprämie *f*, Risiko-, Wagniszuschlag *m*, Risikoaufschlag *m*; **r. principle** Risikogrundsatz *m*; **r.-prone** *adj* risikoträchtig; **r.-proneness** *n* Risikoträchtigkeit *f*; **r. rating** Risikobewertung *f*, R.einstufung *f*; **r. reduction** Gefahr-, Risikominderung *f*; **r.-return relationship** Risiko-Ertragsbeziehung *f*; **r. selection** Risikoauswahl *f*, R.selektion *f*; **r. sharing** Risikoausgleich *m*; **r. spreading** Risikostreuung *f*, R.mischung *f*, R.minderung *f*; **r. surcharge** Risikozuschlag *m*, R.aufschlag *m*; **r. taker** Risikoträger *m*; **r.-taking** *n* Risikobereitschaft *f*, R.übernahme *f*, Gefahrtragung *f*; **r. transfer** Risikoübertragung *f*; **r. underwriting** Risikoversicherung *f*
risky *adj* riskant, gewagt, risikobehaftet, r.reich
rival *n* 1. Rivale *m*, Rivalin *f*, Gegner(in) *m/f*, Widersacher(in) *m/f*; 2. Konkurrent(in) *m/f*, Wett-, Mitbewerber(in) *m/f*, Wettbewerbsteilnehmer(in) *m/f*; **to outdistance r.s** die Konkurrenz aus dem Felde schlagen; **domestic r.s** inländische/heimische Konkurrenz
rival *v/ti* 1. rivalisieren, wetteifern; 2. konkurrieren, in Wettbewerb treten; **r. so.** jdm den Rang streitig machen
rival bid Gegen-, Konkurrenzangebot *nt*, rivalisierendes Übernahmeangebot; **r. brand** Konkurrenzmarke *f*; **r. business** Konkurrenz(geschäft) *f/nt*, K.unternehmen *nt*; **r. candidate** Gegenkandidat(in) *m/f*; **r. company** Konkurrenzgesellschaft *f*, K.firma *f*, K.unternehmen *nt*; **r. demand** konkurrierende Nachfrage
rival firm Konkurrenzfirma *f*, K.unternehmen *nt*, K.betrieb *m*; **to switch to a r. f.** zur Konkurrenz abwandern
rival goods Konkurrenzartikel, K.erzeugnisse; **r. offer** Gegen-, Konkurrenzangebot *nt*; **r. plant** Konkurrenzbetrieb *m*; **r. product** Konkurrenzerzeugnis *nt*, K.produkt *nt*
rivalry *n* 1. Rivalität *f*; 2. Konkurrenz *f*, Wettbewerb *m*; **commercial r.** Handelskonkurrenz *f*
rival supply Konkurrenzangebot *nt*
riven *adj* gespalten
river *n* Fluss *m*, Strom *m*; **down r.** flussabwärts; **up r.** flussaufwärts; **to sell so. down the r.** *(coll)* jdn (ganz schön) verschaukeln *(coll)*; **navigable r.** schiffbarer Strom/Fluss
river authority Flussbehörde *f*, Wasserwirtschaftsverwaltung *f*, W.amt *nt*; **r. bank** Flussufer *nt*; **r. barge** Flussschiff *nt*; **r. bed** Flussbett *nt*; **r. bill of lading** Flussladeschein *m*, F.konnossement *nt*; **r. control** Flussregulierung *f*; **r. craft** Flussfahrzeug *nt*; **r. crossing** Flussübergang *m*, Furt *f*; **r. dam** Staudamm *m*, Talsperre *f*; **r. deposit** Flussablagerung *f*; **r. dues** Fluss-, Stromzölle; **r. freight** Flussfracht(gut) *f/nt*; **~ rate** Flussfrachtsatz *m*; **r. hazard** Flussrisiko *nt*
riverine *adj* am Fluss (gelegen/wohnend)

river insurance Flussversicherung *f*; **r. mouth** Flussmündung *f*; **r. navigation** Strom-, Flussschifffahrt *f*; **r. police** Fluss-, Wasserschutzpolizei *f*; **r. pollution** Flussverschmutzung *f*; **r. port** Binnen-, Flusshafen *m*; **r. regulations** Flussordnung *f*; **r.side** *n* Flussufer *nt*; *adj* am Ufer gelegen, Ufer-; **r. steamer** Flussdampfer *m*; **r. traffic** Flussverkehr *m*; **r. transport(ation)** Flusstransport *m*
rivet *n* ⚙ Niete *f*; *v/t* nieten; **r.er** *n* Nietmaschine *f*
road *n* 1. Straße *f*; 2. *(fig)* Weg *m*; **r.s** ⚓ Reede *f*; **by r.** per Straße/Fahrzeug, auf dem Straßenweg; **on the r.** auf der Straße, auf Achse *(coll)*; **r. versus rail** Wettbewerb zwischen Schiene und Straße; **r. to ruin** *(fig)* Weg ins Verderben; **~ success** Erfolgskurs *m*; **r. closed (to traffic)** für den Verkehr gesperrte Straße, Straße gesperrt; **blocking/closing the r.** Straßensperrung *f*; **opening a r.** Freigabe einer Straße
to be (out) on the road geschäftlich unterwegs sein, auf Tour sein *(coll)*; **~ on the r. to success** auf Erfolgskurs sein; **to close a r.** Straße sperren; **to cross the r.** Straße überqueren; **to lie in the r.s** ⚓ auf Reede liegen; **to mark out a r.** Weg markieren; **to open a r. for traffic** Straße für den Verkehr freigeben, ~ dem Verkehr übergeben; **to take off the r.** 🚗 aus dem Verkehr ziehen; **to veer off the r.** von der Straße abkommen
A/classified road Straße erster Ordnung; **arterial r.** Verkehrsader *f*, Hauptverkehrs-, Ausfallstraße *f*; **bumpy r.** holprige Straße; **busy r.** belebte Straße; **cross-country r.** Überlandstraße *f*; **elevated r.** Hochstraße *f*; **federal r.** Bundesstraße *f*; **frozen/icy r.** vereiste Straße; **impassable r.** nicht befahrbare Straße; **local r.** Gemeindestraße *f*; **main/major r.** 1. Fernstraße *f*; 2. Haupt(verkehrs)-, H.ausfallstraße *f*; 3. vorfahrtberechtigte Straße; **minor r.** Nebenstraße *f*; **narrow r.** verengte Fahrbahn; **open r.** offene Landstraße; **orbital r.** (ringförmige) Umgehungsstraße; **paved r.** Pflasterstraße *f*, befestigte/gepflasterte Straße; **private r.** Privatstraße *f*, P.weg *m*, nichtöffentliche Straße; **public r.** öffentliche Straße, Verkehrsstraße *f*; **quiet r.** ruhige Straße; **scenic r.** Touristenstraße *f*; **slippery r.** *(Schild)* Straßenglätte *f*; **through r.** Durchgangs-, Durchfahrtsstraße *f*; **no ~ r.** *(Schild)* Sackgasse *f*; **twisty r.** gewundene/kurvenreiche Straße; **two-lane r.** Straße mit zwei Fahrbahnen; **unpaved r.** unbefestigte Straße, Schotterstraße *f*
road|ability *n* 1. 🚗 Fahreigenschaften *pl*; 2. Eignung für den Straßentransport; **r.able** *adj* zum Straßentransport geeignet
road accident 🚗 Verkehrs-, Fahrzeugunfall *m*; **r. administration** Straßenverwaltung *f*; **r. atlas/book** Straßenatlas *m*; **r.bed** *n* 🚂 Oberbau *m*; **r. behaviour** 1. Verkehrsdisziplin *f*; 2. 🚗 Straßenlage *f*, Fahrverhalten *nt*; **r. block** Straßensperre *f*; **r.s and waterways board** Straßen- und Wasserbauamt *nt*; **r. builder** Straßenbauunternehmen *nt*, S.bauer *m*; **r. building** Straßen-, Wegebau *m*; **~ machine** Straßenbaumaschine *f*; **r. carrier** (Lastwagen)Spediteur *m*, Straßenfrachtführer *m*; **r. casualty** Verkehrsopfer *nt*; **r. charge/toll** Straßenbenutzungsgebühr *f*, Maut *f*; **r. charges** Anliegerkosten *pl*; **r. check** Verkehrs-, Straßenkontrolle *f*; **r. cleaner** 1.

Straßenfeger *m*; 2. (Straßen)Kehrmaschine *f*; **r. condition(s)** Straßenzustand *m*, S.beschaffenheit *f*, S.verhältnisse *pl*
road construction Straßen-, Wegebau *m*; **~ budget** Straßenbauetat *m*; **~ cost(s)** Straßenbaukosten; **~ fund** Straßenbaufonds *m*; **~ gang** Straßenbautrupp *m*; **~ office** Straßenbauamt *nt*; **~ program(me)** Straßenbauprogramm *nt*
road contractor 1. Fuhrunternehmer *m*; 2. Straßenbauunternehmer *m*, S.unternehmen *nt*; **r. cowboy** *(pej.)* Verkehrsrowdy *m*, rücksichtsloser Autofahrer; **r. crossing** Straßenüberquerung *f*; **r. death** Verkehrstod *m*; **r. deaths** Verkehrstote; **r. frontage** Straßenfront *f*; **r. fund licence** *[GB]* Kraftfahrzeugsteuer *f*; **r. gang** Straßenbautrupp *m*; **r. grader** Planiermaschine *f*
road haulage Straßentransport *m*, Straßengüter-, Güter(kraft)-, Kraftverkehr *m*, Lastwagenspedition *f*, L.beförderung *f*, Transport per LKW; **long-distance r. h.** Straßengüterfernverkehr *m*; **short-distance r. h.** Güternahverkehr *m*; **r. h. company/enterprise** Straßengüter-, Kraftverkehrsunternehmen *nt*; **~ industry** Straßenverkehrsgewerbe *nt*, gewerblicher Kraft-/Straßengüterverkehr; **long-distance ~ operator** Güterfernverkehrsunternehmen *nt*; **~ tax** Straßengüterverkehrssteuer *f*
road haulier Spediteur *m*, Kraftwagen-, Straßenttransportunternehmen *nt*, Lastwagenspediteur *m*, LKW-Unternehmer *m*; **r.hog** *n (pej.)* rücksichtsloser (Auto)Fahrer, Raser *m*, Verkehrsrowdy *m*; **r. holding** *f*; **r.house** *n* Rasthaus *nt*; **r. improvement(s)** Straßenverbesserung *f*; **r. inspector** Straßenaufseher *m*; **r. licence** Kraftfahrzeugzulassungsschein *m*; **r. link** Straßenanschluss *m*, S.verbindung *f*; **r. maintenance** Straßeninstandhaltung *f*, S.unterhaltung *f*, S.instandsetzung *f*; **~ depot** Straßenmeisterei *f*; **r.-maker** *n* Straßenbauer *m*; **r.-making** *n* Straßen-, Wegebau *m*; **r.man** *n* Straßen(bau)arbeiter *m*, S.wärter *m*; **r. map** Straßenkarte *f*; **r. marking(s)** Straßenmarkierung *f*; **r. mender** Straßenbauarbeiter *m*; **r. metal** Straßenschotter *m*, Packlage *f*; **r. monster** *(coll)* Kilometerfresser *m* *(coll)*; **r. network** Straßen-, (S.)Verkehrsnetz *nt*; **r. noise** Straßenlärm *m*; **r. patrol** Verkehrsstreife *f*; **r. permit** Straßenverkehrszulassung *f*; **r. race** Straßenrennen *nt*; **r. rage** *[GB]* Wutanfall im Straßenverkehr; **r.-rail link** Straße-Schiene-Verbund *m*; **r. repairs** Straßen(ausbesserungs)arbeiten; **r. report** Verkehrshinweis *m*, V.(lage)bericht *m*, Straßenverkehrslage *f*, S.zustandsbericht *m*; **r.-roller** *n* Straßenwalze *f*
road safety (Straßen)Verkehrssicherheit *f*; **~ campaign/training** Verkehrserziehung *f*; **~ instruction** Verkehrsunterricht *m*
road show *[US]* 🎭 Wanderbühne *f*
roadside *n* Straßenrand *m*; **r. inn** Raststätte *f*; **r. restaurant** Straßenrestaurant *nt*
road service Straßendienst *m*; **r. sign** Straßen-, Verkehrsschild *nt*, V.zeichen *nt*; **r. situation** Verkehrssituation *f*, V.lage *f*
roadstead *n* ⚓ Reede *f*; **open r.** offene Reede; **~ port** Reedehafen *m*

roadster *n* 🚗 Kabriolett *nt (frz.)*
road|stone *n* Steine für Straßenbau; **r. surface** Straßenbelag *m*, S.decke *f*; **r. surveyor** Straßenaufseher *m*; **r. sweeper** 1. Straßenreiniger *m*, S.kehrer *m*; 2. (Straßen)Kehrmaschine *f*; **r. system** Straßennetz *nt*; **r. tanker** Tankfahrzeug *nt*, T.(last)wagen *m*, T.lastzug *m*; **r. tax** Kraftfahrzeugsteuer *f*; **r. taxes** Straßenabgaben; **r. tax revenue(s)** Einnahmen aus der Kraftfahrzeugsteuer; **r. test** Straßentest *m*, Probefahrt *f*; **r. toll** Straßen-, Wegezoll *m*, W.geld *nt*, Maut *f*, Straßenbenutzungsgebühr *f*
road traffic Fahrzeug-, Straßenverkehr *m*; **long-distance r. t.** Straßenfern-, Fernlastverkehr *m*; **R. T. Act** *[GB]* Straßenverkehrsgesetz *nt*; **r. t. authority** Straßenverkehrsbehörde *f*; **~ law** Straßenverkehrsrecht *nt*; **~ licensing department** Straßenverkehrsamt *nt*; **~ offence** Verkehrsvergehen *nt*, Zuwiderhandlung im Straßenverkehr; **~ offender** Verkehrssünder *m*; **~ regulations** Straßenverkehrsordnung (StVO) *f*, S.vorschriften
road transport Straßen(güter)verkehr *m*, S.transport *m*, (Güter)Kraftverkehr *m*, Beförderung *f* im Straßenverkehr, Transport per LKW; **~ licensing order/regulations** Güterverkehrszulassungsordnung *f*; **~ undertaking** Straßenverkehrsbetrieb *m*
road user (Straßen)Verkehrsteilnehmer *m*, S.benutzer *m*; **r. use tax** Straßenbenutzungsgebühr *f*
road vehicle Straßenfahrzeug *nt*; **commercial r. v.** Nutzfahrzeug *nt*, gewerbliches Straßenfahrzeug; **diesel-engined r. v. (DERV)** *[GB]* Dieselfahrzeug *nt*
road verge Straßenrand *m*; **r.way** *n* 1. Fahrweg *m*, F.straße *f*, F.bahn *f*, F.damm *m*, Straßendamm *f*; 2. 🚂 Strecke *f*; **~ system** Straßennetz *nt*; **r. widening** Straßenverbreiterung *f*; **r.works** *pl* Straßen(bau)arbeiten; **r.worker** *n* Straßenarbeiter *m*; **r.worthiness** *n* Fahrtüchtigkeit *f*, F.tauglichkeit *f*, F.sicherheit *f*, Verkehrssicherheit *f*, V.tauglichkeit *f*, V.tüchtigkeit *f*, Straßentauglichkeit *f*; **~ certificate** 🔧 technische Zuverlässigkeitsbescheinigung *f*; **r.worthy** *adj* fahrtüchtig, f.tauglich, f.sicher, f.bereit, straßen-, verkehrstüchtig, v.sicher, v.tauglich, straßentauglich
roar *n* Gebrüll *nt*, Dröhnen *nt*; **r. of laughter** Lachsalve *f*; *v/i* dröhnen, tosen; **r.ing** *adj* schwunghaft, lebhaft, phantastisch
roast *v/t* rösten; **r.ed** *adj* vom Spieß; **r.er** *n* (Kaffee-)Röster *m*
rob *v/t* (aus-/be)rauben; **~ Peter to pay Paul** *(coll)* ein Loch aufreißen, um ein anderes zu stopfen
robber *n* Räuber *m*; **r. baron/knight** Raubritter *m*; **r.s' den** Räuberhöhle *f*
robbery *n* Raub *m*, Beraubung *f*, räuberischer Diebstahl, Überfall *m*; **to commit r.** rauben, Raub begehen
aggravated robbery schwerer Raub; **armed r.** bewaffneter (Raub)Überfall *m*; **extortionary r.** räuberische Erpressung; **r. insurance** Raubüberfall-, Beraubungsversicherung *f*
robbing *n* Beraubung *f*
robe *n* Ornat *nt*, Robe *f*, Talar *m*; **r.s of office** Amtstracht *f*

round robin *n* *[GB]* *(coll)* Umlaufschreiben *nt*, U.zettel *m*, Rundbrief *m*
robot *n* Roboter *m*, Automat *m*; **industrial r.** Industrieroboter *m*; **intelligent ~ r.** Industrieroboter der zweiten Generation; **r. control** Robotersteuerung *f*
robot(ron)ics *n* Robotertechnik *f*, R.technologie *f*
robot pilot ⚓/✈ Selbststeuerung *f*; **r. technology** Robotertechnik *f*
robust *adj* robust, widerstandsfähig; **r.ness** Robustheit *f*, Widerstandsfähigkeit *f*
rock *n* 1. Klippe *f*, Fels(en) *m*; 2. Stein *m*, Gestein *nt*; **on the r.s** *(coll)* pleite *(coll)*, bankrott; **firm as a r.** felsenfest; **to founder on a r.** an einer Klippe scheitern; **falling r.s** 🚗 Steinschlag *m*; **primary r.** Urgestein *nt*; **volcanic r.** vulkanisches Gestein
rock *v/t* erschüttern
rock-bottom *n* absoluter Tiefpunkt, Tiefststand *m*; **at r.-b.** in der Talsohle; **to reach r.-b.** auf den Nullpunkt fallen
to go off one's rocker *n* *(coll)* durchdrehen *(coll)*; **r. arm** 🚗 Kipphebel *m*; **r. blotter** Wiegelöscher *m*; **r. switch** ⚡ Kippschalter *m*
rocket *n* 1. Rakete *f*; 2. *(coll)* Zigarre *f (coll)*; **to launch a r.** Rakete starten
rocket *v/i* 1. *(Preis)* in die Höhe gehen/schnellen/schießen; 2. *(Kurse)* haussieren
rock face Felswand *m*; **r. fall** Steinschlag *m*; **r. garden** Steingarten *m*
rocking chair *n* Schaukelstuhl *m*; **r. horse** Schaukelpferd *nt*; **r. lever** Kipphebel *m*
rock salt Steinsalz *nt*; **~ plant** Steinsalzwerke *pl*
rocky *adj* felsig
rod *n* 1. Stange *f*; 2. ⌖ Stab *m*; 3. Stabantenne *f*; **to rule with a r. of iron** *(fig)* mit eiserner Hand regieren *(fig)*, mit eisernem Besen kehren *(fig)*; **r. mill** Stabstraße *f*; **r. wire** Walzdraht *m*
rogue *n* 1. Gauner *m*, Schurke *m*, Spitzbube *m (coll)*; 2. Einzelgänger *m*; **out-and-out r.** abgefeimter/ausgemachter Schurke; **r. firm** unseriöse Firma; **r.s' gallery** Verbrecheralbum *nt*
role *n* 🎭 Rolle *f*; **r. of mediator** (Ver)Mittlerrolle *f*; **to play a stimulative r.** zur Belebung beitragen; **crucial r.** entscheidende Rolle; **leading r.** führende Rolle, Führungsrolle *f*; **judicial r.** richterliche Tätigkeit; **major r.** wichtige Rolle; **minor r.** untergeordnete Rolle, Nebenrolle *f*; **pivotal r.** Schlüsselrolle *f*; **regulatory r.** regulierende Funktion; **usurped r.** angemaßte Rolle
role conflict Rollenkonflikt *m*; **r. model** Vorbild *nt*; **r. play** Rollenspiel *nt*
roll *n* 1. Rolle *f*; 2. [§] (Prozess)Register *nt*; 3. (Namens)Verzeichnis *nt*; 4. (Steuer)Liste *f*; 5. Walze *f*; 6. ⚓ Rollen *nt*, Schlingerbewegung *f*; **r. of coins/money** Geldrolle *f*; **~ honour** Ehrenliste *f*, E.tafel *f*; **~ solicitors** [§] Anwaltsliste *f*; **~ wallpaper** Tapetenrolle *f*; **to call the r.** Namen aufrufen/verlesen, Namensliste verlesen; **to strike off the r.** 1. von der Mitgliederliste streichen; 2. [§] *(Anwalt)* die Zulassung entziehen; **electoral r.** Wählerverzeichnis *nt*, W.liste *f*, Wahlliste *f*, W.register *nt*, Liste/Verzeichnis der Wahlberechtigten

roll *v/ti* 1. rollen; 2. walzen; 3. ⚓ schaukeln, schlingern; **r. back** 1. zurückdrehen; 2. senken; **r. forward** überwälzen, prolongieren; **r. in** hereinströmen; **r. out** ausrollen; **r. over** *(Kredit)* verlängern, überwälzen, überschichten; **r. up** aufrollen
roll|back (of prices) *n* *[US]* Preissenkung *f*; **r.back method** Rekursionsverfahren *nt*; **r.-bar** *n* 🚗 Überrollbügel *m*; **r. call** Namensverlesung *f*, N.aufruf *m*, (Anwesenheits)Appell *m*, namentliche Abstimmung, Zählung *f*, Präsenzfeststellung *f*, namentlicher Aufruf; **to vote by r. call** namentlich abstimmen; **r.-call** *v/t* Namen verlesen, namentlich aufrufen
roller *n* 1. Rolle *f*; 2. ⚙ Walze *f*; 3. ⚓ Rolle *f*, Sturzsee *f*; **use r.s** *(Schild)* auf Rollen transportieren
roller bandage ✚ Rollbinde *f*; **r. bearing** ⚙ Rollen-, Wälzlager *nt*; **mounted on ~ bearings** rollengelagert; **r. blind** Springrollo *nt*; **r. caption** *(Inserat)* rollender Titel; **r. coaster** Achterbahn *f*; **~ day** *(coll)(Börse)* Tag mit hektischen Kursausschlägen; **r. skate** Rollschuh *m*; **r. towel** Rollhandtuch *f*; **r. trailer** Rolltrailer *m*
roll film Rollfilm *m*; **r.-front cabinet** Rollschrank *m*
rolling *adj* 1. rollierend, fahrbar; 2. ⚓ schlingernd; *n* 🗜 Walzen *nt*; **r. mill/train** Walzwerk *nt*, W.straße *f*; **cold r. mill** Kaltwalzwerk *nt*
roll number Rollennummer *f*; **r.-out** *n* ✈/✈ Vorstellung *f*
roll-over *n* Erneuerung eines Kredits; **r. budget** Wiederholungsbudget *nt*; **r. credit** revolvierender Kredit
roll pallet Rollpalette *f*
roll-top desk Rollpult *nt*, R.schreibtisch *m*
roman *n* 🖨 Antiqua *f*; **x in R. numerals** römisch x
romp home *v/i* *(coll)* sicheren/hohen Wahlsieg erzielen
rood of land *n* *[GB]* Viertelmorgen *m (0,10117 ha.)*
roof *n* 🏠 Dach *nt*; 2. ⚓ Verdeck *nt*; **to concentrate under one r.** unter einem Dach zusammenfassen; **to erect the r.** Dach richten; **to go through/hit the r.** *(fig)* *(Preis)* die Schallmauer durchbrechen *(fig)*, explodieren *(fig)*; **to thatch a r.** Dach mit Stroh decken
flat roof 🏠 Flachdach *nt*; **fold-down r.** 🚗 Faltdach *nt*; **pointed r.** Spitzdach *nt*; **thatched r.** Strohdach *nt*
roof (in/over) *v/t* überdachen
roof damage insurance Dachschädenversicherung *f*
roofer *n* 🏠 Dachdecker *m*
roofing *n* 🏠 1. Dachdeckerarbeiten *pl*; 2. Dachdeckermaterial *nt*; **r. felt** Dachpappe *f*; **r. tile** Dachpfanne *f*
roof lining 🚗 Himmel *m*; **r. rack** Dachgepäckträger *m*
rooftop *adj* 🏠 Dach *nt*; **to shout from the r.s** *(coll)* (etw.) an die große Glocke hängen *(coll)*, (her)ausposaunen, lauthals verkünden; **r. garage** Dachgarage *f*; **r. restaurant** Dach-, Aussichtsrestaurant *nt*
rook *v/t* *(coll)* täuschen, betrügen
room *n* 1. Zimmer *nt*, Raum *m*, Kammer *f*, Stube *f*; 2. *(Hotel)* Gästezimmer *nt*; 3. *(fig)* Platz *m*, Spielraum *m*; **r. for complaint** Anlass zur Klage; **~ interpretation** Interpretationsspielraum *m*; **~ manoeuvre** Bewegungs-, Entscheidungs-, (Handlungs)Spielraum *m*, Aktionsradius *m (fig)*; **~ fiscal manoeuvre** finanzpolitischer Spielraum; **r. to negotiate** Verhandlungsspielraum *m*

to book a room Zimmer bestellen/reservieren; **to find/get so. a r.** jdm ein Zimmer besorgen/nachweisen; **to have no r. for so./sth.** *(fig)* nichts für jdn/etw. übrig haben; **to leave r.** *(fig)* Platz lassen; **to let a r.** Zimmer vermieten; **to rent a r.** Zimmer mieten; **to share a r.** sich ein Zimmer teilen; **to vacate a r.** Zimmer räumen
adjoining room Nebenzimmer *nt*, N.raum *m*; **cold r.** Kühlraum *m*; **cold-storage/deep-freeze r.** Gefrierraum *m*; **commercial r.** *(Hotel)* Besprechungs-, Konferenzzimmer *nt*; **common r.** Aufenthalts-, Gemeinschaftsraum *m*; **double r.** Doppel-, Zweibettzimmer *nt*; **front r.** Vorderzimmer *nt*; **furnished r.** möbliertes Zimmer; **neatly ~ r.** nett eingerichtetes Zimmer; **outer r.** Außenzimmer *nt*; **private r.** Privatzimmer *nt*, P.raum *m*; **single r.** Einzelzimmer *nt*; **spare r.** Gästezimmer *nt*; **unfurnished r.** nicht möbliertes Zimmer; **vacant r.** freies Zimmer
room clerk *[US] (Hotel)* Empfangschef *m*, E.dame *f*; **r. divider** Raumteiler *m*
roomer *n [US]* Untermieter *m*, möblierter Herr; **to take in r.s** Untermieter aufnehmen
roomette *n [US]* ⚓/🚂 Einzelkabine *f*
room fee 1. Zimmergebühr *f*, Z.preis *m*, Z.tarif *m*; 2. *(Krankenhaus)* Tagegeld *nt*; **r. guide** Raumplan *m*; **r. hunting** Zimmersuche *f*
rooming house *n [US]* Pension *f*, Logierhaus *nt*, Miethaus mit möblierten Zimmern bzw. Wohnungen
room key Zimmerschlüssel *m*; **r.mate** *n* Zimmer-, Stubengenosse *m*; **r. number** Zimmernummer *f*; **r. plan** Belegungsplan *m*; **r. rate** Zimmerpreis *m*; **r. rent** Zimmermiete *f*; **r. service** Zimmerbedienung *f*, Etagenservice *m*; **r. telephone** Zimmertelefon *nt*; **r. temperature** Raum-, Zimmertemperatur *f*; **r. trader** *[US]* auf eigene Rechnung spekulierendes Börsenmitglied
roomy *adj* geräumig
to rule the roost *n (fig)* das Regiment führen *(fig)*, Herr im Haus sein
root *n* 1. Wurzel *f*; 2. *(fig)* Wurzel *f*, Ursprung *m*, Ursache *f*; 3. π Wurzel *f*; **r.s of inflation** Inflationsursachen; **r. of title** [§] Besitz-, Eigentumstitel *m*, urkundliche Eigentumsableitung; **~ good title** unanfechtbarer Rechtstitel
to destroy/eradicate sth. root and branch *(fig)* etw. mit Stumpf und Stiel ausrotten *(fig)*; **to get down to the r. of the trouble** *(fig)* das Übel an der Wurzel packen; **~ of sth.** den Kern einer Sache treffen; **to take r.** Wurzeln schlagen; **cubic r.** π Kubikwurzel *f*; **square r.** π Quadratwurzel *f*
root *v/ti* 1. Wurzel schlagen; 2. verankern; 3. stöbern; **r. about/around** herumwühlen
root cause Grund-, Hauptursache *f*, eigentliche Ursache, eigentlicher Grund, Wurzel *f (fig)*; **r. crop** 🌱 Wurzelgemüse *nt*, Knollen-, Hackfrüchte *pl*, Rüben *pl*
rooted *adj* ver-, eingewurzelt; **to be r.** wurzeln
rope *n* Seil *nt*, Tau *nt*, Strick *m*, Strang *m*; **to give so. (plenty) of r.** *(fig)* jdn schalten und walten lassen, jdm Freiheit/(Handlungs)Spielraum geben, jdn an der langen Leine führen *(fig)*; **to know the r.s** *(coll)* sich genau in der Materie auskennen, sein Handwerk/seine Sache verstehen; **to show so. the r.s** jdn einweisen
rope off *v/t* (mit Seilen) absperren
rope barrier (Seil)Absperrung *f*; **r. ladder** Strickleiter *f*; **r.maker** *n* Seiler *m*; **r.making** *n* Seilerei *f*
roster *n* 1. Dienst-, (Personal)Einsatzplan *m*; 2. Liste *f*, Tabelle *f*; 3. 🪖 Umlauf *m*; **r.ing** *n* (Personal)Einsatzplanung *f*, Dienstplanerstellung *f*
rostrum *n* Rednertribüne *f*, R.pult *nt*
rot *n* 1. Fäulnis *f*, Verwesung *f*, Moder *m*; 2. *(coll)* Quatsch *m*; **to talk r.** *(coll)* faseln *(coll)*; **black r.** 🌱 Schwarzfäule *f*; **dry r.** (Haus-/Mauer)Schwamm *m*, Trockenfäule *f*; **wet r.** Nassfäule *f*
rot *v/i* verrotten, vermodern, (ver)faulen, verwesen
rota *n* Dienstplan *m*, Turnus *m*; **on a r. basis** im Reihumverfahren/Turnus, turnusmäßig
rotary *adj* rotierend, Rotations-
rotate *v/ti* 1. kreisen, sich drehen, rotieren; 2. turnusmäßig wechseln; 3. 🌱 im Wechsel anbauen
rotation *n* 1. (Um)Drehung *f*, Rotation *f*; 2. Wechsel *m*; **in/by r.** der Reihe nach, im Turnus, abwechselnd, turnusmäßig; **r. of crops** 🌱 Fruchtwechsel *m*, F.folge *f*; **~ directors** *[GB]* turnusmäßiges Ausscheiden von Vorstandsmitgliedern; **r. in office** turnusmäßiger Wechsel im Amt; **r. of staff** Stellenrotation *f*
annual rotation Jahresturnus *m*; **compulsory r.** 🌱 Flurzwang *m*; **multi-crop r.** Mehrfelderwirtschaft *f*; **r. age** Umtriebsalter *nt*; **r. cropping** Fruchtwechsel *m*, F.folge *f*; **r. period** Umtriebszeit *f*
rotatory *adj* abwechselnd, turnusmäßig
rote *n* Routine *f*, Übung *f*; **by r.** rein mechanisch, auswendig; **to learn by r.** auswendig/mechanisch lernen; **r. learning** Auswendiglernen *nt*
rotor *n* 1. ✈ Drehflügel *m*; 2. ⚡ Rotor *m*; **r. arm** 🚗 Verteilerfinger *m*; **r. blade** Flügelblatt *nt*; **r. plane** Drehflügelflugzeug *nt*
rot-proof *adj* fäulnissicher
rotten *adj* 1. *(Lebensmittel)* verdorben, schlecht, verfault, modrig; 2. *(coll)* hundsmiserabel *(coll)*, saumäßig *(coll)*; 3. korrupt; **to feel r.** sich übel fühlen
rotunda *n* 🏛 Rundbau *m*, Rotunde *f*
rough *adj* 1. roh, grob, rau, unsanft, uneben; 2. annähernd, ungefähr, pauschal, ungenau, überschläglich; **to sleep r.**; **r. it** *v/t* im Freien übernachten
roughage *n* *(Ernährung)* Ballaststoffe *pl*
rough-and-ready *adj* provisorisch, grob; **in a ~ manner** mehr schlecht als recht *(coll)*
rough-and-tumble *n (coll)* Balgerei *f(coll)*, Keilerei *f(coll)*
roughcast *n* 🏛 Rauputz *m*
roughen *v/t* aufrauen
roughly *adv* schätzungsweise, ungefähr, überschläglich, im Überschlag
roughness *n* Grobheit *f*
to ride/run roughshod over *adj* sich (brutal) hinwegsetzen über *(fig)*, (jdn) rücksichtslos behandeln
rouleau *n (frz.)* Geldrolle *f*
roulette *n (fig)* Roulette *f*
round *n* 1. Kreis *m*, Ring *m*; 2. Runde *f*, Reigen *m*, Tour *f (frz.)*; 3. Kontroll-, Rundgang *m*; 4. ✉ *(Briefträger)* Revier *nt*

round of farm prices *(EU)* Agrarpreisrunde *f*; ~ **interest rate cuts** Zinssenkungsrunde *f*; ~ **price cuts** Preis(senkungs)runde *f*; ~ **price increases** Preis(steigerungs)runde *f*, Teuerungswelle *f*; ~ **tariff reductions** Zoll(senkungs)runde *f*; ~ **visits** Besuchsgang *m*, Tour *f*; ~ **wage claims** Lohn-, Tarifrunde *f*; ~ **wage increases** Lohnrunde *f*
to pay for/stand a round Runde/Lage ausgeben, ~ stiften, ~ bezahlen, einen ausgeben; **daily r.** Tagesablauf *m*, Alltag *m*; **qualifying r.** Ausscheidungsrunde *f*
round *v/t* 1. (auf-/ab)runden; 2. umschiffen *(fig)*; **r. down(ward)** nach unten runden, abrunden; **r. off** 1. ab-, aufrunden, arrondieren; 2. vervollständigen, beschließen; ~ **inversely** abrunden; **r. up** 1. aufrunden; 2. zusammentrommeln; 3. 🐂 *(Vieh)* zusammentreiben; **r. upward** nach oben runden, aufrunden
round *adj* 1. rund; 2. auf-, abgerundet, überschlägig; **to come r.** einschwenken, sich überreden lassen; ~ **to doing sth.** Gelegenheit haben, etw. zu tun; **to go r.** *(Gerücht)* schwirren
roundabout *n* *[GB]* 1. Karussell *nt*; 2. 🔄 Kreisverkehr *m*
rounded down *adj* π abgerundet; **r. up** aufgerundet
rounding (off) *n* π (Ab)Rundung *f*; **r. off** 1. *(Besitz)* Arrondierung *f*; 2. Abrundung *f*; ~ **point** (Ab)Rundungsschwelle *f*; ~ **purchase** Arrondierungskauf *m*; **r. up** Aufrunden *nt*
rounding error Rundungsfehler *m*
roundsman *n* Austräger *m*
round-up *n* Razzia *f*
rouse *v/t* auf-, wachrütteln, ermuntern
rousing *adj* zündend, hin-, mitreißend
roustabout *n* *[US]* 1. Hilfsarbeiter *m*; 2. Hafenarbeiter *m*
rout *n* Schlappe *f*, vernichtende Niederlage *f*; **to put to r.** in die Flucht/vernichtend schlagen
route *n* (Fahr-/Marsch-/Reise)Route *f*, Beförderungs-, Leit(ungs)-, Transportweg *m*, Strecke(nführung) *f*; **en r.** *(frz.)* unterwegs; **to chart a r.** ✈ Fluglinie/F.route abstecken; **to take a r.** Weg einschlagen
arterial route Hauptverkehrsader *f*; **customs-approved r.** ⊖ Zollstraße *f*; **domestic r.** ✈ Inlandsstrecke *f*; **foreign/international r.** Auslandsstrecke *f*; **intended r.** vorgesehener Beförderungsweg; **long-distance r.** Fernstraße *f*; **main r.** *(Verkehr)* Lebensader *f*; **overland r.** (Über)Landweg *m*; **scenic r.** landschaftlich reizvolle Strecke; **through r.** Durchgangsstrecke *f*, D.verbindung *f*
route *v/t* *(Ware)* befördern, dirigieren, leiten
route card Laufkarte *f*; **r. diagram(me)** Flussbild *nt*, (Arbeits)Ablaufdiagramm *nt*, Arbeitsflussdarstellung *f*; **r. instruction** Leitvermerk *m*; **r. licence** ✈ Streckenlizenz *f*; **r. licensing** Vergabe von Streckenlizenzen; **r. map** Streckenkarte *f*; **r. marking** Streckenmarkierung *f*; **r. planner** Reise-, Tourenplaner *m*; **r. planning** Reise-, Tourenplanung *f*; **r. salesman** Fahrverkäufer *m*; ~ **system** Fahrverkauf *m*; **r. sample** ▦ Routenstichprobe *f*; **r. schedule** Tourenplan *m*; **r. scheduling** Tourenplanung *f*; **split r. scheduling** Arbeitsaufteilung auf mehrere Maschinen; **r. sheet** Arbeitsablaufkarte *f*; **master r. sheet** Fertigungsablaufplan *m*; **r. slip** Laufzettel *m*,

L.karte *f*; **r. system** Streckennetz *nt*; **r.way** *n* Verkehrsweg *m*
routine *n* 1. (Geschäfts)Routine *f*, Routinesache *f*, laufende Arbeit, Dienstbetrieb *m*, gleichbleibendes Verfahren; 2. 🖳 Programm *nt*; **as a matter of r.** nach Schema F *(coll)*; **to settle into a r.** in eine Routine hineinwachsen; **auxiliary r.** 🖳 Hilfsprogramm *nt*; **complete r.** vollständiges Programm; **daily r.** Arbeitsalltag *m*, Tagesablauf *m*; **diagnostic r.** 🖳 Diagnoseprogramm *nt*, Fehlersuchroutine *f*; **executive/supervisory r.** Kontrollprogramm *nt*; **main r.** Hauptprogramm *nt*
routine business normale Geschäftssache, Routineangelegenheit(en) *f/pl*; **r. conference** routinemäßige Sitzung, Routinebesprechung *f*; **r. correspondence** Routineschriftwechsel *m*; **r. duties** Routineaufgaben; **r. examination** Routineuntersuchung *f*; **r. function** Routinefunktion *f*, Standardaufgabe *f*; **r. inspection** planmäßige (Über)Prüfung; **r. job/work** mechanische Arbeit/Tätigkeit, regelmäßig anfallende Arbeit, Routinearbeit *f*; **r. matter** Routineangelegenheit *f*; **r. order** Routine-, Dienstbefehl *m*; **r. planning** routinemäßige Fertigungsplanung
routing *n* 1. Leitweg *m*, Routenplanung *f*, R.verlauf *m*, Linien-, Streckenführung *f*, S.planung *f*; 2. *(Logistik)* Tourenzusammenstellung *f*, T.planung *f*, Leitung *f*; 3. Versendung *f*; 4. 🏭 Festlegung der Arbeitsfolge, (Arbeits)Ablaufplanung *f*; **r. of incoming mail** Postverteilung *f*; **alternate r.** Ersatzleitweg *m*; **r. directive/order** Leitbefehl *m*; **r. instruction** Leitvermerk *m*; **r. instructions** Verteilerhinweise; **r. order clause** Transportwegklausel *f*; **r. problem** Wegproblem *nt*; **r. slip** Laufzettel *m*; **r. symbol** Bankleitzahl (BLZ) *f*
routinization *n* Routinisierung *f*
rover ticket *n* 🚌 Bezirks-, Netzkarte *f*
row *n* 1. Reihe *f*; 2. 🗐 Zeile *f*; 3. Streit *m*, Krach *m*, Auseinandersetzung *f*, Zerwürfnis *nt*, Zank *m*; **in a r.** in Folge, hintereinander, ununterbrochen; **r. of seats** Sitzreihe *f*; **to kick up a r.** Skandal/Riesenkrach machen; **to make a r.** randalieren
row *v/ti* rudern
rowdy *n* Randalierer *m*, Rowdy *m*, Krakeeler *m*
row house *[US]* Reihenhaus *nt*, R.eigenheim *nt*
rowing boat *n* Ruderboot *nt*
royal *adj* königlich; **R. Commissioner** *[GB]* Staatsbeauftragter *m*; **R. Mail** *[GB]* Briefpost *f*
royalty *n* 1. Autoren-, Erfinder-, Erfolgs-, Gewinn-, Ertrags-, Verfasseranteil *m*, (Autoren-/Schriftsteller)Honorar *nt*; 2. Lizenz-, Patentabgabe *f*, P.vergütung *f*; 3. Tantieme *f*, Nutzungsgebühr *f*; 4. ⛏ Grubenanteil *m*, Regal *m*, Förderzins *m*; **royalties** 1. Lizenzeinkünfte, Lizenz-, Konzessionseinnahmen; 2. Patenterträgnisse, P.kosten; 3. Urheberrechtslizenzen, Schutzrechtskosten; **free of royalties** lizenzfrei, frei von Lizenzabgaben; **net royalties** Lizenzbilanz *f*; **per-unit r.** Stücklizenz *f*
royalty charge Patentgebühr *f*; **r. demand** Tantiemenforderung *f*; **r. fees** Lizenz-, Patentgebühren; **r. income** Lizenzeinnahmen *pl*, Tantiemen *pl*; **net r. income** Lizenzbilanz *f*; **r. interest** Lizenz-, Tantiemenanteil *m*; **r.**

payment Lizenzzahlung *f*, Tantiemenvergütung *f*; **royalties received** Lizenzeinnahmen; **r. remittance** Tantiementransfer *m*; **r. rent** ⚜ Bergregalabgabe *f*; **r. statement** Honorar-, Lizenz-, Tantiemenabrechnung *f*, Honoraraufstellung *f*; **r. tax** Tantiemenabgabe *f*, T.steuer *f*

R.S.V.P. (répondez s'il vous plaît) *(frz.)* um Antwort wird gebeten (u.A.w.g.)

rub *v/ti* 1. reiben; 2. scheuern; **r. it in** *(fig)* (jdm etw.) unter die Nase reiben *(fig)*, ~ dauernd unter die Nase halten *(fig)*; **r. off on so.** *(fig)* auf jdn abfärben *(fig)*; **r. out (aus)**radieren

rubber *n* 1. Gummi *m/nt*, Kautschuk *m*; 2. Radiergummi *nt*; **r.s** *(Börse)* Gummiaktien, G.titel, G.werte; **crude/natural r.** Roh-, Naturgummi *m/nt*, Kautschuk *m*; **soft r.** Speckgummi *m/nt*; **solid r.** Vollgummi *nt*; **synthetic r.** Kunstgummi *m/nt*

rubber band Gummiband *nt*, G.ring *m*; **r. boots** Gummistiefel *m*; **r. check** *[US]* /**cheque** *[GB]* ungedeckter Scheck, Scheck ohne volle Deckung, Rückscheck *m*; **r. exchange** Kautschukbörse *f*; **r. goods** Gummiwaren; **r. heel** Gummiabsatz *m*; **r. industry** Gummiindustrie *f*; **r. manufacturer** Gummiverarbeiter *m*; **r. market** Gummimarkt *m*; **r. plantation** Kautschukplantage *f*; **r. shares** *[GB]* /**stocks** *[US]* Gummiaktien, G.titel, G.werte; **r. stamp** 1. Gummistempel *m*; 2. *(fig)* willenloses Werkzeug; **r.-stamp** *v/t* (routinemäßig) abstempeln, genehmigen, sanktionieren, absegnen; **r. tire** *[US]* /**tyre** *[GB]* Gummireifen *m*; **r. truncheon** Gummiknüppel *m*; **r. tube** Gummischlauch *m*

rubbish *n* 1. Abfall *m*, Müll *m*, Schutt *m*, Gerümpel *nt*, Ramsch *m*, wertloses Zeug; 2. *(fig)* Mist *m (coll)*, Blöd-, Unsinn *m*, Quatsch *m (coll)*; **to clear of r.** entrümpeln; **to dump r.** Schutt abladen; **to get rid of r.** Müll entsorgen/loswerden *(coll)*; **to talk r.** Unsinn verzapfen/reden *(coll)*, Blech reden *(coll)*, dummes Zeug reden/quatschen/schwatzen

rubbish *v/t* (etw.) für Unsinn erklären

rubbish bin Mülleimer *m*; **r. cart** Müllwagen *m*; **r. chute** Müllschlucker *m*; **r. collection** Müllabfuhr *f*; **r. dump/tip** Müllhalde *f*, M.kippe *f*, M.deponie *f*, Müll-, Schuttabladeplatz *m*; **r. heap** Abfall-, Schutthaufen *m*; **r. skip** Müllcontainer *m*

rubbishy *adj* *(coll)* wertlos, minderwertig

rubble *n* Schutt *m*, Trümmer *pl*, Trümmer-, Bauschutt *m*; **to clear the r.** Trümmer beseitigen, enttrümmern; **to reduce to r.** in Schutt und Asche legen; **r. clearance** Trümmerbeseitigung *f*, Enttrümmerung *f*; **r. salvage** Trümmerverwertung *f*

rubric *n* 1. Rubrik *f*; 2. Gesetzestitel *m*; **r.ate** *v/t* mit Rubriken versehen

rucksack *n* *[GB]* Rucksack *m*

rudder *n* 1. ⚓ Steuer *nt*, Ruder *nt*; 2. ✈ Seitenruder *nt*

rude *adj* grob, unhöflich; **r.ness** *n* Grobheit *f*, Unhöflichkeit *f*

rudi|mentary *adj* rudimentär, elementar; **r.ments** *pl* Rudimente, erste Ansätze

rug *n* kleiner Teppich, (Teppich)Brücke *f*, Läufer *m*, Vorleger *m*; **to pull the r. from under sth.** *(fig)* einer Sache die Grundlage entziehen; ~ **underneath so.** jdn seiner Existenzgrundlage berauben; **Persian r.** Perserteppich *m*

ruin *n* 1. Ruin *m*, Untergang *m*, Zusammenbruch *m*, Zerrüttung *f*; 2. 🏛 Ruine *f*; **r.s** Trümmerhaufen *m*; **in r.s** in Schutt und Asche; **to be in r.s** in Trümmern liegen; ~ **faced with r.; to face r.** dem Nichts gegenüberstehen, vor dem Ruin/Scheiterhaufen/Untergang stehen; **to let sth. go to r.** etw. dem Verfall preisgeben

ruin *v/t* ruinieren, zerstören; **r.ed** *adj* 1. ruiniert; 2. 🏛 zerfallen; **r.ous** *adj* ruinös, halsbrecherisch

rule *n* 1. (Maß)Regel *f*, Norm *f*, Grundsatz *m*, Richtschnur *f*, Maßstab *m*; 2. Normalfall *m*, Usance *f (frz.)*; 3. Verfügung *f*, Bestimmung *f*, Anweisung *f*, Vorschrift *f*, Regelung *f*; 4. Herrschaft *f*; 5. (Meter)Maß *nt*; **r.s** Regularien, Statuten, Regelsätze, Reglement *nt (frz.)*, Satzung *f*, (Verwaltungs)Ordnung *f*; **as a r.** in der Regel; **according to r.** laut Vorschrift; ~ **the r.s** bestimmungs-, satzungsgemäß; **in accordance with the r.s** ordnungsgemäß; **against the r.s** satzungs-, regelwidrig

rule|s of action Richtlinien; **r.s laid down in agreements** vertragsmäßige Bestimmungen; **r.s of the air** ✈ Luftverkehrsordnung *f*; **r.s concerning appeals on points of law** Revisionsrecht *nt*; **r.s of arbitration** Schieds(gerichts)ordnung *f*; ~ **assessment** Veranlagungsrichtlinien, Richtlinien für die Einkommensteuerveranlagung; ~ **competition** Wettbewerbsordnung *f*; ~ **conciliation and arbitration** Vergleichs- und Schiedsgerichtsordnung *f*; ~ **conduct** Verhaltens(maß)regeln, Richtlinien; ~ **professional conduct** Richtlinien über die Berufsausübung, Standesregeln; **r. of social conduct** Anstandsregel *f*; **r.s for the conduct of business** Geschäftsbestimmungen; ~ **an examination** Prüfungsordnung *f*; **r.s of conversion** Umrechnungsregeln; **standing ~ court** Gerichts-, Prozessordnung *f*; ~ **disclosure** Offenlegungs-, Publizitätsbestimmungen, P.vorschriften; ~ **ethics** Sittengesetz *nt*; ~ **evidence** [§] Beweisregeln; **contrary to the r. of good faith** Verstoß gegen Treu und Glauben; **golden r. of financing** goldene Finanz(ierungs)regel; **normal r. of financing** klassische Finanz(ierungs)regel; **r. of force** Gewaltherrschaft *f*; **r.s of the game** Spielregeln; ~ **the house** Hausordnung *f*; **r. of inference** Ableitungs-, Schlussregel *f*; **r.s of interpretation** Auslegungsregeln; **r.s for the interpretation of the nomenclature** *(EU)* ⊖ allgemeine Tarifierungsvorschriften

rule of law Rechtsstaatlichkeit *f*, R.norm *f*, R.staatsprinzip *nt*, Herrschaft des Rechts; **customary ~ l.** Gewohnheitsrechtssatz *m*; **discretionary ~ l.** Ermessensvorschrift *f*; **determined by the ~ l.** rechtsstaatlich; **technical ~ l.** formaljuristische Norm; ~ **private l.** Privatrechtsnorm *f*; ~ **l. principle** Rechtsstaatlichkeit *f*, R.staatsprinzip *nt*

rule|s of navigation ⚓ Schifffahrtsregeln; ~ **organization** Organisationsregeln; **general ~ organization** allgemeine Organisationsordnung; ~ **origin** Ursprungsregeln; ~ **practice** Verfahrensvorschriften; ~ **procedure** 1. Geschäfts-, Verfahrensordnung *f*, V.regel *f*, V.norm *f*; 2. [§] Prozessordnung *f*, prozessuale Vorschriften; 3.

Rangfolge *f*; **~ civil procedure** [§] Zivilprozessordnung *f*; **~ criminal procedure** [§] Strafprozessordnung *f*; **r. of primogeniture** Recht des Erstgeborenen; **r.s of protocol** protokollarische Bestimmungen; **r.s and regulations** 1. Geschäftsordnung *f*; 2. *(Börse)* Usancen *(frz.)*; **r. to keep to the right** ⇔ Rechtsfahrgebot *nt*; **r. of speciality** Grundsatz der Spezialität; **r.s laid down in the statutes** satzungsmäßige Bestimmungen; **r.s of the stock exchange** Börsenordnung *f*; **r. of substance** sachenrechtliche Norm; **~ substitution** Einsetzungsregel *f*; **R.s of the Supreme Court (RSC)** *[US]* [§] Verfahrensregeln des höchsten Gerichts; **r.s governing the system of property ownership** Eigentumsordnung *f*; **r. of three** π Dreisatz(rechnung) *m/f*; **~ thumb** *(fig)* Faustformel *f*, F.regel *f*; **by ~ thumb** über den Daumen gepeilt *(coll)*; **~ individual/unit valuation** Grundsatz der Einzelbewertung; **r.s of work** Arbeitsrichtlinien, A.ordnung *f*
to abide by/adhere to the rule|s sich an die Regeln halten, Regeln befolgen/beachten; **to act according to the r.s** nach den Bestimmungen verfahren; **to adopt r.s** Regelungen treffen; **to apply a r.** Regel anwenden; **to be subject to specific r.s** einer Sonderregelung unterliegen; **to become the r.** zur Regel werden; **to bend the r.s** (Spiel)Regeln zu seinen Gunsten/großzügig auslegen; **to break/contravene a r.** gegen eine Vorschrift/ ein Gebot verstoßen, einer Vorschrift zuwiderhandeln, Regel/Vorschrift verletzen; **to comply with the r.s** den Vorschriften genügen, ~ Genüge leisten; **to defy/disobey the r.s** Richtlinien missachten, Vorschriften verletzen; **to enforce a r.** Einhaltung/Durchführung einer Bestimmung erzwingen; **to establish a r.** Regel aufstellen; **~ r.s of procedure** Geschäftsordnung erlassen; **to evade r.s** Vorschriften umgehen; **~ the r.s of competition** Wettbewerbsregeln umgehen; **to frame r.s** Regeln formulieren/festlegen; **to infringe a r.** gegen eine Regel verstoßen; **to lay down a r.** Regel/Richtlinie aufstellen; **~ as a r.** normieren; **~ detailed r.s** Einzelheiten festlegen; **to make it a r.** es sich zur Regel machen; **to observe a r.** Regel beachten; **to play by the r.s** sich an die Spielregeln halten; **to relax r.s** Bestimmungen/Richtlinien/Vorschriften lockern; **to serve as a r.** als Richtschnur/Maßstab dienen, als Norm gelten; **to stick to the r.s** Richtlinien genau befolgen; **to stretch a r.** Vorschrift zu weit auslegen; **to suspend a r.** Anordnung außer Kraft setzen; **to transgress a r.** gegen eine Regel verstoßen; **to work to r.** nach Vorschrift arbeiten, Dienst ~ tun
absolute rule endgültige Regelung, unanfechtbare Entscheidung; **accepted r.s** klassische Regeln; **arbitrary r.** Willkürherrschaft *f*; **administrative r.** Verwaltungsvorschrift *f*; **~ r.s** Ordnungsrecht *nt*; **collectively agreed r.** tarifvertragliche Regelung; **basic r.** Grundregel *f*; **binding r.s** zwingende Vorschriften; **colonial r.** Kolonialherrschaft *f*; **common r.s** Gemeinschaftsregelungen; **company-specific r.** betriebliche Sonderregelung; **conflicting r.s** widersprechende Vorschriften, Kollisionsnormen; **contractual r.** vertragliche Regelung; **disciplinary r.s** Disziplinar-, Dienst(straf)ord-

nung *f*; **exceptional r.** Ausnahmeregelung *f*; **first r.** Grundregel *f*; **fiscal r.s** steuerliche Regelungen; **fixed r.** feste/unabänderliche Regel; **foreign r.** Fremdherrschaft *f*; **general r.** Rahmenvorschrift *f*, generelle Regelung, allgemeine Verfahrensvorschrift/V.regel; **as a ~ r.** üblicherweise; **governing r.s** maßgebliche Bestimmungen; **hard and fast r.** feste/verbindliche Regel, absolut bindende Vorschrift; **independent r.** Selbstherrschaft *f*; **legal r.** Rechtssatz *m*, R.norm *f*; **formal ~ r.** formaljuristische Normen; **mandatory/ peremptory r.s** zwingende Normen/Vorschriften; **medium r.** 🗋 halbfette Linie; **optional r.s** dispositives Recht; **organizational r.** organisatorische Regel(ung); **procedural r.s** 1. Geschäftsordnung *f*, Verfahrensregeln, verfahrensrechtliche Bestimmungen; 2. [§] Prozessordnung *f*; **prohibitive r.** Verbot *nt*; **rigid r.** starre Regel; **shop-floor r.s** Betriebssatzung *f*; **special r.** verfahrensmäßige Sonderregelung; **standing r.** feste/unabänderliche Regel; **~ r.s** Satzung *f*; **statutory r.s and orders** Rechtsverordnungen; **substantive r.** materielle Rechtsvorschrift; **uniform r.s** einheitliche Richtlinien
rule *v/ti* 1. (be)herrschen, regieren; 2. anordnen, bestimmen, befinden, entscheiden, vorschreiben, verfügen, Entscheidung treffen, judizieren; 3. in Kraft sein; 4. *(Preis/Kurs)* notieren, liegen, stehen; **r. out** 1. *(Möglichkeit)* ausschließen, nicht rechnen mit; 2. für unzulässig erklären, von der Hand weisen; **r. high** *(Kurse)* hoch stehen/notieren
rule book Richtlinien *pl*, Vorschriften *pl*, Betriebsordnung *f*, Satzung *f*, Vorschriftenbuch *nt*, V.sammlung *f*; **according to the r. b.** nach Vorschrift; **to go by the r. b.** streng nach Vorschrift verfahren; **r. breach/infringement** Regelverstoß *m*; **r. case** 🗋 Linienkasten *m*; **R. Committee** *[GB]* [§] Ausschuss zur Festsetzung der Regeln bezüglich des Verfahrens zwischen verschiedenen Instanzen
ruled *adj* [§] erkannt; **to be r. out** nicht in Frage/Betracht kommen
ruler *n* 1. Herrscher *m*, Regent *m*, Machthaber *m*; 2. Lineal *nt*; **autocratic r.** Selbstherrscher *m*
rule making Regelfestsetzung *f*; **r. nisi** *(lat.)* [§] vorläufige Gerichtsentscheidung, vorläufiger Beschluss
ruling *n* 1. [§] (Gerichts)Entscheidung *f*, Regelung *f*, Bescheid *m*, Urteil *nt*, richterliche Verfügung; 2. 🗋 Linierung *f*; **r. off** Buchhalterriegel *m*; **r. in an interim action** Vorbescheid *m*; **administrative r. of general application** Verwaltungsscheidung von allgemeiner Bedeutung; **judicial r. of general application** Gerichtsentscheidung von allgemeiner Bedeutung; **r. of the court** gerichtliche Entscheidung; **r.s in industrial disputes** Arbeitskampfrechtsprechung *f*; **r. of nullity** Nichtigkeitsurteil *nt*; **r. on an objection** Widerspruchsbescheid *m*
to cite a ruling sich auf eine Entscheidung berufen; **to deliver a r.** Urteil fällen; **to give a r.** Entscheidung erlassen; **~ r. in camera** *(lat.)* unter Ausschluss der Öffentlichkeit entscheiden
administrative ruling Verwaltungsverfügung *f*, V.entscheidung *f*; **definitive r.** endgültiges Urteil; **first r.**

Erstbescheid *m*; **preliminary/provisional r.** Vorbescheid *m*, Vor(ab)entscheidung *f*, vorläufiger Bescheid; **legal r.** Gerichtsentscheid *m*; **supplementary r.** Ergänzungsbescheid *m*
ruling *adj* 1. herrschend, regierend, leitend; 2. ausschlaggebend; 3. *(Preis)* notiert
ruling pen Reißfeder *f*
rum|ble *v/i* rumoren; **r.blings** *pl* Rumoren *nt*
ruminant *n* ⚡ Wiederkäuer *m*
rummage *n* 1. Ausschuss *m*, Ramsch *m*; 2. Durchsuchung *f*; 3. ⊖ Zolluntersuchung *f*; **r. (around)** *v/i* (herum-/durch)stöbern, (durch)wühlen, herumsuchen, (herum)kramen; **r. goods** Ramsch(ware) *m/f*, Ausschussware *f*, Restposten *pl*, R.waren *pl*; **r. sale** 1. Ramschverkauf *m*; 2. *[US]* Wohltätigkeitsverkauf *m*
rumor *[US]*; **rumour** *[GB]* *n* Gerücht *nt*, Gerede *nt*, Gemunkel *nt*; **r. has it (that)** Gerüchten zufolge, man munkelt(, dass), dem Vernehmen nach; **to deny a r.** einem Gerücht entgegentreten; **to dismiss a r.** Gerücht abtun/verwerfen; **to spread/start a r.** Gerücht in Umlauf bringen/setzen, ~ verbreiten/ausstreuen/lancieren, ~ in die Welt setzen, etw. kolportieren; **to spread r.s about so.** jdn ins Gerede bringen; **to squash a r.** Gerücht im Keim ersticken; **circulating r.** umlaufendes Gerücht; **unfounded r.** unbegründetes Gerücht
rumo(u)r *v/t* munkeln
rump Rumpf *m*; **r. company** Rumpfgesellschaft *f*; **r. year** Rumpfgeschäftsjahr *nt*
run *n* 1. Fahrt *f*; 2. Auflauf *m*, Andrang *m*, große/stürmische Nachfrage, Ansturm *m*; 3. Art *f*, Serie *f*, Serie *f*; 4. (Ereignis)Folge *f*, Durchgang *m*, Verlauf *m*; 5. ⚙ (Maschinen)Durchlauf *m*, Arbeitsperiode *f*; 6. 🖳 (Programm)Durchlauf *m*; **on the r.** auf der Flucht, flüchtig; **r. on a bank** Andrang/(An)Sturm auf eine Bank, Bankpanik *f*
run of business 1. Geschäftsgang *m*; 2. Konjunkturverlauf *m*; **r. of the curve** Kurvenverlauf *m*; **~ customers** Kundenansturm *m*; **~ luck** Glückssträhne *f*; **~ the market** Marktgefälle *nt*; **r.-of-the-mill** *adj* Durchschnitts-, Routine-; **r. of mine** tel quel *(frz.)*; **~ misfortune** Pechsträhne *f*, Unglücksserie *f*; **the normal ~ things** die üblichen Gang der Dinge; **~ trade** Austauschgefälle *nt*, A.verhältnis *nt*; **~ validity** Gültigkeitsdauer *f*
to be on the run auf der Flucht sein, flüchtig sein; **to get a good r. for one's money** *(coll)* etw. für sein Geld bekommen; **to have the r. of a house** in einem Haus (frei) ein- und ausgehen (können), sturmfreie Bude haben *(coll)*; **~ a r. of bad luck** vom Pech verfolgt werden, Pechsträhne haben
common run Durchschnitt *m*; **downhill r.** Talfahrt *f*; **dry r.** Schreibtischtest *m*, Probelauf *m*; **empty r.** Leerfahrt *f*; **first r.** 📄 Schöndruck *m*; **free r.** freie Hand; **inaugural r.** Eröffnungs-, Jungfernfahrt *f*; **initial r.** 📄 Erstauflage *f*; **in the long r.** auf lange/weite Sicht, langfristig, auf (die) Dauer, im Endeffekt/E.ergebnis; **ordinary r.** Durchschnitt *m*; **parallel r.** Parallellauf *m*; **short r.** kleine Serie; **in the ~ r.** auf kurze Sicht, kurzfristig
run *v/ti* 1. (ver)laufen, fahren, rennen; 2. verkehren; 3. leiten, (be)wirtschaften, einsetzen, unterhalten, betrei-

ben, führen; 4. lauten; **r. after** nachlaufen; **~ so.** hinter jdm herlaufen; **r. afoul of sth.** gegen etw. verstoßen; **r. aground** ⚓ auf Grund laufen/geraten, auflaufen; **r. ahead of so.** jdm voraus sein; **r. at** sich belaufen auf; **r. away** davongaloppieren, davon-, ent-, fort-, (weg)laufen, durchbrennen *(coll)*, ausreißen; **r. back** *(Produktion)* zurückfahren; **r. down** 1. herunterwirtschaften, in Grund und Boden/zu Grunde wirtschaften; 2. abbauen, vermindern; **r. so. down** jdn madig/mies machen *(coll)*; **r. from** von ... an laufen; **r. in** 1. 🚗 einfahren; 2. dingfest machen; **r. into** 🚗 auffahren; **~ so.** jdm über den Weg laufen, zufällig auf jdn stoßen, jdn ~ treffen; **~ hundreds/thousands ...** ins Geld gehen; **r. out** 1. ausgehen, knapp werden; 2. aus-, ablaufen; **r. over** 1. überfahren; 2. flüchtig durchsehen; **r. to** betragen, sich belaufen auf; **r. counter** entgegenlaufen; **r. jointly** gemeinsam betreiben; **r. low/short** knapp werden, zur Neige gehen, ausgehen; **r. smoothly** reibungslos laufen, gut funktionieren, wie geschmiert/am Schnürchen laufen *(coll)*, einwandfrei arbeiten; **r. through** 1. durchlaufen; 2. durchsehen
to be run over unter die Räder kommen
run|about *n* 🚗 Stadtauto *nt*, kleiner Flitzer *(coll)*, leichtes Fahrzeug, Freizeitfahrzeug *nt*; **~ ticket** 🚆 Bezirks-, Netzkarte *f*; **r.away** *n* 1. Flüchtige(r) *f/m*, Flüchtling *m*; 2. 🏃 Ausreißer(in) *m/f*; *adj* 1. fortgelaufen, entlaufen; 2. unkontrolliert, außer Kontrolle geraten
run-down *n* 1. Geschäftsauflösung *f*, Abbau *m*, Abwicklung *f*, Stilllegung *f*; 2. (Personal)Verminderung *f*; 3. Senkung *f*, Reduktion; 4. Übersicht *f*, Zusammenfassung *f*; **r. of foreign exchange reserves** Abbau von Devisenreserven; **~ production** Produktionssenkung *f*, P.kürzung *f*; **~ the program(me)** Programmübersicht *f*; **~ stocks** Lager-, Vorratsabbau *m*
run-down *adj* 1. heruntergekommen, h.gewirtschaftet, abgewirtschaftet, mitgenommen, veraltet; 2. 🏚 verfallen, baufällig
rung *n* (Leiter)Sprosse *f*; **r.s of the managerial ladder** Stufen der Karriereleiter
runner *n* 1. Bote *m*, Laufbursche *m*; 2. Schlepper *m* *(pej.)*, Schmuggler *m*; 3. *[US]* Kundenwerber *m*; 4. *[US]* Geschäftsführer *m*; 5. Passagiermakler *m*; 6. Verkaufsschlager *m*, gängiger Artikel; 7. ⚙ Laufschiene *f*; **long-distance r.** Langstreckenläufer *m*; **r.-up** *n* Zweitplazierte(r) *f/m*, Zweite(r) *f/m*
running *n* Betrieb(sführung) *m/f*, Leitung *f*, Verwaltung *f*; **in the r.** im Wettbewerb/Rennen; **r. of a period/term** Lauf einer Frist
to be in the running in der Auswahl stehen; **to stay/suspend the r. of the period** [§] (Ablauf der) Frist hemmen; **to suspend the r. of the period of limitation** Verjährungsfrist hemmen; **~ a time** Lauf einer Frist hemmen
running *adj* funktionierend, laufend; **... r.** ... hintereinander; **to be r. at** sich belaufen auf; **~ r. short** *(Zeit)* drängen; **to keep (sth.) r.** (etw.) in Gang halten; **r. low** *(Fonds)* bald erschöpft
running aground Strandung *f*; **r. board** Trittbrett *nt*; **r. broker** Wechselmakler *m*; **r. costs** 🚗 Unterhaltskos-

ten; **r. down of stocks** Lagerabbau *m*; **r.-down clause (R.D.C.)** Kollisionsklausel *f*; **r. expenses** Betriebsaufwendungen, laufende Kosten; **r.-in instructions** *n* ⟺ Einfahrvorschriften; **~ period** Einfahrzeit *f*; **in r. order** betriebs-, fahrbereit; **r. time** 1. Fahrzeit *f*; 2. Laufzeit *f*; 3. Maschinenlaufzeit *f*; **~ meter** Betriebszeitzähler *m*
standard run quantity optimale Losgröße
run-up *n* Probe-, Vorlauf *m*, Vorbereitungszeit *f*, V.phase *f*; **in the r. to** bei der Vorbereitung auf, im Vorfeld; **r. in shares** *[GB]* /**stocks** *[US]* Aktienhausse *f*
runway *n* ✈ Start-, Lande-, Rollbahn *f*, Piste *f*
rupture *n* 1. Bruch *m*, Unterbrechung *f*, Abbruch *m*, Riss *m*, Entzweiung *f*; 2. $ Leisten-, Unterleibsbruch *m*; **r. of an agreement** Vertragsbruch *m*
rupture *v/t* brechen
rural *adj* ländlich, bäuerlich
ruse *n* List *f*
rush *n* 1. Eile *f*, Hetze *f*, Hast *f*; 2. (Massen)Andrang *m*, Ansturm *m*, Hochbetrieb *m*, äußerst lebhafte/stürmische Nachfrage, Zulauf *m*; **r. of business** Geschäftsdrang *m*; **~ customers** Käuferandrang *m*, K.ansturm *m*; **~ orders** Auftragsschub *m*, A.stoß *m*, hoher Auftragseingang, rege Nachfrage, Flut von Aufträgen; **hectic r.** Hektik *f*
rush *v/ti* 1. eilen, hetzen; 2. überstürzen, übers Knie brechen *(fig)*; 3. *(Kurse)* in die Höhe treiben; **r. (headlong) into sth.** sich kopfüber in etw. stürzen, in etw. hineinschliddern *(coll)*; **r. through** schnell erledigen/ durchjagen, durchpeitschen
rush delivery Eilzustellung *f*; **r. hour(s)** Hauptverkehrs-, Stoßzeit *f*, Verkehrsspitze *f*, Berufsverkehr *m*, verkehrsstarke Zeit; **r.-hour traffic** Spitzen-, Berufs-, Stoßverkehr *m*; **r. job** 1. Dringlichkeits-, Stoßauftrag *m*, eiliger Auftrag; 2. Schluderarbeit *f*; **r. order** Eil-, Stoßauftrag *m*, vordringlicher Auftrag, dringende Bestellung
rust *n* Rost *m*; **to remove the r.** entrosten
rust *v/i* (ein-/ver)rosten; **r.belt** *n [US]* altes Industriegebiet; **~ industry** Altindustrie *f*; **r. converter** Rostentferner *m*; **r. formation** Rostbildung *f*
rustic *n* Provinzler *m*; *adj* ländlich, rustikal; **r.ate** *v/i* ländliches Leben führen
rustle *v/i* rascheln; **r.r** *n [US]* Viehdieb *m*
rust prevention Rostschutz *m*; **r.-proof** *adj* rostfrei, r.beständig, nichtrostend; **r.-proofing** *n* Rostschutz *m*; **r. remover** Rostentferner *m*; **r.-resistant** *adj* rostbeständig
rusty *adj* rostig
rut *n* 1. Furche *f*; 2. Trott *m*, Schlendrian *m*, gewohnte Geleise *(fig)*
ruthless *adj* rücksichtslos, unbarmherzig; **r.ness** *n* Rücksichtslosigkeit *f*
rutted *adv* ausgefahren
rye *n* 🌾 Roggen *m*; **r. bread** Roggenbrot *nt*

S

Sabbath violation *n* Störung der Sonntagsruhe
sabbatical (leave) *n* Forschungs-, Studienurlaub *m*
sabotage *n* Sabotage *f*; **economic s.** Wirtschaftssabotage *f*
sabotage *v/t* sabotieren, Sabotage treiben
saboteur *n* Saboteur *m*
sachet *n* *(frz.) (Gel/Pulver)* Beutel *m*, Päckchen *nt*, Briefchen *nt*
sack *n* 1. Sack *m*, Beutel *m*, Tüte *f*; 2. *(coll)* Hinauswurf *m (coll)*, Entlassung *f*, Rausschmiss *m (coll)*; **to get the s.** entlassen werden, rausfliegen *(coll)*, gekündigt/rausgeschmissen *(coll)*/gegangen *(coll)* werden, den Laufpass bekommen *(coll)*; **to give so. the s.** *(coll)* jdn rausschmeißen *(coll)*, jdn feuern *(coll)*, jdm den Laufpass geben *(coll)*; **to put in s.s.** einsacken; **collecting s.** Sammeltasche *f*
sack *v/t* 1. in Säcke/Tüten abfüllen, einpacken; 2. ausplündern; 3. *(coll)* entlassen, rausschmeißen *(coll)*, herauswerfen, an die Luft setzen *(coll)*, feuern *(coll)*
sackcloth *n* Sackleinen *nt*; **in s. and ashes** *(fig)* in Sack und Asche *(fig)*
sacked *adj* geschasst *(coll)*; **to be s.** gefeuert/rausgeworfen werden
sackful *n* Sack(voll) *m*; **by the s.** scheffelweise *(coll)*
sacking *n* 1. Sackleinwand *f*; 2. *(coll)* Entlassung *f*, Rausschmiss *m (coll)*
sack lunch *[US]* Lunchpaket *nt*
sacrifice *n* Opfer *nt*, Verzicht *m*, Verlust *m*, Aufopferung *f*; **at a s.** mit Schaden; **s. of liquidity** Liquiditätsverzicht *m*; **to make a s.** Opfer bringen; **to sell at a s.** mit Verlust verkaufen; **to spare no s.** kein Opfer scheuen; **special s.** Sonderopfer *nt*; **~ theory** [§] Sonderopfertheorie *f*
sacrifice *v/t* (auf)opfern, verzichten
saddle *n* Sattel *m*
saddle so. with sth. *v/t (fig)* jdm etw. auf den Hals laden, ~ aufbürden/aufhalsen; **s. o.s. with sth.** etw. auf sich laden; **to be s.d with sth.** etw. am Hals haben *(coll)*
saddle|bag *n* Satteltasche *f*; **s. roof** 🏠 Satteldach *nt*
safe *adj* 1. sicher, gefahrlos; 2. unversehrt, wohlbehalten, in Sicherheit; 3. zuverlässig, ungefährlich; **better s. than sorry** Vorsicht ist besser als Nachsicht; **s. and sound** gesund und wohlbehalten, ungefährdet; **to feel s.** sich geborgen fühlen; **to hold so. s. and harmless** jdn schadlos halten; **to keep s.** sicher aufbewahren; **to play s.** auf Nummer sicher gehen *(coll)*, kein Risiko eingehen
safe *n* Tresor *m*, Geldschrank *m*, Safe *m*, Bank-(schließ)fach *nt*, Stahlfach *nt*, S.schrank *m*, Kassen-, Panzerschrank *m*, Schrank-, Tresorfach *nt*; **to crack a s.** Geldschrank knacken
safe-blower; s.-breaker; s.-buster; s.-cracker *n* Geldschrank-, Tresor-, Panzerknacker *m*; **s.-blowing; s.-breaking; s.-busting; s.-cracking** *n* Geldschrankknacken *nt*; **s. box** Schrank-, Bank-, Schließ-, Stahlfach

nt; **s. clause** *(Vers.)* Schließfachklausel *f*; **s. company** *[US]* Gesellschaft zur Aufbewahrung von Wertgegenständen; **s. custody → custody**
safe-deposit *n* Tresor(raum) *m*; **~ box** Bankschließfach *nt*
safeguard *n* 1. Vorkehrung *f*, Sicherung *f*, Vorsichtsmaßnahme *f*, Schutz *m*; 2. Geleit-, Schutzbrief *m*; 3. Sicherheits-, Schutzvorrichtung *f*, S.einrichtung *f*; 4. Garantie *f*; **contractual s.s** vertragliche Schutzbestimmungen; **equivalent s.s** gleichwertige Sicherheiten; **material s.** Sachsicherung *f*
safeguard *v/ti* 1. sicherstellen, garantieren, gewährleisten, schützen, (ab)sichern, wahren; 2. sich (ab)sichern; **s. against sth.** sich gegen etw. absichern
safeguard action Abwehraktion *f*; **s. clause** Sicherungs-, Schutzklausel *f*
safeguarding *n* Absicherung *f*, Abschirmung *f*, Wahrung *f*; *adj* [§] *(Klausel)* salvatorisch; **s. of a credit; ~ credits** Kreditbesicherung *f*, K.sicherstellung *f*; **~ the currency** Währungssicherung *f*, Sicherung der Währung; **~ interests** Wahrnehmung/Wahrung von Interessen, Interessen(s)wahrnehmung *f*; **~ jobs** Arbeitsplatzsicherung *f*, Sicherung der Arbeitsplätze; **~ rights** Wahrung der Rechte
safeguarding clause salvatorische Klausel
safeguard provision Sicherungsbestimmung *f*
mercantile safe insurance Einbruchsdiebstahlversicherung für Waren und Wertpapiere in Safes; **s.keeper** *n* Verwahrer *m*
safekeeping *n* sichere Verwahrung, Hinterlegung *f*, (sichere) Aufbewahrung, (sicherer) Gewahrsam; **s. on special deposit** Streifbandverwahrung *f*; **s. of documents** Urkundenaufbewahrung *f*; **~ securities** Effektenverwahrung *f*; **~ shares** *[GB]* **/stocks** *[US]* Aktienverwahrung *f*; **to hand over for s.** deponieren; **to have in s.** in Verwahrung haben; **to take into s.** in Verwahrung nehmen; **individual s.** Einzelverwahrung *f*; **s. address** *(Depot)* Lagerstelle *f*; **s. fee** Depotgebühr *f*; **s. period** Aufbewahrungsfrist *f*
safe/-letting business *n* Tresorgeschäft *nt*; **s.ly** *adv* gefahrlos, unbedingt; **s. lock** Tresorschloss *nt*; **s.maker** *n* Geldschrankfabrikant *m*
safety *n* Sicherheit *f*, Schutz *m*, Gefahrlosigkeit *f*; **occupational s. and health** Arbeitsschutz *m*; **s. at work** Sicherheit am Arbeitsplatz; **to ensure s.** 1. Sicherheit gewährleisten; 2. zur Gewährleistung der Sicherheit; **to reach s.** in Sicherheit gelangen
industrial/occupational/on-the-job safety Arbeitsschutz *m*, Sicherheit am Arbeitsplatz, Arbeits(platz)-, Betriebssicherheit *f*; **industrial s. act** Arbeits-, Gewerbeschutzgesetz *nt*; **~ legislation** Arbeitsschutzgesetze *pl*, A.gesetzgebung *f*; **~ officer** Industrieschutzbeauftragter *m*; **maritime s.** Sicherheit zur See; **operational s.** Betriebssicherheit *f*; **personal s.** persönliche Sicherheit
public safety öffentliche Sicherheit; **~ s. and order** Sicherheit und Ordnung; **dangerous to ~ s.** gemeingefährlich; **endangering ~ s.** Gefährdung der öffentlichen Sicherheit
safety arrangements Sicherheitsvorkehrungen; **s. belt** ⛽/✈ Sicherheits-, Anschnall-, Haltegurt *m*; **s. bolt** ✿

Sicherheits-, Sperrriegel *m*; **s. bond** Kaution *f*, Sicherheitsleistung *f*; **s. campaign** Unfallverhütungskampagne *f*; **s. card** Sicherheitsausweis *m*; **s. catch** ✿ Sicherheitsverschluss *m*, Sicherung *f*; **s. chain** Sicherheitskette *f*; **s. check** Sicherheitsprüfung *f*; **s. clause** *(Vers.)* Nachschussklausel *f*; **s.-conscious** *adj* sicherheitsbewusst; **s. curtain** 🔥 eiserner Vorhang; **s. department** *(Betrieb)* Sicherheitsdienst *m*; **s. deposit** Kaution *f*; **s. device** ✿ Sicherungs-, Schutzvorrichtung *f*; **s. distance** 🚗 Sicherheitsabstand *m*; **s. engineer** Sicherheitsingenieur *m*; **s. engineering** Sicherheitstechnik *f*; **~ department** technische Überwachungsabteilung *f*; **s. equipment/features** Sicherheitseinrichtungen *pl*; **s. factor** 1. Sicherheitsfaktor *m*; 2. Sicherheitszuschlag *m*; **s. fund** *[US]* Sicherheitsfonds *m*, Mindestreserven *pl*, M.reservesoll *nt*; **s. guarantee** Sicherheitsgarantie *f*; **s. glass** Sicherheits-, Schutzglas *nt*; **s. harness** Sicherheitsgurt *m*; **s. hazard** Gefahrenquelle *f*; **s. inspection** Sicherheitsprüfung *f*, Überprüfung der Betriebssicherheit; **s. lamp** ⛏ Gruben-, Wetterlampe *f*; **s. level** Mindest-, Sicherheitsbestand *m*, eiserner Bestand; **s. limit** Sicherheitsgrenze *f*; **s. line** Sicherheitslinie *f*; **s. loading** *(Vers.)* Sicherheitszuschlag *m*; **s. lock** Sicherheitsschloss *nt*; **s. margin** *(Börse)* Sicherheitsspanne *f*, S.marge *f*; **s. measure** Sicherheits-, Sicherungsmaßnahme *f*; **s. net** Sprung-, Sicherheitsnetz *nt*; **s. officer** Sicherheitsbeauftragte(r) *f/m*, S.beamter *m*, S.beamtin *f*; **s. pin** Sicherheitsnadel *f*; **s. precaution(s)/provisions** Sicherheitsvorkehrung(en) *f/pl*, Unfallschutzmaßnahme(n) *f/pl*; **s. razor** Rasierapparat *m*; **s. regulations/rules** Sicherheitsbestimmungen, S.vorschriften, S.normen, Unfallverhütungsvorschriften, Schutzbestimmungen; **s. representative** Sicherheitsbeauftragte(r) *f/m*; **s. requirement** Sicherheitsauflage *f*
safety standards Sicherheitsanforderungen, S.normen, S.erfordernisse; **to meet s. s.** den Sicherheitsanforderungen genügen; **uniform s. s.** einheitliche Sicherheitsnormen
safety stock 1. mündelsicheres Wertpapier; 2. eiserner Bestand, Mindest-, Sicherheitsbestand *m*; **s. valve** ✿ Sicherheitsventil *nt*
sag *n* Abschwächung *f*, Preisdepression *f*; *v/i* 1. nachlassen, nachgeben, sinken, abflauen, zurückgehen; 2. 🏛 sich setzen, sich senken; 3. ✈ durchsacken
sagging *adj* schwach, gedrückt, nachgebend, sinkend
sail *n* ⚓ Segel *nt*; **to trim one's s.s to the wind** *(fig)* sein Mäntelchen in den Wind hängen *(fig)*
sail *v/ti* ⚓ 1. segeln; 2. (ab)fahren, auslaufen, in See stechen; 3. Fahrt antreten, befahren; **s. for** segeln/fahren nach; **s. in(to)** *(Diskussion)* sich einschalten; **s. through** *(fig)* glatt passieren, überstehen
sail boat *[US]* Segelschiff *nt*, S.boot *nt*
sailing *n* ⚓ 1. Segeln *nt*; 2. Abfahrt *f*, Auslaufen *nt*, Verschiffung *f*; 3. Schiffspassage *f*; **s. under a foreign flag** Fahren unter fremder Flagge; **plain s.** *(fig)* klare/leichte Sache; **to be ~ s.** *(fig)* glatt über die Bühne gehen *(fig)*
sailing boat *[GB]* ⚓ Segelboot *nt*; **s. card** Verladeanweisung *f*; **s. date** Abfahrts-, Auslaufdatum *nt*; **s. list** Schiffs(abfahrts)liste *f*; **s. orders** Fahrauftrag *m*,

sailing permit

Marschbefehl *m*; **s. permit** *[US]* Ausreisegenehmigung *f*; **s. schedule** Fahrplan *m*; **s. school** Segelschule *f*; **s. ship/vessel** Segelschiff *nt*; **s. time** Abfahrtszeit *f*, Schiffsabfahrt *f*
sailor *n* ⚓ Seemann *m*, S.fahrer *m*, Matrose *m*; **s.s' health insurance scheme** See(kranken)kasse *f*; **~ home** Seemannsheim *nt*; **~ pay** Heuer *m*; **~ pub** Matrosenkneipe *f*
sailplane *n* *[US]* Segelflugzeug *nt*
Saintl's Day *n* Namenstag *m*; **to keep S. Monday** *(coll)* blauen Montag machen *(coll)*
for the sake of *n* wegen, um ... willen, im Interesse von, zum Zwecke; **~ simplicity** der Einfachheit halber; **for its own s.** um ihrer/seiner selbst willen
salability *n* → **saleability**
salable *adj* → **saleable**
salad *n* Salat *m*; **s. days** Zeit jugendlicher Unbefangenheit; **s. dressing** Salatsoße *f*; **s. oil** Salatöl *nt*
salami tactics *n* Salamitaktik *f*
salaried *adj* (fest)besoldet, festes Gehalt beziehend
salary *n* Gehalt *nt*, Besoldung *f*, Salär *nt*, Verdienst *m*, Dienstbezüge *pl*, D.gehalt *nt*, D.einkommen *nt*; **s. by agreement** Gehalt nach Vereinbarung; **s. and benefits package** Gehalt und sonstige Zuwendungen; **salaries and commissions** Gehälter und Provisionen; **s. and other emoluments** Gehalt und andere Bezüge; **salaries and wages** *(Bilanz)* Löhne und Gehälter, Personalkosten, P.- und Sachaufwendungen; **s. negotiable** *(Anzeige)* Gehalt Verhandlungssache; **stating s.** *(Anzeige)* Gehaltsangabe *f*, G.wünsche *pl*
to assign a salary Gehalt festsetzen; **to command a s. of** Gehalt beziehen in Höhe von; **to cut a s.** Gehalt herabsetzen/kürzen; **to draw/receive a s.** Gehalt beziehen; **to fix a s.** Gehalt festsetzen; **to freeze salaries** Gehälter einfrieren; **to increase/raise a s.** Gehalt erhöhen/aufbessern; **to pay a s.** Gehalt zahlen
accrued salaries Gehaltsrückstand *m*; **additional salary** Gehaltszulage *f*; **agreed s.** vereinbartes Gehalt; **collectively ~ salaries** Tarifgehälter; **annual s.** Jahresgehalt *nt*; **gross ~ s.** Bruttojahresgehalt *nt*; **average s.** Durchschnittsgehalt *nt*; **basic s.** Grund-, Sockelgehalt *nt*, Fixum *nt*; **commencing/initial s.** Anfangsgehalt *nt*; **desired s.** Gehaltswunsch *m*, G.ansprüche *pl*; **direct salaries** Fertigungsgehälter; **final s.** Endgehalt *nt*; **fixed s.** Festgehalt *nt*, festes Gehalt; **flat s.** Pauschalgehalt *nt*; **gross s.** Bruttogehalt *nt*; **~ Bruttogehaltssumme *f*; **handsome s.** ansehnliches Gehalt; **managerial s.** Managergehalt *nt*; **~ salaries** Vorstandsbezüge; **maximum s.** Höchstgehalt *nt*; **meagre/ miserable s.** mickriges/kümmerliches Gehalt; **minimum s.** Mindestgehalt *nt*; **monthly s.** Monatsgehalt *nt*; **net s.** Nettobezüge *pl*, N.gehalt *nt*; **preliminary s.** vorläufiges Gehalt; **quarterly s.** Vierteljahresgehalt *nt*; **standard s.** Tarifgehalt *nt*; **starting s.** Anfangsgehalt *nt*; **straight s.** Grundgehalt *nt*; **top s.** Spitzengehalt *nt*, S.verdienst *m*; **total salaries** Bruttogehaltssumme *f*
salary so. *v/t* jdm ein Gehalt zahlen
salary account Gehaltskonto *nt*; **s. adjustment** Gehaltsangleichung *f*; **s. administrator** Gehaltsbuchhalter *m*; **s. advance** Gehaltsvorschuss *m*; **s. agreement** Gehaltsvereinbarung *f*, Tarifvertrag *m*; **s. arrears** Gehaltsrückstand *m*; **s. bonus** Gehaltszulage *f*; **s. boost** kräftige Gehaltserhöhung; **s. bracket** Gehaltsstufe *f*, G.klasse *f*, G.gruppe *f*, G.gruppierung *f*, G.einstufung *f*, Besoldungsgruppe *f*, B.stufe *f*; **~ under a collective pay agreement** Tarifgruppe *f*; **s. ceiling** Gehaltsgrenze *f*; **s. classification** Gehaltseingruppierung *f*, G.einstufung *f*, Tarifeinstufung *f*; **s. claim** Gehaltsforderung *f*, G.anspruch *m*; **s. continuation** Gehaltsfortzahlung *f*; **direct s. costs** Gehaltseinzelkosten; **s. curve** Gehaltskurve *f*; **s. cut** Gehaltsabbau *m*, G.kürzung *f*; **s. deduction** Gehaltsabzug *m*; **s. demand** Gehaltsforderung *f*, G.anspruch *m*; **s. development** Gehaltsentwicklung *f*; **s. differential** Gehaltsgefälle *nt*, G.unterschied *m*; **s. earner** Gehaltsempfänger(in) *m/f*, Angestellte(r) *f/m*, unselbstständig Beschäftigte(r); **s. earner's household** Angestelltenhaushalt *m*; **s. equalization** Gehaltsausgleich *m*; **s. expense items** Gehaltsaufwendungen; **s. grade** Besoldungs-, Tarifstufe *f*; **s. group** Besoldungs-, Gehaltsklasse *f*; **s. history** Gehaltsentwicklung in der Vergangenheit; **s. income** Gehaltseinkünfte *pl*, Bezüge *pl*; **s. increase** Gehaltserhöhung *f*, G.verbesserung *f*, G.aufbesserung *f*, G.steigerung *f*; **s. increment** automatische Gehaltserhöhung; **s. level** Besoldungsgruppe *f*, Gehaltsstufe *f*; **s. list** Besoldungsliste *f*; **s. man** Angestellter *m*, Gehaltsempfänger *m*; **s. offer** Gehaltsangebot *nt*; **s. package** Vergütung *f*, Grundgehalt plus Nebenleistungen; **s. payment** Gehalts(aus)zahlung *f*; **extra s. payment** Sondergehaltszahlung *f*; **s. period** Gehaltszahlungszeitraum *m*; **s. policy** Gehaltspolitik *f*; **s. printout** Gehaltsabrechnung *f*; **s. progression** Gehaltsentwicklung *f*; **s. range** Gehaltsrahmen *m*, G.spanne *f*; **s. rate** Besoldungs-, Gehaltssatz *m*; **basic s. rate** Grundgehaltssatz *m*; **s. reduction** Gehaltseinbuße *f*; **required/requirements** *(Bewerbung)* Gehaltswünsche *pl*, G.ansprüche *pl*; **s. requirement** Gehaltswunsch *m*, G.vorstellung *f*; **s. review** Gehaltsüberprüfung *f*; **s. roll** Gehaltsliste *f*; **s. scale** Besoldungsordnung *f*, Gehaltstabelle *f*, G.ordnung *f*, G.skala *f*; **statutory s. scale** Bundesangestelltentarif (BAT) *m* *[D]*; **s. slip** Gehaltsstreifen *m*; **s. standards** Gehaltsstruktur *f*; **s. statement** Gehaltsabrechnung(sblatt) *f/nt*; **s. structure** Gehaltsrahmen *m*, G.gefüge *nt*, G.struktur *f*; **multi-grade s. structure** tiefgestaffelte Gehaltsstruktur

sale *n* 1. Verkauf *m*, (Markt)Absatz *m*, Vertrieb *m*, Veräußerung *f*, Kaufabschluss *m*; 2. Aus-, Schlussverkauf *m*; 3. Realisation *f*, Realisierung *f*, Verwertung *f*, Auktion *f*; 4. Überlassung *f*, Hingabe *f*, Abgabe *f*, Kauf-, Veräußerungsgeschäft *nt*, Unterbringung *f*; **s.s** 1. Verkäufe, Umsätze, Umschlag *m*, Absatz *m*, Umsatz *m*, (Umsatz)Erlöse, Geschäfts-, Ertrags-, Verkaufsumsatz *m*, Handelsvolumen *nt*; 2. Aus-, Schluss-, Räumungsverkauf *m*; 3. *(Börse)* Abgeben *nt*; **after s.s** *(Dienstleistungen)* nach dem Kauf; **for/on s.** (ver)käuflich, zu verkaufen/veräußern, zum Verkauf bestimmt, im Angebot; **on s.** *[US]* im Sonderangebot; **on s.s of** bei einem Umsatz von

sale for the account 1. Verkauf auf (Zahlungs)Ziel, Terminverkauf *m*; 2. *(Börse)* Verkauf auf Lieferung; **s. of accounts receivable** Debitorenverkauf *m*; **s. on account** Verkauf mit Anzahlung; **~ an accrual basis** wirtschaftlicher Umsatz; **~ approval** Kauf auf/nach Probe, Probekauf *m*; **s. of assets** Vermögensveräußerung *f*, Anlagenabgang *m*; **s. by auction** Auktion *f*, (öffentliche) Versteigerung, Verkauf im Wege der Versteigerung; **putting up for ~ auction** Ausbietung *f*; **~ public auction** öffentliche Versteigerung; **s. per aversionem** *(lat.)*; **s. by the bulk** Kauf in Bausch und Bogen; **s. of a bankrupt's assets** Konkursverkauf *m*; **s. by (sealed) bid** Submissionsverkauf *m*; **s. of a bill** Verkauf eines Wechsels; **~ business** Geschäftsveräußerung *f*, G.verkauf *m*, Betriebsveräußerung *f*; **~ an entire business; ~ a business as a going concern; ~ a business as a whole** Veräußerung eines Betriebs, Geschäftsveräußerung im Ganzen; **s. to the ultimate buyer** Endabsatz *m*; **s. subject to buyer's specifications** Bestimmungskauf *m*; **s. and buying** Kauf mit Rückgaberecht; **s. against cash in advance** Vorauszahlungsgeschäft *nt*; **s.s in/to the catering industry/trade** Gastronomiegeschäft *nt*; **s. on commission/consignment** Kommissionsverkauf *m*; **s. under contract for goods and services** Werklieferung *f*; **s. by private contract** Freihandverkauf *m*; **s. at cost price** Verkauf zum Selbstkostenpreis; **s. below cost price** Unterpreisverkauf *m*, Verkauf unter Selbstkosten(preis); **s. in a third country** Transitverkauf *m*; **s. on credit (terms)** Kredit-, Zeitkauf *m*, Verkauf auf Ziel, ~ gegen Zahlungsziel; **s.s to (external) customers** Fremd-, Außenumsatz *m*; **s. for immediate delivery** Verkauf zur sofortigen Lieferung; **~ quick delivery** Promptgeschäft *nt*; **s. by description** Gattungs-, Spezifikations-, Genuskauf *m*, Kauf nach (Waren)Beschreibung; **s. with immediate effect** Verkauf mit sofortigem Eigentumsübergang; **s. of real estate** Grundstücks-, Immobilienverkauf *m*, I.veräußerung *f*; **s. or exchange** Kauf mit Umtauschrecht; **s. of foreign exchange for later repurchase** Devisenpensionsgeschäft *nt*; **s. by expectancy** Erwartungskauf *m*; **s. with all faults** Kauf unter Ausschluss von Gewährleistungsansprüchen, Kauf wie es steht und liegt, tel quel *(frz.)*; **s. of goods** Güterverkauf *m*, Warenabsatz *m*; **~ ascertained/specified goods** Speziesverkauf *m*; **~ unascertained goods** Gattungs-, Genuskauf *m*; **S. of Goods Act** *[GB]* Warenverkaufsgesetz *nt*, Gesetz über den Verkauf von Waren; **s. on hire purchase terms** Teilzahlungs-, Mietverkauf *m*; **s.s to industry** Absatz an gewerbliche Abnehmer; **s. on inspection** Kauf wie besehen/auf Besicht, Verkauf auf Besichtigung; **s. of land** Landverkauf *m*; **s. and leaseback** Verkauf mit Rückmiete; **s.s by lot(s)** Partiekauf *m*, Verkäufe in Partien; **s. in the open market** freie Veräußerung, freihändiger Verkauf; **s. of materials** Materialverkauf *m*; **s.s per square metre** Absatz pro Quadratmeter; **s. with option to repurchase** Verkauf mit Rückkaufrecht; **s. of a participation** Beteiligungsveräußerung *f*; **s.s to third parties** Außenabsatz *m*, A.umsatz *m*; **s. to pattern** Kauf nach Muster; **s. of a plant** Betriebsveräußerung *f*; **s. at giveaway prices** Verkauf zu Schleuderpreisen, Schleuderverkauf *m*; **s. of own products** Produktionsumsatz *m*; **s. and repurchase agreement/transaction** (Wertpapier)Pensionsgeschäft *nt*; **s. in return** Gegenverkauf *m*

sale or return Kauf mit Rückgaberecht; **on a ~ return basis** auf Kommission(sbasis); **to supply on ~ return** bedingt liefern

sale to/by sample Kauf nach Muster, Probeverkauf *m*; **s. of securities** Effekten-, Wertpapierverkauf *m*; **~ a pledged security** Pfandverkauf *m*; **total s.s and services** Absatzleistungen; **s. of shareholdings/stockholdings** Veräußerung von Beteiligungen, ~ Aktienpaketen; **s. to specifications** Spezifikationskauf *m*; **s.s without stock-keeping** Streckenumsatz *m*; **s. of surplus stock** Verkauf von Lagerbeständen; **s. subject to existing tenancies** Kauf bricht nicht Miete; **s. by (sealed) tender** 1. Submissionsverkauf *m*, Tendertechnik *f*; 2. *(Anleihe)* Verkauf im Ausschreibeverfahren, ~ durch Submission; **forced s. upon termination of partnership** Auseinandersetzungsversteigerung *f*; **s. by test** Kauf nach Test; **s. only to the trade** Verkauf nur an Wiederverkäufer; **s. of trade investments** Veräußerung von Beteiligungen; **s.s to traders** Handelsumsatz *m*; **s. by private treaty** Frei(hand)erkauf *m*, freihändige Verwertung; **s. of units** *(Investmentfonds)* Anteilsabsatz *m*; **s.s including VAT** Bruttoumsatzerlös *m*; **s. by vending machines** Automatenverkauf *m*; **s.s in terms of volume and value** Absatz und Umsatz; **s. or withdrawal of goods** Warenausgang *m*

not for sale unverkäuflich, nicht verkäuflich; **ready for s.** verkaufsfrei; **no s.s** umsatzlos, ohne Umsatz; **on s. or return** in Kommission, mit Rückgaberecht; **going cheap for a quick s.** umständehalber billig abzugeben; **all s.s final** kein Umtausch; **slow of s.** schwer absetzbar/verkäuflich; **s. as is** tel quel *(frz.)*; **~ seen** Kauf wie besehen, Kauf auf Besicht; **s.s are made FOB point of shipment** Verkäufe erfolgen FOB Versandort

to achieve good sale|s gutes Absatzergebnis erzielen; **to advertise a s.** Verkauf anzeigen; **to agree a s.** Kauf vereinbaren; **to be (up) for s.** zum Verkauf (an)stehen; **~ on s.** verkäuflich/zu kaufen sein; **to boost s.s** Umsatz/Absatz steigern, Umsatzsteigerung erzielen, Verkauf/Absatz ankurbeln; **to build s.s** Absatz steigern/ ausweiten; **to cancel a s.** Kauf rückgängig machen, vom Kaufvertrag zurücktreten; **to come up for s.** 1. zum Verkauf gelangen/kommen; 2. zur Auktion kommen; **to conclude a s.** Kauf abschließen; **to consummate a s.** Verkauf abschließen; **to display for s.** zum Verkauf auslegen/auflegen; **to effect/execute a s.** Verkauf abschließen/tätigen; **to find no s.** keine Abnehmer finden, sich nicht verkaufen; **to go on s.** zum Verkauf kommen; **to increase s.s** Absatz/Umsätze steigern, Umsatzfortschritte machen; **to invoice s.s** Leistungen abrechnen; **to keep for s.** feilhalten; **to lose s.s to so.** Umsatz an jdn verlieren; **to make good s.s** gute Umsätze erzielen; **to negotiate a s.** Verkauf tätigen/abschließen; **to offer for s.** zum Kauf anbieten, zum Verkauf stellen; **~ subject to change without notice; ~ without**

obligation freibleibend zum Verkauf stellen, feilbieten; **to pass by s.** durch Verkauf übergehen; **to promote s.s** Absatz/Verkauf fördern; **to pull in s.s** Umsatz bringen; **to put up for s.** zum Verkauf/zur Versteigerung anbieten, feil-, ausbieten, zum Verkauf bringen/stellen; **to repudiate/rescind a s.** Kauf rückgängig machen, Verkauf annullieren; **to ring up the s.** *(Kasse)* Betrag registrieren; **to slow down s.s** Geschäft/Absatz/Umsatz bremsen; **to spur s.** Verkauf/Absatz ankurbeln; **to suspend s.s** Verkauf einstellen; **to transfer by way of s.** käuflich übertragen
absolute sale Kaufvertrag ohne Eigentumsvorbehalt; **add-on s.** Anschlussauftrag *m*; **advance s.** Vor(aus)verkauf *m*; **after-market s.** nachbörsliche Transaktion; **aggregate s.s** Gesamtverkäufe, G.umsatz *m*; **annual s.s** Jahresabsatz *m*, J.umsatz *m*, jährlicher Umsatz; **automotive s.** Verkauf von Autoteilen; **average s.s** Durchschnittsumsatz *m*; **bearish s.** *[GB] (Börse)* Leerverkauf *m*, L.abgabe *f*, Verkauf à la Baisse; **below-cost s.** Untereinkaufspreisverkauf *m*; **bona-fide** *(lat.)* **s.** Bona-Fide-Kaufgeschäft *nt*; **brisk s.(s)** lebhafter/reger Absatz, schneller/lebhafter Verkauf, reger/guter Umsatz, lebhafte Umsätze; **budgeted s.** Umsatzvorgabe *f*; **bulk s.** Massenabsatz *m*, Kauf in Bausch und Bogen; **casual s.** Gelegenheitsverkauf *m*; **charge-to s.** Umsätze auf Kreditbasis; **close-out** *[US]* **/closing-down** *[GB]* **s.** Totalausverkauf *m* (wegen Geschäftsaufgabe), Räumungsausverkauf *m*, R.schlussverkauf *m*, Schluss-, Ausverkauf *m*; **seasonal ~ s.** Saisonschlussverkauf *m*; **commercial s.** Handelskauf *m*; **compulsory s.** Verkaufszwang *m*, zwangsweiser Verkauf; **conditional s.** (Ver)Kauf unter (Eigentums)Vorbehalt, Vorbehalts(ver)kauf *m*, Bedingungskauf *m*, bedingter/freibleibender Verkauf; **consolidated s.s** Konzern-, Gruppenumsatz *m*; **worldwide ~ s.s** Weltumsatz *m*; **continental s.s.** *[GB]* Absatz in Europa; **corporate s.s** *[US]* Firmenumsatz *m*; **covering s.** Deckungsverkauf *m*; **cross s.** *(Makler)* unzulässiger Selbsteintritt; **daily s.s** Tagesverkauf *m*, T.umsatz *m*; **dead s.** flauer Absatz; **declining/dwindling s.s** rückläufiger Absatz, sinkende Umsätze, Absatzschwund *m*; **direct s.** 1. Direktverkauf *m*, D.vertrieb *m*, D.absatz *m*, freihändiger/direkter Verkauf, direkter Umsatz; 2. *(Wertpapier)* Privatabsatz *m*; **~ s.s force** Vertreter *pl*; **domestic s.s** Inlandsabsatz *m*, I.umsatz *m*, I.verkauf *m*; **doorstep s.s** Haustürgeschäft *nt*; **duty-paid s.** ⊖ Verkauf nach erfolgter Verzollung; **end-of-season s.** (Saison)Schlussverkauf *m*; **end-of-year s.** Jahresschlussverkauf *m*; **enforced s.** Zwangsverkauf *m*; **ex-bond s.** ⊖ Verkauf ab Zolllager; **exclusive s.** Alleinverkauf *m*, A.vertrieb *m*, Exklusivvertrieb *m*; **executed s.** erfüllter Kaufvertrag, Realverkauf *m*, Kauf mit Eigentumsübergang; **executory s.** noch zu erfüllender Kaufvertrag; **expected s.** Absatzerwartungen; **ex-stock s.s** Lagerverkauf *m*; **external s.** Außenumsatz *m*, A.erlöse, A.absatz *m*, Fremdumsatz *m*, F.absatz *m*, Auslandsabsatz *m*; **falling/flagging s.s** rückläufige Umsatzentwicklung, Käuferzurückhaltung *f*; **fictitious s.** Proformaverkauf *m*, fingierter Umsatz; **firm/fixed(-date) s.** fester Verkauf, Fest-, Fixverkauf *m*; **flat s.s** gedrückte Umsätze; **FOB s.** FOB-Geschäft *nt*; **forced s.** Zwangs-, Not-, Exekutionsverkauf *m*, (gerichtlich angeordnete) Zwangs-, Vollstreckungsversteigerung, zwangsweise Abtretung; **foreign s.s** Auslandsumsatz *m*, A.verkäufe; **forward s.** *(Börse)* Terminverkauf *m*, Verkauf auf Lieferung/Termin; **fraudulent s.** betrügerischer Verkauf; **fund-raising s.** 1. Geldbeschaffungs-, Refinanzierungsverkauf *m*; 2. Wohltätigkeitsverkauf *m*; **going-out-of-business s.** Totalausverkauf *m*, Räumungsverkauf *m* (wegen Geschäftsaufgabe); **gross s.s** Roh-, Bruttoumsatz *m*, B.absatz *m*, B.verkäufe, B.verkaufswert *m*, B.warenumsatz *m*; **adjusted ~ s.s** berichtigter Bruttoauftragseingang; **heavy s.s** 1. Massenabsatz *m*; 2. *(Börse)* umfangreiche Abgaben; **hedged s.** kursgesicherter Verkauf; **hedging s.** Verkauf zu Deckungszwecken; **higher s.s** Umsatzplus *m*; **high-street s.s** Einzelhandelsumsätze; **home s.s** Verkäufe auf dem heimischen Markt, Inlandsgeschäft *nt*, I.umsätze, I.verkauf *m*; **illicit s.** Schwarzverkauf *m*; **immediate s.** Verkauf mit sofortigem Eigentumsübergang; **incremental s.s** Absatzwachstum *nt*, steigende Verkaufszahlen; **industrial s.s** Industrieumsatz *m*, I.absatz *m*; **initial s.** Erstabsatz *m*, E.verkauf *m*; **intercompany s.s** Innenumsätze; **intra-group s.s** (Konzern)Innenumsätze, interner Umsatz; **internal s.s** Innenumsätze; **intervening s.** Zwischenverkauf *m*; **invoiced s.s** fakturierter Umsatz, abgerechnete Leistungen, Fakturierung *f*; **total ~ s.s** Fakturierungssumme *f*; **joint s.** Gemeinschaftsverkauf *m*; **judicial s.** Zwangsversteigerung *f*, Subhastation *f*, gerichtlicher Verkauf, gerichtliche Veräußerung/Versteigerung; **large-lot s.** *(Börse)* Paketverkauf *m*; **lease-back s.** Verkauf bei gleichzeitiger Rückmiete, ~ Vermietung an den Verkäufer; **liquidity-raising s.** Liquiditätsverkauf *m*; **long s.** *(Börse)* Hausseverkauf *m*; **marginal s.s** Verkäufe zum Selbstkostenpreis; **matched s.s** Börsenscheingeschäft *nt*, gekoppelte Börsengeschäfte; **mercantile s.** Handelsverkauf *m*; **minimum s.s** Mindestumsatz *m*; **money-raising s.** Geldbeschaffungsverkauf *m*; **net s.s** Nettoverkaufs-, Nettoumsatzerlöse, Reinumsatz *m*, Nettoauftragseingang *m*, Umsatzüberschuss *m*; **nighttime s.s** Abendverkauf *m*; **one-off s.** Einmalverkauf *m*; **onward s.** Weiterverkauf *m*; **open s.** Handverkauf *m*, öffentliche Versteigerung; **outright s.** Verkauf in Bausch und Bogen, ~ gegen sofortige Bezahlung; **overseas s.s** Auslandsumsatz *m*, Überseeumsätze; **over-the-counter s.** Verkauf im Freiverkehr, ~ über den Ladentisch, Schalter-, Handverkauf *m*, Tafelgeschäft *nt*; **partial s.** Partie-, Teilverkauf *m*; **peak s.s** Spitzenabsatz *m*, S.verkauf *m*; **per-capita s.s** Pro-Kopf-Umsatz *m*; **physical s.** reale Transaktion; **potential s.s** voraussichtliche Umsätze, möglicher Absatz; **pre-Christmas s.s** Weihnachtsgeschäft *nt*; **pre-inventory s.** Inventurausverkauf *m*; **prior s.** Zwischenverkauf *m*; **subject to ~ s.** Zwischenverkauf vorbehalten; **private s.** Privat-, Handverkauf *m*, freihändiger Verkauf, Verkauf unter der Hand; **profit-taking s.** Verkauf zwecks/mit Gewinnmitnahme; **pro-forma s.** Scheinverkauf *m*; **promotional s.** Werbeverkauf *m*; **public s.**

Auktion f, öffentliche Versteigerung; **qualified s.** Verkauf mit Eigentumsvorbehalt, Konditionskauf m; **quick s.** flotter Absatz, leichter Verkauf; **raw s.**s Bruttoumsatz m; **ready s.** schneller/flotter Absatz; **to find a ~ s.** guten Absatz finden, sich gut verkaufen (lassen); **real s.** wirkliches Kaufgeschäft; **returned s.**s Rücksendungen, Retouren; **seasonal s.** Saisonschlussverkauf m, S.ausverkauf m; **short s.** (Börse) Baisse-, Leerverkauf m, Verkauf ohne Deckung, Verkauf auf Baisse, Fixgeschäft nt; **slow/sluggish s.**(s) schlechter/schleppender Absatz, langsamer Verkauf; **speculative s.**s Meinungs-, Spekulationsverkäufe, spekulative Verkäufe; **stagnant/stagnating s.** Umsatz-, Absatz-, Verkaufsflaute f, Absatzstagnation f; **takeaway [GB] / takeout [US] s.** Straßenverkauf m; **tax-exempt s.**s steuerfreier Umsatz; **stimulating s.** Belebungsverkauf m; **tie-in s.** Koppelungsverkauf m, K.geschäft nt; **total s.**s Gesamtabsatz m, G.umsatz m; **uncovered s.** (Börse) Leerverkauf m; **underhand s.** Verkauf unter der Hand; **unified s.** Einheitsverkauf m; **uninvoiced s.**s nicht fakturierte/verrechnete Leistungen; **voluntary s.** Freiverkauf m, freier Verkauf; **white s.** Schlussverkauf von Haushaltswäsche, weiße Woche

saleability n Verkäuflichkeit f, Handel-, Gangbarkeit f, Absatz-, Verkaufs-, Marktfähigkeit f, Gängigkeit f, Absetz-, Veräußerbarkeit f, Veräußerlichkeit f

saleable adj 1. verkäuflich, ab-, umsetzbar, gangbar, absatz-, markt-, verkaufsfähig, kurant, (markt)gängig, handelbar, veräußerbar, veräußerlich, verwertbar, umsetzbar; 2. börsenfähig, platzierbar

sales ability Verkaufsbegabung f; **s. abroad** Auslandsabsatz m, A.umsatz m, A.verkäufe pl; **s. account** Verkaufsabrechnung f, Warenausgangs-, Warenverkaufs-, Leistungskonto nt; **returned s. and allowance account** Retouren- und Nachlasskonto f; **s. accounting** Verkaufsabrechnung f; **s. action** Verkaufsaktion f; **s. activity** Absatz-, Verkaufsaktivität f; **s. activities** Geschäftsbewegungen; **s. ad(vertisement)** Verkaufs-, Veräußerungsanzeige f

sales agency 1. Vertriebs-, Verkaufsstelle f, V.kontor nt, V.agentur f, Vertriebsagentur f, V.niederlassung f; 2. (Bier) Verlag m; 3. Vertriebsrecht nt; **exclusive s. a.** Alleinvertrieb(srecht) m/nt; **general s. a.** Generalvertrieb m

sales agent (Handels-/Verkaufs)Vertreter m, Verkaufsagent m; **exclusive s. agent** Alleinverkäufer m

sales agreement Kauf(vertrag) m, K.vereinbarung f; **conditional s. a.** Kauf unter Eigentumsvorbehalt; **exclusive s. a.** Alleinvertriebsabkommen nt

sales aid Absatzförderung f; **~ lease** Leasing zur Absatzförderung; **s. allowance(s)** 1. (nachträglich gewährte) Preisnachlässe, Verkaufsrabatt m; 2. Rückstellungen für Garantie-/Kulanzleistungen; **s. analysis** Absatz-, Umsatz-, Verkaufsanalyse f, Verkaufs-, Umsatzstatistik f; **s. anchor** (Marketing) Aufhänger m; **s. angle/approach** Verkaufsgesichtspunkt m; **s. apathy** Kauflust f; **s. appeal** Kaufanreiz m, K.appell m; **s. area** 1. Verkaufsfläche f; 2. Absatz-, Vertretergebiet nt, V.bezirk m, V.bereich m; **~ utilization** Verkaufsflächennutzung f; **s. assistant** Kaufmannsgehilfe m,

K.gehilfin f, Verkäufer(in) m/f, Verkaufssachbearbeiter(in) m/f; **s. association** Verkaufsgemeinschaft f; **s. back-up** Verkaufsunterstützung f; **s. ban** Verkaufs-, Veräußerungssperre f; **s. barometer** Absatzbarometer nt; **s. bill** 1. Rechnung f; 2. Verkaufstratte f; **s. book** (Waren)Verkaufs-, Warenausgangs-, Ausgangsfakturenbuch nt; **s. boom** Absatzkonjunktur f; **s. boost** Absatzimpuls m; **s. booth** Verkaufsbude f; **s. bracket** Verkaufskategorie f; **s. branch** Verkaufsniederlassung f; **s. breakdown** Absatz-, Umsatzgliederung f, U.aufgliederung f, U.aufschlüsselung f, U.analyse f; **s. brochure** Verkaufsprospekt m; **s. broker** Verkaufsmakler m; **s. budget** Vertriebs-, Absatzplan m, Verkaufsetat m, Umsatzplanung f, Verkaufs-, Absatzbudget nt; **s. and marketing budget** Budget für Vertrieb und Marketing, Teilbudget des Absatzbereiches; **s. calculation** Absatzkalkulation f; **s. call** Vertreterbesuch m; **s. campaign** Werbefeldzug m, Verkaufsaktion f, V.kampagne f, V.feldzug m, Absatzfeldzug m; **s. cartel** Absatz-, Vertriebskartell nt; **s. catalog(ue)** Verkaufs-, Auktionskatalog m; **s. chain** Absatzkette f; **s. channel** Vertriebs-, Absatzweg m, A.kanal m; **s. charge** Abschluss-, Verkaufsgebühr f; **s. chart** Verkaufsdiagramm f; **s. check [US]** Kassen(ausgabe)beleg m, Rechnung f; **s. clerk [US]** 1. (Fach)Verkäufer(in) m/f; 2. Industriekaufmann, I.kauffrau f; **trained s. clerk** Fachverkäufer(in) m/f; **s. climate** Verkaufs-, Absatzklima nt; **s. combine** Vertriebsgemeinschaft f; **s. commission** Absatz-, Umsatz-, Vertriebs-, Verkaufsprovision f, V.-kommission f, Umsatzbeteiligung f; **flat-rate s. commission** pauschale Absatzprovision; **s. commitment** Lieferverpflichtung f; **s. company** Verkaufsfirma f, Verkaufs-, Vertriebsgesellschaft f; **s. concentration** Absatzkonzentration f; **s. conditions** Absatzbedingungen; **s. consultant** Verkaufsberater m; **s. contest** Verkaufswettbewerb m

sales contract (Kauf)Vertrag m, K.kontrakt m, Verkaufsabschluss m; **conditional s. c.** Kaufvertrag unter Eigentumsvorbehalt, Teilzahlungsvertrag m; **continuing s. c.** Sukzessivlieferungsvertrag m; **exclusive s. c.** Alleinvertriebsabkommen nt; **forward s. c.** Vorverkaufsklausel f; **provisional s. c.** Kaufanwartschaftsvertrag m

sales control Absatzkontrolle f, A.lenkung f, A.steuerung f, Verkaufslenkung f; **statistical s. c.** statistische Verkaufskontrolle; **s. c. form** Verkaufskontrollformular nt; **~ procedure** Verkaufskontrollverfahren nt

sales cost(s) Verkaufs-, Vertriebskosten; **s. cost accounting/analysis** Vertriebskostenrechnung f; **s. counter** Verkaufsstelle f; **s. credit** Absatz-, Vertriebskredit m; **s. crisis** Absatzkrise f; **s. curve** Umsatz-, Verkaufskurve f, Absatzdiagramm f; **s. cut-off** periodengerechte Abgrenzung der Verkäufe; **s. data** Verkaufsdaten pl; **~ gathering** Verkaufsdatenerfassung f; **s. deductions** Erlösschmälerungen; **s. demonstration** Verkaufsvorführung f; **s. density** Verkaufs-, Umsatzdichte f; **s. department** Verkauf m, Vertrieb m, Verkaufs-, Vertriebsabteilung f; **~ cost center [US] /centre [GB]** Vertriebskostenstelle f; **s. depot** Vertriebslager

sales development

nt; **s. development** Absatz-, Verkaufsentwicklung *f*; **~ cost** Akquisitionskosten *pl*; **s. director** Verkaufsdirektor *m*, V.leiter *m*, Vertriebsleiter *m*; **s. discount** Skonto *m/nt*, Verkaufsrabatt *m*, Kundenbonus *m*, K.rabatt *m*; **aggregate/total s. discount** Gesamtumsatzrabatt *m*; **s. display** Verkaufsauslage *f*; **s. district** Verkaufsgebiet *nt*; **s. division** Vertriebs-, Verkaufsabteilung *f*; **s. drive** Verkaufsaktion *f*, Absatz-, Verkaufskampagne *f*, verstärkte Verkaufsanstrengungen; **s. efficiency** Verkaufsleistung *f*; **s. effort(s)/endeavours** Absatz-, Verkaufs-, Umsatzbemühungen *pl*, Absatz-, Verkaufsanstrengungen *pl*; **s. elasticity** Absatzelastizität *f*; **s. end** Verbraucherseite *f*; **s. engineer** Verkaufsingenieur *m*, technischer Verkäufer/Kaufmann; **s. engineering** 1. technische Vertriebs-/Verkaufsunterstützung; 2. Absatzvorbereitung *f*; **s.-equity ratio** Eigenkapitalumschlag *m*; **s. estimate** Absatz-, Umsatz-, Verkaufsschätzung *f*; **s. event** Verkaufsveranstaltung *f*; **s. executive** Verkaufsleiter *m*, Führungskraft für den Verkauf; **s. exhibition** Verkaufsausstellung *f*; **s. expansion** Absatz-, Umsatzausweitung *f*; **s. expectations** Verkaufs-, Absatzerwartungen; **s. fee** Abschlussgebühr *f*; **s. figures** Verkaufs-, Absatzziffern, Absatz-, Verkaufs-, Vertriebszahlen, Umsatzwerte, U.zahlen, U.ziffern; **s. finance/financing** Absatz-, Verkaufsfinanzierung *f*; **s. finance company** Kundenkreditanstalt *f*, Teilzahlungsbank *f*; **s. floor** Verkaufsfläche *f*; **s. fluctuations** Umsatzschwankungen; **s. force** Außendienst *m*, Verkaufspersonal *nt*, V.stab *m*, V.mannschaft *f*, V.apparat *m*, V.personal *nt*, Vertriebspersonal *nt*, Verkäufer *pl*, Vertreter *pl*, Außendienst-, Vertreterorganisation *f*, V.stab *m*; **~ report** Außendienstbericht *m*; **s. forecast** Verkaufsplan(ung) *m/f*, V.vorschau *f*, Umsatzprognose *f*, Absatzerwartungen *pl*, A.prognose *f*, A.plan(ung) *m/f*, Umsatz-, Verkaufsvoraussage *f*, V.prognose *f*, V.schätzung *f*; **s. forecasting** Absatz-, Verkaufsplanung *f*; **s. function** Vertriebsbereich *m*; **s. gain** Absatzzuwachs *m*; **s. gas** verkäufliches Gas; **s. giant** Umsatzgigant *m*; **s. gimmick** Verkaufstrick *m*; **s.girl** *n* Verkäuferin *f*, Ladenmädchen *nt*; **s. goal** Absatzziel *nt*; **s. grade of a product class** Produktgruppenumsatzstufe *f*; **total s. grade** Gesamtumsatzstufe *f*; **s. growth** Absatz-, Umsatzwachstum *nt*, Absatz-, Umsatzzuwachs *m*; **~ rate** Umsatzzuwachsrate *f*; **s. guarantee** Absatz-, Umsatz-, Verkaufsgarantie *f*; **s. incentive** Verkaufsanreiz *m*; **s. income** Verkaufserlös *m*; **s. increase** Absatzsteigerung *f*, Absatz-, Verkaufs-, Umsatzplus *nt*; **s. index** Umsatzindex *m*; **s. information** Vertriebsinformation *f*; **~ system** Vertriebsinformationssystem *nt*; **s. input** Wareneinsatz *m*; **s. intensity** Umsatzintensität *f*; **s. interest** Verkaufsinteresse *nt*; **s. interview** Verkaufsgespräch *nt*; **s. invoice** Ausgangs-, Verkaufsrechnung *f*, V.faktura *f*; **s. journal** (Waren)Verkaufs-, Ausgangsfakturenbuch *nt*; **s. kit** *[US]* Werbematerial *nt*; **s.lady** *n* Verkäuferin *f*; **s. law** Kaufvertragsrecht *nt*; **s. lead** Verkaufshinweis *m*

sales ledger Verkaufskonten-, Debitorenbuch *nt*; **~ accounting** Debitorenbuchhaltung *f*; **~ adjustment** Kleindifferenz *f*; **~ clerk** Debitorenbuchhalter *m*

sales letter Werbebrief *m*, W.schreiben *nt*; **s. licence** Vertriebsgenehmigung *f*; **s. limit** Umsatz-, Absatzgrenze *f*; **s. list** Verkaufsliste *f*; **s. literature** Verkaufsprospekte *pl*, V.literatur *f*, Prospektmaterial *nt*, Reklamebroschüren *pl*

salesman *n* 1. Verkäufer *m*, Ladenangestellter *m*, L.verkäufer *m*; 2. Vertreter *m*, Reisender *m*, Repräsentant *m*; 3. Kaufmann *m*; **door-to-door s.** Vertreter *m*, Klinkenputzer *m* *(coll)*; **dummy s.** stummer Verkäufer; **itinerant s.** Straßenhändler *m*, umherziehender/fliegender Händler; **top s.** Spitzenverkäufer *m*; **trained s.** Fachverkäufer *m*; **travelling s.** Vertreter *m*, Handelsreisender *m*, Handels-, Außen-, Reisevertreter *m*, Reisender *m*, Verkäufer im Außendienst, Verkaufsfahrer *m*; **~ 's trade** Vertreterversand-, Reisegewerbehandel *m*

sales management 1. Vertriebs-, Verkaufsleitung *f*; 2. Absatzdisposition *f*; **s. manager** Verkaufs-, Vertriebsleiter *m*, Leiter des Verkaufs/Vertriebs, ~ der Verkaufsabteilung, Verkaufsdirektor *m*; **general s. manager** Absatzdirektor *m*

salesman|'s commission Vertreterprovision *f*; **s.ship** *n* Verkaufstechnik *f*, Geschäftstüchtigkeit *f*, Kunst des Verkaufens, Verkaufstalent *nt*, V.kunst *f*

sales manual Vertriebs-, Verkaufshandbuch *nt*, Handbuch für Verkäufer; **s. margin** Vertriebsspanne *f*; **s. market** Absatzmarkt *m*; **~ price** Absatzmarktpreis *m*; **s. maxim(iz)ation** Umsatz-, Verkaufsmaximierung *f*; **s. message** Werbebotschaft *f*, W.aussage *f*, Verkaufsaussage *f*; **s. method** Verkaufsmethode *f*; **s.-minded** *adj* umsatzbewusst; **s. mix** Absatzprogramm *nt*, Sortiment *nt*; **~ reduction strategy** Entbündelungsstrategie *f*; **s. momentum** Umsatzdynamik *f*; **s. monopoly** Verkaufsmonopol *nt*, Alleinverkauf *m*; **s. negotiations** Kaufverhandlungen; **s. note** *[GB]* Schlussbrief *m*, S.note *f*, S.schein *m*, Verkaufsabrechnung *f*, Kaufnote *f*; **s. notice** Verkaufshinweis *m*; **s. objective** Absatz-, Verkaufs(plan)ziel *nt*; **s. offer** Verkaufsangebot *nt*, V.offerte *f*; **s. office** 1. Verkaufs-, Vertriebsstelle *f*, Verkaufsbüro *nt*, V.kontor *nt*, Fabrikniederlassung *f*; 2. *(Branntweinmonopol)* Verwertungsstelle *f*; **joint s. office** gemeinsame Vertriebsstelle; **s. opportunity** Verkaufsmöglichkeit *f*, V.gelegenheit *f*; **s. opportunities** Absatz-, Marktchancen; **s. order** Bestellung *f*, Auftrag *m*; **~ processing** Auftragsbearbeitung *f*; **s. organization** Verkaufs-, Vertriebs-, Absatzorganisation *f*; **s.-orient(at)ed** *adj* verkaufsorientiert, v.bezogen; **s. outlet** 1. Verkaufsstätte *f*, V.stelle *f*, Vertriebsstelle *f*; 2. Absatzgebiet *nt*, A.markt *m*; 3. Absatzventil *nt*; 4. Vertriebs-, Verkaufsform *f*; **s. outlook** Absatzerwartungen *pl*; **adverse s. outlook** unsichere Absatzerwartungen; **s. package/packaging** Verkaufsverpackung *f*; **s. partner** Vertriebspartner *m*; **s. patter** *(coll)* Verkaufs-, Werbejargon *m*, W.sprache *f*; **s. pattern** 1. Absatz-, Umsatzstruktur *f*, U.entwicklung *f*; 2. Käuferverhalten *nt*; **regional s. pattern** regionale Absatzstruktur; **s. peak** Verkaufsspitze *f*, Hauptverkaufszeit *f*; **s. penetration** Marktdurchdringung *f*, M.anteil *m*; **s.people** *pl* Verkaufspersonal *nt*, Verkäufer; **s. percentage** Umsatzprozentsatz *m*; **s. performance** Verkaufsleistung *f*;

s.person *n* Verkäufer(in) *m/f*; **trained s.person** Fachverkäufer(in) *m/f*; **s. personnel** Verkaufspersonal *nt*; **overall s. picture** Gesamtverkaufsbild *nt*; **s. pitch** Verkaufstechnik *f*, V.masche *f (coll)*, V.argument *nt*, V.strategie *f*; **s. plan** Absatzplan *m*; **s. planning** Verkaufs-, Absatzplanung *f*; **s. policy** Absatz-, Verkaufs-, Vertriebspolitik *f*; **s. position** Absatzlage *f*; **s. potential** Absatzmöglichkeit(en) *f/pl*, A.potenzial *nt*, A.kapazität *f*, Umsatzkapazität *f*, Aufnahmefähigkeit des Markts; **s. prediction** Absatz-, Umsatzprognose *f*; **s. premium** Abschluss-, Umsatz-, Verkaufsprämie *f*; **annual s. premium** Jahresumsatzprämie *f*; **s. pressure** *(Börse)* Abgabedruck *m*
sale price Ausverkaufspreis *m*; **s.s p.** Veräußerungs-, (End)Verkaufspreis *m*; **ex works s.s p.** Fabrikabgabepreis *m*, Verkaufspreis ab Fabrik; **final s.s. p.** Endverkaufspreis *m*; **net s.s p.** Nettoverkaufspreis *m*; **statutory s.s p.** (staatlich) vorgeschriebener Preis; **s.s p. variance** Verkaufspreisabweichung *f*
sales problem Absatzproblem *nt*; **s. proceeds** Verkaufserlös *m*; **net s. proceeds** Verkaufsreinerlös *m*; **s. profit** Verkaufs-, Vertriebs-, Veräußerungsgewinn *m*; **s. projections** Absatzplanung *f*, Planumsatz *m*; **forward s. projection** Absatzprognose *f*; **s. promoter** Verkaufsförderer *m*, V.leiter *m*; **s.-promoting** *adj* absatz-, verkaufs-, vertriebsfördernd
sales promotion Absatz-, Verkaufs-, Vertriebs-, Umsatzförderung *f*, Verkaufs-, Absatzwerbung *f*; **~ budget** Werbe-, Verkaufsförderungsetat *m*; **~ campaign/drive/efforts** Absatzkampagne *f*; **~ department** Werbeabteilung *f*; **~ expenditure(s)** Werbeaufwendungen *pl*; **~ fund** Absatzfonds *m*; **~ grant** Absatzhilfe *f*; **~ manager** Leiter der Werbeabteilung; **~ material** Werbematerial *nt*
sales proportion Absatzquote *f*; **unique s. proposition (USP)** verkaufsförderndes Argument/Merkmal; **s. prospect** *[US]* möglicher/potenzieller Kunde; **s. prospects** Absatzchance(n) *f/pl*, A.aussichten, A.perspektive *f*, A.erwartungen, Markt-, Verkaufschancen, Vertriebsaussichten; **adverse s. prospects** unsichere Absatzerwartungen; **s. psychology** Verkaufspsychologie *f*; **s. publicity** Absatz-, Verkaufswerbung *f*; **s. quota** Verkaufs-, Absatz-, Vertriebsquote *f*, Absatzkontingent *nt*; **s. record** 1. Verkaufsleistung *f*, V.erfolg *m*; 2. Verkaufs-, Umsatzrekord *m*; **s. register** Verkaufsjournal *nt*; **s.-related** *adj* absatz-, umsatzbezogen; **s. report** Verkaufsbericht *m*; **s. representative** (Handels)Vertreter *m*, Handels-, Handlungsreisender *m*, Verkaufsvertreter *m*, Außendienstmitarbeiter *m*, Absatzmittler *m*
sales resistance Verkaufswiderstand *m*, Kaufabneigung *f*, K.unlust *f*; **to meet with s. r.** auf Absatzschwierigkeiten stoßen; **stiff s. r.** starke Verkaufswiderstände
sales restrictions Veräußerungs-, Vertriebs-, Absatz-, Verkaufsbeschränkungen; **s. result(s)** Umsatz-, Verkaufs-, Absatz-, Vertriebs-, Distributionsergebnis *nt*
sales return Verkaufsertrag *m*; **s. r.s** 1. (Waren)Rücksendungen, Retouren; 2. Erlöse aus Veräußerungen; **~ journal** Retouren-, Rückwarenbuch *nt*, R.journal *nt*
sales revenue(s) Umsatz-, Absatzergebnis *nt*, Umsatz-, Absatzertrag *m*, Verkaufserlös *m*, Vertriebs-, Absatz-, Gesamtverkaufseinnahmen *pl*; **excess s. r.** Mehrerlös *m*; **gross s. r.** Bruttoumsatzerlös *m*; **internal s. r.** Innenumsatzerlös *m*; **total s. r.** Erlössumme *f*
sales revival Verkaufsbelebung *f*; **s. ring** *(Auktion)* Käuferring *m*; **s. risk** Verkaufsrisiko *nt*; **s.room** *n* 1. Verkaufsraum *m*, V.lokal *nt*; 2. Auktionsraum *m*, Versteigerungslokal *nt*; **s. scheme** Verkaufsprojekt *nt*; **s. section** Verkaufsbereich *m*; **s. sharing payment** Umsatzbeteiligung *f*; **s. shipment** Versendungskauf *m*; **s. shortfall** Absatz-, Umsatzausfall *m*, Absatz-, Umsatzeinbuße *f*, Absatz-, Umsatzrückgang *m*; **s. slip** Kassenbon *m*, Kassen-, Verkaufszettel *m*, V.beleg *m*, V.bon *m*, Barverkaufsschein *m*; **s. slump** Absatz-, Umsatzrückgang *m*, rückläufiges Verkaufsergebnis; **s. space** Verkaufsfläche *f*; **s. staff** Verkaufspersonal *nt*, Verkäufer *pl*; **floating s. staff** *(Verkaufspersonal)* Springer *pl*; **s. station** Verkaufsstützpunkt *m*; **s. statistics** Absatz-, Umsatz-, Verkaufsstatistik *f*; **s. strategy** Absatz-, Verkaufsstrategie *f*; **s. syndicate** Verkaufskartell *nt*, V.syndikat *nt*; **s. tactics** Verkaufsmethode(n) *f/pl*; **high-pressure s. tactics** aggressive Verkaufsmethode(n); **s. talent** Verkaufsbegabung *f*, V.talent *nt*
sales talk 1. Verkaufs-, Werbegespräch *nt*; 2. Überredungskünste *pl*; 3. Verkaufsjargon *m*, V.sprache *f*; **high-pressure s. t.** aggressives Verkaufsgespräch; **programmed s. t.** programmiertes Verkaufsgespräch
sales target Verkaufssoll *nt*, V.ziel *nt*, Umsatzziel *nt*, U.vorgabe *f*, Umsatzsoll *nt*
sales tax *[US]* (Waren)Umsatz-, Erwerbs-, Verkaufssteuer *f*, Umsatzabgabe *f*; **s. t.es** Verbrauchs- und Umsatzsteuern; **exempted from s. t.** umsatzsteuerbefreit, u.frei; **liable to s. t.** umsatzsteuerpflichtig; **general s. t.** allgemeine Umsatzsteuer; **multiple-stage s. t.** Mehrphasen-Umsatzsteuer *f*; **repetitive s. t.** Kaskadensteuer *f*
sales tax advance return Umsatzsteuervoranmeldung *f*; **~ audit** Umsatzsteuerprüfung *f*; **~ burden** Umsatzsteuerbelastung *f*; **~ element** Umsatzsteueranteil *m*; **~ increase** Umsatzsteuererhöhung *f*; **~ law** Umsatzsteuerrecht *nt*; **~ liability** Umsatzsteuerpflicht *f*, U.schuld *f*; **~ reform** Umsatzsteuerreform *f*; **~ refund** Umsatzsteuerrückerstattung *f*, U.vergütung *f*; **~ relief** Umsatzsteuerfreibetrag *m*; **~ return** Umsatzsteuererklärung *f*; **~ revenue(s)** Umsatzsteueraufkommen *nt*, U.erträge *pl*; **~ statistics** Umsatzsteuerstatistik *f*
sales team Verkaufsmannschaft *f*, V.team *nt*; **doorstep s. team** Drückerkolonne *f (pej.)*; **s. territory** Verkaufsgebiet *nt*, V.bezirk *m*, Markt-, Vertriebsgebiet *nt*; **s. test** Testmarktaktion *f*; **s. ticket** Verkaufszettel *m*, V.bescheinigung *f*; **s. tool** Werbemittel *nt*; **s. trainer** Verkaufstrainer *m*; **s. training** Verkaufsschulung *f*, V.training *f*, V.ausbildung *f*, Verkäuferschulung *f*; **~ course** Verkaufslehrgang *nt*; **s. transaction** (Ver)Kaufgeschäft *nt*; **s. trend** Absatz-, Umsatzentwicklung *f*, Absatz-, Umsatzkurve *f*, Verkaufstendenz *f*; **mixed s. trend** uneinheitliche Umsatzentwicklung; **s. turnover** Absatzgeschwindigkeit *f*; **s. unit** Verkaufseinheit *f*, V.stelle *f*; **s. value** Verkaufs-, Netto-, Veräußerungswert *m*; **aggregate s. value** Gesamtverkaufswert *m*; **s.-**

use tax *[US]* Konsumsteuer *f*; **s. variance** Absatzabweichung *f*
sales volume Absatz-, Umsatz-, Verkaufsvolumen *nt*, Absatz(menge) *m/f*, Verkaufs-, Absatzumfang *m*, mengenmäßiger Umsatz; **~ plan** Absatzmengenplan *m*; **~ variance/variation** Verkaufsmengen-, Verkaufsvolumenabweichung *f*
sales warehouse Umschlaglager *nt*; **s. week** Verkaufswoche *f*; **s.woman** *n* 1. Verkäuferin *f*; 2. (Handlungs)Reisende *f*, Vertreterin *f*; **s. worldwide** Weltumsatz *m*; **s. zone** Verkaufsbezirk *m*
saline *adj* salzhaltig, salzig
saliva *n* ⚕ Speichel *m*
salmon *n* Lachs *m*, Salm *m*; **s.ella (poisoning)** *n* ⚕ Salmonellenvergiftung *f*; **s. pink** lachsfarben
saloon *n* 1. *[US]* (Schank)Lokal *nt*, S.raum *m*, S.wirtschaft *f*, Kneipe *f*; 2. *[GB]* 🚗 Limousine *f*; **s. keeper** Gastwirt *m*, Kneipier *m*
salt *n* Salz *nt*; **not worth one's s.** *(coll)* keinen Schuss Pulver wert *(coll)*; **to be worth one's s.** *(coll)* etw. taugen
salt *v/t* salzen, würzen; **s. away** *(fig)* *(Geld)* auf die hohe Kante legen *(coll)*
salt dome ⛏ Salzstock *m*; **s. mine** Salzbergwerk *nt*
salt|peter *[US]*; **s.petre** *[GB]* *n* Salpeter *m*; **s. tax** Salzsteuer *f*; **s. water** Salzwasser *nt*; **s. works** Saline *f*
salty *adj* salzhaltig, salzig
salutary *adj* 1. positiv, heilsam; 2. gesund, zuträglich
salutation *n* Anrede *f*, Grußformel *f*, Begrüßung *f*
salvage *n* 1. ⚓ (Schiffs)Bergung *f*, Rettung *f*, Bergeleistung *f*; 2. Bergungsgut *nt*; 3. *(Altmaterial)* Wiedergewinnung *f*, W.verwertung *f*; 4. Schrottwertanrechnung *f*; 5. Bergelohn *m*; 6. *(Vers.)* Bergungs-, Rest-, Veräußerungswert *m*; 7. Überreste *pl*; *v/t* 1. bergen, retten; 2. *(Altmaterial)* verwerten
salvage agreement/contract ⚓ Bergungsvertrag *m*; **s. award** Bergelohn *m*; **s. bond** Bergungsverpflichtung *f*; **s. charges/costs** Bergungskosten; **s. claim** Bergelohnforderung *f*; **s. company** Bergungsgesellschaft *f*, B.unternehmen *nt*; **s. craft** Bergungsschiff *nt*, B.boot *nt*; **s. dues** Bergungsgebühren; **s. dump** Materialsammelstelle *f*
salvagee *n* Eigentümer einer geborgenen Ladung
salvage loss ⚓ 1. Bergungsschaden *m*; 2. Versicherungsschaden nach Abzug der geretteten Waren; **s. money** Bergungs-, Berge-, Rettungslohn *m*, Bergegeld *nt*; **s. operation** Rettungs-, Bergungsaktion *f*, B.arbeiten *pl*, Rettungsmaßnahme *f*, R.unternehmen *nt*; **s. party** Bergungskommando *nt*, Rettungstrupp *m*
salvager *n* Berger *m*, Bergearbeiter *m*
salvage tug ⚓ Bergungsschlepper *m*; **s. value** Berge-, Bergungs-, Schrott-, Rest-, Veräußerungs-, Realisierungs-, Realisations-, Buchwert *m*; **s. vessel** Bergungsschiff *nt*, B.fahrzeug *nt*, Hebeschiff *nt*; **s. work** Bergungsarbeiten *pl*
salvation *n* Heil *nt*; **S. Army** Heilsarmee *f*
salvo *n* §️ Vorbehaltsklausel *f*; **with a s. of their rights** unter Wahrung ihrer Rechte
samaritan *n* Samariter *m*

sample *n* 1. (Kost-/Material-/Stich-/Qualitäts-/Waren)Probe *f*, (Ausstellungs-/Prüfungs-/Stück-/Typen-/Waren)Muster *nt*, (Muster)Exemplar *nt*; 2. ▦ Flächenstichprobe *f*, (Erhebungs)Auswahl *f*, repräsentative Personengruppe; **according to s.** mustergemäß; **as a s.** stichprobenweise; **as per s.** nach Muster
sample on approval Ansichtssendung *f*; **s. of goods** Warenkorb *m*; **~ merchandise** Warenprobe *f*; **s. with(out) replacements** Stichprobe mit/ohne Zurücklegen; **s. without value**; **s. of no value** Muster ohne (Handels)Wert; **s. of small value** Warenmuster von geringem Wert
taking sample|s Probenentnahme *f*, Entnahme von Proben; **inferior to s.** schlechter als das Muster; **not to s.** nicht dem Muster entsprechend; **true/up to s.** mustergetreu, dem Muster/der Probe entsprechend, probegemäß, mit dem Muster übereinstimmend
to be below sample in der Qualität unter dem Muster liegen; **~ true/up to s.; to correspond to/match the s.** der Probe/dem Muster entsprechen, mit dem Muster übereinstimmen; **to blow up/raise a s.** Stichprobe hochrechnen; **to buy according to s.** nach Muster kaufen; **to draw s.s** Muster ziehen, Probe(n) (ent)nehmen; **to make up s.s** Warenproben zusammenstellen; **to order from s.** nach Muster bestellen; **to sell by s.** nach Muster verkaufen; **to take a s.** (Stich)Probe/Muster ziehen, ~ entnehmen
adequate sample ▦ repräsentative Stichprobe, adäquate Auswahl; **all-purpose s.** Mehrzweckstichprobe *f*; **average s.** repräsentative Stichprobe; **balanced s.** angepasste/ausgewogene/gewichtete Stichprobe; **biased s.** verzerrte/einseitig betonte Stichprobe; **capture-release s.** Wiederfangstichprobe *f*; **concordant s.** konkordante Stichprobe; **commercial s.** Warenmuster *nt*; **controlled s.** kontrollierte Stichprobe; **defective s.** unvollständige Stichprobe; **differential s.** gewichtete Stichprobe; **double s.** zweistufige Stichprobe; **duplicate s.** Parallelstichprobe *f*; **enclosed s.** beigefügtes Muster; **free s.** Freistück *nt*, F.exemplar *nt*, Gratisprobe *f*, G.muster *nt*, kostenlose Warenprobe, kostenloses Muster, Reklameartikel *m*; **general-purpose s.** Allgemeinstichprobe *f*; **geometric s.** gerichtete Probe; **gross s.** Rohprobe *f*; **infinite s.** unendliche Stichprobe; **integrating s.s** ineinandergreifende Stichproben; **item-by-item s.** sequenzielle Stichprobe; **linked s.s** gekoppelte Stichproben; **master s.** Ausgangs-, Stichprobe *f*; **matched s.s** verbundene Stichproben; **matching s.** Vergleichs(stich)probe *f*; **mixed s.** gemischte Stichprobe; **multiple/multi-stage/nested s.** mehrstufige Stichprobe; **purposive s.** bewusste Auswahl, bewusst gewählte Stichprobe
random sample (zufällig gewählte) Stichprobe, Zufallsstichprobe *f*, Stichprobenerhebung *f*; **restricted r. s.** eingeschränkte Zufallsauswahl; **stratified r. s.** geschichtete Zufallsstichprobe; **unrestricted r. s.** uneingeschränkte Zufallsauswahl; **r. s. procedure** Zufallsverfahren *nt*; **~ selection** Stichprobenauswahl *f*
representative sample 1. Serien-, Typen-, Durchschnittsmuster *nt*; 2. repräsentative Stichprobe, reprä-

sentatives Auswahlverfahren; **self-weighted s.** selbstgewogene Auswahl; **sequential s.** sequenzielle Stichprobe; **single s.** einfache/ungeschichtete (Zufalls) Stichprobe; **stock-lot s.** Partiemuster *nt*; **stratified s.** geschichtete Auswahl/Stichprobe; **systematic s.** systematische Stichprobe; **unbiased s.** unverzerrte Stichprobe; **weighted s.** gewogene Auswahl
sample *v*/*t* 1. kosten, probieren; 2. bemustern, durch Entnahme von Mustern prüfen; 3. Muster ziehen, Stichprobe nehmen, Probe(n) (ent)nehmen/ziehen
sample advertising Werbung durch Muster; **s. bag** Musterkoffer *m*; **s. book** Musterbuch *nt*; **s. card** Muster-, Probekarte *f*; **s. census** Mikro-, Stichprobenzählung *f*; **s. check** Stichprobe *f*, Probenziehung *f*; **~ procedure** Schnelltestverfahren *nt*; **s. consignment** Mustersendung *f*; **s. design** Stichprobenplan *m*; **s. discount** Musterrabatt *m*; **s. division** Probenteilung *f*; **s. entry** Mustereintragung *f*; **s.s fair** Mustermesse *f*; **s. fraction** Auswahlgruppe *f*; **s. inquiry/investigation/poll** Repräsentativumfrage *f*, R.erhebung *f*, R.befragung *f*; **s. mean** Stichprobenmittelwert *m*; **s. network** Stichprobennetz *nt*; **s. number** Stichprobenumfang *m*; **s. offer** Musterangebot nt, Angebotsmuster *nt*; **s. pack** 1. Probe-, Musterpackung *f*; 2. Probesendung *f*; **s. period** Untersuchungszeitraum *m*; **s. population** Stichprobenpopulation *f*; **by s. post** ⊠ als Warenprobe
sampler *n* Probierer *m*, Musterzieher *m*
sample rate ⊠ Tarif für Mustersendungen; **s. rebate** Musterrabatt *m*; **s. reduction** Probenverkleinerung *f*; **s. roll** Musterrolle *f*; **s. room** Musterlager *nt*; **s. size** 1. Mustergröße *f*; 2. Stichprobenumfang *m*; **s. space** Stichproben-, Ereignisraum *m*; **s. statistic** Stichprobenmaßzahl *f*, S.kenngröße *f*; **s. statistics** Repräsentativstatistik *f*, R.erhebung *f*; **s. survey** Repräsentativ-, Stichproben-, Teilerhebung *f*; **s. test** Stichprobe *f*; **s. unit** Stichprobeneinheit *f*; **s. variable** Stichprobenvariable *f*; **s. variance** empirische Varianz
sampling *n* 1. Muster-, (Stich)Probenentnahme *f*, Entnahme von Proben; 2. Musterkollektion *f*, M.sammlung *f*; 3. *(Wein)* Probe *f*; 4. (Repräsentativ)Auswahl *f*, Stichprobenverfahren *nt*; 5. *(Ware)* Einführung durch Probepackungen; **s. by attributes** Attributkontrolle *f*, Gut-Schlecht-Prüfung *f*; **s. of public opinion** Meinungsumfrage *f*; **s. with(out) replacement** Stichprobe mit/ohne Zurücklegen; **s. by variables** Variablenkontrolle *f*
accidental sampling unkontrolliertes Stichprobenverfahren; **bilateral s.** zweiseitiger Prüfplan; **configurational s.** Gitterstichprobenverfahren *nt*; **continuous s.** kontinuierliche Stichprobe(n); **curtailed s.** abgebrochene Stichprobenprüfung *f*; **direct s.** direkte Auswahl/Stichprobenentnahme *f*; **double s.** zweistufiger Stichprobenplan, zweistufiges Stichprobenverfahren, Doppelstichprobenentnahme *f*; **extensive s.** extensive Auswahl; **finite s. correction** Korrektur endlicher Grundgesamtheiten; **haphazard s.** Stichprobenbefragung *f*, S.verfahren *nt*, unkontrollierte Stichproben; **indirect s.** indirekte Auswahl/Stichprobenentnahme *f*; **intensive s.** intensive Auswahl; **inverse s.** inverse Aus-

wahl; **judgmental s.** Ermessensauswahl *f*; **mixed s.** gemischtes Stichprobenverfahren; **multi-phase s.** Mehrphasenauswahl *f*; **multiple/multi-stage s.** Mehrfachstichprobenentnahme *f*, Mehrstufenstichprobenverfahren *nt*, mehrstufiges Stichprobenverfahren; **nested s.** Klumpenstichprobenverfahren *nt*, mehrstufige Auswahl, Stichprobenverfahren mit Klumpenauswahl; **non-probability s.** Ermessensauswahl *f*; **proportional/proportionate s.** proportional geschichtete/ proportionierte Auswahl; **purposive s.** bewusstes Auswahlverfahren; **quasi-random s.** zufallsähnliches Stichprobenverfahren; **random s.** Stichprobenerhebung *f*, Zufallsauswahl *f*, Z.stichprobenverfahren *nt*, Entnahme von Stichproben; **~ numbers** Zufallszahlen; **representative s.** Repräsentativerhebung *f*; **sequential s.** sequenzielles Stichprobenverfahren, Folgetestverfahren *nt*; **simple s.** einfaches/ungeschichtetes Stichprobenverfahren, Einfachstichprobenannahme *f*; **statistical s.** mathematisches Stichprobenverfahren; **stratified s.** geschichtetes Stichprobenverfahren, Schichtungseffekt *m*; **~ probe** geschichteter Stichprobenplan *m*; **two-phase/two-stage/two-tier s.** zweistufiges Stichprobenverfahren, zweistufige Stichprobe, zweistufiger Stichprobenplan; **ultimate s.** letzte Auswahleinheit; **unitary s.** einstufiges Stichprobenverfahren
sampling distribution Stichprobenverteilung *f*; **s. error** Stichproben-, Auswahlfehler *m*; **s. fraction** Auswahlsatz *m*, Stichprobengruppe *f*; **s. frame** Erhebungsgrundlage *f*; **s. inspection** Teil-, Muster-, Stichprobenprüfung *f*, S.prüfplan *m*, S.kontrolle *f*, Überprüfung durch Stichproben, Abnahmeprüfung *f*; **sequential s. inspection** Reihenstichprobenprüfung *f*; **s. interval** Auswahlabstand *m*; **s. inventory** Stichprobeninventur *f*; **s. method** Stichprobenmethode *f*; **s. moment** Moment einer Stichprobenverteilung; **s. plan** Prüf-, Stichprobenplan *m*; **double s. plan** Doppelstichprobenplan *m*; **s. procedure** Stichproben-, Auswahlverfahren *nt*; **s. ratio** Auswahlsatz *m*; **s. structure** Stichprobenstruktur *f*; **s. technique** Stichprobenverfahren *nt*, S.technik *f*; **s. test** Test eines Befragtenkreises; **single s. test** Einstichprobentest *m*; **s. unit** Auswahl-, Untersuchungs-, Stichprobeneinheit *f*; **ultimate s. unit** letzte Auswahleinheit; **s. variance** Varianz der Stichprobe(neinheit)
sanatorium *[GB]*; **sanitarium** *[US]* *n* ⚕ Sanatorium *nt*, Erholungsheim *nt*, Heilstätte *f*, H.anstalt *nt*
sanction *n* 1. (nachträgliche) Genehmigung, Bestätigung *f*, Billigung *f*; 2. Zwangsmaßnahme *f*, Sanktion *f*, Strafbestimmung *f*; **s.s** Zwangsmittel, Sanktionsbestimmungen; **s. of court** gerichtliche Billigung
to apply sanction|s Sanktionen anwenden; **to give s. to sth.** etw. gutheißen; **to impose s.s** Sanktionen auferlegen/verhängen; **to lift s.s** Sanktionen aufheben; **economic s.s** Wirtschaftssanktionen, wirtschaftliche Strafmaßnahmen; **pecuniary s.** finanzielle Sanktion; **punitive s.** Strafandrohung *f*
sanction *v/t* genehmigen, gutheißen, sanktionieren, billigen, zulassen, bewilligen
sanction breaker/buster *(coll)* Sanktionen verletzender Staat; **s.s busting** *(coll)* Verletzung von Sanktionen

sanctity *n* 1. Heiligkeit *f*; 2. Unverletzlichkeit *f*, Unantastbarkeit *f*; **s. of contract** Unverletzlichkeit des Vertrages; **~ free contract** Unverletzlichkeit des freien Vertragsabschlusses
sanctuary *n* 1. Heiligtum *nt*; 2. Zuflucht *f*, Asyl *nt*; 3. *(Tiere)* Schutzgebiet *nt*
sanctum *n* *(lat.)* Heiligtum *nt*
sand *n* Sand *m*; **built on s.** auf Sand gebaut; **to strike the s.s** ⚓ auf eine Sandbank geraten; **drifting s.** Flugsand *m*
sand (down) *v/t* schmirgeln
sand|bank *n* ⚓ Sandbank *f*; **s.(y) beach** Sandstrand *m*; **s.blast** *n* ⚙ Sandstrahl *m*; *v/t* sandstrahlen; **s.blaster** *n* Sandstrahler *m*; **s.blasting** *n* Sandstrahlen; **s.-box** *n* ⚙ Sandform *f*; **s. dune** Sanddüne *f*
sander *n* ⚙ Vibrationsschleifer *m*
sanding *n* ⚙ Schmirgeln *nt*, Schleifen *nt*; **s. disc** Schmirgelscheibe *f*
sand|paper *n* Sand-, Schmirgelpapier *nt*; *v/t* abschmirgeln; **s. pit/quarry** Sandgrube *f*, S.werke *pl*; **s. spout** Sandhose *f*; **s.stone** *n* Sandstein *m*; **red s.stone** *[GB]* roter Sandstein, Buntsandstein *m*; **s.storm** *n* Sandsturm *m*; **s. table exercise** ⚔ Sandkastenspiel *nt*
sandwich *n* belegtes Brot, Butterbrot *nt*, Sandwich *nt*; **s. board** Reklametafel *f*; **s. course** alternierende Ausbildung
sandwiched *adj* eingekeilt
sandwich man Plakat-, Schilderträger *m*, Werbeläufer *m* (mit Doppelplakat); **s. panel** 🏛 Verbundplatte *f*
sandy *adj* sandig
sane *adj* geistig gesund, zurechnungsfähig
sanguine *adj* zuversichtlich, optimistisch
sanitarium *n* *[US]* → **sanatorium** *n*
sanitariness *n* Hygiene *f*
sanitary *adj* hygienisch, sanitär, gesundheitlich, Gesundheits-, Hygiene-
sanitation *n* 1. Hygiene *f*; 2. sanitäre Einrichtungen; 3. Kanalisation *f*; **s. engineer** Müllwerker *m*; **s. man** *[US]* Stadtreiniger *m*
sanitize *v/t* keimfrei machen
sanity *n* 1. geistige Gesundheit; 2. [§] Zurechnungsfähigkeit *f*
sap *n* *(Pflanze)* Saft *m*; *v/t* unterminieren, aushöhlen, untergraben, abgraben; **s.ling** *n* 🌱 Setzling *m*
saponi|fication *n* ☿ Verseifung *f*; **s.fy** *v/t* verseifen
sardine *n* Sardine *f*; **packed like s.s** wie Heringe/Sardinen zusammengepresst
sash (window) *n* 🏛 Schiebe-, Fallfenster *nt*
sasine *n* *[Scot.]* [§] Grundbesitz *m*
satchel *n* (Schul)Tasche *f*
sateen *n* Baumwollsatin *m*
satellite *n* Satellit *m*, Trabant *m*; **metereological s.** Wettersatellit *m*; **s. building** Nebengebäude *f*; **s. dish** Parabolantenne *f*, Satellitenschüssel *f* (zum Empfang von Satellitenfernsehen); **s. office** kleine Zweigstelle; **s. picture** Satellitenbild *nt*; **s. store** *(Laden)* Außenstelle *f*, Dependance *f* *(frz.)*; **s. tax** Satellitensteuer *f*; **s. television** Satellitenfernsehen *nt*; **s. town** Satelliten-, Trabantenstadt *f*, T.siedlung *f*; **s. transmission** Satellitenübertragung *f*

satiate *v/t* sättigen
satiation *n* *(Nachfrage)* Befriedigung *f*, Sättigung *f*; **s. of consumer demand** Sättigung der Verbrauchernachfrage, Verbrauchssättigung *f*; **~ wants** Bedürfnisbefriedigung *f*
satin *n* Satin *m*; **s. wood** Satinholz *nt*
satisfaction *n* 1. Befriedigung *f*, Erfüllung *f*; 2. Schadensabfindung *f*, (Schuld)Zahlung *f*, Wiedergutmachung *f*, Begleichung *f*, Tilgung *f*; 3. *(Hypothek)* Löschen *nt*; 4. Genugtuung *f*, Satisfaktion *f*; 5. Zufriedenheit *f*; 6. Nutzen *m*; **in s. of** als Wiedergutmachung für
satisfaction of an accord Erfüllung einer Vereinbarung; **~ a claim** Befriedigung/Erfüllung eines Anspruchs, ~ einer Forderung; **~ conditions** Erfüllung der Voraussetzungen; **~ creditors** Gläubigerbefriedigung *f*, Auszahlung/Befriedigung der Gläubiger; **~ a debt** Begleichung einer Schuld; **~ demand** Bedarfsbefriedigung *f*, Nachfragedeckung *f*; **separate ~ lienholders** Absonderung *f*; **s. or money back** bei Nichtgefallen Geld zurück; **s. of a mortgage** Hypothekenlöschung *f*, H.tilgung *f*, Löschungsbewilligung *f*, Löschung einer Hypothek; **~ needs/wants** Bedürfnisbefriedigung *f*; **~ elementary needs/wants** Befriedigung elementarer Bedürfnisse; **s. in part** teilweise Befriedigung
to my entire satisfaction zu meiner restlosen Zufriedenheit
to enter satisfaction Hypothek im Grundbuch löschen lassen, Löschung einer Hypothek im Grundbuch eintragen lassen; **to get s.** sich Genugtuung verschaffen; **to give s.** (jdn) zufrieden stellen; **~ full s.** zur vollständigen Zufriedenheit ausfallen; **to make s.** Genugtuung leisten; **to obtain s. from a lien** sich aus einem Pfandrecht befriedigen; **to seek s. in** Befriedigung suchen bei
part(ial) satisfaction teilweise Befriedigung, Teilbefriedigung *f*; **preferential s.** vorzugsweise Befriedigung; **subjective s.** individueller Nutzen, subjektive Bedürfnisbefriedigung; **vicarious s.** Ersatzbefriedigung *f*
satisfaction level 1. Grad der Zufriedenheit; 2. Nutzenniveau *nt*, Versorgungsgrad *m*; **s. piece** 1. *(Grundbuch)* löschungsfähige Quittung; 2. *(Hypothek)* Schuldbegleichungsurkunde *f*; **s. scale** Zufriedenheitsskala *f*
satisfactory *adj* 1. ausreichend, zufrieden stellend, befriedigend, hinlänglich; 2. *(Grund)* triftig, angemessen, einleuchtend
satisfi|ability *n* Erfüllbarkeit *f*; **s.able** *adj* erfüllbar
satisfied *adj* zufrieden; **to be s.** überzeugt sein, sich davon überzeugt haben
satisfy *v/t* 1. befriedigen, zufrieden stellen; 2. glaubhaft machen, überzeugen; 3. *(Schuld)* tilgen, abgelten; 4. *(Gläubiger)* befriedigen, abfinden; 5. *(Neugierde)* stillen; **s. o.s.** *v/refl* sich überzeugen/vergewissern/Gewissheit verschaffen; **s. so. of sth.** jdm den Nachweis erbringen
saturate *v/t* sättigen, saturieren
saturated *adj* 1. gesättigt; 2. *(Markt)* überkauft; **to become s.** Sättigungsgrad erreichen
saturation *n* Sättigung(sgrenze) *f*; **s. of consumption** Konsumsättigung *f*; **~ demand** Bedarfssättigung *f*; **~**

the market Marktsättigung f; s. **advertising** Sättigungswerbung f; s. **demand** Sättigungsnachfrage f; s. **level/point** Sättigungsgrenze f, S.grad m, S.punkt m; s. **stage** Sättigungsphase f; s. **symptom** Sättigungserscheinung f; s. **trends** Sättigungstendenzen
Saturday n   Sonnabend m, Samstag m; **late-closing S.**; **S. afternoon opening** langer/verkaufsoffener Sonnabend/Samstag; **S. closing** geschäftsfreier Sonnabend/Samstag
what is sauce for the goose, is s. for the gander n (prov.) was dem einen recht ist, ist dem anderen billig (prov.)
sausage n   Wurst f; **dry/hard s.** Hartwurst f
savage adj   wild; n Wilde(r) f/m; v/t zerfleischen
save v/t   1. (er)sparen, einsparen; 2. (auf)bewahren, aufheben; 3. retten; 4. ▯ (ab)speichern, sichern; **s. up** zusammen-, ansparen
save (for) prep   mit Ausnahme von, außer, ausgenommen, abgesehen von; **s. that** mit Ausnahme von, es sei dann, dass
save-as-you earn (SAYE) [GB] /**save-as-you-go** [US] **scheme** adj   Ratensparvertrag m
saved up adj   angespart
saver n   Sparer(in) m/f; **s.s** Spareerpublikum nt; **bond-buying s.** Rentensparer m; **individual s.** Einzelsparer m; **small s.** Kleinsparer m
saver|s' allowance   Sparerfreibetrag m; **s.'s privilege** Sparprivileg nt
saving n   1. Sparen nt; 2. (Kosten)Einsparung f; 3. (Geld)Ersparnis f, E.bildung f; **s.s** Spareinlagen, S.gelder, S.guthaben nt/pl, Ersparnisse, Erspartes nt, Sparkapital nt, S.leistung f, Rücklagen, Reserve f; **s. up** Ansparen nt
saving through accounts   Konten-, Buchsparen nt; **s. at banks** Banksparen nt; **s. with a building society** Bausparen nt; **s.s at buildings societies** Bauspargeld(er) nt/pl; **s. through deposit accounts** Depositensparen nt; **s. of expenses** Kostenersparnis f, K.einsparung f; **s. by private individuals** Spartätigkeit privater Haushalte, Individualsparen nt; **s. through institutions** institutionelles Sparen; **~ insurance** Versicherungssparen nt; **~ investments in securities** Wertpapiersparen nt; **s.s in labour costs** Einsparungen bei den Arbeitskosten; **s.s and loan association (s. & l)** [US] Spar- und Darlehenskasse f, Bausparverein m, B.genossenschaft f, (genossenschaftliche) Bausparkasse; **~ industry** Bausparkassenwesen nt, die Bausparkassen; **s. of material** Materialersparnis f; **s. through (investment in) shares** [GB] /**stocks** [US] Aktiensparen nt; **s. of space** Raumersparnis f
to dip into/draw on saving|s   Ersparnisse angreifen, auf ~ zurückgreifen; **to discourage s.** sich hemmend auf die Spartätigkeit auswirken; **to encourage s.** Spartätigkeit fördern; **to pool s.s** Ersparnisse zusammenlegen/ z.werfen; **to spur s.s** Sparverhalten fördern, Spartätigkeit anregen; **to withdraw s.s** Ersparnisse abheben
actual saving(s)   tatsächliche Ersparnis, Spar-Ist nt, Einspareffekt m; **aggregate s.s** volkswirtschaftliche Ersparnisse; **anonymous s.** anonymes Sparen; **bonus-aided s.s (scheme)** Prämiensparen nt; **collective s.** Gemeinschafts-, Kollektivsparen nt; **compulsory/forced s.** Zwangssparen nt, Sparzwang m; **continuous s.** Dauersparen nt; **contractual s.** Vertrags-, Prämiensparen nt, vertraglicher Sparplan; **~ s.s contract** Sparprämienvertrag m; **corporate s.** Ersparnisse der Unternehmen; **current s.s** laufende Ersparnisse/Spartätigkeit; **deferred s.s** Ratensparen nt; **domestic s.** (VWL) heimische/ private Sparleistung; **fluid s.s** noch nicht angelegtes Sparkapital; **fresh s.s** neues Sparkapital; **genuine s.s** echte Ersparnisse; **gross s.s** Bruttoersparnis(bildung) f; **index-linked s.** indexiertes Sparen; **individual s.** Individualsparen nt; **industrial s.** Betriebssparen nt; **intended s.** geplantes Sparen; **joint s.** Gemeinschaftssparen nt; **long-term s.** Dauersparen nt; **marginal s.** Grenzsparen nt; **minimum s.** Mindest(an)sparleistung f; **negative s.** negatives Sparen, Entsparung f; **net s.s** Nettoersparnis f; **operational s.s** betriebliche Einsparungen; **personal s.s** private Spartätigkeit, persönliche/private Sparguthaben, ~ Spareinlagen, ~ Ersparnisse; **planned s.s** ex ante (lat.) vorgesehene Ersparnis
postal savings   1. Postspareinlagen; 2. (Bilanz) Postsparbuch nt; **~ account** Postspar(kassen)konto nt; **~ bonds** [US] Postparkassenschuldverschreibungen; **~ deposit** Postsparguthaben nt, P.kassenguthaben nt
potential saving|s   Einsparmöglichkeiten; **premium-aided s.** Prämiensparen nt; **private s.s** private Ersparnis(bildung), Individualsparen nt, Geldanlagen der privaten Haushalte; **ready s.s** verfügbare Spareinlagen; **secondary s.** Sekundärsparen nt; **securities-linked s.** Wertpapiersparen nt; **slated s.s** geplante Ersparnis; **tax-favoured s.** steuerbegünstigtes Sparen; **total s.s** 1. Gesamtersparnis f; 2. Gesamtsparleistung f, volkswirtschaftliche Ersparnisse, Sparaufkommen nt; **voluntary s.s** freiwillige Ersparnisse
saving prep   außer, mit Ausnahme von
saving|s account   Sparkonto nt; **gross s. and investment a.** Vermögensrechnung f; **tax-exempt special s. a. (TESSA)** [GB] steuerfreies Sparkonto; **s.s a. deposit** Sparguthaben nt; **~ holder** Sparkontoinhaber(in) m/f
savings accumulation   Ersparnisbildung f; **~ rate** Wachstumsrate der Spareinlagen; **s. activity** Spartätigkeit f; **s. association** Sparvereinigung f, Sparkasse f, S.gemeinschaft f, S.verein m
savings bank   Sparkasse f; **s. b.s** Sparkassensektor m, S.organisation f, S.wesen nt; **cooperative s. b.** genossenschaftliche Sparkasse; **municipal s. b.** kommunale/städtische Sparkasse, Stadtsparkasse f; **mutual s. b.** [US] gemeinnützige Sparkasse, Sparkasse auf Gegenseitigkeit
postal savings bank   Postsparkasse f; **~ fund** Postsparkassenvermögen nt; **~ service** Postspar(kassen)dienst m
public savings bank   öffentlich-rechtliche Sparkasse
savings bank account   Sparkassenkonto nt; **~ act** Sparkassengesetz nt; **s. b.s association** Sparkassenverband m; **~ and giro association** Sparkassen- und Giroverband m [D]; **s. b. audit** Sparkassenprüfung f; **s. b. regulatory/supervisory authority** Sparkassenaufsichtsbehörde f; **s. b.'s board of directors** Sparkassenrat m;

s. b. bond Sparkassenobligation *f*; **~ book** Sparkassenbuch *nt*; **~ clerk** Sparkassenangestellte(r) *f/m*; **~ credit** Sparkassenkredit *m*; **~ department** Sparkassenabteilung *f*; **~ deposit** Sparkassenguthaben *nt*; **~ fund** Sparkassenfonds *m*; **~ giro system** Spargiroverkehr *m*; **~ laws/legislation** Sparkassengesetze *pl*; **~ manager** Sparkassenleiter *m*; **~ money** Sparkassengelder *pl*; **~ mortgage (loan)** Sparkassenhypothek *f*; **~ regulation** Sparkassenordnung *f*; **~ securities** sparkassenfähige Wertpapiere; **~ statistics** Sparkassenstatistik *f*
saving|s behaviour Sparverhalten *nt*; **aggregate s.s behaviour** Gesamtsparverhalten *nt*; **s.s bond** 1. Sparbrief *m*, S.zertifikat *nt*; 2. *[US]* festverzinsliche Staatsanleihe, Schatzbrief *m*; 3. Sparschuldverschreibung *f*, kleingestückelte Obligation, Babybond *m*; **federal s.s bond** Bundesschatzbrief *m*; **s.s bonus** Sparprämie *f*, S.bonus *m*, S.zulage *f*; **s.s book** Sparbuch *nt*; **s. business** Sparverkehr *m*, S.geschäft *nt*; **s. capacity** Sparfähigkeit *f*, S.potenzial *nt*
savings capital Sparkapital *nt*; **~ base** Sparkapitalbasis *f*; **~ formation** Sparkapitalbildung *f*
savings certificate 1. Spar(kassen)brief *m*, S.zertifikat *nt*; 2. Postsparschein *m*; 3. Wertpapier für eine Spareinlage; **s. c.s in circulation** Sparbriefumlauf *m*; **index-linked s. c.** indexgebundener Sparbrief; **outstanding s. c.s** Sparbriefumlauf *m*; **s. c. account** Sparbriefkonto *nt*
saving clause Deckungs-, Schutz-, Sperrklausel *f*; **s. club** Sparklub *m*; **s.s contract** Sparvertrag *m*; **s.s department** Sparabteilung *f*
savings deposit Sparkonto *nt*, Spar-, Bankeinlage *f*; **s. d.s** Spargelder, S.(kassen)einlagen, S.guthaben; **~ with building societies** Bausparkasseneinlagen; **~ at notice** Kündigungssparanlagen; **~ at statutory notice** Spareinlagen mit gesetzlicher Kündigungsfrist; **gilt-edged s. d.s** mündelsichere Spareinlagen; **twelve-month s. d.** Jahresspareinlage *f*
savings depositor Spareinleger *m*; **s. deposit rate** Zinssatz für Spareinlagen; **basic ~ rate** Spareckzins *m*; **s.s facility** Sparform *f*; **special-purpose s.s facility** Sondersparform *f*; **s.s formation** Ersparnisbildung *f*; **s.s function** Sparfunktion *f*; **s.s fund** Spareinlage(n) *f/pl*; **s.s gap** Sparlücke *f*; **s.s gift voucher** Spargeschenkgutschein *m*; **s.s habits** Sparverhalten *nt*, S.gewohnheiten; **s.s-income ratio** Sparquote *f*; **s.s inflow** Spareingänge *pl*; **s.s institution** Sparinstitut(ion) *nt/f*; **s.s instrument** Sparform *f*; **s.s investment** Sparbetrag *m*; **contractual s.s investments** Vertragssparen *nt*; **s.s market** Markt für Spareinlagen; **cooperative s.s organization** *[US]* Kreditgenossenschaft *f*; **s.s period** Ansparzeit *f*; **s.s plan** Sparplan *m*, S.vertrag *m*; **s.s potential** Einsparungspotenzial *nt*; **s.s premium** Sparprämie *f*; **s.s promotion** Sparförderung *f*; **~ act** Sparförderungsgesetz *nt*; **s.s propensity** Sparneigung *f*
savings rate 1. Sparquote *f*; 2. Sparzins *m*, Zins auf/für Spareinlagen; **basic s. r.** Spareckzins *m*; **personal s. r.** individuelle Sparquote
saving(s) ratio Sparquote *f*, S.rate *f*; **actual s. r.** Sparintensität *f*; **aggregate/overall s. r.** gesamtwirtschaftliche/volkswirtschaftliche Sparquote; **personal s. r.** private Sparquote
saving regulation Ausnahmeregelung *f*; **s.s scheme** Sparplan *m*, S.programm *nt*; **premium-aided s. scheme** Prämiensparen *nt*; **securities-linked s.s scheme** Wertpapiersparvertrag *m*; **s. shortfall** Mindersparen *nt*; **s. stamp** *[GB]* Sparmarke *f*; **s. target** Sparziel *nt*, S.soll *nt*; **s.s tax** Steuer auf Zinserträge; **s.s threshold** Sparschwelle *f*; **s.s vehicle** Sparform *f*; **s.s volume** Sparaufkommen *nt*; **s.s withdrawals** Spareinlagenabgänge, Abhebungen von Sparkonten; **~ rate** Spareinlagenabhebungsquote *f*
savvy *n* *(coll)* Köpfchen *nt (coll)*, Grips *m (coll)*
saw *n* Säge *f*; **circular s.** Kreissäge *f*; **multi-purpose s.** Mehrzwecksäge *f*
saw *v/t* sägen; **s. off** absägen; **s. up** zersägen
saw|buck *n* *[US]* 10-Dollarnote *f*; **s.dust** *n* Sägemehl *nt*; **s.mill** *n* Sägewerk *nt*; **ex s.mill** ab Sägewerk
say *v/i* sagen; **s. too much** sich die Zunge verbrennen *(fig)*
say (in the matter) *n* Mitsprache(recht) *f/nt*; **to have a s. (in sth.)** mitreden können, ein Wörtchen mitzureden haben
saying *n* Spruch *m*, geflügeltes Wort; **it goes without s.** es versteht sich von selbst, **~ am Rande**, es bedarf keiner weiteren Worte
on so.'s say-so *n* *(coll)* auf jds Geheiß, mit jds Plazet
Say's Law *(VWL)* Gesetz der Absatzwege
scab *n* 1. $ Schorf *m*; 2. *(pej.)* Streikbrecher(in) *m/f*
scabies *n* $ Krätze *f*
scaffold *n* 1. 🏠 (Bau)Gerüst *nt*; 2. Schafott *nt*; *v/t* Gerüst aufstellen, ein-, (be)rüsten; **s.er** *n* Gerüstebauer *m*; **s.ing** *n* 1. Gerüst *nt*, Gestell *nt*; 2. Gerüstbau *m*
scalage *n* Schwundgeld *nt*
scald|(ing) *n* $ Verbrühung *f*; **s.** *v/t* verbrühen
scale *n* 1. Skala *f*, Maßstab *m*, Gradeinteilung *f*, Staffel(ung) *f*, (Verteilungs)Schlüssel *m*; 2. Größenordnung *f*, G.verhältnis *nt*, Umfang *m*, Rahmen *m*, Ausmaß *nt*; 3. Waagschale *f*; 4. *(Fracht)* Tafel *f*; 5. *(Musik)* Tonleiter *f*; **s.s (Personen)Waage** *f*; **on a s.** zu verschiedenen Kurswerten; **~ of** im Umfang; **to s.** maßstabsgerecht
scale of benefits *(Vers.)* Leistungstabelle *f*; **~ business** Geschäftsvolumen *nt*; **~ charges/fees** Gebührentabelle *f*, G.ordnung *f*, G.staffel *f*, G.verzeichnis *nt*, Tarif(tabelle) *m/f*, Taxordnung *f*; **~ classification** Handelsklassenschema *nt*; **~ commission** Provisionsstaffel *f*, Courtagetarif *m*; **~ fines** [§] Bußgeld-, Geldstrafenkatalog *m*; **weight-related ~ freight rates** Gewichtstarif *m*; **~ mail charges** ✉ Postgebührensatz *m*; **~ operation(s)** Betriebsumfang *m*, B.größe *f*, Produktionsniveau *nt*; **efficient/optimum ~ operations** Betriebsoptimum *nt*, optimale Betriebsgröße; **s.s of preference** Präferenzzuordnung *f*; **s. of preferences** Tabelle der Verbrauchergewohnheiten, Rangordnung der Bedürfnisse, Bedürfnisskala *f*; **~ premiums** *(Vers.)* Prämientarif *m*, P.tabelle *f*; **~ production** Produktionsumfang *m*, P.volumen *nt*; **~ profit commission** *(Vers.)* Gewinnanteilstaffel *f*; **~ rates** Tariftabelle *f*, T.staffel *f*; **~ remuneration** Vergütungstabelle *f*; **~ salaries** Gehaltsstaf-

felung *f*, G.ordnung *f*; ~ **tariffs** Tariftabelle *f*; ~ **telephone charges** Telefon-, Fernsprechgebühr(ensatz) *f/m*; ~ **wages** Lohnskala *f*, L.tabelle *f*, L.tarif *m* **above the agreed scale** außer-, übertariflich; **drawn to a s. of 1:10** im Maßstab 1:10 gezeichnet **to buy on a scale** *(Börse)* Teilkäufe machen; **to draw to s.** maßstabgerecht zeichnen; **to tip the s.s** *(fig)* den Ausschlag geben **on a diminishing scale** degressiv; **enlarged s.** vergrößerter Maßstab; **graduated s.** Stufentarif *m*; **incremental s.** Gehaltstabelle mit eingebauten Steigerungsstufen; **joint s.** Verbandstarif *m*; **on a large s.** in großem Umfang/Maßstab/Ausmaß; **to occur ~ large s.** sich häufen/massieren; **~ limited s.** in begrenztem Maß/Umfang; **linear s.** linearer Maßstab; **plain s.** natürlicher Maßstab; **preferential s.** Präferenzskala *f*; **progressive s.** Progression(starif) *f/m*, Tarifprogression *f*; **reduced s.** verkleinerter Maßstab; **reducing s.** sich verringernde Staffel; **sliding s.** 1. gleitende Skala, Staffeltarif *m*, Nachlass-, Rabatt-, Mengenstaffel *f*; 2. Steuerprogression *f*; **on a ~ s.** progressiv; **on a small s.** in geringem Umfang/Maßstab; **triangular s.** Kantenlineal *nt*; **on an unprecedented s.** in nie dagewesenem Ausmaß
scale *v/t* staffeln, skalieren, (in Grade) einteilen; **s. back** reduzieren, zurück-, herunterfahren; **s. down** 1. herab-, heruntersetzen, beschneiden, reduzieren, herunterschrauben, h.drücken; 2. (im Maßstab) verkleinern; 3. *(Schuld)* nachlassen; 4. *(Aktien)* repartieren, rationieren, zuteilen; **s. up** 1. *(Preis)* heraufsetzen, erhöhen, in die Höhe treiben; 2. im Maßstab vergrößern
scale analysis Skalenanalyse *f*, S.technik *f*, Skalierungsverfahren *nt*; **s. benefits** Größenvorteile, Degressionsgewinne; **s. buying** Wertpapierkauf *m* (für baldigen Wiederverkauf); **s. division** Gradeinteilung *f*; **s. drawing** maßstabsgetreue Zeichnung *f*; **s. economies** Größenvorteile, Degressionsgewinne, Skalenerträge; **s. elasticity** Niveau-, Skalenelastizität *f*; **s. factor** Skalenfaktor *m*; **s. fee(s)** Staffelgebühr *f*; **s. gradation** Skaleneinteilung *f*, Tarifstaffelung *f*; **s. line/mark** Teilstrich *m* (einer Skala); **s. model** maßstabsgetreues/verkleinertes Modell; **s. modifier** Präzisionsfaktor *m*; **s. order** *(Börse)* Kaufauftrag zu unterschiedlichen Kursen; **s. rate** Tarifpreis *m*; **s. reading** Skalenablesung *f*; **s. rule** Maßstab *m*; **s. salary** *[US]* Tarifgehalt *nt*; **s. selling** *(Wertpapier)* Weiterverkauf *m*; **s. setting** Skaleneinstellung *f*; **s. span** Skalenmessbereich *m*; **s. ticket** Wiegekarte *f*; **s.-up to commercial production** *m* Umstellung auf Serienfertigung; **s. wage** *[US]* Tariflohn *m*; ~ **increase** Tariflohnerhöhung *f*
scaling of yields *n* Renditestaffelung *f*
scaling down 1. *(Wertpapier)* Zuteilung *f*, Repartierung *f*; 2. Korrektur nach unten; ~ **of buying orders** *(Börse)* Geldrepartierung *f*; ~ **of selling orders** Briefrepartierung *f*; **s. factor** Normierungsfaktor *m*; **s. method** Staffelmethode *f*; **s. up** Korrektur nach oben, Aufstockung(sprozess) *f/m*
scalp *n* 1. Siegestrophäe *f*; 2. *(Börse)* kurzfristiger Gewinn; *v/t (coll)* kleine Gewinne schnell realisieren; **s.er**

n spekulativer Händler; **s.ing** *n* Mitnahme kleinster Gewinne
scam *n* *(coll)* Schwindel *m*, Betrug *m*
scan *v/t* 1. flüchtig lesen/überblicken, überfliegen; 2. abtasten, abfragen; 3. *(Radar)* absuchen; 4. 🖳 einlesen, scannen
scan *n* 1. 🖳 Abtastung *f*; 2. ⚕ Ultraschalluntersuchung *f*; **direct s.** gerichtetes Abtasten; **flying-spot s.** Lichtpunktabtastung *f*
scandal *n* Skandal *m*, öffentliches Ärgernis; **to create a s.** Skandal auslösen/hervorrufen; **to hush up a s.** Skandal vertuschen
scandal|ize *v/t* Anstoß/Skandal erregen, schockieren; **s.monger** *n* Klatsch-, Schandmaul *nt*; **s.ous** *adj* skandalös, unerhört; **s. sheet** Revolverblatt *nt*
scan feature *n* 🖳 Datensuchsteuerung *f*, Lesefunktion *f*
scanner *n* 1. 🖳 Lesegerät *nt*, Scanner *m*, (Bild)Abtaster *m*, Abtastgerät *nt*, Lesestift *m*, L.pistole *f*, Bildzerleger *m*; 2. ⚕ Scanner *m*; **optical s.** optischer Abtaster
scanning *n* Abtasten *nt*, (Bild)Abtastung *f*, Bildzerlegung *f*, Rasterung *f*; **optical s.** optische Abtastung, optisches Abtasten; **photo-electric s.** Fotozellenabtastung *f*; **s. device** Abtastvorrichtung *f*; **s. field** Bildraster *nt*, B.tafel *nt*; **s. line** Bildzeile *f*
scanty *adj* mager, (not)dürftig, spärlich, gering, kärglich, wenig
scapegoat *n* Sündenbock *m*
scar *n* ⚕ Narbe *f*, Schramme *f*; **to leave s.s** Narben hinterlassen; **post-operation s.** Operationsnarbe *f*
scar *v/t* verunstalten
scarce *adj* 1. knapp; 2. rar, selten, spärlich; **to be s.** Mangelware sein; **to make o.s. s.** *(coll)* sich rar machen *(coll)*
scarceness; scarcity *n* Mangel *m*, Knappheit(serscheinung) *f*
scarcity of capital Kapitalmangel *m*; ~ **currency** Devisenmangel *m*, D.knappheit *f*; ~ **funds** Mittelknappheit *f*, Finanzverknappung *f*; ~ **goods** Warenverknappung *f*, W.mangel *m*; ~ **labour** Arbeitskräftemangel *m*; ~ **material(s)** Materialmangel *m*, M.knappheit *f*; ~ **raw materials** Rohstoffmangel *m*, R.knappheit *f*; ~ **money** Geldmangel *m*, G.knappheit *f*, G.verknappung *f*; ~ **securities** Wertpapiermangel *m*; ~ **tonnage** Schiffsraummangel *m*, Mangel an Schiffsraum; ~ **workers** Arbeitskräftemangel *m*
scarcity price Mangelwarenpreis *m*, Knappheitskurs *m*; **s. value** Seltenheitswert *m*
scare *n* Panik *f*, (Er)Schrecken *nt/m*, Hysterie *f*
scare *v/t* erschrecken, verängstigen; **s. away** 1. vertreiben, verjagen, fortscheuchen; 2. abschrecken; **s. off** 1. verscheuchen; 2. *(Kunden)* vergraulen
scare buying Angstkäufe *pl*; **s.crow** *n* Vogelscheuche *f*
scared *adj* verschreckt; **to be s.** sich erschrecken; ~ **stiff** höllische/schreckliche Angst haben, eine Mords-/Heidenangst haben *(coll)*, zu Tode erschrocken sein
scare|head *n* *[US]* Sensationsschlagzeile *f*; **s.monger** *n* Angst-, Panikmacher *m*; **s. mongering** *n* Panikmache(rei) *f*; **s. purchasing** Angstkäufe *pl*; **s. story** Schauergeschichte *f*; **s. tactics** Panikmache(rei) *f*

scary *adj* 1. unheimlich; 2. ängstlich, verängstigt
scatter *n* ▤ Streuung *f*; *v/t* 1. ver-, zerstreuen, verteilen; 2. *(Geld)* verschleudern; **s.brain** *n (coll)* Wirrkopf *m*; **s. coefficient** Streuungskoeffizient *m*; **s. diagram** Streu(punkt)-, Streuungs-, Korrelationsdiagramm *nt*, Streu-, Korrelationsbild *nt*
scattered *adj* verstreut
scattering of random variables *n* Streuung von Zufallsvariablen
scavenge *v/t* 1. ausschlachten, plündern; 2. *(Mülleimer)* durchstöbern; **s.r** *n* 1. Aasfresser *m*; 2. *(fig)* Aasgeier *m (fig)*
scavenging *n* Ausschlachten *nt*
scenario *n* 1. Filmmanuskript *nt*, Drehbuch *nt*; 2. *(fig)* Szenario *nt*, Ausgangslage *f*; **economic s.** Wirtschaftslandschaft *f*; **worst-case s.** größter anzunehmender Unfall (GAU)
scene *n* 1. Szene *f*, Schauplatz *m*, Ort der Handlung; 2. Bühne *f*; **behind the s.s** hinter den Kulissen
scene of the accident Unfallort *m*, U.stelle *f*; ~ **the crime** (Tat)Ort/Schauplatz des Verbrechens; ~ **death** Todesort *m*; ~ **destruction** Bild der Zerstörung; ~ **the disaster** Unglücksstätte *f*; ~ **the event** Schauplatz *m*; ~ **fire** Brandstelle *f*
viewing the scene of the crime [§] Tatortbesichtigung *f*
to appear on/enter the scene auf der Bildfläche erscheinen, auf den Plan treten; **to be on the s.** zur Stelle sein; **to quit the s.** von der Bühne abtreten; **to set the s. for** alles herrichten für
scene painter ⚒ Kulissenmaler *m*
scenery *n* Landschaft *f*
scene shifter ⚒ Kulissenschieber *m*
scenic *adj* landschaftlich
scent *n* 1. Duft *m*, Geruch *m*; 2. Parfüm *nt*; 3. Fährte *f*, Spur *f*; **to be thrown off the s.** von der Fährte abkommen; **to follow a s.** Spur verfolgen; **to throw off the s.** von der Spur abbringen; **hot s.** heiße/frische Spur
scent *v/t* riechen
scep|tical *adj* skeptisch, zweifelnd; **s.ticism** *n* Skepsis *f*, Skeptizismus *m*
schedular *adj* tabellarisch
schedule *n* 1. (Ablauf-/Arbeits-/Fahr-/Produktions-/Stunden-/Reise-/Termin-/Werbe-/Zeit)Plan *m*; 2. Tabelle *f*, Schema *nt*, Verzeichnis *nt*, Liste *f*, Aufstellung *f*, Tafel *f*; 3. Formular *nt*, Formblatt *nt*, Frage-, Erhebungsbogen *m*; 4. tabellarische Anordnung/Aufstellung/Zusammenstellung; 5. *(Gesetz/Vertrag)* Anhang *m*, Anlage *f*; 6. Einkommensteuergruppe *f*; 7. *[US]* Konkursstatus *m*; **according to s.** termingerecht, planmäßig; **ahead of s.** vorzeitig, vor der vereinbarten Zeit, früher als vereinbart, schneller als geplant, vor Fälligkeit; **behind s.** verspätet, im Rückstand, mit Verspätung; **on s.** pünktlich, wie geplant, fahrplanmäßig, plangerecht, p.mäßig, termingemäß, t.gerecht
(systematic) schedule of accounts Kontenrahmen *m*; **s. of accounts payable** *[US]* Kreditorenverzeichnis *nt*; ~ **arrears** Rückstandsliste *f*; ~ **assets and liabilities** Verzeichnis der Aktiva und Passiva; ~ **a bankrupt's debts** *[US]* Konkursabwicklungsbilanz *f*, K.tabelle *f*, Gläubigerliste *f*; ~ **a bankrupt's estate** *(Konkurs)* Forderungsverzeichnis *nt*; ~ **charges** Gebührentabelle *f*, G.tarif *m*, G.ordnung *f*; ~ **commission charges** Gebührenordnung *f*, Courtagetarif *m*; ~ **concessions** ⊖ Zollzugeständnisliste *f*; ~ **creditors** Gläubigerliste *f*, G.verzeichnis *nt*; ~ **due dates** Fälligkeitsplan *m*; ~ **debts** Schuldenverzeichnis *nt*; **s. for regular deposits** *(Bausparkasse)* Regelspartarif *m*; **s. of expenses** Ausgabenverzeichnis *nt*; ~ **fees** Gebührentarif *m*, G.ordnung *f*; ~ **liabilities** Liste der Verbindlichkeiten; ~ **penalties** Bußgeldkatalog *m*; ~ **prices** Preisliste *f*; ~ **product groups** Warengruppenverzeichnis *nt*; ~ **property** Vermögensaufstellung *f*; ~ **quantities** Mengenübersicht *f*, Massenverzeichnis *nt*; ~ **rates** Tarifliste *f*; ~ **receivables** Verzeichnis der Debitoren; ~ **responsibilities** Geschäftsverteilungsplan *m*; ~**trade fairs** Messekalender *m*; ~ **trains** *[US]* 🚆 (Eisen)Bahnfahrplan *m*
to arrive on schedule planmäßig ankommen; **to be behind s.** 1. sich verspäten, Verspätung haben; 2. hinter dem Plan zurück sein; **to fall behind s.** hinter einem Plan zurückbleiben; **to maintain a s.** (Fahr)Plan einhalten; **to operate on s.** planmäßig arbeiten; **to run on s.** fahrplanmäßig verkehren
analytic schedule *(Vers.)* Risikoermittlungssystem *nt*; **daily s.** Tagesprogramm *nt*; **fixed s.** fester/starrer Plan, feste Arbeitszeit; **flexible s.** Gleitzeit *f*, gleitende Arbeitszeit; **full s.** voller Terminkalender/T.plan; **graded-distance s.** Entfernungsstaffel *f*; **tight s.** knapp bemessener Zeitplan
schedule *v/t* 1. (terminlich) festlegen, (ein)planen, terminieren, vorsehen, in Aussicht nehmen, (zeitlich) ansetzen; 2. tabellarisch zusammenstellen; 3. *[US] (Liste)* aufführen
schedule chart 1. Kontrollkarte *f*; 2. Terminplanungsbogen *m*
scheduled *adj* 1. regulär, (fahr)planmäßig; 2. termingebunden, festgelegt, geplant; **s. for** vorgesehen/geplant für; **not s.** nicht eingeplant; **s. to run for ... weeks** auf ... Wochen angelegt
schedule form *(Feuervers.)* Kompensationsklausel *f*; **s. policy** Generalpolice *f*; **s. rate** Tarifprämie *f*; **s. rating** Prämienfestsetzung nach Schadensverlauf
scheduling *n* 1. Ablauf-, Prozessplanung *f*; 2. Disposition *f*, Transportsteuerung *f*; **forward s.** Vorwärtsterminierung *f*; **overlapping s.** Ablaufplanung mit überlappenden Phasen; **sequential s.** Folgeverarbeitung *f*; **straight-line s.** Ablaufdiagramm *nt*
schematic(al) *adj* schematisch
scheme *n* 1. Vorhaben *nt*, Plan *m*, Projekt *nt*, Programm *nt*; 2. Entwurf *m*, Aufstellung *f*; 3. Tabelle *f*, Schema *nt*, Übersicht *f*; 4. System *nt*; 5. Einrichtung *f*
scheme of accounts Kontenrahmen *m*; **standard ~ accounts** Normalkontenplan *m*; **uniform ~ accounts** Einheitskontenrahmen *m*; **s. of apportionment** Teilungsplan *m*; ~ **arrangement/composition** (Gläubiger)Vergleich *m*, Vergleichsvorschlag *m*, V.regelung *f*; ~ **distribution** Verteilungsplan *m*; ~ **finance** Finanzierungsverfahren *nt*; ~ **inheritance** *(Nachlass)* Teilungsplan *m*; ~ **manufacturing quotas** Produktionsquoten-

regelung *f*; **s. for the promotion of new company formation** Existenzgründungsprogramm *nt*; **s. of work** Arbeitsprogramm *nt*
to abandon a scheme Plan fallen lassen; **to devise a s.** Plan/Verfahren ersinnen; **to implement a s.** Projekt/Plan durchführen, Vorhaben verwirklichen; **to operate a s.** Plan/Maßnahme durchführen, System betreiben; **to outline a s.** Plan skizzieren; **to promote a s.** Plan unterstützen; **to push a s.** Projekt vorantreiben; **to step up a s.** Plan beschleunigen
comprehensive scheme umfassender Plan; **contractual s.** vertragliche Regelung; **death-in-service s.** Lebensversicherung für Arbeitsunfälle; **diluted s.** verwässerter Plan; **elaborate s.** ausgeklügelter Plan; **environmental s.** Umweltprojekt *nt*; **flat-rate s.** Pauschalierungsgrundsatz *m*; **full-time s.** *(Ausbildung)* Vollzeitmaßnahme *f*; **fund-raising/money-raising s.** Geldbeschaffungsmaßnahme *f*; **graduated s.** Stufenplan *m*; **hare-brained** *(coll)*/**ill-conceived s.** unüberlegter/verrückter Plan; **incremental s.** Zuwachsmodell *nt*; **set-aside s.** *(EU)* ⚡ Flächenstillegungsprogramm *nt*; **special s.** Sonderaktion *f*; **statutory s.** gesetzliche Versicherung; **unsound s.** unsolides Projekt; **tax-saving s.** Steuersparmodell *nt*
scheme *v/i* Ränke schmieden, intrigieren; **s.r** *n* Intrigant(in) *m/f*, Ränkeschmied *m*
scheming *n* Machenschaften *pl*, Schliche *pl*, Tricks *pl*; *adj* berechnend, raffiniert
scholar *n* (Fach)Gelehrte(r) *f/m*, (Geistes)Wissenschaftler(in) *m/f*; **s. in the field of law; legal s.** Rechtsgelehrter *m*; **s.liness** *n* Gelehrsamkeit *f*; **s.ly** *adj* 1. gelehrt; 2. (geistes)wissenschaftlich
scholarship *n* 1. Gelehrsamkeit *f*; 2. Stipendium *nt*, Freiplatz *m*, Studienstiftung *f*, S.beihilfe *f*; **to found a s.** Stipendium stiften; **to win a s.** Stipendium erhalten; **educational s.** Ausbildungsstipendium *nt*; **s. boy/holder** Stipendiat *nt*; **s. examination** Stipendiumsprüfung *f*
school *n* 1. Schule *f*; 2. Fakultät *f*, Fachbereich *m*; **s. of business studies** betriebswirtschaftliche Fakultät, Fakultät für Betriebswirtschaft; ~ **economics** Wirtschaftshochschule *f*, W.fakultät *f*, volkswirtschaftliche/wirtschaftswissenschaftliche Fakultät; ~ **forestry** Forstakademie *f*; ~ **law** juristische/rechtswissenschaftliche Fakultät, Fakultät für Rechtswissenschaften; ~ **medicine** medizinische Fakultät, Fakultät für Medizin; ~ **motoring** Fahrschule *f*; ~ **thinking/thought** (Lehr-)Meinung *f*, Geistes-, Denkrichtung *f*; ~ **economic thought** wirtschaftliche Lehrmeinung
to attend/go to school Schule besuchen, zur ~ gehen, die Schulbank drücken; **to belong to the old s.** *(coll)* zur alten Garde gehören *(coll)*; **to expel from s.** von der Schule verweisen; **to leave s.** von der Schule abgehen; **to send to s.** einschulen
all-day school Ganztagsschule *f*; **collegiate s.***[US]* höhere Schule; **commercial s.** Handelsschule *f*; **composite** *[CAN]*/**comprehensive** *[GB]* **s.** Gesamtschule *f*; **denominational s.** Bekenntnis-, Konfessionsschule *f*; **elementary s.** Grund-, Volksschule *f*; **endowed s.** Stiftsschule *f*; **high s.** Ober-, Realschule *f*, Gymnasium

nt, höhere Lehranstalt; **junior ~ s.** *[US]* Hauptschule *f*; **independent/private s.** Privatschule *f*, private Schule; **industrial s.** *[GB]* Gewerbeschule *f*; **interdenominational/non-denominational s.** Gemeinschaftsschule *f*; **junior s.** *[GB]* Grundschule *f*; **maintained s.** Ersatzschule *f*, staatlich subventionierte Schule; **medical s.** medizinische Fakultät; **nautical s.** Navigations-, Seefahrtsschule *f*; **prep(aratory) s.** *[GB]* (private) Vorschule *f*; **primary s.** Elementar-, Grundschule *f*; ~ **pupil** Grund-, Volksschüler *m*; ~ **teacher** Grund-, Volksschullehrer(in) *m/f*; **private s.** Privatschule *f*, private Schule; **professional s.** *[US]* Fachhochschule (FHS) *f*; **public s.** 1. *[GB]* Privatschule *f*; 2. *[US]* staatliche/öffentliche Schule; **remedial s.** Sonderschule *f*; **secondary s.** höhere Lernanstalt/Schule, weiterführende Schule; ~ **modern s.** *[GB]* Hauptschule *f*; **special s.** Sonder-, Hilfsschule *f*; **technical s.** Gewerbe-, Berufsfachschule *f*, technische Fachschule; **vocational s.** Fach-, Berufsschule *f*, berufsbildende Schule
school *v/t* ausbilden, schulen
school administration Schulverwaltung *f*
school age schulpflichtiges Alter, Schulreife *f*; **compulsory s. a.** Pflichtschulalter *nt*; **s. a. population** Bevölkerung im schulpflichtigen Alter
school attendance Schulbesuch *m*; **compulsory s. attendance** Schulpflicht *f*; **s. bag** Schultasche *f*; **s. board** *[US]* Schulbehörde *f*, S.amt *nt*, S.aufsichtsrat *m*; **s. book** Lehr-, Schulbuch *nt*; **s.boy** *n* Schüler *m*; ~ **prank** Dummerjungenstreich *m*; **s. building** Schulgebäude *nt*; **s. bus** Schulbus *m*; **s. career** schulischer Werdegang, Bildungsgang *m*; **s. certificate** Schulzeugnis *nt*; **s. day** Schultag *m*; **s. district** Schulbezirk *m*; **s. dinner(s)** Schulspeisung *f*; **s. education** Schulausbildung *f*; **free s. education** Schulgeldfreiheit *f*; **s. exchange** Schüleraustausch *m*; **s. excursion** Schulausflug *m*; **s. fee(s)** Schulgeld *nt*; **s. fare(s)** Schülerfahrkosten *pl*; **s.girl** *n* Schulmädchen *nt*, Schülerin *f*; **s. holidays** Schulferien
schooling *n* (schulische) Ausbildung, Schulwesen *nt*; **compulsory s.** Schulpflicht *f*
school inspection (department); s. inspectorate Schulaufsicht(sbehörde) *f*; **s. inspector** Schulinspektor *m*, S.rat *m*; **s. leaver** Schulabgänger *m*, S.entlassener *m*, Absolvent *m*; **s.-leaving** *n* Schulabgang *m*; ~ **certificate** Abgangs-, Entlassungszeugnis *nt*; **s.master** *n* (Schul)Lehrer *m*, S.meister *m*, S.leiter *m*; **s.mate** *n* Schulfreund(in) *m/f*; **s. meals** Schulspeisung *f*; **s. milk** Schulmilch *f*; **s.mistress** *n* (Schul)Lehrerin *f*, S.leiterin *f*, S.vorsteherin *f*, Direktorin *f*; **s. performance** schulische Leistung; **s. regulations/rules** Schulordnung *f*; **s. report** Schulzeugnis *nt*; **s. requirements** Schulbedarf *m*; **s. run** *[GB]* Elternfahrgemeinschaft *f*; **s. savings bank** Schulsparkasse *f*; **s. session** Schuljahr *nt*; **s. system** Schulwesen *nt*; **s. tax** Schulsteuer *f*; **s.teacher** *n* (Schul)Lehrer(in) *m/f*; **s. teaching** Schulunterricht *m*; **s. time** Schulzeit *f*; **s. trip** Schulausflug *m*; **s. vacation** *[US]* Schulferien *pl*; **s. yard** Schulhof *m*; **s. year** Schuljahr *nt*
sciatica *n* ⚡ Ischias *m*

science *n* (Fach-/Natur)Wissenschaft *f*
science of business/industrial administration Betriebswirtschaft(slehre) (BWL) *f*; **~ advertising** Werbewissenschaft *f*; **~ banking** Bankwissenschaft *f*; **~ finance** Finanzwirtschaft(slehre) *f*; **~ government** Staatswissenschaft *f*; **~ law** Rechtswissenschaft *f*; **~ management and administration** Verwaltungslehre *f*; **~ transport management** Transportbetriebslehre *f*
actuarial science Versicherungsmathematik *f*; **administrative s.** Verwaltungswissenschaft *f*; **agricultural s.** Agrarwissenschaft *f*, Landwirtschaftslehre *f*; **atomic s.** Atomwissenschaft *f*; **behavio(u)ral s.** Verhaltensforschung *f*, V.wissenschaft *f*; **biological s.** Biowissenschaften; **commercial s.** Handelswissenschaft *f*, H.lehre *f*; **domestic s.** Hauswirtschaft(slehre) *f*; **~ college** Hauswirtschafts-, Haushaltungs-, Frauenfachschule *f*; **educational s.** Erziehungswissenschaft *f*, Pädagogik *f*; **empirical/factual s.** empirische Wissenschaft, Real-, Erfahrungswissenschaft *f*, Empirie *f*; **forensic s.** Gerichtsmedizin *f*; **formal s.** Formalwissenschaft *f*, instrumentale Wissenschaft; **industrial s.** 1. Industriebetriebslehre *f*; 2. Arbeitswissenschaft *f*; **medical s.** Medizin *f*, Heilkunde *f*, medizinische Wissenschaft; **natural s.** Naturwissenschaft *f*; **nautical s.** Nautik *f*; **nuclear s.** Atomwissenschaft *f*; **nutritional s.** Ernährungskunde *f*, E.wissenschaft *f*, Ökotrophologie *f*; **occupational s.** Arbeitswissenschaft *f*; **physical s.** Naturwissenschaft *f*; **political s.** Politologie *f*, Politik-, Staatswissenschaft *f*, S.lehre *f*; **social s.** Sozialwissenschaft *f*, Soziologie *f*; **subsidiary s.** Hilfswissenschaft *f*; **veterinary s.** Tierheilkunde *f*
science council Forschungs-, Wissenschaftsrat *m*; **s. faculty** naturwissenschaftliche Fakultät; **s. journalist** Wissenschaftsjournalist *m*; **s. park** Technologiepark *m*, T.zentrum *nt*
scienter *adv (lat.)* [§] wissentlich; **s. rule** Behauptung, dass etw. wissentlich getan wurde
scientific *adj* (natur)wissenschaftlich; **S. and Engineering Committee** *(EU)* Ausschuss für Wissenschaft und Technik
scientist *n* (Natur)Wissenschaftler(in) *m/f*; **forensic s.** Gerichtsmediziner *m*; **natural s.** Naturwissenschaftler(in) *m/f*; **nuclear s.** Atom-, Kernforscher *m*; **political s.** Staatswissenschaftler(in) *m/f*, Politologe *m*, Politologin *f*, Politikwissenschaftler(in) *m/f*; **social s.** Sozialwissenschaftler(in) *m/f*, S.forscher(in) *m/f*, Soziologe *m*, Soziologin *f*
scire facias *n (lat.)* [§] gerichtliche Anweisung, eine öffentliche Urkunde anzuerkennen oder Gegengründe anzugeben
scissor|s *pl* Schere *f*; **s. movement** Scherenbewegung *f*
sclerosis *n* ✚ Sklerose *f*; **multiple s.** multiple Sklerose
scoff *v/i* spötteln, sich abschätzig äußern; **not to be s.ed at** *(coll)* nicht zu verachten (sein) *(coll)*
scoliosis *n* ✚ Rückgratverkrümmung *f*, Skoliose *f*
scoop *n* 1. Kelle *f*, Schaufel *f*; 2. *(Presse)* Exklusivmeldung *f*, Knüller *m (coll)*; **to make a s.** einen Coup *(frz.)* landen, ~ guten Fang machen
scoop *v/t* schaufeln; **s. in** 1. *(Gewinn)* einheimsen, einstecken; 2. *(Geld)* scheffeln

scooter *n* 🚗 (Motor)Roller *m*
scope *n* 1. (Handlungs-/Entscheidungs)Spielraum *m*, Rahmen *m*, Bewegungsfreiheit *f*, Betätigungsfeld *nt*, Möglichkeiten *pl*; 2. Ausmaß *nt*, Umfang *m*; 3. Aufgabenkreis *m*, A.gebiet *nt*; 4. (Geltungs)Bereich *m*, Reich-, Tragweite *f*, Anwendungs-, Gültigkeits-, Kompetenz-, Sach-, Zuständigkeitsbereich *m*; 5. *(Pat.)* Schutzbereich *m*; **beyond the s.** außerhalb des Rahmens; **within the s. of** im Rahmen von; **~ her/his s.** innerhalb ihrer/seiner Möglichkeit
scope for abuse Missbrauchsmöglichkeit *f*; **s. of action** Wirkungsbereich *m*; **s. of economic activity** wirtschaftliche Bewegungsfreiheit; **s. for advancement** Aufstiegschancen *pl*; **s. of the agreement** Vertragsrahmen *m*; **~ application** Anwendungs-, Geltungsbereich *m*; **~ audit** Prüfungsumfang *m*, Umfang der Revision; **~ authority** Vollmachtsumfang *m*, Ermächtigungsrahmen *m*, Zuständigkeit *f*, Umfang der Vertretungsmacht; **within the ~ one's authority** im Rahmen seiner Vollmacht/Vertretungsmacht; **~ an agent's authority** Umfang der Vertretungsvollmacht; **~ business** Geschäftsbereich *m*, G.rahmen *m*; **~ consolidation** Konsolidierungs-, Organkreis *m*; **~ a contract** Vertragsumfang *m*, vertragliche Rahmenbedingungen; **obligatory ~ a contract** obligatorischer Charakter eines Vertrages; **~ demand** Nachfragespielraum *nt*; **~ discretion** Ermessensbereich *m*, E.umfang *m*, E.spielraum *m*; **s. for distribution** Verteilungsspielraum *m*; **s. of duties** Aufgabenbereich *m*; **~ (available/required) finance** finanzieller Rahmen; **s. for internal financing** Selbstfinanzierungsspielraum *m*; **~ growth** Wachstumsspielraum *m*; **s. of (the) guarantee** Garantierahmen *m*, G.umfang *m*; **s. for improvement** Raum für Verbesserung; **~ income distribution** Verteilungsspielraum *m*; **s. of inspection** Abnahmeumfang *m*; **~ interest rates** zinspolitischer Spielraum; **~ interpretation** Auslegungsspielraum *m*; **~ a law** Rahmen/Anwendungsbereich eines Gesetzes; **~ licence** Umfang der Nutzungsrechte; **s. for lombard borrowing; ~ raising the lombard rate** Lombardspielraum *m*; **~ manoeuvre** Manövrier-, Spielraum *m*; **s. of operation** Geschäftskreis *m*; **~ a patent** Patentumfang *m*; **~ a policy** Versicherungsumfang *m*; **~ powers; ~ power of attorney** Vollmachtsbereich *m*; **s. for price increases** Preis(er-höhungs)spielraum *m*; **~ passing on price increases** Preisüberwälzungsspielraum *m*; **~ pricing** Preisgestaltungsspielraum *m*; **s. of production** Produktionsspielraum *m*; **~ protection** Schutzumfang *m*; **~ risk** Risikoumfang *m*; **~ services** Leistungsumfang *m*; **~ supplies** Lieferumfang *m*
to come within the scope of sth. unter etw. fallen, innerhalb des Aufgabenkreises liegen; **~ a contract** unter einen Vertrag fallen; **~ a law** unter ein Gesetz fallen; **to extend the s. of one's activities** sein Tätigkeitsfeld ausdehnen; **~ liability** Haftung erweitern; **to fall within the s. of one's work** im Rahmen seiner Arbeit liegen; **to offer no s.** *(Beruf)* keine Aussichten bieten
ample scope großer Spielraum, große Bewegungsfreiheit; **to allow so. ~ s.** jdn an der langen Leine laufen las-

sen *(fig)*, jdm großen Spielraum lassen; **budgetary s.** Haushalts-, Etatspielraum *m*; **economic s.** wirtschaftspolitischer Handlungsspielraum; **entrepreneurial s.** unternehmerische Möglichkeiten; **financial s.** finanzpolitischer/finanzieller Spielraum; **free s.** Handlungsfreiheit *f*; **to have ~ s.** freie Hand haben; **little s.** wenig Spielraum; **personal s.** persönlicher Geltungsbereich
scorch *v/t* versengen, verbrennen; **s.ing** *adj (Sonne)* stechend
score *n* 1. Rechnung *f*, Zeche *f*; 2. *(obs.)* Satz *m* (20 Stück); 3. *(Sport)* Punktzahl *f*, Spielstand *m*; 4. *(Musik)* Partitur *f*; **s.s of** eine Menge/große Zahl/Vielzahl von; **to run up a s.** Rechnung anwachsen lassen, Schulden machen; **to settle a s.** für etw. heimzahlen; **~ an old s.** alte Rechnung begleichen *(fig)*; **half-time s.** 1. *(Sport)* Halbzeitstand *m*; 2. *(fig)* Halbzeitbilanz *f*; **three s.** *(Menge)* Schock *m* (60 Stück)
score *v/t* 1. Punkte erzielen; 2. Pluspunkte sammeln; 3. verzeichnen; **s. off** ausstreichen; **s. out** durchstreichen; **s. under** unterstreichen; **s. up** anschreiben, anrechnen
score|board *n (Sport)* Anzeigetafel *f*; **s. card** Zählkarte *f*; **s. keeper** Punktezähler *m*; **s. sheet** Protokoll *nt*
scoring manual *n* Schlüsselverzeichnis *nt*; **s. process** Bewertungsprozess *m*; **s. sheet** Auswertungsformular *nt*; **s. technique** Punktbewertungsverfahren *nt*
to pay scot and lot *n* *(coll)* auf Heller und Pfennig bezahlen *(coll)*
scotch *v/t* unterbinden, einen Riegel vorschieben *(fig)*, aus der Welt schaffen
Scotch (tape) TM *n* *[US]* Zellophanklebestreifen *m*, Klebeband *nt*, TM Tesafilm *m*
scot-free *adj* ungeschoren, straffrei; **to get off s.** (straf)frei ausgehen
scoundrel *n* Schuft *m*, Schurke *m*, Lump *m (coll)*
scour *v/t* 1. scheuern; 2. *(fig)* abgrasen, durchkämmen
scourge *n* Geißel *f*; *v/t* geißeln
scout *n* 1. Kundschafter *m*, Pfadfinder *m*; 2. Erkundung *f*, Aufklärung *f*; *v/t* erkunden, auskundschaften; **s. about/around** sich umsehen
scramble *n* 1. Gedrängel *nt*, Drängeln *nt*; 2. heftige Nachfrage; 3. Wettrennen *nt*; **s. for wealth** Jagd nach Reichtum
scramble *v/t* verschlüsseln, chiffrieren; **s. for sth.** sich um etw. reißen
scrambler *n* Verschlüsselungsmaschine *f*, Chiffriergerät *nt*
scrap *n* 1. Schrott *m*; 2. Abfall *m*, A.stoffe *pl* 1. A.material *nt*, Ausschuss *m*, Materialabfall *m* Altmaterial *nt*; 3. (Papier)Fetzen *m*; 4. Balgerei *f*, Prügelei *f*; **s. of paper** Stück/Fetzen Papier; **s.s of paper** Papierschnitzel; **s. and waste** Schrott und Abfall
scrap *v/t* 1. verschrotten, abschaffen, ausmustern, ausrangieren; 2. ⚓ abwracken; 3. *(fig)* über Bord/auf den Schrotthaufen/zum alten Eisen werfen, abschaffen
scrap book Sammelalbum *nt*; **s. car** Alt-, Schrottauto *nt*; **s. company** Schrottfirma *f*; **s. cutting bonus** Abfallverminderungsprämie *f*; **s. dealer** Schrott-, Altwaren-, Altmaterialhändler *m*
scrape *n* *(coll)* Schwulitäten *pl (coll)*, Schlamassel *m (coll)*; **to get into a s.** in eine Klemme/in Not geraten

scrape *v/i* kratzen; **s. along/by** *(coll)* sich kümmerlich/mühsam durchschlagen, sich durchwursteln; **s. home/through** es gerade noch schaffen, knappen (Wahl)Sieg erzielen/erringen; **s. together** zusammenraffen, z.kratzen; **s. up** (Geld) zusammenkratzen, auftreiben
scrap heap Abfall-, Schrotthaufen *m*; **ready for the s. h.** schrottreif; **to be on the s. h.** *(fig)* zum alten Eisen gehören *(fig)*
scrapings *pl* 1. (Schäl)Abfälle, (Essens)Reste; 2. ✪ Späne
scrap iron Alteisen *nt*, Schrott *m*; **s. merchant** Schrotthändler *m*, Verschrotter *m*
scrap metal Schrott *m*, Altmetall *nt*, Metallabfall *m*; **~ market** Schrottmarkt *m*; **~ processor** Schrottverarbeiter *m*
scrappage *n* *[US]* ⚙ Ausschuss; **s. rate** Verschrottungsrate *f*
scrapping *n* 1. Verschrottung *f*; 2. ⚙ Ausmusterung *f*; **s. of equipment** Ausmusterung von Anlagen; **s. premium** ⚓ Abwrackprämie *f*
scrap press Schrottpresse *f*; **s. price** Schrottpreis *m*; **s. processing** Schrottverarbeitung *f*; **s. rate** Ausschussanteil *m*; **s. report** Ausschussmeldung *f*; **s. sales** Schrottverkäufe; **s. ticket** Schrottzettel *m*; **s. trade** Schrotthandel *m*; **s. value** Rest-, Schrott-, Abnutzungs-, Restnutzungs-, Veräußerungs-, Altmaterialwert *m*; **s. yard** Schrottplatz *m*
scratch *n* 1. Kratzer *m*, Schramme *f*; 2. ⚕ Kratzwunde *f*; **from s.** *(coll)* von vorn, von der Pike auf *(coll)*; **to start ~ s.** klein/ganz von vorn/mit nichts/vom Nullpunkt/neu anfangen; **up to s.** *(coll)* auf der Höhe, den Anforderungen entsprechend; **to come ~ s.** den Anforderungen/Erwartungen entsprechen
scratch *v/t* (zer)kratzen, schrammen; **s. together/up** zusammenkratzen
scratch area Arbeitsbereich *m*; **s. card** *(Lotterie)* Rubbelkarte *f*; **s. file** 🖳 ungeschützte Datei; **s. pad** Notiz-, Schmierblock *m*; **s. paper** *[US]* Notiz-, Schmierpapier *nt*; **s. tape** Arbeitsband *nt*; **s. test** ⚕ Kutanreaktionstest *m*
scrawl *n* Krakelei *f*, Gekritzel *nt*; *v/t* schmieren, kritzeln; **s.ing** *n* Schmiererei *f*, Kritzelei *f*
scream *n* Schrei *m*; *v/ti* schreien; **s.ing** *n* Gekreische *nt*
scree *n* Geröll *nt*
screech *v/i* quietschen
screed *n* 🏛 Estrich *m*
screen *n* 1. (Bild)Schirm *m*; 2. (Film-/Projektions)Leinwand *f*; 3. Sichtblende *f*, Trennwand *f*; 4. Sieb *nt*; 5. Raster *nt*; **contact-sensitive s.** Kontaktbildschirm *m*; **flat s.** Flachbildschirm *m*; **fluorescent s.** Leuchtschirm *m*; **protective s.** Schutzschild *m*; **wide s.** Breitleinwand *f*
screen *v/t* 1. abschirmen, verbergen, verstecken; 2. *(Personen)* überprüfen, (durch)sieben, einer Auswahlprüfung unterziehen; 3. im Fernsehen zeigen/bringen/senden/ausstrahlen; 4. *(Film)* vorführen; 5. verfilmen; **s. off** abtrennen; **s. so.** jdn durchleuchten
screen adaptation Filmbearbeitung *f*; **s. advertising** Film- und Fernsehwerbung *f*; **s. cursor** 🖳 Positionsanzeiger *m*

screening *n* 1. Abschirmung *f*; 2. Prüfung *f*, Siebung *f*; 3. *(Film)* Vorführung *f*, Projektion *f*; 4. Verfilmung *f*; 5. *(Fernsehen)* Ausstrahlung *f*; 6. ▦ Sortierprüfung *f*; 7. ⚕ Vorsorgeuntersuchung *f*; **automatic s. device** automatisches Prüfgerät; **s. process** Auslese-, Prüfverfahren *nt*; **s. test** Auswahlverfahren *nt*, Eignungstest *m*
screen pattern Schirmraster *nt*; **s. play** *(Drama)* 1. Fernsehspiel *nt*, F.stück *nt*, 2. Drehbuch *nt*; **s. print** 🖨 Siebdruck *m*; **s. printing** Siebdruck(verfahren) *m*/*nt*; **s. rights** Verfilmungs-, Filmrechte; **s. saver** Bildschirmschoner *m*; **s. test** Probeaufnahmen *pl*; **s. writer** Fernseh-, Filmautor *m*; **s.wash (additive)** *n* 🔄 Klarsichtmittel *nt*
screw *n* 1. Schraube *f*; 2. ⚓ Schiffsschraube *f*; **to earn a good s.** *[GB] (coll)* eine schöne Stange Geld verdienen; **to have a s. loose** *(coll)* eine Schraube locker haben *(coll)*; **to loosen a s.** Schraube lösen; **to put the s.s on so.** *(fig)* jdn in die Zange nehmen *(fig)*; **to tighten a s.** Schraube anziehen; **~ the monetary s.** Geldschraube anziehen; **to turn on the s.** *(fig)* den Druck verstärken
screw *v/t* schrauben; **s. in** einschrauben; **s. off** abschrauben; **s. on** anschrauben; **s. up** 1. festschrauben; 2. *(coll)* vermasseln *(coll)*
screwball *n* *[US] (coll)* Spinner *m (coll)*
screwdriver *n* Schraubenzieher *m*, S.dreher *m*; **s. job** Montage-, Fließbandarbeitsplatz *m*; **s. operation** reiner Montagebetrieb
screw top Schraubverschluss *m*; **s.-up** *n (coll)* Chaos *nt*
scribble *n* 1. Gekritzel *nt*, Kritzelei *f*; 2. erster Rohentwurf, Ideenskizze *f*; *v/t* schmieren, kritzeln
scribbling block/pad Notiz-, Schmierblock *m*; **s. diary** Vormerkkalender *m*, Merkbuch *nt*; **s. paper** Konzept-, Schmier-, Notizpapier *nt*
scrimp *v/i* knausern *(coll)*, sparen; **s. and scrape** jeden Pfennig zusammenkratzen; **s.iness** *n* übertriebene Sparsamkeit, Knauserei *f (fig)*
scrip *n* Bezugs-, Berichtigungs-, Interims(anleihe)-, Zwischenschein *m*; **s. payable to bearer** Inhaberzwischenschein *m*; **provisional s.** Interimsschein *m*, I.aktie *f*; **registered s.** auf den Namen lautender Interimsschein
scrip bonus Gratisaktie *f*; **s. certificate** 1. *[GB]* Interimsschein *m*; 2. *[US]* Anteilsschein *m*, vorläufiges Aktienzertifikat, Aktienpromesse *f*; **s. company** *[US]* Kommanditgesellschaft auf Aktien (KGaA); **s. dividend** Bezugsrechts-, Stockdividende *f*, Anrechtsschein auf eine Dividende, Dividende in Form von Aktien; **s. holder** Zwischen-, Interimsscheininhaber *m*; **s. issue** 1. Emission/Ausgabe von Gratis-/Berichtigungsaktien, ~ Bezugsaktien, Kapitalerhöhung aus Gesellschaftsmitteln; 2. Kapitalberichtigungs-, Aufstockungsaktie *f*; **~ ratio** Berichtigungsverhältnis *nt*; **s. money** *[US]* Schwundgeld *nt*
script *n* 1. Handschrift *f*, Schriftart *f*; 2. Skriptum *nt*; 3. Dreh-, Text-, Rollenbuch *nt*; 4. (Radio)Werbetext *m*; 5. Examensarbeit *f*; **original s.** Urschrift *f*
script *v/t* texten; **s.writer** *n* 1. (Werbe)Texter *m*, Script-Writer *m*, Textschreiber *m*; 2. Drehbuch-, Filmautor *m*
scrivener *n* 1. *(obs.)* Schreiber *m*; 2. Notar *m*; 3. Geldmakler *m*

scroll *n* 1. Schriftrolle *f*; 2. 🖱 Rollen *nt*; *v/t* rollen
scrounge *v/ti (coll)* schnorren *(coll)*, abstauben *(coll)*, schmarotzen *(coll)*, auf anderer Leute Kosten leben; **s.r** *n* 1. Schnorrer *m (coll)*, Schmarotzer *m (coll)*, Nassauer *m (coll)*; 2. Sozialhilfe-, Unterstützungsschwindler *m*
scrub *n* Gebüsch *nt*; **s.-clearing machine** *n* Rodemaschine *f*
scrub *v/t* schrubben, putzen; **s.woman** *n [US]* Putzfrau *f*
to seize so. by the scruff of the neck *n (coll)* jdm beim Schlawittchen/Schopf packen *(coll)*
scruffy *adj* verwahrlost, vergammelt
scruple *n* Skrupel *m*, Hemmung *f*
scrupulous *adj* gewissenhaft-, peinlich genau
scrutineer *n* (Wahlstimmen)Prüfer *m*, Stimmen(aus)zähler *m*
scrutinize *v/t* genau (über)prüfen, untersuchen, gründlich prüfen, unter die Lupe nehmen
scrutinizing of responses *n* Prüfung der Antworten
scrutiny *n* 1. eingehende/gründliche/sorgfältige/genaue Musterung, ~ Untersuchung, ~ Prüfung, (Über)Prüfung *f*; 2. Wahl(stimmen)prüfung *f*; **to come under s.** einer Prüfung unterzogen werden, unter die Lupe genommen werden
scuffed *adj (Leder)* abgenutzt, abgewetzt
scuffle *n* Handgemenge *nt*, Rauferei *f*
scullery *n* Abwasch-, Spülküche *f*
scum *n (pej.)* Abschaum *m (pej.)*
scupper *v/t* 1. ⚓ versenken; 2. *(fig)* zerschlagen, zu Fall bringen, zunichte machen
scuttle *n* 1. plötzliche Flucht, Abreise *f*; 2. ⚓ (Schiffs)Luke *f*; *v/ti* 1. eilen, rennen; 2. sich davonmachen; 3. ⚓ versenken
scuttling *n* ⚓ Selbstversenkung *f*
sea *n* 1. See *f*, Meer *nt*; 2. Seegang *m*; **at s.** auf See; **all ~ s.** *(fig)* im Ungewissen, ohne Durchblick; **by s.** auf dem Seeweg, per Schiff; **~ and land** zu Wasser und zu Lande; **damaged at s.** seebeschädigt; **ready for s.** seeklar, s.fertig; **s. of lights** Lichtermeer *nt*
to be all at sea *(fig)* nicht mehr durchblicken, unsicher sein, sich überhaupt nicht mehr auskennen, die Übersicht völlig verloren haben; **to crash into the s.** ✈ ins Meer stürzen; **to dispose/dump at s.** verklappen; **to ply the s.s** die Meere befahren; **to put to s.** in See stechen, ausfahren
deep sea Hoch-, Tiefsee *f*; **~ regime** Abkommen über die Nutzung des Meeresbodens; **dependent s.s** Nebengewässer; **heavy s.** hoher Seegang; **the high s.s** das offene Meer, die offene See, Hochsee *f*, die Meere; **on the ~ s.s** auf hoher/offener See; **inland s.** Binnenmeer *nt*; **open s.(s)** freies Meer, Hochsee *f*; **patrimonial s.** Patrimonialmeer *nt*; **rough s.** hoher Seegang; **territorial s.(s)** Hoheitsgewässer *nt*
sea-based *adj* seegestützt
seabec ™ Schwimmcontainer *m*
seabed *n* Meeresboden *m*, M.grund *m*; **s. exploration** Erforschung des Meeresbodens; **s. mining** Tiefsee-, Meeresbergbau *m*
sea bill of lading Seekonnossement *nt*; **s.board** *n [US]* Küste *f*; **s.borne** *adj* auf dem Seewege (befördert); **s.**

cargo Seefrachtgut *nt*; **s. change** *(fig)* grundlegender Wandel, grundlegende Veränderung; **s. chart** Seekarte *f*; **s. coast** Meeresküste *f*; **s.-damaged** *adj* seebeschädigt, havariert; **s.drome** *n* ✈ Seeflughafen *m*

seafarer *n* Seemann *m*, S.fahrer *m*; **s.s** Seeleute; **s.s' association** Seeberufsgenossenschaft *f*

seafaring *n* Seefahrt *f*; *adj* seefahrend; **s. nation** Seefahrernation *f*; **s. union** Gewerkschaft der Seeleute

sea|fog *n* Küstennebel *m*; **s.food** *n* essbare Meerestiere, Meeresfrüchte *pl*; **s. freight** Seefracht *f*; **s.-going** *adj* seetüchtig, Hochsee-; **s. inlet** Meeresarm *m*; **s. insurance** Seeschadenstransport-, See(transport)versicherung *f*

seal *n* 1. Siegel *nt*, Plombe *f*, Verschlussmarke *f*, Stempel *m*, Petschaft *nt*; 2. ✪ Verschluss *m*, Dichtung *f*; **under s.** versiegelt; **s. of approval** Prüfsiegel *nt*; **to put the ~ approval on a deal** Abschluss billigen; **~ the court** Gerichtssiegel *nt*; **~ office** Dienstsiegel *nt*; **under the ~ secrecy** unter dem Siegel der Verschwiegenheit; **breaking the seal; damaging official s.s** Siegelbruch *m*, Verschlussverletzung *f*, Beschädigung von Siegeln; **forging a s.** Siegelfälschung *f*

to affix a seal (ver)siegeln, Plombe/Siegel anbringen, plombieren; **to break the s.** Siegel brechen/verletzen, entsiegeln; **~ of a letter** Brief unberechtigt öffnen; **to impress a s.** Siegel aufdrücken; **to put under s.** (gerichtlich) versiegeln; **~ a seal on a document** Urkunde mit einem Siegel versehen; **~ one's s. to sth.** etw. besiegeln; **to take off the s.** 1. Siegel entfernen, entsiegeln; 2. ⊖ Plombe entfernen

common seal Korporationssiegel *nt*; **consular s.** Konsulatssiegel *nt*; **corporate s.** Firmen-, Gesellschaftssiegel *nt*; **manual s.** Handsiegel *nt*; **notarial s.** Notariatssiegel *nt*; **official s.** Dienst-, Amtssiegel *nt*; **unbroken s.** unverletztes Siegel

seal *v/t* 1. (ver)siegeln, mit Siegel versehen, plombieren, verplomben; 2. *(Brief)* zukleben, verschließen; 3. ✪ abdichten; **s. off** abschotten, abriegeln; **s. up** 1. versiegeln; 2. ✪ abdichten

sealable *adj (Behälter)* verschließbar

sea lane ⚓ Schifffahrts-, Seeweg *m*, S.straße *f*; **s. landing** ✈ Wasserung *f*

sealant *n* ✪ Dichtungsmittel *nt*

sea law Seerecht *nt*

sealed *adj* 1. (fest) verschlossen, versiegelt, mit Siegel versehen; 2. unter (Zoll)Verschluss, plombiert; 3. ✪ abgedichtet, geschweißt; **s. by customs authorities** zollamtlich verschlossen, unter Zollverschluss; **hermetically s.** hermetisch abgeschlossen, luftdicht verschlossen

sealer *n* 1. Siegelbeamter *m*, S.beamtin *f*; 2. *[US]* Eichmeister *m*

sea level Meereshöhe *f*, M.spiegel *m*; **below s. l.** unter dem Meeresspiegel; **mean s. l.** Normal Null (NN) *m*; **s. l. change** Veränderung der Meereshöhe

sea light(s) ⚓ Seefeuer *nt*

sealing *n* (Ver)Siegelung *f*; **suitable for s.** verschlusssicher; **official s.** amtliche Versiegelung *f*; **~ by court order** gerichtliche Versiegelung

sealing off Abschottung *f*, Abriegelung *f*; **~ tendency** Abschottungstendenz *f*; **s. tape** Verschlussstreifen *m*; **s. wax** Siegellack *m*, S.wachs *nt*

seam *n* 1. Naht *f*, Saum *m*; 2. ⚒ Flöz *nt*, Schicht *f*, Ader *f*; **to burst/come apart at the s.s** *(fig)* aus allen Nähten platzen *(fig)*, aus dem Leim gehen *(fig)*, aus den Fugen geraten *(fig)*

seaman *n* Seemann *m*, Matrose *m*; **able-bodied s.** Vollmatrose *m*; **ordinary s.** Maat *m*; **seamen's employment agency/office** Seemannsamt *nt*, Heuerbüro *nt*; **s.like** *adj* seemännisch; **s.ship** *n* Seemannstum *nt*, S.erfahrung *f*; **s.'s wages** Matrosen-, Seemannsheuer *f*; **~ yarn** Seemannsgarn *nt*

sea mark ⚓ Seezeichen *nt*, Leuchtfeuer *nt*; **s. mile** Seemeile *f*

seam|less *adj* nahtlos; **s.stress** *n* Näherin *f*; **s. welding** ✪ Nahtverschweißung *f*

seal-packed *adj* ⚓ seeverpackt, seemäßig verpackt; **s. passage contract** Seepassagevertrag *m*; **s.plane** *n* ✈ See-, Wasser-, Marine-, Schwimmflugzeug *nt*, Flugboot *nt*

seaport *n* 1. Seehafen *m*; 2. Hafenstadt *f*; **s. operator** Seehafenbetreiber *m*; **special s. rate scale** Seeausnahmetarif *m*; **s. town** Seehafenplatz *m*, Hafenstadt *f*

sea power Seemacht *f*; **s.quake** *n* Seebeben *nt*

SEAQ *[GB]* → **Stock Exchange Automated Quotations**

search *n* 1. Suche *f*; 2. Durchsuchung *f*, Visitation *f*; 3. Fahndung *f*, Recherche *(frz.) f*; 4. 💻 Suchlauf *m*; **in s. of** auf der Suche nach

search of the prior art Recherche zum Stand der Technik; **s. for customers** Kundensuche *f*; **~ employment/a job/work** Stellen-, Arbeitssuche *f*; **~ food** Nahrungssuche *f*; **~ a location** Standortsuche *f*; **s. of premises** Hausdurchsuchung *f*; **s. and seizure** [§] Durchsuchung und Beschlagnahme; **s. of a vessel** Schiffsdurchsuchung *f*

to go in search of sth. sich auf die Suche nach etw. machen; **to make a s.** Durchsuchung vornehmen

binary search Binärsuche *f*, binäres Suchen; **bodily s.** Leibesuntersuchung *f*, L.visitation *f*; **isolated s.** Einzelrecherche *f*; **lawful s.** rechtmäßige Durchsuchung; **local(-authority) s.** Einsichtnahme in das Grundbuch; **manual s.** Handrecherche *f*; **mechanized s.** mechanische Computerrecherche *f*; **rapid s.** Schnellsuchlauf *m*; **sequential s.** sequenzielles Suchen

search *v/t* 1. (ab-/durch)suchen; 2. fahnden; **s. far and wide; s. high and low** überall suchen; **s. about/around** herumstöbern; **s. out** *(Person)* ausfindig machen; **s. through** 1. durchsuchen; 2. *(Unterlagen)* durchsuchen

search card 💻 Suchkarte *f*

searcher *n* 1. (Zoll)Fahnder *m*; 2. Durchsuchungsbeamter *m*

search file Fahndungsakte *f*

searching *adj* gründlich, eingehend, prüfend

search inquiry *(Grundstück)* Prüfung der (hypothekarischen) Belastung; **s.light** *n* Suchscheinwerfer *m*; **s. operation** Suchoperation *f*; **s. party** Suchtrupp *m*, Rettungskolonne *f*; **s. process** Suchvorgang *m*; **s. time** 💻

search warrant Suchzeit *f*; **s. warrant** ⑤ (Haus)Durchsuchungsbefehl *m*; **s. word** 📖 Suchbegriff *m*
sea rescue Seenotrettung *f*; **~ plane** ✈ Seenotrettungsflugzeug *nt*; **s. route** Seeverbindung *f*, S.weg *m*; **s.shore** *n* (See)Küste *f*; **s.sick** *adj* seekrank; **s.sickness** *n* Seekrankheit *f*
seaside *n* Küstenland *nt*, Meeresküste *f*; *adj* an der See gelegen, Küsten-; **s. promenade** See-, Strandpromenade *f*; **s. resort** Seebad *nt*
season *n* 1. Jahreszeit *f*; 2. Saison *f*; 3. 🎭 Spielzeit *f*; **in s.** auf dem Markt, gerade reif; **out of s.** gerade nicht auf dem Markt; **depending on the s.** saisonbedingt; **independent of the s.** saisonunabhängig; **to be out of s.** *(Jagdwild)* Schonzeit haben; **to fluctuate according to the s.** saisonal schwanken
busy season Hauptsaison *f*; **close(d) s.** 1. *(Emission)* Karenzzeit *f*; 2. *(Jagd)* Schon-, Hegezeit *f*; 3. Pause *f*; **dead/dull s.** ruhige/stille Jahreszeit, geschäftslose Zeit, Sauregurkenzeit *f (coll)*, tote Saison; **~ rebate** Frühbezugsrabatt *m*; **dry s.** Trockenzeit *f*; **early s.** Vorsaison *f*; **high/peak s.** 1. Hoch-, Hauptsaison *f*; 2. Saison-, Hochbetrieb *m*; **importing s.** Einfuhrsaison *f*; **late/off s.** Nachsaison *f*, tote Saison; **low s.** Vor- und Nachsaison *f*; **open s.** Jagd-, Fischzeit *f*; **rainy/wet s.** Regenzeit *f*; **silly s.** Sauregurkenzeit *f (coll)*; **slack s.** Flaute *f*; **tax-gathering s.** Ballung großer Steuertermine
seasonable *adj* rechtzeitig, der Jahreszeit/Saison angemessen
seasonal *adj* saisonabhängig, s.gemäß, s.üblich, jahreszeitlich (bedingt), saisonal (bedingt); **s.ity** *n* Saisoncharakter *m*, S.bedingtheit *f*
seasoned *adj* 1. 🍷 abgelagert, luftgetrocknet; 2. *(Person)* erfahren; 3. gewürzt
seasoning *n* 1. Gewürz *nt*, Würze *f*; 2. Vorbehandlung *f*
season ticket 1. Dauer-, Zeit(fahr)karte *f*, Dauerausweis *m*; 2. 🎭 Abonnement *nt (fig)*; **annual s. t.** Jahres(fahr)karte *f*; **weekly s. t.** Wochen(fahr)karte *f*; **s. t. holder** Zeit-, Dauerkarteninhaber *m*
seat *n* 1. Sitz(platz) *m*; 2. Börsensitz *m*; 3. (Parlaments)Mandat *nt*; 4. *(fig)* Herd *m (fig)*
seat on the board Aufsichtsratssitz *m*, Sitz im Aufsichtsrat, A.ratsposten *m*, Vorstandsposten *m*; **s. of business** Niederlassung *f*, Geschäftssitz *m*; **~ fire** Brandherd *m*; **~ the government** Regierungssitz *m*; **~ an infection** ✚ Krankheitsherd *m*; **~ the institutions** Sitz der Organe; **~ learning** Stätte der Gelehrsamkeit, Bildungsstätte *f*; **s. in parliament** Parlamentssitz *m*; **s. on the works council** Betriebsratsmandat *nt*
to book/reserve a seat Platz vorausbestellen/belegen, Sitz reservieren (lassen); **to fold a s.** Sitz klappen; **to give up one's s.** seinen Platz überlassen; **to occupy a s.** Sitz belegen; **to resign one's s.** sein Mandat zur Verfügung stellen, Mandat niederlegen; **to resume one's s.** seinen Platz wieder einnehmen; **to win a s.** Mandat gewinnen
adjustable seat verstellbarer Sitz; **back s.** Rücksitz *m*; **congressional s.** *[US]* Parlamentssitz *m*; **front s.** Vordersitz *m*; **folding s.** Klappsitz *m*; **official s.** Amtssitz *m*; **outside s.** Außensitz *m*; **reclining s.** Liegesitz *m*; **registered s.** Verwaltungssitz *m*, eingetragener Firmensitz; **reserved s.** reservierter Platz; **vacant s.** freier/frei gewordener Sitz, ~ Platz
seat *v/t* 1. Sitzplätze bieten für; 2. ✿ einpassen
seat adjustment Sitzverstellung *f*; **s. belt** Anschnall-, Sicherheitsgurt *m*; **to fasten one's s. belt** sich anschnallen/festschnallen, Sicherheitsgurt anlegen
to be seated *adj* sitzen; **to remain s.** sitzen bleiben
sea terminal ⚓ Seehafen *m*
seating (accommodation) *n* Sitzgelegenheiten *pl*, S.plätze *pl*, Bestuhlung *f*; **s. arrangement(s)** Sitzordnung *f*; **s. capacity** Sitzkapazität *f*, Anzahl der Sitzplätze, Zahl der Sitze, Fassungsvermögen *nt*; **s. facilities** Sitzgelegenheiten; **s. plan** Sitzplan *m*, S.(an)ordnung *f*, Tischordnung *f*
seat load factor ✈ Sitzladefaktor *m*; **s. mileage** Sitz-, Platzmeilen *pl*
sea trade Seehandel *m*; **short s. t.** *[GB]* Warenhandel mit dem Festland
sea transport ⚓ Seetransport *m*, S.schifffahrt *f*; **~ document** Seefrachtpapier *nt*; **~ record** Seetransportbilanz *f*
seat reservation Platzreservierung *f*
sea trip Seereise *f*; **s. turn** Seestrecke *f*; **s. wall** Deich *m*; **s.ward** *adj* seewärtig
sea water Meer-, Seewasser *nt*; **~ damage** Seewasserschaden *m*; **~ pollution** Meeresverschmutzung *f*
sealway *n* 1. Seestraße *f*, Wasserweg *m*; 2. Fahrt voraus; **s. waybill** Seefrachtbrief *m*; **s.worthiness** *n* Seetüchtigkeit *f*; **s.worthy** *adj* seetüchtig, s.mäßig, s.fest
secant *n* π Sekante *f*
seclude *v/t* absondern; **s.d** *adj* abgeschlossen, (welt)abgeschieden, zurückgezogen
seclusion *n* Abgeschiedenheit *f*, Klausur *f*, Zurückgezogenheit *f*, Verborgenheit *f*; **to live in s.** in Verborgenen/zurückgezogen leben; **rural s.** ländliche Abgeschiedenheit; **strict s.** strenge Abgeschlossenheit
second *n* 1. Sekunde *f*; 2. *(Wechsel)* Zweitausfertigung *f*, Sekunda *f*; **s.s** zweite Wahl, Mittelsorte *f*, Ware(n) zweiter Qualität; **s. in course** girierte Sekunda; **S. of Exchange** Sekunda-, Doppelwechsel *m*, zweite Ausfertigung, Sekunda *f*, Zweitausfertigung *f*; **split s.** Sekundenbruchteil *m*
second *adj* zweit; **s. to none** non plus ultra *(lat.)*, unübertroffen; **to be s.** nachstehen; **~ only to** nur übertroffen werden von; **to come (a poor) s.** den Kürzeren ziehen *(coll)*
second *v/t* 1. beistehen, Beistand leisten; 2. *(Antrag)* unterstützen; 3. *(Person)* abkommandieren, abstellen, zeitweilig versetzen, abordnen
secondary *adj* zweit, sekundär, nebensächlich, in zweiter Linie, zweitrangig, untergeordnet
to come off second-best *adj* den Kürzeren ziehen *(coll)*
secondee *n* befristet abgestellte(r) Mitarbeiter(in)
second hand Sekundenzeiger *m*
second|-hand *adj* aus zweiter Hand, abgelegt, getragen, gebraucht; **s.-liners** *pl (Wertpapiere)* zweitklassige Werte/Aktien, Nebenwerte
secondment *n* 1. Abstellung *f*, Abordnung *f*, zeitweilige Versetzung *f*; 2. *(Antrag)* Unterstützung *f*; **on s.** zeit-

weilig versetzt, abgeordnet
second|-placed *adj* zweitplaziert; **s.-quarter** *adj* im zweiten Quartal; **s.-ranking** *adj* zweitrangig; **s.-rate** *adj* zweitrangig, z.klassig, mittelmäßig
secrecy *n* Verschwiegenheit *f*, Heimlichkeit *f*, Geheimnis(tuerei) *nt/f*, G.krämerei *f*, Geheimhaltung *f*; **in (strict) s.** im Geheimen, insgeheim
secrecy of (the) ballot Wahlgeheimnis *nt*; ~ **the deliberations** Beratungsgeheimnis *nt*; ~ **inventions** Geheimhaltung von Erfindungen; ~ **mail** Postgeheimnis *nt*; **to infringe the ~ mail** das Postgeheimnis verletzen; ~ **telecommunications** Fernmeldegeheimnis *nt*; ~ **telegraph communications** Telegrafengeheimnis *nt*; ~ **telephone communications** Telefon-, Fernsprechgeheimnis *nt*
clouded/shrouded in secrecy geheimnisumwoben, g.umwittert
to be sworn to secrecy der Schweigepflicht unterliegen; **to bind/enjoin/swear so. to s.** jdm zum Stillschweigen/zur Verschwiegenheit verpflichten, jdn auf Geheimhaltung verpflichten; **to violate the s. of letters** das Briefgeheimnis verletzen
corporate secrecy Firmengeheimnis *nt*; **fiscal s.** Steuergeheimnis *nt*; **official s.** Amtsverschwiegenheit *f*; **postal s.** Postgeheimnis *nt*; **professional s.** Berufsgeheimnis *nt*, Verschwiegenheits-, Schweigepflicht *f*; **utmost s.** höchste/äußerste Geheimhaltung
secret *adj* 1. geheim, heimlich, insgeheim; 2. *(Rücklagen)* still; **top s.** streng geheim; **to keep sth. s.** etw. geheim halten
secret *n* Geheimnis *nt*; **in the s.** eingeweiht; **disclosing the s.s of another without authority** unbefugte Offenbarung fremder Geheimnisse; **s. of success** Erfolgsgeheimnis *nt*
to be in on the secret eingeweiht sein; **to disclose a s.** Geheimnis preisgeben; **to guard/keep a s.** Geheimnis wahren/hüten; **to let so. into the s.** jdn ins Vertrauen ziehen, jdn (in ein Geheimnis) einweihen; **to make no s. of sth.** kein Hehl aus etw. machen; **to reveal a s.** Geheimnis verraten/enthüllen/preisgeben; **to worm a s. out of so.** jdm die Würmer aus der Nase ziehen *(fig)*
commercial secret Geschäftsgeheimnis *nt*; **closely guarded/carefully kept s.** streng/sorgsam gehütetes Geheimnis; **industrial s.** Betriebs-, Fabrik(ations)geheimnis *nt*; **investigatory s.** Untersuchungsgeheimnis *nt*; **official s.** Dienst-, Amts-, Staatsgeheimnis *nt*; **open s.** offenes Geheimnis; **to be an ~ s.** allgemein bekannt sein; **operational s.** Betriebsgeheimnis *nt*; **professional s.** Berufsgeheimnis *nt*
secretariat *n* Sekretariat *nt*; **general s.** Generalsekretariat *nt*; **S. General** *(EU)* Generalsekretariat *nt*
secretarial *adj* Schreib-, Büro-, Sekretariats-
secretary *n* 1. Sekretär(in) *m/f*, Schriftwart *m*, S.führer *m*, Protokollant(in) *m/f*, Protokollführer(in) *m/f*; 2. Verwaltungsdirektor *m*; 3. Syndikus *m*; 4. *[US]* Minister *m*; **s. of economic affairs** Wirtschaftsminister *m*; **S. of Agriculture** *[US]* Landwirtschaftsminister *m*; **s. to the board** Schriftführer(in) *m/f*; **S. of Commerce** *[US]* Handels-, Wirtschaftsminister *m*; **s. of the embassy**
Botschaftssekretär *m*; **S. of the Interior** *[US]* Innenminister *m*; ~ **Labor** *[US]* Arbeitsminister *m*
Secretary of State *[US]* Außenminister *m*, Minister für auswärtige Angelegenheiten; ~ **for the Colonies** *[GB]* Kolonialminister *m*; ~ **for Defence** Verteidigungsminister *m*; ~ **for Education** Erziehungs-, Unterrichtsminister *m*; ~ **for Education and Science** *[GB]* Unterrichts- und Wissenschaftsminister *m*; ~ **for Employment** *[US]* Arbeitsminister *m*, Minister für Arbeit; ~ **for Home Affairs** *[US]* Innenminister *m*, Minister des Inneren
Secretary of the Treasury Department *[US]* (Bundes)Finanzminister *m*
bilingual secretary Fremdsprachensekretär(in) *m/f*; **chartered s.** geprüfte(r) Sekretär(in); **confidential s.** Privatsekretär(in) *m/f*; **foreign-language s.** Fremdsprachensekretär(in) *m/f*; **financial s.** Finanzminister(in) *m/f*; **general s.** Generalsekretär(in) *m/f*; **honorary s.** ehrenamtliche(r) Schriftführer(in); **permanent s.** beamtete(r) Staatssekretär(in); **personal s.** Chefsekretärin *f*; **private s.** Privatsekretär(in) *m/f*, persönliche(r) Referent(in)
secretary general Generalsekretär *m*; **s.'s office** Sekretariat *nt*; **s.ship** *n* 1. Amt des Schriftführers; 2. Zeit als Schriftführer; 3. Ministeramt *nt*; 4. Amtszeit eines Ministers; **s. type** Kanzleischrift *f*
secrete *v/t* 1. beiseite bringen/schaffen, verbergen; 2. ₰ absondern
secretive *adj* verschwiegen, schweigsam, geheimnis-, heimlichtuerisch; **s.ness** *n* Geheimnistuerei *f*, G.krämerei *f*
section *n* 1. (Bestand)Teil *m*, Ab-, Ausschnitt *m*, Partie *f*, Teilabschnitt *m*, T.stück *nt*; 2. Sektion *f*, (Unter)Abteilung *f*, (Arbeits-/Fach)Gruppe *f*, Referat *nt*; 3. *(Haushalt)* Einzelplan *m*, Kapitel *nt*; 4. *(Börse)* Markt(bereich) *m*; 5. [§] Anlage *f*, Paragraf *m*; **s. of the contract** Vertragsteil *m*; ~ **the electorate** Wählerschicht *f*; **first ~ the exchange** erste Hälfte der Börsensitzung; ~ **the law** Gesetzesparagraf *m*; ~ **the market** Marktbereich *m*, M.segment *nt*; ~ **the population** Bevölkerungskreis *m*, B.gruppe *f*; **large s.s of the population** breite Schichten der Bevölkerung; **s. of the report** Berichtsabschnitt *m*; **to fall within a s.** unter einen Paragrafen fallen
classifying section Auszeichnungsabteilung *f*; **commercial s.** *(Botschaft)* Handels-, Wirtschaftsabteilung *f*; **consular s.** Konsularabteilung *f*; **cross s.** Querschnitt *m*; **downhill s.** Gefällstrecke *f*; **financial s.** *(Zeitung)* Wirtschaftsteil *m*; **longitudinal s.** Längsschnitt *m*; **specialized s.** Fachgruppe *f*
sectional *adj* 1. abschnittsweise; 2. zusammensetzbar, zerlegbar; 3. partiell; **s.ism** *n* Partikularismus *m*; **s.ist** *adj* partikularistisch
section head Abteilungsleiter *m*, Referent *m*; **s. header** Kapitelüberschrift *f*; **s. manager** Abteilungs-, Bereichsleiter *m*; **s. mark** Paragrafenzeichen *nt*; **s. supervisor** Abteilungsaufseher *m*, Gruppenleiter *m*
sector *n* 1. Gebiet *nt*, (Wirtschafts)Bereich *m*, Sektor *m*, Branche *f*; 2. (Gelände)Abschnitt *m*; 3. Unternehmens-

sector of the economy

bereich *m*; 4. Segment *nt*, Kreis *m*, (Handels)Zweig *m*; **s. of the economy** Wirtschaftszweig *m*; **private ~ economy** Privatwirtschaft *f*; **productive ~ economy** Produktivbereich *m*; **~ industry** Industriezweig *m* **agricultural sector** Agrarsektor *m*; **auxiliary s.** Hilfsgewerbe *nt*; **basic s.** Grundleistungssektor *m*; **commercial s.** kommerzieller Sektor; **corporate s.** 1. Unternehmenssektor *m*; 2. Firmenkundschaft *f*; **economic s.** Branche *f*, Wirtschaftssektor *m*, W.zweig *m*; **main ~ s.** wirtschaftlicher Hauptsektor; **goods-producing s.** güter-/warenproduzierender Bereich; **industrial s.** Industriesektor *m*, I.sparte *f*, Branche *f*, Industrie-, Gewerbe-, Wirtschaftszweig *m*; **in some ~ s.s** in einigen Branchen; **in-hand s.** *(Speisen)* Direktverzehr *m*; **managing s.** geschäftsführender Bereich; **manufacturing s.** verarbeitendes Gewerbe, gewerblicher Bereich; **non-banking s.** Nichtbankensektor *m*, N.bereich *m*; **non-basic s.** Folgeleistungssektor *m*; **non-monopoly s.** Nichtmonopolsektor *m*; **non-profit-making s.** Gemeinwirtschaft *f*; **operational s.** Geschäftsbereich *m*, G.gebiet *nt*; **personal s.** Privatkunden *pl*, P.kundschaft *f*; **primary s.** Primärbereich *m*, P.sektor *m*, Urproduktion *f*; **prior-ranking s.** Vorrangbereich *m*; **private s.** Privatwirtschaft *f*, die private Wirtschaft, Privatsektor *m*, privater Bereich/Sektor, privatwirtschaftlicher Sektor; **processing s.** Vered(e)lungsindustrie *f*, V.wirtschaft *f*

public sector öffentliche Hand, öffentlicher Bereich/Sektor, Sektor Staat; **bloated ~ s.** aufgeblähter öffentlicher Sektor

public-sector borrowing requirement (PSBR) Kredit-/Geldaufnahme-/Verschuldungsbedarf der öffentlichen Hand, öffentlicher Kreditbedarf **~ employee** Staatsbedienstete(r) *f/m*; **~ employer** öffentlicher Arbeitgeber; **~ inefficiency** öffentliche Verschwendung; **~ pay** Vergütung im öffentlichen Dienst; **~ pay settlement** Tarifvereinbarung im öffentlichen Dienst; **~ union** Gewerkschaft für den öffentlichen Dienst

secondary sector Sekundär-, Fertigungsbereich *m*, gewerblicher Bereich/Sektor; **sensitive s.** konjunkturempfindlicher Sektor; **supplying s.** abgebender Sektor; **tertiary s.** Dienstleistungssektor *m*, Dienstleistungs-, Tertiärbereich *m*, tertiärer Sektor; **wealth-creating s.** produktiver Sektor

consolidated sector accounts konsolidierte Sektorenkonten

sectoral *adj* sektoriell, sektoral, branchenspezifisch, Sektoren-, Branchen-

sector analysis Branchenanalyse *f*; **s. analyst** Branchenkenner *m*

secure *adj* fest, geschützt, sicher; **to be s.** sicheren Boden unter den Füßen haben

secure *n* 1. ✿ sichern, befestigen; 2. *(Kredit)* absichern, (be)sichern, (Sicherheit) gewährleisten, garantieren, decken; 3. sicherstellen; 4. beschaffen, erwerben; 5. *(Preis)* erzielen, aushandeln

secured *adj* 1. gesichert; 2. sichergestellt; 3. *(Gläubiger)* bevorrechtigt, absonderungsberechtigt; **s. in rem** *(lat.)* § dinglich gesichert

securing *n* ✿ Befestigung *f*; **s. of evidence** Spurensicherung *f*; **~ hazardous goods** Gefahrgutsicherung *f*

securitization *n* (Darlehens)Besicherung *f*, Forderungssicherung *f*, Verbriefung von Forderungen/Schulden

securitize *v/t (Forderungen)* besichern, verbriefen

security *n* 1. Sicherheit *f*; 2. (Kredit)Sicherung *f*, Garantie *f*, Deckung *f*; 3. Sicherstellung *f*, Geheimhaltung *f*; 4. Bürgschaft *f*, Kaution(ssumme) *f*, Pfand *nt*; 5. Wertpapier *nt*, Anlage(titel) *f/m*; **securities** (Wert-)Papiere, Effekten, Valoren, Stücke, Material *nt*, Werte

against security gegen Sicherstellung/Bürgschaft/Sicherheit; **by way of s.** gegen/zur Sicherheit, sicherheitshalber, gegen Sicherheitsleistung; **for reasons of s.** sicherheitshalber

securities in abeyance notleidendes Depot; **security against advances** Kreditsicherheit *f*; **~ for advance** Lombardpfand *nt*; **security by bond** Sicherheitsleistung durch Bürgschaft; **~ for borrowing** Darlehensbesicherung *f*; **~ in a civil case** Sicherheitsleistung im Zivilprozess; **s. pledged/serving as collateral** Deckungspapiere, Lombardeffekten; **security for costs** § Prozess(kosten)kaution *f*, P.kostensicherheit *f*, Kaution/Sicherheit(sleistung) für die Gerichtskosten; **~ credit** Kreditunterlage *f*; **~ debt** Sicherheit für eine Forderung; **security in default** Wertpapier, für das Zins- und Dividendendzahlungen eingestellt wurden; **~ held on deposit** Depotstück *nt*; **~ of employment** Sicherheit des Arbeitsplatzes; **~ by real estate mortgage** hypothekarische Sicherheit; **~ only traded on a regional exchange** Lokalpapier *nt*; **S. and Exchange Commission (SEC; Secom)** 1. *[US]* Börsenaufsichtsbehörde *f*, US-Börsenaufsicht *f*; 2. *[GB]* Börsen(- und Wertpapier)kommission *f*; **S. and Futures Authority** *[GB]* Aufsichtsbehörde für Wertpapier- und Terminhandel; **s. in hand** *(Bilanz)* Bestand an Effekten, Effekten-, Wertpapierbestand *m*; **security of the law** Rechtssicherheit *f*; **~ with an extremely long life** Marathonläufer *m (fig)*; **~ for a loan** Sicherheit für einen Kredit, Kreditunterlage *f*; **providing ~ for a loan** Kredit(be)sicherung *f*; **suitable as ~ for a loan** beleihungsfähig; **s. on offer** *(Börse)* (Material)Angebot *nt*; **security in rem** *(lat.)* § dingliche Sicherheit; **~ of (the) state** Staatssicherheit *f*; **~ carrying subscription rights** Bezugswert *m*; **~ of supply** Versorgungssicherheit *f*; **~ of tenure** 1. *(Mietobjekt)* Kündigungs-, Mieter-, Pachtschutz *m*; 2. *(öffentlicher Dienst)* Arbeitsplatzgarantie *f*; **s. under special wrapper** Streifbanddepot *nt*

embodied in a security in einem Wertpapier verbrieft; **eligible as s.** belehnbar; **pledged as s.** sicherungsübereignet; **providing/putting up s.** Kautions(ge)stellung *f*, Bestellung einer Sicherheit, Unterlegung *f*; **~ collateral s.** dingliche Besicherung; **~ s. by way of a bank guarantee** Besicherung durch Bankbürgschaft; **~ s. for a loan** Unterlegung eines Kredits; **suitable as s.** beleihungsfähig; **securities issued** ausgegebene Wertpapiere; **~ purchased/received** Depoteingang *m*; **~ repurchased** Rückflussstücke; **~ sold** Depotausgang

m; **s. sold at a discount** Abzinsungspapier *nt*; **securities traded for cash** Kassapapiere
to advance against security lombardieren; **to assign for/as s.** sicherungsübereignen, zur Sicherung übereignen, zur Sicherheit abtreten/übertragen; **to borrow on securities** Effekten lombardieren lassen; **to call in securities** Papiere aufrufen/einziehen; **to carry securities** Wertpapiere besitzen; **to commute securities** Wertpapiere umwandeln; **to demand s.** Kaution fordern; **to deposit s.** Kaution stellen, Bürgschaft leisten; **~ securities** Wertpapiere/Effekten hinterlegen; **~ as s.** als Sicherheit hinterlegen; **~ securities for safe custody** *[GB]* /**custodianship** *[US]* Wertpapiere ins Depot einliefern; **to discharge a s.** Sicherheit freigeben; **to draw securities by lot** Papiere auslosen; **to float a s.** 1. Wertpapier begeben; 2. Sicherheit auswechseln; **to furnish/give s.** verbürgen, besichern, Sicherheit/Bürgschaft/Garantie leisten, Kaution/Sicherheit stellen; **to give in s.** sicherungsübereignen; **to hold s.** 1. *(Konkurs)* gedeckt sein; 2. *(Gläubiger)* gesichert sein; **~ securities for safekeeping** Effekten verwahren; **to increase s.** Sicherheitsvorkehrungen erhöhen; **to lend on s.** gegen Sicherheit Kredit gewähren, lombardieren; **to list/quote securities** Wertpapiere notieren; **to lodge s.** Kaution stellen; **~ securities** Effekten hinterlegen; **to marshal securities** Sicherheiten aufteilen; **to offer s.** Sicherheit (an)bieten; **to pledge as s.** sicherheitshalber übereignen; **~ securities** lombardieren, Wertpapiere als Sicherheit hinterlegen, Effekten verpfänden; **to protest for lack of s.** *(Wechsel)* mangels Sicherheit protestieren; **to provide s.** Kaution (bereit)stellen, besichern, Sicherheit leisten/stellen, (ab)sichern, schützen; **~ for a loan** Kredit (be)sichern; **to redeem a s.** Pfand einlösen; **to register a s.** Sicherheit bestellen; **to release a s.** Sicherheit freigeben; **to revoke a s.** Sicherheit zurückziehen; **to sell securities on a "best effort" basis** Wertpapiere bestmöglich/bestens absetzen; **to stand s.** Kaution leisten/bereitstellen, Bürgschaft leisten/eingehen/übernehmen, als Bürge auftreten/haften, bürgen, sich verbürgen für, Bürge sein; **liable ~ s.** kautionspflichtig; **to tack securities** Sicherheiten zusammenfassen; **to tighten s.** Sicherheitsvorkehrungen verstärken; **to turn over as s.** als Sicherheit hingeben
active security täglich gehandeltes/börsengängiges/börsengünstiges Wertpapier; **additional s.** zusätzliche Sicherheit; **adequate s.** angemessene Sicherheit; **ample s.** genügende Deckung/Sicherheit; **approved s.** lombardfähiges/ *[GB]* zentralbankfähiges Wertpapier; **assented s.** im Sammeldepot hinterlegtes Wertpapier; **assessable s.** beleihungsfähiges Wertpapier; **bankable s.** bankmäßige Sicherheit; **basic s.** Grundsicherung *f*; **blocked s.** gesperrtes Stück, Sperrstück *nt*; **blue-sky s.** *(coll)* wertloses Wertpapier; **borrowed s.** Leihtitel *m*; **collateral s.** 1. akzessorische/bankmäßige/dingliche/zusätzliche Sicherheit, Nebensicherheit *f*, N.bürgschaft *f*, Lombarddeckung *f*, L.pfand *nt*, L.sicherheit *f*, dingliche Sicherheit, Deckungs-, Pfandsicherheit *f*, Kreditsicherung *f*; 2. lombardiertes/beliehenes Wertpapier; 3. Garantiedepot *nt*; **colonial s.** Kolonialpapier *nt*, K.wert *m*; **continuing s.** Dauerbürgschaft *f*, D.garantie *f*; **contractual s.** vertragliche Sicherheit; **~ securities** Rentenpapiere mit vertraglichen Bedingungen; **convertible s.** wandelbares Wertpapier, Wandelanleihe *f*; **current-asset securities** Wertpapiere des Umlaufvermögens; **dated s.** Wertpapier mit festem Rückzahlungstermin; **dead s.** Wertpapier ohne Umsatz; **defective s.** Mangelstück *nt*; **deposited securities** Kautionseffekten, hinterlegte Effekten; **direct s.** persönlich gestellte Kreditsicherheit; **freely disposable s.** freies Stück; **dividend-bearing/dividend-earning s.** Dividenden-, Anteilswert *m*, Dividendenpapier *nt*, dividendenberechtigtes Wertpapier; **domestic securities** Inlandswerte; **drawn s.** ausgelostes Papier; **eligible s.** lombardfähiges Wertpapier; **~ securities** beleihbare Effekten, zentralbankfähige Papiere; **excess securities list** Lombardverzeichnis *nt*; **external s.** Auslandstitel; **fair s.** angemessene Sicherheit; **federal securities** Staatspapiere; **first-charge s.** erststellige Sicherheit; **first-rate s.** Spitzenpapier *nt*; **fixed-asset securities** Wertpapiere des Anlagevermögens; **fixed-income s.** festverzinsliches Wertpapier, Renten-, Gläubigerpapier *nt*; **fixed-interest(-bearing) s.** festverzinsliches Wertpapier, Rentenmarkttitel *m*, R.papier *nt*, R.wert *m*, festverzinslicher Wert; **~ /fixed-yield securities** festverzinsliche Effekten/Wertpapiere/Renten, Festverzinsliche, Wertpapiere mit festem Ertrag; **fixed-interest s. business** Rentengeschäft *nt*; **floating s.** Gesamt-, Grundschuld *f*, auswechselbare (Kredit)Sicherheit, unsichere Bürgschaft; **foreign securities** Auslandseffekten, A.titel; **foreign(-currency) s.** Valuta-, Auslandswertpapier *nt*, Auslands-, Devisenwert *m*; **foreign-owned s.** Auslandsstück *nt*; **forward s.** Terminwert *m*, T.papier *nt*; **fungible s.** vertretbares Wertpapier; **gilt-edged s.** *[GB]* Staats-, Anlagepapier *nt*, goldgerändertes/mündelsicheres Wertpapier *nt*, goldgeränderter/mündelsicherer Anlagewert, erstklassige Sicherheit; **giro-transferable securities** Giroeffekten; **good s.** sichere Bürgschaft; **guaranteed s.** Wertpapier mit Dividendengarantie; **heavy-priced/high-priced s.** schweres (Wert)Papier; **high-grade s.** 1. hochwertige Sicherheit; 2. hochwertiges Papier; **high-yield(ing) s.** hoch rentierliches/verzinsliches Wertpapier; **inactive s.** totes Papier; **incoming securities** Effekteneingang *m*; **industrial s.** Industriewert *m*, I.papier *nt*; **ineligible s.** nicht diskontfähiges Wertpapier; **interbourse/international s.** international gehandeltes (Wert)Papier; **interest-bearing s.** zinstragendes/verzinsliches Wertpapier, Rentenwert *m*, Zinspapier *nt*; **joint s.** Gesamt-, Solidar-, Mitbürgschaft *f*; **junior s.** nachrangige/zweitrangige Sicherheit; **leading s.** Marktführer *m*; **legal s.** 1. *[US]* mündelsichere Anlage, mündelsicheres Wertpapier, mündelsicherer Anlagewert; 2. §Rechtssicherheit *f*; **liquid s.** sofort realisierbares Wertpapier; **listed s.** *[US]* börsengängiges/börsennotiertes/börsenfähiges Wertpapier, an der Börse eingeführte Effekte, Börsenpapier *m*, B.wert *m*, B.titel *m*, notierter Wert; **local s.** Lokalwert *m*; **long-dated s.** Langläufer *m*; **lost s.** Verluststück *nt*; **~ securities** abhanden gekommene

Effekten; **low-denomination s.** Kleinstück *nt*; **low-priced s.** leichtes Wertpapier; **low-volume s.** Wertpapier mit geringen Umsätzen; **marketable s.** börsengängiges/marktfähiges/absetzbares Wertpapier, Marktpapier *nt*, Börsenwert *m*; **~ securities** marktfähige/börsenfähige/fungible Effekten, ~ Werte, Wertpapiere des Umlaufvermögens; **mortgage-backed s.** grundpfandrechtliche (Ab)Sicherung; **municipal s.** Kommunalschuldverschreibung *f*, K.anleihe *f*; **national s.** nationale Sicherheit, Staatssicherheit *f*; **negotiable securities** *(Börse)* freie Stücke, marktfähige Effekten, handelbare/begebbare Wertpapiere, durch Indossament übertragene Wertpapiere; **nostro/own securities** Nostroeffekten; **obsolete s.** aufgerufenes und für ungültig erklärtes Wertpapier; **off-board s.** nicht notiertes Wertpapier; **on-board s.** börsennotiertes/amtlich notiertes Wertpapier; **outgoing securities** Effektenausgang *m*; **outside s.** nicht notiertes Wertpapier, Freiverkehrswert *m*; **outstanding securities** ungetilgte/noch nicht fällige Obligationen, umlaufende Titel; **personal s.** nicht dinglich abgesicherte Bürgschaft, persönliche Sicherheit/Bürgschaft, Mobiliarsicherheit *f*; **physical securities** effektive Stücke; **without ~ securities** stückelos; **pledged s.** *(Börse)* verpfändetes Papier, verpfändeter Titel; **~ securities** lombardierte Effekten/Wertpapiere, Pfand-, Lombardeffekten; **prior s.** vorrangige Sicherheit; **public s.** öffentliche Sicherheit; **~ securities** Staatspapiere; **quoted securities** *[GB]* börsengängige/börsennotierte (Wert)Papiere, Börseneffekten, B.titel; **officially ~ s.** Schrankenwert *m*, amtlich gehandelter Wert; **real s.** Grundpfand *nt*, dingliche/reale Sicherheit, Immobiliarsicherheit *f*, Sicherheit an einem Grundstück; **redeemable securities** ablösbare Wertpapiere; **registered s.** Namenstitel *m*, N.papier *nt*, Rektapapier *nt*, eingetragenes/auf den Namen lautendes Wertpapier; **registered securities** eingetragene Effekten; **residual s.** restliche Sicherheit; **seasoned s.** Börsenfavorit *m*, Standardwert *m*, renommiertes Wertpapier; **senior s.** mit Vorrechten ausgestattetes/bevorrechtigtes Wertpapier

social security 1. soziale Sicherheit/Sicherung; 2. Sozialhilfe *f*, Fürsorge *f*; **on s. s.** auf Sozialschein, von der Sozialhilfe; **eligible for s. s.** sozialhilfeberechtigt; **to be on s. s.** Sozialhilfe beziehen; **to claim s. s.** Sozialhilfe beantragen; **to draw s. s.** Sozialhilfe empfangen, ~ erhalten; **to live on s. s.** von der Sozialhilfe/Fürsorge leben

social security administration Sozialverwaltung *f*; **~ benefits** *[GB]* Wohlfahrts-, Sozial-, Unterstützungs-, Sozialhilfeleistungen, Fürsorgeunterstützung *f*; **earnings-related ~ benefits** lohnabhängige Sozialversicherungsleistungen; **flat-rate ~ benefits** pauschale Sozialversicherungsleistungen; **S. S. Board** *[US]* Sozialversicherungsaufsichtsamt *nt*; **s. s. budget** Sozialetat *m*, S.haushalt *m*; **~ card** (Sozial-, Angestellten)Versicherungskarte *f*; **~ claim** 1. Anspruch auf Sozialhilfe; 2. Sozialversicherungsanspruch *m*; **~ code** Sozialgesetzbuch *nt*; **~ contribution** Sozialversicherungsbeitrag *m*, Beitrag zur (gesetzlichen) Sozialversicherung; **~ contributions** Sozialversicherungsabgaben *pl*, Sozialversicherungskosten, Sozialabgaben; **~ advisory council** Sozialbeirat *m*; **~ coverage** *[US]* Sozialversicherungsschutz *m*; **~ expenditure(s)** Sozial(versicherungs)ausgaben *pl*, S.aufwand *m*, S.leistungen *pl*; **~ fund** Sozialversicherungsstock *m*; **~ insurance** Sozialversicherung *f*; **~ legislation** Sozialversicherungsgesetzgebung *f*; **~ levy** Sozialabgaben *pl*; **~ office** Sozialamt *nt*; **~ package** Leistungspaket *nt*; **~ payment** Sozialeinkommen *nt*, S.abgaben *pl*; **~ payments** Sozialleistungen; **~ pension** Sozialversicherungsrente *f*; **~ provisions** 1. *[US]* Sozialversicherungsbestimmungen; 2. *[GB]* Sozialhilfebestimmungen; **~ recipient** Sozialhilfe-, Wohlfahrtsempfänger *m*; **~ reform** Sozialreform *f*; **~ sector** Sozialhilfezweig *m*; **old-age and survivors' ~ scheme** Alters- und Hinterbliebenenversorgung *f*; **s. s. system** 1. Sozialhilfesystem *nt*, soziales Sicherheitsnetz; 2. Sozialversicherungssystem *nt*; **~ tax(es)** 1. Sozialversicherungssteuer *f*, S.beitrag *m*, S.abgaben *pl*, Soziallasten *pl*; 2. *[US]* Rentenversicherungsbeitrag *m*; **~ tribunal** Sozialgericht *nt*

speculative security Spekulationswert *m*, S.papier *nt*, Spielpapier *nt* *(coll)*, spekulatives Papier; **highly ~ s.** Exote *m* *(coll)*; **sufficient s.** hinreichende Sicherheit; **supplementary s. (income)** *[US]* Sozialhilfe *f*; **tax-exempt securities** steuerfreie Wertpapiere; **top-grade s.** erstklassiges Wertpapier, erstklassiger Titel; **transferable s.** übertragbares Wertpapier; **unassented securities** nicht abgestempelte Effekten; **underlying s.** dingliche Sicherheit, Unterpfand *nt*; **~ securities** *(Investmentfonds)* Portefeuillewerte; **undigested securities** Übermission *f*; **unlisted s.** Freiverkehrswert *m*, im Freiverkehr gehandelter Wert, nicht (börsen)notierter Wert; **~ securities market (USM)** Freiverkehrsmarkt *m*, Markt für unnotierte Werte; **unregulated s.** im ungeregelten Freiverkehr gehandeltes Wertpapier; **variable-income/variable-yield securities** Teilhabereffekten, T.papiere, Papiere mit schwankendem Ertrag; **variable-price/volatile s.** Schwankungswert *m*; **voting s.** stimmberechtigtes Wertpapier

security account Effektenrechnung *f*; **securities a.** Wertpapier-, Depot-, Effekten-, Stückkonto *nt*, Wertpapierdepot *nt*; **current ~ a.** Wertpapierrechnung *f*; **giro-transferable collective ~ a.** Wertpapiergirosammelverwahrung *f*; **joint ~ a.** Oderdepot *nt*; **non-resident ~ a.** Ausländerdepot *nt*; **pledged ~ a.** Verpfändungskonto *nt*

securities accounts department Depotbuchhaltung *f*; **~ journal** Depotprimanota *f*; **~ statistics** Depotstatistik *f*; **s. administration** Wertpapierverwaltung *f*

security adviser Sicherheitsberater *m*; **s. agreement** 1. Sicherungsvertrag *m*; 2. *(Politik)* Sicherheitsabkommen *nt*; **s. analysis** Wertpapieranalyse *f*, Kapitalanlageberatung *f*, K.bewertung *f*; **s. analyst** Effekten-, Kapitalanlageberater *m*, Aktien-, Wertpapierfachmann *m*, W.analytiker *m*, Marktbeobachter *m*; **securities arbitrage** Effektenarbitrage *f*; **s. arrangements** Sicherungsvorkehrungen, S.maßnahmen; **securities bank** Wertpapierbank *f*; **s. bill** Kautions-, Garantiewechsel *m*, durch Effekten gesicherter Wechsel; **securities**

blotter Wertpapierstrazze *f*; **s. bond** Bürgschaftswechsel *m*, B.schein *m*, B.urkunde *f*; **securities broker** Effekten-, Wertpapiermakler *m*, W.händler *m*; **securities business** Effektensektor *m*, Effekten-, Wertpapiergeschäft *nt*; **s. category** 1. Wertpapierart *f*; 2. Geheimstufe *f*; **s. check** Sicherheitskontrolle *f*; **s. check** *[US]* / **cheque** *[GB]* Effekten-, Wertpapierscheck *m*; **s. classification** Geheimhaltungsstufe *f*; **s. clause** Kredit-, Sicherungsklausel *f*; **s. clearance** Sicherheitsüberprüfung *f*, S.kontrolle *f*
security clearing Effektengiroverkehr *m*, Wertschriftenclearing *nt*; **securities c. account** Wertpapierverrechnungskonto *nt*; ~ **bank/institution** Effektengirobank *f*, Kassenverein *m*; ~ **transactions** Wertpapiergiroverkehr *m*
security code Sicherungsschlüssel *m*
Securities and Exchange Commission (SEC) *[US]* Börsenaufsicht *f*; **s. commission agent** Effektenkommissionär *m*; ~ **business** Wertpapierkommissionsgeschäft *nt*
security company Wach- und Schließgesellschaft *f*, Werttransport-, Bewachungsunternehmen *nt*; **securities company** *[US]* Effektenverwertungsgesellschaft *f*; **s.-conscious** *adj* sicherheitsbewusst; **S. Council (UN)** Sicherheitsrat *m*; **s. dealer** Bürgschaftsmakler *m*; **securities dealer** Börsen-, Effekten-, Wertpapierhändler *m*; ~ **dealing** Effekten-, Wertpapierhandel *m*; ~ **dealings** Wertpapiergeschäft *nt*; **unofficial** ~ **dealing** Telefonverkehr *m*; ~ **department** *(Bank)* Depot-, Effekten-, Wertpapierabteilung *f*; ~ **department counter** Effektenschalter *m*
security deposit 1. Wertpapier-, Sicherstellungsdepot *nt*; 2. Kaution *f*, Tauschgebot *nt*; ~ **by the tenant** Kaution des Mieters; **collective s. d.**; **s. d. business** Depotgeschäft *nt*
blocked security deposit Sperrdepot *nt*; **collateral s. d.** Lombarddepot *nt*; **collective s. d.** Effekten-, Wertpapiersammeldepot *nt*; **fungible s. d.** Aberdepot *nt*; **impersonal s. d.** Sachdepot *nt*; **joint s. d.** Gemeinschaftsdepot *nt*; **own s. d.** Eigendepot *nt*; **pledged s. d.** Pfanddepot *nt*; **special** ~ **s. d.** Sonderpfanddepot *nt*; **third-party s. d.** Ander-, Treuhänderdepot *nt*
interim security deposit account Interimsdepot *nt*; **s. d. business** Effektenverwahrung *f*; ~ **department** Effektenverwaltung *f*; ~ **reconciliation** Depotabstimmung *f*
security device Sicherungsvorrichtung *f*; **s. discount(ing)** Effektendiskont *m*; **s. door system** Sicherheitsschleuse *f*; **s. exchange** (Effekten-/Wertpapier)Börse *f*; **s. filament** *(Banknote)* Sicherheitsfaden *m*; **s. flo(a)tation** Wertpapieremission *f*; **s. forces** Sicherheitskräfte; **s. form** *(Bank)* Sicherheitsformular *nt*; **s. fund** Wertpapierfonds *m*; **s. grading** Geheimschutzgrad *m*; **s. guard** 1. Wache *f*, Wächter *m*, Wachmann *m*; 2. Geldbote *m*; **s. guards** Wachmannschaft *f*, W.personal *nt*, Sicherheitskräfte; **s. holder** Wertpapierbesitzer *m*; **fixed-interest s. holder** Rentenbesitzer *m*
security holding Wertpapierportefeuille *f*; **s. h.s** Effektenbestand *m*, E.portefeuille *nt*, Wertpapierbesitz

m, W.bestand *m*; **collective s. h.s** Sammelbestand *m*; **indirect s. h.** mittelbare Beteiligung; **mandated s. h.** Vollmachtdepot *nt*; **own s. h.s** Eigeneffekten; **s. h. record book** Effektenkonto *nt*
securities house Effekten-, Wertpapierbank *f*, Emissionsbank *f*, E.haus *nt*
security identification number Wertpapierkennnummer *f*; **securities information system** Wertpapierinformationssystem *nt*; **s. interest** Sicherheitsinteresse *nt*
securities issue Wertpapieremission *f*; ~ **for third account** Fremdemission *f*; ~ **ban** Emissionsstopp *m*; ~ **control** Emissionskontrolle *f*; ~ **rationing** Emissionskontingentierung *f*; ~ **tax** Emissionssteuer *f*
securities journal Effektenprimanota *f*, E.strazze *f*; **s. ledger** Effektenbuch *nt*, E.konto *nt*, Depotbuch *nt*; **s. listing by categories** Wertpapiergattungsaufnahme *f*; **security loan** Effektenkredit *m*, Wertpapierdarlehen *nt*; **s. collateral loan** Lombardkredit *m*, L.darlehen *nt*; **s. management** Effektenverwaltung *f*; **s. market** Wertpapiermarkt *m*, W.börse *f*, Effektenbörse *f*, E.-markt *m*; **security measure** Sicherungs-, Sicherheitsmaßnahme *f*; **s. note** Effekten(ver)kaufsabrechnung *f*; **security number** Wertpapierkennnummer *f*; **s. numbering** Wertpapiernummerierung *f*; **security officer** Sicherheitsbeauftragter *m*, S.beamter *m*; **s. operation** Wertpapiergeschäft *nt*; **s. placing** Effektenplatzierung *f*, Wertpapierabsatz *m*, W.unterbringung *f*; ~ **pledge** Sicherheitsversprechen *nt*; **s. portfolio** Wertpapier-, Effektenportefeuille *nt*, E.bestand *m*, E.depot *nt*, Wertpapierbestand *m*, W.vermögen *nt*, W.depot *nt*, W.engagement *nt*, Depotbesitz *m*; **security precautions** Sicherheitsvorkehrungen
security price Effekten-, Wertpapierkurs *m*, Effekten-, Wertpapierpreis *m*; **fictitious s. p.** Ausweichkurs *m*; **s. p. structure** Kursgefüge *nt*
security principle Vier-Augen-Prinzip *nt*; **s. printing** Wertpapierdruck *m*; ~ **department** Wertpapierdruckerei *f*; **s. program(me)** Sicherheitsprogramm *nt*; **s. provisions** Sicherungsvorkehrungen, Geheimhaltungsbestimmungen; **s. rating** Sicherheitseinstufung *f*; **securities register** Effektenregister *nt*, E.verzeichnis *nt*, E.konto *nt*; ~ **and membership rights** Wertpapiere und Anteile; **s. risk** Sicherheitsrisiko *nt*; **s. service** Wachdienst *m*; ~ **company** Wach- und Schließgesellschaft *f*; **securities statement** Wertpapieraufstellung *f*; ~ **statistics** Effekten-, Wertpapierstatistik *f*; **s. and alarm system** Sicherheitstechnik *f*
securities tax Wertpapiersteuer *f*; **subject to s. t.** wertpapiersteuerpflichtig
securities trading Effekten-, Wertpapierhandel *m*, Handel in Wertpapieren; ~ **for own account** Effekteneigenhandel(sgeschäft) *m*/*nt*; ~ **center** *[US]* /**centre** *[GB]* Wertpapiermarkt *m*, Börsenplatz *m*; ~ **department** Börsenabteilung *f*; ~ **house** Effektenhaus *nt*
security transaction Sicherungsgeschäft *nt*; **securities t.(s)** Effektenhandel *m*, Wertpapiergeschäft *nt*, W.handel *m*; ~ **for own account** Wertpapiereigengeschäft *nt*; ~ **on commission** Effektenkommissionsgeschäft *nt*
securities transfer Effektengiroverkehr *m*, Wertpa-

securities transfer check/cheque

pierumschreibung f; **s. t. check** *[US]* /**cheque** *[GB]* Effekten-, Wertpapierscheck m; **s. tax** Börsen-, Wertpapierumsatzsteuer f
securities underwriting Effektenemissions-, Wertpapierkonsortialgeschäft nt; **s. validation** Wertpapierbereinigung f; **security value** Bürgschafts-, Garantiewert m; **~ van** Geldtransportfahrzeug nt, G.wagen m; **~ vetting** *(Person)* Sicherheitsüberprüfung f, Regelanfrage f *[D]*; **s. write-off** Wertpapierabschreibung f; **security zone** Sicherungsbereich m
sedan n *[US]* 🚗 Limousine f
se|date adj ruhig, gelassen; **s.dation** n ⚕ Beruhigung f; **s.dative** n (Nerven)Beruhigungsmittel nt
seden|tariness n Sesshaftigkeit f; **s.tary** adj 1. sitzend; 2. sesshaft
sediments pl Bodensatz m, Rückstand m; **s. theory** Bodensatztheorie f
seduce v/t verführen; **s.r** n Verführer m
seduction n Verführung f, Verlockung f; **s. of a minor** §§ Verführung einer/eines Minderjährigen
seductive adj verführerisch, verlockend
sedulous adj eifrig
see v/t 1. sehen; 2. entnehmen, ersehen, verstehen; 3. sich vorstellen; 4. aufsuchen, konsultieren; **s. so. home** jdn nach Hause begleiten; **s. sth. off** *(coll)* mit etw. fertig werden; **s. sth. through** etw. abwarten, durchhalten; **s. through so.** jdn durchschauen; **s. to it that** dafür sorgen, dass; **~ sth.** sich um etw. kümmern, etw. erledigen; **~ sth. promptly** etw. sofort erledigen; **s. out** hinausbegleiten
see above/below siehe oben/unten
seed n 🌱 Samen m, Saat(gut) f/nt; **s.s** Sämereien; **s. of discord** *(fig)* Spaltpilz m *(fig)*; **agricultural s.s** Saatgut nt
seed v/i (be)säen
seed|bed n *(fig)* Brutstätte f *(fig)*, Nährboden m *(fig)*; **s. breeding** Samen(auf)zucht f; **s. capital** Start-, Gründungskapital nt; **s.corn** n 1. 🌱 Samenkorn nt, Saatgut nt; 2. *(fig)* Investition f; **s. drill** Sä-, Drillmaschine f
seeding n 🌱 (Aus)Saat f, Säen nt
seed|ling n 🌱 Sämling m, Setzling m; **propagated s.lings** Frühkultur f; **s.s man; s. merchant** Saat-, Samenhändler m; **s. money** Gründungs-, Startkapital nt; **s. plant** Samenpflanze f; **s. potato** Saatkartoffel f; **s. shop** Samenhandlung f; **s. time** Saat-, Bestellzeit f
seedy adj *(Person)* zwielichtig
seeing that conj angesichts der Tatsache
seek v/t 1. suchen; 2. versuchen; 3. erbitten, bitten um, begehren, anfordern; **s. out** ausfindig machen
seek operation 💻 Suchoperation f; **s. time** Zugriffszeit f
seem v/i scheinen; **s.ingly** adv anscheinend, scheinbar
as seen adj wie besehen/besichtigt; **s. and approved** gesehen und genehmigt
seep v/i (durch)sickern; **s. away** versickern; **s. in** einsickern; **s. through** durchsickern
seepage n Leckage f, (Durch)Sickern nt
seesaw n 1. Wippe f; 2. *(fig)* Auf und Ab nt; v/i schaukeln; **s. market** Schaukelbörse f; **s. policy** Schaukelpolitik f

segment n Segment nt, Abschnitt m, Teil m, Stück nt, Bereich m; **s. of the market** Marktsegment nt; **appreciable ~ market** beträchtliches Marktsegment; **~ the population** Bevölkerungsgruppe f; **~ time** Zeitabschnitt m; **down-market s.** unteres Marktsegment; **marginal s.** Randsegment nt; **mid-market s.** mittleres Marktsegment; **residential s.** Eigenheimanteil m; **up-market s.** oberes Marktsegment
segment v/t in Abschnitte/Segmente teilen, segmentieren, zerlegen; **s.al** adj segmental, Segment-; **s.ation** n Zerlegung f, Segmentierung f, Unterteilung f; **~ of tasks** Aufgabensegmentierung f
segment marketing (strategy) Segmenterschließungsstrategie f; **s. profit analysis** Gewinnanalyse nach Marktsegmenten
segregate v/t 1. absondern, ausscheiden, aussondern; 2. 🗑 auswerten; 3. *(Müll)* trennen
segregation n 1. (Ab)Trennung f, Aus-, Absonderung f, Abspaltung f; 2. *[US]* Streifbanddepot(verwahrung) nt/f; **s. of property** Vermögensabsonderung f; **racial s.** Rassentrennung f; **s. proceedings** Aussonderungsverfahren f
seigniorage n *(obs.)* Münzgewinn m, M.gebühr f, M.einnahmen pl, Präge-, Geldschöpfungsgewinn m
seisin *[GB]*; **seizin** *[US]* n §§ Grundbesitz in freiem und unbeschränktem Eigentum, mit Eigentumsvermutung verbundener Besitz; **to take in s.** *(Land)* Besitz ergreifen
seizable adj beschlagnahmefähig, einziehbar
seize v/t 1. ergreifen, packen; 2. ⚓ erbeuten, kapern, aufbringen; 3. beschlagnahmen, mit Beschlag belegen, pfänden, konfiszieren, einziehen; 4. in Besitz nehmen, sich (einer Sache) bemächtigen; 5. fassen, einfangen, festnehmen; **s. on sth.** etw. aufgreifen; **s. up** ✪ sich festfahren
seized adj konfisziert, eingezogen, gepfändet, beschlagnahmt; **liable to be s.** beschlagnahmefähig
seizor n Besitzergreifer m
seizure n 1. Beschlagnahmung f, B.nahme f, Konfiskation f, (Besitz)Ergreifung f, Pfändung f, Einzug m, Konfiszierung f; 2. ⚓ Aufbringung f; 3. Zugriff m, Ergreifen nt, Gefangennahme f; **exempt from s.** beschlagnahmefrei
seizure under a prior claim Verpfändung f; **s. of contraband** Beschlagnahme von Schmuggelware; **~ crops** Pfändung der Ernte; **~ unharvested crops by way of execution** Pfändung der Früchte auf dem Halm; **~ real estate** Immobiliarpfändung f; **s. by way of execution** Zwangsvollstreckung f; **s. of false money** Anhalten von Falschgeld; **~ movables** Mobiliarpfändung f, Pfändung beweglicher Sachen; **~ power** Machtergreifung f; **~ property** Fahrnispfändung f, Einziehen des (beweglichen) Vermögens; **s. and sale of movable property** Mobiliar-, Fahrnisvollstreckung f; **s. for security** Sicherheitspfändung f, S.beschlagnahme f; **s. of a ship** Schiffsarrest m; **s. by the state** Zugriff des Staates
to be subject to seizure der Beschlagnahme unterliegen; **to effect s.** Beschlagnahme vornehmen; **to lift the s.** Pfändung/Beschlagnahme aufheben; **to order the s. of sth.** Beschlagnahme von etw. anordnen

illegal/improper seizure rechtswidrige Beschlagnahme; **judicial s.** gerichtliche Beschlagnahme
seizure insurance Beschlagnahmeversicherung *f*; **s. note** Quittung des Gerichtsvollziehers
select *v/t* 1. auslesen, (aus)wählen, ausersehen; 2. ⌑ aussteuern, aussuchen, optieren
select *adj* ausgewählt, auserlesen, exklusiv
selection *n* 1. *(Vorgang)* Auslese *f*, (Aus)Wahl *f*, Aussonderung *f*; 2. Auswahl *f*, (Waren)Angebot *nt*; **s. of lay assessors by lot**; **~ jurors** Schöffenauslosung *f*; **~ goods** Warenauswahl *f*; **s. with equal probability** ▦ Auswahl mit gleichen Wahrscheinlichkeiten; **s. of risks** Risikoauswahl *f*, R.auslese *f*; **~ samples** Musterauswahl *f*
adverse selection 1. *(Vers.)* Ausscheiden der besseren Risiken; 2. Gegenauslese *f*, Antiselektion *f*; **natural s.** natürliche Auslese; **non-random s.** nicht zufällige Stichprobe; **ordinal s.** ▦ Stellenaussonderung *f*; **periodic s.** periodische Auswahl; **preliminary s.** Vorauswahl *f*; **random s.** Zufallsauswahl *f*, Z.stichprobe *f*; **representative s.** repräsentative Auswahl, Repräsentativauswahl *f*; **systematic s.** systematische Auswahl; **wide s.** reiche Auswahl
selection board Auswahlgremium *nt*, A.kommission *f*; **s. committee** Auswahlausschuss *m*; **s. criteria** Auswahlkriterien *pl*; **s. criterion** Auswahlkriterium *nt*; **s. field** ⌑ Auswahlfeld *nt*; **s. interview** Auswahl-, Vorstellungsgespräch *nt*; **s. procedure/process** Ausleseprozess *m*, Auswahlverfahren *nt*; **s. test** Auswahltest *m*
selective *adj* 1. wählerisch; 2. punktuell, Schwerpunkt-; **s.ly** *adv* gezielt
selectivity *n* kritische Auswahl; **s. in lending** Kreditauslese *f*; **s. advertising** gezielte Werbung
selectman *n* *[US]* Stadtrat *m*, Ratsmitglied *nt*
selectness *n* Exklusivität *f*
selector *n* 1. Wähler *m*; 2. ✿ Steuerapparat *m*, Schaltknopf *m*
self-acting *adj* selbsttätig; **s.-acceleration** *n* Selbstbeschleunigung *f*; **s.-accusation** *n* [§] Selbstbeschuldigung *f*, S.bezichtigung *f*, S.anzeige *f*; **s.-actualization** *n* *[US]* Selbstverwirklichung *f*; **s.-addressed** *adj* ✉ an sich selbst adressiert; **s.-adhesive** *adj* selbstklebend, s.haftend; **s.-adjusting** *adj* sich selbst regulierend/korrrigierend, selbstregelnd; **s.-adjustment** *n* Selbstregulierung *f*, S.korrektur *f*; **s.-administration** *n* Selbstverwaltung *f*; **s.-advertisement**; **s.-advertising** *n* Eigenreklame *f*, E.werbung *f*; **s.-appeal** *n* *(Ware)* eigene Werbewirkung; **s.-appointed** *adj* selbst ernannt; **s.-assertion** *n* Selbstbehauptung *f*, Durchsetzungsvermögen *nt*; **s.-assessable** *adj* selbst veranlagungspflichtig; **s.-assessment** *n* 1. Selbsteinschätzung *f*; 2. (Steuer)Selbstveranlagung *f*; **s.-assumed** *adj* angemaßt; **s.-assurance** *n* Selbstvertrauen *nt*, S.sicherheit *f*, S.bewusstsein *nt*; **s.-assured** *adj* selbstbewusst, s.sicher, s.zufrieden; **s.-cancelling** *adj* (sich) automatisch abschaltend; **s.-caterer** *n* Selbstverpfleger *m*; **s.-catering** *n (Urlaub)* Selbstversorgung *f*, S.verpflegung *f*; **s.-centred** *adj* ichbezogen, egozentrisch; **s.-certification** *n* Selbstzertifizierung *f*; **s.-checking** *adj* selbstprüfend; **s.-cleaning** *adj* selbstreinigend; **s.-command** *n* Selbstbeherrschung *f*; **s.-confidence** *n* Selbstgefühl *nt*, S.vertrauen *nt*, S.bewusstsein *nt*, S.sicherheit *f*; **s.-confident** *adj* selbstsicher, s.bewusst; **s.-congratulation** *n* Selbstbeweihräucherung *f*; **s.-congratulatory** *adj* selbstbeweihräuchernd; **s.-constructed** *adj* selbst erstellt; **s.-construction** *n* Eigenleistung *f*, E.bau *m*; **s.-contained** *adj* 1. (in sich) (ab)geschlossen, separat; 2. unabhängig, eigenständig; **s.-content** *n* Selbstzufriedenheit *f*; **s.-contracting** *n* [§] Insichgeschäft *nt*, Selbsteintritt *m*, S.kontrahieren *nt*; **s.-control** *n* 1. Selbstbeherrschung *f*, S.kontrolle *f*; 2. ✿ Selbststeuerung *f*; **to lose s.-control** aus der Fassung geraten; **s.-convicted** *adj* [§] auf Grund eigener Aussagen überführt; **s.-correcting** *adj* selbstregulierend; **s.-critical** *adj* selbstkritisch; **s.-criticism** *n* Selbstkritik *f*; **s.-dealing** *n* Selbstkontrahieren *nt*, S.eintritt *m*, Insichgeschäft *nt*; **s.-deceit**; **s.-deception** *n* Selbsttäuschung *f*; **s.-deceiving** *adj* sich selbst täuschend; **s.-defeating** *adj* sinnlos, zum Scheitern verurteilt; **to be s.-defeating** das Gegenteil erreichen, ein Schuss nach hinten sein *(coll)*
self-defence *n* 1. Selbstverteidigung *f*; 2. [§] Notwehr *f*; **excessive s.-d.** Notwehrexzess *m*; **imaginary s.-d.** Putativnotwehr *f*
self-denial *n* Selbstverleugnung *f*; **s.-destruct** *v/i* sich selbst zerstören; **s.-destruction** *n* Selbstzerstörung *f*; **s.-determination** *n* Selbstbestimmung *f*; **s.-determined** *adj* selbstbestimmt; **s.-determining** *adj* selbstbestimmend; **s.-development** *n* Selbstentfaltung *f*; **s.-diagnosis** *n* ⌑/⚕ Eigendiagnose *f*; **s.-discipline** *n* Selbstbeherrschung *f*, S.zucht *f*, S.disziplin *f*; **s.-driven** *adj (fig)* ehrgeizig; **s.-educated** *adj* autodidaktisch, selbstgebildet; **~ person** Autodidakt *m*
(the) self-employed *pl* selbstständig Erwerbstätige, Selbstständige; *adj* 1. freiberuflich, selbstständig (tätig); 2. *(Künstler)* freischaffend; **to be s.-e.** selbstständig sein; **to become s.-e.**; **to set up as a s.-e. person** sich selbstständig machen, sich eine Existenz aufbauen; **s.-e. person** Selbstständige(r) *f/m*, Freiberufler(in) *m/f*
self-employment *n* selbstständige (Erwerbs)Tätigkeit, freiberufliche/privatwirtschaftliche Tätigkeit; **to be in s.-e.** selbstständig sein; **bogus s.-e.** Scheinselbstständigkeit *f*; **s.-e. income** Einkommen aus freiberuflicher/selbstständiger Tätigkeit, Einkünfte aus selbstständiger Arbeit/Erwerbstätigkeit
self-endangering *n* Selbstgefährdung *f*; **s.-engagement** *n* Selbstbindung *f*; **s.-esteem** *n* Selbstgefühl *m*, S.achtung *f*; **s.-evident** *adj* offensichtlich, selbstverständlich; **s.-explanatory** *adj* offenkundig, sich selbst erklärend, ohne Erläuterung verständlich; **to be s.-explanatory** sich von selbst erklären, keiner Erklärung bedürfen; **s.-feeding** *adj (Aufschwung)* sich selbst tragend
self-financing *n* Eigen-, Innen-, Selbstfinanzierung *f*; *adj* sich selbst finanzierend, kostenneutral; **gross s.-f.** Bruttoselbstfinanzierung *f*; **s.-f. ability** Selbstfinanzierungskraft *f*; **s.-f. power** Eigenfinanzierungskraft *f*; **s.-f. ratio** Selbst-, Eigenfinanzierungsquote *f*

self|-fulfilment *n* Selbstverwirklichung *f*, S.entfaltung *f*; **s.-generated** *adj* 1. eigengebildet; 2. *(Geldmittel)* selbsterwirtschaftet, s.erzeugt; **s.-generating** *adj* selbsterzeugend; **s.-governing** *adj* sich selbst regierend/verwaltend, selbstständig; **s.-governed** *adj* selbstverwaltet, s.regiert, selbstständig, autonom; **s.-government** *n* Selbstverwaltung *f*, (Verwaltungs)Autonomie *f*; **local s.-government** städtische/kommunale Selbstverwaltung; **s.-heating** *n* Selbsterhitzung *f*
self-help *n* Selbsthilfe *f*; **~ organization** Selbsthilfeorganisation *f*; **~ program(me)** Selbsthilfeprogramm *nt*; **~ sale** Selbsthilfeverkauf *m*; **~ saving** Selbsthilfesparen *n*
self|-image *n* Selbstbild *nt*, S.verständnis *nt*; **s.-important** *adj* dünkelhaft; **s.-imposed** *adj* selbstauferlegt; **s.-improvement** *n* Weiterbildung *f*; **s.-incrimination** *n* [§] Selbstanzeige *f*, S.beschuldigung *f*, S.bezichtigung *f*; **~ privilege** Aussageverweigerungsrecht wegen Gefahr der Selbstbezichtigung; **s.-induced** *adj* selbstverursacht; **s.-inflicted** *adj* 1. selbst zugefügt; 2. hausgemacht *(coll)*; **s.-insurance** *n* Eigen-, Selbstversicherung *f*, firmeneigene Versicherung; **s.-insurer** *n* Selbstversicherer *m*
self-interest *n* Eigen-, Selbstinteresse *nt*, Eigennutz *m*, eigener Vorteil; **enlightened s.-i.** aufgeklärtes Eigeninteresse; **sectional s.-i.** Gruppenegoismus *m*
self-invited *adj* ungebeten, selbst eingeladen
selfish *adj* selbstsüchtig, egoistisch, eigennützig; **s.ness** *n* Selbst-, Ichsucht *f*, Eigennutz *m*, Egoismus *m*; **~ among government departments** Ressortegoismus *m*
self|-justification *n* Selbstrechtfertigung *f*, Rechtfertigung des eigenen Verhaltens; **s.-laceration** *n* $ Selbstzerfleischung *f*; **s.-liquidating** *adj (Kredit)* sich automatisch abdeckend, ~ selbst liquidierend; **s.-loading** *adj* selbstladend; **s.-locking** *adj* automatisch schließend, mit automatischem Verschluss; **s.-made** *adj* handgemacht, h.gearbeitet; **s.mademan** *n* Selfmademan *m*; **s.-mailer** *n* ✉ Werbe(druck)sache mit Rückantwort; **s.-management** *n* 1. Selbstverwaltung *f*; 2. *(Wertpapiere)* Selbstverwahrung *f*; **s.-manufacture** *n* Selbstanfertigung *f*; **s.-motivating** *adj* dynamisch, eigeninitiativ; **s.-multiplication** *n* Selbstmultiplizierung *f*; **s.-mutilation** *n* $ Selbstverstümmelung *f*; **s.-operative** *adj* automatisch in Kraft tretend; **s.-opinionated** *adj* rechthaberisch; **s.-perpetuating** *adj* sich selbst erneuernd; **s.-pity** *n* Selbstmitleid *nt*; **s.-portrayal** *n* Selbstdarstellung *f*; **s.-possessed** *adj* selbstbeherrscht, gelassen; **s.-possession** *n* Selbstbeherrschung *f*, Gelassenheit *f*; **s.-preservation** *n* Selbsterhaltung *f*; **s.-proclaimed** *adj* selbsternannt; **s.-production** *n* Eigenleistung *f*; **s.-propagating** *adj* sich selbst weiterentwickelnd; **s.-propelled** *adj* ✪ mit Eigenantrieb; **s.-propelling** *adj* sich selbst verstärkend; **s.-protection** *n* Selbstschutz *m*; **s.-provided** *adj* selbst erstellt; **s.-purification** *n* Selbstreinigung *f*; **s.-rating** *n* Selbsteinschätzung *f*, S.veranlagung *f*; **s.-realization** *n* Selbstverwirklichung *f*; **s.-recording** *adj* selbstregistrierend; **s.-redress** *n (Schaden)* Selbsthilfe *f*; **s.-regulating; s.-regulatory** *adj* selbstregulierend; **s.-regulation** *n* Selbstregulierung *f*, Eigen-, Selbstkontrolle *f*; **s.-reinforcement** *n* Selbstverstärkung *f*

self|-reliance *n* Selbstständigkeit *f*, Unabhängigkeit *f*, Autarkie *f*, Eigenverantwortlichkeit *f*; **s.-reliant** *adj* selbstständig, autark; **to be s.-reliant** sich auf sich selbst verlassen; **to be s.-reliant** Selbstversorger sein
self|-reproach *n* Selbstvorwurf *m*; **s.-respect** *n* Selbstachtung *f*; **s.-restrained** *adj* selbstbeherrscht; **s.-restraint** *n* Selbstbeherrschung *f*, S.beschränkung *f*, S.beschneidung *f*, Maß halten *nt*; **to show s.-restraint** Maß halten; **s.-righteous** *adj* pharisäerhaft, selbstgerecht; **s.-righteousness** *n* Pharisäertum *nt*, Selbstgerechtigkeit *f*; **s.-sacrifice** Selbstaufopferung *f*; **s.-seal** *adj (Briefumschlag)* selbstklebend; **~ envelope** Selbstklebeumschlag *m*; **s.-sealing** *adj* selbstklebend; **s.-seeking** *adj* auf den eigenen Vorteil bedacht; **s.-selection** *n* Selbstbedienung *f*, Vorauswahl *f*
self-service *n* Selbstbedienung *f*; **partial s.** Teilselbstbedienung *f*
self-service department store Selbstbedienungswarenhaus *nt*; **~ filling station** ⛽ Selbstbedienungstankstelle *f*; **~ restaurant** Selbstbedienungsrestaurant *nt*; **~ shop** *[GB]* **/store** *[US]* Selbstbedienungsgeschäft *nt*, S.laden *m*; **~ system** Selbstbedienungssystem *nt*; **~ wholesale trade** Selbstbedienungsgroßhandel *m*
self|-serving declaration *adj* Schutzbehauptung *f*; **s.-start** *v/i* selbstständig sein, Eigeninitiative haben; **s.-starter** *n* 1. dynamische Persönlichkeit; 2. ⚙ Anlasser *m*; **s.-starting** *adj* selbstgehend, intiativ, dynamisch; **s.-study** *n* Selbstunterricht *m*; **s.-styled** *adj* selbsternannt, angemaßt
self|-sufficiency *n* 1. Autarkie *f*, Selbst-, Eigenversorgung *f*, wirtschaftliche Unabhängigkeit; 2. Selbstgenügsamkeit *f*; **s.-sufficient** *adj* 1. autark, selbstständig; 2. selbstgenügsam; **to be s.-sufficient** Selbstversorger/autark sein
self|-support *n* Selbst-, Eigenversorgung *f*; **s.-supporter** *n* Selbst-, Eigenversorger *m*; **s.-supporting** *adj* sich selbst versorgend, finanziell/wirtschaftlich unabhängig; **to be s.-supporting** sich selbst finanzieren/tragen
self|-sustaining *adj* selbsttragend; **s.-taught; s.-trained** *adj* autodidaktisch; **~ person** Autodidakt(in) *m/f*; **s.-test** *n* Selbsttest *m*; **s.-willed** *adj* eigensinnig, e.willig
sell *v/ti* 1. verkaufen, veräußern, um-, absetzen, verwerten, Verkäufe tätigen, unterbringen, an den Mann bringen *(coll)*, käuflich überlassen; 2. *(Waren)* führen, handeln mit, vertreiben; 3. *(Waren)* sich absetzen/verkaufen lassen, Absatz/Abnahme finden; 4. *(Emission)* platzieren, begeben; 5. *(Börse)* disponieren; **s. by** *(Auszeichnung)* Mindesthaltbarkeit(sdatum) *f/nt*; **easy to s.** leicht/gut zu verkaufen; **hard to s.** schlecht/schwer verkäuflich; **to be ~ s.** sich schwer verkaufen lassen; **s. in advance** vorverkaufen; **s. back** zurückverkaufen; **s. at best; s. on a best effort basis** zum Höchstpreis/H.kurs verkaufen, bestmöglich/bestens verkaufen, ~ absetzen; **s. briskly** reißenden Absatz finden; **s. cheap** billig abgeben/verkaufen/absetzen; **s. dirt-cheap** *(coll)* spottbillig verkaufen *(coll)*, verschleudern; **s. forward** per/auf Termin verkaufen, auf Ziel/zukünftige Lieferung verkaufen; **s. freely** sich gut/leicht verkaufen (lassen); **s. locally** um den Kichturm herum ab-

setzen *(coll)*; s. off 1. veräußern, abstoßen, zu Geld machen, verschachern *(pej.)*; 2. *(Börse)* liquidieren, glattstellen; ~ cheap verramschen; s. on weiterverkaufen, w.veräußern; s. out 1. (aus)verkaufen, Lager räumen/abstoßen, Kasse machen; 2. Geschäft/Anteil verkaufen; ~ against so. *(Börse)* Exekutionsverkauf gegen jdn durchführen, jdn exekutieren; s. outright fest verkaufen; s. privately unter der Hand verkaufen; s. readily sich gut/leicht verkaufen (lassen); s. short *(Börse)* fixen, ohne Deckung verkaufen, blanko abgeben/verkaufen, Lagerverkauf tätigen/abschließen; s. up zwangsverkaufen, zu Geld machen; s. well glänzend/gut gehen, sich gut verkaufen (lassen), sich leicht absetzen lassen, guten/regen Absatz finden, gut laufen *(coll)*
sell *n* 1. Verkaufstaktik *f*, V.methode *f*; 2. Zugkraft *f*, Attraktivität *f*; **direct s.** Direktverkauf *m*, D.vertrieb *m*, D.asatz *m*; **green s.** grüne Verkaufsmasche; **hard s.** aggressive Absatz-/Verkaufsmethode, ~ Verkaufstaktik; ~ **strategy** aggressive Verkaufsstrategie; **soft s.** *(coll)* argumentative Verkaufstechnik, weiche Tour *(coll)*; **to try the ~ s.** *(coll)* es auf die sanfte Art/Tour versuchen *(coll)*
seller *n* 1. Händler(in) *m/f*, Verkäufer(in) *m/f*; 2. *(Börse)* Geber(in) *m/f*, Lieferer *m*, Lieferant(in) *m/f*, Abgeber *m*; 3. gängiger Artikel; **s.s ahead** *(Börse)* gehandelt mit Brief (gB; gb); **s.s over** *(Börse)* vorwiegend Brief, bezahlt und Brief, mehr Angebot als Nachfrage; **s.s and buyers** *(Börse)* Geber und Nehmer; **more s.s than buyers** bezahlt Papier (bP; bp)/Brief (bB; bb); **s. of an interest** Anteilsveräußerer *m*; ~ **an option/ privilege** *[GB]* Stillhalter *m*; ~ **a put and call**; ~ **a spread** Stellagegeber *m*; ~ **a share** Anteilsveräußerer *m*
bad seller Ladenhüter *m*, schlecht gehender/verkäuflicher Artikel; **big s.** Kassen-, Verkaufsschlager *m*; **fast s.** gut gehende Ware, Schnelldreher *m (coll)*; **final s.** letztinstanzlicher Verkäufer; **forward s.** Terminverkäufer *m*; **good s.** zugkräftiger Artikel; **hot s.** *(coll)* Umsatzrenner *m (coll)*; **intermediate s.** Zwischenverkäufer *m*; **joint s.** Mitverkäufer *m*; **mainly s.s** *(Börse)* Brief angeboten; **many s.s** Brief *m* (BB; Bb), Angebot *nt*; **marginal s.** Grenzverkäufer *m*, G.anbieter *m*; **prospective s.** Verkaufsinteressent *m*; **short s.** Leerverkäufer *m*; **slow s.** schlecht gehende Ware; **tied s.** Alleinverkäufer *m*; **top s.** *(Ware)* Spitzenreiter *m*; **undisclosed s.** ungenannter Verkäufer
at seller's choice nach Wahl des Verkäufers; **s.'s commission** Umsatzbeteiligung *f*, U.provision *f*, Absatzprovision *f*; ~ **duties** Verkäuferpflichten; ~ **duty to deliver** Übergabepflicht des Verkäufers; **s.'s lien** Zurückbehaltungsrecht des Verkäufers, Verkäuferpfandrecht *nt*; ~ **market** verkaufsgünstiger Markt, günstiger Absatzmarkt, Verkäufermarkt *m*; ~ **option** Wahl des Verkäufers, Verkaufs-, Verkäuferoption *f*; **at ~ option** nach Wahl des Verkäufers; **s.'s rate** *(Börse)* Briefkurs *m*; **s.s' ring** Absatzsyndikat *nt*; **at s.'s risk and expense** auf Kosten und Gefahr des Verkäufers; **s.'s warranty** Mängelhaftung *f*, Gewährleistung(spflicht) des Verkäufers
selling *n* 1. Verkauf *m*, Verkäufe *pl*, Absatz *m*, Verkaufen *nt*, Vertrieb *m*; 2. *(Börse)* Materialabgabe *f*, Realisation *f*; **s. for a fall** *(Börse)* Verkauf auf Baisse; **s. at dumping prices** Verschleuderung *f*; **s. by mail** Korrespondenzverkauf *m*; **s. of shares** *[GB]* /**stocks** *[US]* Aktienplatzierung *f*; ~ **subscription rights** Verkauf von Bezugsrechten; **s. on down-payment terms** Anzahlungsgeschäft *nt*
advance selling *(Wertpapiere)* Vorausplatzierung *f*; **backdoor s.** Verkauf durch inoffizielle Kanäle, illegaler Verkauf; **blind s.** tel quel-Verkauf *m*; **commercial s.** *(Börse)* Verkäufe institutioneller Anleger; **creative s.** kreativer Verkauf; **direct s.** Direktverkauf *m*, D.vertrieb *m*, Fabrik-, Direktabsatz *m*, Erzeuger-, Fabrikhandel *m*, direkter Vertrieb/Verkauf, Verkauf ohne Zwischenhandel; **doorstep/door-to-door s.** Hausieren *nt*, Haustürverkauf *m*, Direktverkauf über Haushaltsreisende, Verkauf von Haus zu Haus; **forced s.** Zwangsverkauf *m*, Z.versteigerung *f*, persuasiver (Direkt)Verkauf; **hard s.** aggressive Verkaufsmethoden/V.politik; **heavy s.** *(Börse)* größere/massive Abgaben; **to run into ~ s.** schlechten Absatz finden, sich schwer verkaufen lassen; **hefty s.** größere/umfangreiche Abgaben, Abgabedruck *m*; **house-to-house s.** Direktverkauf *m*; **indirect s.** indirekter Vertrieb; **joint s.** Gemeinschaftsabsatz *m*, G.vertrieb *m*, gemeinsamer Verkauf; **large-scale s.** *(Börse)* Massenverkauf *m*; **to come under nervous s.** wegen Börsennervosität unter Verkaufsdruck geraten; **over-the-counter s.** 1. Thekenverkauf *m*; 2. *(Börse)* Schalterhandel *m*, Tafelgeschäft(e) *nt/pl*; **panic s.** Angstverkäufe *pl*; **personal s.** 1. persönlicher Verkauf, Direktverkauf *m*; 2. Verkaufsgespräch *nt*; **promotional s.** Werbeverkauf *m*; **sharp s.** *(Börse)* hoher Abgabedruck; **short s.** *[US]* Verkauf auf Baisse, Leerverkauf *m*, L.verkäufe *pl*; **small-lot s.** Kleinverkauf *m*, Verkauf von kleinen Partien; **speculative s.** Spekulations-, Meinungsverkäufe *pl*, spekulative Verkäufe/Liquidierung; **stop-loss s.** *(Börse)* Glattstellung *f*; **technical s.** *(Börse)* technische Verkäufe; **unified s.** Einheitsverkauf *m*; **widespread s.** *(Börse)* umfassende Verkäufe
selling abroad Auslandsverkäufe *pl*; **s. activity** 1. Verkaufstätigkeit *f*; 2. Absatzfunktion *f*; **s. agency** Vertriebsbüro *nt*, Verkaufsstelle *f*; **s. agent** Absatzmittler *m*, Verkaufs-, Vertriebsvertreter *m*, Verkaufskommissionär *m*, Vertriebshändler *m*; **s. agreement** Verkaufsvertrag *m*, V.vereinbarung *f*; **s. aid** Verkaufshilfe *f*, Vertriebsunterstützung *f*; **s. area** Verkaufsfläche *f*; **s. association** Verkaufsgemeinschaft *f*; **cooperative s. association** Verkaufsgenossenschaft *f*; **s. brokerage** Verkaufsprovision *f*; **s. capacity** Absatzkapazität *f*; **s. center** *[US]* /**centre** *[GB]* Verkaufsstützpunkt *m*; **s. commission** 1. Verkaufs-, Vertriebsprovision *f*, Verkaufsvergütung *f*, Bonifikation *f*; 2. Platzierungskonsortium *nt*; **s. concept** Verkaufsstrategie *f*; **s. concession** Verkaufskonzession *f*; **s. cost(s)** Absatz-, Vertriebs(gemein)-, Verkaufs-, Veräußerungskosten; **s. country** Verkaufsland *nt*; **s. day** Verkaufstag *m*; **s. effort** Verkaufsanstrengung *f*; **s. expenditure(s)** Verkaufsaufwand *m*, V.aufwendungen *pl*, V.ausgaben *pl*; **s. expense(s)** Verkaufsspesen *pl*, Vertriebs(gemein)-,

Verkaufskosten *pl*, Vertriebsspesen *pl*, V.aufwand *m*, V.aufwendungen *pl*, V.unkosten *pl*; **s. experience** Verkaufserfahrung *f*; **s. group** Begebungs-, Vertriebs-, Platzierungskonsortium *nt*, Verkaufsgruppe *f*; **s. and administration expenses** Verkaufs-und Geschäftskosten; **s. frenzy** Verkaufswelle *f*; **s. licence** Verkaufslizenz *f*; **major s. line** Hauptartikel *m*; **s. methods** Absatz-, Vertriebs-, Verkaufsmethoden; **s. off** Ausverkauf *m*; **s. order** Verkaufsauftrag *m*; **s. organization** Verkaufs-, Vertriebs-, Absatzorganisation *f*; **s. out** 1. Ausverkauf *m*; 2. *(Börse)* Exekution *f*, Zwangsverkauf *m*; **s. overhead(s)** Vertriebsgemeinkosten *pl*; **s. period** Absatzperiode *f*; **s. point** 1. Verkaufsanreiz *m*, V.argument *nt*, V.gesichtspunkt *m*; 2. Verkaufsstelle *f*; 3. unterer Interventionspunkt; **s. pressure** Verkaufs-, Abgabe-, Angebotsdruck *m*; **heavy ~ pressure** massiver Abgabedruck
selling price 1. Vertriebs-, Verkaufs-, Abgabe-, Absatzpreis *m*, Verkaufskurs *m*, V.wert *m*; 2. *(Börse)* Ausstiegskurs *m*; **actual s. p.** gültiger Verkaufspreis; **gross s. p.** Bruttoverkaufspreis *m*; **industrial s. p.** Industrieabgabepreis *m*; **maximum s. p.** höchster Verkaufspreis, Höchstverkaufspreis *m*; **minimum s. p.** Mindestverkaufspreis *m*
selling process Verkaufsverfahren *nt*; **s. profit margin** Umsatzmarge *f*; **unique s. proposition (USP)** einmaliges/einzigartiges Verkaufsargument; **s. prospects** Verkaufsaussichten; **s. rate** 1. *(Börse)* Brief-, Verkaufskurs *m*, Abgabesatz *m*; 2. Devisenkaufkurs *m*; 3. Absatzgeschwindigkeit *f*; **s. restrictions** Verkaufsbeschränkungen
selling right Verkaufs-, Vertriebs-, Absatzrecht *nt*; **to grant sole s. r.s** Alleinvertriebsrecht vergeben; **exclusive/sole s. r.s** Alleinverkaufsrecht *nt*, alleiniges Vertriebsrecht
selling short *(Börse)* Baissespekulation *f*, Leerverkäufe *pl*, Fixen *nt*; **s. space** Verkaufsfläche *f*; **s. subsidiary** Verkaufskontor *nt*, Vertriebstochter *f*; **s. syndicate** Verkaufssyndikat *nt*, Vertriebskonsortium *nt*; **s. task** Verkaufsaufgabe *f*; **s. technique** Verkaufsmethode *f*; **s. tendency** *(Börse)* Abgabeneigung *f*; **s. tool** Verkaufsinstrument *nt*, absatzpolitisches Instrument; **s. track record** Absatz-, Verkaufserfolg *m*; **s. unit** Verkaufseinrichtung *f*; **mobile s. unit** ambulante Verkaufsstelle; **s. wave** Verkaufswelle *f*; **s. weight** Verkaufsgewicht *nt*
sell|-off *n* 1. (Aus)Verkauf *m*; 2. *(Börse)* Glattstellungsverkauf *m*; **s. offer** Verkaufsangebot *nt*; **s. order** Verkaufsorder *f*, V.auftrag *m*
sellotape TM *n* *[GB]* Klebeband *nt*, TM Tesafilm *m/nt*
sell|out *n* 1. Ausverkauf *m*; 2. *(fig)* Verrat *m*, Vertrauensbruch *m*, fauler Kompromiss; **s. recommendation** Verkaufsempfehlung *f*; **s. signal** Verkaufssignal *nt*
semantics *n* Semantik *f*
semaphore *n* Signalarm *m*, S.mast *m*; **s. signal** 🚩 Formsignal *nt*
semblance *n* (An)Schein *m*; **without a s. of right** ohne Anschein eines Rechts
semester *n* Semester *nt*

semi- Halb-; *n* *(coll)* → **semi-detached house** *[GB]*; → **semi-trailer**
semis *pl* *(coll)* halbfertige Waren, Halbzeug *nt*
semi|-absorbent *adj* halbsaugfähig; **s.-annual** *adj* halbjährlich, Halbjahres-; **s.-annually** *adv* im Halbjahresrhythmus; **s.-automatic** *adj* halbautomatisch; **s.-cashless** *adj* halbbar; **s.-circle** *n* Halbkreis *m*; **s.colon** *n* Semikolon *nt*, Strichpunkt *m*; **s.conductor** *n* ⚡ Halbleiter *m*; **~ industry** Halbleiterindustrie *f*; **~ technology** Halbleitertechnik *f*; **s.-custom** *adj* halbkundenspezifisch; **s.-daily** *adj* zweimal täglich; **s.-darkness** *n* Halbdunkel *nt*; **s.-derelict** *adj* halb verfallen; **s.-detached** *adj* 🏠 angebaut, halb freistehend; **s.-durable** *adj* beschränkt haltbar; **s.-educated** *adj* halbgebildet; **s.-final** *n* Halbfinale *nt*; **s.-finished** *adj* halbfertig, Halbzeug-; **s.-fixed** *adj* teilvariabel; **s.-knocked down** *adj* teilweise zerlegt; **s.-invalid** *n* Halbinvalide *m*; **s.-luxuries** *pl* Güter des gehobenen Bedarfs; **s.-manufactures** *pl* Halbfabrikate, H.zeug *nt*; **s.-monopolistic** *adj* monopolähnlich; **s.-monthly** *adj* halbmonatlich
seminar *n* Seminar *nt*
semi-official *adj* halbamtlich, h.öffentlich, offiziös
semiotics *n* Semiotik *f*, Zeichentheorie *f*
semi|-plegic *adj* ½ halbseitig gelähmt; **s.-postal** *n* ✉ Wohlfahrts-, Zuschlagmarke *f*; **s.-private** *adj* gemischtwirtschaftlich, halbstaatlich; **s.-products** *pl* Halbfertigwaren, Halbzeug *nt*; **s.-public** *adj* halbstaatlich, h.öffentlich; **s.-range** *n* halbe Spannweite; **s.-skilled** *adj* angelernt; **s.-submersible** *n* ⚓ schwimmende Bohrinsel, Halbtaucher *m*; **s.-trailer** *n* 🚛 (Sattel)Auflieger *m*, S.anhänger *m*; **s.-transparent** *adj* halbdurchsichtig; **s.-variable** *adj* teilvariabel; **s.-weekly** *adj* halbwöchentlich; **s.-wholesaler** *n* Halbgrossist *m*; **s.-yearly** *adj* halbjährlich
semolina *n* Grieß *m*
Senate *n* *[US]* Senat *m*; **S. committee** Senatsausschuss *m*; **S. inquiry** Senatsenquête *f*
senator *n* Senatsmitglied *nt*, Senator *m*
send *v/t* 1. (über-/zu)senden, (zu-/hin)schicken; 2. anliefern, zugehen lassen; **s. away** entlassen, fortschicken; **s. back** zurückschicken, z.gehen lassen, z.senden; **s. down** 1. *(Preise)* fallen lassen; 2. relegieren, von der Schule/Universität verweisen; **s. for** rufen/abholen/kommen lassen, herbeiholen; **s. in** einsenden, einschicken; **s. off** 1. ab-, versenden, fort-, ab-, verschicken, expedieren; 2. verabschieden; **s. on** nachsenden, nachschicken, zuleiten, weiterbefördern; **s. out** versenden, hinaus-, verschicken; **s. so. sth.** jdm etw. zukommen lassen; **s. up** *(Preise)* hochtreiben, in die Höhe treiben; **s. so. packing** *(coll)* jdm eine Abfuhr erteilen *(coll)*
sender *n* (Ver)Sender *m*, Einsender *m*, Ab-, Übersender *m*, Aufgeber *m*, Ablader *m*, Adressant *m*, Auslieferer *m*; **return to s.** ✉ an den Absender zurück; **s.'s declaration** Absendererklärung *f*
sending *n* Ein-, Über-, Versendung *f*; **s. of goods to the wrong destination** Fehlverladung *f*, F.versand *m*; **~ reminders to dilatory debtors** Mahnung säumiger Schuldner

sending back *n* Rücksendung *f*; **s. off** Versand *m*, Absendung *f*
send-off *n* 1. Verabschiedung *f*; 2. Starthilfe *f*
senile *adj* senil, altersschwach; **to become s.** vergreisen
senility *n* Altersschwäche *f*, Senilität *f*
senior *adj* 1. älter; 2. dienst-, rangälter, ranghöher (als); 3. leitend, vorgesetzt, übergeordnet; **most s.** dienstältest; **next s.** nächsthöher
senior *n* 1. Ältere(r) *f/m*, Älteste(r) *f/m*; 2. Dienstälteste(r) *m/f*; 3. Vorgesetzte(r) *f/m*; 4. *[US]* älteres Semester *(coll)*
seniority *n* 1. höheres Alter; 2. höheres Amts-/Dienstalter, (Dauer der) Betriebszugehörigkeit; 3. höhere Stellung/Position, höherer Rang; **s. of position** Dienstrang *m*, Hierarchiestufe *f*, höherer Rang; **~ tenure** (höheres) Dienstalter
seniority allowance/pay Dienstalters-, Beförderungszulage *f*, altersbedingte Gehaltserhöhung; **s. benefit/bonus** Alterszulage *f*, Treuebonus *m*, T.prämie *f*; **s. principle** Dienstaltersprinzip *nt*
sensation *n* 1. Gefühl *nt*; 2. Sensation *f*, Eklat *m*, Furore *f*; **s.al** *adj* sensationell, aufsehenerregend, reißerisch, eklatant; **s.alism** *n* Sensationsmache *f*; **cheap s.alism** Kolportage *f*
sense *n* 1. Sinn *m*, Bedeutung *f*; 2. Verstand *m*, Vernunft *f*; 3. Gefühl *nt*, Bewusstsein *nt*; **in every s.** in jeder Hinsicht
sense of achievement Erfolgserlebnis *nt*; **~ belonging** Zugehörigkeitsgefühl *nt*; **~ crisis** Krisenstimmung *f*; **~ direction** Orts-, Richtungssinn *m*; **~ duty** Pflichtgefühl *nt*, P.bewusstsein *nt* *(frz.)*; **~ grievance** Ressentiment *nt* *(frz.)*; **~ hearing** ⚖ Gehörsinn *m*; **~ honour** Ehrgefühl *nt*; **~ justice** Gerechtigkeitsgefühl *nt*, G.empfinden *nt*, G.sinn *m*, Rechtsempfinden *nt*, R.gefühl *nt*; **natural ~ justice** gesundes Rechtsempfinden; **~ mission** Sendungsbewusstsein *nt*; **~ pain** ⚖ Schmerzempfinden *nt*; **~ proportion** Augenmaß *nt (fig)*; **~ responsibility** Verantwortungsgefühl *nt*, V.bewusstsein *nt*; **~ shame** Schamgefühl *nt*; **~ tact** Taktgefühl *nt*; **~ what is right and wrong** Rechtsempfinden *nt*
to be in possession of one's senses alle fünf Sinne beisammen haben; **to bring so. to his s.s** jdn zur Vernunft/Raison *(frz.)* bringen; **to make s.** sinnvoll sein, Sinn ergeben, einleuchten, Hand und Fuß haben; **~ economic s.** sich rechnen; **~ no s.; not ~ s.** keinen Sinn ergeben, sich nicht zusammenreimen
auditory sense ⚖ Gehörsinn *m*; **in the broadest s.** im weitesten Sinne; **common s.** gesunder Menschenverstand; **figurative s.** übertragene Bedeutung; **good s.** Vernunft *f*; **juristic s.** Rechtssinn *m*; **kinetic s.** Kraftsinn *m*; **in the legal s.** im juristischen/rechtlichen Sinne; **literal s.** wörtliche Bedeutung; **in the narrower s.** im engeren Sinne; **olfactory s.** Geruchssinn *m*; **in the strict s.** im strengeren Sinne; **visual s.** Gesichtssinn *m*
sense *v/t* 1. (ver)spüren; 2. ahnen, abfühlen; 3. ⚙ abtasten, abfühlen
sense condition ⚙ Prüfbedingung *f*; **s.less** *adj* 1. unvernünftig, sinnlos; 2. ⚖ bewusstlos; **s.lessness** *n* 1. Unverstand *m*, Sinnlosigkeit *f*; 2. ⚖ Bewusstlosigkeit *f*; **s. organ** Sinnesorgan *nt*

sensible *adj* 1. vernünftig, sinnvoll; 2. merklich, wahrnehmbar
sensing *n* ⚙ Abtastung *f*; **s. head** Abtastkopf *m*; **s. pin** Abtast-, Abfühlstift *m*
sensitive *adj* 1. sensibel, empfindlich, anfällig; 2. *(Fracht)* empfindlich; 3. *(Börse)* unsicher, leicht reagierend, neuralgisch; **to be s. to** empfindlich reagieren auf; **cyclically s.** konjunkturempfindlich; **highly s.** hochempfindlich
sensitiveness; sensitivity *n* 1. Empfindlichkeit *f*, Sensibilität *f*, Anfälligkeit *f*; 2. Feingefühl *nt*, Einfühlungsvermögen *nt*; **s. to economic conditions/cyclical influences** Konjunktursensibilität *f*, K.anfälligkeit *f*; **cyclical s.** Konjunkturempfindlichkeit *f*; **social s.** soziale Wahrnehmungsfähigkeit; **s. analysis** Empfindlichkeits-, Sensitivitätsanalyse *f*; **s. training** Reaktionstraining *nt*
sensor *n* ✪ Messfühler *m*, Sensor *m*, Sonde *f*; **s.y** *adj* ⚕ sensorisch, Sinnes-
sentence *n* 1. [§] (Freiheits)Strafe *f*, (Straf)Urteil *nt*, Verurteilung *f*, Straferkenntnis *nt*, S.maß *nt*, S.höhe *f*, (Richter-/Rechts)Spruch *m*; 2. Satz *m*; 3. ⚙ Programmsatz *m*; **s. of a court** Gerichtsurteil *nt*; **~ imprisonment** Gefängnisstrafe *f*; **tougher s. for habitual offenders** Rückfallverschärfung *f*, R.strafe *f*; **s. awarded/imposed** erkannte/auferlegte Strafe; **s.s run concurrently** Strafen werden gleichzeitig verbüßt; **serving one's s.** Strafverbüßung *f*, Verbüßung einer Strafe; **after ~ s.** nach Verbüßung der Strafe
to award a sentence [§] auf Strafe erkennen; **to begin serving one's s.** Haft antreten; **to commute a s.** Urteil/Strafe umwandeln; **to complete one's s.** Strafe voll verbüßen; **to confirm a s.** Urteil bestätigen; **to execute a s.** Urteil vollstrecken; **to mete out/pass s.** Urteil verkünden, (Straf)Urteil fällen, Strafe verhängen, aburteilen; **to phrase a s.** Satz formulieren; **to pronounce a s.** (Schuld)Spruch fällen; **to quash a s. on appeal** Urteil in der Berufungsinstanz aufheben; **to reduce a s.** Strafe herabsetzen; **to remit a s.** Urteil/Strafe erlassen; **to rephrase as.** Satz umformulieren; **to serve a s. (of imprisonment)** (Gefängnis)Strafe absitzen/verbüßen, Freiheitsstrafe verbüßen; **to suspend/stay a s.** Urteilsverkündung aufschieben, Strafzeit unterbrechen, Urteil aussetzen; **to suspend a s. on probation** Strafe zur Bewährung aussetzen
accumulative sentence zusätzliche Strafzumessung; **bracketed s.** Klammersatz *m*; **compound/concurrent s.** Gesamtstrafe *f*, gleichzeitige Verbüßung zweier Freiheitsstrafen; **concluding s.** Schlusssatz *m*; **cumulative s.** Strafenhäufung *f*, Gesamtstrafe *f*; **custodial s.** Freiheits-, Haftstrafe *f*; **deferred s.** ausgesetzte Urteilsverkündung; **determinate s.** zeitlich begrenzte Freiheitsstrafe; **enforced/executed s.** vollzogene Strafe; **excessive/harsh s.** übermäßig harte Strafe; **final s.** Schlusssatz *m*; **heavy s.** schwere Strafe, schweres Urteil; **immediate s.** nicht zur Bewährung ausgesetzte Strafe; **imperative s.** ⚙ unbedingter Programmsatz *m*; **indeterminate s.** Strafe in unbestimmter Höhe, Rahmenstrafe *f*; **individual s.** Einzelstrafe *f*; **interpolated**

just an lawful **sentence** 1036

s. eingeschobener Satz; **just and lawful s.** gerechte Strafe; **lenient s.** mildes Urteil; **maximum s.** Höchststrafe *f*; **non-custodial s.** Strafe ohne Freiheitsentzug; **penal s.** Gefängnis-, Haftstrafe *f*; **severe/stiff s.** strenges/hartes Urteil, hohe Gefängnisstrafe; **shortened s.** Haftverkürzung *f*; **subsidiary s.** Nebenstrafe *f*; **suspended s.** (Freiheits)Strafe auf Bewährung, ausgesetzte Strafe, zur Bewährung ausgesetztes (Straf)Urteil
sentence *v/t* [§] ver-, aburteilen, bestrafen, zu einer Strafe verurteilen/verdonnern *(coll)*
sentencing *n* [§] Ab-, Verurteilung *f*, Bestrafung *f*; **s. rules** Strafzumessungsregeln
sentiment *n* 1. *(Börse)* Stimmung(slage) *f*, Tendenz *f*, Klima *nt*, Marktstimmung *f*; 2. Meinung *f*, Ansicht *f*; **to sustain s.** vorsichtigen Optimismus aufrechterhalten; **cheerful s.** freundliches Börsenklima; **noble s.** edle Gesinnung; **~ s.s** edle Gefühle; **underlying s.** Grundstimmung *f*
sentimental *adj* sentimental, gefühlig, rührselig; **s.ity** *n* Sentimentalität *f*
separability *n* 1. Teilbarkeit *f*; 2. [§] Teilnichtigkeit *f*; **s. clause** Teilnichtigkeitsklausel *f*
separable *adj* (ab)trennbar, ablösbar, teilbar
separate (from) *v/ti* 1. trennen/absondern (von), (aus)gliedern, entfernen, (auf)teilen, spalten; 2. sich trennen; 3. [§] *(Ehe)* sich trennen
separate *adj* 1. separat, gesondert, getrennt; 2. Einzel-, einzeln, losgelöst, isoliert, unvermischt, (voneinander) unabhängig; **living s. and apart** getrennt lebend; **to keep s.** getrennt halten
separated *adj* getrennt; **to be s.** getrennt leben; **permanently s.** dauernd getrennt lebend
separately *adv* mit getrennter Post
separation *n* 1. Absonderung *f*, Teilung *f*, Abspaltung *f*, Loslösung *f*, Abtrennung *f*; 2. [§] *(Ehe)* Trennung *f*, Getrenntleben *nt*, Gütertrennung *f*; 3. *(Konkurs)* Aussonderung *f*
separation of actions [§] Trennung mehrerer Rechtsstreitigkeiten; **s. by informal agreement** informelle Vereinbarung über das Getrenntleben; **s. of assets/estates/property** *(Eheleute)* Gütertrennung *f*; **s. from bed and board** Trennung von Tisch und Bett, Aufhebung der ehelichen Lebensgemeinschaft; **s. by (mutual) consent** Scheidung im gegenseitigen Einvernehmen, einverständliche Trennung; **s. under a written deed** urkundlich vereinbartes Getrenntleben; **s. of a partnership** Auflösung einer (Handels)Gesellschaft; **~ powers** Trennung der Gewalten, Gewaltenteilung *f*; **~ powers doctrine** Dreigewaltenlehre *f*; **~ property** Gütertrennung *f*; **to decide upon the ~ multiple suits in law** Abtrennung eines Verfahrens anordnen
judicial/legal separation [§] gerichtliche Trennung, Trennung von Tisch und Bett, Gerichtsbeschluss zur Aufhebung der ehelichen Gemeinschaft, gerichtlich angeordnetes/gestattetes Getrenntleben; **physical s.** räumliche Trennung
separation agreement Trennungsvereinbarung *f*, Vereinbarung/Vertrag über das Getrenntleben; **s. plant ✿** Trennanlage *f*

sep|sis *n* ✝ Vereiterung *f*; **s.tic** *adj* 1. ✝ septisch, vereitert; 2. faulig; **to turn s.tic** *(Wunde)* vereitern
septu|ple *v/ti* 1. versiebenfachen; 2. sich versiebenfachen; **s.plicate** *v/ti* 1. versiebenfachen; 2. sich versiebenfachen; **in s.plicate** *adj* in siebenfacher Ausfertigung; **s.plication; i.spling** Versiebenfachung *f*
sequel *n* Folge(erscheinung) *f*, Nachspiel *nt*; **s. in court; judicial s.** gerichtliches Nachspiel; **to write a s.** Fortsetzung schreiben
sequence *n* Abfolge *f*, (Reihen)Folge *f*, Reihe *f*, Serie *f*; **in s.** der Reihenfolge nach
sequence of courts [§] Instanzenzug *m*; **interlocked ~ decision steps** Entscheidungssequenz *f*; **~ events/meetings** Veranstaltungsrhythmus *m*, Folge der Ereignisse; **~ instructions** Befehlsfolge *f*; **~ occurrences** Folge von Ereignissen; **~ operations** Operations-, Arbeits-(gang)folge *f*; **continuous ~ operations** Fließarbeit *f*; **~ operations schedule** Arbeitsablaufplan *m*; **~ properties** Merkmalsfolge *f*; **~registration** Reihenfolge der Eintragungen
alphabetic sequence alphabetische Reihenfolge; **arithmetic(al) s.** π arithmetische Folge/Progression; **ascending s.** aufsteigende (Reihen)Folge; **broken s.** unterbrochener Kausalzusammenhang; **collating s.** ▯ Misch-, Sortierfolge *f*; **descending s.** absteigende (Reihen)Folge; **geometric s.** π geometrische Folge; **legal s.** Rechtsfolge *f*; **operational s.** Arbeits-, Betriebsablauf *m*; **random s.** Zufallsfolge *f*; **reverse s.** umgekehrte Reihenfolge; **timed s.** Takt *m*; **unbroken s.** nicht unterbrochener Kausalzusammenhang
sequence *v/t* in eine Folge bringen, ordnen, sortieren, (in einer Reihenfolge) anordnen
sequence chart Folgediagramm *nt*; **s. check/control** Folgekontrolle *f*, F.prüfung *f*
sequencer *n* ▯ Ablaufsteuerung *f*
sequence error [§] Folgefehler *m*; **s. link** Folgeadresse *f*; **s. symbol** Folgesymbol *nt*
sequencing *n* Arbeitsfolge *f*, Reihenfolgeplanung *f*; **s. model** Reihenfolgemodell *nt*; **s. problem** Reihenfolgeproblem *nt*
sequential *adj* der Reihe nach, Reihen-; **to be s. to/upon** folgen
sequester; sequestrate *v/t* [§] unter Zwangsverwaltung stellen, beschlagnahmen, sequestrieren, konfiszieren, einziehen, mit Beschlag belegen, in Beschlag nehmen
sequestrable *adj* [§] beschlagnahmefähig
sequestration *n* [§] Beschlagnahme *f*, Zwangsvollstreckung *f*, Konfiskation *f*, Zwangsverwaltung *f*, Pfandbewahrung *f*, Sequestration *f*, Sequestrierung *f*, Sequestratur *f*; **s. of assets** Vermögensbeschlagnahme *f*; **judicial s.** gerichtliche Beschlagnahme, Zwangsverwaltung *f*; **s. measure** Sequestermaßnahme *f*; **s. order** Beschlagnahmeanordnung *f*, B.beschluss *m*, B.verfügung *f*, Einziehungsbeschluss *m*, Konfiskationsverfügung *f*
sequestrator *n* [§] Beschlagnahmebeamter *m*, Zwangsverwalter *m*, Gerichtsvollzieher *m*, Sequester *m*, Sequestor *m*
serf *n* *(obs.)* Leibeigene(r) *f/m (obs.)*; **s.dom** *n* Leibeigenschaft *f*

serge *n* Futterstoff *m*
sergeant *n* 1. ⚜ Feldwebel *m*; 2. Polizeimeister *m*
serial *n* Serie *f*, Reihe *f*; *adj* Serien-, serienmäßig, periodisch erscheinend, seriell; **s.ization** *n* Veröffentlichung in Fortsetzungen; **s.ize** *v/t* 1. serienmäßig herstellen; 2. periodisch veröffentlichen, in Fortsetzungen drucken/veröffentlichen
seriate *adj* reihen-, serienweise
series *n* 1. Folge *f*, Reihe *f*, Serie *f*; 2. Gruppe *f*, Gattung *f*; 3. ⊞ Entwicklungs-, Zahlenreihe *f*, Serienfolge *f*; 4. Sendefolge *f*, S.reihe *f*; **in s.** 1. serienmäßig, der Reihe nach, reihen-, serienweise; 2. ⚡ in Reihe; **s. of court cases** [§] Prozessfolge *f*; **~ cuts** Streichungsaktion *f*; **~ images and sounds** Bild- und Tonfolge *f*; **~ laws** [§] Gesetzeskomplex *m*; **~ lectures** Vortrags-, Vorlesungsreihe *f*; **~ movements** Bewegungsablauf *m*; **~ payments** Zahlungsreihe *f*; **~ tests** Testreihe *f*; **~ transactions** Reihe von Geschäftsabschlüssen
arithmetic series π arithmetische Reihe; **coincident s.** ⊞ gleichlaufende Reihe; **finite s.** endliche Reihe; **harmonic s.** harmonische Reihe; **infinite s.** unendliche Reihe; **lagging s.** nachlaufende/spätzyklische Reihe; **ordered s.** geordnete Reihe; **new s.** neue Folge; **random s.** ⊞ Zufallsreihe *f*, Z.folge *f*; **statistical s.** statistische Reihe, Datenreihe *f*
series communications system ✆ Telefonreihenanlage *f*; **s. connection** ⚡ Reihen-, Serienschaltung *f*; **s. discount** *(Anzeige)* Wiederholungsrabatt *m*; **s. production** Serienproduktion *f*
serious *adj* 1. ernst(haft), ernst gemeint, seriös; 2. schwer(wiegend), erheblich, ernstlich, folgenreich, f.schwer, gravierend; **to be s.** es ernst meinen
to take sth. seriously *adv* etw. ernst nehmen; **~ so. s.** jdn für voll nehmen *(coll)*; **~ sth. too s.** etw. dramatisieren
seriousness *n* Ernst *m*, Wichtigkeit *f*, Bedeutung *f*; **in all s.** allen Ernstes
sermon *n* Predigt *f*
serpentine *n* Serpentine *f*
SERPS (state earnings-related pension scheme) *[GB]* staatliche einkommensbezogene Rentenversicherung
serrated *adj* *(Messer)* gezackt
serum *n* ⚜ Serum *nt*, Impfstoff *m*
servant *n* Dienstbote *m*, D.botin *f*, Diener(in) *m/f*, Bedienstete(r) *f/m*, Hausangestellte(r) *f/m*; **s.s** Dienerschaft *f*, (Dienst-/Haus)Personal *nt*; **s.s and assistants** [§] Erfüllungs- und Verrichtungsgehilfen
civil servant 1. (Staats)Beamter *m*, (Staats)Beamtin *f*, Staatsbedienstete(r) *f/m*, Zivilbeamter *m*, Z.beamtin *f*; 2. *[GB]* höherer Ministerialbeamter *m*, höhere M.beamtin; **the c. s.s** Beamtenstand *m*; **c. s. on limited appointment** Beamter/Beamtin auf Zeit; **~ in charge** amtierender/federführender Beamter, amtierende/federführende Beamtin; **~ of the administrative class** Beamter/Beamtin des höheren Dienstes; **~ of the clerical class** Beamter/Beamtin des mittleren Dienstes; **~ of the executive class** Beamter/Beamtin des gehobenen Dienstes; **~ the subclerical class** Beamter/Beamtin des einfachen Dienstes; **~ appointed for life** Lebenszeitbeamter *m*, L.beamtin *f*; **~ on probation** Beamter/Beamtin auf Probe; **~ on recall** Beamter/Beamtin auf Widerruf; **~ in provisional retirement** Beamter/Beamtin im einstweiligen Ruhestand
to appoint so. civil servant jdn verbeamten; **to become a ~ s.** verbeamtet werden, in den Staatsdienst übernommen werden; **to dismiss a ~ s.** Beamten/Beamtin entlassen
established civil servant Beamter/Beamtin auf Lebenszeit, Berufsbeamter *m*, B.beamtin *f*; **federal ~ s.** Bundesbeamter *m*, B.beamtin *f*, B.bedienstete(r) *f/m*; **non-permanent ~ s.** Beamter/Beamtin auf Zeit; **political ~ s.** politischer Beamter, politische Beamtin; **retired ~ s.** Ruhestandsbeamter *m*, R.beamtin *f*, Beamter/Beamtin im Ruhestand; **senior ~ s.** Beamter/Beamtin des gehobenen Dienstes, ~ höheren Dienstes, ~ im höheren Staatsdienst, höherer Beamter, höhere Beamtin; **top ~ s.** Spitzenbeamter *m*, S.beamtin *f*
civil servantl's household Beamtenhaushalt *m*; **~ status** Beamtenstatus *m*, Status des Beamten
domestic servant Haushaltsgehilfe *f*, H.gehilfin *f*, Dienstmädchen *nt*; **~ s.s** Hauspersonal *nt*, Gesinde *nt* *(obs.)*; **your obedient s.** *(Brief)* Ihr(e) ergebene(r), Hochachtungsvoll; **public s.** Beamter *m*, Beamtin *f*, Angestellte(r) *f/m* (im öffentlichen Dienst), Angehörige(r) des öffentlichen Dienstes, Staatsangestellte(r) *f/m*, S.diener *m*
serve *v/ti* 1. dienen; 2. im Dienst stehen, amtieren; 3. bedienen, betreuen, servieren, auftischen; 4. nützen, fungieren als, genügen, ausreichen; 5. *(Strafe)* verbüßen; 6. [§] zustellen; **s. as** dienen als; **s. sth.** zu etw. dienen; **~ on so.** [§] jdm etw. zustellen lassen; **ready to s.** tafelfertig
served *adj* [§] zugestellt; **duly s.** ordnungsgemäß zugestellt
server *n* 1. 🖥 Server *m*, Bedienungseinheit *f*; 2. [§] Zusteller *m*
service *n* 1. Dienst(leistung) *m/f*; 2. Kundendienst *m*, Bedienung(sleistung) *f*, Service *m*; 3. Betrieb *m*; 4. 🔧 Inspektion *f*, Wartung *f*; 5. *(Anleihe)* Bedienung *f*, Zinsendienst *m*; 6. [§] Zustellung *f*; 7. *(Geschirr)* Service *nt*; **s.s** 1. Dienstleistungen, D.leistungsbereich *m*, D.leistungsverkehr *m*; 2. *(Bus)* 🚌/⚓/✈ Verkehr *m*; 3. Verdienste; 4. 🔧 Raststätte *f*; **in the s. of** im Dienste von, für
service of the action [§] Klagezustellung *f*; **(long) s. for the company; s. in the firm** Betriebstreue *f*, Firmenzugehörigkeit *f*; **s. ordered by the court** [§] Amtszustellung *f*; **s. under a guarantee** Garantieleistung *f*; **s. of judgment** [§] Urteilszustellung *f*; **s. beyond national jurisdiction** [§] Auslandszustellung *f*; **professional s.s of a lawyer** anwaltliche Dienste; **simplified s. by mail** ✉ vereinfachte Zustellung; **s. by mailing** Zustellung durch Aufgabe zur Post; **s. of notice** Zustellung einer Kündigung; **~ notice of default** Inverzugsetzung *f*; **~ process** [§] (förmliche) Zustellung, Ladung *f*; **s. by publication** [§] öffentliche Ladung/Zustellung; **s. in return** Gegenleistung *f*; **s. upon official request** Amtszustellung *f*; **s. of (writ of) summons** [§] Zustellung einer Ladung/Klageschrift; **~ writ; ~ a writ of process** [§] Klagezustellung *f*, Ladung *f*; **~ writs and records of**

judicial verdicts Zustellung von Verfahrensurkunden und Gerichtsentscheidungen
always at your service *(Brief)* stets zu Ihren Diensten; **fit for s.** dienstfähig; **s. impossible** unzustellbar; **s. included** einschließlich Bedienung; **s.s offered** Dienstleistungs-, Nutzungsangebot *nt*; **putting into s.** Indienststellung *f*; **s.s rendered** geleistete Dienste, erbrachte (Dienst)Leistungen; **retired from s.** außer Diensten (a. D.)
to be of service behilflich/dienlich sein, (be)dienen, zur Verfügung stehen; **to do so. a s.** jdm eine Gefälligkeit erweisen; **to effect s.** [§] Zustellung bewirken; **to employ/enlist so.'s s.s** jds Dienste/jdn in Anspruch nehmen, jdn heranziehen; **to enter into so.'s s.** in jds Dienste eintreten, sich verdingen; **to go into s.** *(obs.)* Hausangestellte werden; **to have in s.** in Betrieb haben; **to invoice s.s** Leistungen abrechnen; **to leave the s.** *(Beamter)* ausscheiden; **to market a s.** Dienstleistung anbieten/vermarkten; **to notify by s.** [§] zustellen; **to offer one's (good) s.s** seine Vermittlung/Dienste anbieten; **to operate a s. to** 1. ✈ anfliegen; 2. ⚓ anlaufen; **~ a full s.** voll in Betrieb sein, Betrieb in vollem Umfang weiterführen; **to pay for s.s rendered** Leistungen abgelten/honorieren; **to perform s.s** Dienstleistungen erbringen; **to proffer/tender (one's) s.s** (seine) Leistungen/Dienste anbieten, ~ andienen; **to put into s.** 1. in Dienst stellen, der Nutzung übergeben/zuführen; 2. *(Person)* verdingen; **to render a s.** (Dienst)Leistung erbringen, Dienst erweisen/leisten; **to report for s.** sich zum Dienst(antritt) melden; **to require so.'s s.s** jdn benötigen; **to secure so.'s s.s** sich der Dienste von jdm versichern, jdn verpflichten; **to take into s.** in Betrieb/Dienst nehmen; **~ out of s.** außer Dienst stellen, aus dem Verkehr ziehen, ausmustern; **to use so.'s s.s** jdn einschalten
fit for active service 🗡 kriegstauglich, k.verwendungsfähig (kv); **additional s.** Nebenleistung *f*; **administrative s.** Verwaltungsdienst *m*; **higher ~ s.** höherer Verwaltungsdienst; **public ~ s.** öffentlicher Verwaltungsdienst; **~ s. class** *(Beamter)* höhere Laufbahn, höherer Dienst; **advisory s.** Beratungsdienst *m*, Gutachtertätigkeit *f*; **agricultural ~ s.** landwirtschaftlicher Beratungsdienst, landwirtschaftliches Beratungswesen; **after-installation s.** technische Kundendienstleistungen
after-sales service Kundendienst *m*, K.betreuung *f* (nach dem Verkauf), nachträgliche Betreuung, Service *m*; **~ company** Servicegesellschaft *f*; **~ station** Kundendienststelle *f*, K.stützpunkt *m*
allied service/s verwandte Dienstleistungen; **ancillary s.s** Hilfsdienste; **answering s.** Antwortdienst *m*; **auxiliary s.s** zusätzliche Dienstleistungen; **budgetary s.** Kalkulationsprüfung *f*
civil service 1. Staats-, Verwaltungsdienst *m*; 2. *[GB]* Ministerialbürokratie *f*; **to join the ~ s.** in den Staatsdienst eintreten; **permanent ~ s.** Berufsbeamtentum *nt*; **senior ~ s.** höherer (Verwaltungs)Dienst
civil service applicant Laufbahnbewerber *m*; **~ arbitration tribunal** *[GB]* Schiedsgericht im öffent-

lichen Dienst; **~ career** Beamtenlaufbahn *f*; **~ career regulations** Laufbahnrecht *nt*; **~ department** Behörde *f*; **~ examination** Staatsprüfung *f*; **~ group** Laufbahngruppe *f*; **~ law** Beamtenrecht *nt*; **~ machinery** Beamtenapparat *m*; **~ pay** Beamtenbesoldung *f*; **~ pension** Beamtenpension *f*, B.versorgung *f*; **~ reform** *[GB]* *(Staatsdienst)* Verwaltungsreform *f*; **~ salary** Beamtengehalt *nt*; **~ status** Beamtenstatus *m*, B.verhältnis *nt*, öffentlich-rechtliches Dienst- und Treueverhältnis; **~ strike** Streik der öffentlichen Bediensteten, Beamtenstreik *m*; **post-graduate ~ trainee** Referendar(in) *m/f*; **~ union** Gewerkschaft für den öffentlichen Dienst
clerical service Büro-, Schreibdienst *m*; **~ class** *(Beamter)* mittlerer Dienst, mittlere Laufbahn; **commercial s.s** gewerbliche Leistungen; **comprehensive s.** umfassender Kundendienst; **compulsory s.** Dienstzwang *m*, D.pflicht *f*; **consular s.** konsularischer Dienst, Konsulats-, Konsulardienst *m*; **contracted s.** vereinbarte Leistung; **corporate s.s** Dienstleistungen der Firma; **cutting-edge s.** Spitzenleistung im Service; **defective s.** Zustellungsmangel *m*; **delivery-by-hand s.** Hauszustellung *f*; **diplomatic s.** diplomatischer/auswärtiger Dienst; **distributive s.** Vertrieb *m*; **domestic s.** *(obs.)* (Haus)Dienst *m*; **door-to-door s.** Haus-zu-Haus-Verkehr *m*; **due s.** [§] ordnungsgemäße Zustellung; **educational s.s** Bildungseinrichtungen; **eligible s.s** *[US]* garantiefähige Leistungen; **essential s.s** lebenswichtige Betriebe; **executive s. class** *(Beamter)* gehobene Laufbahn, gehobener Dienst; **exclusive s. clause** Wettbewerbsklausel *f* (im Anstellungsvertrag); **express s.** *[GB]* 1. Eil(zustellungs)dienst *m*; 2. 🚌/*(Bus)* Schnellverkehr *m*; **faithful s.** treue Dienste; **fault-clearing s.** Entstörungsdienst *m*; **fiduciary s.** Treuhänderdienst *m*
financial services Finanz-, Bankdienstleistungen; **~ company** Finanzdienstleistungsunternehmen *nt*; **~ group** Finanzgruppe *f*, F.dienstleistungskonzern *m*; **~ industry/sector** Finanzdienstleistungssektor *m*, F.-branche *f*; **~ provider** Finanzdienstleister *m*, F.dienstleistungsunternehmen *nt*
flexilink service 🚌 Stückgutfrachtverbindung *f*; **follow-up s.** Folgeleistung *f*; **foreign s.** auswärtiger Dienst; **~ allowance** Auslandszulage *f*; **~ employee (FSE)** im Ausland tätiger Mitarbeiter; **free/gratuitous s.** unentgeltlicher Dienst, unentgeltliche Leistung, Gefälligkeit *f*; **household-related s.s** haushaltsbezogene Dienstleistungen; **in-flight s.** ✈ Bordservice *m*; **inland s.** Inlandsdienst *m*; **intergroup s.s** konzerninterne Leistungen; **internal s.** innerbetriebliche/interne Leistung; **investigative s.** Fahndungsdienst *m*; **invisible s.s** unsichtbare Leistungen; **joint s.** Gemeinschaftsdienst *m*; **judicial s.** Richterdienst *m*; **local s.** 🚌 Nahverkehr *m*; **medical s.(s)** ärztliche Bemühungen/Leistungen, Krankenversorgung *f*, ärztliche/medizinische Versorgung, Gesundheitsdienst *m*; **to charge for ~ s.s** liquidieren; **menial s.s** niedere Dienste
military service 🗡 Militär-, Wehr-, Kriegsdienst *m*, militärische Dienstpflicht; **fit for m. s.** wehrfähig, wehr-, militärdiensttauglich, kriegsverwendungsfähig (kv); **unfit ~ m. s.** wehr(dienst)untauglich; **active m. s.**

Grundwehrdienst *m*; **compulsory m. s.** Militärdienst-, Wehrpflicht *f*; **m. s. book** Wehrpass *m*; **~ period** Wehrdienstzeit *f*
multi-machine service Mehrmaschinenbedienung *f*; **municipal s.** städtische/kommunale Dienstleistung; **~ s.s** städtische Einrichtungen; **national s.** ⚔ Militär-, Wehrdienst *m*; **net s.s** Dienstleistungsbilanz *f*; **non-pensionable s.** nicht ruhegehaltfähige (Dienst)Tätigkeit; **official s.** [§] Zustellung von Amts wegen; **occasional s.s** Gelegenheitsverkehr *m*; **on-the-spot s.** Kundendienst an Ort und Stelle; **outside/outsourced s.s** Fremdleistungen; **overhead-type s.s** Gemeinkostenleistungen; **pensionable s.** ruhegehaltsfähige/anrechenbare Dienstjahre; **peripheral s.** Nebenleistung *f*; **personal s.** [§] Zustellung an den Empfänger, persönliche Bedienung; **personalized s.** persönliche Bedienung; **phototelegraph s.** Bildübermittlungsdienst *m*, Bildstelle *f*; **postal s.** Post(dienst) *f/m*; **~ s.s** Postverkehr *m*; **post-sales s.** Kundendienst *m*; **preparatory s.** Vorbereitungsdienst *m*; **primary s.** Primarleistung *f*; **productive s.s** Faktorleistungen; **promotional s.** (Be)Werbung *f*; **prompt s.** sofortige Bedienung
public service öffentlicher Dienst, öffentliche Verwaltung, Staatsdienst *m* (im öffentlichen Dienstleistungsbetrieb); **~ s.s** der öffentliche Sektor; **~ s. obligation (PSO)** 1. öffentlicher Dienstleistungsauftrag; 2. Beförderungspflicht *f*; **~ s. pension** Staatspension *f*; **~ s. pensioner** Staatspensionär *m*
purchased services fremde Dienstleistungen, Fremdleistungen; **quality-testing s.** Güteprüfdienst *m*; **quick s.** Schnelldienst *m*; **reciprocal s.** Gegendienst *m*, G.leistung *f*; **regular/scheduled s.** Linienverkehr *m*, L.flug *m*, L.dienst *m*, fahrplanmäßiger Verkehr, Taktverkehr *m*; **roll-on/roll-off s.** ⚓ Ro-Ro-Verkehr *m*; **secret s.** Geheim-, Sicherheitsdienst *m*, Spionageabwehr *f*
social services Sozialleistungen, S.einrichtungen, Fürsorgeeinrichtungen, Wohlfahrt *f*, soziale Dienste/Dienstleistungen/Einrichtungen/Versorgung; **~ budget** Sozialhaushalt *m*; **~ department** Sozialamt *nt*, Fürsorgebehörde *f*, F.stelle *f*, F.amt *nt*; **~ Secretary** *[GB]* Sozialminister(in) *m/f*; **~ legislation** Sozialleistungsrecht *nt*; **~ spokesman** *[GB]* sozialpolitischer Sprecher
subclerical service class *(Beamter)* einfache Laufbahn, einfacher Dienst; **substituted s.** [§] Ersatzzustellung *f*, Zustellung durch Hinterlegung, öffentliche Zustellung; **technical s.** 1. technischer Dienst, Betriebsdienst *m*; 2. Kundendienst *m*; **through-pallet s.** Durchpalettendienst *m*; **total s.s** Leistungsvolumen *nt*; **transatlantic s.s** Flugdienste/Schifffahrtsverbindungen über den Atlantik; **24-hour s.** Tag- und Nachtdienst *m*; **urban s.** 1. städtische Dienstleistung; 2. 🚌/(Bus) Stadtverkehr *m*
service *v/t* 1. (im Kundendienst) betreuen, pflegen, warten, in Stand halten/setzen, Instandhaltungs-/Wartungsarbeiten/Inspektion durchführen; 2. *(Kredit)* bedienen
serviceability *n* Funktionstüchtigkeit *f*; **lost s.** Wert-, Brauchbarkeitsminderung *f*

serviceable *adj* gebrauchsfähig, brauchbar, funktionstüchtig, dienlich, tauglich, gebrauchsfertig; **s.ness** *n* Gebrauchseignung *f*
service abroad [§] Zustellung im Ausland, Auslandszustellung *f*; **s.s account** Dienstleistungsbilanz *f*; **s. agreement** 1. Dienst(leistungs)vertrag *m*, D.vereinbarung *f*, D.abkommen *nt*; 2. Wartungsvertrag *m*; **s. aid** Wartungshilfe *f*; **s. allowance** Dienstaufwandsentschädigung *f*, Dienst-, Beschäftigungszulage *f*; **s. apportionment** Pensionszuschuss *m*; **s. area** 1. *(Gas)*/⛽/⚡ Versorgungsgebiet *nt*, V.bereich *m*; 2. *(Radio/Fernsehen)* Sendegebiet *nt*; 3. ⛽ (Tankstelle und) Raststätte *f*; **supreme s. authority** oberste Dienststelle; **s. badge** Dienstmarke *f*; **s. business** Dienstleistungsgeschäft *nt*, D.unternehmen *nt*; **s. call** 1. ☎ Dienstgespräch *nt*; 2. Bedienungsanforderung *f*; **s. capacity** Nutzungspotenzial *nt*; **s. center** *[US]* /**centre** *[GB]* Kundendienststelle *f*, K.stützpunkt *m*
service charge 1. Bearbeitungs-, Dienstleistungs-, Unkosten-, Vermittlungs-, Benutzungs-, Verwaltungsgebühr *f*; 2. *(Bank)* Kontoführungsgebühr *f*; 3. Bedienungsgeld *nt*; 4. Nebenkosten *pl*; **~ for the use of money** Kapitalnutzungsentschädigung *f*; **flat-rate s. c.** Pauschalgebühr *f*; **initial s. c.** *(Fonds)* Ausgabeaufschlag *m*
service commitment Engagement *nt (frz.)*, Motivation *f*; **s. company** Dienstleistungsbetrieb *m*, D.firma *f*, Kundendienstgesellschaft *f*; **s. contract** 1. Dienst-, Werk-, Anstellungs-, Arbeitsvertrag *m*; 2. Wartungsvertrag *m*; 3. *[GB]* ⚓ Heuervertrag *m*; **unexpired ~ contract** gültiger Dienstvertrag; **s. contractor** Wartungsunternehmen *nt*; **s. cooperative** Dienstleistungsgenossenschaft *f*; **s. corporation** *[US]* Dienstleistungsunternehmen *nt*; **s. cost(s)** 1. abschreibungsfähige Kosten; 2. *(Anleihe)* Kosten des Schuldendienstes; **~ center** *[US]* /**centre** *[GB]* Hilfskostenstelle *f*; **s. costing** Dienstleistungskalkulation *f*; **s. credit** *[US]* Überziehungskredit *m*; **s.s deficit** negative Dienstleistungsbilanz; **s. degree** Lieferbereitschaftsgrad *m*; **s. department** 1. Kundendienst, technischer Außendienst; 2. Hilfs-, Stabsabteilung *f*; 3. allgemeine Kostenstelle; **s. depot** Außen-, Zweig-, Kundendienststelle *f*, Reparaturlager *nt*; **s. dress** Dienstkleidung *f*; **(circular) s. duct** *n* Sammelkanal *m*; **s. economy** Dienstleistungsgesellschaft *f*; **s.elevator** *[US]* Lasten-, Warenaufzug *m*; **s. employment** Beschäftigung im Dienstleistungsgewerbe/D.bereich/D.sektor; **s. engineer** Wartungs-, Kundendiensttechniker *m*; **s. enterprise** Dienstleistungsbetrieb *m*, D.unternehmen *nt*; **s. entrance** Dienstboteneingang *m*; **s. expense** Dienstleistungsaufwand *m*; **s. exports** Dienstleistungsausfuhr *f*; **s. facility** Bedienungsstelle *f*, B.station *f*, Schalter *m*; **s. fee** Dienstleistungsgebühr *f*, D.prämie *f*, Bearbeitungsgebühr *f*; **s. firm** Dienstleistungsunternehmen *nt*; **s. flat** 1. *[GB]* 🏠 Etagenwohnung mit Bedienung; 2. Dienstwohnung *f*; **s. hatch** 🏠 Durchreiche *f*, Servicefenster *nt*; **s. imports** Dienstleistungseinfuhr *m*; **s. income** Arbeitseinkommen *nt*; **s. increment** Dienstleistungszulage *f*; **s. industry** Dienstleistungs-

service instruction

gewerbe *nt*, D.industrie *f*, D.branche *f*, Tertiärsektor *m*, tertiärer Sektor; **s. instruction** Dienstanweisung *f*; **s. intensity** Betreuungsintensität *f*; **s. interval** Wartungsintervall *nt*; **s. invention** Arbeitnehmer-, Betriebs-, Diensterfindung *f*; **s. investments** Investitionen im Dienstleistungssektor; **s. lease** Wartungsvertrag *m*; **s. level** Leistungsumfang *m*, Servicegrad *m*
service life 1. Nutzungs-, Betriebs-, Brauchbarkeits-, Lebens-, Verwendungsdauer *f*; 2. Stand-, Betriebszeit *f*; **actual ~ of assets** tatsächliche Nutzungsdauer; **expected s. l.** erwartete Nutzungsdauer; **presumed s. l.** voraussichtliche Nutzungsdauer
service lift *[GB]* Lasten-, Speisen-, Warenaufzug *m*; **s. line** ⚡ Verbraucherleitung *f*; **s.man** *n* 1. *[US]* Handwerker *m*, Kundendiensttechniker *m*, K.mitarbeiter *m*; 2. ⚔ Soldat *m*, Militärangehöriger *m*; **disabled s.man** Kriegsversehrter *m*; **s. mark** Dienstleistungsmarke *f*; **s. merchandiser** Regalgroßhändler *m*; **s. module** *(Dienstleistung)* Teilpaket *nt*; **integrated s.s digital network (ISDN)** ✆ digitales Netz; **s. occupation** Dienstleistungsberuf *m*; **s. order** Dienst(leistungs)auftrag *m*; **s. organization** Kundendienstorganisation *f*; **s.-output method** Mengenabschreibung *f*, leistungsabhängige/leistungsproportionale Abschreibung; **s. package** (Dienst)Leistungsbündel *nt*, L.paket *nt*; **s. point** Abfertigungs-, Bedienungsstelle *f*; **s. policy** 1. *(Vers.)* (Dienst)Leistungsgarantie *f*, Garantie zur Deckung von Risiken aus (Dienst)Leistungsexporten; 2. Bedienungsstrategie *f*; **s. portfolio** Dienstleistungsangebot *nt*; **s. processor** 🖳 Serviceprozessor *m*; **s. producer** Dienstleister *m*, Dienstleistungsanbieter *m*; **s. productivity** Produktivität/Effizienz des Dienstleistungsbereichs; **s. program(me)** Dienstleistungsprogramm *nt*; **s. provider** (Dienst)Leistungserbringer *m*, D.leistungsbetrieb *m*, D.leistungsunternehmen *nt*, Dienstleister *m*; **s. quality** Dienstleistungsqualität *f*; **s. rate** Abfertigungs-, Bedienungsrate *f*; **mean s. rate** mittlere Abfertigungsrate; **s. rating** 1. Leistungsbeurteilung *f*; 2. Diensteinstufung *f*, berufliche Einstufung; **s. ratio** Bedienungsquote *f*; **s. regulations** Dienstordnung *f*; **s. renderer** Dienstleister *m*; **s.-rendering** *adj* dienstleistend; **s. road** Zufahrts-, Versorgungsstraße *f*; **s. routine** 🖳 Dienstprogramm *nt*
service(s) sector Dienstleistungsbereich *m*, D.sektor *m*, D.zweig *m*, D.wirtschaft *f*, D.sparte *f*, dienstleistendes Gewerbe, Tertiärbereich *m*
service society Dienstleistungsgesellschaft *f*; **s. stairs** 🏠 Nebentreppe *f*; **s. station** 1. ⚙ Reparatur-, Kundendienstwerkstatt *f*, Raststätte *f*, Tankstelle *f*; 2. Abfertigungsanlage *f*, A.stelle *f*; **~ network** Tankstellen-, Service(stellen)netz *nt*; **s. system** Versorgungssystem *nt*; **s. terms** Wartungsbedingungen; **s. till** 1. (Bank)Schalter *m*; 2. Geld(ausgabe)-, Bankautomat *m*; **s. time** Abfertigungs-, Bedienungszeit *f*; **mean s. time** mittlere Abfertigungs-/Bedienungszeit; **s. trade** Dienstleistungsgewerbe *nt*, D.verkehr *m*; **s. transactions** Dienstleistungsgeschäfte, D.verkehr *m*; **s. unit** 1. Leistungs-, Gebrauchseinheit *f*; 2. Abfertigung *f*; **s. value** Gebrauchs-, Eignungswert *m*; **s. vehicle** 🚗 Dienstwagen

1040

m, D.(kraft)fahrzeug *nt*; **s. wholesaler** Großhändler mit Kundendienst; **s.woman** *n* ⚔ Militärangehörige *f*; **s.-yield method** leistungsbezogene Abschreibung
servicing *n* (Kunden)Betreuung *f*, Kundendienst *m*, Wartung *f*, Instandhaltung *f*; **s. of government debt(s)** Staatsschuldendienst *m*, Bedienung von Staatsschulden; **~ loans** Anleihedienst *m*; **~ securities** Wertpapierverwaltung *f*; **to handle the s.** Wartung durchführen
servicing contract Kundendienst-, Wartungsvertrag *m*; **s. fee** Bearbeitungsgebühr *f*; **s. network** Kundendienstnetz *nt*; **s. work** Wartungsarbeiten *pl*
servient *adj* § dienend
serving *n* 1. Bedienen *nt*; 2. Zustellung *f*; 3. (Essens)Portion *f*; **s. counter** Essensausgabe *f*; **s. hatch** Durchreiche *f*; **s. spoon** Vorlegelöffel *m*
servitude *n* § *(Grundbuch)* (Grund)Dienstbarkeit *f*, Nutzungsrecht *nt*, Servitut *nt*, einzelnes Hoheitsrecht, Nutznießung *f*; **s. of land** Grunddienstbarkeit *f*
affirmative servitude positive Dienstbarkeit; **apparent s.** sichtbare Dienstbarkeit; **landed s.** Grunddienstbarkeit *f*; **negative s.** negative Dienstbarkeit; **penal s.** Zuchthaus(strafe) *nt/f*, Zwangsarbeit *f*; **personal s.** persönliche Dienstbarkeit; **limited ~ s.** 1. beschränkte persönliche Dienstbarkeit; 2. dingliches Wohnrecht; **real s.** *[US]* Grunddienstbarkeit *f*
servo *n* ⚙ Servomechanismus *m*; **s.-control** *n* automatische Steuerung; **s. steering** Servolenkung *f*
session *n* 1. Sitzung *f*; 2. Börsensitzung(stag) *f/m*; 3. Tagung *f*, Versammlung *f*, Konferenz *f*; 4. Sitzungsperiode *f*; 5. § Gerichtssitzung *f*; **s. of cases** *[Scot.]* § Urteilssammlung *f*; **~ negotiations/talks** Verhandlungen; **to be/meet in s.** *(Gericht)* tagen, Sitzung abhalten
closed session nichtöffentliche Sitzung, Sitzung unter Ausschluss der Öffentlichkeit; **constituent s.** konstituierende Sitzung; **extraordinary s.** außerordentliche Sitzung; **final s.** Schlusssitzung *f*; **full s.** Plenarsitzung *f*; **joint s.** gemeinsame Sitzung; **open s.** öffentliche Sitzung; **in ~ s.** § in öffentlicher Sitzung; **petty s.s** *[GB]* § Amtsgericht in Strafsachen, summarisches Gericht mit zwei oder mehr Friedensrichtern, Gerichtsverfahren/Verhandlung ohne Geschworene; **plenary s.** Plenarsitzung *f*, Vollversammlung *f*; **in public s.** in öffentlicher Sitzung; **regular s.** ordentliche Sitzung; **secret s.** Geheimsitzung *f*; **special s.** außerordentliche Sitzung
session layer 🖳 Kommunikationssteuerungsschicht *f*
set *n* 1. Satz *m*; 2. Kollektion *f*, Garnitur *f*, Sortiment *nt*; 3. Apparat *m*, Gerät *nt*; 4. *(coll)* Klüngel *m* *(coll)*, Clique *f (frz.)*; 5. 📄 Klischee *nt*, Vordrucksatz *m*; 6. *(Urkunde)* Exemplar *nt*; 7. *(Geschirr)* Service *nt*
set of accounts; ~ accounting figures Rechenwerk *nt*, Bilanz *f*; **~ actions** Gesamtheit der Maßnahmen; **~ action alternatives** Menge von Handlungsalternativen; **~ agreements** Vertragswerk *nt*; **~ bills of exchange** Wechsel mit mehreren Ausführungen, Wechselserie *f*, Satz Wechsel; **(full) ~ bills of lading (B/L)** Konnossement mit Kopien, (vollständiger) Satz Konnossemente; **basic ~ components** Teilestammsatz *m*; **~ criteria** Kriterienkatalog *m*; **~ cutlery** (Ess)Besteck *nt*; **~ data** Datenkranz *m*, D.paket *nt*; **~ dentures** 💲 Zahnersatz *m*;

~ documents Dokumentensatz *m*; **~ drawing instruments** Zirkelkasten *m*, Reißzeug *nt*; **~ entries** Buchungssatz *m*; **~ exchange** Wechsel mit mehreren Ausfertigungen, Wechselserie *f*, Satz Wechsel; **~ figures** Zahlenwerk *nt*, Datenkranz *m*, Bilanz *f*; **~ fittings** Passungsfamilie *f*; **~ forms** Formular-, Vordrucksatz *m*; **~ furniture** Möbelgarnitur *f*; **~ instruments** Instrumentarium *nt*; **~ machines** Maschinengruppe *f*, Aggregat *nt*; **~ measures** Maßnahmenpaket *nt*, Bündel von Maßnahmen; **~ numbers** Nummernserie *f*; **~ objectives** Aufgaben-, Zielkatalog *m*, Z.bündel *nt*; **full ~ ocean bills of lading (B/L)** voller Satz Seefrachtbriefe; **~ problems** Problemkreis *m*, P.komplex *m*; **~ regulations** Paragrafenwerk *nt*; **~ skills** Fertigkeiten *f*; **~ stamps** ✉ Satz Briefmarken; **~ statistics** Statistik *f*; **~ targets** Aufgaben-, Zielkatalog *m*; **~ values** Wertemenge *f*; **~ weights** Wägungsschema *nt*, Satz Gewichte

commercial set Satz Verschiffungspapiere; **full s.** *(Konnossement)* vollständiger Formularsatz

set *v/t* 1. stellen, setzen; 2. ✿ einstellen; 3. festsetzen, festlegen; 4. *(Tisch)* decken; **s. about doing sth.** anfangen, sich dranmachen; **s. against** anrechnen gegen, verrechnen; **s. apart** aussondern; **s. aside** 1. *(Geld)* abzweigen, bereitstellen, vorsehen; 2. *(Bilanz)* Rückstellungen vornehmen; 3. *(Zeit)* einplanen; 4. ⚖ *(Fläche)* stilllegen; 5. §︎ *(Urteil)* aufheben, annullieren, außer Kraft setzen, für null und nichtig erklären, kassieren; **s. back** verzögern, zurückwerfen; **s. so. back** jdn nach kosten; **to be s. down for** §︎ angesetzt sein für; **s. down** 1. *(Fahrgast)* absetzen; 2. §︎ niederlegen; **~ in writing** schriftlich fixieren; **s. forth** 1. auseinandersetzen, dartun, darlegen; 2. *(Gesetz)* niederlegen; 3. *(Reise)* aufbrechen; **s. free** auf freien Fuß setzen; **s. in** ⌂ einsetzen, hereinbrechen; **s. off** 1. anrechnen, in Gegenrechnung bringen/stellen, gegenrechnen, aufrechnen, saldieren; 2. ausgleichen, wettmachen, kompensieren, auslösen; 3. sich auf den Weg machen, aufbrechen; **~ against** verrechnen mit; **s. so. on** jdn anstiften; **s. out** 1. darlegen, beschreiben; 2. *(Gesetz)* niederlegen; 3. anfangen; **~ to do sth.** sich daranmachen; **s. up** 1. aufstellen, aufbauen, einrichten, errichten, montieren, zurüsten; 2. *(Firma)* gründen, ansiedeln, sich niederlassen; 3. konstituieren, bilden; 4. *(Fonds)* auflegen; 5. *(Ausschuss)* einsetzen; **~ on one's own** sich selbstständig machen; **s. upon so.** über jdn herfallen

set *adj* 1. fertig, startklar *(fig)*; 2. entschlossen; 3. unbeweglich, festgesetzt, vorgeschrieben; 4. 🗋 gesetzt; **all s.** startklar

set-aside *n* 1. Reservefonds *m*; 2. ⚖ (Flächen)Stilllegung *f*

set aside *adj* 1. §︎ *(Urteil)* aufgehoben; 2. ⚖ *(Flächen)* stillgelegt

setback *n* 1. Rückschlag *m*, Verschlechterung *f*, Rückgang *m*; 2. *(Börse)* Einbruch *m*; 3. Schlappe *f*, Fehlschlag *m*; **s.s in the fight against inflation** Rückschläge an der Inflationsfront; **to make good a s.** Rückschlag ausgleichen; **to suffer a s.** Fehlschlag/Rückschlag/Einbuße erleiden; **economic s.** Rezession *f*; **temporary s.** momentaner Rückschlag

setdown *n* Zurechtweisung *f*, Verweis *m*, Rüffel *m (coll)*

set-off *n* 1. Aufrechnung *f*, Gegenforderung *f*; 2. Ausgleich *m*, Entschädigung *f*, Kompensation *f*, Kompensierung *f*; **s. claim** Aufrechnungsanspruch *m*

setout *n* *(coll)* Auslage *f*, Ausstellung *f*, Arrangement *nt (frz.)*

settee *n* Sofa *nt*

set theory π Mengenlehre *f*

setting *n* 1. Hintergrund *m*, Kulisse *f*; 2. ✿ Einstellung *f*; 3. 🗋 (Druck)Satz *m*; **s. of objectives** Zielfestsetzung *f*; **preliminary ~ objectives** vorläufige Zielsetzung *f*; **minimum (wage) rates** Festsetzung von Mindestlöhnen; **s. accuracy** Einstellgenauigkeit *f*; **s. aside** 1. *(Geld)* Abzweigung *f*; 2. ⚖ (Flächen)Stilllegung *f*; **s. off** Aufrechnung *f*

setting up 1. Montage *f*, Aufstellung *f*, Einrichtung *f*, Errichtung *f*, Zurüstung *f*; 2. Gründung *f*, Bildung *f*; **~ of a business** Betriebsgründung *f*; **~ of a company** Unternehmensgründung *f*; **~ on one's own** Schritt in die Selbstständigkeit; **~ time** ⌛ Einricht(e)-, Montage-, Rüstzeit *f*

settle *v/ti* 1. (endgültig) entscheiden, klären, regeln, erledigen; 2. abrechnen, be-, ausgleichen, (be)zahlen, tilgen, saldieren, regulieren; 3. besiedeln; 4. *(Termingeschäft)* liquidieren; 5. *(Streit)* bereinigen, schlichten; 6. *(Anspruch)* befriedigen; 7. *(Rente)* aussetzen; 8. sich niederlassen, Wohnsitz nehmen; 9. *(Staub)* sich legen; **s. sth. on so.** jdm etw. überschreiben; **s. amicably** gütlich beilegen/regeln/schlichten/abmachen, freundschaftlich beilegen, sich gütlich einigen, in Güte abmachen; **s. per contra** aufrechnen; **s. down** 1. sich eingewöhnen/einleben/niederlassen, Hausstand gründen, sesshaft werden, sich häuslich einrichten/niederlassen; 2. sich einarbeiten; 3. *(Kurs)* sich einpendeln/einstellen; **~ well** sich gut einleben; **s. for sth.** 1. sich für etw. entscheiden; 2. sich mit etw. zufrieden geben/begnügen; **~ good** 1. sich dauernd niederlassen; 2. endgültig regeln; **s. in** sich einrichten/etablieren; **~ full** vollständig begleichen/bezahlen; **s. itself** sich (von selbst) erledigen; **s. the matter** die Angelegenheit beilegen; **~ once and for all** die Sache ein für alle Male erledigen; **~** endgültig entscheiden; **s. on sth.** sich auf etw. einigen

settle *n* [US] ⚖ *(Teilpacht)* Abrechnung *f*

settled *adj* 1. abgemacht, ausgemacht, beschlossen, unter Dach und Fach *(coll)*, erledigt, bereinigt, geregelt; 2. abgerechnet, beglichen, ausgeglichen, bezahlt, abgewickelt; 3. *(Rente)* ausgesetzt; 4. ⌂ beständig; **to be s.** zum Abschluss gelangen, unter Dach und Fach sein *(coll)*; **contractually s.** vertraglich geregelt

settlee *n* §︎ Treunehmer *m*

settlement *n* 1. Siedlung(swesen) *f/nt*, Besiedlung *f*, Ansiedlung *f*; 2. Abrechnung *f*, (Be)Zahlung *f*, Begleichung *f*, Erledigung *f*, Abschluss *m*, Glattstellung *f*, Abwicklung *f*, Regulierung *f*, Verrechnung(svorgang) *f/m*, Abdeckung *f*, Abgeltung(sbetrag) *f/m*, Saldierung *f*, Liquidation *f*, Liquidierung *f*, Rechnungs-, Saldenausgleich *m*, Skontierung *f*, Ausgleich(soperation) *m/f*, Zahlungsabwicklung *f*; 3. Schlichtung *f*, Übereinkommen *nt*, Abmachung *f*, Vergleich *m*, Abfindung *f*, Ar-

in **settlement** rangement *nt (frz.)*; 4. Vermächtnis *nt*, (Vermögens)Übertragung *f*, Überschreibung *f*; 5. *(Rente)* Aussetzung *f*, Versorgungsregelung *f*; 6. Geschäftsgründung *f*; 7. *[US]* Wohlfahrtseinrichtung *f*; **in s.** zur Erledigung, zum Ausgleich einer Rechnung; **~ of** zur Begleichung von; **pending s.** bis zur Erledigung; **by reaching a s.** auf dem Vergleichswege
settlement of an account Kontoregulierung *f*, Rechnungsbegleichung *f*, Bezahlung/Begleichung einer Rechnung; **~ accounts** Kontenabrechnung *f*, Rechnungs-, Saldenausgleich *m*, Begleichung von Verbindlichkeiten, Skontraktion *f*; **in ~ our account** zum Ausgleich unserer Rechnung, **~** unseres Kontos; **~ outstanding accounts** Ausgleich der offenstehenden Beträge; **in ~ your accounts** zur Begleichung Ihrer Rechnung; **~ fractional amounts** Spitzenregulierung *f*, S.ausgleich *m*; **s. by arbitration; s. in arbitration proceedings** schiedsgerichtlicher Vergleich, schiedsgerichtliche Beilegung, Schiedsvergleich *m*; **s. of average** Havarieaufmachung *f*; **~ balances** Saldenausgleich *m*; **~ a claim** 1. Befriedigung/Erfüllung einer Forderung, Forderungstilgung *f*; 2. Schadensregulierung *f*, S.abrechnung *f*, S.liquidation *f*; **in ~ claims for damages** zur Abgeltung der Schaden(s)ersatzansprüche; **in ~ all claims** zum Ausgleich aller Forderungen; **full ~ a claim** Generalabrechnung *f*; **preferential ~ a claim** abgesonderte Befriedigung; **(accounting) s. between integrated companies** Organschaftsabrechnung *f*, O.verrechnung *f*; **s. of conflicts** Schlichtung von Streitigkeiten; **~ a contract** Abrechnung eines Auftrags; **s. by contributions** Ausgleich unter Gesamtschuldnern; **s. of costs** Kostenregulierung *f*; **s. by court** gerichtlicher Vergleich; **s. out of court** außergerichtliche Erledigung/Beilegung, außergerichtlicher Vergleich, außergerichtliches Vergleichsverfahren; **s. with the creditors** Abkommen/Einigung/Vergleich mit den Gläubigern, Gläubigervergleich *m*; **s. of a debt; ~ debts** Schuldbegleichung *f*, S.regulierung *f*, Bezahlung von Schulden; **~ a dispute** Beilegung eines (Rechts)Streits; **compulsory ~ disputes** Zwangsschlichtung *f*; **~ of fractional entitlements; ~ fractions** Spitzenregulierung *f*, S.ausgleich *m*; **~ an estate** Nachlassregulierung *f*, N.abwicklung *f*; **s. in full** vollständige/volle Bezahlung; **s. of an inheritance** Erbabfindung *f*; **~ invoices** Bezahlung von Rechnungen; **in ~ your invoice** zum Ausgleich Ihrer Rechnung; **s. in kind** Naturalausgleich *m*, Ausgleich durch Sachleistungen; **for s. by the middle of the month** per Medio; **s. of obligations** Regelung von Verbindlichkeiten; **s. without prejudice** *(Vers.)* Regulierung ohne Anerkennung einer Rechtspflicht; **s. of property** Eigentumsübertragung *f*, Überschreibung von Eigentum; **advance s. of rights of succession** Erbausgleich *m*, vorweggenommene Erbfolge; **s. of a strike** Streikbeendigung *f*, S.schlichtung *f*, S.beilegung *f*; **s. in trust** Güterrechtsvertrag *m*
to agree to a settlement Vergleich annehmen; **to come to a s.** zu einer Einigung gelangen, zu einem Vergleich gelangen; **to confirm a s.** *(Konkurs)* Vergleich bestätigen; **to effect s.** Zahlung leisten; **s. is effected** Abrechnung/Bezahlung erfolgt; **to make s.s** Regulierungen vornehmen; **to negotiate a s.** Tarifvertrag/Regelung aushandeln; **to propose a s.** Vergleich beantragen; **to reach a s.** sich einigen, Vergleich schließen/eingehen
agreed settlement vergleichsweise Regelung; **amicable s.** friedliche/gütliche Einigung, gütliches Abkommen, gütliche Regelung/Vereinbarung/Beilegung/Behebung, gütlicher Vergleich/Ausgleich; **to make an ~ s.** sich gütlich einigen; **annual s.** Jahresabrechnung *f*; **arbitral/arbitrational s.** Schiedsvergleich *m*, schiedsrichterliche/schiedsgerichtliche Beilegung, Beilegung durch Schlichtung; **automatic s.** automatische Rechnungsregulierung; **catch-up s.** Nachholtarifabschluss *m*, Tarif-, Lohnzuschlagsvereinbarung *f*; **compound s.** aus verschiedenen Urkunden bestehende Vergütung über Grundbesitz; **comprehensive s.** umfassender Vergleich; **compulsory s.** Zwangsvergleich *m*, Z.ausgleich *m*; **contractual s.** vertragliche Regelung; **end-of-month s.** Monatsultimo *m*; **envisaged s.** avisierte Lösung; **final s.** 1. Schlussrechnung *f*, vollständige Erledigung; 2. *(Nachlass)* Schlussverteilung *f*, endgültige Abrechnung; **forced s.** Zwangsregulierung *f*, Z.regelung *f*; **fortnightly s.** Halbmonats-, Medioabrechnung *f*, M.liquidation *f*, M.arrangement *nt*; **~ s.s** Mediofälligkeiten; **friendly s.** gütliche Beilegung; **full s.** vollständiger Ausgleich, vollständige Abrechnung; **in ~ s.** zum Ausgleich aller Forderungen; **further s.** Weiterverrechnung *f*; **general s.** Hauptzahlung *f*; **international s.s** internationaler Zahlungsverkehr/Z.ausgleich; **inter vivos s.** *(lat.)* [§] Vermögensübertragung unter Lebenden; **intra-Community s.s** *(EU)* innergemeinschaftlicher Saldenausgleich; **intra-group s.s** Konzernverrechnungsverkehr *m*; **legal s.** Zwangsvergleich *m*; **liberal s.** Kulanzregelung *f*; **lump-sum s.** Pauschalentschädigung *f*, P.abfindung *f*, P.regulierung *f*, pauschale Abfindung/Abgeltung/Regulierung; **mid-month(ly) s.** Medioausweis *m*; **mid-year s.** Halbjahresabschluss *m*, H.(ab)rechnung *f*, H.ultimo *m*; **monthly s.** Ultimoliquidation *f*, U.abrechnung *f*, U.abschluss *m*, U.ausgleich *f*, U.regulierung *f*, Monatskompensation *f*; **multilateral s.** multilateraler Zahlungsverkehr/Z.ausgleich, multilaterale Verrechnung; **negotiated s.** ausgehandelte Lösung; **official s.s** offizieller Saldenausgleich; **out-of-court s.** außergerichtliche Einigung/Regelung/Klärung/Abwicklung/Vereinbarung, außergerichtlicher Vergleich, gütliche Erledigung/Einigung; **to make an ~ s.** sich außergerichtlich vergleichen; **overall s.** Gesamtregelung *f*; **pace-setting s.** *(Lohntarif)* Abkommen mit Schrittmacherfunktion, wegweisender Tarifabschluss; **partial s.** Teilliquidation *f*; **periodical s.** periodische Abrechnung; **preferential s.** (ab)gesonderte/bevorzugte Befriedigung; **pre-judgment s.** vergleichsweise Regelung vor Urteilsverkündung; **prompt s.** sofortige Erledigung; **~ business** Promptgeschäft *nt*; **residential s.** Wohnsiedlung *f*; **scattered s.** Streusiedlung *f*; **separate s.** Aussonderung *f*; **smooth s.** glatte Erledigung; **special s.** *(Börse)* Sonderliquidation *f*, S.abrechnung *f*; **terminal s.** Schlusszahlung *f*; **urban**

s. Stadtsiedlung *f*; **voluntary s.** außergerichtlicher Vergleich; **yearly s.** Jahresabrechnung *f*
settlement account Abwicklungs-, Ausgleichs-, Liquidations-, Verrechnungskonto *nt*; **s. agreement** Abfindungsvertrag *m*, Regulierungsabkommen *nt*; **s. area** (Be)Siedlungsgebiet *nt*; **s. arrangement** Vergleichslösung *f*; **s. association** *(Börse)* Liquidationsverein *m*; **official s. balance** Grundbilanz und Kapitalverkehr, Saldo der amtlichen Rechnungen; **s. capital** Treuhandkapital *nt*; **s. clause** Zahlungsklausel *f*; **s. contract** *(Börse)* Geschäft mit aufgeschobener Erfüllung; **s. currency** Abrechnungswährung *f*; **s. date** Ausgleichs-, Erfüllungstermin *m*, Fälligkeit *f*; **s. day** 1. (Schluss)Abrechnungstag *m*; 2. *(Börse)* Erfüllungs-, Liquidations-, Liefer-, Skontierungs-, Stich-, Verrechnungs-, Vergleichs-, Zahlungs-, Zahltag *m*, Fälligkeits-, Liquidations- Abwicklungstermin *m*, Liquidationsdatum *nt*; **s. department** Effektenliquidationsbüro *nt*; **s. discount** Skonto *nt*, Regulierungsdiskont *m*; **special s. dividend** *(Lebensvers.)* Prämienbeteiligung *f*; **s. formula** Abrechnungsschlüssel *m*; **s. fraction** Abrechnungsspitze *f*; **s. fund** Verrechnungsfonds *m*; **s. house** *[US]* Gemeindezentrum *nt*; **end-of-month s. loan** Ultimogeld *nt*; **s. medium** Regulierungsmittel *nt*; **s. note** Abschlussrechnung *f*, A.note *f*; **s. offer** Abfindungs-, Vergleichsangebot *nt*; **s. option** 1. Option zur Festlegung der Auszahlung von Lebensversicherungsraten; 2. Wahlrecht für die Entschädigungsform; **s. period** 1. *(Börse)* Abwicklungsperiode *f*, A.zeitraum *m*; 2. Abrechnungsperiode *f*, A.zeitraum *m*; **s. package** 1. Vergleich *m*; 2. Tarifabschluss *m*; **s. policy** (Be)Siedlungspolitik *f*; **s. practice(s)** Verrechnungspraxis *f*; **s. price** 1. *(Börse)* Liquidations-, Abrechnungskurs *m*, A.preis *m*; 2 Ausübungs-, Kompensationspreis *m*; **s. proceedings** Vergleichsverfahren *nt*; **s. project** (Be)Siedlungsplan *m*; **s. proposal** Vermittlungsvorschlag *m*; **s. rate** Abrechnungs-, Regulierungs-, Verrechnungskurs *m*; **s. right** Auseinandersetzungsanspruch *m*; **s. structure** Siedlungsstruktur *f*; **s. terms** Abwicklungs-, Abrechnungs-, Liquidations-, Zahlungsbedingungen; **s. trustee** Nachlasstreuhänder *m*; **s. value** Regelungswert *m*
settler *n* 1. Siedler *m*, Kolonist *m*; 2. Treugeber *m*, Stifter *m*; **s.'s holding** Siedlerstelle *f*
settling account *n* *(Bilanz)* Abschlussrechnung *f*; **s. agent** *(Vers.)* Schadensregulierer *m*; **s. day** Abrechnungs-, Kurs-, Liquidationstag *m*; **s.-in allowance** Eingliederungsbeihilfe *f*; **s. period** Abwicklungszeitraum *m*; **s. place** *(Börse)* Erfüllungsort *m*; **s. price** Liquidationspreis *m*; **s. rate** Liquidations-, Regulierungskurs *m*; **s. transactions** Ausgleichsoperationen, A.transaktionen
settlor *n* Stifter *m*, Übertrager *m*, Treugeber *m*
set-up *n* 1. Anordnung *f*, Gliederung *f*, Aufbau *m*, Gefüge *nt*, Organisation *f*, Struktur *f*, Ordnung *f*; 2. Einrichtung *f*; 3. Situation *f*, Lage *f*; 4. ✿ Apparat *m*; 5. ⚙ Einstellung *f*, (Um)Rüsten *nt*; **to fit into the s.** in den Rahmen passen; **contractual s.** Vertragskonstellation *f*; **integrated s.** Verbund *m*; **organizational s.** Organisationsstruktur *f*; **s. cost(s)** 1. Gründungs-, Anlaufkosten *pl*; 2. ⚙ Rüst-, Einrichtkosten *pl*; **s. time** (Um)Rüstzeit *f*, Leerlauf-, Einricht-, Anlaufzeit *f*; **s. wages** Einrichtlöhne

sever *v/t* (ab)trennen, abbrechen, lösen; **s.ability** *n* Teilnichtigkeit *f*; **s.able** *adj* trennbar, teilbar, lösbar
several *adj* mehrere, verschiedene
severalty *n* Bruchteileigentum *nt*, B.vermögen *nt*; **s. owner** Bruchteileigentümer *m*, (Mit)Eigentümer zu Bruchteilen
severance *n* (Ab)Trennung *f*, (Ab)Bruch *m*; **s. of an action** [§] Prozess-, Verfahrenstrennung *f*, Abtrennung eines Verfahrens; **voluntary s.** freiwilliges Ausscheiden; **~ s. terms** freiwillige Abfindungsvergütung; **s. benefit** Trennungszulage *f*, T.entschädigung *f*; **s. claim** Abfindungsanspruch *m*; **s. costs/expenses** Abfindungskosten, A.aufwand *m*; **s. pay(ment)** 1. Abfindung(szahlung) *f*, Entlassungsgeld *nt*, E.abfindung *f*, E.ausgleich *m*, Abfindungskosten *pl*, Sozialabfindung *f*, Auslösung *f*, Kündigungsabfindung *f*, K.entschädigung *f*; 2. Trennungsgeld *nt*, T.entschädigung *f*; **s. scheme** Abfindungsmaßnahme *f*; **s. tax** *[US]* Abbau-, Minerallien-, Produktionssteuer *f*; **s. terms** Abfindungsbedingungen; **s. wage** Entlassungsabfindung *f*
severe *adj* hart, scharf, schwer, streng, strikt
severity *n* Ernst *m*, Härte *f*, Schärfe *f*, Schwere *f*, Strenge *f*; **s. of the law** Strenge des Gesetzes; **s. allowance** Erschwerniszulage *f*
sewage *n* Ab-, Kloakenwasser *nt*; **domestic/residential s.** häusliches Abwasser; **raw s.** ungeklärte (häusliche) Abwässer, Rohab-, Kloakenwasser *nt*
sewage discharge Abwassereinleitung *f*; **s. disposal** Abwasserbeseitigung *f*, A.entsorgung *f*; **s. farm** Rieselfeld *nt*, Klär-, Abwasseraufbereitungsanlage *f*; **s. lagoon** Abwasser-, Klär-, Schönungsteich *m*; **s. (treatment) plant** Klär-, Abwasserreinigungsanlage *f*; **s. sludge** Klärschlamm *m*; **~ incineration** Klärschlammverbrennung *f*; **~ incineration plant** Klärschlammverbrennungsanlage *f*; **s. system** Kanalsystem *nt*, Kanalisation *f*; **s. treatment** Abwasserreinigung *f*, A.aufbereitung *f*; **~ plant** Kläranlage *f*; **s. water** Abwasser *nt*; **s. worker** Kanalarbeiter *m*; **s. works** Kläranlage *f*
sewer *n* (Abwasser)Kanal *m*, Kloake *f*; **s.s** Kanalisation *f*
sewerage *n* 1. Kanalisationsnetz *nt*; 2. Abwasserbeseitigung *f*, Kläranlage *f*; **s. system** Kanalisation(snetz) *f/nt*, **s. worker** Kanalarbeiter *m*
sewing box *n* Nähkästchen *nt*; **s. machine** Nähmaschine *f*; **s. thread** Heftfaden *m*, Nähgarn *nt*
sex *n* 1. Geschlecht *nt*; 2. Sexualität *f*; 3. Geschlechtsverkehr *m*; **the fair s.** *(coll)* das schöne Geschlecht *(coll)*
sex *adj* Sex(ual)-, Geschlechts-; *v/t (Tiere)* Geschlecht bestimmen
sex crime Sittlichkeits-, Sexualverbrechen *nt*; **s. drive** Geschlechts-, Sexualtrieb *m*; **s. equality** Gleichberechtigung der Geschlechter; **s. fiend/molester** *(coll)* Sittenstrolch *m* *(coll)*; **s. murder** Lustmord *m*; **s. murderer** Lustmörder *m*; **s. offender** Sexual-, Sittlichkeitsverbrecher *m*; **s. ratio** Geschlechterverteilung *f*; **s. shop** Sexshop *m*; **s.-specific** *adj* geschlechtsspezifisch; **s. tourist** Sextourist(in) *m/f*

sextu|ple v/ti 1. versechsfachen; 2. sich versechsfachen; **in s.plicate** n in sechsfacher Ausfertigung; **s.plication; s.pling** n Versechsfachung f
sexual adj sexuell, geschlechtlich, Sexual-
sgraffito adj (ital.) ⚒ Kratzputz m
shabby adj schäbig, heruntergekommen
shack n Bretterbude f, Hütte f, Baracke f, Schuppen m
shackle n Kette f, Fessel f; **to throw off the s.** (fig) Ketten abwerfen (fig)
shackle v/t fesseln, in Ketten legen
shade n 1. Schatten m; 2. Schattierung f, Farbton m; 3. Nuance f (frz.), Idee f; 4. (Lampen)Schirm m: 5. ⚒ Markise f, Jalousie f; **a s.** ein wenig; **to put sth. in the s.** etw. in den Schatten stellen
shade v/ti 1. 🖉 schraffieren, schattieren; 2. nuancieren; 3. (Kurse) nachgeben
shading n 1. Schraffur f; 2. 🖉 Schattierung f; 3. geringfügiger Kursrückgang; 4. geringes Zugeständnis
shadow n Schatten m; **without a s. of a doubt** ohne den geringsten Zweifel, ~ Schatten eines Zweifels; **s. of hope** Hoffnungsschimmer m; **without a s. of proof** ohne den Schatten eines Beweises; **to be a s. of one's former self** nur noch ein Schatten seiner selbst sein; **to cast a long s.** (fig) sehr einflussreich sein; **~ a s. on sth.** Schatten auf etw. werfen
shadow v/t 1. observieren, beschatten; 2. (Aktie) Kursentwicklung verfolgen; **s. so.** jdm auf Schritt und Tritt folgen, ~ wie ein Schatten folgen
shadow boxing Schattenboxen nt; **s. cabinet** Schattenkabinett nt
to be shadowed everywhere adj auf Schritt und Tritt verfolgt werden
shadow factor Schattenfaktor m; **s. factory** Ausweichbetrieb m, Tarnfabrik f; **s. organization** Schattenorganisation f; **s. price** Schattenpreis m, innerbetrieblicher/interner Verrechnungspreis; **s. revaluation** versteckte Aufwertung
shadowy adj schattenhaft, verschwommen
shady adj 1. schattig; 2. zwielichtig, nicht ganz einwandfrei, zweifelhaft, fragwürdig
shaft n 1. ✪ Achse f, Welle f; 2. ⚒ Schacht m; **to sink a s.** Schacht abteufen
shake v/ti 1. schütteln; 2. erschüttern; 3. (fig) erschüttern; 4. zittern, wackeln; 5. (Erde) erbeben; **s. down** (coll) sich entwickeln; **s. so. down** [US] 1. jdn ausnehmen (coll); 2. jdn durchsuchen; **~ off** jdn abwimmeln (coll); **s. out** bereinigen, Ballast abwerfen (fig); **s. up** (Organisation) umkrempeln
shake|down n 1. Notlager nt; 2. [US] (coll) Gaunerei f; 3. [US] (coll) Durchsuchung f; **s.-out** n 1. (Flur)Bereinigung f, Reinigungsprozess nt, Gesundschrumpfung f, Revirement nt (frz.), Verschlankung f, Rationalisierung f; 2. Personalabbau m; 3. Glattstellung von Wertpapierpositionen bei starken Kursrückgängen; 4. Nachlassen der wirtschaftlichen Aktivität, Verlangsamung des wirtschaftlichen Wachstums; **competitive s.** Marktbereinigung f; **s. effect** Bereinigungseffekt m
shake-up n 1. (Personal) Umbesetzung f; 2. Umstrukturierung f, Re-, Umorganisation f, Umschichtung f,

Reform an Haupt und Gliedern
shaking out n Börsenmanöver nt
shaky adj prekär, heikel, wackelig; **to be s.** schwach auf den Beinen sein (fig); **to feel a bit s.** sich nicht ganz sicher auf den Beinen fühlen
shale n Schiefer m; **s. oil** Schieferöl nt
shallow adj seicht; **s.s** pl ⚓ seichte Stelle, Sandbank f, Untiefe f
sham n Heuchelei f, Täuschung f, Nachahmung f, Schein m, Schwindel m, fauler Zauber (coll); **to be a complete s.** eine rechte Farce sein
sham v/ti 1. vortäuschen, fingieren; 2. sich verstellen, simulieren
sham auction Scheinauktion f; **s. authority** Scheinvollmacht f; **s. bid** fingiertes Angebot, Scheingebot nt
shambles n (coll) (heilloses) Durcheinander, Chaos nt, Schlachtfeld nt (fig); **to be in (a) s.** sich in einem Chaos befinden
sham business Scheingeschäft nt; **s. company/firm** Scheinfirma f; **s. deal** Scheintransaktion f; **s. dividend** Scheindividende f, fiktive Dividende
shame n 1. Scham f; 2. Schande f; **s. and disgrace** Schmach und Schande; **s.ful** adj schändlich, schmachvoll, schmählich; **s.less** adj schamlos
sham fight Scheingefecht nt; **s. formation** Scheingründung f; **s. investor** Scheinanleger m; **s. judgment** Scheinurteil nt; **s. marriage** Scheinehe f; **s. offer** Scheinangebot nt; **s. package** Mogel-, Leerpackung f; **s. page** 🖉 Schmutzseite f; **s. plea** [§] Scheinantrag m, S.einwand m; **s. purchase** Scheinkauf m; **s. sale** Scheinverkauf m; **s. title page** 🖉 Schmutztitel m; **s. transaction** Scheingeschäft nt, S.transaktion f, fingiertes Geschäft
on shank's mare [US] /**pony** [GB] n auf Schusters Rappen (fig)
shanty n Baracke f, Hütte f; **s. town** (Dritte Welt) Elendsviertel nt
shape n 1. Form f; 2. Gestalt f, Gebilde nt
to assume a definite shape feste Gestalt annehmen; **to be in top s.** auf der Höhe/in Hochform sein; **to give s. to sth.** einer Sache feste Form geben; **to keep the s.** die Form bewahren; **to lick into s.** (coll) in (die richtige) Form bringen; **~ so. into s.** (coll) jdn auf Vordermann bringen (coll); **~ sth. into s.** (coll) etw. in Schuss bringen (coll); **to put into s.** formen, gestalten; **to take s.** Form/Gestalt annehmen, sich herauskristallisieren, Konturen gewinnen
bodily shape Körperform f; **in good s.** in Form, in guter Verfassung; **to be ~ s.** gut in Schuss sein; **physical s.** körperliche Verfassung; **structural s.** Konstruktionsform f, Struktur f
shape v/ti 1. formen, gestalten, bilden; 2. sich entwickeln; **s. up** sich entwickeln; **~ well** sich gut machen/entwickeln, viel versprechend sein
shapeless adj formlos; **s.ness** n Formlosigkeit f
shaping n Gestaltung f; **s. of opinion** Meinungsbildung f
share → **stock**
share n 1. (An)Teil m; 2. [GB] (AG) Aktie(nwert) f/m, Anteilspapier nt; 3. (GmbH) Gesellschafteranteil m; 4.

Geschäfts-, Gewinn-, Fonds-, Genossenschafts-, Gesellschafts-, Kapitalanteil *m*, Teilhabe *f*, Beteiligung(squote) *f*, B.srecht *nt*, B.sverhältnis *nt*; 5. Anteilschein *m*, Beteiligungswert *nt*, Kapitaleinlage *f*; 6. Kontingent *nt*, Ration *f*; 7. (Konkurs)Quote *f*; **s.s Valoren**, Anteilswerte
share of benefit *(Vers.)* Leistungsanteil *m*; **~ the blame** Mitschuld *f*; **s. in a business** Geschäftsbeteiligung *f*, G.einlage *f*; **to have a ~ business** an einem Unternehmen beteiligt sein; **s. of the capital** Kapitalanteil *m*, Anteil am Kapital; **s. and cash consideration** Bezahlung durch Aktien und in bar; **s.s in affiliated companies** Anteile an verbundenen Unternehmen; **s. of (the) costs** (Un)Kostenanteil *m*; **s. in collective custody account** Girosammelanteil *m*; **s.s in collective custody deposit** Aktien im Sammeldepot, ~ in Girosammelverwahrung; **s. at a discount** Aktie unter pari/Nennwert; **s. in an estate; s. of an inheritance** Erb(an)teil *m*; **joint s. of an inheritance** gemeinschaftlicher Erbteil; **s. in a fund** Fondsanteil *m*; **~ collective holding** Sammelbestandanteil *m*; **~ issue** begebene/zur Zeichnung aufgelegte Aktie; **proportionate ~ loss** anteiliger Bilanzverlust; **s. in/of the market** Marktanteil *m*; **s. of material cost(s)** Materialkostenanteil *m*; **s. in a mine** Kux *m*; **s.s on offer** Aktienmaterial *nt*, A.angebot; **s. in ownership** Anteilseigentum *nt*; **s. of packing charges/cost(s)** Verpackungskostenanteil *m*; **~ no par value** nennwertlose Aktie; **~ company-produced products** Eigenfertigungsanteil *m*; **public-sector s. of/in gross national product** *(VWL)* Staats(ausgaben)quote *f*; **s. of own products** Eigenfertigungsanteil *m*; **s. in the profit** 1. Gewinnbeteiligung *f*, G.anteil *m*, Erfolgsquote *f*, E.anteil *m*, Beteiligung/Anteil am Gewinn; 2. *(Arbeitnehmer)* Leistungsanteil *m*; **to give so. a ~ profit(s)** jdm am Gewinn beteiligen; **~ profit paid out to employees** Erfolgsbeteiligung *f*; **entitled to s. in profits** gewinnanteilberechtigt; **distributed s. of profits** ausgeschütteter Gewinnanteil; **s. of property** Vermögensanteil *m*; **s. in reserve** Vorratsaktie *f*; **s. of the reponsibility** Mitschuld *f*, M.verantwortung *f*; **to have a ~ responsibility** mitverantwortlich sein; **s. in a ship/vessel** Schiffspart *m*, S.anteil *m*; **~ a cooperative society** Genossenschaftsanteil *m*; **s.s of common stock** Stämme; **s.s listed** *[US]* **/quoted** *[GB]* **on the stock exchange** börsengängige/börsennotierte Aktien; **s. in a syndicate** Konsortialbeteiligung *f*; **registered/restricted s. with limited transferability** vinkulierte/gebundene Namensaktie; **s. of turnover** Umsatzanteil *m*; **s. quoted per unit** Stückwertaktie *f*; **s. of work** Leistungsanteil *m*; **s. in the world market** Weltmarktanteil *m*
dealing in own share|s Eigenhandel *m*, Handel mit eigenen Aktien; **limited by s.s** *(Haftung)* auf die Einlage beschränkt
to allocate/allot share|s Aktien zuteilen; **~ to all applicants** Aktien voll zuteilen; **to announce s.s** Aktien auflegen; **to apply for s.s** Aktien zeichnen; **to assign s.s** Aktien übertragen; **to buy s.s** Aktien erwerben/kaufen; **to call in s.** Aktien einziehen; **to cancel s.** Aktien kaduzieren; **to claim a s.** einen Anteil beanspruchen; **to consolidate s.s (in one certificate)** Aktien (in einer Aktienurkunde) zusammenfassen/z.legen; **to contribute/do one's s.** sein Quantum beitragen *(coll)*, sein Soll erfüllen; **to deposit s.s for the general meeting** Aktien für die Hauptversammlung anmelden/hinterlegen; **to dilute s.s** *[GB]* Aktienkapital verwässern; **to float s.s** Aktien an der Börse notieren lassen/einführen, ~ begeben; **to get one's s.** seinen Teil erhalten/abbekommen, sein Fett abkriegen *(coll)*; **to halt s.s** (Aktien)Notierung aussetzen; **to have a s. (in)** teilhaben, partizipieren, (finanziell) beteiligt sein an, Teilhaber sein; **to hold s.s (in)** Aktionär sein (bei), Aktien besitzen; **~ as security** Aktien als Sicherheit haben; **to introduce s.s on the market** Aktien an der Börse einführen; **to issue s.s** Aktien ausgeben/emittieren/auflegen; **to job s.s** mit Aktien handeln; **to list/quote s.s** Aktien notieren/quotieren/kotieren; **to lodge s.s as cover** Aktien als Deckung hinterlegen; **to manipulate s.s** Aktien manipulieren; **to merge s.s** Aktien zusammenlegen; **to pay a/one's s.** seinen Anteil beitragen, mitbezahlen; **~ a further call on s.s** auf Aktien nachzahlen; **to pick up s.s** Aktien mitnehmen; **to place s.s** Aktien platzieren/unterbringen; **to puff s.s** *(coll)* Aktien hochjubeln *(coll)*; **to realize s.s** Aktien veräußern; **to recall s.s** Aktien einziehen; **to restrict s.s** Aktien vinkulieren; **to sell s.s** Aktien verkaufen/abstoßen; **to speculate in s.s** in Aktien spekulieren; **to split s.s** Aktien splitten/teilen; **to subscribe (for) s.s** Aktien zeichnen; **to suspend a s.** (Börsen)Notierung einer Aktie aussetzen, Aktien-/Kursnotierung aussetzen; **to take in s.s (for a borrower)** Aktien hereinnehmen; **~ up s.s** Aktien beziehen/zeichnen/übernehmen; **to transfer s.s** Aktien umschreiben

active share|s lebhaft gehandelte Aktie; **authorized s.s** genehmigte Aktien; **commercial s.** Aktie eines Handelsunternehmens; **common s.** Stammaktie *f*; **~ s.s outstanding** ausstehende (Stamm)Aktien; **concessionary s.** Aktie mit Vergünstigungen; **consolidated s.s** Konzernanteile; **contractual s.** Vertragsanteil *m*; **cyclical s.** zyklischer Wert; **defensive s.** widerstandsfähige Aktie; **deferred s.** Nachzugs-, Verzugsaktie *f*, nicht bevorrechtigte Aktie; **deposited s.s** Depot-, Deponentenaktien; **diluted s.** verwässerte Aktie; **heavily ~ s.** Wasseraktie *f*; **disposable s.** Vorratsaktie *f*; **displaced s.** nicht notierte Aktie; **distributive s.** Verteilungsquote *f*; **dividend-bearing s.** Dividendenpapier *nt*; **domestic s.** inländischer Wert; **due s.** zustehender Anteil; **to have ~ s.s.** zu gleichen Teilen beteiligt sein; **in equal s.s** zu gleichen Teilen; **escrowed s.** hinterlegte Aktie; **established s.** Standardwert *m*, S.aktie *f*, solider Wert; **excess s.s** Überschussaktien, zusätzlich ausgegebene Aktien; **existing s.** Altaktie *f*; **fair s.** angemessene Teilhabe/Beteiligung, gerechter Anteil; **to get less than one's ~ s.** zu kurz kommen; **foreign s.** 1. Auslandsanteil *m*; 2. Auslandsaktie *f*; **forced s.** Pflichtteil *m*; **forfeited s.** kaduzierte Aktie; **fractional s.** 1. Bruchteil *m*; 2. Bruchteilsaktie *f*; **~ s.s** Spitzen; **free s.** Gratisaktie *f*, Freikux *m*; **functional s.** funktionelle Lohnquote *f*; **global s.** Sammelaktie *f*; **golden s.** *[GB]* Vetostimmrechts-,

Sperraktie *f*, Aktie mit Vetorecht (der Regierung); **guaranteed s.** Aktie mit garantierter Mindestdividende; **half s.** halber Anteil, Hälfte *f*, Halbpart *m*; **high-volume s.** lebhaft gehandelte Aktie; **high-yield s.** hochrentierende Aktie, Renditeaktie *f*; **industrial s.** Industrieaktie *f*, I.papier *nt*, I.wert *m*; **interest-bearing s.** verzinsliche Aktie; **permanent ~ s. (Pibs)** *[GB]* Aktie mit Zinsgarantie; **interest rate-sensitive s.** zinsreagible Aktie; **interim s.** *[GB]* Interims-, Zwischenaktie *f*; **issued s.** ausgegebene/begebene Aktie; **~ and outstanding s.s** ausstehende Aktien; **lawful s.** rechtmäßiger Anteil, Pflicht(erb)teil *m*; **leading s.** Standardwert *m*, S.aktie *f*, Spitzen-, Publikumswert *m*, P.aktie *f*, führender (Aktien)Wert; **listed s.** an der Börse zugelassene/amtlich eingeführte Aktie; **lock-up s.** Aktie ohne Kurssteigerungspotenzial; **multiple-vote/multiple-voting s.** Mehrstimmrechtsaktie *f*; **to subcribe ~ s.s.** junge Aktien zeichnen, an der Kapitalerhöhung teilnehmen; **new s.** Bezugsaktie *f*, junge Aktie; **nil-paid s.** Gratisaktie *f*; **nominal s.** Stamm-, Gründungs-, Strohmannsaktie *f*; **~ value s.** Aktie mit Nennwert, Nennwertaktie *f*; **non-cash s.** Sacheinlage *f*; **non-dividend-paying s.** notleidende Aktie; **non-free s.** unfreie Aktie; **no(n)-par(-value) s.** nennwertlose Aktie, Quotenpapier *nt*; **non-voting s.** nicht stimmberechtigte/stimmrechtslose Aktie; **old s.** alte Aktie, Altaktie *f*
ordinary share Stammaktie *f*; **~ s.s** Stämme; **deferred ~ s.** Nachzugsaktie *f*; **preferred ~ s.** Vorzugsstammaktie *f*
original share Stammeinlage *f*; **outstanding s.s** begebenes/ausgegebenes Aktienkapital, im Umlauf befindliche Aktien; **own s.** 1. eigene Aktie; 2. *(Exportkredit)* Selbstbeteiligung *f*; 3. Eigenanteil *m*; **(fully) paid(-up) s.** voll eingezahlte Aktie; **paid-up s.s** bezahlte Aktien; **partly ~ s.** teilweise eingezahlte Aktie, Teilzahlungsaktie *f*; **participating s.** Dividendenaktie *f*, gewinnberechtigte Aktie; **personal s.** Namensaktie *f*; **popular s.** Publikumsaktie *f*; **pre-emptive s.s** Bezugsaktien; **preferred s.** Prioritäts-, Vorzugsaktie *f*; **primary s.** Stammaktie *f*; **proportional/proportionate s.** Quote *f*, (Verhältnis)Anteil *m*; **pro-rata s.** anteilmäßige Quote; **protective s.** Schutzaktie *f*; **public s.** Staatsquote *f*; **public-sector s.** Staatsanteil *m*, S.quote *f*; **qualifying s.s** Pflicht-, Verwaltungsaktien; **quantitative s.** Mengenanteil *m*; **quoted s.** amtlich eingeführte/notierte/börsenfähige Aktie; **recalled s.** eingezogenen Aktien; **registered s.** Namens(stamm)aktie *f*, N.papier *nt*; **collective ~ s.** Globalnamensaktie *f*; **restricted ~ s.** gebundene/vinkulierte Namensaktie; **remaining s.** ausstehende Aktien; **reserved s.** Vorratsaktie *f*; **restricted s.** gebundene Aktie; **sal(e)able s.s** Verwertungsaktien; **senior s.** Stammaktie *f*; **small s.** Kleinaktie *f*; **sound s.** solide Aktie; **special s.** Spezialwert *m*; **speculative s.** Spekulationsaktie *f*, spekulativer Wert, Hoffnungswert *m*; **split s.** geteilte Aktie; **statutory s.** Pflichtteil *m*; **subscribed s.** gezeichnete Aktie; **substitute s.** Ersatzaktie *f*; **surrendered s.** abgelieferte Aktie; **most activaly traded s.** Umsatzspitzenreiter *m*; **unallocated/unallotted s.s** nicht zugeteilte Aktien; **unclaimed s.** herrenlose Aktie; **unissued s.** noch nicht begebene/ausgegebene Aktie; **unlisted/unquoted s.** nicht eingeführte/notierte Aktie; **unpaid s.** Leeraktie *f*; **voteless s.** stimmrechtslose Aktie; **unvalued s.** Aktie ohne Nennwert, Quotenaktie *f*; **voting s.** stimmberechtigte Aktie, Aktie mit Stimmrecht; **watered(-down) s.** Wasseraktie *f*, verwässerte Aktie; **withdrawn s.** aus dem Verkehr gezogene Aktie
share *v/t* 1. (ver)teilen; 2. sich beteiligen an, teilhaben, sich teilen in; 3. gemeinsam (be)nutzen, mitbenutzen; **s. in** teilhaben/teilnehmen an; **s. out** ver-, austeilen; **s. equally**; **s. and s. alike** *(coll)* gleichmäßig/zu gleichen Teilen teilen, halbe-halbe machen *(coll)*
share account Aktien-, Kapitalkonto *nt*; **s. allocation/allotment** Aktienzuteilung *f*; **~ letter** Zuteilungsmitteilung *f*; **s. analysis** Aktienanalyse *f*; **s. analyst** Aktienfachmann *m*; **s. applicant** Aktienzeichner(in) *m/f*
share block Aktienpaket *nt*; **~ discount** Paketabschlag *m*; **~ premium** Paketzuschlag *m*
share bonus Aktienbonus *m*, A.split *m*, Gewinnprämie *f*; **s. broker** Aktienmakler *m*; **s. buy-back** Aktienrückkauf *m (durch AG)*
share capital Aktien-, Anteils-, Gesellschafts-, Grund-, Eigen-, Hoffnungs-, Stammkapital *nt*, Kapital einer Aktiengesellschaft; **to increase the s. c.** (Aktien-/Grund)Kapital erhöhen, ~ aufstocken; **to reduce the s. c.** (Aktien-/Grund)Kapital herabsetzen; **diluted s. c.** verwässertes Aktienkapital; **exhausted s. c.** ausgeschöpftes Aktienkapital; **issued s. c.** ausgegebenes/begebenes Aktienkapital; **ordinary s. c.** Stammaktienkapital *nt*, Aktienkapital ohne Vorrechte; **paid-up s. c.** eingezahltes Aktienkapital; **participating s. c.** dividendenberechtigtes Aktienkapital
share certificate Aktienzertifikat *nt*, A.urkunde *f*, A.mantel *m*, A.schein *m*, (Kapital)Anteilschein *m*, Gesamt-, Globalaktie *f*; **to surrender s. c.s** Aktien einreichen; **all-s. c.**; **overall s. c.** Gesamt-, Globalaktie(nurkunde) *f*; **blank s. c.** Aktienblankett *nt*; **fixed-amount s. c.** Summenaktie *f*; **individual s. c.** Stückaktie *f*; **multi-s. c.**; **multiple s. c.** Gesamt-, Global-, Sammelaktie *f*; **temporary s. c.** vorläufiges Aktienzertifikat
constrained share company Aktiengesellschaft mit vorgeschriebener einheimischer Beteiligung; **s. consolidation** Aktienzusammenlegung *f*
sharecrop|per *n* *[US]* ⟳ Halb-, Natural-, Teilpächter *m*, in Naturalien zahlender Pächter, Landarbeiter auf Naturalbasis; **s.ping** *n* Halb-, (An)Teilpacht *f*; **~ system** Naturalpacht *f*
share deal Aktiengeschäft *nt*; **s. dealing(s)** Aktienhandel *m*; **incestuous s. dealing(s)** Handel mit Aktien verbundener Unternehmen untereinander; **s. denomination** Aktienstückelung *f*; **s. discount** Aktien-, Emissionsdisagio *nt*; **s. dividend** Aktiendividende *f*; **~ plan** Investmentfonds auf Aktienbasis; **s. draft account** *[US]* verzinsliches Girokonto; **s. earnings** Aktienertrag *m*; **fractional s. entitlement** Bezugsrecht pro alte Aktie, Bruchteilrecht *nt*, Bezugsrechtsspitze *f*; **s. evaluation** Aktienbewertung *f*; **s. exchange and cash offer** Aktientausch- und Barabfindungsangebot *nt*; **~ terms** Konditionen für den Aktientausch

share|-farmer *n* [AUS] ▶ Teil-, Halbpächter *m*; **s.-farming** *n* Halb-, (An)Teilpacht *f*
share flo(a)tation Aktienemission *f*, A.ausgabe *f*; **s. fraction** Bruchteilaktie *f*, Aktienspitze *f*; **s. fund** Aktienfonds *m*; **s. hawking** Aktienschwindel *m*
shareholder *n* 1. Anteils-, Kapitaleigner(in) *m/f*; 2. *(AG)* Aktionär *m*, Aktien-, Anteilsinhaber(in) *m/f*, Inhaber(in) von Aktienzertifikaten; 3. *(GmbH)* Gesellschafter(in) *m/f*, Teilhaber(in) *m/f*; 4. *(KG)* Kommanditist(in) *m/f*; **s. in a commercial partnership limited by shares** Kommanditaktionär(in) *m/f*; **s. of record** im Aktienbuch eingetragener Aktionär; **to indemnify s.s** Aktionäre abfinden
common/ordinary shareholder Stammaktionär *m*, Inhaber von Stammaktien; **controlling s.** Majoritäts-, Mehrheits-, Großaktionär *m*, (Aktien)Majoritätsbesitzer *m*; **dominant s.** Hauptaktionär *m*; **existing s.** Altaktionär *m*, A.gesellschafter *m*; **expelled s.** ausgeschlossener Aktionär; **free s.** freier Aktionär; **indirect s.** Unteraktionär *m*; **joint s.** Mitaktionär *m*; **main s.** Hauptaktionär *m*; **major s.** Großaktionär *m*; **outside s.** außenstehender/freier Aktionär; **preferred s.** Vorzugsaktionär *m*; **principal s.** Haupt-, Großaktionär *m*; **registered s.** Namensaktionär *m*, namentlich eingetragener Aktionär, Inhaber von Namensaktien; **small s.** Kleinaktionär *m*; **very ~ s.** Splitteraktionär *m*; **sole s.** Alleinaktionär *m*; **substantial s.** Paketaktionär *m*; **transient s.** Wanderaktionär *m*
shareholder|'s action [§] Aktionärsklage *f*; **s.s' protective association** Aktionärsschutzvereinigung *f*; **~ capital contribution** Einlagen von Anteilseignern; **~ committee** *(GmbH)* Gesellschafterausschuss *m*; **~ decision** Gesellschafterbeschluss *m*; **s.-employee** *n* Belegschaftsaktionär *m*; **s.s' equity** 1. Aktien-, Anteilskapital *nt*, Reinvermögen der Gesellschaft; 2. *(Bilanz)* (Gesamt)Eigenkapital *nt*; **~ funds** Eigenkapital *nt*, E.mittel; **s. information** Aktionärsinformationen *pl*; **s.s' ledger/register** Aktien-, Aktionärsbuch *nt*, A.register *nt*, Aktionärs-, Namens-, Gesellschafterverzeichnis *nt*; **~ loan** Gesellschafterdarlehen *nt*; **~ meeting** Gesellschafter-, Gesellschaftler-, Aktionärs-, Hauptversammlung (HV) *f*, Versammlung der Aktionäre; **s. newsletter** Aktionärsbrief *m*; **s.s' representative** Kapitalvertreter *m*, Aktionärssprecher *m*, A.vertreter *m*; **~ representatives** 1. Gesellschaftervertretung *f*, Aktionärsvertreter *pl*; 2. Arbeitgeberseite *f*; **~ resolution** 1. *(AG)* Hauptversammlungsbeschluss *m*; 2. *(GmbH)* Gesellschafterbeschluss *m*; **~ rights** Aktionärsrechte *pl*; **s.'s preemptive right** Bezugsrecht *nt*; **s. side** Kapitalvertreter *pl*; **to have a fragmented ~ structure** (Aktien) im Streubesitz sein; **s.'s suit** [§] Aktionärsklage *f*; **s.s' syndicate** Aktionärskonsortium *nt*; **s. trust** Vertrauen der Aktionäre (in die Geschäftsführung); **s. value ~ strategy** wertorientierte Unternehmensstrategie
shareholding *n* Aktienanteil *m*, A.besitz *m*, A.bestand *m*, A.paket *nt*, Beteiligung *f*; **s.s in outside companies** Beteiligungen; **to dilute a s.** Aktienbesitz streuen; **industrial s.** Industriebeteiligung *f*; **interlocking s.(s)** Kapital-, Überkreuzverflechtung *f*; **scattered/widely spread/widespread s.(s)** (Aktien)Streubesitz *m*, breit gestreuter Aktienbesitz
shareholding block Aktienpaket *nt*; **s. fund** Aktienfonds *m*; **s. gain** Kursgewinn *m*; **s. interests** Aktienbeteiligungen
share impounding Aktieneinziehung *f*; **s. index** Aktien-, Effektenindex *m*, Index der Aktienkurse
share issue Aktienausgabe *f*, A.emission *f*, Begebung von Aktien; **~ cost** Aktienemissionskosten *pl*
shares issued and outstanding emittierte/begebene/ausgegebene Aktien
share issue Aktienausgabeagio *nt*
share leasing ▶ Halb-, (An)Teilpacht *f*; **s. ledger** Aktienbuch *nt*; **s. list** 1. (Aktien)Kurszettel *m*, Börsenbericht *m*; 2. Aktionärsverzeichnis *nt*; **s. loan** Effektenbeleihung *f*, E.lombard(kredit) *m*; **s. market** Aktienmarkt *m*; **s. movements** Kursbewegungen; **s. offering price** Aktienemissionskurs *m*
share option 1. Bezugsrecht *nt*, Aktienoption *f*; 2. Optionsschein *m*; **qualified s. o.** Aktienbezug für Mitarbeiter; **s. o. right** Aktienbezugsrecht *nt*; **s. o. scheme** 1. Aktienoptionsplan *m*; 2. Belegschaftsaktienplan *m*
share-out *n* 1. Verteilung *f*; 2. (Dividenden)Ausschüttung *f*; **~ key** Verteilerschlüssel *m*
share|s outstanding Aktien-, Anteilsumlauf *m*, umlaufende Aktien; **s. ownership** Aktien-, Anteilsbesitz *m*; **popular/widespread ~ ownership** breit gestreuter Aktienbesitz; **s. placing** Aktienplatzierung *f*, A.unterbringung *f*
share premium Emissions-, Aktienagio *nt*, A.aufgeld *nt*, Agio *nt* (aus der Emission); **~ account** (Aktien)Agiokonto *nt*, Sonderkonto für Emissionsagio, Kapitalrücklage *f*; **~ reserve** Agioreserve *f*, A.überschuss *m*, A.rücklage *f*, Aufgeldrücklage *f*
share price Aktienpreis *m*, A.kurs *m*, A.notierung *f*, A.notiz *f*, Kursnotiz *f*; **industrial s. p.** Notierung für Industriewerte; **s. p. collapse** Kurssturz *m*; **s. (p.) index** (Aktien)Kursindex *m*; **~ list** Aktienkurszettel *m*, A.liste *f*; **~ mark-up** höhere Notierung
share purchase Aktienkauf *m*; **s. pusher** Aktienschwindler *m*, betrügerischer Aktienverkäufer; **s. pushing** Aktienschwindel *m*, Kursbetrug *m*, Börsenmanöver *nt*; **s. quotation** Aktiennotierung *f*, A.kurs *m*, A.preis *m*, A.notiz *f*
sharer *n* Teilhaber(in) *m/f*, Mitinhaber(in) *m/f*
share rating Bewertung einer Aktie; **s. recommendation** Aktienempfehlung *f*; **s. reduction** Aktienzusammenlegung *f*; **s. register** Aktienverzeichnis *nt*, A.register *nt*, A.buch *nt*, Aktionärsverzeichnis *nt*; **s. reinsurance** Rückversicherung mit Selbstbehalt; **fixed s. reinsurance** Quotenrückversicherung *f*; **s. sales** Aktienverkäufe; **s. savings scheme** Aktiensparplan *m*; **participating s. scheme** Beteiligung der Arbeitnehmer am Aktienkapital; **s. stake** Aktienanteil *m*; **s. subscription** Aktienzeichnung *f*; **s. support operation** Kurzstützungsmaßnahme *f*; **s. split(ting)** Aktiensplit(ting) *m/nt*, A.(auf)teilung *f*; **s. subscriptions receivable** Forderungen aus Aktienzeichnungen; **s. suspension** Aussetzung der Börsennotiz, ~ des Aktienkurses; **s. swap** Ak-

tien(um)tausch *m*; **s. tenancy** 🔒 Halb-, (An)Teilpacht *f*, in Naturalien zahlbare Pacht; **s. tenant** Teilpächter *m*, in Naturalien zahlender Pächter; **s. trader** Aktienhändler *m*; **s. trading** Aktienhandel *m*; **s. transactions** Aktienabschlüsse; **s. transfer** Aktienübertragung *f*; **s. valuation** Aktienbewertung *f*; **s. value** Aktienwert *m*; **s. warrant** Aktienurkunde *f*, A.zertifikat *nt*, A.-(anteils)schein *m*; **~ to bearer** Inhaberzertifikat *nt*, I.-aktie *f*
sharing *n* Beteiligung *f*, Teilhabe *f*; **fair s. of burdens** gerechte Lastenverteilung; Lastenausgleich *m*; **s. of the loss** Verlustbeteiligung *f*; **~ markets** Marktaufteilung *f*; **~ profit and loss** Gewinn- und Verlustbeteiligung *f*; **dividend-rate s.** Dividendensatzbeteiligung *f*; **s. plan** *[US] (Vermögensbildung)* Beteiligungssystem *nt*
shark *n* 1. Hai *m*; 2. *(fig)* Schwindler *m*, Betrüger *m*, Schlitzohr *nt (coll)*, Halsabschneider *m*; **financial s.** Finanzhai *m*
sharp *adj* 1. scharf, spitz; 2. *(pej.)* raffiniert, clever; 3. *(Protest)* geharnischt; 4. *(Anstieg)* sprunghaft
sharpen *v/t* schärfen, schleifen; **s.er** *n (Bleistift)* Anspitzer *m*
sharper *n (coll)* Gauner *m (coll)*, Falschspieler *m*
sharpness *n* 1. Schärfe *f*; 2. *(pej.)* Gerissenheit *f*, Cleverness *f*
shatter *v/t* 1. zertümmern, zerschmettern; 2. erschüttern; 3. zunichte machen; **s.ing** *adj* niederschmetternd, vernichtend
shave *n* Rasur *f*; **close s.** *(coll)* Beinahe-Unfall *m*
shave *v/ti* 1. (sich) rasieren; 2. *(fig) (Kosten)* senken, einsparen
shaver *n* Rasierapprat *m*; **electric s.** Trockenrasierer *m*
shavings *pl* Späne, Holzwolle *f*
sheaf *n* 🔒 *(Korn)* Garbe *f*, Gebinde *nt*; **s. of notes** 1. Banknotenbündel *nt*; 2. Bündel von Papieren
shear *v/t* scheren; **s.er** *n* 1. 🔧 Schrämmmaschine *f*; 2. 🔒 (Schaf)Scherer *m*; **s.ing** *n (Schaf)* Schur *f*; **s.s** *pl* (große) Schere
shed *n* Schuppen *m*, Hütte *f*, Unterstand *m*, Remise *f (frz.)*, Verschlag *m*
shed *v/i* verlieren, abstoßen, abspecken *(fig)*
sheep *n* Schaf *nt*; **to separate the s. from the goats** *(fig)* die Schafe von den Böcken trennen *(fig)*; **black s.** *(fig)* schwarzes Schaf *(fig)*
sheep|-breeder; s.-farmer *n* Schafzüchter *m*; **s.-breeding; s.-farming; s.-husbandry; s.-rearing** *n* Schafhaltung *f*, S.zucht *f*, Schäferei *f*; **s. farm** Schaffarm *f*; **s. fold** Schafhürde *f*; **s. population** Bestand an Schafen; **s. run** Schafweide *f*; **s.skin** *n* Schaffell *nt*
sheet *n* 1. Bogen *m*, Blatt *nt*; 2. (Bett)Laken *nt*; 3. ⌁ (Fein)Blech *nt*; **s. of notepaper** Bogen Briefpapier; **~ paper** Bogen/Blatt Papier, Papierbogen *m*; **blank ~ paper** leeres/unbedrucktes Blatt Papier; **to insert a ~ paper** Papier einlegen
annual sheet Jahresbilanz *f*, J.abschluss *m*; **blank s.** leeres Blatt; **columnar s.** Kolumnenbogen *m*; **flying s.** 1. Reklameblatt *nt*; 2. Gebrauchsanweisung *f*, Anleitung *f*; **hot-rolled s.** ⌁ Warmbreitband *nt*; **loose s.** loses Blatt; **plastic s.** Plastikfolie *f*; **rolled s.** Walzblech *nt*; **second** **s.** Zweitbogen *m*; **standard s.** Normblatt *nt*; **unbound s.** Rohbogen *m*
sheet aluminium *[GB]* /**aluminum** *[US]* Aluminiumblech *nt*; **s. anchor** ⚓ Notanker *m*; **s. calendar** Abreißkalender *m*; **s. glass** Flach-, Scheiben-, Tafelglas *nt*; **s. holder** Schnellhefter *m*
sheeting *n* Verkleidung *f*, Verschalung *f*
sheet iron ⌁ Eisenblech *nt*; **s. lightning** ☁ Wetterleuchten *nt*, Flächenblitz *m*; **s. metal** (Walz)Blech *nt*; **s. mill** Blechwalzwerk *nt*; **s. pile** Spundbohle *f*; **s. rolling mill** Blechstraße *f*; **s. size** Bogenformat *nt*; **s. steel** Stahlblech *nt*; **s. galvanized s. steel** Zinkblech *nt*
Sheffield mark *[GB]* Gütemarke für Metall-/Schneidewaren
shelf *n* (Laden)Regal *nt*, Fach *nt*, (Bücher)Bord *m*, Gestell *nt*; **off the s.** ab Lager, vorrätig, von der Stange *(coll)*; **to be (left) on the s.** *(fig)* zum alten Eisen gehören *(fig)*; **to buy off the s.** direkt beim Hersteller kaufen; **to clear the s.** Regal ausräumen; **to put on the s.** *(fig)* auf die lange Bank schieben *(fig)*; **to remain on the s.** unverkauft bleiben; **continental s.** Festlandkontinentalsockel *m*
shelf exposure *(Artikel)* Regalpositionierung *f*, R.präsentation *f*; **s. label** Regalschild *nt*; **s. life** 1. Haltbarkeit *f*, Lagerfähigkeit *f*, Verweildauer von Waren im Regal; 2. Produktlebensdauer *f*; **s. mark** Standortzeichen *nt*; **s. room; s. space** Regal-, Stellfläche *f*; **s. value** Ladenverkaufspreis *m*; **s. warmer** *(coll)* Ladenhüter *m (coll)*, schwer verkäuflicher Artikel
shell *n* 1. Hülle *f*, Schale *f*, Hülse *f*, Gehäuse *nt*; 2. *(fig)* Firmenmantel *m*; 3. 🏛 Rohbau *m*, Mauerwerk *nt*, Rumpf *m*; 4. Ruine *f*; **s. of the company; bare/corporate s.** (Firmen-/Gesellschafts)Mantel *m*
shell out *v/t (coll)* blechen *(coll)*, berappen *(coll)*, Geld locker machen, hinblättern, zusetzen
shell building *[US] (Industrieansiedlung)* leer stehendes/bezugsfertiges Fabrikgebäude; **s. company** 1. Auffang-, Mantelgesellschaft *f*, Firmenmantel *m*; 2. Scheinunternehmen *nt*; **s. construction work** ✉ Rohbaugewerk *nt*; **s. stage** Entwicklungsstadium *nt*
shelter *n* 1. Schutz *m*, Unterkunft *f*, Unterschlupf *m*, Obdach *nt*, Zuflucht *f*, Asyl *nt*; 2. Schutzraum *m*, Bunker *m*, Notquartier *nt*; **without s.** obdachlos; **s. for the homeless** Obdachlosenasyl *nt*, O.heim *nt*; **to give/provide s.** Obdach gewähren; **to reach s.** ⚓ den schützenden Hafen erreichen; **to seek/take s.** Unterschlupf/Schutz/Zuflucht suchen
shelter *v/t* schützen; **s.ed** *adj* geschützt; **s.ing** *n (fig)* Abkopplung vom Markt
shelve *v/t* aufschieben, zurückstellen, ad acta *(lat.)* legen, auf die lange Bank schieben *(fig)*, auf Eis/Halde legen *(fig)*; **s.d** *adj* zurückgestellt, verschoben
shelving *n* 1. Regale *pl*; 2. Regalaufstellung *f*
shepherd *n* Hirte *m*, Schäfer *m*
sheriff *n* 1. Vollstreckungsbeamter *m*; 2. *[Scot.]* (Amts-/Friedens)Richter *m*; 3. *[US]* Sheriff *m*; 4. *[England]* oberster Verwaltungsbeamter einer Grafschaft; **S. Court** *[Scot.]* Amtsgericht *nt*; **S.'s officer** *[GB] (High Court)* Gerichtsvollzieher *m*; **s.'s poundage** Pfän-

dungsgebühr f; ~ **returns** Pfändungsprotokoll nt; ~ **seal** Pfandsiegel nt
Sherman Act *[US]* Kartellgesetz nt
shield n 1. Schild m; 2. Abschirmung f
shield v/t protegieren, schützen, abschirmen; **s. so.** jdn in Schutz nehmen, jdm den Rücken frei halten; **s. against** abschirmen (gegen); **s. from** verbergen vor
shielding n Abschirmung f; **s. of a criminal** Personenhehlerei f
shift n 1. Verschiebung f, Verlagerung f, Verlegung f, Überwälzung f, Umlagerung f, Umdisposition f; 2. (Arbeits-)Schicht f; 3. ✿ Umschaltung f; 4. Veränderung f, Wandel m, Wechsel m; 5. Ausweg m, Notbehelf m; 6. *(Bevölkerung)* Wanderung(sbewegung) f; **in s.s** schichtweise, umschichtig; **s. towards** Wechsel zu, Veränderung nach
shift of liquid assets Liquiditätsumlagerung f; **s. in the burden of proof** [§] Beweislastumkehr f, B.verschiebung f; **s. of capital** Kapitalverlagerung f; ~ **cargo** Verschiebung der Ladung; **s. in consumption** Verbrauchsumschichtung f, V.verlagerung f; **s. in demand** Nachfrageverschiebung f, Bedarfsverlagerung f; **s. of deposits** Einlagenumschichtung f; **s. in direction** Richtungsänderung f; **s. of emphasis** Akzent-, Gewichtsverschiebung f, G.verlagerung f; **s. in imports** Einfuhrverlagerung f; ~ **income distribution/patterns** Einkommensverschiebung f, E.umschichtung f; ~ **the market** Marktveränderung f, M.verschiebung f; **s. of opinion** Meinungsänderung f, M.umschwung m, M.wandel m; ~ **position(s)** (innerbetrieblicher) Stellen-/Positionswechsel; ~ **population** Bevölkerungsverlagerung f; ~ **power** Machtverschiebung f; ~ **prices** *(Börse)* Kursverschiebung f; ~ **production** Produktionsverlagerung f; **s. in production levels** Produktionsverlagerung f; ~ **the product mix/range** Sortimentsverschiebung f, S.verlagerung f; **s. of resources** Faktorverlagerung f; **s. in risk sentiment** Stimmungsumschwung m; ~ **competitive strength** Wettbewerbsverschiebung f; ~ **supply** Angebotsverschiebung f, A.veränderung f; ~ **trend** Trendverlagerung f
to cancel/drop a shift Feierschicht einlegen; **to work (in) s.s** Schicht/umschichtig arbeiten
additional shift Sonder-, Zusatzschicht f; **alternate/alternating s.** Wechselschicht f; **back s.** Mittagsschicht f; **broken s.** Teilschicht f; **continuous s.** Kontischicht f *(coll)*; **distributional s.** Verschiebung in der Einkommensverteilung; **double s.** Doppelschicht f; **double-day s.** Zweischichtsystem nt; **dropped/idle s.** Fehl-, Feierschicht f; **early s.** Früh-, Morgenschicht f; **eight-hour s.** Achtstundenschicht f; **extra s.** Frei-, Sonder-, Zusatzschicht f; **to work an ~ s.** Sonderschicht einlegen; **free/(paid) non-work(ing) s.** Freischicht f; **late/second s.** Spät-, Mittagsschicht f; **multiple s.** Mehrschichten betrieb m; ~ **cost** Mehrschichtkosten pl; ~ **operation** Mehrschichtenbetrieb m; **rotating s.** Wechselschicht f, (ab)wechselnde/periodische Schicht; **special s.** Sonderschicht f; **split s.** nicht durchgehende Schicht; **staggered s.** Verlagerung in Phasen; **structural s.** strukturelle Verschiebung; **third s.** Nachtschicht f; **zero s.** Nullpunktverschiebung f

shift v/ti 1. verschieben, bewegen, verlagern; 2. ab-, überwälzen; 3. umschichten, umladen; 4. umwechseln, auswechseln; 5. umschalten; 6. verrutschen; 7. lavieren; 8. *(Investitionen)* umsteigen; **s. forward** fortwälzen, vorverlagern; **s. into** umschichten in
shift allowance Schichtzulage f, S.zuschlag f; **s. backward** Rückwälzung f; **s. change** Schichtwechsel m; **s. controller** Schichtleiter m; **s. differential** Schichtausgleich m; **s. foreman** Schichtmeister m, S.führer m, S.leiter m; **s. forward** Vorwälzung f
shifting n Umschichtung f, Verlagerung f
shifting of the burden of proof [§] Umkehr/Verlagerung der Beweislast; ~ **capital** Kapitalumschichtung f; ~ **the demand curve** Verschiebung der Nachfragekurve; ~ **funds** Kapitalverlagerung f; ~ **markets** Marktverschiebung f; ~ **the national product** Umschichtung des Sozialproduktes; ~ **a risk** Risikoabwälzung f; ~ **the supply curve** Verschiebung der Angebotskurve; ~ **target dates** Terminverlagerung f; ~ **taxes** *(Steuer)* Überwälzung f; ~ **trade** Handelsverlagerung f
backward shifting Rückwälzung f; **forward s.** Vorwälzung f, Fortwälzung f
shifting potential Überwälzungsspielraum m
shift instruction ▢ Verschiebebefehl m; **s. key** Umschalter m, Umschalttaste f; **s. lock** Feststelltaste f, Feststeller m; **s. manager** Schichtführer m, S.meister m, S.leiter m
shift operation Schichtbetrieb m; **fully continuous s. o.** vollkontinuierlicher Schichtbetrieb, Kontischicht f *(coll)*; **one-s./single-s. o.** Einschichtbetrieb m, einschichtiger Betrieb
shift operator Verschiebungsoperator m; **s. pay** Schichtlohn m, S.geld nt; **s. plan** Schichtplan m; **s. premium** Schichtprämie f, S.zulage f; **s. register** Schichtregister nt; **s. schedule** Schichtplan m; **s. system** Schichtsystem nt; **s. unit** Verschiebeeinheit f
shift work Schichtarbeit f; **to do s. w.** Schicht arbeiten; **fully continuous s. w.** vollkontinuierliche Schichtarbeit; **s. w. rate** Schichtlohn m
shift worker (Wechsel)Schichtarbeiter m; **s. working** Wechselschichtarbeit f, W.betrieb m; ~ **supplement** Wechselschichtzulage f; ~ **time** Schichtzeit f
shine n Glanz m; **to take the s. off** den Glanz abbröckeln lassen
shine v/ti 1. leuchten; 2. putzen; 3. leuchten, blitzen; 4. glänzen
shingle n 1. 🏛 Schindel f; 2. *[US]* (Arzt/Anwalt) Aushänge-, Schriftschild nt; **s.s** ⚕ Gürtelrose f; **to put up one's s.** sein Schild heraushängen; **s. beach** Kieselstrand m
shingling rolls n ✿ Presswerk nt
shiny adj blank, glänzend
ship n Schiff nt; **on behalf of the s.** bordseitig; **on board s.** auf dem Schiff; **s. under average; s. in distress** Schiff in Seenot, Havarist m, havariertes Schiff, in Gefahr/Seenot befindliches/geratenes Schiff; **s. under construction; s. on the stocks** Schiffbauwerk nt; **s. in ordinary** abgetakeltes Schiff; **s. anchored in the roadstead** auf Reede liegendes Schiff; **s. bound for ...**

nach ... bestimmtes Schiff; **endangering/jeopardizing a. s** Schiffsgefährdung *f*; **free alongside s. (FAS)** frei längsseits Schiff; **from alongside s.** von längsseits Schiff

to abandon ship Schiff verlassen/aufgeben; **to arrest a s.** Schiff mit Beschlag belegen, ~ an die Kette legen, ~ aufbringen; **to board a s.** Schiff entern, an Bord (eines Schiffes) gehen; **to break up a s.** Schiff abwracken/verschrotten; **to build a s.** Schiff bauen; **to charter a s.** Schiff in Fracht nehmen; **to clear a s.** ⊖ Schiff ausklarieren; **~ of her cargo** Schiff entladen; **to condemn a s.** Schiff für seeuntüchtig erklären; **to document a s.** Schiff mit Papieren ausstatten; **to embargo a s.** Schiff mit Beschlag/Arrest belegen; **to enter a s.** Schiff entern; **to fit out a s.** Schiff ausrüsten; **to flag a s.** Schiff beflaggen; **~ out a s.** Schiff ausflaggen; **to freight out a s.** Schiff verchartern; **to jump s.** heimlich abheuern; **to lade/load a s.** Schiff befrachten; **to launch a s.** Schiff vom Stapel (laufen) lassen; **to lay a s. on keel**; **~ down a s.** Schiff auf Kiel legen; **~ up a s.** Schiff aus der Fahrt ziehen; **to leave the s.** von Bord gehen; **to make fast a s.**; **to moor a s.** Schiff festmachen/vertäuen; **to mothball a s.** *(fig)* Schiff einmotten *(fig)*; **to provision a s.** Schiff verproviantieren; **to put a s. into port** Schiff in den Hafen bringen; **to recommission a s.** Schiff wieder in Dienst stellen, ~ entmotten *(fig)*; **to remain on board s.** an Bord bleiben; **to run a s. aground** Schiff auflaufen lassen; **~ a (pretty) tight s.** *(fig)* 1. Betrieb straff führen; 2. auf Sparflamme kochen *(fig)*, knapp kalkulieren; **to scuttle a s.** Schiff anbohren/versenken; **to search a s.** Schiff durchsuchen; **to sink a s.** Schiff versenken; **to unload a s.** Schiff entladen/löschen

abandoned ship aufgegebenes Schiff; **cargo-carrying s.** Frachtschiff *nt*, Frachter *m*; **chartered s.** gechartertes Schiff; **clean s.** Reinschiff *nt*; **crippled s.** seeuntüchtiges Schiff; **drive-on/drive-off s.** Fährschiff mit Ein- und Ausfahrrampe; **dry s.** Trockengutfrachter *m*; **foreign-going s.** Schiff auf großer Fahrt; **free s.** neutrales Schiff; **general s.** Frachtschiff *nt*; **heavy-lift s.** Schwergutschiff *nt*; **homeward-bound/inward-bound s.** für den Heimathafen bestimmtes Schiff, auf der Heim-/Rückfahrt befindliches Schiff; **lighter-on-board-s. (LASH)** Lash-Schiff *nt*; **mothballed s.** eingemottetes Schiff; **ocean-going/sea-going s.** (Hoch)Seeschiff *m*; **outward-bound s.** auf der Hinreise befindliches Schiff; **registered s.** Registerschiff *nt*, registriertes Schiff; **roll-on/roll-off s.** Ro-Ro-Schiff *nt*, Trailerschiff *m*, Rollgutfähre *f*; **sailing s.** Segelschiff *nt*; **cargo-carrying ~ s.** Lastensegler *m*; **sea-damaged s.** Havarist *m*; **seaworthy s.** seetüchtiges Schiff; **semi-container s.** Semi-Containerschiff *nt*; **unseaworthy s.** seeuntüchtiges Schiff; **victualling s.** Verpflegungsschiff *nt*; **wrecked s.** Havarist *m*, havariertes Schiff

ship *v/t* verschiffen, (ab-/ver)senden, ein-, verladen, transportieren, befördern, expedieren, auf dem Seeweg befördern/verschicken, per Schiff befördern, be-, verfrachten, auf dem Wasserweg befördern/verschicken; **s. off/out** versenden, verfrachten; **s. profitably** rentabel befördern

ship|'s agent Reedereivertreter *m*, R.agent *m*; **~ arrival declaration** Anmeldung bei Ankunft des Schiffes; **~ articles** Heuervertrag *m*, Schiffsartikel, S.musterrolle *f*; **~ bell** Schiffsglocke *f*; **~ bill** Bordkonnossement *nt*; **~ biscuit** Schiffszwieback *m*; **on s.board** *n* an Bord; **s.board employment** Beschäftigung auf See; **s.breaker** *n* Abwracker *m*, Schiffsverschrotter *m*, Ausschlachter *m*; **s.breaking** *n* Schiffsverschrottung *f*; **s. broker** Schiffsmakler *m*, S.agent *m*, Frachtenmakler *m*; **s. brokerage** Schiffs-, Frachtenmaklergeschäft *nt*; **s.builder** *n* Schiffbauer *m*, Werftbesitzer *m*

shipbuilding *n* Schiffbau(industrie) *m/f*, Schiffsbau *m*; **s.s** *(Börse)* Werften, Werftaktien; **joint s.** Baureederei *f*; **s. area** Schiffbauregion *f*; **s. industry** Schiffbau(industrie) *m/f*; **s. nation** Schiffbaunation *f*; **s. program(me)** Schiffbau-, Werftenprogramm *nt*; **s. subsidy** Werftenhilfe *f*; **s. yard** Werft(anlage) *f*, Schiffs-, Bauwerft *f*

ship canal Schiffahrts-, Seekanal *m*; **s.'s carpenter** Schiffszimmermann *m*; **s. chandler** Schiffszubehörhändler *m*, S.ausstatter *m*, S.(bedarfs)lieferant *m*, S.ausrüster *m*, Lieferant von Schiffsbedarf; **s. chandlery** Schiffsausrüstungsgeschäft *nt*, S.bedarfsgeschäft *nt*, S.handlung *f*; **s.'s chandling operation** Schiffsbedarfshandlung *f*

ship|'s company/complement (Schiffs)Besatzung *f*, Schiffsmannschaft *f*, Bordpersonal *nt*; **~ compass** Schiffskompass *m*; **~ creditor** Schiffsgläubiger *m*; **~ days** Liegetage; **~ distress signal** Schiffsnotsignal *nt*; **~ doctor** Schiffsarzt *m*; **s. elevator/lift** Schiffshebewerk *nt*; **at s.'s expense** auf Kosten der Reederei; **s.'s freight** Schiffsfracht *f*; **~ fuel and stores** Schiffsbedarf *m*; **~ gear** Schiffsgeschirr *nt*; **s. hand** Besatzungsmitglied *nt*; **s.'s husband** Korrespondenten-, Korrespondenzreeder *m*, Schiffsagent *m*; **~ inventory** Schiffsinventar *nt*; **~ letter** Schiffsbrief *m*; **s. lien** Schiffspfandrecht *nt*; **s.load** *n* (volle) Schiffsladung, S.fracht *f*, S.güter *pl*; **s. loan** Schiffsdarlehen *m*, S.kredit *m*; **s.'s log** Schiffslogbuch *nt*, S.tagebuch *nt*; **s.man** *n* Seemann *m*, Matrose *m*; **s.'s mail** Schiffspost *f*; **~ manifest** Schiffsladungsverzeichnis *nt*, S.manifest *nt*; **s.master** *n* Kapitän *m*, Schiffsführer *m*; **s.mate** *n* (Schiffs)Maat *m*; **s.'s mechanic** Bordmechaniker *m*

shipment (shpt.) *n* 1. Beförderung *f*, (See)Transport *m*; 2. Verschiffung *f*, Versendung *f*, Verladung *f*, Verschickung *f*, Versand *m* (der Ware); 3. (Waren)Sendung *f*, (Schiffs)Ladung *f*, Fracht *f*, Transportgut *nt*, Versandpartie *f*, Lieferung *f*; **on s.** bei Versand; **s. on deck** Deckverladung *f*; **s. of goods** Gütertransport *m*; **through ~ goods** Warendurchfuhr *f*; **s. by land** Versand per Land; **~ rail** Versand per Schiene; **~ inland waterway** Binnenschiffstransport *m*

ready for shipment versandbereit, v.fertig; **received for s.** empfangen am Kai, ~ zur Verschiffung

to call forward a shipment Sendung abrufen; **to consolidate s.s** *[US]* Fracht/Sammelladungen zusammenstellen; **to effect/handle s.** Transport/Versand durchführen, ~ abwickeln; **to evidence s.** Verfrachtung nachweisen; **to expedite s.** Versand beschleunigen; **to reroute a s.** Sendung umleiten

additional shipment Nachlieferung *f*; **aggregated/ combined/consolidated** *[US]* **s.** Sammel(gut)ladung *f*, S.transport *m*; **direct s.** Direkt(be)lieferung *f*; **general s.** Sammeltransport *m*; **for immediate s.** zur sofortigen Lieferung, zum sofortigen Versand; **individual s.** Einzeltransport *m*; **intercompany s.** Verbundlieferung *f*; **intergroup s.** s konzerninterner Lieferungs- und Leistungsverkehr; **less-than-carload (LCL) s.** Stückgutversand *m*, S.sendung *f*; **mixed s.** gemischte Ladung; **new s.** neue Lieferung/Sendung; **onward s.** Weiterverladung *f*; **part(ial) s.** 1. Partiefracht *f*, Charge *f*; 2. Teilverschiffung *f*, T.versand *m*, T.versendung *f*, T.lieferung *f*, T.verladung *f*, T.abladung *f*, T.anlieferung *f*; **prompt s.** sofortiger Versand; **returned s.** Retourfracht *f*, R.sendung *f*, Retoure *f*; **short s.** Minderlieferung *f*; **single s.** Einzelversand *m*; **subsequent s.** Nachlieferung *f*; **through s.** Transitsendung *f*, durchgehende Ladung, Durchfracht *f*, Durchgangssendung *f*, D.-ladung *f*; **through-freight s.** Durchfrachtverladung *f*; **wrong s.** Falschlieferung *f*
shipment coverage *[US]* Deckung der Ausfuhrrisiken; **s. note** Lieferschein *m*; **s. operation** Frachtbetrieb *m*; **s. period** Ausfuhrperiode *f*; **s. premium** Garantieentgelt für die Deckung von Ausfuhrrisiken; **s. risk** Ausfuhrrisiko *nt*; **s. weight** Versandgewicht *nt*
ship mooring Schiffsliegeplatz *m*
ship mortgage Schiffshypothek *f*, S.pfandrecht *nt*; **collective s. m.** Gesamtschiffshypothek *f*; **s. m. bank** Schiffs(beleihungs)bank *f*; ~ **bond** Schiffspfandbrief *m*
ship|'s newspaper Bordzeitung *f*; ~ **officer** Schiffsoffizier *m*; ~ **option** Wahlrecht des Schiffseigners
shipowner *n* (Schiffs)Reeder *m*, S.eigner *m*, S.herr *m*, S.eigentümer *m*; **s. and cargo owners** Havariebeteiligte; **on-carrying s.** Anschlussreeder *m*; **s.'s liability** Reedereihaftpflicht *f*, R.haftung *f*; **partial ~ capital** Schiffspartenkapital *nt*
shippable *adj* verschiffbar
ship's papers Bord-, Schiffspapiere, Bord-, Schiffsdokumente, Bord-, Schiffsbücher; ~ **passenger** Schiffspassagier *m*; ~ **passport** Schiffsbrief *m*, Schiffs-, Seepass *m*
shipped *adj* verschifft, versandt
shipper *n* Versender *m*, Verschiffer *m*, (Transport-/Fracht)Spediteur *m*, Befrachter *m*, Spedition(sfirma) *f*, (Güter)Verlader *m*, (Warenab)Sender *m*, Versandunternehmer *m*; **all-purpose s.** Universalspediteur *m*; **foreign s.** Auslandsspediteur *m*; **local s.** Ortsspediteur *m*; **original s.** Urversender *m*, Urverlader *m*; **s.s' council** Befrachterbeirat *m*; **s.'s manifest** Verladeliste *f*
ship's personnel (Schiffs)Besatzung *f*, S.mannschaft *f*, Bordpersonal *nt*
shipping *n* 1. Schifffahrt *f*; 2. Verschiffung *f*, Verladung *f*, Verfrachtung *f*, Versand *m*, Versendung *f*, Güterexpedition *f*, Verladen *nt*; 3. Transport *m*, Spedition *f*; 4. Gesamttonnage *f*, Schiffsbestand *m*; 5. Seetransport-, Speditionsgeschäft *nt*; **s. of goods** Güter-, Warenversand *m*; **coastal s.** Küstenschifffahrt *f*, K.handel *m*, K.fahrt *f*; **commercial s.** Handelsschifffahrt *f*; **direct s.** Direktversand *m*; **seaborne s.** Seeschifffahrt *f*; **short-sea s.** kleine Fahrt

shipping account 1. Versandkonto *nt*; 2. Transportbilanz *f*; **s. advice** Versand-, Verschiffungs-, Lieferungsanzeige *f*, Versandnote *f*, V.benachrichtigung *f*, V.avis *nt*; **s. agency** 1. Reederei-, Schiffsagentur *f*, Reedereivertretung *f*, Schifffahrtsagentur *f*, S.kontor *nt*; 2. Speditionsunternehmen *nt*, Speditions-, Verfrachtungsbüro *nt*; **s. agent** 1. Schiffsagent *m*, S.makler *m*, (Seehafen)Spediteur *m*, Reedereivertreter *m*, Schifffahrtsagent *m*; 2. Spedition(svertreter) *f/m*; **s. and forwarding agent (S.&F.A.)** Schiffsmakler und Spediteur *m*; **s. agreement** Schifffahrtsabkommen *nt*; **s. area** Fahrtgebiet *nt*; **s. arrangements** Versandvereinbarungen; **s. articles** 1. Schiffsartikel; 2. Heuervertrag *m*; **s. bill** 1. Manifest *nt*, Versandliste *f*, Verladeschein *m*; 2. ⊖ Zollfrei-, Warenbegleitschein *m*; **s. business** Schifffahrtsgeschäft *nt*, Reederei(betrieb) *f/m*; **s. capacity** Transportkapazität *f*; **s. case** Versandschachtel *f*; **s. certificate** Versandbescheinigung *f*, Konnossementsteilschein *m*, Verladezeugnis *nt*; **s. channel** Fahrwasser *nt*, F.rinne *f*; **s. charges** Versandkosten, V.spesen, Ladungs-, Verschiffungs-, Versendungskosten, Expeditions-, Versandgebühren, Verladegebühr *f*, Verschiffungsspesen; **s. clerk** Expedient *m*, Leiter der Versandabteilung; **s. code** Versandschlüssel *m*; **s. commission** Verschiffungsprovision *f*; **s. commissioner** Leiter des Seemannsamtes; **s. company** 1. (Schiffs)Reederei *f*, Schifffahrtsgesellschaft *f*, S.unternehmen *nt*; 2. *[US]* Transportunternehmen *nt*, Transport-, Seetransport-, Seehandelsgesellschaft *f*, Seespediteur *m*
shipping conference Schifffahrtskonferenz *f*; **s. contract** Beförderungs-, Speditionsvertrag *m*; **s. costs** Versand-, Fracht-, Verladekosten; **s. crate** Versandkiste *f*; **s. date** Verschiffungs-, Versandtermin *m*; **s. department** Versand(abteilung) *m/f*, Expedition(sabteilung) *f*, Transportabteilung *f*; **s. dispute** maritimer Streitfall; **s. documents** Verschiffungs-, Verlade-, Versand-, Waren(begleit)-, Fracht-, Lade-, Transportpapiere, Schiffs-, Verlade-, Versand-, Verschiffungsdokumente; **stale s. documents** nicht rechtzeitig eingereichte Verschiffungspapiere; **s. dues** Schiffsabgaben; **s. (and freight) exchange** Schifffahrts-, Schiffer-, Fracht(en)börse *f*; **s. executive** leitender Reedereiangestellter; **s. fleet** Schiffspark *m*; **s. foreman** Versandmeister *m*; **s. house** Seehandlung *f*; **s. industry** Schifffahrt *f*, Seehandel *m*; **s. information** Schiffsinformationen *pl*, Schifffahrtsnachrichten *pl*; **s. instructions** Liefer-, Versand-, Verschiffungs-, Transportvorschriften, Versand-, Transport-, Verschiffungsanweisungen; **s. intelligence** Meldungen für die Schifffahrt; **s. interest(s)** Reedereibetrieb *m*, R.geschäft *nt*, R.beteiligung(en) *f/pl*; **s. invoice** Versandrechnung *f*; **s. issues** *(Börse)* Reedereien, Reedereiaktien, Schiffs-, Schifffahrtswerte; **s. label** Versandetikett *nt*; **s. lane** Schifffahrtsstraße *f*, S.weg *m*; **s. law** Reederei-, Schifffahrts-, See(handels)recht *nt*
shipping line Reederei *f*, Schifffahrtslinie *f*, S.gesellschaft *f*; **major s. l.** Großreederei *f*, Hauptschifffahrtslinie *f*; **s. l. agent** Linienagent *m*, Reedereivertreter *m*; ~ **bill of lading (B/L)** Linienkonnossement *nt*; ~ **bill of**

lading conditions/terms Linienkonnossementsbedingungen; **~ service** Linienschifffahrt *f*, L.dienst *m*
shipping list Schiffs(abfahrts)liste *f*, Schiffsverzeichnis *nt*, Abgangsmanifest *nt*; **s. loss** Verlust im Schifffahrtsbereich; **s. manager** Versandleiter *m*, Leiter der Versandabteilung, Schiffsdisponent *m*; **s. marks** Markierungs-, Versandzeichen, V.markierung *f*; **s. master** *[GB]* Seemannsamtsleiter *m*, Leiter des Seemannsamtes, Heuerbaas *m*; **s. movements** Schiffsverkehr *m*; **s. note (s.n.)** Verladeschein *m*, Versandanzeige *f*, V.zettel *m*, Ladebegleit-, Frachtannahme-, Anlieferungsschein *m*, Verzeichnis versandter/verschiffter Waren, Flusskonnossement *nt*; **~ made out to order** Orderladeschein *m*; **s. office** 1. Schiffsmaklerbüro *nt*; 2. *[US]* Heuerbüro *nt*; 3. Reedereivertretung *f*; **s. order** Fracht-, Versand-, Speditions-, Verschiffungs-, Transportauftrag *m*, Schiffszettel *m*; **s. papers** Verlade-, Versandpapiere; **s. permit** Verschiffungsgenehmigung *f*; **s. point** Versand-, Verladeort *m*, V.stelle *f*; **s. port** Versand-, (Ver)Ladehafen *m*; **s. price** Verladepreis *m*; **s. rate** (See)Frachtrate *f*, F.tarif *m*; **s. register** Schiffsverzeichnis *nt*; **s. room** Versand-, Verpackungsraum *m*; **s. route** Schifffahrtsroute *f*, S.linie *f*, Versandweg *m*, Fahr(t)gebiet *nt*; **s. sample** Verschiffungsmuster *nt*, Versandprobe *f*; **s. service** Schifffahrtsdienst *m*, S.linie *f*, Schiffs-, Schifffahrtsverkehr *m*; **s. services** 1. Schiffsfrachten; 2. Transportleistungen; **s. shares** *[GB]* /**stocks** *[US]* *(Börse)* Schifffahrtswerte, S.aktien, Reedereien; **s. slip** Packzettel *m*; **s. space** Fracht-, Schiffs-, Transportraum *m*; **s. supervisor** Versandmeister *m*; **s. terms** Lieferklauseln, Vertragsformeln, Versandbedingungen; **~ where costs and risks devolve on the buyer at the same point** Einpunktklauseln; **~ where costs and risks devolve at two different points** Zweipunktklauseln; **s. ticket** *[US]* Lieferschein *m*; **s. ton** Verschiffungstonne *f*
shipping trade (See)Transportgeschäft *nt*, Speditionsgewerbe *nt*, S.geschäft *nt*, S.handel *m*, S.verkehr *m*; **private s. t.** Partikulierschifffahrt *f*
shipping traffic Schiffsverkehr *m*; **seaborne s. traffic** Seeschiffsverkehr *m*; **s. value** Verschiffungswert *m*; **s. weather forecast** Seewetterbericht *m*; **~ service** Seewetterdienst *m*; **s. weight** Verschiffungsgewicht *nt*, (Ver)Ladegewicht *nt*, Gewicht der Ladung
ship's policy Schiffspolice *f*; **~ position** Schiffsposition *f*; **~ propeller** Schiffsschraube *f*; **~ protest** Seeprostest *m*, Verklarung *f*, Havarieerklärung *f*; **~ radio** Bordfunk *m*; **~ receipt** Schiffsempfangsschein *m*
ship's register Schiffszertifikat *nt*, S.register *nt*, Registerbrief *m*, Einregistrierungsurkunde *f*; **inland s. r.** Binnenschiffsregister *nt*; **seagoing s. r.** Seeschiffsregister *nt*; **s. r. code** Schiffsregisterordnung *f*
ship repair deal Schiffsreparaturgeschäft *nt*; **~ yard** (Schiffs)Reparaturwerft *f*; **s.'s report** Schiffsmeldung *f*; **s.shape** *adj (coll)* sauber, ordentlich, blitzblank *(coll)*, picobello *(coll)*
ship|side *n* Schiffsseite *f*, Bordseite *f*, B.wand *f*; *adj* schiffsseitig, in Reichweite des Ladegeschirrs; **s.'s stores** Schiffsvorräte, Bordproviant *m*; **to replenish a ~ stores** Schiffsvorräte wieder auffüllen; **~ sweat** Schiffsschweiß *m*; **s. utilization** Schiffsraumausnutzung *f*; **s.wreck** *n* 1. Schiffbruch *m*, (Schiffs)Untergang *m*; 2. Wrack *nt*, wrackes/schiffbrüchiges Schiff; **s.wrecked** *adj* gestrandet, schiffbrüchig; **to be s.wrecked** Schiffbruch erleiden; **s.wright** *n* *(Handwerker)* Schiffbauer *m*, S.szimmermann *m*
shipyard *n* (Schiffs)Werft *f*; **s. owner** Werftbesitzer *m*; **s. period** Werftliegezeit *f*; **s. repair** Werftreparatur *f*; **s. worker** Werftarbeiter *m*
shire county *n* *[GB]* ländliche Grafschaft; **s. horse** Zugpferd *nt*
shirk *v/t* *(Verantwortung)* ausweichen, sich drücken *(coll)*; **s.er** *n* Drückeberger *m (coll)*
shirt *n* Hemd *nt*; **s.ing** *n* Hemdenstoff *m*
shiver *v/i* frösteln; **s.ing fit** *n* Schüttelfrost *m*
shivers *pl* Gänsehaut *f*; **to give so. the s.** jdm kalt über den Rücken laufen
shoal *n* 1. ⚓ Untiefe *f*, Sandbank *f*; 2. *(Fische)* Schwarm *m*; **s.s** Unmengen, Massen; **in s.s** massenweise; **drying s.** ⚓ trockenfallende Erhebung
shock *n* Erschütterung *f*, Schock(variable) *m/f*; **sensitive to s.** stoßempfindlich; **to give so. the s. of his life** jdn zu Tode erschrecken; **cultural s.** Kulturschock *m*; **electric s.** elektrischer Schlag; **to get an ~ s.** sich elektrisieren; **mental s.** Nervenschock *m*; **rude s.** böse/unangenehme Überraschung
shock *v/t* 1. erschüttern; 2. schockieren
shock absorber ⚙ Stoßdämpfer *m*; **s. absorption** Stoßdämpfung *f*; **s. brigade** *[US]* Stoßbrigade *f*
shocked *adj* erschüttert, schockiert
shock effect Schockwirkung *f*
shocker *n* 🕮 Sensationsstück *nt*
shocking *adj* erschütternd, horrend, schockierend
shock|-proof *adj* stoßfest; **s. resistance** Stoßfestigkeit *f*; **s. treatment** ⚕ Schockbehandlung *f*, S.therapie *f*; **s. wave** Erschütterung *f*; **s. worker** *[US]* Stoßarbeiter *m*
shoddy *adj* 1. *(Ware)* minderwertig, schäbig; 2. *(Arbeit)* schlampig, schludrig
shoe *n* Schuh *m*; **not to like to be in so.'s s.s** nicht in jds Schuhen stecken mögen; **to know where the s. pinches** wissen, wo der Schuh drückt; **to step into so.'s s.s** *(fig)* in jds Fußstapfen treten *(fig)*; **to wait for a dead man's s.s** *(fig)* auf eine Erbschaft spekulieren
shoe box Schuhkarton *m*; **s.laces** *pl* Schnürsenkel; **s.maker** *n* Schuster *m*; **s. polish** Schuhcreme *f*, Schuhwichse *f*; **s. retailer** Schuheinzelhandelsunternehmen *nt*; **on a s.string** *n (fig)* mit wenig Geld, knapp finanziert, finanziell dürftig ausgestattet; **s.string budget** knappes Budget; **~ company** finanzschwaches Unternehmen
shoot *n* 1. 🌱 Trieb *m*, Steckling *m*, Schössling *m*; 2. Filmaufnahme *f*
shoot *v/t* 1. schießen; 2. filmen; **s. up** in die Höhe gehen/schießen/schnellen, sprunghaft/scharf (an)steigen; **s. to kill** scharf schießen
shooting *n* 1. Feuergefecht *nt*, Schießerei *f*; 2. Dreharbeiten *pl*, (Film)Aufnahme *f*; **s. box** Jagdhütte *f*; **s. brake** 🚗 Kombiwagen *m*; **s. gallery** Schießstand *m*; **s. licence**

[GB] Jagdschein *m*; **s. party** Jagdgesellschaft *f*; **s. rights** Jagdrechte; **s. season** Jagdzeit *f*
shop *n* 1. (Kauf)Laden *m*, L.geschäft *nt*, Geschäft *nt*, Geschäftslokal *nt*, Verkaufsstelle *f*, Filialgeschäft *nt*; 2. Betrieb *m*, Fabrik *f*, Werk(statt) *nt/f*, Halle *f*; **s. in the s. (system)** Gemeinschaftswarenhaus *nt*; **the other s.** *(coll)* die Konkurrenz; **to keep (a) s.** Geschäft/Laden haben, ~ führen, Ladenbesitzer sein, Ladengeschäft betreiben; **to set up s.** Geschäft errichten/begründen, sich (als Kaufmann) niederlassen, Laden eröffnen/aufmachen, Geschäft/Handel eröffnen; **to shut up s.** Geschäft schließen/aufgeben, Laden schließen/dicht machen *(coll)*, (Bude *(coll)*/Laden) zumachen, (Betrieb) aufgeben; **to talk s.** fachsimpeln, Fachgespräch führen, über berufliche Dinge sprechen; **setting up s.** Geschäftseröffnung *f*
anti-union shop gewerkschaftsfeindlicher Betrieb; **captive s.** Betrieb für die Eigenfertigung
closed shop gewerkschaftsgebundener/gewerkschaftspflichtiger Betrieb, Betrieb mit Gewerkschaftszwang; **post-entry ~ s.** Betrieb mit gewerkschaftlicher Zwangsmitgliedschaft nach Eintritt; **pre-entry ~ s.** Betrieb mit gewerkschaftlicher Zwangsmitgliedschaft vor Eintritt; **~ s. clause** *(Gewerkschaft)* Organisationsklausel *f*; **~ s. provision** *(Gewerkschaft)* Mitgliedschaftszwang *m*
counter-service shop Laden mit Bedienung; **cut-price s.** Discounter *m*, Billig-, Discountladen *m*, D.geschäft *nt*; **duty-free s.** Zollfreiladen *m*, zollfreies Geschäft, Verkaufsstelle für abgabenfreie Waren; **electrical s.** Elektrogeschäft *nt*; **general s.** Gemischtwarenladen *m*; **local s.** Nachbarschaftsladen *m*; **metal-working s.** Schlosserei *f*; **mobile s.** Verkaufswagen *m*, fahrender Laden, mobile Verkaufsstelle; **moulding s.** ⌀ Gießerei *f*; **multiple s.** Filialgeschäft *nt*, Kettenladen *m*; **non-union s.** gewerkschaftsfreier Betrieb; **one-line s.** *[GB]* Fachgeschäft *nt*; **one-price s.** Einheitspreisgeschäft *nt*; **open s.** 1. gewerkschaftsfreier/offener Betrieb (ohne Zwangsmitgliedschaft bei einer Gewerkschaft); 2. offener Laden; **over-the-counter s.** Laden mit Bedienung; **photographic s.** Fotogeschäft *nt*; **preferential s.** Betrieb, der bevorzugt Gewerkschaftsmitglieder einstellt; **second-hand s.** Gebrauchtwarengeschäft *nt*; **special(ized) s.** Spezial-, Fachgeschäft *nt*; **tax-free s.** Verkaufsstelle für abgabenfreie Waren; **tin-bashing s.** *(coll)* Blechschmiede *f (coll)*; **travelling s.** fahrender Laden, Verkaufswagen *m*; **whole-food s.** Bioladen *m*
shop *v/i* (ein)kaufen, Einkäufe machen; **s. around (for)** sich umtun/umsehen/umschauen (nach), Preisvergleiche anstellen, sich preisbewusst verhalten
shop accounting Betriebsabrechnung *f*; **s. agreement** Betriebsvereinbarung *f*, Einzeltarifvertrag *m*; **s. assembly** Werkstattmontage *f*; **s. assistant** Verkäufer(in) *m/f*, Laden-, Kaufmanns-, Handlungsgehilfe *m*, Ladenangestellte(r) *f/m*, L.verkäufer(in) *m/f*, Verkaufskraft *f*; **s. assistants** Bedienungspersonal *nt*; **s. audit** Einzelhandelsbestandsprüfung *f*; **s. bill** Preisliste *f*; **s. board** Verkaufs-, Ladentisch *m*; **s.book** *n* Ladenbuch *nt*; **s. boy** Ladenjunge *m*; **s.breaker** *n* Einbrecher *m*; **s.breaking** *n* Ladeneinbruch *m*; **s. buying** Wertpapierkäufe des Berufshandels; **s. clerk** Ladenangestellte(r) *f/m*; **s. closing act** Ladenschlussgesetz *nt*; **~ hours** Ladenschlusszeiten; **s. committee** Betriebsausschuss *m*, B.rat *m*; **s. constitution act** Betriebsverfassungsgesetz *nt [D]*; **s. discipline** Arbeitsdisziplin *f*; **s. equipment** Geschäftseinrichtung *f*; **s.fitter** *n* Geschäfts-, Ladenausstatter *m*; **s.-fitting** *n* Ladenbau *m*; **s.fittings** Ladeneinrichtung(en) *f/pl*, L.ausstattung *f*, L.ausrüstung *f*, Geschäftsausstattung *f*

on the shop floor im Betrieb, am Arbeitsplatz, auf Betriebsebene; **s.-f.** *adj* Betriebs-; **s. f. bargaining** Verhandlungen auf Betriebsebene; **~ control** Werkstattsteuerung *f*, Überwachung der Produktion; **~ vote** Betriebsabstimmung *f*; **~ system** Bestandsführungssystem *nt*

shop foreman (Werk)Meister *m*; **assistant s. foreman** Meistergehilfe *m*; **s. front** Ladenfront *f*, Fassade *f*; **s.girl** *n* Ladenmädchen *nt*, Verkäuferin *f*; **s. hours** Ladenöffnungszeiten; **s. and factory inspection** Gewerbeaufsicht *f*; **s.keeper** *n* Geschäftsinhaber *m*, Geschäfts-, Ladenbesitzer *m*, L.inhaber *m*, Kleinhändler *m*, Einzelhandelskaufmann *m*; **small s.** Krämer *m*; **s.keeping** *n* Einzel-, Kleinhandel *m*
shoplift *v/i* Ladendiebstahl begehen; **s.er** *n* Ladendieb *m*; **s.ing** *n* Laden-, Warenhausdiebstahl *m*
shop loyalty Ladentreue *f*; **s.man** *n* Ladengehilfe *m*, Verkäufer *m*, Kommis *m*; **s. manhours** Werkstattstunden; **s. office** Werkstattbüro *nt*; **~ wages** Löhne des Werkstattbüros; **s. opening** Geschäftseröffnung *f*; **~ hours** Ladenöffnungszeiten; **s. order** Arbeits-, Werkstattauftrag *m*, innerbetrieblicher Auftrag; **~ release** Auftragsfreigabe *f*; **s. owner** Geschäftsinhaber *m*, G.besitzer *m*, Ladenbesitzer *m*, L.inhaber *m*
shopper *n* (Ein)Käufer *m*, Kunde *m*, Kundin *f*
shopping *n* Einkauf(en) *m/nt*, Besorgungen *pl*, Einholen *nt*; **a lot of s.** eine Menge Besorgungen; **to do the s.** Besorgungen erledigen, Einkäufe machen; **to do one's s. in town** Einkäufe in der Stadt erledigen; **to go s.** (ein)kaufen gehen, Besorgungen machen
cashless shopping bargeldloser Einkauf; **comparative s.** vergleichende Warenprüfung; **electronic/internet-based s.** Einkaufen im Internet; **one-stop/single-stop s.** Einkauf/alles unter einem Dach, ~ im Einkaufszentrum, umfassendes Leistungspaket, Angebot aus einer Hand; **to offer ~ s.** Komplettlösungen anbieten, alles aus einer Hand anbieten; **to offer ~ financial s.** Finanzierung aus einer Hand bieten, umfassende Finanzdienstleistungen anbieten; **postal s.** Versandbestellung *f*
shopping aisle Gang zwischen Ladentischen; **s. arcade** Einkaufspassage *f*; **s. area** Geschäftsviertel *nt*, G.gegend *f*, Einkaufsviertel *nt*; **s. bag** Einkaufstasche *f*; **s. basket** 1. Einkaufskorb *m*; 2. 🛒 Warenkorb *m*; **s. cart** Einkaufswagen *m*; **s. center** *[US]* **/centre** *[GB]* 1. Einkaufszentrum *nt*, Geschäftsviertel *nt*, G.zentrum *nt*; 2. Verbrauchermarkt *m*; **s. check** *[US]* **/cheque** *[GB]* Warengutschein *m*; **s. day** Einkaufstag *m*; **central s. district** Hauptgeschäftsgegend *f*; **s. expedition** Einkaufsbummel *m*, E.reise *f*, Ladenbesuch *m*; **weekly s.**

expedition wöchentlicher Großeinkauf; **s. goods** Waren des fallweisen Bedarfs, hochwertige/höherwertige Konsumgüter; **s. guide** Einkaufsführer *m*, E.ratgeber *m*; **s. habit** Kaufgewohnheit *f*, Einkaufspraxis *f*; **s. hours** Geschäftszeiten; **s. list** 1. Einkaufsliste *f*, E.zettel *m*; 2. *(fig)* Wunschliste *f*; **s. mall** *[US]* Einkaufszentrum *nt*, Ladenpassage *f*; **s. parade** Einkaufszentrum *nt*, Ladenstraße *f*; **peak s. period** Hauptgeschäftszeit *f*; **s. precinct** Geschäftszone *f*, Einkaufs-, Geschäftsviertel *nt*, Geschäfts-, Einkaufszentrum *nt*; **s. premises** Ladenlokal(e) *nt/pl*; **s. spree** Einkaufsbummel *m*; **s. street** Geschäfts-, Einkaufs-, Ladenstraße *f*; **main s. street** Hauptgeschäftsstraße *f*; **pedestrian(ized) s. street** autofreie Einkaufsstraße; **s. trip** Einkaufsreise *f*, E.fahrt *f*, E.tour *f*; **s. trolley** Einkaufswagen *m*; **s. voucher** Geschenk-, Warengutschein *m*
shop planning Fertigungsplanung *f*; **s. premises** Ladenlokal *nt*; **s. prices** Einzelhandelspreise; **s. regulations** Arbeitsordnung *f*; **s. rent(al)** Geschäfts-, Lokal-, Ladenmiete *f*; **s. rules** Fabrikordnung *f*, Betriebsverfassung *f*; **s. sales** Einzelhandelsumsätze; **s. selling** Wertpapierverkäufe des Berufshandels; **s. sign** Ladenschild *nt*; **s. site** Ladenlokal *nt*; **s.soiled** *adj [GB]* angestaubt, verstaubt, beschmutzt, angeschmutzt, (leicht) beschädigt; **s. steward** (Betriebs)Obmann *m*, Arbeitnehmervertreter *m*, (gewerkschaftlicher) Vertrauensmann; **s. stewards** Vertrauensleute; **s. stewards' committee** *[GB]* Vertrauensleutekörper *m*, V.gremium *nt*, Betriebsrat(sausschuss) *m*, Gesamtbetriebsrat *m*, Ausschuss von Vertrauensleuten; **s. superintendent/ supervisor** (Ober)Werkmeister *m*; **s. talk** Fachsimpelei *f*; **s. thief** Laden-, Warenhausdieb *m*; **s. training** (inner)betriebliche Ausbildung; **~ department** Lehrwerkstatt *f*; **s. traveller** Materialbegleitkarte *f*; **s.walker** *n [GB]* Ladenaufsicht *f*, L.aufseher *m*, aufsichtsführender Abteilungsleiter, Aufsicht(sperson) *f*
shop window Schaufenster *nt*; **to dress a s. w.** Schaufenster dekorieren; **s. w. advertising** Schaufensterwerbung *f*, S.reklame *f*; **~ lighting** Schaufensterbeleuchtung *f*; **~ pane** Schaufensterscheibe *f*
shop/woman *n* Verkäuferin *f*; **s.worker** *n* 1. Werkstattarbeiter *m*; 2. Ladenarbeiter *m*, Beschäftigte(r) im Einzelhandel; **s.worn** *adj* angeschmutzt, verstaubt, angestaubt, (leicht) beschädigt
shore *n* Ufer *nt*, Küste *f*, Strand *m*, Gestade *nt*; **on s.** an Land, landseitig; **from s. to s.** *(Seevers.)* von Ufer zu Ufer; **to make for the s.** Land ansteuern
shore up *v/t* (ab-/unter)stützen, stärken
shore/-based *adj* an der Küste stationiert, Land-; **s. dinner** *[US]* Meeresfrüchte *pl*; **s. leave** Landurlaub *m*, L.gang *m*; **s.line** *n* Küsten-, Uferlinie *f*; **s. patrol** Küstenpatrouille *f*, K.streife *f*; **s. staff** an Land tätiges Personal; **s.ward(s)** *adv* landwärts
short *adj* 1. kurz; 2. kurz, knapp; 3. knapp, zu wenig, beschränkt lieferbar; 4. ungedeckt, ohne Deckung, deckungslos; **in s.** kurz und gut; **s. of** 1. außer, abgesehen von; 2. nicht ganz; **s. and to the point** kurz und knapp
to be short of sth. knapp an etw. sein, von etw. nicht genug haben, mit etw. nicht eingedeckt sein; **~ very s.**

with so. jdn brüsk abfertigen; **to cut s.** kürzen; **~ so. s.** jdm übers Maul/den Mund fahren *(coll)*, jdn nicht ausreden lassen, jdm das Wort abschneiden; **to enter s.** ⊖ unter Wert deklarieren; **to fall s. by sth.** um etw. zu niedrig liegen; **~ of sth.** hinter etw. zurückbleiben, einer Sache nicht entsprechen, etw. nicht erreichen; **to go s.** *[US]* in der Baisse *(frz.)* verkaufen, leer verkaufen; **to keep s.** knapp halten; **~ so. s.** jdn knapp halten; **to run s. (of)** *(Vorrat)* ausgehen, zur Neige gehen; **to sell s.** in/auf Baisse *(frz.)* spekulieren, fixen, ohne Deckung verkaufen, Leerverkauf tätigen; **~ so. s.** jdm zu wenig geben, jdn betrügen
short *n* 1. Fehlbetrag *m*, Manko *nt*, Defizit *nt*; 2. *(Börse)* Kurzläufer *m*; 3. Baissier *m (frz.)*, Baissespekulant *m*, Fixer *m*, Leerverkäufer *m*; 4. ⚡ Kurzschluss *m*; 5. Kurzfilm *m*; **s.s** 1. ohne Deckung verkaufte Waren/Wertpapiere; 2. Kurzläufer, kurzfristige Anleihen; **s.s and overs** Überschüsse und Fehlbeträge; **high-coupon s.** hochverzinslicher Kurzläufer
shortage *n* 1. Knappheit *f*, Mangel(erscheinung) *m/f*, Verknappung *f*, Engpass *m*; 2. Gewichtsverlust *m*; 3. Defizit *nt*, Fehlbetrag *m*, F.menge *f*, Minderbetrag *m*, Manko *nt*, Minus *nt*; 4. Qualitätsmangel *m*
shortage of capital Kapitalknappheit *f*, K.klemme *f*; **~ cash** Kassendefizit *nt*, K.fehlbetrag *m*; **~ cover** *(Börse)* Minusposition *f*; **~ delivery** Fehlmenge bei Lieferung; **~ (foreign) exchange** Devisenknappheit *f*, D.mangel *m*; **~ junior executives** Nachwuchsmangel *m*; **temporary ~ liquid funds** Liquiditätsengpass *m*, K.klemme *f*, Zahlungsschwierigkeit *f*; **~ goods** Warenknappheit *f*; **~ labour/manpower** Arbeitskräftemangel *m*, A.knappheit *f*, Mangel an Arbeitskräften; **~ land** Bodenknappheit *f*; **~ liquidity** Liquiditätsverknappung *f*; **~ material** Materialverknappung *f*; **~ materials** *(Börse)* Materialmangel *m*, M.knappheit *f*; **~ raw materials** Rohstoffmangel *m*; **~ money** Geldknappheit *f*, G.mangel *m*; **s. in money accounts** Manko *nt*; **s. of mortgages** Hypothekenknappheit *f*; **~ offerings** Material-, Stückemangel *m*; **~ orders** Auftragslücke *f*, A.mangel *m*; **~ personnel** Personalmangel *m*; **~ securities on offer** Materialmangel *m*; **~ securities for investment** Anlagenot *f*; **s. of shares** *[GB]* /**stocks** *[US]* (Aktien) Marktenge *f*; **~ space** Raumnot *f*, Platzmangel *m*; **~ staff** Arbeitskräftemangel *m*, Mangel an Arbeitskräften; **~ supply** Unterversorgung *f*, Versorgungsengpass *m*; **~ teachers** Lehrermangel *m*; **s. in weight** Gewichtsmanko *nt*, Fehlmenge *f*
there is a shortage of es fehlt an; **to make up a s.** Fehlbetrag ausgleichen
acute shortage kritischer Mangel; **numerical s.** rechnerischer Fehlbetrag; **serious s.** Mangellage *f*; **worldwide s.** weltweite Knappheit
shortage cost(s) Fehlmengenkosten; **s. weight** Mindergewicht *nt*
short/change *v/t* zu wenig Wechselgeld herausgeben, übers Ohr hauen *(coll)*, bemogeln; **s.changer** *n* Betrüger *m*; **s.-circuit** *n* ⚡ Kurzschluss *m*; *v/t* kurzschließen
shortcoming *n* Mangel *m*, Unzulänglichkeit *f*, Fehler *m*, Manko *nt*, Defizit *nt*, Nachteil *m*; **s. in the law** Rechts-

lücke f, Lücke im Gesetz; **structural s.** Strukturmangel m, S.fehler m
short covering Deckungskäufe pl; **s.cut** n 1. Abkürzung f; 2. (fig) Patentlösung f; **s.-cut** v/t den Weg abkürzen; **s.-dated** adj 1. kurzfristig, auf kurze Sicht; 2. mit kurzer Fälligkeit/Laufzeit; **s.-earned** adj (Dividende) nicht voll verdient
shorten v/t (ver)kürzen, vermindern, verringern, reduzieren, einschränken; **s.ed** adj gerafft, (ab)gekürzt
shortening n (Ver)Kürzung f, (Ver)Minderung f; **s. of delivery periods** Verkürzung der Lieferfristen
shortfall n Defizit nt, Fehlbetrag m, F.menge f, Unterschuss m, Deckungslücke f, Rückgang m, Ausfall m, Knappheit f, Differenz f, Mangel m, Minderertrag m, M.betrag m, Rückstand m, Fehlbedarf m; **s. in demand** Unternachfrage f; **~ output/production** Förderausfall m, Produktionsrückgang m; **~ sales** Absatz-, Umsatzrückgang m, Minderabsatz m; **~ supply** Angebotsverknappung f; **~ tax revenue(s)** Steuerausfall m, S.mindereinnahmen pl; **there is a s. of** es fehlt an; **numerical s.** rechnerischer Fehlbetrag
shorthand n Kurzschrift f, Steno(grafie) nt/f, Stenogramm m; **in s.** stenografiert; **to take s.** Stenogramm aufnehmen; **to take down in s.** stenografisch/in Kurzschrift aufnehmen, (mit)stenografieren; **to write s.** Kurzschrift schreiben; **typed s.** Maschinenkurzschrift f
shorthand adj stenografisch
shorthand clerk Stenokontoristin f; **s. dictation** Stenoaufnahme f; **s. draft** Stenogramm nt
short-handed adj unterbesetzt, knapp an Arbeitskräften; **to be s.** zu wenig Personal haben
shorthand expression Kurzschriftzeichen nt; **s. notebook/pad** Stenoblock m; **s. notes** stenografische Notizen; **s. secretary** Stenosekretärin f; **s. speed** Silbenzahl f; **s. typist** Stenotypist(in) m/f; **s. writer** Stenograf(in) m/f
short-haul adj Kurzstrecken-
short|-landed adj zu knapp geliefert; **s.-life** adj kurzlebig
shortlist n (Bewerber) Vorauswahl f, engere Auswahl, Auswahlliste f; **s. of candidates** Bewerberauswahl f; **to get onto/be put on the s.** in die engere Wahl kommen/gelangen
shortlist v/t in die engere Wahl (einbe)ziehen, Vorauswahl treffen
short-lived adj kurz-, schnelllebig, flüchtig, von kurzer Dauer, von kurzem Bestand
shortly adv bald, in kurzem
shortness n Kürze f, Knappheit f; **s. of money** Geldmangel m, G.knappheit f
short|-order adj Schnell-, **s.-range** adj Kurzstrecken-; **s.-run** adj kurzzeitig, k.fristig; **s. sale** Leerverkauf m; **s.-sell** v/t blanko/ohne Deckung verkaufen; **s.-seller** n Blanko-, Leerverkäufer m, Fixer m; **s.-selling** n Blanko-, Leerverkauf m, Fixgeschäfte, Leer-, Blankoabgaben, Baissespekulation f, Verkauf ohne Deckung, Fixen nt; **s.-shipped** adj in ungenügender Menge verladen, nicht zur Verladung gekommen, zu knapp geliefert; **s.-sighted** adj 1. kurzsichtig; 2. kurzfristig; **s.-**

sightedness n Kurzsichtigkeit f; **s.-spoken** adj kurz angebunden, schroff; **s.-staffed** adj (Personal) untersetzt, knapp an Arbeitskräften; **to be s.-staffed** zu wenig Personal haben; **s.-tempered** adj unbeherrscht, gereizt; **s.-term** adj kurzfristig, auf kurze Sicht; **s.-termism** n (coll) kurzsichtige Planung, Politk auf kurze Sicht, kurzsichtiges Verhalten, Kurzsichtigkeit f (fig), K.atmigkeit f (fig); **s.-timer** n Kurzarbeiter m; **s.-winded** adj kurzatmig
shot n 1. Schuss m; 2. 🩺 Spritze f; 3. (fig) Versuch m; **s. in the arm** (fig) (Investitions)Spritze f, Konjunkturspritze f, Injektion f (fig), Zuführung von Finanzmitteln, (Konjunktur)Ankurbelung f; **fiscal ~ arm** Finanzspritze f; **s. across the bow** (fig) Schuss vor den Bug (fig); **s. in the dark** (fig) Schuss ins Blaue (fig); **to call the s.s** (fig) das Sagen haben; **to fire a s.** Schuss abgeben; **to give a s. in the arm** (fig) ankurbeln; **to have a s. at sth.** (coll) etw. versuchen; **big s.** (fig) hohes Tier (coll), große Nummer (coll); **exterior/outdoor s.** (Film) Freilichtaufnahme f; **fatal s.** Todesschuss m; **follow s.** (Film) Folgeaufnahme f
to be/get shot of sth. adj (coll) etw. los sein/werden
shotgun n Flinte f, Jagdgewehr nt; **s. marriage/wedding** (coll) Nottrauung f, N.heirat f, erzwungene Ehe; **s. patent** [US] Wegelagererpatent nt (coll)
shoulder n 1. 🩺 Schulter f; 2. 🚗 (Straße) Randstreifen m, (unbefestigter) Straßenrand, Bankett nt; **to cry on so.'s s.** (fig) jdm sein Leid klagen; **to have broad s.s** (fig) einen Stoß vertragen können; **to put/set one's s. to the wheel** (fig) sich kräftig anstrengen, sich tüchtig/mächtig ins Zeug legen, ~ ins Geschirr legen, ~ in die Riemen legen (fig); **to rest on so.'s s.s** auf jds Schulter ruhen; **to shrug one's s.s** die Achseln zucken; **to slap so. on the s.** jdm auf die Schulter klopfen; **to square one's s.s** (fig) seinen Willen durchsetzen, hartnäckig bleiben
cold shoulder (fig) kalte Schulter (fig); **to give so. the ~ s.** jdm die kalte Schulter zeigen, jdn verächtlich behandeln; **dislocated s.** 🩺 ausgerenkte Schulter; **hard s.** 🚗 Pannenspur f, Seitenstreifen m, befestigter Straßenrand/Randstreifen, befestigtes Bankett
shoulder v/t (etw.) auf sich nehmen, (etw.) auf seine Kappe nehmen (coll)
shoulder bag Umhängetasche f; **s. blade** 🩺 Schulterblatt nt; **s. pad** Schulterpolster nt
shout n Ruf m, Schrei m
shout v/ti schreien, rufen; **s. so. down** jdn niederschreien/ ausbuhen; **s. out** aufschreien; **s. at the top of one's voice** nach Leibeskräften schreien
shouting n Geschrei nt; **s. match** lautstarkes Rededuell
shove n Schub(s) m, Stoß m
shovel n Schaufel f; v/t schaufeln; **s. dozer** Schaufellader m; **s. dredger** Schaufelbagger m; **in s.fuls** pl schaufelweise
show n 1. Schau f, Darbietung f, Spektakel nt; 2. Messe f, Ausstellung f; 3. (Auto) Salon m; **for s.** um Eindruck zu schinden; **on s.** ausgestellt, zu besichtigen; **s. of force/power** Machtdemonstration f; **tangible ~ funds** echter Mittelnachweis; **~ hands** (Abstimmung) Handzeichen

nt, Handaufheben *nt*, offene Abstimmung; **to vote by ~ hands** durch Handzeichen abstimmen; **~ honour** Ehrerbietung *f*
to give the show away *(coll)* den Schwindel aufdecken, sich die Schau stehlen lassen *(coll)*; **to make/put up a good s.** *(coll)* gute Leistung erbringen, sich tapfer schlagen, eine gute Figur machen; **to put/set on s.** ausstellen; **to run the s.** *(coll)* den Laden schmeißen *(coll)*
agricultural show Landwirtschaftsausstellung *f*, L.schau *f*, L.messe *f*, landwirtschaftliche Leistungsschau/Ausstellung/Messe; **collective s.** Sammel-, Kollektivschau *f*; **horticultural s.** Gartenbauausstellung *f*, Gartenschau *f*; **late-night s.** ✥ Nachtvorstellung *f*; **special s.** Sonderausstellung *f*, S.schau *f*
show *v/ti* 1. zeigen, ausstellen, vorführen, vormachen; 2. aufweisen, aufzeigen, ausweisen, be-, vor-, nachweisen; 3. ✪ anzeigen; 4. bezeugen, bekunden; 5. zu sehen sein; **not to s. (sth.)** sich (etw.) nicht anmerken lassen; **s. off** prahlen, renommieren; **~ with sth.** mit etw. Staat machen; **s. so. out** jdn hinausbegleiten; **s. so. over** jdn führen durch, jdm (etw.) zeigen; **s. so. round** jdn herumführen; **s. separately** gesondert ausweisen, ausgliedern; **s. through** durchscheinen, durchschimmern; **s. up** auftauchen, erscheinen
show|bill *n* Werbe-, Reklameplakat *nt*; **s. biz** *(coll)* / **business** Showgeschäft *nt*, Vergnügungs-, Unterhaltungsindustrie *f*; **s.card** *n* 1. Muster-, Geschäftskarte *f*; 2. *(Schaufenster)* Werbe-, Aufstellplakat *nt*; **s.case** *n* Schaukasten *m*, Vitrine *f*; **~ candidate** Vorzeigekandidat *m*; **s.down** *n* entscheidende Auseinandersetzung/Kraftprobe, Entscheidungskampf *m*
shower *n* 1. ⌂ Regenguss *m*, (Regen)Schauer *m*; 2. Dusche *f*; **occasional s.s** vereinzelt Regen, vereinzelte Schauer; **scattered s.s** strichweise Regen
shower *v/t* überschütten
shower base Duschwanne *f*; **s. cabinet/cubicle** Duschkabine *f*, D.ecke *f*; **s. cap** Duschhaube *f*; **s. curtain** Duschvorhang *m*; **s. gel** Duschgel *nt*; **s.-proof** regenfest
showery *adj* regnerisch
show flat Muster-, Modellwohnung *f*; **s.ground** *n* Ausstellungsgelände *nt*; **s. house** Muster-, Modellhaus *nt*
showing *n* 1. Zurschaustellung *f*, Vorführung *f*; 2. Zustand *m*, Lage *f*; 3. Leistung *f*, Optik *f*, Abschneiden *nt*, Ergebnis *nt*; **firm s.** *(Börse)* feste Verfassung; **to make a ~ s.** *(Börse)* eine feste Verfassung aufweisen; **first s.** *(Film)* Uraufführung *f*; **upon proper s.** nach erfolgter Glaubhaftmachung; **s.-off** *n* Angeberei *f*
showman *n* *(fig)* Schauspieler *m*; **s.ship** *n* Effekthascherei *f*, (Talent für) effektvolle Darbietung, Selbstdarstellung *f*
shown *adj* 1. nachgewiesen; 2. *(Betrag)* angewiesen; **as s. in** ausweislich
show|-off *n* Angeber *m*; **s.piece** *n* Schau-, Ausstellungs-, Glanz-, Parade-, Prunk-, Pracht-, Renommierstück *nt*, Aushängeschild *nt (fig)*, Vorzeigeobjekt *nt*, V.stück *nt*; **~ value** Schaufensterwert *m*; **s.place** *n* Sehenswürdigkeit *f*; **s.room** *n* Ausstellungs-, Verkaufsraum *m*, Ausstellungslokal *nt*, Musterlager *nt*; **in ~ condition** in makellosem Zustand; **~ price** Verkaufspreis *m*; **s. trial** [§]

Schauprozess *m*; **s.-window** *n* Ausstellungs-, Schaufenster *nt*
showy *adj* auffällig, protzig
shred *n* Fetzen *m*; **not a s. of evidence** nicht der Fetzen eines Beweises; **to tear to s.s** zerfetzen, in Stücke zerreißen, in Fetzen reißen
shred *v/t* schreddern, zerkleinern
shredder; shredding maschine *n* Lumpen-, Papier-, Reißwolf *m*, Abfall(zerkleinerungs)maschine *f*, Schredder *m*
shrewd *adj* schlau, gerissen, gewieft; **s.ness** *n* Schläue *f*, Gerissenheit *f*, Schlauheit *f*
to give so. short shrift *n* (mit jdm) kurzen Prozess machen, (~) schnell fertig werden, (~) nicht viel Federlesens machen *(coll)*, (jdn) kurz abfertigen
shrink *v/i* 1. (zusammen)schrumpfen, sich zurückbilden, rückläufig sein; 2. *(Material)* eingehen, einschrumpfen; **s. from** scheuen vor
shrinkage *n* 1. Schrumpfung *f*, Einlaufen *nt*; 2. Schwund *m*, Rückgang *m*, Refaktie *f*; 3. Verlust durch Ladendiebstahl; **s. in value** Wertminderung *f*; **s. loss** Wertminderung durch Schwund
shrink|-proof *adj* *(Material)* nicht eingehend; **s.-wrap** *n* Schrumpffolie *f*, Vakuum(ver)packung *f*; *v/t* einschweißen, mit einer Schweißfolie verpacken; **s.-wrapping** *n* Einschweißfolie *f*
shroud *n* 1. Toten-, Leichenhemd *nt*, L.tuch *nt*; 2. ✪ Gehäuse *nt*, Verkleidung *f*; *v/t* verhüllen, einhüllen
Shrove Tuesday *n* *[GB]* Faschingsdienstag *m*
shrug off *v/t* (achselzuckend) abtun, mit einem Achselzucken abschütteln
shudder *n* Schauder *m*; *v/i* schaudern, sich schütteln
shuffle *n* Umbesetzung *f*, Umbildung *f*; *v/t* 1. *(Personal)* umbesetzen, umbilden; 2. *(Karten)* mischen
shun *v/t* scheuen, meiden
shunt *n* 🚆 Rangierbewegung *f*; *v/t* rangieren, verschieben
shunter *n* 1. 🚆 Rangierarbeiter *m*, Rangierer *m*; 2. Rangier-, Verschiebelokomotive *f*; 3. *[GB]* *(fig)* Arbitrageur *m (frz.)*
shunting *n* 1. 🚆 Rangieren *nt*; 2. *(fig)* Arbitrage *f (frz.)*; **s. operation** Rangierbetrieb *m*, R.ablauf *m*, R.betrieb *m*; **s. station/yard** Rangier-, Verschiebebahnhof *m*; **s. technology** Rangiertechnik *f*; **s. track** Rangiergleis *nt*
shut *v/ti* zumachen, schließen; 2. zugehen; **s. away** wegschließen, verwahren; **s. down** 1. *(Betrieb)* (zeitweilig) stilllegen/einstellen/zumachen/schließen; 2. *(Anlage)* abschalten; **s. off** ✪ absperren, ab-, ausschalten; **s. out** *(Wettbewerb)* ausschalten; **s. up** *(coll)* den Schnabel halten *(coll)*; **s. so. up** jdm den Mund/das Maul stopfen *(coll)*
shutdown *n* 1. (zeitweilige) Betriebseinstellung/Betriebsstilllegung/Schließung/Arbeitseinstellung *f*, Betriebsruhe *f*, Außerbetriebnahme *f*, Geschäftsschließung *f*; 2. ✪/⚙ Einstellung *f*, Abschaltung *f*; **s. of the enterprise/plant** Betriebsschließung *f*, Schließung des Betriebs/Werks; **seasonal s.** saisonbedingte Schließung; **temporary s.** Produktionspause *f*; **s. order** Schließungs-, Stilllegungsverfügung *f*; **s. point** Produktionsschwelle *f*; **s. time** Rüstzeit nach Arbeitsschluss

shutter *n* 1. 🏛 (Fenster)Laden *m*; 2. *(Fotoapparat)* Verschluss *m*; **s.s** Rolladen; **to put up the s.s** den Laden dichtmachen *(fig)*
shuttle *n* Pendelflugzeug *nt*, P.bus *m*, P.zug *m*; *v/t* hin- und herfahren, pendeln; **s. about** *(Akten)* herumreichen
shuttle bus Zubringer(bus) *m*; **s.cock** *n* 1. Federball *m*; 2. *(fig)* Spielball *m (fig)*; **s. diplomacy** Reisediplomatie *f*; **s. service** Pendelverkehr *m*, P.betrieb *m*, P.dienst *m*, Staffettenverkehr *m*, Zubringerdienst *m*; **s. train** 🚆 Vorort-, Pendelzug *m*
shy *adj* schüchtern, verschüchtert, scheu; **to be s. of sth.** 1. etw. meiden, etw. aus dem Wege gehen; 2. *[US]* zu wenig von etw. haben; **to fight s. of sth.** vor etw. zurückscheuen
shy away from *v/i* zurückscheuen vor, sich abwenden von, Abstand nehmen von
shyster *n [US] (pej.)* 1. Gauner *m*; 2. Winkeladvokat *m*
SIBOR (Singapore Interbank Offered Rate) Zinssatz unter den Banken in Singapur
sick *adj* ♣ krank; **to be s.** sich erbrechen; **~ off s.** wegen Krankheit fehlen, krankfeiern; **~ and tired of sth.** *(coll)* die Schnauze von etw. voll haben *(coll)*, etw. satt haben *(coll)*; **to call in** *[US]* /**report** *[GB]* **s.** sich krank melden; **to make so. feel s.** jdm auf den Magen schlagen; **to take s.** *[US]* krank werden; **mentally s.** gemütskrank
sick bag Spucktüte *f*; **s. bay** ♣ 1. (Schiffs)Lazarett *nt*; 2. (Kranken)Revier *nt*, Krankenstation *f*; **s. bed** Krankenbett *nt*, K.lager *nt*; **s. benefit** Krankengeld *nt*; **s. call** Krankenbesuch *m*; **s. caller** Krankmelder *m*; **s. certificate** Krankenschein *m*; **s. club** Krankenunterstützungsverein *m*
sicken *v/ti* 1. anekeln, anwidern; 2. krank werden; **to be s.d by sth.** *adj* von etw. angeekelt werden; **s.ing** *adj* ekelerregend, widerlich
sick fund Krankenkasse *f*; **s. insurance** Krankenversicherung *f*, K.kasse *f*
sick leave Krankheits-, Erholungs-, Genesungs-, Krankenurlaub *m*, Fehlen wegen Krankheit; **to be on s. l.** krankgeschrieben sein; **paid s. l.** bezahlter Krankenurlaub; **s. l. benefit** Krankengeld *nt*, Leistungen im Krankheitsfall
sick list Krankenliste *f*; **to be on the s. l.** krank (gemeldet) sein; **s.-list** *v/t* krankschreiben
sickly *adj* 1. ♣ kränkelnd, kränklich; 2. ekelhaft, widerlich
sickness *n* ♣ 1. Krankheit *f*, Erkrankung *f*; 2. Übelkeit *f*; **in the event of s.** im Krankheits-/Erkrankungsfall; **for reasons of s.** aus Krankheitsgründen, krankheitshalber; **non-occupational s.** Nichtberufskrankheit *f*; **permanent s.** Dauerkrankheit *f*
sickness absence krankheitsbedingte Abwesenheit; **s. absenteeism** (regelmäßige) krankheitsbedingte Fehlzeiten; **s. allowance** *[US]* Leistungen im Krankheitsfall, Krankengeld *nt*; **s. arrangements** Regelungen für den Krankheitsfall
sickness benefits|(s) Krankengeld *nt*, Krankheitszuschuss *m*, Krankenunterstützung *f*, K.versicherungsbezüge, K.zulage *f*, K.hilfe *f*, Leistungen/Beihilfen im Krankheitsfall; **to claim s. b.s** Krankengeld beantragen; **to draw s. b.** Krankengeld beziehen; **daily s. b.** Krankentagegeld *nt*; **s. b. payment** Krankengeldleistung *f*; **to discontinue/stop ~ payments** Krankengeldzahlung einstellen
sickness costs Krankheitskosten; **s. cover(age)** Krankheits-, Krankenversicherungsschutz *m*; **s. disability** auf Krankheit beruhende Erwerbsunfähigkeit; **s. figures** Krankenstand *m*; **s. indemnity policy** Krankenversicherungs-, Krankheitsschadenpolice *f*; **s. insurance** Krankenversicherung *f*; **supplementary s. insurance** Krankenzusatzversicherung *f*; **permanent s. policy** unbegrenzte Versicherung im Krankheitsfall; **s.-prone** *adj* krankheitsanfällig; **s. rate** Krankenausfallquote *f*, K.stand *m*, Erkrankungsziffer *f*
sick note Krankenattest *nt*; **to issue a s. note** (jdn) krankschreiben; **s. nurse** Krankenschwester *f*, K.pfleger(in) *m/f*
sick pay Krankengeld *nt*, K.bezüge; **statutory s. p. (SSP)** gesetzliches Krankengeld
sick rate Krankenstand *m*, Krankheitsziffer *f*, Prozentsatz der Kranken; **s. report** Krankenbericht *m*, K.zustandsmeldung *f*; **s. room** Krankenzimmer *nt*, K.stube *f*; **s. supplement** Krankengeldzuschuss *m*
side *n* 1. Seite *f*; 2. 📖 Rand *m*; 3. π Schenkel *m*; **from all s.s** von allen Seiten; **on the s.** nebenbei; **on the ... s.** was ... angeht/betrifft; **reverse s. of the coin** Kehrseite der Medaille; **the two s.s of industry** Tarifparteien, Sozialpartner, Unternehmer und Arbeitnehmer, Arbeitnehmer und Arbeitgeber; **the bright s. of life** die angenehmen Seiten des Lebens; **this s. up!** nicht stürzen!
to be on the safe side *(coll)* auf Nummer sicher gehen *(coll)*, (ganz) sicher gehen, sicherheitshalber, auf alle Fälle; **to change s.s** sich auf die andere Seite schlagen, hinüberwechseln, Lager wechseln; **to err on the s. of caution; ~ safe s.** übervorsichtig sein, sichergehen; **to hear both s.s** beide Parteien/Teile (an)hören; **to knock one's own s.** das eigene Nest beschmutzen *(fig)*; **to look on the bright s.** die positive Seite betrachten; **to put on the s.** auf die Seite legen, zurücklegen; **to speculate on the wrong s.** falsch spekulieren; **to take s.s** Partei ergreifen/nehmen; **to win so. over to one's s.** jdn auf seine Seite ziehen; **to work on the s.** schwarzarbeiten
both side|s beide Parteien/Teile; **bright/sunny s.** *(fig)* Schokoladenseite *f (fig)*; **dark s.** Schattenseite *f*; **darker s.** *(fig)* Niederungen *pl*; **long s.** *(Börse)* Haussepartei *f*; **the other s.** 1. die Gegenseite, Gegenpartei *f*; 2. [§] (Prozess)Gegner *m*; **reverse s.** 1. Rückseite *f*; 2. *(Münze)* Gegen-, Kehrseite *f*; **seamy s.** *(fig)* Schattenseite *f (fig)*; **windward s.** ⚓ Luvseite *f*
side against *v/i* Partei ergreifen gegen; **s. with so.** sich auf jds Seite stellen, für jdn Partei nehmen/ergreifen, es mit jdm halten
side agreement Sonderabmachung *f*; **s.board** *n* Anrichte *f*, Serviertisch *m*; **~ engine** ⚙ Seitenbordmotor *m*; **s.car** 🏍 *(Motorrad)* Bei-, Seitenwagen *m*; **s. constraint** Nebenbedingung *f*; **s. effect** Nebenwirkung *f*, N.effekt *m*, Begleiterscheinung *f*; **s. elevation** 🏛 Seitenansicht *f*, S.aufriss *m*; **s. entrance** 🏛 Neben-, Sei-

side equipment 1058

teneingang *m*; s. **equipment** Zusatzgeräte *pl*; s. **exit** 🏛 Neben-, Seitenausgang *m*; s.**-face** *adj* im Profil; s. **headings** Marginalien; s. **issue** Randproblem *nt*; s. **job** Nebentätigkeit *f*; s.**-kick** *n [US] (coll)* Zuschläger *m (coll)*; s.**light(s)** *n* 1. 🕯 Seiten-, Streiflicht *nt*; 2. ⚓ Stand-, Begrenzungslicht *nt*
sideline *n* Seiten-, Nebenzweig *m*, N.artikel *m*, N.-geschäft *nt*, N.betrieb *m*; N.erwerb *m*, N.tätigkeit *f*, N.beruf *m*, Zubrot *nt*, nebenberufliche Tätigkeit; **on the s.s** in der Kulisse; **to remain/stay on the s.s** 1. abseits stehen, im Hintergrund bleiben, sich nicht einmischen, abwartende Haltung einnehmen, abwarten; 2. *(Börse)* sich zurückhalten; s. **business** Nebengeschäft *nt*; s. **employment/job** Nebenbeschäftigung *f*, nebenberufliche Tätigkeit
side loader Seitenlader *m*; s.**note** *n* Randbemerkung *f*; s. **partner** Mitarbeiter(in) *m/f* (im Nebengewerbe); s. **payments** Ausgleichszahlungen; s. **program(me)** Nebenprogramm *nt*; s.**show** *n* 1. Sonderausstellung *f*; 2. 🕯 Nebenvorstellung *f*; s.**step** *v/ti* 1. beiseite treten; 2. ausweichen, umgehen; 3. *(Börse)* tendenzlos sein; s.**stepping** *n (Börse)* Seitwärtsbewegung *f*; s. **street** Seiten-, Nebenstraße *f*, N.weg *m*; s. **table** Beistelltisch *m*
sidetrack *n [US]* 🚂 Abstell-, Anschluss-, Fabrik-, Neben-, Rangier-, Stumpfgleis *nt*, Eisenbahn-, Gleisanschluss *m*, G.anlage *f*; **industrial private s.** Betriebs-, Fabrik-, Industrie-, Privat-, Werksanschlussgleis *nt*
sidetrack *v/t* 1. *(fig)* ablenken; 2. (jdn) kaltstellen
side view Seitenansicht *f*; s.**walk** *n [US]* Bürger-, Gehsteig *m*, Trottoir *nt (frz.)*; s. **wall** *(Container)* Seitenwand *f*
siding *n [GB]* 🚂 Abstell-, Anschluss-, Fabrik-, Neben-, Rangier-, Stumpfgleis *nt*, Eisenbahnanschluss *m*, Gleisanlage *f*; **industrial/private s.** Betriebs-, Fabrik-, Industrie-, Privat-, Werksanschlussgleis *nt*; s. **rent** (Wagon)Standgeld *nt*, Gleismiete *f*, Wagenstand(s)geld *nt*
siege *n* ⚔ Belagerung *f*; s. **economy** Belagerungswirtschaft *f*
sieve *n* 1. Sieb *nt*; 2. *(coll)* ⚓ Seelenverkäufer *m (coll)*
sift *v/t* 1. sieben; 2. *(fig)* sieben, sichten, sorgfältig prüfen, untersuchen, *(Dokumente)* durchgehen; **s. out** 1. aussondern; 2. ausfindig machen
sifting *n* Erforschung *f*, Untersuchung *f*, Sichtung *f*
sigh of relief *n* Aufatmen *nt*, Seufzer der Erleichterung; **to heave a ~ relief** aufatmen
sigh *v/i* seufzen
sight *n* 1. Sehvermögen *nt*, Sehen *nt*, Sichtweite *f*, Augenlicht *nt*; 2. Sicht *f*, Präsentation *f*; 3. Sehenswürdigkeit *f*; **after s.** nach Sicht; **at s.** nach/bei Sicht, bei Präsentation/Vorlage/Vorzeigung, täglich fällig, prima vista *(ital.)*; **in s.** in Sicht; **out of s.** außer Sichtweite **at 30 days after sight** 30 Tage nach Sicht; **payable after s.** zahlbar nach Sicht; **at first s.** 1. auf den ersten Blick; 2. prima vista *(ital.)*; **payable at s.** zahlbar bei Sicht/Vorlage; **out of s., out of mind** *(prov.)* aus den Augen, aus dem Sinn *(prov.)*
to catch sight of erblicken; **to come into s.** in Sicht kommen, ins Blickfeld geraten; **to draw so. at s.** Sichtwechsel auf jdn ziehen; **to know so. by s.** jdn vom (An)Sehen kennen; **to lower one's s.s** *(fig)* seine Ansprüche herabsetzen; **to lose s. of sth.** etw. aus den Augen verlieren; **to pay at s.** bei Sicht zahlen; **to set one's s.s. on sth.** etw. ins Visier nehmen; **to vanish from s.** aus dem Blickfeld verschwinden
dreadful sight schrecklicher Anblick; **familiar s.** vertrauter Anblick; **long s.** lange Sicht; **short s.** kurze Sicht; **at ~ s.** auf kurze Sicht; **sorry s.** jämmerlicher Anblick; **splendid s.** stolzer Anblick
sight *v/t* sichten
sight balance Sichtguthaben *nt*; s. **bill** Sicht-, Avistawechsel *m*, Sichtanweisung *f*, S.schuldschein *m*; s. **check** Sichtprüfung *f*; s. **credit** Buch-, Kontokorrentkredit *m*, bei Sicht fälliger Kredit; s. **deposits** Sichteinlagen, täglich fällige Gelder, ~ Depositen, sofort fällige Depositen; s. **deposit account** Sichteinlagenkonto *nt*; s. **draft** (S.D.) Sichtwechsel *m* (vor Akzept), S.tratte *f*, befristeter Wechsel, Wechsel auf Sicht; **~ , bill of lading attached (S.D.B.L.)** Sichtwechsel und Konnossement beigefügt; s.**ing** *n* Sichtung *f*; **~ shot** Probeschuss *m (fig)*; s. **item** Sichtpapier *nt*; s. **letter of credit** Sichtakkreditiv *nt*, S.kreditbrief *m*, Kreditbrief, bei dem die dagegen gezogenen Wechsel bei Sicht fällig sind; s. **liabilities** Sichtverbindlichkeiten, sofort fällige Verbindlichkeiten; s. **loan** gegen Sichtwechsel gewährtes Darlehen; s. **negotiation** Negoziierung einer Sichttratte; s. **rate** Sicht(wechsel)kurs *m*, Satz für Sichtwechsel, Kurs für Sichtpapiere
sightseeing *n* Besichtigung(en) *f/pl*; **to go s.** sich die Sehenswürdigkeiten ansehen; s. **tour** Rundreise *f*, Stadtrundfahrt *f*
sight test Sichtprüfung *f*, oberflächliche Prüfung; **s. unseen** ohne Besicht, unbesehen
sign *n* 1. Zeichen *nt*; 2. Anzeichen *nt*, Symptom *nt*, Erscheinung *f*, Omen *nt (lat.)*, Vorzeichen *nt*, Indiz *nt*; 3. (Hinweis)Schild *nt*; 4. Wink *m*
sign of old age Altersanzeichen *nt*; **~ decay** Zerfallserscheinung *f*; **~ improvement** Besserungstendenz *f*; **~ life** Lebenszeichen *nt*; **to give no ~ of life** sich nicht regen; **~ recovery** Belebungstendenz *f*; **~ shortage/tightness** Verknappung *f*; **~ slackening** Ermüdungserscheinung *f*; **~ wear (and tear)** Abnutzungs-, Verschleißerscheinung *f*
directional sign Richtungsanzeige *f*; **electric s.s** Lichtreklame *f*; **equal s.** π Gleichheitszeichen *nt*; **graphic s.** Schriftzeichen *nt*; **halt s.** 🚗 Haltezeichen *nt*; **mandatory s.** Gebotszeichen *nt*; **minus/negative s.** 1. π Minuszeichen *nt*; 2. negatives Vorzeichen; **operational s.** Rechenvorzeichen *nt*; **plus s.** Additions-, Pluszeichen *nt*; **prohibitory s.** Verbotszeichen *nt*; **radical s.** π Wurzelzeichen *nt*; **unmistak(e)able s.** untrügliches Zeichen; **visual s.** Schauzeichen *nt*
sign *v/t* 1. unterzeichnen, u.schreiben, (ab)zeichnen, signieren, Unterschrift geben, ~ setzen unter; 2. sich anmelden/eintragen; s. **away** verzichten auf, abtreten, übertragen; s. **back** retrozedieren; s. **in blank** blanko unterschreiben; s. **clean** *(Konnossement)* reinzeichnen; s. **in full** mit seinem vollen Namen unterschreiben; s. **in** (sich) eintragen; s. **individually** einzeln unterschrei-

ben; **s. manually** handschriftlich unterzeichnen; **s. off** 1. *(Dokument)* abzeichnen; 2. sich austragen/abmelden; **s. on** 1. anmustern, vertraglich verpflichten; 2. sich melden/eintragen für, anheuern; **~ behalf of a firm** für eine Firma zeichnen; **s. out** sich austragen/abmelden; **s. over** abtreten, zuschreiben; **s. personally** eigenhändig unterschreiben; **s. up** 1. anheuern; 2. sich verpflichten, beitreten

signage *n* Beschilderung *f*

signal *n* Signal *nt*, Zeichen *nt*, Startschuss *m*; **audible s.** akustisches Signal; **interfering s.s** Störsignale; **line-end s.** Zeilenendesignal *nt*; **precautionary s.** Warnsignal *nt*; **read-back s.** 📖 Lesesignal *nt*

signal *v/t* 1. ✪ anzeigen, markieren; 2. bekunden, erkennen lassen, signalisieren

signal beacon ⚓ Signalbake *f*; **s. book** Signalbuch *nt*; **s. box** *[GB]* 🚂 Stellwerk *nt*; **s. buzzer** Summer *m*; **s. corps** ⚔ Fernmeldetruppe *f*; **s. distortion** Signalverzerrung *f*; **s. element** 📖 Signal *nt*; **s. fire** Signalfeuer *nt*; **s. flag** Signalflagge *f*; **s. installation** Signalanlage *f*; **s. lamp** Signallampe *f*; **s. lantern** Signallaterne *f*; **s. light(s)** Signallicht *nt*

signalling effect *n* Signalwirkung *f*; **s. equipment/system** Signalanlage *f*; **s. technology** Signaltechnik *f*

signalIman *n* Signalwärter *m*; **descriptive s.ment** *n* *[US]* Personenbeschreibung *f*

signalIs officer ⚔ Fernmeldeoffizier *m*; **s. whistle** Signalpfeife *f*

signatory *adj* Signatur-

signatory *n* 1. (Mit)Unterzeichner *m*, U.zeichnender *m*, U.fertiger *m*, Signatar *m*, Vertragspartner *m*; 2. Unterzeichner-, Signatarstaat *m*; **s. to** Unterzeichner von; **~ a contract** Vertragsunterzeichner(in) *m/f*; **~ the left/right** Links-/Rechtsunterzeichner(in) *m/f*; **(duly) authorized s.** (Handlungs-/Zeichnungs)Bevollmächtigte(r) *f/m*, Prokurist(in) *m/f*, Unterschriftsberechtigte(r) *f/m*; **sole ~ s.** Alleinvertretungs-, Einzelzeichnungsberechtigte(r) *f/m*; **joint s.** Mitunterzeichner *m*, Mitunterzeichneter *m*

signatory government Unterzeichnerregierung *f*; **s. power** 1. Unterschriftsvollmacht *f*, Zeichnungsberechtigung *f*; 2. Signatarmacht *f*; **s. state** Unterzeichner-, Signatarstaat *m*

signature *n* 1. (Namens)Unterschrift *f*, Namenszug *m*, (Namensunter)Zeichnung *f*, Unterschriftsleistung *f*, Signatur *f*; 2. *(Radio)* Sendezeichen *nt*; **as per s.** laut Unterschrift; **s. of approval** Genehmigungsvermerk *m*; **s. in blank** Blankounterschrift *f*; **s. missing** Unterschrift fehlt; **s. unknown** Unterschrift unbekannt; **to acknowledge a signature** Unterschrift anerkennen; **to affix/append one's s.** Unterschrift leisten, unterschreiben, mit seiner Unterschrift versehen; **~ to a document** Urkunde unterfertigen/unterschreiben; **to authenticate a s.** Unterschrift beglaubigen; **to be left (open) for s.** zur Unterzeichnung aufliegen; **to bear a s.** Unterschrift tragen; **to collect s.s** Unterschriften sammeln; **to disown one's s.** seine Unterschrift nicht anerkennen; **to forge a s.** Unterschrift fälschen; **to have single s.** alleinzeichnungsberechtigt/alleinvertretungs-

berechtigt sein; **to put one's to sth.** etw. unterschreiben, seinen Friedrich-Wilhelm unter etw. setzen *(coll)*; **to submit for s.** zur Unterschrift vorlegen, unterschreiben lassen

attested signature beglaubigte Unterschrift; **authorized s.** berechtigte Unterschrift; **autograph s.** eigenhändige Unterschrift; **blank s.** Blankounterschrift *f*; **genuine s.** echte/ungefälschte Unterschrift; **joint s.** Kollektiv-, Gesamtprokura *f*, G.zeichnungsberechtigung *f*, gemeinsame Unterschrift, Kollektivzeichnung *f*; **original/true s.** Originalunterschrift *f*; **personal s.** eigenhändige Unterschrift; **unauthorized s.** Unterschrift ohne Bevollmächtigung/Vertretungsmacht/Vollmacht

signature authority/authorization Zeichnungsberechtigung *f*, Z.vollmacht *f*, Unterschriftsvollmacht *f*; **s. book** Unterschriftenverzeichnis *nt*; **s. card** Unterschriftskarte *f*; **~ file** Unterschriftenkartothek *f*; **s. folder** Unterschriften-, Unterschriftsmappe *f*; **s. stamp** Faksimile-, Unterschriftsstempel *m*; **s. tune** *(Radio)* Sendezeichen *nt*, Erkennungs-, Kenn-, Titelmelodie *f*; **s. verification** Unterschriftsprüfung *f*

signboard *n* 1. (Aushänge-/Namens)Schild *nt*; 2. Anschlagtafel *f*

signed *adj* gezeichnet, unterschrieben; **s. and sealed** unterschrieben und gesiegelt; **s., sealed and delivered** unter Dach und Fach *(coll)*; **duly s.** ordnungsgemäß unterschrieben; **ready to be s.** unterschriftsreif; **s. personally** eigenhändig unterschrieben

signer *n* Unterzeichner(in) *m/f*

signet *n* Siegel *nt*, Petschaft *nt*; **s. ring** Siegelring *m*

significance *n* 1. Bedeutung *f*, Bedeutsamkeit *f*, Sinn *m*, Wichtigkeit *f*, Stellenwert *m*, Belang *m*, Signifikanz *f*, Aussagekraft *f*; 2. 📖 Konfidenz *f*; **of no s.** ohne Bedeutung, bedeutungslos; **to attach s. to sth.** einer Sache Bedeutung beimessen; **legal s.** rechtliche Bedeutung; **marginal s.** geringe Bedeutung; **real s.** eigentliche Bedeutung; **time-accelerating s.** entwicklungsraffende Bedeutung; **s. level** 1. Signifikanzgrad *m*, S.schwelle *f*; 2. 📖 Sicherheitsstufe *f*

significant *adj* bedeutend, bedeutsam, bezeichnend, wichtig, merklich, nennenswert, richtungweisend, signifikant, gewichtig, aussagekräftig

signify *v/t* 1. andeuten, erkennen lassen; 2. bedeuten

signing *n* Unterzeichnung *f*, Unterschrift(sleistung) *f*; **s. of the contract** Vertragsunterzeichnung *f*; **s. by proxy** Unterzeichnung auf Grund einer Vollmacht; **s.-over order** *n* §️ Abtretungsauftrag *m*; **s. power** Zeichnungsvollmacht *f*; **s. powers** Verfügungsverhältnisse

sign language Zeichen-, Taubstummensprache *f*; **s.-off** *n* *(Radio/Fernsehen)* Sendeschluss *m*; **s. painter/writer** Schildermacher *m*, S.hersteller *m*, Reklamezeichner *m*, Plakatmaler *m*

signpost *n* Wegweiser *m*, Hinweiszeichen *nt*; *v/t* durch Schilder kenntlich machen, mit Schildern markieren, beschildern, (Weg) kennzeichnen

signposting *n* Beschilderung *f*

signIpost issue *(Wertpapier)* Leitemission *f*; **s. writing** Schildbeschriftung *f*

silage *n* 🌾 Silage *f*, Silofutter *nt*

silence *n* Ruhe *f*, (Still)Schweigen *nt*, Stille *f*, Geräuschlosigkeit *f*; **to ask for s.** um Ruhe bitten; **to break one's s.** sein Schweigen brechen; **to impose s. on so.** jdm Stillschweigen auferlegen; **to maintain s.** Stillschweigen (be)wahren; **to pass sth. over in s.** etw. mit Stillschweigen übergehen; **to wrap o.s. up in s.** sich in (Still)Schweigen hüllen
awkward/embarrassed silence betretenes Schweigen, Verlegenheitspause *f*; **complete/strict s.** absolute/unbedingte Ruhe; **dead s.** absolute Stille; **deadly/deathly s.** *(fig)* Totenstille *f*, Sendepause *f (fig)*; **deafening s.** *(coll)* ohrenbetäubendes Schweigen *(coll)*; **eerie/ominous/uncanny s.** unheimliche Stille; **eloquent s.** beredtes Schweigen;
silence *v/t* 1. mundtot machen, zum Schweigen bringen; 2. ✪ schallisolieren, s.dämpfen; **s. so.** jdm zum Schweigen bringen
silencer *n* 1. ✪ Geräusch-, Schalldämpfer *m*; 2. 🚗 Auspufftopf *m*
silencing *n* Schallisolierung *f*, S.dämpfung *f*
silent *adj* 1. ruhig, geräuscharm, g.los, still; 2. schweigsam; 3. *(Teilhaber)* still; **to be s.** schweigen; **to become s.** verstummen
silent *n* Stummfilm *m*
silhouette *n (frz.)* Silhouette *f*
silica *n* ⚫ Kieselerde *f*; **s.te** *n* Silikat *nt*
silicon *n* ⚫ Silizium *nt*; **s. chip** 💾 Siliziumchip *m*
silicosis *n* ⚕ Staublunge *f*, Silikose *f*
silk *n* Seide *f*; **to take s.** *[GB] (fig)* [§] zum Kronanwalt berufen werden; **artificial s.** Kunstseide *f*; **pure/real s.** echte/reine Seide; **raw s.** Rohseide *f*; **washable s.** Waschseide *f*; **watered s.** Seidenmoiré *nt*
silken *adj* seidenweich
silk gown Seidentalar *m*; **s. hat** Zylinder *m*; **s. print** Seidendruck *m*; **s. screen printing** Siebschablonendruck *m*; **s.worm** *n* Seidenraupe *f*
sill *n* 1. 🏠 Fensterbrett *nt*; 2. (Tür)Schwelle *f*; 3. 🚗 Türleiste *f*
silo *n* 🌾 (Getreide)Silo *nt*, Futterbehälter *m*, Getreidebunker *m*
silt *n* 1. Schwemmsand *m*; 2. Schlick *m*; **s. up** *v/i* 1. versanden; 2. verlanden; **s.ing up** *n* Verlandung *f*
silver *n* 1. Silber *nt*; 2. Silbergeld *nt*; **alloyed s.** legiertes Silber; **crude/unrefined s.** Rohsilber *nt*; **fine s.** Feinsilber *nt*; **German s.** Neusilber *nt*; **solid s.** gediegenes Silber; **standard s.** Münzsilber *nt*
silver alloy Silberlegierung *f*; **s. bar** Silberbarren *m*; **s. base** Silberwährung *f*; **s.-bearing** *adj* ♦ silberhaltig; **s. birch** 🌳 Weißbirke *f*; **s. bullion** ungemünztes Silber, Barrensilber *nt*; **s. coin** Silbermünze *f*, S.ling *m*; **s. content** Silbergehalt *m*, S.anteil *m*; **s. currency** Silberwährung *f*; **s.fish** *n* Silberfischchen *nt*; **s. foil** Alu(minium)folie *f*; **s. ingots** Stangensilber *nt*; **s. jubilee** 25jähriges Jubiläum; **s. leaf** Blattsilber *nt*; **s. lining** *(fig)* Lichtblick *m*, Silberstreifen *m (fig)*; **s. mine** ⛏ Silberbergwerk *nt*; **s. mining** Silbererzförderung *f*; **s. nitrate** ⚫ Silbernitrat *nt*; **s. oxide** ⚫ Silberoxid *nt*; **~ battery** ⚡ Silberoxidbatterie *f*; **s. paper** Silberpapier *nt*; **s. plate** Tafelsilber *nt*; **s.-plate** *v/i* versilbern; **s.-plated** *adj* versilbert; **s.-plating** *n* Silberauflage *f*; **s.smith** *n* Silberschmied *m*; **s. standard** Silberwährung *f*; **s.ware** *n* Silberwaren *pl*, Tafelsilber *nt*; **s. wedding** Silberhochzeit *f*, silberne Hochzeit
silvi|cultural *adj* 🌳 waldbaulich, forstwirtschaftlich, Waldbau-; **s.culture** *n* Waldbau *m*, W.wirtschaft *f*, Forstkultur *f*, F.wirtschaft *f*
similar *adj* ähnlich (gelagert); **deceptively s.** täuschend ähnlich
similarity *n* Ähnlichkeit *f*; **s. of trademarks** Übereinstimmung von Warenzeichen
simo chart *n* Beidhanddiagramm *nt*
simple *adj* 1. einfach, schlicht, kunstlos, simpel; 2. ungesichert, nicht bevorrechtigt; **s.-minded** *adj* simpel, einfältig; **s.ton** *n* Einfaltspinsel *m*, Gimpel *m*
simplex method *n* Simplexmethode *f*
simplicity *n* 1. Einfachheit *f*, Schlichtheit *f*; 2. Einfalt *m*, Naivität *f*; **for the sake of s.** aus Vereinfachungsgründen; **rustic s.** ländliche Einfachheit
simplification *n* Vereinfachung *f*, Vereinheitlichung *f*; **s. of taxation** Steuervereinfachung *f*
simplify *v/t* vereinfachen, vereinheitlichen; **s.ing** *n* Bereinigung *f*
simulate *v/t* simulieren, vortäuschen, fingieren
simulation *n* 1. Plan-, Sandkastenspiel *nt*, Simulation *f*; 2. Vortäuschen *nt*; **s. game/process** (Unternehmens-) Planspiel *nt*
simulator *n* 1. ✪ Simulator *m*; 2. Simulant *m*
simulta|neity *n* Gleichzeitigkeit *f*; **s.neous** *adj* simultan, gleichzeitig, Simultan-
sin *n* Sünde *f*; **s. of omission** Unterlassungssünde *f*; **mortal s.** *(Theologie)* Todsünde *f*; **venial s.** lässliche Sünde
sincere *adj* aufrichtig, lauter, ehrlich; **yours s.ly** *adv (Brief)* mit freundlichen Grüßen
sincerity *n* Aufrichtigkeit *f*, Lauterkeit *f*, Wahrhaftigkeit *f*, Ehrlichkeit *f*; **in all s.** in aller Offenheit
sine *n* π Sinus *m*; **s. curve** Sinuskurve *f*
sinecure *n* Ruheposten *m*, Sinekure *f*, Pfründe *f*
sine die *adv (lat.)* [§] ohne Anberaumung eines neuen Termins
singe *v/t* (ver)sengen
single *adj* 1. einzig, einzeln, Allein-, Einzel-, vereinzelt; 2. ehelos, ledig, unverheiratet, alleinstehend, unverehelicht; **to be s.** ledig sein; **to remain s.** ledig bleiben
single *n* 1. Alleinstehende(r) *f/m*; 2. *(Fahrkarte)* Einzelfahrkarte *f*, E.schein *m*, Einfachfahrschein *m*
single out *v/t* aussondern, aussuchen; **s. so. out** es auf jdn abgesehen haben;
single allowance Steuerfreibetrag für Ledige; **s.-breasted** *adj (Anzug)* einreihig; **s.-coloured** *adj* einfarbig; **s.-column** *adj* einspaltig; **s.-constituency** *adj* interessenmonistisch; **s.-decker** *n* einstöckiger (Omni)Bus; **s.-density** *adj* 💾 mit einfacher Dichte; **s.-digit** *adj* π einstellig; **s.-drive** *adj* 💾 mit Einzellaufwerk; **s.-engined** *adj* ✈ einmotorig; **s.-entry** *adj (Buchführung)* einfach; **s. figure** *adj* π einstellig; **s.-handed** *adj* allein, eigenhändig, selbstständig, ohne fremde Hilfe; **s.-industry** *adj* monoindustriell; **s.-lane** *adj* 🚗 einspu-

rig; **s.-layered** *adj* einschichtig; **s.-line** *adj* einzeilig; **s.-minded** *adj* zielstrebig, z.bewusst, beharrlich, entschlossen; **s.-operation** *adj* eingängig; **s.-period** *adj* einperiodig; **s.-phase** *adj* einphasig; **s.-process** *adj* Einverfahren-; **s.-purpose** *adj* Einzweck-; **s.-sided** *adj* 🖥 einseitig; **s.-shift** *adj* Einschicht-; **s.-space(d)** *adj* einzeilig; **s.-storeyed** *[GB]*; **s.-storied** *[US] adj* 🏛 einstöckig, eingeschossig; **s.-tier** *adj* einstufig; **s.-track** *adj* 🚂 eingleisig; **s.-use** *adj* Einmal-, Einweg-, Wegwerf-; **s.-volume** *adj* 📕 einbändig

singular *n* Einzahl *f*; *adj* einzigartig, singulär

sink *v/ti* 1. ⚓ versinken, untergehen; 2. *(Preis)* sinken, fallen, heruntergehen, niedriger werden; 3. versenken; 4. ⛏ *(Schacht)* abteufen; 5. *(Hypothek)* tilgen, amortisieren, abtragen; **s. low** herunterkommen

sink *n* Spülbecken *nt*, S.stein *m*

sink estate *[GB] (coll)* heruntergekommene Wohnsiedlung

sinking *n* 1. ⚓ Sinken *nt*, Untergang *m*; 2. Versenkung *f*; 3. ⛏ Abteufen *nt*; 4. (Schulden)Tilgung *f*, Amortisation *f*, Rückzahlung *f*

sinners' taxes *n* *(coll)* Alkohol-, Tabak- und Wettsteuern, Genussmittelsteuern

sinus *n* 💀 Nasenneben-, Stirnhöhle *f*; **maxillary s.** Kieferhöhle *f*; **s.itis** *n* Nasennebenhöhlenentzündung *f*, Stirnhöhlenkatarr *m*

sip *n* Schluck *m*; **to have a little s.** *(coll)* sich einen genehmigen *(coll)*; *v/t* nippen

siphon off *v/t* 1. absaugen, abzapfen; 2. *(fig) (Gewinn)* abziehen, abschöpfen; 3. *(Gelder)* abzweigen

siren *n* Sirene *f*

sisal *n* Sisal *m*

sist *n* *[Scot.]* [§] Verfahrenseinstellung *f*

sister *n* 1. Schwester *f*; 2. *(Gewerkschaft)* Kollegin *f*; **s. bank** Schwesterbank *f*; **s. city** *[US]* Partnerschaft *f*; **s. company/corporation** Schwestergesellschaft *f*; **s. department** Nachbarressort *nt*; **s. fund** Parallelfonds *m*; **s.hood** *n* Frauenvereinigung *f*; **s.-in-law** *n* Schwägerin *f*; **s. ship** ⚓ Schwesterschiff *nt*

sit *v/ti* 1. sitzen; 2. tagen; 3. [§] *(Gericht)* Sitzung abhalten; 4. Platz bieten für; **s. about/around** herumsitzen; **s. down** sich hinsetzen; **s. sth. out** etw. aussitzen, bis zum Ende bleiben; **s. up** aufrecht sitzen

site *n* 1. Stelle *f*, Platz *m*, (Stand)Ort *m*; 2. Lage *f* (eines Grundstücks); 3. Grundstück *nt*, Areal *nt*; 4. 🏛 Baustelle *f*, B.gelände *nt*, B.platz *m*; 5. 🛣 Standort *m*; 6. *(Film)* Drehort *m*; **on s.** vor Ort; **s. for final disposal** Endlager(stätte) *nt/f*; **s. of an industry** Standort/Sitz einer Industrie; **delivered (on) s.** Lieferung frei Baustelle; **tied to a s.** standortgebunden

to designate a site Gebiet ausweisen

adjacent site Nachbargrundstück *nt*; **contaminated s.** verseuchtes Areal, Altlast *f*; **restoring ~ s.s** Altlastenbeseitigung *f*; **greenfield s.** Industriegelände/I.grundstück/Standort auf der grünen Wiese; **improved s.** erschlossenes Gelände/Grundstück; **industrial s.** Industriegelände *nt*, I.grundstück *nt*, I.areal *nt*, Betriebsstandort *m*, Fabrikgrundstück *nt*, gewerbliches Grundstück; **mobile s.** Wanderbaustelle *f*; **open-air s.** Freigelände *nt*; **out-of-town s.** außerstädtischer Standort; **plum** *(coll)***/prime s.** (Grundstück) Top-, Spitzenlage *f*, beste/erstklassige Lage; **residential s.** Wohnungsbaugrundstück *nt*; **vacant s.** unbebautes Grundstück

site *v/t* Standort bestimmen/finden, ansiedeln, stationieren

site administration 🏛 Baustellenverwaltung *f*; **s.-bound** *adj* standortgebunden; **s. data** Standortdaten

well sited *adj* gut gelegen

site density 🏛 Bebauungsdichte *f*; **s. development cost(s)** Grundstücks-, Geländeerschließungskosten *pl*; **s. foreman** Polier *m*; **s. inspection** Kontrolle vor Ort; **s. list** Standortverzeichnis *nt*; **s. management** Baustellenverwaltung *f*, B.(stellen)führung *f*, B.(stellen)leitung *f*; **s. manager** Bau(stellen)leiter *m*, B.führer *m*, Oberbauleiter *m*; **s. office** (Büro der) Bauleitung; **s. picketing** Bestreiken der Baustelle; **s. plan** Lageplan *m*; **s. preparation** Geländeaufbereitung *f*; **s. screening** Standortanalyse *f*; **s. selection** Standortwahl *f*; **s. service** Standortdienst *m*; **s. services** Leistungen auf der Baustelle; **s.-specific** *adj* standortspezifisch; **s. superintendent/supervisor** Bauleiter *m*, B.führer *m*; **s. supervision** Bauleitung *f*, B.führung *f*; **s. survey** Standorterkundung *f*; **s. value** Flächenwert *m*; **s. visit** Betriebsbesichtigung *f*; **~ review** Begutachtung mittels Betriebsbesichtigung

sit-in *n* Sitzstreik *m*

sitting *n* 1. Sitzung *f*; **s.s** Sitzungsperiode *f*, Tagung *f*; **at one s.** in einer Sitzung; **s. of the appellate court** [§] Berufungsverhandlung *f*; **all-night s.** Nachtsitzung *f*; **plenary s.** Plenarsitzung *f*; **s. room** Wohnzimmer *nt*

in situ *adv (lat.)* [§] an Ort und Stelle

situate *v/t* Platz festlegen, aufstellen, platzieren; *adj* [§] gelegen

situated *adj* gelegen; **to be s.** liegen, sein; **nicely s.** hübsch gelegen

situation *n* 1. Situation *f*, Sachlage *f*, S.verhalt *m*, Zustand *m*; 2. Stelle *f*, Stellung *f*; **s. as per** Stand vom; **s. of the domestic economy** binnenwirtschaftliche Lage; **s. in the industry** Branchensituation *f*; **s. on the labour market** Arbeitsmarkt-, Beschäftigungslage *f*; **s. justifying self-defence** [§] Notwehrsituation *f*; **s. of strained resources** angespannte Finanzlage; **equal to every s.** jeder Lebenslage gewachsen; **s.s vacant (sit. vac.)** *(Zeitung)* Stellenangebote; **~ wanted** Stellengesuche, Stellungen/Stellen gesucht

to aggravate the situation die Lage verschlechtern/verschärfen; **to be in line with the economic s.** in die konjunkturelle Landschaft passen; **not ~ up to a s.** der Situation nicht gewachsen sein; **~ in a tight s.** (finanziell) schlecht dran sein; **~ master of the s.** Herr der Lage sein, das Ruder fest in der Hand haben *(fig)*; **to cope with/master a s.** Situation in den Griff bekommen, Herr der Lage sein, das Ruder fest in der Hand haben *(fig)*; **to discuss the s.** Lage besprechen; **to get into a tricky s.** in eine missliche Lage geraten; **to meet a s.** mit einer Lage fertig werden; **to outface a s.** einer Lage Herr werden; **to rectify/remedy the s.** Lage (wieder) ausgleichen, Remedur schaffen; **to save the s.** die

Lage/Situation retten; **to size up a s.** Lage peilen; **to sound out the s.** sondieren; **to sum up the s. at a glance** Situation sofort erfassen/überblicken
awkward situation schwierige/unangenehme Lage, Verlegenheit *f*; **competitive s.** Wettbewerbslage *f*, Konkurrenzverhältnisse *pl*, K.situation *f*; **unfavourable ~ s.** ungünstige Marktsituation/Wettbewerbslage; **cost-earnings s.** Kosten-Erlös-Situation *f*, Kosten- und Ertragslage *f*; **critical s.** kritische Situation; **current s.** gegenwärtige Lage, Ausgangssituation *f*; **due to the ~ s.** situationsbedingt; **cyclical s.** Konjunkturlage *f*, K.klima *nt*; **demographic s.** Bevölkerungslage *f*; **desperate s.** verzweifelte Lage; **double-bind s.** Dilemma *nt*
economic situation Konjunktur *f*, K.lage *f*, K.bild *nt*, Wirtschaftslage *f*, wirtschaftliche Verhältnisse/Situation/Lage, konjunkturelle Lage/Situation/Konstellation; **due to the e. s.** konjunkturbedingt, konjunkturell bedingt; **depressed e. s.** gedrückte Konjunktur; **general/overall e. s.** Großwetterlage *f* *(fig)*, Konjunkturhimmel *m* *(fig)*, wirtschaftliche Gesamtlage; **precarious e. s.** unsichere Wirtschaftslage; **e. s. committee** Konjunkturausschuss *m*
embarrassing situation peinliche Lage, Verlegenheit *f*; **exceptional s.** Ausnahmesituation *f*; **expansive s.** Aufschwungssituation *f*; **external s.** außenwirtschaftliche Lage; **financial s.** Vermögensverhältnisse *pl*, V.lage *f*, Finanz-, Kreditlage *f*, finanzielle Verhältnisse, materielle/wirtschaftliche Lage; **general s.** Gesamtlage *f*, allgemeine Lage, (Wirtschafts)Rahmenbedingungen *pl*, konjunkturelle/wirtschaftliche Rahmenbedingungen; **inflationary s.** inflationäre Konjunkturentwicklung; **legal s.** Rechtslage *f*; **local s.** örtliche Lage; **monetary s.** Währungslage *f*; **out-of-line s.** Plan-Istabweichung *f*; **permanent s.** Dauer-, Lebensstellung *f*; **political s.** politische Lage; **precarious s.** missliche Lage; **sensitive s.** Grenzsituation *f*, G.fall *m*; **social s.** soziale Lage/Stellung; **tense s.** gespannte Lage; **tricky s.** heikle/prekäre Situation; **underlying s.** Rahmenbedingungen *pl*
situation analysis Situationsanalyse *f*; **s. report** Lage-, Situationsbericht *m*
situs *n* *(lat.)* 1. Firmensitz *m*, Belegenheit *f*; 2. [§] Wohn-, Standort *m*
six of one and half a dozen of the other *(coll)* Jacke wie Hose *(coll)*
sixes *pl* *(Wertpapier)* Sechsprozenter
six|-month *adj* halbjährlich; **s.-pack** *n* Sechserpackung *f*
sixty *n* Schock *nt* *(obs.)*
six-wheeler *n* ⊛ Dreiachser *m*
sizable → **siz(e)able**
size *n* 1. Größe *f*, Format *nt*, Maß *nt*, Größenklasse *f*, Nummer *f*; 2. Umfang *m*, Volumen *nt*, Ausmaß *nt*; 3. *(Hypothek)* Höhe *f*
size of the budget Haushaltsvolumen *nt*; **~ a credit** Kreditumfang *m*; **~ a holding** Besitzgröße *f*, Beteiligungsumfang *m*; **optimum ~ inventory** optimaler (Lager) Bestand; **~ a loan** Anleihevolumen *nt*; **average ~ loss** durchschnittliche Schadensgröße/S.höhe; **~ the market** Marktvolumen *nt*; **~ an order** Auftragsgröße *f*,

A.umfang *m*, A.volumen *nt*; **~ the order book** Höhe des Auftragsbestandes; **~ stock** Bestandsgröße *f*; **~ territory** 🏛 Gebietsstand *m*; **~ test** Signifikanzstufe *f*
in terms of size größenordnungsmäßig; **next in s.** nächst größer/kleiner; **true to s.** maßgerecht
to arrange according to size der Größe nach ordnen; **to cut to s.** zuschneiden auf; **~ so. down to s.** *(coll)* jdn kleinkriegen/zurechtstutzen *(coll)*; **to grade by s.** nach Größe sortieren
average size Durchschnittsgröße *f*, Mittelmaß *nt*; **basic s.** Nenn-, Bezugsmaß *nt*; **commercial s.** 1. *(Briefumschlag)* Großformat *nt*; 2. marktgängige Größe; **high s.** *(Inserat)* Hochformat *nt*; **in-between s.** Zwischengröße *f*; **manageable s.** überschaubare Größe; **medium s.** Mittelgröße *f*, M.maß *nt*, mittlere Größe; **minimum s.** Mindestgröße *f*; **oblong s.** Lang-, Längsformat *nt*; **odd s.** nicht gängige Größe, abweichendes Format; **optimum s.** optimale (Betriebs)Größe; **standard s.** Standard-, Normal-, Einheits-, Konfektionsgröße *f*, übliche Größe, Normalmaß *nt*, N.format *nt*, Einheitsformat *nt*; **standardized s.** genormte Größe; **viable s.** wirtschaftlich vertretbare Größe
size *v/t* der Größe nach/größenmäßig ordnen; **s. up** eintaxieren, abschätzen
siz(e)able *adj* erheblich, beträchtlich, ansehnlich, groß
size distribution Größenverteilung *f*; **s. group** Größenklasse *f*; **s. limits** ⋈ Höchstgrenzen; **s. pattern** Größenstruktur *f*
sizer *n* (Größen)Sortiermaschine *f*
size restrictions Größenbeschränkungen
sizing *n* Größeneinteilung *f*
skeletal *adj* Rumpf-
skeleton *n* 1. 💲 Skelett *nt*, Gerippe *nt*; 2. Skizze *f*, Entwurf *m*; 3. Gestell *nt*; 4. 🏚 Rohbau *m*; 5. *(fig)* Torso *m*; **s. in the cupboard** *(fig)* Leiche im Keller *(fig)*, Familienschande *f*
skeleton account T-Konto *nt*; **s. agreement** Rahmenabkommen *nt*, R.vertrag *m*, Mantelabkommen *nt*, M.(tarif)vertrag *m*; **s. bill/form** (unausgefülltes) Wechselformular, W.blankett *nt*; **s. box pallet** Gitterboxpalette *f*; **s. construction** Stahl-, Metallbauweise *f*; **s. container** Gitterbehälter *m*; **s. contract** Rahmenvertrag *m*; **s. data** Rahmendaten *pl*; **s. face** 👁 Skelettschrift *f*; **s. form** unausgefülltes Wechselformular; **s. key** Dietrich *m*, Nachschlüssel *m*; **s. law** Rahmengesetz *nt*; **s. legislation** Rahmengesetzgebung *f*; **s. organization** Rahmenorganisation *f*; **s. plan** Rahmen-, Rumpfplan *m*; **s. service** eingeschränkter Dienst, Notdienst *m*; **s. sketch** schematische Zeichnung; **s. staff** Stamm-, Rahmenpersonal *nt*, Stamm-, Rumpfbelegschaft *f*; **s. tariff** Rahmentarif *m*; **s. wage agreement** Manteltarif-, Lohn(rahmen)vertrag *m*, Rahmentarif *m*; **industry-wide ~ agreement** Rahmentarifvertrag *m*
sketch *n* (Plan)Skizze *f*, Grundriss *m*, Entwurf *m*; **s. sent with the offer** Offertenskizze *f*; **s. to scale** Maßstabsskizze *f*, maßstabsgetreue Skizze; **rough s.** Roh-, Faust-, Handskizze *f*, flüchtige Skizze; **to make a ~ s.** in groben Umrissen skizzieren; **thumbnail s.** Illustrationsskizze *f*

sketch v/t skizzieren, umreißen, flüchtig entwerfen; **s. out** vorzeichnen
sketch|book n Konzeptbuch nt, Schmierkladde f; **s. map** Lageskizze f; **s. pad** Skizzenblock m
sketchy adj (Bild) uneinheitlich
skew adj schräg, schief; **s.ness** n ▓ Schiefe der Verteilung
ski n Ski m; v/i Ski laufen; **s. area** Skigebiet nt
skid n 1. Schlitten m; 2. Holzunterlage f (für Maschinen); 3. Ladebalken m; 4. (Verpackung) Kufe f; 5. 🚗 Schleudern nt, Schleuderbewegung f; **to get into a s.** ins Schleudern kommen; **wooden s.** Holzschlitten m
skid v/i schleudern, ins Schleudern geraten, rutschen, schlittern; **s. mark(s)** 🚗 Brems-, Rutsch-, Schleuderspur f; **s. pan** Schleuderstrecke f; **s.-proof** adj rutschfest
skiing area Skigebiet nt; **s. holiday** adj Skiurlaub m
skilful adj geschickt
ski lift Skilift m
skill n 1. Fertigkeit f, Können nt, Fähigkeit f; 2. Geschick(lichkeit) nt/f, Gewandtheit f; **updating (one's) s.s** Anpassungsfortbildung f; **to update s.s** Fertigkeiten auffrischen, sich/jdn weiterbilden, ~ fortbilden
acquired skill erworbene Fertigkeit; **basic s.s** Grundfertigkeiten, G.kenntnisse; **entrepreneurial s.** unternehmerisches Geschick; **interpersonal s.s** Kommunikations-, Kontaktfähigkeit f; **inventive s.** Erfindereigenschaft f; **managerial s.s** Führungsqualitäten; **manual s.** Handfertigkeit f; **mechanical s.** handwerkliche Fähigkeit; **medical s.** ärztliche Kunst; **occupational s.** Berufsqualifikation f, berufliche Fähigkeit; **organizational s.** Organisationstalent nt, O.fähigkeit f; **professional s.** Berufsqualifikation f, berufliche Fähigkeit; **specialized s.s** Fachkönnen nt, besondere Kenntnisse; **technical s.** technisches Geschick
skill(s) base Angebot an Facharbeitern/ausgebildeten Arbeitskräften; **s. centre** [GB] Schulungs-, Fortbildungszentrum nt
skilled adj 1. gelernt, ausgebildet, qualifiziert, erfahren; 2. geschickt, gewandt
skill enhancement berufliche Fort-/Weiterbildung; **s.s gap** Facharbeitermangel m; **s. hierarchy** Fertigkeitshierarchie f; **s. needs/requirements** Fertigkeitsanforderungen; **s.s shortage** Facharbeitermangel m; **~ training** Ausbildung f; **~ updating** Weiterbildung f; **~ upgrading scheme** Qualifizierungsoffensive f
skim n Abschöpfung f
skim v/t 1. abschöpfen; 2. (Milch) entrahmen; 3. (fig) überfliegen, flüchtig (durch)lesen; **s. off** abschöpfen, absahnen; **s. through** (Buch) durchfliegen, durchsehen
skim creaming (fig) positive Marktauslese
skimming n 1. Abschöpfung f; 2. (fig) zeitliche Preisdifferenzierung
skimming-off n Abschöpfung f; **~ of liquidity** Liquiditätsabschöpfung f
skimming pricing Hochpreisstrategie f; **s.-the-market policy** Abschöpfungspreispolitik f
skimp v/ti 1. sparen, zu knapp bemessen, 2. knausern, 3. schludern, nachlässig arbeiten

skimpy adj (coll) knapp, knauserig, knickerig
skin n 1. Haut f; 2. Fell nt, Pelz m; 3. Lederart m; **all s. and bones** (coll) knochendürr (coll); **to be nothing but ~ bones** nur ein Strich in der Landschaft sein (coll); **by the s. of one's teeth** (coll) mit knapper Not, um Haaresbreite (coll); **to escape ~ s teeth** (fig) mit einem blauen Auge (fig)/knapper Not davonkommen, knapp/um Haaresbreite (fig) entkommen; **to make it ~ teeth** (fig) sich durchlavieren; **to get under so.'s s.** (fig) jdm unter die Haut gehen (fig; **to save one's s.** seine Haut retten, mit heiler Haut/dem Leben davonkommen; **thick s.** dickes Fell; **to have a ~ s.** (fig) dickes Fell haben (fig), dickfellig sein
skin v/t Fell abziehen
skin disease ⚕ Hautkrankheit f; **s.-diving** n Sporttauchen nt; **s.flint** n (coll) Geizhals m, G.kragen m, Knauser m (coll), Knicker m (coll); **s. graft(ing)** Hautverpflanzung f; **s.-hunter** n Pelzjäger m
skinner n Abdecker m, Gerber m
skin rash Hautausschlag m; **s. specialist** Hautarzt m
skint adj (coll) pleite (coll)
skip n 1. (kleiner) Sprung; 2. offener (Müll)Container, Transport-, Bauschuttmulde f; v/i (über)springen, übergehen; **s. instruction** Sprungbefehl m; **s. key** Springtaste f
skipper n ⚓ (Schiffs)Kapitän m
ski resort Ski(urlaubs)ort m
skirmish n Plänkelei f, Gerangel nt, Geplänkel nt, Scharmützel nt
skirt n Rock m; **pleated s.** Faltenrock m
skirting board n [GB] ▓ Fußleiste f
ski run Skipiste f
skittish adj (Markt) launisch, unberechenbar, sprunghaft; **s.ness** n Unberechenbarkeit f, Launigkeit f, Sprunghaftigkeit f
skittle n (Spiel) Kegel m; **s. alley** Kegelbahn f
to be on the skive n (pej) blaumachen (coll), sich vor der Arbeit drücken; **s.r** n (pej.) Drückeberger m (coll)
skulduggery n (coll) üble Tricks
skull n ⚕ Schädel m; **s. and crossbones** Totenkopf(symbol) m/nt; **fractured s.** Schädelbruch m
sky n Himmel m; **out of the s.** aus heiterem Himmel; **to praise (sth.) to the skies** (etw.) in den höchsten Tönen loben, ~ Himmel heben; **cloudy s.** trüber Himmel; **open skies** offener Himmel
sky|-high adj (Preis) schwindelnd hoch; **s.-jack** n [US] Flugzeugentführung f; v/t (Flugzeug) entführen, kapern; **s.-jacker** n Luftpirat m, Flugzeugentführer m; **s.-jacking** n Flugzeugentführung f, Luftpiraterie f; **s.light** n ▓ Dachfenster nt, D.luke f, Oberlicht nt; **s.line** n Silhouette f (frz.), Kontur f; **s.-rocket** v/i in die Höhe schießen, sprunghaft steigen, hochschnellen; **s.-scraper** n ▓ Wolkenkratzer m; **s.-scraping level** adj astronomische Höhe; **s.sign** n (auf Hausdächern) Lichtreklame f; **s.writer** n ✈ Himmelsschreiber m; **s.writing** n Luftreklame f, L.werbung f, Himmelsschrift f
slab n 1. (Stein)Platte f, Scheibe f, Tafel f; 2. ✏ Bramme f

slack *n* 1. Konjunkturflaute *f*; 2. *(OR)* Ereignispuffer *m*; 3. Spielraum *m*; **to take up the s.** *(Wirtschaft)* brachliegende Kräfte nutzen, straffen; **organizational s.** Leerlauf *m*, Effizienzmangel *f* (in der Organisation); **seasonal s.** jahreszeitlich bedingte Flaute
slack *adj* 1. flau, lust-, geschäftslos, matt, schlaff, lau, unbelebt; 2. *(Seil)* locker; 3. *(Nachfrage)* schwach; 4. verkehrsarm; 5. *(Börse)* lustlos, stockend
slacken (off) *v/ti* 1. lockern, verringern; 2. nachlassen, stocken, sich verlangsamen
slackening *n* 1. Dämpfung *f*, Abklingen *nt*, Nachlassen *nt*; 2. *(Nachfrage)* Beruhigung *f*, Verlangsamung *f*; **s. of economic activity** Konjunkturabschwächung *f*; **~ business** Nachlassen/Abflauen der Geschäfte; **~ demand** Nachfrageberuhigung *f*, N.abschwächung *f*; **s. in orders** abbröckelnde Ordertätigkeit, nachlassender Auftragseingang; **s. of current high interest rates** Lockerung der Hochzinspolitik
slacker *n* *(coll)* Drückeberger *m (coll)*, Faulpelz *m (coll)*
slackness *n* 1. Flaute *f*, Geschäftslosigkeit *f*; 2. *(Wind)* Stille *f*, Flaute *f*; 3. Unlust *f*, Unbelebtheit *f*, Stillstand *m*; 4. Nachlässigkeit *f*, Trägheit *f*, Bummeln *nt*; **s. of business** Geschäftsstockung *f*, G.flaute *f*; **s. in sales** Absatzschwäche *f*, A.stockung *f*; **general s.** allgemeine Stockung
slag *n* 1. ✥ Abraum *m*; 2. ⌀ (Ofen)Schlacke *f*; **s. heap** 1. Abraum-, Berge-, Gruben-, Schutt-, Zechenhalde *f*; 2. ⌀ Schlackenberg *m*
slam shut *v/ti* *(Tür)* ins Schloß fallen (lassen)
slander *n* 1. üble Nachrede, (mündliche) Verbalbeleidigung, Verleumdung *f*, verleumderische Beleidigung *f*, Verunglimpfung *f*; 2. [§] Ehrverletzung in mündlicher Form, mündliche Beleidigung; **s. of goods** Anschwärzung *f*, Geschäftsschädigung *f*, Herabsetzung der Ware des Konkurrenten; **~ title** [§] böswillige Eigentumsleugnung
slander *v/t* verleumden, verunglimpfen, beschimpfen, üble Nachrede verbreiten; **s. action** Verleumdungsprozess *m*
slander|er *n* Verleumder *m*; **s.ous** *adj* ehrenrührig, verleumderisch, beleidigend
slander trial [§] Beleidigungsprozess *m*
slang *n* Slang *m*; **s.ing match** *n* polemische Auseinandersetzung, lautstarkes Rededuell
slant *n* 1. Schräge *f*, Neigung *f*, Schräglage *f*; 2. *(fig)* Tendenz *f*, Akzent *m*, Richtung *f*; **s.ed** *adj* einseitig, gefärbt *(fig)*; **s.ing** *adj* schräg, geneigt
slap *n* Klaps *m*, Schlag *m*; **s. in the face** Schlag ins Gesicht
slap on *v/t* *(coll)* *(Geld)* draufhauen *(coll)*
slapdash *adj* flüchtig, schludrig; *n* oberflächliche Arbeit
slapstick picture *n* Filmschwank *m*
slash *n* 1. Schnitt *m*; 2. ✿ Schrägstrich *m*; **s. and burn** ⌀ Brandrodung *f*
slash (off) *v/t* drastisch/stark kürzen, zusammenstreichen, herabsetzen
slashing *n* starke Reduzierung *f*; **s. of fixed costs** Fixkostenabbau *m*

slashing *adj* vernichtend, scharf
slate *n* 1. Schiefer *m*; 2. Schiefertafel *m*; 3. [§] *(coll)* Vorstrafenregister *nt*; **wiping the s. clean** *(coll)* Straftilgung *f*; **to have a s. loose** *(coll)* nicht alle Tassen im Schrank haben *(coll)*; **to wipe the s. clean** *(coll)* Vorstrafenregister tilgen; **clean s.** *(fig)* reine/saubere Weste *(fig)*; **to have a ~ s.** *(coll)* reine Weste haben *(coll)*
slate *v/t* 1. vorsehen, ansetzen, vorschlagen; 2. heruntermachen, verreißen; 3. *(Person)* zusammenstauchen *(coll)*
slate pencil *n* Griffel *m*; **s. quarry** Schieferbruch *m*
slater *n* ⌂ Dachdecker *m*
slaughter *n* 1. Schlachten *nt*; 2. Gemetzel *nt*, Blutbad *nt*; 3. *(fig)* Verschleuderung *f*; **ready for s.** schlachtreif
slaughter *v/t* 1. schlachten; 2. niedermetzeln; 3. *(fig)* verschleudern, mit Verlust/unter Preis verkaufen
slaughter|er *n* Schlächter *m*, Metzger *m*; **s.house** *n* Schlachthaus *nt*, S.hof *m*
unlawful slaughtering *n* Schwarzschlachtung *f*; **s. block** Schlachtbank *f*
slaughter rate Abschlachtquote *f*; **s. stock** ✥ Schlachtvieh *nt*
slave *n* 1. Sklave *m*, Sklavin *f*; 2. *(coll)* Arbeitstier *nt* *(coll)*, Packesel *m* *(coll)*
slave *v/i* schuften, sich abarbeiten/schinden/placken; **s. away** sich abrackern/abmühen/abschuften/abschinden/plagen, malochen *(coll)*; **~ at sth.** an etw. wie ein Sklave arbeiten
slave (labour) camp Zwangsarbeitslager *nt*; **s. dealer** Sklavenhändler *m*; **s.-drive** *v/t* schinden; **s.-driver** *n* 1. Sklavenaufseher *m*; 2. Leute-/Menschenschinder *m*; **s.-driving** *n* Menschenschinderei *f*; **s.holder** *n* Sklavenhalter *m*; **s. labour** Sklaven-, Zwangsarbeit *f*; **s. market** Sklavenmarkt *m*
slavery *n* 1. Sklaverei *f*; 2. Sklavenarbeit *f*, Plackerei *f*, Schinderei *f*; **white s.** Mädchenhandel *m*
slave ship Sklavenschiff *nt*; **s. station** ▭ Empfangsstation *f*; **s.-trade** *n* Sklaven-, Menschenhandel *m*; **s.-trader** *n* Sklavenhändler *m*; **s.-trading** *n* Sklaven-, Menschenhandel *m*
slavish *adj* sklavisch
slay *v/t* totschlagen, erschlagen
sled *[US]*; **sledge** *[GB]* *n* Schlitten *m*
sledge(hammer) *n* ✪ Vor(schlag)hammer *m*; **to take a s. to crack a nut** *(fig)* mit Kanonen auf Spatzen schießen *(fig)*; **s. method** Holzhammermethode *f*
sleep *n* Schlaf *m*; **to catch/make up on lost s.** (verlorenen) Schlaf nachholen; **to deprive so. of his s.** jdm den Schlaf rauben; **to have had too little s.** übernächtigt sein; **to lull to s.** einschläfern; **to pass away in one's s.** im Schlaf sterben
sleep *v/i* schlafen; **s. over sth.** etw. überschlafen; **s. till all hours** bis in die Puppen schlafen *(coll)*; **s. the s. of the just** den Schlaf der Gerechten schlafen; **s. like a top** *(coll)* wie ein Murmeltier/Sack schlafen *(coll)*
sleeper *n* 1. *[US]* Ladenhüter *m*; 2. 🚃 Schlafwagen *m*; 3. *[GB]* (Eisenbahn)Schwelle *f*; **s.ette** *n* Liegesitz *m*; **s. ticket** 🚃 Schlafwagenkarte *f*; **s. train** Schlafwagenzug *m*

sleeping accommodation n Schlafgelegenheit f, S.möglichkeit f; **s. bag** Schlafsack m; **s. cabin** Schlafkoje f; **s. car** 🚃 Schlafwagen m; **~ attendant** Schlafwagenschaffner m; **~ company** Schlafwagengesellschaft f; **s. compartment** 🚃 Schlaf(wagen)abteil nt; **s. drug** ⚕ Schlafmittel nt; **s. pill** ⚕ Schlaftablette f; **s. place** Schlafstelle f; **s. quarter** Schlafquartier nt; **s. sickness** ⚕ Schlafkrankheit f
sleepless adj schlaflos; **s.ness** n Schlaflosigkeit f
sleepwalk v/i nacht-, schlafwandeln; **s.er** n Nacht-, Schlafwandler(in) m/f
sleepyhead n (coll) Schlafmütze f (coll)
sleet n Schnee-, Eisregen m
sleeve n 1. Ärmel m; 2. (Schallplatte) Hülle f; 3. ✪ Muffe f, Manschette f; **to laugh up one's s.** (coll) sich ins Fäustchen lachen (coll); **to roll up one's s.s** (coll) die Ärmel hochkrempeln, sich an die Arbeit machen
sleight n List f, Fertigkeit f; **s. of hand** Kunststück nt, Taschenspielerei f, (Taschenspieler)Trick m, Fingerfertigkeit f; **by ~ hand** durch Taschenspielertricks; **statistical ~ hand** Zahlenakrobatik f, Z.spiel nt
slender adj schlank; **s.ize** [US] v/t schlank machen; **s.ness** n 1. Schlankheit f; 2. Dürftigkeit f
sleuth n Privatdetektiv m, Spürhund m
slice n 1. Scheibe f, Schnitte f, Anteil m, Stück nt; 2. (Anleihe) Teilausgabe f, Tranche f (frz.); 3. (fig) Stück vom Kuchen (fig); **s. of bread** Scheibe Brot; **~ a loan** Tranche einer Anleihe, Anleiheabschnitt m; **to butter s.s of bread** Brote schmieren; **to carve out a s. of a market** Marktanteil gewinnen
slice v/t 1. schneiden; 2. aufteilen; **s. off** reduzieren (um); **s. up** aufteilen
slick adj (aal)glatt, raffiniert, gewieft
slick n Ölfleck m, Ö.fläche f (auf dem Wasser)
slicker n [US] 1. Regenjacke f; 2. Gauner m
slide n 1. Rutsche f; 2. (Kurs) Talfahrt f (fig), Abwärtsbewegung f, Abgleiten nt, Verfall m, Preiseinbruch m, P.rutsch m; 3. Dia(positiv) nt, Licht-, Stehbild nt; **s. of interest rates** Zinsrutsch m; **s. in prices** Preisverfall m, P.rutsch m; **~ share prices** Talfahrt der (Börsen)Kurse; **to halt the s.** Talfahrt stoppen; **downward s.** Talfahrt f
slide v/ti 1. schieben; 2. (ab)rutschen, (ab)fallen, (ab)sacken, (ab)gleiten; 3. (Börse) auf Talfahrt sein; **to continue to s.** (Kurse) Talfahrt/Abwärtsbewegung fortsetzen
slide control ✪ Schieberegler m; **s. fastener** Reißverschluss m; **s. lecture** Lichtbildvortrag m; **s. projector** Bildwerfer m, B.projektor m, Dia-Projektor m; **s. rule** π Rechenschieber m
sliding-scale adj gleitend, degressiv, progressiv
slight adj 1. leicht, geringfügig, graduell; 2. tendenziell
slim (down) v/ti 1. abschmelzen, abspecken, verringern, verschlanken, schlanker machen; 2. (fig) Personal abbauen; 3. Schlankheitskur machen, schlank werden; 4. schrumpfen, Ballast abwerfen (fig)
slim adj 1. mager, schlank; 2. schwach, gering, dürftig
slime n Schleim m; **s.r** n (pej.) Schleimer m (pej.)
slimming of the workforce n Belegschafts-, Personalabbau m, Abbau der Belegschaft

slimming|-down (process) n Abschmelz(ungs)prozess m, Schrumpfung(sprozess) f/m; **s. foods** kalorienarme Nahrungmittel; **s. operation** Gesundschrumpfen nt, Abspecken nt, Verschlankung f
slimy adj schleimig
sling n ⚕ (Arm)Binde f; **to wear one's arm in a s.** Arm in der Schlinge tragen
slip n 1. Ausrutscher m; 2. (fig) Patzer m, Panne f, (Flüchtigkeits)Fehler m, Fehlleistung f, Fauxpas m (frz.); 3. Zettel m, (Kontroll)Abschnitt m, Beleg m, Schein m, (Kassen)Bon m; 4. (Bank) Formular nt; 5. (Börse) Händlerzettel m; 6. Versicherungsvertrag m, Deckungszusage f; **s. of paper** Zettel m, Stück Papier; **to jot sth. down on a ~ paper** etw. auf einem Zettel notieren; **~ the pen** Schreibfehler m; **~ the tongue** Versprecher m; **"With Compliments"** s. Empfehlungskarte f; **to give so. the s.** (coll) jdm entwischen/entkommen; **to participate in the s.** (Lloyd's) Teil des Risikos übernehmen
facing slip [US] Paket(aufklebe)adresse f; **open s.** (Vers.) laufende Police; **original s.** (Vers.) Maklerangebot nt; **paying-in s.** Einzahlungs-, Einlieferungsschein m, Einzahlungs-, Einlieferungsbeleg m
slip v/ti 1. schieben; 2. schlittern, aus-, verrutschen; 3. abgleiten, nachgeben, (zurück)fallen; **s. away** sich fortschleichen; **s. in** 1. hineinstecken, h.schieben; 2. sich einschleichen; **s. up** sich vertun
slip book Belegbuch nt; **s. case** (Bücher) Kassette f; **s. cover** n 1. 📘 Schutzdeckel m, S.hülle f; 2. [US] Schonbezug m
slippage n Schlupf-, Schlüpfungsverlust m, Verzögerung f; **s. in margins** Schrumpfen der Spannen/Margen
slipper n Pantoffel m, Hausschuh m
slippery adj (Straße) schlüpfrig, glatt, glitschig
slipping adj nachgebend, rückläufig
slip road 🚗 (Autobahn) Beschleunigungs-, Verzögerungsspur f; **s.shod** adj schlampig, schludrig, liederlich, nachlässig, salopp; **s. system** Belegbuchhaltung f; **~ of accounting** Zettelbuchhaltung f; **s.-up** n Flüchtigkeitsfehler m; **s.way** n ⚓ Gleitbahn f, Helling f
slit n Schlitz m; v/t 1. aufschlitzen; 2. (Kontrolle) nachstechen
slither v/i rutschen, schlittern; **s.y** adj glitschig
(hard) slog n (coll) Plackerei f, Schwerstarbeit f; **s. away** v/i sich plagen/abrackern
slogan n Schlagwort nt, Werbespruch m, Slogan m
slogger n Arbeitstier m
sloop n ⚓ Schaluppe f
slope n 1. Neige f, Neigung f, Gefälle nt, Steigung f; 2. (Ab)Hang m; **slippery s.** (fig) gefährlicher Weg (fig); **to go down the ~ s.** (fig) auf die schiefe Bahn geraten (fig)
slope v/i (graduell) steigen bzw. fallen
slop|piness n Liederlichkeit f, Schlendrian m; **s.py** adj nachlässig, schlampig
slot n 1. Schlitz m; 2. (Automat) Geldeinwurf m; 3. (Container)Stellplatz m; 4. ✈ Zeitfenster nt, festgelegte Start- bzw. Landezeit, Start-, Landerecht nt
slot in v/ti 1. einbauen, unterbringen; 2. sich einfügen lassen

sloth *n* 1. Faulheit *f*, Trägheit *f*; 2. ⚥ Faultier *nt*
slot machine (Münz)Automat *m*; **s. meter** Münzzähler *m*, M.uhr *f*
sloven|liness *n* Liederlichkeit *f*, Unordentlichkeit *f*, Schlamperei *f*; **s.ly** *adj* liederlich, unordentlich, schlampig
slow *adj* 1. langsam, schleppend; 2. 🚂 unpünktlich; **s. to react** reaktionsträge; **s. of sale** schlecht verkäuflich; **s. on the uptake** *(coll)* schwer von Begriff *(coll)*; **to be s.** *(Uhr)* nachgehen; **~ to catch on** schwer kapieren; **to go s.** Bummelstreik machen; **dead s.** Schritttempo *nt*
slow *v/t* verlangsamen; **s. down** 1. langsamer fahren/werden; 2. Tempo verringern/verlangsamen/vermindern, Geschwindigkeit herabsetzen/vermindern/drosseln/verlangsamen, bremsen; 3. kürzer treten *(fig)*, drosseln, abbremsen; 4. *(Konjunktur)* sich abschwächen
slowcoach *n* *(coll)* Bummelant *m*, Tranfunzel *f (coll)*
slow-down *n* 1. Nachlassen *nt*, Abschwächung *f*, Rückgang *m*, Verlangsamung *f*, Dämpfung *f*, konjunkturelle Abkühlung; 2. Arbeitsverlangsamung *f*, Bummelstreik *m*; **s. of business/economic activity; ~ the economy** Konjunkturabschwächung *f*, K.abschwung *m*, K.abflachung *f*, konjunkturelle Abkühlung, Nachlassen der Konjunktur; **s. in demand** Nachfragerückgang *m*; **~ growth** Verlangsamung des Wachstums, Wachstumsabschwächung *f*; **~ investment** nachlassendes Investitionstempo, nachlassende Investitionstätigkeit; **~ orders** Auftragsrückgang *m*; **s. of price increases** Beruhigung/Verlangsamung des Preisanstiegs
cyclical/economic slowdown konjunkturelle Abkühlung/Dämpfung/Flaute, Konjunkturabkühlung *f*, K.abschwächung *f*, K.rückgang *m*, Verschlechterung der Wirtschaftslage/Konjunktur, Wachstumsabschwächung *f*, W.abschwung *m*; **temporary ~ s.** konjunkturelle Schwächephase
slow-going *adj* 1. langsam; 2. wachstumsschwach
slowing of the rise in wages *n* Abflachung der Lohnkurve
slowing-down *n* Verlangsamung *f*, Bremsung *f*; **~ the economy** Abflachen der Konjunkturkurve, Abkühlung der Konjunktur; **~ wage increases** Abflachung der Lohnkurve
slow-moving *adj* 1. schwer/schlecht verkäuflich, ~ absetzbar; 2. 🚗 *(Verkehr)* zäh (fließend); **s.poke** *n [US] (coll)* Bummelant *m*; **s.-selling** *adj* schwer/schlecht verkäuflich, ~ absetzbar
sludge *n* (Klär)Schlamm *m*; **s. recycling** Klärschlammverwertung *f*
slug *n* 1. ⚥ Schnecke *f (ohne Haus)*; 2. 🖨 Type *f*; 3. *(coll)* Kugel *f*; 4. *[US]* 🚂 ferngesteuerte Lokomotive
sluggish *adj* 1. lustlos, schleppend, stagnierend, (reaktions)träge, schwerfällig, flau, langsam, im Schneckentempo vorankommend; 2. *(Nachfrage)* schwach, gedrückt; **to be s.** *(Absatz)* schleppend verlaufen
sluggishness *n* Flaute *f*, Stagnation *f*, Lustlosigkeit *f*, Trägheit *f*, Langsamkeit *f*; **s. of business/the market** Geschäftsflaute *f*, geschäftliche Flaute
sluice *n* Schleuse *f*; *v/t* schleusen; **s.-gate** *n* Schleusentor *nt*; **~ price** *(EU)* Schleusen-, Einschleusungspreis *m*

slum *n* Elendsquartier *nt*, Slum *m*; **s. area** Armeleute-, Armen-, Elendsviertel *nt*
slumber *v/i* schlummern; **s.rette** *n* Schlafsitz *m*
slum clearance (Stadt)Sanierung *f*, Sanierung von Elendsvierteln; **~ area** Sanierungsviertel *nt*, S.gebiet *nt*; **s. landlord** Vermieter von Elendsquartieren; **s.my** *adj* verwahrlost
slump *n* 1. (Wirtschafts)Krise *f*, (Geschäfts-/Konjunktur)Rückgang *m*, Einbruch *m*, Fallen *nt*, Depression *f*, Rezession *f*; 2. *(Börse)* Baisse *f (frz.)*, (Preis)Sturz *m*, Kursverfall *m*, Deroute *f (frz.)*; **s. in the bond market** Rentenbaisse *f*; **~ demand** Nachfrageeinbruch *m*, N.rückgang *m*; **~ earnings** Ertragseinbruch *m*, E.tief *nt*; **~ prices** Preis-, Kurssturz *m*, Preis-, Kurseinbruch *m*; **~ production** starker Produktionsrückgang; **~ profits** Rückgang der Gewinne; **~ quotations** Kursrückschlag *m*, K.sturz *m*; **~ sales** Absatzkrise *f*, A.einbruch *m*, starker Umsatzrückgang, Umsatzschwund *m*; **~ trade** Konjunkturrückgang *m*; **to topple into a s.** in eine Rezession stürzen; **to weather the s.** Rezession überstehen
cyclical/economic slump rückläufige Konjunktur, konjunkturelle Abkühlung, Konjunktureinbruch *m*; **seasonal s.** saisonbedingter (Geschäfts)Rückgang/Einbruch
slump *v/i* stürzen, abnehmen, plötzlich (im Wert) fallen/sinken, stark zurückgehen
slump clause Baisseklausel *f*; **s.flation** *n* Inflation bei gleichzeitiger Rezession, Konjunkturrückgang bei gleichzeitiger/anhaltender Inflation, verstärkte Stagflation
slum property Sanierungsobjekt *nt*, im Sanierungsgebiet gelegenes Grundstück/Anwesen; **s. quarters** Elends-, Asozialenviertel *nt*
slur *n* Makel *m*; **to cast a s.** verunglimpfen; **~ on so.'s character/reputation** jds Ehre verletzen, jdn verunglimpfen
slurry *n* 💩 Gülle *f*; **s. lagoon** Gülleteich *m*
slush *n* (Schnee)Matsch *m*; **emotional s.** Gefühlsduselei *f*; **s. fund** *(coll)* Schmiergeld-, Reptilien-, Bestechungsfonds *m*, Bestechungs-, Schmiergeld *nt*, schwarzer Fonds; **s. money** Schmiergeld *nt*
slushy *adj* 1. matschig; 2. *(fig)* kitschig
sly *adj* schlau, gerissen; **on the s.** *(coll)* heimlich, unter der Hand
smack of sth. *v/i* *(fig)* nach etw. riechen *(fig)*, den Anschein von etw. haben
smacker *n* *(coll)* 1. *[GB]* Pfundnote *f*; 2. *[US]* Dollarnote *f*
small *adj* klein, gering; **s.-bore** *adj* Kleinkaliber-; **S. Business Loan Guarantee Scheme** *[GB]* öffentliche/staatliche Bürgschaft für Mittelstandskredite
to become smaller *adj* kleiner werden; **to turn out to be s.** geringer ausfallen
Small Firms Council *[GB]* Mittelstandsrat *m*
small|holder *n* 1. 🌾 Kleinlandbesitzer *m*, K.siedler *m*, K.bauer *m*, Siedler *m*, kleiner Bauer, Nebenerwerbslandwirt *m*; 2. Kleinsparer *m*, K.aktionär *m*; **s.holding** *n* Kleinlandbesitz *m*, K.siedlung *f*, Pachtgut *nt*, P.hof *m*; **~ system** Parzellierungswesen *nt*

smallpox *n* ⚕ Pocken *pl*; **s. epidemic** Pockenepidemie *f*; **s. vaccination** Pocken(schutz)impfung *f*
small-scale *adj* im kleinen Rahmen
smart *adj* geschäftsgewandt, g.erfahren, g.tüchtig, gewieft, schlau, gerissen, clever, pfiffig
smarten so./o.s. up *v/t/refl* jdn/sich zurechtmachen
smartness *n* Geschäftsgewandtheit *f*, G.tüchtigkeit *f*, Gerissenheit *f*, Cleverness *f*
smash *n* 1. Zusammenstoß *m*; 2. Zusammenbruch *m*, Bankrott *m*, Pleite *f*; *v/t* 1. zerschlagen, zertrümmern, zerschmettern; 2. finanziell ruinieren; **s. up** 1. kaputtmachen, in Stücke schlagen; 2. bankrott gehen/machen
smasher *n* (*coll*) tolle Sache/Person
smash hit 1. Verkaufsschlager *m*, Knüller *m* (*coll*); 2. 🏆 Riesenerfolg *m*; **s.-up** *n* 1. Pleite *f*; 2. 🚗 Karambolage *f (frz.)*, Zusammenstoß *m*
smattering *n* oberflächliche Kenntnis
smear *n* 1. Schmutzfleck *m*; 2. (*fig*) Verunglimpfung *f*; *v/t* 1. verschmutzen, (be)schmieren; 2. verleumden; **s. campaign** Rufmord-, Verleumdungskampagne *f*; **s. test** ⚕ Abstrich *m*
smell *n* Geruch *m*, Duft *m*; **s. of gas** Gasgeruch *m*; **nauseating/offensive s.** übler/unangenehmer Geruch; **pungent s.** durchdringender Geruch
smell *v/ti* 1. riechen; 2. riechen, duften
smelt *v/t* ⚒ schmelzen, verhütten
smelter *n* ⚒ 1. Hütte(nwerk) *f/nt*, Metallhütte *f*; 2. (Schmelz)Ofen *m*; 3. Schmelzer *m*; **s. production** Hüttenproduktion *f*, H.erzeugung *f*
smeltery *n* ⚒ (Schmelz)Hütte *f*
smelting *n* ⚒ Verhüttung *f*; **s. capacity** Hüttenkapazität *f*; **s. input material(s)** Verhüttungsstoff *m*; **s. plant** (Schmelz)Hütte *f*
smith *n* Schmied *m*
Smithsonian Agreement *adj* Washingtoner Währungsabkommen
smithy *n* Schmiede *f*
smock *n* (Schmutz)Kittel *m*
smog *n* Smog *m*, Industriedunst *m*, Dunstglocke *f*, mit Rauch vermischter Nebel; **s. alarm** Smogalarm *m*; **s. formation** Smogbildung *f*; **s. warning** Smogwarnung *f*
smoke *n* Rauch *m*, Qualm *m*; **to end/go up in s.** (*fig*) in Rauch aufgehen (*fig*), im Sande verlaufen (*fig*), sich in Nichts auflösen; **acrid s.** beißender Rauch
smoke buoy Rauchboje *f*; **s. emission** Rauchentwicklung *f*, R.emission *f*; **s. insurance** Rauchversicherung *f*; **s.less** *adj* rauchlos, r.frei; **s. nuisance** Rauchbelästigung *f*; **s. poisoning** ⚕ Rauchvergiftung *f*
smoker *n* Raucher(in) *m/f*; **heavy s.** starker Raucher
smoke|screen *n* Rauchschleier *m*; **s.stack** *n* Schlot *m*, (Fabrik)Schornstein *m*; **~ industry** (*fig*) veraltete Industrie, Alt-, Schornsteinindustrie *f*
no smoking *n* Rauchen verboten, Rauchverbot *nt*; **to give up s.** das Rauchen lassen; **passive s.** Passivrauchen *nt*; **s. ban** Rauchverbot *nt*; **s. chamber** Räucherkammer *f*; **s. compartment** 🚃 Raucherabteil *nt*; **s. implements** Raucherartikel *m*; **s. room** Herrenzimmer *nt*
smolder [US] → **smoulder** [GB]
smooth *adj* 1. (aal)glatt; 2. reibungslos, ohne Schwierigkeiten; **s. out** *v/t* verstetigen, glätten; **s. over** gerade biegen
smoothing *n* (Kurs)Glättung *f*, Belastungsausgleich *m*; **exponential s.** 🖩 exponenzielle Glättung, Prognoseverfahren für kurzfristige Bedarfsvorhersage; **s. constant** Glättungskonstante *f*; **s. factor** Glättungsfaktor *m*; **s. iron** Bügeleisen *nt*; **s. operation(s)** (Kurs)Glättung *f*, Glattstellung *f*
smother *v/t* 1. ersticken; 2. überschütten
smoulder *v/i* [GB] schwelen
smudge *n* Schmierfleck *m*, Klecks *m*; **s.d** *adj* beschmutzt, verschmiert
smug *adj* 1. selbstgefällig; 2. blasiert, süffisant
smuggle *v/t* schmuggeln, Ware heimlich befördern/einschleusen; **s.r** *n* 1. Schmuggler *m*, Schieber *m*, Schleichhändler *m*; 2. ⚓ Schmuggelschiff *nt*
smuggling *n* Schmuggel *m*, Schleichhandel *m*; **s. across a boundary/frontier** Grenzschmuggel *m*; **s. of foreign exchange** Devisenschmuggel *m*; **organized s.** bandenmäßiger Schmuggel; **regular ~ s.** gewerbsmäßiger Schmuggel; **s. port** Schmuggelhafen *m*; **s. run** Schmuggelfahrt *f*
smugness *n* Selbstgefälligkeit *f*
smut *n* Schmutz und Schund *m*; **s.ty** *adj* obszön, schmutzig
snack *n* (Schnell)Imbiss *m*; **to have a s.** Kleinigkeit/ Happen essen; **s. bar** (Schnell)Imbissstube *f*, Snackbar *f*, Schnellimbisshalle *f*, Cafeteria *f*, Erfrischungsraum *m*
snaffle up *v/t* [GB] (*Angebot*) wegschnappen
snafu (situation normal all fouled/fucked up) *n* [US] (*coll*) Schlamassel *m*, Chaos *nt*, Durcheinander *nt*
snag *n* (*fig*) Haken *m* (*fig*), Problem *nt*, Klippe *f* (*fig*), Pferdefuß *m* (*fig*), Tücke *f*; **legal s.** juristischer Haken
snail 🐌 Schnecke *f*; **at s.'s pace** im Schneckentempo
snake *n* Schlange *f*; **s. in the tunnel** (EWS) Währungsschlange *f*, Schlange im Tunnel; **truncated s.** Restschlange *f*; **s. charmer** Schlangenbeschwörer *m*; **s. country** (EWS) Schlangenland *nt*; **s. currency** Schlangenwährung *f*; **s.'s lower limit** unterer Rand der Schlange; **~ upper limit** oberer Rand der Schlange
cold snap *n* Kälteeinbruch *m*
snap *v/i* 1. schnappen; 2. klicken; **s. at sth.** (Gelegenheit) beim Schopfe fassen; **s. up** (*coll*) (auf-/weg)schnappen, gierig aufnehmen, sich sichern, zugreifen
snap check überraschend durchgeführte Kontrolle, Stichprobe *f*; **s. election** plötzlich angesetzte Wahl; **s. fastener** Druckknopf *m*; **s. lock** Schnappschloss *nt*; **s. poll** Blitzumfrage *f*; **s. reaction** Kurzschlussreaktion *f*; **s.-reading method** *n* Multimomentverfahren *nt*; **s. ring** Karabinerhaken *m*; **s.shot** *n* Momentaufnahme *f*, Schnappschuss *m*, Augenblicksbild *nt*; **s. vote** Blitzabstimmung *f*
snare *n* 1. Falle *f*; 2. (*fig*) Fallstrick *m*
snarl *v/i* knurren; **s.-up** *n* (*coll*) 1. Kuddelmuddel *nt*; 2. 🚗 Verkehrschaos *nt*, V.stau *m*
snatch *v/t* schnappen, fangen, ergattern; **s. away** wegschnappen; **s. up** schnappen

sneak v/i schleichen; **s. around** herumschnüffeln; **s. away** sich fort-/wegschleichen; **s. sth. in** etw. einschmuggeln; **s. off** sich heimlich/still davonmachen, sich davonstehlen
sneakers pl *[US]* Turnschuhe
sneer at so. v/i Nase über jdn rümpfen; ~ **sth.** über etw. spotten
not to be sneezed at adj *(coll)* nicht von Pappe *(coll)*, nicht zu verachten
snide n *(coll)* Falschgeld nt, Blüte f *(coll)*
sniffer dog adj Spürhund m
snip n 1. Stückchen nt, Schnippel m; 2. *(coll)* sichere Sache
snipe v/i aus dem Hinterhalt schießen; **s.r** n Hecken-, Scharfschütze m
snob n Snob m
snobbery n Snobismus m; **social s.** Standesdünkel m
snoop v/i schnüffeln; **s.er** n Schnüffler m, Spitzel m
snooze n *(coll)* Schläfchen nt, Nickerchen nt
snow n Schnee m; **melted s.** Schmelzwasser nt; **powdery s.** Pulverschnee m
snow v/i schneien
snowball n Schneeball m; v/i sich lawinenartig entwickeln, lawinenartig (an)wachsen; **s. effect** Schneeballeffekt m; **s. growth** Selbstpotenzierung f, S.beschleunigung f, S.intensivierung f, S.verstärkung f; **s. sales system** Schneeballsystem nt
snow|bound adj verschneit, eingeschneit, vom Schnee/von einer Schneewehe eingeschlossen, im Schnee liegen geblieben; **s. chains** ⬧ Schneeketten; **s. drift** Schneeverwehung f, S.wehe f; **s.fall** n Schneefall m; **s. line** Schneegrenze f; **s.mobile** n Motorschlitten m; **s.plough** *[GB]*; **s.plow** *[US]* n Schneepflug m; **s. removal** Schneeräumung f; **s.slide** *[US]* n Schneerutsch m; **s.storm** n Schneesturm m
snub n Brüskierung f; v/t brüskieren, vor den Kopf stoßen
snuff out v/t auslöschen, ausblasen
to be as snug as a bug in a rug adj *(coll)* sich pudelwohl fühlen *(coll)*
snuggery n gemütliche Stube
soak v/ti 1. durchnässen, einweichen; 2. sickern; **s. up** 1. ein-, aufsaugen; 2. abschöpfen; 3. aus dem Markt nehmen
soakage n 1. Schwund durch Einsickern; 2. Sickerwasser nt
soaked adj klatsch-, pudelnass *(coll)*, durchnässt, durchweicht
soaking up of liquidity n Liquiditätsabschöpfung f
soap n Seife f; **soft/yellow s.** Schmierseife f
soap|box n improvisierte Rednertribüne; **s. bubble** Seifenblase f; **s. dispenser** Seifenspender m; **s. industry** Seifenindustrie f; **s. opera** *(coll)* rührselige Fernsehsendung, Rührstück nt; **s. powder** Seifenpulver nt
soar v/i 1. schnell/scharf/sprunghaft/steil (an)steigen, in die Höhe schnellen/schießen/gehen; 2. *(Börse)* haussieren
sober adj nüchtern; **quite s.** stocknüchtern *(coll)*
sobering adj ernüchternd

sober-minded adj gelassen, besonnen, kühl *(fig)*, sachlich
sobriety n 1. Nüchternheit f; 2. Solidität f
sob stuff n *(coll)* Schnulze f *(coll)*
socage n *(obs.)* [§] Erbpacht gegen niedere landwirtschaftliche Dienste, Dienst-, Frongut nt, Frondienst m, Leh(e)nsleistung f
so-called adj so genannt
sociability n Geselligkeit f, Kontaktfreudigkeit f, Umgänglichkeit f
sociable adj gesellig, freundlich, kontaktfreudig, umgänglich
social adj sozial, gesellschaftlich
Social Democracy Sozialdemokratie f; **S. Democrat** Sozialdemokrat(in) m/f
socialism n Sozialismus m; **scientific s.** wissenschaftlicher Sozialismus; **theoretical s.** theoretischer Sozialismus, Kathedersozialismus m
socialist adj sozialistisch; n Sozialist(in) m/f; **dyed-in-the-wool s.** *(coll)* Sozialist reinsten Wassers *(coll)*
socialite n Salonlöwe m *(coll)*
socialization n 1. Vergesellschaftung f, Verstaatlichung f, Sozialisierung f, Überführung in Gemeineigentum; 2. Sozialisation f; **s. of risks** Risikosozialisierung f; **backstairs s.** kalte Sozialisierung, Sozialisierung durch die Hintertür
socialize v/t vergesellschaften, verstaatlichen, sozialisieren, in Gemeineigentum überführen
Social Security number *[US]* Sozialversicherungsnummer f; **S. Welfare Minister** *[US]* Sozialminister(in) m/f
societal adj gesellschaftlich
society n Verein m, Gesellschaft f, Personenvereinigung f; **cooperative s.** Genossenschaft f; ~ **with (un)limited guarantee** Genossenschaft mit (un)beschränkter Nachschusspflicht; **to join a s.** einem Verein beitreten
achievement-orient(at)ed society Leistungsgesellschaft f; **acquisitive s.** Erwerbsgesellschaft f; **affiliated s.** Zweiggesellschaft f, verbundene Gesellschaft; **affluent s.** Überfluss-, Wohlstandsgesellschaft f, Gesellschaft im Überfluss; **approved s.** staatlich anerkannte Wohltätigkeitsorganisation; **benevolent s.** wohltätige Vereinigung; **cashless s.** bargeldlose Gesellschaft; **charitable s.** Wohltätigkeitsverein m, wohltätige Gesellschaft; **classless s.** klassenlose Gesellschaft
cooperative society Genossenschaft f, Kooperative f; **agricultural** ~ **s.** landwirtschaftliche Genossenschaft; **industrial** ~ **s.** gewerbliche Genossenschaft; **registered** ~ **s.** eingetragene Genossenschaft; **c. s. auditing** Genossenschaftsprüfung f; ~ **dividend** Genossenschaftsdividende f
corporate society ständische Gesellschaft; **criminal s.** kriminelle Vereinigung; **economic s.** Wirtschaftsgesellschaft f; **friendly s.** 1. Hilfs-, Unterstützungskasse f; 2. Versicherungsverein auf Gegenseitigkeit (VVaG); **high s.** vornehme Leute, die oberen Zehntausend, Spitzen der Gesellschaft, Hautevolée f *(frz.)*; **incorporated (Inc.) s.** *[US]* 1. eingetragene Gesellschaft, eingetragener/rechtsfähiger Verein; 2. Aktiengesellschaft f; **in-**

dustrial s. Industriegesellschaft *f*; **~ and provident s.** Konsumgenossenschaft *f*; **learned s.** gelehrte/wissenschaftliche Gesellschaft; **literary s.** literarische Gesellschaft; **mutual s.** Verein auf Gegenseitigkeit; **pluralistic s.** pluralistische Gesellschaft; **polite s.** feine Gesellschaft; **cooperative productive s.** Produktionsgenossenschaft *f*; **professional s.** Standesvereinigung *f*, S.vertretung *f*; **provident s.** Vorsorgeverein *m*, Hilfs-, Versicherungs-, Unterstützungsverein *m*, gemeinnütziger Verein; **industrial ~ s.** Gewerbevorschusskasse *f*; **mutual ~ s.** Unterstützungs-/Hilfsverein auf Gegenseitigkeit; **registered s.** eingetragener Verein (e.V.); **secret s.** Geheimverbindung *f*, G.bund *m*; **unincorporated/unregistered s.** nicht rechtsfähige Gesellschaft, nicht rechtsfähiger Verein

society column *(Zeitung)* Gesellschaftsspalte *f*; **s. funds** Vereinskasse *f*; **s. gossip** Gesellschaftsklatsch *m*

socio-economic *adj* sozioökonomisch

sociological *adj* soziologisch, gesellschafts-, sozialwissenschaftlich

sociologist *n* Soziologe *f*, Soziologin *f*, Sozialwissenschaftler(in) *m/f*; **industrial s.** Betriebssoziologe *m*, B.soziologin *f*

sociology *n* Soziologie *f*, Sozialwissenschaft *f*, Gesellschaftswissenschaft *f*; **administrative s.** Verwaltungssoziologie *f*; **educational s.** Sozialpädagogik *f*; **industrial s.** Arbeits-, Betriebssoziologie *f*; **organizational s.** Organisationssoziologie *f*; **rural s.** Agrarsoziologie *f*

sociometrics *n* Soziometrie *f*

socio|-political *adj* sozial-, gesellschaftspolitisch; **s.-politics** *n* Gesellschaftspolitik *f*; **s.-technical** *adj* soziotechnisch

socks *pl* Socken; **to pull one's s. up** *(coll)* sich auf den Hosenboden setzen *(coll)*, sich mehr Mühe geben

socket *n* 1. ⚡ Steckdose *f*; 2. ✪ Buchse *f*; 3. *(Lampe)* Fassung *f*; **multiple s.** Mehrfachsteckdose *f*; **twin s.** Doppelsteckdose *f*

to cut/turn the first sod *n* den ersten Spatenstich tun

soda *n* Soda *nt*; **s. water** Sodawasser *nt*

sodium chloride *n* ♦ Kochsalz *n*

soft *adj* 1. weich, zart; 2. nachgiebig, nachsichtig; 3. *(Kurse)* nachgebend, fallend, rückläufig

soften *v/ti* 1. *(Preise/Konjunktur)* nachgeben, sich abschwächen, rückläufig sein; 2. aufweichen, (ab)mildern, lockern; **s. so. up** jdn mürbe machen

softener *n* ♦ Weichmacher *m*

softening *n* 1. Aufweichung *f*, Lockerung *f*; 2. Kursrückgang *m*, K.abschwächung *f*

softly-softly *adv* *(coll)* auf leisen Sohlen *(coll)*; **to practise/use the ~ approach** (jdn) mit Glacé-Handschuhen anfassen *(fig)*; **to try the ~ approach** es mit der sanften Tour versuchen *(coll)*

soft|-pedal *v/i* leisetreten, zurückstecken, herunterspielen, auf Sparflamme kochen *(fig)*; **s.-soap** *v/t* Süßholz raspeln *(coll)*, schmeicheln; **~ so.** jdn einwickeln/einseifen *(coll)*, jdm Honig um den Bart/ums Maul schmieren *(coll)*

software *n* 🖥 Software *f*, Betriebs-/Anwendungsprogramm *nt*, Programmausrüstung *f*; **packaged s.** Standardsoftware *f*; **s. company** Softwarehaus *nt*, S.hersteller *m*; **s. development tool** Softwareentwicklungswerkzeug *nt*; **s. house/supplier** Software-, Programmanbieter *m*; **s. package** Software-, Programmpaket *nt*

softwood *n* Weich-, Nadelholz *nt*

soil *n* 1. Boden *m*, Grund (und Boden); 2. 🌱 Boden *m*, Erdreich *nt*, Krume *f*; **to till the s.** Acker/Boden bestellen; **alluvial s.** Schwemmboden *m*; **contaminated s.** verseuchter Boden; **fertile s.** 1. fruchtbarer/ertragreicher Boden; 2. *(fig)* Nährboden *m (fig)*; **heavy s.** schwerer/lehmiger Boden; **marginal s.** marginaler Boden; **native s.** Heimatboden *m*; **poor s.** unergiebiger Boden; **productive s.** ertragreicher Boden; **residual s.** Verwitterungsboden *m*

soil *v/ti* 1. verschmutzen; 2. schmutzig werden

soil analysis Bodenuntersuchung *f*, B.analyse *f*; **s. characteristics/conditions** Bodenbeschaffenheit *f*; **s. conditioning** Bodenverbesserung *f*; **s. contamination** Bodenverseuchung *f*, Altlast *f*

soiled *adj* ver-, beschmutzt

soil erosion Bodenerosion *f*; **s. exhaustion** Auslaugen eines Bodens; **s. humidity** Bodenfeuchtigkeit *f*; **s. improvement** Bodenverbesserung *f*; **s. pollution** Bodenverunreinigung *f*, B.verschmutzung *f*, B.belastung *f*; **s. protection** Bodenschutz *m*; **~ act** Bodenschutzgesetz *nt*

soil rent Bodenertrag(swert) *m*, B.rente *f*, B.reinertrag *m*; **~ expectation** Bodenertragserwartungswert *m*; **~ theory** Bodenreinertragslehre *f*, B.theorie *f*

soil sample Bodenprobe *f*; **s. science** Bodenkunde *f*; **s. test** Bodenuntersuchung *f*; **s. utilization** Bodennutzung *f*; **s. value** Bodenwert *m*

sojourn *n* Aufenthalt *m*; *v/i* verweilen; **s.er** *n [US]* zeitweilig Ansässige(r)

sola bill; sole of exchange *n* Sola-, Eigen-, Einzelwechsel *m*

solace *n* 1. Trost; 2. Entschädigung für immateriellen Schaden; **to take s.** Trost finden

solar *adj* Solar-, Sonnen-; **s.-powered** *adj* durch Sonnenenergie betrieben; **s.ium** *nt [GB]* Bräunungsstudio *nt*

sold *adj* verkauft, veräußert; **forward s.** auf Termin verkauft

solder *n* Lötzinn *m*; *v/t* löten; **s.ing iron** Lötkolben *m*

soldier *n* ⚔ Soldat *m*; **to enlist/recruit s.s** Soldaten anwerben; **professional/regular s.** Berufssoldat *m*; **unknown s.** unbekannter Soldat

soldier on *v/i* *(coll)* unverdrossen weitermachen

soldiering *n* Bummeln *nt* (bei der Arbeit)

sold note *(Börse)* Verkaufsabrechnung *f*, V.avis *nt*, V.mitteilung *f*, Schlussbrief *m*, Wertpapier-, Effektenverkaufsabrechnung *f*; **s. out** ausverkauft, vergriffen, ausgegangen; **completely s. out** restlos ausverkauft

sole *n* *(Schuh)* Sohle *f*

sole *adj* 1. ausschließlich, einzig, alleinig, Allein-; 2. unverheiratet, ledig

sole-interest-orient(at)ed *adj* interessenmonistisch

solely *adv* lediglich, ausschließlich

solemn *adj* feierlich

solicit *v/t* 1. erbitten; 2. umwerben; 3. *[US]* hausieren

solicitant *n* Bittsteller(in) *m/f*
solicitation; soliciting *n* 1. Kundenwerbung *f*; 2. Antrag *m*, Bewerben *nt*, Ersuchen *nt*, dringende Bitte; 3. [§] Verleitung *f*, Anstiftung *f*, Belästigung *f*; **s. of customers** Kundenwerbung *f*; **~ orders** Auftragsbesorgung *f*, A.werbung *f*, Akquise *f (coll)*; **direct s.** Kundenwerbung *f*, Akquisition *f*
solicitor *n* 1. [§] (Rechts)Anwalt *m*, Rechtsbeistand *m*, R.konsulent *m*, R.vertreter *m*, Fürsprech *m [CH]*; 2. Werber *m*, Akquisiteur *m*; 3. *[US]* Hausierer *m*; **s. of (one's own) choice** Rechtsanwalt eigener Wahl, Vertrauensanwalt *m*; **s. for subscriptions** Subskribentensammler *m*; **to brief/instruct a s.** Anwalt bestellen/anweisen; **to consult a s.** Anwalt zu Rate ziehen; **to engage a s.** Anwalt beschäftigen; **to put a matter in the hands of a s.** Angelegenheit einem Anwalt übergeben; **official s.** Amtsanwalt *m*, gerichtlich bestellter Anwalt; **prosecuting s.** Vertreter der Staatsanwaltschaft; **specialized s.** Fachanwalt *m*
solicitor's bill Anwaltsrechnung *f*; **~ clerk** Kanzleikraft *f*; **~ fee** (Rechts)Anwaltsgebühr *f*, A.honorar *nt*, A.kosten *pl*; **S. General** 1. *[England]* zweiter Kronanwalt; 2. *[Scot.]* Oberstaatsanwalt *m*; 3. *[US]* stellvertretender Justizminister; **s.'s lien** Pfandrecht des Anwalts; **~ office** Anwaltskanzlei *f*; **S.s' Roll** *[GB]* Anwaltsliste *f*; **to strike so. off the S.s' Roll** jdn von der Anwaltsliste streichen; **s.'s trust account** *[GB]* Notarander-, (Rechts)Anwaltssonder-, Anderkonto *nt*; **~ rules** Richtlinien für die Führung von Anderkonten
solicitous *adj* betulich, beflissen, bestrebt
solid *adj* 1. massiv, fest, gediegen, stabil; 2. *(Firma)* gesund, solide; 3. *(Argument)* stichhaltig, handfest; 4. *(Holz)* massiv, kompakt; **to set s.** ⌐ kompress setzen
solid *n* Festkörper *m*, F.stoff *m*
solidarity *n* Verbundenheit *f*, Solidarität *f*, Zusammengehörigkeitsgefühl *n*; **s. action** Solidaritätsaktion *f*; **s. fund** Solidaritätsfonds *m*; **s. pact** Soliderpakt *m*
solidify *v/ti* 1. stärken; 2. sich verfestigen, erstarren
solidity *n* 1. Festigkeit *f*; 2. Gediegenheit *f*, Solidität *f*
solitary *adj* 1. einzig; 2. vereinzelt; 3. abgelegen
soluble *adj* 1. ↻ löslich, auflösbar; 2. *(Problem)* lösbar
solus offer *adj* Angebot von einem Produkt
solution *n* 1. Lösung *f*; 2. ↻ Lösung *f*; **s. of/to a problem** Lösung eines Problems, Problemlösung *f*; **to defy s.** unlösbar sein, sich nicht lösen lassen
alternative solution Alternativ-, Ersatzlösung *f*; **basic s.** Basislösung *f*; **best s.** optimale Lösung; **drastic s.** Gewalt-, Radikallösung *f*; **durable s.** Dauerlösung *f*, dauerhafte Lösung; **envisaged s.** avisierte/angepeilte *(coll)* Lösung; **feasible s.** zulässige Lösung; **final s.** Endlösung *f*; **interim s.** Übergangs-, Zwischenlösung *f*; **magic/ready-made s.** Patentlösung *f*; **makeshift s.** Verlegenheitslösung *f*; **partial s.** Insel-, Teillösung *f*, halbe Lösung; **pat s.** *(coll)* einfache Lösung, Patentrezept *nt*; **radical s.** Radikallösung *f*; **saline s.** Salzlösung *f*; **workable s.** brauchbare Lösung
solve *v/t* lösen
solvency *n* (finanzielle) Zahlungsfähigkeit, Z.vermögen *nt*, Kreditwürdigkeit *f*, Liquidität *f*, Solvenz *f*, Bonität *f*, Flüssigkeit *f*, Solvabilität *f (obs.)*; **financial s.** Zahlungsfähigkeit *f*, Liquidität *f*; **s. level** Liquiditätsgrad *m*; **s. margin** Liquiditätsmarge *f*, L.spanne *f*, Solvabilität *f (obs.)*; **s. regulations/rules** Solvenzvorschriften, Liquiditätsbestimmungen; **s. test** Liquiditätsprüfung *f*
solvent *adj* 1. zahlungskräftig, z.fähig, liquide, solvent, leistungsfähig, kreditwürdig, k.fähig; 2. ↻ auflösend, zersetzend, Lösungs-; *n* ↻ Lösungsmittel *nt*
somersault *n* Purzelbaum *m*, Salto *m*
somnambulist *n* Schlaf-, Nachtwandler(in) *m/f*
son *n* Sohn *m*, Stammhalter *m*; **the prodigal s.** der verlorene Sohn; **s. and heir** Stammhalter *m*
sonar *n* ⚓ Echolot *nt*
song *n* Lied *nt*; **always the same old s.** *(coll)* immer die gleiche Leier *(coll)*; **s. and dance person** *[US]* Mädchen/Mann für alles; **to be on s.** *(fig)* im Plan liegen; **to buy for a s.** *(coll)* spottbillig für einen Appel und ein Ei *(coll)*/für ein Butterbrot *(coll)*/für eine Kleinigkeit kaufen; **to go for a s.** *(coll)* spottbillig verkauft werden; **to make a s. and dance (about sth.)** Tanz aufführen *(fig)*; **to sell for a s.** *(coll)* für einen Pappenstiel verkaufen *(coll)*
son-in-law *n* Schwiegersohn *m*
sonometer *n* Schallmessgerät *nt*
soon *adv* bald, früh, unverzüglich; **as s. as possible (asap)** so bald wie möglich
sooner or later *adv* früher oder später, über kurz oder lang
soot *n* Russ *m*
sop *n* *(coll)* Beschwichtigungsmittel *nt*, Bonbon *nt* *(coll)*, Schmiergeld *nt*
sophisticated *adj* 1. hochentwickelt, h.technisiert, technisch ausgereift, kompliziert; 2. ausgeklügelt, verfeinert, gehoben; 3. *(Person)* (hoch)intelligent, erfahren, weltoffen, kultiviert
sophistication *n* 1. Komplexität *f*, Kompliziertheit *f*, Differenziertheit *f*, Subtilität *f*, Verfeinerung *f*, Raffiniertheit *f*; 2. Kultiviertheit *f*, Eleganz *f*
sophistry *n* 1. Sophisterei *f*, Spitzfindigkeit *f*; 2. hoher Entwicklungsstand
sophomore *n* *[US]* Student(in) im zweiten Jahr
soporific *n* ✚ Schlafmittel *nt*; *adj* einschläfernd
sore *adj* ✚ wund; *n* wunde Stelle
sorghum *n* ☘ Sorghum *nt*
sorrow *n* Kummer *m*, Gram *m*, Trauer *f*; **in deep s.** in tiefer Trauer
sorry *adj* traurig; **I'm s.** es tut mir leid
sort *n* 1. Sorte *f*, Art *f*, Klasse *f*; 2. Sortieren *nt*; **of s.s** *(coll)* schlecht und recht *(coll)*; **fine s.** *(Belege)* Feinsortierung *f*; **of the right s.** von echtem Schrot und Korn *(coll)*; **rough s.** Grobsortierung *f*
sort *v/t* sortieren, nach Güteklassen einstufen, (ein)ordnen; **s. in** einsortieren; **s. out** auslesen, aussuchen, aussortieren, aussondern; **s. o.s. out** seine Angelegenheiten in Ordnung bringen; **s. and put away** einsortieren
sortable *adj* sortierbar
sort code Bankleitzahl *f* (BLZ); **s. criterion** Sortierkriterium *nt*

sorter *n* 1. (Brief)Sortierer *m*; 2. Sortiermaschine *f*, S.gerät *nt*, Auslesevorrichtung *f*; **postal s.** Postsortierer *m*; **s. pocket** Sortierfach *nt*
sort file Sortierdatei *f*
sorting *n* (Aus)Sortieren *nt*, Sortierung *f*, Auslesen *nt*; **alphabetic s.** Alphabetsortierung *f*; **on-line s.** ▣ interne Sortierung
sorting code Bankleitzahl (BLZ) *f*; **s. facility/machine** Sortiermaschine *f*, Sortier-, Verteilanlage *f*; **s. method** Sortierverfahren *nt*; **(postal) s. office** ✉ Verteilungs-, Sortier-, Verteiler(post)amt *nt*, Verteilzentrum *nt*; **s. out** Aussortieren *nt*; **s. siding** 🚉 Verteilergleis *nt*
sort key Sortierkriterium *nt*; **final s. pass** Ausgangssortierung *f*; **s. pattern** Sortiermodell *nt*; **s. program** ▣ Sortierprogramm *nt*; **s. run** Sortierlauf *m*
S.O.S. ⚓ Seenotruf *m*
so-so *adv* (coll) mittelprächtig (coll)
sought-after *adj* begehrt, gesucht, gefragt
soul *n* Seele *f*; **human s.** Menschenseele *f*; **not a living s.** (coll) kein Schwanz (coll)
soulless *adj* geistlos, eintönig
sound *n* Klang *m*, Geräusch *nt*, Ton *m*, Schall *m*; **magnetic s.** Magnetton *m*; **stereophonic s.** Raumton *m*
sound *v/ti* 1. (er)klingen, tönen; 2. sondieren; **s. all right** sich gut anhören, sich hören lassen; **s. out** auskundschaften, erkunden, sondieren; **s. so. out** jdn ausforschen, bei jdm vorfühlen (fig)
sound *adj* 1. (kern)gesund; 2. solide, sicher, solvent, seriös, (gut)fundiert, kreditwürdig, k.fähig, zahlungsfähig, z.kräftig; 3. unbeschädigt, intakt, gediegen; 4. vernünftig, stichhaltig; **financially s.** kapitalkräftig, k.stark, finanziell gesund; **structurally s.** 🏛 in gutem baulichen Zustand
sound|-absorbing *adj* geräuschdämpfend, schallschluckend; **s. absorption** Schalldämmung *f*; **s. archives** Tonarchiv *nt*; **s. barrier** 1. Schallgrenze *f*, S.mauer *f*; 2. (fig) Schallgrenze *f*; **s. breakdown** Tonausfall *m*; **s. broadcasting** Hörfunk *m*; **s. carrier** Tonträger *m*; **s. damping** Geräuschdämpfung *f*; **s. deadening** *n* Lärm-, Schallschutz *m*; **s. effect** Toneffekt *m*; **s. effects** Geräuschkulisse *f*; **s. engineer** Tontechniker *m*, T.ingenieur *m*; **s. engineering** Tontechnik *f*
sounding *n* 1. Sondierung *f*, Auslotung *f*; 2. ⚓ Tiefenmessung *f*, Loten *nt*, Peilung *f*; **out of s.s** (fig) ohne sicheren Boden unter den Füßen (fig); **to take s.s** 1. (fig) ausloten, sondieren, Erkundigungen anstellen; 2. ⚓ Wassertiefe peilen; **s.-board** *n* Resonanzboden *m*
sound insulation Schallschutz *m*; **s. interference** Tonstörung *f*; **s.less** *adj* geräusch-, lautlos; **s. level/volume** Geräusch-, Schallpegel *m*, Lautstärke *f*; **~ meter/recorder** Geräuschmesser *m*; **s.-motion picture** Tonfilm *m*
soundness *n* 1. Gesundheit *f*; 2. ✪ guter Zustand, Gediegenheit *f*, Güte *f*; 3. Solidität *f*, Kreditwürdigkeit *f*, Bonität *f*, (Währungs)Stabilität *f*, Solvenz *f*; 4. Stichhaltigkeit *f*, Triftigkeit *f*; **s. of financial management** Wirtschaftlichkeit der Haushaltsführung
sound operator Tonassistent *m*; **s.proof** *adj* schalldicht, s.isoliert, geräuschundurchlässig; *v/t* schallisolieren; **s.-proofing** *n* Schalldämmung *f*, S.isolierung *f*; **s. protection** Lärm-, Schallschutz *m*; **s.-recorded** *adj* (mit Tonträger) aufgenommen; **s. recording** Tonaufnahme *f*, T.aufzeichnung *f*; **~ device** Tonaufzeichnungsgerät *nt*; **s. reproduction** Tonwiedergabe *f*; **s. test** Klangprobe *f*; **s. track** Tonspur *f*; **s. transmission** Tonübertragung *f*; **s. truck** Lautsprecherwagen *m*; **s. wave** Schallwelle *f*
soup *n* Suppe *f*; **in the s.** (coll) in der Patsche (coll); **s. up** *v/t* (coll) 🚗 frisieren (coll); **s. kitchen** Volks-, Armenküche *f*; **s. spoon** Suppen-, Esslöffel *m*
sour *adj* 1. sauer, 2. griesgrämig, verbittert; **to go/turn s.** (Investition) sich als Fehlschlag erweisen; **to feel s.** verbittert sein
source *n* 1. (Einkaufs-/Bezugs)Quelle *f*, Ursprung *m*, Herkunft *f*; 2. Gewährsmann *m*
source and application of funds Mittelaufkommen/M.herkunft und -verwendung; **~ statement** Bewegungsbilanz *f*, Kapitalflussrechnung *f*, Verwendungsnachweis *m*; **s. of capital** Kapitalquelle *f*; **~ danger** Gefahrenquelle *f*; **~ energy** Energieträger *m*, E.quelle *f*, Kraftquelle *f*; **~ primary energy** Primärenergieträger *m*; **~ errors** Fehlerquelle *f*; **~ finance** Finanzierungsquelle *f*, F.mittel *nt*; **~ fire** Brandursache *f*, B.herd *m*; **alternative ~ fuel** alternative Energie; **~ funds** Kapitalquelle *f*, K.herkunft *f*, Mittelherkunft *f*, Geldquelle *f*; **~ income** Einkommens-, Einkunfts-, Einnahme-, Erwerbs-, Geldquelle *f*; **chief/main ~ income** Haupteinnahmequelle *f*, H.ertragsquelle *f*; **~ information** Informationsquelle *f*; **internal ~ information** interne Informationsquelle; **~ law** Rechtsquelle *f*; **~ light** Lichtquelle *f*; **~ money** Geldquelle *f*, finanzielle Hilfsquelle; **~ noise (pollution)** Geräusch-, Lärmquelle *f*; **main ~ noise pollution** Hauptlärmquelle *f*; **~ pollution** Verursacher *m*; **~ power** Energiequelle *f*, E.träger *m*; **~ refinancing** Refinanzierungsquelle *f*; **~ revenue** Einnahme-, Steuerquelle *f*; **productive s.s of revenue** sprudelnde Steuerquellen; **s. of supply** Beschaffungs-, Bezugs-, Einkaufs-, Liefer-, Versorgungsquelle *f*, Einkaufsmöglichkeit *f*; **s.s of supply** Bezugsquellennachweis *m*; **external s. of supply** Fremdbezug *m*; **internal s. of supply** Eigenerstellung *f*; **s. of tax (revenue)** Steuer(einnahme)quelle *f*
deducted at source an der Quelle abgezogen, quellenbesteuert
to buy at source an der Quelle kaufen; **to finance from outside s.s** fremdfinanzieren; **to know from a good s.** aus sicherer Quelle wissen; **to levy at s.** (Steuer) an der Quelle erheben; **to open up new s.s** neue Quellen erschließen; **~ of tax revenue** neue Steuerquellen erschließen; **to refer to a s.** sich auf eine Quelle berufen; **to tax at s.** Quellensteuer erheben, an der Quelle besteuern
from an authoritative source aus berufenem Mund; **informed s.s** informierte Stellen; **main s.** Hauptquelle *f*; **non-tax s.** nicht aus Steuern herrührende Einnahmequelle; **primary s.** Hauptquelle *f*; **reliable s.** authentische/verlässliche Quelle, sichere Informationsquelle, sicherer Gewährsmann; **from a ~ s.; from ~ s.s** aus si-

cherer/zuverlässiger Quelle; **to come from a ~ s.** aus zuverlässiger Quelle stammen; **second s.** Zweitproduzent *m*; **unreliable s.** unzuverlässige Quelle; **well-informed/well-placed s.(s)** wohlunterrichtete Quelle, gut unterrichtete Kreise
source *v/t* 1. beziehen, beschaffen; 2. finanzieren, Mittel bereitstellen; **s. from** beschaffen bei; **s. to** *(Produktion)* verlagern nach
source card Ursprungskarte *f*; **s. computer** 🖳 Übersetzungs-, Kompilierungsanlage *f*; **s. country** Ursprungs-, Abgabeland *nt*; **s. data** Ausgangs-, Grund-, Primärmaterial *nt*; **~ collection** Ersterfassung *f*; **s. country** Herkunftsland *nt*; **s. document** Originaldokument *nt*, Ur-, Ersterfassungsbeleg *m*; **s. documents** Materialien; **s. language** 1. 🖳 Primär-, Quelle(n)-, Ursprungssprache *f*; 2. Ausgangssprache *f*; **s. material** Ausgangsstoff *m*, Ausgangs-, Quellenmaterial *nt*; **s. population** Kundenreservoir *nt*; **full s. population** endliches Kundenreservoir; **s. principle** Quellenprinzip *nt*; **s. program** 🖳 Primär-, Quellen-, Ursprungsprogramm *nt*; **s. reference** Fundstelle *f*; **s. responsibility** Haftung nach dem Verursacherprinzip; **s. state** Herkunfts-, Quellenstaat *m*; **s. statement** 🖳 Primäranweisung *f*; **s.s and uses statement** Bewegungsbilanz *f*; **s. text** Ursprungs-, Quellentext *m*
sourcing *n* 1. Bezug *m*, Beschaffung *f*; 2. Finanzierung *f*, Bereitstellung von Mitteln; **global s.** weltweite Beschaffung, Globalisierung des Beschaffungswesens; **in-house s.** Eigenfertigung *f*; **offshore s.** Produktionsverlagerung in Niedriglohnländer; **single s.** Bezug aus einer Quelle, Beschaffung von einem Lieferanten; **s. option** Bezugsmöglichkeit *f*; **s. overseas** (Waren)Bezug aus dem Ausland
South Pole Südpol *m*; **s. wind** Südwind *m*
souvenir *n* Mitbringsel *nt*, Souvenir *nt*
sovereign *n* Herrscher *m*, Landesherr *m*, Monarch *m*, Souverän *m*, Staatsoberhaupt *nt*; *adj* hoheitlich, Hoheits-, souverän, eigenstaatlich
sovereignty *n* (Landes-/Staats-/Justiz)Hoheit *f*, Hoheitsgewalt *f*, Souveränität *f*, Eigenstaatlichkeit *f*; **s. of administration**; **s. in administrative matters** Verwaltungshoheit *f*; **s. in matters of bye-laws/bylaws** Satzungshoheit *f*
federal sovereignty Bundeshoheit *f*; **financial s.** Finanzhoheit *f*; **fiscal s.** Finanz-, Steuerhoheit *f*; **illusory s.** Scheinsouveränität *f*; **legal s.** Rechtshoheit *f*; **military s.** Wehrhoheit *f*; **monetary s.** Währungshoheit *f*, W.souveränität *f*, Devisen-, Münzhoheit *f*; **territorial s.** Gebiets-, Territorialhoheit *f*, Hoheitsgewalt *f*
Soviet *n* Sowjet *m*; *adj* sowjetisch
sow *n* 🐖 Sau *f*
sow *v/t* 🐖 (aus)säen; **s.ing** *n* 🐖 1. Säen *nt*, Aussaat *f*; 2. *(Menge)* Saat *f*
soy(a) bean *n* 🌿 Sojabohne *f*; **s. flour** Sojamehl *nt*
spa *n* Kurort *m*, (Thermal-/Heil)Bad *nt*
space *n* 1. Raum *m*; 2. Platz *m*, Stelle *f*, (Ausstellungs)Fläche *f*; 3. Zeit-, Zwischenraum *m*, Lücke *f*; 4. 🗐 Durchschuss *m*; 5. *(Schreibmaschine)* Anschlag *m*, Spatium *nt (lat.)*, Leerspalte *f*, Zeilenabstand *f*; 6.

Weltraum *m*; **in the s. of a year** innerhalb Jahresfrist; **cramped for s.** räumlich beengt
to apply for space sich zur Messe anmelden; **to be cramped for s.** zusammgepfercht sein, wenig Platz haben; **to book/reserve s.** Platz belegen/reservieren (lassen); **to offer s.** Raum/Platz bieten; **to save s.** Platz sparen; **to take up a great deal of s.** viel Platz einnehmen, ~ in Anspruch nehmen; **to tie up s.** Platz einnehmen, ~ in Anspruch nehmen
allocatable space 🖳 freier Speicherplatz; **back s.** *(Schreibmaschine)* Rücktransportmechanismus *m*; **blank s.** *(Dokument)* freie Stelle, leeres Feld; **clear s.** Freiraum *m*; **~ clause** Freiraumklausel *f*; **confined s.** beschränkter Platz, Enge *f*, begrenzter Raum; **double s.** 🗐 doppelter Zeilenabstand; **empty s.** leerer Raum; **hollow s.** Hohlraum *m*; **marginal s.** 🗐 Randbreite *f*
open space Grünfläche *f*, freie Fläche, unbebautes Gelände; **waste o. s.** Grünbrache *f*; **o. s. plan** Grünflächenplan *m*; **~ rehabilitation scheme** Grünbrachen(sanierungs)programm *nt*
open-air space Freigelände *nt*; **rented s.** Miet-, Pachtfläche *f*; **residential s.** Wohnraum *m*; **usable s.** 🏛 (Gebäude)Nutzfläche *f*; **utilized s.** in Anspruch genommener Raum; **vacant s.** *(Büro etc.)* Leerstand *m*; **void s.** leerer Raum; **walled-in s.** 🏛 umbauter Raum; **whole s.** *(Werbung)* Ganzstelle *f*
space *v/t* 🗐 sperren, spationieren; **s. back** *(Schreibmaschine)* rückstellen; **s. out** 1. *(Ausgaben)* strecken; 2. 🗐 gesperrt setzen, spationieren, Abstand lassen; **~ evenly** gleichmäßig verteilen
space age Raumfahrt-, Weltraumzeitalter *nt*; **s. allocation** Fracht(raum)zuteilung *f*; **s. bar** *(Schreibmaschine)* Leer-, Zwischenraumtaste *f*; **s. band** 🗐 Spatienkeil *m*; **s. buyer** Werbungsmittler *m*, Mediadisponent *m*; **s. buying** Annoncenexpedition *f*; **s. capsule** Raumkapsel *f*; **s. character** 🗐 Leerzeichen *nt*; **s. charge** Streuungskosten *pl*; **s. costs** Raumkosten; **s.craft** *n* Raumfahrzeug *nt*
spaced (out) *adj* 1. 🗐 gesperrt gedruckt/gesetzt; 2. *(coll)* geistig weggetreten
space exploration Weltraumerkundung *f*; **s. flight** (Welt)Raumflug *m*, W.fahrt *f*; **manned s. flight** bemannter Raumflug, bemannte Raumfahrt; **s. heater/heating** Raumheizung *f*; **s. industry** Raumfahrtindustrie *f*; **s. key** *(Schreibmaschine)* Leer-, Zwischenraumtaste *f*; **s. lab(oratory)** Weltraumlab(oratorium) *nt*; **s. law** (Welt)Raumrecht *nt*; **s. line** 🗐 Zwischenzeile *f*; **s. order** Insertionsauftrag *m*; **s. platform** Raum(fahrt)station *f*; **s. port** Raumfahrtzentrum *nt*; **s. probe** (Welt)Raumsonde *f*; **s. program(me)** Raumfahrtprogramm *nt*; **s. rate** 1. Gebühr für Ausstellungsfläche; 2. Anzeigentarif *m*; **s. rent** Platz-, Raum-, Standmiete *f*; **s. requirement(s)** Flächen-, Platz-, Raumbedarf *m*; **s. research** Weltraumforschung *f*; **s. rocket** Weltraumrakete *f*; **s. satellite** Weltraumsatellit *m*; **s.-saving** *adj* platz-, raumsparend; **s. schedule** Streuplan *m*; **s. science** Raumfahrtwissenschaft *f*; **s. seller** 1. Anzeigenakquisiteur *m*; 2. *(TV)* Werbungspromoter *m*; **s.ship** *n* Raum-

schiff *nt*; **s. shuttle** Raumfähre *f*; **s. skylab** *[US]* /**station** *[GB]* (Welt)Raumstation *f*; **s. suit** Raumanzug *m*; **s. travel** (Welt)Raumfahrt *f*; **~ research** Raumfahrtforschung *f*; **s. type** 🖨 Sperrdruck *m*; **s. utilization** Flächennutzung *f*; **s. vehicle** Raumfahrzeug *nt*; **s. writer** (Presse)Korrespondent(in) *m/f*
spacing *n*   1. Abstand *m*, Verteilung *f*; 2. 🖨 Spationierung *f*, Wortabstand *m*; 3. Zeilenabstand *m*; **minimum s. of buildings** 🏛 Bauwich *m*; **s. of maturities** Fälligkeitsgliederung *f*; **double s.** 🖨 doppelter Zeilenabstand; **horizontal s.** Zeilendichte *f*; **proportional s.** Proportionalschrift *f*; **single-line s.** einzeiliger Abstand; **s. chart** Formularentwurfsblatt *nt*; **s. ordinance** 🏛 Abstanderlass *m*; **s. out** Staffelung *f*, Verteilung *f*
spacious *adj*   1. 🏛 geräumig; 2. weitläufig; **s.ness** *n* 1. Geräumigkeit *f*; 2. Weitläufigkeit *f*
spade *n*   Spaten *m*; **by the s.** schaufelweise; **to call a s. a s.** *(coll)* die Dinge/das Kind beim Namen nennen *(coll)*; **to dig the first s.** den ersten Spatenstich tun
spadework *n*   *(fig)* Klein-, Pionier-, Vorarbeit *f*; **to do the s.** Vorarbeit(en) leisten
span *n*   1. Spanne *f*, Spannweite *f*; 2. Zeitspanne *f*, Z.raum *m*; **s. of command/control** Führungs-, Subordinations-, Leitungs-, Kontrollspanne *f*; **broad~ control** große Leitungs-/Kontrollspanne; **narrow ~ control** kleine Leitungs-/Kontrollspanne; **~ life** Spanne des Lebens; **~ management/responsibility** Leitungs-, Kontrollspanne *f*; **average ~ men's lives** durchschnittliche Lebenserwartung; **to live one's full s.** Leben bis zur Neige auskosten; **for a brief s.** für eine kurze Zeit; **clear s.** *(Brücke)* lichte Weite
span *v/t*   sich erstrecken auf/über, umspannen, umfassen
spanner *n* *[GB]* ✪ Schraubenschlüssel *m*; **to put/throw a s. in(to) the works** *(fig)* Sand ins Getriebe streuen *(fig)*, (jdm) Knüppel zwischen die Beine werfen *(fig)*
span roof 🏛 Satteldach *nt*
spare *adj*   überschüssig, ü.zählig, übrig, Ersatz-, Reserve-, extra, frei
spare *n*   Ersatz-, Reserveteil *nt*
spare *v/t*   1. aus-, ersparen, verzichten auf, (ver)schonen, auslassen; 2. erübrigen, entbehren, übrig haben; **not to s. o.s.** sich selbst nichts schenken
spare part Ersatz-, Reserveteil *nt*; **to fit a s. p.** Ersatzteil einsetzen/einbauen; **s. p.(s) service** Ersatzteildienst *m*
sparing *adj*   sparsam, schonend
spark *n*   1. (Zünd)Funke *m*; 2. Fünkchen *nt*, Rest *m*, Spur *f*; **vital s.** Lebenslicht *nt*
spark (off) *v/t*   auslösen, entfachen, Initialzündung geben
spark coil 🚗 Zündspule *f*; **s. (ing) plug** Zündkerze *f*
sparkle *n*   Funkeln *nt*, Glitzern *nt*; *v/i* 1. funkeln, strahlen, brillieren, 2. Funken sprühen; **s.r** *n* Wunderkerze *f*
sparkling *adj*   1. spritzig; 2. *(Wein)* moussierend
spark-suppress *v/t*   *(Radio)* entstören
spa rooms   Kurhaus *nt*
sparrow *n*   🐦 Spatz *m*, Sperling *m*
sparse *adj*   spärlich, dünn, licht; **s.ness** *n* 1. Spärlichkeit *f*, 2. *(Besiedlung)* geringe Dichte

Spartan *adj*   spartanisch
spasm *n*   ⚕ Krampf *m*, Spasmus *m*, Anfall *m*; **s. of activity** hektische Aktivität; **to work in s.s** sporadisch arbeiten; **s.odic** *adj* 1. spasmisch; 2. sprunghaft, unregelmäßig, stoßweise
spate *n*   1. Hochwasser *nt*; 2. *(fig)* Flut *f*, Schwall *m*, Welle *f*
spate of bankruptcies Konkurs-, Pleitewelle *f*; **~ buying** Kaufwelle *f*; **~ consumption** Konsumwelle *f*; **~ demand** Nachfragestoß *m*, N.schub *m*; **~ devaluations** Abwertungswelle *f*; **~ imports** Importstoß *m*, I.schub *m*; **~ new issues** Emissionswelle *f*; **~ lawsuits** Prozesslawine *f*; **~ mergers** Fusionswelle *f*; **~ (new) orders** Fülle von Aufträgen, Auftragswelle *f*, A.flut *f*; **~ redundancies** Entlassungswelle *f*; **~ selling** *(Börse)* umfangreiche Abgaben; **~ wage increases** Lohn(erhöhungs)welle *f*; **~ words** Wortschwall *m*; **~ work** großer Arbeitsanfall
to be in spate   *(Fluss)* Hochwasser führen; **in full s.** in vollem Gang
spatial *adj*   räumlich
spatio-temporal *adj*   räumlich-zeitlich
spawn *v/ti* 🐟 Laich *m*; 1. laichen; 2. *(fig)* erzeugen, hervorbringen; **s.ing ground** *n* 1. Laichgründe *pl*; 2. *(fig)* Brutstätte *f*
speak *v/ti*   1. sprechen; 2. reden, das Wort ergreifen; **s. for** ein gutes Wort einlegen für; **~ so.; s. on behalf of so.** für jdn sprechen; **s. for itself** für sich selbst sprechen, alles sagen, keiner Erklärung bedürfen; **~ o.s.** für sich selbst sprechen; **s. only for o.s.** nur im eigenen Namen sprechen; **s. out against sth.** sich gegen etw. aussprechen, etw. kritisieren **s. up** lauter/deutlicher sprechen; **entitled to s.** redeberechtigt; **to be allowed to s.** das Wort haben; **to make so. s.** jdn zum Sprechen bringen; **s. candidly** offen reden; **s. disparagingly/ill of so.** verleumderische Bemerkungen über jdn machen, sich abfällig über jdn äußern, jdn schlecht machen; **s. extempore** aus dem Stegreif sprechen; **s. indistinctly** undeutlich sprechen
speaker *n*   1. (Diskussions)Redner *m*, Referent *m*, Sprecher *m*, Vortragender *m*; 2. Lautsprecher *m*; **S.** *[GB]* *(Unterhaus)* Parlamentspräsident(in) *m/f*; **to ask the s. to stop** jdm das Wort entziehen; **to heckle a s.** Redner (durch Zwischenrufe) stören; **main/principal s.** Fest-, Hauptredner *m*; **preceding/previous s.** Vorredner *m*; **s.'s desk** Rednerpult *nt*; **catching the S.'s eye** *[GB]* *(Parlament)* (Bitte um) Worterteilung; **s. identification** 🖥 Sprechererkennung *f*
speaking *adv*   ☏ am Apparat; **s. prohibited** Sprechverbot *nt*; **to be unaccustomed to public s.** keine Erfahrung als öffentlicher Redner haben; **to finish s.** ausreden; **plain s.** Offenheit *f*, offene Sprache; **strictly s.** im eigentlichen/engeren Sinne, genau genommen
speaking clock *[GB]* telefonische Zeitansage; **s. course** Rhetorikkurs *m*; **s. engagement** Rede-, Vortragsverpflichtung *f*; **not to be on s. terms** nicht miteinander sprechen; **s. time** Rede-, Sprechzeit *f*; **to limit s. time** Redezeit beschränken
spearhead *n*   1. Angriffs-, Speerspitze *f*; 2. Bahnbrecher *m*; *v/t* anführen

on spec *n (coll)* auf Verdacht/gut Glück; **to buy ~ s.** auf Verdacht/Spekulation kaufen
special *adj* 1. besondere(r,s); 2. Sonder-, speziell; 3. außerordentlich, Spezial-; **s.-grade** *adj* hochwertig
specialist *n* 1. Fachmann *m*, Spezialist(in) *m/f*, Fachkraft *f*, Sachverständige(r) *f/m*, Experte *m*, Expertin *f*; 2. Kursmakler *m*; 3. $ Facharzt *m*, F.ärztin *f*; **s.s** Kader *m*, Fachleute; **s. in constitutional law** Staatsrechtler *m*; **to call in/consult a s.** Spezialisten zuziehen
ear-nose-and-throat specialist $ Hals-, Nasen- und Ohrenarzt *m*; **financial s.** Finanzexperte *m*, F.fachmann *m*; **internal s.** $ Internist *m*; **medical s.** Facharzt *m*
specialist borné *(pej.)* Fachidiot *m (pej.)*; **s. buyer** Facheinkäufer *m*; **s. circles** Fachkreise; **s.'s fee** Sachverständigenvergütung *f*; **s. publishers; s. publishing house** Fachverlag *m*; **s. retailer** Einzelhandelsfachgeschäft *nt*; **s. shop** Spezial-, Fachgeschäft *nt*; **s. sports goods trade** Sportfachhandel *m*; **s. teacher** Fachlehrer(in) *m/f*; **s. training** Kaderschule *f*
speciality *n* 1. Spezialartikel *m*, Spezialität *f*; 2. Spezialfach *nt*, S.gebiet *nt*; **specialities** 1. *(Börse)* Spezialwerte; 2. Spezialgüter; **s. chemical** ☻ Sonder-, Spezialchemikalie *f*; **s. contract** förmlicher/formbedürftiger Vertrag; **s. dealers' range** Fachhandelssortiment *nt*; **s. debt** verbriefte Schuld; **s. manufacturer** Spezialhersteller *m*; **s. paper** Spezialpapier *nt*; **s. product** Spezialerzeugnis *nt*; **s. restaurant** Spezialitätenrestaurant *nt*; **s. shop** *[GB]* Fach-, Spezialitäten-, Spezialartikel-, Spezialwarengeschäft *nt*; **s. supplier** Spezialanbieter *m*
specialization *n* 1. Spezialisierung *f*, Fachrichtung *f*; 2. Arbeitsteilung *f*; **s. of labour** Arbeitsteilung *f*; **industrial s.** Branchenspezialisierung *f*; **s. cartel** Spezialisierungskartell *nt*; **s. course** Spezialisierungskurs *m*
specialize (in) *v/i* sich spezialisieren auf, sich auf ein Fach beschränken; **s.d** *adj* spezialisiert
special-purpose *adj* Sonder-, Zweck-
specialty *n [US]* 1. Spezialartikel *m*, Spezialität *f*, Novität *f*; 2. Spezialfach *nt*, S.gebiet *nt*; 3. [§] (ausdrückliche) vertragliche Verpflichtung; **functional s.** Funktionallehre *f*; **s. chemical** Spezial-, Sonderchemikalie *f*; **s. contract** besiegelter/urkundlicher Vertrag; **s. dealer** Fach-, Novitätenhändler *m*; **s. debt** verbriefte Schuld, Schuld aus gesiegeltem Vertrag; **s. goods** hochwertige Güter; **s. store** Fach-, Spezial(waren)geschäft *nt*
specie *n* Hart-, Metall-, Münzgeld *nt*, Kurantgeld *nt*, (Kurant)Münze *f*; **in s.** in bar, in klingender Münze
specie account Sortenkonto *nt*; **s. list** (Geld)Sortenzettel *m*; **s. payment** Barzahlung *f*, Zahlung in (Hart)Geld; **s. point** Goldpunkt *m*; **s. remittance** Geldsendung *f*
species 1. (Tier)Art *f*, Gattung *f*; 2. Münzsorten; **endangered s.** bedrohte Art(en)
specific *adj* 1. spezifisch, speziell, bestimmt, besonders; 2. genau, wesentlich, ausdrücklich; **to be s.** konkret ausgedrückt; **s.s** *pl* genaue(re) Angaben
specification *n* 1. (Einzel)Aufstellung *f*, Einzelangaben *pl*, E.nachweis *m*, Spezifizierung *f*, Fixierung *f*, Spezifikation *f*; 2. Bau-, Bedarfsbeschreibung, Ausschreibung *f*, Leistungsverzeichnis *nt*; 3. *(Pat.)* Auslegerschrift *f*, Patentbeschreibung *f*; 4. Postenaufgliederung

f; 5. Bordereauverzeichnis *nt*; **s.s** 1. 🏛 Baubeschreibung *f*; 2. ✿ technische Daten, Lastenheft *nt*, Auslegung *f*; 3. Stückliste *f*, S.verzeichnis *nt*; 4. Anforderungskriterien, Ausschreibungsunterlagen
specification of disbursements Auslagenaufstellung *f*; **~ errors** [§] Namhaftmachung der Revisionsgründe; **s. for public inspection** *(Pat.)* Auslegeschrift *f*; **s. of the European patent** europäische Patentschrift; **s. and schedule of prices** Leistungsverzeichnis *nt*; **~ terms** Ausschreibungsunterlagen; **s. of utility model** Gebrauchsmusterschrift *f*
conforming to specification|s technisch einwandfrei; **made to s.** Einzel-, Sonderanfertigung *f*
to conform to specifications der Beschreibung entsprechen
complete specification endgültige (Patent)Beschreibung; **exact s.** genaue Bezeichnung; **provisional s.** vorläufige Patentbeschreibung; **standard s.** Norm(en)vorschrift *f*, Norm(albedingung) *f*; **follow-up ~ s.** Anschlussnorm *f*
specification bias systematischer Fehler; **s. cost(s)** Plankosten *pl*; **s. package** Spezifikationspaket *nt*; **s. sheet** technisches Datenblatt
specified *adj* spezifiziert, im Einzelnen angegeben; **not s.** ohne nähere Angaben
specifier *n* Spezifikationssymbol *nt*
specify *v/t* 1. einzeln angeben/aufführen/aufstellen, präzisieren, spezifizieren, detaillieren, benennen, näher erklären/bestimmen, eingehend darlegen; 2. nach Posten gliedern, postenweise aufführen
specimen *n* 1. Muster *nt*, Probe(exemplar) *f/nt*, Warenprobe *f*, Exemplar *nt*, Probe-, Muster-, Prüfstück *nt*, Prüfungsmuster *nt*; 2. Blankett *nt*; 3. *(Dokument)* Faksimile *nt*; **s. of a signature** Unterschriftenprobe *f*; **~ an economic trend** Konjunkturmodell *nt*; **~ writing** Schriftprobe *f*; **fine/prime s.** *(coll)* Prachtexemplar *nt (coll)*; **numismatic s.** Sammlermünze *f*
specimen bond; s. coupon sheet Nullbogen *m*; **s. case** Modellfall *m*; **s. contract** Vertragsmuster *nt*, Mustervertrag *m*; **s. copy** 1. Belegexemplar *nt*, Probenummer *f*, P.exemplar *nt*; 2. *(Text)* Muster(exemplar) *nt*, Prüfstück *nt*; **s. form** Mustervordruck *m*, M.formular *nt*; **s. letter** Musterbrief *m*; **s. number** Probenummer *f*; **s. page** Probeseite *f*; **s. passage** Leseprobe *f*; **s. sales letter** Musterwerbebrief *m*; **s. signature** Unterschriftsprobe *f*, U.muster *nt*, Musterunterschrift *f*, faksimilierte Unterschrift; **s. theft charge** Musteranklage wegen Diebstahls
specious *adj* trügerisch, scheinbar, fadenscheinig, unfundiert
spectacle *n* Spektakel *nt*, Schauspiel *nt*
spectacle|s *pl* Brille *f*, **s. case** Brillenetui *nt*
spectaculars *pl [US]* Lichtwerbung *f*
spectator *n* Zuschauer(in) *m/f*; **s. sport** Publikums-, Zuschauersport *m*
specter *[US]*; **spectre** *[GB]* *n* (Schreck)Gespenst *nt*; **s. of inflation** Inflationsgespenst *nt*; **to raise the s. (of sth.)** Gefahr heraufbeschwören
spectrum *n* 1. Spektrum *nt*; 2. *(fig)* Spektrum *nt*, Palette *f*, Skala *f*

speculate v/i 1. spekulieren, gewagte Geschäfte machen; 2. Vermutungen anstellen
speculation n Spekulieren nt, Spekulation(stätigkeit) f; **s. in real estate** Boden-, Grundstücks-, Immobilienspekulation f; **~ futures** Terminspekulation f, Spekulation in Terminpapieren; **~ gold** Goldspekulation f; **~ securities** Effektenspekulation f; **~ shares** [GB] /**stocks** [US] Aktienspekulation f
to boost/fuel speculation Spekulation anheizen; **to dampen/douse s.** Spekulation dämpfen/lähmen, der Spekulation den Boden entziehen; **to lose through s.** sich verspekulieren; **to quell s.** Gerüchte zerstreuen; **to revive s.** der Spekulation neue Nahrung geben
bad/unlucky/wrong speculation Fehlspekulation f; **professional s.** berufsmäßige Spekulation; **pure s.** reine Vermutung
speculative adj spekulativ, spekulationsbedingt
speculator n Spekulant m; **s. for a fall** Baissespekulant m, Baissier m (frz.); **~ rise** Haussespekulant m, Haussier m (frz.); **shady s.** (pej.) windiger Spekulant (pej.)
speech n 1. Sprache f, Sprechen nt; 2. Rede f; **in s. and in writing** in Wort und Schrift
to compose/draft a speech Rede aufsetzen/ausarbeiten/entwerfen/verfassen; **to deliver/make a s.** Rede/Ansprache halten, Rede schwingen (coll); **to interlard a s. with quotations** Rede mit Zitaten spicken; **to recover one's s.** Sprache wiedergewinnen; **to wind up a s.** Rede abschließen/beschließen
after-dinner speech Tischrede f; **bombastic s.** schwülstige Rede; **closing s.** Schlussrede f; **colloquial s.** Umgangssprache f; **direct s.** direkte Rede; **final s.** Schlussansprache f; **free s.** Redefreiheit f; **to suppress ~ s.** Redefreiheit unterdrücken; **indirect/reported s.** indirekte Rede; **laudatory s.** Lobrede f; **maiden s.** Jungfernrede f; **obscene s.** unflätige Rede; **opening s.** Eröffnungsvortrag m; **set s.** vorbereitete Rede; **stirring s.** mitreißende Rede
speech circuit Sprechkreis m; **s. community** Sprachgemeinschaft f; **s. defect/impediment** Sprachfehler m, S.störung f; **s. filing** Sprachübermittlung f
speechless adj sprachlos; **to leave so. s.** jdm die Sprache verschlagen
speech pause Sprechpause f; **s. recognition** Sprachererkennung f; **s. synthesizer** Sprachsynthesizer m; **s. therapist** Logopäde m, L.pädin f; **s. therapy** Logopädie f; **s. writer** Redenschreiber m
speed n Geschwindigkeit f, Tempo nt, Schnelligkeit f; **at s.** äußerst schnell; **at a s. of** mit einer Geschwindigkeit von; **s. of operations** Verarbeitungsgeschwindigkeit f; **~ reaction/response** Reaktionsgeschwindigkeit f; **~ sound** Schallgeschwindigkeit f; **~ turnover** Umschlagsgeschwindigkeit f; **full s. ahead** Volldampf/volle Kraft/volle Fahrt voraus; **~ astern** Volldampf/volle Kraft/volle Fahrt zurück; **with all possible s.** so schnell wie möglich
to gather/pick up speed beschleunigen, schneller werden, an Tempo/Fahrt gewinnen, vorankommen; **to increase s.** 1. Geschwindigkeit erhöhen; 2. Fahrt vermehren; **to maintain s.** Geschwindigkeit beibehalten,

Fahrt halten; **to reduce s.** Fahrt vermindern, Geschwindigkeit/Tempo vermindern, ~ herabsetzen, ~ verlangsamen, ~ drosseln
average speed Durchschnittsgeschwindigkeit f; **breakneck s.** rasante/mörderische Geschwindigkeit, rasantes/mörderisches Tempo, Affentempo nt (coll); **economical s.** Nutzungsgeschwindigkeit f; **excessive s.** überhöhte Geschwindigkeit; **at full s.** eiligst, mit höchster Geschwindigkeit; **to run ~ s.** auf vollen Touren laufen; **half s.** halbe Kraft; **at high s.** auf hohen Touren, im Eiltempo; **keying-in s.** Eintastgeschwindigkeit f; **maximum/top s.** Höchst-, Spitzen-, Maximalgeschwindigkeit f, zulässige (Höchst)Geschwindigkeit; **minimum s.** Mindestgeschwindigkeit f; **permissible s.** zulässige Geschwindigkeit; **reasonable and proper s.** angemessene Geschwindigkeit; **recommended (maximum) s.** Richtgeschwindigkeit f; **take-off s.** Startgeschwindigkeit f; **timed s.** gestoppte Geschwindigkeit
speed v/ti 1. beschleunigen, forcieren; 2. (zu) schnell fahren; **s. up** 1. beschleunigen, verkürzen, Tempo steigern, auf Touren bringen, forcieren; 2. (Verfahren) beschleunigen, dynamisieren
speed|boat n Renn-, Schnellboot nt; **s. camera** Radarkamera f; **s. check** Geschwindigkeitskontrolle f, **s. control** Geschwindigkeitsregler m; **s. cop** n Polizist m; **s.er** n Raser m; **s. factor** Plannutzungsziffer f; **s. filing** Schnellablage f; **s. goods** [GB] Schnellgut nt; **s. hump** Bodenschwelle f
speeding n Geschwindigkeitsüberschreitung f, Überschreiten der zulässigen (Höchst)Geschwindigkeit, überhöhte Geschwindigkeit; **s. up** 1. Beschleunigung f; 2. (Verfahren) Beschleunigung f, Dynamisierung f; **s. offence** Übertretung der (Höchst-)Geschwindigkeit; **s. fine** Geldstrafe wegen Geschwindigkeitsüberschreitung
speediness n Schnelligkeit f
speed limit Geschwindigkeitsbeschränkung f, Höchst-, Maximalgeschwindigkeit f, Geschwindigkeitshöchstgrenze f; **exceeding the s. l.** Geschwindigkeitsüberschreitung f, Überschreiten der Höchstgeschwindigkeit; **to exceed the s. l.** zulässige Geschwindigkeit/Höchstgeschwindigkeit überschreiten
speed merchant (coll) Schnellfahrer m, Raser m
speedometer n Tachometer nt, Geschwindigkeitsmesser m, G.anzeiger m; **s. reading** Tachometerstand m
speed range Geschwindigkeitsbereich m, **s.-reading** Schnelllesen nt; **s. record** Schnelligkeitsrekord m; **s. trap** Radarfalle f; **s.-up** n 1. Beschleunigung f; 2. Produktionserhöhung f; 3. (Inflation) Steigerung f; **s.-writing** n Schnellschreiben nt
speedy adj schnell, zügig, flott
speleol|ogist n Höhlenforscher(in) m/f; **s.ogy** n Höhlenkunde f
spell n 1. Zeitabschnitt m, Periode f; 2. Arbeitszeit f, Beschäftigung f; 3. Faszination f, Zauber m, Bann m; **s. of bad weather** Schlechtwetterperiode f; **~ fair weather** Schönwetterperiode f; **~ work** Arbeitsdauer f; **unbroken ~ work** zusammenhängende Arbeitszeit

cold spell Kälteperiode f, K.welle f, Frostperiode f; **dull s.** 1. trübes Wetter; 2. *(fig)* Konjunkturflaute f; **hot s.** Hitzeperiode f; **sunny s.** sonnige Periode
spell v/t 1. buchstabieren; 2. bedeuten; **s. out** darlegen, klarmachen, verdeutlichen, klar ausdrücken, festlegen, definieren, erklären, (etw.) beim Namen nennen; **s. correctly** richtig schreiben
spell check(er) 🖳 Rechtschreibhilfe f, R.prüfung f
spelling n 1. Rechtschreibung f; 2. Schreibweise f; **s. mistake** orthografischer Fehler, Rechtscheibfehler m
spend v/t 1. ausgeben, aufwenden, verauslagen, Ausgaben vornehmen, verausgaben, verbrauchen; 2. *(Zeit)* verbringen; **ready to s.** ausgabefreudig; **s. freely/lavishly** Geld freizügig ausgeben, ~ unter die Leute bringen *(coll)*
spend n *(coll)* Ausgaben pl
spender n Verschwender(in) m/f; **to be a big/free s.** das Geld locker sitzen haben *(coll)*
spending n Ausgeben nt, Ausgabe(n) f/pl, Aufwendungen pl, Ausgabenwirtschaft f, A.politik f, A.gebaren nt, Geldausgabe f; **s. on advertising** Werbeausgaben pl; ~ **fixed assets** Anlage-, Sachinvestitionen pl; ~ **consumption** konsumtive Ausgaben; ~ **food** Lebensmittel-, Nahrungsmittelausgaben pl; ~ **materials** Materialausgaben pl, M.einsatz m; ~ **research and development** Aufwendungen für Forschung und Entwicklung, Forschungs- und Entwicklungsaufwand m; ~ **roads** Ausgaben für Straßenbau; ~ **travel** Reiseausgaben pl
to clamp down on/curb/cut/reduce spending Ausgaben kürzen/reduzieren/drosseln, kurz/kürzer treten *(coll)*; **to control s.** Ausgaben überwachen; **to rejig s.** Ausgaben neuordnen, Budget neu verteilen; **to step up s.** Ausgaben erhöhen/steigern
agricultural spending Agrarausgaben pl; **compensatory s.** Defizit-Spending nt; **credit-financed s.** kreditfinanzierte Ausgaben; **discretionary s.** Ausgaben zur freien Verfügung; **excess s.** Ausgabenüberschuss m, A.überhang m; **federal s.** Ausgaben/Aufwendungen des Bundes; **government s.** öffentliche Ausgaben; **governmental s.** öffentliche Ausgaben, Staatsausgaben pl; **heavy s.** hohe Aufwendungen; **induced s.** induzierte Ausgaben; **planned s.** geplante Ausgabenhöhe, Etatansatz m; **pre-Christmas s.** Weihnachtsgeschäft nt; **private s.** private Ausgaben; **promotional s.** Werbeausgaben pl
public spending öffentliche Ausgaben, Staatsausgaben pl, Ausgaben der öffentlichen Hand; ~ **commitment** Ausgabeverpflichtung der öffentlichen Hand; ~ **cut** Staatsausgaben-, Etatkürzung f; ~ **estimates** Haushaltsvoranschlag m
recurrent spending wiederkehrende Ausgaben; **runaway s.** galoppierende Ausgaben; **social s.** Sozialbudget nt, S.etat m, S.ausgaben pl, S.aufwand m; **total s.** Gesamtausgabenvolumen nt
spending authorization Ausgabenermächtigung f; **s. bill** ausgabenwirksames Gesetz; **s. control** Ausgabenkontrolle f, A.überwachung f; **s. curb** Ausgabenbeschränkung f; **s. cuts** Ausgabenkürzungen, A.beschränkungen, A.einschränkungen; **s. decision** Ausgabeentscheidung f; **s. equation** Ausgabengleichung f; **s. estimate(s)** Ausgabenvoranschlag m; **s. freeze** Ausgabensperre f; **s. growth** Ausgabenwachstum nt; **s. habits** Ausgabengewohnheiten; **s. money** 1. frei verfügbares Geld; 2. Taschengeld nt; **s. multiplier** Ausgabenmultiplikator m; **departmental s. plans** ressortegoistische Ausgabenwünsche; **s. policy** Ausgabenpolitik f; **s. power** 1. Ausgabenkompetenz f, A.vollmacht f; 2. Kaufkraft f; **social s. program(me)** Sozialbudget nt, S.etat m; **s. side** Ausgabenseite f; **s. slowdown** Ausgabenstreckung f
spending spree Einkaufsbummel m, E.tour f, Großeinkauf m, Kauf-, Ausgabenrausch m, Kauforgie f, Konsumwelle f; **to be/go on a s. s.** Geld unter die Leute bringen, ~ mit vollen Händen ausgeben, die Spendierhosen anhaben *(coll)*, in Kauflaune sein
spending squeeze Ausgabenkürzung f, Beschränkung der Staatsausgaben; **s. surge** (starker) Ausgabenanstieg; **s. target** geplante Ausgabenhöhe; **s. tax** Verbrauchs-, Ausgabensteuer f; **s. unit** Konsumeinheit f; **s. variance** Verbrauchsabweichung f
spendthrift n (Geld)Verschwender(in) m/f; adj verschwenderisch, ausgabefreudig
spent adj 1. ausgegeben, verausgabt, aufgewendet; 2. verbraucht, aufgebraucht; 3. 🛢 *(Ölvorräte)* erschöpft; 4. ☢ *(Kernbrennstoff)* abgebrannt; 5. [§] *(Strafe)* abgesessen
sperm n 💲 Sperma nt; **s. bank** Samenbank f
sphere n (Dienst-/Sach)Bereich m, Gebiet nt, Arbeitsfeld nt, Sphäre f; **s. of action/activity** Tätigkeits-, Aufgaben-, Geschäftsbereich m, Wirkungskreis m, Arbeitsfeld nt; ~ **activities** Aufgabenbereich m; ~ **business** 1. Geschäftsbereich m; 2. Branche f; ~ **control** Machtbereich m; ~ **influence** Einfluss-, Macht-, Einwirkungsbereich m, Interessen-, Einflusssphäre f; ~ **interest** Interessensphäre f, I.gebiet nt, I.bereich m; ~ **jurisdiction** [§] Zuständigkeit f, Kompetenz f; ~ **operations** Arbeitsgebiet nt, Tätigkeitsbereich m; ~ **responsibility** Kompetenz-, Verantwortungs-, Zuständigkeitsbereich m
economic sphere Wirtschaftsleben nt, die Wirtschaft; **financial s.** Finanzbereich m, F.wesen nt; **legal s.** Rechtsgebiet nt
spice n Würze f, Gewürz nt; v/t würzen; **s. plant** 🌿 Gewürzpflanze f
spick and span adj *(coll)* blitzsauber, b.blank
spicy adj pikant
spider n 🌿 Spinne f; **s.'s web** *[GB]*; **s.web** *[US]* n Spinnengewebe nt, S.netz nt
spigot n *[US]* (Zapf)Hahn m
spike n 1. Nagel m; 2. 🌿 Stachel m; 3. 🌿 Ähre f; 4. Spannungsspitze f; 5. 🔧 Kreuzschlüssel m; v/t *(Alkohol/Gift)* zusetzen
spill v/ti 1. verschütten; 2. sich ergießen; **s. out** 1. herausschwappen; 2. *(Getreide)* herausrieseln; 3. aus-, verschütten; **s. over** überschwappen, überquellen; ~ **into** sich auswirken auf
spillage n 1. Überlaufen nt; 2. verschüttete Menge, Spillage f; **chemical s.** Auslaufen von Chemikalien; **s. rate** Verschüttungsquote f

spill-over n 1. Überschuss m; 2. Nebenwirkung f; **s.s Externalitäten**; **pecuniary s.** monetärer externer Effekt; **s. effect** Anstoß-, Überlauføffekt m; **s. population** Bevölkerungsüberschuss m
spin n 1. Drehung f; 2. 🚗 Spritztour f; 3. (fig) Auslegung f
spin v/ti 1. spinnen; 2. sich drehen; 3. ✈ trudeln; **s. off** ausgliedern, ausgründen; **s. out** in die Länge ziehen, ausdehnen
spindle n Spindel f
spin|-dry v/t (Wäsche) schleudern; **s.-dryer** n Wäscheschleuder f
spine n ⚕ Rückgrat nt; **s.less** adj ohne Rückgrat; **to be s.less** kein Rückgrat haben; **s. road** 🚗 Hauptverkehrsstraße f, H.ader f
spinning jenny adj Jennymaschine f; **s. mill/works** (Garn)Spinnerei f, Spinnstofffabrik f; **s. table** Rotationstisch m; **s. wheel** Spinnrad nt
spin-off n 1. Nebeneffekt m, N.produkt nt, Nutzen m; 2. Nachfolge-, Zusatzgeschäft nt; 3. Firmenableger m, Ausgliederung f, Ausgründung f; **s. company** Spin-off-Unternehmen nt, Firmenableger m, ausgegliedertes/verselbstständigtes Unternehmen; **s. product** Abfall-, Nebenprodukt nt, Neben-, Parallelerzeugnis nt
spinster n Ledige f; **to remain a s.** ledig bleiben; **old s.** alte Jungfer
spiral n Spirale f, Windung f; **s. of interest rate increases** Zinsspirale f; **deflationary s.** Deflationsspirale f; **inflation(ary)/wage-price s.** Lohn-Preis-Spirale f, Inflationsspirale f, I.schraube f; **vicious s.** Teufelskreis m
spiral effect Spiralwirkung f
spirit n Elan m (frz.), Geist m, Stimmung f; **s.(s)** 1. Spirituosen, Branntwein m; 2. Spiritus m; **in s.** dem Sinn nach
spirit(s) of ammonia Salmiakgeist m; **s. of competition** Konkurrenz-, Wettbewerbsgeist m; ~ **the enterprise** Geist des Unternehmens; ~ **the law** Geist/Sinn des Gesetzes; ~ **optimism** optimistische Stimmung; ~ **the treaty** Geist des Vertrages; **s.(s) of turpentine** Terpentinöl nt
to be full of spirits Temperament haben; **to buoy up s.** Stimmung aufbessern
commercial spirit Geschäftsgeist m, G.sinn m, Händchen für das Geschäftliche (coll); **communal s.** Zusammengehörigkeitsgefühl nt; **competitive s.** Konkurrenz-, Wettbewerbsgeist m; **entrepreneurial s.** Unternehmer-, Unternehmungsgeist m; **fighting s.** Kampfgeist m; **in high s.s** in Hochstimmung, in lustiger/gehobener Stimmung; **to be in** ~ **s.s** in gehobener Stimmung sein; **methylated s.** denaturierter Alkohol, Methylalkohol m; **pioneering s.** Pioniergeist m; **public s.** Bürger-, Gemein(schafts)sinn m; **sagging s.s** sinkender Mut; **speculative s.** Spekulationslust f
spirit away v/t fortschaffen; **s. out** herausschmuggeln
spirit level Wasserwaage f
spit n Spucke f; **to be the s. and image of one's father** (coll) seinem Vater täuschend ähnlich sehen; **s. and polish** (coll) peinliche Sauberkeit
spit v/t spucken; **s. it out!** (he)raus mit der Sprache!

spite n Boshaftigkeit f, Gehässigkeit f; **to do sth. from/out of s.** etw. aus Schikane tun; **s.ful** adj gehässig, boshaft
spiv n (coll) Schwarzhändler m, Schieber m, schmieriger Typ
splash n Spritzer m; **to make a s.** (coll) Schau abziehen (coll); ~ **over sth.** großen Wirbel um etw. machen
splash v/t 1. (be)spritzen; 2. (Pressenachricht) groß herausbringen; **s. about/out** (coll) tüchtig in die Tasche greifen (coll), sich nicht lumpen lassen (coll), mit Geld um sich werfen
splash guard [US] 🚗 Schmutzfänger m
spleen n 1. Rage f; 2. ⚕ Milz f
splen|did adj glänzend, großartig, prächtig; **s. dor** [US]; **s.dour** [GB] n Glanz m, Pracht f
splinter n Splitter m; **s. group** Splittergruppe f; **s. party** Splitterpartei f; **s.proof** adj splitterfrei
split n 1. (Auf)Spaltung f, Teilung f; 2. Einkommens(auf)teilung f; **s. of location(s)** Standortspaltung f; **operational s.** Betriebsaufspaltung f
split (up) v/ti 1. (auf)spalten, (auf)teilen, splitten; 2. aufgliedern, unterteilen; 3. sich spalten/trennen/entzweien; adj geteilt, gespalten
split|-let v/t einzeln vermieten; **s.-level** adj 🏠 mit Zwischenstockwerken versehen, über zwei Etagen gebaut, auf zwei Ebenen; **s.-off** n 1. Spaltung f, Aufteilung f; 2. Ausgliederung f; 3. Umtausch von Aktien der Mutter in die der Tochtergesellschaft
splitting n 1. Teilung f, Spaltung f; 2. (Aktien-/Einkommens)Teilung f; 3. (Steuer) getrennte Veranlagung, Splitting nt; **s. a cause of action** § Aufspaltung in Teilklagen; **s. method/procedure** Splittingverfahren nt; **s.-up** n Aufteilung f, Spaltung f; ~ **of farm units** 🚜 Flurzersplitterung f
splurge n (coll) Kauforgie f; **to go on a s.** groß einkaufen gehen
splutter v/i 🚗 (Motor) stottern
spoil n ⚒ Abraum m; **s.s** Beute f, Diebesgut nt; **s.s of war** Kriegsbeute f; **to share the s.s** sich die Beute teilen
spoil v/ti 1. zerstören, unbrauchbar machen, verderben, ruinieren; 2. verwöhnen; 3. (Lebensmittel) verderben; 4. (Landschaft) zersiedeln
spoilage n 1. Abfall(material) m/nt, Ausschuss m, Verderb m, Verlust m, Makulatur f, Materialabfall m; 2. ⚒ Bergemateriał nt, Erdaushub m; **s. of goods** Warenverderb m; **planned s.** Ausschussplanung f; **s. rate** Ausschussquote f, A.rate f; ~ **variance** Ausschussabweichung f
spoilsport n Spielverderber m; **to be a s.** Spielverderber sein, den Spaß verderben
spoils system Ämterpatronage f, Filzokratie f (coll), Parteibuch-, Vetternwirtschaft f
spoilt adj 1. verdorben; 2. verwöhnt
spoke adj Speiche f; **to put a s. into so.'s wheel** (fig) jdm einen Knüppel zwischen die Beine werfen (fig), jdm Steine in den Weg legen (fig); **s. airport** ✈ Regional-, Zubringerflughafen m
spokes|man n Sprecher m, Obmann m, Wortführer m; **leading s.man** maßgeblicher Sprecher; **s.person** n Sprecher(in) m/f; **s.woman** n Sprecherin f, Obfrau f

spoli|ate v/t 1. plündern; 2. *(Urkunde)* unkenntlich machen; **s.ation** n 1. Plünderung f; 2. Unkenntlichmachung f
spondylitis n ⚕ Wirbelknochenentzündung f
sponge n Schwamm m; **to throw the s.** *(fig)* das Handtuch werfen *(fig)*, die Flinte ins Korn werfen *(fig)*
sponge v/ti 1. abwischen; 2. ⚕ abtupfen; 3. *(coll)* schmarotzen, nassauern *(coll)*, schnorren *(coll)*; **s. on others** *(coll)* auf anderer Leute Kosten leben
sponge bag *[GB]* Kultur-, Waschbeutel m; **s. iron** ⌘ Eisenschwamm m
sponger n *(coll)* Parasit m, Schmarotzer m *(coll)*, Nassauer m *(coll)*
sponsor n 1. Förderer m, Stifter m, Mäzen m, Sponsor m; 2. Bürge m; 3. Auftrag-, Geldgeber m, Konsortialführer(in) m/f; 4. Pate m, Patin f, Patronatsfirma f, Schirmherr(in) m/f; v/t 1. fördern, unterstützen, befürworten; 2. finanzieren, sponsern; 3. bürgen; 4. die Schirmherrschaft/Patenschaft übernehmen
sponsored adj gefördert, unterstützt; **publicly s.** mit öffentlichen Mitteln gefördert
sponsoring group adj Übernahmekonsortium nt
sponsorship n 1. Förderung f, Fördertätigkeit f, Mäzenatentum nt, Patronat nt; 2. Finanzierung f; 3. Bürgschaft f; 4. Patenschaft f, Schirmherrschaft f; **under the s.** unter der Schirmherrschaft; **s. bias** Auftraggebereffekt m; **s. principle** Patronatsprinzip nt
spontaneous adj spontan
spool n Spule f, (Film)Rolle f
spoon n Löffel m; v/t löffeln; **s.-feed** v/t *(fig)* künstlich hochbringen, hochpäppeln; **s.-feeding** n Gängelei f; **s.ful** adj Löffel voll
sporadic adj vereinzelt, sporadisch; **s.ally** adv in loser Folge
sport n 1. Sport m; 2. *(coll)* Pfundskerl m *(coll)*; v/t vorzeigen, vorweisen
sporting arena n Sportstätte f; **s. editor** *[US]* Sportredakteur(in) m/f; **s. equipment/goods** Sportausrüstung f, S.artikel pl; **s. event** Sportveranstaltung f; **s. goods shop** *[GB]* **/store** *[US]* Sport(artikel)geschäft nt
indoor sports Hallensport m; **outdoor s.** Freiluftsport m
sports car ⌘ Sportwagen m; **s. department** Sportabteilung f; **s. editor** Sportredakteur(in) m/f; **s. equipment** Sportausrüstung f; **s. facilities** Sportanlagen; **s. goods** Sportartikel; **s. ground** Sportfeld nt, S.platz m; **s. injury** ⚕ Sportverletzung f; **s. jacket** Sakko m/nt; **s. shop** *[GB]* **/store** *[US]* Sport(artikel)geschäft nt; **s.-wear** n Sportkleidung f, S.artikel pl; **~ shop/store** Sportartikelgeschäft nt; **s. writer** Sportjournalist(in) m/f
spot n 1. Stelle f, Platz m, Ort m, Fleck m, Punkt m; 2. *(Radio/TV)* kurze Werbedurchsage, Werbespot m; 3. Schmutzfleck m; **s.s** *(Börse)* sofort lieferbare/disponible Ware, Lokoware f; **on the s.** loko, vor Ort, an Ort und Stelle, auf der Stelle, sofort; **over s.** über Kassakurs; **under s.** unter Kassakurs; **without a s.** makellos; **s. and forward** loko und auf Termin; **s. of land** Fleckchen Erde
to buy spot *(Börse)* gegen sofortige Lieferung kaufen, am Kassamarkt kaufen, per Kasse kaufen; **to do a s. of** work ein bisschen arbeiten; **to pay on the s.** auf der Stelle bezahlen, sofort (be)zahlen; **to put so. on the s.** jdn in Verlegenheit/Schwulitäten *(coll)* bringen, jdn in Zugzwang bringen; **to sell s.** per Kasse verkaufen; **~ on the s.** loko verkaufen
black spot 1. Schandfleck m; 2. ⌘ Gefahrenstelle f; **blind s.** toter Winkel; **bright s.** *(fig)* Lichtblick m *(fig)*; **commercial s.** *(Radio/TV)* Werbeminute f, W.sendung f; **high s.** Höhepunkt m; **hot s.** Krisengebiet nt, Gefahrenherd m; **remote s.** abgelegener Ort; **safe s.** sicherer Ort; **soft s.** Faible nt *(frz.)*; **to have a ~ s. for sth.** eine Schwäche für etw. haben; **tender s.** wunder Punkt, Achillesferse f; **tight s.** Klemme f *(coll)*, Zugzwang m; **to be in a ~ s.** *(coll)* in der Klemme sein/sitzen *(coll)*, unter Zugzwang sein; **top s.** Spitzenplatz m, erster Platz; **weak s.** Schwachstelle f, schwache Stelle, Blöße f
spot v/t entdecken, erkennen, ausfindig machen
spot adj sofort lieferbar/zahlbar, loko, per Kasse; **s. on** *(coll)* haarscharf, richtig, exakt, genau (im Plan/passend)
spot advertisement Werbespot m; **s. announcement** *(Radio)* Werbedurchsage f, W.einblendung f; **s. broker** *(Devisen)* Kassa-, Platzmakler m; **s. bullion** prompter Barren; **s. business** Bar-, Loko-, Platzgeschäft nt, Platz-, Partiehandel m; **~ in foreign exchange** Devisenkassageschäft nt; **s. cash** (sofortige) Barzahlung f, Kasse f, Sofortkasse f, S.liquidität f; **for s. cash** gegen sofortige Bezahlung, sofort zahlbar; **s. check** Stichprobe(nkontrolle) f, Sofortkontrolle f, Prüfung an Ort und Stelle, stichprobenartige Überprüfung; **s.-check** v/t Stichproben machen; **s. checking** stichprobenweise Überprüfung/Kontrolle; **s. commodities** Kassawaren; **s. contract** Platzabschluss m, P.geschäft nt; **s. foreign currencies** Kassadevisen; **s. currency trader** Kassahändler m; **s. deal** Loko-, Kassageschäft nt; **s. delivery** Kassahandel m, K.lieferung f, sofortige/prompte Lieferung; **to sell for s. delivery** loko verkaufen; **s. dollar** Kassadollar m; **s. drawing** Streuzeichnung f
spot (foreign) exchange Kassadevisen pl; **~ market** Devisenkassamarkt m; **~ rate** (Devisen)Kassakurs m; **~ transaction** Kassageschäft in Devisen, Devisenkassageschäft nt
spot firm Barzahlungsgeschäft nt; **s. gold** Gold am Kassamarkt; **s. goods** sofort lieferbare Ware(n), Lokoware(n) f/pl; **s.less** adj unbescholten, fleckenlos, rein, makellos, blitzblank, b.sauber; **s.lessness** n Untadeligkeit f; **s.light** n 1. Scheinwerfer m, Schlaglicht nt; 2. Rampenlicht nt (der Öffentlichkeit); v/t Schlaglicht werfen auf
spot market Loko-, Kassa-, Kassen-, Barverkehrs-, Lokal-, Spot-, Punktmarkt m, Kassahandel m; **~ for industrial shares** Industriekassamarkt m; **~ price** Platzkurs m; **~ rates** im Kassamarkt festgestellte Wechselkurse; **~ securities** Kassapapiere, K.werte
spot offer Platzangebot nt; **s. operation** *(Devisen)* Kassaoperation f, K.geschäft nt, Bargeschäft nt; **s. parcels** *(Börse)* sofort lieferbare Stücke; **s. payment** sofortige Zahlung; **s. price** *(Börse)* Kassapreis m, K.kurs m, Lokopreis m, L.notiz f, L.kurs m, Spotkurs m, Preis bei so-

fortiger Lieferung; **s. purchase** Kassageschäft *nt*, Loko-, Platz-, Sofortkauf *m*; **s. quotation** *(Devisen)* Kassanotierung *f*, K.kurs *m*; **s. rate** 1. Lokopreis *m*, Platz-, Kassa-, Spot-, Sichtkurs *m*; 2. ⊖ Tageskurs *m*; **to be quoted at a ~ of** *(Börsenkurs)* zur Kasse bei ... liegen; **s. sale** Kassageschäft *nt*, Platzverkauf *m*, Verkauf an Ort und Stelle; **s. sales** Umsatz am Kassamarkt, Kassenumsatz *m*; **s. securities** Kassapapiere, K.werte; **s. supply** Sofortlieferung *f*; **s. survey** Stichprobenuntersuchung *f*
spotter *n* *[US]* Detektiv *m*, Polizeispitzel *m*
spot test Stichprobe *f*; **s. trader** Kassahändler *m*; **s. trading** Kassageschäfte *pl*, Lokohandel *m*; **s. transaction** Kassa-, Devisen(kassa)-, Effektiv-, Spot-, Lokogeschäft *nt*, Kassahandel *m*; **s. transfer** Platzüberweisung *f*; **s. value** Kassakurs *m*; **s. voyage** ⚓ promptes Schiff; **s.-weld** *v/t* ✿ punktschweißen; **s. welding** Punktschweißen *nt*; **s. zoning** 🏛 Baudispens *m*
spouse *n* (Ehe)Gatte *m*, Ehegattin *f*, Gemahl(in) *m/f*, Ehepartner *m*; **s.s** Eheleute; **common-law s.** Lebensgefährte *m*, L.gefährtin *f*; **surviving s.** überlebender Ehegatte; **dependent s. allowance** Zulage für den unterhaltsberechtigten Ehegatten; **s.less** *adj* unverehelicht
up the spout *n (coll)* 1. versetzt, verpfändet, im Pfandhaus; 2. im Eimer *(coll)*
urban sprawl *n* Zersiedelung *f* (der Landschaft), Siedlungsbrei *m (coll)*
spray *n* 1. ☁ Sprühregen *m*, S.regen *m*; 2. Spray *nt*; *v/t* spritzen, sprühen; **s.-can** *n* Spraydose *f*; **s. gun** *n* Spritzpistole *f*
spraying varnish *adj* Spritzlack *m*
spread *n* 1. Spanne *f*, Marge *f*, Differenz *f*; 2. Streuung *f*, Aus-, Verbreitung *f*, Marktdurchdringung *f*; 3. Bandbreite(n) *f/pl*, Streu(ungs)-, Schwankungsbreite *f*, Band *nt*; 4. *(Börse)* Stellage(geschäft) *f/nt*, Stellgeschäft *nt*; 5. *(Rohstoffbörse)* Bandbreite *f*, Spannkurs *m*, Kursspanne *f*, Konsortialspanne *f*, K.nutzen *f*, K.provision *f*; 6. Überhandnehmen *nt*; 7. *(Zeitung)* ganzseitige Anzeige
spread of activities Streuung der Tätigkeitsfelder; **~ a disease** Verbreitung einer Krankheit; **maximum ~ divergence** *(EU)* maximale Abweichungsspanne; **international ~ inflation** internationale Ausweitung der Inflation; **~ interest rates** Zinsspanne *f*; **~ prices** Preisband *nt*, P.marge *f*, P.spanne *f*; **~ risk** Risikostreuung *f*, R.verteilung *f*; **~ shareholdings** *[GB]* **/stockholdings** *[US]* Aktienstreubesitz *m*;
bid-offer spread Spanne zwischen Ausgabe- und Rücknahmekurs; **double(-page) s.** 📄 zweiseitige/doppelseitige Anzeige, Doppelseite *f*; **geographical s.** geografische Streuung; **gross s.** Gewinnspanne der Emissionsbank; **middle-age s.** Alterspeck *m*; **official s. Bandbreite** *f* (bei fixierten Wechselkursen)
spread *v/ti* 1. ausbreiten, (aus)streuen, verbreiten, kolportieren; 2. *(Risiko)* streuen, verteilen; 3. verrechnen; 4. *(Gerücht)* sich herumsprechen; 5. überhand nehmen, übergreifen; **s. about/around** verbreiten, **s. out** 1. verteilen; 2. sich ausdehnen
spread *adj* verteilen; **evenly s.** gleichmäßig verteilt; **widely s.** 1. breit gestreut/gefächert; 2. *(Kursentwick-*

lung) auf breiter Front; **to be widely s.** *(Aktien)* sich in Streubesitz befinden
spread-eagle *n* *[US] (coll)* Hurrapatriot *m*
spreader *n* 🐄 Miststreuer *m*
spreading *n* 1. Streuung *f*, Verteilung *f*; 2. Anlagestreuung *f*; 3. *(Arbeit)* Streckung *f*; **s. of costs** Kostenstreuung *f*; **~ investments** Anlagestreuung *f*; **~ risks/the risk** Risikostreuung *f*, R.verteilung *f*, R.ausgleich *m*; **~ rumours** Kolportage *f (frz.)*; **s. operations** Geschäfte/Transaktionen in verschiedenen Effekten
spreadsheet *n* 1. Verteilungs-, Kalkulationsbogen *m*, K.tabelle *f*, Arbeitsblatt *nt*; 2. 💻 Tabellenkalkulation *f*; **s. program(me)** Tabellenkalkulationsprogramm *nt*
to go on a spree *n* groß einkaufen (gehen)
spring *n* 1. Quelle *f*; 2. Frühjahr *nt*, Frühling *m*; 3. ✿ Feder *f*; **medicinal s.** Heilquelle *f*; **thermal s.(s)** Thermalbrunnen *m*, T.quelle *f*, heiße Quelle
spring *v/i* federn; **s. from** herkommen/stammen von, entspringen; **s. up** aus dem Boden schießen
spring|back *n* *[GB]* Klemmhefter *m*; **s. binder/folder** Klemmmappe *f*; **s.board** *n* Sprungbrett *nt*; **s. cereal** 🌾 Sommergetreide *nt*; **s.-clean(ing)** *n* Frühlings-, Hausfrühjahrsputz *m*, Großrein(e)machen *nt*, großes Reinemachen; **s. crops** 🌾 Sommerfrüchte; **s. dividers** Federzirkel *m*; **s. fair** Frühjahrsmesse *f*; **s. goods** Frühlingsbedarf *m*; **s. lock** Federschloss *nt*; **s. mattress** Federkern-, Sprungfedermatratze *f*; **s. suspension** 🚗 Federung *f*; **s. rise** Frühjahrsbelebung *f*; **s. tide** Springflut *f*; **s.time** *n* Frühlingszeit *f*; **~ lethargy** Frühjahrsmüdigkeit *f*; **s. water** Quellwasser *nt*; **s. wheat** 🌾 Sommerweizen *m*
sprinkle *v/t* spritzen, sprengen
sprinkler (system) *n* 1. 🌾 Berieselungsanlage *f*; 2. 🏛 Sprinkleranlage *f*; **s. leakage insurance** Versicherung von Wasserschäden bei Sprinkleranlagen
sprocket wheel *n* ✿ Zahnrad *nt*, Z.kranz *m*
sprout *v/i* sprießen, keimen, schießen, sich schnell entwickeln
spruce *n* 🌲 Fichte *f*
spruce *adj* gepflegt, adrett; **s. up** *v/t* herausputzen, feinmachen; **s. o.s. up** *(coll)* sich in Schale werfen *(coll)*
spur *n* 1. Ansporn *m*, Anreiz *m*; 2. 🚂 Stumpfgleis *nt*, Stichstrecke *f*; **on the s. of the moment** kurz entschlossen; **to act ~ moment** unter einem Impuls handeln, einer plötzlichen Eingebung folgen; **to win one's s.s** *(fig)* sich die Sporen verdienen *(fig)*
spur (on) *v/t* anspornen
spurious *adj* falsch, unecht, unberechtigt, Schein-
spur line 🚂 Stichbahn *f*; **s. road** Stichstraße *f*
spurt *n* 1. Ruck *m*, plötzliches Anziehen; 2. *(Börse)* Kurssprung *m*; **s. of demand** Konsumspritze *f*; **~ imports** Importstoß *m*, I.schub *m*
spurt *v/i* plötzlich steigen, eine kurze Anstrengung machen
spur track 🚂 Stichgleis *nt*; **s. wheel** ✿ Stirnrad *nt*
spy *n* Spion *m*, Schnüffler *m*; **s. in the cab** *(coll)* 🚗 Tachograph *m*, Fahrten-, Tourenschreiber *m*; **industrial s.** Wirtschafts-, Industriespion *m*
spy *v/i* spionieren, spähen; **s. on so.** jdn bespitzeln, jdm nachspionieren; **s. out** ausspionieren, auskundschaften

spy charge Spionageanklage *f*; **s. glass** Fernglas *nt*; **s.hole** *n* Guckloch *nt*
spying *n* Spionage *f*; **economic s.** Wirtschaftsspionage *f*; **industrial s.** Industriespionage *f*
spy network Spionagenetz *nt*; **s. plane** ✈ Spionageflugzeug *nt*; **s. ring** Spionageorganisation *f*, S.ring *m*; **s. satellite** Spionagesatellit *m*; **s. scandal** Spionageskandal *m*, S.affäre *f*; **s. thriller** Spionageroman *m*; **s. trial** §§ Spionageverfahren *nt*, S.prozess *m*
squabble *n* Streit *m*; *v/i* (sich) zanken/streiten
squad *n* 1. Kommando *nt*, Truppe *f*, Mannschaft *f*; 2. Dezernat *nt*; **flying s.** *[GB]* mobile Einsatzgruppe, Bereitschaftspolizei *f*, Überfallkommando *nt*; **special s.** Sonderkommando *nt*; **s. car** Streifenwagen *m*
squalid *adj* 1. schmutzig; 2. erbärmlich
squall *n* ☁ (Gewitter-/Sturm)Bö *f*; **s.ly** *adj* böig, stürmisch
squalor *n* Schmutz *m*; **to live in s.** in erbärmlichen Verhältnissen leben
squander *v/t* verschwenden, vergeuden, verwirtschaften, verschleudern *(coll)*, durchbringen, leichtfertig ausgeben; **s.er** *n* Verschwender(in) *m/f*; **s.ing** *n* Verschwendung *f*, Vergeudung *f*; *adj* verschwenderisch
square *n* 1. π Quadrat *nt*; 2. *(allg.)* Quadrat *nt*, Viereck *nt*; 3. 🏛 Platz *m*, Karree *nt*; 4. *[US]* Häuserblock *m*; **back to s. one** *(coll)* wieder am Nullpunkt; **to be ~ one** wieder am Ausgangspunkt/Anfang sein, ~ stehen; **hollow s.** offenes Karree; **magic s.** *(VWL)* magisches Viereck; **set s.** Zeichendreieck *nt*
square *v/t* ausgleichen, saldieren, skontieren, glattstellen; **s. off** in Quadrate einteilen; **s. up** abrechnen
square *adj* 1. π quadratisch; 2. rechtwinklig; 3. *(Konto)* ausgeglichen; 4. quitt; 5. ehrlich, offen, reell; **to be all s.** *(coll)* quitt sein *(coll)*; **to get s. with so.** mit jdm abrechnen, sich ~ vergleichen
the Square Mile *[GB]* Londoner City/Finanzzentrum
squaring *n* *(Konto)* Ausgleich *m*; **s. of accounts** Kontenausgleich *m*, K.abstimmung *f*, K.regulierung *f*, K.glattstellung *f*, Abstimmung/Abgleichen von Konten, Aufrechnung *f*; **~ the balance of payments** Ausgleich der Zahlungsbilanz; **~ end-of-month positions** Ultimoglattstellung *f*; **~ payments position** Zahlungsausgleich *m*; **intercompany s.** Konzernausgleich *m*
squash *n* 1. Frucht(saft)konzentrat *nt*; 2. Gedränge *nt*; *v/t* 1. zerdrücken, (zer)quetschen; 2. *(Vorschlag)* vom Tisch wischen/fegen
squat *v/i* wild siedeln, Haus besetzen
squatter *n* Hausbesetzer *m*, Siedler ohne Rechtstitel, unberechtigter Siedler; **s.'s title** Ersitzungsrecht *nt*
squatting *n* Hausbesetzung *f*
squeal *v/i* 1. schreien; 2. 🚲 *(Bremse)* kreischen; 3. *(Verhör)* *(fig)* auspacken, singen *(coll)*; **s. on so.** jdn verpfeifen *(coll)*
squeamish *adj* empfindlich, zimperlich
squeegee *n* ✿ 1. (Gummi)Wischer *m*; 2. Rollenpresse *f*
squeeze *n* 1. Drücken *nt*, Pressen *nt*; 2. Klemme *f*, Engpass *m*; 3. Gedränge *nt*; 4. Geldverlegenheit *f*, G.knappheit *f*, Liquiditätsmangel *m*, Zwang zu Deckungskäufen; **s. on margins** *(Zins)* Druck auf die Zinsspannen, ~ Handelsspanne, ~ Gewinnmarge/G.spanne; **~ profits** Ertragsdruck *m*, Druck auf die Erträge, ~ den Gewinn; **~ profit margins** Gewinnschmälerung *f*, Druck auf die Gewinnspanne; **to feel the s.** unter Druck geraten, den Druck (ver)spüren
cost-price squeeze Kosten-Preis-Schere *f*; **financial s.** Geldknappheit *f*, G.verknappung *f*, Finanzklemme *f*, Kapitalengpass *m*, finanzieller Engpass/Druck; **fiscal s.** Einengung des Haushaltsrahmens; **inflationary s.** Inflationsdruck *m*, inflatorische Kräfte/Spannungen
squeeze *v/t* 1. (aus)pressen, drücken, (zusammen-/aus)quetschen; 2. *(fig)* unter Druck setzen, in die Enge treiben **s. out** 1. zum Verkauf zwingen, aus dem Geschäft drängen, verdrängen; 2. *(Börse)* herausdrängen aus; 3. *(Markt)* hinausdrängen; **s. so. dry** *(fig)* jdn ausbluten *(fig)*, das Letzte aus jdm herausholen
squeezer *n* ✿ Presse *f*, Presswerk *nt*
squib *n* Knallfrosch *m*; **damp s.** *(fig)* Reinfall *m (coll)*
squiggle *n* Schnörkel *m*; *v/i* kritzeln
squint *v/i* schielen
squirt *v/t* spritzen; *n* Spritzer *m*
SS (steamship) *n* ⚓ Dampfer *m*
stab *n* 1. *(Messer)* Stich *m*; 2. stechender Schmerz; **s. in the back** Dolchstoß *m*, hinterhältiger Angriff; **s. of rheumatism** rheumatischer Schmerz; **s. (to death)** *v/t* erstechen
stability *n* Stabilität *f*, Festigkeit *f*, Beständigkeit *f*, Standfestigkeit *f*, Stetigkeit *f*, Solidität *f*; **s. of money** Geld(wert)stabilität *f*, Stabilität/Konstanz des Geldes; **~ prices** Preis(niveau)-, Kursstabilität *f*; **~ purchasing power** Kaufkraftstabilität *f*; **~ value** Wertbeständigkeit *f*
economic stability Wirtschafts-, Konjunkturstabilität *f*, wirtschaftliche Stabilität; **domestic/internal ~ s.** binnenwirtschaftliche Stabilität; **external ~ s.** außenwirtschaftliche Stabilität; **monetary s.** Währungs-, Geld(wert)stabilität *f*, Stabilität des Geldwerts; **to safeguard ~ s.** Geldwertstabilität sichern; **social s.** soziales Gleichgewicht
stability advantage Stabilitätsvorsprung *m*; **s. bonus** Stabilitätsbonus *m*; **s.-conscious** *adj* stabilitätsbewusst; **s. differential** Stabilitätsgefälle *nt*; **s. levy** Stabilitätszuschlag *m*; **s.-orient(at)ed** *adj* stabilitätsorientiert; **s. policy** Stabilitätspolitik *f*; **in terms of s. policy** stabilitätspolitisch; **s. problem** Stabilitätsproblem *nt*; **s. target** Stabilitätsziel *nt*
stabilization *n* Stabilisierung *f*, Festigung *f*, Verstetigung *f*; **s. of earnings/profits** Ertragsstabilisierung *f*, Stabilisierung der Ertragslage; **~ interest rates** Zinsstabilisierung *f*, Verstetigung des Zinsniveaus; **~ markets** Stabilisierung der Märkte; **~ prices** 1. Preisstabilisierung *f*; 2. *(Börse)* Kurskonsolidierung *f*; **~ the overall price level** Stabilisierung des Preisniveaus; **economic s.** Stabilisierung der Konjunktur; **~ policy** Konjunkturpolitik *f*; **monetary s.** Währungsgesundung *f*, W.stabilisierung *f*
stabilization crisis Stabilitätskrise *f*; **s. factor** Stabilisierungsfaktor *m*; **s. fund** Stabilisierungs-, Währungsausgleichsfonds *m*; **s. levy** Stabilitätsabgabe *f*; **s. loan** Stabilisierungs-, Aufwertungs-, Stabilitätsanleihe *f*; **s.**

policy Stabilisierungs-, Stabilitätspolitik f, Sicherung der (Geldwert)Stabilität, Konsolidierungskurs m; **s. program(me)** Stabilisierungsprogramm nt, S.kurs m; **s. transaction** Maßnahme zur Kurspflege/Kursstürzung
stabilize v/ti 1. stabilisieren, festigen, konstant halten; 2. sich verstetigen, sich auspendeln
stabilizer n 1. Stabilisationsfaktor m; 2. ⚓/⚓ Stabilisator m; 3. [US] ✈ Höhenflosse f; 4. (Fahrrad) Stützrad nt; **built-in s.** automatischer Konjunkturstabilisator; **economic/fiscal s.** Konjunkturstabilisator m
stable n (Pferde-/Renn)Stall m
stable adj stabil, beständig, (stand-, krisen)fest, dauerhaft; **mentally s.** ausgeglichen; **to make s.** stabilisieren; **to remain s.** (Börse) stagnieren, fest notieren
stable n 1. Stall m; 2. Rennstall m; **s. lad** Pferde-, Stallknecht m; **s.mate** n (fig) Stallgefährte m (fig)
stack n 1. Stapel m, Stoß m, Haufen m, Packen nt; 2. Regal nt, Büchergestell nt; 3. ✈ Schober m; 4. ✈ Warteschleife f; **in s.s** stapel-, scheffelweise; **s. of newspapers** Pack von Zeitungen; ~ **work** Haufen/Stapel Arbeit
stack v/t (auf)stapeln, (auf)schichten; **s. up** aufstapeln
stackable adj stapelbar
stacked adj gestapelt
stacker n 1. (Person) Stapler m; 2. Kartenablage f, Ablage(fach) f/nt; 3. Hubwagen m; **controlled s.** gesteuerte Ablage; **radial s.** Radialablage f; **s. control** Ablagesteuerung f
stacking n 1.Stapelung f, Schichtung f; 2. (Vers.) Verkauf von Mehrfachpolicen; **s. density** Stapeldichte f; **s. equipment** Stapelgerät nt; **s. pallet** Stapelpalette f; **s. weight** Stapel(ungs)gewicht nt
staff n (Betriebs-/Geschäfts-/Dienst)Personal nt, Belegschaft(smitglieder) f/pl, Mitarbeiter(stab) pl/m, M.stamm m, M.bestand m, Angestellte pl, Betriebsangehörige pl, Stab(skräfte) m/pl, Arbeitskräfte, Stab von Mitarbeitern; **s. in customer contract roles** (Bank) Schalterpersonal nt; **s. and manual employees** Angestellte und Arbeiter; **s. of office** Amtsstab m; **s. on above-scale pay** außertarifliches Personal, AT-Angestellte pl; **s. of representatives** Vertreterstab m; **short of s.** knapp an Arbeitskräften/Personal
to appraise staff Personal beurteilen; **to be on the s.; ~ one of the s.** angestellt/Mitarbeiter sein, zum Personal gehören; **to poach s.** Mitarbeiter abwerben; **to recruit s.** Personal einstellen; **to reduce the s.** Stellen streichen
administrative staff Verwaltungspersonal nt, V.kräfte pl; **ancillary/auxiliary/back-up s.** Hilfspersonal nt, H.kräfte pl, Mitarbeiter pl; **casual s.** Aushilfskräfte pl, A.personal nt; **clerical s.** Büropersonal nt, B.angestellte pl, Schreibkräfte pl; **current s.** aktive Betriebsangehörige; **diminished s.** reduzierte Belegschaft; **diplomatic s.** diplomatischer Stab; **domestic s.** Dienerschaft f; **editorial s.** Redaktion(sangestellte) f/pl, R.stab m, Schriftleitung f; **executive s.** leitende Mitarbeiter/Angestellte pl; **expatriate s.** im Ausland tätige Arbeitskräfte; **female s.** weibliche Angestellte/Mitarbeiter; **general s.** ✇ Generalstab m; **indoor/inside s.** Mitarbeiter im Innendienst; **junior s.** Nachwuchskräfte pl, jüngere Mitarbeiter; **local s.** einheimisches Personal, Ortskräfte pl, Landespersonal nt; **male s.** männliche Angestellte/Mitarbeiter; **managerial s.** Führungskräfte pl, Führungs-, Verwaltungspersonal nt, Geschäfts-, Betriebsleitung f, leitende Angestellte; **medical s.** ärztliches Personal, Krankenhausärzte pl; **non-union s.** nicht organisierte/unorganisierte Belegschaft(smitglieder); **nursing s.** Pflegepersonal nt; **operating s.** Betriebspersonal nt; **outdoor s.** Außendienst(mitarbeiter) m/pl; **weekly paid s.** Wochenlohnempfänger pl; **permanent/regular s.** Stammpersonal nt, S.belegschaft f, Mitarbeiterstamm m, ständiges/fest angestelltes Personal; **on the permanent s.** fest angestellt; **point-of-contract s.** Kundenbetreuer pl; **professional and managerial s.** Führungskräfte pl, leitende Angestellte; **locally recruited s.** Ortskräfte pl, Landespersonal nt; **salaried s.** Gehaltsempfänger pl; **secretarial s.** Schreibpersonal nt, S.kräfte pl, Sekretariatskräfte pl; **senior s.** leitende Angestellte, leitendes Personal, Führungskräfte pl; **skilled/specialist/trained s.** Fachpersonal nt, F.kräfte pl; **supervisory s.** Aufsichtspersonal nt; **supporting s.** Hilfspersonal nt, H.kräfte pl; **technical s.** technisches Personal, technischer Dienst; **temporary s.** Zeitarbeitskräfte pl, Zeit-, Leihpersonal nt; **wage-earning s.** Lohnempfänger pl
staff v/t mit Personal ausstatten/besetzen
staff activity/activities n Stabstätigkeit f; **s. administration** Personalverwaltung f; **s. amenities** Einrichtungen für die Belegschaft; **s. appraisal/assessment** Mitarbeiterbeurteilung f; **s. assignment** Personaleinsatz m; **s. assistant** Stabsassistent m; **s. association** Angestelltenvereinigung f, Personalverband m; **s. auditor** innerbetrieblicher/betriebseigener Prüfer, Innenrevisor m; **s. benefits** (inner)betriebliche Sozialleistungen; ~ **plan** (inner)betriebliches Sonderleistungspaket; **s. bonus** Belegschaftstantieme f; **s. budget** Personaletat m, P.haushalt m; **s. canteen** Personalkantine f, P.restaurant nt; **s. capital formation** betriebliche Vermögensbildung; **s. changes** Personalbewegung f, P.veränderungen; **s. ceiling** (Personal) Einstellungsobergrenze f; **s. chart** Personaltabelle f; **s. committee** Personalausschuss m; **s. conference** Stabsbesprechung f; **s. costs** Personalkosten pl, P.aufwand m; **s. cost record sheet** Personalkostenfeststellungsbogen m; **s. council** Personalvertretung f, P.rat m, Betriebsvertretung f, B.rat m; **central s. council** Zentralbetriebsrat m; **s. criterion** Personalschlüssel m; **s. cut(s)** Belegschafts-, Personal-, Stellenabbau m, S.einsparung f, S.kürzung f, S.streichung f, Personaleinsparung(en) f/pl; **s. decisions** Personalentscheidungen; **s. department** Personal-, Zentralabteilung f, Stabsstelle f, S.abteilung f; **s. deployment** Personaleinsatz m; **s. development** Personalförderung f; ~ **policy** Personalförderungspolitik f; ~ **schedule** Personaleinsatzplan m; **s. discount** Personal-, Angestelltenrabatt m; **s. division** Stab(sabteilung) m/f; **s. duties** Stabsaufgaben
well staffed adj gut besetzt, personalmäßig gut versorgt; **to be w. s.** ausreichend Personal haben

staffer

staffer *n* 1. Angestellte(r) *f/m*; 2. (Redaktions)Mitarbeiter(in) *m/f*
staff establishment betriebliche Sozialeinrichtung; s. **expenditure/expenses** Personalausgaben *pl*, P.aufwand, P.aufwendungen *pl*; **additional s. expenditure** Personalkostenmehraufwand *m*; s. **and material expenses** Personal- und Sachaufwand *m*; ~ **other operating expenses** Verwaltungsaufwand *m*; s. **file(s)** Personalakte *f*, P.kartei *f*; s. **function** Stabsfunktion *f*; s. **provident fund** Personalfürsorgeeinrichtung *f*, Wohlfahrtsfonds *m*; s. **gratuity** Trinkgeld *nt*; s. **guarantee fund** *[GB]* Bankgarantiefonds *m*; s. **group** Stabsgruppe *f*; s. **information system** Personalinformationssystem *nt*
staffing *n* 1. Personalausstattung *f*; 2. Stellen-, Personalbesetzung *f*; s. **costs** Personalkosten; s. **level** Personalausstattung *f*, P.bestand *m*; s. **pattern** Personal-, Belegschaftsstruktur *f*; s. **problem** Problem der Stellenbesetzung; s. **reduction** Personalabbau *m*; s. **requirement(s)** Personalbedarf *m*; ~ **forecast** Personalbedarfsprognose *f*; s. **schedule** Stellen(besetzungs)plan *m*
staff insurance Personalversicherung *f*; s. **level(s)** Personalbestand *m*; s. **loan** Mitarbeiterdarlehen *nt*; s. **management** Personalverwaltung *f*, P.leitung *f*; ~ **policy** Personalpolitik *f*; s. **manager** 1. Personalleiter *m*, P.referent *m*, P.chef *m*, P.direktor *m*, Leiter der Personalabteilung; 2. Stabsleiter *m*, S.vorgesetzter *m*; s. **matter** Personal-, Mitarbeiterangelegenheit *f*, M.frage *f*; s. **meeting** Belegschafts-, Betriebs-, Mitarbeiter-, Personalversammlung *f*
staff member 1. Mitarbeiter(in) *m/f*, Betriebs-, Belegschafts-, Stabsangehörige(r) *f/m*; 2. Redaktionsmitglied *nt*; **full-time s. member** hauptamtlicher Mitarbeiter, Vollzeitkraft *f*, V.beschäftigter *m*; **new s. members** Neuzugang an Arbeitskräften; **part-time s. member** nebenberuflicher Mitarbeiter, Teilzeitkraft *f*, T.beschäftigter *m*
staff number Belegschaft *f*, Personalbestand *m*, Zahl der Mitarbeiter/Beschäftigten; s. **nurse** *[GB]* (voll) ausgebildete Krankenschwester; s. **officer** 1. Personalreferent *m*, P.chef *m*, P.direktor *m*; 2. ⚔ Stabsoffizier *m*; s. **operations** Personalabteilung *f*; s. **operatives** Beschäftigte in Stabspositionen; s. **organization** Personal-, Stabsorganisation *f*; s. **outing** Betriebsausflug *m*; s. **paper** Stabspapier *nt*; s. **parking area** Personalparkplatz *m*; s. **party** Betriebsfest *nt*; s. **pension** Betriebsrente *f*; ~ **fund** Angestelltenpensionskasse *f*; ~ **scheme** Personalfürsorgeeinrichtung *f*; s. **position/post** Stabsstelle *f*; s. **problem** Personalproblem *nt*; s. **productivity bonus** Leistungsprämie der Belegschaft; s. **profit-sharing scheme** Mitarbeitergewinnbeteiligung *f*; s. **project management** Stabsprojektmanagement *nt*; ~ **organization** Stabsprojektorganisation *f*; s. **promotion policy** Personalförderungspolitik *f*; s. **purchasing** Personalkauf *m*; ~ **facilities** Personalrabatt(kauf) *m*; s. **recorder** Personalunterlagen; s. **recruitment** Personal-, Arbeitskräftebeschaffung *f*; s. **reduction(s)** Personalabbau *m*, P.kürzung *f*, P.reduzierung(en) *f/pl*;

P.einsparungen *pl*, Stellenabbau *m*, S.kürzung *f*, S.-einsparung *f*, S.streichung *f*; s. **register** Personalverzeichnis *nt*; s. **regulations** Personalstatut *nt*, Dienstanweisung *f*; s. **report** Personalbericht *m*; s. **representation** Mitarbeiter-, Personalvertretung *f*; ~ **act** Personalvertretungsgesetz *nt [D]*; s. **representative** Personalvertreter(in) *m/f*; s. **representatives** Arbeitnehmerseite *f*; s. **representative council** Personalrat *m*; s. **requirements** Personalbedarf *m*, personelle Anforderungen; **in-flight s. requirements** ✈ Bordpersonalbedarf *m*; s. **restaurant** Personalrestaurant *nt*, (P.)Kantine *f*; s.**room** *n (Schule)* Lehrerzimmer *nt*; s. **rotation** Stellenrotation *f*; s. **salaries** Angestelltengehälter; s. **savings** Personaleinsparungen; s. **schedule** Stellenbesetzungsplan *m*; s. **secretariat** Stabssekretariat *nt*; s. **section** Stabsinstanz *f*; s. **selection** Personalauswahl *f*; s. **shareholder** *[GB]* /**stockholder** *[US]* Belegschaftsaktionär *m*; s. **shares** *[GB]* /**stocks** *[US]* Belegschaftsaktien; s. **shortage** Arbeitskräfte-, Personalmangel *m*, P.fehlbestand *m*, P.engpass *m*; s. **training** Belegschafts-, Mitarbeiter-, Personalschulung *f*, P.fortbildung *f*, Personal-, Angestelltenausbildung *f*; s. **transfer** Personalumbesetzung *f*, P.versetzung *f*; **in-house/internal s. transfer** interne Umschichtung; s. **turnover** Personalfluktuation *f*, Belegschaftswechsel *m*; s. **union** Angestelltengewerkschaft *f*; s. **unit** Stabsstelle *f*, S.abteilung *f*; s. **vacation** Betriebsferien *pl*; s. **welfare** Personalfürsorge *f*; s. **work** Stabsarbeit *f*
stag *n (fig) (Börse)* Konzertzeichner *m*, spekulativer Aktienzeichner, Spekulant *m*; *v/t* Differenzgeschäfte machen, in Neuemissionen spekulieren
stage *n* 1. Stadium *nt*, Phase *f*, Etappe *f*, Teilstrecke *f*, Stufe *f*; 2. 🎭 (Schau)Bühne *f*; **in s.s** in Etappen, etappen-, stufenweise
stages of appeal [§] Instanzenweg *m*, I.zug *m*, Revisionsinstanzen *pl*; s. **of civilization** Kulturstufe *f*; ~ **completion** Fertigungsgrad *m*, Fertigungs-, Herstellungsstufe *f*; **final ~ completion** Endausbau(stufe) *m/f*; ~ **consumption** Verbrauchsstufe *f*; ~ **development** Entwicklungsstand *m*, E.stadium *nt*; **upstream ~ distribution** vorgelagerte Absatzstufe; ~ **expansion** Ausbaustufe *f*; ~ **manufacture** Verarbeitungsstufe *f*; ~ **maturity** Reifestadium *nt*; ~ **negotiations** Stand der Verhandlungen; ~ **procedure** Verfahrensabschnitt *m*; ~ **proceedings** 1. Stand des Verfahrens; 2. [§] Prozesslage *f*; s. **in the economic process** Wirtschaftslage *f*; s. **of production** Fertigungs-, Produktionsstufe *f*, P.phase *f*; s. **by s.** schrittweise; s. **of trade** Handelsstufe *f*
at this stage in dieser Phase, zum gegenwärtigen Zeitpunkt; ~ **late s.** so spät
to adapt for the stage 🎭 für die Bühne bearbeiten; **to curtail the s.s** die Stufen abkürzen; **to proceed by s.s** schrittweise vorgehen; **to reach a s.** Stadium erreichen; **to set the s. for sth.** etw. vorbereiten, den Boden für etw. bereiten, etw. in die Wege leiten
at an advanced stage im fortgeschrittenen Stadium; **blueprint s.** Reißbrettstadium *nt*; **critical s.** kritische Stufe/Phase, kritisches Stadium; **decisive s.** entscheidende Phase; **early s.** Anfangs-, Frühstadium *nt*, Vor-

stufe *f*; **in the ~ s.s** im Anfangsstadium; **by easy s.s** in kleinen Abschnitten, etappenweise; **experimental s.** Versuchsstadium *nt*; **final s.** Endstufe *f*, E.phase *f*, E.stadium *nt*; **in the ~ s.s** in der Endphase, im Endstadium; **first s.** Grundstufe *f*; **at the halfway/interim s.** zum Halbjahrestermin, zur Halbjahresmitte, nach dem ersten Halbjahr; **incipient/initial s.** Anfangsphase *f*, A.stadium *nt*; **in the initial s.s** im Anfangsstadium, im Aufbau begriffen; **interlocutory s.** [§] Zwischenstadium *nt*; **intermediate s.** Zwischenstadium *nt*, Z.stufe *f*; **open-air s.** 🎭 Freilichtbühne *f*; **operational s.** Betriebsstadium *nt*, B.stadium *nt*; **preliminary s.** Vorstufe *f*; **transitional s.** Übergangszeit *f*, Ü.phase *f*
stage *v/t* 1. 🎭 inszenieren, auf die Bühne bringen; 2. *(fig)* veranstalten
stage adaptation 🎭 Bühnenbearbeitung *f*; **s. ban** Auftrittsverbot *nt*; **s. coach** Postkutsche *f*; **s. fright** Lampenfieber *nt*; **s. hand** Bühnenarbeiter *m*; **s.-manage** *v/t* inszenieren, auf die Bühne bringen; **s. management** Spielleitung *f*; **s. manager** Schauspieldirektor *m*, Regisseur *m*; **s. name** Künstlername *m*; **s. payments** zeitlich versetzte Zahlungen; **s. properties** Theaterrequisiten; **s. rights** Bühnen-, Aufführungsrechte
stagflation *n* Inflation/wirtschaftlicher Stillstand bei gleichzeitiger Stagnation, Stagflation *f*
stagger *n* (Arbeitszeit) Staffelung *f*, Wechsel *m*; *v/ti* 1. (Arbeitszeit/Zahlungen) staffeln, versetzt anordnen, abstufen, stufenweise/in Stufen abwickeln, (zeitlich) entzerren; 2. wanken
staggered *adj* gestaffelt, zeitverteilt; **to be s.** *(coll)* entsetzt sein
staggering *n* Staffelung *f*, (zeitliche) Entzerrung; **s. of credit** Kreditstaffelung *f*; **~ holidays** Urlaubsstaffelung *f*; **~ hours** gestaffelte Arbeitszeit
staggering *adj* erschütternd, umwerfend, niederschmetternd
stagging *n* (Börse) Konzertzeichnung *f*, Majorisierung *f*; **s. order** Konzertauftrag *m*
staging *n* 🎭 Inszenierung *f*; **s. post** Übergangsstellung *f*
stagnancy *n* Stagnation *f*, Stockung *f*, Flaute *f*, Lustlosigkeit *f*
stagnant *adj* lustlos, stockend, stagnierend, flau, schleppend; **to be s.** *(Geschäft)* stillstehen
stagnate *v/i* 1. stagnieren, stillstehen, stocken, ins Stocken geraten, darnieder liegen; 2. *(Kurse)* lustlos sein
stagnation *n* Stagnation *f*, (Geschäfts)Stockung *f*, Stillstand *m*, Flaute *f*, Lustlosigkeit *f*, Geschäftslosigkeit *f*, G.stille *f*, Stocken *nt*; **s. in the market** Marktstockung *f*; **s. of orders** Auftragsflaute *f*; **~ prices** Preisstagnation *f*; **s. in/of sales** Umsatz-, Marktstagnation *f*; **economic s.** Wirtschaftsstockung *f*; **secular s. theory** Stagnationsthese *f*
stag party Herrenabend *m*, H.gesellschaft *f*
staid *adj* 1. seriös; 2. *(Antwort)* bedächtig; 3. *(Farbe)* gedeckt
stain *n* 1. Flecken *m*, Schmutzfleck *m*, Klecks *m*; 2. *(fig)* Makel *m*; *v/t* beflecken, beschmutzen, besudeln; **s.less** *adj* 1. 🔬 nichtrostend, rostfrei; 2. *(Charakter)* tadellos

stair|s *pl* 🏛 Treppe *f*, Stiege *f*; **to kick so. up the s.s** *(coll)* jdn wegloben *(coll)*; **s. carpet** Treppenläufer *m*; **s.case; s.way; s.well** *n* Treppe(nhaus) *f/nt*, Stiege *f*, (Treppen)Aufgang *m*; **spiral s.** Wendeltreppe *f*; **s.case chart** Stufendiagramm *nt*
stake *n* 1. Pfahl *m*, Pfosten *m*; 2. Anteil *m*, (Unternehmens)Beteiligung *f*, Einlage *f*, (Kapital)Einschuss *m*; 3. Spiel-, Wetteinsatz *m*; 4. Scheiterhaufen *m*; **at s.** auf dem Spiel; **(in)direct s. in a company** (in)direkte Beteiligung an einem Unternehmen; **s. in the equity capital** (Eigen)Kapitalbeteiligung *f*; **interested in acquiring a s.** beteiligungswillig
to be at stake auf dem Spiel/zur Debatte stehen; **to buy a s. in a company** Beteiligung an einer Gesellschaft erwerben; **to build up a s.** seinen (Beteiligungs)Anteil aufstocken, seine Beteiligung erweitern/erhöhen; **to have a s. in** beteiligt sein an, Anteil haben in; **to hive/spin off a s.** Beteiligung abstoßen; **to hold a s.** Beteiligung haben/halten; **to increase a s. to a qualifying minority holding** Paket auf eine Schachtel aufrunden, ~ bis zur Sperrminorität aufrunden; **to lose one's s.** seinen Einsatz/seine Beteiligung verlieren; **to play for high s.s** um große Einsätze spielen, hoch spielen, viel riskieren; **to raise/up the s.s** den Einsatz erhöhen; **to take a s. in** Anteil/Beteiligung erwerben an; **to withdraw one's s.** seinen Einsatz zurückziehen
controlling stake Mehrheitsbeteiligung *f*, M.paket *nt*, Aktienmajorität *f*; **high s.(s)** hoher Einsatz; **residual s.** Restbeteiligung *f*
stake|-building *n* (Börse) Paketbildung *f*; **s.holder** *n* 1. Anteilseigner *m*; 2. Paketinhaber *m*
stale *adj* 1. abgestanden, fade, schal, nicht mehr frisch; 2. *(Markt)* lustlos, flau; 3. [§] verjährt; **to become s.** verjähren
stalemate *n* Patt *nt*, toter Punkt, Sackgasse *f*, Stillstand *m*, Stockung *f*, Stagnation *f*; **to be at/in a s.** *(Verhandlungen)* festgefahren sein, stagnieren; *v/t (Verhandlungen)* zum Stillstand bringen; **s. situation** Pattsituation *f*
staleness *n* Börsenmüdigkeit *f*
stalking horse *n* *(fig)* 1. Strohmann *m*; 2. Vorwand *m*
stall *n* Messe-, Ausstellungs-, Verkaufsstand *m*, (Straßen)Stand *m*, Bude *f*; **s.s** *[GB]* 🎭 Parkett *nt*
stall *v/ti* 1. ✈ überziehen, durchsacken; 2. 🚗 stocken, abwürgen; 3. hinhalten, hinauszögern, blockieren; 4. zum Stillstand kommen; 5. Zeit schinden; **s. off** *(coll)* abwimmeln, hinhalten
stall|age *n* Standgeld *nt*, S.gebühr *f*, Marktgeld *nt*, M.standgebühren *pl*; **s. holder** Standinhaber *m*
stalling policy *n* Hinhaltepolitik *f*; **s. tactics** Hinhaltetaktik *f*
stall|keeper *n* Standinhaber *m*, Budenbesitzer *m*; **s. money** Standgeld *nt*, S.gebühr *f*
stalwart *adj* stramm, unerschütterlich, unentwegt, getreu; *n* treuer Anhänger
stamina *n* (Durch)Steh-, Durchhaltevermögen *nt*, Standfestigkeit *f*
stammer *n* Stottern *nt*; *v/ti* stottern, stammeln
stamp *n* 1. (Brief)Marke *f*, Postwertzeichen *nt*, Rabatt-, Frei-, Stempel-, Wertmarke *f*; 2. Stempel *m*; 3. Firmen-

stamp of approval zeichen *nt*, Aufdruck *m*; **s. of approval** Genehmigungsvermerk *m*; **~ quality** Gütesiegel *nt*; **of the same s.** *(coll)* vom gleichen Schlage *(coll)* **to affix a stamp** Brief frankieren/freimachen, (Brief-)Marke aufkleben; **to cancel a s.** (Brief)Marke entwerten/stempeln; **to collect s.s** Briefmarken sammeln; **to impress a s.** Siegel aufdrücken; **to issue a s.** Briefmarke (her)ausgeben; **to swap s.s** Briefmarken tauschen **adhesive stamp** (Auf)Klebemarke *f*, aufklebbare Marke; **affixed s.** aufgeklebte (Brief)Marke; **cancelled s.** entwertete Briefmarke; **commemorative s.** Gedenk-, Sonder-, Gedächtnismarke *f*; **documentary s.** Urkundenstempel *m*; **embossed s.** Präge-, Gaufrierstempel *m*; **impressed s.** eingedruckte (Brief)Marke; **numbering s.** Zahlenstempel *m*; **official s.** Amts-, Dienststempel *m*, D.siegel *nt*; **postal s.** (Post)Wertzeichen *nt*; **special s.** Sondermarke *f*
stamp *v/t* 1. ⊠ freimachen, frankieren; 2. (ab)stempeln, Stempel aufdrücken; 3. prägen, aufdrucken; 4. (auf)stampfen; **s. out** ausmerzen, niederschlagen, zunichte machen
Stamp Act *[GB]* Stempelsteuergesetz *nt*; **s. album** (Brief)Markenalbum *nt*; **s. book** Porto(kassen)buch *nt*; **s. collection** (Brief)Markensammlung *f*; **s. collector** (Brief)Markensammler *m*; **s. dealer** Briefmarkenhändler *m*
stamp duty Stempelgebühr *f*, S.steuer *f*, S.abgabe *f*, Banderolen-, Börsenumsatz-, Wechsel-, Scheckstsuer *f*, Börsenstempelsteuer *f*, Urkunden-, (Kapital)Verkehrssteuer *f*; **exempt from/free of s. d.** stempel(steuer)-, börsenumsatzsteuerfrei; **subject to s. d.** stempel(steuer)-, gebührenpflichtig; **s. d. on bills of exchange** Wechselstempelsteuer *f*; **~ new issues** Emissionsabgabe *f*; **~ securities** Effektenstempelsteuer *f*
stamped *adj* 1. frankiert, freigemacht; 2. (ab)gestempelt
stampede *n* Massenandrang *m*, M.ansturm *m*, panikartige/wilde Flucht
stamp forgery Briefmarkenfälschung *f*
stamping *n* 1. ⊠ Freimachung *f*; 2. Abstempelung *f*; 3. Prägung *f*; **official s.** Aktienabstempelung *f*; **s. ground** Tummelplatz *m*; **s. ink** Stempelfarbe *f*; **s. machine** Stempelmaschine *f*, Frankierautomat *m*
stamp machine ⊠ Briefmarkenautomat *m*; **s. note** *[GB]* ⊖ Zollfreigabeschein *m*; **s. office** Stempelamt *nt*; **s. pad** Stempelkissen *nt*; **s. rack** Stempelständer *m*; **s. tax** *[US]* Börsenumsatz-, Stempelsteuer *f*, S.abgabe *f*, S.gebühr *f*; **s. typeset** 🗇 Typendruck *m*
stance *n* Haltung *f*, Standpunkt *m*; **to adopt a conciliatory s.** einlenken; **to modify one's s.** seine Haltung ändern; **basic s.** *(Börse)* Gesamttendenz *f*; **hardening s.** verhärtete Haltung; **tough s.** feste Haltung
stanchion *n* 🚂 Runge *f*; **s. wag(g)on** Rungenwagon *m*, R.wagen *m*
stand *n* 1. Messe-, Verkaufsstand *m* Bude *f*; 2. Standpunkt *m*, (feste) Haltung, Einstellung *f*; 3. Tribüne *f*, Standplatz *m*; 4. Ständer *m*, Stativ *nt*; 5. ♣ (Baum)Bestand *m*; 6.*[US]* [§] Zeugenstand *m*; **to besiege a s.** Stand umlagern; **to dismantle/remove a s.** Stand abbauen; **to instal(l)/set up a s.** Stand aufbauen/aufstellen; **to make a s.** entschlossene Haltung einnehmen; **to take the s.** [§] als Zeuge aussagen; **~ (up) a s.** Haltung einnehmen, Stellung/Position beziehen
firm stand feste/entschlossene Haltung; **to take a ~ s.** feste Haltung einnehmen; **joint s.** *(Messe)* Gemeinschaftsstand *m*; **last-ditch s.** letzte Verteidigungslinie; **open-air s.** Stand unter freiem Himmel; **prefabricated s.** Fertigstand *m*
stand *v/ti* 1. stehen; 2. gelten; 3. kandidieren, als Kandidat auftreten; 4. stellen; 5. ertragen, dulden, sich gefallen lassen; 6. widerstehen, standhalten; 7. ausgeben, spendieren; **s. about** herumstehen; **s. aloof** sich bedeckt halten *(fig)*; **s. apart** abseits stehen; **s. aside** 1. (zu Gunsten eines anderen) verzichten; 2. (tatenlos) danebenstehen; **s. at** sich belaufen auf; **s. back** 1. zurücktreten; 2. (tatenlos) danebenstehen; **s. by** 1. (tatenlos) danebenstehen; 2. bereitstehen, sich bereit halten; 3. *(Radio)* auf Empfang bleiben/stehen; **~ each other for better, for worse** in Freud und Leid zusammenhalten; **s. idly by** untätig/tatenlos zusehen; **s. down** 1. Kandidatur zurückziehen/zurücknehmen, ab-, zurücktreten; 2. zurückstufen; **s. for** 1. eintreten für; 2. kandidieren für; 3. stehen für, bedeuten; 4. hinnehmen, sich gefallen lassen; **not ~ sth.** etw. nicht tolerieren; **s. good** gültig bleiben, seinen Wert behalten; **s. in** einspringen; **~ for so.** (als Ersatz) für jdn einspringen, jdn (vorübergehend) vertreten; **s. off** vorübergehend entlassen; **s. out** 1. hervorstehen, herausragen; 2. aushalten, durchhalten; **~ against** sich wehren gegen, widerstehen; **s. over** (Arbeit) liegenbleiben; **~ so.** jdn kontrollieren/über die Schulter sehen; **s. to do** Gefahr laufen zu tun; **s. up** 1. aufstehen; 2. *(Argument)* überzeugen; **s. so. up** *(coll)* Verabredung mit jdm nicht einhalten, jdn versetzen/sitzenlassen; **s. up against** Front machen gegen; **~ for** in Schutz nehmen; **~ to** sich gut halten gegen, standhalten; **~ to so.** jdm Paroli bieten; **~ and be counted** Rückgrat zeigen *(fig)*; **s. well with so.** bei jdm gut angesehen sein
as things stand nach Lage der Dinge, unter den bestehenden Verhältnissen, ~ gegebenen Umständen; **~ at present** bei jetzigem Stand der Dinge; **I won't s. in the way** *(coll)* an mir soll es nicht liegen *(coll)*; **not to be able to s. so.** jdn nicht ausstehen/leiden/riechen *(coll)* können; **s. till one drops** sich die Beine in den Leib stehen *(coll)*; **to let sth. s.** etw. gelten/bestehen lassen
stand-alone *adj* 🖵 unabhängig; *n* eigenständiges/unabhängiges Gerät
standard *n* 1. Standard *m*, Maßstab *m*, Norm(wert) *f/m*, Richtwert *m*, Gradmessser *m*, Vorgabe *f*; 2. Niveau *nt*, Gütegrad *m*; 3. Münzwährung *f*, Feingehalt *m*; 4. Standarte *f*, Fahne *f*; **s.s** Anforderungen, Prüfnormen; **above s.** überdurchschnittlich; **below s.** unterdurchschnittlich; **by ... s.s** nach ... Maßstäben; **by so.'s s.s** für jds Verhältnisse; **up to s.** vollwertig; **not ~ s.** den Anforderungen nicht entsprechend, nicht der Qualität entsprechend
standard of activity Aktivitätsniveau *nt*; **s.s of advertising practice** Werbegrundsätze; **s. of alloy** Münzgehalt *m*; **~ assessment** Bemessungsmaßstab *m*; **general-**

ly accepted s.s for auditing financial statements Grundsätze ordnungsgemäßer Durchführung von Abschlussprüfungen; **s. of cleanliness** Sauberkeitsnorm *f*; **~ coin** Münzfuß *m*; **~ comparison** Bezugsgröße *f*, Vergleichsmaßstab *m*; **~ education** Bildungsgrad *m*, B.niveau *nt*; **~ fineness** Feingehaltseinheit *f*; **~ invention** Erfindungsmaßstab *m*; **~ knowledge** Bildungsstand *m*; **prudential ~ liquidity** vorsichtige Liquiditätshaltung **standard of living** Lebensstandard *m*; **to safeguard the ~ l.** den Lebensstandard sichern; **fair ~ l.** angemessener Lebensstandard; **higher/increased ~ l.** höherer Lebensstandard; **minimum ~ l.** Existenzminimum *nt* **standard of deferred payment** *(Geld)* Kapitalübertragungsmittel *pl*; **~ performance** Leistungsmaßstab *m*, L.ziel *nt*; **~ prices** Preisniveau *nt*, P.spiegel *m*; **~ purity** ☞ Reingehalt *m*; **s.s of quality** Güte-, Qualitätsanforderung *f*, Q.norm *f*, Q.standard *m*; **basic s. of reporting** Berichterstattungsgrundsatz *m*; **commercial s. of solvency** übliche Liquiditäts-/Flüssigkeitserfordernisse; **s.s of supervision** *(Bankaufsicht)* Aufsichtsnorm *f*; **s. of taxation** Steuermaßstab *m*; **S. of International Trade Classification (SITC)** Internationales Warenverzeichnis für den Außenhandel, internationale Warengruppeneinteilung; **s. of valuation** Bewertungsmaßstab *m*, B.grundsatz *m*; **~ value** Wertmesser *m*, W.maßstab *m*; **~ weight** Gewichtseinheit *f*
packed to commercial standards handelsüblich verpackt
to apply a standard Maßstab anlegen; **to be up to s.** den Anforderungen entsprechen; **~ of a high s.** Niveau haben; **to comply with a s.** der Norm entsprechen; **to maintain s.s** Niveau halten/wahren; **to meet (the) s.s** den Anforderungen entsprechen/genügen, Auflagen/Normen erfüllen; **to raise/up s.s** Niveau anheben/heraufsetzen/verbessern; **(not) to reach the required s.** den Anforderungen (nicht) entsprechen, das Klassenziel (nicht) erreichen *(fig)*; **to set the s.(s)** 1. Maßstab abgeben; 2. Normen vorgeben, Richtlinien aufstellen; **to use double s.s** mit zweierlei Maß messen **currently attainable standards** Idealkostenvorgabe; **basic s.** Grundnorm *f*; **bimetallic s.** Doppelwährung *f*; **commercial s.** Warennorm *f*; **double s.s** 1. zweierlei Maßstab, Doppelmoral *f*; 2. Doppelwährung *f*; **to apply ~ s.s** mit zweierlei Maß messen; **environmental s.s** Umweltschutzvorschriften, U.standards; **established s.s** anerkannte Maßstäbe/Normen; **exacting s.s** strenge Maßstäbe; **fiat** *(lat.)*/**fiduciary s.** Papier(geld)währung *f*; **fixed s.** feste Valuta; **flexible s.** flexible Plankosten; **fluctuating s.** flexible Währung; **industrial s.** Industrienorm *f*; **international s.s** völkerrechtliche (Verkehrs)Normen, internationale Richtlinien; **by ~ s.s** im internationalen Vergleich, im Weltmaßstab; **legal s.s** gesetzliche Normen; **limping s.** hinkende Währung; **metallic s.** Metallwährung *f*; **statutory minimum s.** gesetzliche Mindestanforderung; **monetary s.** Münzfuß *m*, Währungsstandard *m*, W.einheit *f*, Geldwährung *f*; **moral s.s** Moral *f*, Sittlichkeitsempfinden *nt*; **to meet ~ s.s** den sittlichen Anforderungen entsprechen; **multiple s.** Indexwährung *f*; **organizational s.** organisatorische Regelung; **overall s.** globale Vorgabe; **parallel s.** Parallel-, Doppelwährung *f*; **plant-developed s.** Werksnorm *f*; **by present-day s.s** nach heutigen Begriffen/Maßstäben; **professional s.(s)** standesrechtliche Richtlinien, Berufsgrundsätze, B.-auffassung *f*; **regulative s.** Ordnungsnorm *f*; **of the same s.** gleichwertig; **single s.** *[US]* Einzelwährung *f*, monometallische Währung, Monometallismus *m*; **specialized s.** Fachnorm *f*; **substantive s.s.** 1. materiellrechtliche Normen; 2. materielle Voraussetzungen; **temporary s.** vorläufige Vorgabezeit; **voluntary s.** fakultative Norm; **waste-loading s.** Abfallbelastungsnorm *f*

standard *adj* 1. einheitlich, (handels)üblich, gängig, genormt; 2. serienmäßig, maßgebend, grundlegend; 3. durchschnittlich, Einheits-, Durchschnitts-; 4. *(Lohn)* tariflich, Tarif-
standard|s association Normenverband *m*; **s.-bearer** *n* Banner-, Fahnenträger *m*; **s. coinage** Münzfuß *m*, M.tarif *m*; **s.s committee** Normenausschuss *m*; **s.s institute** Normungsinstitut *nt*; **s. costs** Einheits-, Richt-, Normalkosten
standardization *n* 1. Norm(ier)ung *f*, Normenfestsetzung *f*; 2. Standardisierung *f*, Harmonisierung *f*, Vereinheitlichung *f*, Typisierung *f*, Typennormung *f*, Typung *f*; **s. of commodities** Warennormung *f*; **~ factories** Betriebsvereinheitlichung *f*; **~ tariffs** Tarifvereinheitlichung *f*; **s. cartel** Normen-, Typenkartell *nt*; **s.s committee** Normenausschuss *m*; **s. project** Typungsvorhaben *nt*
standardize *v/t* 1. vereinheitlichen, standardisieren; 2. normieren, normen, auf eine Norm bringen, Normen setzen, schematisieren, typisieren; **s.d** *adj* genormt, vereinheitlicht, einheitlich, schematisiert
standard money Währungsgeld *nt*, Geldeinheit *f*; **s.-setting** *adj* normativ
standby *n* 1. Beistand *m*, Helfer(in) *m/f*, Hilfe *f*; 2. ✪ Not-, Reservegerät *nt*; 3. Warteliste *f*; 4. Alarm-, Betriebs-, Ruf-, Einsatzbereitschaft *f*; **on s.** in Bereitschaft
standby *adj* Reserve-, Ersatz-, Entlastungs-, dienstbereit, (vorsorglich) bereitstehend
standby agreement 1. Beistands-, Überbrückungs-, Stillhalte-, Bereitschafts(kredit)abkommen *nt*; 2. Übernahmevertrag für nicht abgesetzte Bezugsrechte, Stützungsvereinbarung *f*; **s. arrangement** Beistandsmechanismus *m*; **s. capacity** Reservekapazität *f*; **s. charges** Bereitschaftskosten mit langfristiger Bindungsdauer; **s. computer** 🖳 Reserverechner *m*; **s. costs(s)** fixe Kosten, Fixkosten *pl*, Kosten der Betriebsbereitschaft; **s. credit** Beistandskredit *m*, Kreditzusage *f*, Zwischen-, Bereitschafts-, Standbykredit *m*; **s. duty** Bereitschaftsdienst *m*, Einsatzbereitschaft *f*; **s. equipment** Notaggregat *nt*, Ersatzgerät *nt*; **s. facilities** *(Kredit)* Stillhaltezusage *f*; **s. fare** ✈ Tarif für Fluggäste ohne Reservierung; **s. fee** Bereitstellungsgebühr *f*; **s. guarantee** *(Emission)* Garantie des Direktabsatzes; **s. inventory** Hilfslager *nt*; **s. loan** Kreditbereitstellung *f*; **s. man** Springer *m* *(coll)*; **s. passenger** ✈ Fluggast auf

standby position

Abruf, ~ der Warteliste; **s. position** Wartestellung *f*; **s. reserve(s)** Rückgriffs-, Bereitschaftsreserve *f*; **s. set/unit** ✪ Notgerät *nt*, N.aggregat *nt*, Ersatzanlage *f*; **s. supply** ⚡ Spitzenversorgung *f*; **s. system** Bereitschafts-, Reservesystem *nt*; **s. time** Wartezeit *f*, Arbeitsbereitschaft *f*
stand design   Standgestaltung *f*; **s. erection** Standaufbau *m*
stand-in *n*   (*Personal*) Springer *m*
standing *n*   1. Ansehen *nt*, Ruf *m*, Bonität *f*, Kreditwürdigkeit *f*, Kredit *m* (*fig*); 2. Status *m*, Rang *m*, Stellung *f*; 3. Dauer *f*; 4. Qualifikation *f*, Qualität *f*; **s. of the debtor** Qualität des Schuldners; **s. to sue** Prozessführungsbefugnis *f*
doubtful standing   zweifelhafter Ruf; **financial s.** 1. Kreditfähigkeit *f*, Bonität *f*; 2. Kapitalkraft *f*, Vermögens-, Finanzlage *f*, finanzielle Lage; **high s.** guter Ruf; **of ~ s.** von hohem Stand/Niveau; **international s.** Weltgeltung *f*; **legal s.** gesetzlicher Status, statusrechtliche Stellung; **professional s.** berufliches Ansehen, Stellung im Beruf; **social s.** soziales Ansehen, Sozialprestige *nt*
standing *adj*   1. feststehend; 2. ständig, dauerhaft; 3. stehend
standing charges   ⚡/(*Gas*)/♦ Grundgebühr *f*; **s. committee** ständiger Ausschuss; **s. credit** laufender Kredit; **s. order** 1. Dauer(überweisungs)-, Zahlungsauftrag *m*; 2. Geschäftsordnung *f*; **to place a s. order** Dauerauftrag erteilen/einrichten; **s. reception** Stehempfang *m*; **s. room** Stehplatzkapazität *f*; **s. subcommittee** ständiger Unterausschuss; **s. type** ⬜ Stehsatz *m*
stand|pipe *n*   ✪ Stand-, Steigrohr *nt*, Wasserzapfstelle *f*; **s. point** *n* Gesichtspunkt *m*; **s. records** ⚒ Revierbuch *nt*; **s. rent** Standmiete *f*; **s. space** Ausstellungsfläche *f*
standstill *n*   Stillstand *m*, Stockung *f*, Stocken *nt*, Moratorium *nt*; **to be at a s.** stillstehen, ruhen, stagnieren; **to bring to a s.** lahm legen, zum Erliegen/Stillstand bringen; **to come to a s.** zum Stillstand/Erliegen kommen, stehen bleiben; **s. agreement** Stillhalteabkommen *nt*, S.vereinbarung *f*, (Zahlungs)Moratorium *nt*; **s. credit** Stillhaltekredit *m*; **s. creditor** Stillhaltegläubiger(in) *m*/*f*; **s. order** Stillhalteanordnung *f*, S.verfügung *f*
staple *n*   1. Haupthandels-, Massenware *f*, Haupterzeugnis *nt*, H.artikel *m*, wichtiges Produkt, Stapelware *f*; 2. Handelszentrum *nt*, Handelsniederlassung *f*, Stapelplatz *m*; 3. Roh(baum)wolle *f*; 4. (Heft)Klammer *f*, Krampe *f*; **s.s** 1. Stapelartikel, S.güter, S.waren; 2. Heftklammern, Klammernstab *m*
staple *v*/*t*   klammern, heften; *adj* Standard-, marktgängig, Haupthandels-
staple port   Stapelhafen *m*; **s. privilege** Stapelgerechtigkeit *f*
stapler *n*   1. Stapelkaufmann *m*, Sortierer *m*; 2. (Klammer)Heftmaschine *f*, H.apparat *m*, Klammeraffe *m* (*coll*), K.hefter *m*
staple right   Marktgerechtigkeit *f*; **s. shaft** ⚒ Blindschacht *m*; **s. trade** Stapelhandel *m*
stapling machine *n*   Heftmaschine *f*, H.apparat *m*
star *n*   1. Stern *m*; 2. ✨ Star *m*; 3. *[US]* Produkt mit hohem relativen Marktanteil und hohem Marktwachstum; **S.s and Stripes** *[US]* Sternenbanner *nt*; **fixed s.** Fixstern *m*; **lucky s.** Glücksstern *m*; **shooting s.** Sternschnuppe *f*
star *v*/*ti*   ✨ 1. gastieren, als Hauptdarsteller auftreten; 2. (jdn) als Hauptdarsteller herausbringen
starboard *n*   ⚓ Steuerbord *nt*; *adj* Steuerbord-
starch *n*   ○ Stärke; **s.y** *adj* stärkehaltig
stardom *n*   Berühmtheit *f*, Ruhm *m*
stare decisis   (*lat.*) ⚖ nach geltender Rechtsprechung
stark *adj*   1. völlig, krass; 2. rein sachlich
star part/role   ✨ Glanzrolle *f*; **s. performance** Glanzleistung *f*, G.nummer *f*; **s. performer** (*Aktie*) Glamourpapier *nt*
starry-eyed *adj*   lebens-, welt-, wirklichkeitsfremd, blauäugig (*fig*)
start *n*   1. Anfang *m*, Start *m*, Beginn *m*; 2. Inbetriebnahme *f*, I.setzung *f*, (*Gespräch*) Aufnahme *f*, Inangriffnahme *f*; 3. Einstand *m*, An-, Eintritt *m*; 4. Abreise *f*, Abfahrt *f*; **s. of building** Baubeginn *m*; **s. in life** Start ins Leben; **s. of the period** Periodenbeginn *m*; **~ season** Saisonbeginn *m*; **at the ~ the session/trading** bei Börsenbeginn; **~ a strike** Streikbeginn *m*; **at the ~ the week** zum Wochenauftakt; **~ work** Arbeitsbeginn *m*; **doomed from the s.** von Anfang an/von vornherein zum Scheitern verurteilt; **right from the s.** gleich von Anfang an; **from s. to finish** von vorn bis hinten, von Anfang bis zum Ende; **to get off to a good s.** gut in Gang kommen; **to make a fresh s.** neuen Anfang machen
cold start   1. 🚗 Kaltstart *m*; 2. 💻 Urstart *m*; **flying s.** fliegender Start; **fresh s.** Neubeginn *m*; **warm s.** 🚗/💻 Warmstart *m*
start *v*/*ti*   1. anfangen, beginnen; 2. (*Betrieb*) anlaufen; 3. ab-, an-, losfahren; 4. gründen; 5. in Gang bringen, starten, in Betrieb nehmen; 6. aufbrechen; 7. (*Gerät*) anlassen, einschalten; **s. afresh/all over again** von neuem anfangen; **s. back** sich auf den Heimweg/Rückweg machen; **s. up** 1. Betrieb aufnehmen, anfahren; 2. sich selbstständig machen
to start with   zuerst einmal, für den Anfang
start address   💻 Startadresse *f*; **s. bar** Starttaste *f*
starter *n*   🚗 Anlasser *m*, Starter *m*; **s.s** (*coll*) Vorspeise *f*; **late s.** Spätentwickler *m*, S.zünder *m* (*coll*); **s. flat** erste eigene Wohnung; **s. home** erstes Eigenheim; **under s.'s orders** (*fig*) in den Starlöchern (*fig*)
start event   Startereignis *nt*
starting *n*   1. Start *m*; 2. ✈ Abflug *m*; **s. base** Ausgangsbasis *f*; **s. condition(s)** Ausgangs-, Startbedingungen; **s. date** Einstellungstermin *m*; **~ of pension payments** Rentenbeginn *m*; **s. handle** 🚗 Anlasserkurbel *f*; **s. load cost** Anlaufkosten *pl*; **s. node** (*OR*) Start-, Ausgangsknoten *m*; **s. period** Anlaufzeit *f*; **s. point** 1. Ausgangs-, Ansatzpunkt *m*, Ausgangsbasis *f*; 2. Denksatz *m*; **main s. point** Hauptansatzpunkt *m*; **s. price** 1. Ausgangs-, Anfangs-, Eröffnungskurs *m*, E.preis *m*; 2. (*Auktion*) Ausgangsgebot *nt*; **s. rate** Anfangstarif *m*, A.-lohn *m*; **s. salary** Anfangs-, Einstiegsgehalt *nt*; **s. signal** Startzeichen *nt*; **s. situation** Ausgangslage *f*; **s. state**

Anfangszustand *m*; **s. time** Anfangszeitpunkt *m*; **s. trouble** Startschwierigkeiten *pl*; **s.-up aid** Starthilfe *f*; **~ loss** Anlaufverlust *m*; **s. wage** Anfangs-, Mindestlohn *m*
start program 🖳 Eröffnungsprogramm *nt*; **s. time** *(OR)* Anfangszeitpunkt *m*
start-up *n* 1. Anlaufen *nt*, Anlaufzeit *f*, Aufnahme des Betriebs, Anfahren *nt*, Ingangsetzung *f*; 2. (Existenz-/Neu)Gründung *f*; **s. of production** Produktionsanlauf *m*; **s. balance** Gründungsbilanz *f*; **s. company** junges Unternehmen, Neugründung *f*; **s. cost(s)/expenses** Start-, Anlaufkosten, A.betrag *m*, Gründungsaufwand *m*, Betriebseinrichtungs-, Organisationskosten; **s. cost curve** Anlaufkostenkurve *f*; **s. finance** Anlauf-, Gründungsfinanzierung *f*; **s. funds** Betriebsgründungsmittel; **s. grant** Unternehmensgründungsbeihilfe *f*, U.zuschuss *m*; **s. investment** Anfangs-, Startkapital *nt*, Erstinvestition *f*; **s. loan** Existenz-, Unternehmensgründungsdarlehen *nt*, U.kredit *m*; **s. losses** Anlaufverluste; **s. period** Anlaufzeit *f*, A.phase *f*; **s. problem** Anfangs-, Anlaufschwierigkeit *f*; **s. sector** junge Branche; **s. year** Startjahr *nt*
star turn 🌟 Hauptnummer *f*, H.attraktion *f*, Star-, Hauptauftritt *m*
starvation *n* 1. (Ver)Hungern *nt*, Hungerleiden *nt*, H.tod *m*; 2. Aushungern *nt*; **to die of s.** verhungern; **s. diet** Hungerkur *f*; **s. wage** Hungerlohn *m*
starve *v/ti* 1. (ver)hungern, darben; 2. aushungern; 3. *(fig)* vorenthalten
stash of money *n* Geldhort *m*; **s. away** *v/t (coll)* horten, auf die Seite bringen/schaffen, sicher verwahren, beiseite bringen, bunkern *(coll)*
state *n* 1. Zustand *m*, Lage *f*, Stadium *nt*, Stellung *f*, Status *m*, Verfassung *f*, Situation *f*; 2. Staat(swesen) *m*/*nt*, (Bundes)Land *nt* [D]
state of affairs Sachlage *f*, Konstellation *f*, Lage/Stand der Dinge; **ideal ~ a.** Idealzustand *m*; **a nice ~ a.** *(coll)* eine schöne Bescherung *(coll)*; **present ~ a.** gegenwärtige Lage; **proper ~ a.** geordnete Zustände
state of the art das Neu(e)ste/Letzte, Stand der Technik/Wissenschaft; **~ the balance of payments** Stand der Zahlungsbilanz; **unhealthy ~ the balance of payments** Zahlungsbilanzschwäche *f*; **~ business** 1. Geschäftslage *f*, G.situation *f*; 2. Stand der Konjunktur; **~ credit** Kreditsituation *f*; **~ the crops** 🌾 Saatenstand *m*; **~ decay** Zustand des Verfalls; **~ disrepair** mangelhafte Beschaffenheit, baufälliger Zustand; **in a disrepair** reparaturbedürftig; **~ domicile** Wohnsitzstaat *m*; **~ the economy** (gesamt)wirtschaftliche/konjunkturelle Lage, Konjunkturlage *f*, (allgemeine) Wirtschaftslage, Konjunkturhimmel *m* *(fig)*, Stand der Konjunktur; **sluggish ~ the economy** Konjunkturflaute *f*; **~ emergency** Not-, Ausnahmezustand *m*; **to declare/proclaim a ~ emergency** Notstand ausrufen, Ausnahmezustand verhängen; **~ equilibrium** Ausgewogenheit *f*, Gleichgewichtszustand *m*; **~ exhaustion** Erschöpfungszustand *m*; **~ flux** Fließzustand *m*; **to be in a ~ flux** im Fluss sein, sich in einem Umwandlungsprozess befinden; **the ~ the game** *(coll)* der gegenwärtige Stand; **~ health** Gesundheitszustand *m*, Befinden

nt; **precarious ~ health** unstabiler Gesundheitszustand, schwankende Gesundheit; **~ ignorance** Ungewissheitsgrad *m*; **in a ~ intoxication** in betrunkenem Zustand; **~ knowledge** Erkenntnisstand *m*; **~ liability** Haftungsverhältnis *nt*; **~ liquidity** Liquiditätsstatus *m*; **~ maintenance** Unterhaltungszustand *m*; **~ the market** 1. Konjunktur-, Marktlage *f*, M.situation *f*, M.verfassung *f*, M.konstellation *f*, Lage des Marktes, Absatzklima *nt*; 2. Börsenverhältnisse *pl*; **~ matter** Aggregatzustand *m*; **~ mind** Geistesverfassung *f*, G.zustand *m*, G.haltung *f*; **unsuspecting ~ mind** Arglosigkeit *f*; **in a ~ neglect** verwahrlost, baufällig; **~ negotiations** Verhandlungsstand *m*; **~ origin** Ursprungsstaat *m*; **~ preservation** Erhaltungszustand *m*; **~ repair** Erhaltung(s)zustand *f*/*m*, Unterhaltungszustand *m*, (baulicher) Zustand, Erhaltungsgrad *m*, Beschaffenheit *f*; **proper ~ repair** ordnungsgemäßer Erhaltungszustand; **~ residence** Aufenthaltsstaat *m*; **~ shock** Schockzustand *m*; **~ siege** Belagerungszustand *m*; **~ situs** *(lat.)* Belegenheitsstaat *m*; **~ territory** Gebietsstand *m*; **in the present ~ things** beim gegenwärtigen Stand der Dinge; **~ trade** Branchensituation *f*; **~ upswing** Aufschwungsituation *f*; **~ war** Kriegszustand *m*
state governed by the rule of law; s. where law and order prevails Rechtsstaat *m*; **s. where the property is situated** Belegenheitsstaat *m*
to be in a bad state schlecht/arm dran sein; **to live in a perpetual s. of fear** in beständiger Furcht leben; **to revert to the s.** dem Staat anheim fallen; **to travel in s.** aufwändig reisen
adjacent state Nachbarstaat *m*; **agrarian s.** Agrarstaat *m*; **all-providing s.** Versorgungsstaat *m*; **applicant s.** antragstellender Staat; **authoritarian s.** Obrigkeitsstaat *m*, autoritärer Staat; **basic s.** *(Markt)* Grundverfassung *f*; **belligerent s.** kriegführender Staat; **confederate(d) s.** Staat eines Staatenbundes; **constituent s.** Teilstaat *m*; **constitutional s.** Rechtsstaat *m*; **contracting s.** Vertragsstaat *m*, V.land *nt*, vertragschließender Staat; **corporate s.** Ständestaat *m*; **crude s.** Rohzustand *m*; **dependent s.** abhängiger Staat; **depositary s.** Verwahrerstaat *m*; **depressed s.** Gedrücktheit *f*; **in a dull s.** im Konjunkturschatten; **federal s.** 1. Bundesstaat *m*; 2. Land *nt* [D]; **feverish s.** *(Markt)* hektisches Klima, nervöse Verfassung; **final s.** Endzustand *m*; **financial s.** finanzielle Verfassung/Lage; **forward s.** zeitlicher Vorsprung; **free s.** Freistaat *m*; **friendly s.** befreundeter Staat; **frozen s.** Erstarrung *f*; **in a good s. (of repair)** in gut erhaltenem Zustand, in guter Verfassung; **in the greasy s.** *(Wolle)* im Schweiß; **independent s.** unabhängiger/selbstständiger Staat; **individual s.** Gliedstaat *m*; **industrial s.** Industriestaat *m*; **infant s.** junger Staat; **initial s.** Ausgangszustand *m*; **initiating s.** § klagender Staat; **injured s.** geschädigter Staat; **legal s.** Rechtszustand *m*; **littoral s.** Anrainer-, Küsten-, Uferstaat *m*; **married s.** Ehestand *m*, ehelicher Stand; **mental s.** Geisteszustand *m*, seelischer Zustand; **multinational s.** Mehrvölkerstaat *m*; **national s.** Nationalstaat *m*; **natural s.** Naturzustand *m*; **neighbouring s.** Nachbarstaat *m*; **neutral s.** neutraler Staat; **non-**

aligned s. blockfreier Staat; **non-member** s. Nichtmitgliedsstaat *m*; **non-riparian** s. *(Fluss)* Nichtanliegerstaat *m*; **omnibenevolent** s. Gefälligkeitsstaat *m*; **original** s. Ur(sprungs)zustand *m*; **in a parlous** s. *(coll)* in einem schlimmen Zustand; **participating** s. Teilnehmerstaat *m*; **peripheral** s. Randstaat *m*; **in a poor** s. in schlechter Verfassung; **to be in a ~** s. arm dran sein; **protecting** s. Schutzmacht *f*; **responding** s. [§] beklagter Staat; **riparian** s. *(Fluss)* (Strom)Anlieger-, Uferstaat *m*, Anrainerstaat *m*; **in a rough** s. im Rohzustand; **running** s. ⊟ Laufstatus *m*; **self- supporting** s. autarker Staat; **single/unmarried** s. Ehelosigkeit *f*; **small** s. Kleinstaat *m*; **in a sorry** s. in kläglicher Verfassung, in kläglichem Zustand; **Southern** s.s *[US]* Südstaaten; **sovereign** s. souveräner Staat; **sponsoring** s. Förderstaat *m*, befürwortender Staat; **stationary** s. stationärer Zustand; **steady** s. Fließgleichgewicht *nt*, Verharrungszeit *f*; **taxing** s. besteuernder Staat; **territorial** s. Flächenstaat *m*; **third** s. dritter Staat; **totalitarian** s. totalitärer Staat; **transitional** s. Übergangszustand *m*; **unprocessed** s. Rohzustand *m*; **waiting** s. ⊟ Wartestatus *m*
state v/t 1. feststellen, festlegen, festsetzen; 2. *(Rede)* erklären, darlegen, angeben, konstatieren, ausführen, aussagen, zum Ausdruck bringen; **s. positively** mit Bestimmtheit erklären
state access Zugriff des Staates; **s. activity** Hoheitstätigkeit *f*; **s. administration** Landesverwaltung *f [D]*; **~ of justice** Landesjustizverwaltung *f [D]*; **s. affairs** Staatsangelegenheiten; **s. agency** staatliches Organ, Landesamt *nt [D]*; **s. aid** staatliche (Bei)Hilfe/Unterstützung, Staatsunterstützung *f*, S.hilfe *f*, Landesförderung *f*, L.hilfe *f*; **~ to exporters** staatliche Ausfuhr-/Exportförderung; **s.-aided** *adj* staatlich gefördert; **s.-approved** *adj* staatlich anerkannt; **s. assembly** Landtag *m [D]*; **s. assistance** staatliche Hilfe; **s. attorney general** *[US]* Generalstaatsanwalt (eines Bundesstaates); **s. auditor** staatlicher Rechnungsprüfer, Rechnungshof *m*; **s. authority** 1. Staatsgewalt *f*; 2. Landesbehörde *f [D]*; **s. award** *adj* staatlicher Schiedsspruch; **s. backing** Landesbürgschaft *f [D]*; **s. bank** 1. Staats-, Landesbank *f*; 2. *[US]* vom Einzelstaat konzessionierte/lizensierte Bank, einzelstaatlich konzessionierte/lizensierte Bank; **~ examiner** *[US]* staatlicher Bankenkommissar; **s. banking department** *[US]* staatliche Bankenaufsicht; **s. banquet** Staatsbankett *nt*; **s. benefit** staatliche Leistung, Sozialleistung *f*; **s. bond (issue)** 1. Staatsschuldverschreibung *f*; 2. Länderanleihe *f [D]*; 3. *[US]* Staatsanleihe *f*; **s. border** Staats-, Hoheitsgrenze *f*; **s. borrowing** staatliche Kredit-, Schuldenaufnahme *f*; **s. boundary** Landesgrenze *f [D]*; **s. budget** 1. Staatshaushalt *m*; 2. Landesetat *m*, L.haushalt *m [D]*; **s. capitalism** Staatskapitalismus *m*; **s.-capitalist** *adj* staatskapitalistisch; **s. cartel office** Landeskartellamt *nt [D]*; **s. cash** staatliche Mittel; **s. chancellery** Staatskanzlei *f*; **s. church** Staatskirche *f*; **s. commissioner** Staats-, Regierungskommissar *m*; **s. company** Staatsunternehmen *nt*, staatliches Unternehmen; **s. constitution** Landesverfassung *f [D]*; **s. control** 1. Staatskontrolle *f*, Interventionismus *m*, staatliche Eingriffe/Aufsicht; 2. Plan-,

Befehlswirtschaft *f*; **to subject sth. to s. control** etw. reglementieren; **to be subject to s. control** staatlicher Aufsicht unterliegen; **s.-controlled** *adj* staatlich gelenkt, unter Staatsaufsicht, unter staatlicher Verwaltung/Aufsicht/Kontrolle; **partly s.-controlled** halbstaatlich; **s. corporation** *[US]* staatliche (Aktien)Gesellschaft; **s. councillor** Staatsrat *m*; **s. administrative court** Landesverwaltungsgericht *nt [D]*; **s. social court** Landessozialgericht *nt [D]*; **s.craft** *n* Staatskunst *f*, politisches Handwerk; **s. credit guarantee** Staatsbürgschaft *f*; **s. creditor** Staatsgläubiger(in) *m/f*; **s. criminal** Staatsverbrecher *m*; **~ investigation department** Landeskriminalamt *nt [D]*
stated *adj* 1. angegeben; 2. festgesetzt, festgestellt; **as s.** wie angegeben; **~ above** wie oben (angegeben)
state debt Staatsverschuldung *f*, S.schuld *f*; **S. Department** *[US]* Außenministerium *nt*, Auswärtiges Amt *[D]*, Ministerium für Auswärtige Angelegenheiten; **s. documents** amtliche Schriftstücke; **s. education** staatliches Erziehungswesen; **s. employment** Beschäftigung im Staatsdienst; **s. enterprise** staatlicher Betrieb, Staats-, Regiebetrieb *m*; **s.'s evidence** *[US]* [§] Kronzeuge *m*; **to turn ~ evidence** zum Kronzeugen werden, als Kronzeuge auftreten; **s. examination** Staatsexamen *nt*, S.prüfung *f*, staatliche Prüfung; **first s. examination** erste Staatsprüfung *[D]*; **s. farm** *[UdSSR]* Sowchos(e) *m/f*; **s.-financed** *adj* staatlich/vom Staat finanziert; **s. financing** Staatsfinanzierung *f*; **s. forest** Staatswald *m*; **s. funds** Staatsgelder; **s. funeral** Staatsbegräbnis *nt*; **s. government** Landesregierung *f [D]*; **s. grant** staatlicher Zuschuss, staatliche Beihilfe/Zuwendung; **s. guarantee** Staatsbürgschaft *f*; **s.-guaranteed** *adj* staatlich garantiert/verbürgt; **s. handout** staatliche Unterstützung; **s. holding** Staatsbeteiligung *f*, S.betrieb *m*, staatliche Beteiligung; **s.hood** *n* Eigenstaatlichkeit *f*, Souveränität *f*; **s.house** *n [US]* Parlamentsgebäude *nt*; **s. incentive** staatlicher Anreiz; **s. income tax** *[US]* einzelstaatliche Einkommensteuer; **s. indebtedness** Staatsverschuldung *f*; **s. industry** verstaatlichte/staatliche Industrie; **s. institution** Staatsorgan *nt*, S.einrichtung *f*; **s. insurance** staatliche Versicherung; **s. social insurance office** Landesversicherungsanstalt (LVA) *f [D]*; **s. interference** staatliche Einmischung/Intervention, Staatseingriffe *pl*, S.einmischung *f*; **~ in economic affairs** Interventionismus *m*; **s. intervention** staatlicher Eingriff, Eingreifen des Staates, Staatsintervention *f*; **s. land(s)** *[US]* staatlicher Grundbesitz; **s. law** 1. Landesrecht *nt*, einzelstaatliches Recht; 2. Landesgesetz *nt*; **s. legislation** Landesrecht *nt*, einzelstaatliche Gesetzgebung
stateless *adj* staatenlos, heimatlos; **s. person** Staatenlose(r) *m/f*; **s.ness** *n* Staatenlosigkeit *f*
at state level auf Landesebene *[D]*; **s. loan** Staats-, Bundesanleihe *f*, Staatsdarlehen *nt*, S.kredit *m*; **s. loans** staatliche Kreditmittel; **s. loan guarantee** staatliche Kreditbürgschaft/K.garantie; **s. lottery** Staatslotterie *f*; **s. machinery** aufgeblähter Staatsapparat; **s. management** Staatslenkung *f*; **S. Medical Board of Registration** *[US]* ✠ Ärztekammer *f*; **s. medicine**

staatliches/öffentliches Gesundheitswesen, staatlicher Gesundheitsdienst
statement *n* 1. Erklärung *f*, Mitteilung *f*, Darlegung *f*, Aussage *f*, Verlautbarung *f*; 2. Äußerung *f*, Angabe *f*, Behauptung *f*, Darstellung *f*, Ausspruch *m*, Feststellung *f*, Stellungnahme *f*; 3. (Geschäfts)Bilanz *f*, Aufstellung *f*, Übersicht *f*, Geschäftsbericht *m*, Vermögensstand *m*; 4. (Konto)Auszug *m*, (Bank)Ausweis *m*; 5. 🖳 Anweisung *f*, Befehl *m*; **according to/as per s.** laut Bericht/Angabe/Auszug/Avis
statement of account 1. Bank-, Konto(korrent)-, Saldo-, Depot-, Rechnungs-, Rückstands-, Buchauszug *m*, Saldoanzeige *f*, Ausweis *m*; 2. Rechnung *f*, (Honorar)Abrechnung *f*; 3. Rechenschaftsbericht *m*; ~ **a.s** Rechnungsübersicht *f*; ~ **a. for the year ended ...** Jahresabschluss zum ...; **to accept a ~ a.** Saldo anerkennen; **to verify a ~ a.** Richtigkeit eines Kontoauszuges bestätigen; **consolidated ~ a.** Konzernabschluss *m*; **year-end ~ a.** Jahresabschluss *m*, Abschlussbenachrichtigung *f*; **~ safe-custody a.** Depotauszug *m*; **~ a. transactions** Umsatz-, Summenbilanz *f*
statement of accruals and deferrals Abgrenzungsrechnung *f*; **s. by the accused** [§] Aussage des Angeklagten; **s. of affairs** Liquidationsbilanz *f*, Vermögensaufstellung *f*; **statutory ~ affairs** [GB] Konkurs(abwicklungs)bilanz *f*, K.tabelle *f*, Vermögensbilanz *f*, V.übersicht *f*; **~ (sources) and application of funds** Bewegungsbilanz *f*, Verwendungsnachweis *m*, Kapitalflussrechnung *f*, finanzwirtschaftliche Bilanz; **~ assets** Vermögensbestandsrechnung *f*, V.erklärung *f*; **~ assets and liabilities** Bilanz(aufstellung) *f*, B.bogen *m*, B.ausweis *m*, B.erklärung *f*, Aufstellung von/Stand der Aktiva und Passiva, Vermögensübersicht *f*, Status *m*, Abwicklungsbilanz *f*; **~ asset additions and disposals** Anlagespiegel *m*; **~ net assets** Vermögensaufstellung *f*; **~ average** *(Vers.)* Havarieschadensaufstellung *f*, H.aufmachung *f*, H.rechnung *f*, Dispache *f*; **~ bankrupt's assets and liabilities** Konkursbilanz *f*, K.status *m*; **~ capital transactions** Bilanz des Kapitalverkehrs; **~ the case** 1. Sachvortrag *m*; 2. [§] Darlegung des Falles, Schriftsatz *m*; **s. concerning the case** Angaben zur Sache; **s. of cash in hand** Kassenrechnung *f*; **~ changes in order backlog** Auftragsbewegungsliste *f*; **~ changes in financial position** Bewegungs-, Veränderungsbilanz *f*, V.ausweis *m*, Finanz-, Kapitalfluss-, Finanzierungsrechnung *f*, (Mittel)Herkunfts- und Verwendungsrechnung *f*; **~ changes in stocks** Bestandsänderungsrechnung *f*; **~ charges** Kostenrechnung *f*, K.aufstellung *f*, K.verzeichnis *nt*; **~ (a) claim** 1. [§] Klage(schrift) *f*, K.begründung *f*; 2. Begründung einer Mängelrüge; **~ condition** Tagesbilanz *f*, T.bericht *m*; **~ financial condition** Bilanzaufstellung *f*, Finanzstatus *m*; **~ confession** *(Schuldner)* Unterwerfungserklärung *f*; **~ contents** Inhaltsangabe *f*, I.verzeichnis *nt*; **~ costs** Kostenaufstellung *f*; **s. to the court** [§] Prozessbehauptung *f*; **opening s. in court** [§] Anfangsplädoyer *nt*; **s. of credit position** Kreditbilanz *f*, K.status *m*; **~ damage(s)** Schadensaufnahme *f*, S.aufstellung *f*, S.rechnung *f*; **~ defence** [§] Klageerwiderung *f*, K.beantwor‑

tung *f*, Verteidigungsschrift *f*; **~ a separate and uniform determination** Erklärung zur gesonderten und einheitlichen Feststellung; **~ discount** Diskontrechnung *f*; **~ earnings** 1. Gewinn- und Verlustrechnung (GuV) *f*, Ertragsausweis *m*; 2. Verdienstbescheinigung *f*; **~ earnings surplus** Gewinnvortragsrechnung *f*; **~ enterprise growth** Finanzierungs- und Investitionsrechnung *f*; **~ expenses** Auslagen-, Spesen(ab)rechnung *f*, Spesen-, Unkostenaufstellung *f*; **~ additional expenses** Nebenkostenabrechnung *f*; **~ exploration results** 🖳 Nachweis der Nettobohrkosten; **~ fact** [§] Tatsachenbehauptung *f*; **~ facts**; **~ the facts and circumstances** Sachdarstellung *f*, S.angaben *pl*, S.vortrag *m*, Tatbericht *m*, T.bestand *m*, Darstellung des Sachverhalts; **false ~ facts** Vorspiegelung falscher Tatsachen; **full ~ the facts** genaue Darstellung des Sachverhalts; **~ finance(s)** Gewinn- und Verlustrechnung (GuV) *f*; **~ finding** Befundanzeige *f*; **~ flows** Strom(größen)rechnung *f*; **~ total gains and losses** Ergebnisrechnung *f*; **~ government policy** Regierungserklärung *f*; **~ grounds of appeal** [§] Berufungsbegründung *f*; **~ guarantee** Bürgschaftserklärung *f*; **~ income** [US] Periodenausweis *m*, Periodengewinn-, Ertragsrechnung *f*, Gewinn- und Verlustrechnung (GuV) *f*, Gewinnermittlungsbilanz *f*; **~ income and accumulated earnings** Gesamtergebnisrechnung *f*; **short-term ~ income** kurzfristige Erfolgsrechnung *f*; **~ intent** Absichtserklärung *f*; **~ interest paid** Nachweis gezahlter Zinsen; **~ inventory values** Bestandswertrechnung *f*; **~ open items** Liste der offenen Posten; **~ of law** Rechtserklärung *f*, R.darstellung *f*; **s. in lieu** *(frz.)* Ersatzerklärung *f*; **~ of an oath** eidesstattliche Erklärung; **false ~ of an oath** falsche Angaben an Eides statt; **s. of loss and gain** Gewinn- und Verlustrechnung (GuV) *f*; **~ name** Namensangabe *f*; **s. on oath** eidliche Erklärung; **s. of objectives** Zielformulierung *f*; **~ (an) opinion** Meinungsäußerung *f*; **~ origin** Ursprungsangabe *f*, U.erklärung *f*, U.bescheinigung *f*, U.vermerk *m*; **~ outturn** Liste der gelöschten Ladungsmengen; **~ overindebtedness** Überschuldungsbilanz *f*; **~ particulars** 1. Spezifikation *f*; 2. [§] Substantiierung *f*; **~ performance** Leistungsübersicht *f*; **~ financial position** Vermögensnachweis *m*, Bilanz *f*; **~ practice** Durchführungsbestimmung *f*, D.verordnung *f*, D.erlass *m*; **s. to the press** Presseerklärung *f*; **s. of net proceeds** Reinertragsübersicht *f*; **cumulative ~ profit and loss** zusammengesetzte Gewinn- und Verlustrechnung (GuV); **~ reasons** Angabe von Gründen, Begründung *f*; **s. made for the record(s)** zu Protokoll gegebene Erklärung; **s. of results** Ergebnisübersicht *f*; **~ operating results** Ergebnisrechnung *f*; **~ revenue(s) and expenditure(s)** Gewinn- und Verlustrechnung (GuV) *f*, Einnahmen- und Ausgabenrechnung *f*; **~ sales** Absatzbilanz *f*; **~ securities (deposited)** Depot-, Effektenaufstellung *f*, Depotauszug *m*, Stückeverzeichnis *nt*; **~ services rendered and fees charged** ⊖ Anschreibung *f*; **~ shareholders' equity**; **~ stockholders' net worth** Eigenkapitalbewegungsbilanz *f*; **~ sources and application of funds** Kapitalflussrechnung *f*, Bewegungs-, Vermögens-, Investitionsbilanz *f*, Liquiditäts‑

status *m*; ~ **stocks** Bestandsrechnung *f*; ~ **earned surplus** Gewinnvortragsrechnung *f*; ~ **underlying transaction** Grundgeschäftserklärung *f*; ~ **turnover** Umsatzaufstellung *f*; ~ **net value added** Wertschöpfungsrechnung *f*; ~ **wages** Lohnsummenaufstellung *f*, L.beleg *m*; **s. by a witness** [§] Zeugenaussage *f*; **s. of net worth** Vermögensrechnung *f*
to back down from a statement Aussage widerrufen; **to controvert a s.** Richtigkeit einer Behauptung bestreiten; **to corroborate a s.** Aussage bestätigen; **to draw up the s.** *(Vers.)* Dispache aufmachen/aufstellen, Rechnung über große Havarie aufmachen; **to extort s.s** Aussagen erpressen; **to issue/put out a s.** Stellungnahme veröffentlichen, bekanntgeben, verlautbaren (lassen); **to maintain a s.** Behauptung aufrechterhalten; **to make a s.** Erklärung/Stellungnahme abgeben, erklären; **to prepare a s.** *(Buchhaltung)* Status erstellen; **to prove one's s.** seine Aussage beweisen; ~ **s.s to be true** Richtigkeit seiner Angaben beweisen; **to publish a s.** Stellungnahme veröffentlichen; **to qualify a s.** Erklärung einschränken; **to render s.s** Aufstellungen vorlegen; **to retract a s.** Aussage/Erklärung widerrufen; **to stick to one's s.** bei seiner Aussage bleiben; **to submit a written s.** Schriftsatz einreichen; ~ **of a case** Fall schriftlich darlegen; **to verify a s.** Richtigkeit einer Aussage/Aufstellung bestätigen, Aussage überprüfen
add statement ▫ Additionsanweisung *f*; **ageing s.** Fälligkeitsaufstellung *f*; **alter s.** ▫ Schaltanweisung *f*; **annual s.** Jahresauszug *m*, J.ausweis *m*, Abschlussveröffentlichung *f*; **duly attached s.** ordnungsgemäß beglaubigte Erklärung; **authoritative s.** maßgebende Feststellung; **basic s.** Basissatz *m*; **brief s.** kurze Erklärung; **close s.** (Datei) Abschlussanweisung *f*; **closing s.** Abschlussbericht *m*, Kontoabschluss *m*; **combined s.** Gesamtmeldung *f*; **comparative s.** Vergleichsabschlüsse; **conflicting s.s** widersprechende Erklärungen/Aussagen, widersprüchliche Aussagen; **consolidated s.** konsolidierte Bilanz, Gesamtstatus *m*; **corporate s.** Bilanz einer AG/GmbH, Gesellschafts-, Firmenbilanz *f*; **daily s.** **(of account)** (Konto)Tagesauszug *m*; **deconsolidated s.** nicht konsolidierter Abschluss; **detailed s.** Einzelaufstellung *f*, E.nachweis *m*, Spezifizierung *f*; **disparaging s.** ehrenrührige Äußerung; **divide s.** ▫ Divisionsanweisung *f*; **divisional s.** Bereichsrechnung *f*; **explanatory s.** erläuternde Stellungnahme, Erläuterungsbericht *m*; **factual s.** objektive Sachdarstellung, Sachvortrag *m*; **false s.** Falschaussage *f*, falsche Angaben; **knowingly** ~ **s.s** bewusst falsche Angaben; **final s.** Abschlusserklärung *f*, abschließende Feststellung
financial statement 1. (Finanz)Status *m*; 2. *(Bilanz)* (Jahres)Abschluss *m*, Rechenschaftsbericht *m*, Bericht über die Finanz-/Vermögenslage, Bilanzabschluss *m*; 3. Vermögens-, Finanzaufstellung, F.ausweis *m*; 4. *(Firma)* Handelsbilanz *f*, Liquiditäts-, Vermögensbilanz *f*, V.ausweis *m*; **f. s.s** Abschlussunterlagen; **to establish/prepare the (annual) f. s.s** Jahresabschluss aufstellen/feststellen/machen; **to restate a f. s. retroactively** Jahresabschluss umbasieren

annual financial statement Jahresabschluss *m*, J.rechnung *f*, J.ausweis *m*; **to approve the** ~ **s.(s)** Jahresabschluss feststellen; **properly approved f. s.** ordnungsgemäß festgestellter Jahresabschluss; **certified f. s.** testierter Abschluss, Abschluss mit Bestätigungsvermerk, festgestellter Jahresabschluss, Bilanz mit Prüf(ungs)vermerk; **combined/consolidated f. s.** Konzernabschluss *m*, K.bilanz *f*, konsolidierte Bilanz, konsolidierter/kombinierter (Jahres)Abschluss, Fusionsbilanz *f*; **comparative f. s.s** Jahresabschluss mit Vergleichszahlen; **consolidating f. s.** Konsolidierungsbogen *m*, Konzern-, Probebilanz *f*; **provisional f. s.** vorläufiger Abschluss; **worldwide f. s.s** Weltabschluss *m*; **year-end f. s.s** Jahresabschluss *m*; **to approve the** ~ **f. s.s** Jahresabschluss feststellen
financial statements analysis (Jahres)Abschluss-, Bilanzanalyse *f*
final statement Schlussabrechnung *f*; **flow-of-funds s.** Kapitalflussrechnung *f*, Bewegungsbilanz *f*; **formal s.** förmliche Erklärung; **fraudulent s.** betrügerische Bilanzverschleierung; **full s.** umfassende/vollständige/ausführliche Erklärung; **general s.** 1. Gesamtaufstellung *f*; 2. Globalaussage *f*; **gross s.** Bruttoausweis *m*; **immaterial s.** rechtsunabhängige Erklärung; **incomplete s.s** unvollständige Angaben; **inconsistent s.s** widersprechende Angaben, widersprüchliche Aussage; **incriminating s.** belastende Erklärung; **interim s.** Zwischenabschluss *m*, Z.status *m*, Z.bericht *m*; **individual s.** Einzelbilanz *f*; **joint s.** gemeinsame Erklärung; **justificatory s.** Sollnachweis *m*; **matter-of-fact s.** sachliche Aussage; **misleading s.s** irreführende Angaben; **mistaken s.** irrtümliche Erklärung; **monthly s.** Monatsbericht *m*, M.ausweis *m*, M.abschluss *m*, M.aufstellung *f*; **flexible** ~ **s.** flexibler Monatsabschluss; **multiply s.** ▫ Multiplikationsanweisung *f*; **net s.** Nettoausweis *m*, N.aufgabe *f*; **null s.** ▫ Blindanweisung *f*; **official s.** amtliche/offizielle Verlautbarung, ~ Erklärung, dienstliche Äußerung; **opening s.** einleitende Erklärung; **operational s.** Leistungsübersicht *f*; **overall s.** Gesamtausweis *m*; **periodic s.** Periodenbilanz *f*, P.rechnung *f*; **procedural s.** ▫ Anweisung *f*; **public s.** öffentliche Erklärung/Verlautbarung; **qualifying s.** berichtigende Erklärung; **quarterly s.** Vierteljahresabschluss *m*, V.bericht *m*, Quartalsbericht *m*, Q.abrechnung *f*, Q.ausweis *m*; **reasoned s.** begründete Erklärung; **relevant s.s** rechtserhebliche Angaben; **six-column s.** Sechsspaltenausweis *m*; **special s.** Sonderbilanz *f*; **statistical s.** statistische Aufstellung; **subtract s.** ▫ Subtraktionsanweisung *f*; **supplementary s.** Ergänzungsbilanz *f*; **sweeping s.** pauschale Äußerung, zu stark verallgemeinernde/weitreichende Erklärung; **sworn s.** eidliche Erklärung; **truthful s.** wahrheitsgetreue Angaben; **unsworn s.** unbeeidete/uneidliche/nichteidliche Aussage; **verbal s.** mündliche Darlegung/Erklärung; **voluntary s.** aus freiem Entschluss abgegebene Erklärung; **written s.** schriftliche Erklärung
statement analysis Bilanzanalyse *f*; **s. date** Stichtag des

Auszugs; **s. function** Aussagefunktion *f*; **s. heading** Bilanzschema *nt*; **s. printer** Kontoauszugs-, Belegdrucker *m*
state minister Landesminister *m [D]*; **s. monopoly** Staatsmonopol *nt*, Regal *nt*; **s. note** Staatsschuldschein *m*; **s. occasion** 1. Staatsanlass *m*, S.feierlichkeit *f*; 2. besondere Gelegenheit, besonderer Anlass; **s. office** Landesamt *nt [D]*; **s. statistical office** statistisches Landesamt *[D]*; **s. official** Beamter *m*, Beamtin *f*; **s.-of-the-art** *adj* (hoch-/hyper-/ultra)modern, allerneu(e)st, dem Stand der Technik entsprechend; **s. ordinance** Landesverordnung *f [D]*; **s. organ** staatliches Organ; **s.-owned** *adj* staats-, landeseigen, im Staatsbesitz/S.eigentum, in Staatshand, in staatlichem Besitz; **to be s.-owned** dem Staat gehören; **s. ownership** Staatseigentum *nt*, S.besitz *m*; **s. parameter** Zustandsparameter *m*; **s. participation** staatliche Beteiligung; **s. pension** 1. Staatspension *f*, staatliche Altersversorgung; 2. *[GB]* Volks-, Einheits-, Sozialrente *f*; **s. pensioner** Staatsrentner *m*, S.pensionär *m*; **s. pension fund** staatliche Rentenkasse; **~ scheme** staatliche Altersversorgung; **s. planning** staatliche (Wirtschafts)Planung; **s. police** Staatspolizei *f*; **s. president** Staatspräsident *m*; **s. prison** Staatsgefängnis *nt*; **s. probability** Zustandswahrscheinlichkeit *f*; **s. property** Staatseigentum *nt*, S.gut *nt*, öffentliches Eigentum, staatlicher Besitz; **s. radio** Staatsrundfunk *m*; **s. railway** Staatsbahn *f*; **s. reception** Staatsempfang *m*; **s. recognition** staatliche Anerkennung; **s. religion** Staatsreligion *f*; **S. Reserve Scheme** *[GB]* staatliche Ergänzungsversicherung; **s.room** *n* ⚓ Luxuskabine *f*; **s.-run** *adj* vom Staat finanziert/unterhalten, staatlich betrieben; **partly s.-run** halbstaatlich; **s. scholarship** Staatsstipendium *nt*; **s. school** staatliche/öffentliche Schule; **s. seal** Staatssiegel *nt*; **s. secret** Staatsgeheimnis *nt*; **s. secretary** Staatssekretär *m*; **s. sector** staatlicher Sektor; **s. security** Staatssicherheit *f*, S.schutz *m*; **s. securities** Bundes-, Staatsanleihen; **s. security police** Staatssicherheitsdienst *m [DDR]*; **s. service** Staatsdienst *m*; **s. servitude** [§] *(internationales Recht)* staatliche Dienstbarkeit
statesman *n* Staatsmann *m*; **s.like** *adj* staatsmännisch; **s.ship** *n* Staats-, Regierungskunst *f*
state socialism Staatssozialismus *m*; **s.-subsidized** *adj* öffentlich/staatlich subventioniert, ~ unterstützt, ~ gefördert; **s. subsidy** staatliche Subvention, Staatszuschuss *m*; **s. supervision** Staatsaufsicht *f*; **~ of local authorities** Kommunalaufsicht *f*; **s. support** staatliche Unterstützung; **s. takeover** Übernahme durch den Staat; **s. tax** 1. Staats-, Landessteuer *f [D]*; 2. *[US]* einzelstaatliche Steuer; **s. taxation authorities** Länderfinanzverwaltung *f [D]*
state trading Staatshandel *m*, staatlicher Handel; **~ company** staatliche Handelsgesellschaft; **~ country** Staatshandelsland *nt*; **~ enterprise** staatliches Handelsunternehmen; **~ territory** Staatshandelsgebiet *nt*
state trial [§] Staats-, Hochverratsprozess *m*; **s. administrative tribunal** Landesverwaltungsgericht *nt [D]*; **s. variable** Zustandsvariable *f*; **s. visit** Staatsbesuch *m*; **s.-wide** *adj* landesweit

static *adj* statisch, feststehend; **to be/remain s.** stagnieren
statics *n* 1. Statik *f*, statische Analyse; 2. *[US]* atmosphärische Störung(en); **comparative s.** komparative Statik
station *n* 1. Station *f*, Stelle *f*; 2. 🚉 Bahnhof *m*; 3. (Rundfunk)Sender *m*; 4. Stand *m*, Rang *m*, Stellung *f*, Position *f*; 5. *(Polizei)* Revier *nt*; 6. Abfertigungsstelle *f*; **off s.** nicht auf Station; **on s.** auf Station; **s. of destination** Bestimmungsbahnhof *m*; **~ dispatch** Versand-, Absendestelle *f*; **free s.** frei Station/Bahnhof; **suitable to one's s.** standesgemäß; **to be left at s. until called for** bahnlagernd; **to call at every s.** an jedem Bahnhof halten; **to meet so. at the s.** jdn vom Bahnhof abholen
central station 1. 🚉 Hauptbahnhof *m*; 2. 🖥 Leitstation *f*; 3. Schaltzentrale *f*; **coal-fired s.** Kohlekraftwerk *nt*; **electricity-generating s.** Elektrizitätswerk *nt*, Kraftwerk *nt*; **experimental s.** Versuchsabteilung *f*; **intermediate s.** Zwischenstation *f*; **main s.** 🚉 Hauptbahnhof *m*; **manned s.** bemannte Station; **marine s.** (See)Hafenbahnhof *m*; **meteorological s.** meteorologische Station, Wetterstation *f*; **monitoring s.** Messwarte *f*; **postal s.** *[US]* Zweigpostamt *nt*, Postnebenstelle *f*; **primary s.** Primärstation *f*; **private s.** Privatsender *m*, privater Sender; **receiving s.** Empfangsstation *f*; **remote s.** 🖥 Ferndatenstation *f*; **through s.** 🚉 Durchgangsstation *f*, D.bahnhof *m*
station *v/t* 1. postieren, aufstellen; 2. 🪖 stationieren
stationary *adj* 1. gleichbleibend, stationär, (fest)stehend, unverändert, ruhend, ortsfest, o.gebunden, unbeweglich; 2. 🚗 parkend, *(Verkehr)* ruhend; **to remain s.** unverändert bleiben/sein
station bookshop Bahnhofsbuchhandlung *f*; **s. building** Bahnhofs-, Empfangs-, Stationsgebäude *nt*
stationer *n* Papier-, Schreibwarenhändler *m*; **s.'s (shop)** Papier-, Schreibwarenhandlung *f*, S.geschäft *nt*, Papiergeschäft *nt*; **S.'s Company** *[GB]* Börsenverein des Buchhandels *[D]*
stationery *n* Schreib-, Bürobedarf *m*, B.material *nt*, Briefpapier *nt*, Papier-, Schreibwaren *pl*; **fanfold s.** Leporello-Endlospapier *nt*; **lightweight s.** dünnes Briefpapier; **s. articles** Schreibbedarf *m*; **s. shop** *[GB]* / **store** *[US]* Papier(waren)geschäft *nt*, P.handlung *f*
station hotel Bahnhofshotel *nt*; **s. house** *[US]* 1. Feuerwache *f*; 2. (Polizei)Revier *nt*; **s. identification** 🖥 Stationsbestimmung *f*
stationing Stationierung *f*
station|master *n* 🚉 Bahnhofs-, Stationsvorsteher *m*; **to be called for at s. office** bahnpostlagernd; **s. restaurant** Bahnhofsgaststätte *f*; **s.-to-s.** *adj* von Bahnhof zu Bahnhof; **s. wagon** *[US]* 🚗 Kombi(wagen) *m*
statism *n* Staatswirtschaftsprinzip *nt*
statistic *n* 1. Statistik *f*; 2. ▦ statistische Maßzahl; **ancillary s.** Hilfsmaßzahl *f*; **derived s.** abgeleitete Maßzahl; **inefficient s.** unwirksame statistische Maßzahl, ineffiziente Maßzahl; **optimum s.** beste statistische Maßzahl
statistical *adj* statistisch(-technisch); **S. and Tariff Classification for International Trade (CST)** Internationales Warenverzeichnis für Außenhandel (CST)

statistician n Statistiker m
statistics n 1. Statistik f, statistische Daten/Methodenlehre; 2. Statistiken pl, Erhebungen pl, Zahlenmaterial nt; **s. by countries/states** Länderstatistik f; **to collate s.** Statistiken vergleichen; **to compile s.** Statistiken zusammenstellen, Statistik aufstellen; **to evaluate s.** Statistik auswerten; **to harmonize s.** Statistiken angleichen; **to support by s.** statistisch belegen/untermauern **actuarial statistics** Versicherungsstatistik f; **agricultural s.** Agrarstatistik f; **attribute-based s.** homograde Statistik; **commercial s.** Handelsstatistik f; **demographic s.** Bevölkerungsstatistik f; **derived s.** Sekundärstatistik f; **economic s.** Konjunktur-, Wirtschaftsstatistik f; **environmental s.** Umweltstatistik f; **federal s.** Bundesstatistik f; **~ office** Statistisches Bundesamt [D]; **financial s.** Finanzstatistik f; **inductive s.** induktive Statistik; **industrial s.** Gewerbe-, Industriestatistik f; **inferential s.** schließende/analytische/induktive Statistik; **monetary s.** währungsstatistische Daten, Währungsstatistik f; **non-parametric s.** verteilungsfreie Statistik; **official s.** amtliche Statistik; **occupational s.** Berufsstatistik f; **operational s.** Betriebsstatistik f; **popular s.** Bevölkerungsstatistik f; **primary s.** Primärstatistik f; **quarterly s.** Quartalsstatistik f; **social/sociological s.** Sozialstatistik f; **vital s.** Bevölkerungsstatistik f
status n 1. soziale Stellung, Status m, Rang m; 2. (Rechts)Stellung f, Rechtsverhältnisse pl; 3. (geschäftliche) Lage
status of affairs (Konkurs) Inventar-, Masseverzeichnis nt, Konkurs-, Liquidations-, Vergleichsbilanz f, Konkurs-, Finanz-, Vergleichsstatus m, Vermögensaufstellung f, V.übersicht f; **~ the case** [§] Aktenlage f; **autonomous ~ a county/district** Kreishoheit f [D]; **s. as (salaried) employee** Angestelltenverhältnis nt; **special legal s. of foreigners** Ausnahmerecht fremder Staatsangehöriger; **s. in law** Rechtscharakter m; **s. of a public official** Beamtenstatus m B.verhältnis nt; **~ ownership** Eigentumsverhältnis(se) nt/pl; **~ marital property** güterrechtliche Stellung; **residential s. for tax (purposes)** Steuerwohnsitz m
to acquire the status of originating products (EU) Ursprungseigenschaft erwerben; **to grant international s.** internationalisieren
associate status Assoziiertenstatus m; **to hold ~ s.** assoziiert sein; **civil s.** Personen-, Familienstand m; **civil s.** Zivilstand m; **competitive s.** Konkurrenzfähigkeit f; **consular s.** Konsularstatus m; **equal s.** gleicher Rang; **of ~ s.** gleichrangig; **European s.** europäischer Status; **financial s.** Vermögenslage f, Finanzstatus m, F.lage f; **legal s.** Rechtsstand m, R.fähigkeit f, R.zustand m, R.persönlichkeit f, R.status m, R.stellung f, R.lage f, rechtlicher/gesetzlicher Status, rechtliche Eigenschaft; **to have ~ s.** rechtsfähig sein; **private ~ s.** privatrechtliche Stellung; **~ s. case** [§] Statussache f; **marital s.** Zivil-, Familien-, Personen-, Ehestand m; **married s.** ehelicher Status; **national s.** Staatsangehörigkeit f, Landeszugehörigkeit f; **occupational s.** Berufsstellung f; **pecuniary s.** Vermögensstand m; **personal s.** Personen-, Familienstand m; **~ case** [§] Statussache f; **~ judg-**

ment Statusurteil nt; **professional s.** Berufsstellung f, B.stand m; **semi-government s.** halbstaatlicher Status; **social s.** gesellschaftlicher Status, gesellschaftliche Stellung; **special s.** Sonderstatus m
status agency (Kredit)Auskunftei f; **~ report** Auskunfteibericht m; **s.-conscious** adj statusbewusst; **s. enquiry/inquiry** (Bitte um) Kredit-/Vermögensauskunft, Status-, Bonitätsprüfung f, Anfrage wegen Kreditfähigkeit; **~ agency** Finanzauskunftei f; **s. line** ▫ Statuszeile f; **s.-mindedness** n Repräsentationsdenken nt; **s. question** Statusfrage f; **s. quo (ante)** (lat.) ursprünglicher Zustand, Status quo (ante) (lat.), vorheriger Zustand; **s. report** 1. Fortschritts-, Lage-, Zustandsbericht m; 2. Finanz-, Kredit-, Handelsauskunft f, Auskunft über Kreditwürdigkeit, Bericht einer Auskunftei; **s. seeking** Geltungsbedürfnis nt; **s.-seeking** adj geltungsbedürftig; **s. symbol** Statussymbol nt
statusy adj (coll) geltungsbedürftig
statute n Gesetz(esbestimmung) nt/f, G.esvorschrift f, Satzung f, (Rechts)Statut nt, Parlamentsakte f; **s.s** Satzung f, Statuten (pl); **by s.** gesetzlich, satzungsmäßig; **contrary to the s.s** satzungswidrig
statute of bankruptcy Konkursordnung f; **~ descent** Erbfolgeordnung f; **~ distributions** [US] Nachlassordnung f; **~ frauds** [US] Gesetz zur Vermeidung von Arglist und Betrug; **s. concerning the judiciary** Richtergesetz nt; **s.s at large** amtliche Gesetzessammlung, Wortlaut der Gesetze, Bundesgesetzblatt nt [D]
statute of limitation(s) [§] Verjährungsgesetz nt, (Gesetz über) Verjährung, V.sfrist f; **subject to the ~ l.** verjährbar; **not subject to the ~ l.** unverjährbar; **to bar/toll the ~ l.** Verjährung hemmen/unterbrechen; **to be subject to/to fall under the ~ l.** verjähren, der Verjährung unterliegen; **to plead the ~ l.** Verjährung geltend machen/einwenden, Verjährungseinwand erheben, Einrede der Verjährung geltend machen; **to waive the ~ l.** auf Geltendmachung der (bereits eingetretenen) Verjährung verzichten
statute on matrimonial property rights gesetzliches Güterrecht; **laid down by s.** gesetzlich verankert; **to comply with the s.s** Satzung erfüllen
amending statute Novelle f; **declaratory s.** Ausführungsbestimmung f; **electoral s.** Wahlordnung f; **general s.** Hauptsatzung f; allgemein verbindliches Gesetz; **local s.(s)** Ortsstatut nt, O.satzung f, Gemeindestatut nt, G.ordnung f, autonome Satzung; **mandatory s.** zwingendes Gesetz; **matrimonial s.s** [§] Ehegesetz(e) nt/pl; **negative s.** Verbotsgesetz nt; **organizing s.** Organisationsstatut nt; **penal s.** Strafgesetz nt, S.bestimmung f; **special ~ s.** Spezialstrafgesetz nt; **personal s.** Personalstatut nt; **private s.** Spezialgesetz nt, interne Bestimmung; **public s.** allgemein verbindliches Gesetz; **real s.** Realstatut nt, Grundstücksrecht nt; **regulatory s.** Ausführungsbestimmung f, A.gesetz nt, A.verordnung f; **remedial s.** Abhilfegesetz nt; **repealing s.** aufhebendes Gesetz; **restraining s.** einschränkende Verordnung; **special s.** Sonderstatut nt, S.gesetz nt; **temporary s.** befristetes Gesetz; **validating s.** Ratifizierung f

statute-barred *adj* verjährt, erloschen; **to become s.-b.** verjähren

statute book Gesetzbuch *nt*, Gesetzessammlung *f*; **to be on the s. b.** rechtskräftig sein; **to go onto the s. b.** Gesetzeskraft erhalten/erlangen

statute labour Fron(dienst) *f/m*, Fronde *f*; **s. law** Gesetzesrecht *nt*, geschriebenes Gesetz/Recht, kodifiziertes Recht; **s. mile** britische Meile *(1609,34 m)*; **s.-run** *adj* verjährt

statutory *adj* gesetzlich (verankert/vorgeschrieben), statuten-, satzungsgemäß, vorschrifts-, satzungsmäßig, Pflicht-, Zwangs-

stave off *v/t* 1. hinhalten; 2. abweisen, abwehren; 3. verhindern, abwenden

stay *n* 1. Aufenthalt *m*; 2. ⚓ Strebe *f*; 3. §̄ Aussetzung *f*, Suspendierung *f*, Aufschub *m*, Einstellung *f*

stay of eviction Räumungsaufschub *m*; **~ execution** §̄ Vollstreckungseinstellung *f*, V.aufschub *m*, V.aussetzung *f*, Aussetzung/Aufschub der Vollstreckung, Strafaufschub *m*, S.aussetzung *f*, Unterbrechung des Strafvollzugs, Sistierung *f*; **~ execution for good behaviour** Aussetzung des Strafverfahrens bei guter Führung; **to grant (a) ~ execution** Zwangsvollstreckung aussetzen, Einstellung der Vollstreckung anordnen; **s. in a health resort** Kuraufenthalt *m*; **temporary s. of an order** befristete Aussetzung eines Gerichtsbeschlusses; **s. of the period of limitation** §̄ Hemmung der Verjährung; **~ proceedings** einstweilige Verfahrenseinstellung, Verfahrensaussetzung *f*, Aussetzung/Einstellung/Sistierung des Verfahrens; **provisional ~ the proceedings** einstweilige Einstellung *f*; **~ prosecution** Ruhen eines Strafverfahrens

brief stay Kurzaufenthalt *m*, kurzer Aufenthalt; **extended s.** langer Aufenthalt; **overnight s.** Übernachtung *f*, Nächtigung *f*; **temporary s.** vorübergehender Aufenthalt; **transitory s.** Zwischenaufenthalt *m*

stay *v/ti* 1. verweilen, bleiben, wohnen; 2. §̄ *(Verfahren)* einstellen, aussetzen, suspendieren, aufhalten, sistieren; **s. away** fern-, fort-, wegbleiben; **s. behind** zurückbleiben; **s. down** *(Schule)* sitzen bleiben; **to be there to s.** Bestand haben, von Dauer sein; **s. even** Besitzstand wahren; **s. in** zu Hause bleiben; **s. indoors** Zimmer hüten; **s. on** bleiben; **s. overnight** übernachten, nächtigen; **s. put** *(coll)* an Ort und Stelle bleiben, sich nicht bewegen/rühren, ~ vom Fleck rühren *(coll)*

stay up aufbleiben; **s. with so.** bei jdm zu Gast sein

stay abroad Auslandsaufenthalt *m*; **s.-at-home** *n* Stubenhocker *m (coll)*

staying power *n* (Durch)Stehvermögen *nt*, Ausdauer *f*, Standfestigkeit *f*; **to have no s. p.** kurzen Atem haben *(fig)*

stay rope Halteseil *nt*

to stand so. in good stead *n* jdm gut zustatten kommen

steadfast *adj* fest, beständig, standhaft, unentwegt, unbeirrt, unerschütterlich, beharrlich, unverbrüchlich; **s.ness** *n* Festigkeit *f*, Beharrlichkeit *f*

steadiness *n* Stetigkeit *f*, Konstanz *f*; **s. of prices** Preis-, Kursstabilität *f*

steady *v/ti* 1. (sich) festigen, (sich) stabilisieren, sich behaupten, (sich) verstetigen; 2. ⚓ auf Kurs halten

steady *adj* 1. ruhig; 2. stetig, konstant, gleich bleibend, kontinuierlich, ununterbrochen, (be)ständig; 3. zuverlässig, (stand)fest, solide; 4. *(Börse)* fest, behauptet, gehalten; **to hold/remain s.** *(Preis)* sich behaupten, sich gut halten, stabil bleiben; **barely s.** *(Börse)* knapp behauptet; **quietly s.** *(Börse)* ruhig und gehalten

steadying *n* Beruhigung *f*; **s. of business activity** Konjunkturberuhigung *f*; **~ prices** Preisberuhigung *f*, Beruhigung des Preisklimas; **~ the tone** *(Börse)* Tendenzbesserung *f*, Stabilisierung *f*

steal *v/t* stehlen, entwenden, klauen *(coll)*; **s. away** sich fortschleichen/davonmachen; **s. from so.** jdn bestehlen

stealing *n* Diebstahl *m*, Entwendung *f*; **s. from a dead body** Leichenfledderei *f*; **s. for temporary use** Gebrauchsdiebstahl *m*

stealth *n* Heimlichkeit *f*, Geheimnistuerei *f*; **s.y** *adj* verstohlen, (klamm)heimlich

steam *n* (Wasser)Dampf *m*; **under one's own s.** *(fig)* allein, aus eigener Kraft, ohne (fremde) Hilfe; **to blow/let off s.** *(fig)* seinem Herzen Luft machen, Dampf ablassen *(fig)*; **to gather s.** *(fig)* in Bewegung geraten, in Schwung kommen, wachsen, zunehmen; **to let/take the s. out of sth.** *(fig)* die Luft aus etw. herauslassen *(fig)*, den Wind aus den Segeln nehmen *(fig)*; **to run out of s.** *(fig)* (an) Schwung verlieren; **full s.** 1. *(fig)* Vollgas *nt (fig)*; 2. ⚓ Volldampf *m*; **at ~ s.** mit Volldampf; **~ s. ahead** ⚓ Volldampf/volle Kraft voraus; **~ s. astern** ⚓ Volldampf/volle Kraft zurück

steam *v/i* dampfen; **s. ahead** gut vorankommen; **s. off** 1. mit Dampf entfernen; 2. losdampfen; **s. over/up** *(Fenster)* beschlagen

steam|boat *n* ⚓ Dampfer *m*, Dampfschiff *nt*; **s. boiler** ⚙ Dampfkessel *m*; **~ insurance** Dampfkesselversicherung *f*; **s. coal** Kraftwerks-, Kesselkohle *f*; **s. container** Dampfbehälter *m*, D.gefäß *nt*; **s. engine** 1. ⚙ Dampfmaschine *f*; 2. 🚂 Dampflokomotive *f*

steamer *n* ⚓ Dampfer *m*; **s. pays dues (s.p.d.)** alle Abgaben werden vom Schiff getragen; **express s.** Schnelldampfer *m*; **ocean-going s.** Ozean-, Überseedampfer *m*

steam hammer Dampfhammer *m*; **to use a ~ hammer to crack a nut** *(fig)* mit Kanonen auf Spatzen schießen *(fig)*; **s. heating** Dampfheizung *f*; **s. navigation** ⚓ Dampfschifffahrt *f*; **~ company** Dampfschifffahrtsgesellschaft *f*; **s. power** Dampfkraft *f*; **~ station** Dampfkraftwerk *nt*; **s. pressure** Dampfdruck *m*; **s. pump** Dampfpumpe *f*

steamroller *n* Dampfwalze *f*; *v/t* 1. plattwalzen; 2. *(fig)* überfahren; **s. sth. through** etw. durchpeitschen/durchboxen

steamship (SS) *n* ⚓ Dampfschiff *nt*, Dampfer *m*; **s. company** Schifffahrtsgesellschaft *f*, Reederei *f*; **s. conference** Schifffahrtskonferenz *f*; **s. line** Dampferlinie *f*

steam tug ⚓ Schleppdampfer *m*; **s. turbine** Dampfturbine *f*; **s. vessel** Dampfbehälter *m*, D.gefäß *nt*

steel *n* 📎 Stahl *m*; **s.s** *(Börse)* Stahlaktien, S.werte, Montanaktien, M.werte; **cast s.** Gussstahl *m*; **crude s. Rohstahl** *m*; **~ capacity** Rohstahlkapazität *f*; **~ output** Rohstahlproduktion *f*; **~ production** Rohstahlerzeugung *f*

fine/high-grade/special steel ⌀ Edelstahl *m*; ~ **plant** Edelstahlwerk *nt*; **high-tensile s.** Tiefziehqualität *f*; **laminated s.** Verbundstahl *m*; **reinforcing/structural s.** ⌂ Baustahl *m*; **rolled s.** Walzstahl *m*; ~ **deliveries** Walzstahlversand *m*; ~ **office** Wahlzstahlkontor *nt*; **stainless s.** rostfreier/nicht rostender Stahl, Nirostastahl *m*; **structured s.** Profilstahl *m*; **tubular s.** Stahlrohr *nt*; ~ **furniture** Stahlrohrmöbel *pl*
steel baron Stahlbaron *m*; **s. boom** Stahlkonjunktur *f*; **s. cabinet** Stahlschrank *m*; **s. cartel** Stahlkartell *nt*; **s. coil** Walzstahlrolle *f*, Coil *m*; **s. company** Stahlfirma *f*, S.unternehmen *nt*; **s. complex** integriertes Stahlwerk, Stahl-, Hüttenkombinat *nt*; **s. consortium** Stahlkonsortium *nt*; **s. construction** Stahlbau *m*, S.konstruktion *f*; **s. and light metal construction** Stahl- und Leichtmetallbau *m*; **s. consumer** Stahlverbraucher *m*; **s. consumption** Stahlverbrauch *m*; **s. crisis** Stahlkrise *f*; **s. forming** Stahlverformung *f*; **s. furniture** Stahlmöbel *pl*; **s. girder** ⌂ Stahlträger *m*; ~ **construction** Stahlbau *m*; **s. group** Stahl-, Montankonzern *m*; **s. helmet** Stahlhelm *m*; **s. industry** Stahlindustrie *f*, S.sektor *m*, S.branche *f*; **s.maker** *f* Stahlerzeuger *m*, S.hersteller *m*, S.kocher *m* *(coll)*, S.produzent *m*
steel making ⌀ Stahlherstellung *f*, S.erzeugung *f*; **s.-m. capacity** Stahlkapazität *f*; ~ **shop** Stahlwerk *nt*
steel mill ⌀ Stahl-, Hüttenwerk *nt*; **s. output** Stahlproduktion *f*; ~ **limitation** Stahlkontingentierung *f*; **s. plant** Stahl-, Hüttenwerk *nt*; **s. plate** Stahlpanzerung *f*; **s.-plated** *adj* stahlgepanzert; **s.-processing** *adj* stahlverarbeitend; **s. producer** Stahlproduzent *m*; **s. product** Stahlerzeugnis *nt*; **s. production** Stahlproduktion *f*, S.herstellung *f*, S.erzeugung *f*; ~ **plant** Stahl-, Hüttenwerk *nt*, Stahlproduktions-, Stahlerzeugungsanlage *f*; **s. quota** Stahlkontingent *nt*; **s. rolling mill** Stahlwalz-, Walzstahlwerk *nt*; **s. shares** *[GB]* Stahlwerte, S.aktien; **s. sheet** Stahlblech *nt*; **s. shortage** Stahlknappheit *f*; **s. skeleton** Stahlgerippe *nt*; **s. stocks** 1. *[US]* Stahlwerte, S.aktien; 2. Stahllager *nt*; **s. stockholder/stockist** Stahllagerist *m*, Stahl(groß)händler *m*; **s. strapping** Bandeisenverschluss *m*, B.eisensicherung *f*; **s. supply** Stahllieferung *f*; **s. trade** Stahlhandel *m*; **wholesale s. trade** Stahlgroßhandel *m*; **s. trading** Stahlhandel *m*; **s. tube** Stahlrohr *nt*; **s. tycoon** Stahlbaron *m*; **s. user** Stahlverarbeiter *m*, S.verbraucher *m*; **s.-using** *adj* stahlverarbeitend; **s. wholesaler** Stahlgroßhändler *m*; **s. wire** Stahldraht *m*; **s. worker** Stahl-, Hüttenarbeiter *m*; **s.works** *n* Stahl-, Hüttenwerk *nt*
steep *adj* 1. steil, abschüssig, schroff; 2. *(Preis)* gepfeffert *(coll)*, gesalzen *(coll)*, unverschämt
steer *v/t* steuern, lenken, dirigieren; **s. clear of so.** *(coll)* jdn meiden; ~ **sth.** *(coll)* sich von etw. fern halten, etw. umgehen/vermeiden
steerage *n* ⌂ Zwischendeck *nt*
steering *n* 1. Steuern *nt*, Steuerung *f*; 2. ⚙ Lenkung *f*; 3. Lenkverhalten *nt*; **s. of capacities** Kapazitätslenkung *f*; ~ **demand** Nachfrageregulierung *f*, N.lenkung *f*; **left-hand s.** ⚙ Linkssteuerung *f*; **right-hand s.** Rechtssteuerung *f*; **s. capacity/function** Lenkungsfunktion *f*; **s. column** ⚙ Lenksäule *f*; **s. committee** Geschäftsführungs-, Lenkungs-, Organisations-, Steuerungsausschuss *m*, leitender/vorbereitender Ausschuss; **s. wheel** ⚙ Steuer(rad) *nt*, Lenkrad *nt*; **s. (wheel) lock** Lenkradschloss *nt*
stellionate *n* betrügerische Mehrveräußerung
stem *n* 1. ♃ Stiel *m*, Stamm *m*; 2. ⚓ (Vorder)Steven *m*
stem *v/t* eindämmen, ein-, aufhalten, Einhalt gebieten, zum Stillstand bringen; **s. from** aus etw. stammen, von/aus etw. herrühren; **s. sth.** einer Sache entgegenwirken
stench *n* übler/unangenehmer Geruch, Gestank *m*
stencil *n* 1. Schablone *f*; 2. ⎙ (Vervielfältigungs-/Wachs)Matrize *f*, Matrizenabzug *m*, Wachsplatte *f*; **to mark with a s.** mit Schablone beschriften, auf Matrize schreiben
stencil *v/t* auf Matrizen schreiben; **s. cutting** Matrizenschreiben *nt*; **s.-duplicated** *adj* mit Matrize vervielfältigt; **s. duplicator** Matrizen-, Schablonenvervielfältiger *m*; **s. paper** Matrizen-, Schablonenpapier *nt*
steno|graph *n* Stenogramm *nt*, stenografische Aufzeichnung *f*; **s.grapher** *n* Stenograf(in) *m/f*, **s.graphic** *adj* stenografisch; **s.graphy** *n* Stenografie *f*, Kurzschrift *f*; **s. pad** Stenoblock *m*; **s.type (machine)** *n* Stenografiermaschine *f*
stent *n* ⚕ Stent *nt*
step *n* 1. Schritt *m*, Tritt *m*; 2. *(fig)* (Arbeits)Schritt *m*, Abschnitt *m*; 3. Maßnahme *f*; 4. (Treppen)Stufe *f*; 5. Gehaltsstufe *f*; **s.s** Treppe *f*; **in s.** synchron, im Gleichlauf/G.schritt; ~ **with** in Einklang mit; **out of s.** außer Tritt; **s. in the right direction** Schritt in die richtige Richtung; **s.s in this direction** diesbezügliche Schritte; **s. up the ladder** *(fig)* Schritt zum Erfolg; **s. in the proceedings** [§] Prozesshandlung *f*; **s. by s.** Zug um Zug, Schritt für Schritt, stufen-, schrittweise
to be a step forward einen Fortschritt darstellen; ~ **a major s. forward** einen großen Fortschritt bedeuten; ~ **out of s.** nicht mit der Zeit gehen; ~ **one or two s.s ahead** die Nase vorn haben *(coll)*, um eine Nasenlänge voraus sein *(coll)*; **to fall into s.** ⚓ Tritt fassen; **to follow in so.'s s.s** in jds Fußstapfen treten; **to involve an inventive s.** auf einer erfinderischen Tätigkeit beruhen; **to keep in s. (with)** Schritt halten (mit), Schulterschluss wahren *(fig)*; **to progress in s.** im gleichen Tempo vorwärtsgehen; **to resort to s.s** zu Maßnahmen Zuflucht nehmen; **to take s.s** Schritte unternehmen/einleiten, Maßnahmen/Vorkehrungen treffen, Mittel ergreifen; ~ **drastic s.s** energisch vorgehen; ~ **further s.s** weitere Schritte unternehmen; ~ **immediate s.s** umgehend Schritte ergreifen; ~ **legal s.s** gerichtliche Schritte unternehmen, belangen; ~ **the necessary s.s** erforderliche Maßnahmen treffen, das Nötige/Erforderliche veranlassen
appropriate step geeignete Maßnahme, geeignetes Mittel; **to take the ~ s.s** das Nötige/Erforderliche veranlassen; **first s.** erster Schritt, Auftakt *m*; **giant s.** Riesenschritt *m*; **immediate s.s** Sofortmaßnahmen; **investigative s.s** Untersuchungsmaßnahmen; **legal s.s** juristische Schritte; **to refrain from taking ~ s.s** von einer Klage absehen; **preliminary s.s** einleitende

Schritte; **rash s.** übereilte Maßnahme; **retrograde s.** Rückschritt *m*
step down *v/i* Amt niederlegen, ab-, zurücktreten, ausscheiden, in Pension gehen; **s. in** 1. eintreten; 2. stellvertretend amtieren; 3. intervenieren; **~ for so.** für jdn einspringen; **s. on it** *(coll)* ⇨ auf die Tube drücken *(coll)*; **s. up** steigern, intensivieren, ankurbeln, ausweiten, erhöhen, forcieren
step back Rückschritt *m*
stepbrother *n* Stiefbruder *m*
step-by-step *adj* schrittweise, nach und nach; **~ approach** Politik der kleinen Schritte; **~ performance** Leistung Zug um Zug; **~ reduction** schrittweiser Abbau; **~ removal** *(Kontrollen)* schrittweise Beseitigung, schrittweiser Abbau
step counter Schrittzähler *m*
stepfather *n* Stiefvater *m*
step-ladder *n* Steh-, Treppenleiter *f*; **~ method** Treppen-, Stufenleiter-, Kostenstellenumlageverfahren *nt*
stepmother *n* Stiefmutter *f*
stepping stone *n* 1. Trittstein *m*; 2. *(fig)* Sprungbrett *nt (fig)*
step rate *(Vers.)* Stufensatz *m*
stepsister *n* Stiefschwester *f*
step-up *n* Anstieg *m*, Zunahme *f*
stereo *n* Stereo *nt*; **s. broadcast** Stereosendung *f*; **s.-phonic** *adj* stereofonisch; **s.phony** *n* Stereofonie *f*; **s. reception** Stereoempfang *m*; **s. recording** Stereoaufnahme *f*; **s. set** Stereoanlage *f*, S.gerät *nt*; **s. tape recorder** Stereobandgerät *nt*; **s.type(d)** *adj* stereotyp, formel-, klischeehaft, nach Schema F *(coll)*
sterile *adj* 1. steril, unfruchtbar; 2. *(fig)* nutzlos
sterilization *n* 1. ⚕ Sterilisierung *f*; 2. *(Geld)* Bindung *f*, Inaktivierung *f*; **s. of inflows** Stilllegung von Geldzuflüssen; **~ money** Geldstilllegung *f*
sterilize *v/t* 1. ⚕ sterilisieren, entkeimen; 2. *(Gelder)* neutralisieren; **s.d** *adj* keimfrei
sterilizing *adj* liquiditätsbindend
sterling *n* [GB] (Pfund)Sterling *m*; *adj* echt, unverfälscht, gediegen, vollwertig
sterling account Pfundkonto *nt*; **s. area** Sterlingblock *m*, S.gebiet *nt*, S.raum *m*, S.zone *f*; **~ non-resident** Sterlingausländer *m*; **s. balance** Sterlingguthaben *nt*, S.saldo *m*; **s. bloc** Pfund-, Sterlingblock *m*; **s. bond** Sterlingobligation *f*; **s. crisis** Pfundkrise *f*; **s. deposit** Pfundguthaben *nt*, Sterlingeinlage *f*; **s. loan** Pfundleihe *f*; **s. security** Sterlingwertpapier *nt*; **s. silver** Sterlingsilber *m*
stern *n* ⚓ Heck *nt*, Hinterschiff *nt*; **s. lantern** Hecklaterne *f*; **s. port** Heckkrampe *f*; **s.way** *n* Rückwärtsfahrt *f*, Fahrt achteraus; **s.-wheeler** *n* Heckraddampfer *m*
stevedore *n* ⚓ Be-, Entlader *m*, Hafen-, Kaiarbeiter *m*, Stauer *m*, Schauermann *m*; **s.s** Schauerleute; **s.'s certificate** Stauschein *m*; **s.s' foreman** Staumeister *m*
stevedoring *n* ⚓ Verladung *f*, Stauerei *f*; **s. company** Verlader *m*, Verladegesellschaft *f*
steward *n* 1. (Guts)Verwalter *m*; 2. (Platz-/Saal)Ordner *m*; 3. ✈ Steward *m*, Flugbegleiter *m*; **s.s' convenor/convener** Seniorbetriebsobmann *m*; **s.ess** *n* ✈ Stewardess *f*, Flugbegleiterin *f*

stewardship *n* Verwalteramt *nt*, (Guts)Verwaltung *f*; **s. of management** Unternehmensführung *f*; **financial s.** Vermögensverwaltung *f*; **s. account** Vermögensverwaltungskonto *nt*; **s. reporting** Rechnungslegung als Sachwalter Dritter
stick *n* 1. Stock *m*; 2. [US] Schlagstock *m*, Polizeiknüppel *m*; **s. and carrot** Zuckerbrot und Peitsche; **to be in a cleft s.** *(coll)* in der Klemme sitzen *(coll)*; **to get hold of the wrong end of the s.** *(coll)* etw. völlig missverstehen; **~ plenty of s.** *(coll)* sich einiges anhören müssen; **to give so. s.** *(coll)* jdn herunterputzen *(coll)*; **to use a s.** am Stock gehen; **clever s.s** *(coll)* Schlaumeier *m (coll)*
stick *v/ti* 1. (fest)kleben; 2. stecken; 3. haften, hängen bleiben; **s. at nothing** zu allem bereit sein, über Leichen gehen *(fig)*; **s. at** dranbleiben; **s. by sth.** zu etw. stehen; **s. on** aufkleben; **s. it out** bei der Stange bleiben, bis zum Ende durchhalten; **to make so. ~ out** jdn bei der Stange halten *(coll)*; **s. to sth.** bei einer Sache bleiben, etw. beibehalten; **~ it; s. with sth.** bei der Stange bleiben *(coll)*, bei etw. bleiben
sticker *n* 1. An-, Aufkleber *m*, (Auf)Klebezettel *m*, Haftetikett *nt*, gummiertes Etikett; 2. *(coll)* Ladenhüter *m (coll)*; **s. price** Listenpreis *m*, ausgezeichneter Preis
sticking plaster *n* ⚕ Heftpflaster *nt*; **s. point** kritischer/strittiger Punkt, Kasus knacktus *m (coll)*
stickler *n* Kleinigkeitskrämer *m*, Pedant *m*, Nörgler *m*, Paragrafenreiter *m*; **s. for ceremony/details** Formalist *m*; **to be a ~ detail(s)** *(coll)* es ganz genau nehmen, äußerst pingelig sein, sich mit Kleinigkeiten abgeben, sich um jede Einzelheit/jeden Dreck *(coll)* kümmern; **to be a ~ formalities** sehr auf Förmlichkeit aus sein
stick-on *adj* Aufklebe-; **s.-up** *n* [US] *(coll)* Raubüberfall *m*
sticky *adj* 1. klebrig, zäh; 2. schwierig, unangenehm, haarig *(coll)*; 3. *(coll)* *(Aktiva)* schwer verwertbar
stiff *adj* 1. steif, starr, fest, hart; 2. zäh, scharf, streng; 3. *(Markt)* stabil, unnachgiebig; 4. *(Preis)* hoch, gesalzen *(coll)*, überzogen; 5. *(Prüfung)* schwierig; 6. *(Strafe)* schwer
stiffen *v/ti* 1. versteifen, stärken; 2. fester werden, erstarren
stiffening *n* 1. Verhärtung *f*, Versteifung *f*; 2. Verschärfung *f*; 3. ⚙ Härtung *f*; **s. in loan conditions** Verschärfung der Anleihekonditionen; **s. of the market** Marktversteifung *f*; **~ prices** Anziehen der Preise
stigma *n* Schandmal *nt*, Stigma *nt*; **s. compensation/damages** [§] Verleumdungsentschädigung *f*
still *n* Destillierapparat *m*, Brennerei *f*; **illicit s.** Schwarzbrennerei *f*
still|**birth** *n* ⚕ Totgeburt *f*; **s.born** *adj* tot geboren
stimulant *n* 1. Anreiz *m*, Stimulans *m*, Auftriebsimpuls *m*, Konjunkturspritze *f*; 2. Aufputsch-, Anregungs-, Reizmittel *nt*, anregendes Mittel; **cardiac s.** ⚕ Kreislaufmittel *nt*
stimulate *v/t* 1. beleben, anregen; 2. ankurbeln, anheizen, anspornen, stimulieren, beflügeln, fördern, intensivieren
stimulating *adj* 1. belebend; 2. anregend, stimulierend

stimulation *n* 1. Anreiz *m*, Antrieb *m*, Stimulation *f*, Förderung *f*, Intensivierung *f*; 2. *(Wirtschaft)* Ankurbelung *f*; **s. of economic activity** Konjunkturanregung *f*, K.förderung *f*, Ankurbelung der Konjunktur; **~ demand** Nachfrageimpuls *m*, Ankurbelung der Nachfrage; **~ investment activity** Belebung der Investitionstätigkeit, Investitionsförderung *f*; **cyclical s.** Konjunkturförderung *f*
stimulative *adj* 1. belebend, anregend, stimulierend; 2. konjunkturfördernd
stimulus *n* Ansporn *m*, (An)Reiz *m*, Impuls *m*, Spritze *f* *(fig)*; **economic s.** Konjunkturanreiz *m*; **fiscal s.** fiskalischer/steuerlicher Anreiz; **inflatory stimuli** inflatorische Impulse, inflationistischer Auftrieb; **intellectual s.** geistige Anregung; **s. program(me)** (Konjunktur)Ankurbelungsprogramm *nt*
sting *n* *(Insekt/Nessel)* Stich *m*; **to take the s. out of sth.** *(fig)* etw. entschärfen
sting *v/t* stechen
stin|giness *n* Geiz *m*, Knauserigkeit *f*; **s.gy** *adj* geizig, knauserig; **to be s.gy** knausern
stink *v/i* stinken; **s. like hell** wie die Pest stinken
stink *n* 1. Gestank *m*; 2. *(fig)* Stunk *m (coll)*; **s.er** *(coll)* 1. *(Problem)* harte Nuss *(fig)*; 2. geharnischter Brief; **s.ing** *adj* stinkend
stint *n* 1. (bestimmtes Arbeits)Pensum; 2. Schicht *f*, Tagewerk *nt*; **daily s.** Tagespensum *nt*, T.routine *f*, tägliches Pensum
stint *v/t* knausern, sparen; **s. o.s. of sth.** sich etw. (vom Munde) absparen
stipend *n* 1. feste Bezüge; 2. Zuschuss *m*; **s.iary** *n* Stipendiat(in) *m/f*; *adj* besoldet, vergütet, bezahlt, honoriert
stipple *n* 𝄞 Punktschraffierung *f*
stipulate *v/t* sich (vertraglich) ausbedingen, (vertraglich) festlegen, festsetzen, vereinbaren, vorschreiben, ab-, ausmachen, zur Bedingung machen, bestimmen; **s. beforehand** vorausbedingen; **s. expressly** ausdrücklich festlegen/vereinbaren; **s. tacitly** stillschweigend vereinbaren; **s. in writing** schriftlich vereinbaren
stipulated *adj* vereinbart, ausgemacht, festgesetzt, kontraktlich, vorgesehen; **as s.** wie vereinbart; **s. by contract** vertraglich vereinbart
stipulation *n* 1. (vertragliche) Abmachung, (Vertrags)Bestimmung *f*, Vereinbarung *f*, (Vertrags)Klausel *f*, V.artikel *m*, (Aus-/Vor)Bedingung *f*, Auflage *f*, Fixierung *f*, Postulat *nt*, Vorschrift *f*; 2. [§] Gerichtsstandsklausel *f*, G.vereinbarung *f*, Parteiabrede *f*; 3. Übereinkunft *f*, Versprechen *nt*; **s.s** Vertragsbestimmungen; **on the s. that** unter der Bedingung, dass; **subject to express s.** vorbehaltlich ausdrücklicher Genehmigung
stipulation in advance Vorregelung *f*; **~ the articles of association** Satzungsvorschrift *f*; **s.s of a contract** Vertragsabreden; **s. to the contrary** gegenteilige Bestimmung, entgegengesetzte Klausel; **s. of payment** Zahlungsvereinbarung *f*, Vereinbarung über die Zahlungsmodalitäten; **~ a penalty** Vereinbarung einer Vertragsstrafe; **s. in restraint of trade** Konkurrenzklausel *f*; **s. as to time** Zeitabstimmung *f*

contractual stipulation Vertragsabrede *f*, V.bedingung *f*, Parteienvereinbarung *f*; **express s.** ausdrückliche Bedingung/Bestimmung; **restrictive s.** einschränkende Bedingung; **supplementary s.** Nebenvereinbarung *f*
stipulator *n* Vertragspartei *f*, Kontrahent *m*, vertragschließender Teil
stir *n* Aufsehen *nt*, Eklat *m (frz.)*; **to cause/create a s.** Aufsehen erregen, für Aufregung sorgen, Staub aufwirbeln *(fig)*; **to cause quite a s.** hohe Wellen schlagen *(fig)*
stir *v/ti* 1. wachrütteln; 2. sich regen/rühren; **s. up** aufreizen, aufputschen, aufrütteln, aufwiegeln, erregen
per stirpes *pl (lat.)* [§] *(Erbrecht)* nach Stämmen
stirring *adj (Rede)* zündend
stitch *n* Masche *f*; *v/t* nähen; **s. up** ✂ nähen; **s.ed** *adj* 𝄞 broschiert
stochastic *adj* ▦ stochastisch
stock → **share**
stock *n* 1. (Waren)Bestand *m*, Lager(bestand) *nt/m*, Vorrat *m*, Inventar *nt*; 2. (Roh)Material *nt*, Grundstoff *m*; 3. (Aktien-/Anleihe-/Betriebs-/Geschäfts-/Gesellschafts-/Grund-/Stamm)Kapital *nt*; 3. Wertpapier *nt*; 4. *[US]* (Bruchteils-/Quoten)Aktie *f*, Anteilspapier *nt*; **s.s** 1. Inventar *nt*, Vorräte, (Lager)Bestände, Vorrats-, Material-, Warenlager *nt*; 2. Effekten, Wertpapiere, Valoren, Werte; 3. *[US]* Aktien; 4. ⚓ Helling *f*, Baudock *nt*; **from s.** ab Lager; **in s.** auf Lager, vorrätig, lieferbar; **on the s.s** ⚓ auf Kiel; **out of s.** nicht auf/am Lager, nicht vorrätig, vergriffen
stock|s and bonds Aktien und Obligationen; **s. of books** Büchervorrat *m*; **~ capital** Kapitalstock *m*; **s.(s) on commission** Kommissionslager *nt*; **~ the dumps** Haldenbestand *m*; **s.(s) of imported goods** Importlager *nt*; **~ goods on hand** Bestand an Waren; **~ finished goods** Fertigwarenlager *nt*, Vorrat an Fertigerzeugnissen
stock(s) on/in hand 1. Vorratsvermögen *nt*, Vorräte *pl*, (End-/Lager-/Waren)Bestand *m*, Lagermaterial *nt*, Inventar *nt*, Vorratslager *nt*, verfügbare Ware; 2. Effektenbestand *m*; **actual ~ h.** Ist-Bestand *m*; **total ~ h.** Gesamtbestand *m*; **short of s.** *(Börse)* markteng
stock of materials Materialbestand *m*; **~ raw materials** Rohstofflager *nt*; **~ money** Zahlungsmittelbestand *m*; **s. and order cycle** Lager- und Auftragszyklus *m*; **s. of small parts** Handlager *nt*; **~ spare parts** Ersatzteillager *nt*; **s.s in process** in der Verarbeitung befindliches Material; **s. of finished products** Fertigwarenlager *nt*; **~ finished and unfinished products** Bestand an fertigen und unfertigen Erzeugnissen; **~ regular readers** Leserstamm *m*; **~ samples** Musterkollektion *f*; **s.s and shares** Wert-, Kapitalmarktpapiere, Aktien und Obligationen, Stücke, Effekten; **acquiring ~ shares** Wertpapiererwerb *m*; **s. of timber** Holzbestand *m*; **s. in transit** Transitbestand *m*; **~ treasury** *[US] (AG)* eigene Aktien; **s. at works** Werksbestand *m*
to absorb stock|s Wertpapiere aufnehmen; **to allot s.s** Aktien zuteilen; **to announce s.s** Aktien auflegen; **to apply for s.s** Aktien zeichnen; **to assign s.s** Aktien übertragen; **to be in s.** auf Lager sein; **~ long of s.** mit Aktien eingedeckt sein; **~ out of s.** *(Waren)* etw. nicht

mehr führen, ~ vorrätig haben, ~ auf Lager haben; ~ **saddled with s.**s auf Lagerbeständen sitzen; **to bear the s.** *(Börse)* Kurse drücken, Baisse herbeiführen; **to borrow s.** Aktien hereinnehmen; **to buy s.**s Aktien erwerben; ~ **for s.** auf Vorrat disponieren; **to call in s.**s Aktien einziehen; **to carry s.**s Konsignationslager unterhalten; ~ **in s.** auf Lager/vorrätig haben; ~ **over s.** Effekten vortragen; **to clear s.**s Bestände/Läger räumen; **to consolidate s.**s Aktien zusammenlegen; **to dabble in s.**s **and shares** ein bisschen an der Börse spekulieren; **to deliver from s.** vom/ab Lager liefern; **to dilute s.**s Aktienkapital verwässern; **to dispose of s.**s Obligationen/Aktien/Wertpapiere veräußern; **to draw from s.** dem Lager entnehmen; ~ **on s.**s auf Lagerbestände/Vorräte zurückgreifen, Lager angreifen; **to get rid of old s.** alte Bestände abstoßen; **to give on s.** *(Börse)* in Report/Prolongation geben; **to go into s.** auf Lager gehen; **to halt s.**s Notierung aussetzen; **to have in/on s.** auf Lager/vorrätig haben; **to hold s.**s Aktien besitzen, Aktionär sein; ~ **as security** Aktien als Sicherheit haben; **to issue s.**s Aktien auflegen/ausgeben/emittieren; **to job s.**s mit Aktien handeln; **to lay in a s.** Lager/Vorrat anlegen, sich einen Vorrat zulegen; **to liquidate s.**s Lager abbauen; **to list s.**s Aktien notieren/kotieren/zulassen; **to lodge s.**s **as cover** Aktien als Deckung hinterlegen; **to make/manufacture for s.** auf Lager/Vorrat produzieren; **to move/offload s.(s)** Lager räumen; **to operate in s.**s agiotieren; **to put so. in the s.**s jdn an den Pranger stellen; **to realize s.**s Aktien veräußern; **to rebuild/refill/replace/replenish s.**s Bestände/Lager(bestand)/Vorräte auffüllen, ~ aufstocken, ~ vervollständigen, Warenlager wieder auffüllen, Vorräte ergänzen/auffrischen, Warenvorrat erneuern; **to reduce/run down s.**s Warenlager verringern, Bestände/Lager/Vorräte abbauen; **to sell s.**s Aktien/Wertpapiere abstoßen; **to speculate in s.**s in Aktien/Wertpapieren spekulieren; **to split s.**s Aktien splitten/teilen; **to subscribe s.**s Aktien zeichnen; **to supply from s.** ab Lager liefern; **to suspend a s.** Aktiennotierung/A.notiz aussetzen; **to take s.** Inventur machen/aufnehmen, (Lager)Bestand aufnehmen, inventarisieren; ~ **in s.** in Prolongation nehmen; ~ **in s.**s **for a borrower** Aktien hereinnehmen; ~ **in s.**s **without charging contango** Effekten glatt hereinnehmen; ~ **into s.** auf Lager nehmen, hereinnehmen; ~ **s. of sth.** etw. abschätzen, ~ in Augenschein nehmen; ~ **out of s.**s dem Lager entnehmen; ~ **up s.**s Aktien beziehen; ~ **s. provisionally** Zwischenbilanz ziehen; **to transfer s.** Aktien umschreiben; **to turn (over) s.** Lager(bestand)/Warenlager umschlagen; **to water the s.** (Aktien)Kapital verwässern; **to work on s.** auf Vorrat arbeiten

active stock lebhaft gehandelter Wert, umsatzstarkes Wertpapier, rege gehandeltes Papier, gängige Aktie; **assessable s.** nachschusspflichtige Aktie; **assigned s.** Namensaktie mit Übertragungsvermerk, zediertes Papier; **well assorted s.**s reich sortiertes/reichhaltiges Lager; **authorized s.** genehmigtes Kapital; **automotive s.**s *(Börse)* Automobilwerte, A.aktien; **average s.** Durchschnittsbestand *m*; **bankrupt s.** Restlager aus dem Konkurs; **base/basic s.** Grundbestand *m*, eiserner Bestand; **big-volume s.**s (Börsen)Werte mit hohen Umsätzen; **callable s.**s kündbare Wertpapiere; **carried-over s.** vorgetragene Effekten; **chemical s.**s Chemieaktien, C.titel, C.werte; **civil s.** Schuldverschreibung der öffentlichen Hand; **classified s.** Vorrangaktie *f*; ~ **s.**s in Serien herausgegebene Schuldverschreibungen; **closing s.** End-/Schlussbestand *m*; **commercial s.**s *(Waren)* 1. Handelsbestände; 2. Aktien von Handelsunternehmen

common stock 1. Stammaktie *f*, gewöhnliche Aktie; 2. Aktienkapital ohne Vorrechte, nicht bevorrechtigtes Aktienkapital; **non-voting c. s.** 1. nicht stimmberechtigte Stammaktie; 2. nicht stimmberechtigtes Stammaktienkapital; **subordinated c. s.** 1. nachrangige Stammaktie; 2. nachrangiges Aktienkapital; **c. s. dividend** Stammdividende *f*, Dividende auf Stammaktien; ~ **equivalent** Gegenwert in Stammaktien; ~ **fund** Aktienfonds *m*, Wachstumsfonds aus Stammaktien; ~ **position** Anteil der Stammaktien am Aktienkapital; ~ **ratio** Verhältnis der Stammaktien zur Summe der Aktien und Obligationen

compulsory stock(s) Pflichtlager *nt*, P.bevorratung *f*; **concessionary s.** Aktie mit Sondervergünstigungen; **consolidated s.**s **(consols)** *[GB]* fundierte Papiere, konsolidierte (Staats)Papiere, konsolidierter Fonds; **convertible s.** Wandelanleihe *f*, konvertierbares Wertpapier; **cooperative s.** Genossenschaftskapital *nt*; **corporate s.** Aktie(n) einer AG; **cumulative s.** kumulative Aktie, Aktie mit rückwirkender Dividendenberechtigung; **current s.**s Lagerbestände; **cyclical s.**s konjunkturempfindliche Aktien, Aktien konjunkturempfindlicher Unternehmen; **dead s.** 1. totes Inventar; 2. landwirtschaftliche Geräte, landwirtschaftliches Sachkapital; **defensive s.** Aktie mit gleichbleibender Dividende, ~ gleichmäßiger Gewinnerzielung; **deferred s.** 1. Nachzugsaktie(n) *f/pl*, nicht bevorrechtigte Aktie(n); 2. *[US]* Priorität zweiten Ranges; **depleted s.**s erschöpftes Lager, erschöpfte Vorräte; **depreciated s.**s *(Börse)* Nonvaleurs *(frz.)*; **diluted s.** 1. verwässerte Aktie(n); 2. verwässertes Gesellschaftskapital; **discounted s.** diskontiertes Wertpapier; **widely distributed s.** *(Aktien)* Streubesitz *m*; **dividend-paying s.** Dividendenpapier *nt*; **domestic s.**s inländische Werte; **dubious s.**s *(Börse)* schlechte Papiere; **end-of-period s.** End(be)stand *m*, Lagerbestand am Schluss der Berichtsperiode; **excessive s.(s)** Überbestand *m*; **existing s.** 1. Altaktie *f*; 2. Altbestände *pl*; **firm s.**s gehaltene Werte; **fixed-interest s.** festverzinsliches Papier, Rentenpapier *nt*; **foreign s.**s Auslandswerte, A.aktien, A.wertpapiere, A.effekten; **forward s.**s Termineffekten; **frozen s.** Eisbestand *m*; **full s.** *[US]* Hundertdollaraktie *f*, Aktie im Nennwert von $ 100; **gilt-edged s.**s mündelsichere/deckungsstockfähige Obligationen, ~ Anleihen/Wertpapiere/Anlagewerte/Werte, Obligationen der öffentlichen Hand, sichere Papiere; **guaranteed s.** 1. Aktie mit garantierter Dividendenzahlung/Mindestdividende; 2. *(Bausparkasse)* (Kapital-)Deckungsstock *m*; **half s.** *[US]* Fünfzigdollaraktie *f*,

Aktie im Nennwert von $ 50; **higher-coupon s.s** höher verzinsliche Anleihen; **high-quality s.** Spitzenwert *m*; **high-volume s.s** lebhaft gehandelte/umsatzstarke Werte, ~ Aktien; **high-yield s.** Renditeaktie *f*, R.wert *m*; **hot s.** spekulative Aktie, spekulativer Wert; **inactive s.** umsatzschwaches Wertpapier, umsatzschwache Aktie; **incoming s.s** Lagerzugänge, Lager-, Warenzugang *m*; **incomplete s.(s)** unvollständiges Lager; **industrial s.** Industrieaktie *f*, I.papier *nt*, I.wert *m*; **inflated s.s** überhöhtes Lager; **initial s.** *(Lager)* Anfangsbestand *m*, A.inventar *nt*; **inscribed s.** *[GB]* Namensaktie *f*; **interest-rate-sensitive s.** zinsreagible Aktie; **interim s.** Interimsaktie *f*; **international s.** international gehandeltes Wertpapier, ~ gehandelte Aktie; **irredeemable s.** Wertpapier ohne Kündigungs-/Rückkaufsrecht; **issued s.** 1. begebene/ausgegebene Aktie(n); 2. begebenes/ausgegebenes Kapital, effektiv begebenes Aktienkapital; **joint s.** Aktien-, Gesellschafts-, Stammkapital *nt*, Gemeinschafts-, Gesellschaftsfonds *m*; **junior s.** junge Emission; **leading s.** Publikumsaktie *f*, Spitzenwert *m*; **left-over s.(s)** Restbestand *m*; **listed s.s** Börsenpapiere, börsenfähige/börsennotierte/an der Börse zugelassene Aktien; **local s.s** Lokalmarkt *m*, L.werte; **long s.s** effektiv im Besitz befindliche Wertpapiere; **long-dated s.** Langläufer *m*, langfristiges Wertpapier, Wertpapier mit langer Laufzeit; **lower-coupon s.** niedriger verzinsliche Anleihe; **maturing s.s** *(Whisky)* reifende Vorräte; **medium-dated s.** Wertpapier mit mittlerer Laufzeit; **medium-grade s.** Aktie mittlerer Qualität; **minimum s.** Mindest(lager)bestand *m*, eiserner Bestand; **minor s.** Nebenwert *m*; **monetary s.** *[US]* gesamter Geldbestand; **multiple s.** Mehrstimmrechtsaktie *f*; **negotiable s.** börsengängiger Dividendenwert; **new s.** junge Aktie; **to subscribe ~ s.s** junge Aktien zeichnen; **nominal s.** Gründungs-, Stammkapital *nt*; **nominal-value s.** Aktie mit Nennwert; **non-assessable s.** nicht nachschusspflichtige Aktie; **non-dividend-paying s.** notleidende Aktie; **non-voting s.** stimmrechtslose/nicht stimmberechtigte Aktie; **no-par(-value) s.** nennwertlose Aktie, Quotenaktie *f*, Aktie ohne Nennwert; **obsolete s.** veralteter Lagerbestand; **opening s.** Anfangs-, Eröffnungsbestand *m*; **operational s.** Zwischenlager *nt*; **ordinary s.** Stammaktie *f*; **outstanding s.** Aktienkapital in Publikumsbesitz, begebenes/ausgegebenes Aktienkapital; **overdue s.** notleidende Obligation; **paid-up s.s** voll eingezahlte/bezahlte Aktien; **par(-value) s.** Nennwertaktie *f*; **participating s.** dividendenberechtigte Aktie(n), Aktien mit Gewinnbeteiligung; **pawned s.s** lombardierte Aktien/Effekten/Wertpapiere, verpfändete Aktien; **popular s.** Publikumsaktie *f*, P.wert *m*; **potential s.(s)** Emissionsreserve *f*, nicht ausgegebene Aktien
preferred stock 1. Vorzugs-, Prioritäts-, Vorrangsaktie *f*; 2. Vorzugskapital *nt*, Prioritäten, Vorzüge *pl*; **adjustable p. s.** Vorzugsaktie mit variabler Dividende, ~ Dividendenanpassung; **callable p. s.** rückzahlbare/ rückkaufbare/kündbare Vorzugsaktie; **convertible p. s.** Wandelvorzugsaktie *f*, Vorzugsaktie mit Umtauschrecht; ~ Recht auf Umwandlung in eine Stammaktie; **cumulative p. s.** kumulative Vorzugsaktie(n); **non-voting ~ p. s.** nicht stimmberechtigte kumulative Vorzugsaktie; **limited p. s.** Vorzugsaktie mit beschränkter Dividende; **non-cumulative p. s.** nichtkumulative Vorzugsaktie; **non-participating p. s.** nichtpartizipierende Vorzugsaktie, Vorzugsaktie ohne zusätzliche Gewinnbeteiligung; **participating p. s.** partizipierende Vorzugsaktie, Vorzugsaktie mit zusätzlicher Gewinnbeteiligung; **prior p. s.** Sondervorzugsaktie *f*, erstrangige Vorzugsaktie; **redeemable p. s.** kündbare/ rückkaufbare Vorzugsaktie; **second p. s.** Vorzugsaktien zweiter Klasse; **p. s. dividend** Dividende auf Vorzugsaktien

primary stock|s Rohstoffvorräte, R.vorkommen *nt*; **privileged s.** Vorzugsaktie *f*; **public s.s** öffentliche Lagerhaltung; **quoted s.** *[GB]* amtlich notierte/amtlich eingeführte/börsennotierte Aktie; **real s.s** tatsächlicher Bestand; **recalled s.(s)** eingezogene Aktie(n); **redeemable s.** rückzahlbarer Wert; **registered s.** Namensaktie *f*, N.papier *nt*, auf den Namen lautendes Papier; **remaindered s.** *(Buch)* Restauflage *f*; **remaining s.** Restbestand *m*, R.posten *m*; **representative s.** Standardwert *m*; **restricted s.** gebundene/nicht zugelassene Aktie; **rolling s.** 🚃 rollendes Material, Wagenpark *m*, Schienenfahrzeuge *pl*; **~ hire** Wagonmiete *f*; **run-down s.s** geringe/niedrige Lagerbestände; **sal(e)able s.** gangbare/börsenfähige Aktie; **second-line s.** Nebenwert *m*; **senior s.** 1. alte Emission; 2. Vorzugsaktie *f*; **short s.** auf Baisse gekaufte Aktien; **short-dated s.** Kurzläufer *m*, kurzfristiges Papier, Wertpapier mit kurzer Laufzeit; **skittish s.** empfindliche Aktie; **slow-moving s.** Waren/Vorräte mit geringer Umsatzgeschwindigkeit; **sound s.** guter/sicherer Wert, solide Aktie; **sour s.** unverkäufliche Aktie; **special s.** Spezialpapier *nt*, S.wert *m*, Sonderwert *m*; **speculative s.** 1. spekulativer Bestand; 2. *[US]* Hoffnungswert *m*, Spekulationsaktie *f*, S.papier *nt*, spekulativer Wert; **subscribed s.** gezeichnete Aktie; **surplus s.(s)** Lagerüberschuss *m*, Vorratsüberhang *m*, Überschussbestände, Überbestand *m*, Überangebot *nt*, überzählige Warenbestände; **surrendered s.** abgelieferte Aktie(n); **tax-exempted s.** steuerfreies Wertpapier; **third-market s.** Freiverkehrswert *m*; **most actively traded s.** Umsatzspitzenreiter *m*; **unclaimed s.** herrenlose Aktie; **undiluted s.** unverwässertes Aktienkapital; **unified s.** konsolidierte Anleihe; **unissued s.** noch nicht begebene/ausgegebene Aktie(n); **unlisted** *[US]* **/unquoted** *[GB]* **s.** *(Börse)* gestrichenes Papier, nicht notierte Aktie; **unsal(e)able s.** unverkäufliche Lagerbestände; **unsubscribed s.** nicht gezeichnete Aktie; **unwatered s.** unverwässertes Aktienkapital; **vetoing s.** Sperrminorität *f*; **voting s.** Stimmrechtsaktie *f*, stimmberechtigte Aktie, stimmberechtigtes Wertpapier; **watered s.** verwässerte (Gesellschafts)Kapital; **~ s.s** verwässerte Aktien; **widely held s.** Streubesitz *m*; **withdrawn s.** aus dem Verkehr gezogene Aktie

stock *v/t* 1. (ein)lagern, auf Lager haben/halten/nehmen; 2. vorrätig haben, führen; **not to s. sth.** etw. nicht

führen; **s. up** auf Lager nehmen, sich eindecken, (Bestände/Lager) auffüllen, bevorraten, Vorratslager anlegen, auf Vorrat kaufen
stock account 1. Effekten-, Kapital-, Aktienkonto *nt*; 2. Effekten(ab)rechnung *f*; 3. (Waren)Bestandskonto *nt*; **s. accounting** Lagerbuchhaltung *f*, Bestandsbuchführung *f*; **s. accumulation** Lagerauffüllung *f*, Zunahme der Lagerbestände; **s. adjustment** Lagerbereinigung *f*, Vorratsbewertungsrückstellung *f*; ~ **reserve** Vorratsbewertungsrücklage *f*; **s. adventure** Effektenspekulation *f*
stockage credit *n* Bevorratungskredit *m*
stock allotment Aktienzuteilung *f*; ~ **warrant** Aktienbezugsschein *m*; **s. analyst** Wertpapierexperte *m*, W.fachmann *m*; **s. appraisal** Bewertung des Lagerbestandes; **s. appreciation** 1. Kapitalwerterhöhung *f*; 2. Vorratsbewertung *f*; 3. Wertzuwachs der Lagerbestände, höhere Lagerbewertung; ~ **relief** Steuerermäßigung für erhöhte Lagerbewertung; ~ **right** Bezugsrecht *nt*; **s. arbitrage** Effektenarbitrage *f*; **s. arbitration (tribunal)** Börsenschiedsgericht *nt*; **s. article** stets vorrätiger Artikel; **s. assessment** 1. Bestandsbewertung *f*, Bewertung des Lagerbestands; 2. Nachschussverpflichtung *f*, N.aufforderung *f*, N.zahlung *f*; **s. availability** 1. Lagerdisponibilität *f*; 2. *(Börse)* Lieferfähigkeit *f*; **s. bid** Aktienangebot *nt*; **s. book** 1. Lagerbuch *nt*, Waren-, Bestandsverzeichnis *nt*; 2. Aktienbuch *nt*, A.verzeichnis *nt*, Effektenbuch *nt*; 3. *(Aktionäre)* Namensverzeichnis *nt*; **s. boom** Effektenhausse *f*; **s. breeder** 🐂 Viehzüchter *m*; **s. breeding** Vieh-, Tierzucht *f*; **s.broker** *n* Geld-, Börsen-, Wertpapier-, Effekten-, Fonds-, Kursmakler *m*, Wertpapier-, Effektenhändler *m*, Aktienmakler *m*, A.händler *m*, Börsianer *m*; **outside s.broker** Freiverkehrsmakler *m*; **s. brokerage** Aktien-, Effekten-, Börsen-, Geldhandel *m*; **s.broker belt** *[GB]* (reiche) Villenvororte
stockbroking *n* Effektengeschäft *nt*, E.transaktion *f*, E.verkehr *m*, E.handel *m*, Börsen-, Wertpapierhandel *m*; **s. business** Wertpapierkommissionsgeschäft *nt*; **s. firm** (Börsen)Maklerfirma *f*; **s. transaction** Börsenkommissionsgeschäft *nt*
stock bubbling *[US]* Aktienschwindel *m*
stockbuilding *n* Lagerbildung *f*, L.aufbau *m*, L.auffüllung *f*, L.ergänzung *f*, Bestandsaufstockung *f*, Warenbevorratung *f*; **s. activities** Lagerdisposition *f*; **s. purchases** Vorratskäufe
stock capital (Aktien)Kapital *nt*, Gesellschaftskapital *nt* (einer AG); **to increase the s. capital** Aktienkapital erhöhen; **s. car** *[US]* 🚃 Viehwagon *m*; **s. card** Inventarkarte *f*; **s. category** Aktiengattung *f*
stock certificate Aktienzertifikat *nt*, A.(anteil)schein *m*, A.urkunde *f*, A.mantel *m*, Wertpapierurkunde *f*, Kapitalanteilschein *m*, Globalaktie *f*, Sammelurkunde *f*; **s. c. to bearer** Inhaberaktie(nurkunde) *f*, I.nzertifikat *nt*; **interim s. c.** Zwischenaktie *f*; **temporary s. c.** Zwischenschein *m*, vorläufiges Aktienzertifikat
stock change Lagerbestandsveränderung *f*, L.bewegung *f*, Bestandsumschichtung *f*, B.veränderung *f*; **s. chart** Kursgrafik *f*; **s. chasing** Lager-, Terminüberwa-

chung *f*; **s. class** Aktiengattung *f*; **s. clearing corporation** *[GB]* zentrale Abwicklungsstelle für den Wertpapierhandel; **s. clerk** Lagerist *m*, Lagerverwalter *m*, L.halter *m*; **s. code** Wertpapiernummer *f*; **s. commission** Effektenprovision *f*
stock company Aktien-, Kapitalgesellschaft *f*; **s. c. prior to registration** Vorgründungsgesellschaft *f*; **operational s. c.** Betriebs-Kapitalgesellschaft *f*
stock conditions Bestandsbedingungen; **s. control** 1. Lager(bestands)kontrolle *f*, L.haltung *f*, L.wirtschaft *f*, Bestandskontrolle *f*; 2. *[US]* Kapitalkontrolle *f*; ~ **card** Lager(kartei)karte *f*
stock corporation *[US]* 1. Aktiengesellschaft (AG) *f*; 2. Gesellschaft mit beschränkter Haftung (GmbH) *f*; ~ **act** Aktiengesetz *nt*; ~ **law** Aktienrecht *nt*
stock cycle Lagerzyklus *m*; **s. deal** Aktiengeschäft *nt*; **s. dealer** Effekten-, Aktienhändler *m*, Börsenagent *m*; **s. deposit** Wertpapierdepot *nt*; **s. depreciation** 1. Kapitalwertverlust *m*; 2. niedrigere Lagerbewertung; **s. discount** Emissionsdisagio *nt*; **s. discrepancy** Fehlbestand *m*; **s. distribution** Aktienstreuung *f*; **s. dividend** Gratis-, Berichtigungs-, Kapitalberichtigungs-, Zusatzaktie *f*, Stockdividende *f*, Kapitalbonus *m*, K.prämie *f*, Dividende in Form von Aktien; **s.s drawdown** *[US]* (Aktien)Kursverfall *m*
stocked *adj* vorrätig, eingedeckt; **well s.** gut sortiert; **to be well s.** gute Auswahl haben, gut bevorratet/sortiert sein
stock evaluation Vorratsbewertung *f*
stock exchange (S. E.; S/E) (Aktien)Börse *f*, Wertpapier-, Effektenbörse *f*, Börsenplatz *m*; **listed** *[US]* /**quoted** *[GB]* **at the s. e.** an der Börse zugelassen/notiert/kotiert; **to admit to the s. e.** an der Börse/zur Notierung zulassen; **to deal at the s. e.** an der Börse handeln; **to join the s. e.** an die Börse gehen; **to list/quote at the s. e.** an der Börse handeln/notieren/kotieren; **to play the s. e.** an der Börse spekulieren; **leading s. e.** Leitbörse *f*, (feder)führende Börse; **regional s. e.** Provinzbörse *f*
stock exchange abbreviation Börsenabkürzung *f*; ~ **agent** Börsenvertreter *m*; ~ **authorities** Börsenorgane, B.behörde *f*; ~ **average** Börsenindex *m*; ~ **body** Börsenorgan *nt*; ~ **circles** Börsenkreise; ~ **clearing office** Börsenabrechnungsstelle *f*; ~ **clerk** Börsenschreiber *m*; ~ **collapse/crash** Börsenkrach *m*; ~ **collateral** Sicherheit in Form von Effekten; ~ **commission** Effektenprovision *f*; ~ **committee** Börsenvorstand *m*, B.ausschuss *m*, B.kommission *f*; ~ **council** *[GB]* Börsenausschuss *m*; **s. e. creditor** Börsengläubiger *m*; ~ **custom** Börsenbrauch *m*, B.gepflogenheit *f*; ~ **customs** Börsenusancen; **The S. E. Daily Official List (London)** Amtliches Kursblatt, ~ Börsenblatt vom Tage; **s. e. dealings** Börsenverkehr *m*, B.handel *m*, B.geschäfte; **compulsory ~ dealing** Börsenzwang *m*; **official ~ dealings** amtlicher Börsenhandel; ~ **department** *(Bank)* Börsenbüro *nt*, B.abteilung *f*; ~ **expert** Börsenfachmann *m*; ~ **favourite** Börsenfavorit *m*, B.liebling *m*, Kursfavorit *m*; ~ **fluctuations** Kursschwankungen; ~ **gazette** (amtliches) Börsenblatt; ~ **holiday** Börsenfeiertag *m*; ~

stock exchange hours

hours Börsenstunden; ~ **index** Börsenindex *m*; **official ~ introduction** amtliche Börseneinführung; ~ **jargon** Börsensprache *f*; ~ **journal** Börsenzeitung *f*; ~ **official journal** Pflichtblatt der Wertpapierbörse; ~ **law** Börsengesetz *nt*; ~ **list** Börsenzettel *m*, Kursblatt *nt*, K.-zettel *m*
stock exchange listing *[US]* Börsennotierung *f*, B.notiz *f*; **to seek** ~ **l.** an die Börse gehen, Einführung an der Börse beantragen; **to suspend the** ~ **l.** (Kurs)Notierung/Aktiennotiz aussetzen; ~ **l. requirements** Börsenzulassungsvorschriften
stock exchange loan Börsendarlehen *nt*; ~ **management** Börsenleitung *f*; ~ **manoeuvre** Börsenmanöver *nt*; ~ **members' association** Börsenverein *m*; ~ **monopoly** *m* Börsenzwang *m*; ~ **mood** Börsenklima *nt*, Stimmung *f*, Trend *m*, Markttendenz *f*; ~ **news** Börsennachricht *f*; **obligatory** ~ **notice** Pflichtmitteilung *f*; ~ **operation** Börsentransaktion *f*; ~ **operator** Börsianer *m*, Börsenspekulant *m*, Marktteilnehmer *m*; ~ **order** Börsenauftrag *m*, B.order *f*; ~ **parlance** Börsensprache *f*, B.terminologie *f*; ~ **practices** Börsenusancen; ~ **price** Börsenpreis *m*, B.kurs *m*
stock exchange quotation *[GB]* Wertpapier-, Börsenkurs *m*, B.notiz *f*, B.preis *m*, Notierung *f*; **eligible for** ~ **q.** börsenfähig; **to seek** ~ **q.** Einführung an der Börse beantragen, an die Börse gehen; **to suspend the** ~ **q.** Aktiennotiz/A.notierung aussetzen
stock exchange reaction Börsenreaktion *f*; ~ **registration** Börsenanmeldung *f*; ~ **regulations** Börsenordnung *f*, Usancen der Börse; ~ **report** Börsenbericht *m*; ~ **representative** Börsenvertreter *m*; ~ **rule book** Börsenrichtlinien *pl*; ~ **rumour** Marktgerücht *nt*, Börsenversion *f*; ~ **scandal** Börsenskandal *m*; ~ **security** Börsengängiges Wertpapier; ~ **settlement** Börsenabrechnung *f*, Liquidation an der Börse; ~ **speculator** Börsenspekulant *m*, Börsianer *m*; ~ **swindle** Börsenschwindel *m*; ~ **syndicate** Börsenkonsortium *nt*; ~ **system** Börsenwesen *nt*; ~ **tax** Börsenumsatzsteuer *f*; ~ **term** Börsenausdruck *m*; ~ **tip** Börsentip *m*; ~ **trading** Börsenhandel *m*, B.umsatz *m*; ~ **transaction** Börsenabschluss *m*, B.geschäft *nt*, B.transaktion *f*, B.verkehr *m*; ~ **transactions journal** Börsenprimanota *f*; ~ **turnover** Börsenumsätze *pl*; ~ **turnover tax** Börsenumsatzsteuer *f*; ~ **turnover tax refund** Börsenumsatzsteuervergütung *f*; ~ **value** Börsenwert *m*
stock farm ℅ (Vieh)Zuchtfarm *f*, Viehzuchtbetrieb *m*; **s. f.er** Viehzüchter *m*; **s. f.ing** Viehzucht *f*
stock file Lagerkartei *f*; **s. financing** 1. Finanzierung der Aktienemission; 2. Finanzierung des Lagers; ~ **loan** Vorratskredit *m*; **s. flo(a)tation** Wertpapier-, Effekten-, Aktienemission *f*; **s. flow** Lagerbestandsbewegung *f*; ~ **ratio** Verhältnis von Bestands- zu Stromgrößen; **s. goods** Lagerware *f*; **s. guide** Aktienführer *m*
stockholder *n* 1. Aktionär *m*, Anteilinhaber *m*, A.eigner *m*, A.seigentümer *m*, Aktienbesitzer *m*, A.inhaber *m*; 2. Effektenbesitzer *m*, E.inhaber *m*, Wertpapierinhaber *m*, Kapitaleigner *m*, K.geber *m*, 3. *(GmbH)* Gesellschafter *m*; 4. Großhändler *m*, Grossist *m*, Lagerhalter *m*, Lagerhausgesellschaft *f*; **s. of record** Namensaktionär *m*, Inhaber von Namensaktien, im Aktienbuch/namentlich eingetragener Aktionär; **common s.** Stammaktionär *m*; **controlling/major s.** Mehrheits-, Großaktionär *m*, Aktienmajoritätsbesitzer *m*; **convertible s.** Inhaber/Besitzer von wandelbaren Vorzugsaktien; **expelled s.** ausgeschlossener Aktionär; **joint s.s** Mitaktionäre; **long-term s.** Daueraktionär *m*; **main s.** Hauptaktionär *m*; **ordinary s.** Stammaktionär *m*, Inhaber von Stammaktien; **preferred s.** Vorzugsaktionär *m*, Inhaber von Vorzugsaktien; **principal s.** Groß,- Hauptaktionär *m*; **registered s.** Inhaber von Namensaktien; **small s.** Kleinaktionär *m*
stockholder|'s (derivative) action/suit Aktionärsklage *f*; ~ **capital contribution** Einlage des Kapitaleigners; **s. employee** Belegschaftsaktionär *m*; **s.s' equity** 1. Anteils-, Aktienkapital *nt*, Nettoanteil der Aktionäre, Stammanteile *pl*; 2. *(GmbH)* Reinvermögen der Gesellschafter; 3. Vermögenskurs *m*; 4. *(Bilanz)* Eigenkapital *nt*; ~ **group** Aktionärsgruppe *f*; ~ **ledger** Aktienbuch *nt*, Aktionärsbuch *nt*, A.verzeichnis *nt*; ~ **liability** Nachschusshaftung *f*, Einzahlungsverpflichtung der Aktionäre; ~ **loan** *(GmbH)* Gesellschafterdarlehen *nt*
stockholders' meeting 1. Hauptversammlung (HV) *f*, Aktionärs-, General-, Gesellschafterversammlung *f*; 2. *(GmbH)* Gesellschafterversammlung *f*; **regular s. m.** ordentliche Hauptversammlung; **special s. m.** außerordentliche Hauptversammlung
stockholder newsletter Aktionärsbrief *m*; **s.'s proxy** Stimmrechtsvollmacht *f*; **s.s' register** 1. Aktionärsverzeichnis *nt*; 2. Gesellschafterverzeichnis *nt*; **s. relations** Aktionärspflege *f*; **s.s' representatives** 1. Aktionärs-, Kapitalvertreter *m*; 2. Gesellschaftervertretung *f*; ~ **resolution** Gesellschafter-, Hauptversammlungsbeschluss *m*; **s.'s rights** Aktionärsrechte *pl*; ~ **tax** Kupon-, Kapitalertragssteuer *f*
stockholding(s) *n/pl* 1. Aktienbestand *m*, A.besitz *m*, A.beteiligungen, Besitz von Aktien; 2. Effektenbesitz *m*; 3. Anteilsbesitz *m*; 4. Lagerbestand *m*; **to dilute s.s** Aktienbesitz streuen; **intercorporate s.s** *[US]* Kapitalverflechtung *f*, Schachtelbesitz *m*, S.beteiligung *f*; **widespread s.s.** breit gestreuter Aktienbesitz; **s. control** kontrollierende Aktienmehrheit; **s. gain** 1. *(Lager)* Wertzuschreibung *f*; 2. *(Börse)* Kursgewinn *m*; **s. loss** 1. *(Lager)* Wertminderung *f*; 2. *(Börse)* Kursverlust *m*; **s. public** Aktionärspublikum *nt*
stock increase Bestandsmehrung *f*, B.zuwachs *m*, B.zunahme *f*; **s. index** 1. Lagerbestandskarte *f*; 2. Aktien-, Effektenindex *m*; **s. information** Lagerbestandsmeldung *f*
stocking *n* Strumpf *m*; **half s.** Wadenstrumpf *m*
stocking *n* Bestandsauffüllung *f*; **s. arrangements** Vorratsdispositionen; **s. costs** Lagerhaltungskosten; **s. cycle** Lagerzyklus *m*; **s. finance** Lagerfinanzierung *f*; **s. level** Bestandshöhe *f*; **s. policy** Lagerhaltungspolitik *f*; **s. rate** ℅ (Tier)Besatz *m*; **s. strategy** Lagerhaltungsstrategie *f*
stocking-up *n* Bestandsaufbau *m*, B.auffüllung *f*; **long-term s.-u.** Vorratskäufe auf lange Sicht; **s.-u. order** Lagerauftrag *m*

mercantile stock insurance Einbruchsdiebstahlversicherung für Warenlager; **s.-in-trade** 1. *n* Warenbestand *m*, W.vorrat *m*, Geschäfts-, Vorratsvermögen *nt*; 2. Betriebsmittel *pl*, B.material *nt*, B.kapital *nt*, Arbeitsmaterial *nt*, Werkzeug *nt*, Bestände *pl*; 3. *(fig)* Handwerkszeug *nt (fig)*; **s. investment** 1. Kapitalanlage *f*; 2. Lagervorrat *m*; 3. Vorratsinvestition *f*
stock issue Aktienausgabe *f*, A.emission *f*, Begebung von Aktien; **new s. i.s** neue Aktienemissionen; **s. i. cost** Emissionskosten *pl*
stocks issued Lagerausgang *m*
stock issue discount Aktienemissionsdisagio *nt*; **~ form/note** Materialausgabeschein *m*; **~ premium** Aktienemissionsagio *nt*
stockist *n* 1. Fachhändler *m*, F.geschäft *nt*; 2. Großhändler *m*
stock|jobber *n* Effekten-, Börsen-, Fondshändler *m*, Börsenspekulant *m*, B.jobber *m*, B.mann *m*, Zwischenmakler *m*, Agioteur *m (frz.)*; **s.jobbery** *n* Börsenspekulation *f*; **s.jobbing** *n* Effekten-, Agiogeschäft *nt*, Aktienhandel *m*, A.spekulation *f*, Spekulationsgeschäfte *pl*, Börsenspekulation *f*; **s.keeper** *n* Lagerist *m*, Lagerverwalter *m*
stockkeeping *n* Warenlager-, Vorratshaltung *f*; **on-site s.** innerbetriebliche Lagerhaltung; **s. theory** Theorie der Lagerhaltung; **s. unit (SKU)** Lager *nt*
stock ledger 1. Inventar-, Lagerbuch *nt*; 2. Aktien-, Aktionärsverzeichnis *nt*, Effektenbuch *nt*; **~ accounting** Inventarbuchhaltung *f*; **~ card** Material-, Lagerkarte *f*
stock level 1. *(Börse)* Kursniveau *nt*; 2. Lagerumfang *m*; **excessive s. l.s** Lagerdruck *m*, überhöhte Bestände; **falling s. l.s** Bestandsabnahme *f*; **low s. levels** geringe Lagerbestände
stock|less *adj* lagerlos; **s. letter** 🗎 Musterbrief *m*
stock list 1. Aktien(kurs)-, Börsen(kurs)zettel *m*; 2. Waren(bestands)liste *f*, Lagerverzeichnis *nt*; **s. loan** Effektenbeleihung *f*, E.lombard *m*, E.(lombard)kredit *m*; **s. location** Lagerort *m*; **s. loss** 1. Börsenverlust *m*; 2. Lagerverlust *m*; **s. lot** Lagerpartie *f*; **s. majority** Aktienmajorität *f*, A.mehrheit *f*; **s.man** *n* 1. Lagerist *m*, Lagerverwalter *m*; 2. 🞄 *[US/AUS]* Viehwirt *m*, Viehzüchter *m*; **s. management** Effektenengagement *nt*; Bestandsverwaltung *f*; **s. manager** Lagerverwalter *m*
stock market (Wertpapier-/Effekten-/Aktien)Börse *f*, Effekten-, Aktien-, Wertpapiermarkt *m*, Ring *m*; **to join the s. m.** an die Börse gehen; **to play the s. m.** auf dem Aktienmarkt/in Aktien spekulieren, an der Börse spielen/spekulieren; **to tap the s. m.** an die Börse gehen; **index-prone s. m.** Indexbörse *f*; **organized s. m.** geregelter Wertpapiermarkt
stock market activities Börsengeschehen *nt*; **~ boom** Aktienhausse *f*; **~ commissioner** Börsenkommissar *m*; **~ commitment** Effektenengagement *nt*; **~ condition** Börsensitutation *f*; **~ crash** Börsenkrach *m*, B.zusammenbruch *m*, Zusammenbruch des Aktienmarkts; **~ decline** Rückgang der (Aktien)Kurse; **~ float/flo(a)tation** Gang an die Börse, Börsengang *m*, Emission *f*; **~ gain** Kurs-, Börsengewinn *m*; **~ guide** Börsenführer *m*; **~ information** Börsenauskunft *f*, B.information *f*;

B.brief *m*; **~ level** Effektenkursniveau *nt*; **~ - listed** *adj* (börsen)notiert; **~ listing** (Börsen)Notierung *f*; **~ loan** Börsenkredit *m*; **~ member** Börsianer *m*, Börsenmitglied *nt*; **~ newcomer** Börsenneuling *m*; **~ order book** Börsenauftragsbuch *nt*; **~ price** Börsenkurs *m*, B.preis *m*, Effektenkurs *m*, E.notierung *f*; **~ or market value** Börsen- oder Marktpreis *m*; **~ quotation** Börsen-, Wertpapiernotierung *f*; **~ rally** Kurs-, Börsenerholung *f*; **~ report** Kursblatt *nt*, K.zettel *m*, K.bericht *m*, Markt-, Börsenbericht *m*; **~ rules** Börsenbedingungen; **~ situation** Börsenlage *f*, B.klima *nt*; **~ slump** starker Kurseinbruch, Kursdepression *f*; **~ speculation** Börsen-, Wertpapier-, Effektenspekulation *f*; **~ speculator** Börsen-, Wertpapier-, Effektenspekulant *m*; **~ table** Kurstabelle *f*, K.zettel *m*; **~ tendency** Börsentrend *m*, B.tendenz *f*, Markttendenz *f*; **~ valuation** Bewertung durch die Börse; **~ value** Börsen-, Kurswert *m*; **~ yield** Börsenrendite *f*
base stock method Lagerbewertung zu Einstands-/Einkaufspreisen; **s. monitoring** Lager-, Bestandsüberwachung *f*; **s. movement** 1. Kursbewegung *f*; 2. Bestandsveränderung *f*; **public s. offering** öffentliches Zeichnungsangebot; **s. office** Börsen-, Effektenabteilung *f*; **s. operator** Börsen-, Effektenhändler *m*, Marktteilnehmer *m*
stock option Aktienoption *f*, A.bezugsrecht *nt*, Bezugsrecht auf neue Aktien; **to exercise a s. o.** Aktienoption/Bezugsrecht ausüben; **qualified/restricted s. o.** Aktienbezugsrecht für Mitarbeiter/Belegschaftsmitglieder
stock order 1. Lagerauftrag *m*; 2. Effektenauftrag *m*, E.order *f*; **s. o.ing** Lagerdisposition *f*
stockout *n* Fehlbestand *m*; **s. cost** Fehlmengenkosten *pl*
stock output ratio Verhältnis Vorräte zur Gesamtproduktion; **s. overhang** Bestandsüberhang *m*; **s.s outstanding** Anteilsumlauf *m*, in Umlauf befindliche Stücke; **s. owner** Effekten-, Aktien-, Anteilsbesitzer *m*; **s. ownership** Aktien-, Anteilsbesitz *m*; **interlocking s. ownership** Verschachtelung des Aktienkapitals; **s. parity** Effektenparität *f*; **s. phrase** stehende Redewendung, feste Redensart, formelhafte Wendung; **s. picking** *(Börse)* Titelselektion *f*, T.auswahl *f*, Aktienauswahl *f*
stockpile *n* 1. Vorrat *m*, Reserve *f*, Halde *f*, Lager(bestand) *nt/m*, Vorratslager *nt*; 2. *(Wertpapiere)* Stapel-, Blockbestand *m*; **s.s strategische Rohstoffvorräte**; **strategic s.** strategische Reserve
stockpile *v/t* bevorraten, aufhalten, auf Halde legen, Vorräte/Vorrat anlegen, anhäufen, (ein)lagern, horten
stockpiling *n* Vorratswirtschaft *f*, V.haltung *f*, Rohstoff-, Warenbevorratung *f*, Aufhaldung *f*, Lageraufstockung *f*, L.bildung *f*, Aufbau/Auffüllung von Lagerbeständen, Einlagerung *f*, Einlagern *nt*, Anlegen von Vorräten, Bevorratung (smaßnahme) *f*, Aufstockungsprozess *m*, Vorratseinkäufe *pl*, V.lagerung *f*, V.anlage *f*; **s. of foodstuffs** Lebensmittelbevorratung *f*
stockpiling agency Vorratsstelle *f*; **s. credit** Einlagerungskredit *m*; **s. demand** Vorratskäufe *pl*; **s. policy** Vorratspolitik *f*

stock planning Vorratsplanung *f*; **s. portfolio** Aktienbestand *m*, A.portefeuille *nt*, Effektenbestand *m*, E.portefeuille *nt*, Wertpapierbestand *m*, W.portefeuille *nt*; **s. premium** 1. Aktien-, Emissionsagio *nt*; 2. *(Lebensvers.)* Gewinnbeteiligung *f*
stock price Aktienpreis *m*, A.kurs *m*, A.notiz *f*, Börsen-, Effektenkurs *m*; ~ **average/index** (Aktien)Kurs-, Börsenindex *m*, Index der Aktienkurse
stock profits Neubewertungsgewinn *m*; **s. purchase** Wertpapier-, Effekten-, Aktienkauf *m*; ~ **warrant** Aktienbezugs-, Optionsrecht *nt*, Optionsschein (für den Bezug von Aktien), O-Schein *m (coll)*, Bezugsberechtigungsschein für Aktien; **s. qualification** Zahl der Pflichtaktien; **s. quality** Aktienqualität *f*; **s. quantity** (Lager)Bestandsmenge *f*; **s. quotation** Aktiennotierung *f*, A.notiz *f*, Effektennotierung *f*, E.kurs *m*; **s. rearing** ✍ Viehzucht *f*; **s. rebate** Lagerrabatt *f*; **s. receipt** 1. Effektenquittung *f*; 2. Wareneingang *m*; **s. receipts register** Lagerzugangsliste *f*
stock record Aktienregister *nt*, A.kurszettel *m*; ~ **book** Aktienbuch *nt*; ~ **card** Lagerbestands-, Lager(kartei)-karte *f*; ~ **clerk** Lagerbuchhalter *m*, L.karteihilfskraft *f*; ~ **system** Lagerbuchhaltung *f*
stock reduction Lagerabbau *m*; **s. register** 1. Inventarverzeichnis *nt*, Lagerliste *f*; 2. *(GmbH)* Gesellschaftsregister *nt*; 3. *(AG)* Aktienbuch *nt*; **s. relief** Abschreibung auf Lagerbestände, Steuerabschreibung auf Vorräte; ~ **provisions** *(Lager)* Mindestbestandspolitik *f*; **s. renewal** 1. Bestanderneuerung *f*; 2. 🚚 Erneuerung des Wagenparks; **s. replenishment** Bestands-, Lagerauffüllung *f*, Bestands-, Lagerergänzung *f*, Bestands-, Lagererneuerung *f*; **s. report** Bestandsmeldung *f*; **s. requirements** Lagerbedarf *m*; **s. requisition** Materialentnahme *f*; ~ **note/sheet** (Material)Entnahmeschein *m*; **s. right** Bezugsrecht *nt*, Option *f*
stockroom *n* Vorrats-, Lagerraum *m*, (Waren)Lager *nt*; **central s.** Hauptlager *nt*; **s. clerk** Lagerist *m*, Lagerverwalter *m*; **s. quantity records** mengenmäßige Lageraufzeichnungen; **s. record(s) system** Lagerbuchhaltung *f*, L.buchführung *f*; **s. supervisor** Lageraufseher *m*
stock sale 1. Effektenverkauf *m*; 2. Verkauf von Lagerbeständen; **s. scrip** Aktienbezugsrecht *nt*, Teilaktie *f*; **s. share** Kapitalanteil *m*; **s.-shedding** *n* Lagerabbau *m*; **s. sheet** Bestandsliste *f*; **s. shortage** 1. *(Börse)* Marktenge *f*; 2. Lagerknappheit *f*, Minusbestand *m*, knappe Vorräte; 3. Kapitalfehlbetrag *m*; **s. shortages** *(Börse)* Materialknappheit *f*; **s. size** Standard-, Normalgröße *f*, stets vorrätige/(lager)gängige Größe; **s. situation** Lagerposition *f*
stock split(-up) Aktienteilung *f*, A.split *m*; **reverse s. split(-down)** Aktienzusammenlegung *f*; **s. status report** Lagerbestandsbericht *m*
stock subscription 1. Zeichnung von Aktien; 2. *[US]* Aktienbezugsrecht *nt*, Bezugsrecht auf Aktien; ~ **proceeds** Zeichnungserlös *m*; **s. s receivable** Forderungen aus Aktienzeichnungen; **s. s right** Bezugsrecht auf neue/junge Aktien; ~ **warrant** Aktienbezugsschein *m*
stock swap Aktientausch *m*, A.austausch *m*, A.umtausch *m*; **s. table** Börsen-, Kurszettel *m*; **s. takeover** Aktienübernahme *f*

stocktaking *n* Inventar-, (Waren)Bestandsaufnahme *f*, Lager(bestands)aufnahme *f*, Inventur(aufnahme) *f*, Inventarisierung *f*, Bestandsnachweis *m*, B.ermittlung *f*, B.vergleich *m*, Beständerechnung *f*; **to make an interim s.** Zwischenbilanz ziehen; **annual s.** Jahresinventur *f*; **continuous s.** laufende Inventur; **departmental s.** Teilinventur *f*; **final s.** Schlussinventur *f*; **physical s.** körperliche Inventur/Bestandsaufnahme; **random s.** Stichprobeninventur *f*; **s. rules** Inventurrichtlinien; **s. sale** Ausverkauf wegen Inventur, Jahresschlussverkauf *m*
stock tender offer Aktien(übernahme)angebot *nt*; **s. ticker** Börsenfernschreiber *m*, (Börsen)Ticker *m*; **s. tip** Börsentip *m*; **s. trading** Aktien-, Effektenhandel *m*; **s. transactions** Aktienabschlüsse; **s. transaction for third account** Wertpapierkommissionsgeschäft *nt*
stock transfer Aktien-, Wertpapierübertragung *f*, Effektengiro *nt*, Übertragung von Anteilen; ~ **form** Antrag auf Übertragung von Wertpapieren, Aktienüberschreibungsformular *nt*; ~ **journal** *[US]* Aktienbuch *nt*; ~ **tax** *[US]* Börsenumsatzsteuer *f*; ~ **warrant** Aktien(anteils)schein *m*
stock trend Kursentwicklung *f*, Tendenz der Aktienkurse; **s. trust certificate** Aktienzertifikat *nt*, A.urkunde *f*, A.(anteils)schein *m*
stockturn *n* (Waren)Umsatz *m*, Warenumschlag *m*, Lagerumschlag(shäufigkeit) *m/f*; **s. period** Umschlagszeit *f*; **s. ratio** Umschlagshäufigkeit *f*
stock turnover Lagerumschlag *m*, L.hausumsatz *m*, Bestandsumsatz *m*, Umschlagsgeschwindigkeit *f*; ~ **rate** Lagerumschlagsrate *f*; **s. unit** Lagereinheit *f*; **s. valuation** 1. Vorrats-, Bestandsbewertung *f*; 2. Aktienbewertung *f*; **s. value** 1. Lagerwert *m*; 2. Kurswert *m*; **s. variable** Bestandsgröße *f*; **s. voucher** Bestandsbeleg *m*; **s. warrant** 1. *[US]* Aktienbezugsrechtsschein *m*, A.option *f*, Berechtigungsschein *m* (für den Bezug neuer Aktien); 2. *[GB]* Aktienzertifikat *nt*, A.(anteils)-schein *m*; **detachable s. warrant** Wandelschuldverschreibung mit Aktienbezugsrecht; **s. watering** Kapitalverwässerung *f*, Verwässerung des Aktienkapitals; **s. write-down** Bestandsabschreibung *f*, Abschreibung auf Lagerbestände; **s. yard** *n [US]* Schlacht- und Viehhof *m*; **s. yield** Aktienrendite *f*
stodgy *adj* schwerfällig, langweilig
stoke up *v/t* anheizen; **s.r** *n* 1. Heizer *m*; 2. Beschickungsanlage *f*
stolen *adj* gestohlen
stomach *n* ♨ Magen *m*; **empty s.** nüchterner Magen; **s.ache** *n* Leib-, Magenschmerzen *pl*; **s. complaint/trouble** Magenbeschwerde *f*; **s. upset** Magenverstimmung *f*
stone *n* 1. Stein *m*; 2. *britische Gewichtseinheit (14 lb = 6,35 kg)*; **to cast the first s.** den ersten Stein werfen; **to leave no s. unturned** *(fig)* nichts/kein Mittel unversucht lassen, alles Menschenmögliche tun, alle Hebel in Bewegung setzen *(fig)*, sich alle Mühe geben, alle Möglichkeiten voll ausschöpfen, alles Erdenkliche versuchen, nichts unterlassen; **crushed s.** Schotter *m*; **memorial s.** Gedenkstein *m*; **natural s.** Naturstein *m*;

precious s. Edelstein *m*; **~ market** Edelsteinbörse *f*; **semi-precious s.** Halbedelstein *m*; **square s.** Quader *m*
stone|-breaking works; s.-crushing plant *n* Schotterwerk *nt*; **s.mason** *n* Steinmetz *m*; **s. pit/quarry** Steinbruch *m*; **s.-broke** *adj* *[US]* *(coll)* pleite, abgebrannt; **s. quarrying (operation)** Steinbruchbetrieb *m*; **s.'s throw** *(fig)* Steinwurf *m (fig)*, Katzensprung *m (fig)*; **a ~ from** unweit; **s.wall** *n* Steinmauer *f*; **s.ware** *n* Steingut *nt*; **s.work** *n* Mauerwerk *nt*
stony *adj* steinig; **s.-broke** *adj [GB]* pleite, abgebrannt
stool *n* 1. Hocker *m*; 2. $ Stuhl *m*; **to fall between two s.s** *(fig)* sich zwischen zwei Stühle setzen *(fig)*; **folding s.** Klappstuhl *m*; **s. pigeon** *(pej.)* Lockvogel *m*, Köder *m*, (Polizei)Spitzel *m*
stoop *n* *[US]* Treppe *f*; **s. labor** *[US]* billige (illegale) Arbeitskräfte
stop *n* 1. Anhalten *nt*, Stillstand *m*; 2. Aufenthalt *m*, Halt *m*; 3. Halteplatz *m*, H.punkt *m*, H.stelle *f*; 4. Sperrung *f*, Sperre *f*, Sperrauftrag *m*, limitierter Auftrag; **to pull out all s.s** *(fig)* alle Register ziehen *(fig)*; **to put a s. to so.'s (little) game** *(coll)* jdm das Handwerk legen *(coll)*; **~ sth.** einer Sache ein Ende machen, ~ Einhalt gebieten, ~ einen Riegel vorschieben *(fig)*; **dead s.** völliger Stillstand; **full s.** *(Interpunktion)* Punkt *m*; **high-speed s.** Sofortstopp *m*
stop *v/ti* 1. beenden, einstellen; 2. unterbinden, verhindern; 3. zum Erliegen kommen, stoppen, stehen bleiben, sistieren; 4. *(Scheck)* sperren, mit Opposition belegen; 5. abbestellen; **s. at** anfahren; **s. off (at)** *(Reise)* unterbrechen (in); **s. over** 1. ✈ zwischenlanden; 2. Zwischenhalt machen; **s. up** 1. verstopfen; 2. zustopfen; **s. o.s. doing sth.** sich etw. verkneifen *(coll)*; **s. at nothing** zu allem im Stande sein, vor nichts zurückschrecken; **s. short** plötzlich halten/aufhören; **s. so. speaking** jdm das Wort entziehen; **s. working** Arbeit einstellen
stop card *(Scheck)* Sperrliste *f*; **s. cock** ✪ Absperrhahn *m*
stopgap *n* (Not)Behelf *m*, Ersatz *m*, Notlösung *f*, Überbrückung *f*, Lückenbüßer *m*, L.füller *m*; *adj* provisorisch; **s. advertisement** *(Anzeige)* Füller *m*; **s. aid** Übergangshilfe *f*; **s. light** 1. 🚗 Bremslicht *nt*; 2. *[US]* rotes Licht; **s. loan** Überbrückungs-, Ausgleichskredit *m*; **s. measure** Überbrückungsmaßnahme *f*
stop|-go policy Politik des Vor und Zurück, ~ Ankurbelns und Bremsens; **s.-g. strike** Bummelstreik *m*, planmäßiges Langsamarbeiten; **s. light** 🚗 Stopplicht *nt*; **s. limit** *(Börse)* Interventionsgrenze *f*; **s. line** 🚗 Haltelinie *f*
stop-loss *adj* *(Maßnahme)* zur Vermeidung weiterer Verluste; **s. order** limitierter Kaufauftrag; **s. reinsurance** Gesamtschadenexzedenten-, Jahresüberschadenrückversicherung *f*; **s. selling** Verkäufe zur Vermeidung von Verlusten, Glattstellung(en) *f/pl*, verluststoppender Verkauf; **s. treaty** Exzedentenrückversicherung *f*
stop order 1. (Anordnung der) Schecksperre; 2. *(Börse)* Limit-, Sperrauftrag *m*, limitierter Kaufvertrag, limitierte Order, (Kauf-/Verkaufs)Auftrag mit Preisbegrenzung; 3. Zahlungsverbot *nt*; **s.over** *n (Reise)* Unterbrechung *f*, Zwischenlandung *f*, Z.station *f*, Z.(auf-)

ent)halt *m*, Flug-, Fahrtunterbrechung *f*, kurzer Aufenthalt
stoppage *n* 1. Unterbrechung *f*, Sperrung *f*; 2. (Arbeits)Unterbrechung *f*, A.niederlegung *f*, Ausstand *m*, Streik *m*; 3. Betriebsstörung *f*, Produktionsstockung *f*, (Maschinen)Ausfall *m*, Stillstand(szeit) *m/f*; 4. Zahlungseinstellung *f*; 5. Gehalts-, Lohnabzug *m*, L.einbehaltung *f*
stoppage of credit Kreditsperre *f*; **~ pay** Einbehaltung des Lohns, Gehaltsabzug *m*; **~ payment** Zahlungssperre *f*; **s. at source** Quellenabzug *m*, Q.besteuerung *f*, Erfassung an der Quelle; **s. of traffic** Verkehrssperre *f*; **s. in transit** Aussonderung *f*, Anhalten der Ware auf dem Transport; **s. of work** Ausstand *m*, Streik *m*, Arbeitsniederlegung *f*; **unauthorized/unconstitutional ~ work** wilder/ungesetzlicher/nicht organisierter Streik
all-out stoppage Totalstreik *m*; **industrial s.** Arbeitsniederlegung *f*; **national s.** landesweiter Streik/Ausstand
stop payment *(Scheck)* Zahlungssperre *f*, Auszahlungsverbot *nt*; **~ order** Schecksperre *f*, Auftrag zur Zahlungseinstellung
no stopping *n* 🚫 Halteverbot *nt*; **s. of acceptance** Annahmesperre *f*; **s. (of) a check** *[US]* /**cheque** *[GB]* Schecksperre *f*, Sperrung eines Schecks; **s. distance** 🚗 Bremsweg *m*, B.strecke *f*; **s. list** *(Schecks)* Oppositionsliste *f*; **s. place** Halteplatz *m*, H.stelle *f*; **s. time** Arbeitsschluss *m*
stop|-press *n* (Spalte für) letzte Meldungen; **s. price** Stopppreis *m*, S.kurs *m*, gestoppter Preis; **s. sign** 🚗 Haltesignal *nt*, H.zeichen *nt*, Halte-, Stoppschild *nt*; **s. signal** Halte-, Stoppsignal *nt*; **s. time** Stoppzeit *f*; **s. valve** ✪ (Ab)Sperrventil *nt*; **s.watch** *n* Stoppuhr *f*; **s. work order** Anweisung zur Arbeitsunterbrechung/A.einstellung
stor|ability *n* Lager-, Speicherfähigkeit *f*; **s.able** *adj* lager-, speicherfähig
storage *n* 1. (Ein)Lagerung *f*, Speicherung *f*, Aufbewahrung *f*, Warenlagerung *f*; 2. Lagerhaltung *f*; 3. Speicher *m*, Lager(raum) *m*, Depot *nt* *(frz.)*; 4. 💾 Speicher *m*; 5. Lagerkosten *pl*, L.miete *f*, L.gebühren *pl*, L.geld *nt*, Speichergeld *nt*; **in s.** auf Lager; **s. under bond** ⊖ Lagerung unter Zollverschluss; **s. of goods** Waren(ein)lagerung *f*, Lagerung von Waren; **~ hazardous goods** Gefahrgutlagerung *f*; **~ materials and supplies** Materiallagerung *f*; **s. and retrieval** Kommissionieren *nt*; **to put into s.** einlagern, auf Lager nehmen
alphabetic storage 💾 Alphabetspeichereinrichtung *f*; **apparent s.** Scheinspeicher *m*; **auxiliary s.** Hilfsspeicher *m*; **backing/back-up s.** Hilfs-, Zusatzspeicher *m*
cold storage Kühlhaus-, Kühlraum-, Kaltlagerung *f*, Tiefkühlung *f*; **~ depot** Kühlhaus *nt*; **~ insurance** Kühlgutversicherung *f*; **~ lorry** Kühlguttransporter *m*; **~ plant** Kühlanlage *f*; **~ truck** 🚗/🚚 Kühl(transport)wagen *nt*
collective storage Sammellagerung *f*; **commercial s.** Warenlagerung *f*; **general s.** 💾 Hauptspeicher *m*; **graphic s.** Bildschirmspeicher *m*; **~ area** Bildschirmspeicherbereich *m*; **high-bay s.** Hochregallagerung *f*; ~

facility Hochregallager *nt*; **high-speed s.** 🖳 Speicher mit schnellem Zugriff; **in-process/interim/intermediate s.** Zwischenlager(ung) *nt/f*; **intermediate s. site** Zwischenlager *nt*; **magnetic s.** Magnetspeicher *m*, magnetischer Speicher; **main s.** Hauptspeicher *m*; **nonerasable s.** Festspeicher *m*; **on-line s.** Datenträger *m*; **open-air s.** Freilager(ung) *nt/f*, freie Lagerfläche; **peripheral s.** peripherer Speicher; **permanent s.** Festspeicher *m*; **photographic s.** Filmspeicher *m*; **public s.** öffentliche Lagerhaltung; **quick-access s.** Schnellspeicher *m*; **read-in s.** Speichereingabe *f*; **real s.** Seitenspeicher *m*; **secondary s.** Zusatzspeicher *m*; **shared s.** gemeinsame Speicherbenutzung; **short-term s.** Kurzspeicher *m*; **temporary s.** 1. Zwischenlagerung *f*, vorübergehende Verwahrung; 2. Zwischenspeicher *m*; **unerasable s.** energieunabhängiger Speicher; **virtual s. (memory)** virtueller Speicher; **~ addressing** virtuelle Speicheradressierung
storage administration Lagerverwaltung *f*; **s. agency** Vorratsstelle *f*; **~ bill** Vorratsstellenwechsel *m*; **s. allocation** Speicherzuordnung *f*, Zuteilung von Speicherplätzen; **s. area** 1. Lagerfläche *f*, L.raum *m*; 2. Speicherbereich *m*; **s. battery** ⚡ Speicherbatterie *f*; **s. bill** Einlagerungswechsel *m*; **s. bin** Lagerbehälter *m*, L.fach *nt*, Ablagefach *nt*; **s. building** Lagergebäude *nt*, L.halle *f*; **s. cabinet** Büroschrank *m*; **s. capacity** Speicher-, Lagerkapazität *f*, L.raum *m*, L.(ungs)fähigkeit *f*, Speichergröße *f*; **s. cell** Speicherzelle *f*; **s. charge(s)** Lagergebühren, L.spesen, L.geld *nt*, (Lager)Aufbewahrungs-, Niederlagegebühren; **s. chip** Speicherchip *m*; **s. container** Lagerbehälter *m*; **s. contents** Speicherinhalt *m*; **s. contract** Lagervertrag *m*; **s. costs** (Ein)Lagerungs-, Lager(haltungs)kosten, Kosten der Lagerhaltung; **s. credit** Einlagerungskredit *m*, Kredit auf eingelagerte Waren; **s. density** Aufzeichnungs-, Speicherungsdichte *f*; **s. device** Speichereinheit *f*; **s. efficiency** Speicherausnutzung *f*; **s. facility** Lagerplatz *m*, L.raum *m*; **s. facilities** Lagervorrichtungen, L.haltung *f*, L.ausstattung *f*, Lager-, Abstellmöglichkeiten, Einrichtungen für die Lagerung; **intermediate s. facility** Zwischenlager *nt*; **s. feature** Speicher *m*; **s. fee** Lagergeld *nt*, Einlagerungsgebühr *f*; **s. filing cabinet** Kombinations-Akten- und Büroschrank *m*; **s. goods** Lagerwaren; **s. in** Speicherempfang *m*; **s. insurance** Lagerversicherung *f*; **s. life** Lagerfähigkeit *f*; **s. location** Speicherstelle *f*, S.platz *m*; **s. loss** Lagerschwund *m*; **s. management** Lagerwirtschaft *f*, L.bestandsführung *f*; **s. medium** Datenträger *m*; **central s. memory** Zentralspeicher *m*; **s. operation** Lagerbetrieb *m*, L.haltung *f*; **s. out** Speicherabgabe *f*; **s. period** 1. Lager(verweil)dauer *f*, L.zeit *f*; 2. Speicher(ungs)zeitraum *m*; **general s. permit** *(EU)* allgemeine Einlagerungsgenehmigung; **s. place** Lagerplatz *m*, L.ort *m*; **s. plan** Ablage-, Lagerplan *m*; **s. plant** Lager *nt*; **s. policy** Lagerpolitik *f*; **s. power station** Speicherkraftwerk *nt*; **s. priority** Speichervorrang *m*; **s. problems** Lagerungsprobleme; **s. protection** Speicherschutz *m*; **~ key** Hauptspeicherschreibsperre *f*; **s. rack** Regal *nt*, Gestell *nt*; **mechanical s. records** maschinelle Lagerbuchhaltung; **s. rental**

fee Lagermiete *f*; **s. risk** Lagerrisiko *nt*; **s. room** Abstell-, Lagerraum *m*; **s. security contract** Raumsicherungsvertrag *m*; **s. service** Lagerhaltungsdienst *m*; **s. shed** Lagerschuppen *m*, L.halle *f*, Speicher *m*; **s. space** 1. Lager-, Speicher-, Stauraum *m*, Lager-, Abstellfläche *f*, A.platz *m*; 2. Speicherkapazität *f*; **open s. space** Freilager(fläche) *nt/f*; **s. tank** Vorratstank *m*, Tanklager *nt*; **s. technology** Lager-, Speichertechnik *f*; **s. unit** Speichereinheit *f*, S.werk *nt*; **s. utilization** Speicherausnutzung *f*; **s. warehouse** Vorrats-, Zwischenlager *nt*, Lagerspeicher *m*; **s. weight** Einlagerungsgewicht *nt*; **s. yard** Lagerhof *m*
store *n* 1. (Vorrats-/Zwischen)Lager *nt*, (Güter)Magazin *nt*, Speicher *m*, Stapel *m*, Niederlage *f*; 2. Vorrat *m*, Menge *f*, Fülle *f*; 3. Laden *m*, Geschäft(slokal) *nt*, Warenhaus *nt*, Handlung *f*; 4. 🖳 (Daten)Speicher *m*; **s.s** 1. Materialvorrat *m*, M.lager *nt*, Lagerbestand *m*; 2. *(Börse)* Kaufhäuser, K.hausaktien, K.titel, K.werte; 3. Roh-, Hilfs- und Betriebsstoffe; **ex s.** ab Lager; **in s.** auf Lager; **~ of knowledge** Wissensschatz *m*; **~ materials and supplies** Materiallager *nt*, **~ value** Wertaufbewahrungsmittel *nt*, gewillkürtes Betriebsvermögen; **~ value asset** Wertaufbewahrungsmittel *nt*; **delivered in s.** 1. frei Lager; 2. frei Ladenlokal
to have in store auf Lager halten, vorrätig haben; **to hold in s. for so.** für jdn bereithalten; **to keep a s.** Ladengeschäft betreiben; **~ in s.** auf Lager/vorrätig haben; **to receive in s.** auf Lager nehmen; **to set s. by** Wert legen auf; **~ great s. by** hoch einschätzen, großen Wert legen auf, viel halten von, einer Sache große Bedeutung/großen Wert/Gewicht beimessen, viel geben auf; **~ little s. by** gering einschätzen, geringen Wert legen auf, wenig halten von, einer Sache geringe Bedeutung/geringen Wert beimessen, wenig geben auf; **to take into s.** auf Lager nehmen; **~ out of s.** auslagern
bonded store ⊖ Zolllager *nt*, Entrepot *nt (frz.)*; **central s.** Haupt-, Zentrallager *nt*, zentrales Lager; **cold s.** 1. Kühlhaus *nt*, K.raum *m*, Eiskeller *m*, Kühlanlage *f*; 2. *[US]* Tiefkühlkostgeschäft *nt*; **cooperative s.** Konsum(laden) *m*, Genossenschaftsladen *m*, Co-op *m (coll)*; **coordinate s.** 🖳 Matrixspeicher *m*; **cut-price s.** Billigwaren-, Billigpreis-, Niedrigpreisgeschäft *nt*; **general s.** Gemischtwarengeschäft *nt*, G.laden *m*, G.handlung *f*, Warenhaus *nt*; **high-rise s.** Hochregal-, Hochraumlager *nt*; **incoming s.s** Eingangslager *nt*; **industrial s.** Verkaufsstelle für Mitarbeiter; **intermediate s.** Zwischenlager *nt*; **low-price s.** Niedrig-, Kleinpreisgeschäft *nt*; **magnetic s.** 🖳 Magnetspeicher *m*; **medical s.s** ✚ Sanitätsmaterial *nt*; **multiple s.** Filialkette *f*, Kettenladen(unternehmen) *m/nt*; **~ system** (Kaufhaus)Filialsystem *nt*; **no-frills s.** Laden mit einfacher Ausstattung; **one-line/single-line s.** Fach-, Sortiments-, Branchen-, Spezialgeschäft *nt*; **over-the-counter s.** Laden mit Fremdbedienung; **photographic s.** Fotogeschäft *nt*; **premier s.** Hauptgeschäft(shaus) *nt*; **public s.** öffentliches Vorratslager *nt*; **self-service s.** Selbstbedienungsladen *m*, S.geschäft *nt*; **temporary s.** Verwahrungslager *nt*; **in ~ s.** vorübergehend verwahrt
store *v/t* 1. (ein)lagern, speichern, aufbewahren, einkel-

lern, auf den Speicher bringen; 2. 🖥 speichern; **s. away** einlagern, verwahren; **s. flat** liegend aufbewahren; **s. outside** auslagern; **s. temporarily** zwischenlagern; **s. up** auf Lager nehmen, anhäufen, Vorrat anlegen, thesaurieren; **do not s. in damp place** trocken aufbewahren
store account *n* Lagerrechnung *f*; **s. accounts** Lagerbuchhaltung *f*; **s.(s) accounting** Lager-, Materialbuchführung *f*, Material(buch)-, Lagerhaltung *f*; **s. ambience** Standort/Lage/Umfeld eines Geschäfts; **s. assortment** (Waren)Sortiment *nt*; **s. brand** Hausmarke *f*; **s. card** *(Kaufhaus)* Kundenkarte *f*, Kunden-, (Einkaufs)kreditkarte *f*, hauseigene Kreditkarte; **s.s card** Lagerkarte *f*; **s. clerk** 1. *[GB]* Lagerist *m*, L.verwalter *m*; 2. *[US]* Verkäufer *m*; **s. clothes** Konfektionskleidung *f*, Kleider von der Stange *(coll)*; **s. credit** *[US]* (kurzfristiger) Kundenkredit; **~ card** hauseigene (Kunden)Kreditkarte; **s.s credit note** Rückgabeschein *m*
stored *adj* 1. (ein)gelagert; 2. 🖥 gespeichert
store|s department Materialverwaltung *f*, M.stelle *f*; **s. detective** Kaufhaus-, Haus-, Ladendetektiv *m*; **s. display** Ladenauslage *f*; **s.-door delivery** *adj* Lieferung frei Haus; **s. equipment** Geschäftseinrichtung *f*, G.ausrüstung *f*; **s. erosion** *(Einzelhandel)* Ladenverschleiß *m*, Veralterung von Betrieben/Betriebsformen; **s. extension** Ladenerweiterung *f*; **s.s file** Lagerkartei *f*; **s. fittings/fixtures** Ladeneinrichtungen pl, L.ausrüstung *f*; **s. front** Ladenfront *f*; **s.s group** Kauf-, Warenhauskonzern *m*; **s.holder** *n* Lagerist *m*, Lagerverwalter *m*; **s.house** *n* Lager(haus) *nt*, (Waren)Speicher *m*, Magazin *nt*, Lagergebäude *nt*, Depot *nt* *(frz.)*; **s. identity/image** Geschäftsimage *nt*; **s.s issue order** Materialanforderung(sschein) *f/m*; **s.keep** *v/i* *[US]* Ladenbesitzer sein; **s.keeper** *n* 1. Lager-, Magazinverwalter *m*, Lagerist *m*, Materialausgeber *m*, M.verwalter *m*; 2. Ladenbesitzer *m*; **s.keeping** *n* Magazinverwaltung *f*, Lagerhaltung *f*; **s. layout** Ladenanordnung *f*; **s.s ledger** Lager(haupt)buch *nt*; **s. location** (Geschäfts)Standort *m*, Geschäftslage *f*; **s. loyalty** Kunden-, Geschäftstreue *f*; **s.man** *n* Lagerarbeiter *m*; **s.s management** Lager-, Artikelverwaltung *f*; **s. manager** Geschäftsführer *m*, Filialleiter *m*; **s.s material requisition** Materialanforderung *f*; **~ requisition slip** Materialanforderungsschein *m*; **s. network** Filial-, Ladennetz *nt*; **s. opening** Laden-, Geschäftseröffnung *f*; **~ hours** Ladenöffnungszeiten; **s.s order** Lagerbestellung *f*; **s. owner** Laden-, Geschäftsinhaber *m*, Ladenbesitzer *m*; **s. pay** *[US]* Naturallohn *m*, N.vergütung *f*, Sachleistung *f*, Warenentlohnung *f*, W.lohn *m*; **s. portfolio** *(Unternehmen)* Ladennetz *nt*
storer *n* Lagerhalter *m*, Lagerist *m*
store|s requisition Lageranforderung(sschein) *f/m*; **~ form/sheet/slip** Materialentnahme-, Lagerbezugsschein *m*; **s.room** Abstell-, Vorratskammer *f*, Abstellraum *m*, Lager(raum) *nt/m*; **s.s ship** ⚓ Versorgungs-, Proviantschiff *nt*; **s. sign** Ladenschild *nt*; **s. site** 1. Geschäftsgrundstück *nt*; 2. Ladenlokal *nt*; **s. space** Ladenfläche *f*; **s. supplies** Lagerlieferungen *f*; **s. test** Probelauf *m*; **s. window** Schaufenster *nt*; **s. worker** *[US]* Ladenarbeiter *m*

storey *[GB]*; **story** *[US]* *n* 🏛 Geschoss *nt*, Stock(werk) *m/nt*, Etage *f* *(frz.)*; **to add another s.** aufstocken; **second story** *[US]* erste Etage; **upper s.** Obergeschoss *nt*, Oberstock *m*
storing *n* Lagerung *f*, Bevorratung *f*, Stapelung *f*; **while s.** während der Lagerung; **s. place** Stapelplatz *m*; **s. time** Lagerzeit *f*
storm *n* Unwetter *nt*, Sturm *m*, Gewitter *nt*; **s. of indignation** Sturm der Entrüstung; **to raise a ~ indignation** Sturm der Entrüstung entfesseln; **~ protest** Proteststurm *m*, Sturm von Protesten; **s. in a teacup** *(fig)* Sturm im Wasserglas *(fig)*; **there is a s. brewing** die Zeichen stehen auf Sturm; **to ride out/weather a s.** Sturm überstehen; **to stir up a s.** Sturm entfachen
storm *v/ti* 1. stürmen; 2. stürmen, toben
storm belt Sturmzone *f*; **s.-bound** *adj* vom Sturm aufgehalten; **s. and tempest branch** *(Vers.)* Elementarzweig *m*; **s. center** *[US]* /**centre** *[GB]* Sturmzentrum *nt*; **s. cloud** Gewitterwolke *f*; **s. damage** Sturm-, Unwetterschäden *pl*; **s. front** Gewitterfront *f*; **s. and tempest insurance** Sturm-, Elementarschädenversicherung *f*; **s., tempest and hurricane insurance** Gewitter- und Sturmschadenversicherung *f*; **s. lantern** Sturmlaterne *f*, Windlicht *nt*; **s.proof** *adj* sturmsicher, s.fest; **s. signal** Sturmsignal *nt*; **s. window** äußeres Doppelfenster
stormy *adj* stürmisch
story *n* 1. Geschichte *f*, Erzählung *f*; 2. (Presse)Artikel *m*, Bericht *m*, Darstellung *f*; **it's always the same old s.** *(coll)* immer dasselbe/das alte/das gleiche Lied *(coll)*; **to cut a long s. short** um es kurz zu machen; **to bandy a s. about** eine Geschichte verbreiten; **to come up with the same s. again** immer mit derselben Masche kommen *(coll)*; **to get hold of the wrong end of the s.** etw. in den falschen Hals bekommen *(coll)*; **to rake up old stories** alte Geschichten aufwärmen; **to spin out a s.** Geschichte in die Länge ziehen; **cock-and-bull s.** *(coll)* Lügengeschichte *f*; **leading s.** *(Zeitung)* Hauptnachricht *f*; **the same old s.** immer die alte Geschichte/Leier *(coll)*; **plausible s.** glaubhafte Geschichte; **serial s.** Fortsetzungsgeschichte *f*; **short s.** Kurzgeschichte *f*, Novelle *f*; **sob s.** rührselige Geschichte; **tall/trumped-up s.** erlogene Geschichte, Lügenmärchen *nt*; **true s.** wahre Geschichte
story *[US]* → **storey** *[GB]*
storyteller *n* Geschichtenerzähler *m*
stove *n* Herd *m*, (Heiz-/Zimmer)Ofen *m*
stow *v/t* 1. ⚓ *(Ladung)* (ver)stauen, packen, voll-, beladen; 2. 🛢 verfüllen; **s. away** 1. sicher verwahren/unterbringen; 2. verstauen; 3. ⚓ als blinder Passagier mitreisen
stowage *n* 1. (Ver)Stauung *f*, Stauen *nt*, Verladen *nt*; 2. Ladung *f*, aufgestaute Güter, 3. ⚓ Laderaum *m*; 4. Staugeld *nt*, S.gebühr *f*, Ladegebühr *f*; **actual s.** Stauung *f*; **broken s.** Staulücke *f*; **s. capacity** Stauraum *m*; **s. certificate** Stauattest *nt*; **s. charges** Stauerlohn *m*: **s. factor** Staumaß *nt*; **s. plan** Stauplan *m*
stow|away *n* ⚓ blinder Passagier; **s.down** *n* verstaute Güter, Ladung *f*

stower *n* Stauer *m*, Packer *m*
stowing *n* ⚓ Verfüllung *f*, Versatz *m*; **pneumatic s.** Blasversatz *m*
straddle *n* 1. Spreizung *f*; 2. *(Börse)* Stellage(geschäft) *f*/*nt*, Kaufverkaufsoption *f*; 3. *(Rohstoffbörse)* Spann-, Spannungskurs *m*; *v*/*t* übergreifen, überspannen; **s. carrier** Portalstapler *m*; **s. effect** Spreizeffekt *m*; **s. truck** Portalfahrzeugkran *m*
straggler *n* Nachzügler *m*
straight *adj* 1. gerade, direkt, geradlinig, ununterbrochen; 2. offen, direkt; 3. *(Konto)* geordnet, in Ordnung, ordentlich; 4. ohne Rabatt; **s. ahead** geradeaus; **s. away** sofort; **to leave the s. and narrow** *(fig)* auf die schiefe Ebene geraten *(fig)*, vom Pfad der Tugend abweichen *(fig)*; **to put things s.** etw. bereinigen/in Ordnung bringen; **to put/set so. s. about sth.** jdm etw. klarmachen; **to set s.** bereinigen; **dead s.** schnurgerade
straighten out *v*/*t* regeln, berichtigen, bereinigen, glätten, in Ordnung bringen, wieder einrenken, gerade biegen, (etw.) in Schuss bringen *(coll)*, richtig-, klarstellen, korrigieren, entzerren
straightening out *n* Entzerrung *f*; **~ of prices** Preisentzerrung *f*
straight|forward *adj* 1. überschaubar, einfach, unkompliziert; 2. ehrlich, aufrichtig, klar; **s.forwardness** *n* Direktheit *f*, Offenheit *f*; **s.jacket** *n* Zwangsjacke *f*; **s.- line** *adj* 1. geradlinig; 2. *(Abschreibung)* gleichbleibend, linear
strain *n* 1. Belastung *f*, Beanspruchung *f*, Anstrengung *f*, Strapaze *f*, Überlastung *f*, Druck *m*, Spannung *f*, Kraftaufwand *m*; 2. ✂ Sorte *f*; **s.s** Spannungen; **s. on liquidity** Liquiditätsbeengung *f*, L.belastung *f*, L.anspannung *f*; **~ the market** Marktbelastung *f*; **~ financial resources** finanzielle Anspannung
to be a strain on strapazieren; **~ under great s.** großen Belastungen ausgesetzt sein; **to buckle under the s.** unter der Anspannung zusammenbrechen; **to come under s.** unter Druck geraten; **to place great s.s on sth.** etw. großen Belastungen aussetzen; **to put a s. on sth.** etw. belasten; **to take the s.** Belastung aushalten; **~ off** entlasten
economic strain wirtschaftliche Anspannung; **end-of-year s.** Jahresendbeanspruchung *f*; **external s.** außenwirtschaftliche Belastung; **financial s.** finanzielle Belastung/Anspannung; **inflationary s.s** Inflationsdruck *m*, inflatorische Kräfte/Spannungen; **mental s.** seelische Belastung; **monetary s.** Geldmarkt-, Geld-, Liquiditätsanspannung *f*, Anspannung des Geldmarktes; **psychic s.** seelische Belastung; **severe s.** schwere Belastung; **vertical s.** Wettbewerb zwischen verschiedenen hierarchischen Ebenen
strain *v*/*t* 1. anspannen, belasten, strapazieren; 2. sieben; **s. o.s.** sich anstrengen; **s.ed** *adj* (an)gespannt, belastet; **s.er** *n* Sieb *nt*
strait(s) *n* 1. ⚓ Straße *f*, Meerenge *f*; 2. *(fig)* Not *f*, Verlegenheit *f*, Klemme *f*, Engpass *m*; **to be in dire/narrow s.s** *(coll)* knapp bei Kasse sein, in Geldverlegenheit sein, in bedrängten Vermögensverhältnissen sein, am Stock gehen *(coll)*; **financial s.s** Finanznot *f*, Geld-

klemme *f*, finanzieller Engpass; **dire ~ s.s** arge Geldklemme, angespannte Finanzlage
strand of thought *n* Gedankengang *m*
strand *v*/*i* ⚓ stranden, auf Grund laufen
stranded *adj* 1. ⚓ gestrandet; 2. *(fig)* arbeitslos, mittellos; **to be (left) s.** *(fig)* 1. 🚌 festsitzen, festliegen; 2. auf dem Trockenen sitzen *(fig)*
stranding *n* ⚓ Strandung *f*
strange *adj* 1. merkwürdig, seltsam, eigenartig; 2. fremd(artig), unbekannt, nicht geläufig, befremdlich, unvertraut; **s.r** *n* Fremde(r) *f*/*m*; **complete s.rs** stockfremde Leute
strangle *v*/*t* 1. (er)würgen, erdrosseln, strangulieren; 2. abwürgen, ersticken
stranglehold *n* 1. Würgegriff *m*, Umklammerung *f*; 2. *(fig)* Machtposition *f*; **to have a s. on the market** Markt total beherrschen
strangling; strangulation *n* 1. Erdrosseln *nt*, Erwürgen *nt*; 2. Mord durch Erwürgen
strangulate *v*/*t* erwürgen, erdrosseln
strap *n* 1. Riemen *m*, Gurt *m*, Band *nt*; 2. *(Börse)* Stellagegeschäft *nt*, Kaufoption *f*; *v*/*t* (fest-/um)schnallen, umschnüren
financially strapped *adj* finanziell eingeschnürt, knapp bei Kasse
strapping *n* Verschnürung *f*
stratagem *n* (Kriegs)List *f*
strate|gic *adj* strategisch; **s.gist** *n* Stratege *m*
strategy *n* Strategie *f*, Politik *f*, Marschroute *f*; **s. for conquering the market** Markteroberungsstrategie *f*; **to chart strategies; to formulate/map out a s.** Strategie(n) entwickeln; **to embark on a s.** Strategie einschlagen
competitive strategy Wettbewerbsstrategie *f*; **corporate s.** Firmen-, Unternehmenspolitik *f*, U.strategie *f*; **to change ~ s.** Unternehmensstrategie ändern; **counter-inflation s.** Anti-Inflationspolitik *f*; **defensive s.** Verteidigungs-, Defensivstrategie *f*; **dominant s.** dominante Strategie; **double-barrelled s.** Doppelstrategie *f*; **economic s.** Wirtschaftsstrategie *f*, W.politik *f*; **financial s.** Finanzplanung *f*, F.politik *f*; **medium-term ~ s.** mittelfristige Finanzplanung; **forward s.** Vorwärtsstrategie *f*; **low-price s.** Niedrigpreisstrategie *f*; **mixed s.** gemischte Strategie; **promotional s.** Verkaufsförderungsstrategie *f*; **quality-based s.** Qualitätsstrategie *f*
strategy document Strategiepapier *nt*
stratification *n* 1. (soziale) Schichtung; 2. ▦ Schichtenbildung *f*; **s. of sampling** nachträgliche Schichtung; **s. with variable sampling fraction** Schichtung mit verschiedenen Stichprobengruppen; **s. by size** Größenschichtung *f*; **deep s.** tiefgegliederte Schichtung; **multiple s.** mehrfache Schichtung; **single s.** einfache Schichtung
stratify *v*/*t* schichten
strato|sphere *n* Stratosphäre *f*; **s.spheric** *adj* stratosphärisch
stratum *n* *(lat.)* 1. Schicht *f*; 2. ▦ Teilgesamtheit *f*; **strata of the population** Volksschichten *pl*; **demogra-**

phic s. Bevölkerungsschicht f; social s. soziale Schicht, Bevölkerungs-, Gesellschafts-, Volksschicht f
straw n 1. Stroh nt; 2. Strohhalm m; to clutch/grasp at a s. nach einem Strohhalm greifen; ~ every s. sich an jeden Strohhalm klammern
straw bail 1. unsichere/wertlose Bürgschaft; 2. unsicherer Bürge; s. bid Scheingebot nt; s. bidder Scheinbieter m; s. bond wertlose Bürgschaft, wertloser Verpflichtungschein; s. boss Pro-forma-Vorgesetzter m; s. doll Strohpuppe f; s. man Stroh-, Hintermann m, Marionette f (fig); s. mattress Strohsack m; s. name Proformaindossament nt; s. poll Blitz-, Probeumfrage f, Befragung von Wählern bei Verlassen des Wahllokals, ~ nach Stimmabgabe; s. vote Probeabstimmung f
stray v/i sich verirren; n Irrläufer m; adj vereinzelt
streak n Streifen m, Spur f; s. of fog Nebelstreifen m; ~ lightning Blitzstrahl m; ~ luck/lucky s. Glückssträhne f; ~ bad luck Pechsträhne f; to talk like a blue s. [US] wie ein Buch reden
stream n 1. Fluss m, Flüsschen nt; 2. (fig) Strom m; 3. 🖳 Datenreihe f; s. of cash inflows/proceeds Einnahmestrom m; ~ earnings/income Einkommens-, Einnahmestrom m, E.reihe f; ~ investment Investitionskette f; ~ light Lichtstrom m; ~ visitors Besucherstrom m; coming on s. Produktionsbeginn m; putting on s. Betriebsauf-, Inbetriebnahme f
to be on stream in Betrieb sein; to come on s. in Betrieb gehen, Produktion aufnehmen; to go on s. ⚡ ans Netz gehen; to put on s. Betrieb aufnehmen, in ~ setzen; to take off s. aus der Produktion nehmen, außer Betrieb setzen
stream v/i strömen, fließen; s. in herein-/hineinströmen; s. out heraus-/hinausströmen
streamer n Papier-, Luftschlange f, Wimpel m
streaming mode n 🖳 Datenstromverfahren nt
stream input 🖳 reihenweise Eingabe
streamline n Stromlinie f; v/t 1. elegant/schnittig gestalten; 2. (durch)rationalisieren, straffen, gesundschrumpfen, verschlanken, modernisieren, bereinigen; s.d adj 1. stromlinienförmig; 2. fortschrittlich, rationell, rationalisiert
streamline shape Stromlinienform f
streamlining n (Durch)Rationalisierung f, Strukturbereinigungsprozess m, Modernisierung f, (organisatorische) Straffung, Gesundschrumpfung f, Verschlankung f, Bereinigung f; s. of operation(s) Durchrationalisierung des Betriebs, (inner)betriebliche Rationalisierung, Straffung der Betriebsabläufe; ~ the product range; ~ the range (of goods) Bereinigung/Straffung des Sortiments, ~ Programms, Sortiments-, Programm-, Produktionsbereinigung f, Programmstraffung f; ~ the production range Programmbereinigung f, P.straffung f, Bereinigung/Straffung des Produktionsprogramms; s. measures Rationalisierungsmaßnahmen
stream output 🖳 reihenweise Ausgabe; s. transmission reihenweise Übertragung
street n Straße f, Gasse f; the S. (Wall Street) [US] New Yorker Finanz-, Börsenviertel nt; in the s. 1. auf der Straße; 2. nach Börsenschluss, vor Börsenbeginn, nach-, vorbörslich

streets ahead (coll) weit überlegen, meilenweit vorn
to be up so.'s street (coll) jdm in den Kram passen (coll); to cordon off a s. Straße absperren; to hit the s.s (coll) 1. arbeitslos werden; 2. [US] auf die Straße gehen, demonstrieren; to line the s. die Straßen säumen; to roam the s.s durch die Straßen streichen; to rush onto the s. auf die Straße stürzen; to sell in the s. [US] an der Vor-/Nachbörse verkaufen; to take to the s. (Protest) auf die Straße gehen, demonstrieren; to walk the s.s (coll) auf den Strich gehen (coll), der Prostitution nachgehen
back street abgelegene Straße; congested s. verstopfte Straße; deserted s.s leere Straßen; high [GB] /main [US] s. (Haupt)Geschäftsstraße f, Hauptstraße f, Einkaufsstraße f, Geschäftsviertel nt, G.gegend f; local s. Gemeindestraße f; one-way s. Einbahnstraße f; queer s. (coll) finanzielle Schwierigkeit; two-way s. Straße mit Gegenverkehr
street battle Straßenschlacht f; s. broker freier Makler, Winkel-, Kulissenmakler m, Freiverkehrshändler m
streetcar n [US] Straßenbahn(wagen) f/m; s. corporation Straßenbahngesellschaft f; s. stop Straßenbahnhaltestelle f; s. line Straßenbahnlinie f
street certificate formlos übertragene Aktie; s. cleaner 1. Straßenkehrer m; 2. Kehrmaschine f; s.-cleaning n Straßenreinigung f; s. collection Straßensammlung f; s. crossing Straßenkreuzung f; s. customer Laufkunde m; s. customers Laufkundschaft f; s. directory Stadtplan m, Straßenverzeichnis nt; s. fighting Straßenkämpfe pl; s. hawker Straßenhändler m; s. industry Straßengewerbe nt; s. lamp/light Straßenlaterne f; s. level Straßenniveau nt; s. lighting Straßenbeleuchtung f; s. loan kurzfristiges Maklerdarlehen; s. map Straßenkarte f, S.plan m; s. market 1. Straßenmarkt m; 2. Freiverkehrsmarkt m, Nach-, Vor-, Straßenbörse f, außerbörslicher Verkehr; s. marketing Straßenhandel m; s. name Straßenname m; s. number Hausnummer f; s. organ Leierkasten m, Drehorgel f; s. people Stadtstreicher m; s. plan Straßen-, Stadtplan m; s. porter Dienstmann m; s. price außerbörslicher/nachbörslicher Kurs, ~ Preis, Freiverkehrskurs m; s. robber Straßenräuber m; s. robbery Straßenraub m; s. sale Straßenhandel m, S.verkauf m; s.scape n Straßenbild nt; s. seller/trader/vendor Straßenhändler m, S.verkäufer m, fliegender/umherziehender Händler, Höker m (obs.); s. selling/trading/vending Straßenverkauf m, S.handel m, Verkauf auf offener Straße; s. sweeper 1. Straßenkehrer m; 2. Kehrmaschine f; s. value (Drogen) Straßenverkaufswert m; s.walker n Prostituierte f, s.-wise adj außer-, nach-, vorbörslich, im Freiverkehr
strength n 1. Stärke f, Kraft f; 2. Festigkeit f, Widerstandsfähigkeit f; 3. (Wirtschaft) Gesundheit f, Stabilität f; in s. in voller Stärke, mit großem Aufgebot; on the s. of auf Grund, kraft, zufolge, im Vertrauen auf
strength of demand Nachfrageintensität f; s. in depth grundlegende Stärke; s. of judgment Urteilskraft f, U.vermögen nt, U.fähigkeit f; ~ the market feste

strength of the recovery Marktverfassung/Börsentendenz; ~ **the recovery** Intensität der Belebung; ~ **financial recources** Kapitalkraft f; ~ **a statement** Beweiskraft einer Aussage; ~ **a test** ▦ Teststrenge f, T.stärke f, Strenge eines Tests; ~ **will** Willensstärke f **to come in strength** zahlreich erscheinen; **to decide on the s. of the records** [§] nach Lage der Akten entscheiden; **to gather/gain s.** an Schwung gewinnen, stärker werden; **to go from s. to s.** an Stärke gewinnen, immer stärker werden, einen Erfolg nach dem anderen erzielen; **to husband one's s.** mit seinen Kräften haushalten; **to muster up all one's s.** all seine Kraft zusammennehmen; **to recover one's s.** wieder Kraft schöpfen; **to sell into the s. of the market** bei steigenden Kursen verkaufen **actual strength** Ist-Stärke f; **alcoholic s.** Alkoholgehalt m; **competitive s.** Wettbewerbsstärke f, Wettbewerbs-, Konkurrenzfähigkeit f; **to maintain one's ~ s.** seine Wettbewerbsposition halten; **dynamic s.** Dynamik f; **economic s.** Wirtschaftspotenzial nt, W.kraft f; **financial s.** Finanzkraft f, F.stärke f, Kapitalkraft f, K.stärke f, finanzielle Leistungsfähigkeit; **in full s.** in voller Stärke, vollzählig; **moral s.** sittliche Kraft; **numerical s.** Kopfstärke f; **physical s.** Körperkraft f; **required s.** Plan-, Sollstärke f; **selective s.** *(Spezialwerte)* feste Haltung; **structural s.** struktruelle Stärke; **tensile s.** ✿ Materialfestigkeit f, Reißgrenze f, Zugbeanspruchung f, Z.festigkeit f; **total s.** Gesamtstärke f, G.zahl f; **underlying s.** innere Stärke, feste Grundhaltung/G.tendenz

strenghten v/ti 1. (ver)stärken, festigen, verbessern, verfestigen, intensivieren; 2. erstarken, stärker werden
strengthening n (Ver)Stärkung f, Festigung f, Erstarkung f, Kräftigung f, Intensivierung f; **s. of capital recources** Verstärkung der Eigenmittel; ~ **competition** Wettbewerbsstärkung f; ~ **prices** Kursbefestigung f; ~ **the cyclical upswing** Intensivierung des Konjunkturaufschwungs, konjunkturelles Wachstum
strenuous adj 1. anstrengend, mühsam, strapaziös; 2. eifrig, energisch
stress n 1. Belastung f, Beanspruchung f; 2. Belastung f, Druck m, Spannung f, Stress m; 3. Betonung f, Unterstreichung f; **under s.** stressgeplagt; **s. of competition** Wettbewerbsdruck m; **to lay s. on sth.** Gewicht auf etw. legen; **to subject so. to s.** jdn unter Druck setzen, jdn belasten; **emotional s.** psychische Belastung; **environmental s.** Umweltbelastung f, umweltbedingte Beanspruchung; **excessive s.** übermäßige Beanspruchung, Überlastung f; **functional s.** funktionsbedingte Beanspruchung; **highest s.** Höchstbeanspruchung f, H.anspannung f
stress v/t 1. belasten, beanspruchen; 2. betonen, hervorheben, unter-, herausstreichen, Nachdruck legen auf
stress disease Stress-, Managerkrankheit f; **highly s.ed** adj stressgeplagt; **s.-free** stressfrei; **s. fracture** ✿ Spannungsriss m; **s.ful** adj anstrengend, stressig; **(highly) s.-resistant** adj (hoch) beanspruchbar
stretch n 1. Spanne f, Stück nt; 2. Ausdehnung f, Teil(strecke) m/f; 3. Strecken nt, Dehnen nt; 4. Zeitraum m; **s. of water** Gewässer nt; **at full s.** mit voller Kapazität; **to be/work ~ s.** voll ausgelastet sein, mit Hochdruck arbeiten, auf Hochtouren laufen *(coll)*
stretch v/ti 1. dehnen, strecken, (über)spannen, ausweiten; 2. belasten, überbeanspruchen, überanstrengen, 3. sich ausdehnen; **s. to** bis zu ... ausmachen, sich erstrecken bis
to be fully stretched adj voll ausgelastet sein
stretcher n ✚ Tragbahre f, Krankentrage f
stretching n Streckung f; **s. of the redemption period** Tilgungsstreckung f
stretch-out n 1. Arbeitsintensivierung f, Produktionssteigerung f (ohne Lohnmehrkosten), höhere/intensivere Auslastung der Arbeitskraft; 2. Laufzeitverlängerung f
stricken adj angeschlagen, heimgesucht; **financially s.** finanziell angeschlagen
strict adj exakt, genau, streng, unnachsichtig, strikt, scharf
strictly adv genau/streng genommen, unbedingt; **s. between us** ganz unter uns
strictness n Striktheit f, Schärfe f, Strenge f
stricture(s) n/pl scharfe Kritik, kritische Bemerkungen
stride forward n Schritt nach vorn; **to get into one's s.** in Schwung kommen; **to knock/put so. off his s.** jdn aus dem Gleichgewicht/Konzept bringen; **to lose one's s.** aus dem Takt kommen; **to make great s.s** rasche Fortschritte machen; **to take sth. in one's s.** etw. mühelos überwinden, spielend mit etw. fertig werden; ~ **everything in one's s.** alle Hürden mühelos nehmen *(fig)*; **giant s.** Riesenschritt m
stride v/i (durch)schreiten
strident adj 1. *(Laut)* durchdringend; 2. *(Protest)* geharnischt, scharf, lautstark
strife n Streit m, Unfriede m, Zwietracht f; **to foment s.** Streit schüren; **civil s.** innere Unruhen; **industrial s.** Auseinandersetzungen der Tarifparteien, Arbeitsstreitigkeit f
strike n 1. Streik m, Ausstand m, Arbeitsniederlegung f, A.unterbrechung f, Niederlegung der Arbeit; 2. *[US]* ⚒/⚙ Fund m; 3. Treffer m, Glücksfall m; **on s.** streikend, im Ausstand; **s., riot and civil commotion (s. r. & c. c.)** *(Vers.)* Streik, Aufruhr und innere Unruhen; **s. to enforce a claim** Erzwingungsstreik m; **dogged by s.s** von Streiks geplagt
to approve/authorize a strike Streik genehmigen; **to avert a s.** Streik abwenden; **to ballot (workers) on a s.** Ur-/Streikabstimmung durchführen; **to ban a s.** Streik untersagen/verbieten; **to be on s.** sich im Streik befinden, streiken, im Ausstand sein; **to break a s.** Streik brechen; **to bring so. out on s.** jdn zum Streik veranlassen; **to call a s.** Streik ausrufen/proklamieren; ~ **for a s.;** ~ **(workers) out on s.** zum Streik aufrufen; ~ **off a s.** Streik abbrechen/beenden/abblasen/aufheben; **to come out/go on s.** in den Streik/Ausstand treten, streiken; **to continue a s.** Streik fortsetzen; **to end a s.** beenden; **to launch a s.** Streik vom Zaun brechen; **to lift a s.** Streikmaßnahmen beenden/aufheben, Streik aufheben; **to make a s.** 1. ⚒/⚙ fündig werden; 2.

(fig) Glück haben; **to order a s.** Streik anordnen; **to organize a s.** Streik organisieren; **to participate in a s.** an einem Streik teilnehmen; **to prohibit a s.** Streik untersagen/verbieten; **to ride out a s.** Streik aus-/durchhalten; **to settle a s.** Streik schlichten; **to shorten a s.** Streik verkürzen; **to stage a s.** Streik durchführen/organisieren, streiken; **to suspend a s.** Streik unterbrechen; **to terminate a s.** Streik beenden; **to trigger (off) a s.** Streik auslösen, ~ vom Zaun brechen
administrative strike Verwaltungsstreik *m*; **all-out s.** totaler Streik, kollektive Arbeitsniederlegung, Total-, Gesamtstreik *m*; **area-wide s.** Flächenstreik *m*; **authorized s.** gewerkschaftlich genehmigter Streik; **camouflaged s.** versteckter Streik; **crumbling s.** zusammenbrechender/abbröckelnder Streik; **defensive s.** Abwehr-, Defensivstreik *m*; **deterrent s.** Warnstreik *m*; **festering s.** schwelender Streik; **general s.** Generalstreik *m*; **go-slow s.** Bummel-, Langsamstreik *m*, planmäßiges Langsamarbeiten; **hidden s.** versteckter Streik; **hit-and-run s.** kurzer Warnstreik; **illegal s.** wilder/ungesetzlicher/nicht organisierter/widerrechtlicher Streik; **indefinite s.** unbefristeter Streik; **jurisdictional s.** *[US]* Zuständigkeits-, Anerkennungsstreik *m*; **lawful/legal s.** legitimer Streik; **limited s.** begrenzter Streik; **limited-duration s.** zeitlich begrenzter Streik; **local s.** örtlicher/örtlich begrenzter Streik, Teilstreik *m*; **~ s.s** Teilaktionen; **selective localized s.** örtlicher Schwerpunktstreik; **lucky s.** *(coll)* Glückstreffer *m*, glücklicher Wurf; **national s.** Generalstreik *m*, landesweiter Streik; **negative s.** Fehlbohrung *f*; **official s.** offizieller/legitimer/organisierter Streik, gewerkschaftlich genehmigter Streik; **one-day s.** 24-stündiger Streik/Ausstand; **organized s.** organisierter Streik; **outlawed s.** wilder Streik; **partial s.** Teilstreik *m*; **political s.** politischer Streik; **postal s.** Poststreik *m*; **protracted s.** sich lang hinziehender/langwieriger Streik; **quickie s.** *(coll)* kurze Arbeitsniederlegung, Kurzstreik *m*; **rolling/rotating s.** Schwerpunkt-, Kreiselstreik *m*, Teilaktionen *pl*, rollender Streik; **secondary s.** mittelbarer Streik; **sectional s.** Teilstreik *m*; **selective s.** (Schwer-)Punktstreik *m*, Streikaktionen an ausgewählten Orten; **sit-down s.** Sitzstreik *f*; **slow-down s.** Bummelstreik *m*; **snap/spontaneous s.** spontaner/wilder Streik, Warnstreik *m*, spontane Arbeitsniederlegung; **staggered s.** Schwerpunktstreik *m*; **stay-down s.** Sitzstreik *m*; **stay-in s.** Sitzstreik *m*, Besetzung von Fabrikanlagen; **stop-go s.** Bummel-, Langsamstreik *m*, planmäßiges Langsamarbeiten; **sympathetic s.** Sympathie-, Solidaritätsstreik *m*; **total s.** Gesamt-, Total-, Vollstreik *m*; **unauthorized s.** wilder Streik; **unlimited s.** unbefristeter Streik; **unofficial s.** wilder/ungesetzlicher/nicht organisierter/nicht genehmigter Streik; **wildcat s.** wilder/unangekündigter/spontaner Streik
strike *v/ti* 1. schlagen, hauen, treffen; 2. fündig werden; 3. *(Münzen)* prägen; 4. in den Streik treten, streiken; **s. so.** jdm auffallen; **s. down** zu Fall bringen; **s. off** 1. aus-, wegstreichen; 2. *(Schuld)* tilgen, löschen; **s. out** (durch)streichen; **~ alone** (etw.) im Alleingang tun; **~ on one's own** sich selbständig machen, (etw.) im Alleingang tun; **s. home** ins Ziel treffen, seine Wirkung tun; **s. it rich** *(coll)* Geldquelle entdecken, gutes Geschäft machen
strike action Streikmaßnahme *f*, S.aktion *f*; **to take s. a.** Streikmaßnahmen einleiten; **crippling s. a.** Streik mit verheerenden Folgen; **selective s. a.** Schwerpunktstreik *m*
strike agreement Streikabkommen *nt*, S.vereinbarung *f*; **s. aims** Streik-, Kampfziel *nt*; **s. ballot** Streik-, Urabstimmung *f*; **to hold a s. ballot** Urabstimmung abhalten; **s. ban** Streikverbot *nt*, Verbot eines Streiks; **s. benefits** *[US]* Streikgeld *nt*, S.unterstützung *f*; **s.-bound** *adj* bestreikt, vom Streik betroffen; **not s.-bound** nicht bestreikt; **s.breaker** *n* Streikbrecher *m*; **s.breaking** *n* Streikbruch *m*; **s. call** Streikaufruf *m*; **to endorse a s. call** Streikaufruf billigen; **s. campaign** Streikaktion *f*; **s. clause** Streikklausel *f*; **s. committee** Streikleitung *f*, S.ausschuss *m*, S.führung *f*; **~ room** Streiklokal *nt*; **s. date** Streiktermin *m*; **s. decision** Streikbeschluss *m*; **s. diversion premium** *(Vers.)* Streikumleitungsprämie *f*; **s.-dogged** *adj* vom Streik geplagt; **s.-free** *adj* unbestreikt; **s. fund** Streikkasse *f*, Streik-, Kampffonds *m*; **s.-hit** *adj* bestreikt, vom Streik betroffen; **s.-induced** *adj* streikbedingt; **s. instruction** Streikanordnung *f*; **to defy the s. instruction** Streikanordnung missachten; **s. insurance** Streikversicherung *f*; **s. law** Streikrecht *nt*; **s. leader** Streik(an)führer *m*; **s. leadership** Streikleitung *f*; **s. legislation** Streikgesetzgebung *f*; **s.-like** *adj* streikähnlich; **s. measures** Streikmaßnahmen; **s. meeting** Streikversammlung *f*; **s. movement** Streikbewegung *f*; **s. notice** Streikankündigung *f*; **s. order** Streikbefehl *m*; **s. pay** Streikbeihilfe *f*, S.geld *nt*, S.unterstützung *f*; **s. picket** Streikposten *m*; **s. price** *(Optionshandel)* Einstiegs-, Zuschlagspreis *m*, Zuschlagskurs *m*; **s.-prone** *adj* streikanfällig
striker *n* 1. Streikende(r) *f/m*; 2. *(Sport)* Torjäger *m*
strike record Streikbilanz *f*; **s. resolution** Streikbeschluss *m*; **s. slogan** Streikparole *f*; **s. statistics** Streikstatistik *f*; **s. threat** Streik(an)drohung *f*; **to lift the s. threat** Streikdrohung zurücknehmen; **s. turnout** Streikbeteiligung *f*; **s. vote** Ur-, Streikabstimmung *f*; **s. weapon** Streikwaffe *f*; **s.-weariness** *n* Streikmüdigkeit *f*; **s.-weary** *adj* streikmüde
striking *adj* 1. bemerkenswert, auffallend, auffällig, überraschend, verblüffend, hervorstehend, markant, frappierend, eindrucksvoll, einprägsam, drastisch; 2. *(Erfolg)* durchschlagend; 3. streikend; **s. of a balance** Bilanzierung *f*, Saldierung *f*; **s. off the roll** Streichen von der Mitgliederliste; **s. price** 1. Zuschlagspreis *m*, Terminkurs *m*; 2. *(Börse)* Basispreis *m*
string *n* 1. (Bind)Faden *m*, Schnur *f*, Leine *f*, Kordel *f*; 2. Reihe *f*, Kette *f*, Folge *f*; 3. (alphanumerische) Zeichenkette, Z.folge *f*; 4. *(Musik)* Saite *f*; **s.s** 1. *(fig)* Bedingungen; 2. *(Musik)* Streicher; **a s. of** ein Rattenschwanz von *(coll)*; **s. of lawsuits** Serie von Prozessen; **~ reinsurers** Rückversichererkette *f*; **~ successes** Erfolgsserie *f*; **~ symbols** Zeichenreihe *f*; **no s.s attached** *(coll)* ohne irgendwelche Bedingungen/Auflagen; **to**

harp on the same (old) s. *(coll)* immer das alte Lied singen *(coll)*; **to have so. on the s.** *(fig)* jdn am Gängelband führen *(fig)*; **to pull (the) s.s** *(fig)* die Drähte ziehen *(fig)*, die Fäden in der Hand halten *(fig)*, seine Beziehungen spielen lassen, seinen Einfluss geltend machen; **~ all the s.s** *(fig)* seinen ganzen Einfluss aufbieten; **to touch a s.** *(fig)* Gefühl ansprechen; **leading s.s** Gängelband *nt*
string bag *n* Einkaufsnetz *nt*; **s. data** Kettendaten *pl*; **s. diagram** Fadendiagramm *nt*
stringency *n* 1. Strenge *f*, Schärfe *f*; 2. Verknappung *f*, Knappheit *f*; **s. of money** Geldknappheit *f*; **s. in the money market** Kapitalknappheit *f*; **economic s.** strenge Sparmaßnahmen
stringent *adj* 1. streng, zwingend, bindend, energisch; 2. *(Markt)* gedrückt
string instrument Saiteninstrument *nt*; **s. puller** *(fig)* Drahtzieher *m (fig)*; **s. puppet** Marionette *f*; **s. vest** Netzhemd *nt*
strip *n* 1. Streifen *m*; 2. *(Börse)* Stellagegeschäft mit Kaufoption; **s. of land** Flur-, Landstreifen *m*; **gummed s.** Klebestreifen *m*; **luminous s.** Lichtband *nt*; **magnetic s.** 🖫 Magnetstreifen *m*; **~ account card computer** Magnetkontencomputer *m*; **~ card** Magnetstreifenkarte *f*
strip *v/ti* 1. beseitigen, entfernen; 2. *(Container)* auspacken; 3. sich ausziehen/entkleiden
stripe *n* Streifen *m*; **s.ed** *adj* gestreift
strip lighting Neonbeleuchtung *f*; **s. mill** ⌀ Bandwalzwerk *nt*, B.straße *f*; **cold/warm s. mill** Kalt-/Warmbreitbandstraße *f*; **s. mine** *[US]* 🏳 Tagebau *m*, im ~ betriebene Grube; **s.-mine** *v/t* im Tagebau abbauen; **s. mining** Tagebau *m*; **s. pack(age)** Durchdrückpackung *f*; **s. question** Filterfrage *f*; **s. search** Leibesvisitation *f*, körperliche Durchsuchung; **s. steel** ⌀ Bandstahl *m*
strive *v/i* sich bemühen, bestrebt sein; **s. for** anstreben, sich befleißigen, streben nach
striving for power *n* Machtstreben *nt*
stroke *n* 1. Hieb *m*, Schlag *m*; 2. $ Schlaganfall *m*; 3. 🗋 (Schräg)Strich *m*; 4. *[GB]* ⚙ Hub *m*, (Motor)Takt *m*; **at a s.** auf einen Streich/Schlag, auf einmal; **s. of genius** Geistesblitz *m*, Geniestreich *m*; **~ lighting** Blitzschlag *m*; **~ luck** Glückstreffer *m*, G.fall *m*, glücklicher Zufall, glückliche Fügung; **with a ~ the pen** mit einem Federstrich; **to have a s.** Schlaganfall bekommen; **clever s.** geschickter Schachzug; **oblique s.** 🗋 Schrägstrich *m*
stroll *n* Spaziergang *m*, Bummel *m*; *v/i* promenieren, flanieren, schlendern, bummeln, Spaziergang/Bummel machen
strong *adj* 1. stark, fest, massiv; 2. kräftig, gesund; 3. *(Protest)* geharnischt, scharf; **to be s.** *(Börse)* in glänzender Verfassung sein; **to become s.er** erstarken, sich intensivieren; **to be going s.** gut in Schuss sein *(coll)*; **to turn s.** *(Kurs)* scharf anziehen; **financially s.** finanzstark, f.kräftig; **fiscally s.** steuerstark
strong/box *n* 1. (Stahl)Kassette *f*, Geldbombe *f*; 2. Safe *m*, Geld-, Panzerschrank *m*, Tresor(fach) *m/nt*; **s.-currency** *adj* währungsstark; **s.hold** *n* Bollwerk *nt*, Festung *f*, Hochburg *f*, Hort *m*; **s.room** *n* Stahlkammer *f*, Tresor(raum) *m*; **~ key** Tresorschlüssel *m*

structural *adj* 1. 🏛 baulich, architektonisch, bau-, konstruktionstechnisch; 2. strukturell, strukturbedingt, s.politisch, Struktur-
structure *n* 1. Struktur *f*, Gefüge *nt*; 2. Aufbau *m*, Verfassung *f*; 3. Konstruktion *f*, Gerüst *nt*; 4. Rahmen *m*, Anordnung *f*; 5. *(Emission)* Ausstattung *f*; 6. 🏛 Bau(substanz) *m/f*
structure of public administration Verwaltungs-, Behördenaufbau *m*; **~ the balance sheet** Bilanzstruktur *f*; **~ the banking industry** Bankenstruktur *f*; **internal ~ the supervisory board** innere Ordnung des Aufsichtsrats; **~ a business** Geschäftsgefüge *nt*; **~ charges/rates** Konditionengefüge *nt*, Gebühren-, Tarifstruktur *f*; **~ distribution** Vertriebsstruktur *f*; **~ exports** Exportstruktur *f*; **~ occupational groups** Berufssystematik *f*; **~ industry** Industriestruktur *f*; **~ interest rates** Zinsstruktur *f*, Z.gefüge *nt*; **~ the judiciary** Gerichtsverfassung *f*; **~ collective pay scales** Tarifstruktur *f*; **~ population** Bevölkerungsaufbau *m*, B.struktur *f*; **~ a region** Regionalstruktur *f*; **~ roles** Rollenstruktur *f*; **~ society** Gesellschaftsstruktur *f*; **~ taxation** Besteuerungs-, Steuerstruktur *f*
administrative structure Verwaltungsaufbau *m*; **agrarian/agricultural s.** Agrarverfassung *f*, A.struktur *f*; **coherent s.** Verbundgefüge *nt*; **corporate s.** Unternehmensverfassung *f*, U.form *f*, Unternehmens-, Betriebsstruktur *f*, B.gefüge *nt*, Gesellschaftsstruktur *f*, G.form *f*; **decision-making s.** Entscheidungs-, Genehmigungsstruktur *f*; **demographic s.** Bevölkerungsaufbau *m*, B.struktur *f*; **departmental s.** Abteilungs-, Unternehmensgliederung *f*; **divisional s.** Abteilungs-, Bereichs-, Spartenstruktur *f*, Abteilungs-, Bereichs-, Spartengliederung *f*; **economic s.** Wirtschaftsstruktur *f*, W.system *nt*, W.gefüge *nt*, wirtschaftliche Struktur; **federal s.** bundesstaatliche Ordnung/Gliederung, föderatives System; **financial s.** Finanz-, Kapital-, Vermögensstruktur *f*; **horizontal ~ s.** horizontale Finanzstruktur; **vertical ~ s.** vertikale Finanzstruktur; **industrial s.** Industriestruktur *f*; **innovative s.** Innovationsstruktur *f*; **managerial s.** Leitungs-, Führungsstruktur *f*; **man-made s.s** Kunstbauten; **monetary s.** Geldverfassung *f*; **occupational s.** Berufszusammensetzung *f*, B.struktur *f*; **operational s.** Betriebsorganisation *f*; **organic s.** Organaufbau *m*; **organizational s.** Organisationsschema *nt*, O.aufbau *m*, O.struktur *f*; **formal ~ s.** Formalstruktur der Organisation; **physical s.** Mengengerüst *nt*; **regional s.** regionale Gliederung, Regionalstruktur *f*; **social s.** Sozial-, Gesellschaftsstruktur *f*, sozialer Aufbau; **spatial s.** Raumstruktur *f*; **system-orient(at)ed s.** Systemorganisation *f*; **technical s.** Technostruktur *f*; **temporary s.s** Hilfsbauten
structure *v/t* strukturieren, gliedern, gestalten; **s.d** *adj* strukturiert, gegliedert
structuring *n* Anordnung *f*, Strukturierung *f*; **s. of operations** (technische) Ablauforganisation; **~ work** Arbeitsstrukturierung *f*
struggle *n* Auseinandersetzung *f*, Kampf *m*, Streit *m*, Ringen *nt*; **without (a) s.** kampflos; **s. for existence** Existenz-, Daseinskampf *m*, Kampf ums Dasein; **~**

liberty Freiheitskampf *m*; ~ **power** Machtkampf *m*, Kampf um die Macht; ~ **survival** Existenz-, Überlebenskampf *m*; **uphill s.** *(fig)* mühseliges Unterfangen, schwerer/harter Kampf
struggle *v/i* kämpfen, sich abquälen; **s. against sth.** gegen etw. ankämpfen; **s. for sth.** sich etw. erkämpfen
to be struggling sich abstrampeln *(coll)*
to be highly strung *adj* überempfindliche Nerven haben
strut *n* ✿ Strebe *f*, Stütze *f*, Pfeiler *m*
stub *n* Kontroll-, Scheckabschnitt *m*, (Scheck)Leiste *f*, Talon *m* *(frz.)*, Abriss *m*, Kontrollblatt *nt*, Zahlungs-, Belegabschnitt *m*, B.abriss *m*, Stammregister *nt*, S.abschnitt *m*
stubble *n* 🌾 Stoppeln *pl*
stub card *n* Abrisskarte *f*; **s. period** Rumpfgeschäftsjahr *nt*
stucco *n* 🏛 Stuck *m*
to be stuck *adj* stecken bleiben, festsitzen; **to get s.** sich festfahren; **s.-up** *adj (coll) adj* hochnäsig
stud *n* 1. 🐴 Gestüt *nt*; 2. ✿ Stift *m*, Zapfen *m*; **s.-book** *n* Stamm-, Zuchtbuch *nt*
student *n* Student(in) *m/f*, Seminarteilnehmer(in) *m/f*, Hörer(in) *m/f*; **s. of economics** Student(in) der Wirtschaftswissenschaften; ~ **law** Jurastudent(in) *m/f*; **s. attending classes without paying tuition fees** Schwarzhörer(in) *m/f*; **to be a s.** studieren; **to expel a s.; to send a s. down** *[GB]* Student(in) relegieren, ~ von der Hochschule/Universität verweisen; **advanced s.** Fortgeschrittene(r) *f/m*; **extramural s.** Gasthörer(in) *m/f*; **female s.** Studentin *f*; **first-year s.** Erstsemester *nt*; **medical s.** Medizinstudent(in) *m/f*; **postgraduate s.** Doktorand(in) *m/f*
student apprentice Volontär(in) *m/f*, Praktikant(in) *m/f*; **s. body** Studentenschaft *f*; **s. card** Studentenausweis *m*; **s. committee** Studentenausschuss *m*; **s. employee** Praktikant(in) *m/f*; **s. exchange** Studentenaustausch *m*; **s. grant** *[GB]*; **s.ship** *[US] n* Studienbeihilfe *f*, S.förderung *f*, Stipendium *nt*; **s. hostel** Studenten(wohn)heim *nt*; **s.(s') union** Studentenschaft *f*, Allgemeiner Studentenausschuss (ASTA) *[D]*; ~ **union card** *[GB]* Studentenausweis *m*; **s. welfare organisation** Studentenwerk *nt [D]*
stud farm 🐴 *(Pferd)* Gestüt *nt*, Zuchtfarm *f*; **s. horse** Zuchthengst *m*, Z.stute *f*
studio *n* 1. Studio *nt*, Atelier *nt (frz.)*, Künstlerwerkstatt *f*; 2. *(Radio/TV)* Sendesaal *m*; **commercial s.** Werbestudio *nt*, W.atelier *nt*; **photographic s.** Fotoatelier *nt*; **s. facilities** Studioeinrichtungen
studious *adj* eifrig (bemüht)
study *n* 1. Studium *nt*, Lernen *nt*; 2. Studienfach *nt*, S.objekt *nt*; 3. Untersuchung *f*, Studie *f*, Ausarbeitung *f*; 4. Studier-, Arbeitszimmer *nt*; **s. of economics** Studium der Wirtschaftswissenschaften; ~ **languages** Sprachstudium *nt*; ~ **law** Rechts-, Jurastudium *nt*; ~ **source material** Quellenforschung *f*; **to conduct a s.** (etw.) untersuchen
comparative study vergleichende Untersuchung/Studie; **comprehensive s.** eingehendes Studium, eingehende Untersuchung; **country-by-country s.** Länderstudie *f*; **detailed s.** gründliches Studium, umfassende Untersuchung, Detailstudie *f*; **ecological/environmental s.** Umweltstudie *f*; **exploratory s.** Leitstudie *f*; **financial s.** Finanzstudie *f*; **in-depth s.** eingehende Analyse/Untersuchung; **(comparative) interfactory/intra-industrial studies** Betriebsvergleich *m*; **long-range/long-term s.** Langzeitstudie *f*, L.untersuchung *f*; **preliminary s.** Vorprojektierung *f*, Vor-, Leitstudie *f*; **private s.** Selbststudium *nt*; **professional studies** Fachstudium *nt*; **urban studies** Urbanistik *f*
study *v/t* 1. studieren, lernen; 2. untersuchen, beobachten; **s. thoroughly** durcharbeiten
study adviser *n* Studienberater *m*; **s. area** Studiengebiet *nt*; **s. certificate** Studienbescheinigung *f*; **s. committee** Studienausschuss *m*, S.kommission *f*; **economic s. committee** wirtschaftswissenschaftlicher Ausschuss; **s. excursion** Studienfahrt *f*; **s. facilities** Studieneinrichtungen; **s. grant** Studienförderung *f*; **s. group** Arbeitsausschuss *m*, A.gemeinschaft *f*, A.gruppe *f*, A.kreis *m*, A.stab *m*, Studienkommission *f*, S.gruppe *f*, S.kreis *m*; **s. hour** Übungsstunde *f*; **s. leave** Studien-, (Fort)Bildungsurlaub *m*; **s. objective** Untersuchungziel *nt*; **s. population** ⚄ zu untersuchende Gesamtheit; **s. section** Studienabteilung *f*; **s. trip/visit** Studienreise *f*, S.aufenthalt *m*
stuff *n* 1. *(coll)* Zeug *nt*, Ware *f*; 2. *(obs.)* Stoff *m*; 3. Abfall *m*, Gerümpel *nt*; **s. and nonsense** *(coll)* dummes Zeug! *(coll)*; **green s.** 🌾 Grünfutter *nt*; **hot s.** *(coll)* scharfes Zeug *(coll)*; **sad s.** *(coll)* sentimentales Zeug *(coll)*; **strong s.** *(coll)* starker Tobak *(coll)*; **vile s.** *(coll)* ekelhaftes Zeug *(coll)*
stuff *v/t* 1. (voll)stopfen, pressen; 2. *(Container)* beladen, packen; **s. o.s.** *(coll)* sich den Leib vollschlagen *(coll)*
stuffer *n* Werbebeilage *f*
stuffing *n* 1. Füllung *f*, Füllmaterial *nt*; 2. *(Container)* Beladen *nt*; 3. Einkuvertieren *nt*; **to knock the s. out of sth.** *(coll)* die Luft aus etw. herauslassen; ~ **so.** jdn total fertig machen
stumble *n* 1. Stolpern *nt*; 2. *(Rede)* Stocken *nt*; *v/i* 1. stolpern; 2. *(Rede)* stocken; **s. (up)on/across** zufällig stoßen auf, ~ entdecken
stumbling block *n* Hindernis *nt*, Stein des Anstoßes, Problem *nt*, Stolperstein *m*
stump *n* 🌳 Stumpf *m*; **s. up** *v/t (coll) (Geld)* (be)zahlen, berappen *(coll)*, aufbringen
stumpage *n* 🌳 Stockzins *m*, erntekostenfreier Erlös; **s. value** 🌳 Abtriebswert *m*
stun *v/t* 1. betäuben; 2. verblüffen; **s.ned** *adj* benommen; **s.ner** *n [GB] (coll)* 1. gefälschter Scheck, Scheck ohne Deckung; 2. *(coll)* gefälschte Banknote, Blüte *f (coll)*
stunt *n* Reklametrick *m*, R.schlager *m*, Kunststück *nt*, Masche *f (coll)*
stunt *v/t* 1. verkümmern lassen; 2. *(Entwicklung)* hemmen; **s.ed** *adj* verkrüppelt
stupe|faction *n* Betäubung *f*; **s.fy** *v/t* betäuben
stupid *adj* geistlos, dumm; **to play s.** sich dumm stellen; **s.ity** *n* Dummheit *f*, Dusseligkeit *f (coll)*

drunken stupor *n* Vollrausch *m*, V.trunkenheit *f*
sturdy *adj* stabil, kräftig, robust, fest, stark
stutter *n* Gestotter *nt*, Gestammel *nt*; *v/i* stammeln, stottern
style *n* 1. Stil *m*, Mode *f*, Machart *f*, Zuschnitt *m*; 2. Ausdrucks-, Schreibweise *f*; 3. Firma *f*, Firmenbezeichnung *f*, F.name *m*; 4. Anrede *f*, Titel *m*; **in s.** stilvoll; **cooperative s. of leadership** kooperativer Führungsstil; **employee-orient(at)ed s. of leadership** Mitarbeiterorientierung *f*; **liberal s. of leadership** liberaler Führungsstil; **s. of living** Wohnkultur *f*
to celebrate in style groß feiern; **to do things in s.** sich nicht lumpen lassen *(coll)*; **to live in (great) s.** in großem Stil leben, auf großem Fuß leben *(coll)*
commercial style Geschäftsstil *m*; **conversational s.** Gesprächsstil *m*; **epistolary s.** Briefstil *m*; **florid s.** blumenreiche Sprache; **functional s.** Stil der neuen Sachlichkeit; **inflated s.** schwülstiger Stil; **the latest s.** die neueste Mode/Masche *(coll)*; **literary s.** literarischer Stil, Schreibe *f (coll)*; **managerial s.** Führungsstil *m*; **ponderous s.** umständlicher Stil; **pretentious s.** gespreizter Stil; **telegraphic s.** Telegrammstil *m*; **terse s.** knapper Stil
style *v/t* 1. entwerfen, gestalten; 2. anreden, nennen, bezeichnen
style item Modeartikel *m*
styler *n* Modezeichner(in) *m/f*
styling *n* (industrielle) Formgebung
stylish *adj* vornehm, elegant, apart, stilvoll
stylist *n* (Mode)Schöpfer(in) *m/f*
stylistic *adj* stilistisch
stylize *v/t* stilisieren
stylus *n* 1. (Grammofon)Nadel *f*; 2. 🖳 Nadel *f*
stymie *v/t* mattsetzen *(fig)*, vereiteln, verhindern
styrofoam ™ *n* Styropor *m* ™
suability *n* [§] (Ein)Klagbarkeit *f*, (passive) Parteifähigkeit; **s. clause** Prozessklausel *f*
suable *adj* [§] (ein-/ver)klagbar, klage-, partei-, prozessfähig, belangbar; **directly s.** selbstschuldnerisch
suasion *n* Über-, Zureden *nt*, Überredung *f*; **moral s.** Maßhalteappell *m*, Seelenmassage *f (fig)*, gütliche Aufforderung, gütliches Zureden, Politik des gütlichen Zuredens
sub|- Unter-; **s.account** *n* Unterkonto *nt*; **s.agency** *n* Unteragentur *f*, U.vertretung *f*; **s.agent** *n* Unteragent *m*, U.vertreter *m*, U.bevollmächtigter *m*, Substitut(in) *m/f*; **to appoint a s.agent** (jdn) unterbevollmächtigen; **s.aggregate** *n* desaggregierte Größe; **s.altern** *adj* subaltern; **s.area** *n* Gebietseinheit *f*; **s.assembly** *n* 🚆 Teilmontage *f*, T.zusammenstellung *f*, Teile-, Unter(bau)gruppe *f*, Teil einer Fertigungseinheit; **s.-association** *n* Unterverband *m*; **s.atomic** *adj* ❄ kleiner als ein Atom; **s.-base** *n* 🚇 Unterbau *m*; **s.-basement** *n* 🏠 Kellergeschoss *nt*
subber (sub-supplier) *n* *(coll)* Unterlieferant *m*, Subunternehmer *m*
sub|branch *n* 1. Zweig-, Nebenstelle *f*; 2. Zahlstelle *f*, Zahlungsbüro *nt*, Depositenkasse *f*; 3. Fachgruppe *f*; **mobile s.branch** fahrbare Zweigstelle; **s.budget** *n* Teilhaushalt *m*, T.plan *m*; **s.carrier** *n* *(Transport)* Subunternehmer *m*; **s.category** *n* Unterabteilung *f*, U.gruppe *f*; **s.chapter** *n* Unter-, Teilkapitel *nt*; **s.charter** *n* Unterfrachtvertrag *m*; *v/t* unterverfrachten; **s.claim** *n* Unteranspruch *m*; ~ **of a patent** Patentunteranspruch *m*; **s.class** *n* Unter-, Teilklasse *f*; **s.commissioning** *n* Erteilung/Vergabe von Unteraufträgen; **s.committee** *n* Unterausschuss *m*, U.kommission *f*, Nebenausschuss *m*; **s.compact** *n* *[US]* 🚗 Kleinstwagen *m*; **s.company** *n* *[US]* Tochtergesellschaft *f*; **s.conscious** *adj* unterbewusst; **s.consciousness** *n* Unterbewusstsein *nt*; **s.continent** *n* Subkontinent *m*
subcontract *n* Neben-, Unter-, Subunternehmer-, Zulieferungsvertrag *m*, Unter-, Zulieferungsauftrag *m*, Vertrag zwischen General- und Subunternehmer; *v/t* Unterauftrag/im Lohnauftrag vergeben, Zulieferungsauftrag (weiter)vergeben, untervergeben, nach außen weitervergeben, Nebenvertrag abschließen; **s.ing** *n* Auswärts-, Untervergabe *f*; **s.or** *n* Neben-, Subunternehmer *m*, Zulieferer *m*, Lohn-, Zulieferbetrieb *m*, Unterkontrahent *m*, U.lieferant *m*, Erfüllungsgehilfe *m*, Nach-, Unterauftragsnehmer *m*; **casual s.or** Gelegenheitssubunternehmer *m*
sub|dealer *n* Unter-Händler *m*; **s.distribute** *v/t* weiterplazieren; **s.district** *n* Unterbezirk *m*, Teilgebiet *nt*; **local s.district** Gemarkung *f*; **s.divide** *v/t* (auf-/unter)gliedern, unterteilen; ~ **further** tiefer untergliedern
subdivision *n* 1. Auf-, Untergliederung *f*, U.teilung *f*, Gliederung *f*, Einteilung *f*, Aufschlüsselung *f*, Parzellierung *f*; 2. Unterabteilung *f*, U.fachgruppe *f*; 3. Gebietskörperschaft *f*; **s. of agricultural units** 🌾 Flurzersplitterung *f*; **excessive ~ responsibilities** Zersplitterung von Kompetenzen; **political s.** Gebietskörperschaft *f*; **residential s.** *[US]* Repräsentanz *f*
sub|due *v/t* niederkämpfen, unterdrücken, besiegen, zähmen; **s.dued** *adj* 1. *(Markt)* gedrückt, gedämpft; 2. kleinlaut, verschüchtert; **s.-economy** *n* Schattenwirtschaft *f*; **s.-edit** *v/t* redigieren; **s.-editor** *n* Redaktionsmitglied *nt*; **s.-entry** *n* Nebenposten *m*; **s.field** *n* Unterfeld *nt*; **s.file** *n* Teildatei *f*; **s.-foreman** *n* 🔨 Vorarbeiter *m*; **s.-forwarder** *n* Unterspediteur *m*; **s.-goal** *n* Unter-, Teilziel *nt*; **s.graph** *n* Untergraph *m*
subgroup *n* Unter-, Teilgruppe *f*; Teilkonzern *m*; **s. accounts** Teilkonzernabschluss *m*; **consolidated s. accounts** konsolidiertes Teilbetriebsergebnis; **s. (annual) report** Teilkonzernbericht *m*
sub|head *n* 1. stellvertretender Leiter; 2. *(Tabelle)* Unter-, Zwischentitel *m*; **s.heading** *n* 1. Unter-, Zwischentitel *m*; 2. ⊖ Tarifstelle *f*; **s.-hire** *v/t* untervermieten; **s.-holding (company)** *n* Unter-, Zwischenholding *nt*; **s.-index** *n* Teilindex *m*; **s.-item** *n* Unterposition *f*, U.konto *nt*
subject *n* 1. Gegenstand *m*, Thema(tik) *nt/f*, (Studien)Fach *nt*, Fachrichtung *f*, Sachgebiet *nt*, Disziplin *f*; 2. Lehr-, Gesprächsstoff *m*; 3. Grund *m*, Anlass *m*; 4. *(Brief)* Betreff (Betr.) *m*, Bezug (Bez.) *m*; 5. Staatsangehörige(r) *f/m*, S.bürger(in) *m/f*, Untertan(in) *m/f*; 6. [§] Träger(in) *m/f*; **s.s** Themenkreis *m*; **on the s. of** bezüglich, betreff(s)

subject of action [§] Prozess-, Streitgegenstand *m*; ~ **audit** Prüfobjekt *nt*, P.gegenstand *m*; **s. for (a) complaint** Anlass zur Beschwerde; **s. of the contract** Vertragsgegenstand *m*; **s. for debate** Diskussionsthema *nt*; ~ **discussion** Diskussionsgegenstand *m*; **s. in dispute** strittige Angelegenheit; **s. under investigation** Untersuchungsgegenstand *m*; ~ **international law** Völkerrechtssubjekt *nt*; **s. of litigation** Prozess-, Streitgegenstand *m*; ~ **patent protection** Gegenstand des Patentschutzes; ~ **rights and duties** Träger von Rechten und Pflichten; ~ **taxation** Steuergegenstand *m*; ~ **the test** Testperson *f*; ~ **trading** Handelsobjekt *nt*
to approach a subject Thema angehen; **to bring up/broach a s.** Thema anschneiden, ~ zur Sprache bringen, etw. aufs Tapet bringen *(coll)*; **to change the s.** Thema wechseln; **to deal with a s.** Thema abhandeln/behandeln; **to drop a s.** Thema fallen lassen; **to harp on a s.** auf einem Thema herumreiten; **to keep to the s.** beim Thema bleiben; **to master a s.** Fach beherrschen/bewältigen; **to raise a s.** Thema zur Sprache bringen; **to specialize in a s.** sich in einem Fach spezialisieren; **to touch (upon) a s.** Thema kurz streifen
allied subject|s verwandte Gebiete; **compulsory s.** Pflichtfach *nt*; **controversial s.** strittiges Thema; **delicate s.** heikles Thema; **economic s.** Wirtschaftssubjekt *nt*; **foreign s.** Ausländer(in) *m/f*; **legal s.** Rechtssubjekt *nt*; **loyal s.** treuer Untertan; **main/major/principal s.** Hauptfach *nt*; **minor s.** Nebenfach *nt*; **optional s.** Fakultativ-, Wahlfach *nt*; **special s.** Spezialgebiet *nt*; **subsidiary s.** Nebenfach *nt*; **topical s.** aktuelles Thema
subject (to) *v/t* 1. unterwerfen, u.jochen; 2. abhängig machen (von), unterziehen
subject to *prep* abhängig von, vorbehaltlich, nach Maßgabe von, unter Zugrundelegung von, gemäß; **to be s. to** unterliegen, abhängen von, unterworfen sein, abhängig sein von; **to become s. to** unterworfen werden; **to make s. to** *(Bedingung)* knüpfen an
subject area Sachgebiet *nt*, Fachrichtung *f*; **s. catalog(ue)** Schlagwort-, Stichwort-, Sachkatalog *m*, Stichwortverzeichnis *nt*, systematischer Katalog; **s. deposit** bei Nichtabschluss des Kaufvertrages zurückzahlbares Handgeld; **s. filing** Sachgebietsablage *f*, Registratur nach Sachgebieten; **s. heading** Überschrift *f*, Rubrik *f*; **s. index** Stichwort-, Schlagwortverzeichnis *nt*, Sachregister *nt*, S.verzeichnis *nt*, S.index *m*
subjection *n* Unterordnung *f*, U.werfung *f*, U.jochung *f*
subject item Sachposition *f*
subjective *adj* subjektiv
subject market *(Börse)* Kursangabe vorbehaltlich Bestätigung
subject matter Materie *f*, Thema(tik) *nt/f*, (behandelter) Gegenstand, Sach-, Beratungs-, Unterrichts-, Verfahrensgegenstand *m*; ~ **of an action** [§] Klage-, Prozessgegenstand *m*; ~ **of application** Anmeldungsgegenstand *m*; ~ **of a contract** Vertragsgegenstand *m*; ~ **of the dispute** Streitgegenstand *m*; ~ **of the invention** Erfindungsgegenstand *m*; ~ **of a patent** Gegenstand des Patents; ~ **of a sale** Kaufgegenstand *m*
to arrange according to/by subject matter nach Sachgebieten (an)ordnen; **to state the s. m.** Betreff angeben; **claimed s. m.** Erfindungsgegenstand *m*; **s. m. insured** Versicherungsgegenstand *m*, versicherter Gegenstand, versicherte Sache
subject reference Sachverweis *m*; **s. section** Sachgebietsteil *m*; **s.-specific** *adj* fach-, themenspezifisch
subjoined *adj* nachstehend
sub judice *(lat.)* [§] noch anhängig, ~ nicht entschieden, rechtshängig
sub|lease *n* Untermiete *f*, U.vermietung *f*, U.verpachtung *f*, U.pacht *f*, U.mietervertrag *m*, U.pachtvertrag *m*, Weiterverpachtung *f*, W.vermietung *f*; *v/t* untervermieten, u.verpachten, weitervermieten, w.verpachten, an Konzessionär abgeben; **s.lessee** *n* Untermieter(in) *m/f*, U.pächter(in) *m/f*; **s.lessor** *n* Untervermieter(in) *m/f*, U.verpächter(in) *m/f*
sublet *n* Untervermietung *f*, U.vercharterung *f*; *v/t* untervermieten, unter-, weiter-, wiedervermieten, in Untermiete vergeben; **s.tee** *n* Untermieter(in) *m/f*; **s.ting** *n* Untervermieten *nt*, U.vermietung *f*, Weitervermietung *f*
sub|licence *n* Unterlizenz *f*; **s.license** *v/t* Unterlizenz erteilen/vergeben; **s.licensee** *n* Unterlizenznehmer *m*; **s.licensor** *n* Unterlizenzgeber *m*
subliminal *adj* unterschwellig
sub|machine gun *n* Maschinenpistole *f*; **s.-marginal** *adj* nicht mehr rentabel; **s.marine** *n* ⚓ Unterseeboot *nt*, U-Boot *nt*; *adj* Unterwasser-, unterseeisch; **s.-market** *n* Neben-, Teilmarkt *m*; **s.menu** Untermenü *nt*; **s.merge** *v/i* untertauchen; **s.merged** *adj* ⚓ versunken; **s.meter** *n* ⚡ Zwischenzähler *m*
submission *n* 1. Vorlage *f*, Einreichung *f*, Unterbreitung *f*, Einhändigung *f*, Submission *f*, Einsendung *f*, Anmeldung *f*; 2. Eingabe *f*, Stellungnahme *f*; 3. *(Schiedsstelle)* Anrufung *f*; 4. [§] Behauptung *f*, Plädoyer *nt (frz.)*, Vorbringen *nt*, (Schluss)Antrag *m*, Vortrag *m*, Ausführungen *pl*; **for s. to** zur Vorlage bei; **with all due s.** mit allem schuldigen Respekt
submission of accounts Rechnungsvorlage *f*; **s. to arbitration** Verweisung an das Schiedsgericht; **s. on a case** [§] Unterbreitung einer Rechtssache; **s. of evidence** Beweisantritt *m*, Vorbringen/Vorlage von Beweismaterial; ~ **the facts** Tatsachenvortrag *m*; **s. on substantive law** materiell-rechtliches Vorbringen; **s. of an offer** Unterbreitung eines Angebots; **s.s of the parties** Sach- und Rechtsvortrag *m*, Vorbringen der Parteien; **s. of a passport** Passvorlage *f*; **s. to execution proceedings** Zwangsvollstreckungsunterwerfung *f*; **voluntary** ~ **penalty proceedings** Unterwerfungsverfahren *nt*; **s. of proof** Nachweis *m*, Beweisvorlage *f*; ~ **proof of identity** Nämlichkeitsnachweis *m*; ~ **a question to arbitration** Verweisung einer Frage zur schiedsrichterlichen Entscheidung; ~ **samples** Mustervorlage *f*; **voluntary s. to tax penalty proceedings** *(Steuerrecht)* Unterwerfungsverfahren *nt*; **s. of a tender** Einreichen eines Angebots
to make a submission Vorlage machen/unterbreiten; **to take s.s** Vorlagen/Eingaben entgegennehmen
final submission [§] Schlussplädoyer *nt*; **legal s.s**

Rechtsausführungen; **reasoned s.** begründeter Antrag; **tacit s.** stillschweigende Unterwerfung
submission date Submissions-, Angebotseröffnungstermin *m*; **s. period** Einreichungsfrist *f*
submit *v/ti* 1. einreichen, einsenden, einhändigen, anmelden, einliefern; 2. *(Dokumente)* beibringen, vorlegen, unterbreiten; 3. [§] vorbringen, beantragen, vortragen, ausführen; 4. sich beugen/fügen/unterwerfen, nachgeben; **s. to sth.** sich mit etw. abfinden; **s. (to a court)** Klage anhängig machen; **s. in writing** schriftlich einreichen
sub|mittal *n* 1. Einreichung *f*; 2. [§] Sach- und Rechtsvortrag *m*; **s.mittance** *n* Überantwortung *f*; **s.mitter** *n* 1. Antragsteller(in) *m/f*; 2. Einsender(in) *m/f*; **s.model** *n* Untermodell *nt*; **s.mortgage** *n* Unterpfand *nt*, U.verpfändung *f*, nachrangige Hypothek; *v/t* unterverpfänden, nachrangige Hypothek bestellen; **s.normal** *adj* [§] schwachsinnig; **s.office** *n* Zweigbüro *nt*, Z.stelle *f*, Dienststelle *f*
subordinate *n* Untergebene(r) *f/m*, (unterstellte(r)) Mitarbeiter(in) *m/f*; *v/t* unterordnen, u.werfen, u.stellen; *adj* nach-, untergeordnet, subordiniert, subaltern, subsidiär; **to be s. to** unterstehen
sub|ordinated *adj* nachrangig; **s.ordination** *n* 1. Unterordnung *f*, U.stellung *f*, Subordination *f*; 2. (Dienst)Gehorsam *m*; 3. Rangrücktrittserklärung *f*; **multiple s.** Mehrfachunterstellung *f*; **s. agreement** Beherrschungsvertrag *m*
sub-organization *n* Unterorganisation *f*
suborn *v/t* [§] zur Falschaussage/falschen Aussage verleiten
subornation *n* [§] Verleitung zur Falschaussage; **s. to commit perjury** Anstiftung zum Meineid; **s. of a witness** Bestechung eines Zeugen, Zeugenbeeinflussung *f*
sub|paragraph *n* (Unter)Absatz *m*, U.abschnitt *m*; **s.-participation** *n* Unterbeteiligung *f*; **s.partner** *n* nicht persönlich haftender Teilhaber; **s.partnership** *n* Unterbeteiligung *f*; **s.-period** *n* Teilperiode *f*; **s.plan** *n* Teilhaushalt *m*, T.plan *m*; **functional s.plan** Teilbudget *nt*; **s.-pledge** *n* Unterpfand *nt*
subpoena *n* *(lat.)* [§] (Zeugen)Ladung *f*, Vorladung *f* (unter Strafandrohung); *v/t* unter Strafandrohung (vor)laden
sub|-population *n* Teilgesamtheit *f*; **s.-post office** *n* Zweig-, Nebenpostamt *nt*, Post(neben)stelle *f*; **s.-problem** *n* Teilproblem *nt*; **s.-process** Teilprozess *m*; **s.program(me)** *n* Teil-, Unterprogramm *nt*; **s.purchaser** *n* Unterabnehmer *m*, mittelbarer Käufer, Käufer aus zweiter Hand; **s.-quality** *adj* minderwertig; **s.queue** *n* Teilwarteschlange *f*; **s.-region** *n* Teilregion *f*; **s.reption** *n* [§] 1. (Erb)Erschleichung *f*; 2. Tatsachenverdrehung *f*; **~ of a legacy** Erschleichen einer Erbschaft, (Erb)Erschleichung *f*; **s.reptitious** *adj* erschlichen
subrogate *v/t* [§] Rechte übergehen lassen auf
subrogation *n* [§] Gläubigerwechsel *m*, Forderungsübergang *m*, Rechtsnachfolge *f*, R.übergang *m*, Sonderrechtsnachfolge *f*, Subrogation *f*, Legalzession *f*; Übergang des Ersatzanspruchs, Abtretung auf Grund rechtlicher Verpflichtung; **s. of a creditor** Gläubiger-auswechslung *f*; **~ rights** Rechtseintritt *m*, Übergang von Rechten; **legal/statutory s.** gesetzlicher Forderungs-/Rechtsübergang, Forderungsübergang kraft Gesetzes; **s. assignment** Abtretung des Ersatzanspruchs; **s. clause** Rechtsübergangs-, Rechtseintritts-, Rechtsnachfolge-, Sonderrechtsklausel *f*; **s. right** Abtretungsrecht *nt*
sub|rogee *n* Sonderrechtsnachfolger(in) *m/f*; **s.-routine** *n* Unterroutine *f*, Unterprogramm *nt*; **s.sale** *n* Unterverkauf *m*; **s.sample** *n* Teilstichprobe *f*, T.gesamtheit *f*, Teil einer Versuchsgruppe, Unterauswahl *f*; **s.sampling** *n* Stichprobenverfahren mit Unterauswahl
subscribe *v/t* 1. *(Wertpapiere)* zeichnen, beziehen, subskribieren, sich einzeichnen; 2. unterzeichnen, u.schreiben; 3. *(Kapital)* aufbringen, beitragen, beisteuern; 4. *(Geld)* spenden; 5. *(Zeitschrift)* bestellen, abonnieren, halten; **eligible/entitled to s.** *(Emission)* bezugs-, zeichnungsberechtigt; **s. in full** *(Wertpapier)* voll übernehmen; **s. to sth.** etw. gutheißen
subscribed *adj* *(Wertpapier)* gezeichnet; **fully s.** voll gezeichnet; **properly s.** rechtsverbindlich unterschrieben
subscriber *n* 1. (Anteils)Zeichner *m*, Gründungsgesellschafter *m*; 2. Abonnent *m*, Bezieher *m*, Besteller *m*, Subskribent *m*; 3. Unterzeichne(te)r *m*; 4. Spender *m*; 5. (Fernsprech)Teilnehmer *m*; 6. *(Kabelfernsehen)* Teilnehmer *m*; **s. of shares** *[GB]* **/stocks** *[US]* Aktienzeichner *m*; **to canvass s.s** Abonnenten werben/sammeln
domestic subscriber Privatanschluss *m*; **initial/original s.** Erstzeichner *m*; **local s.** Ortsteilnehmer *m*; **prospective s.** möglicher Zeichner/Subskribent
subscriber|(s') capital gezeichnetes Kapital; **s. dialling** Selbstwähldienst *m*, S.verkehr *m*; **s.s' insurance** *(Zeitschrift)* Abonnentenversicherung *f*; **s.'s line** Fernsprech-, Teilnehmeranschluss *m*; **~ number** Telefon-, Ruf-, Fernsprech-, Teilnehmernummer *f*; **~ station** Teilnehmersprechstelle *f*; **s. telephone connection** (privater) Telefonanschluss; **s. trunk dialling (STD)** *[GB]* Selbstwählfernverkehr *m*, S.dienst *m*; **~ code** Vorwahl *f*, Ortskennzahl *f*
subscript *n* Index(leiste) *m/f*; **s.ed** *adj* indiziert; **s. expression** Indexausdruck *m*
subscription *n* 1. (Anteils-/Kapital)Zeichnung *f*; 2. Ein-, Unterzeichnung *f*; 3. Abonnement *nt* *(frz.)*, Bezug *m*; 4. Subskription(ssumme) *f*; 5. (Mitglieds)Beitrag *m*; 6. *(IWF)* Kapitalbeitrag *m*; **by s.** im Abonnement
subscription for own account Nostrozeichnung *f*; **s. of capital** Kapitalsubskription *f*, K.zeichnung *f*; **s.s in cash** *(Fonds)* Mittelzuflüsse, Barzeichnung *f*; **s. kind** Sacheinlage *f*; **s. of a loan** Zeichnung einer Anleihe; **~ shares** *[GB]* **/stocks** *[US]* Aktienzeichnung *f*, Zeichnung von Aktien
open for subscription zur Zeichnung aufgelegt
to be open for subscription zur Zeichnung aufliegen; **to canvass for a s.** für eine Zeichnung/Subskription werben; **to close a s.** Zeichnung schließen; **to finance by voluntary s.s** durch Spenden finanzieren; **to invite s.s for a loan** Anleihe zur Zeichnung auflegen; **~ s.s for**

shares *[GB]* /**stocks** *[US]* Aktien zur Zeichnung auflegen; **~ s.s for a unit trust** Fonds (zur Zeichnung) auflegen; **to offer for s.** 1. zur Zeichnung auflegen; 2. *(Aktie)* zum Bezug anbieten; **~ public s.** öffentlich/zur öffentlichen Zeichnung anbieten; **to pay one's s.** seinen Beitrag bezahlen; **to renew a s.** Abonnement erneuern/verlängern; **to solicit s.s** Abonnenten werben, Subskribenten sammeln; **to stop a s.** Bezug/Abonnement kündigen; **to take out a s. for sth.** etw. abonnieren
annual subscription Jahresabonnement *nt*, J.beitrag *m*, jährlicher Beitrag; **deductible s.** steuerabzugsfähiger Beitrag; **excess s.** Überzeichnung *f*; **general s.** öffentliche Zeichnung; **immediate s.** Sofortbezug *m*; **initial s.** Erstzeichnung *f*; **minimum s.** *(Wertpapier)* Mindestzeichnung *f*, M.betrag *m*, M.kapital *nt*; **monthly s.** 1. Monatsabonnement *nt*; 2. Monatsbeitrag *m*; **postal s.** Postbezug *m*, P.abonnement *nt*; **by public s.** durch Spenden; **to offer for public s.** öffentlich anbieten; **regular s.** *(Zeichnung)* Normalbezug *m*; **subsequent s.** *(Aktien)* Nachzeichnung *f*; **terminal s.** Grenzsicherungsbetrag *m*; **total s.** Gesamteinlage *f*; **unpaid s.s** ausstehende Einlagen; **yearly s.** 1. Jahresabonnement *nt*; 2. Jahresbeitrag *m*
subscription account Spendenkonto *nt*; **s. agency** Bezugsstelle *f*; **s. agent** 1. Verkaufs-, Bezugs-, Zeichnungsstelle *f*; 2. *(Bank)* Annahmestelle *f*; 3. Abonnentenwerber *m*; **s. agreement** Übernahmevertrag *m*; **s. application** Zeichnungsantrag *m*; **s. blank** Zeichnungsformular *nt*, Z.schein *m*, Bezugsformular *nt*; **s. book** Subskriptionsbuch *nt*; **s. capital** Zeichnungskapital *nt*; **s. certificate** Bezugsschein *m*; **s. charges** Zeichnungsgebühr *f*; **s. contract** Zeichnungs-, Kaufvertrag *m*; **s. department** Subskriptionsabteilung *f*; **s. edition** Subskriptionsausgabe *f*; **s. fee** Zeichnungs-, Subskriptions-, Bezugsgebühr *f*; **s. figures** Zeichnungserfolg *m*; **s. form** Zeichnungs-, Subskriptions-, Bezugsformular *nt*, Zeichnungsschein *m*; **s. ledger** Aktienzeichnungsbuch *nt*; **s. level** Zeichnungsergebnis *nt*; **s. list** Zeichnungs-, Subskriptions-, Subskribentenliste *f*, Zeichnungsbogen *m*, Z.schein *m*; **s. money** Abonnement-, Zeichnungsbetrag *m*; **s. offer** Zeichnungs-, Subskriptionsangebot *nt*, Einladung zur Zeichnung/Subskription; **s. order** Subskriptionsauftrag *m*; **s. period** 1. Options-, Zeichnungsfrist *f*, Bezugsperiode *f*, B.dauer *f*, B.frist *f*, B.zeitraum *m*, Subskriptionsdauer *f*, S.frist *f*; 2. Abonnementdauer *f*; 3. Verkaufsfrist *f*; **s. premium** Zeichnungsagio *nt*; **s. price** Options-, Zeichnungs-, Bezugs-, Subskriptions-, Begebungspreis *m*, Begebungs-, Bezugs(rechts)-, Zeichnungskurs *m*, Übernahmebetrag *m*; **s. privilege** Bezugsrecht *nt*, B.berechtigung *f*; **s. proceeds** Zeichnungsergebnis *nt*, Z.erlös *m*; **s. process** Subskriptionsverfahren *nt*; **s. prospectus** Zeichnungsprospekt *m*; **s. quota** Zeichnungs-, Übernahmebetrag *m*; **s. rate** Abonnements-, Bezugspreis *m*; **s. ratio** Bezugsverhältnis *nt*; **s. receipt** Zeichnungsbescheinigung *f*; **s. receiving office** Zeichnungsstelle *f*
subscription right Bezugs-, Options-, Zeichnungsrecht *nt*, Z.berechtigung *f*; **~ on dividend-bearing securities** Bezugsrecht auf Dividendenwerte; **to preclude the ~ of shareholders** Bezugsrecht für Aktionäre ausschließen; **statutory s. r.** gesetzliches Bezugsrecht
subscription sale Abonnementverkauf *m*; **s. service** Subskriptionsdienst *m*; **s. slip** Zeichnungsschein *m*; **s. stamp** Beitragsmarke *f*; **s. terms** Subskriptions-, Beitritts-, Abonnements-, Zeichnungsbedingungen; **s.s total** Zeichnungsaufkommen *nt*; **s. value** Bezugsrechtswert *m*; **s. waiver** Bezugsrechtsverzicht *m*; **s. warrant** 1. Options-, Bezugs(berechtigungs)-, Bezugsrechts-, Subskriptionsschein *m*, O-Schein *m* *(coll)*, Bezugsrechtsurkunde *f*, B.zertifikat *nt*, Berechtigungsschein zum Erwerb neuer Aktien; 2. *(Aktie)* Bezugsangebot *nt*, Aktienbezugsrechtsobligation *f*; **registered s. warrant** *[US]* auf den Namen lautendes Bezugsrecht, ~ lautender Optionsschein
sub|script value *n* Indexlistenwert *m*; **s.section** *n* 1. Unterabteilung *f*, U.abschnitt *m*, Teilbereich *m*; 2. *(Vertrag)* Ziffer *f*; 3. [§] Absatz *m*, Paragraf *m*; **s.sector** *n* Teilsektor *m*; **s.sequent** *adj* (nach)folgend, nachgeschaltet, nachträglich, später; **~ to** im Anschluss an; **s.sequently** *adv* nachfolgend, nachher, im Nachhinein, später, post festum *(lat.)*; **s.servience** *n* Unterwürfigkeit *f*, Liebedienerei *f*; **s.servient** *adj* unterwürfig; **s.set** *n* 1. π Teilmenge *f*; 2. vereinfachte Programmiersprache; **s.share** *n* Teilaktie *f*
subside *v/i* 1. nachlassen, abflauen, verebben, abklingen; 2. einsinken, absacken; 3. *(Gerücht)* verstummen
subsidence *n* 1. Nachlassen *nt*, Abflauen *nt*; 2. Senkung *f*, Absinken *nt*; 3. ♦ Bergschaden *m*, Bodensenkung *f*; **s. crack** Setzriss *m*; **s. damage** Senkungsschaden *m*; **~ claim** [§] Schaden(s)ersatzforderung aus Bergschäden
subsidiarity *n* Subsidiarität *f*; **s. principle** Subsidiaritätsprinzip *nt*
subsidiary *n* Tochter(unternehmen) *f/nt*, T.organisation *f*, T.gesellschaft *f*, Zweigunternehmen *nt*, Organ-, Teil-, Untergesellschaft *f*, Konzern-, Organtochter *f*, Nebenbetrieb *m*, (Zweig)Niederlassung *f*; **due from subsidiaries and affiliated companies** Forderungen an verbundene Unternehmen; **consolidated s.** konsolidierte Tochtergesellschaft, in den Konsolidierungskreis einbezogenes Tochterunternehmen; **foreign/ overseas s.** Auslandstochter *f*, ausländische Tochtergesellschaft; **fully-owned/wholly-owned s.** 100-prozentige Tochtergesellschaft/Beteiligung, 100-prozentiges Tochterunternehmen; **jointly-owned s.** gemeinsame Tochtergesellschaft; **majority-owned s.** Mehrheitsbeteiligung *f*, Tochtergesellschaft im Mehrheitsbesitz, durch Mehrheitsbesitz kontrollierte Tochtergesellschaft; **marginal s.** gewinnschwache Tochtergesellschaft; **partly-owned s.** Beteiligungsgesellschaft *f*, Kommandite *f*; **second-tier s.** Enkelgesellschaft *f*
subsidiary *adj* untergeordnet, subsidiär
subsidiary's loss assumed by parent company Organverlust *m*, Verlustübernahme *f*
subsidization *n* Subventionierung *f*, Bezuschussung *f*, Unterstützung *f*; **indiscriminate s.** Förderung mit der Gießkanne *(fig)*, ~ nach dem Gießkannenprinzip
subsidize *v/t* subventionieren, fördern, bezuschussen,

subsidizing 1116

zuschießen, zubuttern *(coll)*, (unter)stützen, mit öffentlichen Mitteln unterstützen; **s.d** *adj* subventioniert
subsidizing *n* Subventionierung *f*, Bezuschussung *f*
subsidy *n* Subvention *f*, Zuschuss *m* (der öffentlichen Hand), (Staats)Beihilfe *f*, (staatliche) Unterstützung, Preisstützung *f*; **subsidies** Subsidien, Unterstützungsgelder, Fördermittel; **eligible for a s.** bezuschussungs-, zuschussfähig, förderungswürdig; **total subsidies available/paid out** Zuschussvolumen *nt*; **granting a s.** Subventionsgenehmigung *f*, Bewilligung *f*; **in need of subsidies** subventionsbedürftig; **to grant a s.** Subvention bewilligen; **to pay subsidies** subventionieren
available subsidies Zuschusskontingent *nt*
discriminatory subsidy diskriminierende Subvention; **federal s.** Bundeszuschuss *m*; **hidden s.** versteckte Subvention; **industrial s.** Industriesubvention *f*; **location-specific s.** standortgebundene Subvention; **maximum s.** Förderhöchstgrenze *f*; **misdirected s.** Fehlsubventionierung *f*; **mixed s.** Mischsubvention *f*; **overt s.** offene Subvention; **price-limiting s.** Stopppreissubvention *f*
subsidy account Subventionskonto *nt*; **s. fraud** Subventionsbetrug *m*; **s. payment** Subventionszahlung *f*; **s. race** Subventionswettlauf *m*; **s. requirement(s)** Zuschussbedarf *m*; **s. system** Subventionswesen *nt*, Subsidienwirtschaft *f*
subsist *v/i* existieren, weiter bestehen, leben, fortdauern, sich ernähren
subsistence *n* Existenz *f*, Auskommen *nt*, Lebensunterhalt *m*, Versorgung *f*; **decent s.** sozialethisch gerechter Lohn; **reasonable s.** angemessener Unterhalt
subsistence agriculture/farming Subsistenz-, Bedarfs-, Selbstversorgungslandwirtschaft *f*, Landwirtschaft für den Eigenbedarf, Eigenversorgung *f*; **s. allowance** 1. Unterhalts-, Verpflegungszuschuss *m*; 2. *(Steuer)* Lebenshaltungskostenfreibetrag *m*; **s. crop** Feldfrucht für den Eigenbedarf; **s. economy** Bedarfs(deckungs)wirtschaft *f*; **s. farm** Kleinbauernhof *m*, bäuerlicher Familienbetrieb, landwirtschaftlicher Grenzanbieter; **s. level** Existenz-, Subsistenzminimum *nt*, notwendiger Lebensunterhalt; **to live at s. level** nacktes/karges Dasein fristen; **s. minimum** Existenzminimum *nt*; **s. money** Unterhaltsbeihilfe *f*, U.zuschuss *m*, (Lohn)Vorschuss *m*; **s. theory of wages** Lohnkostentheorie *f*; **s. wage** Mindestlohn *m*, Existenzminimum *nt*, E.lohn *m*, Lohnminimum *nt*, das Existenzminimum gerade deckender Lohn
sub|size *n* Unterformat *nt*; **s.soil** *n* Untergrund *m*; **~ of the seabed** Meeresuntergrund *m*; **s.sonic** *adj* Unterschall-; **s.species** *n* Unterart *f*
substance *n* 1. Substanz *f*, Stoff *m*, Material *nt*; 2. Gehalt *m*, Substanz *f*; 3. *(fig)* Gewicht *nt*; 4. Wahrheitsgehalt *m*; **of s.** *(Person)* vermögend
substance of the action [§] Klagegegenstand *m*; **~ the case** [§] Hauptsache *f*; **sufficient s. to the charge** hinreichender Tatverdacht; **material s. of a crime** objektiver Tatbestand; **s. over form** *(Bilanz)* Priorität der wirtschaftlichen Relevanz vor Formvorschriften, Maßgeblichkeit der wirtschaftlichen Wirkung gegenüber der rechtlichen Form; **s. of a judgment** Tenor eines Urteils; **~ a writ** Tenor einer Gerichtsverfügung
to be of substance Substanz haben; **~ without s.** jeder Grundlage entbehren
dangerous substance|s gefährliche Stoffe; **harmful s.** Schadstoff *m*; **hazardous/noxious s.** Schad-, Gefahrstoff *m*; **~ s.s** Gefahrgut *nt*; **foreign s.** Fremdstoff *m*; **of little s.** inhaltsarm; **luminescent/luminous s.** Leuchtstoff *m*; **poisonous/toxic s.** Giftstoff *m*; **psychotropic s.** psychotropische Substanz; **residuary s.s** Rückstände
substandard *adj* unterdurchschnittlich, minderwertig, unzulänglich, unter der (gültigen) Norm, fehlerhaft
substantial *adj* 1. erheblich, beträchtlich, reichlich; 2. wesentlich; 3. *(Geldbetrag)* namhaft; 4. kapitalkräftig, vermögend; 5. [§] materiell-rechtlich, maßgeblich, vertragswesentlich, substantiell; **s.ly** *adv* beträchtlich, im wesentlichen, in hohem Maße
substantiate *v/t* begründen, beweisen, bekräftigen, rechtfertigen, erhärten, untermauern, glaubhaft darlegen/machen, nachweisen, objektivieren, substantiieren, mit Gründen versehen
substantiation *n* Begründung *f*, Bekräftigung *f*, Erhärtung *f*, Beweis *m*, Untermauerung *f*, Substantiierung *f*; Glaubhaftmachung *f*, nähere Begründung; **in s. of** zur Erhärtung, zum Beweis; **s. of assets and liabilities** Bestandsnachweis *m*; **~ a claim** 1. Begründung/Glaubhaftmachung eines Anspruchs; 2. [§] Klagebegründung *f*; **s. by prima facie** *(lat.)* **evidence** Glaubhaftmachung *f*
substantive *adj* wesentlich, wirklich, stichhaltig, materiell(-rechtlich)
substitut|ability *n* Ersetz-, Austausch-, Substituierbarkeit *f*; **s.able** *adj* ersetz-, austausch-, substituierbar
substitute *n* 1. Ersatz *m*, E.artikel *m*, E.erzeugnis *nt*, E.produkt *nt*, E.ware *f*, E.stoff *m*, Behelf *m*, Austausch-, Substitutionsprodukt *nt*, Surrogat *nt*; 2. Vertreter *m*, Ersatzmann *m*, Substitut *m*; **s.s** Substitutionsgüter, substitutive Güter; **s. for cash** Zahlungsmittelsurrogat *nt*; **~ delivery** Übergabesurrogat *nt*; **to act as a s. for** jdn vertreten; **to step in as a s.** als Ersatz einspringen; **to provide a s.** Ersatz stellen; **poor s.** dürftiger Ersatz
substitute *v/t* 1. ersetzen, substituieren, vertreten, einsetzen, austauschen, (aus)wechseln, an die Stelle setzen/treten von; 2. *(Kind)* unterschieben; *adj* substitutiv, Ersatz-
to be substituted for *adj* an die Stelle treten von
substitution *n* (Stell)Vertretung *f*, Ersatz(vornahme) *m/f*, Austausch *m*, Wechsel *m*, Substitution *f*, Surrogation *f*; **s. of a child** Kindesunterschiebung *f*; **~ costs** Kostensubstitution *f*; **~ debt** Schuldauswechslung *f*, S.übernahme *f*, Novation *f*; **in ~ the old guarantee** an Stelle der alten Garantie; **~ goods** Warensubstitution *f*, Austausch/Vertauschung von Waren; **~ invoices** Rechnungsaustausch *m*; **~ materials** Materialsubstitution *f*, M.austausch *m*; **~ peripheral** s. periphere Substitution; **physical s.** dingliche Ersetzung
substitution account *(IWF)* Umtauschfazilität *f*, Substitutionskonto *nt*
substitution|al; s.ary *adj* stellvertretend, als Stellvertreter, substitutional, Ersatz-; **s.ality** *n* Substitutionalität *f*, Austauschbarkeit *f*

substitution coefficient Substitutionskoeffizient *m*; **s. credit** Substitutionskredit *m*; **s. effect** Substitutionseffekt *m*
sub|store *n* Vorrats-, Zwischenlager *nt*; **s.stratum** *n* 1. Untergrund *m*; 2. Grundlage *f*, Basis *f*; **s.structure** *n* 1. ⌂ Unterbau *m*, Fundament *nt*; 2. Infrastruktur *f*; **s.-subsidiary** *n* Enkelgesellschaft *f*; **s.sume** *v/t* subsumieren, zusammenfassen; **s.sumption** *n* Subsumtion *f*; **s.supplier** *n* Unter-, Zulieferant *m*, Zulieferer *m*; **s.syndicate** *n* Unterkonsortium *nt*; **s.system** *n* Sub-, Teilsystem *nt*; **s.task** *n* Teilaufgabe *f*; **s.tenancy** *n* Untermiete *f*, U.pacht *f*, U.mietverhältnis *nt*; ~ **contract** Untermietvertrag *m*; **(occupational) s.tenant** *n* Untermieter(in) *m/f*, U.pächter(in) *m/f*; **s.terfuge** *n* Täuschung *f*, List *f*; **s.terranean** *adj* unterirdisch; **s.title** *n* Unter-, Zwischentitel *m*, Unter-, Zwischenüberschrift *f*
subtle *adj* fein(sinnig), subtil, ausgetüftelt, spitzfindig, raffiniert, scharfsinnig; **s.ty** *n* Feinheit *f*, Sensibilität *f*, Finesse *f*, Spitzfindigkeit *f*, Raffiniertheit *f*
sub|total *n* Zwischensumme *f*, Teilsaldo *m*, T.betrag *m*, T.summe *f*, T.ergebnis *nt*; **s.tract** *v/t* π subtrahieren, abziehen
subtraction *n* π Subtraktion *f*; **s. of legacies** Nachlassveruntreuung *f*; **s. sign** Subtraktionszeichen *nt*
sub|tropical *adj* subtropisch; **s.type** *n* Unterart *f*, U.klasse *f*; **s.underwriter** *n* Unterversicherer *m*, U.konsorte *m*
subunderwriting *n* 1. Übernahme einer Versicherung als Unterversicherer, Unterversicherung *f*; 2. *(Emission)* Unterbeteiligung *f*; **s. agreement** *(Vers.)* Vereinbarung einer Unterbeteiligung; **s. commission** Unterversicherungsprovision *f*, U.beteiligung *f*
subunit *n* 1. Untereinheit *f*; 2. Fondsanteil *m*; **reporting s.** berichtende Abrechnungseinheit
suburb *n* Vorstadt *f*, Vorort *m*, Stadtteil *m*; **outer s.** Stadtrandsiedlung *f*, S.vorort *m*, Außen-, Randbezirk *m*; **residential s.** Wohnvorort *m*
suburban *adj* vorstädtisch, im Außenbezirk gelegen, Vorstadt-
suburbanization *n* Eingemeindung *f*; **s. of manufacturing** Produktionsverlagerung in die Vorstädte/Stadtrandlagen
suburban|ize *v/t* eingemeinden; **s.ite** *n* Vorstadtbewohner(in) *m/f*
suburbia *n* Vorstadtbereich *m*, V.welt *f*, Vororte *pl*
sub|vention *n* Subvention *f*, (staatlicher) Zuschuss, Unterstützung *f*, Förderung *f*; **s.ventionize** *v/t* subventionieren; **s.vention payment** Subvention(szahlung) *f*; **s.version** *n* Zersetzung *f*; **s.versive** *adj* umstürzlerisch, staatsfeindlich, subversiv, zersetzend; **s.vert** *v/t* untergraben, unterminieren; **s.way** *n* 1. (Straßen)Unterführung *f*; 2. *[US]* Untergrundbahn *f*, U-Bahn *f*; **s.-zero** *adj* unter Null; **s.zone** *n* Teilzone *f*
succeed *v/ti* 1. gelingen, erfolgreich sein, obsiegen, reüssieren, Erfolg haben, sich erfolgreich betätigen, es schaffen, durchkommen; 2. glücken; 3. erben, Erbe antreten; 4. nachfolgen, folgen auf, nachrücken; **s. so.** 1. jds Nachfolge antreten; 2. jdn beerben; **we have s.ed** es ist uns gelungen; **bound to s.** chancenreich

success *n* 1. Erfolg *m*, Gelingen *nt*, Treffer *m*, Wurf *m* *(fig)*; 2. ✝ Heilerfolg *m*; **without s.** erfolglos, unverrichteter Dinge; **s. of a brand** Markenerfolg *m*; **s. in consolidation** Konsolidierungserfolg *m*; ~ **achieving greater efficiency** Rationalisierungserfolg *m*; ~ **stabilizing the economy** Stabilitätserfolg *m*; **s. of training** Ausbildungserfolg *m*; **crowned with s.** von Erfolg gekrönt; **dependent on s.** erfolgsabhängig; **spoilt by s.** erfolgsverwöhnt; **s. never comes easily** *(prov.)* ohne Fleiß keinen Preis *(prov.)*
to achieve success erfolgreich sein; **to be a s.** Erfolg haben, ankommen; ~ **an immediate s.** *(Ware)* sofort einschlagen; **to lead to s.** zum Erfolg führen; **to make a s. of sth.** etw. erfolgreich durchführen; **to meet with s.** Erfolg haben; **to score a s.** Erfolg erzielen
commercial success Geschäftserfolg *m*, geschäftlicher Erfolg *m*; **complete s.** voller Erfolg; **corporate s.** Unternehmenserfolg *m*; **electoral s.** Wahlerfolg *m*; **huge/resounding s.** großer Erfolg, Riesen-, Bombenerfolg *m* *(coll)*; **initial s.** Achtungs-, Anfangserfolg *m*; **long-running s.** Dauererfolg *m*; **partial s.** Teilerfolg *m*; **prestige-raising s.** Prestigeerfolg *m*
success curve Erfolgskurve *f*; **s. factor** Erfolgsfaktor *m*; **corporate ~ factor** Unternehmenserfolgsfaktor *m*; **s. fee** Erfolgs-, Leistungshonorar *nt*; **s.ful** *adj* erfolgreich, gelungen

succession *n* 1. (Aufeinander)Folge *f*, Kette *f*; 2. (Erb-/Nach-/Thron)folge *f*, Erbfall *m*; **in s.** nacheinander
succession upon death Beerbung *f*; **s. to an estate** Erbantritt *m*; **s. by inheritance** Erbfolge *f*; **s. in office** Nachfolge im Amt; ~ **property rights** Vermögensnachfolge *f*; **s. to the throne** Thronfolge *f*; **s. in title** § Rechtsnachfolge *f*; **s. of title** derivativer Eigentumserwerb
to accrue by way of succession § im Erbgang anfallen; **to bar from s.** von der Erbfolge ausschließen
to succeed so. by intestate s. § jdn gesetzlich beerben
escheated succession § Heimfallrechtsfolge *f*; **general s.** Universalsukzession *f*; **hereditary/heritable s.** Erbanfall *m*, E.(nach)folge *f*, Nachfolge im Erbschaftswege; ~ **tax** Erbanfallsteuer *f*; **individual s.** Sondernachfolge *f*; **intestate s.** Intestaterbfolge *f*, gesetzliche Erbfolge; **to succeed so. by ~ s.** jdn gesetzlich beerben; **legal s.** 1. Rechtsnachfolge *f*; 2. gesetzliche Erbfolge; **legitimate s.** rechtmäßige Nachfolge, legitime Erbfolge; **lineal s.** Erb-/Nachfolge in gerader Linie; **parentelic s.** Parentelenerbfolge *f*; **partial s.** Teilrechtsnachfolge *f*; **perpetual s.** ständige Rechtsnachfolge (unabhängig vom Wechsel der Person); **provisional s.** Vorerbschaft *f*; **in quick/rapid s.** in dichter/schneller/rascher Folge, am laufenden Band *(coll)*, Schlag auf Schlag *(coll)*; **to call ~ s.** sich die Türklinke in die Hand geben *(coll)*; **reversionary s.** Nacherbfolge *f*; **singular s.** Einzelrechtsnachfolge *f*, E.erbfolge *f*, E.nachfolge *f*, E.übertragung *f*; **in straight s.** ununterbrochen; **substituted s.** Ersatzerbfolge *f*; **testamentary s.** testamentarische/gewillkürte Erbfolge; **reversionary testate s.** Nacherbfolge *f*; **universal s.** Gesamt(rechts)nachfolge *f*, Universalerbfolge *f*, U.sukzession *f*; **vacant s.** erbenloser Nachlass, unbekannte Erbfolge

succession duty *[US]* Erbschafts-, Nachlasssteuer *f*; **s. process** Nachfolge(regelung) *f*; **s. relief** Nachlass bei Veranlagung zur Erbschaftssteuer; **s. sale** Nachlassauktion *f*, N.versteigerung *f*
successive *adj* (aufeinander)folgend, sukzessiv; **s.ly** *adv* der Reihe nach, nacheinander
successor *n* 1. (Geschäfts-/Rechts)Nachfolger(in) *m/f*; 2. Erbberechtigte(r) *f/m*; **s. and assign** Rechtsnachfolger(in) *m/f*; **s. in interest** Sonderrechtsnachfolger *m*; ~ **office** Amtsnachfolger *m*; ~ **property rights** Vermögensnachfolger *m*; ~ **specific rights and obligations** Sonderrechtsnachfolger *m*; ~ **title** Rechtsnachfolger *m*; **sole ~ title** Gesamtrechtsnachfolger *m*; **to be so.'s ~ law** in jds Rechte eintreten; **to devolve upon the s.** auf den Nachfolger übergehen; **legal s.** Rechtsnachfolger *m*; **singular s.** Einzel-, Sonderrechtsnachfolger *m*; **universal s.** 1. Gesamt(rechts)nachfolger *m*; 2. Alleinerbe *m*, alleiniger Erbe; **s. bank** Nachfolgebank *f*; **s. company** Nachfolgefirma *f*, N.gesellschaft *f*; **s. debtor** Nachfolgeschuldner *m*; **s. plan** Anschlussprogramm *nt*
success rate Erfolgsquote *f*; **s. story** Erfolg(sbericht) *m*, E.geschichte *f*
succinct *adj* bündig, knapp, prägnant, lakonisch, lapidar; **s.ness** *n* Prägnanz *f*
succour *n* Beistand *m*; *v/t* helfen, beistehen
succulent *adj* saftig; *n* 🌵 Fettpflanze *f*, Sukkulente *f*
succumb (to sth.) *v/i* (einer Sache) erliegen, nachgeben, sich beugen
such *adj* derartig; **s. as** wie zum Beispiel
suck *v/t* saugen; **s. in** auf-, ansaugen; **s. out** aussaugen
suction *n* Saugentwicklung *f*, Sog *m*, Unterdruck *m*; **s. dredger** Saugbagger *m*; **s.-elevator cargo** Sauggut *nt*
suds *pl* (Wasch)Lauge *f*
sudden *adj* plötzlich, unvermutet, jäh, abrupt; **all of a s.** mit einem Mal, schlagartig
sue (for) *v/ti* §(aus-/ein-/ver)klagen, gerichtlich belangen, prozessieren, Klage einreichen/erheben, Prozess anstrengen (wegen); **s. out** herausklagen, erwirken; **s. and be s.d** klagen und verklagt werden; **entitled to s.** klageberechtigt, aktiv legitimiert; **s. separately** einzeln verklagen
sued for *adj* eingeklagt; **liable to be s.** passiv legitimiert; **to be s. jointly** gemeinschaftlich verklagt werden
sue and labour clause Schadensminderungsklausel *f*, Klausel über Schadensabwendung und S.minderung
suede *n* Rau-, Velours-, Wildleder *nt*
suffer *v/t* 1. (er)leiden; 2. hinnehmen, zulassen, dulden; **s. from** leiden/kranken an
sufferance *n* Duldung *f*; **s. wharf** ⊖ Freihafenniederlage *f*
sufferer *n* Leidende(r) *f/m*, Kranke(r) *m/f*
suffering *n* Leid(en) *nt*; **boundless s.** unermessliches Leid; **previous s.** (Vers.) altes Leiden
suffering *adj* (not)leidend
suffice *v/i* genügen, (aus)reichen, langen; **s. it to say** es reicht (wohl), wenn ich sage
sufficiency *n* 1. Hinlänglichkeit *f*, Angemessenheit *f*, Genüge *f*; 2. hinreichendes Auskommen, auskömm-

licher Unterhalt; 3. Vollständigkeit *f*; 4. Zulässigkeit *f*; **s. of an invention** Erfindungseigenschaft *f*; ~ **motion** §Zulässigkeit der Antragstellung
sufficient *adj* hin-, ausreichend, genügend, genug, hinlänglich; **to be s.** reichen, genügen; **legally s.** rechtsgenügend; **Not S.** (Scheck) ungenügende Deckung
suffo|cate *v/ti* 💲 ersticken; **s.cation** *n* Ersticken *nt*, Erstickung *f*
suffrage *n* Wahl-, Stimmrecht *nt*, Wahlberechtigung *f*, aktives Wahlrecht; **adult s.** Erwachsenenwahlrecht *nt*; **female s.** Frauenwahlrecht *nt*, F.stimmrecht *nt*; **male s.** Männerwahlrecht *nt*, männliches Wahlrecht; **universal s.** allgemeines Wahl-/Stimmrecht
suffragette *n* Frauenrechtlerin *f*, Suffragette *f*
sugar *n* Zucker *m*; **raw s.** Rohzucker *m*; **refined s.** (Zucker)Raffinade *f*, Feinzucker *m*
sugar beet 🌱 Zuckerrübe *f*; ~ **crop** Zuckerrübenernte *f*; **s. campaign** Zuckerkampagne *f*; **s. candy** Kandis(zucker) *m*; **s. cane** Zuckerrohr *nt*; **s. coating** (*fig*) Beschönigung *f*, Schönfärberei *f*; **s. content** Zuckergehalt *m*; **s. crop year** Zuckerwirtschaftsjahr *nt*; **s. diabetes** 💲 Zuckerkrankheit *f*, Diabetes *f*; **s. exchange** Zuckerbörse *f*; **s. industry** Zuckerindustrie *f*; **s. levy** (*EU*) Zuckerabschöpfung *f*; **s. mountain** (*EU*) Zuckerberg *m* (*fig*); **s. plantation** Zuckerplantage *f*; **s. rationing** Zuckerrationierung *f*; **s. refiner** Zuckerraffineur *m*; **s. refinery** Zuckerraffinerie *f*; **s. tax** Zuckersteuer *f*; **s. trade** Zuckerhandel *m*; **s. works** Zuckerfabrik *f*
sugary *adj* süß
suggest *v/t* 1. vorschlagen, anregen, nahe legen; 2. andeuten, suggerieren, hindeuten auf, zu verstehen geben, sagen wollen; 3. schließen lassen auf, vermuten lassen, den Schluss zulassen, den Schluss/die Vermutung nahe legen; **s. itself** nahe liegen
suggestion *n* 1. Vorschlag *m*, Anregung *f*; 2. Hinweis *m*, Anspielung *f*, Andeutung *f*, Ansinnen *nt*; 3. Vermutung *f*, Spur *f*, Hauch *m*, Suggestion *f*; **s. for improvement(s)** Verbesserungsvorschlag *m*; **to reject a s.** Ansinnen zurückweisen; **to rule a s. out of court** § Vorschlag verwerfen; **alternative s.** Alternativvorschlag *m*
suggestion bonus Prämie für Verbesserungsvorschlag; **s. box** Kasten für Verbesserungsvorschläge; **s. scheme** (betriebliches) Vorschlagswesen; **s. selling** *[US]* Kundenbeeinflussung *f*
to be suggestive *adj* Eindruck vermitteln, (auf etw.) hindeuten
suicidal *adj* selbstmörderisch
suicide *n* 1. Freitod *m*, Selbstmord *m*, S.tötung *f*, S.entleibung *f*; 2. Selbstmörder *m*; **to commit s.** Selbstmord begehen, sich töten, sich selbst richten, sich das Leben nehmen; **attempted s.**; **s. attempt/bid** Selbstmordversuch *m*; **s. clause** Selbstmordklausel *f*
sui juris (*lat.*) § aus eigenem Recht
suing *adj* §klageführend
suit *n* 1. § (Zivil)Prozess *m*, Rechtsstreit *m*, Verfahren *nt*, Klage(erhebung) *f*, Rechtsstreitigkeit *f*, R.verfahren *nt*; 2. Gesuch *nt*, Anliegen *nt*, Bitte *f*; 3. (Herren)Anzug *m*; **at the s. of** auf Betreiben/Klage von; **in s. with** im

Einverständnis mit; **pending s.** für die Dauer des Prozesses, ~ der Rechtshängigkeit
suit upon a bill Wechselklage *f*; **s. for consent to correction of the land register;** ~ **entry** *(Grundbuch)* Eintragungsbewilligungsklage *f*; **s. contesting paternity** Vaterschaftsanfechtungsklage *f*; **s. for damages** Schaden(s)ersatzklage *f*; ~ **a declaration** Feststellungsklage *f*; ~ **discontinuance** Unterlassungsklage *f*; **s. in equity** Forderungsklage *f*; **s. for nullity of marriage** Eheanfechtungsklage *f*, Klage auf Anfechtung der Ehe; ~ **restitution of the conjugal community** Klage auf Wiederherstellung der ehelichen Gemeinschaft
to bar a suit Klage ausschließen; **to bring a s. (against)** Prozess anstrengen (gegen), verklagen, Klage anhängig machen; **to defend a s.** Prozess als Beklagter führen; **to discontinue a s.** Prozess einstellen; **to dismiss a s.** Klage zurück-/abweisen; **to drop a s.** Klage fallen lassen; **to file a s.** Klage einreichen/anhängig machen/erheben, Prozess anstrengen, gerichtlich vorgehen; ~ **for sth.** etw. einklagen; **to follow s.** dem Beispiel folgen, nachziehen, nachfolgen; **to institute/launch/lodge a s.** Klage erheben/anstrengen, Prozess anstrengen, Verfahren einleiten/anhängig machen; **to maintain a s.** Rechtsstreit fortsetzen; **to stop a s.** Prozess einstellen
ancillary suit [§] Nebenprozess *m*, N.klage *f*; **antitrust s.** Kartellklage *f*, K.(amts)verfahren *nt*; **civil s.** Zivilklage *f*, Z.prozess *m*; **contractual s.** Vertragsklage *f*; **criminal s.** Strafverfahren *nt*; **defended s.** streitiger Prozess; **double-breasted s.** Zweireiher *m*, doppelreihiger Anzug; **friendly s.** abgestimmte Klage; **made-to-measure** *[GB]* /**made-to-order** *[US]* /**tailored s.** Maßanzug *m*, maßgeschneiderter Anzug; **off-the-peg/ready-made s.** Fertig-, Konfektionsanzug *m*; **penal s.** Strafverfahren *nt*, S.klage *f*, S.prozess *m*; **pin-striped s.** Nadelstreifenanzug *m*; **private s.** Privatklage *f*; **single-breasted s.** Einreiher *m*, einreihiger Anzug; **testamentary s.** Nachlassklage *f*; **vexatious s.** schikanöser Prozess
suit (so.) *v/t* 1. (jdm) passen, (jdm) genehm sein, (jdm) zusagen, (jdm) gefallen, (jdn) zufrieden stellen, (jdm) konvenieren; 2. (jdm) gut stehen, geeignet sein für; **s. to** abstimmen auf, anpassen an; **it doesn't s. me** mir liegt/passt es nicht
suitability *n* Eignung *f*, Tauglichkeit *f*, Angemessenheit *f*, Sachdienlichkeit *f*
suitable *adj* geeignet, tauglich, tunlich, passend, zweckmäßig, (zweck)entsprechend, gehörig, sachdienlich, s.gemäß; **to be s.** taugen
suitcase *n* (Hand)Koffer *m*
suite *n* Suite *f*, Zimmerflucht *f*
suited to *adj* passend/geeignet für; **to be s. to** sich eignen für
suit money [§] Prozesskostenvorschuss *m*
suitor *n* 1. [§] Kläger(in) *m*/*f*; 2. (Braut)Werber *m*; **joint s.** Nebenpartei *f*
sulfur *[US]*; **sulphur** *[GB]* /**sulphur** *m*; **s. dioxide** Schwefeldioxid *nt*; **s.ize** *v/t* schwefeln, vulkanisieren; **s.ous** *adj* schwefelhaltig, schwefelig

sul|triness *n* Schwüle *f*; **s.try** *adj* schwül
sum *n* 1. Summe *f*, Betrag *m*; 2. Rechenaufgabe *f*; **s. of the digits** Quersumme *f*; ~ **money** Geldbetrag *m*, G.summe *f*; **tidy** ~ **money** *(coll)* hübsches Sümmchen *(coll)*; **s. and substance of a complaint** [§] wesentlicher Teil einer Beschwerde; **s. to be amortized/redeemed** Tilgungsbetrag *m*
to advance a sum Betrag vorlegen/vorschießen, in Vorlage treten; **to allocate/allow a s.** Betrag bewilligen; **to allow for s.s paid in advance** Anzahlungen verrechnen; **to bring forward a s.** Betrag vortragen; **to contribute a s. of money** Geldbetrag beisteuern; **to cost vast s.s of money** ungeheure Summen verschlingen; **to credit a s. to so.;** ~ **so. with a s.** jdm einen Betrag gutschreiben/gutbringen; **to deposit a s.** Summe/Betrag hinterlegen; **to do one's s.s** *(fig)* seine Hausaufgaben machen *(fig)*; **to handle large s.s of money** große Geldbeträge verwalten; **to pay (over) a s.** Betrag/Summe abführen; ~ **an additional s.** Geld nachschießen; **to remit a s.** (Geld)Betrag/Summe überweisen; **to round off a s.** Betrag abrunden; **to settle a s. by means of compensation** Abfindung vereinbaren; **to subscribe a s. for** Betrag zur Verfügung stellen für
appreciable/considerable sum beträchtliche/ansehnliche/erhebliche/erkleckliche Summe; **average s.** Durchschnittssumme *f*; **contractual s.** Vertragssumme *f*; **comparative s.** Vergleichssumme *f*; **definite s.** bestimmter Betrag; **entire/general/gross s.** Gesamtsumme *f*; **final s.** Schlusssumme *f*; **hefty/huge s.** horrende Summe; **inclusive s.** Pauschale *f*, Pauschalsumme *f*, Globalbetrag *m*; **maximum s.** Höchstbetrag *m*; **monthly s.** Monatssumme *f*, monatlicher Betrag; **nominal s.** 1. Nominalbetrag *m*, sehr geringer Betrag; 2. Schutzgebühr *f*; **paltry s.** armselige/geringfügige/läppische Summe, lächerlicher/unbedeutender Betrag, Spottgeld *nt*; **outstanding s.** Restbetrag *m*, R.summe *f*; **principal s.** Hauptsumme *f*; **quarterly s.** Vierteljahressumme *f*; **recoverable s.** erzielbare Entschädigung, erzielbarer Betrag; **remaining s.** Restbetrag *m*, R.summe *f*; **round s.** 1. Global-, Pauschalbetrag *m*; 2. glatte/runde Summe, abgerundeter Betrag; **single s.** einmalige Zahlung; **small s.** kleiner Betrag, Bagatell-, Kleinstbetrag *m*; **stipulated s.** vereinbarte Summe; **substantial s.** nennenswerter Betrag; **terminal s.** Schlusssumme *f*; **tidy s. (of money)** *(coll)* erkleckliches/nettes/stattliches Sümmchen *(coll)*, ordentliche Summe/Stange *(coll)* Geld; **vast s.** Riesenbetrag *m*, Unsumme *f*
sum up *v/t* 1. zusammenrechnen, z.zählen, aufrechnen, addieren; 2. zusammenfassen, rekapitulieren, Bilanz/Fazit ziehen, resümieren; 3. [§] Schlussplädoyer halten; 4. einschätzen, taxieren; **to s. up** mit einem Wort, alles zusammen; **s. up to** sich belaufen auf; **s. so. up** jdn taxieren
sum adjudged/awarded [§] (vom Gericht) zugesprochene Summe; **s. borrowed** Kreditsumme *f*; **cumulative s. distribution** Summenverteilung *f*; **s. due** ausstehender/fälliger/geschuldeter Betrag, Schuld *f*; **s. insured** Deckungs-, Versicherungssumme *f*; **global s. insured** Gesamtversicherungssumme *f*; **maximum s. insured** Höchstversicherungssumme *f*

summarize v/t (knapp) zusammenfassen, resümieren, raffen; **s.d** adj gerafft
summary n zusammengefasste/zusammenfassende Darstellung, Zusammenfassung f, Überblick m, Resümee nt (frz.), Auszug m, Inhaltsangabe f, Kompendium nt, Kurzbericht m, K.fassung f, (kurze) Übersicht, kurzer Bericht; **s. of assets** Vermögensübersicht f; **~ assets and liabilities** Bilanzauszug m, verkürzte Bilanz; **~ contents** Inhaltsangabe f; **~ the facts** [§] kurze Darstellung des Sachverhalts; **monthly s.** Monatsabschluss m
summary adj summarisch, knapp, bündig, zusammenfassend, z.gefasst, abgekürzt
summary proceedings [§] Schnellverfahren nt, summarisches Verfahren; **master s. sheet** Betriebsabrechnungsbogen m; **final s. table** Zusammenfassung der Erhebungsergebnisse
summation n 1. Zusammenzählung f, Summierung f, Aggregation f, Addition f; 2. [§] (Schluss)Plädoyer nt; 3. ⊞ Aggregat nt; **s. check** Summenkontrolle f, S.probe f; **s. curve** Summenkurve f; **s. method** Summierungsmethode f; **s. sign** π Summenzeichen nt
summer n Sommer m; **Indian/late s.** Altweiber-, Nach-, Spätsommer m
summer break Sommerpause f; **s. clothing** Sommer(be)kleidung f; **s. fair** Sommermesse f; **s. holidays** [GB] /**vacation** [US] Sommerferien pl, S.urlaub m, große Ferien; **s.house** n Gartenhaus nt, Laube f; **s. lightning** ☁ Wetterleuchten nt; **s. outing** Sommerausflug m, Fahrt ins Grüne; **s. prices** Sommerpreise; **(warm) s. rain** Landregen m; **s. recess** (Parlament) Sommerpause f; **s. residence** 1. Sommerwohnsitz m; 2. Lustschloss nt; **s. resort** Sommerkurort m, S.frische f; **s. sale(s)** Sommerschlussverkauf m; **s. season** Sommersaison f; **s. slack season** Sommerloch nt (fig), S.pause f; **s. stockpiling** Sommerbevorratung f; **s.time** n Sommerzeit f; **~ blues** (coll) Sommerloch nt (fig); **s. timetable** Sommerfahrplan m; **s. weather** Sommerwetter nt
summing up n 1. Rekapitulation f; 2. [§] Schlussplädoyer nt, Beweiswürdigung f; 3. (Geschworene) Rechtsbelehrung f
summit n 1. (Berg)Gipfel m, Scheitelpunkt m, höchster Punkt; 2. Gipfelkonferenz f, G.treffen nt; **economic s.** Wirtschaftsgipfel m; **s. agreement** Gipfelbeschluss m; **s. conference/meeting** Gipfelkonferenz f, G.treffen nt
summiteer n Gipfelteilnehmer(in) m/f
summit talks Gipfelgespräche
summon v/t 1. auf-, einberufen, auffordern; 2. [§] (vor Gericht) laden/zitieren, (gerichtlich) vorladen; **s. so.** jdn zu sich bestellen; **s. up** aufbieten, zusammennehmen; **duly s. to appear** [§] ordentlich laden
summoned adj [§] (vor)geladen
summoner n [§] Ladungsbeamter m
summoning of creditors n Einberufung der Gläubiger
summons n 1. [§] gerichtliche Vorladung/Aufforderung/Mahnung, förmliche Ladung, Ladungsschreiben nt, Vorladungsbefehl m; 2. (Gläubiger)Aufruf m; **s. to appear at the hearing** Ladung zum Termin; **third-party ~ attend proceedings** Beiladung f; **s. by publication** Ladung durch öffentliche Zustellung

to answer a summons einer (Vor)Ladung Folge leisten/nachkommen, einer Einladung Folge leisten; **to be served with a s.** Vorladung zugestellt bekommen, gerichtliche Ladung erhalten; **to issue a s.** gerichtlich laden, vorladen, Ladung ergehen lassen/verfügen; **to serve so. a s.; ~ a s. upon so.** jdm eine (Vor)Ladung zustellen, jdn laden; **to take out a s. against so.** jdn gerichtlich vorladen lassen, Vorladung gegen jdn erwirken; **originating s.** Ladung zur Hauptverhandlung
sum-of-the-years-digit method of depreciation digitale Abschreibungsmethode
sum owed/owing Schuldsumme f, geschuldeter Betrag
sump n 1. Senkgrube f; 2. 🚗 Ölwanne f
sum payable ausstehender/geschuldeter/offener/fälliger Betrag; **~ on death** (Lebensvers.) Todesfallkapital nt, T.summe f
sumptuous adj aufwändig, prächtig, lukullisch; **s.ness** n Pracht f
sum recovered Urteilssumme f; **s. total** Gesamtsumme f, G.betrag m, Totalbetrag m, ganzer/gesamter Betrag, gesamte Summe; **~ of liquidation proceeds** Liquidationswert n
sun n Sonne f; **rising s.** aufgehende Sonne; **setting s.** untergehende Sonne
sunbelt n [US] südliche Staaten der U. S. A.
Sunday n Sonntag m; **on S.** sonntags; **~ S.s and public holidays** sonntags und feiertags; **S. best** Sonntagsstaat m; **S. closing** Sonntagsruhe f; **S. clothes** Sonntagskleider, S.anzug m, S.kluft f; **S. driver** 🚗 Sonntagsfahrer m; **S. duty** Sonntagsdienst m; **S. edition** (Zeitung) Sonntagsausgabe f; **S. hours** Sonntagsstunden; **S. joint** Sonntagsbraten m; **to keep the S. laws** die Sonntagsruhe einhalten; **S. observance** Sonntagsruhe f; **S. opening/trading** verkaufsoffener Sonntag, Sonntagsverkauf m, sonntägliche Ladenzeiten; **S. outing** Sonntagsausflug m; **S. paper** Sonntagsblatt nt, S.zeitung f; **S. school** Sonntagsschule f; **S. supplement** Sonntagsbeilage f; **S. work(ing)** Sonntagsarbeit f
sun deck Sonnendeck nt; **s.down** n [US] Sonnenuntergang m; **~ industry** Altindustrie f, absterbende/niedergehende/veraltete Industrie
sundries pl 1. Gemischt-, Kurzwaren, Waren verschiedener Art; 2. Diverses nt, Verschiedenes nt; 3. Kleinmaterial nt, K.zeug nt; 4. diverse/verschiedene/sonstige Auslagen, ~ Aufwendungen, ~ Forderungen, ~ Posten, ~ Spesen, ~ Unkosten, Extraausgaben; **to s.** an Verschiedene; **s. account** Konto „Verschiedenes"/für Diverse; **s. file** Ablage „Verschiedenes"
sundry adj diverse, verschiedene, mehrere, mannigfaltig, sonstig
sun glasses Sonnenbrille f
sunken adj ⚓ versunken
sunny adj sonnig
sun|ray lamp n Höhensonne f; **s.rise** n Sonnenaufgang m; **~ industry** [US] neue/aufstrebende/moderne Industrie, Hochtechnologieindustrie f, Zukunftsbranche f; **s.set** n Untergang der Sonne, Sonnenuntergang m; **~ industry** [US] Altindustrie f, absterbende/niedergehende/veraltete Industrie; **s.shade** n Sonnenschutz m;

s.shine n Sonnenschein m; **s.spot** n Sonnenflecken m; ~ **theory** (VWL) Sonnenfleckentheorie f; **s.-tanned** adj sonnengebräunt; **s.up** n [US] Sonnenaufgang m; **s. visor** ⚓ Sonnenblende f
super adj super-, Super-
superability clause n Teilgültigkeitsklausel f
superannu|able adj ruhegehaltsfähig, r.geldfähig; **s.ate** v/t pensionieren, in den Ruhestand versetzen; **s.ated** adj 1. pensioniert, im Ruhestand; 2. (fig) veraltet, unmodern; **to be s.ated** in den Ruhestand versetzt werden
superannuation n 1. Pensionierung f, (Versetzung in den) Ruhestand; 2. Pension(sbetrag) f/m, Ruhegehalt nt, (Alters)Rente f, Versorgungsvergütung f; **full s.** (Rente) Vollversorgung f; **s. allowance** Alterszulage f; **s. benefits** Versorgungsbezüge; **s. contribution** Renten(versicherungs-), Altersversicherungsbeitrag m; **s. fund** Pensionsfonds m, P.kasse f; **s. provisions** 1. Ruhegeldbestimmungen; 2. Pensionsrückstellungen; **s. scheme** Pensionsregelung f, Ruhegeldordnung f; **s. security** Pensionssicherung f
superb adj hervorragend, vorzüglich
super|cargo n ⚓ Ladeoffizier m, Fracht-, Ladungsaufseher m, Supercargo m; ~ **plane** ✈ Großfrachtflugzeug nt; **s.dimensioned** adj überdimensioniert; **s.dividend** n Super-, Sonder-, Extradividende f
superette n [US] kleiner Supermarkt/Selbstbedienungsladen, Freiwahlgeschäft nt
super|ficial adj oberflächlich, flüchtig, vordergründig; **s.ficiality** n Oberflächlichkeit f, Flüchtigkeit f; **s.fine** adj hochfein; **s.fluity** n 1. Überflüssigkeit f; 2. Überfluss m, Zuviel nt; **s.fluous** adj überflüssig, überzählig, entbehrlich; **to be s.fluous** sich erübrigen; **s.grass** n [GB] (coll) Polizeispitzel m; **s.highway** n [US] Autobahn f; **digital s.highway** 🖥 Datenautobahn f; **s.-human** adj übermenschlich; **s.impose** v/t 1. überlagern, hinzufügen, überordnen; 2. [§] Zusatzstrafe verhängen; **s.intend** v/t beaufsichtigen; **s.intendence** n Oberaufsicht f, Leitung f
superintendent n 1. (Betriebs)Leiter(in) m/f, Werkmeister m; 2. Aufsicht(sbeamter) f/m, A.sführende(r) f/m, Inspektor m, Oberaufseher(in) m/f; Überwachungsbeamter m; **s. of banks** Bankkommissar m, B.inspektor m; ~ **schools** [US] Oberschulrat m
superior adj 1. besser, überlegen, wertvoller, höherstehend, vorgesetzt; 2. hervorragend, vorzüglich, erlesen; 3. obere(r,s), höhe(r,s); **to be s. to so.** über jdn stehen
superior n (Dienst)Vorgesetzte(r) f/m; **to notify one's s.** Meldung bei seinem Vorgesetzten erstatten
superiority n 1. Überlegenheit f, Übermacht f; 2. bessere Qualität; **numerical s.** Überzahl f
super|lative n Superlativ m; **s.man** n Übermensch m; **s.market** n Supermarkt m, Lebensmittelselbstbedienungsgeschäft nt, Selbstbedienungsladen m; **financial s.market** [US] Bank für Laufkundschaft; **s.natural** adj übernatürlich; **s.numerary** n Statist m, Zusatzperson f; adj überzählig, überplanmäßig; **s.ordinary** adj außergewöhnlich, vorzüglich, erlesen; **s.ordinate** v/t überordnen; **s.pose** v/t überordnen; **s.prime** adj allerfeinst; **s.scription** n Briefkopf m; **s.sede** v/t ablösen, aufheben,

ersetzen, an die Stelle treten, Nachfolger werden, hinfällig machen; **s.sedeas** n (lat.) [§] Einstellung des Verfahrens; **s.seded** adj hinfällig; **s.session** n Ersetzung von Anlagen; **s.sonic** adj ✈ Überschall-; **s.stition** n Aberglaube m; **s.stitious** adj abergläubig; **s.store** n Riesenkaufhaus nt, Verbrauchermarkt m; ~ **operator** Betreiber von Verbrauchermärkten; **s.structure** n 1. ⚓/(LKW) Aufbauten pl; 2. (Marx) Überbau m; **exchangeable s.structures** Wechselaufbauten; **s.tanker** n ⚓ Riesen-, Supertanker m; **s.tare** n zusätzliche (Tara)vergütung; **s.tax** n Ergänzungsabgabe f, Höchst-, Über-, Extra-, Zusatz-, Zuschlagsteuer f, Einkommen(s)steuerzuschlag m, zusätzliche Steuer; **s.vene** v/i dazwischenkommen, sich plötzlich einstellen; **s.vise** v/t beaufsichtigen, überwachen, kontrollieren, (Ober)Aufsicht führen, leiten
supervision n (Dienst)Aufsicht f, Leitung f, Beaufsichtigung f, Kontrolle f, Inspektion f, Überwachung f, Oberleitung f, Aufsichtsführung f; **subject to s.** aufsichtspflichtig
administrative supervision Verwaltungsaufsicht f; **close s.** strenge Überwachung; **federal s.** Bundesaufsicht f; **governmental s.** Regierungsaufsicht f; **institutional s.** Anstaltsaufsicht f; **legal s.** Rechtsaufsicht f; **medical s.** ärztliche Aufsicht/Kontrolle, gesundheitspolizeiliche Überwachung; **official s.** amtliche/behördliche Aufsicht, ~ **Kontrolle**
supervision order n [§] Überwachungsverfügung f, Verfügung einer behördlichen Aufsicht; 2. [§] Aussetzung der Jugendstrafe zur Bewährung
supervisor n 1. Aufseher(in) m/f, Aufsichtsbeamter m, A.führende(r) f/m, A.person f; 2. Meister m, Vorarbeiter(in) m/f; 3. Inspektor m, Kontrolleur m; 4. (Laden) Substitut(in) m/f; 5. 🖥 Systemsteuerprogramm nt
supervisory adj aufsichtsführend, Aufsichts-
supine adj träge, gleichgültig
supper n Abendessen nt, Nachtmahl nt
supplant v/t 1. ersetzen, ablösen; 2. ausstechen, verdrängen
supple adj geschmeidig
supplement n 1. (Preis)Zuschlag m, Preisaufschlag m, Sondergebühr f; 2. Zulage f; 3. Ergänzung f, Anhang m, Nachtrag m, Zusatz m; 4. 📕 Beiheft nt, Beiband m, Ergänzungsblatt nt, E.heft nt, Anlage f, Supplement nt; **s.s** zusätzliche (betriebliche) Leistungen; **commercial s.** Handelsbeilage f; **cost-of-living s.** Teuerungszulage f; **earnings-related s.** verdienstbezogener Zuschlag; **free s.** Gratisbeilage f; **illustrated s.** Bildbeilage f; **maximum s.** Höchstzuschlag m; **night-time s.** Nachtzuschlag m; **seasonal s.** Saisonzuschlag m; **special s.** Sonderzulage f
supplement v/t 1. ergänzen, vervollständigen, nachliefern, nachschieben; 2. (Zuschuss) aufstocken
supplemental; supplementary adj ergänzend, Zusatz-, Ergänzungs-, zusätzlich, nachträglich; **s. to** als/in Ergänzung zu
Supplementary Benefits Act [GB] Sozialhilfegesetz nt; ~ **Commission** Sozialhilfeabteilung f
supplementation n Ergänzung f, Nachtrag m; **s. of the judgment** [§] Urteilsergänzung f

suppleness *n* Geschmeidigkeit *f*
suppliant *n* Petent(in) *m/f*, Bittsteller(in) *m/f*
supplied *adj* geliefert, versorgt; **s. with** ausgestattet mit
supplier *n* 1. Lieferant *m*, (Zu)Lieferer *m*, Lieferfirma *f*, Versender *m*, Zulieferbetrieb *m*, Auftragnehmer *m*; 2. Anbieter *m*; 3. Versorger *m*, Vorlieferant *m*, Leistungserbringer *m*; **s.s** *(Bilanz)* Verbindlichkeiten aus Warenlieferungen
supplier of a credit Kreditgeber *m*; **~ goods** Warenlieferant *m*; **~ branded goods** Markenlieferant *m*; **~ materials** Materiallieferant *m*; **~ raw materials** Rohstofflieferant *m*
payable to suppliers *(Bilanz)* Warenlieferungen *pl*
appointed/authorized supplier Vertragslieferant *m*; **approved s.** zugelassener Lieferant; **cheap/cut-price s.** Billig-, Niedrigpreisanbieter *m*; **competing s.** Konkurrenzanbieter *m*; **conditional s.** Vorbehaltslieferant *m*; **industrial s.** Industrielieferant *m*; **main/principal s.** Hauptanbieter *m*; **major s.** Groß-, Hauptlieferant *m*; **marginal s.** marginaler Anbieter; **outside s.** Zulieferer *m*; **preferred s.** Vorzugslieferant *m*; **primary/principal s.** Hauptlieferant *m*; **regular s.** Stammlieferant *m*; **second-source s.** Zweitlieferant *m*; **specialist s.** Fachhändler *m*; **subsequent s.** Weiterlieferant *m*
supplier\|s' account Lieferanten(kredit)konto *nt*; **s. audit** Lieferantenaudit *m*; **s.'s bill** Lieferantenwechsel *m*; **s. competition** Angebotswettbewerb *m*; **s. country** Lieferanten-, Lieferland *nt*; **s.'s credit/loan** Liefer(anten)kredit *m*; **~ declaration** Lieferantenerklärung *f*; **s. evaluation** Lieferantenbeurteilung *f*; **s.'s invoice** Lieferantenrechnung *f*; **~ market** Anbietermarkt *m*; **s.s' monopoly** Angebotsmonopol *nt*; **s.'s offer** Liefer(anten)angebot *nt*; **s.s' oligopoly** Angebotsoligopol *nt*; **s.'s price** Lieferantenpreis *m*; **~ risk** Lieferantenrisiko *nt*; **chief s. rule** Meistbegünstigungsregel *f*; **s. selection** Lieferantenauswahl *f*; **s.s' syndicate** Lieferkonsortium *nt*; **s.'s works** Lieferwerk *nt*
supply *n* 1. *(VWL)* Angebot(smenge) *nt/f*; 2. (Be-/Zu)Lieferung *f*, Versorgung *f*, Bereitstellung *f*, Nachschub *m*, Zufuhr *f*, Zuführung *f*, Proviant *m*; 3. ⌨ *(Schlachtvieh)* Auftrieb *m*; **supplies** 1. Lieferungen, Bezüge; 2. Lager-, Warenbestände, Hilfs- und Betriebsstoffe, Bedarf *m*, Versorgungs-, Nachschubgüter, Vorräte, Proviant *m*, Stoffaufwand *m*
supply from abroad Auslandsangebot *nt*; **s. by air** Luftversorgung *f*; **s. of arms** Waffenlieferung *f*; **supplies on a deferred-payment basis** Lieferungen auf Abzahlungsbasis; **s. of capital** Kapitalbereitstellung *f*; **s. to consumers** Verbraucherversorgung *f*; **s. and demand** *(VWL)* Angebot und Nachfrage; **to equate ~ demand** Angebot und Nachfrage ausgleichen; **s. of drinking water** Trinkwasserversorgung *f*; **~ energy** Energieversorgung *f*; **safeguarding the ~ energy** Energiesicherung *f*; **s. and erection** Lieferung und Aufstellung; **s. of goods** Warenangebot *nt*, Güterversorgung *f*, G.angebot *nt*, Bereitstellung von Gütern; **~ for export** Ausfuhr-, Exportgüterangebot *nt*; **~ and services** Sachleistung *f*, Waren- und Dienstleistungsangebot *nt*; **s. on hand** vorhandene Vorräte; **s. of labour/manpower** Arbeitskräfteangebot *nt*; **~ materials** Materialbereitstellung *f*; **~ liquidity** Liquiditätsbereitstellung *f*; **supplies and materials** Versorgungsgüter *pl*; **s. of materials** Material(an)lieferung *f*, M.beistellung *f*, M.versorgung *f*, M.bereitstellung *f*; **~ raw materials** Rohstoffversorgung *f*, R.bezug *m*; **~ needs** Bedarfsdeckung *f*; **~ savings** verfügbare Spareinlagen, Ersparnisbildung *f*; **free ~ services** freier Dienstleistungsverkehr; **subcontracted supplies and services** Fremdleistungen; **s. in the world market** Weltmarktangebot *nt*
to be in short supply Mangelware/knapp/beschränkt lieferbar/nur in beschränkter Anzahl vorhanden sein, knappe Vorräte haben; **to cut/slash supplies** Lieferungen kürzen; **to cut off/stop supplies** 1. Zufuhr/Lieferungen sperren; 2. *(Gas/Wasser)* abstellen; **to lay in a s. of sth.** sich mit etw. eindecken; **to outstrip s.** über dem Angebot liegen, das Angebot übersteigen; **to replenish supplies** Vorräte erneuern; **to run out of supplies** *(Vorräte)* zur Neige/zu Ende gehen, alle werden; **to tender and contract for the s. of** Lieferkontrakt machen für; **to withhold supplies** Lieferungen zurückhalten
in abundant supply reichlich/in Mengen vorhanden; **additional s.** Nachlieferung *f*, N.bezug *m*; **adequate supplies** ausreichende Vorräte; **aggregate s.** *(VWL)* Gesamtangebot *nt*, gesamtwirtschaftliches Angebot; **area-wide s.** flächendeckendes Angebot; **available s.** Angebotsspielraum *m*; **bought-in supplies** fremdbezogene Teile, Fremdbezüge; **competitive s.** Konkurrenzangebot *nt*, konkurrierendes Angebot; **complementary s.** komplementäres Güterangebot; **composite s.** zusammengesetztes Angebot; **continuous supplies** geregelte Zufuhr; **daily s.** Tagesvorrat *m*; **deficient s.** Unterversorgung *f*; **domestic s.** 1. Inlandsversorgung *f*; 2. *(Waren)* Inlandsverfügbarkeit *f*; **direct s.** Direktlieferung *f*; **elastic s.** elastisches Angebot; **essential s./supplies** lebenswichtiger Bedarf; **excess(ive) s.** Angebotsüberhang *m*, A.überschuss *m*, Überangebot *nt*; **external s.** Fremdbezug *m*; **fixed s.** Preisinelastizität des Angebots; **floating s.** 1. laufendes/tägliches Angebot; 2. *(Börse)* schwimmendes Material, Umlaufmaterial *nt*; 3. flottierender Bestand; **fresh supplies** Nachschub *m*, neue Lieferungen, frische Vorräte; **in good s.** reichlich vorhanden; **immediate s.** Sofortlieferung *f*; **industrial supplies** Industrielieferungen; **inelastic s.** unelastisches Angebot; **initial s.** Erstausstattung *f*; **insufficient s.** Unterangebot *nt*; **intergroup supplies** konzerninterner Lieferungs- und Leistungsverkehr; **internal s.** Eigenbezug *m*, interne Zulieferungen; **invisible s.** unsichtbare Bestände; **joint s.** verbundenes Angebot; **in limited s.** begrenzt lieferbar, nur beschränkt verfügbar; **linked s.** ⚡ Verbundlieferung *f*; **long-distance s.** Fernversorgung *f*; **marginal s.** Spitzenangebot *nt*; **medical supplies** Arzneiwaren, Ärztebedarf *m*; **minimum s.** Mindestvorrat *m*, M.versorgung *f*; **non-expendable supplies** Gebrauchs-, Nichtverbrauchsgüter; **outside s.** Fremdbezug *m*; **physical s.** Zulieferung von Roh-, Hilfs- und Betriebsstoffen; **plentiful s.** reichhaltiges Angebot; **in ~ s.** reichlich/im

Überfluss vorhanden; **potential s.** Angebotspotenzial *nt*; **regular s.** Normalbezug *m*; **scant(y) s.** knappes Angebot, geringer Vorrat; **~ supplies** kümmerliche Vorräte; **in short s.** knapp, Mangelware *f*; **surplus s.** *(VWL)* Angebotsüberschuss *m*, A.überhang *m*; **synchronized s.** einsatzsynchrone Anlieferung; **total s.** Gesamtangebot *nt*

supply *v/t*   1. (an-/be)liefern, (bereit-/bei)stellen, be-, versorgen, be-, heran-, verschaffen, zuführen; 2. *(Dokument)* beibringen; **s. so. with** an jdn ausliefern, jdn beliefern/versehen mit

supply agency Versorgungsagentur *f*; **s. agreement** Liefer(ungs)vertrag *m*; **s. area** Versorgungsbereich *m*, V.gebiet *nt*, (Strom)Versorgungs-, Bezugs-, Bedienungsgebiet *nt*; **interconnected s. area** ⚡ Verbundbereich *m*; **~ arrangement** Verbundwirtschaft *f*; **s. base** ⚓ Vorratslager *nt*, Nachschub-, Versorgungsbasis *f*; **s. bond** Erfüllungs-, Leistungsgarantie *f*; **s. bottleneck** Beschaffungs-, Versorgungs-, Lieferengpass *m*; **s. breakdown** Zusammenbruch der Versorgung; **interconnected s. business** ⚡ Verbundgeschäft *nt*; **s. capacity** Lieferfähigkeit *f*, L.kapazität *f*; **s. center** *[US]* /**centre** *[GB]* Versorgungsstelle *f*; **s. chain** Warenfluss-, Versorgungskette *f*; **s. channels** Lieferweg *m*; **s. combination** Angebotsverbund *m*; **s. commitment** Lieferverpflichtung *f*

supply contract   Liefer-, Bezugs-, Zulieferungs-, Beschaffungsvertrag *m*, Lieferabkommen *nt*, Zuliefervereinbarung *f*; **general s. c.** Rahmenliefervertrag *m*

supply crisis Versorgungskrise *f*

supply curve   *(VWL)* Angebotskurve *f*; **backward-bending s. c.** anomale Angebotskurve; **regressive s. c.** inverse Angebotskurve

supply deficit   1. *(VWL)* Angebotsmangel *m*; 2. Versorgungsdefizit *nt*; **s. delay** Lieferverzögerung *f*; **s. department** Versorgungs-, Proviantamt *nt*, Versorgungsdezernat *nt*; **s. depot** (Waren)Auslieferungs-, Lebensmittel-, Proviant-, Versorgungslager *nt*; **s. difficulty** Versorgungsproblem *nt*; **s. difficulties** Liefer-, Versorgungsschwierigkeiten *f*; **s. district** Versorgungsgebiet *nt*; **s. elasticity** Angebotselastizität *f*; **s. economist** Angebotsökonom *m*; **s. facility** Versorgungsanlage *f*; **s. failure** Liefer-, Versorgungsausfall *m*; **s. function** Angebotsfunktion *f*; **aggregate s. function** gesamtwirtschaftliche Angebotsfunktion; **s. gap** 1. *(VWL)* Angebotslücke *f*; 2. Versorgungslücke *f*; **s. glut** Angebotsschwemme *f*; **s. grid** ⚡/*(Gas)*/💧 Versorgungsnetz *nt*; **s. growth** Angebotswachstum *nt*; **s. guarantee** Liefergarantie *f*, Lieferkaution *f*; **s. house** *(Halbzeug)* Großhandelsunternehmen *nt*; **s.-induced**; **s.-led** *adj* angebotsinduziert; **s. industry** Zuliefer(ungs)industrie *f*; **s.-inelastic** *adj* angebotsinelastisch; **s. inflation** Anbieter-, Angebotsinflation *f*; **s. interruption** Lieferunterbrechung *f*; **s. lag** Angebotsverzögerung *f*; **s. line** Versorgungsstrang *m*; **s. lines** Nachschubwege *m*; **s. logistics** Beschaffungslogistik *f*; **s. management** 1. Angebotssteuerung *f*; 2. Warendisposition *f*; **s. market** Beschaffungsmarkt *m*; **~ analysis** Beschaffungsmarktanalyse *f*; **s. monopoly** Versorgungsmonopol *nt*; **s. network** 1. Versorgungsnetz *nt*; 2. ⚡ Leitungsnetz *nt*; **s. number** Bestellnummer *f*; **s. overhang** Angebotsüberhang *m*; **s. pipe(line)** Versorgungsleitung *f*; **s. plane** Versorgungsflugzeug *nt*; **s. planning** Bereitstellungsplanung *f*; **s. plant** Liefer-, Auslieferungswerk *nt*; **s. policy** Versorgungspolitik *f*; **s. position statement** *n* Versorgungsbilanz *f*; **s. price** Angebots-, Beschaffungs-, Lieferpreis *m*, Angebotsbetrag *m*; **~ of capital** geforderte Mindestkapitalverzinsung; **s. principles** Bereitstellungsprinzipien; **s. problem** Liefer-, Versorgungsproblem *nt*; **s. process** Bereitstellungsprozess *m*; **s. push** 1. *(VWL)* (inflationärer) Angebotsschub; 2. Entwicklung eines Produkts von der Angebotsseite; **s. quota** Lieferkontingent *nt*, L.quote *f*; **s. rate** ⚡/*(Gas)*/💧 Versorgungstarif *m*; **s. requirements** Nachschubbedarf *m*; **s. restriction** 1. Angebotsbeschränkung *f*, A.begrenzung *f*; 2. Lieferbeschränkung *f*; **s. risk** Beschaffungs-, Versorgungsrisiko *nt*; **s. schedule** Angebotstabelle *f*, Auslieferungsplan *m*, Belieferungsfolge *f*; **s. service** 1. Auslieferung *f*; 2. Kundendienst *m*; **s. ship** ⚓ Versorgungs-, Vorratsschiff *nt*; **electrical s. shop** Elektroartikelgeschäft *nt*; **s. shortage** Versorgungs-, Lieferengpass *m*, Versorgungsmangel *m*, Angebotsverringerung *f*, A.knappheit *f*, Unterversorgung *f*; **s. shortages** Versorgungsschwierigkeiten

supply side   *(VWL)* Angebotsseite *f*; **s.-side** *adj* angebotsorientiert; **s.-sider** *n* Angebotspolitiker *m*

supply situation   1. Versorgungslage *f*, V.situation *f*; 2. *(VWL)* Angebotsbedingungen *pl*, A.situation *f*; **s. standard** Versorgungsstandard *m*; **s. station/store** Auslieferungslager *nt*; **s. structure** Bereitstellungsstruktur *f*; **s. syndicate** Liefergemeinschaft *f*, L.konsortium *nt*; **s. system** 1. ⚡/*(Gas)*/💧 Leitungs-, Vertragsnetz *nt*; 2. Versorgungssystem *nt*; **s. teacher** Aushilfslehrer(in) *m/f*; **s. theorist** *(VWL)* Angebotstheoretiker *m*; **s. theory** Angebotstheorie *f*; **s. train** 🚂 Versorgungszug *m*; **s. transaction** Liefergeschäft *nt*; **s. uncertainty** Versorgungsunsicherheit *f*; **s. vehicle** Versorgungsfahrzeug *nt*

support *n*   1. (Unter)Stützung *f*, Unterhalt *m*, Hilfe(stellung) *f*, Förderung *f*, Beistand *m*; 2. (Rück)Halt *m*, Stärkung *f*, Rückendeckung *f*; 3. ⚙ Stütze *f*; **in s. of** zum Beweis von, zur Begründung/Unterstützung von; **s. for the economy** Konjunkturstütze *f*; **s. of the expansion** Stütze der Expansion; **in ~ my motion** zur Begründung meines Antrags; **~ prices** Preisstützung *f*; **dependent on s.** auf Unterstützung angewiesen

to bolster support for sth. Unterstützung für etw. verstärken; **to deserve s.** Förderung/Unterstützung verdienen; **to drum up/muster s.** um Unterstützung werben; **to enjoy public s.** die Öffentlichkeit hinter sich haben; **to enlist so.'s s. for a case** jdn für eine Sache gewinnen; **to grant s.** Unterstützung gewähren; **to lend one's s.** *(Entscheidung)* mittragen; **to win full s.** ungeteilten Beifall finden

active support tätige Mithilfe; **agricultural s.** Agrarhilfe *f*; **substantial authoritative s.** *(Bilanz)* Anerkennung als verbindliche Rechnungslegungsnorm; **bipartisan s.** Unterstützung durch beide Parteien; **budgetary s.** Haushalts-, Budgethilfe *f*; **documentary s.**

Rechnungsbelege *pl*; **economic s.** Wirtschaftshilfe *f*, wirtschaftliche Unterstützung; **electoral s.** Wahlhilfe *f*; **financial s.** finanzielle Unterstützung; **follow-through s.** *(Börse)* Anschlussaufträge *pl*; **in the absence of ~ s.** wegen fehlender Anschlussaufträge; **initial s.** Starthilfe *f*; **main s.** Grundpfeiler *m*, Hauptstütze *f*; **material s.** wesentliche Unterstützung; **monetary s.** Währungsbeistand *m*; **moral s.** moralischer Rückhalt, moralische Unterstützung, Rückenstärkung *f*; **to give so. ~ s.** jdm den Rücken stärken *(fig)*; **numerical s.** zahlenmäßiger Rückhalt; **official s.** Stützungskäufe *pl*, Kursstabilisierungsmaßnahmen *pl*; **parental s.** Unterstützung durch die Muttergesellschaft/Konzernmutter; **promotional s.** verkaufsfördernde Unterstützung; **tangible s.** konkrete Unterstützung

support *v/t* 1. (ab-/unter)stützen, fördern, subventionieren, beistehen, ernähren, versorgen, Unterstützung zuteil werden/angedeihen lassen, Beihilfe gewähren; 2. befürworten, eintreten/sich einsetzen für; 3. unterhalten, Unterhalt gewähren/zahlen; 4. untermauern, u.legen, erhärten, belegen; 5. ✿ abstützen; **s. o.s.** seinen Lebensunterhalt selbst verdienen, sich selbst versorgen, eigene Ausgaben bestreiten, auf eigenen Beinen stehen *(fig)*

support buying 1. *(Börse)* Interessen-, (Kurs)Stützungskäufe *pl*, Kurspflege *f*; 2. *(EU)* Interventionskäufe *pl*; **s. commitment** Stützungsverpflichtung *f*; **syndicated s. credit** Syndikatsfinanzhilfe *f*; **s. creditor** Unterhaltsgläubiger(in) *m/f*; **s. debtor** Unterhaltsschuldner(in) *m/f*; **s. division** technische Abteilung, Serviceabteilung *f*

supported *adj* 1. gestützt; 2. *(Börse)* kursgepflegt
supporter *n* 1. Anhänger(in) *m/f*, Befürworter(in) *m/f*, Vertreter(in) *m/f*; 2. Unterstützer *m*, Gönner *m*, Träger *m*; **ardent s.** leidenschaftlicher Befürworter; **loyal s.** treuer Anhänger
support facilities Nebenanlagen; **s. facility** *(EWS)* Beistandsfazilität *f*; **s. fee** Avalprovision *f*; **s. group** Auffangkonsortium *nt*; **s. intervention** Stützungskäufe *pl*
supportive *adj* (unter)stützend, hilfreich, Stütz-, Unterstützungs-, Hilfs-; **to be s. of sth.** etw. unterstützen
support level/line Unterstützungslinie *f*; **s. limit** Interventionspunkt *m*; **s. measures** (Kurs)Stützungsmaßnahmen, Stützungsaktivitäten; **s. mechanism** Beistandsmechanismus *m*; **s. operation** Stützungsaktion *f*, S.operation *f*; **central s. operation** Logistikzentrale *f*; **s. payment** Unterstützungszahlung *f*; **s. point** *(EWS)* Interventionspunkt *m*; **s. policy** Stützungspolitik *f*; **s. price** 1. Stütz(ungs)preis *m*, S.kurs *m*; 2. *(EU)* Marktordnungspreis *m*, Interventionspreis *m*; **common s. price** *(EU)* Marktordnungspreis *m*; **s. program(me)** Begleitprogramm *nt*; **s. purchases** Stützungskäufe; **s. service** Nebenleistung *f*; **s. system** *(EWS)* Beistandssystem *nt*; **s. worker** Aushilfskraft *f*, Hilfsarbeiter(in) *m/f*
suppose *v/t* vermuten, annehmen; **s.d** *adj* vermeintlich, vermutet; **s.dly** *adv* angeblich
supposing *conj* gesetzt den Fall
supposi|tion *n* Mutmaßung *f*, Annahme *f*, Spekulation *f*, Vermutung *f*, Unterstellung *f*; **s.tious** *adj* 1. unecht, gefälscht; 2. *(Kind)* untergeschoben

suppository *n* ✚ Zäpfchen *nt*
suppress *v/t* 1. unterdrücken, u.binden, niederschlagen; 2. verschweigen, verheimlichen; 3. ⚡ entstören
suppression *n* 1. Unterdrückung *f*; 2. ⚡ Entstörung *f*; **s. of competition** Ausschaltung des Wettbewerbs; **~ deeds** [§] Urkundenunterdrückung *f*, U.unterschlagung *f*; **~ a document** Unterdrückung/U.schlagung einer Urkunde; **~ evidence** Unterdrückung/U.schlagung von Beweismaterial, Verdunkelung *f*; **~ facts** Verschweigen von Tatsachen; **~ information** Zurückhaltung von Informationen; **~ interference** Funkentstörung *f*; **~ letters** Briefunterschlagung *f*; **~ noise** Geräuschbekämpfung *f*; **~ free speech** Unterdrückung der Meinungsfreiheit; **~ terrorism** Terrorismusbekämpfung *f*; **~ the truth** Verschweigen der Wahrheit; **~ a will** Unterdrückung/U.schlagung eines Testaments
zero suppression Nullenunterdrückung *f*
suppu|rate *v/i* ✚ eitern; **s.ration** *n* Eiterung *f*
supra|national *adj* überstaatlich, über-, supranational; **s.nationality** *n* Supranationalität *f*; **s.parity** *n* Überparität *f*; **s.regional** *adj* überregional, überbezirklich
supremacy *n* 1. Vormacht(stellung) *f*, Übermacht *f*; 2. Oberhoheit *f*, Vor-, Oberherrschaft *f*, höchste Gewalt; **s. of the rule of law** Rechtsstaatlichkeit *f*; **naval s.** Seeherrschaft *f*
supreme *adj* höchste(r,s), größte(r,s), oberste(r,s), erstklassig; **S. Court** *[US]* oberster Gerichtshof, oberstes Bundes-/Verfassungsgericht *nt*
surcharge *n* 1. (Fracht-/Gebühren-/Preis-/Tarif)Aufschlag *m*, Ergänzungs-, Sonder-, Zusatzabgabe *f*, Aufgeld *nt*, Zuschlag *m*, Belastung *f*, Mehrfracht *f*, M.preis *m*, M.belastung *f*, Straf-, Sondergebühr *f*, Zusatzsteuer *f*; 2. ✉ Mehr-, Strafporto *nt*; **subject to a s.** zuschlags-, nachgebührenpflichtig; **without s.** zuschlagsfrei; **to impose a s.** Zuschlag festsetzen/erheben
countercyclical surcharge Konjunkturzuschlag *m*; **penal s.** Strafzuschlag *m*; **postal s.** ✉ Portozuschlag *m*; **seasonal s.** Saisonaufschlag *m*
surcharge *v/t* zusätzlich belasten, aufschlagen, Nachgebühr erheben, fordern, mit Nachgebühr/Nachporto/Zuschlag belegen
sure *adj* sicher, gewiss; **to be s. of o.s.** Selbstvertrauen haben; **to feel s.** sicher sein; **to make s.** sicherstellen; **~ of sth.** sich von etw. überzeugen, sich einer Sache vergewissern, sich Gewissheit verschaffen
surety *n* 1. Bürgschaft *f*, Sicherheit *f*, Garantie(leistung) *f*, Delkredere *nt*, Bürgegeld *nt*, Kautionssumme *f*, Aval *nt*; 2. Bürgschaftsgeber *m*, Garant *m*, Gewährsmann *m*, (Ausfall)Bürge *m*; **s. to a maximum amount** Höchstbetragsbürgschaft *f*; **s. for a debt** Bürge für eine Schuld; **~ a s.** Rückbürge *m*; **to offer s.** Kaution anbieten; **to resort to s.** Bürgen in Anspruch nehmen, sich an den Bürgen halten; **to stand s.** Delkredere stehen/übernehmen, (für jdn) bürgen, Sicherheit leisten, Bürgschaft leisten/übernehmen; **~ as principal** sich selbstschuldnerisch verbürgen
bankrupt surety in Konkurs gegangener Bürge; **collateral s.** Neben-, Rückbürge *m*; **joint s.** 1. Mitbürge *m*; 2. Gesamt-, Mit-, Solidarbürgschaft *f*; **personal/private**

s. persönlicher Bürge; **secondary** s. Nebenbürgschaft f; **substantial** s. sicherer/tauglicher Bürge
surety acceptance Avalkredit m; **s. bond** 1. Kaution(serklärung) f, K.surkunde f, K.sverpflichtung f, K.svertrag m, Bürgschein m, Bürgschaft(serklärung) f, B.sverpflichtung f, B.svertrag m; 2. [US] Garantieschein m; **to enter into a s. bond** Garantieverpflichtung eingehen; **s. business** Kautionsversicherungsgeschäft nt; **s. company** [US] Garantie(versicherungs)-, Kautionsversicherungsgesellschaft f; **s. credit** Avalkredit m; **s. insurance** Kautions-, Personengarantie-, Untreueversicherung f; **s. losses** Verluste aus Bürgschaftsverpflichtungen; **s. obligation** Bürgschaftsverpflichtung f
suretyship n 1. Bürgschaft(svertrag) f/m; 2. Garantie(leistung) f; **absolute** s. selbstschuldnerische Bürgschaft; **joint** s. Solidar-, Gesamtbürgschaft f; **s. insurance** Personengarantie-, Bürgschaftsversicherung f
surety warrant Bürgschaftserklärung f
surf n Brandung f
surface n 1. (Ober)Fläche f; 2. 🚗 (Straße) Oberbau m, Belag m; 3. ⚒ Tagebau m; 4. π Fläche f; **on the s.** (fig) vordergründig, bei oberflächlicher Betrachtung; **s. of the earth** Erdoberfläche f; **to scratch the s.** nur an der Oberfläche kratzen; **icy** s. 🚗 Eisglätte f; **on a small s.** kleinflächig
surface adj 1. Oberflächen-; 2. ⚒ über Tage, Übertage-
surface v/i auftauchen; **to keep so. s.d** (fig) jdn (finanziell) über Wasser halten
surface area Flächenausdehnung f; **s. chart** kumulatives Banddiagramm; **s. damage** Oberflächenschaden m; **s. mail** ✉ Normal-, Schiffspost f, gewöhnliche Post, Standardsendung f; **by s. mail** mit gewöhnlicher Post, nicht mit Luftpost; **s. marking** 🚗 Fahrbahnmarkierung f; **s. mine** Tagebau m; **s. noise** Grundgeräusch nt; **s. printing** 📄 Hoch-, Reliefdruck m; **s. ship/vessel** ⚓ Überwasserfahrzeug nt; **s. structure** Oberflächenstruktur f; **s. temperature** Erd-, Oberflächentemperatur f; **s. transport(ation)** Land-, Bodentransport m, B.verkehrsdienst m, Transport auf dem Land- und Seeweg; **s. treatment** ⚙ Oberflächenbehandlung f; **s. worker** ⚒ Übertagearbeiter m; **s. workers** Übertagebelegschaft f
surfactant adj ⚗ oberflächenaktiv; n oberflächenaktives Mittel
surf boat ⚓ Brandungsboot nt
surfeit n Übersättigung f, Übermaß nt, Überfülle f, Überfluss m
surf risk Brandungsrisiko nt
surge n 1. steiles Ansteigen, starker/rascher Anstieg, Auftrieb m, Aufstieg m; 2. Welle f, Woge f, Sturzsee f; 3. ⚡ Spannungsstoß m
surge of activity Wachstumsschub m; **~ buying** (Börse) Kaufwelle f; **~ demand** Nachfragestoß m, N.boom m, N.schub m; **~ the dollar** Dollaranstieg m; **s. in equities** Aktienhausse f; **~ exports** Exportaufschwung m; **~ imports** Einfuhrschub m; **s. of innovations** Innovationsschub m; **~ interest rates** Zinsschub m; **~ investments** Investitionsflut f; **~ liquidity** Verflüssigungs-

welle f; **s. in oil prices** Ölpreisschub m; **~ orders** Auftragsstoß m
surge v/i rasch/steil ansteigen, sprunghaft (an)steigen, anschwellen; **s. ahead** 1. nach vorn preschen; 2. (Preise) sich stark erhöhen
surgeon n ✚ Chirurg m, Operateur m; **dental s.** Zahnarzt m; **veterinary s.** Tierarzt m, Veterinär m
surgery n ✚ 1. Chirurgie f; 2. Praxis f, Sprechzimmer nt; 3. (fig) Sprechstunde f; **cosmetic s.** Schönheitschirurgie f; **cost-cutting s.** (fig) kostensenkende Eingriffe; **oral s.** Kieferchirurgie f; **plastic s.** plastische Chirurgie; **s. costs** Operationskosten; **s. hours** Sprechzeit f, S.stunden
surgical adj ✚ chirurgisch
surmise n Vermutung f; **to be wrong in one's s.** in seiner Vermutung falsch gehen
surmise v/t mutmaßen, vermuten
surmount v/t (Schwierigkeit) überwinden; **s.name** n Bei-, Familien-, Nach-, Zuname m; **s.pass** v/t übersteigen, übertreffen, überflügeln
surplus n 1. Überschuss m, Mehr(wert) nt/m, M.betrag m, M.ertrag m, Aktivsaldo m, Gewinnreserve f, Überhang m, Überbestand m, (Rein)Gewinn m, Plus nt, Kostenüberdeckung f; 2. Kapitalzuwachs m, Zuwachskapital nt; 3. zu viel gelieferte Menge; 4. (Vers.) Exzedent m, Rücklage f; **in s.** in den schwarzen Zahlen (fig)
surplus on current account; ~ goods and services Leistungsbilanzüberschuss m, aktive Leistungsbilanz; **net s. available for appropriation** verteilungsfähiger Gewinn; **s. of assets** Vermögensüberschuss m; **~ over liabilities** Überschuss der Aktiva über die Passiva; **s. in capacity** freie/unausgelastete Kapazität; **s. of deposits** Einlagenüberschuss m; **s. on invisibles** Überschuss der Dienstleistungsbilanz, Dienstleistungsbilanzüberschuss m; **(concealed) s. of labour** Arbeitskräfteüberschuss m; **~ offers** Angebotsüberhang m; **s. to policyholders** (Vers.) Sicherheitskapital nt; **s. of receipts over expenditures** Einnahmeüberschuss m, Überschuss der Einnahmen über Ausgaben; **s. from revaluation** Gewinn aus Neubewertung; **s. on visible trade; ~ visibles** Außenhandels-, Handelsbilanzüberschuss m, Überschuss im Warenverkehr
surplus brought forward Gewinnvortrag m
to be in surplus Überschuss verzeichnen; **to bounce back into s.** wieder in die schwarzen Zahlen kommen, **~ mit Gewinn arbeiten; to close with a s.** mit einem Überschuss abschließen; **to make/run/strike a s.** Überschuss erwirtschaften/erzielen, mit Gewinn arbeiten; **to show a s.** Überschuss/Gewinn verzeichnen, ~ aufweisen
accumulated surplus Gewinnvortrag m, theasaurierter Gewinn; **acquired s.** Gewinnvortrag m (bei Übernahme); **agricultural s.** Agrarüberschuss m, landschaftlicher Überschuss m; **annual s.** Jahresüberschuss m; **appreciated s.** Gewinn aus Buchwerterhöhungen; **appropriated s.** Reservebetrag m, zweckgebundene Rücklagen, den Rücklagen zugewiesener Betriebsgewinn; **capitalized s.** kapitalisierter Gewinnüberschuss; **consolidated s.** Konzernüberschuss m; **disposable s.**

divisible **surplus**

frei verfügbarer Überschuss; **divisible s.** ausschüttungsfähiger Gewinn; **donated s.** Kapitalzuwachs aus Schenkungen, Rücklage aus kostenlosem Vermögenserwerb
earned surplus unverteilter (Rein)Gewinn, Betriebsgewinn *m*, Gewinnrücklage *f*, offene Rücklagen und Bilanzgewinn; **appropriated ~ s.** zweckgebundene Rücklage; **available/unappropriated ~ s.** unverteilter (Rein)Gewinn, nicht zweckgebundener Gewinn; **~ account** aus Reingewinn gebildete Reserve(n); **~ statement** Gewinnverwendungsrechnung *f*
economic surplus Differenzialrente *f*; **external s.** Zahlungsbilanzüberschuss *m*, Überschuss der Zahlungsbilanz; **favourable s.** Aktivsaldo *m*; **financial s.** Finanz-, Wirtschaftsüberschuss *m*, Finanzierungsüberschuss *m*, F.saldo *m*; **free s.** (zur Ausschüttung) frei verfügbarer Gewinn; **gross s.** Brutto-, Rohüberschuss *m*; **net s.** Netto-, Reinüberschuss *m*, reiner Überschuss; **overall/total s.** Gesamt-, Globalüberschuss *m*; **paid-in s.** Agio(erlös) *nt/m*, Aufgeld *nt*, Agiorücklage *f*; **quarterly s.** Quartalsüberschuss *m*, Q.gewinn *m*; **reserved s.** zweckgebundene Rücklage; **restricted s.** nicht ausschüttungsfähiger Gewinnvortrag; **retained s.** einbehaltener Überschuss/Gewinn; **social s.** Produzenten- und Konsumentenrente *f*; **structural s.** struktureller/strukturell bedingter Überschuss; **unappropriated s.** allgemeine/freie Rücklage, Bilanzgewinn *m*, nicht verteilter Gewinn, ausschüttungsfähiger Betriebsgewinn
surplus *adj* überschüssig, überzählig, überflüssig; **s. to** hinausgehend über; **~ requirements** überflüssig, entbehrlich
surplusage *n* [§] überflüssiges Vorbringen
surplus analysis Gewinnanalyse *f*; **s. dumping** Überschussdumping *nt*; **s. formation** Überschussbildung *f*; **s. heat** Abwärme *f*; **s. profit method** Übergewinnverfahren *nt*; **s. sharing** Überschussbeteiligung *f*; **~ scheme** Überschussbeteiligungssystem *nt*; **s. statement** Gewinnübersicht *f*, G.verwendungsrechnung *f*, Erfolgsbilanz *f*; **s. value** Mehrwert *m*
surprint *n* 🗐 Überdruck *m*; *v/t* überdrucken
surprise *n* Überraschung *f*, Verwunderung *f*, Verblüffung *f*; **taken by s.** überrascht; **to catch/take so. by s.** jdn überraschen/überrumpeln; **to come as no s.** nicht von ungefähr kommen, kein Wunder nehmen/sein; **to get/have the s. of one's life** sein blaues Wunder erleben *(coll)*, aus allen Wolken fallen *(coll)*; **to spring a s. on so.** jdm mit der Tür ins Haus fallen *(coll)*; **nasty s.** unangenehme Überraschung
surprise *v/t* 1. überraschen; 2. ertappen
surprise attack Überraschungsangriff *m*; **s. dividend** Bonus *m*, außerordentliche Dividende; **s. loss** überraschender Verlust; **s. tactics** Überraschungstaktik *f*
surprising *adj* überraschend, erstaunlich; **not s.ly** *adv* nicht von ungefähr
sur|rebutter *n* [§] Quintessenz *f*; **s.rejoinder** *n* [§] Triplik *f*
surrender *n* 1. Preis-, Hin-, Heraus-, Übergabe *f*, Aushändigung *f*, Ab-, Ein-, Auslieferung *f*, Einreichung *f*, Überlassung *f*, Überbringung *f*; 2. Versicherungsrückkauf *m*; 3. *(Dokument)* Hinterlegung *f*; 4. Aufgabe *f*, Verzicht *m*, Kapitulation *f*; 5. *(Gewinn)* Abführung *f*; 6. *(Police)* Abtretung *f*; 7. ⚖ Kapitulation *f*; **against s. of** gegen Einlösung von
surrender of documents Dokumentenaushändigung *f*, D.übergabe *f*; **payable against ~ documents** gegen Übergabe der Dokumente zahlbar; **~ land** Landabgabe *f*; **~ a land charge** Grundschuldlöschung *f*; **~ a patent** Verzicht auf ein Patent; **~ possession** Besitzaufgabe *f*; **~ a preference** Rechtsverzicht auf eine Konkursvorzugsstellung; **~ a privilege** Verzicht auf ein Vorrecht; **~ additional proceeds** Mehrerlösabführung *f*; **~ profits** Gewinnabführung *f*; **~ profits agreement** Gewinnabführungs-, Ergebnisabführungsvertrag *m*; **s. of property** Vermögensaufgabe *f*; **~ a bankrupt's property** Übertragung der Konkursmasse; **~ a right** Aufgabe/Abtretung eines Rechts; **~ shares** *[GB]* **/stocks** *[US]* Aktienrückgabe *f*; **~ the use and benefit** Nutzungsüberlassung *f*
conditional surrender bedingte Übergabe; **gratuitous s.** unentgeltliche Überlassung; **postponed s.** aufgeschobene Übergabe; **unconditional s.** 1. bedingungslose Übergabe; 2. ⚖ bedingungslose Kapitulation
surrender *v/t* 1. abtreten, aushändigen, überlassen, überantworten, zedieren, einlösen, herausgeben; 2. *(Dokumente)* hinterlegen; 3. [§] sich stellen; 4. ⚖ kapitulieren, sich ergeben
surrender|ee *n* (Grundstücks)Übernehmer *m*; **s.or** *n* [§] Abtreter *m*, Übergeber *m*, Zedent *m*
surrender penalty *(Lebensvers.)* Rückkaufgebühr *f*; **s. privilege** Rückkaufberechtigung *f*; **s. profit** Rückkaufgewinn *m*; **s. terms** ⚖ Kapitulationsbedingungen; **s. value** *(Lebensvers.)* Rückkauf-, Einlösungs-, Rentenrückkaufwert *m*; **~ of a policy** Policenrückkaufwert *m*
surreptitious *adj* insgeheim, heimlich, verstohlen; **s.ness** *n* Heimlichkeit *f*
surrogate *n* 1. Ersatz(stoff) *m*, E.mittel *nt*, Surrogat *nt*; 2. Vertreter *m*; 3. [§] *[US]* Nachlassrichter *m*; *adj* Ersatz-; **s.'s court** Nachlassgericht *nt*
surrogation *n* [§] Surrogation *f*
surround *v/t* umschließen, umgeben; **s.ing** *adj* umliegend; **s.ings** *n* Umgebung *f*, Umfeld *nt*, Umkreis *m*
surtax *n* Ergänzungsabgabe *f*, Extra-, Zuschlag-, Zusatzsteuer *f*, (Einkommen)Steueraufschlag *m*, S.zuschlag *m*; *v/t* mit einem Steuerzuschlag belegen
surveillance *n* Aufsicht *f*, Überwachung *f*, Kontrolle *f*; **without s.** ohne Aufsicht, unbeaufsichtigt; **s. of/over imports** Einfuhrüberwachung *f*; **to keep/place/put under s.** 1. observieren; 2. *(Polizei)* unter Aufsicht stellen; **common s.** gemeinschaftliche Überwachung; **medical s.** ⚕ ärztliche Überwachung; **national s.** *(EU)* ⊖ nationale Überwachung; **s. authority** Überwachungsinstanz *f*; **s. visit** Kontrollbesuch *m*
survey *n* 1. Umfrage *f*, Befragung *f*, Untersuchung *f*, Studie *f*, Erhebung *f*; 2. Gutachten *nt*, Expertise *f*, (Gutachter-/Prüfungs-/Test)Bericht *m*; 3. Inspektion *f*, Prüfung *f*; 4. Terrain-, Geländeaufnahme *f*, Vermessung *f*; 5. Kataster *nt*, Lageplan *m*; 6. Übersicht *f*, Gesamtschau *f*; **s. of prices** Preiserhebung *f*; **to carry out/conduct a s.** Erhebung/Befragung/(Meinungs)Umfrage durchführen; **to hold s.** *(Vers.)* besichtigen

aerial survey Luftaufnahme *f*; **annual s.** Jahreserhebung *f*; **authoritative s.** authentische Erhebung; **cadastral s.** 1. Katasteraufnahme *f*; 2. Katasterbuch *nt*; ~ **act** Abmarkungsgesetz *nt*; **commercial s.** Marktanalyse *f*; **comprehensive s.** Gesamtbetrachtung *f*, umfassender Überblick; **contactual s.** Kontaktumfrage *f*; **crossnational s.** Ländervergleich *m*; **economic s.** Konjunktur-, Wirtschaftsbericht *m*; **exploratory s.** Vor-, Probeerhebung *f*; **fact-finding s.** Lagebericht *m*; **general s.** allgemeiner Überblick, Gesamtübersicht *f*; **hydrographic s.** Seevermessung *f*; **informal s.** informelle Untersuchung; **interim s.** Zwischenbilanz *f*; **judicial s.** [§] Lokal-, Ortstermin *m*, Inaugenscheinnahme durch das Gericht; **overall monetary s.** bankstatistische/monetäre Gesamtrechnung; **multiple s.** Mehrthemenbefragung *f*; **multistage s.** mehrstufige Untersuchung; **new s.** Neuvermessung *f*; **partial s.** Teilerhebung *f*; **postal s.** postalische Umfrage, Erhebung im Postwege; **quarterly s.** Quartalsbericht *m*; **repeated s.** Erhebungsreihe *f*; **representative s.** Repräsentativerhebung *f*, R.umfrage *f*; **special s.** Sonderumfrage *f*; **statistical s.** statistische Erhebung; **structural s.** 🏛 Bauuntersuchung *f*; **topographical s.** Terrainaufnahme *f*
survey *v/t* 1. untersuchen, begutachten, mustern, prüfen, testen; 2. besichtigen, überwachen, überblicken, inspizieren; 3. *(Grundstück)* ver-, ausmessen
survey analysis Erhebungsanalyse *f*; **s. certificate** 1. Vermessungsschein *m*; 2. Besichtigungszeugnis *nt*, B.schein *m*; **s. cost(s)** Vermessungskosten *pl*; **s. data** Erhebungsdaten *pl*; **s. design** 📊 Erhebungsplan *m*; **s. fee** Vermessungs-, Prüfungs-, Besichtigungs-, Begutachtungsgebühr *f*; **s. findings** Testunterlagen
surveying *n* 1. Vermessung(sarbeiten) *f/pl*, V.swesen *nt*, Geländeaufnahme *f*, G.vermessung *f*, Bodenvermessung *f*; 2. 🏛 Bauabnahme *f*; **s. agent** *(Vers.)* Vermittlungsagent *m*; **s. company** Abnahmegesellschaft *f*; **s. data** Vermessungsdaten *pl*
survey map Messtischblatt *nt*, Katasterplan *m*; **municipal s. office** 🏛 Baupolizei *f*
surveyor *n* 1. (Be)Gutachter *m*, (technischer) Sachverständiger; 2. *(Vers.)* Schadensexperte *m*, Havariekommissar *m*, Güterbesichtiger *m*, Inspizient *m*; 3. Geometer *m*, Feldmesser *m*, Vermessungsbeamter *m*, V.ingenieur *m*; 4. 🏛 Baugutachter *m*, B.sachverständiger *m*; **s. of highways** Straßenmeister *m*; ~ **weights and measures** Eichmeister *m*
chartered surveyor 🏛 anerkannter Gutachter; **independent s.** unabhängiger Sachverständiger; **marine s.** Schiffssachverständiger *m*, S.besichtiger *m*
surveyor's department/office Vermessungs-, Stadtbauamt *nt*; **s.'s pole** Messlatte *f*; ~ **table** Messtisch *m*
survey period Befragungs-, Erhebungszeitraum *m*; **s. population** 📊 Untersuchungspopulation *f*; **s. report** 1. Besichtigungsprotokoll *nt*, B.bericht *m*; 2. *(Seevers.)* Havariezertifikat *nt*; 3. *(Vers.)* Schadensgutachten *nt*, S.attest *nt*, S.zertifikat *nt*, Inspektionsbericht *m*; **s. research** Erhebungsforschung *f*; **s. ship** ⚓ Vermessungsschiff *nt*; **s. station** Messwarte *f*; **s. unit** Erhebungseinheit *f*

survival *n* Überleben *nt*, Fortbestand *m*; **in case of/on s.** *(Vers.)* im Erlebensfall; **s. of joint liability** Haftung des überlebenden Schuldners; ~ **mankind** Überleben der Menschheit; **economic s.** wirtschaftliches Überleben
survival instinct Selbsterhaltungstrieb *m*; **s. kit** Überlebensausrüstung *f*; **minimal s. needs** Existenzminimum *nt*; **s. plan** Überlebensplan *m*; **s. rate** Geburtenüberschuss *m*
survive *v/ti* 1. überleben, überdauern, überstehen, weiter bestehen; 2. übrig/erhalten/am Leben bleiben, über die Runden kommen, mit dem Leben davonkommen
surviving *adj* überlebend, hinterblieben
survivor *n* 1. Überlebende(r) *f/m*; 2. [§] Hinterbliebene(r) *f/m*; **s.s' allowance** Hinterbliebenengeld *nt*; ~ **insurance** Hinterbliebenenversicherung *f*; **s.-life curve** *(Vers.)* Abgangskurve *f*; **s.s' pension** Hinterbliebenenrente *f*; **s. policy** für den Überlebenden ausgestellte Versicherungspolice
survivorship *n* Überlebensfall *m*; **s. annuity** Hinterbliebenenrente *f*, (einseitige) Überlebensrente; **s. clause** Überlebensklausel *f*; **s. insurance** Überlebensversicherung *f*; **joint s. insurance** wechselseitige Überlebensversicherung; **s. probability** Überlebenswahrscheinlichkeit *f*; **s. tables** Überlebenstafel *f*
susceptibility *n* Anfälligkeit *f*, Empfindlichkeit *f*; **s. to disruption** Störanfälligkeit *f*; ~ **loss** Schadensanfälligkeit *f*
susceptible (to) *adj* 1. anfällig, empfindlich (für); 2. empfänglich, zugänglich, beeinflussbar
suspect *adj* verdächtig, suspekt; **to become s.** in Verdacht geraten
suspect *n* (Tat)Verdächtige(r) *f/m*, Verdachtsperson *f*, Beschuldigte(r) *f/m*; **to be a s.** (als Täter) verdächtigt werden; **fugitive s.** flüchtiger Tatverdächtiger; **prime s.** Hauptverdächtige(r) *f/m*
suspect *v/t* argwöhnen, verdächtigen, vermuten, ahnen, Verdacht schöpfen
suspected *adj* verdächtig, mutmaßlich, vermutlich; **s. of intending to abscond** fluchtverdächtig; **to be s.** im Verdacht stehen; ~ **wrongfully s.** in falschen Verdacht geraten
suspend *v/t* 1. zeitweilig aufheben, suspendieren, unterbrechen, einstellen, (vorübergehend) außer Kraft setzen, sistieren, (jdn) zeitweilig ausschließen; 2. *(Vertrag)* einfrieren; 3. vorläufig (des Amtes) entheben, von den Dienstpflichten entbinden, vom Dienst beurlauben; 4. *(Zahlung)* aussetzen
suspended *adj* schwebend, außer Kraft (gesetzt), zeitweilig unterbrochen, ausgesetzt, suspendiert, ruhend; **to be s.** *(Aktien)* nicht notiert werden; ruhen; **temporarily s.** zeitweilig außer Kraft gesetzt
suspense *n* 1. Aufschub *m*; 2. Schwebe *f*; **to hold/keep in s.** 1. in der Schwebe lassen; 2. *(Gläubiger)* hinhalten; 3. *(Wechsel)* Not leiden lassen, asservieren
suspense account Interims-, Durchgangs-, Übergangs-, Zwischen-, Asservatenkonto *f*, vorläufiges/provisorisches/transitorisches Konto; **s. a.s** reziproke Konten, Spiegelbildkonten; **special s. a.** Sonderasservat *nt*
subject to a suspense condition aufschiebend bedingt

suspense entry transitorische/vorläufige/provisorische Buchung; **s. file** Terminmappe *f*; **s. item** Übergangs-, Schwebe-, Durchlauf-, Durchgangsposten *m*, vorläufiger Posten; **s. items** 1. Schwebe-, Übergangs-, Rechnungsabgrenzungsposten, offenstehende Posten, schwebende Verrechnung; 2. *(Buchung)* Restanten; **s. ledger** Hauptbuch für vorläufige Eintragungen; **s. liabilities** transitorische Passiva

suspension *n* 1. (vorläufige/vorübergehende) Aussetzung/Aufhebung/Einstellung, Außerkraftsetzung *f*, Unterbrechung *f*, Aufschub *m*, Ruhen *nt*; 2. *(Beamter)* vorübergehende Entlassung, Suspendierung *f*, zeitweilige Beurlaubung; 3. *(Börse)* Streichung/Aussetzung der amtlichen Notierung; 4. ⇔ Aufhängung *f* **suspension of the administration of justice in courts** [§] Justitium *nt (lat.)*; ~ **a bankruptcy**; ~ **bankruptcy proceedings** Konkurseinstellung *f*, Einstellung/Aussetzung eines Konkursverfahrens; ~ **business** Einstellung der Geschäftstätigkeit, Stillstand des Geschäftsverkehrs; ~ **a case** Prozessaussetzung *f*; **(temporary)** ~ **customs duties/duty** ⊖ (zeitweilige) Zollaussetzung, ~ Aussetzung der Zollsätze; ~ **from duty** Beurlaubung vom Dienst, vorläufige Dienstenthebung; **s. of dealings** 1. *(Börse)* Einstellung/Aussetzung des Handels; 2. Ruhen der Geschäfte; ~ **driver's license** *[US]* /**driving licence** *[GB]* vorübergehender Führerscheinentzug; ~ **execution** 1. Strafaufschub *m*, S.aussetzung *f*, Aussetzung der Strafvollstreckung, Unterbrechung des Strafvollzugs; 2. Aussetzung der Zwangsvollstreckung; ~ **immunity** Aufhebung der Immunität; ~ **judgment** Urteilsaussetzung *f*, Aussetzung der Gerichtsentscheidung; ~ **judgment on probation** Urteilsaussetzung auf Bewährung; ~ **mail** Brief-, Postsperre *f*; ~ **a member** vorübergehender Mitgliedsausschluss; **s. from office** Beurlaubung *f*; **s. of operations** Betriebsstilllegung *f*; ~ **payment** Zahlungseinstellung *f*, Aussetzung/Einstellung der Zahlung; ~ **the period of limitation** Ruhen der Verjährung; ~ **privilege** *(Parlament)* Immunitätsaufhebung *f*; ~ **proceedings** Unterbrechung des Prozesses/Verfahrens, Aussetzung/Ruhen des Verfahrens; ~ **proceedings provisions** Ruhensbestimmungen; ~ **the prosecution** (vorübergehende) Einstellung der Strafverfolgung; ~ **punishment on probation** Aussetzung der Strafvollstreckung zur Bewährung; ~ **a quotation** *(Börse)* Kursaussetzung *f*, Außerkurssetzung *f*, Aussetzung der (Kurs)Notierung/Notiz; ~ **redemption payments** Tilgungsaussetzung *f*; ~ **diplomatic relations** Unterbrechung diplomatischer Beziehungen; ~ **civic rights** Entzug der bürgerlichen Ehrenrechte; ~ **the running of a period** Ablaufhemmung *f*; ~ **a share** *[GB]* /**stock** *[US]* Aussetzung der (Börsen)Notierung; ~ **sentence** Strafaussetzung *f*, S.aufschub *m*; ~ **a sentence on probation** Aussetzung der Strafe zur Bewährung; ~ **specie payments** Aufhebung der Einlösungspflicht von Banknoten; ~ **the statute of limitations** Hemmung der Verjährung; ~ **a strike** Streikunterbrechung *f*; ~ **tax assessment** Aussetzung der Steuerfestsetzung; ~ **time limit** Fristhemmung *f*; ~ **trading** *(Börse)* Aussetzung der (Kurs)Notierung/Notiz; ~ **transfers** Transfermoratorium *nt*; ~ **work** Arbeitseinstellung *f*, Einstellung der Arbeit

to face suspension mit Suspendierung rechnen müssen; **to lift a s.** *(Börse)* Kursaussetzung aufheben, Notierung wieder aufnehmen

administrative suspension *(Disziplinarrecht)* zeitweise Beurlaubung vom Dienst; **disciplinary s.** Suspendierung aus disziplinarischen Gründen; **enforced s.** Zwangspause *f*; **independent s.** ⇔ Einzelradaufhängung *f*

suspension bridge Hängebrücke *f*; **s. file** Hängeablage *f*, Einhängetasche *f*; **s. filing cabinet** Hängeregistraturschrank *m*; **s. order** [§] Aussetzungsbeschluss *m*; **s. period** Zeit der Aussetzung; **s. point** ⌀ Auslassungspunkt *m*; **s. price** *(Börse)* Kurs bei Aussetzung der Notierung; **s. railway** ⛟ Hänge-, Schwebebahn *f*

suspensive; suspensory *adj* aufschiebend

suspicion *n* Misstrauen *nt*, (Tat)Verdacht *m*, Vermutung *f*, Argwohn *m*; **above/beyond s.** über jeden Verdacht erhaben, unverdächtig; **s. of flight** Fluchtverdacht *m*; ~ **sabotage** Sabotageverdacht *m*

to arouse suspicion Argwohn/Verdacht erregen; **to be under s.** unter Tatverdacht stehen; **to cast a s. on** Verdacht lenken auf; **to clear so. of a s.** jdn von einem Verdacht reinigen/rein waschen; **to dispel a s.** Verdacht zerstreuen; **to entertain/harbour a s.** Verdacht hegen/nähren; **to eye with s.** kritisch beobachten; **to repudiate a s.** Verdacht von sich weisen

groundless suspicion grundloser Verdacht; **on mere s.** auf bloßen Verdacht; **reasonable s.** hinreichender Verdacht; **slight/sneaking s.** leiser Verdacht; **strong s.** dringender (Tat)Verdacht; **on** ~ **s.** wegen dringenden Tatverdachts; **unfounded s.** unbegründeter Verdacht; **well-founded s.** begründeter Verdacht

suspicious *adj* 1. argwöhnisch, misstrauisch; 2. verdächtig, verdachterregend; **to be s. about/of sth.** etw. mit Argwohn betrachten, etw. befürchten; **to become/grow s.** Argwohn schöpfen, stutzen, stutzig machen

sustain *v/t* 1. (aufrecht)erhalten, unterhalten, (unter) stützen, alimentieren, nähren; 2. Auffassung vertreten; 3. ertragen, erleiden; 4. fortsetzen

sustainability *n* Nachhaltigkeit *f*; **environmental s.** Umweltverträglichkeit *f*; **s. principle** Nachhaltigkeitsprinzip *nt*

sustainable *adj* 1. *(Klage)* haltbar, aufrechtzuerhalten; 2. *(Umwelt)* nachhaltig; **environmentally s.** umweltverträglich, nachhaltig

sustained *adj* anhaltend

suture *n* ⚕ (Wund)Naht *f*; *v/t* vernähen

suzerainty *n* Ober-, Schutzhoheit *f*

swab *n* ⚕ Tupfer *m*; *v/t* abtupfen

swag *n* *[US] (coll)* Beute-, Diebesgut *nt*

swallow *n* Schluck *m*; *v/t* 1. (herunter-/ver)schlucken, verschlingen; 2. *(fig)* sich einverleiben; 3. einstecken, (etw.) hinnehmen

swamp *n* Sumpf *m*; **to drain a s.** Sumpf trockenlegen

swamp *v/t* 1. überschwemmen, überhäufen; 2. überfremden; **s.ed** *adj* überhäuft; **to be s.ed** *(Aufträge)* eingedeckt sein

swamp reclamation Sumpflandrückgewinnung *f*
swank *v/t (coll)* renommieren, angeben
swan song *n* Schwanengesang *m*
swap *n* 1. (Ein-/Um)Tausch *m*, Tauschhandel *m*, T.geschäft *nt*; 2. Devisen(report)-, Swapgeschäft *nt*; **to borrow on s.** zu Swapabkommen Geld aufnehmen; **revolving s.s** revolvierende Swaps
swap *v/t* (ein-/um-/ver)tauschen, Tauschgeschäfte machen
swap agreement Swapabkommen *nt*; **s. body** ⚓ Wechselbehälter *m*, W.aufbau *m*; **s. credit** Swapkredit *m*; **~ line** Swapkreditlinie *f*; **s. facility** Swaprahmen *m*; **s. facilities** Swapkreditlinien, S.fazilitäten *s*. **liabilities** Swapverbindlichkeiten; **s. lines** Swaplinien; **s. market** Swapmarkt *m*; **s. network** Netz gegenseitiger Kreditrichtlinien; **s. offer** Umtauschangebot *nt*; **s. operation** Umtauschoperation *f*, U.aktion *f*
swapping business *n* Tauschoperationen *pl*, T.geschäfte *pl*
swap rate Swapsatz *m*, S.kurs *m*, Umtauschsatz *m*; **s. shop** Kram-, Trödelladen *m*; **s. terms** Swapbedingungen, S.konditionen; **s. transaction** Umtauschaktion *f*, Swapabschluss *m*
swarf *n* ⚙ Span *m*
swarm *n* Schar *f*, Schwarm *m*; *v/i* schwärmen
swatch *n* (Werbung) (Textil)Farbmuster *nt*
sway *n* Einfluss *m*, Macht *f*, Herrschaftsbereich *m*; **to hold s.** beherrschen
sway *v/ti* 1. beeinflussen; 2. schwingen
swear *v/ti* 1. schwören, eidlich aussagen, Eid leisten/ablegen, geloben; 2. fluchen; **s. for** gutstehen/bürgen für; **s. in** Eid abnehmen, vereidigen; **s. to sth.** etw. beschwören; **~ it** die Hand ins Feuer legen *(coll)*; **s. by all that's holy** *(coll)* Stein und Bein schwören *(coll)*, hoch und heilig versprechen *(coll)*; **s. falsely** falsch schwören; **s. solemnly** feierlich geloben
swearing in *n* Be-, Vereidigung *f*, Angelobung *f*; **s. of an oath** Eidesleistung *f*, Ablegung eines Eides; **s. (in) of witnesses** Zeugenvereidigung *f*, Z.beeidigung *f*; **false s.** Falscheid *m*
sweat *n* Schweiß *m*; **in the s. of one's brow** im Schweiße seines Angesichts; **old s.** *(coll)* alter Hase *(coll)*
sweat *v/ti* schwitzen; **s. so.** 1. jdn bluten lassen *(coll)*; 2. jdn für einen Hungerlohn arbeiten lassen; **s. damage** ⚓ Schiffsschweißschaden *m*
sweating *n* 1. *(Transport)* Schweißbildung *f*; 2. *(Münzen)* Schmelzen *nt*; 3. *(coll)* Ausbeutung *f*
sweatshop *n* Ausbeuterbetrieb *m*; **s. industry** unterentlohntes Gewerbe; **s. system** Ausbeuter-, Antreibersystem *nt*
sweep *v/t* fegen, kehren
at one sweep *n* auf einen Schwung, mit einem Schlag; **to make a clean s. (of it)** reinen Tisch/ganze Arbeit machen, mit eisernem Besen kehren; **clean s.** Kahlschlag *m*, Kehraus *m*
sweeper *n* 1. Straßenkehrer *m*; 2. Kehrmaschine *f*
sweeping *adj* durchgreifend, radikal, drastisch, umfassend, grundlegend, durchschlagend; **s. machine** Kehrmaschine *f*

sweepstake(s) *n/pl* Wette *f*
sweet *adj* 1. süß; 2. niedlich; *n* Bonbon *nt*; **s.en** *v/t* versüßen; **s.ener** *n* 1. Süßstoff *m*; 2. *(fig)* Bonbon *nt (fig)*, Schmiergeld *nt*
sweets *pl* *[GB]* Leckereien, Süßigkeiten, Bonbons, Zuckerwerk *nt*
sweet shop *[GB]* Süßwarenhandlung *f*
swell *n* 1. Schwellung *f*, Ansteigen *nt*; 2. ⚓ Seegang *m*; *v/ti* 1. anschwellen lassen, aufblähen; 2. anschwellen, anwachsen; *adj (coll)* todschick *(coll)*
swelling *n* ⚕ Schwellung *f*
swift *adj* schnell, zügig, rasch; **s.ness** Geschwindigkeit *f*
swig *n (coll)* Schluck *m*; **good s.** ordentlicher Schluck
swim *v/i* schwimmen
swimming bath *n* Schwimmbad *nt*; **s. pool** Schwimmbecken *nt*, S.bad *nt*; **indoor ~ pool** Hallenbad *nt*; **municipal ~ pool** Stadtbad *nt*; **open-air ~ pool** Freibad *nt*
swindle *n* Schwindel *m*, Betrug *m*, Gaunerei *f*, Prahlerei *f*, Bauernfängerei *f*; *v/t* betrügen, (be-/er)schwindeln; **s.r** *n* Schwindler(in) *m/f*, Betrüger(in) *m/f*, Gauner(in) *m/f*, Beutelschneider *m*, Hochstapler(in) *m/f*
swindling *n* Hochstapelei *f*
swine *n (pej.)* Schwein *nt (pej.)*; **s. fever** Schweinepest *f*
swing *n* 1. Swing *m*, Kreditmarge *f*; 2. *(Handel)* Ausgleich *m*, Überziehungskredit *m*; 3. *(Kredit)* Schwankungsbreite *f*, Saldendrehung *f*, gegenseitige Kreditlinie, technischer Kredit; 4. Konjunkturperiode *f*; 5. Umschwung *m*, Schwenkung *f*, Fluktuation *f*, (Pendel)Ausschlag *m*; **in full s.** auf Hochtouren, mit Volldampf, in vollem Gange; **s. in the balance of payments** Zahlungsbilanzschwankung *f*; **s. to the left** Linksruck *m*; **s. of opinion** Meinungswandel *m*; **s. to the right** Rechtsruck *m*; **to be in full s.** in vollem Gange sein; **big s.s** starke Schwankungen; **cyclical s.** Konjunkturwende *f*, K.schwankung *f*; **major s.** *(Markt)* Entwicklung über einen längeren Zeitraum
swing *v/ti* 1. schwenken; 2. schwingen, schaukeln, pendeln; 3. *(Pendel)* ausschlagen
swing bridge Drehbrücke *f*; **s. crane** Schwenkkran *m*; **s. credit** kurzfristiger (Auslands)Kredit; **s. door** 🚪 Dreh-, Pendeltür *f*
swingeing *adj* wuchtig, mächtig, gewaltig, extrem hoch, radikal
swing lifts Wechselaufbauten; **s. overdraft** Swingüberschreitung *f*; **s. shift** Spät-, Wechselschicht *f*; **s. ticket** Anhänger *m*; **s. transaction** Swing-Geschäft *nt*
switch *n* 1. Verschiebung *f*, Wechsel *m*, Umstellung *f*, Umschichtung *f*, Verlagerung *f*, Schwenkung *f*, Umdisposition *f*; 2. Umtauschtransaktion *f*, Kompensations-, Tauschgeschäft *nt*; 3. ⚡ Schalter *m*; 4. *[US]* 🚂 Weiche *f*; **s. of imports** Einfur-, Importverlagerung *f*
on/off switch *n* Ein-/Aus-Schalter *m*; **one-way s.** Einwegschalter *m*; **two-way s.** Doppelschalter *m*
switch *v/t* 1. (um)schalten, umstellen, umdisponieren, umschichten, verlagern; 2. umtauschen, Tauschgeschäfte machen, switchen; 3. *[US]* 🚂 rangieren, verschieben; **s. into** umtauschen in, wechseln zu; **s. off** ab-, ausschalten; **s. on** einschalten, anknipsen; **s. over**

switchboard

wechseln; **s. to** wechseln/übergehen zu, umstellen/ überleiten auf
switch|board *n* 1. ✆ (Telefon)Vermittlung(sanlage) *f*, (Telefon-/Haus)Zentrale *f*; 2. ⚡ Schaltbrett *nt*, S.pult *nt*, S.tafel *f*; ~ **operator** Vermittlungszentrale *f*, Telefonist(in) *m/f*; **s. code** Umschaltkode *m*; **s. control** Schaltersteuerung *f*; **three-way s. deal** Dreiecksgeschäft *nt*; **s. dealings** Switchgeschäfte; **s. diagram** Schaltplan *m*, S.schema *nt*
switcher *n* *[US]* 🚂 Rangier-, Verschiebelokomotive *f*
switch funds Anlagemittel; **s.gear** *n* ⚡ Schaltgerät(e) *nt/pl*, S.anlage *f*; **s. identifier** 🖥 Verteilername *m*
switching *n* 1. (Portefeuille)Umschichtung *f*; 2. Umlagerung *f*, Schwenkung *f*; 3. *[US]* 🚂 Rangieren *nt*; **s. of capital** Kapitalumschichtung *f*
switching carrier Platzspediteur *m*; **s. center** *[US]* /**centre** *[GB]* 1. ⚡ Schaltstelle *f*; 2. ✆ Vermittlungsamt *nt*; 3. 🖥 Speichervermittlung *f*; **s. deal** Tauschgeschäft *nt*; **s. discount** *(Fonds)* Umtauschrabatt *m*; **s. function** Schaltfunktion *f*; **central s. network** ✆ zentrales Wählernetz; **s. office** *[US]* Telefonzentrale *f*; **s. operation** 1. Tauschoperation *f*; 2. Umladegeschäft *nt*; 3. Portefeuilleumschichtung *f*; 4. *[US]* 🚂 Rangierbetrieb *m*; **s. policy** Maßnahmen zur Änderung der relativen Preise; **s. speed** Schaltgeschwindigkeit *f*; **s. time** Schaltzeit *f*; **s. track** *[US]* 🚂 Rangiergleis *nt*; **s. transaction** Umschichtungstransaktion *f*, Umsteige-, Arbitrageoperation *f*
switch lever Schalthebel *m*; **s. list** 🖥 Verteilerliste *f*; **s.man** *n* *[US]* 🚂 Rangierer *m*; **s.-off** *n* Abschalten *nt*; **s.-over** *n* Übergang *m*; **s. order** *(Börse)* Umschichtungsauftrag *m*; **s. panel** 🖥 Schalterleiste *f*; **s. premium** Switchprämie *f*; **s.-round** *n* Umstellung *f*; **s. tower** *[US]* 🚂 Stellwerk *nt*; **s. transaction** Switchgeschäft *nt*; **s. unit** Schaltereinheit *f*; **s.yard** *n* *[US]* 🚂 Rangierbahnhof *m*
swivel *n* ⚙ Drehzapfen *m*, D.kopf *m*; *v/t* schwenken; **s. chair** Drehstuhl *m*
swiv|elled *adj* mit Drehkopf versehen; **s.elling** *adj* schwenkbar
swollen *adj* geschwollen
swoon *n* Ohnmacht *f*; *v/i* in Ohnmacht fallen/sinken, ohnmächtig werden
swoop *n* Überraschungsangriff *m*; **at one (fell) s.** auf einen Schlag
sworn *adj* be-, vereidigt, beeidet; **to be s. in** Amtseid ablegen; **duly s.** vorschriftsmäßig vereidigt; **being ~ s.** nach ordnungsgemäßer Vereidigung
swot *v/i* *(coll)* ochsen *(coll)*, pauken *(coll)*, büffeln *(coll)*
sycophant *n* Speichellecker *m*; **s.ic** *adj* hündisch
syllable *n* Silbe *f*; **not a s.** kein Sterbenswörtchen *(coll)*
syllabus *n* 1. Lehr-, Studienplan *m*, Lehr-, Lernprogramm *nt*, Lehrstoff *m*, Vorlesungsverzeichnis *nt*; 2. §
Urteilsresümee *nt*
symbol *n* Symbol *nt*, Sinnbild *nt*, Wahr-, Kurzzeichen *nt*; **s.ic** *adj* symbolisch, sinnbildlich
symmetric(al) *adj* symmetrisch
sympathetic *adj* 1. sympathisch, mitfühlend, teilnehmend; 2. wohlwollend, aufgeschlossen, verständnisvoll

sympathize (with) *v/i* Verständnis haben, (mit jdm) sympathisieren; **s.r** *n* Sympathisant(in) *m/f*
sympathy *n* 1. Teilnahme *f*, Sympathie *f*, Beileid *nt*, Mitgefühl *nt*; 2. Verständnis *nt*, Wohlwollen *nt*; **to deserve s.** Mitleid verdienen; **to express one's s. to so.** *(Beileid)* jdn seiner Teilnahme versichern; **deep/sincere s.** aufrichtige Anteilnahme; **s. strike** Sympathie-, Solidaritätsstreik *m*
symphony *n* Sinfonie *f*, Symphonie *f*; **s. orchestra** Sinfonie-, Symphonieorchester *nt*
symposium *n* 1. Tagungsbericht(e) *m/pl*; 2. (Fach)Tagung *f*, Symposion *nt*, Symposium *nt*
symptom *n* Symptom *nt*, (An)Zeichen *nt*; **s.s of inflation** Inflationszeichen *nt*, I.erscheinung *f*; **s. of poisoning** ☤ Vergiftungserscheinung *f*; **to tinker with the s.s** an den Symptomen herumdoktern *(coll)*; **attendant s.** Begleiterscheinung *f*; **inflationary s.** Inflationserscheinung *f*
symptomatic *adj* symptomatisch, bezeichnend
synchronization *n* Synchronisation *f*, Gleichlauf *m*, zeitliche Übereinstimmung, (zeitliche) Abstimmung
synchronize *v/t* synchronisieren, zeitlich abstimmen; **s.d** *adj* synchronisiert, aufeinander abgestimmt, zeitsynchron
synchronism *n* Gleichlauf *m*; **s. check** Gleichlaufprüfung *f*
synchronous *adj* synchron
syncline *n* ⛰ Mulde *f*
syndic *n* 1. Syndikus *m*, Rechtsberater *m*; 2. *(Konkurs)* Masseverwalter *m*, (Konkurs)Bevollmächtigter *m*
syndicalism *n* Syndikalismus *m*
syndicate *n* 1. Konsortium *nt*, Interessengemeinschaft *f*, Finanzgruppe *f*; 2. *(Lloyd's)* Versicherergruppe *f*, Syndikat *nt*; 3. Verband *m*, Absatzkartell *nt*, Ring *m*, Doppelgesellschaft *f*; **as a s.** konsortialiter *(lat.)*; **to form a s.** Konsortium bilden
compulsory syndicate Pflichtkartell *nt*, Zwangssyndikat *nt*; **financial/financing s.** Finanz(ierungs)-, Kreditkonsortium *nt*; **issuing s.** Emissions-, Begebungs-, Verwertungskonsortium *nt*; **original s.** Übernahmesyndikat *nt*; **promoting s.** Gründerkonsortium *nt*; **regional s.** Regionalkonsortium *nt*; **security-placing s.** Platzierungskonsortium *nt*; **selling s.** Verwertungskonsortium *nt*; **supporting s.** Interventions-, Stillhaltekonsortium *nt*; **underlying s.** Übernahmekonsortium *nt*
syndicate *v/ti* 1. Konsortium bilden, sich zu einem Syndikat zusammenschließen; 2. *(Presse)* syndizieren
syndicate account Beteiligungs-, Konsortialkonto *nt*; **s. accounting** Konsortialrechnung *f*; **s. agreement** Konsortialvertrag *m*; **s. assets** Konsortialvermögen *nt*; **s. banking** Konsortial(bank)geschäft *nt*; **s. business** (Wertpapier)Konsortial-, Partizipations-, Gemeinschaftsgeschäft *nt*; **s. buying** Konzerneinkauf *m*; **s. commitment** Konsortialbindung *f*; **s. credit** Konsortial-, Parallelkredit *m*; **~ line** Konsortialkreditlinie *f*
syndicated *adj* Konsortial-
syndicate department Konsortialabteilung *f*; **s. holdings** Konsortialbeteiligungen; **s. interest** Syndikats-, Konsortialbeteiligung *f*; **s. leader** Konsortial-, Feder-

führer(in) *m/f*, Hauptkonsorte *m*; **s. lendings** Konsortialkredite; **s. loan** Konsortialanleihe *f*, Gemeinschaftskredit *m*; **s. management** Konsortialführung *f*; **s. manager** *(Emission)* führende Konsortialbank, Konsortialführer(in) *m/f*, führende Bank im Konsortium; **s. meeting** Konsortialsitzung *f*; **s. member** (Mit-/Unter)Konsorte *m*, Konsortialmitglied *nt*; ~ **bank** Konsortialbank *f*; **s. offering** Konsortialangebot *nt*; **s. operation(s)** Konsortialgeschäft *nt*; **s. participation** Konsortialbeteiligung *f*; **s. price** Konsortialkurs *m*, Verbandspreis *m*; **s. quota** Konsortialanteil *m*, K.quote *f*; **s. share** Konsortialanteil *m*; **s. system** Konsortialsystem *nt*
syndicating company *n* Immobilienbeteiligungsgesellschaft *f*
syndication *n* 1. Syndikats-, Konsortialbildung *f*, Platzierung durch ein Konsortium; 2. *(Presse)* Syndizierung *f*; **s. of loans** Zusammenstellung von Anleihekonsortien
syndrome *n* ✚ Krankheitsbild *nt*, Syndrom *nt*
synergy *n* Synergie *f*
synonymous *adj* gleichbedeutend; **to be s. with** gleichzusetzen mit
synop|sis *n* Inhaltsübersicht *f*, tabellarische/vergleichende Übersicht, Überblick *m*, Zusammen-, Gesamt-, Überschau *f*, Abriss *m*, Synopse *f*; **s.tic** *adj* synoptisch, übersichtsartig
syntax *n* 1. Satzbau *m*, S.lehre *f*, Syntax *f*; 2. 💻 Programmierungsgrammatik *f*
synthesis *n* Synthese *f*; **s. of work** Arbeitssynthese *f*
synthesize *v/t* künstlich herstellen, zusammenfügen, synthetisieren
synthetic *adj* synthetisch, künstlich, Kunst-, Retorten-; *n* Kunststoff *m*; **mixed s.** Mischkunststoff *m*; **s.-coated** *adj* kunststoffbeschichtet
syphon off *v/t (Geld)* abziehen, abschöpfen
syringe *n* ✚ Spritze *f*
system *n* 1. System *nt*, Verfahren *nt*, Methode *f*, Schema *nt*, Systematik *f*, (An)Ordnung *f*, Netz *nt*, Gefüge *nt*; 2. Organismus *m*; 3. Institution *f*, Einrichtung *f*; **in accordance/conformity with the s.** systemgerecht, s.konform
(uniform) system of accounts Kontenrahmen *m*, K.-system *nt*; **open-item ~ accounting** kontenlose Buchführung; **s. of arbitration** Schiedsgerichtswesen *nt*; ~ **internal audits** internes Kontrollsystem; ~ **bank routing numbers** Bankennummierung *f*, Bankleitzahlsystem *nt*; **dual ~ bookkeeping** doppelte Buchführung, dualistisches System; ~ **classification** Ordnungssystem *nt*; ~ **free competition** Wettbewerbsordnung *f*; ~ **discounts** Preisnachlasssystem *nt*; ~ **distribution** Verteilungssystem *nt*; ~ **education** Bildungs-, Erziehungs-, Unterrichts-, Schulwesen *nt*; ~ **private enterprise** Privatwirtschaft *f*; ~ **evaluation** (Be)Wertungssystem *nt*; ~ **exchange controls** Devisenverkehrskontrollsystem *nt*; ~ **split exchange rates** System gespaltener Wechselkurse; ~ **goals** Zielsystem *nt*; ~ **government** Regierungssystem *nt*, Staatsform *f*, S.ordnung *f*; ~ **grading by weight** Gewichtsklas-

seneinteilung *f*; ~ **import controls** Einfuhrkontrollsystem *nt*, Kontrollsystem für die Einfuhr; **constant-cycle ~ inventory control** Lagerhaltung mit konstanten Beständen; ~ **administrative jurisdiction** Verwaltungsgerichtsbarkeit *f*; ~ **levies** Abgabensystem *nt*; ~ **management development** Personalentwicklungssystem *nt*; ~ **manufacture** Fabrikationssystem *nt*; ~ **a free market economy** (freie) Marktwirtschaft, marktwirtschaftliches System; ~ **measurements** Maßsystem *nt*; ~ **objectives** Zielsystem *nt*; ~ **ownership** Ordnung des Eigentums; **cumulative ~ penalties** Kumulationsprinzip *nt*; **consensus ~ planning** konsensorientiertes Planungssystem; ~ **preferences** Präferenzsystem *nt*; **Generalized S. of Preferences** *[US]* allgemeines Präferenzsystem; **s. of production** Produktions-, Herstellungs-, Fertigungsverfahren *nt*; ~ **marital property** Güterstand *m*; ~ **quotas** Quotensystem *nt*; ~ **restraint** Beschränkungsprogramm *nt*; **coercive ~ social security** Zwangsvorsorge *f*; ~ **service points** Bedienungssystem *nt*; ~ **subsidies** Subventionsregelung *f*; ~ **supply** Beschaffungswesen *nt*; ~ **taxation** Besteuerungssystem *nt*; **horizontal ~ tax sharing** horizontaler Finanzausgleich *[D]*; ~ **terminals** 💻 Endgerätesystem *nt*; **s.s of transportation** Beförderungstechnik *f*; **s. of values** Wertesystem *nt*
alien to the system systemfremd; **inherent in the s.** systembedingt, s.immanent
automatic system Automatik *f*; **binary s.** Dual-, Zweiersystem *nt*, binäres System; **budgetary s.** Haushaltssystem *nt*; **capitalist(ic) s.** kapitalistisches System; **collegial s.** Kollegialsystem *nt*; **competitive s.** Wettbewerbsordnung *f*, W.system *nt*; **compound s.** Verbundsystem *nt*; **computerized s.** Computersystem *nt*; **constitutional s.** Grundordnung *f*, verfassungsmäßige Ordnung; **free and democratic ~ s.** freiheitliche und demokratische Grundordnung; **Continental s.** *(obs.)* Kontinentalsperre *f*; **controlled s.** Regelstrecke *f*; **conversational s.** 💻 Dialogsystem *nt*; **cooperative s.** Genossenschaftswesen *nt*; **coordinate s.** Koordinatensystem *nt*; **decimal s.** Dezimal-, Zehnersystem *nt*; **directional s.** Leitungssystem *nt*; **domestic s.** 1. Heimwirtschaft *f*; 2. Verlagssystem *nt*; **dual s.** doppelte Buchführung, Doppik *f*; **economic s.** Wirtschaftsordnung *f*, W.system *nt*, W.verfassung *f*, W.form *f*, wirtschaftliche Ordnung; **international ~ s.** Weltwirtschaftsordnung *f*; **educational s.** Bildungssystem *nt*, B.wesen *nt*; **electoral s.** Wahlsystem *nt*, W.verfahren *nt*; **examination-plus-opposition s.** Aufgebotssystem *nt*; **executive s.** Betriebssystem *nt*; **federal s.** bundesstaatliche Ordnung; **financial s.** Finanzverfassung *f*, F.system *nt*; **first-to-file s.** Anmeldeprinzip *nt*; **first-past-the-post s.** Mehrheitswahlrecht *nt*; **first-to-invent s.** Erfindernennungsprinzip *nt*; **fiscal s.** Steuersystem *nt*, S.wesen *nt*, Fiskalwesen *nt*; **fixed-rate s.** Festratensystem *nt*; **free-enterprise s.** freie Marktwirtschaft, marktwirtschaftliche Ordnung, System der freien Marktwirtschaft; **governmental s.** Regierungsform *f*; **hydraulic s.** Hydraulik *f*; **industrial s.** Industriewirtschaft *f*; **in-plant s.** innerbetriebliches System; **large-**

scale integrated s. Großverbundnetz *nt*; **interlinked s.** Verbundwirtschaft *f*, V.system *nt*; **judicial/legal s.** Rechtssystem *nt*, R.ordnung *f*, R.wesen *nt*, Gerichtswesen *nt*; **uniform legal s.** einheitliches Rechtssystem; **local s.** Ortsnetz *nt*; **loose-leaf s.** Loseblattsystem *nt*; **mercantile s.** Merkantilsystem *nt*; **metric s.** metrisches System; **modular s.** Baukasten-, Modularsystem *nt*; **monetary s.** Währungs-, Geldsystem *nt*, Geld- und Währungsordnung *f*, Geldverfassung *f*, G.wesen *nt*, Währungswirtschaft *f*; **gold-based ~ s.** Goldwährungssystem *nt*; **international ~ s.** Weltwährungssystem *nt*, internationale Währungsordnung, internationales Währungssystem; **multi-computer s.** ▫ Mehrrechnersystem *nt*; **multi-line s.** Mehrliniensystem *nt*; **multimedia s.** Medienverbund *m*; **multi-party s.** Mehrparteiensystem *nt*; **multi-processor s.** Mehrprozessorsystem *nt*; **multi-shift s.** Mehrschichtbetrieb *m*; **multi-user s.** Mehrplatzrechner *m*; **nervous s.** 1. ⚵ Nervensystem *nt*; 2. Nervenkostüm *nt (coll)*; **off-market s.** außerbörsliche Märkte; **one-crop/single-crop s.** ⚒ Monokultur *f*; **one-write s.** *[US]* Durchschreibebuchführung *f*; **online s.** ▫ Teilhaberbetrieb *m*, Online-System *nt*; **open-item s.** Offene-Posten-Buchhaltung *f*; **operational s.** ▫ Sofortverarbeitungssystem *nt*; **ordering s.** Bestellwesen *nt*, Kommissionssystem *nt*; **out-plant s.** außerbetriebliches System; **parliamentary s.** Parlamentarismus *m*, parlamentarisches System; **par-value s.** Paritätssystem *nt*; **pay-as-you-earn (PAYE) s.** *(Arbeitnehmer)* Steuererhebung an der Quelle, ~ nach dem Quellenprinzip; **penal s.** Straf-, Justizvollzug *m*, Strafrechtssystem *nt*; **point-of-sale (POS) s.** Datenerfassungskasse *f*; **point-to-point s.** Einzelpunktsteuerung *f*; **postal s.** Postwesen *nt*; **prohibitive s.** ⊖ Schutzzollsystem *nt*; **proportional s.** Proportionalsystem *nt*; **proportionate s.** größenproportionale Auswahl; **queuing s.** Wartesystem *nt*; **real-time s.** ▫ Echtzeit-, Sofortverarbeitungssystem *nt*; **single-line s.** Einliniensystem *nt*; **social s.** Sozial-, Gesellschaftsordnung *f*, Gesellschaftssystem *nt*, G.form *f*, soziale Ordnung; **standardized s.** Standardsystem *nt*; **suspended s.** Aufhängesystem *nt*; **territorial s.** Territorialsystem *nt*; **three-field s.** ⚒ Dreifelderwirtschaft *f*; **tied-in s.** monistisches System; **triangular s.** ⊖ Dreiecksverkehr *m*; **two-bin s.** Zweibehältersystem *nt*; **wage-fixing s.** Lohnfindung(sverfahren) *f/nt*, Verfahren zur Lohnfindung; **waiting-line s.** Wartesystem *nt*

systems analysis Systemanalyse *f*; **s. analyst** Systemanalytiker(in) *m/f*; **s. approach** systemanalytischer Ansatz, Systemansatz *m*

systematic *adj* systematisch, planmäßig; **s.s** *n* Systematik *f*

systematize *v/t* systematisieren; **s.r** *n* Systematiker(in) *m/f*

systems business Anlagengeschäft *nt*; **s. call** ▫ Systemaufruf *m*; **s. check** Systemprüfung *f*; **s. configuration** Anlagenkonfiguration *f*; **s. console** Bedienungstafel *f*; **s. contracting** einsatzsynchrone Anlieferung, Nullbestandspolitik *f*; **s. control program** ▫ Systemsteuerungsprogramm *nt*; **s. design** Systemprogrammierung *f*, S.entwicklung *f*, S.gestaltung *f*; **s. development** Systementwicklung *f*; **s. downtime** Stillstand der Anlage; **s. engineer** Systemberater *m*, S.planer *m*; **s. engineering** Systemberatung *f*, S.planung *f*, Großanlagenbau *m*; **s. error** Systemfehler *m*; **s. failure** Systemausfall *m*; ~ **furniture** Systemmöbel *pl*

systemic *adj* systembezogen

system input Systemzugang *m*; **s.s leader** Systemführer *m*; **s. loading** Systemauslastung *f*; **s. operator** Anlagebetreiber *m*; **s.s-orient(at)ed** *adj* systemorientiert; **s. output** Systemabgang *m*; **s. pack** ▫ Systemstapel *m*; **s. programmer** Systemprogrammierer *m*; **s.s research** Systemforschung *f*; **s. reset** ▫ Grundstellung *f*; **s. residence** ▫ Systemresidenz *f*; **s. restart** ▫ Warmstart *m*; **s.s seller** Systemanbieter *m*; ~ **selling** Systemgeschäft *nt*; **s. software** ▫ Betriebssystem *nt*, Systemsoftware *f*; **s. solution** Systemlösung *f*; **to right-size ~ solutions** Systemlösungen richtig dimensionieren; **s.-specific** *adj* systemeigen; **s.s specification** Systembeschreibung *f*; ~ **technology/technique** Systemtechnik *f*; **s.(s) theory** Systemtheorie *f*; **s. utilization** Systemauslastung *f*

T

to cross one's t's and dot one's i's *(coll)* äußerst genau/pingelig *(coll)* sein

tab *n* 1. (Namens)Schild *nt*, Abzeichen *nt*, Kennzeichen *nt*, Etikett *nt*, (Kartei)Reiter *m*; 2. *(fig)* Rechnung *f*, Kosten *pl*; 3. ▫ Tabulator(sprung) *m*; **to keep t.s (on)** 1. beobachten, im Auge behalten, kontrollieren, überwachen, unter Kontrolle halten; 2. Akte führen; 3. Material sammeln (über); **to pick up the t. (for sth.)** *(coll)* 1. Rechnung (be)zahlen, Kosten tragen; 2. (etw.) auf seine Kappe nehmen *(coll)*

tab *v/t* tabulieren; **t. key** Tabulatortaste *f*

table *n* 1. Tisch *m*; 2. (tabellarische) Dar-, Aufstellung, Tabelle *f*, Verzeichnis *nt*, Tafel *f*, Liste *f*, Schema *nt*, tabellarische Anordnung/Übersicht/Zusammenstellung, tabellarisches Verzeichnis; **t.s** Tabellenwerk *nt*; **on the t.** 1. *(fig)* zur Entscheidung anstehend; 2. *[US]* vertagt, verschoben, zurückgestellt

table of births Geburtenregister *nt*; ~ **cases** [§] Fallsammlung *f*, ~ **charges** Preis-, Gebührentabelle *f*, G.aufstellung *f*, G.verzeichnis *nt*; ~ **contents** Inhaltsverzeichnis *nt*, I.anzeige *f*, I.aufstellung *f*, I.übersicht *f*, Haupt-, Sachregister *nt*, S.verzeichnis *nt*; ~ **costs** 1. Gebührentabelle *f*; 2. [§] Gerichtskostentabelle *f*; ~ **decrements** *(Vers.)* Ausscheidetafel *f*; ~ **exchanges**; ~ **exchange rates** Kurs-, Umrechnungstabelle *f*; ~ **fares** Fahrpreisverzeichnis *nt*; ~ **fees** Gebührentabelle *f*; ~ **interest** Zinstabelle *f*; ~ **organization** Organisationsplan *m*; ~ **prices** Preisaushang *m*, P.tabelle *f*; ~ **retentions** Maximaltabelle *f*; ~ **of values** Wert(e)skala *f*; ~ **wages** Lohntabelle *f*; ~ **weights** Gewichtstabelle *f*

to arrange in a table tabellieren; **to be on the t.** *(An-*

trag) eingebracht sein, vorliegen; **to clear the t.** Tisch abdecken; **to compile a t.** Tabelle aufstellen; **to head the t.** Tabelle anführen; **to keep a good t.** gute Küche führen; **to lay the t.** Tisch decken; **to turn the t.s (on so.)** *(fig)* den Spieß umdrehen *(fig)*, Rollen vertauschen
actuarial table Versicherungstabelle *f*, versicherungsmathematische/versicherungsstatistische Tabelle, Sterblichkeitstafel *f*; **analytical t.** analytische Übersicht; **bivariate t.** Korrelationstafel *f*; **chronological t.** Zeittafel *f*; **collapsible/folding t.** Klapptisch *m*; **complex t.** ▦ mehrfach gegliederte Tafel; **cumulative t.** Summentabelle *f*; **current t.** Querschnittstafel *f*; **dropleaf t.** Tisch mit herunterklappbaren Seitenteilen; **dummy t.** Leertabelle *f*; **extending t.** Ausziehtisch *m*; **logarithmic t.(s)** Logarithmentafel *f*; **magic t.** Tischleindeckdich *nt*; **mathematical t.** mathematische Tabelle; **reserved t.** (vor)bestellter Tisch; **round t.** runder Tisch, Tafelrunde *f*; **short t.** verkürzte Tabelle; **statistical t.** statistische Tabelle/Aufstellung/Übersicht; **synoptic t.** synoptische Tabelle, Übersichtstabelle *f*; **two-by-two t.** Vierfeldertafel *f*
table *v/t* 1. Tabelle/Verzeichnis anlegen, tabellieren; 2. *[US]* auf die lange Bank schieben, verschieben; 3. *(Antrag)* einbringen
tableau *n (frz.)* Tableau *nt*
table calendar Tischkalender *m*; **t.cloth** *n* Tischdecke *f*, T.tuch *nt*; **t. entry/item** Tabelleneintrag(ung) *m/f*; **t. format** Tabellenform *f*; **t. handling** Tabellenverarbeitung *f*; **t. item** Tabelleneintrag *m*; **t. lamp** Tischlampe *f*; **t. licence** *(Restaurant)* Schankerlaubnis *f*; **t. lighter** Tischfeuerzeug *nt*; **t. linen** Tischwäsche *f*; **t. method** *(Kostenplanung)* Tafelmethode *f*; **t. program(me)** Tabellenprogramm *nt*; **t. salt** Tafelsalz *nt*; **t. search time** Tabellensuchzeit *f*; **t. set** Tischempfänger *m*
tablet *n* Tablette *f*; **t. of soap** Stück Seife; **bath-size t.** Badeseife *f*, großes Stück Seife; **memorial/mural t.** Gedenkplatte *f*, G.tafel *f*, Wandtafel *f*
table talk Tischgespräch *nt*; **t. telephone** ✆ Tischapparat *m*; **t. tennis** Tischtennis *nt*; **t. top** Tischplatte *f*; ~ **printer** Tischdrucker *m*; **t.ware** *n* Ess-, Tafel-, Tischgeschirr *nt*; **t. water** Tafelwasser *nt*; **t. wine** Tafel-, Tischwein *m*; **t. work** Tabellensatz *m*
tabloid *n* 1. kleines Zeitungsformat; 2. Boulevard-, Groschen-, Revolver-, Sensationsblatt *nt*; **t. paper** Boulevardzeitung *f*, Revolverblatt *nt (pej.)*; **t. press** Boulevardpresse *f*
taboo *n* Tabu *nt*
tabular *adj* tabellarisch (angeordnet); **t.ize** *v/t* tabellarisch anordnen, (auf)tabellieren
tabulate *v/ti* tabellarisieren, tabellarisch (an)ordnen/darstellen/zusammenstellen, in Listenform anordnen, tabulieren, (auf)tabellieren, Tabelle anlegen; **t.d** *adj* tabellenförmig
tabulating machine *n* Tabelliermaschine *f*
tabulation *n* Tabellarisierung *f*, Tabulierung *f*, tabellarische Darstellung/Anordnung/Aufstellung/Zusammenstellung
tabulator *n* 1. Tabulator *m*, Kolonnensteller *m*; 2. Tabelliermaschine *f*

T-account *n* T-Konto *nt*
tacho|graph *n* 🚗 Tachograph *m*, Fahrten-, Tourenschreiber *m*; **t.meter** *n* Tourenzähler *m*, Drehzahlmesser *m*
tacit *adj* stillschweigend
tack *n* 1. ⚓ Weg *m*, Kurs *m*, Richtung *f*; 2. *[Scot.]* Pachtvertrag *m*; **on a firmer t.** *(Börse)* fester notierend; **to change t.** Richtung ändern, neue ~ einschlagen; **to keep a stimulating t.** konjunkturfördernde Politik betreiben
tack *v/t* 1. heften; 2. *(Pfandrecht)* Rangvorrang erreichen; **t. down** festnageln; **t. on** anheften; **t. together** 1. zusammenheften; 2. aneinanderfügen, zusammenfassen
tacking *n* 1. An-, Zusammenheftung *f*; 2. Anrechnung *f*; **t. of mortgages** Zusammenfassung von Hypotheken, Hypothekenvereinigung *f*; **t. thread** Heftfaden *m*, H.schnur *f*
tackle *n* Ausrüstung *f*, Zeug *nt*; **from t. to t.** vom Einladen im Ladehafen bis zum Ausladen im Löschhafen
tackle *v/t* 1. *(Sport)* angreifen; 2. *(fig)* in Angriff nehmen, anpacken, (her)angehen, Hebel ansetzen *(fig)*; 3. *(Person)* zur Rede stellen; **t. head-on** geradewegs angehen; **t. properly** richtig anfassen
tact *n* Takt *m*, Anstands-, Fein-, Taktgefühl *nt*; **to show t.** über Takt verfügen; **t.ful** *adj* taktvoll
tactic(s) *n* Taktik *f*; **to deploy delaying t.s** hinhaltend taktieren; **defensive t.s** Verteidigungstaktik *f*; **delaying t.s** Hinhaltetaktik *f*, H.manöver *nt*, Verzögerungstaktik *f*; **diversionary t.s** Ablenkungsmanöver *nt*; **strong-arm t.s** Kraftmeierei *f*, brutales Vorgehen
tacti|cal *adj* taktisch; **t.cian** *n* Taktiker *m*
tactile *adj* fühlbar
tactless *adj* taktlos
taffeta *n* Taft *m*
tag *n* Anhänger *m*, (Anhänge)Schildchen *nt*, Etikett *nt*, Kennzeichen *nt*, (Anhänge)Zettel *m*, Marke *f*; *v/t* etikettieren, auszeichnen, markieren
tail *n* Schwanz *m*, **t.s** *n (Münze)* Zahl(seite) *f*; **t. of a letter** Briefschluss *m*; **to have one's t. between one's legs** *(fig)* Schwanz einziehen *(fig)*; **to put a t. on so.** jdn beschatten; **to turn t.** kehrtmachen, Flucht ergreifen, kneifen *(coll)*; **white t. (aeroplane)** ✈ unverkauftes Flugzeug; **the t. that wags the dog** *(coll)* der Schwanz, der mit dem Hund wedelt
tail so. *v/t* jdn beschatten; **t. away/off** abflauen, sich abschwächen, abnehmen, abflachen, nachlassen, schrumpfen, schwinden
tail area 1. Schwanzfläche *f*; 2. ▦ Endfläche einer Verteilung; **t.back** *n* 🚗 Rückstau *m*; **t.board** *n* Ladeklappe *f*; **t. end** Ende *nt*; **t.-ender** *n (fig)* Schlusslicht *nt (fig)*; **t. fin** Heckflosse *f*; **t. gas** Restgas *nt*; **t.gate** *n [US]* Heck(-)Klappe *f*, Heckt ür *f*; *v/t* (zu) dicht auffahren; **t.-heavy** *adj* heck-, schwanzlastig
tail|(ing) off Abflauen *nt*, Abnahme *f*, Nachlassen *nt*, Abflachung *f*; **t. light(s)** 🚗 Rück-, Schlusslicht *nt*, Heckleuchte *f*
tailor *n* Schneider *m*; **bespoke t.** Maßschneider *m*; **jobbing t.** Flickschneider *m*

tailor v/t zuschneiden; **t. to** abstellen auf, abstimmen auf, zuschneiden auf, passend machen für, ausrichten auf
tailored (to) adj zugeschnitten auf, abgestimmt auf, maßgeschneidert, kundenspezifisch
tailoring n 1. Ausrichtung f; 2. Verarbeitung f, Zuschnitt m; **bespoke t.** Maßschneiderei f
tailor|-made adj maßgeschneidert, nach Maß (gefertigt), nach Kundenangaben hergestellt, nach Bestellung gefertigt, kundenspezifisch, individuell angepasst, (besonders) zugeschnitten auf die Verhältnisse, Sonder-, Spezial-; **t.-make** v/t nach Kundenangaben fertigen
tail|piece n Anhang m, Anhängsel nt; **t.pipe** n *[US]* 🚗 Auspuffrohr nt; **t.plane** n ✈ Leitwerk nt; **t. side** *(Münze)* Zahlseite f; **t. special** [§] Majoratserbe nt; **economic t.spin** n *(fig)* konjunktureller Talfahrt *(fig)*; **t.wind** n Rückenwind m
taint n Makel m, (Schand)Fleck m; **hereditary t.** erbliche Belastung
taint v/t 1. beflecken, beschmutzen; 2. [§] beeinträchtigen
take v/t 1. nehmen, ab-, ein-, entgegen-, übernehmen, (ein)kassieren, vereinnahmen; 2. bekommen, bringen; 3. ertappen, erwischen; 4. verkraften, vertragen; 5. erfordern, dauern; 6. *(Beschluss)* fassen; 7. *(Risiko)* tragen; **t. along** mitnehmen; **t. so. aside** jdn beiseite nehmen; **t. away** 1. wegnehmen, entziehen; 2. [§] abführen; **~ unlawfully** entwenden; **t. back** zurücknehmen; **t. down** 1. notieren, nieder-, mitschreiben, aufzeichnen; 2. *(Personalien)* aufnehmen; 3. abnehmen, abmontieren; **~ in writing** mitschreiben, notieren; **t. firm** fest übernehmen; **t. for granted** 1. als erwiesen ansehen, als wahr unterstellen; 2. als selbstverständlich hinnehmen; **t. home** netto verdienen; **t. in** 1. hereinnehmen; 2. *(Geld)* einnehmen, kassieren; 3. *(Börse)* in Kost(en) nehmen; 4. in Zahlung nehmen; **t. so. in** *(coll)* jdn einwickeln *(coll)*, jdn leimen *(coll)*; **t. sth. literally** etw. buchstäblich nehmen; **t. long** lange dauern; **t. off** 1. *(Preis)* nachlassen, billiger machen, abziehen; 2. ✈ abheben, starten, abfliegen; 3. abnehmen, abmontieren; **t. on** 1. in Angriff nehmen, sich einlassen auf; 2. *(Aufgabe)* übernehmen; 3. *(Verantwortung)* auf sich nehmen; 4. *(Personal)* ein-, anstellen, engagieren; 5. *(Gegner)* sich (jdm) stellen; **~ too much** sich zu viel vornehmen; **t. out** 1. entnehmen, herausholen; 2. *(Geld)* abheben; 3. ausgliedern; 4. *(Vers.)* abschließen; **t. it out on so.** sein Mütchen an jdm kühlen *(coll)*; **t. over** übernehmen, aufkaufen; **t. to sth.** an etw. Gefallen finden; **t. up** 1. übernehmen, aufgreifen, aufnehmen; 2. in Anspruch nehmen, beanspruchen; 3. *(Dokumente)* einlösen; 4. ⚓ an Bord nehmen; 5. *(Aktien)* beziehen; **~ again** wieder aufnehmen; **t. so. up on sth.** auf jds Angebot eingehen
take n 1. Einnahme f, Kasse f; 2. *(Fischerei)* Fang m; 3. Pachtung f, Pachtland nt; 4. 🐄 gepachtete Anbaufläche
takeaway n *[GB]* Imbissstube f, Straßenverkaufsstelle f, S.stand m; adj *(Speise)* zum Mitnehmen
take-in n *(coll)* Schwindel m, Prellerei f
take-it-or-leave-it n *(coll)* Entweder-Oder nt

taken together adj insgesamt; **t. up** besetzt; **t. as read** [§] auf die Verlesung wird verzichtet
takeoff n 1. ✈ Abflug m, Abheben nt, (Flugzeug)Start m, Starten nt; 2. *(fig)* wirtschaftlicher Aufschwung/Aufstieg; **ready for t.** flugbereit, f.klar, startklar, s.bereit; **to clear for t.** Start freigeben; **aborted t.** Fehlstart m; **vertical t.** Senkrechtstart m; **~ plane** Senkrechtstarter m; **t. order** Startbefehl m; **t. period** Anlaufphase f; **t. plot** (festgelegte) Startzeit; **t. point** Startpositon f; **t. weight** Abfluggewicht nt
take-out n *[US]* Straßenverkaufsstelle f, S.stand m
takeover n (Betriebs)Übernahme f, Machtübernahme f, Aufkauf m; **t. of capital** Vermögensübergang m; **to frustrate a t.** Übernahme vereiteln; **contested t.** umstrittene/umkämpfte Übernahme; **foreign t.** Übernahme durch Gebietsfremde; **friendly t.** freundliche Übernahme; **hostile/unfriendly/unwelcome t.** unfreundliche Übernahme; **reverse t.** Übernahme eines großen Unternehmens durch ein kleineres, Übernahme einer Publikumsgesellschaft durch eine Personengesellschaft; **vertical t.** vertikale Übernahme/Unternehmenskonzentration
takeover agreement Übernahmevertrag m, Ü.abkommen nt, Betriebsüberlassungsvertrag m; **t. battle** Übernahmekampf m, Ü.schlacht f; **t. bid/offer** Abfindungs-, Übernahmeangebot nt, Ü.offerte f; **to launch a t. bid** Übernahmeangebot unterbreiten; **t. candidate** Übernahmekandidat m, übernahmeverdächtiges Unternehmen; **t. consortium** Übernahmekonsortium nt; **t. negotiations** Übernahmeverhandlungen; **T. Panel** *[GB]* Börsenschluss für Übernahme; **t. premium** Eintrittsprämie f; **t. price** Übernahmekurs m, Ü.preis m; **corporate t. proposal** Übernahmeangebot nt; **t. resolution** Übernahmebeschluss m; **t. risk** Übernahmerisiko nt; **t. rumour** Aufkaufgerücht nt; **t. speculation** Übernahmegerüchte pl; **t. syndicate** Ankaufs-, Übernahmekonsortium nt; **t. target** Übernahmekandidat m; **t. time** 1. Übernahmeperiode f; 2. Zeitspanne der Verdrängung des älteren Produkts; **t. transaction** Übernahmetransaktion f; **t. wave** Fusionswelle f
taker n 1. Abnehmer(in) m/f, Kunde m, Kundin f, Käufer(in) m/f, Bezieher(in) m/f, Nachfrager m, Erwerber(in) m/f; 2. Wechselnehmer m; 3. Optionsgeber m; 4. [§] Vermächtnisnehmer m, Legatar m; **t. of a bill** Wechselnehmer m; **t. for a call** Verkäufer einer Rückprämie; **t. of an option** Optionskäufer m, O.nehmer m, Stillhalter m; **~ option money** Prämiennehmer m; **t. for a put** Käufer einer Rückprämie; **~ and call** Käufer einer Stellage; **first t.** Ersterwerber m; **subsequent t.** Nacherwerber m
takel-up n 1. Auf-, Inanspruchnahme f; 2. Übernahme f, Ankauf m; 3. Anmietung f; **~ rate** Inanspruchnahme f; **to have a high ~ rate** gute Aufnahme finden; **t.-withs** pl Mitnahmeware f
taking n Inbesitznahme f; **t.s** (Geld-/Kassen)Einnahme(n) f/pl, eingehende Zahlungen, Erlöse, Losung f; **on t. bei Eintnahme**; **t. on board** *(fig)* Übernahme f; **t. for a call** Verkauf einer Rückprämie; **t. of unearned cash discounts** unberechtigter Abzug von Skonti, unge-

rechtfertigter Skontoabzug; **t. into custody** Arrest *m*; **t. up of documents** Dokumentenaufnahme *f*; **t. of hostages** Geiselnahme *f*; **t. out of a mortgage** Hypothekenaufnahme *f*; **t. of an oath** Eidesleistung *f*, Ablegung eines Eides; **t. into operation** Inbetriebnahme *f*, Betriebsaufnahme *f*; **t. for the put** Kauf einer Rückprämie; **t. at sea** Aufbringung *f*, Seediebstahl *m*; **t. off the seal** Entsiegelung *f*
actual taking|s Effektiveinnahmen; **daily t.** Tageseinnahme(n) *f/pl*, T.losung *f*; **gross t.s** Bruttoeinnahmen; **initial t.** Ersterwerb *m*; **ready t.** *(Anleihe)* zügige Aufnahme; **surplus t.s** Mehreinnahmen
taking back Rücknahme *f*; **t.-in** *n* Hereinnahme *f*
taking|-over *n* Übernahme *f*; **since t. over** seit Übernahme
taking up Aufnahme *f*; **~(of) an activity** Aufnahme einer Tätigkeit; **~ (of) a loan** Kreditaufnahme *f*
tale *n* Geschichte *f*, Erzählung *f*; **t. of woe** Leidensgeschichte *f*; **to sell by t.** stückweise verkaufen; **to tell a (tall) t.** Märchen auftischen; **~ t.s** *(coll)* flunkern *(coll)*; **cautionary t.** warnendes Beispiel
talent *n* Talent *nt*, Begabung *f*, Fähigkeit *f*, (Geistes)Gabe *f*, Veranlagung *f*; **t. for organization** Organisationstalent *nt*; **to make the most of one's t.s** mit seinen Pfunden wuchern *(fig)*; **entrepreneurial t.** unternehmerische Begabung; **executive t.** Führungseigenschaften *pl*; **inventive t.** Erfindergeist *m*, Erfindungsreichtum *m*; **managerial t.** Führungsbefähigung *f*; **natural t.** Naturgabe *f*, N.talent *nt*; **wasted t.** ungenutztes Talent
talented *adj* begabt, talentiert, veranlagt; **less t.** minderbegabt
talent hunting Talentsuche *f*; **t. money** Leistungsvergütung *f*, L.bonus *m*; **t. scout/spotter** Talentsucher *m*; **t. spotting** Talentsuche *f*
tale quale (t/q) *adv* *(lat.)* *(Ware)* gemäß Muster
talisman *n* Glücksbringer *m*, Talisman *m*
talk *n* 1. Gespräch *nt*, Aussprache *f*, Unterhaltung *f*, U.redung *f*, Besprechung *f*; 2. Vortrag *m*; 3. Gerede *nt*; **t.s** Verhandlungen; **on t. of** wegen Gerüchten über; **t.s about** s Sondierungsgespräche; **t. of the town** Tages-, Stadtgespräch *nt*, S.klatsch *m*
to be the talk of the town in aller Munde sein; **it's the t. of the town** die Spatzen pfeifen es von den Dächern *(coll)*; **to fob so. off with empty t.** jdn mit hohlen Phrasen abfertigen; **to have a serious t. with so.** jdm ins Gewissen reden; **to hold t.s with** Gespräche führen mit; **to open t.s** Gespräche/Verhandlungen aufnehmen; **to resume t.s** Gespräche wieder aufnehmen
confidential talk vertrauliches Gespräch; **cross t.** Übersprechen *nt*; **exploratory t.s** Erkundungs-, Sondierungs-, Vorgespräche, Sondierungen, informative Gespräche; **face-to-face t.** Gespräch unter vier Augen; **financial t.s** Finanzbesprechung *f*; **fresh t.s** neue Gespräche; **gloomy t.** Schwarzmalerei *f*; **idle t.** Geschwätz *nt* *(pej.)*, leeres/müßiges Gerede; **interdepartmental t.s** Ressortgespräch *nt*; **introductory t.** Einführungsreferat *nt*; **loose t.** lose Reden; **pep t.** aufmunternde Worte; **plain t.** unverblümte Redeweise;

preliminary t.s Vorgespräche; **small t.** belanglose Konversation, Plauderei *f*; **top-level t.s** Verhandlungen auf höchster Ebene; **tough t.** harte Sprache; **~ t.s** zähe Verhandlungen
talk *v/ti* 1. sprechen, reden; 2. plaudern, sich unterhalten; **t. down** zerreden, herunterreden; **t. so. into (doing) sth.** jdn zu etw. überreden, jdm etw. aufschwatzen *(coll)*, jdn breitschlagen/bequatschen *(coll)*; **t. sth. over with so.** etw. mit jdm durchsprechen; **t. to o.s.** Selbstgespräche führen; **~ so.** mit jdm sprechen; **t. sth. up** etw. schönreden/hochjubeln; **to like to hear o.s. t.** sich gerne reden hören; **t. big** *(coll)* den Mund voll nehmen *(fig)*, große Reden führen, Sprüche klopfen *(coll)*; **t. ill of so.** schlecht über jdn sprechen; **t. nineteen to the dozen** *(coll)* wie ein Buch/Wasserfall reden, am laufenden Band reden; **t. things over with so.** alles mit jdm besprechen
talkative *adj* gesprächig, redselig
talk|back *n* Gegensprechanlage *f*; **t. button** Sprechtaste *f*
to be talked about; to get o.s. t. about *adj* ins Gerede kommen
talkie *n* [US] *(coll)* (früher) Tonfilm
to be always talking about sth. etw. ständig im Munde führen; **to do some straight t.** *(coll)* Fraktur/Tacheles reden *(coll)*
talking film *n* Tonfilm *m*; **t. point** Gesprächsthema *nt*; **t. shop** *(coll)* *(Parlament)* Schwatzbude *f* *(coll)*; **t. show** Talkshow *f*; **t. stage** Gesprächsstadium *nt*; **t.-to** *n* Standpauke *f* *(coll)*
tall *adj* hoch(gewachsen), groß
tallow *n* Talg *m*
tally *n* 1. Kontrollzeichen *nt*, Zahlstrich *m*; 2. Strichliste *f*, S.markierung *f*, (Waren)Liste *f*, Aufstellung *f*, Konto(gegen)buch *nt*; 3. Nach-, Überprüfung *f*; 4. (Ab-/Gegen)Rechnung *f*, (Konten)Übereinstimmung *f*; 6. Anzahl *f*; 7. Kupon *m*, Marke *f*, Etikett *nt*; **to keep a t. of** Buch führen über
tally *v/ti* 1. kontrollieren, abhaken; 2. aus-, bezeichnen, registrieren; 3. *(Konten)* (überein-/ab)stimmen, tallieren, aufgeben; **t. up** Kasse(nsturz) machen, zusammenrechnen
tally clerk (Fracht-/Ladungs-/Staugüter)Kontrolleur *m*, Tallyman *m* *(coll)*; **t.man** *n* *(coll)* 1. (Fracht-/Ladungs-/Staugüter)Kontrolleur *m*; 2. *(Abzahlungsgeschäft)* Kassierer *m*; **t. roll** Kassenrolle *f*; **t. sheet** Kontroll-, Strichliste *f*, Rechnungsbogen *m*, Zählblatt *nt*; **~ method** Strichelverfahren *nt*; **t. shop** [GB] Abzahlungsgeschäft *nt*; **t. system/trade** Ab-, Teilzahlungsgeschäft *nt*, Ab-, Teilzahlungssystem *nt*
talon *n* Talon *m*, Erneuerungsschein *m*, Zinskupon *m*, Z.leiste *f*, Z.bogen *m*, Allonge *f* *(frz.)*; **t. tax** Zinsbogen-, Talonsteuer *f*
tame *adj* zahm, lahm, friedlich, harmlos; *v/t* zähmen, bändigen
tamper with sth. 1. sich an etw. vergreifen, ~ zu schaffen machen; 2. *(Konten/Urkunde)* fälschen
tampering with jurors *n* [§] Geschworenenbeeinflussung *f*; **~ witnesses** Zeugenbeeinflussung *f*, Beeinflussung von Zeugen

tamper-proof *adj* eindringungssicher
tan *n* 1. Bräune *f*; 2. *(Gerbung)* Lohe *f*; *v/t* gerben
tandem *n* Tandem *nt*; **in t. with** im Gespann mit, gemeinsam; **t. operation** Tandembetrieb *m*
tangent *n* π Tangente *f*; **to go off on a t.** *(fig)* vom Thema abkommen, abschweifen
tangible *adj* greifbar, materiell, konkret, handfest, real; **t.s** *pl* Sachvermögen *nt*
tangle *n* Gewirr *nt*, Durcheinander *nt*; **to get into a t.** sich verheddern; **t.d** *adj* verworren
tank *n* 1. Flüssigkeits-, Großbehälter *m*, Tank *m*, Kessel *m*, (Wasser)Speicher *m*; 2. ⚔ Panzer(fahrzeug) *m*/*nt*; **in the t.** *[US] (coll)* im Eimer *(coll)*; **to fill up a t.** Tank auffüllen; **septic t.** Faul-, Klärbehälter *m*
tank *v/i* tanken; **t. up** 1. auf-, volltanken; 2. *[GB] (coll)* sich betrinken
tankard *n* Humpen *m*, Seidel *m*, Pokal *m*
tank buster ⚔ Panzerknacker *m*; **t. capacity** Tankinhalt *m*; **t. car** 🚃 Behälter-, Kessel-, Tankwagen *m*; **t. construction** Behälterbau *m*; **t. container** Tankcontainer *m*
tanker *n* 1. ⚓ Tanker *m*, Tankschiff *nt*; 2. 🚛 Tank-, Kesselwagen *m*; 3. ✈ Tankfahrzeug *nt*, T.lastzug *m*, T.laster *m*; 4. ✈ Tankflugzeug *nt*; **giant t.** Großraumtanker *m*; **special-purpose t.** Spezialtankschiff *nt*; **t. fleet** Tankerflotte *f*; **t. plane** Tankflugzeug *nt*; **t. shipping** Tankerschifffahrt *f*; **t. tonnage** Tankertonnage *f*; **t. trade/traffic** Tankerfahrt *f*
tank farm Tanklager *nt*; **t. truck** 🚛 Tankwagen *m*, T.lastzug *m*; **t. wag(g)on** 🚃 Kessel-, Tankwagen *m*
tanner *n* Gerber *m*; **t.y** *n* Gerberei *f*
tannin *n* Tannin *nt*
tanning salon *n* *[US]* Bräunungsstudio *nt*
tannoy *n* ™ Lautsprecher(anlage) *m*/*f*
tanta|lize *v/t* auf die Folter spannen *(fig)*, zappeln lassen *(coll)*; **t.lizing** *adj* verführerisch, verlockend
tantamount to *adj* gleichbedeutend/gleichwertig mit, so viel wie; **to be t. to** gleichkommen, auf dasselbe hinauslaufen
tantrum *n* Raserei *f*, Wutanfall *m*; **to have/throw a t.** Wutanfall bekommen
tap *n* (Zapf)Hahn *m*; **on t.** 1. vom Fass; 2. *(fig) (Wertpapiere)* jederzeit unbegrenzt lieferbar; **to issue on t.** laufend Wertpapiere ausgeben; **short t.** kurzfristige Regierungsanleihe
tap *v/t* 1. anzapfen, entnehmen, anbrechen, angreifen; 2. *(Ressourcen)* erschließen; 3. ✆ abhören; **t. out** 🖥 tippen; **t. bill** *[GB]* Schatzwechsel *m*
tape *n* 1. (Klebe-/Maß)Band *nt*; 2. Tonband(kassette) *nt*/*f*; 3. Papier-, Lochstreifen *m*; **to record on t.** Tonband besprechen, auf Band nehmen; **adhesive t.** Klebeband *nt*, ™ Tesafilm *m*; **blank t.** Leerkassette *f*; **continuous t.** Endloslochstreifen *m*; **gummed t.** Klebeband *nt*, K.streifen *m*; **~ sealer** Klebeapparat *m*; **insulating t.** ⚡ Isolierband *nt*
magnetic tape Magnet(ton)-, Tonband *nt*; **~ clearing** 🖥 Datenträgeraustausch *m*; **~ drive** Bandlaufwerk *nt*; **~ file** Magnetbanddatei *f*; **~ library** Magnetbandarchiv *nt*, M.bibliothek *f*; **~ storage** Magnetbandspeicher *m*; **~ unit** (Magnet)Bandgerät *nt*

perforated/punched tape 🖥 Lochstreifen *m*; **red t.** *(coll)* Papierkrieg *m*, Bürokratismus *m*, Bürokratie *f*, Amtsschimmel *m* *(coll)*, bürokratischer Kleinkram/Aufwand; **standard t.** Bezugsband *nt*; **sticky t.** *(coll)* Klebeband *nt*; **transmitting t.** *(Radio)* Sendestreifen *m*
tape *v/t* 1. (ver)kleben; 2. auf Tonband aufnehmen, mitschneiden
tape card 🖥 Lochstreifenkarte *f*; **t. cartridge/cassette** (Magnet)Band-, Tonbandkassette *f*; **t. code** Lochstreifenkode *m*; **t. control** Bandsteuereinheit *f*; **t.-controlled** *adj* lochstreifengesteuert; **t. editing** Bandaufbereitung *f*; **t. feed** Band-, Lochstreifenvorschub *m*, Band-, Streifenzuführung *f*; **t. file** Banddatei *f*, B.datenbestand *m*; **t. length** Bandlänge *f*; **t. library** Bandarchiv *nt*, B.bibliothek *f*; **t. machine** (Börsen)Fernschreiber *m*, B.telegraf *m*; **t. mark** Bandschreibmarke *f*; **t. measure** Bandmaß *nt*, Messband *nt*, M.schnur *f*; **t. operating system** Bandbetriebssystem *nt*; **t. organization** Bandorganisation *f*; **t. perforator/punch** (Loch)Streifenlocher *m*, (Loch)Streifenstanzer *m*; **t. punch unit** Streifenlocher *m*; **t. quotation** Tickernotierung *f*, telegrafische Notierung
taper *n* *(Form)* Verjüngung *f*; *v/i* spitz zulaufen; **t. off** langsam aufhören/auslaufen, (allmählich) abnehmen, abflauen, sich verjüngen
tape reader (Loch)Streifenleser *m*; **t. record** Bandsatz *m*, B.aufzeichnung *f*; **t.-record** *v/t* auf Band aufnehmen; **t.-recorder** *n* Tonband-, Magnetbandgerät *nt*; **t. recording** (Ton-/Magnet)Bandaufzeichnung *f*, (Ton) Bandaufnahme *f*; **t. reel** Bandrolle *f*, (Ton)Bandspule *f*; **t. perforator** Lochstreifenstanzer *m*
tapering *n* *(Form)* Verjüngung *f*; *adj* spitz zulaufend, sich verjüngend
taper relief *(Steuer)* Staffelbegünstigung *f*, S.vergünstigung *f*
red tapery *n* *(pej.)* Bürokratentum *nt*, Bürokratismus *m*
tape sort 🖥 Magnetbandsortierprogramm *nt*; **t. speed** Bandgeschwindigkeit *f*; **t. storage/store** Bandspeicher *m*; **t. streamer** 🖥 Streamer *m*; **t. transcript** Tonbandkopie *f*; **t. transport** Band-, Lochstreifenvorschub *m*; **t.worm** *n* 🐛 Bandwurm *m*
tap issue 1. Daueremission *f*, laufende Emission, Platzierung außerhalb des Publikumsverkehrs; 2. *[GB]* Regierungsanleihe *f*; **t. issuer** Dauerremittent *m*
tapper *n* Morsetaste *f*
tappet *n* ⚙ (Ventil)Stößel *m*
tapping device *n* ✆ Abhöranlage *f*
tap rate *[GB]* Schatzwechselsatz *m*, Diskontsatz für kurzfristige Schatzwechsel; **t.room** *n* Schankraum *m*, S.stube *f*; **t. stock** *[GB]* Daueremission *f*, Geldmarktpapier *nt*, laufend ausgegebene Schatzwechsel, Anleihe ohne Begrenzung des Gesamtbetrags; **t. water** Leitungswasser *nt*
tar *n* Teer *m*; *v/t* teeren; **t. and feather** teeren und federn
tardiness *n* Verspätung *f*, Säumigkeit *f*; **t. of the rally** *(Börse)* späte Erholung
tardy *adj* säumig, (reichlich) spät
tare *n* Tara *f*, Gut-, Leer-, Verpackungsgewicht *nt*, tote Last; **t. and tret** Tara und Gutgewicht; **to allow for t.**

Tara abrechnen, für ~ vergüten; **average t.** Durchschnittstara *f*; **clear t.** reine Tara; **converted t.** umgerechnete Tara; **customary t.** (handels)übliche Tara; **net t.** Nettotara *f*, reine Tara; **original t.** Originaltara *f*; **real t.** wirkliche Tara
tare *v*/*t* tarieren
tare account/note Abgangs-, Tararechnung *f*; **t. tariff** Taratarif *m*; **t. weight** Tara-, Verpackungsgewicht *nt*
target *n* (Plan)Ziel *nt*, Ziel-, Sollvorgabe *f*, Planungssoll *nt*, P.ansatz *m*, Richtwert *m*; **t. for growth** Wachstumsziel *nt*; **t. of a takeover bid** Ziel/Opfer des Übernahmeangebots; **short of the t.** hinter dem Ziel/Soll zurück **to be above/below target** über/unter dem Soll liegen; **~ off t.** Ziel verfehlen; **~ on t.** im Plan sein/liegen, auf Kurs liegen/sein; **~ short of the t.** hinter dem Ziel/Soll zurückbleiben; **to fail to meet the t.** 1. Ziel verfehlen; 2. Frist überschreiten; **to hit the t.** *(fig)* Ziel erreichen; **to overshoot the t.** Ziel überschreiten; **to set a t.** Ziel vorgeben; **to undershoot a t.** hinter dem Ziel zurückbleiben, Soll/Ziel nicht erreichen
adequate target Kalkulationszinssatz *m*; **conditional t.** bedingtes Ziel; **economic t.** wirtschaftspolitisches Ziel, wirtschaftliche Zielsetzung; **environmental t.** Umweltziel *nt*; **financial t.** Finanzziel *nt*; **intermediate t.** Zwischenziel *nt*; **maximum t.** Höchstsoll *nt*; **medium-term t.** mittelfristiges Ziel; **monetary t.** Geldmengenvorgabe *f*, G.ziel *nt*, geldpolitisches Ziel, Ziel der Geldpolitik; **planned t.** Planungsziel *nt*; **primary t.** unmittelbares Ziel; **quantitative t.** quantitative Zielvorgabe *f*; **set t.** Planziel *nt*, Sollvorgabe *f*; **short-term t.** kurzfristiges Ziel; **upside t.** Kursziel *nt*; **year-on-year t.** Verlaufsziel *nt*
target *v*/*t* 1. Ziel bestimmen/anpeilen; 2. als Zielgruppe haben; 3. *(Kunden)* ansprechen; **t. for** vorsehen/bestimmen für; **t. on** gezielt einsetzen, abzielen auf
target amount Richtsumme *f*; **t. area** Zielbereich *m*, Z.gebiet *nt*; **t. audience** Zielpublikum *nt*; **t. band** Zielkorridor *m*; **t. budget** Haushalts-, Budgetsoll *nt*; **t. calculation** Plan-, Zielkalkulation *f*, Z.kalkül *nt*; **t. ceiling** Obergrenze *f*; **t. company** für die Anlage in Frage kommende Gesellschaft, Zielgesellschaft *f*; **t. and performance comparison** Soll-Ist-Vergleich *m*; **t. cost(s)** Budget-, Plan-, Soll-, Richt-, Vorgabekosten *pl*, vorkalkulierte Kosten; **t. costing** Kostenkalkulation *f*; **t. customers** *(Kunden)* Zielgruppe *f*; **t. date** (End-/Liefer-/Soll)termin *m*, Stichtag *m*, angestrebter Termin; **t. dividend** Plandividende *f*
targeted *adj* geplant, angestrebt, zielgesichert
target event Zielereignis *nt*; **t. figure** Plan(ungs)-, Sollzahl *f*, S.ziffer *f*, Zielgröße *f*, Richt-, Plansumme *f*
target group Zielgruppe *f*, Adressatenkreis *m*; **t. g. activities** Zielgruppenarbeit *f*; **~ marketing** Zielgruppenmarketing *nt*; **~-orient(at)ed** *adj* zielgruppenorientiert
target net income geplantes Betriebsergebnis; **t. inventory (level)** Ziel-, Soll-, Richtbestand *m*; **t. language** Zielsprache *f*; **t. market** Zielmarkt *m*, Z.gruppe *f*; **t. output** Sollproduktion *f*; **t. performance** Normalleistung *f*; **~ comparison** Soll-Ist-Vergleich *m*; **t. planning** Zielplanung *f*; **t. population** ▦ Zielgesamtheit *f*; **t.**

portfolio Zielportfolio *nt*; **t. price** (Markt)Richt-, Ziel-, Orientierungspreis *m*, angestrebter Preis; **basic t. price** (Grund)Richtpreis *m*; **t. pricing** Preisermittlung auf Grund angestrebter Kapitalverzinsung; **t. production** (Produktions)Sollmenge *f*; **t. program(me)** Zielprogramm *nt*; **t. projection** Zielprojektion *f*; **t. quantity** Richtmenge *f*; **t. range** Zielausmaß *nt*, Z.band *nt*, Z.bereich *m*, Z.korridor *m*, Z.spanne *f*, Bandbreitenziel *nt*, angepeilte Bandbreite; **flexible t. range** Bandbreitenflexibilität *f*; **t. rate** Richtsatz *m*; **~ of return** Rentabilitätsziel *nt*, angestrebte Kapitalverzinsung; **t. return pricing** Gewinnzielkalkulation *f*; **t. risk** attraktives/ versicherbares Risiko
monetary targetry *n* finanzpolitische Zielvorgaben
target saving Zwecksparen *nt*; **t.-setting** *n* Zielvorgabe *f*; **t. sum/total** Plan-, Richtsumme *f*; **t. value** Planungs-, Richtwert *m*; **t. variable** Zwischenzielvariable *f*, (stellvertretende) Zielvariable; **t. yield** Sollaufkommen *nt*; **t. zone** *(IWF)* Ziel(kurs)zone *f*; **~ objectives** Ziel(kurs)zonensystem *nt*

tariff *n* 1. (Fracht)Tarif *m*, Tarifschema *nt*; 2. Gebühren-, Preisverzeichnis *nt*, P.liste *f*, Gebührenordnung *f*, Gebühren-, Kostensatz *m*; 3. ⊖ Zolltarif(satz) *m*, Z.gebühr *f*; 4. Fahrpreisbestimmungen *pl*; 5. Versicherungstarif *m*; **as per t.**; **in accordance with the t.** laut Tarif, tarifmäßig; **t. of charges** Gebührentabelle *f*
to deregulate tariffs Tarife freigeben; **to fix a t.** Tarif festsetzen; **to harmonize t.s** Tarife angleichen; **to raise a t.** Tarif erhöhen, Tariferhöhung vornehmen
ad-valorem *(lat.)* **tariff** ⊖ Wertzoll(tarif) *m*; **antidumping t.** Antidumpingzoll *m*, Dumpingbekämpfungszoll *m*; **authorized t.** genehmigter Tarif; **autonomous t.** autonomer Zoll/Tarif; **collective t.** Sammeltarif *m*; **common t.** *(EU)* gemeinsamer Außenzoll (tarif); **compensating/compensatory t.** Ausgleichszoll *m*, A.abgabe *f*; **competitive t.** Wettbewerbstarif *m*; **compound t.** Mischzoll *m*; **contractual/conventional t.** Vertragszoll *m*, V.tarif *m*, Konventionalzolltarif *m*; **differential t.** Differenzialzoll *m*, D.tarif *m*; **discriminating t.** diskriminierender Zoll; **domestic t.** 1. Binnentarif *m*; 2. ⚡/(Gas/Wasser) Haus(halts)tarif *m*; **double-column t.** Zweispaltentarif *m*; **educational t.** Erziehungszoll *m*; **effective t.** Effektivzoll *m*; **external t.** Außen(zoll)tarif *m*, A.zoll(satz) *m*, Ausfuhrzoll *m*; **common ~ t.** *(EU)* gemeinsamer Außenzoll(tarif); **extra-bloc t.** Außenzoll(tarif) *m*; **general t.** 1. Normalzoll *m*; 2. Normal-, General-, Einheitstarif *m*, E.gebühr *f*; **global t.** Pauschalsatz *m*; **graduated t.** Staffeltarif *m*, S.gebühr *f*, gestaffelter Tarif; **homeward/inward t.** ⚓ hereinkommender Tarif; **industrial t.** ⚡/(Gas/Wasser) Gewerbe-, Industrietarif *m*; **internal t.** Binnenzoll *m*; **special ~ t.** Binnenamtarif im Binnenverkehr; **intra-bloc t.** Binnentarif *m*; **invisible t.** unsichtbarer Zoll; **lawful t.** gesetzlich zulässiger Tarif; **maximum t.** Höchst-, Maximalzoll *m*; **minimum t.** Minimal-, Mindestzoll *m*; **mixed t.** 1. Mischzoll *m*; 2. gemischter Tarif; **most-favoured-nation t.** Meistbegünstigungstarif *m*; **multiple t.** Mehrfachzoll *m*; **night-and-day t.** ⚡ Tag- und Nacht(strom)tarif *m*; **nominal t.** Nominalzoll

off-peak-**tariff** 1138

m; **off-peak t.** ⚡ Nacht(strom)tarif *m*; **optimum t.** Optimalzoll *m*; **outward t.** ⚓ ausgehender Tarif; **postal t.** ✉ Postgebührensatz *m*, P.tarif *m*, Portosatz *m*, P.tarif *m*
preferential tariff Präferenz-, Vorzugszoll *m*, V.tarif *m*, Vergünstigungs-, Begünstigungstarif *m*, Meistbegünstigungszoll *m*, M.tarif *m*, Zollvorzugstarif *m*, Z.vergünstigung *f*; **to be accorded p. t.s** Präferenz genießen; **p. t. arrangement** Zollpräferenzregelung *f*; **~ list** Zollbegünstigungsliste *f*; **~ rate** Präferenzzollsatz *m*; **~ treatment** Abgabenvergünstigung *f*
prohibitive tariff Prohibitiv-, Speerzoll *m*
protective tariff Schutzzoll(tarif) *m*, Abwehrzoll *m*; **~ policy** Schutzzollpolitik *f*; **~ on imports** Importschutzzoll *m*
retaliatory tariff Vergeltungs-, Retorsions-, Kampfzoll *m*; **seasonal t.** saisonaler/saisonbedingter Tarif; **single t.** ⊖ autonomer Tarif; **single-column t.** Einspaltentarif *m*; **single-schedule t.** Einheits(zoll)-, Generaltarif *m*; **sliding(-scale) t.** Gleitzoll *m*, gleitender/degressiver/progressiver Tarif, ~ Zoll; **special t.** Sondertarif *m*; **specific t.** Mengentarif *m*, M.zoll *m*; **standard/uniform t.** 1. Einheitszoll *m*; 2. Einheitsgebühr *f*, E.tarif *m*, Regelklasse *f*; **suspended t.** suspendierter/ausgesetzter Zoll; **through t.** Durchtarif *m*; **triple-column t.** Dreispaltentarif *m*; **two-column t.** Zweispaltentarif *m*; **two-part t.** gespaltener Tarif; **unilinear t.** Einheits-, General-, Einspaltentarif *m*
tariff *v/t* 1. Tarif aufstellen, Tarifwert festsetzen; 2. mit Zoll belegen
tariff act Zollgesetz *nt*; **t. adjustment** 1. Zoll(tarif)angleichung *f*, Z.anpassung *f*; 2. ⚡/(Gas)/♦ Tarifanpassung *f*, T.erhöhung *f*; **t. advantage** Zollvorteil *m*; **t. agreement** 1. Zollabkommen *nt*, Z.vertrag *m*, Z.vereinbarung *f*; 2. Tarifabkommen *nt*, T.vereinbarung *f*; **collective t. agreement** Manteltarif(abkommen) *m/nt*; **t. amendment** Tarifänderung *f*; **t. area** Gebühren-, Tarifzone *f*, T.bezirk *m*; **t. association** Tarifverband *m*
tariff barriers (to trade) tarifäre Handelshemmnisse, Zollschranken; **to lower the t. barriers** Zollschranken abbauen; **non-t. b.** nichttarifäre Handelshemmnisse
tariff base Verzollungs-, Tarifgrundlage *f*; **t. burden** Zollbelastung *f*; **t. bureau** *(Vers.)* Tarifverbund *m*; **t. category** Tarifgruppe *f*, T.kategorie *f*; **t. ceiling** Zollplafond *m*; **t. change** (Zoll)Tarifänderung *f*; **t. charge** Tarifgebühr *f*; **t. class** Tarifklasse *f*; **t. classification** Tarifierung *f*, zolltarifliche Einstufung, Einteilung zollpflichtiger Güter; **t. code** 1. Zolltarifkennziffer *f*; 2. *[US]* Zollgesetz *nt*; **t. committee** Tarifausschuss *m*; **t. community** Tarifgemeinschaft *f*; **t. concession(s)** Zollkonzession *f*, Z.zugeständnis *nt*, Zugeständnisse auf dem Gebiet des Zollwesens; **t. concession list** Zollbegünstigungsliste *f*; **t. currency** Tarifwährung *f*; **t. customer** ⚡/(Gas)/♦ Tarifkunde *m*; **t. cut** 1. Zoll(tarif)senkung *f*; 2. Tarifsenkung *f*; **linear t. cut** lineare Zollsenkung; **t. description** Warenbezeichnung *f*, tarifliche Beschaffenheit, zolltarifliche Benennung; **t. differential** Tarifgefälle *nt*, Zollunterschied *m*; **t. discrimination** Tarifdiskriminierung *f*, diskriminierende Zollpolitik; **t. dismantlement** Zollabbau *m*; **t. duty** Ta-

rifzoll *m*; **t. equilibrium** zollpolitisches Gleichgewicht; **t. formula** Tarifformel *f*; **t.-free** *adj* zoll-, abgabenfrei; **t. harmonization** Zollharmonisierung *f*, Angleichung der Zölle/Zolltarife; **t. heading** Zoll-, Tarifposition *f*, T.nummer *f*
tariffication *n* (Zoll)Tarifierung *f*, Tarifgestaltung *f*; **t. problem** Tarifierungsfrage *f*
tariff increase 1. Zollerhöhung *f*, Z.anhebung *f*; 2. Tariferhöhung *f*; **t. information** Zollinformation *f*, Z.auskunft *f*
tariff issue Tarifstreit *m*; **t. item** Zoll-, Tarifposition *f*, T.posten *m*; **to classify under a t. item** unter eine Tarifposition einreihen; **t. jurisdiction** Zollhoheit *f*; **t. laws** Zoll(tarif)recht *nt*; **t. legislation** Zollgesetzgebung *f*; **t. level** 1. Gebühren-, Tarifhöhe *f*; 2. Zollhöhe *f*; **t. liberalization** Liberalisierung der Zölle; **t. line** Zolltariflinie *f*, Tarifposten *m*; **t. measure** Zollmaßnahme *f*; **t. negotiations** 1. Zollverhandlungen; 2. Tarifverhandlungen; **t. nomenclature** Zolltarifschema *nt*, Z.warenverzeichnis *nt*; **t. organization** *(Vers.)* Tarifverbund *m*; **t. policy** 1. Gebührenpolitik *f*; 2. (Zoll)Tarifpolitik *f*; **preference** Zollpräferenz *f*, (Zoll)Tarifbegünstigung *f*, Zollvergünstigung *f*; **t.-protected** *adj* zollgeschützt; **t. protection** Zoll-, Außenschutz *m*, Schutz durch Zölle; **t. provision** (Zoll)Tarifbestimmung *f*, Zollbestimmung *f*; **t. quota** Zollkontingent *nt*; **to grant a t. quota** Zollkontingent eröffnen; **t. range** Tarifspanne *f*
tariff rate 1. Tarif-, Zollsatz *m*; 2. Tariffracht *f*; 3. *(Vers.)* Prämientarif *m*; **to adjust/align t. r.s** Zollsätze angleichen; **t. r. burden** *(Steuer)* Tarifbelastung *f*; **~ quota** Zollkontingent *nt*
tariff rating Tarifeinstufung *f*; **t. reduction** 1. Zollermäßigung *f*, Z.senkung *f*, Z.(tarif)abbau *m*, Z.kürzung *f*; 2. Tarifermäßigung *f*, T.kürzung *f*; **t. reform** 1. *[GB]* Schutzzollpolitik *f*; 2. *[US]* Freihandelspolitik *f*; 3. (Zoll)Tarifreform *f*; **t. regime** Zollordnung *f*, Verzollungssystem *nt*, V.grundlagen *pl*; **t. regulations** Zoll-, Tarifbestimmungen, T.vorschriften; **t. restrictions** Zollbeschränkungen; **t. revision** Tarifänderung *f*; **t. ring** Versicherungskartell *nt*; **t. rules** Tarifbestimmungen; **t. ruling** Zolltarifentscheidung *f*; **t. scale** Tarifstaffelung *f*; **t. schedule** Zolltarif *m*; **t. statistics** Tarifstatistik *f*; **t. structure/system** Zoll-, (Zoll)Tarifsystem *nt*, (Zoll)Tarifstruktur *f*; **t. treatment of goods** zolltarifliche Behandlung der Waren; **t. treaty** Zollabkommen *nt*, Z.vertrag *m*; **t. union** Zollunion *f*; **t. value** Tarifwert *m*; **t. wall** Zollmauer *f*, Z.schranke *f*; **t. war** Zollkrieg *m*; **t.-wise** *adj* tarifmäßig; **t. zone** Tarifgebiet *nt*
tarmac *n* Asphalt *m*; *v/t* asphaltieren
tarnish *v/ti* 1. beschmutzen, beflecken; 2. matt werden, anlaufen
tar paper *n* *[US]* Dach-, Teerpappe *f*
tarpaulin *n* 1. ⚓ Persenning *f*; 2. 🚗 (Schutz-/Wagen)Plane *f*, Verdeck *nt*; 3. Zelt(plane) *nt/f*; **t.s** Ölzeug *nt*
tarry *v/i* verweilen, säumen
tart factor *n* *[GB] (pej.) (Politik)* Quotenregelung *f*
task *n* (Arbeits)Aufgabe *f*, Auftrag *m*
to assign a task (to so.) (jdm) eine Aufgabe stellen/zuweisen; **to be (un)equal to a t.; (not) ~ up to a t.** einer

Aufgabe (nicht) gewachsen sein; **to carry out a t.** Aufgabe wahrnehmen/erfüllen; **to cope with a t.** Aufgabe bewältigen; **to facilitate a t.** Aufgabe erleichtern; **to perform a t.** Aufgabe erfüllen, Arbeit verrichten; **to take so. to t.** sich jdn vornehmen/vorknöpfen *(coll)*, jdn ins Gebet nehmen
assigned task zugewiesene Aufgabe; **common t.** Gemeinschaftsaufgabe *f*; **cross-departmental/cross-sectional t.** Querschnittsaufgabe *f*; **difficult/onerous t.** schwere/schwierige Aufgabe; **elementary t.** Elementaraufgabe *f*; **fascinating t.** faszinierende Aufgabe; **financial t.** finanzielle Aufgabe; **low-grade/menial t.** einfache/untergeordnete Arbeit; **major t.** 🖥 Hauptprozess *m*; **non-financial t.** Sachaufgabe *f*; **main operational t.** Hauptaufgabenbereich *m*; **rewarding t.** dankbare Aufgabe; **special t.** Sonderaufgabe *f*; **~ contract** Werkvertrag *m*; **specified t.** eindeutige Aufgabe; **structured t.** strukturierte Aufgabe; **uphill t.** schwere Aufgabe; **well-structured t.** gut strukturierte Aufgabe
task allocation/assignment 1. Aufgabenzuweisung *f*; 2. Personalorganisation *f*; **t. analysis** Aufgaben-, Tätigkeitsanalyse *f*
tasker *n* 🖙 Landarbeiter auf Naturallohnbasis
task force Sonder-, Spezialeinheit *f*, Einsatz-, Sonderkommando *nt*, Arbeits-, Einsatzgruppe *f*, Ausschuss *m*
single tasking *n* Einzelverarbeitung *f*
task management 1. Aufgabenverwaltung *f*; 2. 🖥 Prozesssteuerung *f*, P.verwaltung *f*; **t. manager** 🖥 Aufgabenverwalter *m*; **t.master** *n* strenger Arbeitgeber/Chef, Leuteschinder *m* *(coll)*; **t.-orient(at)ed** *adj* sachbezogen, sach-, ziel-, aufgabenorientiert; **t. station** 🖥 Aufgabenträger *m*; **t. structuring** Aufgabenstrukturierung *f*, A.gliederung *f*, Objekt-, Zweckgliederung *f*; **t. synthesis** Aufgabensynthese *f*; **t. system** Aufgabensystem *nt*; **t. variable** aufgabenorientierte Variable; **t. wage** Akkordlohn *m*; **t. work** 1. Akkord-, Stückarbeit *f*; 2. unangenehme Arbeit; **t. worker** Akkordarbeiter(in) *m/f*
taste *n* Geschmack *m*; **every man to his t.** *(prov.)* jedem Tierchen sein Pläsierchen *(prov.)*
to cater for all taste|s jedem Geschmack gerecht werden, für jeden Geschmack etw. bieten; **to give so. a t. of his own medicine** jdm etw. in gleicher Münze heimzahlen; **to have a t. for sth.** Vorliebe für etw. haben; **to indulge one's t.(s)** seiner Neigung frönen; **to offend against good t.** den guten Geschmack verletzen; **to suit so.'s t.** jds Geschmack entsprechen
bad taste Geschmack-, Taktlosigkeit *f*; **in ~ t.** geschmacklos, abgeschmackt; **to leave a ~ t.** üblen Nachgeschmack hinterlassen; **extravagant t.** ausgefallener Geschmack; **gustatory t.** Geschmackssinn *m*; **insipid t.** fader Geschmack; **personal t.** individueller Geschmack; **popular t.** Publikumsgeschmack *m*; **to cater for ~ t.s** dem allgemeinen Geschmack gerecht werden; **prevailing t.** vorherrschender Geschmack; **public t.** Publikumsgeschmack *m*; **sophisticated t.** raffinierter Geschmack
taste *v/ti* 1. probieren; 2. schmecken; **t.ful** *adj* geschmackvoll; **t.less** *adj* geschmacklos, scheußlich; **t.r** *n* Probierer *m*

tasting *n* *(Wein usw.)* Probe *f*
tasty *adj* 1. schmackhaft; 2. geschmackvoll
in tatters *pl* *(coll)* ramponiert, ruiniert; **to be in t.** *(Ruf)* angeschlagen sein
tattoo *n* Tätowierung *f*; *v/t* tätowieren
tavern *n* Wirtshaus *nt*, Kneipe *f*, Schenke *f*, Bierlokal *nt*
tax *n* Steuer *f*, Besteuerung *f*, Abgabe *f*, Gebühr *f*, Taxe *f*; **t.es** Steuern; **after t.** nach Steuerabzug, versteuert, nach (Abzug der) Steuern, netto; **before t.** vor (Abzug der) Steuern, vor Steuerabzug, unversteuert, brutto; **less t.(es)** abzüglich Steuer(n); **plus t.** zuzüglich Steuer; **subject to t.** steuerpflichtig
tax on alcohol Alkoholsteuer *f*; **~ betting** (Renn)Wettsteuer *f*; **~ beverages** Getränkesteuer *f*; **~ electric bulbs and fluorescent fittings** Leuchtmittelsteuer *f*; **~ capital** Vermögensabgabe *f*, V.steuer *f*; **~ capital income** Kapitalertrag(s)steuer *f*; **~ capital outlays** Investition(s)steuer *f*; **~ cars** Kraftfahrzeugsteuer *f*; **t.es and other fiscal charges** Steuern und Abgaben; **t. on consumption** Aufwand-, Verbrauch(s)-, Konsumsteuer *f*, Verbrauchsabgabe *f*; **~ corporations** Körperschaft(s)steuer *f*; **~ dividends** Dividendensteuer *f*; **t.es and dues** Steuern und Abgaben; **~ duties** Steuern und Zölle; **t.es, duties, imports and excises** *[US]* Steuern, Zölle und Abgaben; **t. on earnings** Ertrag(s)-, Gewinnsteuer *f*, G.besteuerung *f*; **~ expenditure** Aufwand(s)-, Verbrauch(s)steuer *f*; **~ exports** Ausfuhr-, Exportsteuer *f*; **penal ~ exports** Exportstrafsteuer *f*; **~ gifts made during (so.'s) life(time)** Besteuerung von Schenkungen unter Lebenden; **~ hydrocarbon fuels** Mineralöl-, Treibstoffsteuer *f*; **~ imports** Einfuhr-, Importsteuer *f*; **~ income** Einkommen(s)-, Gewinnsteuer *f*; **t.es on income and profit** Steuern vom Einkommen und Ertrag; **~ , profit and net worth** Steuern vom Einkommen, Ertrag und Vermögen; **t. on income and property** Steuer auf Einkommen, Ertrag und Vermögen; **~ non-capital income** Substanzsteuer *f*; **~ increment value** Wertzuwachssteuer *f*; **~ interest payments** Zinsabschlagsteuer *f*; **t. in kind** Naturalabgabe *f*; **t. on land** Grundsteuer *f*; **~ land acquisition** Grunderwerbssteuer *f*; **~ notes and bills of exchange** Wechselsteuer *f*; **~ note issue** Banknotensteuer *f*; **~ playing cards** (Spiel-)Kartensteuer *f*; **t.es on profits** ertragsabhängige/gewinnabhängige Steuern, Gewinn-, Ertragsbesteuerung *f*; **t. levied on a property** Objektsteuer *f*; **t. on property and transactions** Besitz- und Verkehr(s)steuern *pl*; **~ real estate** Grund(stück(s))steuer *f*; **t. at source** Quellensteuer *f*; **t. on a surrogate product** Surrogatsteuer *f*; **~ turnover** Umsatzsteuer *f*; **t.(es) on non-income values** Substanzsteuer(n) *f/pl*; **t. on total wages paid** Lohnsummensteuer *f*; **~ sparkling wines** Schaumwein-, Sektsteuer *f*
tax applied locally Steuer mit örtlichem Geltungsbereich; **t. assessed on a fiscal-year basis** Jahressteuer *f*; **t. based on assessed value** Einheitswertsteuer *f*; **t. chargeable as expense** Kostensteuer *f*; **t. to be deducted** abzuziehende Steuer; **t. deducted at source** Quellensteuer(abzug) *f/m*, Abzugssteuer *f*, Steuerabzug an der Quelle; **t.es dependent on net worth** vermögensab-

tax due

hängige Steuern; **t. due** Steuersoll *nt*, S.schuld *f*, fällige/zu bezahlende Steuer; **t. included** einschließlich Steuer; **t.es incurred** entstandene Steuern; **~ levied** erhobene Steuern; **t. paid** versteuert, nach Abzug der Steuern; **t.(es) payable** Steuerschuld *f*, S.verbindlichkeiten *pl*, zu zahlende Steuer
not affecting/attracting tax steuerunschädlich, s.unwirksam, s.neutral; **clear of t.** steuerfrei; **disallowable against t.** steuerlich nicht abzugsfähig; **entitled to levy(ing) t.** hebeberechtigt; **free of t.** abgaben-, gebühren-, steuerfrei; **gross of t.** vor Steuer; **liable for/to t.** steuer-, veranlagungspflichtig, (be)steuerbar; **net of t.** nach (Abzug von) Steuern, nach Steuerabzug, netto (Steuer), versteuert
to abandon a tax Steuer aufheben; **to administer a t.** Steuer erheben/verwalten; **to allow against t.** von der Steuer absetzen, bei der Steuer in Abzug bringen; **to apportion t.es** Steuern umlegen; **to assess t.** Steuer veranlagen/berechnen/festsetzen; **~ for t.** steuerlich veranlagen; **~ t. at a flat rate** Steuer pauschalieren; **to attract t.** der Steuer unterliegen; **to avoid paying t.** Steuer (legal) umgehen/vermeiden; **to be liable for/liable to/subject to t.** der Besteuerung/Steuer(pflicht) unterliegen; **to break down a t.** Steuer aufschlüsseln; **to burden so. with t.es** jdn mit Steuern belasten/belegen, jdn steuerlich belasten; **to calculate t.** Steuern berechnen; **to charge t.; ~ a t. on** Steuer verlangen, besteuern; **to claim t. back** Steuerrückerstattung beantragen; **to collect t.es** Steuer(n) einziehen/eintreiben/einnehmen/beitreiben/hereinholen; **to cut t.** Steuer ermäßigen/herabsetzen/senken; **to deduct t. at source** Steuerabzug an der Quelle vornehmen; **~ from t.** von der Steuer absetzen; **to dodge t.** Steuer umgehen/vermeiden; **to drop a t.** Steuer niederschlagen; **to evade (paying) t.(es)** Steuer(n) hinterziehen/(illegal) umgehen, sich vor der Steuerzahlung drücken; **to exact t.es** Steuern erheben; **to exempt from t.es** von der Steuer befreien; **to impose/lay a t. on** besteuern, mit Steuer belegen, Steuer legen/erheben auf, ~ auferlegen; **to impute (a) t.** Steuer anrechnen; **to increase t.es** Steuern erhöhen; **to introduce a t.** Steuer einführen; **to levy t. (on sth.)** Steuern erheben/einziehen, Steuer auf etw. legen; **~ stiff t.es** hohe Steuern erheben; **to lift out of t.** aus der Besteuerung herausnehmen; **to load t. on** mit Steuer belasten; **to offset against t.** von der Steuer absetzen; **to pass on t.** Steuer überwälzen; **to pay t.(es)** Steuer(n) abführen/(be)zahlen/entrichten; **liable ~ t.** steuerpflichtig; **~ t. on sth.** etw. versteuern; **to put a t. on** besteuern, mit Steuer belegen; **to raise t.** Steuer erhöhen; **~ t.es** Steuer einbringen/einnehmen; **to reduce t.** Steuer ermäßigen/herabsetzen/senken; **to refund t.(es)** Steuer(n) (zurück)erstatten/rückvergüten; **to remit a t.** Steuer erlassen; **to retain t.** Steuer einbehalten; **to save t.(es)** Steuern sparen; **to scrap a t.** Steuer aufheben/fallen lassen; **to set off against t.** steuerlich/von der Steuer absetzen; **to shift t.** Steuer abwälzen/überwälzen; **to subject to t.** der Steuer unterwerfen; **to surrender t.** Steuern abführen; **to underpay t.es** zu wenig Steuern zahlen; **to waive t.(es)** Steuer(n) niederschlagen; **to withhold t.** Quellensteuer erheben, Steuer einbehalten; **to write off against t.** steuerlich abschreiben

accrued tax|es 1. Steuerschulden, fällige Steuerforderungen, angefallene Steuern; 2. *(Bilanz)* Rückstellungen für Steuern; **additional t.** Zusatz-, Nachsteuer *f*, zusätzliche Steuer; **ad-valorem** *(lat.)* **t.** Wertsteuer *f*; **anticipatory t.** Verrechnungssteuer *f*; **apportioned t.** aufgeteilte Steuer, zweckgebundene Steuer; **assessed t.** Veranlagungssteuer *f*, veranlagte Steuer; **currently ~ t.es** laufend veranlagte Steuern; **back t.es** Steuerrückstand *m*; **broad-based t.es** allgemeine Steuern; **composite-rate t. (CRT)** *[GB]* Quellensteuer auf Zinserträge; **confiscatory t.** ruinöse/konfiskatorische Steuer; **cross-border t.** grenzüberschreitende Steuer; **cumulative t.** Kumulationssteuer *f*; **declared t.es** ausgewiesene Steuern; **deferred t.** *(Bilanz)* passivierte/aufgeschobene/zurückgestellte Steuerverbindlichkeiten, gestundete/latente Steuer; **defrauded t.** hinterzogene Steuer; **degressive t.** degressive Steuer; **delinquent t.** rückständige Steuer; **direct t.** direkte Abgabe/Steuer, persönliche Steuer; **personal ~ t.es** persönliche direkte Steuern; **dividend-withholding t.** Kuponsteuer *f*; **double t.** doppelte Steuer; **environmental t.** Öko-, Umweltsteuer *f*; **estimated t.** geschätzte Steuer; **evaded t.** hinterzogene Steuer; **excess t.** überzahlte/zu viel bezahlte/zu viel gezahlte Steuer; **extra t.** Zusatzsteuer *f*, zusätzliche Steuer; **federal t.** Bundessteuer *f*; **flat(-rate) t.** Einheitssteuer(tarif) *f/m*; **follow-up t.** Folgesteuer *f*; **foreign t.** im Ausland erhobene/gezahlte Steuer; **general t.** allgemeine Steuer; **graded t.** *[US]* gestaffelte Grundsteuer; **graduated t.** Staffelsteuer *f*, progressive Steuer (mit Stufentarif); **harmonized t.es** *(EU)* harmonisierte Steuern; **hidden t.** versteckte Steuer; **hypothecated t.** zweckgebundene Steuer; **impersonal t.** Sach-, Realsteuer *f*; **imputable t.** anrechenbare Steuer; **increased t.** Steuermehrbetrag *m*; **indirect t.** indirekte Steuern/Abgaben; **industrial t.** Gewerbesteuer *f*; **in rem** *(lat.)* **t.es** objektbezogene Steuern; **internal t.es** *(EU)* Binnensteuern, Landesabgaben, inländische/innerstaatliche Steuern, ~ Abgaben; **local/municipal t.** Bürger-, Gemeindesteuer *f*, G.abgabe *f*, G.umlage *f*, Kommunalabgabe *f*, K.steuer *f*, städtische/örtliche/kommunale Steuer, städtische Abgabe; **lump-sum t.** Pauschalsteuer *f*, Steuerpauschale *f*; **mainstream t.** Körperschaft(s)steuerabschlusszahlung *f*; **minor t.** Nebensteuer *f*; **multistage t.** Mehrphasensteuer *f*; **national t.** *(EU)* innerstaatliche Steuer; **negative t.** negative Steuer; **neutral t.** neutrale Steuer; **non-personal t.** Objektsteuer *f*, Realabgabe *f*; **non-recurring t.** einmalige Steuer; **non-regulatory t.** Zwecksteuer *f*; **non-resident/non-residence t.** Nichtansässigensteuer *f*, Fremdenverkehrsabgabe *f*; **normal t.** Normal-, Basissteuer *f*; **one-stage t.** Einphasensteuer *f*; **oppressive t.es** drückende Abgaben/Steuern; **other t.es** *(Bilanz)* ertragsunabhängige Steuern; **overdue t.es** Steuerrückstand *m*, S.außenstände; **overpaid t.** überzahlte/zu viel bezahlte Steuer; **payable t.** fällige/zu (be)zahlende Steuer; **pay-as-you-earn (PAYE) t.**

[GB] Quellensteuer *f*, einbehaltene Steuer; **personal t.** persönliche Steuer, Personen-, Personal-, Subjektsteuer *f*; **prior t.** Vorsteuer *f*; **progressive t.** Progressions-, Staffelsteuer *f*, progressive/gestaffelte Steuer; **prohibitive t.** prohibitive Steuer, (zu) hohe Steuerbelastung; **proportional t.** Proportionalsteuer *f*, anteilmäßige Steuer; **pro-rata t.** anteilmäßige Steuer; **quantitative t.** Mengensteuer *f*; **real t.** Realsteuer *f*; **recoverable/refundable t.** (rück)erstattungsfähige Steuer; **redistributive t.** redistributive Steuer; **refunded t.** (zu)rückvergütete Steuer; **regressive t.** 1. regressive/rückwirkende Steuer; 2. leistungshemmende Steuer, Steuer mit negativem Leistungsanreiz; **regulative/regulatory t.** Ausgleich(s)-, Ordnung(s)steuer *f*; **non-revenue ~ t.** Ordnung(s)steuer *f*; **repressive t.** leistungshemmende Steuer, Steuer mit negativem Leistunsganreiz; **revenue-raising t.** Finanzsteuer *f*; **shared t.** Gemeinschaftssteuer *f*; **single t.** Einheits-, Alleinsteuer *f*; **single-stage t.** Einphasensteuer *f*; **special t.** Sondersteuer *f*; **specific t.** Mengen-, Stücksteuer *f*; **standard t.** Einheitssteuer *f*; **subject to ~ t.** tarifbesteuert; **supplementary t.** Nach-, Zusatzsteuer *f*, Z.besteuerung *f*, zusätzliche Steuer, Ergänzungsabgabe *f*; **tentative t.** Steuermessbetrag *m*; **trifling t.** Bagatell-, Liliputsteuer *f*; **unassessed t.es** nicht veranlagte Steuern; **uncollectible t.es** uneinbringliche Steuerforderungen; **underpaid t.es** zu wenig bezahlte Steuern; **uniform/unitary t.** Einheitssteuer *f*, einheitliche Steuer; **unpaid t.es** rückständige Steuern
value-added tax (V. A. T.) Mehrwertsteuer *f* (MWSt), (kumulative) Allphasen(umsatz)steuer; **including ~ t.** einschließlich Mehrwertsteuer
tax *v/t* 1. besteuern, steuerlich belasten/erfassen/veranlagen; 2. strapazieren, belasten; **t. so.** jdn zur Steuer heranziehen; **t. away** wegsteuern
tax abatement Steuernachlass *m*, S.milderung *f*, S.erlass *m*, S.abschlag *m*
taxability *n* (Be)Steuerbarkeit *f*, S.pflicht(igkeit) *f*, Besteuerungsfähigkeit *f*
taxable *adj* abgaben-, gebühren-, steuer-, veranlagungspflichtig, versteuerbar, zu versteuern; **to be t.** der Steuerpflicht/Besteuerung unterliegen, steuerpflichtig sein
tax accountant Steuerberater *m*; **t. accountancy** Steuerberatung *f*; **t. accounting** Steuerbuchhaltung *f*, S.buchführung *f*, S.berechnung *f*; **t. accrual** (aufgelaufene) Steuerforderung; **t. accumulation** Steuerhäufung *f*; **t. adaptation** Steueranpassung *f*; **~ act** Steueranpassungsgesetz *nt*; **t.-adjusted** *adj* steuerbereinigt, s.berichtigt, steuerlich berichtigt; **t. administration** Steuerverwaltung *f*; **t. advantage** Steuervorteil *nt*, S.vergünstigung *f*, steuerlicher Vorteil; **t.-advantaged** *adj* steuerbegünstigt; **t. adviser** Steuerberater *m*, Berater in Steuerfragen; **t.-advising professions** *adj* steuerberatende Berufe; **t.-affecting** *adj* steuerwirksam, steuerlich wirksam; **t. agreement** Steuerabkommen *nt*; **t. allowability** steuerliche Abzugsfähigkeit; **t.-allowable** *adj* steuerlich absetzbar
tax allowance (persönlicher) Freibetrag, Steuervergünstigung *f*, S.freibetrag *m*, steuerliche Abschreibung(smöglichkeit); **lump-sum ~ for handicapped persons** Körperbehindertenpauschale *f*; **personal t. a.** persönlicher Steuerfreibetrag
tax ambit Steueranwendungsgebiet *nt*; **t. amending bill** Steuernovelle *f*; **t. amendment** Steueränderungsgesetz *nt*; **t. amnesty** Steueramnestie *f*; **t. amortization** Steueramortisation *f*; **t. amount** Steuerbetrag *m*; **t. angle** Steuergesichtspunkt *m*
tax anticipation Steuervorgriff *m*; **~ bond** *[US]* Steuervorgriffsschein *m*; **~ note** *[US]* /**warrant** *[GB]* Steuergutschein *m*
tax appeal Steuereinspruch *m*; **t. apportionment formula** Steuerverteilungsschlüssel *m*; **t.-approved** *adj* steuerlich anerkannt; **t. arrears** Steuerrückstand *m*, rückständige Steuern; **to pay t. arrears** Steuern nachzahlen
tax assessment Steuerveranlagung *f*, S.anschlag *m*, S.festsetzung *f*, S.bescheid *m*, S.ermittlung *f*, S.-(ein)schätzung *f*, S.berechnung *f*, S.feststellung *f*, steuerliche Veranlagung; **final t. a.** endgültige Steuerfestsetzung; **preliminary t. a.** vorläufige Steuerfestsetzung; **suspended t. a.** ausgesetzte Steuerfestsetzung; **t. a. note/notice** Veranlagungs-, Steuer(mess)bescheid *m*, S.verfügung *f*
tax assessor Steuer(veranlagungs)beamter *m*
taxation *n* Besteuerung *f*, Versteuerung *f*, Steueraufkommen *nt*, S.wesen *nt*, (S.)Veranlagung *f*, steuerliche Erfassung; **exempt from t.** unversteuert; **exempt from t.** steuerfrei; **net of t.** nach Steuern; **subject to t.** steuerpflichtig
taxation of beverages Getränkebesteuerung *f*; **~ buildings** Gebäudebesteuerung von Vermögen; **~ corporations** Unternehmensbesteuerung *f*; **~ costs** *[GB]* [§] Kostenfestsetzung *f*, K.bescheid *m*, K.beschluss *m*; **t. in the country of origin** Ursprungsbesteuerung *f*; **t. of earnings** Ertragsbesteuerung *f*; **~ estates** Nachlassbesteuerung *f*; **~ households** Haushaltsbesteuerung *f*; **~ husband and wife** Ehegattenbesteuerung *f*; **~ income(s)** Einkommensbesteuerung *f*; **~ income at source** Einkommensquellenbesteuerung *f*; **~ pensions** Rentenbesteuerung *f*; **~ profits** Gewinnbesteuerung *f*; **~ property** Vermögens-, Real-, Substanzbesteuerung *f*; **~ specific property** Sachbesteuerung *f*; **t. at flat rates** Besteuerung nach Durchschnittssätzen, Pauschalierung *f*; **~ the standard rate** Tarifbesteuerung *f*, **~ source** Quellenbesteuerung *f*, Steuererhebung an der Quelle; **t. of spouses** Ehegattenbesteuerung *f*; **~ turnover** Umsatzbesteuerung *f*; **~ beneficial use** Nutzungswertbesteuerung *f*; **~ actual value** Istwertbesteuerung *f*
liable for/to taxation steuerpflichtig, s.bar
to advise so. on taxation jdn steuerlich beraten; **to allow for t.** Steuern bereitstellen; **to be subject to taxation** der Steuer/Besteuerung unterliegen; **to exempt from t.** von der Besteuerung ausnehmen, ~ Steuer befreien; **to increase t.** Steuern erhöhen; **to reduce t.** Steuern senken/herabsetzen; **to skim off by t.** wegsteuern; **to subject to t.** der Steuer unterwerfen

blanket taxation Pauschalbesteuerung *f*; **coordinating t.** Steueranpassung *f*; **corporate t.** 1. Körperschafts-, Unternehmensbesteuerung *f*; 2. betriebliche Steuerlehre; **deferred t.** Steuerstundung *f*, abgegrenzte Ertrag(s)steuern, latente Steuerschulden; **direct t.** direkte Steuern/Besteuerung; **~ relief** Lohn-, Einkommen(s)steuerermäßigung *f*; **discriminatory t.** diskriminierende/unterschiedliche Besteuerung
double taxation Doppelbesteuerung *f*, D.belastung *f*, doppelte Besteuerung; **~ agreement/treaty** Doppelbesteuerungsabkommen *nt*; **~ arrangements** Doppelbesteuerungsregelung *f*; **~ relief** Anrechnung im Ausland gezahlter Steuern; **~ treaty** Doppelbesteuerungsabkommen *nt*
equal and uniform taxation gleichmäßige Besteuerung; **equitable t.** Steuergerechtigkeit *f*; **excessive t.** Überbesteuerung *f*, übermäßige Besteuerung/Steuer, zu hohe Besteuerung; **flat-rate t.** Pauschalbesteuerung *f*, (Steuer)Pauschalierung *f*; **foreign t.** exterritoriale Besteuerung; **graduated t.** Steuerstaffelung *f*, abgestufte/gestaffelte/degressive Besteuerung; **hidden t.** versteckte Besteuerung; **imputed t.** Sollbesteuerung *f*; **increased t.** höhere/erhöhte Steuerbelastung, größerer Steuerdruck; **indirect t.** indirekte Besteuerung/Abgaben/Steuern; **individual t.** Einzelbesteuerung *f*; **light t.** gering(fügig)e Besteuerung; **lump-sum t.** Steuerpauschalierung *f*; **marginal t.** Grenzbesteuerung *f*; **minimum t.** Mindestbesteuerung *nt*, M.besteuerung *f*; **multiple t.** Mehrfachbesteuerung *f*, M.belastung *f*, mehrfache Besteuerung; **overall/unitary t.** Globalbesteuerung *f (bei Firmen mit Unternehmergewinnen in mehreren Staaten)*; **personal t.** Individual-, Einkommensbesteuerung *f*; **progressive t.** progressive Besteuerung, Staffelbesteuerung *f*, Steuerprogression *f*; **prohibitive t.** zu hohe Besteuerung, übermäßige Steuer, hohe Steuerbelastung, Prohibitivsteuer *f*; **proportional t.** Proportionalbesteuerung *f*, anteilmäßige Besteuerung; **real t.** Realbesteuerung *f*; **recurrent t.** Mehrfachbesteuerung *f*; **regressive t.** regressive/rückwirkende Besteuerung; **restrictive t.** einschränkende Besteuerung; **standard t.** einheitliche Besteuerung; **subsequent/supplementary t.** Nach-, Zusatzbesteuerung *f*, zusätzliche Besteuerung; **wartime t.** Kriegsbesteuerung *f*
taxation adjustment Steuerberichtigung *f*, S.bereinigung *f*; **t. aspect** steuerlicher Aspekt; **t. capacity** steuerliche Belastungsgrenze; **t. charge** Steuerbelastung *f*; **t. department** Steuerverwaltung *f*; **t. equalization reserve** Steuerausgleichsrücklage *f*; **t. law** Steuerrecht *nt*; **t. liability** Steuerschuld *f*; **t. matter** Steuerfall *m*; **t. methods** Steuermethoden; **t. policy** Steuerpolitik *f*; **t. power** Besteuerungsrecht *nt*; **t. privilege** Steuervergünstigung *f*; **internal t. procedures** innerstaatliches steuerliches Verfahrensrecht; **to assess for t. purposes** zur Steuer veranlagen; **t. ratio** Steuerquote *f*; **t. reserve** Steuerrücklage *f*, S.rückstellung *f*, Rückstellungen für Steuern; **t. schedule** *[GB]* Steuerart *f*; **t. specialist** Steuerspezialist *m*; **t. system** Steuersystem *nt*, Fiskalwesen *nt*; **t. theory** Steuerlehre *f*, S.theorie *f*

tax affairs Steuerangelegenheiten, steuerliche Angelegenheiten; **t. attorney** Steueranwalt *m*, Anwalt für Steuersachen; **t.-attracting** *adj* steuerpflichtig
tax audit(ing) *[US]* Steuer(über)prüfung *f*, S.revision *f*, (steuerliche) Betriebsprüfung; **to conduct a t. audit** Steuerprüfung durchführen; **t. audit balance sheet** Betriebsprüfungsbilanz *f*; **t. audit(ing) procedure** Betriebsprüfungsverfahren *nt*; **t. audit office** Betriebsprüfungsstelle *f*; **t. auditor** *(Steuer)* Betriebs-, Steuerprüfer *m*; **t. auditor's balance sheet** (Betriebs) Prüferbilanz *f*
tax authority/authorities Steuerbehörde *f*, Finanzamt *nt*, Veranlagungsstelle *f*, Finanz-, Steuerverwaltung *f*, die Steuer
tax avoidance Steuerumgehung *f*, (legale) Steuervermeidung; **t. avoider** Steuerumgeher *m*; **t.-avoiding** *adj* steuerumgehend
tax balance (sheet) Steuerbilanz *f*, S.abschluss *m*, steuer(recht)liche Bilanz; **t. band** Steuerbandbreite *f*, S.klasse *f*, Tarifstufe *f*; **t. barrier** Höchststeuersatz *m*; **t. base** Besteuerungsgrundlage *f*, Steuer(bemessungs)grundlage *f*, S.fuß *m*, S.berechnungsgrundlage *f*, S.basis *f*; **comprehensive t. base** Gesamtsumme aller Einkünfte; **t. base components** Bemessungsgrundlagenteile *f*; **t. benefit** Steuervergünstigung *f*, S.entlastung *f*, S.vorteil *m*, steuerliche Vergünstigung, steuerlicher Vorteil; **t. bill** 1. *(coll)* Steuerbescheid *m*, steuerliche Belastung, zu zahlende Steuer, Steuerlast *f*; 2. Steuervorlage *f*, S.gesetz(entwurf) *nt/m*, S.novelle *f*; **t. bond** *[US]* Steuergutschein *m*, S.quittung *f*
tax bracket Steuerstufe *f*, S.gruppe *f*, S.klasse *f*; **higher t. b.s** *(Steuer)* höhere Proportionalzone, Progressionszone *f*; **top t. b.** höchste Steuerstufe
tax break *[US]* Steuervergünstigung *f*, S.entlastung *f*, S.ferien *pl*, S.vorteil *m*, zeitweilige Steuerbefreiung
tax burden Steuerbelastung *f*, S.last *f*, S.druck *m*, Abgabenlast *f*, steuerliche Belastung; **per-capita t. b.** Steuer(last)quote *f*; **equitable t. b.** Steuergerechtigkeit *f*, S.gleichheit *f*; **heavier t. b.** höhere Steuerbelastung *f*; **marginal t. b.** Grenzsteuerbelastung *f*, G.last *f*; **regular t. b.** wiederkehrende Steuerlast; **total t. b.** Gesamtsteuerlast *f*, steuerliche Gesamtbelastung; **t. b. transfer** Steuerabwälzung *f*
tax calculation Steuerberechnung *f*; **components-based t. calculation** Teilwertrechnung *f*; **t. calendar** Steuerkalender *m*; **t. capitalization** Steueramortisation *f*; **t. card** Steuerkarte *f*; **t. carry-forward** *[GB]* /**carry-over** *[US]* Steuervortrag *m*; **t. changes** Steueränderungen, Veränderungen in der Besteuerung; **t. charge** Steuerbelastung *f*, steuerliche Belastung; **~ inequity** ungleiche Steuerbelastung; **t. cheat** *(coll)* Steuerschwindler *m*; **t. claim** Steuerforderung *f*, S.anspruch *m*; **deferred t. claim** ausgesetzte Steuerforderung; **t. classification** Steuereinstufung *f*, steuerliche Einstufung; **t. code** Steuerschlüssel *m*, S.kennziffer *f*, Abgabenordnung *f*; **~ inequity** ungleiche Steuerbelastung; **t. coding** (Erteilung einer) Steuerkennziffer
tax collection Steuereinziehung *f*, S.eintreibung *f*, S.beitreibung *f*, S.einzug *m*; **t. c.s** Steueraufkommen *nt*;

forcible t. c. Vollstreckungsmaßnahme *f*; **t. c. office** Steuereinzugs-, Steuereinziehungsstelle *f*; **~ procedure** Steuereinzugs-, Steuereinziehungsverfahren *nt*; **~ regulations** Steuereinzugs-, Steuereinziehungsbestimmungen
tax collector Steuereinnehmer *m*, S.beamter *m*, S.eintreiber *m*, S.beitreiber *m*, S.einzieher *m*, S.erheber *m*, S.behörde *f*, Finanzbeamter *m*; **t. commission** *[US]* Steuerbehörde *f*; **t. committee** Steuerausschuss *m*; **t. comparison** Steuervergleich *m*; **t. computation** Steuerberechnung *f*, S.bemessung *f*
tax concession Steuervergünstigung *f*, S.erleichterung *f*, steuerliches Zugeständnis, steuerliche Vergünstigung; **intercompany t. c.** Schachtelvergünstigung *f*; **offshore t. c.** Steuervergünstigung an Offshoreplätzen; **statutory t. c.** gesetzliche Steuererleichterung; **t. c. period** Begünstigungszeitraum *m*
tax considerations steuerliche Erwägungen/Überlegungen; **guided by t. considerations** steuerorientiert; **t. consultancy** Steuerberatung *f*; **~ fees** Steuerberatungskosten; **t. consultant** Steuerberater *m*, S.bevollmächtigter *m*; **t. consultant's fees** Steuerberatungskosten; **t. convention** Steuervereinbarung *f*, S.abkommen *nt*
tax counsel Steuerberater(in) *m/f*
tax counselling Steuerberatung *f*; **~ business** Steuerberatungspraxis *f*; **~ professions** steuerberatende Berufe
tax counsellor Steuerberater *m*, S.sachverständiger *m*, S.bevollmächtigter *m*; **t. court** Finanz-, Steuergericht *nt*; **~ judge** Finanzrichter *m*
tax credit 1. Steuergutschrift *f*, S.vergünstigung *f*, S.freibetrag *m*, S.guthaben *nt*, Anrechnung gezahlter Steuern, anrechenbarer Steuerbescheid; 2. *[US]* Steuerabzug *m*, S.anrechnung *f*; **to carry a t. c.** *(Dividende)* Steuergutschrift enthalten; **to confer a t. c. upon** Steuergutschrift/S.freibetrag übertragen auf; **foreign t. c.** Anrechnung ausländischer Steuern; **indirect t. c.** indirekte Steueranrechnung; **negotiable t. c. certificate** handelbarer Steuergutschein; **t. c. method** Anrechnungsmethode *f*, A.verfahren *nt*
tax creditor Steuergläubiger(in) *m/f*
tax credit period Anrechnungszeitraum *m*; **~ procedure** Steueranrechnungsverfahren *nt*; **~ relief** *[US]* angerechneter Steuerfreibetrag; **~ rules** *[US]* Steuervergünstigungsrichtlinien; **~ system** *[US]* Steueranrechnungsmethode *f*
tax crime Steuerkriminalität *f*; **t. cushion** steuerliche Abfederung; **t. cut** Steuersenkung *f*, S.herabsetzung *f*, S.kürzung *f*, Senkung der Steuern; **across-the-board/all-round t. cut** lineare Steuersenkung; **big/major t. date** Hauptsteuertermin *m*, großer Steuertermin; **t. deadline** Steuertermin *m*; **t. debtor** Steuerschuldner *m*; **t. deductibility** steuerliche Abzugsfähigkeit/Absetzbarkeit; **t.-deductible** *adj* steuerlich abzugsfähig/absetzbar, steuerabzugsfähig, s.begünstigt; **fully t.-deductible** voll/in voller Höhe abzugsfähig; **t. deductibles** (steuer)abzugsfähige Beträge
tax deduction Steuereinbehaltung *f*, S.abzug *m*, steuerliche Absetzung *f*; **~ at source** Steuerabzug an der Quelle; **standard t. deduction** Sonderausgabenpauschale *f*;

t. deferment/deferral Steuerstundung *f*, S.aufschub *m*; **t. deficit** Steuerdefizit *nt*, S.fehlbetrag *m*, S.ausfall *m*; **t. degression** Steuerdegression *f*; **t. delinquency** *[US]* Steuersäumnis *f*; **t. demand** Steuerbescheid *m*, S.forderung *f*, Finanzamtsbescheid *m*; **additional t. demand** Steuernachforderung *f*; **t. department** Steuerabteilung *f*; **t. depreciation** steuerliche/steuerlich anerkannte Abschreibung; **t. difference/differential** Steuerunterschied *m*, S.gefälle *nt*; **t. differentiation** Steuerdifferenzierung *f*; **t. digest** Steuerunterlagen *pl*; **t. disadvantage** Steuernachteil *m*; **t. discrimination** steuerliche Diskriminierung/Benachteiligung, Steuerdiskriminierung *f*, unterschiedliche Steuerbehandlung; **t. disincentive** abschreckende/leistungshemmende Besteuerung; **t. dispensation** Steuerbefreiung *f*; **t. dispute** Steuerstreitfrage *f*; **t. district** Steuerverwaltungsbezirk *m*, S.hebebezirk *m*, S.gebiet *nt*, S.distrikt *m*; **t. dodge/dodging** Steuertrick *m*, S.umgehung *f*, S.hinterziehung *f*, S.flucht *f*, S.betrug *m*; **t. dodger** Steuerhinterzieher *m*, S.flüchtling *m*, S.drückeberger *m*, S.umgeher *m*; **t. domicile** steuerlicher Geschäftssitz/Wohnsitz; **t.-eater** *n* *(coll)* 1. Subventions-, Unterstützungsempfänger *m*; 2. (kostenspieliges) Subventionsobjekt

taxed *adj* nach Abzug der Steuern, be-, versteuert; **to be t. separately** getrennt veranlagt/besteuert werden; **heavily/highly t.** hoch/stark besteuert
tax effect Steuerwirkung *f*; **t.-effective; t.-efficient** *adj* steuerwirksam, s.sparend, s.optimiert; **t. efficiency** Steuerwirksamkeit *f*, S.optimierung *f*; **t. elasticity** Steuerelastizität *f*; **t. enforcement law** Steuervollstreckungsrecht *nt*
tax equalization (horizontaler) Finanzausgleich; **~ account** Steuerausgleichsrücklage *f*; **~ item** steuerlicher Ausgleichsposten *m*; **~ scheme** (horizontaler) Finanzausgleich
tax equity Steuergerechtigkeit *f*; **t. erosion** Aushöhlung der Steuerbasis; **t. estimate** Steuervoranschlag *m*
tax evader Steuerhinterzieher *m*; **t. evasion** Abgaben-, Steuerhinterziehung *f*, S.flucht *f*, S.betrug *m*, (unerlaubte) Steuerumgehung, S.verkürzung *f*
federal tax examination office Bundesbetriebsprüfungsstelle *f*; **t. exclusion** Steuerbefreiung *f*
tax-exempt *adj* steuer-, gebühren-, abgabenfrei, von der Steuer befreit, ~ Besteuerung ausgenommen, steuerbefreit, frei von Steuern, nicht besteuerbar, zinssteuerbefreit; **to be t.-e.** nicht der Steuer unterliegen, steuerfrei sein; **t. e.s** steuerfreie Wertpapiere
tax exemption 1. Abgaben-, Steuerbefreiung *f*, S.freiheit *f*, S.erlass *m*; 2. (persönlicher) Freibetrag; **~ in case of importation** Steuerbefreiung bei der Einfuhr; **~ for charitable purposes** Steuerbefreiung für wohltätige Zwecke; **to be eligible for t. e.; to qualify for t. e.** Anspruch auf Steuerbefreiung haben; **to grant t. e.** Steuerfreibetrag/S.freiheit gewähren; **personal t. e.** persönlicher Freibetrag
tax exile 1. Steuerexil *nt*; 2. Steuerflüchtiger *m*; **t.-expedient** *adj* steuerwirksam; **t. expenditure** Steueraufwand *m*; **t. expert** Steuerexperte *m*, S.helfer *m*, S.fach-

tax exposure

mann *m*, S.sachverständiger *m*; **t. exposure** Ausmaß der Steuerbelastung
tax farming Steuerverpachtung *f*; **t.-favoured** *adj* steuerbegünstigt, steuerlich begünstigt; **t. feature** Steuermerkmal *nt*; **t. ferret** *(fig)* Steuerfahnder *m*; **t. field audit** *(Steuer)* Betriebsprüfung *f*, Steuerrevision *f*; **t. file** Steuerakte *f*; **t. fine** Steuerstrafe *f*; **t. foreclosure** Steuerpfändung *f*; **t. form** Steuerformular *nt*, S.vordruck *m*; **t. fraud** Steuerbetrug *m*, S.hinterziehung *f*; ~ **abetter/abettor** Steuerhehler *m*; **t.-free** *adj* 1. abgaben-, steuerfrei, s.befreit, unbesteuert, nicht steuerpflichtig, frei von Abgaben; 2. zinsertrag(s)steuerfrei, zinssteuerbefreit; **t. frontier** Steuergrenze *f*, **t.-gatherer** *n* Steuereintreiber *m*; **t.-gathering** *n* Steuereinziehung *f*, S.erhebung *f*, S.eintreibung *f*; **t. giveaway/handout** Steuergeschenk *nt*; **t. grab** *(coll)* hohe Steuerbelastung; **t. group** Steuerklasse *f*; **t. guide** steuerlicher Ratgeber; **t. guideline** Steuerrichtlinie *f*; **t. harmonization** Steuerharmonisierung *f*, S.angleichung *f*, S.anpassung *f*; **t. haul** Steueraufkommen *nt*; **to swell the t. haul** Steueraufkommen erhöhen; **t. haven** Steueroase *f*, S.paradies *nt*; ~ **corporation** Briefkastenfirma *f*; **t. hike** *(coll)* Steuererhöhung *f*, Drehen an der Steuerschraube; **t. holidays** Steuerferien, S.freijahre, S.freibeträge für bestimmte Zeiträume, zeitweilige Steuerbefreiung, steuerfreie Zeit; **t. home** steuerlicher Wohnsitz
taxi *n* Taxi *nt*, (Kraft)Droschke *f*; **to hail a t.** Taxi heranwinken
taxi *v/i* ✦ (aus)rollen
taxi cab Taxi *nt*, (Kraft)Droschke *f*; **t. clearance** ✦ Rollerlaubnis *f*; **t. driver** Taxifahrer(in) *m/f*; **t. fare** Taxipreis *m*; **t. licence** Taxikonzession *f*; **t.meter** *n* Taxameter *m*, Fahrpreis-, Gebührenanzeige(r) *f/m*
tax impact Steuerwirkung *f*; **t. implications** Steuerfolgen, steuerliche Auswirkungen; **t. imposition** Steuererhebung *f*; **t. imputation** Steueranrechnung *f*; **corporate ~ procedure** körperschaft(s)steuerliches Anrechnungsverfahren; **t. incentive** Steueranreiz *m*, steuerlicher Anreiz; **t. incidence** Steuerlast *f*, S.inzidenz *f*, S.anfall *m*, steuerliche Belastung; **t. increase** Steuererhöhung *f*; **t. index** Steuerindex *m*, S.indexation *f*, S.indexierung *f*; **t. inflation** Steuerinflation *f*
taxing *adj* anstrengend
taxing of costs *n* [§] Festsetzung der Prozesskosten; **t. authority** 1. Steuerbehörde *f*; 2. Steuerhoheit *f*; **t. body** Finanzbehörde *f*; **t. master** *[GB]* [§] *(High Court)* Kostenfestsetzungsbeamter *m*, K.revisor *m*; **t. officer** Kostenfestsetzungsbeamter *m*; **t. power(s)** Besteuerungs-, Steuerhoheit *f*, Besteuerungs-, Heberecht *nt*; **derived t. power(s)** abgeleitete Steuerhoheit; **t. provisions** Besteuerungsbestimmungen; **t. unit** Steuereinheit *f*
tax inspection *[GB]* Steuer(über)prüfung *f*, S.revision *f*; **t. inspector** Steuerinspektor *m*, S.prüfer *m*, S.revisor *m*, S.fahnder *m*, Finanzbeamter *m*, Betriebsprüfer *m*; **t. inspector's assessment** Finanzamtsbescheid *m*; **t. instalment** Steuerrate *f*; **advance t. instalment** Steuervorauszahlung *f*; **t. insurance** Steuerversicherung *f*
tax intake Steueraufkommen *nt*, S.einnahmen *pl*; **ex-**cess **t. i.** Steuermehreinnahmen *pl*; **smaller t. i.** Steuermindereinnahmen *pl*
tax investigation Steuerfahndung *f*, S.prüfung *f*, S.-untersuchung *f*, steuerliche Untersuchung; ~ **of large-scale enterprises** Großbetriebsprüfung *f*; ~ **proceedings** Steuerermittlungsverfahren *nt*
tax investigator Steuerfahnder *m*, S.prüfer *m*
taxi rank Taxi-, Taxenstand *m*, Stand-, Droschkenhalteplatz *m*; **t. ride** Taxifahrt *f*
tax item Steuerposten *m*
taxiway *n* ✦ Rollbahn *f*, R.feld *nt*
tax journal Steuerzeitschrift *f*; **t. jurisdiction** Steuerhoheit(sgebiet) *f/nt*, steuerliche Zuständigkeit; **t. justice** Steuergerechtigkeit *f*; **t. knowledge** Steuerkenntnisse *pl*
tax law Steuerrecht *nt*; **pursuant to/under t. l.** gemäß den Steuergesetzen, den steuerlichen Bestimmungen entsprechend; **t. l. provision** Steuerregelung *f*, steuerrechtliche Vorschrift
tax lawsuit [§] Steuerprozess *m*; **t. lawyer** Steueranwalt *m*, S.jurist *m*, Anwalt in Steuersachen, Fachanwalt für Steuerrecht; **t. legislation** Fiskal-, Steuergesetzgebung *f*, Steuergesetze *pl*; ~ **for non-residents** Außensteuerrecht *nt*; **t.less** *adj* steuerfrei; **t. levy** Steuerumlage *f*; **special t. levy** Sonderbesteuerung *f*
tax liability Steuerschuld *f*, S.pflicht *f*, S.haftung *f*, Abgabenpflicht *f*, A.schuld *f*; **t. liabilities** Steuerverbindlichkeiten, S.schulden; **t. l. under public law** öffentlich-rechtliche Abgabeverpflichtung; **contingent/latent t. l.** latente Steuerpflicht/S.verpflichtung; **extended t. l.** erweiterte Steuerpflicht; **limited t. l.** beschränkte Steuerpflicht; **net t. l.** Nettosteuerschuld *f*; **subject to unlimited t. l.** unbeschränkt steuerpflichtig; **unreduced t. l.** ungemilderte Steuerpflicht
tax lien Steuerpfandrecht *nt*, Immobiliarpfandrecht der Steuerbehörde; **deemed t. life** steuerlich festgesetzte Nutzungsdauer; **t. limit** Steuerhöchstgrenze *f*; **upper t. limit** Besteuerungsgrenze *f*; **t. list** Steuerliste *f*; **t. litigation** [§] Steuerprozess *m*
tax load Steuerbelastung *f*, S.last *f*; **per-capita t. l.** Steuerlastquote pro Kopf der Bevölkerung; **t. l. ratio** Steuerlastquote *f*, Steuerbelastungsrate *f*, S.quote *f*; **gross ~ ratio** Bruttosteuerbelastung *f*
compulsory tax loan Zwangsanleihe *f*; **t. loophole** steuerliches Hintertürchen *(coll)*, Steuerschlupfloch *nt*, S.lücke *f*
tax loss Steuerverlust *m*, steuerlicher Verlust; ~ **carry-back** steuerlicher Verlustrücktrag; ~ **carry-forward/carry-over** *[US]* Steuerverlustvortrag *m*, steuerlicher Verlustvortrag; ~ **company** (Steuer)Abschreibungsgesellschaft *f*
tax|man *n* 1. Steuer-, Finanzbeamter *m*, Steuereinnehmer *m*; 2. *(coll)* Steuerbehörde *f*, das Finanzamt; **t. management** Verwaltung der Steuern; **T.es Management Act** *[GB]* Steuerdurchführungsgesetz *nt*; **t. matter** Steuerangelegenheit *f*, S.sache *f*; **to advise so. on t. matters** jdn steuerlich beraten; **t. maturing date** Steuertermin *m*; **t. measure** Steuermaßnahme *f*; **t. money** Steuer-, Fiskalgelder *pl*; **t. monopoly** Steuermonopol

nt; **t. month** Steuermonat *m*; **main t. month** Hauptsteuermonat *m*; **t. morale** Steuermoral *f*; **t. moves** steuerliche Schritte; **t. multiplier** Steuermultiplikator *m*; **t. notice** Steuerbenachrichtigung *f*; **(identifying) t. number** Steuernummer *f*; **t. obligations** Steuerschulden, S.verbindlichkeiten; **t. offence** *[GB]* /**offense** *[US]* [§] Steuerstraftat *f*, S.delikt *nt*, S.vergehen *nt*, Übertretung der Steuerbestimmungen; ~ **case** Steuerstrafsache *f*; **t. offender** Steuersünder *m*
tax office Finanzbehörde *f*, F.amt *nt*, Steueramt *nt*; **to remit to the t. o.** ans Finanzamt abführen; **local t. o.** Wohnsitz-, Belegungs-, Lagefinanzamt *nt*, zuständiges (Betriebs)Finanzamt; **regional t. o.** Bezirksfinanzdirektion *f*; **t. o. inspection/investigation (of the accounts)** (fiskalische) Betriebsprüfung
tax officer/official Steuerbeamter *m*, S.beamtin *f*
tax office reference number Steuernummer *f*; ~ **staff** Finanzbeamte *pl*
tax package Steuerpaket *nt*; **t. papers** Steuerunterlagen; **t.es payable by operation of law** Fälligkeitssteuern
taxpayer *n* Steuerzahler *m*, S.bürger *m*, S.subjekt *nt*, S.träger *m*, Abgabe-, Steuerpflichtiger *m*, Besteuerter *m*, Veranlagter *m*, steuerzahlender Bürger; **to squeeze the t.** die Steuerschraube anziehen; **basic-rate t.** Steuerzahler im unteren Proportionalbereich; **corporate t.** steuerpflichtige Körperschaft; **dilatory t.** säumiger Steuerzahler/S.pflichtiger; **domestic/resident t.** inländischer Steuerpflichtiger, S.inländer *m*; **exempt t.** von der Steuerzahlung Befreite(r); **higher-rate t.** Steuerzahler im oberen Proportionalbereich; **to be an honest t.** steuerehrlich sein; **legal t.** Steuerpflichtiger *m*; **nonresident t.** im Ausland wohnhafter Steuerpflichtiger; **top-rate t.** Steuerzahler im obersten Proportionalbereich
taxpayer bail-out Sanierung auf Kosten des Steuerzahlers; **t.'s burden** Eigenbelastung *f*; **at ~ expense** auf Kosten des Staates/Steuerzahlers; ~ **honesty** Steuermoral *f*; ~ **money** Steuergelder *pl*, S.mittel *pl*; **government-t. relationship** Steuerschuldverhältnis *nt*; **t.s' strike** Steuerstreik *m*, Streik der Steuerzahler
tax-paying *adj* steuerlich veranlagt
tax payment Steuerzahlung *f*, S.abführung *f*, S.ablieferung *f*; **advance t. p.** Steuervorauszahlung *f*; **incidental t. p.s** steuerliche Nebenleistungen; **t. p. date** Steuer-, (Steuer)Erhebungs-, Abgabetermin *m*; **main/major ~ date** Hauptsteuertermin *m*, großer Steuertermin; **quarterly ~ date** Quartalssteuertermin *m*; ~ **month** Steuermonat *m*
tax penalty Steuersäumniszuschlag *m*, S.strafe *f*; **the t. people** *(coll)* die Steuer *(coll)*; **t. period** Besteuerungszeitraum *m*; **t. planner** Steuersystematiker *m*; **t. planning** Steuersystematik *f*; **t. point** Zeitpunkt der Besteuerung; **t. ploy** Steuertrick *m*; **t. policy** Fiskal-, Steuerpolitik *f*; **t. pool** Steuerverbund *m*; **t. position** Steuerklasse *f*; **t. preference** Steuerpräferenz *f*; **t. prepayment** (Steuer)Vorauszahlung *f*; **t. primer** Steuer-ABC *nt*; **t. privilege** Steuervorteil *m*, S.privileg *nt*, S.vergünstigung *f*, S.präferenz *f*, steuerliches Privileg,

steuerliche Begünstigung/Vergünstigung; **corporate t. privilege** Körperschaft(s)steuervergünstigung *f*; **t.-privileged** *adj* steuerbegünstigt, steuerlich begünstigt; **t. probe** Steueruntersuchung *f*, S.prüfung *f*, steuerliche Untersuchung; **t. procedure/proceedings** Steuer-, Besteuerungsverfahren *nt*; **t. proceeds** Steuermittel *pl*, S.ertrag *m*, S.aufkommen *nt*; **t.-processing computer** *adj* Rechenanlage der Finanzverwaltung; **t. program(me)** Steuerprogramm *nt*; **t. progression** Steuerprogression *f*; **t. proposal** geplante Steuermaßnahme; **t. provisions** Steuerbestimmungen, S.normen; **deferred t. provision** Steuerrückstellung *f*, Rückstellung für Steuern
tax purpose Steuerzweck *m*; **for t. p.s** aus steuerlichen Gründen, aus Steuergründen; **allowable ~ p.s** steuerlich abzugsfähig/berücksichtigungsfähig; **to treat ~ p.s** steuerlich behandeln; **t. p.s price list** Steuerkurszettel *m*
tax question Steuerfrage *f*; **t. ramp** *(coll)* Steuerschwindel *m*
tax rate Steuer-, Besteuerungssatz *m*, Steuertarif *m*, S.messbetrag *m*, Abgabenquote *f*; **subjected to the highest t. r.** höchstbesteuert; **to raise the t. r.** Steuersatz erhöhen
applicable tax rate anwendbarer Steuersatz; **average t. r.** Durchschnittsbesteuerung *f*; **basic t. r.** Standardsteuersatz *m*; **components-based t. r.** Teilsteuersatz *m*; **flat/lump-sum t. r.** einheitlicher Steuersatz, Steuerpauschalsatz *m*; **marginal t. r.** Höchst-, Grenz-, Marginalsteuersatz *m*, Steuerhöchstsatz *m*; **top ~ t. r.** Steuerhöchstsatz für Spitzenverdiener, steuerlicher Spitzensatz; **maximum t. r.** höchster Steuersatz, Steuerhöchstsatz *m*; **progressive t. r.** gestaffelter Steuersatz; **reduced t. r.** ermäßigter/verkürzter Steuersatz; **sliding-scale t. r.** Progressionssatz *m*; **split t. r.** gespaltener Steuersatz; **standard t. r.** Regelsteuersatz *m*
tax rate burden Tarifbelastung *f*; ~ **change** Veränderung des Steuersatzes
tax ratio Steuerquote *f*; **individual t. ratio** individuelle Steuerquote; **t. reappraisal** Steuernachveranlagung *f*; **t. reasons** steuerliche Gründe; **t. rebate** Steuervergütung *f*, S.rückzahlung *f*, S.rabatt *m*, S.nachlass *m*
tax receipts Steuereinnahmen, S.aufkommen *nt*, S.eingang *m*, steuerliche Einkünfte; **higher/increased t. r.** Steuermehreinnahmen; **lower t. r.** Steuermindereinnahmen; **net t. r.** Nettosteueraufkommen *nt*; **overall t. r.** gesamtwirtschaftliche Steuerquote
tax receiver Steuerhehler *m*; **t. receiving** Steuerhehlerei *f*; **t.-reducing** *adj* steuermindernd; **t. reduction** Steuersenkung *f*, S.ermäßigung *f*, S.herabsetzung *f*, S.erleichterung *f*, S.(ver)kürzung *f*, S.minderung *f*
tax reform Steuerreform *f*; **comprehensive t. r.** große Steuerreform; **minor t. r.** kleine Steuerreform; **T. R. Act** *[US]* Steuerreformgesetz *nt*; **t. r. bill** Steuerreformgesetz(entwurf) *nt*/*m*; ~ **package** Steuerreformpaket *nt*, S.bündel *nt*
tax refund Steuer(rück)erstattung *f*, S.rückvergütung *f*, S.rückzahlung *f*, Rückerstattung/Rückvergütung von Steuern, rückvergütete Steuer; ~ **claim** Steuerrückver-

tax regime gütungs-, Steuererstattungsanspruch *m*; **t. regime** Steuersystem *nt*, S.praxis *f*, S.ordnung *f*; **t. register** Hebeliste *f*, H.rolle *f*, Steuerregister *nt*; **t. regression** Steuerregression *f*; **t. regulations** Besteuerungs-, Steuervorschriften, S.bestimmungen, S.richtlinien, steuerrechtliche Bestimmungen; **in accordance with t. regulations** gemäß den Steuergesetzen, den steuerrechtlichen Bestimmungen entsprechend
tax relief Steuererleichterung *f*, S.erlass *m*, S.nachlass *m*, S.vergünstigung *f*, S.entlastung *f*, steuerliche Entlastung/Erleichterung; **~ for large families** Steuererleichterungen für kinderreiche Familien; **~ on loan interest** Schuldzinsenabzug *m*; **eligible for t. r.** steuerabzugsfähig, s.begünstigt, s.lich absetzbar; **qualified for t. r.** steuerbegünstigt; **to claim t. r.** Steuerermäßigung beantragen, Steuervergünstigung in Anspruch nehmen; **to phase out t. r.** Steuervergünstigungen auslaufen lassen; **to qualify for t. r.** steuerbegünstigt sein; **graduated t. r.** degressive Steuerermäßigung; **t. r. rules** Steuervergünstigungsrichtlinien; **~ scheme** Steuersparmodell *nt*
tax reminder Steuermahnung *f*; **t. remission** Steuererlass *m*, S.nachlass *m*; **t. report** Steuerbilanz *f*, S.erklärung *f*; **t. requirements** Steuerbestimmungen; **t. reserve(s)**; **t. es reserved** Veranlagungsrücklage *f*, Rücklage für Steuern; **t. residence** steuerlicher Wohnsitz; **t. result** Steuerergebnis *nt*
tax return Steuererklärung *f*, S.anmeldung *f*; **filing a t. r.** Abgabe der Steuererklärung; **to file a t. r.** Steuererklärung abgeben/einreichen; **~ one's annual t. r.(s)** Steuererklärung abgeben, Lohnsteuerjahresausgleich/ steuerlichen Jahresausgleich durchführen; **to fill in** *[GB]* /**out** *[US]* **one's t. r.** Steuererklärung ausfüllen; **to submit a t. r.** Steuererklärung einreichen; **joint t. r.** gemeinsame Steuererklärung; **t. r. depreciation** steuerliche Abschreibung; **~ form** Steuer(erklärungs)formular *nt*; **~ preparation** *[US]* Steuerberatung *f*; **~ preparation fee** *[US]* Steuerberaterhonorar *nt*; **~ preparer** *[US]* Steuerberater *m*
tax revenue(s) Steueraufkommen *nt*, S.einnahmen *pl*, S.eingang *m*, S.einkünfte *pl*, S.mittel *pl*, steuerliche Einkünfte, Finanzzoll *m*; **defrauding the t. r.** Steuerhinterziehung *f*; **actual t. r.** Steuer-Ist *nt*; **higher t. r.** Steuermehreinnahmen *pl*; **lower t. r.** Steuermindereinnahmen *pl*; **net t. r.** Nettoabgaben *pl*, N.steueraufkommen *nt*; **total t. r.** Gesamtsteueraufkommen *nt*
tax revision *[US]*/**review** Steuerreform *f*, **t. roll** Steuer(hebe)-, Veranlagungsliste *f*, Steuerkataster *nt*, S.rolle *f*, Verzeichnis der Steuerzahler; **t. rule** Steuerrichtlinie *f*; **general t. rules** steuerliche Rahmenbedingungen; **t. sale** Steuerzwangsverkauf *m*, S.versteigerung *f*, steuerlicher Zwangsverkauf; **t. saving(s)** Steuerersparnis(se) *f/pl*, S.einsparung *f*, gesparte Steuer; **t.-saving** *adj* steuersparend; **t. scale/schedule** Steuertarif *m*, S.skala *f*, S.tabelle *f*; **t. scale increment** Tarifstufe *f*; **t. scandal** Steuerskandal *m*
tax screw *(fig)* Steuerschraube *f (fig)*; **to turn the t. s.** die Steuerschraube anziehen, an der ~ drehen *(coll)*
tax search Steuerfahndung *f*; **t. secret** Steuergeheimnis

nt; **t. settlement** Steuerabfindung *f*; **t. sharing** vertikaler Finanzausgleich; **~ policy** Finanzausgleichspolitik *f*
tax shelter 1. Steuerbegünstigung *f*, steuerlicher Schutz; 2. Steueroase *f*, S.paradies *nt*; **t. s.s** 1. steuerbegünstigte Wertpapiere; 2. steuerbegünstigte Investitionen/Transaktionen; **to receive t. s.** Steuerermäßigung erhalten; **t.-s.ed** *adj* steuerbegünstigt; **t. s.ing** Steuerermäßigung *f*
tax shift(ing) Steuerüberwälzung *f*, S.verlagerung *f*, S.verschiebung *f*, S.abwälzung *f*, S.fortwälzung *f*; **t. shortfall** Steuerausfall *m*, S.defizit *nt*; **t. simplification** Steuervereinfachung *f*; **t. situation** Steuersituation *f*; **t. solicitor** Steueranwalt *m*; **t. specialist** Steuerexperte *m*, S.sachverständiger *m*; **t. stamp** Steuermarke *f*; **t. statement** Steuerausweis *m*, S.bilanz *f*, S.aufstellung *f*, steuerliche Aufstellung; **t. status** Steuerstatus *m*; **t. structure** Steuersystem *nt*, S.gefüge *nt*, Abgabenstruktur *f*; **municipal t. structure** Kommunal-, Gemeindesteuersystem *nt*; **t. supervision proceedings** Steueraufsichtsverfahren *nt*; **t.-supported** *adj* steuerlich begünstigt; **t. surcharge** Steuerzuschlag *m*, S.aufschlag *m*, Ergänzungsabgabe *f*; **t. switching** steuerbedingte Portefeuilleumschichtung, Portefeuilleumschichtung aus Steuergründen
tax system Steuersystem *nt*, S.wesen *nt*, Fiskalwesen *nt*, Besteuerungssystem *nt*, Steuer-, Abgabenordnung *f*; **fast t. s.** System der vorläufigen Steuerfestsetzung; **proportional t. s.** proportionales Steuersystem; **two-tier t. s.** gespaltenes Steuersystem
tax table Steuer-, Grundtabelle *f*; **cumulative t. table** Steuerergänzungstabelle *f*; **t. take** Steuereinnahmen *pl*, S.aufkommen *nt*; **t. theory** Steuerlehre *f*, S.theorie *f*; **t. threshold** Steuerschwelle *f*, S.anfangsbetrag *m*, steuerpflichtiges Anfangseinkommen; **t. trap** Steuerfalle *f*
tax treatment Besteuerung *f*, Steuerbehandlung *f*, steuer(recht)liche Behandlung; **equal t. t.** steuerliche Gleichbehandlung; **favourable t. t.** Steuervergünstigung *f*, S.begünstigung *f*, steuerliche Sonderbehandlung
tax tribunal Finanzgericht *nt*; **t. unit** Besteuerungseinheit *f*; **t. valuation** steuerlicher Wertansatz; **~ rules** steuerliche Bewertungsvorschriften; **t. value** Versteuerungswert *m*, steuerbarer Wert; **~ equalization account** Steuerausgleichskonto *nt*; **t. violation** Steuervergehen *nt*; **t. voucher** Steuergutschein *m*, S.gutschrift *f*, S.beleg *m*; **negotiable t. voucher** handelbarer Steuergutschein; **t. waiver** Steuerverzicht *m*; **t. warrant** Steuervollmacht *f*, Ausweis des Steuereinziehers; **t.-wise** *adv* steuerlich (gesehen), aus steuerlicher Sicht, unter Steuergesichtspunkten; **t. withholding** Steuerabzug bei Lohn- und Kapitalertrag, Quellensteuerabzug *m*
tax write-off Steuerabschreibung *f*, steuerliche/steuerlich anerkannte/steuerlich zulässige Abschreibung; **accelerated/fast t. w.** steuerliche Sonderabschreibung; **t. w. facilities** steuerliche Abschreibungsmöglichkeiten
tax year *(Steuer)* Veranlagungs-, Steuer-, Haushalts-, Rechnungsjahr *nt*; **t. yield** Steueraufkommen *nt*, S.ertrag *m*, S.anfall *m*, S.leistung *f*; **total t. yield** Gesamtsteueraufkommen *nt*

TD (Treasury Department) *[US]* Finanzministerium *nt*
tdw (tons deadweight) ⚓ Eigen-, Totgewicht *nt*
tea *n* Tee *m*; **not my/everybody's cup of t.** *(coll)* nicht meine/jedermanns Sache; **t. bag** Teebeutel *m*; **t. biscuits** Teegebäck *nt*; **t. break** Frühstücks-, Teepause *f*
teach *v/t* lehren, unterrichten, unterweisen, schulen, Unterricht erteilen/geben
teacher *n* Lehrer(in) *m/f*, Lehrkraft *f*, Dozent(in) *m/f*, Erzieher(in) *m/f*; **commercial t.** Handelslehrer(in) *m/f*; **vocational t.** Berufsschullehrer(in) *m/f*
teacher|'s certificate/diploma Lehrbefähigung *f*, L.amtsdiplom *nt*; **t.s' college** *[US]*; **t. training college** *[GB]* Lehrerbildungsanstalt *f*, L.seminar *nt*, Pädagogische Hochschule (PH); ~ **examination** Lehramtsprüfung *f*; **t.s' institute** Lehrerseminar *nt*; **t.-pupil ratio** Lehrer-Schüler-Verhältnis *nt*; **t.s' strike** Lehrer-, Vorlesungsstreik *m*; **t. training** Lehrerausbildung *f*, Referendariat *nt*; ~ **college** 1. pädagogische Hochschule (PH); 2. *(Referendare)* Studienseminar *nt*
tea chest Teekiste *f*
teaching *n* Lehrbetrieb *m*, L.tätigkeit *f*, Lehre *f*, Unterricht(sbetrieb) *m*; **to take up t.** den Lehrberuf ergreifen; **remedial t.** Förderunterricht *m*
teaching activity Lehrtätigkeit *f*; **t. aid** Lehr-, Unterrichtsmittel *nt*; **t. appointment** Lehrauftrag *m*; **t. commitment/duties** Lehrverpflichtung *f*; **t. experience** Unterrichtserfahrung *f*; **t. goal** Lehrziel *nt*; **t. hospital** ⚕ Lehr-, Ausbildungskrankenhaus *nt*; **t. materials** Lehrmittel, Unterrichtsmaterial *nt*; **t. method** Lehr-, Unterrichtsmethode *f*; **t. position/post** Lehrerstelle *f*, L.amt *nt*; **t. practice** *(Lehramt)* 1. Unterrichtserfahrung *f*; 2. Vorbereitungszeit *f*, V.dienst *m*; **t. profession** Lehr(er)beruf *m*, Lehrfach *nt*, L.amt *nt*; **t. qualification** Lehrbefähigung *f*; **t. staff** Lehrkräfte *pl*, L.personal *nt*, L.körper *m*, Lehrerkollegium *nt*; **t. unit** Unterrichtseinheit *f*
teak *n* Teakholz *nt*
team *n* Gruppe *f*, Mannschaft *f*, Arbeitsgemeinschaft *f*, A.stab *m*, Team *nt*, Gespann *nt*; **t. of architects** Architektenteam *nt*; ~ **canvassers** Werbekolonne *f*, Drückerkolonne *f (pej.)*; ~ **specialists** Fachgruppe *f*; **to pick/select a t.** 1. Mannschaft aufstellen; 2. Projektgruppe bilden
cross-skilled team interdisziplinäre Arbeitsgruppe; **creative t.** Gestaltungsgruppe *f*; **experienced t.** eingespielte Mannschaft, eingespieltes Team; **hand-picked t.** sorgfältig zusammengestellte Mannschaft; **skeletal t.** Rumpfmannschaft *f*; **top t.** Spitzengremium *nt*, S.mannschaft *f*
team up *v/i* sich zusammentun/zusammenschließen, zusammenarbeiten, Arbeitsgemeinschaft bilden; ~ **with so.** sich mit jdm zusammentun
team commitment Teamengagement *nt*; **t. effort** gemeinsame Anstrengung, Gemeinschafts-, Gruppen-, Teamarbeit *f*, Kollektivität *f*; **t. involvement** Teamengagement *nt*; **t. leader** 1. Mannschaftsführer *m*; 2. Team-, Gruppenleiter *m*; **t. member** Mannschaftsmitglied *nt*; **t. organization** teamorientierte Organisationsform, **t. selection** Mannschaftsaufstellung *f*; **t. sell-**

ing Gemeinschaftsverkauf *m*; **t. spirit** Gemeinschafts-, Klassen-, Korps-, Mannschaftsgeist *m*, Zusammengehörigkeitsgefühl *nt*, Zusammenhalt *m*
teamster *n* *[US]* Lastwagen-, LKW-Fahrer *m*
team structure teamorientierte Organisationsform
teamwork *n* Gemeinschafts-, Gruppen-, Team-, Zusammenarbeit *f*, Teamwork *nt*
tear *n* Träne *f*; **on the verge of t.s** den Tränen nahe; **t.s of joy** Freudentränen; **to fight back one's t.s** mit den Tränen ringen; **to shed t.s** Tränen vergießen
tear *n* Riss *m*
tear *v/t* (auf-, ein-/zer)reißen; **t. o.s. away** sich losreißen; **t. down** abreißen; **t. off** losreißen; **t. open** aufreißen; **t. out** herausreißen; **t. up** zerreißen
teardown time *n* 🛠 Rüstzeit *f*
tear gas Tränengas *nt*; **t.-jerker** *n (coll)* Schnulze *f (coll)*, Schmachtfetzen *m (coll)*
tear sheet 📄 Belegseite *f*, B.stück *nt*
tease *v/t* reizen, necken, hänseln
tea service/set Teeservice *nt*
tea things *(coll)* Teegeschirr *nt*; **t. time** Brot-, Teezeit *f*; **t. trolley** *[GB]* /**wagon** *[US]* Teewagen *m*
tech issue *n (Börse)* Technologiewert *m*, T.aktie *f*, T.-titel *m*
technical *adj* 1. fachlich, f.spezifisch, technisch; 2. (formal)rechtlich; 3. handwerklich; 4. *(Preis)* unsicher, manipuliert, durch Manipulation beeinflusst; **t.s** *n (Börse)* Kursdaten
technicality *n* Formsache *f*, Formalie *f*, technische Einzelheit/Formalität, technischer Einwand; **mere t.** reine Formsache
technician *n* 1. Techniker *m*, technischer Angestellter; 2. Facharbeiter *m*
technique *n* Technik *f*, Verfahren *nt*, Methode *f*; **t. of budgeting** Budgetierungstechnik *f*; **t. of preservation** Konservierungstechnik *f*; ~ **production** Produktionsverfahren *nt*; **budgetary t.s** Methoden der Haushaltsaufstellung; **static t.** statische Methode
techno|chemistry *n* Chemotechnik *f*; **t.cracy** *n* Technokratie *f*; **t.crat** *n* Technokrat *m*; **t.cratic** *adj* technokratisch; **t.-economic** *adj* wirtschaftlich-technisch; **t.-logic(al)** *adj* technologisch, technisch; **t.logist** *n* Technologe *m*, Techniker *m*
technology *n* 1. Technologie *f*, Technik *f*; 2. *(Schule)* Gewerbekunde *f*; **t. of data processing** 💻 Datenverarbeitungstechnologie *f*; ~ **printing** Drucktechnik *f*; ~ **refrigeration** Kühltechnik *f*; ~ **transportation** Förder-, Verkehrs-, Beförderungstechnik *f*
advance(d) technology Hoch-, Spitzen-, Zukunftstechnologie *f*, fortschrittliche Technik; **agricultural t.** Agrartechnik *f*; **anti-pollutive technologies** technische Verfahren zur Bekämpfung der Umweltverschmutzung; **cutting-edge t.** Spitzentechnologie *f*; **digital t.** Digitaltechnik *f*; **eco-friendly/environmentally friendly t.** saubere/umweltfreundliche Technologie; **energy-efficient/energy-saving t.** energiesparende Technologie; **environmental t.** Umwelttechnik *f*; **high t. (hi-tech; high-tech)** Hoch-, Spitzen-, Zukunftstechnologie *f*; ~ **product** Spitzenprodukt *nt*;

labour-saving t. arbeitssparende Technologie; **latest t.** allerneueste Technologie; **marine/naval t.** Marinetechnik *f*; **military t.** Wehrtechnik *f*; **new t.** Zukunftstechnologie *f*; **nuclear t.** Atomtechnik *f*; **pollutive t.** umweltbelastende Technologie; **renewable t.** erneuerbare Technologie; **resource-saving t.** ressourcensparende Technologie; **small-scale/soft t.** weiche Technologie; **state-of-the-art t.** Hoch-, Spitzentechnologie *f*, moderne Technologie

technology assessment Technologiewirkungsanalyse *f*, T.bewertung *f*, T.folgenabschätzung *f*; **t. consultant** technischer/technologischer Berater; **t. group** Technologiekonzern *m*; **t.-intensive** *adj* technologieintensiv; **t. pact** Abkommen über technologische Zusammenarbeit; **t. park** Technologiepark *m*, T.zentrum *nt*; **t. stocks** *(Börse)* Technologiewerte; **t. transfer** Technologietransfer *m*; **~ agreement** Technologieüberlassungsvertrag *m*

tedious *adj* eintönig, langweilig, l.wierig

teem *v/i* wimmeln; **t.ing and lading** *n* Belegfälschung zur Vertuschung von Unterschlagung

teenage *adj* halbwüchsig; **t. unemployment** Jugendarbeitslosigkeit *f*

teenager *n* Teenager *m*, Halbwüchsige(r) *f/m*

the teens *pl* Teenageralter *nt*

teeny-weeny *adj* *(coll)* klitzeklein *(coll)*

to be fed up to the teeth with sth. *n* *(coll)* etw. bis zum Hals stehen haben *(coll)*; **to grind one's t.** mit den Zähnen knirschen; **to grit one's t.** Zähne zusammenbeißen; **false t.** $ Zahnprothese *f*, falsche Zähne

teething problems/troubles *pl* Kinderkrankheiten, Anfangs-, Anlaufschwierigkeiten

teetotal *adj* abstinent; **t.ler** *n* Antialkoholiker *m*, Blaukreuzler *m*

telco *n* *(coll)* **(telecommunication company)** *(Börse)* Telekommunikationsunternehmen *nt*, T.wert *m*

tele|autogram *n* Bildbrief *m*; **t.cast** *v/t* im Fernsehen übertragen; **t.caster** *n* Fernsehsprecher(in) *m/f*, F.journalist(in) *m/f*

telecommunication *n* Nachrichtenaustausch *m*, N.übertragung *f*, Datenfernübertragung (DFÜ) *f*; **t.s** *n* Fernmeldeverkehr *m*, F.wesen *nt*, F.verbindungen, Nachrichtentechnik *f*, N.überbringung *f*, Telekommunikation *f*; **optical t.s** optische Nachrichtentechnik

telecommunications accounting department Fernmeldeabrechnungsstelle *f*; **t. carriage industry** Kommunikationskanalbetreiber *pl*; **t. carrier** Kommunikationskanalbetreiber *m*; **t. engineer** Fernmeldeingenieur *m*, F.techniker *m*; **t. engineering** Fernmeldetechnik *f*; **t. equipment** Fernmeldeausrüstung *f*; **t. facilities** Fernmeldeeinrichtungen; **t. industry** Fernmeldeindustrie *f*; **t. network** Fernmelde-, Datenfernübertragungsnetz *nt*; **t. regulations** Fernmeldeordnung *f*; **t. satellite** Fernmelde-, Nachrichten-, Telefonsatellit *m*; **t. service** Fernmeldedienst *m*; **t. technology** Telekommunikationstechnik *f*

telecom|muter *n* Telearbeiter(in) *m/f*; **t.muting** *n* Telearbeit *f*

tele|computing *n* 🖳 Datenfernverarbeitung *f*; **t.conference** *n* Tele(fon)konferenz *f*; **t.copier** *n* Telekopierer *m*, T.kopiergerät *nt*, Fernfaksimilemaschine *f*; **t.copy** *v/t* fernkopieren; **t.copying service** *n* Tele-, Fernkopierdienst *m*; **t.course** *n* 1. Fernsehkurs *m*; 2. Fernlehrgang *m*; **t.dictation unit** Telefondiktiergerät *nt*; **t.fax** *n* Telefax *nt*, Bildfernschreiber *m*, B.funktelegraf *m*; **~ machine/terminal** Telefaxgerät *nt*, Fernfaksimilemaschine *f*; **t.film** *n* Fernsehfilm *m*

telegram(me) *n* Telegramm *nt*; **by t.** telegrafisch; **t. to be called for** postlagerndes Telegramm; **t. sent collect** *[US]* vom Empfänger bezahltes Telegramm; **t. by (tele) phone** telefonisch zugestelltes Telegramm

to code a telegram(me) Telegramm chiffrieren; **to deliver a t.** Telegramm zustellen; **to dispatch a t.** Telegramm aufgeben/expedieren/schicken; **to intercept a t.** Telegramm abfangen; **to order by t.** telegrafisch bestellen; **to repeat back a t.** Telegramm kollationieren; **to (tele)phone a t.** Telegramm telefonisch durchgeben; **to tender a t.** Telegramm aufgeben

coded telegram(me) Chiffretelegramm *nt*; **condolatory t.** Beileidstelegramm *nt*; **de luxe** *(frz.)* **t.** Schmuckblatttelegramm *nt*; **inland t.** Inlandstelegramm *nt*; **international t.** Auslandstelegramm *nt*; **local t.** Orts-, Stadttelegramm *nt*, Telegramm im Ortsverkehr; **prepaid t.** Rückantworttelegramm *nt*; **repetition-paid t.** kollationiertes Telegramm; **reply-paid t.** Antworttelegramm *nt*, Telegramm mit bezahlter Rückantwort; **straight t.** offenes Telegramm; **telephoned t.** telefonisch/fernmündlich zugestelltes Telegramm; **unrouted t.** Telegramm ohne Leitvermerk; **wireless t.** Radio(tele)gramm *nt*, drahtloses Telegramm

telegram(me) boy/carrier/messenger Telegrammzusteller *m*; **t. counter** Telegrammschalter *m*; **t. expenses** Telegrammspesen; **t. form** Telegrammformular *nt*; **t. message** Drahtnachricht *f*; **t. rate** Telegramm-, Wortgebühr *f*

telegraph *n* Telegraf *m*, Fernschreiber *m*; **by t.** telegrafisch; *v/ti* telegrafieren, telegrafisch überweisen/benachrichtigen/informieren

telegraph boy Telegramm-, Telegrafenbote *m*; **t. clerk** Telegrafenbeamter *m*; **t. code** Telegramm-, Telegrafenschlüssel *m*; **t.er; t.ist** *n* Telegrafist(in) *m/f*; **t.ese** *n* Telegrammstil *m*; **t. form** Telegrammformular *nt*; **t.ic** *adj* telegrafisch; **t.ing** *n* Telegrafieren *nt*; **t. line** Telegrafenleitung *f*; **t. office** Telegrafenamt *nt*, T.büro *nt*; **t. operator** Telegrafist(in) *m/f*, Telegrafenbeamter *m*; **t. pole/post** Telegrafenmast *m*, T.stange *f*; **t. receiver** Telegrafempfänger *m*; **t. service** Telegrafendienst *m*, T.grammverkehr *m*; **t. wire** Telegrafendraht *m*, T.kabel *nt*, T.leitung *f*

telegraphy *n* Telegrafie *f*; **wireless t.** Radiotelegrafie *f*, drahtlose Telegrafie

tele|marketing *n* Telefonverkauf *m*, T.vertrieb *m*; **~ initiative** Telefonvermarktungsoffensive *f*; **t.message** *n* *[GB]* telegrafische Mitteilung, Telebrief *m*; **t.meter** *n* Fernmessgerät *nt*, Telemeter *nt*; **t.metry** *n* Fernmesstechnik *f*, Telemetrie *f*; **t.metrograph** *n* Fernmessanlage *f*; **t.order** *v/t* elektronisch bestellen; **(mental) t.-pathy** *n* Gedankenübertragung *f*

telephone *n* 1. Telefon *nt*, Fernsprecher *m*, F.sprechapparat *m*; 2. Telefonanschluss *m*; **by t.; over the t.** per Telefon, telefonisch; **on the t.** 1. am Apparat; 2. durch Fernsprecher/Telefon
to answer the telephone sich am Telefon melden; **to be on the t.** telefonisch erreichbar sein, Fernsprechteilnehmer sein; **~ wanted on the t.** am Telefon/telefonisch verlangt werden; **to inform by t.** telefonisch/fernmündlich benachrichtigen; **to inquire by t.** telefonisch erfragen; **to install a t.** Telefon anschließen; **to order by t.** fernmündlich/telefonisch bestellen; **to want so. on the t.** jdn am Telefon verlangen
cellular telephone Mobiltelefon *nt*, Handy *nt (coll)*; **cordless t.** drahtloses Telefon; **private t.** Privattelefon *nt*; **public t.** öffentlicher Fernsprecher, öffentliche (Fern)Sprechzelle; **push-button t.** Tastentelefon *nt*; **unlisted t.** Geheimtelefon *nt*
telephone *v/t* anrufen, (an)telefonieren
telephone accounting service Telefon-, Fernmeldeabrechnungsstelle *f*; **t. advertising** Telefonwerbung *f*; **t. alphabet** Fernsprechalphabet *nt*; **t. announcement** telefonische Durchsage
(automatic) telephone answering machine automatischer Anrufbeantworter; **~ service** Telefon-, Fernsprechauftragsdienst *m*; **t. bell** Telefonklingel *f*; **t. bill** Telefon-, Fernsprech-, Telefongebührenrechnung *f*; **t. booth/box** Telefon-, Fernsprechzelle *f*, F.automat *m*, F.häuschen *nt*, F.kabine *f*; **t. breakdown** Telefonstörung *f*; **t. cable** Telefonkabel *nt*; **t. call** Telefonat *nt*, Telefongespräch *nt*, (T.)Anruf *m*; **t. carrier** Telefonnetzbetreiber *m*; **t. channel** Sprechkanal *m*; **t. charges** Fernsprech-, Telefongebühren; **t. communications** Telefon-, Fernsprechverkehr *m*; **t. company** [GB] /**corporation** [US] Telefongesellschaft *f*; **t. connection** Telefon-, Fernsprechverbindung *f*, F.(haupt)anschluss *m*; **t. conversation** Telefongespräch *nt*, telefonische Unterredung; **to have a t. conversation** Telefongespräch führen; **t. counter** (Postamt) Telefonschalter *m*; **t. desk** Telefonannahme *f*; **t. directory** Telefon-, Fernsprechbuch *nt*, F.verzeichnis *nt*, Teilnehmerverzeichnis *nt*, Telefonregister *nt*; **t. duty** Telefondienst *m*, T.bedienung *f*; **t. engineering** Fernsprechtechnik *f*; **t. equipment** Telefoneinrichtungen *pl*; **t. exchange** Fernsprechvermittlung *f*, F.amt *nt*, Fernsprech-, (Telefon)Vermittlung *f*, (T.)Zentrale *f*, Fernmeldeamt *nt*; **t. expenses** Telefonspesen *pl*; **t. extension** Nebenanschluss *m*, Durchwahl *f*, Apparat *m*, Fernsprech-, Telefonnebenstelle *f*; **t. handset** Telefonhörer *m*; **t. harassment** Telefonterror *m*; **t. hook-up** Telefonschaltung *f*; **t. index** Telefonregister *nt*; **t. information service** Telefon-, Fernsprechansagedienst *m*; **t. inquiries** Fernsprechauskunft *f*; **t. interview** Fernsprechinterview *nt*, telefonische Befragung; **t. kiosk** Telefonzelle *f*, Fernsprechautomat *m*, F.häuschen *nt*, F.kabine *f*, F.zelle *f*
telephone line Telefon-, Fernsprech-, F.meldeleitung *f*; **to check a t. l.** Telefonleitung überprüfen; **to disconnect a t. l.** Telefonleitung unterbrechen; **to tap a t. l.** Telefonleitung anzapfen; **leased t. l.** Standleitung *f*

telephone link Fernsprech-, Telefonverbindung *f*, telefonische Verbindung; **t. maintenance service** Entstörungsdienst *m*; **t. marketing** Telefonmarketing *nt*; **t. message** telefonische Nachricht/Benachrichtigung/Mitteilung, fernmündliche Mitteilung; **t. meter** Gesprächs-, Gebühren-, Telefonzähler *m*; **t. network** Fernmelde-, Fernsprech-, Telefonnetz *nt*; **public t. network** öffentliches Fernsprechnetz; **t. number** Fernsprech-, Ruf-, Telefonnummer *f*; **central t. office** [US] Telefonzentrale *f*; **t. operations** Telefon-, Fernsprechverkehr *m*; **t. operator** Telefonist(in) *m/f*; **t. order** telefonische Bestellung; **t. point** Telefonanschluss *m*; **t. rates** Telefontarif *m*, T.gebühren; **t. receiver** (Telefon)Hörer *m*; **t. regulations** Fernsprechordnung *f*; **t. rental** Telefon-, Fernsprechgrundgebühr *f*; **t. salesman** Telefonverkäufer *m*; **t. selling** Telefonverkauf *m*, Verkauf per Telefon; **t. service** Telefon-, Fernsprechverkehr *m*, F.dienst *m*, Fernmelde-, Telefondienst *m*, T.bedienung *f*; **(direct) t. sale** Telefonverkauf *m*; **international t. service** Fernsprechauslandsdienst *m*; **t. set** Telefonapparat *m*; **t. shares** [GB] /**stocks** [US] Telefonaktien *pl*; **t. solicitation** telefonische Kundenwerbung; **t. stand** Telefontischchen *nt*; **(public) t. station** [US] (öffentliche) Sprechstelle; **t. subscriber** Fernsprech-, Telefonteilnehmer *m*, T.kunde *m*; **t. subscription (rate)** Fernsprech-, Telefongrundgebühr *f*; **t. survey** Telefonbefragung *f*; **t. switching** (Börse) Telefonhandel *m*; **t. system** Telefon-, Fernsprechnetz *nt*, Fernsprech-, Fernmelde-, Telefonanlage *f*; **t. tapping** Gesprächsüberwachung *f*, Anzapfen von Telefonleitungen; **t. tariff** Fernsprech-, Ferngesprächsgebühr (ensatz) *f/m*; **t. trading** Telefonhandel *m*; **t. traffic** Fernsprechverkehr *m*; **t. trap** Fangschaltung *f*; **t. user** Telefonkunde *m*, T.benutzer *m*; **residential t. user** privater Telefonbenutzer/T.kunde *m*
tele|phonic *adj* telefonisch, fernmündlich; **t.phonist** *n* Telefonist(in) *m/f*; **t.phony** *n* Fernsprechwesen *nt*, Telefonie *f*; **wireless t.phony** Radiotelefonie *f*; **t.photo** *n* Fernaufnahme *f*; **~ lens** Teleobjektiv *nt*; **t.print** *v/t* fernschreiben
teleprinter *n* Fernschreiber *m*; **by t.** fernschriftlich; **facsimile t.** Bildfernschreiber *m*
teleprinter communication Fernschreibverkehr *m*; **t. connection** Fernschreibverbindung *f*, F.anlage *f*; **t. line** Fernschreibleitung *f*; **t. network** Fernschreibnetz *nt*; **t. service** Fernschreiberdienststelle *f*, F.schreibdienst *m*; **t. unit** Fernschreibstelle *f*; **t. user** Fernschreibteilnehmer *m*
teleprocessing *n* (Daten)Fernverarbeitung *f*, D.-fernübertragung (DFÜ) *f*; **off-line t.** indirekte Datenfernverarbeitung; **t. network/system** Datennetz *nt*
tele|scope *n* Fern-, Richt(fern)rohr *nt*, Teleskop *nt*; *v/t*i 1. verkürzen, komprimieren; 2. (Fahrzeuge beim Unfall) (sich) ineinanderschieben; **t. eye** Teleskopauge *nt*; **t.scoping** *n* Ablaufplanung mit überlappenden Phasen
tele|-selling *n* Televerkauf *m*, Verkauf am Bildschirm; **t.seme** *n* (Hotel) Signaltafel *f*; **t.shopping** *n* Telekauf *m*, Kauf am Bildschirm, Teleshopping *nt*; **(broadcast) teletex(t)** *n* Video-, Bildschirmtext (Btx) *m*

teletype *n* *[US]* 1. Fernschreiber *m*; 2. Fernschreiben *nt*; *v/t* fernschreiben
televise *v/t* im Fernsehen bringen/übertragen
television *n* Fernsehen *nt*; **tailored for t.** fernsehgerecht; **to watch t.** fernsehen; **closed-circuit t. (CCT)** innerbetriebliches Fernsehnetz/Fernsehen, Videoüberwachung *f*; **commercial t.** Privat-, Werbefernsehen *nt*, kommerzielles Fernsehen; **~ franchise** Werbefernsehlizenz *f*; **digital t.** digitales Fernsehen, Digitalfernsehen *nt*; **educational t.** Schulfernsehen *nt*; **regional t.** Regionalfernsehen *nt*
televison adaptation Fernsehbearbeitung *f*; **t. address** Fernsehansprache *f*; **t. advertising** Fernsehwerbung *f*, F.reklame *f*; **t. aerial** Fernsehantenne *f*; **t. announcer** Fernsehansager(in) *m/f*, F.sprecher(in) *m/f*; **t. appearance** Fernsehauftritt *m*; **t. audience** Fernsehpublikum *nt*; **t. broadcast** Fernsehsendung *f*, F.übertragung *f*; **t. cabinet** Fernsehtruhe *f*; **t. cable** Fernsehkabel *nt*; **t. camera** Fernsehkamera *f*; **t. cassette** Fernsehkassette *f*; **t. censorship** Fernsehzensur *f*; **t. channel** Fernsehkanal *m*; **t. commercial** (Fernseh)Werbesendung *f*, W.fernsehen *nt*, W.spot *m*; **to screen a t. commercial** Werbespot zeigen; **t. company/corporation** Fernsehgesellschaft *f*, F.anstalt *f*; **t. course** Fernsehkurs *m*, F.lehrgang *m*; **t. coverage** Fernsehberichterstattung *f*; **t. editor** Fernsehredakteur *m*; **t. engineer** Fernsehtechniker *m*, F.ingenieur *m*; **t. engineering** Fernsehtechnik *f*; **t. film** Fernsehfilm *m*; **t. franchise** Fernsehkonzession *f*, F.lizenz *f*, F.genehmigung *f*; **t. game** Fernsehspiel *nt*; **t. industry** Fernsehindustrie *f*; **t. interview** Fernsehinterview *nt*; **t. law** Fernsehrecht *nt*; **t. licence (fee)** (Zuschauer)Fernsehgebühr *f*, F.lizenz *f*, F.genehmigung *f*; **t. manufacturer** Fernsehgerätehersteller *m*; **t. mast** Fernsehmast *m*; **t. network** Fernsehnetz *nt*; **t. news** Fernsehnachrichten; **t. picture** Fernsehbild *nt*; **t. play** Fernsehspiel *nt*, F.stück *nt*; **t. producer** Fernsehregisseur *m*; **t. production** Fernsehinszenierung *f*
television program(me) Fernsehprogramm *nt*; **canned t. p.** Fernsehkonserve *f*; **prime-time t. p.** günstig gelegene Fernsehsendung
television receiver/set Fernsehempfänger *m*, F.apparat *m*, F.gerät *nt*, Fernseher *m*; **t. reception** Fernsehempfang *m*; **t. recording** Fernsehaufnahme *f*; **t. reporter** Fernsehreporter(in) *m/f*; **t. rights** Fernsehrechte; **t. screen** Fernseh(bild)schirm *m*; **t. serial** Fernsehserie *f*; **t. set** Fernsehkoffergerät *nt*, tragbarer Fernseher; **t. spot** kurze Fernsehwerbesendung *f*; **t. station** Fernsehstation *f*, F.sender *m*; **private t. station** Privatsender *m*; **t. transmission** Fernsehübertragung *f*; **live t. transmission** direkte Fernsehübertragung; **t. transmitter** Fernsehsender *m*; **t. tube** (Fernseh-)Bildröhre *f*; **t. viewer** Fernsehteilnehmer(in) *m/f*, F.zuschauer(in) *m/f*; **to measure t. viewing** Einschaltquoten messen
tele|work(ing) *n* Heim-, Telearbeit *f*; **t.worker** *n* Tele-, Heimarbeiter(in) *m/f*; **t.writer** *n* Fernschreiber *m*
telex *n* 1. Telex *nt*, Fernschreiben *nt*; 2. Fernschreiber *m*; 3. Telexanschluss *m*; **by t.** fernschriftlich, per Fernschreiben; **to send a t.** Fernschreiben schicken

telex *v/t* fernschreiben, fernschriftlich/per Fernschreiben mitteilen, Fernschreiben schicken
telex address Telexanschrift *f*; **t. channel** Fernschreibkanal *m*; **t. charge** Fernschreibgebühr *f*; **t. communication** Fernschreibverkehr *m*; **t. connection** Telex-, Fernschreibverbindung *f*; **t. exchange** Fernschreib-, Telexvermittlung *f*; **t. line** Telexverbindung *f*, T.anschluss *m*, Fernschreibleitung *f*; **~ charge** Fernschreibmietgebühr *f*; **t. message** Fernschreiben *nt*; **t. number** Telexnummer *f*; **t. operator** *(Person)* Fernschreiber *m*; **t. rental** Fernschreibgrundgebühr *f*; **t. service** Fernschreibdienst *m*; **t. subscriber/user** Telex-, Fernschreibteilnehmer *m*; **t. system** Fernschreib-, Telexsystem *nt*; **t. terminal** Fernschreibanlage *f*; **direct t. transfer** *(Bank)* Schnellverkehr *m*; **t. unit** Fernschreibstelle *f*
tell *v/ti* 1. erzählen, sagen, berichten; 2. erkennen; 3. (ab)zählen; **t. against so.** zu jds Ungunsten sprechen; **t. so. off** jdn ausschimpfen, jdm die Leviten lesen *(coll)*; **~ what's what** jdm Bescheid stoßen *(coll)*, mit jdm Fraktur/Tacheles reden *(coll)*
telle quelle *(frz.)* → **tel quel**
teller *n* 1. (Bank)Kassierer(in) *m/f*, Schalterbeamter *m*, Kassen-, Geldzähler *m*, Bankdisponent *m*, Zählkraft *f*, Bankangestellte(r) *f/m*; 2. (Stimmen)Zähler *m*; **automated t.** Bankautomat *m*; **drive-in t.** *(Bank)* Autoschalter *m*; **receiving t.** *[US]* Scheckkontrolleur *m*
teller check *[US]* /**cheque** *[GB]* Bankscheck *m*; **t.'s counter** Kassenschalter *m*; **t.'s department** (Haupt)Kasse *f*; **t. machine** Schalterbuchungsmaschine *f*; **automated t. machine (ATM)** Geld(ausgabe)-, Bargeld-, Bankautomat *m*, Bankomat *m*; **t.'s receipting machine** Schalterquittungsmaschine *f*; **~ proof** Kassenabschluss *m*, K.revision *f*; **~ stamp** Kassenstempel *m*; **t. terminal** *(Bank)* Schaltermaschine *f*, S.terminal *m*; **t.'s window** Auszahlungs-, Kassenschalter *m*
telling *adj* bezeichnend, aufschlussreich
telltale *adj* verräterisch
telly *n* *[GB]* *(coll)* Fernsehen *nt*
tel quel *(frz.)* wie besehen; **~ clause** Telquelklausel *f*; **~ rate** Telquel-, Nettokurs *m*
pro tem(pore) *(lat.)* vorläufig, zur Zeit
temp *n* *(coll)* *(Büro)* Aushilfskraft *f*, Aushilfe *f*, A.sekretärin *f*, Leih-, Zeitarbeiter(in) *m/f*, Leihbeitnehmer(in) *m/f*; **t.s** Aushilfs-, Zeitarbeitskräfte, Zeitpersonal *nt*; **t. agency** Zeitarbeitsfirma *f*; **t.ing** *n* Leih-, Zeitarbeit *f*, Aushilfstätigkeit *f*
temper *n* Wesen *nt*, Naturell *nt*; **to control one's t.** sein Temperament zügeln; **to fly into a t.; to lose one's t.** seine (Selbst)Beherrschung verlieren, aufbrausen; **to keep one's t.** Ruhe bewahren; **bad/foul t.** schlechte/üble Laune; **violent t.** ungezügeltes Temperament
temper *v/t* 1. abschwächen, (ab)mildern, mäßigen, relativieren; 2. dämpfen, abfedern; 3. härten
temperament *n* Temperament *nt*, Naturell *nt*
temperance *n* mäßige Lebensführung, Maßhalten *nt*, Abstinenz *f*, Enthaltsamkeit *f*
temperate *adj* gemäßigt, mäßig

temperature *n* 1. Temperatur *f*; 2. $ Fieber *nt*; **to take so.'s t.** jds Fieber messen; **average t.** Durchschnittstemperatur *f*; **high t.** 1. hohe Temperatur; 2. (hohes) Fieber; **indoor t.** Innentemperatur *f*; **maximum t.** Höchsttemperatur *f*; **outside t.** Außentemperatur *f* **temperature curve** 1. Temperaturkurve *f*; 2. $ Fieberkurve *f*; **t. drop** Temperaturabnahme *f*, T.rückgang *m*, T.sturz *m*; **t. ga(u)ge** Temperaturanzeiger *m*; **t. rise** Temperaturanstieg *m*; **t.-sensitive** *adj* temperaturempfindlich; **t. variations** Temperaturschwankungen
tempering *n* ⚙ Härtung *f*; **t. furnace** Härteofen *m*
tempest *n* Ungewitter *nt*; **t.uous** *adj* orkanartig, stürmisch, heftig
temporarily *adv* 1. zeitweilig; 2. aushilfsweise
temporary *adj* zeitweise, einst-, zeitweilig, vorübergehend, vorläufig, zeitlich, temporär, befristet, interimistisch, kommissarisch, provisorisch, notdürftig; *n* Aushilfskraft *f*, Aushilfe *f*;
temporization *n* opportunistisches Verhalten
temporize *v/i* hinhaltend taktieren, günstige Zeit abwarten, Zeit zu gewinnen suchen, ~ schinden, sich opportunistisch verhalten; **t.er** *n* Opportunist *m*, Verzögerungstaktiker *m*
tempt *v/t* in Versuchung führen, versuchen, (ver-)locken, verleiten, reizen, ködern, verführen
temptation *n* 1. Versuchung *f*, Verlockung *f*, Verführung *f*; 2. Lockmittel *nt*, Reiz *m*; **to lead so. into t.** jdn in Versuchung führen; **to succumb/yield to t.** der Versuchung erliegen
tempting *adj* verführerisch, (ver)lockend
tenable *adj* (*Argument*) haltbar, vertretbar
tenacious *adj* zäh, verbissen, hartnäckig, beharrlich, widerstandsfähig
tenacity *n* Zähigkeit *f*, Beharrlichkeit *f*, Hartnäckigkeit *f*, Widerstandsfähigkeit *f*; **t. of purpose** Zielstrebigkeit *f*
tenancy *n* 1. Pacht-, Mietverhältnis *nt*, Pacht(ung) *f*; 2. Mietzeit *f*, Pachtdauer *f*; **t. in common** (Grund)Eigentum/Gemeinschaft nach Bruchteilen, Bruchteilseigentum *nt*, Eigentum zur gesamten Hand, gemeinschaftliche Pachtung, gemeinsamer Besitz; **t. for life** Pachtung auf Lebensdauer; **t. at sufferance** jederzeit kündbarer Mietvertrag, stillschweigend verlängertes Mietverhältnis, nach Ablauf der Pachtzeit jederzeit kündbar/widerrufbar weiterlaufendes Pachtverhältnis; **t. at will** jederzeit kündbares Miet-/Pachtverhältnis, nach Willkür kündbare Pachtung, jederzeit kündbare Pacht; **t. from year to year** von Jahr zu Jahr laufendes Mietverhältnis
assured tenancy geschütztes/unbefristetes Mietverhältnis; **commercial/industrial t.** gewerbliches Mietverhältnis; **contractual t.** vertraglich vereinbartes/geregeltes Mietverhältnis; **entire t.** Pachtung in einer Hand; **fixed-term t.** befristetes Mietverhältnis; **full-protection t.** geschütztes Mietverhältnis; **general t.** unbefristeter Miet-/Pachtvertrag; **joint t.** Gesamthands-, Miteigentum *nt*, M.besitz *m*, M.pacht *f*, gemeinsame Pacht, gemeinsamer Besitz, gesamthänderisches Eigentum; **long t.** Dauermiete *f*; **lifelong t.** lebenslänglicher Nießbrauch; **monthly t.** monatlich kündbares Mietverhältnis; **month-to-month t.** sich monatlich verlängerndes Mietverhältnis; **occupational t.** Arbeitspacht *f*; **ordinary t.** allgemeines Pachtrecht; **periodic t.** zeitlich begrenztes Nutzungs- oder Pachtverhältnis, sich turnusmäßig verlängerndes Mietverhältnis, zeitlich fixiertes Pachtverhältnis; **permanent t.** Dauermietverhältnis *nt*; **protected t.** dem Mieterschutz unterliegendes Mietverhältnis; **restricted t.** Mietverhältnis mit verringertem Mieterschutz; **secure t.** abgesichertes/sicheres Mietverhältnis; **shorthold t.** befristetes/kurzfristiges Mietverhältnis; **statutory t.** *[GB]* dem Mieterschutz unterliegendes Mietverhältnis, gesetzliches Nutzungsverhältnis, gesetzlicher Räumungsschutz

tenancy agreement Pacht-, Mietvertrag *m*, M.vereinbarung *f*; **standard t. agreement** Einheitsmietvertrag *m*; **t. contract** Pacht-, Mietvertrag *m*; **t. dispute** Mietstreitigkeit *f*; **t. law** Mietrecht *nt*; **t. system** Pachtsystem *nt*; **t. year** Miet-, Pachtjahr *nt*

tenant *n* Mieter(in) *m/f*, Pächter(in) *m/f*, Pachtbesitzer(in) *m/f*, Pacht-, Wohnungsinhaber(in) *m/f*, Miet-, Haus-, Wohnpartei *f*; **t.s** Mieterschaft *f*; **t. in common** Grundstückseigentümer zu Bruchteilen; **t. of a demesne** Pächter einer Domäne; **t. in fee simple** Grundeigentümer *m*; **t. for life** lebenslänglicher Nießbraucher, Nießbrauchbesitzer *m*, Pächter auf Lebenszeit; **t. in possession** Mieter im Besitz der Mietsache; **~ severalty** alleinberechtigter Pächter; **t. at will** jederzeit kündbarer Pächter/Mieter; **payable by the t.** vom Mieter zu bezahlen

to be a tenant zur Miete wohnen; **to evict/turn out a t.** Mieter verdrängen/hinauswerfen/exmittieren, Zwangsräumung gegen einen Mieter durchführen; **to give a t. notice; to serve notice upon a t.** einem Mieter kündigen, ~ die Kündigung zustellen

agricultural tenant landwirtschaftlicher Pächter; **~ t.'s protection** Pachtschutz *m*;
commercial t. gewerblicher Mieter/Pächter; **cropshare t.** ⚙ Halb-, Teilpächter *m*; **defaulting t.** Mietschuldner *m*; **evicted t.** hinausgesetzter/exmittierter Mieter; **fixed-term t.** Zeitpächter *m*; **incoming/ingoing t.** einziehender/neuer Mieter, Neumieter *m*, neuer Pächter; **industrial t.** gewerblicher Mieter; **joint t.** Mitpächter *m*, M.besitzer *m*, M.eigentümer *m*; **main t.** Hauptmieter *m*; **new t.** Nachmieter *m*, **next t.** Nachmieter *m*, N.pächter *m*; **outgoing t.** ausziehender Mieter; **permanent t.** Dauermieter *m*; **prospective t.** Mietinteressent *m*; **sitting t.** 1. Altmieter *m*; 2. unmittelbarer Pachtbesitzer; **sole t.** Alleinpächter *m*, alleiniger Mieter, Einzelmieter *m*, E.pächter *m*; **statutory t.** Zwangsmieter *m*; **subsequent t.** Nachmieter *m*, N.pächter *m*
tenantable *adj* pachtbar, mietbar, bewohnbar, vermietungsfähig
tenant|s' association Mieter(schutz)vereinigung *f*, M.bund *m*; **t.'s building loan** Mieteraufbaudarlehen *nt*; **~ contribution** Mieterzuschuss *m*; **~ default** Mieterverzug *m*; **~ duty** Mieterpflicht *f*; **t. farm** ⚙ Pachthof *m*, P.betrieb *m*; **t. farmer** (Guts)Pächter *m*, Pachtbauer *m*; **t.'s fixtures** Pachtzubehör *nt*; **t.less** *adj* leer

stehend, unvermietet; **unauthorized t. levy** Fehlbelegungsabgabe *f*; **t.'s liability** Mieterhaftpflicht *f*, M.haftung *f*; **~ insurance** Mieterhaftpflichtversicherung *f*; **t. list** Mieterliste *f*; **t.'s loan** Mieterdarlehen *nt*; **~ obligation** Mieterverpflichtung *f*; **~ personal property** eingebrachte Sachen; **t. protection** Mieterschutz *m*; **t. right** Pächteranspruch *m*, Mietablösungswert *m*; **t.'s rights** Mieterrechte, Pachtrecht *nt*; **~ risk** Mieterhaftung *f*

tenantry *n* Mieterschaft *f*

tend *v/ti* 1. sich kümmern um, sorgen für, pflegen; 2. ⚓ bedienen; 3. tendieren, neigen zu; **t. to** abzielen auf, hinauslaufen auf, dazu neigen; **t. downward(s)** fallende Tendenz zeigen, nach unten tendieren; **t. lower** *(Börse)* zurückgehen; **t. upwards** steigende Tendenz zeigen, nach oben tendieren

tendency *n* (allgemeine) Richtung, Strömung *f*, Tendenz *f*, Entwicklung(stendenz) *f*, Hang *m*; **with a t. to** tendenziell; **t. to buy** Kaufbereitschaft *f*; **t. of the market** Börsenentwicklung *f*, B.tendenz *f*, B.stimmung *f*, Markttrend *m*; **t. to sell** *(Börse)* Abgabeneigung *f*; **to show a t.** Tendenz erkennen lassen

bearish tendency *(Börse)* Schwäche-, Baissetendenz *f*, B.stimmung *f*, Schwächeneigung *f*, fallende Tendenz; **brisk t.** lebhafte Tendenz; **bullish t.** *(Börse)* Hausseneigung *f*, H.stimmung *f*, H.tendenz *f*; **central t.** ▦ Lokalisationsparameter *m*; **compensating t.** Ausgleichstendenz *f*; **cyclical t.** konjunkturelle Tendenz; **deflationary t.** deflationistische Tendenz; **depressive t.** Schwäche-, Baissetendenz *f*; **distinct t.** ausgeprägte Tendenz; **downward t.** Schwäche-, Baissetendenz *f*, Abwärtsbewegung *f*, fallende Tendenz; **dull t.** *(Börse)* lustlose Tendenz, zurückhaltende Stimmung; **expansive tendencies** Expansionstendenzen, E.drang *m*; **firm t.** *(Börse)* feste Tendenz; **general t.** allgemeine Tendenz, Grundrichtung *f*; **inflationary t.** Inflationsneigung *f*, I.tendenz *f*; **to contract ~ t.s** inflationäre Tendenzen bekämpfen; **irregular/mixed/unsteady t.** *(Börse)* uneinheitliche Stimmung; **prevailing t.** (vor)herrschende Tendenz; **rising t.** *(Börse)* Aufwind *m*, Auftriebstendenz *f*; **seasonal t.** saisonbedingte Tendenz, Saisontendenz *f*; **stagnating t.** stagnierender Trend; **underlying t.** Grundlinie *f*, G.tendenz *f*; **upward t.** 1. Auftriebs-, Aufschwungs-, Steigerungstendenz *f*, steigende Tendenz; 2. *(Börse)* Haussetendenz *f*, H.neigung *f*

tendentious *adj* tendenziös

tender *n* 1. (Leistungs-/Lieferungs-/Real-/Submissions)Angebot *nt*, Andienung *f*, Anbietung *f*, Offerte *f*, Gebot *nt*; 2. Einreichung *f*, Submission *f*; 3. ⚓ Beiboot *nt*, Begleitschiff *nt*; **by t.** durch Ausschreibung, auf dem Submissionsweg, im Ausschreibungsverfahren; **t. for credit against securities** Pensionsofferte *f*; **t. of delivery** Lieferangebot *nt*; **~ documents** Vorlage von Dokumenten; **~ a loan** Darlehensangebot *nt*; **t. for treasury bills** Zeichnungsangebot für Schatzwechsel

to accept a tender Angebot annehmen; **to allocate by t.** in Submission/auf dem Submissionsweg vergeben; **to file/lodge a t.** Angebot einreichen; **to go to open t.**

öffentlich ausschreiben; **to invite t.s** öffentlich/im Submissionswege ausschreiben, zur Abgabe von Angeboten/Offerten auffordern, Angebote einholen, Ausschreibung veranstalten; **to lose out on a t.** bei einer Ausschreibung/Submission leer ausgehen; **to make/put in a t.** Angebot machen, (Submissions)Offerte einreichen; **to participate in a t.** sich an einer Ausschreibung beteiligen; **to put out to t.** Ausschreibung/Submission veranstalten, ausschreiben, in Submission/im Submissionswege vergeben; **~ to international t.** international ausschreiben; **~ selective t.s** beschränkte Ausschreibungen vornehmen; **to sell by t.** durch Ausschreibung verkaufen

alternate/alternative tender Alternativangebot *nt*; **collusive t.** abgesprochenes Angebot; **dummy t.** Scheinangebot *nt*; **flexible/fluctuating t.** elastisches Angebot; **good t.** zulässiges Zahlungsmittel; **highest t.** Höchst(an)gebot *nt*

lawful/legal tender gesetzliches Zahlungsmittel, geltende/gesetzliche Währung, Geld mit Zwangskurs; **~ of a country** Landeswährung *f*; **~ coin** Währungsmünze *f*; **~ currency** Kurantgeld *nt*; **~ money** Währungsgeld *nt*

limited tender beschränkte Ausschreibung; **local t. (of a country)** Landeswährung *f*; **lowest t.** Mindestangebot *nt*; **marginal t.** letztbereiter Kreditgeber; **open t.** offenes Angebot; **public t.** öffentliche Ausschreibung, Submissionsverfahren *nt*; **sealed t.** versiegeltes (Submissions)Angebot; **single t.** einzelnes Angebot; **variable t.** elastisches Angebot; **weekly t.** wöchentliche Ausschreibung; **winning t.** Zuschlagssubmission *f*, erfolgreiches Angebot

tender *v/t* 1. (an)bieten, (Lieferungs-/Submissions)Angebot/Offerte unterbreiten, offerieren, sich an einer Ausschreibung beteiligen, (An)Gebot abgeben; 2. *(Dokument)* vorlegen; 3. *(Geld)* zahlen; **t. for sth.** sich um etw. bewerben

tender *adj* 1. zart; 2. zärtlich; 3. *(Stoff)* mürbe

tender agreement Submissionsvertrag *m*; **t. bill** *[GB]* regelmäßig angebotener Schatzwechsel; **t. date** Ausschreibungstermin *m*, Bietungsschluss *m*; **t. documents** Angebots-, Ausschreibungs-, Submissionsunterlagen

tenderee *n* Angebotsempfänger *m*

tenderer *n* (An)Bieter *m*, Submittent *m*, Angebots-, Offertensteller *m*, (Submissions)Bewerber *m*, Bietender *m*; **lowest t.** Mindestfordernder *m*; **qualified t.** zugelassener (An)Bieter; **successful t.** Zuschlagsempfänger *m*

tender guarantee Angebots-, Bietungs-, Ausschreibungsgarantie *f*

tendering *n* Angebotsabgabe *f*; **t. for export levies** Ausschreibung der Ausfuhrabschöpfung; **collusive t.** Angebots-, Ausschreibungs-, Submissionsabsprache *f*, Preisabsprache bei der Abgabe von Angeboten, abgekartete/manipulierte Angebotsabgabe, Anbieterabsprache bei Submission; **competitive t.** freihändige Vergabe, echte/freie Ausschreibung; **t. date** Angebotseröffnungs-, Submissionstermin *m*; **t. procedure** Aus-

schreibungsverfahren *nt*; **competitive t. procedure** Vergabeverfahren *nt*
tender offer 1. Ausschreibungsangebot *nt*; 2. *[US]* Übernahmeangebot *nt*; **t. period** Ausschreibungs-, Bewerbungs-, Einreichungs-, Submissionsfrist *f*; **t. price** Angebots-, Andienungs-, Submissionspreis *m*; **minimum t. price** *(Anleiheausschreibung)* Mindestbietungskurs *m*; **t. procedure** Submissions-, Tenderverfahren *nt*; **t. rate** Emissionssatz *m*; **t. specifications** Lastenheft *nt*; **t. terms** Ausschreibungs-, Submissionsbedingungen
tendon *n* ⚕ Sehne *f*
tenement *n* 1. Mietshaus *nt*, M.kaserne *f (pej.)*, Wohnblock *m*, W.gebäude *nt*; 2. [§] Miet-, Pachtbesitz *m*; **dominant t.** herrschendes Grundstück, herrschende Dienstbarkeit; **free t.** freier Grundbesitz; **servient t.** dienendes Grundstück; **t. building/house** Miets-, Renditenhaus *nt*
tenner *n* *[GB] (coll)* Zehnpfundnote *f*
tenor *n* 1. Tenor *m*, Inhalt *m*, Sinn *m*, Absicht *f*, Grundtendenz *f*; 2. Wortlaut *m*; 3. (Wechsel)Frist *f*, Lauf-, Verfallzeit *f*; 4. [§] Abschrift *f*, Kopie *f*; **of the same t.** gleichlautend; **t. of a bill** Text/Laufzeit eines Wechsels; **~ the contract** Vertragswille *m*; **~ a deed** Wortlaut einer Urkunde; **~ a speech** Sinn einer Rede; **t. bill** Zeit-, Zielwechsel *m*
tense *adj* (an)gespannt, spannungsgeladen, verkrampft; **t.ness** *n* Gespanntheit *f*, Spannung *f*
tension *n* Spannung(sverhältnis) *f/nt*, Nervosität *f*, Verkrampfung *f*; **to generate t.** Spannung erzeugen; **to reduce t.** Spannung abbauen; **high t.** ⚡ Hochspannung *f*; **low t.** ⚡ Niederspannung *f*; **nervous t.** nervöse Spannung; **t. factor** Spannungsmoment *nt*; **t.-free** *adj* spannungsfrei; **t. pin** ⚙ Spannstift *m*
tensor organization *n* Tensororganisation *f*
tent *n* Zelt *nt*; **to erect/pitch a t.** Zelt aufschlagen
tentative *adj* vorläufig, unverbindlich, Versuchs-, Probe-, unentschlossen, vorsichtig, provisorisch; **t.ly** *adv* versuchsweise
to be on tenterhooks *pl* *(fig)* auf glühenden/heißen Kohlen sitzen *(fig)*, wie auf Nadeln sitzen; **to keep/put so. on t.** *(fig)* jdn auf die Folter spannen *(fig)*, es für jdn spannend machen
tent peg Zeltpflock *m*; **t. pole** Zeltstange *f*
tenuous *adj* 1. dünn, fein; 2. schwach
tenure *n* 1. Besitz *m*, B.dauer *f*, B.titel *m*, B.verhältnis *nt*, Innehaben *nt*; 2. Pachtrecht *nt*, P.verhältnis *nt*; 3. Amts-, Dienstzeit *f*; 4. unkündbare Stellung, Anstellung auf Lebenszeit; **t. of land** Landpacht *f*; **t. by lease** Pachtbesitz *m*; **t. of office** 1. Amtsperiode *f*, A.dauer *f*; 2. Bekleidung eines Amtes; **t. in villeinage** *(obs.)* Hintersassengut *nt (obs.)*; **t. at will** jederzeit kündbarer Pachtbesitz; **collective tenure** Kollektivbesitz *m*; **communal/joint t.** Gütergemeinschaft *f*; **feudal t.** Lehen(sbesitz) *nt/m*; **fixed/permanent t.** Dauerstellung *f*, Anstellung auf Lebenszeit; **individual/private t.** Privatbesitz *m*; **multiple t.** gemeinsamer Landbesitz
tenured *adj* *(Personal)* unkündbar, in Dauerstellung

tenure provisions *(Mietvertrag)* Kündigungsbestimmungen
tepid *adj* lauwarm
term *n* 1. Dauer *f*, Zeitraum *m*; 2. Verfall-, Laufzeit *f*, Frist(igkeit) *f*, Schutzfrist *f*; 3. (Gültigkeits)Dauer *f*, Versicherungszeit *f*; 4. Amts-, Gerichts-, Legislaturperiode *f*; 5. Vierteljahr(esfrist) *nt/f*, Quartal(stermin) *nt/m*; 6. Begriff *m*, Fachausdruck *m*, Bezeichnung *f*, Benennung *f*, Terminus *m*; **t.s** 1. Bedingungen, Bestimmungen, Konditionen, Modalitäten; 2. *(Anleihe)* Ausstattung *f*; 3. Preis *m*; 4. Honorar *nt*; 5. Zahlungsforderung *f*; 6. Wortlaut *m*; 7. Ausdrucksweise *f*; **according to/as per the t.s** bestimmungsgemäß, gemäß den Bedingungen; **at t.** zum festgelegten Termin; **during the t.** während der Laufzeit; **for a t. of** für die Dauer von; **in ... t.s** in ... ausgedrückt/gerechnet; **in t.s of** hinsichtlich, gemessen an, ausgedrückt in, was ... betrifft, nach Maßgabe, im Hinblick auf; **in no uncertain t.s** unmissverständlich, unzweideutig; **on t.** auf Ziel/Zeit; **on t.s** zu Bedingungen; **under the t.s of** auf Grund der Bestimmungen von
term for acceptance Akzeptfrist *f*; **t.s of acceptance** Abnahmebedingungen; **~ the agreement** Vertragsbedingungen, Bestimmungen des Vertrages; **~ amortization** Tilgungsbedingungen; **t. of annuity** Rentendauer *f*; **t.s of assignment** Übertragungsbedingungen; **~ an award** Inhalt eines Schiedsspruchs; **t. of bailment** [§] Hinterlegungs-, Verpfändungszeit *f*; **t.s of a bid** Angebotsbedingungen; **t. of a bill of exchange** Laufzeit eines Wechsels; **t.s of business** Abschluss-, Geschäftsbedingungen, Konditionen; **~ carriage** Beförderungs-, Fracht-, Spediteurbedingungen; **~ competition** Wettbewerbsbedingungen, W.verhältnisse; **~ composition** Vergleichsbedingungen
terms and conditions (Verkaufs)Bedingungen, Konditionen; **on the same t. and c.** zu denselben Bedingungen; **t. and c. of business** Geschäftsbedingungen; **~ of the contract** Vertragsbedingungen, V.bestimmungen; **General T. and C. of Delivery** Allgemeine Lieferbedingungen; **t. and c. of employment** Arbeits-, Anstellungs-, Standarddienstvertragsbedingungen; **~ of a letter of credit** Akkreditivbedingungen; **~ of sale** Bezugs-, Lieferbedingungen; **~ of use;** **~ for users** Benutzungsbedingungen; **general/standard t. and c.** allgemeine (Geschäfts)Bedingungen, Normalkonditionen
term of (a/the) contract Vertragslaufzeit *f*, V.dauer *f*, V.periode *f*; **t.s of c.** Vertragsbedingungen, vertragliche Bedingungen; **during the t. of the c.** während der Vertragsdauer; **subject to the t.s of the c.** vorbehaltlich der Vertragsbestimmungen; **to come within the t.s of c.** unter die Vertragsbedingungen fallen; **to comply with the t.s of c.** Vertragsbedingungen erfüllen/einhalten, sich an die Vertragsbedingungen halten; **to construe the t.s of c.** Vertrag auslegen; **agreed t. of c.** vereinbarte Vertragsdauer
term of copyright Urheberschutzfrist *f*; **~ a credit** Laufzeit eines Kredits; **t.s of credit** Kreditbedingungen; **t. of delivery** Lieferungs-, Lieferfrist *f*, L.zeit *f*; **t.s of**

term of detention

delivery Liefer-, (Aus)Lieferungs-, Bezugs-, Handelsbedingungen; **t. of detention** Haftdauer *f*, H.zeit *f*; **~ discount** Diskonttage *pl*; **t.s of employment** Anstellungsverhältnis *nt*, A.bedingungen; **~ extension** Verlängerungsbedingungen; **t. for filing** Einreichungsfrist *f*; **t.s of financing** Finanzierungskonditionen, F.bedingungen; **~ forwarding** Versand-, Spediteurbedingungen; **t. of government** Regierungszeit *f*, Amtsdauer *f*; **~ guarantee** Garantiefrist *f*; **t.s of hire** Mietbedingungen; **t. of imprisonment** Haft(dauer) *f*, H.zeit *f*, Höhe der Gefängnisstrafe, Zeitstrafe *f*; **serving one's ~ imprisonment** Strafverbüßung *f*; **to impose a ~ imprisonment** Haftstrafe verhängen; **to sentence so. to ~ of imprisonment** jdn zu einer Gefängnisstrafe verurteilen; **t.s of indenture** Bedingungen des Lehr-/Ausbildungsvertrages; **t. of insurance** Versicherungsdauer *f*, V.zeit *f*; **t.s of insurance** Versicherungsbedingungen; **~ interest** Zinskonditionen; **~ investment** Anlagebedingungen; **~ issue** Emissions-, Ausgabebedingungen, A.modalitäten, Ausstattung der Emission; **~ a new issue** Emissionsmodalitäten; **in accordance with the ~ the judgment** nach dem Inhalt des Urteils; **t. of lease** Pachtdauer *f*, P.zeit *f*, Miet(lauf)zeit *f*; **t.s of a lease** Mietvertragsbestimmungen, Pachtbedingungen; **basic t. of lease from date of delivery** Grundmiete ab Lieferung; **t. of the licence** Lizenzdauer *f*; **t.s of a licence** Lizenzbestimmungen, L.bedingungen; **t. of a loan** Anleihelaufzeit *f*, Dauer/Laufzeit einer Anleihe, **~ eines** Darlehens; **t.s of a loan** Kreditbestimmungen, Darlehens-, Anleihebedingungen, A.modalitäten; **t. of maturity** Fristigkeit *f*, Laufzeit *f*; **in t.s of money** geldlich; **t. of a mortgage** Hypothekenlaufzeit *f*; **t.s of mortgage bonds** Pfandbriefausstattung *f*; **t. of notice** Kündigungstermin *m*, K.frist *f*; **to oberve the ~ notice** Kündigungsfrist einhalten, fristgerecht kündigen; **unlimited ~ notice** unbefristet; **t. of office** Amtsperiode *f*, A.dauer *f*, A.zeit *f*, Dauer der Amtstätigkeit, Wahlperiode *f*; **after the ~ office** nach Ablauf der Amtszeit/A.tätigkeit; **prior ~ office** Vordienstzeit *f*; **~ legal parlance** juristischer Fachausdruck; **~ a patent** Patentschutzfrist *f*, P.dauer *f*, P.laufzeit *f*, Laufzeit eines Patents; **to extend the ~ a patent** Patent verlängern
term of payment Zahlungstermin *m*, Z.ziel *nt*; **t.s of p.** Zahlungsbedingungen, Z.modalitäten; **to negotiate ~ payment** über Zahlungsbedingungen verhandeln; **easy ~ p.** günstige Zahlungsbedingungen, Z.erleichterungen; **usual ~ p.** übliche Zahlungsbedingungen; **~ p. and delivery** Liefer(ungs)- und Zahlungsbedingungen; **granting longer ~ p.** Zielgewährung *f*
term|s of a pledge Verpfändungsbestimmungen; **~ a policy** *(Vers.)* Versicherungsbedingungen, Bedingungen einer Police; **t. of possession** Besitzdauer *f*; **~ prescription** [§] Verjährungsfrist *f*; **~ preclusion** Einspruchsfrist *f*; **t.s of proxy** Bedingungen der Vollmacht; **~ redemption** Einlösungs-, Tilgungsmodalitäten, T.plan *m*; **~ reference** 1. Richt-, Bezugsgrößen, B.rahmen *m*, B.system *nt*; 2. Aufgabenbereich *m*, A.gebiet *nt*, A.stellung *f*; 3. Vorgaben, Leitsätze, Verhandlungsrahmen *m*; 4. Auftrag *m*, Berichtsgrundlage *f*, Rahmenbedingungen; 5. [§] Anwendungs-, Zuständigkeitsbereich *m*; **within the ~ reference** im Rahmen der Aufgabe/Zuständigkeit; **not within the ~ reference** außerhalb der Zuständigkeit; **~ sale** Verkaufsbedingungen, V.modalitäten; **t.s governing the forced sale of real property** Versteigerungsbedingungen; **t. of penal servitude** Zuchthausstrafe *f*; **t.s of settlement** Vergleichsbedingungen; **~ subscription** *(Zeitung)* Bezugsbedingungen; **~ surrender** Übergabebedingungen; **t. of tenancy** Mietlaufzeit *f*, M.dauer *f*; **t.s of tenancy** Mietbedingungen; **~ tender** Ausschreibungs-, Submissionsbedingungen; **~ termination** Kündigungsbedingungen; **in ~ time** zeitlich
terms of trade (reale) Austauschrelationen, A.bedingungen, Handelsbedingungen, Wechselkurs-, Umtauschrelationen, Realaustauschverhältnis *nt*, (reales) Austauschverhältnis, A.verhältnisse/Preisrelationen im Außenhandel, Terms of Trade; **(double) factoral ~ t.** (doppelt) faktorales Austauschverhältnis; **real-cost ~ t.** Realkostenaustauschverhältnis *nt*
term|s of transport(ation) Beförderungs-, Transportbedingungen; **t. of validity** Laufzeit *f*; **t.s of a will** Testamentsbestimmungen; **t. of years absolute** [§] pachtartiges Besitzrecht für eine bestimmte Zeit
terms strictly cash Preise ohne Abzug; **t. inclusive** alles inbegriffen; **the term commences** die Frist beginnt; **t. are deteriorating** die (Zins)Konditionen verschlechtern sich
to accede to/accept the terms den Bedingungen zustimmen, Bedingungen annehmen; **to acquiesce in the t.** den Bedingungen stillschweigend zustimmen; **to adhere to the t.** Bedingungen einhalten; **to agree t.** sich (über die Bedingungen) einigen; **to alter/amend t.** Bedingungen ändern; **to apply for a term of respite** Stundung/Fristverlängerung beantragen; **to be nearing its term** *(Vertrag)* ablaufen; **~ under t.** an gerichtliche Auflagen gebunden sein; **~ on first-name t.** sich duzen; **~ on good t. with** gute Beziehungen haben zu, in guten Beziehungen stehen mit, sich gut miteinander stehen, (mit jdm) auf gutem Fuße stehen; **to come to t.** sich einigen, (handels)einig werden, sich vergleichen/arrangieren; **~ with sth.** mit etw. fertig werden/zurechtkommen, sich ~ abfinden; **~ with one's creditors** Vergleich mit Gläubigern abschließen; **to comply with a term** Frist wahren; **~ the t.; to conform to the t.** Bedingungen erfüllen/einhalten; **to enrol for a term** *(Universität)* ein Semester belegen; **to extend a term** Frist/Termin verlängern; **~ the term of a debt** Kredit prolongieren; **~ the original term** Nachfrist gewähren; **to fall within the t. of** unter etw. fallen; **to fix a term** befristen, Frist (fest)setzen; **~ the t.** *(Anleihe)* ausstatten; **to grant reciprocal t.** Gegenseitigkeit gewähren; **to impose t.** (etw.) zur Auflage machen; **to keep a term** *(Universität)* ein Semester belegen; **to lay down t.** Bedingungen festlegen; **to observe a term** Frist wahren; **to quote t.s** Bedingungen angeben; **to set out the t.** Bedingungen (schriftlich) niederlegen/fixieren; **to speak in glowing t. of so.** in glühenden Farben von jdm sprechen; **to stipulate t.** Bedingungen/Konditionen fest-

legen; **~ the t. of a contract** Vertragsbedingungen festlegen
in absolute term|s absolut; **on accommodating t.s** unter annehmbaren Bedingungen; **in aggregate t.s** global; **attractive t.s** attraktive Ausstattung/Konditionen; **basic t.** *(Leasing)* Grundmietzeit *f*; **broad t.s** Umrisse (einer Vereinbarung); **commercial t.** Handelsausdruck *m*; **~ t.s** Lieferklauseln; **to think in ~ t.s** kaufmännisch denken; **fair and reasonable ~ t.s** angemessene Lieferklauseln; **international ~ t.s (Incoterms)** internationale Lieferklauseln, ~ Regeln für handelsübliche Vertragsformen; **concessional/concessionary t.s** günstige Bedingungen, Sonderkonditionen; **in concrete t.s** konkret; **contractual t.s** Vertragsbedingungen; **on deferred t.s** *[US]* auf Raten; **delayed t.** Verzögerungsklausel *f*; **on the due t.** termingerecht; **easy t.s** Zahlungserleichterung *f*, bequeme Raten, günstige (Zahlungs)Bedingungen; **on ~ t.s** gegen Zahlungserleichterungen, zu günstigen Bedingungen; **to buy sth on ~ t.s** etw. auf Raten kaufen; **in purely economic t.s** rein ökonomisch betrachtet; **elementary t.** Grundbegriff *m*; **end-of-month/end-of-year t.s** Ultimobedingungen; **on enhanced t.s** zu besseren Konditionen; **~ equal t.s** auf gleicher Basis, unter gleichen Bedingungen, gleichberechtigt; **the exact t.s** der genaue Wortlaut; **expired t.** abgelaufene Frist, abgelaufener Termin; **in explicit t.s** klar und deutlich; **express t.s** ausdrückliche Bestimmungen; **fall-back t.s** Rückfallbedingungen; **favourable t.s** günstige Bedingungen; **on ~ t.s** zu vorteilhaften Bedingungen; **financial t.** Finanzausdruck *m*; **in ~ t.s** finanziell (gesehen), in finanzieller Hinsicht; **fixed t.** Festlaufzeit *f*, Frist *f*, fester Termin; **at ~ t.** terminiert, befristet; **on friendly t.s** in freundschaftlichem Verhältnis, befreundet; **full t.s (ft.)** volle (übliche) Bedingungen; **for the ~ t.** für die volle Laufzeit; **general t.** Allgemeinbegriff *m*; **generic t.** Ober-, Sammelbegriff *m*, Gattungsbezeichnung *f*, G.name *m*, G.begriff *m*; **good t.s** gute Beziehungen; **at half t.** zur Jahresmitte; **hard t.s** harte Bedingungen; **implied t.** 1. stillschweigend vereinbarte Vertragsbedingung; 2. §️ mutmaßlicher Parteiwille; **inclusive t.s** Pauschalpreis *m*; **initial t.** ursprüngliche Laufzeit; **insignificant t.** Leerformel *f*; **introductory t.s** einleitende Wendungen; **landed t.s** franko Löschung; **least t. π** kleinstes Glied; **legal t.** Rechtsausdruck *m*, R.begriff *m*, juristischer (Fach)Ausdruck/Begriff, Ausdruck der Rechtssprache, Gesetzesbegriff *m*; **~ t.s** juristische Terminologie; **legislative t.** Gesetzgebungsperiode *f*; **local t.s** Platzbedingungen; **in the long t.** langfristig (gesehen), auf lange/längere/weite Sicht; **lower t.s** Minderbedingungen, M.konditionen; **material t.s** wesentliche Bedingungen; **maximum t.** Höchstlaufzeit *f*; **in/over the medium t.** mittelfristig, auf mittlere Sicht; **on mutual t.s** auf Gegenseitigkeit; **net t.s** Nettokonditionen; **non-renewable t.** nicht verlängerbare Frist; **in numerical t.s** in Zahlen (ausgedrückt); **official t.** amtliche Bezeichnung; **onerous t.s** drückende Bedingungen; **open t.s** offenes Zahlungsziel; **original t.** Normallaufzeit *f*; **penal t.** Strafzeit *f*; **peremptory t.** *[US]* Notfrist *f*; **preferential t.s** Vorzugskonditionen, V.bedingungen, Sonder-, Präferenzbedingungen; **presidential t.** Amtsperiode des Präsidenten/Vorsitzenden; **in quantitative t.s** mengenmäßig; **quarterly t.s** vierteljährliche Zahlungsweise; **in real t.s** real, effektiv, zu konstanten Preisen, preisbereinigt; **reasonable t.s** vernünftige Preise, günstige Bedingungen/Konditionen; **residual t.** Restlaufzeit *f*, R.größe *f*; **in round t.s** rund, ab-, aufgerundet; **for the short t.** vorläufig, für die nahe Zukunft; **in the short t.** kurzfristig, auf kurze Sicht; **at shorter t.s** kürzerfristig; **special t.s** 1. Sonderbestimmungen, S.vergünstigungen, S.konditionen, S.bedingungen; 2. *(Buchhandel)* Partiepreis *m*; **within the specified t.** innerhalb der angegebenen Frist; **standard t.** gängiger Begriff; **~ t.s** einheitliche Bedingungen; **~ t.s agreement** normierter Vertrag; **stipulated t.** vereinbarte Frist; **stiff t.s** harte Bedingungen; **technical t.** Fachwort *nt*, F.bezeichnung *f*, F.ausdruck *m*, F.terminus *m*, technischer Ausdruck, technische Bezeichnung, Spezialausdruck *m*; **30-year t.** 30 Jahre Laufzeit; **in no uncertain t.s** unmissverständlich, unzweideutig; **unexpired t.** Restlaufzeit *f*; **unfavourable t.s** ungünstige Bedingungen; **unknown t. π** Unbekannte *f*; **usual t.s (u. t.)** übliche Bedingungen

term *v/t* nennen, bezeichnen
term account Festgeld-, Termin(geld)konto *nt*
term assurance *[GB]* Kurz-, Risikolebens-, Wagnisversicherung *f*, abgekürzte Todesfallversicherung, Versicherung auf Zeit, reine Risikoversicherung; **convertible t. a.** Risiko-Umtauschversicherung *f*; **decreasing t. a.** Risikolebensversicherung mit abnehmender Summe; **renewable t. a.** erneuerungsfähige Lebensversicherung
term bill Nachsicht-, Zeitsicht-, Tagwechsel *m*; **t. bond** Serienanleihe *f*; **t. credit** Akzept-, Nachsichtakkreditiv *nt*; **t. day** 1. Termin *m*, festgesetzter Tag; 2. Quartalstag *m*
term deposit Terminguthaben *nt*, T.geldeinlage *f*, Festgeldeinlage *f*, terminierte Einlage; **t. d.s** Festgelder, Termineinlagen, Leihkapital mit Kündigungsfrist, befristete Depositen/Geldanlagen; **t. d. account** Termingeldkonto *nt*
term draft Nachsicht-, Zeitsichtwechsel *m*, Zieltratte *f*
termer *n* 1. Nutznießer auf Zeit; 2. Gefangener *m*
term fee *[GB]* §️ Prozessgeld *nt*, P.gebühr *f*; **t. file** Liefer(er)kartei *f*
terminability *n* Kündbarkeit *f*, Befristung *f*, zeitliche Begrenzung
terminable *adj* 1. befristet, zeitlich begrenzt; 2. *(Vertrag)* auflösbar, (auf)kündbar; **not t.** unkündbar; **t. at short notice** kurzfristig kündbar
terminal *adj* 1. End-, Abschluss-; 2. §️ unheilbar
terminal *n* 1. 🚆 Endstation *f*, End-, Kopf-, Sackbahnhof *m*; 2. ✈ Abfertigungsgebäude *nt*; 3. ⚓ Umschlagplatz *m*, U.anlage *f*, Verladestation *f*; 4. 💻 (Daten)Endgerät *nt*, D.platz *m*, D.station *f*; 5. ⚡ Klemme *f*, Pol *m*; **composite t.** Verbundterminal *m*; **dumb t.** einfaches Terminal; **interactive t.** 💻 Dialogterminal *nt*; **marine t.** *(Öl)* Verladehafen *m*; **receiving t.** Empfangsstation *f*;

remote t. Außenstation *f,* entferntes Endgerät; **transmitting t.** Sendestation *f*
terminal block 🖳 Anschlussblock *m*; **t. building** ✈ Abfertigungsgebäude *nt;* **t. charge** Abfertigungs-, Zustellgebühr *f;* **t. control** Steuereinheit *f;* **t. equipment** Datenendeinrichtung *f;* **t. extension** Anschlusserweiterung *f;* **t. facilities** Terminalausstattung *f;* **t. station/ unit** Datenstation *f*
terminate *v/ti* 1. beenden, beendigen; 2. begrenzen; 3. *(Vertrag)* (auf)kündigen, (auf)lösen; 4. *[US]* entlassen; 5. *(Versammlung)* auflösen; 6. enden; 7. *(Vertrag)* ablaufen; **t. prematurely** vorzeitig (be)enden
termination *n* 1. Ende *nt,* (Ab)Schluss *m,* Beendigung *f;* 2. *(Vertrag)* (Auf)Kündigung *f,* (Auf)Lösung *f,* Ablauf *m;* 3. *[US]* Entlassung *f;* 4. *(Vers.)* Abgang *m*
termination of authority Erlöschen der Vollmacht; **~ a business** Betriebsaufgabe *f;* **~ the case** [§] Erledigung eines Rechtsstreits; **~ (a) contract** Vertragsbeendigung *f,* V.kündigung *f,* V.auflösung *f,* V.ablauf *m,* Ablauf/Kündigung eines Vertrages; **premature ~ contract** vorzeitige Vertragsauflösung; **~ the substantive dispute** [§] Erledigung (in) der Hauptsache; **~ employment** Beendigung des Arbeits-/Beschäftigungsverhältnisses, Ausscheiden *nt,* Ende der Beschäftigung, Lösung des Arbeitsverhältnisses; **~ employment payment** Abfindung *f,* Zahlungen bei Ausscheiden; **~ the insurance contract** Versicherungskündigung *f;* **~ a lease** Pachtbeendigung *f;* **~ membership** Erlöschen der Mitgliedschaft; **t. without notice** fristlose Kündigung, Entlassung ohne Einhaltung der Kündigungsfrist; **~ operation** Betriebseinstellung *f;* **~ patent protection** Ende des Patentschutzes; **t. subject to period of notice** ordentliche/fristgerechte Kündigung; **t. of pregnancy** ⚥ Schwangerschaftsabbruch *m;* **t. for an important reason** Kündigung aus wichtigem Grund; **t. of a contractual relationship** Beendigung eines Vertragsverhältnisses; **~ risk** Risikoende *nt;* **~ civil service status** Beendigung des Beamtenverhältnisses; **~ a strike** Streikende *nt,* S.einstellung *f;* **~ a tax exemption** Erlöschen einer Steuerbefreiung; **~ production** Produktionseinstellung *f;* **~ tenancy** Mietbeendigung *f;* **~ a collective wage agreement** Ablauf/Kündigung des Tarifvertrags
to face termination vor der Beendigung des Arbeitsverhältnisses stehen; **to give notice of t. of contract** Vertrag aufkündigen; **advance/early/premature t.** 1. vorzeitige Kündigung/Beendigung; 2. vorzeitige Abwicklung/Beendigung; **~ of contract** vorzeitige Vertragsauflösung; **wrongful t.** *[US]* unzulässige Entlassung
termination agreement Abfindungsvertrag *m;* **t. clause** Kündigungsklausel *f;* **t. date** Kündigungstermin *m,* Tag des Außerkraftsetzens; **t. fee** Kündigungsaufgeld *nt;* **t. pay** 1. (Entlassungs)Abfindung *f,* E.geld *nt,* Auslösung *f;* 2. Zahlung bei Fertigstellung; **voluntary t. program(me)** freiwillige Abfindungsaktion
terminology *n* Bezeichnungsweise *f,* Terminologie *f;* **legal t.** Rechtsterminologie *f,* Rechts-, Juristensprache *f,* juristische Terminologie; **special/technical t.** Fachterminologie *f,* F.sprache *f*

term insurance Zeit-, Kurzversicherung *f,* (reine) Risikoversicherung, R.lebensversicherung *f,* abgekürzte/ kurzfristige Todesfallversicherung; **convertible t. i.** Risikoumtauschversicherung *f;* **renewable t. i.** Lebensversicherung mit Prämienanpassung
terminus *n* 🚌 Kopf-, Sackbahnhof *m,* Endstation *f,* E.punkt *m,* E.haltestelle *f*
term lease Pacht auf Zeit; **t. lending** befristete/kurzfristige Kredite; **t. liabilities** befristete Verbindlichkeiten; **t. life assurance** *[GB]* **/insurance** *[US]* Risikolebens-, Wagnis-, Kurzversicherung *f,* Lebensversicherung ohne Rückkaufswert; **t. loan** langfristiges/befristetes Darlehen, mittelfristiger Kredit; **t. money** Termingeld *nt,* Festgelder *pl;* **t. policy** See-, Zeitversicherungspolice *f;* **t.s policy** Konditionenpolitik *f;* **convertible t. policy** umwandelbare Lebensversicherungspolice; **t. risk** Versicherung mit einjähriger Laufzeit; **t. settlement** *(Börse)* Vierteljahresabrechnung *f;* **t. share** *[GB]* Festanteil *m;* **t. structure** Laufzeitenstruktur *f;* **~ theory of interest rates** Theorie der zeitlichen Zinsstruktur
terrace *n* Terrasse *f;* *v/t* terrassenförmig anlegen; **t. cultivation** 🌾 Terrassenfeldbau *m*
terraced *adj* 1. terrassenförmig; 2. *[GB]* 🏠 Reihen-
terrain *n* Terrain *nt,* Gelände *nt;* **difficult t.** schwieriges Gelände
terra nullius *n* *(lat.)* [§] staatenloses Gebiet, Niemandsland *nt*
terrestrial *n* Erdbewohner(in) *m/f; adj* irdisch
terretenant *n* *(frz.)* [§] wirklicher Grundstücksbesitzer
terri|ble *adj* furchtbar, schrecklich; **t.fying** *adj* schauderhaft
territorial *adj* territorial; **t.ity** *n* Territorialität *f*
territory *n* 1. Hoheitsgebiet *nt,* Land *nt,* Bezirk *m,* Revier *nt,* Territorium *nt,* Gebiet *nt,* Herrschaftsbereich *m,* H.gebiet *nt;* 2. *(Vertreter)* Reise-, Vertretungsgebiet *nt;* **t. of application** Geltungsgebiet *nt,* Anwendungsbereich *m;* **constituent territories of a customs union** an einer Zollunion teilnehmende Gebiete; **t. under national jurisdiction** Hoheitsgebiet *nt;* **t. affected by sanctions** Sanktionsgebiet *nt;* **t. covered by a treaty** Vertragsgebiet *nt;* **t. covered** (örtlicher) Geltungsbereich; **to cede a t.** Gebiet abtreten; **to cover a t.** *(Vertreter)* Bezirk bearbeiten; **to encroach/poach on so.'s t.** jdm ins Gehege kommen, ~ Handwerk pfuschen, in jds Gebiet eindringen
annexed territory annektiertes Gebiet; **associate(d) t.** assoziiertes Gebiet; **ceded t.** abgetretenes Gebiet/ Land; **contractual t.** Vertragsgebiet *nt;* **dependent t.** abhängiges Gebiet; **federal t.** Bundesgebiet *nt;* **hostile t.** Feindesland *nt;* **national t.** Hoheitsbereich *m,* Bundes-, Staatsgebiet *nt;* **neutral t.** neutrales Gebiet; **new t.** Neuland *nt;* **occupied t.** Okkupationsgebiet *nt,* besetztes Gebiet; **overseas territories** überseeische Hoheitsgebiete, Überseegebiete; **scheduled territories** Sterlingzone *f;* **sovereign t.** Hoheitsgebiet *nt*
territory assignment Gebietsaufteilung *f*
terror *n* Terror *m,* Schrecken *m,* Angst *f;* **to spread t. and fear** Furcht und Schrecken verbreiten
terrori|sm *n* Terrorismus *m;* **t.ze** *v/t* terrorisieren

terrorist *adj* terroristisch; *n* Terrorist(in) *m/f*, Bombenleger(in) *m/f*; **urban t.** Stadtguerilla *m*
terror regime Schreckensherrschaft *f*
terse *adj* gedrängt, knapp
tertiary *adj* tertiär
Terylene ™ *n* *[GB] Kunstfaser f*
Tessa *n [GB] (coll)* **(tax-exempt special savings account)** steuerfreies Sparkonto
test *n* 1. (Eignungs)Kontrolle *f*, (E.)Prüfung *f*, (Belastungs-/Bewährungs-/Kraft-/Stich)Probe *f*; 2. Test(verfahren) *m/nt*, Versuch *m*, Erprobung *f*, Leistungsvergleich *m*, Untersuchung *f*; 3. Examensaufgabe *f*, Klausur *f*; 4. ⚒ Probebohrung *f*; **as/for a t.** probehalber; **t. of constitutionality** Normenkontrolle *f*; **~ hypothesis** Hypothesenprüfung *f*; **~ need** Bedürftigkeitsprüfung *f*; **~ reasonableness approach** Missbrauchsprinzip *nt*; **~ significance** Signifikanz-, Hypothesenprüfung *f*
to carry out/conduct a test Versuch anstellen/durchführen, Test durchführen; **to fail a t.** Probe/Prüfung nicht bestehen; **to pass a t.** Test (erfolgreich) bestehen, (Bewährungs)Probe/Prüfung bestehen; **to put to the t.** erproben, auf die Probe stellen, Probe aufs Exempel machen *(coll)*; **~ of experience** praktisch erproben; **to stand the t.** Probe bestehen, sich bewähren; **~ of time** sich langfristig bewähren, Zeit überdauern; **to take a t.** Prüfung ablegen/machen
accelerated test Kurzzeitversuch *m*; **additional t.** Nachtest *m*; **biased t.** unzuverlässiger Test, verzerrte Prüfung; **conditional t.** bedingter Test; **crucial t.** Feuerprobe *f (fig)*; **destructive t.** zerstörende Werkstoffprüfung; **distribution-free t.** nichtparametrischer/verteilungsfreier Test; **fair and reasonable t.** Inhaltskontrolle von Allgemeinen Geschäftsbedingungen; **genetic t.** Gentest *m*; **in-store t.** Test am Verkaufsort; **large-scale t.** Großversuch *m*; **long-term t.** Dauertest *m*, D.versuch *m*; **mundane t.** Routineuntersuchung *f*; **one-sided t.** einseitiger Test; **open-air t.** Freilandversuch *m*; **operational t.** Funktionsprüfung *f*; **optimum t.** bester Test; **parallel t.s** Begleituntersuchungen; **practical t.** Probe aufs Exempel *(coll)*; **psychological t.** psychologischer Test; **quick t.** Quicktest *m*; **random t.** Stichprobe(nprüfung) *f*; **real t.** Zerreißprobe *f (fig)*; **sequential t.** Folgeprüfung *f*, Sequenzialtest *m*; **single-tail t.** ▦ einseitiger Test; **stiff t.** strenge Prüfung; **suitable t.** geeigneter Versuch/Test; **tensile t.** ✪ Zerreißprobe *f*; **two-way t.** zweiseitiger Test; **valid t.** zuverlässiger Test
test *v/t* erproben, (aus)probieren, testen, prüfen, versuchen, untersuchen, auf die Probe stellen; **t.able** *adj* testierfähig, prüfbar
testacy *n* Testierfähigkeit *f*, Testamentshinterlassung *f*
testament *n* Testament *nt*, letzter Wille, letztwillige Verfügung; **mutual t.** gegenseitiges/Berliner Testament; **verbal t.** mündliches Testament
testamentary *adj* testamentarisch, letztwillig
test area Testgebiet *nt*
testate *adj* § unter Hinterlassung eines Testaments; **to die t.** unter Hinterlassung eines Testaments sterben; *n* Erblasser(in) *m/f*, Vermächtnisgeber(in) *m/f*

testation *n* testamentarische/letztwillige Verfügung
testator *n* Erblasser *m*, Testator *m*, Vermächtnisgeber *m*, Testierender *m*
testatrix *n (lat.)* Erblasserin *f*
test|-bed; t.-bench *n* Prüf-, Versuchsstand *m*; **t. brand** Testmarke *f*; **t. campaign** Testaktion *f*, T.kampagne *f*; **t. case** 1. § Test-, Musterfall *m*, M.beispiel *nt*, M.prozess *m*, M.klage *f*, Grundsatzurteil *nt*; 2. Schulfall *m*, S.beispiel *nt*, Versuchsfall *m*; **t. certificate** Abnahmezeugnis *nt*, Prüfungsprotokoll *nt*, P.bescheinigung *f*; **t.-check** *v/t* stichprobenweise prüfen; **t. conditions** Versuchsbedingungen; **t. consumer** Testverbraucher *m*; **t. data** Prüf-, Testdaten *pl*; **t. deck** 🖫 Prüfkartensatz *m*; **t. department** Versuchsabteilung *f*; **t. discount rate** *[GB]* Kalkulationszinsfuß öffentlicher Unternehmen; **t.-drill** *v/it* ⚒ Probebohrung niederbringen; **t. drive** 🚗 Probefahrt *f*; **t.-drive** *v/t* probefahren, Probefahrt unternehmen
tested *adj* geprüft, erprobt
test equipment Testgeräte *pl*; **digital t. e.** 🖫 digitale Testgeräte
tester *n* 1. Prüfer *m*, Tester(in) *m/f*; 2. ✪ Prüfgerät *nt*
test facility Versuchs-, Prüfanlage *f*, P.einrichtung *f*; **t. factory** Testbetrieb *m*; **t. farm** 🐄 Testbetrieb *m*; **t. flight** ✈ Probeflug *m*; **t. function** Prüffunktion *f*
testifier *n* Zeuge *m*, Zeugin *f*
testify *v/t* 1. beurkunden, testieren; 2. § (als Zeuge) aussagen/erklären, unter Eid aussagen, Zeugnis ablegen; **t. for so.** zu jds Gunsten aussagen; **t. on sth.** sich zu etw. einlassen, etw. bezeugen
testimonial *n* Referenz-, Empfehlungsschreiben *nt*, Empfehlung *f*, (schriftliches) Testat, (Dienst-/Entlassungs)Zeugnis *nt*; **provisional t.** Zwischenzeugnis *nt*
testimonium *n (lat.)* § *(Urkunde)* Schlussklausel *f*
testimony *n* 1. § Beweis *m*; 2. Anhörung *f*, (Zeugen-)Aussage *f*; **in t. whereof** urkundlich/zu Urkund dessen; **t. to the contrary** Gegenaussage *f*; **t. on/under oath** eidliche Zeugenaussage; **according to the t. of the witness** nach Angaben des Zeugen; **offering the t. of a witness** Benennung eines Zeugen; **to bear t. to sth.** etw. bezeugen; **to call so. in t.** jdn Zeugen anrufen; **conflicting testimonies** widersprechende Zeugenaussagen; **detrimental t.** abträgliche Aussage; **divergent testimonies** widersprüchliche Aussagen; **false t.** Falschaussage *f*; **sworn t.** beeidete/eidliche Aussage; **unsworn t.** unbeeidete/unbeeidigte/uneidliche (Zeugen)Aussage; **false ~ t.** falsche uneidliche Aussage
testing *n* Erprobung *f*, Testen *nt*; **t. for weight** Gewichtsprüfung *f*; **marginal t.** Test unter Grenzbedingungen
testing clause Gültigkeitsklausel *f*; **t. conditions** Prüfbedingungen; **t. device** Prüfgerät *nt*; **t. engineer** Prüfingenieur *m*; **t. facilities** Testeinrichtungen; **mechanical t. facilities** maschinelle Prüfanlagen; **t. ground** Prüf-, Versuchsfeld *nt*, V.gebiet *nt*; **t. institute/laboratory** Prüfanstalt *f*; **t. instrument** Prüfgerät *nt*; **t. load** Probelast *f*, P.belastung *f*; **t. method** Prüfverfahren *nt*, Prüfungsmethode *f*; **t. station** Prüfanlage *f*, Versuchsstation *f*, V.anstalt *f*, V.werkstatt *f*

test installations Testeinrichtungen *pl*; **t. interview** Probebefragung *f*; **t. inventory** *(Stichprobe)* Teilinventur *f*; **t. item** Prüfungsaufgabe *f*, P.gegenstand *m*; **t. load** Prüflast *f*, P.belastung *f*; **t. mark** Test-, Prüfzeichen *nt*; **t. market** Test-, Versuchsmarkt *m*, repräsentativer Teilmarkt; **t.-market** *v/t* versuchsweise auf den Markt bringen, am Markt erproben; **t. marketing** Marktprobung *f*, Versuchswerbung *f*, versuchsweise Markteinführung; **t. method** Testmethode *f*; **t. mode** ▣ Testbetrieb *m*; **t. note** Prüf(ungs)vermerk *m*; **t. number** Stichzahl *f*; **t. object** Prüf-, Versuchsobjekt *nt*; **t. operation** Probelauf *m*; **t. package** Probepackung *f*; **t. performance** Prüfungsleistung *f*; **t. phase** Prüfphase *f*; **t. piece** Prüfstück *nt*, Probe *f*; **t. pilot** ✈ Testpilot *m*; **t. print** Probedruck *m*; **t. program(me)** Prüf-, Test-, Versuchsprogramm *nt*; **t. purchase** Kontroll-, Testkauf *m*; **t. report** Test-, Prüfbericht *m*, P.bescheid *m*; **t. requirements** Prüfvorschriften; **t. result** Test-, Versuchs-, Prüfergebnis *nt*, Prüfungsbefund *m*; **t.-retest technique** Wiederholungsverfahren *nt*; **t. run** Probelauf *m*; **t. sample** Test-, Analysenprobe *f*; **t. score** Prüfungsergebnis *nt*; **t. series** Versuchsreihe *f*, V.serie *f*; **t. shipment** Probesendung *f*; **t. shop** Prüfwerkstatt *f*; **t. size** ▦ Signifikanzstufe *f*; **t. specimen** Testmuster *nt*; **t. statistic** Prüfmaß *nt*, P.größe *f*; **t. track** Versuchs-, Teststrecke *f*
test tube ⚗ Reagenzglas *nt*, Röhrchen *nt*; **~ baby** Retortenkind *nt*, R.baby *nt*
tetanus *n* ⚕ Wundstarrkrampf *m*, Tetanus *m*
tether *n* Strick *m*, Seil *nt*; **to be at the end of one's t.** mit seiner Kunst/Weisheit am Ende sein *(coll)*, am Ende seiner Kraft sein, nicht mehr können, keinen Rat/Ausweg mehr wissen
text *n* 1. Text *m*; 2. Wortlaut *m*; **written t. of the agreement** Vertragsniederschrift *f*; **t. of a contract** Vertragstext *m*; **t. in coded language** chiffrierter Text; **both t.s are equally authentic** jeder Wortlaut ist gleichermaßen verbindlich; **all t.s being ~ authentic** wobei jeder Wortlaut gleichermaßen verbindlich ist; **the English/German t. prevails** der englische/deutsche Wortlaut ist maßgebend
to annotate a text Text mit Anmerkungen versehen; **to box a t. in** ▢ Text umranden; **to compose/draft/write a t.** Text verfassen; **to distort a t.** Text entstellen; **to emend a t.** Text verbessern; **to interpret a t.** Text auslegen; **to read into a t.** in einen Text hineinlesen; **to stick to the t.** sich (genau) an den Wortlaut/Text halten
abridged text abgekürzter Text; **annotated t.** kommentierter Text; **authentic/authoritative t.** maßgeblicher/maßgebender Text, verbindliche Fassung, verbindlicher Wortlaut; **clear/uncoded t.** Klartext *m*; **coded t.** verschlüsselter Text; **continuous t.** Fließtext *m*; **original t.** Original-, Urtext *m*; **revised t.** verbesserter Text, Neufassung *f*; **standard t.** Mustertext *m*; **straight t.** ▢ glatter Satz; **technical t.** Fachtext *m*; **unabridged t.** vollständiger Text
text block ▢ Textblock *m*
textbook *n* Lehr-, Schul-, Textbuch *nt*, Lehrwerk *nt*; **legal t.** Rechtslehrbuch *nt*; **prescribed t.** vorgeschriebenes Lehrbuch; **t. case/example** Paradefall *m*, Modellbeispiel *nt*; **t. edition** Studienausgabe *f*
text communication Textkommunikation *f*; **t. cursor** ▣ Positionsanzeiger *m*; **t. edition** Textausgabe *f*; **t. editor** ▣ Texteditor *m*; **t. formatting** Textformatierung *f*
textile *adj* Textil-
textile *n* (Faser)Stoff *f/m*, Gewebe *nt*; **t.s** 1. Textilien, Textilwaren, T.erzeugnisse, Webwaren; 2. *(Börse)* Textilwerte; **in t.s** in der Textilindustrie; **unsold t.s** weiße Halde *(fig)*
textile company Textilfirma *f*; **t. department** Textil-, Stoffabteilung *f*; **t. finishing** Textilvered(e)lung *f*; **t. goods** Textilien; **~ fair** Textilmesse *f*; **t. industry** Bekleidungs-, Textilindustrie *f*, T.wirtschaft *f*; **t. maintenance** Textilpflege *f*, **t. manufacturer** Textilfabrikant *m*, T.hersteller *m*; **t. mill** Textilfabrik *f*; **t. primaries** textilnahe Vorerzeugnisse; **t. processing** Textilverarbeitung *f*; **t. sales** Textilgeschäft *nt*; **t. trade** Textil(fach)handel *m*, T.branche *f*; **t. worker** Textilarbeiter(in) *m/f*
text input ▣ Texterfassung *f*; **t. key** Textschlüssel *m*; **t. mode** Textmodus *m*; **t. page** Textseite *f*; **t. processing** Textverarbeitung *f*; **t. processor** Textsystem *nt*; **t. production** Texterstellung *f*
texture *n* Gewebe *nt*, Maserung *f*, Struktur *f*, Textur *f*, Beschaffenheit *f*; **t.d** *adj* Struktur-
multi-user text system ▣ Mehrplatztextsystem *nt*
thank *v/t* danken; **t. so. profusely** jdm überschwenglich danken
thanks *pl* Dank *m*; **received with t.** dankend erhalten/quittiert; **to express one's t.** seinen Dank aussprechen, sich bedanken
Thanksgiving Day *n* *[US]* Erntedankfest *nt*
thatch *n* 🏠 (Dach)Stroh *nt*
thaw *v/ti* 1. auftauen (lassen); 2. schmelzen, (ab-/auf)tauen; 3. *(fig)* aus seiner Reserve heraustreten; *n* Tauwetter *nt*
theatre *[GB]*; **theater** *[US]* *n* 1. 🎭 Theater *nt*, Schaubühne *f*, S.spielhaus *nt*; 2. Hörsaal *m*; 3. ⚕ Operationssaal *m*; **t. of war** ⚔ Kriegsschauplatz *m*; **secondary ~ war** Nebenkriegsschauplatz *m*; **t. audience** Theaterpublikum *nt*; **t.goer** *n* Theaterbesucher *m*; **nurse** ⚕ Operationsschwester *f*; **t. program(me)** Theaterprogramm *nt*; **t. publicity** Theaterwerbung *f*; **t. ticket** Theaterkarte *f*
theatrical *adj* Theater-; theatralisch; **amateur t.** *n* Laienspiel *nt*
theft *n* Diebstahl *m*, Entwendung *f*; **t. from a church** Kirchendiebstahl *m*; **petty t. of consumer goods** Gebrauchsmittelentwendung *f*; **t. of crops in the field** Felddiebstahl *m*; **t. from a fellow-soldier/workmate** Kameradendiebstahl *m*; **~ fields and forests** Feld- und Forstdiebstahl *m*; **~ committed during a fire** Branddiebstahl *m*; **~ by a gang** Bandendiebstahl *m*; **t. of ideas** Diebstahl geistigen Eigentums; **~ luggage** Reisegepäckdiebstahl *m*; **t., pilferage, non-delivery (t. p. n. d.)** *(Vers.)* Diebstahl, Beraubung, Nichtauslieferung; **t. from automatic vending machines** Automatendiebstahl *m*

guilty of theft des Diebstahls schuldig
aggravated theft [§] schwerer Diebstahl; **commercial t.** Wirtschaftskriminalität f; **domestic/residential t.** Einbruchs-, Hausdiebstahl m; **grand t.** schwerer Diebstahl; **partial t.** Teildiebstahl m; **petty t.** Bagatell-, Klein-, Gelegenheits-, Munddiebstahl m, M.raub m; ~ **due to need** Notdiebstahl m; **plain t.** einfacher Diebstahl; **residential t.** Einbruchdiebstahl m; ~ **cover(age)** Einbruchsversicherungsschutz m
theft clause Diebstahlklausel f; **t. insurance** Diebstahlversicherung f; **resident and outside t. insurance** Einbruchsdiebstahlversicherung f; **t.-proof** adj diebstahlsicher; **t. risk** Diebstahlgefahr f
thematic adj thematisch
theme n Thema nt; **basic/principal t.** Leitfaden m, L.motiv nt, L.motto nt, Grundlinie f; **t. park** Freizeit-, Vergnügungspark m (mit thematischem Schwerpunkt); **t. song/tune** Titel-, Erkennungsmelodie f
theo|rem n Theorem nt, Lehrssatz m; **t.retical** adj theoretisch
theorist n Theoretiker m; **economic t.** Wirtschaftstheoretiker m
theory n Theorie f, These f; **in t.** theoretisch (betrachtet), in der Theorie
theory of action Handlungstheorie f; ~ **rational behaviour** Theorie des Rationalverhaltens; ~ **the business cycle** Konjunkturtheorie f; **external** ~ **business cycles** exogene Konjunkturtheorie; ~ **adequate causation** Adäquanztheorie f; ~ **chances** Wahrscheinlichkeitsrechnung f; ~ **choice** Wahlhandlungstheorie f, Theorie der Wahlakte; ~ **public choice** Theorie der öffentlichen Entscheidung; ~ **communication** Informations-, Kommunikationstheorie f; ~ **competition** Wettbewerbstheorie f; ~ **monopolistic competition** Theorie der monopolistischen Konkurrenz; ~ **concentration** Konzentrationstheorie f; ~ **consumer preferences** Theorie der Verbraucherpräferenzen; ~ **consumption** Konsumtheorie f; ~ **convergence** Konvergenztheorie f; ~ **costs** Kostentheorie f; ~ **demand** Nachfrage-, Haushaltstheorie f; ~ **distribution** Distributions-, Verteilungstheorie f; ~ **marginal** ~ **distribution** Grenzproduktivitätstheorie f; **t. of error** Fehlertheorie f; ~ **estimation** Schätzungstheorie f; ~ **finance** Finanz(wirtschafts)lehre f, F.theorie f; ~ **managerial finance** Finanzierungstheorie f; ~ **games** Spieltheorie f; ~ **public goods** Theorie öffentlicher Güter; ~ **graphs** Graphentheorie f; ~ **economic growth** Wachstumstheorie f; ~ **income and employment** Beschäftigungstheorie f; ~ **income determination** Einkommenstheorie f; ~ **inflation** Inflationstheorie f; ~ **interaction** Interaktionstheorie f; ~ **interest** Zinstheorie f; ~ **interest rate parity** Zinsparitätentheorie f; **positivist** ~ **law** Rechtspositivismus m; **t. of management** Betriebslehre f, Führungstheorie f; ~ **market forms/structure** Marktformenlehre f; ~ **linear economic models** Theorie linearer Wirtschaftsmodelle; ~ **money** Geldtheorie f; **commodity** ~ **money** Geldwerttheorie f; ~ **oligopoly** Oligopoltheorie f; ~ **organization** Organisationstheorie f; ~ **portfolio selection** Portfoliotheorie f; ~ **eco-**nomic power Machttheorie f; ~ **prices** Preistheorie f; ~ **probability** Wahrscheinlichkeitsrechnung f, W.theorie f; ~ **criminal procedure** Strafrechtstheorie f; ~ **production** Produktionstheorie f; ~ **production cost** Produktionskostentheorie f; ~ **marginal productivity** Theorie der Grenzproduktivität; ~ **queues** Warteschlangentheorie f; ~ **sampling** Stichprobentheorie f, Theorie des Stichprobenverfahrens; ~ **search** Suchtheorie f; ~ **statistics** statistische Methodenlehre f, theoretische Statistik; ~ **substitution costs** Substitutionskostentheorie f; ~ **economic systems** System-, Ordnungstheorie f; **(economic)** ~ **taxation** Steuerwirtschaftslehre f; ~ **teams** Teamtheorie f; ~ **transfers** Transfertheorie f; ~ **cardinal utility** kardinale Nutzentheorie; ~ **marginal utility** Grenznutzentheorie f; ~ **value** Werttheorie f; ~ **surplus value** Mehrwerttheorie f
to abandon a theory Theorie über Bord werfen (fig)
actuarial theory Versicherungsmathematik f; **aggregative t.** Makrotheorie f, gesamtwirtschaftliche Theorie f; **behavioural t.** Verhaltenstheorie f; **economic t. (Volks)**Wirtschaftstheorie f, volkswirtschaftliche Theorie, (allgemeine) Volkswirtschaftslehre (VWL); **financial t.** Finanztheorie f; **fiscal t.** Finanzwirtschaftslehre f; **macroeconomic t.** Makrotheorie f; **marginal t.** Grenz-, Marginalanalyse f; **mercantile t.** Merkantiltheorie f; **monetary t.** Geld(- und Kredit)theorie f; **principal and accessory t.** [§] Teilnahmelehre f; **proprietary t.** Eigentümerthese f, E.theorie f; **second-best t.** Zweitbesttheorie f; **single-factor t.** Einfaktortheorie f; **statistical t.** Theorie der Statistik; **surplus t.** Mehrwerttheorie f

thera|peutic(al) adj ✚ therapeutisch; **t.pist** n Therapeut(in) m/f
therapy n ✚ Therapie f, Heilverfahren nt, H.methode f; **constitutional t.** Konstitutionstherapie f; **occupational t.** Arbeits-, Beschäftigungstherapie f
there and back adv hin und zurück
there|abouts adv so ungefähr, so etwa, ungefähr dort; **t.after** adv danach, später; **t.by** adv dadurch, damit, demzufolge; **t.fore** adv deshalb, daher; **t.in** adv darin, in dieser Hinsicht; **t.inafter** adv nachstehend, weiter unten; **t.inbefore** adv vorstehend, weiter oben; **t.of** adv davon; **t.on** adv darauf, darüber; **t.unto** adv bis dorthin, dahin; **t.upon** adv darauf(hin); **t.with** adv damit
therm n [GB] Maßeinheit für Wärme (100.000 Wärmeeinheiten)
thermal adj thermisch, Wärme-; n ⌂ Thermik f
thermo|dynamics n Thermodynamik f; **t.meter** n Thermometer nt, Wärmemesser m
thermos flask/bottle [US] n Thermosflasche f
thermostat n Thermostat m, Wärmeregler m
thesaurus n 1. (Synonym)Wörterbuch nt; 2. 🗔 Schlüsselwortkatalog m
thesis n 1. These f; 2. Dissertation f, Promotionsschrift f, Doktor-, Diplomarbeit f; **doctoral t.** Dissertation f, Promotionsschrift f; **post-doctoral t.** Habilitation(sschrift) f
thick adj 1. dick; 2. (Nebel) dicht; 3. (coll) stockdumm; **in the t.** (coll) mittendrin; **through t. and thin** durch

dick und dünn; **to lay it on t.** *(coll)* dick auftragen, groß tönen, Schaum schlagen *(coll)*, übertreiben

thicket *n* Dickicht *nt*

thick-skinned *adj (fig)* dickfellig *(fig)*; **to be t.** eine Elefantenhaut haben *(fig)*

thief *n* Dieb(in) *m/f*; **to be as thick as thieves** *(coll)* wie Pech und Schwefel zusammenhalten *(coll)*; **to fall among thieves** unter die Räuber fallen; **habitual t.** Gewohnheitsdieb *m*; **petty t.** kleiner Dieb; **professional t.** gewerbsmäßiger Dieb

thief-proof *adj* diebes-, diebstahlsicher

petty thievery *n* Bagatelldiebstahl *m*, Klauerei *f (coll)*

thieves' cant/Latin Rotwelsch *nt*

thieving *n* Stehlen *nt*, Diebstähle *pl*; **to have a t. disposition** einen Hang zum Stehlen haben

thigh *n* ♣ (Ober)Schenkel *m*

thin *adj* 1. dünn, mager; 2. spärlich, fadenscheinig; 3. *(Haar)* licht; **to remain t.** *(Börse)* schwache Umsatztätigkeit aufweisen; **to wear t.** abnutzen, verblassen, (sich) verschleißen; **t. (down/out)** *v/ti* 1. ver-, ausdünnen, verringern, dezimieren, durchforsten, (aus)lichten, verkleinern; 2. sich lichten

thing *n* 1. Ding *nt*, Objekt *nt*; 2. Sache *f*; **of all t.s** ausgerechnet; **just the (right) t.** genau das Richtige; **t.s have come to a pretty pass** *(coll)* so weit ist es schon gekommen *(coll)*; **as t.s stand** nach Lage der Dinge; **~ now** beim gegenwärtigen Stand der Dinge

to be all things to all men es jedem recht machen; **~ a t. of the past** der Vergangenheit angehören; **to blurt t.s out** mit der Tür ins Haus fallen *(fig)*; **to do t.s in a big way** klotzen, nicht kleckern *(coll)*; **not to do a t.** keinen Handschlag tun *(coll)*; **to have another t. coming** *(coll)* sich auf etw. gefasst machen können, sich noch wundern *(coll)*; **to know a t. or two** *(coll)* alle Schliche kennen, mit allen Wassern gewaschen sein *(fig)*; **not to know the first t. about it** vom Tuten und Blasen keine Ahnung haben *(coll)*; **to liven t.s up** für Stimmung sorgen; **to take t.s as they come** die Dinge auf sich zukommen lassen; **~ in one's stride** die Dinge nehmen, wie sie sind

incorporeal thing [§] immaterieller Gegenstand; **material t.s** materielle Güter

things personal [§] persönliche/bewegliche Sachen; **t. real** unbewegliche Sachen, unbewegliches Gut, Grundstücke

think *v/ti* 1. denken; 2. meinen, glauben; **t. about sth.** sich Gedanken über etw. machen; **t. again** überdenken; **t. better of it** sich eines Besseren besinnen; **t. highly of so.** hohe Meinung von jdm haben; **t. a lot of o.s.** sich eine Menge einbilden; **t. nothing of it** nichts Besonderes dabei finden; **t. over** durchdenken; **t. twice about (doing) sth.** sich etw. reiflich überlegen, ~ noch einmal gut überlegen; **t. well of sth.** große Stücke von jdm halten *(coll)*; **to make so. t.** jdn nachdenklich stimmen

think|able *adj* denkbar; **t.er** *n* Denker *m*

thinking *n* 1. Denken *nt*; 2. Meinung *f*, Ansicht *f*, Gesinnung *f*; **t. in terms of costs** Kostendenken *nt*; **~ earning power/profitability** Rentabilitätsdenken *nt*; **~ profit/yield** Ertrags-, Renditedenken *nt*, R.überlegung *f*; **~ growth** Wachstumsdenken *nt*; **~ real value** Sachwertdenken *nt*; **not to bear t. about** nicht auszudenken

current thinking landläufige Meinung; **economic t.** Wirtschaftsdenken *nt*, wirtschaftliches Denken; **entrepreneurial t.** unternehmerisches Denken; **forward t.** Planungsdenken *nt*; **hard t.** angestrengtes Nachdenken; **legal t.** Rechtsdenken *nt*; **wishful t.** Wunschdenken *nt*, W.vorstellung *f*, Illusion *f*; **t. time** ⇌ Reaktionszeit *f*

think tank *(fig)* Planungsstab *m*, wissenschaftlicher Beirat, Denkfabrik *f (fig)*

thinning (out) *n* 1. ♣ Ausdünnen *nt*, Lichten *nt*, Durchforstung *f*; 2. Auflockerung *f*

third|s *pl* dritte Wahl; **t. of exchange** (Wechsel)Drittausfertigung *f*, Tertiawechsel *m*, Tertia *f (lat.)*; **t. of a month** Monatsdrittel *nt*

third party [§] dritte Person, Dritte(r) *m/f*; **to be insured t. p.** haftpflichtversichert sein, in einer Haftpflichtversicherung sein

third|-placed *adj* drittplaziert; **t.-quarter** *adj* im dritten Quartal; **t.-rate** *adj* drittrangig, d.klassig, minderwertig

thirst *n* 1. Durst *m*; 2. Gier *f*, Begierde *f*; **t. for knowledge** Wissensdurst *m*, Wissbegierde *f*; **~ money** Geldgier *f*; **to die of t.** verdursten; **to quench one's t.** (seinen) Durst kühlen/löschen/stillen; **acquisitive t.** Drang nach Beteiligungserwerb; **t.-quenching** *adj* durstlöschend, d.stillend

thorax *n* ♣ Brustkorb *m*

thorn *n* Dorn *m*; **t. in the flesh** *(fig)* Pfahl im Fleisch *(fig)*

thorny *adj* dornig

thorough *adj* 1. gründlich, genau, sorgfältig, eingehend; 2. umfassend

thoroughfare *n* Durchgang *m*, D.sstraße *f*, (Orts-)Durchfahrt *f*, D.sweg *m*, D.sstrecke *f*, Durchfahrtstraße *f*; **no t.** ⇌ Durchgang/D.fahrt verboten; **main t.** Hauptverkehrsstraße *f*; **public t.** öffentliche Straße, öffentlicher Durchgang

thorough|ly *adv* gründlich, durch und durch; **t.ness** *n* Gründlichkeit *f*

thought *n* 1. Denken *nt*; 2. Gedanke *m*, Idee *f*; **deep in t.** in Gedanken versunken; **on second t.s** bei nochmaliger/reiflicher Überlegung; **the mere/very t. of it** allein der Gedanke daran; **to be lost in t.** in Gedanken verloren sein; **to dismiss sth. from one's t.s** sich etw. aus dem Kopf schlagen *(fig)*; **to give t. to (sth.)** sich Gedanken machen über, sich überlegen; **to have one's own t.s about sth.** sich seinen Teil denken; **~ second t.s** 1. Zweifel bekommen; 2. sich besinnen; **~ had second t.s about sth.** sich etw. noch einmal überlegt haben

thoughtless *adj* gedankenlos, leichtfertig; **t.ness** *n* Gedankenlosigkeit *f*, Leichtfertigkeit *f*

thousand *adj* tausend; **per t.** Promille *f*; **t.s of millions** Milliardensumme *f*; **t. billion** *[GB]* /**trillion** *[US]* Billiarde *f*

thought-out *adj* durchdacht

thrash out *v/t* gründlich durchsprechen, aus-, durchdiskutieren

thread *n* 1. (Bind)Faden *m*, Garn *nt*; 2. ♣ Gewinde *nt*;

to gather up the t.s of a story die Fäden einer Geschichte miteinander verknüpfen; **to hang by a t.** *(fig)* an einem dünnen/seidenen Faden hängen *(fig)*; **to lose the t.** *(fig)* den Faden verlieren *(fig)*; **to pick up/resume the t.** *(fig)* den Faden wieder aufnehmen *(fig)*; **left-handed t.** ✿ linksgängiges Gewinde; **right-handed t.** ✿ rechtsgängiges Gewinde
thread *v/t* einfädeln, durchziehen
thread|bare *adj* 1. *(Textilien)* abgetragen, verschlissen; 2. *(fig)* fadenscheinig; **t. mark** *(Banknote)* Faserzeichen *nt*, Silberfaden *m*; **t. stitching** ⌂ Fadenheftung *f*
threat *n* (An-/Be)Drohung *f*, Gefahr *f*; **under t. of** unter Androhung von
threat to competition Wettbewerbsgefährdung *f*; **t. of condemnation** drohende Abbruchverfügung; **~ force** Gewaltandrohung *f*; **t. to jobs** Gefährdung von Arbeitsplätzen; **~ life and limb** Gefahr für Leib und Leben; **t. of murder** Morddrohung *f*; **t. to peace** Friedensgefährdung *f*; **t. of legal proceedings** Klageandrohung *f*; **~ punishment** Strafandrohung *f*; **~ resignation** Rücktrittsdrohung *f*; **~ strike** Streikgefahr *f*; **~ violence** Gewaltandrohung *f*; **~ war** Kriegsdrohung *f*, K.gefahr *f*
to pose a threat to Bedrohung darstellen für; **~ serious t.** ernste Gefahr darstellen
constant threat dauernde Gefahr; **empty/idle t.** leere Drohung; **grave t.** ernsthafte Bedrohung; **imminent t.** unmittelbare Bedrohung; **inflationary t.** Inflationsdrohung *f*; **unlawful t.** widerrechtliche Drohung; **veiled t.** versteckte Drohung
threaten *v/ti* 1. (an-/be)drohen, gefährden; 2. Gefahr laufen; **t.ing** *adj* drohend
three|-cornered *adj* dreieckig; **t.-dimensional; t.-D (3-D)** *adj* dreidimensional; **t.-field** *adj* ⚘ Dreifelder-; **t.fold** *adj* dreifach; **t.-lane** *adj* ⚙ dreispurig; **t.-month** *adj* Dreimonats-; **t.-part** *adj* dreiteilig; **t.-phase** *adj* 1. dreiphasig; ⚡ Drehstrom-; **t.-shift** *adj* Dreischichten-; **t.-speed** *adj* ⚙ Dreigang-; **t.-stage** *adj* Dreistufen-; **t.-tier** *adj* dreistufig; **t.-volume** *adj* dreibändig; **t.-way** *adj* Dreifach-; **t.-wheeler** *n* ⚙ Dreirad(fahrzeug) *nt*; **t.-year** *adj* 1. ⚘ Dreifelder-; 2. Dreijahres-
thresh *v/ti* ⚘ dreschen; **t.er** *n* 1. Drescher *m*; 2. Dreschmaschine *f*
threshold *n* 1. (Tür)Schwelle *f*; 2. *(fig)* Beginn *m*, Grenze *f*; 3. Eingangssteuersatz *m*; 4. Größenschwelle *f*; **t. of divergence** Abweichungs-, Divergenzschwelle *f*; **t. agreement** Tarifvertrag mit Indexklausel, Schwellenvereinbarung *f*; **t. amount** Höchstbetrag *m*; **t. country** Schwellenland *nt*; **t. dose** kritische Menge; **t. income** steuerliches Mindesteinkommen; **t. payment** indexgebundene Lohnerhöhung; **t. price** Eingangs-, Einschleusungs-, Schleusen-, Schwellenpreis *m*; **t. provisions** Eingangsvoraussetzungen; **t. stimulus** Reizschwelle *f*; **t. tariff** *(EU)* ⊖ Eingangstarif *m*, E.satz *m*; **t. value** Schwellen-, Grenzwert *m*
thrift *n* 1. Sparen *nt*, Sparsamkeit *f*, Wirtschaftlichkeit *f*, Vorsorge *f*; 2. *[US]* Sparinstitution *f*, S.kasse *f*, Genossenschaftsbank *f*, Bausparkasse *f*
thrift account *[US]* Sparkonto *nt*; **~ deposits** Sparguthaben *nt*, S.einlagen *nt*; **~ holder** Sparkontoinhaber *m*

thrift box Sparbüchse *f*, S.dose *f*; **t. class** Sparklasse *f*; **t. department** Sparabteilung *f*; **t. deposit** Sparkonto *nt*, S.einlage *f*; **t. deposits** Spargelder; **t. industry** die Sparkassen
thriftiness *n* Sparsamkeit *f*, Wirtschaftlichkeit *f*
thrift institution Sparverein(igung) *m/f*, S.kasse *f*; **t.less** *adj* verschwenderisch; **t. plan** Sparplan *m*; **t. price** Niedrig-, Sparpreis *m*; **t. program(me)** Sparprogramm *nt*; **t. society** *[US]* Spargesellschaft *f*, S.institut(ion) *nt/f*, S.genossenschaft *f*; **t. stamp** *[US]* Sparmarke *f*
thrifty *adj* sparsam, wirtschaftlich, ökonomisch
thrill *n* Erregung *f*, Kitzel *m*; **t.er** *n* Krimi *m (coll)*, Kriminalfilm *m*, K.roman *m*; **t.ing** *adj* spannend
thrive *v/i* gedeihen, (auf)blühen, florieren
thriving *adj* gutgehend, florierend, blühend
throat *n* ⚕ Kehle *f*, Rachen *m*, Gurgel *f*; **to clear one's t.** sich räuspern; **to cut so.'s t.** jdm den Hals abschneiden; **to stick in one's t.** *(fig)* gegen den Strich gehen *(coll)*; **sore t.** ⚕ Halsschmerzen *pl*, H.entzündung *f*; **t.-cutting** *adj* halsabschneiderisch
to be in the throes of sth. *pl* mitten in etw. stecken; **~ death** mit dem Tode ringen
thrombosis *n* ⚕ Thrombose *f*; **coronary t.** Herzinfarkt *m*
throng *n* Gewühl *nt*, Gedränge *nt*, Menschenmenge *f*, (Menschen)Andrang *m*, Trubel *m*; *v/i* sich drängen, strömen
throttle *n* Kehle *f*; **full t.** ⚙ Vollgas *nt*
throttle *v/t* (ab)drosseln, erdrosseln, erwürgen, ersticken, abwürgen, abschnüren; **t. back/down** ⚙ Gas wegnehmen; **t. lever** Gashebel *m*
through *prep* 1. durch; 2. *[US]* einschließlich bis; *adj* durch(gehend); **to be t.** durch/genehmigt sein
throughout *prep* 1. überall in; 2. die ganze Zeit hindurch
throughput *n* 1. ⚙ Durchgang *m*, D.satz *m*, Verarbeitungsmenge *f*, Leistung *f*; 2. ▭ Durchflussleistung *f*, Datendurchlauf *m*; **t. of material** Materialdurchsatz *m*; **annual t.** Jahresdurchsatz *m*; **daily t.** Tagesdurchsatz *m*; **t. capacity** Durchsatzkapazität *f*; **t. time** Durchlaufzeit *f*
throw *v/t* werfen; **t. after** nachschmeißen *(coll)*, nachwerfen; **t. away** 1. wegwerfen; 2. *(Geld)* verschwenden; **t. in** (gratis) dazugeben, draufgeben; **~ with** sich zusammentun mit; **t. out** 1. hinaus-, wegwerfen; 2. *(Plan)* verwerfen; 3. herausschmeißen *(coll)*; 4. *(Antrag)* zurückweisen; **t. overboard** 1. über Bord werfen; 2. verwerfen; **t. up** ✝ sich erbrechen/übergeben
throwaway *n* 1. Hand-, Reklamezettel *m*; 2. Streu-, Wurfsendung *f*; *adj* Einweg-, Wegwerf-; **t. interview** Pilotinterview *nt*, P.befragung *f*; **t. price** Schleuderpreis *m*; **t. society** Wegwerfgesellschaft *f*
thrust *n* 1. Stoß(kraft) *m/f*, Zielrichtung *f*; 2. ✈ *(Düse/Rakete)* Schub(kraft) *m/f*; **t. of economic growth** Wachstumsschub *m*; **general/main t.** Hauptrichtung *f*; **general t. of economic policy** Stoßrichtung der Konjunktur-/Wirtschaftspolitik
thrust *v/t* stoßen, schieben; **t. aside** *(Einrede)* zurückweisen, beiseite schieben; **t. back** zurückwerfen; **t. upon** oktroyieren

thug *n* Schläger(typ) *m*
thumb *n* Daumen *m*; **under so.'s t.** *(fig)* unter jds Fuchtel *(coll)*, an jds Kandare *(coll)*; **t.s up/down for sth.** *(coll)* Votum/Entscheidung für etw., ~ gegen etw.; **to twiddle one's t.s** Däumchen drehen, die Hände in den Schoß legen
thumb through *v/t* durchblättern
thumb index 📕 Daumenindex *m*; **t.mark; t.print** *n* Daumenabdruck *m*; **t.nail sketch** *n* Faustskizze *f*; **t. screw** ✿ Flügelschraube *f*; **t.tack** *n [US]* Heft-, Reißzwecke *f*, R.nagel *m*; **to give the t.s-up** *n (fig)* grünes Licht geben *(fig)*
thunder *n* Donner *m*; *v/i* tosen; **t.bolt** *n* Blitzstrahl *m*; **t.clap** *n* Donnerschlag *m*; **t.cloud** *n* Gewitterwolke *f*; **t.storm** *n* Unwetter *nt*, Gewitter *nt*; **t.storms** gewittrige Schauer
thundery *adj* gewittrig
thus *adv* 1. auf diese Weise, folgendermaßen; 2. folglich
thwart *v/t* durchkreuzen, hintertreiben, vereiteln, einen Strich durch die Rechnung machen *(fig)*
thyroid *n* ⚕ Schilddrüse *f*
tibia *n* ⚕ Schienbein *nt*
tick *n* 1. Abhakungs-, Prüf(ungs)zeichen *nt*, Haken *m*, Häkchen *nt*; 2. *(coll)* Kredit *m*; 3. *(Option)* Mindestpreisveränderung *f*; **on t.** auf Pump *(coll)*/Kredit; **to buy on t.** auf Pump/Kredit kaufen; **to go t.** Schulden machen; **to keep/leave on t.** *(Schulden)* stehen lassen; **to live on t.** auf Pump leben; **to order on t.** auf Kredit bestellen; **to receive on t.** auf Kredit erhalten; **to take on t.** anschreiben lassen, pumpen *(coll)*
tick *v/t* 1. ankreuzen, abhaken, Häkchen machen; 2. ticken; **t. off** 1. abhaken; 2. rüffeln; **t. over** ✿ im Leerlauf (rund) laufen, auf Minimalstufe laufen
ticker *n* Börsentelegraf *m*, B.fernschreiber *m*, Kursübermittlungsanlage *f*; Anzeigegerät *nt*; **to come over the t.** über den Fernschreiber hereinkommen; **t. abbreviation** Börsenabkürzung *f*; **t. firm** Börsenmakler *m*; **t. service** Ticker-, Börsenfernschreibdienst *m*; **t. tape** Lochstreifen *m*, (Telegrafen)Papierstreifen *m*; **~ parade** *[US]* Konfettiparade *f*
ticket *n* 1. (Eintritts-/Fahr-/Flug)Karte *f*, Fahrausweis *m*, Fahr-, Flugschein *m*, Billet *nt (frz.)*; 2. Gepäckschein *m*, Beleg *m*; 3. Etikett *nt*, Zettel *m*, Schild(chen) *nt*; 4. Versicherungskarte *f*; 5. Wertmarke *f*; 6. Skontrozettel *m*; 7. 🚗 Strafmandat *nt*, S.zettel *m*, gebührenpflichtige Verwarnung *f*; 8. *[US]* Partei-, Wahlprogramm *nt*, Partei-, Kandidatenliste *f*, (Kandidaten)Ticket *nt*; **to book/buy a t.** Fahr-/Flugkarte lösen; **to get a t.** *[US]* 🚗 *(Verkehr)* Protokoll bekommen; **to issue t.s** Fahrkarten ausstellen; **to produce a t.** Fahrkarte vorzeigen; **to punch a t.** Fahrkarte lochen/knipsen; **to reserve t.s** Karten zurücklegen
annual ticket Jahreskarte *f*; **circular t.** Rundreisefahrschein *m*; **collective t.** Sammelfahrschein *m*; **complimentary t.** Frei-, Ehrenkarte *f*; **concessionary t.** ermäßigte Fahr-/Flugkarte, Gefälligkeitsfahrkarte *f*, G.flugkarte *f*; **first-class t.** Fahrkarte erster Klasse, Erster-Klasse-Fahrkarte *f*; **free t.** Freifahrschein *m*, F.(fahr)karte *f*; F.los *nt*; **monthly t.** Monatsfahrkarte *f*,

M.abonnement *nt*; **multi-journey t.** Sammelfahrschein *m*, S.fahrkarte *f*, Mehrfachfahrkarte *f*; **notarial t.** *(Wechselprotest)* Notariatsgebühren *pl*; **one-way/outward t.** Hinfahrkarte *f*, einfache Fahrkarte, Fahrkarte für die Hinfahrt; **round-trip t.** *[US]* Rückfahrkarte *f*, R.schein *m*, Rundreiseticket *nt*, Retourbillett *nt (frz.)*, R.fahrkarte *f*; **single t.** Einzelfahrkarte *f*, E.fahrschein *m*, einfache (Fahr)Karte; **supplementary t.** 🚆 Zuschlags(fahr)karte *f*, Zusatzfahrkarte *f*; **through t.** Durchgangs-, Umsteigefahrkarte *f*, U.fahrschein *m*, durchgehende Fahrkarte; **winning t.** Gewinnlos *nt*, G.nummer *f*
ticket *v/t* mit einem Schild versehen
ticket agency/agent 1. Fahrkartenbüro *nt*, F.verkaufsstelle *f*; 2. 🎭 Vorverkaufsstelle *f*; **t. barrier** 🚆 Bahnsteigsperre *f*; **t. book** Fahrscheinheft *nt*; **t. clerk** Schalterbeamter *m*; **t. collector** 🚆 (Zug)Schaffner *m*, Fahrkartenkontrolleur *m*; **t. control/inspection** Fahrkartenkontrolle *f*, F.prüfung *f*; **t. day** *(Börse)* Tag vor dem Abrechnungstag, Skontrotag *m*; **t. gate** Einlass *m*, Bahnsteigsperre *f*; **t. holder** Fahrscheininhaber *m*
ticketing *n* Fahrkartenausgabe *f*, F.ausstellung *f*, Flugscheinausgabe *f*, F.ausstellung *f*
ticket machine 1. Fahrkartenautomat *m*; 2. Parkscheinautomat *m*; **t. number** Losnummer *f*; **t. office** 1. Fahrkartenschalter *m*, F.ausgabe *f*; 2. Kartenverkauf *m*; **t.-of-leave system** Hafturlaub *m*, Urlaub von der Haftanstalt; **t. policy** Blockpolice *f*; **t. printer** Fahrkartendrucker *m*; **t. sale** 1. Fahrkarten-, Fahrscheinverkauf *m*; 2. Kartenverkauf *m*; **t. sales** Fahrkartenumsatz *m*; **t. stamping machine** Fahrscheinentwerter *m*; **t. vending machine** Fahrkarten-, Fahrscheinautomat *m*; **t. tout** Eintrittskartenschwarzhändler *m*; **t. window** 1. (Fahrkarten)Schalter *m*; 2. (Theater)Kasse *f*; **t. writer** Plakatmaler(in) *m/f*
just ticking over *adj (fig)* auf Sparflamme *(fig)*; **to be t. o. nicely** 1. 🚗 *(Motor)* rund laufen; 2. *(Geschäft)* ganz ordentlich laufen; **to keep things t. o.** etw. in Gang halten
ticking-off *n (coll)* Rüffel *m (coll)*, Anpfiff *m (coll)*
tickle *n* Kitzel *m*; *v/ti* kitzeln
tickler *n (coll)* 1. Fristkalender *m*, Terminkartei *f*, Vormerkbuch *nt*, V.kalender *m*; 2. kitzlige Angelegenheit; **t. file** Wiedervorlage-, Terminmappe *f*, T.ablage *f*
ticklish; tickly *adj* 1. kitzlig; 2. heikel, gefährlich
tidal *adj* Gezeiten-
tide; the t.s *n/pl* Gezeiten *pl*, Ebbe und Flut; **t. of imports** Einfuhr-, Importwelle *f*; **~ publicity** Publizitätswelle *f*; **~ tourists** Touristenstrom *m*; **rising ~ wages** Lohnwelle *f*; **to go with the t.** mit der Zeit gehen; **to stem the t.** eindämmen, der Flut Einhalt gebieten; **~ of increasing costs** Kostenflut eindämmen; **to swim against the t.** *(fig)* gegen den Strom schwimmen *(fig)*; **to turn the t.** *(fig)* Entwicklung umkehren; **high/incoming/rising t.** auflaufendes Wasser, Hochwasser *nt*, Flut *f*; **low t.** Ebbe *f*, Niedrigwasser *nt*; **receding t.** ablaufendes Wasser
tide over *v/t* überbrücken; **t. so. over** *(fig)* jdn über Wasser halten *(fig)*, jdm über die Runden helfen

tide lock Flutschleuse f; **t. mark** Pegelstand m, Flut-, Hochwasser-, Gezeitenmarke f; **t.-over allowance** Überbrückungsbeihilfe f, Ü.geld nt; ~ **credit** Überbrückungskredit m; **t. race** Gezeitenstrom m; **t. table** Gezeitentafel f; **t. water** Flut f, Hochwasser nt; **t.way** n Priel m

tidiness n Sauberkeit f, Ordnung f

black/evil tidings pl schlechte Nachrichten, Hiobsbotschaft f; **glad/good t.** Freudenbotschaft f, frohe Botschaft

tidy adj 1. ordentlich, sauber, aufgeräumt, ordnungsliebend; 2. (fig) ordentlich; **t.-minded** adj ordnungsliebend

tidy up v/t bereinigen, ins Reine bringen, aufräumen, Ordnung schaffen

tie n 1. Band nt, Beziehung f, Bindeglied nt, Bindung f; 2. Schlips m, Krawatte f; 3. (Sport) totes Rennen; 4. [US] Schwelle f; **t.s of blood** Blutsbande

tie v/t schnüren, fesseln, knüpfen; **t. down** festlegen, genau bestimmen, binden; **t. to** koppeln an; **t. up** 1. binden; 2. (ver-/ein)schnüren, blockieren, festbinden; 3. (Geld) festlegen

tie-break n [US] Stichentscheid m, S.wahl f

tied adj (projekt-/verwendungs-/zweck)gebunden, gekoppelt; **t. up** (Kapital) fest angelegt, fest-, stillgelegt; **to be t. up** (Kapital) festliegen

tie-in n 1. Verbund m; 2. Kopplungsgeschäft nt; **physical t.-in** Verbundmarketing nt

tie line n Mietleitung f, Direktverbindung f

tier n Stufe f, Rang f, Schicht f, Ebene f, Lage f; **lower t.** Unterbau m; **middle t.** Mittelbau m; **official t.** (Börse) amtlicher Markt; **upper t.** Oberbau m

tiered adj gestaffelt

tie-up n 1. Bindung (an Auflagen); 2. Verbindung f, Zusammengehen nt, (Unternehmens)Zusammenschluss m, Fusion f; 3. Stillstand m, Lahm-, Stilllegung f, Betriebsunterbrechung f; **t. vote** Stimmengleichheit f

TIF Convention TIF-Übereinkommen nt

tiff n (coll) kleine Unstimmigkeit, Missstimmigkeit f

tight adj 1. dicht, eng; 2. angespannt, knapp, kritisch, schwierig, restriktiv; 3. stramm, fest(gefügt); 4. (coll) betrunken, blau (coll); **to be t.** in Geldverlegenheit sein, knapp bei Kasse sein (coll)

tighten v/t 1. an-, festziehen; 2. verschärfen, straffen; **t. up** verschärfen, härter durchgreifen

tightening (up) n 1. Verschärfung f, Versteifung f, Straffung f; 2. Verknappung f; **t. of corporate belts** (fig) interne Sparmaßnahmen; ~ **the capital markets** Anspannung an den Finanzmärkten; ~ **credit policy** Straffung/Anziehen der Kreditzügel; ~ **labour market conditions** Arbeitsmarktverengung f; ~ **the market** Marktanspannung f; ~ **the money market** Versteifung des Geldmarktes; ~ **the tax screw** (fig) Anziehen der/Drehen an der Steuerschraube (fig)

tight|-fisted adj (fig) knauserig, geizig, zugeknöpft (fig); **to be t.-fisted** (sehr) sparsam sein, auf seinem Geld sitzen (fig); **t.-knit** adj eng (miteinander) verbunden; **t.-lipped** adj verschlossen, verschwiegen; **to be t.-lipped** Stillschweigen (be)wahren

tightness n 1. Knappheit f, Enge f; 2. Anspannung (sgrad) f/m, Straffheit f; **t. of the market** Marktanspannung f, M.enge f; ~ **money** Geldknappheit f; ~ **the money market** Verknappung am Geldmarkt; **end-of-month t.** Ultimoklemme f

tightrope n (Artist) Drahtseil nt; **to tread/walk the t.** (fig) auf dem Seil tanzen (fig), Drahtseil-/Balanceakt vollführen; **t. walk** Gratwanderung f; **t. walker** Seiltänzer(in) m/f; **t. walking** (fig) Gratwanderung f (fig)

tilde n Tilde f

tile n 1. Fliese f, Kachel f; 2. Dachziegel m; **to lay t.s** Fliesen legen

tile v/t fliesen, kacheln; **t. floor** Plattenfußboden m

tiler [GB]; **tile-setter** [US] n Fliesenleger m

till n (Geld-, Laden)Kasse f, Geldfach nt; **the t.s are ringing** die Kassen klingeln; **to pay at the t.** an der Kasse (be)zahlen; **to seize the t.** Kasse pfänden; **laser-scan t.** Laserkasse f

till v/t bebauen, bestellen, kultivieren, beackern; **t.able** adj anbau-, kulturfähig, bestell-, kultivierbar

tillage n Anbau m, Ackerbau m, Bodenbestellung f, B.bearbeitung f, Feldbestellung f, F.bau m, Kultivierung f, Land-, Bodenbewirtschaftung f, Bestellung f; **minimum t.** Minimalbodenbearbeitung f

till book Kassenbuch nt, K.strazze f

tiller n 1. Landmann m, Ackerbauer m; 2. Steuer nt

till girl Kassiererin f

tilling n Bodenbearbeitung f, Bestellung f

till money Kassenbestand m, K.geld nt, K.haltung f, Handkasse f, Barreserven pl; **t. offence** [§] (Laden) Unterschlagung von Kassenbeständen; **t. shortage** Kassenfehlbestand m

tilt n 1. Neigung f, Schräglage f; 2. Plane f, Verdeck nt, Überdeckung f; **to go full t.** (coll) auf vollen Touren laufen; **(at) full t.** in vollem Schwung

tilt v/ti 1. kippen, neigen, schräg stellen; 2. krängen; 3. (mit einer Plane) bedecken, überdecken; 4. (Geldmittel) einseitig vergeben

tilth n Ackerland nt

tilting coefficient n Umkehrkoeffizient m; **t. device** Kippvorrichtung f

tilt ring Klapp-, Kippring m

timber n (Bau-/Nutz-/Schnitt)Holz nt; **to buy t. standing/on the stump** Holz auf dem Stamm kaufen; **to cut t.** Holz fällen; **commercial t.** Nutzholz nt; **round t.** Roh-, Rundholz nt; **(well-)seasoned t.** abgelagertes Holz; **squared t.** Kantholz nt; **standing t.** Nutzwald m; **tropical t.** Tropenholz nt; **unseasoned t.** grünes Holz, Grünholz nt

timber auction Holzauktion f; **t. bill** Holzwechsel m; **t. construction** Holzkonstruktion f; **t. contractor** Holzlieferant m

timbered adj 1. gezimmert; 2. Fachwerk-

timber exchange Holzbörse f; **t. felling target** Holzeinschlagssoll nt; **t. forest** Hoch-, Nutzwald m; **t. framing** Fachwerk nt; **t. grade** Holzsorte f; **t. harvesting** Holzernte f; **t. industry** Holzwirtschaft f; **t. land** [US] Waldland nt; **t. line** Baumgrenze f; **t. merchant** Holzhändler m; **t. mill** Sägemühle f, S.werk

timber production

nt; **t. production** Holzerzeugung *f*; **t. removal** Holzentnahme *f*; **t. stocks** Holzvorrat *m*; **t. trade** Holzhandel *m*; **t. transport** Holztransport *m*; **t. truck** Langholzwagen *m*; **t.work** *n* Gebälk *nt*; **t.yard** *n [GB]* Bauhof *m*, Zimmerplatz *m*, Holzlager(platz) *nt/m*
time *n* 1. Zeit(dauer) *f*, Z.abschnitt *m*, 2. Uhrzeit *f*, Zeitangabe *f*; 3. Arbeitszeit *f*; 4. Frist *f*; 5. zeitliche Abstimmung; **against t.** gegen die Uhr; **ahead of t.** der Zeit voraus; **at the/that t.** seinerzeit; **at t.s** zeitweise, gelegentlich; **~ any t.** zu jeder Tages(- und Nacht)zeit; **~ the same time** 1. gleichzeitig, zeitsynchron; 2. nebenbei; **for quite some t.** seit geraumer Zeit; **in t.** rechtzeitig; **on t.** pünktlich, rechtzeitig, fahrplanmäßig, termin-, fristgerecht; **out of t.** [§] verjährt; **over t.** über einen längeren Zeitraum; **within the t. fixed** fristgemäß
time of adjudication Zuschlagsfrist *f*; **~ allotment** Zuteilungsfrist *f*; **t. for an answer** Erklärungsfrist *f*; **~ appeal**; **t. prescribed for an appeal** [§] Rechtsmittel-, Revisions-, Berufungsfrist *f*; **~ applications** Anmeldefrist *f*; **t. appointed for an arbitration hearing** Schiedsgerichtstermin *m*; **t. of arrival** Ankunftszeit *f*; **actual ~ arrival (ata)** tatsächliche Ankunftszeit; **expected ~ arrival (eta)** voraussichtliche Ankunftszeit; **t. under articles** Referendarzeit *f*; **for the (third and) last t. of asking** *(Auktion)* zum Dritten und Letzten; **t. of subsequent assessment** Nachfeststellungszeitpunkt *m*; **~ borrowing** Leihfrist *f*; **t. for commencement of action** [§] Frist zur Klageerhebung; **~ complaint** Reklamationsfrist *f*; **~ completion** Fertigstellungsfrist *f*; **t. allowed for consent** Zustimmungsfrist *f*; **t. for consideration** Bedenkfrist *f*, B.zeit *f*; **~ consumption** Konsumzeit *f*; **t. allowed by the court** richterliche Frist; **t. of the crime** Tatzeit *f*; **t.s of crisis** Krisenzeiten; **t. of death** Todeszeitpunkt *m*; **at the ~ death** zum Zeitpunkt des Todes; **~ decision-making** Entscheidungszeitpunkt *m*; **t. fixed for making a declaration** Erklärungszeit *f*; **t. for defence** [§] Frist zur Klageerwiderung; **t. of delivery** Empfangs-, Lieferzeit *f*, L.termin *m*, Liefer-, Übergabefrist *f*, Zeitpunkt der Lieferung; **fixed ~ delivery** verbindliche Lieferfrist; **~ departure** Abfahrts-, Abflugzeit *f*; **actual ~ departure (atd)** tatsächliche Abfahrts-, Abflugzeit *f*; **estimated/expected ~ departure (etd)** voraussichtliche Abfahrts-, Abflugzeit *f*; **~ despatch/dispatch** Aufgabezeit *f*; **~ disposal** Zeitpunkt der Veräußerung; **~ a draft** Laufzeit eines Wechsels; **t. (allowed) for filing** Anmelde-, Antragsfrist *f*; **~ a reply** Beantwortungsfrist *f*; **t. and a half** fünfzigprozentiger Überstundenzuschlag; **t. of issue** Zeitpunkt der Anleihebegebung/Emission; **t. off in lieu** Freizeitausgleich *m*; **t. for the job** benötigte Arbeitszeit; **~ lodging an appeal** [§] Beschwerdefrist *f*; **t. between mailing and delivery** ⊠ Postlaufzeit *f*; **t. to maturity** (Rest)Laufzeit *f*; **in t.s of need** in Notzeiten, in schwierigen Zeiten, in Zeiten der Not; **t. of the offence** Tatzeit *f*; **~ operations flow** Ablaufdauer *f*; **t. for payment** Fälligkeit *f*; **t. allowed for payment** Zahlungsziel *nt*, Z.frist *f*; **~ additional payment** Nachschussfrist *f*; **t. of/for performance** Erfüllungszeit(punkt) *f/m*, E.frist *f*, Leistungsfrist *f*, L.zeit *f*; **(rea**sonable**) t. for replacing plant and equipment** Reinvestitionszeitpunkt *m*; **t. of preclusion** Ausschlussfrist *f*; **~ prescription** [§] Ersitzungsfrist *f*; **~ going to press** Redaktionsschluss *m*; **at the ~ printing** zur Zeit der Drucklegung; **~ protection** *(Pat.)* Schutzdauer *f*; **t. within which protest must be made** Protestfrist *f*; **t. of purchase** Erwerbszeitpunkt *m*; **t. and a quarter** fünfundzwanzigprozentiger Überstundenzuschlag; **t. in question** fragliche Zeit; **t. of realization** Realisierungszeit *f*; **t. for stating reasons** Begründungsfrist *f*; **t. of redemption**; **t. for repayment** Tilgungs-, Rückzahlungsfrist *f*; **t. of sentence** Strafzeit *f*; **t. set for vacation (of premises)** Räumungsfrist *f*; **t. of validity** Geltungsdauer *f*; **~ withdrawal** Rücktritts-, Rücknahmezeitpunkt *m*

all in its time alles zu seiner Zeit; **at the best of t.s** im Idealfall; **dead on t.** auf die Minute genau; **expensive of t.** zeitaufwändig; **just in t.** 1. zur rechten Zeit; 2. ⚙ einsatzsynchron; **limited in t.** befristet; **in no t.** im Nu *(coll)*, sofort; **plenty of t.** viel Zeit; **until such t. as ...** so lange bis; **from t. to t.** gelegentlich; **t. and again** immer wieder, wiederholt; **a short t. ago** vor kurzer Zeit; **one more t.** ein letztes Mal; **one at a t.** einer nach dem anderen, der Reihe nach, Stück für Stück; **for the t. being** vorläufig, vorerst, bis auf weiteres; **from/since t. immemorial** seit undenklicher Zeit, aus uralten Zeiten, seit Ur(väter)zeiten/Menschengedenken; **all the t. in the world** sehr viel Zeit; **granting additional t.** Fristbewilligung *f*; **making up for lost t.** Nacharbeiten der ausgefallenen Arbeitszeit; **to be performed in a given t.** fristgebunden; **the t. runs** Frist läuft; **~ out** Frist läuft ab; **the t. begins to run** Frist beginnt; **t. was when ...** es gab mal eine Zeit, als/da ...; **t. will tell** die Zeit wird es lehren; **t. is money** *(prov.)* Zeit ist Geld *(prov.)*
time agreed upon vereinbarte Frist; **t. allowed/granted** (gewährte/eingeräumte) Frist; **extra t. allowed** Gnaden-, Nachfrist *f*; **t.s covered** Verhältnis von Gewinn zu Dividende; **t. gained** Zeitgewinn *m*; **t. and a half** Überstundenzuschlag von 50 Prozent, Zuschlag für Überstunden von 50 Prozent; **t. required** Zeitbedarf *m*, veranschlagte/benötigte Zeit; **t. saved** Zeitersparnis *f*; **t. specified by a contract** vertragliche Frist; **t. spent** Zeitaufwand *m*; **t. taken** Istzeit *f*
to allow time Aufschub gewähren, stunden; **~ for payment** Zahlungsziel einräumen; **to appoint a t.** Termin/Zeitpunkt festlegen; **~ t. to run** Frist in Lauf setzen; **to arrive on t.** planmäßig/pünktlich ankommen; **to ask for t.** um Aufschub bitten; **to be ahead of one's t.** seiner Zeit voraus sein; **~ hard-pressed/pinched/pushed for t.** in Zeitnot geraten, wenig Zeit haben, unter Zeitdruck stehen; **~ on short t.** kurzarbeiten, Kurzarbeiter sein; **to bide one's t.** (günstigen Augenblick/Zeitpunkt) abwarten, den richtigen Augenblick abwarten, auf ~ Moment warten; **to buy t.** *(Werbung)* Sendezeit belegen; **~ on t.** auf Kredit kaufen; **to call t.** beenden, Einhalt gebieten; **to deliver on t.** pünktlich liefern, Lieferzeit einhalten; **to devote one's t. to sth.** einer Sache seine Zeit widmen; **to die before one's t.** frühes Grab finden; **to do t.** *(Gefängnis)* sitzen, Strafe verbüßen; **~**

for some t. für eine Zeit langen; to fill in t. Zeit überbrücken; to finish on t. termingerecht fertig stellen; to fritter away one's t. Zeit vertrödeln; to get t. off freibekommen; to give so. a rough t. jdm das Leben schwer machen; to go on short t. kurzarbeiten; ~ with the t.s mit der Zeit gehen; to grant (additional) t. Frist gewähren/bewilligen; to have ample t. (on one's hands) reichlich Zeit haben; ~ a grand t.; ~ a whale of a t. (coll) sich köstlich/königlich/prächtig amüsieren (coll); ~ no t. for so. 1. jdm nicht grün sein (coll); 2. für jdn nicht zu sprechen sein; ~ seen better t.s beste Zeit hinter sich haben; to keep t. (Uhr) richtig gehen; to kill t. sich die Zeit vertreiben, Zeit totschlagen (coll); to live on borrowed t. nicht mehr lange zu leben haben; to lose no t. nicht lange fackeln (coll); to make good t. schnell vorankommen; ~ the most of one's t.; ~ the most of the t. available Zeit gut (aus)nutzen; ~ up for lost t. Zeitverlust wieder wettmachen, Verspätung/verlorene Zeit aufholen; to mark t. 1. auf der Stelle treten/bleiben, nicht von der Stelle kommen, stocken, sich nicht rühren; 2. (Börse) tendenzlos sein, stagnieren; to pay on t. pünktlich zahlen; ~ within the specified t. fristgemäß bezahlen; to play for t. mauern (fig), auf Zeit spielen, Zeit schinden; to put in a lot of t. viel Zeit aufwenden; to recognize at the t. of sale zum Verkaufstermin buchen; to run on t. pünktlich/fahrplanmäßig verkehren, Fahrplan einhalten; ~ full t. im Schichtbetrieb laufen; to save t. Zeit sparen; to sell on t. auf Ziel verkaufen; to serve one's t. 1. seine Lehre absolvieren/durchmachen, in der Lehre sein, seine Zeit abdienen; 2. [§] Strafe absitzen; to set a t. Zeitpunkt festlegen; to stand by so. in t. of need jdm in der Not zur Seite stehen; to stall for t. Zeit zu gewinnen suchen; to state t. and place Ort und Zeit angeben; to stipulate a t. Zeit/Termin anberaumen; to take its t. seine Zeit dauern; ~ one's t. sich Zeit lassen/nehmen; ~ t. off sich frei nehmen; ~ a long t. to take effect langen Bremsweg haben (fig); to waste t. Zeit vergeuden/verschwenden/ungenutzt verstreichen lassen, sich verzetteln; ~ one's t. seine Zeit verschwenden; to watch one's t. seine Chancen abwarten; to work against t. unter Zeitdruck arbeiten

actual time Istzeit *f*; **additional t.** Zusatzfrist *m*; **all-in t.** Vorgabezeit einschließlich Zuschläge *f*; **allowed t.** Vorgabe *f*, Akkordzeit *f*; **ancillary t.** Nebenzeit *f*; **appointed t.** festgesetzte Zeit, Termin *m*; **at the ~ t.** zum festgesetzten Zeitpunkt, zur verabredeten Zeit/Stunde; zum angesetzten Termin, zur gegebenen Zeit; **at the appropriate t.** zur gegebenen Zeit; **attended t.** Betriebszeit *f*; **available t.** nutzbare Zeit; **basic t.** Grund-, Normalzeit *f*; **busy t.** Stoßzeit *f*; **compensatory t.** Überstundenausgleich *m*; **at a convenient t.** zu einer genehmen Zeit; **dead t.** Brach-, Ruhe-, Stillstands-, Ausfall-, Tot-, Verlustzeit *f*, nicht ausgenutzte Zeit; **designated t.** bestimmte Zeit, Termin *m*; **diverted t.** Zeit für auftragsfremde Tätigkeit; **door-to-door t.** Durchlauf-, Werkstoffzeit *f*; **total ~ t.** Gesamtdurchlaufzeit *f*; **double t.** Zuschlag für Sonntags-, Feiertags- und Nachtarbeit; **down t.** (Maschinen)Ausfall-, Brach-, Leer(lauf)-, Ruhe-, Stillstands-, Verlustzeit *f*; **~ cost(s)** Stillstandskosten *pl*; **in due t.** rechtzeitig, zur rechten Zeit, termingerecht, t.gemäß; **each t.** jeweils; **effective t.** Ist-, Beobachtungszeit *f*; **elapsed t.** Dauer *f*, Beobachtungszeit *f*; **~ indicator** Betriebsstundenzähler *m*; **earliest expected t.** frühest möglicher Zeitpunkt; **expired t.** abgelaufene Frist; **extra t.** Verlängerungszeit *f*, Zusatzfrist *f*; **finishing t.** Arbeitsschluss *m*; **flying t.** ✈ Flugzeit *f*; **free t.** 1. Freizeit *f*; 2. gebührenfreie Ladezeit; **at a given t.** zu einer festgesetzten Zeit, zum festgesetzten Zeitpunkt; **in good t.** (recht)zeitig; **hard t.s** knappe/schlechte/schwere Zeiten; **to fall upon ~ t.s** in Not geraten; **to have a ~ t.** es schwer haben; **high t.** (aller)höchste Zeit, höchste Eisenbahn (coll); **home-to-office t.** Wegezeit *f*; **idle/lost t.** (Maschinen)Ausfall-, Brach-, Leer(lauf)-, Ruhe-, Stillstands-, Verlustzeit *f*; **idle t. cost(s)** Stillstandskosten *pl*; **for an indefinite t.** unbefristet; **ineffective t.** auftragsfremd verwendete Zeit; **in inflationary t.s** in Inflationszeiten; **knocking-off t.** (coll) Feierabend *m* (coll), Arbeitsschluss *m*; **for the last t.** letztmals; **local t.** Ortszeit *f*; **minimum t.** Mindestzeit *f*; **~ rate** Mindeststundenlohn *m*; **occupied t.** (REFA) Tätigkeitszeit *f*; **at odd t.s** ab und zu; **off-peak t.** Talzeit *f*, verkehrsschwache Zeit; **operational/operating t.** 1. Betriebszeit *f*; 2. Planungszeitraum *m*; **optimistic t.** (OR) optimistische Dauer *f*; **in one's own t.** in der Freizeit; **peak t.** verkehrsstarke Zeit, Hauptbelastungs-, Spitzen-, Höchstlastzeit *f*; **portal-to-portal t.** Anwesenheitsdauer im Betrieb; **predetermined t.** Vorgabezeit *f*, vorbestimmte Zeit; **within the prescribed t.** innerhalb der festgesetzten Frist; **present t.** Gegenwart *f*; **prime t.** Haupteinschaltzeit *f*, H.sendezeit *f*, H.fernsehzeit *f*; **probationary t.** Probezeit *f*; **productive t.** produktive/tatsächliche Arbeitszeit; **real t.** 🖳 Echt-, Realzeit *f*; **~ processing** schrittaltende Datenverarbeitung, Realzeitbetrieb *m*; **reasonable t.** angemessene Frist; **at all ~ t.s** jederzeit; **within a ~ t.** innerhalb einer angemessenen Frist, in angemessener Frist; **in recessionary t.s** in Zeiten der Rezession; **recorded t.** Erfassungszeitraum *m*; **regular t.** (R. T.) Normalarbeitszeit *f*; **required t.** Sollzeit *f*; **within the ~ time** in der vorgeschriebenen Frist; **reverse t.** Umkehrzeit *f*; **right t.** genaue Zeit; **at the ~ t.** zur rechten Zeit/Stunde; **running t.** (Maschinen)Laufzeit *f*; **standard ~ t.** vorgegebene Hauptzeit; **at the same t.** zeitgleich; **serviceable t.** nutzbare/verfügbare (Betriebs)Zeit; **at a set t.** zu einem bestimmten Termin; **short t.** 1. Kurzarbeit *f*; 2. verkürzte Arbeitszeit, Arbeitszeitverkürzung *f*; **to put on ~ t.** Kurzarbeit einführen; **site-to-quarters t.** Wegezeit *f*; **slack t.** Flaute *f*, Puffer-, Schlupfzeit *f*; **spare time** Freizeit *f*, freie Zeit; **~ activities** Freizeitgestaltung *f*; **~ occupation** Nebentätigkeit *f*; **specified time** bestimmter Zeitpunkt, vereinbarte Zeit; **standard t.** 1. Einheits-, Normal-, Soll-, Standard-, Vorgabezeit *f*, Zeitnorm *f*; 2. [GB] Winterzeit *f*; **starting t.** Anfangszeit *f*, Arbeitsbeginn *m*; **straight t.** normale Arbeitszeit, Arbeitsbeginn *m*; **targeted t.** Sollzeit *f*; **testing t.** schwierige Zeit; **unattended/unused t.** Ruhezeit *f*; **un-**

occupied t. ablaufbedingte Wartezeit; **wait(ing) t.** Wartezeit *f*; **wasted t.** Leerzeit *f*; **at the wrong t.** zur Unzeit; **zonal t.** Zonenzeit *f*
time *v/t* 1. zeitlich abstimmen, terminieren, die richtige Zeit wählen, auf bestimmte Zeit einstellen, Zeitpunkt wählen; 2. (mit der Stoppuhr) stoppen, Zeit messen
time absent Fehlzeit(en) *f/pl*; **t. account** Festgeld-, Terminkonto *nt*; **t. adjustment** zeitliche Anpassung; **t. advantage** Zeitvorteil *m*; **t. allocation** Zeitallokation *f*; **t. allowance** Zeitvorgabe *f*, Vorgabezeit *f*, V.ausgleich *m*; **unoccupied t. allowance** Zuschlag für ablaufbedingte Wartezeit; **t. analysis sheet** Lohnverrechnungsblatt *nt*; **t. arbitrage** Zeitarbitrage *f*; **t. balances** befristete Guthaben; **t. bar** Verjährungsfrist *f*
time bargain Fix-, (Börsen)Termin-, Zeitgeschäft *nt*; **callable t. b.** Wandelgeschäft *nt*; **t. b. settlement office** Liquidationsbüro *nt*
time|-barred *adj* verjährt; **on a t. basis** auf Zeitbasis, auf Grund der Arbeitszeit; **t. behaviour** Zeitverhalten *nt*; **t. bill** Nachsicht-, Zeit-, Zielwechsel *m*, Wechsel mit bestimmter Laufzeit; **t. bomb** Zeitbombe *f*; **t. book** Arbeitsstundenbuch *nt*; **t.card** *n* Lohn-, Kontroll-, Stech-, Stempelkarte *f*, Lohnschein *m*; **t. change** Zeitumstellung *f*; **t. charter** ⊕ Charter auf Zeit, Zeitfrachtvertrag *m*, Z.charter *f*; **t. charterparty** Zeitfrachtvertrag *m*; **t. check** Zeitkontrolle *f*; **t. clause** Temporalsatz *m*; **t. clauses** Terminbestimmungen; **t. clerk** Zeitkontrolleur *m*; **t. clock** Kontroll-, Stech-, Stempel-, Zeituhr *f*; **~ card** Stechkarte *f*; **t. comparability factor** ▦ zeitlicher Korrekturfaktor; **t.-consuming** *adj* zeitraubend, z.aufwändig; **t. contract** Abschluss auf Termin, Terminkontrakt *m*
time cost(s) Fix-, Kapazitäts-, Periodenkosten *pl*, zeitabhängige Kosten; **~ accounting** Zeitkostenrechnung *f*
time counter Zeitzähler *m*; **t. credit** Zeitguthaben *nt*
well timed *adj* rechtzeitig, zeitlich gut abgestimmt
time debit Zeitschuld *f*
time deposit 1. Fest-, Kündigungs-, Termingeld *nt*, T.einlage *f*, T.guthaben *nt*, befristete/langfristige (Spar)Einlage, befristetes/langfristiges (Spar)Guthaben; 2. Fest(geld)konto *nt*, gebundenes Konto; **t. d.s** 1. Fristeinlagen, F.anlage *f*, Depositeneinlagen, D.gelder, befristete Geldanlagen, Einlagen mit fester Laufzeit; 2. [US] Leihkapital mit Kündigungsfrist; **fixed-date t. d.** Depotgeld *nt*; **t. d. account** Fest-, Termingeldkonto *nt*; **t. d.s and savings accounts** Bucheinlagen; **t. d. certificate** Termineinlagenzertifikat *nt*; **~ investments** Termingeldeinlagen; **~ rate** Termingeldsatz *m*, Zins für Festgeld(anlagen)
time detector Kontrolluhr *f*; **t. difference** Zeitunterschied *m*; **t. distribution** zeitliche Verteilung; **t. draft** Zeitwechsel *m*, Z.tratte *f*, Nachsicht-, Ziel-, Terminwechsel *m*; **t. emitter** 🖳 Zeitgeber *m*; **t. and motion expert** REFA-Fachmann *m*; **t. factor** Zeitfaktor *m*, Fristigkeit *f*; **t.-to-maturity factor** Fristigkeit *f*; **t. frame** zeitlicher Rahmen, Zeitrahmen *m*, zeitliche Perspektive; **t. freight** 1. Zeitfracht *f*; 2. [US] Eilfracht *f*; 3. [GB] in Raten gezahlte Frachtgebühr; **t. fuse** Zeitzünder *m*; **t.-honoured** *adj* altehrwürdig; **t. horizon** Zeithorizont *m*; **different t. horizons** zeitliche Unterschiede; **t. insurance** [US] Versicherung auf Zeit; **t. interval** Zeitintervall *nt*; **t.keeper** *n* Zeitmesser *m*, (Arbeits)Zeitkontrolleur *m*, Lohnbuchhalter *m*, Zeitnehmer *m*, Stopper *m*; **t.keeping** *n* 1. Zeitnahme *f*, Z.messung *f*; 2. (Arbeits)Zeitkontrolle *f*, Lohnbuchhaltung *f*; 3. Einhaltung der Arbeitszeit; **bad t.keeping** ständiges Zuspätkommen; **t.-lag** *n* 1. (Zeit)Verzögerung *f*, zeitlicher Verzug, zeitliche Verschiebung, Zeitspanne *f*, Z.verzug *m*, Z.verschiebung *f*, (zeitliche) Verzögerung, zeitlicher Abstand, zeitliche Diskrepanz; 2. Phasenunterschied *m*, P.verschiebung *f*; 3. (*Börse*) Marktanpassungszeit *f*; **after a t.-lag** mit zeitlicher Verzögerung; **t. lending** befristete Kredite; **t.less** *adj* zeitlos, z.beständig; **t. liabilities** Terminverbindlichkeiten, terminierte/befristete Verbindlichkeiten
time limit Frist *f*, Zeitraum *m*, Z.grenze *f*, Ausschließungs-, Ablauf-, Präklusivfrist *f*, Fristablauf *m*, F.ende *nt*, Schlusstermin *m*, zeitliche Begrenzung/Beschränkung; **within the t. l.** fristgemäß, f.gerecht; **without a t. l.** ohne Termin-/Fristangabe
time limit for acceptance Annahmefrist *f*; **~ applications** Anmeldeschluss *m*; **~ an avoidance** Anfechtungsfrist *f*; **setting a ~ the contract** Befristung des Vertrages; **~ filing an objection** [§] Widerspruchsfrist *f*; **~ entering opposition** (*Pat.*) Einspruchsfrist *f*; **~ payment** Zahlungsfrist *f*; **~ payment by bill** Wechselfrist *f*; **~ submission** Vorlagefrist *f*
setting a time limit Befristung *f*
to exceed a time limit Termin überschreiten; **to lay down/set a t. l.** befristen, Frist (fest)setzen, zeitlich begrenzen; **to observe a t. l.** Frist wahren/einhalten; **to put a t. l. on sth.** etw. befristen; **to remove the t. l.** (*Vertrag*) entfristen
basic time limit Ecktermin *m*; **legal/statutory t. l.** gesetzliche Frist; **maximum t. l.** Höchstdauer *f*; **minimum t. l.** Mindestdauer *f*; **strict t. l.** Notfrist *f*
time loan befristeter Kredit *m*, Monatsgeld *nt*, längerfristiges Darlehen, Kredit mit fester Laufzeit, befristetes Darlehen; **t. lock** Zeitschloss *nt*
timely *adj* zeitgemäß, z.gerecht, früh-, rechtzeitig
time management Zeitplanung *f*; **t. measurement** Zeitermittlung *f*, Z.erfassung *f*, Z.messung *f*; **t. money** Festgeld *nt*, Termineinlagen *pl*, T.geld *nt*, festes Geld, langfristiges (Börsen)Geld; **~ market** Termingeldmarkt *m*; **t. observation sheet** Zeitaufnahmebogen *m*
time off Ausfall-, Fehl-, Freizeit *f*, F.stellung *f*, Arbeitsbefreiung *f*, Beurlaubung *f*; **~ in lieu** Ausgleichsruhezeit *f*, Überstundenzeitausgleich *m*; **to be given t. o.** freigestellt werden; **to take t. o.** sich freinehmen; **t. o. duty** arbeitsfreie Zeit; **~ with pay** bezahlte Freizeit
time out(s) [US] Arbeitsunterbrechung *f*, Pause *f*, Zeitsperre *f*; **t. parameter** Zeitparameter *m*; **t. path** Verlaufsstruktur *f*; **t. pattern control** Zeitplanregelung *f*; **t. pay** Zeitlohn *m*; **t. payment** 1. [US] Ratenzahlung *f*; 2. Zeitzuschlag *m*; **t. period** Zeitspanne *f*, Z.abschnitt *m*; **t.piece** *n* (*obs.*) Uhr *f*, Chronometer *m* (*obs.*); **t. movement** Uhr(en)werk *nt*; **t. policy** (*Vers.*) (zeitlich) befristete Police, Zeitpolice *f*, Z.versicherung *f*, Ver-

sicherung auf Zeit, Versicherungspolice mit fester Laufzeit; **t. preference** Gegenwarts-, Zeitpräferenz f; **t. premium** Zeitprämie f; **t. pressure** Termindruck m; **t. provisions** Terminbestimmungen; **t. purchase** Fix-, Terminkauf m, T.geschäft nt

timer n 1. Zeitnehmer m; 2. Zeitmesser m; 3. Schaltuhr f

time rate Zeitlohn(satz) m; ~ **of preference** Zeitpräferenzrate f; ~ **plus premium wage** Prämienlohn m; **minimum t. r.** Mindeststundenlohn m; **plain t. r.** einfacher Zeitlohn; **standard t. r.** Normalstundentarif m

time record(s) Arbeitszeitaufzeichnungen pl, Aufzeichnungen über Zeitaufwand; **t. recorder** Stechuhr f, Arbeitszeiterfassungsgerät nt; **t. recording** Zeiterfassung f; ~ **system** Zeiterfassungssystem nt; **daily t. record sheet** Tagesarbeitszettel m; **weekly t. record sheet** Wochenarbeitszettel m

time required/requirement Zeitbedarf m, Z.aufwand m; **t. reversal test** Zeitumkehrprobe f; **t.-saver** n Zeitsparer m; **t.-saving** adj zeitsparend; **t. scale** Zeitplan m, Z.rahmen m, Z.spanne f; **t. schedule** Zeit-, Lieferplan m; **t. scheduling** 1. Zeitmessung f; 2. Zeit-, Terminplanung f; **computer-aided t. scheduling** EDV-gestützte Terminplanung; **t. selling** Teilzahlungsgeschäft nt; **t.-sensitive** adj zeitempfindlich, z.reagibel, z.abhängig; **t. sequence** Zeitablauf m, zeitlicher Ablauf

time series ▨ Zeitreihe f; **economic t. s.** Wirtschaftszeitreihe f, wirtschaftsstatistische Zeitreihen; **t. s. analysis** Zeitreihenanalyse f; ~ **decomposition** Zeitreihenzerlegung f; ~ **model** Zeitreihenmodell nt

time|-served adj (Lehrling) ausgelernt, ausgebildet; **t.server** n Opportunist m; **standard t. setting** Vorgabezeitermittlung f

time sharing 1. 🖥 Zeitzuteilung f, Teilnehmerverkehr m, T.system nt, T.verfahren nt, zeitlich verzahnte Verarbeitung; 2. Timesharing nt; ~ **processing** Zeitzuteilungsverfahren nt; ~ **system** Teilnehmerbetrieb m

time sheet Arbeits-, Lohn-, Stundenzettel m, S.liste f, (Arbeit) Kontrollbuch nt, Arbeitszeitnachweis m, A.blatt nt, Zeitaufstellung f; **t. signal** Zeitzeichen nt; **t. slip** Arbeitszeitnachweis m; **t. spacing** zeitliche Verteilung; **t. span** Zeitspanne f, Frist f; ~ **of order transmission** Auftragsübermittlungszeit f; **t. standard** Zeitvorgabe f; **synthetic t. standard** Tabellenzeitwert m

time study Zeitstudie f, Z.kontrolle f, REFA-Zeitaufnahme f; **t. and motion s.** REFA-Studie f, (Zeit- und) Bewegungsstudie f, Arbeits-, Zeitstudie f, Bewegungs-Zeit-Studie f; **synthetic t. studies** (REFA) Arbeitssynthesestudien; **t. s. form** Zeitaufnahmebogen m; ~ **man** Zeitnehmer m

time switch Zeitschalter m, Schaltuhr f; **standard t. system** Entlohnung nach Vorgabezeiten

timetable n 1. Fahr-, Flug-, Stundenplan m, Kursbuch nt; 2. Zeitplan m, Z.folge f; **to compile a t.** Fahrplan erstellen; **to work to a t.** nach Zeitplan arbeiten; **clockface t.** Taktfahrplan m; **graphic t.** Bildfahrplan m

time|tabling n Fahrplangestaltung f; **t.-taker** n Lohnbuchhalter(in) m/f; **t.-taking** n Zeitnahme f; **t.-tested** adj bewährt; **t. tolerance** zeitliche Toleranz; **t. unit** Zeiteinheit f; **t. value** Zeitwert m; **t.**

variance Zeitabweichung f; **t. wage** Stunden-, Zeitlohn m, Z.entgelt nt; **t.-wasting** adj zeitraubend; **t.wise** adv zeitlich; **t.work** n Stunden-, Zeitlohnarbeit f; **t. worker's bonus** Akkordausgleich m; **t.work rate** Stundenlohnsatz m; **t. zone** Zeitzone f

timid adj 1. schüchtern, zaghaft, scheu, ängstlich; 2. kleinmütig; **t.ity; t.ness** n Ängstlichkeit f

timing n Zeitabstimmung f, Z.berechnung f, Z.messung f, Z.wahl f, Wahl des (richtigen) Zeitpunkts, gewählter Zeitpunkt, Terminierung f, Rhythmus m, zeitliche Einteilung/Abstimmung/Dosierung; **t. of expenditure** Ausgabenrhythmus m; ~ **tax payments** Steuerrhythmus m; **for reasons of t.** aus Termingründen; **dependent on t.** zeitbedingt; **to be a little off on t.** Termin nicht gerade richtig wählen; **to comply with the t.** Termin einhalten; **cumulative t.** Fortschrittszeitverfahren nt; **flyback t.** Einzelzeitverfahren nt; **manipulative t.** zeitliche Manipulierung; **smart t.** (coll) geschickte Wahl des (richtigen) Zeitpunkts; **t. difficulty** Terminschwierigkeit f; **t. factor** Zeitfaktor m; **t. trouble** Terminnot f

tin n 1. Zinn nt; 2. Blech nt; 3. (Blech)Dose f, (Konserven)Büchse f, K.dose f

tin v/t 1. eindosen, in Büchsen konservieren, in Dosen einmachen; 2. verzinnen; **t. agreement** Zinnabkommen nt; **t.-bashing shop** (coll) Blechschmiede f (coll); **t. buffer stocks** Zinnpufferpool m; **t. can** [GB] (Blech)Dose f; **T. Council** (internationales) Zinnkartell

tincture n Tinktur f; **t. of iodine** ⚕ Jodtinktur f

tinder n Zunder m

tinfoil n 1. Stanniol(papier) nt; 2. Aluminiumfolie f

tinker n 1. Kesselflicker m; 2. Tüftler m; **t. (about)** v/i tüfteln, hantieren, (herum)basteln

tinkle n 1. Geklingel nt, Gebimmel nt; 2. ☏ (coll) Telefonanruf m

tin mine ⛏ Zinnbergwerk nt, Z.mine f; **t. mining** Zinnbergbau m

tinned adj [GB] konserviert, Dosen-

tinning n [GB] Konservenfabrikation f; **t. factory** Konservenfabrik f; **t. industry** Konservenindustrie f

tin opener Büchsen-, Dosen-, Konservenöffner m; **t. plate** ✎ Weiß-, Zinnblech nt, verzinntes Eisenblech

tinsel n Lametta nt, Tand m

tinsmith n Blechschmied m

tint n Farbton m, F.gebung f; v/t färben, tönen; **t.ed** adj gefärbt, getönt

tinware n 1. Blechgeschirr nt, B.waren pl; 2. Klempnerwaren pl

tiny adj winzig, (sehr) klein

tip n 1. Hinweis m, Rat(schlag) m; 2. (Börsen)Tipp m; 3. Bedienungs-, Trinkgeld nt; 4. Schutt-, Müllhalde f, M.kippe f; 5. Spitze f, Zipfel m; 6. (Zigarette) Mundstück nt; **t. of the iceberg** (fig) Spitze des Eisberges (fig); **to have it on the t. of one's tongue** (fig) auf der Zunge liegen (fig)

tip v/ti 1. Trinkgeld geben; 2. (um)kippen, schütten; 3. Schutt abladen; **t. off** Wink geben; **t. out** ausschütten, auskippen; **t. over** umkippen

tip-off n Wink m, Tipp m, Fingerzeig m, gezielter Hinweis

tipper *n* 🚚 Kipper *m*; **t. wag(g)on** 🚃 Kipper *m*, Kipplore *f*
tipping *n* 1. Trinkgeldgeben *nt*; 2. Schuttabladen *nt*, Deponierung *f*; **no t.** Schutt abladen verboten; **t. device** Kippeinrichtung *f*, K.vorrichtung *f*; **t. unit** Kippanlage *f*
tippler *n* *(coll)* Säufer *m*
tipstaff *n* [§] *(High Court)* Gerichtsdiener *m*, Justizwachtmeister *m*
tipster *n* *(Pferderennen)* Wettberater *m*
tipsy *adj* beschwipst; **to be t.** einen in der Krone haben *(coll)*, Schwips haben
on tiptoe *n* auf Zehenspitzen, auf leisen Sohlen, vorsichtig; **t.** *v/i* auf Zehenspitzen schleichen
tip-top *adj* prima, erstklassig, tipptopp, picobello *(coll)*
tip-up lorry *[GB]* /**truck** *[US]* *n* 🚚 Kipplaster *m*, Kipper *m*
tire *n* *[US]* → **tyre**
tire *v/ti* 1. ermüden; 2. ermüden, müde werden
tired *adj* müde; **to look t.** erschöpften Eindruck machen; **dead t.** übermüdet, hunde-, todmüde; **t.ness** *n* Müdigkeit *f*, Übermüdung *f*
tire|**less** *adj* unermüdlich; **t.some** *adj* ermüdend, lästig, unangenehm
TIR operation ⊖ TIR-Transport *m*, TIR-Verfahren *nt*; **~ plate** TIR-Schild *nt*, TIR-Tafel *f*
tissue *n* Gewebe *nt*; **t. of lies** Lügengewebe *nt*; **t. graft** ⚕ Gewebetransplantation *f*; **t. paper** Seidenpapier *nt*
tit for tat *(coll)* Retourkutsche *f (coll)*; **to give t. for t.** Gleiches mit Gleichem vergelten; **~ so. t. for t.** jdm nichts schuldig bleiben
titbit *n* *(coll)* Leckerbissen *m*; **t.s of information** Informationssplitter
title *n* 1. Name *m*, (Amts-/Dienst)Bezeichnung *f*; 2. [§] (Rechts)Titel *m*, Recht(sanspruch) *nt/m*, Anrecht *nt*, Eigentum(srecht) *nt*, (E.)Anspruch *m*, Berechtigung *f*; 3. (Besitz)Urkunde *f*, Dokument *nt*; 4. Überschrift *f*
title of account Kontenbezeichnung *f*; **t. to acquire** [§] Erwerbstitel *m*; **t. of the act** Gesetzestitel *m*; **~ an action** [§] Klagerubrum *nt*; **t. to benefits** *(Vers.)* Bezugsberechtigung *f*; **t. by devise** [§] Eigentumserwerb im Vermächtniswege; **~ descent** Eigentumserwerb durch Erbgang; **t. to real estate** Grundstücksrecht *nt*; **t. by gift** Eigentumserwerb durch Schenkung; **t. to goods** Eigentum(srecht) an Waren, Recht an der Ware; **~ an inheritance** Erbanspruch *m*; **t. of the invention** Bezeichnung der Erfindung; **equivalent t.s of land** grundstücksgleiche Rechte; **full legal t. to land** grundstücksgleiches Recht; **t. to money** Anspruch auf Geld; **t. of a patent** Kurzfassung eines Patents; **t. by adverse possession** Eigentumserwerb durch Ersitzung; **~ prescription** Ersitzungsrecht *nt*, E.eigentum *nt*, Eigentumserwerb durch Verjährung; **t. to property** Eigentumsanspruch *m*, E.titel *m*, Anspruch an Sachen; **t. in landed**/**real property** Recht an unbeweglichen Sachen; **t.s equivalent to real property** grundstücksgleiche Rechte; **t. by purchase** Eigentumserwerb durch Kauf; **clear t. of record** urkundlicher Rechtstitel; **t. under a right** Anspruch aus einem Recht; **t. to a trademark** Markenrecht *nt*

to acquire a title Eigentumsrecht erwerben; **to address so. by his t.** jdn mit seinem Titel anreden; **to assert a t.** Anspruch/Recht geltend machen; **to bear a t.** Titel führen; **to check a t.** Rechtsanspruch prüfen; **to claim a t.** Eigentum beanspruchen; **to clarify/clear a t.** Rechtsanspruch dartun; **to confer a t. upon so.** jdm einen Titel verleihen; **to derive a t. from** Recht herleiten von; **to dispute so.'s t.** jds Rechtsanspruch streitig machen, jds Eigentumsrecht bestreiten; **to establish a (legal) t.** legitimieren; **to extinguish a t.** Rechtsanspruch unwirksam werden lassen; **to have a t. to** (Rechts)Anspruch haben auf, berechtigt sein zu, Recht auf (etw.) haben; **~ the first t.** nächstberechtigt sein; **to hold t. to** Eigentum haben an; **to keep/retain t.** sich das Eigentum vorbehalten; **to pass t.** Eigentum übertragen/übergehen lassen/übereignen; **to renounce a t.** Titel aufgeben; **to reserve t. to the goods delivered pending payment in full** sich das Eigentum an den gelieferten Waren bis zur vollständigen Bezahlung vorbehalten; **to strip so. of his t.** jdm den Titel aberkennen; **to vest t. in sth.** Eigentum an etw. übertragen
absolute title dingliches/unbeschränktes Eigentumsrecht; **bad/defective t.** Rechtsmangel *m*, fehlerhafter/mangelhafter/unsicherer/fehlender Rechtstitel *m*, fehlerhaftes/mangelhaftes/fehlendes Eigentumsrecht, fehlerhafter/fehlender Anspruch, mit (Rechts)Mängeln behaftetes Recht/Eigentum; **better t.** besserer Rechtstitel; **bogus t.** falscher Titel; **budgetary t.** Haushaltstitel *m*; **chartered t.** verliehenes Recht; **clear t.** 1. einwandfreier Rechtsanspruch, einwandfreies/unbestrittenes Recht, einwandfreies/unbelastetes Eigentum; 2. *(Eigentum)* uneingeschränkte Urkunde; 3. ⚒ regelrechte Mutung; 4. berechtigter Klagegrund; **colourable t.** Rechtsscheinanspruch *m*; **derivative t.** nicht originärer Rechtstitel, abgeleiteter Rechtsanspruch; **dormant t.** ruhender Rechtstitel; **doubtful t.** zweifelhafter Rechtstitel; **elder t.** besserer Rechtstitel; **extinct t.** erloschener Titel; **good t.** 1. rechtmäßiges/volles/unbestreitbares Eigentum, (rechts)gültiger/begründeter Anspruch, einwandfreier/unangreifbarer/vollgültiger/hinreichender Rechtstitel, gültiger (Rechts)Anspruch; 2. berechtigter Klagegrund; **high-sounding t.** hochtrabender Titel; **honorary t.** Ehrentitel *m*, ehrenhalber verliehener Titel; **imperfect t.** unvollständiges Eigentum, fehlerhafter Eigentumstitel; **improper t.** Besitzfehler *m*; **inchoate t.** *(Eigentum)* unvollständige Urkunde; **indefeasible t.** unverjährbarer Rechtstitel; **joint t.** Rechtsgemeinschaft *f*, Gesamthand *f*; **just t.** absoluter Rechtstitel; **lawful/legal t.** Rechtsanspruch *m*, R.titel *m*, R.grundlage *f*, rechtmäßiges Eigentum, rechtsgültiger/gesetzlicher Anspruch, gesetzliches/formelles Eigentumsrecht, Legitimation *f*; **marketable/merchantable t.** Eigentumsrecht ohne Rechtsmängel; **official t.** Amtsbezeichnung *f*; **opening t.s** Titelvorspann *m*; **paramount t.** älteres Recht; **passive t.** passive Parteifähigkeit; **possessory t.** Besitztitel *m*, B.urkunde *f*, Vermögensanspruch *m*; **prescriptive t.** dingliches Recht kraft Ersitzung; **presumptive t.** präsumtiver Besitztitel; **qualified t.** beschränktes Recht,

bedingtes/eingeschränktes Eigentum(srecht); **senior t.** im Rang vorgehendes Recht; **superior t.** besserer Rechtsanspruch; **short t.** Kurztitel *m*, kurze Bezeichnung; **unmarketable t.** unverkäufliches Wertpapier; **valid t.** gültiger Rechtsanspruch; **vested t.** verbrieftes Recht
title abstract Urkundenauszug *m*; **t. bearer** Titelinhaber(in) *m/f*, T.träger(in) *m/f*; **t. company** *[US]* Rechtstitelversicherungsgesellschaft *f*; **t. deed** Besitz-, Erwerbs-, Eigentums-, Grundstücksurkunde *f*, Besitz-, Erwerbs-, Eigentumstitel *m*, Hausbesitz-, Kaufbrief *m*, K.urkunde *f*, rechtsgültige/rechtsverkörpernde Urkunde, Übergabe-, Traditionspapier *nt*; **t. deeds** (Grund) Eigentums-, Besitz-, Grundstücksurkunde *f*, G.unterlagen, G.papiere, Grundakten; **t. guarantee policy** Rechtstitelversicherungspolice *f*; **t. holder** Eigentümer *m*, (Rechts)Titelinhaber *m*, T.träger *m*; **t. insurance** *[US]* Rechtstitelversicherung *f*, Versicherung von Rechtsansprüchen auf Grundbesitz, ~ gegen Rechtsmängel bei Grunderwerb; **t. number** *(Grundbuch)* Flurstück *nt*; **t. page** ⌂ Titelblatt *nt*, T.seite *f*; **t. paramount** stärkeres Recht; **t. part/role** ⚖ Titelrolle *f*; **t. proceedings** Eigentumsfeststellungsverfahren *nt*; **t. records** Grundstücksunterlagen; **t. retention** Eigentumsvorbehalt *m*; **t. search** Rechtstitelüberprüfung *f*; **t. sheet** ⌂ Titelei *f*; **t. suit** Eigentumsfeststellungsklage *f*; **t. warranty** Gewährleistung wegen Rechtsmangels
titular *adj* nominell
to send so. into a tizzy *n* *(coll)* jdn in helle Aufregung versetzen
to and fro *adv* hin und her
toast *n* Trinkspruch *m*, Toast *m*; **to propose a t.** Toast ausbringen
tobacco *n* Tabak *m*; **unprocessed t.** Rohtabak *m*; **t. crop** Tabakernte *f*; **t. duty** Tabaksteuer *f*; **t. exchange** Tabakbörse *f*; **t. goods** Tabakwaren *f*; **t. industry** Tabakindustrie *f*; **t. monopoly** Tabakregie *f*, T.monopol *nt*
tobacconist *n* Tabak(waren)händler *m*; **t.'s shop** *[GB]* /**store** *[US]* Tabak(waren)laden *m*, T.geschäft *nt*
tobacco plug Rolltabak *m*; **t. pouch** Tabakbeutel *m*; **t. products** Tabakwaren; **t. shop** *[GB]* /**store** *[US]* Tabak(waren)laden *m*; **t. substitute** Tabakersatz *m*; **t. tax** Tabaksteuer *f*
good for today *adv* Auftrag gültig für einen Tag; **t.'s rate** Tageskurs *m*, T.satz *m*, Marktpreis *m*
to be on one's toes *n* *(fig)* auf Draht/Zack sein *(coll)*, auf dem Posten sein; **to stub one's t.** *(fig)* sich die Finger verbrennen *(fig)*; **to tread on so.'s t.** *(coll)* jdm auf den Schlips treten *(coll)*
toe-hold *n* *(fig)* Einstieg *m*; **to have a t. in the market** unbedeutenden Marktanteil haben, einen Fuß in der Tür haben *(fig)*
toggle *n* Kipphebel *m*, K.schalter *m*; **t. switch** Kippschalter *m*
toggle *v/i* ⌂ hin- und herschalten
toil *n* Mühe *f*, Arbeit *f*, Plackerei *f*, Mühsal *f*; *v/i* hart arbeiten, sich placken/abarbeiten, schuften
toilet *n* 1. Klo(sett) *nt*, Toilette *f*; 2. *[US]* Badezimmer *nt*; **public t.s** öffentliche Bedürfnisanstalt; **t. bag** Kulturbeutel *m*, Necessaire *nt* *(frz.)*; **t. paper** Klo(sett)-, Toilettenpapier *nt*
toiletries; toiletry products *pl* Toilettenartikel, Körperpflegemittel, Kosmetika
toilet stop ⇌ Pinkelpause *f* *(coll)*
toing and froing *n* *(coll)* (ewiges) Hin und Her
token *n* 1. Zeichen *nt*, Symbol *nt*, Beweis *m*; 2. Legitimationszeichen *nt*, Marke *f*; 3. Gutschein *m*, Bon *m* *(frz.)*; 4. Wert-, Spielmarke *f*; **by the same/this t.** aus dem gleichen/demselben Grunde; **t. of confidence** Vertrauensbeweis *m*; **monetary t.** Geldzeichen *nt*; **small t.** kleine Aufmerksamkeit
token coin Wertmarke *f*, W.münze *f*; **t. fee** Schutzgebühr *f*; **t. imports** symbolische Einfuhren/Importe; **t. indemnity** nominelle Entschädigung; **t. lockout** Warnaussperrung *f*; **t. money** Geldersatz *m*, G.surrogat *nt*, fiktive Währung, Ersatz-, Not-, Papier-, Zeichengeld *nt*; **t. payment** symbolische Bezahlung, Draufgabe *f*, D.geld *nt*, Teilzahlung als Anerkennung einer Verpflichtung/Schuld; **t. profit** symbolischer Gewinn; **t. rent** nominelle/symbolische Miete; **t. strike** Warnstreik *m*, symbolischer Streik
all told *adj* alles zusammen, insgesamt
tolerable *adj* erträglich, tragbar, leidlich, passabel, annehmbar
tolerance *n* 1. Toleranz *f*, Duldung *f*; 2. *(Münzen)* Nachlass *m*, Passiergewicht *nt*, Remedium *nt* *(lat.)*; 3. *(Gewicht)* Abweichung *f*; 4. Spielraum *m*; 5. *[US]* ⊖ Sperrgeld *nt*, Zollabgabe *f*, Z.gebühr *f*; **total t.** ✪ zulässige Toleranz; **t. factor** Toleranzfaktor *m*; **t. limit** Sicherheits-, Toleranzgrenze *f*; **t. number of defects** zulässige Ausschusszahl
toler|ate *v/t* dulden, hinnehmen, zulassen, tolerieren, ertragen; **t.ation** *n* Duldung *f*, Toleranz *f*
toll *n* 1. Abgabe *f*, (Straßenbenutzungs)Gebühr *f*, Maut *f*, (Durchfahrts-/Brücken)Zoll *m*, Markt-, Stand-, Wegegeld *nt*; 2. *(fig)* Tribut *m*; 3. *[US]* Fernsprechgebühr *f*; **subject to a t.** gebührenpflichtig; **to take a t.** Zoll erheben; **~ one's t.** Tribut fordern; **~ a heavy t.** *(Katastrophe)* schwere Opfer abfordern
tollable *adj* ⊖ zollpflichtig
tollage *n* 1. Gebührenerhebung *f*; 2. Mautrecht *nt*
toll bar/gate Zoll-, Mautschranke *f*, M.stelle *f*, Schlagbaum *m*; **t. bridge** Maut-, Zollbrücke *f*, mautpflichtige Brücke; **t. call** ✆ *[US]* Ferngespräch *nt*; **t. charge** (Maut)Gebühr *f*; **~ meter** Gebührenanzeiger *m*; **t. collector/gatherer** Zoll-, Steuereinnehmer *m*; **t. exchange** ✆ *[US]* Fernamt *nt*; **t.-free** *adj* 1. *[US]* ✆ gebührenfrei; 2. zoll-, abgabenfrei; **t. house** Zollhaus *nt*
tolling of the statute *n* [§] Unterbrechung der Verjährung
toll|keeper *n* Zöllner *m*, Zolleinnehmer *m*; **t. line** *[US]* ✆ Fernleitung *f*; **~ dialling** Selbstwählfernverkehr *m*; **t. rate** Straßen-, Brückenzoll *m*, Maut-, Passagegebühr *f*; **t. road** Zoll-, Mautstraße *f*, gebührenpflichtige Straße; **t. traverse** Wegegebühr *f*; **t.way** *n* *[US]* gebühren-/mautpflichtige Autobahn
every Tom, Dick and Harry *(coll)* jeder Hinz und Kunz

(coll), alle möglichen Leute; **Peeping T.** *(coll)* Voyeur *m (frz.)*
tomb *n* Grab(mal) *nt*
tombola *n* Tombola *f*
tombstone *n* 1. Grabstein *m*; 2. *(fig)* Anzeige über abgeschlossene Anleiheemission eines Bankenkonsortiums
tome *n* 📖 dickes Buch, Wälzer *m (coll)*
ton *n* Tonne *f*; **by the t.**; **in t.s** tonnenweise; **t.s per annum (tpa)** Jahrestonnen (jato); **~ day (tpd)** Tagestonnen; **~ year** Jahrestonnen (jato); **to have t.s of money** *(coll)* Geld in Massen haben *(coll)*
gross ton 1. Bruttotonne *f*; 2. ⚓ Bruttoregistertonne *f*; **~ measurement** Bruttoraumzahl *f*; **imperial t.** *[GB]* gesetzliche Tonne *(1016,05 kg)*; **measured t.** Raumtonne *f*; **metric t.** Metertonne *f*, metrische Tonne *(1000 kg)*; **net t.** Nettotonne *f*; **~ measurement** Nettoraumzahl *f*; **gross registered t. (grt)** ⚓ Bruttoregistertonne *f* (BRT); **short t.** *[US]* Tonne *f (2000 pounds = ca. 907,18 kg)*
tons deadweight (tdw) ⚓ Eigen-, Totgewicht *nt*
tone *n* 1. Klang *m*, Ton *m*, Note *f*; 2. *(fig)* Klima *nt (fig)*; 3. *(Börse)* Stimmung *f*, Grundverfassung *f*, Haltung *f*; **t. of the market** Börsenklima *nt*, B.stimmung *f*, B.verfassung *f*, Klima am Aktienmarkt; **~ restraint** zurückhaltende Tendenz; **setting the t.** tonangebend; **to hit the right t.** den richtigen Ton treffen; **to maintain the t.** *(Börse)* Grundhaltung beibehalten; **to set the t.** tonangebend/bezeichnend sein
basic tone *(Börse)* Grundverfassung *f*; **bearish t.** Baissetendenz *f*, Schwächeneigung *f*; **bullish t.** Haussetendenz *f*, H.stimmung *f*, optimistische Stimmung; **cheerful t.** freundliche Stimmung, freundliches Börsenklima; **depressed t.** gedrückte Stimmung; **dull t.** zurückhaltende/lustlose Stimmung; **final t.** Schlusstendenz *f*; **engaged t.** ✆ Besetztzeichen *nt*; **pessimistic t.** Mollton *m (fig)*; **prevailing t.** Grundhaltung *f*, G.ton *m*, vorherrschende Stimmung; **steady t.** 1. Dauerton *m*; 2. *(Börse)* ruhige Grundhaltung; **underlying t.** Grundtenor *m*, G.tendenz *f*
tone down *v/ti* 1. abmildern, mäßigen; 2. sich abschwächen
toner *n* *(Kopierer)* Toner *m*; **t. cartridge** Tonerpatrone *f*; **t. cassette** Tonerkassette *f*
ton freight Tonnenfracht *f*
tongue *n* 1. Zunge *f*; 2. Sprache *f*; **to guard one's t.** *(fig)* seine Zunge hüten *(fig)*; **to have a glib t.** *(coll)* nicht aufs Maul/auf den Mund gefallen sein *(coll)*; **to hold one's t.** *(coll)* Mund halten *(coll)*; **loose t.** lose Zunge, Schandmaul *nt*; **native t.** Muttersprache *f*; **t. twister** Zungenbrecher *m*
tonic *n* Kräftigungsmittel *nt*, stärkendes Mittel, Stärkungsgetränk *nt*, S.mittel *nt*
ton kilometre Tonnenkilometer *m*; **t. k. charged** Tariftonnenkilometer *m*; **t. k.s performed** verkaufte/geleistete Tonnenkilometer
ton mile Tonnenmeile *f*; **gross t. m.** Bruttomeilentonne *f*
tonnage *n* 1. (Schiffs)Tonnage *f*, Lade-, Schiffsraum *m*, S.bestand *m*, Ladungsgewicht *nt*, Güteraufkommen *nt*, Tonnenzahl *f*; 2. Tonnengeld *nt*; **commercially owned t.** Reedertonnage *f*; **deadweight t.** Eigen-, Totgewicht *nt*; **gross t.** Bruttoraumgehalt *m*, B.(register)tonnage *f*; **idle/laid-up t.** aufgelegte Tonnage, Aufliegertonnage *f*; **marginal t.** ungenutzter Schiffsraum; **net t.** Nettoraumgehalt *m*, N.(register)tonnage *f*, N.gütertonnagegehalt *m*; **overall t.** Gesamttonnage *f*; **registered t.** Registerschiffsraum *m*, R.(schiffs)tonnage *f*; **gross ~ t.** Bruttoregistertonnage *f*, B.raumgehalt *m*; **net ~ t.** Nettoraumgehalt *m*, N.registertonnage *f*; **short t.** Ladungsmanko *nt*; **surplus t.** Ladungsüberschuss *m*; **total t.** Schiffsbestand *m*
tonnage affreightment Raumcharter *f*; **t. certificate** Schiffsmessbrief *m*, S.messschein *m*; **t. deck** Vermessungsdeck *nt*; **t. duty** ⊖ Tonnenzoll *m*; **t. length** Vermessungslänge *f*; **t. loaded** Ladungsaufkommen *nt*; **t. mark** Vermessungsmarke *f*; **t. output** Tonnenleistung *f*; **t. quota** Tonnagekontingent *nt*; **t. space charges** Raumgebühr *f*; **t. steel** ⚙ Massenstahl *m*
tonne → **metric ton**
tontine *n* *(Vers.)* Tontine *f*
ton weight Fracht-, Gewichtstonne *f*
tool *n* Werkzeug *nt*, Gerät *nt*; **t.s** Werkzeug(e) *nt/pl*, Arbeitszeug *nt*, A.mittel *nt/pl*, Instrumentarium *nt*; **t. of action** Handlungsinstrument *nt*; **t.s and implements** Instrumente/Werkzeuge und Geräte; **t.s of monetary policy** geldpolitisches Instrumentarium; **~ the trade** Handwerkszeug *nt*, H.geräte, Werkzeuge eines Berufszweiges, B.ausrüstung *f*; **downing t.s** Arbeitsniederlegung *f*
to down tools; to lay down one's t. *(Streik)* Arbeit einstellen/niederlegen, in den Ausstand/Streik treten, streiken; **permanent t.s** Dauerwerkzeuge; **verificatory t.** Überwachungsinstrument *nt*
tool up *v/t* 🔧 maschinell ausrüsten/ausstatten, umrüsten
tool allowance 1. Werkzeuggeld *nt*, W.zuschlag *m*; 2. Werkzeugwechselzeit *f*; **t.bag** *n* Werkzeugtasche *f*; **t. box/case** Werkzeugkasten *m*; **t. cabinet** Werkzeugschrank *m*; **t. car** Gerätewagen *m*; **t. engineer** Arbeitsvorbereiter *m*
tooling *n* 1. Werkzeugherstellung *f*; 2. Werkzeugeinrichtung *f*, W.ausrüstung *f*, Maschinenausrüstung *f*; **t.s, furniture and fixtures** *(Bilanz)* Werkzeuge, Betriebs- und Geschäftsausstattung *f*; **t. cost(s)** Kosten der Maschinenausrüstung *f*
tooling-up *n* (Aus-/Um)Rüsten *nt*; **t. cost(s)** (Um)Rüstkosten *pl*; **t. time** (Um)Rüstzeit *f*
tool insurance Werkzeugversicherung *f*; **t.s issue** Werkzeugausgabe *f*; **~ order** Werkzeuganforderung *f*; **t. kit** Werkzeugausrüstung *f*, W.ausstattung *f*, Satz Werkzeuge; **t.-maker** *n* Werkzeugmacher *m*; **t.-making** *n* Werkzeugbau *m*, W.macherei *f*; **~ industry** Werkzeugindustrie *f*; **t. requisition slip** Werkzeugentnahmeschein *m*; **t. rest** Werkzeugauflage *f*; **t.room** *n* 1. Werkstatt *f*, Gerätehaus *nt*, G.kammer *f*, G.raum *f*; 2. Werkzeugmacherei *f*; **~ staff** Werkstattpersonal *nt*; **t.setter** *n* Maschineneinrichter *m*, M.umrüster *m*; **t. shed** Geräteschuppen *m*; **t. steel** ⚙ Werkzeugstahl *m*; **t. stores** Werkzeuglager; **t. wear** Maschinenverschleiß *m*

tooth *n* Zahn *m*; **to fight sth. t. and nail** *(fig)* sich mit Händen und Füßen gegen etw. wehren *(fig)*, etw. bis aufs Messer bekämpfen *(fig)*, etw. erbittert/mit allen Mitteln bekämpfen; **to have a sweet t.** *(coll)* Süßigkeiten lieben; **bad t.** kranker Zahn; **t.ache** *n* ✦ Zahnschmerzen *pl*; **t.brush** *n* Zahnbürste *f*; **t. decay** ✦ Zahnfäule *f*; **t.less** *adj (fig)* ohne Biss *(fig)*/Macht, machtlos; **t.paste** *n* Zahnpasta *f*

top *n* 1. Spitze *f*, Gipfel *m*, Höchststand *m*; 2. Oberfläche *f*, O.teil *nt*, O.seite *f*; **on t. of** zusätzlich zu; **from t. to bottom** von Kopf bis Fuß, vom Scheitel bis zur Sohle; **t. of the form** (Klassen)Primus *m (lat.)*; ~ **the ladder** höchste Stufe; ~ **table** Tabellenerster *m*; ~ **target range** oberer Rand des Zielkorridors

to be top of the list obenan stehen; ~ **on t. of the situation** Situation unter Kontrolle haben; ~ **on t. of the world** *(coll)* obenauf sein

to blow one's top *(coll)* Wutausbruch haben, Tobsuchtsanfall bekommen, vor Wut explodieren; **to climb to the t.** Gipfel erklimmen; **to come out on t.** die Oberhand gewinnen, sich durchsetzen; **to get on t. of so.** *(Arbeit/Belastung)* zu viel für jdn werden; ~ **sth.** etw. in den Griff bekommen, einer Sache Herr werden; **to live on t. of one another** auf engstem Raum zusammenleben; **to reach (the) t.**; ~ **the top of the ladder** Spitzenstellung erreichen, an die Spitze gelangen; **to sleep like a t.** *(coll)* wie ein Murmeltier schlafen *(coll)*

convertible top ⇔ Klappverdeck *nt*; **flat t.** 🏛 Flachdach *nt*; **fold-down t.** Faltdach *nt*; **soft t.** ⇔ Verdeck *nt*

top *v/t* überragen, übertreffen, übersteigen, überschreiten, an der Spitze stehen; **t. it all** *(coll)* dem Ganzen die Krone aufsetzen *(coll)*; **t. off** abrunden; **t. out** 🏛 Dach richten; **t. up** 1. auffüllen, nachfüllen, nachschenken, nachfüllen; 2. *(Gehalt)* nach oben korrigieren

top|-class *adj* hochkarätig *(fig)*, Spitzen-; **t.-down** *adj* retrograd, von oben nach unten; *n* Vorgabe von Zielen durch die Unternehmensleitung; **t.-drawer** erstklassig

top|-flight *adj* 1. *(fig)* erstklassig, hochkarätig *(fig)*, Spitzen-; 2. *(Personal)* führend; **t.-fermented** *adj* *(Bier)* obergärig; **t.-grade** *adj* erstklassig; **t.-hat** *adj (coll) (Manager)* Spitzen-; **t.-heavy** *adj* 1. kopflastig; 2. *(Wertpapier)* überbewertet; 3. überkapitalisiert, finanziell überbelastet; 4. mit zu viel Verwaltungspersonal, mit einem (Verwaltungs)Wasserkopf; **to be t.-heavy** *(Bürokratie)* Wasserkopf haben *(fig)*; **t.-heaviness** *n* 1. Kopflastigkeit *f*; 2. *(Wertpapier)* Überbewertung *f*

topic *n* (Gesprächs)Thema *nt*, G.stoff *m*, Gegenstand *m*; **t.s** Themenkreis *m*; **t. of conversation** Gegenstand der Unterhaltung; **t. for discussion** Gesprächsstoff *m*; **to provide a ~ discussion** für Gesprächsstoff sorgen; **t. under discussion** erörterter Gegenstand; **chief t.** Hauptthema *nt*; **cross-sectional t.** Querschnittsthema *nt*

topical *adj* aktuell; **highly t.** hochaktuell; **t.ity** *n* Aktualität *f*

top|less *adj* oben ohne *(coll)*; **t.-level** *adj* oberst, höchst, Spitzen-; **t. line** Kopf-, Titelzeile *f*; **t.-line** *adj* erstklassig, Spitzen-; **t.-most** *adj* oberst, vorzüglich; **t.-notch** *adj (coll)* prima, erstklassig; **t.-notcher** *n (coll)* Leistungsträger *m*

topography *n* Topografie *f*, landschaftliche Beschaffenheit

top-out *n* Spitzennachfrage *f*

topping(-out) ceremony *n* 🏛 Richtfest *nt*

topple *v/ti* 1. *(Regierung)* stürzen, zu Fall bringen; 2. stürzen, fallen; **t. over** umfallen

top-quality *adj* erstklassig, prima; **t.-ranking** *adj* hochgestellt, Spitzen-; **t.-secret** *adj* streng geheim; **t.-selling** *adj* meistverkauft; **t.soil** *n* 🌱 Gartenerde *f*, Mutterboden *m*

topsy-turvey *n* heilloses Durcheinander; *adj* drunter und drüber, verkehrt, durcheinander

top-up *n* 1. Höherbewertung *f*; 2. Aufstockung *f*

torch *n* 1. Taschen-, Handlampe *f*, Leuchte *f*; 2. (Brand)Fackel *f*; 3. *(fig)* Fanal *nt*; **t. battery** Stabbatterie *f*; **t.bearer** *n* Fackelträger *m*; **t.light** *n* Fackelschein *m*; ~ **procession** Fackelzug *m*

torment *n* Qual *f*, *v/t* quälen, plagen

torn *adj* 1. eingerissen, zerrissen; 2. *(fig)* hin- und hergerissen

tornado *n* Wirbelsturm *m*, Orkan *m*, Windhose *f*, Tornado *m*; **t. insurance** [US] Sturmschadenversicherung *f*

torpedo *n* Torpedo *m*; *v/t (fig)* torpedieren *(fig)*, zu Fall bringen

torque *n* ⇔ Drehkraft *f*, D.moment *nt*; **t. spanner/wrench** Drehmomentschlüssel *m*

torrent *n* 1. Sturz-, Wildbach *m*; 2. *(fig)* Flut *f*, Schwall *m*; **t. of abuse** Schimpfkanonade *f*; ~ **words** Wort-, Redeschwall *m*

torsion *n* Drehung *f*; **t. bar** ⇔ Drehstab *m*

torso *n* Torso *m*

tort *n* [§] unerlaubte Handlung, (Zivil)Unrecht *nt*, Vergehen *nt*, (zivilrechtliches) Delikt; **t. of fraud** Betrugsdelikt *nt*; ~ **negligence** Fahrlässigkeitsdelikt *nt*; **liable in t.** schaden(s)ersatzpflichtig; **to commit a t.** unerlaubte Handlung begehen

actionable tort [§] zivilrechtliches Delikt, unerlaubte Handlung; **economic t.** unerlaubte wirtschaftliche Handlung; **intentional/wilful t.** vorsätzliche/vorsätzlich begangene unerlaubte Handlung; **joint t.** gemeinschaftlich begangene unerlaubte Handlung; **maritime t.** auf hoher See begangene unerlaubte Handlung

Torts Act [GB] [§] Gesetz über unerlaubte Handlungen; **t. action** deliktische Klage; **t. claim** Anspruch aus unerlaubter Handlung

tortfeasor *n* [§] Schaden(s)ersatzpflichtige(r) *f/m*, S.sstifter *m*, Schädiger *m*, rechtswidrig Handelnder *m*; **joint t.** Teilnehmer an einer strafbaren Handlung; ~ **t.s** Gemeinschafts-, Mittäter; ~ **and several t.s** mehrere am Delikt Beteiligte

tortious *adj* [§] rechtswidrig, deliktisch, unerlaubt, durch unerlaubte Handlung verursacht

tort law [§] Schaden(s)ersatzrecht *nt*; **substantive t. l.** materielles Schaden(s)ersatzrecht; **t. liability** deliktische Haftung, Haftung aus unerlaubter Handlung

tortuous *adj* gewunden, kurvenreich, verwickelt, umständlich

torture n Folter(ung) f, Marter f, Quälerei f, Tortur f; v/t foltern, martern, quälen
Tory n *[GB]* Konservative(r) f/m; *adj* konservativ
toss v/t werfen; **t. aside** *(Argument)* beiseite schieben
tot up v/ti 1. aufaddieren, zusammenrechnen, z.zählen; 2. *(coll)* sich belaufen auf, sich summieren
total *adj* 1. gesamt, Gesamt-; 2. ganz, gänzlich, total, restlos; 3. gesamtwirtschaftlich
total n Gesamtbetrag m, G.menge f, G.summe f, G.zahl f, Summa f *(lat.)*, Endbetrag m, E.summe f, Volumen nt; **t. of job vacancies** Gesamtzahl der offenen Stellen; **t. shown** Bestandsangabe f
annual total Jahresgesamtbetrag m; **broad/economy-wide t.s** volkswirtschaftliche Gesamtgrößen; **combined t.** Gesamtsumme f; **cumulative t.** kumulativer Stand; **final t.** Endsumme f; **grand t.** Gesamtbetrag m, G.summe f, Total-, End-, Schlusssumme f; **gross t.** Bruttobestand m; **intermediate t.** Zwischensumme f; **negative t.** negative Summe; **net/overall t.** Gesamt-, Globalsaldo m; **progressive t.** Staffelsumme f; **raw t.** Gesamtbrutto nt; **running t.** laufende Summe; **starting t.** Ausgangsstand m; **year-end t.** Bestand am Jahresende
total v/ti 1. zusammenzählen, z.rechnen, addieren; 2. insgesamt betragen, sich belaufen auf, sich summieren; 3. *[US]* ⚙ zu Schrott fahren
totalitarian *adj* totalitär; **t.ism** n Totalitarismus m
totality n Gesamtheit f
totalizator; totalizer n *(Pferderennen)* Totalisator m
totalling *adj* im Gesamtbetrag von
tote n *(coll)* → totalizator
tote bag n *[US]* (Einkaufs)Tasche f
totter v/i wanken; **to begin to t.** ins Wanken geraten; **t.ing** *adj* wankend
touch n 1. Berühren nt, Berührung f; 2. *(fig)* (besondere) Note, (charakteristischer) Zug, Hauch m; 3. *(Börse)* Spanne f; **in t. with** in Verbindung mit; **t. of adventure** Hauch von Abenteuer; **at the ~ a button** per Knopfdruck; **t. and go** *(coll)* auf der Kippe *(fig)*, gewagte Sache, heikle/prekäre Situation, brenzlig; **t. of irony** Schuss Ironie
to add the finishing/final touch|es to sth. letzte Hand an etw. anlegen, etw. den letzten Schliff geben *(fig)*; **to be in (close) t. with** in (enger) Verbindung stehen/sein mit, in Fühlung stehen, Kontakt haben; **~ out of t.** nicht mehr auf dem Laufenden sein; **~ t. and go** *(coll)* prekär/riskant sein, auf des Messers Schneide stehen *(fig)*; **to get in t. with so.** mit jdm Kontakt/Verbindung aufnehmen, ~ in Verbindung treten, sich ~ in Verbindung/ins Benehmen setzen; **to keep in t.** in Verbindung/Kontakt bleiben, Kontakt pflegen/halten; **to lose t.** Kontakt verlieren, nicht mehr auf dem Laufenden sein; **to put the final/finishing t.es to sth.** letzte Hand an etw. anlegen, etw. den letzten Schliff geben *(fig)*
close touch Tuchfühlung f *(coll)*; **finishing t.es** letzter Schliff; **human t.** menschliche Note; **magic t.** geschicktes Händchen; **personal t.** persönliche Note; **soft t.** *(coll)* leicht zu überredender Kunde
touch v/t 1. berühren, anfassen; 2. *(Kurs)* (fast) erreichen; 3. berühren, tangieren; **t. down** ✈ aufsetzen, landen; **t. up** aus-, nachbessern, polieren, retuschieren, auffrischen; **t. upon sth.** etw. erwähnen
touch button Sensortaste f
touchdown n ✈ Aufsetzen nt
touched *adj* gerührt, ergriffen
touching *adj* rührend; **t. up** n Nachbesserung f, Retusche f
touch screen n 🖥 Sensor-, Berührungsbildschirm m
touch-type v/t *(Schreibmaschine)* blind schreiben; **t.ing** n Blindschreiben nt, Zehnfingersystem nt
touchy *adj* *(coll)* empfindlich, leicht verletzbar
tough *adj* 1. unempfindlich, unverwüstlich, zäh, widerstands-, strapazierfähig, robust; 2. hart, anstrengend; 3. straff, hart; **to get t.** andere/strengere Saiten aufziehen *(fig)*, hart durchgreifen; **pretty t.** nicht von Pappe *(coll)*
toughen v/ti 1. ✱ härten; 2. sich verhärten, sich versteifen; **t.ing** n Verhärtung f, Versteifung f
toughness n Zähigkeit f, Härte f
tour n 1. Rundreise f, R.gang m, Sonderfahrt f, Tour f *(frz.)*; 2. 🎭 Tournee f *(frz.)*, Gastspielreise f; **on t.** auf Tournee; **t. de force** *(frz.)* Glanzleistung f; **t. of inspection** Besichtigungsrundgang m, B.(rund)fahrt f, B.reise f, Inspektionsfahrt f, I.reise f, Prüfgang m; **~ the plant** Betriebsbegehung f, B.besichtigung f; **~ the world** Weltreise f; **to go on t.** auf Tournee gehen
all-expense/all-in/inclusive tour Pauschalreise f; **circular t.** Rundfahrt f, R.reise f; **to make a ~ t.** Rundfahrt/R.reise machen; **conducted/guided t.** Führung f, Besichtigung f; **educational t.** Studienreise f; **fact-finding t.** Erkundungs-, Informationsreise f; **linear/round t.** Rundreise f
tour v/t 1. bereisen; 2. besichtigen
tourer n 🚗 Reisewagen m
tour guide Reiseleiter(in) m/f
touring n Reisen nt; **t. car** 🚗 Reisewagen m; **t. company** 1. Reisegesellschaft f; 2. 🎭 Tourneegruppe f; **t. exhibition** Wanderausstellung f; **t. party** Reisegesellschaft f
tourism n Fremdenverkehr(slehre) m/f, Touristik f, Tourismus m; **long-haul t.** Ferntourismus m; **soft t.** sanfter Tourismus; **t. account** Reiseverkehrs-, Touristenbilanz f; **t. advertising** Fremdenverkehrswerbung f; **t. development** Tourismusprojekt nt; **t. fair** Tourismusmesse f
tourist n Tourist(in) m/f, Reisende(r) f/m, Urlauber(in) m/f
tourist accommodation Urlaubs-, Touristenquartier(e) nt/pl; **t. advertising** (Fremden)Verkehrs-, Touristenwerbung f; **t. agency** Reise-, Fremdenverkehrsbüro nt, Verkehrsverein m; **t. air passenger** Flugtourist m, Touristenfluggast m; **t. allowance** *(Fremdenverkehr)* Devisenzuteilung f; **t. area** Ferien-, Urlaubs-, Fremdenverkehrsgebiet nt; **t. association** Fremdenverkehrsverband m; **t. baggage insurance** Reise-, Touristengepäckversicherung f; **t. balance** Fremdenverkehrs-, Reiseverkehrs-, Tourismusbilanz f, Bilanz aus dem Tourismus; **adverse t. balance** Fremdenverkehrsdefizit nt, Defizit im Reiseverkehr; **favourable t. bal-**

ance Überschuss im Reiseverkehr; **t. bed** Fremdenbett *nt*; **t. behaviour research** Reiseverhaltensforschung *f*; **t. board** 1. Fremdenverkehrsbehörde *f*; 2. Verkehrsverein *m*; **t. boom** Reisekonjunktur *f*; **t. bureau** *[US]* Verkehrsamt *nt*, (Fremden)V.büro *nt*; **t. business** Tourismusbetrieb *m*, Fremdenverkehr *m*; **t. cabin** ⚓/✈ Touristenkabine *f*; **t. center** *[US]* /**centre** *[GB]* Fremdenverkehrsort *m*, F.gebiet *nt*, F.zentrum *nt*, Touristenzentrum *nt*, Feriengebiet *nt*, F.ziel *nt*; **t. class** Touristenklasse *f*; **t. country** Fremdenverkehrs-, Reise-, Touristenland *nt*, Urlaubsland *nt*; **t. credits** Reiseverkehrs-, Tourismuseinnahmen; **t. debits** Reiseverkehrs-, Tourismusausgaben *pl*; **t. deficit** Fremdenverkehrsdefizit *nt*, Defizit im Reiseverkehr; **t. disbursements** Reiseverkehr(ausgaben) *m/pl*; **t. earnings** Einkünfte aus dem Fremdenverkehr; **t. expenditure(s)** 1. Fremdenverkehrs-, Tourismusausgaben *pl*; 2. *(Leistungsbilanz)* Reiseverkehr *m*; **t. facilities** Fremdenverkehrs-, Reiseverkehrseinrichtungen; **t. fair** Tourismusmesse *f*; **t. floater policy** Reise-, Touristengepäckversicherung *f*; **t. frequency** Fremdenverkehrsintensität *f*; **t. guide** Fremden(verkehrs)-, Fremden-, Touristenführer *m*; **t. hotel** Touristenhotel *nt*; **t. industry** Fremdenverkehrs-, Tourismusgewerbe *nt*, T.branche *f*, Touristik(branche) *f*; **t. information** Verkehrsauskunft *f*; ~ **office** Fremdenverkehrsamt *nt*, Verkehrsbüro *nt*; **t. luggage insurance** *[GB]* Reise-, Touristengepäckversicherung *f*; **t. marketing** Fremdenverkehrsmarketing *nt*; **t. menu** Touristenmenu *nt*; **t. office** (Fremden)Verkehrsamt *nt*, F.verkehrsbüro *nt*; **t. operation** Tourismusbetrieb *m*; **t. organization** Tourismusorganisation *f*; **t. payments media** Reisezahlungsmittel *pl*; **t. policy** Reiseversicherung *f*; **t. rate** *(Währung)* Touristenkurs *m*; **t. receipts** Fremdenverkehrs-, Reiseverkehrs-, Touristikeinnahmen, Einnahmen aus dem Fremdenverkehr/ Tourismus; **t. resort** Fremdenverkehrs-, Touristen-, Ferien-, Urlaubsort *m*, Fremdenverkehrszentrum *nt*; **t. season** Hauptreisezeit *f*, Reise-, Touristen-, Ferien-, Urlaubssaison *f*; **t. services** Fremdenverkehrsleistungen; **t. spending abroad** Ausgaben von Auslandsreisenden; **t. spot** Fremdenverkehrsort *m*, F.zentrum *nt*, Urlaubs-, Ferienort *nt*, Touristenzentrum *nt*; **t. statistics** Fremdenverkehrs-, Reisestatistik *f*; **t. tax** Fremdenverkehrssteuer *f*, F.abgabe *f*, Kurtaxe *f*; **t. trade** Fremdenverkehrswirtschaft *f*, F.gewerbe *nt*, Tourismus(geschäft) *m/nt*, Touristik(branche) *f*; **t. foreign t. trade** Ausländerreiseverkehr *m*, Auslandstourismus *m*; **t. traffic** Tourismus *m*, Reise-, Fremden-, Urlaubs-, Ferienverkehr *m*

tourist travel Reiseverkehr *m*, Tourismus *m*; ~ **agreement** Reisevertrag *m*; ~ **statistics** Reiseverkehrsstatistik *f*

tourist visa Besucher-, Touristenvisum *nt*; **t. voucher** Touristengutschein *m*; **t. weather insurance** Reisewetterversicherung *f*

tournament *n* Turnier *nt*

tour operator Reiseveranstalter *m*, Reise-, Touristikunternehmen *nt*, Touristik-, Reiseunternehmer *m*, R.anbieter *m*

tout *n* *(coll)* 1. Kundenfänger *m*, Schlepper *m* *(coll)*; 2. Wett-, Werbeberater *m*; *v/ti* verhökern, Kunden schleppen, aufdringlich werben, schwarz verkaufen, anbieten, aufdringliche Werbung treiben, auf Kundenfang sein; **t.ing** *n* 1. Kundenfang *m*; 2. Stimmenwerbung *f*

tow *n* 1. Schleppen *nt*; 2. Schleppzug *m*; **in/on t.** im Schlepp(tau); **to take in t.** abschleppen, ins Schlepptau nehmen

tow *v/t* 1. (ab)schleppen; 2. ⚓ bugsieren, treideln, ziehen; **t. away** abschleppen; **t. in** einschleppen

towage *n* 1. ⚓ (Ab)Schleppgebühr *f*, S.lohn *m*; 2. ⚓ Bugsiergebühr *f*, B.lohn *m*; 3. Abschleppdienst *m*; 4. ⚓ Bugsierschifffahrt *f*; **t. charges** 1. Abschleppkosten; 2. ⚓ Bugsiergebühren; **t. contractor** Schleppschifffahrtsunternehmen *nt*; **t. risk** *(Transport)* Überführungsrisiko *nt*; **t. service** (Ab)Schleppdienst *m*

towards *prep* 1. *(zeitlich)* gegen; 2. als Beitrag zu

tow|-bar *n* ⚓ Anhängerkupplung *f*; **t.boat** *n* ⚓ Schlepper *m*; **t.-car** *n* *[US]* ⚓ Abschleppfahrzeug *nt*

towel *n* Handtuch *nt*; **to throw (in) the t.** *(fig)* das Handtuch werfen *(fig)*; **t. dispenser/machine** Handtuchautomat *m*; **t. rail** Handtuchhalter *m*

tower *n* 1. Turm *m*; 2. 🖳 Tower *m*; **high-tension t.** ⚡ Hochspannungsmast *m*

tower *v/i* hochragen; **t. above/over** heraus-, hinausragen; **t. block/building** 🏢 Hochhaus *nt*, Wohnturm *m*

towering *adj* turmhoch

towing costs *n* (Ab)Schleppkosten

towline *n* (Ab)Schleppseil *nt*

town *n* Stadt; **into t.** stadteinwärts; **out of t.** 1. stadtauswärts; 2. nicht in der Stadt; **it is all over the t.** *(coll)* die Spatzen pfeifen es von den Dächern *(coll)*; **known all over the t.** stadtbekannt; **to be ~ t.** im ganzen Ort bekannt sein; **to go to t.** in die Stadt gehen; **to incorporate a t.** Stadt eingemeinden; **to live out of t.** außerhalb der Stadt wohnen; **to paint the t. red** *(coll)* die Stadt auf den Kopf stellen *(fig)*, ~ unsicher machen, die Puppen tanzen lassen *(coll)*

industrial town Industrie-, Fabrikstadt *f*; **large t.** Großstadt *f*; **native t.** Heimatstadt *f*; **neighbouring t.** Nachbarstadt *f*; **new t.** Satelliten-, Trabantenstadt *f*; **one-horse t.** *(coll)* Kuhdorf *nt* *(coll)*; **provincial t.** Provinzstadt *f*; **residential t.** Wohnstadt *f*; **small t.** Kleinstadt *f*; **twinned t.** Partnerstadt *f*; **walled t.** befestigte Stadt

town apartment/flat Stadtwohnung *f*; **t. center** *[US]* /**centre** *[GB]* Stadtzentrum *nt*, S.mitte *f*, Innenstadt *f*; **prime ~ site** erstklassige Stadtkernlage *f*; **t. check** *[US]* Platzscheck *m*; **t. clearing** örtlicher Abrechnungsverkehr; **T. Clerk** *[GB]* (Ober)Stadtdirektor *m*; **t. community** Stadtgemeinde *f*; **t. council** Stadtparlament *nt*, S.rat *m*; **t. councillor** Stadtrat *m*, S.rätin *f*, Mitglied des Stadtrates; **t. drainage** Stadtentwässerung *f*; **t. dweller** Stadtbewohner *m*, Städter *m*

townee *n* *(coll)* Stadtkind *nt* *(coll)*, Städter *m*

town gas Leucht-, Stadtgas *nt*; **t. hall** Rathaus *nt*, Stadthalle *f*; ~ **staff** (Personal der) Stadtverwaltung; **t. house** Wohn-, Stadthaus *nt*; **t. jail** städtisches Gefängnis, Stadtgefängnis *nt*; **t. light(s)** 🚗 Standlicht *nt*; **t. map/plan** Stadtplan *m*; **t. park** Stadtpark *m*; **t. planner**

town planning

Stadtplaner m; **t. planning** Stadt-, Städteplanung f, S.bau m, städtebauliche Planung
town and country planning Siedlungs-, Raum-, Landes-, Regionalplanung f, Raumordnung f; **T. and C. P. Act** *[GB]* Flächennutzungs-, Bebauungs-, Raumordnungs-, Städtebauförderungsgesetz nt; **t. and c. p. policy** Raumordnungspolitik f
town planning department Stadtplanungsamt nt; **t. quarter** Stadtviertel nt; **t. region** Stadtgebiet nt; **t.scape** n Stadtbild nt, S.landschaft f
townsfolk n Stadtbevölkerung f, S.leute f
township n 1. Dorf-, Stadtgemeinde f, Städtchen nt; 2. *[US.]* Verwaltungsbezirk m
towns|man n Bürger m; **t.people** pl Städter, Stadtmenschen
town surveyor Stadtbaurat m
townswoman n Bürgerin f
town terminal ✈ Abfertigungsbüro in der Stadt; **t. traffic** Stadtverkehr m; **t.wear** n Stadtkleidung f
tow|path n ⚓ Lein-, Treidelpfad m; **t.rope** n 1. (Ab)Schleppseil nt, S.tau nt, S.trosse f, 2. ⚓ Bugsierleine f, B.trosse f; **t. truck** *[US]* ⇔ Abschleppfahrzeug nt, A.wagen m
toxic adj giftig, toxisch; **t.ity** n Giftigkeit f, Toxizität f
toxin n Toxin nt, Gift nt; **domestic t.** Wohngift nt
toy n Spielzeug nt; **t.s** n Spiel(zeug)waren, S.sachen; **t. fair** Spielwaren-, Spielzeugmesse f; **t. industry** Spielwaren-, Spielzeugindustrie f; **t. maker/manufacturer** Spielwaren-, Spielzeughersteller m; **t. railway/train** Spielzeugeisenbahn f; **t. shop** *[GB]* /**store** *[US]* Spielwarengeschäft nt, S.zeugladen nt; **t. trade** Spielwarenhandel m
trace n 1. Spur f, Anzeichen nt; 2. kleine Menge; **without (a) t.** spurlos; **no t.** ⊠ unzustellbar; **to kick over the t.s** *(coll)* über die Stränge schlagen *(coll)*
trace v/t 1. verfolgen, auffinden, ermitteln, ausfindig machen, (einer Sache) nachspüren, auskundschaften; 2. nachzeichnen, nachziehen, (durch)pausen, durchzeichnen; **t. back** zurückverfolgen; **t. out** nachzeichnen, durchpausen; **t. to** zurückführen auf
traceable adj auffindbar, nachweisbar, zurückführbar, zurechenbar
trace element Spurenelement nt; **t.less** adj spurlos; **t. metal** Spurenmetall nt
tracer n 1. Lauf-, Suchzettel m, (Um)Laufschreiben nt; 2. durch Giro übertragbarer Lieferschein; 3. technischer Zeichner, Druckzeichner m; 4. *[US]* Inkassobericht m; 5. ⇸ Leuchtspurmunition f; **t. information** *[US]* Inkassoaufwand m; **t. note** *(Steuer)* Kontrollmitteilung f
trachea n 🫁 Luftröhre f
tracing n 1. Ausfindigmachen nt, Ermittlung f; 2. Durchpausen nt, D.zeichnen f; **t. of maturities** Terminüberwachung f; **~ stolen vehicles** Kraftfahrzeugfahndung f; **t. file** Suchkartei f; **t. order** *(Bank)* Suchauftrag m, Nachforschungsanweisung f; **t. paper** Pauspapier nt; **t. service** Suchdienst m
track n 1. 🚂 Strecke f, (Bahn)Gleis nt, Schienenstrang m, S.weg m, Gleisanlagen pl; 2. Spur f, Fährte f; 3. Weg m, Route f, Pfad m; 4. 🚂 Spur f; 5. ⇔ Spur(weite) f; **off the beaten t.** abgelegen, abseits liegend/gelegen; **on the right t.** auf dem richtigen Wege; **t.s per inch** 🚂 Spurdichte f
to be off the beaten track abseits der Straße(n) liegen; **~ on (the right) t.** auf dem richtigen Wege sein, richtig liegen *(fig)*; **~ on the wrong t.** auf der falschen Spur/auf dem falschen Wege sein; **to cover up one's t.s** Spuren verwischen; **to double the t.** Strecke zweigleisig ausbauen; **to inspect the t.** Strecke abgehen; **to keep t. of sth.** etw. im Auge behalten, etw. nachhalten, auf dem Laufenden bleiben; **to lay t.** Schienen verlegen; **to leave the t.** entgleisen; **to lose t. of so.** jdn aus den Augen verlieren; **~ things** den Überblick völlig verlieren; **to single a t.** Strecke eingleisig zurückbauen; **to stop sth. in its t.s** etw. von Anfang an unterbinden
alternative track 🚂 Alternativspur f; **beaten t.** 1. *(fig)* gewohnte Geleise *(fig)*, ausgetretener Pfad *(fig)*; 2. ausgefahrende Spur, ausgefahrener Weg, Trampelpfad m; **dead t.** totes Gleis; **double t.** Doppelgleis nt; **magnetic t.** Magnetspur f; **main t.** Hauptgleis nt; **prime t.** 🚂 Hauptspur f; **single t.** eingleisige Strecke; **on the wrong t.** auf dem Holzweg/Irrweg *(fig)*; **to put so. ~ t.** jdn auf die falsche Fährte locken
track v/t verfolgen, aufspüren, zur Strecke bringen; **t. down** aufspüren, ausfindig machen
trackage n 🚂 1. Streckengebühr f; 2. Streckenbenutzungsrecht nt
track bed 🚂 Gleisbett nt
tracked adj 1. spur-, schienengebunden; 2. Ketten-, Raupen-
tracker dog n Spürhund m
track|layer n 🚂 Gleis-, Streckenarbeiter m; **t.laying** n Gleisbau m; **t. maintenance** Gleisunterhaltung f, G.arbeiten pl, Streckenwartung f, S.unterhaltung f; **t.man** n *[US]* Streckenarbeiter m; **(proven) t. record** *(fig)* einschlägige Erfahrung, (bisheriger) Berufserfolg, nachgewiesene Erfahrung, Erfolgsbilanz f, E.nachweis m, nachweislicher Erfolg; **t. rehabilitation** 🚂 Gleiserneuerung f; **t. rod** ⇔ Spurstange f; **t. storage (charge)** Gleislagergebühr f, Wagenstandsgeld nt; **t.suit** n Jogging-, Trainingsanzug m; **t.walker** n *[US]* Streckenaufseher m, S.geher m, S.läufer m, S.wärter m; **t.walking** n Streckenbegehung f
tract n 1. Traktat nt, (kurze) Abhandlung, Trakt m; 2. Gebiet nt; **t. of land** Stück Land, Landstreifen m, L.stück nt; **digestive t.** 🍴 Verdauungskanal m, V.trakt m
tract|ability n 1. Lenksamkeit f, Gefügigkeit f; 2. Formbarkeit f; **t.able** adj 1. lenksam, gelehrig; 2. leicht zu bearbeiten
traction n 1. Zugleistung f, Z.kraft f; 2. ⇔ Bodenhaftung f; 3. 🚂 Streckverband m; **t. engine** Zugmaschine f; **t. motor** ⚡ Fahrmotor m; **t. and rolling stock** 🚂 Schienenfahrzeuge pl
tractor n Traktor m, Zugmaschine f, Trecker m, (Acker)Schlepper m; **t.-feed** n 🖨 Traktor m; **t.-trailer unit** ⇔ Lastzug m; **t. unit** Zugmaschine f
trade n 1. Gewerbe(betrieb) nt/m, Handwerk(szweig) nt/m, Fach nt, Erwerbs-, Geschäfts-, Gewerbe-, Wirt-

schaftszweig *m*, Branche *f*, Sektor *m*; 2. Beruf(sstand) *m*, Metier *nt (frz.)*, praktischer Beruf; 3. Handel(sverkehr) *m*, (Güter)Austausch *m*; 4. *(Börse)* Abschluss *m*, Geschäft *nt*; 5. ⚓ (Fahrt)Route *f*; **the t.** Händlerkreise *pl*, Handelsstand *m*, Handels-, Geschäftswelt *f*; **by t.** von Beruf; **by way of t.** im Handel; **in the t.** in der Branche, in Branchenkreisen; **outside the t.** branchenfremd
trade for own account Eigenhandel *m*; **t. after the official close** nachbörslicher Handel, Nachbörsenhandel *m*; **t. and commerce** Handel(sverkehr) *m*; **t. in secondhand factory equipment** Unternehmensalthandel *m*; **~ goods** Warenhandel *m*, W.austausch *m*; **~ agricultural goods** Agrar-, Landwarenhandel *m*; **t. and industry** Handel und Gewerbe/Wirtschaft, die Wirtschaft, Wirtschaftsleben *nt*; **~ law** Gewerberecht *nt*; **t. in precious metals for own account** Edelmetalleigenhandel *m*; **~ human organs** Organhandel *m*; **foreign t. and payments act** Außenwirtschaftsgesetz *nt [D]*; **t. subject to compulsory registration** anmeldungspflichtiges Gewerbe; **t. and services transactions** Waren- und Dienstleistungsverkehr *m*; **t. in skins** Fellhandel *m*; **t. of war** Kriegshandwerk *nt*
in the same trade im gleichen Metier, in der gleichen Branche; **relating to the same t.** branchengleich; **in some t.s** in einigen Branchen; **bad for t.** schlecht für das Geschäft; **customary/usual in the t.** branchen-, handelsüblich; **engaged in t.** geschäftstätig; **foreign to this t.** branchenfremd; **good for t.** gut für das Geschäft; **supplying to the t. only** Lieferung nur an Wiederverkäufer; **versed in t.** well up in the t. geschäftserfahren, g.kundig, branchenkundig
to affect all trades quer durch alle Branchen gehen; **to be sth. by t.** *(Beruf)* seines Zeichens etw. sein; **~ in t.** Geschäftsmann/G.frau sein; **~ in the t.** vom Fach sein; **to carry on a t.** Gewerbe ausüben/betreiben, Geschäft führen; **to do t. with** Handel treiben mit; **~ a good t.** gute Geschäfte machen; **to follow/ply/pursue a t.** Gewerbe betreiben/ausüben, einem Geschäft/einem Gewerbe/einer Beschäftigung/einem Beruf/einer Arbeit nachgehen, Handwerk ausüben/betreiben, gewerblich tätig sein; **to learn a t.** Gewerbe/Handwerk erlernen; **to register a t.** Gewerbe anmelden; **to revive t.** Handel beleben; **to sell/supply to the t.** an Wiederverkäufer/Gewerbetreibende liefern, ~ verkaufen, Wiederverkäufer beliefern
ancillary trade 1. Zubringergewerbe *nt*, Z.industrie *f*; 2. Nebengeschäft *nt*, N.gewerbe *nt*; **apprenticeable t.** Ausbildungsberuf *m*, erlernbares Handwerk, Lehrberuf *m*; **balanced t.** außenwirtschaftliches Gleichgewicht; **Baltic t.** ⚓ Ostseefahrt *f*; **bilateral t.** bilateraler Handel; **brisk t.** 1. flotter Geschäftsgang, lebhafter Handel; 2. *(Börse)* lebhaftes Geschäft; **buying-up t.** Aufkaufhandel *m*; **carrying t.** Transport-, Frachtgeschäft *nt*, Transportgewerbe *nt*; **cashless t.** bargeldloser Handel; **civilian t.** Zivilberuf *m*; **clandestine t.** Schwarzhandel *m*; **coastal/coasting/coastwise t.** ⚓ Küsten(fracht)fahrt *f*, K.handel *m*; **colonial t.** Kolonialhandel *m*; **cross-frontier/cross-border t.** grenzüberschreitender Handel/Warenverkehr, Außenhandel

m; **deep-sea t.** Überseehandel *m*; **departmental t.** Warenhausgeschäft *nt*; **direct t.** Direkthandel *m*; **distributive t.** Absatzwirtschaft *f*, Verteilergewerbe *f*, V.handel *m*, V.wirtschaft *f*, verteilendes Gewerbe; **~ t.s** Groß- und Einzelhandel *m*; **domestic t.** Inlands-, Binnenhandel *m*, B.wirtschaft *f*, inländischer/binnenstaatlicher Handel; **downstream t.** Exporte in Entwicklungsländer; **dull t.** schleppendes Geschäft; **eastern t.** Ostgeschäft *nt*; **external t.** 1. Außenwirtschaft *f*, A.handel *m*, zwischenstaatlicher Austausch, Extrahandel *m*; 2. *(EU)* außergemeinschaftlicher Handel; **~ act** Außenwirtschaftsgesetz *nt*; **~ statistics** Außenhandelsstatistik *f*; **~ surplus** Außenhandelsüberschuss *m*
fair trade Freihandel auf Gegenseitigkeitsbasis; **~ agreement** *[US]* Preisbindungsabkommen *nt*, P.absprache *f*; **~ laws** Gesetze zur Zulassung der Preisbindung der zweiten Hand; **~ pricing** Einzelhandels-, Ladenpreisbindung *f*; **~ rules** Wettbewerbsrecht *nt*
feminine trade Frauenberuf *m*; **fitting-out t.** 🏛 Ausbaugewerbe *nt*; **floating t.** Seefrachthandel *m*; **flourishing t.** schwunghafter/blühender Handel, blühendes/florierendes Geschäft
foreign trade 1. Außenhandel *m*, auswärtiger Handel, Handel mit dem Ausland; 2. ⚓ große Fahrt; **geared to f. t.** außenhandelsorientiert; **highly ~ f. t.** außenhandelsintensiv; **relating to f. t.** außenwirtschaftlich; **f. t. legislation** Außenwirtschaftsrecht *nt*; **~ order/ordinance** Außenwirtschaftsverordnung *f*; **~ provisions** Außenwirtschaftsbestimmungen, **~ transactions** Außenwirtschaftsverkehr *m*; **aggregate/combined f. t.** 1. Gesamtaußenhandel *m*; 2. *(EU)* gemeinsamer Außenhandel
foreign trade account außenwirtschaftliche Rechnung; **~ act** Außenwirtschaftsgesetz *nt*; **~ activity** Außenhandelstätigkeit *f*; **~ agency** Außenhandelsstelle *f*; **~ agreement** Außenhandelsvertrag *m*, A.abkommen *nt*; **~ balance** Außenhandelssaldo *m*, A.bilanz *f*; **adverse ~ balance** Außenhandelsdefizit *nt* A.passivsaldo *m*; **favourable ~ balance** Außenhandelsüberschuss *m*, A.aktivsaldo *m*; **~ bank** Außenhandelsbank *f*; **~ center** *[US]*/**centre** *[GB]* Außenhandelsplatz *m*; **~ certificate** ⚓ Kapitänspatent für große Fahrt; **~ commission** Außenhandelskommission *f*; **~ company** Außenhandelshaus *nt*; **~ conditions** außenwirtschaftliche Bedingungen, Außenhandelsklima *nt (fig)*; **~ advisory council** Außenhandelsbeirat *m*; **~ credit** Außenhandelskredit *m*; **~ dealings** Außenhandelsgeschäfte; **~ deficit** Außenhandelsdefizit *nt*, Defizit im Außenhandel; **~ department** Außenhandels-, Außenwirtschaftsabteilung *f*; **~ documents** Außenhandelspapiere *f*; **~ figures** Außenhandelsziffern, A.zahlen, Außenwirtschaftszahlen; **~ finance/financing** Außenhandelsfinanzierung *f*, Import- und Exportfinanzierung *f*; **~ firm** Außenhandelsunternehmen *nt*; **~ guarantee** Außenhandelsbürgschaft *f*, A.garantie *f*; **~ links/network** außenwirtschaftliche Verflechtungen, Wirtschaftsverflechtungen; **~ monopoly** Außenhandelsmonopol *nt*; **~ multiplier** Außenhandelsmultiplikator *m*; **~ office** Außenhandelsstelle *f*; **~ policy** Außen-

handelspolitik *f*; **~ promotion** Außenhandelsförderung *f*; **~ recovery** außenwirtschaftliche Gesundung; **~ relations** Außenhandelsbeziehungen, A.wirtschaftsbeziehungen; **~ restriction** Außenhandelsbeschränkung *f*; **~ risk** Außenhandelsrisiko *nt*; **~ situation** außenwirtschaftliche Lage; **~ statistics** Außenhandelsstatistik *f*; **~ studies** Außenhandelsanalyse *f*; **~ surplus** Außenhandelsüberschuss *m*; **~ volume** Außenhandelsvolumen *nt*; **~ wholesaling** Außengroßhandel *m*; **~ zone** *[US]* Außenhandelsgebiet *nt*
free trade Freihandel *m*, Handels-, Zollfreiheit *f*, Freizügigkeit im Handel, freier Handel/Warenverkehr; **~ agreement** Freihandelsvertrag *m*; **~ area** Freihandelszone *f*, F.gebiet *nt*; **~ association** Freihandelsgemeinschaft *f*; **~ equilibrium** Freihandelsgleichgewicht *nt*; **~ market** Freihandelsmarkt *m*; **~ policy** Freihandelspolitik *f*; **~ zone** 1. Freihandelszone *f*, F.gebiet *nt*; 2. Zollfreigebiet *nt*, Freihafen *m*
general trade Generalhandel *m*; **~ business** Generalhandelshaus *nt*; **graphical t.** 1. grafischer Beruf; 2. grafisches Gewerbe; **illegal/illicit t.** 1. unerlaubter/rechtswidriger/wilder Handel, Schmuggel *m*, Schleich-, Schwarzhandel *m*; 2. verbotenes Gewerbe; **to ply an ~ t.** einem verbotenen Gewerbe nachgehen; **immoral t.** sittenwidriges Gewerbe; **incorporated t.** zünftiges Gewerbe; **independent t.** selbstständiges Gewerbe; **inland t.** Binnenhandel *m*; **interbank t.** Interbankgeschäft *nt*; **intermediary t.** Zwischenhandel *m*; **internal t.** 1. Binnen-, Intrahandel *m*; 2. *(EU)* innergemeinschaftlicher Handel; **international t.** internationaler/zwischenstaatlicher/grenzüberschreitender Handel, Welthandel *m*; **controlled ~ t.** gelenkter Außenhandel; **intra-bloc t.** Intrablockhandel *m*; **intra-Community/intra-EU t.** *(EU)* Binnenhandel *m* (der Gemeinschaft), innergemeinschaftlicher Handel, Intrahandel *m*; **intra-company/intra-firm t.** Eigenhandel *m*, innerbetrieblicher Handel, Innenumsatz *m*; **intra-industry t.** intrasektoraler Handel; **invisible t.** unsichtbarer Handel(sverkehr), Dienstleistungen *pl*; **inward t.** Einfuhrhandel *m*; **itinerant t.** ambulanter Handel, ambulantes Gewerbe, Wanderwirtschaft *f*, W.gewerbe *nt*; **~ licence** Wandergewerbeschein *m*; **~ tax** Wandergewerbesteuer *f*; **languishing t.** darniederliegender Handel; **lawful t.** 1. erlaubter Handel; 2. rechtmäßiges Gewerbe; **liberal t.** Freihandel *m*, freizügiger Handel, Freizügigkeit im Handel; **licensed t.** 1. konzessionierter Handel; 2. konzessioniertes Gewerbe; 3. Schankgewerbe *nt*; **local t.** Platzgeschäft *nt*, P.handel *m*; **maritime t.** Seehandel *m*; **mercantile t.** Warenhandel *m*; **multilateral t.** multilateraler/vielseitiger Handel; **non-oil t.** Handel ohne Erdöl(produkte); **North-South t.** ⇵ Nord-Süd-Route *f*; **outward t.** Ausfuhrhandel *m*; **overseas t.** Außen-, Überseehandel *m*, überseeischer Handel; **~ service** Außenhandelsorganisation *f*; **over-the-counter t.** *(Börse)* Tafel-, Schaltergeschäft *nt*, S.verkauf *m*, S.handel *m*, Telefonhandel *m*; **passive t.** Passivhandel *m*; **photographic and allied t.s** Fotosektor *m*; **preferential t.** Präferenz-, Vorzugshandel *m*, Präferenzverkehr, begünstigter Warenverkehr; **private t.** Eigen-, Privathandel *m*; **reciprocal t.** Handel untereinander; **residential t.** Lokalhandel *m*; **roaring t.** *(coll)* blühender/schwunghafter Handel, blühendes Geschäft, Bombengeschäft *nt (coll)*; **to do a ~ t.** glänzende Geschäfte/Umsätze machen, ein Bombengeschäft machen *(coll)*; **rural t.** Landhandel *m*; **seaborne t.** Seehandel *m*; **seasonal t.** Saisongewerbe *nt*, S.geschäft *nt*; **second-hand t.** Altwarenhandel *m*; **separate t.** Handel auf eigene Rechnung; **shady t.** dunkles/zwielichtiges Gewerbe; **sheltered t.** *[GB]* (durch Zölle) geschützter Industriezweig/Handel, Inlandsmonopol *nt*; **silent t.** Depothandel *m*; **single-line t.** Sortimentshandel *m*; **skilled t.** Fach(arbeiter)-, Handwerks-, Spezialberuf *m*, Beruf mit Fachausbildung, erlernter/gelernter Beruf; **slack t.** schleppendes Geschäft; **small(-scale) t.** Handwerk *nt*, Kleingewerbe *nt*, die Kleingewerbetreibenden; **specialist/specialized t.** Fach(einzel)-, Spezialhandel *m*; **skilled t.** Lehrberuf *m*; **stagnant t.** stockender Handel; **take-home t.** Mitnahmegeschäft *nt*; **third-country t.** Transithandel *m*; **interrupted ~ t.** gebrochener Transithandel; **triangular t.** Dreieckshandel *m*, D.verkehr *m*; **trans-border t.** Außenhandel *m*; **two-way t.** bilateraler Handel; **underhand t.** Schwarzhandel *m*; **unhampered t.** uneingeschränkter Handel; **unskilled t.** Hilfsarbeiterberuf *m*
visible trade sichtbarer Handel, Warenaustausch *m*, W.handel *m*, W.verkehr *m*, Ein- und Ausfuhr *f*, Güterverkehr *m*; **~ balance** Bilanz des Warenhandels, Warenhandelsbilanz *f*; **~ deficit** Warenbilanzdefizit *nt*; **~ surplus** Warenbilanzüberschuss *m*
white-slave trade Mädchenhandel *m*
trade *v/ti* 1. (ver-/ein)tauschen; 2. handeln, Handel treiben; 3. ⇵ verkehren; **t. away** verschleudern *(coll)*, verschachern *(coll)*; **t. down** mit Billigerzeugnissen handeln, sich in ein niedrigeres Marktsegment begeben, Sortimentsqualität verringern; **t. in** in Zahlung/Tausch geben, eintauschen; **t. off** tauschen, ausgleichen; **t. on** Vorteil schlagen/ziehen aus, ausnützen; **t. up** mit höherwertigen Erzeugnissen handeln, sich in ein höheres Marktsegment begeben, Sortimentsqualität verbessern; **t. with** Handel treiben mit
trade briskly lebhaft handeln; **t. profitably** mit Gewinn/gewinnbringend arbeiten; **t. slowly** *(Börse)* lustlos sein
tradeable *adj* handelbar
trade abuse Handelsmissbrauch *m*; **t. acceptance** Handels-, Kunden-, Waren-, Wechselakzept *nt*, Handels-, Lieferanten-, Warenwechsel *m*
trade account 1. *(VWL)* Handelsbilanz *f*; 2. Kundenkonto *nt*; **t. a.s payable** Verbindlichkeiten aus Lieferungen und Leistungen, Warenschulden, offene Lieferantenrechnungen; **~ receivable** Forderungen aus (Waren)Lieferungen und Leistungen, Warenforderungen *pl*, Kundenaußenstände *pl*, Forderungen an Kunden
Trade Act *[US]* Handelsgesetz *nt*; **t. advertising** Branchen-, Händlerwerbung *f*; **t. agency** Handelsniederlassung *f*
trade agreement Handelsabkommen *nt*, H.vertrag *m*, H.vereinbarung *f*, Wirtschaftsvertrag *m*, Warenabkom-

men *nt*, handelspolitische Abmachung; **t. and payments a.** Handels- und Zahlungsabkommen *nt*; **to sign a t. a.** Handelsvertrag abschließen; **preferential t. a.** preferentieller Handelsvertrag; **reciprocal t. a.** Gegenseitigkeitsabkommen *nt*, gegenseitiger Handelsvertrag *m*; **restrictive t. a.** Kartellvereinbarung *f*, K.abkommen *nt*
trade allowance Warenskonto *m/nt*, Großhandels-, Wiederverkäuferrabatt *m*, Rabatt für Wiederverkäufer, Nachlass *m*; **in excess of usual t. a.** *(Vers.)* Abzugsfranchise *f*; **t. arbitrage transaction** Transithandelsgeschäft *nt*; **t. assets** Handelsvermögen *nt*; **t. association** (Arbeitgeber-/Gewerbe-/Fach-/Handels-/ Wirtschafts)Verband *m*, Berufsgenossenschaft *f*, B.vereinigung *f*, B.vertretung *f*, B.organisation *f*, Geschäfts-, Handels-, Wirtschaftsvereinigung *f*; **~ fee** Verbandsbeitrag *m*; **t. supervisory authority** Gewerbeaufsicht(samt) *f/nt*
trade balance Handels-, Warenbilanz *f*; **active/favourable t. b.** Aktivsaldo im Außenhandel, ~ in der Außenhandelsbilanz, aktive/positive/günstige Handelsbilanz; **adverse/unfavourable t. b.** Passivsaldo im Außenhandel, ~ in der Außenhandelsbilanz, negative/passive/defizitäre/ungünstige Handelsbilanz
trade barrier Handelsschranke *f*, H.hemmnis *nt*, H.hindernis *nt*, H.mauer *f*; **to dismantle/reduce t. b.s** Handelsschranken abbauen; **to erect t. b.s** Handelsschranken errichten; **non-tariff t. b.** nicht tarifäre Handelsschranke
trade benefits handelspolitische Vorteile; **t. bill** Handels-, Kunden-, Warenwechsel *m*; **fine/prime t. bill** erstklassiger Handelswechsel; **t. bloc** Handelsblock *m*; **t. board** (aus Arbeitgebern und Arbeitnehmern zusammengesetzter) Wirtschaftsausschuss; **t. body** 1. Handelsorgan *nt*; 2. Fach-, Industrie-, Handels-, Interessenverband *m*; **t. boycott** Handels-, Wirtschaftsboykott *m*; **t. brand** Handelsmarke *f*; **t. broker** Handelsmakler *m*; **t. buyer** gewerblicher Kunde; **t. buying** gewerbliche Kauftätigkeit; **aggressive t. buying** *(Börse)* aggressive Meinungskäufe des Berufshandels; **t. catalog(ue)** Geschäftskatalog *m*; **t. center** *[US]* **/centre** *[GB]* Handels-, Wirtschaftszentrum *nt*, Umschlagplatz *m*, Handelsmittelpunkt *m*, Markt *m*; **main t. center** *[US]* **/centre** *[GB]* Hauptumschlagplatz *m*; **t. certificate** Gewerbebescheinigung *f*, G.schein *m*; **t. chain** Handelskette *f*; **t. channel** Absatz-, Beschaffungs-, Vertriebs-, Warenweg *m*; **usual t. channel** normaler Vertriebs-/Beschaffungsweg; **t. circles** Handelskreise *m*; **in t. circles** in Geschäfts-/Händler-/Branchenkreisen; **t. clause** Handelsklausel *f*; **t. code** Branchenschlüssel *m*; **t. colony** Handelskolonie *f*; **t. commissioner** Handelsattaché *m*; **Federal T. Commission (FTC)** *[US]* Bundeshandelskommission *f*, Kartellamt *nt*; **International T. Commission** *[US]* Kommission für Internationalen Handel; **t. committee** Handelsausschuss *m*; **t. competition** Wettbewerb im Außenhandel; **t. concession** handelspolitisches Zugeständnis; **t. concessions** Handelserleichterungen; **t. conference** 1. Handels-, Wirtschaftskonferenz *f*; 2. Fachtagung *f*; **t. conglomerate** Handelskonzern *m*; **t.s congress** Handwerkstag *m*; **t. connections** Handelsverbindungen; **t. consultant** Fachberater *m*; **t. consumer credit** gewerblicher Konsumentenkredit
trade council 1. Ausschuss der gewerblichen Wirtschaft; 2. *[GB]* örtliches Spitzengremium der Gewerkschaften, örtlicher Gewerkschaftsbund; **T. Council's Advisory Committee (of the TUC)** *[GB]* Beirat (des TUC) für das Gewerkschaftsratswesen; **T. Councils Conference** *[GB]* Konferenz der Gewerkschaftsräte; **t.-creating** *adj* handelsschaffend; **~ effect** Aufschließungseffekt *m*; **t. creation** handelsschaffende Wirkung, Aufschließungseffekt *m*
trade credit Anschreib-, Handels-, Lieferanten-, Warenkredit *m*; **maritime t. c.** Seehandelskredit *m*; **t. c. defrauder** Warenkreditbetrüger *m*; **~ financing** Finanzierung mit Lieferantenkredit; **~ insurance** Debitoren-, Warenkreditversicherung *f*
trade creditor Lieferant *m*, Kontokorrent-, Lieferanten-, Warengläubiger *m*, Gläubiger aus Kontokorrentgeschäften, Lieferantenkreditgeber *m*; **t. c.s** *(Bilanz)* Lieferantenverbindlichkeiten, L.schulden, Liefer- und Leistungsverbindlichkeiten, Verbindlichkeiten aus Warenlieferungen und Leistungen; **t. custom** Handels-, Branchenbrauch *m*; **t. customs** Handelsusancen
trade cycle Konjunktur-, Wirtschaftszyklus *m*, W.kreislauf *m*, Konjunkturrhythmus *m*, K.verlauf *m*, (Verlauf der) Konjunktur; **~ analysis** Konjunkturbeobachtung *f*; **~ period** Konjunkturperiode *f*; **~ policy** Konjunkturpolitik *f*; **~ theory** Konjunkturtheorie *f*
traded *adj* *(Börse)* gehandelt; **to be t. higher/up** höher notieren; **actively t.** umsatzstark; **heavily t.** lebhaft gehandelt
trade data Außenhandels-, Außenwirtschaftszahlen
trade deal 1. Handelsabkommen *nt*; 2. Geschäftsabschluss *m*
trade debts Handels-, Lieferanten-, Warenschulden, W.verbindlichkeiten; **to recover t. d.** Lieferantenschulden beitreiben; **outstanding t. d.** Forderungen aus (Waren)Lieferungen und Leistungen; **t. debt collection** Inkasso von Lieferantenschulden
trade debtor Kontokorrent-, Warenschuldner *m*; **t. debtors** *(Bilanz)* Warenforderungen, Liefer- und Leistungsforderungen, Forderungen aus (Waren)Lieferungen und Leistungen; **t. deficit** (Außen-/Waren)Handelsdefizit *nt*, Passivsaldo im Außenhandel, ~ in der Außenhandelsbilanz, passive Handelsbilanz; **t.-deflecting** *adj* handelsverlagernd; **t. delegation** Handelsdelegation *f*, H.abordnung *f*, Wirtschaftsdelegation *f*, W.abordnung *f*; **T. and Industry Department** *[GB]* Wirtschaftsministerium *nt*; **t. depression** Geschäftsflaute *f*
trade description Warenbezeichnung *f*, W.beschreibung *f*; **~ of goods** handelsübliche Bezeichnung; **T. D.s Act** *[GB]* Gesetz über die Beschreibung von Waren, Warenkennzeichnungsgesetz *nt*
trade destocking Lagerabbau des Handels; **t. directory** Bezugsquellen-, Branchen-, Gewerbe-, Firmen-, Handelsverzeichnis *nt*, Branchen-, Handelsadressbuch *nt*;

t. discount (Groß)Handels-, Einzelhändler-, Engros-, Treue-, Wiederverkaufsrabatt *m*, (Lieferanten-/Waren)Skonto *m/nt*, Diskont *m*, Händlermarge *f*; **t. dispute** 1. Handelsstreitigkeit *f*, H.sache *f*; 2. Arbeitskampf *m*, A.streitigkeit *f*, A.konflikt *m*, Tarifkonflikt *m*; **lawful t. dispute** *[GB]* zulässiger Arbeitskampf; **t.-distorting** *adj* wettbewerbs-, handelsverzerrend; **t. distortion** Wettbewerbs-, Handelsverzerrung *f*; **t. diversion** handelsablenkende Wirkung; **t.-diverting** *adj* handelsverzerrend; **t. document** Handels-, Warendokument *nt*, W.papier *nt*; **t. earnings** Gewerbeertrag *m*; ~ **tax** Gewerbeertrag(s)steuer *f*; **t. effluent(s)** gewerbliche Abwässer; **t. embargo** Handelsembargo *nt*, H.boykott *m*; **t. equilibrium** *(Handel)* Gleichgewichtsposition *f*; **t. exhibition** Fach-, Handelsausstellung *f*, Fach-, Leistungsschau *f*; **t. experience** Branchenerfahrung *f*; **t. expert** Branchenkenner *m*; **t. facilities** Handelserleichterungen
trade fair Messe *f*, Branchen-, Fach-, Gewerbe-, Musterungs-, Verkaufsausstellung *f*, Fachmesse *f*, F.markt *m*, Leistungsschau *f*; ~ **activities** Messeaktivitäten, M.wesen *nt*; ~ **atmosphere** Messeklima *nt*; ~ **bill** Messewechsel *m*; ~ **contract** Messekaufvertrag *m*, M.kontrakt *m*; ~ **discount** Messerabatt *m*; ~ **management** Messeleitung *f*; ~ **participation** Messeteilnahme *f*; ~ **planning** Messeplanung *f*; ~ **quota** Messekontingent *nt*; ~ **register** Messeverzeichnis *nt*; ~ **restaurant** Messerestaurant *nt*; ~ **result(s)/transactions** Messeergebnis *nt*, M.geschäft *nt*; ~ **site** Messeplatz *m*, M.gelände *nt*, Ausstellungsgelände *nt*
trade figures Außenhandelsdaten, A.wirtschaftszahlen, Handelsziffern; **t. fixtures** gewerbliche Einbauten; **t. flows** Handelsströme, H.verkehr *m*; **t.-focused** *adj* außenhandelsorientiert; **t. folder** Prospekt für den Handel; **t. frictions** Spannungen im Handel; **t. function** Handelsfunktion *f*
trade gap Außenhandels-, Handelsbilanzdefizit *nt*, (Außen)Handelsbilanzlücke *f*; **to close the t. g.** Handelsbilanzdefizit verringern; **crude t. g.** Handelsbilanzdefizit auf Basis Ausfuhr cif/Einfuhr fob & Wiederausfuhr
trade group Fachgruppe *f*; **t. growth** Außenhandelswachstum *nt*; **t. guild** Handwerks-, Handwerkerinnung *f*, H.zunft *f*, Handwerkszunft *f*, H.gilde *f*; **t. hall** Innungshaus *nt*; **t. house** Handelshaus *nt*, H.firma *f*; **t. imbalance** (Außen)Handelsungleichgewicht *nt*, (A.)Handelsdefizit *nt*; **t.-in** *n* 1. Inzahlungnahme *f*; 2. in Zahlung gegebener Gegenstand, Altgerät *nt*; ~ **allowance** Rabattgewährung bei Inzahlungnahme; ~ **value** Eintausch-, Verkehrs-, Gebrauchswert *m*, Tauschwert für Inzahlungnahme; **t. indemnity insurance** Warenkreditversicherung *f*; **t. index** Handelsindex *m*; **t. indifference curve** Handelsindifferenzkurve *f*; **t. information** Informationsdienst *m*; **t. inquiry** Auskunftsersuchen *nt*, Bonitätsprüfung *f*; **t. interest** Handelsinteresse *f*; **t. intermediary** Handelsmittler *m*
trade investment 1. Vermögensanlagen *pl*, Beteiligungsbesitz *m*, geschäftliche Investitionen, Finanzanlageinvestitionen *pl*; 2. *(Bilanz)* Finanzanlagen, Beteiligungskapital *nt*, B.konto *nt*; **t. i. by way of loan** Beteiligungsdarlehen *nt*; **domestic t. i.** Inlandsbeteiligung *f*; **t. i. account** Beteiligungskonto *nt*
trade journal 1. Berufs-, Fachzeitschrift *f*, Verbandszeitung *f*, Fachorgan *nt*, F.blatt *nt*, Branchenpublikation *f*; 2. Handelsblatt *nt*; **t. law** 1. Handelsrecht *nt*; 2. Gewerbeordnung *f*; **pertaining to t. law** gewerberechtlich; **t. lease** Pacht eines Gewerbebetriebes; **t. legislation** Gewerbegesetzgebung *f*; **t. level** Wirtschaftsstufe *f*; **t. liabilities** Verbindlichkeiten aus Warenlieferungen und Leistungen; **t. libel** Geschäftsschädigung *f*, Anschwärzung *f* (von Konkurrenten); **t. licence** Gewerbeerlaubnis *nt*, G.schein *m*, G.berechtigung *f*, G.genehmigung *f*; **t. links** Handelsverflechtung *f*, H.beziehungen; **t. list** Geschäftskatalog *m*; **t. literature** 1. Fach-, Spezialliteratur *f*; 2. Wirtschaftsschrifttum *nt*; **t. loan** 1. Handelskredit *m*; 2. Gewerbekredit *m*; **t. loss(es)** gewöhnlicher Gewichtsabgang und Schwund; **t. magazine** Fachzeitschrift *f*; **t. magazines** Fachpresse *f*; **t. margin** Handelsspanne *f*, H.aufschlag *m*, Kalkulationsaufschlag *m*
trademark *n* (Handels-/Schutz-/Waren)Marke *f*, Waren-, Fabrik-, Firmen-, Güte-, Gewerbe-, Handels-, Hersteller-, Schutzzeichen *nt*, Warenstempel *m*; **to associate t.s** Warenzeichen verbinden; **to cancel a t.** Warenzeichen löschen; **to infringe a t.** Warenzeichen verletzen; **to pirate a t.** Warenzeichen nachahmen; **to register a t.** Schutzmarke/Warenzeichen eintragen, ~ anmelden
associate(d) trademark verbundenes Warenzeichen, Sortimentsmarke *f*; **collective t.** Kollektiv-, Verbandszeichen *nt*; **deceptive t.** täuschendes Warenzeichen; **defensive t.** Defensivmarke *f*, D.warenzeichen *nt*; **figurative t.** Bildzeichen *nt*; **international t.** international geschütztes Warenzeichen; **non-distinctive t.** Warenzeichen ohne Unterscheidungskraft; **non-registered t.** Freizeichen *nt*; **registered t.** eingetragene/ geschützte Marke, eingetragenes/(gesetzlich) geschütztes Warenzeichen, eingetragene Schutzmarke
trademark act Warenzeichengesetz *nt*; **t. association** Zeichengemeinschaft *f*; **t. convention** Markenabkommen *nt*; **t. dispute** Warenzeichenstreitsache *f*; **t. division** Warenzeichenabteilung *f*
trademarked *adj* gesetzlich geschützt (ges. gesch.), Marken-
trademark infringement Warenzeichenmissbrauch *m*; **t. journal** Warenzeichenblatt *nt*; **t. law** Marken-, Warenzeichenrecht *nt*; **t. licence** Warenzeichenlizenz *f*; **t. licensing franchise system** Absatzprogrammfranchising *nt*; **t. name** Markenname *m*, Schutzmarke *f*; **t. owner** Schutzmarken-, Warenzeicheninhaber *m*, Inhaber eines Warenzeichens; **t. protection** Marken-, Warenzeichenschutz *m*; **t. register** Marken-, Warenzeichenregister *nt*
trademark registration Warenzeichen-, Markeneintragung *f*, M.registrierung *f*; **filing a t. r.** Markenanmeldung *f*; **T. R. Act** *[GB]* Warenzeichengesetz *nt*; **t. r. fee** Warenzeichengebühr *f*
trademark right Marken-, Warenzeichenrecht *nt*, ge-

werbliches Schutzrecht; **t. rules** Warenzeichenvorschriften
trade mart (Groß)Handelszentrum *nt*; **t. master** Gewerbelehrer *m*; **t. matters** Handelswesen *nt*; **t. measures** handelspolitische Maßnahmen; **t. mission** Handelsmission *f*, H.delegation *f*, H.vertretung *f*; **t. monopoly** Handelsmonopol *nt*; **t. name** (handelsgerichtlicher) Firmen-, Geschäfts-, Markenname, Firmen-, Geschäfts-, Handels-, Warenbezeichnung *f*, Handelsmarke *f*; **fanciful t. name** Phantasiebezeichnung *f*; **t. newsletter** Branchenbrief *m*; **t. note** Handelsdokument *nt*; ~ **receivable** Besitz-, Kunden-, Warenkreditwechsel *m*; **t. notes receivable** Wechselforderungen *pl*; **t. number** Geschäfts-Nr. *f*; **t. obligations** Geschäftsverpflichtungen, geschäftliche Verbindlichkeiten
trade-off *n* 1. Gegen-, Tauschgeschäft *nt*, T.handel *m*, Kuhhandel *m (coll)*, Kompensation *f*; 2. Handelsobjekt *nt*; 3. *(VWL) (Philipskurve)* (feste) Austauschbeziehung; **t. criterion** Kompensationskriterium *nt*; **t. curve** Transformations-, Substitutionskurve *f*
trade offensive Handelsoffensive *f*; **t. opportunity** Geschäftsmöglichkeit *f*; **t. organization** 1. Handelsorganisation *f*; 2. Fach-, Berufsverband *m*; **t. pact** Handelsabkommen *nt*
trade paper 1. Händler-, Fach-, Verbandszeitschrift *f*, V.organ *nt*; 2. Handelswechsel *m*; 3. Handelsdokument *nt*; **good t. p.** lieferbares Papier; **t. p. advertising** Werbung in Fachzeitschriften
trade pattern(s) Außenhandelsstruktur *f*; **t. payables** Liefer- und Leistungsverbindlichkeiten, Lieferantenschulden; **t. pledge** Stillhalteabkommen *nt*
trade policy 1. (Außen)Handelspolitik *f*; 2. Gewerbepolitik *f*; **common external t. p.** *(EU)* gemeinsame Außenhandelspolitik; **foreign t. p.** Außenhandels-, A.wirtschaftspolitik *f*; **open-door t. p.** weltoffene Handelspolitik; **t. p. agreement** handelspolitisches Abkommen
trade potential Marktgröße einer Branche
trade practice(s) Handels(ge)brauch *m*, H.praktiken *pl*, Geschäftsgebaren *nt*, G.verfahren *nt/pl*, G.übung *f*; **restrictive t. p.s** Kartellmaßnahmen, wettbewerbsbeschränkende (Geschäfts)Praktiken; ~ **law** Wettbewerbsrecht *nt*; **unfair t. p.s** unlauteres Geschäftsgebaren, unlauterer Wettbewerb; **t. p.s legislation** Kartellgesetzgebung *f*; ~ **rules** Wettbewerbsregeln, W.kodex *m*
trade preference Handelspräferenz *f*; **t. premises** Geschäftsräume; **off t. premises** außerhalb der Geschäftsräume; **t. premium** Warenprämie *f*; **t. press** Fachpresse *f*, F.zeitschriften *pl*; **t. price** 1. (Groß)Handels-, Wiederverkaufs-, Wiederverkäufer-, Händlerpreis *m*; 2. Buchhandelspreis *m*; **t. privilege** Handelsprivileg *nt*; **t. promotion** Handelsförderung *f*; **government-supported t. promotion** staatliche Handelsförderung; **t. prospects** Handelsaussichten; **t. protection association/society** (Gläubiger)Schutzverband *m*, S.vereinigung *f*, Kreditschutzorganisation *f*, K.vereinigung *f*; **t. protocol** Handelsabkommen *nt*; **t. publication** Fach-, Wirtschaftszeitschrift *f*; **t. publications** Fachpresse *f*; **t. purchase** Kauf durch Wiederverkäufer, Handelskauf *m*

trader *n* 1. (Waren)Händler *m*, Geschäfts-, Handels-, Gewerbetreibende(r) *f/m*, Kaufmann *m*, K.frau *f*; 2. freier Makler; 3. ⚓ Handelsschiff *nt*; **t.s** Kaufleute, Handelsstand *m*; **t. for/on own account** Eigen-, Properhändler *m*
clandestine trader Schleichhändler *m*; **automatically constituted t.** Musskaufmann *m*; **fair t.** *[US]* preisbindendes Unternehmen; **foreign t.** Außenhändler *m*; **free/liberal t.** Freihändler *m*, Anhänger/Verfechter des Freihandels, Freihandelspolitiker *m*; **illicit t.** Schleichhändler *m*; **independent t.** unabhängiger Händler; **itinerant t.** ambulanter Händler, Hausierer *m*, Reisegewerbetreibender *m*; **large-lot t.** *(Aktien)* Pakethändler *m*; **merchanting t.** Transithändler *m*; **petty t.** Kleingewerbetreibender *m*; **professional t.** Berufshändler *m*; ~ **t.s** (Berufs)Handel *m*; **registered t.** 1. Vollkaufmann *m*; 2. *(Börse)* eingetragener Wertpapierhändler *m*; **optionally registrable t.** Kannkaufmann *m*; **small t.** 1. kleiner Gewerbetreibender/Geschäftsmann, mittelständischer Händler; 2. Mittelständler *m*, Kleinunternehmer *m*; ~ **t.s** mittelständischer Handel, Kleinkaufleute; 2. mittelständische Wirtschaft, Mittelstand *m*; ~ **t.s' aid** Mittelstandshilfe *f*; **small-scale t.** Kleingewerbetreibender *m*; **sole t.** Einzelfirma *f*, E.gewerbetreibender *m*, E.kaufmann *m*, E.inhaber *m*, Alleinbetrieb *m*, A.inhaber *m*, Einpersonengesellschaft *f*; ~ **business** Ein-Mann-Unternehmen *nt*; **specialized t.s** Fachhandel *m*
trader arbitrage Händlerarbitrage *f*
trade rag *(pej.)* (billige/kostenlose) Fachzeitschrift; **t. rate** Grossistentarif *m*; **t. ratio** Außenhandelsquote *f*
traders' cooperative Handelsgenossenschaft *f*; **t. combined insurance** kombinierte Betriebsversicherung
trade receivables Warenforderungen, W.lieferungen und -leistungen, Forderungen aus Warenlieferungen (und Leistungen), Liefer- und Leistungsforderungen; **t. recession** rezessiver Rückschlag, Geschäftsrückgang *m*; **t. reference** (Handels)Referenz *f*, Geschäftsempfehlung *f*, G.referenz *f*; **to take up a t. reference** Handelsreferenz einholen; **t. refuse** gewerblicher Abfall, Industriemüll *m*; **t. register index** Handelsregisterführer *m*; **t. regulations** Handelsbestimmungen, H.vorschriften
trade relations Wirtschafts-, Handelsbeziehungen; **to enter into t. r.** Handelsbeziehungen aufnehmen; **strained t. r.** Handelsspannungen; **worldwide t. r.** weltweite Handelsbeziehungen
trade relationship Austauschbeziehung *f*; **t. representative** Handelsagent *m*; **t. reprisals** handelspolitische Gegenmaßnahmen; **t. restrictions** Handelsbeschränkungen, H.hemmnisse, H.restriktionen, Beschränkungen des Handelsverkehrs; **t. returns** Handelsstatistik *f*; **t. revival** Geschäftsbelebung *f*; **t. rights** Firmenrechte; **t. road/route** Handelsstraße *f*, H.weg *m*, H.verkehrslinie *f*

trader price Händlerpreis *m*; **sole t.ship** *n* Einzelunternehmen *nt*; **t.'s stock** Vorratsvermögen *nt*, Absatzlager *nt*

trade rule Handwerksbrauch *m*; **local t. rules** Ortsgebrauch *m*; **t. sample** Warenmuster *nt*, W.probe *f*; **t. sale** 1. Verkauf an Wiederverkäufer; 2. *(Privatisierung)* Verkauf an industrielle Erwerber; **t. school** Berufs(fach)-, Handels-, Gewerbe-, Handwerkerschule *f*; **t. secret** Berufs-, Betriebs-, Dienst-, Fabrik(ations)-, Geschäftsgeheimnis *nt*; **T. Secretary** *[GB]* Wirtschafts-, Handelsminister *m*; **aggressive t. selling** aggressive Verkaufsstrategie; **t. shortfall** Handels(bilanz)defizit *nt*; **t. show** Handels-, Fachmesse *f*, Fach-, Verkaufsausstellung *f*
tradesman *n* 1. Lieferant *m*, Händler *m*, Ladenbesitzer *m*; 2. Handwerker *m*; **tradesmen** Geschäftsleute; **small t.** Minderkaufmann *m*; **t. class** Handwerkerstand *m*; **tradesmen's entrance** Lieferanteneingang *m*, L.tür *f*, Eingang für Lieferanten, Neben-, Hintereingang *m*
trade sources Branchenvertreter *pl*, B.kreise
trades|people *pl* Geschäfts-, Handelsleute, Händler; **t.person** *n* Handwerker *m*
trade (and industry) spokesman *[GB]* wirtschaftspolitischer Sprecher
trade statistics Handelsstatistik *f*; **t. supervision/ supervisory department;** ~ **office** Gewerbe(aufsichts)amt *nt*; **t. surplus** Handels(bilanz)-, Außenhandels-, Warenhandelsüberschuss *m*, aktive/positive Handelsbilanz; **t. talks** Handels-, Wirtschaftsgespräche, W.verhandlungen
trade tax Gewerbesteuer *f*; **subject to t. t.** gewerbesteuerpflichtig; **municipal t. t.** Gewerbe(ertrags)steuer *f*; **t. t. assessment** Gewerbesteuerfestsetzung *f*, G.veranlagung *f*; ~ **note/notice** Gewerbesteuer(mess)bescheid *m*; ~ **collection multiple** Gewerbesteuerhebesatz *m*; ~ **equalization** Gewerbesteuerausgleich *m*; ~ **exemption** Gewerbesteuerbefreiung *f*; ~ **return** Gewerbesteuererklärung *f*; ~ **yield** Gewerbesteueraufkommen *nt*
trade terms 1. Vertrags-, Handelsbedingungen; 2. handelsübliche Vertragsformeln/V.klauseln, Liefer-, Handelsklauseln; **t. test** Gesellen-, Lehrabschlussprüfung *f*; **t. ties** Handelsbeziehungen, Geschäftsverbindungen; **t. turnover** Handelsumsatz *m*
trade union *[GB]* Gewerkschaft *f*; **among the t. u.s** im Gewerkschaftslager; **t. u. with party-political or religious affiliations** Richtungsgewerkschaft *f*; **to be organized in t. u.s** gewerkschaftlich organisiert sein; **postal t. u.** Postgewerkschaft *f*; **unified t. u.** Einheitsgewerkschaft *f*
trade union act Gewerkschaftsgesetz *nt*; ~ **activist** aktives Gewerkschaftsmitglied *nt*; ~ **activity** gewerkschaftliche Betätigung; ~ **assets** Gewerkschaftsvermögen *nt*; ~ **bank** Gewerkschaftsbank *f*; **local** ~ **branch** örtliche Gewerkschaft; ~ **card** gewerkschaftliches Mitgliedsbuch; ~ **committee** Gewerkschaftsausschuss *m*; ~ **conference/congress** Gewerkschaftskongress *m*; **T.s U. Congress (TUC)** *[GB]* Dachverband der britischen Gewerkschaften, britischer Gewerkschaftsbund; **t. u. contribution** Gewerkschaftsbeitrag *m*; ~ **dues** Gewerkschaftsbeiträge; ~ **education** gewerkschaftliche Bildungsarbeit; ~ **federation** Gewerkschaftsbund *m*, G.verband *m*; ~ **formation** Gewerkschaftsgründung *f*;

~ **funds** Gewerkschaftsmittel; ~ **headquarters** Gewerkschaftszentrale *f*
trade unionism Gewerkschaftsbewegung *f*; **t. unionist** Gewerkschaftler(in) *m/f*, Gewerkschaftsmitglied *nt*
Trade Union and Labour Relations Act *[GB]* Gewerkschaftsgesetz *nt*; **t. u. leader** Gewerkschaftsführer *m*; ~ **leadership** Gewerkschaftsführung *f*; ~ **meeting** Gewerkschaftsversammlung *f*; ~ **member** Gewerkschaftsmitglied *nt*; ~ **movement** Gewerkschaftsbewegung *f*; ~ **negotiator** Gewerkschaftsunterhändler *m*; ~ **official** Gewerkschaftsfunktionär *m*; ~ **organization** Gewerkschaftsorganisation *f*; ~ **-owned** *adj* gewerkschaftseigen; ~ **policy** Gewerkschaftspolitik *f*; ~ **power** Gewerkschaftsmacht *f*; ~ **press** Gewerkschaftspresse *f*; ~ **rank and file** Gewerkschaftsbasis *f*; ~ **rate** Tariflohn *m*; ~ **reform** Gewerkschaftsreform *f*; ~ **representative** Vertrauensmann *m*, Gewerkschaftsvertreter *m*; ~ **secretary** Gewerkschaftssekretär *m*; ~ **solidarity** Gewerkschaftssolidarität *f*; ~ **spokesman/spokeswoman** Gewerkschaftssprecher(in) *m/f*; ~ **state** Gewerkschaftsstaat *m*; ~ **statute(s)** Gewerkschaftsstatut *nt*; ~ **structure** Gewerkschaftsstruktur *f*; ~ **training** gewerkschaftliche Bildungsarbeit
trade usage Geschäftsusancen *pl*, Handelsbrauch *m*; **t. value** Verkehrswertigkeit *f*; **t. volume** Handelsvolumen *nt*; **t. war** Handels-, Wirtschaftskrieg *m*; **t. waste** gewerblicher Abfall, Gewerbemüll *m*; **t. watchdog** Wettbewerbsaufsicht(sbehörde) *f*; **t.-weighted** *adj* gewichtet nach Handelsvolumen; **t. weighting** Indexierung des Außenwerts; **t. wind** ⚓ Passat(wind) *m*
trading *n* 1. Handelsverkehr *m*, Warenaustausch *m*, (Tausch)Handel *m*; 2. Geschäftstätigkeit *f*; 3. *(Börse)* Verkehr *m*; **t. on own account** Eigenhandel *m*; **t. per account** *(Börse)* Handel mit aufgeschobener Erfüllung; **t. in blocks** *(Börse)* Pakethandel *m*; ~ **calls** Vorprämiengeschäft *nt*; **t. for cash** Kassahandel *m*, K.geschäfte *pl*; ~ **future delivery; t. in futures** Terminhandel *m*, Handel per Termin; **t. in foreign exchange** Devisenhandel *m*; ~ **coffee futures** Kaffeeterminbörse *f*; **t. on the internet** Internethandel *m*; ~ **margin** 1. Reportierung *f*; 2. *(Waren/Effekten)* Kreditkauf *m*; **t. in options** Optionshandel *m*; ~ **puts** Rückprämiengeschäft *nt*; **t. on rates** Kursgeschäft *nt*, K.handel *m*; **t. in rights** Bezugsrechtshandel *m*; ~ **securities** Wertpapier-, Effektenhandel *m*, Wertpapierverkehr *m*; ~ **existing securities** Sekundärgeschäft *nt*, S.handel *m*; **over-the-counter** ~ **unlisted securities** Handel in Freiverkehrswerten; ~ **security/securities futures** Wertpapierterminhandel *m*, Effektentermingeschäft *nt*; **t. on the short side** Baissetermingeschäft *nt*; **t. in subscription rights** Bezugsrechtshandel *m*
to cease trading Geschäftsbetrieb/G.tätigkeit/Handel einstellen; **to commence t.** Geschäftsbetrieb/G.tätigkeit/Handel aufnehmen; **to halt t.** Geschäftsbetrieb/ G.tätigkeit/Handel (zeitweilig) einstellen; **to resume t.** *(Börse)* Handel wieder aufnehmen; **to start t.** Geschäftstätigkeit aufnehmen; **to suspend t.** *(Börse)* Handel aussetzen, Börse schließen; ~ **in shares** Aktienhandel aussetzen

active trading lebhaftes Geschäft, lebhafter Handel, rege Umsatz-/Geschäftstätigkeit; **in ~ t.** *(Börse)* bei lebhaften Umsätzen; **after-hours t.** Nachbörse *f*; **authorized t.** Vertragshandel *m*; **black t.** Schwarz-, Schleichhandel *m*; **brisk t.** lebhafter Umsatz/Verkehr, lebhaftes Geschäft; **competitive t.** Wettbewerb *m*; **continuous t.** *(Börse)* fortlaufender Handel; **direct-to-customer t.** Streckenhandel *m*; **dull t.** schleppendes/schwaches Geschäft; **early t.** 1. Frühgeschäft *nt*; 2. *(Börse)* Eröffnungsgeschäft *nt*; **in ~ t.** bei Börsenbeginn; **fair t.** lauterer Handel/Wettbewerb; **flat t.** *(Börse)* lustlose Umsatztätigkeit; **forward t.** (Börsen)Terminhandel *m*; **fraudulent t.** Gläubigerbenachteiligung *f*, unlautere Wettbewerbshandlungen; **heavy t.** 1. lebhafter Handel; 2. *(Börse)* lebhafte/starke Umsätze; **in ~ t.** bei starken Umsätzen; **hectic/nervous t.** *(Börse)* hektische Geschäftstätigkeit, hektischer Handel, nervöses Geschäft; **interbank t.** Bankenhandel *m*; **interoffice t.** Telefonhandel *m*, T.verkehr *m*; **itinerant t.** Reise-, Wandergewerbe *nt*, Hausieren *nt*; **~ licence** Reise-, Wandergewerbeschein *m*; **lacklustre/listless t.** *(Börse)* lustloses Geschäft, lustloser Handel; **late t.** *(Börse)* später Handel; **in later t.** *(Börse)* im späteren Verlauf der Sitzung; **light t.** *(Börse)* schwache Umsätze; **marginal t.** Wertpapier-/Warenkauf mittels Kredit, Effektendifferenzgeschäft *nt*; **moderate t.** mäßige Umsätze; **non-exchange t.** außerbörslicher Verkehr/Handel; **odd-lot t.** *(Börse)* Effektenhandel in kleinen Abschnitten; **off-(the-)board/off-floor t.** *(Börse)* freier Markt, (ungeregelter) Freiverkehr, außerbörslicher Handel; **official t.** *(Börse)* amtlicher Handel/Verkehr; **admitted to ~ t.** zum amtlichen Handel zugelassen; **over-the-counter (OTC) t.** Schalterverkehr *m*, außerbörslicher Effektenhandel, Freihandel *m*, ungeregelter Freiverkehr, Tafelgeschäft *nt*; **parallel t.** Parallelhandel *m*; **pre-market t.** vorbörslicher Handel; **in ~ t.** vorbörslich; **private t.** privater Handel; **proprietary t.** 1. Eigenhandel *m*; 2. Geschäfte auf eigene Rechnung; **quiet t.** 1. schwaches/ruhiges Geschäft; 2. *(Börse)* geringe Geschäftstätigkeit, geringe/geringfügige Umsätze; **restricted t.** beschränkter Handel; **round-lot t.** *(Börse)* variabler Handel; **second-hand t.** Aktienhandel nach durchgeführter Emission; **semi-official t.** geregelter Freiverkehr; **short-term t.** kurzfristige Dispositionen; **slow/sluggish t.** *(Börse)* schleppendes/flaues Geschäft, schleppender Handel; **speculative t.** spekulativer Handel, Spekulationshandel *m*; **subdued t.** lustloses Geschäft, lustloser Handel, schwache Umsatztätigkeit; **thin t.** *(Börse)* geringe Geschäftstätigkeit, geringe/geringfügige Umsätze, schwache Umsatztätigkeit; **in/on ~ t.** *(Börse)* bei schleppendem/schwachem Geschäft, bei geringen/schwachen Umsätzen; **unlisted t.** Freiverkehr *m*; **unofficial t.** *(Börse)* außerbörslicher/inoffizieller/freier Handel, Bürohandel *m*; **variable-price t.** variabler Handel; **volatile t.** *(Börse)* schwankende/uneinheitliche Verfassung; **weekly t.** wöchentlicher Umsatz, Wochenumsatz *m*

trading *adj* wirtschafts-, handel-, gewerbetreibend, erwerbswirtschaftlich

trading account Geschäfts-, Betriebskonto *nt*, B.rechnung *f*, Erfolgsrechnung *f*, Verlaufs-, Liefer-, Erfolgskonto *nt*; **t. activity** Geschäftstätigkeit *f*; **t. advantage** Geschäfts-, Marktvorteil *m*; **central t. agency** Absatz-, Handelszentrale *f*; **t. area** 1. Absatzbereich *m*, A.feld *nt*, A.gebiet *nt*, Handelszone *f*, H.gebiet *nt*, Wirtschaftsraum *m*; 2. ⚓ Fahrgebiet *nt*; **t. arm** Handelsgesellschaft *f* (als Tochterunternehmen); **t. arrangement** Geschäftsvereinbarung *f*; **t. association** Wirtschafts-, Handelsvereinigung *f*, Berufs-, Marktverband *m*, Handelsgesellschaft *f*; **t. background** Marktlage *f*, M.situation *f*; **t. bank** *[AUS]* Geschäftsbank *f*; **t. block** Wirtschaftsblock *m*; **public t. body** öffentlich-rechtliches Handelsunternehmen; **t. branch** Handelsfiliale *f*; **t. business** Handelsgeschäft *nt*; **t. calendar** Handelskalender *m*; **t. capital** Betriebs-, Geschäfts-, Gewerbe-, Umlaufkapital *nt*, Betriebsmittel *pl*; **~ tax** Steuer auf Gewerbekapital; **t. cash flow** für das Geschäft zur Verfügung stehender Reingewinn; **t. center** *[US]* /**centre** *[GB]* Handelsplatz *m*, H.zentrum *nt*; **t. certificate** Gewerbeschein *m*, G.genehmigung *f*; **t. chain** Handelskette *f*; **t. city** Handelsstadt *f*; **t. climate** Geschäftsklima *nt*; **t. combine** Kartellorganisation *f*, K.vereinigung *f*, Handelskonzern *m*; **t. communication(s)** Börseninformationen *pl*, Handelsinformationsaustausch *m*; **t. community** Handelsgemeinschaft *f*

trading company Handelsorganisation *f*, H.gesellschaft *f*, H.genossenschaft *f*, H.haus *nt*, H.kompanie *f*, tätige Gesellschaft, gewerbliches Unternehmen, Erwerbsgesellschaft *f*; **to wind up a t. c.** Handelsgesellschaft auflösen; **European t. c.** europäische Handelsgesellschaft

trading concern Handelsbetrieb *m*, H.geschäft *nt*

trading conditions Geschäfts-, Handels-, Marktbedingungen, M.gegebenheit(en) *f/pl*, Geschäftsklima *nt*; **adverse t. c.** schlechte Geschäftslage, schlechter Geschäftsgang; **increasingly competitive t. c.** zunehmender Wettbewerbsdruck

trading cooperative Handels-, Erwerbsgenossenschaft *f*; **t. corporation** Handels-, Erwerbsgesellschaft *f*; **t. costs** *(Börse)* Handelskosten *pl*; **t. currency** Handels-, Transaktionswährung *f*; **t. date** *(Börse)* Schlusstag *m*

trading day Börsen-, Handelstag *m*; **(on) every t. d.** börsentäglich; **last t. d. of the month** Ultimo *m*

trading deficit Betriebsverlust *m*; **t. department** Börsenabteilung *f*; **t. deterioration** *(Börse)* rückläufige Entwicklung; **t. difference** *(Börse)* Auf-/Abschlag bei Bruchteilkursen; **t. difficulties** *(Börse)* schleppender Handel; **t. down** Verkauf von Billigwaren; **t. empire** Handelsimperium *nt*; **t. enterprise** Handelsunternehmen *nt*; **t. environment** Geschäfts-, Wirtschaftsklima *nt*, Geschäftsumfeld *nt*; **bleak t. environment** ungünstiges (Börsen)Umfeld; **t. establishment** Warenhandelsbetrieb *m*, Handelsniederlassung *f*; **t. estate** Gewerbegebiet *nt*, Industriepark *m*, I.ansiedlung *f*, I.zone *f*, I.gelände *nt*; **t. experience** Geschäftsverlauf *m*; **t. firm** Handelsgeschäft *nt*, H.unternehmen *nt*, H.betrieb *m*, Gewerbebetrieb *m*, Handels-, Geschäftshaus *nt*; **t. flag** ⚓ Handelsflagge *f*; **t. floor** (Börsen)Parkett *nt*,

trading floor operator

B.saal *m*; **~ operator** Börsenhändler *m*; **t. group** Handelsgruppe *f*, H.konzern *m*; **t. handicap** Geschäftsnachteil *m*; **t. hours** 1. Börsenzeit *f*, B.stunden, B.sitzung *f*; 2. Geschäfts-, Handelszeiten; **t. income** Einkommen aus Gewerbebetrieb, Betriebsertrag *m*; **t. interests** 1. Handelsinteressen; 2. Handelsbeteiligungen; **t. invoice** Handelsrechnung *f*, H.faktura *f*; **t. item** Handelserzeugnis *nt*, H.produkt *nt*; **t. level** 1. Umfang der Geschäftstätigkeit; 2. Handelsstufe *f*; **to establish a t. level** *(Börse)* Kursbasis finden
trading licence Gewerbeerlaubnis *f*, G.schein *m*, G.zulassung *f*, Handelskonzession *f*; **to apply for a t. l.** Gewerbe anmelden
trading limit Grenze für Wertpapiergeschäft, Kurslimit *nt*; **t. links** Handelsbeziehungen, H.verbindungen
trading loss Betriebs-, Gewerbe-, Geschäftsverlust *m*, negatives Betriebsergebnis; **current t. l.** laufender Betriebsverlust; **gross t. l.** Bruttobetriebsverlust *m*; **net t. l.** Nettobetriebsverlust *m*
trading margin 1. (Betriebs)Handelsspanne *f*; 2. *(Börse)* Einschuss *m*; **minimum t. margin** Mindesteinschuss *m*; **secondary t. market** Sekundärmarkt *m*; **(state-controlled) t. monopoly** (staatliches) Außenhandelsmonopol; **t. name** Firmenname *m*; **t. nation** Handelsnation *f*; **t. news** *(Börse)* Marktnachrichten *pl*; **t. office** *(Bank)* Dispositionsstelle *f*; **t. operation** Handelsgeschäft *nt*; **t. organization** Handelsorganisation *f*; **t. outlook** Geschäftsperspektiven *pl*, G.aussichten *pl*; **t. pace** Umsatzgeschwindigkeit *f*; **t. partner** (Außen)Handels-, A.wirtschaftspartner *m*; **major t. partner** Haupthandelspartner *m*; **t. partnership** 1. Handelsaustausch *m*; 2. offene Handelsgesellschaft (OHG); **t. pattern** Handelsstruktur *f*; **t. performance** Betriebs-, Geschäfts-, Handelsergebnis *nt*; **t. period** Geschäftszeitraum *m*, G.periode *f*; **t. permit** *(Börse)* Zulassung zum Handel; **t. piracy** Marktpiraterie *f*; **t. policy** Geschäftspolitik *f*; **t. port** Handelshafen *m*; **t. position** Marktstellung *f*, M.position *f*; **dominant t. position** marktbeherrschende Stellung; **t. possibilities** Handelsmöglichkeiten; **t. post** 1. Handelsniederlassung *f*, H.posten *m*, H.stützpunkt *m*; 2. (Freiverkehrs)Handelsstelle *f*; 3. Börsenstand *m*, Standplatz *m*; **t. power** Handelsmacht *f*; **t. practices** Handelsusancen, H.bräuche, H.praktiken; **unfair t. practices** unlauterer Wettbewerb; **t. privilege** Handelsvorrecht *nt*, H.privileg *nt*
trading profit(s) Betriebs-, Brutto-, Geschäfts-, Handels-, Spekulations-, Unternehmens-, Waren(roh)gewinn *m*, Gewerbe-, Handelsertrag *m*, H.ergebnis *nt*, gewerbliche Einkünfte, Betriebsüberschuss *m*, Einkünfte/Ergebnis aus Gewerbetätigkeit, ~ dem laufenden Geschäft; **gross t. p.** Bruttobetriebsgewinn *m*, B.betriebsergebnis *nt*, B.geschäftsgewinn *m*, Bruttoergebnis vom Umsatz, Gewinn vor Abschreibungen und Wertberichtigungen, Warenrohertrag *m*, W.bruttogewinn *m*; **net t. p.** Nettobetriebsgewinn *m*, N.erfolg *m*, N.ergebnis *nt*, Waren-, Geschäftsreingewinn *m*, Reingewinn nach Versteuerung; **t. p. margin** Betriebsgewinnmarge *f*
trading prohibition Marktverbot *nt*; **t. property** gewerblich genutzte Immobilie; **t. prospects** Geschäftsaussichten, G.perspektiven; **t. radius** Geschäftsumkreis *m*; **t. range** *(Währung)* Kursschwankungen *pl*, K.spanne *f*; **t. receipts** Betriebs-, Geschäftseinnahmen; **t. reference** Firmen-, Handelsauskunft *f*; **t. relations/relationships** Geschäfts-, Handelsbeziehungen; **t. report** Erfolgsausweis *m*, Rohertragsaufstellung *f*; **t. requirements** Handelserfordernisse; **t. restriction** Handelsbeschränkung *f*; **t. results** Abschluss-, Betriebs-, Geschäfts-, Handelsergebnis *nt*, Betriebsdaten; **t. revenues** Einnahmen aus dem laufenden Geschäft; **t. review** Geschäftsbericht *m*; **t. risk** Handelsrisiko; **t. rules** Bestimmungen für den Aktienhandel; **highstreet t. scene** Geschäftslage des Einzelhandels; **t. session** Börsensitzung *f*, B.versammlung *f*, B.tag *m*, Sitzungstag *m*; **t. slump** Geschäftsrückgang *m*; **t. space** Geschäfts-, Verkaufsfläche *f*; **t. spread** *(Börse)* Geld-/Briefspanne *f*; **t. stamp** Rabattmarke *f*; **~ scheme** Rabattmarkensystem *nt*; **t. standards** Wettbewerbsnormen; **~ department/office/authority** Gewerbe(aufsichts)amt *nt*; **t. statement** Umsatzausweis *m*, aktualisierter Geschäftsbericht, Bericht über das laufende Geschäft; **t. stock** Betriebsvorrat *m*; **t. subsidiary** konzerneigene Handelsgesellschaft, H.tochter *f*; **t. surplus** Handelsüberschuss *m*, Reingewinn *m*; **net t. surplus** Netto-/Reingewinn nach Versteuerung, ~ nach Steuern; **t. syndicate** Vertriebskonsortium *nt*; **t. tariff** ⊖ Handelszoll *m*; **t. unit** Börsenschluss *m*, Handelseinheit *f*; **t.-up** *n* Sortimentsanhebung *f*, S.differenzierung nach oben; **t. vessel** ⚓ Handelsdampfer *m*; **t. volume** 1. Börsenvolumen *nt*, (Wertpapier)Umsatz *m*; 2. Geschäftsvolumen *nt*; **t. year** Berichts-, Geschäfts-, Geschäftsjahr *nt*; **t. zone** Handelszone *f*
tradition *n* Tradition *f*, Überlieferung *f*; **to break with t.** mit der Tradition brechen; **to revive a t.** Tradition neu beleben; **legal t.** Rechtsüberlieferung *f*; **oral t.** mündliche Überlieferung
traditional *adj* herkömmlich, traditionell, üblich; **t.ism** *n* Traditionsbewusstsein *nt*; **t.ist** *n* Traditionalist *m*; **t.ly** *adv* traditionellerweise, traditionsgemäß, üblicherweise
traffic *n* 1. Verkehr (saufkommen) *m*/*nt*; 2. Handel (sverkehr) *m*, Vertrieb *m*, Güteraustausch *m*; 3. Umschlag *m*; **closed to t.** nicht befahrbar; **open to t.** befahrbar; **t. in ... own shares** Handel mit eigenen Aktien; **~ votes** Stimmenkauf *m*; **total t. carried** Gesamttransportvolumen *nt*
to charge what the traffic will bear nehmen, was der Markt hergibt; **to close to t.** 🚷 für den Verkehr sperren; **to control/direct t.** Verkehr regeln; **to disrupt t.** Verkehr stören; **to divert t.** Verkehr umleiten; **to filter into moving t.** sich (nach dem Reißverschlussprinzip) in den fließenden Verkehr einreihen; **to hold up (the) t.** Verkehr aufhalten; **to obstruct (the) t.** Verkehr aufhalten/behindern; **to open to t.** für den Verkehr freigeben; **~ up for t.** verkehrstechnisch erschließen; **to paralyze t.** Verkehr lahm legen
busy traffic reger Verkehr; **coastal t.** ⚓ Küstenverkehr *m*, K.schifffahrt *f*; **competing t.** Parallelverkehr *m*; **cross-border/cross-frontier t.** Grenzverkehr *m*,

grenzüberschreitender (Waren)Verkehr; **domestic/inland/internal t.** Binnen-, Inlandsverkehr *m*; **fast t.** Schnellverkehr *m*; **foreign t.** Auslandsverkehr *m*; **grouped t.** Sammelladungsverkehr *m*; **homebound t.** Rückreiseverkehr *m*; **heavy t.** starker/dichter Verkehr; **illegal t.** Schwarz-, Schleichhandel *m*; **incoming t.** ankommender Verkehr; **intercompany t.** Werksverkehr *m*; **intermodal t.** kombinierter (Ladungs)Verkehr (KLV), Kombiverkehr *m*; **international t.** internationaler/grenzüberschreitender Verkehr; **left-hand t.** Linksverkehr *m*; **less-than-carload (LCL) t.** ⚒ Stückgutverkehr *m*, S.aufkommen *nt*; **light t.** schwacher Verkehr; **local t.** Orts-, Nah-, Nachbarschaftsverkehr *m*; **~ and short-haul t.** Orts- und Nahverkehr *m*; **long-distance/long-haul t.** Fernverkehr *m*; **plant-operated ~ t.** Werksfernverkehr *m*; **main t.** Hauptverkehr *m*; **maritime t.** Seeverkehr *m*; **moving t.** fließender Verkehr; **multimodal t.** kombinierter (Ladungs)Verkehr (KLV), Kombiverkehr *m*; **non-scheduled t.** Charterverkehr *m*; **ocean-going t.** ⚓ Seeschiffsverkehr *m*; **oncoming t.** 🚗 Gegenverkehr *m*, entgegenkommender Verkehr; **one-way t.** Einbahnverkehr *m*; **overseas t.** Überseeverkehr *m*; **part-charter t.** Teilcharterverkehr *m*; **peak(-hour) t.** Haupt-, Spitzen-, Stoßverkehr *m*, Verkehrsspitze *f*; **postal t.** Postverkehr *m*; **rail-road t.** Schiene-Straße-Verkehr *m*; **regular/scheduled t.** Linienverkehr *m*; **right-hand t.** Rechtsverkehr *m*; **short-distance/short-haul t.** Kurzstreckenverkehr *m*; **interworks/plant-operated ~ t.** Werksnahverkehr *m*; **single-lane t.** einspuriger Verkehr; **slow-moving t.** zähflüssiger Verkehr; **stationary t.** ruhender Verkehr; **sundry t.** Stückgutverkehr *m*; S.aufkommen *nt*; **through t.** 1. ⊖ Verkehr mit ungebrochener Fracht, Transit-, Durchfuhrverkehr *m*; 2. 🚗 Durchgangs-, Durchschleuseverkehr *m*; **tramping t.** ⚓ Trampverkehr *m*; **local trans-frontier t.** kleiner Grenzverkehr; **urban t.** (inner)städtischer Verkehr, Stadtverkehr *m*; **vehicular t.** Fahrzeugverkehr *m*; **closed for ~ t.** für Fahrzeuge gesperrt

traffic (in) *v/i* 1. handeln, Handel treiben, im Handel umsetzen, vertreiben; 2. *(pej)* (ver)schieben

traffic|ability *n* 1. Gang-, Passierbarkeit *f*; 2. Verkäuflich-, Marktgängigkeit *f*; **t.able** *adj* 1. gängig, passierbar; 2. für den Handel geeignet, marktgängig

traffic announcement *(Radio)* Verkehrsdurchsage *f*, V.meldung *f*; **t.ator** *n* 🚗 Fahrtrichtungsanzeiger *m*; **t. authority** Verkehrsbehörde *f*; **t.-calmed** *adj* verkehrsberuhigt; **t. calming** Verkehrsberuhigung *f*; **t. case** [§] Verkehrs(straf)sache *f*; **t. census/count** Verkehrszählung *f*; **t. chaos** Verkehrschaos *nt*; **t. circle** *[US]* Kreisverkehr *m*; **t. circulation** Verkehrsfluss *m*; **t. code** Straßenverkehrsordnung (StVO) *f*; **t. conditions** Verkehrslage *f*, V.bedingungen *f*; **t. congestion** Straßenverstopfung *f*, Verkehrsstau(ung) *m/f*; **t. connection** Verkehrsverbindung *f*; **t. control** Verkehrsüberwachung *f*, V.kontrolle *f*, V.steuerung *f*, V.leitung *f*; **centralized t. control (ctc)** ⚒ Betriebsleittechnik *f*; **t. cop** *[US]* *(coll)* Verkehrspolizist(in) *m/f*; **t. court** [§] Verkehrsgericht *nt*; **t. density** Fahrzeug-, Verkehrsdichte *f*; **t. department** Verkehrsdezernat *nt*; **t. development** Verkehrsentwicklung *f*; **t. discipline** Verkehrsdisziplin *f*; **t. diversion** Umleitung *f*; **t. duty** Verkehrsdienst *m*; **t. embargo** Verkehrssperre *f*; **t. engineer** Verkehrsingenieur *m*; **t. engineering** Verkehrsplanung *f*; **t. expert** Verkehrsexperte *m*, V.sachverständiger *m*; **t. flow** Verkehrsstrom *m*, V.fluss *m*; **t. growth** zunehmende Verkehrsdichte; **t. handling** Verkehrsabwicklung *f*; **t. hazard** Verkehrsrisiko *nt*; **t. hold-up** (Verkehrs)Stau *m*; **t. information** Verkehrsauskunft *f*; **t. infrastructure** Verkehrsinfrastruktur *f*; **t. island** Verkehrsinsel *f*; **t. jam** Verkehrsstockung *f*, V.stau(ung) *m/f*, Straßenverstopfung *f*, Störung des Verkehrs; **t. junction** Verkehrsknotenpunkt *m*

trafficker *n* (Schleich-/Schwarz)Händler *m*, Dealer *m*, Schieber *m*

trafficking *n* Schwarz(markt)handel *m*, Schieberei *f*, Dealen *nt*; **~ in drugs** Drogen-, Rauschgifthandel *m*; **t. offence** Rauschgiftvergehen *nt*

traffic lane 🚗 Fahrstreifen *m*; **t. law(s)** Verkehrsrecht *nt*; **t. law violation** *[US]* Verkehrsdelikt *nt*; **t. legislation** Verkehrsgesetzgebung *f*

traffic light(s) (Verkehrs)Ampel *f*; **pedestrian t. l.s** Fußgängerampel *f*; **synchronized t. l.s** grüne Welle *(fig)*

traffic link Verkehrsanbindung *f*; **t. load** ⚒ Streckenbelastung *f*; **t. management** Verkehrsüberwachung *f*; **t. manager** 1. Verkehrsdezernent *m*; 2. *(Versand)* Terminüberwacher *m*; **t. net(work)** Verkehrs(wege)netz *nt*; **t. noise** Verkehrslärm *m*; **t. offence** Verkehrsübertretung *f*, V.vergehen *nt*, V.widrigkeit *f*, V.delikt *nt*, Straßenverkehrsdelikt *nt*; **t. offender** Verkehrssünder *m*; **t. performance** Beförderungs-, Verkehrsleistung(en) *f/pl*; **peak t. period** Verkehrsspitze *f*, verkehrsstarke Zeit; **t. planning** Verkehrsplanung *f*; **t. police** Verkehrspolizei *f*; **t. policeman** Verkehrspolizist *m*; **t. problem** Verkehrsproblem *nt*; **t. queue** (Verkehrs)Stau *m*; **t. regulations** (Straßen)Verkehrsregeln, v.erkehrsbestimmungen, S.verkehrsordnung (StVO) *f*, Fahr-, Verkehrsvorschriften; **contrary to t. regulations** verkehrswidrig; **t. report** Verkehrs(lage)bericht *m*; **t. requirements** Verkehrsbedarf *m*, V.nachfrage *f*, Transportnachfrage *f*; **t. restrictions** Verkehrsbeschränkungen, V.erschwernisse; **t. revenue/yield** Verkehrserträge *pl*; **t. route** Verkehrsweg *m*; **t. sheet** ✎ *(Hotel)* Gesprächsbelegzettel *m*; **t. sign** Straßenverkehrsschild *nt*, Verkehrstafel *f*; **t. situation** Verkehrslage *f*; **t. statistics** Verkehrsstatistik *f*; **t. technology** Verkehrstechnik *f*; **t. user** Verkehrsbenutzer *m*; **t. violation** *[US]* Verkehrsübertretung *f*, V.vergehen *nt*, V.widrigkeit *f*, V.umfang *c*; **t. warden** *[GB]* Politesse *f*, Parkkontrolleur *m*

trag|edy *n* Tragödie *f*, Trauerspiel *nt*; **t.ic** *adj* tragisch

trail *n* Fährte *f*, Pfad *m*, Weg *m*, Spur *f*; **t. of blood** Blutspur *f*; **to be on so.'s t.** jdm auf der Spur sein; **to take up the t.** Spur aufnehmen; **hot t.** frische Fährte, heiße Spur

trail *v/ti* 1. (nach)schleppen; 2. verfolgen, nachspüren; 3. sich hinziehen; **t. behind** zurückfallen, hinterherhinken

trailblazer *n* Vorreiter *m*, Wegbereiter *m*
trailer *n* 1. ⚓ (Last(kraft)wagen)Anhänger *m*, Sattelzuganhänger *m*, Trailer *m*; 2. *[US]* Wohnwagen *m*; 3. Filmvoranzeige *f*; 4. Werbedurchsage *f*; 5. 💻 Beisatz *m*; **t. on flat car (TOFC)** *[US]* 🚆 Huckepackverkehr *m*; **flat-bed t.** Tieflader *m*; **unaccompanied t.** unbemannter Anhänger; **wag(g)on-carrying t.** 🚆 Straßenroller *m*; **t. card** 💻 Folgekarte *f*; **t. coupling** Anhängerkupplung *f*; **t. unit** Trailereinheit *f*
train *n* 1. 🚆 Zug *m*; 2. Kolonne *f*; **t. of thought** Gedankengang *m*; **to pursue a ~ thought** Gedanken fortspinnen; **to be in t.** im Gange sein; **to board a t.** Zug besteigen; **to bring in (its) t.** mit sich bringen, nach sich ziehen; **to catch/get/make a t.** Zug erreichen; **to go by t.** mit der (Eisen)Bahn fahren; **~ like a t.** *(fig)* wie geschmiert laufen *(fig)*; **to lay/put on an extra t.** Sonderzug einsetzen; **to miss the t.** Zug verpassen; **to put/set in t.** in Gang setzen, einleiten; **to stop a t.** Zug anhalten; **to take the t.; to travel by t.** mit dem Zug fahren
articulated train 🚆 Gelenkzug *m*; **connecting t.** Anschluss(zug) *m*; **direct t.** direkter/durchgehender Zug, D-Zug *m*, Durchgangszug *m*; **down t.** Zug aus der Hauptstadt; **fast t.** Schnellzug *m*; **by ~ t.** als Eilgut; **high-speed t.** Hochgeschwindigkeitszug *m*; **local t.** Personen-, Nahverkehrszug *m*; **long-distance t.** Fernzug *m*; **push-pull t.** Wendezug *m*; **regular** *[GB]*/**scheduled** *[US]* **t.** fahrplanmäßiger Zug; **semi-fast t.** Eilzug *m*; **slow t.** Personenzug *m*, Bummelzug *m (coll)*; **special t.** Sonderzug *m*; **suburban t.** Vorortzug *m*; **through t.** direkter/durchgehender Zug, D-Zug *m*, Durchgangszug *m*, Direktverbindung *f*; **tilting t.** Neigezug *m*; **up t.** Zug in die Hauptstadt
train *v/ti* 1. ausbilden, schulen, anlernen, trainieren, einarbeiten; 2. erziehen, lehren, unterweisen, heranbilden; 3. Lehre/Ausbildung machen; **t. for sth.** etw. studieren, sich zu etw. ausbilden lassen
trainable *adj* erziehbar, ausbildungsfähig
train collision/crash/disaster 🚆 Zugzusammenstoß *m*, Eisenbahn-, Zugunglück *nt*; **t. compartment** Zugabteil *nt*; **t. connection** Zuganschluss *m*, Z.verbindung *f*; **t. crew** Zug(begleit)personal *nt*, Z.besatzung *f*; **t. driver** Lokomotivführer *m*
trained *adj* ausgebildet, gelernt, geschult, mit abgeschlossener Berufsausbildung; **fully t.** voll ausgebildet; **legally t.** juristisch ausgebildet
trainee *n* Praktikant(in) *m/f*, Auszubildende(r) *f/m*, Azubi *m (coll)*, Anlernling *m*, Lehrling *m*, Volontär(in) *m/f*, Trainee *m*, Kurs-, Lehrgangsteilnehmer(in) *m/f*, Umschüler(in) *m/f*; **clerical t.** Bürolehrling *m*; **commercial t.** Handelslehrling *m*, kaufmännischer Lehrling; **industrial t.** gewerblicher Lehrling; **judicial t.** Gerichtsreferendar(in) *m/f*
trainee allowance Ausbildungsvergütung *f*, A.zulage *f*; **t. class/course** Nachwuchsseminar *nt*, N.lehrgang *m*; **final t. examination** Ausbildungsabschlussprüfung *f*; **t. lawyer** Rechtsreferendar(in) *m/f*, Anwaltsassessor *m*; **t. manager** Management-Trainee *m*, Nachwuchskraft *f*; **t. place/position** Ausbildungsplatz *m*, Lehr-, Praktikantenstelle *f*; **t. ratio** Nachwuchsverhältnis *nt*;

t.'s salary Ausbildungsvergütung *f*; **t. salesman** Jungverkäufer *m*
traineeship *n* 1. Ausbildungsplatz *m*, Lehrstelle *f*, Lehre *f*; 2. Volontariat *nt*; 3. Praktikantentätigkeit *f*; **available t.s** Ausbildungsplatz-, Lehrstellenangebot *nt*; **t. abroad** Auslandspraktikum *nt*
trainee status Ausbildungsverhältnis *nt*; **t. teacher** Lehramtsanwärter(in) *m/f*, Studienreferendar(in) *m/f*; **t. workshop** Lehrwerkstatt *f*
trainer *n* 1. Ausbilder *m*, Schulungsleiter *m*, Erzieher *m*, 2. *(Sport)* Trainer *m*; **t.s** 1. Ausbildungspersonal *nt*; 2. Turnsportschuhe
train ferry ⚓/🚆 Eisenbahnfähre *f*
training *n* 1. Ausbildung(swesen) *f/nt*, Schulung *f*, Ausbildungsgang *m*, Unterweisung *f*, Einarbeitung *f*, Heranbildung *f*; 2. Volontariat *nt*; **t. and development** Aus- und Weiterbildung *f*; **(vocational) t. for a handicraft**; **t. for a trade** Handwerksausbildung *f*, handwerkliche Ausbildung; **t. of juniors** Nachwuchsausbildung *f*; **t. on quality** Qualitätsschulung *f*
to be through one's training seine Lehre/Ausbildung beendet haben; **to complete one's t.** Ausbildung abschließen; **to improve t.** Ausbildung intensivieren; **to undergo t.** an einer Ausbildungsmaßnahme teilnehmen
academic training wissenschaftliche/akademische Ausbildung; **additional t.** Zusatzausbildung *f*; **advanced t.** (Berufs)Fort-, Weiterbildung *f*; **all-round t.** vielseitige Ausbildung; **basic t.** Grundausbildung *f*; **career-orient(at)ed t.** berufsbezogene Ausbildung; **commercial t.** kaufmännische Lehre/Ausbildung; **~ certificate** Kaufmannsgehilfenbrief *m*; **competence-based t.** fertigkeitsbezogene Ausbildung; **compulsory t.** obligatorische Lehre; **continuing t.** Weiterbildung *f*; **cross-border t.** grenzüberschreitende Ausbildung; **extra-plant t.** überbetriebliche Ausbildung; **foreign-language t.** Fremdsprachenausbildung *f*; **further t.** (Berufs)Fort-, Weiterbildung *f*; **hands-on t.** praktische/praxisorientierte Ausbildung; **in-company t.** firmeninterne Schulung, innerbetriebliche Ausbildung; **individual t.** Einzelausbildung *f*
industrial training betriebliche/gewerbliche/industrielle (Fach)Ausbildung, ~ Lehre, ~ Schulung, Berufs-, Betriebs-, Gewerbeausbildung *f*; **~ act** Berufsausbildungsgesetz *nt*; **~ assistance act** (Berufs)Ausbildungsförderungsgesetz *nt [D]*; **~ levy** Berufsausbildungsabgabe *f*
in-house/in-plant/in-service training (inner)betriebliche Aus-/Fort-/Weiterbildung, ~ Schulung, innerbetriebliches Bildungswesen; **initial t.** Erstausbildung *f*; **~ and advanced t.** Aus- und Fortbildung *f*; **in-service t.** Personalfortbildung *f*; **institutional t.** außerbetriebliche Ausbildung; **legal t.** juristische Ausbildung, Juristenausbildung *f*; **advanced ~ t.** juristische Fortbildung; **manual t.** Werkunterricht *m*; **occupational t.** berufliche (Aus)Bildung, Fachausbildung *f*; **~ grant** Berufsausbildungsbeihilfe *f*; **off-the-job/outside t.** 1. Ausbildung außerhalb des Arbeitsplatzes; 2. außerbetriebliche Weiterbildung, **on-the-job t.** 1. Ausbildung

am Arbeitsplatz, praktische Ausbildung/Schulung; 2. innerbetriebliche Fortbildung; **operational t.** einsatzmäßige Ausbildung; **physical t.** Leibeserziehung *f*, Körperertüchtigung *f*; **polyvalent t.** vielseitige Ausbildung; **practical t.** 1. Volontariat *nt*; 2. (Betriebs)Praktikum *nt*; **pre-employment t.** Berufsausbildung *f*; **prevocational t.** Berufsvorbereitung *f*; **professional t.** 1. Fachstudium *nt*, Berufs(aus)bildung *f*, berufliche Ausbildung/Schulung; 2. Berufsfortbildung *f*; **secretarial t.** Sekretärinnen-, Sekretariatsausbildung *f*; **special (-alized) t.** Sonder-, Spezial-, Fachausbildung *f*, fachliche Ausbildung; **specialist t.** Spezialistenausbildung *f*; **step-by-step t.** Stufenausbildung *f*; **supervisory t.** Vorgesetztenschulung *f*; **technical t.** Fachausbildung *f*, F.schulbildung *f*, technische Ausbildung; **updating t.** auffrischende Ausbildung
vocational training Berufs(aus)-, Fach(schul)ausbildung *f*, berufliche/fachliche (Aus)Bildung, ~ Schulung, berufliches Ausbildungswesen; **advanced v. t.** Berufsfortbildung *f*, berufliche Fort-/Weiterbildung; **basic v. t.** berufliche Grund(aus)bildung, Berufsgrundbildung *f*; **v. t. act** Berufsbildungsgesetz *nt [D]*; **~ center** *[US]* /**centre** *[GB]* Berufsbildungszentrum *nt*; **~ course** Berufsausbildungslehrgang *m*; **advanced ~ course** Berufsfortbildungs-, Förderlehrgang *m*; **~ expenses** Ausbildungskosten; **~ program(me)** Berufsausbildungsprogramm *nt*; **~ year** Berufsbildungsjahr *nt*; **basic ~ year** Berufsvorbereitungsjahr *nt*
training adviser/counsellor Ausbildungsberater(in) *m/f*; **t. aids** Ausbildungs-, Schulungsmaterial *nt*; **t. allowance** Ausbildungszuschuss *m*, A.vergütung *f*, A.beihilfe *f*; **t. arrangements/benefit** Weiterbildungsmöglichkeiten; **statutory t. board** staatliche/staatlich anerkannte Ausbildungsstätte; **t. board levy** Ausbildungsumlage *f*; **t. body** Ausbildungsstätte *f*, Bildungsträger *m*; **t. camp** Ausbildungs-, Schulungs-, Trainingslager *nt*; **t. center** *[US]* /**centre** *[GB]* 1. Ausbildungs-, Trainings-, Schulungszentrum *nt*, S.stätte *f*, Ausbildungsstätte *f*; 2. Lehrwerkstatt *f*, L.stätte *f*; 3. *(Sport)* Leistungszentrum *nt*; **t. college** Berufsfachschule *f*; **t. costs** Ausbildungskosten; **t. course** Ausbildungs-, Fach-, Schulungs-, Übungskurs *m*, Ausbildungs-, Schulungslehrgang *m*, S.veranstaltung *f*, S.maßnahme *f*; **in-service t. course** Fortbildungskurs *m*, F.lehrgang *m*; **short t. course** Kurzausbildung *f*; **t. establishment** Ausbildungs-, Schulungsstätte *f*, Unterrichtsanstalt *f*; **t. evaluation** Beurteilung der Ausbildung; **t. expenditures/expenses** Aufwendungen für die betriebliche Aus- und Weiterbildung; **t. facilities** 1. Ausbildungseinrichtungen, A.möglichkeiten, A.stätten; 2. Schulungsmöglichkeiten, S.stätten; **t. grant** Ausbildungsbeihilfe *f*, A.geld *nt*, A.förderung *f*; **t. institution** 1. Schulungsstätte *f*; 2. Lehrwerkstatt *f*; **t. levy** (Berufs)Ausbildungsabgabe *f*, A.umlage *f*; **t. manager** Ausbildungs-, Schulungsleiter *m*, Nachwuchsausbilder *m*; **t. manual** 1. Ausbildungsvorschrift *f*; 2. Lehrbuch *nt*; **t. measure** Fort-, Weiterbildungsmaßnahme *f*; **t. methods** Ausbildungsmethoden; **t. module** Weiterbildungsbaustein *m*; **t. objective** Aus-, Fortbildungs-

ziel *nt*; **recognized t. occupation** anerkannter Ausbildungsberuf; **t. officer** Ausbildungsleiter *m*, Ausbilder *m*; **t. opportunity** 1. Ausbildungschance *f*; 2. Weiterbildungsmöglichkeit *f*; **t. period** Schulungs-, Ausbildungsdauer *f*, A.zeit *f*, Lehr-, Anlern-, Vorbereitungszeit *f*; **t. place** Ausbildungsplatz *m*; **t. plan/schedule** Schulungsprogramm *nt*, Ausbildungsplan *m*; **t. post** 1. Volontariat *nt*; 2. Praktikantenstelle *f*; **t. program(me)** Ausbildungs-, Fortbildungs-, Schulungs-, Unterrichtsprogramm *nt*; **t. promotion** Ausbildungsförderung *f*, Berufsfürsorge *f*, B.hilfe *f*; **t. provider** Ausbildungsbetrieb *m*; **t. provision** Ausbildungsangebot *nt*; **t. qualification** Berufsabschluss *m*; **t. ratio** Ausbildungsquote *f*; **t. regulation(s)** Ausbildungsordnung *f*; **t. requirements** Fortbildungsbedarf *m*; **t. scheme** Ausbildungsweg *m*, A.programm *nt*, Traineeprogramm *nt*; **advanced/further t. scheme** Weiterbildungsmaßnahme *f*, Berufsfortbildungslehrgang *m*; **t. (work)shop** Ausbildungs-, Lehr(lings)werkstatt *f*, Lehrbetrieb *m*; **t. staff** Ausbildungspersonal *nt*; **t. standard(s)** Ausbildungsniveau *nt*; **t. supervisor** Schulungs-, Lehrgangsleiter *m*; **t. technique** Aus-, Fortbildungsmethode *f*
train journey/ride 🚆 (Eisen)Bahnfahrt *f*; **t. letter** (Eisen)Bahnbrief *m*; **t.load** *n* Zugladung *f*; **t. mile** Zugmeile *f*; **t. number** Zugnummer *f*; **t. operation** 🚆 Betriebsabwicklung *f*; **t. printer** 🖨 Gliederdrucker *m*; **automatic t. protection (ATP)** Zugüberwachung *f*; **t. radio** Zugfunk *m*; **t. robber** Zugräuber *m*; **t. service** Bahnverbindung *f*, Zugverkehr *m*; **t. staff** Zugpersonal *nt*; **t. ticket** (Eisen)Bahnfahrkarte *f*
trajectory *n* Flugbahn *f*; **t. of objectives** Zieltrajektorie *f*
tram *n [GB]* Straßenbahn *f*; **t.car** *n* Straßenbahnwagen *m*; **t. depot** Straßenbahndepot *nt*; **t. driver** Straßenbahnfahrer(in) *m/f*; **t. line** Straßenbahnlinie *f*
tramp *n* 1. Landstreicher *m*, Obdachlose(r) *f/m*; 2. ⚓ Trampschiff *nt*, T.dampfer *m*, nicht im Linienverkehr fahrendes Schiff
tramping (trade) *n* ⚓ Trampgeschäft *nt*, T.schifffahrt *f*, T.fahrt *f*, T.verkehr *m*
trample underfoot *v/t* zermalmen
tramp shipowner ⚓ Trampreeder *m*; **t. shipping** Trampschifffahrt *f*, T.geschäft *nt*; **t. steamer** Trampschiff *nt*
tram stop *[GB]* Straßenbahnhaltestelle *f*; **t.way** *n* Straßenbahn *f*; **~ company** Straßenbahngesellschaft *f*
tranche *n* Tranche *f*, Teilausgabe *f*; **t. financing** Scheibchenfinanzierung *f*
tranquil|lity *n* Stille *f*, Ruhe *f*; **t.lizer** *n* 💊 (Nerven)Beruhigungsmittel *nt*
transact *v/t* *(Geschäft)* tätigen, abwickeln, (durch)führen, abschließen
transaction *n* 1. Abwicklung *f*, Durchführung *f*, (Rechts)Geschäft *nt*, G.sabschluss *m*, G.svorfall *m*, (Geschäfts)Vorgang *m*, Transaktion *f*; 2. Kontobewegung *f*, **t.s** 1. (Geschäfts)Abschlüsse, Geschäfte, Verkäufe, Umsatz *m*, Umsätze; 2. *(Geld)* Leistungsverkehr *m*; 3. § Verhandlungen, Protokoll *nt*, Sitzungs-, Verhandlungsbericht *m*
transaction on joint account Beteiligungsgeschäft *nt*;

transaction for third account

t. for third account Fremd-, Kundengeschäft *nt*; **internal t. and cost account** innerbetriebliche Kosten- und Leistungsrechnung; **legal t. subject to approval** zustimmungsbedürftiges Rechtsgeschäft; **t. for cash** Kassageschäft *nt*; **t. on a commission basis** Mandat-, Provisionsgeschäft *nt*; **t. contra bonos mores** *(lat.)* sittenwidriges (Rechts)Geschäft; **t. under a contract; t. in fulfil(l)ment of an obligation** Erfüllungsgeschäft *nt*, schuldrechtliches Geschäft; **t. for actual delivery** Effektivhandel *m*; **~ forward/future delivery** Termin-, Lieferungsgeschäft *nt*; **~ delivery within a specified period** *(Warenmarkt)* Abschluss auf Ablading; **~ delivery of goods in transit** Abschluss in rollender oder schwimmender Ware; **t. in foreign exchange** Devisengeschäft *nt*; **t. mortis causa** *(lat.)* [§] Rechtsgeschäft von Todes wegen; **t. imposing an obligation** Erfüllungsgeschäft *nt*, schuldrechtliches Geschäft; **t. with simultaneous performance** Zug-um-Zug-Geschäft *nt*; **t. for the purpose of evading the law** Umgehungsgeschäft *nt*; **~ value** entgeltliches Rechtsgeschäft; **t. inter vivos** *(lat.)* [§] Rechtsgeschäft unter Lebenden
to carry out a transaction Geschäft abwickeln/tätigen; **to effect a t.** Transaktion durchführen; **to engage in/enter into a t.** Rechtsgeschäft abschließen; **to handle/process a t.** Geschäft erledigen, Geschäftsvorfall bearbeiten; **to suspend t.s** *(Börse)* Handel einstellen; **to vitiate a t.** Geschäft annullieren
absolute transaction bedingungsfeindliches Geschäft; **abstract t.** abstraktes Rechtsgeschäft; **accommodating t.s** Ausgleichstransaktionen; **across-the-counter t.** *(Börse)* Schalter-, Tafelgeschäft *nt*, Geschäft mit effektiven Stücken; **antecedent t.** vorangehendes Geschäft; **auxiliary t.** Hilfsgeschäft *nt*; **big-ticket t.** Großabschluss *m*, G.geschäft *nt*; **bilateral t.** zweiseitiges Rechtsgeschäft; **blank t.** Blankogeschäft *nt*, neutrale Transaktion; **bogus t.** Schwindel-, Scheingeschäft *nt*, S.transaktion *f*, fingiertes Geschäft; **bona-fide** *(lat.)* **t.** auf Treu und Glauben abgeschlossenes Geschäft; **carrying-over t.** Wertpapierpensionsgeschäft *nt*; **commercial t.** Geschäftsvorfall *m*, G.vorgang *m*, Handel(sgeschäft) *m/nt*; **~ t.s** Umsatzgeschäfte; **basic ~ t.** Grundhandelsgeschäft *nt*; **bilateral/two-sided ~ t.** beiderseitiges/zweiseitiges Handelsgeschäft; **onesided/unilateral ~ t.** einseitiges Handelsgeschäft; **concealed t.** verdecktes (Rechts)Geschäft; **conditional t.** Bedingtgeschäft *nt*, bedingtes Rechtsgeschäft; **consular t.** konsularische Amtshandlung; **contested t.** angefochtenes Rechtsgeschäft; **net current t.s** Saldo der Transferzahlungen; **direct t.s** Direktverkehr *m*; **dummy t.** Schwindel-, Scheingeschäft *nt*, S.transaktion *f*, fingiertes Geschäft; **each-way t.** *(Börse)* Geschäft mit Gebührenaufteilung zwischen Käufer und Verkäufer; **economic t.** ökonomische Transaktion; **end-of-month t.** Ultimodisposition *f*; **executed t.** abgeschlossene Transaktion; **executory t.** Verpflichtungsgeschäft *nt*; **external t.** Außenhandelsgeschäft *nt*; **total ~ t.s** gesamte außenwirtschaftliche Transaktionen; **fiduciary t.** fiduziarisches Rechtsgeschäft; **financial t.** Geld-, Finanzgeschäft *nt*, F.transaktion *f*, Finanzierungsfall *m*, finanzielle Transaktion; **~ t.s** Finanzgeschehen *nt*; **follow-up t.** Nachgeschäft *nt*; **foreign t.s** Zahlungsverkehr mit dem Ausland, Auslandsgeschäfte; **forward t.** 1. (Devisen)Termin-, Sicht-, Zeitgeschäft *nt*; 2. Börsentermingeschäft *nt*; **callable ~ t.** Wandelgeschäft *nt*; **circular ~ t.** Ringgeschäft *nt*; **outright ~ t.** 1. Devisentermingeschäft *nt*; 2. einfaches Termingeschäft; **fraudulent t.** Schwindelgeschäft *nt*; **front-door t.** *[GB]* Kreditaufnahme der Diskontbanken bei der Bank von England; **illegal t.** Schieberei *f*, Schiebung *f*, Schiebergeschäft *nt*, unerlaubte Transaktion, verbotenes Geschäft; **illicit/inadmissible t.** unzulässiges/unerlaubtes (Rechts)Geschäft; **immoral t.** sittenwidriges (Rechts)Geschäft; **impending t.** schwebendes Geschäft; **incomplete t.** nicht abgeschlossenes Rechtsgeschäft; **inland t.** Inlandsgeschäft *nt*; **interbank t.** Transaktion zwischen Banken; **interbranch t.s** Filialverkehr *m*; **intercompany/intergroup t.s** Konzerngeschäfte, K.geschäftsvorfälle; **internal t.** Binnenvorfall *m*; **~ t.s** interner Buchungsverkehr; **current international t.s** laufende internationale Geschäfte; **invisible t.** unsichtbare Transaktion; **joint t.** Partizipationsgeschäft *nt*; **legal t.** Rechtsgeschäft *nt*; **unilaterally binding/obligating ~ t.** einseitig verpflichtendes Rechtsgeschäft; **conditional ~ t.** bedingtes Rechtsgeschäft; **linked ~ t.s** verbundene Rechtsgeschäfte; **linked t.** Kopplungsgeschäft *nt*; **~ t.s** verbundene Rechtsgeschäfte; **long-term t.** Geschäftsabschluss auf lange Sicht; **mercantile t.** Handelsgeschäft *nt*, Finanztransaktion *f*, F.operation *f*; **unilateral ~ t.** einseitiges Handelsgeschäft; **monetary t.** Finanztransaktion *f*, F.operation *f*; **~ t.s** Zahlungsverkehr *m*, Währungsgeschehen *nt*; **new t.** Neuabschluss *m*; **non-invoiced t.** Geschäft ohne Rechnung, Ohne-Rechnung-Geschäft *nt*; **odd-lot t.** Effektengeschäft mit kleinen Abschnitten; **offsetting t.** Gegengeschäft *nt*; **ostensible t.** Scheingeschäft *nt*; **outright t.** 1. Sologeschäft *nt*; 2. normales Offenmarktgeschäft; **outside t.s** Freiverkehrsumsätze; **overnight t.** Pensionsgeschäft *nt*; **overseas t.** Auslands-, Überseegeschäft *nt*; **over-the-counter (OTC) t.** Schalter-, Tafelgeschäft *nt*, Geschäft mit effektiven Stücken; **pecuniary t.** Geldgeschäft *nt*; **~ t.s** Vermögensverkehr *m*; **pending t.** schwebende Transaktion, schwebendes Geschäft; **previous t.** Vorumsatz *m*; **prohibited t.** verbotenes (Rechts)Geschäft; **prompt t.** Promptgeschäft *nt*; **reciprocal t.** Kompensationsgeschäft *nt*; **regular t.** *(Außenhandel)* autonome Transaktion; **reversed t.** Rückabwicklung *f*; **round t.** abgeschlossenes Börsengeschäft; **roundabout t.** Karussellgeschäft *nt*; **round-lot t.** *(Börse)* glattes/rundes Geschäft; **serial t.** Reihengeschäft *nt*; **shady t.** zweifelhaftes Geschäft; **similar t.s** gleichartige Geschäfte; **special t.** Sondergeschäft *nt*; **speculative t.** Spekulationsgeschäft *nt*; **subsequent t.s** auf einen Stichtag folgende Transaktionen; **take-in t.** *(Börse)* Kostgeschäft *nt*; **taxable t.** steuerpflichtiger Vorgang, steuerpflichtige Leistung, steuerpflichtiges Rechtsgeschäft; **third-party t.** Drittgeschäft *nt*; **triangular t.** Dreiecksgeschäft *nt*; **two-party t.** zweiseitiges Rechtsgeschäft;

uncovered t. Blankogeschäft *nt*; **underlying t.** Grundgeschäft *nt*, zu Grunde liegendes Geschäft, kausales Rechtsgeschäft; **unilateral t.** einseitiges Rechtsgeschäft; **unlawful t.** unzulässiges Rechtsgeschäft; **unprotected t.** Umgehungsgeschäft *nt*, der Konkursanfechtung unterliegendes Rechtsgeschäft; **usurious t.** Wuchergeschäft *nt*; **void t.** nichtiges Rechtsgeschäft; **~ and voidable t.** unwirksames Rechtsgeschäft; **voidable t.** anfechtbares Rechtsgeschäft, anfechtbare Rechtshandlung; **voided t.** angefochtenes Rechtsgeschäft
transactionable *adj* abdingbar
transaction|s balance Transaktions-, Umsatzkasse *f*; **t. banking** *(Bank als Makler)* Einmalgeschäft *nt*; **t. capacity** Transaktionsleistung *f*; **t. charge** Buchungsgebühr *f*; **t. currency** Transaktionswährung *f*; **t. endorsement** Vertragszusatz *m*; **t. equation** Quantitäts-, Verkehrsgleichung *f*; **t. file** Fortschreibungsdatei *f*; **t. flow** Leistungsstrom *m*; **t. input** Umsatzeingabe *f*; **daily t.s journal** Geschäftstagebuch *nt*; **t. list** Umsatzliste *f*; **t. loan** kurzfristiger Kredit; **t. mode** 🖳 Teilhabebetrieb *m*; **t. rate** Transaktionskurs *m*; **t. record** Geschäftsbeleg *m*; **daily t. register** Tagesumsatzliste *f*; **enforced t. sequence** 🖳 zwangsläufige Bedienungsfolge; **t.s side** Leistungsseite *f*; **t. slip** *(Börse)* Abschlussbestätigung *f*; **t. statistics** Umsatzstatistik *f*; **t. surplus** Leistungsüberschuss *m*; **t. tax** Verkehr(s)steuer *f*, (Mehrphasen)Umsatzsteuer *f*; **general t.s tax** allgemeine Verkehr(s)steuer *f*; **t. value** Geschäfts-, Transaktionswert *m*; **t. velocity** Umlaufgeschwindigkeit *f* (des Geldes)
transatlantic *adj* transatlantisch, überseeisch, Transatlantik-
trans|-border; t.-boundary *adj* grenzüberschreitend; **t.ceiver** Sender-Empfänger *m*
transcribe *v/t* umschreiben, in Langschrift übertragen, ab-, niederschreiben, transkribieren
transcript *n* Ab-, Niederschrift *f*, Kopie *f*, (Verhandlungs)Protokoll *nt*, Übertragung *f*; **t. of evidence** Beweisprotokoll *nt*; **~ proceedings** Verhandlungsprotokoll *nt*
transcription *n* Übertragung *f*, Abschrift *f*, Kopie *f*; **phonetic t.** Lautschrift *f*; **t. error** Übertragungsfehler *m*; **t. time** Übertragungszeit *f*, Ü.dauer *f*
transdepartmental *adj* bereichs-, abteilungs-, ressortübergreifend
transfer *n* 1. (Eigentums)Übertragung *f*, Transfer(leistung) *m/f*, Überlassung *f*, Zession *f*, Abtretung *f*, Übergang *m*; 2. *(Geld)* An-, Überweisung *f*, Giro *nt*, Übertragung *f*, Umbuchung *f*, Abdisposition *f*, Überschreibung *f*; 3. *(Bilanz)* Einstellung *f*; 4. *(Personal)* Umsetzung *f*; 5. *(Betrieb)* Verlegung *f*, Verlagerung *f*; 6. Umladung *f*, Umladevorgang *m*, Umladen, Umschlag *m*, Umschiffung *f*; 7. Abziehbild *nt*
transfer between accounts Kontenumschreibung *f*; **t. on account** Kontoübertrag *m*; **t. to another account** Kontoumbuchung *f*; **t. by act of the party** rechtsgeschäftliche Übertragung; **~ agreement and delivery** sachenrechtliche Übertragung; **t. of assets** Vermögensbewegung *f*, Übertragung von Vermögen; **~ (all) assets and liabilities** Vermögensübertragung *f*, V.übergang *m*; **fraudulent ~ assets** Vermögensverschiebung *f*; **t. by assignment** Übertragung durch Abtretung; **~ and delivery** schuldrechtliche Übertragung; **t. of a balance** Übertragung eines Saldos; **t. in blank** Blankoübertragung *f*, B.zession *f*; **t. of budget funds** Übertragung von Haushaltsmitteln; **~ business** Geschäftsübertragung *f*; **~ a case** [§] Verweisung eines Rechtsstreits; **~ a claim** Forderungsübertragung *f*, F.transfer *m*; **t. to a company in exchange for stock** Einbringung in eine Gesellschaft; **t. of costs** Kostenübergang *m*; **t. on/by death** (Eigentums)Übertragung/Übereignung im Todesfall, ~ von Todes wegen; **t. of domicile** Wohnsitzverlegung *f*, W.veränderung *f*; **t. by endorsement** Girierung *f*; **t. on blank endorsement** Blankoübergabe *f*; **t. of an enterprise** Betriebsübergabe *f*; **~ real estate** Grundstücksverkehr *m*; **~ foreign exchange** Devisentransfer *m*; **~ a factory** Fabrikverlagerung *f*; **~ farmsteads** 🐄 Aussiedlung *f* (aus engen Dorflagen); **~ fee** [§] simple [§] Auflassung *f*; **~ firm name** Leerübertragung *f*; **t. to a foreign flag** ⚓ Ausflaggen *nt*, Ausflaggung *f*; **t. as a guarantee** Sicherheitsübertragung *f*, S.übereignung *f*; **t. of income** (öffentliche) Einkommensübertragung *f*; **t. by written instrument** Übergabe durch Zeichen; **t. of jurisdiction** Übertragung der Zuständigkeit; **~ land** Grundstücksübertragung *f*; **~ liabilities** Lastenübertragung *f*; **~ liquidity** Liquiditätsumschichtung *f*; **t. to the commercial list** [§] Verweisung an die Kammer für Handelssachen; **t. by negotiation** Übertragung durch Begebung; **t. of ownership** Eigentumsübertragung *f*, Übereignung *f*; **simplified ~ ownership** vereinfachte Übertragung; **t. in lieu of payment** Hingabe an Zahlungs Statt; **t. of the place of business** Sitzverlegung *f*; **~ the place of management** Verlegung der Geschäftsleitung; **~ a plant** Betriebs-, Fabrikverlagerung *f*; **~ possession** Besitzübertragung *f*, B.umschreibung *f*; **t. to foreign ports of registry** ⚓ Heimatortverlegung *f*, Ausflaggung *f*; **t. of power** Machtübergang *m*; **~ power for asset disposal** Verschaffung der Verfügungsvollmacht; **~ priority rights** Prioritätsübertragung *f*; **~ proceedings** [§] Verweisung eines Verfahrens; **~ property** Eigentums-, Vermögensübergang *m*, Übergang von Vermögen; **conditional ~ property** Erwerb unter aufschiebender Bedingung; **gratuitous ~ property** unentgeltlicher Erwerb; **specific-purpose ~ property** Zweckzuwendung *f*; **t. for disciplinary reasons** Strafversetzung *f*; **t. from reserves** Entnahme aus den Rücklagen; **t. of reserves** Umbuchung vorhandener Reserven, Umwandlung von Rücklagen; **t. to reserves** 1. Einstellung in die Rücklage(n), Dotierung der Rücklagen, Rücklagendotierung *f*; 2. ⊖ Übertragung auf die Reserve; **non-recurrent ~ reserves** Einmalrückstellung *f*; **t. of disclosed reserves** Umbuchung freier Rücklagen; **~ residence** Verlegung des Wohnsitzes; **~ resources** Ressourcentransfer *m*, Transfer von Ressourcen; **~ rights** Rechtsübertragung *f*; **~ the right to vote** Stimmrechtsübertragung *f*; **~ the risk** Gefahren-, Risikoübergang *m*; **the risk to public authorities** Risikosozialisierung *f*; **t. to the salary**

transfer of securities

payroll Übernahme in das Angestelltenverhältnis; **t. of securities** Wertpapierübertragung f, Depotumbuchung f, D.übertrag m, Effektengiro nt, E.übertragung f; **~ shares** *[GB]* /**stocks** *[US]* Aktienumschreibung f, A.übertragung f, Übertragung von Aktien; **~ stock** Bestandsübertragung f; **~ technology** Technologietransfer m; **~ territory** Gebietsübertragung f; **~ title** Eigentumsübertragung f, E.übergang m, Übereignung f, Rechtsübergang m, Rechts-, Besitzübertragung f; **~ title by constructive delivery** [§] traditio brevi manu *(lat.)*; **~ title to land** Grundstücksübertragung f, G.umschreibung f; **t. for use** Gebrauchsüberlassung f; **t. inter vivos** *(lat.)* [§] Übertragung zu Lebzeiten; **t. of voting rights** Stimmrechtsübertragung f; **~ wages** Lohnüberweisung f
to apply for a transfer um seine Versetzung einkommen; **to turn down a t.** Versetzung ablehnen
absolute transfer uneingeschränkte Übertragung; **actual t.s** echte Übertragungen; **blank t.** Blankozession f, B.giro nt, Leerübertragung f; **cashless t.** bargeldlose Überweisung, bargeldloser (Überweisungs)Verkehr/ Transfer; **certified t.** beglaubigte Abtretung; **collective/combined t.** Sammelüberweisung f; **net current t.s** Saldo der laufenden Übertragungen; **direct t.** Direktüberweisung f; **genetic t.** Gentransfer m; **gratuitous t.** unentgeltliche Übertragung/Veräußerung; **imputed t.** fiktive Übertragung; **in-house t.** *(Bank)* Hausüberweisung f; **interbank t.** bankmäßige Überweisung; **interbranch t.** *(Bank)* Fernübertragung f, F.überweisung f; **intergovernmental t.** Finanzausgleich(szahlung) m/f; **internal t.** Kontoübertrag m; **interpersonal t.** Übertragung zwischen Haushalten; **interspousal t.** Übertragung zwischen Ehegatten; **intra-group t.s** Konzernverrechnungsverkehr m; **intraplant t.** innerbetriebliche Umsetzung; **local t.** Platzüberweisung f, P.übertragung f; **out-of-town t.** *(Bank)* Fernübertragung f, F.überweisung f; **parallel t.** Parallelübertragung f; **physical t.** *(Wertpapier)* Stückeverkehr m; **postal t.** Postscheckuberweisung f; **private t.s** Transferleistungen der Privatwirtschaft, private Übertragungen; **public t.s** öffentliche Übertragungen; **telegraphic t. (TT)** 1. telegrafische Auszahlung/Überweisung; 2. Kabel-, Telegrammübermittlung f; **thermal t.** 🖥 Thermotransfer m; **~ character printer** Thermotransfer-Zeichendrucker m; **total t.** Summenübertragung f; **unilateral t.** einseitiger Transfer, einseitige Übertragung, unentgeltliche Leistung/(Kapital)Übertragung; **unrequited t.** unentgeltliche Leistung/Übertragung; **urgent t.** Eilüberweisung f; **voucherless t.** belegloser Überweisungsverkehr
transfer v/t 1. übertragen, an-, überweisen, übergeben, überführen, transferieren, über-, umschreiben, umbuchen, zuschreiben, abtreten, zedieren; 2. *(Personal)* versetzen, überstellen, umsetzen; 3. *(Produktion)* verlagern; 4. *(Bilanz)* einstellen; 5. *(Mittel)* abführen, abdisponieren; 6. umladen, umschiffen, umschlagen; 7. *(Grundstück)* auflassen; 8. überwechseln; **t. back** rückversetzen; **t. freely** frei übertragen
transferability n Übertrag-, Abtret-, Transferierbarkeit

f; **to restrict t.** *(Aktien)* vinkulieren; **free t.** freie Übertragbarkeit
transferable adj 1. übertragbar, abtretbar, begebbar, transferierbar, t.fähig; 2. abtretungsfähig, zedierbar; **freely t.** frei/formlos übertragbar
transfer account Kontokorrent-, Giro-, Transferkonto nt; **internal t. account** Durchgangskonto nt; **t. agency** Umschreibestelle f; **t. agent** 1. Bevollmächtigter für den Verkauf von Aktien, Transferagent m, T.stelle f; 2. *(Börse)* Umschreibungsstelle f; **t. agreement** Transferabkommen nt; **t. bank** Girobank f; **t. book** 1. Übertragungsregister nt; 2. *(AG)* Umschreibungsbuch nt; **t. capacity** Transfer-, Übertragungsleistung f; **t. certificate** Übertragungsschein m; **t. charge** Anweisungsgebühr f, Verkehr(s)steuer f; **t. charges** Umlade-, Umschlagkosten; **t. check** Übertragungskontrolle f; **t. check** *[US]* /**cheque** *[GB]* Überweisungsscheck m; **t. clause** Versetzungs-, Transferklausel f; **t. commission** Überweisungsprovision f; **t. day** Umschreibungstag m; **t. deed** Auflassungs-, Überlassungs-, Übertragungs-, Zessionsurkunde f, Begebungsvertrag m; **t. department** Überweisungsabteilung f; **t. duty** Börsenumsatz-, Effekten-, Verkehr(s)steuer f; **t. earnings** Opportunitätseinkommen nt; **t. economy** Transferwirtschaft f
transferee n 1. (Abtretungs-/Übertragungs-/Überweisungs)Empfänger(in) m/f, Transferbegünstigte(r) f/m; 2. Zessionar m; 3. *(Wechsel)* Indossatar m; 4. Rechtsnachfolger(in) m/f; 5. Erwerber(in) m/f (von Wertpapieren); 6. Forderungsübernehmer m; **authorized t.** Erwerbsberechtigter m; **subsequent t.** späterer Erwerber; **t. company** übernehmende Gesellschaft; **t. tax liability** Steuerschuld des Rechtsnachfolgers
transference n Übertragung f, Transfer(ierung) m/f, Umschreibung f, Überleitung f; **t. of title** Rechtsübergang m
transfer entry Übertragungsvermerk m; **~ in the share register** Umschreibung im Aktienbuch; **t. equipment** Umschlaggerät nt; **t. expenditure(s)** Transferausgaben pl; **t. expenses** Transfer-, Übertragungsspesen; **t. facility** Transfereinrichtung f; **t. fee** 1. Transfer-, Übertragungs-, Umschreibungsgebühr f; 2. Verkehr(s)steuer f; 3. *(Fußball)* Ablöse(summe) f; **t. form** Umschreibungs-, Übertragungsformular nt, Überweisungsvordruck m, Ü.träger m; **t. gain** Übertragungsgewinn m; **t. guarantee** Transfergarantie f; **t. income** Transfereinkünfte pl, T.einkommen nt, Übertragungs-, Sozialeinkommen nt, abgeleitetes Einkommen; **t. instructions** Überweisungsanweisungen; **t. licence** Transferbewilligung f; **t. line** ▬ Takt-, Transferstraße f; **t. list** Versetzungsliste f; **t. lounge** ✈ Transitraum m; **t. multiplier** Transfermultiplikator m; **t. note** Übergabebescheinigung f, Umladungs-, Übertragungsschein m; **t. offer** Übertragungsangebot nt; **t. office** *(Wertpapiere)* Umschreibungsstelle f
transferor n 1. Übertragende(r) f/m, Überträger m, Weitergeber m, Veräußerer m; 2. Abtretende(r) f/m, Zedent m; 3. *(Wechsel)* Indossant m; 4. Rechtsvorgänger(in) m/f, **t. of title to property** Sicherungsgeber m; **t. company** übertragende Gesellschaft

transfer order 1. Übertragungsanweisung *f*; 2. Überweisungsauftrag *m*; **t. o.s** Streckengeschäft *nt*
transfer payment Transfer-, Übertragungs-, Unterstützungszahlung *f*, Transferausgaben *pl*, T.leistung *f*, (Eigentums)Übertragung(en) *f/pl*; **cashless t. p.s** bargeldloser Überweisungsverkehr *m*; **personal t. p.s** private Einkommensübertragungen
transfer permit Transferbewilligung *f*, T.genehmigung *f*; **t. point** Umschlag-, Umladeplatz *m*; **t. price** Lenk-, Transfer-, Übernahme-, Veräußerungs-, (Konzern)Verrechnungspreis *m*; **budgeted t. price** geplanter Verrechnungspreis; **t. pricing** 1. höhere Preisgestaltung durch Importbezug, verdeckter (grenzüberschreitender) Gewinntransfer; 2. pretiale Lenkung; 3. Konzernverrechnung *f*; **t. process** Übertragungsprozess *m*
transferral *n* Versetzung *f*, Umsetzung *f*
transfer rate Übertragungsgeschwindigkeit *f*; **telegraphic t. r.** Kabelkurs *m*, K.auszahlung *f*, Kurs der telegrafischen Auszahlung, telegrafische Auszahlung; **t. receipt** Übertragungsquittung *f*
transferred *adj* 1. versetzt; 2. *(Geld)* überwiesen
transfer register Umschreibungs-, Übertragungsregister *nt*; **t. restrictions** Transferbeschränkungen; **t. risk** Transfer-, Konvertierungsrisiko *nt*; **t. secretary** Aktienübertragungsbeauftragter *m*; **t. service** Transferdienst *m*; **t. slip** Überweisungsformular *nt*, Ü.träger *m*, Ü.beleg *m*, Ü.schein *m*; **t. stamp** Girostempel *m*; **~ duty** *(Börse)* Umschreibe-, Umschreibungsgebühr *f*; Börsenumsatzsteuer *f*; **t. station** Umladebahnhof *m*, U.station *f*, Übergangsstation *f*, Ü.bahnhof *m*; **t. system** Transferstraße *f*; **t. tax** *[US]* Börsenumsatz-, Erbschaft(s)-, Verkehr(s)steuer *f*; **t. theory** Theorie der Wertübertragung; **t. ticket** Umsteige-, Übergangsfahrkarte *f*; **t. time** Übertragungszeit *f*; **t. value** Übergabewert *m*; **t. voucher** Übertragungsbeleg *m*, Überweisungsformular *nt*, Ü.träger *m*; **t. warrant** Umschreibungszertifikat *nt*
transform *v/t* 1. umgestalten, umwandeln, umformen, verwandeln, transformieren; 2. ⚡ umspannen
transformation *n* Umformung *f*, Umwandlung *f*, Umgestaltung *f*; **t. of a company** formwechselnde Umwandlung; **~ energy** Energieumwandlung *f*; **substantial t.** *(EU)* ⊖ wesentliche Verarbeitung; **t. curve** Kapazitätslinie *f*, Produktionsmöglichkeitskurve *f*; **t. law** Umwandlungsgesetz *nt*; **t. process** Transformationsprozess *m*
transformer *n* ⚡ Transformator *m*; **t. station** ⚡ Umspannwerk *nt*
trans|-frontier *adj* grenzüberschreitend; **t.gress** *v/t (Gesetz)* verletzen, übertreten, verstoßen gegen, Übertretung begehen; **t.gression** *n* Verletzung *f*, Verstoß *m*, Übertretung *f*, Übertretung *f*; **~ of competence** Überschreitung der Zuständigkeit; **t.gressor** *n* Rechtsbrecher *m*, Übertreter *m*, Misse-, Übeltäter *m*
tranship *v/t* → **trans(s)hip**
transhipment *n* → **trans(s)hipment**
transhumance *n* 🐑 Transhumanz *f*, Wanderviehzucht *f*
transient *adj* vorübergehend, kurzlebig; *n [US]* Durchreisende(r) *f/m*

transire *n* ⊖ Zollbegleit-, Zollgeleit-, Nämlichkeits-, Zolldurchlassschein *m*, Begleitzeugnis *nt*
transistor *n* Transistor *m*; **t. set** Transistorgerät *nt*
transit *n* 1. ⊖ Transit *m*, Durchfuhr *f*, Durchreise *f*, Durchlieferung *f*, Durchgangsverkehr *m*; 2. ⚓ Durchgangsstraße *f*; 3. ⚓ Überfahrt *f*; 4. Beförderung *f*, Transport *m*; **in t.** unterwegs, während des Transports, auf dem Versand-/Transportweg, auf dem/beim Transport; **t. of goods** Warendurchfuhr *f*, W.transit *m*; **damaged in t.** unterwegs beschädigt, auf dem/beim Transport beschädigt; **lost in t.** auf dem Transport verlorengegangen; **t. free of duty** gebührenfreier Durchgang; **to be in t.** durchlaufen; **~ damaged in t.** unterwegs/auf dem Transport beschädigt werden; **to clear for t. to a customs office** ⊖ an ein Zollamt weiterleiten; **to declare/enter as t.** durchdeklarieren
active transit aktiver Transithandel; **internal t.** ⊖ Binnenversand *m*; **inward t.** Eingangsversand *m*; **outward t.** Ausgangsversand *m*; **public t.** *[US]* öffentliche Verkehrsmittel, öffentlicher (Personen)Nahverkehr (ÖPNV); **through t.** ⊖ Durchfuhr *f*
transit account Durchgangs-, Transit-, Übergangskonto *nt*; **t. advertising** *[US]* Werbung in öffentlichen Verkehrsmitteln; **t. advice note** ⊖ Grenzübergangsschein *m*; **t. agency** Zwischenspediteur *m*; **t. agent** Grenz-, Transitspediteur *m*, T.händler *m*; **t. airport** ✈ Durchgangsflughafen *m*; **t. authorization certificate** Durchfuhrberechtigungsschein *m*; **t. bill** Durchfuhr-, Transitschein *m*; **~ of lading** Transitkonnossement *nt*; **t. bond** Transitbescheinigung *f*; **~ note** *(EU)* Versandschein *m*; **t. camp** Durchgangslager *nt*; **t. capital** Transitkapital *nt*; **t. cargo** Transitladung *f*, T.gut *nt*, T.waren *pl*; **t. certificate** Durchgangszertifikat *m*, Durchfuhr-, Transitbescheinigung *f*; **t. charge** Transitgebühr *f*, T.abgabe *f*; **t. charges** Transitspesen; **t. clearance** ⊖ Transitabfertigung *f*; **t. consignment** Durchfuhrsendung *f*; **t. costs** 1. Durchfuhr-, Transitkosten; 2. durchlaufende Kosten; **t. counterfoil** ⊖ Transitblatt *nt*; **t. country** Durchfuhr-, Durchgangs-, Transitland *nt*; **t. declaration** Versandanmeldung *f*, Transiterklärung *f*, Durchfuhrdeklaration *f*; **t. desk** Transitschalter *m*; **t. dispatch** Transitversand *m*; **t. document** 1. Beförderungs-, Transitpapier *nt*; 2. *(EU)* Versandschein *m*; **t. duty** ⊖ Durchfahrts-, Durchfuhr-, Durchgangs-, Transitzoll *m*, T.abgabe *f*; **t. embargo** Durchfuhrverbot *nt*; **t. entry** 1. ⊖ Durchfuhr-, Transiterklärung *f*, T.deklaration *f*; 2. durchlaufende Buchung; **t. freight** Durch(fuhr)-, Transitfracht *f*; **~ rate** Transitfrachtsatz *m*; **t. goods** Durchfuhr-, Durchgangs-, Transitwaren, T.gut *nt*; **t. hall** Durchgangshalle *f*; **t. hotel** *[GB]* Passantenhotel *nt*; **t. insurance** Transit-, (Güter)Transportversicherung *f*
transition *n* 1. Übergang(sphase) *m/f*, Überleitung *f*; 2. *(Wechsel)* Übergang *m*; **t. agreement** Überleitungsvertrag *m*, Übergangsabkommen *nt*
transitional *adj* übergangsweise, Übergangs-
transition period Schwebe-, Übergangszeit *f*, Ü.periode *f*, Ü.phase *f*, Ü.stadium *nt*; **t. probability** ▦ Übergangswahrscheinlichkeit *f*; **t. provisions/rules** Über-

transition stage

gangs-, Überleitungs-, Interimsbestimmungen, Übergangsvorschriften; **t. stage** Übergangsstadium *nt*
transit item durchlaufender Posten; **t. levy** Transitgebühr *f*; **t. licence** Durchfahrterlaubnis *f*, Durchfuhrgenehmigung *f*, D.recht *nt*; **t. lounge** Durchgangs-, Transithalle *f*, T.raum *m*, Warteraum *m*; **t. office** ⊠ Durchgangsamt *nt*; **t. operation** 1. Warenversand *m*; 2. ⊖ Versandverfahren *nt*
transitory *adj* 1. *(Buchung)* durchlaufend, transitorisch; 2. vergänglich, kurzlebig
transit pass ⊖ Durchfuhrschein *m*; **t. passenger** Transit-, Durch(gangs)reisende(r) *f/m*; **t. permit** Durchfuhr-, Durchreise-, Transitgenehmigung *f*, T.erlaubnis *f*; **t. point** Transit-, Grenzübergangsstelle *f*, Durchgangsplatz *m*, D.stelle *f*; **t. port** ⚓ Durchgangs-, Transithafen *m*; **t. privilege** *[US]* Transitrecht *nt*, T.vergünstigung *f*; **t. procedure** Transit-, Versandverfahren *nt*; **t. rate** Durchfracht-, Durchgangssatz *m*, D.gebühr *f*, D.tarif *m*, Durchfuhrbrief *m*, Transitpreis *m*, T.tarif *m*, Tarif für Durchgangsgüter; **t. restriction** Durchfuhrbeschränkung *f*; **t. right** Durchfahrtsrecht *nt*; **t. route** Durchgangs-, Transitstrecke *f*, T.straße *f*, Beförderungs-, Transitweg *m*; **t. service** Schnellverkehrsverbindung *f*; **t. shed** 1. Transitlager *nt*; 2. ⊖ (Zoll)Durchgangsschuppen *m*; **t. sheet** ⊖ Anweisungsblatt *nt*; **t. shipment** Durchlieferung *f*; **t. station** 🚆 Transitbahnhof *m*; **t. storage** Vor-, Zwischen- und Nachlagerung *f*; **t. system** Transitverfahren *nt*; **t. tax** ⊖ Durchgangszoll *m*, D.abgabe *f*; **t. time** Beförderungs-, Liefer-, Transit-, (Um)Lauf-, Umschlagszeit *f*; **exceeding the t. time** *(Transport)* Lieferfristüberschreitung *f*
transit trade Durchfuhr-, Durchgangs-, Transit-, Zwischenhandel *m*, Durchfuhr-, Transitverkehr *m*; **~ for account of residents** Transithandel auf inländische Rechnung; **passive t. t.** passiver Transithandel; **t. t. permit** Transithandelsgenehmigung *f*
transit trader Transithändler *m*; **t. traffic** Durchfuhr-, Durchgangs-, Transitverkehr *m*; **t. transport** Durchgangstransport *m*; **t. visa** Durchgangs-, Transit-, Durchreisevisum *nt*; **t. warehouse** Transit-, Durchgangslager *nt*; **magnetic t. system** Magnetschwebebahn *f*
translatable *adj* 1. übersetzbar; 2. umsetzbar; 3. konvertierbar
translate *v/t* 1. übersetzen, übertragen; 2. umsetzen; 3. *(Währung)* umrechnen, konvertieren; **t. freely** frei/sinngemäß übersetzen; **t. literally** (wort)wörtlich übersetzen; **t. well** sich gut übersetzen lassen; **t. word by word** wortgetreu/(wort)wörtlich übersetzen
translated *adj* 1. übersetzt; 2. umgerechnet
translating *n* Übersetzen *nt*; **t. routine** 🖵 Übersetzungsprogramm *nt*
translation *n* Übersetzung *f*, Übertragung *f*, Übersetzen *nt*, Wiedergabe *f*; (Währungs-/Wechselkurs)Umrechnung *f*, Konvertierung *f*; **t. into a foreign curency** Umrechnung in fremde Währung; **t. of foreign currencies** (Fremd)Währungsumrechnung *f*; **~ earnings** Gewinnübertragung *f*; **to make a t.** Übersetzung anfertigen

accurate/close/exact translation genaue Übersetzung; **authenticated/certified t.** beglaubigte Übersetzung; **free t.** freie/sinngemäße Übersetzung; **inaccurate t.** ungenaue Übersetzung; **literal t.** wortgetreue/(wort)wörtliche/buchstäbliche Übersetzung; **machine-aided t.** maschinell unterstützte Übersetzung; **mechanical t.** maschinelle Übersetzung; **poor t.** schlechte Übersetzung; **rough t.** Rohübersetzung *f*, annähernde Übersetzung; **simultaneous t.** Simultanübersetzung *f*; **technical t.** Fachübersetzung *f*; **word-for-word t.** wortwörtliche Übersetzung
translation agency/bureau Übersetzungsbüro *nt*; **t. charge** Übersetzungsgebühr *f*; **t. department** Übersetzungsabteilung *f*; **t. error** Übersetzungsfehler *m*; **t. gains** Umrechnungs-, Wechselkursgewinne; **t. losses** Wechselkurs-, Umrechnungsverluste; **t. ratio** Umrechnungsfaktor *m*; **t. rights** Übersetzungsrechte
translator *n* 1. Übersetzer(in) *m/f*; 2. 🖵 Umsetzer *m*; **freelance t.** freiberuflicher Übersetzer; **specialized/technical t.** Fachübersetzer *m*; **sworn t.** beeidigter/vereidigter Übersetzer
translliterate *v/t* 🖵 umkodieren; **t.location** *n* *(Vers.)* Translokation *f*; **t.lucent** *adj* lichtdurchlässig
transmission *n* 1. Versand *m*, (Über)Sendung *f*, Übermittlung *f*, Weitergabe *f*; 2. *(Radio)* Ausstrahlung *f*, Übertragung *f*; 3. ✿ Getriebe *nt*, Übersetzung *f*; 4. ⚡ Durch-, Überleitung *f*; **t. of claims** Forderungsübergang *m*; **~ goods** Warenversand *m*; **~ information** Informationsübertragung *f*; **t. by mail** Postsendung *f*; **t. of rights** Rechtsübertragung *f*, R.übergang *m*; **~ securities** Wertpapierübertragung *f*, Depotumbuchung *f*; **~ telegrams** Telegrammbeförderung *f*
automatic transmission ✿ automatisches Getriebe, (Getriebe)Automatik *f*; **direct t.** 🖵 Direktübertragung *f*; **hydraulic t.** ✿ Flüssigkeitsgetriebe *nt*; **live t.** *(Radio/Fernsehen)* Direktübertragung *f*; **serial t.** 🖵 serielle Übertragung; **simplex t.** Simplexverfahren *nt*; **synchronous t.** Synchronverfahren *nt*; **three-speed t.** ✿ Dreigangschaltung *f*
transmission agency Übertragungsstelle *f*; **t. area** Sendegebiet *nt*; **t. charges** 1. Überweisungsgebühren; 2. Übertragungsgebühr *f*; **t. control** Datenübertragungskontrolle *f*, Übertragungssteuerung *f*; **t. difficulties** Übertragungsschwierigkeiten; **t. error** Übermittlungs-, Übertragungsfehler *m*; **t. facilities** Leitungs-, Übertragungsanlagen; **t. function of capital** Transmissionsriemen des Kapitals *(fig)*; **t. grid** ⚡ Leitungs-, Übertragungsnetz *nt*; **t. line** ✎ Fernmeldeleitung *f*; **t. procedure** Übertragungsvorgang *m*; **t. range** *(Radio/Fernsehen)* Sendebereich *m*; **radial t. service** sternförmiges Leitungsnetz; **t. speed** (Daten)Übertragungsgeschwindigkeit *f*; **t. system** Übertragungssystem *nt*, Leitungsnetz *nt*; **t. tax** Verkehr(s)steuer *f*; **t. time** ⊠ Laufzeit *f*, Beförderungsdauer *f*; **~ control** Laufzeitüberwachung *f*; **t. tower** ⚡ Hochspannungsmast *m*; **t. tunnel** ✿ Kardantunnel *m*
transmit *v/t* 1. übertragen, übermitteln, überweisen, übersenden, überbringen, überliefern, transferieren; 2.

befördern, durch-, weiterleiten; 3. *(Radio/Fernsehen)* senden, ausstrahlen
transmit mode Sendebetrieb *m*
transmittal *n* Mitteilung *f*, Kenntnisgabe *f*, Übermittlung *f*
transmitter *n* 1. (Rundfunk)Sender *m*, Sendeanlage *f*; 2. (Telefon)Mikrofon *nt*; **main t.** Hauptsender *m*; **unlicensed t.** Schwarzsender *m*; **t. aerial** *[GB]* **/antenna** *[US]* Sendeantenne *f*; **t. set** Sendegerät *nt*; **t. site** Senderstandort *m*
transmitting loss *n* Sendeverlust *m*; **t. power** Sendestärke *f*
trans|mute *v/t* verwandeln; **t.national** *adj* grenzüberschreitend, multi-, transnational; *n* multinationales Unternehmen, Multi *m (coll)*; **t.oceanic** *adj* überseeisch
transom *n* 🏛 Querbalken *m*; **t. window** Oberlicht *nt*
transparency *n* 1. Transparenz *f*, Durchsichtigkeit *f*; 2. Dia(positiv) *nt*, Lichtbild *nt*; **t. of/in the market** Markttransparenz *f*; **t. of the tax system** Steuertransparenz *f*
trans|parent *adj* 1. durchsichtig, lichtdurchlässig, transparent; 2. durchschaubar; **t.piration** *n* ⚕ Transpiration *f*; **t.pire** *v/i* sich herausstellen, durchsickern, ruchbar werden, verlauten, bekannt werden; **t.plant** *v/t* verpflanzen; *n* Verpflanzung *f*; **t.ponder** *n (Radio/Fernsehen)* Umsetzer *m*
transport *n* 1. Transport *m*, Beförderung *f*; 2. Transportwesen *nt*, Verkehr(swirtschaft) *m/f*; 3. Verkehrsmittel *nt*, Fahrzeug *nt*; 4. *[US]* ⚓ (Schiffs)Fracht *f*, Ladung *f*; **t. to and from** Verkehr von und nach
transport by air Transport in der Luft, Lufttransport *m*, L.beförderung *f*; **t. at buyer's risk** Transport auf Gefahr des Bestellers; **t. of general cargo** Beförderung von Stückgut; **t. and communications** Verkehrswesen *nt*; **t. under customs seal** ⊖ Beförderung im Zollverschluss; **~ transit** ⊖ Beförderung im Zollgutversand; **t. of goods** Fracht-, Warentransport *m*; **t. by land** Transport zu Lande; **t. of parcels** Paketbeförderung *f*; **t. by rail** 🚋 Transport per Bahn/Schiene, Bahntransport *m*; **~ road** Straßenverkehr *m*, Transport per LKW; **~ sea** ⚓ Transport zur See, Seetransport *m*; **t. in transit** Beförderung im Transitverkehr; **t. by water** Transport zu Wasser; **~ inland waterway** Transport auf Binnenwasserstraßen
accompanied/escorted transport Begleittransport *m*; **airborne t.** Lufttransport *m*; **combined t.** kombinierter Verkehr *m*; **~ freight traffic** Schiene-Straße-Güterverkehr *m*; **~ operator (CTO)** Gesamtbeförderer *m*; **commercial t.** gewerblicher Verkehr; **collective t.** Sammeltransport *m*; **cross-border t.** grenzüberschreitender Verkehr; **domestic t.** Binnenfracht *f*; **door-to-door t.** Haus-zu-Haus-Transport *m*, Beförderung von Haus zu Haus; **heavy-lift t.** Schwerguttransport *m*; **inland t.** Binnenfracht(verkehr) *f/m*; **integrated t.** kombinierter (Ladungs)Verkehr (KLV), Transportkette *f*; **intermodal t.** kombinierter (Ladungs)Verkehr (KLV), multimodaler Verkehr, Schiene-Straße-Güterverkehr *m*, Kombiverkehr *m*; **international t.** internationaler/grenzüberschreitender (Waren)Verkehr, grenzüberschreitende Beförderung; **interstate t.** *[US]* Binnen-

verkehr *m*; **local t.** (Orts)Nahverkehr *m*, N.sverbindungen *pl*; **public ~ t.** öffentlicher (Personen)Nahverkehr (ÖPNV); **long-distance t.** Fernverkehr *m*, F.transport *m*; **marine/maritime t.** Seeverkehrsgeschäft *nt*, S.wirtschaft *f*, Transport zur See; **~ market** Seeverkehrsmarkt *m*; **multimodal t.** kombinierter Ladungsverkehr (KLV), Kombiverkehr *m*; **municipal t.** städtisches Verkehrsmittel; **occasional t.s** Bedarfsverkehr *m*; **onward t.** Anschlussfracht *f*; **overland t.** Überlandverkehr *m*; **overnight t.** Nachtsprung *m*; **own t.** Werk(s)verkehr *m*; **private t.** Individualverkehr *m*; **public t.** öffentlicher Personennahverkehr (ÖPNV), Massenverkehrsmittel *nt*; **~ advertising** Werbung in öffentlichen Verkehrsmitteln; **regional t.** Regionalverkehr *m*; **seaborne t.** Seetransport *m*; **short-haul t.** Nahverkehr *m*; **special t.** Spezialtransport *m*; **subsequent t.** Nachlauf *m*; **through t.** (Beförderung im) Transitverkehr *m*, T.beförderung *f*, Durchgangstransport *m*; **~ system** Verfahren der Transitbeförderung; **urban t.** städtischer Verkehr; **waterborne t.** Beförderung/Transport per Schiff, ~ auf dem Wasserwege, ~ zu Wasser
transport *v/t* befördern, (ab)transportieren, versenden, verschiffen
transport|ability *n* Transportfähigkeit *f*; **t.able** *adj* beförderungs-, versand-, transportfähig, transportierbar
transport account Speditionsbuchführung *f*; **T. Act** *[GB]* Verkehrsgesetz *nt*; **t. activities** Beförderungsgeschäfte; **t. agency** Spedition *f*, Transportagentur *f*; **t. agent** Spediteur *m*, Transporteur *m*; **t. agreement** Verkehrsabkommen *nt*; **t. allowance** Fahrgeldzuschuss *m*; **t. arrangements** Transportvereinbarungen, Vereinbarungen/Vorkehrungen für den Transport
transportation *n* 1. Transport(system) *m/nt*, Beförderung *f*, Überführung *f*; 2. Versand *m*, Spedition *f*, Abtransport *m*, Verkehr *m*; **t. of baggage** *[US]* **/luggage** *[GB]* Gepäckbeförderung *f*, Beförderung von Gepäck; **t. by two or more carriers** gebrochener/kombinierter Verkehr; **t. of freight** Güterverkehr *m*; **~ goods** Güterbeförderung *f*; **~ dangerous/hazardous goods** Gefahrguttransport *m*; **~ passengers** Personenverkehr *m*, P.beförderung *f*; **t. by rail** 🚋 Schienenverkehr *m*, Bahntransport *m*
combined transportation gebrochener/kombinierter (Ladungs)Verkehr (KLV); **inland t.** Binnenverkehr *m*, B.transport *m*; **internal t.** Innenverkehr *m*; **public t.** *[US]* öffentlicher Personennahverkehr (ÖPNV), öffentliche Verkehrsmittel; **through t.** durchgehende Beförderung, Durchfuhr *f*
transportation agency 1. Transportagentur *f*; 2. *[US]* Verkehrsgesellschaft *f*; **t. allowance** Fahrtkostenzuschuss *m*; **t. bond** Versandkaution *f*; **t. case** Beförderungsfall *m*; **t. charges** Transportspesen, Übersendungs-, Beförderungskosten, B.tarife; **t. committee** *[US]* Verkehrsausschuss *m*; **t. control** Transportüberwachung *f*; **t. costs** Beförderungs-, Fracht-, Transportkosten *m*; **T. Department** *[US]* Verkehrsministerium *nt*; **t. difficulties** Transportprobleme; **t. documents** Versandpapiere; **t. engineering** Verkehrstechnik *f*; **auxiliary t. enterprises** Verkehrshilfsgewerbe *nt*; **t. equip-**

transportation expenses

ment Transportausrüstung *f*, T.gerät *nt*; **t. expenses** Aufwendungen für Verkehrsleistungen; **t. expert** Verkehrs-, Transportsachverständiger *m*; **t. facilities** Verkehrs-, Beförderungseinrichtungen; **t. fuel** Treibstoff *m*; **t. hub** Verkehrsknotenpunkt *m*; **t. industry** *[US]* Verkehrsgewerbe *nt*; **auxiliary t. industry** Verkehrshilfsgewerbe *nt*; **t. insurance** Transportversicherung *f*; **t. and merchandise insurance** Fracht- und Transportversicherung *f*; **t. logistics** Transportlogistik *f*; **t. model** Transportmodell *nt*; **t. monopoly** Transportmonopol *nt*; **t. needs** Verkehrsnachfrage *f*; **t. period** Beförderungsdauer *f*; **t. policy** Verkehrspolitik *f*; **t. rate** Frachttarif *m*, F.satz *m*; **t. risk** Beförderungs-, Transportrisiko *nt*; **t. service** Beförderungsleistung *f*; **t. shares** *[GB]* /**stocks** *[US]* Aktien von Transportunternehmen; **t. tax** *[US]* Transportsteuer *f*; **t. time** Transportzeit *f*
combined transport bill (of lading) Durchfrachtkonnossement *nt*, Kombinationsfrachtbrief *m*, kombiniertes Transportkonnossement/T.dokument; **t. café** *[GB]* Fernfahrergaststätte *f*, F.lokal *nt*; **t. capacity** Verkehrsleistung *f*, Transportkapazität *f*, T.raum *f*; **~ offered** Verkehrsangebot *nt*; **t. chain** Transportkette *f*; **t. channel** Verkehrsweg *m*; **t. charges** Beförderungsentgelt *nt*, Transport-, Versendungs-, Übersendungskosten, Verkehrstarife; **t. committee** *[GB]* Verkehrsausschuss *m*; **t. company** Transport-, Verkehrsgesellschaft *f*, V.unternehmen *nt*, V.betrieb *m*, Spediteur *m*; **(physical) t. conditions** Beförderungsverhältnisse; **t. consignment** Transportaufgabe *f*; **t. constraint** Transportbeschränkung *f*; **t. consulting** Transportberatung *f*; **t. contract** Beförderungs-, Verkehrsvertrag *m*; **t. contractor** Transportunternehmer *m*; **t. cost(s)** Beförderungs-, Transport-, Wegekosten; **t. cost recovery** Wegekostendeckung *f*; **t. damage** Transportschaden *m*; **t. department** 1. Transportabteilung *f*; 2. Verkehrsministerium *nt*; **t. development** Verkehrsentwicklung *f*; **t. document** Fracht-, Beförderungspapier *nt*, Transportdokument *nt*; **t. documents** Versanddokumente, V.papiere; **t. distance** Versandweite *f*; **t. economist** Verkehrswissenschaftler *m*, V.ökonom *m*; **t. equipment** Transportausrüstung *f*, T.gerät *nt*
transporter *n* 1. Transporter *m*; 2. Verladebrücke *f*; 3. Transportband *nt*
transport expert Verkehrs-, Transportsachverständiger *m*
transport facilities 1. Beförderungs-, Transport-, Verkehrseinrichtungen; 2. Beförderungsmittel; 3. Transportmöglichkeiten; **local t. f.** Nahverkehrseinrichtungen; **t. f. industry** Transportmittelindustrie *f*
transport fleet Fuhrpark *m*; **~ management** Transportmittelverwaltung *f*; **t. hold-up** Transportstockung *f*; **t. industry** Transport-, Verkehrsgewerbe *nt*, V.wirtschaft *f*; **t. instruction** Transportanweisung *f*
transport insurance Transportversicherung *f*; **industrial t. i.** industrielle Transportversicherung; **t. i. company** Transportversicherungsgesellschaft *f*; **~ policy** Transportversicherungspolice *f*
transport intensity Transportintensität *f*; **t.-intensive** *adj* transportintensiv; **t. layer** ⌷ Transportschicht *f*; **t.**

line ⋙ Transportband *nt*; **t. link** Verkehrsverbindung *f*; **t. loss** Transportschaden *m*; **t. management** 1. Transportleitung *f*, T.disposition *f*; 2. Transportbetriebslehre *f*; **~ science** Verkehrsbetriebslehre *f*; **t. manager** Leiter der Transportabteilung, ~ des Transportwesens, Transportleiter *m*; **t. monopoly** Beförderungs-, Transport-, Verkehrsmonopol *nt*; **t. needs** Transport-, Verkehrsbedürfnisse; **t. network** Verkehrsinfrastruktur *f*; **local t. network** Nahverkehrsnetz *nt*; **t. operation** 1. Transportvorgang *m*; 2. Frachtbetrieb *m*; **t. operations** Beförderungsleistungen, B.geschäfte, Verkehr *m*; **domestic t. operation** innerstaatliche Beförderung; **t. operator** Spediteur *m*, Transporteur *m*; **t. order** Transport-, Verkehrsauftrag *m*; **t. packaging** Transportverpackung *f*; **t. pallet** Transportpalette *f*; **t. performance** Transportleistung *f*; **t. permit** Transportgenehmigung *f*; **t. plane** ✈ Transportflugzeug *nt*; **t. planning** Transport-, Verkehrsplanung *f*, T.disposition *f*; **t. police** *[GB]* 🚔 Bahnpolizei *f*; **t. policy** Transport-, Verkehrspolitik *f*; **common t. policy** *(EU)* gemeinsame Verkehrspolitik; **t. pool** Verkehrsverbund *m*; **t. problem** Distributions-, Transport-, Verteilungsproblem *nt*; **t. procedure** Transportabwicklung *f*; **t. process** Transportablauf *m*; **t. rate** Beförderungsentgelt *nt*, B.tarif *m*; **weight-based t. rate** Gewichtstarif *m*; **t. receipts** Verkehrseinnahmen; **t. requirements** Transportbedarf *m*; **t. risks** Transportgefahren, T.risiken; **insured against t. risks** transportversichert; **t. roll** Transportrolle *f*; **t. route** Beförderungs-, Verkehrsweg *m*; **t. safety** Verkehrssicherheit *f*; **t. secretary** Verkehrsminister *m*
transport service Speditions-, Verkehrsleistung *f*; **t. services** Transportleistungen; **marine t. services** Seetransportleistungen
transport shares *[GB]* /**stocks** *[US]* Verkehrsaktien; **t. ship** Fracht-, Transportschiff *nt*; **t. system** Transportsystem *nt*, Verkehrswesen *nt*, V.infrastruktur *f*; **integrated/interconnecting t. system** Verkehrsverbund *m*; **local t. system** Nahverkehrsnetz *nt*
transport tank Transporttank *m*; **t. task** Transportaufgabe *f*; **t. tax** Beförderungs-, Verkehrssteuer *f*; **t. technology** Verkehrs-, Transporttechnologie *f*, T.technik *f*; **t. time** Beförderungs-, Transportzeit *f*; **t. undertaking** Beförderungs-, Transport-, Verkehrsunternehmen *nt*, V.betrieb *m*; **urban t. undertaking** städtischer Verkehrsbetrieb; **t. unit** 1. Beförderungseinheit *f*; 2. Kraftfahr-, Transportabteilung *f*; **t. vehicle** Transportfahrzeug *nt*; **t. vessel** ⚓ Fracht-, Transportschiff *nt*; **t. volume** Transport-, Verkehrsaufkommen *nt*, V.leistung *f*, Beförderungsvolumen *nt*; **t. worker** Transportarbeiter *m*; **t. workers' strike** Verkehrs-, Transportarbeiterstreik *m*; **T. and General Workers' Union (TGWU)** *[GB]* Transportarbeitergewerkschaft *f*
transscribe *v/t* → **transcribe**
trans(s)hip *v/t* 1. umladen, umschlagen; 2. ⚓ ableichtern, umschiffen
trans(s)hipment *n* 1. Umladen *nt*, Umladung *f*, (Transit)Umschlag *m*, Umladegeschäft *nt*, U.vorgang *m*, Beförderung mit Umladung; 2. Umschiffung *f*; **t.s** Umschlagsverkehr *m*; **ship-to-ship t.** Bord-Bord-Überla-

dung f; **t. bill of lading** Umladekonnossement nt; **t. device** Umschlaggerät nt; **t. facility/installation** Umschlaganlage f
trans(s)hipment bond ⊖ Nämlichkeits-, Zollbegleit-, Zolldurchgangsschein m; **t. center** [US] /**centre** [GB] Umschlagszentrum nt; **t. charge** Umschlag-, Umladegebühr f; **t. charges** Umladungskosten; **t. clause** Umlade-, Transitklausel f; **t. entry** ⊖ Umladeerklärung f; **t. facility** Umschlaganlage f; **t. permit** Umschlagserlaubnis f, Umladegenehmigung f; **t. platform** Umladebühne f; **t. point** Umladeplatz m; **t. port** ⚓ Umlade-, Umschlaghafen m; **t. station** 🚂 Umschlagbahnhof m, U.station f; **t. traffic** Umschlag-, Umladeverkehr m; **domestic t. traffic** Binnenumschlagverkehr m; **t. volume** Transitumschlag m
trap n 1. Falle f; 2. (fig) Falle f, Fußangel f, Hinterhalt m; 3. (coll) Mundwerk nt (coll), Schnauze f (coll); **to be caught in one's own t.** sich in der eigenen Schlinge fangen; **to fall/walk into a t.** in eine Falle gehen/tappen; **to lure so. into a t.** jdn in den Hinterhalt/ins Netz locken; **to set a t.** Falle (auf)stellen
trap v/t 1. Falle stellen; 2. in einer Falle fangen
trap door Bodenklappe f, Falltür f
trapper n Fallensteller m
trappings pl 1. Putz m, Schmucksachen; 2. äußere Merkmale
trash n 1. Schund(ware) m/f, Ramsch m, Kitsch m, minderwertiges/wertloses Zeug, unnützer Kram, Plunder m, Trödel m; 2. [US] Abfall m, Müll m; **to buy t.** (coll) Mist kaufen (coll); **t.-can** n [US] Abfall-, Mülleimer m, M.behälter m, M.tonne f; **t. chute** Müllschlucker m; **t. dump** Müllabladeplatz m; **t. dumpster** Müllcontainer m, (große) M.tonne f; **t. hauling** Müllabfuhr f
trashy adj kitschig, schmalzig
travail n Mühen pl
travel n (Reise)Verkehr m, Tourismus m; **corporate t.** Geschäftsreiseverkehr m; **t. abroad; foreign/international t.** Auslandstourismus m, A.reise(tätigkeit) f, (grenzüberschreitender) Reiseverkehr; **international insurance** Auslandsreiseversicherung f; **individual t.** Individualreiseverkehr m, Einzelreisen pl; **net t.** Reiseverkehrsbilanz f
travel v/ti 1. Reise machen, reisen, fahren; 2. befahren, bereisen; 3. Vertreter/Reisender sein, als ~ arbeiten für; **t. about** herumfahren; **t. abroad** ins Ausland reisen; **t. around** herumreisen; **t. back** zurückreisen; **t. to** reisen nach, sich aufmachen nach; **t. incognito** unter fremdem Namen reisen; **t. light** mit wenig Gepäck reisen; **t. well** Transport gut vertragen
travel accident Reise-, Wegeunfall m; **~ insurance** Reiseunfallversicherung f; **t. account** Reise(verkehrs)bilanz f; **t. advance** Reisekostenvorschuss m; **t. agency** Reisebüro nt, R.agentur f; **t. agent** 1. Reisebüro nt, R.agentur f; 2. Reisebürokaufmann m; **t. agents' association** Reisebüroverband m; **t. allowance** Fahrt-, Reisekostenzuschuss m, R.entschädigung f, R.vergütung f, R.pauschale f; **per diem** (lat.) **t. allowance** 1. Reisespesensatz m; 2. (Reisekosten)Tagessatz m; **t. arrangements** Reisevorbereitungen; **t. ban** Reiseverbot nt, R.sperre f; **t. book** Reiseführer m; **t. boom** Reisewelle f; **t. brochure** Reiseprospekt m; **t. bug** (coll) Reiselust f; **t. bureau** Reisebüro nt; **t. concessions** Reiseermäßigungen; **t. contract** Reisevertrag m; **international t. cover** Auslandsschutzbrief m; **t. credits** Einkünfte aus dem Tourismus, Tourismus-, Reiseverkehrseinnahmen; **t. debits** (Bilanz) Ausgaben für den Tourismus, Tourismus-, Reiseverkehrsausgaben; **t. document** Reiseausweis m; **t. documents** Reiseunterlagen; **t. editor** Reiseredakteur m, R.journalist m
traveler [US] → **traveller** [GB]
travel expenses Fahrtauslagen, Reise(un)kosten, R.spesen; **to refund t. e.** Reisekosten erstatten/vergüten
travel funds Reisedevisen, R.zahlungsmittel, R.geld nt, R.kasse f; **t. grant** Reise(kosten)zuschuss m; **t. inspector** Reiseinspektor m; **t. insurance** Reiseversicherung f
travel(l)ator n Roll-, Fahrsteig m, rollender Fußsteig
traveller [GB] n 1. Reisende(r) f/m; 2. (Außen)Vertreter m; 3. Materialbegleitkarte f; 4. [GB] Zigeuner(in) m/f; **t.s** fahrendes Volk; **commercial t.** (Geschäfts-/Handels-/Handlungs-/Kommissions-/Provisions)Reisender m, (Handels)Vertreter m; **individual t.** Einzelreisender m; **seasoned t.** erfahrener Reisender
traveller's accident insurance Reiseunfallversicherung f; **t.'s baggage** [US] /**luggage** [GB] Reisegepäck nt; **traveler's check** [US] /**t.'s cheque** [GB] Reise-, Travellerscheck m; **t.'s letter of credit** Reisekreditbrief m, R.akkreditiv nt; **domestic t.s letter of credit** Inlandsreisekreditbrief m; **t.'s payment media** Reisezahlungsmittel pl; **~ requisites** Reiseartikel pl; **~ sample** Reisemuster nt
travelling n Fahren nt, Reisetätigkeit f, Reisen nt; adj fahrend; **to be t.** auf Reisen sein
travelling (alarm) clock Reisewecker m; **t. allowance** Reisekostenentschädigung f, R.pauschale f, R.vergütung f, R.zuschuss m, Fahrtkostenzuschuss m; **t. bag** Reisetasche f, R.sack m; **t. case** Reisekoffer m; **t. companion** Mitreisende(r) f/m, Reisegefährte m, Reisegefährtin f, R.begleiter(in) m/f; **t. distance** Fahrbereich m; **t. expenditure(s)** Reiseausgaben pl, R.auslagen pl; **t. expenses** Reise-, Fahr(t)kosten, Fahrtauslagen, Geschäfts-, Reisespesen, Fahr-, Wegegeld nt; **to pay t. expenses** Reisekosten übernehmen; **t. rug** Reisedecke f; **t. scholarship** Reisestipendium nt; **t. set** Reisenecessaire nt; **t. speed** Fahr(t)geschwindigkeit f; **t. table** fahrbarer Arbeitstisch; **t. time** Reise-, Wegezeit f; **peak t. time** Hauptreisezeit f
travel literature Reiseliteratur f, R.lektüre f; **t. necessities** Reisebedürfnisse; **t. office** Reisebüro nt; **t. outlays** Reiseverkehrsausgaben; **t. pass** Verbundfahrkarte f; **t. permit** Reisegenehmigung f; **t. policy** Reiseversicherung(spolice) f; **t. ration** Reiseproviant m; **t. regulations** Reisebestimmungen; **t. requisites** 1. Reiseutensilien; 2. ⊖ Reisegerät nt; **t. restrictions** Reisebeschränkungen; **t. service** Reisedienst m; **t.-sick** $ reisekrank; **t.-sickness** n Reisekrankheit f; **t. souvenir** Reiseandenken nt, R.mitbringsel nt; **t. supplement** (Zeitung) Reisebeilage f; **t. time** Reise-, Wegezeit f; ~

charge Reisezeitkosten *pl*; **t. urge** Reiselust *f*; **t. voucher** Fahrausweis *m*
traverse *n* 1. ⌂ Quer-, Übergang *m*; 2. [§] Bestreiten *nt*, rechtsvernichtende Einwendung, Leugnen *nt*, Einspruch *m*; **technical t.** formeller Einwand, Formaleinwand *m*
traverse *v/t* 1. durchqueren; 2. [§] Gegenbeweis führen, *(Klagegrund)* leugnen, *(Klage)* anfechten, Einspruch erheben gegen
travesty of facts *n* Tatsachenverdrehung *f*; **~ justice** schreiendes Unrecht
trawl *v/t* fischen
trawler *n* ⚓ Fischereiboot *nt*, F.fahrzeug *nt*, Fischdampfer *m*, Fangschiff *nt*; **fish-processing t.** Fangfabrikschiff *nt*
trawling *n* Schleppfischerei *f*
tray *n* 1. Tablett *nt*; 2. Ablagekorb *m*
treach|erous *adj* perfid, verräterisch, hinterhältig, h.-listig, (heim)tückisch; **t.ery** *n* Verrat *m*, Hinterlist *f*, Heimtücke *f*
tread *n* 1. Schritt *m*, Tritt *m*; 2. Spur *f*; 3. 🚗 *(Reifen)* Profil *nt*; *v/t* treten, gehen
treadmill *n* Tretmühle *f*
treason *n* [§] (Hoch)Verrat *m*, Treubruch *m*, Preisgabe von Staatsgeheimnissen; **t. against the constitution** Verfassungsverrat *m*; **to commit (an act of) t.** Verrat begehen; **high t.** Hoch-, Landesverrat *m*
treasonable *adj* (hoch)verräterisch
treasure *n* Schatz *m*, Kostbarkeit *f*, Hort *m*; **t. of gold** Goldschatz *m*; **to guard a t.** Schatz hüten; **to hit upon a t.** auf einen Schatz stoßen; **buried t.** verborgener Schatz; **national t.** nationales Kulturgut
treasure *v/t* zu schätzen wissen; **t. up** ansammeln, horten
treasure chest Schatztruhe *f*; **t. hunt** Schatzsuche *f*; **t. hunter** Schatzsucher *m*, S.gräber *m*
treasurer *n* 1. Kassenwart *m*, K.verwalter *m*, K.führer *m*, Schatzmeister *m*; 2. Finanzdirektor *m*, Leiter der Finanzabteilung; 3. Kämmerer *m*; 4. *(Bank)* Anlagenverwalter *m*; 5. *(Verein)* Kassierer *m*; 6. *[AUS]* Finanzminister *m*; **corporate t.** *[US]* Finanzdirektor *m*, F.vorstand *m*; **honorary t.** ehrenamtlicher Schatzmeister/Kassenwart; **to accept/pass the t.'s account** Schatzmeister entlasten; **t.'s department/office** (Stadt)Kämmerei *f*; **~ report** Kassenbericht *m*
treasurership *n* 1. Amt des Kassenwarts; 2. Kassenführung *f*
treasure seeker Schatzgräber *m*; **t. trove** 1. (Schatz-)Fund *m*, (gefundener) Schatz; 2. *(fig)* Fundgrube *f*
treasury *n* 1. Schatzamt *nt*; 2. *[US]* Bundes-, Finanz-, Staatskasse *f*, Fiskus *m*, öffentliche Hand; **T.** *[GB]* Finanzministerium *nt*; **to pay to the T.** an den Fiskus abführen; **municipal t.** Stadtkasse *f*, S.steueramt *nt*; **public t.** Staatskasse *f*
treasury authorities Finanzbehörden
treasury bill *[US]* Kassenschein *m*, Schatzbrief *m*, S.anweisung *f*, (kurzfristiger) Schatzwechsel, 90-Tage-Titel *m*; **liquidity-absorbing t. b.** Liquiditätsschatzwechsel *m*; **short-time t. b.s** U-Schätze; **t. b.**

credit Schatzwechselkredit *m*; **~ note** Schatzwechselsatz *m*; **~ price** Schatzwechselkurs *m*; **~ rate** Schatzwechselzins *m*
treasury bond *[US]* Schatzanweisung *f*, (langfristige) Schatzanleihe; **discounted t. b.** unverzinsliche Schatzanweisung; **municipal t. b.** Kommunalschatzanweisung *f*
treasury certificates Schatzpapiere; **T. Department** *[US]* (Bundes)Finanzministerium *nt*, Schatzamt *nt*; **t. deposit receipt** (verzinsliche) Schatzamtsquittung; **t. function** Schatzwechselgeschäft *nt*, S.sparte *f*; **t. functions** Finanzaufgaben; **t. instruments** finanzpolitisches Instrumentarium; **t. issue** Schatzwechselemission *f*; **t. licence** Devisengenehmigung *f*; **t. loan** *[GB]* Schatzamtsanleihe *f*; **t. market** *[GB]* Markt für Staatspapiere; **t. note** Schatzschein *m*, S.anweisung *f*, (mittelfristiger/langfristiger) Schatzwechsel, Kassenschein *m*; **federal t. note** Bundesschatzanweisung *f*; **in t. operations** im Geldmarkt; **T. Secretary** *[US]* Finanzminister *m*, Minister für Finanzen; **T. Select Committee** *[GB]* Finanzausschuss *m*; **t. stock** 1. *[US]* Bestand an eigenen Aktien, eigene Aktien; 2. *[GB]* Staatsanleihen *pl*; **t. warrant** *[GB]* Schatzanweisung *f*
treat *n* 1. besondere Freude; 2. Bewirtung *f*; **real t.** Hochgenuss *m*
treat *v/t* 1. behandeln, bearbeiten, handhaben; 2. 💲 (ärztlich) behandeln; 3. ansehen, betrachten; 4. verarbeiten, präparieren; 5. *(Gewerbe)* ausrüsten; 6. bewirten; 7. *(Thema)* abhandeln; **t. o.s. to sth.** sich etw. gönnen/leisten/zulegen; **t. so. to sth.** jdm etw. spendieren, jdn freihalten; **t. carefully** pfleglich behandeln; **t. as confidential** vertraulich behandeln; **t. equally** gleich behandeln; **t. gently** schonen, schonend behandeln; **t. sth. lightly** etw. auf die leichte Schulter nehmen *(fig)*; **t. so. unfairly** jdn ungerecht/verschieden behandeln
treated *adj* behandelt
treatise *n* Abhandlung *f*
treatment *n* 1. Behandlung *f*, Handhabung *f*; 2. Be-, Verarbeitung *f*, Bearbeitungsverfahren *nt*; 3. 💲 (ärztliche) Behandlung, Betreuung *f*, Kur *f*; **prejudicial t. of creditors** Gläubigerschädigung *f*; **t. of loss** Verlustverwendung *f*; **T. of Offenders Act** *[GB]* [§] Strafvollzugsgesetz *nt*; **t. for tax(ation) purposes** steuerliche Behandlung, Steuerbehandlung *f*; **enjoying preferential t.** präferenzbegünstigt; **to accord the same t.** gleichstellen; **~ as own nationals** den eigenen Staatsangehörigen gleichstellen; **to prescribe a t.** 💲 Behandlung verordnen
anticyclical treatment Konjunkturtherapie *f*; **corrective t.** 💲 Therapie *f*; **curative t.** Heilkur *f*; **dental t.** Zahnbehandlung *f*, zahnärztliche Behandlung; **discriminating t.** unterschiedliche/diskriminierende Behandlung; **equal t.** Gleichbehandlung *f*; **exemptive t.** Ausnahmebehandlung *f*; **final t.** Endbehandlung *f*; **follow-up t.** Nachbehandlung *f*; **further t.** Nach-, Weiterbehandlung *f*; **to give ~ t.** nachbehandeln; **intra-Community t.** *(EU)* Gemeinschaftsbehandlung *f*; **medical t.** medizinische/ärztliche Behandlung, ~ Versorgung, Krankenbehandlung *f*; **(conditional) most-favoured-**

nation t. ⊖ (relative/beschränkte) Meistbegünstigung; **granting ~ t.** Meistbegünstigungsgewährung *f*; **national t.** Inländerbehandlung *f*; **preferential/preferred t.** 1. Präferenz(behandlung) *f*, Sonder-, Vorzugsbehandlung *f*; 2. ⊖ (Zoll)Begünstigung *f*; 3. *(Konkurs)* Absonderung *f*; **eligible for ~ t.** präferenzbegünstigt; **to give ~ t.** bevorzugen, begünstigen, bevorzugt behandeln; **to obtain ~ t.** *(Konkurs)* absondern; **private t.** privatärztliche Behandlung; **same t.** Gleichbehandlung *f*; **special t.** Sonderregelung *f*, S.bearbeitung *f*, S.behandlung *f*; **therapeutic t.** ⚕ Heilbehandlung *f*; **unfavourable t.** Benachteiligung *f*
treatment plan ⚕ Behandlungsplan *m*; **t. plant** ⚒ Aufbereitungsanlage *f*; **dual t. process** ⚕/⚒ Zwillingsverfahren *nt*; **t. step** Reinigungsstufe *f*
treaty *n* [§] (Staats)Abkommen *nt*, S.vertrag *m*, Konvention *f*, (völkerrechtlicher) Vertrag, völkerrechtliche Vereinbarung, völkerrechtliches Abkommen, Übereinkommen *nt*, Vertragswerk *nt*
treaty of accession [§] Beitrittsvertrag *m*; **~ alliance** Bündnisvertrag *m*, B.pakt *m*; **~ association** Assoziierungsvertrag *m*; **~ cession** Abtretungsvertrag *m*; **~ friendship** Freundschaftsabkommen *nt*, F.vertrag *m*, F.pakt *m*; **t. on the law of the sea** Seevölkerrechtsabkommen *nt*; **t. of navigation** Schifffahrtsvertrag *m*, S.abkommen *nt*; **T. of Rome** Römischer Vertrag, Vertrag von Rom, Europavertrag *m*; **t. governing settlement and residence** Niederlassungsvertrag *m*; **t. of succession** Anschlussvertrag *m*
annexed to the treaty [§] im Anhang zu diesem Vertrag; **based on the t.** vertragsrechtlich fundiert; **contrary to the t.** vertragswidrig; **while the t. is in force** während der Geltungsdauer des Vertrages
to abide by a treaty [§] Vertrag einhalten; **to accede to a t.** einem (Staats)Vertrag beitreten; **to denounce a t.** Vertrag kündigen; **to ratify a t.** Vertrag ratifizieren; **to result from the t.** sich aus dem Vertrag ergeben; **to set out in a t.** im Vertrag festlegen; **to sign a t.** Unterschrift unter einen Vertrag setzen; **to violate a t.** Vertrag verletzen
commercial treaty Wirtschafts-, Handelsvertrag *m*, H.abkommen *nt*, Wirtschaftsabkommen *nt*; **consular t.** Konsulatsvertrag *m*, Konsularabkommen *nt*, K.vertrag *m*; **international t.** internationaler/zwischenstaatlicher Vertrag, Völkerrechtsvertrag *m*; **maritime t.** See(völker)rechtsabkommen *nt*; **normative t.** normativer Staatsvertrag; **non-proliferation t.** Atom(waffen)sperrvertrag *m*; **naval t.** Flottenvertrag *m*; **original t.** ursprünglicher Vertrag; **private t.** Privatvertrag *m*; **by ~ t.** im Freihandel (verkauft), freihändig; **to sell by ~ t.** freihändig verkaufen; **reciprocal t.** Gegenseitigkeitsvertrag *m*; **retroactive t.** rückwirkender Vertrag; **secret t.** Geheimvertrag *m*; **self-executing t.** Staatsvertrag mit unmittelbarer innerstaatlicher Wirkung; **subsidiary t.** Subsidienvertrag *m*; **supplementary t.** Zusatzabkommen *nt*
treaty article [§] Vertragsartikel *m*; **t. obligation** Vertragsverpflichtung *f*; **t. port** Vertragshafen *m*; **t. power** Vertragsmacht *f*; **t. reinsurance** Vertragsrückversi-

cherung *f*; **surplus t. reinsurance** Exzedentenrückversicherung *f*
treb|le *v/ti* 1. verdreifachen; 2. sich verdreifachen; *adj* dreifach; **t.ling** *n* Verdreifachung *f*
tree *n* Baum *m*; **to bark up the wrong t.** *(fig)* falsche Spur verfolgen, an den Verkehrten geraten *(coll)*; **to fell t.s** Holz fällen; **not to grow on t.s** *(fig)* Mangelware sein; **to plant t.s** mit Bäumen bepflanzen, bewalden
binary tree 🖳 binärer Baum; **coniferous t.** Nadelholzbaum *m*; **deciduous t.** Laubbaum *m*; **dying t.s** Baum-, Waldsterben *nt*; **logical t.** *(OR)* Entscheidungsbaum *m*; **stochastic t.** *(OR)* Zustandsbaum *m*
tree diagram Baumdiagramm *nt*; **t. dieback** Baumsterben *nt*; **t. felling** Holzeinschlag *m*, Holz fällen; **t. harvesting** Baumernte *f*; **t. line** Baumgruppe *f*; **t. population** Baum-, Waldbestand *m*; **t. preservation order** Baumbestandsschutzauflage *f*; **t. species** Baumart *f*; **t. structure** 🖳 Baumstruktur *f*; **t. surgeon** Baumchirurg *m*; **t. trunk** Baumstamm *m*
trefoil *n* 🍀 Klee(blatt) *m/nt*
trek *v/i* trecken, ziehen; *n* Treck *m*
tremble *v/i* zittern, beben; **t. all over** am ganzen Leibe zittern
tremendous *adj* 1. enorm, gewaltig, riesig; 2. toll *(coll)*
tremor *n* 1. Zittern *nt*, Beben *nt*; 2. Erschütterung *f*; 3. ⚕ Tremor *m*
trench *n* 1. Graben *m*; 2. ⚔ Schützengraben *m*; *v/t* Gräben ziehen; **t.ant** *adj* prägnant, treffend, einschneidend, scharf; **t. battle/warfare** ⚔ Graben-, Stellungskrieg *m*
trend *n* 1. (allgemeine) Richtung, Tendenz *f*, Trend *m*, (Zeit)Strömung *f*, Bewegung(sbild) *f/nt*, Entwicklung *f*, E.slinie *f*, E.srichtung *f*, E.stendenz *f*; 2. Mode *f*, Trend *m*; **t. away from** Abkehr von
trend of economic activity Beschäftigungstrend *m*; **general ~ economic activity** Gesamtkonjunktur *f*; **affected by the ~ economic activity** konjunkturbedingt; **~ affairs/business** Wirtschaftsentwicklung *f*, Geschäftsgang *m*; **upward t. in capital investment** Investitionskonjunktur *f*; **decreasing t. of costs** Kostendegression *f*; **t. of demand** Nachfrageentwicklung *f*; **~ earnings** Ertragsentwicklung *f*; **t.s in the domestic economy** binnenwirtschaftliche Entwicklung; **t. in exports** Exportkonjunktur *f*; **flatter t. of growth** Wachstumsverlangsamung *f*; **t. in imports** Importkonjunktur *f*; **~ lending** Kreditentwicklung *f*; **t. in of the market** Börsen-, Markttendenz *f*; **expected future ~ the market** Konjunkturerwartungen *pl*; **rising ~ the market** Konjunkturaufschwung *m*; **t. in/of incoming orders** Auftragsentwicklung *f*; **t. in/of prices** Preistendenz *f*, P.entwicklung *f*; **steady ~ prices** stetige Preistendenz; **unfavourable ~ prices** ungünstige Preisentwicklung; **upward ~ prices** Preisauftrieb *m*; **~ production** Produktionsentwicklung *f*; **~ sales** Umsatzkurve *f*; **~ spending** Ausgabenentwicklung *f*; **t. of the times** Zug der Zeit
to buck the trend *(fig)* sich trendwidrig verhalten, gegen den Trend verlaufen, ~ Strom schwimmen *(fig)*; **to follow the t.** dem Trend folgen; **to mask a t.** Trend ver-

decken; **to reverse a t.** Trend umkehren; **to set the t.** die Richtung bestimmen
average trend mittlere Linie; **basic t.** Basistrend *m*, Grundzug *m*, zu Grunde liegender Trend; **curvilinear t.** nichtlinearer Trend; **cyclical t.** Konjunkturtrend *m*, K.tendenz *f*, K.verlauf *m*, K.kurve *f*, K.entwicklung *f*, K.bild *nt*, konjunkturelle Entwicklung, konjunkturelles Geschehen, Wirtschaftsentwicklung *f*; **responsive to ~ t.s** konjunkturreagibel; **~ t. analysis** Konjunkturdiagnose *f*; **deflationist t.** deflationistische Tendenz; **demographic t.** Bevölkerungsentwicklung *f*; **domestic t.** binnenwirtschaftliche Entwicklung; **downward t.** rückläufige/rückgängige/fallende Tendenz, Rückläufigkeit *f*, rezessive Entwicklung, Abschwächung(stendenz) *f*; **to continue the ~ t.** Abwärtsbewegung fortsetzen; **cyclical ~ t.** zyklische Abschwungbewegung
economic trend Konjunkturentwicklung *f*, Entwicklungs-, Konjunktur-, Wirtschaftsverlauf *m*, W.tendenz *f*, W.trend *m*, W.entwicklung *f*, konjunkturelle Entwicklung; **independent of e. t.s** konjunkturunabhängig; **broad e. t.s** allgemeine wirtschaftliche Tendenzen; **downward e. t.** nachlassende/rückläufige Konjunktur; **internal e. t.** Binnenkonjunktur *f*; **upward e. t.** anziehende Konjunktur; **e. t. check** Konjunkturtest *m*
expansive trend konjunkturelle Ausweitung, expansive Entwicklung; **exponential t.** Exponentialtrend *m*; **favourable t.** günstige Entwicklung; **future t.** Zukunftstrend *m*; **general t.** allgemeine Tendenz; **inflationary t.s** Inflationsprozess *m*; **~/inflationist t.** Inflationstendenz *f*, I.neigung *f*, inflationäre/inflationistische Entwicklung; **linear t.** linearer Trend; **recurring monthly t.** Monatsrhythmus *m*; **new t.** Trendwende *f*; **non-linear t.** nichtlinearer Trend; **overall t.** Gesamtentwicklung *f*; **prospective t.** Entwicklungsperspektive *f*; **recessionary t.** Rezessionstendenz *f*; **annually recurring t.** Jahresrhythmus *m*; **seasonal t.** Saisontendenz *f*, saisonbedingte Tendenz; **sectoral t.** Branchenkonjunktur *f*; **secular t.** langfristige Verlaufsrichtung, säkularer Trend; **underlying t.** Grundtendenz *f*, G.linie *f*, zu Grunde liegender Trend; **upward t.** Aufwärtsbewegung *f*, A.tendenz *f*, A.trend *m*, steigende Tendenz; **week-to-week t.** Wochenrhythmus *m*
trend adjustment Trendbereinigung *f*; **t. analysis** 1. Trendanalyse *f*; 2. Konjunkturuntersuchung *f*; **t. breaker** Tendenzveränderer *m*; **t. bucker** *(coll)* nicht trendkonforme Aktie; **t. check** Konjunkturtest *m*; **t. component** evolutionäre Komponente; **t. determination** Trendermittlung *f*; **t. elimination** Eliminierung/Ausschaltung des Trends, Trendausschaltung *f*; **t. estimation** Trendschätzung *f*; **t. extrapolation** Trendhochrechnung *f*; **t. fitting** ▩ (Trend)Kurvenanpassung *f*; **t. line** 1. Trendlinie *f*; 2. ▩ Trendkurve *f*; **extrapolating the t. line** Trendextrapolation *f*; **fitting the t. line** ▩ (Trend)Kurvenglättung *f*; **t. observer** Konjunkturbeobachter *m*; **t. path** Trendverlauf *m*; **t. pointer** Konjunkturbarometer *nt (fig)*; **t. reversal** Tendenzumschwung *f*, Tendenz-, Trendwende *f*, Umbruch *m*; **t.setter** *n* Trendsetter *m*; **t.-setting** *adj* richtungsweisend; **t.**

survey Konjunkturumfrage *f*; **t. switcher** Konsument ohne Marken-/Ladentreue; **t. value** Trendwert *m*
trendy *adj (coll)* modisch, hypermodern, in Mode
trespass *n* [§] 1. Übertretung *f*, Ü.treten *nt*, Zuwiderhandlung *f*; 2. Eigentums-, (Rechts)Verletzung *f*; 3. Besitz-, Eigentumsstörung *f*, Hausfriedensbruch *m*, unbefugtes/widerrechtliches Betreten, Störung im Besitz; **t. (upon)** *v/i* 1. unbefugt/widerrechtlich betreten; 2. übertreten, Übertretung begehen; 3. in fremde Rechte eingreifen
trespasser *n* [§] 1. Rechtsverletzer *m*, R.brecher *m*, Zuwiderhandelnder *m*; 2. Besitzstörer *m*; 3. Übertreter *m*; **t.s will be prosecuted** Betreten bei Strafe verboten
trespassing *n* [§] unbefugtes Betreten; **no t.** *(Schild)* Betreten (des Grundstücks) verboten
trestle *n* ✪ Gestell *nt*, Gerüst *nt*
tret *n* Gutgewicht *nt*, Gewichtsvergütung *f*, Refaktie *f*
triable *adj* [§] verhandelbar, strafrechtlich verfolgbar
triadic *adj* ✪ dreiwertig
trial *n* 1. Versuch *m*, Probe(lauf) *f/m*, Erprobung *f*, Test *m*, Prüfung *f*, Bewährung(sprobe) *f*; 2. [§] (Gerichts-, Straf)Verfahren *nt*, (Straf)Prozess *m*, Gerichtsverhandlung *f*, gerichtliche Verhandlung; 3. Schicksalsprüfung *f*; **on t.** 1. auf/zur Probe, probe-, versuchsweise, zum Probieren; 2. [§] vor Gericht
trial in camera *(lat.)* [§] nichtöffentliche Verhandlung; **~ a juvenile court** Jugendgerichtsverhandlung *f*; **t. and error** systematisches Probieren, Herumprobieren *nt*; **by ~ error** durch praktisches Ausprobieren, ~ systematisches Probieren, **~ error method** empirisches (Ermittlungs)Verfahren; **t. of indictment** [§] Hauptverhandlung *f*; **t. by jury** [§] Schwurgerichtsverfahren *nt*, Geschworenenprozess *m*, Verhandlung vor Geschworenen, Verschworenen-, Schwur-, Schöffengericht *nt*; **~ the record** Urkundenprozess *m*; **t. of strength** Kraft-, Machtprobe *f*, M.kampf *m*; **t. within a t.** Vorvernehmung unter Eid eines Geschworenen oder Zeugen zur Feststellung seiner Eignung
able to stand trial [§] verhandlungsfähig; **by way of t.** versuchsweise, zur Probe; **ripe for t.** entscheidungsreif
to be on trial [§] vor Gericht/unter Anklage stehen; **to bring so. to t.** jdn vor Gericht stellen/bringen; **to buy on t.** auf Probe kaufen; **to come up for t.** *(Prozess)* verhandelt werden, zur Verhandlung kommen/anstehen; **to commit for t.** der Justiz überstellen, zur Verhandlung überweisen/bringen; **to conduct a t.** Prozess leiten; **to give sth. a t.** etw. ausprobieren/erproben, es mit etw. versuchen; **to preside over a t.** *(Prozess)* Vorsitz innehaben; **to put on t.** vor Gericht stellen/bringen; **~ to t.** einer Probe unterziehen; **to remand for t.** zur Aburteilung überweisen; **to reopen a t.** Prozess wieder aufnehmen, ~ wieder aufrollen; **to resume a t.** *(Gericht)* Öffentlichkeit wiederherstellen; **to stand t.** vor Gericht/unter Anklage stehen, Strafverfahren über sich ergehen lassen, sich verantworten; **unable ~ t.** verhandlungsunfähig; **to summon for t.** zur Hauptverhandlung laden; **to undergo t.s** getestet werden
clinical trial ✪ klinische Erprobung, klinischer Test; **defended t.** [§] streitige Verhandlung; **fair t.** gerechtes

Verfahren; **full t.** 1. Dauertest *m*; 2. ordentliche Gerichtsverhandlung; **pending ~ t.** bis zur ordentlichen Gerichtsverhandlung; **joint t.** gemeinsames Strafverfahren; **main t.** Hauptprozess *m*, H.verfahren *nt*; **mock t.** Schein(gerichts)verfahren *nt*, S.prozess *m*; **new t.** Wiederaufnahmeverfahren *nt*, Wiederaufnahme des Verfahrens; **pre-launch t.** Test-, Probelauf *m*; **proper t.** ordentliches (Gerichts)Verfahren; **public t.** öffentliche Verhandlung; **separate t.** abgetrennte Verhandlung, abgetrenntes Verfahren; **speedy t.** abgekürztes (Straf)Verfahren; **summary t.** beschleunigtes/abgekürztes Strafverfahren, Schnellverfahren *nt*
trial balance (Betriebs)Probebilanz *f*, P.abschluss *m*, Roh-, Saldenbilanz *f*, rohe/provisorische Bilanz, Offene-Posten-Zusammenstellung *f*, Saldenliste *f*; **~ of balances** Saldenbilanz *f*; **~ of totals** Summenbilanz *f*; **to draw up a t. b.** Rohbilanz erstellen
adjusted trial balance berichtigte Rohbilanz; **aged t. b.** Liste offener Posten nach Alter; **closing t. b.** Probesaldenbilanz *f*; **post-closing t. b.** Rohbilanz ohne Aufwand und Ertrag; **signed t. b.** unterschriebene endgültige Rohbilanz; **t. b. sheet** Probe-, Saldenbilanz *f*, vorläufige Bilanz
trial balloon *[US]* *(fig)* Versuchsballon *m (fig)*; **on a t. basis** versuchs-, probeweise, auf Versuchsbasis; **t. brief** [§] Prozessmandat *nt*
trial copy Probenummer *f*; **t. court** [§] Tatsacheninstanz *f*, Prozess-, Erstgericht *nt*, erste Instanz, Gericht erster Instanz, erkennendes Gericht, Spruchkammer *f*; **t. c. in juvenile cases** Jugendstrafkammer *f*
trial date/day (Gerichts-/Verhandlungs)Termin *m*, Verhandlungstag *m*; **t. delivery** Probesendung *f*, P.lieferung *f*; **t. judge** Richter der ersten Instanz, Erst-, Tat-, Spruchrichter *m*, erkennender Richter; **t. lawyer** Prozessanwalt *m*; **t. number** *(Zeitschrift)* Probenummer *f*; **t. offer** Probe-, Test-, Versuchsangebot *nt*; **t. operation** Probe-, Versuchsbetrieb *m*; **t. order** Muster-, Versuchs-, Probeauftrag *m*, P.bestellung *f*; **t. package** Probepackung *f*; **t. period** 1. *(Arbeitsverhältnis)* Probezeit; 2. Versuchszeit *f*, Zeit zum Ausprobieren; **t. phase** Erprobungsphase *f*; **t. procedure** Gang der Hauptverhandlung; **t. proceedings/process** [§] Strafverfahren(sablauf) *nt/m*, S.verhandlung *f*, Hauptverhandlung *f*; **t. production** Versuchsproduktion *f*; **t. run** 1. ⚙ Probelauf *m*, Test *m*; 2. ⚙ Probe-, Versuchsfahrt *f*; **t. series** Testserie *f*; **t. shipment** 1. Probelieferung *f*; 2. ⊖ Probeverzollung *f*; **t. stage** Teststadium *nt*; **t. subscription** Probeabonnement *nt*
triangle *n* π Dreieck *nt*; **magic/uneasy t.** magisches Dreieck
triangular *adj* π dreieckig
tribe *n* 1. *(Volks)*Stamm *m*; 2. Sippe *f*, Sippschaft *f*; **nomadic t.** Nomadenstamm *m*
tribunal *n* [§] Gericht(shof) *nt/m*, Tribunal *nt*, Schiedsgericht *nt*, Kammer *f*; **t. of commerce** *[US]* Handelsgericht *nt*; **~ a member state** *(EU)* einzelstaatliches Gericht; **to appoint/constitute a t.** Gerichtshof einsetzen
administrative tribunal [§] Verwaltungsgericht *nt*; **arbitral t.** Schiedsgericht *nt*; **maritime ~ t.** Seeschiedsgericht *nt*; **disciplinary t.** Dienststraf-, Disziplinargericht *nt*; **professional ~ t.** Berufsgericht *nt*; **domestic t.** inländisches Gericht; **industrial t.** Arbeits-, Sozialgericht *nt*; **appellate ~ t.** Landesarbeitsgericht *nt [D]*; **itinerant t.** fliegender Gerichtsstand; **professional t.** Standesgericht *nt*; **revolutionary t.** Revolutionsgericht *nt*; **special t.** Ausnahme-, Sondergericht *nt*; **statutory t.** gesetzliche Schiedsstelle
tribune *n* Tribüne *f*
tributary *n* Nebenfluss *m*
tribute *n* Anerkennung *f*, Hochachtung *f*, Tribut *nt*; **to pay t. to so.** jdm Hochachtung bezeugen, Anerkennung/Tribut zollen; **floral t.** Kranzspende *f*
in a trice *n (coll)* im Nu/Handumdrehen *(coll)*
tricel ™ *n Kunstfaser auf Polyesterbasis*
trichotomy of governmental powers *n* Gewaltenteilung(slehre) *f*
trick *n* 1. Trick *m*, Dreh *m*, Finte *f*, Tour *f*, Manöver *nt*; 2. Streich *m*, Spaß *m*; 3. Kunstgriff *m*, K.stück *nt*; **t.s** Gaunerei *f*, Schliche *f*; **full of t.s** trickreich
to be up to so.'s tricks *(coll)* jds Spiel durchschauen *(coll)*, jdm auf die Sprünge kommen *(coll)*; **to do the t.** *(coll)* Zweck erfüllen; **to know a t. or two** *(coll)* sich auskennen; **~ (all) the t.s of the trade** alle Finessen/Kniffe/Kunstgriffe kennen; **to perform a t.** Kunststück zeigen; **to play/pull a t.** Streich spielen; **to resort to t.s** Sperenzchen machen *(coll)*; **to use all sorts of t.s** allerlei Kunstgriffe anwenden
conjuring trick Zauberkunststück *nt*; **dirty t.** Gemeinheit *f*, übler Trick/Streich; **to play/pull a ~ t. on so.** jdn über den Tisch ziehen; **~ t. on so.** jdm böse/übel mitspielen; **financial t.s** Finanzakrobatik *f*; **legal t.** Rechtsverdrehung *f*; **new t.** neue Masche *(coll)*
trick *v/t* hereinlegen, täuschen, prellen; **t. so. into doing sth.** jdn durch Täuschung zu etw. verleiten
trickle *n* Rinnsal *nt*, Tröpfeln *nt*; *v/i* tröpfeln, rinnen, rieseln; **t. charger** ⚡ Kleinlader *m*
trick question Fangfrage *f*
trickster *n* Gauner(in) *m/f*, Schwindler(in) *m/f*, (Trick)Betrüger(in) *m/f*, T.dieb(in) *m/f*
tricky *adj* brenzlig, heikel, raffiniert, kompliziert, schwierig, knifflig, kitzlig, vertrackt, verfänglich, delikat; 2. listig, durchtrieben
tricycle *n* Dreirad *nt*
tried *adj* erprobt, bewährt; **t. and found wanting** gewogen und zu leicht befunden; **~ tested** auf Herz und Nieren geprüft *(fig)*, bewährt; **~ trusted** bewährt, **sorely t.** leidgeprüft
triennial *adj* dreijährig; **t. ennially** *adv* im Dreijahresrhythmus; **t.ennium** *n* Dreijahreszeitraum *m*
trifle *n* 1. Lappalie *f*, Bagatelle *f*, Kleinigkeit *f*; 2. Kleinst-, Bagatellbetrag *m*; 3. nichtiger Anlass; **t.s** Nichtigkeiten; **mere t.** bloße/lächerliche Kleinigkeit
trifle away *v/t* vergeuden; **t. with sth.** leichtfertig mit etw. umgehen
trifling *adj* geringfügig, belanglos; **no t. matter** kein Pappenstiel *(coll)*
trigger *n* 1. *(Waffe)* Abzug(shahn) *m*; 2. Auslöser *m*, Anlass *m*, auslösender Faktor, auslösendes Moment; **quick on the t.** *(fig)* reaktionsschnell

trigger (off) *v/t* auslösen
trigger effect Anstoßwirkung *f*; **t.-happy** *adj* schießfreudig, s.wütig; **t. price** Schwellenpreis *m*; ~ **mechanism** *[US]* Mindestpreismechanismus *m*; ~ **system** *[US (Stahl)]* Mindestpreissystem *nt*
trike *n* *(coll)* Dreirad *nt*
tri|lateral *adj* dreiseitig; **t.lingual** *adj* dreisprachig
trillion *n* 1. *[GB]* Trillion *f*; 2. *[US]* Billion *f*
trim *adj* schmuck, gepflegt
trim *n* 1. Zustand *m*, Verfassung *f*; 2. ⚓ Ausstattung *f*, Zierleiste *f*; 3. *(Frisur)* Fassonschnitt *m*; 4. ⚓ Gleichgewichtslage *f*; 5. ✈ Fluglage *f*; **in good t.** in guter Verfassung, in gutem Zustand; **out of t.** ⚓ schlecht gestaut; **to get into t.** in Form bringen
trim *v/t* ⚓ 1. (ver)stauen, trimmen; 2. verringern, kürzen, beschneiden, stutzen; 3. (heraus)putzen, schmücken, garnieren; **t. back/down** zurückschrauben, beschneiden, kürzen, gesundschrumpfen, senken
trimming *n* 1. ⚓ Staulage *f*; 2. Verzierung *f*; **t.s** Verzierungen, Zubehör *nt*, Garnierung *f*; **with all the t.s** *(coll)* mit allen Schikanen *(coll)*
Trinity House *[GB]* ⚓ Lotsenamt *nt*
trinkets *pl* Pfennigwaren, Nippsachen, Schmuckgegenstände
trip *n* 1. Reise *f*; 2. Ausflug *m*, Tour *f (frz.)*; **to take/make a t.** Reise machen; **outward t.** Hinreise *f*
round trip Rundreise *f*, R.fahrt *f*, Hin- und Rückkreise *f*, ~ Rückfahrt *f*; **to make a r. t.** Rundfahrt machen; **r. t. cost(s)** Rundreisekosten *pl*; ~ **flight** ✈ Hin- und Rückflug *m*, Rundflug *m*; ~ **ticket** Rückfahrkarte *f*, Rundreiseticket *nt*
time-chartered trip Zeitcharterfahrt *f*
trip (up) *v/i* stolpern, zu Fall kommen; **t. so. up** jdn zu Fall bringen, jdm ein Bein(chen) stellen *(fig)*; ~ **over sth.** jdn über etw. stolpern lassen
trip abroad Auslandsreise *f*, Reise ins Ausland
tripartite *adj* dreiseitig, dreiteilig, Dreier-, Dreiecks-, Dreiparteien-
triple *n* das Dreifache; *v/ti* 1. verdreifachen; 2. sich verdreifachen; *adj* dreifach
triplets *pl* Drillinge
tripli|cate *n* Drittausfertigung *f*; **in t.** in dreifacher Ausfertigung; *v/ti* 1. verdreifachen; 2. sich verdreifachen; **t.cation** *n* Verdreifachung *f*
tripod *n* *(Foto)* Stativ *nt*
triptyck; triptyque *(frz.) n* ⊖ Triptyk *nt*, Zollpassierschein *m*
tripwire *n* Stolperdraht *m*
trite *adj* trivial, banal, nichtssagend
trivalent *adj* ☉ dreiwertig
trivial *adj* unerheblich, trivial, geringfügig, belanglos, unwesentlich; **t.ity** *n* Nebensächlichkeit *f*, Belanglosigkeit *f*, Geringfügigkeit *f*; **t.ities** Kinkerlitzchen *(coll)*
troglodyte *n* Höhlenbewohner *m*
troika *n* Troika *f*, Dreigespann *nt*
trolley *n* 1. Einkaufswagen *m*, Kofferkuli *m (coll)*; 2. 🚋 Lore *f*; 3. ⚡ Rollenstromabnehmer *m*; **t.bus** *n* O-Bus *m*, Oberleitungsbus *m*; **t.-car** *n* *[US]* Straßenbahn *f*
trophy *n* Trophäe *f*, Beutestück *nt*

tropical *adj* tropisch, Tropen-
trot *n* Trott *m*; **to keep so. on the t.** jdn (ganz schön) auf Trab halten
trouble *n* 1. Mühe(waltung) *f*; 2. Unannehmlichkeiten *pl*, Scherereien *pl*, Ärger *m*; 3. ⚕ Leiden *nt*; **in t.** in der Tinte *(coll)*, in Schwierigkeiten; **t. at t'mill** *(coll)* Ärger im Betrieb; **t. in store** zu erwartende Schwierigkeiten
to be asking for trouble 1. Streit suchen; 2. mit offenen Augen ins Unglück rennen; ~ **heading for t.** auf Kollisionskurs gehen; ~ **in dire t.** in großen Schwierigkeiten sein; ~ **worth the t.** der Mühe wert sein; **to buy off t.** Ruhe/Frieden erkaufen; **to cause t.** Unruhe stiften, Schwierigkeiten machen; **to get into t.** in Schwierigkeiten geraten, Unannehmlichkeiten bekommen, sich ~ zuziehen, in Teufels Küche geraten *(coll)*; **to give t.** Ärger bereiten; ~ **so. a lot of t.** jdm schwer zu schaffen machen, jdm Umstände machen; **to go to the t.** sich die Mühe machen; **to have no end/a lot of t. with** seine liebe Not haben mit *(coll)*; **to put so. to a lot of t.** jdm viel Mühe machen; **to run into t.** in Schwierigkeiten geraten; **to save o.s. (the) t.** sich Kummer ersparen, sich die Mühe sparen; ~ **so. the t.** jdn der Mühe entheben; **to take the t.** sich die Mühe machen
digestive trouble ⚕ Verdauungsbeschwerden *pl*; **industrial t.** Arbeitsunruhen *pl*
trouble *v/ti* 1. sich die Mühe machen; 2. belästigen, behelligen, plagen, beunruhigen
trouble area störanfälliges Gebiet, Unruhe-, Krisenherd *m*
troubled *adj* in Schwierigkeiten (befindlich), bedrängt, in Bedrängnis geraten, krisengeschüttelt, krank, marode, Krisen-; **to be t.** in Schwierigkeiten sein; **sorely t.** arg bedrängt
trouble|-free *adj* störungsfrei, problem-, reibungslos; **t.maker** *n* Unruhestifter *m*, Störenfried *f*, Querulant *m*, Störer *m*; **t.shooter** *n* 1. Krisenmanager *m*; 2. Schlichter *m*, Vermittler *m*; 3. ☎ Störungssucher *m*; **t.shooting** *n* Fehler-, Störungssuche *f*, Fehlersuche und -behebung *f*; **t.some** *adj* lästig, schwierig, beschwerlich; **t. spot** Gefahren-, Unruhe-, Krisenherd *m*, K.zentrum *nt*, neuralgischer Punkt, störanfälliges Gebiet
trough *n* 1. Trog *m*, Rinne *f*; 2. Konjunkturtief *nt*, K.tal *nt*, Tiefstand *m*, T.punkt *m*, Talsohle *f (fig)*, Wellental *nt (fig)*; **t. of depression** ☁ Tiefdruckrinne *f*; ~ **economic depression;** ~ **the recession; cyclical t.** Wellental der Konjunktur, Konjunkturtief *nt*, Talsohle der Rezession; **interim t.** Zwischentief *nt*
trouser|s *pl* Hose *f*; **t.-suit** *n [GB]* Hosenanzug *m*
trousseau *n* *(frz.)* Aussteuer *f*
trout *n* Forelle *f*; **t. farm/hatchery** Forellenzuchtbetrieb *m*; **t. farming** Forellenzucht *f*
trover *n* § Bereicherungsklage *f*, Klage aus ungerechtfertigter Bereicherung, rechtswidrige ~ Aneignung fremder beweglicher Sachen
trowel *n* 🏛 (Maurer)Kelle *f*; **to lay it on with a t.** *(fig)* es dick auftragen *(fig)*, Schaum schlagen *(fig)*
troy ounce Fein-, Edelmetallunze *f*, Unze fein *(31,10 g)*; **t. weight** (Edelmetall-/Gold)Gewicht *nt*
truancy *n* Schulschwänzerei *f*, S.versäumnis *nt*, Schwänzen *nt*, unentschuldigtes Fehlen

truant *n* Schulschwänzer *m*; **to play t.** *(Schule)* unentschuldigt fehlen, schwänzen
truce *n* 🚂 Waffenruhe *f*, W.stillstand *m*
truck *n* 1. 🚂 Last(kraft)wagen (LKW) *m*, (Fern)Laster *m*, (Fern)Lastzug *m*; 2. 🚂 Güterwagen *m*, Wagon *m*; 3. 🚂 Förderwagen *m*, Lore *f*; 4. *[US]* 🚂 Drehgestell *nt*; **by t.** per/mit LKW; **free on t.** (f. o. t.) frei LKW/Wagen; **t. with dump body** Lastwagen mit Kippvorrichtung; **t. and trailer** Lastwagen mit Anhänger, (Last)Zug *m*; **to drive a t.** Lastwagen fahren; **to have no t. with so./sth.** *(coll)* mit jdm/etw. nichts zu tun haben (wollen), sich mit jdm/auf etw. nicht einlassen; **to pay in t.** in Waren bezahlen
covered truck 🚂 gedeckter Güterwagen; **electric t.** Elektrowagen *m*, E.karren *m*; **flat t.** offener Güterwagen; **flat-bed t.** Pritschenwagen *m*; **fork-lift t.** Gabel-, Hubstapler *m*; **heavy(-duty) t.** schwerer Last(kraft)wagen, Schwerlastwagen *m*, S.transporter *m*; **high-speed t.** Schnellaster *m*; **light/medium-sized t.** leichter/mittelschwerer Lastwagen; **open t.** offener Güterwagen; **pick-up t.** Pritschenwagen *m*; **refrigerated t.** 1. Kühlwagen *m*; 2. Kühlwagon *m*; **semi-trailer t.** Sattelschlepper *m*, Zugmaschine und Anhänger
truck *v/ti* auf der Straße/mit Lastwagen befördern, ~ transportieren
truck advertising LKW-Werbung *f*
truckage *n* *[US]* 1. Lastwagenbeförderung *f*; 2. Rollgeld *nt*, Fuhrlohn *m*; **t. company** Spedition(sfirma) *f*, Transportunternehmen *nt*
truck carrier *[US]* Lasttransport-, Fuhrunternehmen *nt*, Spedition(sfirma) *f*; **t. driver** Fern(last)-, Lastwagenfahrer *m*, LKW-Fahrer *m*; **t. driver's log book/logger** Fahrtenbuch *nt*, persönliches Kontrollbuch; **t. economy** Tauschwirtschaft *f*
trucker *n* 1. Fern(last)-, Lastwagen-, LKW-Fahrer *m*, Kapitän der Landstraße *(coll)*; 2. *[US]* Fuhrunternehmer *m*, Spediteur *m*; 3. *[US]* Gemüsegärtner *m*
truck farm/garden *[US]* 🥕 Gemüse-, Handelsgärtnerei *f*, Gartenbau-, Gemüseanbaubetrieb *m*; **t. farmer** Gemüsegärtner *m*, G.anbauer *m*; **t. farming** Gemüseanbau *m*, Erwerbsgartenbau *m*, (Betrieb einer) Handelsgärtnerei; **t. fleet** *[US]* Fuhrpark *m*, Lastwagenflotte *f*, L.park *m*; **t. freight** LKW-Fracht *f*; **t. haulage** Güterkraftverkehr *m*, Straßentransport *m*; **~ carrier** Abfertigungsspediteur *m*
trucking *n* 1. Lastwagen-, LKW-Transport *m*, Auto-, Lastwagenspedition *f*, Güterkraftverkehr *m*; 2. 🥕 (Betrieb einer) Handelsgärtnerei; **long-distance/long-haul t.** Fernlastverkehr *m*; **commercial ~ t.** gewerblicher Güterfernverkehr; **t. company** LKW-Transportunternehmen *nt*, Kraftverkehrsspedition *f*, Speditionsbetrieb *m*, Kraftverkehrs-, LKW.agenunternehmen *nt*; **~ 's bill of lading** Ladeschein von Kraftverkehrsunternehmungen; **t. depot** *[US]* Lastwagendepot *nt*; **t. industry** *[US]* Straßentransportgewerbe *nt*, Nutzfahrzeug-, Lastwagenindustrie *f*, L.gewerbe *nt*; **t. interest** Beteiligung im Straßengüterverkehr; **t. operation** Straßentransport *m*; **t. shipment** Überlandsendung *f*

truck leasing Vermietung/Anmietung von Lastkraftwagen; **t.load** *n* Fuhre *f*, Wagen-, Wagonladung *f*; **part t.load** Partiefracht *f*, Teilwagonladung *f*; **t.man** *n* Lastwagenfahrer *m*; **t. pay** *[GB]* Warenlohn *m*; **t. production** LKW-Produktion *f*; **t. rates** Überlandfrachtsatz *m*; **t. rental** Lastwagenverleih *m*, L.vermietung *f*, L.miete *f*; **t. stop** *[US]* Fernfahrergaststätte *f*; **t. system** *[GB]* Warenentlohnung *f*; **t. toll** Straßenbenutzungsgebühr für LKW; **t. tractor** Sattelzugmaschine *f*; **t. trailer** Lastwagen-, LKW-Anhänger *m*
true *adj* 1. wahr, richtig, tatsächlich, wahrheitsgetreu; 2. original, authentisch, echt; **to be t.** zutreffen; **to hold t.** sich als wahr herausstellen; **~ for** gelten für; **to prove t.** sich bestätigen, sich als wahr herausstellen, Bestätigung finden
truism *n* Gemeinplatz *m*, Binsenweisheit *f (coll)*
yours (very) truly *[US] (Brief)* mit freundlichen Grüßen, hochachtungsvoll, mit vorzüglicher Hochachtung
trump (card) *n* Trumpf *m*; **to come/turn up t.s** 1. *(Spielkarte)* stechen; 2. *(fig)* sich als das Beste erweisen
trumped-up *adj* erlogen, aus den Fingern gesogen *(fig)*
trun|cate *v/t* kürzen, beschneiden, stutzen; **t.cation** *n* 1. Beschneidung *f*; 2. 🔪 Stutzung *f*; 3. 🔪 Abschneiden *nt*
truncheon *n* Schlagstock *m*, Polizeiknüppel *m*
trunk *n* 1. 🌳 (Baum)Stamm *m*; 2. Schrank-, Überseekoffer *m*; 3. *[US]* 🚗 Kofferraum *m*; *v/t* über lange Strecken transportieren
trunk cable Fernkabel *nt*; **t. call** ☎ Ferngespräch *nt*; **to book a t. call** Ferngespräch anmelden; **t. connection** Fern(gesprächs)verbindung *f*; **t. dialling** Direkt-, Fernleitungswahl *f*; **selective t. dialling (STD)** *[GB]* automatische Vermittlung, automatisches Anwählen; **t. enquiries/inquiries** Fernauskunft *f*; **t. exchange** *[US]* Fern(melde)amt *nt*
trunking *n* Güterfernverkehr *m*
trunk line 1. 🚂 Hauptstrecke *f*; 2. ☎ Haupt-, Fern-, Stammleitung *f*; **~ network** Fernleitungsnetz *nt*; **~ system** Hauptstreckennetz *nt*; **t. road** 🚗 Haupt-, Fern-(verkehrs)straße *f*, Magistrale *f*, Verkehrsader *f*, Bundesfernstraße *f [D]*; **t. route** Hauptverkehrsader *f*, H.linie *f*; **t. zone** ☎ Fernverkehrsbereich *m*
truss *n* 1. Bündel *nt*; 2. 🏛 (Dach-/Brücken)Gerüst *nt*; 3. ⚕ Bruchband *nt*; **t. of straw** Bündel Stroh
trust (in) *n* 1. Vertrauen (auf), Zutrauen *nt*, Treu und Glauben *m*; 2. Trust *m*, Konzern *m*, Kartell *nt*; 3. Stiftung *f*; 4. Treuhand(anstalt) *f*, T.verhältnis *nt*, Treuhand-, Sondervermögen *nt*; 5. Treugut *nt*, anvertrautes Gut; 6. Fonds(vermögen) *m/nt*; **on t.** *[US]* auf Kredit, auf Treu und Glauben, zu (ge)treuen Händen, zur Verwahrung, treuhänderisch, fiduziarisch, fiduziär; **t. for sale** Veräußerungs-, Verwertungs-, Verkaufstreuhand *f*, unmittelbar bindender Trust zum Verkauf; **worthy of t.** vertrauenswürdig
to be under trust treuhänderisch verwaltet werden; **to buy on t.** *[US]* auf Kredit kaufen; **to create/establish/set up a t.** Treuhandvermögen/Stiftung errichten, ~ (be)gründen; **to deliver in t.** in Verwahrung geben; **to hand over on t.** zu treuen Händen überlassen; **to hold**

to invade a **trust**

in/on t. treuhänderisch verwalten/halten, als Fideikommiss besitzen, als Treuhänder verwalten; **to invade a t.** Fondsvermögen angreifen; **to obtain so.'s t. by false pretences** sich jds Vertrauen erschleichen; **to receive on t.** *[US]* auf Kredit erhalten; **to release from t.** Sicherungsübereignung aufheben; **to take on t.** auf Treu und Glauben hinnehmen

trust v/ti 1. (ver)trauen; 2. hoffen, glauben, überzeugt sein

accumulating trust Thesaurierungstreuhand f, T.fonds m; **active t.** Treuhand mit Tätigkeitspflicht; **administrative t.** Verwaltungstreuhand f; **alimentary t.** Unterhaltsfonds m; **bare t.** *[US]* einfacher Fonds; **charitable t.** Wohltätigkeitsstiftung f, gemeinnützige Treuhand; **closed-end t.** geschlossener Fonds; **constructive t.** fingierter Trust, fingiertes Treuhandeigentum nt, vermutetes Treuhandverhältnis; **contingent t.** bedingtes Treuhandverhältnis; **corporate t.** 1. Treuhandverwaltung für eine Gesellschaft; 2. *[US]* Aktienkonzern m; **educational t.** Schul-, Studienstiftung f, Stiftung für Erziehungszwecke; **executory t.** später noch festzulegendes Treuhandverhältnis; **express t.** gewillkürtes Treuhandverhältnis; **fixed t.** *[US]* Kapitalanlagegesellschaft mit festgelegtem Effektenbestand, Fonds mit unveränderlichem Portefeuille; **flexible t.** *[US]* Kapitalbetreuung/Fonds mit veränderlichem Portefeuille; **horizontal t.** Horizontalkonzern m; **implied t.** vermutetes/stillschweigend begründetes Treuhandverhältnis; **industrial t.** 1. Industriesyndikat nt; 2. *[US]* Finanzierungsgesellschaft für Industriebedarf; **inter-vivos** *(lat.)* **t.** zu Lebzeiten errichtete Stiftung; **irrevocable t.** unwiderrufliche Treuhandbestellung/Stiftung; **liquidating t.** Liquidationsmasse f; **living t.** lebenslängliche Treuhandverwaltung; **mutual t.** *[US]* Investmentfonds m; **open-end t.** offener Investmentfonds; **particular t.** Treuhandverwaltung für Einzelgegenstände; **passive t.** Treuhand ohne Verwaltungsfunktion; **perpetual t.** auf unbegrenzte Zeit errichtete Stiftung; **precatory t.** auf letztwilligem Wunsch beruhende Treuhand; **private t.** Familien-, Privatstiftung f, Treuhandverwaltung für bestimmte Begünstigte, Stiftung mit bestimmten begünstigten Personen; **protective t.** *[GB]* Treuhandfonds auf Lebenszeit; **public t.** öffentlich-rechtliche Stiftung, gemeinnützige Treuhand, Stiftung des öffentlichen Rechts; **resulting t.** an den ursprünglichen Eigentümer zurückfallender Trust, gesetzlich vermutetes Treuhandverhältnis; **revocable t.** kündbare Stiftung, widerrufliche Treuhandbestellung; **rigid t.** Trust mit beschränkter Kapitalanlage; **special t.** Pflegschaft mit besonderen Pflichten, auftragsgebundene Treuhandverwaltung; **spread t.** Fonds mit Risikostreuung; **statutory t.** *[GB]* gesetzlich begründete Stiftung; **testamentary t.** Nachlassstiftung f, letztwillige Treuhandbestellung, testamentarisch errichtete Stiftung; **vertical t.** *[US]* Verbundkonzern m; **voluntary t.** fiduziarische Zuwendung; **voting t.** Treuhand mit Stimmrecht

trust account Ander-, Treuhand(sonder)-, Treuhänderkonto nt; **notarial t. account** (Notar)Anderkonto nt; **t.**

administration Treuhandverwaltung f, treuhänderische Verwaltung; **t. agency** Treuhandstelle f, T.anstalt f; **t. agreement** *[US]* Sicherheitsübereignungsvertrag m, Treuhandvereinbarung f, T.abkommen nt, T.vertrag m, Treuhändervertrag m; **t. asset** Treuhandgut nt; **t. assets** Treuhandvermögen nt; **t. association** Treuhandverband m; **t. beneficiary** Nutznießer einer Stiftung; **t. bond** Schuldverschreibung über bevorrechtigte Forderung; **collateral t. bond** durch Effektenlombard/pfandrechtlich gesicherte Obligation, gesicherte Schuldverschreibung, Industrieschuldverschreibung f (mit Wertpapierabsicherung), Schuldverschreibung einer Kapitalanlagegesellschaft; **t. buster** Entflechter m; **t. busting** Entflechtung f; **t. capital** Treuhand-, Stiftungs-, Vertrauenskapital nt, Treugut nt, treuhänderisches Eigentum; **t. certificate** Treuhandzertifikat nt; **t. certificate** *[US]* Investmentzertifikat nt, I.anteil m; **t. company** 1. Treuhandgesellschaft f; 2. *[US]* Aktienkredit-, Effekten(emissions)-, Treuhandbank f; **t. corporation** *[GB]* öffentliche Treuhandstelle; **t. debenture** Schuldverschreibung über bevorrechtigte Forderung; **t. declaration** Hinterlegungs-, Treueerklärung f; **t. deed** Treuhand-, Stiftungsurkunde f, Treuhandvertrag m, Sicherungsübereignung f, treuhänderische Grundstücksübertragung zur Sicherung von Obligationen; **t. department** Treuhandabteilung f, Abteilung für Vermögensverwaltung; **t. deposit** Ander-, Treuhänderdepot nt, geschlossenes Depot, mündelsichere Spareinlage

trusted adj zuverlässig, bewährt

trustee n 1. (Stiftungs)Treuhänder m, (Vermögens-/Vergleichs-/Konkurs)Verwalter m, Bevollmächtigte(r) f/m, treuhänderischer Verwahrer, Fiduziar m, Treunehmer m; 2. Kurator m; 3. (Vermögens)Pfleger m, Sequester m, Sequestor m; 4. *(Fonds)* Verwaltungsgesellschaft f; **t. and beneficiary** Treugeber und -nehmer m; **t. in bankruptcy/a bankrupt's estate** Masse-, (endgültiger) Konkursverwalter m, K.pfleger m; **~ composition proceedings; t. under a deed of arrangement** Vergleichsverwalter m; **t. under a deed** urkundlich bestellter Treuhänder; **t. of an estate** Nachlassverwalter m; **t. for sale** Veräußerungstreuhänder m

to act as a trustee treuhänderisch verwalten; **to appoint a t.** Treuhänder bestimmen/einsetzen/ernennen; **to discharge a t.** Treuhänder entlasten; **to hold as a t.** treuhänderisch besitzen; **to vest sth. in a t.** etw. einem Treuhänder übertragen

acting trustee amtierender Treuhänder; **bare t.** weisungsgebundener Treuhänder; **interim t.** einstweiliger Treuhänder; **joint t.** Treuhändergemeinschaft f; **judicial t.** amtlicher Treuhänder; **sole t.** Einzeltreuhänder m; **testamentary t.** Testamentsvollstrecker m; **voting t.** zur Stimmrechtsausübung bestellter Treuhänder

trustee|'s accounts Treuhänderabrechnung f; **~ authority** Treuhandvollmacht f; **t. board** (Treuhänder)Beirat m; **t. bond** *[GB]* mündelsichere Schuldverschreibung; **t. certificate** Verwahrungsschein m; **t. company** Treuhand-, Vermögensverwaltungsgesellschaft f; **t. de-**

partment Vermögensverwaltungsabteilung f; **t.'s duty** Treuhandpflicht f; **t. endorsement** Treuhandgiro nt, T.indossament nt; **t.'s fees** Treuhandgebühren; **t. investment** treuhänderisch verwaltete Gelder, mündelsichere (Kapital)Anlage; **t.'s liability** Treuhänderhaftung f; **t.('s) office** Treuhandstelle f; **public t. office** *[GB]* öffentliche Hinterlegungsstelle; **t.'s powers** Treuhändervollmacht f; **t. process** *[US]* § Beschlagnahme f; **t. provisions** Treuhänderbestimmungen; **t.'s remuneration** Treuhandvergütung f; **t. savings** mündelsichere Spareinlagen; **T. Savings Bank (T. S. B.)** *[GB]* (gemeinnützige) Sparkasse, Treuhandbank f; **~ Act** *[GB]* Sparkassengesetz nt; **t. security** *[US]* erstklassige Sicherheit; **t.'s security** Treuhänderkaution f; **t. securities/stocks** mündelsichere (Wert)Papiere
trusteeship n 1. Treuhand-, Treuhänderschaft f, Treuhandverwaltung f; 2. Kuratorium nt, Kuratel f, Verwaltersamt nt; **t. in bankruptcy** *[US]* Konkursverwaltung f; **to place under t.** unter Treuhänderschaft stellen; **t. participation** Treuhandbeteiligung f; **t. position** Treuhandstellung f; **t. territory** Treuhandgebiet nt
trustee status Treuhänderstatus m; **t. testamentary** *[US]* Testamentsvollstrecker m; **t. work** Vermögensverwaltung f
trust estate 1. Treuhandvermögen nt, T.gut nt, treuhänderisch verwaltetes Vermögen, ~ verwalteter Nachlass; 2. Stiftungsvermögen nt; 3. Mündelgelder pl; **to pay out of the t. estate** aus der Konkursmasse zahlen; **t. fees** Treuhandgebühren; **t.ful** adj vertrauensvoll
trust fund Treuhänderfonds m, T.guthaben nt, Treuhand-, Trustfonds m, treuhänderisch verwaltetes Vermögen; **t. f.s** mündelsichere/treuhänderisch verwaltete Gelder; **t. and agency f.** Treuhand(sonder)vermögen nt, von einer Treuhandstelle verwalteter Fonds; **to set up a t. f.** Treuhand-/Treuhänderfonds errichten; **expendable t. f.** Treuhandfonds mit freier Erfolgsverwendung; **irrevocable t. f.** unwiderruflicher Treuhandfonds; **offshore t. f.** Kapitalanlagegesellschaft mit Verwaltung im Ausland; **t. f. value** Fondswert m
trustification n Konzern-, Trustbildung f
trust income Treuhand-, Stiftungseinkünfte pl, Einkommen aus Treuhandvermögen; **t. indenture** 1. Treuhandurkunde f, T.vertrag m; 2. *[US]* Lombardvertrag m
trusting adj vertrauensvoll, v.selig, zutraulich
trust instrument 1. Treuhandvertrag m; 2. Sicherungsübereignung f
trust investment Fondsanlage f; **t. i.s** *[US]* mündelsichere Anlagewerte; **t. i. officer** Vermögensverwalter m
trust investor Treuhandanleger m; **t. law** Kartellrecht nt; **t. legacy** treuhänderisch verwaltetes Legat; **t. letter** Treuhand-, Sicherungsschein m; **t. liability** Treuhandverpflichtung f; **t. maker** Errichter eines Treuhandverhältnisses f; **t. management** Treuhand-, Vermögensverwaltung f, Verwaltung durch Treuhänder; **t. manager** Fondsverwalter m; **t. money** Hinterlegungs-, Mündel-, Stiftungs-, Treuhandgelder pl, fremde Gelder; **t. mortgage** Sicherungshypothek f; **collateral t. note** pfandrechtlich gesicherte Obligation; **t. obligation** Treuhandbindung f; **t. period** Treuhanddauer f; **t. property** 1. Treu(hand)gut nt, Stiftungs-, Treuhandvermögen nt, T.eigentum nt, treuhänderisches Eigentum; 2. *(Treuhandverwaltung)* Sachen und Rechte; **t. receipt** 1. *[US]* Treuhandbestätigung f, T.quittung f; 2. Depotbescheinigung f; **t. report** Treuhandbericht m; **t. securities** mündelsichere (Wert)Papiere; **t. settlement** 1. treuhänderische Vermögensübertragung; 2. Stiftungsvertrag m; **t. stock** *[US]* mündelsichere Anlage/Anleihe, mündelsicheres (Wert)Papier; **t. territory** Treuhandgebiet nt, Gebiet unter Treuhandverwaltung; **t. transaction** Treuhandgeschäft nt, fiduziarisches Rechtsgeschäft; **t. unit** (Investment)Fondsanteil m; **t.worthiness** n Glaub-, Vertrauenswürdigkeit f; **t.worthy** adj vertrauens-, glaubwürdig, zuverlässig
truth n 1. Wahrheit f; 2. Richtigkeit f; **t. and veracity of the accused** § Glaubwürdigkeit des Angeklagten; **t. will out** *(prov.)* die Sonne bringt es an den Tag *(prov.)*; **to admonish so. to tell the truth** jdn zur Wahrheit ermahnen; **to ascertain the t.** Wahrheit ermitteln; **to be out of t.** ✿ nicht genau stimmen; **to doubt the t. of the testimony** die Richtigkeit der Aussage bezweifeln; **to prove the t. of sth.** Wahrheitsbeweis antreten, Wahrheit beweisen; **to stick to the t.** bei der Wahrheit bleiben; **to suppress the t.** Wahrheit unterdrücken/verheimlichen; **to swear to the t. of sth.** etw. beeiden; **~ to tell the t., the whole t. and nothing but the t.** § schwören, die reine Wahrheit zu sagen, nichts zu verschweigen und nichts hinzuzufügen; **~ to the t. of one's statement** seine Angaben beschwören; **to tell the t.** die Wahrheit sagen; **to vouch for the t. of a statement** sich für die Richtigkeit von Angaben verbürgen
empirical truth empirische Wahrheit; **plain t.** nackte/schlichte Wahrheit; **the plain t.; nothing but the t.** § die reine Wahrheit; **unpalatable t.** herbe Wahrheit; **unvarnished t.** ungeschminkte/reine Wahrheit; **the whole t.** die ganze/volle Wahrheit
truthful adj 1. wahr; 2. wahrheitsgetreu; **t.ness** n Wahrhaftigkeit f
try n Versuch m; **to have a t.** Versuch anstellen/unternehmen; **~ another t.** es noch einmal versuchen
try v/t 1. versuchen; 2. prüfen, (aus)probieren, kosten, Versuch anstellen/unternehmen
trying adj anstrengend
try-on n *(coll)* Versuch(sballon) m *(fig)*; **t.-out** n Probe f
tub n Wanne f, Kübel m, Trog m, Zuber m; **old t.** *(coll)* ⚓ Seelenverkäufer m *(coll)*
tube n 1. Rohr nt; 2. Röhre f; 3. Tube f; 4. Schlauch m; 5. *[GB]* 🚇 Untergrundbahn f, U-Bahn f; **fluorescent t.** Leuchtstoff-, Neonröhre f; **inner t.** ⊜ (Luft)Schlauch m; **large-diameter t.** ⬚ Großrohr nt; **t. face** Bildschirm m; **t. mill/works** ⬚ Röhrenwerk nt; **t. production** Röhrenproduktion f
tuberculosis n ⚕ Tuberkulose f
tub file Ziehkartei f; **t. thumper** *(coll)* Volksredner m, Demagoge m; **t. thumping** *(coll)* Demagogie f
tubular adj rohr-, röhrenförmig
TUC (Trades Union Congress) *[GB]* Dachverband der britischen Gewerkschaften

tuck away v/t *(coll)* wegstecken; **t. in** *(coll)* es sich schmecken lassen, (tüchtig) zulangen *(coll)*
tug v/t zerren, schleppen
tug n 1. ⚓ (Bugsier)Schlepper m, Schleppdampfer m; 2. Ruck m, Zug m; **ocean-going t.** Hochseeschlepper m; **t.boat** n (Bugsier)Schlepper m, Schlepp-, Bugsierdampfer m, Bugsierer m; **t. charge** Schlepplohn m
tugging n Schleppschifffahrt f
tug-of-war n Tauziehen nt
tuition n Unterricht m; **extra t.** Nachhilfe(unterricht) f/m; **postal t.** Fernunterricht m; **private t.** Privat-, Einzelunterricht m, Nachhilfe(unterricht) f/m; **t. assistance** *[US]* Erziehungs-, Schulgeldbeihilfe f, Erziehungsgeld nt; **t. fee** Studien-, Unterrichtsgebühr f, Kolleg-, Schulgeld nt
tumble n *(Preise)* Sturz m, Einbruch m; v/i plötzlich/stark (im Wert) fallen, stürzen, fallen, purzeln; **t. down** einstürzen, einfallen
tumble|-down adj 🏚 baufällig, verfallen, heruntergekommen; **t.-drier** *[GB]*; **t.-dryer** *[US]* n Wäschetrockner m, Trockenautomat m
tumbler n 1. Trinkglas nt; 2. Wäschetrockner m, Trockenautomat m
tummy n *(coll)* ✚ Magen m, Bauch m; **t.ache** n Bauchschmerzen pl
tumor *[US]*; **tumour** *[GB]* n ✚ Tumor m, Geschwulst f; **benign t.** harmloser Tumor; **malignant t.** bösartiger Tumor
tumult n Tumult m, Ausschreitung f; **t.uous** adj stürmisch, tumultartig
tun n 1. (Bier)Fass nt; 2. (Wein)Fuder nt
tune n Melodie f; **to the t. of** *(coll)* in Höhe von; **to be in t.** stimmen; **to call the t.** *(fig)* Takt angeben *(fig)*; **to change one's t.** andere Tonart/anderen Ton anschlagen, seine Meinung ändern, ganz anders reden; **to dance to so.'s t.** *(fig)* nach jds Pfeife tanzen *(fig)*
tune v/t 1. (ab)stimmen; 2. ➡ *(Motor)* einstellen; **t. in** (Sender auf bestimmte Wellenlänge) einstellen
tuned in adj *(Radio)* empfangsbereit; **to stay t.** *(Radio)* am Apparat bleiben
tungsten (ore) n ♦ Wolfram(erz) nt
tuning n 1. Sendereinstellung f; 2. 🖥 Leistungsmessung f; **fine t.** 1. Feinabstimmung f, F.einstellung f, F.steuerung f, F.regulierung f; 2. *(fig)* Konjunktursteuerung f
tunnel n Tunnel m; **to bore a t.** Tunnel bohren
tunnel v/t untertunneln, Stollen vorantreiben; **t. toll** Tunnelgebühr f
turbid adj trübe; **t.ity** n Trübung f
turbine n Turbine f; **t.-powered** adj mit Turbinenantrieb
turbo|-charger n ➡ Turbolader m; **t.jet engine** n ✈ Turbostrahltriebwerk nt; **t.prop** n ✈ Propellerturbine f
turbu|lence n 1. Unruhe f, Verwirrung f; 2. ✈ Luftwirbel m, Turbulenz f; **t.lent** adj turbulent, stürmisch
turf n 1. Rasen m, Grasnarbe f; 2. Pferderennbahn f; **t. accountant** Buchmacher m
turf out v/t *(coll)* rausschmeißen
to talk turkey (with so.) n *[US]* *(coll)* (mit jdm) offen/Fraktur *(coll)*/Tacheles *(coll)* reden

turmoil n Aufruhr m, Getümmel nt, Tumult m, Unruhe f, Durcheinander nt; **monetary t.** Währungschaos nt, Unruhe auf den Währungsmärkten
turn n 1. Runde f, Turnus m; 2. Drehung f, Umschwung m, Hinwendung f; 3. Kehre f, Krümmung f; 4. Courtage f *(frz.)*, Kursgewinn m, K.spanne f, Händlergewinn m; 5. vollständig durchgeführte Börsentransaktion; **by t.s** umschichtig; **for a t.** kurzfristig angelegt; **in t.** 1. der Reihe nach, abwechselnd, nacheinander, nach der Reihe; 2. dann wieder, wiederum; **in t.s** wechselweise; **out of t.** außer(halb) der Reihe
turn for the better Wende zum Besseren; **to take a ~ better** sich zum Guten wenden/sich bessern; **t. of the century** Jahrhundertwende f; **~ events** Lauf der Ereignisse/Dinge; **t. in the market** Markt-, Stimmungsumschwung m; **t. of mind** Geistesrichtung f; **to have a practical ~ mind** praktisch veranlagt sein, ~ denken; **~ the month** Monatswende f; **t. in the stock cycle** Umkehr des Lagerzyklus; **t. of the year** Jahreswechsel m, J.wende f
to be one's turn an die Reihe kommen, am Zuge sein, drankommen; **to do so. a good t.** jdm einen guten Dienst erweisen; **to earn one's t.** Kursgewinn erzielen; **to serve one's t.** für seine Zwecke gerade richtig sein; **to take t.s** sich abwechseln, umschichtig arbeiten; **~ a t. for the worse** sich zum Schlechten wenden, sich verschlechtern; **to wait one's t.** warten, bis man an die Reihe kommt
all-star turn 🎬 Starbesetzung f; **good t.** Freundschafts-, Liebesdienst m; **left t.** 1. ➡ Linksabbiegen nt; 2. *(fig)* Linksschwenkung f; **right t.** 1. ➡ Rechtsabbiegen nt; 2. *(fig)* Rechtsschwenkung f; **round t.** 1. *(Börse)* An- und Verkauf m, Kauf- und Verkaufsgeschäft nt; 2. *(Rohstoffbörse)* abgeschlossene Transaktion; **unexpected t.** plötzliche Wendung
turn v/ti 1. drehen, wenden; 2. verwandeln; 3. zuwenden; 4. abbiegen, abschwenken; 5. sich verwandeln; **t. around** herumdrehen; **t. away** *(Geschäft)* zurückweisen, ablehnen; **t. so. away** jdn abweisen/wegschicken; **t. back** *(Einlass)* zurückweisen; **t. down** 1. ablehnen, ab-, zurückweisen, absagen, verwerfen, verweigern, abschlägig bescheiden, (jdm) einen Korb geben *(fig)*; 2. *(Radio)* leiser stellen; **t. in** *(Gewinn)* einfahren, erzielen; **t. so. in** jdn der Polizei übergeben; **t. into** 1. ➡ einbiegen in; 2. umwandeln in; **t. off** 1. ⚡ abschalten; 2. *(Gas/Wasser)* absperren; 3. ➡ abbiegen; **t. on** einschalten, aufdrehen; **t. out** 1. 🏭 produzieren, erzeugen, herstellen, ausstoßen; 2. *(Licht)* ausmachen; 3. ausfallen, sich entpuppen; **~ to be** sich herausstellen/herauskristallisieren; **t. so. out** jdm den Stuhl vor die Tür setzen *(fig)*, jdn auf die Straße setzen *(fig)*; **t. inside out** umkrempeln; **t. out badly** schlecht ausfallen; **~ satisfactorily** befriedigend verlaufen; **~ well** guten Ausgang nehmen; **t. over** 1. umsetzen, Umsatz haben/machen, umschlagen; 2. *(Seite)* umblättern, umdrehen; 3. *(Zahlung)* weiterleiten; 4. ➡ sich überschlagen; **~ to übergeben; t. round** umdrehen; **t. to** sich wenden an; **t. up** 1. erscheinen, sich einfinden; 2. aufdrehen; 3. lauter stellen; **t. everything upside down** das Unterste zu-

oberst kehren, alles umkrempeln *(coll)*; **t. upward** *(Börse)* sich erholen

turnabout *n* Wende *f*, Wendung *f*, Fronten-, Gesinnungs-, Kurswechsel *m*; **t. of the market** *(Börse)* Marktwende *f*, M.umschlag *m*, Stimmungsumschwung *m*; **economic t.** Konjunkturwende *f*; **t. time** ⚓/🚂/✈ Wendezeit *f*

turnaround *n* 1. (Tendenz)Wende *f*, (T.)Umschwung *m*, (Trend)Umkehr *f*, Kehrtwendung *f*; 2. Wendepunkt *m*, W.stelle *f*; 3. ⚓/🚂/✈ Wendezeit *f*; **t. in economic activity** Konjunkturumschwung *m*, K.wende *f*; **~ interest rates** Zinswende *f*; **t. cost(s)** 1. ⚓ Umschlagkosten *pl*; 2. Rundreisekosten *pl*; **t. time** 1. Liege-, Umschlags-, Verweil-, Wende-, Umkehrzeit *f*; 2. ✉ Postlaufzeit *f*

turn|coat *n* Renegat *m*, Abtrünniger *m*, Überläufer *m*, Wendehals *m (coll)*; **t.-down** *n* (Gewinn)Rückgang *m*

turning-down of an offer *n* Ablehnung/Ausschlagung eines Angebots; **t. circle** 🚗 Wendekreis *m*; **t. lathe** ⚙ Drehbank *f*

turning point Wendepunkt *f*, W.marke *f*, Einschnitt *m*, Krise *f*; **lower t. p.** unterer Wendepunkt; **upper t. p.** oberer Wendepunkt; **t. p. error** Wendepunktfehler *m*

turnip *n* 🥕 Rübe *f*

turnkey *n* Gefängniswärter *m*; *adj* bezugs-, schlüsselfertig. **t. contract** Auftrag für die Lieferung einer schlüsselfertigen Anlage; **t. system** schlüsselfertige Anlage

turn-off *n* 🚗 1. Abzweig *m*; 2. *(Autobahn)* Ausfahrt *f*

turnout *n* 1. Beteiligung *f*, Teilnahme *f*, tatsächliche Teilnehmerzahl; 2. 🏭 Produktion *f*, Ausstoß *m*; **good t.** rege/hohe (Wahl)Beteiligung; **poor t.** schlechte (Wahl)Beteiligung

turnover *n* 1. (Geschäfts-/Verkaufs)Umsatz *m*, U.erlös *m*, Absatz *m*, Umschlag(skennziffer) *m/f*, Handelsvolumen *nt*; 2. (Arbeitskräfte)Fluktuation *f*, Arbeitsplatzwechsel *m*; 3. Umgruppierung *f*, Umstellung *f*; **on a t. of** bei einem Umsatz von

turnover of assets Kapitalumschlag *m*; **~ average total costs** Kapitalumschlag *m*; **~ equity** Eigenkapitalumschlag *m*; **~ goods** Güter-, Warenumschlag *m*; **~ inventory/stocks** Lager(bestands)umschlag *m*; **total t. and operating revenue** *(Bilanz)* Gesamtleistung *f*; **t. of personnel** (Personal)Fluktuation *f*; **t. in the retail trade** Einzelhandelsumsatz *m*; **~ sales** Absatz *m*, Umsatz *m*; **~ terms of value** Wertumsatz *m*

in line with turnover umsatzkongruent; **to lift t.** Umsatz steigern

aggregate turnover Gesamtumsatz *m*; **annual t.** Jahresumsatz *m*, J.absatz *m*; **contracting t.** sinkender Umsatz; **daily t.** Tagesumsatz *m*; **external t.** Fremdumsatz *m*; **general t.** Bruttoumsatz *m*; **higher t.** Umsatzplus *nt*; **intercompany/internal t.** Konzern-, Binnenumsätze *pl*, interner Umsatz, Innenumsatz *m*; **lower t.** Umsatzminus *nt*; **minimum t.** Mindestumsatz *m*; **moderate t.** mäßiger Umsatz; **monthly t.** Monatsumsatz *m*; **net t.** Nettoumsatz(erlös) *m/pl*, Reinumsatz *m*; **~ rate** Fluktuationskennziffer *f*; **previous/prior t.** Vorumsatz *m*; **quick/rapid t.** schneller Umsatz; **reduced t.** geschrumpfter Umsatz, Minderumsatz *m*, Umsatzminus *nt*; **taxable t.** steuerpflichtiger Umsatz; **tax-free t.s** steuerfreie Lieferungen; **total t.** Gesamtumsatz *m*; **last year's t.** Vorjahresumsatz *m*

turnover allowance Umsatzbonifikation *f*, U.bonus *m*; **t. analysis** Umsatzanalyse *f*; **t. balance** Summenbilanz *f*; **t. base** Hauptumsatzträger *m*; **t. category** Umsatzgrößenklasse *f*; **t. charge** Umsatzgebühr *f*; **t. cost(s)** allgemeine Betriebskosten; **t. equalization** Umsatzausgleich *m*; **t. figure** Umsatzziffer *f*, U.zahl *f*; **t. frequency** Umschlagshäufigkeit *f*; **t. function** Umschlagsfunktion *f*; **t. gain** Umsatzzuwachs *m*; **t. growth** Umsatzzuwachs *m*; **t. increase** Umsatzbeschleunigung *f*, U.plus *nt*; **t. inventory** Grundbestand *m*; **t. level** *(Personal)* Fluktuation(squote) *f*; **t. period** Umschlagszeit *f*; **t. plan** Umsatzplan *m*; **t. rate/ratio** Umschlag-, Umsatzhäufigkeit *f*, U.quote *f*, U.verhältnis *nt*, Fluktuationsquote *f*; **t.-related** *adj* umsatzbezogen, Umsatz-; **t. situation** Umsatzlage *f*; **t. stage** Umsatzstufe *f*

turnover tax (Waren)Umsatzsteuer *f*, (W.)Umsatzabgabe *f*; **~ on imports** Einfuhrumsatzsteuer *f*; **all-phase/all-stage t. t.** Allphasen-(Umsatz)Steuer *f*; **cumulative ~ t. t.** kumulative Allphasen-(Umsatz)Steuer; **previously charged t. t.** Umsatzsteuervorbelastung *f*; **cumulative t. t.** kumulative Umsatzsteuer; **gross t. t.** Bruttoumsatzsteuer *f*; **multistage t. t.** Mehrphasenumsatzsteuer *f*; **net t. t.** Nettoumsatzsteuer *f*; **refined t. t.** veredelte Umsatzsteuer; **special t. t.** Sonderumsatzsteuer *f*

turnover tax act Umsatzsteuergesetz *nt*; **prior ~ method** Vorsteuerverfahren *nt*; **~ notice** Umsatzsteuerbescheid *m*; **~ refund** Umsatzsteuerrückvergütung *f*; **prior ~ refund** Vorsteuervergütung *f*; **~ regime** Umsatzsteuerdurchführungsbestimmung *f*, U.verordnung *f*; **~ return** Umsatzsteuererklärung *f*; **~ revenues** Umsatzsteuererträge; **~ stamp** Börsenstempel *m*

turnover time Bezugsdauer des Kapitals; **t.-yield ratio** Umsatzrendite *f*

turn|pike *n* Schlagbaum *m*; **~ road** *[US]* 🚗 Mautstraße *f*, gebührenpflichtige Straße; **t.round** *n* 1. Umkehr *f*, Wende *f*; 2. ⚓ Umschlag *m* (eines Schiffs), Be- und Entladen *nt*; 3. 🚗/🚂 Umlauf *m*; **~ time** ⚓ Ablade-, Abfertigungs-, Umladezeit *f*; **t.stile** *n* Drehkreuz *nt*; **t.table** *n* 1. 🚂 Drehscheibe *f*; 2. Plattenteller *m*

turpentine *n* Terpentin *nt*; **t. substitute** Terpentinersatz *m*

to turn turtle *n* *(fig)* 1. sich um 180 Grad drehen, Wendung von 180 Grad/Kehrtwendung vollziehen, ins Gegenteil umschlagen; 2. 🚗 sich überschlagen, umkippen

tussle *n* 1. Auseinandersetzung *f*, Tauziehen *nt*, Rangelei *f*, Gerangel *nt*

tute|lage *n* 1. Führung *f*, Anleitung *f*; 2. Vormundschaft *f*, Kuratel *f*, Pflegschaft *f*; **t.lary** *adj* vormundschaftlich

tutor *n* Tutor *m*, Studienleiter *m*, Universitätslehrer *m*, Repetitor *m*, (Privat)Lehrer *m*; **private t.** Haus-, Nachhilfelehrer *m*; **t.ship** *n* Tutoren-, Lektorenstelle *f*

TV (television) Fernsehen *nt*; **~ ad** Fernsehspot *m*, Werbesendung *f*; **~ advertisements/commercials** Werbefernsehen *nt*; **~ celebrity** Fernsehstar *m*; **~ guide** Fern-

sehzeitschrift *f*; **~ news** Tagesschau *f [D]*; **~ series** Sendereihe *f*; **~ spot** Werbeblock *m*, W.sendung *f*
twaddle *n* *(coll)* Geschwafel *nt*, Gewäsch *nt (coll)*, unsinniges Zeug, Geschwätz *nt*, Gefasel *nt (coll)*
tweezers *pl* Pinzette *f*
twig *n* ✍ Zweig *m*
twilight *n* 1. Dämmerung *f*, Halbdunkel *nt*; 2. Zwielicht *nt*; **t. raid** *(Börse)* Überfall in den Nachmittagsstunden; **t. shift** Spätschicht *f*; **t. years** Lebensabend *m*
twin *n* Zwilling *m*; *adj* Doppel-, Zwillings-; **identical t.s** eineiige Zwillinge; **t.-bedded** *adj* mit zwei Einzelbetten
twine *n* Bindfaden *m*, (Pack)Schnur *f*
twin|-engine(d) *adj* ✈ zweimotorig; **t. stocks** Zwillingspapiere; **t. tire** *[US]* **/tyre** *[GB]* 🚗 Doppel-, Zwillingsreifen *m*; **t. town** Partnerstadt *f*; **t.-track** *adj* 1. zweispurig; 2. 🚂 doppel-, zweigleisig
twist *n* 1. Drehung *f*, Wendung *f*; 2. Spirale *f*, Windung *f*; **to add another t. to the inflationary spiral** Inflation verstärken, weiter an der Inflationsschraube drehen
twist *v/ti* 1. drehen, winden; 2. verbiegen; 3. $ verrenken; 4. sich drehen
twisty *adj* kurvenreich, gewunden
twitch *v/i* zucken; **t.y** *adj (coll)* nervös, unruhig
two by two paarweise; **to put t. and t. together** *(fig)* Schlussfolgerung ziehen
two|day *adj* zweitägig; **t.-digit** *adj* π zweistellig; **t.-dimensional** *adj* zweidimensional; **t.-door** *adj* zweitürig; **t.-faced** *adj* doppelgesichtig; **t.fold** *adj* zweifach, doppelt; **t.-handed** *adj* beidhändig; **t.-lane** *adj* 🚗 zweispurig; **t.-part** *adj* zweiteilig; **t.-party system** *adj* Zweiparteiensystem *nt*; **t.-phase** *adj* zweiphasig, z.gängig, z.stufig, Zweiphasen-, Z.stufen-; **t.-seater** *n* Zweisitzer *m*; **t.-sector** *adj* Zweisektoren-; **t.-stage** *adj* Zweistufen-, z.stufig; **t.-storey** *[GB]*; **t.-story** *[US]* *adj* 🏢 zweistöckig; **t.-tier** *adj* gespalten, zweischichtig, z.stufig, Z.stufen-; **~ price system** Zweipreissystem *nt*; **t.-tonner** *n* Zweitonner *m*; **t.-up t.-down** *[GB] (coll)* 🏠 kleines Reihenhaus; **t.-way** *adj* wechselseitig; **t.-wheeled** *adj* 🚗 einachsig; **t.-wheeler** *n* Einachser *m*; **t.-yearly** *adj* zweijährig
tycoon *n* Großindustrieller *m*, G.kapitalist *m*, G.unternehmer *m*, (Industrie)Magnat *m*, Schlotbaron *m (coll)*; **financial t.** Finanzgewaltiger *m*, F.magnat *m*
tying up *n* *(Kapital)* Bindung *f*, Festlegung *f*, Blockierung *f*; **~ of assets** Vermögensbindung *f*; **~ capital** Kapitalfestlegung *f*, K.bindung *f*; **~ funds** Mittelbindung *f*; **~ money** Geldstilllegung *f*
type *n* 1. Typ *m*, Type *f*, Modell *nt*, Bauart *f*; 2. Marke *f*; 3. Muster *nt*, Gattung *f*, Grundform *f*, Sorte *f*; 4. Prägung *f*; 5. 🖨 Buchstabe *m*, Schrift(zeichen) *f/nt*, Drucksatz *m*, Satztype *f*
type of account Kontenart *f*; **t.s of action** [§] Klagenschema *nt*; **t. of audit** Prüfungsart *f*; **~ benefit** *(Vers.)* Leistungsart *f*; **~ business/company/enterprise/firm** Unternehmens-, Unternehmungs-, Betriebsform *f*, B.art *f*, B.typ *m*, Geschäftstyp *m*; **~ business organization/ownership/unit** Unternehmens-, Unternehmungsform *f*, Rechtsform der Unternehmung; **~ claim**

[§] Gattung des Titels; **~ contract** Vertragstyp *m*; **~ cost(s)** Kostenart *f*, K.kategorie *f*; **~ cover(age)** *(Vers.)* Vertragsform *f*; **~ credit** Kreditart *f*; **~ culture** 🌱 Bewirtschaftungsart *f*; **~ currency** Geldsorte *f*; **~ custody** Verwahrungsart *f*; **~ employment** Beschäftigungsart *f*; **~ real estate** Grundstücksart *f*; **~ foreign exchange exposure** Währungsrisikokategorie *f*; **~ expenditure/expense** Aufwandsart *f*; **t. and extent of building** Bebauung *f*; **t. of finance** Finanzierungsart *f*; **~ goods** Güterart *f*; **~ group** Konzernart *f*; **~ income** Einkommens-, Einkunftsart *f*; **~ information** Informationsart *f*; **~ insurance** Versicherungssparte *f*, V.zweig *m*, V.art *f*
type of investment Anlageart *f*, A.form *f*; **preferred t. of i.** Anlagefavorit *m*
type of loss Schadensart *f*; **~ market** Marktform *f*; **~ offender/perpetrator** [§] Tätertyp *m*; **~ plant** Betriebstyp *m*; **~ proceeds** Erlösart *f*; **t.s of industrial processes** Prozesstypen; **t. of product** Produktart *f*, P.typ *m*; **~ production** Produktionstyp *m*; **~ revenue** Einkommens-, Einkunftsart *f*; **~ safekeeping** Verwahrungsart *f*; **~ securities deposit** Depotverwahrungsart *f*; **~ service** [§] Zustellungsart *f*; **~ tax** Steuerart *f*; **~ taxation** Besteuerungsart *f*; **~ transaction** Geschäftsart *f*; **commercial undertaking** Unternehmensform *f*, Rechtsform einer Unternehmung; **~ economic unit** Wirtschaftstyp *m*; **~ vehicle** Fahrzeug-, Wagentyp *m*; **~ wage** Lohnform *f*; **~ wood** Holzart *f*
bold type 🖨 Fettdruck *m*, fetter Druck/Satz, fette Schrift; **in b. t.** in Fettdruck; **printed in b. t.** fett gedruckt; **to set in b. t.** fett drucken; **secondary b. t.** halbfette Schrift
hot/metallic type 🖨 Bleisatz *m*; **italic t.** Kursivdruck *m*; **large t.** großer Druck; **lean/light(-faced) t.** schmale/lichte/magere Schrift; **open t.** Konturschrift *f*; **queer t.** *(coll)* komischer Typ *(coll)*; **semi-bold t.** halbfetter Satz; **small t.** Kleindruck *m*, kleiner Druck; **standard t.** 1. normale Schrift, Normalschrift *f*, Standardtype *f*; 2. Standardtyp *m*
type *v/t* mit der (Schreib)Maschine schreiben, (ab)tippen, maschinenschreiben; **t. out** 1. tippen; 2. Fehler korrigieren
type approval (test) Bauartgenehmigung *f*, Musterabnahme *f*; **t. alignment** Typenausrichtung *f*; **t. area (of page)** 🖨 Satzspiegel *m*; **t. bar** *(Schreibmaschine)* Typenhebel *m*; **t. classification** Typenschema *nt*; **t. cleaner** *(Schreibmaschine)* Typenreiniger *m*
typed *adj* maschinengeschrieben, mit der (Schreib-)Maschine geschrieben
type|face *n* 🖨 Schrift(art) *f*, S.bild *nt*, S.spiegel *m*; **t. number** Gattungsnummer *f*; **t. page** Satzspiegel *m*; **t. pitch** *(Schreibmaschine)* Anschlaghärte *f*; **t. plate** ⚙ Typenschild *nt*; **t. printer** Typendrucker *m*; **t.script** *n* Schreibmaschinenmanuskript *nt*, S.schrift *f*, Maschinenschrift(satz) *f/m*, maschinengeschriebener Text, maschinengeschriebenes Schriftstück; **t.set** *v/t* 🖨 setzen; **t.setter** *n* 1. (Schrift)Setzer *m*, Metteur *m (frz.)*; 2. (Typen)Setzmaschine *f*; **t.setting** *n* (Schrift)Setzen *nt*, Satz(technik) *m/f*; **~ machine** (Typen)Setzmaschine *f*; **t. simplification/standardization** Typenbereinigung

f; **t. size** Druck-, Schriftgröße *f*; **t. specimen** Satz-, Schriftprobe *f*, S.muster *nt*; **t. wheel** Typenrad *nt*; **t.write** *v/t* mit der Maschine schreiben, tippen
typewriter *n* Schreibmaschine *f*; **electric t.** elektrische Schreibmaschine; **electronic t.** elektronische Schreibmaschine, Speicherschreibmaschine *f*; **golf-ball t.** Kugelkopfmaschine *f*; **interrogating t.** Schreibcomputer *m*, Speicherschreibmaschine *f*; **long-carriage t.** Breitwagenmaschine *f*; **portable t.** Koffer-, Reiseschreibmaschine *f*
typewriter accessories Schreibmaschinenzubehör *nt*; **t. bookkeeping machine** Schreibbuchungsautomat *m*; **t. desk** Schreibmaschinentisch *m*; **t. pad** Schreibmaschinenunterlage *f*; **t. paper** Schreibmaschinenpapier *nt*; **t. ribbon** Farb-, Schreibmaschinenband *nt*
typewriting *n* Maschinenschreiben *nt*, M.schrift *f*; **t. examination** Schreibmaschinenprüfung *f*; **t. paper** Schreibmaschinenpapier *nt*; **t. telegraph** Fernschreiber *m*
typewritten *adj* maschinengeschrieben, m.schriftlich, mit der (Schreib)Maschine geschrieben, in Maschinenschrift; **t. matter** Maschinengeschriebenes *nt*
typhoid *n* ₴ Typhus *m*; **t. injection** Thyphusimpfung *f*
typhoon *n* Taifun *m*
typical *adj* typisch, charakteristisch, repräsentativ, kennzeichnend
typify *v/t* repräsentieren, verkörpern, typisch/bezeichnend sein für, exemplifizieren
typing *n* Maschinenschreiben *nt*, Tippen *nt*; **t. agency** Schreibbüro *nt*; **t. error** Schreib-, Tippfehler *m*, Vertipper *m (coll)*; **to make a ~ error** sich vertippen; **t. hours** Schreibzeit *f*; **t. occupation** Schreibtätigkeit *f*; **t. personnel/staff** Schreibkräfte *pl*, S.personal *nt*; **t. pool** Gemeinschaftssekretariat *nt*, Schreibabteilung *f*, S.zentrale *f*, S.saal *m*, S.zimmer *nt*, zentraler Schreibdienst
typist *n* Schreibkraft *f*, Tippse *f (coll)*; **t.'s chair** Schreibmaschinenstuhl *m*; **~ desk/table** Schreibmaschinentisch *m*; **t.s' room** Schreibzimmer *nt*
typo|grapher *n* (Buch)Drucker *m*, Setzer *m*; **t.graphic(al)** *adj* drucktechnisch, typografisch; **t.graphy** *n* Buchdruckerkunst *f*, Typografie *f*
typology *n* Typologie *f*; **t. of manufacturing processes** (Organisations)Typologie der Fertigung
tyre *n* [GB] → **tire** [US] ⬅ Reifen *m*; **to change a t.** Reifen (aus)wechseln; **cross-ply t.** Diagonalreifen *m*; **flat t.** Reifenpanne *f*; **high-pressure t.** Hochdruckreifen *m*; **pneumatic t.** Luftreifen *m*; **radial t.** Gürtelreifen *m*; **steel-belted ~ t.** Stahlgürtelreifen *m*; **spare t.** Ersatz-, Reservereifen *m*
tyre change Reifenwechsel *m*; **t. check** Reifenkontrolle *f*; **t. gauge** Reifendruckmesser *m*; **t. lever** Montiereisen *nt*; **t. pressure** Reifendruck *m*; **t. replacement business** Ersatzreifengeschäft *nt*; **t. wear** Reifenabnutzung *f*, R.verschleiß *m*; **~ rate** Reifenverschleißwert *m*
tyro *n* [US] Anfänger(in) *m/f*

U

uberrimae fidei *(lat.)* **contract** [§] vom Gebot gegenseitiger, uneingeschränkter Ehrlichkeit, Offenheit und Offenbarung beherrschter Vertrag
UFO (unidentified flying object) *n* unbekannter Flugkörper
ulcer *n* ₴ Geschwür *nt*
ullage *n (Fass)* 1. Auslauf-, Rinn-, Flüssigkeitsverlust *m*; 2. Manko *nt*; 3. Lecken *nt*, Leckage *f*, Schwund *m*
ultimate *adj* (aller)letzte(r,s); **u.ly** *adv* endlich, im Grunde, letzten Endes, schließlich
ultimatum *n* Ultimatum *nt*; **as an u.** ultimativ; **to deliver an u.** Ultimatum stellen
ultimo (ult.) *n* Ultimo *m*, letzter/voriger Monat; des letzten/vorigen Monats; **u.geniture** *n* [§] Erbfolge an den Jüngsten
ultra|-conservative *adj* erzkonservativ, ewiggestrig; **u.-critical** *adj* überkritisch; **u.-fashionable** *adj* ultramodern, supermodisch; **u.filtration** *n* ⊙ Ultrafiltration *f*; **u.marine** *adj* ultramarin; **u.-modern** *adj* hoch-, hyper-, supermodern; **u.-small** *adj* kleinst; **u.sound** *n* Ultraschall *m*; **u.-stability** *n* Ultrastabilität *f*; **u.violet** *adj* ultraviolett
ultra vires *adj/adv (lat.)* [§] außerhalb der Vollmacht/Satzung/Befugnis, unbefugt, über die Befugnisse hinausgehend, ohne Ermächtigung; **acting u. v.** Überschreitung der Satzungsbefugnis; **to act u. v.** Zuständigkeit/(Satzungs)Befugnis überschreiten, außerhalb seiner Vertretungsbefugnis/V.macht handeln; **u. v. acts of the corporation** Handlungen, die nicht mit dem Gesellschaftszweck in Einklang stehen; **~ action** Überschreitung verliehener Befugnisse, ~ der Vollmacht; **~ rule** Doktrin der Vollmachtsüberschreitung
to take umbrage at sth. *n* Anstoß an etw. nehmen
umbrella *n* (Regen)Schirm *m*; **to put up an u.** Schirm aufspannen; **u. agreement** Rahmenabkommen *nt*, R.übereinkunft *f*; **u. brand** Dachmarke *f*; **u. company** Dach-, Obergesellschaft *f*; **u. liability insurance** Pauschalhaftungsversicherung *f*; **u. marketing** Gemeinschafts-, Sammelwerbung *f*; **u. organization** Dach-, Gesamt-, Spitzen-, Zentralverband *m*, Dach-, Spitzenorganisation *f*; **u. stand** Schirmständer *m*; **u. strike committee** überbetrieblicher Streikausschuss; **u. term** Oberbegriff *m*
umpire *n* Kampf-, Preis-, (Ober)Schiedsrichter(in) *m/f*, Unparteiische(r) *f/m*, Ob-, Schiedsmann *m*; *v/t* als Schiedsmann/S.richter fungieren; **u.ship** *n* Schiedsrichteramt *nt*
umpteen *adj (coll)* zig *(coll)*
un|abashed *adj* schamlos, unverfroren; **u.abated** *adj* unvermindert (anhaltend), unaufhörlich; **u.abbreviated; u.abridged** *adj* ungekürzt, unverkürzt
unable *adj* außer Stande, unfähig, nicht in der Lage; **u. to contract** geschäftsunfähig; **~ pay** zahlungsunfähig;

~ work arbeitsunfähig; **partially ~ work** teilarbeitsunfähig
un|absorbed *adj* nicht verrechnet; **u.acceptability** *n* Unzumutbarkeit *f*, Unannehmbarkeit *f*; **u.acceptable** *adj* 1. unannehmbar, unzumutbar, nicht tragfähig; 2. nicht rediskontfähig; **u.accepted** *adj* nicht akzeptiert, unakzeptiert; **u.accompanied** *adj* unbegleitet, ohne Begleitung; **u.accommodated** *adj* unversorgt; **u.accommodating** *adj* unnachgiebig, inkulant, nicht entgegenkommend; **u.accountability** *n* Nichtverantwortlichkeit *f*; **u.accountable** *adj* nicht verantwortlich/haftbar; **u.accounted** *adj* nicht bilanziert; **~ for** vermisst; **u.accredited** *adj* unbeglaubigt, nicht anerkannt; **u.accustomed to** *adj* nicht gewöhnt an; **u.acknowledged** *adj* unbeantwortet, unbestätigt; **u.acquainted** *adj* unerfahren, nicht vertraut; **u.acquitted** *adj* 1. [§] nicht freigesprochen; 2. ungetilgt; **u.actionable** *adj* [§] unklagbar; **u. addressed** *adj* nicht adressiert; **u.adjudged** *adj* [§] noch im Streit befangen, unentschieden, schwebend; **u.adjusted** *adj* 1. unbereinigt, nicht reguliert; 2. *(Verbindlichkeiten)* schwebend; 3. ▦ original; 4. unkompensiert; **u.adulterated** *adj* unverfälscht, unvermischt, rein, echt; **u.affected** *adj* 1. nicht betroffen, nicht berührt, unbeeinflusst; 2. unverändert; 3. aufrichtig, ungekünstelt, **u.affiliated** *adj* 1. selbstständig, unabhängig; 2. *(Gesellschaft)* nicht eingegliedert; **u.afflicted** *adj* nicht betroffen; **u.affordable** *adj* unerschwinglich; **u.aided** *adj* ohne Beistand/Hilfe, selbstständig; **u.airworthy** *adj* ✈ flugutauglich; **u.allocated**; **u.allotted** *adj* nicht zugewiesen/zugeteilt/zugerechnet/verteilt, unverteilt; **u.alloyed** *adj (Metall)* unlegiert, ungemischt; **u.alterable** *adj* unabdingbar, unumstößlich, unwandelbar, unab-, unveränderlich; **u.ambiguous** *adj* unzweideutig; **u.amenable** *adj* unzugänglich; **~ to the law** [§] strafmündig; **u.amended** *adj* unverbessert, nicht ergänzt; **u.amortized** *adj (Bilanz)* nicht abgeschrieben
unanimity *n* Einmütigkeit *f*, Einstimmigkeit *f*, Einigkeit *f*, einhellige Meinung, Zustimmung *f*; **to reach u.** Einstimmigkeit erzielen; **u. rule** *(Fonds)* Einstimmigkeitsregel *f*
unanimous *adj* einstimmig, einmütig, einhellig, übereinstimmend; **u.ly** *adv* ohne Gegenstimme
un|announced *adj* unangemeldet; **u.answered** *adj* unbeantwortet, unerledigt, unerwartet; **u.appealability** *n* [§] Rechtskraft *f*; **u.appealable** *adj* (formell) rechtskräftig; **u.apprehended** *adj* flüchtig; **u.appropriated** *adj (Gewinn)* unausgeschüttet, nicht verteilt, unverteilt; **u.approved** *adj* nicht genehmigt; **u.armed** *adj* unbewaffnet; **u.ascertained** *adj* unbestimmt, nicht ermittelt/feststellbar; **u.assailable** *adj* unanfechtbar, unbestreitbar, unangreifbar; **u.assented** *adj (Wertpapier)* nicht gestempelt; **u.assessed** *adj* 1. untaxiert, unbewertet, ungeschätzt; 2. *(Steuer)* nicht veranlagt; **u.assertive** *adj (Person)* blass; **u.assignable** *adj* unabtretbar, nicht zuteilbar/übertragbar; **u.assorted** *adj* unsortiert; **u.assuming** *adj* bescheiden; **u.atoned** *adj* ungesühnt; **u.attachable** *adj* pfändungsfrei; **u.attached** *adj* ungebunden, frei, nicht organisiert; **u.attainable** *adj* unerreichbar; **u.attended** *adj* unbewacht, ohne Aufsicht; **u.attested** *adj* unbestätigt, unbeglaubigt, nicht überwacht; **u.attractive** *adj* unansehnlich, nicht attraktiv; **u.audited** *adj* 1. ungeprüft, nicht überprüft, von der Revision nicht erfasst; 2. *(Abschluss)* nicht testiert; **u.authenticated** *adj* unverbürgt, unbeglaubigt; **u.authorized** *adj* unerlaubt, unbefugt, unberechtigt, nicht berechtigt/bevollmächtigt, eigenmächtig, ohne Erlaubnis/Ermächtigung/Vollmacht; **~ person** Unbefugte(r) *f/m*; **u.available** *adj* 1. nicht verfügbar/erhältlich; 2. *(Person)* verhindert; **u.availing** *adj* vergeblich, umsonst; **u.avoidable** *adj* 1. unvermeidlich, unumgänglich, unausweichlich, unabwendbar, unvermeidbar, zwangsläufig; 2. [§] unanfechtbar
unaware *adj* nichtsahnend, nicht gewahr, in Unkenntnis; **to be u. of sth.** etw. nicht ahnen; **to catch so. u.s** jdn überraschen
unbalance *n* Unausgeglichenheit *f*, Störung des Gleichgewichts; *v/t* Gleichgewicht stören, aus dem ~ bringen; **u.d** *adj* 1. unausgeglichen, unausgewogen, einseitig, ungleichgewichtig; 2. nicht saldiert/ausgeglichen, unsaldiert
un|bankable *adj* nicht bank-/diskontfähig; **the u.-banked** *pl* Personen ohne Bankkonto; **u.banked** *adj* nicht bei einer Bank hinterlegt; **u.bearable** *adj* unerträglich, untragbar, unausstehlich; **u.beatable** *adj* unschlagbar, unübertrefflich; **u.becoming** *adj* ungebührlich; **u.believable** *adj* unglaublich; **u.bending** *adj* unnachgiebig, unbeugsam; **u.biased** *adj* 1. unparteiisch, unvoreingenommen, unbefangen, objektiv, wertfrei, vorurteilslos; 2. ▦ erwartungstreu, unverzerrt; **u.biasedness** *n* Erwartungstreue *f*; **u.bidden** *adj* unaufgefordert; **u.billed** *adj* nicht in Rechnung gestellt; **u.blemished** *adj* unbescholten; **u.block** *v/t (Konto)* freigeben, entsperren; **u.blocking of funds** *n* Mittelfreigabe *f*, Freigabe von Mitteln; **u.born** *adj* ungeboren; **u.bolt** *v/t* entriegeln; **u.breakable** *adj* unzerbrechlich, bruchfest; **u.branded** *adj* markenlos, m.frei; **u.bribable** *adj* unbestechlich; **u.bridgeable** *adj* unüberbrückbar; **u.bridled** *adj (Wachstum)* ungezügelt, ungehemmt; **u.broken** *adj* 1. ungebrochen; 2. *(Siegel)* unverletzt; **u.budgeted** *adj (Ausgabe)* außerplanmäßig, nicht geplant, unverplant; **u.bundling of risks** *n* Risikozerlegung *f*; **u.businesslike** *adj* nicht geschäftsmäßig, unkaufmännisch; **u.callable** *adj (Kredit)* unkündbar; **u.called** *adj (Kapital)* nicht aufgerufen/eingefordert; **u.called-for** *adj* unangebracht; **u.canniness** *n* Misbehagen *nt*; **u.canny** *adj* unheimlich; **u.censored** *adj* unzensiert; **u.ceremonious** *adj* ungezwungen, zwanglos, nicht förmlich; **u.ceremoniously** *adv* ohne Sang und Klang *(coll)*, ohne Umschweife; **u.certain** *adj* 1. unsicher; 2. unsicher, ungewiss, fraglich, unbestimmt, zweifelhaft, offen
uncertainty *n* Unsicherheit *f*, Unbestimmtheit *f*, Ungewissheit *f*, Unklarheit *f*; **u. about interest rates** Zinsunsicherheit *f*; **u. as to what the law is; legal u.** Rechtsunsicherheit *f*; **economic u.** Konjunkturunsicherheit *f*; **monetary u.** Währungsunsicherheit *f*; **u. phase** Alarmstufe 1 (Ungewissheitsstufe)

un|certificated; u.certified *adj* nicht beglaubigt, unbeglaubigt, ohne (amtliche) Bescheinigung; u.challengeable *adj* 1. unangreifbar; 2. unwiderlegbar; u.challenged *adj* 1. unangefochten, unwidersprochen; 2. konkurrenzlos; u.changeability *n* Unabdingbarkeit *f*, Unveränderlichkeit *f*; u.changed *adj* unverändert; to remain u.changed *(Börse)* unverändert notieren; u.changing *adj* unveränderlich; u.characteristic *adj* untypisch; u.charged *adj* unberechnet, franko, nicht in Rechnung gestellt/berechnet, unbelastet, unverrechnet; u.charted *adj* unerforscht; u.chartered *adj* unverbrieft; u.checked *adj* 1. unkontrolliert; 2. hemmungs-, zügellos; u.civilized *adj* unzivilisiert; u.claimed *adj* 1. *(Sendung)* notleidend, nicht abgeholt, herrenlos; 2. *(Recht)* nicht geltend gemacht, nicht beansprucht

uncle *n* Onkel *m*; **U. Sam** *[US] (coll)* das Finanzamt

un|clean *adj (Konnossement)* fehlerhaft, unrein; u.clear *adj* unübersichtlich, unklar; u.cleared *adj* 1. unbezahlt, nicht abbezahlt, unbereinigt, nicht bereinigt; 2. ⊖ zollhängig, unverzollt; 3. *(Scheck)* noch nicht verrechnet; u.coded *adj* unverschlüsselt; u.coined *adj* ungemünzt, ungeprägt; u.collectable; u.collectible *adj (Forderung)* uneinbringlich, nicht einkassierbar, uneinziehbar; u.collected *adj (Steuer)* nicht erhoben/eingezogen/ vereinnahmt/eingefordert, uneingelöst, unerhoben; u.collectibility *n* Uneinbringlichkeit *f*; u.collectibles *pl* Uneinbringliche, uneinbringliche Forderungen; u.comfortable *adj* unbequem, unbehaglich; u.comfortableness *n* Unbehagen *nt*; u.commercial *adj* unkaufmännisch; u.committed *adj* 1. nicht (zweck)gebunden, frei verfügbar; 2. frei, ungebunden; 3. bündnis-, blockfrei, neutral; u.common *adj* ungewöhnlich, unüblich, ungebräuchlich; u.communicative *adj* verschlossen, wortkarg; u.compensated *adj* unkompensiert; u.competitive *adj* 1. nicht wettbewerbsfähig, wettbewerbsunfähig; 2. *(Preis)* nicht marktgerecht; u.completed *adj* unvollendet; u.compromising *adj* unnachgiebig, kompromisslos, zu keinem Kompromiss bereit, unbeugsam; u.concealed *adj* unverhüllt; u.concern *n* 1. Desinteresse *nt*; 2. Gleichgültigkeit *f*, mangelnde Rücksichtnahme; u.concerned *adj* 1. unbekümmert, unbesorgt; 2. gleichgültig, teilnahmslos; 3.unbeteiligt; u.conditional *adj* bedingungslos, vorbehaltlos, uneingeschränkt, unbedingt, ohne Vorbedingung/Vorbehalt; to become u.conditional *(Übernahmeangebot)* auslaufen, verfallen; u.conditionally *adv* ohne Vorbedingung/Vorbehalt, ~ Wenn und Aber *(coll)*; u.confirmed *adj* unbestätigt, unverbürgt, nicht bestätigt; u.connected *adj* beziehungslos; u.conscionable *adj* unerhört; u.conscious *adj* 1. ↯ ohnmächtig, bewusstlos; 2. unbewusst; 3. unfreiwillig, unbeabsichtigt, unwillkürlich; u.consciousness *n* ↯ Bewusstlosigkeit *f*, Ohnmacht *f*; u.consolidated *adj* nicht konsolidiert, unfundiert; u.constitutional *adj* verfassungs-, grundgesetzwidrig; u.constitutionality *n* Verfassungswidrigkeit *f*; u.consumed *adj* unverbraucht; u.consummated *adj* nicht vollzogen; u.contaminated *adj* unverseucht, unverschmutzt, rein; u.contested *adj* unbestritten, unangefochten; u.controllability *n* Unkontrollierbarkeit *f*; u.controllable *adj* unkontrollierbar, zügellos, nicht beeinflussbar; u.controlled *adj* 1. unkontrolliert, ohne Aufsicht, unbeaufsichtigt; 2. unbeherrscht; 3. unbewirtschaftet; u.controversial *adj* unverfänglich, nicht streitig; u.conventional *adj* unkonventionell, ungezwungen, zwanglos; u.convertible *adj* nicht konvertierbar; u.cooperative *adj* wenig entgegenkommend/hilfreich; u.corrected *adj* unberichtigt, unverbessert; u.countable *adj* unzählig; u.counted *adj* ungezählt; u.couple *v/t* abkuppeln, abkoppeln; u.couth *adj* ungehobelt; u.cover *v/t* aufdecken, enttarnen, bloß-, freilegen, enthüllen; u.covered *adj (Vers.)* ohne Deckung, ungedeckt, nicht gedeckt, unversichert; u.credited *adj* ohne Kredit, nicht gutgeschrieben; u.critical *adj* unkritisch; u.crossed *adj (Scheck)* ungekreuzt, Bar-

unctuous *adj* salbungsvoll

un|cultivable *adj* 🚜 unbebaubar; u.cultivated *adj* 🚜 nicht (mehr) bewirtschaftet, brach, unbebaut; u.current *adj* 1. nicht im Umlauf; 2. *(Anweisung)* ungültig; u.cut *adj (Edelstein)* ungeschliffen; u.damaged *adj* unversehrt, heil, unbeschädigt; u.dated *adj* 1. undatiert, nicht datiert, ohne Datum; 2. unbefristet; 3. *(Wertpapier)* unkündbar; u.decided *adj* 1. unentschlossen, unschlüssig; 2. unentschieden; u.decipherable *adj* 1. unleserlich; 2. nicht zu entschlüsseln; u.declared *adj* ⊖ undeklariert, unverzollt; u.deliverable *adj* unzustellbar, unbestellbar; if u.delivered return to *adj* falls unzustellbar zurück an; u.demanding *adj* anspruchslos, genügsam; u.deniable *adj* unbestreitbar, unleugbar; u.denied *adj* unstreitig; u.deposited *adj* nicht eingezahlt/hinterlegt

under *prep* 1. unter; 2. *(fig)* unter; 3. weniger als; 4. gemäß, nach Maßgabe von; to go u. *adv* ⚓ untergehen

under|absorption of overhead(s) *n* Gemeinkostenunterdeckung *f*; u.achievement *n* schwache Leistung; u.age *adj* minderjährig, unmündig; u.agent *n* Untervertreter *m*; u.assessment *n* zu niedrige Veranlagung; u.bid *n* Minder-, Untergebot *nt*; *v/t* unterbieten, unter Wert bieten, weniger bieten als, günstigeres Angebot machen; u.bidder *n* Unterbieter *m*; u.bidding *n* Unterbietung *f*; *adj* preisunterbietend; u.bill *v/t (Waren)* zu wenig deklarieren/berechnen; u.body *n* 🚗 Unterboden *m*; u.buy *v/t* billiger einkaufen, unter Preis/zu wenig kaufen; u.capacity *n* Unterkapazität *f*; ~ production Unterbeschäftigung *f*; u.capitalization *n* Kapitalunterdeckung *f*, Unterkapitalisierung *f*, unzureichende Kapitalausstattung; u.capitalize *v/t* unterkapitalisieren; u.capitalized *adj* unterkapitalisiert, nicht genügend kapitalisiert

undercarriage *n* 1. ✈ (Flugzeug)Fahrgestell *nt*; 2. *[US]* 🚗 Chassis *nt (frz.)*; **to retract the u.** Fahrgestell einziehen; **retractable u.** einziehbares Fahrgestell

under|charge *n* zu geringe Belastung/Berechnung, zu wenig berechneter Betrag; *v/t* zu wenig belasten/berechnen/in Rechnung stellen; u.class *n* Unterklasse *f*; u.clothes *pl* Unterwäsche *f*; u.coating *n* Vorstrich *m*, Schutzschicht *f*; u.consumption *n* Unterverbrauch *m*, U.konsumtion *f*, mangelnder Verbrauch; u.cover ac-

tivities *n* Untergrundtätigkeit *f*; **u.covering** *n (Vers.)* Unterdeckung *f*; **u.credit** *v/t* zu wenig gutschreiben; **u.current** *n* Grundströmung *f*, unterschwellige Tendenz
undercut *v/t* unterbieten, unterschreiten; **u.ter** *n* Unterbieter *m*; **u.ting** *n (Konkurrenz)* (Preis)Unterbietung *f*, Unterschreitung *f*, Verkauf zu konkurrenzlosen Preisen; *adj* preisunterbietend
under|depreciation *n* Unterabschreibung *f*; **u.developed** *adj* 1. rückständig, unterentwickelt; 2. *(Ressourcen)* ungenützt; **industrially u.developed** industrieschwach; **u.development** *n* Unterentwicklung *f*; **u.dog** *n* Benachteiligte(r) *f/m*; **u.employed** *adj* 1. unterbeschäftigt; 2. nicht ausgelastet, ~ voll ausgenutzt
underemployment *n* 1. Unterbeschäftigung *f*, Teilarbeitslosigkeit *f*, leichte Beschäftigung; 2. Unterauslastung *f*, mangelnde Auslastung/Ausnutzung; **u. equilibrium** Gleichgewicht bei Unterbeschäftigung; **u. income** Unterbeschäftigungseinkommen *nt*
under|estimate *v/t* unterschätzen, unterbewerten, zu niedrig bewerten/schätzen/veranschlagen, unter (dem) Wert einschätzen; **u.estimation** *n* Unterschätzung *f*, Unterbewertung *f*, zu niedrige Einschätzung
under|expose *v/t (Film)* unterbelichten; **u.exposure** *n* 1. *(Film)* Unterbelichtung *f*; 2. Publizitätsmangel *m*, Mangel an Publizität
under|fed *adj* unterernährt; **u.financing** *n* Unterfinanzierung *f*; **u.fishing** *n* Unterfischen *nt*; **u.flooring** *n* Fußbodenunterbelag *m*; **u.freight** *v/t* unterverfrachten, unterbefrachten; **u.freighter** *n* Weiter-, Unterverfrachter *m*, U.befrachter *m*; **u.freighting** *n* Unterbefrachtung *f*
underfund *v/t* finanziell unzureichend ausstatten; **u.ed** *adj* unterkapitalisiert; **u.ing** *n* Unterkapitalisierung *f*, unzureichende finanzielle Ausstattung
under|go *v/t* erleben, durchmachen, sich unterziehen; **u.graduate (student)** *n* Student(in) in der Ausbildung, noch nicht examinierte(r) Student(in)
underground *adj* unterirdisch
underground *n* 1. *[GB]* Untergrundbewegung *f*; 2. 🚇 U-Bahn *f*, Untergrundbahn *f*; **u. cable** ⚡ Erdleitung *f*; **u. economy** Schattenwirtschaft *nt*; **u. garage** 🚗 Tiefgarage *f*; **u. mining** ⛏ Untertagebau *m*; **u. railway** 🚇 U-Bahn *f*, Untergrundbahn *f*; **u. surveyor** ⛏ Markscheider *m*; **u. tramway** 🚇 Unterpflasterbahn *f*; **u. water** Grundwasser *nt*; **u. work** ⛏ Untertagearbeit *f*; **u. worker** Untertagearbeiter *m*; **u. working** Untertagebau *m*
undergrowth *n* 🌿 Gestrüpp *nt*, Unterholz *nt*
underhand *adj* hinterhältig; **u.ed** *adj* knapp an Arbeitskräften; **u.ness** *n* Mangel an Arbeitskräften
under|insurance *n* Unterversicherung *f*, zu niedrige Versicherung; **u.insure** *v/t* unterversichern, unter Wert/zu niedrig versichern; **u.insured** *adj* unterversichert, unter Wert versichert
under|investment *n* zu geringe Investitionstätigkeit, Investitionsdefizit *nt*, Unterinvestition *f*; **u.issue** *n* Minderausgabe *f*; **u.lay** *n* Unterlage *f*; **u.lease** *n* Unterpacht *f*, U.verpachtung *f*, U.miete *f*; **u.lessee** *n* Untermieter(in) *m/f*, U.pächter(in) *m/f*; **u.lessor** *n* Untervermieter(in) *m/f*, U.verpächter(in) *m/f*; **u.let** *v/t* unter-, weitervermieten, unterverpachten; **u.lie** *v/t* zu Grunde liegen, tragen; **u.line** *v/t* unterstreichen, betonen, herausstreichen; **u.ling** *n* Untergebene(r) *f/m*, Handlanger *m*, Gehilfe *m*, Gehilfin *f*; **u.lining** *n* Unterstreichung *f*; **u.load** *n* Unterbelastung *f*; **u.lying** *adj* eigentlich, grundsätzlich, zu Grunde liegend, unterschwellig; **u.manned** *adj* unterbesetzt, ungenügend/zu schwach besetzt, unterbemannt; **to be u.manned** unterbesetzt sein, an Personalmangel leiden; **u.manning** *n* Personalmangel *m*, P.knappheit *f*, Unterbesetzung *f*; **u.mentioned (u/m)** *adj* unten bezeichnet/erwähnt/aufgeführt/genannt/eingeführt; **u.mine** *v/t* untergraben, unterminieren; unterlaufen, unterhöhlen, aushöhlen, schwächen; **u.mining** *n* Aushöhlung *f*
underneath *prep* unter(halb); *adv* darunter, unterhalb
under|nourished *adj* unterernährt; **u.nourishment** *n* Unterernährung *f*; **u.occupancy** *n* Unterbelegung *f*; **u.occupied** *adj* unterbelegt; **u.order** *v/t* unterdisponieren; **u.paid** *adj* schlecht/ungenügend bezahlt; **u.pants** *pl* Unterhose *f*; **u.pass** *n* Fußgängertunnel *m*, (F.)Unterführung *f*; **u.pay** *v/t* schlecht bezahlen/entlohnen, unterbezahlen; **u.payment** *n* Unterbezahlung *f*, zu geringe Bezahlung; **u.perform** *v/t* hinter dem Durchschnitt zurückbleiben, den Anforderungen nicht gerecht werden, nicht genug/zu wenig leisten, das Ziel nicht erreichen; **u.pin** *v/t* (ab-/unter)stützen, untermauern, ergänzen; **u.pinning** *n* Stütze *f*, Unterstützung *f*, U.mauerung *f*; **u.populated** *adj* unterbevölkert; **u.population** *n* Unterbevölkerung *f*
under|price *v/t* zu billig/unter Preis anbieten; **u.priced** *adj* zu niedrig bewertet; **to be u.priced** zu billig gehandelt werden; **u.pricing** *n (Währung)* Unterbewertung *f*
under|privileged *adj* unterprivilegiert; **u.produce** *v/t* zu wenig produzieren; **u.production** *n* Unterproduktion *f*; **u.proof** *adj (Alkohol)* unter Normalstärke; **u.qualified** *adj* unterqualifiziert; **u.quote** *v/t* 1. unterbieten; 2. *(Preis)* niedriger berechnen/notieren
under|rate *v/t* unterschätzen, unterbewerten, zu niedrig bewerten/ansetzen; **u.rated** *adj* unterbewertet; **u.rating** *n* Unterbewertung *f*, Unterschätzung *f*
under|-recovery of costs *n* Kostenunterdeckung *f*; **u.report** *v/t* zu niedrig ausweisen; **u.represented** *adj* unterrepräsentiert; **u.representation** *n* Unterrepräsentation *f*; **u.run** *n* 1. Minderanfertigung *f*; 2. *(Haushalt)* Nichtausschöpfung *f*; **u.score** *v/t [US]* unter-, herausstreichen, betonen; **u.sea** *adj* unterseeisch, Unterwasser-; **u.secretary** *n* (Unter)Staatssekretär(in) *m/f*
undersell *v/t* 1. unterbieten, verschleudern, unter Wert/Preis verkaufen; 2. *(Werbung)* nicht anreißen; **u.er** *n* Schleuderer *m*; **u.ing** *n* (Preis)Unterbietung *f*, Verschleuderung *f*
under|-settle *v/t (Schaden)* nicht ganz ausgleichen; **u.shoot** *v/t* Unterschuss *m*, Unterschreitung *f*; *v/t* Unterschuss machen, unterschreiten
undershorts *pl [US]* Unterhose *f*
undersign *v/t* unterzeichnen, unterschreiben, unterfertigen; **u.ed** *adj* unterschrieben; **the u.ed** *n* der/die Unterzeichnete(n), der Unterzeichner/Unterfertiger

undersize(d) *adj* unter Normalgröße, unter normaler Größe
underspend *v/t* zu wenig ausgeben, Haushaltsmittel nicht voll ausgeben; **u.ing** *n* Minderausgaben *pl*, Etatunterschreitung *f*
under|staffed *adj* unterbesetzt, zu schwach besetzt, knapp an Arbeitskräften; **to be u.staffed** Personalmangel haben, an ~ leiden, zu schwach besetzt sein; **u.staffing** *n* Unterbesetzung *f*
understand *v/t* 1. verstehen, begreifen, kapieren *(coll)*, auffassen, nachvollziehen; 2. erfahren, hören, mitbekommen; **hard to u.** schwer fasslich; **to give so. to u.** jdm zu verstehen geben
understandable *adj* verständlich, begreiflich, erklärlich
understanding *n* 1. Verstehen *nt*, Verständnis *nt*, Einsicht *f*; 2. Auffassungsgabe *f*, Begriffsvermögen *nt*; 3. Vereinbarung *f*, Einverständnis *nt*, Übereinkommen *nt*, Ü.kunft *f*, Abmachung *f*, Abkommen *nt*, Einvernehmen *nt*, Verständigung *f*, Abrede *f*, Absprache *f*; **on the u. that** unter der Voraussetzung, dass; **u. between the parties**[§]Parteiabrede *f*; **u. of right and wrong**[§]Einsicht der Strafbarkeit der Tat; **to be contrary to the u.** abredewidrig sein; **to come to an u.** zu einer Einigung/Verständigung kommen, Einigung/Verständigung erzielen, sich verständigen; **to elude so.'s u.** sich jds Verständnis entziehen; **to reach an u.** Vereinbarung treffen; **to withdraw from an u.** aus einem Abkommen ausscheiden
contractual understanding vertragliches Abkommen; **discriminatory u.** diskriminierende Absprache; **elementary u.** Grundkenntnisse *pl*; **implicit u.** stillschweigendes Übereinkommen, stillschweigende Voraussetzung; **in-depth u.** weitreichender Einblick; **mutual u.** Gegenabrede *f*; **oral u.** mündliche Abrede; **reciprocal u.** Gegenseitigkeitsvereinbarung *f*; **sympathetic u.** Einfühlungsvermögen *nt*; **tacit u.** stillschweigendes Einvernehmen
understanding *adj* verständnisvoll
understate *v/t* 1. zu niedrig ansetzen/ausweisen, unterbewerten, zu gering angeben; 2. abschwächen, mildern; 3. untertreiben, herunterspielen, tiefstapeln; **u.ment** *n* Untertreibung *f*, Understatement *nt*, Tiefstapelei *f*, zurückhaltende Darstellung
understeer *v/t* ⬌ untersteuern
understock *v/t* zu wenig einlagern, ungenügend versorgen/beliefern mit, zu kleines Lager unterhalten; **to be u.ed** *adj* zu geringe Vorräte haben
understood *adj* stillschweigend einverstanden/verabredet; **it is u.** 1. es versteht sich, es gilt als vereinbart; 2. dem Vernehmen nach; **to make o.s. u.** sich verständlich machen; **properly u.** wohlverstanden
understretched *adj* nicht voll ausgelastet
undersubscribe *v/t* nicht voll zeichnen; **u.d** *adj* 1. untergezeichnet, nicht voll/in voller Höhe gezeichnet; 2. *(Kurs)* unterbelegt
undertake *v/t* 1. unternehmen, vornehmen; 2. *(Verpflichtung/Aufgabe)* übernehmen, in die Hand nehmen; 3. sich verpflichten, Verpflichtung eingehen, garantieren, zusagen; **~ to do sth.** Aufgabe übernehmen

undertaker *n* Beerdigungsinstitut *nt*, Bestattungsunternehmer *m*, Leichenbestatter *m*
undertaking *n* 1. Projekt *nt*, Unterfangen *nt*; 2. Unternehmen *nt*, Unternehmung *f*, Betrieb *m*; 3. Zusicherung *f*, Garantie *f*, Sicherheitsleistung *f*, Versicherung *f*, Verpflichtung *f*, Engagement *nt (frz.)*, Revers *m (frz.)*; **u. of discount** Diskontzusage *f*; **~ guarantee** Garantieleistung *f*; **~ maintenance** Versorgungszusage *f*; **to carry on gainful u.s** erwerbswirtschaftliche Ziele verfolgen; **to enter into an u.** Verpflichtung eingehen/übernehmen; **to give an u.** Zusage machen, Verpflichtung eingehen, sich verpflichten, versprechen
agricultural undertaking 🐂 landwirtschaftlicher Betrieb; **associated u.** Verbundunternehmen *nt*; **legally binding u.** rechtlich bindende Zusage; **collective u.** Sammelrevers *nt/m*; **commercial u.** Handelsfirma *f*, H.unternehmen *nt*, Gewerbe-, Wirtschaftsbetrieb *m*, Einzelwirtschaft *f*, gewerbliches Geschäft, kaufmännisches/wirtschaftliches Unternehmen; **competitive u.** wettbewerbsfähiges Unternehmen, wettbewerbsfähiger Betrieb; **contractual u.** vertragliche Zusicherung, vertragliches Versprechen, Vertragszusage *f*; **daring u.** gewagtes Unternehmen/Unternehmen; **definite u.** verbindliche Zusage/Zusicherung; **delicate u.** schwieriges Unterfangen; **distributive u.** Vertriebsunternehmen *nt*; **dubious u.** unsicheres Unternehmen; **independent u.** 1. selbstständige Verpflichtung; 2. selbstständiges Unternehmen; **industrial u.** Industrieunternehmen *nt*, I.betrieb *m*, gewerbliches Unternehmen; **irrevocable u.** unwiderrufliche Zusage; **joint u.** Gemeinschaftsunternehmen *nt*, gemeinsames Unternehmen, Partizipationsgeschäft *nt*; **licensed u.** konzessioniertes Unternehmen; **large-scale u.** Großbetrieb *m*, G.unternehmen *nt*; **mixed u.** gesamtwirtschaftliches Unternehmen; **municipal u.** Kommunalbetrieb *m*, städtisches/kommunales Wirtschaftsunternehmen, kommunaler Eigenbetrieb; **~ u.s** Stadtwerke; **publicly operated u.** Regiebetrieb *m*; **~ owned u.** Unternehmen der öffentlichen Hand; **public(-sector) u.** öffentliches Unternehmen, öffentlicher (Erwerbs)Betrieb, öffentlich-rechtliche Unternehmung, Unternehmen des Staates; **risky u.** waghalsiges Unternehmen; **solemn u.** feierliche Verpflichtung; **speculative u.** Risikogeschäft *nt*; **subsidiary u.** Tochterunternehmen *nt*, T.gesellschaft *f*; **subsidized u.** Zuschussgeschäft *nt*; **voluntary u.** freiwilliges Versprechen, freiwillige Zusage/Verpflichtung
under|tenancy *n* 1. Unterpacht *f*, Untermiete *f*; 2. Untermietvertrag *m*; **u.tenant** *n* Unterpächter(in) *m/f*, U.mieter(in) *m/f*
under|tone *n* *(Börse)* Grundton *m*, G.stimmung *f*, G.haltung *f*, Unterton *m*, allgemeine Verfassung; **firm u.tone** feste Grundstimmung; **u.tow** *n* Sog *m*
underuse *v/t* nicht auslasten; **u.d** *adj* unausgelastet
under|utilization *n* Unterbeschäftigung *f*, Unterausnutzung *f*, ungenügende Auswertung/Nutzung/Verwertung; **~ of capacity** Unterauslastung/Nichtausnutzung der Kapazität; **u.utilize** *v/t* nicht voll auslasten; **u.utilized** *adj* unterbeschäftigt, nicht voll ausgelastet

under|valuation *n* 1. Unterbewertung, zu niedrige Schätzung, Taxe unter Wert; 2. *(Börse)* Kursreserve *f*; ~ **of assets** Unterbewertung von Vermögensgegenständen; **u.value** *v/t* unterbewerten, u.schätzen, zu niedrig bewerten/schätzen/veranschlagen/taxieren, unter dem Wert einschätzen; **u.valued** *adj* unterbewertet
underway *adv* im Gange
underwear *n* Unterbekleidung *f*, Unter-, Leibwäsche *f*; **knitted u.** Maschenunterbekleidung *f*
underweight *adj* untergewichtig; **to be u.** Untergewicht haben
underworld *n* Unterwelt *f*
underwrite *v/t* 1. versichern, assekurieren, (Risiko) abdecken, Versicherung/Haftung übernehmen für; 2. *(Versicherungspolice)* unterzeichnen; 3. *(Emission)* garantieren
underwriter *n* 1. (Privat)Versicherer *m*, Versicherungsgeber *m*, V.träger *m*, V.unternehmer *m*, Assekurant *m*; 2. *(Emission)* (Anleihe)Garant *m*, Konsorte *m*; **u.s** 1. Emissions-, Garantie-, (Platzierungs)Konsortium *nt*; 2. Versicherungsgesellschaft *f*; **bonding u.s** Übernahmekonsortium für Obligationen; **direct u.** Direkt-, Erstversicherer *m*; **individual** *u.* Einzelversicherer *m*; **leading/original u.** 1. Direkt-, Erstversicherer *m*, Versicherungsführer *m*; 2. Konsortialführer(in) *m/f*; **managing/prime/principal u.** *(Emission)* Konsortialführer(in) *m/f*; **marine u.** See(transport)versicherer *m*; **multiple-line u.** Komposit-, Universalversicherer *m*, in verschiedenen Sparten tätige Versicherung; **private u.** Privatversicherer *m*, Einzelversicherungsunternehmen *nt*; **reinsured u.** Erst-, Hauptversicherer *m*, der/die Rückversicherte; **standby u.** Übernahmekonsortium für nicht abgesetzte Bezugsrechte
underwriter's commission Konsortialmarge *f*; ~ **reservation** Konsortialvorbehalt *m*; ~ **slip** Versicherungsabschlussbeleg *m*
underwriting *n* 1. Assekuranz *f*, Versicherung(sgeschäft) *f/nt*, Risikoübernahme *f*; 2. (Emissions)Garantie *f*, Effektengarantie *f*, Wertpapierkonsortialgeschäft *nt*; **u. and distribution** *(Effekten)* Emissions-, Platzierungsgeschäft *nt*; **u. of new issues** Übernahme von Effektenemissionen, Garantie der Unterbringung; ~ **a policy** Übernahme einer Versicherung
best-efforts underwriting Platzierung ohne Risikoübernahme durch Konsortium; **corporate u.** Übernahme von Industrieschuldverschreibungen; **firm u.** Festübernahme *f*; **joint u.** *(Vers.)* Mitzeichnung *f*; **marine u.** Seeversicherung(sgeschäft/ssparte) *f/nt/f*; **non-life u.** Sachversicherung(sgeschäft/ssparte) *f/nt/f*; **speculative u.** Spekulationsversicherung *f*
underwriting account *(Vers.)* Abrechnungszeitraum *m*, A.periode *f*, Versicherungsjahr *nt*; **remedial u. action** Ersatzversicherungsabschluss *m*; **u. agency** Versicherungsagentur *f*; **u. agent** Versicherungsagent(in) *m/f*, V.bevollmächtigte(r) *f/m*, V.vertreter(in) *m/f*; **u. agreement** 1. *(Emission)* Konsortialvertrag *m*, Zeichnungs-, Übernahmeabkommen *nt*; 2. *(Lloyd's)* Syndikatsvertrag *m*; **u. bank** Syndikatsbank *f*; **u. business** 1. Emissions-, Konsortialgeschäft *nt*; 2. Versicherungsgeschäft *nt*; **u. capacity** 1. Versicherungskapazität *f*; 2. *(Emission)* Zeichnungskapazität *f*; **u. commission** Bonifikation *f*, Konsortial-, Effektenemissions-, Unterbringungs-, Garantie-, Übernahmeprovision *f*, Konsortialnutzen *m*, Emissionsvergütung *f*; **u. commitment** Konsortial-, Übernahmeverpflichtung *f*; **u. conditions** 1. Zeichnungsbedingungen; 2. *(Vers.)* Übernahmebedingungen; **u. contract** Emissions(übernahme)vertrag *m*; **u. costs** *(Kapital)* Emissions-, Kapitalkosten; **u. department** 1. *(Emission)* Garantieabteilung *f*; 2. *(Vers.)* Risikoabteilung *f*; **revolving u. facility (RUF)** revolvierende Übernahmefazilität; **u. fee** *(Emission)* Konsortial-, Übernahmespesen, Ü.gebühr *f*, Bank(iers)bonifikation *f*; **u. gain** Versicherungsgewinn *m*; **u. group** 1. Banken-, Emissions-, Garantie-, Übernahmekonsortium *nt*; 2. Versicherungskonsortium *nt*; **u. guarantee** *(Emission)* Ab-, Übernahmegarantie *f*, feste Übernahme; **u. improvement** Verbesserung im Versicherungsgeschäft; **u. limit** *(Vers.)* Zeichnungsgrenze *f*, Z.limit *nt*; **u. loss** 1. Emissionsverlust *m*; 2. Versicherungsverlust *m*, Verlust aus dem Versicherungsgeschäft, versicherungstechnischer Verlust; **u. member** *(Lloyd's)* Konsortial-, Syndikatsmitglied *nt*; **u. office** Versicherer *m*, Versicherungsunternehmer *m*; **u. participation** Konsortialbeteiligung *f*, Beteiligung an einem Konsortium; **u. policy** *(Vers.)* Zeichnungspolitik *f*; **u. premium** Emissionsagio *nt*; **u. price** Übernahmekurs *m*; **u. profit** 1. Emissionsgewinn *m*; 2. Versicherungsgewinn *m*, technischer Gewinn; **technical u. profit** (versicherungs)technischer Überschuss; **u. prospectus** Emissionsprospekt *m*; **u. reserve** Schadensreserve *f*, S.rückstellung *f*, technische Reserve; **u. result** 1. Ergebnis aus dem Emissionsgeschäft; 2. *(Vers.)* Abschlussergebnis *nt*, Zahl der getätigten Abschlüsse, Neugeschäft *nt*; 3. Ergebnis im Versicherungsgeschäft, versicherungstechnisches Ergebnis; **u. risk** 1. Emissionsrisiko *nt*; 2. Versicherungsrisiko *nt*; **u. share** 1. Konsortialanteil *m*; 2. *(Vers.)* Quote *f*; **u. syndicate** 1. *(Effekten)* Emissions-, Einführungs-, Garantie-, Übernahme-, Verkaufskonsortium *nt*, Emissions-, Beteiligungs-, Garantiesyndikat *nt*, G.verband *m*; 2. Versicherungskonsortium *nt*, V.syndikat *nt*; **u. team** Emissionskonsortium *nt*; **u. year** Versicherungs-, Zeichnungsjahr *nt*; **u. yield** Versicherungsertrag *m*, Ertrag aus dem Versicherungsgeschäft
un|deserved *adj* unverdient; **u.designated** *adj* nicht bezeichnet; **u.desirable** *adj* unerwünscht, lästig, nicht wünschenswert; **u.desired** *adj* unerwünscht, unwillkommen; **u.determined** *adj* 1. unbestimmt; 2. unschlüssig; **u.developed** *adj (Grundstück)* unbebaut, unerschlossen; **u.dignified** *adj* würdelos; **u.diluted** *adj* unverdünnt, unverwässert; **u.diminished** *adj* ungeschmälert, unvermindert; **u.directed** *adj* ungelenkt, unadressiert, ungerichtet; **u.discharged** *adj* 1. nicht entlastet; 2. nicht abgeladen/entladen; 3. unbezahlt, unbeglichen; **u. disciplined** *adj* undiszipliniert; **u.disclosed** *adj* ungenannt, geheim gehalten, nicht genannt/veröffentlicht, fiduziär, fiduziarisch; **u.discountable** *adj* nicht diskontierbar; **u.discovered** *adj*

unentdeckt; **u.**discriminating *adj* unterschiedslos; **u.disguised** *adj* unverhohlen, unverhüllt; **u.dismissible** *adj* unkündbar; **u.disposed** *adj* unverkauft; **u.disputed** *adj* unbestritten, unangefochten, unstreitig; **u.distorted** *adj* unverzerrt, unverfälscht; **u.distributed** *adj* 1. nicht auf Konten verteilt, unverteilt; 2. *(Gewinn)* nicht entnommen, thesauriert; **u.disturbed** *adj* ungestört, unbehelligt, ungetrübt, störungsfrei; **u.divided** *adj* ungeteilt; **u.divulged** *adj* nicht bekannt(gegeben), geheim gehalten; **u.do** *v/t* ungeschehen machen, ruinieren; **u.dock** *v/t* ⚓ entdocken; **u.doctored** *adj (coll)* unfrisiert *(coll)*; **u.doubtedly** *adv* unzweifelhaft, zweifellos; **u.dreamt-of** *adj* ungeahnt; **u.dress** *v/ti* (sich) ausziehen/entkleiden; **u.due** *adj* unangemessen, ungebührlich, unzulässig, unnötig, übermäßig, über Gebühr; **u.dulating** *adj* wellig, wellenförmig; **u.dulation** *n* wellenförmige Beschaffenheit, Welle *f*; **u.duly** *adv* übergebührlich, übertrieben; **u.dutiful** *adj* pflichtvergessen; **u.dyed** *adj* ungefärbt; **u.dying** *adj* unvergänglich; **u.earned** *adj* nicht erarbeitet/verdient; **u.earth** *v/t* 1. ausgraben; 2. *(fig)* aufstöbern; **u.ease** *n* Unbehagen *nt*; **u.easiness** *n* Unbehagen *nt*, Malaise *f (frz.)*; **u.easy** *adj* unbehaglich, innerlich unruhig; **to feel ~ (about sth.)** sich unwohl fühlen; **u.eatable** *adj* ungenießbar; **u.economic(al)** *adj* unwirtschaftlich, unökonomisch, unrentabel, unergiebig, verschwenderisch; **u.educated** *adj* ungebildet; **u.effectiveness** *n* Unwirksamkeit *f*; **u.embarrassed** *adj* ungeniert
unemployability *n* Beschäftigungsunfähigkeit *f*; **u. supplement** Beschäftigungsunfähigkeitsunterstützung *f*, Beihilfe für schwer Vermittelbare
unemployable *adj* 1. arbeits-, beschäftigungsunfähig, arbeitsuntauglich, nicht zu beschäftigen, nicht vermittlungsfähig/vermittelbar; 2. nicht verwendbar/verwendungsfähig, unbrauchbar
unemployed *adj* 1. unbeschäftigt, arbeits-, erwerbs-, stellungs-, stellenlos, ohne Stellung/Arbeit, brotlos; 2. ungenutzt, brachliegend, leerstehend, unbenutzt; **u. person** Arbeitslose(r) *f/m*, Erwerbslose(r) *f/m*; **registered u. person** registrierter Arbeitsloser
the unemployed *pl* die Arbeits-, Erwerbs-, Stellungslosen; **the long-term u.** Langzeitarbeitslose *pl*
unemployment *n* Arbeits-, Erwerbslosigkeit *f*; **u. due to rationalization/labour-saving methods** Arbeitslosigkeit infolge von Rationalisierung; **dealing with u.** Bekämpfung der Arbeitslosigkeit; **to add to u.** Arbeitslosigkeit vergrößern; **to alleviate u.** Arbeitslosigkeit abbauen
accidental unemployment außerökonomisch bedingte Arbeitslosigkeit; **aggregate u.** konjunkturelle Arbeitslosigkeit; **concealed/camouflaged/disguised u.** versteckte/latente/verkappte/verschleierte/verdeckte Arbeitslosigkeit; **casual/fluctuating u.** Fluktuationsarbeitslosigkeit *f*, fluktuierende Arbeitslosigkeit; **claimant-count u.** offizielle Arbeitslosigkeit; **chronic u.** Dauerarbeitslosigkeit *f*, dauernde/chronische/ständige Arbeitslosigkeit; **cyclical u.** konjunkturelle/konjunkturbedingte/zyklische Arbeitslosigkeit; **deficient-demand/demand-deficient u.** Arbeitslosigkeit wegen ausbleibender Nachfrage, nachfragebedingte Arbeitslosigkeit; **female u.** Frauenarbeitslosigkeit *f*; **fictitious u.** versteckte/unechte Arbeitslosigkeit; **frictional u.** fluktuierende/friktionelle Arbeitslosigkeit, Fluktuationsarbeitslosigkeit *f*; **full u.** Vollarbeitslosigkeit *f*; **full-time u.** Vollzeitarbeitslosigkeit *f*; **general u.** Massenarbeitslosigkeit *f*, allgemeine Arbeitslosigkeit; **hard-core u.** Sockel-, Bodensatz-, Restarbeitslosigkeit *f*, chronische Arbeitslosigkeit, harter Kern der Arbeitslosigkeit, Arbeitslosigkeitssockel *m*; **hidden u.** versteckte Arbeitslosigkeit; **incidental u.** nicht ökonomisch bedingte Arbeitslosigkeit; **institutional u.** institutionell bedingte Arbeitslosigkeit; **intermittent u.** wiederkehrende Arbeitslosigkeit; **involuntary u.** unfreiwillige/unverschuldete Arbeitslosigkeit; **large-scale u.** Massenarbeitslosigkeit *f*; **long-run/long-term u.** langfristige Arbeitslosigkeit, Langzeitarbeitslosigkeit *f*; **overall u.** Gesamtarbeitslosigkeit *f*; **persistent/sustained u.** Dauerarbeitslosigkeit *f*, chronische/ständige/anhaltende Arbeitslosigkeit; **registered u.** offizielle Arbeitslosigkeit; **residual u.** Restarbeitslosigkeit *f*; **rising u.** zunehmende Arbeitslosigkeit; **seasonal u.** Saisonarbeitslosigkeit *f*, saisonale/saisonbedingte/jahreszeitlich bedingte Arbeitslosigkeit; **sectoral u.** sektorielle Arbeitslosigkeit, Teilarbeitslosigkeit *f*; **structural u.** strukturelle/strukturbedingte Arbeitslosigkeit; **technological u.** technologische/technische/durch Technologisierung bedingte Arbeitslosigkeit; **temporary u.** vorübergehende/zeitweilige Arbeitslosigkeit; **transferred u.** verlagerte Arbeitslosigkeit; **transitional u.** mit dem Arbeitsplatzwechsel verbundene Arbeitslosigkeit; **unrecorded u.** latente/verkappte/verschleierte Arbeitslosigkeit; **voluntary u.** 1. freiwillige/verschuldete Arbeitslosigkeit; 2. Verweigerung der Arbeitsaufnahme; **wholesale u.** Massenarbeitslosigkeit *f*
unemployment aid/assistance Arbeitslosenhilfe *f*, A.unterstützung *f*
unemployment benefit Arbeitslosen-, Stempelgeld *nt*; **to draw/receive u. b.** Arbeitslosengeld beziehen; **flat-rate u. b.** Arbeitslosenunterstützungsgrundbetrag *m*; **supplemental u. b.s fund** Arbeitslosenhilfekasse *f*
unemployment compensation [US] Arbeitslosengeld *nt*, A.unterstützung *f*; **u. contribution** Arbeitslosenunterstützungsbeitrag *m*; **u. curve** Arbeitslosigkeitskurve *f*; **u. figure(s)** Arbeitslosenzahl *f*, A.statistik *f*, A.ziffer *f*, Erwerbslosenziffer *f*, Arbeitsmarktzahlen, Zahl der Arbeitslosen; **u. fund** Arbeitslosenunterstützungsfonds *m*, A.kasse *f*
unemployment insurance Arbeits-, Erwerbslosenversicherung *f*; **compulsory/statutory u. i.** Arbeitslosenpflichtversicherung *f*; **u. i. contribution** Beitrag zur Arbeitslosenversicherung, Arbeitslosenversicherungsbeitrag *m*; **~ fund** Arbeitslosenversicherungsträger *m*, A.unterstützung(skasse) *f*; **~ scheme** Arbeitslosenversicherung *f*
unemployment pay Arbeitslosengeld *nt*, A.unterstützung *f*; **u. problem** Arbeitslosenproblem *nt*; **u. rate/ratio** Arbeitslosenquote *f*, A.rate *f*

unemployment register Arbeitslosenzahl f, Zahl der Arbeitslosen; **to be on the u. r.** als arbeitslos gemeldet sein; **to go on the u. r.** arbeitslos werden; **to remove from the u. r.** aus der Arbeitslosenstatisitk tilgen
unemployment relief Arbeitslosenhilfe f, A.unterstützung f, A.fürsorge f, Erwerbslosenfürsorge f; **u. statistics** Arbeitslosenstatistik f; **u. tax** *[US]* Arbeitslosenversicherungsbeitrag m; **u. total** Gesamtarbeitslosigkeit f; **u. trend** Arbeitslosigkeitskurve f
un|encumbered adj hypotheken-, schulden-, lastenfrei, unbelastet, unverpfändet, frei von Schulden/Hypotheken, hypothekarisch nicht belastet, ohne Schulden, frei von Lasten; **u.endorsed** adj ohne Giro, ungiriert, nicht indossiert; **u.endowed** adj nicht dotiert, ohne Zuschuss; **u.enforceability** n Unverfolgbarkeit f; **~ due to lapse of time** Verjährbarkeit f; **u.enforceable** adj nicht erzwingbar/einklagbar/durchsetzbar/eintreibbar/vollstreckbar, unvollstreckbar, undurchsetzbar, un-(ein)klagbar, nicht klagbar, unverfolgbar, unvollziehbar; **u.entered** adj 1. nicht eingetragen/verbucht; 2. ⊖ unverzollt; **u.enterprising** adj nicht unternehmungslustig, ohne Unternehmungsgeist; **u.entitled** adj unberechtigt; **u.enviable** adj nicht beneidenswert; **u.equal** adj ungleich, unterschiedlich, unausgeglichen, disparitätisch; **u.equalled** adj unübertroffen; **u.equivocal** adj unmissverständlich, unzweideutig, eindeutig; **u.erring** adj unfehlbar, untrüglich; **u.escapable** adj zwingend; **u.ethical** adj standes-, sittenwidrig; **u.even** adj uneben, ungleichmäßig, ungerade, unausgewogen; **u.examined** adj unbesehen, ungeprüft; **u.exceptionable** adj tadellos, einwandfrei; **u.excised** adj ⊖ zollfrei, nicht verbrauchssteuerpflichtig; **u.executed** adj unvollstreckt, unausgeführt; **u.exercized** adj *(Option)* nicht ausgeübt; **u.exhausted** adj nicht erschöpft; **u.expected** adj unerwartet, unvorhergesehen, überraschend, unvermutet; **u.expiated** adj ungesühnt; **u.expired** adj noch in Kraft, noch nicht abgelaufen/fällig; **u.explored** adj unerforscht, unerschlossen; **u.exposed** adj *(Film)* unbelichtet; **u.expurgated** adj *(Text)* ungekürzt; **u.exploited** adj 1. ungenutzt; 2. *(Ressourcen)* nicht erschöpft; **u.extendable** adj nicht überschreitbar, unausdehnbar
unfair adj ungerecht(fertigt), unlauter, unbillig, unreell, unangemessen, unfair, sittenwidrig; **u.ness** n Ungerechtigkeit f; **U. Trade Practice Act** *[US]* Wettbewerbsgesetz nt
unfaithful adj untreu; **to be u. to so.** fremdgehen; **u.ness** n Untreue f
unfamiliar adj ungewohnt, fremd, unvertraut; **u.ity** n Unvertrautheit f, Fremdheit f; **~ with** mangelnde Kenntnisse in
un|fashionable adj unmodern, altmodisch; **u.fathomable** adj unergründlich; **u.favourable** adj 1. ungünstig, unvorteilhaft, widrig, negativ; 2. *(Bilanz)* passiv; **nothing u.favourable** nichts Nachteiliges; **u.feasible** adj unausführbar; **u.fermented** adj unvergoren; **u.fetter** v/t befreien; **u.fettered** adj unbehindert, frei, unkontrolliert, uneingeschränkt; **u.filled** adj 1. leer, unausgefüllt, 2. *(Auftrag)* unerledigt; 3. *(Stelle)* offen, vakant, unbesetzt, frei; **u.finished** adj unfertig, unverarbeitet, unvollendet; **u.fit** adj 1. ungeeignet, unqualifiziert, nicht qualifiziert, unfähig; 2. (dienst)untauglich; **~ for work** arbeitsunfähig
unfitness n Untauglichkeit f, Unfähigkeit f, mangelnde Eignung; **u. for work** Arbeitsunfähigkeit f
un|flappability n Unerschütterlichkeit f; **u.flappable** adj unerschütterlich, nicht aus der Ruhe zu bringen; **u.fold** v/ti 1. (sich) entfalten; 2. *(Plan)* vorlegen, unterbreiten; **u.folded** adj ▯ *(Papier)* plano; **u.foreseeable** adj unvorhersehbar, unabsehbar, nicht vorhersehbar; **u.foreseen** adj unvorhergesehen, unerwartet; **u.forgeable** adj fälschungssicher; **u.forgettable** adj unvergeßlich; **u.format(t)ed** adj ▯ unformatiert; **u.fortunate** adj 1. glücklos; 2. bedauerlich; **u.fortunately** adv unglücklicherweise, leider; **u.founded** adj unbegründet, grundlos, unfundiert, aus der Luft gegriffen, gegenstandslos; **to be u.founded** jeder Grundlage entbehren; **u.franked** adj ✉ nicht freigemacht, unfrei; **u.freeze** v/t 1. auftauen; 2. *(Geld)* freigeben; **u.freezing** n Freigabe f; **u.frequented** adj wenig besucht; **u.friendly** adj unfreundlich, ungünstig; **u.fulfilled** adj unerfüllt; **u.funded** adj 1. nicht konsolidiert, unfundiert; 2. *(Schuld)* schwebend; **u.furl** v/t*(Transparent)* entrollen; **u.furnished** adj unmöbliert; **to let u.furnished** unmöbliert/leer vermieten; **to rent u.furnished** unmöbliert/leer mieten; **u.generous** adj kleinlich, knauserig; **u.gainly** adj unschön; **u.governable** adj unregierbar; **u.gracious** adj rüde; **u.grateful** adj undankbar; **u.grudging** adj bereitwillig; **u.guarded** adj unbewacht, ungeschützt, unvorsichtig; **u.hampered** adj ungehindert; **u.happy** adj unglücklich; **u.harmed** adj unbeschädigt; **to escape u.harmed** ohne Schaden davonkommen; **u.healthy** adj gesundheitsschädlich, ungesund, unzuträglich; **u.heard-of** adj 1. noch nicht dagewesen; 2. unerhört; **u.heeded** adj unbeachtet; **u.heeding** adj sorglos, unachtsam, gleichgültig; **u.hindered** adj unbehindert; **u.hinge** v/t aus den Angeln heben; **u.hitch** v/t abhängen; **u.hoped-for** adj unverhofft; **u.housed** adj obdachlos; **u.hurried** adj gelassen; **u.hurt** adj unverletzt; **to escape u.hurt** ohne Schaden davonkommen; **u.hygienic** adj unhygienisch
unicameralism n *(Parlament)* Einkammersystem nt
unidenti|fiable adj unkenntlich; **u.fied** adj unbekannt
unidirectional adj in eine Richtung
unification n 1. Vereinigung f; 2. Vereinheitlichung f; **u. of laws** Rechtsangleichung f, R.vereinheitlichung f; **u. efforts/endeavours** Einigungsbemühungen; **u. work** Einigungswerk nt
unified adj vereinheitlicht, einheitlich
uniform n Uniform f, Dienstkleidung f
uniform adj 1. einheitlich, gleich, konstant, uniform, undifferenziert; 2. gleichmäßig, g.bleibend, g.förmig, durchgängig
uniformity n Einheitlichkeit f, Gleichförmigkeit f, G.mäßigkeit f, Übereinstimmung f; **u. of corporate policy** einheitliche Unternehmenspolitik; **~ customs systems** Einheitlichkeit der Zollsysteme; **u. and equality of taxation** Gleichmäßigkeit der Besteuerung; **to lack**

u. uneinheitlich sein; **to secure u.** vereinheitlichen; **u. clause** Gleichmäßigkeitsformel *f*
Uniform Rules for the Collection of Commercial Papers einheitliche Richtlinien für das Inkassogeschäft
unify *v/t* 1. einigen; 2. vereinheitlichen
uni|geniture *n* alleinige Nachkommenschaft; **u.lateral** *adj* einseitig
un|imaginable *adj* unvorstellbar; **u.imaginative** *adj* phantasielos, ideenarm
unimodal *adj* 🎵 eingipflig
un|impaired *adj* unbeeinträchtigt, ungeschmälert; **u.impeachable** *adj* [§] unanklagbar, unanfechtbar; **u.impeded** *adj* ungehindert, nicht behindert, freizügig; **u.important** *adj* unwichtig, unbedeutend; **u.impressed** *adj* unbeeindruckt; **u.impressive** *adj* wenig beeindruckend/überzeugend; **u.improved** *adj* 1. unveredelt; 2. 🌾 unbebaut, nicht kultiviert; **u.incorporated** *adj* nicht eingetragen/rechtsfähig; **u.indebted** *adj* schuldenfrei; **u.indemnified** *adj* nicht entschädigt; **u.endorsed** *adj* nicht indossiert/giriert, ohne Giro; **u.inflated** *adj* nicht aufgebläht/inflatorisch; **u.influenced** *adj* unbeeinflusst; **u.informative** *adj* ohne Informationsgehalt; **u.informed** *adj* nicht unterrichtet/informiert; **u.inhabitable** *adj* unbewohnbar; **u.inhabited** *adj* unbewohnt; **u.inhibited** *adj* hemmungslos, ungehemmt
uninominal *adj* *(Stimmzettel)* nur auf einen Namen lautend
un|inspired *adj* einfalls-, phantasie-, ideenlos; **u.inspiring** *adj* nicht gerade aufregend; **u.insurable** *adj* unversicherbar, nicht versicherungsfähig/versicherbar; **u.insured** *adj* nicht versichert, unversichert; **u.intelligent** *adj* unintelligent, unklug; **u.intelligible** *adj* unverständlich; **u.intended; u.intentional** *adj* unbeabsichtigt, unfreiwillig, ungeplant, unabsichtlich, ungewollt; **u.interested** *adj* interesselos, un-, desinteressiert; **u.interesting** *adj* uninteressant; **u.interrupted** *adj* ununterbrochen, kontinuierlich, durchgehend, ungestört, anhaltend, ungebrochen; **u.inviting** *adj* wenig verlockend, nicht einladend, ungemütlich
union *n* 1. Vereinigung *f*, Verbindung *f*, (Zweck)Verband *m*, Zusammenschluss *m*, Verein *m*, Bund *m*, Union *f*; 2. Gewerkschaft *f*; **the u.s** *(Aufsichtsrat)* Gewerkschafts-, Arbeitnehmerseite *f [D]*; **~ and the employers; u.s and management** Tarif-, Sozialpartner *pl*, Tarifparteien *pl*; **U. of Industrial and Employers' Federations of Europe (UNICE)** Europäischer Arbeitgeberverband; **~ International Fairs** Internationaler Messeverband; **U. for the Protection of Industrial Property** Verband/Union für den Schutz gewerblichen Eigentums; **u. of sets** π Vereinigungsmenge *f*; **~ trustees** Treuhandvereinigung *f*; **to join a u.** einer Gewerkschaft beitreten
affiliated union Einzel-, Mitgliedsgewerkschaft *f*; **blue-collar u.** Arbeiterwerkschaft *f*; **breakaway u.** Spaltergewerkschaft *f*; **conjugal u.** eheliche Gemeinschaft; **cooperative u.** Genossenschaftsverband *m*; **economic u.** wirtschaftliche Vereinigung, Wirtschaftsgemeinschaft *f*, W.union *f*; **~ and monetary u.** Wirtschafts- und Währungsunion *f*; **federal u.** Bundesvereinigung *f*; **industrial u.** Industrie-, Einheitsgewerkschaft *f*; **international u.** US-kanadische Gewerkschaft; **manual u.** Gewerkschaft für gewerbliche Arbeitnehmer; **monetary u.** Währungsunion *f*, W.verbund *m*; **multi-craft u.** Fachgewerkschaft für mehrere Spezialberufe; **occupational u.** Berufsgewerkschaft *f*; **open u.** Gewerkschaft ohne Mitgliedssperre; **regional u.** regionaler Zusammenschluss; **single-industry u.** Einzelgewerkschaft *f*; **white-collar u.** Angestelltengewerkschaft *f*; **yellow u.** *(pej.)* arbeitgeberfreundliche/gelbe *(pej.)* Gewerkschaft, Betriebsgewerkschaft *f*
union affiliation Gewerkschaftszugehörigkeit *f*; **u. activity** gewerkschaftliche Tätigkeit, Gewerkschaftstätigkeit *f*; **u. agreement** Tarifabkommen *nt*; **u. bashing** *(coll)* Herumhacken auf den Gewerkschaften *(coll)*; **u. branch** Ortsgruppe der Gewerkschaft; **u. card** Mitglieds-, Gewerkschaftsausweis *m*; **to withdraw the ~ from so.** jdn aus der Gewerkschaft ausschließen; **u. committee** Gewerkschaftsausschuss *m*; **u. contract** *[US]* Tarifabschluss *m*; **u. contribution/dues** Gewerkschaftsbeitrag *m*, Gewerkschaftsmitgliedsbeiträge; **u. delegate** Gewerkschaftsbeauftragte(r) *f/m*, G.vertreter(in) *m/f*; **u. delegation** Gewerkschaftsvertretung *f*, G.abordnung *f*; **u. density** (gewerkschaftlicher) Organisationsgrad; **u. district organizer** Bezirksleiter der Gewerkschaft; **u. demands** Gewerkschaftsforderungen; **u. dominance** Überparität *f*; **u. enterprise** gewerkschaftseigenes Unternehmen; **u. executive** Gewerkschaftsvorstand *m*; **u. funds** Gewerkschaftskasse *f*, G.gelder; **u. headquarters** Gewerkschaftszentrale *f*
unionization *n* gewerkschaftliche Organisation/Organisierung, (gewerkschaftlicher) Organisationsgrad
unionism *n* Gewerkschaftswesen *nt*, G.vereinigung *f*, G.bewegung *f*
unionist *n* Gewerkschaftsangehörige(r) *f/m*, Gewerkschaftler(in) *m/f*; *adj* gewerkschaftlich
unionize *v/ti* (sich) gewerkschaftlich organisieren
unionized *adj* *(Gewerkschaft)* organisiert; **to be u.** gewerkschaftlich organisiert sein
union leader *n* Gewerkschaftsführer(in) *m/f*; **u. man** *[US]* Gewerkschaftler *m*; **u. member** Gewerkschaftler(in) *m/f*, Gewerkschaftsmitglied *nt*; **rank-and-file u. member** einfaches Gewerkschaftsmitglied; **u. membership** Gewerkschaftsmitgliedschaft *f*, G.zugehörigkeit *f*, Zugehörigkeit zu einer Gewerkschaft; **~ agreement (UMA)** *[GB]* Vereinbarung über Gewerkschaftszwang; **u. movement** Gewerkschaftsbewegung *f*; **u. negotiating committee** Verhandlungskommission der Gewerkschaft; **u. official** Gewerkschaftsfunktionär *m*, G.angestellte(r) *f/m*, Bezirkssekretär *m*; **u. paper/publication** Gewerkschaftszeitung *f*, G.organ *nt*; **u. power** Gewerkschaftsmacht *f*; **u. rate** mit der Gewerkschaft vereinbarter Tarif(lohn), Tarifgehalt *nt*; **to pay above/below the ~ r.** über/unter Tarif bezahlen; **to pay according to the ~ r.** nach Tarif bezahlen; **u. regulations** Gewerkschaftsvorschriften; **u. resistance**

union rights Widerstand seitens der Gewerkschaften; **u. rights** Gewerkschaftsrechte, Rechte der Gewerkschaften; **u. shop** gewerkschaftsgebundener/gewerkschaftspflichtiger Betrieb, Betrieb mit gewerkschaftlicher Zwangsmitgliedschaft; **the u. side** Gewerkschaftsvertreter *pl*
union wage gewerkschaftlich/von der Gewerkschaft ausgehandelter Lohn; **~ policy** gewerkschaftliche Tarifpolitik; **~ rate** Tariflohn *m*; **u. suit** *[US]* lange Hemdhose
unipunch *n* Lochzange *f*
unique *adj* einzigartig, ohnegleichen, singulär, einmalig, unerreicht, unvergleichlich
unirrigated *adj* unbewässert
unison *n* Gleichklang *m*, Harmonie *f*; **in u.** einstimmig, im Gleichschritt; **to act ~ u.** im Gleichschritt handeln; **to be ~ u. with** übereinstimmen mit
unissued *adj* (*Wertpapier*) nicht ausgegeben/emittiert, unbegeben
unit *n* 1. Einheit *f*, Stück *nt*, (Bau)Element *nt*; 2. Bestand-, Einzelteil *m*/*nt*; 3. (Fonds-/Investment)Anteil *m*, Zertifikat *nt*; 4. ✪ Aggregat *nt*; 5. ⚓ Schiffseinheit *f*; 6. ✆ Gesprächseinheit *f*; 7. (*Physik*) Grundmaßstab *m*
unit of account (U/A) (Ver)Rechnungs-, Recheneinheit *f*; **agricultural ~ account** (*EU*) grüne Rechnungseinheit; **international ~ account** internationale Rechnungseinheit; **~ stored blood** ✚ Blutkonserve *f*; **~ capacity** π Raummaß *nt*; **~ command principle** Prinzip der Einheit der Auftragserteilung; **~ consumption** Verbrauchseinheit *f*; **standard ~ dealings** Standardhandelseinheit *f*; **~ electricity** *[GB]* ⚡ Kilowattstunde *f*; **~ exchange** Tauschobjekt *nt*; **~ government** Gebietskörperschaft *f*; **subordinate ~ government** nachgeordnete Gebietskörperschaft; **~ housing** Wohneinheit *f*; **~ income** Einkommenseinheit *f*; **~ length** Längenmaß *nt*; **~ manufacture** Fertigungseinheit *f*; **~ material** Materialeinheit *f*; **~ measure(ment)** Maß-, Messeinheit *f*, Maßgröße *f*; **~ organization** Organisationseinheit *f*; **~ output** Produktions-, Leistungs-, Ausbringungs-, Produkteinheit *f*, Kostenträger *m*; **physical ~ output** Produktionsmengeneinheit *f*; **~ output costing** Kostenträgerstückrechnung *f*, K.(träger)stückrechnung *f*; **~ production** Erzeugungs-, Produktionseinheit *f*; **marginal ~ production** Grenzbetrieb *m*, G.produzent *m*; **~ production method** Mengenabschreibung *f*, leistungsabhängige Abschreibung; **~ product method (of depreciation)** leistungsproportionale Abschreibung; **~ quantity** Mengeneinheit *f*; **~ reference** Bezugsgröße *f*; **ultimate ~ responsibility** Aufgabenträger *m*, Organisationsstelle *f*; **~ sampling** ▦ Stichproben-, Auswahleinheit *f*; **~ trade** (*Börse*) Handels-, Verkehrseinheit *f*; **~ trading** Mindestmenge *f*, Handels-, Schlusseinheit *f*, Schluss *m*; **~ transport** Transporteinheit *f*; **~ value** Wert-, Währungseinheit *f*; **~ volume** Volumen-, Raumeinheit *f*; **~ weight** Gewichtseinheit *f*; **~ work** Arbeitseinheit *f*
to express in units of the respective currency in den Einheiten der jeweiligen Währung ausdrücken
accumulative unit (*Investment*) Thesaurierungsfondsanteil *m*; **administrative u.** Verwaltungseinheit *f*; **arithmetic and logical u.** π Rechenwerk *nt*; **basic u.** Grundeinheit *f*; **bolt-on u.** ✪ angeschlossene Einheit; **collateral u.** Abteilung außerhalb der Linienhierarchie; **compact u.** Kompaktanlage *f*; **decision-making/decision-taking u.** Entscheidungsträger *m*, E.instanz *f*, E.einheit *f*, Instanz *f*; **defective u.** Schlechtstück *m*, fehlerhaftes Stück; **~ u.s** Ausschuss *m*; **economic u.** Wirtschaftseinheit *f*, W.subjekt *nt*, Unternehmensgruppe *f*; **effective u.** ▦ fehlerfreies Stück; **elementary u.** ▦ kleinste Untersuchungseinheit; **equivalent u.** Äquivalenzziffer *f*; **federal u.** Glied(er)staat *m*; **first-stage u.** ▦ Einheit der kleinsten Auswahlstufe; **governmental u.** Gebietskörperschaft *f*; **industrial u.** Industrie-, Herstellungs-, Produktions-, Fabrikbetrieb *m*, industrielle Betriebseinheit, Industrieanlage *f*; **integrated u.** geschlossene Anlage; **intensive-care u.** ✚ Intensivstation *f*; **investigative u.** Fahndungsstelle *f*; **separate legal u.** rechtliche Einheit, juristische Person; **linear u.** ▦ lineare Einheit; **local u.** Gemeindeeinheit *f*; **logical u.** ▦ Logikbaustein *m*; **mains-operated u.** ⚡ Netzgerät *nt*; **marginal u.** letzte Produkteinheit; **integrated metallurgical u.** ⚒ Hüttenwerkskomplex *m*, H.kombinat *nt*; **monetary u.** Währungs-, Münz-, Geldeinheit *f*; **multiple u.** 🚂 Triebwagen(zug) *m*; **organizational u.** Organisationseinheit *f*, Ressort *nt*; **main ~ u.** Hauptorganisationseinheit *f*; **peripheral u.** 1. π Anschlussgerät *nt*; 2. periphere Einheit; **physical u.** 1. Baueinheit *f*; 2. Maßzahl *f*; **political u.** Gebietskörperschaft *f*; **primary u.** ▦ Einheit der ersten Auswahlstufe; **processing u.** Zentraleinheit *f*; **redundant u.** Altanlage *f*; **secondary/second-stage u.** ▦ Einheit der zweiten Auswahlstufe; **self-contained u.** in sich abgeschlossene/selbstständige Einheit; **skidded u.** Ladeeinheit auf Kufen; **spatial u.** Raumeinheit *f*, R.element *nt*; **square u.** Flächeneinheit *f*; **standard u.** Normaleinheit *f*, Normteil *m*; **statistical u.** statistische Einheit, Erhebungseinheit *f*, Merkmalsträger *m*; **subordinate u.** nachgeordnete Stelle; **superior u.** übergeordnete Stelle; **taxable u.** Steuergegenstand *m*, S.objekt *nt*; **thermal u.** Wärmeeinheit *f*; **viable u.** lebensfähige Betriebseinheit
unit advertising cost(s) Werbestückkosten *pl*
unitary *adj* einheitlich, Einheits-
unit bank *[US]* Bank ohne Zweigstellen, filialloses Kreditinstitut, Einzelbank *f*; **u. banking** Einzelbankwesen *nt*; **u. billing** Sammel(ab)rechnung *f*; **large-scale u. business** (Groß)Anlagengeschäft *nt*; **u. buyer** *[GB]* Investmentkäufer *m*; **u. calculation** Einzelkalkulation *f*; **u. certificate** Anteilsschein *m*, A.zertifikat *nt*, Investmentzertifikat *nt*; **u. construction principle** Baukastenprinzip *nt*; **u. container traffic** Kleinbehälterverkehr *m*; **u. contribution margin** Stückdeckungsbeitrag *m*, Deckungsbeitrag pro Stück; **u. control** buchmäßige Mengenkontrolle
unit cost Kosteneinheit *f*, Kosten pro (Rechnungs)Einheit; **u. c.s** Stück-, Einzel-, Einheitskosten; **average u. c.(s)** Durchschnitts-Stückkosten *pl*; **marginal u. c.(s)** Grenzstückkosten *pl*, G.kosten für die letzte Produktionseinheit; **minimum u. c.(s)** geringste Stückkosten;

standard u. c.(s) Normalkosten pro Stück/Einheit; **variable u. c.(s)** variable Stückkosten; **u. c. accounting; u. costing** Stück(kosten)kalkulation *f*, S.kostenrechnung(ssystem) *f/nt*, Einzelkalkulation *f*; ~ **standard** Mindesteinheitskosten *pl*
unit depreciation Einzelabschreibung *f*, individuelle Abschreibung
unite *v/ti* 1. vereinigen, zusammenschließen, verbinden; 2. sich vereinigen, sich zusammenschließen, sich liieren, zusammengehen
united *adj* 1. vereinigt; 2. vereint
United Kingdom (UK) Vereinigtes Königreich
United Nations (UN) Vereinte Nationen; ~ **Children's Fund (UNICEF)** Kinderhilfswerk der Vereinten Nationen; ~ **Conference on Trade and Development (UNCTAD)** Welthandels- und Entwicklungskonferenz der Vereinten Nationen, Konferenz der Vereinten Nationen für Handel und Entwicklung; ~ **Development Program (UNDP)** Entwicklungshilfeprogramm der Vereinten Nationen; ~ **Economic Council** Wirtschafts- und Sozialrat der Vereinten Nationen; ~ **Educational, Scientific and Cultural Organization (UNESCO)** Organisation der Vereinten Nationen für Erziehung, Wissenschaft und Kultur; ~ **Food and Agricultural Organization (FAO)** Organisation der Vereinten Nationen für Ernährung und Landwirtschaft; ~ **High Commission for Refugees** UN-Flüchtlingskommission *f*; ~ **Industrial Development Organization (UNIDO)** Organisation der Vereinten Nationen für industrielle Entwicklung; ~ **Relief and Rehabilitation Administration (UNRRA)** Wohlfahrts- und Wiedergutmachungsorganisation der Vereinten Nationen; ~ **Relief and Works Agency for Palestine Refugees (UNRWA)** Hilfswerk der Vereinten Nationen für Palestinaflüchtlinge
United States Vereinigte Staaten; ~ **Chamber of Commerce** amerikanische Industrie- und Handelskammer
unit evaluation Anteilsbewertung *f*; **u. expansion** Anschlusserweiterung *f*; **u. fee** Gebühr pro Einheit; **u. furniture** Anbau-, Einbaumöbel *pl*; **u. growth** Wertzuwachs eines Fondsanteils; **u.holder** *n* (Fonds)Anteilschein-, Investment(zertifikats)besitzer(in) *m/f*, (Fonds)Anteileigner(in) *m/f*, A.inhaber(in) *m/f*
unitization *n* Zergliederung in Einheiten
unitize *v/t* 1. in Einheiten zergliedern; 2. *(Ladung)* optimal zusammenstellen; 3. *(Anlagefonds)* stückeln
unit labour cost(s) Lohnstückkosten *pl*, Arbeitsaufwand pro Einheit, Lohnkosten je Produktions-/Ausbringungseinheit; **u.-linked** *adj* fondsgebunden; **u. load** 1. Stückgut *nt*; 2. Ladeeinheit *f*; **u. loading facility** Stückladevorrichtung *f*; **u. loss** Verlust pro Stück; **u. objective** Gruppenziel *nt*; **u. output** Leistungseinheit *f*; **u. power** Leistungseinheit *f*; **u. price** 1. Einheits-, Faktor-, Maß-, Stück(kauf)preis *m*; 2. Preis pro Einheit/Stück, Einzelpreis *m*; 3. *(Fonds)* Anteilskurs *m*, A.preis *m*; ~ **calculation** Einzelpreiserrechnung *f*, **u. pricing** Einheitspreisfestsetzung *f*; ~ **cost(s)** Stückkosten *pl*; **u. production** Einzelfertigung *f*, Stückproduktion *f*; ~ **cost(s)** Stückkosten *pl*; **u. profit** Stückerfolg *m*, Gewinn pro Stück; ~ **statement**

Stückerfolgsrechnung *f*; **u. quotation** Stücknotiz *f*, S.notierung *f*, S.kurs *m*; **u. rate** 1. Stücktarif *m*; 2. Einheitsrate *f*; **u. sales** 1. verkaufte Stückzahl; 2. Verkauf von Fondsanteilen; ~ **price** Einzelveräußerungspreis *m*; **u. size** Betriebsgröße *f*; **u. statement of account** Sammelauszug *m*; **u. store** Einzelhandelsgeschäft *nt*; **u. system manufacturing** Baukastenfertigung *f*; **u. teller** Kassierer für Ein- und Auszahlungen; **u. time** Stückzeit *f*; **u. train** 🚂 Ganzzug *m*
unit trust Kapitalanlagegesellschaft *f*, Investmenttrust *m*, I.gesellschaft *f* (mit offenem Anlageportefeuille); **accumulating u. t.** Thesaurierungsfonds *m*; **authorized u. t.** konzessionierter Investmentfonds; **flexible u. t.** Kapitalanlagegesellschaft mit auswechselbarem Portefeuille; **qualifying u. t.** steuerfreier (Kapital) Fonds; **u. t. certificate** Investment-, Kapitalanlagezertifikat *nt*; ~ **concept** Investmentgedanke *m*; ~ **fund** Kapitalanlage-, Bruchteilfonds *m*
unit valuation *(Abschreibung)* Einzelbewertung *f*; **u. value** *(Fonds)* Anteilswert *m*; **u. variable costs** variable Stückkosten; **u. wage costs** Lohnstückkosten; **u. working costs** Betriebskosten pro Einheit
unity *n* 1. Einheit *f*; 2. Einigkeit *f*; **u. of command** 1. Einliniensystem *nt*; 2. Einheit der Auftragserteilung; ~ **direction** (Konzept der) einheitliche(n) Leitung; ~ **interest** Interessentengemeinschaft *f*; ~ **invention** Einheitlichkeit der Erfindung; ~ **outlay** Kosteneinheit *f*; ~ **possession** [§] einheitlicher Besitz; ~ **title** einheitlich begründeter Rechtsanspruch; **economic u.** wirtschaftliche Einheit; **organic u.** Selbstorganschaft *f*
univariate *adj* ⊞ eindimensional
universal *adj* generell, universal, universell, umfassend, allgemein üblich, durchgängig; **U. Copyright Convention** Welturheberrechtsabkommen *nt*
univer|salization *n* Universalisierung *f*; **u.sality** *n* Universalität *f*, Allgemeingültigkeit *f*; **u.sally** *adv* allgemein
Universal Postal Convention Weltpostvertrag *m*; ~ **Union (UPU)** Weltpostverein *m*
universe *n* 1. (Welt)All *nt*, Universum *nt*; 2. ⊞ statistische Masse, Grund-, Ausgangsgesamtheit *f*, Grundmenge *f*, Kollektiv *nt*; **statistical u.** statistische Gesamtmasse
university *n* Universität *f*, Hochschule *f*; **Open U.** *[GB]* Fernuniversität *f*; **technical/technological u.** Technische Hochschule (TH)
university administration Universitätsverwaltung *f*; **u. admission/entrance** Hochschulzugang *m*; **u. appointment** Hochschulanstellung *f*; **u. authorities** Universitätsbehörden; **The Universities' Central Council of Admission (UCCA)** *[GB]* zentrale Studienplatzvergabe; **u. bookshop** *[GB]* /**bookstore** *[US]* Universitätsbuchhandlung *f*; **u. career** Universitätslaufbahn *f*; **u. degree** Universitätsgrad *m*, akademischer Grad, Universitäts-, Hochschulabschluss *m*; **u. education** Hochschulausbildung *f*, Universitäts(aus)bildung *f*, U.studium *nt*, akademische (Aus)Bildung; **u. entrance level/qualification** Hochschulreife *f*; ~ **examination** Universitätsaufnahmeprüfung *f*; **u. examination** Uni-

versitätsexamen *nt*, U.abschluss *m*, U.prüfung *f*, akademische Prüfung; **u. fees** Universitätsgebühren *pl*; **u. graduate** Akademiker(in) *m/f*, Hochschulabsolvent(in) *m/f*; **u. legislation** Hochschulgesetzgebung *f*; **u. place** Studienplatz *m*; **u. professor** Universitätsprofessor(in) *m/f*, Hochschullehrer(in) *m/f*; **u. qualification** Hochschulqualifikation *f*, H.abschluss *m*, akademischer Abschluss; **u. statute(s)** Universitätssatzung *f*, U.status *m*; **u. teacher** Hochschullehrer(in) *m/f*, Dozent(in) *m/f*; **u. training** Hochschul-, Universitätsausbildung *f*
un|just *adj* ungerecht; **u.justifiable** *adj* nicht zu rechtfertigen, unverantwortlich; **u.justified** *adj* ungerechtfertigt, unberechtigt, grundlos; **u.kempt** *adj* ungepflegt; **u.kind** *adj* lieblos; **u.knowingly** *adv* unwissend; **u.known** *adj* unbekannt; ~ **person** Namenlose(r) *f/m*; **u.labelled** *adj* nicht gekennzeichnet/markiert; **u.laden** *adj* unbeladen, leer; **u.lagged** *adj* unverzögert
unlawful *adj* unerlaubt, widerrechtlich, gesetzes-, rechts-, ordnungswidrig, ungesetzlich, illegal, unzulässig, außerhalb der Legalität; **to declare u.** Unzulässigkeit feststellen
unlawfulness *n* Rechts-, Gesetzeswidrigkeit *f*, Widerrechtlichkeit *f*, Ungesetzlichkeit *f*, Illegalität *f*; **u. of arbitrary rule** Willkürverbot *nt*; ~ **set-off** Aufrechnungsverbot *nt*
un|leaded *adj* ⛽ bleifrei, unverbleit; **u.learn** *v/t* verlernen; **u.leash** *v/t* entfesseln, auslösen; **u.legislated** *adj* von der Gesetzgebung nicht erfasst
unless *conj* wenn nicht, sofern nicht, es sei denn dass; **u. ... otherwise** mangels; **u. otherwise agreed upon** mangels gegenläufiger Vereinbarungen
un|let *adj* leer stehend; **u.lettable** *adj* unvermietbar, nicht vermietbar; **u.levied** *adj* unerhoben; **u.licensed** *adj* 1. nicht konzessioniert, ohne Konzession/Lizenz/ Schankerlaubnis, unerlaubt; 2. nicht angemeldet, unbefugt, nicht konzessioniert; **u.like** *conj* im Gegensatz zu; **u.likely** *adj* unwahrscheinlich; **u.limited** *adj* unbegrenzt, unbeschränkt, nicht limitiert/eingeschränkt, unlimitiert; **u.lined** *adj* 1. *(Papier)* unliniert; 2. *(Kleidung)* ungefüttert, unliniert; **u.liquidated** *adj (Schaden)* nicht festgestellt; **u.listed** *adj* 1. nicht verzeichnet; 2. *[US] (Börse)* nicht eingetragen/aufgeführt, unnotiert, nicht börsenfähig/(börsen)notiert, ohne Notierung, unamtlich; **U. Securities Market (U.S.M.)** Freiverkehrsbörse *f*, F.markt *m*; **u.lit** *adj* unbeleuchtet
unload *v/t* 1. ab-, aus-, entladen, Ladung löschen; 2. *(Börse)* verkaufen, auf den Markt werfen, abstoßen; **u.ed** *adj* ausgeladen; **u.er** *n* ⚓ *(Hafen)* Löscher *m*, Aus-, Entlader *m*
unloading *n* 1. Ab-, Aus-, Entladen *nt*, Ab-, Aus-, Entladung *f*; 2. ⚓ Löschen *nt*, Löschung *f*, Löscharbeiten *pl*, Ausschiffung *f*; 3. *(Börse)* stoßartiger Verkauf, Glattstellung *f*; 4. Niedrigpreisverkauf *m*; **u. for temporary store** ⊖ Entladung auf Zollboden; **u. berth** ⚓ Löschungsort *m*, L.platz *m*, Entladeplatz *m*; **u. charge** Entladegebühr *f*, Abladelohn *m*, A.gebühr *f*, A.kosten *pl*; **u. charges** Lösch(ungs)gebühren, L.kosten, Löschgeld *nt*; **u. date** Entladetermin *m*; **u. gear** Entladeein-

richtung *f*; **u. party** ⚓ Löschkommando *nt*, Entlademannschaft *f*; **(stipulated) u. period** Entladefrist *f*; **u. platform** Aus-, Entladerampe *f*; **u. point** Aus-, Entladeort *m*; **u. risk** Löschrisiko *nt*; **u. time** Entladedauer *f*, Löschzeit *f*; **u. weight** Abladegewicht *nt*
unlock *v/t* 1. aufschließen; 2. *(fig)* freisetzen; **u.ed** *adj* unverschlossen
unlucky *adj* glücklos; **u.machined** *adj* ✪ unbearbeitet; **u.manageable** *adj* unhandlich, schwer zu handhaben; **u.managed** *adj* unbewirtschaftet; **u.manned** *adj* unbemannt, unbesetzt; **u.manoeuvrable** *adj* ⚓ navigationsuntüchtig, n.unfähig; **u.manufactured** *adj* unbearbeitet, roh, unverarbeitet; **u.marked** *adj* 1. nicht gekennzeichnet/markiert; 2. unbemerkt; **u.marketability** *n* Unveräußerlichkeit *f*; **u.marketable** *adj* unverkäuflich, nicht marktfähig/marktgängig/realisierbar/verkehrsfähig/börsengängig/verkaufsfähig, unplatzierbar; **u.marketlike** *adj* marktfremd; **u.married** *adj* ledig, unverheiratet, ehelos, unverehelicht; **to be u.married** ledigen Standes sein; **u.mask** *v/t* entlarven, demaskieren; **u.matched** *adj* unerreicht, unübertroffen; **u.matured** *adj* noch nicht fällig; **u.mentioned** *adj* unerwähnt; **u.merchantable** *adj* nicht (markt)verkaufsfähig, unverkäuflich, nicht zum Verkauf geeignet; **u.merited** *adj* unverdient; **u.met** *adj (Rechnung)* offen; **u.methodical** *adj* unsystematisch; **u.mingled** *adj* unvermengt; **u.minted** *adj* ungemünzt; **u.mistak(e)able** *adj* klar, unzweideutig, unmissverständlich, unverkennbar, unverwechselbar, eindeutig; **u.mitigated** *adj* gänzlich, völlig, ungeschwächt; **u.mixed** *adj* unvermischt, sortenrein; **u.molested** *adj* unbehelligt; **u.mortgaged** *adj* unbelastet, unverpfändet, schulden-, hypothekenfrei, hypothekarisch nicht belastet, frei von Hypotheken; **u.motivated** *adj* unmotiviert; **u.named** *adj* namentlich nicht genannt, ungenannt; **u.natural** *adj* wider-, unnatürlich; **u.navigable** *adj* ⚓ nicht schiffbar/befahrbar, unbefahrbar; **u.necessary** *adj* unnötig, nicht notwendig, entbehrlich; **u.nerving** *adj* entnervend; **u.noted** *adj* unbeachtet; **u.noticed** *adj* unbemerkt, unbeachtet, unberücksichtigt; **to go u.noticed** nicht auffallen, unbemerkt bleiben; **u.objectionable** *adj* einwandfrei, unbedenklich, unabweisbar; **u.objected** *adj* unbeanstandet; **u.observed** *adj* unbeobachtet; **u.obliging** *adj* inkulant, wenig entgegenkommend; **u.obstructed** *adj* unversperrt, frei; **u.obtainable** *adj* unerhältlich; **u.obtrusive** *adj* unauffällig, unaufdringlich, diskret; **u.occupied** *adj* 1. unbelegt, unbesetzt, frei, frei-, leerstehend, unbewohnt, unbenutzt; 2. unbeschäftigt; **u.official** *adj* 1. inoffiziell, nicht genehmigt/amtlich, außerdienstlich; 2. außerbörslich, Freiverkehrs-; **u.offset** *adj* unkompensiert, unausgeglichen, unsaldiert; **u.opened** *adj* verschlossen, ungeöffnet; **u.opposed** *adj* ohne Gegenkandidat/G.stimme; **u.orthodox** *adj* unorthodox; **u.owned** *adj* herrenlos
unpack *v/t* auspacken; **u.ed** *adj* unverpackt, lose, ohne Verpackung; **u.er** *n* Auspacker *m*; **u.ing** *n* Auspacken *nt*
un|padded *adj* ohne Einlage, nicht gefüttert; **u.paged** *adj* 📄 ohne Seitenzahlen

unpaid *adj* 1. unbezahlt, rückständig, nicht eingezahlt, unbeglichen, nicht bezahlt; 2. *(Tätigkeit)* unbezahlt, unbesoldet, ehrenamtlich; 3. ✉ nicht freigemacht/frankiert, unfrankiert; 4. *(Scheck)* nicht eingelöst, uneingelöst; **to be returned u.** *(Wechsel/Scheck)* platzen; **to remain u.** *(Rechnung)* offenstehen
un|paired *adj* unpaarig; **u.palatable** *adj* ungenießbar, unangenehm; **u.paralleled** *adj* beispiellos, ohnegleichen; **u.pardonable** *adj* unentschuldbar; **u.patented** *adj* nicht patentiert; **u.paved** *adj* ungepflastert; **u.payable** *adj* unbezahlbar, unrentabel; **u.peg** *v/t (Preise)* freigeben; **u.perceived** *adj* nicht wahrgenommen; **u.perforated** *adj* nicht perforiert, ungelocht; **u.performed** *adj* unerfüllt; **u.perishable** *adj* unverderblich; **u.persuaded** *adj* nicht überzeugt; **u.placed** *adj* nicht angestellt, stellungslos, ohne Stellung; **u.planned** *adj* ungeplant, unvorhergesehen, planlos, unverplant, unplanmäßig
unpleasant *adj* unangenehm, unerfreulich, unerquicklich; **u.ness** *n* Unannehmlichkeit *f*, Misshelligkeit *f*, Unstimmigkeit *f*
un|pledged *adj* unverpfändet; **u.plumbed** *adj* unergründet; **u.polished** *adj* ungehobelt, ungeschliffen; **u.polluted** *adj* sauber, unverschmutzt, unverseucht
unpopular *adj* unpopulär, unbeliebt, missliebig; **u.ity** *n* Unbeliebtheit *f*
un|precedented *adj* beispiellos, noch nie dagewesen, erstmalig, unerhört, ohnegleichen, ungekannt; **u.predictability** *n* Unberechenbarkeit *f*; **u.predictable** *adj* unvorhersehbar, nicht voraussagbar, unberechenbar; **u.prejudiced** *adj* unparteiisch, unvoreingenommen, unbefangen, vorurteilslos; **u.premeditated** *adj* nicht vorsätzlich; **u.prepared** *adj* unvorbereitet; **u.presentable** *adj* nicht vorzeigbar/präsentabel; **u.pretentious** *adj* schlicht, bescheiden; **u.priced** *adj* ohne Preisschild, nicht ausgezeichnet; **u.principled** *adj* charakter-, skrupellos; **u.printable** *adj* nicht druckfähig; **u.printed** *adj* 1. ungedruckt; 2. *(Stoff)* unbedruckt; **u.privileged** *adj* nicht bevorrechtigt; **u.processed** *adj* unveredelt, unverarbeitet
unproductive *adj* 1. unergiebig, unproduktiv, nicht lohnend, unwirtschaftlich; 2. ⚙ ertragsarm, unfruchtbar; **u.ness** *n* Unproduktivität *f*, Unergiebigkeit *f*, Unwirtschaftlichkeit *f*
unprofessional *adj* 1. unfachmännisch; 2. berufs-, standeswidrig
unprofitable *adj* unrentabel, uneinträglich, wenig einträglich, unvorteilhaft, verlust bringend
un|promising *adj* aussichtslos, wenig erfolgversprechend; **u.prompted** *adj* spontan, unaufgefordert; **u.propertied** *adj* besitzlos; **u.propitious** *adj* ungünstig; **u.proportional** *adj* unverhältnismäßig, nicht proportional; **u.protected** *adj* 1. schutzlos, ungeschützt; 2. *(Wechsel)* nicht gedeckt; 3. *(Vers.)* ohne Deckung; **u.protested** *adj* 1. *(Wechsel)* nicht protestiert; 2. unwidersprochen; **u.provable** *adj* nicht beweisbar; **u.proved; u.proven** *adj* unerwiesen; **u.provided** *adj* unversorgt, mittellos, nicht ausgestattet; **u.provoked** *adj* ohne jede Veranlassung, grundlos; **u.published** *adj* unveröffentlicht; **u.punctual** *adj* unpünktlich; **u.punctuality** *n* Unpünktlichkeit *f*; **u.punished** *adj* ungesühnt, ungestraft, unbestraft, ungeahndet, straffrei, s.los; **to go u.punished** unbestraft bleiben, straffrei/straflos ausgehen; **u.qualified** *adj* 1. unqualifiziert; 2. uneingeschränkt, unbedingt, bedingungslos; **u.quantifiable** *adj* nicht quantifizierbar/messbar, nicht genau zu berechnen; **u.quenchable** *adj (Durst)* unstillbar
unquestion|able *adj* unbestreitbar, unzweifelhaft, fraglos; **u.ably** *adv* zweifellos, unstreitig; **u.ed** *adj* unbezweifelt, unbestritten, nicht gefragt/untersucht; **u.ing** *adj* bedingungslos, blind
un|quotable *adj* nicht zitierbar; **u.quote** *v/t* Ende des Zitats; **u.quoted** *adj (Börse)* ohne Notierung/Kurs, gestrichen, nicht (börsen)notiert, unnotiert
un|rated *adj* untaxiert, nicht geschätzt; **u.ratified** *adj* (noch) nicht ratifiziert; **u.rationed** *adj* frei erhältlich; **u.ravel** *v/ti* 1. enträtseln, entwirren; 2. sich auflösen; **u.readable** *adj* unleserlich; **u.ready** *adj* noch nicht fertig
unreal *adj* unwirklich; **u.izable** *adj* nicht realisierbar/verwertbar, nicht zu verkaufen; **u.ized** *adj* 1. unverwirklicht; 2. *(Anlagen)* unverwertet; 3. *(Gewinn)* nicht realisiert, unverwertet; **u.istic** *adj* unrealistisch, wirklichkeitsfremd, marktwidrig
unreasonable *adj* 1. unvernünftig, uneinsichtig; 2. unangemessen, übertrieben, unzumutbar, einseinig, unbillig, übermäßig; **u.ness** *n* Unzumutbarkeit *f*, Unverhältnismäßigkeit *f*, Unbilligkeit *f*, Unangemessenheit *f*; **u.recallable** *adj* unwiderruflich; **u.receipted** *adj* unquittiert, ohne Quittung, nicht quittiert; **u.receptive** *adj* unaufgeschlossen, unempfänglich, nicht aufnahmefähig; **u.reclaimed** *adj* 1. ⚙ *(Land)* unkultiviert, unbebaut; 2. nicht zurückgefordert; **u.recognized** *adj* unerkannt; **u.recompensed** *adj* unbelohnt, nicht entschädigt; **u.recorded** *adj* 1. [§] nicht eingetragen; 2. ⚙ nicht erfasst; **u.recoverable** *adj* uneinbringlich; **u.rectified** *adj* unverbessert, unberichtigt; **u.redeemable** *adj* unkündbar, untilgbar, nicht einlösbar; **u.redeemed** *adj* ungetilgt, uneingelöst, nicht zurückgezahlt/eingelöst; **u.reel** *v/t* abspulen; **u.refined** *adj* 1. nicht raffiniert, unfein, roh; 2. *(Person)* grobschlächtig, unkultiviert; **u.refuted** *adj* unwiderlegt; **u.registered** *adj* 1. nicht registriert/eingetragen/angemeldet/zugelassen, nicht auf den Namen lautend; 2. *(Warenzeichen)* gesetzlich nicht geschützt; **u.regulated** *adj* ungeregelt, unreguliert; **u.related** *adj* ohne Beziehung/Bezug, beziehungslos; **u.relenting** *adj* unerbittlich, unvermindert; **u.reliablitiy** *n* Unzuverlässigkeit *f*, Unsolidität *f*, Unglaubwürdigkeit *f*; **u.reliable** *adj* unzuverlässig, unsolide, unreell, unseriös; **u.relieved** *adj* unvermindert; **u.remedied** *adj* unbehoben; **u.remitting** *adj* unermüdlich, unablässig, unaufhörlich; **u.remunerative** *adj* nicht lohnend, unwirtschaftlich, unrentabel, nicht einträglich, unvorteilhaft, verlust bringend; **u.repeatable** *adj* unwiederholbar; **u.represented** *adj* nicht vertreten; **u.reprievable** *adj* unaufschiebbar; **u.requested** *adj* unaufgefordert; **u.requited** *adj* unbelohnt, ohne Gegenleistung; **u.rescinded** *adj* unwiderrufen; **u.reserved** *adj* unein-

unresolved

geschränkt, rückhalt-, vorbehaltlos; **u.resolved** *adj* 1. unschlüssig; 2. ungeklärt, ungelöst; **u.responsive** *adj* unempfänglich
unrest *n* 1. Unruhen *pl*, Aufruhr *m*; 2. Unzufriedenheit *f*; **industrial u.** Arbeitsunruhen *pl*, A.auseinandersetzung *f*, Unruhe in Betrieben; **to cause ~ u.** Arbeitsfrieden stören; **monetary u.** Währungsunruhen *pl*; **racial u.** Rassenunruhen *pl*; **social u.** soziale Unruhen
un|restrained *adj* zügellos, unbändig, ungehemmt, schrankenlos; **u.restricted** *adj* unbeschränkt, uneingeschränkt, unbegrenzt, freizügig, unlimitiert, unbehindert, frei(händig), nicht eingeschränkt; **u.returnable** *adj* Einweg-, Wegwerf-, **u.revealed** *adj* geheim, nicht veröffentlicht; **u.rewarded** *adj* unbelohnt; **u.rig** *v/t* ⚓ abtakeln; **u.ripe** *adj* unreif, unausgereift; **u.rivalled** *adj* konkurrenzlos, unerreicht, unübertroffen, unvergleichlich; **u.roadworthiness** *n* 🚗 Fahruntüchtigkeit *f*; **u.roadworthy** *adj* fahruntüchtig; **u.roll** *v/t* ab-, entrollen; **u.ruffled** *adj* unbeeindruckt; **u.ruled** *adj* unliniert; **u.ruly** *adj* unbändig, aufsässig, undiszipliniert, widerspenstig, ungezogen; **u.safe** *adj* gefährlich, unzuverlässig, nicht sicher
unsal|(e)ability *n* Unverkäuflichkeit *f*; **u.(e)able** *adj* unverkäuflich, unveräußerlich, unverwertbar, nicht marktfähig/marktgängig/verwertbar/verkaufsfähig
un|salaried *adj* ehrenamtlich, unbesoldet; **u.sanctioned** *adj* nicht genehmigt; **u.sanitary** *adj* unhygienisch
unsatis|factoriness *n* Unzulänglichkeit *f*; **u.factory** *adj* unbefriedigend, unzureichend, unzulänglich, ungenügend, nicht zufriedenstellend; **u.fied** *adj* 1. unzufrieden; 2. unbefriedigt; **return u.fied** *(Konkurs)* mangels Masse
un|savoury *adj* unappetittlich; **u.scathed** *adj* unverwundet, unverletzt; **to escape u.scathed** ungeschoren/ohne Schaden davonkommen; **u.scheduled** *adj* außer(fahr)plan-, überplan-, unplanmäßig, ungeregelt; **u.scientific** *adj* unwissenschaftlich; **u.scramble** *v/t* 1. entschlüsseln, dechiffrieren; 2. entwirren; 3. *(Konzern)* entflechten; **u.screw** *v/t* ✪ ab-, losschrauben
unscrupulous *adj* skrupellos, ohne Skrupel, gewissenbedenkenlos; **u.ness** *n* Skrupellosigkeit *f*
unseal *v/t* entsiegeln, aufbrechen, das Siegel brechen/entfernen; **u.ed** *adj* 1. unversiegelt, ungesiegelt, offen, unverschlossen; 2. ⊖ unplombiert; **u.ing** *n* Siegelabnahme *f*, Entsiegelung *f*
unseason|able *adj* 1. nicht der Jahreszeit entsprechend; 2. unpassend, ungünstig; **u.al** *adj* asaisonal; **u.ed** *adj* 1. unerfahren; 2. *(Holz)* nicht abgelagert
unseat *so.* *v/t* jdn absetzen/kippen *(coll)*, jdn des Amtes entheben
unsea|worthiness *n* ⚓ Seeuntüchtigkeit *f*; **u.worthy** *adj* seeuntüchtig, nicht seetüchtig
un|secured *adj* *(Kredit)* ungedeckt, ungesichert, unbesichert, unverbrieft, blanko, nicht bevorrechtigt/gesichert/sichergestellt; **u.seemly** *adj* unziemlich, ungebührlich, unanständig, unschicklich; **u.seen** *adj* unbesehen; **u.seizable** *adj* unpfändbar; **u.sellable** *adj* unverkäuflich; **u.serviceable** *adj* gebrauchsunfähig, unbrauchbar; **to become u.serviceable** unbrauchbar werden; **u.settle** *v/t* verstimmen, durcheinanderbringen; **u.settled** *adj* 1. unbeständig, unstet, instabil, in der Schwebe, schwankend, uneinheitlich, unbestimmt; 2. unbezahlt, unbeglichen, unerledigt, unberichtigt, ungeklärt; 3. unbesiedelt; **to remain u.settled** *(Rechnung)* offenstehen; **u.shakeable** *adj* unerschütterlich; **u.shaken** *adj* unerschüttert, fest; **u.shackle** *v/t* Fesseln abnehmen; **u.ship** *v/t* ⚓ *(Ladung)* löschen, aus-, entladen; **u.shrinkable** *adj* *(Textil)* nicht einlaufend; **u.sifted** *adj* ungesiebt, ungeprüft; **u.sightly** *adj* unschön, hässlich; **u.signed** *adj* unsigniert, ungezeichnet, ohne Unterschrift, nicht unterschrieben/gezeichnet; **u.skilled** *adj* ungelernt, unerfahren, ungeübt, Hilfs-; **u.-skilful** *[US]*; **u.skillful** *[GB]* *adj* ungeschickt; **u.sociable** *adj* ungesellig; **u.social** *adj* unsozial, gesellschaftsfeindlich; **u.sold** *adj* 1. unverkauft, nicht verkauft; 2. *(Emission)* unbegeben; **to be left/remain u.sold** unverkauft/liegen bleiben; **u.solicited** *adj* unaufgefordert, unverlangt, freiwillig, ohne Aufforderung, ungebeten; **u.solvable** *adj* *(Problem)* unlösbar; **u.solved** *adj* ungelöst; **u.sophisticated** *adj* einfach, schlicht, unkompliziert, kunstlos, simpel, ungekünstelt; **u.sorted** *adj* unsortiert, ungeordnet
unsound *adj* 1. unsolide, unreell, unseriös; 2. *(Firma)* ungesund; 3. krank, heikel, prekär, schwach, unsicher, unzuverlässig; **structurally u.** 🏛 baufällig, in schlechtem baulichen Zustand; **u.ness of mind** *n* §̄ Unzurechnungsfähigkeit *f*
un|sparing *adj* großzügig, verschwenderisch; **u.speakable** *adj* unaussprechlich, unsagbar, unsäglich; **u.-specified** *adj* nicht spezifiziert, nicht im Einzelnen angegeben; **u.spectacular** *adj* wenig eindrucksvoll; **u.speculative** *adj* zuverlässig, risikoarm; **u.spendable** *adj* nicht zu verausgaben; **u.spent** *adj* nicht ausgegeben/verbraucht/verausgabt, unverbraucht, unverausgabt; **u.spoilt** *adj* unverdorben, unbeschädigt; **u.spoken** *adj* unausgesprochen, stillschweigend; **u.stable** *adj* labil, schwankend, unsicher, instabil; **u.stamped** *adj* 1. ✉ unfrankiert; 2. ungestempelt; **u.steadiness** *n* Unbeständigkeit *f*; **~ of the market** Marktunbeständigkeit *f*; **u.steady** *adj* unstet, schwankend, unbeständig; **u.stick** *v/t* losmachen, lösen; **u.stinting** *adj* großzügig, rückhaltlos, uneingeschränkt, unbegrenzt; **u.stock** *v/t* Lager räumen; **u.stoppable** *adj* nicht aufzuhalten/zu bremsen, unaufhaltsam; **u.structured** *adj* nicht strukturiert/gegliedert, formlos, unstrukturiert; **to come u.stuck** *adj* *(coll)* danebengehen, schiefgehen, steckenbleiben; **u.subscribed** *adj* 1. *(Wertpapier)* nicht gezeichnet, ungezeichnet; 2. nicht abonniert; **u.substantiated** *adj* unbegründet, nicht erhärtet, aus der Luft gegriffen *(fig)*; **u.successful** *adj* erfolglos, ergebnislos; **to be u.successful** §̄ (im Prozess) unterliegen
unsuit|ability *n* Unangemessenheit *f*; **u.able** *adj* 1. ungeeignet, unzweckmäßig, untauglich, unangemessen; 2. unpassend, unangebracht; **u.ed** *adj* *(Person)* ungeeignet
un|summoned *adj* §̄ nicht vorgeladen; **u.supplied** *adj* unversorgt, ohne Nachschub; **u.supported** *adj* ohne Unterhalt/Unterstützung; **u.sure** *adj* unsicher, unge-

wiss, schwankend; **u.surmountable** *adj* unüberwindlich, unüberbrückbar; **u.surpassed** *adj* unübertroffen; **u.suspected** *adj* unverdächtig; **u.suspecting** *adj* arg-, ahnungslos, nichtsahnend; **u.sustainable** *adj* unhaltbar, nicht aufrechtzuerhalten; **u.swerving** *adj* unerschütterlich, unbeirrbar, unbeirrt; **u.sworn** *adj* §̄ nichteidlich, unbeeidigt, uneidlich; **u.sympathetic** *adj* ablehnend; **u.systematic(al)** *adj* unsystematisch, planlos, ohne System; **u.talented** *adj* untalentiert, unbegabt; **u.tamed** *adj* ungezähmt; **u.tanned** *adj* ungegerbt; **u.tangle** *v/t* entwirren; **u.tapped** *adj* unerschlossen, unangezapft, unentdeckt; **u.tarnished** *adj* makellos; **u.taxable** *adj* nicht steuerpflichtig; **u.taxed** *adj* unbesteuert, steuerfrei, unversteuert, vor (Abzug der) Steuern

unten|able *adj* unhaltbar, unvertretbar, nicht haltbar, vertretbar; **u.anted** *adj* unbewohnt, leer, unvermietet

un|tended *adj* ⚡ *(Vieh)* unversorgt, vernachlässigt; **u.tested** *adj* ungeprüft, unerprobt; **u.tidines** *n* Unordnung *f*; **u.tidy** *adj* unordentlich

untie *v/t* losmachen, lösen, losbinden; **u.d** *adj* ungebunden

until *prep* bis; **u. and including** bis ... einschließlich

un|tillable *adj* ⚡ unbebaubar; **u.timely** *adj* vorzeitig, verfrüht, unzeitgemäß, zu früh, zur Unzeit; **u.tiring** *adj* nimmermüde, unverdrossen; **u.titled** *adj* §̄ ohne Rechtsanspruch; **u.told** *adj* unsagbar, unsäglich; **u.touchable** *adj* unantastbar; **to remain u.touched** *adj* unangetastet bleiben

untoward *adj* unglücklich, bedauerlich, ungünstig; **nothing u.** *(coll)* kein Unheil *(coll)*

un|traceable *adj* unauffindbar, unaufspürbar; **u.tradable** *adj* nicht verkaufsfähig/handelsfähig; **u.trained** *adj* ungeschult, unausgebildet, ungeübt, ungelernt; **u.transferable** *adj* nicht übertragbar; **u.translatable** *adj* unübersetzbar; **u.transportable** *adj* nicht transportfähig/transportierbar; **u.treated** *adj* unbehandelt; **u.tried** *adj* unerprobt, ungeprüft; **u.true** *adj* unwahr, falsch

untrust|worthiness *n* Unzuverlässigkeit *f*, Unglaubwürdigkeit *f*; **u.worthy** *adj* unglaubwürdig, unzuverlässig, unseriös

untruth *n* Unwahrheit *f*; **u.ful** *adj* wahrheitswidrig, unwahr; **u.fulness** *n* Unwahrheit *f*

un|tutored *adj* ungebildet; **u.typical** *adj* atypisch

un|usable *adj* gebrauchsunfähig, unverwendbar; **u.usual** *adj* unüblich, ungebräuchlich, ungewöhnlich, ausgefallen; **u.used** *adj* ungebraucht, ungenutzt, brachliegend, unverbraucht, unbenützt, unausgenutzt, nicht gebraucht, brach

un|valued *adj* ungeschätzt, ungewertet, unbewertet, untaxiert; **u.veil** *v/t* enthüllen, bekanntgeben; **u.ventilated** *adj* *(fig)* nicht erörtert, unbesprochen; **u.verified** *adj* ungeprüft; **u.versed** *adj* unerfahren; **u.viable** *adj* nicht lebens-/tragfähig; **u.wanted** *adj* unerwünscht

unwarrant|able *adj* 1. *(Anspruch)* unvertretbar; 2. nicht zu rechtfertigen; **u.ed** *adj* *[US]* unverbürgt, ohne Garantie/Gewähr(leistung), nicht gesichert, ungerechtfertigt, unberechtigt

un|wavering *adj* unerschütterlich, unbeirrt; **u.wed** *adj* unverehelicht, unverheiratet; **u.weighted** *adj* ungewogen; **u.welcome** *adj* unangenehm, unwillkommen, unerwünscht; **u.well** *adj* 💲 unwohl; **u.wholesome** *adj* unzuträglich; **u.wieldy** *adj* unhandlich, schwerfällig, sperrig

unwilling *adj* unbeabsichtigt, un-, widerwillig; **to be u.** etw. nicht wollen; **u.ness** *n* Unwilligkeit *f*, Verdrossenheit *f*; **~ to compomise** mangelnde Kompromissbereitschaft; **~ to pay** Zahlungsunwilligkeit *f*

unwind *v/ti* 1. abspulen, abrollen, entwirren; 2. sich entspannen, abschalten; **u.ing** *n (fig)* Nachlassen der Konjunktur; **~ of distortions** Bereinigung von Verzerrungen

un|wise *adj* unklug; **u.withdrawn** *adj* *(Gewinn)* nicht entnommen; **u.witting** *adj* unbewusst, unbeabsichtigt, unwissentlich, nicht wissentlich; **u.workability** *n* Funktionsunfähigkeit *f*; **u.workable** *adj* 1. undurchführbar, funktionsunfähig, nicht betriebsfähig/funktionsfähig/praktizierbar; 2. 💲 nicht abbaubar; **u.worked** *adj* ⚡ *(Boden)* unbearbeitet, brachliegend; **u.workmanlike** *adj* unfachmännisch; **u.worldly** *adj* weltfremd; **u.worthy** *adj* unwürdig; **u.wrap** *v/t* auspacken, auswickeln; **u.written** *adj* ungeschrieben; **u.yielding** *adj* unbeugsam

on the up *n* im Aufwind; **to be ~ u.** sich aufwärts bewegen; **u.s and downs** Auf-und Abbewegung *f*, Steigen und Fallen *nt*, Höhen und Tiefen, Wechsellagen; **~ downs of the market** Kursschwankungen; **cyclical ~ downs** Konjunkturschwankungen; **~ downs of life** Höhen und Tiefen des Lebens

up *v/t* erhöhen, heraufsetzen

up *adj* hoch, höher; **to be u.** 1. gestiegen sein; 2. *[US]* ansteigen; **~ for** anstehen; **~ and about again** wieder auf den Beinen sein *(fig)*; **~ to so.** in jds Macht liegen; **~ to sth.** *(coll)* etw. im Schilde führen; **well u. (on)** beträchtlich/deutlich höher (als)

up to *prep* bis zur Höhe von

up|-and-coming *adj* aufstrebend; **u. beat** *adj (coll)* optimistisch; **u.bringing** *n* Erziehung *f*; **~ in a home** Heimerziehung *f*; **u.coming** *adj* bevorstehend, anstehend; **u.creep** *n (Lohn)* Hinaufschaukeln *nt*; **u.datable** *adj* aktualisierbar

update *v/t* 1. auf den neusten Stand bringen, modernisieren; 2. aktualisieren, fortschreiben; *n [US]* Modernisierung *f*, Aktualisierung *f*, Fortschreibung *f*

updated *adj* 1. auf den neusten/letzten Stand gebracht, auf dem jüngsten Stand, modernisiert, verbessert; 2. *(Buchhaltung)* tagfertig, à jour *(frz.)*

update file Fortschreibungsdatei *f*

updating *n* 1. Modernisierung *f*; 2. Aktualisierung *f*, Fortschreibung *f*; 3. Änderungsdienst *m*, Neuberechnung *f*; **u. of inventory** Lagerbestandsfortschreibung *f*; **u. difference** Fortschreibungsdifferenz *f*; **u. program(me)** Änderungsprogramm *nt*

up-draft *[US]*; **up-draught** *[GB]* *n* ✈ Aufwind *m*

up-end *v/t* hochkant stellen

up-front *adj (Zahlung)* Voraus-

upgrade *n* 1. Auf-, Nachrüstung *f*, Modernisierung *f*; 2.

to be on the **upgrade** 1220

Aktualisierung *f*; **to be on the u.** sich auf dem (an)steigenden Ast befinden *(fig)*
upgrade *v/t* 1. verbessern, modernisieren, auf den neuesten Stand bringen, auf-, nachrüsten, veredeln; 2. aktualisieren, auf den neuesten Stand bringen; 3. nach oben korrigieren, aufwerten; 4. höher einstufen/eingruppieren, höher stufen, befördern, in eine höhere Tarifgruppe einstufen
upgrading *n* 1. Modernisierung *f*, Auf-, Nachrüstung *f*; 2. Aktualisierung *f*; 3. Höher(ein)stufung *f*, H.(ein)gruppierung *f*, Beförderung *f*, höhere Tarifeinstufung, Stellenanhebung *f*; **u. of farms** 🌾 Aufstockung zu kleiner Betriebe, ~ im Agrarsektor; ~ **lines** 🚂 Streckenausbau *m*; ~ **standards** 🏛 Modernisierung *f*; **educational u.** Verbesserung des Ausbildungsstandes
up|heaval *n* Umwälzung *f*, radikale Veränderung, Umbruch *m*; **u.hill** *adj* bergauf, aufwärts; **u.hold** *v/t* 1. aufrechterhalten, hochhalten; 2. [§] bestätigen, stattgeben; **u.holder** *n* Verfechter(in) *m/f*; **u.holsterer** *n* Polsterer *m*; **u.holstery** *n* Polster *nt*; ~ **fabric** Bezugs-, Möbelstoff *m*
upkeep *n* 1. Wartung *f*, Instandhaltung *f*, Erhaltung *f*; 2. Unterhaltungskosten *pl*, Unterhalt(ung) *m/f*; **u. of a family** Familienunterhalt *m*; **u. and maintenance** Pflege und Wartung *f*; **current u.** laufende Unterhaltung
up|land *n* Hoch-, Oberland *nt*, höher gelegenes Land; ~ **forest** Hochwald *m*; **u.lift** *n (fig)* Konjunkturanstieg *m*, K.aufschwung *m*, Auftrieb *m*; **u.lifting force** *n* Auftriebskraft *f*; **u.load** 💾 laden; **u.-market** *adj* hochwertig, anspruchsvoll, exklusiv, in der gehobenen Preisklasse; **to go u.-market** sich in ein höheres Marktsegment begeben
upper *adj* obere(r,s); **u.s** *pl (Schuh)* Oberleder *nt*; **to be on one's u.s** *(fig)* aus dem letzten Loch pfeifen; **u.-class** *adj* Oberschicht-; **u.most** *adj* höchste(r,s)
up|rate *v/t* 1. *(Leistung)* steigern, höher bewerten; 2. erhöhen; **u.rating** *n* Höherbewertung *f*, H.(ein)stufung *f*; **u.right** *adj* hochkant, auf-, senkrecht; **u.right!** Nicht stürzen!; **u.rising** *n* Aufstand *m*, Erhebung *f*, Putsch *m*; **popular u.rising** Volksaufstand *m*, V.erhebung *f*; **u.-river** *adv* stromaufwärts; **u.roar** *n* Tumult *m*, Aufruhr *m*, Radau *m*, Krach *m*; **u.root** *v/t* entwurzeln; **u.scale** *adj [US]* in der gehobenen Preisklasse
upset *v/t* 1. umstoßen, durcheinander bringen, in Unordnung bringen, umwerfen, über den Haufen werfen *(fig)*; 2. vereiteln, frustrieren; 3. bestürzen, erschüttern; ~ **so. very much** jdm an die Nieren gehen *(fig)*; **u. price** *(Auktion)* Mindestpreis *m*, Ausgangs-, Mindestangebot *nt*
upshot *n* Ergebnis *nt*, Fazit *nt*; **the u. of it all** *(coll)* das Ende vom Lied *(coll)*; ~ **is that** es läuft darauf hinaus, dass
upside *n* Plusseite *f*, Vorteil *m*; **u. down** *adv* verkehrt herum, auf dem Kopf; **to turn everything u. down** das Oberste zuunterst kehren
upskill *v/t (Personal)* fortbilden; **u.ing** *n* Fortbildung *f*
up|stage so. *v/t* jdm die Schau stehlen *(coll)*; **u.stairs** *adv* 🏛 oben; *n* obere Etage, oberes Stockwerk; ~ **rooms** Räume im oberen Stockwerk

up|standing *adj* rechtschaffen; **u.start** *n* Emporkömmling *m*, Parvenu *m (frz.)*, Neureiche(r) *f/m*; **u.state** *adv [US]* im Norden (des Bundesstaates)
upstream *adj* 1. fluss-, stromaufwärts; 2. *(fig)* ⛽ vorgelagert, vorgeordnet, vor Verarbeitung
upsurge *n* 1. Aufwärtsentwicklung *f*, Wachstumsschub *m*; 2. Aufwallung *f*, Eskalation *f*, steiler Aufstieg/Anstieg, Auftrieb *m*, Emporschnellen *nt*; **u. in inflation** Inflationsstoß *m*; ~ **interest rates** Zinsauftrieb *m*; **u. of liquidity** Liquidisierungswelle *f*; **u. in prices** Preisauftrieb *m*, P.aufschwung *m*, P.welle *f*, plötzlicher Preisanstieg; **cost-induced ~ prices** kostenbedingter Preisauftrieb; ~ **bond prices** Rentenhausse *f*; ~ **share [GB] /stock [US] prices** Aktienhausse *f*; ~ **sales** Umsatzwelle *f*; **cyclical u.** konjunktureller Auftrieb, Konjunkturaufschwung *m*
upswing *n* Konjunkturanstieg *m*, (Konjunktur)Aufschwung *f*, Auftrieb *m*, konjunkturelle Erholung, Aufwärtsentwicklung *f*, Belebung *f*; **on the u.** im Aufschwung begriffen; **u. in economic activity**; ~ **the economy** Konjunkturaufschwung *m*, K.belebung *f*, wirtschaftliche Erholung; ~ **costs** Kostensteigerung *f*; ~ **metal prices** Edelmetallhausse *f*
cyclical/economic upswing Konjunkturaufschwung *m*, K.auftrieb *m*, K.belebung *f*, K.frühling *m*, Belebung der Konjunktur, Wirtschaftsaufschwung *m*, W.erholung *f*, konjunktureller Aufschwung/Auftrieb, konjunkturelle Belebung, Wiederaufschwung *m*; **seasonal u.** Saisonaufschwung *m*, saisonale Belebung; **u. forces** (Konjunktur)Aufschwungskräfte, Auftriebskräfte
uptake *n* 1. Aufnahme *f*, Akzeptanz *f*; 2. ⚙ Steigleitung *f*; **to be quick on the u.** *(coll)* schnell von Begriff sein, schnelle/rasche Auffassungsgabe haben, schnell schalten/kapieren/begreifen; ~ **slow on the u.** *(coll)* lange Leitung haben *(coll)*, langsam schalten *(coll)*, schwer von Begriff sein, ein Brett vor dem Kopf haben *(coll)*
upthrust *n* Aufwärtsdruck *m*
uptight *adj (coll)* nervös, verklemmt, verkrampft
up-time *n* 1. ⚙ Betriebszeit *f*; 2. 💻 Benutzerzeit *f*
up-to-date *adj* aktuell, (hoch)modern, zeitgemäß, auf dem Laufenden, ~ **neusten Stand**; **to bring u.** auf den neusten Stand bringen, modernisieren
up-to-the-minute *adj* hochaktuell, hochmodern
uptrend *n* 1. Aufwärtstrend *m*, A.tendenz *f*, Aufschwung(tendenz) *m/f*, Belebung *f*, konjunktureller Auftrieb; 2. *(Börse)* Kursauftrieb *m*, Aufwärtsbewegung *f*, Hausseneigung *f*, steigende Tendenz
upturn *n* 1. Aufwärtsbewegung *f*, Aufschwung *m*; 2. *(Börse)* Kurssteigerung *f*, K.anstieg *m*, K.auftrieb *m*, Steigen *nt*; 3. Belebung *f*, Besserung *f*, Konjunkturanstieg *m*, K.aufschwung *m*, konjunkturelle Erholung, Wirtschaftserholung *f*; **u. in business (activity)** Geschäfts-, Absatzbelebung *f*; ~ **demand** Nachfragebelebung *f*, N.anstieg *m*, Belebung der Nachfrage; ~ **interest rates** Zinsanstieg *m*, Z.auftrieb *m*; ~ **prices/quotations** Kursauftrieb *m*, K.anstieg *m*; **to support the u.** Aufschwung tragen; **cyclical/economic u.** Konjunkturauftrieb *m*, K.aufschwung *m*, K.aufwind *m*, Belebung der Konjunktur, Wirtschaftsaufschwung *m*

upvaluation *n* Aufwertung *f*, Höherbewertung *f*; **u. of a currency** Währungsaufwertung *f*, Aufwertung einer Währung
upvalue *v/t* aufwerten, höher bewerten; **u.d** *adj* aufgewertet
upward(s) *adj* (an)steigend, aufwärts, nach oben; **u.s of** mehr als
uranium *n* Uran *nt*; **u. mine ☙** Uranbergwerk *nt*; **u. ore** Uranerz *nt*
urban *adj* städtisch, Stadt-; **u.e** *adj* weltgewandt; **u.ity** *n* Weltgewandtheit *f*; **u.ization** *n* Verstädterung *f*, Großstadtbildung *f*, Urbanisierung *f*; **u.ize** *v/t* verstädtern, urbanisieren
urea *n* ☙ Harnstoff *m*
urge *n* Drang *m*, Trieb *m*, Drängen *nt*, Antrieb *m*, Verlangen *nt*; **u. to save** Spartrieb *m*; **to feel the u.** Drang verspüren; **creative u.** Schaffensdrang *m*
urge *v/t* 1. (be)drängen, dringen auf, auffordern, antreiben, dringend bitten, mahnen, zusetzen; 2. beschleunigen, vorantreiben; **u. so. to buy** jdn zum Kauf drängen; **~ work** jdn zur Arbeit anhalten
urgency *n* Eile *f*, (Vor)Dringlichkeit *f*, Druck *m*, Not *f*; **of the utmost u.** äußerst dringend; **u. motion** Dringlichkeitsantrag *m*
urgent *adj* 1. dringend, eilig, (vor)dringlich, unaufschiebbar, akut; 2. drängend, eindringlich, inständig; **not to be u.** nicht eilen; **very u.** brandeilig *(coll)*
urine *n* ☙ Urin *m*, Harn *m*
urn *n* *(Begräbnis)* Urne *f*; **funerary u.** Totenurne *f*
usability *n* Gebrauchs-, Verwendungsfähigkeit *f*, Anwendbarkeit *f*, Brauchbarkeit *f*
usable *adj* brauchbar, verwendbar, verwertbar, einsatzfähig, zu gebrauchen, nutzbar, benutzbar, einsetzbar, verwendungsfähig, in gebrauchfähigem Zustand
usage *n* 1. Brauch *m*, Gepflogenheit *f*, Gewohnheit *f*, Praxis *f*, Übung *f*, Sitte *f*, Gepflogenheit *f*, Usus *m*, Usance *f (frz.)*; 2. Gebrauch *m*, Behandlung *f*; 3. Sprachgebrauch *m*; **u. of the market** Handelsbrauch *m*; **sanctioned by u.** durch Gebrauch sanktioniert
annual usage jährlicher Lagerabgang; **commercial u.** Handelsbräuche *pl*, H.usancen *pl*; **common/general u.** allgemeiner Brauch, Verkehrssitte *f*; **international u.** 1. internationale Gepflogenheiten; 2. [§] völkerrechtliche Usancen; **local u.** Ortsgebrauch *m*; **mercantile u.** Handelsbrauch *m*; **own u.** Eigenverbrauch *m*; **projected u.** erwarteter Verbrauch
usage analysis ABC-Analyse *f*; **u. charge** Benutzungsgebühr *f*; **u. conditions** Benutzungsbedingungen; **u. control** Verbrauchssteuerung *f*; **u. credit** Usancekredit *m*; **u. factors** Potenzialfaktoren; **u. fee** Benutzungsgebühr *f*; **u. meter** Verbrauchs-, Benutzungszähler *m*; **u.-orient(at)ed** *adj* verbrauchsorientiert; **u. rate** Lagerabgangs-, Verbrauchsrate *f*; **u. value** Gebrauchswert *m*; **u. variance** Verbrauchsabweichung *f*
usance *n* *(frz.) (Außenhandel)* Wechselfrist *f*, W.laufzeit *f*; **according to u.** börsen-, handelsmäßig; **u. bill** Usance-, Usowechsel *m*; **u. draft** Nachsichttratte *f*; **u. negotiation** Negoziierung einer Nachsichttratte
use *n* 1. Gebrauch *m*, Verwendung *f*, V.szweck *m*, V.sbereich *m*, Verwendbarkeit *f*, Einsatz *m*; 2. (Aus-)Nutzung *f*, Inanspruchnahme *f*, Nutznießung *f*; 3. ⚡/*(Gas)*/♦ Entnahme *f*, Verbrauch *m*; 4. Abnutzung *f*, Verschleiß *m*; **for the u. of** für; **in u.** in Gebrauch/Betrieb/Mode, gebräuchlich; **of u.** nützlich, brauchbar; **out of u.** außer Gebrauch/Betrieb; **unfit for u.** unbrauchbar
use and benefit for life lebenslängliche Nutzung; **joint ~ benefit** gemeinsame Nutzung; **own ~ benefit** eigene Nutzung; **u. of capacity** Kapazitätsauslastung *f*; **multiple ~ capital** Mehrfachbelegung des Eigenkapitals; **ready for u. in capital projects** investitionsreif; **u.s and customs of the sea** Seegebräuche, S.gewohnheiten; **u. of discounts** Skontoausnutzung *f*; **excessive ~ discounts** Rabattunwesen *nt*; **fraudulent ~ documents signed in blank** Blankettmissbrauch *m*; **subsequent u. by experts versed in the art** *(Pat.)* Nachbenutzungsmöglichkeit durch andere Sachverständige; **u. of firearms** Waffengebrauch *m*; **~ firm name** Firmengebrauch *m*; **~ force** Gewaltanwendung *f*, Anwendung von Gewalt; **~ force and threats against legislative bodies** Nötigung von Gesetzgebungsorganen; **~ funds** Mittelverwendung *f*, M.einsatz *m*, Verwendung von Mitteln; **economical ~ funds** wirtschaftlicher Mitteleinsatz; **~ goods** Güterverwendung *f*; **u. as an intermediary** Zwischenschaltung *f*; **excessive u. of intoxicants** Alkoholmissbrauch *m*; **permitting the u. of the invention** Überlassung der Erfindung; **u. of the kitchen** Küchenbenutzung *f*; **~ land** Boden-, Landnutzung *f*; **~ loading capacity** *(Fahrzeug)* Auslastung *f*; **~ a name** Führung eines Namens; **u. and occupancy** Gebrauch und Innehabung; **~ insurance** 1. Betriebsunterbrechungs-, Nutzungsausfall-, Stillstandsversicherung *f*; 2. Mietverlustversicherung *f*; **~ loss** Betriebsunterbrechungsschaden *m*; **u. and occupation** Benutzung und Besitz; **u. by adjacent owners** Anliegergebrauch *m*; **u. of a patent** Verwertung eines Patents; **u. by other persons skilled in the art** *(Pat.)* Benutzung durch andere Sachverständige; **malicious u. of process** [§] Prozessmissbrauch *m*, P.betrug *m*; **u. of property** Eigentumsnutzung *f*; **u. as required** bestimmungsgemäßer Gebrauch; **u. of a road** Straßenbenutzung *f*; **~ a seal** Siegelführung *f*; **~ the seas** Nutzung der Meere, Meeresnutzung *f*; **~ social services** Sozialkonsum *m*; **flexible ~ tariff protection** ⊖ elastische Handhabung des Zollschutzes; **~ a title** Führung eines Titels; **unauthorized ~ official titles** unbefugtes Führen von Amtsbezeichnungen
of no use zu nichts nütze, zwecklos; **linked to a specific u.** verwendungsgebunden; **ready for u.** gebrauchs-, betriebsfertig, einsatzbereit, e.reif
to be of use nutzen, brauchbar sein; **~ no longer of any u.** zum alten Eisen gehören *(fig)*; **~ of little u.** wenig nützen; **to bring into u.** zur Anwendung bringen; **to come into u.** in Gebrauch kommen; **to divert for one's own u.** für eigene Zwecke missbrauchen; **to fall/go out of u.** ungebräuchlich werden, veralten, außer Gebrauch kommen; **to have many u.s** vielseitig verwendbar sein; **~ no u. for sth.** keine Verwendung für etw. haben; **to**

make u. of (be)nutzen, in Anspruch nehmen, ausnutzen, Gebrauch machen von; **to put into u.** in Gebrauch nehmen; **~ out of u.** *(Münze)* außer Kurs setzen
adverse use bestrittene Nutzung; **agricultural u.** landwirtschaftliche Nutzung; **beneficial u.** Nutznießung *f*, Nießbrauch *m*, Genuss *m*; **charitable u.** Verwendung für einen wohltätigen Zweck; **commercial u.** gewerbliche/wirtschaftliche Nutzung; **in common u.** allgemein üblich/gebräuchlich; **compulsory u.** Benutzungszwang *m*; **contingent u.** potenzieller Nießbrauch; **continued u.** Weiterbenutzung *f*; **contractual u.** bestimmungsgemäßer Gebrauch; **dead u.** zukünftiges Nießbrauchrecht; **domestic u.** Hausgebrauch *m*; **economic u.** wirtschaftliche Nutzung/Verwendung; **economical u.** sparsamer Gebrauch; **entire u.** alleinige Nutzung; **everyday u.** täglicher Bedarf/Gebrauch; **excessive u.** übermäßiger Gebrauch; **exclusive u.** alleinige Nutzung, ausschließliche Verwendung/(Be)Nutzung, alleiniges Nutzungsrecht; **to have ~ u. of sth.** etw. zur alleinigen Verfügung haben; **executive u.** aufschiebend bedingtes Nutzungsrecht; **executory u.** Vorvermächtnis *nt*; **for external u. only** $ nur zum äußerlichen Gebrauch; **fair u.** freie Benutzung; **final u.** Endnutzung *f*; **future u.** zukünftige Verwendung; **illicit u.** Gebrauchsanmaßung *f*; **for immediate u.** zum sofortigen Verbauch bestimmt; **improper u.** unsachgemäßer/unzulässiger Gebrauch, Missbrauch *m*, missbräuchliche Verwendung/Benutzung, unzulässige/ungehörige Verwendung, nicht ordnungsgemäße Benutzung; **to make ~ u.** missbrauchen; **industrial u.** gewerbliche/industrielle Nutzung, gewerbliche Verwendung, Gewerbezweck *m*, gewerblicher Zweck; **intended u.** Zweckbestimmung *f*, Verbrauchs-, Einsatzzweck *m*, vorgesehener Verwendungszweck, bestimmungsgemäßer Gebrauch; **interim u.** Zwischennutzung *f*; **internal u.** 1. $ innerliche Anwendung; 2. Eigennutzung *f*; **joint u.** Mitbenutzung *f*, Mitgebrauch *m*, gemeinschaftliche Nutz(nieß)ung; **legitimate u.** eigenes Benutzungsrecht; **of little u.** von geringem Nutzen; **mixed u.** Nutzungsmischung *f*; **multiple u.** Mehrfachnutzung *f*; **official u.** Dienst-, Geschäftsgebrauch *m*; **optimum u.** bestmöglicher Einsatz; **ordinary u.** gewöhnlicher/normaler Gebrauch(szweck); **own u.** Eigenbedarf *m*, E.nutzung *f*; **permanent u.** dauerhafte Nutzung; **personal u.** Eigengebrauch *m*, E.verbrauch *m*, persönlicher Gebrauch; **for ~ u.** zum persönlichen Verbrauch; **possible u.** Verwendungs-, Nutzungsmöglichkeit *f*; **practical u.** Gebrauchswert *m*; **prior u.** Vorbenutzung *f*; **private u.** Privat-, Eigennutzung *f*, Privatgebrauch *m*; **for ~ u.** zum eigenen Gebrauch; **proper u.** ordnungsgemäße Benutzung/Bestimmung
public use öffentlicher Gebrauch, Gemeingebrauch *m*; **to withdraw from ~ u.** entwidmen; **~ proceedings** *[US]* Patenteinspruchsverfahren *nt*
residential use Nutzung für Wohnzwecke; **resulting u.** zeitlich bedingtes Nießbrauchrecht; **secondary u.** nachrangiges Nutzungsrecht; **separate u.** Sondernutzung *f*; **shifting u.** gestaffeltes Nießbrauchrecht; **sole u.** alleinige Nutzung; **temporary u.** vorübergehende Verwendung; **unauthorized u.** unbefugter Gebrauch, unbefugte Benutzung, Missbrauch *m*; **unlawful u.** widerrechtlicher Gebrauch

use *v/t* 1. (be)nutzen, (ge)brauchen, einsetzen, verwenden, Gebrauch machen von, sich zu Nutze machen, zum Einsatz bringen, verwerten, einer Nutzung zuführen, verfügen über; 2. *(Straße)* befahren; 3. ◻ belegen; **u. up** ver-, aufbrauchen, aufzehren, abnutzen; **u. and enjoy** Nutzung haben; **u. effectively and commercially** zweckentsprechend und wirtschaftlich verwenden; **u. improperly** unbefugt nutzen; **u. jointly** mitbenutzen

used *adj* gebraucht, verbraucht, aus zweiter Hand, benutzt; **u. up** aufgebraucht; **to be u. immediately** zum baldigen Gebrauch bestimmt; **to get u. to** sich gewöhnen an, sich akklimatisieren; **industrially u.** industrieüblich; **widely u.** weitverbreitet, häufig benutzt

useful *adj* zweckmäßig, z.dienlich, nützlich, brauchbar, (gut) verwendbar, nutzbar, nutzbringend, interessant; **to be u.** von Nutzen sein, nutzen; **to come in/prove u.** sich als nützlich erweisen; **to make o.s. u.** sich nützlich betätigen/machen

usefulness *n* Nützlichkeit *f*, Zweckmäßigkeit *f*, Z.dienlichkeit *f*, Brauchbarkeit *f*, Nutzen *m*, Verwendungsfähigkeit *f*, Dienlichkeit *f*, Tauglichkeit *f*; **u. of the invention** Brauchbarkeit der Erfindung; **economic u.** gesamtwirtschaftlicher Nutzen; **lost u.** Wert-, Brauchbarkeitsminderung *f*

useless *adj* 1. nutzlos, unnütz, ohne Nutzen, unbrauchbar; 2. sinnlos, zwecklos, vergeblich

user *n* 1. Benutzer(in) *m/f*, Verwender(in) *m/f*, Anwender(in) *m/f*, Verbraucher(in) *m/f*, Konsument(in) *m/f*, Nutzer(in) *m/f*; 2. Nutznießer(in) *m/f*, Nießbraucher *m*; 3. ⚡ Abnehmerstation *f*, Abnehmer *m*; 4. ◻ Anwender *m*; **u.s** Benutzerkreis *m*; **u. in good faith** gutgläubiger Benutzer; **registered u. of a motor vehicle** Kraftfahrzeughalter *m*
commercial user gewerblicher Nutzer; **concurrent/joint u.** Mitbenutzer *m*; **domestic u.** 1. ⚡/(Gas)/♦ Klein-, Privatverbraucher, P.abnehmer *m*; 2. inländischer Verbraucher; **heavy u.** häufiger/regelmäßiger Kunde; **individual/single u.** ◻ Einzelanwender *m*; **industrial u.** ⚡/(Gas)/♦ gewerblicher/industrieller Verbraucher, Industriekunde *m*; **major u.** Großabnehmer *m*; **non-domestic u.** gewerblicher Verbraucher; **original u.** Erstbenutzer *m*; **previous/prior u.** Vorbenutzer *m*; **prospective u.** potenzieller Verbraucher; **registered u.** 1. eingetragener Benutzer; 2. ⇔ Halter *m*; **ultimate u.** Letzt-, Endverbraucher *m*, Letztverwender *m*
user acceptance Benutzerakzeptanz *f*; **u. access** ◻ Benutzerzugang *m*; **u. authorization** Benutzerberechtigung *f*; **(direct) u. charge** Benutzergebühr *f*; **u. cooperative** Nutzungsgenossenschaft *f*; **u. cost(s)** kalkulatorische Abschreibung, Benutzungskosten *pl*; **u. data** Benutzerdaten; **u.-definable** *adj* ◻ frei definierbar; **u.-defined** frei definiert; **u. fee** (Be)Nutzungsgebühr *f*, Nutzungsentgelt *nt*, Abrufgebühr *f*; **u.-focused** *adj* benutzerorientiert; **u.-friendliness** *n* Benutzerfreund-

lichkeit f; **u.-friendly; u.-orient(at)ed** adj benutzer-, bedienungsfreundlich, benutzerorientiert, b.gerecht; **u.'s guide/handbook** Benutzerhandbuch nt; **u. identification** 🖥 Benutzeridentifikation f, B.code m; **u. interface** Benutzeroberfläche f, B.schnittstelle f; **u. label** 1. Benutzeretikett nt; 2. 🖥 Benutzerkennsatz m; **u. language** Benutzersprache f; **u. library** Benutzerbibliothek f; **u.'s manual** Benutzerhandbuch nt; **u. profile protection** 🖥 benutzerspezifischer Datenschutz; **u. program** Anwenderprogramm nt; **u. resistance** Verbraucherwiderstand m; **u. software** Anwendersoftware f; **u. support** Benutzerunterstützung f; **single u. system** Einplatzsystem nt; **u. terminal** 🖥 Bildschirmtextteilnehmer m, Benutzerstation f; **u. time** Benutzerzeit f; **available u. time** verfügbare Benutzerzeit; **u. value** Gebrauchswert m

use tax [US] Aufwands-, Ausgleichssteuer auf Direktimporte, Verbrauchssteuer f; **compensating u. tax** Umsatzsteuer f; **u. variance** Gebrauchsabweichung f

usher n 1. Saaldiener m, S.ordner m, Platzanweiser m; 2. Gerichtsbote m, G.diener m; **u. in** v/t hereingeleiten

usherette n Platzanweiserin f

U.S. Savings Bond Sparbrief der Vereinigten Staaten

usual adj üblich, gewöhnlich, gebräuchlich, gängig, normal, gewohnt, gemein; **locally u.** ortsüblich; **the u.** n das Übliche; **u.ly** adv in der Regel, meistens

usufruct n (Sach)Nießbrauch m, Nutznießung f, Nutzungsrecht nt, Fruchtgenuss m; **u. of investment** Nießbrauch des angelegten Kapitals; **~ land; ~ landed property** Nießbrauch an Grundstücken, Grundstücksnießbrauch m; **u. for life to the surviving spouse** Nießbrauch für den überlebenden Ehegatten; **to hold in u.** Nutznießung/Nießbrauch haben; **imperfect u.** Nießbrauch von verbrauchbaren Sachen; **legal u.** gesetzliches Nießbrauchrecht; **perfect u.** Natural-, Sachnießbrauch m, uneingeschränkter Nießbrauch

usufructuary n Nießbrauchberechtigte(r) f/m, Nießbraucher(in) m/f, Nutznießer(in) m/f; adj nutznießerisch

usu|rer n (Geld)Wucherer m; **u.rious** adj wucherisch, Wucher-

usurp v/t widerrechtlich in Besitz nehmen, sich ~ aneignen, an sich reißen, usurpieren

usurpation n 1. widerrechtliche Besitzergreifung, Usurpation f; 2. Amtsanmaßung f, unbefugte Ausübung; **u. of power** Machtanmaßung f

usurper n widerrechtlicher Besitzergreifer, Usurpator m

usury n (Geld-/Kredit-/Zins)Wucher m, Wucherzinsen pl; **u. in matters of credit** Kreditwucherei f; **to practise u.** Wucher treiben, wuchern

utensil n Gerät nt, Gebrauchsgegenstand m, Utensil nt; **u.s** Gerätschaften

util n Nutzeneinheit f

utilitarian adj zweckbetont, utilitaristisch; **u.ism** n Utilitarismus m

utility n 1. Nutzen m, Nützlichkeit(szweck) f/m; 2. nützliche Einrichtung; 3. Versorgungsbetrieb m, V.unternehmen nt, Energieversorger m; **utilities** 1. Einheitswaren; 2. (Börse) Versorgungswerte, V.titel, V.aktien, Energiewerte, E.aktien; **u. of funds** Geldnutzen m; **~ an invention** Nutzen einer Erfindung

additive utilities additive Präferenzen

cardinal utility kardinaler Nutzen; **~ approach** kardinales Messkonzept; **~ measure** kardinales Nutzenmaß; **electric u.** Stromversorger m; **~ rate** Stromtarif m; **expired u.** 1. Brauchbarkeitsminderung f, aufgelaufene Abschreibungen; 2. nicht mehr vorhandenes Nutzungsrecht; **final u.** Grenznutzen m; **~ theory** Grenznutzenlehre f

marginal utility Grenznutzen m; **~ of labour** Grenznutzen der Arbeit; **~ money** Grenznutzen des Geldes; **decreasing/diminishing m. u.** abnehmender Grenznutzen; **increasing m. u.** zunehmender Grenznutzen; **m. u. analysis** Grenznutzenanalyse f; **~ school** Grenznutzenschule f; **~ theory** Grenznutzenlehre f, G.theorie f

maximum utility Nutzenmaximum nt; **municipal u.** kommunaler Versorgungsbetrieb; **negative u.** Nutzenentgang m, negativer Nutzen; **ordinal u.** ordinaler Nutzen; **~ measure** ordinales Nutzenmaß

public utility 1. Gemeinnützigkeit f; 2. (öffentlicher/gemeinnütziger) Versorgungsbetrieb, gemeinnütziges/öffentliches Versorgungsunternehmen, Gemeinde-, Eigen-, Versorgungsbetrieb m, Energieversorgungsunternehmen (EVU) nt; **~ utilities** 1. Versorgungsunternehmen, V.wirtschaft f; 2. (Börse) Aktien öffentlicher Versorgungsunternehmen; **p. u. bonds** Obligationen öffentlicher Versorgungsbetriebe; **~ company/ undertaking** gemeinnütziges (Versorgungs)Unternehmen, öffentlicher Versorgungsbetrieb, Energieversorgungsunternehmen (EVU) nt, Versorgungsgesellschaft f; **~ industry** Versorgungsindustrie f

related utility ⚡ Verbundunternehmen nt; **social u.** gesamtwirtschaftlicher/gesellschaftlicher Nutzen; **subjective u.** persönlicher/individueller Nutzen; **total u.** Gesamtnutzen m

utility analysis Nutzwertanalyse f; **u. car** 🚗 Mehrzweck-, Nutzfahrzeug nt; **u. certificate** Gebrauchsmusterzertifikat nt; **u. charges** Energiekosten; **u. factor** Nutzfaktor m; **u. function** Nutzenfunktion f; **u. furniture** Gebrauchsmöbel pl; **u. goods** (einfache) Gebrauchsgüter; **u. helicopter** Mehrzweckhubschrauber m; **u. man** [US] Mädchen für alles (coll), Springer m (coll); **u. maximization** Nutzenmaximierung f; **u. measure** Nutzenmaß nt

utility model [GB] Gebrauchsmuster nt; **u. m. department** Gebrauchsmusterstelle f; **auxiliary ~ registration** Gebrauchsmusterhilfsanmeldung f

utility patent Gebrauchsmuster nt, Verwertungspatent nt; **u. pattern** [US] Gebrauchsmuster nt; **u. program/ routine** 🖥 Hilfs-, Dienstprogramm nt; **u. room** Allzweckraum m; **u. shares** [GB] /**stocks** [US] Versorgungsaktien, V.werte, V.titel; **u. surface** Nutzengebirge nt; **u. terms of trade** Nutzen-Austauschverhältnis nt; **u. theory** Nutzentheorie f; **u. trailer** [US] 🚗 Lastanhänger m; **u. type** Gebrauchsausführung f; **u. value** Gebrauchs-, Nutzwert m; **u. vehicle** 🚗 Mehrzweck-, Nutzfahrzeug nt

utilization n 1. Einsatz m, (Aus)Nutzung f, Benutzung

f, Verwendung *f*, Anwendung *f*; 2. Verwertung *f*, Nutzbarmachung *f*, Ausbeutung *f*, Auswertung *f*, Inanspruchnahme *f*
utilization for own account Eigenverwertung *f*; **u. of capacity** Kapazitätsauslastung *f*, Beschäftigungsgrad *m*; **~ existing statistical data** sekundärstatistische Erhebung; **~ energy** Energieverwendung *f*; **~ facilities** Auslastung *f*; **~ land** Land-, Bodennutzung *f*; **~ loan funds** Kreditverwendung *f*; **~ manufacturing capacity** Ausnutzung der Produktionskapazität; **~ materials** Materialverwertung *f*; **u. by third parties** Fremdnutzung *f*; **full u. of plant** volle Auslastung der Betriebskapazität; **u. of existing plant** Ausnutzung vorhandener Anlagen; **~ plant capacities** Anlagenauslastung *f*, A.ausnutzung *f*; **~ production capacity** Produktionsauslastung *f*, P.ausnutzung *f*, Auslastung(sgrad) der Produktionskapazität; **~ storage capacity** Lagerauslastung *f*; **~ waste** Abfallverwertung *f*; **~ industrial wasteland** Nutzbarmachung brachliegender Industrieflächen, ~ von Industriebrachen; **~ waste products** Abfallwirtschaft *f*
average utilization durchschnittliche Auslastung; **commercial u.** gewerbliche Nutzung/Verwertbarkeit; **effective u.** rationelle Ausnutzung; **full u.** Ausschöpfung *f*; **peaceful u.** friedliche Nutzung; **rational u.** rationelle Ausnutzung; **standard u.** Normalauslastung *f*
utilization level Ausnutzungsgrad *m*; **u. rate** (Kapazitäts)Auslastungsgrad *m*; **u. rights** Verwertungsrechte; **u. time** Benutzungsdauer *f*; **u. variance** Beschäftigungsabweichung *f*
utilize *v/t* 1. (be)nutzen, an-, verwenden, dienstbar/nutzbar machen, einsetzen; 2. verwerten, ausnutzen, auswerten, auslasten; **u.d** *adj* ausgenutzt, ausgeschöpft, ausgelastet
utmost *adj* äußerst, möglichst, höchst, größt; **at the u.** höchstens, wenn es hoch kommt; **to do one's u.** sein Möglichstes/Äußerstes tun, alle Hebel in Bewegung setzen *(fig)*, sein Letztes (her)geben, bis zum Letzten gehen
utopia *n* Utopie *f*; **u.n** *n* Weltverbesserer *m*; *adj* utopisch
utter *v/t* äußern, ausdrücken; *adj* gänzlich, total
utterance *n* Äußerung *f*; **to put into u.** in Umlauf setzen
uttering *n* *(Falschgeld)* Inumlaufsetzen *nt*
U-turn *n* *(fig)* Kehrtwende *f*, K.wendung *f*, hundertprozentiger Kurswechsel, Umkehr *f*; **to make a U.** Kehrtwendung machen, sich um 180 Grad drehen

V

vacancy *n* 1. freie/leere/offene/unbesetzte Stelle, ~ Position, ~ Stellung, Vakanz *f*, Planstelle *f*; 2. *(Hotel)* freies Zimmer; **vacancies** 1. Arbeitsplatz-, Stellenangebot *nt*; 2. *(Hotel)* Zimmer frei; **~ for apprentices/trainees** Ausbildungs-, Lehrstellenangebot *nt*; **~ notified** gemeldete offene Stellen; **to advertise a v.** Stelle/Vakanz ausschreiben; **to fill a v.** (freie) Stelle besetzen, Vakanz neu besetzen; **to freeze vacancies** offene Stellen sperren; **to have a v.** Stelle zu vergeben/besetzen haben
casual vacancy plötzlich freigewordene Stelle; **part-time v.** angebotene Teilzeitbeschäftigung; **unfilled v.** offene Stelle; **~ vacancies** Zahl der offenen Stellen; **v. clause** *(Immobilie)* Nichtbenutzungsklausel *f*; **v. level(s)** Leerwohnungsbestand *m*; **v. loss** durch Nichtvermietung entstandener Verlust; **v. rate** Leerstands-, Vakanzrate *f*; **v. ratio** *(Arbeitskräfte)* Bedarfsquote *f*
vacant *adj* 1. *(Stelle)* unbesetzt, offen, frei; 2. freistehend, leer, unbewohnt, unbebaut, unvermietet, vakant; **falling v.** frei werdend; **to be v.** frei-, leerstehen; **to become/fall v.** frei/vakant werden; **still v.** *(Stelle)* noch offen, ~ nicht vergeben
vacate *v/t* 1. *(Sitz)* frei machen; 2. *(Wohnung)* räumen, verlassen; 3. *(Stelle)* aufgeben; 4. *(Amt)* niederlegen; 5. *(Vertrag)* annullieren, für ungültig erklären, aufheben
vacation *n* 1. *[US]* Ferien *pl*, (Erholungs)Urlaub *m*, Erholungsaufenthalt *m*; 2. Gerichts-, Semester-, Schulferien *pl*; 3. Räumung *f*; **on v.** im/auf Urlaub; **to be ~ v.** Urlaub haben; **to go ~ v.** in Urlaub gehen; **v. of the courts; judicial v.s** Gerichtsferien *pl*; **v. without pay** unbezahlter Urlaub; **annual v.** Jahresurlaub *m*; **~ with pay** bezahlter Jahresurlaub; **long v.(s)** *[US]* große Ferien
vacation *v/i* *[US]* Ferien/Urlaub machen
vacation address *[US]* Ferien-, Urlaubsadresse *f*; **v. allowance** Urlaubsgeld *nt*; **v. barrister** *[US]* [§] Ferien-, Urlaubsanwalt *m*; **v. benefit** Ferien-, Urlaubszulage *f*, U.geld *nt*; **v. bonus** Ferien-, Urlaubszulage *f*, U.zuschlag *m*; **v. budget** Ferien-, Urlaubsbudget *nt*; **v. close-down** (Schließung wegen) Betriebsferien; **v. (club) account** Feriensparkonto *nt*; **v. colony** Ferienkolonie *f*; **v. course** Ferienkurs *m*; **v. court** [§] Ferienkammer *f*; **v. eligibility** Urlaubsanspruch *m*
vacationer; vacationist *n* *[US]* Urlauber(in) *m/f*; Ferien-, Urlaubsreisende(r) *f/m*
vacation industry Ferien-, Urlaubsindustrie *f*; **v. job** Ferienarbeit *f*, F.tätigkeit *f*; **v. length** Urlaubsdauer *f*; **(extra) v. pay(ment)** Urlaubsgeld *nt*, Ferien-, Urlaubsvergütung *f*, U.bezahlung *f*, U.lohn *m*, Feriengeld *nt*; **v. period** Ferien-, Urlaubszeit *f*; **v. plan** Urlaubsplan *m*; **v. privilege** Urlaubsanspruch *m*; **v. provisions** Urlaubsbestimmungen *pl*; **v. replacement/substitute** Urlaubsvertretung *f*, U.vertreter(in) *m/f*; **v. request** Urlaubsgesuch *nt*; **v. resort** Urlaubsort *m*; **v. schedule** Ferien-, Urlaubsordnung *f*, Ferienfahrplan *m*; **v. scheduling** Urlaubsplanung *f*; **v. shutdown** Werksferien *pl*, ferienbedingte/urlaubsbedingte Schließung, Schließung während der Ferien(zeit); **v. spot** Ferienort *m*; **v. trade** Ferien-, Urlaubsindustrie *f*; **v. traffic** Ferien-, Urlaubsverkehr *m*; **v. travel** Ferien-, Urlaubsreisen *pl*; **v. village** Feriendorf *nt*; **v. work** Ferienarbeit *f*
vaccinate *v/t* $ impfen
vaccination *n* $ (Schutz)Impfung *f*; **compulsory/obligatory v.** Impfpflicht *f*, I.zwang *m*; **oral v.** Schluckimpfung *f*; **primary v.** Erstimpfung *f*; **v. card** Impfpass *m*; **v. certificate** Impfzeugnis *nt*, I.schein *m*; **v. farm** Impfanstalt *f*; **v. law** Impfgesetz *nt*

vaccinator *n* ⚕ Impfarzt *m*, I.ärztin *f*
vaccine *n* ⚕ Impfstoff *m*; **oral v.** Schluckimpfstoff *m*; **v. damage** Impfschaden *m*
vaccinee *n* ⚕ Impfling *m*
vacil|late *v/i* schwanken, unentschlossen sein; **v.lation** *n* Schwanken *nt*
vacu|ity *n* Hohlheit *f*, Leere *f*; **v.ous** *adj* leer, ausdruckslos
vacuum *n* 1. Vakuum *nt*, luftleerer Raum; 2. *(fig)* Vakuum *nt*, Leere *f*; **legal v.** Rechtsvakuum *nt*; **v. brake** 🚋 Unterdruck-, Saugluftbremse *f*; **v. cleaner** Staubsauger *m*; **v. discharge tube** *[US]* ↯ Leuchtröhre *f*; **v. flask** Thermosflasche *f*; **v. ga(u)ge** Unterdruckmesser *m*; **v. pack** Frischhalte-, Vakuum(ver)packung *f*; **v.-packed** *adj* vakuumverpackt; **v.-sealed** *adj* vakuumversiegelt, luftdicht verschlossen; **v. tube** Vakuumröhre *f*
vagary *n* Laune *f*, Zufälligkeit *f*
vagina *n* ⚕ Scheide *f*
vagrancy *n* Landstreicherei *f*, L.streichertum *nt*, Nichtsesshaftigkeit *f*, Vagabundieren *nt*, Vagabundenleben *nt*
vagrant *n* Landstreicher(in) *m/f*, L.fahrer(in) *m/f*, Nichtsesshafte(r) *f/m*; *adj* wandernd, unstet, nomadenhaft
vague vage, unbestimmt, verschwommen, nebelhaft, unübersichtlich, ungenau, unscharf, undeutlich, unklar; **v.ness** *n* Unbestimmtheit *f*, Ungenauigkeit *f*
vain *adj* 1. vergeblich, fruchtlos, nutzlos; 2. dünkelhaft, eitel; **in v.** umsonst, vergebens
vale *n* *(fig)* Tal *nt*
valence; valency *n* 🜊 Valenz *f*, Wertigkeit *f*
valet *n* (Haus)Diener *m*, H.bursche *m*; **v. service** Reinigungsdienst *m*
valetudinarian *adj* 1. kränkelnd; 2. gesundheitsbewusst; *n* 1. kränkelnde Person; 2. Gesundheitsfanatiker(in) *m/f*
valid *adj* 1. geltend, (voll)gültig, rechtskräftig, bindend, in Kraft, vollstreckbar, rechtsbeständig, r.wirksam; 2. begründet, stichhaltig, triftig, aussagekräftig; **v. in form and fact** formell und materiell gültig; **v. until cancelled/recalled** gültig bis auf Widerruf
to be valid (for) gültig sein (für), zu Recht bestehen, gelten (für), Geltung/Gültigkeit haben, Gültigkeit besitzen; **to be no longer v.** nicht mehr gelten, ungültig sein; **to become v.** rechtskräftig werden, Gültigkeit erlangen; **to continue to be/remain v.** gültig bleiben, Gültigkeit besitzen, Geltung behalten
fully valid vollgültig; **generally v.** allgemein gültig; **legally v.** rechtsgültig, r.verbindlich, bestandskräftig; **still v.** unverjährt
validate *v/t* (rechts)gültig/rechtswirksam machen, für rechtsgültig erklären, legalisieren
validation *n* Inkraftsetzung *f*, Gültigkeitserklärung *f*, Bestätigung *f*, Legalisierung *f*; **collective v.** *(Wertpapiere)* Sammelanerkennung *f*; **dry embossed v.** Gültigkeitsvermerk durch Trockenprägung; **v. certificate** 1. *(Börse)* Lieferbarkeitsbescheinigung *f*; 2. Gültigkeitserklärung *f*
validity *n* 1. Gültigkeit(sdauer) *f*, Geltungsdauer *f*; 2. Rechtskraft *f*, R.swirksamkeit *f*, R.mäßigkeit *f*, R.sbeständigkeit *f*, R.sgültigkeit *f*, Berechtigung *f*; 3. Laufzeit *f*, Umlauffrist *f*; 4. Stichhaltigkeit *f*, Triftigkeit *f*; **v. of a claim** Anspruchsberechtigung *f*, Rechtmäßigkeit eines Anspruchs; **~ a contract** Vertragsgültigkeit *f*, Verbindlichkeit eines Vertrages; **~ a guarantee** Gültigkeit(sdauer) einer Garantie; **v. in law** Rechtsgültigkeit *f*; **to challenge the ~ a deed** Echtheit einer Urkunde bestreiten; **to contest the ~ marriage** Ehe anfechten; **to establish (the) v.** Gültigkeit beweisen; **to extend/prolong the v.** Gültigkeit verlängern
concurrent validity Übereinstimmungsvalidität *f*; **continued/continuing v.** Fort-, Weitergeltung *f*; **formal v.** Formgültigkeit *f*; **legal v.** Rechtskraft *f*, R.wirksamkeit *f*, Verbindlichkeit *f*, Bestandskraft *f*, normative Kraft; **predictive v.** Prognosegültigkeit *f*; **universal v.** Allgemeingültigkeit *f*
validity check(ing) Gültigkeits-, Durchführbarkeitsprüfung *f*, Plausibilitätskontrolle *f*; **v. error** Gültigkeitsfehler *m*; **v. period** Gültigkeitsdauer *f*, Laufzeit *f*
valley *n* Tal *nt*; **down the v.** talabwärts; **v. path** Talweg *m*; **v. station** Talstation *f*
valor|ization *n* 1. Valorisierung *f*, Aufwertung *f*; 2. (staatlich verordnete) Preisbindung; **v.rize** *v/t* valorisieren, aufwerten
valuable *adj* 1. wertvoll, kostbar, teuer, schätzenswert; 2. nützlich
valuables *pl* Wertsachen, W.gegenstände, W.objekte, Kostbarkeiten, Valoren; **v. insurance** Valorenversicherung *f*
valuate *v/t* *[US]* bewerten, (ab)schätzen, taxieren
valuation *n* 1. (Be)Wertung *f*, Wert(ansatz) *m*, W.bestimmung *f*, W.berechnung *f*, W.festsetzung *f*, W.stellung *f*, (Ab-/Ein)Schätzung *f*, Schätz(ungs)wert *m*, Veranschlagung *f*, Preis *m*, Taxe *f*, Bemessung *f*, Bonitierung *f*, Taxwert *m*; 2. *(Vers.)* Reserveberechnung *f*, Bilanzierung *f*; 3. Gegenwartswert einer Lebensversicherung; 4. *(Person)* Einschätzung *f*, Beurteilung *f*
valuation of (net) assets Bewertung von Aktiva, Vermögensermittlung *f*, V.bewertung *f*; **~ a balance sheet item** Bilanzansatz *m*; **~ claims** Bewertung von Forderungen; **~ the company as a going concern** Gesamt-, Geschäftsbewertung *f*, Bewertung des Unternehmens unter Annahme seiner Fortführung; **v. at cost** Bewertung zu Gestehungskosten; **~ or market whichever is the lower** Bewertung nach dem Niederstwertprinzip; **v. by the customs authorities; v. for customs purposes** ⊖ Zollbewertung *f*; **v. of the enterprise as a whole** Unternehmens-, Gesamtbewertung *f*, Bewertung des Unternehmens als Ganzes; **v. applied to groups of like items** Gruppenbewertung *f*; **~ specific items** Einzelbewertung *f*; **v. of a house** Hausschätzung *f*; **v. at market** Bewertung zum Marktpreis; **v. of the policy** Festsetzung der Versicherungssumme, Taxierung *f*; **v. on the basis of the price paid** Bewertung auf Grund des erzielten Preises; **v. in quoted prices** kursmäßige Bewertung; **v. of property** Vermögensermittlung *f*; **v. for rating purposes** Grundstücksbewertung für Kommunalsteuerzwecke, Feststellung des Einheitswertes; **v. of receivables** Forderungsbewertung *f*;

valuation at replacement cost

v. at replacement cost Bewertung zum Wiederbeschaffungspreis; **v. of securities** Wertpapierbewertung *f*; **comparative ~ deposited securities** Depotwertvergleich *m*
to adjust valuation/s Wertberichtigungen vornehmen; **to ascertain by v.** durch Schätzung feststellen; **to draw up a v.** Taxe aufstellen
actuarial valuation versicherungstechnische Bewertung, versicherungsmathematische Kostenermittlung, Erstellung einer versicherungstechnischen Bilanz; **assessed v.** festgesetzter Wert, Einheitswert *m*; **aggregate/ collective v.** Sammel-, Gruppenbewertung *f*; **average v.** Durchschnittsbewertung *f*; **cadastral v.** Katasterbewertung *f*; **commercial v.** Handelsbewertung *f*, handelsmäßige Bewertung; **comparative v.** Parallelwertung *f*; **conservative v.** vorsichtige Bewertung/Schätzung; **declared v.** Wertangabe *f*; **discretionary v.** Bewertungsfreiheit *f*, B.wahlrecht *nt*; **excess v.** Mehrbewertung *f*; **fixed v.** Festwert *m*; **global v.** Gruppenbewertung *f*; **going-concern v.** Betriebsbewertung *f*, Bewertung des Unternehmens unter Annahme seiner Fortführung; **increased v.** Höherbewertung *f*; **individual/piecemeal/separate/single(-asset) v.** Einzelbewertung *f*; **initial v.** Voraus(be)wertung *f*; **judicial v.** gerichtliche Schätzung; **minimum v.** Mindestbewertung *f*; **net v.** Nettobewertung *f*, Bewertung zum Nettowert; **proper v.** Angemessenheit der Bewertung; **retrospective v.** Rückvalutierung *f*
valuation account Wertberichtigung(skonto) *f/nt*; **v. adjustment** Wertberichtigung *f*, Bewertungsänderung *f*; **downward v. adjustment** Bewertungsabschlag *m*; **lump-sum v. adjustment on receivables** Pauschalwertberichtigung auf Forderungen
valuational *adj* bewertungsmäßig
valuation allowance Wertberichtigung *f*; **v. analysis** Bewertungsanalyse *f*; **v. base** Bewertungs-, Bemessungs-, Schätzungsgrundlage *f*, Wertansatz *m*, Bewertungsbasis *f*; **v. board** Taxamt *nt*; **v. case** Schätzungssache *f*; **v. charge** Wertzuschlag *m*; **v. clause** Wertklausel *f*; **V. Committee** *(EU)* ⊖ Zollwertausschuss *m*; **v. compendium** ⊖ Zollwertkompendium *nt*; **v. court** Taxamt *nt*; **v. data** Bewertungsunterlagen *pl*; **v. date** Bewertungsstichtag *m*; **v. error** Bewertungsfehler *m*; **v. estimate** Schätzung *f*, Taxierung *f*; **v. excess** nicht realisierte Wertsteigerung; **v. fee** Schätzgebühr *f*; **v. increase** Bewertungserhöhung *f*; **v. item** Abzugs-, Wertberichtigungs-, Wertkorrekturposten *m*; **v. items** Wertberichtigungen; **v. level** Werthöhe des Vermögens, Bewertungsniveau *nt*; **v. limit** Bewertungsgrenze *f*; **v. method** Schätzungs-, Bewertungsmethode *f*, B.verfahren *nt*; **v. mix** Bewertungskonglomerat *nt*; **v. notes** ⊖ Zollwertnoten; **v. officer** Schätzungsbeamter *m*; **to sell at v. price** nach Taxe verkaufen; **v. principle** Bewertungsgrundsatz *m*, B.prinzip *nt*; **v. principles** Bewertungsprinzipien; **v. process** Bewertungsverfahren *nt*; **v. provisions** Bewertungskriterien, B.vorschriften; **v. ratio** Bewertungsverhältnis *nt*; **v. report** Bewertungsbericht *m*; **v. requirement** Bewertungsbedarf *m*, B.erfordernis *nt*; **v. reserves** (Rückstellung für) Wertberichtigungen; **v. rules** *(Bilanz)* Bewertungsvorschriften, B.regeln, B.richtlinien; **v. and classification rules** Bewertungs- und Gliederungsvorschriften; **v. sheet** Bewertungsbogen *m*, Kreditblatt *nt*; **v. standard** Bewertungsmaßstab *m*, B.standard *m*; **v. table** Schätzungs-, Valuationstabelle *f*; **v. technique** Bewertungstechnik *f*; **v. techniques** Bewertungsmethoden; **v. unit** Bewertungseinheit *f*; **v. variance** Bewertungsunterschied *m*
valuator *n* Schätzer *m*, Taxator *m*
value *n* 1. (Tausch-/Verkehrs)Wert *m*, Wertstellung *f*, Preis *m*, Betrag *m*, Kaufkraft *f*; 2. Wechselbetrag *m*, W.summe *f*; 3. Nutzen *m*, Nützlichkeit *f*; 4. π (Zahlen)Wert *m*; **at v.** zum Tageskurs; **by v.** wertmäßig; **for v.** gegen Entgelt; **to the v. of** im Werte von; **in terms of v.**; **in v. terms** wertmäßig, wertbezogen; **totalling ... in v.** im Gesamtwert von
value in account *(Wechsel)* Wert in Rechnung; **v. of additions** Zugangswert *m*; **final ~ an annuity** Rentenendwert *m*; **present ~ an annuity** Gegenwartswert einer zukünftigen Rente; **~ fixed assets** Wert des Anlagevermögens; **net ~ tangible assets** Substanzwert *m*; **annual ~ benefits** Jahreswert von Nutzungen; **~ a building** Gebäudewert *m*; **v. of a business as a going concern** (Geschäfts)Wert eines Unternehmens unter Annahme seiner Fortführung; **v. to the business** Teilwert *m*, unternehmenstypischer Wert; **negative v. of business assets** Minusbetriebsvermögen *nt*; **intrinsic v. of capital assets** tatsächlicher Wert des Betriebsvermögens; **present v. of net cash inflows** Barwert der Rückflüsse; **v. for collection** Wert zum Einzug/Inkasso; **v. as a going concern** Unternehmenswert *m*, Wert des Unternehmens unter Annahme seiner Fortführung; **external v. of a currency** Außenwert einer Währung; **internal v. of a currency** innerer Geldwert; **v. for customs purposes** ⊖ Zollwert *m*; **v. on the day** Tageswert *m*; **v. by earnings; capitalized v. of potential earnings** Ertragswert *m*; **v. of the enterprise as a whole; ~ as a going concern** Gesamtwert des Unternehmens (unter Annahme seiner Fortführung); **trade-in v. of old equipment** Eintauschwert alter Anlagen; **v. of an estate** Nachlasswert *m*; **v. in exchange** Tauschwert *m*; **present v. of an expectancy** *(Vers.)* Gegenwert einer Anwartschaft, Baranwartschaft *f*; **v. on expiration** Wert bei Verfall; **v. of exports** Exportlieferwert *m*; **total ~ exports and imports** Gesamtwert des Warenausfuhren und -einfuhren; **v. in gold** Goldwert *m*, Valuta in Gold; **v. of goods** Güter-, Warenwert *m*; **~ goods delivered** Lieferwert *m*; **statistical ~ goods** statistischer Warenwert; **total ~ goods and services available** Gesamtbetrag der verfügbaren Güter und Dienstleistungen; **~ a house** Hauswert *m*; **average ~ imports** Einfuhrdurchschnittswert *m*; **v. on importation** Einfuhrwert *m*; **aggregate v. of imports** Gesamtwert der Einfuhr; **v. of the insured interest** Wert des versicherten Interesses; **v. as per invoice** Rechnungswert *m*, Wert laut Rechnung/Faktura; **v. of labour (theory)** Arbeitswert(theorie) *m/f*; **net v. added by the manufacturer** Wertschöpfung der Unternehmung; **the best v.**

on the market das Preiswerteste auf dem Markt; **v. of raw materials (and supplies)** Material-, Warenrohstoffwert *m*; **~ the matter in controversy** Streitwert *m*; **net ~ the merchandise** Nettowarenwert *m*; **v. for money** preiswert, (preis)günstig; **v. of money** Geldwert *m*, Kaufkraft *f*; **external ~ money** außenwirtschaftlicher Geldwert; **~ a mortgage** Hypothekenwert *m*; **v. when new** Neuwert *m*; **v. and relevance of opinion** Verkehrs- und Aussagefähigkeit des Betätigungsvermerks; **v. of output/production** Produktionswert *m*; **gross ~ output/production** Bruttoproduktionswert *m*; **total ~ output/production** Gesamtproduktionswert *m*; **present ~ future profits** Zukunftserfolgswert *m*; **assessed ~ residential property** Wohnungswert *m*; **~ sales** Wertumsatz *m*, Absatzwert *m*; **v. in an open sale** gemeiner Wert; **v. as security** Sicherungswert *m*; **v. of shares** *[GB]* **/stocks** *[US]* Aktienwert *m*; **~ the shipment** Versandwert *m*; **~ the subject matter at issue** 1. Geschäftswert *m*; 2. Streitwert *m*; **v. for tax purposes** Versteuerungs-, Steuerwert *m*, steuerlicher/steuerpflichtiger Wert; **v. before use** Neuwert *m*; **v. in use** Gebrauchs-, Nutz(ungs)wert *m*; **v. by weight** Gewichtswert *m*
no value ohne Wertangabe; **of ~ v.** wertlos
to adjust the value Wert berichtigen; **to ascertain/assess the v.** Wert festsetzen/ermitteln; **to attach/attribute v. to** Wert beilegen/beimessen/legen auf; **to be of v.** Wert besitzen, Wert/Nutzen haben, wertvoll/nützlich sein; **~ v. for money**; **~ good v.** preiswert/(preis)günstig sein; **~ exceptional/splendid v.** außerordentlich preiswert sein; **to compute the v.** Wert berechnen; **to declare the v. (of the goods)** ⊖ (Güter-/Waren)Wert angeben; **to determine the v.** Wert ermitteln; **to diminish in v.** im Wert sinken, an Wert verlieren; **to exceed sth. in v.** etw. wertmäßig übersteigen; **to get good v. for one's money** sein Geld gut anlegen; **to gain/increase in v.** im Wert steigen; **to go down/lose in v.** an Wert verlieren; **to hold its v.** seinen Wert behalten; **to impair the v.** Wert beeinträchtigen; **to keep its v.** wertbeständig sein; **to pay for v. received** für Valuta zahlen; **to put a v. on sth.** etw. bewerten/schätzen; **~ too high a v. on sth.** etw. zu hoch bewerten; **to raise in v.** höher bewerten, valorisieren; **to reassess the v.** wertberichtigen; **to set a high v. on sth.** etw. hoch bewerten; **~ low v. on sth.** etw. niedrig bewerten; **to state the v.** valutieren, valvieren *(obs.)*; **to take for v.** entgeltlich erwerben; **to write up the v. of an asset** Wert einer Anlage heraufsetzen
absolute value Absolutwert *m*, rechnerischer Wert, absoluter Betrag; **accepted v.** Anrechnungswert *m*; **accumulated v.** Endwert *m*; **actual v.** Ist-, Realwert *m*, effektiver/wirklicher Wert; **~ method** Kapitalkonsolidierung *f*; **actuarial v.** versicherungsmathematischer Wert; **present ~ v.** versicherungsmathematischer Gegenwartswert; **added v.** Mehrwert *m*, Wertzuwachs *m*, W.schöpfung *f*; **admissible/allowable v.** zulässiger Wert; **aggregate(d) v.** Sammel-, Gesamtwert *m*; **agreed v.** 1. vereinbarter Wert, 2. *(Vers.)* festgelegter Wert; **annual v.** jährlicher Miet-/Pachtwert; **clear ~ v.** Nettojahresvertragswert *m*; **gross ~ v.** Bruttojahresertrag *m*; **antiquarian v.** musealer Wert; **appraised v.** Schätz-, Taxwert *m*; **approximate/approximated/approximative v.** (An)Näherungswert *m*, annähernder/ungefährer Wert; **arbitrary v.** beliebiger/willkürlich angenommener Wert; **arithmetical v.** rechnerischer Wert; **ascertainable v.** feststellbarer Wert; **assayed v.** *(Edelmetall)* Feingehalt *m*; **assessable v.** steuerbarer/steuerlicher Wert; **assessed v.** Tax-, Steuer-, Veranlagungs-, Versteuerungs-, Einheits-, Schätzwert *m*, steuerlicher/steuerbarer/veranlagter Wert; **assumed v.** angenommener Wert; **attributable v.** beizulegender Wert; **standard ~ v.** Mittelwert *m*; **average v.** Durchschnitts-, Mittelwert *m*; **~ method** Mittelwertverfahren *nt*; **base/basic v.** 1. *(Grundstück)* Einheitswert *m*; 2. Eck-, Fest-, Vergleichs-, Ausgangswert *m*; **bonded v.** ⊖ unverzollter Wert; **break-up v.** Zerschlagungs-, Abbruchwert *m*; **budgeted v.** Planungswert *m*; **calorific v.** Kalorien-, Heizwert *m*; **capitalized v.** (Kapital)Ertrags-, Barwert *m*, kapitalisierter Wert; **net ~ v.** Kapitalwert *m*; **~ v. standard** Kapitalisierungsformel *f*; **central v.** ▓ Wert der Zentraltendenz; **circulating v.** Umlaufwert *m*; **clear v.** Nettowert *m*; **collateral v.** Beleihungs-, Besicherungs-, Lombard(ierungs)-, Verpfändungswert *m*; **commercial v.** Handels-, Marktwert *m*; **without ~ v.** ohne Handelswert; **comparative v.** Vergleichswert *m*; **compound v.** Endwert *m*; **~ method** Endwertmethode *f*; **computed v.** errechneter Wert; **consolidated v.** Sammelwert *m*; **constant v.** Festwert *m*; **~ control** Festwertregelung *f*; **contractual v.** Auftrags-, Kontraktwert *m*; **contributing v.** beitragspflichtiger (Vermögens)Wert; **contributory v.** 1. Beitragswert *m*, beitragspflichtiger Wert; 2. *(Vers.)* beitragendes Kapital; **critical v.** Grenzwert *m*; **cumulative v.** kumulierter Wert; **current v.** Tages-, Zeit-, Gegenwarts-, Verkehrs-, Marktwert *m*, gegenwärtiger Wert, Marktwertigkeit *f*; **reduced ~ v.** Teilwert *m*; **~ v. accounting** Rechnungslegung mit Bewertung zum Zeitwert; **damaged v.** Wert in beschädigtem Zustand, Krankwert *m*; **decimal v.** Dezimalwert *m*; **decisive v.** maßgebender Wert **declared v.** ⊖ angegebener/verzollter/deklarierter/erklärter Wert, Verzollungswert *m*, Deklarations-, Inhaltswert *m*, (Liefer)Wertangabe *f*; **denominational v.** *(Münze)* Nennwert *m*; **depreciable v.** Abschreibungs(grund)wert *m*; **depreciated v.** Rest-, Buchwert *m*, abgeschriebener Wert; **desired v.** Sollwert *m*; **diminishing v.** abnehmender Wert; **discounted v.** Diskontwert *m*; **domestic v.** Binnen-, Inlandswert *m*; **current ~ v.** 1. ⊖ Verzollungswert *m*; 2. Inlandswert einer Ware; **dutiable v.** ⊖ Zollwert *m*, zollpflichtiger Wert; **dwindling v.** Wertschwund *m*; **earned v. approach** Vorkalkulationswert *m*; **economic v.** Zeit-, Wirtschaftswert *m*, ökonomischer/wirtschaftlicher Wert; **effective v.** effektiver/tatsächlicher Wert; **emotional v.** Affektionswert *m*; **empirical v.** Erfahrungswert *m*; **equal v.** Gleichwertigkeit *f*; **of ~ v.** wertgleich; **estimated v.** Schätz-, Taxwert *m*, geschätzter Wert, Schätzannahme *f*, Kurstaxe *f*; **ethical v.s** moralische Werte; **evidential v.** Aussagefähigkeit *f*, A.wert *m*, Be-

weiskraft *f*; **exact v.** genauer Wert; **existing-use v.** Markt-, Gegenwartswert *m*; **expected v.** Erwartungswert *m*; **full extended v.** voller Schätzwert; **external v.** *(Währung)* Außenwert *m*, äußerer Geldwert; **weighted ~ v.** *(Währung)* gewogener Außenwert; **fair v.** angemessener Wert; **~ and equitable v.** Billigkeitswert *m*; **fictitious v.** Scheinwert *m*, fiktiver Wert; **final v.** Endwert *m*; **~ model** Endwertmodell *nt*; **fixed v.** Fest-, Nennwert; **f.-point v.** Festkommawert *m*; **flat v.** Pauschalwert *m*; **foreign v.** Auslandswert *m*; **forward v.s** Vorvaluten *pl*; **fractional v.** Teil-, Bruchteilswert *m*; **frontier-crossing v.** ⊖ (Grenz)Übergangswert *m*; **full v.** *(Münze)* Vollgehalt *m*; **functional v.** Gebrauchswert *m*; **going(-concern) v.** Bruchwert bei Unternehmensfortführung, Teilwert *m*, Wert des fortgeführten Unternehmens, Gesamtbetriebswert *m*; **good v.** preiswert; **of great v.** hochwertig; **gross v.** Brutto-, Anschaffungswert *m*; **total ~ v.** Rohbetriebsvermögen *nt*; **grossed-up v.** Bruttowert *m*; **hypothecary v.** Beleihungs-, Lombardwert *m*; **illustrative v.** Illustrationswert *m*; **imputed v.** abgeleiteter Wert; **inaccessible v.** gesperrter Wert; **increased v.** Wertzuwachs *m*; **incremental v.** Wertzuwachs *m*, Teuerungswert *m*; **inflated v.** Inflationswert *m*; **informative v.** Erkenntniswert *m*, Aussagekraft *f*; **initial v.** 1. Anfangs-, Anschaffungswert *m*; 2. Ausgangsgröße *f*; **~ problem** Anfangswertproblem *nt*; **inland v.** Binnenwert *m*; **instantaneous v.** Istwert *m*; **insurable v.** Versicherungswert *m*, versicherbarer Wert; **insured v.** Versicherungssumme *f*, V.wert *m*, versicherter Wert; **intangible v.** immaterieller Wert; **intermediate v.** Zwischenwert *m*; **internal v.** *(Währung)* Binnen(geld)wert *m*; **intrinsic v.** 1. innerer/eigentlicher Wert, Eigenwert *m*, Stoff-, Sachwert *m*; 2. *(Münze)* Materialwert *m*; **inverse v.** (Um)Kehrwert *m*; **invoiced v.** Faktura-, Rechnungs-, Warenwert *m*; **lagged v.s** ▦ Werte mit Verzögerungen; **lasting v.** bleibender Wert, Dauerwert *m*; **of ~ v.** wertbeständig; **limiting v.** π Grenzwert *m*; **lower v. rate** Niederstwertkurs *m*; **lowest v.** Tiefstwert *m*; **~ principle** Niederstwertprinzip *nt*; **lump-sum v.** Pauschalwert *m*; **marginal v.** Differenz-, Grenzwert *m*; **marketable v.** Markt-, Verkaufswert *m*; **maximum v.** Höchstwert *m*, Wertgrenze *f*; **~ method** Höchstwertprinzip *nt*; **mean v.** Durchschnitts-, Mittelwert *m*; **~ theorem** Mittelwertsatz *m*; **minimum v.** Minimal-, Mindestwert *m*; **~ principle** Niederstwertprinzip *nt*; **of minor v.** geringwertig; **monetary v.** Geldwert *m*, finanzieller Wert, Wert in Geld; **moral v.** moralischer Wert; **net v.** Nettowert *m*; **added ~ v.** Wertschöpfung *f*; **nominal v.** Pari-, Nenn-, Nominalwert *m*, Nennbetrag *m*; **notional v.** 1. Imaginationswert *m*, fiktiver Wert; 2. ⊖ theoretischer Wert; **numerical v.** Zahlenwert *m*; **nutritional v.** Nährwert *m*; **objective v.** objektiver Wert; **observed v.** Beobachtungswert *m*; **optimum v.** Bestwert *m*; **ordinary v.** gemeiner/gewöhnlicher Wert; **original v.** Ausgangs-, Stamm-, Ankauf-, Ursprungs-, Anschaffungswert *m*, ursprünglicher Wert; **overall v.** Gesamtwert *m*; **paid-up v.** *(Vers.)* Reduktions-, Umwandlungswert *m*; **parental v.** ▦ Wert der Grundgesamtheit; **peak v.** Scheitelwert *m*; **physical v.** Reproduktionswert abzüglich Abschreibungen; **positive v.** ⊖ positiver Wert; **potential v.** möglicher Wert; **present v.** Gegenwarts-, Zeit-, Tages-, Bar-, Kapitalwert *m*; **net ~ v.** Kapitalwert *m*; **(net) ~ v. method** Kapitalwertmethode *f*; **~ v. theory** Kapitalwerttheorie *f*, Theorie des Gegenwartswerts; **to determine the ~ v. of a future payment** abzinsen; **principal v.** Kapitalwert *m*; **probative v.** Beweiswert *m*, B.kraft *f*; **prognostic v.** Prognosewert *m*; **quoted v.** Börsen-, Kurswert *m*; **rat(e)able v.** *(Haus/Grundstück)* Versteuerungs-, Einheits-, Steuer(mess)wert *m*, steuerbarer/steuerlicher Wert, Veranlagungswert *m*; **rated v.** 1. Einheitswert *m*; 2. Sollwert *m*; **real v.** wirklicher/tatsächlicher/objektiver/effektiver/realer Wert, Real-, Substanz-, Sachwert *m*; **realizable v.** Realisations-, Liquidationswert *m*; **net ~ v.** Nettoverkaufswert *m*, N.realisationswert *m*; **recreational v.** Freizeit-, Erholungswert *m*; **relative v.** relativer/verhältnismäßiger Wert; **residual v.** Rest-, Restbuch-, Restanlagewert *m*, restlicher Wert, Restpreis *m*, Veräußerungs-, Schrott-, Bergewert *m*; **calculated ~ v.** kalkulatorischer Restwert; **~ v. costing** Restkosten-, Restwertrechnung *f*, Subtraktionsmethode *f*; **rule-of-thumb v.** Orientierungswert *m*; **sal(e)able v.** Verkaufswert *m*, Verkehrswert(igkeit) *m/f*; **same-day v.** Wertstellung bei Einzahlung; **second-hand v.** Gebrauchswert *m*; **sentimental v.** Affektions-, Gefühls-, Liebhaberwert *m*, ideeller Wert; **sound v.** 1. Gesundwert *m*, Wert in unbeschädigtem Zustand; 2. *(Vers.)* Verkehrswert *m*; **specific v.** spezifischer Wert; **speculative v.** Spekulationswert *m*; **of stable v.** wertstabil; **stable v. clause** Wertsicherungs-, Wertbeständigkeits-, Warenpreisklausel *f*; **standard v.** 1. Normal-, Durchschnitts-, Festwert *m*; 2. *(Grundsteuer)* Einheits-, Norm(en)wert *m*; **~ method** *(Abschreibung)* Festwertverfahren *nt*; **stated v.** Nominalwert *m*, Nennbetrag *m*; **statutory v.** gesetzlich festgesetzter Wert; **subjective v.** subjektiver Wert; **surplus v.** Mehrwert *m*, freies Einkommen; **tangible v.** materieller Wert; **taxable v.** 1. Versteuerungs-, Steuer(mess)wert *m*, steuerlicher/steuerbarer/steuerpflichtiger Wert; 2. *(Wertpapier)* Steuerkurs *m*; **terminal v.** Endwert *m*; **total v.** Bestands-, Gesamtwert *m*; **trade-in v.** Rücknahme-, Verrechnungs-, Wiederverkaufswert *m*; **trade-weighted v.** *(Währung)* Handelswert *m*; **unadjusted v.** Ursprungswert *m*; **unallowed v.** *(Steuer)* Buchwert *m*; **underlying v.** unterliegender Wert; **weighted v.** gewogener/gewichteter Wert; **written-down v.** Abschreibungs-, Buchwert *m*, steuerlich voll abgeschriebener Wert

value *v/t* 1. (ein-/ab)schätzen, veranschlagen, bewerten, valutieren, valvieren *(obs.)*, taxieren, werten, ansetzen, einer Bewertung unterziehen, Wert bestimmen, Bewertung vornehmen; 2. hoch-, wertschätzen; **v. at** veranschlagen auf

value added Wertschöpfung *f*, W.zuwachs *m*, Mehrwert *m*; **~ by the enterprise** eigene Wertschöpfung (des Unternehmens); **~ by processing** Vered(e)lungswert *m*

aggregate value added volkswirtschaftliche Wertschöpfung; **gross v. a.** Bruttowertschöpfung f; **negative v. a.** negativer Mehrwert; **net v. a.** (Netto)Wertschöpfung f; **~ through operations** betriebliche Wertschöpfung; **total v. a.** Wertschöpfungsvolumen nt; **v. a. pattern** Wertschöpfungsstruktur f; **~ sharing payment** Wertschöpfungsbeteiligung f; **~ statement** Wertschöpfungsrechnung f

value added tax (VAT) Mehrwert-, Wertschöpfungssteuer f; **liable to ~ tax** mehrwertsteuerpflichtig; **to put up/raise ~ tax** Mehrwertsteuer erhöhen

value-added taxation Mehrwertbesteuerung f

value added tax (VAT) rebate Mehrwertsteuererstattung f, M.rückvergütung f; **~ receipts** Mehrwertsteuererträge

value adjustment (Einzel)Wertberichtigung f, Zuschreibung f, Wertausgleich m; **v. a.s** Preisänderungsrücklage f; **v. a. on the asset side** aktivierte Wertberichtigung; **~ liability side** passivierte Wertberichtigung; **to make a v. a.** Wertberichtigung vornehmen; **assessed v. a.** Einheitswertzuschlag m; **global/lump-sum v. a.** Sammel-, Global-, Pauschalwertberichtigung f; **individual v. a.** individuelle Wertberichtigung; **special v. a.** Sonderwertberichtigung f; **v. a. account** Wertberichtigungskonto f

value analysis Wertanalyse f; **v. assignment** Wertzuschreibung f, W.zuweisung f; **v.-based** adj nach Wert (gerichtet); **v. bill** Konsignationswechsel m, Wechsel gegen Abtretung der Warenforderung; **v. clause** Werteintragung f, W.klausel f; **v. compensated** Valuta kompensiert; **v. computation** Wertberechnung f; **v. cycle** Wertumlauf m; **intra-company v. cycle** betrieblicher Wertumlauf

valued adj 1. bewertet, geschätzt, veranschlagt; 2. (Person) hochgeschätzt, geachtet; **v. at** im Werte von; **~ the lower of cost or market; ~ cost or market, whichever is lower** bewertet zu durchschnittlichen Anschaffungskosten bzw. zum niedrigeren Marktpreis

value date n 1. Wertstellungsdatum nt, W.tag m, W.termin m, Valuta(tag) f/m, Abrechnungs-, Valutierungs-, Verbuchungstag m, Skadenz f; 2. (Scheck) Eingangsdatum nt; **to apply/fix a v. d.** valutieren, Valutierung feststellen; **to give the v. d.** (Scheck) einbuchen; **average/mean v. d.** Durchschnitts-, Mittelvaluta f

value delivered Liefer(ungs)wert m; **v. denomination** Wertbezeichnung f; **v. determination** Wertfestsetzung f, W.feststellung f; **v. element** ⊖ Wertelement nt; **v. engineering** 1. Anwendung wertanalytischer Methoden; 2. technische Rationalisierung; **v. entered** (Buchhaltung) Einsatzwert m; **v. equalization** Wertausgleich m; **v. guarantee** Wertsicherung f

value insured Versicherungswert m; **v. judgment** Werturteil nt; **v.less** adj wert-, nutzlos; **v. matrix** Bewertungsmatrix f

value part 🖳 Wertliste f; **v. policy** Versicherungspolice mit Wertangabe

valuer n (Be)Gutachter m, Taxator m, (Ab)Schätzer m, Sachverständige(r) f/m; **sworn v.** vereidigter Taxator; **v.'s fee** Taxgebühr f; **v.'s report** Schätzgutachten nt

value offer preiswertes Angebot; **v. rationing** preisbezogene Rationierung; **v. received** (Wechsel/Valutaklausel) Wert erhalten; **for v. received** 1. als Gegenwert; 2. (Quittung) Betrag erhalten; **v. recording** Werterfassung f; **v. relief** Wertnachlass m; **v. research** Werteforschung f; **v. shown** Wertansatz m, Bestandswert m; **v. surcharge** Wertzuschlag m; **v. system** Wertsystem nt; **v. token** Wertzeichen nt; **v. transaction costing** Wertleistungskalkulation f; **v. variance** Preisabweichung f

valuing n (Scheck) Wertannahme f

valve n 1. ✿ Ventil nt; 2. ⚡ Röhre f; **cardiac v.** ♥ Herzklappe f; **transmitting v.** Senderöhre f

van n 1. 🚚 Liefer-, Kastenwagen m; 2. 🚃 geschlossener Güterwagen, Packwagen; **driving v. trailer (DVT)** 🚃 Steuerwagen nt; **light v.** leichter Last(kraft)wagen; **postal v.** Postwagen m; **small v.** Kleinlieferwagen m

vandal n Rowdy m, Vandale m, mutwilliger Zerstörer; **v.ism** n mutwillige (Sach)Beschädigung/Zerstörung, Rowdytum nt, (blinde) Zerstörungswut, Vandalismus m; **v.ize** v/t mutwillig demolieren/zerstören

vanette n 🚚 Kleinlieferwagen m

vanguard n 1. Vorhut f, Front f; 2. (fig) Avantgarde f (frz.)

van hire Vermietung von Lieferwagen

vanish v/i (von der Bildfläche) verschwinden, (ent)schwinden

vanity n Eitelkeit f, Arroganz f, Dünkel m, Hohlheit f; **v. case** Schmink-, Kosmetikkoffer m; **V. Fair** (lit.) Jahrmarkt der Eitelkeiten (lit.)

vanload n Lieferwagenladung f

vantage point n Aussichtspunkt m, günstiger Punkt

vapor (US); **vapour** [GB] n 1. Dampf m; 2. Dunst m

vapor|ization n ✿ Verdampfung f, Verdunstung f; **v.ize** v/ti verdampfen, verdunsten; **v.izer** n Verdampfer m

variability n Veränderlichkeit f, Unbeständigkeit f, Variabilität f

variable n 1. veränderlicher Faktor, Variable f; 2. ▦ quantitatives/heterogenes Merkmal, Variable f, veränderliche Größe, Einflussgröße f; **v.s** Gewinngrößen; **aleatory v.** Zufallsvariable f; **autonomous v.** autonome Größe; **basic v.** Basisvariable f; **controlled v.** Regelgröße f; **controlling v.** Führungsgröße f; **critical v.** kritischer Wert; **dummy v.** Scheinvariable f; **economic v.** ökonomische Variable; **exogenous v.** exogene Variable; **explained v.** Zielvariable f; **explanatory v.** erklärende Variable; **fixed-point v.** Festkommavariable f; **independent v.** unabhängige Variable; **induced v.** induzierte Variable/Größe; **lagged v.** verzögerte Variable; **leading v.** Leitvariable f; **monetary v.** währungspolitische Größe; **non-task v.** nicht aufgabenorientierte Variable; **predetermined v.** vorherbestimmte Variable; **predicted/predictive v.** vorgegebene Variable, Regressor m; **random v.** Zufallsvariable f, stochastische Variable; **continuous ~ v.** kontinuierliche Zufallsvariable; **discrete ~ v.** Zufallsvariable f; **residual v.s** Residuen f; **slack v.** Leerlaufvariable f; **structural v.** Strukturvariable f

variable adj 1. variabel, veränderlich, wechselnd, flexibel; 2. ⌂ wechselhaft, unbeständig, veränderlich; 3.

(Zins) beweglich; 4. *(Wind)* aus verschiedenen Richtungen; **infinitely v.** ✪ stufenlos (verstellbar)
variable|s inspection Abnahmeprüfung an Hand quantitativer Merkmale; **v.-interest** *adj* mit variablem Zinssatz (ausgestattet), mit Zinsanpassung
variance *n* 1. Abweichung *f*, Veränderung *f*, Varianz *f*, Nichtübereinstimmung *f*, Unstimmigkeit *f*, Schwankung *f*, Streuung *f*, Unterschied *m*, Dispersion *f*, Streuungsquadrat *nt*; 2. Gegensatz *m*; 3. Patent(ab)änderung *f*; **at v.** with unvereinbar mit, im Gegensatz/Widerspruch zu; **to be ~ so.** anderer Meinung sein als jdm, jdm widersprechen; **to be ~ sth.** zu etw. im Widerspruch stehen
allocated variance|s verrechnete Abweichungen; **between-groups v.** ▦ Varianz zwischen den Gruppen, Zwischengruppenvarianz *f*; **budgeted v.** erwartete Abweichung; **favourable v.** günstige Streuung; **finite v.** endliche Streuung; **flexible-budget v.** Verbrauchsabweichung *f*; **gross v.** *(Kosten)* Gesamtabweichung *f*; **interclass v.** Varianz zwischen den Klassen; **intra-class v.** Varianz innerhalb einer Klasse; **physical v.** Leistungsabweichung *f*; **residual v.** Restvarianz *f*; **standard v.** Standardabweichung *f*; **unfavourable v.** ungünstige Streuung; **within-group v.** Varianz innerhalb der Gruppe
variance analysis Analyse/Kontrolle der Kostenabweichung, Abweichungs-, Varianzanalyse *f*, Soll-Ist-Vergleich *m*; **v. chart** ⚒ Varianzkarte *f*; **minimum v. estimate** ▦ Minimalabschätzung *f*; **~ portfolio** Portefeuille mit minimaler Varianz; **v. ratio** Streuungsverhältnis *nt*
variant *adj* abweichend,verschieden; *n* Variante *f*, Spielart *f*; **v. bill of material** Variantenstückliste *f*; **v. part** Variantenteil *m*
variate *n* ▦ Zufallsvariable *f*
variation *n* 1. Veränderung *f*, Abweichung *f*, Streuung *f*, Schwankungsbereich *m*, Ausschlag *m*, Dispersion *f*; 2. Variation *f*; **v.s** Schwankungsbreite *f*
variation of efficiency intensitätsmäßige Anpassung; **v. in the level of economic activity** Wirtschaftsgefälle *nt*; **v.s in market price** Kursschwankungen; **adjusted for v. in the number of working days** kalenderbereinigt; **v. in quality** Qualitätsabweichung *f*; **~ value** Wertschwankung *f*
composite variation Abweichung zweiten Grades; **overall v.** Gesamtabweichung *f*; **random v.** Zufallsabweichung *f*; **seasonal v.(s)** Saisonschwankung *f*, S.abweichung *f*, S.bewegung *f*, S.ausschläge *pl*, saisonbedingte Schwankung(en); **moving ~ v.s** gleitende Saisonschwankungen; **sectoral v.** Branchenabweichung *f*; **total v.** Gesamtabweichung *f*
variation coefficient Variationskoeffizient *m*; **v. limits** Schwankungsbreite *f*; **v. ratio** Variationskoeffizient *m*
varicolored *[US]*; **varicoloured** *[GB]* *adj* mehrfarbig
varied *adj* 1. unterschiedlich, verschiedenartig; 2. vielfältig, abwechslungsreich, bunt, mannigfaltig
varie|gate *v/t* bunt gestalten, beleben; **v.gated** *adj* vielfältig, buntscheckig, vielfarben, kunterbunt, mannigfaltig, verschiedenartig; **v.gation** *n* Vielfalt *f*, Buntheit *f*

variety *n* 1. Auswahl *f*, Vielfalt *f*, Vielfältigkeit *f*, Verschiedenartigkeit *f*, V.heit *f*, Mannigfaltigkeit *f*; 2. Abwechslung *f*; 3. Abart *f*, Reihe *f*, Sorte *f*, Modell *nt*; 4. *[GB]* ✥ Varieté *nt*; **large v. of goods** großes Sortiment; **v. of models** Typenvielfalt *f*; **for a ~ reasons** aus mannigfaltigen/verschiedenen Gründen; **biological v.** biologische Vielfalt; **high-yield v.** ⚘ Hochleistungssorte *f*; **wide v.** große Auswahl; **v. reduction** Typenbeschränkung *f*, T.verminderung *f*; **v. shop** *[GB]* /**store** *[US]* Gemischtwaren-, Kramladen *m*; **v. show** ✥ Varieté *nt*
various *adj* 1. verschieden(artig); 2. mehrere, verschiedene
varnish *n* 1. Lack *m*, Glasur *f*, Lasur *f*, Firnis *m*; 2. *(fig)* Politur *f*, Tünche *f*; **clear v.** Klarlack *m*; *v/t* lackieren
varsity *n* *[GB]* *(coll)* Uni *f* *(coll)*
vary *v/ti* 1. (ab-/ver)ändern, abwandeln, variieren, unterschiedlich gestalten; 2. verschieden/unterschiedlich sein, schwanken
vasectomy *n* ⚕ Sterilisation des Mannes
vast *adj* riesig, gewaltig, unermesslich
vat *n* Fass *nt*
VAT (value added tax) *n* Mehrwertsteuer (MWSt) *f*; **VAT accounting period** *(Mehrwertsteuer)* Voranmeldungszeitraum *m*; **VAT assessment** Mehrwertsteuerveranlagung *f*; **prior VAT charges** Mehrwertsteuervorbelastung *f*; **VAT-exempt** *adj* mehrwertsteuerfrei; **VAT registration number** Mehrwertsteuernummer *f*, Umsatzsteueridentifikationsnummer *f*; **VAT return** Umsatzsteuererklärung *f*
vaudeville (show) *n* *[US]* ✥ Varieté *nt (frz.)*
vault *n* Tresor *m*, Stahl-, Schatzkammer *f*, (Panzer)Gewölbe *nt*; **v. cash** *[US]* Barreserve *f*
vaunt *v/t* preisen
VDU (visual display unit) *n* 🖥 Bildschirm-, Datensichtgerät *nt*, optisches Anzeigegerät; **VDU operator** Bildschirmarbeiter(in) *m/f*
veal *n* Kalbfleisch *nt*
vector *n* π Vektor *m*; **absolute v.** 🖥 Absolutvektor *m*; **v. processor** Vektorrechner *m*
veer *v/i* *(Wind)* sich drehen; *n* Drehung *f*
vegetable *n* 1. Gemüse *nt*; 2. Gemüseart *f*, G.pflanze *f*; **v.s** Gemüse(sorten) *nt/pl*; **dehydrated v.s** Trockengemüse *nt*; **early v.s** Frühgemüse *nt*; **fresh v.s** Frischgemüse *nt*; **frozen v.s** Gefrier-, Tiefkühlgemüse *nt*; **outdoor v.s** Freilandgemüse *nt*; **v. butter/fat** Pflanzenfett *nt*, pflanzliches Fett; **v. crops** Gemüse *nt*; **v. garden** Gemüsegarten *m*; **v. growing** Gemüseanbau *m*; **v. market** Gemüsemarkt *m*; **v. matter** pflanzliche Stoffe; **v. oil** Pflanzenöl *nt*; **v. parchment** Pergamentpapier *nt*; **v. product** Ware pflanzlichen Ursprungs, pflanzliches Produkt
vegetarian *n* Vegetarier(in) *m/f*; *adj* vegetarisch
vegetate *v/i* 1. wachsen; 2. vegetieren
vegetation *n* Vegetation *f*, Bewuchs *m*; **sparse v.** spärliche Vegetation
vehe|mence *n* Heftigkeit *f*; **v.ment** *adj* heftig, ungestüm, stürmisch, vehement
vehicle *n* 1. (Kraft)Fahrzeug *nt*, Beförderungsmittel *nt*,

Wagen *m*, Gefährt *nt*, Fuhrwerk *nt*, Vehikel *nt*, Fortbewegungsmittel *nt*; 2. *(fig)* Träger *m*, Medium *nt*; **v. for advertising** Werbemittel *nt*; **to license a v.** Auto/Kraftfahrzeug (Kfz) zulassen
administrative vehicle betriebswirtschaftliches Instrument; **amphibious v.** Schwimmfahrzeug *nt*; **armoured v.** gepanzertes Fahrzeug; **commercial v.** Gebrauchs-, Nutz-, Transportfahrzeug *nt*, gewerbliches Fahrzeug; **light ~ v.** leichter Lastkraftwagen/LKW; **~ market** Nutzfahrzeugmarkt *m*; **~ v. industry** Nutzfahrzeugindustrie *f*; **company-owned v.** firmeneigenes Fahrzeug; **coupled v.** Lastzug *m*; **cross-country/off-road v.** Geländewagen *m*, G.fahrzeug *nt*; **diesel-powered v.** Dieselfahrzeug *nt*; **electric v.** Elektrofahrzeug *nt*; **fire-fighting v.** Feuerwehrauto *nt*, Lösch-, Feuerwehrfahrzeug *nt*, F.wagen *m*; **foreign(-made) v.** ausländisches Fahrzeug; **heavy-duty v.** Schwertransporter *m*; **industrial v.** Industriefahrzeug *nt*; **load-carrying v.** Lastfahrzeug *nt*; **multi-purpose v.** Mehrzweckfahrzeug *nt*; **official v.** Dienst-, Behördenfahrzeug *nt*; **off-road v.** Geländewagen *m*; **passenger-carrying v.** Fahrzeug mit/zur Personenbeförderung; **recreational v. (RV)** Freizeitauto *nt*, F.fahrzeug *nt*; **rented v.** Mietfahrzeug *nt*; **special-purpose v.** Spezialfahrzeug *nt*; **stationary v.** geparktes Fahrzeug; **~ v.s** ruhender Verkehr; **tracked v.** 🚆 Schienenfahrzeug *nt*; **~ manufacturing** Schienenfahrzeugbau *m*; **track-laying v.** (Gleis)Kettenfahrzeug *nt*, Raupe(nfahrzeug) *f*/*nt*
vehicle accessories Fahrzeugzubehör *nt*; **v. bay** Fahrzeughalle *f*; **v. builder** Fahrzeugbauer *m*; **v. building/construction** (Straßen)Fahrzeugbau *m*; **v. contract hire** Fahrzeugleasing *nt*; **v. currency** Leitwährung *f*; **v. damage** Fahrzeugschaden *m*; **v. distrubutor** Kfz-(Vertrags)Händler *m*; **v. documents** Kraftfahrzeug-, Wagenpapiere *pl*; **v. driver** Kraftfahrzeugführer(in) *m*/*f*; **v. equipment** Fahrzeugausrüstung *f*; **v. excise duty** *[GB]* Kraftfahrzeugsteuer *f*; **v. ferry** ⚓ Autofähre *f*; **v. finance** Kfz-Finanzierung *f*; **v. fleet** Fuhr-, (Kraft)Fahrzeugpark *m*, Fahrzeugflotte *f*
vehicle insurance (Kraft)Fahrzeugversicherung *f*; **comprehensive v. i.** Fahrzeugvoll-, Vollkaskoversicherung *f*; **third-party v. i.** Kfz-Haftpflichtversicherung *f*; **v. i. policy** Kraftfahrzeug(versicherungs)-police *f*
vehicle leasing (operation) Kfz-Leasing(geschäft) *nt*; **v. licence tax** Kraftfahrzeugsteuer *f*; **v. licensing** Kfz-, (Kraft)Fahrzeugzulassung *f*; **~ center** *[US]* /**centre** *[GB]* Kfz-Zulassungsstelle *f*; **v. lighting** Fahrzeugbeleuchtung *f*; **v. log** Fahrtenbuch *nt*; **v. maintenance** (Kraft)Fahrzeugunterhaltung *f*; **~ costs** Kraftfahrzeugunterhaltungskosten *pl*; **v. manufacture** Automobil-, Fahrzeugbau *m*; **v. manufacturer** (Kraft)Fahrzeughersteller *m*; **v. manufacturers** Kraftfahrzeugindustrie *f*; **v. mileage** Wagenkilometerleistung *f*; **v. number** (Kraft)Fahrzeugnummer *f*; **v. occupant** Fahrzeuginsasse *m*; **v. owner** (Kraft)Fahrzeughalter(in) *m*/*f*; **v. ownership** (Kraft)Fahrzeughaltung *f*; **v. population** Fahrzeugbestand *m*; **v. production** (Kraft)Fahrzeugproduktion *f*

vehicle registration (Kraft)Fahrzeug-, Wagenzulassung *f*; **new v. r.s** Kfz-Neuzulassungen; **v. r. certificate** (Kraft)Fahrzeugpapiere *pl*; **~ document** Kfz-Zulassung(sschein) *f*/*m*; **~ number** (Kraft)Fahrzeug-, Wagennummer *f*, amtliches Kennzeichen, Kraftfahrzeug-, Kfz-kennzeichen *nt*
vehicle repair (Kraft)Fahrzeugreparatur *f*; **~ (work) shop** (Kraft)Fahrzeugreparaturwerkstatt *f*, Kfz-(Reparatur)Werkstatt *nt*; **v. replacement** Fahrzeugerneuerung *f*; **v. sale** Autoverkauf *m*; **v. scheduling** Transportplanung *f*; **v. superstructure** Fahrzeugaufbauten *pl*; **v. tank** Fahrzeugtank *m*; **v. tax** Auto-, (Kraft)Fahrzeugsteuer *f*; **v. test** (Kraft)Fahrzeuguntersuchung *f*, K.abnahme *f*; **v. testing** Fahrzeugüberprüfung *f*; **~ station** Kraftfahrzeuguntersuchungsstelle *f*, K.abnahmestelle *f*, TÜV *m* [D] (coll); **v. user** (Kraft)Fahrzeugbenutzer *m*; **v. weight** (Kraft)Fahrzeuggewicht *nt*
veil *n* Schleier *m*; **v. of money** Geldillusion *f*; **corporate v.** Haftungsbeschränkung *f*; **piercing the ~ v.** *[US]* *(fig)* Haftungsdurchgriff *m*; **to lift the v.** den Schleier lüften
veil *v*/*t* 1. verschleiern, verhüllen; 2. *(fig)* verschleiern; **v.d** *adj* verschleiert, verhüllt
vein *n* 1. 🩸 Vene *f*, (Blut)Ader *f*; 2. 🌿 Ader *f*; 3. Stimmung *f*, Laune *f*; **v. of gold** Goldader *f*; **jugular v.** Drosselvene *f*; **mineral v.** Erzader *f*; **varicose v.s** Krampfadern
velcro (fastener) ™ *n* Klettenverschluss *m*
vellum paper *n* Pergamentpapier *nt*
velocity *n* Geschwindigkeit *f*, Schnelligkeit *f*; **v. of circulation/money;** **~ money circulation** (Geld)Umlaufgeschwindigkeit *f*; **circular ~ money** Einkommenskreislaufgeschwindigkeit des Geldes; **~ light** Lichtgeschwindigkeit *f*; **~ turnover** Umsatz-, Umschlaggeschwindigkeit *f*; **v. growth** Geschwindigkeitszunahme *f*, Beschleunigung *f*
velvet *n* 1. Samt *m*; 2. *(fig)* leicht erzielbarer Börsengewinn; **v. gloves** Samthandschuhe; **to handle so. with v. gloves** jdn mit Samt-, Glacéhandschuhen anfassen; **v. paper** Samtpapier *nt*; **v.-structured** *adj* samtartig, in Samtstruktur
venal *adj* käuflich, bestechlich; **v.ity** Bestechlichkeit *f*
vend *v*/*t* verkaufen, zum Kauf anbieten
vendee *n* (An)Käufer *m*, Erwerber *m*
vend|ibility *n* *(Ware)* Verkäuflichkeit *f*, Gangbarkeit *f*, Gängigkeit *f*; **v.ible** *adj* verkäuflich, gangbar, gängig
vending *n* (Automaten)Verkauf *m*; **v. machine** (Verkaufs)Automat *m*
vendor *n* 1. Verkäufer *m*, Veräußerer *m*, Lieferant *m*, Lieferer *m*; 2. Grundstücksverkäufer *m*; 3. Verkaufsautomat *m*; **conditional v.** Vorbehaltsverkäufer *m*; **v. card file** Lieferantenkartei *f*; **v. company** *[GB]* /**corporation** *[US]* einbringende/veräußernde Gesellschaft; **v. credit** Ankaufs-, Verkäuferkredit *m*; **v. inspection** Besichtigung/(Güter)Prüfung durch den Lieferanten; **v. lead time** Beschaffungszeit *f*; **v.'s lien** Zurückbehaltungsrecht des Verkäufers; Restkaufhypothek *f*; **v. literature** Informationsmaterial des Herstellers; **v. number** Lieferantennummer *f*
vendue *n* Auktion *f*, öffentliche Versteigerung; **v. master** Auktionator *m*, Versteigerer *m*

veneer *n* Furnier *nt*, Politur *f*
vengeance *n* Rache *f*; **with a v.** *(coll)* überraschend heftig, mit Gewalt; **to come back ~ v.** fröhliche Urständ feiern *(coll)*; **to swear/vow v.** Rache schwören; **to wreak one's v. on so.** seine Rache an jdm kühlen
vengeful *adj* rachsüchtig
venire *n* *(lat.) [US]* [§] Geschworenenvorladung *f*
venous *adj* ⚕ venös
vent *n* Öffnung *f*; **to give v. to sth.** *n (Gefühl)* einer Sache Ausdruck verleihen; **~ one's anger** seinem Ärger Luft machen; **~ one's feelings** sich abreagieren
ventilate *v/t* be-, entlüften, ventilieren
ventilation *n* Ventilation *f*, (Be-/Ent)Lüftung *f*; **v. flap** Luft-, Lüftungsklappe *f*; **v. shaft** ⚒ (Be)Lüftungs-, Luft-, Wetterschacht *m*; **v. system** Be-, Entlüftungsanlage *f*
ventilator *n* 1. (Ent)Lüfter *m*, Ventilator *m*, Belüftungsanlage *f*; 2. ⚕ Beatmungsgerät *nt*
en ventre de sa mère *n* *(frz.)* [§] im Mutterleib, noch nicht geboren
venture *n* 1. Wagnis *nt*, Risiko *nt*, (gewagtes) Unternehmen, Spekulation *f*, S.sobjekt *nt*, geschäftliches Unternehmen, Unterfangen *nt*, Projekt *nt*; 2. *(Ware)* schwimmendes Gut; **v. into independence** Schritt in die Selbstständigkeit; **to embark on a new v.** etw. Neues anfangen; **collaborative/cooperative v.** Gemeinschaftsunternehmen *nt*, G.projekt *nt*; **commercial v.** Handelsspekulation *f*
joint venture Gemeinschaftsunternehmen *nt*, G.vorhaben *nt*, G.projekt *nt*, G.gründung *f*, gemeinsames Geschäft/Unternehmen, Arbeits-, Projekt-, Interessengemeinschaft *f*, Kooperationsvorhaben *nt*, Gelegenheitsgesellschaft *f*, Beteiligungs-, Kompanie-, Metageschäft *nt*, Betriebsverbindung *f*
joint venture account Beteiligungskonto *nt*; **~ activities** Gemeinschaftsprojekte; **~ agreement** Beteiligungsvertrag *m*; **~ capital** Wagnis-, Beteiligungskapital *nt*; **~ capital funding arrangement** Gemeinschaftsprojektfinanzierung *f*; **~ company** Gemeinschaftsfirma *f*, Projektgesellschaft *f*
speculative venture spekulatives/riskantes Unternehmen, gewagte Unternehmung, Spekulationsunternehmen *nt*; **successful v.** erfolgreiches Unternehmen; **temporary v.** Gelegenheitsgesellschaft *f*
venture *v/t* riskieren, wagen, aufs Spiel setzen, unternehmen; **v. forward** sich vorwagen; **v. into** sich hineinwagen/hineintrauen in
venture capital Beteiligungs-, Risiko-, Spekulations-, Wagniskapital *nt*; **direct v. c.** Risikokapitalbeteiligung *f*; **v. c. company** Wagnisfinanzierungsgesellschaft *f*, Risikokapital-, Venturegesellschaft *f*, Risikounternehmen *nt*; **~ financing** Risikokapitalfinanzierung *f*; **~ fund** Risikokapitalfonds *m*; **~ investment** Risikokapitalinvestition *f*; **~ involvement** Risikokapitalengagement *nt*
venture capitalist Risikokapitalgeber *m*
venture capital market Risiko-, Wagniskapitalmarkt *m*; **v. finance** Wagnis-, Risikofinanzierung *f*; **v. management** Projektleitung *f*; **v. opportunity** Möglichkeit

zur Risikokapitalbeteiligung; **single v. partnership** Gelegenheitsgesellschaft *f*
venturer *n* Spekulant(in) *m/f*
venturesome *adj* riskant, risikobereit, r.freudig, wagemutig, waghalsig
venue *n* 1. [§] Gerichtsstand *m*, Verhandlungsort *m*, zuständiger Gerichtsort; 2. Tagungs-, Veranstaltungsort *m*, Treffpunkt *m*; **v. established by asset location; ~ the location of the asset** Vermögensgerichtsstand *m*, Gerichtsstand des Vermögens; **v. by reason of domicile of the defendant** Gerichtsstand des Wohnsitzes; **to specify/stipulate the v.** Gerichtsstand bestimmen
elective venue Wahlgerichtsstand *m*; **exclusive v.** ausschließlicher Gerichtsstand; **improper v.** örtliche Unzuständigkeit, unzuständiger Gerichtsstand; **legal v.** Gerichtsstand *m*; **local v.** örtlich zuständiges Gericht; **stipulated v.** vereinbarter Gerichtsstand
venue clause Gerichtsstandsklausel *f*, Klausel hinsichtlich des Gerichtstandes; **v. date** Veranstaltungstermin *m*
veracity *n* Glaubwürdigkeit *f*, Richtigkeit *f*, Wahrheitsgehalt *m*
veranda(h) *n* 🏛 Veranda *f*
verbal *adj* wörtlich, mündlich; *n* [§] zu Protokoll gegebene Erklärung; **v.s** [§] Wortlautverfälschungen in einem Vernehmungsprotokoll durch Polizeibeamte; *v/t* Wortlaut/Sinn einer Vernehmung verfälschen
verbally *adv* in mündlicher Form
verbatim *adj* *(lat.)* (wort)wörtlich, wortgetreu
ver|bose *adj* wortreich, mitschweifig; **v.bosity** *n* Wortreichtum *m*, Weitschweifigkeit *f*
verdict *n* 1. [§] (Straf)Urteil *nt*, (Rechts-/Urteils)Spruch *m*; 2. Urteil *nt*, Meinung *f*, Votum *nt*, Bescheid *m*; **v. of guilty** Schuldspruch *m*; **~ guilty but insane** Freispruch wegen Unzurechnungsfähigkeit; **~ not guilty** Freispruch *m*; **~ the jury** Geschworenenspruch *m*; **v. on part of the charge/indictment** Teilverurteilung *f*; **v. of not proven** Freispruch mangels Beweises; **~ the public** öffentliche Meinung
to accept a verdict sich mit einem Urteil abfinden; **to interpret a v.** Urteil auslegen; **to overturn/quash a v.** Urteil aufheben/kassieren/umstoßen; **to reach a v.; to render/return a v.** (Straf)Urteil fällen; **to return a v. of guilty** schuldig sprechen, Schuldspruch fällen; **~ not guilty** Freispruch verkünden; **to uphold a v.** Urteil aufrechterhalten, Schuldspruch bestätigen
adverse verdict abweisendes Urteil; **alternative v.s** Urteile, die Geldstrafe oder ersatzweise Gefängnisstrafe verhängen; **damning v.** vernichtendes Urteil; **final v.** endgültige Entscheidung, abschließendes Urteil, Endurteil *nt*; **guilty v.** Schuldspruch *m*; **open v.** Todesfeststellung ohne Angabe von Gründen, Todesursache unbekannt; **partial v.** Teilurteil *nt*; **perverse v.** rechtsfehlerhaftes (Geschworenen)Urteil; **quashed v.** aufgehobenes Urteil; **unanimous v.** übereinstimmendes/einstimmiges Urteil
verdigris *n* Grünspan *m*
verge *n* 1. Rand *m*; 2. [§] Zuständigkeitsbereich *m*; **on the v. of** im Begriff, nahe dran; **to teeter ~ of** am Rande sein von

verge on *v/i* grenzen an
verifiable *adj* nachprüfbar, nachweisbar, erweislich, belegbar, verifizierbar
verification *n* 1. Bestätigung *f*, Beurteilung *f*, (eidliche) Beglaubigung, Über-, Nachprüfung *f*; 2. Bestätigung/Feststellung der Richtigkeit, Richtigbefund *m*; 3. Prüfung *f*, Nachrechnung *f*, Probe *f*, Kontrolle *f*; 4. *(Bilanz)* Bereinigung *f*; 5. Feststellung der Echtheit
verification of an account Bestätigung eines Kontoauszuges; ~ **assets** Prüfung der Vermögenswerte; ~ **authenticity** Prüfung der Echtheit; ~ **credentials** Prüfung von Vollmachten; ~ **documents** Belegprüfung *f*; ~ **execution** Unterschriftsbeglaubigung *f*; ~ **exported goods** warenmäßige Kontrolle des Exports; ~ **identity** Nämlichkeitsprüfung *f*; ~ **quantity** Mengenprüfung *f*; ~ **a statement** Überprüfung einer Aussage; ~ **dutiable value** ⊖ Zollwertnachprüfung *f*
subsequent verification nachträgliche Prüfung
verification form *[GB]* Kontokorrentbestätigung *f*; **v. statement** Kosten-, Saldenbestätigung *f*, Abstimmungsermittlung *f*
veri|fied *adj* überprüft; **v.fier** *n* 🗔 Lochprüfer *m*
verify *v/t* 1. (über/nach)prüfen, verifizieren, kontrollieren; 2. beglaubigen, Echtheit feststellen; **v.ing program** *n* (Loch)Kartenprüfprogramm *nt*
ver|itable *adj* wahr; **v.ity** *n* Richtigkeit *f*
vermeil *n* feuervergoldetes Silber
vermin *n* Ungeziefer *nt*, Schädlinge *pl*; **v. destroyer** Kammerjäger *m*; **v. killer** Vertilgungsmittel *nt*
vernacular *n* 1. Mundart *f*, Dialekt *m*; 2. Fachsprache *f*; **legal v.** Juristenjargon *m*; *adj* mundartlich
verruca *n* ⚕ Warze *f*
versa|tile vielseitig (einsetzbar/verwendbar), (geistig) beweglich, flexibel; **v.tility** *n* Vielseitigkeit *f*, vielseitige Verwendbarkeit/Verwendung
versed *adj* versiert, sachkundig, bewandert, beschlagen, routiniert; **v. (in)** bekannt/vertraut (mit); **to be well v. in sth.** gründliche Kenntnisse in etw. haben; **well v. in sth.** sattelfest *(fig)*
version *n* Version *f*, Fassung *f*, Wortlaut *m*; 2. Modell *nt*, Variante *f*; **revised v. of the contract** revidierter Vertragsentwurf
amended version abgeänderte Fassung, Neufassung *f*; **abridged v.** Kurzfassung *f*, gekürzte Fassung; **authoritative v.** maßgebliche/maßgebende Fassung; **authorized v.** 1. maßgebende Fassung, amtlicher Wortlaut; 2. autorisierte Übersetzung; **new v.** Neufassung *f*; **official v.** amtlicher Wortlaut, amtliche Darstellung, Sprachregelung *f*; **original v.** Originalfassung *f*, ursprüngliche Fassung; **pared-down/slimmed-downed v.** abgespeckte Version; **revised v.** revidierte Fassung; **scaled-down v.** Miniaturausgabe *f*; **special v.** Spezialausführung *f*; **standard v.** Normal-, Standardausführung *f*, normale Ausführung
verso *n* 📄 1. Rückseite *f*; 2. linke Buchseite
versus *prep* gegen, contra *(lat.)*
vertex *n (Kurve)* Scheitelpunkt *m*
vertical *adj* vertikal, senkrecht, lotrecht

verve *n* Schwung *m*, Elan *m*
very *adj* eben diese(r,s)
vessel *n* 1. ⚓ Schiff *nt*, Fahrzeug *nt*; 2. ⚕ Gefäß *nt*; **f. o. b. v.** fob Schiff; **from alongside v.** von längsseits Schiff; **to board/enter a v.** Schiff entern, an Bord (eines Schiffes) gehen; **to charter a v.** Schiff chartern; **to deliver alongside the v.** Längsseite Schiff liefern; **to freight out a v.** Schiff verchartern; **to provision a v.** Schiff verproviantieren; **to search a v.** Schiff durchsuchen
carrying vessel ⚓ Frachter *m*, Frachtschiff *nt*; **chartered v.** gechartertes Schiff; **cold-storage v.** (Gefrier-)Kühlschiff *nt*; **coronary v.** ⚕ Herzkranzgefäß *nt*; **foreign v.** ausländisches Schiff, Schiff unter fremder Flagge; **foreign-going v.** im Überseeverkehr eingesetztes Schiff; **homeward-bound v.** zurückfahrendes Schiff; **idle/laid-up v.** außer Dienst gestelltes Schiff, stillliegendes/eingemottetes *(coll)* Schiff; **fully laden v.** voll beladenes Schiff; **light v.** unbeladenes Schiff; **local v.** 1. Binnenschiff *nt*; 2. Schiff für den Nahverkehr; **fully manned v.** Schiff mit voller Bemannung/Besatzung; **non-carrying v.** Nichtfrachter *m*; **ocean-going/overseas v.** (Über)See-, Hochseeschiff *nt*; **outgoing/outward-bound v.** ausgehendes/abgehendes/ausfahrendes/auslaufendes Schiff; **privileged v.** vorfahrtsberechtigtes Schiff; **refrigerated v.** (Gefrier)Kühlschiff *nt*; **roll-on-roll-off v.** Ro-Ro-Schiff *nt*; **sea-going v.** (Über-/Hoch)Seeschiff *nt*; **stranded v.** gestrandetes Schiff; **trawler-cum-factory v.** Fischerei- und Fabrikschiff *nt*
vest *n* 1. *[GB]* Unterhemd *nt*; 2. *[US]* Weste *f*; *v/t* 1. *(Vermögen)* übertragen; 2. *(Vollmacht)* verleihen
vested *adj* unabdingbar, wohlerworben; **to be v. in so.** in jds Händen liegen
vestibule *n* 🏛 Vorhalle *f*; **v. school** *[US]* Anlern-, Lehr-, Ausbildungs-, Übungswerkstatt *f*; **v. training** Werkstattausbildung *f*, betriebseigene Ausbildung
vestige *n* Überbleibsel *nt*
vesting *n* [§] Verleihung *f*, Übertragung *f*; **v. of trust property** Übertragung des Treuhandvermögens; **early v.** Nichtverfall eines Betriebsrentenanspruchs; **instant v.** Nichtverfall der betrieblichen Altersversorgung
vesting age Verfügungsalter *nt*; **v. date/day** 1. Tag der Besitzübertragung; 2. Investitionstermin *m*; **v. declaration** Übertragungserklärung *f*; **v. deed** Bestallungs-, Übertragungsurkunde *f*; **v. instrument** Übertragungsurkunde *f*; **v. order** (gerichtliche) Besitzanweisung, Zwangsübereignungsbeschluss *m*, Übertragungsverfügung *f*
vest pocket supermarket *[US]* Freiwahlgeschäft *nt*
vet *n (coll)* Tierarzt *m*, T.ärztin *f*, Veterinär *m*; *v/t* 1. genau prüfen/untersuchen, überprüfen, auf Herz und Nieren prüfen; 2. *(Person/Sicherheit)* überprüfen
veteran *n* Veteran *m*; **disabled (war) v.** *[US]* Kriegsversehrter *m*, kriegsversehrter Soldat; *adj* altverdient, altgedient; **v. car** 🚗 Oldtimer *m*, Schnauferl *nt (coll)*
V.s' Day *[US]* Volkstrauertag *m*
veterinary *adj* tierärztlich, veterinär(polizeilich)
veto *n* Veto *nt*, Einspruch *m*; **to exercise one's v.** Veto-

recht ausüben; **to outvote/override a v.** Veto überstimmen, trotz ~ beschließen; **absolute v.** absolutes Veto; **suspensive/suspensory v.** aufschiebendes Veto
veto *v/t* Veto einlegen, Einspruch erheben gegen, die Zustimmung verweigern für
vetoer; vetoist *n* Vetoeinlegende(r) *f/m*
veto power/right Einspruchs-, Vetorecht *nt*
vetting *n (Person)* Sicherheitsüberprüfung *f*; **automatic v.** Regelanfrage *f [D]*
vex *v/t* irritieren, schikanieren; **v.ation** *n* Schikane *f*; **v.atious** *adj* [§] schikanös; **v.ing** *adj* 1. irritierend; 2. *(Problem)* verzwickt
via *prep* per, über
viability *n* 1. Brauchbar-, Gangbarkeit *f*, Durchführbarkeit *f*, Praktikabilität *f*; 2. Entwicklungs-, Lebens-, Existenz-, Einsatzfähigkeit *f*; **economic v.** Eigenwirtschaftlichkeit *f*, Rentabilität *f*; **v. study** Wirtschaftlichkeitsrechnung *f*, Machbarkeitsstudie *f*
viable *adj* 1. machbar, profitabel, durchführbar, realisierbar, praktizierbar, gangbar, rentierlich; 2. entwicklungs-, lebensfähig, existenzfähig; **economically v.** wirtschaftlich tragbar, rentabel
via media *n (lat.)* Mittelweg *m*
vi|brate *v/i* vibrieren; **v.bration** *n* 1. Schwingung *f*, Vibration *f*; 2. Beben *nt*, Erschütterung *f*
vicar *n* Vikar *m*, Pfarrer *m*, Pastor *m*; **v.age** *n* Pfarrhaus *nt*
vicarious *adj* stellvertretend, Ersatz-
vice *n* 1. Unart, Fehler *m*, Laster *nt*; 2. *[GB]* ✪ Schraubstock *m*; **to indulge/wallow in v.** dem Laster frönen; **apparent v.** offensichtlicher Fehler; **inherent v.** 1. verborgener Mangel, innerer Fehler/Verderb; 2. *(Vers.)* Beschaffenheitsschaden *m*
vice- *adj* Vize-, stellvertretend
vice-chairman *n* stellvertretender Vorsitzender; **v. chancellor** Vizekanzler *m*, Prorektor *m*; **v. consul** Vizekonsul *m*; **v. department** Sittendezernat *nt*
vice president *n [US]* Bereichsleiter *m*, Vizepräsident *m*, stellvertretender Vorsitzender/Präsident; ~ **of the central bank council** Vizepräsident des Zentralbankrates; ~ **for employee relations;** ~ **for personnel** Arbeitsdirektor *m*, Vorstand(smitglied) für das Personalwesen; **executive v. p.** 1. geschäftsführender Vizepräsident, stellvertretender Generaldirektor; 2. geschäftsführender Direktor; **v. p. finance** *[US]* Finanzdirektor *m*, F.vorstand *m*
vice squad *n* Sittenpolizei *f*
vice versa *adv* umgekehrt
vicinity *n* Nachbarschaft *f*, Nähe *f*, (nähere) Umgebung
vicious *adj* bösartig, tückisch
vicissitude *n* Wandel *m*, Wechsel(haftigkeit) *m/f*; **v.s of life** Auf und Ab des Lebens, Schicksalsschläge
victim *n* Leidtragende(r) *f/m*, Opfer *nt*, (Unfall)Tote(r) *f/m*, Benachteiligte(r) *f/m*; **indirect v. of damage** mittelbar Geschädigter; **to fall v. to** zum Opfer fallen; **principal v.** Hauptleidtragender *m*
victim|ization *n* Schikanierung *f*, Drangsalierung *f*; **v.ize** *v/t* schikanieren, drangsalieren, ungerecht behandeln

victor *n* Sieger *m*; **v.ious** *adj* siegreich; **to emerge v.ious** Sieg erringen
victory *n* Sieg *m*; **v. on points** Sieg nach Punkten; **to score a v.** Sieg erringen; **hollow v.** trügerischer Sieg; **moral v.** moralischer Sieg; **overwhelming v.** überwältigender Sieg; **Pyrrhic v.** Pyrrhussieg *m*
victual *v/ti* 1. verproviantieren, verpflegen; 2. sich mit Lebensmitteln eindecken
victualler *n* Lebensmittelhändler *m*, L.lieferant *m*; **licensed v.** Schankwirt *m*; ~ **v.s' association** *[GB]* Gaststättenverband *m*
victualling *n* Verpflegung *f*; **v. bill** ⊖ Zollschein für Schiffsproviant
victuals *pl* Lebens-, Nahrungsmittel, Naturalien, Proviant *m*
vide *(lat.)* siehe
video *n* 1. Video(film) *nt/m*; 2. Videogerät *nt*; **promotional v.** Werbevideo *nt*; **v. camera** Videokamera *f*; **v. cassette** Video-, Fernseh(film)kassette *f*; **v. computer** Bildschirmcomputer *m*; **v. conference** Videokonferenz *f*; **v. conferencing** Durchführung von Videokonferenzen; **v. control** Bildsteuerung *f*; **v. data terminal** Datensichtgerät *nt*; **v. disc/disk** Bildplatte *f*; **v. library** Videothek *f*; **v. recorder** Video(aufnahme)gerät *nt*; **v. recording** Videoaufnahme *f*; **v. rental store** Videothek *f*; **v.scan document reader** *n* optischer Belegleser; ~ **reading** Beleglesen *nt*; **v. shop** Videothek *f*; **v. signal** Bildsignal *nt*; **v.tape** *n* Video-, Fernseh-, Magnetbildband *m*; ~ **recorder** Videogerät *nt*, V.recorder *m*, Fernsehtonbandgerät *nt*; **v. telephone** Fernseh-, Bild(schirm)telefon *nt*, B.fernsprecher *m*; **v.telephony** *n* Bildfernsprechen *nt*
(interactive) videotex(t) *n* Bildschirmtext (Btx) *m*; **v. computer** Bildschirmtextautomat *m*; **v. processor** Bildschirmtextautomat *m*; **v. subscriber** Bildschirmtextteilnehmer *m*; **v. terminal** Editierstation *f*
video workstation Bildschirm(arbeits)platz *m*
vie (with) *v/i* wetteifern (mit), konkurrieren; **v. with each other** miteinander wetteifern/konkurrieren
view *n* 1. Blick(winkel) *m*, Sicht *f*, Gesichtsfeld *nt*; 2. Ansicht *f*, Meinung *f*, These *f*, Stellungnahme *f*; 3. Aussicht *f*; **in v. of** angesichts, im Hinblick auf, in Anbetracht; **in our v.** nach unserer Ansicht; **on v.** zur Besichtigung freigegeben, ausgestellt; **with a v. to** mit der Absicht, mit dem Ziel; **v. of the market** Marktübersicht *f*; **taking a judicial v.** Inaugenscheinnahme *f* **to accommodate views** Meinungsverschiedenheiten angleichen; **to advance a v.** Meinung vertreten; **to air one's v.s** seine Ansichten bekanntgeben; **to blot out the v.** Sicht versperren; **to change one's v.s** umdenken; **to dim the v.** Sicht trüben; **to espouse a v.** sich eine Meinung zu Eigen machen; **to exchange v.s** Meinungen austauschen; **to express a v.** Stellung nehmen, befinden; **to formulate v.s** Meinungen formulieren; **to give a fair v. of the assets and earnings position** angemessene Darstellung der Vermögens- und Ertragslage geben; **to have sth. in v.** etw. beabsichtigen; **to hide from v.** den Blicken entziehen; **to hold the v.** Standpunkt/Ansicht vertreten; **to keep in v.** im Auge behal-

ten; **to obstruct the v.** Sicht nehmen/versperren/behindern; **~ so.'s v.** jdm die Sicht verbauen; **to offer a magnificent v.** schöne Aussicht bieten; **to share a v.** Meinung/Auffassung teilen; **~ so.'s v.(s)** jds Ansicht/Meinung teilen, mit jdm übereinstimmen; **to sound out so.'s v.s** jds Ansicht erforschen; **to state one's v.s** seine Ansichten darlegen; **to subscribe to a v.** Ansicht teilen; **to take a v.** der Ansicht/Auffassung sein, Ansicht haben/vertreten, Meinung/Auffassung/Standpunkt vertreten, sich auf den Standpunkt stellen; **~ cautious v. (of sth.)** eine zurückhaltende Position einnehmen, etw. vorsichtig beurteilen, etw. mit Vorsicht betrachten; **~ different v.** die Sache anders sehen; **~ dim v. of sth.** etw. mit Skepsis betrachten, nicht viel von etw. halten; **~ lenient v.** milde beurteilen; **~ long v.** weit vorausblicken, langfristig betrachten; **~ narrow v. of sth.** etw. einseitig sehen; **~ an optimistic v.** optimistische Haltung einnehmen; **~ a positive v.** zuversichtlich beurteilen

aerial view Luftansicht *f*, L.bild *nt*, Flugzeugaufnahme *f*; **beautiful v.** schöne Aussicht; **cutaway v.** Schnittdarstellung *f*; **dissenting v.** abweichende Meinung/ Stellungnahme; **editorial v.** Meinung der Schriftleitung; **exploded v.** Explosionszeichnung *f*; **exterior v.** Außenansicht *f*; **general v.** Gesamt-, Totalansicht *f*; **interior v.** Innenansicht *f*; **legal v.** Rechtsanschauung *f*; **on a longer(-term) v.** bei langfristiger Betrachtung; **longitudinal v.** Längsaufriss *m*; **opposite v.** gegenteilige Ansicht; **overall v.** Gesamt(an)sicht *f*, Überblick *m*; **panoramic v.** Totalansicht *f*, Rundblick *m*; **parochial v.** enger Horizont; **prevailing/prevalent v.** vorherrschende Meinung, Verkehrsanschauung *f*; **rear v.** Hinter-, Rückansicht *f*; **~ mirror** Rückspiegel *m*; **reasoned v.** begründete Meinung; **sectional v.** Schnitt-, Teilansicht *f*; **strong v.** dezidierte Ansichten; **top v.** Draufsicht *f*; **true and fair v.** *(Bilanz)* ein den tatsächlichen Verhältnissen entsprechendes Bild

view *v/t* 1. besichtigen, sehen; 2. betrachten, beurteilen
view card Ansichts(post)karte *f*; **v.data** *pl* Bildschirmtext *m*
viewer *n* 1. (Fernseh)Zuschauer(in) *m/f*; 2. Betrachter(in) *m/f*
view-finder *n* (Bild)Sucher *m*
viewing *n* Besichtigung *f*; **v. the scene of the crime** Tatortbesichtigung *f*; **private v.** Besichtigung durch geladene Gäste; **v. figures** *(TV)* Einschaltquote *f*; **v. lens** Sehlinse *f*; **v. permit** Besichtigungserlaubnis *f*; **v. point** Aussichtspunkt *m*; **v. rate(s)** *(TV)* Einschaltquote *f*
viewing time *(Auktion)* Besichtigung(szeiten) *f/pl*; **peak/prime v. t.** *(TV)* Hauptsendezeit *f*, H.einschaltzeit *f*, H.fernsehzeit *f*, Zeit der größten Fernsehzuschauerdichte
viewpoint *n* 1. Gesichts-, Standpunkt *m*; 2. Aussichtspunkt *m*; **legal v.** Rechtsauffassung *f*, R.standpunkt *m*
vigil *n* *(Nacht/Krankenbett)* Wache *f*; **v.ance** *n* Wachsamkeit *f*, Umsicht *f*, Vorsicht *f*; **v.ant** *adj* wachsam, umsichtig, aufmerksam, vorsichtig; **v.ante** *n* Mitglied einer Selbstschutzorganisation
vignette *n* *(frz.)* 1. Vignette *f*; 2. kurze Darstellung

vigor *[US]*; **vigour** *[GB]* *n* (Tat)Kraft *f*, Intensität *f*
vigorous kraftvoll, wirkungsvoll, (tat)kräftig, energisch, stürmisch
vile *adj* 1. abscheulich, scheußlich, übel; 2. *(Sprache)* unflätig
vili|fication *n* Schmähung *f*, Verleumdung *f*, Diffamierung *f*; **v.fy** *v/t* diffamieren, schmähen, verleumden
villa *n* Villa *f*
village *n* Dorf *nt*; **v. community** Dorfgemeinschaft *f*; **v. council** Gemeinderat *m*; **v. green** Dorf-, Gemeindeanger *m*; **v. idiot** Dorftrottel *m*; **v. inn** Dorfgasthaus *nt*; **v. post office** Dorfpostamt *f*; **v. pub** Dorfgasthaus *nt*, D.kneipe *f*
villager *n* Dorfbewohner(in) *m/f*
village renewal Dorfsanierung *f*; **v. shop** *[GB]* /store *[US]* Dorfladen *m*
villain *n* Schurke *m*, Bösewicht *m*, Schuft *m*; **the v. of the piece** Übeltäter *m*
villein *n* *(obs.)* Zinsbauer *m*, Leibeigener *m*; **v.age** *n* Leibeigenschaft *f*, Fron(dienst) *f/m*
vindi|cate *v/t* 1. rechtfertigen, bestätigen; 2. in Schutz nehmen, schützen, verteidigen; **v.cation** 1. Rechtfertigung *f*, Bestätigung *f*; 2. Verteidigung *f*; 3. Rehabilitation *f*, Vindikation *f*
vindictive *adj* nachtragend, rachsüchtig
vine *n* 1. Rebe *f*; 2. Reb-, Weinstock *m*; 3. Rebsorte *f*
vinegar *n* (Wein)Essig *m*; **v. concentrate** Essigessenz *f*
vineyard *n* Weinberg *m*
viniculture *n* Weinbau *m*
vintage *n* 1. *(Wein)* Jahrgang *m*; 2. Weinlese(zeit) *f*, W.ertrag *m*, W.ernte *f*, Lese *f*; 3. Maschinenjahrgang *m*; **to gather in the v.** Wein lesen; **late v.** Spätlese *f*
vintage car klassisches Auto *(20er & 30er Jahre)*; **v. festival** Winzerfest *nt*; **v. model** klassisches Modell; **v. wine** Spitzenwein *m*; **v. year** Spitzenjahr *nt*
vintner *n* Weinhändler *m*
violate *v/t* [§] verletzen, brechen, übertreten, zuwiderhandeln, verstoßen gegen
violation *n* [§] Verletzung *f*, Verstoß *m*, Übertretung *f*, Bruch *m*, Zuwiderhandlung *f*, Z.handeln *nt*; **in v. of** unter Verletzung von
violation of airspace Luftraumverletzung *f*, Verletzung des Luftraums; **~ the border** Grenzverletzung *f*; **~ the conditions agreed** Verstoß gegen die Vereinbarungen; **in ~ contract** vertragswidrig; **~ duty** Pflichtverletzung *f*; **~ the duty of care** Verletzung der Sorgfaltspflicht; **~ official duty/duties** Amts-, Dienstpflichtverletzung *f*; **~ supervisory duties** Aufsichtspflichtverletzung *f*; **~ foreign exchange regulations** Devisenvergehen *nt*; **in ~ good faith** wider Treu und Glauben; **~ foreign flags and national emblems** Beschädigung ausländischer Hoheitszeichen; **~ a law** Rechtsverletzung *f*, R.bruch *m*, Gesetzesverletzung *f*; **~ international law** Völkerrechtsverletzung *f*; **~ the memorandum and articles** Satzungsverletzung *f*; **~ neutrality** Neutralitätsverletzung *f*, N.verletzung *f*, Verletzung der Neutralität; **~ an oath** Eidbruch *m*, Eidesverletzung *f*, Verletzung der Eidespflicht; **~ public order/peace** Verstoß gegen die öf-

fentliche Ordnung; ~ **a collective pay agreement** Tarifbruch *m*, T.verstoß *m*; ~ **the peace** Friedensbruch *m*; ~ **a property right** Verletzung eines gewerblichen Schutzrechtes; ~ **property rights** Eigentumsverletzung *f*; ~ **quarantine regulations** § Quarantäneverletzung *f*; ~ **the right of way** ⁂ Verletzung der Vorfahrt; ~ **human rights** Menschenrechtsverletzung *f*, Verletzung der Menschenrechte; ~ **personal rights** Persönlichkeitsverletzung *f*; ~ **sovereign rights** Hoheits-, Souveränitätsverletzung *f*; ~ **the rules** Regelwidrigkeit *f*; ~ **secrecy**; ~ **a secret** Geheimnisverletzung *f*, G.verrat *m*; ~ **the Sabbath (day)** Störung der Sonntagsruhe; ~ **the tax laws** Steuerzuwiderhandlung *f*; ~ **a treaty** Vertragsverletzung *f*
anti-competitive violation Wettbewerbsverstoß *m*; **antitrust v.** Verletzung der Bestimmungen des Kartellgesetzes; **fiscal v.** Steuerordnungswidrigkeit *f*
violator *n* Zuwiderhandelnde(r) *f/m*
violence *n* 1. Gewalt *f*, G.tat *f*, G.tätigkeit *f*, Handgreiflichkeit *f*, Ausschreitung *f*; 2. Heftigkeit *f*, Schärfe *f*; **by v. or threats of injury** durch Gewalt oder Drohung; **to threaten so. with v.** jdn gewalttätig bedrohen; **to use v.** Gewalt anwenden; **domestic v.** Tätlichkeit(en) gegen Familienangehörige; **physical v.** Tätlichkeiten *pl*, physische Gewalt
violent *adj* 1. gewaltsam, gewalttätig, tätlich, handgreiflich; 2. heftig, gewaltig, stürmisch
VIP (very important person) *n* hochgestellte Person, hohes Tier *(coll)*
virement *n* 1. gegenseitige Deckungsfähigkeit von Haushaltsmitteln; 2. *(Konto)* Umbuchung *f*
intra vires *pl (lat.)* [§] innerhalb der Vollmachten; **to act i. v.** im Rahmen seiner Vollmachten handeln
virgin *n* Jungfrau *f*; *adj* 1. jungfräulich; 2. *(Markt)* unbearbeitet; 3. fabrikneu; **v.al** *adj* jungfräulich; **v. country** Naturlandschaft *f*; **v. soil** 1. ⁂ ungepflügtes Land; 2. Neuland *nt (fig)*
virgule *n* ⏃ Schrägstrich *m*
virile *adj* kraftvoll
virtual *adj* 1. faktisch, tatsächlich; 2. virtuell; **v.ly** *adv* eigentlich, im Grunde genommen, praktisch
virtue *n* 1. Tugend *f*, Rechtschaffenheit *f*; 2. Güte *f*, Vorteil *m*, Eigenschaft *f*; **by v. of** kraft, auf Grund; **to make a v. of necessity** aus der Not eine Tugend machen; **cardinal v.** Kardinaltugend *f*
virtu|osity *n* Virtuosität *f*; **v.oso** *n* Virtuose *m*
virtuous *adj* tugendhaft, rechtschaffen
viru|lence *n* 1. § Heftigkeit *f*, Bösartigkeit *f*; 2. *(fig)* Schärfe *f*, Virulenz *f*; **v.lent** *adj* 1. bösartig, heftig; 2. virulent, scharf
virus *n* § Virus *m*, Erreger *m*; **electronic v.** ⌨ Computervirus *m*; **v.-infected** *adj* virenbefallen
visa *n* Visum *nt*, Pass-, Sichtvermerk *m*, Einreisegenehmigung *f*; **v. for diplomatic officials** Diplomatensichtvermerk *m*; **collective v.** Sammelvisum *nt*; **consular v.** Konsulatssichtvermerk *m*; **permanent v.** Dauervisum *nt*; **v. application** Visumantrag *m*; **v. department** Visumabteilung *f*; **v. fee** Visumgebühr *f*
vise *n* [US] ✿ Schraubstock *m*

visibility *n* Sicht *f*, S.verhältnisse *pl*, S.weite *f*, S.barkeitsbedingungen *pl*; **v. meter** Sichtbarkeitsmesser *m*
visible *adj* sichtbar, erkennbar
visibles *pl* sichtbare Ein- und Ausfuhren, Waren-, Güterverkehr *m*
vision *n* 1. Sehvermögen *nt*, Sehen *nt*, Sehfähigkeit *f*; 2. Vision *f*, Vorstellung *f*; **impaired v.** Sehstörung *f*; **stereoscopic/three-dimensional v.** plastisches/räumliches Sehen
visionary *adj* hellseherisch; *n* Visionär *m*
visit *n* Besuch *m*; **v. of condolence** Kondolenz-, Beileidsbesuch *m*; **v. of inspection** Kontrollgang *m*; **to cancel a v.** Besuch absagen; **to pay a v.** Besuch abstatten; **to return a v.** Gegenbesuch machen, Besuch erwidern
fact-finding visit Informationsbesuch *m*; **first v.** Antrittsbesuch *m*; **flying v.** kurzer Besuch, Blitz-, Kurzbesuch *m*, Stippvisite *f (coll)*; **to pay so. a ~ v.** jdn auf einen Sprung besuchen *(coll)*; **follow-up v.** *(Vertreter)* nachfassender Besuch; **informal v.** informeller Besuch; **official v.** offizieller Besuch
visit *v/t* 1. besuchen, besichtigen, Besuch abstatten; 2. inspizieren, besichtigen
visitation *n* offizieller Besuch, Inspektion *f*, Besichtigung *f*
visiting card *n* [GB] Visitenkarte *f*; **v. day** Elternsprechtag *m*; **v. hours** Besuchszeit *f*, B.stunden *f*; **v. round** Inspektionsgang *m*
visitor *n* Besucher(in) *m/f*, Gast *m*, Tourist *m*, Kurgast *m*; **v. of a fair** Messebesucher *m*; **to announce a v.** Besucher anmelden; **to entertain v.s** Gäste haben; **to receive v.s** Besuch empfangen
commercial visitor Geschäftsbesucher *m*; **overseas v.** Besucher aus Übersee; **qualified v.** befugter Besucher; **regular v.** regelmäßiger Besucher, Stammgast *m*; **tiresome v.** lästiger Besuch(er)
visitors' book Anmelde-, Fremden-, Gästebuch *nt*; ~ **passport** Besucherpass *m*; **(temporary) ~ passport** provisorischer Pass; ~ **permit** *(Gefängnis)* Besuchs-, Sprecherlaubnis *f*; ~ **tax** Fremdensteuer *f*, Kurtaxe *f*
vis major *n (lat.)* [§] höhere Gewalt
visor *n* 1. Visier *nt*; 2. ⁂ Blende *f*
vista *n* 1. Aussicht *f*, Fernblick *m*; 2. Perspektive *f*; **a v. auf Sicht, à Konto**; **to open up new v.s** neue Perspektiven/Möglichkeiten eröffnen
visual *adj* visuell, Seh-; **v.ization** *n* Sichtbarmachung *f*; **v.ize** *v/t* sich vergegenwärtigen; **v.izer** *n* [US] *(Werbung)* Ideenanreger *m*, I.gestalter *m*, I.spezialist *m*
vital *adj* 1. lebenswichtig, l.notwendig, Lebens-; 2. unerlässlich, entscheidend, unverzichtbar, wesentlich, vital, (hoch)wichtig; **v.ity** *n* Lebenskraft *f*, Vitalität *f*
vitamin *n* Vitamin *nt*; **v. deficiency** Vitaminmangel *m*; **v. pill** Vitamintablette *f*
vitiate *v/t* [§] aufheben, rechtsunwirksam/ungültig/zunichte machen
vitiation *n* Aufhebung *f*, Ungültigmachen *nt*; **v. of a patent** Patentaufhebung *f*
viti|cultural *adj* Wein(bau)-; **v.culture** *n* Wein(an)bau *m*

vitiligatious *adj* [§] prozesssüchtig; **v.ness** *n* Prozesssucht *f*
vitri|fication *n* ※ *(Nuklearentsorgung)* Einglasung *f*; **v.fy** *v/t* einglasen
vituper|ate *v/t* mit Schimpfworten überschütten, tadeln; **v.ation** *n* Tadeln *nt*, Schimpfworte *pl*; **v.ative** *adj* tadelnd
viva voce *n* *(lat.)* [§] mündliche Prüfung, mündliches Examen; *adj* mündlich; ~ **examination of (a) witness(es)** Zeugenvernehmung *f*
vivid *adj* 1. anschaulich, plastisch; 2. lebhaft, farbenfreudig; **v.ness** *n* Lebhaftigkeit *f*
viz. (videlicet) *adv* *(lat.)* nämlich
vocabulary *n* Vokabular *nt*, Wort-, Sprachschatz *m*; **technical v.** Fachvokabular *nt*; **v. list** Wörterbuchverzeichnis *nt*
vocal *adj* lautstark
vocation *n* 1. Beruf *m*; 2. Berufung *f*, Talent *nt*, Begabung *f*; **v.al** *adj* beruflich, Berufs-; **v.-orient(at)ted** *adj* berufsbezogen, b.orientiert
vociferous *adj* lautstark
in vogue *n* *(frz.)* in Mode; **to come into v.** in Mode kommen; **to go out of v.** aus der Mode kommen
voice *n* 1. Stimme *f*; 2. *(fig)* Sprachrohr *nt*; **with one v.** einstimmig; **at the top of one's v.** lauthals; **v. in the wilderness** *(fig)* Prediger in der Wüste *(fig)*, vergeblich mahnende Stimme; **to give v. to sth.** einer Sache Ausdruck verleihen; **to have a v. in sth.** Mitspracherecht haben bei etw.; **to raise one's v.** lauter sprechen; **to speak in a low v.** mit leiser Stimme sprechen
booming voice dröhnende Stimme; **consultative v.** beratende Stimme; **dissenting v.** Gegenstimme *f*; **feeble v.** matte Stimme; **gruff v.** mürrische Stimme; **inner v.** innere Stimme; **languid v.** müde Stimme; **lone v.** einsame Stimme; **monotonous v.** leiernde Stimme; **shrill v.** durchdringende Stimme; **squeaky v.** piepsige Stimme; **in a subdued v.** halblaut
voice *v/t* zum Ausdruck bringen, geltend machen, artikulieren
voice communication Sprechverbindung *f*, Sprachkommunikation *f*; **v. input** 🖳 Spracheingabe *f*; **v. output** Sprachausgabe *f*; **v. print** Stimmerkennung *f*; **v. recognition** Stimm-, Spracherkennung *f*; **v. store** Sprachspeicherung *f*
void *n* Leere *f*, Lücke *f*
void *v/t* ungültig machen, aufheben, annullieren, für nichtig erklären, widerrufen
void *adj* [§] nichtig, (rechts)unwirksam, (rechts)ungültig, hinfällig; **v. ab initio** *(lat.)*; **v. from the beginning** [§] von Anfang an nichtig; **v. in part** teilweise nichtig; **v. as against any third person** nichtig gegenüber Dritten; **v. pro tanto** *(lat.)* teilweise nichtig; **to be deemed v.** als nichtig gelten; **to become v.** verfallen, unwirksam/hinfällig werden, wegfallen, außer Kraft treten; **to declare v.** für nichtig/ungültig/unwirksam erklären; **to render v.** null und nichtig machen; **to stand v.** ungültig sein; **absolutely v.** nichtig
voidability *n* Anfechtbarkeit *f*, bedingte Nichtigkeit, Annullierbarkeit *f*; **v. due to error** Anfechtbarkeit wegen Irrtum

voidable anfechtbar, aufhebbar, annullierbar
voidance of a lien *n* Erlöschen eines Pfandrechts; **v. petition** [§] Normenkontrollklage *f*
voidness *n* Leere *f*, Nichtigkeit *f*, Ungültigkeit *f*, Unwirksamkeit *f*; **v. due to lack of prescribed form** Ungültigkeit wegen Formmangels
voir dire *n* *(frz.)* [§] Vorvernehmung unter Eid eines Geschworenen oder Zeugen zur Feststellung seiner Eignung
volatile *adj* unbeständig, schwankend, veränderlich, flüchtig, sprunghaft
volatility *n* 1. Schwankung(sbreite) *f*, Unbeständigkeit *f*, Sprunghaftigkeit *f*, Umschlagshäufigkeit *f*; 2. *(Börse)* Kursschwankungen *pl*; **v. of exchange rates** Wechselkursschwankungen *pl*; **v. in the markets** Unruhe in den Märkten
volcanic *adj* vulkanisch
volcano *n* Vulkan *m*; **to sit on the top of a v.** *(fig)* auf einem Pulverfass sitzen *(fig)*; **extinct v.** erloschener Vulkan
volition *n* Wille *m*; **of one's own v.** freiwillig; **v.al** *adj* [§] willentlich
voltage *n* ⚡ (Strom)Spannung *f*; **high v.** Hochspannung *f*; **low v.** Niederspannung *f*, niedrige Spannung; **standard v.** Regelspannung *f*
voluble *adj* redselig, laustark
volume *n* 1. Umfang *m*, Volumen *nt*, Größe *f*, (Raum)Inhalt *m*; 2. 📖 Band *m*, Buch *nt*; 3. 📊 Beschäftigung *f*; **by v. der Menge nach**; **in v. terms**; **in terms of v.** volumen-, mengenmäßig, quantitativ
volume of accounting work Buchungsanfall *m*; **basic ~ activity** Basisbeschäftigung *f*; **~ benefits** *(Vers.)* Leistungsvolumen *nt*; **~ business** Geschäftsvolumen *nt*, G.umfang *m*; **~ residential construction** Wohnungsbauvolumen *nt*; **~ construction output** Bauvolumen *nt*; **~ credit** Kreditvolumen *nt*, Umfang der Ausleihungen; **~ insecure credit** ungesichertes Kreditvolumen; **~ a cylinder** π Inhalt eines Zylinders; **~ demand** Nachfragevolumen *nt*; **~ employment** Beschäftigungsvolumen *nt*; **~ expenditure** Ausgabenvolumen *nt*, A.umfang *m*; **~ exploitation** ⛏ Abbaumenge *f*; **~ exports** Ausfuhr-, Exportvolumen *nt*, Ausfuhrmenge *f*; **~ goods** Gütervolumen *nt*; **~ goods carried** (Güter)Transportleistung *f*; **~ goods handled** Umschlagsleistung *f*; **~ seaborne goods handled** Seegüterumschlag *m*; **~ goods sold** Absatzvolumen *nt*; **~ imports** Einfuhr-, Importvolumen *nt*, Einfuhrmenge *f*; **~ imports and exports** Außenhandels-, Austauschvolumen *nt*; **~ investments** Investitionsvolumen *nt*, Gesamthöhe/Umfang der Investitionen; **~ liquidity** Liquiditätsvolumen *nt*, L.menge *f*; **~ loans granted** Kreditvolumen *nt*; **~ the market** Marktumfang *m*; **~ money** Geldvolumen *nt*, G.menge *f*; **statistical ~ money** rechnerisches Geldvolumen; **~ operations** Beschäftigungsgrad *m*; **~ orders** Auftrags-, Ordervolumen *nt*; **~ orders on hand** Auftragsbestand *m*; **~ output** Produktionsumfang *m*, Ausbringungsmenge *f*; **total ~ output** *(VWL)* Bruttoproduktion(swert) *f/m*; **~ passengers** Fahrgast-, Passagieraufkommen *nt*; **~ production** Produktionsumfang *m*,

volume of quota share P.volumen *nt*, Leistungsvolumen *nt*; ~ **quota share** Anteilsmenge eines Kontingents; ~ **sales** Verkaufs-, Absatzvolumen *nt*, Mengenabsatz *m*, Umsatz *m*; ~ **saturation** Sättigungsmenge *f*; ~ **savings** Sparvolumen *nt*, S.menge *f*; ~ **securities traded** Börsenvolumen *nt*, B.umsatz *m*; ~ **services** Leistungsvolumen *nt*, L.umfang *m*; ~ **new(ly-built) ships** ⚓ Neubauvolumen *nt*; ~ **supply** *(VWL)* Angebotsmenge *f*; ~ **trade** Handelsvolumen *nt*, Umsatz(volumen) *m/nt*, Geschäftsumfang *m*, Absatzhöhe *f*; ~ **foreign trade** Außenhandelsvolumen *nt*; ~ **traffic** 1. Verkehrsaufkommen *nt*, V.dichte *f*, V.leistung *f*, V.volumen *nt*; 2. (Güter)Umschlag *m*, Beförderungsleistung *f*; ~ **(economic) transactions** Umsatz-, Transaktionsvolumen *nt*; ~ **turnover** Umsatzvolumen *nt*; ~ **waste** Abfallmenge *f*; ~ **work** Arbeitsanfall *m*, A.volumen *nt*, Auslastung *f*; ~ **world trade** Welthandelsvolumen *nt*

to adjust/control the volume *(Radio)* Lautstärke regulieren; **to grow in (terms of) v.** an Umfang zunehmen; **to speak v.s** *(fig)* Bände sprechen *(fig)*, tief blicken lassen

all-commodity volume Gesamtumsatzvolumen aller Waren; **boxed v.** Kistenmaß *nt*; **of equal v.** inhaltsgleich; **large v.** 📕 Großband *m*; **low v.** *(Radio)* Zimmerlautstärke *f*; **normal v.** Normalbeschäftigung *f*; **notional v.** Nominalvolumen *nt*; **peak v.** Spitzenanfall *m*; **in several v.s** mehrbändig; **supplementary v.** 📕 Beiband *m*, Supplement(band) *nt/m*; **total v.** Gesamtvolumen *nt*, G.umfang *m*; **varying v.s** verschiedene Mengen; **last year's v.** Vorjahresumfang *m*, V.volumen *nt*

volume accounting Mengenrechnung *f*; **v. boom** Mengenkonjunktur *f*; **v. budget** Volumen-, Absatzbudget *nt*, A.mengenplan *m*; **v. business** Mengengeschäft *nt*; **v. car** 🚗 Massenauto *nt*; **v. control** *(Radio)* Lautstärkeregelung *f*; **v. cost(s)** Engros-, Fixkosten *pl*, fixe Kosten; **v. demand** Mengennachfrage *f*; **v. discount** Mengenrabatt *m*, M.bonus *m*, Rabatt bei Mengenabnahme; **v. figures** Umsatzzahlen; **v. growth** Mengen-, Volumenwachstum *nt*, Mengensteigerung *f*; **v. increase** Volumensteigerung *f*, Mengenzuwachs *m*, M.ausweitung *f*; **v. input** Faktoreneinsatzmenge *f*; **v. label** 💾 Datenträgerkennsatz *m*, D.etikett *nt*; **v. leader** 1. umsatzstärkste/meistgekaufte Aktie; 2. umsatzstärkster/meistgekaufter Artikel, Umsatzspitzenreiter *m*; **v. loss** Mengenverlust *m*; **v. order** Groß-, Mengenauftrag *m*; **v. output/production** serienmäßige Produktion, Massenausstoß *m*, M.produktion *f*, M.erzeugung *f*, Mengenerzeugung *f*; **v. planning** Mengenplanung *f*; **v. point** Beschäftigungsgrad *m*; **v. producer** Massenproduzent *m*; **v. purchasing** Großeinkauf *m*; **v. quota** Mengenkontingent *nt*; **v. risk** Mengenrisiko *nt*; **v. sales** Mengenabsatz *m*, M.umsatz *m*; **v. serial number** 💾 Datenträgernummer *f*; **v. slide** Rückgang im Mengenabsatz; **v. standard** Mengenstandard *m*; **v. tender** Mengentender *m*; **v. unit** Raumeinheit *f*; **v. variance** Beschäftigungsabweichung *f*

voluminous *adj* umfangreich, voluminös

volun|tarily *adv* aus freien Stücken; **v.tariness** *n* Freiwilligkeit *f*; **v.tarization** *n* (Umstellung auf das) Freiwilligkeitsprinzip; **v.tarism** *n* Freiwilligkeitsprinzip *nt*

voluntary *adj* freiwillig, fakultativ, unverlangt, spontan, aus freiem Entschluss, aus freien Stücken, ehrenamtlich; **V. Service Overseas (VSO)** *[GB]* britischer Entwicklungs(hilfe)dienst; ~ **worker** Entwicklungshelfer(in) *m/f*

voluntary *n* 1. *(Sport)* Kür *f*; 2. freiwillige Leistung

volunteer *n* 1. Freiwillige(r) *f/m*; 2. Volontär(in) *m/f*; 3. freiwilliger Zedent; **overseas(-aid) v.** Entwicklungshelfer(in) *m/f*

volunteer *v/ti* 1. sich freiwillig melden, ~ zur Verfügung stellen, sich erbieten; 2. *(Information)* ungefragt angeben; **v. to do sth.** etw. freiwillig übernehmen; **v. for questioning** freiwillig Aussage machen

vomit *n* 1. Erbrechen *nt*; 2. Erbrochenes *nt*; *v/i* sich übergeben/erbrechen

vo|racious *adj* heißhungrig, gefräßig, gierig; **v.racity** *n* Heißhunger *m*, Gefräßigkeit *f*, Gier *f*

vortex *n* Sog *m*, Windhose *f*; **v. of flames** Flammensog *m*

vostro account *n* Vostroguthaben *nt*, V.konto *nt*

vote *n* 1. Wahl *f*, Abstimmung *f*, Stimmabgabe *f*, Wahlakt *m*; 2. Votum *nt*, Resolution *f*, Beschluss *m*; 3. (Wahl)Stimme *f*; 4. Stimm-, Wahlberechtigung *f*; **v. against** Gegenstimme *f*

vote by acclamation Stimmabgabe/Wahl durch Zuruf, Wahl durch Akklamation; **v. of approval** Entlastung(sbeschluss) *f/m*, E.serteilung *f*

vote of confidence 1. Vertrauensvotum *nt*; 2. *(Parlament)* Vertrauensfrage *f*; ~ **no c.** *(Parlament)* Misstrauensvotum *nt*, Vertrauensentzug *m*; **to move a ~ c.** Vertrauensfrage stellen; **to pass a ~ c.** Vertrauen aussprechen; **to pass a ~ no c.** Vertrauen nicht aussprechen; **to propose a ~ no c.** Misstrauensantrag stellen

vote to continue a strike Streikfortsetzungsbeschluss *m*; ~ **end a strike** Streikeinstellungsbeschluss *m*

vote by proxy Stimmabgabe durch Stellvertreter/S.vertretung; ~ **roll-call** Wahl mit Namensaufruf; ~ **show of hands** Stimmabgabe durch Handzeichen; **v. of thanks** Danksagung(sadresse) *f*, D.srede *f*

to attract x vote|s x Stimmen auf sich vereinigen; **to canvass v.s** um Stimmen werben, Wähler persönlich ansprechen; **to cast one's v.** seine Stimme abgeben; **to count v.s** Stimmen (aus)zählen; **to exercise one's v.** sein Stimmrecht ausüben; **to have a v.** Stimmrecht besitzen; **to lose v.s** Stimmen einbüßen; **to put to the v.** zur Abstimmung stellen/bringen/vorlegen, abstimmen lassen; **to split one's v.** panaschieren; **to take the v.** abstimmen (lassen)

adverse vote Gegenstimme *f*; **affirmative v.** Jastimme *f*; **binding v.** bindender Beschluss; **casting v.** 1. ausschlagende/entscheidende Stimme; 2. Doppelstimmrecht *nt*; 3. Stichwahl *f*; **to have the ~ v.** 1. bei Stimmengleichheit entscheiden; 2. doppeltes Stimmrecht haben; **compulsory v.** Wahlpflicht *f*; **confirming v.** *(AG)* Genehmigungsbeschluss *m*; **congressional v.** *[US]* Kongressabstimmung *f*; **crucial v.** Kampfabstimmung *f*; **cumulative v.** 1. Mehrfachstimmrecht *nt*; 2. mehrfache/kumulative Stimmabgabe; **deciding/deci-**

sive v. ausschlaggebende Stimme, Stichwahl *f*; **derivative v.** abgeleitetes Stimmrecht; **dissenting v.** 1. abweichende Stimme, Gegenstimme *f*; 2. Minderheitsvotum *nt*; **double v.** doppeltes Stimmrecht; **final v.** Schlussabstimmung *f*; **free v.** *(Parlament)* Abstimmung ohne Fraktionszwang; **to allow a ~ v.** *(Parlament)* Fraktionszwang aufheben; **open v.** offene Abstimmung; **plural v.** Mehrstimmenwahl *f*, M.stimmrecht *nt*; **popular v.** Volkswahl *f*, Wahl durch das Volk; **postal v.** Briefwahl *f*; **roll-call v.** namentliche Abstimmung/Stimmabgabe; **rural v.** Stimmen der Landbevölkerung; **split v.** geteilte Stimmabgabe; **spoiled v.** ungültige Stimme; **subsequent v.** Nachabstimmung *f*; **tie-breaking v.** ausschlaggebende Stimme; **transferable v.** 1. übertragbares Stimmrecht; 2. übertragbare Stimme; **unanimous v.** einstimmiger Beschluss; **valid v.** gültige Stimme; **written v.** schriftliche Stimmabgabe

vote *v/ti* 1. (ab)stimmen, wählen, Stimme abgeben, an die Urne gehen; 2. *(Gesetz)* verabschieden, votieren, (durch Abstimmung) beschließen; **v. down** über-, niederstimmen, (mit Stimmenmehrheit) ablehnen; **v. in favour of** so./sth. für jdn/etw. stimmen; **v. for so.** jdm seine Stimme geben; **v. so. off/out** jdn abwählen; **v. on sth.** über etw. abstimmen; **~ behalf of** mitstimmen für; **v. unanimously** einstimmig beschließen, geschlossen stimmen

entitled to vote stimm-, wahlberechtigt, zur Stimmabgabe berechtigt; **~ v. and speak** rede- und stimmberechtigt; **to be ~ v.** Stimmrecht haben

vote buying Stimmenkauf *m*; **v. cast** abgegebene Stimme; **total v.s cast** Gesamtstimmenzahl *f*, Zahl der abgegebenen Stimmen; **v. catching** Stimmenfang *m*; **v. counter** Stimmen(aus)zähler *m*; **v. counting** Stimmen(aus)zählung *f*; **~ machine** Stimmenzählapparat *m*

vote hunter Stimmenfänger *m*, S.jäger *m*

voter *n* Wähler(in) *m/f*, Stimmbürger *m*; **floating v.** Wechselwähler *m*; **gullible v.s** Stimmvieh *nt (pej.)*; **postal v.** Briefwähler *m*; **v.s' association** Wählervereinigung *f*

vote splitting Stimmenteilung *f*; **v. trafficking** Stimmenkauf *m*; **v. trust certificate holder** *[US]* stimmgebundener Aktionär

voting *n* Abstimmung *f*, Stimmabgabe *f*, Wahl(akt) *f/m*, Beschlussfassung *f*; **v. by proxy** Stimmrechtsausübung durch Vertreter, ~ auf Grund einer Vollmacht; **~ show of hands** Wahl durch Handzeichen; **to disqualify so. from v.** jds Stimmrecht aberkennen, jdm das Stimmrecht entziehen

chambered voting Gruppenwahl *f*; **cumulative v.** Stimmhäufung *f*, Wählen durch Stimmenhäufung, Kumulierungssystem *nt*, kumulative Stimmabgabe; **direct v.** Direktwahl *f*, direkte Wahl; **fraudulent v.** betrügerische Stimmabgabe; **multiple v.** Mehrstimmenwahlrecht *nt*; **preferential v.** Vorzugswahlsystem *nt*

voting *adj* stimmberechtigt, mit Stimmrecht ausgestattet

voting age Wahlalter *nt*, wahlfähiges Alter; **v. agreement** Abstimmungsvereinbarung *f*; **v. behaviour** Wählerverhalten *nt*; **v. booth** Wahlkabine *f*, W.zelle *f*; **v. capital** stimmberechtigtes Kapital; **v. card** Stimmzettel *m*, S.karte *f*; **v. commitment** Stimmrechtsbindung *f*; **v. figures** Stimmenverhältnis *nt*; **v. habits** Wählergewohnheiten *pl*; **v. margin** Abstimmungsspielraum *nt*; **v. out** Abwahl *f*; **v. paper** Stimmzettel *m*, S.karte *f*, Wahlschein *m*; **v. papers** 1. Wahlunterlagen, 2. *(HV)* Abstimmungsunterlagen; **spoilt/void v. paper** ungültiger Stimmzettel; **v. patterns** Wählergewohnheiten

voting power 1. Abstimmungsbefugnis *f*, Stimmrecht *nt*; 2. Stimmgewicht *nt*; **contingent ~ p.** eingeschränkte Stimmberechtigung, eingeschränktes Stimmrecht; **weighted ~ p.** *(HV)* erhöhtes/gewichtetes Stimmrecht

voting procedure Abstimmungsverfahren *nt*, A.regeln *pl*; **v. proposal** *(HV)* Stimmrechtsvorschlag *m*; **v. proxy** Stimmrechtsvollmacht *f*

voting restriction Stimmrechtsbeschränkung *f*

voting right Stimm-, Wahlrecht *nt*, Abstimmungsbefugnis *f*; **v. r. of shareholders** *[GB]* /**stockholders** *[US]* Aktionärsstimmrecht *nt*; **to excercise one's v. r.** Stimmrecht ausüben, von seinem ~ Gebrauch machen; **to forfeit one's v. r.** Stimmrecht verlieren/verwirken; **to transfer one's v. r.** Stimmrecht übertragen

cumulative voting right kumulatives Stimmrecht; **maximum v. r.** Höchststimmrecht *nt*; **multiple v. r.** mehrfaches Stimmrecht, Mehr(fach)stimmrecht *nt*; **preferential v. r.(s)** Vorzugsstimmrecht *nt*

voting rules Abstimmungsregeln; **v. share** *[GB]* stimmberechtigte Aktie, Stimmrechtsaktie *f*; **v. slip** Stimmzettel *m*; **v. stock** 1. stimmberechtigtes Aktienkapital; 2. *[US]* stimmberechtigte Aktie, Stimmrechtsaktie *f*; **v. system** Wahlsystem *nt*; **v. ticket** Stimmzettel *m*, Wahlkarte *f*; **v. trust agreement** Stimmbindungsvertrag *m*; **~ certificate** Stimmbindungszertifikat *nt*; **v. trustee** *[US]* Stimmrechtstreuhänder *m*

vouch *v/t* (ver)bürgen, bezeugen; **v. for so.** für jdn garantieren/bürgen, Garantie für jdn übernehmen, sich für jdn verbürgen

voucher *n* 1. (Abrechnungs-/Buchungs-/Kontroll-/Rechnungs)Beleg *m*, Quittung *f*; 2. Gutschein *m*, Bon *m (frz.)*; 3. *(Essens)*Marke *f*, 4. ⊖ Trennabschnitt *m*; **to support by v.** dokumentarisch belegen; **approved v.** anerkannter Beleg; **audited v.** geprüfter und zur Zahlung freigegebener Beleg; **computer-produced v.** maschinell erstellter Buchungsbeleg; **external v.** Fremdbeleg *m*; **internal v.** Eigenbeleg *m*; **single v.** Einzelbeleg *m*; **special v.** Sondergutschein *m*; **supporting v.** Verrechnungsunterlage *f*

voucher audit Belegprüfung *f*, Prüfung der Belegunterlagen; **v. book** Juxtabuch *nt*; **v. bookkeeping** Belegbuchhaltung *f*; **v. check** *[US]* Verrechnungsscheck *m*; **v. clerk** Kreditorenbuchhalter *m*; **v. copy** Belegkopie *f*, B.doppel *nt*, B.stück *nt*; **v. date** Belegdatum *nt*; **v. filing** Belegregistratur *f*; **v. journal** Belegregister *nt*, B.-grundbuch *nt*; **v.less** *adj* beleglos; **v. number** Belegnummer *f*; **v. preparation** Belegerstellung *f*; **v. principle** Belegprinzip *nt*; **v. printer** Belegdrucker *m*; **v. processing** Belegaufbereitung *f*, B.bearbeitung *f*, B.-

verarbeitung f; **v. reader** 🕮 Belegleser m; **v. record** Belegregister nt, B.satz m; **v. register** Belegregister nt, B.verzeichnis nt; **v. routing** Beleglauf m; **v. storage** Belegablage f; **v. system** Belegwesen nt, B.system nt
vow n Schwur m, Gelöbnis nt, Gelübde nt; v/t schwören, geloben, feierlich versprechen
voyage n ⚓ (See)Reise f, Fahrt f, Schiffspassage f; **combined v.** zusammengesetzte Reise; **continuous v.** einheitliche Reise; **homeward/inward v.** Heim-, Herreise f, Rück-, Herfahrt f; **maiden v.** Jungfernfahrt f; **out(ward) v.** Aus-, Hinreise f, Hinfahrt f; **overseas v.** große Fahrt
voyage charter Reisecharter f, Charter für die ganze Reise; **consecutive v. charter** Konsekutivreisecharter f; **v. charter party** Reise-, Seefrachtvertrag m; **v. freight** Reisefracht f; **v. insurance** Reiseversicherung f; **v. policy** Reisepolice f, R.versicherung f, Einzelpolice f; **v. premium** Reiseversicherungsprämie f; **v. time** Reisezeit f
vulcan|ization plant n *(Gummi)* Vulkanisieranstalt f; **v.ize** v/t vulkanisieren; **v.ized** adj vulkanisiert
vulgar adj vulgär, ordinär; **v.ity** n Geschmacklosigkeit f; **v.ize** v/t herabwürdigen, vulgarisieren
vulnerability n Verwundbarkeit f, Anfälligkeit f
vulnerable adj verwundbar, ungeschützt, gefährdet, empfindlich, verletzlich, verletzbar; **v. to** anfällig für
vulture n 1. (Aas)Geier m; 2. *(fig)* Pleitegeier m *(coll)*
vying adj wetteifernd, konkurrierend

W

wad n Bündel nt; **w. of (bank)notes** Bündel Banknoten; **to have (got) w.s of money** *(coll)* Geld wie Heu haben *(coll)*
Wadden Sea *(Nordsee)* Watt(enmeer) nt
wadding n Wattierung f
wafer n 1. Siegelmarke f; 2. 🕮 Wafer f; **w.-thin** adj hauchdünn
waffle n *[GB] (coll)* Faselei f, Geschwafel nt *(coll)*; v/i faseln, schwafeln
waft n Hauch m, Welle f; **w. of mist** Nebelschwaden m; **~ smoke** Rauchschwaden m
wage(s) n (Arbeits)Lohn m, Verdienst m, Arbeitsentgelt nt, A.verdienst m; **w.s** 1. Heuer f, Entgelt nt; 2. Lohn(kosten)anteil m, Löhne und Gehälter, Lohnposten m, L.kosten
wage|s paid during absence from work Löhne während der Abwesenheit; **w.s of entrepreneurship** Unternehmerlöhne; **w.s for hours not worked** Löhne für Ausfallstunden; **w. per hour** Stundenlohn m, S.verdienst m, S.einkommen nt; **w. in kind** Natural-, Sachlohn m; **w.s paid to outside labour** Fremdlöhne; **w.s of management** Unternehmerlohn m; **imputed ~ management** kalkulatorischer Unternehmerlohn; **w. on a piecework basis** Stücklohn m; **w.s and salaries** Löhne und Gehälter, Lohnkosten(anteil) pl/m; **~ salaries** accrued Lohn- und Gehaltsverbindlichkeiten; **average ~ salaries** Durchschnittsverdienst m; **direct ~ salaries** Lohn- und Gehaltseinzelkosten; **annual gross w.s or salaries** Bruttojahresarbeitsentgelt nt; **total w.s and salaries** (Brutto)Lohnsumme f; **w. of a skilled worker** Facharbeiterlohn m
to adjust wage|s Löhne angleichen; **to attach w.s (by garnishment)** Lohn pfänden; **to claim higher w.s** mehr Lohn fordern/verlangen; **to curb w.s** Löhne drosseln; **to cut w.s** Löhne herabsetzen/kürzen; **to deduct from the w.** vom Lohn abziehen; **to demand a (higher) w.** Lohnforderung stellen; **to freeze w.s** Lohnstopp durchführen/verfügen, Löhne stoppen; **to garnishee w.s** Lohn/Löhne pfänden; **to improve/raise w.s** Löhne aufbessern/erhöhen; **to stop w.s** Lohn/Löhne einbehalten; **to trick so. out of his w.s** jdn um seinen Lohn betrügen; **to withhold from w.s** vom Lohn abziehen
accrued wage|s Lohnrückstände; **actual w.** Effektivlohn m; **~ clause** Effektiv(lohn)klausel f; **advance w.** Lohn-, Gehaltsvorschuss m, Abschlag m; **aggregate w.s** Lohnsumme f; **agreed w.** (vereinbarter) Tariflohn; **agricultural w.** Landarbeiterlohn m; **annual w.** Jahres(arbeits)lohn m, J.verdienst m; **guaranteed ~ w. (GAW)** garantierter Jahreslohn; **average w.** Durchschnittslohn m; **basic w.** Grund-, Eck-, Standardlohn m, (Lohn)Eckwert m; **before-tax w.** Bruttolohn m; **beggarly w.** Bettlerlohn m; **bootleg w.s** *[US]* den Tariflohn übersteigende Effektivlöhne; **bottom w.** Leichtlohn m; **~ bracket/group** Leichtlohngruppe f; **child-rearing w.** Erziehungsgeld nt; **competitive w.** Wettbewerbslohn m; **daily w.** Tageslohn m; **differential w.** Staffellohn m; **direct w.** Fertigungslohn m, Lohneinzelkosten pl; **~ w.s** unmittelbare Lohnkosten; **fair w.** angemessener Lohn; **fixed w.** Festlohn m; **flat-rate w.** Pauschallohn m; **fortnightly w.** Halbmonatslohn m; **going w.** üblicher Lohn; **gross w.** Brutto(arbeits)lohn m; **total ~ w.s (and salaries)** Bruttolohnsumme f; **guaranteed w.** Garantielohn m; **high w.** hoher Lohn; **~ country** Hochlohnland nt; **hourly w.(s)** Stundenlohn m, S.verdienst m, S.einkommen nt; **gross ~ w.** Bruttostundenlohn m; **standard ~ w.** Tarifstundenlohn m; **indexed/index-linked w.** Indexlohn m, indexierter/gleitender Lohn; **individual w.** Individuallohn m; **industrial w.s** Industriearbeiterlöhne; **inflated w.** überhöhter Lohn; **just w.** gerechter Lohn; **living w.** Bedürfnislohn m, auskömmlicher Lohn; **local w.** ortsüblicher Lohn; **low w.** Leichtlohn m; **~ bracket/group** Leichtlohngruppe f; **~ country** Niedrig-, Billiglohnland nt; **managerial w.s** Unternehmerlohn m; **market-determined w.** Marktlohn m; **maximum w.** Spitzen-, Höchstlohn m; **minimum w.** Mindestlohn m; **guaranteed ~ w.** garantierter Mindestlohn; **statutory ~ w.** staatlich garantierter Mindestlohn; **monthly w.** Monatslohn m; **natural w.** natürlicher Lohn; **negotiated w.** vereinbarter Tariflohn; **net w.** Netto(arbeits)-, Effektivlohn m; **nominal w.** Nominallohn m; **~ w.s** Nominaleinkommen pl; **outstanding w.** Restlohn m; **prevailing w.** geltender Lohn; **production-related w.** fertigungsbezogener Lohn; **productive w.s** Ferti-

gungslöhne, Einzellohnkosten; **real w.** Real-, Effektivlohn *m;* **aggregate ~ w.** Reallohnsumme *f;* **~ w. cut** realer Einkommensverlust; **regular w.** Normallohn *m;* **scheduled w.** Tariflohn *m;* **sliding w.** gleitender Lohn; **social w.** Soziallohn *m;* **standard w.** Tarif-, Eck-, Einheits-, Normallohn *m,* N.arbeitsentgelt *nt,* tariflicher Lohn; **minimum statutory w.** gesetzlicher Mindestlohn; **straight w.** Grundlohn *m;* **terminal w.** Entlassungsabfindung *f;* **time-incentive w.** Zeitakkord(lohn) *m;* **top w.** Höchst-, Spitzenlohn *m;* **total w.s** Gesamtlohn *m;* **unclaimed w.s** Lohnguthaben *nt;* **unproductive w.s** Fertigungsgemeinkosten, Hilfs-, Gemeinkostenlöhne; **weekly w.** Wochenlohn *m;* **guaranteed ~ w.** garantierter Wochenlohn; **withheld w.s** einbehaltene Lohngelder
wage account Lohnkonto *nt;* **w. and salary accounts** Lohn- und Gehaltskonten; **w.(s) accounting** Lohnbuchhaltung *f,* L.abrechnung *f*
wage adjustment Lohn-, Tarifangleichung *f;* **automatic w. a.** gleitende Lohnanpassung; **compensatory w. a.** Lohnausgleich *m*
wage advance (payment) (Lohn)Vorschuss *m,* Lohnabschlag(szahlung) *m/f;* **w. and salary a.s** Lohn- und Gehaltsvorschüsse
wage agreement (Lohn)Tarifvertrag *m,* (Lohn- und Gehalts)Tarifabkommen *nt,* T.vereinbarung *f,* Lohnabschluss *m,* L.vereinbarung *f;* **collective w. a.** Tarifvertrag *m,* T.lohnvereinbarung *f,* Lohn- und Gehaltstarifabkommen *nt;* **under the ~ w. a.** tarifvertraglich; **~ w. a. clause** Tarifvertragsklausel *f;* **industry-wide w. a.** Flächentarifvertrag *m;* **pace-setting w. a.** Pilotabschluss *m*
wage arbitration Lohnschiedsgerichtsbarkeit *f,* L.-schlichtung *f,* Tarifschiedsgericht *nt;* **w. arrears** Lohnrückstände, rückständiger Lohn; **w. assessor** Lohngutachter *m;* **w. assignment** Lohnabtretung *f;* **w. award** Lohn-, Tarifschiedsspruch *m;* **w. bargainers** Tarifparteien
wage bargaining Lohnverhandlung(en) *f/pl;* **collective w. b.** freie Lohnverhandlung(en), Tarifautonomie *f;* **free (~) w. b.** Tariffreiheit *f,* T.autonomie *f*
taxable wage base 1. *[US] (Sozialvers.)* Versicherungspflichtgrenze *f;* 2. Jahresarbeitsverdienstgrenze *f;* **w. behaviour** Lohnentwicklung *f;* **w.(s) bill** Lohnkosten *pl,* L.etat *m,* L.summe *f,* Lohn- und Gehaltsaufwendungen *pl;* **monthly ~ bill** Lohnkosten pro Monat; **w. board** Lohnprüfungsstelle *f,* L.kommission *f;* **w. bonus** Lohnprämie *f.s* **book** Lohnbuch *nt;* **w. boom** Lohnkonjunktur *f;* **w. bracket** Lohnklasse *f,* L.stufe *f,* L.gruppe *f,* Tarifgruppe *f,* T.klasse *f;* **w. burden** Lohnbelastung *f;* **w. calculation** Lohnabrechnung *f;* **w. capital** Lohnkapital *nt;* **w. category** Tarifgruppe *f;* **w. ceiling** Höchst-, Spitzenlohn *m;* **w. certificate** Verdienstbescheinigung *f;* **w. check** *[US]* /**cheque** *[GB]* Lohnscheck *m;* **w. claim** Lohn(tarif)forderung *f,* L.anspruch *m;* **w. classification** Tarif-, Lohneinstufung *f,* L.eingruppierung *f,* L.staffelung *f,* L.klassifizierung *f;* **w.(s) clerk** Lohnbuchhalter(in) *m/f;* **w. comparison** Lohnvergleich *m*

wage compensation Lohnersatz *m;* **~ entitlement** Lohnersatzanspruch *m;* **~ payment** Lohnersatzleistung *f*
wage computation Lohnabrechnung *f;* **w. concession** Lohnzugeständnis *nt,* L.konzession *f;* **w. conditions** Lohnbedingungen, L.verhältnisse; **w. conflict** Tarif-, Lohnkonflikt *m;* **w. content** Lohnanteil *m;* **w. continuation** Lohnfortzahlung *f*
wage contract Tarifvertrag *m;* **supplementary w. c.** tarifvertragliche Ergänzung; **w. c. negotiations** Tarifverhandlungen
wage control Lohnreglementierung *f,* L.begrenzung *f;* **~ agreement** Lohnbegrenzungsabkommen *nt*
wage cost(s) Lohnkosten *pl,* L.aufwand *m,* L.ausgaben; **additional w. c.s** Lohnmehr-, Lohnzusatzkosten; **additional/ancillary/incidental w. c.s** Lohn-, Personalnebenkosten; **~ w. c. accounting** Lohnnebenkostenrechnung *f;* **hourly w. c.(s)** Stundenlohnkosten; **standard w. c.(s)** Tariflohnkosten *pl;* **unit w. c.(s)** Lohnstückkosten *pl;* **w. c. advantage** Lohnkostenvorteil *m,* L.vorsprung *m;* **~ development** Lohnkostenentwicklung *f;* **~ inflation** Lohn(kosten)inflation *f;* **~ level** Lohnkostenniveau *nt;* **~ -related** *adj* lohnkostenbedingt
wage|s council Lohn-, Tarifausschuss *m,* T.kommission *f;* **w. curb(s)** Lohneinschränkung *f,* L.bremse *f;* **w. curve** Lohn-, Verdienstkurve *f;* **w. cut** Lohnsenkung *f,* L.-kürzung *f,* L.abbau *m;* **w. deal** Tarifabschluss *m;* **w. deduction** Lohnabzug(sverfahren) *m/nt;* **compulsory/statutory w. deduction(s)** gesetzliche Lohnabzüge; **w. demand** Lohn-, Tarifforderung *f;* **w. determination** Lohnberechnung *f,* L.findung *f;* **free ~ by employers and employees** Tarifautonomie *f,* T.hoheit *f;* **w. development** Lohnbildungsprozess *m,* L.entwicklung *f;* **w. differential** Lohngefälle *nt,* L.vorsprung *m,* L.(niveau)unterschied *m,* Lohn-, Einkommensdifferenz *f;* **w. discrimination** Lohndiskriminierung *f;* **w. dispute** Tarifstreit *m,* T.auseinandersetzung *f,* T.kampf *m,* T.konflikt *m,* Lohnkonflikt *m,* L.streitigkeit *f,* L.auseinandersetzung *f,* tarifpolitische Auseinandersetzung; **w. distraint** Lohneinbehaltung *f;* **w. dividend** Lohnprämie *f,* Gewinnbeteiligung *f* (auf Einkommensbasis), Gratifikation *f;* **w. docket** Lohnzettel *m;* **w. drift** Lohnauftrieb *m,* L.richtung *f,* L.tendenz *f,* L.drift *f;* **upward w. drift** positive Lohndrift
wage earner Lohnempfänger *m,* L.arbeiter *m,* L.bezieher *m,* unselbstständig Beschäftigter; **w. and salary e.s** Lohn- und Gehaltsempfänger, Arbeiter und Angestellte, Arbeitnehmer *pl,* unselbstständige Erwerbspersonen, abhängig Beschäftigte, Berufs-, Erwerbstätige; **double w. e.** Doppelverdiener *m;* **standard w. e.** Tarifangestellte(r) *f/m;* **weekly w. e.** Wochenlohnempfänger *m*
wage employment Erwerbstätigkeit *f,* entgeltliche Beschäftigung *f;* **w. entitlement(s)** Lohnanspruch *m;* **w. equalization fund** Lohnausgleichskasse *f;* **w. explosion** Lohn(kosten)explosion *f;* **w. factor** Lohn(kosten)faktor *m;* **w. fairness** Lohngerechtigkeit *f;* **w. fight** Tarifauseinandersetzung *f,* Lohnkonflikt *m;* **w. fixing** Lohn-, Gehaltsfestsetzung *f,* Lohnbildungsprozess *m;*

w. floor Mindest-, Grundlohn *m*; **w. formula** Lohn-, Tarifformel *f*
wage freeze Lohnstopp *m*, L.pause *f*; **w.(s) and price(s) f.** Lohn- und Preisstopp *m*; **w. f. agreement** Lohnstillhalteabkommen *nt*
wage front Lohnfront *f*; **w. fund** Lohnfonds *m*, L.kasse *f*; **w.(s) fund theory** Lohnfondstheorie *f*; **w. gain** Lohnzuwachs *m*; **w. gap** Gefälle zwischen Tarif- und Reallöhnen; **w. garnishment** Lohnpfändung *f*; **(permissible) ~ scale** Lohnpfändungstabelle *f*; **w. group** Tarif-, Lohngruppe *f*; **w. growth** Lohnanstieg *m*, L.wachstum *m*; **w. guarantee** Lohngarantie *f*; **w. guideline** Lohndatum *nt*, L.richtlinie *f*, L.leitlinie *f*; **w. hike** *(coll)* Lohnerhöhung *f*; **w. incentive** Lohnanreiz *m*; **~ system** Leistungslohnsystem *nt*; **w. incidentals** Lohnnebenkosten; **w. income** Erwerbs-, Lohneinkommen *nt*, L.einkünfte, Einkünfte aus nichtselbstständiger Arbeit; **gross w. and salary income** Bruttoeinkommen aus unselbstständiger Arbeit
wage increase Tarif-, Lohnerhöhung *f*, L.steigerung *f*, L.aufbesserung *f*; **to bargain for a w. i.** Lohnerhöhung aushandeln; **across-the-board w. i.** allgemeine Lohnerhöhung; **catch-up w. i.** nachziehende Lohnerhöhung; **retroactive w. i.** rückwirkende Lohnerhöhung; **standard w. i.** Tarif(lohn)erhöhung *f*
wage index Lohn(kosten)index *m*; **w. indexation** Lohnindexierung *f*, L.(index)bindung *f*; **w.-induced** *adj* lohn(kosten)induziert, lohnkostenbedingt; **w. inequality** Lohnungleichheit *f*; **w. inflation** Lohninflation *f*, lohninduzierte Inflation; **w.-intensive** *adj* lohnintensiv; **w. investment scheme** Investivlohnsystem *nt*; **w. league** Lohnskala *f*; **w. leapfrogging** Lohn-Lohnspirale *f*; **w. level** Lohnhöhe *f*, L.stand *m*, L.niveau *nt*, L.stufe *f*; **w. maintenance clause** Einkommens-, Verdienstsicherungsklausel *f*; **w. market** Lohnmarkt *m*; **w. matters** Lohnfragen, L.angelegenheiten
wage negotiations Lohn(- und Tarif)verhandlungen; **to conduct w. n.** Tarifverhandlungen führen; **collective w. n.** Tarif(lohn)verhandlungen
wage norm Lohnleitlinie *f*; **w. offer** Lohnangebot *nt*; **w.(s) office** Lohnbüro *nt*, L.buchhaltung *f*; **w. pacesetter** Lohnschrittmacher *m*; **w. package** Vergütungspaket *nt*; **to offer a w. package** Tarifangebot machen; **w. packet** Lohntüte *f*; **w. parity** Lohnparität *f*; **w. pattern** Lohnstruktur *f*; **w. pause** Lohnpause *f*; **w. payment** Lohnzahlung *f*; **w. payments** Lohngelder; **continued w. payment(s)** Lohnfortzahlung *f*; **w. period** Lohnzahlungszeitraum *m*
wage policy Lohn-, Tarifpolitik *f*; **employment-orient(at)ed w. p.** beschäftigungsorientierte Lohnpolitik; **industrial w. p.** betriebliche Entlohnungspolitik
wage portion Lohnanteil *m*; **w. pressure** Lohn(kosten)druck *m*
wage-price controls Lohn- und Preiskontrollen; **~ spiral** Lohn-Preisspirale *f*; **~ structure** Lohn-Preisgefüge *nt*, Lohn-Preisstruktur *f*
wage problem Lohnproblem *nt*; **w.-push inflation** lohninduzierte Inflation, Lohndruckinflation *f*
wager *n* Wette *f*; *v/t* wetten

wage raise *[US]* Lohnerhöhung *f*; **w. range** Lohnspanne *f*
wage rate (Lohn)Tarif *m*, L.satz *m*; **w. r.s** Lohntarife; **agreed w. r.s** Tariflöhne; **ascending/escalating w. r.** steigender Lohntarif; **average w. r.** mittlerer Lohnsatz/L.tarif; **basic w. r.** Grundlohntarif *m*; **daily w. r.** Tageslohnsatz *m*; **hourly w. r.** Stundenlohnsatz *m*; **minimum w. r.** Mindestlohnsatz *m*; **prevailing w. r.** geltender Lohnsatz; **progressive w. r.** Progressivlohn *m*; **standard w. r.** Tariflohn(satz) *m*, tariflicher Lohn(satz); **top w. r.** Höchst-, Spitzenlohn *m*; **w. r. system** Tarifsystem *nt*
wage ratio Lohnquote *f*; **overall w. ratio** gesamtwirtschaftliche Lohnquote; **w. recipient** Lohnempfänger *m*; **w.-related** *adj* lohnabhängig, l.gekoppelt; **w. restraint** Lohndisziplin *f*, L.zurückhaltung *f*, L.stopp *m*, Zurückhaltung bei Lohnforderungen/L.abschlüssen, mäßige Lohnforderungen; **to show w. restraint** mäßige Lohnforderungen stellen, Zurückhaltung bei den Lohnforderungen üben; **w. rise** *[GB]* Lohnerhöhung *f*, L.steigerung *f*, L.anstieg *m*; **across-the-board w. rise** allgemeiner/globaler Lohnanstieg
wage round Lohn-, Tarifrunde *f*; **to kick off a w. r.** *(fig)* Lohnrunde einläuten *(fig)*; **annual w. r.** Jahreslohnrunde *f*; **ongoing/current w. r.** laufende Lohnrunde
wager policy Wettpolice *f*, Police ohne versicherbares Interesse
wage savings Lohnkosteneinsparung *f*
wage scale Lohntarif *m*, L.skala *f*, L.tabelle *f*; **collective w. s.** Verbandstarif *m*; **sliding w. s.** Gleitlohntarif *m*, gleitender Lohntarif, bewegliche/gleitende Lohnskala
wage scramble *(coll)* Lohngerangel *nt* *(coll)*; **w. settlement** (Lohn-/Tarif)Abschluss *m*, Lohn-, Tarifabkommen *nt*, T.vereinbarung *f*, tarifvertragliche Regelung; **w. share** Lohnquote *f*; **constant w. share** konstante Lohnquote; **w. sheet** Lohnabrechnungskarte *f*; **w. slave** Lohnsklave *m*, L.sklavin *f*; **w. slip** Lohnbescheinigung *f*, L.streifen *m*, L.zettel *m*; **w.s snatch** Lohnraub *m*; **w.(s) spiral** Lohnspirale *f*; **w. spread** Lohnspanne *f*; **w. stabilization board** *[US]* Lohnausgleichsstelle *f*; **w.(s) standstill** Lohnstopp *m*; **w. statement** Lohnabrechnung(skarte) *f*, L.streifen *m*; **w. statistics** Lohnstatistik *f*, L.erhebung *f*; **w. structure** Lohngefüge *nt*, L.struktur *f*; **w. supplement** Lohnzulage *f*, Zusatzlohn *m*; **w. supply curve** Lohn-Angebotskurve *f*; **w. system** Lohnform *f*; **w. table** Lohntabelle *f*; **w. take-off** *(fig)* Lohnexplosion *f* *(fig)*; **w. talks** Lohn-, Tarifverhandlungen; **w. target** Akkordrichtsatz *m*
wage tax Lohnsteuer *f*; **liable for w. t.** lohnsteuerpflichtig; **withheld w. t.** einbehaltene Lohnsteuer
annual wage tax adjustment Jahreslohnsteuer-, Lohnsteuerjahresausgleich *m*; **external w. t. audit** Lohnsteueraußenprüfung *f*; **w. t. directives** Lohnsteuerrichtlinien; **~ liability** Lohnsteuerpflicht *f*; **~ ordinance** Lohnsteuerdurchführungsverordnung *f*; **~ ratio** Lohnsteuerquote *f*; **~ refund** Lohnsteuerrückvergütung *f*; **~ withholding** Lohnsteuerabzug *m*; **~ withholding table** Lohnsteuertabelle *f*
wage theory Lohntheorie *f*; **w. trend** Lohnbewegung *f*,

L.entwicklung *f*; **w. tribunal** Lohninstanz *f*; **w. unit** Lohneinheit *f*; **w.-w. spiral** Lohn-Lohnspirale *f*; **w. work** Lohnarbeit *f*; **w. worker** *[US]* Lohnempfänger *m*
wag(g)on *n* 1. Fuhrwerk *nt*; 2. 🚃 Güterwagen *m*, Wagon *m*; 3. *[GB]* *(coll)* Lastwagen *m*; **by w.** per Achse; **ex w.** ab Wagon; **free on w. (f.o.w.)** *[GB]* frei (auf) Wagon, wagonfrei; **covered w.** 1. geschlossener/gedeckter Güterwagen; 2. Planwagen *m*; **empty w.** leerer Wagon; **flat w.** Flachwagen *m*; **general-purpose w.** Mehrzweckwagon *m*; **high-capacity w.** Großraumwagon *m*; **open w.** offener Güterwagen; **privately owned w.** Privatgüterwagen *m*
wag(g)onage *n* 🚃 Transport *m*, Fracht(geld) *f*/*nt*, Frachtkosten
wag(g)on building Wagonbau *m*; **w. demurrage** Wagen-, Wagonstandgeld *nt*
wag(g)onload Fuhre *f*, Wagon-, Wagenladung *f*, Ladungspartie *f*; **by the w.** wagonweise; **complete w.** Wagenladung *f*; **w. tariff** Wagenladungstarif *m*
wag(g)on|master *n* Wagenmeister *m*; **w. reservation** Wagonbestellung *f*; **w. train** Planwagenkarawane *f*
waif *n* 1. obdachloses Kind; 2. [§] herrenloses Gut; **w.s and strays** verwahrloste Kinder
wail *v/i* jammern, klagen, wimmern; **w.ing** *n* Klagen *nt*
wainscot *n* Holzverkleidung *f*, Täfelung *f*; *v/t (Wand)* täfeln; **w.ing** *n* Holzauskleidung *f*, H.vertäfelung *f*
waist *n* Leibesumfang *m*, Taille *f (frz.)*; **stripped to the w.** mit nacktem Oberkörper; **w.coat** *n [GB]* Weste *f*; **~ pocket** Westentasche *f*; **w.line** *n* Gürtellinie *f*, Taille *f (frz.)*
wait *v/i* warten, liegen/unerledigt bleiben; **w. on so.** jdm zu Diensten stehen, jdn bedienen; **w. out** abwarten; **w. up** aufbleiben; **w. and see** abwarten (und Tee trinken) *(coll)*, abwartend verhalten
wait *n* Warten *nt*, Wartezeit *f*; **to lie in w.** lauern
waiter *n* 1. Ober *m*, Kellner *m*; 2. (Börsen)Diener *m*; **w.s** Bedienungspersonal *nt*; **dumb w.** Speiseaufzug *m*
waiting 1. Warten *nt*; 2. Servieren *nt*, Bedienen *nt*; **no w.** 🚗 (eingeschränktes) Halteverbot; **~ area** Halteverbotszone *f*; **~ regulations** Halteverbotsbestimmungen; **to keep so.** jdn hinhalten, ~ warten lassen
waiting allowance Karenzentschädigung *f*; **w. line** Warteschlange *f*; **~ theory** Warteschlangentheorie *f*; **w. list** Warte-, Vormerkliste *f*; **to be on the w. list** auf der Warteliste stehen
waiting period Sperr-, Karenzfrist *f*, Karenz(zeit) *f*, Wartezeit *f*; **~ for dismissals** Entlassungsfrist *f*; **one-year w. p.** Sperrjahr *nt*
waiting room 1. 💲 Wartezimmer *nt*; 2. 🚃 Wartesaal *m*, W.halle *f*; **w. theory** Wartetheorie *f*
waiting time Bereitschafts-, Wartezeit *f*; **expected w. and service t.** Verweilzeit *nt*; **total w. t.** *(OR)* Gesamtwartezeit *f*
waitress *n* Kellnerin *f*; **w. service** (mit) Bedienung
wait state Wartezustand *m*
waive *v/t* [§] verzichten auf, *(Anspruch/Recht)* aufgeben, *(Forderung)* niederschlagen, erlassen, Verzicht leisten
waiver *n* [§] (Forderungs-/Rechts)Verzicht *m*, V.erklärung *f*, V.leistung *f*, Aufgabe *f*, Erlass *m*

waiver of action Prozessverzicht *m*; **~ the appeal** Berufungsverzicht *m*; **exceptional ~ building restrictions** 🏛 Baudispens *m*; **~ a claim** Anspruchsverzicht *m*; **~ claims for damages** Verzicht auf Ersatzansprüche; **~ copyright** Urheberrechtsverzicht *m*; **~ exemption** 1. Verzicht auf Steuerbefreiungen; 2. Haftungsverzicht(klausel) *m/f*; **~ fees** Gebühren-, Kostenerlass *m*; **~ immunity** Verzicht auf das Aussageverweigerungsrecht; **~ import duties** ⊖ Befreiung von Eingangsabgaben; **~ indebtedness** Gläubigerverzicht *m*; **~ interest** Zinsverzicht *m*; **~ interest on delinquent taxes** *(Steuer)* Verzicht auf Stundungszinsen; **~ liability** Haftungsverzicht *m*; **~ lien** Enthaftung *f*; **~ notice** Verzicht auf die Einhaltung vorgeschriebener (Kündigungs)Fristen, Mitteilungsverzicht *m*; **~ premium** Beitrags-, Prämienbefreiung *f*, P.verzicht *m*; **~ privilege** Verzicht auf das Zeugnisverweigerungsrecht; **~ protest** Verzicht auf Wechselprotest, Protesterlass *m*, P.verzicht(serklärung) *m/f*; **~ recourse** Regressverzicht *m*; **~ recourse against third parties** Verzicht auf Rückgriff gegen Dritte; **~ recourse agreement** Regressverzichtsabkommen *nt*; **~ legal remedy** [§] Rechtsmittelverzicht *m*; **~ rights** Rechtsaufgabe *f*; **~ national status** Staatsangehörigkeitsverzicht *m*; **~ the statute of limitations** [§] Verzicht auf Geltendmachung einer bereits eingetretenen Verjährung
express waiver ausdrücklicher Verzicht; **implied w.** 1. stillschweigender Verzicht; 2. [§] Einwand der Verwirkung; **temporary w.** *(Steuer)* Niederschlagung *f*; **w. clause** Verzichtklausel *f*
waiving of enforced recovery procedures *n* Verzicht auf Beitreibung
wake *n* ⚓ Kielwasser *nt*; **in the w. of** im Gefolge, (unmittelbar) nach, im Zuge
wake *v/ti* 1. wachen; 2. wecken; **w. up** auf-, erwachen; **~ to sth.** sich einer Sache bewusst werden, sich aus der Lethargie lösen
walk *n* Spaziergang *m*, Wanderung *f*; **w. of life** Milieu *nt (frz.)*, Schicht *f*; **all w.s of life** alle Bevölkerungsschichten; **from ~ life** aus allen Kreisen/Schichten der Bevölkerung; **to go for a w.** spazieren gehen, Spaziergang machen; **to have a little w.** sich die Beine vertreten *(coll)*; **covered w.** 🏛 Wandelgang *m*; **random w.** *(Börse)* Aktienkursschwankung um den inneren Wert, Zufallspfad *m*, zufallsbedingte Kursentwicklung; **~ model** *(Aktienkursanalyse)* Random-Walk-Theorie *f*
walk *v/i* (spazieren)gehen, Spaziergang machen, zu Fuß gehen; **w. off with sth.** sich etw. unter den Nagel reißen *(coll)*, mitnehmen; **w. out** 1. Arbeit niederlegen/einstellen, in den Ausstand treten, streiken; 2. den Saal verlassen; **~ on so.** jdn im Stich/sitzen lassen; **~ on sth.** aus etw. aussteigen; **w. through** durchschreiten; **unable to w.** gehbehindert
walk|s bill Platzwechsel *m*; **w. clerk** *[GB]* Bank-, Inkassobote *m*
walker *n* Spaziergänger(in) *m/f*
walkie-talkie *n* *(coll)* (Hand-, Klein)Funkgerät *nt*, (tragbares) Sprechfunkgerät
walking boss Meister *m*; **w. delegate** Gewerkschafts-

walking distance funktionär *m*, G.beauftragter *m*, G.delegierter *m*, G.vertreter *m*; **w. distance** Gehentfernung *f*, Fußweg *m*; **w. holiday** Wanderurlaub *m*; **to get one's w. orders** *(coll)* Entlassungspapiere bekommen, gegangen werden *(coll)*; **w. part** 🎭 Statistenrolle *f*; **w. shoes/boots** Wanderschuhe; **w. stick** Spazier-, Krückstock *m*; **w. tour** Wanderung *f*

walk|out *n* Ausstand *m*, Arbeitsniederlegung *f*, Streik *m*, Einstellung der Arbeit, rollender/abteilungsweiser Streik, Störstreik *m*; **w.-over** *n (fig)* Kinderspiel *nt*, leichtes Spiel, leichter Sieg; **w.way** *n* Fußweg *m*; **mobile w.way** *[US]* Fahr-, Rollsteig *m*

wall *n* 1. Mauer *f*, (Trenn)Wand *f*; 2. *(fig)* Mauer *f*, Barriere *f*; **up against the w.; with one's back to the w.** *(fig)* mit dem Rücken zur Wand; **w.s have ears** *(prov.)* Wände haben Ohren *(prov.)*

to drive so. up the wall *(coll)* jdn auf die Palme bringen *(coll)*; **to go to the w.** 1. *(coll)* bankrott/Pleite/Konkurs machen; 2. unterliegen, an die Wand gedrückt werden, vor die Hunde gehen *(coll)*; **to push/send so. to the w.** jdn an die Wand drücken, jdn in die Enge treiben, jdn zum Nachgeben zwingen

back/rear wall Rückwand *f*; **dry-stone w.** Trockenmauer *f*; **fire-proof w.** feuerfeste Mauer; **inner w.** Innenmauer *f*; **outer w.** Außenmauer *f*; **protective w.** Schutzmauer *f*, S.wall *m*; **sliding w.** Schiebewand *f*; **~ aperture** Schiebewandöffnung *f*; **retaining w.** Stützmauer *f*; **thick w.** starke Wand

wall in *v/t* einmauern; **w. off** abtrennen; **w. up** zumauern

wall|board *n* *[US]* Sperrholz *nt*; **w. cabinet/cupboard** Wandschrank *m*; **w. calendar** Wandkalender *m*; **w. chart** Plantafel *f*; **w. clock** Wanduhr *f*; **w. covering** Wandverkleidung *f*

walled-in *adj* eingemauert

wallet *n* 1. Brief-, Geldscheintasche *f*, Hülle *f*, Etui *nt (frz.)*; 2. *[US]* Geldtasche *f*, (Geld)Börse *f*; 3. *(Bank)* Gebühren (eines Unternehmens) für sämtliche Bankgeschäfte

wall|flower *n (fig)* Mauerblümchen *nt (fig)*; **w. hanging** Wandbehang *m*

walling off *n* Abkapselung *f*, Abschirmung *f*

wall lamp Wandleuchte *f*

wallow *v/i* 1. sich wälzen; 2. ⚓ schlingern

wallpaper *n* (Papier)Tapete *f*; *v/t* tapezieren; **w. industry** Tapetenindustrie *f*; **w. shop** Tapetengeschäft *nt*

wall poster Wandplakat *nt*; **w. socket** ⚡ Steckdose *f*

Wall Street *[US]* New Yorker Börse/Finanzmarkt, amerikanische Finanzwelt

wall telephone ☏ Wandapparat *m*; **w. tile** Wandfliese *f*; **w. unit** Schrankwand *f*

walnut finish *n* Walnussholzausführung *f*

magic wand *n* Zauberstab *m*

wane *n* Abnehmen *nt*. Schwinden *nt*; **to be on the w.** abnehmen, schwinden

wangle *n (coll)* Mogelei *f*, Schiebung *f (coll)*, Mauschelei *f*, Schwindel *m*; *v/t* deichseln *(coll)*, (etw.) durch List erreichen, organisieren; **we'll make it somehow** wir werden das Kind schon schaukeln *(coll)*

wangling *n* Schiebung *f*, Mauschelei *f*

want *n* 1. Mangel *m*, Lücke *f*, Not *f*; 2. Entbehrung *f*, Not *f*; 3. Bedarf *m*, Bedürnis *nt*, **w.s** Bedürfnisse; **for w. of** aus Mangel an, mangels, in Ermangelung von

for want of acceptance *(Wechsel)* mangels Akzept/Annahme; **~ returned** *~* **acceptance** mangels Akzept zurück; **w. of capital** Kapitalmangel *m*; **~ (proper) care** Fahrlässigkeit *f*; **through ~ proper care** durch Fahrlässigkeit; **~ consideration** fehlende Gegenleistung; **for ~ consideration** mangels Gegenleistung; **for ~ evidence** [§] in Ermangelung von Beweisen, mangels Beweises; **~ legal form** Formmangel *m*, F.verletzung *f*; **~ funds** Kapitalmangel *m*; **for ~ funds** mangels Deckung; **for ~ definite instructions** in Ermangelung genauer Anweisungen; **~ jurisdiction** [§] Unzuständigkeit *f*, mangelnde Zuständigkeit; **w.s of life** Lebensbedürfnisse; **w. of novelty** *(Pat.)* Neuheitsmangel *m*; **~ opportunity** mangelnde Möglichkeit; **for ~ payment** mangels Zahlung; **for ~ proof** mangels Beweises; **for ~ record** mangels Eintragung; **in ~ repair** reparaturbedürftig; **it is not through ~ trying** *(coll)* es mangelt nicht an gutem Willen *(coll)*

to be in want Not leiden; **to create a w.** Bedürfnis (er)wecken; **to live in w.** Not leiden; **to satisfy w.s** Bedürfnisse befriedigen

basic want|s Grundbedürfnisse; **bodily w.s** leibliche Bedürfnisse; **to supply so.'s ~ w.s** für jds leibliche Bedürfnisse sorgen; **collective/public/social w.s** öffentliche Bedürfnisse, Kollektiv-, Gemeinbedürfnisse; **non-material w.s** immaterielle Bedürfnisse; **private w.** individuelles Bedürfnis

want *v/t* 1. wollen; 2. brauchen, bedürfen; 3. vermissen lassen

want ad Stellengesuch *nt*, S.angebot *nt*, S.anzeige *f*, Klein-, Kauf-, Suchanzeige *f*

wantage *n* Fehlbetrag *m*, Defizit *nt*

wanted *n* Geld(kurs) *nt/m*; **w. (by)** *adj* sucht, gesucht, verlangt; **w. immediately** ab sofort gesucht; **w. ad** Suchanzeige *f*; **w. circular/poster** Steckbrief *m*; **to circulate a w. poster** (jdn) steckbrieflich verfolgen

wanting *adj* mangelnd; **to be w.** fehlen

wants list Fehlliste *f*

wanton *adj* mutwillig, zügellos, willkürlich; **w.ness** *n* Mutwilligkeit *f*

war *n* Krieg *m*; **at w.** im Krieg (befindlich); **due to the w.** kriegsbedingt; **in case/the event of w.** im Kriegs-/Ernstfall; **disabled in the w.** kriegsbeschädigt, k.versehrt; **prepared for w.** kriegsbereit; **w. of attrition** Abnutzungs-, Zermürbungskrieg *m*, Materialschlacht *f*; **~ nerves** Nervenkrieg *m*; **~ words** Wortgefecht *nt*

to be at war Krieg führen, auf Kriegsfuß stehen mit; **to declare w. (upon/on so.)** (jdm) den Krieg erklären, (jdm) den Kampf ansagen; **~ on sth.** etw. den Kampf ansagen *(fig)*; **to go to w.** in den Krieg ziehen; **to make/wage w.** Krieg führen; **to outlaw w.** Krieg ächten; **to prepare for w.** zum Krieg rüsten; **to unleash w.** Krieg entfesseln

civil war Bürgerkrieg *m*; **cold w.** kalter Krieg; **nuclear w.** Atomkrieg *m*; **private w.** Privatkrieg *m*, P.fehde *f*

war aim Kriegsziel *nt*; **w. arsenal** Kriegsarsenal *nt*; **w. baby** Kriegskind *nt*; **the w.-blind** *pl* die Kriegsblinden; **w. bond** Kriegsschuldverschreibung *f*, K.anleihe *f*; **w. boom** Kriegskonjunktur *f*; **w. bride** Kriegs-, Soldatenbraut *f*; **w. burden** Kriegskosten *pl*; **w. casualty** Kriegsopfer *nt*; **w. chest** Kriegskasse *f*, K.schatz *m*; **w. correspondent** Kriegsberichterstatter *m*; **w. crime** Kriegsverbrechen *nt*; **w. criminal** Kriegsverbrecher *m*; **w. cry** Kriegsgeschrei *nt*, Schlachtruf *m*

ward *n* 1. (Wahl)Bezirk *m*, Stadtviertel *nt*; 2. [§] Mündel *m*, Fürsorgezögling *m*, Pflege-, Schutzbefohlene(r) *f/m*; 3. Vormundschaft *f*; 4. ⚕ *(Krankenhaus)* Station *f*, Abteilung *f*; **in w.** unter Vormundschaft; **w. in chancery** *(obs.)*; **w. of court** [§] Mündel unter Amtsvormundschaft, Amtsmündel *m*; **w. of a welfare service** Fürsorgezögling *m*

geriatric ward ⚕ Pflegestation *f*, geriatrische Abteilung; **male w.** Männerstation *f*; **private w.** Privatstation *f*; **surgical w.** chirurgische Abteilung

ward off *v/t* *(Gefahr)* abwehren, abwenden, bannen

war damage Kriegschäden *pl*; **~ compensation levy** Lastenausgleichsabgabe *f*, **w. debt(s)** Kriegsschulden *pl*

warden *n* 1. *[US]* (Gefängnis)Direktor *m*; 2. Herbergsvater *m*, Heimleiter *m*; **w. of a port** Hafenmeister *m*

War Department *[US]* *(obs.)* Kriegsministerium *nt*

warder *n* *[GB]* (Gefängnis)Wärter *m*, Aufseher *m*

war deviation clause *(Vers.)* Kriegsabweichungsklausel *f*

warding off *n* Abwehr *f*

war-disabled (person) *n* Kriegsinvalide *m*, K.versehrter *m*, K.beschädigter *m*

war disablement Kriegsbeschädigung *f*; **~ pension** Kriegsversehrtenrente *f*; **~ pensioner** Kriegsrentenempfänger *m*

ward nurse ⚕ Stationsschwester *f*; **w. physician** Stationsarzt *m*

wardress *n* *[GB]* (Gefängnis)Wärterin *f*, Aufseherin *f*

wardrobe *n* Garderobe *f*, Kleiderschrank *m*, K.kammer *f*

wardship *n* [§] Vormundschaft *f*; **under w.** unter Vormundschaft; **w. proceedings** Sorgerechtsverfahren *nt*

ward sister ⚕ Stations(ober)schwester *f*

wares *pl* Ware *f*, (Handels)Artikel *m*, Erzeugnisse *nt*

war effort Kriegsanstrengung *f*

warehouse *n* 1. (Großhandels-/Vorrats-/Waren)Lager *nt*, L.halle *f*, L.haus *nt*, (Güter)Speicher *m*, (Waren)Depot *nt*, (Güter)Magazin *nt*, Niederlage *f*, Packhaus *nt*; 2. Großhandels-, Engrosgeschäft *nt*, Großhandlung *f*; **ex w. ab Lager(haus); free w.** frei Lager; **(from) w. to w.** von Lager zu Lager, von Haus zu Haus; **w.-to-w. clause** *[US]* Transportversicherungsklausel *f*

to deliver/supply ex warehouse ab Lager liefern; **to deposit/place in a w.** einlagern, in ein Lager bringen; **to manufacture for w.** auf Lager produzieren; **to withdraw from a w.** auslagern, aus dem Lager nehmen

bonded warehouse ⊖ (privates) Zoll(verschluss)lager, Z.depot *nt*, Z.gutlager *nt*, Z.freilager *nt*, Z.speicher *m*, Z.aufschublager *nt*, Frei-, Transitlager *nt*, Depot für unverzollte Ware, Lager(haus) für zollpflichtige Güter, ~ zur Zoll- bzw. Steuersicherung; **~ w. bond** Kaution für Zollspeicherlagerung; **importer-controlled ~ w.** Zollvormerklager *nt*; **private ~ w.** Zolleigenlager *nt*

central warehouse Zentrallager *nt*; **high-bay/high-rise w.** Hochregal-, Hochraumlager *nt*; **internal w.** Innenlager *nt*; **licensed w.** *[US]* ⊖ Lagerhaus für zollpflichtige Güter; **locked w.** Zollverschlusslager *nt*; **own w.** Eigenlager *nt*; **private w.** (firmen)eigenes Lager; **public w.** öffentliches Lagerhaus/Zolllager, öffentlicher Speicher, offenes Warenlager; **refrigerated w.** Kühlhaus *nt*; **regional w.** Regionallager *nt*; **temperature-controlled w.** temperaturgeführtes Lager; **uptown w.** *[US]* Lager in der Stadt

warehouse *v/t* (ein)lagern, speichern, auf Lager bringen/nehmen

warehouse account Lagerkonto *nt*; **w. bill** *[US]* Einlagerungswechsel *m*; **w. bond** 1. Lagerschein *m*, Kaution des Lagerinhabers; 2. ⊖ Zollverschlussbescheinigung *f*, Z.schein *m*; **w. book** Bestands-, Lagerbuch *nt*; **w. certificate** Lagerschein *m*; **w. charges** Lagergeld *nt*, L.gebühren, L.kosten, Einlagerungsgebühren; **w. clerk** Lagerist *m*; **w. company** Lagerhausgesellschaft *f*; **w. control system** Lagerleitsystem *nt*; **w. cost(s)** Kosten der Lagerhaltung

warehouse goods Waren auf Lager; **w. hand** Lagerarbeiter(in) *m/f*; **w. insurance** Lagerversicherung *f*; **w. inventories** Lagerhausbestände, Lagervorrat *m*; **w. keeper** 1. Speicher-, Lagerverwalter *m*, L.aufseher *m*; 2. Magazin-, Lagerinhaber *m*; 3. Großhändler *m*; 4. Spediteur *m*; **w. keeper's certificate/receipt** Lagerpfandschein *m*; **w. loan** Einlagerungskredit *m*; **w. location** Standort des Außenlagers; **w.man** *n* 1. Magazin-, Lagerverwalter *m*, L.aufseher *m*; 2. Lagerarbeiter *m*, Magazin-, Speicherarbeiter *m*, Lagerist *m*; 3. Großhändler *m*; 4. Spediteur *m*; **w.man's lien** Lagerhaltungs-, Lagerhalterpfandrecht *nt*; **w. management** Lagerführung *f*, L.verwaltung *f*; **w. manager** Magazin-, Lagerverwalter *m*; **w. operative** Lagerarbeiter(in) *m/f*; **w. period** ⊖ Zolllagerfrist *f*; **w. rates** Speichergebühren

warehouse receipt 1. Lagerzugang *m*; 2. Lagerempfangsbescheinigung *f*, L.empfangsschein *m*, L.schein *m* (für sicherungsübereignete Waren), Einlagerungsschein *m*; 3. *[US]* Lagerpfandschein *m*; **negotiable w. r.** Lager-, Inhaberlager-, Orderlagerschein *m*; **~ made out to bearer** Inhaberlagerschein *m*; **~ made out to order** Orderlagerschein *m*; **non-negotiable w. r.** Order-, Namens-, Rektalagerschein *m*, nicht begebbarer Lagerschein; **registered w. r.** Namenslagerschein *m*; **w. r. holder** Lagerscheininhaber *m*

warehouse rent Niederlagegebühren *pl*, Lagergeld *nt*, Speichermiete *f*; **w. room** Speicherraum *m*; **w. shopping** Ab-Lager-Verkauf *m*; **w. space** Lagerraum *m*; **w. stocks** Lagerbestände; **w. warrant** 1. (Order)Lager-, Lagerpfandschein *m*; 2. Zolllagerschein *m*; **~ to bearer** Inhaberlagerschein *m*; **~ order** Orderlagerschein *m*; **w. worker** Lagerarbeiter(in) *m/f*

warehousing *n* 1. Lagerung *f*, Lagerhaltung *f*, L.betrieb *m*, L.(haltungs)geschäft *nt*, Lagerungsgeschäft *nt*, Ein-

temporary **warehousing**

lagern *nt*, (Waren)Einlagerung *f*, Warenlagerhaltung *f*, Hinterlegung *f*; 2. *(fig)* Strohmannbeteiligung *f* (zwecks Übernahme); **temporary w.** vorübergehende Einlagerung
warehousing business Lagerbetrieb *m*, L.geschäft *nt*; **w. charges** Lagerungs-, Speichergebühren, Lagergeld *nt*; **w. company** Lagerhausgesellschaft *f*, Lagereibetrieb *m*; **w. contract** Lagervertrag *m*; **w. cooperative** Magazingenossenschaft *f*; **w. costs** Lagerhaltungskosten; **w. credit** Warenumschlagskredit *m*; **w. entry** ⊖ Deklaration zur Zolleinlagerung; **w. facilities** Lagereinrichtungen; **w. throughput** Lagerdurchsatz *m*; **w. warrant** Lagerschein *m*; **~ made out to bearer** Inhaberlagerschein *m*; **~ made out to order** Orderlagerschein *m*
war equipment Kriegsausrüstung *f*; **w. events** Kriegsgeschehen *nt*
warfare *n* Kriegsführung *f*; **chemical w.** chemische Kriegsführung; **ecological w.** ökologische Kriegsführung; **economic w.** Wirtschaftskrieg *m*; **naval w.** Seekrieg *m*
war finance/financing Kriegsfinanzierung *f*; **w. footing** Kriegszustand *m*; **on a w. footing** auf Kriegsfuß; **w. game** Kriegsspiel *nt*; **w. grade** Kriegsausführung *f*; **w. graves commission** Kriegsgräberfürsorge *f [D]*; **w. guilt** Kriegsschuld *f*; **w.head** *n* Sprengkopf *m*; **old w.horse** *n (coll)* alter Haudegen *(coll)*; **w. indemnity** Kriegsschaden(s)vergütung *f*; **w. injury** Kriegsverletzung *f*; **w. legislation** Kriegsgesetzgebung *f*; **w. levy** Kriegsabgabe *f*; **w.like** *adj* kriegerisch, kampfeslustig, streitbar, militant; **w. loan** Kriegsanleihe *f*; **w.lord** *n* Kriegsherr *m*; **w. loss** Kriegsverlust *m*
warm up *v/i (Unterhaltung)* in Fluss kommen; **~ to sth.** sich für etw. erwärmen
war machine Kriegsmaschinerie *f*; **w. material** Kriegsmaterial *nt*, K.bedarf *m*, K.gerät *nt*; **w. memorial** Kriegerdenkmal *nt*
global warming *n* Erderwärmung *f*
warmth *n* Wärme *f*; **to radiate w.** Wärme verbreiten
warn *v/t* androhen, (ver)warnen, abmahnen; **w. so. of** jdn warnen vor; **w. off** [§] verwarnen
warning *n* 1. (Ab)Mahnung *f*, (Ver)Warnung *f*, Ermahnung *f*, Androhung *f*, Ankündigung *f*, Benachrichtigung *f*, Bescheid *m*; 2. Kündigung(sfrist) *f*; **without w.** ganz/völlig unerwartet; **in spite of w. being given** trotz Abmahnung; **at a minute's w.** fristlos, auf Abruf, sofort; **without further w.** ohne weitere Androhung **to give warning of** androhen; **~ so. fair w.** 1. jdn rechtzeitig verständigen; 2. jdm rechtzeitig kündigen; **to heed a w.** Warnung beachten; **to issue a w.** Verwarnung aussprechen, abmahnen; **to make light of a w.** Warnung in den Wind schlagen; **to sound a w.** Warnung aussprechen, warnen
advance warning Vorwarnung *f*, frühzeitiger Bescheid; **ample w.** hinreichende Warnung; **dire w.** ernste Warnung; **early w.** frühzeitige Warnung, Voralarm *m*; **~ signal** Frühwarnsignal *nt*; **~ system** Frühwarnsystem *nt*
warning bell Warn-, Signalglocke *f*; **w. device** Warnanlage *f*; **w. flag** Sturmfahne *f*; **w. light** 1. Kontrolllampe *f*, K.leuchte *f*, Warnlicht *nt*; 2. ⚓ Warnfeuer *nt*; **w.**

limit Warngrenze *f*; **w. lockout** Warnaussperrung *f*; **w. notice** Vorsichtstafel *f*; **written w. notice** Abmahn-(ungs)schreiben *nt*; **w. shot** Schreck-, Signal-, Warnschuss *m*; **w. sign** Warnschild *nt*, W.tafel *f*; **w. signal** Warnsignal *nt*; **w. strike** Warnstreik *m*; **w. system** Warnanlage *f*; **advanced w. system (AWS)** ⚓ Betriebsleittechnik *f*; **automatic w. system** Zugüberwachung *f*; **w. triangle** ⚠ Warndreieck *nt*
War Office *[GB]* Verteidigungs-, Kriegsministerium *nt*; **w. orphan** Kriegswaise *f*
warp (line) *n* ⚓ Bugsier-, Schleppleine *f*, Warptrosse *f*; *v/i* (sich) verziehen, verwerfen, wellen
warpage *n* 1. Tonnengeld *nt*; 2. Verkrümmung *f*, Verziehen *nt*
warped *adj* verzogen, wellig, verdreht
war pension Kriegs-, Kriegsopfer-, Kriegsfolge-, Hinterbliebenenrente *f*
warp knitting Kett(en)wirken *nt*
war plant Kriegsbetrieb *m*; **w. profit** Kriegsgewinn *m*; **w. profiteer** *(pej.)* Kriegsgewinnler *m (pej.)*; **w. propaganda** Kriegspropaganda *f*
warrant *n* 1. Garantie(erklärung) *f*; 2. Berechtigung *f*, Vollmacht *f*, Befugnis *f*, Gewähr *f*; 3. [§] Vollziehungsbefehl *m*, richterlicher Befehl; 4. *(Aktie)* (Dividenden)Gutschein *m*; 5. Optionsschein *m*, Bezugsrecht *nt*; 6. Schatzanweisung *f*; 7. *(Börse)* Warenschein *m*; 8. Bürgschaftsvertrag *m*; 9. ⚓ Patent *nt*; 10. Bürge *m*, Garant *m*, Gewährsmann *m*
warrant for (so.'s) arrest [§] Haftbefehl *m*; **w. of arrest** 1. Beschlagnahmeverfügung *f*, Zwangsvollstreckungs-, Pfändungsbefehl *m*; 2. Haftbefehl *m*; **~ attachment/distress** Beschlagnahmeverfügung *f*, Pfändungs-, Zwangsvollstreckungsbefehl *m*, Z.beschluss *m*; **~ attorney** Vollmacht für einen Rechtsanwalt, Prozessvollmacht *f*, Mandat *nt*; **~ execution** [§] Vollstreckungsbefehl *m*; **w. for goods** Lagerpfandschein *m*
to arrest so. without a warrant jdn ohne Haftbefehl festnehmen; **to issue a w. (of arrest)** Haftbefehl erlassen; **to take out a w. against so.** Haftbefehl gegen jdn erwirken
covered warrant gedeckter Optionsschein; **judicial w.** richterliche Anordnung, richterlicher Befehl; **municipal w.** *[US]* Kommunalschuldschein *m*, K.schuldverschreibung *f*; **part w.** Teillagerschein *m*; **royal w.** *[GB]* Hoflieferantendiplom *nt*
warrant *v/t* 1. befugen, bevollmächtigen; 2. garantieren, (ver)bürgen, gewährleisten, zusichern, Bürgschaft/Garantie leisten, gutsagen, Gewähr(leistung) übernehmen; 3. rechtfertigen; **w. free from average** Schadensfreiheit garantieren
warrantable *adj* vertretbar, gerechtfertigt; **w.ness** *n* Vertretbarkeit *f*, Rechtmäßigkeit *f*
warrant clerk Lager(haus)verwalter *m*; **w. creditor** 1. Schuldscheininhaber(in) *m/f*, S.besitzer(in) *m/f*; 2. Garantienehmer(in) *m/f*
warranted *adj* garantiert, echt, gesichert, mit/unter Garantie, **~** Gewähr, verbürgt; **not w.** ohne Gewähr; **w. for one year** 1 Jahr Garantie; **w. free of sth.** garantiert frei von etw.

warrantee *n* Sicherheits-, Garantie-, Bürgschaftsempfänger(in) *m/f*, Garantieinhaber(in) *m/f*, Sicherheitsnehmer(in) *m/f*
warranter; warrantor *n* Garant(in) *m/f*, Gewährleister *m*, G.smann, Garantie-, Sicherheitsgeber *m*, Bürge *m*; **joint w.** Solidarbürge *m*
warrant holder [GB] königlicher Hoflieferant; **w. issue** Optionsanleihe *f*; **w. letter** Garantieschreiben *nt*; **w. liability** Haftung aus Gewährleistung
warranty *n* 1. Gewährleistung(spflicht) *f*, (Mängel)Garantie *f*, Garantieschein *m*, G.vertrag *m*; 2. Zusicherung(sabrede) *f*; 3. (Wechsel)Bürgschaft *f*; 4. Ermächtigung *f*, Vollmacht *f*; 5. Orderlagerschein *m*
warranty of authority Vollmachtsnachweis *m*, Ermächtigung *f*, Garantie für die eigene Verfügungs- und Vertretungsmacht; ~ **quiet enjoyment** Zusicherung des ungestörten Besitzes, Rechtsmängelgarantie *f*, R.gewähr *f*; ~ **fitness** Tauglichkeitsgewährleistung *f*, Mängelhaftung *f*, Gewähr für zugesicherte Eigenschaften; ~ **fitness for contractual use** Haftung für vertragsgemäßen Gebrauch; ~ **genuineness** Echtheitsbürgschaft *f*; ~ **merchantability** Gewährleistung der Durchschnittsqualität, Zusicherung handelsüblicher Qualität; ~ **(merchantable/proper) quality**; ~ **soundness** Gewährleistung für Sachmängel, Sachmängelhaftung *f*; ~ **a quality** Zusicherung einer Eigenschaft; ~ **title** Rechtsgarantie *f*, R.mängelhaftung *f*, R.mängelgewähr *f*, Gewähr für Rechtsmängel; ~ **title and quality** Rechts- und Sachmängelgewähr *f*
to give/provide a warranty Gewährleistung übernehmen
affirmative warranty Zusicherung der Richtigkeit der gemachten Angaben; **contractual w.** vertragliche Garantie; **express w.** ausdrückliche Garantie/Gewährleistung, vertragliche Gewährleistung, (Sach)Mängelhaftung *f*, M.gewähr *f*, Gewährleistung für zugesicherte Eigenschaften; **implied w.** [US] gesetzliche/stillschweigende Gewährleistung, stillschweigende Garantie/Mängelhaftung, stillschweigend gewährte Garantie, positive Zusicherung; **joint w.** Solidarbürgschaft *f*; **maximum w.** Höchsthaftung *f*; **personal w.** persönlich übernommene Bürgschaft; **statutory w.** gesetzliche Gewährleistung
warranty certificate Garantieschein *m*, G.brief *m*; **w. claim** Garantie-, Mängel-, Gewährleistungsanspruch *m*, G.fall *m*; **to file a w. claim** Mangel geltend machen
warranty clause Garantie-, Mängel-, Gewährleistungsklausel *f*; **w. costs** Garantieaufwendungen, G.(un)kosten; **w. contract** Gewährleistungsvertrag *m*; **w. declaration** Haftungserklärung *f*; **w. deed** 1. Rechtsgarantie *f*, Bürgschaftsurkunde *f*, Gewährleistungsvertrag *m*; 2. [US] Grundstücks(verkaufs)vertrag *m*, G.übertragungsurkunde *f*, G.kaufvertrag *m*; **warranties direct** Gewährleistungen aus Einzelrisiko; **w. express or implied** ausdrückliche oder stillschweigende Gewährleistung; **w. guarantee** Gewährleistungsgarantie *f*; **warranties indirect** Gewährleistungen pauschal; **w. laws/legislation** Gewährleistungsrecht *nt*; **w. period** Gewährleistungs-, Garantiefrist *f*, G.zeit *f*; **w. policy** Garantieversicherung *f*; **w. promise** Garantieversprechen *nt*; **w. repair** Garantiereparatur *f*; **w. reserves** Rücklage für Gewährleistungsansprüche; **w. stamp** Garantiestempel *m*; **w. terms** Gewährleistungsbestimmungen; **w. work** Garantiearbeiten *pl*
war report Kriegsbericht *m*; **w. reserve** Kriegsrücklage *f*
war risk Kriegsgefahr *f*, K.risiko *nt*; **w. and mine r.** Kriegs- und Minenrisiko *nt*; **w. r. claims reserve** Kriegsrückstellung *f*; ~ **clause** Kriegs-, Kriegsrisiko-, Kriegsgefahrenklausel *f*; ~ **cover(age)** Kriegsrisikoschutz *m*; **w. r.(s) insurance** Kriegs(risiko)versicherung *f*, Versicherung gegen Kriegsgefahr; **w. r. policy** Kriegsrisikopolice *f*; **w. r.s pool** Kriegsversicherungsgemeinschaft *f*
war scare Kriegspsychose *f*; **w. securities** Rüstungswerte; **w.ship** *n* Kriegsschiff *nt*; **w. stocks** Kriegsvorräte; **w. supplies** Kriegslieferungen; **w. tax** Kriegssteuer *f*
wartime *n* Kriegszeit *f*; **during w.** während des Krieges; **w. controls** Kriegsbewirtschaftung *f*; **w. economy** Kriegswirtschaft *f*; **w. expenditures** Kriegsausgaben; **w. industry** Kriegsindustrie *f*; **w. injury** Kriegsverletzung *f*; **w. phenomenon** Kriegserscheinung *f*; **w. production** Kriegsproduktion *f*; **w. regulations** Kriegsbestimmungen
war victim Kriegsopfer *nt*; **w. victims welfare service** Kriegsopferversorgung *f*; **w. weariness** Kriegsmüdigkeit *f*; **w.-weary** *adj* kriegsmüde; **w. widow** Kriegerwitwe *f*; **w. widow's pension** Kriegerwitwenrente *f*; **w.-worn** *adj* 1. kriegszerstört, vom Krieg verwüstet; 2. kriegsmüde
wary *adj* vorsichtig, umsichtig
war zone Kriegszone *f*, K.gebiet *nt*
wash *n* 1. Wäsche *f*, Waschen *nt*; 2. ⚓ Kielwasser *nt*, Wellenschlag *m*
wash *v/t* 1. waschen, spülen; 2. tünchen; 3. *(fig)* überzeugen; **w. ashore** an Land schwemmen, anschwemmen; **w. away** fortspülen; **w. off on so.** auf jdn abfärben; **w. out** auswaschen; **w. overboard** ⚓ über Bord spülen; **w. up** (Geschirr) spülen
wash|able *adj* (ab)waschbar, w.echt; **w.-and-wear** *adj* (Textilien) bügelfrei; **w.bag** *n* [US] Kulturbeutel *m*; **w.basin** *n* Waschbecken *nt*; **w.board** *n* Waschbrett *nt*; **w.bowl** *n* Waschschüssel *f*; **w.cloth** [US] Waschlappen *m*; **w. day** Waschtag *m*
washer *n* 1. Waschmaschine *f*; 2. ✿ Dichtungsring *m*
washeteria *n* Waschsalon *m*, (Selbstbedienungs-, Münz)Wäscherei *f*
wash house Waschküche *f*, W.haus *nt*
washing *n* 1. Waschen *nt*, Wäsche *f*; 2. Wäsche *f*; 3. *(fig)* Börsenscheingeschäft *f*; **to rinse the w.** Wäsche spülen; **dirty w.** schmutzige Wäsche
washing day Waschtag *m*; **w. facility** Waschgelegenheit *f*; **w. instructions** Waschanleitung *f*; **w. line** [GB] Wäscheleine *f*; **w. machine** Waschmaschine *f*; **automatic w. machine** Wasch(voll)automat *m*; **w. powder** Waschpulver *m*; **w. soap** Kernseife *f*; **w. stand** Waschbecken *nt*; **w. up** Abwasch *m*; ~ **agent** Spülmittel *nt*; **w. water** Waschwasser *nt*

wash leather Waschleder *nt*; **w. line** *[US]* Wäscheleine *f*; **w.out** *n (coll)* (glänzender) Reinfall *(coll)*, Schlag ins Wasser *(coll)*; **to be a w.out** in die Binsen gehen *(coll)*; **w. rag** *[US]* Waschlappen *m*; **w.room** *n* Waschraum *m*; **w. sale/transaction** *[US] (coll)* (Börsen)Scheingeschäft *nt*; **w. stand** Waschkommode *f*, W.tisch *m*; **w.-wipe** *n* ⇔ Wischwaschautomatik *f*
wastage *n*   1. (Material)Verlust *m*, (M.)Schwund *m*, Verschwendung *f*, Vergeudung *f*; 2. Ausschuss *m*, Abfall *m*, Schrott *m*; **w. of energy** Energieverschwendung *f*, Leerlauf *m*; ~ **resources** Verschwendung/Vergeudung von Ressourcen; **natural w.** natürliche (Belegschafts-, Personal)Fluktuation *f*, Fluktuationsabgang *m*, natürlicher (Belegschafts)Abgang/Personalabbau; **w. rate** 1. Personalabgangsrate *f*; 2. Ausschuss-, Verlustquote *f*
waste *n*   1. (Material)Abfall *m*, Ausschuss *m*, Schwund (-verlust) *m*; 2. Abfall *m*, Müll *m*, Schrott *m*; 3. Vergeudung *f*, Verschwendung *f*; 4. ♣ Abraum *m*, Bergematerial *nt*; **w.s** Abfallstoffe, Rückstände
waste of effort   verschwendete Mühe; ~ **energy** Energieverschwendung *f*; ~ **primary energy** Primärenergiemissbrauch *m*; ~ **public funds** Verschwendung öffentlicher Gelder, öffentliche Verschwendung; ~ **money** Geldverschwendung *f*, weggeworfenes/hinausgeworfenes Geld; ~ **opportunities** nicht genutzte Chance; ~ **natural resources** Raubbau *m*; ~ **space** Raumverschwendung *f*; ~ **time** Zeitverschwendung *f*; **a ~ time** alles für die Katz *(coll)*, ein Schuss in den Ofen *(coll)*
to be a complete waste of time völlig umsonst sein; **to commit w.** [§] *(Immobilie)* verkommen lassen; **to deposit w.** Abfälle (ab)lagern/deponieren; **to dispose of w.** Abfall beseitigen/entsorgen; **to go to w.** 1. *(Lebensmittel)* verkommen; 2. ungenutzt bleiben, brachliegen, verkümmern; **to leave w.** Abfälle hinterlassen; **to lie w.** brachliegen; **to print w.** ⎕ makulieren; **to segregate w.** Müll trennen; **to treat w.** Abfälle behandeln
acid waste Säureabfall *m*; **active w.** vorsätzliche Substanzbeschädigung; **ameliorative w.** werterhöhende Substanzveränderung; **commercial w.** Gewerbemüll *m*; **commissive w.** Substanzschädigung *f*; **composted w.** kompostierter Müll; **domestic w.** Haushaltsabfall *m*, Haus(halts)müll *m*; **equitable w.** normaler Verschleiß; **fertile w.s** aufbereitungsfähige Rückstände, zur Aufarbeitung geeignete Rückstände; **hazardous w.** Gift-, Gefahrmüll *m*, Sonderabfall *m*, S.müll *m*; **industrial w.** Gewerbe-, Industrieabfall *m*, I.müll *m*, gewerblicher Abfall; **organic ~ w.** organischer Industrieabfall; **institutional w.** Behördenmüll *m*; **low-level w. (l.l.w.)** schwach (radio)aktiver Abfall; **nuclear w.** Atommüll *m*, A.müll *m*, nuklearer Abfall; **organic w.** organischer Abfall, organische Abfallstoffe, Biomüll *m*; ~ **recycling** Recycling von Hausmüll/organischen Abfällen; **permissive w.** mangelnde Obsorge für die Erhaltung; **poisonous w.** Giftmüll *m*, Sonderabfall *m*; **radioactive w.** Atommüll *m*, radioaktiver Müll/Abfall; **residential w.** Haus(halts)müll *m*, Siedlungsabfall *m*; **residual w.** Restmüll *m*; ~ **treatment** Restmüllbehand-

lung *f*; **solid w.** Festmüll *m*, feste Abfallstoffe, fester Abfall; ~ **disposal plant** Festmüllbeseitigungsanlage *f*; **special w.** Sondermüll *m*; ~ **collection** Sondermüllabfuhr *f*; **toxic w.** Giftmüll *m*, giftige Abfallstoffe, Sonderabfall *m*, S.müll *m*; **voluntary w.** absichtliche/fahrlässige Vernachlässigung
waste *v/ti*   1. vergeuden, verschwenden, verschleißen, verbrauchen, verplempern *(coll)*; 2. *(Gelegenheit)* verpassen; 3. schwinden; **w. away** dahinsiechen
waste *adj*   überflüssig, ungenutzt, brachliegend, öde; **to lay w.** verwüsten
waste air Abluft *f*; **w. avoidance** Abfallvermeidung *f*; **w.-basket**; **w.-bin** *n* Abfall-, Papierkorb *m*; **w. book** (Kassen)Kladde *f*; **w. circulation** *(Mailing)* Fehlsteuerung *f*; **w. collection** Müllabfuhr *f*; **w. control(s)** Abfallwirtschaft *f*; **w. costs** Leerkosten; **w. discharge** Abwassereinleitung *f*
waste disposal Abfall-, Müllbeseitigung *f*; **permanent w. d.** Endlagerung *f*; **w. d. cost** Abfallbeseitigungskosten *pl*; ~ **management** Abfallbeseitigung *f*, Entsorgung *f*; ~ **plant** Abfallbeseitigungs-, Entsorgungsanlage *f*; ~ **resource recovery plant** Müllverwertungsanlage *f*; ~ **site** Entsorgungsfläche *f*, E.park *m*, (Müll)Deponie *f*, D.standort *m*; ~ **unit** Müllschlucker *m*, M.beseitigungsanlage *f*, Entsorgungsanlage *f*
waste energy   Abfallenergie *f*, ungenutzte Energie; **w.ful** *adj* vergeuderisch, verschwenderisch, unwirtschaftlich; **w.fulness** *n* Verschwendung(ssucht) *f*, Unwirtschaftlichkeit *f*; **w. gas** Abgas *nt*; **industrial w. gas** Industrieabgas *nt*; **w. gas composition** Abgaswerte *pl*; **w. heat** Abwärme *f*; ~ **recovery** Abwärmerückgewinnung *f*; **w. incineration** Müllverbrennung *f*; ~ **plant** Müllverbrennungsanlage *f*; **w.land** *n* Ödland *nt*, Brache *f*, Öde *f*, unbebautes Land; **industrial w.land** *n* Industriebrache *f*; **w. management** Abfallwirtschaft *f*, (Müll)Entsorgung *f*; **w. material** Abfallmaterial *nt*, A.stoffe *pl*, Müll *m*; **w. materials exchange** Abfallbörse *f*; **w. matter** Abfallstoffe *pl*; **w. oil** Altöl *nt*
waste paper   1. Alt-, Abfall-, Ausschusspapier *nt*, Papierabfälle *pl*; 2. ⎕ Makulatur *f*; ~ **basket/bin** Abfall-, Papierkorb *m*; ~ **collection** Altpapiersammlung *f*; **w. pipe** Abflussrohr *nt*; **w. processing** Müllaufbereitung *f*, Restmüllverarbeitung *f*, R.verwertung *f*, Altstoffbehandlung *f*; **w. product** Abfallprodukt *nt*, A.stoff *m*
waster *n* Verschwender(in) *m/f*
waste reclamation (scheme); **w. recycling** Müllverwertung *f*, M.aufbereitung *f*; **w. relocation** Müllverfüllung *f*; **w. reprocessing** Abfallwiederaufbereitung *f*; ~ **plant** Abfallwiederaufbereitungsanlage *f*; **s. steam** Prozessdampf *m*; **w. tip** Müllkippe *f*; **w. tonnage** ⚓ leerer Schiffsraum *m*; **w. treatment** Müllaufbereitung *f*, Abfallbehandlung *f*; ~ **process** Abfallbehandlungs-, Müllaufbereitungsverfahren *nt*; ~ **plant** Müllaufbereitungsanlage *f*
waste water   Abwasser *nt*; **to discharge w. w.** Abwasser einleiten; **industrial w. w.** Industrieabwasser *nt*; **w. w. discharge** Abwassereinleitung *f*; ~ **treatment** Abwasserreinigung *f*; ~ **treatment plant** Kläranlage *f*
waste wood   Abfallholz *nt*, Holzabfall *m*

wasting of resources *n* Verschwendung von Ressourcen
wasting *adj* abnutzbar
wastrel *n* 1. Verschwender *m*; 2. Ausschussware *f*, minderwertige Ware; 3. *[GB]* unbebautes Land, Gemeindeland *nt*
watch *n* 1. Wache *f*, Wacht *f*; 2. Wachhabende *pl*, W.dienst *m*; 3. (Armband-/Taschen)Uhr *f*; **on w.** auf Wache; **to assign w.es** Wache einteilen; **to check/synchronize w.es** Uhrzeit vergleichen; **to keep w. (on)** Wache halten; **to put back a w.** Uhr nachstellen; **to wind (up) a w.** Uhr aufziehen; **digital w.** Digitaluhr *f*
watch *v/t* 1. (scharf) beobachten, aufpassen auf, im Auge behalten; 2. wachen, Wache halten; 3. zusehen; **w. closely** scharf bewachen; **w. so. closely** jdm auf die Hände sehen *(coll)*; **w. out** auf der Hut sein, sich vorsehen; **w. over** Aufsicht führen, Wache halten
watchdog *n* 1. Ketten-, Wachhund *m*; 2. *(fig)* Aufpasser *m*; 3.Aufsichts-, Regulierungsbehörde *f*; **w. body** Kontroll-, Überwachungsorgan *nt*; **w. committee** Aufsichtsgremium *nt*, Kontroll-, Überwachungsausschuss *m*
watch and clock fair Uhrenfachmesse *f*; **w.ful** *adj* vorsichtig; **w.fulness** *n* Wachsamkeit *f*; **w. (and clock) industry** Uhrenindustrie *f*
watching brief *n* [§] *(Anwalt)* Beobachtungsauftrag *m*; **to hold a w. b.** Kontrollfunktion ausüben
watch|maker *n* Uhrmacher *m*; **w.maker's shop** Uhrengeschäft *nt*; **w.man** *n* Wächter *m*, Wache *f*; **w. officer** ⚓ wachhabender Offizier, Wachoffizier *m*; **w. tower** Wachturm *m*; **w.word** *n* Parole *f*, Losung *f*, Kennwort *nt*
water *n* Wasser *nt*; **w.s** Gewässer *nt*, Seegebiet *nt*; **by w.** auf dem Wasserweg; **w. under the bridge** *(fig)* Schnee von gestern *(fig)*; **w. for domestic (or industrial) use** Brauchwasser *nt*
to contain water wasserhaltig sein; **to draw much w.** ⚓ tiefgehen; **~ ... feet of w.** ... Fuß Tiefgang haben; **to get into calmer w.s** in ruhigeres Fahrwasser geraten; **to have w. on tap** über Leitungswasser verfügen; **to hold w.** 1. wasserdicht sein; 2. *(fig)* hieb- und stichfest sein, stichhaltig sein, Hand und Fuß haben *(coll)*; **to make w.** ⚓ lecken; **to pour cold w. on sth.** *(fig)* etw. einen Dämpfer aufsetzen *(fig)*; **to take w.** Wasser fassen; **~ the w.s** *(obs)* ⚕ kuren; **to transport by w.** auf dem Wasserweg transportieren/befördern
clear water offenes Fahrwasser; **coastal w.s** Küstengewässer *nt/pl*; **deep w. port** Tiefwasserhafen *m*; **fresh w.** Frisch-, Süßwasser *nt*; **~ damage** Süßwasserschaden *m*; **~ fishing** Binnenfischerei *f*; **general-purpose/industrial w.** Brauchwasser *nt*; **high w.** Hochwasser *nt*; **~ mark** Flut-, Hochwassermarke *f*, H.pegel *m*; **hot w.** Warmwasser *nt*; **~ bottle** Wärmflasche *f*; **~ supply** Warmwasserversorgung *f*; **inland/internal w.s** Binnen-, Eigengewässer *nt/pl*, inländische Gewässer; **inland w. navigation** Binnenschifffahrt *f*; **inshore w.s** interne Seegewässer, Küstengewässer *nt/pl*; **international w.s** internationale Gewässer; **low w.** Niedrigwasser *nt*; **~ mark** Niedrigwassermarke *f*, Tiefwasserzeichen *nt*; **mineral w.** Mineralwasser *nt*; **national w.s** Hoheitsgewässer *nt/pl*; **navigable w.** Fahrwasser *nt*; **~**

w.s schiffbare Gewässer; **neutral w.s** neutrale Gewässer; **offshore w.s** Schelfgewässer *nt/pl*; **open w.** offenes Wasser, offenes/eisfreies Gewässer; **pressurized w.** Druckwasser *nt*; **~ reactor (PWR)** ⚛ Druckwasserreaktor *m*; **quiet w.s** stille Gewässer; **running w.** fließendes/laufendes Wasser; **stagnant w.** stehendes Wasser; **sweet w.** Süßwasser *nt*; **territorial w.s** Küsten-, Hoheits-, Territorial-, Binnengewässer *nt/pl*, See-, Hoheitsgebiet *nt*; **tidal w.s** Flutgebiet *nt*; **troubled w.s** *(fig)* (finanzielle) Schwierigkeiten
water *v/t* tränken, wässern, sprengen; **w. down** verwässern, abschwächen, mildern, verdünnen
waterage *n* Wasserfracht(kosten) *f/pl*, Beförderung auf dem Wasser(wege)
water analysis Wasseruntersuchung *f*; **w. authority/board** Wasserbehörde *f*, W.(wirtschafts)amt *nt*, W.verwaltung *f*, W.werke *pl*; **w. bailiff** 1. Fischereiaufseher *m*; 2. Wasserpolizei *f*; **w. ballast** Wasserballast *m*; **w. basin** Wasserbecken *nt*; **w.borne** *adj* zu Wasser befördert; **w. bottle** Wasser-, Feldflasche *f*; **w.bound** *adj* vom Wasser eingeschlossen; **w. butt** Regentonne *f*; **w. cannon** *(Polizei)* Wasserwerfer *m*; **w. carriage** Wassertransport *m*; **w. carrier** 1. Wasserträger *m*; 2. Wasserleitung *f*; 3. Seespediteur *m*; **w. cart** Wasserwagen *m*; **w. cask** Wasserfass *nt*; **w. charges** *[US]* Wassergeld *nt*; **first open w. chartering (f.o.w.)** ⚓ sofort nach Schifffahrtseröffnung; **w. closet (W.C., WC)** Wasserklosett *nt*, Toilette *f*; **w. cock** Wasserhahn *m*; **w. colours** Wasserfarben; **w. company** Wasserwirtschaftsunternehmen *nt*; **w. conservation** Gewässerreinhaltung *f*, G.schutz *m*; **~ area** Wasserschutzgebiet *nt*; **w. consumption** Wasserverbrauch *m*; **w. contamination** Wasserverschmutzung *f*; **w. content** Wassergehalt *m*; **w.-cooled** *adj* ✪ wassergekühlt; **w. cooling** Wasserkühlung *f*; **w.course** *n* Wasserlauf *m*; **w.craft** *n* ⚓ Wasserfahrzeug *nt*; **w. cycle** Wasserkreislauf *m*
water damage Wasserschaden *m*; **~ insurance** Wasserschaden-, Leitungswasserversicherung *f*
watered (down) *adj* verwässert
water engineering Wasserwirtschaft *f*; **w.fall** *n* Wasserfall *m*; **w. farm** Fischzuchtbetrieb *m*; **w. fog** Tröpfchennebel *m*
waterfront *n* Uferbezirk *m*, Kai *m*; *adj* am Wasser gelegen; **w. facilities** Kaianlagen; **w. property** Ufergrundstück *nt*, am Wasser gelegenes Grundstück
water ga(u)ge Wasserstandsmesser *m*, W.anzeiger *m*, Pegel *m*; **w.guard** *n* Fluss-, Hafen-, Wasser(schutz)polizei *f*; **fitted w. heater** Heißwassergerät *nt*, Warmwasserboiler *m*; **w. hole** Wasserloch *nt*; **w. hose** Wasserschlauch *m*; **w. industry** Wasserwirtschaft *f*
watering *n* Verwässerung *f*; **w. of prices** Kursverwässerung *f*; **~ stock** Kapitalverwässerung *f*; **w. can** Gießkanne *f*; **w. down** Verdünnung *f*; **w. place** 🐂 *(Vieh)* Wasserstelle *f*, Tränke *f*
water jacket ✪ Kühl(wasser)mantel *m*; **w. landing** ✈ Wasserung *f*; **w. level** Wasserstand *m*, W.spiegel *m*, W.höhe *f*, Pegel(stand) *m*; **~ bulletin** Wasserstandsmeldung *f*; **w. line** ⚓ Lademarke *f*, L.linie *f*, Wasser-,

water-logged

Bordlinie *f;* **w. logged** *adj* voll Wasser; **w. lot** sumpfiges Gelände
water main(s) (Haupt)Wasserleitung *f;* **to be on the w. m.s** Wasseranschluss haben; **w. m.s connection** Wasseranschluss *m*
water management Wasserwirtschaft *f;* **w. mark** 1. Papier-, Wasserzeichen *nt;* 2. Wasserstandsmarke *f,* Pegelstand *m;* **w. meter** Wasseruhr *f,* W.zähler *m;* **w. mill** Wassermühle *f;* **w. outlet** Wasserabfluss *m;* **w. pipe** Wasserrohr *nt,* W.leitung *f;* **burst ~ insurance** Wasserrohrbruchversicherung *f;* **w. pitcher** Wasserkanne *f;* **w. police** Wasser(schutz)polizei *f*
water pollution Gewässerverunreinigung *f,* G.verseuchung *f,* Gewässer-, Wasserverschmutzung *f,* W.-verseuchung *f;* **~ control** Gewässerschutz *m;* **~ control levy act** Abwasserabgabengesetz *nt;* **~ standards** Wasserqualitätsvorschriften
water power Wasserkraft *f;* **w. pressure** Wasserdruck *m;* **w. privilege** Wasser(be)nutzungsrecht *nt,* W.entnahmerecht *nt;* **w.proof** *adj* 1. wasserdicht, w.undurchlässig, w.beständig, w.fest; 2. *(Tinte)* dokumentenecht, d.fest; v/t wasserdicht machen, imprägnieren; **w.proofing** *n* Imprägnierung *f;* **w. protection area** Wasserschutzgebiet *nt;* **w. pump** Wasserpumpe *f;* **w. quality** Wasserqualität *f;* **~ standards** Wasserqualitätsvorschriften; **w. rate** Wasserabgabe *f,* W.geld *nt,* W.zins *m;* **w. regulator** *[GB]* Aufsichtsamt für die Wasserversorgung; **w.-repellent** *adj* wasserabstoßend; **w. requirements** Wasserbedarf *m;* **w. reserves** Wasservorrat *m;* **w.-resistant** *adj* wasserbeständig
water resource|**s** Wasservorrat *m;* **~ act** Wasserhaushaltsgesetz *nt;* **~ administration** Wasserwirtschaftsverwaltung *f;* **~ fund** Wasserwirtschaftsfonds *m;* **w. r. project** wasserwirtschaftliches Projekt
water right Wasser(nutzungs)recht *nt,* W.entnahmerecht *nt;* **w. r.s register** Wasserbuch *nt;* **w.shed** *n* 1. Wasserscheide *f;* 2. *(fig)* Wendepunkt *m;* **w. shortage** Wassermangel *m;* **w. softener** Wasserenthärter *m;* **w.-soluble** *adj* wasserlöslich; **w. sport(s)** Wassersport *m*
water supply Wasserversorgung *f;* **~ and consumption** Wasserhaushalt *m;* **to cut off the w. s.** Wasserzufuhr sperren; **municipal w. s.** städtische Wasserversorgung; **w. s. association** Wasserwirtschaftsverband *m;* **~ industry** Wasserwirtschaft *f*
water surface Wasseroberfläche *f;* **w.table** *n* Grundwasserspiegel *m,* G.stand *m;* **w. tank** Wassertank *m;* **w. tap** Leitungs-, Wasserhahn *m;* **w. temperature** Wassertemperatur *f;* **w.tight** *adj* 1. wasserdicht; 2. *(fig)* hieb- und stichfest, perfekt, unanfechtbar, einwandfrei; **legally w.tight** juristisch einwandfrei; **w. tower** Wasserturm *m;* **w. transport(ation)** 1. Wassertransport *m;* 2. Transport zu Wasser; **inland w. transport(ation)** Binnenschifffahrt *f;* **w. treatment** Wasseraufbereitung *f;* **~ plant** Kläranlage *f;* **w. turbine** Wasserturbine *f;* **w. undertaking** Wasserversorgungsunternehmen *nt;* **w. usage** Wasserverbrauch *m;* **w. user** Wasserverbraucher *m;* **w. vapour** Wasserdampf *m*
waterway *n* 1. Schifffahrtsstraße *f,* S.weg *m,* Wasserstraße *f,* W.weg *m;* 2. Fahrrinne *f*

inland waterway Binnenwasserstraße *f,* B.schifffahrtsweg *m;* **~ bill of lading** Binnen-, Flusskonnossement *nt,* (Fluss)Ladeschein *m;* **~ carrier** Binnenschifffahrtsunternehmen *nt,* B.schiffer *m,* Flussspediteur *m;* **~ consignment** Flussfrachtsendung *f;* **~ consignment note** Binnenschifffahrtsempfangsbescheinigung *f;* **i. w.s fleet** Binnenflotte *f;* **i. w. insurance** Binnenschifffahrtsversicherung *f;* **private ~ shipping** Partikulierschifffahrt *f;* **i. w.s system** Binnenwasserstraßennetz *nt;* **i. w. transport(ation)** Flussfrachtgeschäft *nt,* Binnenschifffahrt *f*
major waterway Großschifffahrtsweg *m;* **navigable w.** Schifffahrtsweg *m*
Waterway|**s Board** *[GB]* Wasserstraßenamt *nt;* **w. carrier** Binnenschifffahrtsspediteur *m;* **w.s construction** Wasserstraßenbau *m;* **internal w. craft** Binnenschiff *nt,* B.wasserfahrzeug *nt;* **w.s department** Wasserstraßenverwaltung *f;* **w. link** Wasserstraßenanschluss *m*
water wheel Wasser(schöpf)rad *nt;* **w.works** *n* Wasserwerk *nt*
watt *n* ⚡ Watt *nt;* **w.age** *n* Wattleistung *f,* W.zahl *f;* **w.-hour** *n* Wattstunde *f;* **w. meter** Wattmesser *m*
wave *n* 1. Welle *f,* Woge *f;* 2. *(fig)* Schub *m;* **w. of bankruptcies; ~ business failures** Insolvenz-, Konkurs-, Pleitewelle *f;* **~ cost increases** Kostenflut *f;* **~ demand** Nachfragewelle *f;* **~ dismissals** Entlassungswelle *f;* **~ inflation** Inflationswelle *f;* **~ new issues; ~ fresh offerings** Neuemissionswelle *f,* Emissionsschwemme *f;* **~ rising prices; ~ price increases** Preis-, Teuerungswelle *f;* **to absorb a ~ price increases** Kosten-/Preisschub auffangen; **~ selling** Realisations-, Umsatzwelle *f;* **~ strikes** Streikwelle *f;* **~ tourists** Reisewelle *f,* Touristenstrom *m;* **homebound ~ traffic** Rückreisewelle *f*
cold wave Kältewelle *f;* **increasing w.** Kumulationswelle *f;* **long w.** Langwelle *f;* **~ transmitter** Langwellensender *m;* **medium w.** Mittelwelle *f;* **short w.** Kurzwelle *f;* **tidal w.** Flutwelle *f*
wave v/ti winken; **w. down** anhalten, stoppen; **w. on/through** ⊖ durchwinken
wave band Wellenband *nt;* **w.length** *n* Wellenlänge *f;* **w.like** *adj* wellenförmig; **w. power** Wellenenergie *f*
wavering *adj* schwankend, wechselhaft
wave trap *(Radio)* Störfilter *m*
wavy *adj* wellenförmig, wellig
wax *n* Wachs *m;* v/t wachsen, bohnern; **w. cloth** Wachstuch *nt;* **w. crayon** Wachsstift *m;* **w. paper** Wachs-, Paraffinpapier *nt;* **w.works** *n* Wachsfigurenkabinett *nt*
way *n* 1. Weg *m;* 2. Richtung *f;* 3. Art *f,* (Art und) Weise *f,* Mittel *nt;* **w.s** 1. Handhabe *f;* 2. ⚓ Helling *f;* **by the w.** übrigens, nebenbei gesagt/bemerkt, am Rande bemerkt; **by w. of** in der Form von, vermittels; **in a w.** in gewisser Beziehung/Hinsicht; **on the w.** unterwegs; **under w.** 1. unterwegs, in Fahrt; 2. im Gange, auf den Weg gebracht
fraudulent way of acting betrügerisches Verhalten; **in the w. of business** geschäftlich, durch das Geschäft, auf dem üblichen Geschäftsgang; **by w. of grace** auf dem Gnadenwege; **w. of life** Lebensgewohnheit *f,* L.wandel *m,* L.art *f;* **American ~ life** amerikanische Lebensweise; **settled ~ life** Sesshaftigkeit *f;* **w.s and**

means advance Kassenkredit m; ~ committee Hauptausschuss m, Haupt- und Finanzausschuss m; w. of production Produktionsmethode f, P.verfahren nt; w. of selling Verkaufsmethode f; out of the usual ~ things außer der Reihe; ~ thinking Denken nt, Denkweise f, Meinung f; to my ~ thinking nach meiner Meinung; ~ the world Lauf der Welt
way above deutlich höher als; w. back Rückweg m, Rückfahrt f, Rück-, Heimreise f; w. behind (coll) deutlich hinter; w. below deutlich niedriger als; w. beyond erheblich mehr/weiter als; w. home Heim-, Nachhause-, Rückweg m; w. out Ausweg m, Ausweichmöglichkeit f; w. there Hinweg m; w. up Aufgang m
one way or another; some w. or other so oder so, auf die eine oder andere Art; a long w. off weit entfernt; a short w. off kurze Entfernung; in every w. in jeder Hinsicht; no w. (coll) auf keinen Fall; in no w. keinesfalls, keineswegs
to ask the way sich nach dem Weg erkundigen; to be in the w. hinderlich sein, im Wege sein/stehen; ~ in a bad w. (coll) gesundheitlich schlecht dran sein, sich miserabel fühlen; ~ on the w. ins Haus stehen, sich auf dem Wege befinden; ~ on the w. down (Preis) fallen; ~ on the w. up (Preis) steigen; ~ under w. 1. sich anbahnen, in Fahrt sein; 2. (Verhandlung) gegenwärtig laufen, im Gange sein; to buy one's w. into sich einkaufen in/bei; to clear the w. Weg freimachen/ebnen/bahnen, Hindernisse beiseite räumen; to cut both w.s 1. sich so oder so auswirken; 2. für und wider eine Sache sprechen; to do it one's own w. nach eigener Methode vorgehen; to fall into bad w.s auf schlimme Wege geraten; to fight one's w. through sich durchbeißen (coll); to find a w. Ausweg finden; ~ w.s and means Mittel und Wege finden; to get one's w. seinen Willen durchsetzen/bekommen, sich durchsetzen; ~ in so.'s w. jdm in die Quere kommen; ~ under w. in Gang/Bewegung/Fahrt/Schwung kommen, einsetzen; ~ sth. under w. etw. vorantreiben; to give w. 1. weichen, Platz machen (für); 2. ⮌ Vorfahrt gewähren; ~ to ersetzt werden durch; to go about sth. the wrong w. etw. falsch anfassen; ~ out of one's w. sich besonders bemühen; to have it both w.s beides haben; ~ it one's own w. aus der Reihe tanzen; ~ one's w. sich durchsetzen; to know one's w. about sich auskennen; to lead the w. mit gutem Beispiel vorangehen; to let so. have his w. jdm seinen Willen lassen; to light the w. for so. jdm leuchten; to lose one's w. sich verfahren/verlaufen/verirren/verlieren/verfranzen (coll); to make w. Fahrt machen; ~ one's w. im Leben vorwärtskommen, sich durchsetzen; to mend one's w.s (coll) (Person) sich bessern; to pave the w. Weg bahnen/ebnen, Boden bereiten (fig); ~ for a deal Geschäft anbahnen; to pay one's w. sein Auskommen haben; to show (so.) the w. (jdm) den Weg weisen; to smooth the w. (fig) den Weg ebnen (fig); to talk one's w. out of sth. sich aus etw. herausreden; to wend one's w. (back) home seine Schritte heimwärts lenken; to work one's w. through sich hindurcharbeiten; ~ up sich (aus eigner Kraft) empor-/hinauf-/hocharbeiten, sich hochdienen

in a bad way schlecht gestellt, in einer schlimmen Lage; ~ big w. im großen Stil, in großem Maßstab; to get/move into sth. ~ big w. in etw. groß einsteigen; crooked w.s krumme Tour/Wege; in the ordinary w. normaler-, üblicherweise; permanent w. ⮌ Oberbau m, Strecke f, Bahn-, Gleiskörper m, G.bett nt, Fahrdamm m; ~ project Bahnbauprojekt nt; in a roundabout w. hintenherum; to go our/your/their separate w.s verschiedene Wege gehen, sich trennen; in a small w. bescheiden; winning w.s ansprechende Art
waybill n 1. [US] (Durchgangs-/Eisenbahn)Frachtbrief m, F.konnossement nt, F.zettel m, Beförderungs-, Güterbegleit-, Warenbegleit-, Transportschein m; 2. Ladungsverzeichnis nt, Begleitzeugnis nt; 3. Passagierliste f; blanket w. Kollektivfrachtbrief m; through w. durchgehender Frachtbrief; w. accounting Frachtbriefabrechnung f; w.ing weight Frachtgewicht nt
let the way/farer beware n Sorgfaltspflicht des Reisenden; w.leave [§] Wegerecht nt; w.mark n Wegezeichen nt; w. out Ausgang m, A.weg m; w.side n Straßenrand m; to fall by the w.side (fig) auf der Strecke bleiben (fig), pleite gehen, Pleite machen (coll); w.ward adj launisch, unberechenbar
weak adj 1. schwach, geschwächt; 2. nachfrageschwach; 3. führungsschwach; 4. (Börse) flau; to be w. in labiler Verfassung sein; financially w. finanzschwach; fiscally w. steuerschwach; monetarily w. währungsschwach; seasonally w. saisonschwach; structurally w. strukturschwach; w.-currency adj valuta-, währungsschwach
weaken v/ti 1. (ab)schwächen, aufweichen; 2. sich abschwächen, schwächer werden; 3. (Kurs) nachgeben, nachlassen, zurückgehen
weakening n (Ab)Schwächung f, Aufweichung f; w. in demand Nachfrageabschwächung f; w. of earnings/profits Verschlechterung der Gewinnsituation, leichter Gewinnrückgang; ~ the market Marktabschwächung f; w. in tone (Börse) Verstimmung f
weakening adj nachgebend, rückläufig, abschwächend
weakling n Schwächling m, Schlappschwanz m (coll)
weakness n 1. Schwäche f, Kraftlosigkeit f, Entkräftung f, schwache Seite; 2. (Börse) Flauheit f, Kursschwäche f; w. of economic activity Konjunkturschwäche f; w. in bond prices Rentenschwäche f; ~ demand Nachfrageschwäche f; w. of the dollar Dollarschwäche f; w. in earning power Ertragsschwäche f; ~ management Führungsschwäche f; ~ the market (Börse) Abgleiten der Kurse, schlechte Marktverfassung; w. of mind; mental w. Geistesschwäche f, Verstandesschwäche f; structural w. strukturelle Schwäche, Strukturschwäche f
weak-spirited adj kleinmütig
common/public weal n Gemeinwohl nt, G.nutz m, Allgemein-, Volkswohl nt, öffentliches/allgemeines Wohl
wealth n Reichtum m, Wohlstand m, Vermögen(sstand) nt/m, Schätze pl; w. of experience Erfahrungsschatz m, Fülle von Erfahrungen; ~ ideas Reichtum an Ideen; w. and possessions Geld und Gut; w. of variants Varian-

tenreichtum *m*; **to flaunt one's w.** mit seinem Reichtum protzen, seinen Reichtum zur Schau stellen; **to scramble for w.** dem Reichtum nachjagen
gross wealth Brutto-, Rohvermögen *nt*; **increased w.** Vermögenszunahme *f*; **material w.** Sachvermögen *nt*; **monetary w.** Geldvermögen *nt*; **newly formed ~ w.** neugebildetes Geldvermögen; **total ~ w.** Geldvermögensbestand *m*; **national/social w.** Volks-, Sozialvermögen *nt*; **personal w.** Privatvermögen *nt*; **productive w.** Produktivvermögen *nt*; **public w.** öffentliches Vermögen; **real w.** Realvermögen *nt*; **untold w.** unerhörter Reichtum
(one-time) wealth accrual (einmaliger) Vermögensanfall; **w.-creating** *adj* vermögensbildend; **w. census** Vermögenszensus *m*; **w.-creating** *adj* vermögensbildend; **w. creation** Vermögensbildung *f*, V.schöpfung *f*; **w. creator** Wohlstandserzeuger *m*; **w. effect** Realkasseneffekt *m*
wealth formation Vermögensbildung *f*; **aggregate/total w. f.** volkswirtschaftliche Vermögensbildung; **monetary w. f.** Geldvermögensbildung *f*
wealth\|-holder *n* Privatier *m*; **w. sharing** Vermögensbeteiligung *f*; **w. statement** Vermögensrechnung *f*, V.aufstellung *f*; **w. tax** Kapital-, Vermögensabgabe *f*, V.steuer *f*; **~ provisions** Vermögenssteuerbestimmungen
wealthy *adj* reich, vermögend, wohlhabend
wean *v/t* gewöhnen; **w. o.s. away from sth.** sich von etw. abnabeln *(fig)*; **w.er** 🐖 Jungschwein *nt*, Ferkel *nt*
weapon *n* Kampfmittel *nt*, Waffe *f*; **w.s** Bewaffnung *f*; **w. used for the crime** [§] Tatwaffe *f*; **blunt w.** stumpfe Waffe; **cut-and-thrust w.** Hieb- und Stichwaffe *f*; **dangerous/offensive w.** gefährliche Waffe; **deadly/lethal w.** tödliche Waffe; **defensive w.** Defensiv-, Verteidigungswaffe *f*; **nuclear w.** Kernwaffe *f*; **offensive w.** Angriffswaffe *f*; **secret w.** Geheimwaffe *f*; **w.s act** Waffengesetz *nt*; **w.s procurement office** Waffenbeschaffungsamt *nt*
weaponry *n* Waffenarsenal *nt*, W.system *nt*
wear *n* 1. Abnutzung *f*, Verschleiß *m*; 2. (Be)Kleidung *f*, Mode *f*; **w. and tear** 1. (natürliche) Abnutzung, ~ durch Gebrauch, (technischer) Verschleiß; 2. *(Bilanz)* Abschreibung für Wertminderung, technisch bedingte Wertminderung, Wertverzehr *m*; **~ tear of equipment** Anlagenverschleiß *m*; **fair ~ tear** normale Verschleißerscheinungen; **natural/ordinary ~ tear** natürliche Abnutzung, natürlicher/technischer Verschleiß, Gebrauchsverschleiß *m*; **physical ~ tear** substanzielle Abnutzung, Substanzverschleiß *m*; **w. of tools** Werkzeugverschleiß *m*
liable/subject to wear abnutzbar
to look the worse for wear lädiert/abgetragen/verschlissen/ziemlich abgenutzt aussehen; **to begin ~ w.** allmählich schäbig werden; **casual w.** Freizeitkleidung *f*; **in general w.** in Mode, modisch
wear *v/ti* 1. *(Kleidung)* tragen; 2. abnutzen; 3. sich abnutzen; **w. away/down** 1. abnutzen; 2. schwinden, sich abschleifen/verbrauchen; **w. off** nachlassen, Neuigkeitswert verlieren, sich verlieren; **w. out** 1. abnutzen,

zermürben; 2. sich erschöpfen/verschleißen; **w. o.s. out** sich abhetzen/aufreiben; **w. so. out** jdn schlauchen *(coll)*; **w. well** sich gut tragen
weari\|ness *n* Müdigkeit *f*; **w.some** *adj* mühsam
wear test Verschleißprüfung *f*
weary *adj* matt, müde; **w. of sth.** einer Sache überdrüssig
weather *n* Wetter *nt*, Witterung *f*; **depending on the w.** wetter-, witterungsabhängig; **due to the w.** wetter-, witterungsbedingt; **to be feeling under the w.** *(coll)* sich miserabel fühlen; **to make heavy w. of sth.** *(coll)* etw. schwierig finden
awful weather lausiges *(coll)*/schreckliches/scheußliches Wetter
bad weather ungünstige Witterungsverhältnisse, schlechtes Wetter; **~ allowance/compensation** Schlechtwettergeld *nt*, S.zulage *f*; **~ area/zone** Wetterwinkel *m*, Schlechtwettergebiet *nt*; **~ front** Schlechtwetterfront *f*
beastly weather Hunde-, Mistwetter *nt* *(coll)*, miserables Wetter; **cold w. allowance** Kaltwetterzuschlag *m*, K.zuschuss *m*; **dull w.** trübes Wetter; **fair/fine w.** schönes Wetter; **foggy w.** Nebelwetter *nt*; **frosty w.** Frostwetter *nt*; **marvellous w.** herrliches/tolles Wetter; **mild w.** mildes Wetter; **nasty/rotten w.** mieses/übles/schlechtes/ekelhaftes Wetter; **slushy w.** Matschwetter *nt*; **stable w.** beständiges Wetter; **unsettled/variable w.** unbeständiges Wetter; **wintry w.** Winterwetter *nt*
weather *v/ti* 1. über-, durchstehen; 2. verwittern
weather\|-beaten *adj* verwittert; **w. boarding** *n* 🏠 Verschalung *f*, Verkleidung *f*; **w.-bound** *adj* ⚓ am Auslaufen gehindert; **w. bureau** *[US]* Wetteramt *nt*; **w. chart** Wetterkarte *f*; **w. conditions** Wetter-, Witterungsverhältnisse; **adverse w. conditions** ungünstige Wetterverhältnisse, Schlechtwetterbedingungen; **w. damage** Witterungs-, Wetterschaden *m*; **w. deck** ⚓ Sturm-, Wetterdeck *nt*; **w. forecast** Wetterbericht *m*, W.vorhersage *f*; **w.-induced** *adj* witterungsbedingt
weathering *n* Verwitterung *f*
weather insurance (Schlecht)Wetterversicherung *f*; **w.man** *n* *(coll)* Meteorologe *m*; **w. outlook/prospects** Wetteraussichten *pl*; **w.proof** *adj* wetterfest, wetter-, witterungsbeständig; **w.proofing** *n* 🏠 Isolierung *f*; **w. report** Wetterbericht *m*, W.meldung *f*; **marine w. report** ⚓ Seewetterbericht *m*; **w. risk fund** Wetterausgleichsfonds *m*; **w. service** Wetterdienst *m*; **marine w. service** ⚓ Seewetterdienst *m*; **w. ship** ⚓ Wetterschiff *nt*; **w. side** Windseite *f*; **w. situation** Wetterlage *f*; **general w. situation** Großwetterlage *f*; **w. station** Wetterwarte *f*; **aeronautical w. station** ✈ Flugwarte *f*; **w. vane** Wetterfahne *f*, W.hahn *m*
weave *v/t* weben; **w.r** *n* Weber *m*; **w.rbird** *n* *[GB]* *(fig)* 🐦 Kolonnenspringer *m*
weaving *n* Weben *nt*, Weberei *f*; **heavy (fabric) w.** Schwerweberei *f*; **w. fault/flaw** Webfehler *m*; **w. loom** Webstuhl *m*; **w. mill** (Tuch)Weberei *f*; **w. yarn** Webgarn *nt*
web *n* Gewebe *nt*, Netz(werk) *nt*; **to become entangled in the w. of one's own lies** *(fig)* sich im Netz der eige-

nen Lügen verstricken *(fig)*; **to slip through the w.** *(fig)* durch die Maschen schlüpfen *(fig)*; **to spin a w. of lies** *(fig)* Lügennetz spinnen *(fig)*; **intricate w.** Labyrinth *nt*; **w.-offset** *n* 🖨 Rollenrotations-, Offsetdruck *m*
webbing *n* 1. Gewebe *nt*; 2. Gurtband *nt*
web site *n* 🖥 Webseite *f*
wedding *n* Hochzeit *f*, Trauung *f*, Eheschließung *f*; **civil w.** standesamtliche Trauung/Hochzeit, bürgerliche Trauung, Ziviltrauung *f*; **golden w.** goldene Hochzeit
wedding anniversary Hochzeitstag *m*; **w. announcement** Heiratsanzeige *f*; **w. ceremony** Trauung *f*; **w. day** Hochzeitstag *m*; **w. dress** Brautkleid *nt*; **w. guest** Hochzeitsgast *m*; **w. insurance** Hochzeitsversicherung *f*; **w. present** Hochzeitsgeschenk *nt*; **w. reception** Hochzeitsempfang *m*; **w. ring** Ehe-, Trauring *m*
wedge *n* Keil *m*; **to drive (in) a w.** Keil (hinein)treiber.; **w.-shaped** *adj* keilförmig
wedlock *n* Ehe(stand) *f/m*; **born in lawful w.** ehelich geboren; **outside w.** unehelich
weed(s) *n* Unkraut *nt*; *v/t* (Unkraut) jäten; **w. out** ausmerzen, ausmisten, aussieben; **w. control** Unkrautbekämpfung *f*; **w.killer** *n* Unkrautvernichtungsmittel *nt*, U.vertilgungsmittel *nt*, U.bekämpfungsmittel *nt*
week *n* Woche *f*; **x w.s** Frist von x Wochen; **by the w.** wochenweise; **per w.** wöchentlich; **w. under review** Berichtswoche *f*; **for w.s on end** wochenlang, mehrwöchig; **every two w.s** alle zwei Wochen; **five-day w.** Fünftagewoche *f*; **four-day w.** Viertagewoche *f*; **forty-hour w.** Vierzigstundenwoche *f*; **to work a ~ w.** Vierzigstundenwoche haben; **next w.** kommende Woche; **early ~ w.** Anfang nächster Woche; **previous w.** Vorwoche *f*; **promotional w.** Werbewoche *f*
weekday *n* Werk-, Wochentag *m*
weekend *n* Wochenende *nt*; **w. arrest** Freizeitarrest *m*; **w. edition** Wochenendausgabe *f*
weekender *n* 1. Wochenendler *m*; 2. 🚂 Wochenendrückfahrkarte *f*
to balance weekend positions *(Börse)* sich zum Wochenschluss glattstellen; **w. return** 🚂 Wochenendrückfahrkarte *f*; **w. trip** Wochenendausflug *m*; **w. tripper** Wochenendausflügler *m*, Wochenendler *m*; **w. supplement** *(Zeitung)* Wochenendbeilage *f*
weekly *adj/adv* wöchentlich, wochenweise; **appearing w.** wöchentliche Erscheinungsweise; **twice w.** halbwöchentlich
weekly *n* Wochenzeitung *f*, W.schrift *f*, W.blatt *nt*
to give four week|s' notice mit einer Frist von 4 Wochen kündigen; **~ one w.'s notice** mit wöchentlicher Frist kündigen; **w.'s pay** Wochenarbeitslohn *m*
weeping, wailing and gnashing of teeth *n* *(lit.)* Heulen und Zähneknirschen *nt (lit.)*
weft knitting *n* Kulierwirken *nt*
weigh *v/t* 1. (aus)wiegen; 2. gewichten; 3. ab-, (er)wägen; **w. down** niederdrücken, überladen, belasten; **w. in** *(fig)* sein Gewicht in die Waagschale werfen *(fig)*; **~ at ...** *(Boxer)* ... auf die Waage bringen; **w. on** lasten auf, belasten; **w. out** ab-, einwiegen; **w. up** abwägen, bedenken, ermessen; **w. with so.** Gewicht haben bei jdm, bei jdm etw. gelten

weighage *n* Wiegegeld *nt*, W.gebühr *f*, Wägegeld *nt*, W.gebühr *f*
weigh|bridge *n* (Brücken-/Tafel)Waage *f*, Wiegebrücke *f*; **public w.bridge** öffentliche Waage; **w.house** *n* öffentliche Waage, Stadtwaage *f*
weighing *n* 1. Wiegen *nt*, Verwiegung *f*; 2. *(fig)* Abwägung *f*; **w. of interests** Interessenabwägung *f*; **~ legal merits** Rechtsgüterabwägung *f*; **w. one thing against the others** Güterabwägung *f*; **w. machine** Waage *f*
weighmaster *n* Wiege-, Waagenmeister *m*
weight (wt.) *n* 1. Gewicht *nt*, Schwere *f*; 2. Gewichtsmaß *nt*, G.einheit *f*; 3. Last *f*, Belastung *f*, Druck *m*; 4. Körper-, Schwergewicht *nt*; 5. *(fig)* Gewicht *nt*, Bedeutung *f*; **by w.** nach Gewicht; **of w.** schwerwiegend; **of no w.** ohne Bedeutung, bedeutungslos; **under w.** zu leicht, untergewichtig
minimum weight of cargo Ladungsmindestgewicht *nt*; **w. in wet condition** Nassgewicht *nt*; **w. of contents (excluding juice)** *(Konserven)* Einwaage *f*; **~ evidence** § Beweislast *f*; **w. on the hoof** *(Vieh)* Lebendgewicht *nt*, lebendes Gewicht; **w. per item** Stückgewicht *nt*; **w.s and measures** Maße und Gewichte; **~ department** Eichamt *nt*; **w. or measurement (W/M)** (Frachtberechnung nach) Gewicht oder Maß; **w. of numbers** zahlenmäßiges Übergewicht; **~ taxation** Steuerlast *f*; **~ testimony** Wert einer Zeugenaussage
chargeable by weight ⊖ gewichtszollbar
to add/attach/give weight to sth. einer Sache Bedeutung/Gewicht verleihen, ~ beimessen; **to be worth its w. in gold** *(fig)* unbezahlbar sein; **to break down under the w.** unter der Last zusammenbrechen; **to carry w. (with)** ins Gewicht fallen, viel gelten bei, großen Einfluss haben auf, von Gewicht sein; **to exceed the w. (limit)** Gewicht überschreiten; **to give short w.** knapp abwiegen; **to lose w.** (an) Gewicht verlieren, vom Fleisch fallen *(coll)*; **~ in w.** an Wert/Bedeutung verlieren; **to pull one's w.** *(fig)* sich voll einsetzen, seinen Beitrag leisten, mitziehen, seinen Teil beitragen; **to put on w.** Gewicht/Speck/Fett ansetzen, zunehmen, in die Breite gehen; **to sell by w.** nach Gewicht verkaufen; **to throw one's w. about** seinen Einfluss geltend machen; **~ behind sth.** etw. voll unterstützen
additional weight Gewichtszuschlag *m*, G.zugabe *f*; **agreed w.** einverständlich festgelegtes Gewicht; **all-up w.** Fluggewicht *nt*; **appraised w.** Taxgewicht *nt*; **atomic w.** Atomgewicht *nt*; **base w.** ▦ Basisgewicht *nt*; **billed w.** Rechnungsgewicht *nt*; **chargeable w.** frachtpflichtiges Gewicht, Taxgewicht *nt*; **commercial w. (c/w)** Handelsgewicht *nt*; **dead w.** Gewichts-, Reinfracht *f*, Betriebs-, Verpackungsgewicht *nt*, totes Gewicht, Totlast *f*; **delivered w.** Ablade-, Auslieferungsgewicht *nt*, ausgeliefertes Gewicht; **dressed w.** Schlachtgewicht *nt*; **dry w.** Trockengewicht *nt*; **dutiable w.** ⊖ Zollgewicht *nt*, zollpflichtiges Gewicht; **empty w.** Leer-, Eigengewicht *nt*; **estimated w.** geschätztes Gewicht; **excess w.** Mehr-, Übergewicht *nt*, Gewichtsüberschuss *m*; **false w.** Fehlgewicht *nt*, unrichtiges Gewicht; **filled w.** Füllgewicht *nt*; **finished w.** Fertigergewicht *nt*; **full w.** Vollgewicht *nt*, volles/reelles

Gewicht; **gross w.** Brutto-, Gesamt-, Rohgewicht *nt*; **inward w.** eingehendes Gewicht; **laden w.** Gesamtgewicht *nt*; **landed w.** Anlandegewicht *nt*; **legal w.** gesetzliches Gewicht, Legalgewicht *nt*; **licensed w.** ⚙ zulässiges Gesamtgewicht; **live w.** Lebendgewicht *nt*; **maximum w.** Maximal-, Höchstgewicht *nt*; **permissible ~ w.** höchstes zulässiges Gesamtgewicht; **minimum w.** Mindestgewicht *nt*; **net w. (nt. wt.)** Netto-, Rein-, Eigen-, Trockengewicht *nt*; **short w.** Fehl-, Minder-, Untergewicht *nt*, zu knappes/leichtes Gewicht, Manko *nt*, Gewichtsmangel *m*; **specific w.** spezifisches Gewicht; **stamped w.** Eichgewicht *nt*, geeichtes Gewicht; **standard w.** Soll-, Einheits-, Eich-, Standard-, Normal-, Nominalgewicht *nt*, gesetzliches Gewicht; **surplus w.** Mehr-, Übergewicht *nt*; **tare w.** Eigen-, Leergewicht *nt*; **total w.** Gesamtgewicht *nt*; **true w.** genaues Gewicht; **unitary w.** Gewichtseinheit *f*; **unladen w.** Eigen-, Leergewicht *nt*; **gross ~ w.** Bruttoleergewicht *nt*; **volumetric w.** Volumengewicht *nt*
weight *v/t*   1. gewichten, bewerten; 2. belasten, beschweren; **w. sth. in favour of/against** etw. beeinflussen zu Gunsten von/gegen
weight allowance Freigewicht *nt*; **w. attestation** Wiegebescheinigung *f*; **w. basis** Gewichtsbasis *f*; **on a w. basis** nach Gewicht; **w.-bearing** *adj* tragend; **w. bias** ▥ Gewichtungsfehler *m*; **w. category** Gewichtsklasse *f*; **w. certificate** Gewichtsbescheinigung *f*, G.bestätigung *f*, G.zertifikat *nt*, G.nota *f*, Wiegezertifikat *nt*; **w. check/control** Gewichtskontrolle *f*; **w. delivered** Eingangsgewicht *nt*
weighted *adj* gewogen, gewichtet
weight guaranteed (w.g.) garantiertes Gewicht
weighting *n*   1. Gewichtung *f*, Anteil *m*; 2. (Stimmen)Wägung *f*; 3. *(Gehalt)* Zulage *f*, Ortszuschlag *m*; **w. charge** Gewichtsgeld *nt*, W.gebühr *f*; **w. coefficient** Gewichtungsfaktor *m*, G.koeffizient *m*; **w. figure** Äquivalenz-, Gewichtungsziffer *f*; **w. scheme/system** Wägungs-, Gewichtungsschema *nt*
weight|less *adj* gewichts-, schwerelos; **w.lessness** *n* Schwerelosigkeit *f*; **w. limit** Belastungs-, Gewichtsgrenze *f*; **w. list** Gewichtsliste *f*; **w. load factor** Nutzladefaktor *m*; **w. note/slip** Gewichtsnota *f*, G.bescheinigung *f*, Wiegezettel *m*, W.schein *m*; **w. rate** Gewichtsfracht *f*; **w. restriction** Gewichtsbeschränkung *f*; **w. stamp** Wiegestempel *m*; **w. tolerance** Gewichtstoleranz *f*, G.abweichung *f*; **w. variation allowance** *(Vers.)* Franchise *f*
weighty *adj* gewichtig, (folgen)schwer, gravierend
weir *n*   Wehr *nt*
welcome *n* Empfang *m*, Begrüßung *f*, Willkommen *nt*; **chilly w.** kühler Empfang; **enthusiastic w.** begeisterter Empfang
welcome *v/t* willkommen heißen, begrüßen; **w. so. cordially** jdn mit offenen Armen aufnehmen
welcome *adj* begrüßenswert, willkommen, erfreulich; **to be w. to** zur Verfügung stehen; **not ~ w.** auf wenig Gegenliebe stoßen; **~ everywhere** überall offene Türen finden *(fig)*; **to bid so. w.** jdn willkommen heißen; **to feel w.** sich wohl fühlen; **to make so. w.** jdn freundlich aufnehmen

welcome booklet Leitfaden für das Personal
welcoming speech *n* Begrüßungsansprache *f*, Begrüßung *f*; **w. committee** Begrüßungskomitee *nt*
weld *n* ⚙ (Schweiß)Naht *f*, S.stelle *f*; *v/t* schweißen; **w. together** zusammenschweißen, verschmelzen
welder *n* 1. Schweißer *m*; 2. Schweißgerät *nt*
welding *n* Schweißen *nt*; **w. shop** Schweißerei *f*; **w. technique/technology** Schweißtechnik *f*; **w. torch** Schweißbrenner *m*
welfare *n* 1. Heil *nt*, Wohler(gehen) *nt*; 2. Wohlfahrt *f*, (soziale) Fürsorge, Sozialfürsorge *f*; **to be on w.** Sozialhilfe beziehen
measurable economic welfare messbare ökonomische Wohlfahrt; **general w.** Gemeinnutz *m*, G.wohl *nt*, allgemeines Wohl; **industrial w.** betriebliche Sozialfürsorge, Betriebs-, Arbeiterfürsorge *f*; **juvenile w. (service)** Jugendhilfe *f*; **local w.** Gemeindefürsorge *f*; **national/public w.** 1. Volkswohlfahrt *f*, öffentliches Wohl, Gemeinwohl *nt*; 2. öffentliche Wohlfahrt/Fürsorge/Unterstützung, Sozialhilfe *f*; **public w. fund** Sozialhilfefonds *m*; **~ law** Sozialhilferecht *nt*; **~ office** Sozial-, Fürsorgeamt *nt*; **~ service** gemeinnützige Einrichtung
social welfare Sozialhilfe *f*, S.fürsorge *f*, Armenpflege *f*; **~ benefits** Sozialhilfe(leistungen) *f/pl*; **~ budget** Sozialbudget *nt*; **~ expenditure** soziale Aufwendungen, sozialer Aufwand; **~ function** gesellschaftliche Wohlfahrtsfunktion; **~ fund** Sozialkasse *f*; **~ law** Sozialrecht *nt*; **~ program(me)** Sozialhilfeprogramm *nt*
welfare activity Wohlfahrtstätigkeit *f*, Sozialarbeit *f*; **w. administration** Sozialverwaltung *f*; **w. agency** 1. *[US]* Sozial(versicherungs)amt *nt*, S.behörde *f*, Unterstützungsstelle *f*; 2. Wohlfahrtsorganisation *f*
welfare aid *[US]* Sozialhilfe *f*; **eligible for w. a.** sozialhilfeberechtigt; **to be on w. a.** Sozialhilfeempfänger(in) sein
voluntary welfare arrangements freie Wohlfahrtspflege; **w. authority** Fürsorgebehörde *f*; **w. benefits** Sozial-, Fürsorgeleistungen, Versorgungs-, Unterstützungsleistungen; **special w. bonus** Sozialzulage *f*; **w. burden** soziale Belastung; **w. case** Sozial-, Unterstützungsfall *m*; **to become a w. case** der Sozialfürsorge/S.hilfe anheim fallen; **w. center** *[US]* **/centre** *[GB]* Wohlfahrtseinrichtung *f*, Betreuungsstelle *f*; **w. charges** Sozialabgaben; **w. check** *[US]* Sozialhilfescheck *m*; **w. claim** *[US]* Sozialhilfeanspruch *m*; **w. committee** Sozial-, Wohlfahrtsausschuss *m*; **w. contributions** Sozialabgaben, S.beiträge; **w. costs** Sozialkosten, soziale Kosten/Lasten; **w. cuts** Kürzung der Sozialausgaben; **w. department** Fürsorge-, Sozialstelle *f*, S.abteilung *f*, S.amt *nt*; **w. economics** Wohlfahrtstheorie *f*, W.ökonomie *f*; **w. effects** Wohlfahrtswirkungen; **w. expenditure(s)** Fürsorge-, Sozialasten *pl*, Fürsorge-, Sozialaufwand *m*, soziale Aufwendungen, Sozialkosten *pl*; **statutory w. expenditure(s)** gesetzliche Sozialleistungen; **w. facilities** Wohlfahrts-, Fürsorge-, Sozialeinrichtungen, soziale Einrichtungen; **w. fund** Sozial-, Wohlfahrtsfonds *m*, Fürsorge- und Hilfskasse *f*, Unterstützungsfonds *m*, U.kasse *f*; **w. grant** Sozialzuschuss

m; **w. home** Fürsorgeheim *nt*; **w. housing** *[US]* Sozialwohnungswesen *nt*; **w. institution** Fürsorgeeinrichtung *f*, F.anstalt *f*, Sozialeinrichtung *f*, S.werk *nt*; **w. law** Sozial-, Fürsorgerecht *nt*; **w. legislation** Sozialgesetze *pl*, S.gesetzgebung *f*; **w. net** soziales Netz; **w. officer** Sozialarbeiter(in) *m/f*, S.fürsorger(in) *m/f*, S.referent(in) *m/f*; **w. optimum** Wohlfahrtsoptimum *nt*; **w. organization** Fürsorgeeinrichtung *f*, soziales Hilfswerk, Wohlfahrtsverband *m*; **w. payment(s)** Wohlfahrtsunterstützung *f*, Sozialfürsorge *f*, S.zuwendung *f*, Unterstützungszahlung *f*; **w. principle** Fürsorgeprinzip *nt*; **w. program(me)** Sozialhilfe-, Wohlfahrtsprogramm *nt*; **w. provisions** Fürsorge-, Sozialbestimmungen; **w. recipient** Sozialhilfe-, Fürsorge(unterstützungs)-, Wohlfahrts(unterstützungs)-, Unterstützungs-, Unterhaltsempfänger *m*, Sozialrentner *m*; **w. relief** Fürsorge-, Wohlfahrtsunterstützung *f*; **w. report** 1. Sozialbericht *m*; 2. [§] Bericht bezüglich des Sorgerechts für Kinder in Scheidungsfällen; **w. returns** Wohlfahrtserträge; **w. scheme** Fürsorge-, Wohlfahrts-, Versorgungseinrichtung *f*; **w. service** Fürsorge-, Wohlfahrtsdienst *m*; **w. services** Wohlfahrtseinrichtungen, Versorgungswesen *nt*, soziale Einrichtungen, Fürsorge *f*; **w. spending** Fürsorge-, Sozialausgaben *pl*; **w. state** Wohlfahrts-, Sozial-, Versorgungs-, Hegungsstaat *m*; **~ system** Wohlfahrtssystem *nt*; **w. studies** Sozialkunde *f*; **w. subsidy** Sozialhilfe *f*; **w. system** soziales Netz; **w.-to-work (programme)** *[GB]* Arbeit statt Sozialhilfe *[D]*; **w. work** Wohlfahrtspflege *f*, Fürsorge(tätigkeit) *f*, Fürsorge-, Sozialarbeit *f*, S.fürsorge *f*, Wohlfahrts-, (soziale) Betreuungstätigkeit, Sozialbetreuung *f*, soziale Fürsorge; **to do w. work** in der (Sozial)Fürsorge tätig sein; **public w. work** öffentliche Fürsorge; **w. worker** Wohlfahrtspfleger(in) *m/f*, Sozialarbeiter(in) *m/f*, S.betreuer(in) *m/f*, S.helfer(in) *m/f*
welfar|ism *n* Wohlfahrtssystem *nt*; **w.ist** *adj* wohlfahrtsstaatlich
well *n* 1. Quelle *f*, Brunnen *m*, Bohrloch *nt*, Bohrung *f*; 2. Schacht *m*; **to sink a w.** Brunnen bohren, Bohrung niederbringen; **artesian w.** artesischer Brunnen
well *adj* 1. gesund; 2. *(Vers.)* seetüchtig; *adv* 1. gut, gründlich; 2. günstig; 3. gesund; **not w.** unwohl, indisponiert; **w. off** bemittelt, begütert, wohl/gut situiert; **the w.-off** *pl* begüterte/betuchte Wohlhabende; **less w. off** minderbemittelt; **the ~ w.-off** *pl* die Minderbemittelten; **to be w. off** in guten Verhältnissen leben, wohlhabend sein, es gut haben, sich gut stehen; **to do w.** gut abschneiden, es gut haben; **~ by so.** jdm gegenüber großzügig sein; **~ out of sth.** ordentlich profitieren bei etw., gut wegkommen bei etw.; **~ with sth.** gut mit etw. fahren *(fig)*; **~ to do sth.** gut daran tun; **to go w.** glatt gehen
well|-advised *adj* klug, gut beraten/überlegt; **w.-appointed** *adj* gut ausgestattet; **w.-assorted** *adj* gut/reich sortiert, r.haltig; **w.-balanced** *adj* 1. ausgewogen; 2. ausgeglichen, ausbalanciert
wellbeing *n* Wohl(befinden) *nt*, W.ergehen *nt*, W.sein *nt*; **w. of a child** Kindeswohl *nt*; **economic w.** materielle Lebenslage, **national w.** Volkswohlstand *m*; **physical w.** leibliches Wohlbefinden

well|-bred *adj* wohlerzogen, gepflegt; **w.-chosen** *adj* glücklich gewählt; **w.-connected** *adj* mit guten Beziehungen; **w.-crafted** *adj* handwerklich/fachmännisch gut verarbeitet; **w.-defined** *adj* klar umrissen; **w.-deserved** *adj* hoch-, (wohl)verdient; **w.-deserving** *adj* verdienstvoll; **w.-developed** *adj* gut entwickelt, ausgeprägt; **w.-devised** *adj* ausgefeilt; **w.-disposed** *adj* wohlgesonnen; **w.-earned** *adj* wohlverdient; **w.-educated** *adj* gebildet; **w.-entrenched** *adj* fest verwurzelt; **w.-equipped** *adj* gut ausgestattet/ausgerüstet; **w.-established** *adj* gut fundiert, alt(eingesessen); **w.-founded** *adj* gut fundiert, (wohl) begründet
wellhead *n* ⚒ Bohrloch *nt*
well|-heeled *adj* *(coll)* begütert, bemittelt, gut betucht *(coll)*, **~ bei Kasse** *(coll)*, wohlsituiert; **w.-informed** *adj* gut unterrichtet/informiert
Wellington boots *pl* *[GB]* Gummistiefel
well|-intentioned *adj* wohlgemeint, w.meinend; **w.-kept** *adj* (gut) gepflegt/erhalten; *(Geheimnis)* gut gehütet; **w.-known** *adj* wohlbekannt, sattsam *(coll)*/sehr bekannt, namhaft; **~ locally** ortsbekannt; **w.-mannered** *adj* gesittet; **w.-meaning** *adj* gutgemeint, g.willig, wohlmeinend; **w.-nigh** *adv* beinahe, nahezu; **w.-ordered** *adj* geordnet; **w.-paid** gut dotiert; **w.-placed** *adj* in guter Position; **w.-preserved** *adj* gut erhalten; **w.-read** *adj* belesen, gebildet; **w.-respected** *adj* angesehen; **w.-run** *(Geschäft)* gut geführt; **w.-sounding** *adj* wohltönend; **w.-spent** *adj* 1. *(Zeit)* gut genutzt; 2. *(Geld)* sinnvoll ausgegeben; **w.-staffed** *adj* gut mit Personal ausgestattet; **w.-stocked** *adj* gut bestückt, reichsortiert, reichhaltig, reichlich, mit gutem Sortiment; **w.-tested**; **w.-tried** *adj* wohlerprobt, bewährt; **w.-timed** *adj* zeitlich günstig, gut abgepasst, im richtigen Augenblick; **w.-to-do** *adj* gut situiert, betucht; **w.-versed** *adj* beschlagen, firm
well water Brunnenwasser *nt*
well|-wisher *n* Sympathisant(in) *m/f*, Gönner(in) *m/f*, Gratulant(in) *m/f*; **w.-worn** *adj* abgetragen
welter *n* 1. Unzahl *f*, Menge *f*; 2. Tumult *m*, Durcheinander *nt*, Chaos *nt*
the West *n* Abendland *nt*; **to go w.** *(coll)* vor die Hunde gehen *(coll)*
western *n* Wildwestfilm *m*; **W. European Union** Westeuropäische Union (WEU)
wet *adj* feucht, nass; **dripping w.** *(coll)* klatsch-, pudelnass *(coll)*
wet|land(s) *n/pl* Feuchtgebiet *nt*; **w.ness** *n* Nässe *f*; **w.suit** *n* Neopren-, Surfanzug *m*
to pay one's whack *n* *(coll)* seinen Anteil zahlen/beitragen
whale *n* Wal(fisch) *m*; **a w. of a time** *(coll)* Riesenspaß *m* *(coll)*; **to have ~ time** sich köstlich amüsieren *(coll)*
whaler *n* ⚓ Walfänger *m*
whaling *n* Wal(fisch)fang *m*; **w. fleet** Walfangflotte *f*; **w. industry** Walfangindustrie *f*; **w. port** Walfanghafen *m*; **w. quota** Walfangquote *f*; **w. ship** Walfangschiff *nt*
wharf *n* 1. Dock *nt*, Pier *m*, Anlegeplatz *m*; 2. ⚓ Kai(anlagen) *m/pl*, Löschplatz *m*; 3. Lagerplatz *m*, L.haus *nt* (für Zollfreigut); **ex w.** ab Kai; **~ duty paid** ⊖ ab Kai

verzollt; ~ **duty unpaid** ⊖ ab Kai unverzollt; **free w.** Freiladekai *m*

wharfage *n* ⚓ 1. Kaigeld *nt*, K.gebühr *f*, Dockgeld *nt*, D.gebühren *pl*, Umschlag-, Hafengebühren *pl*, Landungszoll *m*, Lösch(ungs)geld *nt*, L.kosten *pl*; 2. Verbringung an Land, Löschen *nt*, Einlagern *nt*; 3. Kai-, Lösch-, Ladeanlagen *pl*

wharf bill of lading ⚓ Kaikonnossement *nt*; **w. charges** Kaigeld *nt*, Dock-, Löschgebühren *pl*

wharfing *n* ⚓ Kai-, Werft-, Lade-, Löschanlagen *pl*

wharfinger *n* ⚓ Kaimeister *m*, K.aufseher *m*; **w.'s certificate/note/receipt** Kaiablieferungsschein *m*, K.annahmeschein *m*, K.empfangsschein *m*, K.quittung *f*; ~ **warrant** Kailagerschein *m*

wharf|man *n* ⚓ Kai-, Dock-, Hafenarbeiter *m*; **w. master** Kaimeister *m*

wheat *n* 🌾 Weizen *m*; **to separate/sort the w. from the chaff** *(fig)* die Spreu vom Weizen trennen *(fig)*; **durum** *(lat.)*/**hard w.** Hartweizen *m*

wheat belt *[US]* 🌾 Weizengürtel *m*; **w. crop** Weizenernte *f*; **w. flour** Weizenmehl *nt*; **w.germ** *n* Weizenkeim(e) *m/pl*; ~ **oil** Weizenkeimöl *nt*; **w. growing** Weizenanbau *m*; **w.meal** *n* Weizenschrot *nt*; **w. pact** Weizenabkommen *nt*; **w. pit** *[US]* Weizenbörse *f*; **w. shipment** Weizenlieferung *f*

wheedle so. out of sth. *v/t* jdm etw. abschwatzen; **w.r** *n* Schmeichler *m*

wheel *n* Rad *nt*; **at the w.** *(fig)* am Ruder/Steuer *(fig)*; **on w.s** auf Rädern; **w. of fortune** Glücksrad *nt*; **w.s of government** *(fig)* Regierungsmaschinerie *f (fig)*; **the ~ justice** *(fig)* Mühlen der Gerechtigkeit *(fig)*; **w. of retailing** Dynamik der Einzelhandelsbetriebsformen; **w.s within w.s** *(fig)* komplizierter Mechanismus

to change a wheel 🛞 Rad wechseln; **to oil the w.s** *(fig)* die Dinge erleichtern; **to put a spanner in so.'s w.** *(fig)* jdm einen Knüppel zwischen die Beine werfen *(fig)*; **to take the w.** 🛞 fahren, sich ans Steuer setzen

free wheel 🛞/*(Fahrrad)* Freilauf *m*; **front w.** Vorderrad *nt*; ~ **drive** Vorderradantrieb *m*; ~ **suspension** Vorderradaufhängung *f*; **rear w.** Hinterrad *nt*; ~ **drive** Hinterradantrieb *m*; **spare w.** Ersatz-, Reserverad *nt*

wheelage *n* Rollgeld *nt*

wheel|barrow *n* Schubkarre *f*; **w.base** *n* 🛞 Rad(ab)stand *m*; **w.chair** *n* Roll-, Krankenstuhl *m*; **w. clamp** 🛞 (Park)Kralle *f*; **w. diagram** Kreis-, Tortendiagramm *nt*

wheeler(-dealer) *n* *(coll)* Geschäftemacher *m*, gerissener Geschäftsmann

wheeling(s) and dealing(s) *pl* *(coll)* Geschäftemacherei *f*, Mauschelei *f (coll)*, Machenschaften

wheel load Radlast *f*; **w. pressure** Raddruck *m*; **w. printer** Typenraddrucker *m*; **w. rim** 🛞 Felge *f*; **w.wright** *n* Stellmacher *m*

wheeze *v/i* keuchen; *n (coll)* unbeholfener Versuch

whereabouts *pl* (gegenwärtiger) Aufenthaltsort/Verbleib *m*; **unknown w.** unbekannter Aufenthalt

whereas *conj* *(Vertragstext)* in Anbetracht; **w. clauses** einleitender Teil einer Urkunde

the wherewithal *n* *(coll)* 1. das nötige Kleingeld; 2. Utensilien *pl*

whet *v/t* wetzen, schärfen

whiff *n* Hauch *m*; **w. of fresh air** frischer Luftzug

for a while *n* eine Zeitlang; **a short w. ago** vor kurzem

while; whilst *conj* während, wohingegen

whim *n* Laune *f*, Grille *f*, Schrulle *f*, Flause *f*, Marotte *f*, launischer Einfall

whip *n* 1. Peitsche *f*; 2. *[GB]* parlamentarischer Geschäftsführer, Fraktionseinpeitscher *m*; 3. Fraktionszwang *m*; **to break the w.** Fraktionszwang nicht einhalten; **to crack the w.** mit der Peitsche knallen; **to take off the w.** Fraktionszwang aufheben; **three-line w.** Fraktionszwang *m*

whip *v/t* 1. peitschen; 2. *(coll)* klauen, mitgehen lassen

whip|-cord *n* Peitschenschnur *f*; **w.hand** *n (fig)* Oberhand *f*; **to have the w.hand** am längeren Hebel sitzen *(fig)*, Oberwasser haben *(fig)*; **w.lash** *n* 1. Peitschenhieb *m*; 2. ⚕ Schleudertrauma *nt*

whipping *n* Prügel *f*; **w. boy** Prügelknabe *m*

whip-round *n* *[GB]* (spontane) Geldsammlung

whirlpool *n* Strudel *m*; **to be caught up in a w.** in einen Strudel geraten; **to draw into the w.** in den Strudel reißen/ziehen

whirlwind *n* Wirbelwind *m*, W.sturm *m*

whisk *v/i* flitzen; **w. away** (schnell) verschwinden lassen; **by a w.er** um Haaresbreite

whiskey *[US/IRL]*; **whisky** *[GB]* *n* Whisky *m*

whisper *n* Geflüster *nt*, Raunen *nt*; *v/t* flüstern, munkeln, tuscheln

whispering *n* Getuschel *nt*, Geflüster *nt*; **w. campaign** Verleumdungskampagne *f*

whistle *n* 1. Pfiff *m*; 2. (Signal)Pfeife *f*; **to blow the w.** *(fig)* Alarm schlagen; **to whet one's w.** *(coll)* sich die Kehle schmieren *(coll)*

whistle *v/t* pfeifen; **w.-stop** *n [US]* Stippvisite *f*; ~ **tour** (Wahl)Reise mit vielen Zwischenaufenthalten

white *adj* 1. weiß; 2. silberlegiert; **w.-collar** *adj* Angestellten-, im Büro angestellt; **w.fish** *n* Weißfisch *m*; **W. Paper** *[GB]* (regierungsamtliches) Weißbuch; **w.wall tire** *[US]* /**tyre** *[GB]* 🛞 Weißwandreifen *m*

whitewash *n* 1. 🏛 Kalkanstrich *m*, Tünche *f*; 2. *(fig)* Schönfärberei *f*, Ehrenrettung *f*; *v/t* 1. mit Kalkanstrich versehen, tünchen; 2. beschönigen, reinwaschen, Persilschein ausstellen *(coll)*, schönfärben

Whitley Council *[GB]* Schlichtungsrat bei Tarifauseinandersetzungen im öffentlichen Dienst

whittle away/down *v/t* *(Ausgaben)* beschneiden, herabsetzen, gesundschrumpfen

whiz(z) kid *(coll)* Intelligenzbestie *f (coll)*, heller Kopf, Wunderkind *nt*, Senkrechtstarter *m (fig)*

whizz by/past *v/i* *(coll)* vorbeisausen *(coll)*

whodunnit *n* *(coll)* Kriminalroman *m*, Krimi *m (coll)*

whole *adj* ganz, voll, gesamt

whole *n* Gesamtheit *f*; **as a w.** insgesamt, geschlossen; **in w. or in part** ganz oder teilweise; **on the w.** im Großen und Ganzen; **to form a w.** Einheit darstellen; **coherent w.** zusammenhängendes Ganzes

wholehearted *adj* von ganzem Herzen, ernsthaft, auf-

richtig, rückhaltlos; **w.ly** *adv* mit Leib und Seele *(coll)*
wholemeal *n* ⓢ Schrot *m*; **w. flour** Vollkornmehl *m*
wholesale *n* Großhandel(sverkauf) *m*, Engroshandel *m*, E.verkauf *m*, Verkauf durch den Großhandel
wholesale *adj* 1. en gros *(frz.)*, im Großhandel; 2. im Großen, massenhaft, m.weise, in Massen, pauschal, radikal, grundlegend; *adv* 1. im Großhandel; 2. *(fig)* in Bausch und Bogen
wholesale and foreign trade Groß- und Außenhandel *m*; **to buy w.** en gros *(frz.)* (ein)kaufen, zu Großhandelspreisen (ein)kaufen; **to sell w.** en gros *(frz.)*/im Großhandel verkaufen, Großhandel(s)geschäft betreiben
wholesale association Großhandelsvereinigung *f*, G.verband *m*; **w. banking** Groß(kunden)geschäft *nt*; **w. bookseller** Großbuchhändler *m*; **w. business** Großhandelsgeschäft *nt*, G.betrieb *m*, Engrosgeschäft *nt*, Großhandel *m*; **w. buyer** Großhandelseinkäufer *m*, Engroskäufer *m*, E.abnehmer *m*; **w. buying** Engrosbezug *m*, E.einkauf *m*; **w. center** *[US]* /**centre** *[GB]* Großhandelszentrum *nt*; **w. concern** Großhandelsunternehmen *nt*; **w. cooperative (association/society)** Einkaufsgenossenschaft *f*; **w. credit** 1. Großhandelskredit *m*; 2. Großkredit *m*; **w. dealer** Großhändler *m*, G.handelskaufmann *m*, Grossist *m*; **w. discount** Großhandelsrabatt *m*; **w. distribution** Großvertrieb *m*; **w. distributor** Großhändler *m*; **w. establishment** Großhandelsbetrieb *m*; **w. firm** Großhandelsfirma *f*, G.unternehmen *nt*, G.haus *nt*, Engrosfirma *f*; **w. funds** Großkundengelder, G.einlagen *pl*; **w. funding** Großkreditaufnahme *f*; **w. goods** Großhandelserzeugnisse, G.artikel *pl*; **w. grocer** Lebensmittelgroßhändler *m*; **w. house** Engros-, Großhandelsfirma *f*; **w. importer** Importgroßhändler *m*; **w. insurance** Gruppenversicherung *f*; **w. liquidation** Totalliquidation *f*; **w. lot** Großhandelspartie *f*; **w. margin** Großhandelsspanne *f*; **w. market** 1. Groß(handels)markt *m*; 2. Markt für Großanleger, Firmenkundenmarkt *m*; **w. merchant** Großhändler *m*, Grossist *m*, Groß-, Engroskaufmann *m*; **w. middleman** Engroszwischenhändler *m*; **w. money market** Finanz-, Kapital-, Bankengeld-, Interbankengeldmarkt *m*; **~ rate** Banken-, Interbankengeldmarktsatz *m*; **w. output price** Großhandelsabgabepreis *m*
wholesale price 1. Großhandels(abgabe)-, Grossister.-, Engrospreis *m*; 2. *(Börse)* Freiverkehrskurs *m*; **~ index** Großhandels(preis)index *m*, Index der Großhandelspreise; **~ inflation** Inflation der Großhandelspreise
wholesale provision business Lebensmittelgroßhandel *m*, L.großhändler *m*; **w. purchase** Engros(ein)-, Pauschalkauf *m*; **w. purchaser** Großeinkäufer *m*; **w. quotation** Großhandelsnotierung *f*
wholesaler *n* Großhändler *m*, Großhandelskaufmann *m*, G.verkäufer *m*, Grossist *m*, Engrosverkäufer *m*, E.händler *m*, Großhandelsbetrieb *m*, Zwischen-, Zentralmarkthändler *m*, Großkaufmann *m*; **w.s** Zwischenhandel *m*; **to eliminate the w.(s)** Großhandel umgehen
appointed wholesaler Vertragsgroßhändler *m*; **full-function w.** *[US]* Großhändler mit eigenem Lager;

limited-function w. Großhändler mit eingeschränktem Kundendienst, ~ eingeschränkter Funktion; **single-line/general-line w.** Sortimenter *m*, Sortimentsgroßhändler *m*; **specialized w.** Fachgroßhändler *m*, Spezialgroßhandlung *f*
wholesale representative Großhandelsvertreter *m*; **w. roaster** *(Kaffee)* Großröster *m*; **cooperative w. society** *[GB]* (Groß)Einkaufs-, Zentralgenossenschaft *f*; **w. stage** Großhandelsebene *f*, G.stufe *f*; **w. trade** Großhandel(sverkauf) *m*, G.sgewerbe *nt*, Sortimentshandel *m*; **specialized w. trade** Fachgroßhandel *m*; **w. trader** Grossist *m*, Großhändler *m*, G.handelskaufmann *m*; **w. trading** 1. Groß-, Engroshandel *m*; 2. Großhandelsumsätze *pl*, Umsätze im Großhandel; **w. transaction** Verkauf durch den Großhandel; **w. warehouse** Großhandelslager(haus) *nt*
wholesaling *n* Großhandel *m*; **domestic w.** Binnengroßhandel *m*; **w. function** Großhandelsfunktion *f*
wholesome *adj* gesund, bekömmlich; **w.ness** *n* Bekömmlichkeit *f*
wholly or partly *adv* ganz oder teilweise
whoop up *v/t* *(coll)* hochjubeln *(coll)*; **w.ing cough** $ Keuchhusten *m*
the whys and wherefores *pl* das Warum und Weshalb
wicker chair *n* Korbsessel *m*; **w. furniture** Korb-, Rohrmöbel *pl*; **w.work** *n* Korbwaren *pl*, K.arbeit(en) *f/pl*
wide *adj* 1. breit, groß; 2. weit(gehend); **w.ly** *adv* weit, sehr viel
widen *v/ti* 1. erweitern, verbreitern, ausweiten, ausdehnen; 2. breiter werden, sich ausweiten/vertiefen
widening *n* Erweiterung *f*, Verbreiterung *f*, Ausweitung *f*; **w. of the margin of fluctuations** *(EWS)* Erweiterung der Bandbreiten; **~ capital** Erweiterungsinvestition *f*
wide|-ranging *adj* weit-, breitgefächert, weitreichend, umfassend; **w.spread** *adj* 1. weit-, allgemeinverbreitet, ausgedehnt, grassierend, landläufig, häufig, durchgängig; 2. *(Aktienbesitz)* breit gestreut
widow *n* Witwe *f*; **w.'s allowance** Witwenzuschuss *m*, W.geld *nt*; **~ benefit** Witwenrente *f*, W.geld *nt*, W.unterstützung *f*; **~ bounty** Witwenpension *f*, W.rente *f*; **~ dower** Leibgedinge *nt*
widowed *adj* verwitwet
widow's election *(Nachlass)* Wahlrecht der Witwe
widower *n* Witwer *m*; **w.'s pension** Witwerrente *f*
widowhood *n* Witwenschaft *f*
widow|'s and orphans' investment mündelsichere Kapitalanlage; **w.'s mite** *(fig)* Schärflein *nt*; **~ pension** Witwenrente *f*, W.geld *nt*, W.pension *f*; **~ (compulsory) portion** Witwenpflichtteil *m*, Pflichtteil der Witwe; **w. and orphan stocks** *[US]* mündelsichere Anlage-/Wertpapiere, Witwen- und Waisenpapiere; **w.'s tierce** *[Scot.]* Nießbrauch der Witwe
width *n* Breite *f*, Weite *f*; **w. of material** Stoffbahn *f*; **~ a road** Straßenbreite *f*; **internal w.** Ladebreite *f*; **minimum w.** Mindestbreite *f*
wife *n* Ehefrau *f*, Weib *nt*, Gattin *f*, Gemahlin *f*; **to divorce one's w.** sich von seiner Frau scheiden lassen; **common-law w.** Lebensgefährtin *f*; **earning w.** mit-

lawful/wedded **wife** 1258

verdienende Ehefrau; **lawful/wedded w.** rechtmäßig angetraute Ehefrau; **stay-at-home w.** nicht berufstätige Ehefrau; **working w.** (mit)arbeitende/beschäftigte/berufstätige/mitverdienende Ehefrau
wife's equity Vorbehaltsgut für Ehefrau und Kinder; **w.'s income** Einkünfte der Ehefrau; **~ earned income allowance** Steuerfreibetrag für mitverdienende Ehefrau; **~ earned income relief** Steuerermäßigung auf Arbeitseinkommen der Ehefrau; **~ part** Pflichtteil der Witwe
wild *adj* 1. ungezähmt, wild, unzivilisiert; 2. stürmisch, ungezügelt; **to grow w.** verwildern; **to run w.** randalieren
wildcat *n (coll)* 1. 🐾 Probebohrung *f*, spekulative Versuchsbohrung *f*; 2. Schwindelunternehmen *nt*, unsolides (Geschäfts)Unternehmen; *adj* unsicher, riskant, spekulativ, schwindelhaft
wildcat company Schwindelgesellschaft *f*, S.firma *f*; **w. currency** unsichere Kassenscheine; **w. finance** unsichere Finanzierung; **w. security** risikoreiches Wertpapier; **w. stocks** *[US]* unsichere/hochspekulative Aktien; **w. strike** wilder Streik, plötzliche/spontane Arbeitsniederlegung
wild\catter *n [US]* wilder Spekulant; **w.catting** *n* wilde Spekulation
wilderness *n* Wildnis *f*, Einöde *f*; **to send so. into the w.** *(fig)* jdn in die Wüste schicken *(fig)*
wildfire *n* Lauffeuer *nt*; **to catch on/spread like w.** *(fig) (Nachricht)* sich wie der Wind/mit Windeseile/rasend schnell verbreiten
wildlife *n* Tierwelt *f*, Fauna *f*; **w. sanctuary** Tierreservat *nt*, Wildschutzgebiet *nt*
wilful *[GB]*; **wilfull** *[US] adj* vorsätzlich, absichtlich, wissentlich, bewusst, willentlich, mutwillig; **w.ly and knowingly** *adv* § vorsätzlich; **w.ness** *n* Vorsatz *m*, Vorsätzlichkeit *f*; **constructive w.ness** bewusst in Kauf genommene Leichtfertigkeit
will *n* 1. Wille *m*; 2. letzter Wille, Testament *nt*, letztwillige Verfügung; **at w.** nach Belieben, willkürlich; **by w.** im Wege letztwilliger Verfügung, kraft Testamentes; **mutual w. of spouses** Ehegattentestament *nt*, Berliner Testament; **last w. and testament** Testament *nt*, letztwillige Verfügung; **w. to work** Leistungswille *m*; **capable of making a w.** testierfähig; **contesting a w.** Testamentsanfechtung *f*; **depositing a w.** Testamentshinterlegung *f*; **making a w.** Testamentserrichtung *f*; **incapable of ~ w.** testierunfähig; **proving a w.** Testamentseröffnung *f*, Eröffnung eines Testaments; **terminable at w.** jederzeit kündbar; **w. made in the presence of and recorded by a notary** notariell beglaubigtes Testament; **of one's own free w.** aus freien Stücken, freiwillig
to administer a will Testament vollstrecken; **to alter/change a w.** Testament abändern; **to assert one's w.** seinen Willen durchsetzen; **to benefit under a w.** in einem Testament bedacht werden; **to constitute a w.** alle Erfordernisse eines Testaments aufweisen; **to deposit a w.** Testament hinterlegen; **to direct by last w. and testament;** **to dispose by w.** letztwillig anord-

nen/verfügen, testamentarisch verfügen; **to dispute a w.** Testament anfechten, Gültigkeit eines Testaments bestreiten; **to draft/draw up a w.** Testament erstellen/aufsetzen/errichten; **to file a w.** Testament einreichen; **to include so. in one's w.** jdn in seinem Testament bedenken; **to invalidate a w.** Testament für kraftlos/ungültig erklären; **to make a w.** Testament aufsetzen/errichten/machen, letztwillig/testamentarisch verfügen; **to open a w.** Testament eröffnen; **to probate a w.** Testament gerichtlich bestätigen/eröffnen, ~ für rechtswirksam erklären lassen; **to propound a w.** auf Anerkennung eines Testaments klagen; **to prove a w.** Testament für rechtswirksam erklären lassen, ~ gerichtlich bestätigen lassen, ~ prüfen; **to read (out) a w.** Testament eröffnen; **to register a w.** Testament notariell errichten; **to remember so. in one's w.** jdn testamentarisch bedenken; **to revoke a w.** Testament umstoßen/aufheben/widerrufen; **to suppress a w.** Testament unterschlagen/unterdrücken; **to take the w. for the deed** den guten Willen anerkennen; **to vitiate a w.** Testament umstoßen
ambulatory will widerrufliches Testament; **attested w.** vor Zeugen unterschriebenes Testament; **bad w.** negativer Firmenwert; **cancelled w.** widerrufenes Testament; **certified w.** beglaubigtes Testament; **conditional w.** bedingtes Testament; **double w.** gegenseitiges/Berliner Testament; **free w.** freier Wille; **genuine w.** gültiges Testament; **holographic w.** eigenhändiges Testament, Privattestament *nt*; **ill w.** Unwille *m*, böser Wille, böses Blut *(coll)*, Feindseligkeit *f*; **informal w.** formloses Testament; **invalid w.** ungültiges Testament; **joint w.** gemeinsames/Berliner Testament; **last w.** letzter Wille, Testament *nt*, testamentarische/letztwillige Verfügung; **later w.** jüngeres Testament; **mutual/reciprocal w.** gegenseitiges/Berliner Testament; **joint ~ w.** gemeinsames und wechselbezügliches Testament; **mystic/unintelligible w.** unverständliches Testament; **notarial w.** notariell beurkundetes/beglaubigtes/errichtetes Testament; **nuncupative w.** mündliches/mündlich vor Zeugen errichtetes Testament; **original w.** Originaltestament *nt*; **private w.** Privattestament *nt*; **proved w.** anerkanntes Testament; **voidable w.** anfechtbares Testament
will *v/t* 1. erzwingen; 2. vererben; **w. o.s. to do sth.** sich zu etw. zwingen; **w. so. to do sth.** jdm seinen Willen aufzwingen
Wills Act *[GB]* Testamentsgesetz *nt*
willed *adv* gewillkürt, gewillt
willing *adj* willig, bereit, geneigt, gewillt; **w. to work** arbeitswillig
willingness *n* Bereitschaft *f*, B.willigkeit *f*; **w. to achieve sth.** Leistungswille *m*, L.bereitschaft *f*; **~ assume responsibility** Verantwortungsbereitschaft *f*; **~ buy** Kaufbereitschaft *f*; **~ compromise** Kompromissfreudigkeit *f*; **~ cooperate** Kooperationsbereitschaft *f*; **~ give information** Auskunftsbereitschaft *f*; **~ make concessions** Konzessionsbereitschaft *f*; **~ negotiate** Verhandlungsbereitschaft *f*; **~ pay** Zahlungswille *m*, Z.bereitschaft *f*; **w.-to-pay method** Methode der Zah-

lungsbereitschaft; **w. to reduce the debt burden** Entschuldungsbereitschaft *f*; **~ save** Sparwilligkeit *f*; **~ sell** Abgabeneigung *f*; **~ take decisions** Entscheidungsbereitschaft *f*; **~ take industrial action** *(Tarifkonflikt)* Kampfbereitschaft *f*; **~ work** Leistungsbereitschaft *f*, Arbeitswilligkeit *f*
to declare/express one's willingness   sich bereit erklären, seine Bereitschaft erklären
willpower *n*   Willenskraft *f*, W.stärke *f*
willy-nilly *adv*   *(coll)* wohl oder übel *(coll)*, nolens volens *(lat.)*
wily *adj*   verschlagen, gerissen, durchtrieben
win *n*   Sieg *m*, Erfolg *m*
win *v/ti*   gewinnen, siegen, verdienen, erwerben, Sieg erringen; **w. back** wieder-, zurückgewinnen, z.erobern; **w. so. over/round** jdn überreden/herumkriegen *(coll)*, jdn freundlich stimmen
winch *n*   ✪ Winde *f*
wind *n*   Wind *m*; **under the w.** ⚓ in Lee; **the w. has changed** *(fig)* der Wind hat sich gedreht *(fig)*
to be blown to the wind|s   in alle Winde verstreut werden; **~ full of w.** *(fig)* viel Wind machen *(fig)*; **to cast to the w.s** *(fig)* in den Wind schlagen *(fig)*; **to deserve a fair w.** *(fig)* Unterstützung verdienen; **to get w. of sth.** *(fig)* von etw. Wind/Witterung bekommen *(fig)*, Lunte riechen *(coll)*, etw. spitzkriegen *(coll)*, einer Sache auf die Spur kommen; **to have the w. behind one** *(fig)* Wind im Rücken haben *(fig)*; **to know which way the w. blows** *(fig)* wissen, wie der Hase läuft *(fig)*; **to put so.'s w. up** *(fig)* die Pferde scheu machen *(fig)*, jdm Angst machen; **to sail close to the w.** *(fig)* sich hart an der Grenze des Erlaubten bewegen; **to take the w. out of so.'s sails** *(fig)* jdm den Wind aus den Segeln nehmen *(fig)*; **to talk to the w.** *(fig)* in den Wind reden *(fig)*
biting wind   scharfer Wind; **chill w.** rauer Wind; **to be exposed to the ~ of competition** dem rauen Wind des Wettbewerbs ausgesetzt sein; **fair w.** günstiger Wind; **gale-force w.** stürmischer Wind; **offshore w.** Landwind *m*, ablandiger Wind; **onshore w.** Seewind *m*, auflandiger Wind; **piercing w.** durchdringender Wind; **stiff w.** starker Wind
wind *v/ti*   1. wickeln, spulen; 2. sich winden; **w. back** zurückspulen; **w. down** 1. *(Geschäft)* auflösen, schließen; 2. *(Aktivität)* reduzieren, verringern, zurückschrauben, z.fahren; **w. up** 1. *(Geschäft)* auflösen, liquidieren, abwickeln; 2. *(Produktion)* auslaufen lassen; 3. in Liquidation treten; 4. *(Debatte)* beschließen, zu Ende bringen; 5. *(Uhr)* aufziehen; **~ compulsorily** zwangsweise abwickeln/liquidieren; **~ voluntarily** freiwillig liquidieren
wind|bag *n*   *(coll)* Schwätzer *m*, Schaumschläger *m* *(coll)*, Windbeutel *m* *(coll)*; **w. bill** Gefälligkeits-, Keller-, Reit-, Reisewechsel *m*; **w.cheater** *n* Windjacke *f*; **w. energy** Windenergie *f*
winder *n*   ✪ Kurbel *f*
windfall *n*   1. Fallobst *nt*; 2. *(fig)* unerwarteter Glücksfall/Gewinn, warmer Regen *(fig)*; **w.en** *adj* ♧ windbrüchig
windfall gain/profits   unerwartete/ungeplante/außerordentliche/unverhofft anfallende Gewinne, ~ Einkünfte, Zufalls-, Überraschungs-, Quasimonopolgewinne *pl*, dynamische Markt(lagen)gewinne, unerwarteter Handelsgewinn; **w. profits tax** Steuer auf Zufallsgewinne, Mehrgewinnsteuer *f*; **w. losses** Überraschungsverluste; **w. reduction of premiums** unerwartete Prämienkürzung; **w. spending** Ausgabenrausch *m*; **w. tax** Steuer auf außergewöhnlich hohe Gewinne, ~ Zufallsgewinne
wind farm   Windfarm *f*; **w. ga(u)ge** Winddruckmesser *m*, Anemometer *m*
winding *adj*   kurvenreich; *n* 1. Windung *f*; 2. ⚡ Wicklung *f*; **w. gear** *n* ⛏ Fördergerüst *nt*, F.turm *m*; **w. level** Fördersohle *f*; **w. machine** Fördermaschine *f*
winding-up *n*   Abwicklung *f*, Liquidation *f*, Geschäfts-, Gesellschaftsauflösung *f*, Auflösung *f* (eines Geschäfts), Schließung *f*, Liquidierung *f*, Abschluss *m*; **w. of a business** Auflösung eines Geschäfts; **w. (of) a company** Liquidation/Abwicklung/Auflösung/Aufhebung einer Gesellschaft; **w. by court** Liquidation durch Gerichtsbeschluss; **~ creditors** Liquidationsvergleich *m*; **w. of an estate** Nachlassliquidierung *f*; **~ a fund** Auflösung eines Fonds; **w. by members** freiwillige Liquidation; **w. of a speech** Schluss einer Rede; **compulsory w.** Zwangsliquidierung *f*, Z.liquidation *f*, Z.auflösung *f*, Z.abwicklung *f*, Konkurs *m*; **voluntary w.** freiwillige Abwicklung/Auflösung
winding-up accounts   Abwicklungsbilanz *f*; **w. address** Schlussansprache *f*; **w. bankruptcy** Liquidationskonkurs *m*; **w. costs** Liquidationskosten; **w. losses** Insolvenzverluste; **w. order** (gerichtlicher) Liquidations-/Auflösungsbeschluss, A.verfügung *f*, vorläufiger Konkurseröffnungsbeschluss, Abschlussantrag *m*, Anordnung der Zwangsliquidation; **w. period** Abwicklungszeitraum *m*; **w. petition** Auflösungs-, Abwicklungsantrag *m*, Antrag auf Liquidation; **w. proceedings** Liquidationsverfahren *nt*; **w. proceeds** Liquidationserlös *m*; **w. profit** Liquidationsgewinn *m*; **w. profits** kinetische Gewinne; **w. provisions** Liquidationsbestimmungen; **w. resolution** Liquidationsbeschluss *m*; **w. sale** (Total)Ausverkauf *m*, Räumungs-, Liquidationsverkauf *m*, Verkauf wegen Geschäftsaufgabe; **w. speech** Schlussansprache *f*; **w. transaction** Abwicklungsgeschäft *nt*
wind instrument   Blasinstrument *nt*; **w.lass** *n* ✪ Winde *f*; **w.mill** *n* 1. Windmühle *f*; 2. *(fig)* Keller-, Reitwechsel *m*; **to tilt at w.mills** gegen Windmühlen kämpfen
window *n*   1. 🏠 Fenster *nt*; 2. (Sprech)Fenster *nt*, Schalter *m*; 3. 💻 Fenster *nt*; **to dress a w.** Schaufenster gestalten; **to rush to the w.** ans Fenster stürzen; **to smash a w.** Fenster einwerfen; **to throw out of the w.** *(fig)* über Bord werfen *(fig)*; **drive-in/drive-up w.** Autoschalter *m*, A.bank *f*; **pop-up w.** 💻 Überlagerungsfenster *nt*; **rear w.** 🚗 Rück-, Heckfenster *nt*, H.scheibe *f*
window cleaner   Fensterputzer *m*; **w. closing time** Schalterschluss *m*; **w. display** Geschäfts-, Schaufensterauslage *f*, S.dekoration *f*; **~ competition** Schaufensterwettbewerb *m*
window|-dress *v/t*   *(Bilanz)* frisieren *(coll)*, Bilanzbild

window-dresser

verschönern/verfälschen; **w.-dresser** *n* (Schaufenster)Dekorateur *m*
window-dressing *n* 1. (Schaufenster)Dekoration *f*, S.arrangement *nt*, S.gestaltung *f*, S.schmuck *m*; 2. *(fig)* Augenwischerei *f*, Frisieren *nt (coll)*, Schönfärberei *f*; 3. Bilanzfälschung *f*, B.frisur *f*, B.kosmetik *f*, B.verschönerung *f*; **end-of-year/year-end w.-d.** Sylvesterputz *m*; **w.-d. figures** *(Bilanz)* Paradewerte *pl*; **for ~ purposes** bilanzoptisch
window envelope Fenster(brief)umschlag *m*; **w. frame** Fensterrahmen *m*
windowing *n* ▫ Fenstertechnik *f*
window ledge Fenstersims *m*; **w. lintel** Fenstersturz *m*; **w. pane** Fensterglas *nt*; **frosted w. pane** Mattscheibe *f*; **w. seat** Fenstersitz *m*, F.platz *m*; **w. shade** Springrollo *nt*
window|-shop *v/i* Schaufensterbummel machen, Schaufenster ansehen; **w.-shopper** *n* Schaufensterbummler *m*; **w.-shopping** *n* Schaufensterbummel *m*; **to go w.-shopping** Schaufensterbummel unternehmen
window shutter (Fenster)Laden *m*; **w. sill** Fensterbank *f*, F.brett *nt*; **w. sticker/streamer** *(Werbung)* Fensteraufkleber *m*, Schaufensterstreifen *m*; **w. title** ▫ Fensterüberschrift *f*
wind|pipe ⚕ Luftröhre *f*; **w. power** Windenergie *f*, W.kraft *f*; **~ station** Windkraftwerk *nt*; **w. pressure** Winddruck *m*; **w. proof** *adj* windundurchlässig
wind|screen *[GB]*; **w.shield** *[US] n* 🚗 Windschutzscheibe *f*; **laminated w.screen/w.shield** Verbundglas(windschutz)scheibe *f*, Windschutzscheibe aus Verbundglas; **w.screen/w.shield wiper** Scheibenwischer *m*
windsock *n* ✈ Luft-, Windsack *m*; **w. speed** Windgeschwindigkeit *f*; **w.storm damage** *n* Sturmschaden *m*; **~ insurance** *n* Sturm(schaden)versicherung *f*; **w. tunnel** Windkanal *m*; **w. turbine** Windturbine *f*; **w.ward**; **w.way** *adv* windwärts, w.richtig
windy *adj* windig
wine *n* Wein *m*; **w. from the cask** offener Wein; **to adulterate w.** Wein panschen; **blended w.** verschnittener Wein; **bottled w.** Flaschenwein *m*; **fortified w.** verstärkter Wein; **mulled w.** Glühwein *m*; **sparkling w.** Schaumwein *m*, Sekt *m*; **~ trade** Sektwirtschaft *f*
wine and dine *v/ti* 1. bewirten, beköstigen; 2. (gut) essen und trinken
wine bottle Weinflasche *f*; **w. bucket** Sektkühler *m*; **w. cask** Weinfass *nt*; **w. cooler** Weinkühler *m*; **w. duty** Weinsteuer *f*; **w. festival** Winzerfest *nt*; **w.grower** *n* Winzer *m*, Weinbauer *m*, W.gutbesitzer *m*; **w.grower's cooperative** Winzergenossenschaft *f*; **w.-growing** *n* Wein(an)bau *m*; **~ area/district** Weingegend *f*, W.anbaugebiet *nt*; **w. harvest** Weinlese *f*, W.ernte *f*; **w. industry** Weinbau *m*, W.wirtschaft *f*; **w. list** Getränke-, Weinkarte *f*; **w.master** *n* Keller-, Küfermeister *m*; **w. merchant** Weinhändler *m*; **w. press** Weinkelter *f*; **w. route** Weinstraße *f*
winery *n [US]* Weingut *nt*, W.kellerei *f*
wine shop Weingeschäft *nt*; **w. taster** Weinprüfer *m*; **w. tasting** Weinprobe *f*; **w. trade** Weinhandel *m*; **w. vault** Weinkeller *m*; **w. waiter** Weinkellner *m*

wing *n* 1. 🏛 (Seiten)Flügel *m*, S.gebäude *nt*, Anbau *m*; 2. ✈ Flügel *m*, Tragfläche *f*; 3. 🚗 Kotflügel *m*; **to clip so.'s w.s** *(fig)* jdm die Flügel stutzen *(fig)*; **to get one's w.s** *(fig)* ✈ Pilotenprüfung machen; 2. sich seine Sporen verdienen; **to take so. under one's w.** *(fig)* jdn unter seine Fittiche nehmen *(fig)*, jdn protegieren; **to wait in the w.s** *(fig)* in den Kulissen warten *(fig)*; **left w.** linker Flügel; **right w.** rechter Flügel
wing assembly ✈ Tragwerk *nt*; **w. chair** Ohrensessel *m*
winger *n* *(Fußball)* Außenstürmer *m*, Flügelmann *m*; **left w.** Linksaußen *m*; **right w.** Rechtsaußen *m*
wing mirror 🚗 Außenspiegel *m*; **w. nut** Flügelmutter *f*; **w. span** ✈ Flügelspanne *f*, Spannweite *f*
wining and dining *n (coll)* 1. Essen und Trinken *nt*; 2. (großzügige) Bewirtung
winkle out *v/t* herausbekommen
forty wink|s *pl (coll)* kleines Nickerchen *(coll)*; **to have/take ~ w.s** sich aufs Ohr legen *(coll)*, Mütze Schlaf nehmen *(coll)*, Nickerchen machen *(coll)*; **not to sleep a w. all night** die ganze Nacht kein Auge zumachen
wink *v/ti* zwinkern, blinzeln; **w.er** *n [GB]* 🚗 Blinker *m*; **w.ing lights** *n* Blinker *pl*
winner *n* 1. Sieger *m*; 2. *(Börse)* (Kurs)Gewinner *m*, Verkaufsschlager *m*; 3. Renner *m*, Publikumserfolg *m*; **to be a w.** gut ankommen; **to pick a w.** das große Los ziehen
winner-take(s)-all system Mehrheitswahlrecht *nt*, M.system *nt*
winnings *pl* Gewinn *m*, Nutzen *m*
wino *n [US] (coll)* Penner *m*
winter *n* Winter *m*; **severe w.** strenger Winter
winter *v/ti* 1. überwintern; 2. 🐄 *(Vieh)* durch den Winter bringen
winter bonus Wintergeld *nt*; **w. break** Winterpause *f*; **w. building/construction** 🏛 Winterbau *m*; **w. catalog(ue)** Winterkatalog *m*; **w. clearance sale** Winterschlussverkauf *m*; **w. crop** 🌾 Wintergetreide *nt*; **w. equipment** Winterausrüstung *f*; **w. garden** Wintergarten *m*; **w. half-year** Winterhalbjahr *nt*; **w.-hardy** *adj* winterfest; **w. peak** *(Nachfrage)* Winterspitze *f*; **w. quarter** Winterquartal *nt*; **w. resort** Winterkurort *m*, W.ferienort *m*; **w. sale(s)** Winterschlussverkauf *m*; **w. season** Wintersaison *f*; **w. seed** 🌾 Wintersaat *f*; **w. sport(s)** Wintersport *m*; **w. term** Wintersemester *nt*, W.trimester *nt*; **w. timetable** Winterfahrplan *m*; **w. wheat** 🌾 Winterweizen *m*
wintry *adj* winterlich
wipe *v/t* wischen; **w. off** 1. wegwischen, löschen; 2. *(Schuld)* abschreiben; **w. out** 1. vernichten, zerstören, tilgen, zunichte machen, ausrotten; 2. *(Verlust)* ausgleichen; **w. up** aufwischen
wiper *n* 🚗 (Scheiben)Wischer *m*; **w. blade** Wischerblatt *nt*
wire *n* 1. Draht *m*; 2. ⚡ Leitung(sdraht) *f/m*, Kabel *nt*, Schnur *f*; 3. Telegramm *nt*, Depesche *f*, Drahtnachricht *f*; **by w.** telegrafisch; **to countermand by w.** abtelegrafieren; **to get one's w.s crossed** *(fig)* falsch reagieren; **to pull w.s** *(fig)* seinen Einfluss geltend machen, seine

Beziehungen spielen lassen; **barbed w.** Stacheldraht *m*; **live w.** 1. ⚡ stromführende Leitung; 2. *(fig)* Energiebündel *nt*; **main w.** Hauptleitung *f*; **rolled w.** ⌁ Walzdraht *m*; **overhead w.(s)** ▆ Oberleitung *f*
wire *v/t* 1. telegrafieren, depeschieren, drahten, telegrafisch benachrichtigen/informieren; 2. ⚡ verkabeln, verdrahten; **w. back** zurücktelegrafieren
wire bar ⌁ Drahtbarren *m*; **w. connection** Drahtverbindung *f*; **w. cutters** Drahtschere *f*
wired (up) *adj* elektrisch installiert
wire drawer ⌁ Drahtzieher *m*; **w. fence** Drahtzaun *m*, Metallgitter *nt*; **w. fencing** Drahteinzäunung *f*; **w. house** Brokerfirma *f*
wireless *n* (Rund)Funk *m*, Radio *nt*; **on the w.** im Radio
wireless engineer Rundfunk-, Radiotechniker *m*; **w. equipment** Funkausrüstung *f*; **w. installation** Rundfunk-, Funkanlage *f*, F.einrichtung *f*; **w. licence** Rundfunkgenehmigung *f*; **~ fee** Rundfunkgebühr *f*; **w. message** Funkspruch *m*; **w. officer** Funkoffizier *m*; **w. operator** (Schiffs)Funker *m*; **w. room** Funkraum *m*; **w. set** Radio-, Rundfunkapparat *m*, R.empfänger *m*, R.gerät *nt*; **w. silence** Funkstille *f*; **w. station** Funkstation *f*; **w. tax** Rundfunksteuer *f*; **w. telegraphy** drahtlose Telegrafie; **w. telephony** Funktelefonie *f*
wire|man *n* 1. Telegrafenarbeiter *m*; 2. *[US]* Abhörspezialist *m*; **w. mesh/netting** Fliegengitter *nt*, Maschendraht *m*, Drahtgeflecht *nt*; **w. nail** Drahtstift *m*; **w. printer** 🖳 Draht-, Matrix-, Nadeldrucker *m*; **w. puller** *(fig)* Drahtzieher *m* *(fig)*, Hintermann *m*; **w. reply** Drahtantwort *f*; **w. rod** ⌁ Walzdraht *m*; **w. rope** Drahtseil *nt*; **w.-stitched** *adj* 📖 geheftet; **w. tapping** *n* ✆ Anzapfen/Abhören von Telefonleitungen; **w. wool** Stahlwolle *f*; **w. works** *n* Drahtfabrik *f*
wiring *n* 1. Verdrahtung *f*; 2. Telegrafieren *nt*; 3. ⚡ Leitungsnetz *nt*; **w. diagram** Leitungs-, Schaltplan *m*
wisdom *n* Klugheit *f*, Weisheit *f*; **conventional w.** landläufige Meinung; **w. tooth** 🦷 Weisheitszahn *m*
wise *adj* (lebens)klug, erfahren, weise; **to get w. to sth.** dahinterkommen, etw. spitzkriegen *(coll)*
wise|acre *(coll)* Neunmalkluger *m (coll)*; **w.crack** *[US]* Stichelei *f*, geistreiche Bemerkung; **w.ly** *adv* wohlweislich
to be none the wiser *adj* genauso klug/schlau sein wie vorher
wish *n* Wunsch *m*, Wille *m*; **to act in accordance with so.'s w.es** in jds Sinne handeln; **to anticipate so.'s every w.** jdm jeden Wunsch von den Lippen (ab)lesen *(fig)*; **to comply with a w.** einem Wunsch nachkommen/entsprechen; **to fall in with so.'s w.es** jds Wünsche erfüllen; **dearest w.** Herzenswunsch *m*; **idle w.** Wunschtraum *m*; **pious w.** frommer Wunsch
wish *v/t* wünschen; **w. so. well** jdm Glück wünschen, es gut mit jdm meinen
wish|bone *n* 🦴 Gabelbein *nt*; **w. list** Wunschliste *f*
wisp of smoke *n* Rauchfetzen *m*
wit *n* 1. Verstand *m*; 2. Esprit *m (frz.)*; 3. Schöngeist *m*; **to be at one's w.'s end** mit seinem Latein/seiner Kunst am Ende sein *(coll)*, weder Rat noch Hilfe wissen, keinen Rat mehr wissen, weder ein noch aus wissen; **~**

beyond so.'s w.s über jds Verstand gehen; **to frighten so. out of his w.s** jdm einen gewaltigen Schrecken einjagen, jdn zu Tode erschrecken; **to lose one's w.s** Verstand verlieren; **to use one's w.s** seinen Geist anstrengen
witch *n* Hexe *f*; **w.craft** *n* Hexerei *f*; **w.-hunt** *n* Hexenjagd *f*, Kesseltreiben *nt*
withdraw *v/ti* 1. zurückziehen, z.nehmen, abziehen, rückgängig machen, widerrufen; 2. sich zurückziehen; 3. stornieren, kündigen; 4. *(Geld)* abheben, entnehmen, demonetisieren; 5. außer Kurs setzen; 6. ⚙ ausmustern, außer Dienststellen, ~ Betrieb nehmen, aus dem Verkehr ziehen
withdrawable *adj* abhebbar, entnahmefähig
withdrawal *n* 1. Rückzug *m*; 2. (Zu)Rücknahme *f*, Widerruf(ung) *m/f*, Entzug *m*; 3. *(Geld)* (Konto)Abhebung *f*; 4. abgehobener Betrag; 5. Entwertung *f*, Demonetisierung *f*; 6. Storno *m*, Kündigung *f*; 7. Außerkurssetzung *f*; 8. ⚙ Ausmusterung *f*, Außerdienststellung *f*; 9. Lagerentnahme *f*; **w.s** 1. *(Gesellschaft)* Privatentnahmen; 2. Geldausgänge; **subject to w.** Rücktritt vorbehalten, bis auf Widerruf
withdrawal from action [§] Prozessniederschlagung *f*; **w. of an action** Klage(zu)rücknahme *f*, Zurückziehen/Aufhebung/Rücknahme einer Klage; **~ appeal** Rücknahme der Berufung; **~ banknotes** Banknoteneinziehung *f*, Einziehung von Banknoten; **~ benefits** Leistungsentzug *m*; **~ capital** Kapitalentnahme *f*; **~ cash** Barabhebung *f*; **~ the charge** [§] Rücknahme der Anklage/des Strafantrags; **w. from circulation** *(Geld)* Einziehung *f*, Einzug *m*; **w. of a concession** Zurücknahme eines Zugeständnisses; **w. from a contract** Rücktritt vom Vertrag; **w. of parental control** Entziehung der elterlichen Gewalt; **~ counsel; ~ from employment** [§] *(Anwalt)* Mandatsniederlegung *f*; **w. of credit; ~ a loan** Kreditentzug *m*, K.kündigung *f*; **w. of deposits** Einlagenabzug *m*; **~ funds** Mittelentzug *m*, Geldabhebung *f*; **~ funds from circulation** kreislaufmäßiger Mittelentzug; **~ a guarantee** Zurückziehung einer Garantie; **~ immunity** Aufhebung der Immunität; **~ a juror** [§] Abberufung eines Geschworenen; **~ a licence** Lizenz-, Konzessionsentzug *m*, Entziehung einer Lizenz; **~ material** Materialentnahme *f*, M.abgang *m*; **~ money** Geldentzug *m*; **~ a notice** Rücknahme einer Kündigung; **~ an offer** Rücknahme/Widerruf eines Angebots; **~ an order** Rücknahme/Stornierung eines Auftrags; **w. by a partner** Gesellschafterentnahme *f*; **w. of a partner** Ausscheiden eines Gesellschafters; **~ a passport** Einziehung des Passes; **~ a patent** Zurücknahme eines Patents; **~ a petition for prosecution** [§] Rücknahme eines Strafantrags; **~ portfolio** Portefeuillerückzug *m*; **~ a power (of attorney)** Vollmachtswiderruf *m*, V.entzug *m*; **~ profits** Gewinnentnahme *f*; **w. from reserves** Reserveentnahme *f*; **w. of services** Leistungsentzug *m*; **~ a statement** Rücknahme einer Erklärung; **w. from public use** Entwidmung *f*
day-to-day withdrawal|s tägliche Abhebungen; **ordinary w.** Normalabhebung *f*; **partial w.** Teilabhebung *f*; **prior w.** Vorausentnahme *f*

withdrawal benefit *(Vers.)* Abgangsvergütung *f*; **w. charge** Abhebegebühr *f*; **w. facility** Abhebungs-, Rückzahlungsmöglichkeit *f*; **w. limit** Höchstgrenze für (Geld)Abhebungen; **w. notice** 1. Kündigungsfrist *f*, K.schreiben *nt*; 2. Kreditkündigung *f*; 3. *(Sparkonto)* Kündigung *f*; **early w. penalty** Vorschusszinsen *pl*; **w. period** *(Bank)* Kündigungsfrist *f*; **statutory w. period** gesetzliche Kündigungsfrist; **w. profit** *(Vers.)* Stornogewinn *m*; **w. receipt** Quittung über Kontoabhebung; **w. slip** Auszahlungs-, Rückzahlungsschein *m*; **w. symptom** $ *(Sucht)* Entzugserscheinung *f*
withdrawn *adj* 1. abgehoben, entnommen; 2. *(Wertpapiere)* aufgeboten; 3. *(Person)* zurückhaltend
withhold *v/t* 1. zurückhalten, vorenthalten, zurück-, einbehalten; 2. verschweigen
withholding *n* Zurück-, Einbe-, Vorenthaltung *f*, Quellenabzug *m*; **w.s** einbehaltene Steuern; **w. of income tax** *[US]* Lohnsteuerabzug *m*, L.abführung *f*, L.einbehaltung(sverfahren) *f/nt*, Einkommensteuereinbehaltung *f*; **~ a patent** Versagung eines Patents; **~ payment** Zahlungsverweigerung *f*; **~ payments** Zurückhaltung von Zahlungen; **w. at source** Quellen(steuer)abzug *m*, Q.besteuerung *f*; **w. of tax** Steuereinbehaltung *f*
withholding rate Lohnsteuer-, Kapitalertragssteuersatz *m*; **w. statement** *[US]* Lohnsteuerbescheinigung *f*; **w. tax** *[US]* Abzugs-, Lohn-, Quellen-, Kupon-, Kapitalertragssteuer *f*, einbehaltene Steuer, im Quellenabzugsverfahren erhobene Steuer; **~ notice** Steuerabzugsbescheid *m*
within *adv* in-, beiliegend, beigefügt; *prep* innerhalb, binnen; **w. ... of** innerhalb von ..., nach
without *prep* ohne; **w. so much as to ...** ohne überhaupt zu ...; **w.-profits** *adj (Vers.)* ohne Gewinnbeteiligung
with-profits *adj (Vers.)* mit Gewinnbeteiligung
withstand *v/t (Druck)* aushalten, standhalten
witness *n* [§] 1. Zeuge *m*, Zeugin *f*; 2. Zeugnis *nt*, Bestätigung *f*; **in w. thereof** zum Beweis dafür; **~ whereof** urkundlich dessen, zum Zeugnis, zu Urkund dessen
witness of an accident [§] Unfallzeuge *m*; **w. in court** Zeuge vor Gericht; **w. to a crime** Tatzeuge *m*; **w. for the crown** *[GB]* /**prosecution** Belastungszeuge m, Zeuge der Anklage; **w. to a deed/document** Urkundsperson *f*; **w. for the defence** Entlastungszeuge *m*; **principal ~ defence** Hauptentlastungszeuge *m*; **~ the other side** Gegenzeuge *m*; **w. to a will** Testamentszeuge *m*
naming a witness [§] Benennung eines Zeugen; **sworn in as a w.** als Zeuge beeidigt; **incompetent w.** unzulässiger Zeuge
to admonish a witness to speak the truth [§] Zeugen zur Wahrheit ermahnen; **to be called as a w. before the court** vor Gericht als Zeuge geladen werden; **~ confronted with a w.** einem Zeugen gegenübergestellt werden; **~ sworn as w.** Aussage beschwören; **to bear w. for so.** Zeugnis für jdn ablegen; **~ w. to** Zeugnis ablegen von, bestätigen; **~ false w.** falsches Zeugnis ablegen; **to believe a w.** einem Zeugen glauben, ~ Glauben schenken; **to call a w.** Zeugen aufrufen/zuziehen; **~ as w.** als Zeugen vorladen; **to challenge a w.** Zeugen (wegen Befangenheit) ablehnen; **to confront w.es** Zeugen gegenüberstellen; **to cross-examine a w.** Zeugen vernehmen/verhören/ins Kreuzverhör nehmen; **to depose as a w.** als Zeuge aussagen; **to hear a w.** Zeugen anhören; **to impeach a w.** Glaubwürdigkeit eines Zeugen erschüttern; **to influence a w.** auf einen Zeugen einwirken; **to interrogate/question a w.** Zeugen verhören/(ein)vernehmen, ~ einem Verhör unterziehen; **to intimidate a w.** Zeugen nötigen; **to leave a w. unsworn** Zeugen unbeeidigt lassen; **to name/offer a w.** Zeugen angeben/benennen; **to object to a w.** Zeugen (wegen Befangenheit) ablehnen; **to produce a w.** Zeugen stellen/vorführen/beibringen; **to re-call a w.** Zeugen erneut vernehmen lassen; **to suborn a w.** Zeugen bestechen/beeinflussen/zum Meineid verleiten; **to summon a w.** Zeugen vorladen; **~ so. to appear as a w.** jdn als Zeugen (vor)laden; **to swear a w. (in)** Zeugen beeidigen
attesting witness [§] Beglaubigungs-, Unterschriftszeuge *m*; **auricular w.** Ohrenzeuge *m*; **biased/challengeable/prejudiced w.** befangener Zeuge; **chief w.** Kronzeuge *m*; **compellable w.** aussagepflichtiger Zeuge; **contumacious w.** unentschuldigt ausgebliebener Zeuge; **credible w.** glaubhafter/glaubwürdiger Zeuge; **defaulting w.** ausbleibender/nicht erscheinender Zeuge; **disinterested w.** neutraler Zeuge; **detrimental w.** Belastungszeuge *m*; **false w.** falscher Zeuge; **friendly w.** eigener Zeuge; **hostile w.** feindselig eingestellter/feindlicher Zeuge; **material w.** unentbehrlicher/wichtiger Zeuge, Hauptzeuge *m*; **principal w.** Haupt-, Kronzeuge *m*; **privileged w.** Zeuge mit Aussageverweigerungsrecht; **reliable w.** glaubhafter/glaubwürdiger/verlässlicher Zeuge; **subscribing w.** Urkundenzeuge *m*; **summoned w.** geladener Zeuge; **sworn w.** beeidigter Zeuge; **unfavourable w.** Zeuge der Gegenseite; **unreliable w.** unzuverlässiger Zeuge; **unsworn w.** unbeeidigter Zeuge; **unwilling w.** widersetzlicher Zeuge
witness *v/t* 1. [§] bezeugen; 2. (Augen)Zeuge sein; 3. als Zeuge unterschreiben; **w. against** aussagen gegen; **w. for so.** für jdn/zu jds Gunsten aussagen; **w. my hand** laut meiner Unterschrift, von mir unterzeichnet; **w. our hands** unterschriftlich bestätigt, laut unseren Unterschriften
witness allowance [§] Zeugengeld *nt*; **w. bench/box/stand** Zeugenbank *f*, Z.stand *m*; **to shake a w.'s credibility** Glaubwürdigkeit eines Zeugen erschüttern
witnessed *adj* [§] beglaubigt, beurkundet
witness order/summons [§] Vorladung als Zeuge, Zeugen(vor)ladung *f*; **w. stand** Zeugenstand *m*; **to take the w. stand** vor Gericht (als Zeuge) aussagen
witty *adj* geistreich, launig, witzig, spritzig
wizard *n* Zauberkünstler *m*; **financial w.** Finanzgenie *nt*; **~ w.ry** *n* Finanzakrobatik *f*
wob|ble *v/i* wackeln, schwanken; **w.bly** *adj* wackelig, auf wackeligen Beinen (stehend)
wolf in sheep's clothing *n* Wolf im Schafspelz; **to cry w.** *(fig)* Alarm schlagen; **to keep the w. from the door** sich über Wasser halten *(fig)*; **lone w.** *(fig)* Einzelgänger *m*

woman *n* Frau *f*, Weib *nt*; **innocent/unblemished w.** unbescholtene Frau; **married w.** Ehefrau *f*, verheiratete Frau; **single/unmarried w.** alleinstehende/ledige Frau, Junggesellin *f*, Alleinstehende *f*, Ledige *f*; **working w.** berufstätige Frau, Werktätige *f*
woman customer Kundin *f*; **w.ly** *adj* fraulich; **w. worker** Arbeiterin *f*
women's emancipation Frauenemanzipation *f*; **w.'s movement** Frauenbewegung *f*; **~ refuge/shelter** Frauenhaus *nt*; **~ representative** Frauenbeauftragte *f*; **~ rights** Frauenrechte; **w.wear** *n* Damenbekleidung *f*
wonder *n* 1. Wunder *nt*; 2. Verwunderung *f*, Staunen *nt*; **(it is) little w.** es ist kaum verwunderlich; **nine days' w.** *(coll)* Eintagsfliege *f (fig)*, kurzlebige Sensation; **to do/work w.s** (wahre) Wunder vollbringen/wirken
wonder *v/i* sich wundern/fragen, staunen; **to make so. w.** jdn stutzig machen
wonder|ful *adj* wunderbar; **to be w.ing if** *adj* gern wissen mögen, ob; **w.land** *n* Märchenland *nt*
woo *v/t* werben/buhlen um, umwerben; **w. away** abwerben; **w. back** zurückzugewinnen suchen
wood *n* 1. Holz *nt*; 2. Wald *m*, Wäldchen *nt*, Gehölz *nt*; **to be out of the w.s** *(fig)* aus dem Gröbsten/Schlimmsten heraus sein, ~ Schneider sein *(coll)*, über den Berg sein *(fig)*; **~ unable to see the w. for trees** den Wald vor lauter Bäumen nicht sehen; **to stack w.** Holz stapeln; **to touch w.** *(coll)* aufs Holz klopfen, die Daumen drücken *(coll)*
coniferous wood 1. Nadelholz *nt*; 2. Nadelwald *m*; **dead w.** abgestorbenes Holz, Totholz *nt*; **deciduous w.** 1. Laubholz *nt*; 2. Laubwald *m*; **laminated w.** Sperrholz *nt*; **precious w.** Edelholz *nt*; **sawn w.** Schnittholz *nt*; **~ yield** Schnittholzausbeute *f*
wood *v/t* aufforsten, mit Bäumen bepflanzen
wood auction Holzauktion *f*; **w.carver** *n* Holzschnitzer *m*; **w.carving** *n* Holzschnitzerei *f*; **w.chip (wallpaper)** *n* Raufasertapete *f*; **w.cutter** *n* Holzarbeiter *m*, H.fäller *m*; **w.cutting** *n* Holzfällerei *f*, H.abhieb *m*
wooded *adj* bewaldet; **densely w.** waldreich; **sparsely w.** spärlich bewaldet
wooden *adj* hölzern, aus Holz
wood-free *adj* holzfrei
woodland *n* Waldland *nt*, W.gebiet *nt*, Waldung *f*; **w.s** Bewaldung *f*; **common w.** Gemeindewald *m*; **w. nursery** Schonung *f*
wood lot Waldparzelle *f*; **w. panelling** Holzauskleidung *f*, H.(ver)täfelung *f*; **w.pile** *n* Holzstoß *m*; **w. processing** Holzverarbeitung *f*; **w.-processing; w.-using** *adj* holzverarbeitend; **w. pulp** Holzschliff *m*, Zellstoff *m*, Zellulose *f*; **~ industry** Zelluloseindustrie *f*; **w. shavings** Hobelspäne; **w.work** *n* Tischlerei *f*; **w.worker** *n* Holzarbeiter *m*
wood-working *adj* holzverarbeitend
woodworking *n* Holzbearbeitung *f*; **w. industry** Holzverarbeitungsindustrie *f*; **w. machine** Holzbearbeitungsmaschine *f*
woodworm *n* Holzwurm *m*
wool *n* Wolle *f*; **dyed in the w.** *(fig)* in der Wolle gefärbt *(fig)*, hundertfünfzigprozentig, eingefleischt; **to pull the w. over so.'s eyes** *(fig)* jdn hinters Licht führen *(fig)*, jdm Sand in die Augen streuen *(fig)*, jdm blauen Dunst vormachen *(fig)*; **pure w.** reine Wolle
wool carding shop Wollkämmerei *f*; **w. clip/crop** Wollschuraufkommen *nt*, W.anfall *m*; **w. draper** Wollwarenhändler *m*
woolen [US]; **woollen** [GB] *adj* wollen, Woll-; **w.s** *pl* Wollsachen; **w. industry** Wollindustrie *f*
wool exchange/hall Wollbörse *f*; **w. fiber** [US] /**fibre** [GB] Wollfaser *f*; **w.grower** *n* Schafzüchter *m*, Wollproduzent *m*; **w.growing** *n* Schafzucht *f*
woollen → **woolen**
woolmark *n* ™ Wollsiegel *nt*
wool market Wollmarkt *m*; **w. merchant** Wollhändler *m*; **w. mill** Wollspinnerei *f*, Tuchfabrik *f*; **w. stapler** Wollgroßhändler *m*; **w. trade** Wollhandel *m*; **w. year** Wolljahr *nt*
word *n* Wort *nt*; **in w.s** in Buchstaben; **~ as many w.s** ausdrücklich; **w. of caution** Warnung *f*; **in w. and deed** in Wort und Tat; **w. of honour** Ehrenwort *nt*; **w.s of limitation** [§] Worte, die das Eigentumsrecht bestimmen; **w.s per minute (wpm)** Wörter/Silben pro Minute; **by w. of mouth** in mündlicher Form, mündlich; **one man's w. against another's** Behauptung gegen Behauptung; **in a w.** kurz, kurzum; **in other w.s** mit anderen Worten; **upon my w.** auf Ehrenwort, bei meiner Ehre; **w. got around** es sprach sich herum; **w. has it** dem Vernehmen nach
to assist so. in word and deed jdm mit Rat und Tat beistehen; **to be as good as one's w.** Wort halten, Zusage einhalten; **~ at a loss for w.s** keine Worte finden; **to break one's w.; to go back on one's w.** sein Wort brechen, ~ nicht halten; **not to breathe a w. of it** keine Silbe verraten; **to eat one's w.s** das Gesagte zurücknehmen; **to give one's w.** sich im Ehrenwort geben, sich ehrenwörtlich verpflichten; **to have a w. in so.'s ear** jdn unter vier Augen sprechen; **~ a w. with so.** kurz mit jdm sprechen, sich jdn vorknöpfen *(coll)*, mit jdm Rücksprache nehmen; **~ the last w.** das letzte Wort haben; **to keep one's w.** sein Versprechen halten; **to leave w.** Bescheid geben, Nachricht hinterlassen; **not to mince w.s** kein Blatt vor den Mund nehmen *(fig)*; **to pledge one's w.** mit seinem Wort bürgen; **to put in w.s** ausdrücken; **~ in a (good) w. for so.** sich für jdn einsetzen/verwenden, ein (gutes) Wort für jdn einlegen; **~ into w.s** in Worte fassen; **to stand by so.'s w.s** zu seinen Worten stehen; **to take so. at his w.** jdn beim Wort nehmen; **to twist so.'s w.s** jdm das Wort im Mund verdrehen; **not to waste w.s** nicht viel Worte machen; **to weigh one's w.s (carefully)** seine Worte auf die Goldwaage legen *(fig)*, sich ~ gut überlegen
borrowed/foreign word Fremdwort *nt*; **compound w.** zusammengesetztes Wort; **defamatory w.s** beleidigende Worte; **deleted w.** gestrichenes Wort; **dirty w.** Schimpfwort *nt*; **dying w.s** letzte Worte, Sterbeworte; **empty w.s** leere/tönende Worte; **fair w.s** Schmeichelei *f*, schöne Worte; **fixed-length w.** 🖥 Festwort *nt*; **harsh w.s** harte Worte; **injurious w.s** beleidigende Worte; **introductory w.s** einführende Worte; **last w.** Schluss-

the last **word**

wort *nt*; **the ~ w.** das Nonplusultra; **the ~ w. in ...** das Letzte auf dem Gebiet ...; **moving w.s** ergreifende Worte; **negotiable w.s** Begebbarkeitsklausel *f*; **non-reserved w.** 🖳 Programmiererwort *nt*; **operative w.s** [§] rechtsgestaltende Worte; **user-defined w.** 🖳 Programmierwort *nt*; **well-chosen w.s** *(Rede)* wohlgesetzte Worte
word *v/t* formulieren, abfassen, in Worte fassen
word addressing 🖳 Wortadressierung *f*; **w. bank** Wortbank *f*; **w. delimiter** 🖳 Wortsymbol *nt*; **w. division** Silbentrennung *f*
worded *adj (Vertrag)* (ab)gefasst, formuliert; **strongly w.** 1. scharf formuliert; 2. *(Protest)* geharnischt
word formation Wortbildung *f*; **w.-for-word** *adj (Übersetzung)* (wort)wörtlich
wording *n* 1. Wortlaut *m*, Fassung *f*, Formulierung *f*, Text *m*; 2. Abfassung *f*; **w. of an agreement; ~ a contract** Vertragstext *m*, Wortlaut eines Vertrages; **~ a bill** Wechseltext *m*; **~ a law** Gesetzestext *m*; **~ an oath** Eidesformel *f*; **~ a question** Fragestellung *f*; **careful w.** vorsichtige Formulierung; **different w.** abweichender Text
word mountain Wortgebilde *nt*; **w. order** Wortfolge *f*, W.stellung *f*; **w. play** Wortspiel *nt*
word-process *v/t* Test verarbeiten
word processing 🖳 Text-, Wortverarbeitung *f*; **~ machine** Textverarbeitungsautomat *m*, T.maschine *f*; **~ program/software** Textverarbeitungsprogramm *nt*, T.software *f*; **w. processor** 🖳 Schreib-, Textautomat *m*, T.verarbeitungsmaschine *f*, T.prozessor *m*; **communicating w. processor** interaktives Textverarbeitungssystem; **dedicated w. processor** dediziertes Textverarbeitungsprogramm; **w. rate** *(Telegramm)* Worttarif *m*; **w. separator** Wortbegrenzungszeichen *nt*; **w. splitter** *(pej.)* Wortklauber *m (pej.)*; **w. time** Wort(takt)zeit *f*; **w. wrapper** 🖳 (automatischer) Zeilenumbruch; **w.y** *adj* wortreich
work *n* 1. Arbeit *f*, (Berufs)Tätigkeit *f*, Beschäftigung *f*; 2. Werk *nt*, Wirken *nt*; **at w.** bei der Arbeit, am Arbeitsplatz; **in w.** arbeitend; **out of/without w.** arbeits-, erwerbs-, beschäftigungslos, ohne Beschäftigung/Arbeit
work in arrears Arbeitsrückstände *pl*, unerledigte Arbeit; **w. of art** Kunstwerk *nt*, K.gegenstand *m*; **w.s of applied art** Werke der angewandten Kunst; **w. on the bonus system** Arbeit auf Prämienbasis; **w. by the book** Dienst nach Vorschrift; **w. under difficult conditions** Arbeit unter erschwerten Bedingungen; **w. of the devil** Teufelswerk *nt*; **w. in the field** Feldarbeit *f*, Außendienst *m*; **w. on hand** gegenwärtiger Auftragsbestand; **w. out of hours** Tätigkeit außerhalb der Dienststunden; **w. and labour** Leistungen eines Werklieferungsvertrags; **w. at piece rates** Akkordarbeit *f*, nach Akkord bezahlte Arbeit
work in process/progress 1. unfertige/halbfertige Erzeugnisse; 2. *(Bilanz)* Erzeugnisse in der Fabrikation, in der Ausführung begriffene Arbeit, Halbfabrikate *pl*, H.zeug *nt*, in Verarbeitung befindliches Material, Verarbeitungsbestand *m*; **~ account** Fabrikations-, Herstellkonto *nt*; **~ inventory** Bestandsaufnahme der laufenden Arbeiten, Bestand an halbfertigen Erzeugnissen
work to rule Arbeit/Dienst nach Vorschrift, Bummelstreik *m*; **w. on the side** Schwarzarbeit *f*; **~ Sundays** Sonntagsarbeit *f*; **w. at time rates** nach Zeit bezahlte Arbeit; **w. and time values** *(REFA)* Arbeits- und Zeitwerte
able to work arbeitsfähig; **available for w.** für den Arbeitsmarkt verfügbar; **capable of w.** arbeits-, erwerbsfähig; **fit for w.** arbeits-, erwerbsfähig, fähig zur Arbeit; **in terms of w.** arbeitsmäßig; **unfit for w.** arbeits-, dienstunfähig; **hard w. brings its own reward** *(prov.)* sich regen bringt Segen *(prov.)*
to allocate work Arbeit zuweisen; **to be absent from w.** blaumachen *(coll)*; **~ at w.** an der Arbeit sein, arbeiten; **~ hard at w.** schuften *(coll)*; **~ in w.** Arbeit haben; **~ completely absorbed in one's w.** in seinem Beruf aufgehen; **~ a lot of w.** viel Arbeit machen; **~ off w.** (am Arbeitsplatz) fehlen; **~ out of w.** arbeitslos/ohne Beschäftigung sein, keine Arbeit haben; **~ up to one's ears in w.** alle Hände voll zu tun haben; **~ negligent in one's w.** in seiner Arbeit nachlässig sein; **to buckle down to w.** *(coll)* sich an die Arbeit machen, in die Hände spucken *(coll)*; **to cease w.** Arbeit beenden/einstellen; **to clock into w.** Arbeitsantritt registrieren; **to commute to w.** (ein)pendeln; **to continue to w.** weiterarbeiten, an der Arbeit bleiben; **to contract/farm out w.** Arbeiten/im Lohnauftrag vergeben; **to do w.** arbeiten, Arbeit leisten/verrichten; **~ useful w.** nützliche Arbeit leisten; **to find w.** Arbeit/Stelle/Stellung finden; **~ for so.** jdn vermitteln; **to free so. from w.** jdn (von der Arbeit) freistellen; **to get w.** Arbeit erhalten; **~ down to w.** sich an die Arbeit machen; **~ to w.** zur Arbeitsstelle kommen; **to give up w.** Arbeit aufgeben; **to go about one's w.** seiner Arbeit nachgehen; **~ out to w.** arbeiten gehen; **~ to w.** an die Arbeit gehen; **to have one's w. cut out** alle Hände voll zu tun haben; **to live by one's w.** von seiner Hände Arbeit leben; **to look for w.** auf Arbeitssuche sein; **to make light w. of sth.** spielend mit etw. fertigwerden; **~ short w. (of so./sth.)** kurzen Prozess machen, leichtes Spiel haben, nicht viel Umstände/Federlesens machen; **to obtain w.** Aufträge erhalten; **to pace one's w.** sich die Arbeit einteilen; **to perform w.** Arbeit leisten, arbeiten; **to price o.s. out of w.** sich (durch hohe Lohnforderungen) um den Arbeitsplatz bringen; **~ so. out of w.** jdm (durch geringere Lohnforderungen) den Arbeitsplatz wegnehmen; **to provide w.** Arbeit verschaffen, Arbeitsplätze schaffen; **to put so. out of w.** jdn arbeitslos machen; **~ to w.** einsetzen, in Bewegung setzen; **~ w. out to tender** Arbeiten ausschreiben; **to report for w.** sich zum Dienst/zur Arbeit melden; **to resume w.** Tätigkeit/Arbeit wieder aufnehmen; **to retire from w.** sich zur Ruhe setzen; **to return to w.** Arbeit wieder aufnehmen; **to send out w.** Arbeit außer Haus geben; **to set/settle down to w.** sich an die Arbeit machen, an die Arbeit/ans Werk gehen, Arbeit in Angriff nehmen; **to shirk w.** sich vor der Arbeit drücken; **to sign on for w.** Arbeit aufnehmen; **to slack**

up w. bei der Arbeit trödeln; **to skip w.** blaumachen; **to start w.** Dienst antreten, Arbeit aufnehmen, berufstätig werden; **to stop w.** Arbeit niederlegen/einstellen; **to suspend w.** Arbeit aussetzen; **to take up w.** Arbeit/Beschäftigung aufnehmen; **to throw so. out of w.** jdn arbeitslos/brotlos machen; **to turn up for w.** zur Arbeit erscheinen
accumulated work vorgetane Arbeit; **additional w.** Mehrarbeit f; **administrative w.** Verwaltungsarbeit f; **agricultural w.** ⚓ Landarbeit f; **artistic w.s** Werke der bildenden Künste; **auxiliary w.** ergänzende/mittelbare Arbeiten; **back-office w.** Verwaltungsaufgaben pl, V.tätigkeit f; **bad w.** fehlerhafte Arbeit, Ausschuss m, Pfusch m (coll), Murks m (coll); **casual w.** Gelegenheits-, Aushilfsarbeit f; **charitable w.** karitative Tätigkeit; **choreographic w.s** Werke der Tanzkunst; **cinematographic w.** Filmwerk nt; **clandestine w.** Schwarzarbeit f; **clerical w.** Schreib-, Büroarbeit f, B.tätigkeit f; **composite w.s** verbundene Werke; **compulsory w.** Arbeitspflicht f, A.zwang m; **constructive w.** konstruktive Arbeit; **controlled w.** Arbeit mit Zeitrichtwerten; **creative w.** schöpferische Tätigkeit; **dangerous w.** gefährliche Arbeit; **a good day's w.** ordentliches Tagewerk; **dead w.** vorbereitende/unproduktive Arbeit, Leerlauf m (fig); **detailed w.** Kleinarbeit f; **direct w.** produktive Arbeit; **dirty w.** Dreck(s)arbeit f, Handlangerdienste pl; **~ bonus** Schmutzzulage f; **disseminated w.s** veröffentlichte Werke; **editorial w.** Herausgeber-, Redaktionstätigkeit f, R.arbeit f; **educational w.** Aufklärungs-, Bildungsarbeit f; **executive w.** leitende Tätigkeit, Tätigkeit als Führungskraft; **extra w.** Mehr-, Sonderarbeit f; **fat w.** (coll) Arbeit mit leicht verdienbaren Prämien; **follow-up w.** Nacharbeit f; **freelance w.** freiberufliche Tätigkeit; **full-time w.** Vollzeitarbeit f; **hard w.** schwere/harte/intensive Arbeit, Schwerarbeit f; **hazardous w.** gefährliche Tätigkeit; **heavy w.** Massenarbeit f; **illicit w.** Schwarzarbeit f; **industrial w.** Industriearbeit f; **in-process/in-progress w.** unfertige/halbfertige Erzeugnisse, Halbfabrikate pl, H.zeug nt; **intellectual w.** Kopfarbeit f, geistige Arbeit; **intermittent w.** Stoßarbeit f; **investigative w.** Untersuchungstätigkeit f; **light w.** leichte Arbeit; **low-grade w.** untergeordnete Arbeit; **make-ready w.** vorbereitende Arbeiten; **make-up w.** nachgeholte Arbeitszeit; **managerial w.** Tätigkeit als Führungskraft; **manual w.** Handarbeit f, körperliche Arbeit; **mediocre w.** mäßige Arbeit/Qualität; **menial w.** einfache/niedrige Arbeit; **mental w.** Geistes-, Kopfarbeit f, geistige Arbeit; **musical w.s** Werke der Musik; **neat w.** saubere Arbeit; **non-manual w.** Büro-, Verwaltungstätigkeit f; **out-of-cycle w.** Arbeit außerhalb des Arbeitstaktes; **outdoor/outside w.** Außenarbeit f, A.dienst m; **overtime w.** Überstunden(arbeit) pl/f; **own w.** eigene/innerbetriebliche Leistung(en); **~ capitalized** aktivierte Eigenleistung; **paid w.** bezahlte Arbeit, entgeltliche Tätigkeit; **parallel w.** Simultanarbeit f; **part-time w.** Halbtagsarbeit f, H.beschäftigung f, Teilzeitarbeit f, T.beschäftigung f; **photographic w.** Lichtbildwerk nt; **preliminary w.** Vorarbeit f; **preparatory w.** Vorarbeit f, Fertigungsvorbereitung f, Vorbereitungsarbeiten pl; **principal w.** Hauptwerk nt; **promotional w.** Verkaufsförderung f, Werbearbeit f
public works öffentliche Arbeiten/Bauten, öffentlicher Bau, öffentliche Bautätigkeit; **~ program(me)** Arbeitsbeschaffungsprogramm nt, öffentliches Auftragsprogramm/Vorhaben
published work erschienenes Werk; **reasonable w.** zumutbare Tätigkeit; **repetitive w.** gleichförmige/repetitive Arbeit; **seasonal w.** Saisonarbeit f; **scheduled w.** Regie-, Terminarbeit f; **secretarial w.** Büro-, Sekretariatstätigkeit f; **sedentary w.** sitzende Tätigkeit, Sitzarbeit f; **shoddy/slipshod/sloppy w.** nachlässig/schlecht ausgeführte Arbeit, schlampige Arbeit, Schluderarbeit f, Pfusch m (coll), Murks m (coll); **to do ~ w.** schlampig arbeiten; **short-time w.** Kurzarbeit f, Feierschichten pl, Teilarbeitslosigkeit f, Unterbeschäftigung f; **skilled w.** Facharbeit f, qualifizierte Tätigkeit; **social w.** Fürsorgearbeit f, F.tätigkeit f, Sozialarbeit f, S.betreuung f, Wohlfahrt(spflege) f, soziale Tätigkeit/Betreuung; **spare-time w.** Nebenarbeit f, N.tätigkeit f; **special w.** Sonderarbeit f; **standard w.** Haupt-, Standardwerk nt; **steady w.** regelmäßige/feste Arbeit; **subcontracting w.** Subunternehmer-, Unterlieferantentätigkeit f; **suitable w.** angemessene Arbeit, Aushilfstätigkeit f; 2. Zeit-, Leiharbeit f; **trying w.** anstrengende Tätigkeit; **unhealthy/unhygienic w.** gesundheitsschädliche Arbeit; **unskilled w.** Hilfsarbeit f, ungelernte Arbeit, unqualifizierte Tätigkeit; **voluntary w.** freiwillige Arbeit/Tätigkeit; **white-collar w.** geistige Arbeit, Büroarbeit f

work v/ti 1. arbeiten, sich betätigen; 2. ✪ funktionieren; 3. 🚜 bedienen, betätigen, handhaben; 4. bewirken; 5. 💰 ausbeuten, abbauen; 6. 🔨 be-, verarbeiten; 7. ⚓ beackern, bestellen, bewirtschaften; 8. (Pat.) ausnutzen; **able to w.** dienstfähig; **unable to w.** arbeits-, dienstunfähig; **w. at sth.** an etw. arbeiten; **w. for so.** für jdn tätig sein; **~ sth.** auf etw. hinarbeiten; **w. (one's way) forward** sich vorarbeiten; **w. in** einarbeiten; **w. off** 1. erledigen, aufarbeiten; 2. (Aufträge) abbauen, abwickeln, abarbeiten; 3. (Rückstände) abtragen; **w. on sth.** an etw. arbeiten; **~ so.** auf jdn einwirken; **w. out** 1. aus-, erarbeiten; 2. aus-, berechnen, ausklügeln; 3. sich einspielen; 4. (Rechnung) aufgehen; 5. 💰 erschöpfen, abbauen; **~ as** (Zahlen) ausmachen, ergeben; **w. over** um-, überarbeiten, revidieren; **w. through** durcharbeiten, durchackern (coll); **w. towards sth.** auf etw. hinwirken/hinarbeiten

work in advance vorarbeiten; **w. closely with** eng zusammenarbeiten mit; **w. economically** wirtschaftlich arbeiten; **w. flat out** (coll) mit voller Kapazität/auf Hochtouren/mit Volldampf (coll) arbeiten; **w. full-time; ~ on a full-time basis** ganztägig/hauptamtlich arbeiten, vollbeschäftigt sein; **w. half-time** halbtags arbeiten; **w. hard** tüchtig/stramm/schwer arbeiten; **w. loose** locker werden, sich lösen; **w. part-time** Nebenbeschäftigung/N.tätigkeit ausüben, teilzeitbeschäftigt sein; **w. properly** einwandfrei funktionieren; **w. sys-**

tematically methodisch arbeiten; **w. together** zusammenarbeiten, kooperieren; **w. underground** ☝ unter Tage arbeiten
workability *n* Funktionsfähigkeit *f*, Durchführbarkeit *f*
workable *adj* 1. funktionstüchtig, gangbar, funktionierend, praktizierbar, durchführbar; 2. ✪ bearbeitbar; 3. ⛏ bebaubar; 4. ☝ abbaufähig, a.würdig
workaday *adj* werk-, arbeitstäglich, Alltags-
workaholic *n* Arbeitstier *nt*, A.süchtiger *m*, A.pferd *nt (fig)*
excess/extra work allowance Verfahrenszuschlag *m*, Zuschlag für zusätzliche Arbeiten; **w. analysis** Arbeitsanalyse *f*; **w. area** Arbeitsbereich *m*; **w. assignment** Arbeitszuweisung *f*, A.anweisung *f*; **w. atmosphere** Betriebsklima *nt*; **w. balancing** Leistungsabstimmung *f*; **w.bench** *n* Werk-, Arbeitsbank *f*, A.tisch *m*; **w.book** *n* Arbeitsbuch *nt*, A.heft *nt*, A.anweisungen *pl*; **w. break** Arbeitspause *f*; **w. camp** Arbeitslager *nt*
work center *[US]* /**centre** *[GB]* 1. Arbeitsbereich *m*; 2. Kostenstelle *f*; **~ cost** Platzkosten *pl*; **~ costing** Platzkostenrechnung *f*; **~ rate** Platzkostensatz *m*
work clothing Arbeitskleidung *f*; **w. curve** Leistungskurve *f*; **w. cycle** Arbeitstakt *m*; **w.day** *n* 1. Arbeits-, Werktag *m*; 2. Arbeitszeit pro Tag
to get worked up *adj* sich aufregen
work efficiency Arbeitsproduktivität *f*; **w. element** Arbeitselement *nt*, Teilarbeits(vor)gang *m*; **w. environment** Arbeitsumfeld *nt*, A.bedingungen *pl*
worker *n* Arbeiter(in) *m/f*, Werktätige(r) *f/m*, Lohnabhängige(r) *f/m*, Arbeitskraft *f*, Betriebsangehöriger *m*; **w.s** Arbeiter-, Arbeitnehmerschaft *f*, Arbeitskräfte, Belegschaft *f*; **w. of limited employability** beschränkt vermittelbare Arbeitskraft
to dismiss workers Arbeiter/Arbeitskräfte/Personal entlassen; **to employ/enrol w.** Arbeiter/Arbeitskräfte/Personal einstellen; **to lay off w.** Arbeiter/Personal (vorübergehend) entlassen, Arbeitskräfte freistellen; **to make w. redundant** Arbeiter/Arbeitskräfte/Personal entlassen, ~ freisetzen; **to place w.** Arbeitskräfte vermitteln; **to recruit w.** Arbeiter/Arbeitskräfte/Personal anwerben; **to take on new w.** Mitarbeiter/Personal/Arbeitskräfte einstellen
agricultural worker Landarbeiter(in) *m/f*, landwirtschaftlicher Arbeiter; **all-shift w.** Kontiarbeiter *m*; **ancillary w.** Hilfsarbeiter(in) *m/f*; **~ w.s** Hilfspersonal *nt*; **available w.s** vermittlungsfähige/vermittlungswillige Arbeiter, ~ Arbeitslose; **blue-collar w.** (Hand)Arbeiter *m*; **casual w.** 1. Gelegenheitsarbeiter(in) *m/f*; 2. Leiharbeiter(in) *m/f*, L.arbeitnehmer(in) *m/f*; **clerical w.** Büroangestellte(r) *f/m*, B.arbeiter *m*, kaufmännische(r) Angestellte(r); **commuting w.** Pendelarbeiter *m*; **domestic/indigenous w.** inländischer Arbeitnehmer; **expatriate/foreign w.** Fremd-, Gastarbeiter *m*, ausländischer Arbeiter/Arbeitnehmer/Mitarbeiter; **federal w.** *[US]* Bundesbedienstete(r) *f/m*; **female w.** Arbeiterin *f*, Arbeitnehmerin *f*, weibliche Arbeitskraft; **fly-by-night w.** *(coll)* Schwarzarbeiter *m* *(coll)*; **full-time w.** Vollzeit(arbeits)kraft *f*, V.zeitarbeiter(in) *m/f*; **hard w.** tüchtige(r) Arbeiter(in), Arbeitspferd *m*; **heavy w.** Schwerarbeiter *m*; **industrial w.** gewerblicher Arbeiter/Arbeitnehmer, Fabrik-, Industriearbeiter *m*; **iron-collar w.** 🤖 *(fig)* Roboter *m*; **itinerant/migrant w.** Wanderarbeitnehmer *m*, W.arbeiter *m*; **manual w.** (Hand)Arbeiter *m*; **~ w.s' union** Arbeitergewerkschaft *f*; **migrant w.s** Wanderarbeiter; **municipal w.** Kommunalarbeiter *m*; **non-manual w.** Angestellte(r) *f/m*; **~ w.s' union** Angestelltengewerkschaft *f*; **occasional w.** Gelegenheitsarbeiter(in) *m/f*; **one-shift w.** Einschichtler *m*; **daily paid w.** Tagelöhner *m*; **hourly paid w.** gegen Stundenlohn beschäftigter Arbeiter; **part-time w.** Teilzeitkraft *f*, T.arbeiter *m*, Halbtagskraft *f*; **postal w.** Postarbeiter *m*; **~ w.s' union** Postgewerkschaft *f*; **professional w.** Freiberufler(in) *m/f*; **private-sector w.** Beschäftigte(r) in der Privatwirtschaft; **public-authority/public-sector w.** Beschäftigte(r) im öffentlichen Dienst, öffentliche(r) Bedienstete(r); **qualified w.** qualifizierte(r) Arbeiter(in); **real w.** tüchtige(r) Arbeiter(in); **redundant w.** freigewordene/freigesetzte Arbeitskraft; **regular w.** Stammarbeiter *m*; **salaried w.** Angestellte(r) *f/m*, Gehaltsempfänger(in) *m/f*; **seasonal w.** Saisonarbeiter *m*, S.aushilfe *f*; **skilled w.** gelernter Arbeiter, Facharbeiter *m*, Fach-, Spezialkraft *f*, qualifizierte Arbeitskraft; **~ w's certificate** Facharbeiterbrief *m*; **semi-skilled w.** angelernter (Fach)Arbeiter, angelernte Arbeitskraft; **shop-floor w.s** Produktionsarbeiter; **short-time w.** Kurzarbeiter *m*; **social w.** Sozialarbeiter(in) *m/f*, S.betreuer(in) *m/f*, S.fürsorger(in) *m/f*, S.helfer(in) *m/f*; **steady w.** solider Arbeiter; **temporary w.** 1. Aushilfskraft *f*, A.arbeiter *m*, Aushilfe *f*; 2. Zeitarbeiter(in) *m/f*; **three-shift w.** Dreischichtler *m*; **two-shift w.** Zweischichtler *m*; **unemployed w.** freie/beschäftigungslose Arbeitskraft; **unionized w.** (gewerkschaftlich) organisierter Arbeiter; **unskilled w.** ungelernter Arbeiter, Hilfs-, Nichtfacharbeiter *m*, Hilfskraft *f*, ungelernte (Arbeits)Kraft; **voluntary w.** 1. freiwillige(r) Helfer(in); 2. Entwicklungshelfer(in) *m/f*; **white-collar w.** *(Büro)* Angestellte(r) *f/m*, Kopf-, Geistesarbeiter *m*, geistiger Arbeiter; **young w.** Jungarbeiter *m*
worker|s' bank Arbeiterbank *f*; **~ compensation (scheme)** Arbeits-, Betriebsunfallversicherung *f*; **~ cooperative** Arbeiterkooperative *f*; **~ council** Betriebsrat *m*; **w.-director** *n* Arbeitsdirektor *m* *[D]*; **w.s' dwelling** Arbeiterwohnung *f*; **~ housing estate** Arbeitersiedlung *f*; **w. participation** Arbeitnehmerbeteiligung *f*, Arbeiterselbstverwaltung *f*, Mitbestimmung *f* (der Arbeitnehmer), Mitbestimmung am Arbeitsplatz; **w.s' pension insurance** Arbeiterrentenversicherung *f*; **foreign ~ remittances** Überweisungen ausländischer Arbeitskräfte; **board-level w. representation** Mitbestimmung/Arbeitnehmervertretung im Aufsichtsrat; **w.s' representative** Arbeiter-, Arbeitnehmervertreter *m*; **~ representatives** Arbeitnehmerseite *f*; **~ rights** Arbeitnehmerrechte; **w. say** *(coll)* Mitbestimmung *f*, Mitspracherecht der Belegschaft, Arbeitnehmerbeteiligung *f*; **w. shareholder** Belegschaftsaktionär *m*; **w.s' train** 🚂 Arbeiterzug *m*; **~ welfare organization** Arbeiterwohlfahrt (AWO) *f [D]*; **~ wing** *(Partei)* Arbeitnehmerflügel *m*

work ethic Arbeitsethik *f*, A.moral *f*; **w. experience** Arbeits-, Berufserfahrung *f*, B.praxis *f*; **~ scheme** (Berufs-/Betriebs)Praktikum *nt*; **w. fatigue** Arbeitsermüdung *f*; **w. fellow** Arbeitskollege *m*, A.kamerad *m*; **w. file** Arbeitsdatei *f*

work flow Arbeitsbewegung *f*, A.fluss *m*, A.ablauf *m*; **~ analysis** Arbeitsablaufstudie *f*; **~ diagram** Arbeitsablaufplan *m*, A.flussplan *m*; **~ organization** Arbeitsablauforganisation *f*; **~ planning** Arbeitsablaufplanung *f*; **~ structuring** Arbeitsablaufgestaltung *f*

workforce *n* Belegschaft *f*, (Betriebs)Personal *nt*, Arbeitskräfte *pl*, Personalbestand *m*; **to demoralize the w.** Belegschaft demoralisieren; **to downsize/pare/retrench/slim the w.** Personal abbauen, Belegschaft verringern, Personalbestand lichten; **to join the w.** ins Erwerbsleben eintreten, erwerbstätig werden; **marginal w.** *(VWL)* Arbeitskräftereserve *f*; **non-manual w.** die Angestellten; **regular w.** Dauer-, Stammbelegschaft *f*; **total w.** Gesamtbelegschaft *f*

workforce entrant Berufsanfänger *m*; **w. representation** Arbeitnehmervertretung *f*; **w. representative** Belegschaftsvertreter *m*; **w. size** Personalbestand *m*, Zahl der Mitarbeiter, Größe der Belegschaft

work function Arbeit(saufgabe) *f*; **autonomous w. group** autonome/selbststeuernde Arbeitsgruppe; **semi-autonomous w. group** teilautonome Arbeitsgruppe; **w. habits** Berufsverhalten *nt*, Arbeitsgewohnheiten; **w.-happy** *adj* arbeitswütig; **w.horse** *n (fig)* Arbeitstier *nt (fig)*, A.pferd *nt (fig)*

work hours Arbeits-, Dienstzeit *f*; **basic w. h.** Mindest-, Grundarbeitszeit *f*; **staggered w. h.** gestaffelte Arbeitszeit

work|house *n [GB] (obs.)* Arbeits-, Armenhaus *nt*; **w. incentive** Arbeitsanreiz *m*, A.ansporn *m*

working *n* 1. Arbeitsweise *f*; 2. Funktionieren *nt*; 3. Handhabung *f*; 4. ✱ Bearbeitung *f*; **w.s** 1. Arbeitsweise *f*, Funktionieren *nt*; 2. Schächte *pl*

working of the economy Wirtschaftsablauf *m*; **w. of a patent** Verwertung eines Patens; **w. in teams** Gruppen-, Teamarbeit *f*

working *adj* 1. berufs-, erwerbs-, werktätig; 2. funktionierend; 3. arbeitend; **w. to capacity** voll ausgelastet; **w. for export** exportorientiert; **w. from home** Heimarbeit *f*, H.wirtschaft *f*; **w. to rule** Dienst nach Vorschrift; **w. on a commercial scale** Ausführung in gewerblichem Umfang; **w. ahead of schedule** Terminunterschreitung *f*; **to be w.** in Betrieb sein; **~ w. on sth.** etw. in Arbeit haben; **not ~ w.** außer Betrieb sein; **to start w.** Arbeit/Betrieb aufnehmen; **to stop w.** 1. Arbeit/Betrieb einstellen; 2. nicht mehr funktionieren

compulsory working *(Pat.)* Zwangsverwertung *f*; **intermittent w.** Stoßbetrieb *m*; **short-time w.** Kurz(zeit)arbeit *f*; **~ compensation** Kurzarbeiter-, Kurzarbeitsgeld *nt*, Ausfallgeld für Kurzarbeit; **steady w.** *(Maschine)* kontinuierlicher Betrieb

working area Arbeits-, Griffbereich *m*; **normal w. area** natürlicher/optimaler Griffbereich; **w. assets** Betriebs-, Umlaufvermögen *nt*; **necessary w. assets** betriebsnotwendiges Vermögen; **w. atmosphere** Arbeits-, Betriebsklima *nt*; **w. balance** Betriebsbilanz *f*, B.mittelguthaben *nt*; **w. breakfast** Arbeitsfrühstück *nt*; **w. capacity** Arbeitskraft *f*, A.kapazität *f*; **reduced w. capacity** Erwerbsminderung *f*

working capital 1. Arbeits-, Betriebs-, Geschäfts-, Umlaufkapital *nt*; 2. Betriebs-, Umlaufmittel *pl*, Nettoumlaufvermögen *nt*, umlaufende Mittel; **requiring much w. c.** betriebskapitalintensiv; **monetary w. c.** Geldumlaufvermögen *nt*; **~ w. c. adjustment** Anpassung des Geldumlaufvermögens

working capital fund Fonds des Nettoumlaufvermögens; **net ~ fund** Fonds des Reinumlaufvermögens; **~ loan** Betriebs(mittel)kredit *m*; **~ needs** Betriebsmittelbedarf *m*; **~ ratio** Betriebskapitalverhältnis *nt*, Liquiditätskoeffizient *m*, Verhältnis der flüssigen Aktiva zu laufenden Verbindlichkeiten; **~ requirement** Betriebsmittelbedarf *m*; **~ turnover** Verhältnis Nettoumsatz zu Nettoumlaufvermögen, Umsatz des Betriebskapitals; **~ value** Betriebskapitalwert *m*

working class Arbeiterklasse *f*, A.bevölkerung *f*, Arbeitnehmer-, Arbeiterschaft *f*; **~ area** Arbeiterviertel *nt*; **~ budget** *(Geld)* Arbeiterhaushalt *m*; **~ household** Arbeiter-, Arbeitnehmerhaushalt *m*

working climate Arbeitsatmosphäre *f*, A.klima *nt*, Betriebsklima *nt*; **w. clothes** Arbeits-, Berufskleidung *f*

working condition ✱ Betriebsfähigkeit *f*; **in w. c.** betriebsfertig; **w. c.s** Arbeitsbedingungen; **environmental w. c.s** Umwelteinflüsse am Arbeitsplatz; **standard w. c.s** normale Arbeitsbedingungen

working costs Betriebskosten; **w. couple** Doppelverdiener *pl*; **w. credit** Betriebskredit *m*; **w. cycle** Arbeitszyklus *m*

working day 1. Werk-, (Bank)Arbeitstag *m*; 2. tägliche Arbeitszeit; **per/each w. d.** arbeits-, werktäglich; **first w. d.** Arbeitsantritt *m*; **normal/standard w. d.** Normalarbeitstag *m*; **w. d. life** Alltagsleben *nt*; **~ variations** Kalendereinflüsse

working diagram Arbeitsdiagramm *nt*; **w. dinner** Arbeitsessen *nt*; **w. document** Arbeitsunterlage *f*, A.papier *nt*; **w. drawing** Arbeits-, Konstruktionszeichnung *f*, Bauplan *m*; **w. dress** Arbeits-, Dienstkleidung *f*; **w. environment** Arbeitsumgebung *f*, A.(um)welt *f*, A.umfeld *nt*; **w. equipment** Arbeitsausrüstung *f*; **w. expense(s)** Betriebskosten *pl*, B.aufwand *m*, Aufwendungen *pl*, Aufwand *m*, Regiekosten *pl*; **w. experience** (praktische) Berufserfahrung

working fund(s) Betriebs(kassen)mittel *pl*, B.gelder *pl*, B.fonds *m*, Manipulationsbestand *m*, M.fonds *m*, Manövrierfonds *m*, M.masse *f*; **w. f.s allocation** Betriebsmittelzuweisung *f*; **~ loan** Betriebsmittelkredit *m*; **~ statement** Betriebsmittelrechnung *f*; **~ transfer** Betriebsmittelüberweisung *f*; **w. group** Arbeitsgruppe *f*; **w. habits** Arbeitssitten *f*; **w. holiday** Arbeitsurlaub *m*

working hour Arbeitsstunde *f*; **w. h.s** Arbeits-, Dienstzeit *f*; **during w. h.s** während der Arbeitszeit; **w. h.s lost through absenteeism** Fehlzeiten; **to cut/reduce w. h.s** Arbeitszeit (ver)kürzen; **to increase w. h.s** Arbeitszeit verlängern

agreed/contractual working hours tarifvertraglich vereinbarte Arbeitszeit; **annual w. h.s** Jahresarbeitszeit *f*; **fixed w. h.s** starre Arbeitszeit; **flexible w. h.s** flexible/gleitende Arbeitszeit, Gleitzeit *f*; **irregular w. h.s** unregelmäßige Arbeitszeit; **minimum w. h.s** Mindestarbeitszeit *f*; **normal/regular/standard w. h.s** Regelarbeitszeit *f*; **shorter w. h.s** kürzere Arbeitszeit(en); **w. h.s code** Arbeitszeitordnung *f*; ~ **scheme** Arbeitszeitmodell *nt*
working hypothesis Arbeitshypothese *f*, Denkmodell *nt*; **w. instructions** Arbeits-, Betriebsanleitung *f*; **w. interest** Beteiligungsprozentsatz *m*; **w. inventory** Grundbestand *m*; **w. knowledge** *(Sprachen)* Grundkenntnisse *pl*, praktische Kenntnisse; **to have a ~ of a language** praktische Kenntnisse in einer Sprache haben; **w. language** Arbeits-, Betriebs-, Verständigungssprache *f*; **w. level ☞ Sohle** *f*
working life 1. Arbeits-, Berufs-, Erwerbsleben *nt*, Berufstätigkeit *f*; 2. Lebensarbeitszeit *f*; 3. ✪ Nutzungsdauer *f*; 4. ⚓ Fahrzeit *f*; **to finish one's w. l.; to withdraw from w. l.** aus dem Arbeitsprozess/Erwerbsleben ausscheiden; **to start one's w. l.** ins Erwerbsleben eintreten; **total w. l.** Lebensarbeitszeit *f*
working load 1. Betriebslast *f*, B.belastung *f*; 2. ✪ Hebegewicht *nt*; **w. loss** Betriebsverlust *m*; **w. lunch** Arbeitsessen *nt*; **w. majority** arbeitsfähige Mehrheit; **w. man** Arbeiter *m*, Werktätiger *m*; **w. materials** Betriebsstoffe; **w. mean** provisorischer Mittelwert; **w. men's club** Arbeiterverein *m*; **w. method** Arbeitsverfahren *nt*, A.methode *f*, A.weise *f*; **w. model** Arbeitsmodell *nt*; **w. name** *[GB] (Lloyd's)* aktiver Versicherer; **w.-off** *n (Rückstand)* Abbau *m*
working order Betriebs-, Funktionsfähigkeit *f*, Betriebszustand *m*, betriebsfähiger Zustand; **in w. o.** betriebsfähig, b.bereit, in Ordnung, funktionstüchtig; **not w. o.** funktionsunfähig; **to keep sth. in good w. o.** etw. gut in Schuss halten *(coll)*
working out Aus-, Erarbeitung *f*, Entwicklung *f*; ~ **of a policy** Gestaltung einer Politik; **w. paper(s)** Arbeitspapier *nt*, A.unterlagen *pl*; **w. partner** aktiver Teilhaber; **w. partnership** Arbeitsgemeinschaft *f*; **w. party** 1. Fach-, Arbeitsgruppe *f*, A.kreis *m*, A.ausschuss *m*, A.gemeinschaft *f*; 2. Arbeitskolonne *f*, A.kommando *nt*, A.trupp *m*; **w. people** Berufstätige; **w. person** Erwerbsperson *f*; **w. population** arbeitende/erwerbstätige Bevölkerung, Erwerbsbevölkerung *f*, Zahl der Erwerbspersonen/E.tätigen *pl*; **w. practice(s)** Arbeitsweise *f*, Arbeitssitten *pl*; **w. process** Arbeitsvorgang *m*; **w. profit** Betriebsgewinn *m*, B.ergebnis *nt*; **w. relationship** *(Arbeitsleben)* Verhältnis *nt*; **to have a good ~ with so.** gut mit jdm auskommen; **w. reserve** Manipulationsreserve *f*; **w. revenue(s)** Betriebseinnahmen *pl*; **w. right ☞** Ausbeutungsrecht *nt*; **w. schedule** Arbeitsplan *m*; **w. sequence** Arbeitsablauf *m*; **w. session** Arbeitssitzung *f*; **w. spouse** mitarbeitender Ehegatte; **w. stock** Arbeits-, Hand-, Verarbeitungsbestand *m*, Betriebsmittelvorrat *m*, Manipulationslager *nt*; **w. storage** 🖳 Arbeits-, Zwischenspeicher *m*; **w. surface** Arbeitsfläche *f*; **laminated w. surface** Arbeitsfläche aus Resopal; **w. table** Arbeitstisch *m*; **w. tariff** ⊖ Gebrauchszolltarif *m*; **w. team** Arbeitsteam *nt*, A.gruppe *f*; **w. technique** Arbeitstechnik *f*

working time Arbeitszeit *f*, A.dauer *f*; **contractual w. t.** tarifliche/(tarif)vertraglich vereinbarte Arbeitszeit; **maximum w. t.** Höchstarbeitszeit *f*; **normal/standard w. t.** Normal-, Regelarbeitszeit *f*; **real w. t.** effektive gearbeitete Zeit; **weekly w. t.** Wochenarbeitszeit *f*; **w. t. account** Arbeitszeitkonto *nt*; ~ **deviation** Arbeitszeitabweichung *f*; ~ **pattern** Arbeitszeitstruktur *f*; ~ **regulations** Arbeitszeitregelung *f*, Zeitordnung *f*; ~ **scheme** Arbeitszeitmodell *nt*
working visit Arbeitsbesuch *m*; **w. week** *[GB]* Arbeitswoche *f*, Wochenarbeitszeit *f*, wöchentliche Arbeitszeit; **standard w. week** normale Arbeitswoche; **w. world** Arbeits-, Berufswelt *f*; **w. year** Arbeits-, Betriebsjahr *nt*
work injury Arbeits-, Betriebsunfall *m*; **w. input** Arbeits-, Leistungseinsatz *m*; ~ **sheet** Arbeitseinsatzbogen *m*; **w. label** Laufzettel *m*, L.karte *f*; **w. layout** Arbeitsdisposition *f*; **the w.less** *pl* Arbeits-, Stellungs-, Erwerbslose *pl*; *adj* arbeits-, beschäftigungs-, erwerbslos
workload *n* 1. Arbeitsbelastung *f*, A.pensum *nt*, A.menge *f*, A.anfall *m*, A.beanspruchung *f*, Aufgabengebiet *nt*, A.pensum *nt*; 2. 📢 Beschäftigungslage *f*, Be-, Auslastung *f*; **daily w.** Tagesleistung *f*; **excessive w.** Arbeitsüberlastung *f*; **steady w.** gleichbleibende Beschäftigung (slage); **w. curve** Arbeitskräfteauslastungskurve *f*; **w. level** Auslastungs-, Beschäftigungsgrad *m*; **w. survey** Untersuchung der Beschäftigungslage
work location Arbeitsplatz *m*, A.stätte *f*, Einsatzort *m*
workman *n* Arbeiter *m*, Handwerker *m*; **to have workmen in** Handwerker im Hause haben; **skilled w.** gelernter Arbeiter, Facharbeiter; **w.'s accident** Arbeits-, Betriebsunfall *m*
work management Arbeitseinteilung *f*
work mania Arbeitswut *f*
workman-like *adj* ✪ fachgerecht, f.männisch
workmanship *n* Ausführung *f*, Verarbeitung *f*, Qualitätsarbeit *f*, Verarbeitungs-, Arbeitsqualität *f*, handwerkliche Qualität (der Arbeit), (Ausführung der) Arbeit; **defective/faulty/inadequate w.** fehlerhafte/mangelhafte Ausführung, Verarbeitungs-, Ausführungsfehler *m*; **excellent w.** hervorragende Verarbeitung, Wertarbeit *f*; **good/sound w.** gute Verarbeitung, solide Handwerksarbeit; **inferior/poor/shoddy w.** schlechte Qualität/Arbeit/Ausführung, schlechte Verarbeitung, Pfusch(arbeit) *(coll) m/f*, Murks *m (coll)*, minderwertige Arbeit
work|mate *n* Arbeitskamerad *m*, (Berufs)Kollege *m* (am Arbeitsplatz); **w. measurement** *(REFA)* Arbeitszeitermittlung *f*, (Arbeits)Zeitstudie *f*; ~ **and billing** 🏛 Bauabrechnung *f*
workmen's club Arbeiterverein *m*; ~ **compensation** (Arbeits-/Betriebs)Unfallentschädigung *f*; ~ **compensation insurance** Arbeitsunfall-, Unternehmerunfall-, Betriebshaftpflichtversicherung *f*
work morale Arbeitsmoral *f*; **w. motivation** Arbeits-

motivation *f*; **w. norms** Arbeitsnormen; **w. opportunity** mögliche Ausbringung; **w. order** Arbeitsauftrag *m*; **w. organization** Arbeitsorganisation *f*; **w.out loan** *n* Zusatzkredit *m*; **w. output** Arbeitsleistung *f*; **w. pacing** Arbeitstempo *nt*; **w.people** *pl* Arbeiter *pl*; **w. performance** Arbeitsleistung *f*; **~ contract** Werklieferungsvertrag *m*; **w. permit** Arbeitserlaubnis *f*, A.genehmigung *f*; **w. phase** Arbeitsphase *f*; **w.piece** *n* Arbeits-, Werkstück *nt*
workplace *n* Arbeits-, Kostenplatz *m*; **w. ballot** Urabstimmung am Arbeitsplatz; **w. design/layout** Arbeitsplatzgestaltung *f*
work placement (Betriebs)Praktikum *nt*
work planning 1. Arbeitsplanung *f*; 2. Ablauforganisation *f*; **w. procedure** Arbeitsverfahren *nt*; **w. process** Arbeitsverfahren *nt*, A.prozess *m*; **w. procurement** Arbeitsbeschaffung *f*; **average w. rates** Arbeitsnormen; **w. release** [§] Freigang *f*; **w. report** Arbeitsbericht *m*; **w. requirement** Arbeitsanforderung *f*; **w. rhythm** Arbeitsrhythmus *m*, A.takt *m*; **w. role** Funktion *f*; **w.room** *n* Arbeitsraum *m*
works *n* Betrieb *m*, Fabrik(anlage) *f*, Werk *nt*; **ex w. (Preis)** ab Werk/Fabrik; **to buy ex w.** ab Fabrik kaufen; **ex w. price** Fabrikabgabepreis *m*
complete works 📖 Gesamtausgabe *f*, sämtliche Werke; **industrial w.** Industriewerk *nt*, I.anlage *f*; **main w.** Hauptwerk *nt*; **official w.** amtliche Werke; **parent w.** Stammwerk *nt*; **protected w.** geschützte Werke; **public w.** öffentliche Arbeiten/Bautätigkeit, öffentlicher Bau; **~ contracts** öffentliche Bauaufträge; **ultra-small w.** Zwergbetrieb *m*, Z.werk *nt*
works accountant Betriebs-, Werksbuchhalter *m*; **w. agreement** Betriebsvereinbarung *f*
work sample test Arbeitsprobe *f*; **w. sampling** 1. Multimomentaufnahme *f*, M.verfahren *nt*; 2. Kennenlernen der Arbeitswelt
works area Werks-, Fabrikgelände *nt*; **w. assembly** Betriebsversammlung *f*; **w. canteen** Betriebs-, Werkskantine *f*, Personalrestaurant *nt*; **w. certificate** Werksbescheinigung *f*, W.zeugnis *nt*; **w. chaplain** Betriebsseelsorger *m*
work schedule Arbeitsorganisation *f*, A.programm *nt*, A.zeiteinteilung *f*, A.plan *m*, A.pensum *nt*; **w. scheduler** Arbeitsplaner *m*
work scheme Arbeitsbeschaffungsmaßnahme *f* (ABM)
works clerk Betriebs-, Werkstattleiter *m*, Meister *m*; **w. committee** Betriebsrat *m*, B.ausschuss *m*; **w. community** Werksgemeinschaft *f*
works constitution Betriebsverfassung *f*; **~ act** Betriebsverfassungsgesetz *nt* [D]; **~ legislation** Betriebsverfassungswesen *nt*
works convenor [GB] Vorsitzender der Betriebsobleute, ~ des Vertrauensleutegremiums, Betriebsratsvorsitzender *m* [D]
works council Betriebs-, Unternehmensrat *m*, Belegschaftsvertretung *f*; **w. c.s act** Betriebsverfassungsgesetz *nt* [D]; **w. c. at group level** Konzernbetriebsrat *m*; **central/chief/corporate/higher-level/joint w. c.** Gesamt-, Konzernbetriebs-, Gesamtpersonalrat *m*; **w.**

election Betriebsratswahl *f*; **~ office** Betriebsratsbüro *nt*
works councillor Betriebsratsmitglied *nt*; **w. director** Betriebsleiter *m*; **w. doctor** ⚕ Werks-, Betriebsarzt *m*
work searcher Arbeits-, Stellungssuchende(r) *f/m*; **w. segment** Arbeitsgang *m*; **w. sequence** Arbeitsgangfolge *f*
works facilities Werkseinrichtungen
work shadowing (scheme) (Berufs-/Betriebs)Praktikum *nt*; **w. sharing** Arbeitsstreckung *f*, A.(ver)teilung *f*; **w. shed** Fabrik-, Werkshalle *f*; **w. sheet** 1. Arbeitsblatt *nt*, A.zettel *m*, Hilfsbogen *m*; 2. [US] (Haupt)Abschluss-, Betriebsübersicht *f*, Rohbilanz *f*; **w. shifter** (Werkstatt)Hilfsarbeiter *m*
works holidays Werks-, Betriebsferien, B.urlaub *m*
workshop *n* 1. Betrieb *m*, Werkstatt *f*, W.shalle *f*, Arbeitsstätte *f*, Atelier *nt* (*frz.*); 2. Seminar *nt*, Arbeitstagung *f*, Ferienkurs *m*; **mobile w.** fahrbare Werkstatt; **sheltered w.** Behindertenwerkstatt *f*, beschützende Werkstatt, Werkstatt für Behinderte; **w. activities** Betriebsgeschehen *nt*; **w. drawing** Ausführungs-, Werk(statt)zeichnung *f*; **w. manager** Werkstattleiter *m*; **w. training** Werkstattausbildung *f*
work shortage Arbeitsmangel *m*; **w.shy** *adj* arbeitsscheu, faul
works inspection Werksinspektion *f*; **w. insurance** 🏛 Bauleistungsversicherung *f*
work site Baustelle *f*
works kitchen Betriebsküche *f*
work slip Arbeitsschein *m*, A.zettel *m*
works magazine Betriebszeitung *f*, Werkszeitung *f*, W.zeitschrift *f*; **w. management** Werks-, Betriebs-, Fabrikleitung *f*; **w. manager** Betriebs-, Fabrik-, Werksleiter *m*, Betriebs-, Fabrik-, Werksdirektor *m*; **w. meeting** Betriebs-, Personalversammlung *f*; **w. office** Betriebsbüro *nt*; **w. medical officer** Werk-Betriebsarzt *m*; **w. outing** Betriebsausflug *m*
work specification Arbeitsbeschreibung *f*
works pension (scheme) betriebliche Altersversorgung; **w. physician** ⚕ Werks-, Betriebsarzt *m*
work spreading Arbeitsstreckung *f*
works premises Werksgelände *nt*; **w. (private) harbour** ⚓ Werkshafen *m*; **w. progress schedule** 🏛 Bauzeitplan *m*; **w. rules** Betriebsordnung *f*, Arbeitsrichtlinien; **w. security** Betriebssicherheit *f*, Werksschutz *m*; **w. supervisor/superintendent** Betriebsleiter *m*, Werkmeister *m*
work standards Arbeitsnormen; **current w. s.** laufende Leistungs- und Kostenstandards
workstation *n* 1. Arbeitsplatz *m*, A.träger *m*, A.stelle *f*; 2. 💻 Arbeitsstation *f*, Computerarbeitsplatz *m*; **graphic w.** grafischer Arbeitsplatz; **mixed w.** Mischarbeitsplatz *m*
work stoppage Arbeitsniederlegung *f*, A.einstellung *f*, A.unterbrechung *f*, Streik *m*
works traffic Baustellen-, Werkverkehr *m*
work structuring Arbeitsgestaltung *f*
work study Arbeits-, Zeitstudie *f*; **~ association** REFA *f* [D]; **~ man** REFA-Mann *m*; **~ officer** Arbeitsvorbereiter *m*

work|style *n* Arbeitsstil *m*; **w.table** *n* Arbeits-, Werktisch *m*; **w. ticket** Arbeitskarte *f*, A.auftrag *m*; **w.time** *n* Betriebsstunden *pl*, B.dauer *f*; **~ study** Arbeitszeitstudie *f*; **w.top** *n* Arbeitsfläche *f*; **w. unit** Berechnungs-, Produktionseinheit *f*, Vorgabeminute *f*; **total w. value** Gesamtarbeitswert *m*; **w. visa** Visum mit Arbeitserlaubnis; **w.week** *n* [US] Arbeitswoche *f*; **fluctuating w.week** gleitende Arbeitswoche; **w.wear** *n* Arbeitskleidung *f*; **w.-wise** *adj* arbeitsmäßig
world *n* Welt *f*, Erde *f*; **w. of business** Geschäftswelt *f*; **~ commerce** Geschäfts-, Handelswelt *f*; **a ~ difference** himmelweiter Unterschied *(coll)*; **~ high finance** Hochfinanz *f*; **~ learning** Gelehrtenwelt *f*; **from all over the w.** aus allen Teilen der Welt, aus aller Herren Länder *(coll)*; **out of this w.** *(coll)* phantastisch, himmlisch *(coll)*; **to come down in the w.** herunterkommen; **to do so. a w. of good** *(coll)* jdm glänzend bekommen
commercial world Geschäfts-, Handelswelt *f*; **financial w.** Finanzwelt *f*, Geldwirtschaft *f*; **next w.** Jenseits *nt*; **outside w.** Außen-, Umwelt *f*; **professional w.** Berufswelt *f*; **third w.** dritte Welt
world consolidated accounts; consolidated w. accounts Weltkonzern-, Konzernweltbilanz *f*; **w. activities** weltweite Aktivitäten; **w. association** Weltverband *m*; **W. Bank** Weltbank *f*; **~ loan** Weltbankanleihe *f*; **w. beater** *(coll)* Weltspitze *f*, W.schlager *m (coll)*; **w. commodity market** Weltrohstoffmarkt *m*; **~ price index** Weltwarenindex *m*; **w. conference** Weltkonferenz *f*; **w. congress** Weltkongress *m*; **W. Court** Internationaler Gerichtshof; **w. currency system** Weltwährungssystem *nt*; **w. depression** Weltwirtschaftskrise *f*; **W. Economic Commission** Weltwirtschaftskommission *f*; **w. economic conference** Weltwirtschaftskonferenz *f*; **w. economy** Weltwirtschaft *f*; **w. exhibition/fair** Weltausstellung *f*; **w. fame** Weltruhm *m*; **w.-famous** *adj* weltberühmt, w.bekannt, von Weltrang; **W. Federation of Trade Unions** Weltgewerkschaftsbund *m*; **w. figures** *(Konzern)* Weltbilanz *f*; **w. grain trade** Weltgetreidehandel *m*; **w. group** Weltkonzern *m*; **~ sales** Weltumsatz *m*; **W. Health Organisation (WHO)** Weltgesundheitsorganisation *f*; **w. language** Weltsprache *f*; **w. leader** Weltspitze *f*; **w. league table** Weltrangliste *f*
world market Weltmarkt *m*; **~ commodities** Welthandelswaren; **~ orientation** Weltmarktorientierung *f*; **~ price/rate** Weltmarktpreis *m*, W.kurs *m*, Preis auf dem Weltmarkt; **~ supply** Weltmarktangebot *nt*
world economic order Weltwirtschaftsordnung *f*; **w. patent** Weltpatent *nt*; **w. player** *(coll)* weltweit tätiges Unternehmen; **w. economic policy** Weltwirtschaftspolitik *f*; **w. politics** Weltpolitik *f*; **w. population** Weltbevölkerung *f*; **w. power** Weltmacht *f*; **w. press** Weltpresse *f*; **w. prices of traded goods** Welthandelspreise; **w. economic problems** Weltwirtschaftsprobleme; **gross w. product** Weltbruttosozialprodukt *nt*; **w. production** Welt(markt)produktion *f*; **w. rankings** Weltrangliste *f*; **w.-renowned** *adj* weltberühmt, w.bekannt; **w. resources** *(Rohstoffe)* Weltvorräte; **~ of raw materials** Weltrohstoffvorräte; **w. revolution** Weltrevolution *f*; **w. sales** Weltumsatz *m*; **W. Savings Day** Weltspartag *m*; **w. shipbuilding (industry)** Weltschiffbau *m*; **w. shortage** Weltknappheit *f*; **w. economic situation** Weltwirtschaftslage *f*, weltwirtschaftliche Lage; **w. standing** Weltgeltung *f*; **w. economic summit** Weltwirtschaftsgipfel *m*; **w. supremacy** Weltherrschaft *f*; **w. table** Weltrangliste *f*; **w. textile agreement** Welttextilabkommen *nt*; **w. tour** Weltreise *f*; **w. trade** Welthandel *m*; **w. maritime trade** Weltseehandel *m*; **w. trade center** [US] /**centre** [GB] Welthandelszentrum *nt*; **w. trading currency** Welthandelswährung *f*; **~ system** Welthandelssystem *nt*; **w. traffic** Weltverkehr *m*; **w. economic trend** Weltkonjunktur *f*; **w. war** Weltkrieg *m*; **w.-wide** *adj* global, weltweit, w.umspannend, w.politisch, über die ganze Welt verbreitet; **operating w.-wide** weltweit tätig
worm *n* 1. Wurm *m*; 2. ✿ Schnecke(ngewinde) *f/nt*; **w.-eaten** *adj* wurmstichig
worn *adj* getragen; **w.-out** *adj* 1. verbraucht, abgenutzt, ausgedient, ausgeleiert; 2. *(Person)* erschöpft, fertig, übermüdet; **w. through** durchgescheuert
worried *adj* beunruhigt, besorgt
worrisome *adj* besorgniserregend, beunruhigend
worry *n* Sorge *f*, Besorgnis *f*, Kummer *m*; **worries** Kümmernisse; **small ~ of life** Nöte des Alltags; **financial worries** Geldsorgen
worry *v/ti* 1. beunruhigen, bekümmern; 2. sich Sorgen machen; **no need to w.** kein Grund zur Besorgnis
worry threshold Angstschwelle *f*
worse *adj* schlechter, schlimmer; **w. off** schlechter gestellt; **to be w. off** sich schlechter fühlen; **to make matters/things w.** 1. *(Situation)* verschlimmern; 2. zu allem Unglück
worsen *v/ti* 1. verschlechtern, verschlimmern; 2. sich verschlechtern, sich nachteilig verändern, schlechter/schlimmer werden, *(Lage)* sich zuspitzen
worsening *n* Verschlechterung *f*, Verschlimmerung *f*, Verschärfung *f*, Zuspitzung *f*; **w. of the crisis** Verschärfung der Krise; **~ the financial situation** Verschlechterung der Finanzlage
worship *n* Kult *m*, Verehrung *f*; **Your W.** [GB] §(Anrede im Magistrates' Court) Hohes Gericht
worship *v/t* vergöttern, anbeten
the worst *adj* das Schlimmste/dicke Ende *(coll)*; **at (the) w.** im ungünstigsten Fall, schlimmstenfalls; **if the w. comes to the w.** wenn alle Stricke reißen *(fig)*, schlimmstenfalls; **to be over/past the w.; to have seen the w.** das Schlimmste hinter sich haben; **to prepare/be prepared for the w.** sich auf das Schlimmste gefasst machen, mit dem Schlimmsten rechnen
worst-case *adj* im schlimmsten Fall
worsted *n* Kammgarn *nt*; **w. articles** Wollartikel, W.waren; **w. cloth** Kammgarnstoff *m*; **w. industry** Kammgarnindustrie *f*; **w. (spinning) mill** Kammgarnspinnerei *f*
worst-hit *adj* am Schlimmsten betroffen
worth *n* Wert *m*, Preis *m*, Betrag *m*; **net w.** Rein-, Eigenvermögen *nt*, Vermögen(slage) *nt/f*, Eigenkapitalbasis *f*, E.kapital *nt* (aus Gesellschaftskapital und Be-

triebsüberschuss), Nettoanteil *m*, N.vermögen *nt*, N.wert *m*, haftendes Eigenkapital; **~ at beginning of winding-up** Abwicklungsanfangsvermögen *nt*; **~ at end of winding-up** Abwicklungsendvermögen *nt*; **actual n. w.** Aktivwert *m*; **adjusted n. w.** berichtigtes Eigenkapital; **corporate n. w.** Eigenkapital *nt*; **reported n. w.** ausgewiesenes Eigenkapital; **tangible n. w.** Eigenkapital minus Firmenwert; **total n. w.** Gesamtvermögen *nt*; **ultimate n. w.** *(Konkurs)* Endvermögen *nt*; **n. w. comparison** Bestands-, Vermögensvergleich *m*; **~ tax** Vermögenssteuer *f*; **~ tax rate** Vermögenssteuersatz *m*; **~ tax return** Vermögenssteuererklärung *f*; **~ turnover** Kapitalumschlag *m*
present worth *adj* Bar-, Gegenwartswert *m*
worth *adj* wert, im Werte von; **w. sth.** etw. wert; **w. a million** millionenschwer; **w. one's while** der Mühe wert, lohnend; **not to be w. a damn** *(coll)* einen Dreck wert sein *(coll)*; **w. considering** erwägenswert; **w. mentioning** erwähnenswert; **w. noting** bemerkenswert; **w. telling** erzählenswert
worthless *adj* wertlos, nichts wert; **to be w.** keinen Pfennig wert sein *(coll)*; **w.ness** *n* Wertlosigkeit *f*
worthwhile *adj* erstrebens-, lohnenswert, lohnend, interessant, der Mühe wert; **to be w.** sich auszahlen/rentieren/lohnen; **to prove w.** sich bewähren
worthy *adj* lobens-, ehrenwert
would-be *adj* 1. Möchtegern-; 2. vor-, angeblich
wound *n* ⚕ Wunde *f*, Verletzung *f*, Verwundung *f*; **to heal the w.s** Wunden heilen; **fatal w.** tödliche Wunde; **healed w.** ausgeheilte Verletzung, **self-inflicted w.(s)** Selbstverstümmelung *f*
wound *v/t* verwunden, verletzen; **w.d** *adj* verwundet
wounding *adj* kränkend; **w. with intent** *n* [§] vorsätzliche schwere Körperverletzung; **felonious w.** gefährliche Körperverletzung; **malicious w.** böswillige vorsätzliche Verletzung
wound up *adj* liquidiert, aufgelöst
woven *adj* gewebt
wrack and ruin *n* Untergang und Verderben
wrangle *n* Streit(erei) *m/f*, Zank *m*, Disput *m*, Tauziehen *nt*, Gerangel *nt*, Hin und Her *nt*; **procedural w.s** Verfahrensstreitigkeiten
wrangle *v/i* 1. sich zanken, streiten; 2. erörtern, diskutieren, feilschen, rangeln
wrangling *n* 1. Streiterei *f*, Gezänk *nt*; 2. Rangelei *f*, Feilschen *nt*
under wrap|s *pl* *(coll)* geheim(gehalten); **to keep sth. under w.s** etw. unter Verschluss halten; **to take the w.s off sth.** etw. enthüllen/vorstellen
wrap *v/t* 1. einschlagen, verpacken, ein-, umhüllen, einwickeln, einpacken; 2. 💻 *(Zeilen)* umbrechen; **w. o.s. in sth.** sich in etw. hüllen; **w. together/up** einpacken, einschlagen, zusammenpacken, z.wickeln; **w. up** *(fig)* *(Geschäft)* festmachen, unter Dach und Fach bringen *(coll)*
wrappage *n* Umschlag *m*, Verpackung *f*, Packmaterial *nt*
wrapped *adj* *(Papier)* eingeschlagen; **to be all w. up and in a bag** *(coll)* *(Vertrag/Geschäft)* unter Dach und Fach sein *(coll)*

wrapper *n* 1. Packer(in) *m/f*; 2. Schutzumschlag *m*, (Schutz)Hülle *f*, Streif-, Kreuzband *f*, Verpackung *f*; **plastic w.** Kunststoffhülle *f*; **postal w.** ✉ Streifband *nt*
wrapping *n* 1. (Waren)Verpackung *f*, Verpacken *nt*, (W.)Umschließung *f*, Umhüllung *f*; 2. Packmaterial *nt*; **original w.** Original(ver)packung *f*; **protective w.** Schutz(ver)packung *f*; **special w.** Sonderverpackung *f*; **w. cloth** Einschlagtuch *nt*; **w. machine** Packmaschine *f*; **w. material** Verpackungsmaterial *nt*; **sturdy w. material** festes Verpackungsmaterial; **w. paper** (Ein)Pack-, Ein-, Umschlag-, Einwickel-, Verpackungspapier *nt*; **w. room** Verpackungs-, Packraum *m*; **w. table** Packtisch *m*
wreath *n* Kranz *m*; **to lay a w.** Kranz niederlegen
wreck *n* 1. ⚓ (Schiffs)Wrack *nt*; 2. Schiffbruch *m*; 3. 🚗 Autowrack *nt*; **to buoy a w.** Wrack markieren; **to float a w.** Wrack flottmachen; **nervous w.** *(coll)* Nervenbündel *nt*
wreck *v/t* 1. zerstören, demolieren, Totalschaden verursachen, kaputtmachen, zum Scheitern bringen; 2. *(fig)* zunichte machen
wreckage *n* 1. ⚓ (Schiffs)Trümmer *pl*, Wrackgut *nt*, Wrackteile *pl*; 2. 🏛 Trümmer *pl*, (Haus)Ruine *f*; 3. 🚗 Unfallfahrzeug(e) *nt/pl*; 4. Strandgut *nt*; **w. of a plane** ✈ Flugzeugtrümmer *pl*, F.wrack *nt*
wreck buoy ⚓ Wracktonne *f*, W.boje *f*; **w. commissioner** [GB] **/master** [US] Strandvogt *m*
wrecked *adj* gescheitert; **to be w.** zerschellen, stranden
wrecker *n* 1. Strandräuber *m*; 2. ⚓ Bergungsunternehmen *nt*; 3. ⚓ Bergungsschiff *nt*; 4. Schrotthändler *m*; 5. Abbruchunternehmer *m*; 6. 🚗 Abschleppwagen *m*; **w.'s ball** Abrissbirne *f*
wrecking *n* Zerstörung *f*
wrench *n* ⚙ Schraubenschlüssel *m*
wrest *v/t* verdrehen; **w. from** entreißen, entwinden
wres|tle *v/i* ringen, sich abmühen; **w.stling match** *n* Ringkampf *m*
poor wretch *n* *(coll)* armer Teufel *(coll)*
wretched *adj* kümmerlich, jämmerlich, erbärmlich, miserabel
wriggle *v/i* sich winden; **w. out of sth.** sich aus etw. herauswinden, seinen Kopf aus der Schlinge ziehen *(fig)*; **w. through** sich durchwinden
wring *v/t* ausquetschen, wringen; **w.er** *n* Wäschemangel *f*
wrinkle *n* (Haut)Falte *f*, Runzel *f*
wrist *n* Handgelenk *nt*; **w.watch** *n* Armbanduhr *f*
writ *n* 1. [§] gerichtliche Anordnung/Verfügung, Vollstreckungsbefehl *m*, gerichtlicher Beschluss/Erlass, Eröffnungs-, Gerichtsbeschluss *m*; 2. [GB] Wahlausschreibung *f*
writ in appeal [§] Nichtigkeitsbeschwerde *f*; **w. of attachment** 1. Pfändungsverfügung *f*, P.befehl *m*, P.beschluss *m*, Arrestbefehl *m*, A.verfügung *f*, Beschlagnahmeverfügung *f*; 2. Haft-, Vorführungsbefehl *m*; **to obtain a ~ attachment** Arrestbefehl erwirken; **to serve a ~ of attachment** Pfändungsbeschluss zustellen; **~ capias** *(lat.)* [US] Haftbefehl zur Vorführung des Beklagten; **~ certiorari** *(lat.)* Anforderung von Akten;

writ of commission

~ **commission** Rechtshilfeersuchen *nt*; ~ **detinue** Herausgabeklage *f*; ~ **dower** Klage auf Herausgabe des Witwenteils; **w. for an election** Wahlausschreibung *f*; **w. of elegit** *(lat.)* Pfändungsanordnung *f*; ~ **enforcement** Vollstreckungstitel *m*; ~ **entry** *(Land)* Räumungs-, Besitzklage *f*; ~ **error** Revision(sbeschluss) *f/m*, R.szulassungsbeschuss *m*; ~ **error in lieu of appeal** Ersatzrevision *f*; ~ **error coram nobis** *(lat.)* Urteilsberichtigungsbeschluss *m*; ~ **escheat** *(lat.)* Heimfallsklage *f*
writ of execution [§] 1. Vollstreckungsanordnung *f*, V.titel *m*, V.bescheid *m*, V.beschluss *m*, V.urteil *nt*, Vollstreckbarkeitserklärung *f*; 2. Zahlungsbefehl *m*, Z.anordnung *f*; ~ **execution for service** vollstreckbarer Schuldtitel; **to apply for a** ~ **of execution** Vollstreckungsbescheid beantragen; **to grant a** ~ **of execution** Vollstreckungsbescheid erlassen, (etw.) für vollstreckbar erklären; **to issue a** ~ **of execution** Vollstreckungsbescheid erlassen/ausstellen, Urteil für vollstreckbar erklären; ~ **extradition** Auslieferungsbeschluss *m*; ~ **habeas corpus** *(lat.)* [GB] Anordnung eines Haftprüfungstermins; ~ **mandamus** *(lat.)* gerichtliche Auflage/Verfügung an eine untere Instanz; ~ **possession** Besitzeinweisung *f*; ~ **prevention** vorbeugende Unterlassungsverfügung; ~ **process** (Vor)Ladung *f*; ~ **prohibition** [US] (an unteres Gericht ergehende) Einstellungsverfügung; ~ **review** Rechtsmittelzulassung *f*, Zulassung eines Rechtsmittels, ~ der Revision; ~ **revivor** *(lat.)* neue Vollstreckungsanordnung; ~ **right** *(Räumungsklage)* Gerichtsbefehl *m*; ~ **subpoena** *(lat.)* (Vor)Ladung unter Strafandrohung; ~ **summons** (Vor)Ladung *f*, Vorladungsbefehl *m*, Prozesseröffnungsbeschluss *m*, Zustellung einer Klageschrift, Vorladung vor Gericht; ~ **supersedeas** *(lat.)* Einstellungsverfügung *f*; ~ **trespass** Anweisung, in jds Rechte einzugreifen
to execute a writ Verfügung durchführen; **to frame a w.** Klageschrift ausfertigen; **to issue a w.** einstweilige gerichtliche Verfügung/Pfändungsbefehl erlassen, Verfügung herausgeben; ~ **against so.** jdn vorladen; **to put a w. on sth.** etw. beschlagnahmen/pfänden; **to serve a w.** Klage(schrift)/Vorladung/Verfügung zustellen; ~ **on so.** jdm einen Schriftsatz/eine gerichtliche Verfügung zustellen; **to take out a w.** einstweilige Verfügung beantragen; ~ **against so.** Vorladung/einstweilige Verfügung gegen jdn erwirken
concurrent writ [§] Zweitausfertigung einer Klage; ~ **w.s** Originalausfertigungen; **executed w.** vollzogene gerichtliche Verfügung; **judicial w.** gerichtliche/richterliche Verfügung; **peremptory w.** persönliche Vorladung; **prerogative w.** Freilassungsanordnung *f*, außerordentliches Rechtsmittel
write *v/t* 1. schreiben; 2. schreiben, texten, schriftstellern; **w. back** 1. zurückbuchen; 2. *(Reserven)* auflösen; zurückschreiben; **w. correctly** richtig schreiben; **w. down** 1. aufschreiben, zu Papier bringen; 2. *(Bilanz)* abschreiben, wertberichtigen, Abschreibungen vornehmen, abwerten; ~ **on a reducing-balance basis** degressiv abschreiben; **w. in** einschreiben; **w. off** (vollständig) abschreiben, aus-, abbuchen, Abschreibungen vornehmen, in den Schornstein schreiben *(fig)*; **w. out** 1. (in Langschrift) ausschreiben; 2. *(Scheck)* ausstellen, ausfertigen; **w. to** anschreiben; **w. up** 1. *(Bilanz)* hochschreiben, wertberichtigen, Wert erhöhen, höher einsetzen; 2. lobend herausstellen; **w. in full** vollständig ausschreiben; **nothing to w. home about** *(coll)* nichts Aufregendes/Interessantes/Umwerfendes / Weltbewegendes / W.erschütterndes; **w. incorrectly** falsch schreiben; **w. legibly** leserlich schreiben; **w. well** gut schreiben

write-back *n* Storno-, Rückbuchung *f*
write-down *n* (Teil)Abschreibung *f*, Bewertungsabschlag *m*, Teilwertberichtigung *f*, Wertberichtigung *f* (nach unten); **w. of assets** Anlagenabschreibung *f*; ~ **investments** Abschreibung auf Finanzanlagen; ~ **permanent investments** Wertberichtigung auf das Finanzanlagevermögen; ~ **uncollectible receivables** Forderungsabschreibung *f*, Delkredere-Wertberichtigung *f*; ~ **securities portfolio** Kurswertberichtigung von Wertpapierbeständen, Abschreibung auf das Wertpapierportefeuille; ~ **trade investments** Abschreibungen auf Beteiligungen; **w. to going-concern value** Teilwertabschlag *m*, T.abschreibung *f*; **w. allowance** Abschreibungsfreibetrag *m*; **w. value** Buchwert *m*
write head Schreib-, Magnetkopf *m*; **w. instruction** Schreibbefehl *m*
write-off *n* 1. Sofort-/(Voll)Abschreibung *f*, Absetzung *f*, Ausbuchung *f*, sofortige Teilwertberichtigung; 2. Verlustabschreibung *f*; 3. Totalschaden *m*; **w.s** nicht einziehbare Werte; **w. of low-cost assets** Abschreibung geringfügiger Wirtschaftsgüter; **w. on fixed-income securities** Abschreibung auf Rentenbestand; **accelerated w.** verkürzte Sonderabschreibung; **complete/immediate/total w.** Total-, Vollabschreibung *f*; **faster w.** vorzeitige Abschreibungsmöglichkeit; **fraudulent w.** Abschreibungsbetrug *m*; **special w.** Sonderabschreibung *f*, Teilwertabschlag *m*; **tax-allowable w.** steuerlich zulässige Abschreibung; **w. ceiling** Höchstabschreibung *f*; **w. facilities** Abschreibungsmöglichkeiten; **w. item** Abschreibungsobjekt *nt*
writer *n* 1. Schreiber *m*; 2. Verfasser(in) *m/f*; 3. Schriftsteller(in) *m/f*; 4. Optionsverkäufer *m*; **w. of a check** [US] /**cheque** [GB] Scheckaussteller *m*; **editorial w.** Leitartikler *m*, L.artikelverfasser *m*; **w.'s cramp** $ Schreibkrampf *m*
write|-read unit *n* 🖳 Schreib-Leseeinrichtung *f*; **w. statement** Schreibanweisung *f*
write-up *n* 1. Presseartikel *m*, P.bericht *m*; 2. (gute) Buchbesprechung, Rezension *f*; 3. frisierte Vermögensaufstellung; 4. *(Bilanz)* Höherbewertung *f*, Hoch-, Zuschreibung *f*, Wertberichtigung *f* (nach oben); **w. due to appreciation of assets** Zuschreibung aus Höherwertung; **w. of credits to fixed assets** Zuschreibung zu Gegenständen des Anlagevermögens
writing *n* 1. Schrift *f*; 2. Schreiben *nt*; 3. Schriftstück *nt*; 4. Schriftstellerei *f*, schriftstellerische Tätigkeit; 5. *(Scheck)* Ausstellung *f*; **in w.** (hand)schriftlich, in Schriftform, in schriftlicher Form, auf schriftlichem

Wege; **in his/her own w.** handgeschrieben; **w. and arithmetic** Schreiben und Rechnen; **the w. on the wall** Menetekel *nt*, böses Omen
to commit sth. to writing etw. schriftlich festhalten; **to confirm in w.** schriftlich bestätigen, bescheinigen; **to inquire in w.** schriftlich anfragen; **to put/set down in w.** schriftlich niederlegen/fixieren, niederschreiben; **to stipulate in w.** schriftlich vereinbaren; **to take down in w.** zu Protokoll nehmen
cuneiform writing Keilschrift *f*; **luminous w.** Leuchtschrift *f*
writing *f* back *(Bilanz)* Auflösung von Rückstellungen; **~ of reserves** Auflösung von Rücklagen; **w. case** Briefkassette *f*, B.mappe *f*; **w. clerk** Schreibkraft *f*; **w. desk** Schreibtisch *m*
writing down *(Bilanz)* Abschreibung *f*, Wertabschlag *m*; **~ to market value** Kurswertabschreibung *f*; **~ allowance(s)** Abschreibungsfreibetrag *m*, laufende Abschreibungen, Absetzung für Abnutzung (AfA); **annual ~ allowance** jährlicher Abschreibungsbetrag; **wholesale a. d.** Pauschalabschreibung *f*; **w.-d. period** Abschreibungszeitraum *m*
writing exercise Schreibübung *f*; **w. feature** 🖳 Schreibanschluss *m*; **w. fee** Schreibgebühr *f*; **w. head** Schreibkopf *m*; **w. ink** Tinte *f*; **w. lesson** Schreibunterricht *m*; **w. materials** Schreibzeug *nt*, S.bedarf *m*, S.material *nt*; **w. pad** Schreib(tisch)unterlage *f*, Block *m*; **w. paper** Brief-, Schreibpapier *nt*; **w. pen** Schreibfeder *f*; **w. pool** Schreibsaal *m*, S.zentrale *f*; **w. supplies** Schreibmaterial *nt*; **w. table** Schreib-, Arbeitstisch *m*; **w. telegraph** Schreibtelegraf *m*; **w.-up** *n (Bilanz)* Wertaufstockung *f*, Höherbewertung *f*; **w. utensil** Schreibutensil *nt*, S.gerät *nt*, S.werkzeug *nt*; **w. work** Schreibarbeit *f*
writ large *adj (fig)* groß geschrieben *(fig)*
written *adj* geschrieben, schriftlich; **w. in full** ausgeschrieben; **w. off** *(Bilanz)* abgeschrieben, ausgebucht; **fully w. off** voll abgeschrieben; **partly w. off** teilabgeschrieben
wrong *adj* falsch, fälschlich, unrichtig, unrechtmäßig; **to be w.** sich im Irrtum befinden, nicht in Ordnung sein; **~ quite w.** völlig falsch liegen *(fig)*; **to go w.** daneben-, schiefgehen, s.laufen, fehlschlagen, ins Auge gehen *(fig)*, missraten; **to prove w.** sich als falsch herausstellen; **~ so. w.** jdn widerlegen; **utterly w.** grundverkehrt, g.falsch
wrong *n* Unrecht *nt*, Delikt *nt*, rechtswidrige Handlung; **in the w.** im Irrtum; **to get ~ w. with so.** sich jds Gunst verscherzen; **to put so. ~ w.** jdn ins Unrecht setzen; **~ o.s. in the w.** sich ins Unrecht setzen; **to redress/right a w.** Unrecht beseitigen, einem ~ abhelfen, Unrecht/Schuld wieder gutmachen; **to suffer a w.** Unrecht erleiden
civil wrong [§] unerlaubte Handlung; **wilfully committed/positive w.** vorsätzlich begangenes Unrecht; **grievous w.** bitteres Unrecht; **personal w.** persönliches Verschulden
wrong *v/t* Schaden/Unrecht zufügen
wrong|doer *n* Übel-, Missetäter *m*, Gesetzesübertreter *m*, G.brecher *m*, Schädiger *m*; **w.doing** *n* Missetat *f*, Verbrechen *nt*
wronged *adj* geschädigt
wrong|-foot so. *v/t (fig)* jdn auf dem falschen Fuß erwischen *(fig)*; **w.ful** *adj* widerrechtlich, unrechtmäßig, gesetzwidrig, ungesetzlich; **w.fully** *adv* zu Unrecht; **w.fulness** *n* Widerrechtlichkeit *f*
wrought *adj* 1. gewirkt, verarbeitet; 2. bewirkt

X

X → **ex dividend**
x-axis *n* π x-Achse *f*, Abszisse *f*
xc → **ex capitalization**
xd → **ex distribution**
x.dis → **ex discount**
x-efficiency *n* Effizienzmangel *m*
xeno|phobe *n* Fremdenfeind(in) *m/f*; **x.phobia** *n* Ausländer-, Fremdenfeindlichkeit *f*, F.hass *m*; **x.phobic** *adj* ausländer-, fremdenfeindlich
xerox *n* ™ Fotokopie *f*; *v/t* vervielfältigen, fotokopieren; **x.ed** *adj* fotokopiert; **x.ing** *n* Vervielfältigen *nt*, Vervielfältigung *f*; **x. machine** Vervielfältiger *m*, Vervielfältigungsgerät *nt*, V.apparat *m*, V.maschine *f*, Fotokopiergerät *nt*, F.automat *m*
x. in. → **ex interest**
x. r. → **ex rights**
Xmas *n (coll)* Weihnachten *nt*
x note *[US]* Zehndollarnote *f*
x x note *[US]* Zwanzigdollarnote *f*
x out *v/t* durchstreichen
x-ray *n* ☢ Röntgenstrahl *m*, R.aufnahme *f*, R.bild *nt*; *v/t* durchleuchten, röntgen; **x. machine** Röntgengerät *nt*; **x. picture** Röntgenbild *nt*; **x. unit** Schirmbildstelle *f*

Y

yacht *n* ⚓ Jacht *f*; **motorized y.** Motorjacht *f*
yard *n* 1. Yard *m (0,914 m)*, Elle *f*; 2. ⚓ Werft *f*; 3. Hof *m*; 4. *[US]* Garten *m*; **back y.** Hinterhof *m*; **not in my ~ y. (NIMBY)** *(coll)* St.-Floriansprinzip *nt*; **naval y.** Marinewerft *f*
yardage *n (Garn)* Kilometerleistung *f*; **y. goods** Meterware *f*
yard boss/supervisor Hof-, Platzmeister(in) *m/f*; **y. closure** ⚓ Werftschließung *f*, W.stilllegung *f*; **y. conductor** *[US]*; **y.master** *n* 🚂 Rangiermeister *m*; **y. goods** Meter-, Schnittware *f*; **y.man** *n* Werft-, Rangier-, Platzarbeiter *m*
yardstick *n* 1. Zollstock *m*, Ellen-, Yardmaß *nt*; 2. *(fig)* (Beurteilungs-/Vergleichs-/Wert)Maßstab *m*, Richtschnur *f*, R.größe *f*, Kriterium *nt*, Bezugsgröße *f*, Wert-,

yardstick of performance

Gradmesser *m*; **y. of performance** Erfolgsmaßstab *m*; **~ profitability** Vorteilskriterium *nt*; **to measure everything with the same y.** alles über einen Leisten schlagen
yardwand *n* Yardstock *m*, Y.maß *nt*
yarn *n* Garn *nt*, gesponnener Faden
yawn *v/i* 1. gähnen; 2. *(Lücke)* klaffen
yea *n* *(Abstimmung)* Jastimme *f*
year *n* Jahr *nt*; **for y.s (on end)** jahrelang; **over the y.s** im Laufe der Jahre; **tenable for ... y.s** *(Stelle)* auf ... Jahre befristet; **within a y.** binnen Jahresfrist
year of acquisition Anschaffungs-, Zugangsjahr *nt*; **y. as an apprentice** Lehrjahr *nt*; **y. of assessment** Steuer-, Veranlagungsjahr *nt*, Jahr der Veranlagung; **~ birth** Geburtsjahr *nt*; **~ few births** geburtenschwacher Jahrgang; **~ construction** Baujahr *nt*; **~ contribution** Beitragsjahr *nt*; **~ cover(age)** Versicherungsjahr *nt*; **~ death** Sterbe-, Todesjahr *nt*; **~ depression** Flautejahr *nt*; **~ full employment** Vollbeschäftigungsjahr *nt*; **y.s of experience** langjährige Erfahrungen; **y. of formation/foundation** Gründungsjahr *nt*; **~ grace** Freijahr *nt*; **~ growth** Wachstumsjahr *nt*; **~ issue** 1. Ausgabe-, Ausstellungs-, Emissions-, Laufzeitjahr *nt*; 2. Jahr des Versicherungsbeginns; **~ life** 1. Lebensjahr *nt*; 2. Laufzeitjahr *nt*; **y.s of useful life** Nutzungsjahre; **y. of loss** Verlustjahr *nt*; **~ manufacture/production** Bau-, Fabrikations-, Fertigungs-, Herstellungs-, Modelljahr *nt*; **~ maturity** Fälligkeitsjahr *nt*; **one y. in the profession/trade** einjährige Berufszugehörigkeit; **y. of publication** *(Buch)* Erscheinungsjahr *nt*; **~ purchase** Anschaffungsjahr *nt*; **y. under review** Berichts-, Referenzjahr *nt*; **y. of sale** Verkaufsjahr *nt*; **y.s of service** Dienstalter *nt*, D.jahre, Werkzugehörigkeit *f*; **minimum ~ service** Mindestdienstzeit *f*; **y. of subscription** Zeichnungs-, Beitragsjahr *nt*; **~ training** Ausbildungsjahr *nt*; **~ pre-vocational training** Berufsvorbereitungsjahr (BVJ) *nt*; **many y.s of work** langjährige Tätigkeit
year after y. Jahr für Jahr; **y. before** Vorjahr *nt*; **y. by y.** von Jahr zu Jahr; **y.-on-y.** *adj* im Vergleich zum Vorjahr; **on a ~ basis** im Jahresvergleich; **~ increase/rise** jährliche Erhöhung
after many year|s nach langen Jahren; **for ~ y.s** seit Jahr und Tag; **a full two y.s** ganze zwei Jahre; **y.s ahead** Jahre (im) voraus; **y.s spent learning** Lernjahre; **this y.'s** diesjährig; **this y. to date** von Jahresbeginn/J.anfang bis heute; **all the y. round** das ganze Jahr hindurch, ganzjährig; **for y.s to come** auf Jahre hinaus; **from y. to y.** von Jahr zu Jahr; **of this y.** diesjährig; **advanced in y.s** hochbetagt, im vorgerückten Alter; **later in the y.** im Verlauf des Jahres; **it is a y./y.s ago** es jährt sich; **with ... y.s remaining to maturity** mit einer Restlaufzeit von ... Jahren
to be set back for year|s auf Jahre zurückgeworfen werden; **~ bowed down with y.s** von der Last der Jahre gebeugt sein; **~ getting on in y.s** in die Jahre kommen; **to last for y.s** viele Jahre halten; **to (have to) repeat a y.** *(Schule)* nicht versetzt werden, sitzen bleiben
bad year schlechtes Jahr, Fehljahr *nt*; **bleak y.** schwarzes Jahr; **budgetary y.** Etat-, Haushaltsjahr *nt*; **civil/common y.** bürgerliches Jahr; **call-free y.s** *(Anlage)* Festjahre; **current y.** laufendes (Haushalts)Jahr; **~ assessment** laufende Bewertung, Stichtagsbewertung *f*; **declining y.s** Lebensabend *m*; **experimental y.** Versuchsjahr *nt*; **financial/fiscal y.** Etat-, Haushalts-, Budget-, Finanz-, Steuer- Geschäfts-, Rechnungs-, Abrechnungs-, Rechenschafts-, Bilanz-, Betriebs-, Wirtschafts-, Verwaltungsjahr *nt*, steuerpflichtiges Jahr; **abbreviated/short ~ y.** Rumpfgeschäftsjahr *nt*; **current ~ y.** laufendes Haushaltsjahr/Rechnungsjahr/Geschäftsjahr; **preceding ~ y.** letztes/abgelaufenes Haushaltsjahr; **formative y.s** Entwicklungsjahre, entscheidende Jahre; **full y.** Gesamtjahr *nt*, ganzes Jahr; **~ figures** Zahlen für das Gesamtjahr; **eligible insured y.s** anrechnungsfähige Versicherungszeiten; **intervening y.s** dazwischenliegende Jahre, Zwischenzeit *f*; **interwar y.s** Jahre zwischen den Kriegen
last year Vorjahr *nt*, vergangenes Jahr; **compared with ~ y.** im Vorjahresvergleich; **~ but one y.** vorletztes Jahr; **~ y.'s** letztjährig; **~ y.'s amount** Vorjahresbetrag; **~ y.'s figure(s)** Vorjahreswert(e) *m/pl*, Vergleichszahlen des Vorjahres; **~ y.'s level** Vorjahresstand *m*, V.-niveau *nt*, V.höhe *f*; **compared with ~ y.'s level** im Vergleich zum Vorjahresvolumen/V.stand
legal year bürgerliches Jahr; **no-growth y.** Jahr des Nullwachstums; **part y.** Restjahr *nt*; **past y.** abgelaufenes Jahr; **peak y.** Spitzenjahr *nt*; **preparatory y.** Berufsvorbereitungsjahr (BVJ) *nt*; **preceding/previous/prior y.** Vorjahr *nt*, vorangegangenes Jahr; **probationary y.** Probejahr *nt*; **in recent y.s** in den letzten Jahren, in der letzten Zeit; **redemption-free y.** (Tilgungs)Freijahr *nt*; **sabbatical y.** *(Universität)* Urlaubsjahr *nt*; **covering/lasting several y.s** mehrjährig; **successful y.** Erfolgsjahr *nt*; **to report a ~ y.** Erfolgsbilanz vorlegen; **taxable y.** Wirtschafts-, Steuerjahr *nt*, steuerpflichtiges Jahr; **testing y.** schweres Jahr; **timberfelling y.** Forstwirtschaftsjahr *nt*; **transitional y.** Übergangsjahr *nt*; **turbulent y.s** bewegte Jahre; **every two y.s** im Zweijahresrhythmus
year|book *n* Jahrbuch *nt*; **y.'s budget appropriation** Jahresansatz *m*; **y.'s dividend** Jahresausschüttung *f*, J.dividende *f*; **y.-earlier** *adj [US]* Vorjahres-, vorjährig
year's earnings Jahresertrag *m*, J.überschuss *m*; **full y.'s e.** Einkommen im Kalenderjahr, Gewinn/Ertrag/Gewinn für das volle Geschäftsjahr; **y.'s published e.** ausgewiesener Jahresüberschuss; **previous y.('s) e.s** Vorjahresgewinn *m*, V.ergebnis *nt*
year-end *n* 1. Jahresende *nt*, J.schluss *m*, (J.)Ultimo *m*; 2. am/zum Jahresende; **by the y.-e.** zum Jahresschluss; **financial y.-e.** Bilanzstichtag *m*; **non-coterminous y.-e.** vom Kalenderjahr abweichendes Wirtschaftsjahr(esende)
year-end adjustment Jahresausgleich *m*, Berichtigungsbuchung am Jahresende; **~ bonus** Abschlussgratifikation *f*; **~ closing** Jahresabschluss *m*; **~ deferrals** Jahresabgrenzung *f*; **~ dividend** Abschlussdividende *f*; **~ closing entries** Jahresabschlussbuchung *f*; **~ inventory** Schluss-, Jahresinventur *f*; **~ position** Jahresend-

stand *m*; ~ **result** Jahresergebnis *nt*; ~ **settlement** Jahresultimoabschluss *m*; ~ **statement** *(Konto)* Jahresabrechnung *f*; ~ **financial statement** Jahresabschluss *m*; ~ **stocks** Jahresendbestand *m*, Bestände am Jahresende
year|'s high Jahreshöchststand *m*, J.kurs *m*; **y.ling** *n* Jährling; *adj* einjährig; ~ **bond** Jahrestitel *m*, einjährige Schuldverschreibung; **y.-long** *adj* einjährig; **y.('s) low** Jahrestiefststand *m*, J.kurs *m*; **y.ly** *adj* 1. jährlich, im Jahresrhythmus, Jahres-; 2. ganzjährig; **twice y.ly** zweimal im Jahr
yearn for *v/i* ersehnen; **y.ing** *n* Sehnsucht *f*, Verlangen *nt*; *adj* sehnsüchtig
year's profit Jahresgewinn *m*, J.überschuß *m*; **prior ~ brought forward** Gewinnvortrag aus dem Vorjahr; **y. result** Jahresergebnis *nt*; **last y. result** Vorjahresergebnis *nt*; **y.-round** *adj* das ganze Jahr über/hindurch
yeast *n* Hefe *f*
yellowed *adj* vergilbt
yeoman *n* *(obs.)* Freisasse *m*; **to do y. service** treue Dienste leisten; **y. of signals** ⚓ Signalgast *m*
yes-man *n* Duckmäuser *m*, Jasager *m*
yester|day *adv* gestern; **y.day's** gestrig, Vortags-; **y.year** *adv* anno dazumal, früher
yield *n* 1. Ausbeute *f*, Ertrag *m*, Ergebnis *nt*, Gewinn *m*, Aufkommen *nt*; 2. (Dividenden-/Kapital)Rendite *f*, Kapital-, Zinsertrag *m*, Anlage-, Effektiv-, Nominalverzinsung *f*; 3. Steueraufkommen *nt*; 4. 🌾 Ernte(ertrag) *f/m*; 5. Verkehrseinnahmen *pl*, Arbeits-, Nutzungsertrag *m*; **in terms of y.** rentabilitätsmäßig
yield per annum *(lat.)* Jahresaufkommen *nt*; **y.on newly issued bonds** Emissionsrendite *f* (für Pfandbriefe); **marginal ~ capital** Grenzertrag des Kapitals; **y. in the capital market** Kapitalmarktrendite *f*; **y. at the end of period** Ultimorendite *f*; **gross y. from investment** Bruttoertrag *m*; **y. on new issues** Emissionsrendite *f*; **y. to maturity** interner Zinsfuß, Rückzahlungsrendite *f*; **y. on savings** Spareinlagenverzinsung *f*; **current y. of fixed-interest securities** Umlaufrendite festverzinslicher Wertpapiere; **y. from services** Dienstleistungserträge *pl*; **y. on shares** *[GB]* **/stocks** *[US]* Aktienrendite *f*; ~ **shorts** Kurzläuferrendite *f*; **~subscription** Zeichnungsrendite *f*; **y. after tax(ation)** Nachsteuerrendite *f*; **y. before tax(ation)** Gewinn vor Steuern, Vorsteuergewinn *m*; **y. per unit of area** 🌾 Flächenertrag *m*; **y. for the year** Jahresrendite *f*
to bring a good yield gute Rendite abwerfen; **to capitalize future y.s** zukünftigen Ertrag kapitalisieren
additional yield Mehrertrag *m*; **after-tax y.** Rendite nach Steuern; **average y.** Durchschnittsverzinsung *f*, D.ertrag *m*, D.rendite *f*, durchschnittliche Verzinsung; **basic y.** Grundrendite *f*; **budgetary y.** haushaltsmäßiges Aufkommen; **budgeted y.** Sollaufkommen *nt*; **compound y.** Gesamtrendite *f*; **current y.** laufende Erträge/Rendite, laufender Gewinn, Umlaufrendite *f*; **daily y.** 🌾 Tagesleistung *f*; **effective (annual) y.** Effektivverzinsung *f*; **final y.** 🌾 Abtriebsnutzung *f*; **financial y.** Finanzertrag *m*; **fixed y.** feste Rendite; **flat y.** laufende Verzinsung/Rendite, Pauschalertrag *m*; **gross y.** Bruttoertragsziffer *f*, B.rendite *f*, Rohertrag *m*;

historic y. Rekordergebnis *nt*; **initial y.** Anfangsrendite *f*, Ertrag im ersten Jahr; **interim y.** Zwischenrendite *f*; **good long-term y.** nachhaltig gute Rendite; **low y.** geringe Rendite; **lowest y.** Mindestrendite *f*; **marginal y.** Grenzertrag *m*; **maximum y.** Höchstertrag *m*; **minimum y.** Mindestgewinn *m*, M.ertrag *m*, M.rendite *f*; **negative y.** Negativrendite *f*; **net y.** effektive Verzinsung/Rendite, Effektivverzinsung *f*, Nettoertrag *m*, N.erlös *m*, N.rendite *f*, Reinertrag *m*, Umlaufrendite *f*; **nominal y.** (Ertrag aus der) Nominalverzinsung; **normal y.** Normalverzinsung *f*; **overall y.** Gesamtrendite *f*; **peak y.** Ertragsspitze *f*; **posted y.** ausgewiesener Ertrag; **pre-tax y.** Rendite vor Steuern; **pro-forma y.** Pseudoertrag *m*; **prospective y.** voraussichtlicher Ertrag; **real y.** Realrendite *f*, R.verzinsung *f*, Istaufkommen *nt*; **regular y.** Normalrendite *f*; **rental y.** Mieterrtrag *m*; **running y.** laufende Verzinsung; **substandard y.** unterdurchschnittlicher Ertrag; **sustained y.** Dauerertrag *m*, nachhaltig erzielbare Rendite; ~ **management** Nachhaltigkeitsbetrieb *m*; ~ **principle** Nachhaltigkeitsprinzip *nt*; **top y.** Renditespitze *f*; **total y.** Gesamtaufkommen *nt*, G.ertrag *m*, G.ausbeute *f*; **true y.** Effektivverzinsung *f*; **variable y.** variable Verzinsung
yield *v/ti* 1. *(Ertrag/Gewinn)* abwerfen, (er)bringen, einbringen; 2. nachgeben, weichen; **y. little** geringe Rendite abwerfen, ~ Verzinsung erzielen; **not to y. much** nicht viel bringen
yield adjustment Renditeanpassung *f*, R.angleichung *f*; **downward y. a.** Renditeermäßigung *f*; **upward y. a.** Renditeanhebung *f*
yield advantage Rendite-, Gewinnvorsprung *m*; **individual y. appraisal** Einzelertragsverfahren *nt*; **y. aspect** Renditegesichtspunkt *m*; **y. capacity** Ertragspotenzial *nt*, E.kraft *f*; **y.-conscious** *adj* renditebewusst; **y. considerations** Ertragserwägungen, E.gesichtspunkte; **y. curve** Rendite-, (Zins)Ertrags-, Zins(struktur)kurve *f*; **inverse y. curve** inverse Zinsstruktur; **y. differential** Ertrags-, Renditedifferenz *f*, R.nspanne *f*, R.gefälle *nt*
high yielder *n* hochverzinsliches/hochrentierliches (Wert)Papier; **low y.** niedrigverzinsliches/niedrigrentierliches (Wert)Papier
yield forecasting Ertragsvorschau *f*; **y. gap** Ertragslücke *f*, Renditeabstand *m*, R.gefälle *nt*; **reverse y. gap** negatives/umgekehrtes Renditegefälle
yielding *n* Nachgeben *nt*
yield level Renditeniveau *nt*; **record ~ level** Renditehöchststand *m*; **gross y. margin** Rohertragseinbuße *f*; **y. method** interne Zinsfußmethode; **y. mix** Durchschnittsverzinsung *f*; **y. prospect** Ertragschance *f*; **y. rate** Effektivverzinsung *f*, effektiver Zins, Renditeverhältnis *nt*; ~ **calculation** Effektivzinsberechnung *f*; **y. sign** *[US]* 🚸 Vorfahrtszeichen *nt*; **y. spread** Renditenspanne *f*; **y. statistics** Renditenstatistik *f*; **y. structure** Renditenstruktur *f*, R.gefüge *nt*; **y. table** Renditetabelle *f*; **y. tax** Kapitalertragssteuer *f*; **y. value** Ergiebigkeit *f*; **y. variance/variation** Ertrags-, Ausbeuteabweichung *f*
yogh(o)urt *n* Joghurt *m*

yoke *n* Joch *nt*; **matrimonial y.** Ehejoch *nt*
of yore *adv* von früher
young *adj* jung; **Y. Persons Employment Act** *[GB]* Jugendarbeitsschutzgesetz *nt*; **y.ster** *n* Jugendliche(r) *f/m*
Your Honor *[US]* /**Lordship** *[GB]* [§] *(Anrede)* Hohes Gericht; **y.s faithfully** *(Brief)* mit freundlichen Grüßen, mit vorzüglicher Hochachtung; **y.s sincerely** *(Brief)* mit freundlichen/herzlichen Grüßen
yo-yo shares *[GB]* /**stocks** *[US]* *n* Wertpapiere/Aktien mit starken Kursausschlägen
youth *n* 1. Jugend *f*, junge Leute; 2. Jugendliche(r) *f/m*, Halbwüchsige(r) *f/m*, jugendliche Person
youth activities Jugendarbeit *f*, J.pflege *f*; **y. assembly** Jugendversammlung *f*; **y. center** *[US]* /**centre** *[GB]* Jugendzentrum *nt*; **y. custody** [§] Jugendarrest *m*, J.haft *f*, Strafvollzug in einer Jugendstrafanstalt; **y. employment** Beschäftigung von Jugendlichen; **~ officer** Sachbearbeiter(in) für Jugendarbeit; **~ subsidy** Zuschuss zur Ausbildung von Jugendlichen; **y.ful** *adj* jugendlich; **y. group** Jugendgruppe *f*; **y. hostel** Jugendherberge *f*, J.heim *nt*; **y. market** Markt für Jugendliche; **y. movement** Jugendbewegung *f*; **y. organization** Jugendverband *m*; **y. representation** Jugendvertretung *f*; **~ at plant level** betriebliche Jugendvertretung; **Y. Training Scheme (YTS)** *[GB]* Ausbildungsförderungsprogramm für Jugendliche; **y. unemployment** Jugendarbeitslosigkeit *f*, Arbeitslosigkeit unter Jugendlichen; **y. welfare** Jugendpflege *f*; **~ department/office** (Stadt)Jugendamt *nt*; **~ officer** Jugendpfleger(in) *m/f*; **y. work** *(Fürsorge)* Jugendarbeit *f*; **y. worker** Jugendhelfer(in) *m/f*, J.pfleger(in) *m/f*
yuppie; yuppy (young urban/upwardly mobile professional) *n* *(coll)* aufstrebender Jungmanager/Jungunternehmer

Z

zap *v/t* *(coll)* 1. ※ *(Lebensmittel)* bestrahlen; 2. *(TV)* wahllos umschalten; 3. 💻 linken; **z.py** *adj (coll)* dynamisch
zeal *n* (Dienst-/Arbeits-, Pflicht)Eifer *m*, Begeisterung *f*, Hingabe *f*; **missionary z.** missionarischer Eifer
zealous *adj* (dienst)eifrig, einsatzfreudig, dienstbeflissen, geschäftig; **z.ness** *n* Dienstbeflissenheit *f*
zebra crossing *n* *[GB]* 🚗 Zebrastreifen *m*, Fußgängerüberweg *m*
zenith *n* Höhe-, Scheitelpunkt *m*, Zenith *m*
zero *n* Null *f*, N.punkt *m*; **to put back/return to z.** löschen, auf null stellen; **absolute z.** absoluter Nullpunkt; **z. in on sth./so.** *v/i* etw./jdn einkreisen
zero balance Nullsaldo *m*, ausgeglichene Bilanz; **z. base** Nullbasis *f*; **z. (coupon) bond** Nullkuponanleihe *f*, N.emission *f*, unverzinsliche Anleihe/Schuldverschreibung; **z. bracket (amount)** Nullzone *f*; **z. check** Nullkontrolle *f*; **z. condition** Nullzustand *m*; **z. defects** 💻 Nullfehlerprogramm *nt*; **z. growth** Nullwachstum

nt; **z. hour** Nullstunde *f*; **z. insert** 💻 Nulleinsteuerung *f*; **z. item** *(Bilanz)* Nullposten *m*; **z. line** Nulllinie *f*; **z. load** Nulllast *f*; **z. option** Nulllösung *f*; **z. order correlation** Nullkorrelation *f*; **z. position** Nullstellung *f*; **z. proof** Nullprobe *f*; **z. rate** ⊖ Nullsatz *m*, Steuer-/Zollsatz Null; **z.-rate** *v/t* 1. nicht besteuern, ~ mit einer Steuer belegen, Nullsatz festsetzen; 2. ⊖ nicht mit Zoll belegen, Zollsatz Null anwenden; **z.-rated** *adj* 1. abgaben-, mehrwertsteuer-, (umsatz)steuerfrei, ohne Mehrwertsteuer (Mwst), unbesteuert; 2. ⊖ zollfrei; **z.-rating** *n* 1. Abgabenfreiheit *f*, Nullbewertung *f*; 2. Mehrwertsteuerbefreiung *f*; **z. shift** Nullpunktverschiebung *f*; **z. test** Nullprüfung *f*; **z. value** Nullwert *m*
zest *n* Schwung *m*, Begeisterung *f*, Eifer *m*, Elan *m*; **to add z. to sth.** etw. schmackhaft machen
zigzag *n* Zickzack *m*; *adj* zickzackförmig
zillion *n* *(coll)* zig Millionen *(coll)*
zinc *n* Zink *nt*; **z. oxide** Zinkoxid *nt*
zip *n* 1. Reißverschluss *m*; 2. *(coll)* Schwung *m (coll)*
ZIP (zone improvement plan) code *[US]* ✉ Postleitzahl (PLZ) *f*; **~ register** Postleitzahlverzeichnis *nt*
zonal *adj* Zonen-
zone *n* 1. Zone *f*, Abschnitt *m*, Gebiet *nt*; 2. ✉ Postzustellbezirk *m*; 3. Tarifzone *f*; **z. of destination** Bestimmungszone *f*; **~ indifference** ▦ Indifferenzbereich *m*; **~ occupation** Besatzungszone *f*; **~ preference** Bevorzugungs-, Präferenzbereich *m*
climatic zone Klimazone *f*; **contiguous z.** 1. Anschluss-, Ergänzungs-, Kontiguitätszone *f*, angrenzende Zone; 2. *(Seerecht)* erweiterte Hoheitslinie; **economic z.** Wirtschaftsgebiet *nt*, W.zone *f*; **free z.** ⊖ Freizone *f*, Zollfreigebiet *nt*, Z.ausschlussgebiet *nt*; **free-trade z.** Freihandelszone *f*; **local z.** Nahbereich *m*; **military z.** Militärgebiet *nt*; **peripheral z.** Randzone *f*; **prohibited z.** Verbotszone *f*; **protected (parliamentary) z.** Bannmeile *f*; **short-haul z.** Nahverkehrszone *f*; **three-mile z.** Dreimeilenzone *f*; **200-mile z.** 200-Meilenzone *f*
zone *v/t* in Zonen aufteilen/einteilen
zone plan Zonenplan *m*; **z. price** Zonenpreis *m*; **z. pricing** Zonenpreissystem *nt*; **z. punching** Zonenlochung *f*; **z. rates** Zonentarif *m*; **z. ticket** Teilstreckenfahrkarte *f*
zoning *n* 1. Gebiets-, Flächenaufteilung *f*, Gebietsabgrenzung *f*, Einteilung in Zonen, Zonung *f*; 2. Bauleitplanung *f*; **z. classification** Bebauungsvorschriften *pl*; **z. code** *[US]* Stadtbauordnung *f*; **z. law** *[US]* Flächennutzungsgesetz *nt*, F.plan *m*, F.verordnung *f*, Bebauungsplan *m*, B.verordnung *f*; **z. laws** Bebauungsvorschriften; **z. ordinance** Staffelbauordnung *f*, Bebauungs-, Fluchtlinienplan *m*; **z. ordinances** Bauvorschriften, baurechtliche Vorschriften; **z. plan** Bebauungs-, Flächennutzungsplan *m*, F.widmungsplan *m*; **~ change** Bebauungsplanänderung *f*; **z. regulations** Bau-, Bebauungsvorschriften, Fluchtlinienbestimmungen; **z. restrictions** Bau-, Bebauungs-, Gebietsbeschränkungen, baurechtliche Beschränkungen
zoom *v/i* in die Höhe schnellen, sprunghaft ansteigen
Z-score *n* Z-Faktor *m*

Abbreviations Abkürzungen

A

A Single A sehr gut
a. acre *(Flächenmaß)* (4046,86 m^2)
A1 A1 allerbeste Qualität
AA Double A ausgezeichnet
a.a. always afloat immer flott
a/a after arrival nach Ankunft
AAA Triple A höchste Qualität
AAA1 Triple A1 allererste Güte
a. a. r. against all risks gegen alle Risiken/Gefahren
a/b airborne per Luft
ABC advanced booking charter ✈ Vorausbuchung (für Charterflüge)
ABCC Association of British Chambers of Commerce Vereinigung britischer Handelskammern
ABI Association of Britsh Insurers britischer Versicherungsverband
ABS American Bureau of Shipping Amt für Schiffsklassifikation
abs. 1. absence Abwesenheit; 2. absent abwesend
A. B. T. A. Association of British Trevel Agents britischer Reisebüroverband
A/C 1. account current (Kontokorrent)Konto; 2. alternating current ⚡ Wechselstrom
a/c account 1. Konto; 2. Rechnung
AC average cost(s) Durchschnittskosten
ACAS Advisory, Conciliation and Arbitration Service *[GB]* Beratungs-, Schlichtungs- und Schiedsstelle
acc. 1. account Konto; 2. acceptance (Wechsel)Akzept
A. C. C. A. Associate of the Council of Chartered Accountants *[GB]* Mitglied der Gesellschaft der Bilanzbuchhalter
ACE AMEX Commodities Exchange *[US]* Warenbörse der amerikanischen Wertpapierbörse
ACP African, Caribbean and Pacific (states) AKP-Staaten
ACRS accelerated cost recovery system *[US]* Verfahren der beschleunigten Abschreibung
ACT advanced corporation tax vorausgezahlte Körperschaftssteuer
A. D. accidental damage *(Vers.)* Unfallschaden
ad advertisement (Werbe)Anzeige, Annonce, Inserat
a/d after date Dato nach heute
ADB 1. accidental death benefit *(Vers.)* Leistung bei Unfall; 2. Asian Development Bank Asiatische Entwicklungsbank
ADP automated data processing automatische Datenverarbeitung (ADV)
ADR American Depository Receipt *[US]* Hinterlegungsurkunde (für europäische und japanische Aktien) amerikanischer Banken
ADR(S) asset depreciation range system *[US]* Vermögensabschreibungsmodell
ADS alternative depreciation system *[US]* alternatives Abschreibungsmodell

adv. advice Avis, Mitteilung
ad. val. ad valorem *(lat.)* ⊖ nach Wert
AE AE *(Lloyds's)* minderwertig
AEA Association of European Airlines Verband der Europäischen Luftverkehrsgesellschaften
A. E. C. Atomic Energy Commission *[US]* Atomenergiekommission
AET accumulated earnings tax *[US]* kumulierte Ertragssteuer
AFBD Association of Futures Brokers and Dealers *[GB]* Verband der Broker und Händler im Terminhandel
AFL/CIO American Federation of Labor/Congress of Industrial Organizations *[US]* Dachverband amerikanischer Gewerkschaften
aflt. afloat *(Ladung)* schwimmend, an Bord
afsd. aforesaid vorgenannt
aft. after nach
ag. agent Vertreter
a. g. b. any good brand jede gute Marke
agd. agreed zugestimmt, abgesprochen
agg(r). aggregate Gesamtheit, Gesamt-
AGI adjusted gross income bereinigtes Bruttoeinkommen
AGM annual general meeting (Jahres)Hauptversammlung (HV)
agric. agriculture Landwirtschaft
agt. agent Vertreter
a. g. w. actual gross weight effektives Bruttogewicht
a. h. r. acceptable hazard rate *(Vers.)* zumutbares Risiko
AICPA American Institute of Certified Public Accountants *[US]* Verband der amerikanischen Wirtschaftsprüfer
AIIM annualized income installment method *[US]* System von Abschlagszahlungen auf die Einkommenssteuer
ALU arithmetic logic unit 🖥 Rechenwerk
AM assistant manager stellvertretender Geschäftsführer
A/M air mail ✉ Luftpost
a. m. ante meridiem *(lat.)* vormittags, vor zwölf Uhr mittags
a/m above-mentioned oben erwähnt
AMA 1. American Management Association *[US]* Verband von Führungskräften aus Industrie, Handel und Regierung; 2. American Medical Association *[US]* amerikanischer Ärzteverband
AMEX American Stock Exchange amerikanische Börse
AMF Arab Monetary Fund Arabischer Währungsfonds
AMSE American Stock Exchange amerikanische Wertpapierbörse
AMT advanced manufacturing technology fortschrittliche Fertigungstechnik

A/N advice note Avis, Benachrichtigung
an. answer Antwort
a/o account of auf Rechnung von
a. o. b. any other business *(Tagesordnung)* Verschiedenes
a. o. q. average outgoing quality ▦ mittlerer Durchschlupf
a/or and/or und/oder
A/P account purchase(s) Einkaufsabrechnung, E.konto
a. p. additional premium *(Vers.)* Zusatzprämie
a. p. d. approved genehmigt
APEX advanced purchasing excursion (tariff) ✈ Vorausbuchungstarif
app. 1. **approximate(ly)** ungefähr; 2. **appendix** Anhang
APR annualized percentage rate *(Kredit)* jährliche Gesamtbelastung
a. q. l. acceptable quality level zulässiges Qualitätsniveau
AR account receivable Warenforderung, debitorisches Konto
A/R all risks *(Vers.)* alle Gefahren/Risiken
a/r all rights mit allen Rechten
ARIEL Automated Real Time Investment Exchange Limited *[GB]* Bildschirmsystem zum Wertpapiererwerb außerhalb der Londoner Börse
ARM adjustable rate mortgage Hypothek mit Zinsanpassung
ARPS adjustable rate preferred stocks *[US]* Vorzugsaktien mit Dividendenanpassung
ARR 1. **accounting rate of return** Rendite; 2. **arrival(s)** Ankunft
arrd. arrived angekommen, eingetroffen
A. S. account sales Verkaufskonto
a/s after sight nach Sicht
ASA 1. **American Standards Association** *[US]* amerikanischer Normenverband; 2. **Advertising Standards Authority** *[GB]* Amt für die Festlegung von Normen für die Werbung
asap as soon as possible so bald wie möglich
ASB Accounting Standards Board *[GB]* Bilanzierungsausschuss
ASCII American Standard Code for Information Interchange 🖳 amerikanischer Standardcode für Informationsaustausch
ASE American Stock Exchange amerikanische Wertpapierbörse
ASEAN Association of South-East Asian Nations Vereinigung Südostasiatischer Nationen
ASECC American Stock Exchange Clearing Corporation Verrechnungsstelle der amerikanischen Wertpapierbörse
A shares stimmrechtslose Aktien mit Dividendenberechtigung
ASP 1. **adjusted selling price** berichtigter Verkaufspreis; 2. **accelerated surface post** ✉ Eilzustellung
ASPAC Asian and Pacific Council Asiatisch-Pazifischer Rat
assn/assoc. association Verband

AST automated screen trading *(Börse)* Computer-Handelssystem
asst. assistant Assistent
ASTM American Standards of Transport and Materials *[US]* amerikanische Normen für Transport und Werkstoffe
ata actual time of arrival tatsächliche Ankunft(szeit)
atd actual time of departure tatsächliche Abfahrt(szeit)
A. T. L. actual total loss *(Vers.)* Totalschaden
ATM automated teller machine (Bar)Geldautomat
ATP automatic train protection 🚆 Zugsicherung
ATS automatic transfer service *[US]* automatische Überweisung
att. attached beigefügt
attn. attention *(Brief)* zu Händen (von)
ATV all-terrain vehicle 🚙 geländegängiges Fahrzeug
AUA agricultural unit of account *(EU)* Agrarverrechnungseinheit
Av. avenue Straße
av. avoirdupois (weight) Avoirdupois-Gewicht
av. average 1. Durchschnitt; 2. Havarie, Seeschaden
a v. a vista *(lat.)* bei Sicht
a. v. 1. **ad valorem** *(lat.)* ⊖ dem Werte nach; 2. **asset value** Anlage-, Buchwert
AVCS advanced vehicle control system modernes Kraftfahrzeugsteuersystem
avdp. avoirdupois (weight) Avoirdupois-Gewicht
A/W actual weight tatsächliches Gewicht
a. w. all water (Transport) nur per Schiff
AWB air waybill Luftfrachtbrief
aw(o)l absence/absent without leave unerlaubtes Fernbleiben
AWS advanced warning system 🚆 Betriebsleittechnik

B

b. bale Ballen
b. bag Sack, Tüte
B. A. 1. **Bachelor of Arts** erster akademischer Grad *(Geisteswissenschaften)*; 2. **bank/banker's acceptance** Bankwechsel; 3. **bankable asset** bankfähiger Vermögensgegenstand
BACAT barge aboard catamaran ⚓ Lastkahn an Bord eines Auslegerbootes
Baco barge-container (ship) ⚓ Lastkahn-Container-Schiff
BACS Banker's Automated Clearing Service zentrale Verrechnungsstelle der Banken
bal. balance Saldo, Bilanz, Abschluss
bar. barrel Fass, Barrel
B. B. bearer bond Inhaberschuldverschreibung
b. b. bid bond Ausschreibungs-, Bietungsgarantie
B & B bed and breakfast Zimmer mit Frühstück
BBA Bachelor of Business Administration graduierter Betriebswirt
bbl. barrels Fässer

B/C bill for collection Inkasso-, Einzugswechsel
BCE Board of Customs and Excise *[GB]* staatliche Behörde für Zölle und Verbrauchssteuern
bd. bond Schuldverschreibung, Obligation, Anleihe
B. D. bank draft Bankwechsel
B/D 1. broker/dealer Kursmakler/Wertpapierhändler; 2. **bill discounted** diskontierter Wechsel
b. d. brought down Übertrag
BDC Business Development Center *[US]* Entwicklungszentrum für Unternehmen
b. d. i. both days inclusive an einem der beiden Tage
bdl. bundle Ballen
BE Bank of England *[GB]* Bank von England
B/E 1. bill of exchange Wechsel; 2. **bill of entry** ⊖ Zolleinfuhrschein, Z.deklaration
BEP break-even-point Gewinnschwelle, Deckungspunkt
BERI business environment risk information (index) Länderrisikoindex
BES Business Expansion Scheme *[GB]* Existenzgründungs- und Investitionsförderprogramm
b. f.(wd) brought forward Saldoübertrag
bg. bag Sack
b. g. bonded goods ⊖ Zollgut
B. H. bill of health Gesundheitszeugnis
BIC bank identifier code Bankleitzahl (BLZ)
BIS Bank for International Settlements Bank für Internationalen Zahlungsausgleich (BIZ)
bk. 1. bank Bank; 2. **backwardation** Deport, Kursabschlag
bkge breakage Bruch
bkrpt. bankrupt bankrott
B/L bill of lading Konnossement, Seefrachtbrief
bl. 1. bale Ballen; 2. **barrel** Fass, Barrel
bldgs. building 1. Gebäude; 2. Bauaktien
blk. bulk große Menge, Volumen
bls. 1. bales Ballen; 2. **barrels** Fässer, Barrel
B. M. 1. bench mark Bezugspunkt, B.marke; 2. **board measure** *[US]* Bordmaß
B. N. banknote Banknote
bn. billion Milliarde
bnk bank Bank
BO 1. branch office Zweigstelle, Niederlassung, Agentur; 2. **buyer's option** Kaufoption
b. o. b. barge on board ⚓ Lastkahn an Bord
BoM bill of materials Materialstückliste
BOP balance of payments Zahlungsbilanz
BOT balance of trade Handelsbilanz
bot. bottle Flasche
B. P. bills payable zu zahlende Wechsel
B. R. 1. bank rate Bankzinssatz; 2. **bills receivables** (ausstehende) Wechselforderungen, W.debitoren
B/R building risks Baurisiken
b/rec. bills receivable offene/einzulösende Wechsel
brl. barrel Fass, Barrel
Bros. brothers Gebrüder (Gebr.)
BS 1. Bachelor of Science erster akademischer Grad *(Naturwissenschaften)*; 2. **British Standard** *[GB]* britische Industrienorm

B. S. 1. building society *[GB]* Bausparkasse; 2. **balance sheet** Bilanz, Jahresabschluss
B/S 1. bill of sight ⊖ Zollerlaubnisschein; 2. **bill of sale** Kaufvertrag, Verkaufsurkunde
B. Sc. Bachelor of Science erster akademischer Grad *(Naturwissenschaften)*
bsh. bushel Scheffel
B shares Mehrstimmrechtsaktien
BSI British Standards Institution britischer Normenausschuss
BSP bank settlement plan Bankabwicklungsverfahren
BSR 1. banker's selling rate Bankverkaufsrate; 2. **business strategy review** Planung der Unternehmensstrategie
BST British summertime britische Sommerzeit
B/St bill of sight ⊖ Zollerlaubnisschein
B. T. berth terms ⚓ Liegeplatzbedingungen
BTA British Tourist Authority britische Fremdenverkehrsbehörde
BTN Brussels Tariff Nomenclature *(EU)* Brüsseler Zolltarifschema
BTU British thermal unit britische Wärmeeinheit
bu. bushel Scheffel
B. V. book value Buchwert
BW bid wanted Angebot gesucht
B. W. bonded warehouse Zolllager
bx.(s) box(es) Kiste(n), Karton(s)

C

C copyright *[US]* Urheberrecht
c 1. circa etwa, ungefähr; 2. **cent** Cent; 3. **case** Karton, Kiste
CA 1. chartered accountant *[GB]* Bilanzbuchhalter, Wirtschaftsprüfer; 2. **commission agent** Handelsvertreter auf Provisionsbasis
C. A. 1. commercial agent Handelsvertreter; 2. **credit account** *[GB]* laufendes Konto mit Kreditsaldo
C/A 1. capital account Kapitalkonto; 2. **current account** laufendes Konto, Kontokorrentkonto
ca. circa ungefähr
CAA Civil Aviation Authority *[GB]* Zivilluftfahrtbehörde
CAB Civil Aeronautics Board *[US]* Zivilluftfahrtbehörde
CAC Central Arbitration Committee *[GB]* ständiger Schlichtungsausschuss
CACM Central American Common Market Mittelamerikanischer Gemeinsamer Markt
CAD 1. computer-aided/computer-assisted design EDV-gestützte Konstruktion; 2. **cash against documents** Kasse gegen Dokumente
CAE computer-aided/computer-assisted engineering computergestütztes Konstruieren
CAF Cost, Assurance, Freight *[US]* Kosten, Versicherung, Fracht
CAFTA Central American Free Trade Area Zentralamerikanische Freihandelszone

CAM computer-aided/computer-assisted manufacturing computergestützte Fertigung
Can. Canada Kanada
CAP 1. **common agricultural policy** *(EU)* gemeinsame Agrarpolitik; 2. **computer-aided/computer-assisted planning** computer-/rechnergestützte Planung
cap capitalization Kapitalisierung
CAPM capital asset pricing model Preisbildungsmodell für Geld- und Vermögensanlagen
capt. captain Kapitän
CAQ computer-aided quality/computer-assisted quality (assurance) computergestützte Qualitätssicherung und –kontrolle
CAR 1. **contractor's all risks insurance** Bauleistungsversicherung; 2. **compounded annual rate (of interest)** zusammengesetzter Jahreszinssatz
CARICOM Caribbean Community Karibische Gemeinschaft
CARIFTA Caribbean Free Trade Association Karibische Freihandelsorganisation
carr. fwd. carriage forward unfrei, Fracht bezahlt Empfänger
CAT computer-aided trading *(Börse)* computergestützter Handel
C.B. chartering broker Befrachtungsmakler
CBA cost-benefit analysis Kosten-Nutzen-Analyse
c. b. d. cash before delivery Vorkasse, Bezahlung vor Lieferung
cbf. cubic foot Kubikfuß
CBI Confederation of British Industry *[GB]* britischer Industrieverband
CBOE Chicago Board of Options Exchange Chicagoer Optionsbörse
CB(O)T Chicago Board of Trade *[US]* Chicagoer Handelsbörse
CBT computer-based training computergestützte Ausbildung
CBU completely built-up vollständig montiert
CBX 1. **computerized branch exchange** computerisierte Vermittlungseinrichtung; 2. **company branch (telephone) exchange** betriebliche Telefonvermittlungsstelle
CC 1. **Chamber of Commerce** (Industrie- und) Handelskammer; 2. **corporate culture** Unternehmenskultur
C. C. 1. **civil commotion** *(Vers.)* öffentliche Unruhen; 2. **collision course** Kollisionskurs
C/C clean credit Barkredit
cc 1. **copy circulated to** Ausfertigung an; 2. **cubic centimetre** Kubikzentimeter; 3. **charges collect** Nachnahme
CCA current cost account aktuelle Kostenrechnung, Kostenlegung zum Tageswert
ccc 1. **cwmni cyfyngedig cyhoedus** *(Wales)* Aktiengesellschaft (AG); 2. **Customs Cooperation Council** *(EU)* Brüsseler Zollrat
CCCN Customs Cooperation Council Nomenclature Internationales Klassifizierungs- und Kodierungssystem für Waren im Zollverkehr

CCIO Classification of Commodities by Industrial Origin Gütersystematik nach Herkunftsbereichen
CCT 1. **closed-circuit television** Videoüberwachung; 2. **Common Customs Tariff** *(EU)* gemeinsamer Zolltarif
CD certificate of deposit Hinterlegungsurkunde
C/D collection and delivery Nachnahme, Inkasso und Zustellung
c. d. 1. **cum dividend** mit Dividende; 2. **closing date** Schlussdatum; 3. **carried down** Übertrag
cd. fwd. carried forward Saldovortrag
CDW collision car damage waiver Vollkasko, Haftungsbefreiung
c. e. caveat emptor *(lat.)* es hüte sich der Käufer
CEO chief executive officer Vorstandsvorsitzender, Hauptgeschäftsführer
cert. certificate Zertifikat, Zeugnis
cert. inv. certified invoice beglaubigte (Export)Rechnung
CET 1. **Central European Time** Mitteleuropäische Zeit (MEZ); 2. **Common External Tariff** *(EU)* gemeinsamer Außenzoll(tarif)
C/F; C & F cost and freight Kosten und Fracht (benannter Bestimmungshafen)
c. f. 1. **cubic foot** Kubikfuß; 2. **carriage forward** Fracht bezahlt Empfänger
cf. confer vergleiche (vgl)
CFC chlorofluorocarbon ⌕ Fluorchlorkohlenwasserstoff (FCKW)
CFI cost, freight, insurance Kosten, Fracht, Versicherung (benannter Bestimmungshafen)
CFO chief financial officer Finanzvorstand
CFP common fisheries policy *(EU)* gemeinsame Fischereipolitik
CFR cost and freight Kosten und Fracht bezahlt
CFS container freight station Containerladestelle
c. ft. cubic foot Kubikfuß
CFTA Canada Free Trade Agreement Kanada-Freihandelsabkommen
CFTC Commodity Futures Trading Commission *[US]* Handelskommission für Warenterminkontrakte
c./fwd. 1. **carriage forward** Fracht bezahlt Empfänger; 2. **carried forward** Saldovortrag
cge. carriage Transport(gebühren)
cgo. cargo Fracht- und Transportgut
CGT capital gains tax Veräußerungsgewinnsteuer
CH 1. **clearing house** Abrechnungs-, Clearingstelle; 2. **carrier's haulage** Transportkosten an den Reeder
C. H. Customs House Zollhaus, Zollamt
ch. charge Gebühr, Kosten
chaf. chafage Reibeschaden
CHAPS Clearing House Automatic Payment System *[GB]* Verrechnungsstelle für den automatischen Zahlungsverkehr
ch. fwd charges forward Kosten und Frachtnachnahme
ch. ppd. charges prepaid Kosten vorausbezahlt
chg(s) charge(s) Gebühr(en), Kosten
CHIPS Clearing House Interbank Payment *[US]* Zahlungsverkehrabrechnungssystem

ch. pd. charges paid Gebühren bezahlt
ch. ppd. charges prepaid Kosten vorausbezahlt
chq. cheque *[GB]* Scheck
CI corporate identity einheitliches Erscheinungsbild (des Unternehmens)
C. I. consular invoice Konsulatsfaktura
C/I credit insurance Kreditversicherung
c/i certificate of insurance Versicherungsschein
c. i. cost, insurance Kosten und Versicherung
c. i. a. cash in advance Vorkasse
C. I. D Criminal Investigation Department *[GB]* Kriminalpolizei
CIF cost, insurance, freight Kosten, Versicherung und Fracht
c. i. f. c. cost, insurance, freight, commission Kosten, Versicherung, Fracht, Kommission
c. i. f. c. i. cost, insurance, freight, commission, interest Kosten, Versicherung, Fracht, Käuferprovision, Bankzinsen
c. i. f. e. cost, insurance, freight and exchange Kosten, Versicherung, Fracht und Wechselkursänderungen
c. i. f. i. cost, insurance, freight, interest Kosten, Versicherung, Fracht, Bankzinsen
c. i. f. w. cost, insurance, freight plus war risk Kosten, Versicherung, Fracht plus Kriegsrisiko
CIO chief investment officer Finanzvorstand (für das Anlagegeschäft)
CIP carriage and insurance paid to frachtfrei versichert bis
CIR Commission on Industrial Relations *[GB]* Kommission für Beziehungen zwischen den Sozialpartnern
CISG convention on contracts for the international sale of goods Übereinkommen über internationale Kaufverträge
ck check *[US]* Scheck
ck. cask Fass
c. k. d. completely knocked down vollständig zerlegt
cl. clause Satz, Klausel
CL carload *[US]* 🚃 Wagenladung
CLC commercial letter of credit Handelskreditbrief
cld. cleared abgefertigt
CM cash management liquiditätsorientierte Unternehmensführung
C. M. credit memorandum *[US]* Gutschriftanzeige
CME Chicago Mercantile Exchange Chicagoer Warenbörse
CN 1. combined nomenclature kombiniertes Verzeichnis; **2. cover note** *(Vers.)* vorläufige Deckungszusage, Versicherungsdoppelkarte; **3. consignment note** Frachtbrief
C. N. credit note *[GB]* Gutschrift(anzeige)
CO co-operative Genossenschaft
Co. company Gesellschaft, Unternehmen
C. O. certificate of origin Ursprungszeugnis
C/O cash order Bestellung mit vereinbarter Barzahlung
c. o. carried over Saldovortrag
c/o care of zu Händen von (z. Hd.)
c. o. d. cash *[GB]*/**collect** *[US]* **on delivery** per Nachnahme

COLA cost-of-living adjustment Dynamisierung auf der Basis veränderter Lebenshaltungskosten
coll(n). collision Kollision
com. commission Provision
COMEX Commodities Exchange *[US]* Warenbörse
con. contra gegen
con. inv. consular invoice Konsulatsfaktura
consgt. consignment 1. Sendung, Partie; 2. Kommission, Konsignation
cont. 1. continued wird fortgesetzt; **2. content(s)** Inhalt; **3. container** Container
COO chief operating officer Hauptgeschäftsführer
COP central order processing system zentrale Auftragsbearbeitung
c. o. s. cash on shipment Zahlung bei Versand
CP 1. clean payment Zahlung mit Scheck oder Überweisung; **2. commercial paper** *[US]* Handelspapier; **3. charter party** Chartervertrag, Charterpartie
cp. compare vergleiche
c/p carriage paid *[GB]* frachtfrei, Fracht bezahlt
CPA certified public accountant *[US]* Bilanzbuchhalter, Wirtschaftsprüfer
c. p. d. charterer pays dues Befrachter zahlt Abgaben
CPFF cost plus fixed free (contract) Herstellungskosten und Gebühren
CPI consumer price index Verbraucherpreisindex
CpO cost per order Kosten pro Bestellung/Auftrag
CPPC cost plus a percentage of cost Herstellungskosten und Prozente
c. p. s. characters per second Zeichen pro Sekunde
CPT 1. cost per thousand *[GB]* Tausenderpreis; **2. carriage paid to** frachtfrei bis
CPU central processing unit 🖥 Zentralrechner
C. R. company's risk auf Gefahr der Firma
C/R current rate Tageskurs, Marktpreis
cr cum rights mit Optionsrecht
cr. creditor Gläubiger
Cr. credit Haben
CRS computer reservation system Computerreservierungssystem
CRT composite rate of tax *[GB]* Quellensteuer auf Zinserträge
c/s cases Kartons, Kisten
CSC container service charge Kosten für Containerabfertigung
CSE Certificate of Secondary Education *[GB]* Schulzeugnis für den Abschluss der Sekundarstufe
csk. cask Fass
cstms. customs Zollstelle
CSVLI cash surrender value of life insurance Rückkaufswert einer Lebensversicherung
CT 1. cable transfer telegrafische Überweisung; **2. corporation tax** Körperschaftsteuer; **3. countertrade** Gegen-, Kompensationsgeschäft
C. T. conference terms ⚓ Konferenzbedingungen
ct. carat Karat
ct(s). cent(s) Cent(s)
CTA chartered accountant *[GB]* Bilanzbuchhalter, Wirtschaftsprüfer

Abbreviations/Abkürzungen 1282

CT/B/L combined transport bill of lading kombiniertes Transportkonnossement
ctc centralized traffic control ⛓ Betriebsleittechnik
ctd. continued wird fortgesetzt
ctge. cartage Fuhr-, Rollgeld
CTL constructive total loss angenommener Totalschaden
ctn carton Karton, Stange
CTO combined transport operator Frachtführer im Kombiverkehr
CTP Community Transit Procedure *(EU)* gemeinschaftliches Versandverfahren
CTSE Commodity Classification for Transport Statistics in Europe Internationales Güterverzeichnis für die Verkehrsstatistik in Europa
CTT capital transfer tax *[GB]* Kapitalverkehrssteuer
cu(b). cubic Kubik-
cu. ft. cubic foot Kubikfuß
cum div. cum dividend mit Dividende
cum int. cum interest inklusive Zinsen
cum. pref. cumulative preference (share) kumulative Vorzugsaktie
cur. currency Währung
cur. current derzeitig, aktuell, laufend, markt-, verkehrsfähig
CV curriculum vitae *(lat.)* Lebenslauf
C/V convertible konvertierbar, umwandelbar
c. v. d. cash versus documents Dokumente gegen Kasse
cvr. cover *(Vers.)* Deckung
c/w commercial weight Handelsgewicht
c. w. o. cash with order Zahlung bei Auftragserteilung
CWS Co-operative Wholesale Society *[GB]* Großhandelsgenossenschaft
cwt. hundredweight Zentner
CY contract year Vertragsjahr
C. Y. container yard Containerdepot
cy. currency Währung

D

d. 1. date Datum; **2. dollar** Dollar; **3. dividend** Dividende
D/A 1. deed of arrangement/assignment Abtretungsurkunde; **2. deposit account** Sparkonto; **3. days after acceptance** *(Wechsel)* Tage nach Akzept; **4. documents against acceptance** Dokumente gegen Akzept
DAF delivered at frontier geliefert Grenze
d. a. p. delivery against payment Lieferung gegen Zahlung
DAS delivered alongside ship geliefert Längsseite Schiff
DATEL Data Telecommunications Service Dateldienst
D. B. day book Journal, Tagebuch
DBA Doctor of Business Administration Doktor der Betriebswirtschaft
d. b. b. deals, boards, battens Bohlen, Balken, Bretter
dbk. drawback Rückzoll

dble double Doppel-, doppelt
D/C 1. documents against cash Dokumente gegen Barzahlung; **2. direct current** ⚡ Gleichstrom
d/c 1. delivery clause Lieferklausel; **2. deviation clause** Abweichungsklausel
DD 1. direct debit *[GB]* Lastschrift(verfahren); **2. dry dock** ⚓ Trockendock; **3. dock dues** ⚓ Dockgebühren, Löschgeld, Kaigeld
D/D 1. demand draft Sichtwechsel; **2. documentary draft** Dokumententratte, Rembourswechsel
d/d 1. days after date Tage nach dato; **2. delivered at docks** geliefert an Hafen
dd 1. dated datiert vom; **2. delivered** geliefert, zugestellt
d. d. dangerous deck ⚓ sehr gefährliche Güter – Verladung nur auf Deck
DDD 1. deadline delivery date Lieferfrist; **2. direct distance dialling** ☏ Selbstwählferndienst
d. d. o. dispatch discharging only Eilgeld nur im Löschhafen
DDP delivered duty paid geliefert verzollt
DDU delivered duty unpaid geliefert unverzollt
DD/SHPG dock dues and shipping Dockgebühren und Verschiffung
DE double entry doppelte Buchführung
D/E (ratio) debt-equity ratio Verschuldungsgrad
deb. 1. debit 1. Soll, Lastschrift; 2. Sollseite; **2. debenture** Schuldverschreibung, Obligation
dec(l). declaration ⊖ Zolldeklaration, Z.anmeldung
def(t). defendant *[§]* Beklagte(r), Angeklagte(r)
def. a/c deferred account Ratenzahlung
deg degree Grad, Stufe
del. 1. delivered geliefert, zugestellt; **2. delete** streichen, löschen
del(ly) delivery Lieferung, Übergabe, Zustellung
dem. demand Forderung
dem. demurrage ⚓ 1. Überliegezeit; 2. Liegegeld
dep departure Abfahrt, Abflug
dep 1. depot Depot; **2. deposits** Einlage, Depot
dep(t) department Abteilung
DEQ delivered ex quay (duty paid) geliefert ab Kai (verzollt)
DERV diesel-engined road vehicle 🚗 Dieselfahrzeug
DES delivered ex ship geliefert ab Schiff
desp. despatch, dispatch absenden, verschicken
destn. destination Bestimmungsort
d/f dead freight Fehlfracht für weniger als vereinbarte Ladung
dft. draft Wechel, Tratte
DGR dangerous goods regulations Regelungen zur Behandlung von Gefahrgut im Transportwesen
DHSS Department of Health and Social Security *[GB]* Ministerium für Gesundheit und soziale Sicherheit
DIC. difference in conditions *(Vers.)* unterschiedlicher Schutzumfang
dict. dictation Diktat
diff. difference Differenz, Unterschiedsbetrag
dig. digit Ziffer

dil. diluted verwässert
dim. dimension Abmessungen
DIP dividend investment plan *[US]* Modell zur Investition von Dividenden
dir. director Vorstandsmitglied
dis. 1. discharge 1. Entlastung; 2. Bezahlung, Tilgung; 3. ⚓ Löschen; 2. **disagio** Disagio
dis(c). discount 1. Preisnachlass; 2. niedriger Preis für Güter des täglichen Bedarfs; 3. Bankdiskont
disbs. disbursements 1. Auszahlung, Auslage; 2. Havariegelder
displ. displacement 1. Verschiebung; 2. Ersatz; 3. anderweitige Verwendung
dist. distant (weit) entfernt
distr. distribution 1. Vertrieb, Verteilung; 2. *(Dividende)* Ausschüttung
DIT double income-tax (relief) Vermeidung von Doppelbesteuerung
div. division Abteilung, Sparte
div(i). dividend Dividende
div net dividend net Nettodividende
div./share dividend per share Dividende pro Aktie
DIY Do-it-Yourself Heimwerkerabteilung, Baumarkt
DJI Dow Jones Index *[US]* Dow Jones-Index
DJIA Dow Jones Industrial Average *[US]* Dow Jones-Industrieaktienindex
DJTA Dow Jones Transportation Average *[US]* Dow Jones-Verkehrsaktienindex
DJUA Dow Jones Utilities Average *[US]* Dow Jones-Index der Versorgungswerte
dk. 1. deck ⚓ (Schiffs)Deck; 2. dock ⚓ Dock
Dk. L. deck load Deckladung
dkyd. dockyard ⚓ Werft
DLC deadweight loading capacity Schiffstragfähigkeit
d. l. o. dispatch loading only Eilgeld nur im Ladehafen
dlvd. delivered geliefert, zugestellt
dly. daily täglich
D/N debit note Belastungs-, Lastschriftanzeige
D. O. deferred ordinary (shares) Nachzugsstammaktien
D/O delivery order Lieferschein
d/o ditto dasselbe, ebenso, gleichfalls
doc(s) document(s) Dokument(e)
DOE Department of Energy *[US]* Energieministerium
dols. dollars Dollar(s)
dom. domestic Heim-, Innen-, Inland-
DOS disk operating system 💻 Diskettenbetriebssystem
DOT Department of Transport *[GB]* Verkehrsministerium
doz. dozen Dutzend
D/P 1. **delivery point** Liefer-, Erfüllungsort; 2. **duty paid** Zoll bezahlt; 3. **documents against payment** Dokumente gegen Bezahlung
DPB deposit pass book Sparbuch
DPI disposable personal income verfügbares persönliches Einkommen

dpi dots per inch Punkte/Zeichen pro Zoll
DPP Director of Public Prosecutions *[GB]* Strafverfolgungsbehörde, Generalstaatsanwalt
DPS dividend per share Dividende pro Aktie
dpt. 1. **department** Abteilung; 2. **depot** Depot
Dr. drawer Aussteller, Wechselgeber
D/R depository receipt Hinterlegungsschein, Einlagenzertifikat
dr. 1. **director** Vorstandsmitglied; 2. **debtor** Schuldner
D. S. debenture stock Schuldverschreibung
d/s days after sight Tage nach Sicht
DSS decision support system Verfahren zur Entscheidungsunterstützung
DST daylight saving time Sommerzeit
dstn. destination Bestimmungsort
d. t. b. a. date to be advised Datum wird noch mitgeteilt
dte date Datum, Termin
DTI Department of Trade and Industry *[GB]* Wirtschaftsministerium
DTR double taxation relief Vermeidung von Doppelbesteuerung
dun. dunnage Staumaterial, Stauholz
D/V delivery verification (certificate) Wareneingangsbescheinigung
DVP delivery versus payment Lieferung gegen Zahlung
DVT driving van trailer 🚚 Steuerwagen
DW dock warrant Docklagerschein
dwt deadweight ⚓ Eigen-, Leer-, Totgewicht
dy delivery Lieferung, Übergabe, Zustellung

E

ea. each jeder
E. a. o. E. errors and omissions excepted Irrtümer und Auslassungen vorbehalten
e. a. o. n. except as otherwise noted wenn nicht anderweitig festgelegt
EAR erection all risks (insurance) Montageversicherung
EBIT earnings before interests and taxes *[US]* Einkommen vor Zinsen und Steuern
EBRD European Bank for Reconstruction and Development Europäische Bank für Wiederaufbau und Entwicklung
EC 1. **electronic cash** elektronische Barzahlung; 2. **European Community** Europäische Gemeinschaft
EC extended coverage (insurance) erweiterte Deckung
ec eurocheque Euroscheck
ECA Economic Commission for Africa Wirtschaftskommission für Afrika
ECAFE Economic Commission for Asia and the Far East Wirtschaftskommission für Asien und den Fernen Osten
ECB European Central Bank Europäische Zentralbank
ECE Economic Commission for Europe Wirtschaftskommission für Europa

ECGD Export Credit Guarantee Department *[GB]* Ausfuhrkreditversicherungsanstalt
ECLA Economic Commission for Latin America Wirtschaftskommission für Lateinamerika
ECM European Common Market gemeinsamer europäischer Markt
ECOSOC Economic and Social Council *(EU)* Wirtschafts- und Sozialrat
ECSC European Coal and Steel Community Montanunion
ECU European Currency Unit Europäische Währungseinheit
ed(s) 1. **edition(s)** 📖 Ausgabe(n); 2. **editor(s)** Herausgeber; 3. **edited by** herausgegeben von
e/d ex dividend ex/ohne Dividende
EDD estimated delivery date voraussichtlicher Liefertermin
EDF European Development Fund Europäischer Entwicklungsfonds
EDI electronic data interchange elektronischer Datenaustausch
EDP electronic data processing elektronische Datenverarbeitung (EDV)
e. e. errors excepted Irrtümer vorbehalten
EEA 1. **European Economic Area** Europäischer Wirtschaftsraum; 2. **European Environment Agency** Europäische Umweltagentur
EEC European Economic Community Europäische Wirtschaftsgemeinschaft
eft electronic funds transfer elektronische Geldüberweisung
EFTA European Free Trade Association Europäische Freihandelsassoziation
eftpos electronic funds transfer at the point of sale elektronische Geldüberweisung an der Ladenkasse
EFTS electronic funds transfer system elektronischer Zahlungsverkehr
e. g. exempli gratia *(lat.)* zum Beispiel (z. B.)
EGM extraordinary general meeting außerordentliche Hauptversammlung
EIB European Investment Bank Europäische Investitionsbank
EIC earned income credit *[US] (Steuer)* Arbeitnehmerfreibetrag
EMS European Monetary System Europäisches Währungssystem (EWS)
EMU Economic and Monetary Union Wirtschafts- und Währungsunion
encl. enclosure *(Brief)* Anlage
ENEA European Nuclear Energy Agency Europäische Kernenergieagentur
Eng. engineer Ingenieur
E & OE errors and omissions excepted Irrtümer und Auslassungen vorbehalten
EOQ economic(al) order quantity rentable Bestellmenge
EPA Environmental Protection Agency *[US]* Umweltschutzbehörde
EPC European Patent Convention Europäisches Patentübereinkommen

EPO European Patent Office Europäisches Patentamt
EPOS electronic point of sale elektronische Ladenkasse
e. p. s. earnings per share Kurs-Gewinn-Verhältnis (KGV)
EPU European Payments Union Europäische Zahlungsunion
eq. equal(s) π gleich
ERDF European Regional Development Fund Europäischer Fonds für Regionalentwicklung
ERM European Exchange Rate Mechanism Europäischer Wechselkursmechanismus
E. R. P. European Recovery Program Europäisches Wiederaufbauprogramm
ESA European Space Agency Europäische Weltraumbehörde
E. S. A. environmentally sensitive area *[GB]* Landschaftsschutzgebiet
ESC Economic and Social Committee Wirtschafts- und Sozialausschuss
ESOP employee stock ownership plan Belegschaftsaktienfonds
ESOTs employee share ownership trust *[GB]* Belegschaftsaktienfonds
ESRO European Space Research Organization Europäische Organisation zur Erforschung des Weltraums
est. 1. **estimated** geschätzt; 2. **established** gegründet
eta expected time of arrival voraussichtliche Ankunft(szeit)
et al. et alii, et alia *(lat.)* und andere
ETC expected to complete, estimated time of completion voraussichtliche Fertigstellung
etc. et cetera *(lat.)* und so weiter (usw.)
etd estimated time of departure erwartete Abfahrtszeit
e. t. s. expected time of sailing ⚓ erwartete Abfahrtszeit
ETUC European Trade Union Confederation Europäischer Gewerkschaftsbund (EGB)
EU European Union Europäische Union
EUA European Unit of Account Europäische Rechnungseinheit (ERE)
ex. excluding ausgeschlossen
exch. exchange Austausch, Börse
excl. excluding ausgeschlossen
ex cp. ex coupon ohne Kupon
ex D ex dividend ex/ohne Dividende
exec. executive leitender Angestellter
exes. expenses Ausgaben
ext. extension ✆ Durchwahl
EXW ex works ab Werk

F

F Fahrenheit Fahrenheit
FA forwarding agent Spediteur
FAA 1. **Federal Aviation Authority** *[US]* amerikanische Zivilluftfahrtbehörde; 2. **free of all average** frei von allgemeiner Havarie, Havarieausschluss

f. a. c. fast as can so schnell wie möglich
fac. facsimile Faksimile
f. a. c. a. c. fast as can as customary so schnell wie platzüblich
FACCA Fellow of the Association of Certified and Corporate Accountants *[US]* Mitglied des Verbandes der Abschlussprüfer
f. a. k. freight all kinds *(Tarif)* alle Arten von Fracht
FAO Food and Agriculture Organization Ernährungs- und Landwirtschaftsorganisation
f. a. o. for the attention of zu Händen von
FAP fire and allied perils Feuer und ähnliche Gefahren
f. a. q. fair average quality gute Durchschnittsware
FAQ free alongside quay frei Längsseite Kai
FAS 1. **free alongside ship** frei Längsseite Schiff; 2. **Federal Accounting Standards** *[US]* Grundsätze ordnungsmäßiger Rechnungslegung
FASB Financial Accounting Standards Board Organ des Interessenverbandes der amerikanischen Wirtschaftsprüfer
f. a. t. fire and theft *(Vers.)* Feuer und Diebstahl
FB freight bill Frachtbrief
FBH free on board at harbour frei an Bord im Hafen
FBI Federal Bureau of Investigation *[US]* amerikanische Bundespolizei
FBM feet board measure Fuß-Bordmaß
FBT fringe benefit tax Steuer auf Zusatzleistungen
FCA 1. **free carriage** frei Frachtführer; 2. **Fellow of the Institute of Chartered Accountants** *[GB]* Mitglied des Instituts der Wirtschaftsprüfer
F. C. L. full container load Container-Komplettladung
f. co. fair copy ordentliches Exemplar
fco. franco frei, franko Valuta
FCR Forwarding Agent's Certificate of Receipt Spediteurübernahmebescheinigung
f. c. & s. free of capture and seizure frei von Beschlagnahme und Aufbringung
f. c. s. r. & c. c. free of capture, seizure, riots and civil commotion frei von jedem Risiko bei gewaltsamer Wegnahme, Beschlagnahme, Aufruhr und Revolution
FCT Forwarder's Certificate of Transport Spediteurtransportbescheinigung
F & D freight and demurrage Fracht und Liegegeld
f/d free delivery freie Anlieferung/Zustellung
f. d. free discharge freies Löschen
FDA Food and Drug Administration *[US]* Lebensmittelbehörde
FDI foreign dircet investment ausländische Direktinvestitionen
FDIC Federal Deposit Insurance Corporation *[US]* Bundesversicherungsanstalt für Einlagen
FED Federal Reserve System amerikanische Zentralbank
ff. following (pages) folgende (Seiten)
f. f. a. free from alongside frei von längsseits des Schiffes
ffy faithfully *(Brief)* mit freundlichen Grüßen, Hochachtungsvoll
f. i. free in frei eingeladen

f. i. a. full interest admitted nur bei ernst gemeintem Interesse
f. i. b. 1. **free into barge** frei in Leichter; 2. **free into bunkers** frei in Bunker
FIBOR Frankfurt Interbank Offered Rate *(Geldmarkt)* Frankfurter Interbanken-Angebotszinssatz
FIC Federal Insurance Contribution *[US]* Sozialversicherungsbeitrag
FICA Federal Insurance Contribution Act *[US]* Sozialversicherungsgesetz
FIFO first in – first out *(Bilanz)* Zuerstentnahme der alten Bestände
FIMBRA Financial Intermediaries, Managers and Brokers Regulatory Association *[GB]* Selbstverwaltungseinrichtung der Treuhänder, Finanz- und anderer Makler
fin. 1. **finance** Kapital, Geldwesen; 2. **financial** finanziell, finanztechnisch
f. i. o. free in and out frei ein und aus
f. i. o. s. free in and out stowed frei ein und aus und gestaut
f. i. o. t. free in and out and free trimmed frei hinein und heraus und frei getrimmt
f. i. s. free into store frei Lager(halle)
FIT federal income tax *[US]* Bundeseinkommenssteuer
f. i. w. free into wagon frei in Eisenbahnwagon
fl. oz. fluid ounce Flüssigunze
flt flight Flug
flwg following (nach)folgend
fm. fathom ⚓ Faden
f. m. fair merchantable/middling (quality) gute Durchschnittsqualität
FMCG fast-moving consumer goods umsatzstarke Verbrauchsgüter
FMV fair market value üblicher Marktpreis
F. O. firm offer Festangebot
FOA free of average frei von Havarie
f. o. a. free on aircraft frei an Bord (des Flugzeuges)
FOB free on board frei an Bord
FOB/FOB free on board/free off boad frei an Bord und wieder frei von Bord
FOC factory outlet centre Fabrikladen
f. o. c. free of charge kostenlos, unentgeltlich
f. o. d. free of damage unbeschädigt
f. o. k. fill-or-kill *(Auftrag)* erfüllen oder vergessen
folg. following nachfolgend
f. o. q. free on quay frei (auf) Kai
FOR free on rail frei Wagon/Bahn
forex foreign exchange Devisen
FOS free on ship/steamer frei (in) Schiff
FOT free on truck *[US]* frei LKW
f. o. t. free of tax steuerfrei, unversteuert
FOW free on wagon frei Wagon
f. o. w. first open water chartering ⚓ sofort nach Schifffahrtseröffnung
FOX Futures and Options Exchange Termin- und Optionsbörse
F. P. 1. **fire policy** Feuerpolice; 2. **floating policy** offene

Police; 3. **fine/first-class paper** erstklassiger Wechsel; 4. **fully-paid (share)** voll eingezahlte Aktie
f. p.   fully paid vollständig bezahlt
F.P.A.   free of particular average frei von Beschädigung/besonderer Havarie
FPO   free post office frei Postamt
F. R.   freight release Frachtfreigabebescheinigung
fr.   from von
FRA   future rate agreement börsenfreier Zinsterminkontrakt
FRB   Federal Reserve Bank *[US]* amerikanische Zentralbank
FRD   Federal Reserve District Verwaltungsbezirk der amerikanischen Zentralbank
FRN   floating rate note variable vorzinsliche Anleihe
FRO   fire risk only nur Feuerschäden
FRS   Federal Reserve System *[US]* amerikanische Zentralbank
frt.   freight Fracht
frt. fwd.   freight forward unfrei, Fracht gegen Nachnahme
frt. ppd.   freight prepaid Fracht vorausbezahlt
FSA   Financial Services Act *[GB]* Gesetz über Finanzdienstleistungen
FSE   foreign-service employee im Ausland tätiger Mitarbeiter
ft.   foot/feet Fuß
f. t.   full terms alle Bedingungen
FTC   Federal Trade Commission *[US]* Kartellamt
FT Index   Financial Times (Industrial Ordinary Share) Index *[GB]* Financial Times Industrieaktienindex
fth(m).   fathom ⚓ Faden
FTSE   Financial Times Stock Exchange (index) *[GB]* britischer Aktienindex
f. w. t.   fair wear and tear normale Abnutzung
FX   foreign exchange Devisen
FY   financial year Finanz-, Haushalts-, Geschäfts-, Wirtschaftsjahr
FYI   for your information zu Ihrer Information

G

G   1. Germany Deutschland; **2. German** deutsch
g   guinea Guinee
G. A.   general/gross average große Havarie
GAAP   generally accepted accounting principles allgemein anerkannte Grundsätze ordnungsgemäßer Buchführung und Bilanzierung
GAB   General Agreement to Borrow *(IMF)* allgemeine Kreditvereinbarungen
gal.   gallon Gallone
gal. cap.   gallons capacity Fassungsvermögen in Gallonen
GAO   General Accounting Office *[US]* Bundesrechnungshof
GATT   General Agreement on Tariffs and Trade allgemeines Zoll- und Handelsabkommen

G. A. V.   gross annual value Bruttojahreswert
GAW   guaranted annual wage garantierter Jahreslohn
g. b. o.   goods in bad order Ware in schlechtem Zustand
GCR   general cargo rate Frachttarife
G. C. E.   General Certificate of Eduction *[GB]* Sekundarschulabschluss
g. d.   good delivery 1. rechtzeitige Lieferung; 2. *(Börse)* (gut) lieferbar
gdp   gross domestic product Bruttoinlandsprodukt (BIP)
gds.   goods Güter, Ware(n)
g. f. a.   good fair average gute Durchschnittsware/D.qualität
g. gr.   great gross großes Gros
GM   1. general manager Generaldirektor, Hauptgeschäftsführer; **2. genetically modified** genetisch verändert
g. m. b.   good merchantable brand gutes handelsfähiges Markenprodukt
g. m. q.   good merchantable quality gute Durchschnittsware/Qualität
GMT   Greenwich Mean Time Westeuropäische Zeit (WEZ)
gnp   gross national product Bruttosozialprodukt (BSP)
g. o. b.   good ordinary brand gute, gewöhnliche Sorte
govt.   government Regierung
G. P.   gross profit Bruttogewinn
GP   general practitioner ⚕ praktischer Arzt
gp.   group Gruppe
GPM   graduated-payment mortgage Hypothek mit abgestufter Zahlung
GPO   General Post Office *[GB]* britische Post
Gr.   gross brutto
gr.   grain Gran
gr.; gro.   gross Gros
GRT   gross register tonnage ⚓ Bruttoregistertonnen (BRT)
gr. wt.   gross weight Bruttogewicht
GSM   general sales manager Hauptverkaufsleiter
g. s. m.   good, sound, merchantable gut, einwandfrei, handelsfähig
GTC   good till cancelled gültig bis zur ausdrücklichen Annullierung
GTD   good till date gültig bis zu einem Zeitpunkt
GTM   good this month gültig nur diesen Monat
GTW   good this week gültig nur diese Woche
guar.   1. guarantee Garantie, **2. guaranteed** garantiert
GWP   gross world product Bruttoweltprodukt

H

H/C   hold covered Frachtraum eingeschlossen
HD   heavy-duty Hochleistungs-
HGV   heavy goods vehicle Lastkraftwagen (LKW)
H. L.   heavy lift Schwergewichtszuschlag
HMO   health maintenance organization *[US]* von Arbeitgeber getragene Krankenversicherung

HMSO Her Majesty's Stationery Office *[GB]* britische Staatsdruckerei
HNC Higher National Certificate höherer Schulabschluss
H. O. head office Hauptverwaltung
ho. house Haus
HP horse power ⇔ Pferdestärke (PS)
H. P. hire purchase *[GB]* Abzahlungs-, Mietkauf
HPC habitat conservation plan ⚘ Plan zum Schutz von Lebensräumen
HPR highly protected risk hochgeschütztes Risiko
HRM human resources management Personalführung
hr(s). hour(s) Stunde(n)
ht. height Höhe

I

IAEA International Atomic Energy Agency Internationale Atomenergieagentur
IAS International Accounting Standards international anerkannte Grundsätze ordnungsgemäßer Buchführung
IATA International Air Transport Association Internationaler Luftverkehrsverband
ib. ibidem *(lat.)* ebenso, ebenda
i. b. in bond ⊖ unter Zollverschluss
IBCC International Bureau of Chambers of Commerce Internationales Büro der Handelskammern
ibid ibidem *(lat.)* ebenda, ebenso
IBEC International Bank of Economic Cooperation Internationale Bank für Wirtschaftliche Zusammenarbeit
IBNR incurred but not reported *(Vers.)* eingetreten, aber nicht gemeldet
IBRD International Bank for Reconstruction and Development (**World Bank**) Internationale Bank für Wiederaufbau und Entwicklung (Weltbank)
i/c in charge (**of**) verantwortlich (für)
ICA International Coffee Agreement Internationales Kaffeeabkommen
ICAO International Civil Aviation Organization Internationale Zivilluftfahrtorganisation
ICC 1. Institute Cargo Clause *[GB]* Versicherungsbedingungen für Gütertransporte; 2. International Chamber of Commerce Internationale Handelskammer (IHK)
ICFTU International Confederation of Free Trade Unions Internationaler Bund Freier Gewerkschaften
ICS International Chamber of Shipping Internationale Organisation der Schiffseigner
ID ID card, identity card Personaldokument, Personalausweis
id. idem *(lat.)* derselbe, dasselbe
IDA 1. Industrial Development Authority *[IRL]* Behörde für Industrieansiedlung; 2. International Development Association Internationale Entwicklungsorganisation

i. e. id est *(lat.)* das heißt (d. h.)
IEA International Energy Agency Internationale Energieagentur
I/F insufficient funds *(Konto)* ungenügende Deckung
i. f. in full ganz, vollständig
IFAC International Federation of Accountants Internationaler Verband der Wirtschaftsprüfer
IFC International Finance Corporation Internationale Finanzierungsgesellschaft
ILC International Law Commission Internationale Rechtskommission (IRK)
ILO International Labour Organization Internationales Arbeitsamt, Weltarbeitsamt
ILU Institute of London Underwriters *[GB]* Vereinigung Londoner Seeversicherer
IMA International Marketing Association Internationale Absatzwirtschaftliche Vereinigung
IMB International Maritime Bureau Internationales Schifffahrtsbüro
IMCO Intergovernmental Maritime Consultative Organization zwischenstaatliche beratende Schifffahrtsorganisation
IMF International Monetary Fund Internationaler Währungsfonds (IWF)
IMO 1. International Maritime Organization Internationale Schifffahrtsorganisation; 2. International Money Order internationale Postanweisung
IMS information management system Datenverwaltungssystem
in. inch(es) Zoll
Inc. incorporated *[US]* Kapitalgesellschaft
incl. including einschließlich
INCO international non-government organization übernationale nichtstaatliche Organisation
INCOTERMS International Commercial Terms Internationale Regeln für die Auslegung der handelsüblichen Vertragsformeln
info information Information, Mitteilung
in(ce). insurance Versicherung
inst. 1. instant dieses Monats (d. M.); 2. institute Institut, Vereinigung
insur. insurance Versicherung
int. interest(s) 1. Zinsen; 2. Interesse
Int Cr interest credited gutgeschriebene Zinsen
Interpol International Criminal Police Organization Internationale Kriminalpolizeiliche Organisation (Interpol)
inv. invoice (Waren)Rechnung
invt. inventory Inventar
I/O input/output 1. Eingang/Ausgang; 2. ⌨ Eingabe/Ausgabe
IOC immediate or cancelled (order) *(Auftrag)* sofort oder gar nicht
IOE International Organization of Employers Internationale Arbeitgeberorganisation
i. o. f. irrespective of franchise *(Vers.)* ohne Franchise
i. o. p. irrespective of percentage *(Vers.)* ohne Franchise
IOU I owe you Schuldschein

Abbreviations/Abkürzungen 1288

i. p. imaginary profit imaginärer/entgangener Gewinn
IPA International Police Association Internationaler Polizeiverband
i. p. a. including particular average *(Vers.)* Beschädigung von Waren eingeschlossen
IPE International Petroleum Exchange Internationale Rohölbörse
IPO initial public offering Börsengang
IPR intellectual property rights Urheberrecht
I. Q. intelligence quotient Intelligenzquotient
IR 1. **Inland Revenue** *[GB]* britische Steuerbehörde; 2. **investor relations** *[GB]* Investorenarbeit
IRA individual retirement account/arrangement *[US]* Vereinbarung über individuelle Altersvorsorge
IRB Industrial Revenue Bond *[US]* Anleihe für industrielle Entwicklung
IRC 1. **Internal Revenue Code** *[US]* Steuerordnung; 2. **International Reply Coupon** ✉ internationale Antwortschein
IRR internal rate of return (method) Methode des internen Zinsfußes
IRS Internal Revenue Service *[US]* (Einkommen-)Steuerbehörde
IRU International Road Transport Union Internationale Vereinigung der nationalen Straßentransportverbände
ISBN international standard book number Internationale Standardbuchnummer
ISCO International Standard Classification of Occupations internationale Standardklassifizierung der Berufe, internationale Berufssystematik
ISD international subcriber dialling internationaler Selbstwählverkehr
ISDN integrated services digital network ✆ digitales Netz
ISE International Stock Exchange *[GB]* Internationale Börse
ISO International Standards Organization Internationaler Normenverband
ISRO International Securities Regulatory Organization *[GB]* Internationale Selbstverwaltungseinrichtung
iss. issue Ausgabe, Herausgabe
I. S. S. N. International Standards Serial Number internationale Standard-Seriennummer
IT information technology Informatik
I.T. income tax Einkommensteuer
i. t. in transit auf dem Transport
ITO International Trade Organization Internationale Handelsorganisation
ITU International Telecommunication Union Internationaler Fernmeldeverein
i. v. invoice value Faktura-, Rechnungswert

J

J. A. joint account gemeinsames Konto
JIT just-in-time einsatzsynchron, beständelos
J.P. Justice of the Peace [§] Schiedsmann, Friedensrichter

Jr. junior Junior
JRC Joint Research Centre gemeinsame Forschungsstelle
JSB joint-stock bank Aktienbank
jt. joint gemeinsam
JTS Job Training Scheme *[GB]* Berufsbildungsprogramm
JV joint venture Gemeinschaftsunternehmen
j. w. o. jettison and washing overboard Seewurf und über-Bord-Spülen

K

K one thousand eintausend
k. d. knocked down zerlegt

L

L L *römische Zahl für 50*
LAFTA Latin American Free Trade Association Lateinamerikanische Freihandelszone
LASH lighter on board ship ⚓ Leichter auf Schiff, LASH-Schiff
LAUTRO Life Assurance and Unit Trust Regulatory Organization *[GB]* Selbstverwaltungsorganisation der Lebensversicherer und Investmentfonds
lb(s). pound(s) Pfund
LBO leveraged (managemant) buy-out fremdfinanzierter Unternehmensaufkauf (durch die Geschäftsführung)
L/C letter of credit Kreditbrief, Akkreditiv
l. c. lower case 🄻 Kleinbuchstabe
LCA life cycle analysis Ökobilanz
LCC 1. **life-cycle costing** Öko-Kostenrechnung; 2. **London Chamber of Commerce and Industry** Londoner Industrie- und Handelskammer
LCD liquid crystal display 🖵 Flüssigkeitskristallbildschirm
LCE London Commodity Exchange Londoner Rohstoff-/Produktenbörse
LCL 1. **less than container (load)** Teilcontainerladung; 2. **less than carload** 🚃 Stückgut(partie)
L & D loss and damage Verlust und Schaden
LDC(s) less developed countries Entwicklungsländer
ldg. 1. **loading** be-, verladen; 2. **landing** anlanden
LDN less developed nation Entwicklungsland
lds. loads Ladung(en)
LDW loss and damage waiver Vollkaskoversicherung
lg. large groß
lgth. length Länge
LHD left-hand drive 🚗 Linkssteuerung
L/I letter of intent Absichtserklärung
LIBID London Interbank Bid Rate *(Geldmarkt)* Londoner Interbanken-Ankaufszinssatz
LIBOR London Interbank Offered Rate *(Geldmarkt)* Londoner Interbanken-Angebotssatz
LIC low-income country Entwicklungsland mit sehr geringem Einkommen

LIFFE London International Financial Futures Exchange Londoner Finanzterminmarkt
LIFO last in, first out *(Bilanz)* Zuerstentnahme der neuen Bestände
LILO last in, last out *(Bilanz)* Zuletztentnahme der neuen Bestände
LIP life insurance policy Lebensversicherungspolice
LIPE London International Petroleum Exchange Internationale Rohölbörse London
LIS liability insurance supplement erweiterte Haftpflichtversicherung
lkge. leakage Leckage, Leckverlust
L. L. length lift Längenzuschlag
LLB legum baccalaureus *(lat.)* Bakkalareus der Rechtswissenschaften
LLD legum doctor *(lat.)* Doktor der Rechtswissenschaften
LLDC least developed countries am wenigsten entwickelte Länder
Llds. Lloyd's (of London) *[GB]* britische Versicherungsbörse
LLM legum magister *(lat.)* Magister der Rechtswissenschaften
l. l. w. low-level-waste ☢ schwach radioaktiver Abfall
LME London Metal Exchange *[GB]* Londoner Metallbörse
LNG liquefied natural gas Flüssiggas
LOA length over all ⚓ Gesamtlänge
LOFO lowest in, first out *(Bilanz)* Zuerstentnahme der billigen Bestände
lo/lo lift on/lift off anheben und herablassen
LP limited partnership Kommanditgesellschaft (KG)
LPG liquefied petroleum gas Flüssiggas
l. p. i. lines per inch Zeilen pro Zoll
l. p. m. lines per minutes Zeilen pro Minute
LPSO Lloyd's Policy Signing Office *[GB]* Zeichnungsbüro von Lloyd's
L.R. Lloyd's Register (of Shipping) Lloyd's Schiffsregister
l. s. lump sum Pauschale, Einmalbetrag
LSD landing, storage and delivery (charges) Lösch-, Einlagerungs- und Liefergebühren
LSE 1. London Stock Exchange Londoner (Wertpapier)Börse; 2. London School of Economics Londoner Wirtschaftshochschule
LST 1. local standard time Ortszeit; 2. lump sum tax Pauschalsteuer
L/T long ton Langtonne
l. t. 1. local time Ortszeit; 2. landed terms franko Löschung
Ltd. with limited liability (Gesellschaft) mit beschränkter Haftung (GmbH)
LTL less than truckload *[US]* LKW-Stückgut
ltr. 1. lighter leichter; 2. letter Brief
LUXIBOR Luxembourg Interbank Offered Rate *(Geldmarkt)* Luxemburger Interbanken-Angebotszinssatz
LV luncheon voucher *[GB]* Essensgutschein

M

m 1. million Million; 2. month Monat; 3. mile Meile
MO m nought *[GB]* Geldmenge null
M1 monetary aggregate 1 Geldmenge 1
M2 monetary aggregate 2 Geldmenge 2
M3 monetary aggregate 3 Geldmenge 3
MA Master of Arts Magister der Geisteswissenschaften
M/A monthly account monatliche Abrechnung
m. a. manufacturing assembly Montage, Fertigung
M & A mergers and acquisitions Fusionen und Akquisitionen
MAFF Ministry of Agriculture, Fisheries and Food *[GB]* Ministerium für Landwirtschaft, Fischerei und Ernährung
man. 1. management Geschäftsführung; 2. manager Geschäftsführer
mar. marine Meeres-, See-
MAWB master air waybill Sammelluftfrachtbrief
max. maximum Maximum
M. B. motor barge ⚓ Motorleichter
MBA Master of Business Administration Diplom-Betriebswirt
MBD management by delegation Führung durch Delegierung
MBE management by exception Führung im Ausnahmefall
MBO 1. management buyout Aufkauf (eines Unternehmens) durch die Firmenleitung; 2. management by objectives Führung durch Zielvorgabe
MBS mortgage-backed security Hypothekenpfandbrief
MC 1. marginal credit Wertpapierkredit; 2. microcomputer 🖥 Kleinst-, Microcomputer
MD managing director Geschäftsführer, geschäftsführender Direktor, Generaldirektor
M. D. malicious damage *(Vers.)* mutwillige Beschädigung
M/D memorandum of deposit Hinterlegungsurkunde
M. D. medicinae doctor *(lat.)* Doktor der Medizin
m/d month(s) after date Monat(e) nach Datum
MDCs more developed countries Entwicklungsländer auf höherer Entwicklungsstufe
md(i)se. merchandise Ware
med. medium (size) mittlere Größe
mem(o) memorandum Notiz
Messrs. messieurs *(frz.)* Anrede bei Personengesellschaften *(OHG, KG)*
mfg manufacturing Produktion, Herstellung
MFA Multi-fibre Agreement Multifaserabkommen
MFN most favoured nation meistbegünstigtes Land
mfst. manifest ⚓ Ladeverzeichnis
mg milligram Milligramm
MH merchant's haulage Transportkosten an den Versender
MIC middle-income country Entwicklungsland mit mittlerem Einkommen
M. I. P. marine insurance policy Seeversicherungspolice

MIRAS mortgage interest relief at source *[GB]* Steuererleichtung für Hypothekenzinsen
MIS management information system Management-Informationssystem
misc. miscellaneous Verschiedenes
mkt. market Markt
M/L motor launch ⚓ Barkasse
MLR minimum lending rate *[GB]* Mindestausleihsatz, Eckzins
mly. monthly monatlich
M. M. mercantile marine Handelsmarine
MMC Monopolies and Mergers Commission *[GB]* Monopolkommission, Kartellamt
MMCs money market certificates of deposit *[US]* Geldmarkteinlagenzertifikate
Mme. Madam *(Anrede)* Frau
MMF money market fund *[US]* Geldmarktfonds
MMMFs money market mutual fund *[US]* Geldmarktfonds, bei dem in kurzfristige Geldmarktitel investiert wird
M. N. merchant navy Handelsmarine
MNC multinational company/corporation multinationales Unternehmen
MNE multinational enterprise multinationales Unternehmen
mngmt management Unternehmensführung
mngr. manager Manager, Geschäftsführer
M. O. 1. **mail order** Versandhandel; 2. **money order** *[GB]* ✉ Zahlungsanweisung *(in fester Stückelung)*
mo. month Monat
MOF multiple option financing facility Finanzierung mit Wahlsystem
M. O. T. Ministry of Transport (test) 🚗 Kfz-Prüfung (TÜV)
m. p. month(s) after payment Monat(e) nach Zahlung
mpg miles per gallon ⚓ *(Treibstoffverbrauch)* Meilen pro Gallone
M/R mate's receipt ⚓ Verladebescheinigung
M & R maintenance and repairs Wartung und Reparatur(en)
MRP 1. **manufacturer's recommended price** empfohlener Preis des Herstellers; 2. **material requirements planning** Materialbedarfsplanung
MS motor ship *[US]* ⚓ Motorschiff
m/s month(s) after sight Monat(e) nach Sicht
msc. manuscript Manuskript
M. Sc. Master of Science Magister *(Naturwissenschaften)*
MSB mutual savings bank Sparkasse auf Gegenseitigkeit
MT mail transfer Postüberweisung
M/T metric ton metrische Tonne
m. t. measurement ton *[US]* Maßtonne
MTM methods time measurement *(REFA)* Arbeitszeitermittlung
MTO multimodal transport operator Spediteur im kombinierten Ladungsverkehr
MTU metric unit metrische Einheit
MV motor vessel *[GB]* ⚓ Motorschiff

N

N/A 1. **no account** kein Konto; 2. **no advice** keine Anweisung; 3. **non-acceptance** Nicht-Akzeptanz
n/a not applicable entfällt (entf.)
n. a. not avaible nicht verfügbar
n. a. a. not always afloat nicht immer flott
NAFTA 1. **North American Free Trade Area** Nordamerikanische Freihandelszone; 2. **New Zealand-Austrialia Free Trade Area** neuseeländisch-australische Freihandelszone
NASD National Association of Securities Dealers *[US]* Nationale Vereinigung der Wertpapierhändler
NASDAQ National Association of Securities Dealers Automatic Quotation *[US]* computergesteuerte Kursnotierung aller am Freiverkehrsmarkt beteiligten Makler *(Geld- und Briefkurse)*
NATO North Atlantic Treaty Organization Nordatlantikpakt, NATO
NAV net asset value Inventarwert von Investmentanteilen bzw. –fonds
n. b. nota bene *(lat.)* bitte beachten
NBA Net Book Agreement *[GB]* Preisbindungsvereinbarung des Buchhandels
NBV net book value Nettobuchwert
n/c no charge gebührenfrei
NCB no-claim(s) bonus *(Vers.)* Schadenfreiheitsrabatt
N. C. O. non-commissioned officer 🪖 Unteroffizier
n. c. u. p. no commission until paid keine Provision bis zur Bezahlung
NCV no commercial value ohne kommerziellen Wert
n/d no date, not dated ohne Datum
n. e. 1. **not exceeding** nicht mehr als; 2. **no effects** kein Guthaben
N/F no funds *(Konto)* keine Deckung
NFO new for old neu für alt
NFR no fixed rate ohne Zeitangabe
NGO non-governmental organization nichtstaatliche Organisation
NHS National Health Service *[GB]* staatlicher Gesundheitsdienst
NI National Insurance *[GB]* Sozialversicherung
NIBOR New York Interbank Offered Rate *(Geldmarkt)* New Yorker Interbanken-Angebotssatz
NIC 1. **newly industrialized country** Schwellenland; 2. **national insurance contribution** *[GB]* Sozialversicherungsbeitrag
NIF note issuance facility Schuldscheinarrangement
NIMBY not in my back yard *(coll)* St. Floriansprinzip
n. i. s. not in stock nicht vorrätig
NIT negative income tax negative Einkommensteuer
NL no load keine Gebühren
n. n. netto netto frei von Abzügen
n/o no orders keine Anweisung
NOP net orders processed Nettoumsatz, Nettoverkäufe
Nos. numbers Nummern

NOW   negotiable order of withdrawal *(Konto)* vereinbarte Kündigungsfrist
NP   no protest *(Wechsel)* ohne Protest/Kosten
N. P.   notary public Notar
n/p   1. **non-participating (share)** Vorzugsaktie ohne zusätzliche Gewinnbeteiligung; 2. **net proceeds** *[GB]* Rein-, Nettoerlös
NPD   new product development Produktneuentwicklung
n. p. f.   not provided for nicht gedeckt
NPV   no par value (share) *[US]* Aktie ohne Nennwert
NR   not rated nicht bewertet/eingestuft
nr.   near ungefähr
n/r   no risk ohne Risiko
NRR   net production rate Nettoreproduktionsrate
NS   national savings *[GB]* staatliches Sparprogramm
n/s   not sufficient (funds) kein ausreichendes Guthaben
NSC   National Savings Certificate *[GB]* staatliches Sparzertifikat
n. s. f.   not sufficient funds kein ausreichendes Guthaben
N/T   new terms neue (Vertrags)Bedingungen
NTA   net tangible assets Wertpapiere des Anlagevermögens
NTBs   non-tariff barriers to trade nichttarifäre Handelshemmnisse
n(t). wt.   net weight Nettogewicht
nxt   next nächste(r)
NYME(X)   New York Mercantile Exchange New Yorker Warenbörse
NYSE   New York Stock Exchange New Yorker (Wertpapier)Börse

O

o/a   on account (of) wegen
OAP   old-age pensioner Rentner(in)
OAS   Organization of American States Organisation Amerikanischer Staaten
OASDH   Old Age, Survivors, Disability and Health Insurance *[US]* Sozialversicherung
OAU   Organization of African Unity Organisation für Afrikanische Einheit
o. b. o.   or best offer *(Angebot)* Verhandlungsbasis (VB)
o/c   order confirmation Auftragsbestätigung
Oc B/L   ocean bill of lading Seekonnossement
OCC   Options Clearing Corporation *[US]* Verrechnungsstelle für Optionsgeschäfte
o. d.   1. **on demand** bei Bedarf, auf Anforderung; 2. **on deck** an Deck
o/d   overdraft Kontoüberziehung
OECD   Organization for Economic Cooperation and Development Organisation für Wirtschaftliche Zusammenarbeit und Entwicklung
OEEC   Organization for European Economic Co-operation Organisation für Europäische Wirtschaftliche Zusammenarbeit
OEM   original equipment manufacturer ⚙ Erstausrüster

OFT   Office of Fair Trading *[GB]* Wettbewerbsaufsichtsbehörde, Kartellamt
OHC   overhead camshaft ⚙ oben liegende Nockenwelle
O. H. M. S.   on His/Her Majesty's Service *[GB]* ✉ portofreie Dienstsache
OHP   overhead projector Tageslichtprojektor
O. I. D.   original issue document *[US]* Emissionsprospekt
OM   on maturity bei Fälligkeit
OMO   overseas money order internationale Postanweisung
O. M. O.   one-man operation Einmannbetrieb
ONC   Ordinary National Certificate mittlerer Schulabschluss
o. n. o.   or nearest offer oder nächstbestes Angebot, Verhandlungsbasis (VB)
o/no   order number Auftrags-, Bestellnummer
ONPL   order now – pay later jetzt bestellen – später zahlen
O/O   ore/oil (carrier) ⚓ kombinierter Massengutfrachter für Erze und Öl
o/o   on order bestellt
O. P.   open policy offene Police, laufende Versicherung
OPEC   Organization of Petroleum-Exporting Countries Organisation der Erdöl exportierenden Länder
O. P. O.   one-person operation Einmannbetrieb
O. R.   1. **official receiver** gerichtlich bestellter Konkursverwalter; 2. **operations research** betriebliche Verfahrensforschung; 3. **owner's risk** auf Gefahr des Eigentümers, auf eigene Gefahr
o. r. b.   owner's risk of breakage Bruchrisiko des Eigentümers
o. r. d.   owner's risk of damage Gefahr beim Eigentümer im Schadensfall
o/s   1. **on sale** zum Verkauf (angeboten); 2. **out of service** nicht betriebsbereit; 3. **out of stock** nicht am Lager
o/t   on truck auf Lastkraftwagen
OTC   over-the-counter (market) *(Börse)* Tafelgeschäfte
OTCs   over-the-counter (options) *(Börse)* Tafelgeschäftoptionen
OW   one way (trip) Einfachreise
oz.   ounce(s) Unze(n)

P

p   penny, pence *[GB]* Penny, Pence
p.   page Seite
PA   1. **public accountant** *[US]* Wirtschaftsprüfer; 2. **personal assistant** persönliche(r) Assistent(in); 3. **public address system** Lautsprecheranlage; 4. **power of attorney** § Vertretungsvollmacht
p. a.   1. **particular average** ⚓ Teilschaden; 2. **per annum** *(lat.)* pro jahr, jährlich
pabx   private automatic branch exchange *[GB]* ✆ automatische Nebenstellenanlage
P. a. C.   put and call *(Börse)* Stellage(geschäft)

PAI personal accident insurance Insassenunfallversicherung
PAYE pay-as-you-earn *[GB]* (Lohn)Steuerabzug
PAYU pay-as-you-use bei Benutzung zu zahlen
P. B. 1. **passbook** Sparbuch; 2. **performance bond** Leistungs- und Erfüllungsgarantie
PBR payment by results Leistungslohn, Vergütung nach Leistung
pbx private branch exchange ✆ hauseigene Vermittlung
PC 1. **personal computer** Bürocomputer, Personalcomputer (PC); 2. **postcard** Postkarte; 3. **participation certificate** Anteilschein
P/C prices current gültige Preisliste
pc piece Stück
p. c. 1. **per cent** Prozent; 2. **petty cash** Portokasse, kleine Kasse
pce. piece Stück
pcl. parcel Paket
P. D. port dues ⚓ Hafengebühren
pd. paid bezahlt (bez.)
p. d. per diem *(lat.)* pro Tag
PDR price-dividend-ratio Kurs-Dividenden-Verhältnis
PDS personal data sheet tabellarischer Lebenslauf
P. E. physical education Leibeserziehung
p/e price-earnings ratio *(Börse)* Kurs-Gewinn-Verhältnis (KGV)
PEP personal equity plan *[GB]* Aktiensparplan
PER price-earnings ratio Kurs-Gewinn-Verhältnis (KGV)
per an. per annum *(lat.)* pro Jahr
PEX purchase excursion Exkursionstarif
PF preferred stocks *[US]* Vorzugsaktien
p. h. per hour pro Stunde
PhB philosophiae baccalaureus *(lat.)* Bakkalaureus der Philosophie
PhD philosophiae doctor *(lat.)* Doktor der Philosophie (Dr. phil.)
P. I. professional indemnity policy Haftpflichtversicherung für Freiberufler
P & I Protecting and Indemnity (Association) *[GB]* Versicherungsverein auf Gegenseitigkeit (VVaG)
p/i pro forma invoice Proformarechnung
PIBOR Paris Interbank Offered Rate *(Geldmarkt)* Pariser Interbanken-Angebotssatz
Pibs permanent interest-bearing share *[GB]* Aktie mit Zinsgarantie
PIK payment in kind Bezahlung in Naturalien
PIN personal identification number *(Bank)* Geheimzahl
PIS personnel information system Personalinformationssystem
pk. pack Schachtel, Packung
pk(ge). package, packing Verpackung
p. k. d. partly knocked down teilweise zerlegt
P. L. 1. **product liability** Produkthaftung; 2. **partial loss** Teilverlust
p & l profit and loss *(Bilanz)* Gewinn und Verlust

P/L a/c profit and loss account Gewinn- und Verlustrechnung (GuV)
PLA Port of London Authority *[GB]* Londoner Hafenbehörde
PLC product life cycle Produktlebensdauer
plc public limited company *[GB]* Aktiengesellschaft (AG)
plcy. policy (Versicherungs)Police
pld. payload Nutzlast
pm. premium Prämie
p. m. 1. **post meridiem** *(lat.)* nach 12 Uhr mittags; 2. **per month** pro Monat
PML probable maximum loss wahrscheinlicher Höchstschaden
PN promissory note Schuldschein, Promesse
PO post office Post, Postamt
P. O. postal order *[GB]* Postbarscheck *(in fester Stückelung)*
P. O. A. power of attorney § Vertretungsvollmacht
P. O. B./P. O. Box Post Office Box Postschließfach
POC port of call ⚓ Anlaufhafen
P. O. D. pay(able) on delivery zahlbar bei Lieferung
POE port of embarkation ⚓ Verlade-, Verschiffungshafen
POP 1. **point of purchase** Einkaufsort; 2. **point of presence** 🖥 Internetknoten; 3. **post office preferred letter** *[GB]* Standardbrief (DIN C 5)
pop. population Bevölkerung
POR port of refuge ⚓ Schutzhafen
p. o. r. 1. **pay(ment) on receipt** zahlbar bei Empfang/Erhalt; 2. **pay(ment) on return** zahlbar bei Rückgabe
POS point of sale Verkaufsort
POUNC Post Office Users National Council *[GB]* Postbenutzerrat
P. P. parcel post Paketpost
P&P postage and packing ✉ Porto und Verpackung
pp. prepaid bezahlt
p. p. post(age) paid 1. ✉ franko, portofrei; 2. **per procurationem** *(lat.)* mit/durch Vollmacht, im Auftrag (i. A.), per Prokura (ppa); 3. **per pro** *(lat.)* im Auftrag von, im Interesse/Namen von
PPBS planning-programming-budgeting system integrierte Unternehmensplanung
ppd postage prepaid ✉ Porto im Voraus bezahlt
PPI producer price index Erzeugerpreisindex
ppm parts per million *[US]* Anteile pro Million
PPP 1. **personal pension plan** *[GB]* persönliche Altersversorge; 2. **purchasing power parity** Kaufkraftparität
p. p. p. private patients plan private Krankenversicherung
p. pro. per procurationem *(lat.)* mit/durch Vollmacht, im Auftrag (i. A.), zur Prokura (ppa)
PPS 1. **prior-preferred** stocks *[US]* erstrangige Vorzugsaktien; 2. **post-postcript** Post-Postskriptum
ppt prompt sofort
PR 1. **preferred stocks** *[US]* Vorzugsaktien; 2. **proportional representation** Verhältniswahl(recht)

P. R. 1. **public relations** Öffentlichkeitsarbeit, Public Relations; 2. **personal representative** persönlicher Vertreter; 3. **port risks** Hafenrisiko; 4. **profit rate** Gewinnsatz
pref preference share Vorzugsaktie
priv. private privat, persönlich
PRO public relations officer Leiter der Abteilung Öffentlichkeitsarbeit
prox. proximo nächster Monat
PRP profit-related pay *[GB]* gewinnbezogene Bezahlung, Beteiligungslohn
PRT petroleum revenue tax Mineralölsteuer
P. S. 1. **post scriptum** *(lat.) (Brief)* Nachtrag, Postskriptum; 2. **public service** öffentlicher Dienst
PSBR public sector borrowing requirement *[GB]* Kreditbedarf der öffentlichen Hand
PSO public service obligation öffentlicher Dienstleistungsauftrag
P. T. purchase tax *[GB]* Kaufsteuer
pt. 1. **port** Hafen; 2. **point** Punkt; 3. **payment** Zahlung
PTO please turn over bitte umblättern
pty. proprietary (company) 1. Holding-, Dachgesellschaft; 2. *[AUS; ZA]* Gesellschaft mit beschränkter Haftung (GmbH)
p. u. pay up tilgen, voll bezahlen
PWR pressurized water reactor ☢ Druckwasserreaktor

Q

QC 1. **quality control** Qualitätskontrolle; 2. **Queen's Counsel** *[GB]* Kronanwalt
QI quarterly index vierteljährlicher Index
qtr. quarter Viertelzentner
qty quantity Menge
quad. (in) quadruplicate in vierfacher Ausfertigung
quint. (in) quintuplicate in fünffacher Ausfertigung
quot. quotation 1. Kostenvoranschlag; 2. *(Börse)* (Kurs)Notierung
q. v. quod vide *(lat.)* diesbezüglich siehe

R

R/A refer to acceptor *(Wechsel)* zurück an Akzeptant
RAM random access memory 🖳 Direkzugriffsspeicher
r&c. c. riots and civil commotion *(Vers.)* Aufruhr und innere Unruhen
r. c. c. & s. riots, civil commotion and strikes *(Vers.)* Aufruhr, innere Unruhen
R/D refer to drawer *(Wechsel/Scheck)* an den Aussteller zurück
R & D research and development Forschung und Entwicklung (F & E)
r. d. running days fortlaufende Tage
rd.(s) road(s) Straße(n)
R. D. C. running-down clause Kollisionsklausel

r. d. d. required delivery date erforderlicher/gewünschter Liefertermin
rds. roadstead ⚓ Reede
RE 1. **real estate** Grundeigentum, Immobilien; 2. **renewable energy** erneuerbare Energie
re 1. **regarding, with regard to** bezüglich; 2. **reference** Bezug, Betreff
R & E research and engineering Forschung und Technik
recd received erhalten
red. redeemable einlösbar, tilgbar
ref. reference Bezug
Ref. No. reference nummer Ordnungsnummer
reg. registration Registrierung
regd registered eingetragen
Reg. No. registration nummer Zulassungsnummer
rem. remittance Überweisung
rep. report Bericht
R. E. P. regional employment premium *[GB]* regionale Arbeitsplatzprämie
REPO repurchase agreement Rückkaufvereinbarung
rev. revenues Einnahme(n)
RHD right-hand drive 🚗 Rechtssteuerung
R. I. re-insurance Rückversicherung
RIT reverse income tax negative Einkommen(s)steuer
R. J. E. remote job entry 🖳 dezentrale Datenverarbeitung
rly. railway Eisenbahn
rm room Zimmer
rmt regarding my telex bezugnehmend auf mein Telex
R. O. receiving order *[GB]* Abwicklungsauftrag
R/O routing order Transportauftrag
ROA return on asset(s) Kapitalrendite
ROE 1. **return on equity** Eigenkapitalrendite; 2. **rate of exchange** Wechselkurs
rog receipt of goods Warenannahme
ROM read-only memory 🖳 Nur-Lesespeicher, Festwertspeicher
ro-ro roll on – roll off (ship) Roll-on-roll-off-Schiff, Ro-Ro-Schiff
RP received pronunciation *[GB]* Standardaussprache
R. P. 1. **recommended price** empfohlener Preis; 2. **repurchase agreement** *[US]* Rückkaufvereinbarung; 3. **return of premium** Prämienrückzahlung; 4. **reply paid** ✉ Antwort bezahlt
RPI retail price index Einzelhandelspreisindex
RPM resale price maintenance Preisbindung der zweiten Hand
rpm. revolutions per minute ⚙ Umdrehungen pro Minute
RQL reference quality level Referenzqualität
R/R railway receipt Bahnempfangsbescheinigung
RR(S)P recommended retail (selling) price empfohlener Wiederverkaufspreis
R/S rejection slip Absage
RSC rules of the Supreme Court *[US]* § Verfahrensregeln des höchsten Gerichts
R. S. V. P. répondez s'il vous plaît *(frz.)* um Antwort wird gebeten (u. A. w. g.)
R. T. regular time Normalarbeitszeit

r. t. b. a. rate to be agreed Preis ist Verhandlungssache
RUF revolving underwriting facility revolvierende Übernahmefazilität
RV recreational vehicle 🚙 Freizeitfahrzeug

S

S. A. shipping agent Schiffmakler
S/A 1. **subject to approval** Zustimmung vorbehalten; 2. **statement of account** 1. Kontoauszug; 2. Rechnung
s. a. e. stamped addressed envelope ✉ frankierter, adressierter Rückumschlag
SAEF Stock Exchange Automatic Excecution Facility *[GB]* elektronisches Effektenhandelssystem
s. a. n. r. subject to approval, no risk genehmigungspflichtig, ohne Risiko
SAYE save-as-you-earn *[GB]* Ratensparen
SB savings bond *[US]* Sparpapier
Sc. D. Scientiae Doctor *(lat.)* Doktor der Naturwissenschaften
S. D. sight draft Sichtwechsel
s. d. 1. **safe deposit** Tresor(fach); 2. **sine die** *(lat.)* unbestimmt
sd. signed unterzeichnet
SDA special drawing account *(IMF)* Sonderziehungskonto
S. D. B. L. sight draft, bill of lading attached Sichtwechsel und Konnossement beigefügt
SDR special drawing right *(IFM)* Sonderziehungsrecht
S. E. stock exchange Börse
SEA Single European Act Einheitliche Europäische Akte
SEAQ Stock Exchange Automated Quotation (System) *[GB]* automatisierte Börsenkursnotierung
SEC Securities and Exchange Commission *[US]* Börsenaufsicht(sbehörde)
SERPS state earnings-related pension scheme *[GB]* staatliche einkommensbezogene Rentenversicherung
SF sinking fund Ablösungs-, Amortisations-, Tilgungsfonds
S. & F. A. shipping and forwarding agent Schiffsmakler und Spediteur
SFO Serious Fraud Office *[GB]* Ermittlungsbehörde für Wirtschaftsstraftaten
shipt. shipment 1. Partie; 2. Transport; 3. Verschiffung
shpd shipped 1. versandt; 2. verfrachtet; 3. verschifft
shpt. shipment ⚓ 1. Beförderung; 2. Sendung
SIB Securities and Investment Board *[GB]* Aufsichtsbehörde für den Finanz- und Wertpapiermarkt
SIBOR Singapore Interbank Offered Rate *(Geldmarkt)* Interbanken-Angebotssatz von Singapur
SIC Standard Industrial Classification Standard-Industrieklassifizierung
sig. signature Unterschrift
S. I. R. small income relief *(Steuer)* Freibetrag für Bezieher niedriger Einkommen
SITC Standard of International Trade Classification internationales Warenverzeichnis für den Außenhandel
sits. vac. situations vacant *(Zeitung)* Stellenangebote
sk. sack Sack
SKD semi-knocked down teilweise zerlegt
SKU stock-keeping unit Lager
SL sold verkauft
S & L sale-and-lease-back Verkauf und Wiederanmietung
s & l savings and loan association *[US]* Spar- und Darlehenskasse
SLO stop-limit order; stop-loss-order *[US]* Limitauftrag
SMP statutory maternity pay *[GB]* Mutterschaftsgeld
s. n. shipping note ⚓ Verladeschein
snafa situation normal all fucked up *[US] (coll)* Durcheinander
SOB shipped on board Bordkonnossement
soc. society Gesellschaft
SOE state-owned enterprise staatliches Unternehmen
SOFFEX Swiss Options and Financial Futures Exchange Schweizer Options- und Finanzterminbörse
SoR sale or return Verkauf mit Rückgaberecht
SOS save our souls ⚓ Seenotruf
S & P Standard and Poor's Corporation *Agentur für die bonitätsmäßige Bewertung und Klassifizierung von Wertpapieren*
s. p. d. steamer pays dues alle Abgaben werden vom Schiff getragen
sq. square Platz
S/R sale or return Verkauf mit Rückgaberecht
SR & CC strikes, riots and civil commotion *(Vers.)* Streik, Aufruhr und innere Unruhen
SRP suggested retail price empfohlener Verkaufspreis
SS steamship ⚓ Dampfschiff, Dampfer
s/s same size eins zu eins
SSP statutory sick pay *[GB]* gesetzliches Krankengeld
S. T. summertime Sommerzeit
s. t. short ton Kurztonne, amerikanische Tonne
STD 1. **subscriber trunk dialling** *[GB]* ☏ Selbstwählverkehr; 2. **Shipper's Certification for the Transport of Dangerous Goods** Verschiffungszertifikat für den Transport gefährlicher Güter
std. standard Norm, Standard
stk. stock Lagerbestände
STO standing order Dauerauftrag
STV subscription television Abonnementfernsehen
SVP senior vice-president stellvertretender Aufsichtsratsvorsitzender
SWIFT Society for Worldwide Interbank/International Financial Telecommunication weltweite Gesellschaft für Überweisungsverkehr
sz. size Größe

T

T. 1. **ton(s)** Tonne; 2. **tare** Tara
T/A trade acceptance Handelsakzept
TACT The Air Cargo Tariff(s) Luftfrachttarif(e)
T. B. 1. **treasury bill** *[GB]* Schatzwechsel; 2. **treasury bond** *[US]* Schuldverschreibung des Schatzamtes; 3. **trial balance** Probebilanz, provisorische Bilanz
t. b. c. f. to be called for ✉ postlagernd
T. B. L. through bill of lading Duch(fracht)konnossement
TC till cancelled bis auf Widerruf, bis auf weiteres
T. C. traveller's cheque Reisescheck
TD Treasury Department *[US]* Finanzministerium
t. d. technical date technische Daten
tdw tons deadweight ⚓ Eigen-, Totgewicht
telco telecommunication company *(coll)* Telekommunikaitonsunternehmen
TESSA tax-exempt special savings account *[GB]* steuerfreies Sparkonto
TEU twenty-foot equivalent unit Zwanzig-Fuß-Containereinheit
TIBOR Tokyo Interbank Offered Rate *(Geldmarkt)* Tokioter Interbanken-Angebotszinssatz
TIN taxpayer identification number *[US]* Steuernummer
T. L. total loss *(Vers.)* Totalverlust, T.schaden
t. l. o. total loss only *(Vers.)* nur bei Totalschaden
T. N. treasury note *[US]* Schatzanweisung des Bundes
T/O turnover Umsatz
toe. tons of oil equivalent Tonnen Rohöleinheiten
TOFC trailer on flat car *[US]* 🚆 Huckepackverkehr
t. o. o. to order only nur auf Bestellung
t. o. r. time of receipt Empfangsdatum, E.zeit
ToT terms of trade reales Austauschverhältnis
T. P. third party dritte Partei
T & P theft and pilferage Diebstahl
tpa tons per annum Jahrestonnen (jato)
tpd tons per day Tagestonnen
t. p. n. d. theft, pilferage, non-delivery *(Vers.)* Diebstahl, Beraubung, Nichtauslieferung
T. Q. total quality Gesamtqualität
t/q tale quale *(lat.) (Ware)* nach Muster
t. q. 1. **tel quel** *(frz.)* so wie es ist; 2. **trade quality** Handelssorte, H.qualität
t. q. r. tel quel rate; tale quale rate so-wie-er-ist-Kurs
TQC total quality control umfassende Qualitätskontrolle
TQM total quality management totales Qualitätsmanagement
tr. tare Tara
trf. transfer Überweisung, Transfer
T. S. transshipment Umladung
TSA The Securities Association *[GB] Selbstverwaltungseinrichtung im Wertpapierhandel*
TSB Trustee Saving Bank *[GB]* Sparkasse
TSR total shareholder return *(Aktie)* Gesamtrendite
TT telegraphic transfer telegrafische Überweisung
TUC Trades Union Congress *[GB]* britischer Gewerkschaftsbund

U

U/A unit of account (Ver)Rechnungseinheit
u. c. usual conditions übliche Bedingungen
u/c undercharged zu wenig berechnet
UCC Uniform Commercial Code *[US]* einheitliche Handelsrichtlinien
UCCA Universities' Central Council of Admission *[GB]* zentrale Studienplatzvergabe
UEL upper earnings limit Beitragsbemessungsgrenze
UFO unidentified flying object unbekannter Flugkörper
UK United Kingdom Vereinigtes Königreich
ULCC ultra-large crude carrier ⚓ Supertanker
ULD unit load device Container-/Paletten-Ladeeinheit
ult. ultimo letzter Monat
u/m undermentioned unten erwähnt
UMA union membership agreement *[GB]* Vereinbarung über Gewerkschaftszwang
UMP unique marketing proposition einzigartiges Marketingkonzept
UN United Nations Vereinte Nationen
UNO United Nations Organization Organisation der Vereinten Nationen
UNCTAD United Nations Conference on Trade and Development Welthandels- und Entwicklungskonferenz der Vereinten Nationen
UNDP United Nations Development Program Entwicklungshilfeprogramm der Vereinten Nationen
UNEP United Nations Environmental Program Umweltprogramm der Vereinten Nationen
UNESCO United Nations Educational, Scientific and Cultural Organization Organisation der Vereinten Nationen für Erziehung, Wissenschaft und Kultur
UNFAO United Nations Food and Agricultural Organization Organisation der Vereinten Nationen für Ernährung und Landwirtschaft
UNFPA United Nations Fund for Population Activities Fonds der Vereinten Nationen für bevölkerungspolitische Aktivitäten
UNHCR United Nations High Commissioner for Refugees Hoher Flüchtlingskommissar der Vereinten Nationen
UNICE Union of Industrial and Employers' Confederations of Europe Europäischer Arbeitgeberverband
UNICEF United Nations Children's Fund Kinderhilfswerk der Vereinten Nationen
UNIDO United Nations Industrial Development Organization Organisation der Vereinten Nationen für industrielle Entwicklung
UNRRA United Nations Relief and Rehabilitation Administration Wohlfahrts- und Wiedergutmachungsorganisation der Vereinten Nationen
UPC 1. **Universal Product Code** *[US]* allgemein gültiger Produktcode; 2. **uniform practice code** *[US]* einheitlicher Verhaltenskodex
UPU Universal Postal Union Weltpostverein
ur your Dein, Ihr

UNRWA **United Nations Relief and Works Agency for Palestine Refugees** Hilfswerk der Vereinten Nationen für Palestinaflüchtlinge
US(A) **The United States (of America)** Vereinigte Staaten (von Amerika)
U/S **useless** unbrauchbar
USCC **The United States Chamber of Commerce** *[US]* zentrale Handelskammer der USA
USD **US-Dollar** US-Dollar
USM 1. **unlisted securities market** *[GB] (Börse)* Freiverkehrsmarkt; 2. **United States Mail** amerikanische Post
USP **unique sales/selling proposition** verkaufsförderndes Merkmal/Argument
u. t. **usual terms** übliche Bedingungen
U/W **underwriter** Versicherer

V

v. **versus** gegen
VAT **value-added tax** Mehrwertsteuer (MWSt)
VD **veneral disease** ⚥ Geschlechtskrankheit
VDU **visual display unit** 🖥 Datensichtgerät
VIP **very important person** sehr wichtige Persönlichkeit, hohes Tier *(coll)*
viz. **videlicet** *(lat.)* nämlich
VLBC **very large bulk carrier** ⚓ (großer) Massengutfrachter
VLCC **very large crude carrier** ⚓ sehr großer Rohöltanker
vol. **volume** 1. Inhalt; 2. Lautstärke
VP **vice president** *[US]* Vorstandsdirektor
VRM **variable rate mortgage** Hypothekenkredit mit Zinsanpassung
vs. **versus** *(lat.)* gegen
VSO **Voluntary Service Overseas** *[GB]* Entwicklungs(hilfe)dienst
v. u. **volume unit** Hohlmaß

W

w. a. **with average** einschließlich Beschädigung
W/B **waybill** Frachtbrief
w/c **without carge** ohne Gebühren/Abgaben
wd. **warranted** garantiert
WDA **writing-down allowance** *[GB]* Abschreibung
WET **Western European Time** Westeuropäische Zeit (WEZ)
wf. **wharf** ⚓ Kai
w. g. **weight guaranteed** garantiertes Gewicht
WGP **world gross product** Weltnettoprodukt
WHO **World Health Organization** Weltgesundheitsorganisation
whse. **warehouse** Lager
W/M **weight or measurement** (Frachtberechnung nach) Gewicht oder Maß

W. P. **without prejudice** unbeschadet (irgendwelcher Ansprüche)
w. p. a. **with paricular average** mit Teilschaden
wpm **words per minute** Wörter pro Minute
W. R. **warehouse receipt** Lagerquittung, L.empfangsschein
w. r. **war risk** Kriegsrisiko
w. r. i. **war risks insurance** *[US]* Kriegsversicherung
wt. **weight** Gewicht
wtd. **warranted** garantiert
WTO 1. **World Trade Organization** Welthandelsorganisation; 2. **World Tourism Organization** Welttourismusorganisation
w./v. **weight/volume** Gewicht/Volumen
W. W. **warehouse warrant** Lagerschein
WWD **weather working days** nach Wetterlage mögliche Arbeitstage

X

x. 1. **ex** ab; 2. **excluding** ausschließlich
x. a. **ex all** ohne alle Rechte
x. b. **ex bonus** ohne Bonus
x. c. **ex capitalization** ohne Kapitalisierung
x. cp. **ex coupon** ohne Kupon
xd **ex dividend** ex/ohne Dividende
x. i. **ex interest** ohne Zinsen
xr **ex rights** ohne Optionsrecht

Y

y. 1. **year** Jahr; 2. **yard** Yard
YAR **York-Antwerp-Rules** York-Antwerpen-Vorschriften
yd.(s) **yard(s)** Yard(s)
YER **yearly effective rate (of interest)** effektiver Jahreszins
yld. **yield** Ertrag, Rendite, Verzinsung
yld. grs. **yield gross** Bruttoertrag
yly **yearly** jährlich
YOB **year of birth** Geburtsjahr
yr. **year** Jahr
yrs. **yours** mit freundlichem Gruß
YTC **yield to call** Rendite bis zur Kündigung
YTM **yield to maturity** Rendite bis zur Fälligkeit
YTS **Youth Training Scheme** *[GB]* Ausbildungsförderungsprogramm für Jugendliche

Z

ZBB **zero-base budgeting** Haushaltsführung nach Bedarf
ZIP **zone improvement plan** *[US]* ✉ Postleitzahl(system) (PLZ)